Wolff/Brink
Datenschutzrecht

Datenschutzrecht

DS-GVO · BDSG · Grundlagen
Bereichsspezifischer Datenschutz

Kommentar

Herausgegeben von

Prof. Dr. Heinrich Amadeus Wolff
Universität Bayreuth

Dr. Stefan Brink
Der Landesbeauftragte für den Datenschutz
Baden-Württemberg, Stuttgart

2. Auflage 2022

Zitiervorschlag:
Wolff/Brink DatenschutzR/Bearbeiter/-in DS-GVO Art. 1 Rn. 1

www.beck.de

ISBN 978 3 406 78990 8

© 2022 Verlag C.H. Beck oHG
Wilhelmstraße 9, 80801 München
Druck: Druckerei C.H.Beck, Nördlingen
(Adresse wie Verlag)

Satz: Meta Systems Publishing & Printservices GmbH, Wustermark
Umschlaggestaltung: Druckerei C.H. Beck, Nördlingen

chbeck.de/nachhaltig

Gedruckt auf säurefreiem, alterungsbeständigem Papier
(hergestellt aus chlorfrei gebleichtem Zellstoff)

Verzeichnis der Bearbeiterinnen und Bearbeiter

Prof. Dr. Marion Albers	Universitätsprofessorin, Universität Hamburg
Guido Aßhoff LL.M.	Rechtsanwalt, Fachanwalt für Informationstechnologierecht; Externer Behördlicher Datenschutzbeauftragter, Frechen
Prof. Dr. Matthias Bäcker LL.M.	Universitätsprofessor, Universität Mainz
Kirsten Bock	Referatsleiterin, Unabhängiges Landeszentrum für Datenschutz Schleswig-Holstein
Dr. Stefan Brink	Der Landesbeauftragte für den Datenschutz und die Informationsfreiheit Baden-Württemberg, Stuttgart
Jun.-Prof. Dr. Dominik Brodowski LL.M.	Juniorprofessor, Universität des Saarlandes, Saarbrücken
Prof. Dr. Benedikt Buchner LL.M.	Universitätsprofessor, Universität Bremen
PD Dr. Boris Burghardt	Humboldt-Universität zu Berlin
Dr. Jens Eckhardt	Rechtsanwalt, Düsseldorf
Dr. Johannes Eichenhofer	Wiss. Mitarbeiter, Universität Bielefeld
Carolyn Eichler	Referentin bei der Berliner Beauftragten für Datenschutz und Informationsfreiheit
Alexander Filip	Referatsleiter, Bayerisches Landesamt für Datenschutzaufsicht, Ansbach
Prof. Dr. Nikolaus Forgó	Universitätsprofessor, Universität Wien
Dr. Sebastian Golla	Wiss. Mitarbeiter, Universität Mainz
Prof. Dr. Christoph Gusy	Universitätsprofessor, Universität Bielefeld
Dr. Stefan Hanloser	Rechtsanwalt, München
Marit Hansen	Landesbeauftragte für Datenschutz Schleswig-Holstein, Kiel
Prof. Dr. Susanne Hertfelder	Professorin an der Hochschule für öffentliche Verwaltung und Finanzen Ludwigsburg
Dr. Hans Anton Hilgers	ehem. Wissenschaftliche Dienste, Deutscher Bundestag, Berlin
Corinna Holländer	Regierungsdirektorin, Bundesministerium des Innern, für Bau und Heimat, Berlin
Dr. Jens Jacobi	Referent beim Landesbeauftragten für den Datenschutz und die Informationsfreiheit Baden-Württemberg, Stuttgart
Dr. Vera Jungkind	Rechtsanwältin, Düsseldorf
Dr. Moritz Karg	Leiter der Referates Grundsatzfragen der Digitalisierung und des E-Government, Digitalisierungsministerium Schleswig-Holstein, Kiel
Dr. Olaf Kisker	Regierungsdirektor, Die Bundesbeauftragte für den Datenschutz und die Informationsfreiheit, Berlin
Dr. Susanne Koch	Rechtsanwältin, Düsseldorf
Dr. Walter Krämer	Ehem. Referatsleiter beim Landesbeauftragten für den Datenschutz und die Informationsfreiheit Baden-Württemberg, Stuttgart
Lisa-Marie Lange	Referatsleiterin, Der Hessische Datenschutzbeauftragte, Wiesbaden
Prof. Dr. Kai von Lewinski	Universitätsprofessor, Universität Passau
Prof. Dr. Anne Lauber-Rönsberg	Universitätsprofessorin, Technische Universität Dresden
Prof. Dr. Josef Franz Lindner	Universitätsprofessor, Universität Augsburg
Prof. Dr. Nikolaus Marsch, D.I.A.P. (ENA)	Universitätsprofessor, Universität des Saarlandes
Dr. Daniel Meltzian	Referatsleiter, Bundesministerium des Innern, Berlin
Dr. Flemming Moos	Rechtsanwalt, Hamburg
Dr. Daniel Mundil	Rechtsanwalt, Berlin
Daniella Nowak	Justiziarin bei PETA Deutschland eV., Stuttgart

Verzeichnis der Bearbeiterinnen und Bearbeiter

Dr. Alexander Nguyen	Referatsleiter, Berliner Beauftragte für Datenschutz und Informationsfreiheit, Berlin
Eva-Maria Paulus	Ltd. Verwaltungsdirektorin, Deutsche Rentenversicherung Bund, Berlin
Dirk Pohl	Referent beim Thüringer Landesbeauftragten für den Datenschutz und die Informationsfreiheit (TLfDI), Erfurt
Dr. Sabine Quaas	Richterin am Landgericht München I
Prof. Dr. Tobias Reinbacher	Universitätsprofessor, Julius-Maximilians-Universität Würzburg
Prof. Dr. Karl Riesenhuber M.C.J.	Universitätsprofessor, Universität Bochum und Richter am OLG Hamm
Dr. Peter Schantz	Abteilungsleiter im Bundesministerium der Justiz und für Verbraucherschutz, Berlin
Prof. Dr. Stephanie Schiedermair	Universitätsprofessorin, Universität Leipzig
Hans Hermann Schild	Vorsitzender Richter am Verwaltungsgericht Wiesbaden
Anna Schimke	Wiss. Mitarbeiterin, Universität Hamburg
Dr. Julia Schlösser-Rost	Rechtsanwältin, Berlin
Stephan Schmidt	Rechtsanwalt, Mainz
Dr. Florian Schmidt-Wudy MBA LL.M.	CFO und Syndikusrechtsanwalt, München
Prof. Dr. Jens-Peter Schneider	Universitätsprofessor, Universität Freiburg
Prof. Dr. Wolfgang Spoerr LL.M.	Rechtsanwalt, Berlin
Bastian Stemmer	Büro des Bundeswahlleiters, Statistisches Bundesamt, Wiesbaden
Prof. Dr. Jutta Stender-Vorwachs LL.M. †	Apl. Professorin, Universität Hannover und Rechtsanwältin, Berlin
Dr. Dirk Uwer LL.M., Mag.rer.publ.	Rechtsanwalt, Düsseldorf
Dr. Raoul-Darius Veit	Wiss. Mitarbeiter, Universität Hamburg
Maria Wilhelm-Robertson	Leiterin der Stabsstelle Europa beim Landesbeauftragten für den Datenschutz und die Informationsfreiheit Baden-Württemberg, derzeit abgeordnet zum Staatsministerium Baden-Württemberg
Prof. Dr. Heinrich Amadeus Wolff	Universitätsprofessor, Universität Bayreuth
Dr. Christoph Worms	Rechtsanwalt, Paderborn

Vorwort zur 2. Auflage

Der „Datenschutz" ist im Zentrum der gesellschaftlichen Debatte angekommen und hat in Gestalt der Europäischen Datenschutz-Grundverordnung eine viel beachtete, wirkmächtige und vorbildgebende Gestalt gefunden. Das europäische wie auch das nationale Datenschutzrecht gehört mittlerweile zum täglichen Repertoire jedes Juristen, nicht wenige haben sich darauf inzwischen spezialisiert.

Dieser Bedeutungszuwachs des informationellen Selbstbestimmungsrechts ist in einer modernen Informationsgesellschaft nur folgerichtig, die rechtliche Durchdringung der durchaus sperrigen Materie „Datenschutzrecht" hat inzwischen Fahrt aufgenommen: Auf Seiten des Gesetzgebers hat insbesondere die Europäische Union mit der DS-GVO auf den Siegeszug massentauglicher Internet-Technologien gut reagiert, dem nationalen Gesetzgeber bleiben – abgesehen vom großen Bereich des Beschäftigtendatenschutzes – allenfalls nachvollziehende und ausfüllende Aufgaben.

Auch die Aufsichtsbehörden, die nach den Regelungen der DS-GVO die Hauptaufgabe der Verwirklichung des europäischen Datenschutz-Regimes tragen, haben sich erkennbar auf den Weg zu koordinierten europäischen Behörden gemacht. Insbesondere der Europäische Datenschutzausschuss EDSA gibt mittlerweile in nahezu allen Auslegungsfragen den Ton an und die Rahmenbedingungen vor. Noch sind allerdings erhebliche Unterschiede bei der Verwaltungskultur und den Handlungsmöglichkeiten der nationalen Behörden unübersehbar. Der Weg der Aufsichtsbehörden zu effektiv beratenden, präventiv-aufklärenden und nur exemplarisch sanktionierenden Stellen bleibt lang.

Durchweg positiv ist mittlerweile die Rolle der Gerichte – an der Spitze der Europäische Gerichtshof – einzustufen, die sich erkennbar intensiver mit der Materie Datenschutz auseinandersetzen. Auch Wissenschaft und Literatur schließlich sind – mit einer wachsenden Zahl an Standardwerken – erfolgreich dabei, Hilfen für die Praxis zu entwickeln.

Die Entscheidung zur Herausgabe eines Großkommentars zum Datenschutzrecht – gerade in online Form - hat sich als richtig erwiesen: Zahlreiche aktuelle Rechtsprobleme sind von ihrer Eigenart her einer Betrachtung in einem breit angelegten Kommentar zugänglich, datenschutzrechtliche Probleme besitzen nicht nur einen enormen Praxisbezug, sie werden zudem auch politisch wahrgenommen und stellen Unternehmen wie auch Verbraucher täglich vor neue Fragen.

Mit der Fortentwicklung der Rechtslage hat sich auch der Fokus dieses Kommentars gewandelt: Stand bei der ersten Auflage 2013 noch die Konkretisierung des Bundesdatenschutzgesetzes im Zentrum unter Einbeziehung der verfassungsrechtlichen Grundlagen des Datenschutzrechts und der Betrachtung wichtiger Themengebiete wie dem Europarecht, der Prozessordnungen, dem Versicherungs- und Sozialrecht, liegt nunmehr ein Kommentar der europäischen DS-GVO vor, der um die Einbeziehung nationaler Ergänzungsregelungen erweitert wird. Ein wirklich fundamentaler Wandel, der die Entwicklung des Datenschutzrechts insgesamt begleitet und durch die Mitarbeit äußerst versierter wie engagierter Spezialisten des Datenschutzrechts möglich wurde.

Geblieben ist der Grundansatz der Herausgeber: Der Kommentar soll praxisorientiert sein und dabei vor allem für solche Fragen Antworten anbieten, die von Aufsichtsbehörden und Gerichten zwar vorstrukturiert, aber noch nicht endgültig geklärt sind. Gerade das Datenschutzrecht verlangt eine fundierte Kommentierung neuer Probleme und nicht nur eine Wiedergabe bestehender Rechtsprechung und Aufsichtspraxis. Dies ist ohne Raum für eine argumentative Darstellung nicht möglich. Gemeinsames Kennzeichen der Kommentierungen soll neben der Qualität der Bearbeitung die möglichst umfassende Aufarbeitung der bereichsspezifischen Themen sein. Es sollen dabei verschiedene Sichtweisen zu Wort kommen dürfen, insgesamt aber eine übergreifende Linie erkennbar bleiben, die der gewachsenen Bedeutung des Persönlichkeits- und informationellen Selbstbestimmungsrechts Rechnung trägt. Wissenschaftliche Pluralität wird bereits bei der Auswahl der Autoren deutlich, die Autoren entstammen den Bereichen Wissenschaft, Datenschutzbeauftragte, Wirtschaft, Anwaltschaft, Verwaltung und Justiz. Alle Autoren arbeiten hauptberuflich als Juristen zu konkreten Datenschutzfragen, mit denen sie in ihrer täglichen Arbeit konfrontiert sind.

Das vorliegende Werk basiert ganz überwiegend auf der Edition 38 des Beck'schen Online-Kommentars Datenschutzrecht mit Stand November 2021.

Herausgeber, Autoren und Verlag hoffen einen auch in seiner Fortentwicklung relevanten Kommentar zur Verfügung stellen zu können, der den praktischen Bedürfnissen der Rechtsanwender gerecht wird und zugleich mehr als das unbedingt Notwendige bietet.

Vorwort zur 2. Auflage

Dieses Werk wäre ohne den Einsatz vieler Kommentatoren und umsichtiger Unterstützung durch Mitarbeitende des Verlages C.H. Beck nicht möglich gewesen; deshalb sei es erlaubt, dass die Herausgeber an dieser Stelle zugleich auch allen Mitwirkenden ganz herzlich für ihr gleichbleibend großes Engagement danken. Den Lesern sei Dank für die freundliche Aufnahme des Werkes.

Bayreuth und Stuttgart, im Februar 2022　　　　　　　　　　　Heinrich Wolff und Stefan Brink

Inhaltsverzeichnis

	Seite
Verzeichnis der Bearbeiterinnen und Bearbeiter	V
Vorwort zur 2. Auflage	VII
Abkürzungsverzeichnis	XVII
Verzeichnis der abgekürzt zitierten Literatur	XXIII

Grundlagen und bereichsspezifischer Datenschutz

Syst. A. Prinzipien des Datenschutzrechts	1
Syst. B. Völker- und unionsverfassungsrechtliche Grundlagen	17
Syst. C. (unbesetzt)	40
Syst. D. (unbesetzt)	40
Syst. E. Datenschutz bei Gerichten und Staatsanwaltschaften	40
Syst. F. Datenschutz bei den freien Berufen	79
Syst. G. (unbesetzt)	108
Syst. H. (unbesetzt)	108
Syst. I. Datenschutz in Medien und Telekommunikation	109
Syst. J. Datenschutz im Finanzwesen	129
Syst. K. (unbesetzt)	173
Syst. L. Datenschutzbestimmungen der Polizei- und Nachrichtendienstgesetze des Bundes	173
Syst. M. (unbesetzt)	231

Verordnung (EU) 2016/679 des Europäischen Parlaments und des Rates vom 27. April 2016 zum Schutz natürlicher Personen bei der Verarbeitung personenbezogener Daten, zum freien Datenverkehr und zur Aufhebung der Richtlinie 95/46/EG (DS-GVO)

Einleitung zur DS-GVO	233

Kapitel I. Allgemeine Bestimmungen

Artikel 1	Gegenstand und Ziele	239
Artikel 2	Sachlicher Anwendungsbereich	242
Artikel 3	Räumlicher Anwendungsbereich	254
Artikel 4	Begriffsbestimmungen	265

Kapitel II. Grundsätze

Artikel 5	Grundsätze für die Verarbeitung personenbezogener Daten	309
Artikel 6	Rechtmäßigkeit der Verarbeitung	320
Artikel 7	Bedingungen für die Einwilligung	358
Artikel 8	Bedingungen für die Einwilligung eines Kindes in Bezug auf Dienste der Informationsgesellschaft	380
Artikel 9	Verarbeitung besonderer Kategorien personenbezogener Daten	392
Artikel 10	Verarbeitung von personenbezogenen Daten über strafrechtliche Verurteilungen und Straftaten	422
Artikel 11	Verarbeitung, für die eine Identifizierung der betroffenen Person nicht erforderlich ist	427

Kapitel III. Rechte der betroffenen Person
Abschnitt 1. Transparenz und Modalitäten

Artikel 12	Transparente Information, Kommunikation und Modalitäten für die Ausübung der Rechte der betroffenen Person	434

Abschnitt 2. Informationspflicht und Recht auf Auskunft zu personenbezogenen Daten

Artikel 13	Informationspflicht bei Erhebung von personenbezogenen Daten bei der betroffenen Person	443

Inhaltsverzeichnis

	Seite
Artikel 14 Informationspflicht, wenn die personenbezogenen Daten nicht bei der betroffenen Person erhoben wurden	451
Artikel 15 Auskunftsrecht der betroffenen Person	463

Abschnitt 3. Berichtigung und Löschung

Artikel 16 Recht auf Berichtigung	488
Artikel 17 Recht auf Löschung („Recht auf Vergessenwerden")	498
Artikel 18 Recht auf Einschränkung der Verarbeitung	517
Artikel 19 Mitteilungspflicht im Zusammenhang mit der Berichtigung oder Löschung personenbezogener Daten oder der Einschränkung der Verarbeitung	525
Artikel 20 Recht auf Datenübertragbarkeit	529

Abschnitt 4. Widerspruchsrecht und automatisierte Entscheidungsfindung im Einzelfall

Artikel 21 Widerspruchsrecht	550
Artikel 22 Automatisierte Entscheidungen im Einzelfall einschließlich Profiling	556

Abschnitt 5. Beschränkungen

Artikel 23 Beschränkungen	572

Kapitel IV. Verantwortlicher und Auftragsverarbeiter
Abschnitt 1. Allgemeine Pflichten

Artikel 24 Verantwortung des für die Verarbeitung Verantwortlichen	586
Artikel 25 Datenschutz durch Technikgestaltung und durch datenschutzfreundliche Voreinstellungen	589
Artikel 26 Gemeinsam Verantwortliche	592
Artikel 27 Vertreter von nicht in der Union niedergelassenen Verantwortlichen oder Auftragsverarbeitern	613
Artikel 28 Auftragsverarbeiter	616
Artikel 29 Verarbeitung unter der Aufsicht des Verantwortlichen oder des Auftragsverarbeiters	645
Artikel 30 Verzeichnis von Verarbeitungstätigkeiten	652
Artikel 31 Zusammenarbeit mit der Aufsichtsbehörde	663

Abschnitt 2. Sicherheit personenbezogener Daten

Artikel 32 Sicherheit der Verarbeitung	670
Artikel 33 Meldung von Verletzungen des Schutzes personenbezogener Daten an die Aufsichtsbehörde	673
Artikel 34 Benachrichtigung der von einer Verletzung des Schutzes personenbezogener Daten betroffenen Person	682

Abschnitt 3. Datenschutz-Folgenabschätzung und vorherige Konsultation

Artikel 35 Datenschutz-Folgenabschätzung	689
Artikel 36 Vorherige Konsultation	703

Abschnitt 4. Datenschutzbeauftragter

Artikel 37 Benennung eines Datenschutzbeauftragten	710
Artikel 38 Stellung des Datenschutzbeauftragten	723
Artikel 39 Aufgaben des Datenschutzbeauftragten	731

Abschnitt 5. Verhaltensregeln und Zertifizierung

Artikel 40 Verhaltensregeln	738
Artikel 41 Überwachung der genehmigten Verhaltensregeln	749
Artikel 42 Zertifizierung	754
Artikel 43 Zertifizierungsstellen	763

Kapitel V. Übermittlungen personenbezogener Daten an Drittländer oder an internationale Organisationen

Artikel 44 Allgemeine Grundsätze der Datenübermittlung	769

Inhaltsverzeichnis

	Seite
Artikel 45 Datenübermittlung auf der Grundlage eines Angemessenheitsbeschlusses	778
Artikel 46 Datenübermittlung vorbehaltlich geeigneter Garantien	790
Artikel 47 Verbindliche interne Datenschutzvorschriften	810
Artikel 48 Nach dem Unionsrecht nicht zulässige Übermittlung oder Offenlegung	826
Artikel 49 Ausnahmen für bestimmte Fälle	831
Artikel 50 Internationale Zusammenarbeit zum Schutz personenbezogener Daten	846

Kapitel VI. Unabhängige Aufsichtsbehörden
Abschnitt 1. Unabhängigkeit

Artikel 51 Aufsichtsbehörde	853
Artikel 52 Unabhängigkeit	857
Artikel 53 Allgemeine Bedingungen für die Mitglieder der Aufsichtsbehörde	866
Artikel 54 Errichtung der Aufsichtsbehörde	869

Abschnitt 2. Zuständigkeit, Aufgaben und Befugnisse

Artikel 55 Zuständigkeit	870
Artikel 56 Zuständigkeit der federführenden Aufsichtsbehörde	873
Artikel 57 Aufgaben	879
Artikel 58 Befugnisse	889
Artikel 59 Tätigkeitsbericht	898

Kapitel VII. Zusammenarbeit und Kohärenz
Abschnitt 1. Zusammenarbeit

Artikel 60 Zusammenarbeit zwischen der federführenden Aufsichtsbehörde und den anderen betroffenen Aufsichtsbehörden	901
Artikel 61 Gegenseitige Amtshilfe	911
Artikel 62 Gemeinsame Maßnahmen der Aufsichtsbehörden	916

Abschnitt 2. Kohärenz

Artikel 63 Kohärenzverfahren	920
Artikel 64 Stellungnahme des Ausschusses	925
Artikel 65 Streitbeilegung durch den Ausschuss	933
Artikel 66 Dringlichkeitsverfahren	939
Artikel 67 Informationsaustausch	942

Abschnitt 3. Europäischer Datenschutzausschuss

Artikel 68 Europäischer Datenschutzausschuss	945
Artikel 69 Unabhängigkeit	948
Artikel 70 Aufgaben des Ausschusses	950
Artikel 71 Berichterstattung	956
Artikel 72 Verfahrensweise	958
Artikel 73 Vorsitz	960
Artikel 74 Aufgaben des Vorsitzes	962
Artikel 75 Sekretariat	964
Artikel 76 Vertraulichkeit	967

Kapitel VIII. Rechtsbehelfe, Haftung und Sanktionen

Artikel 77 Recht auf Beschwerde bei einer Aufsichtsbehörde	970
Artikel 78 Recht auf wirksamen gerichtlichen Rechtsbehelf gegen eine Aufsichtsbehörde	975
Artikel 79 Recht auf wirksamen gerichtlichen Rechtsbehelf gegen Verantwortliche oder Auftragsverarbeiter	983
Artikel 80 Vertretung von betroffenen Personen	989
Artikel 81 Aussetzung des Verfahrens	995
Artikel 82 Haftung und Recht auf Schadenersatz	998
Artikel 83 Allgemeine Bedingungen für die Verhängung von Geldbußen	1007
Artikel 84 Sanktionen	1026

Inhaltsverzeichnis

Seite

Kapitel IX. Vorschriften für besondere Verarbeitungssituationen

Artikel 85 Verarbeitung und Freiheit der Meinungsäußerung und Informationsfreiheit ... 1030
Artikel 86 Verarbeitung und Zugang der Öffentlichkeit zu amtlichen Dokumenten 1044
Artikel 87 Verarbeitung der nationalen Kennziffer 1047
Artikel 88 Datenverarbeitung im Beschäftigungskontext 1060
Artikel 89 Garantien und Ausnahmen in Bezug auf die Verarbeitung zu im öffentlichen Interesse liegenden Archivzwecken, zu wissenschaftlichen oder historischen Forschungszwecken und zu statistischen Zwecken 1076
Artikel 90 Geheimhaltungspflichten 1082
Artikel 91 Bestehende Datenschutzvorschriften von Kirchen und religiösen Vereinigungen oder Gemeinschaften 1087

Kapitel X. Delegierte Rechtsakte und Durchführungsrechtsakte

Artikel 92 Ausübung der Befugnisübertragung 1093
Artikel 93 Ausschussverfahren 1096

Kapitel XI. Schlussbestimmungen

Artikel 94 Aufhebung der RL 95/46/EG 1099
Artikel 95 Verhältnis zur Richtlinie 2002/58/EG 1103
Artikel 96 Verhältnis zu bereits geschlossenen Übereinkünften 1104
Artikel 97 Berichte der Kommission 1106
Artikel 98 Überprüfung anderer Rechtsakte der Union zum Datenschutz 1109
Artikel 99 Inkrafttreten und Anwendung 1110

Bundesdatenschutzgesetz (BDSG)
Teil 1. Gemeinsame Bestimmungen
Kapitel 1. Anwendungsbereich und Begriffsbestimmungen

§ 1 Anwendungsbereich des Gesetzes 1111
§ 2 Begriffsbestimmungen 1148

Kapitel 2. Rechtsgrundlagen der Verarbeitung personenbezogener Daten

§ 3 Verarbeitung personenbezogener Daten durch öffentliche Stellen 1154
§ 4 Videoüberwachung öffentlich zugänglicher Räume 1162

Kapitel 3. Datenschutzbeauftragte öffentlicher Stellen

§ 5 Benennung 1172
§ 6 Stellung 1173
§ 7 Aufgaben 1176

Kapitel 4. Die oder der Bundesbeauftragte für den Datenschutz und die Informationsfreiheit

§ 8 Errichtung 1178
§ 9 Zuständigkeit 1179
§ 10 Unabhängigkeit 1182
§ 11 Ernennung und Amtszeit 1183
§ 12 Amtsverhältnis 1185
§ 13 Rechte und Pflichten 1186
§ 14 Aufgaben 1190
§ 15 Tätigkeitsbericht 1193
§ 16 Befugnisse 1194

Kapitel 5. Vertretung im Europäischen Datenschutzausschuss, zentrale Anlaufstelle, Zusammenarbeit der Aufsichtsbehörden des Bundes und der Länder in Angelegenheiten der Europäischen Union

§ 17 Vertretung im Europäischen Datenschutzausschuss, zentrale Anlaufstelle 1198
§ 18 Verfahren der Zusammenarbeit der Aufsichtsbehörden des Bundes und der Länder 1202

Inhaltsverzeichnis

		Seite
§ 19	Zuständigkeiten	1205

Kapitel 6. Rechtsbehelfe

§ 20	Gerichtlicher Rechtsschutz	1208
§ 21	Antrag der Aufsichtsbehörde auf gerichtliche Entscheidung bei angenommener Rechtswidrigkeit eines Beschlusses der Europäischen Kommission	1210

Teil 2. Durchführungsbestimmungen für Verarbeitungen zu Zwecken gemäß Artikel 2 der Verordnung (EU) 2016/679

Kapitel 1. Rechtsgrundlagen der Verarbeitung personenbezogener Daten

Abschnitt 1. Verarbeitung besonderer Kategorien personenbezogener Daten und Verarbeitung zu anderen Zwecken

§ 22	Verarbeitung besonderer Kategorien personenbezogener Daten	1213
§ 23	Verarbeitung zu anderen Zwecken durch öffentliche Stellen	1226
§ 24	Verarbeitung zu anderen Zwecken durch nichtöffentliche Stellen	1239
§ 25	Datenübermittlungen durch öffentliche Stellen	1245

Abschnitt 2. Besondere Verarbeitungssituationen

§ 26	Datenverarbeitung für Zwecke des Beschäftigungsverhältnisses	1254
§ 27	Datenverarbeitung zu wissenschaftlichen oder historischen Forschungszwecken und zu statistischen Zwecken	1317
§ 28	Datenverarbeitung zu im öffentlichen Interesse liegenden Archivzwecken	1330
§ 29	Rechte der betroffenen Person und aufsichtsbehördliche Befugnisse im Fall von Geheimhaltungspflichten	1334
§ 30	Verbraucherkredite	1343
§ 31	Schutz des Wirtschaftsverkehrs bei Scoring und Bonitätsauskünften	1348

Kapitel 2. Rechte der betroffenen Person

§ 32	Informationspflicht bei Erhebung von personenbezogenen Daten bei der betroffenen Person	1378
§ 33	Informationspflicht, wenn die personenbezogenen Daten nicht bei der betroffenen Person erhoben wurden	1386
§ 34	Auskunftsrecht der betroffenen Person	1392
§ 35	Recht auf Löschung	1401
§ 36	Widerspruchsrecht	1409
§ 37	Automatisierte Entscheidungen im Einzelfall einschließlich Profiling	1410

Kapitel 3. Pflichten der Verantwortlichen und Auftragsverarbeiter

§ 38	Datenschutzbeauftragte nichtöffentlicher Stellen	1412
§ 39	Akkreditierung	1417

Kapitel 4. Aufsichtsbehörde für die Datenverarbeitung durch nichtöffentliche Stellen

§ 40	Aufsichtsbehörden der Länder	1418

Kapitel 5. Sanktionen

§ 41	Anwendung der Vorschriften über das Bußgeld- und Strafverfahren	1426
§ 42	Strafvorschriften	1438
§ 43	Bußgeldvorschriften	1454

Kapitel 6. Rechtsbehelfe

§ 44	Klagen gegen den Verantwortlichen oder Auftragsverarbeiter	1460

Teil 3. Bestimmungen für Verarbeitungen zu Zwecken gemäß Artikel 1 Absatz 1 der Richtlinie (EU) 2016/680

Kapitel 1. Anwendungsbereich, Begriffsbestimmungen und allgemeine Grundsätze für die Verarbeitung personenbezogener Daten

§ 45	Anwendungsbereich	1462

Inhaltsverzeichnis

		Seite
§ 46	Begriffsbestimmungen	1477
§ 47	Allgemeine Grundsätze für die Verarbeitung personenbezogener Daten	1487

Kapitel 2. Rechtsgrundlagen der Verarbeitung personenbezogener Daten

§ 48	Verarbeitung besonderer Kategorien personenbezogener Daten	1491
§ 49	Verarbeitung zu anderen Zwecken	1505
§ 50	Verarbeitung zu archivarischen, wissenschaftlichen und statistischen Zwecken	1515
§ 51	Einwilligung	1517
§ 52	Verarbeitung auf Weisung des Verantwortlichen	1525
§ 53	Datengeheimnis	1533
§ 54	Automatisierte Einzelentscheidung	1538

Kapitel 3. Rechte der betroffenen Person

§ 55	Allgemeine Informationen zu Datenverarbeitungen	1540
§ 56	Benachrichtigung betroffener Personen	1543
§ 57	Auskunftsrecht	1545
§ 58	Rechte auf Berichtigung und Löschung sowie Einschränkung der Verarbeitung	1553
§ 59	Verfahren für die Ausübung der Rechte der betroffenen Person	1566
§ 60	Anrufung der oder des Bundesbeauftragten	1569
§ 61	Rechtsschutz gegen Entscheidungen der oder des Bundesbeauftragten oder bei deren oder dessen Untätigkeit	1570

Kapitel 4. Pflichten der Verantwortlichen und Auftragsverarbeiter

§ 62	Auftragsverarbeitung	1571
§ 63	Gemeinsam Verantwortliche	1585
§ 64	Anforderungen an die Sicherheit der Datenverarbeitung	1586
§ 65	Meldung von Verletzungen des Schutzes personenbezogener Daten an die oder den Bundesbeauftragten	1604
§ 66	Benachrichtigung betroffener Personen bei Verletzungen des Schutzes personenbezogener Daten	1612
§ 67	Durchführung einer Datenschutz-Folgenabschätzung	1618
§ 68	Zusammenarbeit mit der oder dem Bundesbeauftragten	1622
§ 69	Anhörung der oder des Bundesbeauftragten	1622
§ 70	Verzeichnis von Verarbeitungstätigkeiten	1625
§ 71	Datenschutz durch Technikgestaltung und datenschutzfreundliche Voreinstellungen	1631
§ 72	Unterscheidung zwischen verschiedenen Kategorien betroffener Personen	1633
§ 73	Unterscheidung zwischen Tatsachen und persönlichen Einschätzungen	1635
§ 74	Verfahren bei Übermittlungen	1637
§ 75	Berichtigung und Löschung personenbezogener Daten sowie Einschränkung der Verarbeitung	1643
§ 76	Protokollierung	1649
§ 77	Vertrauliche Meldung von Verstößen	1653

Kapitel 5. Datenübermittlungen an Drittstaaten und an internationale Organisationen

§ 78	Allgemeine Voraussetzungen	1655
§ 79	Datenübermittlung bei geeigneten Garantien	1681
§ 80	Datenübermittlung ohne geeignete Garantien	1688
§ 81	Sonstige Datenübermittlung an Empfänger in Drittstaaten	1697

Kapitel 6. Zusammenarbeit der Aufsichtsbehörden

§ 82	Gegenseitige Amtshilfe	1703

Kapitel 7. Haftung und Sanktionen

§ 83	Schadensersatz und Entschädigung	1706
§ 84	Strafvorschriften	1713

Inhaltsverzeichnis

Seite

Teil 4. Besondere Bestimmungen für Verarbeitungen im Rahmen von nicht in die Anwendungsbereiche der Verordnung (EU) 2016/679 und der Richtlinie (EU) 2016/680 fallenden Tätigkeiten

§ 85 Verarbeitung personenbezogener Daten im Rahmen von nicht in die Anwendungsbereiche der Verordnung (EU) 2016/679 und der Richtlinie (EU) 2016/680 fallenden Tätigkeiten 1715

§ 86 Verarbeitung personenbezogener Daten für Zwecke staatlicher Auszeichnungen und Ehrungen 1720

Sachverzeichnis 1727

Abkürzungsverzeichnis

aA	andere(r) Ansicht/Auffassung
aaO	am angegebenen Ort
Abb.	Abbildung
abgedr.	abgedruckt
Abk.	Abkommen
ABl.	Amtsblatt
abl.	ablehnend
Abs.	Absatz
abschl.	abschließend
Abschn.	Abschnitt
Abt.	Abteilung
abw.	abweichend
abzgl.	abzüglich
aE	am Ende
aF	alte Fassung
AfP	Archiv für Presserecht (Zeitschrift)
AG	Amtsgericht (mit Ortsnamen), Aktiengesellschaft
AGB	Allgemeine Geschäftsbedingungen
allg.	allgemein
allgM	allgemeine Meinung
Alt.	Alternative
aM	andere Meinung
amtl.	Amtlich
Änd.	Änderung
ÄndG	Änderungsgesetz
ÄndRL	Änderungsrichtlinie
Anh.	Anhang
Anl.	Anlage
Anm.	Anmerkung
AöR	Archiv des öffentlichen Rechts (Zeitschrift)
ArbR	Arbeitsrecht
Arg.	Argumentation
Art.	Artikel
Auff.	Auffassung
aufgeh.	aufgehoben
Aufl.	Auflage
ausdr.	ausdrücklich
ausf.	ausführlich
ausschl.	ausschließlich
Az.	Aktenzeichen
Bay., bay.	Bayern, bayerisch
BayObLG	Bayerisches Oberstes Landesgericht
BayVBl.	Bayerische Verwaltungsblätter (Zeitschrift)
BayVerfGH	Bayerischer Verfassungsgerichtshof
BB	Betriebs-Berater (Zeitschrift)
Bbg	Brandenburg
Bd.	Band
BDSG aF	Bundesdatenschutzgesetz idF vor dem 24.5.2018
BDSG	Bundesdatenschutzgesetz idF ab dem 25.5.2018
bearb./Bearb.	bearbeitet/Bearbeiter, Bearbeitung
BeckRS	Beck-Rechtsprechung (beck-online)
Begr.	Begründung
begr.	Begründet
Beil.	Beilage
Bek.	Bekanntmachung
Bem.	Bemerkung
ber./Ber.	berichtigt/Berichtigung
bes.	besonders
Beschl.	Beschluss
beschr.	Bbeschränkt, beschrieben, beschreibend
bespr./Bespr.	besprochen/Besprechung

XVII

Abkürzungsverzeichnis

bestr.	Bestritten
Betr., betr.	Betreff, betrifft, betreffend
BfDI	Bundesbeauftragter für den Datenschutz
BFH	Bundesfinanzhof
BFHE	Amtliche Sammlung der Entscheidungen des Bundesfinanzhofs
BGBl	Bundesgesetzblatt
BGH	Bundesgerichtshof
BGHSt	Amtliche Sammlung der Entscheidungen des Bundesgerichtshofs in Strafsachen
BGHZ	Amtliche Sammlung der Entscheidungen des Bundesgerichtshofs in Zivilsachen
BKA	Bundeskriminalamt
Bln., bln.	Berlin, berlinerisch
BND	Bundesnachrichtendienst
BR	Bundesrat
BR-Drs.	Bundesrats – Drucksache
Brem., brem.	Bremen, bremisch
BSG	Bundessozialgericht
BSGE	Amtliche Sammlung der Entscheidungen des Bundessozialgerichts
Bsp.	Beispiel
bspw.	beispielsweise
BT	Bundestag; Besonderer Teil
BT-Drs.	Bundestags-Drucksache
Buchst.	Buchstabe
BVerfG	Bundesverfassungsgericht
BVerfGE	Amtliche Sammlung der Entscheidungen des Bundesverfassungsgerichts
BVerwG	Bundesverwaltungsgericht
BVerwGE	Amtliche Sammlung der Entscheidungen des Bundesverwaltungsgerichts
BW	Baden-Württemberg
bzgl.	bezüglich
bzw.	beziehungsweise
ca.	circa
CR	Computer und Recht (Zeitschrift)
d.	der/die/das/den/des/durch
Darst.	Darstellung
ders.	derselbe
dgl.	dergleichen, desgleichen
dh	das heißt
dies.	dieselbe
diesbzgl.	diesbezüglich
digma	Zeitschrift für Datenrecht und Informationssicherheit
div.	diverse
DJT	Deutscher Juristentag
DÖV	Die öffentliche Verwaltung (Zeitschrift)
Drs.	Drucksache
DS-GVO	Datenschutz-Grundverordnung (Verordnung (EU) 2016/679)
DSK	Konferenz der Datenschutzbeauftragten von Bund und Ländern
DSRL	Datenschutzrichtlinie 95/46
DSRL-eK 2002/58	Richtlinie zum Datenschutz in der elektronischen Kommunikation 2002/58
DS-PJZS-RB 2008/977/JI	Rahmenbeschluss zum Datenschutz im Bereich der polizeilichen und justiziellen Zusammenarbeit in Strafsachen 2008/977/JI
DS-VO 2001/45	Datenschutzverordnung für die EU-Organe 2001/45
dt.	deutsch
DüK	Düsseldorfer Kreis der obersten Datenschutz-Aufsichtsbehörden von Bund und Ländern (nicht-öffentlicher Bereich)
DuD	Datenschutz und Datensicherheit (Zeitschrift)
DVBl	Deutsches Verwaltungsblatt (Zeitschrift)
E	Entwurf
Ed.	Edition
EG	Europäische Gemeinschaft(en), Einführungsgesetz
EGMR	Europäischer Gerichtshof für Menschenrechte
ehem.	Ehemalig/e/er/es
Einf./einf.	Einführung/einführend
eing.	eingehend

Abkürzungsverzeichnis

Einl.	Einleitung
einschl.	einschließlich
EL	Ergänzungslieferung
Empf.	Empfehlung
endg.	endgültig
Entsch.	Entscheidung
Entschl.	Entschluss
entspr.	entspricht, entsprechend
EP	Europäisches Parlament
ER	Europäischer Rat
Erg.	Ergebnis, Ergänzung
erg.	ergänzend
Ergbd.	Ergänzungsband
Erkl.	Erklärung
Erl.	Erlass, Erläuterung
etc	et cetera (und so weiter)
EU	Europäische Union
EUR. DSB	Europäischer Datenschutzbeauftragter
europ.	europäisch
Europol	Europäisches Polizeiamt
EuZW	Europäische Zeitschrift für Wirtschaftsrecht
evtl.	eventuell
EWG	Europäische Wirtschaftsgemeinschaft
EWR	Europäischer Wirtschaftsraum
f., ff.	folgende Seite bzw. Seiten
FG	Finanzgericht (mit Ortsnamen); Festgabe
Fn.	Fußnote
FS	Festschrift
G	Gesetz
GBl.	Gesetzblatt
GE	Gesetzesentwurf
geänd.	geändert
gem.	gemäß
GmS-OBG	Gemeinsamer Senat der obersten Gerichtshöfe des Bundes
gewöhnl.	Gewöhnlich
ggf.	gegebenenfalls
ggü.	gegenüber
GMBl.	Gemeinsames Ministerialblatt
grdl./Grdl.	grundlegend/Grundlage
grds.	grundsätzlich
GrS	Großer Senat
GRUR	Gewerblicher Rechtsschutz und Urheberrecht (Zeitschrift)
GRUR-RR	GRUR-Rechtsprechungs-Report
GVBl.	Gesetz- und Verordnungsblatt
Hess	Hessen
hA	herrschende Ansicht/Auffassung
HdB	Handbuch
hM	herrschende Meinung
Hmb	Hamburg
Hrsg.	Herausgeber
hrsg.	herausgegeben
Hs.	Halbsatz
idF	in der Fassung
idR	in der Regel
idS	in diesem Sinne
iE	im Einzelnen
iErg	im Ergebnis
ieS	im engeren Sinne
iHd	in Höhe des/der
Inf.	Information
insbes.	insbesondere
int.	international
iRd	im Rahmen des/der
iS	im Sinne
iSd	im Sinne der/des
iSv	im Sinne von
iÜ	im Übrigen

Abkürzungsverzeichnis

iVm	in Verbindung mit
iW	im Wesentlichen
iwS	im weiteren Sinne
Jg., Jge.	Jahrgang, Jahrgänge
Jh.	Jahrhundert
JI-RL	Richtlinie (EU) 2016/680 des Europäischen Parlaments und des Rates vom 27. April 2016 zum Schutz natürlicher Personen bei der Verarbeitung personenbezogener Daten durch die zuständigen Behörden zum Zwecke der Verhütung, Ermittlung, Aufdeckung oder Verfolgung von Straftaten oder der Strafvollstreckung sowie zum freien Datenverkehr und zur Aufhebung des Rahmenbeschlusses 2008/977/JI des Rates
JR	Juristische Rundschau (Zeitschrift)
jur.	juristisch
JZ	Juristenzeitung
Kap.	Kapitel, Kaoital
Kfz	Kraftfahrzeug
Kj.	Kalenderjahr
Kom.	Komitee, Kommission
Komm.	Kommentar
KommJur	Kommunaljurist (Zeitschrift)
K&R	Kommunikation & Recht (Zeitschrift)
krit.	kritisch
Ld.	Land(es)
LfD	Landesbeauftragter für den Datenschutz
lfd.	laufend(e)
Lfg.	Lieferung
LG	Landgericht (mit Ortsnamen)
LKRZ	Zeitschrift für Landes- und Kommunalrecht
LKV	Landes- und Kommunalverwaltung (Zeitschrift)
Lit.	Literatur
lit.	litera
Ls.	Leitsatz
LSA	Sachsen-Anhalt
LSG	Landessozialgericht (mit Ortsnamen)
LT	Landtag
LT-Drs.	Landtags-Drucksache
lt.	Laut
mÄnd	mit Änderungen
mAnm	mit Anmerkung
MAD	Militärischer Abschirmdienst
Mat.	Materialien
max.	maximal
mE	meines Erachtens
mind.	mindestens
Mio.	Million(en)
MMR	Zeitschrift für IT-Recht und Recht der Digitalisierung
mN	mit Nachweisen
Mrd.	Milliarde(n)
MS	Mitgliedstaaten der Europäischen Union
mspätÄnd	mit späteren Änderungen
mtl.	monatlich
MV	Mecklenburg-Vorpommern
mwH	mit weiteren Hinweisen
mwN	mit weiteren Nachweisen
mWv	mit Wirkung vom
Nds., neds.	Niedersachsen, niedersächsisch
nachf.	nachfolgend
Nachw.	Nachweise
nF	neue Fassung
NJW	Neue Juristische Wochenschrift
NJW-RR	NJW-Rechtsprechungs-Report
NordÖR	Zeitschrift für öffentliches Recht in Norddeutschland
Nr./Nrn.	Nummer/Nummern
nrkr	nicht rechtskräftig
NRW, nrw.	Nordrhein-Westfalen, nordrhein-westfälisch
NStZ	Neue Zeitschrift für Strafrecht

Abkürzungsverzeichnis

NStZ-RR	NStZ-Rechtsprechungs-Report
nv	nicht veröffentlicht
NVwZ	Neue Zeitschrift für Verwaltungsrecht
NVwZ-RR	NVwZ-Rechtsprechungs-Report
NWVBl.	Nordrhein-Westfälische Verwaltungsblätter (Zeitschrift)
NZS	Neue Zeitschrift für Sozialrecht
o.	oben, oder
oÄ	oder Ähnliche/s
öffentl.	öffentlich
ÖJZ	Österreichische Juristen-Zeitung
og	oben genannte(r, s)
OLG	Oberlandesgericht (mit Ortsnamen)
oV	ohne Verfasser
OVG	Oberverwaltungsgericht (mit Ortsnamen)
PKH	Prozesskostenhilfe
Prot.	Protokoll
rd.	rund
RDV	Recht der Datenverarbeitung (Zeitschrift)
RegE	Regierungsentwurf
RhPf., rhpf.	Rheinland-Pfalz, rheinland-pfälzisch
rkr.	rechtskräftig
RL	Richtlinie
Rn.	Randnummer
Rs.	Rechtssache
Rspr.	Rechtsprechung
RVO	Rechtsverordnung; Reichsversicherungsordnung (SozR)
Saarl., saarl.	Saarland, saarländisch
S.	Seite(n), Satz
s.	siehe
Sachs., sachs.	Sachsen, sächsisch
SchlH, schlh.	Schleswig-Holstein, schleswig-holsteinisch
Schr.	Schrifttum, Schreiben
SG	Sozialgericht (mit Ortsnamen)
Slg.	Sammlung
sog	so genannt
st.	ständig
Stellungn.	Stellungnahme
Stichw.	Stichwort
str.	streitig, strittig
stRspr	ständige Rechtsprechung
teilw.	teilweise
Thür., thür.	Thüringen, thüringisch
Tz.	Textziffer
u.	und, unter, unten
ua	und andere, unter anderem
uÄ	und Ähnliches
UAbs.	Unterabsatz
uam	und anderes mehr
überarb.	überarbeitet
Überbl.	Überblick
überw.	überwiegend
uE	unseres Erachtens
Umf.	Umfang
umfangr.	umfangreich
umstr.	umstritten
unstr.	unstreitig
unveröff.	unveröffentlicht
unzutr.	unzutreffend
Urt.	Urteil
usw	und so weiter
uU	unter Umständen
uvam	und viele(s) andere(s) mehr
uvm	und viele(s) mehr
v.	vom, von
VA	Verwaltungsakt
va	vor allem
Var.	Variante

Abkürzungsverzeichnis

VerfGH	Verfassungsgerichtshof (mit Landesnamen)
VDS-RL 2006/24/EG	Richtlinie zur Vorratsdatenspeicherung 2006/24/EG
Verf.	Verfasser, Verfassung, Verfahren
Verh.	Verhandlung(en)
Veröff.	Veröffentlichung(en)
VerwArch	Verwaltungsarchiv (Zeitschrift)
Vfg.	Verfügung
VG	Verwaltungsgericht (mit Ortsnamen)
VGH	Verwaltungsgerichtshof (mit Ortsnamen)
vgl.	vergleiche
vH	von Hundert
VO	Verordnung
Voraufl.	Vorauflage
Vorb.	Vorbemerkung
vorl.	vorläufig
Vorschr.	Vorschrift
VR	Verwaltungsrundschau (Zeitschrift)
vs.	versus
VV	Verwaltungsvorschriften
VVDStRL	Veröffentlichungen der Vereinigung der Deutschen Staatsrechtslehrer
VzA	Anordnung der sofortigen Vollziehung
Wiss., wiss.	Wissenschaft, wissenschaftlich
WP	Working Paper
zahlr.	zahlreich
zB	zum Beispiel
ZD	Zeitschrift für Datenschutz
zit.	zitiert
ZRP	Zeitschrift für Rechtspolitik
zT	zum Teil
ZUM	Zeitschrift für Urheber- und Medienrecht
ZUM-RR	ZUM-Rechtsprechungs-Report
zusf.	zusammenfassend
zust.	zustimmend
zutr.	zutreffend
zw.	zweifelhaft
zzgl.	zuzüglich
zzt.	zurzeit

Verzeichnis der abgekürzt zitierten Literatur

AK-GG	Denninger/Hoffmann-Riem/Schneider/Stein, Alternativkommentar zum Grundgesetz, Loseblatt.
Albrecht/Jotzo Das neue DatenschutzR	Albrecht/Jotzo, Das neue Datenschutzrecht der EU, 2016.
Auernhammer	Auernhammer, Datenschutz-Grundverordnung/Bundesdatenschutzgesetz, Kommentar, 7. Aufl. 2020.
Auer-Reinsdorff/Conrad IT-R-HdB	Auer-Reinsdorff/Conrad/Teeger, Handbuch IT- und Datenschutzrecht, 3. Aufl. 2019.
BeckOK BGB	Bamberger/Roth, Beck'scher Online-Kommentar Bürgerliches Gesetzbuch.
BeckOK GG	Epping/Hillgruber, Beck'scher Online-Kommentar Grundgesetz.
BeckOK InfoMedienR	Gersdorf/Paal, Beck'scher Online-Kommentar Informations- und Medienrecht.
BeckOK SozR	Rolfs/Giesen/Kreikebohm/Udsching, Beck'scher Online-Kommentar Sozialrecht.
BeckOK StGB	v. Heintschel-Heinegg, Beck'scher Online-Kommentar Strafgesetzbuch.
BeckOK VwGO	Posser/Wolff, Beck'scher Online-Kommentar Verwaltungsgerichtsordnung.
BeckOK VwVfG	Bader/Ronellenfitsch, Beck'scher Online-Kommentar Verwaltungsverfahrensgesetz.
BeckOK ZPO	Vorwerk/Wolf, Beck'scher Online-Kommentar Zivilprozessordnung.
Beck RundfunkR	Binder/Vesting, Beck'scher Kommentar zum Rundfunkrecht, 4. Aufl. 2018
Beyerlein/Borchert	Beyerlein/Borchert, Verbraucherinformationsgesetz, Kommentar, 2010.
BK	Kahl/Waldhoff/Walter, Bonner Kommentar zum Grundgesetz, Loseblatt.
BMH	Bergmann/Möhrle/Herb, Datenschutzrecht, Kommentar, Loseblatt.
BPB	Brink/Polenz/Blatt, Informationsfreiheitsgesetz, Kommentar, 2017.
Calliess/Ruffert	Calliess/Ruffert, EUV/AEUV, Kommentar, 6. Aufl. 2022.
Dammann/Simitis	Dammann/Simitis, EG-Datenschutzrichtlinie, Kommentar, 1997.
Dürig/Herzog/Scholz	Dürig/Herzog/Scholz, Grundgesetz, Kommentar, Loseblatt
DWWS	Däubler/Wedde/Weichert/Sommer, EU-DSGVO und BDSG, Kompaktkommentar, 2. Aufl. 2020.
Dreier	Dreier, Grundgesetz, Kommentar, 3. Aufl. 2013.
EAS	Engelhardt/App/Schlatmann, Verwaltungs-Vollstreckungsgesetz/Verwaltungszustellungsgesetz, Kommentar, 12. Aufl. 2021.
Ehmann/Helfrich	Ehmann/Helfrich, EG-Datenschutzrichtlinie, Kommentar, 1999.
Ehmann/Selmayr	Ehmann/Selmayr, Datenschutz-Grundverordnung, Kommentar, 2. Aufl. 2018.
ErfK	Müller-Glöge/Preis/Schmidt/Dieterich/Hanau/Schaub, Erfurter Kommentar zum Arbeitsrecht, 22. Aufl. 2022.
Eyermann	Eyermann, Verwaltungsgerichtsordnung, Kommentar, 15. Aufl. 2019.

Verzeichnis der abgekürzt zitierten Literatur

FHS Betr. Datenschutz-HdB	Forgó/Helfrich/Schneider, Betrieblicher Datenschutz, 3. Aufl. 2019.
Fischer	Fischer, Strafgesetzbuch, Kommentar, 69. Aufl. 2022.
GHN	Grabitz/Hilf/Nettesheim, Das Recht der Europäischen Union, Kommentar, Loseblatt.
GKK	Geiger/Khan/Kotzur, EUV/AEUV, Kommentar, 6. Aufl. 2017.
Göhler	Göhler, Ordnungswidrigkeitengesetz, Kommentar, 18. Aufl. 2021.
Gola	Gola, Datenschutz-Grundverordnung, Kommentar, 2. Aufl. 2018.
Gola/Heckmann	Gola/Heckmann, Bundesdatenschutzgesetz, Kommentar, 13. Aufl. 2019.
Gola/Schomerus BDSG aF	Gola/Schomerus, Bundesdatenschutzgesetz, Kommentar, 12. Aufl. 2015 (13. Aufl. unter Gola/Heckmann).
GPSS	Geppert/Piepenbrock/Schütz/Schuster, Beck'scher TKG-Kommentar, 4. Aufl. 2013.
GSS PersönlichkeitsR-HdB	Götting/Schertz/Seitz, Handbuch des Persönlichkeitsrechts, 2. Aufl. 2019.
GSSV	Gierschmann/Schlender/Stentzel/Veil, Kommentar Datenschutz-Grundverordnung, 2017.
Härting DS-GVO-HdB	Härting, Datenschutz-Grundverordnung, Handbuch, 2016.
HK-DS-GVO	Sydow, Europäische Datenschutzgrundverordnung, Kommentar, 2. Aufl. 2018.
HK-BDSG	Sydow, Bundesdatenschutzgesetz, Kommentar, 2019.
HSH MMR-HdB	Hoeren/Sieber/Holznagel, Handbuch Multimedia-Recht, Kommentar, Loseblatt.
HSV VerwR	Hoffmann-Riem/Schmidt-Aßmann/Voßkuhle, Grundlagen des Verwaltungsrechts, 2. Aufl. 2012 f.
Huck/Müller	Huck/Müller, Verwaltungsverfahrensgesetz, Beck'scher Kompakt-Kommentar, 3. Aufl. 2020.
Isensee/Kirchhof StaatsR-HdB	Isensee/Kirchhof, Handbuch des Staatsrechts der Bundesrepublik Deutschland, 3. Aufl. 2003 ff.
Jarass	Jarass, Charta der Grundrechte der Europäischen Union, Kommentar, 13. Aufl. 2020.
Jarass/Pieroth	Jarass/Pieroth, Grundgesetz, Kommentar, 16. Aufl. 2020.
Johannes/Weinhold DatenschutzR	Johannes/Weinhold, Das neue Datenschutzrecht bei Polizei und Justiz, 2018.
KKS DatenschutzR	Kühling/Klar/Sackmann, Datenschutzrecht, 4. Auflage 2018.
Kopp/Ramsauer	Kopp/Ramsauer, Verwaltungsverfahrensgesetz, Kommentar, 22. Aufl. 2021.
Kopp/Schenke	Kopp/Schenke, Verwaltungsgerichtsordnung, Kommentar, 27. Aufl. 2021.
Krenberger/Krumm	Krenberger/Krumm, Ordnungswidrigkeitengesetz, Kommentar, 6. Aufl. 2020.
KSS DatenschutzR	Kühling/Seidel/Sivridis, Datenschutzrecht, 3. Aufl. 2015 (4. Aufl. unter KKS DatenschutzR).
Kühling/Buchner	Kühling/Bucher, Datenschutz-Grundverordnung, Kommentar, 3. Aufl. 2020.
Kühling/Martini DS-GVO	Kühling/Martini, Die Datenschutzgrundverordnung und das nationale Recht, 2016.
Laue/Kremer Neues DatenschutzR	Laue/Kremer, Das neue Datenschutzrecht in der betrieblichen Praxis, 2. Aufl. 2019.
Löffler	Löffler, Presserecht, Kommentar, 6. Aufl. 2015.
MAH IT-Recht	Leupold/Wiebe/Glossner, Münchener Anwaltshandbuch IT-Recht, 4. Aufl. 2021.
MKS	v. Mangoldt/Klein/Starck, Kommentar zum Grundgesetz, 7. Aufl. 2018.

Verzeichnis der abgekürzt zitierten Literatur

MSA DatenschutzR	Moos/Schefzig/Arning, Die neue Datenschutz-Grundverordnung, 2018.
NK-DatenschutzR	Simitis/Hornung /Spiecker gen. Döhmann, Datenschutzrecht. DSGVO mit BDSG, Kommentar, 2019.
NK-EMRK	Meyer-Ladewig/Nettesheim/v. Raumer, Europäische Menschenrechtskonvention, Kommentar, 4. Aufl. 2017.
NK-EuropaR	Vedder/Heintschel von Heinegg, Europäisches Unionsrecht, Kommentar, 2. Aufl. 2018.
NK-MedienR	Paschke/Berlit/Meyer/Kröner, Hamburger Kommentar Gesamtes Medienrecht, Nomos Kommentar, 4. Aufl. 2020.
NK-VerwR	Fehling/Kastner/Störmer, Verwaltungsrecht, Kommentar, 5. Aufl. 2021.
NK-VwGO	Sodan/Ziekow, Verwaltungsgerichtsordnung, Kommentar, 5. Aufl. 2018.
Paal/Pauly	Paal/Pauly, Datenschutz-Grundverordnung Bundesdatenschutzgesetz, Beck'scher Kompakt-Kommentar, 3. Aufl. 2021.
PNH	Pechstein/Nowak/Häde, Frankfurter Kommentar zu EUV, GRC und AEUV, 2017
Plath	Plath, Datenschutz-Grundverordnung Bundesdatenschutzgesetz, Kommentar, 3. Aufl. 2018.
Redeker/v. Oertzen	Redeker/von Oertzen, Verwaltungsgerichtsordnung, Kommentar, 16. Aufl. 2014.
Richter	Richter, Informationsweiterverwendungsgesetz, Kommentar, 2018.
Ricker/Weberling PresseR-HdB	Ricker/Weberling, Handbuch des Presserechts, 7. Aufl. 2021.
Roßnagel DS-GVO-HdB	Roßnagel, Europäische Datenschutz-Grundverordnung, Handbuch, 2016.
Roßnagel DatenschutzR-HdB	Roßnagel, Handbuch Datenschutzrecht, 2003.
RPG DatenschutzR	Roßnagel/Pfitzmann/Garstka, Modernisierung des Datenschutzrechts, 2001.
Sachs	Sachs, Kommentar zum Grundgesetz, 9. Aufl. 2021.
SBS	Stelkens/Bonk/Sachs, Verwaltungsverfahrensgesetz, Kommentar, 9. Aufl. 2018.
Schantz/Wolff DatenschutzR	Schantz/Wolff, Das neue Datenschutzrecht. Datenschutz-Grundverordnung und Bundesdatenschutzgesetz in der Praxis, 2017.
Schaffland/Wiltfang	Schaffland/Wiltfang, Bundesdatenschutzgesetz, Kommentar, Loseblatt.
Scheurle/Mayen	Scheurle/Mayen, Telekommunikationsgesetz, Kommentar, 3. Aufl. 2018.
Schoch	Schoch, Informationsfreiheitsgesetz, 2. Aufl. 2016.
Schoch/Schneider	Schoch/Schneider, Verwaltungsrecht. VwGO VwVfG, Loseblatt
Schönke/Schröder	Schönke/Schröder, Strafgesetzbuch, Kommentar, 30. Aufl. 2019.
Schwarze	Schwarze, EU-Kommentar, 4. Aufl. 2018.
SJTK	Schwartmann/Jaspers/Thüsing/Kugelmann, DS-GVO/BDSG, 2018.
SHH	Schmidt-Bleibtreu/Hofmann/Hopfauf, Grundgesetz, Kommentar, 14. Aufl. 2017.
Simitis	Simitis, Bundesdatenschutzgesetz, Kommentar, 8. Aufl. 2014 (Nachfolgewerk unter NK-DatenschutzR).
Sodan	Sodan, Grundgesetz, Beck'scher Kompaktkommentar, 4. Aufl. 2018.
Sodan/Ziekow	Sodan/Ziekow, Verwaltungsgerichtsordnung, Kommentar, 5. Aufl. 2018.

Verzeichnis der abgekürzt zitierten Literatur

Specht/Mantz DatenschutzR-HdB...	Specht/Mantz, Handbuch Europäisches und deutsches Datenschutzrecht, 2019.
Spindler/Schuster	Spindler/Schuster, Recht der elektronischen Medien, Kommentar, 4. Aufl. 2019.
Stern................................	Stern, Das Staatsrecht der Bundesrepublik Deutschland, 1./2. Aufl. 1984 ff.
Stern/Sachs........................	Stern/Sachs, Europäische Grundrechte-Charta, Kommentar, 2016.
Streinz	Streinz, EUV/AEUV; Vertrag über die Europäische Union und Vertrag über die Arbeitsweise der Europäischen Union, Kommentar, 3. Aufl. 2018.
Taeger/Gabel	Taeger/Gabel, DSGVO – BDSG, Kommentar, 3. Aufl. 2019.
TBPH DatenschutzR	Tinnefeld/Buchner/Petri/Hof, Einführung in das Datenschutzrecht, 7. Aufl. 2019.
Tettinger/Stern...................	Tettinger/Stern, Kölner Kommentar zur Europäischen Grundrechte-Charta, 2006.
v. Münch/Kunig	v. Münch/Kunig, Grundgesetz, Kommentar, 6. Aufl. 2012.
v. der Groeben/Schwarze/Hatje.......	v. der Groeben/Schwarze/Hatje, Europäisches Unionsrecht, Kommentar, 7. Aufl. 2015.
Wysk	Wysk, Verwaltungsgerichtsordnung, Beck'scher Kompakt-Kommentar, 3. Aufl. 2020.

Grundlagen und bereichsspezifischer Datenschutz

Syst. A. Prinzipien des Datenschutzrechts

Überblick

Das Datenschutzrecht als Querschnittsmaterie wird von eigenen Prinzipien strukturiert. Die meisten Prinzipien sind gesetzlich normiert, andere ergeben sich ungeschrieben aus Systematisierungen oder haben sich aus Ableitungen von Rechtsprinzipien herausgebildet. Tragend ist der Zweckbindungsgrundsatz. Echten Prinzipiencharakter im Sinne von Optimierungsgeboten besitzen das Gebot der Datenvermeidung und Datensparsamkeit sowie das Prinzip der Transparenz. Aus einer Systematisierung ergibt sich das Prinzip der Schutzräume. Althergebracht dagegen sind die Rechtfertigungsabhängigkeit und die Ausgestaltung der Datenverarbeitung als ein Verbot mit Erlaubnisvorbehalt mitsamt dem Erfordernis des überwiegenden Informationsinteresses.

Übersicht

	Rn.		Rn.
A. Begriff und Sinn von Rechtsprinzipien	1	**D. Grundsatz der Datenminimierung**	41
B. Prinzip der Schutzräume	6	I. Allgemein	41
I. Allgemein	6	II. Angemessene Daten	44
II. Differenzierung nach geschützter Person	8	III. Erhebliche Daten	48
III. Differenzierung nach der Art und Form der Datenverarbeitung	9	IV. Auf das für die Verarbeitung notwenige Maß beschränkte Daten	49
IV. Differenzierung nach der Kompetenzlage	10	1. Allgemein	49
V. Differenzierung nach dem Verarbeiter	15	2. Beschränkung der Datenmenge	50
VI. Differenzierung nach dem Zweck der Verarbeitung	16	3. Beschränkung des Verarbeitungsprozesses	55
VII. Rechtfertigungsabhängigkeit – Verbotsprinzip	18	**E. Grundsatz des verantwortlichen Datenumgangs**	64
C. Zweckbindungsgrundsatz	19	I. Allgemein	64
I. Allgemein	19	II. Grundsatz nach Treu und Glauben	66
II. Rechtsgrundlage	21	III. Grundsatz der Transparenz	69
III. Inhalt	22	IV. Gebot der Richtigkeit	70
1. Allgemein	22	1. Gebot der Datenrichtigkeit	70
2. Zweckfestlegung.	24	2. Erkennbarkeit der Datenvalidität	72
3. Zweckbindung	30	V. Gebot der Integrität und Vertraulichkeit	73
4. Ausnahmen vom Zweckbindungsgrundsatz	39	1. Datensicherheit	73
5. Zweckbindungsgrundsatz bei erlangten, aber nicht erhobenen Daten	40	2. Datengeheimnis	74
		VI. Rechenschaftspflicht	76
		VII. Grundsatz der gestuften Anforderung	77
		VIII. Grundsatz der Direkterhebung	80

A. Begriff und Sinn von Rechtsprinzipien

Das Datenschutzrecht ist ein Rechtsgebiet, das in besonderer Weise durch die **Geltung allgemeiner Prinzipien** geprägt war, die von den Prinzipien der anderen Rechtsgebiete teilweise abweichen, wie insbesondere das Prinzip der Erforderlichkeit, der Zweckbindung, der Grundsatz der Direkterhebung und das Prinzip der Datenschutzräume. Der **Begriff** des **Rechtsprinzips** ist gesetzlich nicht definiert, aber dennoch gebräuchlich. Er meint allgemeine Grundsätze, die rechtliche Grundaussagen treffen und dabei die Gemeinsamkeiten von einzelnen Rechtssätzen zusammenfassen und diesen auf diesem Wege einen gemeinsamen Ursprung oder einen gemeinsamen Grund geben.

Syst. A. Prinzipien des Datenschutzrechts

1.1 Ein Rechtsprinzip selbst kann ein **geschriebener Rechtssatz** sein, muss es aber nicht. Rechtssatzcharakter besitzt ein Prinzip, wenn seine Geltung Rechtsqualität besitzt, dh von einem Hoheitsträger im Rahmen seiner Hoheitsgewalt festgelegt wird. Da Rechtsprinzipien grundsätzlichen Charakter aufweisen, sind sie, sofern sie normiert sind, häufig, aber nicht zwingend, verfassungsrechtlicher Natur. Sind die Prinzipien nicht als Rechtssätze geschrieben und gesetzt, werden sie aus der **Analyse** und **Systematisierung** des **Datenschutzrechtes** gewonnen und treffen Aussagen über die Besonderheiten dieses Gebietes. Sie können als solche **wiederum ein ungeschriebener Rechtssatz** sein (in Form des Gewohnheitsrechts oder des mitgesetzten Rechts). In der Regel bilden sie dann aber Rechtskonkretisierungen, die als Richterrecht oder Rechtsinterpretationen formal keinen Rechtsquellencharakter besitzen. Drittens können sie aber auch gar keinen unmittelbare Rechtsnormcharakter besitzen, sondern nur als wissenschaftlicher Begriff leben. Verklammerndes Element ist daher nicht die Rechtsquellenqualität, sondern der Inhalt der Rechtssätze, die Prinzipien bilden.

1.2 Da die Rechtsprinzipien rechtsquellentechnisch unterschiedlich sind, können auch ihre **Rechtsfolgen unterschiedlich sein.** Rechtsprinzipien können (a) als geschriebene Rechtssätze verbindliche Rechtsfolgen nach sich ziehen. (b) Sie können als systematischer Rechtsbegriff aber auch keine wirklich eigenen Rechtsfolgen haben, sondern nur als Sammelbezeichnung einzelner Rechtssätze wirken oder auch nur Gemeinsamkeiten aufweisen, wie es in nationalen Recht teilweise für das Rechtsstaatsbegriff vertreten wird. Drittens können sie aber auch (c) Quelle für weitere Folgerungen sein und über das hinausgehen, was sich als Summer der Rechtssätze, die das Rechtsprinzip bilden, ergibt.

2 Auch die Prinzipien, die normiert sind, unterscheiden sich von konkreten Rechtssätzen. Diese Gemeinsamkeit ist gemeint, wenn man von Prinzipien spricht. Sie nehmen zunächst eine **wissenschaftliche Funktion** ein, indem sie die Rechtsordnung **systematisieren** und erklären können, was auch eine Erleichterung bei dem Verständnis des Rechtsgebietes mit sich bringt. Weiter besitzen sie auch eine sekundäre normative Bedeutung insofern, als sie **Einfluss auf die Auslegung** einzelner Rechtssätze gewinnen können, insbesondere im Rahmen der systematischen Auslegung. In der Regel lassen sich mehrere Rechtssätze einem Rechtsprinzipien zuordnen. Werden einzelne dieser Rechtssätze geändert, bleibt das Prinzip selbst in der Regel unverändert.

3 Da die Datenschutzgrundsätze sich mittelbar auch aus den einzelnen Kodifikationen zum Datenschutz ergeben können, können sie sich mit dem einfachen Recht auch **wandeln.** Die europäische Datenschutzreform hatte daher nicht unerheblichen Einfluss auf die Datenschutzgrundsätze, sodass die Datenschutzgrundsätze sich heute wesentlich von denen im Jahr 2016 unterscheiden.

3.1 Aus diesem Grunde weichen die jüngeren Ausführungen in Einzelfragen auch von früheren Darstellungen ab (vgl. Schantz/Wolff DatenschutzR/Wolff Rn. 380 ff.; → Rn. 2 ff.).

4 Das Verhältnis der **Rechtsprinzipien** zu den sog. **Datenschutzgrundsätzen** kann als zwei sich überschneidende Kreise verstanden werden. Die DS-GVO regelt bekanntlich in Art. 5 Abs. 1 DS-GVO Grundsätze für den Datenschutz, ähnliches gilt für die JI-RL mit Art. 4 und die VO (EU) 2018/1725 mit Art. 4. Die dort niedergelegten Grundsätze sind zugleich Prinzipien des Datenschutzes, die deswegen eine besondere Bedeutung haben, da sie unmittelbar geltendes Recht darstellen und daher nicht nur bei der Auslegung von Normen zu berücksichtigen sind, sondern auch unmittelbar für sich genommen als Grundlage für rechtliche Schlüsse herangezogen werden können.

4.1 Die Datenschutzgrundsätze sind trotz ihrer offenen und unbestimmten Formulierung **unmittelbar geltendes Recht.** Sie sind keine Optimierungsgebote, sondern unmittelbar einzuhaltende Rechtssätze. Teilweise sind sie schon durch Art. 8 GRCh primärrechtlich abgesichert. Sie werden wegen ihrer Offenheit teilweise kritisch gesehen, teilweise als leicht verständlich eingeordnet (Albrecht CR 2016, 88 (91)).

5 Prinzipien des Datenschutzrechts gibt es auf nationaler und auf europäischer Ebene. Das deutsche Datenschutzrecht und das europäische Datenschutzrecht folgen dabei ganz **überwiegend** gleichen Strukturen und vergleichbaren Grundsätzen. Dennoch sind die Ausrichtungen des europäischen Datenschutzrechtes **nicht identisch** mit denen des deutschen Datenschutzrechtes.

5.1 Dies gilt insbesondere, sofern es um verfassungsrechtliche Prägungen geht. So ist einerseits das herkömmliche einfachrechtliche deutsche Datenschutzrecht **formaler gewesen** als das Europäische, das schon früh mit besonderen Datenschutzkategorien und besonderen Sonderregelungen für diese arbeitete.

5.2 Weiter hat das deutsche Datenschutzrecht deutlicher zwischen der datenschutzrechtlichen Rechtfertigung und dem materiellen Recht **unterschieden.** Das europäische Datenschutzrecht geht dagegen, wie an Art. 6 Abs. 2 und Art. 6 Abs. 3 DS-GVO zu sehen ist, davon aus, dass bei einer Datenverarbeitung, die zur Erfüllung einer öffentlichen Aufgabe erforderlich ist, nicht Art. 6 DS-GVO alleine die Rechtsgrundlage

Syst. A. Prinzipien des Datenschutzrechts

bildet. Diese beruht vielmehr auf einer Kombination aus beiden. Nach deutschem Verständnis wäre dagegen Art. 6 DS-GVO isoliert die Rechtsgrundlage gewesen.

Schließlich stellt weiter das deutsche Datenschutzrecht, sofern es verfassungsrechtlicher Natur ist, über das Erfordernis der Verhältnismäßigkeit starke **materielle Anforderungen** an die Rechtsgrundlage, während das Unionsrecht **stärker auf verfahrensrechtliche** Garantien setzt. **5.3**

Sofern die Datenschutzprinzipien voneinander abweichen, sind, bezogen auf den jeweiligen Datenschutzraum, die jeweiligen Prinzipien heranzuziehen. Da die Wirkung der Prinzipien, sofern sie nicht gleichzeitig in Art. 5 DS-GVO und Art. 4 JI-RL niedergelegt sind aber sehr weich ist, dürfte ein relevanter Differenzierungsbedarf **selten bestehen**. **5.4**

B. Prinzip der Schutzräume

I. Allgemein

Das erste Prinzip des Datenschutzrechtes ist dessen **Raumabhängigkeit.** Die Raumabhängigkeit meint, dass die Reichweite des Datenschutzrechtes von einem definierten Schutzraum abhängt. Der Begriff des Raumes ist dabei räumlich, gegenständlich und funktional zu verstehen. Der Anknüpfungspunkt des Datenschutzrechtes sind Daten. Daten sind omnipräsent wie auch die Luft oder das Licht. Dennoch ist das Datenschutzrecht selbst **nicht omnipräsent.** Vielmehr existieren Datenschutzbereiche. Ein Teil dieser Datenschutzräume ergibt sich aus der Natur der Sache und wird vom Gesetzgeber nur deklaratorisch nachgezeichnet, ein Teil dagegen konstitutiv bestimmt. **6**

Ein Raum, der ursprünglich schon datenschutzfrei ist, ist das menschliche **Gehirn.** Daten, die im menschlichen Gehirn gespeichert werden, werden vom Datenschutzrecht nicht erfasst. Wenn ein Mensch in seinem natürlichen Speichermedium personenbezogene Daten abspeichert, bedarf er dafür keiner gesetzlichen Grundlage. Er unterliegt auch keiner Auskunftspflicht des Betroffenen hinsichtlich der Daten, die er selbst im Kopf gespeichert hat. Zwar gibt es Auskunfts- und Zeugnispflichten gegenüber Gerichten und Behörden, diese sind aber durch deren Verwaltungsaufgabe und nicht durch den Datenschutz motiviert. **7**

II. Differenzierung nach geschützter Person

Ein Anknüpfungspunkt für Datenschutzräume sind die **geschützten Personen.** Vom Gesetzgeber definiert ist die Begrenzung des Datenschutzraumes auf **natürliche Personen. Juristische Personen** genießen **grundrechtlich** auch einen Datenschutz. Der Gesetzgeber hat diesen grundrechtlichen Schutz aber einfachgesetzlich nicht räumlich gefasst. **8**

Man kann – wie es bekanntlich der EuGH unternommen hat – die Ausklammerung der Daten juristischer Personen einschränken, indem man fragt, ob die Daten der **juristischen Person zugleich Angaben über einzelne natürliche Personen** enthalten. Danach ist der Anwendungsbereich des europäischen Datenschutzrechts bei der Verarbeitung von Informationen juristischer Personen eröffnet, wenn die Informationen der juristischen Person sich (auch) auf die hinter dieser stehenden natürlichen Personen beziehen oder wenn Informationen über die juristische Person gleichzeitig auch Aussagen über die für sie handelnden natürlichen Personen treffen (NK-DatenschutzR/Karg Art. 4 Rn. 44). Der EuGH erstreckte den Begriff (im Zusammenhang mit Art. 8 EMRK) auf einen Sachverhalt, bei dem die Benennung der juristischen Person mittels der Namen, der sie tragenden natürlichen Personen, erfolgte (EuGH EuZW 2010, 939 Rn. 53). Die Veröffentlichung von Angaben zu dieser juristischen Person beeinflusste das Privatleben der dahinterstehenden natürlichen Personen unmittelbar. Weiter dürfte die Ausklammerung der Daten von juristischen Personen für die Praxis oftmals irrelevant sein, da sich eine bestimmte Verarbeitungsform in aller Regel nicht nur auf juristische Personen beziehen wird und daher für bestimmte Verarbeitungsformen immer auch die datenschutzrechtlichen Anforderungen zu prüfen sind. Relevant wird das nur dann, wenn sich eine bestimmte Person auf den Datenschutz beruft, sie selbst aber keine natürliche Person ist. **8.1**

III. Differenzierung nach der Art und Form der Datenverarbeitung

Eine funktionale Raumdefinition läge vor, wenn zur Differenzierung an die Formen des Datenumgangs angeknüpft würde. § 3 BDSG aF knüpfte an die Art der Datenverarbeitung (zB nur elektronische Datenverarbeitung bei nicht-öffentlichen Stellen) an. Noch weiter in der Historie erfasste das Datenschutzrecht nur Daten in Dateien. So waren bekanntlich etwa die **älteren Datenschutzgesetze** weitgehend an das Vorhandensein einer **Datei** gebunden und im Bereich der Datenverarbeitung unter Privaten war der Vorgang der Datenerhebung zunächst noch nicht **9**

Syst. A. Prinzipien des Datenschutzrechts

erfasst. Heute lebt dieser Gedanke rudimentär weiter, da Art. 2 Abs. 1 DS-GVO beim Anwendungsbereich **zwischen** automatisierter und nichtautomatisierter Verarbeitung unterscheidet. Eine alte Unterscheidung, der aber in jüngerer Zeit aufgrund verfassungsrechtlicher Vorgaben ungeahnte Wirkung zukommt, ist die zwischen **verdeckter und offener Erhebung.** Nach der verfassungsgerichtlichen Rechtsprechung gelten für die geheime Datenerhebung so massiv strengere Anforderungen, dass es gerechtfertigt ist, von einer kategorial anderen Art von Rechtfertigungsbedürftigkeit zu sprechen (BVerfGE 141, 220 ff. (Rn. 103 ff.)).

IV. Differenzierung nach der Kompetenzlage

10 Unterschiedliche Schutzräume sind auch durch die **Kompetenzverteilung** zwischen der Europäischen Union einerseits und den Mitgliedstaaten andererseits sowie innerhalb Deutschlands weiter der Verteilung von Kompetenzen an Bund und Länder geschuldet. Auf der Basis von Art. 16 AEUV hat Europa selbst zwei unterschiedliche Datenschutzräume eröffnet. Einmal den, der durch die Datenschutzgrundverordnung und den, der durch die JI-RL gebildet wird. Sobald die Union von der Kompetenz aus Art. 39 EUV Gebrauch gemacht haben wird, wird ein dritter Bereich hinzutreten. Art. 39 EUV betrifft die Möglichkeit, für die Datenverarbeitung im Bereich **der Außen- und Sicherheitspolitik** Regeln zu schaffen.

11 Daneben tritt der Bereich, den die **Mitgliedstaaten** unter unionsrechtlicher Beeinflussung **regeln können, indem sie Unionsrecht umsetzen oder durchführen.**

12 Von diesem nationalen Bereich, der unionsrechtlich beeinflusst ist, ist wieder der nationale Bereich zu trennen, der von den Mitgliedstaaten **autonom geregelt** werden kann, weil es sich um Datenverarbeitungen außerhalb des Anwendungsbereichs des Unionsrechts handelt. Sofern ein nationaler Bereich gegeben ist (unionsrechtlich durchzogen oder rein autonom), ist dieser wiederum zwischen Bund und Land aufgeteilt.

12.1 Das europäische Datenschutzrecht kann sich nach Art. 16 AEUV nicht auf den Bereich außerhalb des „Anwendungsbereich des Unionsrechts" erstrecken. Wie dieser Bereich zu fassen ist, ist alles andere als klar. Er lässt sich sehr unterschiedlich interpretieren. Klar ist eigentlich nur, dass dieser Begriff in Art. 16 AEUV genauso zu verstehen ist, wie in Art. 2 Abs. 2 lit. a DS-GVO (Ehmann/Selmayr/Zerdick DS-GVO Art. 2 Rn. 5; Kühling/Buchner/Kühling/Raab DS-GVO Art. 2 Rn. 21; Grzeszick NVwZ 2018, 1505 (1506)). Die entscheidende Frage ist, wie **eng der Bezug der konkreten Handlung,** der für die die unionsrechtliche Datenschutzregelung herangezogen wird, zum Unionsrecht sein muss. Zunächst ist es umstritten, ob der Begriff gleich zu verstehen ist wie die Wendung „bei der Durchführung" von Unionsrecht in Art. 51 Abs. 1 GRCh (in diese Richtung GHN/Sobotta, Juni 2019, AEUV Art. 16 Rn 16), oder wenigstens ähnlich (Schantz/Wolff DatenschutzR/Wolff Rn. 22 f.), oder selbstständig und damit weiter (Ehmann/Selmayr/Zerdick DS-GVO Art. 2 Rn. 5; v. der Groeben/Schwarze/Hatje/Brühann AEUV Art. 16 Rn. 65). Weiter ist umstritten, wie der Anwendungsbereich zu konkretisieren ist. Zum Teil wird darauf abgestellt, ob die Union eine Kompetenz zum Handeln hat, und zwar unabhängig davon, ob sie von dieser schon Gebrauch gemacht hat (weiteste Auslegung, so Ehmann/Selmayr/Zerdick DS-GVO Art. 2 Rn. 5). Zum anderen wird der Anwendungsbereich danach konkretisiert, ob Mitgliedstaaten primäres oder sekundäres Recht umsetzen (s. vor allem Art. 288 Abs. 3 AEUV), Unionsrecht anwenden (Art. 291, Art. 197 AEUV) oder unionsrechtlich gegebene Rechte einschränken, wie insbesondere die Grundfreiheiten (engste und zutreffende Ansicht). Eine vermittelnde Ansicht stellt darauf ab, ob jeweils die Verwirklichung eines unionsrechtlich gewährten Rechts oder Grundsatzes betroffen ist (Grzeszick NVwZ 2018, 1505 (1507)).

13 Nicht in den Anwendungsbereich des Unionsrechts fallen insbesondere nach dem 16. Erwägungsgrund zur DS-GVO **Tätigkeiten, die die nationale Sicherheit betreffen** (s. auch Art. 4 EUV). Darunter dürften zumindest die in § 85 BDSG aufgeführten Fälle fallen (→ BDSG § 85 Rn. 2.1). Nach überwiegender Ansicht fällt unter diesen rein nationalen Bereich zumindest die Verleihung von Orden oder kommunalen Auszeichnungen. Verbreitet war auch die Vorstellung, der echte Parlamentsbetrieb sei nicht erfasst (Reimer, Verwaltungsdatenschutzrecht, 2019, Rn. 45; Schröder ZRP 2018, 129 (130); Grzeszick NVwZ 2018, 1505 (1508)), was aber nicht zutrifft (Kosmider/Wolff ZG 2020, 190 ff.; EuGH ZD 2020, 577 ff. s. dazu Stürmer/Wolff DÖV 2021, 167 ff.).

13.1 Die Bedeutung dieses rein **nationalen Bereichs wird erheblich relativiert,** indem der Bundesgesetzgeber gem. § 1 Abs. 8 BDSG hier grundsätzlich die Heranziehbarkeit der DS-GVO anordnet und nur im Bereich des § 85 BDSG Ausnahmen normiert.

14 Für die Regeln, die von der Bundesrepublik Deutschland erlassen werden dürfen, greift die Verteilung der **Gesetzgebungskompetenzen** zwischen Bund und Länder für den Bereich des

Syst. A. Prinzipien des Datenschutzrechts

Datenschutzrechts. Für das Datenschutzrecht sehen Art. 72 ff. GG bekanntlich keinen speziellen Titel vor. Man geht daher davon aus, dass für die Datenverarbeitung im privaten Bereich entweder der Titel „Recht der Wirtschaft" aus Art. 74 Abs. 1 Nr. 11 GG oder Art. 74 Abs. 1 Nr. 1 GG („Bürgerliches Recht") greift. Die Datenverarbeitung im öffentlichen Bereich wird kompetenzrechtlich dagegen als **Teil des Verfahrensrechts** betrachtet. Grundsätzlich liegt die Gesetzgebungskompetenz für öffentliche Stellen der Länder daher bei den Bundesländern (Schantz/Wolff DatenschutzR/Wolff Rn. 344).

V. Differenzierung nach dem Verarbeiter

Bekanntlich differenziert das Unionsrecht noch einmal danach, ob Stellen der Union Daten verarbeiten (VO (EU) 2018/1725 des Europäischen Parlaments und des Rates vom 23.10.2018 zum Schutz natürlicher Personen bei der Verarbeitung personenbezogener Daten durch die Organe, Einrichtungen und sonstigen Stellen der Union, zum freien Datenverkehr und zur Aufhebung der Verordnung (EG) Nr. 45/2001 und des Beschlusses Nr. 1247/2002/EG) oder Stellen der Mitgliedstaaten (DS-GVO und Richtlinie (EU) 2016/680 des Europäischen Parlaments und des Rates vom 27.4.2016 zum Schutz natürlicher Personen bei der Verarbeitung personenbezogener Daten durch die zuständigen Behörden **zum Zwecke der Verhütung, Ermittlung, Aufdeckung oder Verfolgung von Straftaten oder der Strafvollstreckung sowie zum freien Datenverkehr und** zur Aufhebung des Rahmenbeschlusses 2008/977/JI des Rates (JI-RL)). **15**

VI. Differenzierung nach dem Zweck der Verarbeitung

Weiter definiert das Datenschutzrecht verschiedene Unterräume, in denen zwar datenschutzrechtliche Anforderungen bestehen, die aber an die Beweglichkeit der Daten innerhalb des Raumes unterschiedliche Anforderungen stellen. Im Bereich des europäischen Rechts werden diese Unterräume durch die **Öffnungsklauseln** der Art. 85 ff. DS-GVO gebildet, die in unterschiedlichem Ausmaß Sonderregeln zulassen oder fordern. Zu diesen Bereichen gehört der Bereich der Kirchen (Art. 91 DS-GVO), die freien Berufe mit spezifischen Geheimhaltungspflichten (Art. 90 DS-GVO), der Beschäftigungskontext (Art. 88 DS-GVO), das Recht der nationalen Kennziffern (Art. 87 DS-GVO), der Bereich Archivwesen und Forschung (Art. 89 DS-GVO), die Verwaltungsinformationsfreiheit (Art. 86 DS-GVO), sowie der Presse- und Medienbereich (Art. 85 DS-GVO). Auch die öffentliche Datenverarbeitung gehört wegen Art. 6 Abs. 2 und Abs. 3 DS-GVO dazu. **16**

Wichtig ist auch die Abgrenzung, ob die Datenverarbeitung zu einem Zweck erfolgt, der in Art. 1 Abs. 1 JI-RL niedergelegt ist („Verarbeitung personenbezogener Daten durch die zuständigen Behörden zum Zwecke der Verhütung, Aufdeckung oder Verfolgung von Straftaten oder der Strafvollstreckung" (JI-RL)). Die Begriffe **Aufdeckung, Untersuchung oder Verfolgung von Straftaten** sind unionaler Natur. Aufdeckung, Untersuchung und Verfolgung von Straftaten wird man dem repressiven Bereich zuordnen müssen, Verhütung hingegen dem präventiven Bereich. Die Auslegung ist umstritten. Nahe liegt es, die **Ordnungswidrigkeiten** neben dem Strafrecht als dem repressiven Bereich zugehörig zu kategorisieren und im präventiven Bereich die Verarbeitung der Behörden mit zu erfassen, die auch für das Strafrecht zuständig sind. So hat zumindest der Bundesgesetzgeber die Norm verstanden (BT-Drs. 18/11325, 109, s. ausführlich dazu → BDSG § 45 Rn. 1 ff; Schantz/Wolff DatenschutzR/Wolff Rn. 241 ff.). **17**

VII. Rechtfertigungsabhängigkeit – Verbotsprinzip

Das **Verbotsprinzip** lautet: Jede Datenverarbeitung bedarf einer rechtlichen Rechtfertigung durch eine Einwilligung oder eine Erlaubnisnorm, ansonsten ist sie verboten (s. dazu KKS DatenschutzR Rn. 322). Der Grundsatz setzt voraus, dass die Datenverarbeitung in einem vom Gesetzgeber definierten Schutzraum stattfindet. Danach bedarf jede Verarbeitung personenbezogener Daten eines Rechtsgrundes. Der Sache nach bildet der Grundsatz der Rechtmäßigkeit daher ein Verbot mit **Erlaubnisvorbehalt** (Buchner DuD 2016, 155 (157); Schantz/Wolff DatenschutzR/Wolff Rn. 389). **18**

Im **Anwendungsbereich der DS-GVO** ergibt sich der Verbotsgrundsatz nach zutreffender Ansicht aus Art. 5 Abs. 1 lit. a Var. 1 DS-GVO, Art. 4 Abs. 1 lit. a VO (EU) 2018/1725. Art. 5 Abs. 1 lit. a normiert als erster von drei Grundsätzen der Pflicht, personenbezogene Daten auf rechtmäßige Weise zu verarbeiten. Die Pflicht, geltendes Recht zu beachten und sich rechtmäßig zu verhalten, folgt schon aus dem Geltungsanspruch des Rechtes und bedarf keiner selbstständigen grundsätzlichen Anordnung. Das Prinzip in Art. 5 Abs. 1 lit. a DS-GVO muss daher einen **anderen Sinn** besitzen als die **Wiederholung** **18.1**

Syst. A. Prinzipien des Datenschutzrechts

des **Geltungsanspruches** hoheitlich gesetzten Rechtes insgesamt. Es liegt daher nahe, Art. 5 iVm Art. 6 DS-GVO bzw. Art. 9 DS-GVO so zu verstehen, dass er den Grundsatz der Rechtmäßigkeit der Verarbeitung enthält.

18.2 **Außerhalb der DS-GVO** ergibt er sich aus § 1 Abs. 8 BDSG iVm Art. 6 DS-GVO. Außerhalb von § 1 Abs. 8 BDSG (Landeszuständigkeit) ergibt er sich für den öffentlichen Bereich aus dem Vorbehalt des Gesetzes.

18.3 Das Verbotsprinzip wird durch die **Rechtfertigung der überwiegenden Interessen** in Art. 6 Abs. 1 lit. f DS-GVO erheblich abgemildert, weil im Ergebnis eine Datenverarbeitung im privaten Interesse bei überwiegendem Interesse des Verarbeiters zulässig ist. Nichtsdestotrotz führt das Verbotsprinzip auch für den privaten Bereich eine erhebliche materielle Beweislast dahingehend ein, dass im Rahmen der Rechtfertigung von Datenverarbeitung die Datenverarbeitung im Zweifel wegen des Verbotsprinzips unzulässig ist.

C. Zweckbindungsgrundsatz

I. Allgemein

19 Der **Zweckbindungsgrundsatz** besagt: Personenbezogene Daten dürfen nur für den Zweck verwendet werden, für den sie rechtmäßig erhoben wurden. Zweckentfremdungen sind daher nur bei entsprechender rechtlicher Rechtfertigung möglich. Das Motiv des Zweckbindungsgrundsatzes besteht in einer Eingrenzung der Verwendung personenbezogener Daten.

20 Der Zweckbindungsgrundsatz ist dasjenige Datenschutzprinzip, das den Datenschutz von anderen Rechtsgebieten deutlich trennt. Er gibt dem Datenschutz sein eigenes Gepräge. Er ist der **zentrale datenschutzrechtliche** Grundsatz (Grafenstein DuD 2015, 789 (790); Richter DuD 2015, 735 f.; Dammann ZD 2016, 307 (311)). Die Heraushebung und Herausarbeitung dieses Prinzips war eine der besonderen Leistungen des Volkszählungsurteils des Bundesverfassungsgerichts (BVerfGE 65, 146). Heute ist er allgemein in Art. 5 Abs. 1 lit. b DS-GVO (und Art. 4 Abs. 1 lit. b VO (EU) 2018/1725) niedergelegt, der aber insoweit wenig Neuerung bringt (Dammann ZD 2016, 307 (311 f.)). Der Zweckbindungsgrundsatz gilt für jede Verarbeitung, auch für die Verarbeitung auf Grundlage einer Einwilligung.

II. Rechtsgrundlage

21 Der Zweckbindungsgrundsatz ist ein **echter Rechtssatz.** Wird gegen den Grundsatz der Zweckbindung verstoßen, ist die Datenverarbeitung rechtswidrig. Der Zweckbindungsgrundsatz ist in allgemeiner Form in **Art. 5 Abs. 1 lit. b DS-GVO** (und Art. 4 Abs. 1 lit. b VO (EU) 2018/1725) niedergelegt. Außerhalb des Anwendungsbereichs der DS-GVO gilt er im Anwendungsbereich des BDSG aufgrund von **§ 47 Nr. 2 BDSG** und im Anwendungsbereich der Länder je nach Regelung entweder durch Verweis auf die DS-GVO oder aufgrund von Verfassungsrecht. Nach Auffassung des Bundesverfassungsgerichts folgt der Zweckbindungsgrundsatz schon aus dem **Recht auf informationelle Selbstbestimmung** (BVerfGE 65, 1 (46)) und ist daher für den öffentlichen Bereich nach deutschen Recht nicht von einer gesetzlichen Normierung abhängig. Eine gesetzliche Datenverarbeitungsgrundlage, die eine Zweckbindung nicht sicherstellt, wäre daher im Wege der verfassungskonformen Auslegung zu ergänzen oder ansonsten verfassungswidrig. Für den nicht-öffentlichen Bereich ist die Normierung demgegenüber wieder konstitutiv. Weiter gestatten die Datenverarbeitungsnormen, insbesondere **Art. 6 DS-GVO,** die Verarbeitung zu bestimmten Zwecken (ausdrücklich Art. 6 UAbs. 1 lit a, mittelbar b–g DS-GVO) und implizieren damit zumindest mittelbar auch die Geltung des Zweckbindungsgrundsatzes. Deutlich wird die Geltung auch bei Art. 89 Abs. 4 DS-GVO.

III. Inhalt

1. Allgemein

22 Nach dem Zweckbindungsgrundsatz ist eine Datenverarbeitung nur erlaubt, wenn für sie erstens ein Zweck besteht, und zweitens nur soweit sie sich innerhalb dieses Zwecks bewegt. Dies ist nach europäischem Verständnis der Fall, wenn die Daten für Zwecke verwendet werden, **die nicht unvereinbar, dh kompatibel,** sind mit dem Zweck, für den sie rechtmäßig erhoben wurden. Fehlt ein Zweck oder erfolgt die Verarbeitung zu einem unvereinbaren Zweck, ist die Datenspeicherung nicht gestattet. Davon gibt es zwei Ausnahmen. Die Zweckänderung ist gem. Art. 6 Abs. 4 DS-GVO gestattet, wenn sie auf einer Einwilligung beruht, bzw. die Weiterverarbeitung auf einer Rechtsvorschrift der Union oder der Mitgliedstaaten (entsprechend Art. 23 DS-

GVO, § 22 ff. BDSG) erfolgt. Der Grundsatz der Zweckbindung unterfällt in zwei Untergrundsätze: das Gebot der Zweckfestlegung und das Gebot der Zweckbeachtung.

Er entfaltet aber auch für die **Einwilligung** Wirkung. Zunächst steht es jedem frei, die Einwilligung konkret auf einen Verarbeitungszweck zu beschränken, mit der Folge, dass die Grundsätze der Zweckbindung uneingeschränkt greifen. Aber auch ohne ausdrückliche Beschränkung auf bestimmte Verarbeitungszwecke wird man die Reichweite der rechtfertigenden Kraft der Einwilligung auf die Verarbeitung der Daten zu dem Zweck, zu dem die Einwilligung erkennbar gegeben wurde, einschränken müssen. **23**

2. Zweckfestlegung.

a) Allgemein. Die Zweckbindung entfaltet eine eingrenzende Kraft nur, wenn die Zwecke festgelegt werden, bevor die Verarbeitung begonnen wird (KKS DatenschutzR Rn. 338). Daher verlangt Art. 5 Abs. 1 lit. b DS-GVO ausdrücklich, dass die Zwecke vor der Erhebung eindeutig festgelegt werden und gibt dabei materielle Vorgaben für die **Zweckfestlegung** vor. Die Festlegung muss eindeutig sein und die Zwecke müssen **legitim sein.** Unbestimmte oder illegitime Zwecke können das Gebot der Zweckfestlegung nicht erfüllen. Nach § 47 DBSG müssen die Zwecke festgelegt, eindeutig und rechtmäßig sein. **24**

b) Festgelegte Zwecke. Von einer Zweckfestlegung kann man nur sprechen, wenn die Zwecke konkludent oder ausdrücklich **durch den Verantwortlichen bestimmt werden.** Durch die Zweckfestlegung wird ein Akt der Selbstbindung bewirkt (vgl. Paal/Pauly/Frenzel DS-GVO Art. 5 Rn. 27). Die Existenz eines Rechtsgrundes für die Datenverarbeitung gem. Art. 6 DS-GVO ist nicht identisch mit der Zweckfestlegung. Das Gebot der Zweckfestlegung geht über die Rechtfertigungsnotwendigkeit hinaus. **25**

Die Verordnung selbst konkretisiert dies in Art. 6 Abs. 3 S. 2 DS-GVO. Die Regelung verlangt für die Fallgestaltung, dass die Verarbeitung aufgrund einer gesetzlichen Vorschrift erforderlich ist, dass die gesetzliche Vorschrift die Zwecke festlegen muss. Die **Rechtsvorschrift** muss daher nicht nur die Verarbeitung selbst ausdrücklich regeln, sondern **auch die Zwecke.** Anders ist dies bei einer Verarbeitung, die für die Wahrnehmung einer Aufgabe erforderlich ist, die im öffentlichen Interesse liegt oder in der Ausübung öffentlicher Gewalt erfolgt. Für diese Fallgruppe muss der Zweck der Verarbeitung zur Erfüllung der Aufgabe erforderlich sein. Dies kann man nur so deuten, dass bei der Verarbeitung zum **Zwecke der Erfüllung einer öffentlichen** Aufgabe **keine** ausdrückliche **Zweckbestimmung erforderlich** ist, sondern vielmehr die Zweckbestimmung durch die Festlegung der Aufgaben im Gesetz mitbestimmt wird. **25.1**

Besondere Anforderungen an die Art und Weise der Zweckfestlegung **bestehen nicht.** Aus dem Sinn wird man allerdings schließen müssen, dass eine nachträgliche Änderung der Zweckfestlegung durch den Verantwortlichen nicht ohne weiteres möglich sein darf. Vielmehr muss eine gewisse **Perpetuierung** und eine gewisse Transparenz der Zweckfestlegung verlangt werden, was in der Regel mit sich bringt, dass die Zweckfestlegung für den Betroffenen erkennbar sein muss. **26**

c) Eindeutige Zwecke. Die Zwecke müssen **eindeutig** sein. Dies sind sie in der Regel nur, wenn sie ausdrücklich als Zweck bezeichnet werden und inhaltlich eine gewisse Begrenzungsfunktion erfüllen. Die Kraft des Zweckbindungsgrundsatzes hängt ersichtlich davon ab, wie konkret die Zweckfestlegung im Einzelfall erfolgt. Je **konkreter** die **Zweckbestimmung** ist, umso eher ergibt sich eine Zweckänderung, die einer neuen rechtlichen Rechtfertigung durch eine Einwilligung oder einen (anderen) Rechtfertigungsgrund iSv Art. 6 Abs. 4 DS-GVO (oder Art. 6 Abs. 1 VO (EU) 2018/1725) bedarf. Der Verantwortliche wird daher oftmals ein Interesse daran haben, die Zweckbestimmung bei der Erhebung grundsätzlich vage zu halten, um somit erst spät in den Bereich der Zweckänderung zu geraten. Dem Betroffenen wiederum muss an einer konkreten Zweckbestimmung gelegen sein. **27**

Zweckbestimmungen wie Verwendungen für Werbung, Auskunfteien oder Big-Data-Anwendungen sind in aller Regel **zu vage** (Schantz NJW 2016, 1841 (1843)). Sie können nur dann ausnahmsweise zulässig sein, wenn sie aufgrund des konkreten Kontexts hinreichend eingegrenzt sind und daher nur eine eng begrenzte Art von Werbung, Auskunftei etc erfassen. **28**

Die Frage der **erforderlichen Bestimmtheit** der Zweckfestlegung wird sich dabei nicht einheitlich beantworten lassen, sondern hängt von der jeweiligen Situation ab. Es gilt ein Je-desto-Grundsatz: je stärker die Belastung ist, desto konkreter muss die Zweckbestimmung sein. **28.1**

Sofern es um eine Zweckbindung geht, ist zu beachten, dass das BVerfG den Zweckbindungsgrundsatz betont indem es ihn, bezogen auf den öffentlichen Bereich, in eine enge Beziehung zum **rechtstaatlichen Grundsatz der Bestimmtheit** setzt und als Grundlage für einen Eingriff eine hinreichend präzise Umgrenzung des Verwendungszwecks der betroffenen Informationen verlangt (BVerfGE 120, 351 (366)). **28.2**

Syst. A. Prinzipien des Datenschutzrechts

28.3 Sofern es um den **europäischen Zweckbindungsgrundsatz** geht, hat sich bisher noch keine vergleichbare Bindung an den Bestimmtheitsgrundsatz herauskristallisiert, auch wenn sie nahe liegt. In der ersten Entscheidung zur Vorratsdatenspeicherung hat der EuGH die fehlende Zweckfestlegung als Argument für die Unwirksamkeit ausgesprochen (EuGH NJW 2014, 2169 Rn. 61 – Digital Rights Ireland Ltd).

29 **d) Legitime oder rechtmäßig Zwecke.** Der Zweck muss legitim (Art. 5 DS-GVO) bzw. rechtmäßig (§ 47 BDSG) sein. „**Legitim**" ist nicht definiert und dürfte nicht im Sinne von „moralisch hochstehend" zu verstehen sein. Legitim meint „nachvollziehbar" und auf einem berechtigten Interesse beruhend. Ein legitimer Zweck dürfte in der Regel gegeben sein, wenn sich die Zwecksetzung innerhalb einer gesetzlichen Grundlage oder innerhalb einer Einwilligung bewegt, sofern zumindest die Einwilligung wirksam und gültig ist. Rechtmäßig ist er, wenn er keine Rechtsnorm verletzt. Ein rechtmäßiger Zweck ist in der Regel zugleich legitim und umgekehrt. In Grenzfällen ist denkbar, dass ein rechtmäßiger Zweck dennoch aufgrund der Umstände des Einzelfalls illegitim ist, ebenso wie umgekehrt ausnahmsweise ein legitimer Zweck unrechtmäßig sein kann. In diesen Fällen ist maßgeblich, ob Art. 5 DS-GVO oder § 47 BDSG greift.

3. Zweckbindung

30 Das zweite Untergebot der Zweckbestimmung ist das der **Zweckbindung.** Durch den Grundsatz der Zweckbindung wird sichergestellt, dass der Verantwortliche mit den Daten nicht nach seinem Belieben verfahren kann, sondern die Rechtfertigung, die durch die Existenz eines Rechtsgrundes für die Erhebung bzw. die Speicherung bestand, in der weiteren Verarbeitung aufrechterhalten bleibt. Die Zweckbindung orientiert sich dabei an den **Zwecken, die festgelegt wurden.** Nicht relevant ist, ob die Daten auch zu den Zwecken, zu denen sie weiterverwendet werden sollen, erhoben hätten werden können. Die Zweckbindung orientiert sich an den tatsächlich festgelegten Zwecken und nicht an den hypothetisch festlegbaren Zwecken. Allerdings besteht eine gewisse Vermutung dafür, dass wenn eine Verarbeitung zu anderen Zwecken auch hätte erhoben werden können, sie grundsätzlich nicht unvereinbar ist mit den Zwecken, zu denen sie tatsächlich erhoben wurde.

31 Der Zweckbindungsgrundsatz knüpft an eine Zweckbestimmung an und bindet die Daten an diese. Die Informationserhebung und -verwendung ist **auf den Zweck festgelegt,** auf den sich die Rechtsgrundlage bezieht. Der Zweckbindungsgrundsatz setzt voraus, dass die Zwecke innerhalb der Rechtsgrundlage der Datenverarbeitung liegen und engt daher die Rechtsgrundlage selbst noch einmal ein.

32 Will man die Zweckbindung und die Daten voneinander lösen, benötigt man dafür wiederum eine **neue Rechtsgrundlage.** Eine Weitergabe der Daten an Dritte ist nur möglich, wenn dies vom Zweck gestattet ist. Verarbeiten unterschiedliche Mitarbeiter des Verantwortlichen die personenbezogenen Daten zu dem gleichen Zweck, ist das aus dem Blick der Zweckbindung unproblematisch. Unzulässig ist eine Datensammlung auf Vorrat zu unbestimmten oder noch nicht bestimmbaren Zwecken.

33 **a) Zweckverträglichkeit. aa) Allgemein.** In der Ausgestaltung des Zweckbindungsgrundsatzes weicht das europäische Verständnis, das ganz überwiegend maßgeblich ist, von dem nationalen Verständnis ab. Nach **traditionellem deutschen Verständnis** ist die Zweckbindung eher streng, am festgelegten Zweck orientiert, zu verstehen. Allerdings ist bei hinreichend bestimmter rechtlicher Grundlage eine Zweckänderung möglich (vgl. BVerfGE 100, 313 (360)), wobei das BVerfG bekanntlich in der BKA-Entscheidung unterschiedliche Anforderungen gestellt hat, je nachdem, ob es um einen dem ursprünglichen Zweck vergleichbaren Zweck geht (weitere Nutzung) oder einer Verarbeitung zu anderen Zwecken (Zweckänderung), die den Anforderungen der sogenannten hypothetischen Informationserhebung unterliegt (BVerfG NJW 2016, 1781 Rn. 287 f.).

34 Das **Unionsrecht** formuliert die Frage der Zweckbindung anders. Eine Zweckentfremdung liegt unionsrechtlich erst vor, wenn die Daten zu einem Zweck verwendet werden sollen, der mit dem Erhebungszweck nicht kompatibel ist. Liegt eine Zweckänderung vor, ist das Unionsrecht allerdings strenger, was die Rechtfertigung derselben angeht und geht grundsätzlich von der Pflicht einer Datenneuerhebung aus (Art. 6 Abs. 4 DS-GVO bzw. Art. 6 Abs. 1 VO (EU) 2018/1725), es sei denn, es liegt eine Einwilligung oder eine unionsrechtliche Norm vor, die die Zweckänderung ausdrücklich gestattet.

35 **bb) Unverträglichkeit nach Unionsrecht.** Die Verarbeitung darf mit den Zwecken, die bei der Erhebung festgelegt wurden, **nicht unvereinbar** sein. Nicht erforderlich ist für das Unionsrecht, dass die Verarbeitung zu genau den Zwecken erfolgt, zu denen sie erhoben wurden. Die Verarbeitungszwecke müssen vielmehr nur mit den Erhebungszwecken **kompatibel** sein.

Syst. A. Prinzipien des Datenschutzrechts

Die Kriterien, die bei einer Vereinbarkeitsprüfung angelegt werden können, lassen sich für das Unionsrecht im Umkehrschluss aus **Art. 6 Abs. 4 Hs. 2 DS-GVO** (oder Art. 6 Abs. 1 VO (EU) 2018/1725) entnehmen (Verbindung der verschiedenen Zwecke; Erhebungszusammenhang; Art der personenbezogenen Daten; Folgen für die Betroffenen; bestehende Garantien). Art. 5 DS-GVO verweist insofern unausgesprochen auf Art. 6 Abs. 4 Hs. 2 DS-GVO. Für den Bereich der JI-RL sind alle Zwecke innerhalb der Richtlinie vergleichbar – s. Art. 4 Abs. 2 JI-RL, wobei allerdings eine selbstständige Rechtsgrundlage verlangt wird. **36**

Entsprechend der genannten Vorschriften kommt es unter anderem darauf an, ob ein **Zusammenhang zwischen den Zwecken,** für die die personenbezogenen Daten erhoben wurden, und den Zwecken der beabsichtigten Weiterverarbeitung besteht. Ebenso ist maßgeblich, in welchem Kontext die Daten erhoben wurden sowie insbesondere die vernünftigen Erwartungen der betroffenen Person, die auf ihrer Beziehung zu dem Verantwortlichen beruhen. In Bezug auf die weitere Verwendung dieser Daten ist zu prüfen, um welche Art von personenbezogenen Daten es sich handelt, welche Folgen die beabsichtigte Weiterverarbeitung für die betroffenen Personen hat und ob sowohl beim ursprünglichen als auch beim beabsichtigten Weiterverarbeitungsvorgang geeignete Garantien bestehen (Erwägungsgrund 50 DS-GVO). Die Aufzählung ist dort bewusst nicht abschließend. Bei der Kompatibilitätsprüfung sind auch die Grundrechte einzubeziehen (Grafenstein DuD 2015, 789 (794 ff.)). **37**

Liegt eine mit dem Erhebungszweck kompatible weitere Verarbeitung vor, ist keine relevante Zweckänderung gegeben. Fraglich ist, ob diese weitere kompatible Verarbeitung einer **eigenen Rechtfertigung bedarf** (Schantz NJW 2016, 1841 (1844); unscharf Grafenstein DuD 2015, 789 (792), weil zu sehr am deutschen Recht verhaftet) oder ob die Erhebungsgrundlage insoweit auch diese kompatible Zweckänderung trägt. Der Normtext spricht für die Ansicht, dass für zweckverträgliche Zweckänderungen **keine neue Rechtfertigung erforderlich** ist (aA Schantz NJW 2016, 1841 (1844); Albrecht/Jotzo Das neue DatenschutzR Teil III Rn. 52 ff.). Kompatible weitere Verarbeitungen können sich daher zutreffender Ansicht nach auf den Rechtsgrund für die Erhebung stützen. Dafür spricht auch der Erwägungsgrund 50. Dort heißt es: „Die Verarbeitung personenbezogener Daten für andere Zwecke als die, für die die personenbezogenen Daten ursprünglich erhoben wurden, sollte nur zulässig sein, wenn die Verarbeitung mit den Zwecken, für die die personenbezogenen Daten ursprünglich erhoben wurden, vereinbar ist. In diesem Fall ist keine andere gesonderte Rechtsgrundlage erforderlich als diejenige, für die Erhebung der personenbezogenen Daten." **37.1**

Dies gilt aber nicht für die Fälle der fiktiven Kompatibilität des Art. 5 Abs. 1 lit. b Hs. 2 DS-GVO. Hier wird man eine erneute Rechtsgrundlage fordern müssen. **37.2**

b) Zweckunverträglichkeit. Bei einer mit dem Erhebungszweck unverträglichen Zweckänderung muss einer der in Art. 6 Abs. 4 Hs. 1 DS-GVO (oder Art. 6 Abs. 1 VO (EU) 2018/1725) genannten Gründe vorliegen, ansonsten ist die Zweckänderung unzulässig (KKS DatenschutzR Rn. 340). Das Unionsrecht verlangt dann eine Neuerhebung der Daten. Eine **selbständige Rechtfertigung der Zweckänderung unter Rückgriff auf Art. 6 Abs. 1 DS-GVO** ist zutreffender Ansicht nach **nicht möglich** und widerspricht der klaren Intention des Art. 6 Abs. 4. Dies wird auch durch die unterschiedlichen Normfassungen des **Art. 6 Abs. 4 DS-GVO**, die während der Entstehungsgeschichte formuliert wurden, deutlich (Albrecht CR 2016, 88 (92)). Durch dieses strenge Gebot der Neuerhebung im Falle einer unzulässigen Zweckänderung ist das Europarecht deutlich strenger als das deutsche Datenschutzrecht, das bisher die Rechtfertigungsmöglichkeit der Zweckänderung in gleicher Weise für möglich hielt, wie bei der erstmaligen Erhebung. **38**

4. Ausnahmen vom Zweckbindungsgrundsatz

Art. 5 Abs. 1 lit. b DS-GVO nennt als **Ausnahmen** des Zweckgrundsatzes die Weiterverarbeitung für Archivzwecke, Forschungszwecke oder Statistik. Für diese drei Zwecke wird grundsätzlich eine Zweckverträglichkeit der Weiterverwendung unterstellt. Sie könnten sich als Einfallstore der Zweckbindung entwickeln. Wegen dieser offensichtlichen Gefahr sind sie **restriktiv auszulegen**. **39**

Die Festlegung, dass die Verarbeitung für Archivzwecke, Forschungszwecke oder Statistik als kompatibel gilt, bezieht sich vom Normtext des Art. 5 Abs. 1 lit. b DS-GVO **auf den Fall,** dass eine Verarbeitung zu nicht kompatiblen Zwecken **grundsätzlich verboten ist.** Nur zu diesem Zweck greift die Fiktion. Sie greift **nicht für den ungeschriebenen Satz,** dass eine Verarbeitung für kompatible Zwecke keine neue Rechtsgrundlage benötigt. Diese ungeschriebene im Erwägungsgrund 50 formulierte Folgerung gilt nur für tatsächlich kompatible und nicht für fingiert kompatible Zwecke. Für die fingierten kompatiblen Zwecke Archiv, Forschung und Statistik bleibt es zutreffender Ansicht nach bei dem Grundsatz des Art. 6 Abs. 1 DS-GVO, dass jede Verarbeitung einer Rechtsgrundlage bedarf. **39.1**

Syst. A. Prinzipien des Datenschutzrechts

5. Zweckbindungsgrundsatz bei erlangten, aber nicht erhobenen Daten

40 Das Gebot der Zweckfestlegung ist an die Erhebung von Daten geknüpft. **Fehlt eine Erhebung,** weil die Daten dem Verantwortlichen ohne dessen Einfluss zugespielt wurden, verlangt die **Vorwirkung des Zweckbindungsgrundsatzes** eine Zweckfestlegung der ersten Speicherung.

D. Grundsatz der Datenminimierung

I. Allgemein

41 Der Grundsatz der **Datenminimierung** ist ein Grundsatz, der vom Sinn des Datenschutzes her nahe liegt. Als eigener Grundsatz wurde er in Deutschland erst mit dem europäischen Datenschutzrecht formuliert. Er nimmt verschiedene Grundsätze, insbesondere den früher in Deutschland maßgebenden Erforderlichkeitsgrundsatz, in sich auf, weil er verschiedene Schutzaspekte besitzt. Er ist in Art. 5 Abs. 1 lit. c DS-GVO und Art. 4 Abs. 1 lit. c VO (EU) 2018/1725 niedergelegt und wird in **§ 47 Nr. 3 BDSG wie aufgenommen, der wiederum** Art. 4 Abs. 1 lit. c JI-RL umsetzt.

42 Der Grundsatz der **Datenminimierung** verlangt: Es dürfen nur erforderliche Daten und nur so viele, wie für den Zweck erforderlich sind, verarbeitet werden. Der Grundsatz nimmt nicht primär das einzelne Datum in den Blick, sondern richtet sich an die Situation, dass eine gewisse Menge von Daten existiert. Nur solche Daten, die für den Zweck sinnvoll sind, nur so viele Daten, die für den Zweck notwendig sowie angemessen sind, sollen verarbeitet werden. Die einzelnen Aspekte beziehen sich erkennbar auf verschiedene Elemente, so vor allem auf die Speicherung und auf die Verarbeitung.

43 Der Grundsatz der Datenminimierung setzt **eine rechtmäßige Datenverarbeitung** und eine rechtmäßige Zweckbestimmung der Datenverarbeitung **voraus** und grenzt diese noch einmal ein. Er gilt für jede Verarbeitung, auch für eine solche auf der Grundlage einer Einwilligung. Es ist nicht abschließend geklärt, ob der Grundsatz der Datenminimierung mit dem verfassungsrechtlichen Grundsatz der Verhältnismäßigkeit gleichgesetzt werden kann. Es bestehen aber zumindest weitgehende Übereinstimmungen. Als geringfügige Abweichung ist zu verzeichnen: Beim Grundsatz der Datenminimierung liegt der verfolgte Zweck nicht notwendig in einem Gemeinwohlzweck.

II. Angemessene Daten

44 Gemäß Art. 5 Abs. 1 lit. c DS-GVO (und Art. 4 Abs. 1 lit. c VO (EU) 2018/1725) müssen die personenbezogenen Daten dem Zweck **angemessen** sein. Nach § 47 Nr. 3 Var. 3 BDSG darf die Verarbeitung der personenbezogenen Daten nicht außer Verhältnis zu dem Zweck stehen. Der Grundsatz der Angemessenheit verlangt, dass die Belastung durch die Datenverarbeitung für den Betroffenen in einem angemessenen Verhältnis zu dem mit der Datenverarbeitung verfolgten Zweck steht. Dies ist insbesondere für Datenverarbeitungen relevant, bei denen der Betroffene keinen individuellen Einfluss auf den Umfang der Verarbeitung besitzt, wie bei der Datenverarbeitung auf der Grundlage von allgemeinen Geschäftsbedingungen.

45 Der Begriff der Angemessenheit kann auf das **einzelne Datum** oder auf die **Datenmenge** insgesamt bezogen werden. Der Wortlaut bei Art. 5 DS-GVO und die systematische Stellung vor dem Notwendigkeitsgrundsatz sprechen dafür, die Angemessenheit auf das einzelne Datum zu beziehen. Bei § 47 BDSG sprechen die Stellung und der Normtext dafür, die Angemessenheit auf die Datenmenge zu beziehen. Die Angemessenheit betrifft der Sache nach wohl die Verhältnismäßigkeit im engeren Sinne.

46 Das Gebot der Angemessenheit stellt daher zunächst auf den Inhalt und die Art des Datums ab. Dieses muss wertend zu dem Zweck passen. In einem angemessenen Verhältnis stehen sie nur, wenn ihre **Zuordnung** zu **dem Zweck nicht beanstandet werden** kann (Paal/Pauly/Frenzel DS-GVO Art. 5 Rn. 35). **Nicht angemessen sind etwa sensible Daten für banale Zwecke.**

47 Weiter dürfen auch die Datenmenge und die Art der Verarbeitung nicht außer Verhältnis zum Zweck stehen. Eine missbrauchsanfällige Datenverarbeitung für unerhebliche Zwecke ist ebenso unzulässig wie die Anlegung großer Datenmengen für unbedeutende Zwecke.

III. Erhebliche Daten

48 Weiter müssen die Daten für die Zweckerreichung **erheblich** sein. Dies ist gegeben, wenn sie geeignet sind, den Zweck zu erreichen (kausalen Zweckförderung). Zutreffend heißt es daher in § 47 BDSG Nr. 3 Var. 1 BDSG, die personenbezogenen Daten müssten dem Verarbeitungszweck

entsprechen. Die Datenverarbeitung hat demnach **objektiv tauglich** zu sein, den festgelegten Zweck zu erreichen bzw. seine Zweckerreichung zu erleichtern. Zwischen der beabsichtigten Datenverarbeitung und dem Datenverarbeitungszweck hat ein unmittelbarer sachlicher Zusammenhang zu bestehen (BAG NZA 1987, 415 (416)). Kann man die Verarbeitung der Daten wegdenken, ohne dass die Erreichung des Zwecks erschwert wird, ist sie nicht erheblich.

IV. Auf das für die Verarbeitung notwenige Maß beschränkte Daten

1. Allgemein

49 Zentrales Element des Grundsatzes der **Datenminimierung** ist die Beschränkung auf das für die Verarbeitung notwendige Maß. Der Grundsatz der Notwendigkeit enthält ein **unterschiedliches Gewicht,** je nachdem, ob man ihn auf die **Speicherung** im engeren Sinne oder auf den konkreten Verarbeitungsvorgang, also die **Nutzung** der gespeicherten Daten, bezieht.

2. Beschränkung der Datenmenge

50 **a) Minimierung der Datenmenge.** Bezogen auf die Speicherung darf nach dem Grundsatz der Datenminimierung die **Datenmenge** nur so groß sein, wie es notwendig ist, um die Zwecke zu erreichen, denen die Verarbeitung dient: Es dürfen also nicht mehr Daten erhoben werden, als für die Zweckerreichung erforderlich ist.

51 **b) Verbot der Vorratsdatenspeicherung.** Aus dem Gebot der Datenminimierung folgt das Verbot der Vorratsdatenspeicherung. Dies bildet ein Untergebot der Datenminimierung. Der Grundsatz des Verbotes der **Vorratsdatenspeicherung** besagt: Die Erhebung von Daten, ohne dass die Daten für einen konkreten Zweck benötigt werden, ist grundsätzlich unzulässig; Ausnahmen sind denkbar, aber nur unter sehr engen verfahrensrechtlichen und materiell-rechtlichen Voraussetzungen (vgl. für das deutsche Recht BVerfGE 118, 168 (187) – Kontostammdaten; BVerfGE 125, 260 ff. – Vorratsdatenspeicherung; für das europäische Recht: EuGH EuZW 2014, 459 – Digital Rights Ireland zur damaligen Richtlinie und EuGH ZD 2021, 517 – Prokuratuur; EuGH NJW 2021, 531 – (La Quadrature du Net ua/Premier ministre ua sowie Ordre des barreaux francophones et germanophone ua/Conseil des Ministres); EuGH NJW 2017, 717 (Tele2 Sverige AB/Post- och telestyrelsen und Secretary of State for the Home Department/Watson ua), zu Art. 15 RL 2002/58/EG). Wie losgelöst die Datenerhebung von einer künftigen zweckbezogenen Datenverarbeitung sein muss, damit man von einer Vorratsdatenspeicherung sprechen kann, kann man unterschiedlich sehen – für den Grundgedanken spielt es keine Rolle. Eine Vorratsdatenspeicherung liegt dann vor, wenn Daten erhoben werden, ohne dass man wirklich mit Recht behaupten kann, diese Daten für einen bestimmten Verwaltungs- oder Geschäftszweck (der über das Datensammeln hinausgeht) mit hinreichender Sicherheit zu benötigen.

51.1 **Sachlicher Grund** dieses Verbots ist das Recht auf informationelle Selbstbestimmung oder das Grundrecht auf Datenschutz. Die Vorratsdatenspeicherung, dh die Erhebung von Daten ohne konkrete Zweckbestimmung, ist danach nicht grundsätzlich unzulässig, sondern bedarf vielmehr einer konkreten rechtlichen Grundlage, die sich dabei spezifisch auf die Erhebung von personenbezogenen Daten ohne eine konkrete Zweckbestimmung beziehen muss. Es gibt Bereiche (wie insbesondere Statistik und Forschung), bei denen die Vorratsdatenspeicherung gerade bereichsspezifisch prägend ist, aber auch andere Bereiche, wie etwa die Gefahrenabwehr, wo die Vorratsdatenspeicherung als notwendig empfunden wird, ohne bereichsprägend zu sein.

52 **c) Gebot der Speicherbegrenzung.** Gemäß Art. 5 lit. e DS-GVO, Art. 4 Abs. 1 lit. c VO (EU) 2018/1725, Art. 4 Abs. 1 lit. e JI-RL und **§ 46 Nr. 5 BDSG** müssen personenbezogene Daten in einer Form gespeichert werden, die die Identifizierung der betroffenen Personen nur so lange ermöglicht, wie es für die Zwecke, für die sie verarbeitet werden, erforderlich ist. Eine Ausnahme ist für Archivzwecke, für wissenschaftliche und historische Forschungszwecke oder für statistische Zwecke vorgesehen. Dieser Grundsatz der „Speicherbegrenzung" ist der Sache nach ein **Untergrundsatz der Datenminimierung.** Es enthält der Sache nach zwei Gebote. Zum einen verlangt es nach einer zeitlichen Begrenzung der Speichermöglichkeiten. Nur so lange, wie dies zur Erreichung der Zwecke erforderlich ist, dürfen die Daten gespeichert werden. Es lässt sich daher als die zeitliche Perspektive des Grundsatzes der Datenminimierung verstehen. Es bildet die objektive Grundlage für den **Anspruch auf Vergessen.** Zum anderen begründet es die Pflicht des Verantwortlichen, von sich aus personenbezogene Daten nicht mehr weiter zu verarbeiten, wenn es hierfür mangels Erforderlichkeit keine Rechtsgrundlage mehr gibt. Erwägungsgrund 39 spricht von einer Überprüfung zu vorher festgelegten Intervallen.

Syst. A. Prinzipien des Datenschutzrechts

53 Darüber hinaus enthält das Gebot aber auch ein Gebot **der frühestmöglichen Anonymisierung.** Dem Gebot der Speicherbegrenzung wird auch dadurch genügt, dass die Daten, die länger gespeichert werden als für die Zweckerreichung erforderlich, nicht mehr einer Person zugerechnet werden können und daher keine personenbezogenen Daten mehr sind.

53.1 Fraglich ist, ob man aus dem Grundsatz der Speicherbegrenzung das Gebot herleiten muss, Daten, die einer bestimmten Person zuzurechnen sind, soweit zu verallgemeinern, dass die Person **gegebenenfalls nur noch bestimmbar** ist. Der Wortlaut verlangt die Reduzierung der Bestimmbarkeit nicht ausdrücklich, vom Sinn her ist es aber nicht ausgeschlossen, auch ein Gebot der Reduzierung der Bestimmtheit herbeizuführen, wenn dies mit einem erheblichen Gewinn für den Datenschutz verbunden sein sollte. Ob der Gedanke sich durchsetzt, bleibt abzuwarten.

54 **d) Vorsorge für Ausnahmesituationen.** Schwierig ist die Beurteilung der **vorsorglichen Speicherung** für **außergewöhnliche Situationen,** die nur in einem kleinen Anteil der Fälle relevant werden, zB für den Bereich der Vertragsdatenverarbeitung oder die Speicherung von Daten einer Vertrauensperson der betroffenen Person (mit deren Zustimmung), für den Fall des Todes oder des Wegzugs des eigentlichen Partners des Schuldverhältnisses. **Grundsätzlich** gilt hier: Kann der Verantwortliche im Falle des Eintritts der ungewöhnlichen Situation die fraglichen Daten nicht mehr generieren, ist es grundsätzlich zulässig, sie schon im Voraus zu erheben, wenn nicht ausgeschlossen werden kann, dass die Situation, in der die Daten erforderlich werden, vorkommt. Kann er sie hingegen auch erst bei Bedarf erheben, kommt es darauf an, wie wahrscheinlich der Eintritt der Sonderkonstellation, wie groß der Zusatzaufwand der nachträglichen Erhebung und wie erheblich die datenschutzrechtliche Relevanz der Erhebung ist. Ferner von Bedeutung ist, wie groß die vorsorglich erhobene Datenmenge ist und wie sensibel die Daten sind. Ein Indiz für die Grenzen der Erforderlichkeit kann auch sein, ob die Sonderkonstellation der anderen Seite erkennbar ist oder nicht.

3. Beschränkung des Verarbeitungsprozesses

55 **a) Gebot der Datenvermeidung und Datensparsamkeit.** Enthalten im Gebot, die Verarbeitung von Daten auf das **notwendige Maß zu beschränken,** ist das Gebot der **Datenvermeidung** und **Datensparsamkeit.** Danach sind prinzipiell so wenig personenbezogene Daten wie möglich zu erheben, zu verarbeiten und zu nutzen. Es sind grundsätzlich solche Datenverarbeitungsprozesse zu entwickeln, die mit möglichst wenigen Daten auskommen. Dabei ist vor allem auf Datenverarbeitungsprozesse umzustellen, bei denen die Verarbeitung anonymisierter oder pseudoanonymisierter Daten genügt. In der DS-GVO ist der Grundsatz der Datensparsamkeit nicht ausdrücklich geregelt, aber im Grundsatz der Datenminimierung gem. Art. 5 Abs. 1 lit. c DS-GVO mit enthalten. Moderner und effektiver Datenschutz muss die technischen Möglichkeiten und Gegebenheiten berücksichtigen und in ein Konzept des Systemdatenschutzes einbinden (KKS DatenschutzR Rn. 344).

56 **b) Gebot der Erforderlichkeit. aa) Allgemein.** Der **Grundsatz der Erforderlichkeit** lautet: Eine Datenverarbeitung personenbezogener Daten ist nur soweit zulässig, soweit diese zur Erreichung des Zweckes notwendig ist. Er ist entwickelt worden für Datenverarbeitungen, die sich auf Rechtsnormen stützen. Die DS-GVO nennt ihn nicht bei den Datenschutzgrundsätzen, beschränkt aber die Rechtsgrundlagen des Art. 6 Abs. 1 lit. b–f DS-GVO auf die Erforderlichkeit, ebenso die Sondergründe für sensible Daten nach Art. 9 Abs. 2 lit b–j DS-GVO (Rüpke/v. Lewinski/Eckhardt/Rüpke, Datenschutzrecht, 2018, § 12 Rn. 17).

57 Inwieweit der Grundsatz der Erforderlichkeit auch für Datenverarbeitungen auf der **Grundlage einer Einwilligung** gilt, ist nicht ganz klar. Art. 6 Abs. 1 lit. a DS-GVO erwähnt die Erforderlichkeit nicht. Es liegt die Annahme nahe, der Betroffene könne mit seiner Einwilligung auch nicht erforderliche Datenverarbeitungen rechtlich legitimieren. Legt man dies zugrunde, gilt der Grundsatz der Erforderlichkeit bei der Einwilligung daher vor allem als Auslegungsprinzip für die Reichweite der Einwilligung. Soll diese auch nicht erforderliche Datenverarbeitungen gestatten, muss dies in der Einwilligung hinreichend deutlich zum Ausdruck kommen. Im AGB-Recht wird man daher kaum eine Grundlage für nicht erforderliche Datenverarbeitungen zulassen können.

57.1 Der Grundsatz der **Erforderlichkeit** ist eine selbstständige Unterkategorie zum Grundsatz der **Datenminimierung.** Das sieht man schon daran, dass der Grundsatz der Datenminimierung für alle Verarbeitungen gilt, der Grundsatz der Erforderlichkeit aber – wie soeben erörtert – nicht bei einer Verarbeitung auf Grundlage einer Einwilligung. Die Datenminimierung bezieht sich allgemein auf das Verhältnis von personenbezogenen Daten zum Zweck der Verarbeitung und der Grundsatz der Erforderlichkeit bezieht sich auf die Reichweite einer Rechtsgrundlage, die nicht in einer Einwilligung besteht.

bb) Rechtsgrundlage. Der Erforderlichkeitsgrundsatz ist bezogen auf die Begrenzung der einzelnen Rechtfertigungsgründe in Art. 6 Abs. 1 lit. b–lit. f DS-GVO und Art. 5 Abs. 1 lit. a–e VO (EU) 2018/1725 und Art. 8 JI-RL ausdrücklich **einzelnen aufgeführt.** Außerhalb des Anwendungsbereichs des DS-GVO im Anwendungsbereich des BDSG gilt er gem. § 3 BDSG und aufgrund § 1 Abs. 8 BDSG iVm Art. 6 Abs. 1 lit. b DS-GVO und im Anwendungsbereich der Länder je nach Regelung oder auch durch Verweis auf die DS-GVO oder aufgrund von Verfassungsrecht. 58

cc) Inhalt. Der Grundsatz der Erforderlichkeit bezieht sich auf den **konkreten Verarbeitungsvorgang.** Danach erlaubt eine generelle Erlaubnis der Datenverarbeitung nicht, dass diese Daten immer und für jeden Zweck im Rahmen der generellen Erlaubnisnorm verwendet werden dürfen, sondern nur konkret, soweit dies zur Erreichung eines konkret festgelegten Zweckes geboten ist. Er kann dabei auch über die Verarbeitung personenbezogener Daten als solche entscheiden. Komplizierte Formen der Arbeitsabläufe, die unsinnige Mengen von personenbezogenen Daten anhäufen, genügen dem Erforderlichkeitsgrundsatz auch dann nicht, wenn sie die Zweckerreichung objektiv gesehen noch unterstützen. So ist deren Verarbeitung nicht erforderlich, wenn der Zweck auch mit der Verarbeitung anonymisierter Daten erreichbar ist (EuGH NVwZ 2009, 389 Rn. 65 – Huber). 59

Nicht notwendig ist, dass die Datenverarbeitung aus technischen, wirtschaftlichen, organisatorischen oder sonstigen Gründen **schlechterdings unverzichtbar** ist (OLG Köln CR 2011, 680). Der Grundsatz der Erforderlichkeit kann nicht im Sinne einer absolut zwingenden Notwendigkeit oder einer bestmöglichen Effizienz verstanden werden (OLG Köln CR 2011, 680). Die Rechtsprechung bemüht sich mitunter völlig zu Recht, offen zu legen, dass das datenschutzrechtliche Ergebnis oftmals davon abhängt, ob die Erforderlichkeit eng oder weit verstanden wird (vgl. BGH ZD 2015, 80; VG Berlin ZD 2014, 316). 60

dd) Die Frage der datenschutzschonenden Alternative. Der Grundsatz der Erforderlichkeit verlangt nach zutreffender Auffassung aber nicht nur, dass eine Datenverarbeitung unterbleibt, die für die Zwecke überhaupt keinen Vorteil bringt. Er verlangt auch, dass keine alternative Form der Datenverarbeitung besteht, die die Zwecke in vergleichbarer Weise erreichen kann und zugleich als datenschutzschonender zu qualifizieren ist (Gebot der datenschutzschonenderen oder datenschutzintensiveren Alternative; vgl. nur VG Berlin ZD 2014, 316; Tiedemann NJW 1981, 945). Entscheidend ist, ob nach den Gesamtumständen die Wahl einer anderen Informationsmöglichkeit oder der Verzicht hierauf nicht sinnvoll oder nicht zumutbar wäre. Für dieses Werturteil wird dabei die grundsätzliche Organisationsform und Arbeitsweise der verantwortlichen Stelle zugrunde gelegt. 61

Die Frage, welche Datenverarbeitung im Vergleich zu einer anderen datenschutzschonender oder datenschutzintensiver ist, richtet sich nach allgemeinen Kriterien. Entscheidend ist, welche Datenverarbeitung, sofern sie auf einer gesetzlichen Grundlage beruhen würde, als **der schwerere Eingriff zu qualifizieren wäre.** Nicht immer ist die Rangfolge klar zu benennen, oftmals werden die Varianten jeweils spezifische Vor- und Nachteile aufweisen. Die entscheidenden Maßstäbe für die Bewertung der Schwere wären auch hier wieder: Art der Daten (sensible oder nicht sensible Daten), Art der Datenverarbeitung, Missbrauchsgefahren, Verwendungsmöglichkeiten, Verknüpfungsmöglichkeiten, Verfahrensabsicherungen, Transparenzgebote, Gebote der Datensicherheit, Datenmenge, Anzahl der betroffenen Personen usw. Die wichtigste Alternativüberlegung ist immer, ob nicht die anonymisierte Speicherung den gleichen Zweck erreichen würde. 61.1

Das Gebot der datenschutzschonenderen Alternative ist **mit Vorsicht** anzuwenden, da der Grundsatz der Erforderlichkeit der verarbeitenden Stelle vorschreiben darf, wie sie die Datenverarbeitung selbst zu organisieren hat, aber nicht in einer Weise, die ihr jeweiliges Selbstorganisationsrecht über Gebühr beeinträchtigt. Man kann der verantwortlichen Stelle keine Umorganisation vorschreiben mit der Folge, dass auf diese Weise die Datenverarbeitung dem Sinn des allgemeinen Persönlichkeitsrechts besser gerecht würde, wenn nicht sicher ist, dass alle anderen Faktoren, die für den Verantwortlichen zentral sind, gleich bleiben. 62

Der Erforderlichkeitsgrundsatz **dient nicht** dazu, der verantwortlichen Stelle **vorzuschreiben,** wie sie ihre zivilrechtlichen Pflichten, ihre wirtschaftliche Tätigkeit, ihre Behördenorganisation oder ihre Verwaltungsaufgaben am besten zu erfüllen vermag, auch nicht unter dem Vorwand, dass was am besten sei, bestimme sich ausschließlich nach Datenschutzerwägungen. Den Zweck, der erreicht werden soll, darf die verarbeitende Stelle selbst bestimmen. Der Grundsatz der Erforderlichkeit verlangt nicht, dass die **Ziele,** die innerhalb der rechtlichen Grundlage der Datenverarbeitung liegen, **aufgeben werden,** nur weil es andere Möglichkeiten gäbe, die ein ähnliches Ergebnis erzielen und datenschutzmilder erreichbar wären. 62.1

Syst. A. Prinzipien des Datenschutzrechts

Der Erforderlichkeitsgrundsatz **bezieht** sich auf die **Datenverarbeitung** und nicht auf die **Zweckbestimmung.**

62.2 **Dient** die Datenverarbeitung objektiv dem konkret von der verantwortlichen Stelle **festgelegten Zweck, müssen besondere Umstände** hinzukommen, damit die Erforderlichkeit dennoch zu verneinen ist. Will beispielsweise ein Unternehmen werben und dafür auf die Werbung per Brief zurückgreifen, darf der Grundsatz der Erforderlichkeit vorschreiben, welche Daten verwendet werden dürfen, um die Briefwerbung durchzuführen; nicht zulässig wäre es aber, die Briefwerbung als solche zu untersagen mit dem Hinweis, eine Werbung mit einem großen Plakat am Firmensitz sei deutlich datenschutzfreundlicher und für die Zweckerreichung gleich wirksam. Den Zweck, der erreicht werden soll, darf der Verantwortliche selbst bestimmen

63 Allerdings wirkt sich der Erforderlichkeitsgrundsatz von seiner Ratio her mit einer gewissen **Vorwirkung** auch auf die Zweckbestimmung im Rahmen eines Zumutbarkeitsprinzips aus. Liegen zwei verschiedene alternative Ziele, die mit der Datenverarbeitung erreicht werden sollen, der Sache nach nahe nebeneinander und rufen sie ganz unterschiedliche datenschutzrechtlich relevante Datenverarbeitungsvorgänge hervor, so wird man zutreffender Ansicht nach in klaren Fällen vom Verantwortlichen verlangen können, das Ziel zu wählen, das deutlich datenschutzmilder erreicht werden kann, wenn keine erkennbaren Interessen der verarbeitenden Stelle für das andere Ziel bestehen, und diese für ich insgesamt zumutbar ist.

E. Grundsatz des verantwortlichen Datenumgangs

I. Allgemein

64 Das Datenschutzrecht verlangt von demjenigen, der die Daten verarbeitet, einen verantwortlichen Umgang mit diesen. Er darf bezogen auf personenbezogene Daten **nicht nur sein Interesse** im Blick haben, sondern muss auch die Rechte der betroffenen Person berücksichtigen. Die Verarbeitung muss fair und verantwortungsvoll sein. Dies ist nicht nur ein frommer Wunsch, sondern ein rechtliches Gebot, das das Datenschutzrecht durchzieht.

64.1 Deutlich wird dies etwa an den **Anforderungen der Einwilligung.** Diese sind so streng, dass die Abgabe einer Willenserklärung, die einen Vertrag begründet, in bestimmten Fällen leichter möglich ist als die Abgabe einer Einwilligung, so dass es formal leichter sein kann, die Voraussetzungen von Art. 6 Abs. 1 lit. b DS-GVO zu erfüllen als von Art. 6 Abs. 1 lit. a DS-GVO.

65 Weiter liegen diesem Gedanken eine ganze Reihe von Untergrundsätzen zu Grunde, wie insbesondere die Grundsätze der **Transparenz,** der **Verarbeitung nach Treu und Glauben,** der **Datenrichtigkeit,** der **Integrität** und der **Rechenschaftspflicht.** Der Grundsatz der verantwortlichen Verarbeitung besitzt aber einen Inhalt, der über die Summe der Einzelgrundsätze hinausgeht und vom Verantwortlichen eine Mäßigung und eine Seriosität, die in anderen Rechtsbereichen so nicht gilt, erfordert. Er führt daher vor allem im Rechtsverkehr unter Privaten für das Datenschutzrecht so etwas wie eine Mäßigungsklausel ein, die etwa die gleiche Funktion besitzt, wie die Gemeinwohlbindung der Hoheitsgewalt im öffentlichen Bereich.

II. Grundsatz nach Treu und Glauben

66 Der Grundsatz der Verarbeitung **nach Treu und Glauben** kommt aus dem europäischen Recht und ist für das deutsche Rechtsverständnis schwer handhabbar. Er ist niedergelegt in Art. 8 GRCh in Art. 5 Abs. 1 lit. a Var. 2 DS-GVO, in Art. 4 Abs. 1 lit. a Var. 2 VO (EU) 2018/1725, in Art. 4 Abs. 1 lit. a JI-RL und § 47 Nr. 1 BDSG. Bei Art. 8 GRCh versteht man ihn insbesondere dahingehend, dass er Transparenzrechte für den Betroffenen enthält (vgl. EuGH ZD 2015, 577 Rn. 32 – Bara) Diese sind nun in Art. 5 Abs. 1 lit. a DS-GVO selbstständig aufgeführt, sodass der Grundsatz von Treu und Glauben sich nicht in der Gewährleistung von Transparenzrechten erschöpfen kann. Die englische Sprachfassung spricht von „**fairly**", was als eine zutreffende Konkretisierung des Grundsatzes verstanden wird (Paal/Pauly/Frenzel DS-GVO Art. 5 Rn. 18). Es geht um eine faire Datenverarbeitung (KKS DatenschutzR Rn. 335).

67 Eine Verarbeitung entspricht Treu und Glauben, wenn sie innerhalb dessen liegt, mit dem der Betroffene bei Zugrundelegung der rechtlichen Regeln **redlicher Weise rechnen muss.** Auf diese Weise ergänzt der Grundsatz den Grundsatz der Rechtmäßigkeit und den Grundsatz der Zweckbindung. Der Sache nach verlangt er als Generalklausel die Handhabung datenschutzrechtlicher Rechte und Pflichten in einer Weise, die auch die Interessen der anderen Seite mitberücksichtigt. Der Grundsatz von Treu und Glauben normiert für eine konkrete Verarbeitung das, was der

Syst. A. Prinzipien des Datenschutzrechts

Grundsatz des verantwortlichen Datenumgangs insgesamt für die Summe der Verarbeitungen verlangt.

Insbesondere Private, die im Datenschutzbereich über große Möglichkeiten verfügen, dürfen von den ihnen insbesondere im Rahmen der Einwilligung eingeräumten Möglichkeiten nur in einer Weise Gebrauch machen, die die **verständigen Interessen** der anderen Seite mitberücksichtigen, auch wenn bei formaler Betrachtung des Rechtes eine noch eigennützigere Handhabung des Verantwortlichen möglich wäre. Die Parallele zu § 242 BGB ist systematisch daher weniger fernliegend als es auf den ersten Blick erscheint.

III. Grundsatz der Transparenz

Der Grundsatz der Transparenz bedeutet: Die Datenverarbeitung insgesamt muss für den Betroffenen möglichst nachvollziehbar sein. Ausdrücklich normiert ist er in Art. 5 Abs. 1 lit. a DS-GVO und Art. 4 Abs. 1 lit. a VO (EU) 2018/1725. Das Gebot der **transparenten Datenverarbeitung** geht über die Gewährleistung der Rechte des Betroffenen, insbesondere Auskunftsrechte, hinaus und meint, dass der Verantwortliche grundsätzlich darauf zu achten hat, dass **das Ob und die Art und Weise der Verarbeitung** für den Betroffenen **erkennbar sein müssen.** Der Grundsatz ist eng mit dem grundrechtlichen Datenschutz verbunden. Nur wer überblicken kann, wer was bei welcher Gelegenheit über ihn wie verwendet, ist frei aus eigener Selbstbestimmung zu entscheiden (KKS DatenschutzR Rn. 336). Es handelt sich in gewisser Form um eine **Zuspitzung des Grundsatzes von Treu und Glauben** speziell für die Frage der Erkennbarkeit. Den Grundsatz konkretisiert Erwägungsgrund 39. Der Grundsatz umfasst das Sichtbar-Sein und das Sichtbar-Machen (vgl. Paal/Pauly/Frenzel DS-GVO Art. 5 Rn. 22.).

IV. Gebot der Richtigkeit

1. Gebot der Datenrichtigkeit

Das Gebot der Datenrichtigkeit besagt: Die verarbeitende Stelle hat Sorge dafür zu tragen, dass personenbezogene Daten **sachlich richtig sind.** Es ist niedergelegt in Art. 5 Abs. 1 lit. d DS-GVO, in Art. 4 Abs. 1 lit. d VO (EU) 2018/1725, in Art. 4 Abs. 1 lit. d JI-RL und § 47 Nr. 4 BDSG (der Art. 4 Abs. 1 lit. d JI-RL umsetzt.) Das Gebot der Richtigkeit ergibt sich auch mittelbar aus dem Gebot der Erforderlichkeit und den gesetzlichen Löschungsansprüchen.

Personenbezogene Daten sind die Basis für das Bild, das sich die Mitmenschen von einer Person machen und auf dessen Grundlage sie Entscheidungen treffen. Schon das BVerfG hat in seinem Volkszählungsurteil darauf hingewiesen, dass der Betroffene unter den Bedingungen der modernen Datenverarbeitung **die Richtigkeit** der über ihn verarbeiteten Daten nur noch **schwer kontrollieren** kann (BVerfGE 65, 1 (42)). Dies gilt umso mehr, weil durch das Internet die Verbreitung von Informationen immer leichter wird, aber zugleich immer schwerer korrigiert werden kann. Das Gebot der Richtigkeit versteht sich eigentlich von selbst, auch wenn es der Selbstgefälligkeit des Einzelnen ggf. im Einzelfall gefallen mag, dass unrichtige personenbezogene Daten, die ihm günstig sind, bestehen bleiben. Das Verfügungsrecht des Einzelnen über seine personenbezogenen Daten erfasst demnach nicht das Recht, unrichtige Daten auch dann aufrechtzuerhalten, wenn die Unrichtigkeit bekannt wird.

Der Grundsatz der Richtigkeit enthält unterschiedliche Gebote, je nachdem, ob es um die Erhebung und Speicherung oder um die spätere Kontrolle geht (vgl. Paal/Pauly/Frenzel DS-GVO Art. 5 Rn. 40). Bei der **erstmaligen Speicherung** hat der Verantwortliche mit der üblichen Sorgfalt zu **prüfen,** ob Gesichtspunkte gegen die Richtigkeit der erhobenen Daten sprechen. Werden Unrichtigkeiten **später bekannt,** sind die Daten zu **korrigieren.** Gibt es Anzeichen für eine Unrichtigkeit, darf der Verantwortliche nicht die Augen verschließen, sondern muss ihnen nachgehen. Darüber hinaus verlangt Art. 5 Abs. 1 lit. d DS-GVO (und Art. 4 Abs. 1 lit. d VO (EU) 2018/1725) ausdrücklich, dass angemessene Mittel zu fassen sind, damit der Verantwortliche von diesen Anzeichen auch Kenntnis nimmt.

2. Erkennbarkeit der Datenvalidität

Als ein Unterprinzip, das im Unionsrecht aber nur im Bereich der JI-RL angeordnet ist, lässt sich die Erkennbarkeit der **Datenvalidität** bezeichnen. Gemäß Art. 7 Abs. 1 JI-RL ist bei den zu verarbeitenden Datenkategorien so weit wie möglich zu unterscheiden zwischen Daten, die auf **Fakten** beruhen und Daten, die auf persönlicher **Einschätzung** beruhen. Sofern dies an dem Datum selbst erkennbar ist, wird man eine ausdrückliche Kennzeichnung nicht fordern müssen.

Syst. A. Prinzipien des Datenschutzrechts

Häufig werden aber Tatsachen im Sicherheitsbereich auf Mutmaßungen gestützt, ohne dass erkennbar ist, dass die Tatsache nicht selbst ermittelt, sondern auf sie geschlossen wurde. Art. 7 Abs. 2 JI-RL verlangt in diesen Fällen einen Hinweis, dass die Tatsache auf einer Schlussfolgerung beruht.

72.1 Der **Gedanke der Bewertung der Daten** nach ihrer Qualität setzt sich bei der **Übermittlung** fort. Im Rahmen der Übermittlung muss der Empfänger so weit wie möglich Informationen haben, um die Qualität der Daten beurteilen zu können. Dies regelt ausdrücklich § 74 Abs. 1 BDSG, der verlangt, dass die übermittelnde Stelle erstens die Daten auf ihre Qualität vor der Übermittlung überprüft und zweitens notwendige Informationen für die Prüfung des Empfängers beifügt.

V. Gebot der Integrität und Vertraulichkeit

1. Datensicherheit

73 **Integrität** meint der Sache nach **Unversehrtheit, Unverfälschtheit** und Vollständigkeit. **Vertraulichkeit** meint hingegen **Quantität** und **Qualität** der **Sicherung** vor einem **fremden Zugriff**. Der Grundsatz der Integrität und Vertraulichkeit findet sich in Art. 5 Abs. 1 lit. f DS-GVO, in Art. 4 Abs. 1 lit. f VO (EU) 2018/1725, in Art. 4 Abs. 1 lit. f JI-RL und § 47 Nr. 6 BDSG. Der Grundsatz besitzt eine erhebliche **Sprengkraft**. Er verlangt, dass eine **angemessene technische Sicherheit** für die personenbezogenen Daten durch den Verantwortlichen gewährleistet wird. Die Angemessenheit hängt von der Bedeutung der Daten, dem Interesse des Verantwortlichen, den Interessen der betroffenen Person und der Schutzgefährdung ab. Auch dieser Grundsatz wird nicht als Optimierungsgebot verstanden, sondern als bindendes Prinzip, dessen Verletzung durchaus Geldbußen hervorrufen kann. Dennoch ist der Grundsatz im Wesentlichen auf Konkretisierungen angelegt. Die DS-GVO enthält einige spezielle Normen zur Datensicherheit, die insofern diesen Grundsatz weiter konkretisieren.

2. Datengeheimnis

74 Das deutsche Recht kennt weiterhin das alte **Datengeheimnis**, s. nur **§ 53 BDSG**. Danach dürfen mit Datenverarbeitung befasste Personen personenbezogene Daten nicht unbefugt verarbeiten. Sie sind bei der Aufnahme ihrer Tätigkeit auf das Datengeheimnis zu verpflichten. Das Datengeheimnis besteht auch nach der Beendigung ihrer Tätigkeit fort. In der Gesetzesbegründung wird darauf hingewiesen, mit dieser Regelung werde § 5 BDSG aF aufgenommen (BT-Drs. 18/11325, 111). Das Unionsrecht kennt kein ausdrückliches Datengeheimnis. Es ergibt sich freilich aus dem Umstand, dass jede Weitergabe einen Rechtsgrund braucht, gewissermaßen von selbst.

75 Der **unmittelbare Gehalt** des Datengeheimnisses ist schwer einzuschätzen. Es erhält seinen Sinn, wenn man den Begriff des Verantwortlichen gem. Art. 4 Nr. 7 DS-GVO in den Blick nimmt. Danach ist bei der Verarbeitung für eine juristische Person diese Verantwortliche und die einzelnen Beschäftigten werden ihr zugerechnet. Begehen diese eine Verletzung des Datenschutzrechts, so ist das eine Verletzung durch den Verantwortlichen. Durch das Datengeheimnis wird eine persönliche Verantwortlichkeit der Beschäftigten des Verantwortlichen geschaffen, was durchaus sinnvoll sein kann.

VI. Rechenschaftspflicht

76 Das Unionsrecht kennt eine Verpflichtung des Verantwortlichen, die Einhaltung der Datenschutzbestimmungen darzulegen. Aus der Verpflichtung, die Grundsätze des Datenschutzes einzuhalten, folgt zugleich eine **Darlegungslast** für den Verantwortlichen. Er muss belegen, dass er sich um die Einhaltung des Datenschutzrechts kümmert (KKS DatenschutzR Rn. 353). Der Grundsatz belegt deutlich, allerdings nur für den Bereich der Datenschutzgrundverordnung, dass der Verantwortliche als ein Akteur für den Datenschutz in die Pflicht genommen wird. Wie er der Darlegungslast nachkommt, ist nicht vorgegeben. Die **Rechenschaftspflicht** findet sich in Art. 5 Abs. 2 DS-GVO, Art. 4 Abs. 2 VO (EU) 2018/1725 und Art. 4 Abs. 4 JI-RL. Die im Datenschutzrecht vielfach vorgesehenen Instrumente der Selbstregulierung können als spezielle Ausprägung der Rechenschaftspflicht verstanden werden.

VII. Grundsatz der gestuften Anforderung

77 Das Datenschutzrecht kennt verschiedene Elemente der Stufungen des Schutzes. Es gibt einen Basisdatenschutz, der unabhängig von der Bedeutung der personenbezogenen Daten und dem

Syst. B. Völker- und unionsverfassungsrechtliche Grundlagen

Risiko der Verarbeitung ist („One-size-fits-all"-Ansatz). Nach diesem Ansatz sollen für alle Datenverarbeitungen innerhalb der EU dieselben Regeln gelten, was auch Datenverarbeitungen in Drittstaaten mit einbezieht.

Darauf bauen verschiedene Stufen auf. Zunächst eine Stufe, die risikoorientiert differenziert (Grundsätzlich zum **risikobasierten Ansatz:** Veil ZD 2015, 347 ff.). Dem risikobasierten Ansatz folgt vor allem die Formulierung der Pflichten, wie etwa die Vorabkontrolle (s. auch Art. 24 Abs. 1 S. 1 DS-GVO; Art. 25 Abs. 1 DS-GVO; Art. 38, Art. 31–33 DS-GVO sowie Art. 35 Abs. 1 S. 1 DS-GVO). Die Gewichtung war dabei bei der Entstehung der DS-GVO durchaus unterschiedlich. Während die Kommission mehr auf einheitliche Regeln setzte, verfolgte der Rat mehr einen risikobasierten Ansatz (ausführlich Veil ZD 2015, 347 ff.; Paal/Pauly/Martini DS-GVO Art. 33 Rn. 3). 78

Weiter wird nach der **Art der Daten** differenziert. Der besondere Schutz besonders sensibler Daten stellt auf den Inhalt der Daten ab und findet seine Grundnorm in Art. 9 DS-GVO, wobei diese Besonderheit immer wieder in Einzelbestimmungen aufgenommen wird. 79

VIII. Grundsatz der Direkterhebung

Nach dem Grundsatz der **Direkterhebung** sind personenbezogene Daten grundsätzlich beim Betroffenen zu erheben. Eine Erhebung in anderer Weise bedarf einer sachlichen Rechtfertigung. Im deutschen Recht war der Grundsatz in § 4 Abs. 2 BDSG aF normiert. Der Grundsatz ergibt sich nach deutschem Verständnis der Sache nach schon aus dem Recht auf informationelle Selbstbestimmung, wobei die Bestimmung, wann Ausnahmen zulässig sind, sich nicht abschließend oder eindeutig aus der Verfassung selbst ergibt. **Ob dies in Zukunft aufrecht erhalten bleibt, ist offen,** da er in der DS-GVO nicht ausdrücklich normiert ist und wegen der wegen der Gleichstellung der Erhebung von personenbezogenen Daten bei (Art. 13 DS-GVO) oder nicht bei der betroffenen Person (Art. 14 DS-GVO auch nicht ungeschrieben gilt (Buchner DuD 2016, 155 (156); Rüpke/v. Lewinski/Eckhardt/Rüpke, Datenschutzrecht, 2018, § 12 Rn. 39). 80

Der Zweck des Grundsatzes der Direkterhebung liegt auf der Hand. Er dient dazu, die Subjektqualität der betroffenen Person bei Informationsvorgängen zu seiner Person zu stärken. Der Grundsatz der Direkterhebung geht dabei unausgesprochen von einer **offenen Datenerhebung** aus, dh von einer Informationsbeschaffung, die für den Betroffenen erkennbar ist, weil er nur so seinen Informationszweck beim Betroffenen erreichen kann. 81

Syst. B. Völker- und unionsverfassungsrechtliche Grundlagen

Überblick

Hintergrundfolie des europäischen Datenschutzgrundrechts ist die **Entwicklung des „einfachgesetzlichen" Datenschutzrechts** seit den 1980er Jahren auf europäischer und völkerrechtlicher Ebene (→ Rn. 1 ff.). **Völkerrechtliche Regelungswerke** zum Datenschutz entstanden vor allem im Rahmen des Europarats, aber auch der Vereinten Nationen und der OECD (→ Rn. 6 ff.). **Anwendungsbereich und Rechtsprechungskompetenzen** zum europäischen Datenschutzgrundrecht bestimmen sich nach den allgemeinen Regeln im europäischen Mehrebenensystem und Verfassungsverbund (→ Rn. 9 ff.). Zentrale Rechtserkenntnisquelle für das noch **ungeschriebene europäische Datenschutzgrundrecht war bis zum Vertrag von Lissabon** Art. 8 EMRK; der EuGH lehnte sich dabei stark an die Rechtsprechung des EGMR an (→ Rn. 13 ff.). Durch den Vertrag von Lissabon und insb. die **Art. 7 und 8 GRCh** sowie Art. 16 Abs. 1 AEUV hat das europäische Datenschutzgrundrecht starke Impulse erfahren (→ Rn. 22 ff.; → Rn. 30). Eine **Grundsatzfrage** betrifft die Rekonstruktion des europäischen Datenschutzgrundrechts als Recht auf informationelle Selbstbestimmung nach deutschem Vorbild mit erheblichen Verrechtlichungsbedarfen oder als Kombination differenzierter Grundrechtsdimensionen unter anderem mit einem innovationsoffenen Ausgestaltungsauftrag und einer enger gezogenen abwehrrechtlichen Dimension (→ Rn. 25 ff.). Der EuGH neigt zu einem pragmatischen und die Grundrechtsgehalte nur wenig differenzierenden Konzept (→ Rn. 31 f.). Zu den wichtigen **Einzelfragen** des europäischen Datenschutzgrundrechts gehören den persönlichen Schutzbereich und der Schutz juristischer Personen (→ Rn. 33 ff.); Schutzpflichten und Drittwirkung bei privater Datenverarbeitung (→ Rn. 38 ff.); die Ausbalancierung von Datenschutz und gegenläufigen Belangen einerseits durch die Mitgliedstaaten (→ Rn. 43 ff.) und andererseits durch Unions-

Syst. B. Völker- und unionsverfassungsrechtliche Grundlagen

organe (→ Rn. 48 ff.); die Rechte betroffener Personen (→ Rn. 52); Vorgaben zur Organisation und zu den Befugnissen der nationalen Aufsichtsinstanzen aus Art. 8 Abs. 3 GRCh (→ Rn. 53 ff.) sowie die grenzüberschreitende Datenübermittlung in Drittländer (→ Rn. 56 ff.). Eine eindeutige **Kompetenzgrundlage für datenschutzrechtliche Sekundärrechtsakte** bietet seit 2009 Art. 16 Abs. 2 AEUV (→ Rn. 60 ff.).

Übersicht

	Rn.		Rn.
A. Entwicklungsstufen des internationalen und europäischen Datenschutzrechts	1	zur Pfadabhängigkeit der EuGH-Rechtsprechung	31
B. Völkerrechtliche Grundlagen	6	IV. Einzelfragen des europäischen Datenschutzgrundrechts	33
C. Grundrechtliche Vorgaben für das europäische Datenschutzrecht	9	1. Der persönliche Schutzbereich des Datenschutzgrundrechts und der Schutz von Daten juristischer Personen	33
I. Die Bedeutung des unionalen Datenschutzgrundrechts im europäischen Datenverkehrsraum	9	2. Schutzpflichten und mittelbare Drittwirkung bei privater Datenverarbeitung	38
		3. Datenschutz und gegenläufige Rechtspositionen	41
II. Grundlinien der Datenschutzrechtsprechung des EGMR und des EuGH zu Art. 8 EMRK bis zum Vertrag von Lissabon	13	4. Überprüfung mitgliedstaatlicher Ausgestaltungsentscheidungen zum Ausgleich gegenläufiger Belange	43
III. Der aktuelle grundrechtliche Rahmen des Datenschutzes nach dem Vertrag von Lissabon	22	5. Überprüfung unionaler Ausgestaltungsentscheidungen zum Ausgleich gegenläufiger Belange	48
1. Übernahme des Rechts auf Privatheit in Art. 7 GRCh	23	6. Rechte der betroffenen Personen	52
2. Das explizite Datenschutzgrundrecht gem. Art. 8 GRCh	24	7. Vorgaben zur Organisation und zu den Befugnissen der nationalen Aufsichtsinstanzen aus Art. 8 Abs. 3 GRCh	53
3. Aufnahme des Datenschutzrechts in Art. 16 Abs. 1 AEUV	30	8. Grenzüberschreitende Datenübermittlung in Drittländer	56
4. Fazit zur datenschutzrechtlichen Grundrechts- und Schrankensystematik sowie		D. Kompetenzrechtliche Vorgaben für das europäische Datenschutzrecht	60

A. Entwicklungsstufen des internationalen und europäischen Datenschutzrechts

1 In der **historischen Entwicklung** gehörte die Europäische Gemeinschaft zu den Nachzüglern auf dem Gebiet des Datenschutzes (NK-DatenschutzR/Simitis/Hornung/Spiecker gen. Döhmann Einl. Rn. 133 sowie Rn. 1 ff. im Folgenden). Während im **nationalen Recht** zentrale Regelungen bereits in den 1970er Jahren in Kraft traten und auf **völkerrechtlicher Ebene** in den 1980er Jahren wichtige Regelungswerke entstanden (→ Rn. 6 ff.), reagierte die Europäische Kommission trotz mehrfacher Aufforderung durch das Europäische Parlament bereits seit den 1970er Jahren erst 1990 bzw. 1992 mit konkreten Vorschlägen für ein legislatives Maßnahmenpaket (→ Rn. 1.1).

1.1 Teil dieses Maßnahmenpakets waren Kommissionsvorschläge für eine Datenschutzrichtlinie: KOM(90) 314, KOM(92) 422 (vgl. zur Entwicklung in der EG Simitis/Simitis BDSG Einl. Rn. 203 ff.).

2 1995 verabschiedete der EG-Gesetzgeber mit der **RL 95/46/EG** zum Schutz natürlicher Personen bei der Verarbeitung personenbezogener Daten und zum freien Datenverkehr (**Datenschutz-RL;** zu deren Struktur und Inhalten ausführlich BeckOK DatenschutzR/ Schneider, 37. Ed. 1.8.2021, Syst. B Rn. 38 ff.; zur Kompetenzgrundlage → Rn. 2.1) allerdings einen Meilenstein der internationalen Datenschutzentwicklung. Die Datenschutz-RL wurde zum Vorbild oder zumindest Referenzpunkt für Rechtsetzungsakte in vielen Teilen der Welt sowie für die Grundrechtsrechtsprechung des EuGH im Datenschutz (→ Rn. 16 ff.). In der Folgezeit war eine zunehmende **bereichsspezifische Ausdifferenzierung** des europäischen Datenschutzrechts zu beobachten (→ Rn. 2.2).

2.1 Kompetenzrechtlich stützte sich die EG für die Datenschutz-RL insbesondere auf ihre Binnenmarktkompetenz aus Art. 100a EGV-Maastricht (jetzt Art. 114 AEUV; s. zum Ganzen Simitis/Simitis BDSG Einl. Rn. 203, 206, 213). Zu den erheblichen Problemen bei der fristgerechten Umsetzung der RL insbesondere in Deutschland und Frankreich: Simitis/Simitis BDSG Einl. Rn. 90 ff., 228 ff.; s. ferner die Verurteilung Luxemburgs durch EuGH BeckRS 2004, 77326.

Syst. B. Völker- und unionsverfassungsrechtliche Grundlagen

2.2 Zum bereichsspezifischen Datenschutzrecht der EG bzw. heute der EU gehörten insbesondere (1.) die Richtlinie zum Datenschutz in der elektronischen Kommunikation (DSRL-eK 2002/58), welche die RL 97/66/EG über die Verarbeitung personenbezogener Daten und den Schutz der Privatsphäre im Bereich der Telekommunikation ersetzte, (2.) die Datenschutzverordnung für die EU-Organe (DS-VO 2001/45) sowie (3.) der Rahmenbeschluss zum Datenschutz im Bereich der polizeilichen und justiziellen Zusammenarbeit in Strafsachen (DS-PJZS-RB 2008/977/JI), der nach Art. 59 Abs. 1 der Richtlinie 2016/680 zum Schutz natürlicher Personen bei der Verarbeitung personenbezogener Daten zum Zwecke der Verhütung, Ermittlung, Aufdeckung oder Verfolgung von Straftaten oder der Strafvollstreckung mWz 6.5.2018 aufgehoben und durch diese Richtlinie ersetzt wurde. Daneben entstanden vielfältige Datenschutzbestimmungen als Teil von sektorspezifischen Regelungen, die über den Datenschutz hinausgehen. Insbesondere zu nennen sind hierbei die Sekundärrechtsakte zur Errichtung europäischer Informationssysteme oder zur wechselseitigen Informationshilfe (Heussner, Informationssysteme im Europäischen Verwaltungsverbund, 2007, 339 ff.; Schneider NVwZ 2012, 65 (69 ff.)). Die frühere Richtlinie zur Vorratsdatenspeicherung (VDS-RL 2006/24/EG) wurde 2014 vom EuGH für ungültig erklärt (EuGH EuZW 2014, 459 – Digital Rights Ireland; → Rn. 50.2).

3 In Wissenschaft und Anwendungspraxis wurde die Datenschutz-RL zunächst als wichtiger Schritt zu einem funktionierenden Datenverkehrsraum gewürdigt. Mit der zunehmenden Bedeutung des Internets und der grenzüberschreitenden und globalen Internetwirtschaft wurde jedoch der den normativen Ansprüchen nicht entsprechende **begrenzte tatsächliche Harmonisierungseffekt** der Datenschutz-RL debattiert. Ferner wurde die **Kohärenz** insbesondere der sicherheitsrechtlichen Datenschutzbestimmungen kritisch hinterfragt (→ Rn. 3.1). 2009 initiierte die **Europäische Kommission** unter Hinweis auf die grundlegend veränderten technischen, wirtschaftlichen und sozialen Rahmenbedingungen seit 1995 im Zeichen einer globalen und stetig rasant wachsenden Internetkommunikation sowie auf die politische Zielvorstellung eines digitalen Binnenmarktes eine weit ausgreifende **Reformdebatte** (→ Rn. 3.2). Ein weiterer Impuls ging von der Erweiterung der unionalen Rechtsetzungskompetenzen zum Datenschutz durch den Vertrag von Lissabon (→ Rn. 60 ff.) aus.

3.1 Zur wachsenden Kritik an der Datenschutz-RL s. Artikel 29-Datenschutzgruppe WP 168; EUR. DSB, Opinion of 14.1.2011; LRDP Kantor Ltd., Comparative study on different approaches to new privacy challenges, in particular in the light of technological development. Final Report, 2010; Roßnagel MMR 2005, 71 (71 ff.); besonders auf die fehlende Berücksichtigung konkreter Verarbeitungskontexte abstellend: Simitis FS Hassemer, 2010, 1235 ff.; Simitis/Simitis BDSG Einl. Rn. 161, 179, 216.

3.2 Wichtige Dokumente der Reformdebatte seit 2010 waren KOM(2010) 609; KOM(2012) 11, 2 ff.; KOM(2012) 9, 3; s. ferner: Reding, International Data Privacy Law 1 (2011), 3 ff., sowie die Resolution des EP v. 6.11.2011, P7 TA(2011)0323).

4 Die Debatte führte zum **Kommissionsvorschlag vom Januar 2012** für eine Datenschutz-Grundverordnung (KOM(2012) 11). Das Reformpaket war Gegenstand intensiver Debatten mit und in den Legislativorganen der EU, die 2016 zu einem Abschluss gelangt sind. Die Datenschutz-Grundverordnung 2016/679 (DS-GVO) ist zwar bereits am 5.5.2016 in Kraft getreten, gilt gem. ihres Art. 99 Abs. 2 jedoch erst seit dem 25.5.2018. Sie ersetzt die Datenschutz-RL sowie deren nationale Umsetzungsakte (zu Einzelheiten der Genese s. BeckOK DatenschutzR/Schneider, 37. Ed. 1.8.2021, Syst. B Rn. 5.1 ff. sowie → DS-GVO Einl. Rn. 1 ff.).

5 Am 11.4.2016 hat die EU-Kommission überdies eine öffentliche Konsultation zur **Evaluation und Reform der Richtlinie zum Datenschutz in der elektronischen Kommunikation** (DSRL-eK 2002/58) eröffnet, die Anfang 2017 in einen Änderungsentwurf der Kommission mündete (COM(2017) 10). Ende 2019 scheiterte dieser Änderungsentwurf, der die Schaffung einer e-privacy-Verordnung vorsieht, nach langen Diskussionen vorerst im Rat. Im Frühjahr 2021 gelang dem Rat die Einigung auf eine gemeinsame Position als Ausgangspunkt für Trilogverhandlungen mit Kommission und Parlament (→ Rn. 5.1).

5.1 Nach dem vorläufigen Scheitern des Vorschlags für eine e-privacy-Verordnung (COM(2017) 10) im Rat Ende 2019 veröffentlichte die kroatische Ratspräsidentschaft am 21.2.2020 einen erneuten Änderungsentwurf. Auch ein Entwurf der deutschen Ratspräsidentschaft im Sommer 2020 fand keine Mehrheit (Rauer/Ettig ZD 2021, 18 (20); zum Inhalt des Entwurfs Stiegler MMR 2020, 641). Im Februar 2020 einigte sich der Rat auf einen Kompromissvorschlag der portugiesischen Ratspräsidentschaft und leitete das Trilogverfahren ein (6087/21 vom 10.2.2021; der Vorschlag ist abrufbar unter https://data.consilium.europa.eu/doc/document/ST-6087-2021-INIT/en/pdf). Die Reform der DSRL-eK 2002/58 steht in einem engen Zusammenhang mit der bereits vollzogenen Modernisierung des Rechtsrahmens für die

Syst. B. Völker- und unionsverfassungsrechtliche Grundlagen

Telekommunikationsregulierung durch den Erlass der RL (EU) 2018/1972 über einen europäischen Kodex für die elektronische Kommunikation.

B. Völkerrechtliche Grundlagen

6 Auf völkerrechtlicher Ebene kommt den Rechtsakten des **Europarats** die größte Bedeutung zu. Einerseits ist Art. 8 EMRK nicht nur Ausgangspunkt der Datenschutzrechtsprechung des EGMR (→ Rn. 14 f.), sondern diente überdies dem EuGH als Rechtserkenntnisquelle für dessen Fundierung eines ungeschriebenen Datenschutzgrundrechts (→ Rn. 16 ff.), das auch nach dem Inkrafttreten der Art. 7 und 8 der EU-Grundrechtecharta (GRCh) weiter wirkmächtig ist (insbesondere → Rn. 32). Andererseits schuf der Europarat davon unabhängig mit dem „Übereinkommen zum Schutz des Menschen bei der automatischen Verarbeitung personenbezogener Daten" von 1981 (**Datenschutz-Konvention 108**) das erste verbindliche Völkervertragsrecht im Bereich des Datenschutzes (ausführlich zu dieser (NK-DatenschutzR/Simitis/Hornung/Spiecker gen. Döhmann Einl. Rn. 92 ff.). Die Konvention gilt seit 1985 auch für Deutschland, das zu den ersten fünf von heute 50 Staaten zählt, welche die Ratifikation der Konvention abschlossen (Kühling/Buchner/Kühling/Raab Einf. Rn. 45). Für Deutschland waren die Anpassungsbedarfe sehr überschaubar, da die Konvention im deutschen Recht damals bereits verwirklichte Datenschutzprinzipien (Zweckbindung, Verhältnismäßigkeit, Betroffenenrechte) verankerte. Demgegenüber war die Konvention ein wichtiger Impuls für die Gestaltung der späteren EG-Datenschutz-RL, deren zusätzliche Inhalte insb. über unabhängige Kontrollinstanzen wiederum vom Europarat in Zusatzprotokollen zur Konvention aufgegriffen wurden (NK-DatenschutzR/Simitis/Hornung/Spiecker gen. Döhmann Einl. Rn. 101 ff., s. auch Rn. 116 ff.). Ferner ist die Konvention in Bezug auf den grenzüberschreitenden Datenaustausch und die Behördenkooperation außerhalb des Unionsrechts bedeutsam (NK-DatenschutzR/Simitis/Hornung/Spiecker gen. Döhmann Einl. Rn. 103 ff., 117 f.). 2018 nahm das Ministerkomitee des Europarats einen Vorschlag zur Modernisierung der Konvention und deren Anpassung an moderne Formen der Datenverarbeitung im Rahmen des Cloud Computing und der sozialen Netzwerke an, der noch von den Vertragsstaaten ratifiziert werden muss (NK-DatenschutzR/Simitis/Hornung/Spiecker gen. Döhmann Einl. Rn. 111 f.). Schließlich beeinflusst der Europarat die europäische Datenschutzpraxis bereits seit 1981 durch eine Reihe – unverbindlicher – Datenschutzempfehlungen zu einzelnen, ggf. sektorspezifischen Datenschutzfragen (NK-DatenschutzR/Simitis/Hornung/Spiecker gen. Döhmann Einl. Rn. 113 ff.).

7 Auch andere internationale Organisationen befassen sich mit dem Datenschutz in Form unverbindlicher Leitlinien. Dies gilt zum einen für die **Vereinten Nationen,** deren Generalversammlung 1990 an der Europarats-Konvention 108 angelehnte Leitlinien zur Verarbeitung personengebundener Daten verabschiedete (NK-DatenschutzR/Simitis/Hornung/Spiecker gen. Döhmann Einl. Rn. 126 ff.). Ein wichtiger Akteur im UN-Rahmen ist zudem der UN-Menschenrechtsausschuss, der beispielsweise in Reaktion auf die Enthüllung über die NSA-Überwachungspraktiken 2015 einen Sonderberichterstatter für den Datenschutz ernannte (NK-DatenschutzR/Simitis/Hornung/Spiecker gen. Döhmann Einl. Rn. 130). Vor allem erwähnenswert ist aber dessen datenschutzrechtliche Spruchpraxis auf der Basis des in **Art. 17 IPbpR** völkerrechtlich verbindlich gewährleisteten Rechts auf Privatheit (NK-DatenschutzR/Simitis/Hornung/Spiecker gen. Döhmann Einl. Rn. 162; Schiedermair, Der Schutz des Privaten als internationales Grundrecht, 2012, S. 83).

8 Schließlich hat die **Organisation für wirtschaftliche Zusammenarbeit und Entwicklung (OECD)** 1980 – völkerrechtlich unverbindliche – „Richtlinien über Datenschutz und grenzüberschreitende Ströme personenbezogener Daten" verabschiedet, die 2013 überarbeitet wurden (NK-DatenschutzR/Simitis/Hornung/Spiecker gen. Döhmann, Einl. Rn. 119 ff.). Die OECD-Richtlinien folgen bzgl. der Verarbeitungsgrundsätze den Prinzipien der Europarats-Konvention 108. Ihr Charakteristikum ist das Ziel, potentielle Handelshemmnisse infolge des Datenschutzes zu vermeiden und einen freien Informationsfluss zu gewährleisten. Insoweit zeigen sich Parallelen zur dualen Zielrichtung des Art. 16 AEUV (→ Rn. 60) sowie der DS-GVO (NK-DatenschutzR/Hornung/Spiecker gen. Döhmann Art. 1 DS-GVO Rn. 25 ff.; dem gegenüber einseitig auf den Datenschutz fokussierend → Art. 1 Rn. 5 ff.).

Syst. B. Völker- und unionsverfassungsrechtliche Grundlagen

C. Grundrechtliche Vorgaben für das europäische Datenschutzrecht

I. Die Bedeutung des unionalen Datenschutzgrundrechts im europäischen Datenverkehrsraum

Im europäischen Mehrebenensystem mit datenschutzrelevanten Grundrechtsverbürgungen 9
und Rechtsprechungskompetenzen auf der Ebene der Mitgliedstaaten, der supranationalen Ebene der Europäischen Union sowie der völkerrechtlichen Ebene des Europarats sind für die Zuordnung dieser drei Ebenen im Kern **drei Konstellationen** zu unterscheiden (hierzu allg. Michael/Morlok, Grundrechte, 7. Aufl. 2020, 67 ff.): Datenverarbeitungsvorgänge außerhalb des Anwendungsbereichs des primären oder sekundären Unionsrechts (→ Rn. 10), solche im Rahmen zwingender Vorgaben des Unionsrechts (→ Rn. 11) und solche im Bereich von Vorgaben des Unionsrechts, die den Mitgliedstaaten Umsetzungsspielräume belassen (→ Rn. 12). Vor diesem Hintergrund gewinnen die Definition des Anwendungsbereichs der DS-GVO und die in ihr trotz ihres Verordnungscharakters vorgesehenen mitgliedstaatlichen Ausgestaltungskompetenzen wegen der Rückwirkungen auf die hier erörterten Grundrechtsfragen zusätzliches Gewicht (vgl. Schwartmann RDV 2012, 55 ff.; abw. Kühling EuZW 2012, 281 f.; diff. Bäcker/Hornung ZD 2012, 147 (152); Gola EuZW 2012, 332 (333)).

Im Rahmen dieses Beitrags nur kurz anzusprechen ist die erste Konstellation von **Datenverar-** 10
beitungsvorgängen außerhalb des Anwendungsbereichs des primären und sekundären
Unionsrechts. Hier sind die supranationalen Grundrechte der EU von den nationalen Rechtsetzungs- und -anwendungsakteuren nicht zu beachten. Stattdessen gilt eine **vorbehaltlose Bindung**
an die ggf. bestehenden nationalen Grundrechte, also etwa an das vom BVerfG entwickelte Recht auf informationelle Selbstbestimmung. Unabhängig von der Anwendbarkeit der EU-Grundrechte besteht jedoch eine völkerrechtliche Verpflichtung, das vom EGMR aus Art. 8 EMRK abgeleitete Datenschutzgrundrecht (→ Rn. 14) zu beachten. Anders als bei Grundrechten dürften sich im Datenschutzbereich vermutlich kaum divergierende Maßstäbe für die Kontrolle durch BVerfG und EGMR ergeben.

Das **BVerfG** hat zum Verhältnis des Grundrechtsschutzes nach dem Grundgesetz und der EMRK und 10.1
damit zwischen seiner Rechtsprechung und der des EGMR nach anfänglicher Zurückhaltung festgehalten, dass die EMRK zwar innerstaatlich im Rang unter dem Grundgesetz stehe. Die Bestimmungen des Grundgesetzes seien jedoch völkerrechtsfreundlich auszulegen. Der Konventionstext und die Rechtsprechung des EGMR dienten auf der Ebene des Verfassungsrechts als Auslegungshilfen für die Bestimmung von Inhalt und Reichweite von Grundrechten und rechtsstaatlichen Grundsätzen des Grundgesetzes (BVerfG NJW 1987, 2427; NJW 2011, 1931 Rn. 85 f.). Die völkerrechtsfreundliche Auslegung erfordere aber keine schematische Parallelisierung der Aussagen des Grundgesetzes mit denen der EMRK (BVerfG NJW 2004, 3407 (3410 f.); NJW 2011, 1931 Rn. 85 f.). So könnten sich aus dem Grundgesetz auch Grenzen der völkerrechtsfreundlichen Auslegung ergeben. Die Berücksichtigung der Europäischen Menschenrechtskonvention dürfe nicht dazu führen, dass der Grundrechtsschutz nach dem Grundgesetz eingeschränkt werde. Die Möglichkeiten einer völkerrechtsfreundlichen Auslegung endeten dort, wo diese nach den anerkannten Methoden der Gesetzesauslegung und Verfassungsinterpretation nicht mehr vertretbar erscheinen (BVerfG NJW 2011, 1931 Rn. 93).

Demgegenüber gilt ein grundsätzlicher Vorrang für das EU-Datenschutzgrundrecht und eine 11
bedingt „ausschließliche" Rechtsprechungskompetenz für den EuGH für **Datenverarbeitungs-**
vorgänge im Bereich zwingender primär- oder sekundärrechtlicher Vorgaben. Der **Vor-**
rang des supranationalen Rechts gehört seit der Grundsatzentscheidung „Costa/ENEL" des EuGH aus dem Jahr 1964 (EuGH NJW 1964, 2371 = BeckRS 1964, 105086 – Costa/ENEL) zu den Fundamenten der Gemeinschafts- bzw. heute der Unionsrechtsordnung. Dies hat das BVerfG zumindest im Grundsatz, wenngleich mit den bekannten „Auffangvorbehalten", auch aus der Perspektive des deutschen Verfassungsrechts akzeptiert und insoweit die Wahrnehmung seiner eigenen Rechtsprechungskompetenzen „ausgesetzt" (grundlegend BVerfG NJW 1987, 577 (579 ff.) – Solange II; NJW 2012, 45 Rn. 46 ff.). Die Vorbehalte beziehen sich (1.) auf den Nachweis genereller und systematischer Lücken des EU-Grundrechtsschutzes (BVerfG NJW 1987, 577 (579 ff.) – Solange II), (2.) auf qualifizierte, dh strukturell bedeutsame vom EuGH nicht unterbundene Kompetenzverstöße (BVerfG NJW 2010, 3422 Rn. 58 ff.– Honeywell) sowie (3.) auf die Wahrung der unantastbaren Kerngehalts der Verfassungsidentität des GG (BVerfG NJW 2009, 2267 Rn. 218 – Lissabon; NJW 2016, 1149 Rn. 41 ff. – Haftbefehl). Zu letzterem soll auch das Verbot einer totalen Erfassung und Registrierung von Freiheitswahrnehmungen der Bürger gehören (BVerfG NJW 2010, 833 Rn. 218 – Vorratsdatenspeicherung). Das BVerfG beansprucht

Syst. B. Völker- und unionsverfassungsrechtliche Grundlagen

aufgrund der Integrationsverantwortung aus Art. 23 Abs. 1 GG neuerdings zudem, auch im Bereich zwingender unionsrechtlicher Vorgaben selbst die Vereinbarkeit deutscher Hoheitsakte mit den Unionsgrundrechten zu prüfen (BVerfG NVwZ 2020, 63 Rn. 50 ff. – Recht auf Vergessen II).

11.1 Eine mit der Solange II-Rechtsprechung vergleichbare Rücknahme der eigenen Grundrechtsprüfung zugunsten des EuGH hat auch der EGMR jedenfalls für die bisherige indirekte, nur über die EU-Mitgliedstaaten als Signatarstaaten der EMRK vermittelte Bindung der EU an die Konventionsrechte vorgenommen (EGMR NJW 2006, 197 (202) – Bosphorus).

12 Im Vergleich zu diesen im Regelfall klaren Abschichtungen in den beiden ersten Konstellationen stellt sich die Lage für **Datenverarbeitungsvorgänge im Bereich von Vorgaben des Unionsrechts, die den Mitgliedstaaten Umsetzungsspielräume belassen,** komplexer dar. Für die unionsrechtlichen Rahmenvorgaben kann zwar auf die Ausführungen zu den zwingenden Vorgaben verwiesen werden, sodass eine bedingt ausschließliche Geltung des EU-Datenschutzgrundrechts besteht (vgl. BVerfGE NVwZ 2007, 937 (938)). Für die nationalen Spielraumscheidungen ist jedoch nach der BVerfG-Rechtsprechung zumindest teilweise eine **„konkurrierende" Mehrfachbindung** anzunehmen. Das BVerfG unterwirft Spielraumentscheidungen des deutschen Gesetzgebers uneingeschränkt seiner Kontrolle und sieht bislang keinen Konflikt mit den Rechtsprechungskompetenzen des EuGH, solange es dabei nicht auf die Auslegung bzw. Wirksamkeit des rahmensetzenden Unionsrechts ankomme (BVerfG NJW 2010, 833 Rn. 186 – Vorratsdatenspeicherung; s. auch BVerfG NJW 2013, 1499 Rn. 88 – Antiterrordateigesetz; mit pronocierter Betonung der Grenzen europäischer Jurisdiktionskompetenzen in Reaktion auf EuGH NVwZ 2013, 561 – Åkerberg Fransson). Ein solcher Konflikt kann allerdings durchaus entstehen, da nach der Rechtsprechung des EuGH zB **nationale Ermessensentscheidungen** ein Element des Unionsrechts darstellen können und dann gem. Art. 51 GRCh in den Anwendungsbereich der EU-Grundrechte fallen (EuGH NVwZ 2012, 417 (418 f.) – Asylbewerber; s. ferner die weitere Akzentsetzung durch EuGH NVwZ 2013, 561 Rn. 19 ff. – Åkerberg Fransson und EuGH NJW 2013, 1215 Rn. 57 ff. – Melloni zur Bedeutung von Art. 53 GRCh; speziell für das Datenschutzgrundrecht die bei → Rn. 43 ff. dargestellte Rechtsprechung). **Das BVerfG prüft deutsche Hoheitsakte bei Umsetzungsspielräumen** der Mitgliedstaaten vorrangig am Maßstab der Grundrechte des GG. Unionsgrundrechte prüft es nur dann, wenn konkrete und hinreichende Anhaltspunkte vorliegen, dass durch die Anwendung der Grundrechte des GG das Schutzniveau der Grundrechtecharta nicht gewährleistet ist (BVerfG NVwZ 2020, 53 Rn. 41 ff. – Recht auf Vergessen I).

II. Grundlinien der Datenschutzrechtsprechung des EGMR und des EuGH zu Art. 8 EMRK bis zum Vertrag von Lissabon

13 Die grundrechtliche Dimension des Datenschutzes in der Europäischen Union war bis zum Vertrag von Lissabon ein **Ergebnis richterlicher Kreativität,** die allerdings durch Völkervertragsrecht und EU-Sekundärrecht befördert wurde (Albers, Informationelle Selbstbestimmung, 2005, 290 ff.; HSV VerwR § 22 Rn. 44; Britz EuGRZ 2009, 1 (6 f.); Siemen, Datenschutz als europäisches Grundrecht, 2006, 51–211, 251–279; Schweizer DuD 2009, 462 ff.; Streinz DuD 2011, 602 ff.; siehe zum Folgenden auch schon Schneider Verw. 2011, 499 (500)). Die von der Datenschutz-Konvention 108 des Europarats einerseits und der DatenschutzRL 95/46 andererseits ausgehenden Impulse dürfen aber nicht als umfassende inhaltliche Determinierung der menschenrechtlichen Entscheidungen des EGMR oder der primärrechtlichen Grundrechtsrechtsprechung des EuGH überdehnt werden.

14 Den **Auftakt unternahm der EGMR,** der aus dem in Art. 8 EMRK garantierten Recht auf Achtung des Privatlebens zumindest ansatzweise ein spezifisches Datenschutzgrundrecht entwickelte (EGMR Urt. v. 26.3.1987 – 9248/81 – Leander; EGMR Urt. v. 16.2.2000 – 27798/95 – Amann; EGMR BeckRS 2000, 169884 – Rotaru; EGMR BeckRS 2006, 140877 – Segerstedt-Wiberg; EGMR BeckRS 2009, 70321 – Marper). Dabei agiert der EGMR bewusst kasuistisch unter Verzicht auf eine abstrakte Definition des Schutzgehalts des Rechts auf Achtung des Privatlebens (EGMR Urt. v. 16.12.1992 – 13710/88 Rn. 29 – Niemietz; Marsch, Das europäische Datenschutzgrundrecht, 2018, 8). In der Literatur ist daher stark umstritten, ob der EGMR aus Art. 8 EMRK ein dem deutschen Recht auf informationelle Selbstbestimmung im Sinne einer Rechtfertigungsbedürftigkeit jedweder Verarbeitung personenbezogener Daten entsprechendes Recht abgeleitet hat (dafür Schiedermair, Der Schutz des Privaten als internationales Grundrecht,

Syst. B. Völker- und unionsverfassungsrechtliche Grundlagen

2012, 240; zurückhaltend demgegenüber Siemen, Datenschutz als europäisches Grundrecht, 2006, 130 ff.; noch skeptischer Marsch, Das europäische Datenschutzgrundrecht, 2018, 11 ff.).

Festzuhalten ist zunächst, dass der EGMR den **Schutz vor staatlicher Datenverarbeitung** **15** seit dem Jahr 2000 mit den Entscheidungen Ammann und Rotaru **erheblich erweitert** hat, ohne jedoch auf andere Kriterien für eine Gefährdung des Privatlebens zu verzichten (näher Siemen, Datenschutz als europäisches Grundrecht, 2006, 110 ff.; Marsch, Das europäische Datenschutzgrundrecht, 2018, 11 ff.; s. ferner unten → Rn. 18 ff.). Während ursprünglich nur Daten mit engerem inhaltlichen Privatsphärebezug geschützt waren (EGMR Urt. v. 26.3.1987 – 9248/81 insbesondere Rn. 48 – Leander), wurden die inhaltlichen Anforderungen an diesen Privatsphärenbezug z. B. für Informationen über Geschäftsbeziehungen später explizit gelockert (EGMR Urt. v. 16.12.1992 – 13710/88 Rn. 29 – Niemietz; Urt. v. 16.2.2000 – 27798/95 Rn. 65 – Amann) und auch öffentlich zugängliche Daten einbezogen, sofern die Persönlichkeitsgefährdungen durch eine systematische Sammlung und dauerhafte Speicherung hinreichendes Gewicht besitzen (EGMR BeckRS 2000, 169884 Rn. 43 – Rotaru). Nachfolgende Entscheidungen stellten vergleichbar der US-amerikanischen Rechtsprechung auf vernünftige Privatheitserwartungen ab (EGMR BeckRS 2001, 164809 Rn. 57 – P.G. and J.H.). Einzubeziehen in die Bewertung der EGMR-Rechtsprechung ist auch, dass diese durchgängig die Datenverarbeitung durch Sicherheitsbehörden betrifft. Insgesamt berücksichtigt die Rechtsprechung des EGMR, dass die EMRK richtig verstanden nur einen menschrechtlichen Mindeststandard gewährleisten und gerade **keinen lückenlosen Grundrechtsschutz mit weitreichenden Verrechtlichungszwängen** bieten soll, die mit einem extensiv verstandenen Recht auf informationelle Selbstbestimmung verbunden wären (überzeugend Marsch, Das europäische Datenschutzgrundrecht, 2018, 14 ff.).

Der **EuGH knüpfte an** diese Rechtsprechung des EGMR an und entwickelte unter Bezugnahme auf Art. 8 EMRK ein Datenschutzgrundrecht als eine Ausprägung der ungeschriebenen allgemeinen Rechtsgrundsätze des Gemeinschafts- bzw. später des Unionsrechts (EuGH EuR 2004, 276 Rn. 72 ff. – ÖRF; EuGH EuZW 2010, 939 Rn. 52, 59, 72, 87 – Schecke; GA Sharpston BeckRS 2010, 90746 Rn. 72 – Schecke). Beide Gerichte nutzten für ihre kreative Grundrechtskonkretisierung die Datenschutz-Konvention 108 des Europarats von 1981 und vor allem die EG-Datenschutzrichtlinie 95/46 als einflussreiche Inspirationsquellen. Daraus entwickelte sich ein bemerkenswertes **Wechselspiel von einfachgesetzlicher Grundrechtsausgestaltung und gerichtlicher Grundrechtskonkretisierung,** die in eine grundrechtskonforme Auslegung der Datenschutzrichtlinie durch den EuGH mündete (EuGH EuR 2004, 276 Rn. 68–70, 91 – ÖRF; auch Calliess/Ruffert/Kingreen Art. 8 GRCh Rn. 6; Simitis/Simitis BDSG Einl. Rn. 243; Grabenwarter/Nettesheim, Enzyklopädie Europarecht II, 2014, § 9 Rn. 53). Ein Risiko in dieser Methode besteht in einer zu weitgehenden Konstitutionalisierung und damit Petrifizierung einfachgesetzlicher Ausgestaltungsoptionen (→ Rn. 26; → Rn. 29). **16**

Die Aussagen zum Verhältnis zwischen grundrechtlicher Gewährleistung und sekundärrechtlicher Konkretisierung durch die DS-GVO und sonstige Sekundärrechtsakte sind inzwischen weitgehend konsolidiert. Letztere bieten zwar grundrechtliche Interpretationshilfen insbesondere für begriffliche Fragen (personenbezogene Daten, Verarbeitung), sind aber letztlich normhierarchisch korrekt im Lichte des vorrangigen Datenschutzgrundrechts zu interpretieren (EuGH EuR 2004, 276 – ÖRF; s. ferner: EuGH BeckRS 2004, 72956 Rn. 4 – Stauder (1969)). **16.1**

Für die Grundlinien der Datenschutzrechtsprechung vor dem Vertrag von Lissabon bedeutsam **17** ist insbesondere das sog. ÖRF-Urteil (EuGH EuR 2004, 276 – ÖRF), in dem der EuGH die europäische Datenschutzrichtlinie 95/46 im Lichte des Grundrechts auf Schutz der Privatsphäre bei der Verarbeitung personenbezogener Daten auslegte. Das damalige **Gemeinschaftsgrundrecht** wurde vom EuGH **mit dem Recht auf Privatheit gem. Art. 8 EMRK,** wie es in der Rechtsprechung des EGMR (dazu zusammenfassend schon → Rn. 14 f.) entwickelt wurde, **gleichgesetzt.**

Dies gilt insbesondere für die Definition des **Schutzbereichs** und die Eingriffsfeststellung. **18** Dabei wird das Recht auf Schutz der Privatheit und der Kommunikation **zwar weit verstanden,** sodass auch Daten mit beruflichem Hintergrund oder zum politischen Meinungskampf jedenfalls bei zusätzlichen Risikofaktoren für die Privatsphäre aufgrund besonderer Verarbeitungsformen in den Schutz einbezogen werden (EGMR BeckRS 2000, 169884 Rn. 42 f. – Rotaru; BeckRS 2001, 164809 Rn. 56 – P.G. and J.H.; BeckRS 2003, 156243 Rn. 36 – Perry). Eine **Einbeziehung aller personenbezogener Daten** nach dem Vorbild des deutschen Rechts auf informationelle Selbstbestimmung bzw. dem Anwendungsbereich des einfachgesetzlichen Datenschutzrechts kennt zumindest die Rechtsprechung des EGMR **aber nicht** (→ Rn. 15). Die EuGH-Rechtsprechung bis 2009 folgte dieser EGMR-Rechtsprechung im Grundsatz, wenn er die bloße Speicherung

Syst. B. Völker- und unionsverfassungsrechtliche Grundlagen

personenbezogener Daten über Gehaltszahlungen durch einen öffentlichen Arbeitgeber nicht als Eingriff in die Privatsphäre qualifizierte (EuGH EuR 2004, 276 Rn. 74 – ORF; → Rn. 19).

19 Ähnliches gilt für den **Eingriffsbegriff.** Bezweifelt wurde teilweise, ob der EuGH die bloße **Datenspeicherung** als rechtfertigungsbedürftigen Eingriff erachtet (Ruffert EuGRZ 2004, 466 (470)). Der EuGH formuliert in seinem für diese Sichtweise herangezogenen **ORF-Urteil** wie folgt (EuGH EuR 2004, 276 Rn. 74 – ORF): „Zwar kann die bloße Speicherung personenbezogener Daten über die an das Personal gezahlten Gehälter durch einen Arbeitgeber als solche keinen Eingriff in die Privatsphäre begründen, doch stellt die Weitergabe dieser Daten an einen Dritten (...) unabhängig von der späteren Verwendung der übermittelten Informationen (...) einen Eingriff iSv Art. 8 EMRK dar." Allerdings ist es nach dem Wortlaut des Urteils keineswegs eindeutig, ob der Eingriffscharakter generell für Datenspeicherungen verneint werden soll oder nur für den vorliegenden Sonderfall der – grundsätzlich selbstverständlichen – Lohn- und Gehaltsbuchung bzw. -dokumentation durch Arbeitgeber. Die besseren Gründe sprechen für die zweite Variante und die Annahme eines **weiten Eingriffsbegriffs unter Einbeziehung bloßer Speicherungen.** Zunächst stellt der EuGH nur kurz zuvor bei Rn. 64 fest, dass der Begriff der Datenverarbeitung in der damaligen Datenschutz-RL auch die Stufe der Speicherung umfasse. Bei einem grundsätzlich anderen Verständnis des Art. 8 EMRK hätte zumindest eine kurze Begründung nahegelegen. Zudem widerspräche ein solch genereller Ausschluss der Speicherung als Eingriffstatbestand dem Bemühen des EuGH in diesem Urteil, grundsätzlich den Vorgaben des EGMR zu folgen (hierzu: Ruffert EuGRZ 2004, 466 (471)). In der **Rechtsprechung des EGMR** wurde nämlich bereits lange vor dem ORF-Urteil zumindest die systematische oder aktenmäßige Datenspeicherung als eingriffsbegründende Maßnahme eingestuft (EGMR Urt. v. 26.3.1987 – 9248/81 Rn. 48 – Leander; EGMR BeckRS 2000, 169884 Rn. 43, 46 – Rotaru; EGMR BeckRS 2011, 144274 Rn. 65 f. – Shimovolos; EGMR Urt. v. 13.11.2012 – 24029/07 Rn. 187 f. – MM; s. auch Rusteberg VBlBW 2007, 171 (176); Kokott/Sobotta, International Data Privacy Law 3 (2013), 222 (224); auch → Rn. 15). Die Entscheidung dürfte vielmehr durch die mangelnde Relevanz für den Schutz der Privatsphäre durch die schlichte Dokumentation der Erfüllung eigener Vertragsverpflichtungen durch den speichernden Arbeitgeber begründet sein. Die Entscheidung ist daher vor allem ein Beleg für die **fehlende Übernahme des weit ausgreifenden Rechts auf informationelle Selbstbestimmung** durch den EuGH in der Zeit bis 2009 (Marsch, Das europäische Datenschutzgrundrecht, 2018, 25 ff. und 28 ff. zur diesbezüglich Einordnung der Entscheidung EuGH; zum heute expansiveren Verständnis des EuGH → Rn. 27).

20 In seiner **späteren Rechtsprechung hat der EuGH** – unter Bezugnahme auf die sekundärrechtliche Bestimmung des Art. 2 lit. b RL 95/46 – dementsprechend klargestellt, dass auch er ggf. bereits die „Erfassung und Speicherung" personenbezogener Daten als Grundrechtseingriff bewertet (EuGH NVwZ 2014, 435 Rn. 28 ff. – Schwarz; EuGH EuZW 2014, 459 Rn. 34 – Digital Rights Ireland).

20.1 Bei geheimen Überwachungsmaßnahmen genügt im Übrigen bereits eine gesetzliche Ermächtigung zur Verwirklichung des Eingriffstatbestands, ohne dass es tatsächlich zu Überwachungsmaßnahmen – vorliegend also eine tatsächliche Speicherung von Internetzugangsdaten oder die Weitergabe an Behörden durch die speicherverpflichteten Unternehmen – gekommen sein müsste (EGMR Urt. v. 29.6.2006 – 54934/00 Rn. 78 – Weber and Saravia; Urt. v. 28.6.2007 – 62540/00 Rn. 69 – Association for European Integration and Human Rights).

21 Wie bei der Prüfung der deutschen Datenschutzgrundrechte liegen die eigentlichen Probleme bei der **Rechtfertigung** der Grundrechtseingriffe. In stRspr hat der EGMR für das Recht auf Datenschutz in Konkretisierung von Art. 8 Abs. 2 EMRK Kriterien entwickelt, die vom EuGH im zitierten ORF-Urteil ebenfalls grundsätzlich übernommen worden sind (EuGH Urt. v. 26.3.1987 – 9248/81 Rn. 50 ff. – Leander; EGMR Urt. v. 28.6.2007 – 62540/00 Rn. 71 ff. – Association for European Integration and Human Rights; EuGH EuR 2004, 276 – ORF). Danach bedarf es einer gesetzlichen Ermächtigung, die für die Betroffenen hinreichend verständlich ist, Bestimmtheitserfordernissen genügt sowie in einer demokratischen Gesellschaft notwendig ist, also rechtsstaatliche Grundsätze der Verhältnismäßigkeit nicht verletzt. Trotz der begrifflichen Nähe zum Verhältnismäßigkeitsgrundsatz im Sinne der deutschen Dogmatik ist die Anwendung auf europäischer Ebene zumindest häufig durch eine weniger präzise Systematisierung der einzelnen Prüfungsschritte gekennzeichnet (vgl. die insoweit kritische Analyse der früheren EuGH-Datenschutzrechtsprechung durch Kühling/Klar Jura 2011, 771 (774 ff.)).

Syst. B. Völker- und unionsverfassungsrechtliche Grundlagen

III. Der aktuelle grundrechtliche Rahmen des Datenschutzes nach dem Vertrag von Lissabon

Durch den **Vertrag von Lissabon** hat das Wechselspiel zwischen dem europäischen Datenschutzgrundrecht und seiner sekundärrechtlichen Ausgestaltung **wichtige neue Impulse** erhalten (zum Folgendem auch Spiecker gen. Döhmann/Eisenbarth JZ 2011, 169 (169 ff.)). Der Schutz personenbezogener Daten wird in Art. 8 GRCh erstmals ausdrücklich als Grundrecht statuiert und erhält in dieser spezifischen normativen Fassung über Art. 6 Abs. 1 EUV primärrechtlichem Geltungsanspruch (→ Rn. 24 ff.). Daneben findet sich in Art. 16 Abs. 1 AEUV eine im Wortlaut identische Datenschutzverbürgung (→ Rn. 30) und schließlich übernimmt Art. 7 GRCh nahezu wortwörtlich die bisherige grundrechtliche Basis aus Art. 8 EMRK (→ Rn. 23). Ungeachtet dieser Innovationsimpulse tendiert der EuGH dazu, seine bisherigen Rechtsprechungslinien zu Art. 8 EMRK (→ Rn. 16 ff.) zwar mit neuen Akzenten zu versehen, aber gleichwohl im Wesentlichen fortzuschreiben, wobei die Schutzgehalte der Art. 7 und 8 GRCh vom EuGH weitgehend gleichgesetzt werden (→ Rn. 27; → Rn. 31 f.). Problematisch ist die partiell zu beobachtende noch weitergehende Konstitutionalisierung sekundärrechtlicher Ausgestaltungsoptionen, die ihrerseits durch die **DS-GVO** (→ Rn. 4) seit 2016/2018 eine weitere Konkretisierungsstufe erhalten haben. Insgesamt zeichnet sich trotz gegenteiliger Entscheidungen im Grundrechtskonvent eine weitere Annäherung des europäischen Datenschutzgrundrechts an eine expansive („eigentumsanaloge") Lesart des deutschen Rechts auf informationelle Selbstbestimmung ab (→ Rn. 25 ff.). Textliche Spielräume aus Art. 8 GRCh für eine innovationsoffenere Konzeption des europäischen Datenschutzgrundrechts bleiben dadurch ungenutzt.

22

1. Übernahme des Rechts auf Privatheit in Art. 7 GRCh

Zunächst ist festzuhalten, dass **Art. 7 GRCh** in Bezug auf das für den Datenschutz maßgebliche Recht jeder Person „auf Achtung ihres Privat- und Familienlebens" eine mit **Art. 8 Abs. 1 EMRK** identische Formulierung enthält. **Art. 52 Abs. 3 GRCh** schreibt vor, dass Chartarechte „die den durch die (EMRK) garantierten Rechten entsprechen, (…) die gleiche Bedeutung und Tragweite (haben), wie sie ihnen in der (…) Konvention verliehen wird". Die genauen Rechtsfolgen dieser Transferklausel sind in der Literatur äußerst umstritten (Ziegenhorn, Der Einfluss der EMRK im Recht der EU-Grundrechtecharta, 2009; s. ferner: Calliess/Ruffert/Kingreen GRCh Art. 52 Rn. 31 ff.; NK-EuGRCh/Schwerdtfeger GRCh Art. 52 Rn. 52 ff.). Eine zumindest teilweise angenommene Folge ist die Bindung des EuGH an die bisherige Auslegung der EMRK durch den EGMR (NK-EuGRCh/Meyer/Borowski GRCh Art. 52 Rn. 61). Zwar hat sich der EuGH – wie bei → Rn. 17 ff. gezeigt – schon bislang bei der datenschutzbezogenen Auslegung des Rechts auf Privatleben um einen Gleichklang mit der Rechtsprechung des EGMR bemüht. Er hat sich aber gleichwohl einen Anpassungsspielraum für Besonderheiten der Unionsrechtsordnung vorbehalten (Calliess/Ruffert/Kingreen GRCh Art. 52 Rn. 33; s. auch Siemen EuR 2004, 306 ff.; Britz EuGRZ 2009, 1 ff.) und tatsächlich hinsichtlich des persönlichen Schutzbereichs durch eine Beschränkung auf natürliche Personen vereinzelt eigene Wege beschritten (→ Rn. 33 ff.). Somit stellt sich im Datenschutz wie bei anderen Grundrechten die Frage nach Sicherungen für die **Kohärenz der europäischen Grundrechtsrechtsprechung von EuGH und EGMR** (hierzu allg. Hoffmann-Riem EuGRZ 2002, 473 ff.). Dies gilt in besonderem Maße für in der Zukunft auftretende Auslegungsprobleme, die sich aus dem für den Datenschutz besonders prägenden technologischen Wandel ergeben.

23

2. Das explizite Datenschutzgrundrecht gem. Art. 8 GRCh

Den größten Innovationsimpuls bietet der Vertrag von Lissabon mit Art. 8 GRCh, der in seinem Abs. 1 explizit jeder Person das Recht auf Schutz der sie betreffenden personenbezogenen Daten gewährt und in seinen Abs. 2 und 3 traditionelle Bausteine des Datenschutzsekundärrechts explizit konstitutionalisiert.

24

Anders als der Art. 8 EMRK nachgebildete Art. 7 GRCh ist diese Vorschrift nicht in der Entsprechungsliste der Erläuterungen des Präsidiums zu Art. 52 Abs. 3 GRCh aufgeführt. Da Art. 8 GRCh von der herrschenden Meinung überdies als lex specialis zu Art. 7 GRCh verstanden wird (Calliess/Ruffert/Kingreen GRCh Art. 8 Rn. 1; abw. Marsch, Das europäische Datenschutzgrundrecht, 2018, 269 f.), spricht derzeit viel dafür, die Transferklausel des Art. 52 Abs. 3 GRCh nicht auf diese Norm anzuwenden (ähnlich Calliess/Ruffert/Kingreen GRCh Art. 52 Rn. 4; allg. zur Bedeutung der Entsprechungsliste NK-EuGRCh/Schwerdtfeger Art. 52 Rn. 55 f.).

24.1

Syst. B. Völker- und unionsverfassungsrechtliche Grundlagen

25 Deshalb stellt sich die Frage, **inwieweit** die ausdrückliche Datenschutzgewährleistung in **Art. 8 GRCh die Konzeption des europäischen Datenschutzgrundrechts modifiziert.** So wird in der Literatur dem neuen Chartagrundrecht eine deutliche Nähe zum für die Datenschutzrechtsprechung des BVerfG prägenden **Recht auf informationelle Selbstbestimmung** bescheinigt (Siemen, Datenschutz als europäisches Grundrecht, 2006, 293 mit 132, 211, 231) oder es wird gar mit diesem gleichgesetzt (PNH/Wolff GRCh Art. 8 Rn. 3), ohne dass dabei stets der für das deutsche Recht auf informationelle Selbstbestimmung bestehende konzeptionelle Grundsatzstreit ausreichend reflektiert wird (→ Rn. 25.1). Allerdings **kollidiert** diese Sichtweise **mit der Genese** von Art. 8 Abs. 1 GRCh. Der Konvent übernahm nämlich nach intensiven Diskussionen die insbesondere von deutschen Mitgliedern vorgeschlagene Formulierung, dass jede Person das Recht habe, „über die Weitergabe und Nutzung der sie betreffenden Daten selbst zu entscheiden", letztlich nicht (Marsch, Das europäische Datenschutzgrundrecht, 2018, 74 f.).

25.1 In der in Deutschland herrschenden Lesart von Art. 8 Abs. 1 GRCh stellen sich für das europäische Recht auch die in der deutschen Grundrechtsliteratur äußerst strittigen Fragen des konzeptionellen Verständnisses des Rechts auf informationelle Selbstbestimmung (vgl. Albers, Informationelle Selbstbestimmung, 2005; Bull, Informationelle Selbstbestimmung – Vision oder Illusion, 2009). Wegen der gesondert zu erörternden, aus Art. 16 Abs. 2 AEUV ableitbaren Doppelfunktionalität von Datenschutz und Datenverkehrsfreiheit (→ Rn. 60) spricht vieles dafür, das europäische Grundrecht noch stärker als im nationalen Rahmen nicht als strikt eigentumsanaloge Datenverfügungsbefugnis, sondern als **instrumentelles Recht zur Gewährleistung innerer Entfaltungsfreiheit** zu verstehen (hierzu für das deutsche Verfassungsrecht überzeugend Hoffmann-Riem/Britz, Offene Rechtswissenschaft, 2010, 561 ff.; Gander/Perron/Poscher/Riescher/Würtenberger Resilienz in der offenen Gesellschaft/Poscher, 2012, 167 ff.; s. ferner für eine kommunikationsbezogene Rekonstruktion Hoffmann-Riem AöR 123 (1998), 513 ff.).

26 Eine andere Konzeption propagiert Marsch, der Art. 8 GRCh Art. 7 GRCh und den Freiheitsgrundrechten der GRCh je für sich oder in Kombinationen **differenzierte Grundrechtsdimensionen** entnimmt (Marsch, Das europäische Datenschutzgrundrecht, 2018, 127 ff.). Er unterscheidet einen innovationsoffenen Ausgestaltungsauftrag (Art. 8 Abs. 1 GRCh; dazu Marsch, Das europäische Datenschutzgrundrecht, 2018, 128 ff.) mit spezifischen Strukturprinzipien (Art. 8 Abs. 2 S. 1 GRCh; dazu Marsch, Das europäische Datenschutzgrundrecht, 2018, 150 ff.; ferner → Rn. 29), ein im Sinne der bisherigen EMRK-Rechtsprechung schutzgutorientiert begrenzt verstandenes Abwehrrecht (insbesondere Art. 7 iVm Art. 8 GRCh; dazu Marsch, Das europäische Datenschutzgrundrecht, 2018, 203 ff.; s. insoweit auch → Rn. 15; → Rn. 18), ggf. auch verfassungsunmittelbare Leistungsansprüche auf Auskunft und Berichtigung (Art. 8 Abs. 2 S. 2 GRCh dazu Marsch, Das europäische Datenschutzgrundrecht, 2018, 227 ff.; ferner → Rn. 52), Organisationsvorgaben für eine unabhängige Datenschutzaufsicht (Art. 8 Abs. 3 GRCh; dazu Marsch, Das europäische Datenschutzgrundrecht, 2018, 237 ff.; ferner → Rn. 29; → Rn. 53 ff.) sowie in Bezug auf private Datenverarbeitung Schutzpflichten (Art. 7 GRCh und eine sekundärrechtsabhängige mittelbare Drittwirkung (dazu Marsch, Das europäische Datenschutzgrundrecht, 2018, 247 ff.; ferner → Rn. 38 ff.).

27 Auch wenn der **EuGH** zu diesen konzeptionellen Fragen seiner Begründungstradition entsprechend keine Stellung bezieht, offenbart er in jüngeren Entscheidungen eine deutliche **Tendenz zu einem breit verstandenen Schutzbereich eines immer weniger zwischen den Gewährleistungen in Art. 7 und 8 GRCh differenzierenden Datenschutzgrundrechts.** So formuliert er in Bezug auf die Anforderungen an einen Eingriff in Art. 7 GRCh, dass es für die Feststellung eines solchen Eingriffs nicht darauf ankommt, „ob die übermittelten Informationen als sensibel anzusehen sind oder ob die Betroffenen durch den Vorgang irgendwelche Nachteile erlitten haben" um sodann fortzufahren, dass Vorgänge, „weil es sich bei ihnen um Verarbeitungen personenbezogener Daten handelt, auch einen Eingriff in das durch Art. 8 der Charta garantierte Grundrecht auf Schutz personenbezogener Daten dar[stellen]" (EuGH BeckEuRS 2017, 513522 Rn. 124, 126 – Fluggastdatenabkommen; s. auch schon ähnlich EuGH EuZW 2014, 459 Rn. 29, 36 – Digital Rights Ireland). Dies führt zu einer Rechtfertigungsbedürftigkeit jedweder Verarbeitung personenbezogener Daten wie sie auch aus dem deutschen Recht auf informationelle Selbstbestimmung abgeleitet wird (s. zu dieser Interpretation der EuGH-Rechtsprechung auch Wischmeyer/Rademacher, Regulating Artificial Intelligence/Marsch, 2020, 33 Rn. 31; siehe auch → Rn. 31 ff.).

28 Überdies wirft das **Verhältnis der Abs. 1 und 2 von Art. 8 GRCh** eine Reihe von **Zweifelsfragen** auf. So werden die Bestimmungen von Abs. 2 einerseits als Konkretisierungen der Schutzgewährleistung des Abs. 1 (Jarass GRCh Art. 8 Rn. 8 f.: Verarbeitung iSv Abs. 2 als Grundrechtseingriff; Einwilligung als Eingriffsausschluss) und andererseits als Schrankenregelungen (Jarass

Syst. B. Völker- und unionsverfassungsrechtliche Grundlagen

GRCh Art. 8 Rn. 11 ff.) bzw. Eingriffsrechtfertigung (PNH/Wolff GRCh Art. 8 Rn. 22 ff.) verstanden, ohne dass die Zuordnungen einheitlich oder eindeutig erfolgen. Problematisch ist insbesondere die **dogmatische Einordnung der Einwilligung** (vgl. auch GHN/Sobotta AEUV Art. 16 Rn. 13; PNH/Wolff GRCh Art. 8 Rn. 24). Versteht man mit der überwiegenden deutschen Literatur Art. 8 Abs. 1 GRCh als Verbürgung eines Rechts auf informationelle Selbstbestimmung (→ Rn. 25) liegt eine Einordnung als Schutzbereichskonkretisierung nahe, die bereits einen Eingriff ausschließt (vgl. Jarass GRCh Art. 8 Rn. 8 f.; PNH/Wolff Art. 8 GRCh Rn. 24, abw. dann aber wieder Rn. 33, 37). Ähnliches gilt dann in Bezug auf die in Art. 8 Abs. 2 S. 2 GRCh normierten **Betroffenenrechte auf Auskunft und Berichtigung** (Calliess/Ruffert/Kingreen GRCh Art. 8 Rn. 10 mit Rn. 9). Demgegenüber ist der Verweis auf die alternative Zulässigkeitsvoraussetzung „**einer sonstigen gesetzlich geregelten legitimen Grundlage**" aus dieser Perspektive eine klassische Schrankenregelung (PNH/Wolff GRCh Art. 8 Rn. 32 f.). Diese soll die allgemeine Schrankenregelung des Art. 52 Abs. 1 GRCh konkretisieren und andererseits dessen Schranken-Schranken wie namentlich Wesentlichkeitsgarantie und Verhältnismäßigkeitsgrundsatz nicht verdrängen, sondern durch die in Art. 8 Abs. 2 S. 1 GRCh normierte **Bindung an Treu und Glauben und festgelegte Zwecke** wiederum ergänzen (PNH/Wolff GRCh Art. 8 Rn. 32, 42 mit Rn. 34 ff., 43 ff.; Calliess/Ruffert/Kingreen GRCh Art. 8 Rn. 14 ff.).

Versteht man jedoch mit Marsch Art. 8 Abs. 1 GRCh als Recht auf adäquate gesetzgeberische 29 Ausgestaltung von Datenverarbeitung (→ Rn. 26), dann liegt eine einheitliche Qualifizierung von Art. 8 Abs. 2 S. 1 als **Strukturprinzipien der Ausgestaltung** nahe (Marsch, Das europäische Datenschutzgrundrecht, 2018, 137 ff.). Art. 8 Abs. 2 S. 2 GRCh bietet in dieser Lesart mit den Betroffenenrechten eigenständige leistungsrechtliche bzw. **prozedurale Gewährleistungen** (Marsch, Das europäische Datenschutzgrundrecht, 2018, 227 ff.), während Abs. 3 eine **organisatorische Gewährleistung** unabhängiger Überwachungsbehörden statuiert (Marsch, Das europäische Datenschutzgrundrecht, 2018, 237 ff.; zu deren einfachgesetzlicher Ausgestaltung in Art. 51, 52 DS-GVO → Art. 51 Rn. 1 ff.; → Art. 52 Rn. 6 ff.).

3. Aufnahme des Datenschutzrechts in Art. 16 Abs. 1 AEUV

Ein weiterer **Innovationsimpuls mit potentiellen Kohärenzproblemen** für die daten- 30 schutzrechtliche Grundrechtsdogmatik folgt aus Art. 16 AEUV, dessen grundlegende **Schutzgewährleistung in Art.** GRCh **16 Abs. 1 AEUV** wortwörtlich der in **Art. 8 Abs. 1 GRCh** entspricht. Wegen dieser Parallelität wird nämlich die Anwendbarkeit von **Art. 52 Abs. 2 GRCh** mit einer etwaigen Sperrwirkung für die Schrankenvorbehalte in Art. 8 und 52 Abs. 1 GRCh diskutiert (→ Rn. 30.1). Dies setzte allerdings voraus, dass es sich bei Art. 16 Abs. 2 AEUV um einen Schrankenvorbehalt handelte. Die herrschende Meinung unter Einschluss des EuGH versteht Art. 16 Abs. 2 AEUV jedoch richtigerweise als bloße Kompetenznorm, weshalb es wie vor dem Vertrag von Lissabon (statt vieler Rengeling/Szczekalla, Grundrechte in der EU, 2004, Rn. 674) schlicht bei der **Anwendung der Schrankenbestimmungen in Art. 52 Abs. 1 und Art. 8 GRCh bleibt**. Nur eine solche Interpretation verhindert das Leerlaufen dieser Normen (Britz EuGRZ 2009, 1 (2 f.); Calliess/Ruffert/Kingreen GRCh Art. 8 Rn. 3; Calliess/Ruffert/Kingreen GRCh Art. 52 Rn. 3; Calliess/Ruffert/Kingreen AEUV Art. 16 Rn. 3; s. ferner Spiecker gen. Döhmann/Eisenbarth JZ 2011, 169 (172); GHN/Sobotta AEUV Art. 16 Rn. 8). Auch der **EuGH** vertritt diese Position (deutlich jetzt EuGH BeckEuRS 2017, 513522 Rn. 120 – Fluggastdatenabkommen: „Voraussetzungen (der Datenverarbeitung) (…) allein in Art. 8 der Charta, und zwar in dessen Abs. 2, näher geregelt."; noch weniger klar EuGH EuZW 2010, 939 Rn. 48–50, 65, 67 – Schecke sowie GA in Sharpston BeckRS 2010, 90746 Rn. 95 – Schecke; EuGH EuZW 2014, 459 Rn. 38, 40, 69 – Digital Rights Ireland).

Art. 52 Abs. 2 GRCh bestimmt, dass die Ausübung von Chartarechten, „die in den Verträgen geregelt 30.1 sind, (…) im Rahmen der in den Verträgen festgelegten Bedingungen und Grenzen" erfolgt. Gegen die herrschende Meinung für dessen Anwendung im hiesigen Kontext: NK-EuGRCh/Bernsdorff GRCh Art. 8 Rn. 24. Vertreter dieser Position ziehen ferner den Schluss, dass durch Art. 52 Abs. 2 die allgemeine Schrankenregelung aus Art. 52 Abs. 1 GRCh gesperrt sei (NK-EuGRCh/Schwerdtfeger Art. 52 Rn. 47). Allerdings bleibt unklar, wo der primärrechtliche Schrankenvorbehalt verankert ist. Denn auch Vertreter dieser Auffassung gehen mit der herrschenden Meinung davon aus, dass Art. 16 AEUV keine Schrankenbestimmungen enthalte (NK-EuGRCh /Bernsdorff GRCh Art. 8 Rn. 24). Teilweise behilft man sich mit einer normhierarchisch mehr als problematischen Zusammenschau von Primär- und Sekundärrecht (NK-EuGRCh/Bernsdorff GRCh Art. 8 Rn. 24). Diese Interpretation ist allerdings nicht vom Wortlaut des Art. 52 Abs. 2 GRCh gedeckt, dem zufolge die Chartarechte im Rahmen der in den Verträgen selbst

Syst. B. Völker- und unionsverfassungsrechtliche Grundlagen

festgelegten Bedingungen und Grenzen ausgeübt werden sollen, während von nur auf den Verträgen beruhenden Rechtsakten nicht die Rede ist.

4. Fazit zur datenschutzrechtlichen Grundrechts- und Schrankensystematik sowie zur Pfadabhängigkeit der EuGH-Rechtsprechung

31 Nach alledem erweist sich die datenschutzrechtliche Grundrechts- und Schrankensystematik nach dem Lissabonner Vertragswerk als eine ausgesprochen **komplexe Rechtsfrage.** Der EuGH hat sich für einen **betont pragmatischen und entdifferenzierten Ansatz** entschieden: Zwar behandelt der EuGH etwa in seinem Gutachten zum EU-Fluggastdatenabkommen mit Kanada (EuGH BeckEuRS 2017, 513522 – Fluggastdatenabkommen) beide Schutzbereiche in separaten Randnummern, der Schutzbereich von Art. 8 Abs. 1 geht aber dennoch vollständig in Art. 7 auf. Denn wie Art. 8 soll Art. 7 ohne Differenzierung „jede Information, die eine bestimmte oder bestimmbare natürliche Person betrifft", umfassen (EuGH BeckEuRS 2017, 513522 Rn. 122 f. – Fluggastdatenabkommen). Einheitlich wendet der EuGH auch die Schrankenvorbehalte in Art. 8 Abs. 2 sowie Art. 52 Abs. 1 GRCh an; Art. 16 AEUV soll hingegen ausdrücklich keine Rolle für die Rechtfertigung von Eingriffen in Art. 7, 8 GRCh spielen (EuGH BeckEuRS 2017, 513522 Rn. 120 – Fluggastdatenabkommen). Gleichzeitig – und bes. problematisch für eine eigenständige Grundrechtsdogmatik – setzt der EuGH seine Praxis fort, sekundärrechtliche Ausgestaltungen des Datenschutzes ohne Begründung zu Inhalten des Grundrechts zu machen (insbesondere EuGH BeckEuRS 2017, 513522 Rn. 134 – Fluggastdatenabkommen, wo die einfachrechtlichen Vorgaben zur Datenübermittlung an Drittstaaten, um die es in dem dort zitierten Urteil Schrems I ging, unbesehen grundrechtlichen Status erlangen; s. auch → Rn. 57 ff.). **In der Literatur** werden demgegenüber mit unterschiedlichen Nuancierungen und abhängig von konzeptionellen Grundverständnissen des europäischen Datenschutzgrundrechts zumindest teilweise die Gewährleistungen der Art. 7 und 8 GRCh stärker differenziert. Besonders überzeugend ist insoweit der Innovationsspielräume eröffnende Ansatz von Marsch, Das europäische Datenschutzgrundrecht, 2018, 127 ff. (→ Rn. 26); s. ferner Ehmann/Selmayr Einf. Rn. 30–36).

32 **Überraschend ist die weitgehende Gleichsetzung der sachlichen Schutzbereiche durch den EuGH allerdings nicht.** Schon in den Rechtssachen Promusicae und Schecke hat sich der Gerichtshof auf Art. 7 und 8 GRCh bezogen. Auffällig war bereits in diesen Entscheidungen, dass der EuGH den engen Zusammenhang der beiden Grundrechtsnormen betonte und bei der konkreten Prüfung Aussagen der beiden Bestimmungen miteinander kombinierte (EuGH EuZW 2010, 939 Rn. 47, 52, 53, 58, 60, 65 – Schecke; GA Sharpston BeckRS 2010, 90746 Rn. 71 – Schecke; s. ferner EuGH EuZW 2008, 113 Rn. 64 – Promusicae; GA Kokott BeckRS 2007, 70553 Rn. 51 – Promusicae; EuGH EuZW 2014, 459 Rn. 53 – Digital Rights Ireland, überzeugend allein auf Art. 8 GRCh für den notwendigen gesetzlichen Schutz vor Missbrauch gespeicherten Daten abstellend hingegen ebd. Rn. 66; die Schutzbereiche demgegenüber anhand der Bedeutung des Datums für das Privatleben abgrenzend noch GA Cruz Villalón BeckRS 2013, 82347 Rn. 65 f. – Digital Rights Ireland; s. auch Kokott/Sobotta, International Data Privacy Law 3 (2013), 222 (224 ff.); s. ferner → Rn. 32.1). Insgesamt negiert der EuGH also die vorstehend herausgearbeiteten Differenzierungen und Brüche in dem neuen grundrechtlichen Rahmen des Datenschutzrechts (Brink/Wolff JZ 2011, 206 (207)); er verfolgt stattdessen einen „pragmatischeren" Prüfungsansatz (so Kühling/Klar Jura 2011, 771 (773)) und bemüht sich vorrangig um **möglichst große Kontinuität.**

32.1 Die **weitgehende Parallelisierung der Gewährleistungen der Art. 7, 8 GRCh durch den EuGH** schon vor dem Gutachten zum Fluggastdatenabkommen zeigte sich ferner, wenn dieser explizit den Gesetzesvorbehalt aus Art. 52 Abs. 1 GRCh auf das einheitlich verstandene Datenschutzgrundrecht anwendete (EuGH EuZW 2010, 939 Rn. 50, 65–67 – Schecke; s. ferner EuGH NVwZ 2014, 435 Rn. 34 – Schwarz; EuGH EuZW 2014, 459 Rn. 38, 40, 69 – Digital Rights Ireland). Schließlich bezog er sich für die Auslegung des Begriffs der personenbezogenen Daten auch iSv Art. 8 GRCh von Beginn an auf die Rechtsprechung des EGMR, auch ohne insoweit Art. 52 Abs. 3 GRCh zu thematisieren, und ging bereits in der Rs. Schecke für Art. 8 und 52 Abs. 1 GRCh davon aus, „dass Einschränkungen des Rechts auf Schutz der personenbezogenen Daten gerechtfertigt sein können, wenn sie denen entsprechen, die im Rahmen von Art. 8 EMRK geduldet werden" (EuGH EuZW 2010, 939 Rn. 51 f. – Schecke; s. auch GA Sharpston BeckRS 2010, 90746 Rn. 73, 93 – Schecke).

Syst. B. Völker- und unionsverfassungsrechtliche Grundlagen

IV. Einzelfragen des europäischen Datenschutzgrundrechts

1. Der persönliche Schutzbereich des Datenschutzgrundrechts und der Schutz von Daten juristischer Personen

Art. 8 Abs. 1 GRCh eröffnet den Schutzbereich des europäischen Datenschutzgrundrechts ausweislich seiner Genese bewusst für „**jede Person**" (s. auch → Rn. 33.1), eine Formulierung die ebenso in Art. 7 GRCh gewählt wird. Während in der deutschen Sprachfassung insbesondere in Art. 2 GRCh (Recht auf Leben), Art. 3 (Recht auf Unversehrtheit) sowie Art. 6 GRCh (Recht auf Freiheit und Sicherheit) „jeder Mensch" Grundrechtsträger ist, kennen insbesondere die französische und die englische Sprachfassung diese Differenzierung nicht (Marsch, Das europäische Datenschutzgrundrecht, 2018, 271). Innerhalb der GRCh bieten Wortlaut und Systematik somit kein klares Ergebnis. Immerhin lässt sich festhalten, dass der Rechtsbegriff der „Person" **nicht zwingend auf natürliche Personen beschränkt sein muss**, sondern auch juristische Personen erfassen kann (für deren Einbeziehung beispielsweise Jarass GRCh Art. 8 Rn. 7; Calliess/Ruffert/Kingreen GRCh Art. 8 Rn. 11; PNH/Wolff GRCh Art. 8 Rn. 11; aA Frenz HbEuR IV Rn. 1367 ff., 1374). Andererseits ermächtigt Art. 16 Abs. 2 AEUV (→ Rn. 60 ff.) in bemerkenswertem Kontrast zur wortlautidentischen Übernahme der Grundrechtsverbürgung aus Art. 8 Abs. 1 GRCh (→ Rn. 30) die EU zum Erlass von „Vorschriften über den Schutz natürlicher Personen", woraus manche eine entsprechende Beschränkung des personalen Schutzbereichs auf natürliche Personen mit zusätzlichem Verweis auf das gleichermaßen eingeschränkte sekundärrechtliche Datenschutzrecht ableiten (GHN/Sobotta AEUV Art. 16 Rn. 17). **33**

Im Grundrechtskonvent konnten sich Vorschläge für eine explizite Beschränkung auf natürliche Personen nicht durchsetzen (Marsch, Das europäische Datenschutzgrundrecht, 2018, 271). **33.1**

2010 entwickelte der EuGH in der Rechtssache Schecke eine Zwischenlösung, die aber letztlich doch zu einer **restriktiven Position zum Schutz von Daten mit Bezug zu juristischen Personen** führt. Streitgegenstand waren Regelungen einer Agrarfondsverordnung, die aus Transparenzgründen die namentliche Veröffentlichung von Zuwendungsempfängern und zugewendeten Summen vorsah, ohne hierbei zwischen den Datenschutzinteressen natürlicher und juristischer Personen zu differenzieren. Während Generalanwältin Sharpston ohne weiteres vom gleichen Datenschutz für juristische Personen ausging (GA Sharpston BeckRS 2010, 90746 Rn. 72, 92 – Schecke), bezog der EuGH juristische Personen in den Schutzbereich des Datenschutzgrundrechts nur ein, „soweit der Name der juristischen Person eine oder mehrere natürliche Personen bestimmt" (EuGH EuZW 2010, 939 Rn. 53 – Schecke). Des Weiteren differenzierte der Gerichtshof im Rahmen der Verhältnismäßigkeitsprüfung zusätzlich zwischen natürlichen und dieser und speziellen Gruppe juristischer Personen, weil bei letzteren der Datenschutz ein geringeres Gewicht habe und die – nach seinem Ausgangspunkt erforderliche – spezifische Identifizierung der vom Schutzbereich erfassten juristischen Personen eine „unverhältnismäßige Verwaltungslast" bedeute (EuGH EuZW 2010, 939 Rn. 87 – Schecke). Im Ergebnis wurde die Agrarfondsverordnung nur in Bezug auf Transparenzpflichten, die sich auf natürliche Personen als Zuwendungsempfänger beziehen, für ungültig erklärt, während die Veröffentlichung juristischer Personen als Zuwendungsempfängern datenschutzrechtlich vollständig akzeptiert wurde. **34**

Der in EuGH EuZW 2010, 939 Rn. 87 – Schecke vorgenommene Verweis auf **EGMR** Urt. v. 2.12.2008 – 2872/02 Rn. 48 – K.U., bezieht sich auf eine völlig andere sachliche Problematik; zudem verneint der EGMR das Vorliegen einer unverhältnismäßigen Belastung staatlicher Organe; kritisch insoweit auch Guckelberger EuZW 2011, 126 (130). Allerdings hat der EGMR nur für andere Teilrechte des Art. 8 EMRK die Grundrechtsberechtigung juristischer Personen explizit bejaht, für das Recht auf Privatheit aber bislang offengelassen (Marsch, Das europäische Datenschutzgrundrecht, 2018, 272). **34.1**

Bemerkenswerterweise schneidet der EuGH den Datenschutz für juristische Personen in der beschriebenen Weise zurück, obwohl der Gerichtshof Art. 8 GRCh als Maßstab heranzieht. Wie erwähnt, differenziert diese neue Grundrechtsverbürgung nach ihrem Wortlaut anders als andere Datenschutznormen gerade nicht zwischen natürlichen und juristischen Personen, was der EuGH jedoch außer Acht lässt. Dazu beruft sich der EuGH aber keineswegs auf die ausdrückliche Fokussierung der Datenschutzgesetzgebungskompetenz auf natürliche Personen in Art. 16 Abs. 2 AEUV. Stattdessen stellt der EuGH auf ein **unterschiedliches Schutzbedürfnis** juristischer Personen einerseits und natürlicher Personen andererseits ab. Das letztlich gewählte Abgrenzungskriterium anhand des Namens der juristischen Person überzeugt jedoch nicht. Zum einen ist es unpräzise (vgl. Calliess/Ruffert/Kingreen GRCh Art. 8 Rn. 11; PNH/Wolff GRCh Art. 8 Rn. 11). Vor **35**

Syst. B. Völker- und unionsverfassungsrechtliche Grundlagen

allem aber überzeugt es inhaltlich nicht. Solange die hinter einer juristischen Person stehende Person auch auf anderem Wege hinreichend leicht identifizierbar ist, ist sie nicht weniger schützenswert als in anderen Konstellationen bloßer Identifizierbarkeit. Zudem stellt sich die Frage, von welchem konkreten Schutzgut der EuGH eigentlich ausgeht. Durch die Verselbständigung des Datenschutzes vom Recht auf Privatheit könnten sich insoweit nämlich Veränderungen ergeben haben. Hintergrund dieser Rechtsprechung ist demgegenüber anscheinend eine weitgehende, wenngleich unausgesprochene Gleichsetzung des „traditionellen" Art. 7 GRCh mit Art. 8 GRCh (EuGH EuZW 2010, 939 Rn. 47, 52, 58–60 – Schecke; hierzu ebenfalls krit., aber ohne Berücksichtigung von Art. 16 Abs. 2 GRCh: Brink/Wolff JZ 2011, 206 f.; Guckelberger EuZW 2011, 126 (127 ff.)). Wie gezeigt, wäre jedoch eine Differenzierung nach verschiedenen Grundrechtsdimensionen überzeugender (→ Rn. 26; → Rn. 29) und würde auch die hier aufgeworfene Problematik angemessener verarbeiten können (→ Rn. 36).

36 **Probleme** bereitet diese Schutzbereichseinengung insbesondere für Organisationen, bei denen ein Datenschutz nicht über alternative Grundrechte – wie etwa dem überdies deutlich engeren Anspruch auf Wahrung von Geschäftsgeheimnissen als Teil der Unternehmerfreiheit – gewährt wird. Die Anerkennung eines auch **unternehmens- bzw. organisationsbezogenen Datenschutzes,** wie er in der abstrakteren Formulierung des Art. 8 GRCh angelegt und auch einzelnen mitgliedstaatlichen Datenschutzordnungen nicht fremd ist (Artikel 29-Datenschutzgruppe WP 136, 28), erscheint daher **zumindest bedenkenswert.** Nötige Differenzierungen im Schutzbedürfnis sollen keineswegs negiert werden. Die vom EuGH herangezogenen dogmatischen Anknüpfungspunkte (Schutzbereich) und Kategorien (natürliche vs. juristische Person) sind jedoch relativ grob und sachlich wenig zwingend (krit. auch Kühling/Klar Jura 2011, 771 (774 ff.)). **In einem nach Schutzdimensionen differenzierenden Grundrechtskonzept** (→ Rn. 26; → Rn. 29) spricht angesichts der zu beachtenden gesetzgeberischen Gestaltungsspielräume wenig gegen eine Einbeziehung auch von juristischen Personen in die Ausgestaltungsverpflichtung. Für die enger gefasste Abwehrdimension würde in Bezug auf die Kombination der Art. 7 und 8 GRCh eine konkrete Relevanz für den Persönlichkeitsschutz und die Persönlichkeitsentfaltung natürlicher Personen eine Einbeziehung juristischer Personen ausschließen, während die ebenfalls mögliche Kombination des Art. 8 GRCh mit anderen Freiheiten auch juristischen Personen ggf. einen instrumentellen Vorfeldschutz bei hinreichender Freiheitsgefährdung bieten kann (zum Ganzen ausführlich Marsch, Das europäische Datenschutzgrundrecht, 2018, 274 ff.).

37 Welchen Weg man auch einschlägt, dürfte eine **Differenzierung nach personaler Schutzbedürftigkeit und sozialer Relevanz** von Daten weiterführend sein. Zu unterscheiden wäre etwa zwischen der Verarbeitung von sensiblen Persönlichkeitsdaten mit Menschenwürdebezug einerseits und von Geschäftsdaten andererseits. Beide **Datenkategorien** können, wie der EuGH mehrfach judiziert hat (EuGH EuR 2004, 276 Rn. 73 – ORF; EuGH EuZW 2010, 617 Rn. 72 – Bavarian Lager; GA Sharpston BeckRS 2009, 71158 Rn. 153, 185, 192, 209 – Bavarian Lager; EuGH EuZW 2010, 939 Rn. 58 f. – Schecke; GA Sharpston BeckRS 2010, 90746 Rn. 72 – Schecke; restriktiver EuG BeckRS 2007, 70913 Rn. 118 f., 125 f., 131 – Bavarian Lager; s. ferner → Rn. 37.1), grundsätzlich in den **sachlichen Schutzbereich** des Datenschutzgrundrechts fallen. Wirksam würde deren Unterscheidung aber bspw. hinsichtlich der Rechtfertigungsmöglichkeiten (vgl. zur nötigen Differenzierung → Rn. 49.1 ff.; ferner den Kommissionsvorschlag für eine Reform der Datenschutzbestimmung in Art. 4 der Transparenzverordnung 1049/2001, KOM(2008) 229; GA Cruz Villalón BeckRS 2013, 82347 Rn. 60 ff. – Digital Rights Ireland).

37.1 Sollte sich trotz der Entscheidung Schecke doch noch die Auffassung durchsetzen, juristische Personen in Art. 8 GRCh einzubeziehen, könnte dies über die Frage der Grundrechtsträgerschaft hinaus auch Bedeutung für die Einbeziehung von Geschäftsgeheimnissen in den Schutzbereich des europäischen Datenschutzgrundrechtes haben (s. auch Calliess/Ruffert/Kingreen GRCh Art. 8 Rn. 9, 11; traditionell wird für Geschäftsinformationen auf die Unternehmerfreiheit bzw. die Eigentumsgarantie zurückgegriffen: Jarass GRCh Art. 8 Rn. 4; Heußner, Informationssysteme im Europäischen Verwaltungsverbund, 2007, 320 ff.).

2. Schutzpflichten und mittelbare Drittwirkung bei privater Datenverarbeitung

38 Grundrechtsverpflichtet sind laut **Art. 51 Abs. 1 S. 1 GRCh** die Organe, Einrichtungen und sonstigen Stellen der EU sowie die Mitgliedstaaten bei der Durchführung von Unionsrecht (s. zu letzterem auch → Rn. 11 f.). **Datenverarbeitung** erfolgt heute aber in nicht minder großem Maße **durch private Akteure** wie namentlich die Unternehmen der Digitalwirtschaft. Damit stellen sich zentrale Fragen bzgl. einer Drittwirkung des europäischen Datenschutzgrundrechts und der aus ihm ggf. ableitbaren Schutzpflichten. In der Literatur wird teilweise auch private Datenverarbeitung als rechtfertigungsbedürftiger Grundrechtseingriff, der einer gesetzlichen

Syst. B. Völker- und unionsverfassungsrechtliche Grundlagen

Ermächtigung bedarf, verstanden und eine „staatsgleiche Grundrechtsbindung" der privaten Datenverarbeiter befürwortet (Roßnagel NJW 2019, 1 (2, 3, 4 f.))

Der EuGH scheint in seiner **Google Spain-Entscheidung** (näher dazu → Rn. 45) für das **39** Recht auf Vergessenwerden zu einer unmittelbaren Drittwirkung zu tendieren, wenn er die Verarbeitung personenbezogener Daten durch private Suchmaschinenbetreiber selbst als Eingriff in die Grundrechte der Betroffenen qualifiziert (EuGH NVwZ 2014, 857 Rn. 80 f., 87 – Google Spain; s. auch EuGH EuZW 2019, 906 Rn. 67 f. – Recht auf Vergessenwerden; krit. zur damit konstituierten horizontalen Wirkung des Datenschutzgrundrechts und einer damit naheliegenden Unterbelichtung der Mehrpoligkeit des Grundrechtsschutzes Marsch, Das europäische Datenschutzgrundrecht, 2018, 254 f.; Reinhardt AöR 142 (2017), 529, bes. 544 und 561 f.; s. auch → Rn. 45). Immerhin leitet er die Verpflichtungen des Suchmaschinenbetreibers aus einer grundrechtskonformen Auslegung des damaligen Datenschutzsekundärrechts ab (EuGH NVwZ 2014, 857 Rn. 79 f., 82, 85, 88 – Google Spain; s. auch EuGH EuZW 2019, 906 Rn. 66, 69 – Recht auf Vergessenwerden), spricht aber auf Seiten des solchermaßen gebundenen Suchmaschinenbetreibers allein von wirtschaftlichen Interessen, nicht jedoch von dessen eigener Grundrechtsausübung, in die der (ausgestaltende) Gesetzgeber und die grundrechtskonform auslegenden Gerichte ebenso eingreifen (Marsch, Das europäische Datenschutzgrundrecht, 2018, 255).

Demgegenüber ist klar an der freiheitssichernden und Ausgestaltungsspielräume wahrenden **40** Unterscheidung zwischen unmittelbarer Grundrechtsbindung der in Art. 51 Abs. 1 S. 1 GRCh genannten öffentlichen Stellen und der allenfalls mittelbaren Grundrechtsbindung privater Akteure festzuhalten. Ergänzt wird dies durch nur unter engen Voraussetzungen begründete **Schutzpflichten** der öffentlichen Stellen bis hin zum Gesetzgeber aus Art. 7 GRCh und ggf. anderen Freiheitsrechten sowie durch die in Art. 8 Abs. 1 GRCh normierte, **ihrerseits grundrechtsgebundene Ausgestaltungspflicht** zum Schutz auch vor privater Datenverarbeitung (zum Ganzen ausführlich Marsch, Das europäische Datenschutzgrundrecht, 2018, 247 ff., 260 ff.).

3. Datenschutz und gegenläufige Rechtspositionen

Der EuGH hat inzwischen eine ganze Reihe **unterschiedlicher Interessen** akzeptiert, die **41** bei einer entsprechenden gesetzlichen Vorgabe Beeinträchtigungen von Datenschutzrechten rechtfertigen können.

Sie reichen von anderen Grundrechten wie insbesondere der Meinungsfreiheit (EuGH EuZW 2004, **41.1** 245 Rn. 79–90 – Lindqvist; EuGH EuZW 2009, 108 Rn. 53–62 – Satakunnan), der Informationsfreiheit (EuGH NVwZ 2014, 857 Rn. 81, 97 – Google Spain), dem (geistigen) Eigentum oder der Rechtsschutzgarantie (EuGH EuZW 2008, 113 Rn. 53–55 – Promusicae; teilweise abw. hierzu GA Kokott BeckRS 2007, 70553 Rn. 55, 85–89, 105, 120 – Promusicae), über demokratische Grundsätze der Transparenz und Verwaltungskontrolle (EuGH BeckRS 2004, 72956 Rn. 2 – Stauder (1969); EuGH EuR 2004, 276 Rn. 81 – ORF; EuGH EuZW 2010, 617 Rn. 49, 53 f. – Bavarian Lager.; EuGH EuZW 2010, 939 Rn. 67–71 – Schecke) sowie der Verwaltungslegitimation (EuGH EuZW 2010, 296 Rn. 39–46 – Dt Kontrollstellen), der Bekämpfung schwerer Straftaten (EuGH EuZW 2014, 459 Rn. 41–44 – Digital Rights Ireland), der Verhinderung der illegalen Einreise (EuGH NVwZ 2014, 435 Rn. 35 ff. – Schwarz) oder Belange der Migrationsverwaltung bzw. öffentlichen Statistik (EuGH MMR 2009, 171 Rn. 54-68 – Huber) bis hin zur Vermeidung übermäßiger Belastungen der Verarbeitungsverantwortlichen (EuGH EuZW 2009, 546 Rn. 59–64 – Rijkeboer; s. auch EuGH EuZW 2010, 939 Rn. 87 – Schecke).

Allerdings kommt auch diesen gegenläufigen Belangen kein automatischer Vorrang zu (so **42** ausdrücklich bezüglich der Verwaltungstransparenz EuGH EuZW 2010, 939 Rn. 85 – Schecke; ebenso GA Sharpston BeckRS 2010, 90746 Rn. 70 – Schecke), sodass die Belange jeweils in einen **verhältnismäßigen Ausgleich** zu bringen sind (krit. zur Durchführung der Verhältnismäßigkeitsprüfung durch den EuGH: Kühling/Klar Jura 2011, 771 (774 ff.)). Die dabei vorzunehmenden Wertungen sind natürlich stark von den Umständen des jeweiligen Streitgegenstands abhängig und keineswegs eindeutig vorgegeben. Umso bedeutsamer ist daher die Zuweisung der maßstabsetzenden Letztentscheidungskompetenz. Dabei ist zwischen Abwägungs- bzw. Ausgestaltungsentscheidungen von mitgliedstaatlichen Stellen einerseits (→ Rn. 43 ff.) und von Unionsorganen andererseits (→ Rn. 48 ff.) zu differenzieren.

Mit der Frage nach dem möglicherweise erhöhten kumulativen Gewicht mehrerer für sich genommen **42.1** nicht schwerwiegender Eingriffe hat sich der EuGH im Urteil v. 17.10.2013 (NVwZ 2014, 435 Rn. 49 f. – Schwarz) wenngleich nur kursorisch befasst, dieses aber im konkreten Fall verneint.

Syst. B. Völker- und unionsverfassungsrechtliche Grundlagen

4. Überprüfung mitgliedstaatlicher Ausgestaltungsentscheidungen zum Ausgleich gegenläufiger Belange

43 Mitgliedstaatliche Ausgestaltungsentscheidungen unter der Grundrechtskontrolle auch des EuGH (→ Rn. 12) ergeben sich im Rahmen der Umsetzung von Sekundärrecht, soweit dieses entsprechende Spielräume belässt. Für die Datenschutz-RL hat der EuGH mehrfach mitgliedstaatliche **Ausgestaltungsspielräume** beim Ausgleich zwischen dem Datenschutz und anderen Grundrechten **betont** (EuGH EuZW 2004, 245 Rn. 8, 87, 98 – Lindqvist; EuGH EuZW 2008, 113 Rn. 65–70 – Promusicae; GA Kokott BeckRS 2007, 70553 Rn. 56 – Promusicae; s. auch EuGH EuR 2004, 276 – ORF; EuGH EuZW 2009, 546 Rn. 34, 56, 64–66 – Rijkeboer; für eine ambivalente Beurteilung Spiecker gen. Döhmann/Eisenbarth JZ 2011, 169 (175)). Aber auch die DS-GVO bietet den Mitgliedstaaten trotz ihrer anderen Rechtsnatur nicht unerhebliche Spielräume zur multipolaren Grundrechtsausgestaltung wie namentlich Art. 85 DS-GVO (hierzu und zu weiteren Spielraumbereichen Marsch, Das europäische Datenschutzgrundrecht, 2018, 345 ff.).

43.1 Derartige Spielräume wurden vom EuGH teilweise mit dem weiten Anwendungsbereich der Datenschutzrichtlinie in Verbindung gebracht (GA Kokott Urt. v. 8.5.2008 – C-73/07 Rn. 53 f. – Satakunnan; s. auch EuGH EuZW 2004, 245 Rn. 88 f. mit Rn. 98 – Lindqvist), also als eine Art. Kompensation verstanden. Sie dürften zudem eine Konsequenz der prozessrechtlichen Konstellationen in den Vorabentscheidungsverfahren gewesen sein.

44 **Grenzenlos sind** die mitgliedstaatlichen **Ausgestaltungsspielräume allerdings nicht,** insbesondere wird ihre Einräumung vom EuGH oft mit in ihrer Reichweite nicht immer ganz klaren Vorgaben hinsichtlich der gegenläufigen Belange verknüpft. Bemerkenswert sind insoweit bspw. Entscheidungen, die meinungsrelevante Aktivitäten einzelner Privatpersonen im Internet datenschutzrechtlich „privilegieren", indem die Mitgliedstaaten angehalten werden, bei der Festlegung von Sanktionen für etwaige Datenschutzverstöße den Verhältnismäßigkeitsgrundsatz zu achten (EuGH EuZW 2004, 245 Rn. 88 f., 98 – Lindqvist), oder in denen der Ausnahmetatbestand für journalistische Tätigkeiten gem. Art. 9 Datenschutz-RL nicht auf Medienunternehmen beschränkt wird.

45 Demgegenüber statuiert der EuGH in seiner **Google Spain-Entscheidung** eine problematische Vermutung für das Überwiegen von Datenschutzinteressen im Verhältnis zu den Informationsinteressen der Suchmaschinennutzer bzw. den Interessen der Internetinhalteanbieter an der Auffindbarkeit ihrer Meinungsäußerungen oder sonstigen Inhalte (EuGH NVwZ 2014, 857 Rn. 81, 97 – Google Spain; dazu Boehme-Neßler NVwZ 2014, 825; Caspar PinG 2014, 133; Hoeren ZD 2014, 325; Holznagel/Hartmann MMR 2016, 228; Karg ZD 2014, 359; Kühling EuZW 2014, 527; v. Lewinski AfP 2015, 1; Sörup MMR 2014, 464; Spelman/Towle CRi 2014, 85; Spiecker gen. Döhmann CMLRev 52 (2015), 1033; Spindler JZ 2014, 981; Tobin CRi 2014, 87; zum Verfahren noch vor dem Urteil Alich/Sagalov CR 2013, 783 ff.; Piltz ZD 2013, 259 (260 ff.); Pauly/Ritzer/Geppert ZD 2013, 423 ff.; Voigt ZD 2014, 15 ff.). Dabei überträgt der EuGH diese grundrechtssensible Abwägungsentscheidung zwar angesichts der Fallzahlen nachvollziehbar zumindest auf einer ersten Stufe auf einen privaten Akteur mit massiven Eigeninteressen, ohne aber organisatorische oder prozedurale Sicherungen insbesondere zugunsten der betroffenen Inhalteanbieter vorzusehen (problematisiert durch GA Jääskinen BeckRS 2014, 80934 Rn. 133; krit. auch Diesterhöft VBlBW 2014, 370 (375); Spindler, JZ 2014, 981 (990); insoweit zu unterkomplex Luch/Schulz/Kuhlmann EuR 2014, 698 (710); zur Umsetzung der EuGH-Entscheidung durch den Hamburgischen Datenschutzbeauftragten Kühn/Karg ZD 2015, 61 ff.). Überzeugender wäre angesichts der komplexen materiellen und prozeduralen Fragestellungen ein entsprechender Ausgestaltungsauftrag an die zuständigen Gesetzgebungsorgane gewesen. Hinreichend klar hat erst der Gesetzgeber mit **Art. 17 Abs. 3 lit. a) DS-GVO** die notwendige Berücksichtigung gegenläufiger Grundrechtspositionen zur Wahrung der Meinungs- und Informationsfreiheit materiell abgesichert. Die dringend gebotenen prozedural-organisatorischen Regeln zur gleichgewichtigen Ausgestaltung des vorliegenden multipolaren Grundrechtsgeflechts würden aber erst mit dem von der Kommission vorgeschlagenen **Digital Services Act** (COM(2020) 825 final) geschaffen werden.

46 Der EuGH hat in seiner **Folgerechtsprechung zum Recht auf Vergessenwerden** an seiner Grundlinie festgehalten, diese bzgl. der Anforderungen an die privaten Suchmaschinenbetreiber noch verschärft, aber andererseits gegenläufige Informationsinteressen stärker berücksichtigt. Er legt Art. 8 Datenschutz-RL so aus, dass Suchmaschinenbetreiber grundsätzlich verpflichtet sind, Anträgen auf Auslistung von Links zu Websites stattzugeben, auf denen sich im Sinne dieser

Syst. B. Völker- und unionsverfassungsrechtliche Grundlagen

Vorschrift „sensible" personenbezogene Daten befinden, sofern nicht einer der sehr wertungsabhängigen Ausnahmetatbestände der Vorschrift erfüllt ist (EuGH EuZW 2019, 906 Rn. 49 ff. – Recht auf Vergessenwerden). Zudem erlegt er Suchmaschinenbetreibern die Pflicht auf, Suchergebnisse auszulisten, wenn diese der aktuellen Situation nicht mehr entsprechen, oder – im Fall beachtenswerter Informationsinteressen – die Ergebnisliste zumindest so auszugestalten, dass das für den Internetnutzer entstehende Gesamtbild die aktuelle Lage widerspiegelt, indem Links zu Websites mit aktuellen Informationen zuerst erscheinen (hier: Austritt aus einer Sekte und Einstellung eines Strafverfahrens; EuGH EuZW 2019, 906 Rn. 71 ff. – Recht auf Vergessenwerden; dazu Golland DSB 2019, 262 ff.; Meyer/Stakowski K&R 2019, 677 ff.). Zusammenfassend zur Thematik von Schönefeld MMR 2021, 208 ff.

In Bezug auf die autonome mitgliedstaatliche Einführung der **Vorratsdatenspeicherung** nach der Nichtigerklärung der Vorratsdatenspeicherungs-RL durch den EuGH im Jahr 2014 (→ Rn. 50.2) hat sich der EuGH im Anschluss an GA Saugmandsgaard Øe (BeckRS 2016, 81559 Rn. 62 ff. – Tele2 Sverige) für eine recht strikte Bindung der Mitgliedstaaten an die EU-Datenschutzgrundrechte ausgesprochen (EuGH NJW 2017, 717 Rn. 62 ff. – **Tele2 Sverige**; bestätigt durch EuGH BeckRS 2020, 25341 Rn. 30 ff. – Privacy International; näher → Rn. 47.1). Zum demgegenüber erleichterten bloßen **Zugang zu gespeicherten Daten** → Rn. 47.2. 2021 hat der EuGH in begrenztem Maße auch Konstellationen anerkannt, in denen die Mitgliedstaaten **zulässigerweise eine Vorratsdatenspeicherung zur effektiven Verfolgung schwerer Straftaten** vorsehen dürfen (EuGH NJW 2021, 531 Rn. 91 ff. – La Quadrature du Net mAnm Ogorek; → Rn. 47.4). **47**

Auf Vorlage mitgliedstaatlicher Gerichte hat der EuGH **2016** geprüft, ob und inwieweit eine **mitgliedstaatlich geregelte Vorratsdatenspeicherung** am Maßstab der Unionsgrundrechte zu messen und ggf. grundrechtskonform ist (EuGH NJW 2017, 717 – Tele2 Sverige). Der EuGH folgt der Ansicht von GA Saugmandsgaard Øe (BeckRS 2016, 81559 Rn. 117 ff. – Tele2 Sverige), dass auch mitgliedstaatliche Vorratsdatenspeicherungsgesetze auch für Datenspeicherungen zum Zweck der nationalen Sicherheit und der Geheimdienstarbeit die Vorgaben der Grundrechtecharta beachten müssen (EuGH NJW 2017, 717 Rn. 62 ff. – Tele2 Sverige; bestätigt durch EuGH BeckRS 2020, 25341 Rn. 30 ff. – Privacy International; EuGH NJW 2021, 531 Rn. 91 ff. – La Quadrature du Net mAnm Ogorek; s. auch Wollenschläger/Krönke NJW 2016, 906 ff.; Schiedermaier/Mrozek DÖV 2016, 89 (91 ff.)). Entscheidender Anknüpfungspunkt ist insoweit Art. 15 Abs. 1 DSRL-eK 2002/58, der es den Mitgliedstaaten ermöglicht, etwa zum Zwecke der öffentlichen Sicherheit von einzelnen Vorgaben der Richtlinie abzuweichen, die Mitgliedstaaten dabei jedoch explizit verpflichtet, die „allgemeinen Grundsätze des Gemeinschaftsrechts" und damit auch die Unionsgrundrechte zu beachten (dazu EuGH NJW 2017, 717 Rn. 73 ff., 91 – Tele2 Sverige). Anders als GA Saugmandsgaard Øe (BeckRS 2016, 81559 Rn. 191 - Tele2 Sverige) wendet der Gerichtshof jedoch die in der Entscheidung Digital Rights Ireland (→ Rn. 50.2) entwickelten Maßstäbe nicht unverändert an. Vielmehr erklärt der EuGH eine anlasslose und die gesamte Bevölkerung erfassende Vorratsdatenspeicherung für grundrechtswidrig. Unzulässig ist nach dessen Ansicht nämlich eine Regelung, die keinen Zusammenhang zwischen den zu speichernden Daten und einer Bedrohung der öffentlichen Sicherheit verlangt, die Speicherung also nicht auf die Daten eines bestimmten Zeitraums, eines geografischen Gebiets oder eines näher qualifizierten Personenkreises beschränkt (EuGH NJW 2017, 717 Rn. 106 ff. – Tele2 Sverige; bestätigt in EuGH NJW 2021, 531 Rn. 140 ff. – La Quadrature du Net). Der EuGH hält allenfalls solche Regelungen für akzeptabel, „die zur Bekämpfung schwerer Straftaten vorbeugend die gezielte Vorratsspeicherung von Verkehrs- und Standortdaten ermöglicht, sofern die Vorratsdatenspeicherung hinsichtlich Kategorien der zu speichernden Daten, der erfassten elektronischen Kommunikationsmittel, der betroffenen Personen und der vorgesehenen Dauer der Vorratsspeicherung auf das absolut Notwendige beschränkt ist" (EuGH NJW 2017, 717 Rn. 108 – Tele2 Sverige). Für die **Beurteilung nach deutschem Verfassungsrecht** sieht das **BVerfG** auch nach Tele2 Sverige jedenfalls zu viele „Fragen, die nicht zur Klärung im Eilrechtsschutzverfahren geeignet sind", BVerfG-K ZD 2017, 300 Ls. = BeckRS 2017, 106847. **47.1**

2019 eröffnete der EuGH ergänzend zur Tele2-Entscheidung, die auf die Datenspeicherung fokussiert (→ Rn. 47.1), Optionen für die Mitgliedstaaten zur Strafverfolgung, den **staatlichen Zugang zu von Privaten gespeicherten Daten** anzuordnen (EuGH NJW 2019, 655 Rn. 53 ff. – Ministerio Fiscal). Danach ist der Zugang zu Telekommunikationsdaten, die ein Anbieter gespeichert hat, dann zur Verfolgung auch von „Straftaten im Allgemeinen" mit Art. 7 und 8 GRCh vereinbar (statt nur zur Verfolgung von „schweren" Straftaten, vgl. → Rn. 47.1), wenn der Eingriff in diese Grundrechte selbst als „nicht schwer" zu qualifizieren ist. Das soll dann der Fall sein, soweit sich die von den Strafverfolgungsbehörden abgerufenen Daten auf das zur Strafverfolgung notwendige beschränken und insbesondere „keine genauen Schlüsse auf das Privatleben der Personen [zulassen], deren Daten betroffen sind" (EuGH NJW 2019, 655 Rn. 60 – Ministerio Fiscal; dazu, dass eine solche Spezifität und Selektivität des digitalisierten Datenabrufs die Eingriffsintensität deutlich reduziert, auch Rademacher AöR 142 (2017), 366 (396 ff.)). Die Entscheidung **47.2**

Syst. B. Völker- und unionsverfassungsrechtliche Grundlagen

lässt allerdings die sich aufdrängende Frage unbeantwortet, ob und inwieweit es noch darauf ankommt, **warum** der Anbieter die Daten gespeichert hat (also etwa auf staatliche Anordnung iSv → Rn. 47.1, die aber nur für „schwere Straftaten" zulässig wäre, oder zB aus Abrechnungsgründen, dh aus staatlicher Sicht zufällig erfolgend).

47.3 In der **Rs. Privacy International** bestätigt der EuGH 2020, dass die Mitgliedstaaten grundsätzlich keine anlasslose Speicherung von Verkehrs- und Standortdaten vorschreiben dürfen (EuGH BeckRS 2020, 25341 Rn. 50 ff. – Privacy International).

47.4 Im Oktober **2020** präzisierte der EuGH seine Rechtsprechung zu mitgliedstaatlichen Gestaltungsspielräumen im Rahmen der DSRL-eK 2002/58 erneut. In der zeitgleich zur Rs. Privacy International entschiedenen **Rs. La Quadrature du Net** erklärt der EuGH die **Vorratsdatenspeicherung in einigen Konstellationen für zulässig:** Zunächst darf die Vorratsdatenspeicherung in Situationen einer ernsten und gegenwärtigen Gefahr für die nationale Sicherheit vorgesehen werden. Die Entscheidung hierüber muss aber einer effektiven Kontrolle durch ein Gericht oder eine unabhängige Verwaltungsbehörde unterliegen und befristet sein, wobei eine Verlängerung möglich ist, wenn die Gefahrenlage andauert (EuGH NJW 2021, 531 Rn. 135 ff. – La Quadrature du Net). Zum **Schutz der nationalen Sicherheit, zur Bekämpfung schwerer Kriminalität und zur Abwehr schwerer Gefahren für die öffentliche Sicherheit** ist außerdem die anlass- und unterschiedslose **Speicherung von IP-Adressen** für einen strikt auf das Notwendige begrenzten Zeitraum zulässig. Dies stützt der EuGH darauf, dass IP-Adressen zwar die Nachverfolgung der Internetaktivitäten eines Nutzers ermöglichen, aber keine Auskunft über an der Kommunikation beteiligte Dritte geben. Außerdem sei die Aufklärung bestimmter Straftaten, besonders im Bereich der **Kinderpornografie**, ohne Zugriff auf IP-Adressen unmöglich (EuGH NJW 2021, 531 Rn. 152 ff. – La Quadrature du Net). Die **bloße Speicherung der Identitäten von Nutzern elektronischer Kommunikationssysteme** ist sogar allgemein zum Schutz der nationalen Sicherheit, der Bekämpfung von Kriminalität und zum Schutz der öffentlichen Sicherheit gestattet, da sie über das Kommunikationsverhalten keinen Aufschluss gibt (EuGH NJW 2021, 531 Rn. 157 ff. – La Quadrature du Net). Zur Bekämpfung schwerer Kriminalität und zum Schutz der nationalen Sicherheit ist es außerdem zulässig, Anbieter elektronischer Kommunikationsdienste durch eine Entscheidung der zuständigen Behörde für einen begrenzten Zeitraum zur **Speicherung von Verkehrs- und Standortdaten** über den gesetzlich vorgesehenen Zeitraum hinaus zu verpflichten. Diese Möglichkeit ist nicht auf Tatverdächtige beschränkt, vielmehr sind z. B. auch Daten über das Tatopfer oder den Tatort erfasst (EuGH NJW 2021, 531 Rn. 160 ff. – La Quadrature du Net). Für die gespeicherten Verkehrs- und Standortdaten darf im Fall einer ernsten Bedrohung für die nationale Sicherheit auch eine **automatische Analyse nach bestimmten Kriterien** vorgeschrieben werden, wobei eine Suche nach den in Art. 21 GRCh genannten Kriterien verboten ist. Der EuGH betont, dass die automatische Analyse ein schwerwiegender Grundrechtseingriff ist, ua weil sie wahrscheinlich Aufschluss darüber gibt, auf welche Informationen der Betroffene online zugegriffen hat. Konkrete Maßnahmen aufgrund eines positiven Ergebnisses der automatischen Analyse darf nur ein Mensch nach individueller Überprüfung des Ergebnisses treffen. Das System der automatischen Analyse ist zudem einer regelmäßigen Überprüfung zu unterziehen (EuGH NJW 2021, 531 Rn. 171 ff. – La Quadrature du Net). Für zulässig hält der EuGH es auch, wenn Daten über zuvor als **Terrorverdächtige** identifizierte Personen in Echtzeit gespeichert werden (EuGH NJW 2021, 531 Rn. 183 ff. – La Quadrature du Net). Insgesamt ist der EuGH damit weit weniger strikt in seiner Ablehnung der Vorratsdatenspeicherung als in früheren Urteilen (Ogorek NJW 2021, 547 f.).

5. Überprüfung unionaler Ausgestaltungsentscheidungen zum Ausgleich gegenläufiger Belange

48 Datenschutzrelevante Rechtsakte von EU-Organen hat der EuGH ebenfalls einer differenzierenden und Spielräume insbesondere zum Ausgleich mit gegenläufigen Rechtspositionen belassenden Kontrolle unterworfen. Aufgrund der inzwischen ergangenen Urteile lassen sich zunehmend bestimmte **Rechtsprechungslinien** erkennen.

49 Einen ersten Schwerpunkte der Rechtsprechung zu unionalen Ausgestaltungsspielräumen bildet der **Ausgleich zwischen Datenschutz und Transparenzregeln** (Dokumentenzugang, Subventionsregister; → Rn. 49.1 ff.).

49.1 Die erste Entscheidung in der **Rechtssache Bavarian Lager** betrifft den **Ausgleich von Datenschutz und** dem durch Ansprüche auf Dokumentenzugang verwirklichten **Transparenzprinzip**. Streitgegenstand war die Herausgabe eines Protokolls über ein Treffen der Kommission mit Industrielobbyisten. Während das klagende Unternehmen eine ungeschwärzte Fassung mit den Namen der Lobbyisten forderte, ohne seine Forderung näher zu begründen, war die Kommission nur zur Herausgabe einer anonymisierten Fassung bereit, da die betroffenen Lobbyisten entweder einer Bekanntgabe ihrer Namen (ohne Begründung) widersprachen oder gar nicht erreichbar waren. Bemerkenswert ist an dieser Entscheidung vor allem die Uneinigkeit der beteiligten Rechtsprechungsorgane. Das **EuG** stützte die datenschutzrechtlichen Belange

Syst. B. Völker- und unionsverfassungsrechtliche Grundlagen

allein auf Art. 8 EMRK, dessen Recht auf Privatheit aber durch die vorliegend geforderte Bekanntgabe rein beruflicher Daten ohne Auswirkungen auf die persönliche Integrität nicht beeinträchtigt werde (EuG BeckRS 2007, 70913 Rn. 118 ff. – Bavarian Lager; in diese Richtung argumentiert auch Schoch EuZW 2011, 388 (392)). Wenngleich mit anderer Begründung verortete auch die **Generalanwältin Sharpston** die Datenschutzbelange allein in Art. 8 EMRK, bejahte allerdings einen Eingriff in das Recht auf Privatheit, ohne aber zu einem anderen Ergebnis als das EuG zu kommen, da der Eingriff nur marginal sei, während dem Transparenzgrundsatz erhebliche und die Datenverarbeitung gesetzlich legitimierende Bedeutung zukäme. Deshalb liege die Begründungslast für einen Widerspruch gegen die Bekanntgabe gem. Art. 18 VO 45/2001 bei den betroffenen Lobbyisten (GA Sharpston BeckRS 2009, 71158 Rn. 192, 212 f., 216 f. – Bavarian Lager).

Während also EuG und Generalanwältin – wenngleich auf verschiedenen Wegen – zu einem Nachrang der Datenschutzbelange und damit zu einem uneingeschränkten Dokumentenzugangsanspruch kamen, entschied der **EuGH** 2010 zugunsten der Kommission. Maßgeblich dafür war zunächst die gegenüber Art. 8 EMRK vorrangige Prüfung der detaillierteren Vorgaben der Datenschutzverordnung. Aus Art. 8 DS-GVO leitete der EuGH eine von den allgemeinen Grundsätzen des Dokumentenzugangsrechts abweichende Last des Zugangspetenten zur Darlegung seines Zugangsinteresses ab, weil die Kommission erst dann in der Lage sei, die erforderliche Interessenabwägung vorzunehmen (EuGH EuZW 2010, 617 Rn. 59–64, 77–80 und Rn. 66, 75–77 – Bavarian Lager zum Erfordernis der Einwilligung durch den Betroffenen; grundsätzlich zust. Sanner EuZW 2010, 774 ff.). Die Entscheidung gewichtet aber nicht selbst die konfligierenden Belange, sondern modifiziert den Anspruch auf voraussetzungslosen Zugang zu Dokumenten mit personenbezogenen Daten durch eine Interessendarlegungslast des Zugangspetenten, damit auf dieser Basis eine konkrete Interessenabwägung mit den Datenschutzbelangen der betroffenen Person erfolgen kann (Zu pauschal daher die Kritik von: Erd K&R 2010, 562 (564 f.).). Dies könnte ein vertretbarer Ansatz sein, solange der sich anschließenden Interessenabwägung das Transparenzinteresse hinreichend gewürdigt wird und das vom EuG wie von der Generalanwältin mit guten Gründen als eher gering eingestufte Schutzinteresse der Lobbyisten hinreichend differenzierend eingerechnet wird (vgl. auch Kühling/Klar Jura 2011, 771 (774 ff.)).

49.2

Eine ebenfalls differenzierende Entscheidung ohne umfassende eigene Abwägungsvorgaben traf der EuGH Ende 2010 in der **Rechtssache Schecke** (EuGH EuZW 2010, 939 – Schecke). Der EuGH verneinte die Vereinbarkeit von Regeln zur Veröffentlichung von Zuwendungsempfängern aus einem Agrarfonds mit den Datenschutzrechten aus Art. 7 und 8 GRCh, soweit es um die Veröffentlichung von Daten natürlicher Personen ging, während die Veröffentlichung entsprechender Daten bei juristischen Personen unbeanstandet ließ (→ Rn. 34). Hier interessiert die Überprüfung der gesetzgeberischen **Abwägungsentscheidung zwischen demokratischen Transparenzerfordernissen und Datenschutzrechten.** Erneut kommt der EuGH keineswegs zu einem generellen Vorrang der Datenschutzbelange. Entscheidend für die Verwerfung der maßgeblichen Rechtsgrundlagen war vielmehr die undifferenzierte Veröffentlichung individueller Zuwendungsempfänger ohne jede Berücksichtigung des Umfangs oder der Dauer der empfangenen Zuwendungen, obwohl legitime Transparenzinteressen auch durch anonymisierte oder aggregierte Daten über Kleinempfänger und eine Beschränkung der individuellen Publizität auf Zuwendungsempfänger oberhalb gewisser Schwellenwerte hätten verwirklicht werden können. Die gesetzgebenden Akteure hatten auf Differenzierungen verzichtet, ohne dafür eine konsistente Begründung insbesondere durch eine klare und übereinstimmende Benennung der maßgeblichen Transparenzziele zu bieten (zum Ganzen EuGH EuZW 2010, 939 Rn. 79–86 – Schecke; noch deutlicher GA Sharpston BeckRS 2010, 90746 Rn. 96, 114–123 – Schecke; hierzu s. auch Brink/Wolff JZ 2011, 206 (207 f.); Guckelberger EuZW 2011, 126 (130); Schroeder EuZW 2011, 462 (465 ff.)). Der EuGH bindet auch in dieser Entscheidung den Gesetzgeber nur in Schranken inhaltlich, verlangt von diesem aber seinerseits den Nachweis eines nachvollziehbaren und begründeten Regelungskonzepts mit klar definierten Zielen, an denen die Erforderlichkeit einer Datenveröffentlichung gemessen werden kann (skeptischer zum Prüfungsansatz des EuGH Kühling/Klar Jura 2011, 771 (774 ff.)).

49.3

Ein zweiter Rechtsprechungsschwerpunkt betrifft den **Ausgleich zwischen Datenschutz und ziviler Sicherheit** durch den Unionsgesetzgeber (zentrale Lichtbild- und Fingerabdruckdateien, Vorratsdatenspeicherung inkl. Zugangs- und Auswertungsregeln; → Rn. 50.1 ff.). Eine wichtige Fortführung und Ergänzung findet diese Rechtsprechung in Bezug auf mitgliedstaatliche Ausgestaltungsentscheidungen im Spannungsfeld von ziviler Sicherheit und Datenschutz (→ Rn. 47).

50

Im Urt. v. 17.10.2013 (EuGH NVwZ 2014, 435 Rn. 46 ff. – Schwarz) begnügte sich der EuGH im Anschluss an eine Prüfung der Eignung und Erforderlichkeit der Maßnahme mit der Feststellung, dass die **Einführung einer zentralen Lichtbild- und Fingerabdruckdatei** in der streitgegenständlichen Regelung nicht vorgesehen und die Sorge vor Missbrauch oder Zweckänderung der einmal erhobenen Dateien folglich rechtlich unbeachtlich sei (EuGH NVwZ 2014, 435 Rn. 58 ff. – Schwarz). Allerdings forderte

50.1

Syst. B. Völker- und unionsverfassungsrechtliche Grundlagen

er – im Anschluss an die Rechtsprechung des EGMR (BeckRS 2009, 70321 Rn. 103 – Marper) – **technische und rechtliche Sicherungen gegen die missbräuchliche Verwendung** der erhobenen Daten ein (EuGH NVwZ 2014, 435 Rn. 55, 57 – Schwarz).

50.2   In der vielbeachteten Entscheidung über die Grundrechtskonformität der **Vorratsdatenspeicherungs-RL** hat der EuGH diese aufgrund von Vorabentscheidungsersuchen des irischen High Court und des österreichischen Verfassungsgerichtshofs für ungültig erklärt (EuGH EuZW 2014, 459 – Digital Rights Ireland; zu den im deutschen Verfassungsgerichtsverfahren gestellten Anträgen auf Einleitung eines Vorabentscheidungsverfahrens s. Schneider, Rechtsstaatliche Sicherheit in der europäischen Informationsgesellschaft am Beispiel der Vorratsdatenspeicherung, in: Osnabrücker Jahrbuch Frieden und Wissenschaft 16/2009 2009, 179 ff.). Der Eingriff in die gemeinsam geprüften Art. 7 und 8 GRCh (hierzu Wolff DÖV 2014, 608 (609, 611)) durch eine anlasslose Speicherung der Verkehrsdaten der gesamten im Unionsgebiet durchgeführten elektronischen Kommunikation ist hiernach unverhältnismäßig (EuGH EuZW 2014, 459 Rn. 53–65 – Digital Rights Ireland), wenn weder (1.) die Art der betroffenen Daten oder Personen (EuGH EuZW 2014, 459 Rn. 57–59 – Digital Rights Ireland), noch (2.) der behördliche Zugang zu diesen Daten durch Regelungen in der RL selbst begrenzt wird (EuGH EuZW 2014, 459 Rn. 60–62 – Digital Rights Ireland) und schließlich (3.) auch die Speicherdauer von 6–24 Monaten reichen kann und das Unionsrecht insoweit keine Konkretisierungskriterien vorgibt (EuGH EuZW 2014, 459 Rn. 63–64 – Digital Rights Ireland). Ob die genannten drei Punkte nur kumulativ oder auch alternativ zur Unverhältnismäßigkeit führen, ließ der EuGH 2014 noch offen, sodass unklar blieb, ob es möglich ist, eine Pflicht zur Vorratsdatenspeicherung unionsrechtskonform auszugestalten (so auch Bäcker Jura 2014, 1263 (1269 ff.). Die primärrechtliche Zulässigkeit bejahte noch GA Saugmandsgaard Øe (BeckRS 2016, 81559 Rn. 192 ff. – Tele2 Sverige ua; in diese Richtung auch schon Priebe EuZW 2014, 456 (457 f.); Roggenkamp PinG 2014, 196 (198); Simitis NHW 2014, 2158 (2160); Westphal K&R 2014, 410 (411 f.), der allerdings aus kompetenziellen Gründen nur eine Verankerung in nationalen Gesetzen, nicht aber in einer überarbeiteten RL für möglich hält; skeptisch dagegen v. Danwitz DuD 2015, 581 (583); Kunnert DuD 2014, 774 (777); Petri ZD 2014, 300 (301); Roßnagel MMR 2014, 372 (375); Wolff DÖV 2014, 608 (610 f.), der die Position des EuGH allerdings krit. sieht; zweifelnd Cole/Boehm KritV 2014, 58 (73, 77); Kühling NVwZ 2014, 681 (683)). 2016 hat der EuGH die gesetzgeberischen Möglichkeiten zur grundrechtskonformen Einführung einer Vorratsdatenspeicherung durch die Mitgliedstaaten – und damit auch durch den Unionsgesetzgeber – sehr stark eingeschränkt (→ Rn. 47 ff.). Darüber hinaus hat der EuGH auch auf eine Verletzung des Art. 8 GRCh erkannt (hier isoliert geprüft), da die RL nicht sicherstellt, dass die TK-Anbieter die notwendigen technischen und organisatorischen Maßnahmen ergreifen, um unberechtigte Zugriffe zu verhindern und zudem weder eine unwiderrufliche Löschung nach Ablauf der Speicherfrist noch eine Speicherung im Unionsgebiet angeordnet wird (Rn. 66–68).

50.3   Weitere Leitplanken hat der EuGH in seinem **Gutachten 1/15** zum **EU-Fluggastdatenabkommen mit Kanada** eingezogen, aber zugleich auch gezeigt, dass dem unionalen Gesetzgeber auch im Sicherheitsbereich datenschutzrechtliche Spielräume verbleiben. Demnach ist eine vorbehaltlose und pauschale Übermittlung und Speicherung der Fluggastdaten aller nach Kanada Reisenden für näher bestimmte Strafverfolgungs- und Gefahrenabwehrzwecke zulässig, solange der Aufenthalt in Kanada währt (EuGH BeckEuRS 2017, 513522 Rn. 196 ff. – Fluggastdatenabkommen). Nach der Ausreise bestehe hingegen „grundsätzlich keine Gefahr" mehr (EuGH BeckEuRS 2017, 513522 Rn. 204 – Fluggastdatenabkommen). Damit ignoriert der EuGH die Strafverfolgungskomponente und stellt allein auf die Gefahrenabwehr ab (so zur vom EuGH gewählten „überraschenden" Differenzierung auch Priebe EuZW 2017, 762 (765)). Ob und wie sich diese Ausführungen auf die RL 2016/681, die eine innerunionale Speicherung von Fluggastdaten ab Mai 2018 anordnet, übertragen lassen, bleibt abzuwarten (dazu Rademacher AöR 142 (2017), 366 (410 ff.)). Das Abstellen allein auf den Aufenthalt passt jedenfalls bei Unionsbürgern und sonstigen in der EU Ansässigen nicht. Vielleicht ohne es zu merken, hat der EuGH hier ein spezifisch fremdenrechtliches Anwendungsfeld einer Vorratsdatenspeicherung geschaffen.

51   Zur Regelung der **Datenübermittlungen in Drittstaaten durch Private** ist die Kommission zum Erlass von Angemessenheitsentscheidungen nach Art. 45 DS-GVO (früher Art. 26 Abs. 2 Datenschutz-RL) und von Standardvertragsklauseln nach Art. 46 Abs. 2 lit. b DS-GVO (früher Art. 26 Abs. 4 Datenschutz-RL) befugt. Die Überprüfung solcher Kommissionsentscheidungen, insbesondere betreffend die Datenübermittlung in die USA, war Gegenstand der Urteile Schrems I und Schrems II (→ Rn. 57 f.).

6. Rechte der betroffenen Personen

52   Datenschutz, der durch Art. 8 GRCh als subjektives Recht konstituiert und konstitutionalisiert ist (→ Rn. 24 ff.), verlangt nicht nur Verpflichtungen des Datenverantwortlichen, sondern auch konkrete und effektiv durchsetzbare Ansprüche des Betroffenen. Dementsprechend sieht **Art. 8**

Syst. B. Völker- und unionsverfassungsrechtliche Grundlagen

Abs. 2 S. 2 GRCh als Ausprägung der leistungs- und verfahrensrechtlichen Dimension des europäischen Datenschutzgrundrechts ein Recht auf Auskunft und ein Recht auf Berichtigung vor (→ Rn. 28 f.). Diese Rechte gewährt auch die DS-GVO, die sie zugleich weiter konkretisiert und um weitere verwandte Rechte ergänzt.

7. Vorgaben zur Organisation und zu den Befugnissen der nationalen Aufsichtsinstanzen aus Art. 8 Abs. 3 GRCh

Mit der Vorgabe, die Datenschutzaufsicht „unabhängigen Behörden" (Art. 16 Abs. 2 S. 2 AEUV) bzw. einer „unabhängigen Stelle" (Art. 8 Abs. 3 GRCh) anzuvertrauen, trifft seit dem Vertrag von Lissabon bereits das Primärrecht eine besonders wichtige und für das Datenschutzrecht prägende organisationsrechtliche Entscheidung für die Mitgliedstaaten. Art. 52 Abs. 1 DS-GVO spricht diesen Aspekt betonend sogar von „**völliger Unabhängigkeit**" (dazu näher → Art. 52 Rn. 6 ff.; Marsch, Das europäischen Datenschutzgrundrecht, 2018, S. 237 ff.). 53

Gemeint ist damit vor allem die sog. **funktionelle Unabhängigkeit gegenüber den beaufsichtigten Datenverantwortlichen** (in der DS-GVO jetzt → DS-GVO Art. 52 Rn. 11.1). Da sich die Tätigkeit der Aufsichtsbehörden auch auf die Überwachung von Datenverarbeitungsvorgängen staatlicher Behörden erstreckt, ist jedenfalls insoweit auch eine gewisse **administrative Unabhängigkeit gegenüber Regierungsstellen** vorgegeben. Der EuGH interpretierte das Sekundärrecht darüberhinausgehend dahin, dass die Datenschutzaufsichtsbehörden eine derartige institutionelle Unabhängigkeit gegenüber Regierungsstellen auch im Bereich der Aufsicht über private Datenverantwortliche besitzen müssen. Die im Verfahren von Deutschland in Stellung gebrachten demokratischen Rechtsgrundsätze zur Verwaltungslegitimation überzeugten den EuGH nicht, der stattdessen auf alternative demokratische Legitimationsmechanismen wie parlamentarische Einflussnahmen durch gesetzliche Vorgaben, bei der Bestellung des Leitungspersonals und durch Berichtspflichten abstellt (EuGH NJW 2010, 1265 Rn. 39–46 – Dt Kontrollstellen). Außerdem verweist der EuGH auf die Absicherung der Gesetzesbindung durch gerichtliche Kontrollen (EuGH NJW 2010, 1265 Rn. 42– Dt Kontrollstellen). In der Literatur wird die Entscheidung kontrovers diskutiert (zust. etwa Petri/Tinnefeld MMR 2010, 157 ff.; Roßnagel EuZW 2010, 299 ff.; eher krit. hingegen zB Bull EuZW 2010, 488 ff.; Frenzel DÖV 2010, 925 (927 ff.); Spiecker gen. Döhmann JZ 2010, 787 ff.; Taeger K&R 2010, 330 ff.; s. zu dieser Frage auch Faßbender RDV 2009, 96 ff. und GA Mázak BeckEuRS 2009, 503693 Rn. 3 – Dt Kontrollstellen). Neben Art. 8 Abs. 3 GRCh sind die im Vergleich zur Datenschutz-RL deutlich detaillierteren Vorgaben der Art. 51–54 DS-GVO zu beachten (näher insbesondere → DS-GVO Art. 52 Rn. 6 ff.). 54

Der EuGH hat aus Art. 8 Abs. 3 GRCh abgeleitet, dass die nationalen Aufsichtsbehörden auch einen **Angemessenheitsbeschluss der Kommission,** mit dem diese das Vorliegen eines angemessenen Schutzniveaus und damit einer zentralen Voraussetzung für die Zulässigkeit von Datenübermittlungen in Drittländer feststellt (→ Rn. 56), nicht nur unabhängig **überprüfen,** sondern ggf. auch gegen diesen bei ihren nationalen Gerichten klagen können müssen, damit diese Gerichte den Beschluss letztlich dem EuGH zur Prüfung vorlegen können (EuGH NJW 2015, 3151 Rn. 57 f., 64 f. – Schrems I; s. auch Schröder ZD 2015, 501 (502); krit. Kühling/Heberlein NVwZ 2016, 7 (8)). 55

8. Grenzüberschreitende Datenübermittlung in Drittländer

Wichtige Entscheidungen zur Geltungskraft des europäischen Datenschutzgrundrechts betreffen die Kontrolle von Angemessenheitsbeschlüssen der Kommission gem. Art. 25 Abs. 6 Datenschutz-RL bzw. des heute maßgeblichen Art. 45 DS-GVO. Solche Angemessenheitsbeschlüsse sind eine Option für die datenschutzrechtliche Zulässigkeit grenzüberschreitender Datenübermittlungen in Drittländer und stellen fest, dass im Zielstaat der Datenübermittlung ein ausreichendes Datenschutzniveau besteht. Die sekundärrechtlichen Bestimmungen sind aufgrund der möglichen Beeinträchtigungen des in den zugrundeliegenden Vorschriften adressierten europäischen Datenschutzgrundrechts im Lichte dieses Grundrechts auszulegen (EuGH NJW 2015, 3151 Rn. 38, 71, 74 – Schrems I). Zugleich leitet der EuGH aus der Breitenwirkung und Grundrechtsrelevanz des Angemessenheitsbeschlusses ab, dass der Kommission bei ihrer Entscheidung nur ein eingeschränkter Wertungsspielraum zustehe und eine strikte gerichtliche Kontrolle zur Wahrung grundrechtlicher Anforderungen vorzunehmen ist (EuGH NJW 2015, 3151 Rn. 78 – Schrems I; s. ferner EuGH NJW 2020, 2613 Rn. 150, 168, 177 – Schrems II). 56

Gegenstand der Rs. Schrems I war eine **bedingte Angemessenheitsfeststellung** als Baustein der **„Safe Harbor"-Regelung mit den USA,** nach der ein angemessenes Datenschutzniveau 57

Syst. B. Völker- und unionsverfassungsrechtliche Grundlagen

angenommen wird, wenn ein Datenempfänger sich verpflichtet, bestimmte Sonderregeln über das allgemeine Datenschutzrecht eines Drittstaats hinaus zu beachten (Kommissionsentscheidung 2000/520/EG ABl. 2000 L 215/7 ff.). Die "Safe Harbor"-Entscheidung der Kommission ist vom EuGH in seiner **Schrems I-Entscheidung** für ungültig erklärt worden (EuGH NJW 2015, 3151 Rn. 79 ff. – Schrems I; hierzu Bull PinG 2016, 1 ff.; Eichenhofer EuR 2016, 76 ff.; Kühling/ Heberlein NVwZ 2016, 7 ff.; Laas PinG 2016, 37 ff.; Moos/Schefzig CR 2015, 625 ff.; Schröder ZD 2015, 501 ff.; Schwartmann EuZW 2015, 864; Voigt/Posedel PinG 2016, 40 ff.; Wolff/Stemmer BayVBl. 2016, 181 ff.; zur Frage der Angemessenheit des Datenschutzniveaus in den USA Determann NVwZ 2016, 561 ff.). Nach Ansicht des Gerichtshofs hätte die Kommission vor dem Erlass ihrer Entscheidung gebührend begründet feststellen müssen, dass in den USA tatsächlich ein angemessenes Schutzniveau gewährleistet ist (EuGH NJW 2015, 3151 Rn. 96 f. – Schrems I). Über diese Pflicht hinaus sei die Kommission verpflichtet gewesen, in regelmäßigen Abständen zu prüfen, ob die rechtlichen und tatsächlichen Grundlagen dieser Feststellung auch weiterhin gegeben seien (EuGH NJW 2015, 3151 Rn. 76 – Schrems I). Bemerkenswert ist, dass der EuGH ergänzend auch inhaltlich zur Frage des Schutzniveaus Stellung nimmt und insbesondere die blankettartig formulierte Ausnahmeklausel zum Schutz der öffentlichen Sicherheit kritisiert. Diese ermögliche den amerikanischen Sicherheitsbehörden im konkreten Fall unbeschränkten Zugriff auch auf Kommunikationsinhalte, ohne dass den Betroffenen Rechte auf Auskunft, Berichtigung, Löschung oder gerichtlichen Rechtsschutz zugestanden würden (EuGH NJW 2015, 3151 Rn. 79 ff. – Schrems I). Der Gerichtshof sieht hierin eine Verletzung der Wesensgehalte von Art. 7 GRCh (Recht auf Privatheit) und Art. 47 GRCh (Rechtsschutzgarantie) (EuGH NJW 2015, 3151 Rn. 94 f. – Schrems I).

57.1 Die **Konsequenzen der** keineswegs zwingend (vgl. EuGH BeckRS 2004, 73074 Rn. 22–24 – van Landschoot) ohne Übergangszeitraum erfolgten **Nichtigerklärung der „Safe Harbor"-Kommissionsentscheidung durch den EuGH** waren für die Anwendungspraxis erheblich. Die europäischen Datenschutzbehörden trafen hierzu unter größtem Zeitdruck erste Festlegungen. Die Artikel 29-Datenschutzgruppe hatte bereits am 16.10.2015 die Kommission aufgefordert, bis Ende Januar 2016 zu einer Verhandlungslösung mit der amerikanischen Seite zu kommen; bis dahin könnten Standardvertragsklauseln und verbindliche unternehmensinterne Vorschriften grundsätzlich weiter genutzt werden (http:// ec.europa.eu/justice/data-protection/article-29/press-material/press-release/art29_press_material/2015/ 20151016_wp29_statement_on_schrems_judgement.pdf). Vergleichbare Probleme stellen sich nach der Schrems II-Entscheidung (→ Rn. 58.1).

58 2016 einigte sich die EU-Kommission mit den USA über ein Nachfolgeabkommen zum „Safe Harbor"-Abkommen. Das **„EU-US Privacy Shield"** genannte Abkommen wurde durch eine Angemessenheitsentscheidung der Kommission umgesetzt (Durchführungsbeschluss (EU) 2016/ 1250 v. 12.7.2016, ABl. 2016 L 207/1; hierzu v. Lewinski EuR 2016, 405 ff.; s. auch die sehr kritische die Stellungnahme der Artikel 29-Datenschutzgruppe WP 238 v. 13.4.2016 zum Entwurf der Angemessenheitsentscheidung der Kommission vom 29.2.2016 (COM(2016) 117 final). Die Angemessenheitsentscheidung der Kommission zum „Privacy Shield" hat der EuGH mit Urt. v. 16.07.2020 in der Rechtssache **Schrems II** für ungültig erklärt (EuGH NJW 2020, 2613 Rn. 150 ff. – Schrems II; dazu Hoeren MMR 2020, 608 ff.; Moos/Rothkegel ZD 2020, 522 ff.; Brauneck EuZW 2020, 933; Heinzke GRUR-Prax 2020, 436; Weiß ZD 2020, 485). Anders als im Urteil Schrems I begründet der EuGH seine Entscheidung ausschließlich mit Bezug auf das materielle Datenschutzniveau in den USA. Dieses sei mit dem durch die DS-GVO und die Art. 7, 8 und 47 GRCh geforderten Niveau nicht gleichwertig. Der Foreign Surveillance Act (FISA) gewähre EU-Bürgern keine wirksamen und durchsetzbaren Rechte gegen Überwachungsmaßnahmen der US-Geheimdienste. Section 702 FISA sei als Rechtsgrundlage für die Datenerhebung zu unbestimmt, enthalte keine Beschränkungen für Maßnahmen der Auslandsaufklärung und mache keine Vorgaben zur Wahrung der Verhältnismäßigkeit. Beschränkungen des Vorgehens der Geheimdienste durch Anordnung des US-Präsidenten (Presidential Policy Directive 28) seien unbeachtlich, weil derartige Anordnungen dem Individuum keine einklagbaren Rechte gewährten (EuGH NJW 2020, 2613 Rn. 168 ff., insbesondere Rn. 178 ff. – Schrems II). Der FISA sehe keinerlei Rechtsbehelfe für die Betroffenen vor. Auch die Möglichkeit einer Beschwerde bei der für die Geheimdienste zuständigen Ombudsperson sei – anders als von der Kommission angenommen – nicht ausreichend. Die vom US-Außenminister ernannte Ombudsperson sei nicht unabhängig und könne den Nachrichtendiensten keine bindenden Anweisungen erteilen (EuGH NJW 2020, 2613 Rn. 186 ff. – Schrems II; kritisch zum Prüfungsmaßstab des EuGH Moos/ Rothkegel ZD 2020, 522 (523): Der EuGH prüfe das US-Recht umfassend am Maßstab der GRCh, die aber selbst für die EU-Mitgliedstaaten im Bereich der nationalen Sicherheit regelmäßig

Syst. B. Völker- und unionsverfassungsrechtliche Grundlagen

keine Anwendung finde; Paal/Kumkar MMR 2020, 733 (735 f.) werfen dem EuGH mangelnde Offenheit für international unterschiedliche Datenschutzkonzepte vor; kritisch zur Einschätzung des EuGH zu den Rechtsschutzmöglichkeiten im US-amerikanischen Recht Brauneck EuZW 2020, 933 (938 ff.)).

Der EuGH hat, wie schon im Urteil Schrems I, den Angemessenheitsbeschluss nicht für eine Übergangszeit aufrechterhalten (EuGH NJW 2020, 2613 Rn. 202). Damit stellen sich für die Anwendungspraxis wieder die in → Rn. 57.1 aufgeworfenen Fragen, die aber dadurch erschwert werden, dass der EuGH im Urteil Schrems II nun auch klargestellt hat, dass Unternehmen auch bei Anwendung von Standardvertragsklauseln im Einzelfall angemessene Schutzmaßnamen treffen müssen (EuGH NJW 2020, 2613 Rn. 122 ff., 138 ff. – Schrems II). **58.1**

Noch unklar ist zudem die Auswirkung der Entscheidung auf das dem Privacy Shield entsprechende Abkommen zwischen der Schweiz und den USA. Dadurch stellt sich auch die Frage, inwiefern **Datenübermittlungen in die Schweiz** noch zulässig sind. In Zukunft könnte dieses Problem sich auch für die Datenübermittlung in das **Vereinigte Königreich** ergeben (Hoeren MMR 2020, 608 (609)). **59**

D. Kompetenzrechtliche Vorgaben für das europäische Datenschutzrecht

Mit **Art. 16 Abs. 2 AEUV** besitzt die Europäische Union seit dem Vertrag von Lissabon eine ausdrückliche Kompetenz zur Regelung des Datenschutzes, aber zugleich auch des freien Datenverkehrs. Diese **doppelte Regelungskompetenz** wird in der englischen Textfassung noch deutlicher (nicht nachvollziehbar enger demgegenüber Lenz/Borchardt/Zerdick, Art. 16 AEUV Rn. 14). Damit verdrängt Art. 16 AEUV nicht nur vollständig die bisher maßgebliche Binnenmarktkompetenz (Calliess/Ruffert/Kingreen AEUV Art. 16 Rn. 7; s. hierzu auch mit Erläuterungen zu bisherigen kompetenzrechtlichen Zweifelsfragen GHN/Sobotta Art. 16 AEUV Rn. 30 ff.; das Innovationspotenzial betonend Spiecker gen. Döhmann/Eisenbarth JZ 2011, 169 (172 f.)), sondern akzentuiert zudem eine bereits dem bisherigen Datenschutz-Sekundärrecht eigene zweipolige Finalität des EU-Datenschutzrechts. **60**

Noch nicht final ausgelotet sind die Auswirkungen dieser primärrechtlichen Akzentuierung für die schwierige Aufgabe, eine praktische Konkordanz herzustellen zwischen den in Art. 8 Abs. 2 GRCh betonten subjektiven Datenschutzrechten (Einwilligungserfordernis, Auskunfts- und Berichtigungsansprüche) sowie dem allgemeinen Datenschutzgrundsatz der Zweckbindung einerseits und gegenläufigen Rechtspositionen andererseits. **60.1**

Nicht ganz eindeutig ist der Umfang der **Unionsgesetzgebungskompetenz hinsichtlich mitgliedstaatlicher Datenverarbeitungen.** Art. 16 Abs. 2 S. 1 AEUV spricht insoweit von der „Ausübung von Tätigkeiten, die in den Anwendungsbereich des Unionsrechts fallen", während sich in Art. 51 Abs. 1 S. 1 GRCh eine abweichende Formulierung („Durchführung von Unionsrecht") findet. Sofern man allerdings die Formel von Art. 51 Abs. 1 GRCh als Verweis auf die weitreichende Rechtsprechung des EuGH zum Anwendungsbereich der EU-Grundrechte gegenüber den Mitgliedstaaten versteht (Schwarze/Hatje GRCh Art. 51 Rn. 15 ff.; s. nun auch EuGH BeckRS 2012, 82552 Rn. 12–13; EuGH NVwZ 2012, 417 Rn. 64–69 – Asylrecht; EuGH NVwZ 2013, 561 Rn. 19 ff. – Åkerberg Fransson), dürften sich insoweit keine Probleme ergeben. Art. 16 Abs. 2 S. 1 AEUV lehnt sich nämlich noch näher an die einschlägigen Formulierungen des EuGH an (vgl. GHN/Sobotta AEUV Art. 16 Rn. 31). **61**

Die Gesetzgebungskompetenz aus Art. 16 AEUV erstreckt sich nach Aufgabe der traditionellen Säulenarchitektur durch den Vertrag von Lissabon auch auf den **Datenschutz im Bereich der polizeilichen und justiziellen Zusammenarbeit bei der Strafverfolgung** (zu Abgrenzungsfragen jetzt ausf. GA Mengozzi BeckRS 2016, 122429 Rn. 61 ff. – Fluggastdatenabkommen). Demgegenüber gilt für den Datenschutz im Bereich der **Gemeinsamen Außen- und Sicherheitspolitik** die speziellere Kompetenznorm des Art. 39 EUV (vgl. zu den hierbei geltenden Besonderheiten GHN/Sobotta AEUV Art. 16 Rn. 30). **62**

Kompetenzrechtlich besonders bemerkenswert ist die **Rs. Digital Rights Ireland,** in der der EuGH 2014 fordert, dass bereits die zu prüfende Vorratsdatenspeicherungs-RL selbst materiell- und verfahrensrechtliche Mindestvorgaben darüber enthalten muss, bei welchen (schweren) Straftaten nationale Behörden Zugang zu den gespeicherten Daten enthalten und inwieweit dem Zugang eine Kontrolle durch Gerichte oder unabhängige Verwaltungsbehörden vorausgehen muss (EuGH EuZW 2014, 459 Rn. 60–62 – Digital Rights Ireland; ebenso GA Cruz Villalón BeckRS 2013, 82347 Rn. 120 ff. – Digital Rights Ireland; Thym, Wer kontrolliert den digitalen Frankenstein, **63**

Syst. E. Datenschutz bei Gerichten und Staatsanwaltschaften

(www.verfassungsblog.de/de/wer-kontrolliert-den-digitalen-frankenstein-die-zukunft-der-vorratsdatenspeicherung)); krit. hierzu Classen EuR 2014, 441 (444 ff.); Kühling NVwZ 2014, 681 (684) sowie Wolff DÖV 2014, 608 (611), der den Richtliniencharakter als nicht ausreichend berücksichtigt ansieht; Parallelen zur BVerfG-Entscheidung zieht Bäcker Jura 2014, 1263 (1269)).

Syst. C. (unbesetzt)

Überblick

(Redaktionshinweis: Die systematische Darstellung zu den verfassungsrechtlichen Grundlagen wurde entnommen. Die frühere Fassung des Beitrags ist weiterhin in beck-online über die Altauflagen des Kommentars recherchierbar).

Syst. D. (unbesetzt)

Überblick

(Redaktionshinweis: Die systematische Darstellung zum Datenschutz in den Ländern wurde entnommen. Die frühere Fassung des Beitrags ist weiterhin in beck-online über die Altauflagen des Kommentars recherchierbar).

Syst. E. Datenschutz bei Gerichten und Staatsanwaltschaften

Überblick

Der Umgang mit personenbezogenen Daten ist im Bereich der Justiz (Gerichte und Staatsanwaltschaften) sehr unterschiedlich und in vielen Bereichen gar nicht geregelt. Dies hat zur Folge, dass auf die allgemeinen datenschutzrechtlichen Regelungen zurückgegriffen werden muss. Sogenannte bereichsspezifische Regelungen finden sich in Teilen in den Verfahrensordnungen (→ Rn. 1) (GVG, ZPO, StPO, VwGO, SGG und FGG), aber auch in anderen Regelungsbereichen (zB DRiG, LRiG, Beamtengesetze). Im nachfolgenden soll nicht vertieft auf die bereichsspezifischen Normen eingegangen werden, da diese in den jeweiligen Gesetzeskommentaren besprochen werden. Vielmehr soll auf die Vielschichtigkeit datenschutzrechtlicher Fragen im Gerichtsverfahren (Verfahrensbeteiligte), die Gerichtsöffentlichkeit (→ Rn. 62), aber auch auf die im Gericht Beschäftigten (→ Rn. 75) eingegangen werden. Dabei kann wird Anspruch auf Vollständigkeit erhoben, da die gesamte Materie zu komplex und vielschichtig ist. Zum besseren Verständnis gehört ein kurzer Überblick über die allgemeinen datenschutzrechtlichen Grundlagen mit den automatisierten Verfahren und Meldungen (→ Rn. 3), dem Anwendungsbereich der DS-GVO (→ Rn. 5), der derzeit noch geltenden Ausnahme im strafrechtlichen Bereich (→ Rn. 6) und der externen Datenschutzaufsicht (→ Rn. 7), der verantwortlichen Stelle (→ Rn. 9), dem gemeinsamen Verfahren (→ Rn. 12), dem gerichtlichen Datenschutzbeauftragten (→ Rn. 13) und dem Umgang mit personenbezogenen Daten (→ Rn. 16) und der Auftragsdatenverarbeitung (→ Rn. 18). Der Rechtsschutz des Betroffenen und der Rechtsweg dürfen nicht unbeachtet bleiben (→ Rn. 17c). Im Weiteren wird der Datenschutz im Verfahren (→ Rn. 23) ua mit der Datenweitergabe an Verfahrensbeteiligte (→ Rn. 23), an Dritte (→ Rn. 34), der Sperrerklärung (→ Rn. 28), den Personalakten im Verfahren (→ Rn. 29) und der Behandlung in Konkurrentenstreitverfahren (→ Rn. 30), den Mitteilungen der Gerichte und Staatsanwaltschaften (→ Rn. 33) und bei der wissenschaftlichen Forschung (→ Rn. 36) betrachtet. Im Rahmen der Beweisverwertung (→ Rn. 37) stellt sich auch die Frage nach Beweisverwertungsverboten (→ Rn. 38), dies zumindest bei vorsätzlichen Datenschutzverstößen (→ Rn. 39). Die automatisierte Datenverarbeitung wird am Beispiel des elektronischen Gerichts- und Verwaltungspostfaches (→ Rn. 41) und der Klageerhebung per Mail (→ Rn. 48) mit all ihren Tücken untersucht. Die Videoanhörung/-verhandlung (→ Rn. 51) und die Internetnutzung durch Gerichte und Staatsanwaltschaften (→ Rn. 56) mit Entscheidungsveröffentlichungen und der Veröffentlichung von personenbezoge-

Syst. E. Datenschutz bei Gerichten und Staatsanwaltschaften

nen Daten (→ Rn. 57) sind Bereiche, welche es früher nicht gab. Datenschutzrechtlich sind auch Zugangskontrollen (→ Rn. 62), Videoüberwachung (→ Rn. 65) und Terminaushänge (→ Rn. 72) nicht uninteressant. Nicht unberücksichtigt bleiben dürfen die Beschäftigten bei Gerichten und Staatsanwaltschaften (→ Rn. 75). Dazu zählen Dienstvereinbarungen (→ Rn. 77), zB für die Videoüberwachung (→ Rn. 80), und den Folgen einer fehlenden Möglichkeit zur Schaffung einer Rechtsgrundlage durch Dienstvereinbarungen am Beispiel von Hessen (→ Rn. 82). Auch die Telefonnutzung und Voice over IP (→ Rn. 85) und die richterliche, aber auch die gerichtliche Unabhängigkeit (→ Rn. 86) sind zu betrachten. Ein Ausblick auf die Weiterentwicklung des elektronischen Rechtsverkehrs und der elektronischen Akte (→ Rn. 87a) des europäischen Datenschutzrechts (→ Rn. 88) darf nicht fehlen.

Übersicht

	Rn.		Rn.
A. Verfahrensordnungen	1	1. Elektronisches Gerichts- und Verwaltungspostfach	42
B. Allgemeine datenschutzrechtliche Grundlagen	3	2. Verantwortliche Stelle beim EGVP	43
		3. Einwilligung durch Datenschutzerklärung?	44
I. Automatisierte Verarbeitungen – Verzeichnis der Verarbeitungstätigkeiten	3	4. EGVP ein gemeinsames Verfahren?	45
1. Anwendung der DS-GVO	5	5. Klageerhebung per Mail	48
2. Strafrechtlicher Bereich	6	6. Klageerhebung per Fax	50a
3. Aufsicht	7	7. Klageerhebung per DeMail	50e
II. Verantwortliche Stelle	9	IV. Videoverhandlungen/-anhörungen	51
III. Gemeinsame Verfahren	12	1. StPO	52
IV. Gerichtlicher Datenschutzbeauftragter	13	2. ZPO	53
V. Umgang mit personenbezogenen Daten	16	3. Video eine automatisierte Verarbeitung?	54
VI. Rechtsschutz des Betroffenen	18	4. Intensivierung des Einsatzes von Videokonferenztechnik	55a
VII. Auftragsdatenverarbeitung	19	D. Internetnutzung durch Gerichte und Staatsanwaltschaften	56
1. Auftragsdatenverarbeitung durch nichtöffentliche Stellen	21	I. Veröffentlichung von Entscheidungen	56
2. Bereichsspezifische Regelungen	22	II. Veröffentlichung von personenbezogenen Daten	57
VIII. Meldepflichten	22b		
C. Datenschutz im Verfahren	23	III. Beispiel: Schuldnerverzeichnis/Insolvenzbekanntmachung	61
I. Datenweitergabe an Verfahrensbeteiligte und an Dritte	23	E. Zugang zu Gerichten und Staatsanwaltschaften	62
1. Am Verfahren Beteiligte	23	I. Eingangskontrollen	62
2. Beigezogene Akten	27	II. Videoüberwachung	65
3. Sperrerklärung	28	III. Terminsaushänge	72
4. Personalakten	29	F. Beschäftigtendaten	75
5. Konkurrentstreitverfahren	30	I. Dienstvereinbarungen	77
6. Aktenanforderungen	32	II. Beispiel Videoüberwachung	80
7. Mitteilungen der Gerichte und Staatsanwaltschaften	33	III. Keine Dienstvereinbarungen in Hessen	82
8. Akteneinsicht durch Dritte	34	IV. Telefonnutzung und Voice over IP	85
9. Wissenschaftliche Forschung	36	V. Richterliche Unabhängigkeit	86
II. Beweisverwertung	37	G. Ausblick	87a
1. Verwertungsverbote	38	I. Elektronische Akte	87a
2. Vorsätzliche Verstöße	39	II. Allgemeiner Ausblick auf EU-Recht	88
III. Elektronisches Gerichts- und Verwaltungspostfach	41		

A. Verfahrensordnungen

Die Verfahrensordnungen stammen alle aus einer Zeit vor der Entscheidung des BVerfG zum **1** Volkszählungsgesetz und der Schaffung **des Grundrechts auf informationelle Selbstbestimmung.** Insoweit enthalten diese bereichsspezifischen Gesetze datenschutzrechtliche Regelungen nur sehr rudimentär, auch wenn es zwischenzeitlich neben der Papierakte durch Registergesetze, das G über die Verwendung elektronischer Kommunikationsformen in der Justiz (Justizkommunikationsgesetz – JKomG v. 22.3.2005 BGBl. I 837) oder das G zur Reform der Sachaufklärung in der Zwangsvollstreckung (31.7.2009 BGBl. I 2258) auch Normen zur elektronischen Akte und zu elektronischen Dokumenten usw. gibt (zB in § 13 FamFG – Akteneinsicht; § 14 FamFG –

Syst. E. Datenschutz bei Gerichten und Staatsanwaltschaften

Elektronische Akte; elektronisches Dokument; § 387 FamFG – Ermächtigungen; § 8 FamGKG – Elektronische Akte, elektronisches Dokument; § 52b FGO – elektronische Akten; §§ 73 und 81 GBO – elektronisches Dokument, elektronische Gerichtsakte; §§ 135–141 GBO – Elektronischer Rechtsverkehr und elektronische Grundakte; § 5a GKG – Elektronische Akte, elektronisches Dokument; § 77a IRG – Elektronische Kommunikation und Aktenführung; 110a–e OWiG – Elektronische Dokumente und elektronische Aktenführung; § 65b SGG – elektronische Akte; § 41a StPO – elektronisches Dokument; § 55b VwGO – elektronische Prozessakten; § 186 ZPO – öffentliche Zustellung durch ein elektronisches Informationssystem; § 298a ZPO – Elektronische Akte – , zur elektronischen Akte s. Berlit Die elektronische Akte JurPC Web-Dok. 157/2008, Abs. 1–132; Arbeitsgruppe „Elektronische Verwaltungsakte" „Anforderungen der Verwaltungsgerichtsbarkeit an die Führung elektronischer Verwaltungsakten" – eine Orientierungshilfe JurPC Web-Dok 66/2011 Abs. 1–73; Petri/Dorfner E-Justiz und Datenschutz ZD 2011, 122; zur ordnungsgemäßen Aktenführung s. VG Wiesbaden ZD 2017, 448; Urt. v. 7.4.2017 – 6 K 429/17.WI).

1.1 Alle Regelungen zur elektronischen Akte fordern eine Rechtsverordnung des Bundes oder eines Bundeslandes und eine **qualifizierte elektronische Signatur.** Nach § 7 SigG (außer Kraft seit 28.7.2017 gem. Art. 12 Abs. 1 eIDAS-Durchführungsgesetz) muss eine qualifiziertes Zertifikat den Namen des Signaturschlüssel-Inhabers, der im Falle einer Verwechslungsmöglichkeit mit einem Zusatz zu versehen ist, oder ein dem Signaturschlüssel-Inhaber zugeordnetes unverwechselbares Pseudonym, das als solches kenntlich sein muss, den zugeordneten Signaturprüfschlüssel, die Bezeichnung der Algorithmen, mit denen der Signaturprüfschlüssel des Signaturschlüssel-Inhabers sowie der Signaturprüfschlüssel des Zertifizierungsdiensteanbieters benutzt werden kann, die Bezeichnung der Algorithmen, mit denen der Signaturprüfschlüssel des Signaturschlüssel-Inhabers sowie der Signaturprüfschlüssel des Zertifizierungsdiensteanbieters benutzt werden kann, die laufende Nummer des Zertifikates, Beginn und Ende der Gültigkeit des Zertifikates, den Namen des Zertifizierungsdiensteanbieters und des Staates, in dem er niedergelassen ist, Angaben darüber, ob die Nutzung des Signaturschlüssels auf bestimmte Anwendungen nach Art oder Umfang beschränkt ist, Angaben, dass es sich um ein qualifiziertes Zertifikat handelt, und nach Bedarf Attribute des Signaturschlüssel-Inhabers enthalten sowie eine qualifizierte elektronische Signatur tragen.

1.2 die Anforderungen an qualifizierte Zertifikate für elektronische Signaturen ergeben sich nunmehr aus Art. 3 Nr. 15 iVm Anhang I der VO (EU) Nr. 910/2014 des Europäischen Parlaments und des Rates vom 23.7.2014 über elektronische Identifizierung und Vertrauensdienste für elektronische Transaktionen im Binnenmarkt und zur Aufhebung der Richtlinie 1999/93/EG (ABl. L 257, 73). Sie sind mit denen nach dem alten Signaturgesetz im Wesentlichen identisch. Hiernach müssen die Zertifikate für elektronische Signaturen folgende Angaben enthalten:
- eine Angabe, dass das Zertifikat als qualifiziertes Zertifikat für elektronische Signaturen ausgestellt wurde, zumindest in einer zur automatischen Verarbeitung geeigneten Form;
- einen Datensatz, der den qualifizierten Vertrauensdiensteanbieter, der die qualifizierten Zertifikate ausstellt, eindeutig repräsentiert und zumindest die Angabe des Mitgliedstaats enthält, in dem der Anbieter niedergelassen ist, sowie – bei einer juristischen Person: den Namen und gegebenenfalls die Registriernummer gemäß der amtlichen Eintragung;
- bei einer natürlichen Person: den Namen der Person; mindestens den Namen des Unterzeichners oder ein Pseudonym; wird ein Pseudonym verwendet, ist dies eindeutig anzugeben; elektronische Signaturvalidierungsdaten, die den elektronischen Signaturerstellungsdaten entsprechen; Angaben zu Beginn und Ende der Gültigkeitsdauer des Zertifikats;
- den Identitätscode des Zertifikats, der für den qualifizierten Vertrauensdiensteanbieter eindeutig sein muss;
- die fortgeschrittene elektronische Signatur oder das fortgeschrittene elektronische Siegel des ausstellenden qualifizierten Vertrauensdiensteanbieters;
- den Ort, an dem das Zertifikat, das der fortgeschrittenen elektronischen Signatur oder dem fortgeschrittenen elektronischen Siegel zugrunde liegt, kostenlos zur Verfügung steht;
- den Ort der Dienste, die genutzt werden können, um den Gültigkeitsstatus des qualifizierten Zertifikats zu überprüfen;
- falls sich die elektronischen Signaturerstellungsdaten, die den elektronischen Signaturvalidierungsdaten entsprechen, in einer qualifizierten elektronischen Signaturerstellungseinheit befinden - eine geeignete Angabe dieses Umstands, zumindest in einer zur automatischen Verarbeitung geeigneten Form.

1.4 Um eine entsprechende qualifizierte Signaturkarte benutzen zu können bedarf es eines **Signaturkartenlesers.** Dieser wiederum bedarf zu seinem **Einsatz eines Treibers**, der zB auf dem PC zu installieren ist. Dabei ist zu beachten, dass der Eintrag der Signiert werden soll ggf. allenfalls manipuliert werden kann ist. Denn dieser wird von dem PC erstellt und dann an die Karte gesendet. Diese signiert und schickt das Signaturergebnis (den Hash) wieder an die Applikation zurück. Wenn die Apparatur oder ein darunter

Syst. E. Datenschutz bei Gerichten und Staatsanwaltschaften

liegender Treiber manipuliert ist, so kann natürlich dem Anwender vorgespielt werden, dass das richtige Dokument signiert wird, im Wirklichkeit aber ein ganz anderes. Die erfordert, dass der gesamte Signierpfad zertifiziert ist: der Kartenleser, der Treiber und das Programm mit dem die Signierung erfolgen soll. Soweit bei Installationsproblemen des Treibers nach der Installationsanweisung (so zB nach dem InstallShield bei der Installation des Kartenlesers „cyberJack e-com plus der Herstellerfirma der Firma ReinerSCT) unter anderem der Internet Explorer auf den aktuellen Stand gebracht werden soll, andere Windows-Applikationen („Windows\System32\"Dateien) oder gar Registry Einträge, erscheint dies schon recht gefährlich, denn man weiß nicht was man sich der Benutzer dann einschleppt. Viel wichtiger ist aber dann auch die **Frage nach Manipulationsmöglichkeiten** und der Sicherheit der Signatur, wird doch der Treiber ganz offensichtlich von anderen Elementen beeinflusst. Auch stellt sich Frage, ob dann Aktuell für den Treiber noch eine Zertifizierung gegeben ist.

Seit dem 1.7.2016 gilt die Verordnung (EU) Nr. 910/2014 des Europäischen Parlaments und des Rates vom 23.7.2014 über elektronische Identifizierung und Vertrauensdienste für elektronische Transaktionen im Binnenmarkt und zur Aufhebung der Richtlinie 1999/93/EG (ABl. L 257, 73). Sie ersetzt das Signaturgesetz und die Signaturverordnung, welches der Gesetzgeber durch das Gesetz zur Durchführung der Verordnung (EU) Nr. 910/2014 des Europäischen Parlaments und des Rates vom 23.7.2014 über elektronische Identifizierung und Vertrauensdienste für elektronische Transaktionen im Binnenmarkt und zur Aufhebung der Richtlinie 1999/93/EG (eIDAS-Durchführungsgesetz) in Art. 12 Abs. 1 zum 29.7.2017 außer Kraft gesetzt hat. Für Qualifizierte Zertifikate, die gem. der Richtlinie 1999/93/EG für natürliche Personen ausgestellt worden sind, gilt jedoch nach Art. 51 Abs. 2 VO (EU) Nr. 910/2014 eine Übergangsregelung. Diese Qualifizierten Signaturen gelten bis zu ihrem Ablauf als qualifizierte Zertifikate für elektronische Signaturen gemäß dieser Verordnung weiter. **1.5**

Die VO (EU) Nr. 910/2014 kennt auch das „Elektronisches Siegel". Dies sind Daten in elektronischer Form, die anderen Daten in elektronischer Form beigefügt oder logisch mit ihnen verbunden werden, um deren Ursprung und Unversehrtheit sicherzustellen (Art. 3 Nr. 25). Ferner gibt es noch das „Fortgeschrittenes elektronisches Siegel" und das „Qualifiziertes elektronisches Siegel" (Art. 3 Nr. 26 und 27). Letzteres wäre ein solches welches Gerichtsentscheidungen beizufügen wäre, wenn Urteile an Verfahrensbeteiligte elektronisch zugestellt werden sollen. In der Praxis erfolgt dies jedoch nicht ((siehe zu dieser Problematik: die große Verfahrensvereinfachung – eine Geschichte, die wahr werden könnte, InfAuslR 2016, 128). **1.6**

Da die bereichsspezifischen Regelungen in der Regel nur sehr rudimentär sind, verbleibt es dann ergänzend bei den **allgemeinen datenschutzrechtlichen Regelungen.** Soweit ein Gesetz oder eine Rechtsverordnung keine weiteren Regelungen zum Umgang mit personenbezogenen Daten enthalten, findet die Verordnung (EU) 2016/679 des europäischen Parlaments und des Rates vom sieben 20.4.2016 zum Schutz natürlicher Personen bei der Verarbeitung personenbezogener Daten, zum freien Datenverkehr und zur Aufhebung der Richtlinie 95/46/GG (Datenschutz-Grundverordnung, DS-GVO) ergänzt durch das **Bundesdatenschutzgesetz** bzw. bei den Gerichten und Staatsanwaltschaften in den Ländern das jeweilige **Landesdatenschutzgesetz** Anwendung (§ 1 Abs. 1 Nr. 2b BDSG), obwohl es sich beim Fachgesetz um ein Bundesgesetz handeln kann. Dies mit der Folge, dass auch Gerichte Verzeichnisse von Verarbeitungstätigkeiten gem. Art. 30 DS-GVO ebenso zu führen haben, wie sie die Sicherheit der Verarbeitung zu gewährleisten haben (Art. 32 DS-GVO). Insgesamt sind die Gerichtspräsidenten jeweiliger als Leiter des Gerichtes als die für die Verarbeitung verantwortlichen Stelle (soweit nicht die richterliche Unabhängigkeit betroffen ist – eine gerichtliche Unabhängigkeit gibt es ja in Deutschland nicht; vgl. Erwägungsgrund 20 DS-GVO) für die Einhaltung des Datenschutzes verantwortlich und haben die Einhaltung der Grundsätze für die Verarbeitung personenbezogener Daten in Form ein nach Rechenschaftspflicht zu dokumentieren (vgl. Art. 5 Abs. 2 in Verbindung mit Abs. 1 DS-GVO). **2**

Mit dem Bemühen einer Digitalisierung der Justiz und damit auch des gerichtlichen Verfahrens werden aktuell eine Vielzahl von Verfahrensordnungen mit dem Ziel geändert eine sog. **elektronische Akte bei den Gerichten** einzuführen (s. Gesetz zur Einführung der elektronischen Akte in der Justiz und zur weiteren Förderung des elektronischen Rechtsverkehrs v. 5.7.2017, BGBl. I 2208), welches bewirken soll, dass die die Digitalisierung in der gesamten Justiz spätestens bis zum Jahr 2026 abgeschlossen sein soll (auch → Rn. 87a ff.). Zur Einführung der elektronischen Akte in Strafsachen s. Gesetzentwurf der Bundesregierung Entwurf eines Gesetzes zur Einführung der elektronischen Akte in Strafsachen und zur weiteren Förderung des elektronischen Rechtsverkehrs; https://www.bmjv.de/SharedDocs/Gesetzgebungsverfahren/DE/Einfuehrung_elektronische_Akte_Strafsachen.html – Stand Februar 2019). **2a**

Unabhängig davon gibt es einen Entwurf der Bundesregierung für eine Verordnung über die **Standards für die Übermittlung elektronischer Akten zwischen Strafverfolgungsbehörden und Gerichten im Strafverfahren** (Strafaktenübermittlungsverordnung – StrafAktÜbV; **2b**

Syst. E. Datenschutz bei Gerichten und Staatsanwaltschaften

BR-Drs. 633/19), wonach Elektronische Akten elektronisch übermittelt werden sollen. Dies soll auch gelten, wenn die empfangende Stelle die Akten noch in Papierform führt. Die Übermittlung elektronischer Akten zwischen aktenführenden Strafverfolgungsbehörden und Gerichten untereinander soll dabei über das elektronische Gerichts- und Verwaltungspostfach erfolgen (zum EGVP kritisch → Rn. 41 ff.).

2c Auch gibt es der Bundesregierung einen Entwurf einer Verordnung über die technischen und organisatorischen Rahmenbedingungen für die **elektronische Aktenführung im Strafverfahren** (Bundesstrafaktenführungsverordnung – BStrafAktFV); einen Entwurf für eine Verordnung über die Standards für die Übermittlung elektronischer Akten zwischen Strafverfolgungsbehörden und Gerichten im Strafverfahren, einen Verordnungsentwurf über die Standards für die Erstellung elektronischer Dokumente und für deren Übermittlung zwischen Strafverfolgungsbehörden und Gerichten sowie einen Entwurf einer Verordnung über die Standards für die Einsicht in elektronische Akten im Strafverfahren (https://www.bmjv.de/SharedDocs/Gesetzgebungsverfahren/DE/Einfuehrung_elektronische_Akte.html – Stand 10.52020). Alle enthalten keinerlei datenschutzrechtliche Regelungen. Eine Risikofolgenabschätzung (siehe Art. 35 DS-GVO) ist auch nicht erfolgt.

2d Ferner gibt es einen Referentenentwurf des Bundesministeriums der Justiz und für Verbraucherschutz vom 28.1.2020 für eine **Verordnung über die elektronische Aktenführung** bei den obersten Gerichten des Bundes nach § 298a der Zivilprozessordnung, § 14 des Gesetzes über das Verfahren in Familiensachen und in den Angelegenheiten der freiwilligen Gerichtsbarkeit, § 46e des Arbeitsgerichtsgesetzes, § 65b des Sozialgerichtsgesetzes, § 55b der Verwaltungsgerichtsordnung und § 52b der Finanzgerichtsordnung (https://www.bmjv.de/SharedDocs/Gesetzgebungsverfahren/DE/Verordnung_eAktenf%C3%BChrung_%20obersteBundesGerichte.html – Stand 10.5.2020). Hiernach sollen im Rahmen der Umsetzung der jeweiligen Verordnungsermächtigungen durch das Gesetzes zur Einführung der elektronischen Akte in der Justiz und zur weiteren Förderung des elektronischen Rechtsverkehrs vom 5.7.2017 (BGBl. I 2208) in der elektronischen Akte, alle zur Akte gebrachte elektronische Dokumente einschließlich zugehöriger Signaturdateien sowie sonstige zur Akte gebrachte Dateien und Informationen gespeichert. Die elektronischen Akten sollen in einen strukturierten maschinenlesbaren Datensatz im Dateiformat XML geführt werden, wobei die Bundesregierung die technischen Anforderungen festlegt und im Bundesanzeiger bekannt gibt. Damit ist die Aktenführung Teil der 2. Gewalt, der Exekutive, die en Gerichten vorschreibt, wie Akten zu führen sind. Soweit nach § 4 Abs. 2 des Entwurfes insbesondere sicherzustellen ist, dass nachvollzogen werden kann, welche Stelle und damit welcher Richter die Akte zu welchem Zeitpunkt bearbeitet hat, wird zwar eine sicherer Dokumentation durch die Protokollierung erreicht, allerdings auch **die richterliche Unabhängigkeit nicht unwesentlich berührt**.

2e Mit dem Entwurf einer **Verordnung über die Aufbewahrung von Justizakten** (Justizaktenaufbewahrungsverordnung – JAktAV; https://www.bmjv.de/SharedDocs/Gesetzgebungsverfahren/Dokumente/RefE_Justizakten.pdf?__blob=publicationFile&v=1, Stand Oktober 2020) soll das **Gesetz zur Aufbewahrung und Speicherung von Akten der Gerichte und Staatsanwaltschaften nach Beendigung des Verfahrens** (Justizaktenaufbewahrungsgesetz – JAktAG) vom 22.3.2005 (BGBl. I 837, 852, geändert durch Art. 4 des Gesetzes vom 5.7 2017, BGBl. I 2208) umgesetzt werden. Nach § 1 S. 1 JAktAG dürfen Akten der Gerichte und der Staatsanwaltschaften, die für das Verfahren nicht mehr erforderlich sind, nach Beendigung des Verfahrens nur so lange aufbewahrt oder gespeichert werden, wie schutzwürdige Interessen der Verfahrensbeteiligten oder sonstiger Personen oder öffentliche Interessen dies erfordern. Ein allgemeiner datenschutzrechtlicher Grundsatz. Die Bestimmung der Erforderlichkeit soll gem § 2 JAktAG durch eine Verordnung festgelegt werden. Der vorgelegte Entwurf soll die Fristen für die Akten der Länder, unterteilt nach Gerichtsbarkeiten, regeln (siehe Anlage zu § 3 des Entwurfes). Soweit Verfahrensakten mit einer Entscheidung (Asyl- und Klassische Verfahren betreffend für die Verwaltungsgerichte zehn Jahre vorgesehen sind. Ist dies mehr als bedenklich.

2e.1 Bei Asylverfahren mit einem positiven Ausgang kann es immer wieder vorkommen, dass erst Jahre später ein Asylwiderruf erfolgen soll. Die Ausgangsakten des Bundesamtes für Migration und Flüchtlinge sind in der Regel vernichtet. Die Gründe der Anerkennung sind nicht nachvollziehbar. Aus dem Anerkennungsbescheid ergeben sich im Regelfall keine nachvollziehbaren Gründe. Existieren die Gerichtsakten des Verfahrens über die Anerkennung, kann fundiert über einen Widerruf entschieden werden. Andernfalls ist eine sinnvolle und fundierte Entscheidung mangels Erkenntnislage nicht möglich. Im Zweifel müsste die Klage gegen den Widerruf Erfolg haben. Aus der Sicht eines langjährigen Verwaltungsrichters ist daher eine 10-Jahresfrist in der Praxis nicht tauglich. Gleiches gilt für Verfahren im Baurecht.

Syst. E. Datenschutz bei Gerichten und Staatsanwaltschaften

Auch gibt es nur beim Bundesfinanzhof archivwürdige Akten. Eine Öffnungsklausel zu den Bundes- und Landesarchivgesetzen fehlt völlig. Eine Klarstellung, gerade auch im Hinblick auf Art. 89 DS-GVO, hätte es schon im Justizaktenaufbewahrungsgesetz geben müssen. Allerdings herrscht hier vollständige Fehlanzeige. Darüber hinaus dürfte die Frage der „Erforderlichkeit" der Akten und ihre Aufbewahrung eine Entscheidung aus der der justiziellen Tätigkeit (vgl. Erwägungsgrund 20 DS-GVO) und keine Frage sein, die die zweite Gewalt zu entscheiden hat. Denn die Unabhängigkeit der Justiz sollte bei der Ausübung ihrer gerichtlichen Aufgaben einschließlich ihrer Beschlussfassung unangetastet bleiben (Erwägungsgrund 20 DS-GVO).

B. Allgemeine datenschutzrechtliche Grundlagen

I. Automatisierte Verarbeitungen – Verzeichnis der Verarbeitungstätigkeiten

Alle automatisierten Verfahren – auch die Verfahren, die sich nicht aus den Verfahrensordnungen ergeben – waren bisher dem **gerichtlichen Datenschutzbeauftragten** zu melden. Nunmehr hat jeder Verantwortliche ein Verzeichnis aller Verarbeitungstätigkeiten die seiner Zuständigkeit unterliegen zu führen. Dies bedeutet, dass nicht nur automatisierte Verarbeitungen, sondern auch so genannter Dateisysteme (Akten) und damit nicht automatisierte Datenverarbeitung gem. Art. 30 DS-GVO zu dokumentieren sind. Eine **Dokumentation** umfasst zB nach Art. 30 Abs. 1 DS-GVO (§ 4e BDSG aF) den Namen und die Kontaktdaten des Verantwortlichen und gegebenenfalls des gemeinsam mit ihm Verantwortlichen, des Vertreters des Verantwortlichen sowie eines etwaigen Datenschutzbeauftragten; die Zwecke der Verarbeitung; eine Beschreibung der Kategorien betroffener Personen und der Kategorien personenbezogener Daten; die Kategorien von Empfängern, gegenüber denen die personenbezogenen Daten offengelegt worden sind oder noch offengelegt werden, einschließlich Empfänger in Drittländern oder internationalen Organisationen; gegebenenfalls Übermittlungen von personenbezogenen Daten in ein Drittland oder an eine internationale Organisation, einschließlich der Angabe des betreffenden Drittlands oder der betreffenden internationalen Organisation, sowie bei den in Art. 49 Abs. 1 Uabs. 2 DS-GVO genannten Datenübermittlungen die Dokumentierung geeigneter Garantien; wenn möglich, die vorgesehenen Fristen für die Löschung der verschiedenen Datenkategorien; wenn möglich, eine allgemeine Beschreibung der technischen und organisatorischen Maßnahmen gem. Art. 32 Abs. 1 DS-GVO. Damit sind die Aktenführungen alle Gerichtsakten und Akten der Staatsanwaltschaften in einem **Verzeichnis von Verarbeitungstätigkeiten** zu dokumentieren, gleich, ob dies manuell oder als elektronische Akte erfolgt.

Auch jeder Auftragsverarbeiter und gegebenenfalls sein Vertreter hat ein Verzeichnis zu allen Kategorien von im Auftrag eines Verantwortlichen durchgeführten Tätigkeiten der Verarbeitung zu führen (Art. 30 Abs. 2 DS-GVO). Das Verzeichnis enthält u.a den Namen und die Kontaktdaten des Auftragsverarbeiters oder der Auftragsverarbeiter und jedes Verantwortlichen, in dessen Auftrag der Auftragsverarbeiter tätig ist, sowie gegebenenfalls des Vertreters des Verantwortlichen oder des Auftragsverarbeiters und eines etwaigen Datenschutzbeauftragten; die Kategorien von Verarbeitungen, die im Auftrag jedes Verantwortlichen durchgeführt werden; gegebenenfalls Übermittlungen von personenbezogenen Daten an ein Drittland usw.

Bisher ergab sich die Meldepflicht aus Art. 19 RL 95/46/EG. In den LDSG wurde die Meldung als Verfahrensverzeichnis bezeichnet, gemeint ist jedoch dasselbe. Die Meldung und nunmehr das **Verzeichnis von Verarbeitungstätigkeiten** hat zum Zeitpunkt der Verarbeitung vollständig vorzuliegen (EuGH BeckRS 2010, 91284 mAnm Schild GewArch 2011, 28). Fehlt das Verzeichnis von Verarbeitungstätigkeiten, ist die automatisierte Verarbeitung von Akten ebenso rechtswidrig, wie die der manuellen Akten. Die Daten bzw. wären zu löschen bzw. zu vernichten. Dies wird durch die Rechtmäßigkeitsanforderungen des Art. 5 DS-GVO mit der Rechenschaftspflicht des Verantwortlichen noch einmal gesondert klargestellt. Gleiches gilt, wenn eine sog. **Datenschutz-Folgenabschätzung**, früher **Vorabkontrolle** genannt, durch den Verantwortlichen durchzuführen ist (vgl. Art. 35 DS-GVO, früher § 4d Abs. 5 und 6 BSDG aF; Schild DuD 2001, 282; Bäumler/Breinlinger/Schrader/Schild, Datenschutz von A–Z, V900 Vorabkontrolle).

Dies hat zur Folge, dass zumindest für alle automatisierten Verarbeitungen und damit auch für eine Verarbeitung der elektronischen Gerichtsakte oder aber zB das elektronische automatisierte Gerichtskostensystem (in Hessen JuKOS) eine **vollständige Dokumentation (Verzeichnis der Verarbeitungstätigkeiten, früher Verfahrensverzeichnis)** und ggf. eine **Datenschutz-Folgenabschätzung,** früher **Vorabkontrolle,** zwingend vorliegen muss. Zu beachten ist dabei, dass es sich um ein gemeinsames Verfahren gem. Art. 26 DS-GVO handelt und die verantwortlichen Gerichte und Behörden eines Vertrages bedürften (Nr. 1 der Kosteneinziehbestimmungen –

Syst. E. Datenschutz bei Gerichten und Staatsanwaltschaften

KEBest, Erlass vom 26.3.2020, JMBlHE 252: „Fällige Gerichtskosten werden von der jeweiligen Behörde über des Kosteneinziehungsverfahren JUKOS eingefordert."). **Sind diese eigentlichen Formvorschriften nicht erfüllt, ist die automatisierte Verarbeitung personenbezogener Daten unzulässig** mit der Folge, dass unzulässig gespeicherte Daten zu löschen sind (Art. 17 Abs. 1 lit. d DS-GVO; zum alten Recht siehe Simitis/Mallmann BDSG § 20 Rn. 39). Dies auch, wenn eine Verfahrensordnung oder sonstige gesetzliche Regelung die automatisierte Verarbeitung zwingend vorsieht. Nur wenn durch Gesetz oder Rechtsverordnung der gesamte Inhalt für das notwendige Verzeichnis von Verarbeitungstätigkeiten aufgenommen wäre, könnte diese Dokumentation entfallen. Gleiches würde für die Datenschutz-Folgeabschätzung gelten. Hier müsste der Gesetzgeber die entsprechende Vorabprüfung dokumentieren oder ausdrücklich und begründet auf diese durch Gesetz das verzichten.

4a Ein unvollständiges Verzeichnis von Verarbeitungstätigkeiten liegt zB vor, wenn die Angaben nur rudimentär gemacht werden. Dies ist der Fall, wenn nicht auf Auftragsverarbeitungen und damit die Auftragsverarbeiter hingewiesen wird. Denn in diesem Fall müssten auch Auftragsverarbeitungsverträge vorliegen. Ferner, wenn zB bezüglich der Löschung von personenbezogenen Daten pauschal auf gesetzliche oder sonstige Aufbewahrungspflichten verwiesen würde. Die einzelnen Löschfristen für die jeweiligen Daten wären zu benennen und diese Daten müssten dann tatsächlich auch gelöscht werden können (sog. Löschroutine). Im Falle von geplanten Auswertungen müssten diese im Einzelnen nicht nur benannt werden, sondern auch die jeweiligen Rechtsgrundlagen dokumentiert werden (zB Dienstvereinbarung, da Leistungs- und Verhaltenskontrolle).

1. Anwendung der DS-GVO

5 Die Gerichte sind auch **kein datenschutzrechtlich rechtsfreier Raum,** denn sie werden zumindest von der DS-GVO mit erfasst. Sollte ein Landesdatenschutzgesetz die Gerichte ausdrücklich ausschließen, wäre diese Regelungslücke unmittelbar über die DS-GVO zu schließen. Denn nach stRspr des EuGH wäre jedes im Rahmen seiner Zuständigkeit angerufene nationale Gericht als Organ eines Mitgliedstaats verpflichtet, das unmittelbar geltende Unionsrecht uneingeschränkt anzuwenden und die Rechte, die es den Einzelnen verleiht, zu schützen, indem es jede möglicherweise entgegenstehende Bestimmung des nationalen Rechts, gleichgültig, ob sie früher oder später als die Unionsnorm ergangen ist, unangewandt lässt (EuGH BeckRS 2010, 91036). Dies hat zur Folge, dass alle nationalstaatlichen Regelungen immer **im Lichte der DS-GVO ausgelegt und angewendet** werden müssen. Die DS-GVO findet, mit Ausnahme der Verhütung, Aufdeckung, Untersuchung oder Verfolgung von Straftaten oder zu Vollstreckung strafrechtlicher Sanktionen durch Gerichte und Staatsanwaltschaften, vollständig und ohne jegliche Ausnahmen auf die Gerichte Anwendung finden (Art. 2 DS-GVO).

2. Strafrechtlicher Bereich

6 Soweit es um die **öffentliche Sicherheit** und die Tätigkeiten des Staates im **strafrechtlichen Bereich** geht, findet allerdings die DS-GVO keine Anwendung (Art. 2 Abs. 2 lit d DS-GVO). Dies liegt daran, dass bis zum Vertrag von Lissabon dieser Bereich von dem Gemeinschaftsrecht nicht erfasst war. Erst mit dem Inkrafttreten des **Vertrages von Lissabon** wurde aufgrund der Besonderheit der polizeilichen und justiziellen Zusammenarbeit in Strafsachen in der Erklärung 21 (Erklärung Nr. 21 zum Schutz personenbezogener Daten im Bereich der justiziellen Zusammenarbeit in Strafsachen und der polizeilichen Zusammenarbeit im Anhang zur Schlussakte der Regierungskonferenz, die den 13.12.2007 unterzeichneten Vertrag von Lissabon annahm) anerkannt, dass spezifische Vorschriften für den Schutz personenbezogener Daten und den freien Verkehr derartiger Daten bei der polizeilichen und justiziellen Zusammenarbeit in Strafsachen gem. Art. 16 AEUV erforderlich sein können. Dies hat zu der RL (EU) vom 27.4.2016 zum Schutz natürlicher Personen bei der Verarbeitung personenbezogener Daten durch die zuständigen Behörden zum Zwecke der Verhütung, Ermittlung, Aufdeckung oder Verfolgung von Straftaten oder der Strafvollstreckung sowie zum freien Datenverkehr und zur Aufhebung des Rahmenbeschlusses 2008/977/JI des Rates geführt. Sie wurde beim Bund und in den Ländern zunächst nur im BDSG bzw. den LDSG umgesetzt. Bezüglich der Strafrechtspflege erfolgte ein Anpassungsversuch mit Änderungen in der StPO mit dem Gesetz zur Umsetzung der **RL (EU) 2016/680** im Strafverfahren sowie zur Anpassung datenschutzrechtlicher Bestimmungen an die VO (EU) 2016/679 v. 20.11.2019 (BGBl. I 1724). **§ 500 StPO regelt, dass soweit im Anwendungsbereich der StPO personenbezogene Daten verarbeitet werden der 3. Teil des BDSG entsprechend anzuwenden ist,** soweit die StPO keine eigenständige Regelung beinhaltet (etwas anderes bestimmt). Insoweit finden für die Staatsanwaltschaften der Länder sowie der Polizeibehörden der

Syst. E. Datenschutz bei Gerichten und Staatsanwaltschaften

Länder in ihrer Funktion als Hilfsorgan der Staatsanwaltschaft im gesamten Bereich der StPO der 3. Teil des BDSG Anwendung, welcher die RL (EU) 2016/680 umsetzt. Allerdings verbleibt es bei der Zuständigkeit der jeweiligen Aufsichtsbehörde des Landes.

3. Aufsicht

Soweit die Gerichte im Kernbereich **rechtsprechende Tätigkeit** ausüben unterliegen sie zwar der DS-GVO und dem jeweiligen Landes-DSG, nicht aber der **externen Aufsicht** (Kontrolle) durch den Bundesdatenschutzbeauftragten bzw. den jeweiligen Landesdatenschutzbeauftragten. 7

Die DS-GVO gilt zwar unter anderem für die Tätigkeiten der Gerichte und anderer Justizbehörden, jedoch kann im Unionsrecht oder im Recht der Mitgliedstaaten festgelegt werden, wie die Verarbeitungsvorgänge und Verarbeitungsverfahren bei der Verarbeitung personenbezogener Daten durch Gerichte und andere Justizbehörden im Einzelnen auszusehen haben. Damit die **Unabhängigkeit der Justiz** bei der Ausübung ihrer gerichtlichen Aufgaben einschließlich ihrer Beschlussfassung unangetastet bleibt, sollen die Aufsichtsbehörden nicht für die Verarbeitung personenbezogener Daten durch Gerichte im Rahmen ihrer justiziellen Tätigkeit zuständig sein. Mit der Aufsicht über diese Datenverarbeitungsvorgänge sollten besondere Stellen im Justizsystem des Mitgliedstaats betraut werden können, die insbesondere die Einhaltung der Vorschriften dieser Verordnung sicherstellen, Richter und Staatsanwälte besser für ihre Pflichten aus dieser Verordnung sensibilisieren und Beschwerden in Bezug auf derartige Datenverarbeitungsvorgänge bearbeiten sollten (Erwägungsgrund 20 DS-GVO). 7a

Dies setzt nach der DS-GVO eine Unabhängigkeit der Justiz bei der Ausübung ihrer gerichtlichen Aufgaben voraus. Selbiges ist, zumindest in Hessen, bei sämtlichen Gerichtsbarkeiten nicht der Fall. Denn die Gerichte entscheiden nicht selbstständig über die Verarbeitungssysteme personenbezogener Daten, insbesondere die Geschäftsstellenprogramme. Selbiges liegt vollständig in der Hand der sogenannten zweiten Gewalt, der Verwaltung (Exekutive). Damit ist die Ausschlussklausel für hessische Gerichte nicht gegeben mit der Folge, dass die Aufsichtsbehörde nach Art. 55 DS-GVO vorliegend ihre Aufsichtspflichten nach der DS-GVO gegenüber den Gerichten wahrzunehmen hat (VG Wiesbaden Urt. v. 17.7.2020 – 6 K 513/20.WI). 7b

Die Zuständigkeit der Datenschutzaufsichtsbehörden würden nach dem derzeitigen Regelungssystem allenfalls dann enden, wenn es um den Umgang mit personenbezogenen Daten in einem Verfahren geht, über den der Richter im Rahmen seiner Unabhängigkeit entscheidet, dh dieser zB über die Beiziehung einer Akte in einem von ihm zu bearbeitenden Verfahren entscheidet. Nichtsdestotrotz fehlt es für die justizielle Unabhängigkeit der Gerichte einer über die Datenverarbeitungsvorgänge im Justizsystem bestellten besonderen Aufsicht. Damit findet Art. 55 Abs. 3 DS-GVO bei hessischen Gerichten derzeit keine Anwendung (VG Wiesbaden Urt. v. 17.7.2020 – 6 K 513/20.WI). 7c

Da Staatsanwaltschaften keine rechtsprechende Tätigkeit ausüben, unterliegen sie vollständig der **Kontrolle** durch den Bundesdatenschutzbeauftragten, wenn der Generalbundesanwalt handelt, bzw. den Landesdatenschutzbeauftragten für die Staatsanwaltschaften der Länder. Dies jedoch derzeit nur, soweit nicht im Bereich der originären Strafverfolgung tätig sind, da dieser Bereich durch Art. 3 Abs. 2 lit. d DS-GVO/ Art. 3 Abs. 2 1. Spiegelstrich Datenschutz-RL ausgenommen ist. Für den Bereich der Strafverfolgung, aber auch der Gefahrenabwehr (Polizei), findet die RL 2016/680 des europäischen Parlaments und des Rates zum Schutz natürlicher Personen bei der Verarbeitung personenbezogener Daten durch die zuständigen Behörden zum Zwecke der Verhütung, Ermittlung, Aufdeckung oder Verfolgung von Straftaten oder der Strafvollstreckung sowie zum freien Datenverkehr und zur Aufhebung des Rahmenbeschlusses 2008/977/JI des Rates (ABl. 2016 L 119, 89) Anwendung. Nach dieser RL gibt es auch in diesem Bereich eine Aufsichtsbehörde zur Überwachung der Anwendung der nach der RL erlassenen Vorschriften (Art. 41 ff. RL 2016/680/EU). Die jeweilige Aufsichtsbehörde war im Rahmen der Umsetzung der RL bis zum 6.5.2018 durch die Nationalstaaten zu bestimmen. 8

II. Verantwortliche Stelle

Insbesondere im Bereich der rechtsprechenden Tätigkeit obliegt den Gerichten wegen einer fehlenden Kontrolle durch eine unabhängige Aufsichtsbehörde im Bereich des Datenschutzes eine besondere Verantwortung. Denn jedes Gericht ist auch selbst die für die automatisierte Verarbeitung personenbezogener Daten **verantwortliche Stelle.** Mit der weiteren Folge, dass bei automatisierten Verarbeitungen personenbezogener Daten der **Gerichtspräsident als Leiter des Gerichts** (der Behörde) letztendlich die Verantwortung für die Einhaltung auch der datenschutz- 9

Syst. E. Datenschutz bei Gerichten und Staatsanwaltschaften

rechtlichen Formvorschriften trägt. Bei Staatsanwaltschaften ist es entsprechend der Leiter der jeweiligen Staatsanwaltschaft.

10 Nur soweit ein Richter im Rahmen seiner Rechtsprechungstätigkeit selbst eine automatisierte Verarbeitung initiiert, ist er selbst verantwortlich für die Einhaltung der datenschutzrechtlichen Vorgaben. Dabei ist zu beachten, dass selbst sog. **Standardprogramme,** wie zB MSOffice, zu einer **automatisierten Verarbeitung** personenbezogener Daten führen und daher im Verzeichnis der Verarbeitungstätigkeiten zu erfassen sind.

11 **Der Gerichtspräsident bzw. Behördenleiter** bleibt auch für den Einsatz automatisierter Verarbeitungen (EGVP, Eureka, Jukos usw.) (mit-)verantwortlich, auch wenn diese zentral, zB durch ein Justizministerium, eingeführt werden. Bestehen gegen die Anwendungen Bedenken, da sie zB nicht datensparsam sind oder eine **Löschroutine** fehlt (vgl. VG Wiesbaden RDV 2005, 177 = CR 2005, 784), darf diese nicht eingesetzt werden. Der Gerichtspräsident hätte in diesem Fall ggf. zu remonstrieren mit der Folge, dass er von dem Justizministerium zur Duldung eines eventuell **rechtswidrigen Einsatzes automatisierter Verarbeitungen** angehalten werden müsste. Dies wiederum könnte ein unzulässiger Eingriff der zweiten Gewalt in die Dritte Gewalt sein, denn nach Art. 47 Grundrechte Charta müssen die Gerichte institutionell „unabhängig" sein (zur Unabhängigkeit s. EuGH BeckRS 2010, 90304). Die Unabhängigkeit der Gerichte schließt nicht nur jegliche Einflussnahme seitens der zu kontrollierenden Stellen aus, sondern auch jede Anordnung und jede sonstige äußere Einflussnahme, sei sie unmittelbar oder mittelbar, durch die in Frage gestellt werden könnte, dass die genannten Kontrollstellen ihre Aufgabe erfüllen, den Schutz des Rechts auf Privatsphäre und den freien Verkehr personenbezogener Daten ins Gleichgewicht zu bringen (EuGH BeckRS 2010, 90304; ausführlich dazu und zur Stellung der Justiz in Deutschland s. Schild Die völlige Unabhängigkeit der Aufsichtsbehörden aus europarechtlicher Sicht DuD 2010 S. 549 ff.; Schild Datenschutz – Entwurf des Gesetzes zur Errichtung der Informationstechnik-Stelle der hessischen Justiz (IT-Stelle) und zur Regelung justizorganisatorischer Angelegenheiten sowie zur Änderung von Rechtsvorschriften – Stellungnahme, NRV-Info Hessen 6/2011 S. 9 ff.; zur richterlichen Unabhängigkeit s. unten → Rn. 85).

III. Gemeinsame Verfahren

12 Nach der Definition der Verantwortlichkeit in Art. 4 Abs. 7 iVm Art. 26 DS-GVO können auch mehrere Gerichte gemeinsam „über die Zwecke und Mittel der Verarbeitung) entscheiden". Dazu bedurfte es bisher aber innerstaatlicher Rechtsvorschriften. Nunmehr sind die gemeinsam für die Verarbeitung Verantwortlichen in der DS-GVO geregelt. Dies ist zu beachten, wenn ein automatisiertes Verfahren von mehreren Gerichten gemeinsam genutzt wird, wie dies in Hessen bei dem Justizkostenverfahren (JuKOS) oder dem elektronischen Gerichtspostfach (EGVP – dazu weiter unten → Rn. 39 ff.) der Fall ist. Bei JuKOS bedient sich das jeweilige Gericht eines einheitlich betriebenen automatisierten Datenverarbeitungsprogramms zur Festsetzung der Gerichtskosten, deren Höhe zugleich durch das Programm an das jeweilige Amtsgericht (Gerichtskasse) übermittelt werden, damit die Gerichtskasse die Kosten beitreibt. Die Weitergabe der Daten an die Gerichtskasse wäre bei einer **Funktionsübertragung** (ein Begriff den es nach der DS-GVO nicht mehr gibt), also eine Datenübermittlung an einen Dritten. Das Beitreiben der Kosten durch die Gerichtskasse könnte aber auch eine Auftragsdatenverarbeitung sein. Ist kein gemeinsames Verfahren gegeben – wie derzeit – muss jede Stelle die datenschutzrechtlichen Voraussetzen selbst prüfen uns umsetzen. Gegenfalls wären auch zwischen dem jeweiligen Gericht, welches die Gerichtskosten ansetzt, und dem Amtsgericht als Gerichtskasse entsprechende **Auftragsverarbeitungen** gegeben (Art. 28 DS-GVO – siehe zur Auftragsverarbeitung → Rn. 18 ff.). Tatsächlich dürfte es sich bei dem Datenverbund der Gerichtskassen mit den Gerichten der Ordentlichen Gerichtsbarkeit (Amtsgerichten, Landgerichten und Oberlandesgericht, aber auch zB mit der Verwaltungsgerichtsbarkeit um ein **gemeinsames Verfahren** nach Art. 26 DS-GVO handeln. Allerdings fehlt es einer Vereinbarung nach Art. 26 Abs. 2 DS-GVO, mit der Folge, dass die Datenverarbeitung formell rechtswidrig ist.

12a Bei **gemeinsamen Verfahren,** wie dem EGVP, JUKOS usw haben daher alle am Verfahren Beteiligte, also alle Verantwortlichen Gerichtspräsidenten und ggf. weitere Dritte gemeinsam festzulegen haben, wer von ihnen welche Verpflichtung gem. der DS-GVO erfüllt, insbesondere was die Wahrnehmung der Rechte der betroffenen Person angeht, und wer welchen Informationspflichten gem. den Art. 13 und 14 nachkommt (siehe dazu → Art. 4 Rn. 91). Insoweit bedarf es entsprechender **Vereinbarungen zwischen den Beteiligten** (zu der Problematik der datenschutzrechtlichen Verantwortlichkeit bei der Verwaltungsdigitalisierung siehe Böllhoff/Botta NVwZ 2021, 425).

Syst. E. Datenschutz bei Gerichten und Staatsanwaltschaften

IV. Gerichtlicher Datenschutzbeauftragter

13 Nach Art. 37 Abs. 1 lit. a DS-GVO hat jede Behörde einen **internen Datenschutzbeauftragten** zu bestellen. Er muss über dieselbe Unabhängigkeit wie die der Aufsichtsbehörde (Kontrollstelle – also Bundes- oder Landesdatenschutzbeauftragte) verfügen (Schild DuD 2010, 549). Von der Möglichkeit der internen Bestellung eines gerichtlichen Datenschutzbeauftragten hatten der Bund und die Länder schon nach dem alten Recht Gebrauch gemacht, auch wenn es an der „vollständigen Unabhängigkeit" allein schon wegen einem fehlendem Zeitkontingent zur Erfüllung ihrer Aufgaben mangeln dürfte (Schild Die mangelhafte vollständige Unabhängigkeit des behördlichen Datenschutzbeauftragten im Vollzuge des Hessischen Datenschutzgesetzes und die möglichen Folgen JurPC Web-Dok 184/2007 Abs. 1–29). Damit hat jedes Gericht, aber auch jede Staatsanwaltschaft, einen internen **Datenschutzbeauftragten zu bestellen, soweit diese ein Behörde sind.** Gerichte, die im Rahmen ihrer justiziellen Tätigkeit handeln, haben den **Datenschutz im Rahmen ihrer Unabhängigkeit selbst zu organisieren** (Art. 55 Abs. 3 DS-GVO und Erwägungsgrund 20 S. 2 DS-GVO). Damit die Unabhängigkeit der Justiz bei der Ausübung ihrer gerichtlichen Aufgaben einschließlich ihrer Beschlussfassung unangetastet bleibt, sollten die Aufsichtsbehörden nicht für die Verarbeitung personenbezogener Daten durch Gerichte im Rahmen ihrer **justiziellen Tätigkeit** zuständig sein.

13a Dies setzt nach der DS-GVO aber eine Unabhängigkeit der Justiz bei der Ausübung ihrer gerichtlichen Aufgaben voraus. Selbiges ist, zumindest in Hessen, bei sämtlichen Gerichtsbarkeiten nicht der Fall. Denn die Gerichte entscheiden nicht selbstständig über die Verarbeitungssysteme personenbezogener Daten, insbesondere die Geschäftsstellenprogramme. Selbiges liegt vollständig in der Hand der sogenannten zweiten Gewalt, der Verwaltung. Insoweit beziehen sich die Aufgaben des bestellten gerichtlichen Datenschutzbeauftragten auch nicht auf das Handeln des Gerichts im Rahmen seiner justiziellen Tätigkeit (OVG Schleswig, Beschluss vom 19.2.2021, 4 O 7/21, BeckRS 2021, 2396). Damit ist die Ausschlussklausel für hessische Gerichte nicht gegeben mit der Folge, dass die Aufsichtsbehörde (hier der HBDI) seinen Aufsichtspflichten nach der DS-GVO wahrzunehmen hat (siehe VG Wiesbaden Beschl. v. 17.7.2020 – 6 K 513/20.WI).

13b Die Zuständigkeit der Aufsichtsbehörde würden nach dem derzeitigen Regelungssystem allenfalls dann enden, wenn es um den Umgang mit personenbezogenen Daten in einem Verfahren geht, über den der Richter im Rahmen seiner Unabhängigkeit nach Art. 97 GG entscheidet, dh dieser zB über die Beiziehung einer Akte in einem von ihm zu bearbeitenden Verfahren entscheidet (siehe VG Wiesbaden Beschl. v. 17.7.2020 – 6 K 513/20.WI; zur Problematik der Unabhängigkeit VG Wiesbaden Urt. v. 31.8.2020 – 6 K 1016/15.WI unter Bezug auf EuGH NVwZ 2020, 1497 Rn. 44 ff.).

14 Aufgabe des internen Datenschutzbeauftragten ist es unter anderem den **Gerichtspräsidenten zu beraten,** damit die Datenverarbeitung bei Gericht rechtmäßig erfolgt. Dazu muss der gerichtliche Datenschutzbeauftragte aber über die notwendige **Fachkunde und Unabhängigkeit** verfügen (vgl. Beschl. des Düsseldorfer Kreises vom 24./25. November 2010: Mindestanforderungen an Fachkunde und Unabhängigkeit des Beauftragten für den Datenschutz nach § 4f Abs. 2 und 3 Bundesdatenschutzgesetz (BDSG); Schild, Die mangelhafte vollständige Unabhängigkeit des behördlichen Datenschutzbeauftragten im Vollzuge des Hessischen Datenschutzgesetzes und die möglichen Folgen JurPC Web-Dok. 184/2007, Abs. 1–29; Leitlinien in Bezug auf Datenschutzbeauftragte („DSB"), angenommen am 13.12.2016, zuletzt überarbeitet und angenommen am 5.4.2017 – WP 243 rev.01, ARTIKEL-29-DATENSCHUTZGRUPPE). Fehlt diese, weil der Datenschutzbeauftragte zB schon nicht über ein genügendes Zeitbudget verfügt, so läge keine ordnungsgemäße Bestellung eines internen Datenschutzbeauftragten vor, mit der Folge, dass davon auszugehen wäre, dass das Gericht bzw. die Staatsanwaltschaft rechtswidrig personenbezogene Daten erhebt, verarbeitet und nutzt. Ein Fakt, welcher der Justiz nicht sehr gut anstünde, müsste sie doch eigentlich eine **Vorbildfunktion** einnehmen.

15 Damit der interne Datenschutzbeauftragter seine **Beratungsfunktion** richtig ausüben kann, muss er bereits vor der Einführung von Datenverarbeitungsprogrammen und Hardware bzw. vor jeder wesentlichen Änderung beteiligt werden. Dies ist insbesondere dann ein sehr praktisches Problem, wenn automatisierte Verarbeitungen von oben (Justizministerium oder Obergericht) einem Gericht erster Instanz vorgeschrieben oder gar angeschafft werden. Denn in diesem Fall kann zwar der Datenschutzbeauftragte nachträglich noch Kritik üben und Verbesserungsvorschläge unterbreiten, dies aber meist ohne Erfolg, da bei eingeführten Produkten nachträgliche Änderungen teuer sind, sodass einfachste datenschutzrechtliche Grundlagen leicht missachtet werden.

15a Nach Art. 37 DS-GVO sind Gerichte von der Bestellpflicht eines internen Datenschutz-beauftragten soweit sie Rahmen ihrer justiziellen Tätigkeit handeln ausgenommen. Mit der Aufsicht

Syst. E. Datenschutz bei Gerichten und Staatsanwaltschaften

über die Datenverarbeitungsvorgänge sollen besondere Stellen im Justizsystem des Mitgliedstaats betraut werden, die insbesondere die Einhaltung der Vorschriften dieser Verordnung sicherstellen, Richter und Staatsanwälte für ihre Pflichten aus dieser Verordnung sensibilisieren und Beschwerden in Bezug auf derartige Datenverarbeitungsvorgänge bearbeiten (Erwägungsgrund 20 DS-GVO). Insoweit ist der **Datenschutz bei den Gerichten im Rahmen ihrer „Unabhängigkeit" zu regeln.** Dies bedeutet aber, dass die Gerichte als dritte Gewalt von den Justizministerien abgekoppelt werden müssen, denn nur so kann nicht nur die Aufsicht, sondern auch die Verantwortung für die EDV richtig bestimmt werden. Hieran fehlt es in Deutschland, da die Gerichte im Rahmen ihrer justiziellen Tätigkeit nicht unabhängig sind (unabhängig sind nur die Richter in Persona), sondern letztendlich von dem jeweiligen Justizministerium gesteuert werden. Mithin ist vorliegend ein europarechtlicher Verstoß gegeben (siehe dazu Vorlagebeschluss VG Wiesbaden Beschl. v. 28.3.2019 – 6 K 1016/15.WI).

V. Umgang mit personenbezogenen Daten

16 Leider sprechen nicht alle Gesetze eine einheitliche Sprache, auch nicht bei den Begriffen zum Umgang mit personenbezogenen Daten. Die DS-GVO und früher die Datenschutz-RL verstehen unter „**Verarbeitung**" einen sehr umfassenden Bereich des Umgangs mit personenbezogenen Daten. Hiernach ist Verarbeitung jeder mit oder ohne Hilfe automatisierter Verfahren ausgeführter Vorgang, wie das Erheben, das Speichern, die Organisation, die Aufbewahrung, die Anpassung oder Veränderung, das Auslesen, die Benutzung, die Weitergabe durch Übermittlung, Verbreitung oder jede andere Form der Bereitstellung, die Verknüpfung sowie das Sperren, Löschen oder Vernichten, Art. 2 lit. b Datenschutz-RL/Art. 4 Abs. 2 DS-GVO (allerdings ohne das Sperren).

17 Dieser weitgehenden Definition folgten die meisten Landesdatenschutzgesetze (zB § 4 Abs. 2 BlnDSG aF, § 3 Abs. 2 DSG NRW aF, § 2 Abs. 2 HDSG aF). Demgegenüber differenzierte § 3 Abs. 3–5 BDSG aF sehr genau zwischen **dem Erheben, dem Verarbeiten und dem Nutzen** (Schild DuD 1997, 444 ff.). Der Verarbeitungsbegriff des BDSG war sehr eng gefasst. Unter Verarbeiten wurde im BDSG dabei abschließend das Speichern, das Verändern, das Übermitteln, das Sperren und das Löschen verstanden. Alle weiteren Umgangsarten mit personenbezogenen Daten fallen, soweit es nicht um das Beschaffen von Daten geht (Erhebung) unter den Auffangtatbestand des Nutzens. Hierauf ist besonders zu achten, wenn das ergänzend Anwendung findende Landesdatenschutzgesetz den Begriff des Verarbeitens weiter fasst (Umfassend dazu siehe § 3 BDSG aF – Umgang mit personenbezogenen Daten). Auch wenn nun der umfängliche Begriff der „Verarbeitung" gilt, so findet man immer noch Fachgesetze in denen von Erheben, Verarbeiten und Nutzen gesprochen wird.

17a Nach Art. 12 lit. b Datenschutz-RL hatten die Mitgliedstaaten jeder betroffenen Person das Recht zu garantieren, vom für die Verarbeitung Verantwortlichen je nach Fall die Berichtigung, Löschung oder Sperrung von Daten zu erhalten, deren Verarbeitung nicht den Bestimmungen der Richtlinie entspricht, insbesondere, wenn diese Daten unvollständig oder unrichtig sind. Da diese letztgenannte Präzisierung in Bezug auf die Nichterfüllung bestimmter in Art. 6 Abs. 1 lit. d Datenschutz-RL genannter Erfordernisse exemplarischen, und nicht abschließenden Charakter hatte, konnte eine Verarbeitung auch deshalb nicht den Bestimmungen der Richtlinie entsprechen und somit für die betroffene Person das in Art. 12 lit. b Datenschutz-RL garantierte Recht begründen, weil andere Voraussetzungen für die Zulässigkeit der Verarbeitung personenbezogener Daten gemäß der Richtlinie nicht erfüllt sind. Insoweit hat vorbehaltlich besonderer Vorschriften, die die Mitgliedstaaten für die Verarbeitung personenbezogener Daten für historische, statistische oder wissenschaftliche Zwecke vorsehen können, der für die Verarbeitung Verantwortliche nach dem Wortlaut des genannten Art. 6 Datenschutz-RL, nunmehr Art. 5 Abs. 1 DS-GVO dafür zu sorgen, dass die personenbezogenen Daten „nach Treu und Glauben und auf rechtmäßige Weise verarbeitet werden", „für festgelegte eindeutige und rechtmäßige Zwecke erhoben und nicht in einer mit diesen Zweckbestimmungen nicht zu vereinbarenden Weise weiterverarbeitet werden", „den Zwecken entsprechen, für die sie erhoben und/oder weiterverarbeitet werden, dafür erheblich sind und nicht darüber hinausgehen", „sachlich richtig und, wenn nötig, auf den neuesten Stand gebracht sind" und „nicht länger, als es für die Realisierung der Zwecke, für die sie erhoben oder weiterverarbeitet werden, erforderlich ist, in einer Form aufbewahrt werden, die die Identifizierung der betroffenen Personen ermöglicht". Der für die Verarbeitung Verantwortliche hat insofern alle angemessenen Maßnahmen zu treffen, damit Daten, die die Anforderungen der genannten Bestimmung nicht erfüllen, gelöscht oder berichtigt werden (EuGH C-131/12). Mithin sind Daten, die nicht mehr erforderlich sind, auf jeden Fall zu löschen. Auch ansonsten hat der Betroffene einen Löschanspruch aus dem sogenannten Recht auf Vergessen (Art. 17 DS-GVO).

Syst. E. Datenschutz bei Gerichten und Staatsanwaltschaften

Nach dem genannten Art. 14 Abs. 1 lit. a Datenschutz-RL, nunmehr Art. 30 DS-GVO, erkennen die Mitgliedstaaten das Recht der betroffenen Person an, zumindest in den Fällen von Art. 7 lit. e und f Datenschutz-RL, jetzt Art. 6 Abs. 1 lit. e oder f DS-GVO jederzeit aus überwiegenden, schutzwürdigen, sich aus ihrer besonderen Situation ergebenden Gründen dagegen Widerspruch einlegen zu können, dass sie betreffende Daten verarbeitet werden, wobei dies nicht bei einer im einzelstaatlichen Recht vorgesehenen entgegenstehenden Bestimmung gilt. Bei der im Rahmen von Art. 21 Abs. 1 DS-GVO vorzunehmenden Abwägung lassen sich somit spezieller alle Umstände der konkreten Situation der betroffenen Person berücksichtigen. Im Fall eines berechtigten Widerspruchs kann sich die vom für die Verarbeitung Verantwortlichen vorgenommene Verarbeitung nicht mehr auf diese Daten beziehen (EuGH C-131/12). Dies bedeutet, dass Daten in einer automatisierten Datenverarbeitung (zB Geschäftsstellenprogramm) gespeichert sind, auf Antrag eines Betroffenen zu löschen sind, wenn für das Verfahren kein Verzeichnis von Verarbeitungstätigkeiten vorliegt. Die DS-GVO fordert in Art. 5 Abs. 1 Buchst b nunmehr, dass die Daten auf rechtmäßige Weise, nach Treu und Glauben und in einer für die betroffene Person nachvollziehbaren Weise verarbeitet werden („Rechtmäßigkeit, Verarbeitung nach Treu und Glauben, Transparenz"); wozu auch ein Verzeichnis von Verarbeitungstätigkeiten gem. Art. 30 DS-GVO vorliegen muss. Dies hat zur Folge, dass eine fehlende Meldung/ein fehlendes Verzeichnis der Verarbeitungstätigkeit mit entsprechender fehlender Transparenz zur Rechtswidrigkeit der Datenverarbeitung führt und damit die Daten zu löschen sind (zur Zulässigkeit der Datenspeicherung in EUREK-Fach siehe VG Stade BeckRS 2016, 46906, ob diese Verarbeitungsübersicht ausreichend ist, dürfte sehr fraglich sein). 17b

Eine **Verarbeitung personenbezogener Daten** ist nach Art. 6 Abs. 1 UAbs. 1 lit. e DS-GVO auch dann **rechtmäßig, wenn sie** für die Wahrnehmung einer Aufgabe erforderlich ist, die im öffentlichen Interesse liegt oder **in Ausübung öffentlicher Gewalt erfolgt** (dazu im Einzelnen → Art. 6 Rn. 38 ff.). Damit ist Art. 6 Abs. 1 UAbs. 1 lit. e DS-GVO die Rechtsgrundlage für die Verarbeitung von Beteiligtendaten in Gerichtsverfahren, soweit nicht bereichsspezifisch, zB in den Verfahrensordnungen, eine andere Rechtsgrundlage gegeben ist. § 3 Alt. 1 BDSG stellt eine reine Wiederholung von EU-Recht dar und insoweit als Wiederholung unwirksam. Gleiches gilt für vergleichbare Regelungen der Länder. Entscheidend ist, dass die Daten im Rahmen der Ausübung der „gerichtlichen" Gewalt für ein Gerichtsverfahren auch erforderlich sind. 17c

VI. Rechtschutz des Betroffenen

Der Betroffene kann seine Rechte zum Umgang mit seinen personenbezogenen Daten (Auskunft, Berichtigung, Löschung – Einschränkung der Verarbeitung) auch gegenüber den Gerichten geltend machen. So dürfen gem. §§ 12 ff. EGGVG personenbezogene Daten von Amts wegen durch Gerichte der ordentlichen Gerichtsbarkeit und Staatsanwaltschaften an öffentliche Stellen des Bundes oder eines Landes für andere Zwecke als die des Verfahrens, für die die Daten erhoben worden sind übermittelt werden. Dem Betroffenen ist auf Antrag Auskunft über die übermittelten Daten und deren Empfänger zu erteilen (§ 21 Abs. 1 EGGVG). Kommt es zum Streitfall, sind zur **Überprüfung der Rechtmäßigkeit der Übermittlung** die §§ 23–30 EGGVG nach Maßgabe der Abs. 2 und 3 von § 22 EGGVG anzuwenden. 18

Dies gilt auch, wenn die **Auskunft verweigert** wird. Insoweit ist die Auskunft bzw. ihre Verweigerung einem sog. Justizverwaltungsakt gleichgestellt. Gem. § 23 Abs. 1 S. 1 EGGVG entscheiden über die Rechtmäßigkeit der Anordnungen, Verfügungen oder sonstigen Maßnahmen, die von den Justizbehörden zur Regelung einzelner Angelegenheiten auf den Gebieten des bürgerlichen Rechts einschließlich des Handelsrechts, des Zivilprozesses, der freiwilligen Gerichtsbarkeit und der Strafrechtspflege getroffen werden, entscheiden auf Antrag die ordentlichen Gerichte, letztendlich das Oberlandesgericht (§ 25 Abs. 1 EGGVG). 18a

Da das **Datenschutzrecht eine Querschnittsmaterie** ist, fallen Streitigkeiten hieraus, die im Zusammenhang mit einem Zivil-, Strafverfahren, Handelsgerichtlichen Verfahren, Verfahren der freiwilligen Gerichtsbarkeit entstehen ebenso, wie das Verfahren über die Auskunft und die Rechtmäßigkeit der Datenübermittlung nach § 22 EGVGV als Annex unter § 23 EGGVG. Dies wäre zB der Fall, wenn der Betroffene Auskunft über die im Geschäftsstellenprogramm über ihn gespeicherten Daten haben möchte (VG Wiesbaden 5.1.2017 – 6 K 58/17.WI; aA VGH Kassel 24.7.2017 – 10 E 402/17, der in dem Auskunftsersuchen aus letztendlich einem Strafverfahren keine Angelegenheit aus der Strafrechtspflege sieht, da das Datenschutzrecht nicht ausdrücklich aufgeführt sei). 18b

Anders als bei der Ordentlichen Gerichtsbarkeit wären bei Klagen gegen die **Entscheidung des Gerichtspräsidenten eines Verwaltungsgerichts der Verwaltungsrechtsweg gegeben** 18c

Syst. E. Datenschutz bei Gerichten und Staatsanwaltschaften

(siehe VG Stade BeckRS 2016, 46906 zum Anspruch auf Unterlassung der Speicherung der persönlichen Daten, die im Zusammenhang mit dem gerichtlichen Verfahren stehen). Bei der Sozial- und Finanzgerichtsbarkeit ist der jeweilige Rechtsweg zu der jeweiligen Fachgerichtsbarkeit gegeben (aA VGH Kassel 24.7.2017 – 10 E 402/17, wonach bei der Sozial- und Finanzgerichtsbarkeit der Rechtsweg zu den Verwaltungsgerichten eröffnet wäre). Ab dem 25.5.2017 ist nach § 32i AO der Finanzrechtsweg sogar auch für Streitigkeiten eines Betroffenen mit der Aufsichtsbehörde gegeben (s. Art. 17 – Änderung der Abgabenordnung – Gesetz zur Änderung des Bundesversorgungsgesetzes und anderer Vorschriften v. 17.7.2017, BGBl. I 2541). Im Bereich des Sozialrechts ist für Streitigkeiten zwischen dem Betroffenen und der Aufsichtsbehörde auf Grund der Verarbeitung von Sozialdaten die Sozialgerichtsbarkeit zuständig (§ 81a Abs. S. 1 SGB X – Art. 24 Änderung des Zehnten Buches Sozialgesetzbuch - Gesetz zur Änderung des Bundesversorgungsgesetzes und anderer Vorschriften v. 17.7.2017, BGBl. I 2541). Im Übrigen ist die Zuständigkeit auf Grund der materiellen gerichtlichen Zuständigkeit begründet (§ 81 Abs. 1 S. 2 SGB X). Insoweit wären zB Fragen der Datenverarbeitung bei der Kinder- und Jugendhilfe oder dem Wohngeldrecht dem Verwaltungsgerichten zugewiesen; Datenverarbeitungsfragen im Bereich der Unfall-, Kranken- und Arbeitslosenversicherung den Sozialgerichten.

18d Für Klagen der betroffenen Person gegen einen Verantwortlichen oder einen Auftragsverarbeiter wegen eines Verstoßes gegen datenschutzrechtliche Bestimmungen im Anwendungsbereich der DS-GVO oder der darin enthaltenen Rechte der betroffenen Person bei der **Verarbeitung von Sozialdaten** im Zusammenhang mit einer Angelegenheit nach § 51 Abs. 1 und 2 SGG ist der **Rechtsweg zu den Gerichten der Sozialgerichtsbarkeit eröffnet.** Verantwortlicher kann auch ein Gericht selbst sein (bezüglich der Zuständigkeit der Sozialgerichtsbarkeit bei der Verarbeitung von Sozialdaten zum Verständnis des § 81b SGB X, siehe VG Wiesbaden Beschl. v. 6.5.2020 – 6 K 237/20.WI).

18e Will aber ein Betroffener ein **Einschreiten der Aufsichtsbehörde,** zB gegen einen Sozialleistungsträger beim Wohngeldrecht, so wären der Rechtsweg zu den Verwaltungsgerichten eröffnet, da es sich hier Verarbeitung von Sozialdaten handelt, die gerade nicht im Zusammenhang mit einer Angelegenheit nach § 51 Abs. 1 und 2 SGG stehen. Denn die Gerichte der Sozialgerichtsbarkeit sind nur bei der Verarbeitung von Sozialdaten im Zusammenhang mit einer Angelegenheit (einem Rechtsgebiet) nach § 51 Abs. 1 und 2 SGG zuständig und Wohngeldrecht ist dort gerade nicht aufgeführt (s. § 81a Abs. 1 S. 1 SGB X). Für Streitigkeiten zwischen einer natürlichen oder einer juristischen Person und einer Aufsichtsbehörde über die Auslegung des DS-GVO und des BDSG ist nach § 20 Abs. 1 BDSG wiederum der Verwaltungsrechtsweg gegeben. Im Übrigen verbleibt es bei der gerichtlichen Zuständigkeit, wie sich diese aus dem materiellen Recht ergibt.

VII. Auftragsdatenverarbeitung

19 Kaum ein Gericht oder eine Staatsanwaltschaft dürfte noch in der Lage sein, die EDV und die dazu gehörige Hardware vollständig selbst zu betreuen. Soweit Server ausgelagert sind oder für die **Wartung** fremde Firmen erforderlich sind, liegt eine **Auftragsverarbeitung** vor (Art. 28 DS-GVO). Diese ist auch bei der Einrichtung einer Cloud gegeben (s. AK Technik Orientierungshilfe – Cloud Computing). Die Auftragsverarbeitung ist bereits schon dann gegeben, wenn sich es um die Prüfung oder Wartung automatisierter Verfahren oder von Datenverarbeitungsanlagen durch andere Stellen (also Dritte) handelt und ein Zugriff auf personenbezogene Daten nicht ausgeschlossen werden kann (so trotz DS-GVO ausdrücklich noch in § 3 Abs. 2 HDSIG aufgenommen). Damit ist jeder Wartungsvertrag mit einer Fremdfirma eine Auftragsverarbeitung, mit der Folge, dass es eines entsprechenden **Auftragsverarbeitungsvertrages** bedarf, welcher in der Regel schriftlich zu schließen ist.

19a Die Grundvoraussetzungen zur Auftragsverarbeitung sind in Art. 28 Abs. 3 DS-GVO geregelt. Die Vereinbarung umfasst den Gegenstand und die Dauer der Verarbeitung, die Art und der Zweck der Verarbeitung, die Art der personenbezogenen Daten, die Kategorien betroffener Personen und die Pflichten und Rechte des Verantwortlichen, welche festzulegten sind. Dieser Vertrag bzw. dieses andere Rechtsinstrument sieht insbesondere vor, dass der Auftragsverarbeiter

a) die personenbezogenen Daten nur auf dokumentierte Weisung des Verantwortlichen – auch in Bezug auf die Übermittlung personenbezogener Daten an ein Drittland oder eine internationale Organisation – verarbeitet, sofern er nicht durch das Recht der Union oder der Mitgliedstaaten, dem der Auftragsverarbeiter unterliegt, hierzu verpflichtet ist; in einem solchen Fall teilt der Auftragsverarbeiter dem Verantwortlichen diese rechtlichen Anforderungen vor der Verarbeitung mit, sofern das betreffende Recht eine solche Mitteilung nicht wegen eines wichtigen öffentlichen Interesses verbietet;

Syst. E. Datenschutz bei Gerichten und Staatsanwaltschaften

b) gewährleistet, dass sich die zur Verarbeitung der personenbezogenen Daten befugten Personen zur Vertraulichkeit verpflichtet haben oder einer angemessenen gesetzlichen Verschwiegenheitspflicht unterliegen;
c) alle gem. Art. 32 DS-GVO erforderlichen Maßnahmen ergreift;
d) die in den Art. 28 Abs. 2 und 4 DS-GVO genannten Bedingungen für die Inanspruchnahme der Dienste eines weiteren Auftragsverarbeiters einhält;
e) angesichts der Art der Verarbeitung den Verantwortlichen nach Möglichkeit mit geeigneten technischen und organisatorischen Maßnahmen dabei unterstützt, seiner Pflicht zur Beantwortung von Anträgen auf Wahrnehmung der in Kap. III DS-GVO genannten Rechte der betroffenen Person nachzukommen;
f) unter Berücksichtigung der Art der Verarbeitung und der ihm zur Verfügung stehenden Informationen den Verantwortlichen bei der Einhaltung der in den Art. 32–36 DS-GVO genannten Pflichten unterstützt;
g) nach Abschluss der Erbringung der Verarbeitungsleistungen alle personenbezogenen Daten nach Wahl des Verantwortlichen entweder löscht oder zurückgibt, sofern nicht nach dem Unionsrecht oder dem Recht der Mitgliedstaaten eine Verpflichtung zur Speicherung der personenbezogenen Daten besteht;
h) dem Verantwortlichen alle erforderlichen Informationen zum Nachweis der Einhaltung der in diesem Artikel niedergelegten Pflichten zur Verfügung stellt und Überprüfungen – einschließlich Inspektionen – die vom Verantwortlichen oder einem anderen von diesem beauftragten Prüfer durchgeführt werden, ermöglicht und dazu beiträgt.

Auch ist zu regeln, ob **Unterauftragsverhältnisse,** ggf. unter welchen Bedingungen, zugelassen werden. Denn der Auftragsverarbeiter darf keinen weiteren Auftragsverarbeiter ohne vorherige gesonderte oder allgemeine schriftliche Genehmigung des Verantwortlichen in Anspruch nehmen (Art. 28 Abs. 2 S. 1 DS-GVO). Dies gilt auch, wenn sich ein Gericht der Kompetenz eines anderen Gerichtes oder einer anderen Behörde bedient (zum alten Recht siehe Schild, Automatisierte Datenverarbeitung in der Hessischen Justiz – unter Berücksichtigung des Zweiten Gesetzes zur Änderung des Datenverarbeitungsverbundgesetzes v. 4.12.2006 (GVBl. I 618), JurPC Web-Dok. 155/2007, Abs. 1–19). **20**

1. Auftragsdatenverarbeitung durch nicht-öffentliche Stellen

Es sind mithin diverseste **Auftragsverarbeitungsverträge** von dem jeweiligen Gericht oder der Staatsanwaltschaft zu schließen. Liegen diese nicht vor, wäre die **Datenweitergabe** an den Auftragnehmer ohne ausdrückliche anderweitige Rechtsgrundlage **rechtswidrig**. Dies gilt auch bei der nicht-automatisierten Datenverarbeitung. Wenn sich also ein Gericht oder eine Staatsanwaltschaft eines Postdienstleisters bedient, der die Post bei der eigentlichen Post holt und dort auch wieder einliefert oder gar den Postversandt übernimmt liegt eine Auftragsverarbeitung vor, es sei denn es handelt sich um eine Postdienstleistung nach dem Postgesetz. Insoweit ist genau zu prüfen, in welchen Bereichen eines Gerichtes oder einer Staatsanwaltschaft im einzelnen Auftragsverarbeitungsverträge zu schließen sind. **21**

2. Bereichsspezifische Regelungen

Allerdings können Auftragsverarbeitungsverträge durch bereichsspezifische Regelungen eingeschränkt werden. So regelt § 126 Abs. 3 GBO, dass die Datenverarbeitung im Auftrag des zuständigen Grundbuchamts auf den Anlagen einer anderen staatlichen Stelle oder auf den Anlagen einer **juristischen Person des öffentlichen Rechts** vorgenommen werden kann, wenn die ordnungsgemäße Erledigung der Grundbuchsachen sichergestellt ist. Damit ist eine Auftragsverarbeitung durch eine nicht-öffentliche Stelle, also eine private Firma, ausgeschlossen. **22**

Soweit in einem Landesgesetz geregelt ist, dass der Zentrale Dienstleister ein Betriebshandbuch führt, aus dem sich auf das jeweilige Verfahren abgestimmt die nach Art. 28 DS-GVO erforderlichen Garantien nach Art. 28 DS-GVO und die Rechte und Pflichten des Auftragsverarbeiters ergeben (so § 1 S. 2 Datenverarbeitungsverbundgesetz Hessen bezogen auf die HD), ist diese gesetzliche Regelung wegen Verstoßes gegen die DS-GVO schlicht unwirksam und die Datenverarbeitung mangels entsprechender Einhaltung der Vorgaben des Art. 28 DS-GVO formell rechtswidrig. Eine klare Regelung über die Verantwortlichkeiten ist nicht mehr gegeben. **22a**

VIII. Meldepflichten

Nach Art. 33 Abs. 1 DS-GVO hat ein Gericht im Falle einer **Verletzung des Schutzes personenbezogener Daten** unverzüglich und möglichst binnen 72 Stunden, nachdem ihm die **22b**

Syst. E. Datenschutz bei Gerichten und Staatsanwaltschaften

Verletzung bekannt wurde, diese der zuständigen Aufsichtsbehörde zu melden, es sei denn, dass die Verletzung des Schutzes personenbezogener Daten voraussichtlich nicht zu einem Risiko für die Rechte und Freiheiten natürlicher Personen führt. Was eine Verletzung des Schutzes personenbezogener Daten ist wird in Art. 4 Nr. 12 DS-GVO definiert. Hiernach ist eine „Verletzung des Schutzes personenbezogener Daten" eine Verletzung der Sicherheit, die, ob unbeabsichtigt oder unrechtmäßig, zur Vernichtung, zum Verlust, zur Veränderung, oder zur unbefugten Offenlegung von beziehungsweise zum unbefugten Zugang zu personenbezogenen Daten führt, die übermittelt, gespeichert oder auf sonstige Weise verarbeitet wurden. Dies kann die Versendung von Gerichtspost an einen falschen Adressaten ebenso umfassen, wie der Verlust einer Akte (Gerichts- oder Behördenakte) beim Postversandt. Eine Verletzung des Schutzes kann aber auch vorliegen, wenn Schreiben bei einem sog. Justizzentrum statt an das Gericht A an das Gericht B verteilt wird oder gar an die Staatsanwaltschaft gegeben wird. Ein entsprechender Fall ist auch gegeben, wenn die Poststelle versehentlich Beihilfebriefe, die persönlich adressiert sind öffnet. In all diesen Fällen besteht eine Meldepflicht durch die Gerichtsleitung (Präsidenten oder Präsidentin) an die Aufsichtsbehörde. Damit dies auch erfolgen kann bedarf es organisatorisch entsprechender Regelunge. Die Meldung darf nur entfallen, wenn eine Verletzung des Schutzes der personenbezogenen Daten ausgeschlossen werden kann.

22c Bezüglich der **Staatsanwaltschaften und den Strafverfahren** findet die DS-GVO jedoch keine Anwendung. Hier ist § 65 BDSG bzw. die jeweilige landesgesetzliche Umsetzungsnorm der RL (EU) 2016/680 des europäischen Parlaments und des Rates vom 27.4.2016 zum Schutz natürlicher Personen bei der Verarbeitung personenbezogener Daten durch die zuständigen Behörden zum Zwecke der Verhütung, Ermittlung, Aufdeckung oder Verfolgung von Straftaten oder der Strafvollstreckung sowie zum freien Datenverkehr und zur Aufhebung des Rahmenbeschlusses 2008/977/JI des Rates Anwendung, welche in Art. 30 RL (EU) 2016/680 regelt, dass die Mitgliedstaaten vor sehen, dass im Falle einer Verletzung des Schutzes personenbezogener Daten der Verantwortliche diese unverzüglich und möglichst binnen 72 Stunden, nachdem ihm die Verletzung bekannt wurde, diese der Aufsichtsbehörde meldet, es sei denn, dass die Verletzung des Schutzes personenbezogener Daten voraussichtlich nicht zu einem Risiko für die Rechte und Freiheiten natürlicher Personen führt. Erfolgt die **Meldung an die Aufsichtsbehörde nicht binnen 72 Stunden,** so ist ihr eine Begründung für die Verzögerung beizufügen (siehe dazu Bleckat RDV 2021, 21 ff., der jedoch den Anwendungsbereich des § 65 BDSG verkennt, denn er findet nur auf den Generalbundesanwalt und die Strafsenate des BGH Anwendung).

22d Bei einem hohen Risiko für die betroffene Person besteht bei einem Fall von Art. 33 DS-GVO bzw. den entsprechenden Landesgesetzlichen Umsetzungsnormen zu Art. 30 RL (EU) 2016/680 (zB § 60 HDSIG) eine Informationspflicht gegenüber dem Betroffenen nach Art. 34 DS-GVO bzw. den entsprechenden Landesgesetzlichen Umsetzungsnormen zu Art. 31 RL (EU) 2016/680 (zB § 61 HDSIG). Diese hat die verantwortliche Stelle unverzüglich zu erfüllen.

C. Datenschutz im Verfahren

I. Datenweitergabe an Verfahrensbeteiligte und an Dritte

1. Am Verfahren Beteiligte

23 Am Verfahren Beteiligte haben grundsätzlich einen **Akteneinsichtsanspruch** auf der Geschäftsstelle und können sich aus den Akten durch die Geschäftsstelle Ausfertigungen, Auszüge und Abschriften erteilen lassen (§ 299 Abs. 1 ZPO; § 100 Abs. 1 VwGO; § 78 Abs. 1 und 2 S. 1 FGO). Jedoch kann im sozialgerichtlichen Verfahren die Behörde die Übermittlung an andere Verfahrensbeteiligte ausschließen (§ 120 Abs. 1 letzter Satzteil SGG). Die Entwürfe von Urteilen, Beschlüssen und Verfügungen, die zu ihrer Vorbereitung gelieferten Arbeiten sowie die Dokumente, die Abstimmungen betreffen, werden weder vorgelegt noch abschriftlich mitgeteilt (§ 299 Abs. 4 ZPO). Im Falle einer Einsicht werden sie aus der Akte entnommen und gesondert aufbewahrt. Bei der Finanzgerichtsbarkeit kann die Akteneinsicht, soweit nicht wichtige Gründe entgegenstehen, diese auch durch Bereitstellung des Inhalts der Akten zum Abruf oder durch Übermittlung des Inhalts der Akten auf einem sicheren Übermittlungsweg gewährt werden (§ 78 Abs. 3 S. 2 FGO). Hierbei handelt es sich um eine Ermessensentscheidung, wobei die Übersendung der Akten an eine Rechtsanwaltskanzlei jedoch kein Regelfall sein soll (ausführlich dazu BFH, Beschluss vom 18.3.2021, V B 29/20, BStBl. II S. 710 ff.).

23a Soweit die Ansicht vertreten wird, dass sich aus dem **Auskunftsanspruch nach Art. 15 DS-GVO** auch ein Anspruch auf kostenlose Kopie der Gerichtsakte ergäbe (so Deutschmann ZD

Syst. E. Datenschutz bei Gerichten und Staatsanwaltschaften

2021, 414 ff.), kann dem nicht gefolgt werden. Denn nicht jede Verfügung oder Schriftsatz bezieht sich auf die personenbezogenen Daten eines Betroffenen, sind also dieser Person zuordenbar. Auch ist eine Gerichtsakte gerade kein personenbezogenes Datum. Allerdings kann ein Sachverständigengutachten, welches in einem Beweissicherungsverfahren erstellt wurde, wenn es Informationen über den Betroffen enthält (hier Fotos vom nichtöffentlichen Gebäudeinneren, zu einem Herausgabeanspruch nach Art. 15 Abs. 3 DS-GVO führen (VG Schwerin DuD 2021, 555 ff.).

Ist das Verfahren abgeschlossen entscheidet über den Antrag einem Beteiligten auf Akteneinsicht **23b** der Gerichtsvorstand (Präsident/Direktor; § 299 Abs. 2 ZPO). Die Entscheidung über die Gewährung von Akteneinsicht steht damit in Fällen der vorliegenden Art im pflichtgemäßen Ermessen der Justizverwaltung. Diese hat bei ihrer Entscheidung das öffentliche und auch private Interesse auf Geheimhaltung bestimmter behördeninterner Vorgänge gegenüber dem – berechtigten – Interesse des Antragstellers an der Information abzuwägen (OVG Koblenz BeckRS 9998, 45070). Hier gilt nichts anderes bei als bei Akteneinsicht durch Dritte (→ Rn. 34 ff.)

Werden die **Prozessakten elektronisch geführt,** gewährt die Geschäftsstelle **Akteneinsicht** **24** durch Erteilung eines Aktenausdrucks, durch Wiedergabe auf einem Bildschirm oder Übermittlung von elektronischen Dokumenten (§ 299 Abs. 3 S. 1 ZPO). Bei einem elektronischen Zugriff auf den Inhalt der Akten ist sicherzustellen, dass der Zugriff nur durch den Bevollmächtigten erfolgt. (§ 299 Abs. 3 S. 3 ZPO; § 100 Abs. 2 S. 3, § 78 Abs. 2 S. 3 FGO; § 120 Abs. 2 S. 3). Die Entwürfe zu Urteilen, Beschlüssen und Verfügungen, die zu ihrer Vorbereitung gelieferten Arbeiten sowie die Dokumente, die Abstimmungen betreffen, werden weder vorgelegt noch abschriftlich mitgeteilt (§ 299 Abs. 4 ZPO; § 100 Abs. 3 VwGO; § 78 Abs. 3 FGO; § 120 Abs. 4 SGG). Im Strafverfahren ist nur der Verteidiger befugt, die Akten, die dem Gericht vorliegen oder diesem im Falle der Erhebung der Anklage vorzulegen wären, einzusehen sowie amtlich verwahrte Beweisstücke zu besichtigen (§ 147 Abs. 1 StPO).

Jedoch darf nicht alles, was in der Akte abgeheftet ist, zugänglich gemacht werden. So ist vor **25** der Bewilligung von Prozesskostenhilfe dem Gegner zwar Gelegenheit zur Stellungnahme zu geben (§ 118 Abs. 1 S. 1 ZPO). Dazu gehört aber nicht, dem Gegner auch die **wirtschaftlichen Verhältnisse nebst Nachweisen** zugänglich zu machen. Insoweit bedarf es eines Sonderbandes, in dem diese Unterlagen abgeheftet werden und der im Falle einer Akteneinsicht entnommen werden kann. Nur der eigentliche PKH-Antrag, eine eventuelle Erwiderung und der Beschl. gehören in die eigentliche Prozessakte. Bei dem Beschl. sind, soweit es auf die wirtschaftlichen Verhältnisse ankommt, diese so auszublenden, dass sie Dritten und damit dem Verfahrensgegner nicht zugänglich gemacht werden. Denn diese Daten sind für Dritte nicht erforderlich.

Akten – also auch elektronische Akten – sind daher so zu führen, dass Unterlagen, die einem **26** Verfahrensbeteiligten bei Akteneinsicht nicht zugänglich gemacht werden dürfen, in sog. **Sonderbänden** zu führen sind. Alternativ können sie der Akte vorgeheftet werden (zB Strafregisterauszüge), um sie im Falle einer Einsicht vorab zu entnehmen. Bei der elektronischen Akte müsste durch Technik sichergestellt werden, dass diese Seiten ausgeblendet werden (alle bisherigen Verordnungsentwürfe enthalten dazu schier gar nichts (→ Rn. 2a ff.).

Soweit jedoch bei geführten elektronischen Akten Metadaten anfallen, die Teil der Akte sind (zB **26a** Wiedervorlagen, kurze Vermerke usw) sind auch diese Metadaten im Rahmen der Akteneinsicht zugänglich zu machen (zur mangelhaften Aktenvorlage der Behörden nach § 99 Abs. 1 VwGO wegen fehlender Metadaten siehe nur VG Wiesbaden BeckRS 2017, 129872; dasselbe BeckRS 2016, 112634).

2. Beigezogene Akten

Im Rahmen der **Akteneinsicht** besteht auch **Anspruch auf Einsicht in die beigezogenen** **27** **Gerichts- und Behördenakten.** Diese können durchaus sensibel sein. So regelt zB § 25 Abs. 2 SGB X, dass soweit Akten Angaben über gesundheitliche Verhältnisse eines Beteiligten enthalten, die Behörde statt dessen den Inhalt der Akten dem Beteiligten durch einen Arzt vermitteln lassen kann. Eine solche Regelung enthalten die gerichtlichen Verfahrensordnungen (auch das SGG) nicht. Die hier vom Gesetzgeber normierten Überlegungen wären jedoch entsprechend im Gerichtsverfahren anzuwenden. Auch ist nach § 25 Abs. 3 SGB X die Behörde zur Gestattung der Akteneinsicht nicht verpflichtet, soweit die Vorgänge wegen der berechtigten Interessen der Beteiligten (zB Betriebsgeheimnisse bei Kündigungszustimmung für Schwerbehinderte durch die Hauptfürsorgestelle) oder dritter Personen geheim gehalten werden müssen. Soweit **Behördenakten** nicht im Vorfeld entsprechend **datensparsam geführt** wurden, sind alle Unterlagen dem Gericht vorzulegen. Denn Behörden sind zur Vorlage von Urkunden oder Akten, zur Übermittlung elektronischer Dokumente und zu Auskünften verpflichtet (§ 99 Abs. 1 S. 1 VwGO). Bei

Syst. E. Datenschutz bei Gerichten und Staatsanwaltschaften

der Erstellung einer elektronischen Akte ist durch die Behörde sicher zu stellen, dass mangelhafte Scanvorgänge erkannt werden. Insoweit bedarf es beim Scannen einer entsprechenden Qualitätskontrolle, welche auch sicherstellt, dass die Dokumente in der Originalgröße, in den Originalfarben sowie richtig lesbar und vollständig eingescannt werden (zur Vorlage einer eingescannten Behördenakte im Verwaltungsprozess und der erforderlichen Qualitätskontrolle s. VG Wiesbaden NVwZ 2015, 238).

3. Sperrerklärung

28 Grundsätzlich besteht ein Akteneinsichtsanspruch in die beigezogenen Akten, auch in solche, welche ansonsten für die Verfahrensbeteiligten möglicherweise sonst gerade nicht zugänglich sind. Da die Verfahrensordnungen zu dieser Problematik (zB Personalakten) keine Aussagen treffen muss das Gericht im Einzelfall eine Lösung für die Konfliktsituation treffen. Allerdings können die Unterlagen von der Behörde im verwaltungsgerichtlichen Verfahren unter **Berufung auf eine Sperrerklärung** (§ 99 Abs. 1 S. 2 VwGO) zurückgehalten werden, wenn dies gerichtlich bestätigt wird. Denn wenn das Bekanntwerden des Inhalts der Akten dem Wohl des Bundes oder eines deutschen Landes Nachteile bereiten würde oder wenn die Vorgänge nach einem Gesetz oder ihrem Wesen nach geheim gehalten werden müssen, kann die zuständige oberste Aufsichtsbehörde gem. § 99 Abs. 1 S. 2 VwGO die Vorlage der Urkunden oder Akten oder die Erteilung der Auskünfte verweigern (s. dazu BVerfG NStZ 1981, 357; BVerwG BeckRS 2012, 48485; BeckRS 2002, 30275101; BeckRS 2008, 33734; BeckRS 2008, 33734; BeckRS 2009, 32666; BeckRS 2009, 35992; BeckRS 2010, 52103; BeckRS 2011, 50350). Davon ist die Notwendigkeit der Begründung in einem Verfahren nicht erfasst (s. dazu VG Wiesbaden BeckRS 2016, 43310; VG Wiesbaden Urt. v. 5.8.2016 – 6 K 1759/15.WI).

28a Bei **Verfahren nach den Informationsfreiheitsgesetzen** kommt eine **Sperrerklärung** nur in Bedingt in Betracht. Soweit hier die Vorlage von Unterlagen verweigert wird kann ggf. eine Sperrerklärung abgeben werden. Auf die Vorlage der Unterlagen für die Frage der Verweigerung kommt es aber nicht im Regelfall nicht an. Da jeder Ausschlussgrund für eine Information für sich zu betrachten ist, sind die Gründe, welche materiell die Einstufung als Verschlusssache, Betriebs- oder Geschäftsgeheimnis usw. rechtfertigen sollen, schriftsätzlich oder in der mündlichen Verhandlung vorzutragen (VG Wiesbaden BeckRS 2016, 41206). Die Ablehnungsgründe müssen dem Gericht so dargelegt werden, dass es im Rahmen der Rechtsschutzgarantie des Grundgesetzes diese nachvollziehen und damit kontrollieren kann. Die mündlichen Verhandlung kann dabei eine hinreichende Grundlage für die Feststellung sein, ob ein Verweigerungsgrund ausreicht oder nicht. Insoweit ist es Sache der Verfahrensbeteiligten darzulegen, dass die Versagungstatbestände gegeben sind (VG Wiesbaden BeckRS 2016, 41206).

4. Personalakten

29 Diese Überlegungen gelten auch für **Personalakten,** die in einem **Konkurrentenstreitverfahren** vorzulegen sind. Personalakten sind grundsätzlich Dritten nicht zugänglich zu machen. Auch wenn nach § 100 VwGO der Betroffene ein Akteneinsichtsrecht in die Personalakte des Mitbewerbers hat (vgl. VGH Kassel NVwZ 1994, 398), ist trotzdem von Verfassungswegen eine Abwägung zwischen dem Interesse des Bewerbers und dem Gebot eines effektiven Rechtsschutzes sowie dem informationellen Selbstbestimmungsrecht des Konkurrenten erforderlich.

5. Konkurentenstreitverfahren

30 Der Hessische Verwaltungsgerichtshof hat insoweit für die Fälle der **Konkurrentenstreitverfahren** unter Berücksichtigung des Gebots eines effektiven Rechtsschutzes folgende **Maßstäbe** entwickelt, **unter denen Akteneinsicht in die beigezogenen Akten gewährt wird.**

30.1 „1. Einsicht in die Beiakten (Auswahlvorgänge, Besetzungsberichte, Personalakten uä) wird den Beteiligten und ihren Prozessbevollmächtigten nur beim Hessischen Verwaltungsgerichtshof oder bei einem Verwaltungsgericht, hilfsweise einem Amtsgericht, unter Aufsicht des Geschäftsleiters des betreffenden Gerichts gewährt.
2. Der Senatsvorsitzende entscheidet darüber, ob und ggf. welche Teile der Personalakten deshalb von der Akteneinsicht ausgenommen werden, weil sie für die Auswahlentscheidung bedeutungslos sind und der betreffende Bewerber ein schutzwürdiges Geheimhaltungsinteresse hat.
3. Akteneinsicht wird nicht in die Teile der Beiakten gewährt, die nicht am Verfahren beteiligte Bewerber betreffen.

Syst. E. Datenschutz bei Gerichten und Staatsanwaltschaften

4. Die Beteiligten und ihre Bevollmächtigten können sich durch den Geschäftsleiter des betreffenden Gerichts Fotokopien von Teilen der Beiakten auf ihre Kosten anfertigen lassen. Fotokopien aus den Personalakten von Mitbewerbern und aus sonstigen Beiakten, soweit sie Mitbewerber betreffen, werden nur für einen bevollmächtigten Rechtsanwalt angefertigt, der zuvor gegenüber dem Senat anwaltlich versichert haben muss, dass er die Fotokopien zu seiner anwaltlichen Handakte nehmen, seinem Mandanten nur in seinen Geschäftsräumen Einsicht in diese Fotokopien gewähren, die Fotokopien nach endgültiger Besetzung der streitigen Stelle vernichten und die Vernichtung dem erstinstanzlichen Verwaltungsgericht mitteilen wird."

Durch solche Vorgaben wird in verfassungskonformer Weise das sich das aus § 100 VwGO ergebende Recht auf Akteneinsicht und das Recht, sich Ablichtungen daraus zu machen, für Privatpersonen zwar eingeschränkt, während es bei Rechtsanwälten als Organen der Rechtspflege keiner Einschränkung bedarf. Die Rechtsanwälte werden jedoch zu einer **strikten Zweckbindung** angehalten. Soweit ein Anwalt gegen diese Vorgaben verstoßen würde, könnte dieses Handeln zumindest mit einem Bußgeld nach Art. 83 Abs. 5 DS-GVO geahndet werden. **31**

6. Aktenanforderungen

Bei Aktenanforderungen und Übersendung zwischen Gerichten ist der **Grundsatz der Erforderlichkeit** im Rahmen der Rechts- und Amtshilfe zu beachten (OLG Köln NJW 1994, 1075). So darf ein Finanzgericht Akten eines Ehescheidungsverfahrens nicht beiziehen, wenn der Beiziehung von einem Beteiligten widersprochen wurde. Dies gilt selbst dann, wenn der Beteiligte zur Auskunft verpflichtet wäre, denn er müsste seine persönlichen Lebensumstände offenbaren (OLG Köln NJW 1994, 1075). Nur wenn die Erhebung eines Beweises sonst nicht möglich ist, wäre die Aktenanforderung zulässig, soweit dies im überwiegenden Interesse der Allgemeinheit erforderlich ist. Das anfordernde Gericht trägt die **Verantwortung** dafür, dass die **Aktenanforderung rechtmäßig** erfolgt. Die übermittelnde Stelle hat die Zuständigkeit des Empfängers und die Schlüssigkeit der Anfrage zu überprüfen. Da es an einer bereichsspezifischen Regelung in den Verfahrensordnungen (Ausnahme StPO) fehlt, gelten die Übermittlungsgrundsätze nach der DS-GVO (hier Art. 6 Abs. 1 lit. e DS-GVO). § 474 Abs. 1 StPO regelt ausdrücklich, dass Gerichte, Staatsanwaltschaften und andere Justizbehörden Akteneinsicht erhalten, wenn dies für Zwecke der Rechtspflege erforderlich ist. Erforderlichkeit bedeutet aber nicht Nützlichkeit, sondern ohne Beiziehung der Akten kann ein Beweis nicht erhoben oder eine Entscheidung nicht gefällt oder der Amtsermittlungspflicht des Gerichtes nicht nachgekommen werden. **32**

7. Mitteilungen der Gerichte und Staatsanwaltschaften

Durch das Justizmitteilungsgesetz und Gesetz zur Änderung kostenrechtlicher Vorschriften und anderer Gesetze (BGBl. I 1430) wurden im EGGVG die Übermittlung personenbezogener Daten von Amts wegen durch Gerichte der ordentlichen Gerichtsbarkeit und Staatsanwaltschaften an öffentliche Stellen des Bundes oder eines Landes für andere Zwecke als die des Verfahrens, für die die Daten erhoben worden sind, und damit die bisherigen Erlassregelungen zur Mitteilung in Strafsachen oder in Zivilsachen auf eine gesetzliche Grundlage gestellt (§§ 15–22 EGGVG). Die übermittelten Daten dürfen **nur zu dem Zweck verwendet werden,** zu dessen Erfüllung sie übermittelt worden sind (§ 19 Abs. 1 S. 1 EGGVG), wobei die empfangende Stelle immer zu prüfen hat, ob die übermittelten Daten für die in Abs. 1 genannten Zwecke erforderlich sind. Ob dies in der Praxis wirklich immer erfolgt, dürfte zweifelhaft sein. **33**

8. Akteneinsicht durch Dritte

Demgegenüber können **Dritte** – also alle, die nicht Partei eines Verfahrens sind - ohne Einwilligung der Parteien Einsicht in die Prozessakten eines zivilgerichtlichen Verfahrens erhalten, wenn sie ein **rechtliches Interesse** glaubhaft machen (§ 299 Abs. 2 ZPO; vgl. OLG Frankfurt KTS 1997, 671). Allerdings ist das Interesse der Prozessbeteiligten an der Geheimhaltung des Prozessstoffes gegen das Interesse des Antragstellers abzuwägen. Die **Entscheidung** hierüber hat **der Behördenleiter** (Direktor bzw. Präsident des jeweiligen Gerichtes) als Justizverwaltungsorgan **zu treffen.** Ein rechtliches Interesse ist mehr als ein berechtigtes Interesse, wie es zB für die Einsicht in das Grundbuch (§ 12 GBO) erforderlich ist. In beiden Fällen ist jedoch das rechtliche und/oder berechtigte Interesse jedoch von dem Antragsteller darzulegen und glaubhaft zu machen. Soweit andere Prozessordnungen auf die ZPO verweisen (wie § 173 VwGO), ist gesondert zu prüfen, ob die Regelung des § 299 Abs. 2 ZPO ausgeschlossen ist oder entsprechende Anwendung finden kann. **34**

Syst. E. Datenschutz bei Gerichten und Staatsanwaltschaften

34a Das jeweilige **Umweltinformationsgesetz** eines Landes führt nicht zu einem Recht auf Einsicht in die Gerichtsakten. Denn die Umweltinformationsgesetze gelten nicht für Gerichte in ihrer Funktion der rechtsprechenden Tätigkeit. **Informationspflichtige Stellen sind die Regierungen, Behörden des Bundes oder der Länder, der Gemeinden oder der Gemeindeverbände,** juristische Personen des öffentlichen Rechts sowie sonstige Stellen der öffentlichen Verwaltung. **Gerichte sind gerade nicht Teil der Verwaltung.** So sind Gerichte des Bundes, soweit sie nicht Aufgaben der öffentlichen Verwaltung wahrnehmen keine informationspflichtigen Stellen (vgl. § 2 Abs. 1 Nr. 1b UIG). Die Bestimmung des Begriffs „Behörden" soll so erweitert werden, dass davon Regierungen und andere Stellen der öffentlichen Verwaltung auf nationaler, regionaler oder lokaler Ebene erfasst werden, unabhängig davon, ob sie spezifische Zuständigkeiten für die Umwelt wahrnehmen oder nicht. Die Begriffsbestimmung soll ebenfalls auf andere Personen oder Stellen ausgedehnt werden, die im Rahmen des einzelstaatlichen Rechts umweltbezogene Aufgaben der öffentlichen Verwaltung erfüllen, sowie auf andere Personen oder Stellen, die unter deren Aufsicht tätig sind und öffentliche Zuständigkeiten im Umweltbereich haben und entsprechende Aufgaben wahrnehmen (Erwägungsgrund 11 der RL 2003/4/EG des Europäischen Parlaments und des Rates v. 28.1.2003 über den Zugang der Öffentlichkeit zu Umweltinformationen und zur Aufhebung der RL 90/313/EWG des Rates, ABl. L 41, 26).

35 Für einen Verletzten besteht nach § 406e StPO die Möglichkeit, Kenntnis von dem **Akteninhalt seines Schädigers** zu erhalten. Dies jedoch nur, soweit nicht überwiegende schutzwürdige Interessen des Beschuldigten oder anderer Personen entgegenstehen. Einem sonstigen Dritten kann Akteneinsicht gewährt werden, soweit er hierfür ein berechtigtes Interesse (kein rechtliches Interesse) darlegt, § 475 StPO (zum Verletztenbegriff und berechtigten Interesse s. OLG Hmb BeckRS 2012, 15124).

9. Wissenschaftliche Forschung

36 Bei wissenschaftlichen Forschungsvorhaben, zB einer Habilitation, gehen mangels bereichsspezifischer Regelung die allgemeinen datenschutzrechtlichen Regelungen vor (zB § 24 HDSIG – Datenverarbeitung für wissenschaftliche Zwecke; vgl. OLG Hamm NVwZ 1996, 622). In Hessen bedarf es insoweit der Genehmigung durch das Hessische Ministerium der Justiz. Im Strafverfahren findet hingegen § 476 StPO Anwendung.

II. Beweisverwertung

37 Was ist, wenn in einem Verfahren **Beweise** eine wesentliche Rolle spielen, die unter datenschutzrechtlichen Gesichtspunkten **rechtswidrig erhoben,** also beschafft worden sind? Nach der Rechtsprechung des BVerfG kann in einem Strafverfahren die Verwertung rechtswidrig erhobener personenbezogener Informationen aus einer präventiv-polizeilichen Wohnraumüberwachung zulässig sein (BVerfG BeckRS 2012, 45913; BGH BeckRS 2009, 26570). Ein **Beweisverwertungsverbot** stelle von Verfassungswegen eine **begründungsbedürftige Ausnahme** dar, weil es die Beweismöglichkeiten der Strafverfolgungsbehörden einschränke und so die Findung einer materiell richtigen und gerechten Entscheidung beeinträchtige Ein Beweisverwertungsverbot könne allerdings insbesondere nach schwerwiegenden, bewussten oder objektiv willkürlichen Rechtsverstößen, bei denen grundrechtliche Sicherungen planmäßig oder systematisch außer Acht gelassen worden sind, geboten sein (BVerfG BeckRS 2012, 45913). Damit wird die stRspr des BGH bestätigt, dass nach § 261 StPO rechtswidrig erlangte personenbezogene Informationen grundsätzlich verwertet werden können.

1. Verwertungsverbote

38 Ein „**Verwertungsverbot**" von Sachvortrag kennt auch das **Zivilprozessrecht** nicht. Der beigebrachte Tatsachenstoff ist entweder unschlüssig oder unbewiesen, aber nicht „unverwertbar". Dies gilt umso mehr, wenn der Sachverhalt unstreitig ist. Das Gericht ist an ein Nichtbestreiten (wie auch an ein Geständnis) grundsätzlich gebunden. Es darf für unbestrittene Tatsachen keinen Beweis verlangen und erheben. Die Annahme eines „Sachvortragsverwertungsverbots" steht insoweit in einem deutlichen Widerspruch zu den Grundprinzipien des deutschen Zivil- und Arbeitsgerichtsverfahrens (BAG BeckRS 2008, 54094). Aus dem Umstand, dass eine Information oder ein Beweismittel unzulässig erlangt wurde, ergibt sich deshalb noch nicht zwingend deren Nichtverwertbarkeit. Erst wenn durch die Verwertung einer rechtswidrig erlangten Information oder eines Beweismittels ein erneuter bzw. perpetuierender Eingriff in rechtlich erheblich geschützte Positionen der anderen Prozesspartei erfolgt, kann ein prozessuales Verbot einer Verwertung in

Syst. E. Datenschutz bei Gerichten und Staatsanwaltschaften

Betracht kommen (BAG BeckRS 2008, 54094). Dh ein möglicherweise bewusster Verstoß gegen eine gesetzliche Regelung dürfte zumindest durch die arbeitsgerichtliche Rechtsprechung sanktioniert werden. So hat das BAG entschieden, dass das aus einer verdeckten Videoüberwachung öffentlich zugänglicher Arbeitsplätze gewonnene Beweismaterial nicht allein deshalb einem prozessualen Beweisverwertungsverbot unterliege, weil es unter Verstoß gegen § 6b Abs. 2 BDSG aF gewonnen wurde (BeckRS 2012, 70502; s. auch Anm Bauer FD-ArbR 2012, 337702). Im Bereich des Verwaltungsrechts hat das OVG Hmb (BeckRS 2007, 23371) festgestellt, dass die durch rechtswidrige Ermittlungsmaßnahmen erlangten Erkenntnisse – durch eine unzulässige verdeckte Ermittlung der Lebensverhältnisse eines Ausländers Seitens der Ausländerbehörde unter Zuhilfenahme einer privaten Detektei – nicht verwertbar sind.

2. Vorsätzliche Verstöße

Damit werden insgesamt in der Regel nur als (sehr) **schwer eingestufte und vorsätzliche** 39
Verstöße gegen datenschutzrechtliche Vorschriften bei der Beweisverwertung durch ein Verwertungsverbot sanktioniert. Dies, obwohl Art. 24 Datenschutz-RL, nunmehr Art. 84 DS-GVO, regelt, dass die Mitgliedstaaten Sanktionen festzulegen haben, die bei Verstößen gegen die zur Umsetzung der RL erlassenen Vorschriften anzuwenden sind. Nach dem Erwägungsgrund 55 Datenschutz-RL müssen **Sanktionen** jede Person treffen, die die einzelstaatlichen Vorschriften zur Umsetzung nicht einhält. Nach Erwägungsgrund 152 DS-GVO sollten gegen jede natürliche oder juristische – privatem oder öffentlichem Recht unterliegende – Person, die gegen diese Richtlinie verstößt, Sanktionen verhängt werden. Die Mitgliedstaaten sollten dafür sorgen, dass die Sanktionen wirksam, verhältnismäßig und abschreckend sind, und alle Maßnahmen zur Anwendung der Sanktionen treffen. Dazu gehören auch Behörden und Organisationen des öffentlichen Rechts. Ist die Datenerhebung, -verarbeitung oder -nutzung formell rechtswidrig und führt dies zumindest zu einem Verwertungsverbot, wenn nicht sogar zur Löschung (vgl. VG Wiesbaden BeckRS 2014, 49558; VG Wiesbaden BeckRS 2013, 52895).

Hinzu kommt, dass Art. 5 Abs. 1 DS-GVO klarstellt, dass personenbezogene Daten auf rechtmäßige Weise verarbeitet werden müssen. Dies lässt eine rechtswidrige Nutzung der Daten europarechtlich nicht mehr zu. 39a

Zwar wurde die Strafrechtspflege noch nicht durch die Datenschutz-RL erfasst, Art. 3 Abs. 3 Datenschutz-RL (ab 2018 → Rn. 88), jedoch sind im Zivil- und Verwaltungsrecht als Sanktionen auch keine Verwertungsverbote erfasst worden. Bereits nach Art. 23 Abs. 1 Datenschutz-RL sahen die Mitgliedstaaten ferner vor, dass jeder Person, der wegen einer rechtswidrigen Verarbeitung oder jeder anderen mit den einzelstaatlichen Vorschriften zur Umsetzung der RL nicht zu vereinbarenden Handlung ein Schaden entsteht, von dem Verantwortlichen **Schadensersatz** verlangen kann. Nunmehr kann nach Art 82 DS-GVO jede Person, der wegen eines Verstoßes gegen diese Verordnung ein materieller oder immaterieller Schaden entstanden ist, einen Anspruch auf Schadensersatz gegen den Verantwortlichen oder gegen den Auftragsverarbeiter geltend machen. Es gilt dabei die Beweislastumkehr, sodass die verantwortliche Stelle nachweisen muss, dass sie in keinerlei Hinsicht für den Umstand, durch den der Schaden eingetreten ist, verantwortlich ist. 40

Dies hat zur Folge, dass die nationalen Schadensersatzregelungen dahingehend europarechtlich auszulegen sind, dass zwar die rechtswidrig erhobenen Daten im gerichtlichen Verfahren – mangels eines Verwertungsverbotes – genutzt werden dürfen, dem Betroffenen aber zumindest der dadurch entstandene Schaden, bei dem es sich auch um einen immateriellen handeln kann, auf Antrag ersetzt werden müsste. Insgesamt ein durch das europäische Recht begründeter Wertungswiderspruch, den die Rechtsprechung im Lichte der DS-GVO so lange zu lösen haben wird, bis der Gesetzgeber entsprechende Regelungen um Umgang mit rechtswidrig erhobenen Beweisen getroffen hat. 40a

III. Elektronisches Gerichts- und Verwaltungspostfach

Eine **Klageerhebung** kann zu Protokoll der Geschäftsstelle, mit einem herkömmlichen Klageschriftsatz oder auch elektronisch erfolgen. Insoweit regeln die Verfahrensordnungen, dass die Beteiligten dem Gericht **elektronische Dokumente** übermitteln können, soweit dies für den jeweiligen Zuständigkeitsbereich durch Rechtsverordnung der Bundesregierung oder der Landesregierungen zugelassen worden ist. Die Rechtsverordnung hat den Zeitpunkt zu bestimmen, von dem an Dokumente an ein Gericht elektronisch übermittelt werden können, und die Art und Weise, in der elektronische Dokumente einzureichen sind. Für Dokumente, die einem schriftlich zu unterzeichnenden Schriftstück gleichstehen, ist eine **qualifizierte elektronische Signatur** nach Art. 3 Nr. 12 iVm Anhang I der Verordnung (EU) Nr. 910/2014 des Europäischen Parla- 41

Syst. E. Datenschutz bei Gerichten und Staatsanwaltschaften

ments und des Rates vom 23. Juli 2014 über elektronische Identifizierung und Vertrauensdienste für elektronische Transaktionen im Binnenmarkt und zur Aufhebung der Richtlinie 1999/93/EG (ABl. L 257, 73) vorgeschrieben. Neben der qualifizierten elektronischen Signatur könnte auch ein anderes sicheres Verfahren zugelassen werden, das die Authentizität und die Integrität des übermittelten elektronischen Dokuments sicherstellt, was derzeit aber wohl nicht gegeben ist, aber bei der DE-Mail kraft Gesetzes gegen sein soll.

1. Elektronisches Gerichts- und Verwaltungspostfach

42 Nachdem der Gesetzgeber die wesentlichen rechtlichen Rahmenbedingungen für den **elektronischen Rechtsverkehr** geschaffen hatte, haben das Bundesverwaltungsgericht und der Bundesfinanzhof zusammen mit dem Bundesamt für Sicherheit in der Informationstechnik, dem Oberverwaltungsgericht Münster (federführend für das Pilotprojekt in Nordrhein-Westfalen) und in Abstimmung mit den Ländern Bremen und Hessen ein „Elektronisches Gerichts- und Verwaltungspostfach – EGVP" konzipiert (http://www.egvp.de/beh_allgemeine_info/index.php). Für die Bundesgerichte (BFH, BVerwG, BSG und BAG, nicht für den BGH) wurden entsprechende Rechtsverordnungen ebenso erlassen, wie für verschiedene Gerichte der Länder (s. http://www.egvp.de/rechtlicheGrundlagen/spezielleGrundlagen/index.php). Datenschutzrechtlich dürfte es sich vorliegend um ein gemeinsames Verfahren gem. Art. 26 DS-GVO handeln. Nach der Datenschutzklärung zum EGVP handelt es sich bei dem Projekt „elektronischer Rechtsverkehr" um ein Projekt aller beteiligten Gerichte, Behörden und sonstigen öffentlichen Stellen des Bundes und der Länder. Mithin sind alle Beteiligten Teil des gemeinsamen Verfahrens. Insoweit bedürfte es einer schriftlichen, vertraglichen Regelung aller Beteiligten Gerichte und Institutionen zur Betreibung des Systems und der Klärung einzelner Verantwortlichkeiten. Mithin sind alle Beteiligten Teil des gemeinsamen Verfahrens. Insoweit bedürfte es einer schriftlichen, vertraglichen Regelung aller Beteiligten zur Betreibung des Systems und der Klärung einzelner Verantwortlichkeiten. So ist in Hessen die Hessische Zentrale für Datenverarbeitung (HZD) Auftragsverarbeiter nach Art. 28 DS-GVO ist. Ein entsprechender Vertrag zwischen allen Gerichten und der HZD zur Auftragsverarbeitung gem. Art. 28 DS-GVO liegt aber offensichtlich nicht vor. Auch ist das Landesamt für Datensicherheit in Nordrhein-Westfalen als Intermediär für die Administration und den Betrieb des zentralen länderübergreifenden Registerserver S.A.F.E. zuständig. Der Nutzungssupport wird von der Firma Westernach, Produkt und Services AG aus Wiesloch geleitet. Auch diese sind Teil einer Auftragsdatenverarbeitung.

42a Mitglied im gemeinsamen Verfahren müsste jedoch auch die Bundesrechtsanwaltskammer sein, da das Verfahren beA zur Teilnahme am OSCI-gestützten elektronischen Rechtsverkehrs registriert worden ist. Insoweit bedarf das Verfahren beA ebenfalls der S.A.F.E.-ID von der bei der IT in Nordrhein-Westfalen im Auftrag der Länder betriebenen S.A.F.E.-Instanz oder/und auch der govello-ID. Eine entsprechende Dokumentation ist nicht gegeben.

42b Die **Bundesrechtsanwaltskammer** (BRAK) wurde mit dem 2013 verabschiedeten G zur Förderung des elektronischen Rechtsverkehrs mit den Gerichten verpflichtet, für alle in der Bundesrepublik zugelassenen Rechtsanwältinnen und Rechtsanwälte ein **besonderes elektronisches Anwaltspostfach (beA)** einzurichten. Die Postfächer sollten ab dem 29.9.2016 für alle Rechtsanwältinnen und Rechtsanwälte empfangsbereit zur Verfügung stehen. Für dieses System liegen die gleichen – vielleicht sogar noch gravierenderen – datenschutzrechtlichen Mängel vor, wie für das EGVP. Über eine Meldung/ein Verfahrensverzeichnis und/oder Auftragsdatenverarbeitungsverträge verfügt die Bundesrechtsanwaltskammer erst seit Juni 2017. Eine frühere Nachfragen wurde nicht beantwortet, sondern nur darauf verweist, dass die BRAK die datenschutzrechtlichen Anforderungen an das beA geprüft habe und diesbezüglich die anwendbaren datenschutzrechtlichen Vorgaben erfülle. Welche Vorgaben tatsächlich erfüllt werden bleibt offen. Trotz des „Öffentlichen Verfahrensverzeichnisses betreffend das besondere elektronische Anwaltspostfach (beA)" liegt keine vollständige Meldung vor. So ist eine Klärung wer für was in dem Verfahren die verantwortliche Stelle ist immer noch nicht vollständig aufgeführt (zu weiteren Bedenken zum beA s. http://www.wernerri.de/fileadmin/Eilantrag_von_RA_Dr._Marcus_Werner_an_den_AGH_Berlin_vom_22.12.2015.pdf, Stand August 2016, sowie Beschluss des Anwaltgerichtshofs Berlin v. 6.6.2016 – II AGH 16/15). Lediglich das Führen eines Gesamtverzeichnisses aller Rechtsanwälte und seines Inhalts ist § 31 BRAO geregelt.

42c Die Verordnung über die Rechtsanwaltsverzeichnisse und die besonderen elektronischen Anwaltspostfächer (Rechtsanwaltsverzeichnis- und -postfachverordnung – RAVPV) v. 23.9.2016 manifestiert nur, dass die Bundesrechtsanwaltskammer für den Verzeichnisdienst, aber nicht das Betreiben des oder der Server für das beA verantwortlich ist. Soweit sich die Kammer Dienstleister bedient oder die Server gar in einer Serverfarm betreibt gelten die allgemeinen datenschutzrechtli-

Syst. E. Datenschutz bei Gerichten und Staatsanwaltschaften

chen Regelungen, zu der auch die Auftragsverarbeitung gem. Art. 28 DS-GVO ebenso wie das Verzeichnis von Verarbeitungstätigkeiten nach Art. 30 DS-GVO gehört. Dies wird offensichtlich nicht von der Bundesrechtsanwaltskammer nicht beachtet.

2. Verantwortliche Stelle beim EGVP

Obwohl nach den Verordnungen davon auszugehen ist, dass **jedes Gericht eine selbständige datenverarbeitende Stelle** ist und damit selbstverantwortlich das **EGVP** betreibt, ergibt sich aus der Datenschutzerklärung EGVP etwas anderes (http://www.egvp.de/bearbeitung/datenschutzerklaerung/index.php). Hiernach willigt der Nutzer darin ein, dass die derzeit und künftig an dem Projekt „Elektronischer Rechtsverkehr" beteiligten Gerichte, Behörden und sonstigen öffentlichen Stellen des Bundes oder der Länder die allgemeinen personenbezogenen Daten (Bestandsdaten) für die Begründung, Durchführung und Abwicklung des elektronischen Rechtsverkehrs erheben, verarbeiten und nutzen dürfen. Damit ist ein **gemeinsames Verfahren** gegeben (→ Rn. 42, → Rn. 45).

43

3. Einwilligung durch Datenschutzerklärung?

Eine **Einwilligung** eines Betroffenen kann nicht durch eine Datenschutzerklärung erfolgen (s. Datenschutzerklärung EGVP, http://www.egvp.de/pdf/datenschutzerklaerung/datenschutzerklaerung.pdf). Eine Datenschutzerklärung einer Behörde oder eines Unternehmens ist eine einseitige allgemeine Geschäftsbedingung (zur überraschenden Klausel §§ 305 ff. BGB). Datenschutzhinweise in den AGB's entsprechen weder in der Form noch dem Inhalt den Anforderungen an eine wirksame Einwilligungserklärung. Die Einwilligung ist eine Willensbekundung, die ohne Zwang für den konkreten Fall in Kenntnis der Sachlage erfolgen muss. Hinzu kommt, dass die betroffene Person in Kenntnis der Sachlage ausdrücklich akzeptiert, dass die sie betreffenden Daten verwendet werden (Art. 2 Buchst. f. Datenschutz-RL; nunmehr Art. 4 Nr. 11 DS-GVO). Nach Art. 7 DS-GVO muss die Einwilligung auf der **freien Entscheidung des Betroffenen** beruhen und hat in der Regel schriftlich zu erfolgen. § 13 Abs. 2 TMG regelt für den Bereich des Internets die bewusste und eindeutige Willensbekundung mit einer Protokollierungspflicht und der Möglichkeit des Betroffenen den Einwilligungstext jederzeit abzurufen und ihn für die Zukunft jederzeit zu widerrufen (zur Problematik der Einwilligung nach § 4a BDSG s. EuGH ZUM 2016, 1024). Auch wenn das TMG auf Gerichte keine unmittelbare Anwendung findet, so ist der hier wiedergegebene Grundgedanke im Lichte der DS-GVO zu beachten. Eine fehlende wirksame Einwilligung führt mangels entsprechender gesetzlicher Grundlage dazu, dass die Nutzung der Daten des Betroffenen durch andere Gerichte schlicht rechtswidrig ist.

44

4. EGVP ein gemeinsames Verfahren?

Zum anderen ergibt sich aus der Datenschutzerklärung, dass wohl ein **gemeinsames Verfahren** iSv Art. 26 DS-GVO gegeben ist. Zu beiden in Betracht kommenden Möglichkeiten gibt es in den einschlägigen Rechtsverordnungen weder bundesgesetzliche oder landesgesetzliche Regelungen. Auch sind keine entsprechenden schriftliche Regelungen zwischen den Gerichten, wie diese nach Art. 26 DS-GVO erforderlich wären, um die Verantwortlichkeiten zu regeln, bekannt. Selbst in Bundesländern, die nach ihrer Rechtsverordnung das Model des gemeinsamen Verfahrens gewählt haben (zB Hessen, VO über den elektronischen Rechtsverkehr bei hessischen Gerichten und Staatsanwaltschaften v. 26.10.2007 GVBl. I 699), fehlt es an einer entsprechenden datenschutzkonformen Umsetzung. In Hessen wird sogar in der VO geregelt, dass der elektronische Briefkasten ausschließlich auf den Servern des „Rechenzentrums" der Justiz, also bei der Hessischen Zentrale für Datenverarbeitung (HZD) geführt wird (diese ist nicht Teil der Justiz). Mithin liegt hier eine **Auftragsverarbeitung** nach Art. 28 DS-GVO vor. Eine Umsetzung der gesetzlichen Vorgaben zur Auftragsverarbeitung fehlt hingegen gänzlich. So wird in der bisher unvollständigen Meldungen (das Verfahrensverzeichnis) – nach altem Recht – darauf hingewiesen, dass die HZD bezüglich der Bereitstellung und Pflege des Intermediärs-Vermittlungsserver Auftragsdatenverarbeiter sei. Jedoch existiert kein Auftragsdatenverarbeitungsvertrag.

45

Das Landesamt für Datensicherheit in Nordrhein-Westfalen ist als „Intermediär" für die Administration und den Betrieb des zentralen, länderübergreifenden Registerserver S.A.F.E. zuständig. Derzeit stehen folgende Registrierungsclients zur Verfügung: EGVP-Client zur Anlage eines Postfaches für die OSCI-Kommunikation, Registrierungsclient ZTR für die Registrierung zur Nutzung des Zentralen Testamentsregister der Bundesnotarkammer, Registrierungsclient Zentrales Vollstreckungsportal für die Registrierung zur Nutzung des Zentralen Vollstreckungsportals. Die

46

Syst. E. Datenschutz bei Gerichten und Staatsanwaltschaften

SAFE-ID soll unveränderbar sein und nur einmal vergeben werden (s. dazu SAFE – http://www.egvp.de/Drittprodukte/SAFE_Abbildungsvorschrift_SAFE_ID_Stand_Dez_2014.pdf). Daneben gibt es noch den Begriff der Govello-ID. Postfächer im EGVP werden durch eine eindeutige Identifikationsnummer (Govello-ID) bezeichnet. Die Govello-ID ist aus der Kennung „safe-sp1" oder „govello" sowie zweier Zahlenfolgen zusammengesetzt. Diese ID's sind in einem Verzeichnisdienst registriert, der wohl von Nordrhein-Westfalen (IT-NRW) gepflegt wird.

46a Der Nutzersupport des EGVP wird durch eine Firma Westernacher Products & Services AG aus Wiesloch geleistet. Damit liegen weitere Auftragsdatenverarbeitungen vor. Jedes Gericht, welches das EGVP anbietet, müsste insoweit auch mit dem Landesamt und der Firma über einen **Auftragsverarbeitungsvertrag** verfügen, was ebenso wenig der nicht der Fall ist, wie die Erwähnung im Verfahrensverzeichnis. Soweit noch eine Firma aus Bremen (bremen online services GmbH & Co. KG) an der Entwicklung des EGVP beteiligt ist, gilt nichts anderes, ebenso wie bei der Durchführung der notwendigen Signaturprüfung durch die Firma Governikus GmbH & Co. KG.

47 Für das EGVP gibt es auch keine Löschfristen und keine Löschroutine, sodass das gesamte Verfahren unter datenschutzrechtlichen Gesichtspunkten rechtswidrig ist. Daher wird das Angebot der Länder zur elektronischen Kommunikation mit den Gerichten zu Recht bislang nur in geringem Umfang genutzt. Rechtsanwälte können und dürfen zu der Vorhaltung eines Postfachs für den Empfang gerichtlicher elektronischer Dokumente nur verpflichtet werden, wenn ein solches **Verfahren** insbesondere auf Seiten der Justiz **rechtmäßig ist.** Hieran bestehen aber nach dem derzeitigen Sachstand erhebliche Zweifel, mit der weiteren Fragestellung, ob ein Anwalt auf elektronischem Wege überhaupt wirksam Klage erheben kann. Dies müsste bei einer entsprechenden Rüge einer Partei im jeweiligen Verfahren geklärt und entschieden werden. Gleiches gilt für das besondere elektronische Anwaltspostfach (beA). Denn das elektronische Anwaltspostfach (beA) der Bundesrechtsanwaltskammer (BRAK) ist von der Bund-Länder-Kommission für Datenverarbeitung und Rationalisierung in der Justiz (BLK) unter der Registrierungs-ID: 0017.0001.0001.020902 als sog. Drittprodukt zum EGVP zugelassen und seit dem 31.3.2016 für die Teilnahme am OSCI-gestützten elektronischen Rechtsverkehr registriert (s. dazu Teilnahme am OSCI-gestützten elektronischen Rechtsverkehr, Registrierungsverfahren gültig ab EGVP Version 2.7.0. – http://www.egvp.de/Drittprodukte/EGVP_Registrierungsverfahren_Teilnahme_Drittprodukte_V1_2.pdf, Stand Februar 2017).

47a Fraglich ist auch hinsichtlich des Aussagegehalts der Signaturprüfung die Geeignetheit und die Zuverlässigkeit des Systems. So kann es vorkommen, dass der sog. Transfervermerk die Information enthält, dass keine qualifizierte Signatur vorliege. Dies obwohl das Dokument bzw. der Container ordnungsgemäß qualifiziert signiert wurde. Ob in dem Fall, dass bei dem Transfervermerk die qualifizierte Signatur bejaht wird, diese auch vorliegt ist ebenfalls fraglich. Damit kann nicht rechtssicher geprüft werden, ob das Schriftformerfordernis nach § 126a BGB erfüllt wurde oder nicht (s. zur Signaturprüfung VG Wiesbaden Urt. v. 12.7.2017 – 6 K 335/17.WI.A). Die Signaturprüfung erfolgt beim EGVP durch die Governikus GmbH & Co. KG (s. iE dazu Anwenderhandbuch Governikus Prüfprotokoll – http://www.egvp.de/pdf/dokumentationen/Governikus-Pruef-protokoll.pdf). Dabei handelt es sich um eine Auftragsdatenverarbeitung. Ein entsprechender Auftragsverarbeitungsvertrag liegt nicht vor.

47b Die Informationen zu den Zertifikaten der qualifizierten Signaturen werden von den ausstellenden Stellen (TrustCenter) hinterlegt. Um die Signatur auf die Vollständigkeit ihrer Merkmale zu prüfen muss insoweit mit einer Prüfungssoftware das Zertifikat bei dem TrustCenter geprüft werden. Dies soll das EGVP leisten. Bei fehlender Installation von „Zertifikats-Updates" kann aber eine Prüfung nicht stattfinden. Dies hat zur Folge, dass trotz Vorliegens einer qualifizierten Signatur der dem Richter vorgelegte Transvermerk dieses verneint. Aussagen wie die „Die Vertrauenswürdigkeit des Trustcenters konnte nicht ermittelt werden" oder „Die Signaturprüfung der Serverantwort ist fehlgeschlagen" hilft dem Richter da wenig (zu Softwareproblemen von Treibern für die Signierung → Rn. 1.1). Von Seiten der Justizverwaltung ist daher darauf zu achten, dass die eingesetzte Software dokumentiert und hinsichtlich ihrer Funktionsfähigkeit zertifiziert ist. Dieses Zertifikat ist öffentlich zu machen und mit jedem Up-Date zu erneuern. Nur so kann ein allgemeines Vertrauen in die Signaturprüfung gewährleistet werden. Andernfalls sind alle Signaturprüfungen ggf. sachverständig zu wiederholen, soweit dies entscheidungserheblich ist.

47c Bedient sich ein Gericht des Verfahrens EGVP um selbst Schriftsätze oder Entscheidungen zuzustellen hat es zwingend die datenschutzrechtlichen Anforderungen der Meldung/des Verfahrensverzeichnisses bzw. zukünftig der Dokumentation nach der DS-GVO zu beachten. Da hier mehrere Akteure (Bund, Bundesländer, Bundesnotar- und Bundesrechtsanwaltskammer, Gerichte, Firmen, usw. das Verfahren gemeinsam betreiben müssten in Zukunft die Vorgaben des Art. 26

Syst. E. Datenschutz bei Gerichten und Staatsanwaltschaften

DS-GVO „Gemeinsam für die Verarbeitung Verantwortliche" erfüllt werden. Hierzu bedürfte es eines entsprechenden Vertrages zwischen allen Beteiligten, der regelt, wer von ihnen welche Verpflichtung gem. der DS-GVO erfüllt, insbesondere was die Wahrnehmung der Rechte der betroffenen Person angeht, und wer welche Informationspflichten erfüllt. Liegt dies nicht vor, ist die Nutzung rechtswidrig mit der Folge, dass eine wirksame Datenübertragung über das EGVP an Rechtsanwälte nicht erfolgen kann (hierzu siehe Anmerkung Schild zu VGH Hessen BeckRS 2017, 134029, Probleme der Übersendung elektronischer Post an ein Gericht, MMR 2018, 263 ff., mit dem Hinweis, dass es dringend erforderlich sei, dass bis zum 25.5.2018 auch bei den Gerichten datenschutzrechtlich die Zuständigkeiten geregelt, die Verantwortlichkeiten festgelegt werden und die Vereinbarungen über gemeinsame Verfahren ebenso vorliegen wie über die Auftragsdatenverarbeitungen. Gleiches gilt für die Verzeichnisse über die Verarbeitungstätigkeiten (Art. 30 DS-GVO). Nur dann könne sichergestellt werden, dass die Rechtsuchenden bei ihren Anträgen bei Gericht – auch auf dem elektronischen Wege – Rechtssicherheit erhalten).

5. Klageerhebung per Mail

Will sich ein Anwalt nicht in Gefahr begeben, besteht für ihn immer noch die Möglichkeit den **Klageschriftsatz per Fax** zu senden oder gar – in einer bestimmten Konstellation – **per E-Mail zu übertragen.** So hat der BGH entschieden, dass eine Berufungsbegründung in schriftlicher Form eingereicht ist, sobald dem Berufungsgericht ein Ausdruck der als Anhang einer elektronischen Nachricht übermittelten, die vollständige Berufungsbegründung enthaltenden Bilddatei (hier: PDF-Datei) vorliegt. Ist die Datei durch Einscannen eines vom Prozessbevollmächtigten unterzeichneten Schriftsatzes hergestellt, ist auch dem **Unterschriftserfordernis** des § 130 Nr. 6 ZPO genüge getan (BGH BeckRS 2008, 15367; ebenso OVG Münster BeckRS 2015, 51756). Allerdings muss das unterschriebene und eingescannte Schriftstück am Empfangsort ausgedruckt werden um eine körperliche Urkunde zu sein (GmS-OG BeckRS 9998, 23482). Insoweit unterscheidet sich der Ausdruck einer Bilddatei (hier: PDF-Datei) nicht von einem ausgedruckten Fax. Die Übermittlungsform ist dabei unerheblich (OVG Münster BeckRS 2015, 51756). Ein als Anhang einer einfachen E-Mail übersandtes, aber qualifiziert signierte Widerspruchsschreiben wahrt das Frist- und Formerfordernis des § 70 Abs. 1 S. 1 VwGO (BVerwG NVwZ 2017, 967). **48**

Andererseits ist zu beachten, dass, wenn für den Rechtsverkehr per E-Mail die die Schriftform ersetzende **qualifizierte elektronische Signatur** vorgeschrieben ist, es bei deren Fehlen es nicht ausreicht, dass sich aus der E-Mail oder begleitenden Umständen die Urheberschaft und der Wille, das Schreiben in den Verkehr zu bringen, hinreichend sicher ergeben (BFH BeckRS 2011, 96291). **49**

Da das **EGVP einer datenschutzrechtlichen Prüfung nicht stand hält,** nützt auch ein Zusatz bei ausgehenden Mails aus den Gerichten und Staatsanwaltschaften recht wenig, dass es nicht zulässig sei, bei den Gerichten und Justizbehörden per E-Mail eine Klage zu erheben, Rechtsbehelfe oder Rechtsmittel etc einzulegen,. Denn der vom BHG aufgezeigte Weg der Schriftsatzeinreichung per unterschriebenem PDF-Format (BGH BeckRS 2008, 15367) ist nicht zu beanstanden (s. auch VG Wiesbaden Urt. v. 12.7.2017 – 6 K 335/17.WI.A 7), wonach eine eingescannte Klageschrift, die vorher von dem Anwalt unterschrieben worden war, die Voraussetzungen der Schriftlichkeit erfüllt). Andernfalls dürfen die Gerichte eine nach außen hin gerichtete E-Mail-Kommunikation nicht zulassen und eine E-Mailadresse weder auf der Homepage, noch sonst wo veröffentlichen. Denn die E-Mail ist einem Telefonat gleichzusetzen (so BVerfG BeckRS 2009, 35860) und insoweit auch – wie oben erörtert einem Telefax. Allerdings muss sich der Übersender einer solchen E-Mail darüber im Klaren sein, dass eine E-Mail an jedem Mail-Server gelesen werden kann, wenn sie nicht verschlüsselt ist. Eine **E-Mailverschlüsselung** aber wird – obwohl „state of the art" – von den Gerichten – auch im Innenverhältnis – nicht durchgeführt und allenfalls iRd EGVP gewährt. **50**

6. Klageerhebung per Fax

Bisher war eine fristwahrende Klageerhebung per Fax möglich, konnte doch das Original mit der vorab geleisteten Unterschrift nachgereicht werden. Soweit die Gerichtsverwaltungen auf das sog. Digi-Fax (digitale Fax) umstellen, dürfte dies jedoch zweifelhaft werden. Denn obwohl dann der Faxeingang auf einem „Fax-Server" und damit digital erfolgt, fehlt es an dem Verzeichnis von Verarbeitungstätigkeiten, einer Risikofolgenabschätzung und einer Dokumentation, dass das Fax – wie bisher bei analoger oder ISDN-Telefonleitung eins zu eins übertragen wird. Durch den Übertragungsweg über den TCP/IP-Standard besteht die Möglichkeit an verschiedenen Zwischenpunkten der Übertragung auf die „Übersendungspakte" zugriff zu nehmen, daher ist weder eine Vertraulichkeit und Verfügbarkeit, geschweige denn eine Integrität, also die „Korrektheit **50a**

Syst. E. Datenschutz bei Gerichten und Staatsanwaltschaften

(Unversehrtheit)" des Inhalts eines Faxen mehr gewährleistet (dazu Der Hessische Beauftragte für Datenschutz und Informationsfreiheit, Zur Übermittlung personenbezogener Daten per Fax, https://datenschutz.hessen.de/datenschutz/it-und-datenschutz/zur-%C3%BCbermittlung-personenbezogener-daten-per-fax, Stand Dezember 2021). Dies insbesondere, wenn der „Fax-Server" von dem Gericht nicht selbst betrieben wird. Eine Klageerhebung wäre daher schon wegen fehlenden Schriftlichkeitserfordernis unwirksam, da die Echtheit und der Inhalt nicht bestätigt werden kann (VG Wiesbaden BeckRS 2015, 41628). Auch bedürfte es zur Wahrung der Schriftform des Ausdruckes bei Gericht (GmS-OG BeckRS 9998, 23482; OVG Münster BeckRS 2015, 51756). Von der mangelnden Lesbarkeit von Faxen ganz zu schweigen, was bei elektronischen Gerichtsakten dann zunehmend der Fall wäre.

50b Ein Versagen der Justizverwaltung kann jedoch nicht zu einer Rechtschutzverweigerung führen, sodass jedem Anwalt zu raten ist, bei den Gerichten, die ein Digi-Fax einsetzten mit der Übersendung des Originals auf dem Postwege zugleich höchst vorsorglich Wiedereinsetzung in den vorherigen Stand zu beantragen (VG Wiesbaden BeckRS 2015, 41628).

50c Soweit die Meinung vertreten wird, dass ein Telefax, weil es dem Gericht auf elektronische Weise zugeleitet wurde, technisch wie eine E-Mail zu behandeln sei, weil sie elektronisch dem Gericht als Empfänger über das Internet oder ein Web-Interface übertragen wurde und damit der Anwendungsbereich des § 55a VwGO eröffnet sei (so VG Dresden BeckRS 2018, 30519, mit in sich konsequenten Ausführungen), kann dem nicht gefolgt werden (ebenso SächsOVG NVwZ-RR 2020, 92). Denn in diesem Falle bedürfte das Fax einer qualifizierten Signatur, was technisch schon nicht geht. Denn wenn ein Fax auf dem Faxserver der Justiz – wo immer dieser stehen möge und wer immer diesen betreibt – in ein PDF umgewandelt wird, hat der Versender darauf keinen Einfluss. Dies liegt in der Sphäre, die der Justizverwaltung als zweiter Gewalt zuzuschreiben ist. Es gelten dann allenfalls die oben bereits ausgeführten Bedenken → Rn. 50b). Auch hat das Bundesverwaltungsgericht hat nach der Einführung des § 55a VwGO weiterhin an seiner Rechtsprechung festgehalten, dass ein Computerfax oder Funkfax kein elektronisches Dokument darstellt (BVerwG NJW 2006, 1989 Rn. 7).

50d Eine Klageerhebung **per Fax muss jedoch ein angemessenes Schutzniveau gewährleisten,** denn es besteht die Möglichkeit der Wahrnehmung durch Dritte. Dies gerade durch die nunmehrige digitale Übermittlung per Voice over IP oder auch Digi-Fax. Die Informationen werden „offen" (unverschlüsselt) übertragen. Eine Telefaxübersendung ist deshalb mit dem Versand einer offenen Postkarte vergleichbar (NdsOVG NJW 2020, 2743). Bei einer besonderen Schutzbedürftigkeit der personenbezogenen Daten, was in der Regel bei den besonderen Arten personenbezogener Daten der Fall ist, ist eine Datenübermittlung per Fax unzulässig (NdsOVG NJW 2020, 2743). Dies gilt selbstverständlich auch für Entscheidungszustellungen durch eine Geschäftsstelle. **Eine Entscheidungszustellung per Digi-Fax hat mindestens dann zu unterbleiben, wenn die Entscheidung besonderen Arten personenbezogener Daten enthält,** da ein entsprechend einzuhaltendes Schutzniveau nicht gewährleistet werden kann. Eine Ende zu Ende-Verbindung und damit ein sicherer Übertragungsweg ist seit der Umstellung auf die Internettelefonie und dem TCP/IP-Standard nicht mehr geben.

7. Klageerhebung per DeMail

50e Mit dem Ziel der Vereinfachung des elektronischen Rechtsverkehrs (§ 130a Abs. 4 ZPO, § 46c Abs. 4 ArbGG, § 65a Abs. 4 SGG, § 55a Abs. 4 VwGO, § 52a Abs. 4 FGO und § 32a Abs. 4 StPO) sind seit dem 1.1.2018 durch das Gesetz zur Förderung des elektronischen Rechtsverkehrs mit den Gerichten (sog. E-Justice-Gesetz) die sicheren Übermittlungswege eingeführt. Hierzu zählt nicht nur das beA in Verbindung mit dem EGVP, sondern auch die DeMail. Das De-Mail-Konto soll einen sicheren Übermittlungsweg eröffnen. Dies soll der Fall sein, wenn der Absender bei Versand der Nachricht sicher iSd § 4 Abs. 1 S. 2 des De-Mail-Gesetzes bei einem Postfach- und Versanddienst, angemeldet ist und er sich die sichere Anmeldung gem. § 5 Abs. 5 des De-Mail-Gesetzes bestätigen lässt (§ 130a Abs. 4 Nr. 1 ZPO und vgl. Vorschriften). Ein De-Mail-Dienst wird von einem nach diesem Gesetz akkreditierten Diensteanbieter betrieben (§ 1 Abs. 2 DeMailG).

50f Insoweit muss jedes Gericht über einen De-Mail-Zugang seit dem 1.1.2018 verfügen. Hierzu hätte sich die Behörde, hier das Gericht, als öffentliche Stelle, bei einem akkreditierte Diensteanbieter anzumelden müssen (vgl. § 15 Abs. 2 Nr. 2 und 3 Nr. 2 DeMailG). Der Diensteanbieter, der De-Mail-Dienste anbieten will, muss sich auf schriftlichen Antrag von der zuständigen Behörde, dem Bundesamt für Sicherheit in der Informationstechnik, akkreditieren lassen (§ 17 Abs. 1 DeMailG).

Syst. E. Datenschutz bei Gerichten und Staatsanwaltschaften

Tatsächlich laufen jedoch alle De-Mails nicht bei dem jeweiligen Gericht ein, sondern auf einem Server der Justizverwaltung Baden-Württemberg (hier: Justizministerium). Dahinter steht die Arbeitsgruppe der Bund-Länder-Kommission zur Prüfung und Erarbeitung technischer Standards und technisch-organisatorischer Rahmenvorgaben, zB für den elektronischen Rechtsverkehr. Diese ist in Stuttgart ansässig. Von dort wird die De-Mail, bei der es sich angeblich nach dem De-Mail-Gesetz um eine End zu End-Verschlüsselung handelt (eine elektronischen Kommunikationsplattform, die einen sicheren, vertraulichen und nachweisbaren Geschäftsverkehr für jedermann bietet – § 1 Abs. 1 DeMailG), auf das EGVP übertragen und die Nachricht dann dem Gericht zugeleitet. Bei einem Eingang dieser „möchtegern" De-Mail bei Gericht ist daher zu beachten, dass die De-Mail in eine EGVP-Nachricht umgewandelt wurde und dadurch zusätzlich drei weitere Dateien per EGVP mitgeliefert werden. Diese wären mit zu den Akten zu nehmen: **50g**

1. das „Original" der De-Mail,
2. das Prüfprotokoll der De-Mail (sog. Transfervermerk),
3. die De-Mail-Adresse des Absenders in einer gesonderten Textdatei.

Dabei sendet die Stelle in Baden-Württemberg eine Empfangsbestätigung an den Absender – wie bei dem EGVP (dazu Schild, Probleme der Übersendung elektronischer Post an ein Gericht, Anm. zu VGH Hessen BeckRS 2017, 134029 = MMR 2018, 263, 265 ff.). Dies, obwohl die Nachricht noch lange nicht bei dem Gericht angekommen sein muss. **50h**

Auch hier handelt es sich um ein gemeinsames Verfahren aller Gerichte und Staatsanwaltschaften in Deutschland nach Art. 26 DS-GVO. Dies, ohne dass die Verantwortlichen in einer Vereinbarung in transparenter Form festgelegt haben, wer von ihnen welche Verpflichtung gemäß dieser Verordnung erfüllt, insbesondere, was die Wahrnehmung der Rechte der betroffenen Person angeht, und wer welchen Informationspflichten gem. den Art. 13 und 14 DS-GVO nachkommt. Dies unabhängig davon, dass es sich bei der Empfangenden Stelle in Baden-Württemberg um keinen akkreditierten Diensteanbieter iSv § 17 DeMailG handelt. Da es sich bei der De-Mail um keinen TK-Dienst handelt findet somit die DS-GVO vollständig Anwendung, mit der Folge, dass von den Justizministerien den Gerichten aufgestülpte Verfahren datenschutzrechtlich gänzlich rechtswidrig ist. Auf die Ausführungen zum EGVP wird insoweit verwiesen → Rn. 45 ff. **50i**

IV. Videoverhandlungen/-anhörungen

Um größere Entfernungen leichter überbrücken zu können und Reisekosten zu sparen, sind **Videokonferenzen** in der Privatwirtschaft immer stärker im Einsatz. Damit besteht auch die technische Möglichkeit, die Videotechnik in gerichtlichen Verfahren einzusetzen. **51**

1. StPO

Bezüglich der Zeugenvernehmung regelt § 58a StPO, dass die Vernehmung eines Zeugen auf **Bild- oder/und Ton-Träger** aufgezeichnet werden kann. Sie soll aufgezeichnet werden, wenn dies bei Personen unter 18 Jahren, die durch die Straftat verletzt sind, zur Wahrung ihrer schutzwürdigen Interessen geboten ist oder zu besorgen ist, dass der Zeuge in der Hauptverhandlung nicht vernommen werden kann und die Aufzeichnung zur Erforschung der Wahrheit erforderlich ist. Dabei darf die Bild-Ton-Aufzeichnung nur für Zwecke der Strafverfolgung verwendet werden und ist nur insoweit zulässig, als dies zur Erforschung der Wahrheit erforderlich ist. Bei der Akteneinsicht sind den Berechtigten Kopien der Aufzeichnung zu überlassen. Die Kopien dürfen weder vervielfältigt noch weitergegeben werden. Sie sind an die Staatsanwaltschaft herauszugeben, sobald kein berechtigtes Interesse an der weiteren Verwendung besteht. Die Überlassung der Aufzeichnung oder die Herausgabe von Kopien an andere als die vorbezeichneten Stellen bedarf der Einwilligung des Zeugen. Widerspricht der Zeuge der Überlassung einer Kopie der Aufzeichnung seiner Vernehmung, tritt an deren Stelle die Überlassung einer Übertragung der Aufzeichnung in ein schriftliches Protokoll. Der Zeuge ist auf sein Widerspruchsrecht nach S. 1 hinzuweisen. **52**

2. ZPO

Demgegenüber regelt § 128a ZPO, dass das Gericht den Parteien sowie ihren Bevollmächtigten und Beiständen auf Antrag oder von Amtswegen gestatten kann, sich während einer Verhandlung an einem anderen Ort aufzuhalten und dort Verfahrenshandlungen vorzunehmen. Die Verhandlung wird **zeitgleich in Bild und Ton** an den Ort, an dem sich die Parteien, Bevollmächtigten und Beistände aufhalten, und **in das Sitzungszimmer übertragen**. Auf Antrag kann das Gericht auch gestatten, dass sich ein Zeuge, ein Sachverständiger oder eine Partei sich während der Verneh- **53**

Syst. E. Datenschutz bei Gerichten und Staatsanwaltschaften

mung an einem anderen Ort aufhält. Die Vernehmung wird dann zeitgleich in Bild und Ton an den Ort, an dem sich ein Zeuge oder ein Sachverständiger während der Vernehmung aufhält, und in das Sitzungszimmer übertragen. Ist Parteien, Bevollmächtigten und Beiständen gestattet worden, sich an einem anderen Ort aufzuhalten, so muss die Vernehmung zeitgleich in Bild und Ton auch an diesen Ort übertragen. Dabei ist ganz wichtig, dass die Übertragung gerade nicht aufgezeichnet werden darf (zu § 102a VwGO s. BeckOK VwGO/Schild VwGO § 102a Rn. 7 ff.).

3. Video eine automatisierte Verarbeitung?

54   In der Regel erfolgt die **Übertragung des Videosignals in digitalisierter Form**. Damit ist immer auch eine **automatisierte Verarbeitung personenbezogener Daten** gegeben, mit der Folge, dass in allen Fällen eine Meldung (ein Verfahrensverzeichnis) vorliegen muss. Da bei der Aufzeichnung nach der StPO auch eine „Verhaltenskontrolle" möglich ist, dürfte nach den meisten Datenschutzgesetzen auch eine sog. Vorabkontrolle durch den gerichtlichen bzw. staatsanwaltschaftlichen Datenschutzbeauftragten erforderlich sein. Hinsichtlich der Datensicherheit muss gewährleistet werden, dass bei einer Übertragung an einen anderen Ort die zu übermittelnden Daten (Videosignale) von der Anfangs- zur Endverbindung durchgehend so verschlüsselt werden, dass ein Zugriff und eine Aufzeichnung nirgendwo möglich ist. Eine **Leitungsverschlüsselung** zwischen den Gerichten ist nicht ausreichend, da die Möglichkeit besteht, dass bei einem Server oder End-PC ein Programm (zB WireShark) installiert wurde, was nicht nur die Datenverbindung, sondern auch den Dateninhalt ohne weitere Probleme aufzeichnen kann. Damit läge ein Verstoß gegen § 128a Abs. 3 ZPO vor.

55   Mithin hat das Gericht im Einzelfall sorgfältig zu prüfen, ob es von der technischen Möglichkeit der Videoübertragung Gebrauch macht und das Verfahren sicher ist. Dies unabhängig davon, dass bei einer Vernehmung oder Verhandlung die **tatsächliche Anwesenheit** einen größeren **Unmittelbarkeitsbezug** bietet und auch Verhalten und Bewegungen einer Person besser wahrgenommen werden können als bei einem Teilausschnitt, der durch eine Videoübertragung gegeben wäre. Damit dürfte sich ein solches Verfahren primär bei den Fällen eignen, in denen nur über Rechtsfragen verhandelt wird.

4. Intensivierung des Einsatzes von Videokonferenztechnik

55a   Mit dem **G zur Intensivierung des Einsatzes von Videokonferenztechnik in gerichtlichen und staatsanwaltschaftlichen Verfahren** v. 25.4.2013 (BGBl. I 935) soll bis spätestens zum 31.12.2017 soll durch Änderung aller Verfahrensordnungen der Einsatz die Videotechnik intensiviert werden (vgl. BT Drs. 17/1224 und 17/12418). Die nunmehr in allen Verfahrensordnungen (§ 128a ZPO, § 91a FGO, § 110a SGG) iW **gleichlautende Regelungen** entbindet dann das Gericht von dem Erfordernis des Einverständnisses aller Parteien bei dem Einsatz von Videokonferenztechnik und reduziert den Einsatz auf ein Antragserfordernis (zur Neuregelung bei § 102a VwGO s. BeckOK VwGO/Schild VwGO § 102a Rn. 7 ff.).

55b   Nach Art. 9 des Gesetzes zur Intensivierung des Einsatzes von Videokonferenztechnik in gerichtlichen und staatsanwaltschaftlichen Verfahren können die Landesregierungen für ihren Bereich durch Rechtsverordnung bestimmen, dass die Bestimmungen über Bild- und Tonübertragungen in gerichtlichen und staatsanwaltschaftlichen Verfahren ganz oder teilweise bis längstens zum 31.12.2017 keine Anwendung finden. Die Landesregierungen können die Ermächtigung durch Rechtsverordnung auf die Landesjustizverwaltungen übertragen. Damit sollen die Länder durch eine sog. „**Opt-out-Verordnungsermächtigung**" die Möglichkeit erhalten, das Inkrafttreten der Vorschriften über die Videokonferenztechnik in den Verfahrensordnungen durch Rechtsverordnung zeitlich befristet zurück zu stellen (BT Drs. 17/12418, 21 zu Art. 9). Den Ländern soll dabei die Gelegenheit eröffnet werden die erforderlichen technischen Voraussetzungen zu schaffen. Die Länder können somit in Gerichtsbarkeiten, in denen Videokonferenztechnik noch nicht zur Verfügung steht, die gerichtliche Anordnung einer Videokonferenz ausschließen, indem sie das Inkrafttreten einzelner Befugnisnormen hinausschieben. Auf diese Weise sollen die Länder volle Flexibilität bei der flächendeckenden Einführung der Videokonferenztechnik erhalten (BeckOK VwGO/Schild VwGO § 102a Rn. 22 ff.).

55c   Um den Ländern, die von der Verordnungsermächtigung des Art. 9 S. 1 keinen Gebrauch machen wollen, gleichwohl eine kurzfristige Anpassung an die künftigen gesetzlichen Erfordernisse zu ermöglichen, sieht Art. 10 Abs. 1 des Gesetzes zur Intensivierung des Einsatzes von Videokonferenztechnik in gerichtlichen und staatsanwaltschaftlichen Verfahren vor, dass das Gesetz erst am ersten Tag des siebten auf die Verkündung folgenden Kalendermonats in Kraft tritt, also zum 1.11.2013. Ob jedoch tatsächlich eine Anpassung, insbesondere an die **Sicherheit der Verarbei-**

Syst. E. Datenschutz bei Gerichten und Staatsanwaltschaften

tung (Art. 32 DS-GVO) erfolgte und ggf. bei einer Beauftragung von anderen Behörden oder Firmen entsprechende **Auftragsverarbeitungsverträge** (Art. 28 DS-GVO) geschlossen oder gar Verfahrensverzeichnisse erstellt wurden, bleibt fraglich und ist bisher nicht zu klären.

Ab dem 1.1.2018 finden die Regelungen in allen Verfahrensordnungen unbeschränkt Anwendung. Spätestens zu diesem Zeitpunkt sollen alle Länder die technischen und hoffentlich auch die allgemeinen datenschutzrechtlichen Voraussetzungen geschaffen haben. Daher tritt Art. 9 des Gesetzes zur Intensivierung des Einsatzes von Videokonferenztechnik in gerichtlichen und staatsanwaltschaftlichen Verfahren zum 1.1.2018 außer Kraft. **55d**

Die gesetzlichen Regelungen beinhalten zu den Anzuwenden Videokonferenzsystemen keine weiteren aussagen. Insoweit ist der Stand der Technik auf jeden Fall zu beachten. Dies umfasst den Funktionsumfang, den technische Aufbau moderner Videokonferenzsysteme, die operativen Aspekte (dh Planung, Nutzung und Betrieb) von Videokonferenzsystemen, die Gefährdungslage und die Sicherheitsanforderungen, aber auch die Beantwortung der sich daraus ergebenden datenschutzrechtlichen Fragestellungen (siehe dazu BeckOK VwGO/Schild § 102a VwGO Rn. 10 und 18; ferner John/Wellmann DuD 2020, 506 ff. und DuD 2020, 606 ff.; im Weiteren die Umsetzungsempfehlungen des BSI, Kompendium Videokonferenzsysteme, KoViKo – Version 1.0.1, https://www.bsi.bund.de/SharedDocs/Downloads/DE/BSI/Cyber-Sicherheit/Themen/Kompendium-Videokonferenzsysteme.pdf?__blob=publicationFile&v=4, Stand 15.8. 2020). **55e**

Bezüglich des Gesetzes zu sozialen Maßnahmen zur Bekämpfung der Corona-Pandemie (Sozialschutz-Paket II) vom 20.5.2020 (BGBl. 2020 I 1055; zum Entwurf siehe COVID-19 ArbGG/SGG-AnpassungsG; https://efarbeitsrecht.net/wp-content/uploads/2020/04/ArbGG-Anpassungsgesetz_9April.pdf, Stand Mai 2020) bestehen erhebliche Bedenken. Hier wurde im Arbeitsgerichtsgesetz (§ 114 ArbGG) und im Sozialgerichtsgesetz (§ 211 SGG) die Möglichkeit geschaffen, dass ehrenamtliche Richter der mündlichen Verhandlung mittels Übertragung in Bild und Ton von einem anderen Ort aus als dem Gericht beiwohnen können. Zudem soll die Möglichkeit der Nutzung von Videokonferenzen nach § 128a der Zivilprozessordnung (ZPO) im Arbeitsgerichtsverfahren und nach § 110a SGG im Sozialgerichtsverfahren ausgeweitet werden. Das Gericht kann diese Form der Teilnahme anordnen, sofern die Parteien, Bevollmächtigten, Beistände, Zeugen bzw. Sachverständigen die technischen Voraussetzungen für die Bild- und Tonübertragung in zumutbarer Weise vorhalten können (die Kritikpunkte hierzu benennend, siehe Stellungnahme der Bundesrechtsanwaltskammer 16.4.2020 – https://www.brak.de/w/files/newsletter_archiv/berlin/2020/2020_142anlage.pdf, Stand 10.5.2020). **55f**

Programme wie Skype, Skype for business, Zoom, Microsoft Teams oder Hangouts schließen nicht aus, dass Daten in einen Drittstaat, hier die USA, gelangen. Ein datenschutzkonformer und sicherer Betrieb einer Videokommunikationslösung kann nur durch entsprechende technische und organisatorische Maßnahmen erreicht werden (siehe Fragen zur Nutzung von Videokonferenz-Systemen, Alenfelder DANA 2020, 96 (97)). Dazu zählen unter anderem, dass alle Datenflüsse sind per Transportverschlüsselung (TLS) nach dem Stand der Technik abgesichert sind. Dies schützt vor dem Mitschneiden durch unbeteiligte Dritte auf dem Transportweg. Bei sensiblen Daten oder wenn ein nicht zu 100 % vertrauenswürdiger Dienstleister verwendet wird, sollte der Inhalt zusätzlich per Ende-zu-Ende-Verschlüsselung (E2EE) geschützt sein. Beim Durchführen einer Videokonferenz müssen die Aufzeichnung von Sprache und Video deaktiviert sein und nur bei Vorliegen einer Rechtsgrundlage aktiviert werden und in diesem Fall eine aktive Aufzeichnung allen Teilnehmern signalisiert werden (dazu LBfDI BW, Datenschutzfreundliche technische Möglichkeiten der Kommunikation (https://www.baden-wuerttemberg.datenschutz.de/datenschutzfreundliche-technische-moeglichkeiten-der-kommunikation/, Stand 1.4.2021; DSK, Orientierungshilfe Videokonferenzsysteme, https://www.datenschutzkonferenz-online.de/media/oh/20201023_oh_videokonferenzsysteme.pdf, Stand 1.4.2021 und im Rahmen der praktischen Umsetzung: Checkliste Datenschutz in Videokonferenzsystemen, https://www.datenschutzkonferenz-online.de, Stand 1.4.2021). Da dies die Justizverwaltung nicht zur Verfügung stellt wäre es die Aufgabe des einzelnen Richters dies alles zu beachten und sicherzustellen (siehe auch Berliner Datenschutzbeauftragte zur Durchführung von Videokonferenzen während der Kontaktbeschränkungen, https://www.datenschutz-berlin.de/fileadmin/user_upload/pdf/orientierungshilfen/2020-BlnBDI-Empfehlungen_Videokonferenzsysteme.pdf, S. 4, Stand 1.8.2020; sowie weitere Hinweise für Berliner Verantwortliche zu Anbietern von Videokonferenzdiensten; Version 2.0, https://www.datenschutz-berlin.de/fileadmin/user_upload/pdf/orientierungshilfen/2021-BlnBDI-Hinweise_Berliner_Verantwortliche_zu_Anbietern_Videokonferenz-Dienste.pdf, Stand 25.10.2021; siehe ferner Gerling/Gerling/Hessel/Petrlic DuD 2020, 740 ff.). Soweit Justizverwaltungen auf Grund von Basisverträgen mit Microsoft zB Skype for business einsetzen wollen, müssen sie sicherstellen, dass die Verschlüsselungs-Keys nicht bei Microsoft liegen und auch keine Daten an Microsoft **55g**

Syst. E. Datenschutz bei Gerichten und Staatsanwaltschaften

übermittelt werden, was ja schon bei Windows 10 nicht gelingt (dazu Datenschutzkonferenz, Datenschutz bei Windows 10 – Prüfschema – sowie Anlage 1 – weitergehende technische Aspekte –, https://www.datenschutzkonferenz-online.de/media/ah/20191106_win10_pruef-schema_dsk.pdf, Stand 1.4.2021). Dies mit der Folge, dass nach der DS-GVO ein solches System nicht verwendet werden darf und die Justiz schlicht datenschutzwidrig handelt.

D. Internetnutzung durch Gerichte und Staatsanwaltschaften

I. Veröffentlichung von Entscheidungen

56 Neben der elektronischen Klageerhebung stellen sich die Gerichte (Staatsanwaltschaften) im Internet dar und veröffentlichen dort auch **Entscheidungen.** In den Verfahrensordnungen ist die **Veröffentlichung von Gerichtsentscheidungen** grundsätzlich nicht geregelt. Eine Ausnahme bildet § 47 Abs. 5 S. 2 VwGO, der die Veröffentlichung von Beschlüssen in einem **Normenkontrollverfahren** dann vorschreibt, wenn eine Nichtigkeitsfeststellung der Norm erfolgt. Trotzdem ist davon auszugehen, dass Gerichte verpflichtet sind, ihre Entscheidungen in angemessener Weise zu veröffentlichen. Dies auch, um eine gewisse Publizität des staatlichen Handelns zu erreichen und einen Beitrag zur Rechtspflege zu leisten (OLG Celle NStZ 1990, 553; VG Hannover NJW 1993, 3282; OVG Lüneburg NJW 1996, 1489; Huff Urteile gehören in die Öffentlichkeit DRiZ 1994, 150; Walker, Die richterliche Veröffentlichungspraxis in der Kritik JurPC Web-Dok. 34/1998, Abs. 1–163; OLG München ZD 2021, 379). Bei einer Versendung von Gerichtsentscheidungen durch die Gerichte sind die Presseorgane strikt gleich zu behandeln (BVerwG NJW 1997, 2694). Aus dem Rechtsstaatsgebot einschließlich der Justizgewährungspflicht, dem Demokratiegebot und dem Grundsatz des Gewaltenteilung folgt eine grundsätzliche Rechtspflicht zur Publikation veröffentlichungswürdiger Gerichtsentscheidungen – auch bereits vor Rechtskraft – (BVerfG BeckRS 2015, 54470). Jedoch sind Entscheidungen hinreichend zu anonymisieren (präziser: Psyeuonymisieren), sodass ein Bezug zu den Verfahrensbeteiligten nur sehr schwer herstellbar ist (Kockler, Publikation von Gerichtsentscheidungen und Anonymisierung, Jur-PC 1996, 46). Bei der Pseudonymisierung ist darauf zu achten, dass die Entscheidung trotzdem noch lesbar bleibt. So sind Flurstücksbezeichnungen auch personenbeziehbar hinsichtlich der Eigentümer. Soweit durch das Streichen der Flurstücke oder gar Katasterpläne eine Entscheidung aber nicht mehr nachvollzogen werden kann, darf eine Streichung nicht erfolgen. Soweit andererseits zu viel über eine natürliche Person preisgegeben wird, ist zwischen dem Recht des Betroffenen und dem Wunsch nach Veröffentlichung abzuwägen, ggf. sind die betroffenen Person vorher anzuhören. Dies wäre bei dem Beispiel Flurstücksbezeichnung in der Regel nicht der Fall.

II. Veröffentlichung von personenbezogenen Daten

57 Im Bereich der Fachöffentlichkeit dürften keine Bedenken bestehen, die Namen der Richter, die am Verfahren beteiligt waren, mitzuteilen. Richter sind insoweit in ihrer **Amtsfunktion** tätig und damit auch Teil der Entscheidung. Der Schutz persönlicher Daten gilt grundsätzlich auch für Beschäftigte des Gerichts oder einer Behörde. Personenbezogene Angaben wie Name, Funktionsbezeichnung, Telefonnummer und sonstige Angaben zu Telekommunikationsverbindungen werden vom Schutzbereich des informationellen Selbstbestimmungsrecht nach Art. 2 Abs. 1 iVm Art. 1 Abs. 1 GG erfasst (BVerwG BeckRS 2020, 15676). Insoweit bleiben sie Träger von Grundrechten, sodass es einer normenklaren Regelung zur Veröffentlichung personenbezogener Daten bedarf.

58 Die **Veröffentlichung von Entscheidungen im Internet** ist zwar eine einfache und kostengünstige Art. der Verbreitung. Sie ist jedoch mit besonderen Gefahren verbunden. Denn soweit in der Entscheidung noch **personenbeziehbare Daten** enthalten sind, besteht auf diese Art und Weise eine einfache und schnelle **kostengünstige Verknüpfungsmöglichkeit.** Selbst wenn die Entscheidung von dem Web-Server des Gerichtes wieder heruntergenommen und gelöscht werden würde, ist nicht ausgeschlossen, dass die Entscheidung auf anderen Web-Seiten und Proxy-Servern weiterhin gefunden werden kann. Insoweit haben die für die Dateneinstellung in das Internet Verantwortlichen (Mitarbeiter) eine besondere Verantwortung. Sie müssen gewährleisten, dass dem „Anspruch auf Vergessen" genüge getan wird. Mithin ist jede Entscheidung zur Veröffentlichung im Internet geeignet. Eine Veröffentlichung, in der im Rubrum oder gar im Tenor der volle Name und die Anschrift des Klägers genannt werden, ist schlicht unzulässig. Es bestünde für den Betroffenen die Möglichkeit, Schadensersatz von der zuständigen Justizverwaltung zu fordern. Eine Rechtfertigung für die Veröffentlichung nach Art. 6 DS-GVO kann sich

Syst. E. Datenschutz bei Gerichten und Staatsanwaltschaften

aus einem presserechtlichen Auskunftsanspruch ergeben. In diesem Fall muss nach Art. 6 Abs. 1 lit e DS-GVO die Verarbeitung – hier die Veröffentlichung – ist für die Wahrnehmung einer Aufgabe erforderlich sein, die im öffentlichen Interesse liegt oder in Ausübung öffentlicher Gewalt erfolgt, die dem Verantwortlichen übertragen wurde. Insoweit bedarf es einer Abwägung gerade auch bei Entscheidungsveröffentlichungen zwischen den Rechten des Betroffenen (zB Kläger oder Prozessbeteiligten) und dem Veröffentlichungsinteresse. So entfällt zB ein presserechtlicher Auskunftsanspruch, wenn eine gerichtliche Entscheidung weder in rechtskonkretisierender noch in rechtsfortbildender Hinsicht irgendeine Bedeutung zukommt (VG Anbach Urt. v. 20.2.2019 – A 14 K 16.1572). In Ausnahmefällen kann es zu dem Ergebnis führen, dass wenn eine Entscheidung einer Person zugeordnet werden kann und personenbezogene Daten für das Verständnis der Entscheidung zwingend erforderlich sind, das öffentliche Interesse an der Entscheidung hinter den Persönlichkeitsrechten der betroffenen Person zurücktreten muss (ULD, TB 2019, 4.3.1 Veröffentlichung von Gerichtsurteilen, 64 f.; OLG München ZD 2021, 379 Rn. 6).

Verfahrensbeteiligte haben insoweit einen gerichtlichen Abwehranspruch, der eine Prüfung im **58a** Rahmen des Rechtsstaatsgebots erfordert, ob im Hinblick auf die berufliche oder familiäre Stellung des Betroffenen eine Veröffentlichung zulässig ist (sehr weitgehend VG Berlin BeckRS 2020, 2950 mit berechtigt kritischer Anmerkung von Schnabel ZD 2020, 325 ff.). Allerdings spricht alles dafür, dass es keinen medienrechtlichen Auskunftsanspruch bezogen auf Private gibt. Denn die nach der DS-GVO erforderliche Rechtsgrundlage bildet der medienrechtliche Auskunftsanspruch gerade nicht (dazu Rittig DÖV 2020, 827 (830 ff.)). Gemäß § 23 Abs. 1 S. 1 EGGVG entscheiden über die Rechtmäßigkeit der Anordnungen, Verfügungen oder sonstigen Maßnahmen, die von den Justizbehörden zur Regelung einzelner Angelegenheiten auf den Gebieten des bürgerlichen Rechts einschließlich des Handelsrechts, des Zivilprozesses, der freiwilligen Gerichtsbarkeit und der Strafrechtspflege getroffen werden – also vorliegend über die Frage der Veröffentlichung – auf Antrag die ordentlichen Gerichte, letztendlich das Oberlandesgericht, § 25 Abs. 1 EGGVG (idS auch VGH Mannheim BeckRS 2020, 17249). Anders als bei der Ordentlichen Gerichtsbarkeit wären bei Klagen gegen die Entscheidung des Gerichtspräsidenten über die Verweigerung einer Auskunft, Löschung, Veröffentlichungen von Entscheidungen usw. eines Verwaltungsgerichts der Verwaltungsrechtsweg gegeben (siehe VG Stade BeckRS 2016, 46906). Bei der Sozial- und Finanzgerichtsbarkeit ist der jeweilige Rechtsweg zu der jeweiligen Fachgerichtsbarkeit gegeben (aA VGH Kassel Beschl. v. 24.7.2017 – 10 E 402/17, wonach bei der Sozial- und Finanzgerichtsbarkeit der Rechtsweg zu den Verwaltungsgerichten eröffnet wäre).

Jede Veröffentlichung personenbezogener Daten – auch im Internet – bedarf einer normenklaren Rechtsgrundlage, die den Grundsätzen der Erforderlichkeit und der Verhältnismäßigkeit **59** genügt (EuGH BeckRS 2010, 91284; GewArch 2011, 38 Anm Schild; verkennend OVG Koblenz BeckRS 2007, 26574, welches, soweit überhaupt, auf eine gänzlich falsche Norm abstellte). Eine Rechtsgrundlage für die Veröffentlichung im Internet fehlt für die Namen der Beschäftigten der Gerichte und Staatsanwaltschaften ebenso wie zur Veröffentlichung der Richternamen oder gar der Veröffentlichung von Geschäftsverteilungsplänen mit Namensnennung der Spruchkörper. Allgemeine datenschutzrechtliche Regelungen erlauben dies nicht (§ 26 BDSG, § 23 HDSIG).

Alle Normen, die den Umgang mit Beschäftigtendaten regeln, stellen auf die Erforderlichkeit **60** im Dienstbetrieb und die Erforderlichkeit zur Datenübermittlung an Dritte ab. Zwar ist eine Veröffentlichung im Internet von Beschäftigtendaten transparent und vielleicht im Rahmen von sog. „Bürgernähe" auch nützlich, jedoch ist gar keinen Fall erforderlich. Dies, da auch ohne Namensnennung der Zweck der Veröffentlichung zB bei Geschäftsverteilungsplänen ohne weiteres gewährleistet ist. § 21e GVG ausdrücklich, dass der Geschäftsverteilungsplan des Gerichts in der von dem Präsidenten oder aufsichtführenden Richter bestimmten Geschäftsstelle des Gerichts zur Einsichtnahme auszulegen ist und es einer Veröffentlichung gerade nicht bedarf. Damit hat der Gesetzgeber eine normenklare Aussage getroffen, die die Veröffentlichung von Namen nicht rechtfertigt.

III. Beispiel: Schuldnerverzeichnis/Insolvenzbekanntmachung

Die weltweite Verbreitung des Internets, welches über ein gedrucktes Medium weit hinausgeht, **61** steht auch einer **unbeschränkten Nutzung des Internets** durch die Justiz entgegen. So sieht das G zur Reform der Sachaufklärung in der Zwangsvollstreckung (BGBl. I 2258) aus dem Jahr 2009 vor, dass der Inhalt des Schuldnerverzeichnisses ab dem 1. Januar 2013 über das Internet abgefragt werden kann. Dazu werden die Vermögensverzeichnisse in einem zentralen Vollstreckungsgericht in elektronischer Form verwaltet (§ 802k ZPO nF). Das Bundesministerium der Justiz hat nach § 882h Abs. 3 ZPO nF die nähere Ausgestaltung der Abfrage durch die VO über

Syst. E. Datenschutz bei Gerichten und Staatsanwaltschaften

die Führung des Schuldnerverzeichnisses (Schuldnerverzeichnisführungsverordnung – SchuFV) v. 26.7.2012 (BGBl. I 1654) geregelt. Die VO regelt in § 8 Abs. 2 SchFV, dass bereits nach Eingabe eines Vor- und Nachnamens und des zuständigen Vollstreckungsgerichts eine Ergebnisliste mit allen Personen angezeigt wird, auf die diese Kriterien zutreffen. Damit würde das elektronische Schuldnerverzeichnis die Einsicht in Angaben über Schuldner ermöglichen, deren Kenntnis die abfragende Person nicht benötigt. Bei Namensgleichheiten kann dies den wirtschaftlichen Ruf von Personen schädigen, die weder im Schuldnerverzeichnis eingetragen sind noch finanzielle Probleme haben. Dies hat der Bundesrat zwar erkannt, in der 897. Sitzung am 15.6.2012 jedoch lediglich zwei Jahre nach dem Inkrafttreten der VO eine Evaluierung unter datenschutzrechtlichen Gesichtspunkten ersucht (Beschl. BR-Drs. 263/12 (Beschl.)). Die Suchkriterien sind daher schon aus Gründen der Datensparsamkeit so auszugestalten, dass möglichst nur der tatsächlich gesuchte Schuldner angezeigt wird und dieser nur von registrierten Nutzern abgerufen werden kann, die sich einer strikten Zweckbindung verpflichtet haben (s. dazu Petri ZD 2012, 145 f.; Entschließung der Konferenz der Datenschutzbeauftragten des Bundes und der Länder v. 2.2. 2012 „Schuldnerverzeichnis im Internet: Anzeige von Schuldnerdaten nur im Rahmen der gesetzlich legitimierten Zwecke"). Ein Problem, welches bei jeder Nutzung des Internets zu beachten ist.

61a In Bezug auf die Insolvenzbekanntmachung im Internet regelt § 9 Abs. 1 InsO, dass die öffentliche Bekanntmachung durch eine **zentrale und länderübergreifende Veröffentlichung im Internet** erfolgt (www.insolvenzbekanntmachungen.de). Dabei ist der Schuldner genau zu bezeichnen, insbesondere sind seine Anschrift und sein Geschäftszweig anzugeben. Die Bekanntmachung gilt als bewirkt, sobald nach dem Tag der Veröffentlichung zwei weitere Tage verstrichen sind. In der amtlichen Begründung zu dieser Norm wird als alleinige Begründung ausgeführt: „Angesichts der stark angestiegenen Zahl von Fällen, in denen der Verfahrenskosten gestundet werden und damit zumindest für eine bestimmte Zeit von der Staatskasse auch die Auslagen zu tragen sind, müssen zwingend alle Möglichkeiten ergriffen werden, die zu einer Reduktion der Auslagen beitragen können. Unter diesem Blickwinkel bieten sich die Veröffentlichungskosten im besonderen Maße an. Ist künftig nur noch eine elektronische Veröffentlichung erforderlich und wird auf weitere und wiederholte Veröffentlichungen vollständig verzichtet, so lassen sich die Bekanntmachungskosten ganz wesentlich reduzieren." Ob ein solcher Zweck der **alleinigen Kostenersparnis** für die Einschränkung des Rechts auf informationelle Selbstbestimmung ausreichend ist erscheint mehr als zweifelhaft. Denn die alleinige Kostenersparnis ist kein anerkanntes dem Gemeinwohl dienendes Ziel, welches die Achtung der Sphäre des Einzelnen bei der risikoreichen Veröffentlichung im Internet ausgewogen gewichtet worden ist (so schon EuGH BeckRS 2010, 91284).

61b Die Entscheidung über die Auskunft aus dem Schuldnerverzeichnis ist ein Justizverwaltungsakt (BayObLG BeckRS 2020, 32238). Die Auskunft kann auch in Papierform erfolgen, wobei die notwendige Legitimation bei dem Gericht am Wohnsitz erfolgen kann (BayObLG BeckRS 2020, 32238).

E. Zugang zu Gerichten und Staatsanwaltschaften

I. Eingangskontrollen

62 Verhandlungen vor Gericht einschließlich der Verkündung einer Entscheidung sind keine Geheimverhandlungen. Ihre öffentliche Zugänglichkeit regelt der Gesetzgeber im Rahmen seiner Befugnis zur Ausgestaltung des Gerichtsverfahrens und unter Beachtung verfassungsrechtlicher Vorgaben, wie insbesondere des Rechtsstaats- und des Demokratieprinzips und des Schutzes der Persönlichkeit. § 169 GVG normiert für die ordentliche Gerichtsbarkeit den Grundsatz der **Gerichtsöffentlichkeit**. § 55 VwGO verweist darauf für den Bereich des verwaltungsgerichtlichen Verfahrens. Daher sind Gerichtsverhandlungen, soweit keine Ausnahmen vorgesehen sind, für jedermann zugänglich (BVerfG BeckRS 2001 30157280). Die Gerichtsöffentlichkeit ist gesetzlich als Saalöffentlichkeit vorgesehen. Das heißt, dass es keine **Zugangshindernisse** geben darf, die verhindern, dass beliebige Personen ohne besondere Schwierigkeiten den Gerichtssaal erreichen können. Dies erlaubt im Einzelfall in Verfahren, in denen die Sicherheit im Gebäude nicht oder nicht ohne weiteres gewährleistet erscheint, auch dass nur Personen Zutritt erhalten, die sich besonders ausweisen (BGHSt 27, 13– 18). Ein Zuhörer ist Nichtstörer. Ein Nichtstörer darf zwar auf seine Person beim Betreten des Gebäudes kontrolliert werden, dies kann jedoch nicht dazu führen, dass bei einem Verfahren ohne konkrete Gefährdungslage eine derart intensive Kontrolle durchgeführt wird, wie sie in Hochsicherheitstrakten bzw. bei Flughäfen der Fall ist. Dies muss den Fällen vorbehalten werden in denen im Einzelfall mit Störungen zu rechnen ist.

Syst. E. Datenschutz bei Gerichten und Staatsanwaltschaften

Insoweit sind Gerichtsgebäude so zu gestalten, dass ein **ungehinderter Zutritt** in der Regel 63 möglich ist. So wurde zu Zeiten des Kaiserreiches um die Jahrhundertwende Gerichtsgebäude so konzipiert, dass für Zuhörer ein gesonderter Eingang zu den Sitzungssälen geschaffen wurde, sodass auch ein weiteres Betreten des Gerichtsgebäudes ausgeschlossen worden ist. Dabei konnte bei einer angenommen besonderen Gefährdungslage die Gerichtsöffentlichkeit gezielt auf einen Sitzungssaal kontrolliert werden. Eine allgemeine **Erfassung der Öffentlichkeit der Besucher mit Namen,** Anschrift usw. ist mangels fehlender Rechtsgrundlage im GVG nicht zulässig.

Maßnahmen, die den Zugang zu einer Gerichtsverhandlung nur unwesentlich erschweren und 64 dabei eine Auswahl der Zuhörerschaft nach bestimmten persönlichen Merkmalen vermeiden, sind grundsätzlich nicht ungesetzlich, wenn für sie ein die **Sicherheit im Gerichtsgebäude** berührender verständlicher Anlass besteht. Worin solche Maßnahmen im Einzelfall bestehen müssen, damit das angestrebte Ziel erreicht wird, muss dem pflichtgemäßen Ermessen des die Sitzungspolizei ausübenden Vorsitzenden oder, wenn auf ein Verfahren bezogen die Sicherheit des ganzen Gerichtsgebäudes gefährdet erscheint, des das Hausrecht ausübenden Gerichtspräsidenten überlassen bleiben. Dies kann sich jedoch nicht auf einen Dauerzustand beziehen, sondern nur im Rahmen eines einzelnen Verfahrens von Bedeutung sein. Denn nicht alle Verfahren rechtfertigen Zutrittskontrollen (VG Wiesbaden BeckRS 2010, 46037; hingegen allgemein bejahend OVG Bln-Bbg NJW 2010, 1620).

II. Videoüberwachung

Bezüglich der **Videoüberwachung eines Gerichtsgebäudes** bzw. eines Gerichtseinganges 65 wird die Meinung vertreten, dass aufgrund der vermeintlich geringen Eingriffsintensität die Videoüberwachung einer **physischen Zutrittsverwehrung** nicht gleich stehe, sodass damit eine Verletzung des Öffentlichkeitsgrundsatzes nicht einhergehe. Eine gewichtige Zwangswirkung, die potentielle Besucher von dem Betreten des Gebäudes abhalten könnte, entstehe nicht (LG Itzehoe BeckRS 2010, 14994).

Eine Videobeobachtung der **Gerichtsöffentlichkeit** innerhalb des Gerichtsgebäudes stellt 66 jedoch immer einen Eingriff in das Recht auf informationelle Selbstbestimmung dar. So hat das BVerfG (BeckRS 2009, 37658) zur Geschwindigkeitsmessung ausgeführt: „In der vom Beschwerdeführer angefertigten Videoaufzeichnung liegt ein Eingriff in sein allgemeines Persönlichkeitsrecht aus Art. 2 Abs. 1 iVm Art. 1 Abs. 1 GG in seiner Ausprägung als Recht auf informationelle Selbstbestimmung. Dieses Recht umfasst die Befugnis des Einzelnen, grundsätzlich selbst zu entscheiden, wann und innerhalb welcher Grenze persönliche Lebenssachverhalte offenbart werden, und daher grundsätzlich selbst über die Preisgabe und Verwendung persönlicher Daten zu bestimmen (BVerfGE 65, 1). Durch die Aufzeichnung des gewonnenen Bildmaterials wurden die beobachteten Lebensvorgänge technisch fixiert. Sie konnten später zu Beweiszwecken abgerufen, aufbereitet und ausgewertet werden." Das bedeutet, dass es für die Videoüberwachung eines Gerichtsgebäudes – gleich ob außen oder innen – einer entsprechenden **Rechtsgrundlage bedarf.** Bei Bundesgerichten wäre dies § 4 BDSG zur Wahrnehmung des Hausrechts oder berechtigter Interessen für konkret festgelegte anderer Zwecke oder zur Aufgabenerfüllung öffentlicher Stellen.

So ist auch ganz allgemein das Filmen von Personen außerhalb der mündlichen Verhandlung 67 ohne eine **gesonderte Rechtsgrundlage** wegen des **allgemeinen Persönlichkeitsrechts** und des **Rechts auf informationelle Selbstbestimmung** nur zulässig, wenn **die Betroffenen ihr Einverständnis erklärt** haben. Soweit eine Rechtsgrundlage für eine Videoüberwachung existiert, sind die Besucher auf den Umstand der Beobachtung vor dem Betreten des Gebäudes durch geeignete Maßnahmen erkennbar hinzuweisen (§ 4 Abs. 2 BDSG), dh entsprechende Schilder haben auf die Videoüberwachung hinzuweisen. Sind mehrere Gerichte in einem Gebäude untergebracht, so muss sich aus der **Kennzeichnung** ergeben, wer die für die Videoüberwachung die verantwortliche Stelle ist. Fehlt es daran, kann der Einzelne beim Betreten des Gebäudes nicht erkennen, ob und durch wen er zu diesem Zeitpunkt videoüberwacht wird. Eine **Verantwortlichkeit für die Videoüberwachung** ist dann ebenfalls nicht ersichtlich. Es wäre dann nicht klar, welches Gericht oder die Staatsanwaltschaft diese hier etwas ausübt. Selbst wenn zum Zeitpunkt der mündlichen Verhandlung die Videokameras ausgeschaltet sein sollten, müsste dies wohl nach außen hin kenntlich gemacht werden. Andernfalls ist davon auszugehen, dass die Gerichtsöffentlichkeit überwacht wird und wegen des Fehlens des „Erkennbarmachen" die Öffentlichkeit des Verfahrens nicht gegeben ist. (so VG Wiesbaden BeckRS 2010, 46037; aA; LG Itzehoe BeckRS 2010, 14994).

Syst. E. Datenschutz bei Gerichten und Staatsanwaltschaften

68   Soweit die Meinung vertreten wird, dass die Videoüberwachung als Vorfeldmaßnahme zum Schutz der mündlichen Verhandlung zulässig sei, denn sie beschränke den **Öffentlichkeitsgrundsatz** nicht stärker als andere Maßnahmen auch, sondern tendenziell sogar in geringerem Maße und könne zudem ein Mehr an Sicherheitsgewährleistung für sich in Anspruch nehmen, ist diese Meinung nicht nachvollziehbar (so aber Klotz NJW 2011, 1186). Denn eine Videoüberwachung hat - soweit bekannt – noch nie wirklich zu einer Abwehr einer Gefahr, sondern eigentlich immer nur hinterher – im Falle einer Aufzeichnung - zur Aufklärung einer Straftat beigetragen.

69   In den Bundesländern bedarf es für die Justiz zumindest einer Rechtsgrundlage, die für die übrige Verwaltung auch gelten würde. Hessen ist die Videoüberwachung durch ein bereichsspezifisches, auf die Justiz zugeschnittenen Gesetz zugelassen (§ 6 G zur Errichtung der Informationstechnik-Stelle der hessischen Justiz (IT-Stelle) und zur Regelung justizorganisatorischer Angelegenheiten v. 16.12 2011 GVBl. I 778). Hierin sind die Maßnahmen zum Schutz der öffentlichen Sicherheit oder Ordnung bei Gerichten und Staatsanwaltschaften ausdrücklich geregelt. Aus Gründen der **Aufrechterhaltung der öffentlichen Sicherheit oder Ordnung** bei Gerichten und Staatsanwaltschaften können danach gefährdete Bereiche im Innen- und Außenbereich von Gebäuden offen überwacht und Zutrittskontrollen durchgeführt werden, soweit dies erforderlich ist. Die Maßnahmen sind so zu wählen, dass sie in einem angemessenen Verhältnis zu ihrem Zweck stehen und die Betroffenen nicht mehr und nicht länger als notwendig beeinträchtigen. Die offene optische Überwachung, die auch durch technische Hilfsmittel erfolgen kann und auf die in geeigneter Form hinzuweisen ist, sowie Aufzeichnungen sind zulässig, soweit Tatsachen die Annahme rechtfertigen, dass eine **Erhöhung der Gefährdungslage** vorliegt. Personenbezogene Daten, die durch den Einsatz eines elektronischen Überwachungssystems erhoben wurden, sind unverzüglich nach Beendigung der Maßnahme, Aufzeichnungen spätestens **binnen 24 Stunden** nach Ende des Kalendertages, an dem sie angefallen sind, **zu löschen,** soweit nicht die weitere Aufbewahrung im Einzelfall zu Beweiszwecken unerlässlich ist.

70   Wenn bei „gefährdeten Bereichen von Gebäuden offen überwacht und Zutrittskontrollen durchgeführt werden können", so bedeutet dies im Umkehrschluss, dass man diese nicht zwingend immer und überall muss. Bei Gerichten handelt es sich nicht per se um besonders gefährdete öffentliche Einrichtungen. Insoweit sind auch nach dieser Norm die **dauerhafte Videoüberwachungen** und Personenkontrollen unzulässig. Denn eine dauerhafte Einrichtung ist nicht ohne weiteres erforderlich (Schild Datenschutz – Entwurf des Gesetzes zur Errichtung der Informationstechnik-Stelle der hessischen Justiz (IT-Stelle) und zur Regelung justizorganisatorischer Angelegenheiten sowie zur Änderung von Rechtsvorschriften – Stellungnahme, NRV-Info Hessen 06/2011, 9). Eine abstrakte stärkere Bedrohung der Bundesrepublik Deutschland durch den internationalen Terrorismus reicht dafür nicht aus (so aber zur Rechtfertigung Klotz NJW 2011, 1186).

71   Bei jeder Videoüberwachung ist für diese ein Verzeichnis der Verarbeitungstätigkeit zu erstellen. Aus ihr müssen sich der Zweck und insbesondere die **Speicherdauer** ergeben. Darüber hinaus ist eine Vorabkontrolle durchzuführen, die sich mit der besonderen Rechtfertigung der Gefahrensituation auseinander setzt. Dabei muss auch beachtet werden, ob Beschäftigte der Justiz durch die Videoüberwachung mit erfasst werden, weil sie das Gebäude durch denselben überwachten Eingang betreten und verlassen oder diesen gar im Rahmen der Ausübung ihrer Beschäftigung kreuzen (dazu bei Beschäftigtendaten → Rn. 80).

III. Terminsaushänge

72   Der **Grundsatz der Öffentlichkeit der Verhandlung** (§ 169 GVG) verlangt, dass ein Interessierter sich ohne Schwierigkeiten über den – auch auswärtigen – Ort des Termins informieren kann, falls es sich um einen Verhandlungstermin handelt. Deshalb muss zum einen ein Vermerk auf dem Terminzettel oder ein sonstiger Aushang am Gerichtssaal auf den **Ortstermin** außerhalb des Gerichtsgebäudes hinweisen (OLG Saarbrücken NStZ 2008, 51). Zum anderen muss vor Ort der Termin bekannt gemacht werden, bei einem Termin in einer Wohnung etwa durch einen Terminsaushang an der allgemein zugänglichen Hauseingangstür.

73   Eine Verhandlung ist schon dann „öffentlich" iSd § 169 S. 1 GVG, wenn sie in Räumen stattfindet, die während der Verhandlung grundsätzlich **jedermann zugänglich,** dh ohne besondere Schwierigkeiten erreichbar sind. Dies setzt nicht einmal in jedem Fall – zB bei Ortsterminen mit anschließender Verhandlung – voraus, dass die mündliche Verhandlung durch Aushang bekanntgegeben werden muss; das Öffentlichkeitsgebot ist selbst bei einer Verhandlung „hinter verschlossener Tür" nicht ohne weiteres verletzt, wenn nur die zumutbare Möglichkeit für jedermann besteht, sich Zugang zu verschaffen. Das ist der Fall, wenn Zutrittswillige sich durch Klingeln bemerkbar machen können und ihnen daraufhin geöffnet wird (stRspr). Das Öffentlichkeitsgebot

Syst. E. Datenschutz bei Gerichten und Staatsanwaltschaften

setzt auch nicht voraus, dass die Terminzettel vor der verschlossenen, aber durch Klingelanlage oder Türsummer passierbaren Tür angebracht werden (BVerwG BeckRS 1994, 31239263). Der Grundsatz der Öffentlichkeit ist verletzt, wenn die Hauptverhandlung – teilweise – außerhalb des Gerichtsgebäudes an der Tatörtlichkeit stattfindet, jedoch weder in dem Aushang vor dem Gerichtssaal noch in einem zuvor verkündeten Beschl. die Tatörtlichkeit genau angegeben wird. Die pauschale Bezeichnung „Tatörtlichkeit" genügt nicht (OLG Hamm BeckRS 2001, 30217446).

Verhandlungen, Erörterungen und Anhörungen in Familiensachen sowie in Angelegenheiten der freiwilligen Gerichtsbarkeit sind **nicht öffentlich.** Das Gericht kann die Öffentlichkeit zulassen, jedoch nicht gegen den Willen eines Beteiligten. § 170 GVG. Insoweit bedarf es immer eines Gerichtsaushangs über die zu verhandelnden Verfahren, der so angebracht ist, dass eine **interessierte Öffentlichkeit erkennen kann, um welches Verfahren es geht** (Verfahrensbeteiligte, Richterbank, Verfahrensart – Strafverfahren, Mietsache, Bauprozess usw. – ggf. Sachverständige und Dolmetscher), ob die Verhandlung öffentlich ist oder nicht und wo sie stattfindet. Dazu gehört bei einem größeren Gericht der Aushang nicht nur am Sitzungssaal, sondern bereits im Eingangsbereich des Gerichts. Der Aushang gehört jedoch nicht an eine „Örtlichkeit" außerhalb des Gerichtsgebäudes, zB ein Aushang auf der Straße. Dies, da er der Orientierung der interessierten Öffentlichkeit dient und nicht für jedermann lesbar sein muss. Damit ist auch eine Einstellung eines Terminaushanges in das Internet ausgeschlossen. Möglich wäre hier allenfalls ein **abstrakter Hinweis,** dass um X Uhr ein Bauprozess, Strafverfahren usw ansteht. Andererseits ist der Aushang im Gericht so anzubringen, dass nicht erst eventuell vorhandene Sicherheitsschleusen passiert werden müssen, um als Öffentlichkeit nachlesen zu können, ob und ggf. welche Verhandlung stattfindet. Soweit der Aushang elektronisch erfolgt, bedarf es dafür auch einer Meldung (eines Verfahrensverzeichnisses).

F. Beschäftigtendaten

Jeder **Einsatz von EDV führt dazu, dass** neben den personenbezogenen Daten der Beteiligten auch **Daten der Beschäftigten erfasst werden.** Insoweit sind die allgemeinen Regelungen zum Beschäftigtendatenschutz (vgl. § 26 BDSG, § 24 HDSIG) zu beachten. Wie bereits ausgeführt, stellen alle Normen die den Umgang mit Beschäftigtendaten regeln, auf die Erforderlichkeit ihrer Erhebung, Verarbeitung und Nutzung ab. Soweit Landesdatenschutzgesetze keine ausdrücklichen Regelungen zu Beschäftigtendaten enthalten, gelten die allgemeinen Regelungen. Soweit die Beamtengesetze (zB Regelungen zu Personalakten) oder Richtergesetze Sonderregelungen enthalten, gehen diese vor.

Soweit Beschäftigtendaten zu Zwecken der Datenschutzkontrolle, der Datensicherung oder der Sicherstellung eines ordnungsgemäßen Betriebes einer Datenverarbeitungsanlage, also im Rahmen von Protokollierungen **der Datensicherheit** gespeichert werden, dürfen diese Daten auch nur für diese Zwecke genutzt werden (zB § 31 BDSG aF). Sollten die Daten für andere Zwecke benötigt werden, so bedürfte es dafür einer **Rechtsgrundlage.** Rechtsgrundlagen können sein Gesetze, Rechtsverordnungen, Satzungen, Tarifverträge, aber auch **Dienstvereinbarungen.** Dienstanweisungen oder Erlasse bilden hingegen gerade keine Rechtsgrundlage.

I. Dienstvereinbarungen

Nach § 75 Abs. 3 Nr. 17 BPersVG hat der Personalrat, soweit eine gesetzliche oder tarifliche Regelung nicht besteht, gegebenenfalls durch Abschluss von Dienstvereinbarungen mitzubestimmen über **Einführung und Anwendung technischer Einrichtungen,** die dazu bestimmt sind, das **Verhalten oder die Leistung der Beschäftigten zu überwachen.** Dies wäre bei jeder Einführung einer automatisierten Verarbeitung personenbezogener Daten der Fall, die auch die Beschäftigtendaten erfasst, obwohl die Rechtsprechung des Bundesverwaltungsgerichts in diesen Fällen der Mitbestimmung nicht ganz so großzügig ist wie die des Bundesarbeitsgerichtes.

Entgegen der Rechtsprechung des Bundesarbeitsgerichts hat das Bundesverwaltungsgericht entschieden, dass die allgemeinen **Datenschutzgesetze Rechtsvorschriften „zu Gunsten der Mitarbeiter"** sind. Dies mit der Folge, dass das Überwachungsrecht des Personalrats dem Personalrat die Befugnis gibt, auf die Beachtung der begünstigenden Vorschriften hinzuwirken. Insoweit kann ein Personalrat die Einhaltung der rechtlichen Vorgaben bei der Nutzung automatisierter Verarbeitungen in einem Gericht oder einer Staatsanwaltschaft gegebenenfalls gerichtlich überprüfen lassen (BVerwG BeckRS 1985, 30936642, PersR 1986, 95). Gleiches gilt für Richter- und Staatsanwaltschaftsräte.

In einer **Dienstvereinbarung** müssen wenigstens der sachliche und persönliche Geltungsbereich, die technische Ausstattung, die Informationsbringschuld des Arbeitgebers bei Änderungen

Syst. E. Datenschutz bei Gerichten und Staatsanwaltschaften

oder Updates, ggf. der Umfang der Protokolldaten, die Kontrollziele, zB Abwendung von Missbrauch, die Kontrollanlässe, zB Verdachtskontrolle, der Umfang und der Zweck zulässiger Auswertungen, die Berechtigungsregelungen, der betroffene Personenkreis, bei Kontrollen ein Mehraugenprinzip und die Löschungspflichten geregelt werden. Werden Daten auf einem Server einer anderen Behörde oder eines anderen Gerichtes gespeichert, ist zu beachten, dass eine Auftragsdatenverarbeitung vorliegt, welche ebenfalls in der Dienstvereinbarung zu erfassen ist.

II. Beispiel Videoüberwachung

80 Wird zB eine Videoüberwachung eingeführt, bedarf es nicht nur bezüglich der Gerichtsöffentlichkeit einer gesetzlichen Regelung, sondern sind die **Beteiligungsrechte des Personalrates, Richter- oder Staatsanwaltschaftsrates** ebenfalls zu beachten. Dabei ist zu beachten, dass die Beschäftigtendaten grundsätzlich nur für Zwecke des Beschäftigungsverhältnisses erhoben, verarbeitet und genutzt werden dürfen. Insoweit bedürfte es **besonderer Rechtfertigungsgründe,** die Beschäftigten per Video zu überwachen (dazu auch → BDSG § 4 Rn. 70 ff.). Die Zulässigkeit des damit verbundenen Eingriffs in die Persönlichkeitsrechte der Beschäftigten richtet sich nach dem Grundsatz der Verhältnismäßigkeit (BAG BeckRS 2008, 56591).

81 Die Vorschrift des § 4 Abs. 1 BDSG regelt nur die Beobachtung öffentlich zugänglicher Räume (hier bei Bundesgerichten) und findet auf Videoüberwachungen am Arbeitsplatz jedenfalls dann keine Anwendung, wenn dieser nicht öffentlich zugänglich ist. Öffentlich zugänglich sind nur solche Räume, die ihrem Zweck nach dazu bestimmt sind, von einer unbestimmten Zahl oder nach nur allgemeinen Merkmalen bestimmten Personen betreten und genutzt zu werden. Die Gesetzesbegründung nennt bspw. Bahnsteige, Ausstellungsräume eines Museums, Verkaufsräume und Schalterhallen. Nicht öffentlich zugänglich sind demgegenüber Räume, die nur von einem bestimmten Personenkreis betreten werden dürfen (LAG Frankfurt am Main BeckRS 2011, 68499). Eingangsbereiche von Gerichten und Staatsanwaltschaften sind öffentlich zugänglich, sodass ein angemessener Ausgleich zwischen den angestrebten Zwecken und der **Verhaltens- und Leistungskontrolle der Beschäftigten** zu treffen ist. Dies erfolgt durch die **Dienstvereinbarung.**

III. Keine Dienstvereinbarungen in Hessen

82 Nach § 23 Abs. 1 S. 1 HDSG darf der Dienstherr oder Arbeitgeber Daten seiner Beschäftigten nur verarbeiten, wenn dies zur Eingehung, Durchführung, Beendigung oder Abwicklung des Dienst- oder Arbeitsverhältnisses oder zur Durchführung innerdienstlicher, planerischer, organisatorischer, sozialer und personeller Maßnahmen erforderlich ist oder eine Rechtsvorschrift, ein Tarifvertrag oder eine Dienstvereinbarung es vorsieht. Insoweit dient die **Dienstvereinbarung** auch hier **als Rechtsgrundlage,** um eine gesetzliche Regelung, welche die Auswertung der Daten der Beschäftigten, die im Rahmen der Durchführung der technischen und organisatorischen Maßnahmen gespeichert werden, zu Zwecken der Verhaltens- oder Leistungskontrolle ausschließt (vgl. § 31 BDSG aF, § 34 Abs. 6 HDSG aF), doch noch zu „durchlöchern", indem weitere Kontrollzwecke durch eine Dienstvereinbarung bestimmt werden. Ohne eine Dienstvereinbarung wäre der „Umgang" mit den Daten ansonsten auf das „Erforderliche" beschränkt, dh es können nur die Daten erhoben, verarbeitet und genutzt werden, die zwingend erforderlich sind. Insoweit bestimmt sich der Umfang der Nutzung von Daten aus dem im Voraus zu bestimmenden Zweck (siehe Art. 5 Abs. 1 DS-GVO).

83 Dienstvereinbarungen darf der Personal-, Richter- oder Staatsanwaltschaftsrat schließen in Angelegenheiten, in denen ihm ein **Mitbestimmungsrecht** zusteht. Jedoch wurde in § 81 Abs. 5 HPVG geregelt, dass bei Maßnahmen, die unter Abs. 1–4 der Norm fallen, ein gleichzeitig vorliegendes Mitbestimmungsrecht zurücktritt. Nach Abs. 1 des § 81 HPVG hat der Personalrat **mitzuwirken** bei Einführung der Neuen Verwaltungssteuerung (NVS) und entsprechenden neuen Steuerungsverfahren einschließlich der damit zusammenhängenden technischen Verfahren, bei Einführung grundlegend neuer Arbeitsmethoden, Aufstellung von allgemeinen Grundsätzen für die Bemessung des Personalbedarfs, bei allgemeinen Festlegungen von Verfahren und Methoden von Wirtschaftlichkeits- und Organisationsprüfungen, Einführung von technischen Rationalisierungsmaßnahmen, die den Wegfall von Planstellen oder Stellen zur Folge haben, bei Vergabe oder Privatisierung von Arbeiten oder Aufgaben, die bisher durch die Beschäftigten der Dienststelle wahrgenommen werden, sowie bei Einführung, Anwendung, Änderung oder Erweiterung automatisierter Verarbeitung personenbezogener Daten der Beschäftigten. Dabei gilt S. 1 nicht bei probe- oder versuchsweiser Einführung neuer Techniken und Verfahren. Die Einführung zB der E-Mail führt zu einer Einführung einer automatisierten Verarbeitung von Daten der Beschäftigten.

Syst. E. Datenschutz bei Gerichten und Staatsanwaltschaften

Insoweit ist in einem solchen Fall nur ein **„Beteiligungstatbestand"** gegeben und die Mitbestimmung nach § 74 Abs. 1 Nr. 17 HPVG ausgeschlossen. Dies hat zur Folge, dass ein Umgang mit den Beschäftigtendaten in einer Dienstvereinbarung nicht geregelt werden kann, nur mitbestimmungsrelevante Umstände mit einer Dienstvereinbarung geregelt werden dürfen, nicht aber solche, die nur der Beteiligung unterliegen (VG Frankfurt a. M. BeckRS 2010, 49937; ZfPR online 2010, 9 ff. mAnm Schild, 11 ff.).

Eine weitere Konsequenz aus dieser Regelungssystematik dürfte sein, dass alle laufenden automatisierten Verarbeitungen „ohne Dienstvereinbarung" in Hessen derzeit rechtswidrig sind, da mit diesen auch Datenverarbeitungen und Nutzungen vorgesehen sind, die zwar sinnvoll und nützlich sein mögen, aber nicht zwingend erforderlich sind; also eine Datenverarbeitung ohne Rechtsgrundlage stattfindet. Bis zu einer Gesetzesänderung, die Dienstvereinbarungen wieder erlaubt, müsste die gesamte hessische Verwaltung deshalb die „datensparsamste Verwaltung" in ganz Deutschland sein (Schild PersV 2012, 94; ZfPR 2012, 114; zum Abschluss von Kollektivvereinbarungen nach § 23 Abs. 4 HDSIG siehe Schild, Was hat der Betriebsrat mit der Datenschutzgrundverordnung (DS-GVO) und dem neuen Datenschutzrecht nach dem Bundesdatenschutzgesetz (BDSG) zu tun? – Eine Betrachtung aus der Sicht der Beteiligungsrechte – ZBVR online 2018, 26, 29 f.). **84**

IV. Telefonnutzung und Voice over IP

Der Einsatz der digitalen Telefonie (ISDN oder Voice over IP) ist ebenfalls eine **automatisierte Verarbeitung** personenbezogener Daten (Kunden- und Beschäftigtendaten). Insoweit bedarf es auch hier einer Meldung (eines Verfahrensverzeichnisses). Insbesondere ist zu regeln, inwieweit **Verbindungsdaten zur Verhaltens- und Leistungskontrolle** herangezogen werden dürfen. Auch ist sicherzustellen, dass keine unzulässigen Gesprächsaufzeichnungen erfolgen. Gerade bei Voice over IP ist eine **End- zu End-Verschlüsselung** sicherzustellen, da ansonsten die Sprachpakete viel leichter unbefugt gespeichert werden können, zB durch WireShark. Dabei ist auch darauf zu achten, dass nicht in die richterliche Unabhängigkeit unzulässig eingegriffen wird. Dies wäre bei einer inhaltlichen Kontrolle durch Abhören oder automatischer Aufzeichnung der Gespräche der Fall. Die automatische **Gesprächsdatenerfassung** als solche geht nicht über die bloße, allerdings lückenlose Beobachtung der Benutzung der Telefonanlage hinaus. Die freie Entscheidung des Nutzers, ob und wen er in welcher Rechtssache anruft und wie lange er mit ihm telefoniert, wird dadurch nicht beeinträchtigt. Der bloße Betrieb einer solchen Anlage begegnet deshalb unter dem Gesichtspunkt der richterlichen Unabhängigkeit keinen Bedenken (BGH NJW 1995, 731). **85**

V. Richterliche Unabhängigkeit

Die **Dienstaufsicht** darf auf den sachlichen Inhalt der richterlichen Tätigkeit keinen Einfluss nehmen. Wenn aber der Dienstaufsicht ein sachlicher Einfluss auf vorbereitende Entwürfe und Entscheidungen untersagt ist, so darf sie auch von deren Inhalt nicht eigenmächtig Kenntnis nehmen. Eine Kenntnisnahme von noch nicht für die Öffentlichkeit bestimmten richterlichen Dokumenten würde die erste Stufe einer möglichen Einflussnahme bedeuten und ist schon als solche geeignet, Einfluss auf den **Kernbereich richterlicher Tätigkeit** zu nehmen. Dementsprechend muss das den Richtern für ihre Arbeit zur Verfügung gestellte EDV-Netz technisch und organisatorisch so ausgestaltet sein, dass eine inhaltliche Kenntnisnahme von richterlichen Dokumenten durch andere Personen als den das Dokument verfassenden Richter (Urheber) und den ihm unmittelbar zugeordneten Bediensteten soweit wie möglich ausgeschlossen ist. Entsprechendes gilt für die Weitergabe an Dritte. „Dritte", die von einem richterlichen Dokument inhaltlich keine Kenntnis nehmen sollen, sind mithin auch die Administratoren des Netzes. Soweit aus technischen Gründen ein inhaltlicher Zugriff im Einzelfall erforderlich ist, muss sichergestellt sein, dass erlangte Informationen nicht an die die Dienstaufsicht ausübende Behörde oder andere Dritte weitergegeben werden (DienstGH Frankfurt a. M. BeckRS 2010, 14555; BGH BeckRS 2011, 26455). **86**

Bereits derzeit ist äußerst zweifelhaft, ob das Abstellen allein auf die fachliche richterliche Unabhängigkeit noch ausreichend ist und die Gerichte in Deutschland die von Art. 47 Charta der Grundrechte gewährte Unabhängigkeit besitzen. Was unter **„Unabhängigkeit" der Gerichte** iSd Charta zu verstehen ist, hat der EuGH bisher noch nicht entschieden. Jedoch hat er sich zu dem Begriff und der Bedeutung der Unabhängigkeit bei den Kontrollstellen nach Art. 28 Datenschutz-RL geäußert. Hier stellte das Gericht fest, dass die Bundesrepublik Deutschland ihre Verpflichtung aus Art. 28 Abs. 1 Datenschutz-RL, Kontrollstellen zu schaffen, die ihre Aufgaben „in völliger Unabhängigkeit" wahrnehmen, nicht in Übereinstimmung mit der Datenschutz-RL **87**

Syst. E. Datenschutz bei Gerichten und Staatsanwaltschaften

umgesetzt hatte und damit gegen europarechtliche Vorgaben verstieß. Die zuständigen Kontrollstellen müssen mit einer Unabhängigkeit ausgestattet sein, die es ihnen ermöglicht, ihre Aufgaben ohne äußere Einflussnahme wahrzunehmen. Diese Unabhängigkeit schließt nicht nur jegliche Einflussnahme seitens der kontrollierten Stellen aus, sondern auch jede Anordnung und jede sonstige äußere Einflussnahme, sei sie unmittelbar oder mittelbar, durch die in Frage gestellt werden könnte, dass die genannten Kontrollstellen ihre Aufgabe erfüllen, den Schutz des Rechts auf Privatsphäre und den freien Verkehr personenbezogener Daten ins Gleichgewicht zu bringen (EuGH BeckRS 2010, 90304; ausführlich auch zur Stellung der Justiz in Deutschland: Schild DuD 2010, 549; Schild, Datenschutz – Entwurf des Gesetzes zur Errichtung der Informationstechnik-Stelle der hessischen Justiz (IT-Stelle) und zur Regelung justizorganisatorischer Angelegenheiten sowie zur Änderung von Rechtsvorschriften -Stellungnahme-, NRV-Info Hessen 06/2011, 9 ff.; ferner Stellungnahme zu einem Entwurf eines IT-Gesetzes für die Justiz des Landes Schleswig Holstein (IT-JustizGesetz – IT JG), Schleswig-Holsteinischer LT-Umdruck 18/5184; aA EuGH NVwZ 2020, 1497, wonach nur auf die richterliche Unabhängigkeit abzustellen sei; dazu VG Wiesbaden Urt. v. 31.8.2020 – 6 K 1016/15.WI).

G. Ausblick

I. Elektronische Akte

87a Ausgehend von der Feststellung, dass die freiwilligen Angebote der Länder zur elektronischen Kommunikation mit den Gerichten bislang nur in geringem Umfang genutzt würden, wurde mit dem G zur Förderung des elektronischen Rechtsverkehrs mit den Gerichten v. 10.10.2013 (BGBl. I 3786), wird nunmehr versucht die elektronische Akte in den Gerichten als festen Bestandteil zu integrieren (siehe auch → Rn. 2a ff.). Dazu soll spätesten bis 2026 der elektronische Rechtsverkehr für alle Verfahrensordnungen der einzige zugelassene Kommunikationsweg sein. Dazu werden die Regelungen zum **elektronischen Dokument** in den Verfahrensordnungen neu gefasst (§ 130a ZPO, § 46c ArbGG, § 65a SGG, § 55a VwGO, § 52a FGG). Ziel des Gesetzes ist es unter anderem weiter, dass für Behörden die Möglichkeit geschaffen werden soll, unter Verwendung des Elektronischen Gerichts- und Verwaltungspostfachs (EGVP) über einen sicheren Übermittlungsweg mit der Justiz zu kommunizieren. Der Nachweis der Zustellung an Anwälte und den in § 174 Abs. 1 der Zivilprozessordnung (ZPO) genannten Personenkreis erfolgt über ein elektronisches Empfangsbekenntnis. Durch die Möglichkeit der maschinellen Beglaubigung von zuzustellenden Schriftstücken soll die Zustellung per Telefax gegenüber dem geltenden Recht erheblich vereinfacht werden.

87b Das Gesetz enthält lediglich Vorgaben zu den jeweiligen Verfahrensordnungen, regelt jedoch nichts zum Datenumgang und damit zum Datenschutz und zur Datensicherheit. Mithin verbleibt es bei den allgemeinen datenschutzrechtlichen Vorgaben. **Für die entsprechenden EDV-Verfahren sind Verzeichnisse der Verarbeitungstätigkeit zu erstellen,** ggf. sind auch **Auftragsverarbeitungsverträge** erforderlich. Soweit in Papierform eingereichte Schriftstücke oder sonstige Unterlagen nach dem Stand der Technik in ein elektronisches Dokument übertragen werden ist organisatorisch sicher zu stellen, dass das elektronische Dokument mit dem manuellen Dokument übereinstimmt. Dies geht nur, wenn die scannende verantwortliche Person nach der jeweiligen **Sichtprüfung** die **Richtigkeit durch eine qualifizierte Signatur bestätigt** und ggf. die elektronischen Dokumente - gerade auch wegen Roteintragungen – immer farbig erstellt werden (zu den Folgen fehlenden oder Fehlerhaften Scannens s. VG Wiesbaden BeckRS 2017, 117440).

87c Jedoch sind auch alle bisherigen datenschutzrechtlichen Defizite, wie sie auch oben aufgezeigt wurden (zB beim EGVP) bis zur Umsetzung vollständig zu beseitigen. Bei den neu einzuführenden Verfahren dürfen sodann auch keine **neuen datenschutzrechtlichen Defizite** entstehen, da ansonsten das von einigen Justizverwaltungen angestrebte Umsetzungsziel zum 31.12.2017 (vgl. Art. 24 G zur Förderung des elektronischen Rechtsverkehrs mit den Gerichten) nicht eingehalten werden kann. Ja sogar ein vollständiger justizieller Stillstand gerade auch wegen gravierender Verstöße gegen dann geltendes europäisches Recht durch die Justizverwaltung herbeigeführt werden könnte. Dies sollte durch **strikte Rechtskonformität und Einhaltung des aktuellen Datenschutzrechts** verhindert werden.

87d Soweit in dem G zur Förderung des elektronischen Rechtsverkehrs mit den Gerichten in den Verfahrensordnungen vorgesehen ist, dass elektronische Formulare von Seiten der Justiz bereit gestellt werden, erfolgt dies über entsprechende Homepages der Gerichte oder anderer bisher nicht bestimmter Institutionen. Insoweit gilt dann das **Telemediengesetz** (TMG). Dies mit der Folge, dass die Gerichte oder anderer Bereitsteller Diensteanbieter sind, die eigene oder fremde

Syst. E. Datenschutz bei Gerichten und Staatsanwaltschaften

Telemedien zur Nutzung bereithalten oder den Zugang zur Nutzung vermitteln. Neben den allgemeine Informationspflichten (§ 5 TMG) sind dann die Pflichten des Diensteanbieters nach §§ 12 und 13 TMG, sowie die Reglungen zu den Bestands- (§ 14 TMG) und Nutzungsdaten (§ 15 TMG) zu beachten, welche ebenfalls der Sicherstellung des Rechts auf informationelle Selbstbestimmung dienen und deren Nicht-Beachtung Bußgeldbewehrt ist (vgl. § 16 TMG). Die Regelungen des TMG werden durch die Verfahrensordnungen nicht verdrängt und sind insoweit spezieller.

Unter dem „**ersetzenden Scannen**" der Vorgang des elektronischen Erfassens von Papierdokumenten mit dem Ziel der elektronischen Weiterverarbeitung und Aufbewahrung des hierbei entstehenden elektronischen Abbildes (Scanprodukt) und der späteren Vernichtung des papiergebundenen Originals verstanden. Das **BSI** hat dazu eine **Technische RL 03138** – ersetzendes Scannen herausgegeben. Die Technische RL zielt auf eine Steigerung der Rechtssicherheit im Bereich des ersetzenden Scannens ab und trägt den Titel „Ersetzendes Scannen (RESISCAN)". Die RL lässt jedoch mehrere Möglichkeiten offen. Bei elektronischen Gerichtsakten wäre der höchste Standard nach dieser RL zu beachten (VG Wiesbaden BeckRS 2014, 58015). **87e**

Insoweit bedarf es beim Scannen ua eines **Transfernvermerkes**, welcher bei der Erstellung eines Aktenausdruckes die Dokumente und ihre Reihenfolge belegt. Auch müssten die eingescannten Urkunden und Dokumente mit einer **qualifizierten elektronischen Signatur** versehen werden, welche die Übereinstimmung mit dem Original bescheinigen. Denn nur eine qualifizierte elektronische Signatur (§ 7 Signaturgesetz) ist eine sichere Beglaubigung der elektronischen Abbilder (Dokumente). So führt zB der Erlass der Dienstanweisung zum Kindergeld nach dem Einkommenssteuergesetz (DA-KG), unter O 2.7 Kindergeldakten, unter O 2.73 Elektronische Akten, in Abs. 1 S. 2 ausdrücklich aus: **„Die qualifizierte Signatur des gescannten Papierdokuments dient als Nachweis für einen ordnungsgemäßen Scannvorgang."** (BStBl. 2014, 918). **87f**

Eine qualifizierte Signierung und damit Beglaubigung des Scans für ein jedes Dokument ist somit zwingend erforderlich (VG Wiesbaden BeckRS 2014, 58015). So fordert zB § 55b VwGO in Abs. 4, dass wenn ein in Papierform eingereichtes Dokument in ein elektronisches Dokument übertragen werden soll, dieses den **Vermerk** enthalten muss, **wann und durch wen die Übertragung vorgenommen worden ist.** Ferner bedarf es einer Rückführung in einen Ausdruck des Vermerks, welches Ergebnis die Identitätsprüfung des Dokuments aufweist, wen die Signaturprüfung als Inhaber der Signatur ausweist und welchen Zeitpunkt die Signaturprüfung für die Anbringung der Signatur ausweist. **87g**

Trotz eines qualifizierten Scanvorgangs wäre damit ist aber noch nicht das Problem gelöst, dass Originaldokumente von Verfahrensbeteiligten oder Behörden an die an das Gericht gesendet wurden, im späteren Verwaltungs- oder gerichtlichen Verfahren im Original erforderlich sind. Werden die eingescannten Dokumente vernichtet würde damit gegebenfalls die Einholung von Sachverständigengutachten und dergleichen verhindert. Was letzlndlich zu einer Beweisunterdrückung und damit zu einer Prozessbeeinflussung führen kann, welche die Justiz tunlichst zu unterlassen hat. Insoweit bedarf es dann weiterer manueller „Teil-"Akten, welche weiter bei Gericht zu führen sind (bezüglich der Mängel der elektronischen Akte des Bundesamtes für Migration und Flüchtlinge wird auf das Urteil des VG Wiesbaden NJW 2014, 260 f., verwiesen; zur elektronischen Aktenführung ausführlich, VG Wiesbaden ZD 2017, 448; zur Problematik bei der elektronischen Bußgeldakte und den Problemen durch die Vernichtung der Originale nach elektronischer Einlesung s. DAV fordert gesetzliche Grundlage für elektronische Aktenführung, http://beck-aktuell.beck.de/news/rheinland-pfalz-dav-fordert-gesetzliche-grundlage-f-r-elektronische-aktenfhrung, Stand 13.8.2014). **87h**

II. Allgemeiner Ausblick auf EU-Recht

Es wäre daher zu wünschen, dass sich insbesondere die Justizverwaltungen an die auch für die Justiz geltenden allgemeinen datenschutzrechtlichen Regeln halten und eine **Vorbildfunktion** einnehmen. Mit der Geltung der Verordnung (EU) 2016/679 des europäischen Parlaments und des Rates v. 27.4.2016 zum Schutz natürlicher Personen bei der Verarbeitung personenbezogener Daten und zum freien Datenverkehr und zur Aufhebung der Richtlinie 95/46/EG (Datenschutz-Grundverordnung – DS-GVO; ABl. 2016 L 119, 1 ff.) zum 25.5.2018, gilt diese auch unmittelbar in der Justiz, mit Ausnahme der Strafverfahren. Im Bereich des Gefahrenabwehr- und Strafrechts ist bis zum 6.5.2018 die Richtlinie (EU) 2016/680 des europäischen Parlaments und des Rates v. 27.4.2016 zum Schutz natürlicher Personen bei der Verarbeitung personenbezogener Daten durch die zuständigen Behörden zum Zwecke der Verhütung, Ermittlung, Aufdeckung oder Verfolgung **88**

Syst. E. Datenschutz bei Gerichten und Staatsanwaltschaften

von Straftaten oder der Strafvollstreckung sowie zum freien Datenverkehr und zur Aufhebung des Rahmenbeschlusses 2008/977/JI des Rates (ABl. 2016 L 119, 89 ff.) in nationales Recht umzusetzen. Sie findet für die innerstaatliche Datenverarbeitung im Bereich der Gefahrenabwehr- und Strafverfolgungsbehörden Anwendung, wobei zu beachten ist, dass nicht alles, was in Deutschland zu dem Gefahrenabwehrrecht zählt (zB Asyl- und Ausländerrecht, Melderecht, Waffenrecht), dem EU-Gefahrenabwehrbegriff entspricht, da dieser viel enger zu fassen ist. Auch das Ordnungswidrigkeitsrecht ist Verwaltungsunrecht und fällt europarechtlich – auch im Verfahren – nicht unter das Strafrecht. Hier findet die DS-GVO Anwendung, weshalb insoweit ggf. auch die StPO anzupassen ist oder ein gesonderter Regelungskomplex zu schaffen ist.

89   Nach Art. 83 Abs. 6 DS-GVO „Allgemeine Bedingungen für die Verhängung von Geldbußen" kann ua eine Geldbuße bis zu 20.000.000 EUR verhängt werden, wenn personenbezogene Daten ohne oder ohne ausreichende Rechtsgrundlage verarbeitet, keine Datenschutz-Folgenabschätzung (bisher Vorabkontrolle) vorgenommen wird oder personenbezogene Daten ohne vorherige Genehmigung oder ohne Zuratziehung der Aufsichtsbehörde verarbeitet werden. Die Haftung obliegt dem Leiter der verantwortlichen Stelle, also dem jeweiligen Gerichtspräsidenten und dem jeweiligen Leiter der Staatsanwaltschaft. Spätestens dann dürfte der Datenschutz auch bei der Justiz eine Rolle spielen. Die bisherige Beanstandung durch die Datenschutzbehörden – die nichts kostet – würde entfallen. Überhaupt würde insoweit Europarecht Anwendung finden. Hieran ändert sich auch nicht durch die Versuche der Landesgesetzgeber, wenn sie regeln dass wegen eines Verstoßes gegen Art. 83 Abs. 4–6 DS-GVO gegen Behörden und sonstige öffentliche Stellen keine Geldbußen verhängt werden (zB § 36 Abs. 2 HDSIG). Denn ein Bußgeld gegen den einzelnen Behördenleiter/Minister ist dadurch gerade nicht ausgeschlossen.

90   In Europa gibt es bereits das **Europäische Justizportal** (https://e-justice.europa.eu/home.do?plang=de&action=home; Stand Aug 2016). Hinter dem hierfür geschaffenen Begriff „e-Justiz" verbirgt sich ein erster Versuch, den drei Erfordernissen, den Zugang zum Recht zu verbessern, die Zusammenarbeit zwischen den Justizbehörden zu verbessern und die Justiz als Ganzes effizienter zu machen, gerecht zu werden. Die Einführung der IKT in der Justiz sei allerdings nicht nur wünschenswert und unabdingbar, sondern sie wecke auch bestimmte Erwartungen und wirft Fragen auf (Mitteilung der Kommission an den Rat, das europäische Parlament und den europäischen Wirtschafts- und Sozialausschuss – Eine europäische Strategie für die e-Justiz; KOM(2008)329 endgültig).

91   Das Portal soll mindestens drei Funktionen erfüllen:
a) **Zugang zu Informationen**
Das Portal soll den EU-Bürgern Informationen in ihrer Sprache über die Justizsysteme und -verfahren bieten: Es ist vor allem die Unkenntnis der geltenden Rechtsvorschriften anderer Mitgliedstaaten, die den EU-Bürger daran hindert, in einem anderen Mitgliedstaat sein Recht einzufordern. Auf dem Portal werden insbesondere folgende Informationen angeboten werden:
- europäische und nationale Informationen über die Rechte von Opfern in Strafverfahren und ihre Entschädigungsansprüche,
- Informationen über die Grundrechte der Bürger in allen Mitgliedstaaten (Rechte von Beschuldigten in Strafverfahren),
- Informationen über die Grundsätze, die für die Befassung eines Gerichts eines anderen Mitgliedstaats oder für die Verteidigung vor einem solchen Gericht gelten.

Darüber hinaus soll das Portal praktische Informationen über zuständige Behörden und die Kontaktaufnahme mit diesen Behörden, die (obligatorische oder fakultative) Hinzuziehung eines Rechtsanwalts, die Beantragung von Rechtshilfe usw. anbieten.

Einige dieser Informationen sind bereits auf der Homepage des Europäischen Netzes für Zivilsachen abrufbar. Sie werden in das Portal übernommen und durch Informationen über den strafrechtlichen Bereich und die Rechte von Opfern ergänzt werden.

b) **Orientierung**
Das Portal soll einen Orientierungspunkt für den Zugang zu bestehenden Webseiten der Kommission (Eur-lex, Pre-lex, SCADPlus, Eurovoc und IATE) und der europäischen Justizbehörden sowie zu den verschiedenen justiziellen Netzen und den von diesen geschaffenen Werkzeugen darstellen.

Durch Verlinkung mit den zuständigen Stellen wird das Portal seine Besucher außerdem zu bestimmten, auf europäischer Ebene miteinander verbundenen Registern (Handelsregister – Europäisches Unternehmensregister und Grundbuchregister – EULIS. Der geplante Zugang zum Netz der Insolvenzregister wird entweder direkt über das Portal oder indirekt im Rahmen der hierfür vorgesehenen Möglichkeiten erfolgen) leiten können.

c) **Direkter Zugang zu bestimmten europäischen Verfahren**

Syst. F. Datenschutz bei den freien Berufen

Auf kurz oder lang soll es möglich werden, vollständig elektronische europäische Verfahren einzuführen. Entsprechende Rechtsgrundlagen gibt es bereits (zB die Verordnung zur Einführung eines europäischen Verfahrens für geringfügige Forderungen(Verordnung (EG) Nr. 861/2007 (ABl. 2007 L 199) oder die Verordnung zur Einführung eines europäischen Mahnverfahrens (Verordnung (EG) Nr. 1896/2006 (ABl. 2006 L 399).

Ebenso soll die Möglichkeit geprüft werden, bei bestimmten Vorgängen wie der Entrichtung von Verfahrenskosten die Zahlungsabwicklung über das Portal zu ermöglichen oder auf kurz oder lang dem Bürger die Möglichkeit zu bieten, online Einblick in sein Strafregister zu beantragen und diesen in der Sprache seiner Wahl zu erhalten. **92**

Datenschutzrechtlich ist dabei der Beschluss 2014/333/EU der Kommission v. 5.6.2014 über den Schutz personenbezogener Daten im Europäischen e-Justiz-Portal (ABl. 2014 L 167, 57 ff.) zu beachten. Danach haben die Mitgliedstaaten sicher zu stellen, dass im Portal keine die Informationen über personenbezogenen Daten gespeichert werden. Die Mitgliedstaaten sind insoweit Verantwortliche. Für jeden einzelnen Online-Dienst, der über das Portal erreicht werden kann, bestimmt die für die Verarbeitung der Daten verantwortliche Person die Ziele und Mittel der Verarbeitung personenbezogener Daten und stellt sicher, dass der betreffende Online-Dienst mit der Verordnung (EG) Nr. 45/2001 des europäischen Parlaments und des Rates v. 18.12.2000 zum Schutz natürlicher Personen bei der Verarbeitung personenbezogener Daten durch die Organe und Einrichtungen der Gemeinschaft und zum freien Datenverkehr in Einklang steht (ABl. 2001 L 8, 1). **93**

Soweit in EUR-Lex (http://eur-lex.europa.eu/collection/n-law/n-case-law.html, Stand Aug. 2016) nationale Gerichtsentscheidungen aus Deutschland veröffentlicht werden, ist dafür Sorge zu tragen, dass diese keine personenbezogenen Daten beinhalten (→ Rn. 56). **94**

Syst. F. Datenschutz bei den freien Berufen

Überblick

Die freien Berufe, zu denen unter anderem Rechtsanwälte (§ 2 Abs. 1 BRAO), Wirtschaftsprüfer (§ 1 Abs. 2 S. 1 WPO), Steuerberater (§ 32 Abs. 2 S. 3 StBerG), Ärzte (§ 1 Abs. 2 BÄO) und Apotheker (eine gesetzliche Zuordnung zu den freien Berufen besteht nicht, vgl. aber BVerfG NJW 1996, 3067; NJW 1956, 1025; für eine Einordnung als Handelsgewerbe: MüKoHGB/Karsten Schmidt, 5. Aufl. 2021, HGB § 1 Rn. 34; Baumbach/Hopt/Merkt, Kommentar HGB, 40. Aufl. 2021, § 1 Rn. 19) gehören, sind dem Datenschutz seit jeher in besonderer Weise verpflichtet. Für die erfolgreiche freiberufliche Tätigkeit ist es unerlässlich, dass die Mandats-, Geschäfts- bzw. Behandlungsbeziehungen der Freiberufler zu ihren Mandanten oder Patienten von **gegenseitigem Vertrauen** geprägt sind. Mandanten oder Patienten müssen dem Freiberufler als Grundlage für die von diesem zu erbringenden Beratungs- oder Behandlungsleistungen private oder geschäftliche **Geheimnisse** oder Details ihrer Vermögensangelegenheiten offenlegen. Das hierfür erforderliche Vertrauen gegenüber ihrem Vertragspartner bringen sie nur dann auf, wenn dieser hinsichtlich der zu offenbarenden Umstände zur **Verschwiegenheit** verpflichtet ist und die Schweigepflicht – woran er ein ureigenes Interesse hat – auch tatsächlich respektiert wird. Die Verschwiegenheit der Rechtsanwälte, Wirtschaftsprüfer, Steuerberater, Ärzte, Apotheker und anderen freien Berufe ist daher zu Recht statusbildende Grundpflicht und unverzichtbare Bedingung der freiberuflichen Tätigkeit (→ Rn. 1 ff.). Die Verschwiegenheitspflicht schützt umfassend die Daten des Mandanten oder Patienten und ist damit **angewandtes Datenschutzrecht.** Das Datenschutzrecht sieht verschiedene Regelungen vor, um den Vorrang der Verschwiegenheitspflichten sicherzustellen. Abgesehen von einigen weiteren Sondervorschriften im Berufsrecht kommt für die freien Berufe zusätzlich das allgemeine Datenschutzrecht zur Anwendung (→ Rn. 11 ff.). Besondere Regelungen gelten zudem für den Kanzlei- und Praxisverkauf (→ Rn. 90 ff.) sowie im Falle einer Auftragsverarbeitung (→ Rn. 123 ff.).

Syst. F. Datenschutz bei den freien Berufen

Übersicht

	Rn.		Rn.
A. Die Verschwiegenheitspflicht der freien Berufe	1	**C. Kanzlei- und Praxisverkauf**	90
I. Rechtsgrundlagen	1	I. Berufsrechtliche Zulässigkeit – Verstoß gegen Verschwiegenheitspflicht?	91
II. Gegenstand und Adressat der Verschwiegenheitspflicht	4	1. Verkauf nur bei Zustimmung von Mandanten und Patienten	92
III. Grenzen und Ausnahmen der Verschwiegenheitspflicht	6	2. Prinzip des „sanften Übergangs"	95
IV. Sanktionen bei Verletzung der Verschwiegenheitspflicht	9	3. Veräußerung an einen zur Verschwiegenheit Verpflichteten ohne „sanften Übergang"?	98
B. Verhältnis zwischen Berufsrecht und Datenschutz	11	4. Abtretung von Honorarforderungen	99
I. Anwendbarkeit der DS-GVO auf Berufsgeheimnisträger	11	5. Übertragbarkeit auf die Veräußerung der Anwaltskanzlei?	103
1. Das Verhältnis von Verschwiegenheitspflichten und Datenschutz nach der DS-GVO	12	6. Überdehnung des Wortlauts	104
2. Datenschutzrechtliche Gleichbehandlung von nicht-öffentlichen und öffentlichen Stellen nach der DS-GVO	18	7. Dogmatische Bedenken	105
		II. Datenschutzrechtliche Zulässigkeit – Übernahme der Wertungen der Verschwiegenheitspflicht	107
II. Verhältnis zwischen Berufsrecht und BDSG	19	1. Keine Übermittlung beim „sanften Übergang"	108
1. Regelung in § 1 Abs. 2 BDSG	20	2. Einwilligung	109
2. Rechtsvorschriften des Bundes	22	3. Datenschutzrechtliche Anforderungen an die Einwilligung	111
3. Vorrang der bereichsspezifischen Regelung nur bei Tatbestandskongruenz	25	4. Weitgehende Identität der berufsrechtlichen Anforderungen an eine Einwilligung	115
4. Ausdehnung der Subsidiarität auf weitere Geheimhaltungspflichten	29	5. Sonstige datenschutzrechtliche Rechtfertigungstatbestände	118
5. Subsidiaritätsklauseln der Landesdatenschutzgesetze	33	6. Erfüllung eines Vertrags (Art 6 Abs. 1 lit. b DS-GVO)	119
III. Erfüllung von Betroffenenrechten durch den Geheimnisträger	35	7. Überwiegendes berechtigtes Interesse (Art. 6 Abs. 1 lit. f DS-GVO)	120
IV. Ausnahmetatbestände bei Rechten und Ansprüchen Dritter	45	**D. Auftragsverarbeitung**	123
1. Ausnahmetatbestände in der DS-GVO	48	I. Gefahr des Verstoßes gegen die Verschwiegenheitspflicht	124
2. Ausnahmetatbestände im BDSG	54	1. Externe Dienstleister dürfen eingeschaltet werden	127
3. Kritik der Kammern	60	2. Voraussetzungen und Grenzen der Zugangseröffnung	128
V. Befugnisse der Datenschutzaufsichtsbehörden gegenüber Berufsgeheimnisträgern	66	3. Keine entsprechende Regelung für andere schweigepflichtige Berufe	137
1. Eingeschränkte Untersuchungsbefugnisse	67	II. Strafrechtlicher Geheimnisschutz nach § 203 StGB	139
2. Kritik an der aktuellen Rechtslage	72	III. Datenschutzrechtliche Anforderungen an eine Auftragsverarbeitung	141
VI. Bestellung eines Datenschutzbeauftragten durch Angehörige freier Berufe	75	IV. Sonderfall: Beauftragung ärztlicher Verrechnungsstellen	143
1. Pflicht zur Bestellung eines Datenschutzbeauftragten	75	1. Honorarforderungen gegenüber Privatpatienten	144
2. Verschwiegenheitspflicht steht nicht entgegen	79	2. Leistungsabrechnung im Bereich der gesetzlichen Krankenversicherung	145
3. Keine Gefahr der Fremdkontrolle	81	V. Auftragsverarbeitung durch Träger freier Berufe	147
4. Interner Datenschutzbeauftragter	82		
5. Externer Datenschutzbeauftragter	84		
VII. Schutz vor unerwünschten Werbe-E-Mails	87		

A. Die Verschwiegenheitspflicht der freien Berufe

I. Rechtsgrundlagen

1 Die freien Berufe zeichnen sich dadurch aus, dass die Berufsträger auf der Grundlage besonderer beruflicher Qualifikation oder schöpferischer Begabung **Dienstleistungen höherer Art** im Interesse der Auftraggeber und der Allgemeinheit persönlich, eigenverantwortlich und fachlich unabhängig erbringen (vgl. § 1 Abs. 2 S. 1 PartGG). Dafür ist die **Verschwiegenheitspflicht** eine

Syst. F. Datenschutz bei den freien Berufen

wesentliche Voraussetzung. Auch bei zunehmender Digitalisierung der Arbeitsabläufe ist die Verschwiegenheitspflicht zu wahren. Ausdrücklich forderte das Europäische Parlament die Unionsorgane und die Mitgliedstaaten unter dem Stichwort „digitaler Habeas-Corpus-Grundsatz" 2014 dazu auf, das Berufsgeheimnis im digitalen Zeitalter besonders zu schützen (Europäisches Parlament, Bericht v. 21.2.2014, A7-0139/2014, Rn. 131 f.). Ihre Rechtsgrundlagen der Verschwiegenheitspflicht finden sich in den jeweiligen **Berufsordnungen** der freien Berufe. Die Verschwiegenheit der rechts- und wirtschaftsberatenden Berufe ist gesetzlich normiert und wird von den Satzungen der berufsständischen Vertretungen in der Regel lediglich wiederholt oder konkretisiert, so zB für Rechtsanwälte in § 43a Abs. 2 BRAO, § 2 BORA, für Wirtschaftsprüfer in § 43 Abs. 1 WPO, § 10 BS WP/vBP, für Steuerberater in § 57 Abs. 1 StBerG, § 5 BOStB und für Patentanwälte in § 39a Abs. 2 PAO, § 4 Berufsordnung der Patentanwälte. Für Mediatoren gilt die in § 4 MediationsG niedergelegte Verschwiegenheitspflicht des Mediators und der „in die Durchführung des Mediationsverfahrens eingebundenen Personen", womit Hilfspersonen des Mediators, nicht aber die Parteien und deren Anwälte gemeint sind (Risse SchiedsVZ 2012, 244 (250)). Vor der Einführung dieser Norm ergab sich die Verschwiegenheitspflicht des Mediators entweder aus berufsständischen Regelungen oder Parteivereinbarungen (Weigel NJOZ 2015, 41 (42)).

Demgegenüber ist die Verschwiegenheit in den **medizinischen Berufen** Gegenstand der **Berufsordnungen,** die als autonomes Satzungsrecht der jeweiligen Länderkammern, zumeist auf der Grundlage einer Musterberufsordnung der jeweiligen Bundeskammer, ergehen. So ist zB die Schweigepflicht der Ärzte geregelt in § 9 MBO-Ä in der Fassung der Satzungen der jeweiligen Landesärztekammern, die der Zahnärzte in § 7 Musterberufsordnung der Bundeszahnärztekammer in der Fassung der Satzungen der jeweiligen Landeszahnärztekammern, die der Apotheker in den jeweiligen Berufsordnungen der Apothekerkammern (eine bundeseinheitliche Musterberufsordnung existiert nicht) und die der Psychotherapeuten in § 8 Muster-Berufsordnung der Bundespsychotherapeutenkammer in der Fassung der Satzungen der jeweiligen Landespsychotherapeutenkammern. 2

§ 203 StGB begründet selbst keine Verschwiegenheitspflicht, sondern sanktioniert die Verletzung von Privat-, Betriebs- oder Geschäftsgeheimnissen durch die zur Verschwiegenheit Verpflichteten strafrechtlich. Die Pflicht zur Verschwiegenheit wird flankiert von Zeugnisverweigerungsrechten (insbesondere § 53 Abs. 1 S. 1 Nr. 3 StPO) und Beschlagnahmeverboten (insbesondere § 97 StPO). 3

II. Gegenstand und Adressat der Verschwiegenheitspflicht

Die Pflicht des Freiberuflers zur Verschwiegenheit bezieht sich nach dem Wortlaut der Rechtsgrundlagen **umfassend** auf alles, was ihm in der Ausübung seines Berufes bekannt geworden ist, mit Ausnahme von offenkundigen und bedeutungslosen Tatsachen (Henssler/Prütting/Henssler, Bundesrechtsanwaltsordnung: BRAO, 5. Aufl. 2019, BRAO § 43a Rn. 45 ff.; Kleine-Cosack, Bundesrechtsanwaltsordnung: BRAO, Kommentar, 8. Aufl. 2020, BRAO § 43a Rn. 10 ff.; Weyland/Träger, Bundesrechtsanwaltsordnung: BRAO, 10. Aufl. 2020, BRAO § 43a Rn. 16 ff.; monographisch Siegmund, Die anwaltliche Verschwiegenheit in der berufspolitischen Diskussion, 2014, 1 ff.). Sie ist Grundlage des dem Anwalt durch den Mandanten entgegengebrachten Vertrauens (OLG Karlsruhe BeckRS 2014, 04756; BGH NJW 2018, 2319 (2320)). Die Verschwiegenheitspflicht bedeutet, dass der Verpflichtete die seiner Verschwiegenheit unterliegenden Tatsachen Dritten nicht offenbaren darf. Dritter ist grundsätzlich jedermann, unabhängig davon, ob er selbst zur Verschwiegenheit verpflichtet ist. Das Offenbarungsverbot gilt jedoch nicht gegenüber anderen Berufsträgern innerhalb von Sozietäten oder Gemeinschaftspraxen und gegenüber sonstigem Personal in der Kanzlei oder Praxis. In der Regel werden alle Mitglieder einer Sozietät gemeinsam beauftragt. Zumindest liegt eine stillschweigende oder konkludente Einwilligung des Geschützten vor (Weyland/Träger, Bundesrechtsanwaltsordnung: BRAO, 10. Aufl. 2020, BRAO § 43a Rn. 25; Kleine-Cosack, Bundesrechtsanwaltsordnung: BRAO, Kommentar, 8. Aufl. 2020, BRAO § 43a Rn. 64 ff.; Henssler/Prütting/Henssler, Bundesrechtsanwaltsordnung: BRAO, 5. Aufl. 2019, BRAO § 43a Rn. 76 ff.). Im Fall, dass ein angestellter Rechtsanwalt eine Sozietät verlässt, hat das BAG offengelassen, ob eine Mandantenübernahmeklausel, die den ausgeschiedenen Rechtsanwalt zur Information darüber verpflichtet, welche Mandanten des früheren Arbeitgebers er weiterhin betreut, mit der Verschwiegenheitspflicht nach § 43a Abs. 2 BRAO vereinbar ist (BAG NZA 2014, 433 (436)). In der Literatur werden derartige Mandantenübernahmeklauseln unter berufsrechtlichen Aspekten zu Recht jedoch kritisch gesehen (vgl. Römermann/Zimmermann, Rechtsformularbuch, 17. Aufl. 2015, Kap. 132 Rn. 101; Zöbeley RNotZ 2017, 341 (360)). 4

Syst. F. Datenschutz bei den freien Berufen

5   Der **berufsrechtliche Schutz von Daten** des Mandanten oder Patienten geht damit deutlich **weiter** als der durch das Datenschutzrecht gewährte Schutz. Sowohl die DS-GVO als auch das BDSG schützen das Persönlichkeitsrecht des Einzelnen nicht umfassend, sondern nur vor einer unzulässigen Verarbeitung seiner personenbezogenen Daten (Art. 1 Abs. 1 DS-GVO; § 1 Abs. 1 BDSG), also alle Informationen, die sich auf eine identifizierte oder identifizierbare natürliche Person beziehen (Art. 4 Nr. 1 DS-GVO). Demgegenüber zielt die Verschwiegenheitspflicht der freien Berufe auf den umfassenden **Schutz der Individualinteressen** des Betroffenen, wobei nicht nur die Interessen natürlicher Personen umfasst sind, sondern auch die von juristischen Personen. Der Verschwiegenheitspflicht zB des Rechtsanwalts unterliegen daher auch Betriebsgeheimnisse, Geschäftszahlen oder Angaben über juristische Personen und Sachgüter, die keinen Bezug zu einer natürlichen Person aufweisen. Andererseits schützt die Verschwiegenheitspflicht zB des Rechtsanwalts als Interessenvertreter naturgemäß ausschließlich die Interessen seines Mandanten, nicht aber die von Dritten wie Vertragspartnern, Prozessgegnern, Zeugen etc. Demgegenüber gelten die DS-GVO und das BDSG für die personenbezogenen Daten aller möglichen Betroffenen. Interessenkonflikte der Berufsgeheimnisträger bei der Verarbeitung von Daten Dritter werden nur mit Hilfe der eng auszulegenden Öffnungsklauseln (Art. 23 Abs. 1 lit. i, Art. 90 Abs. 1 DS-GVO) in Verbindung mit der jeweiligen nationalen Ausnahmevorschrift (bspw. § 29 BDSG) aufgelöst. Letztere müssen den Anforderungen der Notwendigkeit und Erforderlichkeit gerecht werden (vgl. Erwägungsgrund 164 S. 1 DS-GVO), sodass darüberhinausgehende Ausnahmen durch freie Abwägung nicht begründet werden können (vgl. Roßnagel ZD 2018, 339 (342)).

5a   Mit dem „Gesetz zur Neuregelung des Berufsrechts der anwaltlichen und steuerberatenden Berufsausübungsgesellschaften sowie zur Änderung weiterer Vorschriften im Bereich der rechtsberatenden Berufe" v. 7.7.2021 (BGBl. I 2363, BT-Drs. 19/27670) hat der Gesetzgeber die Berufsausübungsgesellschaften als Berufsrechtssubjekte für diese Berufsgruppen allgemein anerkannt. Die Berufsausübungsgesellschaften werden damit ab dem 1.8.2022 selbst Träger von Berufspflichten (§ 59e Abs. 1 BRAO nF), was bislang lediglich für Rechtsanwaltsgesellschaften in Form der Gesellschaften mit beschränkter Haftung der Fall war (§ 59m BRAO aF). Damit gilt die Verschwiegenheitspflicht aus § 43a Abs. 2 BRAO nicht mehr nur für den einzelnen Berufsträger, sondern auch für die Berufsausübungsgesellschaft als solche. Diese muss künftig selbst Vorkehrungen treffen, um die Einhaltung der Verschwiegenheitspflicht sicherzustellen.

III. Grenzen und Ausnahmen der Verschwiegenheitspflicht

6   Die Verschwiegenheitspflicht besteht nicht ausnahmslos. Sie gilt insbesondere dann nicht, wenn der Begünstigte den Verpflichteten von **seiner Pflicht entbunden** hat, soweit die Rechtsgrundlage der Verschwiegenheitspflicht selbst oder eine andere Rechtsvorschrift Ausnahmen zulässt, zur Durchsetzung und Abwehr von eigenen Ansprüchen des Verpflichteten gegenüber dem Begünstigten und soweit die Gefährdung höherrangiger Rechtsgüter dies erfordert (Henssler/Prütting/Henssler, Bundesrechtsanwaltsordnung: BRAO, 5. Aufl. 2019, BRAO § 43a Rn. 88 ff.; Kleine-Cosack, Bundesrechtsanwaltsordnung: BRAO, 8. Aufl. 2020, BRAO § 43a Rn. 40 ff.; Weyland/Träger, Bundesrechtsanwaltsordnung: BRAO, 10. Aufl. 2020, BRAO § 43a Rn. 23 ff.; Laufs/Kern/Rehborn/Ulsenheimer, Handbuch des Arztrechts, 5. Aufl. 2019, § 141 Rn. 9 ff.). Ebenfalls besteht keine Pflicht, über **offenkundige Tatsachen** zu schweigen, sowie in Fällen, in denen **kein Geheimhaltungsbedürfnis** besteht (BeckOK BRAO/Römermann/Praß, 12. Ed. Stand 1.5.2020, § 43a Rn. 81 ff.).

7   **Gesetzliche Vorschriften,** die eine **Ausnahme** von der Verschwiegenheitspflicht auslösen, sind zahlreich. Wichtige Beispiele sind die Pflicht zur Anzeige geplanter Straftaten nach § 138, § 139 Abs. 3 S. 2 StGB und § 11, § 43 Abs. 1 und § 44 Abs. 1 GwG sowie die Pflicht zur Auskunftserteilung und Unterlagenvorlegung nach § 44 Abs. 1 und § 44c Abs. 1 KWG (Rechtsanwalt als „Unternehmen" iSv § 44c Abs. 1 S. 1 KWG – Schürrle ZGR 2014, 627 (645)). Auch ist der Verschwiegenheitsverpflichtete als Drittschuldner nach § 840 ZPO zur Auskunft über Ansprüche des Mandanten/Patienten gegen ihn verpflichtet. Ist der Verschwiegenheitsverpflichtete selbst Schuldner, muss er bei Abgabe der Vermögensauskunft nach § 802c ZPO trotz seiner Verschwiegenheitspflicht personenbezogene Daten der Drittschuldner angeben (BGH NJW 2010, 1380 f.; BeckOK ZPO/Fleck § 802c Rn. 14; MüKoZPO/Forbriger, 6. Aufl. 2020, § 802c Rn. 32) und im Insolvenzverfahren die für die Durchsetzung des Insolvenzbeschlags erforderlichen Daten über die Person des Drittschuldners und die Forderungshöhe mitteilen (BGH NZI 2009, 396 f.; BGH NJW 2005, 1505 (1506); BGH NJW-RR 2011, 851). Die Interessen des Gläubigers an der Mitteilung der für seine Rechtsverfolgung unverzichtbaren Informationen überwiegen, zumal die Offenbarungspflicht in der Regel lediglich Name, Anschrift und Forderungshöhe betrifft. Weigert

Syst. F. Datenschutz bei den freien Berufen

sich ein Notar unter Berufung auf seine Verschwiegenheitspflicht, einer Anordnung des Gerichts nach § 142 ZPO – von der dieses wegen § 18 BNotO auch absehen könnte – zur Urkundenvorlegung nachzukommen, darf sich dies iRd freien richterlichen Beweiswürdigung nicht ohne Weiteres zum Nachteil des Mandanten auswirken (BGH VersR 2015, 71 (74)). Durch § 43a Abs. 4 S. 6 BRAO nF ist zudem nunmehr klargestellt, dass die der Verschwiegenheitspflicht unterliegende Tatsachen einem Rechtsanwalt auch ohne Einwilligung des Mandanten offenbart werden können, soweit es für die Prüfung eines Tätigkeitsverbots nach § 43a Abs. 4 S. 1 oder S. 2 BRAO nF erforderlich ist.

Ärzte, Apotheker und auch Notare können zum Schutz höherrangiger Rechte unter dem **8** Rechtsgedanken des **rechtfertigenden Notstands** (§ 34 StGB) bzw. zur **Wahrnehmung berechtigter Interessen** (§ 193 StGB) zur Offenbarung befugt sein, wenn eine Interessenabwägung zugunsten des Dritten ausgeht (v. Lewinski MedR 2004, 95 (99 f.); für Notare BGH VersR 2015, 71 (74)). So muss im Lehrbuchfall der AIDS-Infektion das informationelle Selbstbestimmungsrecht des Patienten zugunsten des Rechts des Sexualpartners auf körperliche Unversehrtheit zurücktreten (v. Lewinski MedR 2004, 95 (100); Deutsch VersR 2001, 1471). Daneben besteht eine Vielzahl von Offenbarungsrechten und -pflichten gegenüber Behörden, zB nach §§ 6–12 IfSG oder die Auskunftspflicht über Schwangerschaftsabbrüche (Quaas/Zuck/Clemens/Quaas, Medizinrecht, 4. Aufl. 2018, § 13 Rn. 66; Roßnagel DatenschutzR-HdB/Schirmer Kap. 7.12 Rn. 50; umfassende Zusammenstellung der ärztlichen Mitteilungsmöglichkeiten bei Laufs/Kern/Rehborn/Ulsenheimer, Handbuch des Arztrechts, 5. Aufl. 2019, § 141 Rn. 3 ff.). Dasselbe gilt gegenüber Krankenkassen und Kassenärztlichen Vereinigungen, zB die Verpflichtung nach §§ 294 ff. SGB V der an der vertragsärztlichen Versorgung teilnehmenden Ärzte, Angaben über die Erbringung von Versicherungsleistungen an die Krankenkassen und Kassenärztlichen Vereinigungen zu übermitteln.

IV. Sanktionen bei Verletzung der Verschwiegenheitspflicht

Die schuldhafte Verletzung der Pflicht zur Verschwiegenheit kann wie jede Verletzung einer **9** Berufspflicht **berufsrechtlich geahndet** werden. Bei Rechtsanwälten stehen neben der Rüge durch den Kammervorstand (§ 74 BRAO) die anwaltsgerichtlichen Maßnahmen nach § 113, § 114 BRAO zur Verfügung, nämlich Warnung, Verweis, Geldbuße bis zu 25.000 EUR (ab dem 1.8.2022 bis zu 50.000 EUR), Berufsverbot auf bestimmten Rechtsgebieten für die Dauer von einem bis zu fünf Jahren und Ausschließung aus der Rechtsanwaltschaft.

Vergleichbare Maßnahmen existieren für Wirtschaftsprüfer (§ 67, § 68, § 68a, § 68b, § 68c **9a** WPO), Steuerberater (§ 81, § 89, § 90 StBerG) und Patentanwälte (§ 70, § 95, § 96 PAO) und für die Angehörigen der Heilberufe nach den landesrechtlichen Heilberufsgesetzen (zB § 58, § 58a, § 59, § 60 NRWHeilBerG). Für Notare kommen Missbilligung (§ 94 BNotO) und Disziplinarmaßnahmen nach § 95, § 97 BNotO durch die staatliche Aufsicht und Ermahnungen durch die Notarkammer (§ 75 BNotO) in Betracht. Bei den Rechtsanwälten können ab dem 1.8.2022 Rügen sowie die anwaltsgerichtlichen Sanktionen auch gegen die Berufsausübungsgesellschaften gerichtet werden (§ 74 Abs. 6 BRAO, § 113 Abs. 3, § 114 Abs. 2 BRAO nF), wenn eine Leitungsperson (vgl. § 113a BRAO nF) der Berufsausübungsgesellschaft schuldhaft gegen ua die Verschwiegenheitspflicht verstößt. Gleiches gilt – nach der Gesetzesbegründung – selbst bei einem verschuldensunabhängigen Verstoß durch Personen, die ohne Leitungsperson zu sein, in Wahrnehmung der Angelegenheiten der Berufsausübungsgesellschaft handeln, wenn ihre Pflichtverletzung durch angemessene organisatorische, personelle oder technische Maßnahmen hätte verhindert oder wesentlich erschwert werden können (vgl. § 113 Abs. 3 BRAO nF). Auch bei den Steuerberatern und Patentanwälten können ab dem 1.8.2022 Sanktionen gegen die Berufsausübungsgesellschaften verhängt werden (vgl. § 89 Abs. 3 StBerG nF, § 95 Abs. 3 PAO nF). Bei den Wirtschaftsprüfern ist eine vergleichbare Regelung schon seit dem 17.6.2016 in Kraft (vgl. § 71 Abs. 2 WPO).

Die Verletzung der Verschwiegenheitspflicht kann außerdem nach § 203 StGB und bei Notaren **10** als Amtsträgern nach § 353b StGB strafbar sein. Zudem sind Schadensersatzansprüche des Mandanten/Patienten nach § 823 Abs. 1 BGB oder § 823 Abs. 2 BGB iVm § 203 StGB/§ 353b StGB möglich (Deutsch VersR 2001, 1471; FHS Betr. Datenschutz-HdB Kap. 1 Rn. 4; MüKoBGB/Wagner, 8. Aufl. 2020, BGB § 823 Rn. 596).

Syst. F. Datenschutz bei den freien Berufen

B. Verhältnis zwischen Berufsrecht und Datenschutz

I. Anwendbarkeit der DS-GVO auf Berufsgeheimnisträger

11   Die freien Berufe unterliegen grundsätzlich dem Datenschutzrecht, und zwar unabhängig davon, ob sie Daten verarbeiten, die der Verschwiegenheitspflicht unterliegen oder nicht. Vor dem Inkrafttreten der DS-GVO im Jahr 2018 war das BDSG das maßgebliche Recht für die (meist auch automatisierte) Datenverarbeitung in freien Berufen (Abel/Redeker Datenschutz in Anwaltschaft, Notariat und Justiz, 2. Aufl. 2003, § 3 Rn. 9; Redeker NJW 2009, 554 (555); Gaier/Wolf/Göcken/Zuck, Anwaltliches Berufsrecht: Kommentar, 3. Aufl. 2020, BRAO § 43a /BORA § 2 Rn. 17; aA Rüpke AnwBl 2003, 19 (21); Rüpke NJW 2008, 1121 in Bezug auf „anwaltliche, mandatsbezogene Datenverarbeitung"). Aus der Subsidiaritätsklausel in § 1 Abs. 3 BDSG aF ergab sich der Vorrang der berufsrechtlichen Verschwiegenheitspflichten vor dem Datenschutzrecht, dh die Datenschutzgesetze waren auf die Verarbeitung personenbezogener Daten, die gesetzlicher Schweigepflichten der freien Berufe unterlagen, nicht anwendbar. Zwar gab es im deutschen Schrifttum einige Stimmen, die den Vorrang der Verschwiegenheitspflichten bestritten und von einer „Parallelgeltung" ausgingen (→ Rn. 15 der Vorauflage). Diese Diskussion dürfte sich jedoch im Hinblick auf das **Inkrafttreten der DS-GVO** weitgehend erledigt haben, da die DS-GVO keine Bereichsausnahme für die Datenverarbeitung durch Berufsgeheimnisträger vorsieht.

1. Das Verhältnis von Verschwiegenheitspflichten und Datenschutz nach der DS-GVO

12   Das europäische Datenschutzrecht erfuhr durch die DS-GVO eine grundlegende Neuordnung, was sich auch auf die Praxis der **freien Berufe** auswirkt. Die DS-GVO gilt seit dem 25.5.2018 für die Verarbeitung personenbezogener Daten natürlicher Personen (Art. 4 Nr. 1 DS-GVO). Dabei macht es keinen Unterschied, ob es sich um geschäftliche oder private Daten handelt oder ob die Informationen öffentlich zugänglich sind (Gola/Gola Art. 4 Rn. 4). So ist etwa auch der Name eines Geschäftsführers eben ein personenbezogenes Datum sowie öffentlich zugängliche Informationen oder Informationen aus dem Grundbuch, Handelsregister oder anderen öffentlichen Registern (Jungkind/Ruthemeyer Der Konzern 2019, 429 (429)). Keine personenbezogenen Daten sind Betriebs- oder Geschäftsgeheimnisse eines Unternehmens oder unternehmensbezogene Daten wie Geschäftszahlen, die keinen Bezug zu Individualpersonen haben, sowie rein statistische Daten. Zudem unterliegen anonymisierte Daten nicht dem Anwendungsbereich der DS-GVO. Eine Anonymisierung liegt vor, wenn eine Identifizierung der einzelnen Person nicht mehr möglich ist (zB durch Schwärzung). Abzugrenzen ist die Anonymisierung von der Pseudonymisierung. Da der Personenbezug bei pseudonymisierten Daten wiederhergestellt werden kann, bleibt die DS-GVO anwendbar (Gola/Gola Art. 4 Rn. 40).

13   Die DS-GVO ist als unionsrechtliche Verordnung **unmittelbar anwendbar**, ohne dass es einer Umsetzung in nationales Recht bedarf. Die DS-GVO geht dem nationalen Recht der EU-Mitgliedstaaten vor (dh Anwendungsvorrang des Europarechts bei Kollisionen mit berufsrechtlichen Regelungen des nationalen Rechts) und findet mangels entsprechender Bereichsausnahme **auch auf Berufsgeheimnisträger** Anwendung. Eine Bereichsausnahme gibt es lediglich für die Datenverarbeitung zum Zwecke der Verhütung, Ermittlung, Aufdeckung und Verfolgung von Straftaten sowie zur Abwehr von Gefahren für die öffentliche Sicherheit durch die zuständigen Behörden (Art. 2 Abs. 2 lit. d DS-GVO).

14   Das Verhältnis des materiellen Datenschutzrechts zum Berufsrecht wird in der DS-GVO nicht thematisiert. Die Annahme der Subsidiarität der datenschutzrechtlichen Regelungen in der alten Fassung des BDSG (§ 1 Abs. 3 BDSG aF) gegenüber dem Berufsrecht ist damit mangels einer entsprechenden Subsidiaritätsvorschrift in der DS-GVO hinfällig (vgl. Kühling/Buchner/Herbst Art. 90 Rn. 2; Zikesch/Kramer ZD 2015, 565 (566); Gola/Piltz Art. 90 Rn. 15). Die **DS-GVO gilt parallel zu den berufsrechtlichen Verschwiegenheitspflichten** und wird durch das neugefasste BDSG ergänzt (vgl. Auer-Reinsdorff ZAP 2018, 565).

15   Der europäische Verordnungsgeber geht an mehreren Stellen in der DS-GVO davon aus, dass Verantwortliche, die dem Berufsgeheimnis oder einer gleichwertigen Geheimhaltungspflicht unterliegen, in den **Anwendungsbereich der DS-GVO** fallen. In Art. 90 Abs. 1 DS-GVO wird den Mitgliedstaaten das Recht eingeräumt, die Befugnisse der Aufsichtsbehörden einzuschränken. Auch diverse Erwägungsgründe der DS-GVO belegen, dass die DS-GVO dem Berufsgeheimnis unterliegende Daten regelt (zB Erwägungsgrund Nr. 53 „Harmonisierung auch bzgl. besonderer Kategorien von Daten, die einem Berufsgeheimnis unterliegen"; Erwägungsgrund Nr. 85 „Verlet-

Syst. F. Datenschutz bei den freien Berufen

zung des Schutzes personenbezogener Daten kann vorliegen bei Verlust der Vertraulichkeit von Daten, die einem Berufsgeheimnis unterliegen"; vgl. Auer-Reinsdorff/Conrad IT-R-HdB/Teeger § 34 Rn. 155).

Die **Subsidiaritätsvorschrift** in § 1 Abs. 2 S. 3 BDSG entspricht zwar dem Wortlaut der alten Regelung (§ 1 Abs. 3 BDSG aF), führt aber aufgrund des bereits erläuterten Vorrangs der DS-GVO nicht länger zu einem Vorrang berufsrechtlicher Verschwiegenheitspflichten gegenüber dem Datenschutzrecht. Dennoch ist die Regelung nicht überflüssig. Sie stellt vielmehr klar, dass Geheimhaltungspflichten, die einen weitergehenden Schutzstandard als das BDSG gewähren, unberührt bleiben (Kühling/Buchner/Klar BDSG § 1 Rn. 14; HK-BDSG/Böken Rn. 25 f.). **16**

Um den Verschwiegenheitspflichten Rechnung zu tragen, sind in der DS-GVO Ausnahmetatbestände vorgesehen, die Berufsgeheimnisträger bei der Erfüllung von bestimmten datenschutzrechtlichen Pflichten **privilegieren** (Art. 14 Abs. 5 lit. b und lit. d DS-GVO; → Rn. 48 ff.). Zudem kann der nationale Gesetzgeber auf der Grundlage von sogenannten Öffnungsklauseln (Art. 23 Abs. 1 lit. i DS-GVO und Art. 90 Abs. 1 DS-GVO) nationale Regelungen zur Einschränkung von Informations- und Benachrichtigungspflichten von Berufsgeheimnisträgern erlassen, um den **Schutz von vertraulichen Daten** zu sichern. Dem ist der deutsche Gesetzgeber in Form von Ausnahmetatbeständen (§§ 29, 32–35 BDSG) im Rahmen der Neufassung des BDSG nachgekommen (→ Rn. 54 ff.). Dieses **Regel-Ausnahme-Verhältnis** im Zusammenspiel mit dem nationalen Recht stellt eine praktikable Lösung dar, um das Spannungsverhältnis zwischen den Verschwiegenheitspflichten und dem Datenschutzrecht aufzulösen. Dennoch zeigen die Erfahrungen in der Praxis, dass die bisherigen Regelungen für bestimmte Konstellationen enormen Auslegungsspielraum bieten oder gar Regelungslücken aufweisen, die von Praktikern, Datenschutzbehörden und Rechtsprechung gelöst werden müssen (siehe etwa zu den Informationspflichten Jungkind/Ruthemeyer Der Konzern 2019, 429 (436); Dreßler/Wagner BRAK-Magazin 2/2019, 17). **17**

2. Datenschutzrechtliche Gleichbehandlung von nicht-öffentlichen und öffentlichen Stellen nach der DS-GVO

Die Unterscheidung zwischen öffentlichen und nicht-öffentlichen Stellen hat mit Inkrafttreten der DS-GVO an praktischer Relevanz verloren. Auch **Notare** sind als öffentliche Stellen der Länder datenschutzrechtliche Verantwortliche im Sinne von Art. 4 Nr. 7 DS-GVO. Verantwortlicher ist jede natürliche oder juristische Person, Behörde, Einrichtung oder andere Stelle, die allein oder gemeinsam mit anderen über die Zwecke und Mittel der Verarbeitung personenbezogener Daten entscheidet (Art. 4 Nr. 7 DS-GVO). Die Regelungen der DS-GVO gelten damit **unterschiedslos** für jegliche Verarbeitung personenbezogener Daten, unabhängig davon, ob es sich um eine Datenverarbeitung im öffentlichen oder im nicht öffentlichen Bereich handelt (vgl. Kühling/Buchner/Raab Art. 2 Rn. 12). Folglich fehlt der früheren Diskussion um das anwendbare Recht (BeckOK DatenschutzR/Uwer, 38. Ed. 1.2.2020, Rn. 19) nunmehr die Grundlage (vgl. BeckOK BNotO/Sander, 5. Ed. 31.7.2021, § 18 Rn. 104). Hervorzuheben ist in diesem Zusammenhang, dass für Notare als öffentliche Stellen der Länder ergänzend zu der DS-GVO die jeweiligen Landesdatenschutzgesetze gelten, da diese dem BDSG vorgehen (§ 1 Abs. 1 Nr. 2 BDSG). **18**

II. Verhältnis zwischen Berufsrecht und BDSG

Angehörige freier Berufe unterliegen bei der Verarbeitung personenbezogener Daten der DS-GVO (siehe hierzu → Rn. 11). Die datenschutzrechtlichen Pflichten der Berufsgeheimnisträger in der DS-GVO werden durch das BDSG ergänzt bzw. konkretisiert. Daher stellt sich die Frage, in welchem Verhältnis das Berufsrecht zum BDSG steht. **19**

1. Regelung in § 1 Abs. 2 BDSG

Das Verhältnis zwischen Berufsrecht einerseits und Datenschutzrecht andererseits wird maßgeblich durch § 1 Abs. 2 BDSG bestimmt. Die Norm regelt das Verhältnis des BDSG zu spezifischen datenschutzrechtlichen Vorschriften und hat den Charakter eines „**Auffanggesetzes**". Spezifische Rechtsvorschriften des Bundes über den Datenschutz haben gegenüber den Vorschriften des BDSG grundsätzlich Vorrang. Durch den neu eingefügten S. 2 wird zusätzlich klargestellt, dass die jeweilige bereichsspezifische Spezialregelung nur bei **Tatbestandskongruenz** vorrangig ist. Der im Wortlaut gegenüber der alten Fassung unveränderte § 1 Abs. 2 S. 3 BDSG erweitert die Subsidiarität des BDSG über die spezielleren „anderen" Regelungen des Bundesrechts hinaus auf weitere Geheimhaltungspflichten (vgl. BT-Drs. 18/11325, 79; → BDSG § 1 Rn. 77 ff.; Gola/ **20**

Syst. F. Datenschutz bei den freien Berufen

Heckmann/Gola/Reif BDSG § 1 Rn. 11). Somit können also auch andere Vorschriften als das Bundesrecht gegenüber dem BDSG vorrangig sein.

21 Die Beibehaltung der Subsidiaritätsklausel verdeutlicht die Entscheidung des deutschen Gesetzgebers gegen eine Gesamt-Kodifikation der datenschutzrechtlichen Regelungen zur Verarbeitung personenbezogener Daten und für eine **gestufte Regelungstechnik** durch allgemeine Grundregeln und bereichsspezifisches Sonderrecht. Kritisiert wird zwar die Zersplitterung des Datenschutzrechts, die jedoch aufgrund der Besonderheit der verschiedenen Materien wohl nicht vermeidbar war (→ BDSG § 1 Rn. 78 f.). Auch der Gesetzgeber sprach sich schon beim ersten Entwurf des BDSG im Jahr 1973 dafür aus, dass das BDSG Bestimmungen enthalten sollte, die den speziellen datenschutzrechtlichen Vorschriften in den Fachgesetzen „Raum lassen", um den besonderen Bedürfnissen jeder Materie Rechnung zu tragen (BT-Drs. 7/1027, 16).

2. Rechtsvorschriften des Bundes

22 Zu den Rechtsvorschriften des Bundes über den Datenschutz iSd § 1 Abs. 2 S. 1 BDSG zählen alle Gesetze im **formellen** Sinn (Kühling/Buchner/Klar BDSG § 1 Rn. 14). Zu diesen gehören die BRAO, die WPO, das StBerG, die PAO und das BNotG. Erfasst sind daneben aber auch Gesetze im (nur) **materiellen** Sinn wie Rechtsverordnungen und Satzungen bundesunmittelbarer Körperschaften (Taeger/Gabel/Schmidt BDSG § 1 Rn. 17 mwN). Zu den bundesunmittelbaren Körperschaften gehören auch die **Berufskammern,** soweit diese durch Bundesgesetz errichtet wurden, wie die Bundesrechtsanwaltskammer, die Wirtschaftsprüferkammer, die Bundessteuerberaterkammer, die Bundesnotarkammer und die Patentanwaltskammer. Deren **Satzungen** sind daher Rechtsvorschriften des Bundes. Erfasst sind daher auch die dort normierten Verschwiegenheitspflichten (→ Rn. 32).

23 § 1 Abs. 2 S. 1 BDSG erfasst **nicht** das jeweilige Landesrecht. Folglich gilt für das Berufsrecht im medizinischen Bereich, dass die Satzungen der jeweiligen Landeskammern (öffentlich-rechtliche Körperschaften der Länder) von Ärzten, Zahnärzten, Apothekern und Psychotherapeuten als Landesrecht nicht unter den Begriff der Rechtsvorschriften des Bundes iSd § 1 Abs. 2 S. 1 BDSG fallen (v. Lewinski MedR 2004, 95 (95)). Sie genießen somit keinen Anwendungsvorrang gegenüber dem BDSG, wobei für öffentliche Stellen der Länder § 1 Abs. 1 Nr. 2 BDSG zu beachten ist.

24 Spezielle Datenschutzregelungen, die wegen des Anwendungsvorrangs der DS-GVO gegenüber dem nationalen Datenschutzrecht (→ Rn. 13 ff.) ohnehin bereits verdrängt werden (zB die nicht aufgehobenen §§ 11 ff. TMG), erhalten über die Subsidiaritätsklausel keinen Anwendungsvorrang gegenüber den Regelungen im BDSG. Für sie gilt die Subsidiaritätsklausel insoweit also nicht (Gola/Heckmann/Gola/Reif BDSG § 1 Rn. 11; HK-BDSG/Böken BDSG § 1 Rn. 19).

3. Vorrang der bereichsspezifischen Regelung nur bei Tatbestandskongruenz

25 Im neuen BDSG ist in § 1 Abs. 2 S. 2 BDSG nunmehr eine **ausdrückliche Klarstellung** enthalten, derzufolge die jeweilige bereichsspezifische Spezialregelung nur dann Vorrang hat, wenn eine **Tatbestandskongruenz** vorliegt, also beide Gesetze „die gleiche Frage regeln" (Gola/ Heckmann/Gola/Reif BDSG § 1 Rn. 11). Die Tatbestandskongruenz muss im Einzelfall nach den Tatbeständen des jeweiligen bereichsspezifischen Gesetzes beurteilt werden. Für einen Vergleich können laut der Gesetzesbegründung zB der Sachverhalt „Datenverarbeitung" (ggf. in den jeweiligen Verarbeitungsphasen) oder bezüglich Individual- oder Betroffenenrechten der Sachverhalt „Informationspflicht", „Auskunftsrecht" oder „Widerspruchsrecht" herangezogen werden. Dies gilt laut Gesetzesbegründung unabhängig davon, ob in der tatbestandskongruenten Vorschrift eine im Vergleich zum BDSG weitergehende oder engere gesetzliche Regelung getroffen wird (vgl. BT-Drs. 18/11325, 79; Gola/Heckmann/Gola/Reif BDSG § 1 Rn. 11).

26 Aufgrund der vielen Rechtsänderungen im Zuge der Einführung der DS-GVO ist es kaum möglich, eine vollständige Aufzählung der bereichsspezifischen Regelungen abzubilden, jedoch lassen sich einige Schwerpunkte identifizieren. Dazu zählen (1) bereichsspezifische Sondergesetze für einzelne Materien (TKG, Ausweis-, Pass-, StasiUG und andere); (2) Gesetze mit Bezug zu besonderen staatlichen (Zentral-)Registern (BZRG, Gewerbezentralregister, Verkehrs-, Ausländerzentralregister und andere); (3) einzelne Gesetze, die Beauftragte für bestimmte Materien einsetzen oder vorschreiben (AGG, BGleiG und andere), und (4) sicherheitsrelevante Gesetze (BPolG, BKAG, BVerfSchG, ZFdG, LuftSiG und andere) (→ BDSG § 1 Rn. 82).

27 Ergibt sich aus dem Vergleich keine bereichsspezifische Datenschutzregelung für einen Sachverhalt, ist die Regelung nicht abschließend, oder schweigt das entsprechende Spezialgesetz dazu, gilt das BDSG als Auffanggesetz (BT-Drs. 18/11325, 79).

Syst. F. Datenschutz bei den freien Berufen

Die Gesetzesbegründung bezeichnet die in §§ 32 ff. BDSG genannten Einschränkungen der **28** Betroffenenrechte in diesem Zusammenhang als besonders bedeutsam. Es handelt sich um Auffangvorschriften, sofern im bereichsspezifischen Recht keine tatbestandskongruente Regelung enthalten ist. Zu beachten ist jedoch, dass dies nicht gilt, wenn spezifische Regelungen für einen bestimmten Bereich insgesamt umfassend sind und sie damit abschließend die Datenverarbeitung regeln. Für das BDSG verbleibt dann kein Anwendungsbereich mehr. Dies ist zB im Bereich der Abgabenordnung der Fall (BT-Drs. 18/11325, 79).

4. Ausdehnung der Subsidiarität auf weitere Geheimhaltungspflichten

Nach altem Recht war der Vorrang der berufsrechtlichen Verschwiegenheitspflichten spezialgesetzlich **29** in § 1 Abs. 3 S. 2 BDSG aF geregelt. In der Neufassung des BDSG findet sich die Regelung zur Subsidiarität des BDSG in Bezug auf weitere Geheimhaltungspflichten (gesetzliche Geheimhaltungspflichten; Berufs- oder besondere Amtsgeheimnisse, die nicht auf gesetzlichen Vorschriften beruhen) wortgleich in § 1 Abs. 2 S. 3 BDSG wieder und ist eine **weitere Ausprägung des vorgenannten Subsidiaritätsgrundsatzes.**

Hiernach soll die Pflicht zur Geheimhaltung „unberührt" bleiben. Daraus folgt, dass die **30** Geheimhaltungsvorschriften gegenüber dem BDSG Vorrang haben, wenn der Schutz der besonderen Geheimhaltungspflichten **weiter** ist als nach dem BDSG. Besteht **dasselbe** Schutzniveau, kommt es auf das Rangverhältnis der Vorschriften im Ergebnis nicht an. Dogmatisch dürfte die Subsidiaritätsklausel in § 1 Abs. 2 S. 3 BDSG dafür sprechen, vorrangig auf die Geheimhaltungspflichten (und nicht auf das BDSG) abzustellen. Ist das Schutzniveau der Geheimhaltungspflichten **niedriger** als das des BDSG, gelten die Vorschriften im BDSG zumindest für solche Daten, die dem Anwendungsbereich des BDSG unterliegen. Für Daten, die nicht in den Anwendungsbereich den BDSG fallen, gilt das spezielle Geheimhaltungsgesetz (vgl. Gola/Heckmann/Gola/Reif BDSG § 1 Rn. 12).

Die Abgrenzung zwischen § 1 Abs. 2 S. 1 und S. 3 BDSG ist nicht immer eindeutig, weil auch **31** im Bundesrecht Geheimhaltungspflichten enthalten sein können und gesetzliche Geheimhaltungspflichten somit von beiden Tatbeständen erfasst werden. Die unterschiedliche Zuordnung verschiedener Regelungen zu S. 1 oder S. 3 ist jedoch aufgrund der identischen Rechtsfolgen ohne praktische Relevanz. Aus beiden Tatbeständen folgt, dass die besonderen gesetzlichen Regelungen unberührt bleiben und gegenüber dem BDSG Vorrang haben (→ Rn. 30 ff., → BDSG § 1 Rn. 83).

Beispiele für gesetzliche Geheimhaltungspflichten im Sinne von § 1 Abs. 2 S. 3 BDSG sind zB **32** das Statistikgeheimnis (§ 16 Abs. 1 BStatistikG) oder das Adoptionsgeheimnis (§ 1758 BGB) (→ BDSG § 1 Rn. 85). Gesetzliche Geheimhaltungspflichten können auch Berufs- und besondere Amtsgeheimnisse sein, zB das Anwaltsgeheimnis (§ 43a BRAO) und das Notargeheimnis (§ 18 BNotO), die Verschwiegenheitspflichten der Steuerberater (§ 57 Abs. 1 StBerG) und Wirtschaftsprüfer (§ 43 Abs. 1 WPO) sowie das Steuer- (§ 30 AO) und Sozialgeheimnis (§ 35 SGB I; Gola/Heckmann/Gola/Reif BDSG § 1 Rn. 13). § 203 StGB begründet hingegen keine Geheimnispflicht, sondern sanktioniert eine entsprechende Pflichtverletzung der Geheimnispflicht, sodass § 203 StGB nicht unter § 1 Abs. 2 S. 3 BDSG fällt.

5. Subsidiaritätsklauseln der Landesdatenschutzgesetze

Notare unterliegen als öffentliche Stellen der Länder grundsätzlich den Landesdatenschutzgesetzen **33** (§ 1 Abs. 1 S. 1 Nr. 2 BDSG). Damit ist das BDSG auf Notare grundsätzlich nicht anwendbar (→ Rn. 18 ff.). Für das Verhältnis zwischen den **Landesdatenschutzgesetzen** und dem Berufsrecht der Notare ist auf die Subsidiaritätsklauseln in den Datenschutzgesetzen der Länder abzustellen, die sich nicht grundlegend von § 1 Abs. 2 BDSG unterscheiden (vgl. zB § 2 Abs. 4 SächsDSG: „Soweit besondere Rechtsvorschriften des Freistaates Sachsen oder des Bundes den Schutz personenbezogener Daten regeln, gehen sie den Vorschriften dieses Gesetzes vor."; § 6 DSG NRW: „Soweit besondere Rechtsvorschriften auf die Verarbeitung personenbezogener Daten anzuwenden sind, gehen sie den Vorschriften des Teils 2 dieses Gesetzes vor. Regeln Rechtsvorschriften einen Sachverhalt, für den dieses Gesetz gilt, nicht oder nicht abschließend, finden die Vorschriften dieses Gesetzes insoweit Anwendung").

Die Regelung in § 2 S. 1 BNotO, nach der Notare ausschließlich den Vorschriften der BNotO **34** unterstehen, führt hingegen nicht zu einem absoluten Vorrang des Berufsrechts (BeckOK BNotO/Bracker, 5. Ed. 31.7.2021, § 2 Rn. 6 ff.), da die landesdatenschutzrechtlichen Regelungen kein spezifisches notarielles Berufsrecht beinhalten (Mihm NJW 1998, 1591 (1592); Abel/Maaß, Datenschutz in Anwaltschaft, Notariat und Justiz, 2. Aufl. 2003, § 7 Rn. 6 mwN). Soweit einzelne

Syst. F. Datenschutz bei den freien Berufen

datenschutzrechtliche Fragestellungen jedoch eine berufsrechtliche Kodifikation erfahren haben, gehen diese wegen der landesdatenschutzrechtlichen Subsidiaritätsklauseln vor (Klingler RNotZ 2013, 57 (59)).

III. Erfüllung von Betroffenenrechten durch den Geheimnisträger

35   Im Spannungsfeld zwischen der berufsrechtlichen Pflicht zur Verschwiegenheit und dem Datenschutzrecht erscheint die Beziehung zwischen dem Berufsgeheimnisträger und seinen eigenen Mandanten oder Patienten (Betroffene iSd DS-GVO) **wenig konfliktträchtig.** Selbstverständlich gelten die Verschwiegenheitspflichten nicht gegenüber dem eigenen Mandanten oder Patienten. Bei der Erfüllung der datenschutzrechtlichen Betroffenenrechte kann sich der Berufsgeheimnisträger also nicht gegenüber seinem eigenen Mandanten oder Patienten auf die berufsrechtliche Verschwiegenheitspflicht stützen.

36   Vielmehr ist der Berufsgeheimnisträger gegenüber seinen Mandanten oder Patienten verpflichtet, die in der DS-GVO normierten Betroffenenrechte einzuhalten. Bereits im Zeitpunkt der Datenerhebung muss der Berufsgeheimnisträger den Betroffenen über die Datenverarbeitung nach Maßgabe von Art. 13 DS-GVO **informieren.** Da die Information (spätestens) zum Zeitpunkt der Erhebung der Daten gegeben werden muss (Art. 13 Abs. 1 DS-GVO), bietet es sich an, die Information mit Aufnahme des Mandatsverhältnisses bzw. der ärztlichen Behandlung zu erteilen.

37   Zudem muss der Berufsgeheimnisträger auf Antrag des Betroffenen diesem **Auskunft** über die Datenverarbeitung erteilen (Art. 15 DS-GVO). Der Berufsgeheimnisträger muss die dafür ggf. erforderlichen internen Prozesse so strukturieren, dass Anfragen zeitnah und vollständig beantwortet werden können. Die gesetzliche Frist zur Beantwortung von Auskunftsansprüchen beträgt in der Regel ein Monat nach Eingang des Antrags (Art. 12 Abs. 3 S. 1 DS-GVO).

38   Ferner müssen Berufsgeheimnisträger personenbezogene Daten ihrer Mandanten oder Patienten **löschen,** sobald keine gesetzliche Aufbewahrungspflicht mehr besteht (zB § 50 Abs. 1 BRAO für Handakten) und die Voraussetzungen für eine Löschung nach Art. 17 DS-GVO vorliegen.

39   **Beschweren** sich die Betroffenen über die Verarbeitung ihrer Daten durch den Berufsgeheimnisträger, eine Verletzung der Verschwiegenheitspflicht oder anderer berufsrechtlicher Pflichten, kann dies der Kammer oder der zuständigen Datenschutzbehörde gemeldet werden. Der Mandant oder Patient dürfte regelmäßig ein Interesse an der Aufarbeitung haben, so dass er mit der Offenbarung seiner personenbezogenen Daten gegenüber Kammer oder Datenschutzbehörde einverstanden sein dürfte (Redeker NJW 2009, 554 (555)) und den Berufsgeheimnisträger insoweit von seiner Verschwiegenheitspflicht entbunden hat.

40   Um Berufsgeheimnisträgern die Umsetzung der teils neuen datenschutzrechtlichen Anforderungen aus der DS-GVO in der Praxis zu erleichtern, haben die berufsständischen Vertreter **Leitfäden** herausgebracht, die die wichtigsten Regelungen der DS-GVO und ihre Folgen auf die Praxis zusammenfassen.

41   Für Anwaltskanzleien hat die **Bundesrechtsanwaltskammer** eine Checkliste (Checkliste für Rechtsanwältinnen und Rechtsanwälte zur EU-Datenschutzgrundverordnung, Stand Dezember 2019, https://www.brak.de/w/files/02_fuer_anwaelte/datenschutz/2019-12-19-checkliste-raezur-dsgvo-ueberarbeitung.pdf) sowie einen **Fragenkatalog** zur DS-GVO und zum neuen BDSG (Stand Dezember 2019, https://www.brak.de/w/files/02_fuer_anwaelte/datenschutz/2019-12-19-faq-dsgvo-anpassung.pdf) veröffentlicht.

42   Die **Bundesärztekammer** hat ebenfalls Hinweise und Empfehlungen zum Datenschutz nach der DS-GVO herausgegeben (Hinweise und Empfehlungen zur ärztlichen Schweigepflicht, Datenschutz und Datenverarbeitung in der Arztpraxis, Stand 9.3.2018, https://www.bundesaerztekammer.de/fileadmin/user_upload/downloads/pdf-Ordner/Recht/Hinweise_und_Empfehlungen_aerztliche_Schweigepflicht_Datenschutz_Datenverarbeitung_09.03.2018.pdf).

43   Auch die **Bundessteuerberaterkammer** stellt ein umfangreiches Dokument mit Hinweisen für den Umgang mit personenbezogenen Daten durch Steuerberater und Steuerberatungsgesellschaften zur Verfügung (Stand Oktober 2018 (wird derzeit überarbeitet), https://www.bstbk.de/export/sites/standard/de/ressourcen/Dokumente/04_presse/publikationen/02_steuerrecht_rechnungslegung/54_2018-10-12_Hinweise_Datenschutz_Stand_Oktober_2018.pdf).

44   Schließlich hat auch die **Bundesnotarkammer** ein Rundschreiben veröffentlicht, in dem ein praxisbezogener Überblick über das neue Datenschutzrecht und seine Bedeutung in der notariellen Praxis gegeben wird (Stand Mai 2018, http://www.notarkammer-berlin.de/surf/proxy/alfrescosystem/api/node/content/workspace/SpacesStore/bea32bb1-1f63-4caf-93e5-6b3a349c531c/rundschreiben-05-2018-anwendungshinweise-dsgvo.pdf).

Syst. F. Datenschutz bei den freien Berufen

IV. Ausnahmetatbestände bei Rechten und Ansprüchen Dritter

Ein echter **Interessenkonflikt** entsteht demgegenüber regelmäßig, wenn ein Berufsgeheimnisträger nicht nur die personenbezogenen Daten des Mandanten oder Patienten verarbeitet, sondern auch Daten Dritter. Dies gilt insbesondere für den Rechtsanwalt, der unter dem Schutz der Verschwiegenheit nicht nur Daten des eigenen Mandanten, sondern auch solche des Gegners und von Dritten, zB von Vertragspartnern, Prozessgegnern, Zeugen, Mitangeklagten oder Familienangehörigen verarbeitet. Dabei kann es vorkommen, dass die anwaltliche Beratung des Mandanten mit den berechtigten Interessen Dritter in Konflikt gerät (Weichert NJW 2009, 550 (552); Redeker NJW 2009, 554 (555)).   45

Nach altem Recht wurde die berufsrechtliche Verschwiegenheitspflicht durch das BDSG nicht berührt (§ 1 Abs. 3 S. 2 BDSG aF). Daraus folgte, dass der zur Verschwiegenheit Verpflichtete aufgrund der Vorschriften des BDSG weder berechtigt noch verpflichtet war, die im Rahmen seiner Berufsausübung erhaltenen Informationen an Dritte weiterzugeben (→ Rn. 22 f. der Vorauflage). Dieses System hat sich nunmehr durch den bereits erläuterten Vorrang der DS-GVO grundlegend geändert (→ Rn. 12 ff.). Den berufsrechtlichen Verschwiegenheitspflichten wird nunmehr durch ein **Regel-Ausnahme-Verhältnis** Rechnung getragen.   46

Zu den zentralen Betroffenenrechte zählen die **Informationspflichten** (Art. 13 f. DS-GVO), das **Auskunftsrecht** (Art. 15 DS-GVO) und das **Recht auf Löschung** (Art. 17 DS-GVO). Diesen Pflichten unterliegen im Grundsatz auch Berufsgeheimnisträger (→ Rn. 35). Die (weitreichenden) Betroffenenrechte waren daher Gegenstand mehrerer kritischer Stellungnahmen von Seiten der Kammern (→ Rn. 60 ff.). Zur Einschränkung der umfassenden Betroffenenrechte enthalten sowohl die DS-GVO selbst (→ Rn. 48) als auch das nationale Recht (→ Rn. 54 ff.) **Ausnahmetatbestände,** um die Vertraulichkeit der Informationen und die berufsrechtliche Verschwiegenheitspflicht zu gewährleisten. Die Ausnahmen von den Betroffenenrechten zugunsten von Berufsgeheimnisträgern im nationalen Recht beruhen auf den Öffnungsklauseln in Art. 23 Abs. 1 lit. i DS-GVO und Art. 90 Abs. 1 DS-GVO. Der deutsche Gesetzgeber hat von diesen Öffnungsklauseln Gebrauch gemacht und seinen gesetzgeberischen Gestaltungsspielraum durch die Regelungen in §§ 29 ff. BDSG genutzt. Die Vorschriften enthalten verschiedene Ausnahmetatbestände zum Schutz der Vertraulichkeit.   47

1. Ausnahmetatbestände in der DS-GVO

Die DS-GVO selbst enthält **Ausnahmetatbestände,** die den Verantwortlichen von der Pflicht, dem Betroffenen Informationen über die Verarbeitung seiner Daten zur Verfügung zu stellen, befreien. Art. 13 DS-GVO betrifft die Informationspflicht hinsichtlich Daten, die der Verantwortliche bei der betroffenen Person selbst erhoben hat. Art. 14 DS-GVO gilt für Informationspflichten für Daten, die der Verantwortliche nicht von der betroffenen Person, sondern aus einer anderen Quelle erhalten hat. Spezielle Ausnahmen nur für Berufsgeheimnisträger hat der europäische Verordnungsgeber aber lediglich im Anwendungsbereich von Art. 14 DS-GVO vorgesehen.   48

So müssen Angehörige freier Berufe den Betroffenen über eine Datenverarbeitung nach Art. 14 Abs. 5 lit. b DS-GVO nicht informieren, soweit die Information die **Verwirklichung der Verarbeitungsziele unmöglich macht oder ernsthaft gefährdet** (vgl. Gola/Franck Art. 14 Rn. 25). Der Ausnahmetatbestand kann zB für Anwälte im Rahmen einer Unternehmenstransaktion relevant werden. Für den Erfolg eines Bieterprozesses oder einer Transaktion ist es vielfach entscheidend, dass die Identität eines Bieters oder potentiellen Erwerbers geheim bleibt. Diese Regelung setzt die Informationspflicht aber nur zeitlich begrenzt aus, dh die Information muss nachgeholt werden, wenn für die Abwicklung der Transaktion keine Gefährdung mehr besteht (siehe hierzu Jungkind/Ruthemeyer Der Konzern 2019, 429 (434); Kühling/Buchner/Bäcker Art. 14 Rn. 59).   49

Nach der Artikel 29-Datenschutzgruppe ist eine Informationserteilung auch dann unmöglich, wenn diese dazu führen würde, dass der Verantwortliche mit der (speziellen) Informationserteilung an den Betroffenen eine **Straftat** begeht. Dies könne der Fall sein, wenn eine Bank gesetzlich verpflichtet ist, verdächtige Aktivitäten (Geldwäsche) auf denen bei ihr geführten Konten der zuständigen und als Strafverfolgungsbehörde agierenden Finanzverwaltung zu melden. Mit einer solchen Information seitens der Bank an den Kontoinhaber in Bezug auf diese Meldung könnte sich die Bank strafbar machen (Artikel 29-Datenschutzgruppe, WP 260 – Guidelines on transparency under Regulation 2016/679 v. 29.11.2017, 37).   50

Zum Teil wird vertreten, Art. 14 Abs. 5 lit. b DS-GVO **analog** auf die Informationspflichten nach Art. 13 DS-GVO anzuwenden (FHS Betr. Datenschutz-HdB/Schröder Teil IV Kap. 4 Rn. 61). Hiergegen bestehen aber erhebliche Bedenken, da der Gesetzgeber in Art. 13 DS-GVO gerade keinen vergleichbaren Ausnahmetatbestand vorgesehen hat. Somit dürfte es bereits keine   51

Syst. F. Datenschutz bei den freien Berufen

planwidrige Regelungslücke geben. Mit einer analogen Anwendung besteht also die Gefahr, den Willen des Gesetzgebers zu unterlaufen (iE Tribess/Spitz GWR 2019, 261 (264)).

52 Für **Berufsgeheimnisträger** enthält Art. 14 Abs. 5 lit. d DS-GVO eine Ausnahme von den Informationspflichten, soweit die personenbezogenen Daten einem **Berufsgeheimnis** nach Unionsrecht oder nationalem Recht, einschließlich einer satzungsmäßigen Geheimhaltungspflicht, unterliegen (Art. 14 Abs. 5 lit. d DS-GVO). Hiernach ist der Berufsgeheimnisträger nicht verpflichtet, die Betroffenen über die Datenverarbeitung zu informieren (Art. 14 Abs. 1–4 DS-GVO), soweit Berufsgeheimnisse offenbart würden. Betroffene sind hier regelmäßig nicht der Mandant oder Patient des Berufsgeheimnisträger, sondern Dritte, deren Daten der Berufsgeheimnisträger im Rahmen des Mandanten- oder Patientenverhältnisses verarbeitet. Relevant wird die Vorschrift also in **Dreiecksverhältnissen** (vgl. Kühling/Buchner/Bäcker Art. 14 Rn. 69). Dies beruht darauf, dass zB Anwälte bei der anwaltlichen Beratung typischerweise personenbezogene Daten auch über Prozessgegner, Zeugen, Familienangehörige oder andere Beteiligte erheben. Die Privilegierung des Berufsgeheimnisträgers gilt aber nicht unbeschränkt, sondern entfällt im Falle einer **Schweigepflichtentbindung** durch den Mandanten oder Patienten. In diesem Fall besteht kein Informationshindernis mehr und die Information muss gegenüber dem Betroffenen erteilt werden (vgl. Gola/Franck Art. 14 Rn. 27). Der Ausnahmetatbestand greift jedoch **nicht,** um Informationspflichten des Berufsgeheimnisträgers gegenüber dem Begünstigten des Berufsgeheimnisses (zB Patient oder Mandant) entfallen zu lassen, zumal sich in dieser Konstellation die Informationspflicht regelmäßig nach Art. 13 und nicht nach Art. 14 richten dürfte, weil der Berufsgeheimnisträger die personenbezogenen Daten seiner Mandanten, Patienten etc. typischerweise unmittelbar von diesen erhebt.

53 Den Verantwortlichen trifft zudem keine Informationspflicht, soweit der Betroffene bereits über die entsprechende **Information verfügt** (Art. 13 Abs. 4, Art. 14 Abs. 5 lit. a DS-GVO). Dies kann etwa dann der Fall sein, wenn der Verantwortliche dem Betroffenen bereits ein Informationsschreiben zur Verfügung gestellt hat, in dem auch über die Verarbeitung durch den Berufsgeheimnisträger informiert wird. Der Ausnahmetatbestand gilt aber für jeden Verantwortlichen, unabhängig davon, ob er ein Angehöriger freier Berufe ist oder nicht.

2. Ausnahmetatbestände im BDSG

54 Auch nach der bisherigen Rechtslage bestand das Auskunftsrecht von Betroffenen nicht unbeschränkt, sodass die alte Rechtslage im Wesentlichen fortgeführt wurde (BT-Drs. 18/11325, 100). In **§§ 29 ff. BDSG** finden sich verschiedene Ausnahmeregelungen, welche die Ausnahmetatbestände aus der DS-GVO **ergänzen.** Die Ausnahmetatbestände dienen dem Schutz der Vertraulichkeit im Fall von Geheimhaltungspflichten. Für nicht-berufsbezogene Datenverarbeitungen kann sich der Berufsgeheimnisträger nicht auf diese Ausnahmeregelungen berufen (Wagner BRAK-Mitt. 2019, 167).

55 § 29 BDSG dient dem **Schutz von vertraulichen Informationen.** Der grundsätzlich umfassende datenschutzrechtliche Auskunfts- und Informationsanspruch des Betroffenen wird hinsichtlich zwingend geheimhaltungsbedürftiger Informationen beschränkt; die Transparenz der Datenverarbeitung tritt zurück. § 29 Abs. 1 BDSG beschränkt die Pflichten des Verantwortlichen zur Information (Art. 14 DS-GVO) und Benachrichtigung (Art. 34 DS-GVO) der betroffenen Person und das Recht des Betroffenen auf Auskunft (Art. 15 DS-GVO), soweit dadurch aufgrund Rechtsvorschrift oder wegen überwiegender berechtigter Interessen eines Dritten zwingend geheimhaltungsbedürftige Informationen offengelegt würden (vgl. → BDSG § 29 Rn. 2, 3, Rn. 8). Beim berechtigten Interesse muss es sich nicht um ein rechtliches Interesse handeln. Auch wirtschaftliche oder ideelle Interessen können ein berechtigtes Interesse begründen. Die Vorschrift stellt primär („insbesondere") auf die überwiegenden berechtigten Interessen eines Dritten ab und nicht auf die Interessen des Betroffenen oder Verantwortlichen. In Betracht kommen verfassungsrechtlich geschützte Rechtspositionen des Dritten wie der Schutz von Geschäfts- oder Betriebsgeheimnissen oder sonstige geschäftliche Interessen (Jungkind/Ruthemeyer Der Konzern 2019, 429 (435)).

56 § 29 Abs. 2 BDSG hat konkret den Schutz vertraulicher Informationen **im Mandatsverhältnis** zum Gegenstand und soll die ungehinderte Kommunikation zwischen Mandant und Berufsgeheimnisträger und die Vertraulichkeit des Mandatsverhältnisses als solches gewährleisten. Die Vorschrift enthält eine **Ausnahme zur Informationserteilung** bei einer Zweckänderung nach Art. 13 Abs. 3 DS-GVO für den spezifischen Fall der Übermittlung von Informationen im Rahmen eines Mandatsverhältnisses durch den Mandanten an den Berufsgeheimnisträger (vgl. → BDSG § 29 Rn. 4, → BDSG § 29 Rn. 19 ff.). Die Regelung begünstigt also unmittelbar den Mandanten (und nicht den Berufsgeheimnisträger), da der Mandant von seinen Informations-

Syst. F. Datenschutz bei den freien Berufen

pflichten nach Art. 13 Abs. 3 DS-GVO gegenüber dem Dritten, dessen Daten er an den Berufsgeheimnisträger übermittelt, befreit wird. Nach der Gesetzesbegründung dient die Vorschrift der ungestörten Kommunikation innerhalb des Mandatsverhältnisses und soll verhindern, dass der Verantwortliche (also der Mandant) „sämtliche durch die Datenübermittlung an den Berufsgeheimnisträger betroffenen Personen über die Zwecke der Datenübermittlung, die Identität der beauftragten Berufsgeheimnisträger etc. informieren müsste" (BT-Drs. 18/11325 101). Nach § 29 Abs. 2 BDSG ist aber eine Abwägung mit den Interessen des betroffenen Dritten an der Informationserteilung vorgesehen, um den Interessen des Betroffenen im Einzelfall Rechnung zu tragen. Allerdings überwiegt die Vertraulichkeit des Mandatsverhältnisses regelmäßig gegenüber dem Interesse des Dritten an der Informationserteilung, da die Vertraulichkeit fundamental für die Zusammenarbeit zwischen Mandant und Anwalt ist (Paal/Pauly/Gräber/Nolden BDSG § 29 Rn. 17).

Weitere Ausnahmen von der Informationspflicht sind in §§ 32 ff. BDSG geregelt. Diese gelten 57 aber **nicht exklusiv** für Berufsgeheimnisträger, sondern finden generell Anwendung. Für Berufsgeheimnisträger könnte aber insbesondere die Regelung in § 32 Abs. 1 Nr. 4 BDSG praxisrelevant sein, wonach die Informationspflicht aus Art. 13 Abs. 3 DS-GVO dann keine Anwendung findet, wenn die Erteilung der Information über die beabsichtigte Weiterverarbeitung die **Geltendmachung, Ausübung oder Verteidigung rechtlicher Ansprüche** beeinträchtigen würde und die Interessen des Verantwortlichen an der Nichterteilung der Information die Interessen des Betroffenen an der Informationserteilung überwiegen. Die Vertreter der Datenschutzkonferenz (einem Gremium der deutschen Aufsichtsbehörden) haben zwar Zweifel an der Europarechtskonformität dieser Regelung angemeldet, da sie sich nicht auf die Öffnungsklausel in Art. 23 Abs. 1 DS-GVO stützen lasse (DSK-Kurzpapier Nr. 10, 3). Gleichwohl ist die Regelung auch in der durch das Zweite Datenschutz-Anpassungs- und Umsetzungsgesetz EU („**2. DSAnpUG-EU**") geänderten Fassung des BDSG, die am 26.11.2019 in Kraft getreten ist, unverändert enthalten, so dass es trotz der Bedenken ein wirksamer Ausnahmetatbestand bleibt.

§ 33 BSDG enthält Ausnahmen von der Informationspflicht für personenbezogene Daten, die 58 nicht bei der betroffenen Person, sondern bei Dritten erhoben wurden. Mit **§ 34 BDSG** wird das Auskunftsrecht nach Art. 15 beschränkt. **§ 35 BDSG** enthält Ausnahmen für das Recht auf Löschung. Für weitere Einzelheiten wird auf die entsprechende Einzelkommentierung des BDSG verwiesen.

Für alle Ausnahmetatbestände im BDSG gilt, dass sie im Lichte der Öffnungsklausel (Art. 23 59 Abs. 1 DS-GVO) **eng auszulegen** sind (vgl. Kühling/Buchner/Golla BDSG § 32 Rn. 3, Kühling/Buchner/Golla BDSG § 33 Rn. 3). Gemäß Art. 23 Abs. 1 DS-GVO müssen Beschränkungen der DS-GVO den Wesensgehalt der Grundrechte und Grundfreiheiten achten und eine in einer demokratischen Gesellschaft **notwendige und verhältnismäßige** Maßnahme darstellen.

3. Kritik der Kammern

Die Regelungen zu den Informationspflichten in dem ersten Entwurf der DS-GVO im Jahr 60 2012 stießen zunächst auf **erhebliche Kritik** verschiedener berufsständischer Organisationen (vgl. zB die Stellungnahmen Nr. 30/2012, 53/2012 und 25/2013 der BRAK, die Stellungnahme der Bundessteuerberaterkammer v. 19.9.2012 unter https://www.bstbk.de/de/presse/stellungnahmen/archiv/20120924_stellungnahme_bstbk/index.html sowie des Deutschen Notarvereins v. 5.9.2012 unter http://www.dnotv.de/wp-content/uploads/2012-09-05-DatenschutzVO.pdf). Diese haben insbesondere auf die Unvereinbarkeit der umfangreichen Informations- und Auskunftspflichten im DS-GVO-Entwurf mit der gesetzlich verankerten Verschwiegenheitspflicht hingewiesen und die Übernahme der datenschutzrechtlichen Aufsicht durch die Kammern gefordert (vgl. hierzu Alt DStR 2013, 933; → Rn. 31 der Vorauflage).

Als der Referentenentwurf des ersten Gesetzes zur Anpassung des Datenschutzrechts an die 61 DS-GVO und zur Umsetzung der Datenschutz-RL (RL (EU) 2016/680; „**1. DSAnpUG-EU**") im Jahr 2016 bekannt wurde, begrüßten die Kammern, dass der Entwurf des BDSG eine explizite Ausnahmeregelung für Daten enthielt, die der berufsrechtlichen Geheimhaltungspflicht unterliegen, und der Entwurf damit grundsätzlich der besonderen Situation von Berufsgeheimnisträgern Rechnung trug. Die BRAK sieht die Regelungen der DS-GVO und des BDSG für die „**ausgewogene Klärung**" etwaiger Konflikte an als geeignet an (Dreßler/Wagner BRAK Magazin 2/2019, 17; vgl. auch Stellungnahme Nr. 41/2016, 3 der BRAK).

Kritik wurde jedoch an der konkreten nationalen **Umsetzung der Öffnungsklauseln** im 62 BDSG, namentlich § 29 BDSG, geäußert. Zwar herrschte auch insoweit ein positiver Grundtenor vor. Die Kammern machten aber deutlich, dass die berufsrechtlichen Regelungen der freien Berufe noch stärker hätten berücksichtigt und die datenschutzrechtlichen Verpflichtungen der

Syst. F. Datenschutz bei den freien Berufen

Angehörigen freier Berufe sowie die Befugnisse der Aufsichtsbehörden weiter eingeschränkt werden müssen (Stellungnahme Bundessteuerberaterkammer v. 7.12.2016, 3 f.; Stellungnahme Deutscher Steuerberater eV v. 9.12.2016, 2; 6 f. jeweils mit konkreten Änderungsvorschlägen). Der Deutsche Anwaltverein sprach sich in diesem Zusammenhang dafür aus, einen eigenen, speziellen Erlaubnistatbestand für die anwaltliche Datenverarbeitung in das BDSG aufzunehmen (DAV Stellungnahmen Nr. 81/2016, 4 und Nr. 39/16, 6). Die BRAK äußerte zudem das Bedürfnis nach einer spezifischen Datenschutzaufsicht für die rechtsanwaltliche Datenverarbeitungstätigkeit, die – ähnlich wie bei Medien und Kirchen – umfassend an die Stelle der allgemeinen Datenschutzaufsichtsbehörde treten soll (BRAK Stellungnahme Nr. 41/2016, 9); wiederholt in BRAK Stellungnahme Nr. 3/2021, 7).

63 Der europäische Verordnungsgeber nahm einige auch für Berufsgeheimnisträger relevante Ausnahmen von den (weitreichenden) Informationspflichten in die DS-GVO auf (→ Rn. 48 ff.). Einige der vorgenannten Vorschläge der Kammern fanden in der Regelung in § 29 BDSG Eingang in das am 25.5.2018 in Kraft getretene BDSG (→ Rn. 55 ff.). Der Forderung nach der (teilweisen) Übernahme der Datenschutzaufsicht durch die Kammern kam der Gesetzgeber hingegen **nicht** nach (→ Rn. 74).

64 Zum Entwurf des 2. DSAnpUG-EU v. 1.10.2018 äußerte sich, soweit ersichtlich, nur die Bundesärztekammer. Die **Bundesärztekammer** hält den nach wie vor fragmentarischen Gesundheitsdatenschutz für problematisch. Zudem fordert die Bundesärztekammer eine Verschlankung der aus ihrer Sicht unübersichtlichen Regelungslage. Die Bundesärztekammer hält die weitreichenden Informationspflichten für Ärzte auch nicht für praktikabel, da mit deren Erfüllung ein erheblicher bürokratischer Aufwand einhergehe. Die Kammer verlangte daher, die Erfüllung der Informationspflichten für Ärzte einzuschränken (Stellungnahme Bundesärztekammer v. 16.7.2018, 3).

65 Für die Angehörigen der freien Berufe dürften die Änderungen der gesetzlichen Regelungen im Rahmen des nunmehr in Kraft getretenen **2. DSAnpUG-EU** weniger relevant sein. Die Änderungen betreffen zB allgemeine Vorschriften im BDSG wie etwa die Anhebung des Schwellenwertes zur Bestellung eines Datenschutzbeauftragten auf 20 Personen. Wesentliche Änderungen im Gesundheitsdatenschutz sind nicht ersichtlich.

V. Befugnisse der Datenschutzaufsichtsbehörden gegenüber Berufsgeheimnisträgern

66 Nach der alten Rechtslage waren Angehörige freier Berufe gegenüber der zuständigen Datenschutzaufsichtsbehörde nicht zur Auskunft verpflichtet, da die Geheimhaltungspflichten dem BDSG vorgingen und somit eine Offenlegung vertraulicher Informationen gegenüber den Aufsichtsbehörden nicht erlaubt war (→ Rn. 34 der Vorauflage). Auch in diesem Zusammenhang hat sich das Regelungsgefüge unter der DS-GVO verändert. Nach Art. 90 Abs. 1 DS-GVO können die Mitgliedstaaten die Befugnisse der Aufsichtsbehörden regeln und damit einschränken, aber nur in den engen Grenzen des Art. 90 Abs. 1 DS-GVO.

1. Eingeschränkte Untersuchungsbefugnisse

67 Mitgliedstaaten müssen nach Art. 51 DS-GVO Aufsichtsbehörden für den Datenschutz einrichten, mit denen die Überwachung der Einhaltung der DS-GVO gewährleistet werden soll. Art. 58 DS-GVO enthält eine detaillierte Aufstellung der **weitgehenden Befugnisse der Aufsichtsbehörden.** Im Unterschied zur bisherigen Rechtslage gelten die Befugnisse der Aufsichtsbehörden aus der DS-GVO grundsätzlich **auch gegenüber öffentlichen Stellen,** folglich auch gegenüber Notaren (→ Rn. 42 der Vorauflage; BeckNotar-HdB/Püls, 7. Aufl. 2019, § 34. Amtsführung und Büro Rn. 4 f.). Der nationale Gesetzgeber kann die Untersuchungsbefugnisse gegenüber Berufsgeheimnisträgern auf Grundlage der Öffnungsklausel in Art. 90 Abs. 1 DS-GVO einschränken, „soweit dies notwendig und verhältnismäßig ist, um das Recht auf Schutz der personenbezogenen Daten mit der Pflicht zur Geheimhaltung in Einklang zu bringen". Allerdings vermittelt Art. 90 Abs. 1 DS-GVO kein Recht, spezielle Geheimhaltungspflichten gegenüber den allgemeinen datenschutzrechtlichen Bestimmungen der DS-GVO umfassenden Vorrang einzuräumen. Die Öffnungsklausel ermöglicht **nur die Beschränkung behördlicher Befugnisse** und damit des Verwaltungsvollzugs. Sie erlaubt dagegen keine Begrenzung der geltenden datenschutzrechtlichen Standards. In materiell-rechtlicher Hinsicht sieht die DS-GVO lediglich vereinzelte Privilegierungen für Berufsgeheimnisträger vor (im Einzelnen → Art. 90 Rn. 4).

68 Der deutsche Gesetzgeber hat mit § 29 Abs. 3 S. 1 BDSG von der Öffnungsklausel Gebrauch gemacht, allerdings **nur** im Hinblick auf die Untersuchungsbefugnisse in **Art. 58 Abs. 1 lit. e und f DS-GVO** (vgl. → Art. 58 Rn. 3, 13). Dazu zählen solche Untersuchungsbefugnisse, die es den Aufsichtsbehörden gestatten, von den Verantwortlichen **Zugang zu allen personenbezo-**

Syst. F. Datenschutz bei den freien Berufen

genen Daten und Informationen, die zur Erfüllung ihrer Aufgaben notwendig sind, sowie Zugang zu deren Geschäftsräumen, einschließlich aller Datenverarbeitungsanlagen und -geräte, zu erhalten. Nicht von Art. 90 Abs. 1 DS-GVO erfasst sind dagegen die Aufsichtsmaßnahmen nach Art. 58 Abs. 1 lit. a–d DS-GVO (insbesondere der Auskunftsanspruch) und die Abhilfe-, Genehmigungs-, und Beratungsbefugnisse nach Art. 58 Abs. 3 DS-GVO, die einer abweichenden Regelung durch die Mitgliedstaaten nicht zugänglich sind (im Einzelnen → Art. 90 Rn. 5).

Nach § 29 Abs. 3 S. 1 BDSG bestehen die Befugnisse der Datenschutzaufsichtsbehörden gegenüber den in § 203 Abs. 1, 2a, 3 StGB (in der bis zum 8.11.2017 gültigen Fassung) genannten Personen (zB Ärzte, Zahnärzte, Tierärzte, Apotheker, Steuerberater, Rechtsanwälte, Notare etc) nicht, wenn die Inanspruchnahme der Befugnis zu einem Verstoß gegen die Geheimhaltungspflichten führen würde. § 203 StGB wurde durch das „Gesetz zur Neuregelung des Schutzes von Geheimnissen bei der Mitwirkung Dritter an der Berufsausübung schweigepflichtiger Personen" v. 30.11.2017 (BGBl. I 3618, BT-Drs. 18/11936, BR-Drs. 163/17) geändert. Neben formellen Änderungen wurde § 203 StGB in Abs. 3 S. 2 und Abs. 4 um eine neu eingeführte Kategorie erweitert: In der neuen Fassung können nunmehr über die beruflich tätigen Gehilfen und berufsvorbereitend tätigen Personen hinaus auch dritte Personen für die Berufsgeheimnisträger tätig werden. Es wurde erwartet, dass der Gesetzgeber den Verweis in § 29 Abs. 3 S. 1 BDSG auf § 203 StGB entsprechend anpasst (vgl. → BDSG § 29 Rn. 33). Dem ist der Gesetzgeber im Rahmen des 2. DSAnpUG-EU jedoch nicht nachgekommen, ohne dies zu begründen. **69**

Mit der Regelung in § 29 Abs. 3 BDSG soll sichergestellt werden, dass vertrauliche Informationen **dem Zugriffsrecht der Aufsichtsbehörden entzogen** werden. Für den Berufsgeheimnisträger käme es ansonsten zu einer Pflichtenkollision, da seine berufsrechtliche Schweigepflicht auch gegenüber den Aufsichtsbehörden gilt (vgl. → BDSG § 29 Rn. 2). In der Sache führt § 29 Abs. 3 BDSG dazu, dass Geheimnisträger bei der Datenverarbeitung nur einer eingeschränkten externen Kontrolle unterliegen. Auf rein betriebsbezogene Personendaten einer Anwaltskanzlei oder Arztpraxis, die keinen Bezug zu Mandanten oder Patienten aufweisen, können die Aufsichtsbehörden unbeschränkt zugreifen (Plath/Grages Art. 90 Rn. 5). **70**

§ 29 Abs. 3 S. 2 BDSG **erstreckt die Geheimhaltungspflicht schließlich auf die Aufsichtsbehörde,** soweit diese im Rahmen der Ausübung ihrer Untersuchungsbefugnisse Kenntnis von Daten erhält, die einer Geheimhaltungspflicht nach § 203 StGB unterliegen (BT Drs. 18/11325, 101). Diese Erstreckung der Geheimhaltungspflicht auf die Aufsichtsbehörde ist angesichts der Bedeutung eines effektiven bereichsspezifischen Geheimnisschutzes zu begrüßen (weitere Einzelheiten siehe → Art. 90 Rn. 1 ff.). **71**

2. Kritik an der aktuellen Rechtslage

Die Untersuchungsbefugnisse der Aufsichtsbehörden bergen ein **Konfliktpotential** mit der Pflicht der Berufsgeheimnisträger zur umfassenden Verschwiegenheit, insbesondere die Befugnis, datenschutzrechtlich Verantwortliche anzuweisen, alle Informationen bereitzustellen, die für die Erfüllung ihrer Aufgaben erforderlich sind (Art. 58 Abs. 1 lit. a DS-GVO). Die zuständige Aufsichtsbehörde könnte das Zugangsverbot zu vertraulichen Daten bzw. zu den Räumlichkeiten nach § 29 Abs. 3 BDSG umgehen, indem sie den Verantwortlichen schlicht anweist, diese Daten herauszugeben. **72**

Belgien und Deutschland machten im Gesetzgebungsverfahren zur DS-GVO den Vorschlag, alle Eingriffsbefugnisse der Aufsichtsbehörden unter den Vorbehalt in Art. 90 Abs. 1 DS-GVO zu stellen. Dieser Vorschlag wurde jedoch abgelehnt (Ratsdokument Nr. 15544/14, 17). In der Praxis verbleibt daher die **Gefahr einer Umgehung der Beschränkungen von Art. 58 Abs. 1 lit. e und f DS-GVO** mittels des Auskunftsverlangens aus Art. 58 Abs. 1 lit. a DS-GVO durch die Datenschutzbehörden (Kühling/Buchner/Herbst Rn. 7, Auer-Reinsdorff/Conrad IT-R-HdB/Teeger § 34 Rn. 155). Auch der Bundesrat kritisierte in seiner Stellungnahme zum Gesetzentwurf des § 29 BDSG die Regelung als nicht ausreichend, um die für die Berufsgeheimnisträger und Datenschutzbehörden gleichermaßen notwendige Rechtssicherheit und Praxistauglichkeit zu erreichen. Der Bundesrat setzte sich daher gegenüber der Bundesregierung dafür ein, von einer nur teilweisen Regelung in § 29 Abs. 3 BDSG-E abzusehen und vielmehr eine „Gesamtregelung auf der Grundlage der Anforderungen des Art. 90 DS-GVO" zu schaffen, welche die Reichweite der Einschränkung der aufsichtsbehördlichen Befugnisse klar definiert und zusätzliche berufsständische Verfahren vorsieht, die das Minus an staatlicher Kontrolle im Datenschutz auszugleichen vermögen (BR-Drs.110/17, 29 (32)). Die Bundesregierung hingegen hielt die Regelung in § 29 Abs. 3 BGSG für erforderlich und kam dem Vorschlag des Bundesrats nicht nach (BT-Drs. 18/11655, 17 (31)). **73**

Syst. F. Datenschutz bei den freien Berufen

74 Die BRAK forderte in Anbetracht der unbefriedigenden Rechtslage, die **datenschutzrechtliche Aufsicht teilweise bei der Kammer** anzusiedeln. Die Forderungen hat der Gesetzgeber aber nicht berücksichtigt, was die Kammern kritisierten (BRAK Stellungnahmen Nr. 41/2016 und Nr. 3/2021; Zikesch/Kramer ZD 2015, 565 (567)). Zuletzt musste sich das Anwaltsgericht Berlin (AnwG Berlin NJW 2018, 2421 (2422)) mit der Abgrenzung der Zuständigkeiten der Datenschutzbehörden einerseits und der Rechtsanwaltskammern (§ 33 Abs. 1 BRAO) andererseits beschäftigen. Im Ergebnis habe der Landesdatenschutzbeauftragte nur originär datenschutzrechtliche Verstöße zu verfolgen, die Rechtsanwaltskammern hingegen seien für die Berufsaufsicht zuständig, so das Anwaltsgericht. Die Prüfung der Rechtsanwaltskammer umfasse **auch** die Einhaltung der datenschutzrechtlichen Vorschriften, da deren Einhaltung eine spezielle Ausformung der anwaltlichen Berufspflicht darstelle (AnwG Berlin NJW 2018, 2421 (2422); zustimmend Grunewald NJW 2018, 3623, 3625). Die Berufsaufsicht sei Bestandteil der Selbstverwaltung und könne daher nicht den Datenschutzbehörden überlassen werden, die als Behörde der Rechts- und Fachaufsicht, also der staatlichen Kontrolle unterstünden. Der Schutz der anwaltlichen Berufsausübung vor staatlicher Kontrolle sei grundrechtlich abgesichert (näheres dazu auch → BDSG § 29 Rn. 32; BVerfGE 50, 16 = NJW 1979, 1159 (1160)). Aufgrund des Nebeneinanders der beiden Aufsichten und aufgrund der jeweils spezialgesetzlich geregelten Kompetenzen ist jede für ihren Bereich allein entscheidungsbefugt. Keine Aufsicht darf einen konkreten Sachverhalt unter Aspekten prüfen, die in den Zuständigkeitsbereich der jeweils anderen Aufsicht fällt. Gleichzeitig ist bei der Prüfung desselben Sachverhalts die Datenschutzaufsichtsbehörde nicht durch die vorherige Befassung der Rechtsanwaltskammer präjudiziert (Wagner BRAK-Mitt. 2019, 167 (171)); näheres dazu auch → BDSG § 29 Rn. 32).

VI. Bestellung eines Datenschutzbeauftragten durch Angehörige freier Berufe

1. Pflicht zur Bestellung eines Datenschutzbeauftragten

75 Anders als nach dem BDSG aF haben die freien Berufe nach der DS-GVO nur unter bestimmten Voraussetzungen einen Datenschutzbeauftragten zu bestellen. Einzig Notare sind als öffentliche Stellen (Art. 37 Abs. 1 lit. a DS-GVO) stets zur Bestellung eines Datenschutzbeauftragten verpflichtet (Wagner/Richter NotBZ 2017, 446 (449); Rundschreiben Nr. 5/2018 der Bundesnotarkammer, 2).

76 Für andere freie Berufe besteht dann eine Pflicht zur Bestellung, wenn die umfangreiche Verarbeitung von besonderen Kategorien personenbezogener Daten wie **Gesundheitsdaten** oder solche über **Straftaten** zu ihrer Kerntätigkeit zählt (Art. 37 Abs. 1 lit. c iVm Art. 9 Abs. 1, Art. 10 DS-GVO). In Bezug auf Ärzte und Anwälte wird die Diskussion dazu hauptsächlich am Merkmal der umfangreichen Verarbeitung geführt. Nach Erwägungsgrund 91 S. 4 liegt in der Verarbeitung von Patienten- bzw. Mandantendaten durch einen einzelnen Arzt oder Rechtsanwalt noch keine **umfangreiche** Verarbeitung, sodass er keinen Datenschutzbeauftragten bestellen muss. Diese Ansicht wird in der Literatur überwiegend geteilt (Artikel 29-Datenschutzgruppe, WP 243, 9; Gola/Klug Art. 37 Rn. 10; Kühling/Buchner/Bergt Art. 37 Rn. 24, die eine Bestellpflicht erst in größeren ärztlichen Gemeinschaftspraxen annehmen). Sie ist jedoch nicht unbestritten. Teilweise wird vertreten, dass es auf die Art der Tätigkeit und der dafür erforderlichen Daten im Einzelfall ankomme (Kazemi NJW 2018, 443; die Bestellpflicht bejahend für besonders sensible Patientendaten wie genetische Informationen HK-DS-GVO/Helfrich Art. 37 Rn. 88). Dem lässt sich jedoch entgegenhalten, dass Art. 37 Abs. 1 lit. c DS-GVO ohnehin nur für bestimmte Arten von Daten gilt und den Umfang der Verarbeitung als konstitutives Merkmal für die Bestellung definiert (Kazemi NJW 2018, 443 (444)).

77 Die Personen müssen dauerhaft mit der Verarbeitung der Daten betraut sein. Eine kurzfristige Änderung der Verhältnisse zB durch Erkrankungen oder Urlaub bleibt außer Betracht (Gola/Klug Art. 37 Rn. 27).

78 Soweit die Bestellung eines Datenschutzbeauftragten verpflichtend ist, sind seine Kontaktdaten zu veröffentlichen und der Aufsichtsbehörde mitzuteilen (Art. 37 Abs. 7 DS-GVO). Auch wenn eine Pflicht zur Bestellung nicht besteht, steht es den freien Berufen gewiss frei, freiwillig einen Datenschutzbeauftragten zu bestellen. Dies wird in Art. 37 Abs. 4 S. 1 DS-GVO nochmals klargestellt.

2. Verschwiegenheitspflicht steht nicht entgegen

79 Dem Datenschutzbeauftragten obliegt auch die Kontrolle der Verarbeitung mandatsbezogener Daten, soweit diese einen Personenbezug aufweisen. Dies war bereits vor Inkrafttreten der DS-

Syst. F. Datenschutz bei den freien Berufen

GVO anerkannt (Datenschutz-Checkliste für die Anwaltskanzlei des Deutschen Anwaltvereins September 2014; Drewes RDV 2005, 14 (16) für Apotheker; Roßnagel DatenschutzR-HdB/ Schirmer Kap. 7.12 Rn. 98 für Ärzte; Bundesärztekammer Deutsches Ärzteblatt 2008, 1026 für Ärzte; Weitze DStR 2004, 2218 insbesondere für Steuerberater; Redeker NJW 2005, 554 (556) für Rechtsanwälte; Sassenberg/Schulz AnwBl 2007, 769 für Rechtsanwälte; Schneider AnwBl 2004, 618 (619) für Rechtsanwälte; Weichert NJW 2009, 550 (551) für Rechtsanwälte; Sorge MittBayNot 2007, 25 (26) für Notare) und gilt weiterhin. Konflikte mit den Verschwiegenheitspflichten des Berufsträgers sind ausgeschlossen, da der Datenschutzbeauftragte nach Art. 38 Abs. 5 DS-GVO bei der Erfüllung seiner Aufgaben an die Wahrung der Geheimhaltung bzw. Vertraulichkeit gebunden ist und der Berufsträger ihn wie die sonstigen Mitarbeiter des Berufsträgers auch wegen aller mandatsbezogenen Informationen **zur Verschwiegenheit zu verpflichten und anzuhalten** hat (§ 2 Abs. 4 BORA; § 5 Abs. 3 BOStB; § 50 WPO; § 9 Abs. 3 MBO-Ä in der Fassung der Satzungen der jeweiligen Landesärztekammern; § 7 Abs. 4 MBOBZÄK idF der Satzungen der jeweiligen Landeszahnärztekammern; § 8 Abs. 5 Muster-Berufsordnung der Bundespsychotherapeutenkammer idF der Satzungen der jeweiligen Landespsychotherapeutenkammern; § 15 Abs. 1 S. 2 Berufsordnung der Apothekerkammer Nordrhein).

Die **Gegenansicht**, die den Datenschutzbeauftragten nur für Daten **ohne Mandatsbezug** 80 bestellen will (Dahns NJW-Spezial 2006, 285; Brisch KammerMitteilungen RAK Düsseldorf 2008, 275 (276); Härting ITRB 2009, 138 (139); Rüpke ZRP 2008, 87; Rüpke RDV 2004, 252; so auch Stellungnahme der Bundesrechtsanwaltskammer 31/2004, erarbeitet durch den Ausschuss Datenschutzrecht unter Vorsitz von Rüpke), wird seit dem Inkrafttreten der DS-GVO soweit ersichtlich nicht mehr vertreten.

3. Keine Gefahr der Fremdkontrolle

Soweit die vor Inkrafttreten der DS-GVO vertretene Gegenansicht außerdem das Berufsgeheimnis durch die ggf. zwingende Einschaltung der Aufsichtsbehörde verletzt sah (Rüpke RDV 2004, 252 (255)), tritt das Gesetz dieser Gefahr der Fremdkontrolle mittlerweile ausdrücklich entgegen (Gola/Heckmann § 29 Rn. 25 ff.; → BDSG § 29 Rn. 31 (Stand: 11.10.2019)). Der Bundesgesetzgeber hat insoweit von der Öffnungsklausel des Art. 90 Abs. 1 DS-GVO Gebrauch gemacht und vorgesehen, dass Befugnisse der Aufsichtsbehörde zum Zugang zu personenbezogenen Daten und zu Geschäftsräumen nicht bestehen, soweit ihre Inanspruchnahme zu einem Verstoß gegen die Geheimhaltungspflichten von Berufsgeheimnisträgern führen würde (§ 29 Abs. 3 S. 1 BDSG). Erlangt die Aufsichtsbehörde dennoch Kenntnis von Daten, die der Geheimhaltungspflicht unterliegen, erstreckt sich die Geheimhaltungspflicht auch auf sie (§ 29 Abs. 3 S. 2 BDSG). Zudem ist der Datenschutzbeauftragte nicht verpflichtet, sich bei Datenschutzverletzungen an die Datenschutzbehörde zu wenden. Ihm obliegt nach Art. 39 Abs. 1 lit. d DS-GVO die Zusammenarbeit mit der Aufsichtsbehörde und er fungiert nach Art. 39 Abs. 1 lit. e DS-GVO als ihre Anlaufstelle. Eine Meldepflicht gegenüber der Aufsichtsbehörde legt die DS-GVO dem Datenschutzbeauftragten hingegen nicht auf.

4. Interner Datenschutzbeauftragter

Datenschutzbeauftragter kann sowohl ein interner Mitarbeiter als auch eine externe Person sein 82 (vgl. Art. 37 Abs. 6 DS-GVO). Seine unabhängige Stellung (Art. 38 Abs. 3 S. 1 DS-GVO) wird – allerdings nur sofern seine Bestellung verpflichtend war – durch einen besonderen Abberufungs- und Kündigungsschutz abgesichert (§ 38 Abs. 2 iVm § 6 Abs. 4 BDSG). Dem erforderlichen Datenschutzbeauftragten steht ein vom Berufsgeheimnisträger abgeleitetes **Zeugnisverweigerungsrecht** zu, seine Akten und anderen Dokumente unterliegen einem **Beschlagnahmeverbot** (§ 38 Abs. 2 iVm § 6 Abs. 6 BDSG, für Notare als öffentliche Stellen ist § 6 Abs. 6 BDSG direkt anwendbar). Im Falle einer Offenbarung von fremden Geheimnissen, die einem Berufsgeheimnisträger in beruflicher Eigenschaft bekannt geworden sind und die der Datenschutzbeauftragte bei der Erfüllung seiner Aufgaben erlangt hat, kann sich dieser zudem nach § 203 Abs. 4 StGB strafbar machen. Auch Hilfspersonen des internen Datenschutzbeauftragten können sich als an der Tätigkeit des Berufsgeheimnisträgers mitwirkende Personen strafbar machen.

Der Datenschutzbeauftragte ist aufgrund seiner beruflichen Qualifikation und seines Fachwissens auf dem Gebiet des Datenschutzrechts und der Datenschutzpraxis zu bestellen (Art. 37 Abs. 5 DS-GVO). Häufig lässt sich ein geeigneter interner Mitarbeiter wegen dieser Anforderungen und der begrenzten Mitarbeiterzahl nicht finden (Drewes RDV 2005, 14 (15) für Apotheken; Gola/ Klug NJW 2007, 118 (121); Rüpke RDV 2004, 252 (254) für Rechtsanwälte; Schneider AnwBl 2004, 618 (620) für Rechtsanwälte). Eine Lösung für dieses Problem kann nicht darin gefunden

Syst. F. Datenschutz bei den freien Berufen

werden, den Inhaber oder Sozius der Kanzlei, Praxis oder Apotheke selbst zum Datenschutzbeauftragten zu bestellen (so aber Schneider AnwBl 2004, 618 (620)). Dieser ist verantwortliche Stelle und schon aus diesem Grund für die Einhaltung des Datenschutzrechts verantwortlich. Der Datenschutzbeauftragte muss demgegenüber von der verantwortlichen Stelle verschieden sein (vgl. Art. 37 Abs. 6 DS-GVO: ihr Beschäftigter), weil er ansonsten seine interne Prüf-, Kontroll- und Beratungsfunktion nicht entsprechend dem Sinn und Zweck des Art. 38 DS-GVO wahrnehmen könnte. Steht ein interner Mitarbeiter also für diese Funktion nicht zur Verfügung, ist die Bestellung eines externen Datenschutzbeauftragten erforderlich.

5. Externer Datenschutzbeauftragter

84   Die Bestellung eines externen Datenschutzbeauftragten ist nach Art. 37 Abs. 6 DS-GVO möglich. Dies gilt anders als vor Inkrafttreten der DS-GVO auch für Notare (Wagner/Richter NotBZ 2017, 446 (449); Rundschreiben Nr. 5/2018 der Bundesnotarkammer, 29). Soweit die Zulässigkeit externer Datenschutzbeauftragter vor Inkrafttreten der DS-GVO vereinzelt in Zweifel gezogen wurde (Dahns NJW-Spezial 2006, 285), dürfte die Frage seitdem zugunsten der Zulässigkeit geklärt sein und wird soweit ersichtlich nicht mehr problematisiert. Insbesondere unterliegt ein externer Datenschutzbeauftragter genau wie ein interner Datenschutzbeauftragter umfassenden Verschwiegenheitspflichten. Zudem gelten auch für externe Datenschutzbeauftragten das vom Berufsgeheimnisträger abgeleitete **Zeugnisverweigerungsrecht** und das **Beschlagnahmeverbot** (§ 38 Abs. 2 iVm § 6 Abs. 6 BDSG, für Notare als öffentliche Stellen ist § 6 Abs. 6 BDSG direkt anwendbar) sowie die Strafbarkeit nach § 203 Abs. 4 StGB durch Offenbaren fremder Geheimnisse.

85   Der Geheimnisschutz war allerdings bislang lückenhaft, wenn der externe Datenschutzbeauftragte **Gehilfen** einsetzte. Nach § 4f Abs. 4a BDSG a. F. hatte das Hilfspersonal des Datenschutzbeauftragten zwar ein Zeugnisverweigerungsrecht. Die Gehilfen des Datenschutzbeauftragten waren aber bei Geheimnispflichtverletzungen nicht nach § 203 Abs. 2a StGB a. F. strafbar und auch nicht anderweitig in den Täterkreis mit einbezogen. Somit mussten externe Datenschutzbeauftragten zur effektiven Wahrung des Geheimnisschutzes auf den Einsatz von berufsmäßig tätigen Gehilfen verzichten (Gola/Klug NJW 2007, 118 (122); Wessels Kammer-Report 4/2011 der RAK Hamm).

86   Daran dürfte sich auch nach Inkrafttreten der DS-GVO und der Änderung von § 203 StGB im Ergebnis nichts geändert haben (so auch MüKoStGB/Cierniak/Niehaus, 4. Aufl. 2021, StGB § 203 Rn. 144). Das Hilfspersonal des erforderlichen Datenschutzbeauftragten hat nach wie vor ein Zeugnisverweigerungsrecht nach § 6 Abs. 6 BDSG (ggf. iVm § 38 Abs. 2 BDSG). Zudem wurde der Täterkreis des § 203 StGB auf an der Tätigkeit des Berufsgeheimnisträgers **mitwirkende Personen** erweitert (Abs. 4), welcher nach der Gesetzesbegründung auf Personen außerhalb der Sphäre des Berufsgeheimnisträgers abzielt (BT-Drs. 18/11936, 22). Der Datenschutzbeauftragte eines Berufsgeheimnisträgers wird ausdrücklich in der Regelung genannt und in den möglichen Täterkreis einbezogen. Wenn der Datenschutzbeauftragte aber schon nicht an der Tätigkeit des Berufsgeheimnisträgers „mitwirkt", dann tut dies auch dessen Gehilfe nicht. Daher dürften Hilfspersonen des Datenschutzbeauftragten keine tauglichen Täter des § 203 StGB sein, so dass insoweit nach wie vor eine Strafbarkeitslücke bestehen dürfte (so im Ergebnis MüKoStGB/Cierniak/Niehaus, 4. Aufl. 2021, StGB § 203 Rn. 144).

VII. Schutz vor unerwünschten Werbe-E-Mails

87   Das Datenschutzrecht legt den Trägern freier Berufe nicht nur Verpflichtungen auf, sondern schützt sie auch vor unzulässigen Eingriffen, zB durch unerwünschte Werbung per E-Mail. Die Direktwerbung wird in der DS-GVO allerdings grundsätzlich als ein berechtigtes Interesse anerkannt (Erwägungsgrund 47), sodass für die Versendung von Werbe-E-Mails nicht zwingend die Einwilligung des Empfängers erforderlich ist (siehe näher DSK, Orientierungshilfe der Aufsichtsbehörden zur Verarbeitung von personenbezogenen Daten für Zwecke der Direktwerbung unter Geltung der DS-GVO, Stand: November 2018, abrufbar unter: https://www.datenschutzkonferenz-online.de/media/oh/20181107_oh_werbung.pdf; Gola/Schulz Art. 6 Rn. 68 ff.; Kühling/Buchner/Petri Art. 6 Rn. 175 ff.).

88   Ergänzt wird das Datenschutzrecht diesbezüglich aber durch das UWG. Hiernach bedarf das Versenden von Werbe-E-Mails grundsätzlich einer vorherigen (ausdrücklichen) Einwilligung des Adressaten (§ 7 Abs. 2 Nr. 3 UWG), es sei denn, es handelt sich um Bestandskundenwerbung nach Maßgabe des § 7 Abs. 3 UWG. Das UWG gilt auch für Rechtsanwälte, Ärzte und weitere Träger freier Berufe. Selbst wenn es einer datenschutzrechtlichen Einwilligung nicht bedarf, kann es also erforderlich sein, die wettbewerbsrechtliche Einwilligung des Adressaten für Werbe-E-Mails einzuholen.

Syst. F. Datenschutz bei den freien Berufen

So entschied das AG Leipzig (AG Leipzig ZD 2014, 533), dass die Zusendung von Werbe-E-Mails an einen Rechtsanwalt, der aus berufsrechtlichen Gründen seine E-Mails sorgfältig lesen muss, beim Fehlen einer ausdrücklichen Einwilligung ein Eingriff in dessen eingerichteten und ausgeübten Gewerbebetrieb und daher unzulässig sei. Dies gelte auch dann, wenn die Werbe-E-Mail darauf abziele, den Anwalt für die Teilnahme an einer juristischen Fachtagung zu gewinnen. Das Gericht bejahte in dieser Entscheidung einen Unterlassungsanspruch des Rechtsanwalts aus §§ 1004 Abs. 1 S. 2, 823 Abs. 1 BGB. Eine mutmaßliche Einwilligung des Anwalts in den Empfang solcher Werbe-E-Mails ergebe sich nicht aus der anwaltlichen Fortbildungspflicht nach § 43a Abs. 6 BRAO, da jeder frei entscheide, wie und auf welche Weise er sich fortbilde. Zudem dürfte es auch an der erforderlichen Ausdrücklichkeit der Einwilligung fehlen. 89

C. Kanzlei- und Praxisverkauf

Auch die Veräußerung einer Kanzlei oder Praxis eines Freiberuflers wirft verschwiegenheits- und datenschutzrechtliche Fragen auf. Dabei wird die **Veräußerung** heute grundsätzlich für **zulässig** erachtet. Dies war noch bis in die 1960er Jahre anders, als die Veräußerung einer Anwaltskanzlei als standes- und somit sittenwidrig angesehen wurde. Nach der damaligen Auffassung war es mit der Aufgabe des Anwaltes nicht vereinbar, wenn dieser seine Praxis zum Gegenstand eines Handelsgeschäfts machte und diese als reine Gelderwerbsquelle betrachtete (BGH NJW 1965, 580; Hartung/Römermann/Römermann, Berufs- und Fachanwaltsordnung, 4. Aufl. 2008, BerufsO Anhang § 27 Rn. 1). 90

I. Berufsrechtliche Zulässigkeit – Verstoß gegen Verschwiegenheitspflicht?

Seit einer Grundsatzentscheidung des BGH im Jahr 1965 (BGH NJW 1965, 580) ist die Kanzleiveräußerung jedoch grundsätzlich zulässig. Der Anwalt übe seinen Beruf auch zur Schaffung und Erhaltung einer Existenzgrundlage aus, und das Vertrauen seiner Mandanten in ihn stelle einen **Vermögenswert** dar, der auch einem Nachfolger zugänglich gemacht werden könne (BGH NJW 1965, 580; Hartung/Römermann/Römermann, Berufs- und Fachanwaltsordnung, 4. Aufl. 2008, BerufsO Anhang § 27 Rn. 3). Die Problematik der Verschwiegenheitspflicht auch gegenüber dem Erwerber der Kanzlei löste der BGH mit der Annahme einer mutmaßlichen Einwilligung der Mandanten (BGH NJW 1974, 602). 91

1. Verkauf nur bei Zustimmung von Mandanten und Patienten

Diese für die Anwaltschaft günstige und pragmatische Rechtsprechung endete mit dem **Volkszählungsurteil** des BVerfG aus dem Jahr 1983 und der Konstituierung des Grundrechts auf informationelle Selbstbestimmung (BVerfG NJW 1984, 419). Im Jahre 1991 erklärte der BGH die Veräußerung einer Arztpraxis ohne vorherige Zustimmung der Patienten in die Übertragung ihrer Informationen an den Erwerber wegen des Verstoßes gegen ein **gesetzliches Verbot** (§ 134 BGB iVm § 203 Abs. 1 Nr. 1 StGB) für nichtig. Auf die mutmaßliche Einwilligung der Patienten griff er ausdrücklich nicht zurück (BGH NJW 1992, 737). Auch die Annahme eines stillschweigend oder schlüssig erklärten Einverständnisses scheide im Regelfall aus, es sei denn, der Patient nehme ärztliche Behandlung durch den Erwerber in Anspruch (BGH NJW 1992, 737; NJW 1996, 773). Deshalb wird die Einrichtung eines doppelten Karteischranksystems (sog. „Zwei-Schrank-Modell") empfohlen, welches die **sukzessive Übergabe** der Patientenakten der jeweiligen Patienten beim Inanspruchnahme einer Behandlung durch den Erwerber erlaubt (Specht/Mantz DatenschutzR-HdB/Paschke § 13 Rn. 94; Döhmann/Bretthauer/Kipker/gen. Spieker, Dokumentation zum Datenschutz, 75. EL 2019, E 2.0 Rn. 9; Kamp NJW 1992, 1545; Taeger/Gabel/Taeger, 2. Aufl. 2013, BDSG aF § 4a Rn. 79). Andernfalls ist die ausdrückliche Zustimmung des Patienten erforderlich, die mündlich oder schriftlich erklärt werden kann (BGH NJW 1992, 737). Diese Rechtsprechung wurde sodann auf den Verkauf von Rechtsanwaltskanzleien (BGH NJW 1995, 2026) und Steuerberaterpraxen (BGH NJW 1996, 2087) übertragen. 92

Datenschutzrechtliche Erwägungen spielten in diesen Urteilen – zu Recht – keine Rolle, da die Regelungen nach damaliger Rechtslage hinter dem BDSG aF zurücktraten, soweit die Verschwiegenheitspflicht des Arztes, Anwalts oder Steuerberaters berührt war und dem Praxis- oder Kanzleiverkauf entgegenstand (§ 1 Abs. 3 S. 2 BDSG aF; ähnlich Auernhammer AnwBl 1996, 517 (520)). 93

Mit der Einführung der DS-GVO werden die berufsrechtlichen Grundsätze durch das Datenschutzrecht flankiert, da die DS-GVO gegenüber dem nationalen Berufsrecht nicht per se subsidiär 94

Syst. F. Datenschutz bei den freien Berufen

ist, sondern der Anwendungsvorrang des Berufsrecht insbesondere durch das nationale Recht der Mitgliedstaaten sichergestellt wird (siehe hierzu noch → Rn. 107).

2. Prinzip des „sanften Übergangs"

95 Unter dem Stichwort des „**sanften Übergangs**" entwickelte der BGH Fallgruppen, in denen die Abtretung einer Honorarforderung oder eine Kanzlei- oder Praxisveräußerung trotz der Verschwiegenheitspflicht des Berufsträgers ohne Zustimmung der Mandanten oder Patienten zulässig sein soll. Tritt bspw. ein Rechtsanwalt bei Veräußerung seiner Kanzlei Honorarforderungen – unter Übergabe von Handakten – ohne Zustimmung des Auftraggebers an einen Rechtsanwalt ab, der zuvor als Mitarbeiter des Zedenten die Angelegenheiten des Mandanten umfassend kennengelernt hat, so ist diese Zession nach § 134 BGB iVm § 203 Abs. 1 Nr. 3 StGB unwirksam (BGH NJW 1995, 2915; Henssler/Prütting/Henssler, Bundesrechtsanwaltsordnung: BRAO, 5. Aufl. 2019, BRAO § 43a Rn. 108). Aus denselben Gründen ist die **Abtretung einer Honorarforderung** eines Rechtsanwalts auch ohne Zustimmung des Mandanten wirksam, wenn der Abtretungsempfänger bereits vor der Abtretung zum **Abwickler** der Kanzlei des Zedenten bestellt worden ist, der die Anwaltstätigkeit aufgibt (BGH NJW 1997, 188).

96 Auch einen Vertrag über den Verkauf einer Rechtsanwaltskanzlei, nach welchem der Erwerber in die bisher bestehende **(Außen-)Sozietät** eintritt, während der Veräußerer als freier Mitarbeiter für eine Übergangszeit weiterhin tätig sein soll, sah der BGH als wirksam an. Es handele sich um eine nicht ungewöhnliche Veränderung innerhalb der beauftragten Sozietät, mit der der Mandant, der im Regelfall keinen Einblick in die internen Verhältnisse der Kanzlei habe, rechnen müsse. Schutzwürdige Interessen des Mandanten würden ebenso wie im Falle einer **Sozietätserweiterung** oder **Kanzleifusion** durch die Veränderung der Eigentumsverhältnisse an der Kanzlei im Regelfall nicht berührt. Deshalb sei in einem solchen Fall grundsätzlich nicht nur von der **Erstreckung des Mandatsverhältnisses** auf den neuen Kanzleiinhaber, sondern auch von einer **Einwilligung** der Mandanten in die Aktenherausgabe an diesen auszugehen (BGH BB 2001, 1919 mAnm Hartung BB 2001, 1920; LG Baden-Baden NJW-RR 1998, 202; dies wird allgemein als „sanfter Übergang" bezeichnet; Hartung/Römermann/Römermann, Berufs- und Fachanwaltsordnung, 4. Aufl. 2008, BerufsO Anhang § 27 Rn. 18; Henssler/Prütting/Henssler, Bundesrechtsanwaltsordnung: BRAO, 5. Aufl. 2019, BRAO § 43a Rn. 108; Kleine-Cosack, Bundesrechtsanwaltsordnung: BRAO, 8. Aufl. 2020, BRAO § 43a Rn. 68 ff.; Taeger/Gabel/Taeger, 2. Aufl 2013, BDSG aF § 4a Rn. 79; v. Lewinski MedR 2004, 95 (99) für Arztpraxen und Apotheken; aA BeckOF Medizinrecht/Krafczyk, 28. Ed. 1.8.2021, 5.1.4.1 Rn. 11; Roßnagel DatenschutzR-HdB/Schirmer Kap. 7.12 Rn. 55 f.).

97 In diesen Situationen liegt kein Offenbaren von Geheimnissen an einen Dritten iSd § 203 StGB vor, da der Erwerber als Mitarbeiter, Abwickler oder Sozius bereits tatsächliche Kenntnis von den Mandanten und ihren Angelegenheiten erlangt hat (vgl. Henssler/Kilian MDR 2001, 1274 (1276); Michalski/Römermann NJW 1996, 1305 (1310); Huffer NJW 2002, 1382; Hartung/Römermann/Römermann, Berufs- und Fachanwaltsordnung, 4. Aufl. 2008, BerufsO Anhang § 27 Rn. 21). Die Verträge sind folglich nicht nach § 134 BGB nichtig.

3. Veräußerung an einen zur Verschwiegenheit Verpflichteten ohne „sanften Übergang"?

98 Darüber hinaus, also außerhalb von Fällen des „sanften Übergangs", wird die Zulässigkeit von Kanzleiverkäufen ohne Zustimmung der Mandanten diskutiert, wenn Erwerber ebenfalls ein zur Verschwiegenheit Verpflichteter ist. Auch bei Fortführung der Geschäfte des Amtsvorgängers durch einen Notar soll die Weitergabe von Informationen über die Amtsgeschäfte ohne Zustimmung der Beteiligten zulässig und auch vor dem Hintergrund der Verschwiegenheitspflicht nach § 18 BNotO rechtlich unbedenklich sein, da die entsprechenden Informationen dem Notariat als Institution anvertraut werden (Terner RNotZ 2014, 523 (525)).

4. Abtretung von Honorarforderungen

99 Der BGH entschied außerhalb eines Falles von „sanftem Übergang", dass die **Abtretung einer Anwaltsgebührenforderung** an einen **Rechtsanwalt** ohne Zustimmung des Mandanten wirksam ist (BGH NJW 2007, 1196; vgl. § 49b Abs. 4 BRAO). Dies gilt auch für die Aushändigung der hierfür erforderlichen Akten nach § 402 BGB (LG Baden-Baden NJW-RR 1998, 202). Maßgeblich für die Zulässigkeit spricht, dass der Zessionar nach § 49b Abs. 4 S. 4 BRAO ebenso wie der Zedent zur Verschwiegenheit verpflichtet ist. § 49b Abs. 4 BRAO statuiert demzufolge

Syst. F. Datenschutz bei den freien Berufen

eine gesetzliche Ausnahme von der Verschwiegenheitspflicht des Anwalts und ist ausdrückliche Befugnisnorm iSd § 203 Abs. 1 Nr. 3 StGB (Henssler/Prütting/Kilian, Bundesrechtsanwaltsordnung: BRAO, 5. Aufl. 2019, BRAO § 49b Rn. 203). Auch die Abtretung einer Honorarforderung einer zur Betreuerin bestellten Rechtsanwältin an eine anwaltliche Verrechnungsstelle ohne Einwilligung der betreuten Person hat der BGH als zulässig angesehen (BGH FGPrax 2013, 210). Eine dem § 49b Abs. 4 S. 4 BRAO entsprechende Vorschrift besteht auch für **Wirtschaftsprüfer** (§ 55 Abs. 3 WPO), **Steuerberater** (§ 64 Abs. 2 StBerG – hieraus folgt aber für die im Allgemeinen der Registrierungspflicht nach §§ 10 ff. iVm § 2 Abs. 2 S. 1 RDG unterfallende gewerbliche Inkassotätigkeit einer Steuerberatungsgesellschaft keine Genehmigungsfreiheit iSd § 57 Abs. 4 Nr. 1 StBerG, BVerwG DStR 2013, 893) und **Patentanwälte** (§ 43a Abs. 2 PAO). Zu demselben Ergebnis führt regelmäßig die datenschutzrechtliche Prüfung, wenn man die Wertung des § 49b Abs. 4 S. 4 BRAO (bzw. die entsprechenden Vorschriften im Recht der anderen freien Berufe) iVm § 402 BGB in die Interessenabwägung nach Art. 6 Abs. 1 lit. f DS-GVO einfließen lässt.

Auch wenn es für die Abtretung von Honorarforderungen der **Ärzte** keine dem § 49b Abs. 4 BRAO entsprechende Regelung gibt, liegt darin keine ungerechtfertigte Ungleichbehandlung der Mandanten eines Rechtsanwalts im Verhältnis zu ärztlichen Patienten. Durch die berufliche Verschwiegenheitspflicht des Zessionars sei deren Recht auf informationelle Selbstbestimmung sachgerecht und ausreichend geschützt. Bei typisierender Betrachtungsweise sei nicht zu verkennen, dass Fragen der Gesundheit in der Regel den Bereich der Intimsphäre betreffen, während die dem Anwalt offenbarten Tatsachen jedenfalls außerhalb des strafrechtlich bedeutsamen Bereichs meist lediglich wirtschaftliche Interessen zum Gegenstand haben. Daher sei der Gesetzgeber nicht von Verfassungs wegen gehalten, den Grundrechtsschutz beider Personengruppen einheitlich durch strafrechtliche Sanktionen zu sichern (BGH NJW 2007, 1196 (1198)). **100**

Im **medizinischen Bereich** wurde die Abtretung von Honorarforderungen gegen Entgelt iRd Forderungskaufs (beim sog. echten Factoring, vgl. BGH NJW 1987, 1878 (1879)) oder erfüllungshalber zur Sicherung eines Darlehens (beim sog. unechten Factoring, vgl. BGH NJW 1972, 1715) ohne Zustimmung der Patienten wegen § 134 BGB iVm § 203 Abs. 1 Nr. 1 StGB für nichtig gehalten (vgl. BGH NJW 1991, 2955 (2956) für Zahnärzte; OLG Düsseldorf BeckRS 2007, 19463, für Apotheker; s. dazu auch Engelmann GesR 2009, 449 (451 ff.)). Diese Auffassung dürfte mit Einführung von § 203 Abs. 3 S. 2 StGB nunmehr jedenfalls aus strafrechtlicher Sicht überholt sein (siehe hierzu → Rn. 144). Aber auch die damalige Auffassung, die sich darauf berufen hat, dass der Zessionar nach § 402 BGB einen Anspruch auf Auskunftserteilung hat, soweit dies zur Geltendmachung der Forderung nötig ist, und dies im Widerspruch zum Berufsgeheimnis des Zedenten stehe, überzeugte nicht. Zum einen ist § 402 BGB abdingbar (Palandt/Grüneberg, BGB, 80. Aufl. 2021, BGB § 402 Rn. 1), zum anderen kann die Pflicht zur Offenlegung von Patientendaten in der Abtretungsvereinbarung beschränkt werden. **101**

Doch selbst wenn es berufsrechtlich keiner Einwilligung des Patienten bedarf, ist aus **datenschutzrechtlichen Gründen** die Einwilligung für die Weitergabe der Daten regelmäßig erforderlich (MAH MedR/Wollersheim, 3. Aufl. 2020, § 6 Rn. 158; BeckOF IT- und Datenrecht/Glaser, 8. Ed. 1.5.2021, 2.23 Rn. 3; Hölters/Lensdorf/Bloß, Handbuch Unternehmenskauf, 9. Aufl. 2019, Rn. 8.87; Härting CR 2017, 724 (727)), da die anderen Ausnahmen nach Art. 9 Abs. 2 eng auszulegen sind (→ Rn. 32; Kühling/Buchner/Weichert Art. 9 Rn. 46) und für die Abtretung von Honorarforderungen nicht herangezogen werden können. § 22 BDSG enthält weitere Ermächtigungsgrundlagen für die Verarbeitung besonderer Kategorien personenbezogener Daten (einschließlich Gesundheitsdaten), die in dieser Konstellation aber typischerweise ebenfalls nicht einschlägig sind. **102**

5. Übertragbarkeit auf die Veräußerung der Anwaltskanzlei?

In einem obiter dictum äußerte der BGH, dass die Berücksichtigung der Belange der Mandanten durch die Verschwiegenheitspflicht des Zessionars im gleichen Umfange wie die des Zedenten zugleich den Verkauf von Anwaltskanzleien erleichtere, was einem anzuerkennenden Bedürfnis des Berufsstandes entspreche (BGH NJW 2007, 1196 (1197)). Nicht ganz eindeutig ist, ob der BGH damit zum Ausdruck bringen wollte, dass auch **außerhalb von Fällen des „sanften Übergangs"** der Verkauf einer Anwaltskanzlei einschließlich der Übergabe aller Akten ohne Zustimmung der Mandanten zulässig sein soll, solange nur der Erwerber in gleichem Maße zur Verschwiegenheit verpflichtet ist wie der Veräußerer. Das Landgericht Baden-Baden hatte dies 1996 so gesehen, allerdings in einem Fall des „sanften Übergangs" aufgrund einer zeitweiligen Außensozietät von Verkäufer und Erwerber, sodass schon aus diesem Grund kein Verstoß gegen **103**

Syst. F. Datenschutz bei den freien Berufen

die Verschwiegenheitspflicht vorlag (LG Baden-Baden NJW-RR 1998, 202 (203); ausdrücklich offen gelassen von BGH NJW 2001, 2462 (2464)).

6. Überdehnung des Wortlauts

104 Der Wortlaut des § 49b Abs. 4 BRAO iVm § 402 BGB umfasst jedenfalls nur die **Abtretung von Vergütungsforderungen** einschließlich der zu deren Geltendmachung nötigen Auskünfte und zu ihrem Beweis dienenden Urkunden. Dies ist wesentlich weniger als die Veräußerung einer ganzen Kanzlei und Übergabe aller Handakten, die auch bereits beglichene Vergütungsforderungen oder für die Geltendmachung von Vergütungsforderungen nicht erforderliche Informationen enthalten. Dennoch leitet ein Teil der Literatur die Zulässigkeit der Übertragung von Rechtsanwaltskanzleien ohne Zustimmung des Mandanten aus dem Rechtsgedanken des § 49b Abs. 4 BRAO her (Henssler/Kilian MDR 2001, 1275 (1276); Henssler/Prütting/Henssler, Bundesrechtsanwaltsordnung: BRAO, 5. Aufl. 2019, BRAO § 43a Rn. 107; Messer FS Brandner, 1996, 715 (723); Kleine-Cosack, Bundesrechtsanwaltsordnung: BRAO, 8. Aufl. 2020, BRAO § 43a Rn. 75; in diese Richtung auch Kilian WuB IV A. § 134 BGB 4.01; aA Weyland/Träger, Bundesrechtsanwaltsordnung: BRAO, 10. Aufl. 2020, BRAO § 43a Rn. 20). Für die Übertragung von Kanzleien und Praxen anderer freier Berufe wird dies, soweit ersichtlich, nicht vertreten. In § 28 Abs. 2 BOStB heißt es dazu ausdrücklich, dass die Pflicht zur Verschwiegenheit bei der Übertragung der Praxis in besonderer Weise zu beachten ist und den Auftraggeber betreffende Akten und Unterlagen nur nach seiner Einwilligung übergeben werden dürfen (Platz DStR 1997, 1465 (1467)).

7. Dogmatische Bedenken

105 Gegen die Ausweitung des Rechtsgedankens des § 49b Abs. 4 BRAO spricht aus **dogmatischer Sicht,** dass die Verschwiegenheitspflicht auch die Weitergabe von Berufsgeheimnissen an andere zur Verschwiegenheit Verpflichtete verbietet, solange diese eben nicht Sozien oder Angestellte des Berufsträgers sind (BGH NJW 1992, 737 (739); Gaier/Wolf/Göcken/Zuck, Anwaltliches Berufsrecht, 2. Aufl. 2014, BRAO § 43a /BORA § 2 Rn. 20 f.; Henssler/Prütting/Henssler BRAO, Bundesrechtsanwaltsordnung: BRAO, 5. Aufl. 2019, § 43a Rn. 58; Kleine-Cosack, Bundesrechtsanwaltsordnung: BRAO, 8. Aufl. 2020, § 43a Rn. 35; Weyland/Träger, Bundesrechtsanwaltsordnung: BRAO, 10. Aufl. 2020, BRAO § 43a Rn. 19; Michalski/Römermann NJW 1996, 1305 (1310)).

106 Für den Ausschluss der Strafbarkeit nach § 203 Abs. 1 Nr. 3 StGB bedarf es daher einer **ausdrücklichen gesetzlichen Offenbarungsbefugnis,** die § 49b Abs. 4 BRAO in der jetzigen Fassung nicht hergibt. Zuzugeben ist allerdings, dass der Umweg über die zeitweilige Sozius- oder Mitarbeiterstellung des Erwerbers dem Mandanten im Ergebnis nicht mehr Geheimnisschutz vermittelt, da der Erwerber dem Mandanten im Falle eines „sanften Übergangs" nicht in größerem Maße zur Verschwiegenheit verpflichtet ist, als wenn es die Übergangsphase nicht gäbe. Andere außerhalb der Verschwiegenheitsproblematik begründete Vorteile einer solchen Übergangsphase wie die Einarbeitung des Erwerbers in die Mandate, seine Einführung bei den Mandanten durch den Veräußerer und die Vermittlung von Kontinuität nach außen mögen Veräußerer und Erwerber überzeugen, die Variante des „sanften Übergangs" zu wählen.

II. Datenschutzrechtliche Zulässigkeit – Übernahme der Wertungen der Verschwiegenheitspflicht

107 Ist der Kanzlei- oder Praxisverkauf aus berufsrechtlichen Gründen zulässig, steht ihm also insbesondere die berufsrechtliche Verschwiegenheitspflicht nicht entgegen, ist der Verkauf außerdem am **Datenschutz** und insbesondere den Regelungen der DS-GVO und des BDSG zu messen. Der Verkauf ist datenschutzrechtlich relevant, soweit damit eine Übermittlung personenbezogener Daten an den Erwerber als Dritten iSd Art. 4 Nr. 10 DS-GVO verbunden ist.

1. Keine Übermittlung beim „sanften Übergang"

108 Fragen der datenschutzrechtlichen Zulässigkeit stellen sich daher nicht in den Fällen des „sanften Übergangs" (→ Rn. 95 ff.). Tritt der Erwerber zunächst als Sozius oder Mitarbeiter in eine Kanzlei oder Praxis ein, wird er selbst Teil des Verantwortlichen iSd Art. 4 Nr. 7 DS-GVO und somit gerade **kein Dritter** (→ Art. 4 Rn. 49; zur alten Rechtslage nach § 3 Abs. 7 BDSG vgl. Michalski/Römermann NJW 1996, 1305 (1310)). Insofern hat die Variante des „sanften Übergangs" auch datenschutzrechtlich erhebliche Vorteile.

Syst. F. Datenschutz bei den freien Berufen

In allen anderen Fällen ist die mit dem Verkauf einer Kanzlei oder Praxis verbundene Übertragung von Mandanten- und Patientendaten eine Übermittlung und damit **Verarbeitung** iSd Art. 4 Nr. 2 (vgl. hierzu FHS Betr. Datenschutz-HdB/Bieresborn Kap. 1 Rn. 62 ff.; zur alten Rechtslage nach § 3 Abs. 4 Nr. 3, Abs. 8 S. 2 BDSG vgl. Körner-Damman NJW 1992, 1543 (1544); Gola/Schomerus, 12. Aufl. 2015, BDSG § 3 Rn. 35). Diese ist nur zulässig, soweit die DS-GVO oder eine andere Rechtsvorschrift dies erlaubt oder die betroffenen Mandanten oder Patienten (ausdrücklich) eingewilligt haben. **108a**

2. Einwilligung

Die **Einwilligung** zur datenschutzrechtlichen Rechtfertigung der Datenübermittlung kommt aus praktischen Gründen nur dort in Betracht, wo auch aus berufsrechtlichen Gründen die Kanzlei- oder Praxisveräußerung auf die Zustimmung der Mandanten oder Patienten gestützt werden soll. Da das Einholen der Einwilligung mit einem hohen administrativen Aufwand verbunden ist und sie (unter anderem aufgrund des möglichen Widerrufs, geringer Rücklaufquote etc) eine vergleichsweise unsichere Rechtsgrundlage darstellt, sollte die Einwilligung nur herangezogen werden, wo kein anderer datenschutzrechtlicher Erlaubnistatbestand herangezogen werden kann. Bei einer Übertragung von Mandanten- oder Patientendaten gibt es außer der Einwilligung aber typischerweise keine andere Rechtfertigungsgrundlage (→ Rn. 110). **109**

Soweit die Datenübermittlung auch Gesundheitsdaten von Patienten betrifft, dh besondere Kategorien personenbezogener Daten iSv Art. 9 Abs. 1 DS-GVO, ist die Einwilligung sogar die einzige datenschutzrechtliche Rechtfertigungsmöglichkeit, da die anderen Ausnahmetatbestände des Art. 9 Abs. 2 DS-GVO (ggf. iVm § 22 BDSG) bei einem Praxisverkauf in der Regel nicht einschlägig sind (MAH MedR/Wollersheim, 3. Aufl. 2020, § 6 Rn. 158; BeckOF IT- und Datenrecht/Glaser, 8. Ed. 1.5.2021, 2.23 Rn. 3; Hölters/Lensdorf/Bloß, Handbuch Unternehmenskauf, 9. Aufl. 2019, Rn. 8.87; Härting CR 2017, 724 (727)) und ein Rückgriff auf die berechtigten Interessen des Verantwortlichen nach Art. 6 Abs. 1 lit. f DS-GVO für die Verarbeitung von Gesundheitsdaten nicht zulässig ist, da Gesundheitsdaten nur unter den strengeren Regelungen des Art. 9 DS-GVO verarbeitet werden dürfen (Gola/Schulz Art. 9 Rn. 5). **110**

3. Datenschutzrechtliche Anforderungen an die Einwilligung

Nach Art. 4 Nr. 11 DS-GVO muss die datenschutzrechtliche Einwilligung freiwillig, bestimmt, informiert und unmissverständlich sein. Anders als § 4a Abs. 1 S. 3 BDSG aF sieht die DS-GVO kein Schriftformerfordernis für die Einwilligung vor. Dennoch bietet sich die Schriftform an, da der Verantwortliche im Zweifel nachweisen muss, dass der Betroffene die Einwilligung tatsächlich erteilt hat (vgl. Art. 7 Abs. 1 DS-GVO). Zudem treffen den Verantwortlichen im Rahmen seiner Rechenschaftspflicht nach Art. 5 Abs. 2 DS-GVO bestimmte Dokumentationspflichten, so dass sich auch deshalb eine schriftliche Dokumentation des Mandanten- bzw. Patientenwillens zu **Beweiszwecken** anbietet (NK-DatenschutzR/Petri Art. 9 Rn. 33). **111**

Während die Zustimmung zur Befreiung von den **Verschwiegenheitspflichten** nach der Rechtsprechung des BGH in bestimmten Fällen auch durch schlüssiges Verhalten erteilt werden kann (insbesondere die Inanspruchnahme der ärztlichen Behandlung durch den Praxisnachfolger, vgl. BGH NJW 1992, 737 (739)), ist im Rahmen der datenschutzrechtlichen Einwilligung nach den jeweiligen Datenkategorien zu differenzieren. **112**

Grundsätzlich kann die Einwilligung auch **konkludent** durch schlüssiges Verhalten erklärt werden. Nach der Legaldefinition iSd Art. 4 Nr. 11 DS-GVO genügt insoweit eine „eindeutige bestätigende Handlung" zur Rechtfertigung der Datenverarbeitung. **113**

Für die Verarbeitung besonderer Kategorien personenbezogener Daten einschl. von **Gesundheitsdaten** ist hingegen eine „ausdrückliche" Einwilligung erforderlich (Art. 9 Abs. 2 lit. a DS-GVO). Ob und inwieweit zusätzliche Anforderungen durch das Tatbestandsmerkmal „ausdrücklich" begründet werden, ist nicht ganz eindeutig (vgl. Gola/Schulz Art. 9 Rn. 16; Plath/Plath Art. 9 Rn. 13, der lediglich „marginale" Unterschiede zwischen den verschiedenen Einwilligungsanforderungen sieht). Ziel des EU-Ministerrates war es, die Schwelle der Einwilligung für die Verarbeitung sensibler Daten höher zu legen („**higher treshold**", Begründung des Rates v. 17.3.2016, 5419/16, 9). Insofern liegt es nahe, dass eine Einwilligung dann ausdrücklich erklärt wurde, wenn sie explizit und unzweideutig auf die Verarbeitung sensibler Daten bezieht (Kühling/Buchner/Weichert Art. 9 Rn. 47; Gola/Schulz Art. 9 Rn. 16). Somit sprechen gute Gründe dafür, dass eine konkludente oder gar stillschweigende Erklärung den Anforderungen an eine „ausdrückliche" Einwilligung iSv Art. 9 Abs. 1 DS-GVO nicht genügt. Vertraut sich der **114**

Syst. F. Datenschutz bei den freien Berufen

Patient aktiv dem Praxisnachfolger an, dürfte dies über eine bloß konkludente Einwilligung hinausgehen und den Anforderungen an eine ausdrückliche Einwilligung genugen (→ Rn. 116).

4. Weitgehende Identität der berufsrechtlichen Anforderungen an eine Einwilligung

115   Die Anforderungen an eine wirksame berufsrechtliche Einwilligung sind im Ergebnis identisch. Auch aus berufsrechtlicher Sicht genügt für die Zustimmung zum Ausschluss einer Verschwiegenheitsverletzung nicht jedes schlüssige Verhalten, sondern nach der Rechtsprechung des BGH insbesondere die Inanspruchnahme der ärztlichen Behandlung durch den Praxisnachfolger. Die Rechtsprechung stellt also auf ein **aktives Verhalten** des Patienten ab, das gar nicht anders verstanden werden kann, als dass der Praxisnachfolger nicht nur die Patientenakte einsehen dürfen soll, sondern der Patient dies sogar erwartet. Die Einholung einer (zusätzlichen) ausdrücklichen Zustimmung des Patienten, dass dies tatsächlich geschehen soll, würde beim Patienten auf Unverständnis stoßen (aA Körner-Damman NJW 1992, 1543 (1544)).

116   Nichts anderes gilt aus datenschutzrechtlicher Sicht: Die besonderen Umstände sind hier, dass der Patient aktiv eine medizinische Leistung des Praxisnachfolgers in Anspruch nimmt und daher nicht vor einer unbedachten und vorschnellen Äußerung oder einem solchen Verhalten geschützt werden muss. Dagegen spricht auch nicht, dass die Einwilligung bei der Übermittlung sensibler personenbezogener Daten wie Gesundheitsdaten (Art. 4 Nr. 15 DS-GVO) nach Art. 9 Abs. 2 lit. a DS-GVO ausdrücklich erklärt werden muss. Bei der Inanspruchnahme einer ärztlichen Behandlung setzt der Patient in seinem eigenen vitalen Interesse die Kenntnisnahme und Weiterverwendung der vom Praxisvorgänger bereits erhobenen Gesundheitsdaten gerade voraus, während seine Adress- und sonstigen in der Arztpraxis gespeicherten personenbezogenen Daten eine untergeordnete Rolle spielen. Im Vordergrund steht hier das **aktive Sich-Anvertrauen** gegenüber dem behandelnden Arzt in Abgrenzung zu einem – nicht ausreichenden – passiv stillschweigenden (konkludenten) Dulden medizinischer Leistungen. Auch diesbezüglich ist sein Verhalten daher unmissverständlich und als „ausdrücklich" im Sinne der Vorschrift anzusehen.

117   Soweit aus berufsrechtlichen Gründen die Kanzlei- oder Praxisveräußerung auf die Zustimmung der Mandanten oder Patienten gestützt wird, sind mit der Erfüllung der hohen Anforderungen (vgl. beispielhaft die Ausführungen bei Laufs/Kern/Rehborn/Ulsenheimer, Handbuch des Arztrechts, 5. Auflage 2019, § 146 Rn. 52 sub. 2.4.1.) an die Entbindung von der Schweigepflicht regelmäßig auch die der datenschutzrechtlichen Einwilligungserklärung erfüllt, und die Datenübermittlung ist ebenfalls aus datenschutzrechtlicher Sicht zulässig. Bei der Erstellung der Einwilligungserklärung sollte aber darauf geachtet werden, dass die Formulierung auch die Einwilligung in die Verarbeitung der personenbezogenen Daten mitumfasst. Auf sonstige Rechtfertigungstatbestände für die Übermittlung der Mandanten- oder Patientendaten nach der DS-GVO oder einer anderen Rechtsvorschrift kommt es damit nicht mehr an. In all diesen Fällen wäre die Bitte des Berufsträgers um eine nochmalige schriftliche Willensäußerung **unnötiger Formalismus**.

5. Sonstige datenschutzrechtliche Rechtfertigungstatbestände

118   Soweit kein Fall des „sanften Übergangs" vorliegt und es auch an der Zustimmung von Mandanten oder Patienten fehlt, scheitert die Übertragung von Mandanten- und Patientendaten an der freiberuflichen Verschwiegenheitspflicht. Die Prüfung der daneben bestehenden datenschutzrechtlichen Zulässigkeitstatbestände jenseits der Einwilligung ist daher entbehrlich; ihre **Voraussetzungen** wären aber in der Regel ohnehin **nicht erfüllt**:

6. Erfüllung eines Vertrags (Art 6 Abs. 1 lit. b DS-GVO)

119   Nach Art. 6 Abs. 1 S. 1 lit. b DS-GVO ist die Datenübermittlung an den Erwerber der Kanzlei zulässig, wenn dies für die Erfüllung eines Vertrages, dessen Vertragspartei die betroffene Person ist, oder zur Durchführung vorvertraglicher Maßnahmen oder zur Erfüllung einer (sonstigen) rechtlichen Verpflichtung, der der Verantwortliche unterliegt, erforderlich ist. Die Voraussetzungen liegen in der Regel nicht vor, da der Mandant den Vertrag ja gerade mit einem bestimmten Vertragspartner geschlossen hat und die Durchführung dieses Vertrages eine Übermittlung von Daten an einen Erwerber der Kanzlei nicht erfordert (Körner-Damman NJW 1992, 1544 (1544) zur vergleichbaren alten Rechtslage unter § 28 Abs. 1 S. 1 Nr. 1 BDSG aF; zur hier wohl fehlenden Erforderlichkeit der Verarbeitung vgl. → Art. 6 Rn. 32; HK-DS-GVO/Reimer Art. 6 Rn. 18 ff.; Paal/Pauly/Frenzel Art. 6 Rn. 14; von dem Bussche/Voigt/Plath, Konzerndatenschutz, 2. Aufl. 2019, Teil 6. Kap. IV Rn. 73).

Syst. F. Datenschutz bei den freien Berufen

7. Überwiegendes berechtigtes Interesse (Art. 6 Abs. 1 lit. f DS-GVO)

Eine Rechtfertigung der Datenübermittlung kommt nach Art. 6 Abs. 1 lit. f DS-GVO in Betracht, wenn die berechtigten Interessen des Freiberuflers (als Veräußerer) oder eines Dritten den Interessen des Mandanten überwiegen. Die zumeist rein wirtschaftlichen Interessen des Freiberuflers an der Übertragung seines Kundenstamms dürften in der Regel aber nicht den schutzwürdigen Interessen der Mandanten an der Vertraulichkeit ihrer Daten überwiegen. **120**

Für den Erwerb einer Arztpraxis kommt das berechtigte Interesse nach Art. 6 Abs. 1 lit. f DS-GVO von vornherein nicht in Betracht, da für eine Übermittlung von Gesundheitsdaten die ausdrückliche Einwilligung der Patienten unerlässlich ist (siehe hierzu bereits → Rn. 110). Die Wertungen, die der anwaltlichen (§ 43a Abs. 2 BRAO) und sonstigen freiberuflichen Verschwiegenheitspflicht zugrunde liegen, können auch für die datenschutzrechtliche Bewertung herangezogen werden. Die dem Anwalt offenbarten Daten haben für den Mandanten besondere Relevanz. Der Mandant vertraut sie dem Anwalt nur an, weil die Vertraulichkeit der Daten durch die Schweigepflicht des Anwalts geschützt wird. Seinem Anspruch auf Verschwiegenheit und seinem besonderen Interesse an der Vertraulichkeit der Daten würde es widersprechen, wenn der Anwalt diese Daten Dritten allein aufgrund einer Interessenabwägung übermitteln könnte (NK-DatenschutzR Art. 6 Rn. 109). **121**

Die Wertung des § 49b Abs. 4 BRAO iVm § 402 BGB führt beim Verkauf einer Anwaltskanzlei zu keinem anderen Ergebnis der Interessenabwägung. Dasselbe gilt für die entsprechenden Vorschriften der anderen freien rechts- und wirtschaftsberatenden Berufe. Nach der hier vertretenen Ansicht stützen diese Vorschriften lediglich die Abtretung von Vergütungsforderungen einschließlich der zu deren Geltendmachung nötigen Auskünfte und zu ihrem Beweis dienenden Urkunden an einen anderen Rechtsanwalt ohne Zustimmung des Mandanten, nicht aber die Übergabe aller Mandantenakten beim Verkauf einer Kanzlei (s. bereits → Rn. 104 ff.). **122**

D. Auftragsverarbeitung

Verschwiegenheits- und datenschutzrechtliche Fragen stellen sich auch, wenn die freien Berufe **externe Dienstleister** beauftragen, die im Rahmen ihrer Aufgabenerfüllung Kenntnis von Informationen erlangen, die der Verschwiegenheitspflicht unterliegen. **123**

I. Gefahr des Verstoßes gegen die Verschwiegenheitspflicht

Moderne arbeitsteilige Strukturen und die zunehmende Digitalisierung wirken sich auch auf die freien Berufe aus. Freiberufler sind dabei nicht nur auf die Unterstützung durch eigene Angestellte (zB Sekretariat, Buchhaltung) angewiesen, sondern unter Umständen auch auf die Expertise **externer Dienstleister** (zB IT, Daten-Managementsysteme, Einrichtung und Betrieb informationstechnischer Anlagen). Eine sinnvolle Zusammenarbeit mit solchen externen Hilfspersonen setzt regelmäßig voraus, dass auch diese von Informationen Kenntnis erlangen, die dem Freiberufler im Rahmen seiner Verschwiegenheitspflicht anvertraut wurden. **124**

Die Einholung einer ausdrücklichen Einwilligung in die Auftragsverarbeitung bzw. Entbindung von der Schweigepflicht durch alle Betroffene wäre dabei wenig praktikabel, da sich die Identität des Dienstleisters ändern kann und es bedenklich wäre, dem Mandanten bei der internen Organisation der eigenen Arbeitsabläufe ein mittelbares Mitbestimmungsrecht einzuräumen, sollte er seine Einwilligung dazu nicht geben. Lange Zeit bestand für diese Konstellation eine Gesetzeslücke. Diese hat man nach **alter Rechtslage** versucht zu schließen, indem man unterstellt hat, dass der Mandant bzw. Patient stillschweigend in die Offenlegung der Daten durch den Berufsgeheimnisträger eingewilligt hat (vgl. Rn. 109 der Vorauflage). **125**

Der Gesetzgeber hat mittlerweile mit dem „Gesetz zur Neuregelung des Schutzes von Geheimnissen bei der Mitwirkung Dritter an der Berufsausübung schweigepflichtiger Personen" v. 30.10.2017 (BGBl. I 2017, 3618) für Klarheit gesorgt. Es gilt für Berufsgeheimnisträger wie Rechtsanwälte, Notare, Patentanwälte, Steuerberater und Wirtschaftsprüfer und hat für diese große praktische Bedeutung. Auch das bereichsspezifische Berufsrecht wurde entsprechend angepasst. Die neu eingefügten § 43e BRAO (iVm § 2 BORA), § 26a BNotO, § 39c PAO, § 62a StBerG und § 50a WPO sehen nun weitgehend gleichlautende **Erlaubnistatbestände** für die Offenlegung vertraulicher Informationen gegenüber externen Dienstleistern vor und bestimmen Voraussetzungen und Grenzen der Offenlegung durch den Berufsgeheimnisträger. Soweit die berufsrechtlichen Erlaubnisnormen reichen, ist der Berufsgeheimnisträger für die Tatsachenweitergabe nicht auf die Einwilligung seines Vertragspartners angewiesen. Nach § 43e Abs. 5 BRAO, § 26a Abs. 4 BNotO, § 39c Abs. 5 PAO, § 62a Abs. 5 StBerG und § 50a Abs. 5 WPO bedarf es gleichwohl der **126**

Syst. F. Datenschutz bei den freien Berufen

Einwilligung des Mandanten bzw. Betroffenen, wenn die Inanspruchnahme der Dienstleistung unmittelbar dem einzelnen Mandat bzw. dem einzelnen Amtsgeschäft dient.

1. Externe Dienstleister dürfen eingeschaltet werden

127 Der Berufsgeheimnisträger darf Dienstleistern den Zugang zu Tatsachen eröffnen, bezüglich derer ihn eine Schweigepflicht trifft, soweit dies für die Inanspruchnahme der Dienstleistung erforderlich ist (vgl. Abs. 1 S. 1 von § 43e Abs. 5 BRAO, § 26a Abs. 4 BNotO, § 39c Abs. 5 PAO, § 62a Abs. 5 StBerG und § 50a Abs. 5 WPO). **Dienstleister** sind in Abs. 1 S. 2 legaldefiniert als Personen oder Stellen, die vom Berufsgeheimnisträger im Rahmen seiner Berufsausübung mit Dienstleistungen beauftragt werden. Der Gesetzgeber nennt ausdrücklich IT-Dienstleistungen, Bürodienstleistungen (Schreib-, Telefon-, Post- oder Druckservice oder Buchführung), die Zertifizierung der Kanzlei durch eine externen Dienstleister sowie Steuerberatungsdienstleistungen (BT-Drs. 18/11936, 34). Die Aufzählung ist **nicht abschließend,** sodass insbesondere die oft genutzten Cloud-Dienstleistungen von der Definition erfasst sind (vgl. Henssler/Prütting/Henssler, Bundesrechtsanwaltsordnung: BRAO, 5. Aufl. 2019, BRAO § 43e Rn. 8). Da der Dienstleister „beauftragt" werden muss, fallen Dienstleistungen, die auf gesetzlicher Grundlage vom Freiberufler bezogen werden, nicht in den sachlichen Anwendungsbereich der Norm, wie zB die Leistungen der Berufskammern (BeckOK BNotO/Hushahn, 5. Ed. 31.7.2021, BNotO § 26a Rn. 5).

2. Voraussetzungen und Grenzen der Zugangseröffnung

128 Die grundsätzliche Erlaubnis der Tatsachenoffenbarung und ihr zulässiger Umfang („soweit") hängen maßgeblich davon ab, ob die Preisgabe der Information für die Inanspruchnahme der Dienstleistung **erforderlich** ist (vgl. Abs. 1 S. 1 BRAO, § 26a Abs. 4 BNotO, § 39c Abs. 5 PAO, § 62a Abs. 5 StBerG und § 50a Abs. 5 WPO). Der Gesetzgeber sieht eine enge Auslegung der Erforderlichkeit als geboten an, die insbesondere technische Zugangsbeschränkungen zu berücksichtigen habe. Grundlage dieser Auslegung ist die fundamentale Bedeutung des verfassungsrechtlich geschützten Vertrauensverhältnisses zwischen dem Berufsgeheimnisträger und seinem Mandanten bzw. Patienten (BT-Drs. 18/11936, 34 zu § 43e BRAO mit Verweisen auf BVerfG BeckRS 2007, 23739 Rn. 42; NJW 2010, 1740 Rn. 15; NJW 2010, 2937 Rn. 6). Um eine unverhältnismäßige Einschränkung der unternehmerischen Freiheit zu verhindern, ist die Prüfung der Erforderlichkeit jedoch teilweise zurückzunehmen. Dem Berufsgeheimnisträger muss im Ergebnis ein unternehmerischer Entscheidungsspielraum bleiben, der nicht über datenschutzrechtliche Regeln ausgehöhlt werden darf. Daher kann einem Berufsgeheimnisträger im Rahmen der Erforderlichkeit bspw. nicht entgegengehalten werden, dass er anstelle von externen Dienstleistern auch eigenes Personal mit einer Aufgabe hätte betreuen können (BT-Drs. 18/11936, 34 zu § 43e BRAO).

129 § 43e Abs. 5 BRAO, § 26a Abs. 4 BNotO, § 39c Abs. 5 PAO, § 62a Abs. 5 StBerG und § 50a Abs. 5 WPO binden den Berufsgeheimnisträger an bestimmte Pflichten im Zusammenhang mit der Auswahl seines Dienstleisters, dem Vertragsschluss und der Beendigung der Zusammenarbeit wegen der Gefährdung berufsrechtlicher Standards in Zusammenhang mit der Schweigepflicht. Der jeweilige Abs. 2 S. 1 der genannten Erlaubnisnormen verpflichtet den Berufsgeheimnisträger, seinen Dienstleister sorgfältig auszuwählen, und verbietet es ihm, einen Dienstleister, dessen Eignung aufgrund bekannter oder erkennbarer Tatsachen zweifelhaft ist, zu beauftragen (BT-Drs. 18/11936, 34). Nach der Vorstellung des Gesetzgebers soll der für § 11 Abs. 2 S. 4 BDSG aF entwickelte Sorgfaltsmaßstab als Orientierung dienen. Das heißt, dass vor allem die technischen und organisatorischen Maßnahmen zum Schutz der persönlichen Daten zu berücksichtigen sind. Zertifizierungen und sonstige Qualifikationsnachweise „können hierbei eine Hilfe sein" (BT-Drs. 18/11936, 34), fingieren jedoch nicht die Sorgfältigkeit der Auswahl und machen für sich eine Prüfung der Geeignetheit des Dienstleisters darum nicht obsolet. Nach Abs. 3 S. 1 der jeweiligen Erlaubnisnorm muss der Vertrag zwischen dem Berufsgeheimnisträger und dem Dienstleister mindestens in Textform (§ 126b BGB) geschlossen werden. Das bislang für Verträge zwischen Notaren und ihren Dienstleistern bestehende Schriftformerfordernis wurde durch das „Gesetz zur Modernisierung des notariellen Berufsrechts und zur Änderung weiterer Vorschriften" v. 25.6.2021 (BGBl. I 2154) aufgehoben und durch die Textform ersetzt. Inhaltlich muss der Vertrag Bestimmungen enthalten, die dem Schutz des Mandanten vor Datenschutzverletzungen durch den Dienstleister dienen. Der Dienstleister muss zur Verschwiegenheit verpflichtet werden, darf sich nur im erforderlichen Umfang Kenntnis von fremden Geheimnissen verschaffen und eine etwaige Befugnis zur Unterbeauftragung muss in Textform erfolgen, die ihrerseits zur Verschwiegenheit zu verpflichten sind. Schließlich ist zu beachten, dass der Berufsgeheimnisträger durch die Inanspruchnahme einer Dienstleistung nicht von seiner berufsrechtlichen Verantwortung

Syst. F. Datenschutz bei den freien Berufen

entbunden wird. In Abs. 2 S. 2 der jeweiligen Erlaubnisnorm wird der Berufsgeheimnisträger darum zur unverzüglichen Beendigung der Zusammenarbeit mit dem Dienstleister verpflichtet, wenn die Einhaltung der vereinbarten Vertragsbestimmungen durch den Dienstleister nicht gewährleistet ist.

Teile der freiberuflichen Leistung dürfen grundsätzlich auch an einen **ausländischen Dienstleister** ausgelagert werden. Neben der Erforderlichkeit der Tatsachenoffenbarung für die Inanspruchnahme des Dienstleisters muss der Berufsgeheimnisträger auch sicherstellen, dass das Geheimnisschutz in dem Land der Erbringung der Dienstleistung mit dem Schutzniveau in Deutschland vergleichbar ist. Das ist nicht erforderlich, wenn der Schutz der Geheimnisse dies nicht gebietet. Diese Voraussetzung findet sich in § 43e Abs. 4 BRAO, § 39c Abs. 4 PAO, § 62a Abs. 4 StBerG und § 50a Abs. 4 WPO. Keine Bestimmung zur Inanspruchnahme ausländischer Dienstleistungen findet sich in § 26a BNotO. Der Gesetzgeber weist für die Notare darauf hin, dass aus der notariellen Amtspflicht zur Führung seiner Akten in der Geschäftsstelle gem. § 5 Abs. 1–3 DONot ein Verbot der Inanspruchnahme ausländischer Dienstleistungen folge. Der Vorrang dieser Regeln gegenüber § 26a BNotO wird in § 26a Abs. 7 Hs. 1 BNotO klargestellt. Eine Regelung ausländischer Dienstleistungen in § 26a BNotO wäre deshalb überflüssig (BT-Drs. 18/11936, 39 f.). Diese Einschränkung gilt jedoch lediglich für den engen Anwendungsbereich des § 5 Abs. 1–3 DONot und damit ausschließlich für das Führen der Bücher, Verzeichnisse und Akten eines Notars. Ein allgemeines Verbot für den Einsatz sonstiger ausländischer Dienstleister kann hieraus nicht abgeleitet werden.

Bezüglich der Vergleichbarkeit des Schutzstandards ist den Regelungen nicht zu entnehmen, ob das Schutzniveau nur durch strafrechtliche Sanktionen im ausländischen Recht oder auch durch vertragliche Verpflichtungen erreicht werden kann (Brüggemann/Rein DStR 2017, 2572 (2575)). Die Beurteilung des Schutzniveaus wird indes für die Inanspruchnahme von Dienstleistungen im **EU-Ausland** dadurch erleichtert, dass in EU-Mitgliedstaaten in der Regel von einem hinreichenden Geheimnisschutz ausgegangen werden kann (BT-Drs. 18/11936, 35). Die Gesetzesbegründung weist insoweit darauf hin, dass der Schutz vor staatlichen Eingriffen im Unionsrecht als allgemeiner Rechtsgrundsatz mit Grundrechtscharakter anerkannt sei (BT-Drs. 18/11936, 35). Problematisch ist dies für Wirtschaftsprüfer und Steuerberater, denen in Deutschland nach § 97 Abs. 1 Nr. 1 StPO in Verbindung mit § 53 Abs. 1 Nr. 3 StPO ein Beschlagnahmeprivileg zukommt. Da nicht jeder Mitgliedstaat die Beschlagnahme bei einem Steuerberater bzw. Wirtschaftsprüfer verbietet, fehlt es insoweit an einem vergleichbaren Geheimnisschutzniveau, sodass Steuerberater und Wirtschaftsprüfer gehindert wären, ausländische Dienstleister einzuschalten. Aus diesem Grund ist die Vereinbarkeit von § 62a Abs. 4 StBerG und § 50a Abs. 4 WPO mit der europäischen Dienstleistungsfreiheit zweifelhaft (ausführlich Dierlamm/Ihwas BB 2017, 1097).

Die Vergleichbarkeit des Schutzstandards ist entbehrlich, wenn der Schutz der Geheimnisse einen solchen nicht gebietet. Der Berufsgeheimnisträger kann danach aus Praktikabilitätsgründen auch ohne ausdrückliche Einwilligung seines Mandanten Dienstleistungen in Ländern in Anspruch nehmen, die eigentlich keinen hinreichenden Schutzstandard gewährleisten. Die Abwägungsentscheidung des Berufsgeheimnisträgers ersetzt insoweit die Einwilligung des Mandanten (BT-Drs. 18/12940, 13 f.). Mögliche Anwendungsfälle sind beispielsweise die Übermittlung von Daten aus einem umfassenden Prüfungsprozess, die aus sich selbst heraus nicht verständlich sind, oder die ausländische Fernwartung von Daten mit Verschlüsselungstechnik (BT-Drs. 18/12940, 13).

Selbst wenn die vorgenannten Voraussetzungen vorliegen, bedarf es nach § 43e Abs. 5 BRAO, § 26a Abs. 4 BNotO, § 39c Abs. 5 PAO, § 62a Abs. 5 StBerG und § 50a Abs. 5 WPO der Einwilligung des Mandanten bzw. der Beteiligten, wenn die Inanspruchnahme der Dienstleistung unmittelbar dem einzelnen Mandat bzw. dem einzelnen Amtsgeschäft dient. Der Gesetzgeber nennt die Beauftragung eines Sachverständigen, eines Detektivs oder eines Übersetzers als Beispiele (BT-Drs. 18/11936, 36). Maßgebliches Kriterium soll nach der Erwägung des Gesetzgebers nicht die Gestaltung des Vertrags zwischen Berufsgeheimnisträger und Dienstleister sein, sondern ob für die Dienstleistung ein besonderer Bedarf im einzelnen Mandat (bzw. dem einzelnen Amtsgeschäft) besteht. Erforderlich ist dann die Zustimmung vor der Beauftragung des Dienstleisters, während ein nachträgliches Einverständnis nicht genügt (Henssler/Prütting/Henssler, Bundesrechtsanwaltsordnung: BRAO, 5. Aufl. 2019, BRAO § 43e Rn. 27).

Selbst bei einer Einwilligung der Mandanten bzw. Betroffenen in die Beauftragung des Dienstleisters und die Gewährung des Geheimniszugangs gelten die gesetzlichen Vorschriften zur sorgfältigen Auswahl des Dienstleisters, der Vertragsgestaltung und der Pflicht zur Beendigung der Zusammenarbeit in Abs. 2 und Abs. 3 der Erlaubnisnormen. Wie sich aus § 43e Abs. 6 BRAO, § 26a Abs. 5 BNotO, § 39c Abs. 6 PAO, § 62a Abs. 6 StBerG und § 50a Abs. 6 WPO ergibt, können die Mandanten bzw. Betroffenen nur durch eine ausdrückliche Erklärung auf die Einhaltung dieser

Syst. F. Datenschutz bei den freien Berufen

Vorschriften verzichten. Dieser Vorbehalt trägt sowohl dem grundsätzlichen Vertrauen in die Sorgfalt und die Verschwiegenheit der freiberuflichen Geheimnisträger, wie auch der Dispositionsfreiheit der Mandanten bzw. der Betroffenen über ihre Geheimnisse Rechnung (BT-Drs. 18/11936, 36).

135 § 43e Abs. 7 BRAO, § 26a Abs. 6 BNotO, § 39c Abs. 7 PAO, § 62a Abs. 7 StBerG und § 50a Abs. 7 WPO beschränken den Geltungsbereich der jeweiligen Erlaubnisnorm. Zunächst werden die Regelungen eingeschränkt, soweit Dienstleistungen durch einen (anderen) Rechtsanwalt, Patentanwalt, Wirtschaftsprüfer oder Steuerberater auf Grund besonderer gesetzlicher Vorschriften in Anspruch genommen werden bzw. wenn der Dienstleister eines Notars nach § 1 VerpflG förmlich verpflichtet wurde. Die allgemeinen Verschwiegenheitsregeln sind für Dienstleister somit obsolet, wenn speziellere Regeln den Dienstleister zum angemessenen Umgang mit den ihnen zugänglich gemachten Tatsachen zwingen. Als Beispiel für solche Spezialvorschriften verweist der Gesetzgeber allgemein auf Regelungen hinsichtlich der Nutzung von durch andere Stellen vorgehaltenen informationstechnischen Anlagen, Systemen oder Anwendungen durch Rechtsanwältinnen und Rechtsanwälte (BT-Drs. 18/11936, 36). Die Bestimmung der BNotO rekurriert auf die förmliche Verpflichtung der notariellen Mitarbeiter gem. § 26 BNotO. Anwendungsfall sind danach Dienstleister, die zu den Personen gehören, die mit den im Strafgesetzbuch niedergelegten Folgen nach § 1 VerpflG „auf die gewissenhafte Erfüllung (ihrer) Obliegenheiten" verpflichtet worden sind. Sämtlichen Erlaubnisnormen ist dagegen die zweite Einschränkung gemein, wonach der Dienstleister vertraglich nicht zur Verschwiegenheit verpflichtet werden muss, wenn der Dienstleister bereits auf Grund gesetzlicher Regeln zur Verschwiegenheit verpflichtet ist, dh die Regelungen von Abs. 3 S. 2 der jeweiligen Erlaubnisnorm gelten in diesen Fällen nicht.

136 Nach dem letzten Absatz der jeweiligen berufsrechtlichen Erlaubnisnorm bleiben das BDSG und die DS-GVO daneben anwendbar. Somit bleibt es bei der Pflicht zum Abschluss eines Auftragsverarbeitungsvertrags nach Art. 28 bei der Einbeziehung von Auftragsverarbeitern. Für Notare sind neben § 26a BNotO die anderen Vorschriften zu beachten, die für Notare die Inanspruchnahme von Dienstleistungen einschränken, zB § 5 Abs. 3 DONot und § 35 Abs. 4 BNotO (BeckOK BNotO/Hushahn, 5. Ed. Stand 31.7.2021, § 26a Rn. 18).

3. Keine entsprechende Regelung für andere schweigepflichtige Berufe

137 Außerhalb des Anwendungsbereichs der BRAO, BNotO, WPO, PAO und des StBerG hat der Gesetzgeber bislang keine entsprechenden Regelungen für die Inanspruchnahme fremder Dienstleistungen eingeführt. Somit gibt es unter anderem für Ärzte, Apotheker und andere freie Berufe keine vergleichbaren Regelungen. Eine analoge Anwendung dürfte ausscheiden. Dagegen spricht, dass dem Gesetzgeber bewusst gewesen sein dürfte, dass diese Berufsgruppen bei der Beauftragung von Dienstleistern vergleichbaren Regelungen unterliegen wie Rechtsanwälte, Patentanwälte, Notare, Wirtschaftsprüfer und Steuerberater, er aber dennoch von einer Klarstellung in der jeweiligen Berufsordnung (zB in der BÄO oder BApO) abgesehen hat. Auch die 2021 verabschiedeten Reformen im notariellen und anwaltlichen Berufsrechts wurden nicht etwa genutzt, um die Regelungen auf alle freien Berufe auszuweiten. Auch dies veranschaulicht, dass der Gesetzgeber offenbar zielgerichtet und berufsspezifisch die entsprechenden Regelungen eingeführt hat, sodass eine analoge Anwendung der Regelungen auf andere Freiberufler die Gefahr birgt, den Willen des Gesetzgebers zu unterlaufen.

138 Soweit es sich nicht um Rechtsanwälte, Notare, Wirtschaftsprüfer, Patentanwälte oder Steuerberater handelt, ist die Inanspruchnahme externer Dienstleister aus berufsrechtlicher Sicht somit nach wie vor problematisch. Hinsichtlich der Angestellten des Berufsgeheimnisträgers (Sekretariat, Buchhaltung, IT) wird allgemein angenommen, dass der Betroffene damit rechnet, dass das Personal des Freiberuflers zur Erfüllung des Auftrags eingeschaltet ist, und er in der Regel stillschweigend einwilligt, dass diese von den der Verschwiegenheit unterliegenden Daten Kenntnis erlangen, zumal diese von dem Berufsträger zur Verschwiegenheit verpflichtet werden müssen (BGH NJW 1995, 2915 (2916) für einen angestellten Rechtsanwalt). In Bezug auf externe (IT-) Dienstleister kann von einer solchen stillschweigenden Einwilligung demgegenüber nicht ohne Weiteres ausgegangen werden, wenn die Beauftragung des Dienstleisters dem Mandanten bzw. Patienten nicht im Einzelfall positiv bekannt ist (zB weil er in der Mandatsvereinbarung darauf hingewiesen wird) oder dies üblich ist. Der BGH lehnte eine stillschweigende Einwilligung von Patienten in die Beauftragung externer ärztlicher Verrechnungsstellen für Privatpatienten ab (BGH NJW 1991, 2955 (2957)). Dasselbe ist wohl für die Beauftragung externer IT-Dienstleister anzunehmen (vgl. Filges NJW 2010, 2619 (2621 f.)). Der Berufsträger setzt sich daher der Gefahr eines Verstoßes gegen seine Verschwiegenheitspflicht aus (Brisch/Laue CR 2009, 465).

Syst. F. Datenschutz bei den freien Berufen

II. Strafrechtlicher Geheimnisschutz nach § 203 StGB

Bei einer unzulässigen Beauftragung externer Dienstleister kann sich der Freiberufler nach § 203 Abs. 1 StGB strafbar machen. Bis zum Inkrafttreten des „Gesetzes zur Neuregelung des Schutzes von Geheimnissen bei der Mitwirkung Dritter an der Berufsausübung schweigepflichtiger Personen" v. 30.10.2017 (BGBl. 2017 I 3618) war es umstritten, ob es sich bei externen Dienstleistern um berufsmäßig tätige Gehilfen iSd § 203 Abs. 3 S. 2 StGB aF handelte. Nach überwiegender Ansicht war ein Offenbaren von Geschäftsgeheimnissen ihnen gegenüber nicht unbefugt, so dass Berufsgeheimnisträger ohne Strafbarkeitsrisiko solche externen Dienstleister einschalten konnten; gegenteilige Auffassungen implizierten strafrechtliche Risiken für die Betroffenen (zum damaligen Streitstand s. Brisch/Laue CR 2009, 465 sowie Conrad/Fechtner CR 2013, 137 (144 f.)). **139**

Die Gesetzesnovelle hat diese Unklarheit behoben. Nach § 203 Abs. 3 S. 2 StGB ist es nun nicht mehr strafbewehrt, Geheimnisse solchen Personen zu offenbaren, die an der beruflichen und dienstlichen Tätigkeit des Geheimnisträgers mitwirken, soweit dies für die Inanspruchnahme der Tätigkeit der mitwirkenden Person erforderlich ist. Eine Einbindung in die Sphäre des Berufsgeheimnisträgers ist nicht (mehr) Voraussetzung (BT-Drs. 18/11936, 22). Die Verringerung des strafrechtlichen Geheimnisschutzes in der Person des Berufsgeheimnisträgers hat der Gesetzgeber kompensiert, indem er die mitwirkenden Personen in die strafrechtliche Haftung in § 203 Abs. 4 S. 1 StGB miteinbezogen hat (BT-Drs. 18/11936, 20). **140**

III. Datenschutzrechtliche Anforderungen an eine Auftragsverarbeitung

Soweit die Inanspruchnahme externer Dienstleistungen berufsrechtlich zulässig ist, unterliegt die Beauftragung den weiteren Anforderungen von Art. 28 DS-GVO, dh Berufsgeheimnisträger (als Verantwortlicher) und Dienstleister (als Auftragsverarbeiter) müssen einen Auftragsverarbeitungsvertrag schließen. Den Berufsgeheimnisträger trifft eine besondere Auswahlverantwortung (Abs. 1). Der Auftragsverarbeitungsvertrag zwischen dem Berufsgeheimnisträger und dem Dienstleister muss bestimmte materielle Anforderungen erfüllen (Abs. 3) und ist schriftlich abzufassen (Abs. 9). Ein Unterauftrag durch den Dienstleister muss weiteren besonderen Voraussetzungen genügen (Abs. 2 und Abs. 4). Eine Auftragsverarbeitung liegt in der Regel auch beim Cloud-Computing im Verhältnis zum Cloud-Anbieter vor, wenn zB ein Rechtsanwalt personenbezogene Mandantendaten in der Cloud des Drittanbieters speichert (Kazemi/Lenhard, Datenschutz und Datensicherheit in der Rechtsanwaltskanzlei, 2. Aufl. 2016, Rn. 96, 100). **141**

Soweit es um die Verarbeitung personenbezogener Daten durch die für die Verhütung, Ermittlung, Aufdeckung, Verfolgung oder Ahndung von Straftaten oder Ordnungswidrigkeiten zuständigen öffentlichen Stellen zum Zweck der Erfüllung dieser Aufgaben iSv § 45 BDSG geht, sind §§ 62 ff. BDSG anwendbar (ausführlich auch zum Verhältnis zum Landesdatenschutzrecht → BDSG § 62 Rn. 3 ff.). **142**

IV. Sonderfall: Beauftragung ärztlicher Verrechnungsstellen

Ein weiterer typischer Fall einer Auftragsverarbeitung ist die Einschaltung externer Verrechnungsstellen zur Abrechnung ärztlicher Leistungen. **143**

1. Honorarforderungen gegenüber Privatpatienten

Angehörige einer privatärztlichen Verrechnungsstelle gehören nach § 203 Abs. 1 Nr. 7 StGB zu dem Kreis der Personen, die sich einer Verletzung von Privatgeheimnissen schuldig machen können. Aus Sicht des Strafrechts gehören sie weiterhin zu den sonstigen mitwirkenden Personen, denen der behandelnde Arzt unter den Voraussetzungen von § 203 Abs. 3 S. 2 StGB fremde Geheimnisse offenbaren darf ohne sich strafbar zu machen. Die früher herrschende Ansicht, dass die Beauftragung einer Verrechnungsstelle zur Abrechnung von Honorarforderungen gegenüber Privatpatienten nur mit ausdrücklicher Einwilligung des Privatpatienten zulässig sei (BGH NJW 1991, 2955 (2957); Engelmann GesR 2009, 449 (451)), ist also zumindest in strafrechtlicher Hinsicht überholt. Aus datenschutzrechtlicher Sicht hat Art. 28 DS-GVO neben § 203 Abs. 3 S. 2 StGB eine eigenständige Bedeutung und ist zu beachten (Dochow MedR 2019, 363 (367)). Zudem müssen die Patienten nach Art. 9 Abs. 2 lit. a DS-GVO ausdrücklich in die Weitergabe ihrer Daten an die Verrechnungsstelle einwilligen, da es sich bei Gesundheitsdaten um besondere Kategorien personenbezogener Daten handelt und eine Verarbeitung strengen Anforderungen unterliegt. **144**

Syst. H. (unbesetzt)

2. Leistungsabrechnung im Bereich der gesetzlichen Krankenversicherung

145 Im Bereich der gesetzlichen Krankenversicherung existieren zahlreiche gesetzliche Vorschriften über die Zulässigkeit der und die Anforderungen an die Einschaltung von Verrechnungsstellen: So können **Apotheken** nach § 300 Abs. 2 SGB V – unter strengen Voraussetzungen – zur Abrechnung mit den Krankenkassen Rechenzentren in Anspruch nehmen, ebenso **Hebammen** und **Entbindungspfleger** nach § 301a Abs. 2 iVm § 302 Abs. 2 SGB V und **sonstige Leistungserbringer** nach § 302 Abs. 2 S. 2 ff. SGB V (vgl. BSG BeckRS 2009, 59019). Soweit diese Erlaubnisnormen reichen, sind die Berufsgeheimnisträger zur Datenübermittlung befugt iSv § 203 Abs. 1 S. 1 StGB (BeckOK SozR/Scholz SGB V § 300 Rn. 4).

146 Auch **Vertragsärzte** und **Krankenhäuser** können zur Abrechnung im Notfall erbrachter ambulanter ärztlicher Leistungen mit Krankenkassen und Kassenärztlichen Vereinigungen nach § 295a Abs. 3 SGB V eine andere Stelle mit der Erhebung, Verarbeitung und Nutzung der erforderlichen personenbezogenen Daten beauftragen, sofern der Versicherte schriftlich in die Datenweitergabe eingewilligt hat.

V. Auftragsverarbeitung durch Träger freier Berufe

147 Berufsgeheimnisträger sind in der Regel keine Auftragsverarbeiter, sondern Verantwortliche. Dies haben auch die deutschen Datenschutzbehörden in einem (unverbindlichen) Kurzpapier klargestellt (DSK Kurzpapier Nr. 13 v. 16.1.2018, 4).

148 Auftragsverarbeitung durch Träger freier Berufe ist aber nicht per se ausgeschlossen. Nach der Konzeption der DS-GVO kommt es maßgeblich darauf an, ob der Rechtsanwalt personenbezogene Daten im Auftrag des Mandanten verarbeitet (dann Auftragsverarbeiter, Art. 4 Nr. 8), oder Zwecke und die Mittel der Datenverarbeitung selber bestimmt (dann Verantwortlicher, Art. 4 Nr. 7; vgl. HK-DS-GVO/Ingold Art. 28 Rn. 15 ff.; Gola/Klug Art. 28 Rn. 5 mit einem betont funktionalen Begriff und Paal/Pauly/Ernst Art. 4 Rn. 56, nach dem der Auftragsverarbeiter nur als „Marionette" tätig sein dürfe). Im Falle von Freiberuflern steht der Qualifikation als Auftragsverarbeiter regelmäßig entgegen, dass der Mandant den Berufsträger wegen seiner Expertise und nicht für lediglich ausführende Tätigkeiten beauftragt. Auch bei der an einen Steuerberater ausgelagerten Buchhaltung und Steuererklärung handelt es sich nicht um eine Auftragsverarbeitung (Gola/Klug Art. 28 Rn. 5). Der Rechtsanwalt ist auch bei einer Internal Investigation als Verantwortlicher einzustufen, also insbesondere beim Screening von E-Mails des Mandanten, wenn der Rechtsanwalt bspw. die Art und Weise des Screenings und die Auswahl der Suchbegriffe bestimmt.

149 Eine Auftragsverarbeitung durch den Rechtsanwalt kommt daher allenfalls in Ausnahmefällen in Betracht, zB wenn er – mit Hilfe von nichtjuristischem Personal – die für ein E-Mail-Screening erforderlichen Daten im Auftrag des Mandanten aus einem Datenkonvolut extrahiert oder nach Abschluss einer Internal Investigation die durchsuchten oder als relevant identifizierten Daten im Auftrag des Mandanten speichert, insoweit also in erster Linie technische und vor allem nicht juristische Unterstützung leistet. In diesen seltenen Fällen ist der Abschluss eines Auftragsverarbeitungsvertrags nach Art. 28 DS-GVO zwischen dem Mandanten als Auftraggeber und dem Rechtsanwalt als Auftragnehmer erforderlich.

Syst. G. (unbesetzt)

Überblick

(Redaktionshinweis: Die systematische Darstellung zum Datenschutz in der Werbung wurde entnommen. Die frühere Fassung des Beitrags ist weiterhin in beck-online über die Altauflagen des Kommentars recherchierbar.)

Syst. H. (unbesetzt)

Überblick

(Redaktionshinweis: Die systematische Darstellung zu den Datenschutzbestimmungen der Informationsfreiheitsgesetze wurde entnommen. Die frühere Fassung des Beitrags ist weiterhin in beck-online über die Altauflagen des Kommentars recherchierbar.)

Syst. I. Datenschutz in Medien und Telekommunikation

Überblick

Der Wandel zur digitalen Informationsgesellschaft wirft neue Fragen zum Verhältnis vom Medienfreiheit und Persönlichkeitsschutz auf (→ Rn. 1 ff.). Die durch EU-Grundrechte-Charta (→ Rn. 13 ff.) und Grundgesetz garantierte (→ Rn. 17 ff.) Pressefreiheit ist gegen das Grundrecht auf Persönlichkeitsschutz und informationelle Selbstbestimmung (→ Rn. 23 ff.) abzuwägen. Das BVerfG hat hierzu eine Reihe richtungsweisender Entscheidungen getroffen (→ Rn. 31 ff.). Dem hohen Stellenwert der Presse- und Medienfreiheit wird durch verfahrensrechtliche Privilegien (→ Rn. 36 ff.) und eine weitgehende Freistellung von datenschutzrechtlichen Vorgaben (→ Rn. 40 ff.) Rechnung getragen. Voraussetzung ist stets eine journalistisch-redaktionelle Zwecksetzung (→ Rn. 49 ff.) der Verarbeitung personenbezogener Daten. Im Telemedienbereich wird Datenschutz durch die DS-GVO gewährleistet, ergänzt seit dem 1.12.2021 um die Regelungen des TTDSG (→ Rn. 57). Aus dem TMG gelten weiterhin die allgemeinen Vorschriften der §§ 1–10 TMG (→ Rn. 59 ff.). Was die bisherigen datenschutzrechtlichen Vorgaben des TMG angeht, etwa die allgemeinen datenschutzrechtlichen Grundsätze (→ Rn. 67 f.) und die Pflichten des Diensteanbieters (→ Rn. 69 ff.), ergeben sich diese in ähnlicher Weise nun aus DS-GVO und TTDSG. Für die Zulässigkeit der Datenverarbeitung lässt sich nach Bestands- und Nutzungsdaten differenzieren (→ Rn. 82 ff.). Art. 5 Abs. 3 der „Cookie-Richtlinie" ist nunmehr in § 25 TTDSG umgesetzt (→ Rn. 90). Die gesetzlichen Verarbeitungsbefugnisse werden durch den Erlaubnistatbestand der Einwilligung erweitert (→ Rn. 94 ff.). Auch für den Datenschutz im Bereich der Telekommunikation gelten seit dem 1.12.2021 die Regelungen des TTDSG. Ausgangspunkt für den Datenschutz ist das Fernmeldegeheimnis (→ Rn. 102 ff.). Für die Informationspflichten der Diensteanbieter und die elektronische Einwilligung sind mit Ablösung der datenschutzrechtlichen Vorschriften des TKG durch das TTDSG nunmehr die Regelungen der DS-GVO einschlägig (→ Rn. 112 ff.). Die Zulässigkeit der Datenverarbeitung hängt von der Art der personenbezogenen Daten ab, insoweit kann nach Bestandsdaten (→ Rn. 115 ff.), Verkehrsdaten (→ Rn. 119 ff.) und Standortdaten (→ Rn. 128 ff.) differenziert werden.

Übersicht

	Rn.		Rn.
A. Medien und Datenschutz in der Informationsgesellschaft	1	3. Selbstregulierung	47
I. Die Informationsgesellschaft	3	III. Journalistische Zwecksetzung	49
1. Wissen als Macht	4	1. Investigativer Journalismus	50
2. Verantwortung der Medien	6	2. Datengesteuerter Journalismus	52
II. Die Pressefreiheit	7	3. „Journalismus" in der Online-Welt	53
1. Geschichte der Pressefreiheit	7	4. Online-Archive	55
2. Bedeutung der Pressefreiheit für eine Demokratie	11	C. Datenschutz im Telemedienbereich	57
3. EMRK und EU-Grundrechte-Charta	13	I. Allgemeine Regelungen des TMG	58
4. Grundgesetz	17	1. Zulassungs- und Anmeldefreiheit; Informationspflichten	59
III. Persönlichkeits- und Datenschutz	23	2. Verantwortlichkeit	61
1. Das Grundrecht auf informationelle Selbstbestimmung	24	3. Melde- und Abhilfeverfahren der Videosharingplattform-Anbieter	63
2. Gemeinwohlbezug	26	II. Personenbezogene Daten	64
3. Räumliche Privatheit	27	III. Regelungsgrundsätze	66
4. IT-Grundrecht	30	1. Verbotsprinzip mit Erlaubnisvorbehalt	67
IV. Prägende Urteile des Bundesverfassungsgerichts	31	2. Zweckbindung	68
1. Lüth	32	3. Unterrichtungs- und Auskunftspflichten	69
2. Spiegel	33	4. Elektronische Einwilligung	74
3. Cicero	34	5. Technische und organisatorische Vorkehrungen	78
B. Presse- und Medienprivileg	35	IV. Zulässigkeit einer Datenverarbeitung	82
I. Verfahrensrecht	36	1. Bestands- und Nutzungsdaten	82
1. Privilegien	36	2. Erforderlichkeit	85
2. Schutzlücken	38	3. Nutzungsprofile, „Cookies"	88
II. Datenschutzrecht	40	V. Einwilligung	94
1. Presse	41	1. Bedeutung	94
2. Telemedien und Rundfunk	44	2. Wirksamkeitsvoraussetzungen	95
		3. AGB-Kontrolle	96

Syst. I. Datenschutz in Medien und Telekommunikation

	Rn.		Rn.
4. Freiwilligkeit	97	VI. Entgeltermittlung und Entgeltabrechnung	125
D. Datenschutz im Telekommunikationsbereich	100	VII. Standortdaten	128
		1. Definition	129
I. Fernmeldegeheimnis	102	2. Dienste mit Zusatznutzen	130
II. Anwendungsbereich	107	3. Zulässigkeit der Verarbeitung	131
III. Informationspflichten, Einwilligung	112	4. Einwilligung	133
		5. Information über Ortung	136
IV. Bestandsdaten	115	6. Untersagung im Einzelfall	138
V. Verkehrsdaten (§ 96 TKG)	119	7. Notrufe	139

A. Medien und Datenschutz in der Informationsgesellschaft

1 Von der Maxime „Wissen ist Macht" angetrieben, forderte der englische Staatsmann und Philosoph Francis Bacon in seinem Werk „Novum organum scientiarum" (1620) seine Zeitgenossen auf, sich Wissenschaft und Technik zuzuwenden. Bacon spielt in seinem Titel auf eine Sammlung von theoretischen und logischen Schriften des griechischen Philosophen Aristoteles an, die das europäische Denken nachhaltig beeinflusst haben. Tatsächlich haben seitdem Wissenschaft und Technik die Strukturen menschlichen Wissens revolutioniert. Die neuen Werkzeuge (griechisch: organa) bzw. Technologien, mit denen Wissenschaft erforscht und Informationen lesbar gemacht und weltweit verbreitet werden, haben auch tief in das globale Wirkungsgefüge der Gesellschaft eingegriffen, die sich selbst als Informations- bzw. Wissensgesellschaft bezeichnet. Unter diesem Gesichtspunkt hat der Faktor Technik auch im Bereich von Medien und Datenschutz eine enorme Bedeutung.

2 Das Sortiment neuer Technologien ändert sich fortlaufend. Dabei sind es nicht nur die Online-Medien, die in ihren verschiedensten Ausprägungen die Frage nach dem Verhältnis von Medienfreiheit und Persönlichkeitsschutz immer wieder neu aufwerfen. Vielmehr geht es zunehmend auch um neue Technologien, die zunächst einmal für ganz andere Bereiche als den Medienbereich entwickelt worden sind. Beispielhaft verwiesen sei hier nur auf (unbemannte) Drohnen, die mittlerweile nicht mehr nur im Krieg, sondern ua auch von Journalisten als fliegende Kameras eingesetzt werden, um Privatbereiche wie Wohnräume oder Gärten auszuspähen (zu Drohnen und Drohnenjournalismus Hofmann/Hödl DuD 2015, 167; allgemein zum Thema Drohnen und Datenschutz Weichert ZD 2012, 501).

I. Die Informationsgesellschaft

3 Bereits in der zweiten Hälfte des 15. Jahrhunderts hatte Gutenberg in Mainz eine neue Drucktechnik erfunden, die die Medienlandschaft grundlegend verändern sollte. Mit beweglichen, aus Blei gegossenen Buchstaben, die jederzeit wieder verwendet werden konnten, beschleunigte er den Druck von Presseerzeugnissen und damit auch die massenhafte Vervielfältigung von Nachrichten. Seit dem Ende des 20. Jahrhunderts lassen sich Informationen und Nachrichten weltweit abrufen und vernetzen. So stehen global neue Erkenntnisse zur Verfügung, die einen kritischen Umgang verlangen. Es drängt sich die Frage auf, welche Rolle Presse und Neue Medien in diesem Zusammenhang im nationalen und internationalen Wissensprozess noch spielen können.

1. Wissen als Macht

4 Seit der zweiten Hälfte des zwanzigsten Jahrhunderts wird teilweise erfolgreich versucht, das Verhalten des Menschen durch computergestützte Datenanalysen und Simulationsverfahren zu berechnen. Menschliches Verhalten soll dadurch planbar und steuerbar werden. Technisches Wissen wird zu einer „Macht über den Menschen". Orwell hat in seinem Buch „1984" in der Figur des Großen Bruders diese Sichtweise deutlich gemacht: Es ist nicht mehr nur die Wissenschaft (ipsa scienta), welche nach Bacon Macht ist. Es sind vielmehr die erhobenen, gespeicherten, vernetzbaren und abrufbaren personenbezogenen Informationen, welche mittlerweile so gigantische Ausmaße angenommen haben, dass sie für die betroffene Person gar nicht oder kaum noch weder beim Staat noch bei Privaten zu überblicken sind.

5 Im deutschen Sprachgebrauch besagt das Wort „wissen" so viel wie erblicken oder sehen. Wissen hat danach auch etwas mit unmittelbarer Wahrnehmung und Transparenz von Informationen zu tun. Das kann auf klassische Weise etwa in Medien erreicht werden, wenn sie Informationen im ursprünglichen Kontext erfassen, sodass kausale Zusammenhänge bei einer Veröffentlichung

Syst. I. Datenschutz in Medien und Telekommunikation

nicht verloren gehen. Anderseits ist Transparenz im Kontext einer Datenverarbeitung für die betroffene Person erforderlich. Dafür steht heute das Grundrecht auf informationelle Selbstbestimmung/Datenschutz.

2. Verantwortung der Medien

Für den einzelnen Journalisten bedeutet dies, dass er zwar die korrupten Seiten aufdecken muss, die etwa einen Politiker belasten. Er darf diesen aber in Anbetracht seines Persönlichkeitsschutzes nicht in das Verhängnis einer intimen Selbstentblößung stürzen. Die besonderen Privilegien, die der Presse bei ihrer Recherche und Veröffentlichung von personenbezogenem Material aufgrund von nationalen Gesetzen und internationalen Konventionen zustehen, dürfen nicht das Persönlichkeitsrecht des Betroffenen verletzen. Kurzum, es geht um Formen des medialen Wissens im Kontext von Medienfreiheit und Persönlichkeitsschutz, die im Folgenden unter dem Aspekt der Grund- und Menschenrechte näher erläutert werden. **6**

II. Die Pressefreiheit

1. Geschichte der Pressefreiheit

Die Erfindung des Buchdrucks durch Gutenberg wurde zu einem fruchtbaren Boden für die öffentliche Kritik. Die Kritik in Deutschland wandte sich zunächst gegen die Kirche und die von ihr praktizierte Nachzensur (Ricker/Weberling PresseR-HdB Kap. 4 Rn. 7). Abweichend von der deutschen Zensurgesetzgebung, die in erster Linie dem Schutz des kirchlichen Dogmas diente, war das Ziel der englischen und französischen Zensurgesetze, den absoluten König und die staatliche Ordnung vor öffentlicher Kritik zu schützen (Ricker/Weberling PresseR-HdB Kap. 4 Rn. 12 mwN). Das Abwehrmittel „Zensur" diente dem Zweck, politisch eine gleichgeschaltete Meinung zu erreichen. Das Denken in Widersprüchen und eine freie Meinungsäußerung sollten unterbunden werden. **7**

Die im 17. und 18. Jahrhundert von England und Frankreich ausgehende Idee der Aufklärung brachte eine Wende in der zeitgenössischen Zensurpraxis. Die kirchlich-staatliche Pressezensur wurde als Bevormundung des autonomen Menschen betrachtet. Die deutsche Revolution von 1848 war die eine „Grundrechtsrevolution", die insbesondere um das Thema Pressefreiheit und politische Partizipation der Bürger und Bürgerinnen kreiste und die gleichzeitig mit der Forderung nach nationaler Einheit verbunden war. Mit der Meinungsfreiheit zusammen wurde die Pressefreiheit in der gescheiterten Verfassung der Paulskirche verbürgt (Art. 143). Die Weimarer Verfassung folgte dem Vorbild der Paulskirchenverfassung und schuf ein gerichtlich durchsetzbares Grundrecht auf Pressefreiheit. **8**

Wie alle diktatorischen Regime nahm auch das Dritte Reich unter Hitler die erste sich bietende Gelegenheit (hier den Reichstagbrand vom 27. auf den 28. Februar 1933) zum Anlass, um die Meinungs- und Pressefreiheit im Wege einer sog. Notverordnung zum Schutz von Volk und Staat wieder abzuschaffen (Ricker/Weberling PresseR-HdB Kap. 4 Rn. 27 ff.). In der Folge war rechtliche Voraussetzung für die Tätigkeit eines jeden Journalisten oder Verlegers, dass sie der Reichspressekammer angehörten (vgl. Reichskulturkammergesetz v. 22.09.1933, RGBl I, 661). Wer die nach Maßgabe dieser berufsständischen Selbstverwaltung vorgeschriebene nationalsozialistische „Zuverlässigkeit" nicht besaß oder verlor, konnte seinen Beruf nicht mehr ausüben. Statt Meinungs- und Pressefreiheit herrschte Zensur und Bespitzelung in Deutschland. **9**

Nach dem Ende der Nazi-Herrschaft wurde 1945 eine bundesdeutsche Presse zunächst im Rahmen eines eng begrenzten Systems der Lizenzierung durch die Besatzungsmächte erlaubt (Pürer/Raabe, Medien in Deutschland, 2. Aufl., 55). Danach ging die Neuordnung des Pressewesens an die deutschen Länder über. Die Ausarbeitung des Grundgesetzes wurde dem von den Landtagen gewählten Parlamentarischen Rat übertragen und diesem zur Annahme unterbreitet. Das am 23.05.1949 in Kraft getretene Grundgesetz des Teilstaates „Bundesrepublik Deutschland" statuierte in Art. 5 Abs. 1 GG die Meinungsäußerungs- und Informationsfreiheit sowie die Pressefreiheit. **10**

2. Bedeutung der Pressefreiheit für eine Demokratie

Die Pressefreiheit bestimmt seit den Tagen der Aufklärung die Kämpfe um eine jede Verfassung, die die Grundrechte garantieren und die Grenzen der Staatsgewalt festlegen soll (Ricker/Weberling PresseR-HdB Kap. 4 Rn. 13). Der EGMR bezeichnet die Presse als „public watchdog" (EGMR EuGRZ 1995, 16 – Observer und Guardian v. Vereinigtes Königreich). Zur Wahrnehmung dieser **11**

Syst. I. Datenschutz in Medien und Telekommunikation

Funktion müssen Medien ausreichend Distanz zu den Mächtigen haben, die sie kontrollieren sollen. Ihre Tätigkeit darf nicht unterdrückt werden. Zusammen mit der Freiheit der Meinungsäußerung, dem „Mutterrecht aller kommunikativen Grundrechte" (Sólyom, Meinungs- und Informationsfreiheit in Ungarn in: Tinnefeld/Philipps/Heil, Informationsgesellschaft und Rechtskultur in Europa, 1995, 71 ff.), spielt die Pressefreiheit nicht nur in krisenhaften Entwicklungen eine wichtige Rolle. Vielmehr ist sie ein unverzichtbares Element in jeder funktionsfähigen pluralistischen Demokratie; ihr kommt immer eine integrierende Wirkung zu (Frowein, Meinungsfreiheit und Demokratie in: Karl/Berka Medienfreiheit, Medienmacht und Persönlichkeitsschutz, 2008, 18 f.).

12 Bereits 1956 hat das BVerfG zu den Grundrechten der Meinungs- und Pressefreiheit ausgeführt, dass die Kritik an Regierung, Parlament und allen anderen Verfassungsorganen auch dann zulässig sein müsse, wenn sie hart und uneinsichtig ist (BVerfGE 5, 85 (318, 388 f.)). Auch dürfen den Menschen keine Nachteile aus ihrer kritischen Meinungsäußerung erwachsen, ansonsten werden einzelne Bürger ebenso wie auch Journalisten kritische Äußerungen unterlassen und zur Selbstzensur greifen. Die amerikanische Verfassungsrechtsprechung und mit ihr der EGMR sprechen in diesem Zusammenhang vom „chilling effect" (vgl. Cumpànà und Mazare v. Rumänien, (2004) ECHR 692, (2005) 41 EHRR 14 Ziff.114; s. auch BVerfGE 42, 154, 156 ff.).

3. EMRK und EU-Grundrechte-Charta

13 Die Freiheit der Presse und Medien ist als implizit mitgarantierte Ausdrucksform der Freiheit der Meinungsäußerung in der Europäischen Menschenrechtskonvention (Art. 10 EMRK) geregelt (Meyer/Hölscheidt/Bernsdorff, Charta der Grundrechte der Europäischen Union, 5. Aufl. 2019, GRCh Art. 11 Rn. 1; vgl. auch Art. 19 AEMR und Art. 19 IPbpR). Gleiches gilt für Art. 11 Abs. 1 GRCh (Freiheit der Meinungsäußerung und Informationsfreiheit), dessen Wortlaut demjenigen des Art. 10 Abs. 1 S. 1 und 2 EMRK entspricht.

14 Die Europäische Menschenrechtskonvention bildet die Basis der EU-Grundrechte-Charta. Sie verpflichtet mit ihren Zusatzprotokollen die beigetretenen Staaten. Der Vertrag von Lissabon, der seit dem 1. Dezember 2009 in Kraft ist, hat eine Rechtsgrundlage für den Beitritt der Union zur Europäischen Menschenrechtskonvention geschaffen (Art. 6 Abs. 2 EUV; vgl. auch Art. 17 des Protokoll Nr. 14 zur EMRK).

15 In der EU-Grundrechte-Charta ist darüber hinaus auch ausdrücklich ein Gebot der Achtung der Freiheit und Pluralität der Medien normiert. Der Prozess der Meinungsbildung wird heute von Presse, Rundfunk und „Neuen Medien" getragen; idS bestimmt Art. 11 Abs. 2 GRCh: „Die Freiheit der Medien und ihre Pluralität werden geachtet".

16 Die grundrechtliche Sicherung der Freiheitsrechte hat in Deutschland vor allem durch die Rechtsprechung des Bundesverfassungsgerichts großes Gewicht gewonnen. Ihr Schutz wird darüber hinaus durch den Europäischen Menschenrechtsgerichtshof in Straßburg (EGMR) und den Europäischen Gerichtshof in Luxemburg (EuGH) gewährleistet. Es ist Aufgabe dieser Gerichte, den europäischen Grundrechtsstandard für Einzelne wie für Gruppen sowie die Prinzipien europäischer Verfassungsstaatlichkeit (mit) zu statuieren.

4. Grundgesetz

17 Die Verfassungsgarantie des Art. 5 Abs. 1 GG umfasst folgende iE aufgeführte Grundrechte:
18 „Jeder hat das Recht, seine Meinung in Wort, Schrift und Bild frei zu äußern und zu verbreiten und sich aus allgemein zugänglichen Quellen ungehindert zu unterrichten. Die Pressefreiheit und die Freiheit der Berichterstattung durch Rundfunk und Film werden gewährleistet. Eine Zensur findet nicht statt."
19 Das Recht auf freie Meinungsäußerung und -verbreitungsfreiheit in Wort, Bild und Ton ist zugleich auch wesentlicher Bestandteil der Pressefreiheit (Soehring NJW 1997, 360). Einschränkende Maßnahmen vor der Herstellung oder Verbreitung eines Werkes (Vor- oder Präventivzensuren) sind unzulässig. Dazu gehört insbesondere eine staatliche inhaltliche Vorprüfung und inhaltliche Genehmigung (BVerfGE 87, 230). Keine Einrichtungen der Zensur sind medieninterne Selbstkontrolleinrichtungen wie der Deutsche Presserat. Sie sind es auch dann nicht, wenn sie Minderjährige vor gewaltverherrlichenden Computerspielen nach den Vorgaben des Jugendschutzgesetzes schützen, etwa durch eine Freigabe-Kennzeichnung beim Vertrieb von periodischen Druckschriften, die Zugaben wie CD-ROMs enthalten (Ricker/Weberling PresseR-HdB Kap. 7 Rn. 14 und 25).
20 Das Recht auf Informationsfreiheit ist eng mit dem Demokratiegebot verbunden (Art. 20 GG). Denn nur informierte Bürger sind politisch mündige Bürger. Dem Grundsatz nach müssen diese

Syst. I. Datenschutz in Medien und Telekommunikation

Zugangsrechte als Jedermann-Rechte ausgestaltet werden. Das Recht umfasst nicht nur das passive Empfangen von Informationen (Tatsachen und Meinungen), sondern auch das aktive Sammeln, auf das nicht nur der mündige Bürger, sondern vor allem auch die Presse angewiesen ist (BVerfGE 27, 71). Auch Art. 19 AEMR sieht die Meinungs- und Informationsfreiheit zusammen und definiert sie als „freedom to hold opinions without interference and to seek, receive and impart information and ideas through any media and regardless of frontiers."

Unzulässig ist die unerwünschte bzw. aufgedrängte Information (negative Informationsfreiheit), die in zunehmendem Maß über Internet, Fernsehen und E-Mail erfolgt. Das Informationsrecht des Bürgers ist auf allgemein zugängliche nationale und internationale Quellen beschränkt (zum Begriff vgl. ua BVerfGE 90, 32). Demgegenüber kann die Presse als Nachrichten- und Meinungsbilder ihrer wichtigen öffentlichen Aufgabe nicht nachkommen, wenn sie nur auf allgemein zugängliche Quellen angewiesen ist. Ihr erweiterter Informationsanspruch kann allerdings an Grenzen stoßen, insbesondere mit Blick auf entgegenstehende Persönlichkeitsrechte des einzelnen Betroffenen (Tinnefeld DuD 2012, 891). 21

Die Pressefreiheit und die Medienfreiheit im Allgemeinen betreffen nicht nur die seriösen Erzeugnisse, die politisch-kulturell-weltanschaulichen Nachrichten und Stellungnahmen, sondern auch Boulevardblätter und andere Unterhaltungsmagazine. Der Schutz ist nicht abhängig vom Inhalt der Information, denn damit würde der abschüssige Weg einer Zensur geöffnet (vgl. BVerfGE 93, 289). Vielmehr gehört es zum Kern der Pressefreiheit, dass Medien grundsätzlich nach ihren eigenen publizistischen Kriterien entscheiden können, „was sie des öffentlichen Interesses für wert halten und was nicht" (stRspr. vgl. BGH NJW 2012, 763 (765) mwN). Selbst der Bereich der Sexualität zählt „nicht zwangsläufig und in jedem Fall" zum absolut geschützten Kernbereich der Intimsphäre, der jeder Berichterstattung von vornherein entzogen ist (vgl. BGH NJW 2012, 767 zur Berichterstattung über Mitwirkung in kommerziellen Pornofilmen; zum Verhältnis zwischen Pressefreiheit und Schutz der Privat-/Intimsphäre s. auch LG München I becklink 1024557 „Sex-Video" und dazu ausf. Hassemer, Rechtsgutachten „Strafbarkeit von Journalisten und Pressefreiheit", Frankfurt a. M. 2012). 22

III. Persönlichkeits- und Datenschutz

In einer demokratischen Gesellschaft hat die Meinungs- und ganz besonders die Pressefreiheit eine hohe funktionale Bedeutung. Allerdings muss sie im jeweiligen Einzelfall im Verhältnis zum verfassungsrechtlichen Persönlichkeitsschutz bzw. Datenschutz eigens gewichtet werden (Frowein, Meinungsfreiheit und Demokratie in: Karl/Berka Medienfreiheit, Medienmacht und Persönlichkeitsschutz, 2008, 17 ff. mwN). Ihre verfassungsrechtliche Grundlage haben Persönlichkeitsschutz und Datenschutz in Art. 2 Abs. 1 iVm Art. 1 Abs. 1 GG. Letzterer Artikel spricht dem Menschen eine unantastbare Würde zu. Das Wort Würde steht bei Immanuel Kant für den inneren oder absoluten Wert einer Person. Nach der Rechtsprechung des BVerfG ergibt sich aus der grundrechtlichen Achtung der unantastbaren Menschenwürde ein absoluter Schutz höchstpersönlicher (intimer) Rückzugsgebiete, die zum Kernbereich privater Lebensgestaltung gehören (zum Kernbereichsschutz vgl. BVerfGE 120, 247 (335) unter Berufung auf BVerfGE 109, 279 (313)). Eine Verletzung dieses Bereichs ist aus keinem Interesse, auch nicht dem der Medien, gerechtfertigt. Die Menschenwürde ist abwägungsresistent und mithin tabu. 23

1. Das Grundrecht auf informationelle Selbstbestimmung

Seit den siebziger Jahren des zwanzigsten Jahrhunderts drohen dem Menschen Verletzungen durch die Verarbeitung von Informationen aus dem Privatbereich. Der Zugriff auf personenbezogene Informationen wird zu einem bedrohlichen Herrschaftsmittel des Staates und in zunehmendem Umfang auch der Wirtschaft. Das BVerfG reagierte frühzeitig auf diese Entwicklung und entwickelte in seinem Volkszählungsurteil 1983 aus dem allgemeinen Persönlichkeitsrecht (Art. 2 Abs. 1 iVm Art. 1 Abs. 1 GG; zur Leistungsdimension des allgemeinen Persönlichkeitsrechts vgl. Britz Freie Entfaltung durch Selbstdarstellung, 31 f.) das Grundrecht auf informationelle Selbstbestimmung/Datenschutz (vgl. auch Art. 8 GRCh), worunter das verfassungsrechtlich geschützte Recht auf Privatheit und Intimität zu verstehen ist (vgl. auch Art. 7 GRCh und Art. 8 EMRK). 24

Nach dem Bundesverfassungsgericht gewährleistet das Grundrecht auf informationelle Selbstbestimmung „die Befugnis des Einzelnen, grundsätzlich selbst über die Preisgabe und Verwendung seiner persönlichen Daten zu bestimmen." (BVerfGE 65, 1 – Volkszählungsurteil; ausf. dazu TBPH DatenschutzR Kap. 1 Rn. 316 ff.) Diese Formulierung findet sich sinngemäß bereits in dem berühmten amerikanischen Aufsatz „Right to Privacy" der Autoren Samuel D. Warren und Louis 25

Syst. I. Datenschutz in Medien und Telekommunikation

D. Brandeis aus dem Jahre 1890 (Warren/Brandeis Harvard Law Review IV 1890, 193 ff., sa auch Übersetzung von Hansen/Weichert DuD 2012, 755).

2. Gemeinwohlbezug

26   Mit dem Grundrecht auf informationelle Selbstbestimmung soll nicht nur die freie Entfaltung des Einzelnen gesichert werden, sondern auch das Gemeinwohl im demokratischen Rechtsstaat: „Wer unsicher ist, ob abweichende Verhaltensweisen jederzeit notiert und als Information dauerhaft gespeichert werden, wird versuchen, nicht durch solche Verhaltensweisen aufzufallen (...). Dies würde nicht nur die individuellen Entfaltungschancen des Einzelnen beeinträchtigen, sondern auch das Gemeinwohl, weil Selbstbestimmung eine elementare Funktionsbedingung eines auf Handlungs- und Mitwirkungsfähigkeit seiner Bürger begründeten freiheitlichen demokratischen Gemeinwesens ist" (BVerfGE 65, 1 (43)). Diese demokratiebezogene Funktion verbindet das Grundrecht auf informationelle Selbstbestimmung mit dem der Medienfreiheit – beide Freiheiten sind notwendige Voraussetzung für einen freien, demokratischen Staat.

3. Räumliche Privatheit

27   Persönlichkeits- und Datenschutz umfassen insbesondere auch die räumliche Privatheit. Das BVerfG hat mit Bezug auf den Schutz der Wohnung (Art. 13 GG) den Sinn der Privatheit als „Innenraum" beschrieben, wo der Einzelne „sich selbst besitzt" und in Ruhe gelassen wird (BVerfGE 27, 1 (6)). „Im Kern geht es um einen Raum, in dem der Einzelne die Möglichkeit hat, frei von öffentlicher Beobachtung und damit der von ihr erzwungenen Selbstkontrolle zu sein, auch ohne dass er sich dort anders verhielte als in der Öffentlichkeit. Bestünden solche Rückzugebereiche nicht mehr, könnte der Einzelne physisch überfordert sein, weil er darauf achten müsste, wie er auf andere wirkt. Die notwendige Erholung von einer durch Funktionszwänge und Medienpräsenz geprägten Öffentlichkeit ist vielfach nur in Abgeschiedenheit zu gewinnen" (BVerfG NJW 2000, 1021 (1022); s. auch Tinnefeld, Überleben in Freiräumen 2018, 14 (77 ff.)).

28   Der EGMR hat den Begriff der räumlichen Privatsphäre nicht auf die räumliche Dimension im engeren Sinn beschränkt (vgl. etwa EGMR, GRUR 2004, 1051 – von Hannover v. Deutschland). Auch Politiker und andere Personen, die im Rampenlicht der Öffentlichkeit stehen, haben einen Anspruch auf Schutz vor Beobachtung oder vor Aufnahmen, die sie in rein privaten Zusammenhängen zeigen. Ohne ihre Einwilligung dürfen nur solche Bilder veröffentlicht werden, die in engem Zusammenhang mit ihrer offiziellen Tätigkeit stehen. Dabei handelt es sich nicht um Zensur. Denn auch prominente Menschen bedürfen eines klaren Schutzes ihrer Privatsphäre (Frowein, Meinungsfreiheit und Demokratie in: Karl/Berka Medienfreiheit, Medienmacht und Persönlichkeitsschutz, 2008, 25 f.).

29   In seiner Entscheidung vom 8.11.2012 hat auch das BVerfG, auf den Spuren der Rechtsprechung des EGMR und des EuGH, festgehalten, dass die vom allgemeinen Persönlichkeitsrecht geschützte Privatsphäre nicht auf den häuslichen Bereich beschränkt ist (BVerfG BeckRS 2012, 60164 – Observierung eines aus der Sicherungsverwahrung Entlassenen).

4. IT-Grundrecht

30   Vor dem Hintergrund der Weiterentwicklung neuer Technologien hat das BVerfG das Grundrecht auf Gewährleistung der Vertraulichkeit und Integrität informationstechnischer Systeme (IT-Grundrecht) aus dem allgemeinen Persönlichkeitsrecht abgeleitet (BVerfGE 120, 274 – Online-Durchsuchung). Geschützt werden Systeme, „die allein oder in ihren technischen Vernetzungen personenbezogene Daten des Betroffenen in einem Umfang und in einer Vielfalt enthalten können, dass ein Zugriff auf das System es ermöglicht, einen Einblick in wesentliche Teile der Lebensgestaltung einer Person zu gewinnen oder gar ein aussagekräftiges Bild der Persönlichkeit zu erhalten" (BVerfGE 120, 274 (314)). Ein Eingriff ist dann gegeben, „wenn die Integrität des geschützten informationstechnischen Systems angetastet wird, indem auf das System so zugegriffen wird, dass dessen Leistungen, Funktionen und Speicherinhalte durch Dritte genutzt werden können" (BVerfGE 120, 274 (314)). Es handelt sich dabei insbesondere um PCs oder Mobiltelefone, gleichgültig ob sie geschützt sind (BVerfGE 120, 274 (315)) oder ob sie sich in der Verfügungsgewalt Dritter befinden, zB Serviceaccounts (BVerfGE 120, 274 (315)).

Syst. I. Datenschutz in Medien und Telekommunikation

IV. Prägende Urteile des Bundesverfassungsgerichts

Das Bundesverfassungsgericht widmet sich seit 1951 dem Schutz der Verfassung und ihres Vorrangs auch vor dem Gesetzgeber (Grimm, Das Grundgesetz nach 50 Jahren in: Die Verfassung und die Politik, Einsprüche in Störfällen, 1999, 295 ff.). Die Entscheidungen des BVerfG sind für die Meinungs- und Pressefreiheit sowie für den Datenschutz richtungsweisend. **31**

1. Lüth

Eine der besonders wichtigen Entscheidungen zum Grundrechtsschutz ist das Lüth-Urteil des Bundesverfassungsgerichts vom 15.1.1958 (BVerfGE 7, 198). Es wurde durch den Boykottaufruf des Hamburger Senatsdirektors Erich Lüth gegen das Comeback des NS-Filmregisseurs Veit Harlan ausgelöst. Bei der Entscheidung ging es um den Umgang mit der NS-Vergangenheit und die Zulässigkeit und Grenzen von Meinungsfreiheit und dem Protest in einer Demokratie. Das Bundesverfassungsgericht betonte die demokratische Bedeutung der Meinungs- und Pressefreiheit im Verhältnis zu den materiellen Interessen, den ebenfalls grundrechtsgeschützten wirtschaftlichen Interessen des Filmverleihs und entschied, dass in diesem Fall der Meinungs- und Pressefreiheit das größere Gewicht zukomme (vgl. Dürig DÖV 1958, 194 ff.). Darüber hinaus führte das Gericht aus, dass jeder einfachgesetzliche Normkonflikt „im Licht" der für den Konflikt maßgebenden Grundrechtsgarantie auszulegen sei. Auf diese Weise sollten sich die Grundrechte optimal „entfalten" können. Neben die klassische Funktion der Grundrechte, als Abwehrrechte gegen die Staatsgewalt zu dienen, tritt nun die gesamte Grundrechtsordnung als Wertordnung. Das Gericht stellte fest, dass sich in den Grundrechten des Grundgesetzes auch eine objektive Wertordnung verkörpere, die als verfassungsrechtliche Grundentscheidung für alle Bereiche des Rechts gelte (BVerfGE 7, 198 – Lüth). Ziel der Entscheidung ist es, keine rechtsfreien Räume auch zwischen Privaten zuzulassen (sog. Drittwirkung der Grundrechte). Damit gewinnen die Grundrechte eine Steuerungsfunktion für die gesamte Rechtsordnung. **32**

2. Spiegel

Mit dem unveräußerlichen Recht des Menschen, seine Gedanken frei äußern zu können, steht die öffentliche Aufgabe der Pressefreiheit in enger Verbindung. Dieser Aufgabe hat das Bundesverfassungsgericht in seinem berühmt gewordenen Spiegel-Urteil v. 5.8.1966 deutliche Konturen gegeben: „Eine freie, nicht von der öffentlichen Gewalt gelenkte, keiner Zensur unterworfenen Presse ist ein Wesenselement des freiheitlichen Staates, insbesondere ist eine freie, regelmäßig erscheinende politische Presse für die moderne Demokratie unentbehrlich. Soll der Bürger politische Entscheidungen treffen, muss er umfassend informiert sein, aber auch die Meinungen kennen und gegeneinander abwägen können, die andere sich gebildet haben. Die Presse hält diese ständige Diskussion in Gang. Sie beschafft die Informationen, nimmt selbst dazu Stellung und wirkt damit als orientierende Kraft in der Auseinandersetzung. (...). Sie fasst die in der Gesellschaft und ihren Gruppen unaufhörlich sich bildenden Meinungen und Forderungen kritisch zusammen, stellt sie zur Erörterung und trägt sie an die handelnden Staatsorgane heran, die auf diese Weise ihre Entscheidungen auch in Einzelfragen ständig am Maßstab der im Volk tatsächlich vorhandenen Meinungen messen können" (BVerfGE 20, 162 (174 f.)). Auch im digitalen Zeitalter des 21. Jahrhunderts hat diese Aussage nicht an Bedeutung verloren. Es sind immer noch die Medien, die online und offline die politische Auseinandersetzung zwischen den Bürgern und ihren gewählten Vertretern national, supranational und global in Gang halten (zu Presse und Rundfunk im politischen Kontext der Öffentlichkeit vgl. NK-MedienR/Ladeur Teil 1 Kap. 3 Abschn. 4 Rn. 37 ff.). **33**

3. Cicero

Im Cicero-Urteil (BVerfGE 117, 244) hat das Bundesverfassungsgericht wie zuvor schon im Spiegel-Urteil festgehalten, dass Durchsuchungen und Beschlagnahmen in einem Ermittlungsverfahren gegen Presseangehörige verfassungsrechtlich unzulässig sind, wenn sie allein oder vorwiegend den Zweck verfolgen, die Person des Informanten zu ermitteln. Das Gericht betont in der Entscheidung die besondere Bedeutung des Informantenschutzes; dieser Schutz sei „unentbehrlich, weil die Presse auf private Mitteilungen nicht verzichten kann, diese Informationsquelle aber nur dann ergiebig fließt, wenn sich der Informant grundsätzlich auf die Wahrung des Redaktionsgeheimnisses verlassen kann" (BVerfGE 177, 244 (259)). **34**

Syst. I. Datenschutz in Medien und Telekommunikation

B. Presse- und Medienprivileg

35 Der hohe Stellenwert der Presse- und Medienfreiheit bedingt es, dass Presse- und Medienorgane verfahrensrechtlich einen besonderen Schutz erfahren sowie datenschutzrechtlich nicht denselben strengen Regeln unterfallen wie sonstige datenverarbeitende Stellen. Allerdings ist zu beachten, dass Betroffenen verfahrensrechtlich ein Gegendarstellungsanspruch zusteht, der durch das allgemeine Persönlichkeitsrecht verfassungsrechtlich geboten ist. Er ist auf Tatsachen beschränkt.

I. Verfahrensrecht

1. Privilegien

36 Das wichtigste verfahrensrechtliche Privileg ist das publizistische Zeugnisverweigerungsrecht der Personen, die im Presse- und Medienbereich tätig sind (§ 53 Abs. 1 S. 1 Nr. 5 StPO, § 383 Abs. 1 Nr. 5 ZPO). Ohne Zuerkennung dieses Rechts würde die Garantie der freien Informationsbeschaffung leer laufen (TBPH DatenschutzR Kap. 1 Rn. 162). Ein Informant, der bei der Übermittlung vertraulicher Informationen fürchten müsste, dass sein Name offenbart wird, würde dieses Risiko nicht eingehen. Das Zeugnisverweigerungsrecht bezieht sich darüber hinaus auch auf das vom Redakteur selbst erarbeitete Material.

37 Mit diesem Zeugnisverweigerungsrecht korrespondiert grundsätzlich auch ein Beschlagnahmeverbot. Beweismittel, die sich im Gewahrsam der berechtigten Personen befinden, dürfen nicht beschlagnahmt werden (§ 97 Abs. 5 StPO). Prozessuale Schutzrechte besitzen Presse und Medien darüber hinaus, soweit es um die Durchsuchung von Redaktionsräumen geht (s. A IV 3 – Cicero-Entscheidung).

2. Schutzlücken

38 Die Regelungen zur Telekommunikationsüberwachung nach § 100a StPO sehen keine besondere Privilegierung von Presse und Medien vor, obwohl auch hier – über den Schutz der Vertraulichkeit der Kommunikation hinaus – gerade die spezifischen Voraussetzungen für eine funktionsfähige Presse betroffen sind (Geheimhaltung der Informationsquellen, Schutz des Vertrauensverhältnisses zu Informanten). Einschlägig ist insoweit § 160a StPO, dessen Abs. 2 auf eine Verhältnismäßigkeitsprüfung verweist.

39 Der vertrauliche Umgang mit Informanten ist auch dann schwer gefährdet, wenn Telekommunikations-Verkehrsdaten, also auch die angerufenen Nummern der Informanten (Zielnummern), unverkürzt aus Gründen der Sicherheit etwa für Ermittlungsbehörden für mehrere Monate von den Dienstanbietern gespeichert werden dürfen (Stichwort Vorratsdatenspeicherung; s. schon Lepperhoff/Tinnefeld RDV 2004, 7 ff.). Wegen der digitalisierten Vermittlung hinterlässt praktisch jede Form der Telekommunikation eine Datenspur in den Vermittlungsrechnern der Diensteanbieter. Damit kann die Enttarnung eines Gesprächspartners durch den Zugriff auf Informationen erfolgen, die sich im technischen Gewahrsam eines Dritten befinden. Die „fürsorgliche Despotie" im Namen der nationalen Sicherheit belastet den Informanten, gefährdet Recherchekonzepte und höhlt die demokratische Arbeit des Journalisten aus. Auch wenn ein Journalist auf die Frage nach seinem Gesprächspartner den Ermittlungsbehörden keine Antwort geben muss und sein Telefon- und Adressverzeichnis nicht beschlagnahmt werden dürfen, wird durch den Zugriff auf Verkehrsdaten sein Zeugnisverweigerungsrecht und das Beschlagnahmeverbot ausgehebelt.

II. Datenschutzrecht

40 Das sog. Presse- und Medienprivileg, wie es bislang in den Datenschutzgesetzen normiert war und nun auch in Art. 85 DS-GVO seine Berücksichtigung gefunden hat, stellt Presse- und Medienunternehmen weitestgehend von datenschutzrechtlichen Vorgaben frei. Art. 85 Abs. 1 DS-GVO gibt den Mitgliedstaaten auf, „durch Rechtsvorschriften das Recht auf den Schutz personenbezogener Daten gemäß dieser Verordnung mit dem Recht auf freie Meinungsäußerung und Informationsfreiheit, einschließlich der Verarbeitung zu journalistischen Zwecken und zu wissenschaftlichen, künstlerischen oder literarischen Zwecken, in Einklang [zu bringen]". Hinter dieser Privilegierung von Presse und Medien steht jeweils die Erkenntnis, dass eine kritische und investigative Berichterstattung nur dann möglich ist, wenn Presse und Medien nicht den engen Grenzen des Datenschutzrechts unterfallen (vgl. Simitis/Hornung/Spiecker gen. Döhmann/Dix DS-GVO Art. 85 Rn. 1; Dörr ZUM 2004, 536 (540 f.)). So liegt es auf der Hand, dass Presse und Medien ihre in Art. 5 Abs. 1 S. 2 GG, Art. 10 Abs. 1 EMRK, Art. 11 Abs. 2 GRCh zuerkannte Funktion

Syst. I. Datenschutz in Medien und Telekommunikation

nur dann ausfüllen können, wenn sie auch ohne Einwilligung der Betroffenen deren personenbezogene Daten verwenden können (BGH NJW 2010 2432 (2435) – Sedlmayr-Mord II).

1. Presse

Für den Begriff der Presse gilt das weite und formale Begriffsverständnis von Presse iSv Art. 5 Abs. 1 S. 2 GG. Maßgeblich sind Art und Weise der Herstellung und Vervielfältigung der Publikation, besondere Eigenschaften muss diese nicht aufweisen, solange sie nur „in gedruckter und zur Verbreitung geeigneter und bestimmter Form am Kommunikationsprozess teilnimmt" (BVerfG NJW 1997, 386 (387)). **41**

Grundsätzlich fallen auch rein elektronische Publikationen unter den Pressebegriff. Dagegen spricht nicht, dass es bei elektronischen Publikationen am Vorliegen eines „körperlichen Trägermediums" fehlt (anders OLG Köln BeckRS 2009, 26929; BeckOK GG/Schemmer GG Art. 5 Rn. 43). Ausreichend für die Einordnung einer Publikation als Presse ist es vielmehr, wenn diese „Formen der Allgemeinkommunikation annimmt, die in ihrem Erscheinungsbild der Kommunikation von Text und Bild in den traditionellen Presseerzeugnissen ähnlich ist" (Dürig/Herzog/Scholz/Grabenwarter GG Art. 5 Rn. 251), was auch bei der elektronischen Presse der Fall ist (zu den Telemedien des Rundfunks und der Presse sogleich → Rn. 44). **42**

Nach den einschlägigen Regelungen in den jeweiligen Landespressegesetzen sind Unternehmen der Presse und deren Hilfsunternehmen von den datenschutzrechtlichen Vorgaben weitestgehend befreit, soweit personenbezogene Daten zu journalistischen Zwecken verarbeitet werden (ausführlich zu den landesrechtlichen Medienprivilegien Specht/Mantz DatenschutzR-HdB/Hennemann § 19 Rn. 67 ff.). Dem Regelungsauftrag des Art. 85 DS-GVO wird die in diesen Vorschriften vorgesehene weitgehende Freistellung von den materiell-rechtlichen Datenverarbeitungsvorgaben nicht gerecht (Kühling/Buchner/Buchner/Tinnefeld DS-GVO/BDSG Art. 85 Rn. 31; Simitis/Hornung/Spiecker gen. Döhmann/Dix DS-GVO Art. 85 Rn. 31). **43**

2. Telemedien und Rundfunk

Auf Telemedien mit journalistisch-redaktionell gestalteten Inhalten sind nach § 23 MStV (vormals § 57 RStV) die datenschutzrechtlichen Vorgaben weitgehend unanwendbar. **44**

Für den Rundfunk ist das „Medienprivileg" in § 12 MStV (Datenverarbeitung zu journalistischen Zwecken, Medienprivileg) geregelt; konkret werden die in der ARD zusammengeschlossenen Landesrundfunkanstalten, das ZDF, das Deutschlandradio sowie private Rundfunkveranstalter privilegiert, soweit diese personenbezogene Daten zu journalistischen Zwecken verarbeiten. **45**

Auch für das Medienprivileg nach § 12 und § 23 MStV gilt ebenso wie schon für die Privilegierung der Presse, dass die pauschale Freistellung von den materiell-rechtlichen Datenverarbeitungsvorgaben mit den Vorgaben von Art. 85 DS-GVO nicht vereinbar ist (Kühling/Buchner/Buchner/Tinnefeld DS-GVO/BDSG Art. 85 Rn. 31). **46**

3. Selbstregulierung

Fraglich ist, ob die weitgehende Freistellung von Presse und Medien von den datenschutzrechtlichen Vorgaben dadurch kompensiert werden kann, dass sich diese in Form der Selbstregulierung selbst publizistische Standesregeln auferlegen, um Grundwerte wie die Wahrnehmung von Wahrhaftigkeit, Verlässlichkeit, Unbestechlichkeit, Achtung der Menschenwürde, Respektierung der Intim- und Privatsphäre, Redaktionsgeheimnis usw. zu gewährleisten. Der EGMR hat den Grundsatz der Selbstbeschränkung bei der Berichterstattung über die Privatsphäre (Art. 8 EMRK; sa Art. 7 GRCh) mehrfach angesprochen (vgl. etwa EGMR Urt. v. 24.5.2004 von Hannover gegen Deutschland Nr. 59320/00). Eine wirksame unabhängige Medien-Selbstkontrolle ist auf Standesregeln angewiesen, welche vorhandene Konflikte etwa zwischen der Wahrheitspflicht und dem Schutz der Privatsphäre aufgreifen und Leitplanken in der Routine journalistischer Arbeit vorgeben. Dies hat sich nicht zuletzt im Fall der Veröffentlichung amerikanischer Diplomatendepeschen auf der Enthüllungsplattform von WikiLeaks gezeigt, die ohne Rücksicht auf Privatheit und informationelle Selbstbestimmung der Diplomaten veröffentlicht wurden (Tinnefeld DuD 2012, 2 f. mwN). **47**

Was die Selbstregulierung der Presse in Deutschland angeht, sind die Publizistischen Grundsätze (sog. Pressekodex) sowie die Beschwerdeordnung des Deutschen Presserats zu nennen. Ob mit diesen Selbstregulierungsansätzen tatsächlich die datenschutzrechtlichen Lücken ausreichend kompensiert werden, ist fraglich (Simitis/Hornung/Spiecker gen. Döhmann/Dix DS-GVO Art. 85 Rn. 12). Zweifel bestehen nicht nur mit Blick auf die Freiwilligkeit einer Selbstverpflichtung, **48**

Syst. I. Datenschutz in Medien und Telekommunikation

sondern auch wegen des eingeschränkten Schutzniveaus und des begrenzten Sanktionsinstrumentariums.

III. Journalistische Zwecksetzung

49 Voraussetzung für eine datenschutzrechtliche Privilegierung von Presse- und Medienunternehmen ist stets, dass diese personenbezogene Daten zu journalistischen Zwecken verarbeiten (Art. 85 DS-GVO; §§ 12, 23 MStV). Dieses Kriterium der journalistischen Zwecksetzung ist zunächst einmal nur schwer fassbar, es setzt jedenfalls voraus, dass das Ziel verfolgt wird, Informationen, Meinungen oder Ideen in der Öffentlichkeit zu verbreiten (EuGH ZD 2019, 262). Darüber hinaus sind nach dem EuGH „eine Reihe relevanter Kriterien" zu berücksichtigen, ua der Bekanntheitsgrad der von einer Berichterstattung betroffenen Personen und deren vorangegangenes Verhalten, der Gegenstand der Berichterstattung, Inhalt, Form und Auswirkungen der Veröffentlichung, die Art und Weise sowie die Umstände, unter denen die Informationen erlangt worden sind, und deren Richtigkeit. Auch soll berücksichtigt werden, ob der für die Verarbeitung Verantwortliche Maßnahmen ergreifen kann, die es ermöglichen, das Ausmaß des Eingriffs in das Recht auf Privatsphäre zu verringern (EuGH ZD 2019, 262 (264)).

1. Investigativer Journalismus

50 Paradebeispiel für journalistische Arbeit ist der investigative Journalismus (kritischer Qualitätsjournalismus), wie er sich in der zweiten Hälfte des 19. Jahrhunderts entwickelt hat und sich beispielhaft an der Affäre Dreyfus in Frankreich studieren lässt (Schmale/Tinnefeld MMR 2011, 786). Nach Eichhoff zeichnet sich investigativer Journalismus durch „beharrliche Recherche gegen den Widerstand der Betroffenen" aus, „auch mit rechtswidrigen Mitteln und mit Hilfe vertraulicher Informanten" (Eichhoff, Investigativer Journalismus aus verfassungsrechtlicher Sicht, 2011, 327). Ziel des investigativen Journalismus ist es, „die Öffentlichkeit über Missstände sachlich zu informieren, die zumeist durch Machtmissbrauch verursacht werden, und so in letzter Konsequenz den Staat und die Gesellschaft zu verbessern" (Eichhoff, Investigativer Journalismus aus verfassungsrechtlicher Sicht, 2011, 327).

51 Im Grunde nähert sich beim investigativen Journalismus die journalistische Methode der Informationsrecherche den wissenschaftlichen Methoden der Informationsgewinnung an. Es handelt sich um gegengeprüfte und abgewogene Informationen, die die Qualität einer Berichterstattung ausmachen. Berühmtes Vorbild für einen investigativ arbeitenden Journalismus sind auch die beiden Journalisten Carl Bernstein und Bob Woodword, die den Watergate-Skandal aus dem Jahre 1972 akribisch recherchiert hatten. Letzteres Beispiel macht zugleich deutlich, wie wichtig gerade auch für Qualitätsjournalismus ein wirksamer Quellenschutz ist (der wiederum für die Wissenschaft nicht gelten kann): Die beiden Journalisten wurden heimlich von einem Whistleblower aus dem FBI unterstützt, der unter dem Namen „Deep Throat" bekannt ist, dessen Pseudonym erst Jahrzehnte später von ihm selbst aufgedeckt wurde.

2. Datengesteuerter Journalismus

52 Das Gegenmodell zum Qualitätsjournalismus ist der sog. datengesteuerte Journalismus, dessen Zielsetzung sich darauf beschränkt, Rohmaterial zu präsentieren (Tinnefeld DuD 2012, 891 ff. mwN). Zum Ausdruck kommt darin die Doktrin des freien Informationsflusses (free flow of information), wonach alle erreichbaren Informationen unbearbeitet zugänglich sein sollen (Druey Information als Gegenstand des Rechts, 1996, 86 f.). Paradebeispiel für einen solchen datengesteuerten Journalismus sind Enthüllungsportale wie WikiLeaks, wenn auf ihnen lediglich unbearbeitetes Rohmaterial dargeboten wird. Auch wenn es sich hierbei um Journalismus im weiteren Sinne handelt, stellt sich doch die Frage, ob damit stets auch eine Datenverarbeitung zu journalistischen Zwecken iSd Art. 85 DS-GVO, §§ 12, 23 MStV zu bejahen ist und damit solcherlei Enthüllungsportale und ähnliche Formen des datengesteuerten Journalismus unter das Presse- oder Medienprivileg fallen können. Dagegen spricht, dass nach dem EuGH für das Medienprivileg ua auch Inhalt, Form und Auswirkungen der Veröffentlichung eine Rolle spielen können sowie die Frage, ob der für die Verarbeitung Verantwortliche Maßnahmen ergreifen kann, die es ermöglichen, das Ausmaß des Eingriffs in das Recht auf Privatsphäre zu verringern (EuGH ZD 2019, 262 (264)). All diese Kriterien sprechen im Fall des rein datengesteuerten Journalismus ohne jegliche redaktionelle Aufbereitung gegen eine Privilegierung solcher Dienste.

Syst. I. Datenschutz in Medien und Telekommunikation

3. „Journalismus" in der Online-Welt

Die bloße Online-Publikation von Informationen ist noch kein „Journalismus" (Rombey ZD 2019, 301 (303) mit Verweis auf EuGH ZD 2019, 262). Zu fordern ist vielmehr ein Mindestmaß an journalistisch-redaktioneller Bearbeitung – gerade bei all den neuen Publikationsmodellen im Online-Bereich. Zu berücksichtigen ist hierbei dann auch, dass sich in der Online-Welt praktisch jedermann ohne größeren Aufwand in einem presseähnlichen Gewand präsentieren kann, indem er seinem Online-Angebot mittels einfacher Verlinkung ein paar Zusatzinformationen, aktuelle Meldungen oder Meinungsäußerungen Dritter hinzufügt. Eine solche redaktionelle Kosmetik darf aber grundsätzlich für eine datenschutzrechtliche Privilegierung nicht ausreichen, damit sich Online-Diensteanbieter nicht auf einfache Art und Weise ihrer datenschutzrechtlichen Pflichten entledigen können.

Der BGH hat in seiner Grundsatz-Entscheidung zu Personenbewertungsportalen (spickmich.de; NJW 2009, 2888) festgehalten, dass die bloße Erfassung von Bewertungen und deren Zusammenfassung in Form einer arithmetischen Berechnung des Mittelwerts den Anforderungen an eine journalistische-redaktionelle Bearbeitung nicht genügt. Ganz grundsätzlich hält der BGH fest, dass eine Publikation erst dann ein hinreichend journalistisch-redaktionelles Niveau aufweist, „**wenn die meinungsbildende Wirkung für die Allgemeinheit prägender Bestandteil des Angebots und nicht nur schmückendes Beiwerk ist**" (NJW 2009, 2888 (2890)). Diese – zu Recht hoch angesetzten – Anforderungen des BGH gelten nicht nur für Personenbewertungsportale, sondern auch für andere Online-Diensteanbieter wie etwa Anbieter von Meinungsforen, Bewertungsportalen oder auch Bilddatenbanken.

4. Online-Archive

Fraglich ist, ob sich die datenschutzrechtliche Privilegierung von Presse und Medien auch auf deren Online-Archive erstreckt, wenn diese nicht nur als reine Redaktionsarchive ausgestaltet sind, sondern darüber hinaus auch darauf abzielen, der interessierten Öffentlichkeit die Kenntnisnahme der in den Archiven enthaltenen Meldung zu ermöglichen. Während dies früher umstritten war, bezieht nunmehr die DS-GVO in Erwägungsgrund 153 ausdrücklich auch Nachrichten- und Pressearchive in die journalistische Zwecksetzung mit ein, weshalb grundsätzlich auch extern abrufbare Medienarchive unter das Medienprivileg fallen.

Vor allem bei Archivmeldungen zu bereits weit zurückliegenden Ereignissen ist jedoch zu berücksichtigen, dass insoweit extern abrufbare Archive nicht pauschal von allen datenschutzrechtlichen Vorgaben freigestellt werden können. Vielmehr gilt gerade auch für solcherlei Archivmeldungen der Regelungsauftrag des Art. 85 DS-GVO, wonach Datenschutz und Kommunikationsfreiheit miteinander in Einklang zu bringen sind. Welche Maßstäbe für einen solchen Ausgleich gelten, hat das BVerfG in seiner Entscheidung zum Recht auf Vergessen ausführlich dargelegt (BVerfG NJW 2020, 300 – Recht auf Vergessenwerden I; näher dazu Kühling/Buchner/Buchner/Tinnefeld DS-GVO/BDSG Art. 85 Rn. 17b f.). Auch der EGMR hat ein Recht auf Vergessen für Online-Zeitungsarchive bestätigt. Betroffene müssten die Chance haben, mit der Zeit ihre Reputation wiederherzustellen, vor allem wenn es sich nicht um Personen des öffentlichen Lebens handelt (Kieber NLMR 2021, 271; ZD-Aktuell 2021, 05275).

C. Datenschutz im Telemedienbereich

Datenschutz im Telemedienbereich wurde vor Geltung der DS-GVO in erster Linie durch die §§ 11 ff. TMG gewährleistet. Unter der DS-GVO war dafür jedoch kein Raum mehr. Art. 95 DS-GVO erlaubt die Fortgeltung bereichsspezifischer Vorschriften nur, soweit diese auf der RL 2002/58/EG (ePrivacy-Richtlinie) beruhen. Letzteres war bei den Vorschriften des TMG weitgehend nicht der Fall (ausführlich dazu Keppeler MMR 2015, 779). Mit Inkrafttreten des Gesetzes zur Regelung des Datenschutzes und des Schutzes der Privatsphäre in der Telekommunikation und bei Telemedien (TTDSG) finden sich seit dem 1.12.2021 die Datenschutzbestimmungen für den Telemedienbereich, soweit für diese unter der DS-GVO noch Raum ist, in diesem Gesetz.

I. Allgemeine Regelungen des TMG

Mit dem TTDSG sind die bisherigen datenschutzrechtlichen Vorgaben für den Telemedienbereich aus dem TMG herausgenommen und (teils) in das TTDSG überführt worden. Unabhängig davon ist der Regelungsinhalt des Telemediengesetzes jedoch nicht auf den Datenschutz

Syst. I. Datenschutz in Medien und Telekommunikation

beschränkt, die allgemeinen Vorschriften für Telemedien (§§ 1 bis 10 TMG) finden sich auch weiterhin in diesem Gesetz.

1. Zulassungs- und Anmeldefreiheit; Informationspflichten

59 Nach § 4 TMG sind Telemedien im Rahmen der Gesetze zulassungs- und anmeldefrei.

60 § 5 TMG (allgemeine Informationspflichten) normiert für geschäftsmäßige Onlineangebote eine Pflicht zur Anbieterkennzeichnung („Impressum"). § 6 TMG sieht darüber hinaus besondere Informationspflichten für sog. kommerzielle Kommunikation vor, um für Verbraucher bei Werbe- und Marketingmaßnahmen ein Mindestmaß an Transparenz zu gewährleisten.

2. Verantwortlichkeit

61 Die § 7 ff. TMG regeln die Verantwortlichkeit von Diensteanbietern und sehen hierfür ein abgestuftes Verantwortlichkeitskonzept vor – abhängig davon, ob es sich um eigene Informationen des Diensteanbieters handelt oder um fremde Informationen, die vom Diensteanbieter durchgeleitet (§ 8 TMG), zwischengespeichert (§ 9 TMG) oder gespeichert (§ 10 TMG) werden. Für fremde Informationen ist ein Diensteanbieter jeweils nur unter bestimmten Voraussetzungen verantwortlich, wobei diese Privilegierung aber jeweils nur vor einer Inanspruchnahme auf Schadensersatz schützt, nicht dagegen vor einer Inanspruchnahme auf Unterlassung oder Beseitigung.

62 Die DS-GVO ändert am Verantwortlichkeitskonzept der §§ 7 ff. TMG nichts, da diese Vorschriften die Art. 12–15 RL 2000/31/EG (E-Commerce-Richtlinie) umsetzen, die wiederum nach Art. 2 Abs. 4 DS-GVO von der DS-GVO unberührt bleiben sollen.

3. Melde- und Abhilfeverfahren der Videosharingplattform-Anbieter

63 Durch Art. 1 des Gesetzes zur Änderung des Telemediengesetzes und anderer Gesetze v. 19.11.2020 wurden in das TMG ua die §§ 10a ff. TMG eingefügt. In Umsetzung des Art. 28b AVMD-RL sehen diese Vorschriften eine Reihe von Schutzmaßnahmen durch Videosharingplattform-Anbieter vor, die subsidiär zum NetzDG gelten.

II. Personenbezogene Daten

64 Für die Datenverarbeitung im Telemedienbereich gilt ebenso wie für jeden anderen Bereich, dass die datenschutzrechtlichen Regelungen nur dann zur Anwendung kommen, wenn es sich um eine Verarbeitung **personenbezogener** Daten handelt. Streitig ist ein solcher Personenbezug im Telemedienbereich vor allem im Falle der Verarbeitung von **dynamischen IP-Adressen**. Diesen fehlt, im Unterschied zu statischen IP-Adressen, die feste Zuordnung zu einem bestimmten Rechner (und damit zu einer bestimmten Person als Inhaber dieses Rechners). Dynamische IP-Adressen werden vielmehr Internet-Nutzern von ihren Access-Providern bei jedem Einwählvorgang neu zugeordnet. Daher ist umstritten, ob gleichwohl auch bei dynamischen Adressen ein Personenbezug anzunehmen ist.

65 Das für die Bestimmbarkeit erforderliche Zusatzwissen haben zunächst einmal unstreitig die Access-Provider selbst, die Datum, Zeitpunkt und Dauer der Internetverbindung und die dem Internet-Nutzer zugeteilte dynamische IP-Adresse festhalten (Orientierungshilfe Datenschutz IPv6, Abschnitt 3.5). Dieses Zusatzwissen müssen sich auch andere datenverarbeitende Stellen zurechnen lassen, wenn diese ohne unverhältnismäßigen Aufwand darauf zurückgreifen können. Nach Ansicht des EuGH soll dies jedenfalls dann der Fall sein, wenn die verantwortliche Stelle über rechtliche Mittel verfügt, um sich die Daten des Dritten verfügbar zu machen (EuGH DuD 2017, 42, 44 – Breyer). Aber auch bei großen Datenverarbeitern wie Facebook oder Google ist ein Personenbezug im Falle dynamischer IP-Adressen regelmäßig zu bejahen, wenn sich angelegte Nutzungsprofile aufgrund der Menge an Daten derart verdichtet haben, dass eine Bestimmbarkeit der betroffenen Person nicht mehr ausgeschlossen werden kann (Karg/Thomsen DuD 2012, 729 (734)).

III. Regelungsgrundsätze

66 Der Sache nach hat sich an den Regelungsgrundsätzen, wie sie früher durch die §§ 11 ff. TMG vorgegeben waren, auch unter Geltung der DS-GVO nichts geändert. Ergänzt werden diese Regelungen durch den besonderen Telemediendatenschutz, wie er seit 1.12.2021 in den §§ 19 ff. TTDSG geregelt ist.

Syst. I. Datenschutz in Medien und Telekommunikation

1. Verbotsprinzip mit Erlaubnisvorbehalt

Ebenso wie nach § 12 Abs. 1 TMG aF gilt auch nach Art. 6 Abs. 1 DS-GVO das sog. Verbotsprinzip mit Erlaubnisvorbehalt: Eine Verarbeitung personenbezogener Daten ist nur dann zulässig, wenn dies gesetzlich erlaubt ist oder der Nutzer eingewilligt hat. **67**

2. Zweckbindung

Der in § 12 Abs. 2 TMG aF normierte Zweckbindungsgrundsatz, wonach erhobene Daten allein für den angegebenen Zweck genutzt werden dürfen, sofern nicht für die anderweitige Verwendung auf eine Rechtsvorschrift oder eine Einwilligung zurückgegriffen werden kann, gilt ebenso auch nach Art. 5 Abs. 1 lit. b und Art. 6 Abs. 4 DS-GVO. **68**

3. Unterrichtungs- und Auskunftspflichten

§ 13 Abs. 1 TMG aF normierte eine ganze Reihe von Informationspflichten gegenüber dem Nutzer, die allesamt die **Transparenz** der Datenverarbeitung gewährleisten und dem Nutzer eine effektive Ausübung seines informationellen Selbstbestimmungsrechts ermöglichen sollten. **69**

Seit Mai 2018 gelten insoweit die (noch ausführlicheren) Vorgaben der Art. 12, 13 und 14 DS-GVO, die der Sache nach keine Änderungen mit sich gebracht haben: **70**

Die Vorgabe des § 13 Abs. 1 TMG aF, dass der Diensteanbieter die Nutzer zu Beginn des Nutzungsvorgangs über Art, Umfang und Zweck der Datenverarbeitung unterrichten muss, entspricht den (allerdings deutlich detaillierter ausgestalteten) Vorgaben in Art. 13 DS-GVO. **71**

Dass die Unterrichtung „in allgemein verständlicher Form" erfolgen und für den Nutzer jederzeit abrufbar sein muss (§ 13 Abs. 1 S. 1 und S. 3 TMG aF), findet sich im selben Sinne auch in Art. 12 Abs. 1 DS-GVO normiert, wonach Informationen „in präziser, transparenter, verständlicher und leicht zugänglicher Form" übermittelt werden müssen. **72**

Die elektronische Form der Auskunftserteilung (§ 13 Abs. 8 S. 2 TMG aF) ist in der DS-GVO in Art. 12 Abs. 1 S. 2 sowie Abs. 3 S. 4 DS-GVO geregelt. **73**

4. Elektronische Einwilligung

Ebenso wie unter dem TMG (§ 13 Abs. 2 TMG aF) ist es auch unter der DS-GVO möglich, dass eine Einwilligungserklärung elektronisch abgegeben wird. Voraussetzung hierfür ist, dass sichergestellt ist, dass der Nutzer seine Einwilligung bewusst und eindeutig erteilt hat, die Einwilligung protokolliert wird und der Nutzer den Inhalt der Einwilligung jederzeit abrufen kann sowie der Nutzer die Einwilligung jederzeit mit Wirkung für die Zukunft widerrufen kann. Diese in § 13 Abs. 2 TMG aF noch explizit so festgeschriebenen Anforderungen gelten gleichmaßen auch unter der DS-GVO (Kühling/Buchner/Buchner/Kühling DS-GVO/BDSG Art. 7 Rn. 28). **74**

Der Vorgabe einer **bewusst und eindeutig** erteilten Einwilligung muss im Online-Bereich dadurch Rechnung getragen werden, dass eine Einwilligung im Wege des sog. **Opt-in** eingeholt wird, der Nutzer eine Einwilligung also aktiv erklärt, indem er etwa ein für die Einwilligung vorgesehenes Kästchen selbst anklickt. **75**

Zu unterscheiden hiervon ist die Praxis des sog. Opt-out, bei der einem Nutzer zunächst einmal eine Einwilligung unterstellt wird und er von sich aus diese wieder „aus der Welt schaffen" muss (etwa durch „Ausklicken"). Unter Geltung der DS-GVO ist diese Praxis des Opt-out in sämtlichen Konstellationen unzulässig, weil nach Art. 4 Nr. 11 DS-GVO für eine wirksame Einwilligung eine „**unmissverständlich**" abgegebene Willensbekundung in Form einer Erklärung oder einer sonstigen „**eindeutigen**" Handlung vorausgesetzt wird (EuGH DuD 2019, 793 – Planet49). **76**

Gemäß Art. 7 Abs. 3 DS-GVO kann der Nutzer seine Einwilligung jederzeit mit Wirkung für die Zukunft widerrufen. **77**

5. Technische und organisatorische Vorkehrungen

Das TMG aF verpflichtete den Diensteanbieter zu einer Reihe von technischen und organisatorischen Vorkehrungen, um die übergeordneten datenschutzrechtlichen Vorgaben der Datenvermeidung und -sparsamkeit sowie der Datensicherheit zu erfüllen. Gleichermaßen ist der Diensteanbieter nunmehr auch nach § 19 TTDSG zu technischen und organisatorischen Vorkehrungen verpflichtet. **78**

§ 19 Abs. 2 TTDSG verpflichtet den Diensteanbieter dazu, eine anonyme oder pseudonyme Dienstenutzung zu ermöglichen. Die Vorgabe zielt auf **Datenvermeidung und -sparsamkeit** ab und ist damit Ausdruck des Datenminimierungsgrundsatzes nach Art. 5 Abs. 1 lit. c DS-GVO **79**

Syst. I. Datenschutz in Medien und Telekommunikation

(Taeger/Gabel/Moos § 19 TTDSG Rn. 12). Stets gilt die datenschutzrechtliche Maxime, dass möglichst wenig Daten anfallen und verarbeitet werden sollen. Des Weiteren sind insoweit auch die Vorgaben der Art. 24, 25 und 32 DS-GVO einschlägig.

80 **Anonymisiert** sind Daten, wenn Einzelangaben über persönliche oder sachliche Verhältnisse nicht mehr oder nur noch mit einem unverhältnismäßig großen Aufwand an Zeit, Kosten und Arbeitskraft einer bestimmten Person zugeordnet werden können. Auch im letzteren Fall führt die Anonymisierung zu einer Aufhebung des Personenbezugs, da die bloß hypothetische Möglichkeit, eine Person zu bestimmen, gerade nicht ausreichend ist, um diese Person noch als bestimmbar anzusehen und damit ein personenbezogenes Datum anzunehmen.

81 Das **Pseudonymisieren** definiert die DS-GVO in Art. 4 Nr. 5 als die Verarbeitung personenbezogener Daten in einer Weise, dass die personenbezogenen Daten ohne Hinzuziehung zusätzlicher Informationen nicht mehr einer spezifischen betroffenen Person zugeordnet werden können. Anders als bei der Anonymisierung existiert bei der Pseudonymisierung eine Zuordnungsregel, die es dem Kenner dieser Regel ermöglicht, die Pseudonymisierung wieder rückgängig zu machen und den Personenbezug der pseudonymisierten Daten wieder herzustellen. Je nach der Art des Pseudonyms ist zu differenzieren, ob die pseudonymisierten Daten als personenbezogene Daten einzuordnen sind oder nicht (ausf. dazu Roßnagel/Scholz MMR 2000, 721 (725) ff.): Handelt es sich um ein sog. „selbstgeneriertes Pseudonym", hat also der Nutzer selbst sein Pseudonym ausgewählt und verfügt nur dieser über die Zuordnungsregel, sind die pseudonymisierten Daten nicht mehr als personenbezogene Daten einzuordnen. Wird dagegen die Zuordnungsregel vom Diensteanbieter vergeben und verwaltet dieser das Pseudonym, sind die pseudonymisierten Daten jedenfalls gegenüber diesem Diensteanbieter weiterhin als personenbezogene Daten einzuordnen.

IV. Zulässigkeit einer Datenverarbeitung

1. Bestands- und Nutzungsdaten

82 Mit der Ablösung der §§ 14, 15 TMG aF durch Art. 6 Abs. 1 lit. b DS-GVO muss für die Frage der Zulässigkeit einer Datenverarbeitung an sich nicht mehr nach Bestands- und Nutzungsdaten differenziert werden. Gleichwohl spielen die verschiedenen Datenkategorien weiterhin eine Rolle, auch unter dem neuen TTDSG, wenn es um die Auskunft und das Auskunftverfahren über Bestands- und Nutzungsdaten geht (§§ 21 ff. TTDSG).

83 **Bestandsdaten** sind nach § 2 Abs. 2 Nr. 2 TTDSG diejenigen personenbezogenen Daten, die im Zuge der Begründung, inhaltlichen Ausgestaltung und Änderung eines Vertragsverhältnisses anfallen, zB Name, Anschrift und Geburtsdatum des Nutzers, E-Mail- und IP-Adresse, Benutzername oder Zahlungsdaten.

84 **Nutzungsdaten** sind Daten, die im Zuge der Inanspruchnahme eines Telemediendienstes anfallen (§ 2 Abs. 2 Nr. 3 TTDSG). Die Kategorie der sog. Abrechnungsdaten ist dabei als ein Unterfall der Nutzungsdaten einzuordnen.

2. Erforderlichkeit

85 Die Grundidee der §§ 14 und 15 TMG aF ließ sich dahingehend – vereinfacht – zusammenfassen, dass all die Datenverarbeitungsvorgänge erlaubt sein sollten, die erforderlich sind, um einen Telemediendienst ordnungsgemäß erbringen zu können (Erforderlichkeitsgrundsatz). Der Sache nach gilt auch unter der DS-GVO nichts anderes, weil auch der insoweit einschlägige **Art. 6 Abs. 1 lit. b DS-GVO** auf dem Grundsatz der Erforderlichkeit beruht.

86 Das Tatbestandsmerkmal der Erforderlichkeit ist objektiv zu bestimmen und nicht im Sinne einer „Nützlichkeit" oder „Zweckdienlichkeit" aus Sicht des Diensteanbieters zu verstehen. So mag es zwar nützlich sein, wenn eine Suchmaschine Suchergebnisse liefert, die personalisiert auf den jeweiligen Nutzer zugeschnitten sind; erforderlich ist die damit einhergehende Datenverarbeitung jedoch nicht. Möchte ein Diensteanbieter solcherlei Mehrwert mittels einer Verarbeitung personenbezogener Daten anbieten, muss er sich hierfür eine Einwilligung seitens der betroffenen Nutzer einräumen lassen. Generell darf die **(enge) Grenze der Erforderlichkeit** nicht einfach dadurch aufgeweicht werden, dass bestimmte Datenverarbeitungsvorgänge allein deshalb erforderlich werden, weil ein Diensteanbieter seine Leistungen besonders „bedarfsgerecht" erbringen möchte (personalisierte Informationen, Angebote, Suchergebnisse etc).

87 Entsprechend gilt, dass das Kriterium der Erforderlichkeit auch **nicht willkürlich ausgeweitet** werden darf, indem Unternehmen für sich selbst ein bestimmtes Geschäftsmodell definieren, um dann darauf aufbauend sämtliche Datenverarbeitungsprozesse als „erforderlich" einzuordnen.

Syst. I. Datenschutz in Medien und Telekommunikation

Würde man dem Kriterium der Erforderlichkeit das Rechtsverständnis von Unternehmen wie Facebook zugrundelegen, wäre letztlich alles als „erforderlich" zur Vertragserfüllung iSd Art. 6 Abs. 1 lit. b DS-GVO einzuordnen, was diese Unternehmen für die bestmögliche Optimierung ihrer Geschäftsprozesse an Wissen über ihre Nutzer benötigen (ausführlich dazu Kühling/Buchner/Buchner/Kühling DS-GVO/BDSG Art. 6 Rn. 40a).

3. Nutzungsprofile, „Cookies"

Nutzungsprofile sind dadurch gekennzeichnet, dass verschiedenste Einzeldaten wie zB IPAdresse oder Zeitpunkt und Dauer einer bestimmten Dienstenutzung, die für sich genommen wenig aussagekräftig sind, durch die Nutzung von Cookies oder vergleichbaren Technologien zusammengeführt und zueinander in Bezug gesetzt werden. Dadurch weisen sie einen neuen, eigenständigen und im Vergleich zu den Einzeldaten deutlich aussagekräftigeren Informationsgehalt auf. Dieses „Mehr" an Information im Vergleich zu bloßen Nutzungsdaten macht Nutzungsprofile zu besonders sensiblen Daten, vergleichbar einem klassischen Persönlichkeitsprofil. **88**

Die Zulässigkeit einer Erstellung von Online-Nutzungsprofilen durch Cookies oÄ war früher in § 15 Abs. 3 TMG aF geregelt. Nach dem BGH ließ sich diese Vorschrift unter Berücksichtigung von **Art. 5 Abs. 3 der ePrivacy-RL** (RL 2002/58/EG) dahin richtlinienkonform auslegen, dass Diensteanbieter Cookies zur Erstellung von Nutzungsprofilen für Zwecke der Werbung oder Marktforschung nur mit Einwilligung des Nutzers einsetzen dürfen (BGH ZD 2020, 467 – Cookie-Einwilligung II). Mit dem Wortlaut des § 15 Abs. 3 S. 1 TMG sei eine dahingehende richtlinienkonforme Auslegung „noch vereinbar", da im Fehlen einer (wirksamen) Einwilligung „der nach dieser Vorschrift der Zulässigkeit der Erstellung von Nutzungsprofilen entgegenstehende Widerspruch gesehen werden" könne. **89**

Mit **§ 25 TTDSG** sind nunmehr die Vorgaben der ePrivacy-RL unter weitestgehender Übernahme des Wortlauts von Art. 5 Abs. 3 ePrivacy-RL in deutsches Recht umgesetzt. Die Vorschrift normiert explizit ein Einwilligungserfordernis und lässt nur unter engen Voraussetzungen Ausnahmen hiervon zu. Der sachliche Anwendungsbereich der Vorschrift ist weit und reicht von Websites und Apps über OTT-Kommunikationsdienste bis hin zum Internet of Things (Schwartmann/Benedikt DuD 2021, 811). **90**

Wenngleich Art. 5 Abs 3 ePrivacy-RL und § 25 TTDSG regelmäßig im Zusammenhang mit dem Einsatz von Cookies diskutiert werden, gelten die Vorschriften ebenso, wenn mittels vergleichbarer Technologien wie „Device Fingerprinting", HTML5-Objekte oder „Local Shared Objects" Informationen auf Endgeräten der Nutzer gespeichert werden oder auf diese zugegriffen wird (Taeger/Gabel/Ettig TTDSG § 25 Rn. 23). **91**

Ausnahmsweise ist gem. § 25 Abs. 2 TTDSG die Speicherung von Informationen auf einem Endgerät oder der Zugriff auf diese auch ohne Einwilligung zulässig, wenn der alleinige Zweck die Durchführung der Übertragung einer Nachricht über ein öffentliches Telekommunikationsnetz ist oder dies unbedingt erforderlich ist, damit der Anbieter eines Telemediendienstes einen vom Nutzer ausdrücklich gewünschten Telemediendienst zur Verfügung stellen kann. Erstere Ausnahme betrifft etwa Textnachrichten bspw. über Messenger oder E-Mails (Schwartmann/Benedikt DuD 2021, 811 (812)). Über letztere Ausnahme lassen sich typische Funktionen wie etwa ein „Warenkorb" oder die Authentifizierung von Nutzern legitimieren (ausführlich dazu Taeger/Gabel/Ettig TTDSG § 25 Rn. 46 ff.). **92**

§ 26 TTDSG regelt sog. „Anerkannte Dienste der Einwilligungsverwaltung" (PIMS, Personal Information Management-Systeme), die den Einzelnen dazu befähigen sollen, die Kontrolle über seine personenbezogenen Daten auszuüben (ausführlich dazu Schwartmann/Benedikt DuD 2021, 811). **93**

V. Einwilligung

1. Bedeutung

In der Praxis ist die Einwilligung für eine Datenverarbeitung im Online-Bereich der zentrale Erlaubnistatbestand, um die eng gefassten gesetzlichen Verarbeitungsbefugnisse zu erweitern. Die hohen rechtlichen Anforderungen, die für die Wirksamkeit einer Einwilligung gelten, gewährleisten, dass Nutzer auch in der Online-Welt ihr Recht auf informationelle Selbstbestimmung effektiv wahrnehmen können. Rechtlich fragwürdig ist es vor diesem Hintergrund, wenn Diensteanbieter versuchen, über eine extensive Auslegung des Art. 6 Abs. 1 lit. b DS-GVO als Erlaubnistatbestand dieses hohe Schutzniveau zu umgehen (→ Rn. 86 f.). **94**

Syst. I. Datenschutz in Medien und Telekommunikation

2. Wirksamkeitsvoraussetzungen

95 § 25 TTDSG verweist für die Anforderungen an eine wirksame Einwilligung auf die Vorschriften der DS-GVO. Und auch außerhalb des Anwendungsbereichs des § 25 TTDSG sind die Voraussetzungen für eine wirksame Einwilligungserklärung in der Online-Welt dieselben wie im allgemeinen Datenschutzrecht. Insbesondere muss diese **bewusst und eindeutig** erteilt werden und damit im Wege des sog. **Opt-in** eingeholt werden (EuGH DuD 2019, 793 – Planet49; → Rn. 75 f.).

3. AGB-Kontrolle

96 Auch im Online-Bereich wird eine Einwilligung oftmals im Rahmen von Allgemeinen Geschäftsbedingungen eingeholt. Die Einwilligungserklärung unterliegt dann der AGB-rechtlichen Inhaltskontrolle und ist gem. § 307 Abs. 1 S. 1 BGB unwirksam, wenn sie den Vertragspartner des Verwenders „unangemessen benachteiligt". Gem. § 307 Abs. 2 Nr. 1 BGB ist dies im Zweifel immer dann anzunehmen, wenn die Einwilligungsklausel mit wesentlichen Grundgedanken der gesetzlichen Regelung, von der abgewichen wird, nicht zu vereinbaren ist. Solche gesetzlichen Regelungen sind im vorliegenden Falle in erster Linie die datenschutzrechtlichen Bestimmungen der DS-GVO zur Einwilligung.

4. Freiwilligkeit

97 Stets ist eine Einwilligung nur dann wirksam, wenn sie freiwillig erteilt worden ist (Art. 4 Nr. 11, Art. 7 Abs. 4 DS-GVO). Gerade in der Online-Welt zeichnen sich jedoch viele Angebote, va vermeintlich „kostenlose", dadurch aus, dass sie auf dem Tauschmodell „Leistung gegen Einwilligung" beruhen und es der Anbieter für die Inanspruchnahme seines Dienstes zwingend zur Bedingung macht, dass sich Nutzer mit einer teils sehr umfangreichen Verarbeitung ihrer Daten einverstanden erklären. Streitig ist, ob auch in solchen Konstellationen eines „take it or leave it" eine Einwilligung noch auf der freien Entscheidung der betroffenen Person beruht (ausführlich dazu Kühling/Buchner/Buchner/Kühling DS-GVO/BDSG Art. 7 Rn. 48 ff.).

98 Eine besondere Ausprägung hat das Freiwilligkeitsgebot im sog. Koppelungsverbot gefunden. Danach darf die datenverarbeitende Stelle einen Vertragsschluss nicht von einer Einwilligung der betroffenen Person abhängig machen, wenn dieser ein anderer Zugang zu gleichwertigen Leistungen ohne Einwilligung nicht oder nicht in zumutbarer Weise eröffnet ist. Mitunter wird argumentiert, dass eine solche Unzumutbarkeit schon dann vorliegt, wenn ein Alternativangebot teurer, schlechter oder nur mit größerem Zeitaufwand zu erhalten ist.

99 Ein solch striktes Verständnis des Koppelungsverbots geht allerdings zu weit, es hätte zur Folge, dass sämtliche Anbieter von kostenlosen Online-Dienstleistungen, die ihr Angebot an eine Marketing-Klausel oÄ knüpfen, schon dann unter das Koppelungsverbot fallen, wenn es zwar vergleichbare Alternativangebote gibt, diese aber nicht kostenlos oder nicht so attraktiv sind. Vielmehr ist der Einzelne in seiner Entscheidung auch dann noch frei, wenn er entweder unter Verzicht auf Vertraulichkeit kostenlose und besonders innovative Dienste in Anspruch nehmen oder aber stattdessen auf datenschutzfreundlichere Angebote auszuweichen kann, mögen letztere auch kostenpflichtig oder weniger innovativ sein (s. auch Kühling/Buchner/Buchner/Kühling DS-GVO/BDSG Art. 7 Rn. 53).

D. Datenschutz im Telekommunikationsbereich

100 Für den Datenschutz im Telekommunikationsbereich galten früher die sektorspezifischen Regelungen der §§ 91 ff. TKG aF. Auch unter der DS-GVO hatte sich daran zunächst einmal gem. Art. 95 DS-GVO nichts geändert, soweit es um öffentlich zugängliche Telekommunikationsdienste ging (ausführlich dazu Spindler/Schuster/Eckhardt TKG § 91 Rn. 5 ff.).

101 Mit Inkrafttreten des Gesetzes zur Regelung des Datenschutzes und des Schutzes der Privatsphäre in der Telekommunikation und bei Telemedien (TTDSG) zum 1.12.2021 sind die Regelungen des TKG zum Datenschutz im Telekommunikationsbereich durch die des TTDSG abgelöst worden.

I. Fernmeldegeheimnis

102 Ausgangspunkt für den Datenschutz im Telekommunikationsbereich ist das Fernmeldegeheimnis (Art. 10 GG). Einfachgesetzlich gewährleistet § 3 TTDSG den Schutz des Fernmeldegeheimnisses gegenüber nicht-staatlichen Diensteanbietern.

Syst. I. Datenschutz in Medien und Telekommunikation

Das Fernmeldegeheimnis schützt „die freie Entfaltung der Persönlichkeit durch einen privaten, **103** vor der Öffentlichkeit verborgenen Austausch von Informationen" (BVerfG NJW 2006, 976 (977)). Die Vertraulichkeit individueller Kommunikation soll auch dann erhalten bleiben, wenn wegen der räumlichen Distanz zwischen den Kommunikationsteilnehmern und der damit einhergehenden Zugriffsmöglichkeiten Dritter der Kommunikationsvorgang besonders „verletzlich" ist. Das Fernmeldegeheimnis soll hier eine **„Privatheit auf Distanz"** gewährleisten (BVerfG NJW 2006, 976 (978 ff.)). Auch die Kommunikationsdienste des Internet sind davon erfasst (BVerfG NJW 2008, 822 (825 ff.)).

Geschützt werden durch das Fernmeldegeheimnis nicht nur die Kommunikationsinhalte, son- **104** dern auch die näheren Umstände der Kommunikation, konkret „ob, wann, wie oft und zwischen welchen Personen oder Telekommunikationseinrichtungen Telekommunikationsverkehr stattgefunden hat oder versucht worden ist" (stRspr, s. etwa BVerfG NJW 2012, 1419 (1421) mwN). Denn auch Informationen wie Häufigkeit, Dauer und Zeitpunkt von Kommunikationsverbindungen können eine erhebliche Aussagekraft entfalten, weil sie Rückschlüsse auf die Art und Intensität von Beziehungen zulassen und damit auch auf den Inhalt bezogene Schlussfolgerungen ermöglichen (BVerfG NJW 2006, 976 (978 ff.)).

Der Schutz des Fernmeldegeheimnisses bezieht sich nach der Rechtsprechung des Bundesver- **105** fassungsgerichts nur auf den Übertragungsvorgang selbst. Ein Grundrechtsschutz nach Art. 10 Abs. 1 GG scheidet hingegen aus, wenn der Übertragungsvorgang beendet und eine Nachricht beim Empfänger angekommen ist und die „spezifischen Gefahren der räumlich distanzierten Kommunikation" daher nicht mehr bestehen (BVerfG NJW 2006, 976 (978 ff.)). Statt des Fernmeldegeheimnisses ist für solche beim Teilnehmer gespeicherten Kommunikationsdaten das informationelle Selbstbestimmungsrecht einschlägig (Art. 2 Abs. 1 iVm Art. 1 Abs. 1 GG), unter Umständen auch das Recht auf Unverletzlichkeit der Wohnung nach Art. 13 GG (BVerfG NJW 2006, 976 ff.).

Auch durch die Zuordnung einer Telekommunikationsnummer oder statischen IP-Adresse zu **106** einem Anschlussinhaber wird das Fernmeldegeheimnis nicht berührt. Dies gilt selbst dann, wenn diese Zuordnung es einer Behörde mittelbar ermöglicht, daraus Rückschlüsse auf die Inhalte oder Umstände eines konkreten Kommunikationsvorgangs zu ziehen. Die **identifizierende Zuordnung dynamischer IP-Adressen** fällt dagegen in den Schutzbereich des Art. 10 Abs. 1 GG (BVerfG NJW 2012, 1419 (1421 f.)).

II. Anwendungsbereich

Mit Ablösung der bereichsspezifischen Datenschutzvorschriften der §§ 91 ff. TKG aF durch das **107** TTDSG gelten seit dem 1.12.2021 für den Datenschutz und den Schutz der Privatsphäre in der Telekommunikation die Vorschriften der §§ 3 ff. TTDSG. Nach § 1 Abs. 1 Nr. 2 TTDSG sieht das TTDSG ua „besondere Vorschriften zum Schutz personenbezogener Daten bei der Nutzung von Telekommunikationsdiensten" vor.

Mit der TKG-Novelle gilt seit 1.12.2021 die Definition in § 3 Nr. 61 TKG, wonach **Telekom- 108 munikationsdienste** „in der Regel gegen Entgelt über Telekommunikationsnetze erbrachte Dienste" sind, die folgende Dienste umfassen: Internetzugangsdienste (definiert in § 3 Nr. 23 TKG), sog. interpersonelle Telekommunikationsdienste (definiert in § 3 Nr. 24 TKG) und „Dienste, die ganz oder überwiegend in der Übertragung von Signalen bestehen" (beispielhaft angeführt werden in § 3 Nr. 61 TKG Übertragungsdienste, die für Maschine-Maschine-Kommunikation und für den Rundfunk genutzt werden).

Die Begriffsbestimmung in § 3 Nr. 61 TKG soll laut Begründung zum Referentenentwurf des **109** TKG dem Umstand Rechnung tragen, dass Endnutzer sich zwar immer noch auch „herkömmlicher" Sprachtelefon-, Textmitteilungs- und E-Mail-Dienste bedienen, zunehmend jedoch auch Online-Dienste wie Internet-Telefonie, Messengerdienste oder Web-gestützte E-Mail-Dienste nutzen, deren Funktionalität sich aus Nutzersicht als „gleichwertig" darstellt, weshalb auch die Definition des Telekommunikationsdienstes verstärkt einem **funktionalen Ansatz** und weniger einer technischen Ausrichtung folgen solle. Keine Telekommunikationsdienste sind nach § 3 Nr. 61 TKG Dienste, „die Inhalte über Telekommunikationsnetze und -dienste anbieten oder eine redaktionelle Kontrolle über sie ausüben". Daher sollen laut Begründung zum Referentenentwurf des TKG beispielsweise Rundfunkinhalte oder Finanzdienste nicht in den Anwendungsbereich fallen.

Auch für den Telekommunikationsbereich gilt, dass die Anwendbarkeit datenschutzrechtlicher **110** Regelungen eine Verarbeitung **personenbezogener Daten** voraussetzt. Darüber hinaus sind auch dem Fernmeldegeheimnis unterliegende Einzelangaben über Verhältnisse von juristischen

Syst. I. Datenschutz in Medien und Telekommunikation

Personen und Personalgesellschaften den personenbezogenen Daten gleichzustellen (§ 1 Abs. 2 TTDSG).

111   Abzuwarten bleibt, ob und wann die schon seit langem angekündigte ePrivacy-Verordnung in Kraft treten wird und dann deren Bestimmungen diejenigen des TTDSG zum Fernmeldegeheimnis und zum Telekommunikationsdatenschutz wieder ablösen werden.

III. Informationspflichten, Einwilligung

112   § 93 TKG aF sah für Telekommunikations-Diensteanbieter noch bestimmte **Informationspflichten** vor. Das TTDSG normiert demgegenüber keine spezifischen Informationspflichten mehr, es gelten stattdessen die Vorgaben der Art. 13, 14 DS-GVO.

113   § 93 Abs. 3 TKG aF verwies für den Fall einer **Verletzung des Schutzes personenbezogener Daten** auf die Benachrichtigungspflicht nach § 109a Abs. 1 S. 2 iVm Abs. 2 TKG aF. Seit dem 1.12.2021 ist die Benachrichtigungspflicht in **§ 169 TKG** normiert. Im Falle einer Verletzung des Schutzes personenbezogener Daten ist danach unverzüglich die Bundesnetzagentur und der BfDI von der Verletzung zu benachrichtigen. Ist zudem eine schwerwiegende Beeinträchtigung der Rechte oder schutzwürdigen Interessen von Endnutzern oder anderen Personen zu besorgen, sind zusätzlich auch die Betroffenen unverzüglich zu benachrichtigen.

114   Anders als noch nach § 94 TKG aF sieht das TTDSG für die Einwilligung in die Datenverarbeitung keine Regelungen mehr vor. Es gelten die Vorgaben der DS-GVO, die aber ohnehin den bisherigen Vorgaben des TKG aF entsprechen. Dies gilt auch für das bislang in § 95 Abs. 5 TKG aF normierte. **Koppelungsverbot,** wonach die Erbringung von Telekommunikationsdienstleistungen „nicht von einer Einwilligung des Teilnehmers in eine Verwendung seiner Daten für andere Zwecke abhängig gemacht werden (darf), wenn dem Teilnehmer ein anderer Zugang zu diesen Telekommunikationsdiensten ohne die Einwilligung nicht oder nicht in zumutbarer Weise möglich ist." Zwar ist in der DS-GVO das Koppelungsverbot nicht ausdrücklich als solches normiert. Der Sache nach kann (und muss) dieser Aspekt aber auch nach den Maßstäben der DS-GVO bei der Frage der Freiwilligkeit einer Einwilligung berücksichtigt werden (vgl. Kühling/Buchner/Buchner/Kühling DS-GVO Art. 7 Rn. 52).

IV. Bestandsdaten

115   Die §§ 95 ff. TKG aF differenzierten für die Zulässigkeit einer Datenverarbeitung noch nach Bestands-, Verkehrs- und Standortdaten. Bestandsdaten sind nunmehr **definiert** in § 3 Nr. 6 TKG als „Daten eines Endnutzers, die erforderlich sind für die Begründung, inhaltliche Ausgestaltung, Änderung oder Beendigung eines Vertragsverhältnisses über Telekommunikationsdienste". Die Definition von Bestandsdaten in § 2 Abs. 2 Nr. 2 TTDSG bezieht sich demgegenüber allein auf die Regelungen des TTDSG zum Telemediendatenschutz. Typische Beispiele für Bestandsdaten sind Name und Anschrift des Teilnehmers, Anschlussnummer, die technischen Merkmale des Anschlusses und rechnungsrelevante Daten.

116   § 95 Abs. 1 S. 1 TKG aF normierte für die Zulässigkeit einer Verarbeitung von Bestandsdaten als Grundregel den **Erforderlichkeitsgrundsatz.** Der Diensteanbieter durfte danach Bestandsdaten verarbeiten, soweit dies für die Begründung, inhaltliche Ausgestaltung, Änderung oder Beendigung eines Telekommunikationsvertrags erforderlich ist. Dabei ist das Kriterium der Erforderlichkeit objektiv zu bestimmen. Entscheidend ist nicht, was aus Sicht des Diensteanbieters an Daten erforderlich im Sinne von „nützlich" oder „zweckdienlich" ist, sondern welche Datenverarbeitungsvorgänge notwendigerweise durchgeführt werden müssen, damit ein Dienst überhaupt erbracht werden kann. Im TTDSG finden sich diesbezüglich keine vergleichbaren Regelungen mehr. Es gelten stattdessen die Regelungen der DS-GVO. Der Sache nach gehen damit keine nennenswerten Änderungen für die Frage der Zulässigkeit einer Datenverarbeitung einher, weil auch der insoweit einschlägige Art. 6 Abs. 1 lit. b DS-GVO ebenso wie § 95 TKG aF auf dem Grundsatz der Erforderlichkeit beruht.

117   Auch für die Verarbeitung von Bestandsdaten zu Zwecken der **Beratung, Werbung und Marktforschung** gilt, dass das TTDSG insoweit keine Nachfolgeregelung zu dem bislang einschlägigen § 95 Abs. 2 TKG aF vorsieht. Es gelten stattdessen wieder die Vorgaben der DS-GVO, konkret die Interessenabwägungsklausel des Art. 6 Abs. 1 lit. f DS-GVO bzw. die Einwilligung nach Art. 6 Abs. 1 lit. a DS-GVO. Das in § 95 Abs. 2 TKG aF ebenfalls vorgesehene Widerspruchsrecht des Teilnehmers wird abgelöst durch das Widerspruchsrecht nach Art. 21 DS-GVO.

118   § 111 TKG aF verpflichtete geschäftsmäßige Anbieter von Telekommunikationsdiensten zur Speicherung bestimmter Bestandsdaten wie Name und Anschrift der Anschlussinhaber, zugeteilte Rufnummern sowie andere Anschlusskennungen, um damit eine Datengrundlage für ein automa-

Syst. I. Datenschutz in Medien und Telekommunikation

tisiertes und ein manuelles **Auskunftsverfahren der Sicherheitsbehörden** zu schaffen. Der neue § 172 TKG übernimmt diese Regelung im Wesentlichen unverändert. Das automatisierte Auskunftsverfahren nach den §§ 112, 113 TKG aF ist nunmehr in § 173 TKG geregelt. § 174 TKG regelt das manuelle Auskunftsverfahren neu und berücksichtigt dabei insbesondere die Vorgaben aus dem Beschluss des BVerfG vom 27.5.2020, in welchem das Gericht die bisherige Regelung des § 113 TKG aF für mit dem Grundgesetz unvereinbar erklärt hat (BVerfG NJW 2020, 2699).

V. Verkehrsdaten (§ 96 TKG)

§ 3 Nr. 70 TKG **definiert** Verkehrsdaten als „Daten, deren Erhebung, Verarbeitung oder Nutzung bei der Erbringung eines Telekommunikationsdienstes erforderlich sind". Im Unterschied zu Bestandsdaten, die sich auf das Vertragsverhältnis selbst beziehen, betreffen Verkehrsdaten den technischen Vorgang der Erbringung der Telekommunikationsdienstleistung (OLG Hamburg NJOZ 2010, 1222 (1225)). Zu den Verkehrsdaten zählen ua Rufnummern, Standortkennungen, Zeitpunkt und Dauer der Verbindung sowie übermittelte Datenmengen. Im Vergleich zu Bestandsdaten fallen Verkehrsdaten nicht nur umfangreicher an, sondern sind auch wesentlich sensibler (Spindler/Schuster/Eckhardt TKG § 96 Rn. 58). 119

§ 9 TTDSG listet detailliert auf, welche Verkehrsdaten von Telekommunikationsanbietern erhoben werden dürfen: 120
- Nummer und Anschlusskennung, personenbezogene Berechtigungskennungen wie etwa PINN-Nummern, ggf. bei Kundenkarten deren Nummern sowie bei mobilen Anschlüssen die Standortdaten
- Angaben über Beginn und Ende von Kommunikationsverbindungen und, soweit rechnungsrelevant, übermittelte Datenmengen
- Art des in Anspruch genommenen Telekommunikationsdienstes
- bei festgeschalteten Verbindungen deren Endpunkte, Beginn und Ende sowie, soweit rechnungsrelevant, übermittelte Datenmengen.

Ergänzt werden diese spezifischen Erlaubnistatbestände durch eine abschließende generalklauselartige Regelung, wonach Dienstanbieter „sonstige zum Aufbau und zur Aufrechterhaltung der Telekommunikation sowie zur Entgeltabrechnung notwendige Verkehrsdaten" verarbeiten dürfen. Letztlich ist also auch für die Verarbeitung von Verkehrsdaten wieder der allgemeine **Erforderlichkeitsgrundsatz** maßgebend. 121

Zulässig ist darüber hinaus eine Verarbeitung von Verkehrsdaten nach § 9 Abs. 1 S. 4 TTDSG auch, soweit andere Rechtsvorschriften dies verpflichtend vorsehen. Die in StPO, BVerfSchG und anderen Gesetzen geregelte **Auskunftserteilung gegenüber Strafverfolgungs- und Sicherheitsbehörden** soll also durch die Vorgaben des § 9 TTDSG keine Einschränkungen erfahren (s. für die gleichlautende Vorgängervorschrift des § 96 TKG aF BT-Drs. 15/5213, 24). 122

§ 9 Abs. 2 TTDSG erlaubt dem Diensteanbieter die Verarbeitung teilnehmerbezogener Verkehrsdaten zum Zwecke der **Vermarktung** von Telekommunikationsdiensten und zu ihrer **bedarfsgerechten Gestaltung**. Weitere zulässige Zwecksetzung ist die Bereitstellung von **Diensten mit Zusatznutzen**. Letztere Dienste sind in § 2 Abs. 2 Nr. 5 TTDSG definiert als Dienste, die die Verarbeitung von Verkehrs- oder Standortdaten in einem Maße erfordern, das über das für die Übermittlung einer Nachricht oder für die Entgeltabrechnung erforderliche Maß hinausgeht. 123

Erlaubt ist eine Verarbeitung von Verkehrsdaten zu den genannten Zwecken „im dazu erforderlichen Maß und im dazu erforderlichen Zeitraum", sofern der Betroffene in diese Verwendung eingewilligt hat. Vorgegeben ist also nicht nur ein **strenger Erforderlichkeitsmaßstab** hinsichtlich Umfang und Zeitraum der Datenverarbeitung, sondern auch noch **zusätzlich die Einwilligung** der betroffenen Person. Für die Einwilligung gelten die allgemeinen datenschutzrechtlichen Grundsätze; § 9 Abs. 2 TTDSG verweist insoweit ausdrücklich auf die Vorgaben der DS-GVO. Darüber hinaus hat der Diensteanbieter bei der Einholung der Einwilligung die in § 9 Abs. 2 TTDSG bezeichneten Informationspflichten zu beachten. 124

VI. Entgeltermittlung und Entgeltabrechnung

§ 10 TTDSG regelt in Ergänzung zu § 9 TTDSG die Erhebung und Verwendung von Verkehrsdaten zu Zwecken der Entgeltermittlung und -abrechnung. 125

Auch insoweit ist als Grundregel für die Verarbeitung von Verkehrsdaten wieder das **Erforderlichkeitsprinzip** normiert: Verkehrsdaten dürfen verarbeitet werden, soweit dies für die Entgeltermittlung und -abrechnung erforderlich ist. 126

Im Einzelnen regelt § 10 TTDSG eine ganze Reihe verschiedener Fallkonstellationen einer Entgeltzahlung und normiert für jede dieser Konstellationen, ob und wie Diensteanbieter, Netzbe- 127

Syst. I. Datenschutz in Medien und Telekommunikation

treiber und Dritte mit welchen Verkehrsdaten umgehen und diese unter Umständen auch untereinander austauschen dürfen.

VII. Standortdaten

128 Standortdaten werden gemeinhin als besonders schutzwürdige Daten eingeordnet. Das Wissen, wer sich wann wo aufhält, lässt weitreichende Rückschlüsse auf Lebensgewohnheiten und Persönlichkeit des Betroffenen zu (Stichwort „Bewegungsprofil"). **§ 13 TTDSG** normiert daher für den Umgang mit Standortdaten hohe datenschutzrechtliche Anforderungen, um der besonderen Schutzwürdigkeit dieser Daten Rechnung zu tragen.

1. Definition

129 Bei Standortdaten handelt es sich gem. § 3 Nr. 56 TKG um Daten, die in einem Telekommunikationsnetz oder von einem Telekommunikationsdienst verarbeitet werden und die den Standort des Endgeräts eines Nutzers eines öffentlich zugänglichen Telekommunikationsdienstes angeben.

2. Dienste mit Zusatznutzen

130 § 13 TTDSG regelt die Verarbeitung von Standortdaten bei sog. Diensten mit Zusatznutzen. § 2 Abs. 2 Nr. 5 TTDSG definiert diese als Dienste, die eine Verarbeitung von Verkehrs- oder Standortdaten in einem Maße erfordern, welches über das für die Übermittlung einer Nachricht oder Entgeltabrechnung erforderliche Maß hinausgeht. Regelmäßig handelt es sich bei Diensten mit Zusatznutzen um standortbezogene Dienste („**Location Based Services**" – LBS), welche die Position des Nutzers eines mobilen Endgeräts ermitteln, um ihm dann Dienste anzubieten, die auf seinen jeweiligen Aufenthaltsort zugeschnitten sind (Navigationsdienste, Informationen zu Einrichtungen vor Ort, ortsgebundene Werbung etc; vgl. Jandt/Laue K&R 2006, 316 (316); Jandt/Schnabel K&R 2008, 723 (723) mwN).

3. Zulässigkeit der Verarbeitung

131 Nach der Grundregel des § 13 Abs. 1 S. 1 TTDSG ist eine Verarbeitung von Standortdaten nur in dem „zur Bereitstellung von Diensten mit Zusatznutzen erforderlichen Umfang und innerhalb des dafür erforderlichen Zeitraums" erlaubt und nur dann, wenn
- entweder die Daten anonymisiert wurden (Alt. 1)
- oder der Nutzer seine Einwilligung erteilt hat (Alt. 2).

132 Auch insoweit ist also zunächst einmal wieder ein strikter **Erforderlichkeitsgrundsatz** normiert, sowohl was Umfang als auch was Dauer der Datenverarbeitung angeht. Selbst im Rahmen dieser Erforderlichkeit ist aber eine Verarbeitung von Standortdaten nur zulässig, wenn entweder die Daten anonymisiert wurden, also nicht mehr auf eine bestimmte Person beziehbar sind, oder die Datenverarbeitung durch eine Einwilligung legitimiert ist.

4. Einwilligung

133 Nach § 98 Abs. 1 S. 1 TKG aF musste die Einwilligung noch durch den sog. Teilnehmer erteilt werden, für dessen Einordnung es allein auf das Bestehen eines Vertragsverhältnisses mit den Diensteanbieter ankam – im Unterschied zum sog. **Nutzer**, für dessen Einordnung es allein entscheidend ist, ob der einen Telekommunikationsdienst **tatsächlich in Anspruch nimmt**. § 13 TTDSG stellt nunmehr ausschließlich auf diesen Nutzer ab, wie er in § 3 Nr. 41 TKG nF definiert ist; der Begriff des Teilnehmers findet im neuen TKG keine Verwendung mehr.

134 Grundsätzlich kann eine Einwilligung in die Datenverarbeitung auch elektronisch erklärt werden, eine Einwilligung in die Verarbeitung von Standortdaten kann daher etwa auch per SMS erklärt werden. Aus § 13 Abs. 1 S. 4 TTDSG folgt jedoch, dass dies nur für die sog. **Eigenortung** gilt, bei der der Nutzer lediglich sein eigenes Mobiltelefon orten lässt.

135 Etwas anderes normiert § 13 Abs. 1 S. 4 TTDSG hingegen für die sog. **Fremdortung:** Sollen Standortdaten eines Mobilfunkendgerätes an einen anderen Nutzer oder an Dritte, die nicht Anbieter des Dienstes mit Zusatznutzen sind, übermittelt werden, ist hierfür eine ausdrückliche, gesonderte und schriftlich erteilte Einwilligung gegenüber dem Anbieter des Dienstes mit Zusatznutzen erforderlich.

5. Information über Ortung

Gemäß § 13 Abs. 1 S. 2 TTDSG muss der Anbieter eines Dienstes mit Zusatznutzen bei jeder Standortfeststellung durch Textmitteilung an das geortete Endgerät über die Ortung informieren. Die Regelung hat in erster Linie die Konstellationen vor Augen, in denen ein Nutzer sein Mobilgerät einem Dritten zur Nutzung überlässt und dieser Dritte nicht weiß, dass in eine Standortfeststellung eingewilligt wurde (Bundesnetzagentur Handy-Ortung Ziff. II 1 zur Vorgängerregelung des § 98 TKG aF). § 13 Abs. 1 S. 5 TTDSG normiert eine entsprechende Verpflichtung zur Information schließlich auch für den Fall der Fremdortung. Verpflichtet zum Versand der Textmitteilung ist der Anbieter des Ortungsdienstes. **136**

Keine Verpflichtung zur Information mittels Textmitteilung besteht gem. § 13 Abs. 1 S. 3 TTDSG „wenn der Standort nur auf dem Endgerät angezeigt wird, dessen Standortdaten ermittelt wurden." Die Ausnahme betrifft die klassische Eigenortung, bei der die Standortanzeige allein auf dem Gerät erfolgt, dessen Standortdaten ermittelt wurden. Der Nutzer muss hier nicht zusätzlich informiert werden, da er die Standortfeststellung ohnehin schon unmittelbar wahrnimmt (Bundesnetzagentur Handy-Ortung Ziff. II 2 zur Vorgängerregelung des § 98 TKG aF). **137**

6. Untersagung im Einzelfall

Gemäß § 13 Abs. 2 TTDSG müssen Nutzer, die in eine Verarbeitung von Standortdaten eingewilligt haben, auch weiterhin die Möglichkeit haben, die Verarbeitung dieser Daten „für jede Verbindung zum Netz oder für jede Übertragung einer Nachricht auf einfache Weise und unentgeltlich zeitweise zu untersagen." Diese Untersagungsmöglichkeit tritt neben das Recht auf Widerruf einer Einwilligung für den Fall, dass der Nutzer zwar grundsätzlich weiterhin mit einer Verarbeitung seiner Standortdaten einverstanden ist, für den Einzelfall aber eine Verarbeitung unterbinden will. **138**

7. Notrufe

Für die Telefonate mit Notfalldiensten bestimmt § 13 Abs. 3 TTDSG, dass der Diensteanbieter – vor allem auch im Interesse des Nutzers – sicherzustellen hat, dass nicht im Einzelfall oder dauernd die Übermittlung von Standortdaten ausgeschlossen wird. **139**

Syst. J. Datenschutz im Finanzwesen

Überblick

Das Finanzwesen – also die Branche, die Kreditgeschäfte, sonstige Bankgeschäfte und insbesondere den Zahlungsverkehr abwickelt – ist ein Wirtschaftsbereich mit einer hohen Dichte an datenschutzrechtlich relevanten Prozessen, die durch stark vernetzte, multilaterale und polyzentrische Strukturen gekennzeichnet ist. Alle Vorgänge im Bankalltag und im Zahlungsverkehr bringen die Erhebung, Verwendung und Übermittlung von Kundendaten mit sich. Der Kommunikations-, mithin Übermittlungsanteil ist hoch, sodass die Finanzbranche im Grund genommen ein zweiter Sektor der elektronischen Kommunikation ist. Es verwundert daher nicht, dass es Konvergenzprozesse zwischen Dienstleistungen elektronischer Kommunikation und dem Zahlungsverkehr gibt, und auch die e-Privacy-Richtlinie heute – neben der DS-GVO – wesentliche Bedeutung für Finanz- und Zahlungsdienstleistungen hat.

Banken waren Vorreiter bei der Nutzung von IT-gestützten Systemen für ihre Geschäftsprozesse und sind dies – gerade im Compliance-Bereich – mitunter auch heute noch. Es gibt vielgestaltige Datenverarbeitungsprozesse im Bankgeschäft. Dazu unterhalten Banken zahlreiche Datenbanksysteme wie bspw. Kundendatenbanken, Kontodaten, Zahlungsverkehrsdaten, Transaktionsdaten, elektronische Akten zu Finanzierungsgeschäften und -transaktionen, Warndateien etc. Für ihre typischen Verkehrsgeschäfte (zB Überweisungen) sind Datenübermittlungen zwischen Verantwortlichen unerlässlich. Die Eigeninteressen der Bank und des Kunden – etwa die Betrugsprävention –, aber auch zahlreiche regulatorische Pflichten zwingen dazu, diese Datenbestände zu verknüpfen und sie zu übergreifenden – das meint auch personenübergreifenden – Verarbeitungsprozessen zu verknüpfen. Da Banken oft Großorganisationen sind, stellt sich hier zusätzlich ausgeprägt das Thema des inneren Datenschutzes, dh des Datenschutzes zu Zahlungsdiensten extra innerhalb eines Rechtsträgers (→ Rn. 25).

Syst. J. Datenschutz im Finanzwesen

Gegenstand dieser Datenverwendungen sind Finanzdaten; diese enthalten aber mitunter hochgradig schutzbedürftige Informationen über die betroffenen Personen; jedenfalls lassen sie nicht weniger als etwa Bewegungsdaten Rückschlüsse auf persönliche Eigenschaften und das persönliche Verhalten zu.

Das **Bankgeheimnis** als klassische – zivilrechtlich begründete – Geheimhaltungspflicht zwischen Kreditinstitut und Kunde flankiert die Regelungen der DS-GVO und des BDSG nF (→ Rn. 20 ff.), und hat seine Steuerungswirkung teilweise an sektorspezifisch auferlegte Indienstnahmen des Privatsektors verloren: Gegenläufig **zwingt sektorspezifisches Aufsichtsrecht** und das **Geldwäscherecht** vielfältig zu **Datenerhebung und -nutzung.** Viele der sektorregulatorischen Steuerungsimpulse sind einem ausgeprägt präventivem, risikoorientierten Eingriffsansatz (zur anonymen Nutzung von Zahlungsdiensten EuGH MMR 2021, 229 – Deniz Bank) verpflichtet, der konträr ist zu datenschutzrechtlichen Leitvorstellungen der Selbstbestimmung über die Nutzung personenbezogener Daten und gar der Datenminimierung (Weichert ZD 2021, 134). Beispielsweise wirken Leitbilder wie „Know your Customer" oder gar „Know your Transaction" in die Richtung einer breiten Datenerhebung und umfassenden Verknüpfung vorhandener Daten.

Bei der Überlagerung des Datenschutzes aufgrund der besonderen Stellung der Finanz- und Zahlungsdienstleister in der modernen globalisierten Verkehrswirtschaft von anderen Interessen, wie insbesondere der Prävention und Ahndung von Geldwäsche und weiteren Straftaten sowie generell der umfassenden Dokumentation und Überwachung jedweder Geldströme (→ Rn. 140 ff.), gilt viel eher ein Leitbild der vollen **Transparenz** gegenüber allen staatlichen Stellen als das des Schutzes von Vertraulichkeit in einem Zweipersonenverhältnis. Dies führt zu einer Reihe spezieller – in Hinblick auf die informationelle Selbstbestimmung heikler – Pflichten für Kreditinstitute, zu denen bestimmte Organisations-, Sorgfalts- und Meldepflichten gehören, die sich informationell zu Datenerhebung, Verarbeitung und laufender informationstechnischer Überwachung führen. Weil Banken und Zahlungsdienstleister zentrale Synapsen der Vernetzung einer globalen Wirtschaft und Gesellschaft sind, eignen sie sich als private Erfüllungsgehilfen öffentlicher Kontrollbedürfnisse.

Nach alledem hat das klassische Leitbild der autonomen Selbstbestimmung über die Verarbeitung personenbezogener Daten wenig Steuerungswirkung dort, wo der Einzelne moderne Finanzdienstleistungen nutzt. Die Konfliktfelder, die sich hieraus ergeben, sind noch in weiten Teilen unbewältigt; nur teilweise und sehr punktuell hat der Gesetzgeber auf europäischer und nationaler Ebene mit **sektorspezifischem Datenschutzrecht** und datenschutzrelevanten Spezialvorschriften agiert. Dieses beschränkt sich allerdings leider bislang weitgehend in einer Wiedergabe von Selbstverständlichkeiten.

Übersicht

	Rn.		Rn.
A. Kreditinstitute, Finanzdienstleister, Zahlungsinstitute und Nebendienstleister	1	2. Vertragserforderliche Datenverarbeitung (Art. 6 Abs. 1 lit. b DS-GVO)	51
B. Typisierung und Systematisierung der personenbezogenen Daten bei Finanzdienstleistungen	8	3. Erfüllung einer rechtlichen Verpflichtung (Art. 6 Abs. 1 lit. c DS-GVO)	59
C. Das Bankgeheimnis und der Schutz von Kundendaten nach Datenschutzrecht	20	4. Lebenswichtiges Interesse (Art. 6 Abs. 1 lit. d DS-GVO)	63
I. Das Bankgeheimnis als dem Datenschutzrecht vorgelagerter Vertraulichkeitsschutz und die AGB-Banken	20	5. Aufgabe im öffentlichen Interesse oder Ausübung hoheitlicher Gewalt (Art. 6 Abs. 1 lit. e DS-GVO)	64
II. Verhältnis von Bankgeheimnis und Datenschutzrecht	26	6. Überwiegendes Interesse des Verantwortlichen oder eines Dritten (Art. 6 Abs. 1 lit. f DS-GVO)	72
D. Folgen der uneingeschränkten Geltung der DS-GVO für personenbezogene Daten bei Finanz- und Zahlungsdienstleistungen	32	E. Unternehmerisches und aufsichtlich gebotenes Risikomanagement als Einfallstor von Eingriffen in die informationelle Selbstbestimmung	88
I. Grundsätze (Art. 5 DS-GVO)	34	I. Interne Organisation und Risikomanagement nach §§ 25a und 25c KWG/ MaRisk und BAIT; Datenschutz als Gegenstand bankaufsichtlicher Pflichten	92
II. Rechtfertigungsgründe (Art. 6 Abs. 1 DS-GVO)	38	II. § 25b Abs. 1 KWG: Auslagerung von Geschäftsprozessen	100
1. Geringe Bedeutung der Einwilligung für Datenverarbeitungsvorgänge im Finanzsektor	44	III. Offenlegungspflichten nach § 18 S. 1 KWG	110

Syst. J. Datenschutz im Finanzwesen

	Rn.
IV. Kreditwürdigkeitsprüfung bei Verbraucherdarlehensverträgen nach § 18a 1 KWG	122
V. Daten über Ausfallrisiken nach §§ 10 ff. KWG	132
VI. Die Institutsgruppe als Adressat aufsichtlicher Pflichten: Datenschutzrechtliche Implikationen	134
VII. Datenverarbeitung im Rahmen von PSD II und ZAG	135
F. Der Finanzsektor als Erfüllungsgehilfe öffentlicher Interessen: Geldwäscheprävention, Überwachung von Finanz- und Zahlungstransaktionen und globale Sicherung ordnungsgemäßer Besteuerung	140
I. Überblick	140
II. Internationale Treiber, insbesondere die FATF und multilaterale Vorgaben	144
1. Datenschutzrechtliche Implikationen des Risk Based Approach	147
2. Von Know-your-Customer zu Know-your-Transaction und zur laufenden Überwachung von Geschäftsbeziehungen	150
3. Durchsetzungsschwäche datenschutzrechtlicher Leitvorstellungen	154
III. Datenschutzrechtliche Aspekte des präventiven Geldwäscherechts	171
1. Stetige Ausdehnung der präventiven Überwachung nach Geldwäscherecht - Von der organisierten Kriminalität zur allgemeinen Finanzüberwachung	171

	Rn.
IV. Eingangskontrolle, Anlasskontrolle und allgemeine Überwachung in der Geschäftsbeziehung – Systematik der geldwäscherechtlichen Verhaltenspflichten	188
1. Die Systemseite: § 6 GWG und § 25h KWG	213
2. § 6 GwG	214
3. Übermittlungsermächtigung (§ 47 Abs. 5 GwG)	221
4. § 25h KWG	224
5. Meldung von Verdachtsfällen: § 43 GwG	229
6. Haftungsprivilegierung (§ 48 GwG) schließt auch datenschutzrechtliche Ansprüche aus	235
V. Datenerhebung, -verarbeitung und -übermittlung bei Überweisungen/Zahlungstransfers nach der Geldtransfer-VO (EU) 2015/847	236
1. Anwendungsbereich	238
2. Pflichten des Zahlungsdienstleisters auf Seiten des Auftraggebers	239
3. Pflichten des Zahlungsdienstleisters auf Seiten des Begünstigten	241
4. Pflichten zwischengeschalteter Zahlungsdienstleister	243
5. Informationspflichten und Datenschutz	244
6. Verwaltungsrechtliche Sanktionen und Maßnahmen bei Verstößen gegen die Geldtransferverordnung	250
7. Automatisierte Abrufmöglichkeiten der Behörden: § 24c KWG; § 93b AO	251
8. Verarbeitung und Übermittlung aufgrund von behördlichen Anordnungen und Forderungen in Drittstaaten und Internal Investigations	280

A. Kreditinstitute, Finanzdienstleister, Zahlungsinstitute und Nebendienstleister

Kreditinstitute sind Unternehmen, die Bankgeschäfte gewerbsmäßig oder in einem Umfang 1 betreiben, der einen in kaufmännischer Weise eingerichteten Geschäftsbetrieb erfordert (§ 1 Abs. 1 S. 1 KWG). Bezeichnungsrechtlich – aber nicht in ihrer Funktion – werden Banken von Sparkassen unterschieden (vgl. §§ 39 ff. KWG). In der deutschen Volkswirtschaft war das Leitbild lange Zeit die Universalbank, die neben dem Einlagen- und Kreditgeschäft Bankgeschäfte jeder Art anbot. Dieses Geschäftsmodell ist unter Druck. Spezialisierte Anbieter für bestimmte Bankgeschäfte treten in den Wettbewerb zu den Banken. Das Schlagwort **FinTech** (Akronym aus **Fin**ancial und **Tech**nology) bezeichnet höchst unterschiedliche Geschäftsmodelle, die digitale und disruptive Technologien zu neuen Dienstleistungen und neuen Modalitäten der Erbringung herkömmlicher Finanzdienstleistungen nutzen. Unbare Zahlungsdienste haben sich teilweise gänzlich funktional vom Bankgeschäft gelöst und sind an elektronische Kommunikationsvorgänge oder Internetplattformen herangerückt.

Das Aufsichtsrecht hat schon früh auf die sich abzeichnenden Differenzierungen reagiert, indem 2 es den Bankgeschäften zunächst die Finanzdienstleistungen an die Seite gestellt hat. Neben den eigentlichen Banken gibt es nun auch **Finanzdienstleistungsinstitute,** also Unternehmen, die Finanzdienstleistungen für andere gewerbsmäßig oder in einem Umfang erbringen, der einen in kaufmännischer Weise eingerichteten Geschäftsbetrieb erfordert, und die keine Kreditinstitute sind (§ 1 Abs. 1a S. 1 KWG). Finanzdienstleistungen wiederum sind in § 1 Abs. 1a S. 2 KWG weit definiert. Hier hat der deutsche Gesetzgeber im Jahr 2020 einen ersten Schritt gemacht, indem er die Verwahrung von Kryptowerten (legaldefiniert in § 1 Abs. 11 S. 4 KWG), welche unstreitig auch Kryptowährungen (etwa den Bitcoin) erfasst, als neue erlaubnispflichtige Finanzdienstleistung in das KWG (§ 1 Abs. 11 S. 1 Nr. 10 KWG) aufgenommen hat und damit Dienstleistungen rund um Kryptowerte recht umfassend reguliert (dazu Blassl/Sandner WM 2020, 1188 (1188 f.)).

Syst. J. Datenschutz im Finanzwesen

3   Aufsichtlich einbezogen sind auch bestimmte **branchentypische Dienstleister,** die selbst **keine Finanzdienstleister** sind: **Anbieter von Nebendienstleistungen** sind Unternehmen, die keine Institute oder Finanzunternehmen sind und deren Haupttätigkeit darin besteht, Immobilien zu verwalten, **Rechenzentren zu betreiben** oder ähnliche Tätigkeiten auszuführen, die Nebentätigkeiten im Verhältnis zur Haupttätigkeit eines oder mehrerer Institute sind (§ 1 Abs. 3c KWG aF; heute geregelt in Art. 4 Abs. 1 Nr. 18 VO (EU) 575/2013, welcher über den Verweis in § 1 Abs. 35 KWG anwendbar ist) (zum Outsourcing von Backoffice-Leistungen Steding/Meyer BB 2001, 1693).

4   Eine weitere, zunehmend wichtigere Kategorie der im Finanzwesen Beteiligten sind die **Zahlungsinstitute:** Das Zahlungsdiensteaufsichtsgesetz (ZAG) diente der Umsetzung der am 25.12.2007 in Kraft getretenen Zahlungsdienstrichtlinie (sogenannte „Payment Services Directive" (PSD), RL 2007/64/EG). Durch das Gesetz wurde aufsichtsrechtlich das „Zahlungsinstitut" (§ 1 Abs. 1 Nr. 1 ZAG) als neue Institutskategorie eingeführt. Obwohl sie keine Kredit- oder Finanzdienstleistungsinstitute nach § 1 Abs. 1 oder Abs. 1a KWG sind, unterliegen diese Zahlungsinstitute der Aufsicht durch die BaFin. Durch die seit dem 13.1.2018 gültige PSD II (RL (EU) 2015/2366) wurde die PSD von 2007 abgelöst und infolgedessen das ZAG neu gefasst. Die Richtlinie beinhaltet vor allem eine Verbesserung des Verbraucherschutzes (dazu etwa EuGH MMR 2021, 229 – DenizBank) sowie die Stärkung von FinTechs durch das sogenannte „Open Banking", das Banken gem. § 675f Abs. 3 BGB dazu verpflichtet, Schnittstellen für den Kontozugriff für Drittdienstleister einzurichten. Als Beispiele sind hier insbesondere Paypal als E-Geld-Konten basiertes Zahlungssystem, Applepay und Googlepay als Mobile Payment Systeme sowie die durch PSD II geschaffenen „dritten Zahlungsdienste" zu nennen, die auf regulierten Schnittstellen zu Konten basieren.

5   Als Zahlungsinstitute gelten alle Unternehmen, die gewerbsmäßig oder in einem Umfang, der einen in kaufmännischer Weise eingerichteten Geschäftsbetrieb erfordert, Zahlungsdienste erbringen, dabei jedoch nicht unter die in § 1 Abs. 1 Nr. 2–5 ZAG genannten anderen Zahlungsdienstleister fallen. E-Geld-Verfahren (§ 1 Abs. 2 ZAG), Mobile Payments (als Akquisitionsgeschäft, § 1 Abs. 1 S. 2 Nr. 5 ZAG oder Finanztransfergeschäft, § 1 Abs. 1 S. 2 Nr. 6 ZAG; vgl. Begründung Regierungsentwurf, BT-Drs. 18/11495, 104) sowie die neu geregelten „dritten Zahlungsdienste" (Zahlungsauslösedienste, § 1 Abs. 1 S. 2 Nr. 7 ZAG, und Kontoinformationsdienste, § 1 Abs. 1 S. 2 Nr. 8 ZAG) fallen unter den Begriff der Zahlungsdienste in § 1 Abs. 1 S. 2 ZAG. Als solche unterliegen sie dem Zahlungsdiensteaufsichtsgesetz (ZAG). Nach Art. 94 Abs. 1 PSD II bzw. § 59 Abs. 3 ZAG gilt für Zahlungsdienste uneingeschränkt die DS-GVO (zum Zusammenspiel von PSD II und DS-GVO s. EDSA, Leitlinien 06/2020; Weichert ZD 2021, 134). Dem steht Art. 94 Abs. 2 PSD II bzw. § 59 Abs. 2 ZAG nicht entgegen (dazu → Rn. 50).

6   Das sektorale Regulierungsrecht ist traditionell an einem institutionell vorgefundenen Berufsbild orientiert – der Bank – und entwickelt sich in die Richtung einer stärken funktional oder marktorientierten Regulierung. Bei der Komplementierung des Finanzaufsichtsrechts durch das Zahlungsdiensterecht fügt sich dies noch relativ transparent in die bestehenden Regelungsstrukturen ein.

7   Wesentliche größere systematische Herausforderungen treten im Kapitalmarktrecht auf, wo die herkömmlich institutionell am Berufsbild der Bank und am geordneten Markt der Börse ausgerichtete Regulierungsstruktur von KWG und BörsG unionsrechtlich stark durch eine funktionale, marktorientierte ergänzt worden ist, die – soweit umsetzungsbedürftig – im Wertpapierhandelsgesetz umgesetzt worden ist. Wesentliche Teile des europäischen Kapitalmarktrechts (grundlegend insbesondere die MiFIR VO (EU) Nr. 600/2014, die MiFID (RL 2014/65/EU) sowie die Marktmissbrauchsverordnung VO (EU) 596/2014) sind auch in Verordnungsform ergangen, sodass das nationale Recht dort seine Geschlossenheit mehr und mehr verliert. Das Kapitalmarktrecht zwingt in weiten Teilen zu eingriffsintensiven Datenerhebungen wie bspw. der Aufzeichnung und Speicherung telefonischer Kommunikation (insbesondere Art. 16 MiFID, Art. 18 VO (EU) 596/2014). Es erfasst nicht mehr nur die Börsen als sonderrechtlich geregelte, nicht nur regulierte, sondern auch staatlich organisierte Märkte, sondern auch zahlreiche Intermediäre teilweise neuen Typs.

B. Typisierung und Systematisierung der personenbezogenen Daten bei Finanzdienstleistungen

8   Kreditinstitute, Finanz- und Zahlungsdienstleister sowie Kapitalmarktintermediäre verarbeiten eine Vielzahl von personenbezogenen Daten. Weder in den allgemein anerkannten Branchenusancen noch in der rechtlichen Regulierung hat sich bislang eine allgemein gültige Systematik

Syst. J. Datenschutz im Finanzwesen

der personenbezogenen Daten herausgebildet, an die eine differenzierte datenschutzrechtliche Betrachtung anknüpfen könnte.

Zu den bankspezifischen Daten zählen insbesondere: 9
- Persönliche Daten von Kunden:
  - Name sowie Adresse
  - familiäre Verhältnisse
  - Wohnungsverhältnisse (in eigenem Eigentum oder gemietet)
- Transaktionsbezogene Daten von Kunden wie:
  - Datum, Uhrzeit und Betrag von Zahlungsvorgängen
  - Die Leistungs- und Dienstleistungserbringer
  - Mittelbar damit Konsum- und Lebensgewohnheiten
- Kontobezogene Daten eines Kunden:
  - Guthaben
  - Informationen zu Kontobewegungen
  - Bestehende oder frühere Verbindlichkeiten
  - Bürgschaften
- Wirtschaftliche Informationen bzgl. eines Kunden:
  - Einkommensverhältnisse
  - Ausgaben
  - Sonstige Vermögensverhältnisse

Anders als exemplarisch im Telekommunikations-Datenschutz gibt es keine klare Typologie der 10 verschiedenen Daten aus dem Bankkundenverhältnis, die Anknüpfungspunkt für rechtliche Bewertungen sein könnte:

Gemeinhin wird bspw. unterschieden nach dem Zeitpunkt der Datenerhebung, die bei vertrags- 11 schutzfähigen Daten einerseits und die bei Durchführung des Vertragsverhältnisses entstehenden Daten andererseits (Vahldiek/Deutsch, Datenschutz in der Bankpraxis, 2012, 46). Dies ist allerdings keine inhaltliche Kategorie. Später zu erhebende Daten können auch den Bestand des Vertragsverhältnisses als solchen betreffen, erst recht die Abwicklung. Zudem haben Bankkundenbeziehungen häufig ausgeprägt rahmenvertraglichen Charakter, sodass schon die Unterscheidung zwischen Vertragsbegründung und Vertragsabwicklung wenig konturenscharf ist.

Eine wiederum andere Unterscheidung richtet sich danach, ob die Daten ausschließlich für 12 eigene Geschäftszwecke erhoben werden, wobei wiederum die auf den jeweiligen Vertrag bezogenen Zwecke von den Vertrag übersteigenden eigenen Geschäftszwecken zu unterscheiden sind. Hiervon abzugrenzen sind dann Daten, die für bankaufsichtliche oder sonstige eigene Zwecke des Risikomanagements erhoben werden. Der typische Regulierungsstil ist es allerdings, regulatorische Verarbeitungserfordernisse auf Datenbestände aufzusetzen, die vertragserforderlich sind und/oder zu eigenen Geschäftszwecken erhoben worden sind.

Nach Art der Erhebung unterschieden werden können Daten, die von der Bank selbst erhoben 13 worden sind von jenen, die Banken durch Dritte erfahren haben oder die offenkundig allgemein bekannt sind (Schimansky/Bunte/Lwowski/Krepold, Bankrechts-HdB, 4. Aufl. 2011, § 39 Rn. 11 ff.). Ein pragmatischer Ansatz unterscheidet die in strukturierten Datenbanken und anderen IT-Systemen von unstrukturierten Datenbeständen (zB E-Mail-Accounts) vorhandenen und hiervon wiederum die nur analog in Papierform oder Microfiche vorhandenen.

Erforderlich dürfte es sein, präziser als bisher auf die genaue Bedeutung und Zwecksetzung der 14 Daten abzustellen: Ausgangspunkt sind zum einen die vertraglichen Bestandsdaten, namentlich die Kundenbestandsdaten und die Kontenstammdaten. Diese umfassen das für die Begründung und Ausgestaltung der Kundenbeziehung wesentliche Daten, also bspw. Name, Anschrift und Vertretungsberechtigungen. Ergänzt werden diese durch öffentlich-rechtliche Pflichtdaten, dh solche Informationen, die kraft regulatorischer Pflicht (Know-your-Customer, KYC) geldwäscherechtlich erforderlich sind. Dazu gehören etwa die Personalausweisdaten.

Die nächste Schicht sind Daten, die für die Geschäftsentscheidung der Bank wesentlich sind. 15 Welche Daten dies sind, hängt von dem jeweiligen Geschäft und den damit übernommenen Risiken ab. Wenn es eine klassische Kreditentscheidung ist, kommt es auf das Adressrisiko (Ausfallrisiko) an. Übernimmt der Dienstleister – bspw. im Zahlungsverkehr – ein Ausfall- und das Missbrauchsrisiko, so kommt es auf das Adressrisiko ebenso wie das Missbrauchsrisiko an. Dieses kann gebildet werden anhand sämtlicher kredit- oder ausfallrisikorelevanten Informationen. Dazu gehören auch Profile.

Zusätzlich relevant sind des Weiteren Abwicklungsdaten, dh solche Daten, die für die Abwick- 16 lung der Geschäftsbeziehung nötig sind. Dazu gehört im Zahlungsverkehr etwa Name, Kontonummer und Bankverbindung des Zahlungsempfängers. Im Akkreditiv- oder Bürgschaftsgeschäft sind

Syst. J. Datenschutz im Finanzwesen

typischerweise zahlreiche weitere Daten nötig, die allerdings durch die Formstrenge auch relativ klar umgrenzt sind.

17 In der gestuften Schichtung verschiedener Daten gleichsam die schwierigste Kategorie sind **Tangentialdaten,** dh solche Daten, von denen die Bank innerhalb der Geschäftsbeziehung Kenntnis erlangt hat, die sie aber weder zu Zwecken der Abwicklung des Geschäfts braucht noch zu regulatorischen Zwecken erheben muss. Hierzu gehört als einfachstes Beispiel das nachrichtliche Informationsfeld bei Zahlungsaufträgen (Überweisungsaufträgen).

18 Ein weiteres Beispiel sind Informationen zum Grundgeschäft im dokumentären Geschäft, dh bei Akkreditiven. Diese sind für die Bank nur im Hinblick auf einzelne, genau ausgewählte Merkmale überhaupt relevant. Auch bei so simplen Vorgängen wie Kreditgewährungen erlangt die Bank häufig Kenntnis von Tatsachen, die für sie selbst in der Risikobeurteilung nicht relevant sind. In traditionellen Zeiten händischer Bearbeitung spielten derartige Tangentialinformationen nur selten eine Rolle, weil sie mangels Auswertungsinteresse der Bank auch regelmäßig nicht systematisch ausgewertet wurden. In der heutigen Welt IT-gestützter Bearbeitung hat sich dies grundlegend geändert. Hier ist prinzipiell alles digital verarbeitet, und so stellt sich regelmäßig die Frage, ob vorhandene Systeme der Risikokontrolle hierauf zugreifen dürfen und vielleicht sogar müssen.

19 Eine weitere Kategorie bankrelevanter Daten sind schließlich die von der Bank im Zuge der Risikobegrenzung und Kontrolle selbst geschaffenen Daten. Dazu gehören bspw. eigene Scoringwerte oder eine Aufnahme in bestimmte Monitoring- oder Risikolisten. Personenbezogene Daten sind nicht nur Tatsachen, sondern auch Werturteile über eine Person.

C. Das Bankgeheimnis und der Schutz von Kundendaten nach Datenschutzrecht

I. Das Bankgeheimnis als dem Datenschutzrecht vorgelagerter Vertraulichkeitsschutz und die AGB-Banken

20 Das Interesse an der Geheimhaltung von kundenbezogenen Informationen bei Banken ist älter als das Datenschutzrecht (rechtsvergleichend Kramme, Der Konflikt zwischen dem Bankgeheimnis und Refinanzierungsabtretungen, 2014). So ließ die erste Bank im Gebiet des Heiligen Römischen Reichs Deutscher Nation, die 1619 gegründete „Wechsel Banco von Hamburg", ihre Mitarbeiter beeiden, „Niemandem, was im Banco passiert und geschrieben wird, zu offenbaren" (Nobbe WM 2005, 1537 (1540) mit Verweis auf Soetbeer, Beiträge zur Beurteilung von Geld- und Bankfragen mit besonderer Rücksicht auf Hamburg 1855, 10). Trotz oder vielleicht gerade wegen seiner allgemeinen Anerkennung ist es in Deutschland nie zu einer ausdrücklichen Normierung des Bankgeheimnisses für Kreditinstitute gekommen. Hierin und in der mangelnden Sanktionierung von Verstößen lag eine rechtspolitisch kaum mehr überzeugende Schwächung des Bankgeheimnisses in seiner praktischen Durchsetzbarkeit in Konfliktlagen, diese Lücke wird bezogen auf natürliche Personen nun vom Datenschutzrecht geschlossen.

21 Dass der Gesetzgeber allerdings vom **generellen Bestehen** eines Bankgeheimnisses ausgeht, zeigt sich in unterschiedlichen Normen, die das Bankgeheimnis voraussetzen (vgl. nur § 47 GwG und die aufsichtsrechtliche Fortsetzung in § 9 Abs. 1 KWG; hierzu auch Nobbe WM 2005, 1537 (1540) und das Zeugnisverweigerungsrecht in § 383 Abs. 1 Nr. 6 ZPO). Das Bankgeheimnis ist – bei natürlichen Personen als Teil der informationellen Selbstbestimmung, Art. 2 Abs. 1, 2 Abs. 1 GG, bei juristischen Personen über die Berufs- und rechtsgeschäftliche Handlungsfreiheit Art. 12 Abs. 1, 2 Abs. 1 GG – auch grundrechtlich geschützt (Miebach, Das Bankgeheimnis, 1999, 197 ff.).

22 **Nr. 2 Abs. 1 der AGB Banken 01/2018** regelt und definiert das Bankgeheimnis so: „Die Bank ist zur Verschwiegenheit über alle kundenbezogenen Tatsachen und Wertungen verpflichtet, von denen sie Kenntnis erlangt (Bankgeheimnis). Informationen über den Kunden darf die Bank nur weitergeben, wenn gesetzliche Bestimmungen dies gebieten oder der Kunde eingewilligt hat oder die Bank zur Erteilung einer Bankauskunft befugt ist." Die Klauselwerke der Kreditwirtschaft haben die Besonderheit, dass sie weitgehend branchenweit standardisiert sind und die AGB-Banken und AGB-Sparkassen sich so als quasinormative Rechtsinstitute von erhöhter Richtigkeitsgewähr entwickelt haben (vgl. nur Schimansky/Bunte/Lwowski/Bruchner/Krephold, Bankrechts-HdB, 5. Aufl. 2017, § 4 Rn. 2 ff.).

23 Nach heute herrschender Ansicht sind die AGB-Banken jedoch nicht konstitutiv für das Bestehen eines Bankgeheimnisses (s. aber Giovannopoulos, Die Harmonisierung des privatrechtlichen Bankgeheimnisses im europäischen Wirtschaftsverkehr, 2001, 33), doch können sie ergänzend zur Bestimmung seines Schutzbereichs herangezogen werden, ohne dass sich hieraus aus solchen

Syst. J. Datenschutz im Finanzwesen

Schutzbereichsgrenzen zugleich und automatisch auch Datenschutzschranken iSd Art. 6 DS-GVO ergeben (→ Rn. 38 ff.).

Zutreffend ist es, das Bankgeheimnis aufgrund seiner langen Tradition und Anerkennung schon als Gewohnheitsrecht anzuerkennen (Böhm BB 2004, 1641 (1642); Klüwer/Meister WM 2004, 1157 (1157)). Es hat neben der individuellen auch eine institutionelle Dimension (Petersen, Das Bankgeheimnis zwischen Individualschutz und Institutionsschutz, 2005). Zudem ergibt sich die Verschwiegenheitspflicht der Bank aus dem mit der ersten Kontaktaufnahme zwischen Kreditinstitut und Kunden begründeten Schuldverhältnis nach §§ 311 Abs. 2, 241 Abs. 2 BGB. Aus diesem **Schuldverhältnis** ergeben sich – unabhängig von einem tatsächlichen Vertragsschluss und dem Willen der Parteien – bestimmte **Rücksichtnahmepflichten.** Hierzu zählt auch die **Pflicht zur Verschwiegenheit** (BGH NJW 2007, 2106). Damit bedarf es jedenfalls für die Geheimhaltungspflicht des Kreditinstituts nicht des Konstrukts eines eigenständigen **allgemeinen Bankvertrages** zwischen dem Kreditinstitut und dem Kunden (so früher der BGH NJW 1954, 72; Kusserow/Dittrich WM 1997, 1786), und das Bankgeheimnis besteht auch unabhängig von dem zwischen dem Kreditinstitut und dem Kunden geschlossenen **konkreten Vertragsverhältnisses,** also etwa dem Konto- oder auch Darlehensvertrages (so früher BGHZ 27, 241 (246); Pleyer/Liesecke WM 1975, 238 (247)). 24

Die Konsequenz ist, dass das Bankgeheimnis unabhängig von der Wirksamkeit und Einbeziehung der AGB-Banken sowie den jeweils geschlossenen Einzelverträgen gilt. Zudem reicht es in seinem Regelungsgehalt über Nr. 2 Abs. 1 AGB Banken 01/2018 hinaus und gilt für die Bank nicht nur gegenüber Dritten, sondern auch bei bankinternen Vorgängen. Auch die interne Weitergabe **anvertrauter** Informationen – dies gilt nicht ohne weiteres für die aus anderen Quellen, insbesondere der Öffentlichkeit und dem Markt, erlangten Informationen - ist grundsätzlich nur dann zulässig, wenn dies für den ordnungsgemäßen Geschäftsbetrieb notwendig ist (Cahn WM 2004, 2041 (2047)). Letzterer Aspekt wird auch als **internes Bankgeheimnis** bezeichnet (v. Westphalen/Thüsing VertrR/AGB-Klauselwerke/Fandrich Darlehensvertrag, 44. EL Nov. 2019, Rn. 26). Daneben schützt das Bankgeheimnis mit seiner Verschwiegenheitspflicht nicht nur vor der Preisgabe von Informationen durch die Bank, sondern auch vor dem **Zugriff durch Dritte** auf die Kundendaten einer Bank. Das Bankgeheimnis hat somit eine **doppelte Schutzrichtung** (so Cahn WM 2004, 2041 (2047)). 25

II. Verhältnis von Bankgeheimnis und Datenschutzrecht

Wiewohl Bankgeheimnis und Datenschutz sich überschneidende Schutzwirkungen haben, liegen ihnen sehr unterschiedliche Wertungen zu Grunde. Ziel des durch die DS-GVO gewährten Datenschutzes ist das Grundrecht der **informationellen Selbstbestimmung,** wohingegen das Bankgeheimnis Ausdruck des **bilateralen Vertrauensverhältnisses** zwischen Bank und Kunden ist und insbesondere auch **juristische Personen in gleicher Weise** schützt. 26

Die beiden Rechtsinstitute sind damit nicht deckungsgleich und bestehen unabhängig nebeneinander. Für das BDSG aF judizierte der BGH (BGHZ 171, 180 = NJW 2007, 2106 (2108)), dass das Bankgeheimnis **§ 1 Abs. 3 S. 2 BDSG aF** (heute: § 1 Abs. 2 S. 3 BDSG nF) unterfällt. Danach blieb die Verpflichtung zur Wahrung von Berufsgeheimnissen, die nicht auf einer gesetzlichen Grundlage beruhen, von den Bestimmungen des BDSG unberührt. Hieraus schlussfolgerte der BGH, dass Bankgeheimnis und Datenschutz nebeneinander bestünden und dass das Datenschutzrecht im Verhältnis zum Bankgeheimnis als Berufsgeheimnis lediglich eine **Auffangfunktion** besitze. In dieser Einschätzung folgte er der Literatur (s. nur BMH § 1 Rn. 25e). Der BGH verwies in seiner Begründung auf den expliziten Willen des Gesetzgebers. Schon die Wahl des Wortes „unberührt" in § 1 Abs. 3 S. 2 BDSG aF bestätige ein Nebeneinander der beiden Rechtsinstitute. Auch nach der Gesetzesbegründung sollen sowohl gesetzliche Regelungen als auch von der Rechtsprechung für besondere Geheimnisse entwickelte Grundsätze den Regelungen des Bundesdatenschutzgesetzes vorgehen (BT-Drs. 11/4306, 39). 27

Mit der DS-GVO dürften Vorstellungen von einer Subsidiarität des Datenschutzrechts bei personenbezogenen Daten (natürlicher Personen) problematisch geworden sein. Zwar geht auch die Gesetzesbegründung des BDSG nF von der erwähnten Auffangfunktion aus (BT-Drs. 18/11325, 79). Die DS-GVO soll jedoch, europäisch weitgehend voll harmonisiert, das Schutzniveau des Datenschutzes stärken und erhöhen (vgl. Erwägungsgründe 3, 11 zur DS-GVO). Die DS-GVO ist zwingendes öffentliches Recht, das Grundlage behördlicher Überwachung ist. Dazu passt die Vorstellung einer Subsidiarität nicht. 28

Daraus ist sogar der Schluss gezogen worden, es sei nun ein genereller Vorrang des Datenschutzrechts vor dem Bankgeheimnis anzunehmen (Guggenberger ZBB 2019, 254 (259)). Das geht nun 29

Syst. J. Datenschutz im Finanzwesen

aber in die andere Richtung zu weit. Dass auf europäischer Ebene keine Abweichungen für vertragliche oder gewohnheitsrechtliche Verschwiegenheitspflichten vorgesehen seien (Lehmann/Wancke WM 2019, 613 (614)), erlaubt nicht den Schluss, dass weitergehende vertragliche Verschwiegenheitspflichten nicht wirksam begründet werden könnten.

30 Damit steuern nun DS-GVO und Bankgeheimnis jeweils selbstständig den Schutz personenbezogener, und beim Bankgeheimnis auch anderer, Kundendaten. Hieraus ergibt sich allerdings kein unverbundenes Nebeneinander, weil die DS-GVO die Besonderheiten der Vertrags- und Geschäftsbeziehungen aufnehmen kann (am markantesten Art. 6 Abs. 1 lit. b DS-GVO). Pragmatisch wird der kodifizierende Ansatz der DS-GVO aber sicherlich dazu führen, dass die Probleme künftig stärker und vorrangig am Maßstab des geschriebenen Rechts gelöst werden, wenn Daten natürlicher Personen betroffen sind.

31 Dies wird sich insbesondere bei den Ausnahmen von der Vertraulichkeit auswirken. Diese werden weit weniger als früher von bankvertraglichen Regelungen, namentlich auch Allgemeinen Geschäftsbedingungen, gesteuert werden und dafür weit stärker von der spezifischen Dogmatik des Datenschutzrechts, maßgeblich des Art. 6 DS-GVO.

D. Folgen der uneingeschränkten Geltung der DS-GVO für personenbezogene Daten bei Finanz- und Zahlungsdienstleistungen

32 Die Folgen der uneingeschränkten Geltung des DS-GVO für den Schutz der informationellen Selbstbestimmung natürlicher Personen bei Finanz- und Zahlungsdienstleistungen sind allerdings bislang eher begrenzt. Dies liegt in erster Linie darin, dass die informationellen Vorgänge im Finanzsektor weitgehend durch sektorale Rechtsvorgaben gesteuert oder jedenfalls geprägt werden.

33 Verarbeiten Zahlungsdienste personenbezogene Daten, sind sie in der Regel datenschutzrechtlich Verantwortliche iSd Art. 4 Nr. 7 DS-GVO (Störing in Casper/Terlau, ZAG, 2. Aufl. 2020, ZAG § 59 Rn. 44; Weichert BB 2018, 1161 (1162)). Auch wenn ein Zahlungsdienst streng nach Weisung seines Kunden handelt, ist er kein Auftragsverarbeiter iSd Art. 4 Nr. 8 DS-GVO, da jede Auftragsverarbeitung einen Verantwortlichen voraussetzt und der Kunde nach Art. 2 Abs. 2 lit. c DS-GVO grundsätzlich kein Verantwortlicher sein kann (so auch Sander BKR 2019, 66 (73); aA Weichert BB 2018, 1161 (1162)). Schaltet ein Zahlungsdienst zur Erbringung seiner Dienstleistung weitere Zahlungsdienste oder sonstige Dienste ein, können diese hingegen Auftragsverarbeiter sein (→ Rn. 245). Das ist in der Regel bei sog. White-Label-Dienstleistern (zB finAPI) der Fall, die als Subunternehmer einem Zahlungsdienst beispielsweise einen individuellen Kontoinformationsdienst zur Verfügung stellen und damit als Bindeglied zwischen Bank und nach außen auftretendem Zahlungsdienst agieren (Jestaedt BKR 2018, 445 (446)). Sind externe Dienste kein „verlängerter Arm" des Zahlungsdienstes, da sie weisungsungebunden dem Kunden ihre Dienstleistung eigenständig anbieten, sind sie selbst Verantwortlicher iSd Art. 4 Nr. 7 DS-GVO. Wirkt ein Zahlungsdienst mit einem anderen Unternehmen zusammen und wird gemeinsam über Zwecke und Mittel der Datenverarbeitung entschieden, kommt eine gemeinsame Verantwortlichkeit (Art. 4 Nr. 7, 26 DS-GVO) in Betracht.

I. Grundsätze (Art. 5 DS-GVO)

34 Das zeigt sich schon bei den Grundsätzen für die Verarbeitung personenbezogener Daten in Art. 5 DS-GVO als den „wesentlichen Zielsetzungen des Schutzkonzepts der DS-GVO" (NK-DatenschutzR/Roßnagel Art. 5 Rn. 20). Daten müssen gem. Art. 5 Abs. 1 lit. a rechtmäßig und transparent verarbeitet werden. Das Rechtmäßigkeitserfordernis wird in Art. 6 Abs. 1 DS-GVO durch das sogenannte Verbot mit Erlaubnisvorbehalt (krit. zu diesem deplatzierten Konzept NK-DatenschutzR/Roßnagel Art. 5 Rn. 35 f.) umgesetzt.

35 Von prekärer Steuerungsleistung bei Finanz- und Zahlungsdienstleistungen ist schon das Zweckbindungsgebot aus Art. 5 Abs. 1 lit. b DS-GVO. Die Zwecke der Datenverarbeitung müssen zeitlich vor derselben, spätestens aber zum Zeitpunkt der Datenerhebung festgelegt sein und die betroffene Person gem. Art. 13 Abs. 1 lit. c DS-GVO bzw. Art. 14 Abs. 1 lit. c DS-GVO über die Verarbeitung informiert werden (vgl. auch EDSA, Leitlinien 5/2020, Rn. 121). Hieraus ergibt sich ein Rechtfertigungsgebot auch für Zweckänderungen. Gesetzlich erlaubt sind Zweckänderungen über die Öffnungsklausel gem. Art. 6 Abs. 4 DS-GVO in den in §§ 23 und 24 BDSG (nF) aufgezählten Ausnahmetatbeständen (vgl. → Art. 5 Rn. 22). Für Zahlungsauslöse- und Kontoinformationsdienste ist die Rechtfertigungsmöglichkeit von zweckändernden Datenverarbeitungen jedoch stark eingeschränkt (s. dazu EDSA, Leitlinien 6/2020, Rn. 20–24). Art. 66 Abs. 3 lit.

Syst. J. Datenschutz im Finanzwesen

g PSD II und Art. 67 Abs. 2 lit. f PSD II bzw. §§ 49 Abs. 4, 51 Abs. 1 ZAG verlangen ausdrücklich, dass Daten nicht für andere Zwecke als für das Erbringen des geforderten Zahlungsauslösedienstes bzw. Kontoinformationsdienstes verarbeitet werden dürfen. In der Konsequenz dürfen Zahlungsauslösedienste und Kontoinformationsdienste personenbezogene Daten nur zweckändernd weiterverarbeiten, wenn die betroffene Person darin eingewilligt hat oder eine den Vorgaben des Art. 6 Abs. 4 DS-GVO entsprechende Rechtsvorschrift der Union oder der Mitgliedstaaten die zweckändernde Verarbeitung erlaubt (zB zur Erfüllung der Compliance Vorgaben der EU-Anti-Geldwäscherichtlinien). Die Zweckänderung kann nicht auf den Kompatibilitätstest aus Art. 6 Abs. 4 DS-GVO gestützt werden (EDSA, Leitlinien 6/2020, Rn. 22). Diese Einschränkung verstärkt das im Hinblick auf das Zweckbindungsgebot ohnehin im Finanzsektor bestehende Problem, dass der hier typische Regulierungsstil gerade darauf aufsetzt, dass Daten zu anderen öffentlichen Interessen genutzt werden als jenen Zwecken, deretwegen sie erhoben worden sind (→ Rn. 135). Dies wird dadurch verschärft, dass gesetzliche Pflichten umfangsmäßig und gegenständlich durch den Risikobegriff determiniert werden.

Gerade angesichts der im Finanzsektor umfangreichen Datenverarbeitungsvorgänge zu Überwachungszwecken, die vom Risikobegriff gesteuert werden, nicht leicht operabel ist auch das in Art. 5 Abs. 1 lit. c DS-GVO festgelegte Gebot der Datenminimierung (vgl. EDSA, Leitlinien 6/2020, Rn. 58 ff.), das im Grunde den bisher geltenden Geboten der Datenvermeidung und -sparsamkeit entspricht (vgl. § 3a BDSG aF) und die Datenverarbeitung auf das notwendige Maß beschränken soll (Gola/Pötters Art. 5 Rn. 21). Dies muss durch entsprechende Schutzmaßnahmen – zB durch den Einsatz von digitalen Filtern oder durch die Implementierung von Speicherfristen – technisch abgesichert werden (s. dazu EDSA, Leitlinien 6/2020, Rn. 62 ff.). Auch hier erweisen sich die vielfach unscharfen, nach dem Risikobegriff nach unten und oben unterdeterminierten pflichtauslösenden Tatbestände als problematisch. Bemerkenswerterweise hat der EuGH bislang die Gelegenheiten nicht ergriffen, das Verhältnis von informationeller Selbstbestimmung und regulierungsgetriebenen Eingriffen im Finanzsektor europäisch zu justieren (EuGH BeckRS 2016, 80464 Rn. 112 ff.). **36**

Ebenfalls von durchaus noch ungelöster und nicht einfach zu bestimmender Bedeutung ist der Grundsatz der Richtigkeit (Art. 5 Abs. 1 S. 1 lit. d DS-GVO, da die wesentlichen informationell eingriffsintensiven Verarbeitungsvorgänge bei Finanzdienstleistungen auf die Gewinnung von Risikobewertungen und -zuschreibungen und damit bloßen **Wahrscheinlichkeitsurteilen** oder auf **Verdachtselemente** gerichtet sind, die nicht der Binärstruktur von richtig vs. unrichtig bzw. „der Wahrheit entsprechend" und „nicht der Wahrheit entsprechend" zugänglich sind. Trotzdem handelt es sich nicht um Werturteile. **37**

II. Rechtfertigungsgründe (Art. 6 Abs. 1 DS-GVO)

Uneingeschränkt gilt Art. 6 Abs. 1 DS-GVO, wonach die Verarbeitung, Erhebung und Nutzung personenbezogener für ihre Rechtmäßigkeit einer Rechtfertigung durch einen der sechs aufgelisteten Rechtfertigungsgründe bedarf. **38**

Der Katalog ist grundsätzlich abschließend, was für den Vorgänger Art. 7 Datenschutz-RL vom EuGH auch bestätigt wurde (EuGH Urt. v. 24.11.2011 – C-468, 469/10). Allerdings ist der Katalog so breit, dass er jedenfalls die informationellen Eingriffe im Finanzdienstleistungssektor deckt und die Schwierigkeiten eher darin bestehen, welchem von mehreren in Betracht kommenden Tatbeständen bestimmte Verarbeitungen zuzuordnen sind, und die immanenten oder expliziten Grenzen im Einzelfall zu bestimmen. **39**

Deshalb ist es von besonderer Bedeutung für den Finanzsektor, dass die sechs Rechtmäßigkeitstatbestände in Art. 6 Abs. 1 DS-GVO gleichberechtigt nebeneinanderstehen und, solange es nicht deren Regelungszweck widerspricht, grundsätzlich auch kumulativ angewendet werden können (→ Art. 6 Rn. 18), dazu Krusche ZD 2020, 232). Das folgt schon aus dem Wortlaut des Art. 6 Abs. 1 DS-GVO (SJTK/Schwartmann/Klein Art. 6 Rn. 7). **40**

Hiermit steht die jüngst verfochtene Ansicht von der „Sperrwirkung" einer Einwilligung nicht im Konflikt, wonach die Rechtsgrundlage, auf die der Verarbeitende sich stützt, *vor* der Verarbeitung feststehen müsse; ein „Wechsel" zwischen Rechtsgrundlagen nicht möglich sei (EDSA, Leitlinien 5/2020, Rn. 30 f.) und eine Sperrwirkung der (unwirksamen) Einwilligung anzunehmen sei (so im Ergebnis auch Guggenberger ZBB 2019, 254 (256)). Dies ist aus sich heraus nicht überzeugend und betrifft strenggenommen auch gar nicht den Fall, dass schon von vornherein mehrere Grundlagen kumulativ angewendet werden. **41**

Sämtliche Erlaubnistatbestände, mit Ausnahme der Einwilligung, stehen unter dem Vorbehalt der Erforderlichkeit, welche sich auf den festgelegten Verwendungszweck bezieht (→ Art. 6 **42**

Syst. J. Datenschutz im Finanzwesen

Rn. 16 f.). Auch das ist allerdings im Finanzsektor teilweise von geringer Steuerungswirkung, da wesentliche Vorgaben durch den abwägungsoffenen Risikobegriff konstituiert werden.

43 Verarbeiten Zahlungsdienste persönlichkeitsrechtlich sensible Daten (zB Transaktionsdaten, die eine Spende an eine politische Partei offenlegen), ist neben Art. 6 Abs. 1 DS-GVO auch Art. 9 DS-GVO zu beachten (zum Verhältnis der beiden Normen → Art. 9 Rn. 24). Dabei ist zu beachten, dass „sensible Zahlungsdaten" iSd Art. 4 Nr. 32 PSD II bzw. § 1 Abs. 26 ZAG nicht per se „besondere Kategorien personenbezogener Daten" iSd Art. 9 DS-GVO sind (EDSA, Leitlinien 6/2020, Rn. 52; Weichert BB 2018, 1161 (1162)). Vielmehr kommt es darauf an, ob der Verantwortliche den Sinngehalt der besonderen Kategorie informationell auch berücksichtigt.

1. Geringe Bedeutung der Einwilligung für Datenverarbeitungsvorgänge im Finanzsektor

44 Für die typischen Datenverarbeitungsvorgänge bei Finanzdienstleistungen hat die Einwilligung nur eine marginale Bedeutung, bspw. bei der Nutzung von Daten für **Vertriebszwecke und Werbung** und im Online-Banking. Die Einwilligung im Sinne des Datenschutzrechts geht in ihren Voraussetzungen deutlich darüber hinaus, was allgemein in der Rechtsgeschäftslehre für ein als Rechtsgeschäft als betätigte Privatautonomie vorausgesetzt wird. Das ergibt sich letztlich schon aus der Definition der Einwilligung in Art. 4 Nr. 11 DS-GVO, die einen freiwilligen, bestimmten und eindeutigen „informed consent" erfordert (EDSA, Leitlinien 5/2020, Rn. 11): Die notwendige Informiertheit liegt vor, wenn der Betroffene „über die zumutbare Möglichkeit verfügt, sich – ggf. unter Inanspruchnahme sachkundiger Beratung – die bereitgehaltenen Informationen über all die beabsichtigte Datenverarbeitung kennzeichnenden Merkmale anzueignen" (NK-DatenschutzR/Klement Art. 7 Rn. 72). Die Einwilligung stellt somit ein **qualifiziertes** Einverständnis dar (Hacker, Datenschutzprivatrecht, 2020, 122). Bei besonderen Kategorien personenbezogener Daten (bspw. in Art. 9 DS-GVO) wird überdies eine **ausdrückliche** Einwilligung erfordert (EDSA, Leitlinien 5/2020, Rn. 91 ff.). Die Beweislast für das Vorliegen der genannten Voraussetzungen und demnach für die Wirksamkeit der Einwilligung liegt lt. Erwägungsgrund 42 zur DS-GVO bei dem Verantwortlichen.

45 Die Praxis bei deutschen Banken liegt damit relativ nahe bei den EDSA-Anwendungshinweisen, wonach eine Einwilligung dann eine rechtmäßige Grundlage für die Datenverarbeitung darstellen kann, wenn der betroffenen Person tatsächlich eine echte Wahl und damit die volle Kontrolle über ihre personenbezogenen Daten verbleibt (EDSA, Leitlinien 5/2020, Rn. 3), auch wenn man die weitergehende These, eine Einwilligung sei unzulässig, wenn die Verarbeitung auch auf Grundlage einer anderen Rechtsgrundlage stattfindet (EDSA, Leitlinien 5/2020, Rn. 30 f., 122; so auch Guggenberger ZBB 2019, 254 (256)), so nicht teilt.

46 Die datenschutzrechtliche Einwilligung ist aus mehreren Gründen im Finanzsektor weitgehend ungeeignet für alle jene Datenverarbeitungsvorgänge, die der Verantwortliche zur Vertragserfüllung oder zur Erfüllung von ihm auferlegten Rechtspflichten braucht. Sie ist jederzeit widerrufbar (Art. 7 Abs. 3 DS-GVO); die Rechtfertigung entfällt dann gem. Art. 7 Abs. 3 S. 2 DS-GVO für die Zukunft. Der Verarbeitende muss den Betroffenen vor dessen Einwilligung über die Widerrufsmöglichkeit informieren und den Widerruf kostenlos, ebenso einfach wie die Einwilligung und ohne Nachteile für den Betroffenen zu jeder Zeit anbieten (EDSA, Leitlinien 5/2020, Rn. 46 ff., 113 ff.). Dies bekräftigt, dass die Einwilligung eine freie und damit auch **reversible Entscheidung** sein soll und stattet den Betroffenen mit einem gewissen Maß an Kontrolle und der gewollten Selbstbestimmung über den spezifischen Datenverarbeitungsvorgang aus (EDSA, Leitlinien 5/2020, Rn. 10, 13). All das ist für die allermeisten Daten, die Finanzdienstleister speichern, unpassend.

47 Zudem ist die Einwilligung an das Erfordernis der Freiwilligkeit gebunden und mit den Unklarheiten des Koppelungsverbots aus Art. 7 Abs. 4 DS-GVO belastet. Sie wird in Situationen, in denen Betroffene nur die Wahl haben, bestimmte Fragen zu beantworten oder den Vertragsschluss scheitern zu lassen, skeptisch betrachtet (sogenannte „Take-it-or-leave-it-Konstellationen", NK-DatenschutzR/Klement Art. 7 Rn. 56 f.; siehe auch § 28 Abs. 3b BDSG aF). Diese Skepsis wurde im Erwägungsgrund 43 zur DS-GVO festgehalten und dort angesprochene (Macht-)Ungleichgewicht in Art. 7 Abs. 4 berücksichtigt; bes. krit. Artikel 29-Datenschutzgruppe, WP 259, 8 sowie folgend darauf EDSA, Leitlinien 5/2020, Rn. 35). Auch in Art. 7 Abs. 4 DS-GVO liegt die Nachweislast bei dem Verantwortlichen. Der Nachweis der Freiwilligkeit im Anwendungsfall von Art. 7 Abs. 4 DS-GVO dürfte für den Verantwortlichen in vielen Fällen schwierig zu führen sein (EDSA, Leitlinien 5/2020, Rn. 36). Zahlungsverkehrs- und Bankdienste sind Leistungen, auf die der Betroffene typischer Weise in besonderem Maße angewiesen ist (NK-DatenschutzR/Klement

Syst. J. Datenschutz im Finanzwesen

Art. 7 Rn. 61; gegen eine Differenzierung nach besonderer Angewiesenheit Hacker, Datenschutzprivatrecht 2020, 143 f. mit Verweis auf Erwägungsgrund 42 zur DS-GVO).

Zwar enthält Art. 7 Abs. 4 DS-GVO kein echtes und striktes „Koppelungsverbot" (so auch Buchner DuD 2016, 155 (158) und Kühling/Martini EuZW 2016, 448 (451)). Richtig ist aber, darin eine starke „Tendenz" zu sehen, dass bei Take-it-or-leave-it-Konstellationen die Freiwilligkeit sorgfältig zu prüfen ist. Art. 7 Abs. 4 DS-GVO bringt somit eine auf die Rechtsanwendung bezogene Berücksichtigungspflicht zum Ausdruck, was schon der Wortlaut („in größtmöglichem Umfang Rechnung getragen") belegt. Einwilligungsbasierte Lösungen sind auch deshalb in den Fällen fragwürdig, in denen die Datenverarbeitung für die Durchführung des Geschäfts objektiv erforderlich ist (so auch EDSA, Leitlinien 5/2020, Rn. 31). 48

Mit den genannten, gegenüber der allgemeinen Rechtsgeschäftslehre erhöhten Anforderungen an eine wirksame Einwilligung werden **AGB-rechtliche Einwilligungen** problematisch. Die Kreditwirtschaft hat hierauf reagiert, indem sie, entgegen langjähriger Regelungstradition die Bankauskunft in den AGB Banken 01/2018 bei **natürlichen** Personen von einer **gesonderten** Einwilligung abhängig gemacht hat. Nr. 2 Abs. 3 AGB Banken 07/2018 lautet nun: „Die Bank ist befugt, über juristische Personen und im Handelsregister eingetragene Kaufleute Bankauskünfte zu erteilen, sofern sich die Anfrage auf ihre geschäftliche Tätigkeit bezieht. Die Bank erteilt jedoch keine Auskünfte, wenn ihr eine anderslautende Weisung des Kunden vorliegt. Bankauskünfte über andere Personen, insbesondere über Privatkunden und Vereinigungen, erteilt die Bank nur dann, wenn diese generell oder im Einzelfall ausdrücklich zugestimmt haben…". 49

Im Anwendungsbereich der PSD II wird in der Literatur diskutiert, wie das Einwilligungserfordernis aus Art. 94 Abs. 2 PSD II bzw. § 59 Abs. 2 ZAG zu verstehen ist, wonach Zahlungsdienstleister die für das Erbringen ihrer Zahlungsdienste notwendigen personenbezogenen Daten nur mit der ausdrücklichen Zustimmung des Nutzers – „explicit consent" – verarbeiten dürfen (vgl. Störing in Casper/Terlau, ZAG, 2. Aufl. 2020, ZAG § 59 Rn. 26 ff.; Indenhuck/Stein BKR 2018, 136; Sander BKR 2019, 66 (70 f.)). Da der Wortlaut darauf hindeutet, dass von den sechs Erlaubnistatbeständen aus Art. 6 Abs. 1 DS-GVO im Anwendungsbereich des Zahlungsdiensterechts allein die Einwilligung nach Art. 6 Abs. 1 lit. a DS-GVO in Betracht kommt, wird die Norm teilweise als zugleich europarechtswidrig und verfassungswidrig angesehen (Sander BKR 2019, 66 (70 f.)). Mit dem Europäischen Datenschutzausschuss ist davon auszugehen, dass mit der Einwilligung iSv Art. 94 Abs. 2 PSD II keine Einwilligung iSv Art. 6 Abs. 1 lit. a DS-GVO gemeint ist (EDSA, Leitlinien 6/2020, Rn. 34 ff.). Es handelt sich nicht um einen selbstständigen Rechtfertigungsgrund nach Art. 6 Abs. 1 DS-GVO, sondern um eine besondere datenschutzrechtliche Vertragserklärung (s. EDSA, Leitlinien 6/2020, Rn. 35 f.; zusammenfassend Störing in Casper/Terlau, ZAG, 2. Aufl. 2020, ZAG § 59 Rn. 27). Rechtsgrundlage bleibt Art. 6 Abs. 1 lit. b DS-GVO (Vertragserfüllung), zusätzlich muss der Zahlungsdienstleister sicherstellen, dass der Nutzer im Rahmen des zugrundeliegenden Zahlungsdienstevertrags – getrennt von den übrigen Bestandteilen des Vertrags – der Datenverarbeitung zu konkret genannten Zwecken zustimmt (EDSA, Leitlinien 6/2020, Rn. 36; Störing in Casper/Terlau, ZAG, 2. Aufl. 2020, ZAG § 59 Rn. 27; Heinson, HdbEudDSR, 2019, Rn 56 ff.). 50

2. Vertragserforderliche Datenverarbeitung (Art. 6 Abs. 1 lit. b DS-GVO)

Viele Datenverarbeitungsvorgänge bei Banken und Zahlungsdienstleistern sind zur Erfüllung eines Vertrages (oder auf Anfrage des Betroffenen zur Durchführung vorvertraglicher Maßnahmen) erforderlich (dazu EDSA, Leitlinien 6/2020, Rn. 14–19). 51

Neben der Einwilligung beruht auch dieser Rechtmäßigkeitstatbestand auf betätigter Privatautonomie, da Verträge die Folge privatautonomer Entscheidungen darstellen (dezidiert Hacker, Datenschutzprivatrecht, 2020, 196 ff.) Der Begriff „Vertrag" umfasst hier somit Abschluss, Änderung, Abwicklung und Beendigung von sowohl rechtsgeschäftlichen sowie rechtsgeschäftsähnlichen Schuldverhältnissen als auch vertragsähnlichen Konstellationen (→ Art. 6 Rn. 28 ff.). 52

Der Vertrag muss mit der betroffenen und nicht einer dritten Person bestehen, ansonsten kommt eine Verarbeitung nur auf Grundlage von lit. a, c und f (→ Rn. 71 ff.) in Betracht (NK-DatenschutzR/Schantz Art. 6 Rn. 20). Bei vernetzten Verträgen – wie für den Zahlungsverkehr typisch – dürften auch nicht nur Daten des „eigenen" Vertragspartners, sondern auch Daten der zum Vertragsnetz verbundenen (dazu grundlegend Grundmann AcP 207 (2007), 718 ff.) Betroffenen vertragserforderliche Daten iSd Art. 6 Abs. 1 lit. b DS-GVO sein. Auch die Person des Verantwortlichen und die des Vertragspartners können auseinanderfallen, solange die Verarbeitung durch den Dritten zur Erfüllung des Vertrages erforderlich ist (→ Art. 6 Rn. 30). 53

Syst. J. Datenschutz im Finanzwesen

54 Die Erforderlichkeit ist für jede im Vertrag enthaltene Dienstleistung separat zu beurteilen (EDSA, Leitlinien 6/2020, Rn 17 f.). Unerheblich sind vertragliche Bestimmungen darüber, ob eine Datenverarbeitung zur Vertragserfüllung erforderlich ist oder nicht (EDSA, Leitlinien 6/2020, Rn. 16, 18). Intensiv diskutiert wird, welche Anforderungen aus dem Tatbestandsmerkmal der Erforderlichkeit folgen. Einigkeit besteht weitgehend, dass eine Datenverarbeitung nicht erst erforderlich ist, wenn sie unverzichtbar ist (näher hierzu mit verschiedenen Kriterien EDSA, Leitlinien 2/2019, Rn. 33). Es wird aber teilweise ein unmittelbarer Zusammenhang mit dem konkreten Zweck des Vertrages (Gola/Schulz Art. 6 Rn. 38) verlangt oder gelehrt, vertragserforderlich könne es nicht sein, wenn die Datenverarbeitung ein „Geschäftsmodell" sei (NK-DatenschutzR/Schantz DS-GVO Art. 6 Abs. 1 Rn. 33; Kühling/Buchner/Buchner/Petri Rn. 41 ff.). Richtiger Weise sind solche Einbrüche in die freie Selbstbestimmung der Verbraucherinnen und Verbraucher jenseits des privatrechtlichen, nicht harmonisierten Schutzes unnötig und von der DS-GVO nicht gedeckt (grundlegend Hacker, Datenschutzprivatrecht, 2020, 198 f.).

55 Eine Datenverarbeitung im vorvertraglichen Bereich fällt nur unter Art. 6 Abs. 1 lit. b DS-GVO, soweit sie auf Anfrage des Betroffenen durchgeführt wird, wie etwa im Rahmen einer Bonitätsprüfung; im Falle eines Scheiterns des Vertragsabschlusses entfällt die Erforderlichkeit ex nunc (→ Art. 6 Rn. 33). Die Daten müssen dann gelöscht werden, aber erst, wenn sie nicht mehr für handelsrechtliche oder andere rechtlich gebotene Dokumentationszwecke gebraucht werden. Dies kann typisierend in einem Löschungskonzept festgelegt werden.

56 Die Vertragserfüllung von Finanz- und Zahlungsdienstleistern ist informationell vielfältig durch Rechtsvorschriften determiniert, die teilweise auch im öffentlichen Interesse auferlegt sind. Hier stellt sich die Frage nach dem Verhältnis zur Rechtfertigung aus lit. c, lit. e und lit. f.

57 Hier dürfte häufig der Fall einer Kumulation vorliegen. Beispielsweise ist die Erhebung der KYC-Daten des Vertragspartners rechtlich verpflichtend, bevor eine Geschäftsbeziehung begründet wird (→ Rn. 190 ff.). Sie ist damit für die Vertragserfüllung erforderlich und dient zugleich einer rechtlichen Verpflichtung; die hier oft ebenfalls einbezogenen Daten dritter Betroffener können allerdings nicht nach Art. 6 Abs. 1 lit. b erhoben und verarbeitet werden; hier bleiben Art. 6 Abs. 1 lit. c und lit. f DS-GVO. Da das Kreditinstitut auf die Datenerhebung angewiesen ist, um seine regulatorischen Pflichten zu erfüllen, überwiegen auch die Interessen.

58 Jedenfalls im Zahlungsverkehr und bei anderen, auf Authentifizierung basierenden Verfahren bei Finanzdienstleistungen ist auch die Betrugs- und Missbrauchserkennung zur Vertragserfüllung erforderlich (anders allg., aber nicht spezifisch auf Zahlungsdienstleistungen bezogen EDSA, Leitlinien 2/2019, Nr. 50).

3. Erfüllung einer rechtlichen Verpflichtung (Art. 6 Abs. 1 lit. c DS-GVO)

59 Eine große Bedeutung hat wegen der ausgeprägten Regulierung und Inpflichtnahmen des Finanzsektors die Erfüllung rechtlicher Verpflichtungen des Verantwortlichen. Art. 6 Abs. 1 lit. c DS-GVO ist nicht deckungsgleich mit § 4 Abs. 1 BDSG aF, der noch jegliche Verarbeitungen für rechtmäßig erachtet hat, die durch Gesetz „erlaubt" waren (vgl. → Art. 6 Rn. 34 f.).

60 Im Gegensatz zu lit. a und b flankiert Art. 6 Abs. 1 lit. c DS-GVO keine privatautonome Entscheidung, sondern eine gesetzliche Verpflichtung aus Unionsrecht oder nationalem Recht. Dieser Erlaubnistatbestand ist als grundsätzliche Subsidiarität des Datenschutzrechts gedeutet worden; das präventive Verbot der Verarbeitung personenbezogener Daten befreie demnach nicht von anderen gesetzlichen Pflichten, vielmehr überlagerten letztere dieses (HK-DS-GVO/Reimer Art. 6 Rn. 22). Das wird allerdings der Systematik des DS-GVO nur bedingt gerecht. Der Anschein einer Durchsetzungsschwäche des DS-GVO gegenüber gesetzlichen Verpflichtungen ist allerdings im konzeptionellen Ausgangspunkt nicht berechtigt, da – soweit kein gleichrangiges Unionsrecht vorgeht – einerseits über Art. 6 Abs. 3 S. 4 DS-GVO, andererseits durch eine unmittelbare, nicht über die Erforderlichkeitsprüfung mediatisierte Anwendung europäischer oder nationaler Grundrechte die Wirksamkeit der DS-GVO auch gegenüber gesetzlichen Pflichten sicherzustellen ist. Im Finanzwesen ist dies aber noch nicht wirklich zu praktischer Wirksamkeit gebracht worden.

61 Heute beruhen die meisten rechtlichen Verpflichtungen von Finanz- und Zahlungsdienstleistern unmittelbar oder mittelbar auf Unionsrecht. Gewährt zB ein Zahlungsdienst einem Kontoinformationsdienst Zugang zu personenbezogenen Daten, kann er sich dazu auf das Art. 67 Abs. 1 PSD II umsetzende nationale Gesetz stützen (§§ 50–52 ZAG) und damit auf Art. 6 Abs. 1 lit. c DS-GVO berufen (s. EDSA, Leitlinien 6/2020, Rn. 25 ff.). Bei den typischen Datenverarbeitungsvorgängen des Risikomanagements, die nicht in gesetzlich spezifischer Form konkret, sondern nur über eine allgemeine Programm- oder Finalvorgabe determiniert sind, ist allerdings diskutabel, ob anstelle Art. 6 Abs. 1 lit. c DS-GVO eher Art. 6 Abs. 1 lit. f DS-GVO einschlägig ist. Das gilt

Syst. J. Datenschutz im Finanzwesen

auch und insbesondere da, wo Datenverarbeitungsvorgänge – wie typisch in der Finanzindustrie – multifinal sind und den Eigeninteressen des Unternehmens, der Erfüllung des Vertrages und zugleich der Erfüllung regulatorischer oder geldwäschepräventiver Pflichten im öffentlichen Interesse dienen oder, noch komplexer, eine teilweise Multifinalität vorliegt.

Zu den rechtlichen Verpflichtungen gehören selbst geschaffene, also vertragliche Pflichten 62 grundsätzlich nicht. Etwas Anderes kann dann zu erwägen sein, wenn die vertraglichen Pflichten ein gesetzlich verpflichtendes Handlungsprogramm ausgestalten.

4. Lebenswichtiges Interesse (Art. 6 Abs. 1 lit. d DS-GVO)

Der Schutz personenbezogener Daten muss hinter dem Schutz lebenswichtiger Interessen 63 zurücktreten. Diese Ansicht wird in Art. 6 Abs. 1 lit. d DS-GVO zum Ausdruck gebracht. Der Begriff der Lebenswichtigkeit ist objektiv zu bestimmen und erfasst insbesondere die körperliche Unversehrtheit und das Leben (vgl. Erwägungsgrund 112 S. 2 zur DS-GVO). Aus Erwägungsgrund 46 S. 2 zur DS-GVO ergibt sich, dass der Erlaubnistatbestand als subsidiär gegenüber den anderen aufgezählten Tatbeständen zu sehen ist. Für das Finanzwesen wird er in individuellen Ausnahmefällen von Relevanz sein, etwa, wenn mit Zahlungstransaktionsdaten eine Gefahr für Leib oder Leben abgeklärt werden kann.

5. Aufgabe im öffentlichen Interesse oder Ausübung hoheitlicher Gewalt (Art. 6 Abs. 1 lit. e DS-GVO)

Die intensive, auf öffentliche Interessen ausgerichtete Regulierung des Finanzsektors, mehr 64 noch seine Inpflichtnahmen etwa bei der Zahlungsverkehrstransparenz, Geldwäscheprävention und fiskalischer Transparenz werfen die Frage auf, ob punktuell auch eine Berufung auf Art. 6 Abs. 1 lit. e DS-GVO in Betracht kommt, der zwei Varianten hat: einerseits die Wahrnehmung einer Aufgabe im öffentlichen Interesse und andererseits die Wahrnehmung einer Aufgabe in Ausübung öffentlicher Gewalt.

Wie Art. 6 Abs. 1 lit. c kann auch lit. e DS-GVO nur in Verbindung mit einer Rechtsgrundlage 65 im Unionsrecht oder nationalen Recht Geltung beanspruchen. Die Erforderlichkeit im Rahmen dieses Erlaubnistatbestandes ist gleichzeitig auch Schnittstelle für die Verhältnismäßigkeit bei einer Einschränkung der Grundrechte der Betroffenen aus Art. 7 und 8 GRCh (→ Art. 6 Rn. 42 ff.).

Das Spektrum der gesetzlich induzierten Verarbeitungsvorgänge in der Finanzindustrie reicht 66 von klassisch wirtschaftsaufsichtlichen über allgemein-generell vorgegebenen Pflichten bis hin zu sehr konkreten Inpflichtnahmen. Typischer Weise wird bei solchen Inpflichtnahmen nach deutschem Verständnis keine Hoheitsaufgabe und schon keine Hoheitsbefugnis übertragen, wie es für die Beleihung charakteristisch ist, vielmehr werden dem Privaten gesetzliche Aufgaben auferlegt, mit denen er öffentliche Interessen verwirklichen oder sichern soll, oder der staatliche Vollzug wird teilweise ausgelagert. Das reicht jedenfalls für Art. 6 Abs. 1 lit. e Alt. 1 DS-GVO.

Die Begriffe des Art. 6 Abs. 1 lit. e DS-GVO sind unionsrechtlich autonom auszulegen, sodass 67 keine Bindung an Begrifflichkeiten des nationalen Rechts besteht. seine Anwendung nicht steuern können. Unionsrechtlich autonom ist die Erforderlichkeit (→ Art. 6 Rn. 44) auszulegen. Grund hierfür ist vor allem das Ziel der Herstellung eines unionsweiten gleichwertigen Schutzniveaus bzgl. der Verarbeitung personenbezogener Daten (EuGH BeckRS 2008, 71329 Rn. 50, 52, noch bezugnehmend auf die Vorgängerregelung des Art. 7 lit. e Datenschutz-RL).

Art. 6 Abs. 1 lit. e DS-GVO ist somit einschlägig, wenn die jeweilige Vorgabe dem Verantwort- 68 lichen den informationellen Eingriff in klar bestimmter Weise auferlegt und dieser dabei unmittelbar öffentliche Interessen wahrnimmt.

Beispiele sind damit die Bereitstellung von Kontendaten beim Abruf durch die Finanzverwal- 69 tung und andere konkrete Meldepflichten in Besteuerungsverfahren sowie insbesondere die Erhebung von Abzugssteuern.

Demgegenüber ist Art. 6 Abs 1 lit. e bei den typischen aufsichtlich induzierten Verarbeitungs- 70 vorgängen wie denen des Kredit- und Missbrauchsrisikomanagements nicht einschlägig, da hier nicht unmittelbar öffentliche Fremdinteressen wahrgenommen werden.

Nicht ganz eindeutig ist es, ob auch die vielfältigen Verarbeitungsvorgänge der Geldwäschepra- 71 vention, soweit sie sich auf reguläre Geschäftsdaten beziehen, von Art. 6 Abs. 1 lit. e DS-GVO gedeckt sind. Dass die Geldwäscheprävention eine Angelegenheit von öffentlichem Interesse ist, legt das Unionsrecht bereits fest. Damit ist Art. 6 Abs. 1 lit. e zumindest einschlägig, wenn die Verarbeitungspflicht konkret bestimmt und determiniert ist, bspw. die Pflicht zu Verdachtsanzeigen. Wird wie in Art. 94 Abs. 1 S. 1 PSD II bzw. § 59 Abs. 1 ZAG hingegen nur eine Befugnis erteilt, aber keine Pflicht begründet, sind die Normen nicht als Vorschriften iSd Art. 6 Abs. 1 lit.

Syst. J. Datenschutz im Finanzwesen

e, Abs. 2, 3 DS-GVO, sondern dahingehend zu verstehen, dass Zahlungsdienste in diesen Fällen ein berechtigtes Interesse iSd Art. 6 Abs. 1 lit. f DS-GVO haben (so auch Weichert BB 2018, 1161 (1164); aA Störing in Casper/Terlau, ZAG, 2. Aufl. 2020, ZAG § 59 Rn. 7).

6. Überwiegendes Interesse des Verantwortlichen oder eines Dritten (Art. 6 Abs. 1 lit. f DS-GVO)

72   Art. 6 Abs. 1 lit. f DS-GVO enthält die in der Praxis wichtige zentrale Interessenabwägungsklausel der DS-GVO und regelt damit den Ausgleich zwischen den Datenschutzinteressen des Betroffenen und den Interessen des Verantwortlichen oder des Dritten (Gola/Schulz Art. 6 Rn. 56).

73   Soweit **staatlich** gehandelt wird, ist Art. 6 Abs. 1 lit. f DS-GVO in Deutschland nicht ohne weiteres anwendbar, da hier zusätzlich der verfassungsrechtliche Gesetzesvorbehalt greift. Zur Verhinderung eines Unterlaufens des Vorbehalts des Gesetzes können sich Behörden bei der Erfüllung ihrer Aufgaben gem. Art. 6 Abs. 1 S. 2 DS-GVO nicht auf die Interessenabwägung nach lit. f stützen. Die Interessenabwägung nach lit. f hat somit als einziger der Erlaubnistatbestände aus Art. 6 Abs. 1 DS-GVO einen beschränkten persönlichen Anwendungsbereich (HK-DS-GVO / Reimer Art. 6 Rn. 52). Hieraus ergibt sich die besondere Problematik, wenn die Erfüllung öffentlicher Aufgaben im öffentlichen Interesse privaten Akteuren als Pflichtaufgabe übertragen wird. Hier sind dann unbestimmte Eingriffsermächtigungen möglich, die nicht gesetzlich verantwortet werden, sondern sich erst in der Interessensabwägung im Einzelfall konkretisieren.

74   Als berechtigte Interessen sind jedenfalls die vernünftigen Erwartungen der betroffenen Person zu sehen, die auf der Beziehung zu dem Verantwortlichen gründen (vgl. Erwägungsgrund 47 S. 1 zur DS-GVO). Das Vorliegen eines berechtigten Interesses auf Seiten des Verarbeitenden ist normativ zu bestimmen; hierzu zählen nicht nur rechtliche, sondern auch wirtschaftliche und ideelle Interessen. In Erwägungsgrund 47 S. 2, 6 und 7 sowie Erwägungsgrund 49 zur DS-GVO werden als berechtigte Interessen bspw. die Betrugsprävention (Erwägungsgrund 47 S. 6), Direktwerbung (Erwägungsgrund 47 S. 7) und auch Maßnahmen zur Verbesserung der Sicherheit von IT-Systemen (Erwägungsgrund 49) aufgezählt.

75   Die Abwägung der beiderseitigen Interessen sowie die Bestimmung dieser selbst hat stets im Einzelfall und unter Berücksichtigung der Intensität der Einschränkung zu erfolgen (Gola/Schulz Art. 6 Rn. 67). Kritisiert worden ist, dass die Formulierung von Art. 6 Abs. 1 lit. f DS-GVO die Beweislast dem Betroffenen überlässt. Hierüber kann nur das jederzeitige Widerspruchsrecht nach Art. 21 Abs. 1 DS-GVO hinweghelfen, wonach sodann der Verantwortliche seine zwingenden schutzwürdigen Interessen nachweisen muss (→ Art. 6 Rn. 45 ff.).

76   Wenn aufsichtlich und gesetzlich induzierte Pflichten nicht schon auf Art. 6 Abs. 1 lit. a, b, d oder e gestützt umgesetzt werden, so ist an lit. f zu denken. Die **allgemeine** Rechtspflicht des Verantwortlichen ist ein Belang von Gewicht, auch wenn sie nicht ohne Weiteres auf der Beziehung zu den Betroffenen gründen. Hier stellen sich aber im Einzelnen noch ungelöste Fragen der Verhältnisse der lit. f zu lit. c und lit. e.

77   Art. 6 Abs. 1 lit. f DS-GVO kommt zudem als Rechtsgrundlage in Betracht, wenn Zahlungsdienste zur Erfüllung ihres Vertrags mit dem Zahlungsdienstenutzer personenbezogene Daten Dritter – sog. „silent party" – verarbeiten (s. EDSA, Leitlinien 6/2020, Rn. 44 ff.; Sander BKR 2019, 66 (72)). Das ist zB der Fall, wenn ein Kontoinformationsdienst zur Erbringung seiner Dienstleistung auf Transaktionsdaten zugreift, die die Kontonummer und den überwiesenen Betrag eines Dritten offenbaren. Dabei hat der Verantwortliche (technisch) sicherzustellen, dass die Gewährleistung der Datenschutzgrundsätze aus Art. 5 Abs. 1 DS-GVO – insbesondere das Zweckbindungs- und das Transparenzgebot sowie das Gebot der Datenminimierung – auch im Hinblick auf den Dritten durch entsprechende Schutzmaßnahmen abgesichert ist. Insbesondere dürfen die personenbezogenen Daten des Dritten, vorbehaltlich ausdrücklicher gesetzlicher Vorgaben der EU oder der Mitgliedstaaten, nicht für andere Zwecke als zur Vertragserfüllung (im Beispiel zur Erbringung des Kontoinformationsdienstes) verarbeitet werden (ausführlich dazu EDSA, Leitlinien 6/2020, Rn. 48 f.). Unklar ist, welche Rechtsgrundlage heranzuziehen ist, wenn die personenbezogenen Daten des Dritten einer der besonderen Kategorien von Daten aus Art. 9 Abs. 1 DS-GVO zuzuordnen sind. Von den Ausnahmetatbeständen aus Art. 9 Abs. 2 DS-GVO wird regelmäßig keiner greifen (so auch Sander BKR 2019, 66 (73)).

78-87   Derzeit nicht belegt.

Syst. J. Datenschutz im Finanzwesen

E. Unternehmerisches und aufsichtlich gebotenes Risikomanagement als Einfallstor von Eingriffen in die informationelle Selbstbestimmung

Kreditinstitute sind zur Sicherung ihrer Risikotragfähigkeit (Kapitalausstattung) und Liquidität **88** verpflichtet, interne Sicherungsmaßnahmen gegen Kreditausfälle zu ergreifen und ein Risikomanagement zu etablieren. Hierzu gehört ua die Überprüfung der Kreditwürdigkeit des Kreditnehmers, um das Ausfallrisiko zu bewerten und hierauf aufbauend Kapitalunterlegung und Liquidität sicherzustellen. Dies setzt notwendig die Beschaffung individueller bzw. personenbezogener Informationen voraus. Die Verpflichtung, die mit Kreditgewährungen verbundenen Risiken zu überwachen, folgt rechtshistorisch bereits aus den hergebrachten kaufmännischen Grundsätzen ordnungsgemäßer Geschäftsführung (Boos/Fischer/Schulte-Mattler/Bock, Kreditwesengesetz, 5. Aufl. 2016, KWG § 18 Rn. 1).

Inzwischen wurden die Risikothemen deutlich erweitert; sie umfassen heute neben den Adress- **89** ausfall-, Marktpreis- und Liquiditätsrisiken auch die allgemeine Kategorie der **operationellen Risiken,** dessen Definition und Umgrenzung in weiten Teilen den Instituten überlassen wird und das – teilweise aber auch als gesonderte Kategorie erfasst – auch beispielsweise Compliance- und Reputationsrisiken erfassen kann (zu alledem MaRisk BTR 4, Boss/Fischer/Schulte-Mattler/ Braun, KWG, § 25a Rn. 351 ff.). Dies wird auch auf Risiken ausgedehnt, rechtswidrige Geschäfte Dritter zu unterstützen (EBA BS 2019 rev. 4 v. 28.4.2020, Rn. 8). Diese Offenheit des Risikobegriffs ermöglicht im Grunde genommen über das allgemeine Einfallstor „Risikomanagement" auch Zweckänderungen bei Verarbeitungsvorgängen, bspw. wenn Kontobewegungen von Kunden nicht nur auf das Adress-/Ausfall-/Kreditrisiko, sondern auch auf ein Compliance-Risiko von Rechtsverstößen des Kunden ausgedehnt würden.

Durch die Finanzkrise 2008 ist das Aufsichtsrecht heute weitgehend europäisiert. Im November 2016 **89.1** wurde sodann die erste große Revision (sog. „Bankenpaket") der nach der angesprochenen Bankenkrise verabschiedeten Regelungen auf den Weg gebracht, welche nun schließlich am 27.06.2019 in Kraft getreten ist (Wojcik ZBB 2019, 272 (273)). Diese umfasste ua die VO (EU) 2019/876 des Europäischen Parlaments und des Rates vom 20.5.2019 (sog. CRR II) zur Änderung der VO (EU) Nr. 575/2013 über Aufsichtsanforderungen an Kreditinstitute und Wertpapierfirmen (sog. CRR) sowie die RL (EU) 2019/878 des Europäischen Parlaments und des Rates vom 20.5.2019 (sog. CRD V) zur Änderung der RL 2013/36/ EU über den Zugang zur Tätigkeit von Kreditinstituten und die Beaufsichtigung von Kreditinstituten und Wertpapierfirmen (sog. CRD IV). Die genannten Neuregelungen und weitere Rechtsakte modifizieren und verbessern vor allem den SSM („Single Supervisory Mechanism" - Einheitlicher Aufsichtsmechanismus; VO (EU) Nr. 1024/2013), welcher die Übertragung von Aufsichtsaufgaben auf die EZB regelt, und dienen somit der weiteren europäischen Harmonisierung der Aktivitäten von Kreditinstituten und Wertpapierunternehmen (Gurlit WM 2020, 57 (60); ausf. Wojcik ZBB 2019, 272 (273–276)). Sie sind größtenteils bis zum 28.12.2020 in nationales Recht umzusetzen bzw. sind ab diesem Zeitpunkt anwendbar.

Moderne Methoden der Risikosteuerung und -erfassung haben dabei sehr intensive daten- **90** schutzrechtliche Implikationen, weil sie stark auf IT-Vorgänge aufsetzen. Kreditinstitute sind heute positivrechtlich, insbesondere nach den §§ 25a, 25h KWG verpflichtet, interne Sicherungsmechanismen zum Auffinden und der Überwachung von Risikofaktoren einzurichten bzw. besonderen Organisationspflichten zu genügen. § 25c KWG legt dies den Geschäftsleitern persönlich auf. §§ 25a, 25c KWG verfolgen mit allgemein organisatorischen Pflichten von Kreditinstituten in Hinblick auf die ordnungsgemäße Geschäftsorganisation breite aufsichtsrechtliche Zielsetzungen (dazu Boos/Fischer/Schulte-Mattler/Braun, KWG, 5. Aufl., § 25a Rn. 30 f.).

Auf diese zunächst im – regulatorisch allerdings vorgegebenen – Eigeninteresse bestehenden **91** Systeme der Datenerhebung und -verarbeitung baut § 25h KWG mit einem weitgehend im Fremdinteresse liegenden Schutzzweck auf (→ Rn. 140 ff.). Hier geht es nicht mehr um den Schutz des Instituts selbst, sondern um die Verhinderung von Geldwäsche, Terrorismusfinanzierung oder sonstigen strafbaren Handlungen.

I. Interne Organisation und Risikomanagement nach §§ 25a und 25c KWG/ MaRisk und BAIT; Datenschutz als Gegenstand bankaufsichtlicher Pflichten

Die von § 25a KWG geforderten internen Organisationspflichten konkretisieren die handels- **92** rechtlichen Grundsätze ordnungsgemäßer Geschäftsführung und namentlich Geschäftsorganisation für den Bereich der Kreditwirtschaft und erheben sie zur aufsichtsrechtlich relevanten Pflicht (Boos/Fischer/Schulte-Mattler, Kreditwesengesetz, 5. Aufl. 2016, § 25a Rn. 15 ff.). Die Vorschrift regelt aufsichtsrechtlich die organisatorischen Maßnahmen, welche die Geschäftsführung eines

Syst. J. Datenschutz im Finanzwesen

Kreditinstitutes ergreifen muss. Die gesetzliche Regelung wird intensiv durch weitere Vorschriften wie die **Mindestanforderungen an das Risikomanagement (MaRisk)** und die **bankaufsichtlichen Anforderungen an die IT (BAIT)** der BaFin konkretisierend ergänzt.

93   Inhaltlich setzt inzwischen § 25a KWG größtenteils **europäische Vorgaben** um (dazu Boos/Fischer/Schulte-Mattler/Braun, Kreditwesengesetz, 5. Aufl. 2016, KWG § 25a Rn. 3 ff.). Zur ordnungsgemäßen Geschäftsorganisation gehört bei Finanzdienstleistern zwingend ein Hinweisgebersystem (Whistleblower-System), § 25a Abs. 1 S. 6 Nr. 3 KWG (dazu allg. Artikel 29-Datenschutzgruppe (http://ec.europa.eu/justice/policies/privacy/docs/wpdocs/2006/wp117_de.pdf. und DüK http://www.datenschutz.hessen.de/download.php?download_ID=246), zur Auslagerung Greve ZD 2014, 336).

94   Auch die in der Neufassung der **MaRisk** von Oktober 2017 enthaltenen Regelungen sind ungeachtet der schon hohen gesetzlichen Regelungsdichte **norminterpretierenden Verwaltungsvorschriften**, die die BaFin zur genaueren Ausgestaltung des Risikomanagements bei Kreditinstituten in Form eines Rundschreibens erlassen hat und die ihre vormaligen Rundschreiben in diesem Bereich in gewissem Umfang ablösen (vgl. MaRisk idF v. 27.10.2017, Vorbem. Rn. 1; dazu auch Gurlit WM 2020, 105 (109)). Der allgemeine Teil der MaRisk (Modul AT) enthält Vorschriften zur grundsätzlichen Ausgestaltung des Risikomanagements; der besondere Teil (Modul BT) legt spezifische Anforderungen für bestimmte Organisationsbereiche fest.

95   Aufgrund der wachsenden Bedeutung von IT-Services folgte kurz darauf die **BAIT,** welche 2018 erneut ergänzt wurde und seither einen flexiblen und praxisnahen Rahmen für die technisch-organisatorische Ausstattung der Institute – insbesondere für das Management der IT-Ressourcen und für das IT-Risikomanagement – bietet. Die Regelungen der MaRisk bleiben daneben unberührt und werden durch die BAIT lediglich weiter konkretisiert (vgl. Rundschreiben 10/2017 (BA) idF vom 14.9.2018 Rn. 1). Beide Rundschreiben konkretisieren demnach im Ergebnis sowohl § 25a KWG als auch § 25b KWG im Hinblick auf das (IT-)Risikomanagement und die Auslagerung von Prozessen.

96   Datenschutzrechtlich relevant ist sowohl das Modul AT als auch das Modul BT der MaRisk. So müssen Institute nach BTO 1.2.1 MaRisk vor der Vergabe von Krediten etwa die Kreditwürdigkeit des Kreditnehmers überprüfen. Dies setzt die Erhebung, Verwendung und Verarbeitung personenbezogener Daten notwendig voraus.

97   Das wiederum aktiviert den datenschutzrechtlichen Ermächtigungsvorbehalt des Art. 6 Abs. 1 DS-GVO, wonach die Verwendung personenbezogener Daten nur zulässig ist, wenn einer der enumerativ aufgezählten Rechtfertigungsgründe erfüllt ist. In Betracht kommt im Falle der MaRisk und der BAIT vor allem Art. 6 Abs. 1 lit. c DS-GVO, die Verarbeitung zur Erfüllung einer rechtlichen Verpflichtung und Art. 6 Abs. 1 lit. f DS-GVO.

98   Zwar sind als Rechtsgrundlagen lt. Erwägungsgrund 41 zur DS-GVO nicht nur von einem Parlament angenommene Gesetzgebungsakte ausreichend, sondern auch Rechtsverordnungen wie bspw. Satzungen. Dennoch kommen Verwaltungsvorschriften aufgrund ihrer fehlenden unmittelbaren Rechtswirkung als Rechtsgrundlage nicht in Betracht (BeckOK Datenschutzrecht/Albers/Veit Art. 6 Rn. 58). Sowohl die MaRisk als auch die BAIT selbst stellen demnach als Verwaltungsvorschriften der BaFin keine rechtliche Verpflichtung iSv Art. 6 Abs. 1 lit. c DS-GVO dar und bieten somit keine eigenständige datenschutzrechtliche Ermächtigungsgrundlage. Trotzdem erscheint die Datenverarbeitung vorliegend weitestgehend unproblematisch: Die Vorschriften der MaRisk und der BAIT sind **norminterpretierende Konkretisierungen der in § 25a KWG** gesetzlich festgelegten Grundsätze ordnungsgemäßer Geschäftsführung (vgl. MaRisk idF v. 27.10.2017, Vorbem. Rn. 1 und BAIT idF v. 14.09.2018 Rn. 1).

99   Umgekehrt sind die datenschutzrechtlichen Pflichten auch als **einzuhaltende Rechtsvorschriften,** die Gegenstand der Organisationspflichten, namentlich des Risikomanagements sein müssen, im Aufsichtsrecht integriert. Die **Einhaltung des Datenschutzrechts** ist somit, soweit Thema der Geschäftsorganisation, auch **bankaufsichtlich** relevant. Aufsichtlich ist eine Durchsetzung nach § 45b KWG möglich; im Zusammenhang mit Auslagerungen auch nach § 25b KWG. Für die Einhaltung von Einzelanforderungen des Datenschutzrechts bleibt es dennoch bei einer ausschließlichen Zuständigkeit der datenschutzrechtlichen Aufsichtsbehörden; im Hinblick auf das Managementsystem und Organisationspflichten besteht aber – auch – eine Zuständigkeit der Finanzdienstleistungsaufsicht durch die BaFin.

II. § 25b Abs. 1 KWG: Auslagerung von Geschäftsprozessen

100   Die häufig, beispielsweise als **Auftragsverarbeitung,** auch datenschutzrechtlich relevanten Auslagerungsprozesse (DSB Bay TB 2011/2012, 41 ff.) haben aufsichtsrechtlich eine eigenständige,

Syst. J. Datenschutz im Finanzwesen

zusätzliche Regelung erfahren. § 25b KWG enthält Anforderungen an die Auslagerung von Aktivitäten und Prozessen eines **Kredit- bzw. Finanzdienstleistungsinstituts** auf ein anderes Unternehmen. Sie sind als Bestandteil der allgemeinen Anforderungen an eine ordnungsgemäße Geschäftsorganisation aus § 25a Abs. 1 KWG ableitbar (Boos/Fischer/Schulte-Mattler/Braun, Kreditwesengesetz, 5. Aufl. 2016, KWG § 25b Rn. 52). Für **Zahlungsinstitute** gilt die parallele Regelung in § 26 Abs. 2 ZAG (→ Rn. 137 f.). Ähnliche Vorschriften enthält das Kapitalmarktrecht für Kapitalmarktintermediäre.

Eine erste umfassende Klärung wesentlicher bankaufsichtlicher Fragen hierzu enthielt das Rundschreiben des Bundesaufsichtsamtes für das Kreditwesen 11/2001 Auslagerung von Bereichen auf ein anderes Unternehmen gem. § 25a Abs. 2 KWG (vgl. BAKred, Rundschreiben 11/2001 v. 6.12.2001 – I 3–272A – 2/98). In den folgenden Rundschreiben wurden die Anforderungen deutlich gestrafft und die Verantwortlichkeit der Institute für die Ordnungsmäßigkeit der Auslagerung stärker betont (vgl. zuletzt BaFin, Rundschreiben 10/2017 (MaRisk 2017), AT 9). Mit der überarbeiteten MaRisk von 2017 und der neuen BAIT, ebenfalls aus 2017, lässt sich eine zunehmende Regulierung bzgl. der IT der Institute feststellen (Lensdorf CR 2017, 753 (755)). Dem korrespondiert eine entsprechende Aufsichtstätigkeit der BaFin. **101**

Eine **Auslagerung** iSd § 25b Abs. 1 KWG liegt vor, wenn ein anderes Unternehmen mit der Wahrnehmung solcher Aktivitäten und Prozesse im Zusammenhang mit der Durchführung von Bankgeschäften, Finanzdienstleistungen oder sonstigen institutstypischen Dienstleistungen beauftragt wird, die ansonsten vom Institut selbst erbracht würden (MaRisk 2017 AT 9 Rn. 1). Da häufig auch personenbezogene Daten betroffen sind, bedarf es für die informationellen Vorgänge auch einer datenschutzrechtlichen Rechtfertigung. Typisch war unter dem BDSG aF die Auftrags(daten)verarbeitung; unter der DS-GVO ist auch an die **gemeinsame Kontroll**e und die **selbständige Übermittlung** zu denken. **102**

Unter Berücksichtigung der Zielsetzung der Gesetzesvorschrift (Sicherstellung der aufsichtsrechtlichen Kontroll- und Prüfungsrechte) gilt als anderes Unternehmen jede andere Stelle, Einheit oder Person, die in Bezug auf die ausgelagerte Funktion oder Tätigkeit nicht dem auslagernden Institut zuzurechnen und organisatorisch von ihm abgegrenzt ist, ohne dass es auf die Kaufmannseigenschaft, Rechtsfähigkeit oder Rechtsform ankommt (Boos/Fischer/Schulte-Mattler/Wolfgarten, Kreditwesengesetz, 5. Aufl. 2016, KWG § 25b Rn. 21 mit Verweis auf die Definition im Rundschreiben 11/2001). Ein anderes Unternehmen iSd § 25b Abs. 1 KWG soll jedenfalls dann vorliegen, wenn die andere Stelle eine eigene Rechtspersönlichkeit besitzt (Boos/Fischer/Schulte-Mattler/Wolfgarten, Kreditwesengesetz, 5. Aufl. 2016, KWG § 25b Rn. 21). **103**

Nur eine **wesentliche Auslagerung** von Aktivitäten und Prozessen unterliegt den besonderen Anforderungen des § 25b KWG. **Nicht erfasst** werden der **einmalige oder gelegentliche Fremdbezug von Gütern und Dienstleistungen** sowie der Bezug von Leistungen, die **typischerweise nicht vom Institut** selbst erbracht werden können (MaRisk 2017 AT 9 Rn. 1). Schwierige Abgrenzungsfragen stellen sich mitunter bei IT-Beschaffungsakten (Lensdorf CR 2017, 753 (755 f.)), der isolierte Bezug von Software fällt allerdings im Regelfall unter den „sonstigen Fremdbezug" (MaRisk 2017 AT 9 Rn. 1). Nicht-wesentliche Auslagerungen unterfallen grundsätzlich den allgemeinen Anforderungen an eine ordnungsgemäße Geschäftsführung gem. § 25a Abs. 1 KWG, welche durch die BAIT jedoch erheblich konkretisiert wurden und sich regulatorisch gesehen den Anforderungen für wesentliche Auslagerungen nach MaRisk AT 9 stark annähern (Lensdorf CR 2017, 753 (761)). Während die ursprüngliche Regelung die Wesentlichkeit einer Auslagerung noch abstrakt bestimmte (BAKred, Rundschreiben 11/2001 v. 6.12.2001 – I 3–272A – 2/98), müssen die Institute nach den nunmehr geltenden Bestimmungen auf Grundlage einer **eigenen Risikoanalyse selbst festlegen,** welche Auslagerungen von Aktivitäten und Prozessen unter Risikogesichtspunkten wesentlich sind (MaRisk 2017 AT 9 Rn. 2). Die Durchführung einer solchen Risikoanalyse ist sowohl regelmäßig als auch anlassbezogen erforderlich, wobei die Intensität der Analyse von Art, Umfang, Komplexität und Risikogehalt der ausgelagerten Aktivitäten und Prozesse abhängt (MaRisk 2017 AT 9 Rn. 2). Die in dem inzwischen aufgehobenen Rundschreiben 11/2001 aufgeführten Beispiele unwesentlicher Bereiche können zur Norminterpretation weiter herangezogen werden (so etwa Boos/Fischer/Schulte-Mattler/Wolfgarten, Kreditwesengesetz, 5. Aufl. 2016, KWG § 25b Rn. 21 bzgl. des Begriffs des anderen Unternehmens). Im Rahmen gruppeninterner Auslagerungen können wirksame Vorkehrungen wie etwa ein einheitliches und umfassendes Risikomanagement auf Gruppenebene oder Durchgriffsrechte, bei der Erstellung und Anpassung der Risikoanalyse Risiko mindernd berücksichtigt werden (MaRisk 2017 AT 9 Rn. 2). **104**

Als **auslagerungsfähig** gilt eine Auslagerung, sofern sie **aufsichtsrechtlich zulässig** ist. Auslagerungsfähig sind dabei grundsätzlich alle Aktivitäten und Prozesse, solange durch die Auslagerung **105**

Syst. J. Datenschutz im Finanzwesen

nicht die Ordnungsmäßigkeit der Geschäftsorganisation nach § 25b Abs. 1 KWG beeinträchtigt wird (MaRisk 2017 AT 9 Rn. 4). Letztlich entscheidend ist damit die Frage, ob ein angemessenes und wirksames Risikomanagement trotz Auslagerung erhalten bleibt (Boos/Fischer/Schulte-Mattler/Wolfgarten, Kreditwesengesetz, 5. Aufl. 2016, KWG § 25b Rn. 33). Die Auslagerung darf daher nicht zu einer Delegation der Verantwortung der Geschäftsleitung an das Auslagerungsunternehmen führen; die Leitungsaufgaben der Geschäftsleitung, insbesondere die Unternehmensplanung, -koordination und -kontrolle sowie die Besetzung der Führungskräfte, sind dementsprechend nicht auslagerbar (MaRisk 2017 AT 9 Rn. 4). Ausnahmen dieses Auslagerungsverbots werden in MaRisk 2017 AT 9 Rn. 5 statuiert. Für den Fall einer (unerwarteten) Beendigung der Auslagerungsvereinbarung muss das Institut bereits zu Beginn der Auslagerung Vorkehrungen zu treffen, um die Kontinuität und Qualität der ausgelagerten Aktivitäten und Prozesse auch nach dem Beendigungszeitpunkt zu gewährleisten (MaRisk 2017 AT 9 Rn. 6). Der Umfang dieser präventiven Maßnahmen unterliegt dem Proportionalitätsgrundsatz (Boos/Fischer/Schulte-Mattler/Wolfgarten, Kreditwesengesetz, 5. Aufl. 2016, KWG § 25b Rn. 57).

106 Seit 2017 ist das Institut verpflichtet, jeweils abhängig von Art, Umfang und Komplexität der Auslagerungsaktivitäten, ein zentrales **Auslagerungsmanagement** einzurichten, welches jedenfalls jährlich einen Bericht über die wesentlichen Auslagerungen zu erstellen hat. Hierbei müssen Risikoabwägungen getroffen und dementsprechend ggf. die Ergreifung von risikomindernden Maßnahmen empfohlen werden (MaRisk 2017 AT 9 Rn. 12 f.).

107 Nach **§ 25b Abs. 3 S. 3 KWG** bedarf die **Auslagerung eines schriftlichen Auslagerungsvertrages.** Dieser muss die zur Wahrung der in Abs. 1 genannten Anforderungen erforderlichen Rechte des Instituts, sowie die korrespondierenden Pflichten des Auslagerungsunternehmens enthalten. Soweit – wie meist – auch personenbezogene Daten betroffen sind, enthält der **Auslagerungsvertra**g dann auch die datenschutzrechtlich erforderlichen Inhalte, bspw. die **Auftragsverarbeitung** oder gemeinsame Kontrolle.

108 Die MaRisk 2017 AT 9 Rn. 7 konkretisieren diese Anforderung durch eine **Auflistung der notwendigen Vertragsinhalte,** welche manche Parallelen zu Art. 28 Abs. 3 DS-GVO aufweisen. Auch die Voraussetzungen und, wenn möglich, Zustimmungsvorbehalte für Weiterverlagerungen sind im Auslagerungsvertrag zu regeln; insbesondere ist für den Fall einer Weiterverlagerung eine Informationspflicht mit in die schriftliche Vereinbarung aufzunehmen (MaRisk 2017 AT 9 Rn. 8). Werden durch eine wesentliche Auslagerung Prüfungsrechte und Kontrollmöglichkeiten der BaFin beeinträchtigt, so kann diese auf Grundlage der in § 25b Abs. 4 S. 1 KWG enthaltenen und nur durch die Privatautonomie begrenzten (Boos/Fischer/Schulte-Mattler/Wolfgarten, Kreditwesengesetz, 5. Aufl. 2016, KWG § 25b Rn. 96) **Anordnungsbefugnis** reagieren. Zur Sicherstellung der Prüfungs- und Kontrollrechte kann ein Institut dabei etwa auch zu einer Vertragsänderung angehalten werden. Als letztes Mittel kann auch die Übertragung auf einen geeigneten Dienstleister bzw. die Wiedereingliederung des betroffenen Bereichs angeordnet werden (Boos/Fischer/Schulte-Mattler/Wolfgarten, Kreditwesengesetz, 5. Aufl. 2016, KWG § 25b Rn. 95).

109 Auf europäischer Ebene gelten für die Auslagerung von (IT-)Geschäftsprozessen seit September 2019 die EBA-Leitlinien über die Auslagerung von Geschäftsfunktionen als Reaktion auf das ebenso populäre wie risikoreiche Outsourcing von IT-Funktionen unter Inanspruchnahme von Cloud-Anbietern (EBA Guidelines on outsourcing arrangements, 14 f.; Gurlit WM 2020, 57 (61)). Die BaFin hat die Leitlinien zum 1.7.2019 in ihre Verwaltungspraxis übernommen.

III. Offenlegungspflichten nach § 18 S. 1 KWG

110 Die in § 18 S. 1 KWG festgelegte Verpflichtung von Kreditinstituten, sich die **wirtschaftlichen Verhältnisse** des Kreditnehmers vor der Kreditgewährung von diesem **offen legen** zu lassen, hat ihren Ursprung in der Weltwirtschaftskrise der späten Zwanziger und Dreißiger Jahre des letzten Jahrhunderts. Seinerzeit wurde offenkundig, dass Umfang und Intensität der Bonitätsprüfung ein bestimmender Wettbewerbsfaktor bei der Vergabe von Krediten war: Nicht nur erschloss sich bei einer geringeren Prüfungstiefe und -intensität der Kreditwürdigkeit ein größerer Kreis von Kunden, die bei einer strengen Prüfung möglicherweise keinen Kredit erhalten hätten.

111 Dieser Logik folgt im Grundsatz auch der heutige § 18 KWG (s. Konesny, Gesetze über das Kreditwesen, 28. Aufl. 2014, KWG § 18). Auch der § 18 KWG fußt auf den kaufmännischen Grundsätzen ordnungsgemäßer Geschäftsführung und soll eine risikobewusste Kreditvergabe sicherstellen (Boos/Fischer/Schulte-Mattler/Bock, Kreditwesengesetz, 5. Aufl. 2016, KWG § 18 Rn. 1).

112 Die aus § 18 S. 1 KWG folgende Pflicht zur Erhebung individueller wirtschaftlicher Daten ist ein Eingriff in das Grundrecht auf informationelle Selbstbestimmung, soweit natürliche Personen betroffen sind. Damit dürfte auch die gesetzliche Regelung selbst Eingriffscharakter haben.

Syst. J. Datenschutz im Finanzwesen

Kreditinstitute sind nach § 18 S. 1 KWG grundsätzlich in zwei Fällen dazu verpflichtet, sich **113** vor der Kreditgewährung die wirtschaftlichen Verhältnisse des Kreditnehmers offen legen zu lassen: Entweder ein Kredit übersteigt insgesamt 750.000 EUR (fixer Schwellenwert) oder sein Volumen übersteigt 10 Prozent des haftenden Eigenkapitals des Instituts (relativer Schwellenwert). In Anbetracht der Schwellenwerte des § 18 S. 1 KWG sind in der überwiegenden Anzahl **Unternehmen** von der Offenlegungspflicht betroffen; das Gesetz unterscheidet allerdings nicht nach der Rechtsform oder Art des Kreditnehmers.

§ 18 S. 1 KWG gilt für alle Kreditinstitute, ebenfalls unabhängig von ihrer Rechtsform. Er erfasst auch **113.1** Sonderformen wie Bausparkassen (Luz/Neus/Schaber/Schneider/Wagner/Weber/Gießler, Kreditwesengesetz, 3. Aufl. 2015, KWG § 18 Rn. 38). Dieser weite Anwendungsbereich erklärt sich aus dem Zweck der Norm, gleiche Wettbewerbsbedingungen für alle Arten von Kreditinstituten zu schaffen.

Der Kreditbegriff iSd § 18 KWG ist seit der 5. KWG-Novelle in § 21 KWG legaldefiniert. Bei bestimm- **113.2** ten Geschäften wird nach § 21 Abs. 2–4 KWG vermutet, dass ihnen kein erhöhtes Risiko innewohnt. Hierzu zählen kurzfristige Forderungen aus dem Internetbankenverkehr und abgeschriebene Kredite, Realkredite und öffentlich verbürgte Kredite sowie der Erwerb von Forderungen aus nicht bankmäßigen Handelsgeschäften und durch Sicherheiten des gewährenden Kreditinstituts besicherte Kredite (s. zu den Ausnahmen umfassend Luz/Neus/Schaber/Schneider/Wagner/Weber/Gießler, Kreditwesengesetz, 3. Aufl. 2015, KWG § 21 Rn. 39 ff.).

Die Pflicht zur Offenlegung der wirtschaftlichen Verhältnisse in § 18 S. 1 KWG hat zwei **114** Bezugspunkte. Zum einen besteht die Pflicht des Instituts, sich alle kreditrelevanten persönlichen Informationen vor der Kreditgewährung offenlegen zu lassen (**Erstoffenlegung**).

Zum anderen verpflichtet die Norm auch zu einer **laufenden Offenlegung** dieser Daten im **115** Verlauf des Kreditverhältnisses. Die Pflicht zur laufenden Offenlegung ist bereits im Wortlaut des § 18 S. 1 KWG angelegt, der mit der Kreditgewährung erkennbar ein auf Dauer angelegtes Schuldverhältnis meint. Sie ergibt sich überdies aus dem Umkehrschluss aus § 18 S. 3 KWG, wonach die laufende Offenlegung nur in bestimmten Fällen, bei denen der Kredit ausreichend gesichert erscheint, unterbleiben darf. Hier ist das öffentliche Interesse an einem stabilen Kreditsektor und damit der Schutzzweck des § 18 KWG nicht berührt. Die mit der Offenlegungspflicht verbundenen grund- bzw. datenschutzrechtlichen Eingriffe wären daher unverhältnismäßig.

Im Falle von nicht bilanzpflichtigen Kreditnehmern wie zB Privatpersonen, Nichtkaufleuten **116** oder Freiberuflern, die keinen Jahresabschluss vorlegen können, sind nach § 18 S. 1 KWG die Einkommens- und Vermögensverhältnisse offenzulegen. Erforderlich ist eine umfassende Vermögensaufstellung aller Aktiva und Passiva. Die Offenlegungspflicht ist allerdings nicht inhaltlich unbeschränkt. Die vorzulegende Vermögensaufstellung ist eine Auflistung einzelner personenbezogener Daten iSd Art. 4 Nr. 1 DS-GVO. Vor dem Hintergrund des Schutzzwecks der Norm müssen nur diejenigen Vermögensdaten offengelegt werden, die zu dem Nachweis erforderlich sind, dass der Kredit ordnungsgemäß bedient werden kann. Lässt sich aus der Summe der aufgeführten Vermögenswerte bereits eine positive Kreditprognose ableiten, so müssen darüberhinausgehende Vermögenswerte nicht mehr aufgelistet werden. Verbindlichkeiten sind im Gegensatz dazu stets vollumfänglich anzugeben. Hierzu zählen auch Verbindlichkeiten, deren Eintritt noch ungewiss ist (sogenannte Eventualverbindlichkeiten) wie etwa Bürgschaften. Auch die Vermögensaufstellung als Gesamtaussage über die Kreditwürdigkeit eines Kreditnehmers ist selbst eine personenbezogene Information.

Diskutabel ist das Verhältnis von § 18 KWG zu Art. 6 DS-GVO. Für die Kreditwürdigkeitsüber- **117** prüfung aus § 18 S. 1 KWG kommt angesichts der gesetzlichen Vorgabe konkret Art. 6 Abs. 1 lit. c DS-GVO in Betracht, da die Kreditinstitute ihrerseits zur Kreditprüfung verpflichtet sind und mit der Offenlegung, Erhebung und Verwendung der personenbezogenen Daten des Kreditnehmers dieser Pflicht nachkommen.

Da die Kreditwürdigkeitsprüfung auch zur Erfüllung des Vertragszwecks erforderlich ist – das **118** Kreditrisiko ist wesentlicher preisbildender Faktor eines Kreditgeschäfts – ist auch Art. 6 Abs. 1 lit. b DS-GVO einschlägig. Zweifel können hier lediglich insoweit bestehen, als die zur Prüfung verwendeten Informationsmittel und -quellen nicht vollständig determiniert sind. In Fällen, in denen besondere Informationsquellen, etwa Drittauskünfte genutzt werden, könnten Finanzdienstleister auch an die Einwilligung (Art. 6 Abs. 1 lit. a DS-GVO) denken. Als Alternative bietet sich an, die treffendere Rechtfertigung nach Art. 6 Abs. 1 lit. b DS-GVO mit hoher bzw. erhöhter Transparenz zu verbinden.

Die Vereinbarkeit von § 18 S. 1 KWG mit dem vom BVerfG als Teilinhalt des allgemeinen **119** Persönlichkeitsrechts herausgebildeten Grundrechts der informationellen Selbstbestimmung (vgl. Dürig/Herzog/Scholz/Di Fabio GG Art. 2 Abs. 1 Rn. 173) ist zu bejahen. Die Offenlegungs-

Syst. J. Datenschutz im Finanzwesen

pflicht des § 18 S. 1 KWG soll ein funktionsfähiges Kreditwesen im Interesse der Gesamtwirtschaft gewährleisten. Sie dient damit primär einem öffentlichen Interesse, auch wenn jedenfalls faktisch ebenso das Vermögen des jeweiligen Kreditinstituts geschützt wird (dazu BVerfG NZG 2010, 1143 ua). Es besteht ein grundlegendes öffentliches Interesse an der Stabilität der Finanzbranche. Entscheidender Stabilitätsfaktor bei Kreditinstituten ist ua die Kreditvergabe. Die **Offenlegungspflicht** zur Prüfung der wirtschaftlichen Verhältnisse von Kreditnehmern ist insoweit ein grundsätzlich **geeignetes** Mittel, ausfallgefährdete Kredite zu vermeiden, darüber die Stabilität der jeweiligen Institute und letztlich die Funktionsfähigkeit des Bankensektors insgesamt sicherzustellen.

120 Auch die **Erforderlichkeit** der Offenlegungspflicht ist im Grundsatz zu bejahen, ungeachtet der Tatsache, dass stärker generalisierende Methoden ergänzend neben die individuelle Offenlegung treten. Die insoweit von Kreditinstituten zu implementierenden Maßnahmen ermöglichen zwar bereits generell die interne Lokalisierung von Risiken. Die Offenlegungspflicht des § 18 S. 1 KWG ist indes auch im Vergleich zur Einholung von Informationen bei Auskunfteien in Form von Scoringwerten oder konkreten Informationen eine sichere Methode zur Bestimmung der Bonität eines Kunden. Sie tritt daher ergänzend neben andere, nach unternehmerischem Ermessen verwendete Prüf- und Beurteilungskriterien, und ist vom Einschätzungsspielraum des Gesetzgebers gedeckt.

121 Ebenfalls zu bejahen ist die **Angemessenheit** der Vorschrift. Denn nicht nur die betroffenen Kreditnehmer werden durch § 18 S. 1 KWG in ihrer grundrechtlich geschützten **informationellen Selbstbestimmung** tangiert. Die gesetzliche Verpflichtung ist auch für die Kreditinstitute ein Eingriff in ihre durch Art. 12 Abs. 1 GG geschützte Berufsausübungsfreiheit (hierzu Pitschas WM 2000, 1121 (1122 f.)). Wenn dieser Eingriff auch aus den soeben skizzierten Gründen ebenfalls grundsätzlich gerechtfertigt erscheint, so muss diese Grundrechtsbetroffenheit doch ihren Niederschlag bei der Auslegung der Vorschrift finden. Um einen schonenden Ausgleich zwischen Grundrechtspositionen und dem öffentlichen Interesse herzustellen, ist die **Offenlegungspflicht** deshalb stets im Lichte ihrer grundrechtlichen Relevanz **zweckorientiert auszulegen und restriktiv anzuwenden**.

IV. Kreditwürdigkeitsprüfung bei Verbraucherdarlehensverträgen nach § 18a 1 KWG

122 § 18a Abs. 1 KWG erlegt Kreditinstituten im Falle von Verbraucherdarlehensverträgen iSd § 491 BGB und entgeltlichen Finanzierungshilfen nach § 506 BGB die aufsichtsrechtliche Verpflichtung auf, die **Kreditwürdigkeit des Verbrauchers** zu überprüfen, um eine risikobewusste Kreditvergabe zu ermöglichen (zum Begriff der risikobewussten Kreditvergabe vgl. Casper/Terlau, ZAG, 2. Aufl. 2020, § 3 Rn. 83). Diese Überprüfung setzt Datenerhebungen voraus. Diese Daten sind notwendigerweise personenbezogen.

122.1 § 18a Abs. 1 S. 2 KWG unterscheidet zwischen Allgemein-Verbraucherdarlehensverträgen und Immobiliar-Verbraucherdarlehensverträgen. Die Anforderungen an die zu erlangende positive Prognose sind dementsprechend verschieden: Beim Allgemein-Verbraucherdarlehen genügt das Fehlen von erheblichen Zweifeln, bei dem Immobiliar-Verbraucherdarlehen muss es hingegen wahrscheinlich sein, dass der Darlehensnehmer seinen Verpflichtungen aus dem Darlehensvertrag nachkommen wird. Die verhältnismäßig strengeren Anforderungen bei Immobiliar-Verbraucherdarlehen sind größtenteils auf Art. 18 Abs. 5 lit. a der Wohnimmobilienkreditrichtlinie zurückzuführen (BT-Drs. 18/5922, 98, 134 ff.; Schimansky/Bunte/Lwowski, Bankrechts-HdB, 5. Aufl. 2017, § 81 Rn. 133).

123 Die Zielrichtung ist der Schutz des Verbrauchers vor sich selbst, namentlich vor seiner Überschuldung und Zahlungsunfähigkeit (vgl. auch BT-Drs. 18/5922, 96 ff., 134 ff.; Bestätigung des Verbraucherschutzes als Schutzzweck auch durch EuGH BeckRS 2014, 80618 Rn. 42 f.; EuGH NJW 2021, 3651; zur Sanktionierung bei Verletzungen Bartlitz NJW 2021, 3627). Hier tritt das Leitbild des souveränen Subjekts als Herrscher seiner Daten in Konflikt mit dem Leitbild des unmündigen Verbrauchers, zum Teil wird sogar von einem paternalistischen Eingriff in die Vertragsfreiheit gesprochen (Groß/Grüneberg/Habersack/Metz/Mülbert/Schmolke, Bankrechtstag 2016, 2017, 45 (50)).

123.1 Gerechtfertigt werden die hierin informationellen Eingriffe aber nicht nur durch den Verbraucherschutz, sondern auch durch Finanzmarktstabilität. Auch kleinere für sich genommen irrelevante Kreditrisiken können im Falle ihrer Kumulation existenzbedrohende Ausmaße annehmen können. Wie die Finanzkrise 2008 gezeigt hat, kann dies etwa eintreten, wenn viele kleinere Kredite zu komplexen Finanzprodukten zusammengefasst und diese an der Börse gehandelt werden. Der Verbraucherschutz stellt demnach keinesfalls das alleinige Motiv für die Pflicht zur umfassenden Kreditwürdigkeitsprüfung dar –

Syst. J. Datenschutz im Finanzwesen

daneben steht das Ziel, Gefahren für die Finanzmarkt- und Systemstabilität frühzeitig abzuwenden (vgl. hierzu Erwägungsgründe 3 und 22 der Wohnimmobilienkreditrichtlinie RL 2014/17/EU; Binder ZIP 2018, 1201 (1206)).

Die Kreditwürdigkeit eines Verbrauchers kann im Hinblick auf die Informationsquellen auf drei Wegen überprüft werden, zum einen die **Selbstauskunft** des Verbrauchers, zweitens **externe Informationen** von Dritten, insbesondere Ratings, drittens die Nutzung **eigener Informationen** aus der Geschäftsbeziehung, bspw. Kontodaten. Typisch ist es im Massengeschäft, hieraus in hoch komplexen Risikobewertungsmodellen Scoringwerte zu bilden, die teilweise auf relativ simplen Eingangsdaten wie etwa Adressdaten, historischem Kontobewegungen und ähnlichem beruhen. **124**

Es ist auf europäischer Ebene die Frage gestellt worden, ob sich die Bank auf die Angaben des Verbrauchers verlassen darf oder zu seinem Schutz diese durch – von Dritten eingeholte Informationen – verifizieren muss, was wiederum informationell mit zusätzlichen Eingriffen verbunden wäre. Der **EuGH** sah davon ab, selbst eine **informationelle Hochrüstung** der subjektschützenden Fremdkontrolle zu verlangen; er hat aber hierfür aber den nationalen Gerichten Prüfungsformeln aufgegeben, die dies einzelfallbezogen auch nicht ausschließen (EuGH BeckRS 2014, 82755 Rn. 36 ff.). **125**

Die Selbstauskunft des Verbrauchers ist jedenfalls im Hinblick auf die Erhebung der Eingangsdaten transparent. § 18a Abs. 3 S. 1 KWG sieht die Selbstauskunft des Verbrauchers zu seinen Vermögensverhältnissen vor. Auch hier muss insoweit eine aktuelle Vermögensaufstellung vorgelegt werden, die mit Lohn- und Gehaltsabrechnungen, Einkommensteuererklärungen und/oder Einkommensteuerbescheiden zu belegen ist (Boos/Fischer/Schulte-Mattler/Bock, Kreditwesengesetz, 5. Aufl. 2016, KWG § 18 Rn. 117, noch bezugnehmend auf die Regelung in § 18 Abs. 2 KWG). Auf substantiierte Selbstauskünfte darf sich der Darlehensgeber dabei lt. EuGH auch grundsätzlich verlassen (EuGH BeckRS 2014, 82755 Rn. 37 ff.). **126**

Die zweite gesetzlich vorgesehene Möglichkeit, „erforderlichenfalls" Informationen bei gewerblichen Auskunfteien abzufragen, darf nicht dazu führen, dass diese in den Rang einer generell oder grundsätzlich einzuhaltenden Sorgfaltspflicht für Kreditinstitute erwächst (so jetzt für die RL 2008/48/EU – EuGH BeckRS 2014, 82755 Rn. 38). **127**

Neben diesen beiden Möglichkeiten kann das Institut außerdem eigene Daten aus früheren Geschäftsbeziehungen auszuwerten (Casper/Terlau, ZAG, 2. Aufl. 2020, § 3 Rn. 83), wobei hier andere und zusätzliche Datenschutzthematiken auftreten als bei Selbstauskünften, die für die Verbraucher **transparent** sind. Bei Verwendung von Scores, die aus solchen Informationen gebildet werden, erscheint datenschutzrechtlich zwar keine Einwilligung, wohl aber Transparenz erforderlich. **128**

§ 18a Abs. 9 KWG stellt klar, dass die Bewertung nur auf der Grundlage von Daten durchgeführt werden darf, deren Erhebung, Verwendung und Verarbeitung nach den einschlägigen Vorschriften der DS-GVO zulässig ist. Da die Kreditwürdigkeitsprüfung nach § 18a Abs. 1 KWG aber jedenfalls eine rechtliche Verpflichtung iSv Art. 6 Abs. 1 lit. c DS-GVO (Taeger/Gabel § 31 Rn. 8) darstellt, ist die Verarbeitung personenbezogener Daten dem Grunde nach zulässig. Auch wegen des ansonsten eingreifenden Kreditvergabeverbots (welches allerdings kein Verbot iSd § 134 BGB darstellt und mithin keine Nichtigkeit des Darlehensvertrages bewirkt, vgl. Buck-Heeb WM 2017, 1329 (1330)) ist die Datenerhebung sowie -verarbeitung wohl für die Vertragserfüllung bzw. zur Durchführung vorvertraglicher Maßnahmen nach Art. 6 Abs. 1 lit. b DS-GVO als erforderlich anzusehen. **129**

Aus § 18a Abs. 1 KWG kann allerdings **nicht die Pflicht** oder das Recht zu einer **kontinuierlichen Erhebung oder Verarbeitung von personenbezogenen Daten** abgeleitet werden. Dies ergibt sich nicht nur aus einem systematischen Vergleich mit Abs. 1, sondern ist angesichts des Verbraucherschutzzwecks auch zweckgerecht, denn die ist nur vor Kreditgewährung zu erreichen. **130**

Soweit Kreditinstitute das Kreditrisiko kontinuierlich überwachen, wozu sie schon aufsichtlich wegen der Eigenmittelausstattung verpflichtet sind, und hierfür personenbezogene Daten nutzen, bedarf es jedenfalls einer anderen Rechtfertigung als § 18a KWG. **131**

V. Daten über Ausfallrisiken nach §§ 10 ff. KWG

Herzstück der Bankenaufsicht ist die Eigenmittelausstattung (§§ 10 ff. KWG). Die Risikogewichtung der Aktiva erfordert die Erfassung und Bewertung von **Adressenausfallrisiken.** Hierfür sind personenbezogene Daten jedenfalls auf der Eingangsebene erforderlich, auch wenn die eigentlichen Bewertungen dann eher auf aggregierter Ebene ohne personenbezogene Daten möglich sind. Hierfür enthält § 10 Abs. 2 KWG eine vorbildlich ausgestattete Ermächtigung, die die zu **132**

Syst. J. Datenschutz im Finanzwesen

verwendenden Informationen beispielhaft, aber nicht abschließend nennt (§ 10 Abs. 2 S. 4 KWG). Gesetzlich spezifiziert wird auch, wo die Daten erhoben werden können (§ 10 Abs. 2 S. 5), und zwar auch bei gruppenverbundenen Instituten, Auskunfteien und Ratingagenturen (§ 10 Abs. 2 S. 5). Voraussetzung einer zulässigen Datenerhebung ist eine bestimmte **Datenqualität:** die Daten müssen unter Zugrundelegung eines wissenschaftlich anerkannten mathematisch-statistischen Verfahrens nachweisbar für die Bestimmung und Berücksichtigung von Adressenausfallrisiken erheblich sein, § 10 Abs. 2 S. 1 Nr. 1 KWG).

133 Darüber hinaus sieht § 10 Abs. 2 S. 6 KWG eine Zweckerweiterung vor. Personenbezogene Daten dürfen zum Aufbau eines solchen Ratingsystems unter bestimmten Voraussetzungen auch an andere Kreditinstitute innerhalb einer Institutsgruppe und pseudonymisiert auch an externe Ratingdienstleister zu übermitteln. § 10 (Abs. 2) KWG stellt somit eine Art. 6 Abs. 1 lit. c DS-GVO ausfüllende gesetzliche Erlaubnisnorm dar (Taeger/Gabel Art. 22 Rn. 53).

VI. Die Institutsgruppe als Adressat aufsichtlicher Pflichten: Datenschutzrechtliche Implikationen

134 Besondere, auf rechtlicher Ebene weitgehend ungelöste Probleme ergeben sich aus der regulatorischen Gruppenverantwortung, die auf unterschiedlichen Regulierungsagenden vorgegeben und vorausgesetzt wird (zB für die Kapitalsicherung § 10 KWG, für Geldwäschebekämpfung: FATF-Empfehlung (Stand Februar 2012) Nr. 18). Diese setzt häufig eine informationelle Konsolidierung voraus, die dann allerdings – da es sich um Übermittlungsvorgänge handelt – auf datenschutzrechtliche Hürden stößt (dazu etwa (EU Commission Staff Working Paper on Compliance with the AML Directive by cross-border banking institutions at group level, SEC 2009 (939); EU Kommission, COM 2013 (44), 26, 95 ff.). Die **CRR-Verordnung** VO (EU) Nr. 575/2013 (in Art. 99 Abs. 4 der VO, welcher durch die neue **CRR II-Verordnung** (VO (EU) 2019/876) keine Änderung erfahren hat und dementsprechend weitergilt) und die auf ihr basierende **Implementary Technical Standards** der Europäischen Bankenaufsichtsbehörde (**EBA**) definieren die Daten im Ergebnis näher und regeln eine konsolidierte Weitergabe, dh durch die Muttergesellschaft, woraus sich eine Weitergabeermächtigung in der Gruppe ergibt (Moos K+R 2015, 158 (159)), die national durch § 10 Abs. 2 S. 6 KWG auf eine relativ breite Grundlage gestellt ist.

VII. Datenverarbeitung im Rahmen von PSD II und ZAG

135 Die PSD II stellt in Art. 95–98 PSD II spezifische Anforderungen an das Risikomanagement von Zahlungsdiensten. Der deutsche Gesetzgeber hat diese Anforderungen in §§ 53–55 ZAG umgesetzt, die die Kernnorm für qualitative Aufsicht in § 27 ZAG ergänzen (vgl. Terlau in Casper/Terlau, ZAG, 2. Aufl. 2020, ZAG § 27 Rn. 2). Auch an dieser Stelle entstehen datenschutzrechtliche Konflikte. Beispielsweise umfasst die ordnungsgemäße Geschäftsführung nach § 27 Abs. 1 Nr. 5 ZAG angemessene Maßnahmen zur Einhaltung des Geldwäschegesetzes und der Verordnung (EU) 2015/847, wozu ausdrücklich die dazu erforderliche Verarbeitung personenbezogener Daten gehören kann. Ein weiteres Beispiel ist die starke Kundenauthentifizierung nach § 55 ZAG, die nach § 1 Abs. 24 Nr. 3 ZAG in der Kategorie „Inhärenz" über biometrische Identifikatoren iSd Art. 9 Nr. 14 DS-GVO erfolgen soll.

136 Sofern ausdrücklich eine Verarbeitungspflicht begründet wird, wie zB bei der gesetzlichen Mindestaufbewahrungsfrist von fünf Jahren nach § 30 ZAG, kann Art. 6 Abs. 1 lit. e, Abs. 2, 3 DS-GVO als Rechtsgrundlage dienen (→ Rn. 71). Ansonsten kommt eine Rechtfertigung durch die Wahrung berechtigter Interessen nach Art. 6 Abs. 1 lit. f DS-GVO in Betracht. Werden wie im Fall einer starken Kundenauthentifizierung iSd § 55 ZAG biometrische Daten verarbeitet, kann sich der Zahlungsdienst nach Art. 9 Abs. 2 lit. a DS-GVO iVm Art. 6 Abs. 1 lit. a, 7, 8 DS-GVO nur auf eine Einwilligung stützen (so auch Sander BKR 2019, 66 (73)). Art. 7 Abs. 4 DS-GVO steht der Wirksamkeit der Einwilligung grundsätzlich nicht entgegen, wenn dem Zahlungsdienstenutzer auch alternative Möglichkeiten der Kundenauthentifizierung aus den Kategorien „Wissen" und „Besitz" angeboten werden (vgl. Kartheuser/Kohpeiß ITRB 2019, 62 (63)).

137 Zudem enthält das ZAG in § 26 ZAG (vgl. Art. 19 Abs. 6 PSD II) Anforderungen an die wesentliche Auslagerung von Aktivitäten und Prozessen eines Zahlungsdienstes auf ein anderes Unternehmen. Die Vorschrift ist im Wesentlichen der Parallelvorschrift in § 25b KWG nachgebildet, weshalb hinsichtlich der Anforderungen auf die dortigen Ausführungen verwiesen wird (→ Rn. 100–109). Zwar sind anders als bei § 25b KWG die MaRisk nicht anwendbar, da diese sich nur an Institute des KWG richten (Terlau in Casper/Terlau, ZAG, 2. Aufl. 2020, ZAG § 26 Rn. 2; vgl. Dürselen/Schulte-Mattler WM 2018, 1237 ff.), sie können aber als Auslegungshilfe

Syst. J. Datenschutz im Finanzwesen

herangezogen werden (so auch Terlau in Casper/Terlau, ZAG, 2. Aufl. 2020, ZAG § 26 Rn. 2). In jedem Fall heranzuziehen sind die EBA-Leitlinien zur Auslagerung (EBA/GL/2019/02).

Im Fall einer Auslagerung bedarf die Übermittlung personenbezogener Daten an das andere **138** Unternehmen wie jede Verarbeitung personenbezogener Daten einer datenschutzrechtlichen Erlaubnis. Regelmäßig ist das andere Unternehmen Auftragsverarbeiter iSd Art. 4 Nr. 8 DS-GVO. In diesem Fall deckt der Erlaubnistatbestand, auf den sich das auslagernde Unternehmen stützt (in der Regel Art. 6 Abs. 1 lit. b DS-GVO), die Übermittlung mit ab (zur Privilegierung der Auftragsverarbeitung → Art. 28 Rn. 29 ff.). Voraussetzung ist allerdings, dass der Auslagerungsvertrag die in § 28 DS-GVO vorgegebenen datenschutzrechtlich erforderlichen Inhalte enthält oder ein separater Auftragsverarbeitungsvertrag abgeschlossen wurde. Besteht eine gemeinsame Verantwortlichkeit iSd Art. 26 DS-GVO, gibt es zwar keine Privilegierung, die Datenübertragung ist bei anfänglicher Begründung gemeinsamer Verantwortlichkeit aber regelmäßig über die für die Datenerhebung genutzte Rechtsgrundlage legitimiert (→ Art. 26 Rn. 23). Im Fall nachträglicher Begründung gemeinsamer Kontrolle kommt eine Rechtfertigung durch Einwilligung nach Art. 6 Abs. 1 lit. a DS-GVO, durch Erforderlichkeit zur Erfüllung einer rechtlichen Verpflichtung nach Art. 6 Abs. 1 lit. c DS-GVO oder durch die Wahrung berechtigter Interessen nach Art. 6 Abs. 1 lit. f DS-GVO in Betracht. Diese Rechtsgrundlagen kommen zudem in Betracht, wenn das andere Unternehmen ausnahmsweise alleiniger Verantwortlicher iSd Art. 4 Nr. 7 DS-GVO ist.

Nicht ausdrücklich geregelt ist der Überschneidungsbereich zwischen Finanzaufsicht und **139** Datenschutzaufsicht. Nach § 4 ZAG übt die Bundesanstalt für Finanzdienstleistungsaufsicht (BaFin) die Aufsicht im Anwendungsbereich des ZAG und damit für die im ZAG spezifisch geregelten Datenschutzfragen aus. Bei der Auslegung der ZAG-Regelungen muss die BaFin das Datenschutzrecht beachten und bei Kenntnis eines reinen Datenschutzverstoßes den Fall an die zuständige Datenschutzbehörde abgeben (so auch Weichert BB 2018, 1161 (1167)). Da die datenschutzrechtlichen Vorgaben des ZAG die DS-GVO nicht verdrängen, sind nach Art. 51 Abs. 1 DS-GVO zugleich die Datenschutzbehörden zuständig und können unabhängig von der BaFin nach den Vorschriften der Datenschutzgesetze Sanktionen verhängen (so auch Weichert BB 2018, 1161 (1166 f.); Störing in Casper/Terlau, ZAG, 2. Aufl. 2020, ZAG § 59 Rn. 4, 46). Unklar ist, inwieweit die Datenschutzbehörden auch Verstöße der im ZAG geregelten Datenschutzvorgaben sanktionieren dürfen. Dafür spricht, dass die datenschutzrechtlichen Vorschriften des ZAG die DS-GVO konkretisieren (ähnlich Weichert BB 2018, 1161 (1167)). Dürften die Datenschutzbehörden diese Konkretisierungen nicht beachten, würde deren Prüfung die geltende Rechtslage nicht vollständig abbilden.

F. Der Finanzsektor als Erfüllungsgehilfe öffentlicher Interessen: Geldwäscheprävention, Überwachung von Finanz- und Zahlungstransaktionen und globale Sicherung ordnungsgemäßer Besteuerung

I. Überblick

Neben die finanzaufsichtliche Regulierung, mit der der Bestand und wirtschaftliche Funktion **140** von Finanzdienstleistern gesichert wird, tritt mehr und mehr eine Inpflichtnahme von privaten Finanzdienstleistern (Definitionen in § 2 Abs. 1 Nr. 1–3 GwG) für öffentliche Interessen (allg. Herzog, GwG, 3. Aufl. 2018, Einl. Rn. 153, 159; Herzog/Mülhausen/Rüpke, Geldwäschebekämpfung und Gewinnabschöpfung, 2006, GwG § 55 Rn. 1 ff.). Dies begann mit der Geldwäsche und punktuellen Aufgaben bei der Besteuerung, namentlich der Quellenbesteuerung von Kapitaleinkünften und der Informationsbereitstellung zu allgemeinen Besteuerungszwecken.

Heute ist die Geldwäscheprävention nicht mehr auf Finanzdienstleister beschränkt, sondern **141** zunehmend auf andere Branchen und Sektoren ausgedehnt worden. Gleichwohl sind die informationellen Eingriffswirkungen der Geldwäschebekämpfung im Finanzsektor immer noch die intensivsten.

Besonders markante informationelle Eingriffe bewirken die Pflichten zur Erhebung und Aus- **142** wertung von Kundeninformationen, zunächst nach dem sogenannten „Know-your-Customer"-Konzept. Dies begann – jedenfalls rhetorisch – mit dem Kampf gegen organisierte Kriminalität mittels der **Unterbindung von illegalen oder bemakelten Finanzströmen des organisierten Verbrechens und massiver Korruption**. Daneben trat vor allem seit Anfang der 2000er Jahre die **Terrorismusbekämpfung** (dazu systematisch Albers/Groth, Globales Recht und Terrorismusfinanzierungsbekämpfung, 2015) und – jüngst – die weltweite **Durchsetzung effektiver Besteuerung (etwa EU Kom COM 2013 (44) S. 18, 34 ff., 69 ff.)**. Die entsprechenden Rege-

Syst. J. Datenschutz im Finanzwesen

lungen finden sich nur im Geldwäschegesetz, sondern bspw. auch in §§ 24c ff. KWG, § 27 ZAG, §§ 52 ff. VAG sowie § 154 AO (BeckOK GwG/Frey/Pelz Einf. Rn. 1 f.).

143 All diese Anliegen können – unter stetiger Erweiterung – (krit. Herzog, GwG, 3. Aufl. 2018, Einl. Rn. 145 ff.) systemseitig darauf aufgesetzt werden, dass Kreditinstitute ein besonderes Eigeninteresse daran besitzen, sich vor Straftaten zu schützen, die sich gegen sie selbst und ihre Kunden richten, namentlich vor Betrugstaten; und auf das Management der typischen Risiken des Bankgeschäfts, und dass sie für dieses eigene Risikomanagement über große Datenbestände und zudem ausgeprägte Datenverarbeitungsprozesse verfügen.

II. Internationale Treiber, insbesondere die FATF und multilaterale Vorgaben

144 Weltweiter Schrittmacher dieser Entwicklung war neben der OECD die Financial Action Task Force (FATF). Bei der 1989 gegründeten FATF (dazu etwa Gregor Krämer, Die Bekämpfung von Geldwäsche und Terrorismusfinanzierung, 2007) handelt sich um eine intergouvernmentale Organisation, mit dem Ziel, effektive regulatorische und operationelle Maßnahmen zur Bekämpfung der Geldwäsche und Terrorismusfinanzierung zu fördern und internationale Standards zur Bekämpfung von Geldwäsche und Terrorismusfinanzierung zu setzen (Blair/Brent/Grant, Banks and Financial Crime, 2. Aufl. 2017, 59 ff.). Ihre Empfehlungen haben keine originäre völkerrechtliche Verbindlichkeit (zur Entstehung eines globalen Finanzmarktrechts Lena Groth, Globales Finanzmarktrecht gegen Terrorismusfinanzierung, 2015, 36 ff.), aber hohe quasi-verbindliche Wirkung, wegen eben dieser sie zum Teil erheblicher Kritik ausgesetzt sind (BeckOK GwG/Frey/Pelz Einf. Rn. 7 mit Verweis auf Weißer ZStW 2017, 961).

145 Die Bundesrepublik Deutschland ist Gründungsmitglied. Ursprünglich ausschließlich gegen organisierten Drogenhandel gerichtet, wurde die Zielrichtung der Empfehlungen schrittweise ausgedehnt. 2001 kam die Terrorismusfinanzierung hinzu. Der gültige Satz der Empfehlungen datiert von Februar 2012 und wurde zuletzt im Juni 2019 aktualisiert (The FATF Recommendations – International Standards on Combating Money Laundering and the Financing of Terrorism Proliferation, www.fatf-gafi.org).

146 Zu den gesetzlichen Auslösern für Datenverarbeitungsvorgänge zählen auch bilaterale Verträge wie dem FATCA-Abkommen (BGBl. 2013 II 1362) und dem Multilateral Competent Authority Agreement (MCAA) nach den OECD-Standards. Diese bestehen aus einem Common-Reporting-Standard(CRS)-Musterabkommen (Model Competent Authority Agreement – CAA), welches analog zu den bilateralen FATCA-Abkommen den Datenschutz für die ausgetauschten Informationen sicherstellen soll und die Kooperation zwischen den nationalen Steuerbehörden festlegt. Hinzu kommt ein – der Dokumentation für FATCA nachgebildeter – Standard für Melde- und Sorgfaltspflichten (der Common Reporting Standard). Im Ergebnis müssen Finanzinstitute die Steueransässigkeit sämtlicher Kontoinhaber und wirtschaftlich Berechtigter ermitteln und die nach dem CRS meldepflichtigen Daten für diejenigen Kontoinhaber und wirtschaftlich Berechtigten zusammenstellen, die in einem oder mehreren anderen CRS Meldestaaten steuerlich ansässig sind (vgl. OECD (2018), Standard for Automatic Exchange of Financial Information in Tax Matters – Implementation Handbook – Second Edition, OECD, Paris). Sie bilden den Rahmen für ein von allen Kreditinstituten zu errichtendes Kontroll-, Meldungs- und Risikomanagementsystem. Innerhalb der besonderen Anforderungen, mit denen sich Kreditinstitute in diesem Zusammenhang konfrontiert sehen, müssen sie allerdings auch die Vorgaben des Datenschutzes einhalten und entsprechende Sicherungssysteme zum Schutz der personenbezogenen Daten ihrer Kunden entwickeln.

1. Datenschutzrechtliche Implikationen des Risk Based Approach

147 Zentrales Konzept ist der risikobasierte Ansatz (Risk based approach). Er ist das Gegenmodell zum traditionelleren regelbasierten Ansatz (Rule based approach; zur Entwicklung vom Rule-based approach zum Risk-based approach siehe Herzog/Mülhausen/Pieth, Geldwäschebekämpfung und Gewinnabschöpfung, 2006, GwG § 6 Rn. 10 ff.). Der **Risk Based Approach** ist für auch den Datenschutz eine weitreichende Systementscheidung: Zum einen verlagert er die Konkretisierung von informationellen Eingriffserfordernissen vom staatlichen Gesetzgeber und Regelsetzer auf private Erfüllungsgehilfen (Gürkan, Der risikoorientierte Ansatz zur Geldwäscheprävention und seine Folgen, 95 ff.). Zum anderen aber ermöglicht er zumindest in der Theorie aber auch eine verhältnismäßige Begrenzung (vgl. EDSB, Opinion 5/2020, Rn. 19).

148 Die Empfehlungen der FATF sowie die EU-Anti-Geldwäscherichtlinien (aktuell ist seit ihrem Inkrafttreten am 9.7.2018 die 5. Anti-Geldwäsche-Richtlinie) führen zu einer immer weiteren Verfeinerung des Risk-based approach (Herzog/Achtelik, GwG, 3. Aufl. 2018, Einl. Rn. 151).

Syst. J. Datenschutz im Finanzwesen

Mit ihm werden sowohl die zuständigen Behörden als auch die verantwortlichen privaten Akteure aufgerufen – und verpflichtet – Prioritäten zu setzen. An die Stelle einer strikt regelgebundenen Vollkontrolle mit standardisierten Daten tritt ein risikoproportionaler Ansatz, der es verlangt, auf Transaktionen und Kunden mit höherem Risiko intensivere Kontrollen zu konzentrieren (zu alledem grundlegend FATF, Guidance on the Risk-Based Approach to Combating Money Laundering and Terrorist Financing, High Level Principles and Procedures, 2007; erg. dazu auch FATF, Risk-Based Approach Guidance for the Banking Sector, 2014).

Die entsprechende Risikoeinstufung ist nach FATF-Prinzipien zum einen eine Vorgabe an die jeweilige nationale Regulierung (vgl. §§ 11, 14, 15 GwG), zum anderen aber – weitaus stärker einzelfallbezogen – ein Auftrag an die handelnden privaten Akteure, namentlich die Finanzdienstleister (zur Praxis hierzu: Quedenfeld/Mühlenroth/Quedenfeld, HdB Bekämpfung der Geldwäsche und Wirtschaftskriminalität, 4. Aufl. 2017, Rn. 504 ff.). Dieser wird auch durch private Standards ausgefüllt, wie bspw. die sog. Wolfsberg Principles, welche sich mit verschiedenen Aspekten des „Know-your-Customer"-Prinzips sowie mit der Erkennung und Verfolgung ungewöhnlicher oder verdächtiger Aktivitäten beschäftigen (näher Herzog/Mülhausen/Pieth, Geldwäschebekämpfung und Gewinnabschöpfung, 2006, GwG § 6 Rn. 6; Pieth/Aiolfi, The Private Sector becomes active: The Wolfsberg Process, www.wolfsberg-principles.com). Zusätzlich wirken – vor allem systemseitige – Angebote entsprechender privater Dienstleister und Marktakteure prägend auf eine so genannte „Best Practice"; Kenner des Marktes sprechen von einer – von Eigeninteressen nicht freien – „crime control industry" (so zB Herzog/Achtelik, GwG, 3. Aufl. 2018, Einl. Rn. 105). 149

2. Von Know-your-Customer zu Know-your-Transaction und zur laufenden Überwachung von Geschäftsbeziehungen

Ausgangspunkt der **risikobasierten Geldwäscheprävention** war das **Know-your-Customer Prinzip.** Nach diesem setzt die wirksame Bekämpfung von Geldwäsche voraus, dass Kreditinstitute die finanziellen Verhältnisse ihrer Kunden, ihre berufliche, bzw. gewerbliche Tätigkeit sowie die Herkunft ihrer Vermögenswerte kennen (Herzog/Mülhausen, Geldwäschebekämpfung und Gewinnabschöpfung, 2006, GwG § 41 Rn. 209). Inzwischen ist es zu einem **Know-your-Transaction Prinzip** weiterentwickelt worden, wobei hier in der Regel gar nicht die Banktransaktionen, sondern das Grundgeschäft gemeint ist, dem die Banktransaktion dient, etwa ein Zahlungsvorgang. Damit wird die Datenverarbeitung weit in den Bereich der Tangentialdaten hinaus erstreckt (→ Rn. 17). 150

Dies erfordert eine intensive Vorratsdatenerhebung, -verarbeitung und -speicherung, weil es mit einer Identitätsfeststellung nicht getan ist, sondern auch eine laufende Überprüfung erforderlich ist. Wie weit die Vorstellungen von einer solchen **Customer Due Diligence** reichen, zeigen etwa die FATF Empfehlungen 10d), wonach auch folgendes verlangt wird: „Conducting ongoing due diligence on the business relationship and scrutiny of transactions undertaken throughout the course of that relationship to ensure that the transactions being conducted are consistent with the institution's knowledge of the customer, their business and risk profile, including, where necessary, the source of funds". 151

Umso wichtiger wäre auch im Rahmen dieser Customer Due Diligence die vom Europäischen Datenschutzbeauftragten mehrfach betonte Informationspflicht gegenüber dem Betroffenen über die Datenverarbeitung und ihre Zwecke (vgl. EDSB, Opinion 5/2020, Rn. 20 mit Verweis auf EDSB 2013 Opinion on the draft AML D4, Rn. 13). Aber hier sind noch keine Fortschritte zu verzeichnen. Zwar wurde daraufhin wurde in die 4. Geldwäscherichtlinie in Art. 41 Abs. 3 eingefügt, welcher besagt, dass die Verpflichteten ihren nach Art. 13 DS-GVO erforderlichen Informationspflichten in Bezug auf Neukunden nachkommen müssen, bevor sie eine Geschäftsbeziehung begründen oder gelegentliche Transaktionen ausführen. Diese Information soll insbesondere einen allgemeinen Hinweis zu den geldwäscherechtlichen Pflichten der Verantwortlichen enthalten. Dieser Hinweis ist aber generisch und nicht auf konkrete Verarbeitungen bezogen. Durch den spezialgesetzlichen § 11a Abs. 2 GwG, welcher Art. 41 Abs. 4 der 4. Geldwäscherichtlinie umsetzt, wird diese Informationspflicht für den geldwäscherechtlichen Übermittlungsfall zudem wieder in unverhältnismäßigem Umfang eingeschränkt (→ Rn. 166). 152

Diese Grundsätze und die implementierenden Vorgaben sind Grundlage für eine umfassende Vorratsdatenspeicherung („Know your customer"), die in der Praxis unter dem Stichwort „risikobasierter Ansatz" bei Finanzdienstleistern nicht selten zu Datenverarbeitungsvorgängen ganz ähnlich einem Raster- und Schleppnetzansatz (anders Herzog/Mülhausen, Geldwäschebekämpfung und Gewinnabschöpfung, 2006, GwG § 43 Rn. 49 ff. mwN; krit. Degen, Gesetzliche Mitwirkungspflichten der Kreditwirtschaft bei der Geldwäsche- und Terrorismusbekämpfung, 2009) ver- 153

Syst. J. Datenschutz im Finanzwesen

dichtet werden (zur rechtspolitischen Diskussion auf Unionsebene Artikel 29-Datenschutzgruppe, WP 186 v. 13.6.2011; Europäische Kommission, Bericht über die Anwendung der RL 2005/60/EG zur Verhinderung der Nutzung des Finanzsystems zum Zwecke der Geldwäsche und der Terrorismusfinanzierung KOM(2012) 168 endg.; rechtsvergleichende Bestandsaufnahme Commission Staff Working Paper, Compliance with the anti-money laundering directive by cross-border banking groups at group level SEK(2009) 939 endg.).

3. Durchsetzungsschwäche datenschutzrechtlicher Leitvorstellungen

154 Weitgehend ungeklärt ist hier, inwiefern das objektiv zu beachtende **Gebot der Datenminimierung** aus Art. 5 Abs. 1 lit. c DS-GVO einen wirksamen – und wohl auch notwendigen – Rahmen bildet, um der auf Ausweitung von Datenverarbeitungsprozessen zielenden großen Offenheit des Risikobegriffs wirksame institutionelle Grenzen zu setzen oder jedenfalls ein abwägendes Gegengewicht zu schaffen. Hier zeigt sich indes eine Schwäche des Risikobegriffs, der wenig klare Konturen hat und folglich auch als Bezugspunkt für die in Art. 5 Abs. 1 lit. c DS-GVO angelegte Erforderlichkeitsprüfung kaum geeignet ist. Nicht ausreichend ist aus datenschutzrechtlicher Perspektive, die Schutzanliegen der informationellen Selbstbestimmung auf die Datensicherheit und die Zweckbindung zu begrenzen, was als aufsichtlich bewehrte Rechtspflicht auch aus § 25a Abs. 1 KWG folgt.

155 Zusammengefasst stoßen hier also zwei gesetzgeberische fundamental gegenläufige Zielrichtungen aufeinander, ohne dass bisher eine befriedigende Austarierung gelungen wäre. Zum einen hat der Gesetzgeber den Banken im Rahmen des „Risk-based-approach" weitgehend selbst die Verantwortung für Prävention uA von Geldwäsche, Terrorismusfinanzierung und Steuerhinterziehung nach Maßgabe eines für Ausweitungen und Überdehnungen anfälligen Risikobegriffs übertragen. Zum anderen gelten die Vorgaben und Anliegen des mit der DS-GVO inzwischen weitgehend europäisierten Datenschutzes. Dieser Zielkonflikt ist wohl nur dadurch aufzulösen, dass die Datenerhebungs- und -verarbeitungsbefugnisse, die zur Geldwäscheprävention erforderlich sind, stärker konkret fachrechtlich determiniert werden (vgl. allg. Artikel 29-Datenschutzgruppe, WP 186).

156 Diskutiert wird insbesondere, inwieweit die internen Überwachungssysteme miteinander verwoben sein dürfen (oder umgekehrt sogar gerade funktional getrennt sein müssen), um eine effektive Zielverfolgung in beiderlei Hinsicht zu garantieren (zum internen Controlling zum Schutz von Mitarbeiterdaten in der Finanzbranche s. Scherp BKR 2009, 404 f.). Der derzeitige branchenspezifische Trend geht in allen Bereichen eher hin zu einer Maximierung der Verknüpfungen. Das damit ermöglichte staatliche Kontrollnetz würde verdichtet, wenn – was von ökonomischer Seite bereits des Öfteren vorgeschlagen wurde – die Verwendung von Bargeld (weiter) beschränkt oder gar Bargeld abgeschafft würde. In die umgekehrte Richtung führt die in Deutschland noch übliche Verwendung von Bargeld nun gleichsam automatisch dazu, dass sich Deutschland als Land hohen Risikos einstuft, was wiederum Rechtfertigung erhöhter Eingriffsintensität ist.

157 Aufgrund welcher datenschutzrechtlichen Ermächtigungsgrundlage diese informationellen Eingriffe erfolgen sollte, war schon vor der Neufassung des § 25h KWG (§ 25c KWG aF) umstritten (s. zum Streitstand Ackmann/Reder WM 2009, 158 (164)). Es erschien problematisch, dass sich die Pflicht zum Einsatz von Monitoring-Software zur Anwendung und Generierung interner ebenso wie zur Anwendung externer Listen unterschiedlichster Herkunft (dazu etwa Bergles/Eul BKR 2003, 273) vor der Schaffung einer gesetzlichen Regelung in § 6 GwG und § 25h KWG nicht aus dem Gesetz selbst, sondern nur aus den Vorgaben der BaFin – bzw. ihrer Vorgängerorganisation – und Branchenusancen ergab. Solche Vorgaben allein wurden **nicht als ausreichende Rechtsgrundlage** für die mit einem internen Sicherungssystem verbundene Verwendung von personenbezogenen Daten angesehen.

158 Mit der Schaffung allgemeiner gesetzlicher Rahmenvorgaben (heute § 25h KWG) wurde diese Lücke formal geschlossen. Allerdings handelt es sich weitgehend um einen datenschutzrechtlichen Blankoscheck, wenn sich die Ermächtigung darauf beschränkt, „Datenverarbeitungssysteme" zu verlangen. Das Spannungsfeld zwischen einer weit verstandenen Prävention als einem oft unscharfen und sich verselbstständigenden Risikobegriff einerseits und dem Schutz individueller Grundrechte (Müller NZWiSt 2017, 87) ua durch Datenschutz (Art. 8 GRCh) andererseits bleibt damit nach wie vor eine Herausforderung, die mit der DS-GVO auch auf die europäische Ebene gehoben worden ist (s. auch Artikel 29-Datenschutzgruppe, WP 186).

159 Da die Regelungen der Geldwäscheprävention weitgehend auf vollharmonisiertem Richtlinienrecht beruhen, sollten die Unionsgrundrechte und nicht das Grundgesetz der vorrangige Prüfungs-

maßstab sein. Allerdings hat der EuGH bislang diese Herausforderung noch nicht angenommen (EuGH BeckRS 2016, 80464 Rn. 112 ff.).

Zwar unterliegt das auch unionsrechtlich gewährleistete Grundrecht auf informationelle Selbstbestimmung bestimmten Schranken. Gleichwohl bedürfen in Anbetracht der Reichweite der heute etablierten Vorschriften zum Schutz vor Geldwäsche und Terrorismusfinanzierung, ihrer Zweckerweiterung auf andersartige Anliegen schon durch die Ausweitung des Geldwäschebegriffs und den damit verbundenen weitläufigen Befugnissen zur Datenverwendung sowohl die **Reichweite** als auch die **kompensatorischen Sicherungen** weiterer Diskussion und Ausgestaltung (s. etwa Chroziel ZD 2013, 170, noch bezugnehmend auf das BDSG aF). Bedenken bzgl. der Weiterverwendung der im Rahmen der Geldwäscheprävention gesammelten Daten, wie bspw. zur Verfolgung von Steuerhinterziehung, im Hinblick auf das datenschutzrechtliche Zweckbindungsgebot gem. Art. 5 Abs. 1 lit. b DS-GVO wurden bereits mehrfach vom Europäischen Datenschutzbeauftragten aufgebracht (vgl. EDSB, Opinion 5/2020, Rn. 10 mit Verweis auf EDSB, Opinion 1/2017). 160

Problematisch erscheint in diesem Kontext neben der ausgeprägten „**Verdachtsermittlung durch die Verpflichtung Privater**" (Sieber/Vogel, Terrorismusfinanzierung, 2015, 127) insbesondere die Grundrechtsbetroffenheit unschuldiger Personen. Die Regelungen des GwG erfordern in ihrer **weiten präventiven Konzeption** verdachtsunabhängige informationelle Eingriffe. Die nach dem GwG vorgesehenen Kontrollen und Überprüfungen treffen **prinzipiell jeden Kunden und auch Dritte;** die mit der „Risikoorientierung" verbundenen Unschärfen begründen die Gefahr, dass Stereotypen zu persönlichen Eigenschaftsmerkmalen werden und **ökonomische Teilhabe** durch Teilnahme an **Finanzdienstleistungen versperrt** wird. Die internen Datenverarbeitungsprozesse sind systemseitig weitgehend unabhängig vom Bestehen eines konkreten Verdachtsmoments und sollen solche Verdachtsfälle erst herausrastern. 161

Dabei sind die **Risiken** für die **betroffenen Personen** hoch. Diskriminierende Wirkungen sind nachgewiesen und zwar ungewollt, aber auch unvermeidbar (Sciurba, European Journal of Crime, Criminal Law and Criminal Justice 26 (2018), 222). Die tatsächlichen Nachteilswirkungen gehen wegen der allgemeinen und unvermeidliche Tendenz zum **de-risiking** des eigenen Geschäfts über das gesetzlich Gewollte und Erforderliche teilweise weit hinaus (s etwa CGD Working Group Report, Unintended Consequences of Anti-Money Laundering Policies for Poor Countries, 2015). Geldwäschepräventive Geschäftsablehnungen pflegen nicht mit ihrem wahren Grund begründet zu werden, sondern – wenn überhaupt – vagen, nicht näher begründeten geschäftspolitischen Erwägungen. 162

Diese Risiken sind schon einzelnen der allgemeinen Kontrollpflichten nach § 10 GwG und ihren Auswirkungen in der Praxis immanent; zum Hochrisiko wird allerdings erst ihre systemseitige Absicherung nach § 25h KWG. Auch nach der Standardüberprüfung bei Beginn der Geschäftsbeziehung kommt es bei Finanzdienstleistungen zu laufender Überwachung. In Anbetracht des gesetzlich definierten öffentlichen Interesses iSv Art. 6 Abs. 1 lit. e DS-GVO an der Prävention von Geldwäsche und anderer Straftaten dürfte zwar eine ausreichende Rechtfertigung nach Art. 6 Abs. 1 lit. c oder lit. e DS-GVO für die Datenerhebung und Verarbeitung dem Grunde nach vorliegen. Zweifeln begegnet indes neben der **Erforderlichkeit** des Umfangs im Einzelnen auch, ob die vorgesehenen Eingriffe in ihrer **Begrenzung und kompensatorischem Schutz hinreichend geregelt** wurde (krit. auch Herzog, Geldwäschegesetz, 3. Aufl. 2018, GwG § 6 Rn. 3 ff.). 163

Selbst der Kommissionsentwurf der 4. Geldwäsche-RL 2013/0025 (COD) v. 5.2.2013 ließ hier trotz einer Erwähnung in den Erwägungsgründen erstaunlicherweise jegliches Problembewusstsein vermissen. Erst im parlamentarischen Verfahren wurde, im Ergebnis allerdings kosmetisch, nachgebessert (Entschließung v. 11.3.2014 2013/0025 (COD); vgl. auch Art. 39a idF des Rates v. 15.1.2015) und mit Art. 41 in der 4. Geldwäscherichtlinie sodann eine die informationellen Eingriffe dem Anschein nach begrenzende Datenschutzregelung Eingang in das harmonisierte Geldwäscherecht fand. Art. 41 Abs. 2 der Richtlinie schrieb vor, dass „personenbezogene Daten (…) von Verpflichteten auf der Grundlage dieser Richtlinie ausschließlich für die Zwecke der Verhinderung von Geldwäsche und Terrorismusfinanzierung (…) verarbeitet werden (dürfen) und dürfen nicht in einer Weise weiterverarbeitet werden, die mit diesen Zwecken unvereinbar ist." Weiterhin untersagt Satz 2 der Regelung, „personenbezogene Daten auf der Grundlage dieser Richtlinie für andere Zwecke wie beispielsweise für kommerzielle Zwecke zu verarbeiten". Diese datenschutzrechtliche Richtlinienvorgabe wurde sodann in § 58 GwG aF knapp mit den Worten „Personenbezogene Daten dürfen von Verpflichteten auf Grundlage dieses Gesetzes ausschließlich für die Verhinderung von Geldwäsche und von Terrorismusfinanzierung verarbeitet werden". umgesetzt und erschöpfte sich somit in einer allgemeinen Zweckbindung der Datenverarbeitung 164

Syst. J. Datenschutz im Finanzwesen

auf die genannten Zwecke, welche lt. der Gesetzesbegründung auch das Verbot der Verwendung für kommerzielle Zwecke umfasst (vgl. BT-Drs. 18/11555, 166). Mit dieser Zweckbindung wurde der dementsprechende datenschutzrechtliche Grundsatz im Geldwäscherecht lediglich iterativ repetiert, ohne Substanz hinzuzufügen.

165 Mit der deutschen Umsetzung der 5. Geldwäscherichtlinie (RL (EU) 2018/843) zum 1.1.2020 wurde § 58 GwG aF aufgehoben und mit § 11a GwG eine neue datenschutzrechtliche Regelung implementiert: „(1) Verpflichtete nach § 2 (...) personenbezogene Daten nur verarbeiten (dürfen), soweit dies auf Grundlage dieses Gesetzes für Zwecke der Verhinderung von Geldwäsche und Terrorismusfinanzierung erforderlich ist". Sie führt somit einerseits die Zweckbindung ihres Vorgängers fort, erweitert diese aber zu einem allgemeinen Erforderlichkeitsprinzip; primärer Zweck ist aber, eine allgemeine Befugnisnorm für die Datenverarbeitung zu schaffen. Nach Ansicht des Gesetzgebers entspricht sie „im Wesentlichen" § 58 GwG aF und soll durch den neuen Standort nach § 11 GwG lediglich den Bezug zu den gesetzlichen Datenverarbeitungsverpflichtungen herstellen und die Sorgfaltspflichten aus §§ 4–15 GwG sowie die Meldepflicht aus § 43 GwG ergänzen (vgl. BT-Drs. 19/13827, 80; kritisch Brian/Frey/Krais CCZ 2019, 245 (261)).

166 § 11a Abs. 2 GWG hat dann sogar die umgekehrte Zielrichtung einer expliziten Derogation vom Datenschutzrecht. In Umsetzung von Art. 41 Abs. 4 der 4. Geldwäscherichtlinie wird die Informationspflicht nach Art. 13 Abs. 3 DS-GVO sowie das Auskunftsrecht der betroffenen Person gem. Art. 15 DS-GVO bei Verdachtsmeldungen ausgeschlossen. Damit soll das Ziel der Verhinderung von Geldwäsche und Terrorismusfinanzierung gefördert werden, da dieses durch die grundsätzlich verpflichtende Informationspflicht des verantwortlichen Datenverarbeitenden konterkariert würde (vgl. ebenso BT-Drs. 19/13827, 80). Der Betroffene soll erst vom Geldwäscheverdacht erfahren, wenn er Besuch von der Staatsanwaltschaft bekommt. Dies ist in den Fällen echter Geldwäsche bei wirklicher Kriminalität nachvollziehbar. Angesichts der Tatsache, dass die allermeisten Verdachtsmeldungen weder eine Geldwäschestruktur noch eine Straftat betreffen, können Zweifel an der Verhältnismäßigkeit aufkommen. Dieser Ausschluss der Informationspflicht schießt ersichtlich insofern über das legitime Ziel hinaus, als er zeitlich unbefristet gilt. Für eine Verhältnismäßigkeit der Norm wäre nach gefestigter Verfassungsrechtsprechung eine zeitliche Einschränkung erforderlich. Sobald der Zweck (vorliegend also die Geldwäscheprävention bzw. die geldwäscherechtliche Verdachtsmeldung) weggefallen ist oder sich erledigt hat, hat eine nachträgliche Benachrichtigung erfolgen müsste (vgl. zuletzt BVerfGE 141, 220 = NJW 2016, 1781 Rn. 136 mit Verweis auf BVerfGE 125, 260 = NJW 2010, 833 Rn. 244; in anderem Zusammenhang auch EuGH BeckRS 2015, 81219 Rn. 39).

167-170 Derzeit nicht belegt.

III. Datenschutzrechtliche Aspekte des präventiven Geldwäscherechts

1. Stetige Ausdehnung der präventiven Überwachung nach Geldwäscherecht - Von der organisierten Kriminalität zur allgemeinen Finanzüberwachung

171 Das GwG orientiert sich seit der Umsetzung der 3. Geldwäsche-Richtlinie an dem aus dem amerikanischen Rechtsraum stammenden, maßgebend von der FATF propagierten **Risk-based-approach (§ 5 Abs. 1 GwG).** Danach wird insbesondere den Finanzdienstleistern zugetraut, bestehende Geldwäscherisiken innerhalb ihres Geschäfts besser als Aufsichtsbehörden identifizieren zu können (Begründung zum Entwurf des Geldwäschebekämpfungsergänzungsgesetzes, BT-Drs. 16/9038, 49 f.; näher Herzog/Mülhausen/Pieth, Geldwäschebekämpfung und Gewinnabschöpfung, 2006, GwG § 6 Rn. 10). Geldwäsche setzt nach deutschem Verständnis eine rechtswidrige (strafrechtliche) Vortat voraus (vgl. § 261 StGB); dies ist aber – auf intergouvernmental induzierten Druck (FATF Empfehlung 3: „widest range of predicate offences") – inzwischen sehr weit formuliert (krit. Schröder/Bergmann ZBB 2011, 255; Schröder WM 2011, 769) und nicht mehr an territoriale Grenzen gebunden.

172 Ohnehin sind die fachrechtlichen Verpflichtungen systemseitig auf globale Datenbestände und ihre umfassende Auswertung gerichtet; die tatbestandliche Konturierung hat hier allenfalls mit Blick auf die spätere Verwendung von personenbezogenen Daten wirkliche Relevanz, aber nicht mit Blick auf deren eigentliche Erhebung und Verarbeitung. Wo dann die instituteigene Verarbeitung von Datenbeständen, namentlich durch Verknüpfungen, auch noch durch Weitergabepflichten ergänzt werden, lassen sich gerade im grenzüberschreitenden Kontext auch Verwendungsbeschränkungen kaum mehr operationalisieren. Die fachrechtlichen Verpflichtungen reichen weit über konkrete Anhaltspunkte für Straftaten hinaus und zwingen die Verpflichteten zu einer sehr

Syst. J. Datenschutz im Finanzwesen

weit ins Vorfeld verlagerten Datenerhebung, -verarbeitung und -speicherung (vgl. Katzler CCZ 2008, 174 (175)).

Dem Jahresbericht der deutschen Financial Intelligence Unit zufolge wurden im Jahr 2018 über insgesamt 77.000 Verdachtsmeldungen (Suspicious Activity Reports, SAR) nach dem GwG erfasst, über 76.000 davon erfolgten allein durch die Verpflichteten des Finanzsektors. Dem gegenüber steht ein äußerst geringer Ertrag an tatsächlicher Aufspürung. Dabei werden als „Erfolg" künftig auch die Aufdeckung alltäglicher Bagatelldelikte in der breiten Bevölkerung gemeldet werden (→ Rn. 180). Untermauert wird dies durch die Zahlen tatsächlicher strafrechtlicher Sanktionen: Nachdem bereits durch die Filterfunktion der FIU (vgl. Gesetzesentwurf zur Umsetzung der 4. Geldwäscherichtlinie BT-Drs. 18/11928, 25 f.) nur ca. 58 % der Verdachtsmeldungen bei der Staatsanwaltschaft landen, enden nur insgesamt 2 % in Anklagen, Urteilen oder Strafbefehlen (Lenk WM 2020, 115 (115 f.) unter Bezugnahme auf den Jahresbericht von 2018 der FIU, 18). **173**

Der Straftatbestand der Geldwäsche hat sich erheblich von seinen rhetorischen Grundlagen mafiöser Strukturen organisatorischen Verbrechens gelöst (systematisch, Harmonisierung der Geldwäschestrafbarkeit in der Europäischen Union, 2016) und umfasst in § 261 StGB umfasst drei Tatvarianten: Den Verschleierungstatbestand (§ 261 Abs. 1 S. 1 Var. 1 und Var. 2 StGB), den Vereitelungs- und Gefährdungstatbestand (§ 261 Abs. 1 S. 1 Var 3 ff. StGB) sowie den Isolierungstatbestand (§ 261 Abs. 2 StGB). Mit dem Gesetz zur Verbesserung der strafrechtlichen Bekämpfung der Geldwäsche wird er 2020 grundlegend neu gefasst werden. Künftig werden **alle Straftaten,** auch des Bagatell- und Fahrlässigkeitsbereichs einbezogen werden („all crimes approach"), bishin zur Schwarzfahrt. § 261 StGB enthält keine Definition des Begriffs der Geldwäsche selbst. Nach allgemein anerkannter Definition handelt es sich hierbei um einen Vorgang, der darauf abzielt, Vorhandensein, Herkunft oder Bestimmung von Vermögenswerten zu verschleiern, die aus illegalen Geschäften stammen, um sie dann als rechtmäßige Einkünfte erscheinen zu lassen (BeckOK StGB/Ruhmannseder§ 261 Rn. 3; ähnlich v. Laufhütte/Rissing-van Saan/Tiedemann, Leipziger Kommentar Strafgesetzbuch, 12. Aufl. 2010, § 261 Rn. 2). Im Regelfall werden drei Phasen der Geldwäsche unterschieden: Die Platzierung („placement"), das Verschleiern („layering") und die anschließende Rückführung in den legalen Finanz- und Wirtschaftskreislauf („integration") (BeckOK GwG/Frey/Pelz Einf. Rn. 3). **174**

Das GwG dient in seiner heutigen Fassung der Umsetzung der 5. EU-Geldwäsche-Richtlinie (RL (EU) 2018/843 des Europäischen Parlaments und des Rates vom 30.5.2018 zur Änderung der Richtlinie (EU) 2015/849 zur Verhinderung der Nutzung des Finanzsystems zum Zwecke der Geldwäsche und der Terrorismusfinanzierung und zur Änderung der Richtlinien 2009/138/ EG und 2013/36/EU), die am 9.7.2018 in Kraft getreten ist und von den Mitgliedsstaaten bis zum 10.1.2020 umgesetzt werden musste. **175**

Angefangen mit der 1. Geldwäsche-Richtlinie 1991 (RL 91/308/EWG), die sich vornehmlich an Kredit- und Finanzinstitute richtete, hat sich das EU-Geldwäscherecht über die Jahre erheblich fortentwickelt. 2001 folge die 2. europäische Geldwäsche-Richtlinie (RL 2001/97/EG), welche die Geldwäschebekämpfung auch auf den Nicht-Finanzsektor ausdehnte und den Straftatbestand der Geldwäsche um mehrere Vortaten erweiterte. Daraufhin trat 2005 die 3. und jedenfalls bis dato reformträchtigste Geldwäsche-Richtlinie in Kraft. Nicht nur ging diese von nun an von einem risikobasierten Ansatz anstatt eines regelbasierten Ansatzes bei der Erfüllung von Sorgfaltspflichten aus, sondern fasste auch den Geldwäschebegriff neu, unter welchen ab diesem Zeitpunkt auch andere als nur Straftaten des organisierten Verbrechens als Vortaten fallen sollten. Dieser risikoorientierte Ansatz sollte je nach Risikolage unterschiedliche Verpflichtungen der Adressaten auslösen. **175.1**

Nach der 4. EU-Geldwäsche-Richtlinie RL (EU) 2015/849 von 2015 (für eine krit. Betrachtung zur Umsetzung der 4. Geldwäscherichtlinie siehe Spoerr/Roberts WM 2017, 1142) folgte sodann 2018 schließlich die 5. Geldwäsche-Richtlinie, welche ua Regelungen zu virtuellen Währungen und E-Geld beinhaltete sowie deren Anbieter mit in die Verpflichtung nahm (zur Entwicklung des europäischen Geldwäscherechts siehe BeckOK GwG/Frey/Pelz Einf. Rn. 10 ff.; ausf. Herzog/Achtelik, GwG, 3. Aufl. 2018, Einl. Rn. 77 ff.) und mit dem deutschen Umsetzungsgesetz (BGBl. 2019 I 2602) am 1.1.2020 implementiert wurde. **176**

Die 4. Geldwäscherichtlinie brachte insbesondere die volle Beteiligungstransparenz natürlicher Personen über das **Transparenzregister,** was die 5. Geldwäscherichtlinie – dies eine Meisterleistung von gravierenden Zweckänderungen – der breiten **Öffentlichkeit** als Agent der Verbrechensbekämpfung (Erwägungsgrund 30) öffnete; angesichts der Zweifelhaftigkeit dieser Eingriffsrechtfertigung wurde das mit Terror und organisierter Kriminalität gerechtfertigte Geldwäscherecht nun auch noch dem „Vertrauen der Anleger in die Finanzmärkte" gewidmet (Erwägungsgrund 31–32). **177**

Syst. J. Datenschutz im Finanzwesen

178 Die 5. Geldwäscherichtlinie wurde rhetorisch mit den Terroranschlägen in Paris und Brüssel begründet; die wirklichen Regelungsinhalte und weitgehenden Verschärfungen haben damit aber fast nichts zu tun. Ein wesentliches Ziel der Richtlinie ist die Verstärkung der Transparenz des wirtschaftlichen und finanziellen Umfeldes, auch für die „breite Öffentlichkeit", ua durch den Zugang zum Transparenzregister und die Schaffung eines zentralen Kontenregisters. Weitgehende Folgen hat auch die Erweiterung des Kreises der Verpflichteten (Engels WM 2018, 2071 (2071)). Hier ist insbesondere die Aufnahme von Händlern sogenannter Kryptowerte zu erwähnen. „Anbieter von elektronischen Geldbörsen" und Dienstleister zum Tausch von virtuellen Währungen in Fiatgeld und andersherum werden mit der 5. Geldwäscherichtlinie zu geldwäscherechtlich Verpflichteten, was zu Änderungen im Kreditwesengesetz (KWG) sowie im GwG führt (Brian/Frey/Krais CCZ 2019, 245 (245 f.)). Außerdem werden die Sorgfaltspflichten weiter verschärft, was sich bspw. an dem neu eingefügten § 15 Abs. 5 GwG erkennen lässt, der ua vom Bundesverband der Deutschen Industrie (BDI) und dem Deutschen Aktieninstitut (DAI) für seine Unbestimmtheit kritisiert wird (Brian/Frey/Krais CCZ 2019 245 (254); Stellungnahme des BDI-DAI v. 12.9.2019, https://bdi.eu/media/themenfelder/recht/publikationen/20190912_Stellungnahme_BDI_DAI_Fuenfte_EU-Geldwaescherichtlinie.pdf, 16).

179 Am 23.10.2018 wurde bereits die 6. EU-Geldwäsche-Richtlinie erlassen (RL (EU) 2018/1673), die von den Mitgliedsstaaten bis zum 3.12.2020 umzusetzen ist. Sie ergänzt die 4. und 5. Geldwäscherichtlinie in Bezug auf spezifisch strafrechtliche Fragen. Dabei werden durch die Richtlinie weitreichende Mindestvorschriften für die Definition der Geldwäschetatbestände, der Vortatenkataloge und der Sanktionshöhe gemacht, woran angesichts des Subsidiaritäts- und Verhältnismäßigkeitsgrundsatzes Kritik geübt worden ist (Schröder/Blaue NZWiSt 2019, 161 (161 f.)).

180 Das deutsche Geldwäschestrafrecht erfüllt an vielen Stellen bereits die Mindestanforderungen der Richtlinie oder geht über diese hinaus. Erhebliche Auswirkungen dürfte es bei der Bestimmung der Vortaten geben. Während der Vortatenkatalog des § 261 StGB etwa Diebstahl, Hehlerei oder Betrug nur bei banden- oder gewerbsmäßiger Begehung enthält, sieht die Richtlinie eine solche Beschränkung nicht vor. In der Konsequenz sieht der am 11.8.2020 veröffentlichte Referentenentwurf eines Gesetzes zur Verbesserung der strafrechtlichen Bekämpfung der Geldwäsche des BMJV vor, den Vortatenkatalog des § 261 StGB komplett abzuschaffen und grundsätzlich jede Straftat als taugliche Vortat anzusehen. Weiterhin kommt es nach der Richtlinie bei im Ausland begangenen Vortaten nicht darauf an, ob diese am Tatort strafbar waren. In einer Erklärung hatte ua Deutschland darauf hingewiesen, dass es zu unverhältnismäßigen Strafbarkeiten führen könne, wenn die Transaktion eines in einem Drittland legal erworbenen Vermögens unter Strafe gestellt werden (Erklärung der Tschechischen Republik, der Bundesrepublik Deutschland, der Hellenischen Republik und der Republik Slowenien vom 5.10.2018, 2016/0414(COD), 12230/1/18).

181-187 Derzeit nicht belegt.

IV. Eingangskontrolle, Anlasskontrolle und allgemeine Überwachung in der Geschäftsbeziehung – Systematik der geldwäscherechtlichen Verhaltenspflichten

188 Der von den FATF-Empfehlungen vorausgesetzte Due Diligence-Maßstab wird weitgehend erst durch Branchenstandards ausgeformt (Herzog/Mülhausen, Geldwäschebekämpfung und Gewinnabschöpfung, 2006, GwG § 41 Rn. 208 ff. mwN) und in den **allgemeinen Sorgfaltspflichten in §§ 10 Abs. 1, Abs. 3 GwG** gesetzlich implementiert.

189 Die §§ 2 Abs. 1 und 10 Abs. 3 GwG bilden den persönlichen und sachlichen **Auslösetatbestand** der Sorgfaltspflicht, während § 10 Abs. 1 GwG als Rechtsfolge **konkrete Handlungspflichten** festlegt.

190 Die allgemeinen Sorgfaltspflichten des Verpflichteten nach dem Know-your-Customer-Prinzip unterteilen sich in mehrere Einzelpflichten, die abschließend in § 10 Abs. 1 GwG aufgezählt werden. Zunächst besteht als zentrale Ausprägung des Know-your-Customer-Prinzips gem. § 10 Abs. 1 Nr. 1 GwG eine Pflicht zur **Identifizierung des Vertragspartners** (zur Auslegung des unglücklich gewählten Begriffs des „Vertragspartners" vgl. BeckOK GwG/Frey GwG § 11 Rn. 13 ff.; § 10 Rn. 7) nach Maßgabe der §§ 11 Abs. 4, 12 Abs. 1 und 2 GwG, welcher grundsätzlich vor, ausnahmsweise aber auch während der Geschäftsbeziehung nachgekommen werden muss. Hierunter fällt im weitesten Sinne auch die Pflicht zur Feststellung, ob es sich bei dem Vertragspartner um eine **politisch exponierte Person** handelt (PEP-Prüfung; § 10 Abs. 1 Nr. 4 GwG).

191 Weiterhin muss nach § 10 Abs. 1 Nr. 2 GwG und nach Maßgabe des § 11 Abs. 5 GwG der **wirtschaftlich Berechtigte** iSv § 3 GwG ermittelt werden, zB mit Hilfe des Transparenzregisters, welches als hoheitliche Aufgabe des Bundes von der registerführenden Stelle elektronisch geführt wird (Campos Nave CB 2018, 166).

Syst. J. Datenschutz im Finanzwesen

Es müssen sodann Informationen über den **Geschäftszweck** eingeholt und bewertet werden (§ 10 Abs. 1 Nr. 3 GwG). **192**

Während die geldwäscherechtlichen Eingangs- oder jedenfalls Anlasskontrolle (so Kaetzler CCZ 2008, 174, noch zu § 3 Abs. 1 GwG aF) nach § 10 Abs. 1 Nr. 1–4 GwG transparent, gesetzlich klar strukturiert und damit datenschutzrechtlich vergleichsweise präzise konturiert sind, befinden sich die Akteure bei der **kontinuierlichen Überwachung** der Geschäftsbeziehung im Dickicht, die § 10 Abs. 1 Nr. 5 GwG vorschreibt. Die Datenerhebung erfolgt bei der Eingangskontrolle hier **zumindest teilweise mit Wissen des Betroffenen. Demgegenüber läuft die kontinuierliche** Überwachung nach Nr. 5 GwG grundsätzlich **ohne Wissen des Betroffenen** ab. **193**

Die vordergründig auf Rechtsfolgenseite klar nach Eingangs- bzw. Anlasskontrolle einerseits und dauerhafter Überwachungspflicht andererseits unterscheidende Pflichtensystematik wird dann allerdings in gesetzessystematisch stark verknäuelter Weise dadurch relativiert, dass pflichtauslösend auch für die anlassbezogenen Pflichten der § 10 Abs. 1 Nr. 1–4 GwG dann wiederum nicht nur die Begründung einer Geschäftsbeziehung (§ 10 Abs. 3 Nr. 1 GwG) ist, sondern auch Tatbestände, die sich nur aus einer im Gesetz vorausgesetzten laufenden anlassunabhängigen Beobachtung ergeben. **194**

Als Ausprägung des risikoorientierten Ansatzes unterscheidet das GwG die allgemeinen Sorgfaltspflichten (§§ 10–13 GwG), die vereinfachten Sorgfaltspflichten bei geringem Risiko (§ 14 GwG) sowie die verstärkten Sorgfaltspflichten bei erhöhten Risiken (§ 15 GwG). In bestimmten Situationen sind die verstärkten Sorgfaltspflichten aus § 15 GwG zu erfüllen, so zB bei politisch exponierten Personen, fehlender Anwesenheit des Vertragspartners oder ungewöhnlichen Sachverhalten. Bei der Anwendung der konkreten Maßnahmen billigt § 10 Abs. 2 S. 1 GwG den Verpflichteten ein gewisses risikoorientiertes Ermessen zu (BeckOK GwG/Krais § 10 Rn. 2). Bezüglich des ganzen Prozesses trifft den Verpflichteten im Rahmen der sogenannten Risikoanalyse eine umfangreiche Dokumentationspflicht gem. § 5 Abs. 2 Nr. 1 GwG (Herzog GwG, 3. Aufl. 2018, § 5 Rn. 16–18). **195**

Die allgemeinen Sorgfaltspflichten sind gem. § 10 Abs. 3 Nr. 1 GwG stets bei der **Begründung einer Geschäftsbeziehung** zu erfüllen. Kreditinstitute müssen somit bei jedem neuen Kundenkontakt, bei dem es sich nicht um ein reines Gelegenheitsgeschäft handelt, ihren Pflichten gem. § 10 Abs. 1 GwG nachkommen. Nachdem das GwG in seiner ersten Fassung von 1993 nur Bartransaktionen erfasste, wurde § 2 Abs. 1 GwG (in der bis 2008 geltenden Fassung) im Jahre 2002 um den Tatbestand „des Abschlusses eines Vertrages zur Begründung einer auf Dauer angelegten Geschäftsbeziehung" erweitert. Schon durch diese Erweiterung wurden Kreditinstitute in weitaus stärkerem Maße als zuvor von den allgemeinen Sorgfaltspflichten des GwG betroffen. Der Abschluss eines jeden neuen Konto-, Depot- oder Darlehensvertrags reichte nun an hierfür aus. Diese Erweiterung sollte nach der Begründung der Bundesregierung (BT-Drs. 14/8739, 12) das Know-your-Customer-Prinzip im Geldwäschegesetz implementieren und diente weiterhin der geldwäscherechtlichen Einbeziehung von Fällen des § 154 Abs. 2 AO (Herzog/Figura GwG, 3. Aufl. 2018, § 10 Rn. 59). Der Begriff der Begründung einer Geschäftsbeziehung führt diesen Gedanken nun in vereinfachter Formulierung weiter. Dass die Erhebung und Verwendung personenbezogener Daten aus dem Personalausweis, bspw. bei einer einfachen Kopie des Personalausweises, ausschließlich nach dem Personalausweisgesetz zulässig ist, ist jedenfalls für den Bereich der Geldwäscheprävention mit ihrem sehr weitgehenden Anwendungsbereich in der privaten Wirtschaft nicht richtig (so auch VG Hannover v. 28.11.2013 – 10 A 5342/11 Rn. 29, BeckRS 2013, 58863). **196**

Eine Transaktion ab einem **Schwellenwert** von mindestens **15.000 EUR** löst gem. § 10 Abs. 3 Nr. 2 lit. b GwG die Pflichten aus, wenn sie außerhalb einer bestehenden Geschäftsbeziehung stattfindet, dh wenn sie für einen Gelegenheitskunden durchgeführt wird (Herzog/Figura, Geldwäschegesetz, 3. Aufl. 2018, GwG 10 Rn. 81). Vom Tatbestand werden alle finanziellen Transaktionen erfasst. Im Gegensatz dazu sah das GwG in einer älteren Fassung lediglich Bargeld-Transaktionen von einem Volumen von mindestens 15.000 EUR als pflichtauslösendes Ereignis vor. **197**

Der Schwellenwert muss nicht von einer einzelnen Transaktion erreicht werden; es reicht aus, dass der Schwellenwert erkennbar für den Verpflichteten in der **Summe mehrerer zusammenhängender Transaktionen** überschritten wird, **die künstlich aufgesplittet sind.** Hierdurch soll dem Versuch der Verschleierung begegnet werden („Smurfing"). Die zusätzliche Regelung des § 3 Abs. 2 S. 1 Nr. 2 Hs. 2 GwG, welche dies ausdrücklich festlegte, ist im neuen § 10 Abs. 3 S. 1 Nr. 2 GwG nicht mehr enthalten. Dennoch lässt sich dies mittelbar aus der Gesetzesbegründung durch den Verweis auf Art. 11 lit. b der 4. Geldwäscherichtlinie entnehmen und wird auch auf den Transaktionsbegriff gestützt (vgl. insoweit Herzog/Figura GwG, 3. Aufl. 2018, § 10 Rn. 63 mit Verweis auf die Gesetzesbegründung des Gesetzes zur Umsetzung der 4. Geldwäscherichtlinie **198**

Syst. J. Datenschutz im Finanzwesen

BT-Drs. 18/11555, 116). Kreditinstitute und Zahlungsdienstleister sind nach § 25h KWG dazu verpflichtet, die von ihnen durchgeführten Transaktionen miteinander verknüpft zu betrachten. Dies kann ab einem bestimmten Umfang der Geschäftstätigkeit nur durch den **Einsatz von hoch entwickelten Datenbanken** nennen und der systematischen Zusammenführung unterschiedlicher Datenbestände im Institut erfolgen. Dabei kommt es zur massiven Verarbeitung von personenbezogenen Daten. Um die Einhaltung der Vorschriften des GwG zu gewährleisten, ist bei Finanzdienstleistern die Etablierung eines Kontrollsystems für Kontobewegungsdaten Bestandteil der üblichen Standards. Hingegen folgt aus § 10 GWG eine solche Verdachtsgewinnungspflicht nicht.

199   Nach § 10 Abs. 3 Nr. 2 lit. b GwG zu überwachende Geschäfte sind bei Kreditinstituten ua: Barein- und Barauszahlungen, das Geldwechselgeschäft sowie E-Geld-Geschäfte, die zusätzlich in § 25n KWG eine differenzierte Regelung erhalten haben. Die Sorgfaltspflichten bei Bartransaktionen erstrecken sich auch auf Sortenankauf und Sortenverkauf, Edelmetallgeschäfte, Reisescheckankauf und Reisescheckverkauf, Coupongeschäfte, Wertpapier-Tafelgeschäfte und die Wertpapiereinlieferung (vgl. hierzu Auflistung in den Auslegungs- und Anwendungshinweisen der DK v. 1.2.2014).

200   Mit der rapiden Entwicklung neuer Zahlungsmethoden und -diensten lassen sich neue Risikofaktoren für den Finanzmarkt im Hinblick auf Geldwäsche und Terrorismusfinanzierung erkennen, welche die FATF 2013 dazu geführt haben, einen Leitfaden zu den diesbzgl. Risiken und risikobasierten Ansatz zu veröffentlichen (FATF, Guidance for a Risk-Based Approach to Prepaid Cards, Mobile Payments and Internet-Based Payment Services). 2015 folgte ein solcher Leitfaden speziell für virtuelle Währungen (FATF, Guidance for a Risk-Based Approach to Virtual Currencies). So unterschiedlich die verschiedenen Technologien sind, so verschieden sind auch die neuartigen Risiken und Herausforderungen, die sie jeweils mit sich bringen.

201   Beispielhaft lässt sich hier die Frage der Verantwortlichkeit für Prävention von Geldwäsche und Terrorismusfinanzierung nennen, welche die regulatorischen Gegebenheiten aufgrund der **Vielzahl an involvierten Akteuren** im Rahmen von **mobilen Zahlungsdiensten** auf die Probe stellt (FATF, Guidance for a Risk-Based Approach to Prepaid Cards, Mobile Payments and Internet-Based Payment Services, Rn. 20). Weiterhin erhöht auch die Abwesenheit von persönlichem Kontakt und die damit einhergehende Anonymität (FATF, Guidance for a Risk-Based Approach to Prepaid Cards, Mobile Payments and Internet-Based Payment Services, Rn. 40 ff.) sowie die internationale Reichweite (FATF, Guidance for a Risk-Based Approach to Prepaid Cards, Mobile Payments and Internet-Based Payment Services, Rn. 45 ff.) das Risiko von Geldwäsche, Terrorismusfinanzierung und Identitätsbetrug.

202   Als Ausgleich dieses erhöhten Risikos werden von der FATF im Rahmen einer Customer Due Diligence (CDD) alternative Identifikationsmechanismen sowie die Implementierung von sowohl **einem konstanten Monitoring** als auch einem Meldesystem für verdächtige Transaktionen empfohlen (vgl. FATF, Guidance for a Risk-Based Approach to Prepaid Cards, Mobile Payments and Internet-Based Payment Services, Rn. 63 ff.).

203   Der Auffangtatbestand des § 10 Abs. 3 Nr. 3 GwG entfaltet unabhängig von etwaigen im GwG aufgeführten äußeren Anlässen Wirkung. Kreditinstitute haben bei **Verdachtsfällen,** und somit auch bei Einzeltransaktionen, die weit unter der Schwelle von 15.000 EUR liegen, die allgemeinen Sorgfaltspflichten des § 10 Abs. 1 GwG zu erfüllen. Was aus Sicht eines privaten Unternehmens ein „Verdacht" einer Geldwäschehandlung eines Geschäftspartners ist, ist nur schwer bestimmbar. Nach dem Gesetzeswortlaut ist der Verdachtsbegriff des § 10 Abs. 2 Nr. 3 GWG identisch mit dem Meldepflicht in § 43 GWG.

204   Es sollen konkrete, auf Tatsachen beruhende Anhaltspunkte für eine Geldwäschetat bestehen müssen (Herzog/Figura, GwG, 3. Aufl. 2018, § 10 Rn. 94). Eine solche Tatsachengrundlage können Auffälligkeiten bei der Abwicklung von Transaktionen oder auch Abweichungen vom gewöhnlichen Geschäftsgebaren der Beteiligten sein, sofern darin ein Bezug zu einer eventuellen Geldwäschetat oder der Terrorismusfinanzierung zu erkennen ist (so die Gesetzesbegründung zum Geldwäscheaufspürungsgesetz BT-Drs. 12/2704, 15; Herzog/Figura, Geldwäschegesetz, 3. Aufl. 2018, GwG § 10 Rn. 94). Das Feststehen der Richtigkeit der verdachtsbegründenden Umstände ist naturgemäß erforderlich, eine gewisse Wahrscheinlichkeit für das Vorliegen einer Geldwäschetat oder einer Terrorismusfinanzierung ist bereits ausreichend (Herzog/Figura GwG, 3. Aufl. 2018, § 10 Rn. 97). Es müssen jedoch hinreichend aussagekräftige Anhaltspunkte vorliegen, eine Verdachtsmeldung „ins Blaue hinein" ist demgegenüber unzulässig (BT-Drs. 17/6804, 35 f.). Dazu würden, wenn man dies beim Wort nimmt, auch Anhaltspunkte einer nicht nur beim Vortat gehören. Das ist für die privaten Verpflichteten, die ihre Geschäftspartner überwachen, nur schwer operabel und führt zu relativ wenig echten Verdachtsfällen. In der Finanzindustrie werden entsprechend dem „risk-based-approach" und in Erfüllung von § 25h KWG die eigentliche Bestimmung von Ver-

Syst. J. Datenschutz im Finanzwesen

dachtsfällen unter der Regie der Kreditinstitute selbst weitgehend IT-gestützten Systemen überlassen. Die Regelung des § 10 Abs. 3 Nr. 4 GwG greift die schon in § 1 Abs. 3 GwG zweigeteilte Identifizierungspflicht auf. Kreditinstitute sind nicht nur zur Identifikation ihrer Geschäftspartner verpflichtet, sondern auch dazu, die von diesen im Rahmen der Identifikation gemachten Angaben zu **überprüfen**. Diese Pflicht besteht jedoch nur, wenn aufgrund äußerer Umstände ein hinreichender Verdacht besteht, dass diese inkorrekt sind (zum Maßstab s. Herzog/Figura Geldwäschegesetz, 3. Aufl. 2018, GwG § 10 Rn. 100 ff.). Die Überprüfung ist nach Maßgabe von § 11 Abs. 4 und 5 GwG durchzuführen (Herzog/Figura GwG, 3. Aufl. 2018, § 10 Rn. 102). Der Umfang der Nachforschungspflicht ist eine Einzelfallfrage und richtet sich gem. dem risikoorientierten Ansatz des GwG nach dem Verhältnis von Gewicht und Bedeutung der Geschäftsbeziehung zu den tatsächlichen Erkenntnismöglichkeiten.

Typischer Weise stellen die anlassbezogen nicht klar definierten Pflichten wie § 10 Abs. 3 Nr. 2 **205** und 4 GwG einen **doppelter Sorgfaltsmaßstab** auf: Der hinreichende Verdacht statuiert in erster Linie – im Sinne eines **individuellen Sorgfaltsmaßstabs** – eine Pflicht der verantwortlich Handelnden Personen, bei konkreten Anhaltspunkten für Identitätszweifeln nicht wegzusehen; in zweiter Linie wirkt das Erfordernis auf die **Systemseite** ein und mag auch hier **informationell-organisatorische** Vorkehrungen verlangen (→ Rn. 198 ff.), wobei hier die spezialgesetzlichen Regelungen in § 6 GwG und § 25h KWG zur Zurückhaltung veranlassen, informationell-organisatorische Pflichten unabhängig davon auch dem § 10 GwG zu entnehmen.

Das GwG ist im Zusammenhang mit den erforderlichen Datenerhebungen, namentlich der **206** Identitätsprüfung aus § 11 GwG, für das erhebende Kreditinstitut eine (in § 56 GwG sogar bußgeldbewehrte) unmittelbare **gesetzliche Verpflichtung zur Datenerhebung** und -verarbeitung iSv Art. 6 Abs. 1 lit. c DS-GVO. Daneben ist die Verhinderung von Geldwäsche und Terrorismusfinanzierung lt. Art. 43 der 5. Geldwäscherichtlinie eine Angelegenheit von öffentlichem Interesse gem. Art. 6 Abs. 1 lit. e DS-GVO. Die Schwelle des besonderen öffentlichen Interesses, welches für eine Verarbeitung nach Art. 9 Abs. 2 lit. g DS-GVO erforderlich ist, dürfte allerdings dem Wortlaut der Bestimmung in Art. 43 nach zu urteilen nicht überschritten sein (Specht/Mantz DatenschutzR-HdB/Heinson § 14 Rn. 85).

Zur Identifizierung ist die Erhebung von personenbezogenen Daten, sowie deren Verarbeitung **207** notwendig. Diese Vorgänge sollten grundsätzlich durch die gesetzlichen Verpflichtungen in § 10 Abs. 1 GwG abgedeckt sein. Darüberhinausgehende Sicherungsmaßnahmen, wie die Einrichtung von besonders vernetzten Research-Systemen zur laufenden algorithmischen Überwachung von Geschäftsbeziehungen, sind dagegen nur nach § 25h KWG gesetzlich geboten und damit gerechtfertigt.

Die reine **Identifikation** in den gesetzlich vorgeschriebenen Fällen **bedarf als gesetzliche 208 Pflicht** abseits von Art. 6 Abs. 1 lit. c DS-GVO **keiner weiteren datenschutzrechtlichen Rechtfertigung.** Erfolgt die Identifizierung und insbesondere Überprüfung der Identität außerhalb der in § 10 Abs. 3 GwG genannten Konstellationen, so ist dies nicht der Fall und die Erhebung von Daten in diesem Bereich an den allgemeinen Datenschutzvorschriften der DS-GVO zu messen. Zu identifizieren ist stets nur der tatsächliche Vertragspartner, also bspw. die Person, mit der ein Giro-, Depot-, oder Kontovertrag abgeschlossen werden soll. Ebenfalls der Identifizierungspflicht unterliegen inzwischen gem. § 10 Abs. 1 Nr. 1 GwG auch für den Vertragspartner auftretende Personen. Diese Ergänzung erfolgte mit dem Gesetz zur Umsetzung der 4. Geldwäscherichtlinie mit welchem deren Art. 13 Abs. 1 sowie die Vorgabe der FATF-Empfehlungen implementiert wurde (Herzog/Figura GwG, 3. Aufl. 2018, § 10 Rn. 7).

Auch die Verpflichtung zur Ermittlung des **Geschäftszweckes** beinhaltet die Erhebung von **209** personenbezogenen Daten. Das Kreditinstitut ist zur aktiven Einholung von Daten über den Geschäftshintergrund verpflichtet, somit ist die Datenerhebung hierfür ebenso wie für die Identifikation nach Art. 6 Abs. 1 lit. c DS-GVO gerechtfertigt. Wie die Identifizierungspflicht bzgl. der Person des Vertragspartners dient diese Pflicht der Umsetzung des Know-your-Customer Prinzips.

Neben der Identifizierung des eigentlichen Vertragspartners muss zudem ermittelt werden, ob **210** hinter diesem ein **wirtschaftlich Berechtigter** steht. Daraus wird deutlich, dass die Geldwäscheprävention informationell nicht nur den Geschäftspartner, sondern ausgeprägt **Dritte** betrifft. Dies ist insbesondere dann von Bedeutung, wenn Vertragspartner eine juristische Person ist. In diesem Fall soll die tatsächlich profitierende natürliche Person ermittelt werden. Dies kann sowohl bei einstufigen als auch bei mehrstufigen Organisationsstrukturen der Fall sein. Bzgl. des wirtschaftlich Berechtigten sind der Name sowie ggf. weitere Identifikationsmerkmale zu erheben und diese Daten zu verifizieren. Die Sorgfaltspflichten verlangen hier in der „Best Practice" der stark von amerikanischen Leitvorstellungen geprägten Finanzindustrie und ihrer Compliance-Kultur umfangreichste systemische Vorkehrungen und Routinen der Erhebung, Speicherung und Verar-

Syst. J. Datenschutz im Finanzwesen

beitung umfangreichster Datenbestände, gemessen an der die anfängliche Kritik selbst an der Fertigung von Ausweiskopien, vgl. Gola RDV 2012, 184 (185) mwN geradezu idyllisch wirkt.

210.1 Ist der Vertragspartner eine Gesellschaft, die keiner der in § 3 Abs. 2 S. 1 Hs. 1 GwG bezeichneten Berichtspflichten unterliegt, gilt eine natürliche Person, die **unmittelbar oder mittelbar** mehr als 25 % der Kapitalanteile oder Stimmrechte an der Gesellschaft hält, als wirtschaftlich Berechtigter. Bei **mehrstufigen Beteiligungsstrukturen** ist die tatsächliche Kontrolle über die zwischengeschalteten Gesellschaften maßgeblich, die ihrerseits mehr als 25 % der Anteile an dem Kunden halten (vgl. die Auslegungs- und Anwendungshinweisen der DK zur Verhinderung von Geldwäsche, Terrorismusfinanzierung, sonstigen strafbaren Handlungen v. 1.2.2014 Rn. 27 mit Beispielen). Die 25 %-Schwelle der § 3 Abs. 2 S. 1 Nr. 1 und 2 GwG bezieht sich nur auf den Fall der unmittelbaren Beteiligung und findet bei der Bestimmung der tatsächlichen Kontrolle keine direkte Anwendung. Der im Hintergrund stehenden natürlichen Person muss es vielmehr möglich sein, die zwischengeschalteten Gesellschaften tatsächlich zu beherrschen, also insbesondere maßgeblich auf ihre Geschäftspolitik einwirken zu können (Auslegungs- und Anwendungshinweisen der DK zur Verhinderung von Geldwäsche, Terrorismusfinanzierung, sonstigen strafbaren Handlungen v. 1.2.2014 Rn. 27). Entscheidendes Kriterium ist dabei die Möglichkeit zur **gesellschaftsrechtlichen Einflussnahme**. Eine solche kommt stets der natürlichen Person zu, die eine Mehrheit an dem zwischengeschalteten Unternehmen besitzt. Darüber hinaus sind auch solche natürlichen Personen als wirtschaftliche Berechtigte anzusehen, die über eine wesentliche Beteiligung an dem zwischengeschalteten Unternehmen eine faktische Kontrollmöglichkeit besitzen. Als geeigneter Maßstab für das Vorliegen faktischer Kontrolle sollte der **konzernrechtliche Kontrollbegriff** herangezogen werden (§§ 16 ff. AktG).

211 2017 wurde mit § 10 Abs. 1 Nr. 4 GwG die eigenständige Pflicht festzustellen, ob es sich bei dem Vertragspartner um eine **politisch exponierte Person (PEP)** oder dessen **Familienangehöriger** bzw. bekannterweise **nahestehende Person** handelt. Bis 2017 war die Feststellung im Gesetz systematisch fälschlicherweise im Rahmen der verstärkten Sorgfaltspflichten ausgestaltet (vgl. BT-Drs. 18/11555, 116). Der Begriff der politisch exponierten Person ist in § 1 Abs. 12–14 GwG legal definiert. Alleine die Bejahung dieser Eigenschaft begründet zwar für sich naturgemäß keinen Verdacht der Geldwäsche (BeckOK GwG/Krais § 10 Rn. 27), sondern löst lediglich die zusätzlichen verstärkten Sorgfaltspflichten aus § 15 GwG aus. Da diese Aufwand und Risiken mit sich bringen, ist ein nachteiliger Effekt der PEP-Einstufung für Betroffene nicht auszuschließen. Erforderlich für die Feststellung ist ein angemessen risikoorientiertes Verfahren (Herzog/Figura GwG, 3. Aufl. 2018, § 10 Rn. 28); eine umfangreiche Nachforschungspflicht besteht allerdings nicht (BeckOK GwG/Krais § 10 Rn. 26). In der Praxis wird auf kommerzielle Anbieter mit PEP-Listen vertraut, die bis zu mehrere 100.000 „politisch exponierte" Personen aus nahezu allen Staaten der Welt mit einem Persönlichkeitsprofil auflisten (Namen, Fotografien, familiäre und geschäftlichen Verbindungen und andere Personen und Unternehmen) und von ganzen Teams in Auswertung „öffentlicher" Quellen zusammengestellt werden (Herzog/Achtelik, GWG, 3. Aufl. 2018, § 15 Rn. 165): Aufgrund der rechtlichen Verpflichtung zur Überprüfung des PEP-Status ist eine Datenerhebung und -verarbeitung grundsätzlich über Art. 6 Abs. 1 lit. c DS-GVO legitimiert; ob dies für alle Details der Praxis gilt, ist allerdings zweifelhaft, und auch die Vereinbarkeit der hiermit verbundenen Eingriffe in die informationelle Selbstbestimmung mit höherrangigem Recht wird nicht ein für alle Mal als geklärt gelten können (kritisch auch Herzog/Achtelik, GwG, 3. Aufl. 2018, § 15 Rn. 13 ff.).

212 Endgültig eine tatbestandlich regelbasierte Vorstrukturierung der informationellen Eingriffe vermissen lässt der **allgemeine Überwachungsauftrag** des § 10 Abs. 1 Nr. 5 GwG. Mit dieser Regelung, die Art. 8 Abs. 1 lit. d der 3. Geldwäscherichtlinie (RL 2005/60/EG) umsetzte, wurde eine Pflicht zur „kontinuierlichen Überwachung der Geschäftsbeziehung einschließlich der Transaktionen, die in ihrem Verlauf durchgeführt werden." Der Zweck ist allerdings keine allgemeine Geldwäscheverdachtsgewinnung, sondern lediglich die Sicherstellung, dass die Transaktionen übereinstimmen mit den KYC-Unterlagen und „soweit erforderlich" mit den beim Verpflichteten vorhandenen Informationen über die Herkunft der Vermögenswerte. Hiermit wird eine breite und unscharfe Profilierung mit dem Abgleich solcher Profile mit dem laufenden Verhalten angesprochen, bei der fraglich ist, wie weit sich hieraus eine rechtlich konturierte Verpflichtung zu Verarbeitungsvorgängen ergibt. Auch hier veranlasst schon die Gesetzessystematik, namentlich die Spezialität von § 6 GwG und § 25h KWG, zu einer restriktiven Auslegung. Ziel der Regelung ist es, Auffälligkeiten oder Abweichungen vom gewöhnlichen Geschäftsverhalten bei der Abwicklung einzelner Transaktionen, insbesondere neu auftretende Risikoindikatoren, zu entdecken (vgl. BT-Drs. 16/9038, 34).

Syst. J. Datenschutz im Finanzwesen

1. Die Systemseite: § 6 GWG und § 25h KWG

Die interne Systemseite zu den konkreten Verhaltenspflichten regeln § 6 GWG und § 25h 213
KWG. § 6 GwG sieht – allgemein für die Verpflichteten – bestimmte organisatorische Sicherungsmaßnahmen wie Schulungen, Erarbeitung von Grundsätzen, Verfahren und Kontrollen sowie die Bestellung von Beauftragten vor, die man dem Phänomen der Proceduralisierung regulatorischer Steuerung zuordnen kann (dazu Binder ZGR 2013, 760). Für Finanzdienstleister wird dies durch § 25h KWG ergänzt, der spezifischer als § 6 GwG entsprechende IT-Systeme vorschreibt, diese aber nicht nur zu Zwecken der Geldwäscheprävention. § 6 GwG und § 25h Abs. 1 KWG stehen also selbständig nebeneinander und ergänzen sich; ein Verhältnis der Spezialität besteht nicht (vgl. BeckOK GwG/Müller § 6 Rn. 11).

2. § 6 GwG

Regelungen zu internen Sicherungsmaßnahmen bestehen schon seit der 1. EU-Geldwäsche- 214
richtlinie und der ersten Fassung des Geldwäschegesetzes von 1993 (BeckOK GwG/Müller § 6 Rn. 3). Seitdem wurde die Vorschrift kontinuierlich ausgeweitet und beruht nun vor allem auf der Umsetzung des Art. 8 Abs. 3–5 der 4. Geldwäscherichtlinie (RL (EU) 2015/849), zurückgehend auf die **FATF-Empfehlung Nr. 18**.

Die Einführung des Hinweisgeberverfahrens („Whistle Blowing-Verfahren") in Abs. 5 beruht 215
ebenfalls auf der 4. Geldwäscherichtlinie (Art. 61 Abs. 3). Bis auf eine Ergänzung der Schutzregelungen für Hinweisgeber ergaben sich durch die 5. Geldwäscherichtlinie (RL (EU) 2018/843) keine Änderungen in § 6 GwG (BeckOK GwG/Müller § 6 Rn. 7 ff.).

Die Vorschrift zwingt die verpflichteten Institute – also insbesondere auch Kreditinstitute – 216
dazu, angemessene interne Sicherungsmaßnahmen zur Prävention von Geldwäsche und Terrorismusfinanzierung und damit zusammenhängenden Transaktionen zu schaffen. Insbesondere soll ein Missbrauch von legal agierenden Wirtschaftssubjekten (bspw. Banken und andere Kreditinstitute) für das Einschleusen von inkriminierten Geldern in den legalen Finanz- und Wirtschaftskreislauf verhindert werden (BT-Drs. 12/2704, 19).

Die internen Sicherungsmaßnahmen bilden so gemeinsam mit der Risikoanalyse den Kern des 217
risikobasierten Ansatzes iSd FATF-Empfehlungen (BeckOK GwG/Müller § 6 Rn. 1). Spezifisch schreibt § 6 Abs. 2 GwG in nicht abschließender Weise Regelbeispiele vor, die – neben der Verpflichtung zur Schulung des Personals in § 6 Abs. 2 Nr. 6 GwG – die Entwicklung und Aktualisierung interner Grundsätze, angemessener geschäfts- und kundenbezogener Sicherungssysteme und Kontrollen umfassen. Insbes. sollen gem. § 6 Abs. 2 Nr. 4 GwG auch Maßnahmen zur Verhinderung des Missbrauchs von neuen Produkten und Technologien geschaffen und fortentwickelt werden (zB virtuelle Währungen, vgl. FATF, Guidance for a Risk-Based Approach to Virtual Currencies).

Dem „Risk-based-approach" folgend, obliegt die Ausgestaltung und innere Organisation der 218
Sicherungssysteme gem. § 6 Abs. 1 GwG grundsätzlich den Kreditinstituten und Finanzdienstleistern. Nur für den Ausnahmefall enthält § 6 in Abs. 8 GwG eine Ermächtigung für die zuständige Aufsichtsbehörde zur Anordnung von geeigneten und erforderlichen Maßnahmen.

Als datenschutzrechtliche Rechtfertigung iSd Art. 6 Abs. 1 lit. c DS-GVO dürfte § 6 Abs. 2 219
GwG für die dort genannten Maßnahmen tragfähig sein, nicht aber § 6 Abs. 1 GwG. Das interne Sicherungssystem dient zwar vor allem zur internen Kontrolle, Kreditinstitute nehmen diese somit in ihrem eigenen Interesse als gewerbliche Pflichten wahr (so auch Kaetzler CCZ 2008, 174). Jedenfalls dienen die internen Sicherungsmaßnahmen aber auch der Erfüllung der gesetzlichen Vorschriften. Weiterhin werden Kreditinstitute zwar durch die Prävention von Geldwäsche und Terrorismusfinanzierung aktiv in die Erfüllung hoheitlicher Aufgaben im öffentlichen Interesse eingebunden. Wie sie diese aber erfüllen, bleibt ihnen selbst überlassen und liegt in ihrer eigenen Verantwortung.

Insbesondere eine algorithmische Überwachung von Geschäftsvorfällen ist von § 6 GwG nicht 220
allgemein gefordert (Gegenschluss aus § 6 Abs. 4 GwG). Die Grundlage hierfür bei Finanzdienstleistern ist folglich § 25h KWG.

3. Übermittlungsermächtigung (§ 47 Abs. 5 GwG)

§ 47 Abs. 5 GWG legalisiert zwei Praktiken innerhalb des privaten Sektors: Zum einen die 221
informationelle Zusammenarbeit zwischen Verpflichteten bei der Abklärung von Fällen in der Geldwäscheprävention, zum anderen die Zusammenführung von Wissen in Datenbanken privater Dienstleister. Bezugspunkt ist wiederum die weit gesenkte Schwelle von „Auffälligkeiten oder

Syst. J. Datenschutz im Finanzwesen

Ungewöhnlichkeiten". Dies gilt zwischen Verpflichteten jedweder Art. Für den Finanzsektor wird dies in § 25h Abs. 3 KWG sektoral ausgeformt.

222-223 Derzeit nicht belegt.

4. § 25h KWG

224 Die datenschutzrechtlich wichtigsten Pflichten enthält nicht das GwG unmittelbar, sondern das KWG. Diese finden sich in den §§ 25h–m KWG. Die Vorgaben überlagern die des § 6 GwG (kritisch zur Gesetzessystematik Herzog/Achtelik GwG, 3. Aufl. 2018, KWG § 25h Rn. 8). So fordert § 25h Abs. 1 KWG genauso wie § 6 Abs. 1 GwG die Schaffung und Aktualisierung von angemessenen geschäfts- und kundenbezogenen Sicherungssystemen. Für Kreditinstitute erweitert § 25h Abs. 1 KWG diese allgemeinen Anforderungen jedoch. So müssen Institute iSv § 25h Abs. 1 KWG im Gegensatz zu § 6 Abs. 1 GwG nicht nur interne Sicherungsmaßnahmen schaffen, sondern als Unter- bzw. Sonderfall dieser auch angemessene geschäfts- und kundenbezogene Sicherungssysteme schaffen und aktualisieren (und zwar nach dem Wortlaut des § 25h Abs. 1 S. 2 KWG nicht nur bei Bedarf; Herzog GwG, 3. Aufl. 2018, § 25h KWG, Rn. 9).

225 In datenschutzrechtlicher Hinsicht ist hier neben der Übermittlungsermächtigung des § 25h Abs. 3 KWG iVm § 47 Abs. 5 GwG vor allem § 25h Abs. 2 KWG zentral, der eine Pflicht auferlegt wird, „angemessene Datenverarbeitungssysteme zu betreiben," mittels derer Kreditinstitute „in der Lage sind, Geschäftsbeziehungen und einzelne Transaktionen im Zahlungsverkehr zu erkennen, die auf Grund des öffentlich und im Kreditinstitut verfügbare Erfahrungswissens über die Methoden der Geldwäsche, der Terrorismusfinanzierung oder sonstigen strafbaren Handlungen (...) als **zweifelhaft oder ungewöhnlich** anzusehen sind." Hier lässt sich deutlich erkennen, zu welchen Weiterungen ein präventiver Ansatz der Risikokontrolle führen kann. Ziel der informationellen Eingriffe ist nicht mehr das Aufspüren von Geldwäsche- oder Terrorverdachtsfällen, sondern die Identifikation von „Zweifelhaftem" und „Ungewöhnlichem".

226 Die systemseitige Ausprägung des Know-your-Transaction-Prinzips und des risikobasierten Ansatzes veranlassen Finanzdienstleister hier zu informationellen Sicherungssystemen, in denen gewöhnliche Zahlungsverkehrsdaten systematisch gerastert und zusammengeführt werden. Problematisch wird das bspw. dort, wo Risikozuschreibungen nicht trennscharfer formalrechtlicher Grundlage, sondern auf „Erfahrungswissen über Geldwäscheprävention" (Herzog/Mülhausen, Geldwäschebekämpfung und Gewinnabschöpfung, 2006, GwG § 43 Rn. 52) unklarer Herkunft basieren und dennoch systemseitig abgesichert werden. Zu den Sicherungsmaßnahmen gehören in erster Linie eine systematische Erfassung relevanter Informationen und deren informationelle Verwendung; selbstverständlich ist die Verwendung von offiziellen Warnlisten; verbreitet und auch von ökonomisch interessierter Seite gewünscht wird zudem die Nutzung privater zusätzlicher Listen. Den Kreditinstituten kommt hierbei ein hohes Maß an **Eigenverantwortlichkeit** zu.

227 § 25h KWG ist nicht auf die Geldwäscheprävention begrenzt, sondern dient auch der Verhinderung von Straftaten, die sich gegen das Kreditinstitut selbst richten (sonstige „strafbaren Handlungen, die zu einer Gefährdung des Vermögens des Instituts führen können", vgl. § 25h Abs. 1 KWG). Im Gegensatz zur Geldwäsche (in § 1 Abs. 1 GwG legal definiert) und Terrorismusfinanzierung (in § 1 Abs. 31 KWG legal definiert) enthält weder das GwG noch das KWG eine Legaldefinition dieser sonstigen strafbaren Handlungen. Der vorhergehende eher enge Begriff der betrügerischen Handlungen wurde durch die Umsetzung der 2. E-Geld-Richtlinie auf den jetzigen Begriff der sonstigen strafbaren Handlungen erweitert und umfasst nun jegliche vorsätzlichen strafbaren Handlungen, die zu einer wesentlichen Gefährdung des Vermögens des Instituts führen können (Herzog/Achtelik, GwG, 3. Aufl. 2018, § 25h KWG Rn. 7). Der Begriff der Vermögensgefährdung ist dabei nicht identisch mit der Rechtsprechung des Bundesgerichtshofes zu § 263 StGB und muss daher einem Vermögensschaden nicht gleichkommen (BaFin, Rundschreiben 1/2014 (GW) iVm DK, AuAs, Nr. 88 b).

228 Mit der expliziten Erwähnung von „Datenverarbeitungssystemen" in § 25h Abs. 2 KWG stellt sich die Frage, ob hiermit eine ausdrückliche Ermächtigung zur Verarbeitung von personenbezogenen Daten geschaffen worden ist, die seit Inkrafttreten der DS-GVO die datenschutzrechtliche Rechtfertigung über den Erlaubnistatbestand des Art. 6 Abs. 1 lit. c DS-GVO aktiviert. Nach § 25h Abs. 2 KWG dürfen Kreditinstitute personenbezogene Daten verarbeiten, soweit dies „erforderlich" ist, ihre Pflichten zu erfüllen. Dieser relativ statische Ansatz passt nur bedingt zur großen Eigenverantwortlichkeit der Institute bei der Bestimmung des Erforderlichen.

5. Meldung von Verdachtsfällen: § 43 GwG

Die funktionale Verkoppelung privater Kriminalitätsprävention mit staatlichem Handeln bringt die Meldepflicht des § 43 GwG (§ 11 GwG aF) zum Ausdruck, der Art. 33 der 4. Geldwäscherichtlinie (RL (EU) 2015/849) umsetzt. Verpflichtete (§ 2 Abs. 1 GwG) haben hiernach die selbstständige **Pflicht zur Meldung von Verdachtsfällen.** Ein Verpflichteter der den Verdacht hegt, dass ein mit ihm getätigtes Geschäft zur Geldwäsche oder der Unterstützung des Terrorismus dient, muss diesen Verdacht anders als zuvor noch nach § 11 GwG aF an das BKA nun an die Zentralstelle für Finanztransaktionsuntersuchungen übermitteln (**Financial Intelligence Unit – FIU**). Aufgabe der FIU ist es, Meldungen nach dem GwG entgegenzunehmen, in Verbindung mit weiteren Daten zu analysieren und ggf. an die zuständigen Behörden weiterzuleiten (ausführlich dazu Hütwohl ZIS 11/2017, 680 (682 f.)). Im Einzelnen sind die Aufgaben und Befugnisse der FIU in §§ 26–42 GwG geregelt. Sie bewegt sich im Spannungsfeld zwischen Auskunftsrechten einerseits und Auskunftspflichten andererseits (vgl. §§ 31 ff. GwG. Durch das am 1.1.2021 in Kraft getretene Gesetz zur Umsetzung der Änderungsrichtlinie zur Vierten EU-Geldwäscherichtlinie wurden die Befugnisse der FIU teilweise erneut geändert. Mit der neuerlichen Reform wird eine Verbesserung der Funktionsfähigkeit der FIU bezweckt, die aufgrund erheblicher Rückstände in der Bearbeitung von Verdachtsmeldungen in die Kritik geraten war (vgl. BT-Drs. 19/11098, 3 f.; ausführlich dazu Zentes in Zentes/Glaab, GwG, 2. Aufl. 2020, GwG § 27 Rn. 1 ff.). Kern des Problems ist die unklare und rechtsstaatlich bislang kaum vernünftig eingeordnete Rolle der FIU zwischen **Vorfeldbeobachtung,** Strafverfolgung und Prävention (vgl. § 26 GwG). Sie kombiniert Elemente einer Kriminalbehörde mit nachrichtendienstlichen Elementen. In ihrem originären Aufgabenbereich soll sie auch einem intensiven internationalen Austausch von Beobachtungen und Daten dienen.

Zur Regelung des räumlichen Anwendungsbereiches der Meldepflicht wurde § 43 Abs. 3 GwG neu eingefügt, welcher der Umsetzung von Art. 33 Abs. 2 der 4. Geldwäscherichtlinie dient und sicherstellen soll, dass nur derjenige Verpflichtete, der über eine deutsche Niederlassung verfügt, einen Sachverhalt melden muss (vgl. BT-Drs. 18/11555, 157). Eine Meldepflicht besteht daher nur unter der kumulativen Erfüllung von zwei Voraussetzungen: Zum einen muss der Verpflichtete über eine Niederlassung in Deutschland verfügen. Weiterhin muss der in Rede stehende Sachverhalt mit der Tätigkeit der deutschen Niederlassung in Zusammenhang stehen (hierzu auch BeckOK GwG/Frey/Pelz § 43 Rn. 55 f.).

Anlass zur Diskussion bietet der für die Verdachtsmeldung erforderliche Verdachtsgrad. Auf den Verdacht müssen gem. § 43 Abs. 1 GwG Tatsachen hindeuten; Meldungen ins „Blaue hinein" sind dagegen nicht zulässig (krit. bzgl. des geringen Verdachtsgrades Herzog/Barreto da Rosa GwG, 3. Aufl. 2018, § 43 Rn. 26). Gemäß der Interpretative Note 3 zu der FATF Empfehlung 20 besteht die Meldepflicht dabei unabhängig von jeglichen Schwellenwerten. Nach der FATF-Empfehlung 20 ist eine Meldung nötig, wenn der Verpflichtete Grund zur Annahme hat, dass es sich bei Vermögenswerten um die Erträge krimineller Aktivitäten handelt oder sie im Zusammenhang mit Terrorismusfinanzierung stehen. Danach ist es nicht erforderlich, dass eine Transaktion sicher der Geldwäsche oder der Terrorismusfinanzierung dient, nicht einmal ein Anfangsverdacht iSv § 152 Abs. 2 StPO ist notwendig (ausf. zum Verdachtsgrad Herzog/Barreto da Rosa GwG, § 43 Rn. 23 ff.). Ausreichend soll nach einer Formel sein, dass eine auf berufliche Erfahrung gestützte Vermutung dafürspricht, dass eine verfolgbare Straftat begangen wird (so LG München I BeckRS 2011, 12017; weitere gesetzgeberische Konkretisierungen zum Verdachtsgrad finden sich in BT-Drs. 17/6804, 21 und BT-Drs. 18/11555, 156 f.).

Diese Formel entspricht nicht (mehr) der Praxis. Diese ist – auch unter dem Druck der FATF auf Deutschland, mehr Verdachtsmeldungen zu produzieren – dadurch geprägt, dass Institute tendenziell immer dann melden, wenn algorithmische Verdachtsindikatoren eine gemessen am eigenen Verhalten und am Profil des Kontoinhabers ungewöhnlichen Zahlungsvorgang melden („red flag") und – günstigsten Falls etwa durch Nachfragen beim Betroffenen - durch ergänzende Sachverhaltsaufklärungen ungewöhnlichen Charakter nicht erklärt werden kann. Mehr als eine Evidenzkontrolle ist hier bankintern kaum möglich (Lenk WM 2020, 115 (117 f.)). Für die Vermutung einer Straftat fehlt in solchen Fällen meist jeder konkrete Anhaltspunkt.

Ohnehin wäre ein Aufsetzen auf „berufliche Erfahrung" von Geldwäschepflichtigen im bankmäßigen Standardgeschäft, erst recht im Massenverkehr wenig tauglich, denn diese bekommen typischer Weise keinerlei Rückmeldung von der FIU und können haben deshalb auch nichts, worauf sie eine Erfahrung des Zusammenhangs von Zahlungsvorgang und krimineller Vortat stützen könnten. Verwiesen wird auch darauf, dass auch höchst komplexer wirtschaftlicher Trans-

Syst. J. Datenschutz im Finanzwesen

aktionen und immer wieder neuen Erscheinungsformen der Wirtschaftskriminalität Privatunternehmen keine wirkliche Erfahrung bilden können (Lenk WM 2020, 115 (117)).

234 Die **datenschutzrechtliche Rechtfertigung** für die Übermittlung der Daten besteht in § 43 GwG selbst als rechtliche Verpflichtung iSv Art. 6 Abs. 1 lit. c DS-GVO.

6. Haftungsprivilegierung (§ 48 GwG) schließt auch datenschutzrechtliche Ansprüche aus

235 Wer Sachverhalte nach § 43 Abs. 1 GwG meldet, kann dafür nicht verantwortlich gemacht werden, es sei denn, er hat vorsätzlich oder grob fahrlässig „unwahr" gemeldet. Dies schließt auch Ansprüche wegen eines durch die Meldung verwirklichten Datenschutzverstoßes aus.

V. Datenerhebung, -verarbeitung und -übermittlung bei Überweisungen/Zahlungstransfers nach der Geldtransfer-VO (EU) 2015/847

236 Neben den allgemeinen und speziellen Sorgfalts- und Meldepflichten des GwG bestehen für Überweisungen besondere europarechtliche Vorgaben. Die am 1.1.2007 in Kraft getretenen VO (EU) 1781/2006 des Europäischen Parlaments und des Rates v. 15.11.2006 über die Übermittlung von Angaben zum Auftraggeber bei Geldtransfers (ABl. L 345, 1) trifft eigenständige Regelungen mit unmittelbarer Anwendung auch für innergemeinschaftliche Geldtransfers (definiert in Art. 2 Nr. 7 VO (EU) 1781/2006), welche allerdings unzähligen Einzelfragen offenlassen (Übersicht Luz/Neus/Schaber/Schneider/Wagner/Weber, Kreditwesengesetz, 3. Aufl. 2015, KWG § 25g Rn. 1 ff.). Die VO (EU) 1781/2006 wird durch die VO (EU) 2015/847 des Europäischen Parlaments und des Rates v. 20.5.2015 über die Übermittlung von Angaben bei Geldtransfers und zur Aufhebung der VO (EU) Nr. 1781/2006 aufgehoben. Die Verordnung trat gem. Art. 27 VO (EU) 2015/847 am 26.6.2015 in Kraft und gilt ab dem 26.6.2017. Gemäß Art. 25 sollte bis zum 26.6.2017 die Veröffentlichung der Leitlinien der Europäischen Aufsichtsbehörden (insbesondere hinsichtlich der Anwendung der Art. 7, 8, 11 und 12) erfolgen, welche jedoch verspätet erst am 16.1.2018 erfolgte.

237 Das primäre Ziel der VO (EU) 2015/847 ist es, die lückenlose Rückverfolgbarkeit von Geldtransfers zu ermöglichen, um so die Verhinderung, Aufdeckung und Ermittlung von Geldwäsche und Terrorismusfinanzierung zu fördern (Erwägungsgrund 9 und 23 der VO (EU) 2015/847). Durch die neue Verordnung wurde vor allem Empfehlung 16 der Financial Action Task Force (FATF)-Empfehlungen umgesetzt, die – in vollständiger Umkehrung der Grundsätze der Datensparsamkeit und Erforderlichkeit – verlangt, dass sämtliche relevanten Daten zu einer Zahlungstransaktion nicht nur bei den kontoführenden Banken von Überweiser und Empfänger vorhanden und aufbewahrt sind, sondern ebenso bei allen zwischengeschalteten Instituten.

1. Anwendungsbereich

238 Der Anwendungsbereich umfasst gem. Art. 2 Abs. 1 grundsätzlich „Geldtransfers gleich welcher Währung von oder an Zahlungsdienstleister(n) oder zwischengeschaltete(n) Zahlungsdienstleister(n) mit Sitz in der Union". Jedoch definiert Art. 3 Nr. 9 der Verordnung „Geldtransfers" weiter und erfasst auch Transfers, die „zumindest teilweise auf elektronischem Wege" abgewickelt werden. Art. 2 Nr. 7 VO (EU) 1781/2006 enthielt diesen Zusatz noch nicht, sodass zumindest von einer dahingehenden Klarstellung auszugehen ist. Vom Anwendungsbereich ausgenommen werden entsprechend dem risikobasierten Ansatz Geldtransfers, für die das Risiko der Terrorismusfinanzierung oder Geldwäsche als gering angesehen wird (Erwägungsgrund 13 S. 2 der VO (EU) 2015/847). Nach Art. 2 Abs. 5 der Verordnung haben die Mitgliedstaaten überdies die Möglichkeit, bestimmte Vorgänge nicht dem Anwendungsbereich zu unterwerfen, vorausgesetzt diese liegen innerhalb der Union und unter 1.000 EUR, wovon der deutsche Gesetzgeber in § 14 Abs. 5 GwG in Bezug auf Inlandtransfers Gebrauch gemacht hat (Herzog/Figura GwG, 3. Aufl. 2018, § 14 Rn. 13 f.).

2. Pflichten des Zahlungsdienstleisters auf Seiten des Auftraggebers

239 Die Pflichten des Zahlungsdienstleisters (Art. 3 Nr. 5) des Auftraggebers (Art. 3 Nr. 3) sind in den Art. 4 ff. der Verordnung enthalten. Eine Pflicht für diesen besteht gem. Art. 4 Abs. 2 VO (EU) 2015/847 bzgl. der Angaben zum Begünstigten (Art. 3 Nr. 4). Künftig müssen bei Geldtransfers nicht nur die Angaben zum Auftraggeber (Art. 4 Abs. 1), sondern auch der Name des Begünstigten (Art. 4 Abs. 2 lit. a) und die Nummer seines Zahlungskontos (Art. 4 Abs. 2 lit. b, definiert in Art. 3 Nr. 7) bzw. die individuelle Transaktionskennziffer (Abs. 3, definiert in Art. 3 Nr. 11)

übermittelt werden. Hinsichtlich der in Art. 4 Abs. 1 gemachten Angaben enthält Art. 4 Abs. 4 eine Prüfungspflicht. Art. 5 und 6 konstatieren Ausnahmen zu den in Art. 4 aufgezählten Pflichten. Bei Geldtransfers innerhalb der Union besteht wie schon zuvor die Pflicht, auf Antrag des Zahlungsdienstleisters des Begünstigten innerhalb von drei Arbeitstagen nach Antragseingang den kompletten Datensatz zur Verfügung zu stellen. Dies gilt gem. Art. 5 Abs. 2 fortan auch für Anträge des zwischengeschalteten Zahlungsdienstleisters. Jedoch sieht die neue Verordnung vor, dass diese Pflicht bei Geldtransfers von weniger als 1.000 EUR nur unter Einschränkungen besteht. Sofern kein Geldwäscheverdacht besteht, müssen in diesem Fall nur die Namen von Auftraggeber und Begünstigtem sowie die Nummern der Zahlungskonten bzw. die individuelle Transaktionskennziffer angegeben werden (gem. Art. 5 Abs. 2 lit. b), aber nicht die Anschrift des Auftraggebers. Zusätzliche Pflichten für den Zahlungsdienstleister entstehen ebenfalls gem. Art. 6 Abs. 2. Für Geldtransfers, bei denen der Zahlungsdienstleister des Begünstigten seinen Sitz außerhalb der Europäischen Union hat, bestimmt sich der Umfang der zu übermittelnden Daten nach der zu transferierenden Summe. Handelt es sich um eine Transfersumme von bis zu 1.000 EUR, genügt gem. Art. 6 Abs. 2 grundsätzlich die Angabe der Namen und Nummern der Zahlungskonten (bzw. die individuelle Transaktionskennziffer) des Auftraggebers und des Begünstigten. Bei Transfersummen von über 1.000 EUR ist zusätzlich die Anschrift des Auftraggebers zu übermitteln.

Gemäß Art. 5 Abs. 3 VO (EU) 2015/847 entfällt nunmehr die Prüfpflicht der Angaben des Auftraggebers mit Hilfe einer unabhängigen Quelle (Art. 4 Abs. 4) bei allen Geldtransfers von bis zu 1.000 EUR, sofern kein Verdacht der Geldwäsche besteht oder die Gelder in Form von Bargeld oder anonymen E-Geld entgegengenommen wurden (näheres dazu Kunz CB 2016, 54 (55)). **240**

3. Pflichten des Zahlungsdienstleisters auf Seiten des Begünstigten

Die Pflichten des Zahlungsdienstleisters auf Seiten des Begünstigten sind in den Art. 7–9 der Verordnung festgehalten. Danach obliegt es diesem, wirksame Verfahren zur Überprüfung der Vollständigkeit der übermittelten Daten einzurichten (Art. 7 Abs. 1), Maßnahmen im Falle fehlender oder unvollständiger Angaben zu ergreifen (Art. 8) bis hin zur Vornahme geldwäscherechtlicher Verdachtsmeldungen (Art. 8 Abs. 2, Art. 9). Zu der Pflicht aus Art. 7 Abs. 1 tritt nun gem. Art. 7 Abs. 2 das Erfordernis eines Verfahrens zur nachträglichen Überwachung (ex post) oder einer Echtzeitüberwachung. Transfers mit höherem Risiko gebieten eine Echtzeitkontrolle, wohingegen bei gewöhnlichen Transfers stichprobenartige ex-post-Überwachung ausreichen dürfte (Herzog/Achtelik, GwG, 3. Aufl. 2018, KWG § 25g Rn. 12). **241**

Des Weiteren wird für die Bestimmung der Pflichten gem. Art. 7 Abs. 3 und 4 nach der zu transferierenden Summe differenziert: Bei einer Transfersumme von mehr als 1.000 EUR muss die Richtigkeit der Angaben zum Begünstigten zwingend vor Ausführung des Transfers überprüft werden (Art. 7 Abs. 3), bei einer Summe von bis zu 1.000 EUR ist dies nur unter bestimmten Voraussetzungen erforderlich (Art. 7 Abs. 4). Dies ist parallel zu Art. 5 Abs. 3 ist als Rückausnahme auch bei unter 1.000 EUR bei anonymen E-Geld oder Geldwäscheverdacht jedoch nicht der Fall. **242**

4. Pflichten zwischengeschalteter Zahlungsdienstleister

Die Pflichten eines zwischengeschalteten Zahlungsdienstleisters (Art. 3 Nr. 6) werden durch die VO (EU) 2015/847 in Art. 10–13 deutlich erweitert. Gemäß Art. 10 VO (EU) 2015/847 haben sie wie bisher dafür zu sorgen, „dass alle Angaben, die sie zum Auftraggeber und zum Begünstigten erlangt haben und die zusammen mit einem Geldtransfer übermittelt wurden, auch bei der Weiterleitung des Transfers erhalten bleiben.". Des Weiteren sind die zwischengeschalteten Zahlungsdienstleister gem. Art. 11 dazu verpflichtet, wirksame Verfahren einzurichten, mit deren Hilfe festgestellt werden kann, ob die Felder für Angaben zum Auftraggeber und zum Begünstigten in dem zur Ausführung des Geldtransfers verwendeten Nachrichten- oder Zahlungs- und Abwicklungssystem ausgefüllt wurden (Art. 11 Abs. 1) und ob Angaben fehlen (Art. 11 Abs. 2). Gemäß Art. 12 Abs. 1 ist weiterhin ein wirksames risikobasiertes Verfahren notwendig, das die Feststellung ermöglicht, „ob ein Geldtransfer, bei dem die vorgeschriebenen Angaben zum Auftraggeber und zum Begünstigten nicht enthalten sind, auszuführen, zurückzuweisen oder auszusetzen ist, und welche Folgemaßnahmen angemessene Weise zu treffen sind." Hinzu kommt die Verpflichtung aus Art. 12 Abs. 2, welche das Ergreifen von Maßnahmen vorsieht, sofern ein Zahlungsdienstleister wiederholt seinen Pflichten zur Vorlage der vorgeschriebenen Angaben zum Auftraggeber oder zum Begünstigten nicht nachkommt, bis hin zur Meldung an die für die Bekämpfung von Geldwäsche und Terrorismusfinanzierung zuständige Behörde. Er hat das Risiko einer Transaktion und deren Verdachtsmomente gem. Art. 13 zu bewerten. Es bestehen somit nicht nur Weiterleitungs- **243**

Syst. J. Datenschutz im Finanzwesen

sondern auch Verdachtsmeldepflichten (Herzog/Achtelik GwG, 3. Aufl. 2018, KWG § 25g Rn. 15).

5. Informationspflichten und Datenschutz

244 Vorschriften zu Informationspflichten und Datenschutz finden sich in Art. 14–16 der Verordnung. Gemäß Art. 14 der Verordnung muss der Zahlungsdienstleister Anfragen von Behörden bzgl. der Verhinderung von Geldwäsche oder Terrorismusfinanzierung unverzüglich beantworten. Art. 15 Abs. 2 legt eine enge Zweckbindung der Datenverarbeitung fest, sodass personenbezogene Daten nur für Zwecke der Prävention von Geldwäsche und Terrorismusfinanzierung verarbeitet werden dürfen. Insofern ist eine kommerzielle Verarbeitung ausgeschlossen. Davon unberührt bleiben jedoch anderweitige Erlaubnistatbestände. Art. 15 Abs. 3 schreibt eine Informationspflicht bzgl. der Informationen auf Grundlage von Art. 10 der RL 95/46/EG vor. In Art. 16 Abs. 1 S. 2 ist, wie oben bereits erwähnt, eine 5-Jahres-Frist zur Aufbewahrung der Daten festgelegt, sowie eine Verlängerung um weitere fünf Jahre in Art. 16 Abs. 2 (vgl. zu den Vorschriften zu Informationspflichten und Datenschutz Herzog/Achtelik GwG, 3. Aufl. 2018, KWG § 25g Rn. 16 ff.).

245 Werden bei einem Geldtransfer personenbezogene Daten übermittelt oder auf sonstige Art und Weise verarbeitet, obliegen den Zahlungsdienstleistern zudem Pflichten aus der DS-GVO. Bei zwischengeschalteten Zahlungsdienstleistern ist für den Umfang dieser Pflichten entscheidend, ob sie alleiniger Verantwortlicher (Art. 4 Nr. 7 DS-GVO), gemeinsamer Verantwortlicher (Art. 4 Nr. 7, 26 DS-GVO) oder Auftragsverarbeiter (Art. 4 Nr. 8, 28 DS-GVO) sind. Ist der zwischengeschaltete Zahlungsdienstleister ausschließlich als verlängerter Arm des nach außen auftretenden Zahlungsdienstes tätig, ohne die Daten zu eigenen Zwecken zu verarbeiten, ist er lediglich Auftragsverarbeiter (vgl. Sander BKR 2019, 66 (73 f.)). Das hat den Vorteil, dass sowohl die Übermittlung an ihn als auch seine eigene Datenverarbeitung durch den vom nach außen auftretenden Zahlungsdienst genutzten Erlaubnistatbestand mitabgedeckt ist (→ Rn. 138). Ist der zwischengeschaltete Zahlungsdienstleister hingegen mit eigener Entscheidungsbefugnis ausgestattet, ist er entweder alleiniger Verantwortlicher oder, wenn er die Systemvorgaben des nach außen auftretenden Zahlungsdienstes aufgrund einer vertraglichen Regelung mitbestimmen kann, gemeinsamer Verantwortlicher (vgl. Kartheuser/Kohpeiß ITRB 2019, 62 (64); zu den möglichen Rechtsgrundlagen → Rn. 138). Bankinstitute sind in der Regel keine Auftragsverarbeiter, sondern eigenverantwortliche Datenverarbeiter (Datenschutzkonferenz, Kurzpapier Nr. 13, S. 4; Weichert BB 2018, 1161 (1162)).

246–249 Derzeit nicht belegt.

6. Verwaltungsrechtliche Sanktionen und Maßnahmen bei Verstößen gegen die Geldtransferverordnung

250 Verwaltungsrechtliche Sanktionen und Maßnahmen können weiterhin durch die Mitgliedstaaten festgelegt werden (Art. 17 Abs. 1 S. 1), was Deutschland bspw. in § 56 KWG getan hat. Gemäß Art. 17 Abs. 1 S. 2 müssen diese Sanktionen und Maßnahmen „wirksam, angemessen und abschreckend sein und mit denen des Kapitels VI Abschnitt 4 der Richtlinie (EU) 2015/849 im Einklang stehen." Das Recht, strafrechtliche Sanktionen vorzusehen und zu verhängen, bleibt hiervon unberührt (Art. 17 Abs. 1 S. 1). Daneben tritt eine Pflicht zur Bekanntmachung in Art. 19 iVm § 60b KWG, wonach die BaFin verhängte und bestandskräftig gewordene Maßnahmen gegen ein ihrer Aufsicht unterstehendes Institut veröffentlichen muss. Art. 21 legt weiterhin fest, dass die Mitgliedstaaten ein Verfahren zur Förderung der Meldung von Verstößen einrichten müssen (Herzog/Achtelik GwG, 3. Aufl. 2018, KWG § 25g Rn. 20).

7. Automatisierte Abrufmöglichkeiten der Behörden: § 24c KWG; § 93b AO

251 Die maßgeblichen Rechtsgrundlagen für die Verarbeitung von Kontodaten (dazu Schurowski, Der automatische Austausch von Finanzkontoinformationen in Steuersachen, 2020) lassen sich in vier Gruppen einteilen. Es existieren zunächst Vorschriften, welche die Kreditinstitute zur Erhebung, Speicherung und Meldung von Kontodaten verpflichten (zB §§ 24c Abs. 1 KWG; 93b Abs. 1 AO; § 8 Abs. 1 FKAustG) und Vorschriften, welche den Abruf beziehungsweise die Übermittlung dieser Kontodaten regeln. Letztere Vorschriften lassen sich wiederum aufteilen in solche Regelungen, die eine Übermittlung der Daten ins Ausland beziehungsweise den Abruf der Daten aus dem Ausland betreffen (zB § 2 FKAustG; § 7 Abs. 2 EUAHiG iVm § 2 FKAustG; § 117c AO iVm § 9 Abs. 1, 2 FATCA-USA-UmsV), und solche Regelungen, die inländischen Behörden den Zugriff auf die Daten ermöglichen (zB § 24c Abs. 2 KWG; §§ 93b Abs. 2, 93 Abs. 7, 8 AO).

Syst. J. Datenschutz im Finanzwesen

Kreditinstitute werden nach §§ 24c Abs. 1 KWG, 93b Abs. 1 AO verpflichtet, ein Dateisystem mit Stammdaten zu Konten zu führen. Zu den Daten zählen etwa die Kontonummer, der Tag der Errichtung und der Auflösung des Kontos, der Name des Kontoinhabers, Geburtstage und Adressen. Nicht erfasst werden Kontobewegungen oder Kontostände. Nach § 24c Abs. 2 KWG ist die BaFin bei Eilbedürftigkeit zum Abruf der Daten ermächtigt, sofern dies der Erfüllung ihrer aufsichtsrechtlichen Aufgaben nach dem KWG oder dem GWG dient. Darüber hinaus erteilt die BaFin nach § 24c Abs. 3 KWG auch anderen Behörden Auskunft über die Daten. 252

Das Dateisystem dient auch der Abfrage der Daten nach §§ 93b Abs. 2, 93 Abs. 7, 8 AO. Nach § 93b Abs. 2 AO darf das BZSt in den Fällen des § 93 Abs. 7 und 8 auf Ersuchen bei den Kreditinstituten Daten aus dem Dateisystem abfragen und an den Ersuchenden übermitteln. Die Voraussetzungen, unter denen das BZSt die Daten abfragen und an den Ersuchenden übermitteln darf, sind in § 93 Abs. 7 und 8 AO geregelt. 253

Die Rechtsgrundlagen für die Abfrage nach § 24c Abs. 2 KWG und §§ 93b Abs. 2, 93 Abs. 7, 8 AO dienen vornehmlich der Verarbeitung der Daten für inländische Behörden. Die Datenverarbeitung für ausländische Behörden und der Austausch der Daten mit diesen werden maßgeblich durch das FKAustG und das EUAHiG geregelt. Das FKAustG setzt multilaterale völkerrechtliche Verträge um, namentlich das MCAA, das CRS und das zugrundeliegende Übereinkommen über die gegenseitige Amtshilfe in Steuersachen des Europarates und der OECD (Klein/Rätke AO § 117 Rn. 20 f.). Das EUAHiG setzt die EU-Amtshilferichtlinie um (RL 2014/107/EU des Rates vom 9.12.2014 für den Informationsaustausch über Finanzkonten im internationalen Recht). 254

Nach § 8 Abs. 1 FKAustG sind Finanzinstitute verpflichtet, Kontodaten an das BZSt zu melden. Zu den meldepflichtigen Kontodaten gehören neben den Stammdaten nach §§ 24c Abs. 1 KWG, 93b Abs. 1 AO auch der Kontostand. Das BZSt ist nach § 2 FKAustG verpflichtet, diese Daten mit den zuständigen Behörden jedes anderen meldepflichtigen Staates zu tauschen. Dieselben Kontodaten werden auch automatisch zwischen den Mitgliedstaaten der EU ausgetauscht, § 7 Abs. 2 EUAHiG iVm § 2 FKAustG. 255

Daneben existieren verschiedene bilaterale völkerrechtliche Verträge über den Austausch von Finanzdaten. Dazu zählen die Doppelbesteuerungsabkommen (vgl. Klein/Rätke AO § 117 Rn. 5), Abkommen über den steuerlichen Informationsaustausch, sog. TIEAs (vgl. Klein/Rätke AO § 117 Rn. 11) und Abkommen über Amtshilfe (vgl. Klein/Rätke AO § 117 Rn. 14). Diese Verträge ermöglichen einen Informationsaustausch im Wege der Amtshilfe nach § 117 Abs. 1, 2 AO. Zusätzlich besteht in engen Grenzen die Möglichkeit einer Amtshilfe deutscher Behörden nach § 117 Abs. 3 AO ohne einen zugrundeliegenden völkerrechtlichen Vertrag. 256

Prominentes Beispiel für einen bilateralen Vertrag ist das Abkommen zur Förderung der Steuerehrlichkeit bei grenzüberschreitenden Sachverhalten mit den Vereinigten Staaten (sog. FATCA-Abkommen). Nach § 117c AO iVm § 8 Abs. 1, 3 FATCA-USA-UmsV sind deutsche Finanzinstitute verpflichtet, Kontodaten zu erheben und an das BZSt zu übermitteln. Der Austausch der Daten mit der Bundessteuerbehörde der Vereinigten Staaten erfolgt gem. § 117c AO iVm § 9 Abs. 1, 2 FATCA-USA-UmsV. 257

Die Erhebung, Speicherung und Weitergabe der Kontodaten greift in das Recht der Kontoinhaber beziehungsweise wirtschaftlich Berechtigten auf informationelle Selbstbestimmung aus Art. 2 Abs. 1 iVm Art. 1 Abs. 1 GG ein (für wirtschaftliche Daten s. MKS/Starck GG Art. 2 Abs. 1 Rn. 114). 258

Gleichzeitig handelt es sich um personenbezogene Daten nach Art. 4 Nr. 1 DS-GVO deren Verarbeitung nach Art. 6 Abs. 1 DS-GVO gerechtfertigt sein muss, sofern der Anwendungsbereich der DS-GVO eröffnet ist. Für die Verarbeitungen von Daten durch Kreditinstitute mit Niederlassung in Europa und durch die deutschen Behörden ist der räumliche Anwendungsbereich nach Art. 3 Abs. 1 DS-GVO erfüllt. Die Verarbeitung erfasst dabei die Erhebung, Speicherung und auch Weiterleitung der Daten (Art. 4 Nr. 2 DS-GVO). Zu beachten ist, dass die Verarbeitung von Daten durch die zuständigen Behörden zum Zwecke der Verhütung, Ermittlung, Aufdeckung oder Verfolgung von Straftaten oder der Strafvollstreckung, einschließlich des Schutzes vor und der Abwehr von Gefahren für die öffentliche Sicherheit gem. Art. 2 Abs. 2 lit. d DS-GVO nicht in den Anwendungsbereich der DS-GVO fällt, sondern in der JI-Richtlinie (EU) 2016(680) geregelt ist. 259

Die Verpflichtung der Kreditinstitute zur Erhebung, Speicherung und Meldung der Kontodaten – beispielsweise aus §§ 24c Abs. 1 KWG; 93b Abs. 1 AO; § 8 Abs. 1 FKAustG – stellt eine rechtliche Verpflichtung iSd Art. 6 Abs. 1 lit. c dar. Die zu verarbeitenden Daten werden klar festgelegt und die Verarbeitung erfolgt im öffentlichen Interesse nach Art. 6 Abs. 3 S. 2, 4 DS-GVO. Die Vorschriften dienen steuerlichen oder sozialrechtliche Zwecken oder der Bekämpfung von Finanzkriminalität. Dies wird durch Erwägungsgrund 112 DS-GVO unterstrichen, der den 260

Syst. J. Datenschutz im Finanzwesen

internationalen Datenaustausch zwischen Steuerbehörden als wichtige Aufgabe im öffentlichen Interesse klassifiziert und als Beispiel einer zulässigen Datenverarbeitung aufführt.

261 Entsprechendes gilt für den verpflichtenden automatischen Datenaustausch zwischen den europäischen Mitgliedstaaten auf Basis der EU-Amtshilferichtlinie, des FKAustG und anderer völkerrechtlicher Verträge, die der Bekämpfung von Steuerflucht beziehungsweise der Durchsetzung der Steuerpflicht dienen.

262 Die bloße Befugnis zur Datenverarbeitung, wie sie etwa aus § 24c Abs. 2 KWG oder §§ 93b Abs. 2, 93 Abs. 7, 8 AO folgt, stellt hingegen keine rechtliche Verpflichtung dar. Die BaFin beziehungsweise das BZSt erhalten lediglich die Möglichkeit, die Kontodaten abzufragen, ohne dazu gesetzlich verpflichtet zu werden. Für eine solche Befugnis staatlicher Behörden zur Kontodatenabfrage kommt nur der Rechtfertigungsgrund des Art. 6 Abs. 1 lit. e DS-GVO in Betracht. Es wurde bereits dargelegt, dass die Verarbeitung der Kontodaten für die Wahrnehmung einer Aufgabe erfolgt, die im öffentlichen Interesse liegt.

263 Das BVerfG hat sich mit der Verfassungsmäßigkeit mehrere solcher spezialgesetzlicher Regelungen zur Datenabfrage befasst. In einem älteren Urteil hat das BVerfG die Datenabfrage nach § 24 c Abs. 3 S. 1 Nr. 2 KWG und § 93 Abs. 7 AO mit Blick auf das Bestimmtheitsgebot für verfassungsmäßig erklärt (BVerfG NJW 2007, 2464 Rn. 93). Nur die Regelung des § 93 Abs. 8 AO aF zur Erhebung von Kontostammdaten in sozialrechtlichen Angelegenheiten wurde dem Bestimmtheitsgebot nicht gerecht (BVerfG NJW 2007, 2464 Rn. 93). Diese Regelung war im Vergleich zur heutigen Regelung weitaus unbestimmter und setzte nur voraus, dass ein anderes Gesetz an Begriffe des EStG anknüpft (§ 93 Abs. 8 AO aF: „Knüpft ein anderes Gesetz an Begriffe des Einkommensteuergesetzes an, soll die Finanzbehörde auf Ersuchen der für die Anwendung des anderen Gesetzes zuständigen Behörde oder eines Gerichtes über das Bundeszentralamt für Steuern bei den Kreditinstituten einzelne Daten aus den nach § 93b Abs. 1 zu führenden Dateien abrufen und der ersuchenden Behörde oder dem ersuchenden Gericht mitteilen, wenn in dem Ersuchen versichert wurde, dass eigene Ermittlungen nicht zum Ziele geführt haben oder keinen Erfolg versprechen.").

264 Die Regelung zur Bestandsdatenauskunft in § 113 Abs. 1 TKG hat das BVerfG kürzlich für verfassungswidrig erklärt (BVerfG NJW 2020, 2699 Rn. 145). Das Urteil lässt sich jedoch nur eingeschränkt auf die Kontodatenübermittlung und -abfrage übertragen. Zwar bestehen insofern Parallelen, als dass in beiden Fällen das Grundrecht auf informationelle Selbstbestimmung betroffen ist und die bei der Kontodatenabfrage übermittelten Stammdaten – wie Kontonummer, Name, Adresse, Geburtstag – den Bestandsdaten des Telekommunikationsrecht entsprechen. Zudem gibt es in beiden Fällen eine juristische Person (Telekommunikationsunternehmen beziehungsweise Finanzinstitut), die zur Speicherung und Übermittlung der Daten ihrer Kunden (Anschlussinhaber beziehungsweise Kontoinhaber) an eine staatliche Stelle (Sicherheitsbehörden beziehungsweise BaFin oder BZSt) verpflichtet ist.

265 Dennoch können allenfalls die Aussagen zu § 113 Abs. 1 S. 1 TKG übertragen werden (zu § 113 Abs. 1 S. 1 TKG s. BVerfG NJW 2020, 2699 Rn. 136 ff.). Denn § 113 Abs. 1 S. 2 TKG betrifft Zugangsdaten, die mit den Stammdaten der Kontodatenabfrage nicht vergleichbar sind. Auch § 113 Abs. 1 S. 3 TKG ist mit der Kontodatenabfrage nicht vergleichbar. Er betrifft die Zuordnung der dynamischen IP-Adresse zum Anschlussinhaber, der wegen einer möglichen Rekonstruktion der individuellen Internetnutzung eine erheblich größere persönlichkeitsrechtliche Relevanz zukommt (BVerfG NJW 2020, 2699 Rn. 165 ff.).

266 Die Regelung des § 113 Abs. 1 S. 1 TKG ist verfassungswidrig, weil sie keine ausreichend begrenzende Eingriffsschwelle für die Bestandsdatenübermittlung vorsieht (BVerfG NJW 2020, 2699 Rn. 145), sondern die Erteilung einer Auskunft bereits ermöglicht, wenn dies zur Wahrnehmung der Aufgaben der Sicherheitsbehörden erfolgt (BVerfG NJW 2020, 2699 Rn. 154).

267 Im Gegensatz dazu enthalten sowohl die Regelung des § 24c Abs. 2 KWG als auch die Regelung der §§ 93 Abs. 7, 8 AO konkrete Eingriffsschwellen. Die §§ 93 Abs. 7, 8 AO enthalten einen abschließenden Katalog für Kontodatenabfragen und zudem Subsidiaritätsklauseln, die grundsätzlich ein vorheriges Auskunftsersuchen an die betroffene Person verlangen. Abfragen nach § 24c Abs. 2 KWG sind auf dringliche Fälle beschränkt.

268 Allenfalls lässt sich die hinreichende Präzisierung der Verwendungszwecke beim Kontodatenaustausch mit ausländischen Behörden – wie er etwa in § 2 FKAustG iVm § 8 UmsV vorgesehen ist – anzweifeln. Meldepflichtig sind aber nur solche Konten, die Personen betreffen, die in anderen Staaten Konten haben als in dem Staat, in dem sie steuerlich ansässig sind.

269–279 Derzeit nicht belegt.

8. Verarbeitung und Übermittlung aufgrund von behördlichen Anordnungen und Forderungen in Drittstaaten und Internal Investigations

Banken sehen sich vielfach mit behördlichen Forderungen konfrontiert, namentlich aus den Vereinigten Staaten, personenbezogene Daten ihrer Mitarbeiter und Kunden umfassend zu verarbeiten und teilweise an US-amerikanische Stellen zu übermitteln. Unter den Stichworten **eDiscovery** und **Computer Forensics** können hier Datenverarbeitungsvorgänge höchster Breite und Tiefe veranlasst werden (Überblick bei Deutlmoser/Filip ZD-Beil 6/2012, 1 ff., insbesondere 13 ff., der noch auf das BDSG aF Bezug nimmt und bei Auer-Reinsdorff/Conrad IT-R HdB § 2 Rn. 516 ff., § 35 Rn. 126 ff.). Hier handelt es sich für die betroffene Bank um einen legitimationsbedürftigen Datenverarbeitungsvorgang, der dem Rechtfertigungserfordernis des Art. 6 Abs. 1 DS-GVO unterliegt. Soweit es um Kundendaten geht, ist auch das Bankgeheimnis aufgerufen (→ Rn. 20 ff.); für Mitarbeiterdaten gelten Art. 88 DS-GVO und § 26 BDSG (mehr hierzu Rudkowski NZA 2019, 72; Gundelach 2018, 1606). Das Finanzdienstleistungsinstitut ist hier auf einem schmalen Grat: Entweder widersetzt sie sich der behördlichen Forderung und trägt die entsprechenden Folgen, oder sie kommt ihr nach und verletzt dabei eigene datenschutzrechtliche Pflichten. 280

Soweit die Anordnung durch eine innereuropäische Behörde (entweder europäische Behörde oder die eines Mitgliedstaates) erfolgt und sich auf einen Erlaubnistatbestand aus Art. 6 Abs. 1 DS-GVO sowie die Erfüllung ggf. weiterer Voraussetzungen stützen kann, wird die Bank ihr regelmäßig problemlos nachkommen können und auch müssen (zum innereuropäischen Datentransfer vgl. HK-DS-GVO/Towfigh/Ulrich Art. 44 Rn. 21). 281

Weitaus problematischer stellt sich die Situation dar, wenn eine Behörde aus einem Drittstaat entsprechende Forderungen an die Bank stellt, welche innerhalb des Geltungsbereiches der DS-GVO operiert und damit ihrem Regime unterfällt (zum räumlichen Anwendungsbereich der DS-GVO unter dem Niederlassungs- und Marktortprinzip siehe NK-DatenschutzR/Hornung Art. 3 Rn. 17 ff.). Die Übermittlung und Verarbeitung von personenbezogenen Daten ist auch in diesen Fällen nur unter den Voraussetzungen der DS-GVO zulässig. Etwaigen Erlaubnisvorschriften des Drittstaates kommt keine Ermächtigungswirkung zu. 282

Die Zulässigkeit der Datenübermittlung nach der DS-GVO erfolgt gem. Art. 44 S. 1 DS-GVO zweistufig. Zunächst müssen die allgemeinen Bestimmungen des europäischen Datenschutzes eingehalten werden, dazu gehören insbesondere die in Art. 5 und Art. 6 niedergeschriebenen Grundsätze und Voraussetzungen. Zusätzlich müssen bei der Übermittlung in einen Drittstaat ohne anerkanntes Datenschutzniveau iSd Art. 45 DS-GVO die speziellen Zulässigkeitsvoraussetzungen nach den Art. 44 ff. DS-GVO erfüllt sein. 283

Für die Zulässigkeit einer Datenübermittlung in einen Drittstaat müssen die Voraussetzungen der Art. 44 ff. DS-GVO demnach kumulativ mit den allgemeinen („sonstigen", vgl. Art. 44 S. 1 DS-GVO) Bestimmungen vorliegen. Hierdurch soll das hohe europäische Datenschutzniveau auch bei einem Drittstaatentransfer gewahrt werden (vgl. Erwägungsgründe 6 und 101), was auf Art. 8 Abs. 1 der GRCh zurückzuführen ist (zur zweistufigen Prüfung Gola/Klug Art. 44 Rn. 1 f.). 284

Das präventive Verbot mit Erlaubnisvorbehalt für Datenübermittlungen in Drittstaaten, welches schon grundlegend für die Datenschutz-RL von 1995 war, bleibt somit unter der Geltung der DS-GVO erhalten (HK-DS-GVO/Towfigh/Ulrich Art. 44 Rn. 2). Die Art. 44 ff. DS-GVO sind jedoch im Vergleich zu Art. 25 und 26 Datenschutz-RL (umgesetzt in §§ 4b, 4c BDSG aF) detaillierter, um ihre Durchsetzung und das in ihr enthaltene hohe Datenschutzniveau im internationalen Rechtsverkehr zu stärken (HK-DS-GVO/Towfigh/Ulrich Art. 44 Rn. 3). Innerhalb der Art. 44 ff. DS-GVO ist wiederum eine dreischrittige Prüfung durchzuführen. Vorrangig ist zunächst das Vorliegen eines Angemessenheitsbeschlusses der EU-Kommission gem. Art. 45 DS-GVO, welcher ein im Kern mit dem europäischen Schutzstandard vergleichbares Datenschutzniveau im jeweiligen Drittstaat feststellt, wonach die Datenübermittlung dorthin ohne Bedenken möglich ist. Nachrangig kann das Vorhandensein geeigneter Garantien gem. Art. 46, 47 DS-GVO den Datentransfer in einen Drittstaat rechtfertigen. Zu guter Letzt kann noch eine der Ausnahmen aus dem Katalog in Art. 49 DS-GVO greifen und die Übermittlung somit zulässig machen (für eine Übersicht des Prüfprogramms der Art. 44 ff. DS-GVO siehe HK-DS-GVO/Towfigh/Ulrich Art. 44 Rn. 7 ff.). 285

Wo es keine bereichsspezifischen gemeinschaftsrechtlichen oder staatsvertraglichen Regelungen gibt (wie etwa für SWIFT-Daten das Agreement between the United States of America and the European Union on the Processing and Transfer of Financial Messaging Data from the European Union to the United States for the Purpose of Terrorism and Illicit Finance, www.treasury.gov/resource-center/terrorist-illicit-finance; EU ABl C 166 v 20.7.2007, 18–25 zum Terrorist Finan- 286

Syst. J. Datenschutz im Finanzwesen

cing Tracking Program (TFTP)), ist hier in der Regel eine behördliche Genehmigung nötig oder der Weg der Rechtshilfe zu gehen. Keine Relevanz haben im Kontext von staatlichen Anordnungen Vereinbarungen wie das „EU-US Privacy Shield" als Nachfolger des Safe-Harbor-Übereinkommens, welches vom EuGH schon 2015 als rechtswidrig erklärt wurde (EuGH NJW 2015, 3151). Das EU-US Privacy Shield galt, wie schon sein Vorgänger auch, grundsätzlich nur als Selbstregulierung für Unternehmen, welche sich den darin festgelegten Datenschutzgrundsätzen unterwarfen (zum Safe-Harbor-Übereinkommen sowie dem Nachfolger EU-US-Privacy Shield vgl. HK-DS-GVO/Towfigh/Ulrich Art. 44 Rn. 12 ff.). Der EuGH hat nun jedoch auch das EU-US Privacy Shield-Abkommen am 16.7.2020 für ungültig erklärt und führt dies auf dessen unzureichendes Schutzniveau, insbesondere den Mangel eines effektiven Rechtsschutzes in den USA, zurück (EuGH GRUR-RS 2020, 16082; vgl. auch EuGH Pressemitteilung Nr. 91/20). Eine Datenübertragung in die USA ist nach Ansicht des EuGH nur nach den sogenannten Standardvertragsklauseln zulässig, sodass für den transatlantischen Datentransfer nun wieder eine erhebliche Rechtsunsicherheit besteht.

287 Erfolgt die Anordnung aus einem Drittstaat, zu dem weder ein Angemessenheitsbeschluss nach Art. 45 Abs. 3 DS-GVO noch geeignete Garantien nach Art. 46 DS-GVO vorliegen, kann sich die Zulässigkeit des Datentransfers nur aus Art. 49 DS-GVO ergeben.

288 Von besonderem Interesse ist im Falle von staatlich induzierter Übermittlung Art. 49 Abs. 1 lit. d DS-GVO, der eine Übermittlung ausnahmsweise auch dann erlaubt, wenn sie aus wichtigen Gründen des öffentlichen Interesses notwendig ist. Da es sich hierbei um eine Ausnahmeregelung handelt, ist allerdings im Hinblick auf die Schutzlosigkeit der Daten im entsprechenden Drittstaat eine restriktive Auslegung geboten (vgl. EDSA, Leitlinien 2/2018, 4). Neben Art. 49 Abs. 1 lit. d DS-GVO ist weiterhin die Interessenabwägung Art. 49 Abs. 1 S. 2 DS-GVO interessant. Hierbei handelt es sich um die Ausnahme unter den Ausnahmen (so NK-DatenschutzR/Schantz Art. 49 Rn. 52) und gebietet daher eine noch engere Auslegung. Aus ihrem Wortlaut sowie aus dem Erwägungsgrund 113 S. 5 lässt sich der Auffangcharakter der Regelung in Bezug auf die anderen in Art. 49 DS-GVO enthaltenen Ausnahmen entnehmen. Zur Legitimität des Datentransfers müssen hiernach mehrere Voraussetzungen kumulativ vorliegen. Der Datenübermittlung darf zunächst kein Wiederholungscharakter innewohnen, sie darf nur eine begrenzte Zahl an Betroffenen umfassen und sie muss nach der Interessenabwägung selbst zwingende Interessen betreffen, welche sie erforderlich machen (Gola/Klug Art. 49 Rn. 12 ff.). Für alle Ausnahmen des Art. 49 DS-GVO gilt, dass sie nur anwendbar sind, wenn eine Tätigkeit in den Anwendungsbereich des Unionsrechts fällt. Die Tätigkeiten der Strafverfolgung und öffentlichen Sicherheit sind davon somit nicht erfasst, wohl aber die Mitwirkung von DS-GVO-unterworfenen privaten Unternehmen im Eigeninteresse an drittstaatlicher Aufklärung von Straftaten (BeckOK Datenschutzrecht/Lange/Filip Art. 49 Rn. 28). Davon differenziert betrachtet werden muss jedoch die Datenbeschaffung und -verarbeitung im Inland. Sie selbst ist ohne Bindung an die Voraussetzungen des Art. 49 DS-GVO zulässig. Erst bei der darauffolgenden Datenübermittlung in den Drittstaat werden die hohen Voraussetzungen von Art. 44 ff. DS-GVO aktiviert.

289 Ob den Staatsverträgen über die Amtshilfe in Strafsachen ein Verbot zu entnehmen ist, dass der Dateninhaber freiwillig mit Ermittlungsbehörden zu Lasten geschützter Personen kooperiert (NK-DatenschutzR/Schantz Art. 49 Rn. 36), erscheint zweifelhaft. Es kann jedoch aus Art. 48 DS-GVO ein gewisser Vorrang der zwischenstaatlichen Kooperation herausgelesen werden (Kühling/Buchner/Schröder Art. 49 Rn. 24). Unzutreffend wäre es auch, anzunehmen, dass die Interessen eines fremden Staates an der Einhaltung seiner Rechtsordnung kein öffentliches Interesse abbilden könnten. Soweit die drittstaatlichen Regelungen nicht gegen den inländischen ordre public verstoßen, kann ihre Einhaltung – soweit sie anwendbar sind – auch im Inland ein wichtiges öffentliches Interesse darstellen. Dies allerdings nur, soweit ihre Schutzgüter von solcher Art sind, die auch im Recht des Inlands bzw. im Unionsrecht anerkannt ist, was durch Art. 49 Abs. 4 DS-GVO klargestellt wird. Dadurch wird deutlich, dass öffentliche Interessen von Drittstaaten allein eine Übermittlung nicht rechtfertigen können (NK-DatenschutzR/Schantz Art. 49 Rn. 35). Bei der Terrorismusbekämpfung und bei der Umsetzung von Beschlüssen der Vereinten Nationen ist das – auch im Vorfeld einer inländischen Verbotsregelung – der Fall, bei der Einhaltung US-amerikanischer Sanktionen gegen Kuba nicht (dazu auch VO (EG) Nr. 2271/96). Erwägungsgrund 112 der DS-GVO zählt für das Vorliegen eines wichtigen öffentlichen Interesses beispielhaft den internationalen Datenaustausch zwischen Wettbewerbs-, Steuer- oder Zollbehörden sowie Finanzaufsichtsbehörden und ebenfalls die Verhinderung von Doping im Sport auf.

290 In solchen Fällen kommt es auch nicht darauf an, dass ein verbindliches behördliches Auskunftsersuchen gestellt ist. Eine Compliance-Kultur nur auf Befehl und Zwang ist nicht (mehr) anschlussfähig. Daher ist das Interesse des Kreditinstituts anzuerkennen, ohne verbindliche Anordnung –

Syst. L. Polizei- und Nachrichtendienstlicher Datenschutz

erst recht ohne Rechtshilfeersuchen – mit ausländischen Behörden zu kooperieren, hierzu im Inland Daten zu erheben und sie – eng begrenzt auf unmittelbare Adressaten des ausländischen Verbots – auch zu übermitteln. Ein inländisch anerkennenswertes wichtiges öffentliches Interesse besteht jedoch bspw. nicht daran, dass deutsche oder europäische Staatsangehörige im Ausland wegen inländischer Handlungen mit dort strafbaren Auswirkungen auf den Drittstaat strafverfolgt werden, die in Deutschland nicht strafbar sind. Daher ist eine Übermittlung personenbezogener Daten in Drittstaaten (nur) in engen Grenzen zulässig; im Regelfall anonymisiert werden müssen sämtliche Angaben zu inländischen natürlichen Personen (zur Erhebung und Übermittlung in **zivilrechtlichen** Verfahren Artikel 29-Datenschutzgruppe, WP 158, Arbeitsunterlage I/2009 über Offenlegungspflicht im Rahmen der vorprozessualen Beweiserhebung bei grenzübergreifenden zivilrechtlichen Verfahren (pre-trial discovery); The Sedona Conference, International Litigation Principles on Discovery, Disclosure & Data Protection in Civil Litigation (Transitional Edition), January 2017 und The Sedona Conference International Principles for Adressing Data Protection in Cross-Border Government Internal Investigations: Principles, Commentary & Best Practices, Mai 2018).

Syst. K. (unbesetzt)

Überblick

(Redaktionshinweis: Die systematische Darstellung zum Datenschutz im Versicherungswesen wurde entnommen. Die frühere Fassung des Beitrags ist weiterhin in beck-online über die Altauflagen des Kommentars recherchierbar).

Syst. L. Datenschutzbestimmungen der Polizei- und Nachrichtendienstgesetze des Bundes

Überblick

Im Bereich der Polizeien und Nachrichtendienste haben sich Handlungsfelder und Rechtsgrundlagen in den letzten Jahrzehnten deutlich gewandelt (→ Rn. 1 f., → Rn. 5, → Rn. 7). Zur „Neuen Sicherheitsarchitektur" gehören verstärkte Zentralisierungen und ein zunehmender Ausbau der Bundesinstitutionen. Im Bereich der Polizeien sind dies die Bundespolizei (→ Rn. 9 f.), das Bundeskriminalamt (→ Rn. 11 f.) sowie der Zoll (→ Rn. 13 f.) und im Bereich der Nachrichtendienste das Bundesamt für Verfassungsschutz (→ Rn. 16 f.), der Militärische Abschirmdienst (→ Rn. 18 f.) und der Bundesnachrichtendienst (→ Rn. 20 f.). Die Europäisierung der rechtlichen Rahmenbedingungen spiegelt sich wider in der Verankerung eines Raums der Freiheit, der Sicherheit und des Rechts (→ Rn. 23 ff.), wachsenden Regelungskompetenzen der Europäischen Union ua in Art. 16 Abs. 2 AEUV (→ Rn. 27 ff.), der Maßgeblichkeit unionaler Grundrechtsgewährleistungen (→ Rn. 39 ff.) und zahlreichen sekundärrechtlichen Vorgaben, hier ua der RL (EU) 2016/680 (→ Rn. 44 ff.). Den verfassungsrechtlichen Rahmen bestimmen die Gesetzgebungs- und Verwaltungskompetenzen des Bundes (→ Rn. 64 ff.), im Rahmen der das „Trennungsgebot" und das „informationelle Trennungsprinzip erörtert werden (→ Rn. 69 ff.), das Rechtsstaatsprinzip, insbesondere das Bestimmtheitsgebot (→ Rn. 73), und die Grundrechte des Grundgesetzes (→ Rn. 74 ff.). Die im Polizei- und Nachrichtendienstrecht geltenden Datenschutzbestimmungen ergeben sich im Zusammenspiel unterschiedlicher Regelungskomplexe und können systematisiert und aufgeschlüsselt werden (→ Rn. 82 ff.). Als allgemeine datenschutzrechtliche Grundmuster werden die Grundsätze iSd Art. 4 RL (EU) 2016/680 und ihre Umsetzung (→ Rn. 90 ff.), ua die Zweckbindung und die Zweckgestaltung im deutschen Recht (→ Rn. 92 ff.), das Erfordernis von Verarbeitungsgrundlagen (→ Rn. 104 ff.), Pflichten der Verantwortlichen (→ Rn. 107), Rechte der betroffenen Person (→ Rn. 108 ff.) und die Kontrolle (→ Rn. 114 ff.) behandelt. Ein wesentliches Kennzeichen moderner Sicherheitsarchitektur ist außerdem die Vernetzung der Sicherheitsbehörden (→ Rn. 117 ff.). Im staatlichen Rahmen kann man die Vernetzung durch Übermittlungs- und Empfangsvorschriften (→ Rn. 118 ff.), durch Zentral- oder Verbunddateien (→ Rn. 124 f.), durch Gemeinsame Dateien zwischen Polizeien und Nach-

Syst. L. Polizei- und Nachrichtendienstlicher Datenschutz

richtendiensten (→ Rn. 126 f.) sowie durch eher informelle Formen des Informationsaustausches in Gemeinsamen Zentren (→ Rn. 129) unterscheiden. Vernetzungen im europäischen Rahmen über Datenübermittlungen und Datenempfang im europäischen Raum oder über Europäische Informationssysteme kommen hinzu (→ Rn. 130 ff.). Bereichsspezifische Datenschutzbestimmungen werden differenziert nach Bundespolizei (→ Rn. 133 ff.), Bundeskriminalamt (→ Rn. 140), Zollbehörden (→ Rn. 141 ff.), Bundesamt für Verfassungsschutz (→ Rn. 148 ff.), Militärischer Abschirmdienst (→ Rn. 157), Bundesnachrichtendienst (→ Rn. 158 ff.) und Maßgaben des G 10 (→ Rn. 164 ff.). Abschließend werden zum Bundeskriminalamt ausgewählte zentrale Bestimmungen des BKAG kommentiert (→ Rn. 168 ff.).

Übersicht

	Rn.		Rn.
A. Entwicklungslinien im Recht der Polizeien und Nachrichtendienste	1	**E. Zusammenspiel und Systematisierung der Datenschutzbestimmungen**	83
B. Die Bundesinstitutionen der Polizeien und Nachrichtendienste mit ihren Aufgaben	3	I. Zusammenspiel unionaler und mitgliedstaatlicher Regelungen	83
I. Polizeien und Nachrichtendienste im föderalen Staat	4	II. Systematisierung und Aufschlüsselung der Befugnisse	85
II. Die Polizeien des Bundes	8	**F. Allgemeine datenschutzrechtliche Grundmuster**	91
1. Die Bundespolizei	9	I. Grundsätze iSd Art. 4 RL (EU) 2016/680 und ihre Umsetzung	91
2. Das Bundeskriminalamt	11	1. Rechtmäßigkeit, Art. 4 Abs. 1 lit. a RiL 2016/680	92
3. Zollbehörden	13	2. Zweckbindung, Art. 4 Abs. 1 lit. b RL (EU) 2016/680, und Zweckgestaltung im deutschen Recht	93
III. Die Nachrichtendienste des Bundes	15	3. Zweckentsprechung, Maßgeblichkeit und Angemessenheit, Art. 4 Abs. 1 lit. c RL (EU) 2016/680, Erforderlichkeit	99
1. Bundesamt für Verfassungsschutz	16	4. Richtigkeit	102
2. Militärischer Abschirmdienst	18	5. Datensicherheit	103
3. Bundesnachrichtendienst	20	6. Rechenschaftspflicht	104
C. Europäischer Rahmen	22	II. Verarbeitungsgrundlagen	105
I. Der Raum der Freiheit, der Sicherheit und des Rechts, Art. 3 Abs. 2 EUV, Art. 67–89 AEUV	23	III. Pflichten der Verantwortlichen und Auftragverarbeiter	108
II. Kompetenzen der Europäischen Union, insbesondere Art. 16 Abs. 2 AEUV	27	IV. Rechte der betroffenen Person	109
1. Kompetenzen im Bereich der Verhütung und Bekämpfung von Terrorismus	28	V. Kontrolle	115
2. Art. 88 AEUV	29	VI. Vernetzung der Sicherheitsbehörden	117
3. Art. 16 Abs. 2 AEUV	30	1. Vernetzung durch Datenübermittlung und Datenempfang	118
III. Grundrechte der Europäischen Union, insbesondere Art. 51 Abs. 1 S. 1 GRCh, Art. 8 GRCh	39	2. Vernetzung durch Zentraldateien und Verbunddateien	124
1. Art. 51 Abs. 1 S. 1 GRCh: Anwendbarkeit bei Durchführung des Rechts der Union	39	3. Vernetzung durch Gemeinsame Dateien von Polizeien und Nachrichtendiensten	126
2. Art. 8 GRCh und weitere Freiheitsgewährleistungen	42	4. Vernetzung durch Gemeinsame Abwehrzentren	129
IV. Sekundärrechtliche Vorgaben, insbesondere RL (EU) 2016/680	45	5. Vernetzung im europäischen Rahmen	130
1. Überblick	45	**G. Bereichsspezifische Datenschutzregelungen**	133
2. RL (EU) 2016/680	46	I. Datenschutzbestimmungen im BPolG	133
D. Verfassungsrechtlicher Rahmen	64	1. Befugnisse zum Umgang mit personenbezogenen Informationen und Daten, §§ 21 ff. BPolG	134
I. Kompetenzen des Bundes	65	2. Rechte der betroffenen Personen	139
1. Gesetzgebungs- und Verwaltungskompetenzen des Bundes	66	II. Datenschutzbestimmungen im BKAG	140
2. Trennungsgebot und „informationelles Trennungsprinzip"	70	III. Datenschutzbestimmungen im ZFdG	141
II. Rechtsstaatsprinzip und Bestimmtheitsgebot	74	1. Zentrale Befugnisse zum Umgang mit personenbezogenen Informationen und Daten	142
III. Grundrechte des Grundgesetzes	75	2. Rechte der betroffenen Personen	147
1. Recht auf informationelle Selbstbestimmung, Art. 2 Abs. 1 iVm Art. 1 Abs. 1 GG	76	IV. Datenschutzbestimmungen im BVerfSchG	148
2. IT-Grundrecht, Art. 2 Abs. 1 iVm Art. 1 Abs. 1 GG	79		
3. Telekommunikationsgeheimnis, Art. 10 Abs. 1 GG	81		

Syst. L. Polizei- und Nachrichtendienstlicher Datenschutz

	Rn.		Rn.
1. Zentrale Befugnisse zum Umgang mit personenbezogenen Informationen und Daten	149	III. § 9 BKAG: Allgemeine Befugnisse zur Datenerhebung durch und zur Datenübermittlung an das Bundeskriminalamt	175
2. Rechte der betroffenen Personen	156	IV. § 10 BKAG: Bestandsdatenauskunft	181
V. Datenschutzbestimmungen im MADG	157	V. § 12 BKAG: Zweckbindung, Grundsatz der hypothetischen Datenneuerhebung	183
VI. Datenschutzbestimmungen im BNDG	158		
1. Zentrale Befugnisse zum Umgang mit personenbezogenen Informationen und Daten	160	VI. §§ 13 ff. BKAG: Informationssystem des Bundeskriminalamtes	187
2. Rechte der betroffenen Personen	163	VII. §§ 29 ff. BKAG: Polizeilicher Informationsverbund	191
VII. Datenverarbeitung und Datenschutz nach Maßgabe des G 10	164	VIII. §§ 38 ff. BKAG: Befugnisse zur Abwehr von Gefahren des internationalen Terrorismus	192
H. Das Bundeskriminalamt und das Bundeskriminalamtgesetz (BKAG)	168		
I. Überblick	168	IX. § 84 f. BKAG: Rechte der betroffenen Person	193
II. § 2 BKAG: Aufgaben des Bundeskriminalamtes	171	X. § 91 BKAG: Übergangsvorschrift	194

A. Entwicklungslinien im Recht der Polizeien und Nachrichtendienste

Wenige Bereiche haben sich in den vergangenen Jahrzehnten so sehr verändert wie die Handlungsfelder und das Recht der Polizeien und der Nachrichtendienste. Zunehmende **Vorfeldaufgaben,** strukturorientiertes und **„operatives" Vorgehen** statt der traditionellen Unterscheidung zwischen Prävention und Repression, Veränderungen der Polizei- und Nachrichtendienstarbeit durch die weit reichende **Datafizierung gesellschaftlicher Kommunikation,** zunehmender **Einsatz Künstlicher Intelligenz** bei Ermittlungen und Wissensgenerierung, **Rollenwandel** und **Grenzverwischungen** bei Polizeien, Nachrichtendiensten und Strafverfolgungsbehörden, **Ausbau der Bundesinstitutionen,** zunehmende **Vernetzungen** der Sicherheitsbehörden und wachsende **Europäisierung** sind einige der Stichworte (s. ausf. Albers, Die Determination polizeilicher Tätigkeit in den Bereichen der Straftatenverhütung und der Verfolgungsvorsorge, S. 2001; Bäcker, Kriminalpräventionsrecht, 2015). Die **„Neue Sicherheitsarchitektur"** zeichnet sich nicht zuletzt durch Zentralisierungstendenzen und neue Leitungs-, Kooperations- und Koordinationsgremien auf Bundesebene aus. Zu den zentralen Institutionen auf Bundesebene zählen die Bundespolizei, das Bundeskriminalamt, der Zoll, das Bundesamt für Verfassungsschutz, der Militärische Abschirmdienst und der Bundesnachrichtendienst (→ Rn. 3 ff.). Auf unionaler Ebene gibt es über die Europäisierung durch primär- und sekundärrechtliche Vorgaben hinaus (→ Rn. 22 ff.) ebenfalls einige eigenständige Institutionen. Etwa unterhält das europäische Polizeiamt Europol ein europäisches Verbundsystem, das den Mitgliedstaaten Daten und Informationen zwecks Verhütung und Bekämpfung übergreifend relevanter Kriminalitätsformen zur Verfügung stellt. 1

Mittlerweile stellt sich das Recht der Polizeien und Nachrichtendienste in weitem Umfang als **Recht des Umgangs mit personenbezogenen Informationen und Daten** dar. Dabei setzt es sich aus vielschichtigen, netzwerkartig miteinander zusammenhängenden Bestimmungen zusammen und zeichnet sich durch einen hohen Komplexitätsgrad aus (→ Rn. 82 ff.). Wesentlichen Einfluss auf die hier teilweise ausgeprägte Vergesetzlichung haben die verfassungsrechtlichen Maßgaben, die in zahlreichen Entscheidungen des BVerfG aufgestellt und weiter ausgearbeitet worden sind (→ Rn. 63 ff.). Entscheidend wirkt sich daneben die Europäisierung aus, die auf der Grundlage des Art. 16 Abs. 2 AEUV einen wesentlichen Schub erhalten hat (→ Rn. 30 ff.): Für die Polizeien stellen vor allem die RL (EU) 2016/680 (RL (EU) 2016/680 des Europäischen Parlaments und des Rates v. 27.4.2016 zum Schutz natürlicher Personen bei der Verarbeitung personenbezogener Daten durch die zuständigen Behörden zum Zwecke der Verhütung, Ermittlung, Aufdeckung oder Verfolgung von Straftaten oder der Strafvollstreckung sowie zum freien Datenverkehr und zur Aufhebung des Rahmenbeschlusses 2008/977/JI des Rates v. 27.4.2016, ABl. L 119/89) und die einschlägigen Umsetzungsregelungen den Umgang mit personenbezogenen Informationen und Daten auf neue Grundlagen, die durch fachgesetzliche Vorschriften ergänzt werden hat (zur RL → Rn. 45 ff.). Hinzu kommen zahlreiche bereichsspezifische unionale Vorgaben (→ Rn. 44), die ihrerseits ggf. in fachgesetzlichen Bestimmungen umgesetzt oder spezifiziert werden. Auch die Regelungen der Arbeit von und der Zusammenarbeit mit Europol drehen sich nicht nur, aber wesentlich um den Umgang mit personenbezogenen Informationen und Daten. Die Europol-Verordnung (Verordnung (EU) 2016/794 des Europäischen Parlaments und des Rates 2

Syst. L. Polizei- und Nachrichtendienstlicher Datenschutz

vom 11.5.2016, ABl. L 135/53) soll künftig auch eine Zusammenarbeit, va einen Datenaustausch, mit privaten Parteien und die Verarbeitung großer und komplexer Datensätze sowie die Unterstützung strafrechtlicher Ermittlungen im Wege der Analyse großer und komplexer Datensätze durch Europol abdecken (s. den Änderungsvorschlag der Europäischen Kommission vom 9.12.2020, COM(2020) 796 final, sowie die Stellungnahme des Europäischen Datenschutzbeauftragten, ABl. EU v. 23.4.2021, C 143/6; vgl. zum Thema auch Drewer/Miladinova Computer Law and Security Review 2017, 298 (299 ff.)).

B. Die Bundesinstitutionen der Polizeien und Nachrichtendienste mit ihren Aufgaben

3 Polizeien und Nachrichtendienste unterstehen aus Perspektive des föderalen Nationalstaats grundsätzlich den Kompetenzen der Bundesländer (→ Rn. 4). Zu dem vielfältigen Wandel ihrer Rolle (→ Rn. 10, → Rn. 12) und zur „Neuen Sicherheitsarchitektur" gehören aber auch eine wachsende Europäisierung, verstärkte Zentralisierungen und ein zunehmender Ausbau der Bundesinstitutionen. Im Bereich der Polizeien sind dies die Bundespolizei (→ Rn. 9 f.), das Bundeskriminalamt (→ Rn. 11 f.) sowie der Zoll (→ Rn. 13 f.) und im Bereich der Nachrichtendienste das Bundesamt für Verfassungsschutz (→ Rn. 16 f.), der Militärische Abschirmdienst (→ Rn. 19 f.) und der Bundesnachrichtendienst (→ Rn. 20 f.).

I. Polizeien und Nachrichtendienste im föderalen Staat

4 Die Polizeihoheit ist in der Bundesrepublik Deutschland grundsätzlich dezentral den Ländern und nur im Hinblick auf bestimmte sonderpolizeiliche Kompetenzen dem Bund zugewiesen. Statt einer „Einheitlichkeit der Polizeigewalt" hat man mit einer **im föderalen System von Bund und Ländern aufgeteilten Polizeihoheit** zu tun. Dies gehört zu den „charakteristischen Grundentscheidungen der Sicherheitsarchitektur des deutschen Bundesstaates" (Möstl Verw. 2008, 309 (311)) und ist ein Merkmal der neueren deutschen Verfassungsgeschichte. Unterbrochen wurde diese mit der durch die nationalsozialistische Diktatur vorgenommenen „Verreichlichung des Polizeiwesens" (Lisken/Denninger/Stolleis/Kremer, Handbuch des Polizeirechts, 7. Aufl. 2021, Kap. A Rn. 63; zu den Entwicklungen der Polizei in Hamburg während der nationalsozialistischen Diktatur Sommermann/Schaffarzik/Albers, Handbuch der Geschichte der Verwaltungsgerichtsbarkeit in Deutschland und Europa, 2018, § 19 S. 759 ff.). Dieser Prozess fand mit der Beseitigung des föderativen Aufbaus Deutschlands durch das Gesetz über den Neuaufbau des Reichs v. 30.1.1934 seinen Abschluss. Ohne ein spezielles Konzept zur Reorganisation der Polizei entwickelt zu haben, stellten die Alliierten nach der Besetzung Deutschlands im Zuge der allgemeinen Dezentralisierung die Länderhoheit über die Polizei wieder her (Lisken/Denninger/Stolleis/Kremer, Handbuch des Polizeirechts, 7. Aufl. 2021, Kap. A Rn. 67 f.; Werkentin, Die Restauration der deutschen Polizei, 1984, 14 ff.). In dem somit föderalen System sind Regelungen einer horizontalen und vertikalen Kooperation notwendig (dazu eingehend und mit weiteren Differenzierungen Möstl Verw. 2008, 309 (317 ff.)). Das Grundgesetz ermöglicht zB mit Art. 35 GG und 91 GG Formen horizontaler Kooperation zwischen den Ländern und mit der Kompetenz zur Einrichtung von Sonderpolizeien des Bundes nach Art. 87 Abs. 1 S. 2 GG Möglichkeiten zur vertikalen Kooperation. Im Ergebnis entsteht ein **Verbund von wechselseitig in horizontaler und vertikaler Kooperation verklammerten dezentralen und zentralen Polizeieinheiten** (Möstl Verw. 2008, 309 (311)). Daneben sind die Kooperationsverhältnisse der nationalen Ebenen zu der europäischen Ebene zu berücksichtigen (→ Rn. 115 ff.).

5 In den letzten Jahrzehnten hat der föderale Verbund der Polizei einen bis heute andauernden **Wandel** durchgemacht. Mit Blick auf die Länderpolizeien ist die Erweiterung der klassischen Aufgaben der Gefahrenabwehr und der Strafverfolgung, die sich prinzipiell einzelfallbezogen gestalten, um die „Vorfeld"-Aufgaben der in weitem Umfang strukturbezogenen Straftatenverhütung und Verfolgungsvorsorge eine entscheidende Veränderung des Aufgabenprofils (ausf. zu dieser Entwicklung Albers, Die Determination polizeilicher Tätigkeit in den Bereichen der Straftatenverhütung und der Verfolgungsvorsorge, 2001, 97 ff.). Mit dem Ausbau der Sicherheitsbehörden des Bundes und der zunehmenden Erweiterung der Kooperationsmöglichkeiten von Bund und Ländern wird die Aufgabenwahrnehmung im Bereich der inneren Sicherheit zudem zunehmend zentralisiert. Im Urteil des BVerfG aus dem Jahr 1998 findet sich noch der Hinweis auf die „Entscheidung der Verfassung, die Polizeigewalt in die Zuständigkeit der Länder zu verweisen und aus Gründen der Rechtsstaatlichkeit, der Bundesstaatlichkeit und des Grundrechtsschutzes den Ausnahmefall einer Bundespolizei in der Verfassung zu begrenzen" (BVerfGE 97, 198 (218)).

Syst. L. Polizei- und Nachrichtendienstlicher Datenschutz

Für den damaligen Bundesgrenzschutz hat es daraus gefolgert, dieser dürfe „nicht zu einer allgemeinen, mit den Landespolizeien konkurrierenden Bundespolizei ausgebaut werden und damit sein Gepräge als Polizei mit begrenzten Aufgaben verlieren" (BVerfGE 97, 198 (218)). Die schon seit den 1970er Jahren zu beobachtende Zentralisierung (für das Bundeskriminalamt Abbühl, Der Aufgabenwandel des Bundeskriminalamts, 2010, 121 ff.) erhielt durch Maßnahmenpakete im Gefolge von Terroranschlägen, aber auch wegen der Veränderung der Kriminalitätsformen hin zu länder- und staatenübergreifender oder internetbezogener schwerer Kriminalität jedoch immer wieder eine neue Dynamik. Gerade das Bundeskriminalamt, aber auch die Bundesbehörden des Zolls und die Bundespolizei werden weiter gestärkt. Dementsprechend wird das **Bundeskriminalamt**, das zu Beginn seiner Tätigkeit als eine vorwiegend Informationen sammelnde und auswertende Serviceeinrichtung für die Länderpolizeien verstanden wurde, mit seinem heutigen Organisations- und Aufgabenprofil als eine Polizeibehörde eigener Art (Roggan NJW 2009, 257 (262)) oder als eine **multifunktionale „Intelligence-Behörde"** (Abbühl, Der Aufgabenwandel des Bundeskriminalamts, 2010, 353 ff.) bezeichnet.

Neben den Polizeien sind die **Nachrichtendienste** (zum Begriffsverständnis, auch in Abgren- 6 zung gegen den Begriff „Geheimdienst": Spitzer, Die Nachrichtendienste Deutschlands und die Geheimdienste Russlands – ein Vergleich, 2011, 11 ff.; Gazeas, Übermittlung nachrichtendienstlicher Erkenntnisse an Strafverfolgungsbehörden, 2014, 52 ff.) ein weiterer Baustein der deutschen Sicherheitsarchitektur. Die Verfassungsschutzämter sind in einem föderalen Verbund von Landesämtern und Bundesamt für Verfassungsschutz organisiert. Sämtliche Nachrichtendienste dienen nach ihrer klassischen Aufgabenstellung in erster Linie der Information der Regierung über die im Aufgabenbereich liegenden Gefährdungslagen. Ihre Tätigkeit richtet sich auf die Beschaffung, Auswertung und Vermittlung von Informationen, während ihnen die Ausübung sonstiger aktiver Maßnahmen verwehrt ist (Rose-Stahl, Recht der Nachrichtendienste, 2. Aufl. 2006, 18). Wichtiger ist, dass sie im Grundsatz nicht einzeltatbezogen, sondern auf die Aufklärung von Strukturen und übergreifenden Zusammenhängen ausgerichtet sind. Das BVerfG hat dies zusammengefasst: Unbeschadet näherer Differenzierungen zwischen den verschiedenen Diensten beschränkt sich die Zielrichtung der Aufklärung „im Wesentlichen darauf, fundamentale Gefährdungen, die das Gemeinwesen als Ganzes destabilisieren können, zu beobachten und hierüber zu berichten, um eine politische Einschätzung der Sicherheitslage zu ermöglichen. Ziel ist nicht die operative Gefahrenabwehr, sondern die politische Information. So ist Aufgabe der Tätigkeit des Bundesnachrichtendienstes nicht die Bekämpfung von Straftaten als solchen, sondern übergreifend die Gewinnung von Erkenntnissen über das Ausland, die von außen- und sicherheitspolitischer Bedeutung für die Bundesrepublik Deutschland sind. In Form von Lageberichten, Analysen und Berichten über Einzelerkenntnisse soll die Bundesregierung in den Stand gesetzt werden, Gefahrenlagen rechtzeitig zu erkennen und ihnen – politisch – zu begegnen [...]. Entsprechend zielt auch die Aufklärung der Verfassungsschutzbehörden nicht unmittelbar auf die Verhütung und Verhinderung von konkreten Straftaten oder die Vorbereitung entsprechender operativer Maßnahmen. Auch hier beschränkt sich die Aufgabe der Dienste auf eine Berichtspflicht gegenüber den politisch verantwortlichen Staatsorganen beziehungsweise der Öffentlichkeit" (BVerfGE 133, 277 (326) = BeckRS 2013, 49916; zuvor für den BND im Sinne einer Primärfunktion BVerfGE 100, 313 (371)). Nach dem traditionellen Bild weisen Polizeien einerseits und Nachrichtendiensten andererseits daher gänzlich unterschiedliche Kompetenzprofile auf (Möllers/van Ooyen/Lange Neue Sicherheit, Band 2: Neue Sicherheitsarchitektur, 2012, S. 75 (87 ff.); Poscher/Rusteberg, Ein Kooperationsverwaltungsrecht des Verfassungsschutzes? in Dietrich ua, Reform der Nachrichtendienste zwischen Vergesetzlichung und Internationalisierung, 2019, S. 145 (149 ff.)).

Auch bei den Nachrichtendiensten ist mittlerweile ein **Wandel** zu konstatieren. Ihre eigene 7 Tätigkeit verändert sich bereits mit den zunehmenden Überwachungsmöglichkeiten infolge der Datafizierung gesellschaftlicher Kommunikation (vgl. auch Masing, Nachrichtendienste im freiheitlichen Rechtsstaat in Dietrich ua, Nachrichtendienste im demokratischen Rechtsstaat, 2018, S. 3 (4 ff.)). Im Bund/Länder-Verhältnis der Verfassungsschutzämter untereinander zielen Forderungen nach einer Stärkung der Zentralstellenfunktion des Bundesamtes oder weitergehende Zentralisierungsforderungen auf die Modifikation oder Auflösung des föderalen Verbunds (zur Debatte Bäcker GSZ 2018, 213 (215 ff.); Gärditz AöR 2019, 81 (82 ff.)). Vor allem haben sich im Verhältnis zwischen Nachrichtendiensten und Polizeien zunehmende Aufgabenüberschneidungen entwickelt (dazu etwa Möllers/van Ooyen/Lange, Neue Sicherheit, Band 2: Neue Sicherheitsarchitektur, 2012, 75 (87 ff.)). Die Entwicklung wird sowohl dadurch getrieben, dass die Polizeien eben nicht mehr allein prinzipiell einzelfallbezogen operieren, als auch dadurch, dass die Nachrichtendienste, etwa im Bereich des Terrorismus, immer auch mit konkretisierten Gefahrenlagen zu tun haben. Für den BND als Auslandsnachrichtendienst hat das BVerfG auf neuartige Bedrohungslagen von

Syst. L. Polizei- und Nachrichtendienstlicher Datenschutz

außen- und sicherheitspolitischer Bedeutung, wie sie etwa von außen gesteuerte Cyberangriffe auf wichtige Infrastrukturen darstellten, hingewiesen; nachrichtendienstliche Aktivitäten dürfen sich darauf erstrecken, nicht aber reine Straftatenaufklärung im Hinblick auf Tatbeiträge oder Erkenntnisquellen im Ausland betreiben (BVerfG Urt. v. 19.5.2020 – 1 BvR 2835/17 Rn. 107, 127 f., BVerfGE 154, 152). Im Ergebnis entstehen wachsende Formen institutionalisierter informationeller Zusammenarbeit. Diese reichen von der Vernetzung durch Übermittlungs- und Empfangsbefugnisse sowie Zentral- oder Verbunddateien bis hin zu gemeinsamen Dateien zwischen Polizeien und Nachrichtendiensten wie etwa die Anti-Terror-Datei und die gemeinsamen Projektdateien (→ Rn. 117 ff.). Über ihre klassische Rolle hinaus werden Nachrichtendienste in gewissem Umfang zu „**Informationsschaltstellen**" im Verbund der Sicherheitsbehörden. Es ginge jedoch viel zu weit und wäre verfassungsrechtlich nicht tragfähig, wollte man den Verfassungsschutz pauschal (auch) als „analytischen Informationsdienstleister" (zum Begriff in einem begrenzten Kontext s. die Begründung des Gesetzentwurfs der Bundesregierung zur Verbesserung der Zusammenarbeit im Bereich des Verfassungsschutzes, BT-Drs. 18/4645, 33) der Sicherheitsbehörden verstehen (so jedoch Unterreitmeier DöV 2021, 659 (664)). Denn rechtlich ist zu berücksichtigen, dass die Charakteristika der traditionellen nachrichtendienstlichen Aufgaben – ein lediglich sachbezogenes Interesse an Gefährdungslagen, Verwendung erlangter Informationen für die Information der Regierung – rechtfertigender Grund einer spezifischen Ausgestaltung der Ermittlungs- und Überwachungsbefugnisse gewesen sind: Diese Charakteristika rechtfertigen etwa niedrige Einschreitschwellen, niedrige Grenzen bei der Inanspruchnahme von Personen oder die Heimlichkeit des Vorgehens in einer spezifischen Gestalt und Kombination. Sollen die so ausgestalteten Befugnisse und die dadurch erlangten Informationen aber in neuen Kontexten fruchtbar gemacht werden, gewinnen sie ein ganz anderes Gewicht. Es kommt daher darauf an, die Vernetzung unterschiedlich geprägter Sicherheitsbehörden sach- und grundrechtsgerecht zu gestalten, ua mit Übermittlungs- und Empfangsschwellen, Anforderungen an die Datenselektion oder verschiedenartigen Schutzvorkehrungen (zur Vernetzung s. noch → Rn. 117 ff.). Die mit dem Wandel der Nachrichtendienste entstehenden Herausforderungen erklären, warum eine adäquate rechtliche Ausgestaltung so anspruchsvoll wird.

II. Die Polizeien des Bundes

8   Zu den Bundespolizeibehörden zählen zunächst die Bundespolizei und das Bundeskriminalamt. Polizeiliche Aufgaben sind in erheblichem Umfang aber auch der Zollverwaltung zugewiesen. Hinzu kommen Aufgaben der Strom- und Schifffahrtspolizei für die Bundeswasserstraßen und des Luftfahrtbundesamtes. Daneben übt der Bundestagspräsident als ordentliche Polizeibehörde im Bundestag die ausschließliche Polizeigewalt aus, Art. 40 Abs. 2 GG. Die gerichtliche Sitzungspolizei der Bundesgerichte ist eine Polizeigewalt eigener Art (Möllers/van Ooyen Neue Sicherheit, Band 2: Neue Sicherheitsarchitektur, 2012, 139 (141)). Aus datenschutzrechtlicher Perspektive müssen in erster Linie die Bundespolizei, das Bundeskriminalamt sowie das Zollkriminalamt und die Zollfahndungsämter in den Blick genommen werden.

1. Die Bundespolizei

9   Die **Bundespolizei** ist eine „Bundesbehörde mit Unterbau" (Baumbach/Pfau Kriminalistik 2011, 771 (773); s. weiter Lisken/Denninger/Rachor/Roggan, Handbuch des Polizeirechts, 7. Aufl. 2021, Kap. C Rn. 67 ff.). Sie ist prinzipiell hierarchisch in das Bundespolizeipräsidium sowie die jeweils nachgeordneten Bundespolizeidirektionen und Bundespolizeiinspektionen organisiert (s. auch § 57 BPolG; als Organigramm mit Stand v. 17.11.2021 s. https://www.bundespolizei.de/SharedDocs/Webs/Downloads/IFG/organigramm_file.html, Abruf: 9.2.2022). Als Polizei des Bundes untersteht sie unmittelbar dem Bundesministerium des Innern und für Heimat, vgl. § 1 Abs. 1 BPolG. Das Bundespolizeipräsidium ist als Oberbehörde für die Dienst- und Fachaufsicht sowie für die polizeilich-strategische Steuerung der Bundespolizei zuständig.

10 Als Sonderpolizei des Bundes fallen der Bundespolizei nur klar umrissene Aufgabenfelder zu. Ihr werden sowohl durch §§ 2 ff. BPolG als auch durch zahlreiche Fachgesetze (s. den Überblick bei Drewes/Malmberg/Walters/Drewes, BPolG, 6. Aufl. 2018, § 1 Rn. 30) eine Vielfalt von Aufgaben zugewiesen (vgl. § 1 Abs. 2 BPolG; Winkeler, Von der Grenzpolizei zur multifunktionalen Polizei des Bundes?, 2005; Kugelmann, Polizei- und Ordnungsrecht, 2. Aufl. 2012, Kap. 4 Rn. 6 ff.)). Ihr obliegt grundsätzlich der **grenzpolizeiliche Schutz des Bundesgebietes** (§ 2 BPolG). Dies umfasst nicht nur die polizeiliche Überwachung der Grenze und des grenzüberschreitenden Verkehrs, sondern auch die Abwehr von Gefahren, die die Sicherheit der Grenze beeinträchtigen, im Grenzgebiet bis zu einer Tiefe von 30 km und von der seewärtigen Begrenzung an bis zu

Syst. L. Polizei- und Nachrichtendienstlicher Datenschutz

einer Tiefe von 50 km. Die Aufgabe ist im Zusammenhang mit dem Wegfall der Binnengrenzkontrollen in der Europäischen Union zu sehen (ausf. Drewes/Malmberg/Walter/Drewes, BPolG, 6. Aufl. 2018, § 2 Rn. 1 ff.). Daneben nimmt die Bundespolizei die **Gefahrenabwehr auf dem Gebiet der Bahnanlagen** der Eisenbahnen des Bundes (§ 3 BPolG), parallele und weitere Aufgaben zur **Gewährleistung der Luftsicherheit** (§§ 4 BPolG iVm § 5 LuftSiG, 4a BPolG) und in begrenztem Umfang **Aufgaben auf See** nach § 6 BPolG wahr. In bestimmten Feldern stehen ihr polizeiliche Aufgaben auf dem Gebiet der **Strafverfolgung** zu (§ 12 BPolG). Ansonsten kann die Bundespolizei unterstützend wirken (zur Unterscheidung von Aufgaben und Verwendungen Wehr, BPolG, 2. Aufl. 2015, § 1 Rn. 7), etwa im Falle von **Verwendungen im Ausland** im Rahmen nichtmilitärischer internationaler Maßnahmen auf Ersuchen und unter Verantwortung etwa der Vereinten Nationen (§ 8 Abs. 1 BPolG; zur Beteiligung des Deutschen Bundestages s. § 8 Abs. 1 S. 4 und 5 BPolG) oder zur **Unterstützung eines Landes** (§ 11 BPolG, zu den Entscheidungskompetenzen und verfahrensrechtlichen Vorkehrungen s. § 11 Abs. 2–4 BPolG). Der Grundaufbau der Befugnisse gestaltet sich ähnlich wie in den Länderpolizeigesetzen (insgesamt näher → Rn. 133 ff., zur Vernetzung → Rn. 117 ff.).

2. Das Bundeskriminalamt

Das **Bundeskriminalamt** ist eine dem Bundesinnenministerium nachgeordnete Bundesoberbehörde mit Sitz in Wiesbaden und weiteren Standorten in Berlin und Meckenheim bei Bonn. Es ist in die Amtsleitung durch den Präsidenten und drei Vizepräsidenten und in elf Abteilungen gegliedert (Organigramm mit Stand v. 1.1.2022 unter: https://www.bka.de/SharedDocs/Downloads/DE/DasBKA/Organisation_Aufbau/organigramm_neu.html, Abruf: 9.2.2022; s. auch Lisken/Denninger/Rachor/Roggan, Handbuch des Polizeirechts, 7. Aufl. 2021, Kap. C Rn. 80 f.). 11

Dem Bundeskriminalamt kommt stetig wachsende Bedeutung zu. Seine Aufgaben sind in §§ 2 ff. BKAG aufgeführt. Nach § 2 Abs. 1 BKAG unterstützt es als **Zentralstelle** für das polizeiliche Auskunfts- und Nachrichtenwesen und für die Kriminalpolizei die Polizeien des Bundes und der Länder bei der Verhütung und Verfolgung von Straftaten mit länderübergreifender, internationaler oder erheblicher Bedeutung. § 2 Abs. 3 BKAG siedelt das von Bund und Ländern gemeinsam betriebene polizeiliche Informationssystem **INPOL** beim Bundeskriminalamt an. Im Anschluss an die Saarbrücker Agenda (Saarbrücker Agenda zur Informationsarchitektur der Polizei als Teil der Inneren Sicherheit v. 30.11.2016, abrufbar unter https://www.medienservice.sachsen.de/medien/news/207842, Abruf 9.2.2022) soll die Architektur dieses Systems im Rahmen des Konzepts **Polizei 2020** fundamental umgestaltet werden (Bundesministerium des Innern, Polizei 2020 – White Paper, https://www.bmi.bund.de/SharedDocs/downloads/DE/veroeffentlichungen/2018/polizei-2020-white-paper.pdf?__blob=publicationFile&v=1, Abruf 9.2.2022). Die Grundlagen für diese begonnene Umgestaltung sind mit der Novellierung des BKA-Gesetzes (Gesetz zur Neustrukturierung des Bundeskriminalamtgesetzes v. 1.6.2017, BGBl. I 1354) geschaffen worden, das der Umsetzung der RL (EU) 2016/680 ebenso wie des BKA-Urteils des BVerfG dient, aber auch weitergehende Neuerungen enthält (zu zentralen Vorschriften → Rn. 168 ff.). Außerdem unterhält das Bundeskriminalamt erkennungsdienstliche und kriminaltechnische Einrichtungen, erstellt kriminalpolizeiliche Analysen und Statistiken und betreibt wissenschaftliche Forschung. Es hat weiter wesentliche Aufgaben in der **internationalen Zusammenarbeit** auf den Gebieten der Gefahrenabwehr und der Strafverfolgung (§ 3 BKAG). So ist es Nationales Zentralbüro für Interpol im Rahmen der internationalen und europäischen Zusammenarbeit wie auch national zuständige Stelle im Rahmen des Schengener Informationssystems und von Europol. Darüber hinaus nimmt es selbst polizeiliche Aufgaben im Bereich der **Strafverfolgung** in bestimmten Kriminalitätsbereichen (§ 4 BKAG) und außerdem der **Gefahrenabwehr und Straftatenverhütung im Bereich des international organisierten Terrorismus** wahr (§ 5 BKAG). Ihm obliegt der Objekt- und Personenschutz für Verfassungsorgane (§ 6 BKAG), in einigen Fallgruppen des § 4 BKAG der Zeugenschutz (§ 7 BKAG) und außerdem die Sicherung seiner behördlichen Liegenschaften, sonstigen Einrichtungen und eigenen Veranstaltungen ebenso wie die Sicherung seines Dienstbetriebs gegen Gefahren, die von Personen ausgehen, die für das Bundeskriminalamt tätig werden sollen (§ 8 BKAG). 12

3. Zollbehörden

Die **Zollbehörden** unterstehen dem Bundesministerium der Finanzen und gliedern sich in die Generalzolldirektion als Bundesoberbehörde, zu deren Fachdirektionen ua das Zollkriminalamt und die FIU gehören, sowie örtliche Behörden (Hauptzollämter und Zollfahndungsämter), vgl. 13

Syst. L. Polizei- und Nachrichtendienstlicher Datenschutz

§§ 17 Abs. 1 ZollVG, 1 FVG, 1 ZFdG (Organigramme unter: https://www.zoll.de/DE/Der-Zoll/Struktur-des-Zolls/struktur-des-zolls_node.html; Abruf: 9.2.2022).

14   Die Zollverwaltung und hier insbesondere die Behörden des Zollfahndungsdienstes (Zollkriminalamt und Zollfahndungsämter) haben im Bereich der Bundespolizeien wegen der besonders vielschichtigen Aufgaben eine wichtige Rolle (vgl. auch Lisken/Denninger/Rachor/Roggan, Handbuch des Polizeirechts, 7. Aufl. 2021, Kap. C Rn. 82 ff.). Bereits die eigentlichen fiskalischen Aufgaben und die entsprechende zollamtliche Überwachung schließen verschiedene Stränge des Verwaltungshandelns, der Straftatenverhütung und Gefahrenabwehr sowie der Verfolgungsvorsorge und Strafverfolgung ein. Die Überwachung beschränkt sich nicht auf punktuelle Kontrollen, sondern umfasst etwa strukturorientierte Aufgaben des „Risikomanagements" (vgl. § 3 Abs. 2 ZFdG; näher, auch zum unionsrechtlichen Hintergrund, Graulich GSZ 2019, 221 (222 f.)). Vor dem Hintergrund der mit dem grenzüberschreitenden Warenverkehr vermittelten strategischen Position sind den Zollbehörden darüber hinaus zahlreiche fachgesetzlich näher spezifizierte Aufgaben etwa im Bereich des illegalen Technologie- oder Waffentransfers, des Rauschgifthandels, der Geldwäsche und der Terrorismusfinanzierung zugewiesen worden. Vor allem den Zollfahndungsämtern und dem Zollkriminalamt stehen weitreichende Datenerhebungs- und -verarbeitungsbefugnisse zu. Das **Zollkriminalamt** hat Aufgaben als Zentralstelle (§ 3 Abs. 1 ZFdG), zu deren Erfüllung es ua das Zollfahndungsinformationssystem INZOLL unterhält (§§ 3 Abs. 3, 15 ff. ZFdG). Es nimmt grundsätzlich die Aufgabe einer Erfassungs- und Übermittlungsstelle für Daten in nationalen und internationalen Informationssystemen wahr, an die Behörden der Zollverwaltung angeschlossen sind (§ 3 Abs. 4 ZFdG). Es koordiniert und lenkt die Ermittlung der Zollfahndungsämter (§ 3 Abs. 5 ZFdG). In Fällen von besonderer Bedeutung kann es deren Aufgaben auf dem Gebiet der Strafverfolgung selbst wahrnehmen (§ 4 Abs. 1 ZFdG), und es hat darüber hinaus zahlreiche Aufgaben der Mitwirkung an Überwachungen zur Straftatenverhütung, Straftatenaufdeckung oder Verfolgungsvorsorge als eigene Aufgaben (§ 4 Abs. 2–4 ZFdG). Die **Zollfahndungsämter** wirken bei der Überwachung des Außenwirtschaftsverkehrs und des grenzüberschreitenden Warenverkehrs mit und haben im Bereich der Straftatenverhütung, -verfolgungsvorsorge und -verfolgung Informationsaufgaben. Auch in der **Vernetzung der Sicherheitsbehörden** spielt der Zoll eine prominente Rolle (insgesamt näher → Rn. 141 ff.; zur Vernetzung → Rn. 117 ff.). So verkehrt das Zollkriminalamt als Zentralstelle ua mit den für den Staatsschutz zuständigen Stellen des Bundes und der Länder, § 3 Abs. 7 S. 1 Nr. 3 ZFdG.

III. Die Nachrichtendienste des Bundes

15   Zu den **Nachrichtendiensten** des Bundes zählen das Bundesamt für Verfassungsschutz und der Militärische Abschirmdienst als Inlandsnachrichtendienste und der Bundesnachrichtendienst als Auslandsnachrichtendienst. Das Recht der Nachrichtendienste wurde erst spät, nämlich in Reaktion auf das Volkszählungsurteil des BVerfG, umfassend vergesetzlicht. Die Gesetzesbindung der Inlandsdienste nach Art. 20 GG ist in den Gesetzen nochmals eigenständig aufgeführt, §§ 3 Abs. 1 BVerfSchG, 1 Abs. 5 MADG. Das Verbot einer Angliederung der Nachrichtendienste an eine polizeiliche Dienststelle ist in §§ 1 Abs. 1 S. 3 BVerfSchG, 1 Abs. 1 S. 2 BNDG, 1 Abs. 4 MADG als organisatorische Grundentscheidung des Gesetzgebers festgehalten.

1. Bundesamt für Verfassungsschutz

16   Das **Bundesamt für Verfassungsschutz** mit seinem Sitz in Köln ist eine Bundesoberbehörde im Geschäftsbereich des Bundesministeriums des Innern und für Heimat (vgl. § 2 Abs. 1 BVerfSchG). Es hat Abteilungen mit Fachaufgaben, zB in den Feldern des Rechtsextremismus, des Linksextremismus oder der Cyberabwehr, Abteilungen für operative Fachunterstützung und Abteilungen mit Serviceaufgaben (Organigramm: https://www.verfassungsschutz.de/DE/verfassungsschutz/bundesamt/organisation/organisation_node.html, Abruf 9.2.2022). Neben dem Bundesamt für Verfassungsschutz gibt es 16 Landesämter für Verfassungsschutz (s. dazu auch § 2 Abs. 2 BVerfSchG). Bund und Länder sind verpflichtet, in Angelegenheiten des Verfassungsschutzes zusammenzuarbeiten. § 5 BVerfSchG grenzt die jeweiligen Zuständigkeiten gegeneinander ab.

17   Dem Bundesamt für Verfassungsschutz ist mit dem in § 1 Abs. 1 BVerfSchG verankerten Zweck des Schutzes der freiheitlichen demokratischen Grundordnung, des Bestandes und der Sicherheit des Bundes und der Länder sowie den in § 3 Abs. 1 BVerfSchG festgehaltenen Aufgaben die zentrale Informationsstelle für den Verfassungsschutz (Hirsch, Die Kontrolle der Nachrichtendienste, 1996, S. 30). Seine zentrale **Aufgabe** ist die Sammlung und Auswertung von sach- und personenbezogenen Informationen ua über Bestrebungen, die gegen die freiheitliche demokratische Grundordnung, den Bestand oder die Sicherheit des Bundes oder eines Landes gerichtet

Syst. L. Polizei- und Nachrichtendienstlicher Datenschutz

sind, über sicherheitsgefährdende oder geheimdienstliche Tätigkeiten für eine fremde Macht, über Bestrebungen, die durch Anwendung von Gewalt auswärtige Belange der Bundesrepublik Deutschland gefährden, und über Bestrebungen, die gegen den Gedanken der Völkerverständigung iSd Art. 9 Abs. 2 GG, insbesondere gegen das friedliche Zusammenleben der Völker iSd Art. 26 Abs. 1 GG, gerichtet sind. Die relativ unbestimmten Rechtsbegriffe in dieser Aufgabenbeschreibung (vgl. auch BVerwG Urt. v. 21.7.2010 – C 22.09 Rn. 18 ff., 25 ff., BVerwGE 137, 275; ausf. Lisken/Denninger/Bergemann, Handbuch des Polizeirechts, 7. Aufl. 2021, Kap. H Rn. 19 ff.; Gazeas, Übermittlung nachrichtendienstlicher Erkenntnisse an Strafverfolgungsbehörden, 2014, S. 72 ff.) werden teilweise in § 4 BVerfSchG näher definiert. Des Weiteren wirkt das Bundesamt für Verfassungsschutz bei der Sicherheitsüberprüfung von Personen mit, die im Sicherheitsüberprüfungsgesetz (v. 20.4.1994, BGBl. I 867, zul. geänd. durch Art. 4 Gesetz v. 5.7.2021 BGBl. I 2274) besonders geregelt ist. Zur Erfüllung seiner Aufgaben darf es Informationen erheben, speichern und nutzen und dazu auch Methoden, Gegenstände und Instrumente der heimlichen Informationsbeschaffung einsetzen. Des Weiteren zeichnet es sich durch zahlreiche Befugnisse zur informationellen Kooperation mit anderen Behörden aus. Polizeiliche Befugnisse oder Weisungsbefugnisse stehen ihm dagegen nach § 8 Abs. 3 BVerfSchG explizit nicht zu (insgesamt näher → Rn. 148 ff.; zum G 10 → Rn. 164 ff.; zur Vernetzung → Rn. 117 ff.).

2. Militärischer Abschirmdienst

Die Verfassungsschutzbehörde für die Streitkräfte ist der **Militärische Abschirmdienst**. Dieser **18** ist Teil der Streitkräfte, hat seinen Sitz in Köln und gliedert sich in fünf Abteilungen. Im Rahmen einer zweistufigen Führungsstruktur sind über das Bundesgebiet und die Wehrbereiche sieben MAD-Stellen verteilt. Die Amtsleitung haben die Präsidentin und die Vizepräsidenten inne (s. zum MAD unter https://www.bundeswehr.de/de/organisation/weitere-bmvg-dienststellen/mad-bundesamt-fuer-den-militaerischen-abschirmdienst, Abruf 9.2.2022).

Der Militärische Abschirmdienst erfüllt die **Aufgaben eines Inlandsnachrichtendienstes im** **19** **Bereich der Streitkräfte,** vgl. § 1 Abs. 1 MADG. Daneben hat er die Aufgabe, Informationen zur Beurteilung der Sicherheitslage von Dienststellen und Einrichtungen im Geschäftsbereich des Bundesministeriums der Verteidigung oder verbündeter Streitkräfte auszuwerten, § 1 Abs. 2 MADG. Er wirkt bei der Sicherheitsprüfung von Personen und bei technischen Sicherheitsmaßnahmen im Bundesministerium der Verteidigung mit, § 1 Abs. 3 MADG.

3. Bundesnachrichtendienst

Der aus der „Organisation Gehlen" hervorgegangene **Bundesnachrichtendienst** mit Sitz **20** in Pullach bei München und in Berlin ist eine Bundesoberbehörde im Geschäftsbereich des Bundeskanzleramtes, § 1 Abs. 1 BNDG (zur Geschichte des BND s. Weisser, Die Entwicklung des Bundesnachrichtendienstes, 2014, 35 ff.). Die bisherige BND-Zentrale in Pullach ist weitgehend nach Berlin verlegt worden. Der Amtsleitung aus Präsident und Vizepräsidentin sowie Vizepräsidenten unterstehen elf Fachabteilungen (Organigramm zum BND unter https://www.bnd.bund.de/DE/Der_BND/Abteilungen/abteilungen_node.html, Abruf 9.2.2022; Lisken/Denninger/Rachor/Roggan, Handbuch des Polizeirechts, 7. Aufl. 2021, Kap. C Rn. 109 f.).

Aufgabe des Bundesnachrichtendienstes als Auslandsnachrichtendienst ist nach § 1 Abs. 2 **21** BNDG die Sammlung und Auswertung von Informationen zur Gewinnung von Erkenntnissen, die von außen- und sicherheitspolitischer Bedeutung für die Bundesrepublik Deutschland sind (krit. wegen der Vagheit: Möllers/van Ooyen/Lange Neue Sicherheit, Band 2: Neue Sicherheitsarchitektur, 2012, S. 75 (90)). Auch soweit Ermittlungen oder Auswertungen im Inland stattfinden, ist seine zentrale Aufgabe also die Auslandsaufklärung in bestimmten Hinsichten (vgl. Gröpl, Die Nachrichtendienste im Regelwerk der deutschen Sicherheitsverwaltung, 1993, 221 ff.). Der originäre Zweck der Sammlung und Auswertung einschlägiger Informationen liegt in der Erarbeitung und Übermittlung von Berichten an die Bundesregierung, das Kanzleramt und Ministerien, die diese für ihre Tätigkeit nutzen (BVerfGE 100, 313 (371); 154, 152 Rn. 127 ff.; Porzner DV 1993, 234 (234, 239, 241)). Dem entspricht die in § 65 BNDG festgehaltene Berichtspflicht, nach der der Bundesnachrichtendienst den Chef des Bundeskanzleramtes über seine Tätigkeit und über Erkenntnisse aus seiner Tätigkeit darüber hinaus den Bundesminister im Rahmen ihrer Zuständigkeiten unterrichtet. Die Berichtspflicht umfasst nicht lediglich sachbezogene Lageberichte, Länderstudien oder Trendanalysen, sondern schließt Daten und Informationen, die Einzelereignisse und bestimmte Personen bezeichnen, ein. Zudem kann der Bundesnachrichtendienst die Öffentlichkeit über Erkenntnisse informieren, die er im Rahmen seiner Aufgaben nach § 1 Abs. 2 und bei der Aufarbeitung seiner Historie gewinnt. Bei dieser Information darf er auch

Syst. L. Polizei- und Nachrichtendienstlicher Datenschutz

personenbezogene Daten bekanntgeben, wenn dies für das Verständnis des Zusammenhanges oder für das Verständnis der Darstellung von Organisationen oder unorganisierten Gruppierungen erforderlich ist und die Interessen der Allgemeinheit das schutzwürdige Interesse des Betroffenen überwiegen. Über die Berichtspflicht und die Öffentlichkeitsinformation hinaus ist der Bundesnachrichtendienst mittlerweile im Wege der Regelungen zur Datenübermittlung oder zu gemeinsamen Dateien in die Vernetzung der Sicherheitsbehörden eingebettet; geregelt werden nunmehr auch Kooperationen im Rahmen der strategischen Ausland-Fernmeldeaufklärung (ausf. Regelungen zur Vernetzung und zu Kooperationen in §§ 10 ff., 29 f., 31 ff. BNDG). Dem Bundesnachrichtendienst stehen im Rahmen der verfassungsrechtlichen Vorgaben ua Mittel zur heimlichen Informationsbeschaffung und Befugnisse zur informationellen Kooperation mit anderen Behörden oder mit ausländischen öffentlichen Stellen zu; polizeiliche Befugnisse oder Weisungsbefugnisse hat er dagegen nicht (insgesamt näher → Rn. 158 ff.; zum G 10 → Rn. 164 ff.; zur Vernetzung → → Rn. 117 ff.).

C. Europäischer Rahmen

22   Zu den maßgeblichen Faktoren der zunehmenden Europäisierung des Sicherheitsrechts (s. auch Lisken/Denninger/Aden, Handbuch des Polizeirechts, 7. Aufl. 2021, Kap. M; Schöndorf-Haubold, Europäisches Sicherheitsverwaltungsrecht, 2010; vgl. unter dem Aspekt des Konzepts „Zivile Sicherheit" weiter Gusy/Kugelmann/Würtenberger/Schöndorf-Haubold, Rechtshandbuch Zivile Sicherheit, 2016, S. 691 ff.) gehören die Verankerung eines **Raums der Freiheit, der Sicherheit und des Rechts** als Vertrags- und Integrationsziel und die Übernahme der ehemaligen „dritten Säule" der **polizeilichen und justiziellen Zusammenarbeit (PJZ)** in das Unionsrecht. Zugleich wachsen die Regelungskompetenzen der Europäischen Union, aus denen – neben der Kompetenz zur Institutionalisierung von Europol – für den Datenschutz **Art. 16 Abs. 2 AEUV** hervorzuheben ist (→ Rn. 30 ff.). Mit der Ausweitung europäischer Regelungen gewinnen – neben den ebenfalls sowohl im Unionsrecht als auch im nationalen Recht zunehmend einflussreichen Menschenrechten der EMRK (dazu Trute DV 2013, 537 (548 ff.); Kugelmann DV 2014, 34 (37 ff.)) – die **Grundrechte** der Charta der Grundrechte der Europäischen Union an Bedeutung (→ Rn. 39 ff.). Zu den maßgeblichen **Sekundärrechtsakten,** die das nationale Recht determinieren, gehört auf allgemeiner Ebene die RL (EU) 2016/680 (→ Rn. 45 ff.), deren Umsetzung einen weit reichenden Europäisierungsschub bewirkt. Hinzu kommen zahlreiche Sekundärrechtsakte in speziellen Feldern, etwa der Geldwäsche und Terrorismusfinanzierungsbekämpfung oder der Identifikationsdokumente; die für ungültig erklärte RL zur Vorratsdatenspeicherung sticht als Anlass mehrerer Leitentscheidungen des EuGH hervor (→ Rn. 44). Gesondert hervorzuheben ist die Vernetzung im europäischen Rahmen (→ Rn. 130 ff.).

I. Der Raum der Freiheit, der Sicherheit und des Rechts, Art. 3 Abs. 2 EUV, Art. 67–89 AEUV

23   Als ein grundlegendes Vertrags- und Integrationsziel seit dem Vertrag von Amsterdam bietet die Union ihren Bürgerinnen und Bürgern nach Art. 3 Abs. 2 EUV einen **Raum der Freiheit, der Sicherheit und des Rechts** ohne Binnengrenzen. Hierin soll, verbunden mit geeigneten Maßnahmen in Bezug auf die Kontrollen an den Außengrenzen (vgl. hierzu Neumann, Die Europäische Grenzschutzagentur Frontex, 2014), das Asyl, die Einwanderung sowie die Verhütung und Bekämpfung der Kriminalität, der freie Personenverkehr gewährleistet sein (Überblick bei Frenz Jura 2012, 701 ff.). Der Raum der Freiheit, der Sicherheit und des Rechts gibt, selbst wenn sich der Begriff dem Zufall verdanken und nicht mit einem tieferliegenden Sinn eingeführt worden sein sollte (dazu Müller-Graff/Elsen Der Raum der Freiheit, der Sicherheit und des Rechts, 2005, 43 (43 f.)), mehr als eine „bloße begriffliche Hülse für eine recht heterogene Mischung innen- und justizpolitischer Einzelziele" her (so zutr. Müller-Graff/Monar, Der Raum der Freiheit, der Sicherheit und des Rechts, 2005, 29 (29)). In Reaktion auf den Wegfall der Binnengrenzkontrollen und als europäische Antwort auf die Herausforderungen der grenzüberschreitenden organisierten Kriminalität und des internationalen Terrorismus (zur Rolle Europas im Rahmen der globalen Terrorismusbekämpfung s. die Beiträge in Ferreira-Pereira/Martins, The European Union's Fight Against Terrorism, 2014) impliziert er einen alle Mitgliedstaaten umfassenden „einen" Raum (Müller-Graff/Monar Der Raum der Freiheit, der Sicherheit und des Rechts, 2005, 29 (29 ff.); zur Flexibilität des Raumbegriffs Bogdandy/Bast/Monar, Europäisches Verfassungsrecht, 2009, 749 (755 ff.)) in Gestalt eines „befriedeten Freizügigkeitsraums" (Müller-Graff Integration 2012, 100 (102)). Recht schnell hat er sich zu einem Raum intensiver Vernetzung der Datenbanken der

Syst. L. Polizei- und Nachrichtendienstlicher Datenschutz

Sicherheitsbehörden entwickelt (Müller-Graff/Monar Der Raum der Freiheit, der Sicherheit und des Rechts, 2005, 29 (31)). Wegen der nahe liegenden prinzipiellen Fragen nach der Reichweite einer möglichen Integration und der Bedeutung der Polizeihoheit als Element des Gewaltmonopols für eine souveräne Staatlichkeit (vgl. auch aus dem – viel kritisierten – Lissabon-Urteil die Ausführungen BVerfGE 123, 267 (357 ff.; 406 ff.)) sind im Raum der Freiheit, der Sicherheit und des Rechts nationale Souveränitätsvorbehalte und besondere Entscheidungsverfahren auch im Vertrag von Lissabon erhalten geblieben (Sieber/Brüner/Satzger/v. Heintschel-Heinegg/Jokisch/ Jahnke Europäisches Strafrecht, 2. Aufl. 2014, § 2 Rn. 5).

Mit dem Vertrag von Lissabon wurde die ehemalige „dritte Säule" der **polizeilichen und** 24 **justiziellen Zusammenarbeit (PJZ)** in das Unionsrecht überführt. Damit wird das Rechtsregime der Union auf einen Bereich anwendbar, der zuvor durch intergouvernemtale Zusammenarbeit geprägt war (Ladenburger European Constitutional Law Review 2008, 20 ff.). Einige der Elemente, die der Säulenteilung entstammen, bleiben allerdings erhalten, dies hauptsächlich im Bereich der Entscheidungsverfahren (näher Bogdandy/Bast/Monar Europäisches Verfassungsrecht, 2009, 749 (771 f.). Auch erhalten nach Art. 9 des Protokolls (Nr. 36) über die Übergangsbestimmungen (ABl. C 83/322 v. 30.3.2010) die Rechtsakte auf der Grundlage der Titel V und VI, die vor dem Inkrafttreten des Lissaboner Vertrages auf der Grundlage des EUV angenommen wurden, so lange Rechtswirkung, bis sie in Anwendung der Verträge aufgehoben, für nichtig erklärt oder geändert werden. Darüber hinaus sind die Beschränkungen der Befugnisse der Kommission und des EuGH nach Art. 10 dieses Protokolls zu beachten.

Der Politikbereich des Raums der Freiheit, der Sicherheit und des Rechts ist in Titel V des 25 AEUV (Art. 67–89 AEUV) näher geregelt. Art. 67 Abs. 1 AEUV hebt hervor, dass dabei die Grundrechte und die verschiedenen Rechtsordnungen und -traditionen der Mitgliedstaaten geachtet werden. Nach Art. 67 Abs. 3 AEUV wirkt die Union darauf hin, durch Maßnahmen zur Verhütung und Bekämpfung von Kriminalität sowie von Rassismus und Fremdenfeindlichkeit, zur Koordinierung und Zusammenarbeit von Polizeibehörden und Organen der Strafrechtspflege und den anderen zuständigen Behörden sowie durch die gegenseitige Anerkennung strafrechtlicher Entscheidungen und erforderlichenfalls durch die Angleichung der strafrechtlichen Rechtsvorschriften ein hohes Maß an Sicherheit zu gewährleisten. Für die gesetzgeberische und operative Programmplanung im Raum der Freiheit, der Sicherheit und des Rechts legt der Europäische Rat die strategischen Leitlinien fest, Art. 68 AEUV. Die von der Kommission am 24.7.2020 vorgelegte EU-Strategie für eine Sicherheitsunion (COM(2020) 605 final; 3. Fortschrittsbericht v. 8.12.2021, COM(2021) 799 final) ist ein zentrales Element. Thematische Schwerpunkte der Agenda liegen bei dem Schutz kritischer Infrastrukturen und der Cybersicherheit, der Bekämpfung der Cyberkriminalität, des Terrorismus und organisierter Kriminalität sowie der Stärkung der innereuropäischen Zusammenarbeit, des Informationsaustauschs und der Vernetzung der Datenbanken, dabei ua Stärkung des Mandats von Europol und von Eurojust.

Bei einem großen Teil der europäischen Polizeikoordination handelt es sich **Zusammenar-** 26 **beitsformen** sowie um die **informationelle Verklammerung** der relevanten Stellen (Lisken/ Denninger/Aden, Handbuch des Polizeirechts, 7. Aufl. 2021, Kap. M Rn. 200 ff.; Möstl Verw. 2008, 309 (337); vgl. auch Böse, Der Grundsatz der Verfügbarkeit von Informationen in der strafrechtlichen Zusammenarbeit der Europäischen Union, 2007). Eine besonders institutionalisierte europäische Sicherheitsagentur stellt das Europäische Polizeiamt **Europol** dar (→ Rn. 29), dessen Hauptaufgabe die einer europäischen Zentralstelle für Information und Intelligence ist (Ellermann, Europol und FBI, 2005, 54 f.). Eine europäische Sonderpolizei mit weiter reichenden eigenen Zugriffsbefugnissen besteht im Raum der Freiheit, der Sicherheit und des Rechts nicht.

II. Kompetenzen der Europäischen Union, insbesondere Art. 16 Abs. 2 AEUV

Bei den Regelungskompetenzen der Europäischen Union werden die **speziellen Kompeten-** 27 **zen** im Bereich der Bekämpfung bestimmter Kriminalitätsformen und der polizeilichen Zusammenarbeit (→ Rn. 28 f.) durch die mit dem Vertrag von Lissabon ausdrücklich in Art. 16 Abs. 2 AEUV verankerte **Kompetenzgrundlage zur Regelung des Datenschutzes** (→ Rn. 30 ff.) ergänzt. Parallel dazu wachsen der Einsatzbereich und die Bedeutung der **Grundrechte** der Europäischen Union (→ Rn. 39 ff.).

1. Kompetenzen im Bereich der Verhütung und Bekämpfung von Terrorismus

Aus den Kompetenzen lassen sich zum einen aus dem Bereich der **Verhütung und Bekämp-** 28 **fung von Terrorismus und damit verbundener Aktivitäten** die spezifischen Ermächtigungen in Bezug auf Kapitalbewegungen und Zahlungsverkehr (ua Einfrieren von Geldern, finanziellen

Syst. L. Polizei- und Nachrichtendienstlicher Datenschutz

Vermögenswerten oder wirtschaftlichen Erträgen) hervorheben, und zwar in **Art. 215 Abs. 1 und 2 AEUV** (Kompetenz der EU zur Umsetzung gezielter Individualsanktionen des UN-Sicherheitsrates) sowie in **Art. 75 AEUV** (Kompetenz im Falle unionsinterner Terrorismusfinanzierungsbekämpfung). Zum anderen sind **Art. 87–89 AEUV** für die **polizeiliche Zusammenarbeit** relevant. Nach Art. 87 AEUV entwickelt die Union eine polizeiliche Zusammenarbeit zwischen allen zuständigen Behörden der Mitgliedstaaten, einschließlich der Polizei, des Zolls und anderer auf die Verhütung oder die Aufdeckung von Straftaten sowie entsprechende Ermittlungen spezialisierter Strafverfolgungsbehörden. Das Europäische Parlament und der Rat können insbesondere Regelungen vorsehen, die das Einholen, Speichern, Verarbeiten, Analysieren und Austauschen sachdienlicher Informationen oder auch gemeinsame Ermittlungstechniken zur Aufdeckung schwerwiegender Formen der organisierten Kriminalität betreffen. Das Formenspektrum der **Rechtsakte** umfasst Verordnungen, Richtlinien, Beschlüsse, Empfehlungen und Stellungnahmen (Art. 288 AEUV).

2. Art. 88 AEUV

29   Art. 88 AEUV deckt die Institutionalisierung von **Europol** ab. Danach hat Europol den Auftrag, die Tätigkeit der Polizeibehörden und der anderen Strafverfolgungsbehörden der Mitgliedstaaten sowie deren gegenseitige Zusammenarbeit bei der Verhütung und Bekämpfung der zwei oder mehr Mitgliedstaaten betreffenden schweren Kriminalität, des Terrorismus und der Kriminalitätsformen, die ein gemeinsames Interesse verletzen, das Gegenstand einer Politik der Union ist, zu unterstützen und zu verstärken. Aufbau, Arbeitsweise, Tätigkeitsbereich und nähere Aufgaben von Europol werden durch Parlament und Rat im Wege des ordentlichen Gesetzgebungsverfahrens mittels Verordnungen festgelegt (zu Neuerungen s. bereits → Rn. 2). Europol darf operative Maßnahmen nur in Verbindung und in Absprache mit den Behörden des Mitgliedstaats oder der Mitgliedstaaten ergreifen, deren Hoheitsgebiet betroffen ist. Die Anwendung von Zwangsmaßnahmen bleibt ausschließlich den zuständigen einzelstaatlichen Behörden vorbehalten.

3. Art. 16 Abs. 2 AEUV

30   Seit dem Vertrag von Lissabon bietet **Art. 16 Abs. 2 AEUV,** mit der Ausnahme für den Bereich der Gemeinsamen Außen- und Sicherheitspolitik in Art. 39 S. 1 EUV, eine **Kompetenzgrundlage** zur Regelung von **Vorschriften über den Schutz natürlicher Personen bei der Verarbeitung personenbezogener Daten und über den freien Datenverkehr.** Danach erlassen das Europäische Parlament und der Rat gemäß dem ordentlichen Gesetzgebungsverfahren Vorschriften über den Schutz natürlicher Personen bei der Verarbeitung personenbezogener Daten durch die Organe, Einrichtungen und sonstigen Stellen der Union sowie durch die Mitgliedstaaten im Rahmen der Ausübung von Tätigkeiten, die in den Anwendungsbereich des Unionsrechts fallen, und über den freien Datenverkehr. Die Norm wird, dies in systematischer Kombination mit Art. 16 Abs. 1 AEUV und den einschlägigen Rechten der EU-Grundrechtecharta, als Gewährleistungs- oder Schutzverpflichtung von Parlament und Kommission gelesen (Hijmans ERA Forum 2010, 219 (220); s. außerdem Spiecker gen. Döhmann/ Eisenbarth JZ 2011, 169 (172, 173); Schneider Verw. 2011, 499 (505 f.)). Sie ist Grundlage eines erheblichen Europäisierungsschubs bei der Regulierung des Umgangs mit personenbezogenen Informationen und Daten.

31   Wie weit die Europäisierung reichen darf, hängt von der **anforderungsreichen und umstrittenen Auslegung des Art. 16 Abs. 2 AEUV** ab. Für den Bereich der polizeilichen und justiziellen Zusammenarbeit findet sich teilweise das Argument, dass der „freie Datenverkehr" mit der Einführung von Art. 16 Abs. 2 AEUV vom Binnenmarkt losgelöst worden sei, sowohl den Datenverkehr zwischen Privaten als auch den Datenverkehr zwischen den mitgliedstaatlichen öffentlichen Stellen umfassen und insofern für die polizeiliche und justizielle Zusammenarbeit einen Kompetenztitel hergeben könne, was sich auch darin zeige, dass Art. 39 EUV im Bereich der binnenmarktfernen GASP ebenfalls den freien Datenverkehr als Kompetenztitel enthält (vgl. zu dieser Argumentation Wagner, Der Datenschutz in der Europäischen Union, 2015, S. 161 f.). Allerdings darf die auf den freien Datenverkehr abstellende zweite Facette des Art. 16 Abs. 2 S. 1 AEUV nicht vollständig von dem ersten Aspekt des Datenschutzes entkoppelt werden, und hier werden mitgliedstaatliche Tätigkeiten nur erfasst, soweit sie in den Anwendungsbereich des Unionsrechts fallen.

32   Art. 16 Abs. 2 AEUV nimmt mit dem Verweis auf den „Anwendungsbereich des Unionsrechts" die der Union in den Verträgen übertragenen Kompetenzen in Bezug (Veit, Einheit und Vielfalt im europäischen Datenschutzrecht, 2021, Teil 1 C. I. 2. bb mwN). Im hier interessierenden Bereich ist er auch in systematischem Zusammenhang mit den Kompetenztiteln über die justizielle

Syst. L. Polizei- und Nachrichtendienstlicher Datenschutz

Zusammenarbeit in Strafsachen (Art. 82 ff. AEUV, insbesondere Art. 82 Abs. 1 und 2 AEUV) und über die polizeiliche Zusammenarbeit (Art. 87 ff. AEUV, insbesondere Art. 87 Abs. 2 AEUV) zu lesen. **Art. 16 Abs. 2 AEUV findet** also einen **Kompetenzrahmen vor,** in den **er sich einfügt** (Veit, Einheit und Vielfalt im europäischen Datenschutzrecht, Teil 1 C. I. 2, erscheint 2022). Kompetenzrechtlich lautet dann die entscheidende Frage, ob die anderweitig festgelegten Kompetenzen Art. 16 Abs. 2 AEUV in ergänzender Form konkretisieren, Art. 16 Abs. 2 AEUV also in näher zu bestimmendem Umfang akzessorisch ist, oder ob, warum und inwieweit Art. 16 Abs. 2 AEUV die Regelungskompetenzen der anderweitigen Titel erweitert. Die Antworten auf diese Frage sind in den Ergebnissen und deren Begründungen heterogen.

Versteht man Art. 16 Abs. 2 AEUV als vollständig akzessorisch (Schantz/Wolff DatenschutzR/ Wolff Rn. 20; s. auch Lisken/Denninger/Schwabenbauer/Müller, Handbuch des Polizeirechts, 7. Aufl. 2021, Kap. G Rn. 422; restriktiv zudem Sandhu, Grundrechtsunitarisierung durch Sekundärrecht, 2021, S. 103 ff.) wirkt sich aus, dass die Regelungen für den Bereich der polizeilichen und justiziellen Zusammenarbeit in den Art. 82 ff. AEUV der EU eine Kompetenz allein für grenzüberschreitende, nicht aber für innerstaatliche Sachverhalte übertragen. Da die RL (EU) 2016/680 auch rein innerstaatliche Datenverarbeitungen erfasst (Art. 3 Abs. 1 RL (EU) 2016/680), wird sie teilweise für kompetenzwidrig gehalten (Schantz/Wolff DatenschutzR/Wolff Rn. 235 ff.; Wolff→ BDSG § 45 Rn. 24). Die Argumentation greift allerdings zu kurz, indem sie den begründbaren überschießenden Gehalt des Art. 16 Abs. 2 AEUV (→ Rn. 35 ff.) nicht berücksichtigt. **33**

Ein erweiterndes Verständnis wird damit begründet, dass den Mitgliedstaaten zur Verwirklichung des Datenschutzgrundrechts (Art. 8 GRCh) notwendigerweise eine umfassende Kompetenz übertragen wurde (so Hijmans, The European Union as Guardian of Internet Privacy, 2016, S. 130 f.) oder dass „im Anwendungsbereich des Unionsrecht" nach Art. 16 Abs. 2 AEUV mit dem Verständnis der „Durchführung von Unionsrecht" nach Art. 51 Abs. 1 GRCh koordiniert werden müsste (vgl. hierzu Klement JZ 2017, 161 (165 f.); Wagner, Der Datenschutz in der Europäischen Union, 2015, S. 158 f.). Gegen eine umfassende, grundrechtlich begründete Kompetenz spricht aber, dass die Ausgestaltungsdimension der Grundrechte in einem Akzessorietätsverhältnis zu den Kompetenzen steht und eine Gesetzgebungskompetenz nicht grundrechtlich begründet oder erweitert werden kann (Art. 6 Abs. 1 UAbs. 2 EUV, Art. 51 Abs. 2 GRCh)), zumal diese im Falle einer Koordination von Art. 16 AEUV mit Art. 51 Abs. 1 GRCh den vagen Kriterien des Art. 51 Abs. 1 GRCh unterläge und insoweit nicht hinreichend klar umrissen wäre. **34**

Ein erweiterndes Verständnis lag auch dem auf Art. 16 Abs. 2 AEUV gestützten Vorschlag der Kommission für die RL (EU) 2016/680 zugrunde. Die Kommission schien dabei, wenn auch Unklarheiten verblieben, eine umfassende Harmonisierung der relevanten mitgliedstaatlichen Vorschriften zu intendieren (s. KOM (2012) 10 endg., unter Punkt 3.2). Die Sicht, dass Art. 16 Abs. 2 AEUV erweiternd wirkt und daher eine Regelungskompetenz zu Gunsten (für sich genommen) innerstaatlicher Datenverarbeitungen einschließt, stützte sich auf zwei Argumente. Erstens wurde hervorgehoben, dass zum Zeitpunkt einer Datenerhebung oder Datenspeicherung häufig ungewiss ist, ob die Datenverarbeitungen sich allein auf nationalstaatlicher Ebene bewegen oder ob die Daten in grenzüberschreitende Verarbeitungszusammenhänge einfließen werden. Zweitens wurde herausgestellt, dass die Rechtmäßigkeit der einzelnen Schritte einer Datenverarbeitung im Verarbeitungszusammenhang beurteilt werden muss, sodass es eines einheitlichen Rechtsregimes bedarf, damit keine Defizite für den Datenschutz oder den Daten- und Informationsaustausch entstehen. Allerdings rechtfertigt auch die Zusammenschau beider Aspekte keine umfassende Harmonisierung der einschlägigen mitgliedstaatlichen Vorschriften. Sie rechtfertigt allerdings die Annahme eines überschießenden Gehalts des Art. 16 Abs. 2 AEUV, der wiederum begrenzt werden muss. **35**

Dass Datenverarbeitung eingebettet ist in Prozesse, dass dabei nicht sicher antizipiert werden kann, ob eine Verarbeitung rein innerstaatlich bleiben oder Teil grenzüberschreitender Verarbeitungsprozesse werden wird, und dass die Rechtmäßigkeit grenzüberschreitender Datenübermittlungen und daran anschließender Verarbeitungen von der hinreichenden rechtlichen Absicherung der vorangehenden Verarbeitungsschritte abhängt, ist in Verbindung mit dem Grundsatz der praktischen Wirksamkeit (diesen hervorhebend Veit, Einheit und Vielfalt im europäischen Datenschutzrecht, Teil 1 C. I. 2. bb, erscheint 2022) Grund für eine über die anderweitigen Kompetenztitel hinausgehende Reichweite des Art. 16 AEUV. Diese Begründung rechtfertigt jedoch keine umfassende Harmonisierung mitgliedstaatlichen Polizeirechts. Sie trägt allerdings harmonisierte Mindeststandards. **36**

Im systematischen Zusammenhang schafft Art. 16 Abs. 2 AEUV somit (nur) eine moderate Erweiterung dahin, dass er Regelungen insoweit zulässt, als sie im Sinne eines **Mindeststandards** die **Bedingungen der Möglichkeit** dafür **gewährleisten,** dass die **justizielle und polizeiliche** **37**

Syst. L. Polizei- und Nachrichtendienstlicher Datenschutz

Zusammenarbeit in der Union und der **Daten- und Informationsaustausch** entsprechend den **dafür geltenden normativen Maßstäben und sachgerecht** laufen und laufen können. Es geht also ua darum, Defizite im Rahmen des Datenaustauschs und Defizite im Rahmen der Rechte der Betroffenen im Vorfeld zu vermeiden. Vor diesem Hintergrund werden nur Regelungen gedeckt, die den Mindeststandard liefern, der notwendig ist, dies zu gewährleisten (zur Diskussion mit diesem Ergebnis vgl. auch Bäcker/Hornung ZD 2012, 147 ff.; Kugelmann DuD 2012, 581 ff.).

38 Dieses Verständnis lässt sich, ggf. durch entsprechende Auslegung der Richtlinienbestimmungen, damit vereinbaren, dass die **RL (EU) 2016/680** grundlegende Vorgaben für die Datenverarbeitung und bestimmte Rechte des Einzelnen vorsieht, dies ua mit dem Ziel einer prinzipiellen Abstimmung mit der Datenschutz-Grundverordnung (näher → Rn. 46 ff.). Die Mitgliedstaaten sind aber nicht gehindert, höhere Standards festzulegen (Art. 1 Abs. 3 der RL). Im danach europarechtlich zulässigen Rahmen sind sie dazu ggf. nach Maßgabe der verfassungsrechtlichen Bindungen verpflichtet. Die in Anpassung an die europäische Datenschutzreform erlassenen nationalen sicherheitsrechtlichen Bestimmungen müssen also sowohl europa- als auch verfassungsrechtliche Vorgaben einhalten.

III. Grundrechte der Europäischen Union, insbesondere Art. 51 Abs. 1 S. 1 GRCh, Art. 8 GRCh

1. Art. 51 Abs. 1 S. 1 GRCh: Anwendbarkeit bei Durchführung des Rechts der Union

39 Die **Anwendbarkeit** der Unionsgrundrechte betrifft die Organe, Einrichtungen und sonstigen Stellen der Europäischen Union und die Mitgliedstaaten bei der **Durchführung des Rechts der Union (Art. 51 Abs. 1 S. 1 GRCh).** Inwieweit es sich bei der Umsetzung sekundärrechtlicher Vorgaben um eine „Durchführung" des Rechts der Union handelt, hängt von der Interpretation der Vorgaben ab. Die Interpretationsergebnisse können schwer zu bestimmen und strittig sein (zum Anwendungsbereich und zur Reichweite der EU-Datenschutz-RL, EuGH Slg. 2003, I-4989 Rn. 64; Slg. 2008, I-9705 Rn. 51; krit. etwa Britz EuGRZ 2009, 1 (4 f.)). Für die RL (EU) 2016/680 sind hier eine Reihe von Streitfragen zu erwarten. Unabhängig davon steht aber fest, dass sie in einem bestimmten, wenn auch im Einzelnen streitigen Umfang zur Einschlägigkeit der Unionsgrundrechte, zu einer Zuständigkeit des Europäischen Gerichtshofs und zu einer aufgewerteten Rolle der Fachgerichte führt.

40 Zur Frage, wie weit Art. 51 Abs. 1 GRCh reicht, nach der die Mitgliedstaaten an die Unionsgrundrechte gebunden sind, soweit sie Unionsrecht „durchführen", vertreten EuGH und BVerfG eigenständige Ansätze. Nach stRspr des **EuGH** unterliegen mitgliedstaatliche Maßnahmen den Bindungen an die Unionsgrundrechte dann, wenn sie sich im Anwendungsbereich des Unionsrechts bewegen, und ob der notwendige Zusammenhang zwischen einem Unionsrechtsakt und nationalen Maßnahmen gegeben ist, ist nach einem Kriterienbündel zu bestimmen (weit gefasst noch EuGH BeckRS 2013, 80395 Rn. 16 ff. – Åkerberg Fransson; enger dann die Folgerechtsprechung, etwa EuGH BeckRS 2014, 80500 Rn. 20 ff.; BeckRS 2014, 81152 Rn. 34 ff.). Zudem erfolgt auch die Ausfüllung von Umsetzungs- und Gestaltungsspielräumen, wie sie Richtlinien enthalten, aus Sicht des EuGH in Durchführung des Rechts der Union und ist an die Unionsgrundrechte gebunden (vgl. EuGH (GK), Urt. v. 21.12.2011, Rs. C-411/10 ua, Rn. 77 ff.; EuGH, Urt. v. 21.12.2016 = Tele Sverige AB ua, C-203/15 und C-698/15, Rn. 82 ff.). Neben den danach immer einschlägigen Unionsgrundrechten kommt aus Sicht des EuGH eine Anwendung nationaler Schutzstandards in Betracht, „sofern durch diese Anwendung weder das Schutzniveau der Charta, wie sie vom Gerichtshof ausgelegt wird, noch der Vorrang, die Einheit und die Wirksamkeit des Unionsrechts beeinträchtigt werden" (EuGH, Urt. v. 26.2.2013 = Åkerberg Fransson, Rs. C-617/10, Rn. 29). Das **BVerfG** vertritt die Position, dass bei der Anwendung unionsrechtlich vollständig vereinheitlichter Regelungen in aller Regel allein die Unionsgrundrechte maßgeblich sind. Es misst sich seit der Entscheidung „Recht auf Vergessen II" allerdings eine Kontrollkompetenz anhand dieses Maßstabs bei (BVerfG, Beschl. vom 6.11.2019 – 1 BvR 276/17, Leitsätze 1 bis 3, Rnrn. 50 ff. = BVerfGE 152, 216). Sofern ein Gestaltungsspielraum besteht und im Umsetzungsgesetz eigene Einschätzungen und Abwägungsergebnisse des nationalen Gesetzgebers zum Tragen kommen, hat das BVerfG seine bisherige **Trennungsthese,** nach der in solchen Konstellationen allein die nationalen Grundrechte anwendbar sind (BVerfGE 133, 277 – Antiterrordatei-Gesetz, Rn. 88 ff. = BeckRS 2013, 49916), im Beschluss „Recht auf Vergessen I" (BVerfG Beschl. v. 6.11.2019 – 1 BvR 16/13, BVerfGE 152, 152) aufgegeben. Mit Blick auf seine eigene Prüfungskompetenz geht es nunmehr von einer **Mitgewährleistungsthese** aus:

Syst. L. Polizei- und Nachrichtendienstlicher Datenschutz

Da regelmäßig die Vermutung greife, dass das Schutzniveau der Charta der Grundrechte der Europäischen Union durch die Anwendung der Grundrechte des Grundgesetzes mitgewährleistet sei, prüft das BVerfG unionsrechtlich nicht vollständig determiniertes innerstaatliches Recht primär am Maßstab der Grundrechte des Grundgesetzes, auch wenn das innerstaatliche Recht der Durchführung des Unionsrechts dient (BVerfG Beschl. v. 6.11.2019 – 1 BvR 16/13 Ls. 1 und Rn. 41 ff., BVerfGE 152, 152; weiter etwa, hier auch mit Blick auf die RL (EU) 2016/680, BVerfGE 156, 11 Rn. 65 ff.). Die Mitgewährleistungsthese hat allerdings eine ihrer Stützen darin, dass die EU-Charta in ähnlicher, wenn auch nicht in gleicher Weise wie die EMRK als „Auslegungshilfe" für das Verständnis der grundgesetzlichen Garantien herangezogen wird (BVerfG Beschl. v. 6.11.2019 – 1 BvR 16/13 Rn. 60 ff., BVerfGE 152, 152). Insofern kommt den Charta-Grundrechten immer auch Bedeutung zu.

Im Ergebnis sind danach bei Auslegung und Anwendung der deutschen allgemeinen und bereichsspezifischen Datenschutzbestimmungen im Bereich der Polizeien sowohl die unionalen als auch die grundgesetzlichen Grundrechte relevant. Inwiefern, mit welcher Funktion und in welcher Reichweite welcher Katalog greift, hängt von der jeweiligen Konstellation, vom Verständnis der jeweiligen sekundärrechtlichen Vorschriften (inwieweit sie vollständig determinierend wirken oder Spielräume belassen) und davon ab, ob man sich im Falle von Spielräumen der Sicht des EuGH oder derjenigen des BVerfG anschließt. Anforderungen der EMRK kommen hinzu. **41**

2. Art. 8 GRCh und weitere Freiheitsgewährleistungen

Mit dem Vertrag von Lissabon ist das **Recht jeder Person auf Schutz der sie betreffenden personenbezogenen Daten** zum einen **in Art. 16 Abs. 1 AEUV** festgehalten, zum anderen in **Art. 8 Abs. 1 GRCh** abgesichert. Schwierigkeiten der Abstimmung von Art. 16 Abs. 1 AEUV, Art. 8, Art. 52 Abs. 1 und Art. 52 Abs. 2 GRCh sind mit einer teleologischen Reduktion des Art. 52 Abs. 2 GRCh zu lösen (Britz EuGRZ 2009, 1 (2); J.-P. Schneider Verw. 2011, 499 (502 ff.); Calliess/Ruffert/Kingreen Art. 8 GRCh Rn. 3). Hinzu tritt **Art. 7 GRCh,** der in weit gehendem Gleichklang mit Art. 8 Abs. 1 EMRK das Recht jeder Person auf Achtung ihres Privat- und Familienlebens, ihrer Wohnung sowie ihrer Kommunikation normiert und wegen der Klausel des Art. 52 Abs. 3 GRCh besondere Bedeutung gewinnt. Je nach Fallkonstellation können auch **weitere Freiheitsgewährleistungen** einschlägig sein. **42**

Die **Rechtsprechung des EuGH** zum informations- und datenbezogenen Grundrechtsschutz ist in den letzten Jahren zunehmend ausgebaut worden, aber noch entwicklungsbedürftig. Die vor allem in der Anfangszeit unzulängliche Differenzierung zwischen Art. 7 GRCh und Art. 8 GRCh ist noch nicht überwunden, obwohl der EuGH mittlerweile davon ausgeht, dass Art. 7 und Art. 8 GRCh zumindest partiell eigenständige Inhalte haben. Während die Google Spain-Entscheidung noch weitgehend undifferenziert vorgeht (EuGH GRUR 2014, 895 Rn. 69 ff.), enthält die erste Entscheidung zur Vorratsdatenspeicherung Ansätze zur jeweils eigenständigen Interpretation von Art. 7 und 8 GRCh (EuGH DVBl 2014, 708 ff. Rn. 25 ff. – Digital Rights). Außerdem stellt der EuGH, vom Fall her naheliegend und im Verfahren vorgetragen, die Maßstäblichkeit auch der in Art. 11 GRCh verankerten Freiheit der Meinungsäußerung heraus (EuGH NJW 2014, 2169 Rn. 25, 28 – Digital Rights). In der Safe Harbor-Entscheidung wurde das Safe Harbor-Abkommen für ungültig erklärt, ua weil es an Feststellungen fehle, dass ein angemessenes Schutzniveau in den USA tatsächlich „gewährleistet" werde (EuGH NJW 2015, 3151 = MMR 2015, 753 ff. mAnm Bergt MMR 2015, 759 ff. – Schrems). Der EuGH hat ausgeführt, dass das Wort „angemessen" in Art. 25 Abs. 6 RL 95/46 kein identisches Schutzniveau fordert, aber verlangt, dass das Drittland aufgrund seiner innerstaatlichen Rechtsvorschriften oder internationaler Verpflichtungen tatsächlich ein Schutzniveau der Freiheiten und Grundrechte gewährleistet, das dem in der Union aufgrund der RL 95/46 im Licht der Charta garantierten Niveau der Sache nach gleichwertig ist (EuGH NJW 2015, 3151 Rn. 73). Der Schutzpflichtcharakter des Art. 8 Abs. 1 GRCh wird hervorgehoben (EuGH NJW 2015, 3151 Rn. 72). In der Tele2 Sverige AB- Entscheidung hat der EuGH ua hervorgehoben, dass Art. 52 Abs. 3 S. 1 GRCh einem unionsrechtlichen Schutz, der weiter gehe als derjenige der EMRK, nicht entgegenstehe. Das gelte umso mehr, als Art. 8 GRCh ein anderes Grundrecht als das in Art. 7 GRCh verankerte Grundrecht betreffe; für das Grundrecht des Art. 8 GRCh gebe es in der EMRK keine Entsprechung (EuGH NJW 2017, 717 Rn. 127 ff. – Tele2 Sverige AB). Damit stellt der EuGH seine Rechtsprechung zu den Datenschutz gewährleistenden Grundrechten auf relativ eigenständige Grundlagen. Dogmatisch erkennt er unterschiedliche Schutzdimensionen an, neben Eingriffsabwehrrechten also etwa auch Schutzpflichten Leistungsrechte oder, nicht ganz deutlich, eine mittelbare Horizontalwirkung im Verhältnis unter Privaten. Die Aussagegehalte des Art. 8 GRCh bleiben oft eher unbestimmt, gewinnen **43**

Syst. L. Polizei- und Nachrichtendienstlicher Datenschutz

in manchen Entscheidungen im fallspezifischen Kontext jedoch durchaus an Substanz. Zu den zentralen Anknüpfungspunkten zählen „personenbezogene Daten" und deren Verarbeitung, ohne dass ein sensibler Charakter der aus den Daten gewinnbaren Informationen oder erlittene Nachteile eine Rolle spielten (EuGH Urt. v. 6.10.2020 – C-511, 512, 520/18 Rn. 87 ff. – Quadrature du Net ua; Urt. v. 6.10.2020 – C-623/17 Rn. 30 ff. – Privacy International). Verarbeitungsphasen werden differenziert und in ihrem Gefährdungsgehalt gesondert – allerdings nicht isoliert, sondern als jeweilige Elemente eines Verarbeitungszusammenhanges – beurteilt (EuGH Urt. v. 8.4.2014 – C-293/12 und C-594/12 Rn. 34 f. – Digital Rights Ireland; Urt. v. 6.10.2020 – C-511, 512, 520/18 Rn. 87 ff. – Quadrature du Net ua; Urt. v. 6.10.2020 – C-623/17 Rn. 30 ff. – Pri-vacy International). Im näheren Kontext finden sich dann gelegentlich Präzisierungen der Schutzinteressen und Beeinträchtigungen, hier etwa Erfordernisse des Schutzes vor einer umfassenden Profilbildung oder ständigen Überwachung, vor erwartungsvermittelten Einschränkungen eigentlich geschützten Verhaltens, vor einem Unterlaufen etwa des Berufsgeheimnisses oder des Informantenschutzes oder vor Datenmissbrauch (etwa EuGH Urt. v. 13.5.2014 – C-131/12 Rn. 80 – Google Spain; Urt. v. 24.9.2019 – C-136/17, GC ua Rn. 36; Urt. v. 6.10.2020 – C-511, 512 und 520/18 Rn. 87 ff. – Quadrature du Net ua; Urt. v. 6.10.2020 – C-623/17 Rn. 30 ff. – Privacy International). Bei diesen Schutzinteressen zieht der EuGH weitere unionale Grundrechte, aber auch Schutzinteressen aus sekundärrechtlichen oder nationalen Regelungen hinzu (vgl. EuGH Urt. v. 6.10.2015 – C-362/14 Rn. 72 – Schrems I; Urt. v. 6.10.2020 – C-511, 512, 520/18 Rn. 87 ff. – Quadrature du Net ua; Urt. v. 6.10.2020 – C-623/17 Rn. 30 ff. – Privacy International). Das ist durchaus stimmig, wenn man Art. 8 GRCh mit einem Bündel von Schutzgütern verknüpft und ihm Regulierungs- und Schutzanforderungen entnimmt, die zunächst an die Gesetzgebung gerichtet sind, welche den Schutz personenbezogener Daten konsistent gestalten und einpassen müssen (→ Rn. 44; vgl. auch die Ausführung in EuGH Urt. v. 6.10.2020 – C-511, 512, 520/18 Rn. 109 – Quadrature du Net ua). Der EuGH macht viele Maßgaben allerdings am Verhältnismäßigkeitsgrundsatz fest, dem er eine Beschränkung der Einschränkungen des Schutzes personenbezogener Daten „auf das absolut Notwendige" entnimmt (stRspr; s. nur EuGH Urt. v. 2.3.2021 – C-746/18 Rn. 38 ff. – H. K. mwN). Aus diesem Stichwort wird dann eine Palette festzulegender verschiedenartiger Vorkehrungen im Falle von Beschränkungen entwickelt, ohne dass deren Herleitung gerade aus dem Verhältnismäßigkeitsgrundsatz immer stringent genannt werden könnte, auch wenn die Vorkehrungen in der Sache überzeugen. Sofern passend, wird auch auf die Vorgaben des Art. 8 Abs. 2 und 3 GRCh hingewiesen. Die Maßgaben und Vorkehrungen reichen von Anforderungen an die Systemgestaltung über Schwellen für die jeweilige Verarbeitungsphase, Prüfpflichten, Entscheidungsvorbehalte oder Datensicherheitsanforderungen bis hin zu eingriffsakzessorischen Benachrichtigungsrechten (etwa EuGH Urt. v. 8.4.2014 – C-293/12 und C-594/12 Rn. 53 ff., 68 – Digital Rights Ireland; Urt. v. 6.10.2015 – C-362/14 Rn. 91 ff. – Schrems I; Urt. v. 24.9.2019 – C-136/17, GC ua Rn. 49 ff.; Urt. v. 6.10.2020 – C-511, 512, 520/18 Rn. 87 ff. – Quadrature du Net ua; Urt. v. 6.10.2020 – C-623/17 Rn. 30 ff. – Privacy International; Urt. v. 2.3.2021 – C-746/18 Rn. 51 ff.). Die Rechtsprechung des EuGH lässt somit eine **vielschichtige Konzeption der Grundrechtsaussagen** erkennen, ohne dass diese bereits einen inhaltlich und dogmatisch gesicherten Bestand ergäben.

44 Für die **Abgrenzung zwischen den Schutzgehalten des Art. 7 und des Art. 8 GRCh** ist es am sinnvollsten, einen partiell spezifischen Gehalt von Art. 7 GRCh, eine Abgrenzung nicht erfordernde Schnittmengen beider Grundrechte und einen partiell eigenständigen Gehalt von Art. 8 GRCh zu Grunde zu legen (zu pauschale lex specialis-Annahmen dagegen bei Calliess/Ruffert/Kingreen Art. 8 GRCh Rn. 1; wie hier v. der Groeben/Schwarze/Hatje/Augsberg, Europäisches Unionsrecht, 7. Aufl. 2015, GRCh Art. 8 Rn. 1). **Art. 8 GRCh** bleibt hinsichtlich des Schutzguts relativ vage. Darin liegt angesichts der Anforderungen, die der Gegenstand „Schutz im Hinblick auf den Umgang mit personenbezogenen Informationen und Daten" stellt, aber gerade seine Stärke. Denn die Norm lässt sich inhaltlich und dogmatisch eigenständig und damit gegenstandsgerecht entwickeln. Weder schließt sie sich lediglich an den Schutz des Art. 7 GRCh an (so aber Stentzel PinG 2015, 185 (189 f.)), noch schützt sie pauschal die „Herrschaft über die eigenen Daten" (so etwa Calliess/Ruffert/Kingreen, EUV/AEUV, GRCh Art. 8 Rn. 9). Vielmehr gibt sie mit dem „Recht auf Schutz" Regulierungs- und Schutzanforderungen her, die sich primär auf einer konkreten Konstellationen vorgelagerten Ebene bewegen und hier bestimmten Schutzerfordernissen der betroffenen Personen Rechnung tragen (vgl. zu solchen Ansätzen mit im Einzelnen unterschiedlichen Überlegungen die Ausarbeitungen bei Albers, Informationelle Selbstbestimmung, 2005, bes. S. 353 ff., dies zu den deutschen Grundrechtsgewährleistungen; bei Marsch, Das europäische Datenschutzgrundrecht, 2018, bes. S. 127 ff.; bei Reinhardt AöR 2017, 528 (540 ff.), und bei Veit, Einheit und Vielfalt im europäischen Datenschutzrecht, Teil 1 C. II, 2021, erscheint

2022). Dazu gehört, dass erstens die Verarbeitung personenbezogener Daten mit einem passenden Rechtsrahmen grundlegend begrenzt, sachgerecht strukturiert sowie transparent gestaltet wird. Dabei sind insbesondere auch die informations- und datenverarbeitenden Stellen, bei denen sich der Umgang mit personenbezogenen Informationen und Daten vollzieht, mit einem Spektrum an Pflichten zu adressieren. Bereits angesichts des Regelungsgegenstandes versteht es sich im Übrigen von selbst, dass der erforderliche Rechtsrahmen ein vielschichtiges, sich dynamisch weiterentwickelndes Gefüge von Normen unterschiedlicher Provenienz sein muss. Zweitens müssen grundlegende gegenstands- und schutzbedarfsgerechte Rechtspositionen der betroffenen Personen gewährleistet werden, insbesondere Kenntnis-, Partizipations- und Einflussmöglichkeiten der Betroffenen im Hinblick auf den sie angehenden Umgang mit Informationen und Daten. Wegen der gegenstandsbedingten Leistungsgrenzen individuell-subjektiver Rechte müssen drittens institutionelle Gewährleistungs- und Kontrollmechanismen hinzutreten. Diese Überlegungen stimmen damit überein, dass Art. 8 Abs. 2 und 3 GRCh einige Vorgaben präzisieren: Personenbezogene Daten dürfen nur nach Treu und Glauben für festgelegte Zwecke und mit Einwilligung der betroffenen Person oder aufgrund einer sonstigen gesetzlich geregelten legitimen Grundlage verarbeitet werden. Jede Person hat das Recht, Auskunft über die sie betreffenden erhobenen Daten zu erhalten und Berichtigung der Daten zu erwirken. Die Einhaltung dieser Vorschriften soll von einer unabhängigen Stelle überwacht werden. Bei der Einordnung dieser Vorgaben ist zu berücksichtigen, dass es sich dabei um eine eher unsystematische Zusammenstellung mehrerer Faktoren unterschiedlicher Provenienz handelt und dass damit auch nicht etwa der Kerngehalt des „Rechts auf Schutz personenbezogener Daten" erschöpfend beschrieben wird. Im Ergebnis gibt Art. 8 GRCh ein **Bündel vielschichtiger, relativ entwicklungsoffener Anforderungen** her. Auf der Grundlage, die durch die Regulierung nach Maßgabe dieser Anforderungen entsteht, treten **weitere Verbürgungen mit ihren Freiheits- und Schutzversprechen** hinzu, und zwar keineswegs nur Art. 7 GRCh, sondern auch andere unter Umständen einschlägige Gewährleistungen. Denn es liegt schon vom Gegenstand her nahe, eine breite normative Basis zur Konkretisierung unionsgrundrechtlicher Vorgaben für den Umgang mit personenbezogenen Informationen und Daten zu nutzen, beispielsweise die Rechte auf geistige Unversehrtheit (Art. 3 Abs. 1 GRCh), auf Gedanken-, Gewissens- und Religionsfreiheit (Art. 10 Abs. 1 GRCh), auf Meinungsäußerungs- und Versammlungsfreiheit (Art. 11 und 12 Abs. 1 GRCh) oder auf Berufsfreiheit (Art. 15 Abs. 1 GRCh). Für Regelungs- und Einschränkungsmöglichkeiten greift der „hinter die Klammer" gestellte Art. 52 Abs. 1 GRCh.

IV. Sekundärrechtliche Vorgaben, insbesondere RL (EU) 2016/680

1. Überblick

Die sekundärrechtlichen **Rechtsakte**, die Vorgaben für die Gestaltung des mitgliedstaatlichen Sicherheitsrechts und in diesem Rahmen auch zum Datenschutz enthalten, sind mittlerweile zahlreich. Da sich das europäische Datenschutzrecht aus vielfältigen, partiell eigenständigen Linien heraus entwickelt hat (vgl. auch Böhm, Information Sharing and Data Protection in the Area of Freedom, Security and Justice, 2012), sind die Vorgaben insgesamt durchaus heterogen. Aus den speziellen Feldern hervorgehoben werden können die **VO zu biometrischen Daten in Pässen und Reisedokumenten** (VO (EG) 2252/2004 des Rates v. 13.12.2004 über Normen für Sicherheitsmerkmale und biometrische Daten in von den Mitgliedstaaten ausgestellten Pässen und Reisedokumenten, ABl. EG L 385, 1; geänd. durch die VO (EG) Nr. 444/2009, ABl. EU L 142, 1), die **RL zur Verhinderung der Nutzung des Finanzsystems zum Zwecke der Geldwäsche und der Terrorismusfinanzierung** (RL (EU) 2018/843 des Europäischen Parlaments und des Rates vom 30.5.2018, ABl. EU L 156, 43) und die **RL über die Verwendung von Fluggastdatensätzen (PNR-Daten) zur Verhütung, Aufdeckung, Ermittlung und Verfolgung von terroristischen Straftaten und schwerer Kriminalität** (RL 2016/681 des Europäischen Parlaments und des Rates vom 27.4.2016, ABl. EU L 119, 132). Danach soll der bereits bestehende europaweite Austausch von Erkenntnissen zwischen den Mitgliedstaaten der EU im Rahmen der gemeinsamen Kriminalitätsbekämpfung und -verhütung ergänzt werden. Die **RL zur Vorratsdatenspeicherung** (RL 2006/24/EG des Europäischen Parlaments und des Rates vom 15.3.2006 über die Vorratsspeicherung von Daten, die bei der Bereitstellung öffentlich zugänglicher elektronischer Kommunikationsdienste oder öffentlicher Kommunikationsnetze erzeugt oder verarbeitet werden, und zur Änderung der RL 2002/58/EG, ABl. EG L 105, 54) hat der EuGH mit Blick auf die Maßstäbe des Art. 7 GRCh und des Art. 8 GRCh für ungültig erklärt (EuGH DVBl 2014, 708 ff. mAnm Durner DVBl 2014, 712 ff.; Anm Wolff DÖV 2014, 606 ff. Zu den Kompetenzen

Syst. L. Polizei- und Nachrichtendienstlicher Datenschutz

EuGH Slg. 2009, I-00593 Rn. 60 ff. = BeckRS 2009, 70145). Der Verhältnismäßigkeitsgrundsatz sei nicht gewahrt angesichts dessen, dass die RL alle Verkehrsdaten hinsichtlich aller elektronischen Kommunikationsmittel sowie aller Teilnehmer und registrierten Benutzer ohne jegliche Einschränkungen erfasse, kein objektives Kriterium vorsehe, das es ermögliche, den Zugang der zuständigen nationalen Behörden zu den Daten und deren spätere Nutzung auf hinreichend schwere Straftaten zu beschränken, insoweit auch keine weiteren materiell- und verfahrensrechtlichen Voraussetzungen enthalte, eine Speicherungsfrist vorschreibe, die die Beschränkung auf das absolut Notwendige nicht gewährleiste, und auch keine hinreichenden Garantien dafür biete, dass die auf Vorrat gespeicherten Daten wirksam vor Missbrauchsrisiken sowie vor jedem unberechtigten Zugang zu ihnen und jeder unberechtigten Nutzung geschützt sind (EuGH DVBl 2014, 708 = MMR 2014, 412 Rn. 56 ff.). Ende 2016 hat der EuGH zudem in einem die schwedische und britische Vorratsdatenspeicherung betreffenden Urteil entschieden, dass Art. 15 Abs. 1 der RL 2002/58 im Licht der Art. 7, 8 und 11 sowie des Art. 52 Abs. 1 GRCh dahin auszulegen ist, dass er einer nationalen Regelung entgegensteht, die für Zwecke der Bekämpfung von Straftaten eine allgemeine und unterschiedslose Vorratsspeicherung sämtlicher Verkehrs- und Standortdaten aller Teilnehmer und registrierten Nutzer in Bezug auf alle elektronischen Kommunikationsmittel vorsieht (EuGH NJW 2017, 717 Tele2 Sverige AB). Seitdem ist die Rechtsprechung in bestimmtem Umfang im Fluss (vgl. EuGH Urt. v. 6.10.2020 – C-511, 512, 520/18 – Quadrature du Net ua; Urt. v. 2.3.2021 – C-746/18 Rn. 51 ff. – H. K.; ausführliche Analyse bei Albers, Surveillance and Data Protection Rights: Data Retention and Access to Telecommunications Data, in Albers/Sarlet, Personality and Data Protection Rights on the Internet, 2022, im Erscheinen). Eine weitere Entscheidung wird im Jahr 2022 ua im Hinblick auf den einschlägigen Vorlagebeschluss des BVerwG (Beschl. v. 25.9.2019 – 6 C 13.18) erwartet (s. dazu die Schlussanträge des GA v. 18.11.2021 in den verbundenen Rechtssachen C-793/19 und C-794/19).

2. RL (EU) 2016/680

46   Die Datenschutz-Grundverordnung (ABl. 2016 L 119, 1) als grundsätzlich genereller Standard ist nach ihrem Art. 2 Abs. 2d im Falle der Verarbeitung personenbezogener Daten bei Tätigkeiten des Staates im strafrechtlichen Bereich und bei die öffentliche Sicherheit betreffenden Tätigkeiten nicht anwendbar. In diesem Bereich greift die **RL (EU) 2016/680,** die den Rahmenbeschluss 2008/977/JI ablöst (s. dazu auch Hill/Kugelmann/Martini/Bäcker, Perspektiven der digitalen Lebenswelt, 2017, S. 63 (68 ff.); Weinhold/Johannes, DVBl 2016, 1501 (1501 ff.)). Der unionsrechtlich eigenständig zu bestimmende Anwendungsbereich der Richtlinie verdrängt die Datenschutz-Grundverordnung (Seckelmann/Kugelmann, Digitalisierte Verwaltung – Vernetztes E-Government, 2. Aufl. 2019, Rn. 15). Die Richtlinie findet keine Anwendung auf die Verarbeitung personenbezogener Daten im Rahmen einer Tätigkeit, die nicht in den Anwendungsbereich des Unionsrechts fällt, Art. 2 Abs. 3 der RL. Die Nachrichtendienste fallen nicht unter ihre Vorgaben. Art. 9 der RL grenzt allerdings ihren Anwendungsbereich und denjenigen der DSGVO noch einmal so gegeneinander ab, dass personenbezogene Daten nicht unbeabsichtigt und grundlos aus den jeweiligen Schutzregimen herausfallen.

47   Soweit die RL (EU) 2016/680 greift, erfasst sie allerdings neben grenzüberschreitenden auch rein innerstaatliche Datenverarbeitungen in Datenbanken, elektronischen Vorgangsbearbeitungssystemen oder strukturierten Akten. Das kann auf Art. 16 Abs. 2 AEUV gestützt werden, wenn man die Richtlinienvorgaben so versteht, dass sie als **Mindeststandards** die Bedingungen der Möglichkeit dafür gewährleisten, dass die justizielle und polizeiliche Zusammenarbeit in der Union und der Daten- und Informationsaustausch entsprechend den dafür geltenden normativen Maßstäben und sachgerecht laufen, und insoweit das mitgliedstaatliche Recht harmonisieren (→ Rn. 37 f.). Sie sollen daneben zugleich zu mehr Kohärenz zwischen den insoweit einschlägigen unionalen Rechtsakten führen.

48   Die RL (EU) 2016/680 erfasst in ihrem **sachlichen Anwendungsbereich** die Verarbeitung personenbezogener Daten durch die zuständigen Behörden zum Zwecke der Verhütung, Ermittlung, Aufdeckung oder Verfolgung von Straftaten oder der Strafvollstreckung, einschließlich des Schutzes vor und der Abwehr von Gefahren für die öffentliche Sicherheit, **Art. 2 Abs. 1 iVm Art. 1 Abs. 1 RL (EU) 2016/680.** Hinsichtlich des Schutzes vor und der Abwehr von Gefahren für die öffentliche Sicherheit muss, wie auch der Normtext deutlich macht, ein enger Bezug zu den Tätigkeitsfeldern der Verhütung und Verfolgung von Straftaten bestehen (Hill/Kugelmann/Martini/Bäcker, Perspektiven der digitalen Lebenswelt, 2017, S. 63 (66 f.)). Das ist auch bei der Auslegung von § 45 S. 3 BDSG zu beachten. Die „Zwecke", die die Richtlinie in Art. 1 Abs. 1 RL (EU) 2016/680 zur Beschreibung ihres Anwendungsbereichs aufzählt („Verhütung, Ermittlung,

Syst. L. Polizei- und Nachrichtendienstlicher Datenschutz

Aufdeckung oder Verfolgung von Straftaten oder der Strafvollstreckung, einschließlich des Schutzes vor und der Abwehr von Gefahren für die öffentliche Sicherheit"), sind im Hinblick auf die „Verhütung, Ermittlung, Aufdeckung oder Verfolgung" nicht überschneidungsfrei gestaltet. Daher sind die Zwecke, die in Art. 1 Abs. 1 RL (EU) 2016/680 aufgezählt werden, und die Zwecke iSd Art. 4 Abs. 1 lit. b RL (EU) 2016/680 (Grundsatz der Zweckbindung) nicht identisch. So schließt die Verfolgung von Straftaten notwendig Ermittlungen oder auch die „Aufdeckung" ein; ein zweckeinheitlicher Verarbeitungsprozess deckt ggf. notwendig mehrere Aspekte ab. Entsprechend dem unionalen Zugriff im Datenschutzrecht erfasst die Richtlinie nur die ganz oder teilweise automatisierte Verarbeitung personenbezogener Daten sowie die nichtautomatisierte Verarbeitung personenbezogener Daten, die in einem Dateisystem gespeichert sind oder gespeichert werden sollen, **Art. 2 Abs. 2 RL (EU) 2016/680.** Wegen der breiten Legaldefinition in Art. 3 Nr. 6 RL (EU) 2016/680 sind nach bestimmten Kriterien geordnete Akten erfasst (vgl. auch Erwägungsgrund 18 der RL (EU) 2016/680). Da sich das deutsche Datenschutzrecht in seiner Entwicklungsgeschichte von Automatisierungskriterien gelöst hat, reicht § 45 BDSG weiter, wie hier die Legaldefinition des § 46 Nr. 2 BDSG zeigt. Angesichts der zunehmenden Digitalisierung der Polizeiarbeit ist der Unterschied aber nur noch wenig praxisrelevant.

Die Richtlinie betrifft die Verarbeitung **personenbezogener** Daten, **Art. 2 Abs. 1 RL (EU)** 49 **2016/680** (zur insoweit relevanten Gesamtstrategie der EU Albers, in: Voßkuhle/Eifert/Möllers, Grundlagen des Verwaltungsrechts, 3. Aufl. 2022, § 22 Rn 3). Personenbezogene Daten sind nach der Legaldefinition in Art. 3 Ziff. 1 der Richtlinie alle Informationen, die sich auf eine identifizierte oder identifizierbare natürliche Person beziehen. Angaben wie der persönliche Name und Daten, die regelmäßig damit verknüpft werden, etwa die Adresse, das Geburtsdatum, Familienstand, Sozialversicherungs- und Steueridentifikationsnummern, Angaben über Eigenschaften, Fingerabdrücke oder Portraitfotos sind illustrative Beispiele. Selbst in diesen überschaubaren Zusammenhängen wird freilich schnell klar, dass die Personenbezogenheit die Herstellung einer Beziehung zur betroffenen Person und oft auch den Schritt einer Verknüpfung bestimmter Daten mit Identifikationsdaten erfordert. Außerdem kann das Vor- oder Zusatzwissen es ermöglichen, Daten, die für sich genommen nicht ohne Weiteres zuordbar sind, mit einer bestimmten Person in Verbindung zu bringen. „Personenbezogenheit" ist also weder eine intrinsische Eigenschaft von Daten noch haftet sie ihnen wie ein Etikett an. Sie ist Ergebnis einer sinngehaltszuschreibenden Leistung. Zum einen muss beantwortet werden, welche Identifikatoren eine „Person" spezifizieren. Zum anderen gibt es im Ansatz ein sehr breites Spektrum von sachlichen Angaben, die mit einer Person verknüpft werden können und dann etwas über sie aussagen. Im Weiteren kommt hinzu, dass das Datenschutzrecht wegen seiner Schutz- und Steuerungsziele nicht erst und nur die Verarbeitungsschritte erfasst, bei denen eine unmittelbare Verknüpfung zwischen Daten und bestimmten Personen tatsächlich besteht. Solche Verknüpfungen, das dadurch entstehende Wissen über eine Person und dessen potenzielle Verwendung sollen gegebenenfalls gerade verhindert werden (Herbst NVwZ 2016, 902 (904)). Möglichkeiten, dass im Laufe der Zeit mit zusätzlichen Verarbeitungsschritten oder in anderen Kontexten Verknüpfungen hergestellt werden, müssen daher in bestimmtem Umfang mitbedacht werden. Umgekehrt kann es nicht ausreichen, dass Daten von irgendwem irgendwann irgendwie mit einer Person verknüpft werden könnten, denn sonst wären sämtliche Daten als personenbezogen einzustufen. Außerhalb reiner Identifizierungsdaten erfordert die Antwort auf die Frage, welche Daten sich auf eine Person beziehen, erstens (auch) eine Beschreibung der Qualität, die die Beziehung zwischen den Daten und der betroffenen Person haben muss, und zweitens eine Beschreibung der Kontexte, in denen sich der Umgang mit Daten und Informationen vollzieht. In beiden Hinsichten kommen wertende Beurteilungen und Wahrscheinlichkeitsannahmen oder auch Prognosen ins Spiel. Insofern ist die Personenbezogenheit weder in isolierter Betrachtung eines einzelnen Datums noch mit Blick auf die einzelne Information, sondern im übergreifenden Kontext, unter Umständen je nach Beziehung und Akteur relativ sowie mit Hilfe wertender Entscheidungen vor dem Hintergrund der Schutzgüter und -erfordernisse zu bestimmen. Dass Antworten darauf, wann sich Daten in datenschutzrechtlich relevanter Weise auf bestimmte Personen beziehen (können), nicht nur (akteurs-)relativ, sondern auch kontextabhängig sind und Wahrscheinlichkeitsannahmen, Prognosen und wertende Beurteilungen erfordern können, macht ein wesentliches Abgrenzungs- und Anwendungsproblem des Datenschutzrechts aus. Der Kontext und damit die Personenbezogenheit lässt sich in bestimmtem Umfang durch rechtliche Regelungen gestalten. Trotzdem können, zumal angesichts des mit dem Schlagwort „Digitalisierung" umrissenen Wandels der Gesellschaft und des zunehmenden KI-Einsatzes, erhebliche Schwierigkeiten der Abgrenzbarkeit personenbezogener und nicht-personenbezogener Daten entstehen.

Syst. L. Polizei- und Nachrichtendienstlicher Datenschutz

50   **Art. 4 RL (EU) 2016/680** legt, ebenso wie Art. 5 DS-GVO, **Grundsätze der Verarbeitung personenbezogener Daten** fest (vgl. näher → → Rn. 91 ff.): Verarbeitung auf rechtmäßige Weise und nach Treu und Glauben; Erhebung für festgelegte, eindeutige und rechtmäßige Zwecke und keine zweckinkompatible Weiterverarbeitung, Zweckentsprechung, Maßgeblichkeit, Angemessenheit sowie Erforderlichkeit, Richtigkeit und Datensicherheit. Zweckänderungen sind unter bestimmten Voraussetzungen zulässig, Art. 4 Abs. 2 RL (EU) 2016/680. Der Verantwortliche ist für die Einhaltung der festgelegten Grundsätze verantwortlich und muss deren Einhaltung nachweisen können, Art. 4 Abs. 4 RL (EU) 2016/680.

51   **Art. 6 RL (EU) 2016/680** verpflichtet die Mitgliedstaaten vorzusehen, dass der Verantwortliche gegebenenfalls und so weit wie möglich zwischen den personenbezogenen Daten verschiedener **Kategorien betroffener Personen** klar unterscheidet. Das betrifft etwa die Kategorien der Verdächtigen, der Kontakt- oder Begleitpersonen, der Zeugen und der Opfer. Dabei handelt es sich um eine beispielhafte Aufzählung; im gesetzlichen Kontext richtet sich der Differenzierungsbedarf nach den Regelungs- und Schutzerfordernissen.

52   **Art. 7 RL (EU) 2016/680** hebt die Bedeutung der **Datenqualität** und noch einmal diejenige der **Richtigkeit** hervor. So soll bei personenbezogenen Daten so weit wie möglich zwischen faktenbasierten Daten und auf persönlichen Einschätzungen beruhenden Daten unterschieden werden. Die Mitgliedstaaten sollen auch sicherstellen, dass die zuständigen Behörden alle angemessenen Maßnahmen ergreifen, um zu gewährleisten, dass personenbezogene Daten, die unrichtig, unvollständig oder nicht mehr aktuell sind, nicht übermittelt oder bereitgestellt werden. Dazu ist nach Möglichkeit die Datenqualität vor deren Übermittlung oder Bereitstellung zu prüfen. Darüber hinaus sollen die erforderlichen Informationen beigefügt werden, die es der Empfangsbehörde ermöglichen, die Datenrichtigkeit im weiteren Sinne zu beurteilen. Art. 7 Abs. 3 RL (EU) 2016/680 sieht auch eine Nachberichtspflicht vor.

53   **Art. 8 RL (EU) 2016/680** enthält **Rechtmäßigkeitsanforderungen.** Danach sehen die Mitgliedstaaten vor, dass die Verarbeitung nur dann rechtmäßig ist, wenn und soweit diese Verarbeitung für die Erfüllung einer Aufgabe erforderlich ist, die von der zuständigen Behörde zu den in Art. 1 Abs. 1 genannten Zwecken wahrgenommen wird, und auf Grundlage des Unionsrechts oder des Rechts der Mitgliedstaaten erfolgt. Art. 8 Abs. 2 RL (EU) 2016/680 stellt Mindestanforderungen an die rechtlichen Regelungen.

54   **Art. 9 RL (EU) 2016/680** legt im Sinne einer Zweckbindung fest, dass personenbezogene Daten, die von zuständigen Behörden für die in Art. 1 Abs. 1 genannten Zwecke erhoben werden, nicht für andere als die in Art. 1 Abs. 1 genannten Zwecke verarbeitet werden dürfen, es sei denn, eine derartige Verarbeitung ist nach dem Unionsrecht oder dem Recht der Mitgliedstaaten zulässig. Wenn personenbezogene Daten für solche andere Zwecke verarbeitet werden, gilt die VO (EU) 2016/679, es sei denn, die Verarbeitung erfolgt im Rahmen einer Tätigkeit, die nicht in den Anwendungsbereich des Unionsrechts fällt. Dieser zweite Satz soll klarstellen, dass die Verarbeitung für andere Zwecke nicht dazu führt, dass die Daten aus dem unionalen Datenschutzregime, soweit es greift, herausfallen. Die Anforderungen an Zulässigkeitsregelungen iSd Art. 9 S. 1 RL (EU) 2016/680 sind allerdings nicht ohne Weiteres klar.

55   **Art. 10 RL (EU) 2016/680** betrifft, parallel zu Art. 9 DSGVO (hierzu ausf. Albers/Veit → Art. 9 Rn. 1 ff.), die **Verarbeitung besonderer Kategorien personenbezogener Daten.** Danach ist die Verarbeitung personenbezogener Daten, aus denen die rassische oder ethnische Herkunft, politische Meinungen, religiöse oder weltanschauliche Überzeugungen oder die Gewerkschaftszugehörigkeit hervorgehen, sowie die Verarbeitung von genetischen Daten, biometrischen Daten zur eindeutigen Identifizierung einer natürlichen Person, Gesundheitsdaten oder Daten zum Sexualleben oder der sexuellen Orientierung (zu den unterschiedlichen Kategorien Albers/Veit → Art. 9 Rn. 19 ff.) nur dann erlaubt, wenn sie unbedingt erforderlich ist und vorbehaltlich geeigneter Garantien für die Rechte und Freiheiten der betroffenen Person erfolgt und wenn sie nach dem Unionsrecht oder dem Recht der Mitgliedstaaten zulässig ist, der Wahrung lebenswichtiger Interessen der betroffenen oder einer anderen natürlichen Person dient oder wenn sie sich auf Daten bezieht, die die betroffene Person offensichtlich öffentlich gemacht hat. Die verschiedenen, allerdings jeweils blassen Anforderungen (vgl. Hill/Kugelmann/Martini/Bäcker, Perspektiven der digitalen Lebenswelt, 2017, S. 63 (72 f.)) müssen in der Umsetzungsgesetzgebung konkretisiert werden.

56   **Art. 11 RL (EU) 2016/680** regelt für die **automatisierte Entscheidungsfindung** im Einzelfall, dass die Mitgliedstaaten ein Verbot vorsehen, soweit es um ausschließlich auf einer automatischen Verarbeitung beruhende Entscheidungen geht, die eine nachteilige Rechtsfolge für die betroffene Person hat oder sie erheblich beeinträchtigt. Das gilt nicht, wenn solche Entscheidungen nach dem Unionsrecht oder dem Recht der Mitgliedstaaten erlaubt sind und das Recht geeignete

Syst. L. Polizei- und Nachrichtendienstlicher Datenschutz

Schutzvorkehrungen vorsieht, hier zumindest das Recht auf persönliches Eingreifen seitens des Verantwortlichen. Art. 11 RL (EU) 2016/680 reicht über den traditionellen datenschutzrechtlichen Fokus hinaus und ist in seinen verschiedenen Bestandteilen in erheblichem Umfang interpretations- und konkretisierungsbedürftig (näher zur parallelen Norm des Art. 22 DSGVO Albers in Voßkuhle/Eifert/Möllers, Grundlagen des Verwaltungsrechts, 3. Aufl. 2022, § 22 Rn. 106 ff.)).

Bei den zum Teil detaillierten Vorgaben zur Stärkung der bestehenden Rechte der Bürger und Bürgerinnen in **Art. 12–18 RL (EU) 2016/680** geht es um übergreifende Informationsrechte, um Auskunftsrechte, um Rechte auf Berichtigung oder Löschung personenbezogener Daten und auf Einschränkung der Verarbeitung, um die Ausübung von Rechten durch die betroffene Person und Prüfung durch die Aufsichtsbehörde und um mitgliedstaatliche Regelungskompetenzen hinsichtlich der Rechte der betroffenen Person in strafrechtlichen Ermittlungen und in Strafverfahren. Die Regelungen sehen teilweise mehr oder weniger weit reichende Einschränkungsmöglichkeiten, dann aber wiederum auch das Erfordernis von Schutzvorkehrungen vor. 57

Im Mittelpunkt vielschichtiger konkreter Pflichten hinsichtlich der Verarbeitung personenbezogener Daten steht der „**Verantwortliche**", der ua in **Art. 19 ff. RL (EU) 2016/680** adressiert wird. Ihrer Funktion nach soll die Figur der Verantwortlichkeit - angesichts dessen, dass sich der Umgang mit personenbezogenen Informationen und Daten außerhalb der Sphäre der geschützten Personen vollzieht - für diese Personen und auch für die Datenschutzaufsicht einen Zurechnungsendpunkt hinsichtlich datenschutzrechtlicher Pflichten liefern. Zu den zentralen **Pflichten**, die aus der Verantwortlichkeit resultieren, gehört nach Maßgabe eines grundsätzlich risikobasierten Ansatzes die allgemeine Verpflichtung, geeignete technische und organisatorische Maßnahmen umzusetzen, damit die Einhaltung sämtlicher einschlägiger Anforderungen der Richtlinie an die Verarbeitung personenbezogener Daten sichergestellt und nachgewiesen werden kann. Die sich bereits in diesem Rahmen ergebenden allgemeinen Dokumentationspflichten und -obliegenheiten werden durch Pflichten wie diejenige zur Führung eines Verzeichnisses von Verarbeitungstätigkeiten oder zur Protokollierung konkretisiert und ergänzt. Datenschutzverletzungen muss der Verantwortliche unter bestimmten Voraussetzungen der Aufsichtsbehörde oder, unter weiteren Einschränkungen, auch der betroffenen Person melden. Schon aufgrund dieser Anforderungen wird im Ergebnis ein mehr oder weniger ausgeprägtes und aufwändiges Datenschutzmanagement entstehen. In besonders risikobehafteten Fällen muss auch eine Datenschutzfolgenabschätzung als Vorab-Evaluation durchgeführt werden. 58

Art. 29 RL (EU) 2016/680 gibt den Mitgliedstaaten auf vorzusehen, dass Verantwortliche und Auftragsverarbeiter im Rahmen eines risikobasierten Ansatzes technische und organisatorische Maßnahmen treffen, um ein dem Risiko für die Rechte und Freiheiten natürlicher Personen angemessenes Schutzniveau zu gewährleisten, insbesondere im Hinblick auf die Verarbeitung besonderer Kategorien personenbezogener Daten im Sinne von Artikel 10. Zu den aufgelisteten denkbaren Maßnahmen zählen ua Zugangskontrollen, Datenträgerkontrollen, Speicherkontrollen, Benutzerkontrollen, Berechtigungskontrollen, Übertragungskontrollen, Eingabekontrollen oder Zuverlässigkeits- und Datenintegritätsgewährleistungen. 59

Art. 35 ff. RL (EU) 2016/680 betreffen die Übermittlung personenbezogener Daten an Drittländer oder internationale Organisationen, hier auch nach Maßgabe eines Angemessenheitsbeschlusses der Kommission. 60

Art. 41 ff. RL (EU) 2016/680 geben den Mitgliedstaaten Regelungen zur Einrichtung unabhängiger Aufsichtsbehörden auf, die die Anwendung der Richtlinie überwachen und denen nähere umschriebene Aufgaben und Befugnisse zuzuordnen sind. Die Aufsichtsbehörden der Mitgliedstaaten leisten einander gegenseitige Amtshilfe. Auch der mit der DSGVO eingesetzte Europäische Ausschuss nimmt in Bezug auf Verarbeitungsvorgänge im Anwendungsbereich dieser Richtlinie bestimmten Aufgaben wahr. 61

Zu den Rechtsbehelfen, die betroffenen Person nach **Art. 52 ff. RL (EU) 2016/680** zur Verfügung zu stellen sind, gehören das Recht auf Beschwerde bei einer Aufsichtsbehörde, das Recht auf einen wirksamen gerichtlichen Rechtsbehelf gegen Verantwortliche oder Auftragsverarbeiter und das Recht auf Schadensersatz. 62

Die **Mitgliedstaaten** sind prinzipiell nicht gehindert, **höhere Standards** festzulegen (Art. 1 Abs. 3 der RL). Sofern statt der oder neben den Unionsgrundrechten verfassungsrechtliche Vorgaben greifen (→ Rn. 39 ff.), sind sie von Verfassungs wegen dazu verpflichtet. 63

D. Verfassungsrechtlicher Rahmen

Den **verfassungsrechtlichen Rahmen** für den Umgang mit personenbezogenen Informationen und Daten durch die Polizeien und Nachrichtendienste des Bundes bestimmen zunächst die 64

Syst. L. Polizei- und Nachrichtendienstlicher Datenschutz

Inhalte und Grenzen der Gesetzgebungs- und Verwaltungskompetenzen des Bundes (→ Rn. 64 ff.). Hinzu kommen das Rechtsstaatsprinzip, insbesondere das Bestimmtheitsgebot, und die Grundrechte, nicht zuletzt da das Bundesverfassungsgericht aus ihnen in zahlreichen Entscheidungen relevante Maßstäbe hergeleitet hat (→ Rn. 74 ff.).

I. Kompetenzen des Bundes

65 Die **Gesetzgebungs- und Verwaltungskompetenzen** des Bundes im Polizei- und Nachrichtendienstrecht richten sich nach der Kompetenzaufteilung zwischen Bund und Ländern in Art. 30, 70 ff., 83 ff. GG (→ Rn. 64 ff.). Im Ansatz ebenfalls der Ebene der Kompetenzverteilungsbestimmungen zuzuordnen ist das **Gebot der Trennung von Polizeien und Nachrichtendiensten** (→ Rn. 69 f.).

1. Gesetzgebungs- und Verwaltungskompetenzen des Bundes

66 Für **Datenschutzregelungen** gibt es nach den grundgesetzlichen Kompetenzverteilungsvorgaben keine **ausdrücklich darauf gerichtete Gesetzgebungskompetenz.** Das ist angesichts der Verflochtenheit mit den jeweiligen Sachbereichen sinnvoll. Eben wegen dieser Verflochtenheit stehen dem Bund Kompetenzen kraft Sachzusammenhanges und Annexkompetenzen im Anschluss an die in Art. 73 und 74 GG aufgezählten Sachkompetenzen zu. Die Bundesgesetzgebungskompetenz für die datenschutzrechtlichen Regelungen reicht jeweils so weit, wie diese kraft Sachzusammenhanges oder als Annex notwendigerweise mitzuregeln sind (auch bis hin zur Zugänglichmachung der für eine bestimmte Aufgabenerfüllung erhobenen Daten gegenüber anderen Behörden für deren Aufgaben, s. etwa BVerfGE 156, 11 Rn. 82). Insofern können Datenverarbeitungsabläufe teils der Bundes-, teils der Landesgesetzgebungskompetenz unterliegen. Das gilt etwa, wenn der Bund unter bestimmten Voraussetzungen eine Erhebung und Speicherung personenbezogener Daten sowie deren Übermittlung an Landesbehörden zulässt, die die Daten weiter nach Maßgabe landesrechtlicher Vorschriften auf der Basis einer Landesgesetzgebungskompetenz verwenden. Über die Kompetenz hinsichtlich der Übermittlungsvorschrift hinaus steht dem Bund hier die Kompetenz zu, diejenigen Beschränkungen für die Datenverwendung bundesrechtlich vorzugeben, die wegen des Zusammenhanges zwischen Datenerhebung und Datenverwendung geboten sind. Etwa müssen im Falle einer Datenerhebung mittels eingriffsintensiver Erhebungsmethoden für die weitere Datenverwendung besondere Einschränkungen gelten. Die Datenverarbeitung durch die Landesbehörden unterliegt dann diesen bundesrechtlichen Vorgaben und im Übrigen dem Landesrecht (s. dazu BVerfGE 125, 260 (315 f., 344 ff., 355 f.); BVerfG Beschl. v. 27.5.2020 – 1 BvR 1873/13 und 2618/13 Rn. 130 ff. – Bestandsdatenauskunft II, BVerfGE 155,119 = NJW 2020, 2699).

67 Für den Bund ergeben sich danach eine Reihe **ausschließlicher Gesetzgebungskompetenzen.** Art. 73 Abs. 1 Nr. 5 GG erfasst den Zollschutz, den Grenzschutz sowie die Außenwirtschaft, Art. 73 Abs. 1 Nr. 6 GG den Luftverkehr und Art. 73 Nr. 6a GG die Eisenbahnen des Bundes und das Betreiben von Schienenwegen, worin die Bahnpolizei durch die Bundespolizei eingeschlossen ist. Art. 73 Abs. 1 Nr. 9a GG greift für die Abwehr von Gefahren des internationalen Terrorismus durch das Bundeskriminalpolizeiamt in Fällen, in denen eine länderübergreifende Gefahr vorliegt, die Zuständigkeit einer Landespolizeibehörde nicht erkennbar ist oder die oberste Landesbehörde um eine Übernahme ersucht (vgl. dazu BVerfG NJW 2016, 1781 Rn. 87 ff.; zur Entstehungsgeschichte des im Rahmen des 52. Grundgesetzänderungsgesetzes v. 28.8.2006, BGBl. I 2014, eingefügten Art. 73 I Nr. 9a GG Abbühl, Der Aufgabenwandel des Bundeskriminalamts 2010, 291 ff.; Kritik bei Tams DÖV 2007, 367 ff.). Art. 73 Nr. 10 GG deckt Regelungen im Bereich der Zusammenarbeit des Bundes und der Länder in der Kriminalpolizei und beim Verfassungsschutz sowie die Einrichtung eines Bundeskriminalpolizeiamtes und die internationale Verbrechensbekämpfung ab. **Konkurrierende Gesetzgebungskompetenzen** des Bundes folgen aus Art. 74 I Nr. 1 GG für das Strafrecht und das gerichtliche Verfahren.

68 Diese Gesetzgebungskompetenzen decken ein Spektrum bundespolizeilicher und bundesnachrichtendienstlicher Vorschriften ab. Dabei können sich die Aufgaben und Befugnissen der jeweiligen Bundesinstitutionen teilweise auf verschiedene ausdrückliche Kompetenzen stützen. So greift etwa hinsichtlich der **Bundespolizei** Art. 73 Nr. 5, 6 und 6a GG, für das **Bundeskriminalamt** Art. 73 Abs. 1 Nr. 9a und 10 GG, für das **Bundesamt für Verfassungsschutz** Art. 73 Nr. 10b und c GG und für den **Bundesnachrichtendienst** Art. 73 Abs. 1 Nr. 1 GG. Inhalte und Grenzen dieser Kompetenzen sind z. T. interpretationsbedürftig und strittig (s. etwa zu Art. 73 Abs. 1 Nr. 1 GG BVerfGE 100, 313 (368 ff.); BVerfG Urt. v. 19.5.2020 – 1 BvR 2835/17 Rn 123 ff., BVerfGE 154, 152; BVerfG Beschl. v. 10.11.2020 – 1 BvR 3214/15 Rn. 80 ff., BVerfGE 156, 11; zu

Syst. L. Polizei- und Nachrichtendienstlicher Datenschutz

Art. 73 Abs. 1 Nr. 5 BVerfGE 110, 33 (47 f.); zu Art. 73 Abs. 1 Nr. 10 b und c Spitzer, Die Nachrichtendienste Deutschlands und die Geheimdienste Russlands – ein Vergleich, 2011, S. 33 ff.). Im Bereich der konkurrierenden Gesetzgebungskompetenz nach Art. 74 I Nr. 1 GG fällt unter das „gerichtliche Verfahren" auch die **Strafverfolgungsvorsorge,** also die Vorsorge für die Verfolgung künftiger Straftaten (BVerfGE (K) 103, 21 (30 f.); 113, 348 (370 ff.); s. auch Albers, Die Determination polizeilicher Tätigkeit in den Bereichen der Straftatenverhütung und der Verfolgungsvorsorge, 2001, S. 265 ff.). Ob der Bund insoweit mit der StPO abschließende und erschöpfende Regelungen getroffen hat, kann nur anhand der einschlägigen Bestimmungen und des jeweiligen Sachbereichs festgestellt werden (vgl. BVerfGE 109, 190 (229)). Abzustellen ist dabei vorrangig auf das Bundesgesetz selbst, sodann auf den Regelungszweck hinter dem Gesetz und ferner auf die Gesetzgebungsgeschichte und die Gesetzesmaterialien (vgl. BVerfGE 98, 265 (300 f.)). Dabei ist zu beachten, dass auch ein absichtsvoller Verzicht des Bundes zum Gebrauch einer Kompetenz eine Sperrwirkung für die Länder erzeugen kann (vgl. BVerfGE 32, 319 (327 f.); 98, 265 (300)). Im Bereich der **Telekommunikationsüberwachung zum Zwecke der Verfolgung von Straftaten** hat der Bund von seiner Gesetzgebungskompetenz aus Art. 74 Abs. 1 Nr. 1 GG abschließend Gebrauch gemacht (BVerfGE 113, 348 (370 ff.). Das BVerwG hat entschieden, dass der Bund die Strafverfolgungsvorsorge nicht allgemein abschließend geregelt hat und dass im Bereich der **Videoüberwachung öffentlicher Plätze** zu Zwecken der Verfolgungsvorsorge landesrechtliche Regelungen möglich sind (BVerwGE 141, 329 (338 f.)).

Eine praktisch bedeutsame Ausnahme von der Zuständigkeit der Länder für die Verwaltung **69** bilden die **Verwaltungskompetenzen des Bundes** nach Art. 87 Abs. 1 S. 2 GG. Danach können durch Bundesgesetz Bundesgrenzschutzbehörden, Zentralstellen für das polizeiliche Auskunfts- und Nachrichtenwesen, für die Kriminalpolizei und zur Sammlung von Unterlagen für Zwecke namentlich des Verfassungsschutzes eingerichtet werden. Die Vollzugskompetenzen der danach eingerichteten Bundesbehörden, wie des Bundeskriminalamtes oder des Bundesamtes für Verfassungsschutz, dürfen in ihrer Tragweite nicht über die Gesetzgebungskompetenz des Bundes hinausreichen. Wenn die Voraussetzungen erfüllt sind, verfügt der Bund über ein Wahlrecht zwischen der Errichtung einer Zentralstelle oder der Errichtung einer selbständigen Bundesoberbehörde nach Art. 87 Abs. 3 S. 1 GG. Dies hat das BVerfG für das Zollkriminalamt im Hinblick auf das AWG entschieden (BVerfGE 110, 33 (33, 49 ff.)).

2. Trennungsgebot und „informationelles Trennungsprinzip"

Das sog. **Gebot der Trennung von Polizeien und Nachrichtendiensten** wird gelegentlich **70** als ein auch aus den Gesetzgebungs- und Verwaltungskompetenzen herauszukristallisierender Grundsatz angeführt, der in bestimmtem Umfang eine Trennung der Organisation sowie der Aufgaben und Befugnisse von Polizeibehörden einerseits und Verfassungsschutzbehörden andererseits ebenso sicherstellen soll wie Bedingungen und Grenzen einer Zusammenarbeit. Verfassungsrechtliche Verankerung und Inhalte sind umstritten (ausf. Albers, Die Determination polizeilicher Tätigkeit in den Bereichen der Straftatenverhütung und der Verfolgungsvorsorge, 2001, 221 ff.; Lisken/Denninger/Denninger Handbuch des Polizeirechts, 7. Aufl. 2021, Kap. B Rn. 43 ff.; weiter Nehm NJW 2004, 3289 (3289 ff.); Baumann DVBl 2005, 798 (799 ff.); Ellermann Die Polizei 2007, 181 (182); Petri ZD 2013, 3 (3 ff.); Kutscha NVwZ 2013, 324 (324 f.); Schenke/Graulich/Ruthig/Roth, Sicherheitsrecht des Bundes, 2. Aufl. 2019, § 2 BVerfSchG Rn. 7 ff.; Schenke/Graulich/Ruthig/Arzt, Sicherheitsrecht des Bundes, 2. Aufl. 2019, § 1 ATDG Rn. 29 ff.). Historisch wird das Trennungsgebot auf den „Polizeibrief" der Alliierten Militärgouverneure v. 8./14.4.1949 zurückgeführt (abgedruckt in Huber Quellen zum Staatsrecht der Neuzeit, Bd. 2, 1951, B III 7 a, 216). Eine verfassungsrechtliche Verankerung lässt sich allerdings nicht unmittelbar damit, sondern nur im Rückgriff auf die Differenzierung einerseits der Zusammenarbeit zwischen Bund und Ländern im Bereich der Kriminalpolizei und andererseits der Zusammenarbeit im Bereich des Verfassungsschutzes in Art. 73 Abs. 1 Nr. 10 GG und die entsprechende Abgrenzung von Zentralstellen für polizeiliche Zwecke und solche für Zwecke des Verfassungsschutzes in Art. 87 Abs. 1 S. 2 GG unter Hinzunahme entstehungsgeschichtlicher Argumente begründen (s. dazu auch BVerfGE 97, 198 (215), wo Art. 87 Abs. 2 S. 1 GG als Reaktion des Verfassungsgebers auf den „Polizeibrief" bezeichnet wird). Auch bei einer solchen Argumentation bleiben Inhalt und Reichweite entwickelbarer Aussagen allerdings blass.

Legt man zugrunde, dass in bestimmtem Umfang eine Differenzierung von Bundespolizeien **71** und Bundesnachrichtendiensten in organisatorischer Hinsicht und im Hinblick auf die Zuweisung von Aufgaben und Befugnissen vorgegeben ist, würde diese umgangen, wenn über den Informationsaustausch und Zusammenarbeitsformen ein Zustand herbeigeführt würde, der die Trennung

Syst. L. Polizei- und Nachrichtendienstlicher Datenschutz

der Sache nach aufhöbe. Regelungen, die einen nicht zugangs- und zugriffsbeschränkten Datenpool oder Onlineverbund erlaubten, wären damit zwar ebenso unvereinbar wie Übermittlungsermächtigungen, nach der die eine Behörde Daten oder Informationen pauschal mit der Maßgabe weitergeben dürfte, dass die andere Behörde das für sie Relevante herausdestillieren möge (Gusy ZRP 1987, 45 (49); Albers, Die Determination polizeilicher Tätigkeit in den Bereichen der Straftatenverhütung und der Verfolgungsvorsorge, 2001, 228). Einem Informationsaustausch zu Gunsten der Aufgaben und Befugnisse der jeweils anderen Behörde unter Festlegung hinreichender Übermittlungs-, Einstell- oder Abrufschwellen und sonstiger Schutzvorkehrungen steht dies aber nicht entgegen. Ein in den Kompetenzen verankertes Gebot der Trennung von Polizeien und Nachrichtendiensten gibt insoweit nichts her, was nicht in besserer Absicherung aus Grundrechten folgt. Jedenfalls im Hinblick auf den durch die Antiterrordatei ermöglichten Informationsaustausch hat das BVerfG aus den Gesetzgebungs- und Verwaltungskompetenzen keine Maßgaben hergeleitet, die einem solchen Informationsaustausch entgegenstünden. Im Gegenteil hat es die „Regelung des Umfangs solcher zweckändernder Bereitstellung von Daten für andere Aufgabenträger" kraft Sachzusammenhanges in die Kompetenz für die Datenerhebung und den hiermit korrespondierenden Datenschutz eingebunden (BVerfGE 133, 277 (317 ff.) = BeckRS 2013, 49916).

72 Insofern sind nicht die Gesetzgebungs- oder Verwaltungskompetenzen, sondern die Grundrechte, insbesondere das Grundrecht auf informationelle Selbstbestimmung (dazu noch, auch zu Neuerungen → Rn. 76 ff.), Anknüpfungspunkt für gesteigerte Anforderungen, die vor dem Hintergrund der unterschiedlichen Aufgaben und Befugnissen von Nachrichtendiensten und Polizeibehörden an informationelle Kooperationen gestellt werden. Das BVerfG hat diese Anforderungen als „**informationelles Trennungsprinzip**" bezeichnet (BVerfGE 133, 277 (329 Rn. 123) = BeckRS 2013, 49916; im Anschluss daran BVerfGE 156, 11 Rn. 101)). Ausgangspunkt der gerichtlichen Überlegungen ist der verfassungsrechtlich, insbesondere aus dem Grundrecht auf informationelle Selbstbestimmung hergeleitete „Grundsatz der Zweckbindung" mit seinen Wirkungen: Die „den verschiedenen Sicherheitsbehörden jeweils eingeräumten Datenerhebungs- und -verarbeitungsbefugnisse sind, soweit es um personenbezogene Daten geht, auf ihre spezifischen Aufgaben zugeschnitten und durch sie begrenzt" (BVerfGE 133, 277 Rn. 113 = BeckRS 2013, 49916). Hinzu kommt der Blick auf die unterschiedlich gestalteten Aufgaben und Befugnisse: Während polizeiliche Aufgaben und Befugnisse gesetzlich in differenzierter Weise eingegrenzt sind, ua durch Einschreitschwellen, und zudem grundsätzlich offen zu ermitteln ist, haben die Nachrichtendienste weit reichende, nicht detailscharf ausgestaltete Datenverarbeitungsbefugnisse, die eine Reihe heimlicher Informationsbeschaffungsmethoden umfassen; im Gegenzug und zum Ausgleich zu der Weite dieser Datenerhebungsbefugnisse ist die Zielrichtung der Aufklärung begrenzt. „Die Rechtsordnung unterscheidet", so erläutert das BVerfG seinen Befund, „zwischen einer grundsätzlich offen arbeitenden Polizei, die auf eine operative Aufgabenwahrnehmung hin ausgerichtet und durch detaillierte Rechtsgrundlagen angeleitet ist, und den grundsätzlich verdeckt arbeitenden Nachrichtendiensten, die auf die Beobachtung und Aufklärung im Vorfeld zur politischen Information und Beratung beschränkt sind und sich deswegen auf weniger ausdifferenzierte Rechtsgrundlagen stützen können" (BVerfGE 133, 277 Rn. 122 = BeckRS 2013, 49916). Aus beiden Überlegungen folgt das Gericht, dass der Austausch personenbezogener Daten zwischen Polizeien und Nachrichtendiensten gesteigerten verfassungsrechtlichen Anforderungen unterliegt. „Aus dem Grundrecht auf informationelle Selbstbestimmung folgt insoweit ein informationelles Trennungsprinzip. Danach dürfen Daten zwischen den Nachrichtendiensten und Polizeibehörden grundsätzlich nicht ausgetauscht werden. Einschränkungen der Datentrennung sind nur ausnahmsweise zulässig" (BVerfGE 133, 277 Rn. 123 = BeckRS 2013, 49916). Für den Austausch personenbezogener Daten stellt das BVerfG dann einschränkende Voraussetzungen auf. So wird die Weiterleitung von Nachrichtendiensten an Polizeien zwecks operativer polizeilicher Aktivitäten an das Vorliegen eines grundsätzlich herausragenden öffentlichen Interesses und an qualifizierte Übermittlungsschwellen geknüpft. Die Datenübermittlung von Polizeien an Nachrichtendienste hält das Gericht in einer späteren Entscheidung für weniger problematisch (BVerfGE 156, 11 Rn. 106, 119 – Antiterrordateigesetz II).

73 Die Formulierung eines „informationellen Trennungs**prinzips**" ist allerdings schon deshalb unterkomplex, weil das Grundsatz-Ausnahme-Denken hier viel zu grobschlächtig ist. Es geht an der Vielschichtigkeit der verfassungsrechtlichen Vorgaben für die differenziert und vielfältig zu erfassenden Informationsbeziehungen zwischen Polizeien und Nachrichtendiensten vorbei. Das zeigen bereits die – wiederum nicht in jeder Hinsicht überzeugenden – Relativierungen, die das BVerfG selbst in der Antiterrordateigesetz II-Entscheidung macht. Richtig ist der Kerngedanke, dass der Datenaustausch zwischen Behörden nicht so gestaltet sein darf, dass verfassungsrechtliche Anforderungen an die Verarbeitung personenbezogener Daten im Wege der Austauschprozesse

Syst. L. Polizei- und Nachrichtendienstlicher Datenschutz

unterlaufen werden. Neben der Prüfung der Anforderungen, die ua wegen der prozessübergreifenden Zweckbindung und des Übermaßverbots für die Schritte der Datenübermittlung, des Datenempfangs und der Datenweiterverarbeitung bereits für sich genommen gelten, erfordert dies eine übergreifende Beurteilung, bei der man zwei Verarbeitungskontexte miteinander vergleichen muss. Grundlinien eines solchen Vergleichs zwischen polizeilichen und nachrichtendienstlichen Verarbeitungskontexten werden vom BVerfG präsentiert. Danach liegt es auch unter grundrechtlichen Aspekten auf der Hand, dass Nachrichtendienste die mit den ihnen zuerkannten Befugnissen erlangten Daten nicht pauschal Polizeien mit der Maßgabe zur Verfügung dürfen, dass diese sich aus dem Bestand das polizeilich Relevante heraussuchen mögen (s. bereits → Rn. 71). Auch ein Verständnis der Nachrichtendienste als „Informationsdienstleister" ist verfehlt (vgl. → Rn. 7). Umgekehrt ist die vom Gericht präsentierte Vergleichsbasis zu holzschnittartig und sein Sprung zu einem Trennungsprinzip vorschnell. Zu reduziert ist zudem der Fokus auf den Datenerhebungsschwellen, die für die Beurteilung der Verfassungsmäßigkeit einer späteren Übermittlung herangezogen werden und in der Rechtsprechungslinie in einen „Grundsatz der hypothetischen Datenneuerhebung" münden (dazu noch → Rn. 96). Es bedarf statt dessen einer **Feinanalyse,** wann in der wie gestalteten Vernetzung zweier Verarbeitungskontexte unter Berücksichtigung des jeweils be- und entstehenden Wissens involvierter Sicherheitsbehörden ein Unterlaufen welcher verfassungsrechtlichen Anforderungen liegt. Hier können sich verschiedenartige Maßstäbe und Kriterien ergeben. Das gilt nicht zuletzt deshalb, weil die maßstabsetzenden Schutzgüter betroffener Personen präzisiert und mit ihren unterschiedlichen Ankern aufgefächert werden müssen. Sowohl die Vorgaben für die Gesetzgebung als auch deren Möglichkeiten, den verfassungsrechtlichen Anforderungen durch gesetzliche Ausgestaltungen Rechnung zu tragen, werden damit vielfältiger. Weder ein Trennungsprinzip noch die Idee eines prinzipiellen sicherheitsbehördlichen Verbunds werden dem gerecht.

II. Rechtsstaatsprinzip und Bestimmtheitsgebot

Das aus dem Rechtsstaatsprinzip herleitbare **Bestimmtheitsgebot** (sa → Syst. C Rn. 96 ff.) **74** ist gerade für die gesetzliche Regelung der Tätigkeit der Polizeien und Nachrichtendienste in einer Reihe von Entscheidungen des BVerfG hervorgehoben worden (s. BVerfGE 110, 33 (52 ff.); 113, 348 (375 ff.); 115, 320 (365 f.); 120, 378 (302 ff.); 133, 277 (336 ff.)) = BeckRS 2013, 49916; zur Bedeutung des Bestimmtheitsgrundsatzes als Grenze staatlicher Überwachung Becker NVwZ 2015, 1335 (1336 f.)). Es soll sicherstellen, dass der demokratisch legitimierte Parlamentsgesetzgeber die wesentlichen Entscheidungen über Grundrechtseingriffe und deren Reichweite selbst trifft, dass Regierung und Verwaltung im Gesetz steuernde und begrenzende Handlungsmaßstäbe vorfinden, dass die Gerichte eine wirksame Rechtskontrolle durchführen können und dass die Bürger sich auf die gesetzlich gedeckten Maßnahmen einstellen können (so BVerfGE 120, 378 (407)). Im Falle eines Eingriffs in das Recht auf informationelle Selbstbestimmung kommt ihm auch die spezifische Funktion zu, eine Umgrenzung ua des Verwendungszwecks der Informationen und damit zugleich die Zweckbindung sicherzustellen (BVerfGE 120, 378 (408)). Die konkreten Anforderungen an Normenbestimmtheit und Normenklarheit richten sich nach den Eigenarten des Sachbereichs und der zu regelnden Frage sowie nach Art und Schwere des Eingriffs.

III. Grundrechte des Grundgesetzes

Als Eingriffsabwehrrechte spielen das Recht auf informationelle Selbstbestimmung aus Art. 2 **75** I iVm Art. 1 I GG, das Recht auf Gewährleistung der Integrität und Vertraulichkeit informationstechnischer Systeme aus Art. 2 Abs. 1 iVm Art. 1 Abs. 1 GG und die Gewährleistung der Unverletzlichkeit des Telekommunikationsgeheimnisses aus Art. 10 I GG eine bedeutende Rolle. Daneben ist das Recht auf die Unverletzlichkeit der Wohnung aus Art. 13 GG in Fällen einer Wohnungsüberwachung maßgeblich. Die verfassungsgerichtliche Rechtsprechung hat aus diesen Grundrechten weit reichende Maßstäbe für den polizeilichen und nachrichtendienstlichen Umgang mit personenbezogenen Informationen und Daten hergeleitet (s. nur BVerfGE 113, 348 (375 ff.); 115, 320 (341 ff.); 120, 274 (302 ff.); 125, 260 (309 ff.); 129, 208 (236 ff.); 130, 151 (185 ff.); 133, 277 (320 ff.); 141, 220 (Rn. 90 ff.); 150, 244 (Rn. 35 ff.); 154, 152 (Rn. 136 ff.); 155, 119 (Rn. 122 ff.); 156, 11 (Rn. 83 ff.); bündelnd-analysierend Trute Verw. 2009, 85 (87 ff.); Tanneberger, Die Sicherheitsverfassung, 2014, 113 ff.; Trute Verw. 2020, 99 (103 ff.)). Vermittelt sind grundrechtliche Schutzpflichten und Schutzansprüche insbesondere des Rechts auf Leben und körperliche Unversehrtheit aus Art. 2 Abs. 2 S. 1 GG relevant. Es gibt kein „Grundrecht auf Sicherheit" (zum Diskurs und Hintergrund sa Riescher/Vierrath, Sicherheit und Freiheit statt Terror und Angst, 2010, 155 ff.).

Syst. L. Polizei- und Nachrichtendienstlicher Datenschutz

1. Recht auf informationelle Selbstbestimmung, Art. 2 Abs. 1 iVm Art. 1 Abs. 1 GG

76   Das **Recht auf informationelle Selbstbestimmung** schützt nach der Rechtsprechung des Bundesverfassungsgerichts die „Befugnis des Einzelnen, grundsätzlich selbst über die Preisgabe und Verwendung seiner persönlichen Daten zu bestimmen" (BVerfGE 65, 1 (42 f.); 78, 77 (84); 84, 192 (194); 113, 29 (46); 115, 166 (188); 118, 168 (203 f.); 130, 151 (183)). Kernelement ist ein individuelles Entscheidungsrecht, das dem **Gegenstand** nach **daten- und informationsorientiert,** der **Reichweite** nach **prozess- und verarbeitungsorientiert** ist. Dieses Recht bietet zunächst ein **Abwehrrecht gegen Eingriffe.** Welcher Informations- und Datenverarbeitungsschritt sich als rechtsrelevante Aktion und als ein Eingriff darstellt, ist eigenständig herauszuarbeiten (s. zur strategischen Fernmeldeüberwachung BVerfGE 100, 313 (366 f.); zur Rasterfahndung BVerfGE 115, 320 (343 f.); zur automatisierten Kennzeichenerfassung BVerfGE 120, 378 (398, 399); 150, 244 (Rn. 42 ff.); technikbedingt miterfasste und unmittelbar nach Erhebung technisch spurenlos wieder ausgesonderte Daten werden ausgeklammert). Der eingriffsabwehrrechtliche Gehalt wird ergänzt durch Verpflichtungen, organisations-, verfahrens- oder technikbezogene Schutzvorkehrungen zu schaffen (BVerfGE 65, 1 (46); ausgebaut im Kontext des Art. 10 GG in BVerfGE 125, 260 (325 ff.)). Als **Leistungsrechte** kommen insbesondere die Gewährleistung individueller Kenntnismöglichkeiten (BVerfGE 120, 351 (362 f.)) und die Gewährleistung hinreichender Einflussmöglichkeiten hinzu.

77   Die aus diesem Recht resultierenden **Anforderungen** hat das Gericht für Polizeien und Nachrichtendienste teilweise ausdrücklich parallelisiert (BVerfGE 120, 274 (329 f.); 125, 260 (331 f.); vgl. aber auch die Ausführungen in BVerfGE 133, 277 (324 ff.) = BeckRS 2013, 49916). Im Bereich der Eingriffsabwehr ist das Erfordernis einer verfassungsmäßigen gesetzlichen Ermächtigungsgrundlage für die Verarbeitung personenbezogener Informationen und Daten Ausgangspunkt. Der Gesetzgeber muss dabei insbesondere die **Verwendungszwecke festlegen,** für die personenbezogene Daten verwendet werden, und die Datenverarbeitung ist grundsätzlich an die auf dieser Grundlage und in diesem Rahmen festgelegten Zwecke gebunden (s. nur BVerfGE 65, 1 (46); 115, 166 (191); zur Zulässigkeit von **Zweckänderungen** BVerfGE 65, 1 (61 ff.); 100, 313 (360); 110, 33 (69)). Ausführlichere und kritikbedürftige Ausführungen zum Konzept Zweckfestlegung, Zweckbindung und Zweckänderungen macht das BVerfG im BKA-Urteil (BVerfGE 141, 220 Ls. 2 und Rn. 276 ff.; zur Kritik → Rn. 92 ff.). Eine „Sammlung nicht anonymisierter Daten auf Vorrat zu unbestimmten oder noch nicht bestimmbaren Zwecken" wäre verfassungswidrig (BVerfGE 65, 1 (46); 115, 320 (350); 118, 168 (203 f.); 130, 151 (187)). Eine „vorsorglich anlasslose Speicherung von Telekommunikationsverkehrsdaten zur späteren anlassbezogenen Übermittlung" unterfällt aus Sicht des Gerichts allerdings nicht diesem strikten Verbot (BVerfGE 125, 260 (316); krit. dazu Albers/Reinhardt ZJS 2010, 767 (770 f.); zur Rechtsprechung des EuGH → Rn. 45). Das **Übermaßverbot** stellt gerade im Bereich polizeilicher und nachrichtendienstlicher Tätigkeit Anforderungen mit Rücksicht auf das Gewicht der in Rede stehenden Eingriffe. Das Gewicht des Eingriffs bemisst sich ua danach, welche Persönlichkeitsrelevanz die erfassten oder durch eine weitergehende Verarbeitung gewonnenen Informationen aufweisen, ob der Betroffene einen ihm zurechenbaren Anlass für eine Datenerhebung geschaffen hat, inwieweit Maßnahmen heimlich stattfinden, wie langfristig sie wirken und welche Nachteile den Grundrechtsträgern aufgrund der Maßnahme drohen oder von ihnen nicht ohne Grund befürchtet werden (s. zuletzt BVerfGE 120, 378 (401 ff.). Die Anforderungen, die das BVerfG herleitet, sind freilich nicht alle im Übermaßverbot richtig eingeordnet (kritisch zur Überfrachtung des Übermaßverbots mit anderweitig herzuleitenden Maßgaben Albers, Informationelle Selbstbestimmung als vielschichtiges Bündel von Rechtsbindungen und Rechtspositionen in Friedewald/Lamla/Roßnagel, Informationelle Selbstbestimmung im digitalen Wandel, 2017, S. 11 (19)). Sie betreffen etwa die **zu schützenden Rechtsgüter,** die Festlegung von **Verarbeitungs- oder Übermittlungsschwellen in sachlicher, zeitlicher und personeller Hinsicht,** Pflichten zu organisations-, verfahrens- und technikbezogenen **Schutzvorkehrungen** oder auch **Datensicherheitsstandards** (s. etwa BVerfGE 113, 348 (382 ff.); 115, 320 (345 ff.); 120, 378 (236 ff.); 130, 151 (401 ff.)). Auch die nötigen individuellen **Kenntnis- und Einflusschancen** betroffener Personen müssen gesetzlich in angemessener Weise sichergestellt sein, insbesondere im Falle der Heimlichkeit der ursprünglichen Maßnahmen (zu Anforderungen bei heimlichen Grundrechtseingriffen ausf. Schwabenbauer, Heimliche Grundrechtseingriffe, 2014).

78   Das lange Zeit in dieser Fassung recht fest etablierte Recht auf informationelle Selbstbestimmung ist allerdings auch in der verfassungsgerichtlichen Rechtsprechung mittlerweile **im Fluss.** Zunächst haben sich die genetischen Grundlagen, die sich in der dem Volkszählungsurteil vorausgehenden Rechtsprechung finden, an zentralen Stellen verändert (BVerfGE 97, 125 (146 ff.); 97,

Syst. L. Polizei- und Nachrichtendienstlicher Datenschutz

391 (403 ff.); 101, 361 (382); 120, 180 (199); vgl. dazu Albers, DVBl 2010, 1061 (1065 f.)). Dann haben einige Entscheidungen die Schutzfunktionen und die Schutzreichweite in mehr oder weniger geglückter Weise austariert (BVerfGE 115, 320 (342 ff.); 118, 168 (184 f.); 120, 274 (312, 344 f.); 120, 351 (360 ff.)). Schließlich hat das Gericht das Recht auf informationelle Selbstbestimmung deutlich modifiziert: Im Verhältnis zwischen Privaten gewährleistet es kein allgemeines oder gar umfassendes Selbstbestimmungsrecht über die Nutzung der eigenen Daten, sondern „die Möglichkeit, in differenzierter Weise darauf Einfluss zu nehmen, in welchem Kontext und auf welche Weise die eigenen Daten anderen zugänglich sind und von ihnen genutzt werden, und so über der eigenen Person geltende Zuschreibungen selbst substantiell mitzuentscheiden" (BVerfG Beschl. v. 6.11.2019 – 1 BvR 16/13 – Recht auf Vergessen I Ls. 3 und Rn. 83 ff., BVerfGE 152, 152). Diese Formulierung ist allerdings ihrerseits nur vor dem Hintergrund des entschiedenen Falles zu verstehen. In der verfassungsgerichtlichen Abgrenzung der Aussagen im Hinblick auf das Verhältnis unter Privaten gegen diejenigen im Hinblick auf das Verhältnis zum Staat scheint ein zu traditionelles Staatsverständnis durch. Auch hier sind allerdings Modifikationen erkennbar. Die Grundrechtsgewährleistungen müssen noch passender ausgearbeitet werden. Auch angesichts der Koordinationserfordernisse mit den unionalen Grundrechtsvorgaben ist es insgesamt sinnvoll, ein **vielschichtiges Bündel von Maßgaben und Rechten** zum Schutz betroffener Personen im Hinblick auf den Umgang mit personenbezogenen Informationen und Daten auszuarbeiten (dazu Albers, Informationelle Selbstbestimmung, 2005; Albers, Informationelle Selbstbestimmung als vielschichtiges Bündel von Rechtsbindungen und Rechtspositionen in Friedewald/Lamla/Roßnagel, Informationelle Selbstbestimmung im digitalen Wandel, 2017, S. 11 ff.).

2. IT-Grundrecht, Art. 2 Abs. 1 iVm Art. 1 Abs. 1 GG

Aus Anlass der Überwachungsregelungen des § 5 Abs. 2 Nr. 11 S. 1 iVm § 7 Abs. 1 VSG NW aF, die dem Landesamt für Verfassungsschutz Befugnisse zum „heimlichen Aufklären des Internets" und zum „heimlichen Zugriff auf informationstechnische Systeme" zuwiesen, hat das Bundesverfassungsgericht das **Recht auf Gewährleistung der Vertraulichkeit und Integrität informationstechnischer Systeme** als neue Facette des Art. 2 Abs. 1 iVm Art 1 Abs. 1 GG hergeleitet (BVerfGE 120, 274 (302 ff.)). Dieses Recht ist in einigen Hinsichten interpretationsbedürftig, zB was ein „informationstechnisches System" ist, was „Vertraulichkeit" und „Integrität" im Näheren bedeuten und welche Verknüpfungen zwischen informationstechnischen Systemen und Grundrechtsträgern jene zu „eigengenutzten" Systemen machen (vgl. insgesamt Uerpmann-Wittzack/Bäcker Das neue Computergrundrecht, 2009, 1 (8 ff.); Hornung CR 2008, 299 (300 ff.); Thiel, Die „Entgrenzung" der Gefahrenabwehr, 2011, 284 ff.; s. auch Hoffmann-Riem JZ 2008, 1009 (1010 ff.; ausf. Hauser, Das IT-Grundrecht, 2014). Gesetzliche Ermächtigungen zu einem heimlichen (sicherheits-)behördlichen Zugriff auf die von Grundrechtsträgern genutzten informationstechnischen Systeme müssen hohe Anforderungen etwa hinsichtlich der Einschreitschwellen oder der verfahrensrechtlichen Schutzvorkehrungen erfüllen (BVerfGE 120, 274 (315 ff.)). Insbesondere muss auch ein Kernbereichsschutz gewährt sein (BVerfGE 120, 274 (335 ff.)).

Das IT-Grundrecht betrifft sowohl die sog. Online-Durchsuchung als auch die sog. Quellentelekommunikationsüberwachung. Für das Bundeskriminalamt enthalten §§ 49 und 51 BKAG im Bereich der Aufgabe der Abwehr von Gefahren des internationalen Terrorismus im Anschluss an das BKA-Urteil des BVerfG reformierte Regelungen. In der Strafprozessordnung ist § 100a StPO um eine eigenständige Ermächtigung ergänzt worden (Art. 3 des Gesetzes zur effektiveren und praxistauglicheren Ausgestaltung des Strafverfahrens v. 17.8.2017, BGBl. I. 3202). Nach § 100a Abs. 1 S. 2 und 3 StPO darf die Überwachung und Aufzeichnung der Telekommunikation auch in der Weise erfolgen, dass mit technischen Mitteln in von dem Betroffenen genutzte informationstechnische Systeme eingegriffen wird, wenn dies notwendig ist, um die Überwachung und Aufzeichnung insbesondere in unverschlüsselter Form zu ermöglichen. Auf dem informationstechnischen System des Betroffenen gespeicherte Inhalte und Umstände der Kommunikation dürfen überwacht und aufgezeichnet werden, wenn sie auch während des laufenden Übertragungsvorgangs im öffentlichen Telekommunikationsnetz in verschlüsselter Form hätten überwacht und aufgezeichnet werden können. § 100a Abs. 5 StPO sieht eine Reihe von Schutzvorkehrungen, § 100a Abs. 6 Protokollierungspflichten vor.

3. Telekommunikationsgeheimnis, Art. 10 Abs. 1 GG

Art. 10 Abs. 1 GG gewinnt mit seiner Facette der Verbürgung der **Unverletzlichkeit des Telekommunikationsgeheimnisses** vor dem Hintergrund der Entwicklung der Telekommunikationstechniken und der Entwicklungsoffenheit des Grundrechts (BVerfGE 115, 166 (182 f.))

Syst. L. Polizei- und Nachrichtendienstlicher Datenschutz

zunehmende Bedeutung. Das Grundrecht schützt – dies in bestimmten Schutzdimensionen auch im Hinblick auf Ausländer im Ausland (BVerfG Urt. v. 19.5.2020 – 1 BvR 2835/17 Rn. 87 ff., BVerfGE 154, 152) - die Inhalte und Umstände der Individualkommunikationen, die über die aufgezählten Medien, Techniken und Netze sowie über Vermittlungsleistungen Dritter vermittelt werden (vgl. etwa BVerfGE 125, 260 (309)). Hintergrund sind die aus der aus der Mediatisierung und Technisierung resultierenden Gefahren (BVerfGE 115, 166 (184)); das Vertrauen in die Integrität des Kommunikationspartners wird nicht von Art. 10 GG geschützt (BVerfGE 106, 28 (36 ff.); 120, 274 (340 f.)). Um mitgeschützte Umstände handelt es sich nur bei solchen Elementen, die einen Bezug zu konkreten Telekommunikationsvorgängen aufweisen. Daher fällt die bloße Zuordnung von Telekommunikationsnummern zu Anschlussinhabern nicht unter Art. 10 GG, sondern unter Art. 2 Abs. 1 iVm Art. 1 Abs. 1 GG (BVerfG NJW 2012, 1419 (1420) ff.). Internetkommunikationen können erhebliche Abgrenzungsschwierigkeiten bereiten (MKS/Gusy GG Art. 10 Rn. 43 ff.; Albers DVBl 2010, 1061 (1064); ausf. Wölm, Schutz der Internetkommunikation und „heimliche Internetaufklärung", 2014). Soweit der Schutz reicht, werden die Kommunikationsteilnehmer geschützt, nicht dagegen die Dienstleister, insbesondere Telekommunikationsunternehmen, als Übermittler (BVerwG GSZ 2018, 203 (205 ff.) mAnm Gärditz GSZ 2018, 210 ff.). Den Kommunikationsteilnehmern steht das Recht zu, die Geheimnisqualität der Kommunikation stärker zu sichern (vgl. Gerhards, (Grund-)Recht auf Verschlüsselung?, 2010, 123 ff.). Der Schutz des Art. 10 GG greift, soweit und solange das jeweilige Medium benutzt wird (BVerfGE 106, 28 (37 f.), 115, 166 (181 ff.); zur Online-Durchsuchung und -Überwachung BVerfGE 120, 274 (306 ff., 340 ff.); zum Schutz der auf dem Server des Providers gespeicherten E-Mails BVerfGE 124, 43 (56); zu Speicher- und Auskunftspflichten der Anbieter von Kommunikationsdiensten gegenüber den Sicherheitsbehörden BVerfGE 130, 151(178 ff.)). Davon ausgehend beschränkt er sich in der Reichweite nicht auf die staatliche Kenntnisnahme, sondern erstreckt sich auf die nachfolgenden Informations- und Datenverarbeitungen (grundl. BVerfGE 100, 313 (359)). Leistungsrechtlich gewährleistet Art. 10 GG individuelle Kenntnisrechte über die staatlichen Informations- und Datenverarbeitungsmaßnahmen, die auf einer Überwachung von Brief- oder Telekommunikationen beruhen (BVerfGE 100, 313 (361)).

82 Die aus Art. 10 GG folgenden **Anforderungen** entwickelt das BVerfG grundsätzlich in Parallelisierung zu den Anforderungen aus dem Recht auf informationelle Selbstbestimmung. In Eingriffsfällen stellt es in Abhängigkeit vom Gewicht des Eingriffs ua Anforderungen an die Zweckfestlegung, an Einschreit- oder Übermittlungsschwellen, an Schutzvorkehrungen im Verarbeitungszusammenhang, an den Kernbereichsschutz oder an technische und organisatorische Vorkehrungen zwecks Datensicherheit oder zwecks Kontrolle (etwa BVerfGE 100, 313 (373 ff.); 125, 260 (325 ff., hier auch in Gestalt eines Richtervorbehalts); 130, 151 (186 ff.); BVerfG NJW 2016, 1781 Rn. 227 ff.; BVerfG Urt. v. 19.5.2020 – 1 BvR 2835/17 Rn. 155 ff. = BVerfGE 154, 152). Den Kenntnisrechten der Grundrechtsträger ist im Falle gerechtfertigter heimlicher Überwachungen durch nachträgliche Benachrichtigungen Rechnung zu tragen (s. nur BVerfGE 100, 313 (397 ff.); BVerfG Urt. v. 19.5.2020 – 1 BvR 2835/17 Rn. 265 ff. = BVerfGE 154, 152; hier mit Ausführungen dazu, dass gegenüber Personen im Inland und Personen im Ausland ein differenziertes Schutzniveau gilt).

E. Zusammenspiel und Systematisierung der Datenschutzbestimmungen

I. Zusammenspiel unionaler und mitgliedstaatlicher Regelungen

83 Grundsätzlich richtet sich der Datenschutz auf Bundesebene nach den Regelungen der RL (EU) 2016/680 und anderweitigen sekundärrechtlichen Normen in deren jeweiligem Anwendungsbereich, nach den Vorschriften des BDSG und den fachspezifischen Bestimmungen. Die RL (EU) 2016/680 wird in Gestalt allgemein-übergreifender Vorschriften zunächst im dritten Teil des BDSG in § 45 ff. umgesetzt. Nach § 45 S. 1 BDSG gelten diese Vorschriften für die Verarbeitung personenbezogener Daten durch die für die Verhütung, Ermittlung, Aufdeckung, Verfolgung oder Ahndung von Straftaten oder Ordnungswidrigkeiten zuständigen öffentlichen Stellen, soweit sie Daten zum Zweck der Erfüllung dieser Aufgaben verarbeiten; die Verhütung von Straftaten umfasst nach S. 3 den Schutz vor und die Abwehr von Gefahren für die öffentliche Sicherheit. Demnach wird der Anwendungsbereich in Umsetzung der RL (EU) 2016/680 und in Abgrenzung gegen die DS-GVO (sa Art. 2 Abs. 2 lit. d DS-GVO) zweistufig bestimmt: Es werden bestimmte Behörden erfasst und deren Datenverarbeitung dann, wenn sie einem bestimmten Zweck dient (vgl. auch Wolff → BDSG § 45 Rn. 6; zum Erfordernis einer teleologischen Reduktion hinsichtlich der Gefahrenabwehr → BDSG § 48 Rn. 6). Den Vorschriften des dritten

Syst. L. Polizei- und Nachrichtendienstlicher Datenschutz

Teils des BDSG gehen bereichsspezifische, ihrerseits richtlinienumsetzende Datenschutzregelungen nach Maßgabe des § 1 Abs. 2 BDSG vor. In bestimmtem Umfang enthalten die Bundesgesetze zum Polizei- und Nachrichtendienstrecht ein eigenes datenschutzrechtliches Regelungsregime.

Soweit der Einfluss der RL (EU) 2016/680 und anderweitiger sekundärrechtlicher Regelungen reicht – und damit auch die Grundrechte der EU-Charta ins Spiel kommen –, ergibt sich ein Zusammenspiel unionaler und nationaler Normen, die partiell durchaus je eigenständige Grundmuster aufweisen. Im Näheren können sich erhebliche Systematisierungs- und Interpretationsprobleme ergeben. 84

II. Systematisierung und Aufschlüsselung der Befugnisse

Das unionsrechtlich überlagerte Rechtsregime der Datenschutzvorgaben für die Polizeien und Nachrichtendienste des Bundes lässt sich mit Hilfe passender Perspektiven systematisieren und aufschlüsseln. Von Relevanz ist ua die deutsche Verwaltungsrecht prägende Unterscheidung von Aufgaben und Befugnissen. Der **Aufgabenbestimmung** kommt über ihre tradierte Funktion der Bestimmung und Begrenzung des Tätigkeitsrahmens hinaus im Datenschutzrecht besondere Bedeutung zu (Albers, Die Determination polizeilicher Tätigkeit in den Bereichen der Straftatenverhütung und der Verfolgungsvorsorge, 2001, S. 251). Die datenschutzrechtlich zentrale Festlegung der Verwendungszwecke knüpft nämlich regelmäßig daran an, dass ein Verarbeitungsvorgang zur Erfüllung der Aufgaben oder einer bestimmten Aufgabe erforderlich ist. Viel weitergehend als im klassischen Gefahrenabwehrrecht wird die Aufgabennorm also durch einen Verweisungszusammenhang in die Befugnisse inkorporiert. Damit gewinnt auch ihre Begrenzungsfunktion eine besondere Relevanz. Eine lediglich vage Beschreibung lässt nicht nur ihre Funktion leerlaufen, sondern wirkt sich auf die Befugnisse aus. Auch die **Befugnisse zum Umgang mit personenbezogenen Informationen und Daten** sind in bestimmtem Umfang miteinander verbunden und bauen aufeinander auf; sie müssen dementsprechend in bestimmtem Umfang als Maßgaben, mit denen verwendungszweckgeleitete Verarbeitungsprozesse gesteuert werden, aufeinander bezogen werden. Dass die Phasen der Verarbeitungsprozesse in tatsächlicher und in rechtlicher Hinsicht teils voneinander entkoppelt, teils miteinander verknüpft sind, gehört zu den Faktoren, die die Sach- und Rechtslage so schwierig machen. Insbesondere entsteht das Problem der Folgen der Rechtswidrigkeit eines Verarbeitungsschrittes für die Rechtmäßigkeitsbeurteilung nachfolgender Schritte, va des Verwertungsverbots (dazu Albers, Die Determination polizeilicher Tätigkeit in den Bereichen der Straftatenverhütung und Verfolgungsvorsorge, 2001, S. 329 ff.; Gazeas, Übermittlung nachrichtendienstlicher Erkenntnisse an Strafverfolgungsbehörden, 2014, S. 528 ff.). 85

Die **Befugnisse zum Umgang mit personenbezogenen Informationen und Daten** lassen sich **als Verarbeitungsschritte** und **in ihren Komponenten** funktional aufschlüsseln. Befugnisse zur Verarbeitung personenbezogener Daten sind als Erhebungsbefugnisse verknüpft mit erstens den Vorgaben, die den Einsatz bestimmter, unter Umständen eigenständige Beeinträchtigungen mit sich bringender Ermittlungsmethoden regeln, und zweitens den Vorgaben zu den Modi des Vorgehens (offen oder heimlich). Insofern gibt es informations-, methoden- und modusbezogene Rechtsfragen. Auch sofern sich Verarbeitungsbefugnisse etwa auf die Auswertung erhobener personenbezogener Daten, deren Speicherung, Veränderung oder Nutzung beziehen, kann es phasenspezifische Regelungserfordernisse geben, die sich in den Befugnissen widerspiegeln, etwa Selektionsanforderungen, Aspekte der Speicherdauer, Prüfpflichten oder Verwendungsverbote. Zunehmende Bedeutung gewinnen Befugnisse im Zusammenhang mit Datensammlungen, zentralen Dateien oder Informationsystemen, bei denen zahlreiche Aspekte systembezogen auszugestalten sind, ua Zugriffs- und Abrufberechtigungen. Befugnisse zur Übermittlung personenbezogener Daten erfordern auf der Empfangsseite im Sinne des „Doppeltürmodells" Befugnisse zum Empfang oder Abruf übermittelter Daten. 86

Die Befugnisse gestalten sich auch für sich genommen zum Teil sehr komplex. Das liegt nicht zuletzt an den Anforderungen, die das BVerfG gerade für die eingriffsintensiven polizei-und nachrichtendienstrechtlichen Ermächtigungen aufgestellt hat (→ Rn. 74 ff.). Man kann **zentrale Regelungselemente** unterscheiden, nach denen sich die Verarbeitungsbefugnisse aufschlüsseln lassen. Dazu gehören Elemente, die sich auf den **Verwendungszweck** beziehen, hier etwa die gesetzliche Beschreibung der (Verwendungs-)Zwecke, zu denen Daten nach der jeweiligen Ermächtigungsgrundlage verarbeitet werden dürfen, die damit verknüpfte, mehr oder weniger weitreichende Bindung an diese Zwecke oder die Zulassung von Zweckänderungen. In enger Beziehung mit den Verwendungszwecken steht das Tatbestandsmerkmal der **Erforderlichkeit**, das zT verstärkt wird (unerlässlich, zwingend notwendig). **Gegenstandsbezogene Tatbestandsvoraussetzungen** konkretisieren die Art oder Aussagegehalte der relevanten Daten oder Informa- 87

Syst. L. Polizei- und Nachrichtendienstlicher Datenschutz

tionen. Eine zentrale Rolle spielen außerdem **Tatbestandsvoraussetzungen** in Gestalt von **Erhebungs-, Verarbeitungs- oder Übermittlungsschwellen,** die etwa **Eingrenzungen** des Kreises der geschützten Rechtsgüter oder der Straftaten, im Hinblick auf die auf die Befugnis zurückgegriffen werden darf, besondere **Anforderungen an die Prognose** (tatsächliche Anhaltspunkte, bestimmte Tatsachen, Wahrscheinlichkeitsgrad) oder **Subsidiaritätsklauseln** enthalten. Wesentlich sind außerdem Tatbestandsvoraussetzungen zur **Inanspruchnahme bestimmter Personen** (Zielpersonen, Kontakt- und Begleitpersonen, Regelungen zu unvermeidbar betroffenen Dritten). Hinzukommen können etwa **zeitbezogene Tatbestandsvoraussetzungen** oder **verfahrensrechtliche Tatbestandsvoraussetzungen** und **Schutzvorkehrungen.**

88   Die Befugnisse werden ergänzt um **Verantwortlichkeitspflichten.** Das können konkrete Pflichten sein, die ein korrespondierendes individuelles Recht vermitteln, etwa Pflichten zur Berichtigung, Löschung oder Verarbeitungseinschränkung. Es gibt allerdings auch zahlreiche übergeordnete Pflichten, etwa hinsichtlich der Datenqualitätsgewährleistung oder der Datensicherheit.

89   Ein wesentliches Element des datenschutzrechtlichen Regimes sind außerdem die **Rechte betroffener Personen.** Ein mittlerweile etablierter Kernpunkt sind Auskunfts- und Benachrichtigungsansprüche, die einem mehr oder weniger weitreichend eigenständigen polizei- oder nachrichtendienstgesetzlichen Regime unterliegen. Daneben gibt es besonders verankerte Einflussrechte oder auch Rechte auf Erläuterung und Begründung sowie subjektive Rechtspositionen, die über objektivrechtliche Normen vermittelt werden. Mit den im Bereich der Polizeien relevanten Vorgaben der RL (EU) 2016/680 werden weitere Rechtspositionen, die betroffenen Personen zustehen müssen, herausgestellt.

90   Neben den mittlerweile ausgefeilten **Vorgaben zur Kontrolle** erwähnenswert sind außerdem **Berichtspflichten** und die zunehmend eingesetzten **Evaluierungspflichten,** die der Ungewissheit über den Nutzen bestimmter eingriffsintensiver Ermächtigungsgrundlagen Rechnung tragen sollen (näher zur Evaluierung Albers VerwArch 2008, 481 ff.; Albers/Weinzierl, Menschenrechtliche Standards in der Sicherheitspolitik, 2010; Weingärtner, Die Evaluation von Sicherheitsgesetzen. Grund- und menschenrechtliche Anforderungen, 2021). Über die Evaluierung bestimmter Ermächtigungen hinaus wird zunehmend darüber diskutiert, wie eine „**Überwachungsgesamtrechnung**" möglich ist (dazu etwa Deutscher Bundestag, Protokoll-Nr. 19/121 der öffentlichen Anhörung des Ausschusses für Inneres und Heimat v. 22.2.2021 nebst Sachverständigenbeiträgen).

F. Allgemeine datenschutzrechtliche Grundmuster

I. Grundsätze iSd Art. 4 RL (EU) 2016/680 und ihre Umsetzung

91   Zu den Grundmustern, die die Datenschutzregime prägen, zählen ua die Grundsätze iSd Art. 4 RL (EU) 2016/680 und deren Umsetzung in §§ 45 ff. BDSG und den bereichsspezifischen Gesetzen für die Polizeien des Bundes. In den Grundsätzen werden in abstrakt-übergreifender Weise Strukturprinzipien aufgelistet, die im Rahmen aller datenschutzrechtlichen Bausteine Relevanz gewinnen. Man kann mehr oder weniger weitreichende Zweifel daran haben, ob diese Regelungstechnik sinnvoll ist und inwieweit die Ausgestaltung der jeweiligen Grundsätze gelungen oder zukunftsfähig ist. Je nach Bezugspunkt und je nach Inhalt des jeweiligen Grundsatzes sind die daraus resultierenden Vorgaben entweder eindeutig oder graduell-komparativ zu erfüllen.

1. Rechtmäßigkeit, Art. 4 Abs. 1 lit. a RiL 2016/680

92   Der Grundsatz der **Rechtmäßigkeit** stellt klar, dass die Verarbeitung personenbezogener Daten rechtlichen Anforderungen unterliegt; er bezieht sich insofern auf sämtliche Datenschutzregelungen. Er setzt **Rechtmäßigkeitsmaßstäbe** und damit auch **hinreichende Rechtsgrundlagen** voraus (vgl. auch Erwägungsgrund 26). Der Grundsatz einer Verarbeitung nach Treu und Glauben zielt über die Vorgaben rechtlicher Regelungen hinaus auf die „**Fairness**" der Datenverarbeitung unter Berücksichtigung der berechtigten Interessen der Beteiligten in Verarbeitungssituationen.

2. Zweckbindung, Art. 4 Abs. 1 lit. b RL (EU) 2016/680, und Zweckgestaltung im deutschen Recht

93   Im Datenschutzregime sind **Zwecksetzungen** ein zentraler Baustein. Es handelt sich dabei um ein **datenschutzrechtliches Regelungselement,** das den Umgang mit personenbezogenen Informationen und Daten strukturiert. Es meint den Zweck oder die Zwecke, für die die personenbezogenen Daten im Ergebnis von Verarbeitungen, hier regelmäßig als Infor-mationsgrundlagen, in einem bestimmten Kontext verwendet werden sollen. Diese „Zwecke" sind weder identisch

Syst. L. Polizei- und Nachrichtendienstlicher Datenschutz

mit den übergreifenden Zielen einer Aufgabenwahrnehmung noch fallen sie mit den behördlichen Aufgaben zusammen. Sie resultieren, richtig verstanden, auch nicht aus dem Verhältnismäßigkeitsgrundsatz oder Übermaßverbot und sind nicht deckungsgleich mit dem „legitimen Zweck" als einer (Vorab-)Komponente des Verhältnismäßigkeitsgrundsatzes oder des Übermaßverbots.

Der Grundsatz der **Zweckbindung**, den Art. 4 Abs. 1 lit. b RL (EU) 2016/680 festhält, ist ein mehrere Komponenten bündelnder Begriff. Als Komponenten zu unterscheiden sind die Zweckbestimmung oder Zweckfestlegung, die (in Art. 4 Abs. 1 lit. b RL (EU) 2016/680 relativierte) Bindung an den ursprünglich festgelegten Zweck und die Zweckvereinbarkeit als Anforderung für die Weiterverarbeitung. Die Zweckbestimmung verlangt, dass vor oder bei der Erhebung eindeutige und rechtmäßige Zwecke festgelegt werden. An diesen ursprünglich festgelegten Zweck ist die weitere Verarbeitung insofern gebunden, als die Daten grundsätzlich nicht in einer damit nicht zu vereinbarenden Weise verarbeitet werden dürfen. Eine Verarbeitung durch denselben oder einen anderen Verantwortlichen für einen anderen in den Anwendungsbereich der Richtlinie fallenden Zweck als den, für den die personenbezogenen Daten erhoben wurden, ist zulässig, sofern der Verantwortliche nach dem Unionsrecht oder dem Recht der Mitgliedstaaten befugt ist, solche personenbezogenen Daten für diesen anderen Zweck zu verarbeiten, und die Verarbeitung für diesen anderen Zweck nach dem Unionsrecht oder dem Recht der Mitgliedstaaten erforderlich und verhältnismäßig ist. 94

Die Linien des – immer noch auch maßgeblichen (→ Rn. 39 ff.) – deutschen Verfassungsrechts gestalten sich etwas anders. Hier wurden bislang **Zweckfestlegung, Zweckbindung** und **Zweckänderungsmöglichkeiten** differenziert. Der Begriff der „Zweckbindung" bezeichnete in diesem Rahmen die prozessübergreifende Bindung sämtlicher Verarbeitungsschritte an die vor oder bei Datenerhebung festgelegten Verwendungszwecke (ausf. zu den Konzeptionen Albers, Informationelle Selbstbestimmung, 2005, S. 507 ff., Open Access unter www.nomos-elibrary.de/10.5771/9783845258638/informationelle-selbstbestimmung). Hinsichtlich der – grundsätzlich anerkannten – Zweckänderungsmöglichkeiten sind bestimmte Rechtmäßigkeitsvoraussetzungen formuliert worden (etwa BVerfGE 100, 313 (360)): Sie bedürfen einer verfassungsmäßigen gesetzlichen Grundlage; der neue Verwendungszweck muss sich auf die Aufgaben und Befugnisse der öffentlichen Stelle beziehen und seinerseits so gestaltet sein, dass die Funktionen der Zweckfestlegung erfüllt werden, und eine Zweckänderung darf nicht zu Beeinträchtigungen für die betroffene Person führen, die sich in Abwägung mit den verfolgten Allgemeinbelangen als unverhältnismäßig darstellen. Darüber hinaus ergeben sich Anforderungen an die prinzipielle Gewährleistung der Kenntnis der betroffenen Person, ggf. auch an deren Einflussmöglichkeiten, und an weitere Schutzvorkehrungen, etwa zur Gewährleistung der Richtigkeit der Daten. 95

Diese Linien hat das BVerfG im **BKAG-Urteil** im Feld des Sicherheitsrechts im engeren Sinne reformuliert und insbesondere die weitere Nutzung und die Zweckänderung differenziert (BVerfG Urt. v. 20.4.2016 – 1 BvR 966/09, 1140/09 Rn. 276 ff, BVerfGE 141, 220 = BeckRS 2016, 44821). Die Ausführungen weisen freilich **erhebliche Schwächen** auf. Das betrifft etwa die Überlegungen, die Reichweite weiterer Nutzungen richtet sich nach der Ermächtigung für die Datenerhebung und die Zweckbindung der auf deren Grundlage gewonnenen Informationen bestimme sich nach der Reichweite der Erhebungszwecke in der für die jeweilige Datenerhebung maßgeblichen Ermächtigungsgrundlage (BVerfGE 141, 220 Rn. 279). Richtig ist, dass die immer abstrakten, typisierenden oder auch verschiedene Fallkonstellationen bündelnden gesetzlichen Erhebungsermächtigungen einen Rahmen für die Festlegung der Verwendungszwecke setzen. Diesen hat die zuständige Behörde verfahrensbezogen oder auch im Hinblick auf einen konkreten Aufgabenkomplex auszufüllen und entsprechend „eindeutige" Zwecke festzulegen. Nur ein solches Verständnis trägt den Anforderungen des Art. 4 Abs. 1 lit. b, c oder e der RL (EU) 2016/68 Rechnung. Müsste die jeweilige Erhebungsermächtigung als solche abschließend die Zweckfestlegung liefern, gelangte man entweder zu kontraproduktiven Bestimmtheits- und Präzisierungserfordernissen hinsichtlich des Gesetzes oder zu Ergebnissen, die mit datenschutzrechtlichen Anforderungen, wie sie über Zweckfestlegung, Zweckbindung und (geregelte)n Zweckänderungsmöglichkeiten gewährleistet werden sollen, unvereinbar wären. Das macht ein Blick auf die oft weit und bündelnd formulierten sicherheitsbehördlichen Erhebungsermächtigungen schnell klar. Auch das „Kriterium der hypothetischen Datenneuerhebung" (BVerfGE 141, 220, Rn. 287 = BeckRS 2016, 44821) ist im Urteil des BVerfG nicht in einer Weise formuliert, dass es als Grundsatz zentrale Datenschutzanforderungen erfüllen und als Grundlage für die Ausarbeitung von Berechtigungen in einem automatisierten Datenaustauschverbund ausreichen könnte. Die Figur hat unter verschiedenen Stichworten und in unterschiedlichen Ausprägungen - (qualifizierter) hypothetischer Ersatzeingriff, (qualifizierter) hypothetischer Wiederholungseingriff - eine reiche Geschichte. Die vielfältigen Kontroversen zeigen eine ganze Reihe der Probleme dieser Figur 96

Syst. L. Polizei- und Nachrichtendienstlicher Datenschutz

auf. Dazu gehört die Grundfrage, inwieweit die Rückbindung an die Erhebungssituation und die Erhebungsbefugnisse überhaupt normativ Sinn macht (skeptisch bereits Albers, Die Determination polizeilicher Tätigkeit in den Bereichen der Straftatenverhütung und der Verfolgungsvorsorge, 2001, S. 325 ff.).

97   Im Rahmen und auf Basis der gesetzlichen Ermächtigungsgrundlagen obliegt es der **verantwortlichen Stelle,** den einschlägigen Verarbeitungszweck nach Maßgabe der dafür geltenden Grundsätze (Art. 4 Abs. 1 lit. b RL (EU) 2016/680, § 47) festzulegen (s. etwa HK-DS-GVO/Johannes/Weinhold BDSG § 49 Rn. 18; NK-DatenschutzR/Roßnagel Art. 5 Rn. 73). Dabei sind die verschiedenen Funktionen der Zweckfestlegung und insbesondere auch die daraus resultierende Anforderung zu berücksichtigen, dass die Zwecke „eindeutig" sein müssen (Art. 4 Abs. 1 lit. b RL (EU) 2016/680, ebenso § 47 Nr. 2). Wie sich der ursprünglich festgelegte Zweck dann gestaltet, hängt ua von der jeweiligen Aufgabe, von der Konstellation und vom (Ermittlungs-)Stand und der Abgrenzbarkeit der Verfahren ab. Dabei sind Verhütung, Ermittlung und Aufdeckung oder Ermittlung, Aufdeckung und Verfolgung (Art. 1 Abs. 1 RL (EU) 2016/680, § 45 S. 1) Bestandteile eines Verfahrenskomplexes, der regelmäßig durch einen einheitlichen, durch eine straftatenbezogene Gefahrenlage oder durch den Anfangsverdacht einer Straftat oder einer Ordnungswidrigkeit bestimmten Verarbeitungs- und Verwendungszweck getragen wird.

98   Neben §§ 49 iVm 47 Nr. 2 BDSG enthalten die Fachgesetze weitere bzw. jeweils eigene Regelungen. Darin werden in mehr oder weniger weitreichendem Umfang bestimmte Verwendungszwecke vorgegeben. Zweckbindungen und die Zulässigkeit von Zweckänderungen werden gegenüber den allgemeinen Standards in differenzierten Bestimmungen eigenständig gestaltet, nämlich teils abgeschwächt, teils verschärften Anforderungen unterstellt.

3. Zweckentsprechung, Maßgeblichkeit und Angemessenheit, Art. 4 Abs. 1 lit. c RL (EU) 2016/680, Erforderlichkeit

99   Komplementär zu den Zwecksetzungen treten Grundsätze hinzu, die in Art. 4 Abs. 1 lit. c RL (EU) 2016/680 mit den Begriffen **Zweckentsprechung, Maßgeblichkeit** und **Angemessenheit** aufgeschlüsselt und im deutschen Recht mit dem Terminus der **Erforderlichkeit** gebündelt werden. Dies ist nicht deckungsgleich mit der aus dem Übermaßverbot bekannten Anforderung des „mildesten Mittels", sondern – ebenso wie das Element der „Zwecke" – ein **datenschutzrechtliches Regelungselement.** Als solches kann es einfachgesetzlicher Anknüpfungspunkt für das Übermaßverbot sein.

100 Art. 4 Abs. 1 lit. c RL (EU) 2016/680 enthält ein **Konglomerat verschiedener Anforderungen** und umfasst neben der Zweckentsprechung und objektiven Relevanz personenbezogener Daten insbesondere deren Beschränkung auf das notwendige Maß. Dies wird in zeitlicher Hinsicht durch den Grundsatz der Speicherbegrenzung (Art. 4 Abs. 1 lit. e RL (EU) 2016/680) ergänzt: Personenbezogene Daten sollen nicht länger, als es für die Zwecke, für die sie verarbeitet werden, erforderlich ist, in einer Form gespeichert werden, die die Identifizierung der betroffenen Personen ermöglicht. Beide Grundsätze setzen im Kontext des Art. 4 Abs. 1 RL (EU) 2016/680 die Zwecke der Verarbeitung als vorgegeben (statt als ihrerseits zu überprüfen) voraus. Im Rahmen der Pflichten hinsichtlich der System- und Technikgestaltung werden sie allerdings ebenfalls in Bezug genommen, Art. 20 RL (EU) 2016/680, mit der Folge, dass ihr Verständnis anforderungsreich wird.

101 Im deutschen Recht werden Zweckentsprechung, objektive Relevanz und Beschränkung auf das notwendige Maß im Begriff der **Erforderlichkeit** (mit Blick auf den Zweck, also in der allgemeinsten Fassung: zur Erfüllung der jeweiligen Aufgabe/n) gebündelt. Mittels dieses datenschutzrechtlichen Regelungselements wird eine Abhängigkeitsbeziehung zwischen der Verarbeitung personenbezogener Daten und den festgelegten Zwecken hergestellt und der Abhängigkeitsgrad beschrieben, mit dem die jeweilige Stelle auf den jeweiligen Verarbeitungsvorgang angewiesen ist. Funktional ergänzt dieses Element die Zweckbindung und erweist sich insofern als ein notwendiger Baustein, als ohnedem die Zweckbindung die ihr zukommenden Funktionen der Strukturierung der Verarbeitungsprozesse nicht erfüllen könnte.

4. Richtigkeit

102 Der Grundsatz der **Richtigkeit** (Art. 4 Abs. 1 lit. d RL (EU) 2016/680) verweist mit der Vorgabe, dass die personenbezogenen Daten „sachlich richtig und erforderlichenfalls auf dem neuesten Stand" sind, ebenfalls auf eine **Mehrheit näherer Anforderungen** an die inhaltliche Richtigkeit, die Vollständigkeit oder die Aktualität. Diese Anforderungen sind im Hinblick auf die jeweiligen Verarbeitungszwecke zu beurteilen. Für das „richtige" Verständnis der Daten als

Syst. L. Polizei- und Nachrichtendienstlicher Datenschutz

Informationsgrundlagen, um das es bei der Aufgabenerledigung geht, können kontextsichernde Begleit- oder Metadaten nötig sein. Ein jüngeres, allerdings umfassenderes Stichwort vor dem Hintergrund der Digitalisierung ist das der „Datenqualität". Der Grundsatz der Richtigkeit zeigt, dass Datenschutz und Aufgabenerfüllung keineswegs in jeder Hinsicht gegensätzlich sind. Löschung oder Berichtigung unrichtiger personenbezogener Daten müssen insbesondere mit Dokumentationspflichten, wie sie im überkommenen Prinzip der Aktenvollständigkeit und Aktenwahrheit zum Ausdruck kommen, und mit Rechtsschutzerfordernissen abgestimmt werden.

5. Datensicherheit

Art. 4 Abs. 1 lit. f RL (EU) 2016/680 richtet sich darauf, dass personenbezogene Daten nur in einer Weise verarbeitet werden, die eine **angemessene Sicherheit der personenbezogenen Daten** gewährleistet. Die normtextliche Formulierung bezieht sich nicht nur auf Datensicherungsmaßnahmen im engeren Sinne, sondern auch auf den „Schutz vor unbefugter oder unrechtmäßiger Verarbeitung". Der Grundsatz, dessen textliche Fassung geglückter hätte sein können, zielt auf die Einhaltung der Anforderungen anderer Grundsätze und konkreterer Vorgaben mit Hilfe technischer oder organisatorischer Maßnahmen 103

6. Rechenschaftspflicht

Der **Grundsatz der Rechenschaftspflicht** in Art. 4 Abs. 4 RL (EU) 2016/680 hebt die Rolle des Verantwortlichen hervor, also der zuständigen Behörde, die allein oder gemeinsam mit anderen über die Zwecke und Mittel der Verarbeitung von personenbezogenen Daten entscheidet (Art. 3 Nr. 8 RL (EU) 2016/680, § 46 Nr. 7 BDSG). Die verantwortliche Stelle ist zum einen für die Einhaltung der Anforderungen des Abs. 1 verantwortlich, damit eben auch insgesamt für die Rechtmäßigkeit der Verarbeitung, und zu dies gewährleistenden Maßnahmen verpflichtet. Zum anderen muss sie dessen Einhaltung nachweisen, also Dokumentations- und Nachweispflichten nachkommen. In §§ 45 ff. BDSG sind diese Grundsätze nicht als allgemeine Vorgabe übernommen worden. Sie spiegeln sich aber in bestimmtem Umfang in anderweitigen konkreten Vorschriften wider, die im Lichte des Art. 4 Abs. 4 RL (EU) 2016/680 auszulegen sind (→ BDSG § 48 Rn. 42). 104

II. Verarbeitungsgrundlagen

Dass es **Rechtsgrundlagen für den Umgang mit personenbezogenen Informationen und Daten** geben muss, ergibt sich für das deutsche Polizei- und Nachrichtendienstrecht bereits in bestimmtem Umfang aus dem Rechtsstaatsprinzip, jedenfalls aber aus den Grundrechten und den grundrechtlichen Gesetzesvorbehalten. Anforderungen enthält auch die RL (EU) 2016/680. Im Sinne von Rechtmäßigkeitsbedingungen geben Art. 8 ff. RL (EU) 2016/680 den Mitgliedstaaten in einer für allgemeine und „sensible" Daten differenzierten Weise vor zu sehen, dass die Verarbeitung nur bei Vorliegen bestimmter Bedingungen rechtmäßig ist. Danach sind Rechtsgrundlagen („auf Grundlage des Unionsrechts oder des Rechts der Mitgliedstaaten") notwendig, die in ihren Grundstrukturen jedenfalls die in den Richtlinienvorgaben genannten Mindestanforderungen regeln müssen. Die allgemeine Normen der Art. 8 ff. RL (EU) 2016/680 sind dabei eher rahmenartig gestaltet. Sie enthalten zudem Öffnungen für die eigenständige Regelung durch mitgliedstaatliches Recht. 105

Für **besondere Kategorien personenbezogener Daten** („sensible Daten") – Daten, aus denen die rassische und ethnische Herkunft, politische Meinungen, religiöse oder weltanschauliche Überzeugungen oder die Gewerkschaftszugehörigkeit hervorgehen, genetische Daten, biometrische Daten zur eindeutigen Identifizierung einer natürlichen Person, Gesundheitsdaten oder Daten zum Sexualleben oder der sexuellen Orientierung einer natürlichen Person (näher dazu → Art. 9 Rn. 19 ff.) – gibt Art. 10 RL (EU) 2016/680 **strengere Rechtmäßigkeitsanforderungen** auf. Die Antwort auf die Frage, ob und inwieweit man mit solchen Daten tun hat, insbesondere wann die aufgezählten Gehalte aus Daten „hervorgehen", kann erhebliche Ab- und Eingrenzungsschwierigkeiten bereiten. Jedenfalls partiell erfordern die Antworten einen Blick auf die hinter dem strengeren Regime stehenden Schutzgüter, -ziele und -gründe, die vielfältig sind (→ Art. 9 Rn. 23 ff.). 106

Im deutschen Recht setzt § 48 BDSG als allgemeine Regelung die Anforderungen des Art. 10 RL (EU) 2016/680 um (zu den Grenzen des Rückgriffsmöglichkeiten auf allgemeine Normen → BDSG § 48 Rn. 7 ff.). Bereichsspezifische Normen kommen (notwendig) hinzu. 107

Syst. L. Polizei- und Nachrichtendienstlicher Datenschutz

III. Pflichten der Verantwortlichen und Auftragverarbeiter

108   Die mit der RL (EU) 2016/680 abgestimmten übergreifenden Pflichten der Bundespolizeien als Verantwortliche (s. hierzu § 46 Nr. 7 BDSG) sind in §§ 62 ff. BDSG geregelt. Dazu gehören Anforderungen an die Sicherheit der Datenverarbeitung (§ 64 BDSG), die Durchführung einer Datenschutz-Folgenabschätzung, die Beteiligung des oder der Bundesbeauftragten für den Datenschutz in verschiedenen Hinsichten oder der Datenschutz durch Technikgestaltung. Hinzu kommen allgemeine Anforderungen wie etwa die Unterscheidung zwischen verschiedenen Kategorien betroffener Personen (§ 72 BDSG) oder die Unterscheidung zwischen Tatsachen und persönlichen Einschätzungen (§ 73 BDSG).

IV. Rechte der betroffenen Person

109   Zu den Grundmustern, die die Datenschutzregime prägen, gehören außerdem **Rechtspositionen der Personen,** auf die die „personenbezogenen" Daten verweisen. Deren Verarbeitung läuft auf Seiten der verantwortlichen Stelle, so dass es jedenfalls zunächst grundlegender Kenntnis- und Informationsrechte bedarf und im Weiteren verschiedenartiger Rechtspositionen, mittels derer die betroffenen Personen Einfluss auf die Datenverarbeitung nehmen können. Im deutschen Recht ergeben sich Rechtspositionen der Personen, auf die sich die Informationen und Daten beziehen, nach allgemeinen dogmatischen Regeln nicht nur aus explizit darauf gerichteten Normen, sondern auch aus den objektivrechtlichen Datenschutzbestimmungen, soweit diese zugleich den Individualschutz dienen. Mit der Einräumung von Rechtspositionen auf Sekundärebene kann auf Rechtsverletzungen reagiert werden.

110   Art. 12–18 RL (EU) 2016/680 geben den Mitgliedstaaten auf, **zumindest bestimmte Rechtspositionen,** wenn auch in mehr oder weniger einschränkbarer Weise, vorzusehen. Dazu zählen übergreifende Informationsrechte, Auskunftsrechte und Rechte auf Berichtigung oder Löschung personenbezogener Daten sowie auf Einschränkung der Verarbeitung. Rechtspositionen bestehen auch in verschiedener Hinsicht gegenüber der Aufsichtsbehörde. Mindestanforderungen werden auch in Bezug auf Rechtsbehelfe gesetzt.

111   Im deutschen Recht greift das in § 57 BDSG normierte **Auskunftsrecht der Betroffenen** für die Polizeien des Bundes. Für die Nachrichtendienste, die nicht unter die RL (EU) 2016/680 fallen, greifen die Auskunftsrechte, die die bereichsspezifischen Bestimmungen hergeben. Nach § 15 Abs. 1 BVerfSchG, der für den Bundesnachrichtendienst bzw. den Militärischen Abschirmdienst nach §§ 7 BNDG, § 9 MADG entsprechend gilt, erteilt das Bundesamt für Verfassungsschutz dem Betroffenen auf Antrag unentgeltlich Auskunft über die zu seiner Person gespeicherten Daten. Dabei bezieht sich die Auskunftspflicht sowohl auf in Dateien als auch auf in Akten gespeicherte Daten (BVerwG DÖV 2008, 376). Der Betroffene muss allerdings auf einen konkreten Sachverhalt hinweisen und ein besonderes Interesse an der Auskunft darlegen. Die Auskunft erstreckt sich nach § 15 Abs. 3 BVerfSchG nicht auf die Herkunft der Daten oder Empfänger von Übermittlungen. Nach § 15 Abs. 2 BVerfSchG kann die Auskunft in bestimmten Fällen unterbleiben. Der Entscheidung zur Verweigerung der Auskunft muss eine Abwägung im Einzelfall zwischen Auskunftsinteresse und Geheimhaltungsbedürfnis vorausgehen (BVerwG DVBl 2010, 1307 (1307 ff.)).

112   Die in § 56 BDSG geregelte **Benachrichtigungspflicht** greift für die Polizeien des Bundes. §§ 28 Abs. 5 BPolG, 74 BKAG sowie etwa § 18 Abs. 5 ZFdG enthalten spezielle Rechtsvorschriften, die die Benachrichtigung vorsehen oder anordnen. In § 75 BKAG ist speziell die Unterrichtung der Sorgeberechtigten Minderjähriger, über deren Kenntnis die Sorgeberechtigten erhoben wurden, festgelegt. Für die Nachrichtendienste ist in § 9 Abs. 3 Nr. 1 BVerfSchG, auf den §§ 3 S. 2 BNDG und § 5 MADG verweisen, eine Benachrichtigungspflicht im Falle von Eingriffen in Art. 13 GG oder von Eingriffen vorgesehen, die in ihrer Schwere einem Eingriff in Art. 10 GG gleichkommen. Das G10 enthält in § 12 Abs. 1 S. 1, Abs. 2 S. 1 G 10 Regelungen über die Benachrichtigung von Betroffenen nach der Einstellung von Beschränkungsmaßnahmen (dazu Kaysers AöR 2004, 121 (126 ff.)). Wird die Mitteilung aus den in § 12 Ab. 1 S. 2 G 10 genannten Gründen nachhaltig zurückgestellt, ist die G 10-Kommission einzuschalten, der bei ihren Entscheidungen ein nur eingeschränkt gerichtlich überprüfbarer Beurteilungsspielraum zusteht (BVerwG NJW 2008, 2135 (2139 f.)). Allen Benachrichtigungspflichten ist gemein, dass die Behörden ihnen erst nachkommen müssen, sobald durch die Benachrichtigung des Betroffenen keine Gefährdung oder Vereitelung des Zwecks der Maßnahme zu befürchten ist. Je nach Maßnahme und Kontext der Maßnahme kann der Zeitpunkt bereits hiernach außerordentlich schwer zu bestimmen sein. Die jeweiligen polizeigesetzlichen Bestimmungen sehen zudem jeweils weitere Einschränkungsgründe vor, etwa dass die Benachrichtigung ohne Gefährdung bestimmter Rechtsgüter oder der öffentlichen Sicherheit (§§ 28 Abs. 5 S. 1 BPolG, 18 Abs. 5 ZFdG) bzw. ohne

Syst. L. Polizei- und Nachrichtendienstlicher Datenschutz

Gefährdung der Möglichkeit der weiteren Verwendung Verdeckter Ermittler oder Vertrauenspersonen (§ 74 Abs. 2 BKAG) möglich sein muss. Falls wegen des auslösenden Sachverhalts ein strafrechtliches Ermittlungsverfahren gegen den Betroffenen eingeleitet wird, wird die Unterrichtungspflicht modifiziert bzw. verlagert sich auf die Staatsanwaltschaft (§§ 28 Abs. 5 S. 2 BPolG, 74 Abs. 2 S. 3 BKAG, 18 Abs. 5 S. 2 ZFdG).

Gesonderte Einflussrechte der Personen, auf die sich die Informationen und Daten beziehen, sind im Anwendungsbereich der RL (EU) (EU) 2016/680 in der allgemeinen Vorgabe des § 58 BDSG festgehalten. Unter näher bestimmten Voraussetzungen werden hier Ansprüche auf Berichtigung, Löschung und Einschränkung der Verarbeitung gewährleistet. Die Norm enthält außerdem Verfahrensmaßgaben und weitere Vorkehrungen. Diese Vorgaben können bereichsspezifisch abgewandelt oder ergänzt werden. 113

Besondere **Rechtsbehelfe** sind im Anwendungsbereich der RL (EU) (EU) 2016/680 in §§ 60 und 61 BDSG geregelt. Schadensersatzansprüche hält § 83 BDSG fest. 114

V. Kontrolle

Institutionalisierten **Datenschutzgewährleistungen** und **Kontrollen** kommt im Datenschutzrecht der Polizeien und Nachrichtendienste eine besondere Bedeutung zu. Das liegt bereits allgemein daran, dass die Prozesse des Umgangs mit personenbezogenen Informationen und Daten auf behördlicher Seite verlaufen und Kenntnis- und Einflussmöglichkeiten der betroffenen Personen nicht faktisch ohne Weiteres und umfassend gegeben, sondern rechtlich zu gewährleisten und immer auch begrenzt sind. Bei Polizeien und Nachrichtendiensten kommen heimliche Maßnahmen hinzu. Sowohl auf der Ebene des Gesetzes als auch der Verwaltungspraxis bestehen daher gesteigerte Anforderungen an eine wirksame Ausgestaltung **parlamentarischer** (s. auch zur Kontrolle über parlamentarische Anfragen und die Antwortpflicht der BReg BVerfGE 146, 1 Rn. 84 ff., BeckRS 2017, 117451), **exekutiver und judikativer Kontrollen** (vgl. auch etwa BVerfGE 141, 220 Rn. 140 f.; 154, 152 Rn. 272 ff.). 115

Für die Ausgestaltung der Kontrollen gibt es teils allgemeine, teils bereichsspezifische Vorgaben. Zur Einrichtung und zu den Kompetenzen **unabhängiger Aufsichtsbehörden** setzen Art. 41 ff. RL (EU) 2016/680 in deren Anwendungsbereich bereits bestimmte Vorgaben. Die Polizeien des Bundes werden ebenso wie alle anderen öffentlichen Stellen durch den **Bundesbeauftragten für Datenschutz und Informationsfreiheit** (BfDI) beraten und kontrolliert, vgl. §§ 8 ff., 14 BDSG. Dieser hat auch die Aufgabe der Vertretung im Europäischen Datenschutzausschuss. Bei den Nachrichtendiensten des Bundes überlappen sich Kontrollkompetenzen teilweise, weil heimliche Überwachungsmaßnahmen im Bereich des Art. 10 GG gesonderten Regelungen und Gremien unterliegen. In bestimmtem Umfang unterstehen Nachrichtendienste der Kontrolle durch den BfDI. So enthält § 15 Abs. 4 BVerfSchG eine mit § 57 Abs. 7 BDSG vergleichbare Regelung. Weitere besondere Kontrollorgane sind das **Parlamentarische Kontrollgremium** (PKG), die **G10-Kommission** und der **Unabhängige Kontrollrat**. Das PKG wird nach Art. 45 Abs. 1 GG durch den Bundestag bestellt. Die gesetzliche Grundlage seiner Arbeit bildet das G über die parlamentarische Kontrolle nachrichtendienstlicher Tätigkeit des Bundes (Kontrollgremiumgesetz – PKGrG), das den Kontrollrahmen (§ 1 PKGrG), die Befugnisse (insbes. § 5 PKGrG) und das Zusammenwirken der für die Kontrollen in unterschiedlicher Hinsicht zuständigen Stellen (§ 15 PKGrG) festlegt. Das PKG ist über bestimmte Überwachungsmaßnahmen zu unterrichten und erstattet dem Bundestag jährlich über die Durchführung sowie Art und Umfang der Maßnahmen Bericht. Dies gilt auch im Anwendungsbereich des G 10, vgl. § 14 Abs. 1 G10. Hier kommen der G 10-Kommission nach § 15 G10 weitreichende Kontrollbefugnisse zu. Soweit deren Kontrolle personenbezogene Daten erfasst, unterliegen diese nicht der Kontrolle durch den BfDI; ihm kann nach § 15 Abs. 5 G10 aber Gelegenheit zur Stellungnahme in Fragen des Datenschutzes gegeben werden. Im Bereich des Bundesnachrichtendienstes ist im Anschluss an die Ausführungen des BVerfG im Urteil zur Ausland-Ausland-Telekommunikationsüberwachung (BVerfGE 154, 152 Rn. 272 ff.) seit dem Jahreswechsel 2021/2022 der Unabhängige Kontrollrat hinzugekommen, der sowohl eine gerichtsähnliche Rechtskontrolle durch das gerichtsähnliche Kontrollorgan als auch eine administrative Rechtskontrolle durch das administrative Kontrollorgan durchführt (§ 40 BNDG). Die Effektivität dieser durch mehrere Institutionen erfolgenden, gleichwohl jeweils spezifischen Kontrollen setzt deren angemessene Koordination voraus. 116

VI. Vernetzung der Sicherheitsbehörden

Die Vernetzung der Sicherheitsbehörden ist ein wesentliches Kennzeichen der Sicherheitsarchitektur (vgl. auch Seckelmann/Albers, Digitalisierte Verwaltung – Vernetztes E-Government, 117

Syst. L. Polizei- und Nachrichtendienstlicher Datenschutz

2. Aufl. 2019, S. 509 ff.). Zwecks Systematisierung und Aufschlüsselung kann man die Vernetzung im staatlichen Rahmen, auf europäischer Ebene und im internationalen Kontext unterscheiden, wobei jeweils die Verflechtungen im Gesamtsystem im Hintergrund vergegenwärtigt werden müssen. Hinsichtlich der Vernetzung im staatlichen Rahmen kann man die Vernetzung durch Übermittlungs- und Empfangsvorschriften (→ Rn. 118 ff.), durch Zentral- oder Verbunddateien (→ Rn. 124 f.), durch Gemeinsame Dateien zwischen Polizeien und Nachrichtendiensten (→ Rn. 126 f.) sowie durch eher informelle Formen des Informationsaustausches (→ Rn. 129) differenzieren. Die Vernetzung im europäischen Raum hat teils ähnliche, teils eigenständige Muster (→ Rn. 130 ff.).

1. Vernetzung durch Datenübermittlung und Datenempfang

118 Eine erste Form der informationellen Vernetzung zwischen den beteiligten Sicherheitsbehörden stellen die Regelungen zur gegenseitigen Übermittlung von Daten dar. Die Polizei- und Nachrichtendienstgesetze enthalten, wenn dabei auch manche Elemente der allgemeinen Übermittlungsnorm aufgegriffen werden, spezielle Übermittlungs- und Empfangsvorschriften. Diese lassen sich dahin systematisieren, ob die Übermittlung zur Erfüllung eigener Aufgaben oder zur Erfüllung von Aufgaben der empfangenden Stelle, ob sie aus eigener Veranlassung oder auf Ersuchen und ob sie obligatorisch oder fakultativ erfolgt. Wegen der Beteiligung zweier Stellen an Übermittlung und Empfang müssen zwei Kontexte und Regelungskomplexe miteinander koordiniert werden („**Doppeltürmodell**", vgl. BVerfGE 130, 151 (184); Beschl. v. 27.5.2020 – 1 BvR 1873/13, 2618/13 Rn. 93 ff., BVerfGE 155, 119; dazu zuvor etwa Marenbach, Die informationellen Beziehungen zwischen Meldebehörde und Polizei in Berlin, 1995, S. 88: „korrelierendes Befugnisnorminstrumentarium"; Albers, Die Determination polizeilicher Tätigkeit in den Bereichen der Straftatenverhütung und der Verfolgungsvorsorge, 2001, S. 334 f.; Gazeas, Übermittlung nachrichtendienstlicher Erkenntnisse an Strafverfolgungsbehörden, 2014, S. 228 f., 501 ff.).

119 Für die **Informationsübermittlung zwischen Polizeien und Nachrichtendiensten** kommt den Bestimmungen in den Nachrichtendienstgesetzen eine zentrale Rolle zu. §§ 18 Abs. 1–2 BVerfSchG, 10 Abs. 1 und 2 BNDG, 10 Abs. 1 MADG sehen **Pflichten oder Befugnisse** eines mehr oder weniger weit gefassten Kreises von Behörden, darunter jeweils die Polizeien, **zur Übermittlung von Informationen einschließlich personenbezogener Daten an die Nachrichtendienste** für deren Aufgabenerfüllung vor. Die Vorschriften stellen eine Mischung von Zusammenarbeits- und Datenschutzvorgaben dar, denn der Übermittlungsgegenstand betrifft nicht nur personenbezogene Daten. Im Näheren unterscheiden die Bestimmungen des BVerfSchG und des BNDG in ihren Absätzen danach, um welche Informationen es geht und wie klar erkennbar die Relevanz der Informationen für die Erfüllung der nachrichtendienstlichen Aufgaben ist. Während etwa § 18 Abs. 1 BVerfSchG den Gegenstand etwas eingrenzt (vgl. auch Droste, Handbuch des Verfassungsschutzrechts, 2006, S. 506 ff.), dürfen unter anderem die Polizeien und die Behörden des Zollfahndungsdienstes nach der weiter gefassten Formulierung des § 18 Abs. 1b BVerfSchG von sich aus „über alle ihnen bekannt gewordenen Informationen einschließlich personenbezogener Daten" über Bestrebungen und Tätigkeiten nach § 3 Abs. 1 BVerfSchG unterrichten, „wenn tatsächliche Anhaltspunkte dafür bestehen, dass die Übermittlung für die Erfüllung der Aufgaben der Verfassungsschutzbehörde erforderlich ist". Unter den gleichen Voraussetzungen darf der Bundesnachrichtendienst nach § 18 Abs. 2 BVerfSchG, noch weiter formuliert, von sich aus „auch alle anderen ihm bekanntgewordenen Informationen einschließlich personenbezogener Daten über Bestrebungen nach § 3 Abs. 1" BVerfSchG übermitteln. Die „hinter die Klammer" gestellten Übermittlungsverbote des § 23 BVerfSchG, auf den § 18 BNDG und § 12 MADG verweisen, gelten allerdings auch für Übermittlungen an die Nachrichtendienste. Danach unterbleibt eine Übermittlung ua dann, wenn für die übermittelnde Stelle erkennbar ist, dass unter Berücksichtigung der Art der Informationen und ihrer Erhebung die schutzwürdigen Interessen des Betroffenen das Allgemeininteresse an der Übermittlung überwiegen oder besondere Pflichten zur Wahrung gesetzlicher Geheimhaltungspflichten oder von Berufs- oder besonderen Amtsgeheimnissen bestehen. Im Übrigen greifen für die erhaltenen Informationen die Prüf- und Vernichtungspflichten des empfangenden Nachrichtendienstes nach § 25 BVerfSchG, auf den § 18 BNDG und § 12 MADG verweisen. Übermittelnde Behörden haben eine Nachberichtspflicht, verankert etwa in § 26 BVerfSchG.

120 § 18 Abs. 3 BVerfSchG, § 10 Abs. 3 BNDG iVm § 18 Abs. 3 BVerfSchG und § 10 Abs. 2 MADG iVm § 18 Abs. 3 BVerfSchG regeln die Konstellation, dass die Nachrichtendienste an andere Behörden, ua die Polizeien, ein **Ersuchen** auf Übermittlung der zur Erfüllung ihrer eigenen Aufgaben erforderlichen Informationen einschließlich personenbezogener Daten richten.

Syst. L. Polizei- und Nachrichtendienstlicher Datenschutz

Neben den Eingrenzungen des Ersuchens- bzw. Übermittlungsgegenstandes setzt dies voraus, dass die Informationen nicht aus allgemein zugänglichen Quellen oder nur mit übermäßigem Aufwand oder nur durch eine den Betroffenen stärker belastende Maßnahme durch die Dienste erhoben werden können (s. außerdem § 17 Abs. 1 BVerfSchG). Das Ersuchen ermächtigt die ersuchte Behörde nicht zur Übermittlung; hierfür ist vielmehr eine eigene Ermächtigungsgrundlage erforderlich.

Der sensiblere Bereich der **Informationsübermittlung von den Nachrichtendiensten an die Polizeien** ist in §§ 19 Abs. 1, 20 Abs. 1 BVerfSchG, 11 Abs. 1 und 3 BNDG, 11 MADG geregelt. Die Ausgestaltungen tragen nicht allein Schutzerfordernissen betroffener Personen, sondern auch Eigenrationalitäten der Nachrichtendienste Rechnung, die Übermittlungsgrenzen begründen können (dazu Poscher/Rusteberg, Ein Kooperationsverwaltungsrecht des Verfassungsschutzes? in Dietrich ua, Reform der Nachrichtendienste zwischen Vergesetzlichung und Internationalisierung, 2019, S. 145 (152 ff.)). Das spiegelt sich an verschiedenen Stellen in Entscheidungsspielräumen wider, die den Nachrichtendiensten zugestanden werden. So gestatten die fakultativen Übermittlungsbefugnisse der §§ 19 Abs. 1 BVerfSchG, 11 Abs. 1 S. 2 BNDG im Falle der Datenerhebung mit nachrichtendienstlichen Mitteln, 11 MADG die Übermittlung von personenbezogenen Daten aus eigener Veranlassung, wenn dies zur Aufgabenerfüllung des Dienstes erforderlich ist oder wenn die Polizeien die Daten für Zwecke der Gefahrenabwehr für ein näher präzisiertes gewichtiges Rechtsgut oder für die Verhütung oder Verfolgung von Straftaten von erheblicher Bedeutung benötigen. Für den Bundesnachrichtendienst sind die Übermittlungsbefugnisse in § 11 Abs. 1 S. 1 BNDG teilweise weiter gefasst. Daneben besteht in §§ 20 Abs. 1 BVerfSchG, 11 Abs. 3 BNDG, 11 MADG eine Übermittlungspflicht der Dienste an die Polizeien, wenn dies zur Verhinderung oder Verfolgung von Staatsschutzdelikten, wie sie in § 20 Abs. 1 S. 2 BVerfSchG definiert sind, erforderlich ist und hierfür tatsächliche Anhaltspunkte vorliegen (ausf. dazu im Hinblick auf Übermittlungen an die Strafverfolgungsbehörden Gazeas, Übermittlung nachrichtendienstlicher Erkenntnisse an Strafverfolgungsbehörden, 2014, S. 291 ff.). Zur Verhinderung solcher Staatsschutzdelikte dürfen die Polizeien die Dienste um Informationsübermittlung ersuchen, § 20 Abs. 2 S. 1 BVerfSchG. Bei den Übermittlungen sind §§ 23 BVerfSchG, 18 BNDG, 12 MADG zu beachten.

Die **informationelle Zusammenarbeit zwischen den Nachrichtendiensten** ist eng ausgestaltet. So unterrichten nach § 3 Abs. 3 MADG der Militärische Abschirmdienst und das Bundesamt für Verfassungsschutz sich gegenseitig über alle Angelegenheiten, deren Kenntnis für ihre Aufgabenerfüllung erforderlich ist. Beide haben gegenüber dem Bundesnachrichtendienst nach §§ 20 Abs. 1 S. 3 BVerfSchG, 11 Abs. 2 MADG eine Pflicht zur Übermittlung ihnen bekanntgewordener Informationen einschließlich personenbezogener Daten, wenn tatsächliche Anhaltspunkte bestehen, dass die Übermittlung zur Erfüllung der gesetzlichen Aufgaben des Bundesnachrichtendienstes erforderlich ist. Dieser darf darum auch ersuchen, § 20 Abs. 2 S. 2 BVerfSchG. Die Übermittlung von Informationen durch den Bundesnachrichtendienst an das Bundesamt für Verfassungsschutz und an den Militärischen Abschirmdienst richtet sich nach § 11 Abs. 1 und 3 BNDG. Im Fall der besonderen Auslandsverwendung nach § 14 MADG unterrichten Bundesnachrichtendienst und Militärischer Abschirmdienst einander über alle Angelegenheiten, deren Kenntnis für ihre Aufgabenerfüllung erforderlich ist, § 14 Abs. 6 MADG.

Die Befugnisse zur **Übermittlung von Informationen zwischen den Polizeien** sind über die jeweiligen Gesetze verteilt. Im Hinblick auf die Bundespolizei finden sich in §§ 32, 32a BPolG Übermittlungsbefugnisse, deren Schwellen nach dem Kreis der Empfangsbehörden differenzieren und für den Informationsaustausch zwischen Polizeibehörden relativ niedrig angelegt sind. § 33 BPolG sieht ergänzende Regelungen, ua Übermittlungsverbote und an allgemeine Muster angelehnte Bestimmungen zur Verantwortlichkeitsverteilung vor. Beim Bundeskriminalamt gestalten sich die Übermittlungs- und Empfangsbefugnisse in Abhängigkeit von dessen jeweiligen Aufgaben. Die Übermittlungspflicht der zur Erfüllung der Aufgaben als Zentralstelle erforderlichen Informationen durch die Polizeien des Bundes und des Grenzzolldienstes an das Bundeskriminalamt reicht entsprechend weit, § 32 Abs. 3 BKAG. In anderen Aufgabenfeldern berechtigen oder verpflichten Regelungen des BKAG Behörden und öffentliche Stellen, also auch die Polizeien des Bundes, dem Bundeskriminalamt Informationen zu übermitteln, wenn diese zur Erfüllung der jeweiligen Aufgabe des Bundeskriminalamts erforderlich sind und – dies trägt dem prognostischen Gehalt der Einschätzung der übermittelnden Stelle Rechnung – hierfür tatsächliche Anhaltspunkte bestehen (allgemein § 9 Abs. 4 BKAG). Umgekehrt kann das Bundeskriminalamt nach Maßgabe des § 25 BKAG, vorbehaltlich der Übermittlungsverbote des § 28 BKAG, personenbezogene Daten übermitteln. Die Übermittlungsschwellen des § 25 BKAG differenzieren wiederum nach dem Kreis der Empfangsbehörden. An Polizeibehörden dürfen personenbezogene Daten übermittelt werden,

Syst. L. Polizei- und Nachrichtendienstlicher Datenschutz

wenn dies zur Aufgabenerfüllung entweder des Bundeskriminalamtes oder des Empfängers erforderlich ist.

2. Vernetzung durch Zentraldateien und Verbunddateien

124 Eine Vernetzung der Sicherheitsbehörden, die über Übermittlungs- und Empfangsvorgänge hinausgeht, erfolgt durch die inzwischen zahlreichen **Zentraldateien** und **Verbunddateien** (s. dazu Schenke/Graulich/Ruthig/Graulich, Sicherheitsrecht des Bundes, 2. Aufl. 2019, BKAG § 29 Rn. 1 ff.), die bei einer Stelle geführt werden und in die die beteiligten Stellen in einer vielfältig, partiell gestuft gestalteter Form ggf. selbst Daten einpflegen und aus denen sie Daten ggf. auch unmittelbar abrufen können (s. den Überblick in der Antwort der BReg auf eine Kleine Anfrage, BT-Drs. 17/7307). In Ausübung ihrer Zentralstellenfunktion führen insbesondere das Bundeskriminalamt und das Zollkriminalamt Zentraldateien und Verbunddateien, so das polizeiliche Informationssystem INPOL (zur Entwicklung von INPOL Abbühl, Der Aufgabenwandel des Bundeskriminalamts, 2010, 148 ff.) und das Zollfahndungsinformationssystem INZOLL. Umgekehrt ist das Bundeskriminalamt zur Teilnahme an INZOLL berechtigt, § 15 Abs. 2 Ziff. 4 ZFdG. Nach § 6 Abs. 2 S. 1 BVerfSchG verarbeiten die Verfassungsschutzbehörden zur Erfüllung ihrer Unterrichtungspflichten Informationen im gemeinsamen nachrichtendienstlichen Informationssystem, hier im System NADIS WN (Lisken/Denniger/Bergemann Handbuch des Polizeirechts, 7. Aufl. 2021, Kap. H Rn. 118). Für die Verarbeitung gerade personenbezogener Daten verweist § 6 Abs. 2 S. 4 BVerfSchG auf die allgemeinen Verarbeitungsbefugnisse in §§ 10 und 11 BVerfSchG. Abfrage- und Zugriffsberechtigungen werden in § 6 Abs. 2 S. 7 bis 9 BVerfSchG an bestimmte Voraussetzungen geknüpft.

125 Zentraldateien und Verbunddateien haben eine lange Tradition. Angesichts der Digitalisierung und der Anforderungen an eine effizientere Zusammenarbeit werden die überkommenen Konzepte immer wieder und zunehmend umgestaltet und ausgebaut. So wird das INPOL-System im Rahmen des Programms Polizei 2020 grundlegend umgebaut (vgl. hierzu auch die Antwort auf die Kleine Anfrage v. 26.2.2021, BT-Drs. 19/27083). Die Rechtsgrundlagen im BKAG kann man unter einer Reihe von Aspekten kritisieren (vgl. auch Seckelmann/Albers, Digitalisierte Verwaltung – Vernetztes E-Government, 2. Aufl. 2019, S. 509 ff. Rn. 21). Bei der Verfassungsschutzbehörden ist das nachrichtendienstliche Informationssystem von einer ursprünglich reinen Hinweisdatei (NADIS) zu einer umfassenderen, Texte, Bilder oder multimediale Aufzeichnungen einschließenden Zentraldatei in Form eines „Wissensnetzes" (NADIS WN) umgebaut worden. Dieses stützt Grenzen weniger auf Begrenzungen der im System enthaltenen Daten als auf differenziert gestaltete Abfrage- und Zugriffsberechtigungen. NADIS WN wird wiederum stetig weiterentwickelt. Die gegenwärtig vorhandenen Rechtsgrundlagen sind zu vage, in ihrer mangelnden Ausgestaltung und Undifferenziertheit zu weitreichend und daher unzureichend (s. auch Lisken/Denniger/Bergemann Handbuch des Polizeirechts, 7. Aufl. 2021, Kap. H Rn. 118).

3. Vernetzung durch Gemeinsame Dateien von Polizeien und Nachrichtendiensten

126 Automatisierte zentrale gemeinsame Dateien verdichten die Datenlage zu bestimmten Personen, Objekten oder Sachverhalten und effektivieren den Informationsaustausch zwischen den jeweils beteiligten Behörden, indem Erkenntnisse, über die eine der beteiligten Behörden verfügt, eingegeben werden, zu einem neuen Bild beitragen und für alle beteiligten Behörden zugänglich sind. Zur Verbesserung des Datenaustausches zwischen Polizeien und Nachrichtendiensten und zur gezielten Verdichtung der Daten zu konkreten Themenkomplexen ist die befristete **projektbezogene Führung gemeinsamer Dateien** bei den insoweit ermächtigten Behörden ermöglicht worden (vgl. die Begr. zum GesE der BReg zum Gemeinsame-Dateien-Gesetz v. 16.10.2006, BT-Drs. 16/2950, 1, 12 f.). Darüber hinaus sehen spezielle Gesetze die Errichtung gemeinsamer Dateien in bestimmten Sachbereichen vor. Paradigmatisch ist hier die **Antiterrordatei** mit der Regelung im Antiterrordateigesetz (ATDG). In seiner grundlegenden Entscheidung hat das BVerfG sie in ihren Grundstrukturen, nicht jedoch hinsichtlich sämtlicher ausgestaltender Regelungen für mit der Verfassung vereinbar erklärt (s. dazu BVerfGE 133, 277 = BeckRS 2013, 49916 = NVwZ 2013, 1335 mAnm Arzt NVwZ 2013, 1328 ff.; zur vorangegangenen Kritik am ATDG in der Literatur ausf. Stubenrauch, Gemeinsame Verbunddateien von Polizei und Nachrichtendiensten, 2009, 214 ff.; Petri ZD 2013, 3 (5 ff.)). Das Gericht hat hervorgehoben, dass der Informationsaustausch nach dem ADTG selbst unter Berücksichtigung der Ausgestaltung der Antiterrordatei als eine im Kern auf Informationsanbahnung beschränkte Verbunddatei ein erhebliches Eingriffsgewicht hat. Dies gilt gerade auch wegen der Ermöglichung des Informationsaustauschs zwischen Polizeibehörden und Nachrichtendiensten. Das Übermaßverbot verlangt nor-

Syst. L. Polizei- und Nachrichtendienstlicher Datenschutz

menklare und hinreichend begrenzende Regelungen, ua hinsichtlich der Bestimmung der beteiligten Behörden, der in der Datei zu erfassenden Personen und der über sie zu erfassenden Daten oder der Nutzung dieser Daten, und die Gewährleistung einer effektiven Kontrolle. In dem Beschluss Antiterrordateigesetz II hat das BVerfG die Regelung zur erweiterten Nutzung der Verbunddatei („data mining") für nichtig erklärt und Anforderungen an eine solche Nutzung formuliert (s. dazu BVerfG Beschl. v. 10.11.2020 – 1 BvR 3214/15; BVerfGE 156, 11). Eine weitere gemeinsame elektronische Plattform zwischen Bundeskriminalamt, Bundespolizei, Landeskriminalämtern, Verfassungsschutzbehörden und Militärischen Abschirmdienst stellt die **gemeinsame standardisierte zentrale Datei** zur Aufklärung oder Bekämpfung des **gewaltbezogenen Rechtsextremismus** dar. Deren Rechtsgrundlagen im REDG sind dem ATDG strukturell nachgebildet (und entsprechend im Anschluss daran aufgrund der durch das BVerfG spezifizierten verfassungsrechtlichen Vorgaben geändert worden).

Die gemeinsame standardisierte zentrale **Antiterrordatei** wird beim Bundeskriminalamt durch **127** dieses, das Bundespolizeipräsidium, die Landeskriminalämter, die Verfassungsschutzbehörden des Bundes und der Länder, den Militärischen Abschirmdienst, den Bundesnachrichtendienst und das Zollkriminalamt als beteiligte Behörden zur Erfüllung ihrer jeweiligen gesetzlichen Aufgaben zur Aufklärung oder Bekämpfung des internationalen Terrorismus mit Bezug zur Bundesrepublik Deutschland geführt (§ 1 ATDG; insgesamt näher Stubenrauch, Gemeinsame Verbunddateien von Polizei und Nachrichtendiensten, 2009; zur Praxis s. die Unterrichtung durch die Bundesregierung, Bericht zur Evaluierung des Antiterrordateigesetzes, BT-Drs. 17/12665 (neu)). Nach dem aufgrund der Entscheidung des BVerfG (BVerfGE 133, 277 (336 ff.) = BeckRS 2013, 49916) neugefassten § 1 Abs. 2 ATDG können weitere Polizeivollzugsbehörden, bei Landesbehörde auf Ersuchen des zuständigen Landes, durch Rechtsverordnung des Bundesinnenministers beteiligt werden. § 2 ATDG listet die **Personen** auf, deren Daten gespeichert werden dürfen. Die Erfassung der Daten von Personen, die möglicherweise einer terroristischen Vereinigung angehören oder sie unterstützen, zielt auf diejenigen, die im Fokus einer Terrorismusabwehr stehen, und ist verfassungsrechtlich nicht zu beanstanden. Damit den Anforderungen des Bestimmtheitsgebots und des Übermaßverbots Rechnung getragen ist (vgl. dazu BVerfGE 133, 277 (340 ff.) = BeckRS 2013, 49916), hat der Gesetzgeber das „Unterstützen" einer terroristische Vereinigungen unterstützenden Gruppierung in § 2 S. 1 Nr. 1c ATDG insoweit konkretisiert, als die Person die Gruppierung „willentlich in Kenntnis der den Terrorismus unterstützenden Aktivität der Gruppierung" „unterstützen muss. Außerdem wurde die Regelung zur Aufnahme von Daten zu „Kontaktpersonen" (§ 2 S. 1 Nr. 3 ATDG aF) ganz gestrichen (vgl. dazu BVerfGE 133, 277 (340 ff.) = BeckRS 2013, 49916). Eine Speicherung von Daten zu Kontaktpersonen bleibt aber nach dem neuen § 3 Abs. 1 Nr. 1b oo ATDG in Form der Speicherung erweiterter Grunddaten zu einer Person möglich. Der Begriff der Kontaktperson ist in § 3 Abs. 2 ATDG legaldefiniert. Die **in der Antiterrordatei zu speichernden Inhalte** und die zu speichernden **Datenarten** werden in einer mehr oder weniger bestimmten Umschreibung aufgelistet (Grunddaten, erweiterte Grunddaten, zusammenfassende besondere Bemerkungen, ergänzende Hinweise und Bewertungen; zum Dateninhalt Ruhmannseder StraFo 2007, 184 (186 f.); Ellermann Die Polizei 2007, 181 (185 ff.)). Beschränkte Speicherungen lässt das ATDG unter bestimmten Voraussetzungen ebenso zu wie verdeckte Speicherungen, bei denen die anderen beteiligten Behörden im Falle einer Abfrage die Speicherung der Daten nicht erkennen und keinen Zugriff auf die gespeicherten Daten erhalten. In diesen Fällen wird die Möglichkeit einer Übermittlung nach automatisierter Information der eingegebenen Behörde über das Abfrageereignis ggf. in unmittelbarem Kontakt zwischen eingebender und abfragender Behörde geklärt. Daten, die durch Eingriffe in die Unverletzlichkeit des Brief- und Fernmeldegeheimnisses oder der Wohnung oder in das Recht auf Gewährleistung der Vertraulichkeit und Integrität informationstechnischer Systeme erhoben wurden, sind nach § 4 Abs. 3 ATDG verdeckt zu speichern. Ansonsten dürfen die beteiligten Behörden die in der Antiterrordatei gespeicherten Daten im automatisierten Verfahren **nutzen,** soweit dies zur Erfüllung der jeweiligen Aufgaben zur Aufklärung oder Bekämpfung des internationalen Terrorismus erforderlich ist. Im Falle eines Treffers erhält die abfragende Behörde Zugriff auf bestimmte Grunddaten und gegebenenfalls auf weitere Daten. Die erhaltenen Daten dürfen grundsätzlich nur zur **Prüfung der Einschlägigkeit des Treffers** und sodann für ein **Ersuchen um Übermittlung von Erkenntnissen** zur Wahrnehmung ihrer jeweiligen Aufgabe zur Aufklärung oder Bekämpfung des internationalen Terrorismus verwendet werden. Eine Verwendung zu einem anderen Zweck, also eine Zweckänderung und anderweitige Verwendung, ist an enge Voraussetzungen geknüpft. Die **Übermittlung** von Erkenntnissen aufgrund eines Ersuchens zwischen den beteiligten Behörden richtet sich dann **nach den jeweils geltenden Übermittlungsvorschriften der einschlägigen Gesetze.** In den besonders begründeten Eilfällen der §§ 5 Abs. 2 und 6 Abs. 2 ADTG ist auch

Syst. L. Polizei- und Nachrichtendienstlicher Datenschutz

ein unmittelbarer Zugriff auf die erweiterten Grunddaten möglich. Der Verstoß des § 5 Abs. 1 S. 2 Nr. 1a ATDG aF gegen das Übermaßverbot (BVerfGE 133, 277 (363 ff.) = BeckRS 2013, 49916) soll durch den neuen § 5 Abs. 1 S. 5 ATDG ausgeräumt werden. Um die Offenheit und Konkretisierungsbedürftigkeit einiger der Rechtsbegriffe mittels einer nachvollziehbaren Dokumentation und Veröffentlichung der für die Anwendung der Bestimmungen im Einzelfall letztlich maßgeblichen Konkretisierung und Standardisierung seitens der Sicherheitsbehörden auszugleichen (vgl. BVerfGE 133, 277 (357 ff.) = BeckRS 2013, 49916), hat der Gesetzgeber die Speicherfrist der Protokolldaten auf zwei Jahre verlängert und im neuen § 9 Abs. 3 ATDG eine Berichtspflicht des BKA an Bundestag und Öffentlichkeit über Datenbestand und Nutzung der Antiterrordatei angeordnet. §§ 10 und 11 ATDG regeln ua die **Auskunft an den Betroffenen** sowie die **Berichtigung, Löschung und Sperrung von Daten.** Personenbezogene Daten sind zu löschen, wenn ihre Speicherung unzulässig ist oder ihre Kenntnis für die Aufklärung oder Bekämpfung des internationalen Terrorismus nicht mehr erforderlich ist. Sie sind spätestens zu löschen, wenn die zugehörigen Erkenntnisse nach den für die beteiligten Behörden jeweils geltenden Rechtsvorschriften zu löschen sind. Entsprechende Prüfungen erfolgen nach den Fristen, die für die Erkenntnisdaten gelten, und bei der Einzelfallbearbeitung. Die datenschutzrechtliche Kontrolle durch die Bundesbeauftragte für Datenschutz und Informationsfreiheit und die jeweiligen Landesbeauftragten wurde in § 10 ATDG weiter ausgebaut.

128 Neben der Möglichkeit des unmittelbaren Zugriffs auf die Datei geht § 6a ATDG insoweit über eine Informationsanbahnung hinaus, als er unter bestimmten, im Anschluss an die ATDG II-Entscheidung des BVerfG (Beschl. v. 10.11.2020 – 1 BvR 3214/15; BVerfGE 156, 11) weiter eingegrenzten Voraussetzungen **eine erweiterte Nutzung** der in der Datei nach § 3 gespeicherten Datenarten mit Ausnahme der nach § 4 verdeckt gespeicherten Daten vorsieht. Unter einer erweiterten Nutzung verstehen § 6a Abs. 5 ATDG und die parallele Norm des § 7 Abs. 5 REDG das Herstellen von Zusammenhängen zwischen Personen, Personengruppierungen, Institutionen, Objekten und Sachen, den Ausschluss von unbedeutenden Informationen und Erkenntnissen, die Zuordnung eingehender Informationen zu bekannten Sachverhalten sowie die statistische Auswertung der gespeicherten Daten. Beispielhaft seien die kartenmäßige, grafische oder sonstige Darstellung von Tatorten sowie Aufenthaltsorten der Verdächtigen, die Darstellung von Beziehungsgeflechten der Verdächtigen sowie die Darstellung der räumlichen Verteilung und der Reiseaktivitäten des Personenpotenzials genannt (BT-Dr. 17/8672, 19). Die Abfrage von Daten ist den beteiligten Behörden hierzu auch mittels phonetischer oder unvollständiger Daten, der Suche über eine Mehrzahl von Datenfeldern, der Verknüpfung von Personen, Institutionen, Organisationen, Sachen oder der zeitlichen Eingrenzung der Suchkriterien gestattet. Das BVerfG hat dies als **einen typischen Fall von „Data-mining"** eingeordnet, bei dem aus den zur Verfügung stehenden Daten mit informationstechnisch möglichen Methoden weitreichende Erkenntnisse abgeschöpft werden, mittels Datenauswertung oder -verknüpfung neue Zusammenhänge erschlossen und neue Verdachtsmomente erst erzeugt werden und insgesamt neues Wissen generiert wird (BVerfG Beschl. v. 10.11.2020 – 1 BvR 3214/15 Rn. 73 f., BVerfGE 156, 11). Eine solche erweiterte Nutzung ist nach den gesetzlichen, im Anschluss an den Beschluss des BVerfG weiter begrenzten gesetzlichen Vorschriften nur gestattet, soweit sie im Rahmen eines bestimmten einzelfallbezogenen Projekts im Einzelfall zur Klärung weiterer Zusammenhänge des Einzelfalls erforderlich ist. Sie ist außerdem ua dadurch begrenzt, dass sich Projekte auf die Verhinderung oder Verfolgung einer Verletzung näher bezeichneter gewichtiger Rechtsgüter oder qualifizierter, mit Verweis auf Straftatbestände spezifizierter Straftaten beziehen müssen. Ein Projekt ist eine gegenständlich abgrenzbare und auf bestimmte Zeiträume bezogene Aufgabe, der durch die Gefahr oder den drohenden Schaden, die am Sachverhalt beteiligten Personen, die Zielsetzung der Aufgabe oder deren Folgewirkungen eine besondere Bedeutung zukommt, §§ 6a Abs. 4 ATDG, § 7 Abs. 4 REDG.

4. Vernetzung durch Gemeinsame Abwehrzentren

129 Eine weitere Form der informationellen Vernetzung der Bundesbehörden sind die Gemeinsamen Abwehrzentren. Paradigmatisch ist das **Gemeinsame Terrorismusabwehrzentrum (GTAZ).** Dessen Ziel ist die frühzeitige Erkennung möglicher terroristischer Bedrohungen und die Verbesserung der behördenübergreifende Zusammenarbeit bei der Bekämpfung des internationalen Terrorismus auf konzeptionell-analytischer Ebene und im operativen Bereich (näher Baumann DVBl. 2005, 798 (799); Ziercke Kriminalistik 2005, 700 (703); Zöller JZ 2007, 763 (767); Weisser NVwZ 2011, 142 (143)). Im GTAZ als zentraler Stelle kommen die Analysespezialisten des Polizeilichen Informations- und Analysezentrums (PIAZ) des Bundeskriminalamts und des

Syst. L. Polizei- und Nachrichtendienstlicher Datenschutz

nachrichtendienstlichen Informations- und Analysezentrums (NIAZ) des Bundesamtes für Verfassungsschutz zusammen (Würz Kriminalistik 2005, 10 (10)). In die Arbeitsabläufe des GTAZ sind unter anderem der Bundesnachrichtendienst, die Bundespolizei, das Zollkriminalamt und der Militärische Abschirmdienst einbezogen (s. die Darstellung in der Antwort der BReg auf eine Kleine Anfrage, BT-Drs. 16/10007, 1). Der Austausch polizeilicher Informationen findet zentral in der täglichen Lagebesprechung statt (Kerner/Stierle/Tiedke Kriminalistik 2006, 292 (304); Zöller JZ 2007, 763 (768)), in der durch Hinzuziehung aller beteiligten Behörden und Stellen und verschiedenen Arbeitsgruppen ein „Echtzeit-Informationsaustausch (Antwort der BReg, BT-Drs. 16/10007, 6) erstrebt wird. Ein solcher informell gestalteter Informationsaustausch birgt allerdings unter datenschutzrechtlichen Aspekten erhebliche Risiken. Der BfDI hat nach einem Kontrollbesuch schwerwiegende datenschutzrechtliche Mängel gerügt (s. den 21. Tätigkeitsbericht, BT-Drs. 16/4950, 65 f.). Dem Vorbild des GTAZ folgen das **Gemeinsame Analyse- und Strategiezentrum illegale Migration (GASiM), das Gemeinsame Internetzentrum (GIZ)** und das **Gemeinsame Extremismus und Terrorismusabwehrzentrum (GETZ).** Daneben wurde im Zuge der Cyber-Strategie der Bundesregierung mit Kabinettsbeschluss v. 23.11.2011 das **Nationale Cyber-Abwehrzentrum (NCAZ)** mit Sitz in Bonn errichtet (über die mit der Einrichtung des Zentrums verbundene Rechtsfragen s. Linke DÖV 2015, 128 (128 ff.). Das Bundesamt für Verfassungsschutz ist eine Kernbehörde des NCAZ, Bundeskriminalamt, Bundespolizei, Zollkriminalamt, Bundesnachrichtendienst sind assoziierte Behörden (s. die Darstellung in der Antwort der BReg auf eine Kleine Anfrage, BT-Drs. 17/5694). Unklarheit besteht über die Rechtsform der Gemeinsamen Zentren (s. Rathgeber DVBl 2013, 1009 ff. (1011 ff.)). Die Bundesregierung bewertet die Zentren nicht als eigenständige Behörden, sondern als eine Form der Zusammenarbeit der beteiligten Behörden (BT-Drs. 16/10007, 6). Für die Arbeit der Gemeinsamen Zentren existieren daher auch keine speziellen gesetzlichen Grundlagen. Als Rechtsgrundlagen für den praktizierten Informationsaustausch innerhalb der Zentren sollen die jeweiligen Übermittlungsvorschriften der einzelnen Fachgesetze ausreichen (Dombert/Räuker DÖV 2014, 414 (416 ff.), die aber einen Ausbau der parlamentarischen Kontrolle fordern; aA die Kommissionsmitglieder Bäcker, Giesler, Hirsch und Wolff im Bericht der Regierungskommission zur Überprüfung der Sicherheitsgesetzgebung in Deutschland vom 28. August 2013, 175 ff.; Sommerfeld, Verwaltungsnetzwerke am Beispiel des Gemeinsamen Terrorismusabwehrzentrums des Bundes und der Länder (GTAZ) 2015, 275 ff.). Mit Blick auf die Generierung neuen Wissens durch die informationelle Vernetzung, aber auch etwa auf Verantwortlichkeitsfragen sind freilich eigenständige gesetzliche Grundlagen nötig, wobei es hier schon aus Gründen der Gesetzgebungskompetenz nicht um nur „eine" gesetzliche Grundlage geht.

5. Vernetzung im europäischen Rahmen

130 Im europäischen Rahmen kristallisiert sich europäischer Sicherheitsverwaltungsverbund (so Schöndorf-Haubold, Europäisches Sicherheitsverwaltungsrecht, 2010, S. 85 ff.) heraus, in den mitgliedstaatliche Behörden in unterschiedlicher Form und Reichweite eingebettet sind (ausf. zur polizeilichen Zusammenarbeit auf der Ebene der EU Lisken/Denninger/Aden, Handbuch des Polizeirechts, 7. Aufl. 2021, Kap. M; s. außerdem die Beiträge in: Enzyklopädie Europarecht Bd. 12: Europäisches Strafrecht, 2. Aufl. 2020). Zu den Feldern des Politikbereichs des Raums der Freiheit, der Sicherheit und des Rechts (→ Rn. 23 ff.) gehören Grenzkontrollen, Asyl und Einwanderung, die justizielle Zusammenarbeit in Zivil- und in Strafsachen sowie die polizeiliche Zusammenarbeit. Art. 87 Abs. 1 AEUV sieht vor, dass die Union eine polizeiliche Zusammenarbeit zwischen allen zuständigen Behörden der Mitgliedstaaten, einschließlich der Polizei, des Zolls und anderer auf die Verhütung oder die Aufdeckung von Straftaten sowie entsprechende Ermittlungen spezialisierter Strafverfolgungsbehörden entwickelt. Zu diesem Zweck können der Rat und das Parlament nach Art 87 Abs. 2a AEUV Maßnahmen erlassen, die das Einholen, Speichern, Verarbeiten, Analysieren und Austauschen sachdienlicher Informationen betreffen. Kernelement der europäischen Vernetzung sind insofern die **informationelle Kooperation** sowie der **Informationsaustausch** und aus rechtlicher Sicht die damit verbundenen Regelungen (vgl. auch mit dem Fokus des Datenschutzes Böhm, Information Sharing and Data Protection in the Area of Freedom, Security and Justice, 2012).

131 Die informationelle Kooperation ist zunehmend aus traditionellen Rechts- und Informationshilfeverfahren gelöst worden (ausf. zur Entwicklung Lisken/Denninger/Aden, Handbuch des Polizeirechts, 7. Aufl. 2021, Kap. M Rn. 1 ff.). Die Regelungen des **Schengen-Durchführungsübereinkommens** (SDÜ) zur polizeilichen Zusammenarbeit in Art. 39 und Art. 46 SDÜ sind durch die Bestimmungen des **Rahmenbeschlusses 2006/960/JI des Rates** über die Vereinfa-

Syst. L. Polizei- und Nachrichtendienstlicher Datenschutz

chung des Austauschs von Informationen und Erkenntnissen zwischen den Strafverfolgungsbehörden der Mitgliedstaaten der Europäischen Union (v. 18.12.2006, ABl. L 386, 89) ersetzt worden (Art. 12 Rb 2006/960/JI). Der Rahmenbeschluss legt Regeln fest, nach denen die Strafverfolgungsbehörden der Mitgliedstaaten (zum – nicht mit der deutschen Systematik deckungsgleichen – Begriff der Strafverfolgungsbehörde s. Art. 2a Rb 2006/960/JI) bestehende Informationen und Erkenntnisse zum Zwecke der Durchführung strafrechtlicher Ermittlungen oder polizeilicher Erkenntnisgewinnungsverfahren austauschen können. Informationen und Erkenntnisse sollen danach, vorbehaltlich bestimmter Zurückhaltungsgründe, den Strafverfolgungsbehörden anderer Mitgliedstaaten, die innerhalb der ihnen nach ihrem nationalem Recht zustehenden Befugnisse handeln, zu Bedingungen zur Verfügung gestellt werden, die nicht strenger sind als die Bedingungen, die auf nationaler Ebene gelten. Die Verwendung der ausgetauschten Informationen und Erkenntnisse unterliegt dann grundsätzlich den nationalen Datenschutzbestimmungen des empfangenden Mitgliedstaates. Art. 8 Abs. 3 des Rahmenbeschlusses sieht allerdings eine Zweckbindung und die Möglichkeit für die übermittelnde Behörde vor, Bedingungen für die Verwendung der Informationen und Erkenntnisse durch die empfangende Strafverfolgungsbehörde festzulegen. In Deutschland ist die **Umsetzung der Vorgaben** dieses Rahmenbeschlusses in Gestalt eines zahlreiche Gesetze ändernden Artikel-Gesetzes im Juli 2012 erfolgt (G über die Vereinfachung des Austauschs von Informationen und Erkenntnissen zwischen den Strafverfolgungsbehörden der Mitgliedstaaten der Europäischen Union, v. 21.7.2012, BGBl. I 1565). Dabei sind für sämtliche Bundespolizeien neue Regelungen für die Übermittlung personenbezogener Daten an Mitgliedstaaten der Europäischen Union oder auch für die Verwendung von Daten aus einem nach dem Rahmenbeschluss 2006/960/JI erfolgten Datenempfang aufgenommen worden (s. etwa §§ 32 a, 33 Abs. 3a und b, 33a BPolG, §§ 26, 28 Abs. 2 und 3 BKAG). So kann das Bundeskriminalamt nach § 26 Abs. 1 BKAG, vorbehaltlich der Übermittlungsverbote und Verweigerungsgründe in § 28 BKAG, personenbezogene Daten in entsprechender Anwendung der Vorschriften über die Datenübermittlung im innerstaatlichen Bereich an öffentliche und nichtöffentliche Stellen in Mitgliedstaaten der EU und an zwischen- und überstaatliche Stellen der EU oder deren Mitgliedstaaten, die mit Aufgaben der Verhütung und Verfolgung von Straftaten befasst sind, übermitteln.

132 Eine Vernetzung auf europäischer Ebene findet auch mittels Datenbanken und Informationssystemen statt. Einschlägige Systeme und Regelwerke wie das **Schengener Informationssystem (SIS)** als zentraler Ausgleichsmechanismus zum Wegfall der innereuropäischen Grenzkontrollen oder der **Vertrag von Prüm** (zur Entwicklung des Vertrages Hummer EuR 2007, 517 (518 ff.); Niemeier/Zerbst ERA Forum 2007, 535 (537 ff.), umfassend zum Vertrag Mutschler, Der Prümer Vertrag, 2010) sind zunächst außerhalb des Unions-Rahmens entstanden, dann in den Rechtsrahmen des Unionsrechts überführt und in diesem Rahmen modifiziert worden. Die jeweiligen Rechtsregime, die sich wegen ihrer Genese aus verschiedenen Regelungskomplexen zusammensetzen und unübersichtlich sind, haben daher insgesamt und auch hinsichtlich der Datenschutzvorgaben relativ eigenständige Züge (näher zum Schengener Informationssystem, bei dem gegenwärtig das Informationssystem der dritten Generation (SIS III) im Aufbau ist, Lisken/Denninger/Aden, Handbuch des Polizeirechts, 7. Aufl. 2021, Kap. M Rn. 205 ff.; zu Mustern des Prümer Vertrags Pörschke, Der Grundsatz der Verfügbarkeit von Informationen am Beispiel des Prümer Modells, 2014). Weitere europäische Informationssysteme sind das **Visa-Informationssystem**, die Fingerabdruckdatei **Eurodac** oder das im Aufbau befindliche **EU-Entry/Exit System EES**.

G. Bereichsspezifische Datenschutzregelungen

I. Datenschutzbestimmungen im BPolG

133 Das Rechtsregime für die Bundespolizei ähnelt im **Aufbau des BPolG** denjenigen der Länderpolizeigesetze. Den Aufgabenzuweisungen, die der Bundespolizei eine Vielfalt von Aufgaben zuweisen und die durch Regelungen zu den Möglichkeiten der Verwendung der Bundespolizei ergänzt werden, folgen allgemeine Befugnisse mit einer Generalklausel (§ 14 BPolG) sowie allgemeinen Regelungen zum Grundsatz der Verhältnismäßigkeit, zum Ermessen und zur Inanspruchnahme verantwortlicher oder nicht verantwortlicher Personen (§§ 15 ff. BPolG). Die näheren Befugnisse zum Umgang mit personenbezogenen Informationen und Daten finden sich in den §§ 21–36 BPolG. Es folgen weitere Standardbefugnisse zu bestimmten Maßnahmen, etwa die Ingewahrsamnahme oder die Durchsuchung (§§ 38 ff. BPolG), Regelungen zum Schadensausgleich (§§ 51 ff. BPolG) sowie Organisations- und Zuständigkeitsbestimmungen (§§ 57 ff. BPolG).

Syst. L. Polizei- und Nachrichtendienstlicher Datenschutz

1. Befugnisse zum Umgang mit personenbezogenen Informationen und Daten, §§ 21 ff. BPolG

Die **Befugnisse zum Umgang mit personenbezogenen Informationen und Daten** umfassen zunächst allgemeine Regeln zur Erhebung personenbezogener Daten (§ 21 BPolG). Deren Erhebung wird in § 21 Abs. 1 BPolG generalklauselartig ermöglicht, soweit dies zur Erfüllung einer der Bundespolizei obliegenden Aufgabe erforderlich ist und sofern in dem Gesetzesabschnitt nichts anderes bestimmt ist. Die Erhebung zur „Verhütung von Straftaten" wird an engere Voraussetzungen geknüpft. Es gilt der Grundsatz der offenen Erhebung bei der betroffenen Person. Gegen die Datenerhebung als solche, an die ggf. weitere Daten- und Informationsverarbeitungsschritte anschließen, sind die Erhebungsmethoden abzugrenzen. Ermächtigungen zum Einsatz besonderer Ermittlungsmethoden betreffen ua die Befragung und die korrespondierende Auskunftspflicht (§ 22 BPolG), die Bestandsdatenauskunft (§ 22a BPolG), die Identitätsfeststellung und die Prüfung von Berechtigungsscheinen (§ 23 BPolG), die anlassbezogene automatische Kennzeichenerfassung (§ 27b BPolG) sowie besondere Mittel der Datenerhebung wie etwa die längerfristige Observation oder der heimliche Einsatz technischer Mittel zur Anfertigung von Bildaufnahmen oder -aufzeichnungen und zum Abhören oder Aufzeichnen des nicht öffentlich gesprochenen Wortes (§ 28 BPolG). 134

§ 22 Abs. 1a BPolG, der zunächst nur befristet eingefügt, dessen Befristung dann aber aufgehoben wurde, erlaubt der Bundespolizei im Zusammenhang mit ihren Aufgaben nach §§ 3 und 4 BPolG unter bestimmten Voraussetzungen das Anhalten und Befragen von Personen zur Verhinderung oder Unterbindung der unerlaubten Einreise in das Bundesgebiet. Sie kann außerdem die Aushändigung mitgeführter Ausweispapiere oder Grenzübertrittspapiere zur Prüfung verlangen und mitgeführte Sachen in Augenschein nehmen. Es handelt sich um eine lagebildabhängige Kontrolle, die nur zulässig ist, wenn auf Grund von Lageerkenntnissen oder tatsachengestützter grenzpolizeilicher Erfahrung die Nutzung der Einrichtung zur unerlaubten Einreise anzunehmen ist (ausf., auch mit Hinweisen auf die Unbestimmtheit der Tatbestandsvoraussetzungen, Wehr, BPolG, 2. Aufl. 2015, § 22 Rn. 10; Drewes/Malmberg/Walter, BPolG, 6. Aufl. 2018, § 22 Rn. 17 ff.; Schenke/Graulich/Ruthig/Schenke, Sicherheitsrecht des Bundes, 2. Aufl. 2019, BPolG § 22 Rn. 18). Aus unionsrechtlichen Gründen muss außerdem im Wege eines passenden Rechtsrahmens gewährleistet sein, dass die praktische Ausübung der Kontrollen nicht die gleiche Wirkung haben kann wie die grundsätzlich abgeschafften Grenzübertrittskontrollen (EuGH EuGRZ 2017, 360). Als **racial oder auch ethnic profiling** wird eine Polizeipraxis bezeichnet, nach der ethnische oder auch „rassische" Merkmale als ein statistischer Risikofaktor zur Begründung einer Kontrolle oder Überwachung herangezogen werden (Agentur der Europäischen Union für Grundrechte (FRA), Für eine effektive Polizeiarbeit, Diskriminierendes „Ethnic Profiling" erkennen und vermeiden, 2010, 15; E.U. Network of Independent Experts on Fundamental Rights, CFR-CDF.Opinion4.2006, Ethnic Profiling, 2006; s. auch Cremer, „Racial Profiling" – Menschenwidrige Personenkontrolle nach § 22 Abs. 1 a BPolG, 2013). Die Befragung einer Person auf Grundlage eines „racial profiling" wurde vom OVG Koblenz als ein Verstoß gegen Art. 3 Abs. 3 GG und somit als rechtswidrig bewertet (Beschl. v. 29.10.2012 – 7 A 10532/12: sa VG Stuttgart v. 22.10.2015 – Az 1 K 5060/13, welches die anlasslose Kontrolle der Bundespolizei in Fernzügen für mit dem EU-Recht unvereinbar hält, Entscheidungsbesprechung abrufbar unter http://www.juwiss.de/80-2015/, Abruf: 24.10.2021). 135

§ 29 BPolG ermächtigt zur **Speicherung, Veränderung und Nutzung** personenbezogener Daten. § 29 Abs. 1 S. 1 BPolG verweist dafür allgemein auf die Erforderlichkeit zur Erfüllung der „jeweiligen" Aufgabe. § 29 Abs. 1 S. 3 BPolG hält dabei eine Zweckbindung fest. Diese wird in § 29 Abs. 1 S. 4 BPolG allerdings dadurch modifiziert, dass eine Zweckänderung zulässig ist, soweit die Bundespolizei die Daten für den anderen Zweck erheben dürfte. Im Falle der Datenerhebung mit den besonderen Mitteln des § 28 Abs. 2 BPolG wird die Zulässigkeit der Zweckänderung an die Erforderlichkeit zur Abwehr einer erheblichen Gefahr geknüpft. § 29 Abs. 2 BPolG enthält Zweckänderungsermächtigungen im Verhältnis zwischen den Aufgaben der Strafverfolgung und denjenigen der Gefahrenabwehr oder Verfolgungsvorsorge. Datenschutzrechtlich erwähnenswert ist außerdem die Regelung zur Rückführbarkeit der in Dateien gespeicherten Bewertungen in § 29 Abs. 4 BPolG. §§ 30 und 31 BPolG enthalten Ermächtigungen für die Ausschreibung zur Fahndung und zur grenzpolizeilichen Beobachtung. 136

Die Ermächtigungen zur **Übermittlung** personenbezogener Daten umfassen zum einen die allgemeine, nach Empfängern differenzierende Bestimmung des § 32 BPolG. Der Rolle der Bundespolizei im Rahmen der Europäisierung trägt die Mitgliedstaaten der Europäischen Union betreffende Vorschrift in § 32a BPolG Rechnung. Die ergänzenden Regelungen des § 33 BPolG 137

Syst. L. Polizei- und Nachrichtendienstlicher Datenschutz

sehen Vorgaben zur Verantwortlichkeitsverteilung, zu Protokollierungen, „hinter die Klammer gezogene" Übermittlungsausschlussgründe und die für die Datenempfänger geltende Zweckbindung vor. § 33 a BPolG betrifft die **Verwendung von Daten,** die nach dem Rahmenbeschluss 2006/960/JI des Rates (→ Rn. 34) an die Bundespolizei übermittelt worden sind.

138   Pflichten zur **Berichtigung, Löschung** und **Sperrung** personenbezogener Daten sind in § 35 BPolG geregelt. § 36 regelt Pflichten im Hinblick auf die **Errichtungsanordnungen** und die dort festzulegenden Merkmale.

2. Rechte der betroffenen Personen

139   Ansprüche der Personen, auf die sich die Informationen und Daten beziehen, ergeben sich nach allgemeinen dogmatischen Regeln aus den objektivrechtlichen Datenschutzbestimmungen, soweit diese zugleich den Individualschutz dienen. Die Vorschriften, die den Umgang mit personenbezogenen Informationen und Daten steuern, vermitteln den Betroffenen demnach Ansprüche auf **Unterlassung, Berichtigung, Löschung, Sperrung oder Einschränkung der Verarbeitung,** falls die individualschützenden Voraussetzungen einer Ermächtigungsgrundlage nicht gegeben sind bzw. die Voraussetzungen der einschlägigen Regelungen in § 35 BPolG oder § 58 BDSG vorliegen. **Auskunftsansprüche** der Betroffenen richten sich nach § 57 BDSG. **Benachrichtigungsansprüche** sind fachgesetzlich in § 28 Abs. 5 BPolG und weiter in § 56 BDSG normiert.

II. Datenschutzbestimmungen im BKAG

140   Nach dem **Aufbau des BKAG** werden einleitend verschiedene Aufgaben des Bundeskriminalamts aufgezählt (§§ 2–8 BKAG, → Rn. 12, zu § 2: → Rn. 171 ff.). Daran schließen sich **allgemeine Befugnisse zur Verarbeitung personenbezogener Daten** an, die Befugnisse zur Erhebung personenbezogener Daten, zur Weiterverarbeitung, dies auch im eigenen Informationssystem, und zur Übermittlung umfassen (näher → Rn. 176 ff.). **Besondere Befugnisse zur Verarbeitung personenbezogener** Daten werden dann den jeweiligen Aufgaben in jeweils eigenen Unterabschnitten zugeordnet. Daran schließt sich ein Abschnitt mit Bestimmungen zu Datenschutz und Datensicherheit und zu Rechten der betroffenen Person an (§§ 69–86 BKAG). Von erheblicher praktischer Bedeutung ist die Übergangsregelung in § 91 BKAG.

III. Datenschutzbestimmungen im ZFdG

141   Das Datenschutzregime der Zollbehörden ist seinem **Aufbau** nach in den einschlägigen Regelungen des ZollVG und des ZFdG auf die verschiedenen Aufgaben der Zollbehörden zugeschnitten. §§ 10 ff. ZollVG halten Überwachungs- und Übermittlungsbefugnisse fest. Das ZFdG setzt in seiner Neugestaltung aus dem Jahr 2019 (dazu Graulich GSZ 2019, 221 (222 ff.)) das Urteil des BVerfG vom 20.4.2016 (BVerfGE 141, 220) und die RL (EU) 2016/680 um und enthält außerdem weitere Novellierungen (Begründung der Bundesregierung zum Entwurf eines Gesetzes zur Neustrukturierung des Zollfahndungsdienstgesetzes, BT-Drs. 19/12088, 1 f.). Den vielfältigen Aufgaben der Behörden des Zollfahndungsdienstes entsprechend differenziert ausgerichtete Verarbeitungsbefugnisse des Zollkriminalamtes als Zentralstelle (§ 8 ff. ZFdG), der Behörden des Zollfahndungsdienstes bei der Verhütung und Verfolgung von Straftaten und Ordnungswidrigkeiten sowie im Rahmen von Sicherungs- und Schutzmaßnahmen (§§ 26 ff. ZFdG) sowie des zur Telekommunikationsüberwachung ermächtigten Zollkriminalamtes bei der Gefahrenabwehr (§§ 72 ff. ZFdG). Es folgen Bestimmungen zur Datenschutzaufsicht, zur datenschutzrechtlichen Verantwortung und zu datenschutzbezogenen Pflichten der Behörden des Zollfahndungsdienstes wie der Protokollierung, Dokumentation oder Benachrichtigung (§§ 84 ff. ZFdG).

1. Zentrale Befugnisse zum Umgang mit personenbezogenen Informationen und Daten

142   §§ 8 ff. ZFdG regeln die Befugnisse des Zollkriminalamts im Kontext der **Zentralstellenfunktion.** § 8 Abs. 1 ZFdG enthält eine generalklauselartige Verarbeitungsermächtigung, dass das Zollkriminalamt personenbezogene Daten verarbeiten kann, soweit dies zur Erfüllung seiner Aufgaben als Zentralstelle erforderlich ist und das ZFdG oder andere Rechtsvorschriften keine zusätzlichen Voraussetzungen vorsehen. Im Anschluss daran sieht § 8 Abs. 2 ZFdG eine Weiterverarbeitungsermächtigung vor: Weiterverarbeiten darf das Zollkriminalamt personenbezogene Daten, die es selbst erhoben hat, erstens zur Erfüllung derselben Aufgabe und zweitens zum Schutz derselben Rechtsgüter oder zur Verfolgung oder Verhütung derselben Straftaten, wie es die jeweilige Erhe-

Syst. L. Polizei- und Nachrichtendienstlicher Datenschutz

bungsvorschrift erlaubt. Diese weit reichende Ermächtigung wird auf die Ausführungen des BVerfG im Urt. v. 20.4.2016 (BVerfGE 141, 220 Rn. 278 f., 282) gestützt, nach denen sich die für eine Datenverarbeitung maßgebliche Zweckbestimmung mit Blick auf die für die jeweilige Datenerhebung maßgeblichen Ermächtigungsgrundlage bestimmt und die weitere Nutzung im Rahmen der ursprünglichen Zwecke gegen Zweckänderungen abzugrenzen ist (s. Begründung der Bundesregierung zum Entwurf eines Gesetzes zur Neustrukturierung des Zollfahndungsdienstgesetzes, BT-Drs. 19/12088, 87). § 8 Abs. 3 ZFdG enthält Zweckänderungsermächtigungen. Im Rahmen der Datenverarbeitung durch die Zentralstelle werden außerdem nähere Regelungen zu den Personen getroffen, deren Daten verarbeitet werden (§ 11 f. ZFdG). Die Kategorie der „Kontakt- und Begleitperson" wird dabei eingegrenzt (§ 12 Abs. Nr. 2 ZFdG; hierzu auch Graulich GSZ 2019, 221 (223)). Etwas detailliertere Regelungen, die Teilnahmeberechtigungen oder Verfahrensvorkehrungen regeln, gibt es zum Zollfahndungsinformationssystem als Verbunddatei (§ 15 ZFdG). Hieran nimmt neben einschlägigen Stellen der Zollfahndung oder -verwaltung auch das Bundeskriminalamt mit Eingaben und Abrufen teil. Differenziert und detaillierter werden auch die Übermittlungsermächtigungen geregelt (§§ 21 ff. ZFdG).

143 Die Befugnisse der Behörden des Zollfahndungsdienstes bei der Verhütung und Verfolgung von Straftaten und Ordnungswidrigkeiten sowie im Rahmen von Sicherungs- und Schutzmaßnahmen beginnen wiederum mit einer generalklauselartigen Verarbeitungsermächtigung (§ 26 Abs. 1 ZFdG), an die sich in § 26 Abs. 2 ZFdG eine weit reichende Weiterverarbeitungsermächtigung und in § 26 Abs. 3 ZFdG Ermächtigungen zu Zweckänderungen nach Maßgabe diese zulassender Rechtsvorschriften anschließen. Für die zweckändernde Weiterverarbeitung personenbezogener Daten, die durch eingriffsintensive Methoden erhoben worden sind, enthält § 27 ZFdG Verarbeitungsbeschränkungen Kritsch zum Entwurf Graulich). Die nach § 28 ZFdG vorgesehene Kennzeichnung soll die Einhaltung von Beschränkungen ermöglichen und sicherstellen.

144 Zur Erfüllung der Aufgaben der **Straftatenverhütung** stehen den Behörden des Zollfahndungsdienstes Befugnisse zum **Einsatz eingriffsintensiver Ermittlungsmethoden** zu, etwa die Datenerhebung durch längerfristige Observationen, der verdeckte Einsatz technischer Mittel zur Anfertigung von Bildaufnahmen und Bildaufzeichnungen oder der verdeckte Einsatz technischer Mittel zum Abhören und Aufzeichnen des nicht öffentlich gesprochenen Wortes außerhalb von Wohnungen sowie der Einsatz von Vertrauenspersonen und Verdeckten Ermittlern (§ 47 ZFdG). § 49 ZFdG soll insoweit den Schutz des Kernbereichs privater Lebensgestaltung sicherstellen.

145 Hervorzuheben sind die Befugnisse des Zollkriminalamtes zur **Telekommunikations- und Postüberwachung,** die insbesondere die Kriegswaffenkontrolle und Proliferation betreffen (s. dazu auch BVerfG 110, 33 ff. = NJW 2004, 2213 ff.). Zur Erfüllung seiner Aufgaben der Mitwirkung bei der Überwachung des Außenwirtschaftsverkehrs zwecks Verhütung von Straftaten oder Ordnungswidrigkeiten, Aufdeckung unbekannter Straftaten oder Vorsorge für die künftige Verfolgung von Straftaten kann das Zollkriminalamt Postsendungen öffnen und die Telekommunikation überwachen und aufzeichnen, wenn – erstens – bestimmte Tatsachen die Annahme rechtfertigen, dass die betroffene Person innerhalb eines übersehbaren Zeitraums auf eine zumindest ihrer Art nach konkretisierte Weise näher spezifizierte Straftaten begehen wird, oder – zweitens – das individuelle Verhalten der betroffenen Person die konkrete Wahrscheinlichkeit begründet, dass sie innerhalb eines übersehbaren Zeitraums eine näher spezifizierte Straftat begehen wird (§ 72 Abs. 1 ZFdG; sachliche Erweiterungen in § 72 Abs. 2 ZFdG, personelle Erweiterungen in § 72 Abs. 4 ZFdG). § 72 Abs. 3 ZFdG lässt eine „Quellen-Telekommunikationsüberwachung" mit bestimmten Erweiterungen zu: Danach darf die Überwachung und Aufzeichnung der Telekommunikation in der Weise erfolgen, dass mit technischen Mitteln in von dem Betroffenen genutzte informationstechnische Systeme eingegriffen wird, wenn dies notwendig ist, um die Überwachung und Aufzeichnung insbesondere in unverschlüsselter Form zu ermöglichen. Zudem dürfen in dem informationstechnischen System des Betroffenen gespeicherte Inhalte und Umstände der Kommunikation überwacht und aufgezeichnet werden, wenn sie auch während des laufenden Übertragungsvorgangs im öffentlichen Telekommunikationsnetz in verschlüsselter Form hätten überwacht und aufgezeichnet werden können. § 72 Abs. 5 ZFdG enthält eine Subsidiaritätsklausel und eine Konkretisierung des Übermaßverbots. § 73 ZFdG zielt auf den Schutz des „Kernbereichs privater Lebensgestaltung" (dazu Graulich GSZ 2019, 221 (227)). Als verfahrensrechtliche Schutzvorkehrung ist ein Richtervorbehalt vorgesehen, § 74 ZFdG. § 76 ZFdG enthält besondere Vorgaben für die Verwendung der im Wege dieser Überwachung erlangten Daten. §§ 77 und 78 ZFdG sehen weitere Ermächtigungen zur Telekommunikationsüberwachung vor.

146 **Übermittlungsbefugnisse** finden sich in §§ 11 ff. ZollVG im Anschluss an die zollamtliche Überwachung. Die Regelungen differenzieren zwischen Datenübermittlungen ins Ausland sowie an über- oder zwischenstaatliche Stellen und an Mitgliedstaaten der Europäischen Union. Für die

Syst. L. Polizei- und Nachrichtendienstlicher Datenschutz

Zollfahndungsdienstbehörden enthalten §§ 65 ff. ZFdG Ermächtigungen zur Datenübermittlung im innerstaatlichen Bereich, ins Ausland sowie an über- oder zwischenstaatliche Stellen und an Mitgliedstaaten der Europäischen Union. § 68 ZFdG bündelt Übermittlungsverbote.

2. Rechte der betroffenen Personen

147   Soweit die Vorschriften über den Umgang mit personenbezogenen Informationen und Daten individualschützend sind, können der betroffenen Person **Unterlassungsansprüche** zustehen. Ansonsten verweist § 100 ZFdG für **Benachrichtigungs-** und **Auskunftsrechte** und **Rechte auf Berichtigung, Löschung** sowie **Einschränkung der Verarbeitung** mit einigen wenigen Modifikationen auf §§ 56–58 BDSG.

IV. Datenschutzbestimmungen im BVerfSchG

148   Die Regelungen für das Bundesamt für Verfassungsschutz gliedern sich nach dem **Aufbau des BVerfSchG** in die Aufgabenzuweisungen, die die Behörden von Bund und Ländern betreffen, sowie in die dem Bundesamt für Verfassungsschutz zugewiesenen Befugnisse. Neben den in § 3 Abs. 1 und 2 geregelten **sachlichen Aufgaben** (näher dazu → Rn. 17) regelt § 5 BVerfSchG **Zuständigkeiten des Bundesamtes für Verfassungsschutz** im Verhältnis zwischen Bundesbehörde und Landesämtern. Danach wertet es unbeschadet der Auswertungsverpflichtungen der Landesämter zentral alle Erkenntnisse über Bestrebungen und Tätigkeiten iSd § 3 Abs. 1 aus und unterrichtet die Landesämter, insbesondere durch Querschnittsauswertungen in Form von Struktur- und Methodikberichten sowie durch bundesweite Lageberichte zu den wesentlichen Phänomenbereichen unter Berücksichtigung der entsprechenden Landeslageberichte, § 5 Abs. 2 BVerfSchG. Es koordiniert die Zusammenarbeit der Verfassungsschutzbehörden und unterstützt als Zentralstelle die Landesbehörden für Verfassungsschutz bei der Erfüllung ihrer Verfassungsschutzaufgaben. Die Befugnisse umfassen im Zweiten Abschnitt eine allgemeine Ermächtigung zum Umgang mit personenbezogenen Informationen und Daten (§ 8 BVerfSchG) und besondere Ermächtigungen zur Erhebung, Speicherung, Veränderung oder Nutzung personenbezogener Daten (§§ 8a ff. BVerfSchG) und im Dritten Abschnitt Befugnisse zur Übermittlung sowie zum Empfang personenbezogener Daten (§§ 17 ff. BVerfSchG). Rechte betroffener Personen kommen hinzu.

1. Zentrale Befugnisse zum Umgang mit personenbezogenen Informationen und Daten

149   Die **Befugnisse des Bundesamtes für Verfassungsschutz** stützen sich auf §§ 8 ff. BVerfSchG sowie auf das G 10. Das Bundesamt für Verfassungsschutz darf nach § 8 Abs. 1 S. 1 BVerfSchG die zur Erfüllung seiner Aufgaben erforderlichen Informationen einschließlich personenbezogener Daten verarbeiten. Wegen der Bezugnahme auf eine „Erforderlichkeit" für die im Gesetz näher beschriebenen „Aufgaben", etwa mit Blick auf „Bestrebungen", ergeben sich an verschiedenen Stellen Einschränkungen dieser generalklauselartigen Befugnis. Das gilt zumal im Lichte der Grundrechte. Etwa gehen „Bestrebungen" über reine politische Kritik hinaus, und bloße Mutmaßungen oder Annahmen reichen als Einschreitschwelle nicht aus (vgl. VG München BeckRS 2017, 119732 Rn. 32 ff., zur Beobachtung einer Einzelperson im Kontext mit der Identitären Bewegung durch das Bayerische Landesamt für Verfassungsschutz).

150   Die **Beobachtung von Abgeordneten** durch das Bundesamt für Verfassungsschutz stellt einen Eingriff in die besonderen Statusrechts aus Art. 38 Abs. 1 S. 2 GG und Art. 46 Abs. 1 GG dar (BVerfG NVwZ 2013, 1468, mAnm Warg NVwZ 2013, 36; krit. Morlok/Sokolov DÖV 2014, 405 ff., die eine spezielle Ermächtigungsgrundlage für die Beobachtung von Abgeordneten fordern; für eine Anwendung des BVerfSchG und gegen das Erfordernis einer zusätzlichen Ermächtigungsgrundlage Schenke/Graulich/Ruthig/Roth, Sicherheitsrecht des Bundes, 2. Aufl. 2019, BVerfSchG § 8 Rn. 61 ff.; s. weiter Basakoglu, Die Beobachtung von Abgeordneten durch den Verfassungsschutz, 2017). Sie ist nicht schon dann zulässig, wenn eine einfache Mitgliedschaft in einem extremistischen Personenzusammenschluss vorliegt (so jedoch BVerwG 137, 275 = NVwZ 2011, 161 (170 f.); anders zuvor OVG NRW DVBl 2009, 922 = NVwZ-RR 2009, 828). Stattdessen müssen Anhaltspunkte dafür bestehen, dass der Abgeordnete sein Mandat zum Kampf gegen die freiheitlich-demokratische Grundordnung missbraucht oder diese aktiv und aggressiv bekämpft; er muss individuell verdächtig sein, in seiner Person verfassungsfeindliche Bestrebungen zu verfolgen (BVerfG NVwZ 2013 1468 (1473, 1475)).

Syst. L. Polizei- und Nachrichtendienstlicher Datenschutz

In § 8 Abs. 2 S. 1 BVerfSchG wird dem Bundesamt für Verfassungsschutz die Verwendung von **151** Methoden, Gegenständen und Instrumenten der heimlichen Informationsbeschaffung gestattet. Zu diesen „nachrichtendienstlichen Mitteln", die in einer Dienstvorschrift zu benennen sind, zählen nach der beispielhaften Aufzählung des § 8 Abs. 2 S. 1 BVerfSchG der Einsatz von Vertrauensleuten (wobei das Verhältnis zwischen Dienst und Vertrauensperson privatrechtlicher Natur ist, vgl. BVerwG NVwZ-RR 2010, 682, für den BND) und Gewährspersonen, Observationen, Bild- und Tonaufzeichnungen, Tarnpapiere und Tarnkennzeichen. Über eine Änderung dieser Dienstvorschrift mit Zustimmung des Bundesministeriums des Innern, für Bau und Heimat ist durch die offene Formulierung des § 8 Abs. 2 BVerfSchG die Option der Entwicklung neuer Methoden im Anschluss an den technologischen Fortschritt oder in Reaktion auf sich ändernde Arbeitsweisen und -mittel von zu beobachtenden Personen oder Vereinigungen gegeben (vgl. Rose-Stahl, Recht der Nachrichtendienste, 2. Aufl. 2006, S. 70). In Individualrechte darf gem. § 8 Abs. 2 S. 2 BVerfSchG nur nach Maßgabe besonderer Befugnisse eingegriffen werden. Darüber hinaus darf die Anwendung eines solchen Mittels keinen Nachteil herbeiführen, der erkennbar außer Verhältnis zur Bedeutung des aufzuklärenden Sachverhalts steht, § 8 Abs. 2 S. 3 BVerfSchG.

Im Übrigen sind diese besonderen Formen der Datenerhebung nach § 9 Abs. 1 BVerfSchG ua **152** zulässig, wenn Tatsachen die Annahme rechtfertigen, dass auf diese Weise Erkenntnisse über Bestrebungen oder Tätigkeiten nach § 3 Abs. 1 BVerfSchG oder die zur Erforschung solcher Erkenntnisse erforderlichen Quellen gewonnen werden können (krit. wegen der Vagheit des Normtextes Lisken/Denninger/Rachor/Bergemann, Handbuch des Polizeirechts, 6. Aufl. 2018, Kap. H Rn. 82 ff.; s. außerdem Gazeas, Übermittlung nachrichtendienstlicher Erkenntnisse an Strafverfolgungsbehörden, 2014, 92 ff.). § 9 Abs. 2 und 3 BVerfSchG knüpfen heimliche Bild- und Tonaufzeichnungen in Wohnungen an sehr enge Voraussetzungen; § 9 Abs. 4 BVerfSchG ermächtigt zum Einsatz eines IMSI-Catchers. § 9a BVerfSchG regelt den Einsatz Verdeckter Mitarbeiter zur Aufklärung von Bestrebungen unter den Voraussetzungen des § 9 Abs. 1 BVerfSchG. Für den Einsatz von Vertrauensleuten sieht § 9b BVerfSchG eine entsprechende Anwendung des § 9a BVerfSchG vor (insbesondere zu Vertrauensleuten Krings DRiZ 2015, 124). Zu den eingriffsintensiven Erhebungsmethoden zählt außerdem das in den §§ 8a, 8b BVerfSchG geregelte besondere Auskunftsverlangen bei Luftfahrtunternehmen, Kreditinstituten, Telekommunikations- oder Telediensteanbietern (dazu Huber NJW 2007, 881 ff.; Jach DÖV 2012, 797 ff.; Gnüchtel NVwZ 2016, 13; VG Berlin BeckRS 2016, 53149). § 8d BVerfSchG sieht umfassende, Benachrichtigungspflichten einschließende Regelungen zur Bestandsdatenauskunft vor. Befugnisse zur Speicherung, Veränderung und Nutzung personenbezogener Daten enthält § 10 BVerfSchG. Danach darf das Bundesamt für Verfassungsschutz zur Erfüllung seiner Aufgaben personenbezogene Daten in Dateien ua dann speichern, verändern und nutzen, wenn tatsächliche Anhaltspunkte für Bestrebungen oder Tätigkeiten nach § 3 Abs. 1 vorliegen und/oder dies für die Erforschung und Bewertung von Bestrebungen oder Tätigkeiten nach § 3 Abs. 1 erforderlich ist. Einschlägige Unterlagen dürfen auch gespeichert werden, wenn in ihnen weitere personenbezogene Daten Dritter enthalten sind; hingegen ist eine Abfrage von Daten Dritter nach § 10 Abs. 2 S. 2 BVerfSchG nicht gestattet (krit. zur Bestimmung des Personenkreises der Dritten iSd Norm Bergemann NVwZ 2015, 1705). § 10 BVerfSchG wird ergänzt durch spezielle Regeln zum Minderjährigenschutz in § 11 BVerfSchG.

§ 12 BVerfSchG enthält für die in Dateien gespeicherten personenbezogenen Daten Pflichten **153** zur Berichtigung, Löschung oder Einschränkung der Verarbeitung. Die Daten zu berichtigen, wenn sie unrichtig sind, und grundsätzlich zu löschen, wenn ihre Speicherung unzulässig war oder ihre Kenntnis für die Aufgabenerfüllung nicht mehr erforderlich ist. Besteht Grund zu der Annahme, dass durch die Löschung schutzwürdige Interessen des Betroffenen beeinträchtigt würden (etwa in Fällen laufender Auskunfts- oder Gerichtsverfahren), hat sie zu unterbleiben; in diesem Falle ist die Verarbeitung einzuschränken. Sie dürfen nur noch mit Einwilligung des Betroffenen übermittelt werden. Sind die personenbezogenen Daten in Akten gespeichert, richten sich Verwendung, Berichtigung und Verarbeitungseinschränkung nach § 13 BVerfSchG. Die Voraussetzungen der Aktenvernichtung regelt § 13 Abs. 3 BVerfSchG. Nach diesen Regelungen und weiteren Vorgaben richtet sich auch die Aktenführung in elektronischer Form, vgl. § 13 Abs. 4 BVerfSchG.

§§ 17 ff. BVerfSchG enthalten umfassende **Übermittlungsregelungen** zum Informationsaus- **154** tausch. § 23 BVerfSchG enthält insoweit übergreifend geltende Übermittlungsverbote; § 26 BVerfSchG eine Nachberichtspflicht. § 18 BVerfSchG betrifft an die Verfassungsschutzbehörden gerichtete Datenübermittlungen aus eigener Veranlassung und auf Ersuchen durch sämtliche Behörden des Bundes und bundesunmittelbarer juristischer Personen des öffentlichen Rechts, die Staatsanwaltschaften und die Polizeien, die Behörden des Zollfahndungsdienstes sowie andere

Syst. L. Polizei- und Nachrichtendienstlicher Datenschutz

Zolldienststellen. Anlässe und Schwellen der Übermittlungen sind differenziert geregelt. § 19 BVerfSchG betrifft Übermittlungen personenbezogener Daten durch das Bundesamt für Verfassungsschutz. § 19 Abs. 1 Nr. 1–4 BVerfSchG konkretisieren bestimmte Fallkonstellationen und engen die Übermittlungsbefugnisse bspw. auf Straftaten von erheblicher Bedeutung ein. Im Übrigen sind solche Übermittlungen an inländische öffentliche Stellen zulässig, wenn dies zur Erfüllung der Aufgaben des Bundesamtes für Verfassungsschutz erforderlich ist oder der Empfänger die Daten zum Schutz der freiheitlichen demokratischen Grundordnung oder sonst für Zwecke der öffentlichen Sicherheit benötigt. Der Empfänger darf die übermittelten Daten grundsätzlich nur zu dem Zweck verwenden, zu dem sie ihm übermittelt wurden. Die Übermittlung personenbezogener Daten an ausländische öffentliche Stellen sowie an über- und zwischenstaatliche Stellen ist an engere Voraussetzungen geknüpft. In Angelegenheiten des Staats- und Verfassungsschutzes bestehen Sonderregelungen in §§ 20 und 21 BVerfSchG. § 22a BVerfSchG enthält Vorgaben zu projektbezogenen gemeinsamen Dateien, die das Bundesamt für Verfassungsschutz unter bestimmten Voraussetzungen für die Dauer einer befristeten projektbezogenen Zusammenarbeit mit den Landesbehörden für Verfassungsschutz, dem Militärischen Abschirmdienst, dem Bundesnachrichtendienst, den Polizeibehörden des Bundes und der Länder und dem Zollkriminalamt errichten kann (s. insgesamt noch → Rn. 105 ff.).

155 Die Veröffentlichung personenbezogener Daten im **Verfassungsschutzbericht** bedarf einer gesetzlichen Grundlage (OVG Lüneburg NJW 1992, 192 (194)). § 16 BVerfSchG ist die für den Verfassungsschutzbericht des Bundesamtes für Verfassungsschutz erforderliche Ermächtigungsgrundlage. Nach § 16 Abs. 1 BVerfSchG informiert das Bundesamt für Verfassungsschutz die Öffentlichkeit über Bestrebungen und Tätigkeiten nach § 3 Abs. 1, soweit hinreichend gewichtige tatsächliche Anhaltspunkte hierfür vorliegen. Nach § 16 Abs. 2 BVerfSchG informiert das Bundesministerium des Innern die Öffentlichkeit insbesondere zu aktuellen Entwicklungen. In dem Verfassungsschutzbericht sind auch die Zuschüsse des Bundeshaushaltes an das Bundesamt für Verfassungsschutz und den Militärischen Abschirmdienst sowie die jeweilige Gesamtzahl ihrer Bediensteten anzugeben, § 16 Abs. 2 S. 2 BVerfSchG. Im Verfassungsschutzbericht dürfen auch personenbezogene Daten bekanntgegeben werden, wenn die Bekanntgabe für das Verständnis des Zusammenhanges oder der Darstellung von Organisationen oder unorganisierten Gruppierungen erforderlich ist und die Interessen der Allgemeinheit das schutzwürdige Interesse des Betroffenen überwiegen. Der Verfassungsschutzbericht ist allerdings kein „beliebiges Erzeugnis staatlicher Öffentlichkeitsarbeit", sondern geht „über die bloße Teilhabe staatlicher Funktionsträger an öffentlichen Auseinandersetzungen" hinaus (BVerfGE 113, 63 (77) = NJW 2005, 2912 mAnm v. Bertram NJW 2005, 2890 (2890 f.)). Dies ist für die Rechtmäßigkeit der Verfassungsschutzberichte maßgeblich, insbesondere im Hinblick auf den Grundsatz der Verhältnismäßigkeit (Murswiek NVwZ 2006, 121 (121 ff.)). Eine Berichterstattung über Fälle, in denen tatsächliche Anhaltspunkte noch nicht zur Gewissheit, sondern lediglich zu dem Verdacht einer gegen die freiheitlich demokratische Grundordnung gerichteten Bestrebung führen, ist von der Ermächtigungsgrundlage nicht gedeckt (BVerwG NVwZ 2014, 233 mAnm Gusy NVwZ 2014, 236 ff.; vgl. weitergehend VGH München BeckRS 2015, 55369). § 16 Abs. 2 S. 1 BVerfSchG bestimmt deshalb auch hier, dass hinreichend gewichtige tatsächliche Anhaltspunkte vorliegen müssen. Enthält ein Verfassungsschutzbericht zur Begründung eines Werturteils Tatsachenbehauptungen, müssen diese der Wahrheit entsprechen; die materielle Beweislast für die Richtigkeit der Tatsachenbehauptungen trägt die Verfassungsschutzbehörde (BVerwG Urt. v. 21.5.2008 – 6 C 13.07). Darüber hinaus verlangt die Erforderlichkeit als Element des Verhältnismäßigkeitsprinzips, dass es kein milderes Mittel gibt, es also nicht bspw. ausreicht, ohne Nennung persönlicher Namen zu berichten. Die Angemessenheit verlangt zudem eine Interessenabwägung. Diese Grundsätze gelten nicht nur für den Verfassungsschutzbericht als Druckexemplar oder Veröffentlichung auf der Homepage, sondern auch für die Berichterstattung in einer **Pressekonferenz** (vgl. VG München BeckRS 2017, 119570 Rn. 53 ff.).

2. Rechte der betroffenen Personen

156 Die Bestimmungen des BVerfSchG über den Umgang mit personenbezogenen Informationen und Daten vermitteln den Betroffenen **Unterlassungs-, Berichtigungs-, Löschungs- oder Verarbeitungseinschränkungsansprüche,** falls die individualschützenden Voraussetzungen einer Ermächtigungsgrundlage nicht gegeben sind bzw. die Voraussetzungen der einschlägigen Regelungen in §§ 12, 13 BVerfSchG vorliegen (zum Anspruch auf einen Unrichtigkeits- oder einen Bestreitensvermerk OVG NW NVwZ 2005, 969 ff.; VG Frankfurt (Oder) Urt. v.

Syst. L. Polizei- und Nachrichtendienstlicher Datenschutz

26.11.2010 – 3 K 1993/06). Auskunfts- und Benachrichtigungsansprüche sind in §§ 15 und partiell in 9 Abs. 3 BVerfSchG gesondert geregelt (→ Rn. 56 f.).

V. Datenschutzbestimmungen im MADG

Der Militärische Abschirmdienst erfüllt die **Aufgaben** eines Inlandsnachrichtendienstes im Bereich der Streitkräfte (näher → Rn. 19) und weist insofern Parallelen zum Bundesamt für Verfassungsschutz auf. Grundsätzlich kann er seine Befugnisse nur im Hinblick auf Personen einsetzen, die dem Geschäftsbereich des Bundesministeriums der Verteidigung angehören oder in ihm tätig sind. Ausnahmen machen § 1 Abs. 2 und § 2 MADG. Wegen der Parallelen zum Bundesamt für Verfassungsschutz überrascht es nicht, dass die Regelungen über die **Befugnisse** des MAD, §§ 4–8 MADG, in weitem Umfang auf die entsprechende Anwendung der jeweiligen Regelungen im BVerfSchG verweisen, selbst wenn sie in bestimmten Hinsichten Modifikationen vorsehen. Auch im Bereich der Übermittlungsbefugnisse verweisen die §§ 10–12 MADG weitgehend auf eine entsprechende Anwendung der Regelungen des BVerfSchG. In § 14 MADG sind Aufgaben und Befugnisse des MAD während besonderer Auslandsverwendungen der Bundeswehr geregelt (dazu Hingott GSZ 2018, 188 (188 ff.)).

157

VI. Datenschutzbestimmungen im BNDG

Vom **Aufbau** her gliedert sich das BNDG in sieben Abschnitte, die zum 1.1.2022 in Reaktion auf das Urteil des BVerfG vom 19.5.2020 (1 BvR 2835/17 = BVerfGE 154, 152) und zweier vorangegangener Entscheidungen des Bundesverwaltungsgerichts vom 13.12.2017 (BVerwG 6 A 6.16, BVerwGE 161, 76 = NJW 2018, 2281, und 6 A 7.16) grundlegend neu gestaltet worden sind. Neben den Schutzvorschriften des BNDG ist insbesondere der Schutz des G 10 von Relevanz. Teilweise arbeiten die Befugnisse des Bundesnachrichtendienstes zum Umgang mit personenbezogenen Informationen und Daten mit Verweisungstechniken, indem sie in verschiedenen Hinsichten auf das BVerfSchG Bezug nehmen. Das kann sich als eine sinnvolle Entschlackung der Normen darstellen, erschwert aber gelegentlich auch deren Verständnis.

158

Nach der grundlegenden Novellierung des BNDG zum 1.1.2022 enthält Abschnitt 1 Regelungen zur Organisation, zu den Aufgaben und zu den allgemeine Befugnissen des Bundesnachrichtendienstes. Polizeiliche Befugnisse oder Weisungsbefugnisse stehen ihm nicht zu, § 2 Abs. 3 BNDG; hierin spiegelt sich das insoweit einfachgesetzlich verankerte Trennungsgebot wider (s. auch → Rn. 70). Abschnitt 2 regelt die Weiterverarbeitung personenbezogener Daten, Abschnitt 3 deren Übermittlung und gemeinsame Dateien. Der Abschnitt 4 „Technische Aufklärung" enthält detaillierte gesetzliche Regelungen zur Ausland-Ausland-Fernmeldeaufklärung im Anschluss insbesondere an die Maßgaben des Beschlusses des BVerfG vom 19.5.2020 (1 BvR 2835/17 = BVerfGE 154, 152). Dieser Beschluss hat den Schutz des Art. 10 Abs. 1 und des Art. 5 Abs. 1 S. 2 GG als Abwehrrechte gegenüber einer Telekommunikationsüberwachung auch auf Ausländer im Ausland bezogen, dabei aber zugleich Schutzunterschiede im Inland und Ausland anerkannt. Die Regelungen des Abschnitts 4 sind gegen die Bestimmungen des G 10 abzugrenzen, die deutschen Staatsangehörigen, inländischen juristischen Personen oder sich im Bundesgebiet aufhaltenden Personen Schutz gewähren (vgl. auch § 19 Abs. 7 BNDG 2022). Abschnitt 5 enthält gemeinsame Bestimmungen ua zu unabhängigen Datenschutzkontrolle und zur Berichtspflicht, Abschnitt 7 Schlussvorschriften, in denen ua entsprechend dem Zitiergebot des Art. 19 Abs. 1 S. 2 GG auf die Einschränkung des Art. 10 GG hingewiesen wird.

159

1. Zentrale Befugnisse zum Umgang mit personenbezogenen Informationen und Daten

Die **allgemeine Verarbeitungsbefugnis** des § 2 BNDG verweist nicht pauschal auf die Aufgabe des § 1 Abs. 2 S. 1 BNDG. Das wäre zu zirkulär, denn diese Aufgabe stellt ihrerseits die Sammlung und Auswertung von Informationen und Daten heraus und verweist für deren Verarbeitung in den Konstellationen, in denen dafür im Geltungsbereich des BNDG Informationen einschließlich personenbezogener Daten erhoben werden, auf die Verarbeitungsbefugnisse, Kenntnisregelungen und weitere Schutzbestimmungen dieses Gesetzes (§ 1 Abs. 2 S. 2 BNDG). § 2 BNDG lässt eine Verarbeitung von Informationen einschließlich personenbezogener Daten nur unter den besonderen Einschränkungen des § 2 Abs. 1 und 2 BNDG zu. Dabei ist § 2 Abs. 1 S. 1 Nr. 4 BNDG durchaus weit gefasst, in seiner Formulierung allerdings nicht gerade gelungen.

160

Besondere Auskunftsverlangen entsprechend den §§ 8a, 8b BVerfSchG stehen dem BND nach § 3 BNDG zu, wenn dies im Einzelfall zur Erfüllung seiner Aufgaben nach § 1 Abs. 2 BNDG

161

Syst. L. Polizei- und Nachrichtendienstlicher Datenschutz

oder zum Schutz seiner Mitarbeiter, Einrichtungen, Gegenstände oder Quellen gegen sicherheitsgefährdende oder geheimdienstliche Tätigkeiten erforderlich ist. Der Tatbestand der § 8a, 8b BVerfSchG wird durch § 3 BNDG leicht modifiziert. § 4 BNDG regelt die Bestandsdatenauskunft in seiner Neufassung mit Rücksicht auf die einschlägige Entscheidung des BVerfG (BVerfG Beschl. v. 27.5.2020 – 1 BvR 1837 und 2618/13, BVerfGE 155,119). Nach § 5 BNDG darf der BND nachrichtendienstliche Mittel unter entsprechender Anwendung der §§ 9, 9a und 9b BVerfSchG verwenden, wenn dies zur Erfüllung seiner Aufgaben erforderlich ist und Tatsachen diese Annahme rechtfertigen.

162   Die Regelungen der **strategischen Ausland-Fernmeldeaufklärung** waren zunächst eine der Konsequenzen der Enthüllungen Edward Snowdens und der Arbeit des NSA-Untersuchungsausschusses. Im Kontext des NSA-Untersuchungsausschusses wurden die Rechtsgrundlagen des BND in diesem Bereich als „Graubereich" (vgl. Huber ZRP 2016, 162 (162)) und als mindestens defizitär (Graulich KriPoZ 2017, 43 (43)) beurteilt. Nachdem das BVerfG eine Reihe der von der Gesetzgebung daraufhin eingefügten Vorschriften für mit dem Grundgesetz unvereinbar erklärt hat (BVerfG Urt. v. 19.5.2020 – 1 BvR 2835/17, BVerfGE 154, 152), gelten ab dem 1.1.2022 insoweit die §§ 19 BNDG. Strategische Aufklärungsmaßnahmen bedürfen eines vorausgegangenen Aufklärungsauftrags des Bundeskanzleramts (vgl. § 19 Abs. 3 und 4 BNDG) und einer gesonderten Anordnung (§ 23 BNDG), die inhaltlich präzisiert sein muss und der Kontrolle durch den Unabhängigen Kontrollrat unterliegt. § 19 Abs. 1 BNDG bindet die Verarbeitung personenbezogener Inhaltsdaten von Ausländern im Ausland an die Erforderlichkeit für die Zwecke entweder der politischen Unterrichtung der Bundesregierung oder der Früherkennung von aus dem Ausland drohenden Gefahren von internationaler Bedeutung. §§ 19 Abs. 2–4 BNDG machen weitere ziel- oder inhaltsbezogene Einschränkungen. § 19 Abs. 5 BNDG knüpft die Erhebung von personenbezogenen Inhaltsdaten im Rahmen der strategischen Ausland-Fernmeldeaufklärung an Suchbegriffe (dazu mit einer Unterscheidung inhaltlicher und formaler Selektoren Graulich, Nachrichtendienstliche Fernmeldeaufklärung mit Selektoren in einer transnationalen Kooperation, 2015). §§ 21, 22 BNDG enthalten Vorkehrungen für den Schutz von Vertraulichkeitsbeziehungen und den Kernbereichsschutz. Ähnlich wie § 5a G 10 folgt § 22 BNDG einem zweistufigen Ansatz: Die Datenerhebung zum Zweck der Erlangung von Erkenntnissen über den Kernbereich privater Lebensgestaltung ist unzulässig (§ 22 Abs. 1 BNDG). Sofern sich erst nach Realisierung einer Maßnahme bei der Weiterverarbeitung ergibt, dass Kernbereichserkenntnisse angefallen sind, greifen ein Gebot unverzüglicher Löschung und eine entsprechende Protokollierungspflicht. § 24 BNDG regelt die Eignungsprüfung, aufgrund derer die Datenströme, die der BND erfasst, im Hinblick auf die Generierung passender, auch neuer Suchbegriffe und im Hinblick auf die Eignung bestimmter Strecken oder Telekommunikationsnetze durchforscht werden. Hier gelten insbesondere eine strengere Zweckfestlegung und -bindung. § 27 BNDG regelt die Auswertung der anhand von Suchbegriffen erhobenen personenbezogenen Inhaltsdaten und die Prüfung daraufhin, ob diese Daten noch für die in § 19 Abs. 1 BNDG bestimmten Zwecke erforderlich sind. §§ 29 ff. BNDG regeln die Übermittlung von personenbezogenen Daten aus der strategischen Ausland-Fernmeldeaufklärung an inländische öffentliche und andere Stellen sowie an ausländische öffentliche Stellen, über- und zwischenstaatliche Stellen und andere ausländische Stellen ausführlich und ggf. empfängerdifferenziert. §§ 31 ff. BNDG regeln Grundzüge und Einzelheiten der Kooperation des BND mit ausländischen öffentlichen Stellen, die nachrichtendienstliche Aufgaben wahrnehmen. Die „Absichtserklärung" (vgl. § 31 Abs. 4 BNDG) ist eine neuartige Handlungsform. Mit bestimmten Anforderungen an die Kooperation – Niederlegung der Kooperationsziele, der Kooperationsinhalte, der Kooperationsdauer, Absprachen zur Zweckfestlegung für die erhobenen Daten und zur Beachtung grundlegender rechtsstaatlicher Prinzipien bei der Datenverwendung – soll eine „gesetzliche Konturierung dauerhafter Kooperationsbeziehungen" (Graulich KriPoZ 2017, 43 (48)) erreicht werden. Der nach Maßgabe des § 41 BNDG eingerichtete Unabhängige Kontrollrat dient der unabhängigen Kontrolle zentraler Aspekte der strategischen Ausland-Fernmeldeaufklärung. Für das gerichtsähnliche Kontrollorgan werden Personen rekrutiert, die zuvor Richter oder Richterinnen am BGH oder BVerwG waren und in dieser Tätigkeit über langjährige Erfahrung verfügen. Unter anderem kontrolliert das Gremium die Anordnungen von strategischen Aufklärungsmaßnahmen nach § 23 Abs. 1 BNDG und Eingriffe in informationstechnische Systeme von Ausländern im Ausland nach § 34 BNDG im Wege der Vorabkontrolle. Neben dem gerichtsähnlichen gibt es das administrative Kontrollorgan mit unterstützenden und eigenständigen Kontrollbefugnissen.

Syst. L. Polizei- und Nachrichtendienstlicher Datenschutz

2. Rechte der betroffenen Personen

Die Bestimmungen des BNDG über den Umgang mit personenbezogenen Informationen und Daten vermitteln den Betroffenen **Unterlassungs-, Berichtigungs-, Löschungs- oder Verarbeitungseinschränkungsansprüche**, falls die individualschützenden Voraussetzungen einer Ermächtigungsgrundlage nicht gegeben sind bzw. die Voraussetzungen der einschlägigen Regelungen in § 7 BNDG vorliegen. **Auskunftsansprüche** sind in § 5 BNDG über zur Person nach § 6 BNDG gespeicherte Daten gesondert und im Anschluss an § 15 BVerfSchG geregelt (zur Reichweite der missverständlichen Formulierung s. BVerwGE 130, 29 = NVwZ 2008, 580; s. weiter BVerwG DVBl 2010, 1307 (1307 ff.)). **Auskunftsansprüche der Presse** gegenüber dem Bundesnachrichtendienst können sich nach der Rechtsprechung des BVerwG nicht auf Pressegesetze der Länder stützen, weil diese mangels Gesetzgebungskompetenz Bundesbehörden nicht zu Auskünften gegenüber der Presse verpflichten können (Leitentscheidung: BVerwG Urt. v. 20.2.2013 – 6 A 2.12, BVerwGE 146, 56, inzwischen etablierte Rspr.; vgl. zum Problemkreis auch Hecker DVBl. 2006, 1416 ff.). Da es (bisher) keine bundesgesetzliche Regelung des presserechtlichen Auskunftsanspruchs gibt, kann ein Anspruch in bestimmtem Umfang unmittelbar auf das Grundrecht der Pressefreiheit aus Art. 5 Abs. 1 S. 2 GG gestützt werden (bejahend zu einem Anspruch der Presse auf Auskunft über vom BND organisierte Hintergrundgespräche mit Journalisten BVerwG GSZ 2020, 30 (30 ff.); s. aber BVerwG DVBl 2015, 1316 ff.: keine Auskunftsansprüche der Presse zu operativen Vorgängen des BND). Die Rechtsprechungslinie des BVerwG zur Gesetzgebungskompetenzverteilung wirft schwierige Fragen in der Abgrenzung zwischen Bund und Ländern hinsichtlich pressespezifisch zu regelnder Gesichtspunkte auf, die mit dem presserechtlichen Auskunftsanspruch verbunden sind. Verglichen mit den Zugangsansprüchen nach dem IFG kommt diesem eine eigenständige Gestalt zu (zum Nebeneinander beider Ansprüche BVerwG NVwZ 2013, 431).

163

VII. Datenverarbeitung und Datenschutz nach Maßgabe des G 10

Weitere Befugnisse zur Erhebung und Verarbeitung personenbezogener Daten durch die Nachrichtendienste enthält das G zur Beschränkung des Post-, Brief- und Fernmeldegeheimnisses (G 10). Das G 10 berechtigt das Bundesamt für Verfassungsschutz, den Militärischen Abschirmdienst und den Bundesnachrichtendienst zur Abwehr von drohenden Gefahren für die freiheitliche demokratische Grundordnung oder den Bestand oder die Sicherheit des Bundes oder eines Landes einschließlich der Sicherheit der in der Bundesrepublik Deutschland stationierten Truppen der nichtdeutschen Vertragsstaaten des Nordatlantikvertrages die Telekommunikation zu überwachen und aufzuzeichnen und die dem Brief- oder Postgeheimnis unterliegenden Sendungen zu öffnen und einzusehen. Der BND kann außerdem im Rahmen seiner Aufgaben nach § 1 Abs. 2 BNDG auch zu den in § 5 Abs. 1 S. 3 Nr. 2–8 und § 8 Abs. 1 S. 1 G 10 bestimmten Zwecken die Telekommunikation überwachen. In der Systematik des G 10 wird zwischen individuellen Beschränkungen im Einzelfall (§§ 3–4 G 10) und strategischen Beschränkungen (§§ 5–8 G 10) unterschieden. Rechtspolitisch wird angeregt, das G 10 durch fachgesetzliche Eingriffsermächtigungen zu ersetzen (Bäcker DÖV 2011, 840 (848), auch aufgrund partieller kompetenzrechtlicher Bedenken; s. dazu weiter Risse/Kathmann DÖV 2012, 555 ff.).

164

Durch eine **Beschränkung im Einzelfall** soll dem Verdacht nachgegangen werden, dass jemand eines der in § 1 Abs. 1 Nr. 1 G 10 genannten Schutzgüter gefährdet (hat), indem er eine der Katalogtaten des § 3 Abs. 1 G 10 plant, begeht oder begangen hat. Die Beschränkung kann außerdem angeordnet werden, wenn tatsächliche Anhaltspunkte für den Verdacht bestehen, dass jemand Mitglied einer Vereinigung ist, deren Zwecke oder deren Tätigkeit darauf gerichtet sind, Straftaten zu begehen, die gegen die freiheitliche demokratische Grundordnung, den Bestand oder die Sicherheit des Bundes oder eines Landes gerichtet sind. §§ 3a und 3b G 10 enthalten Vorkehrungen zum Schutz des Kernbereichs privater Lebensgestaltung und zum Schutz zeugnisverweigerungsberechtigter Personen. § 4 G 10 sieht Prüf-, Kennzeichnungs- und Löschungspflichten vor, regelt die Zulässigkeit, Grenzen und Schutzvorkehrungen im Hinblick auf Übermittlungen und die Zweckbindung, die hinsichtlich der Empfänger übermittelter Daten greift.

165

Nach §§ 5 ff. G 10 steht dem Bundesnachrichtendienst die Befugnis zur **strategischen Fernmeldeüberwachung** (dazu BVerfGE 100, 313 (316 ff.); Schenke/Graulich/Ruthig/Huber, Sicherheitsrecht des Bundes, 2. Aufl. 2019, Art. 10 G Vorbemerkungen G-10 §§ 5 ff. Rn. 1 ff.) zu. Dagegen abzugrenzen sind die Regelungen der strategischen Ausland-Fernmeldeaufklärung in §§ 19 ff. BNDG (→ Rn. 162). Durch die Beschränkungen zur strategischen Fernmeldeüberwachung soll es ermöglicht werden, Lagebilder über bestimmte Gefahren zu erstellen, die der Bundesrepublik Deutschland von außen drohen (Bäcker DÖV 2011, 840 (845)). Nach § 5 G 10 dürfen

166

Syst. L. Polizei- und Nachrichtendienstlicher Datenschutz

auf Antrag des Bundesnachrichtendienstes Beschränkungen nach § 1 BNDG für internationale Telekommunikationsbeziehungen, soweit eine gebündelte Übertragung erfolgt, angeordnet werden. Solche Beschränkungen sind nur zulässig zur Sammlung von Informationen über Sachverhalte, deren Kenntnis notwendig ist, um ua die Gefahr eines bewaffneten Angriffs auf die Bundesrepublik Deutschland, der Begehung internationaler terroristischer Anschläge mit unmittelbarem Bezug zur Bundesrepublik Deutschland, der internationalen Verbreitung von Kriegswaffen, der international organisierten Geldwäsche in Fällen von erheblicher Bedeutung oder bestimmter Konstellationen der Schleuserkriminalität rechtzeitig zu erkennen und einer solchen Gefahr zu begegnen. Die strategische Fernmeldeüberwachung ist eine verdachtslose und nicht individualbezogene Überwachung, die im Wesentlichen rechnergesteuert über Suchbegriffe läuft (für Huber handelt es sich hierbei „letzten Endes um eine Art der verdachtslosen Rasterfandung", s. Schenke/Graulich/Ruthig/Huber, Sicherheitsrecht des Bundes, 2. Aufl. 2019, Art. 10 G Vorbemerkungen, G-10 §§ 5 ff. Rn. 10). Dass sie auf die nachrichtendienstliche Gewinnung genereller Erkenntnisse, nicht aber auf eine individuelle Telekommunikationsüberwachung gerichtet ist, zählt zu den Faktoren, die die niedrigen Einsatzschwelle zu rechtfertigen vermögen. Vor diesem Hintergrund stellt § 5 Abs. 2 G 10 bestimmte Anforderungen an die Suchbegriffe: Sie dürfen keine Identifizierungsmerkmale enthalten, die zu einer gezielten Erfassung bestimmter Telekommunikationsanschlüsse führen, und nicht den Kernbereich der privaten Lebensgestaltung betreffen (ausf. Schenke/Graulich/Ruthig/Huber, Sicherheitsrecht des Bundes, 2. Aufl. 2019, G 10 § 5 Rn. 35 ff.). Telekommunikationsanschlüsse im Ausland unterliegen diesen Anforderungen allerdings grundsätzlich nicht; hier greifen die §§ 19 ff. BNDG 2022. § 5a G 10 enthält gesonderte Regelungen zum Schutz des Kernbereichs privater Lebensgestaltung: Kommunikationsinhalte aus dem Kernbereich privater Lebensgestaltung dürfen, sofern möglich, nicht erfasst oder jedenfalls nicht verwertet werden. § 6 G 10 regelt Prüf-, Kennzeichnungs- und Löschungspflichten sowie die grundsätzliche Zweckbindung erlangter Daten, die durch die Übermittlungsmöglichkeiten nach §§ 7 Abs. 1–4a, 7a G 10 aufgebrochen wird (als Grenze s. BVerfGE 100, 313 (372)). § 7 Abs. 4 G 10 lässt die Übermittlung erlangter personenbezogener Daten zur Verhinderung eng umgrenzter Straftaten an die mit polizeilichen Aufgaben betrauten Behörden nach Maßgabe bestimmter Übermittlungsschwellen zu. Unter der Voraussetzung, dass bestimmte Tatsachen den Verdacht begründen, dass jemand eine der aufgelisteten Straftaten begeht oder begangen hat, dürfen die Daten auch zur Verfolgung von Straftaten übermittelt werden. § 7 Abs. 6 G 10 gibt dem Empfänger eine Bindung an den Übermittlungszweck und darauf gerichtete Prüfpflichten auf. Insgesamt unterliegt die strategische Fernmeldeüberwachung besonderen Kontrollmechanismen durch das parlamentarische Kontrollgremium und die G-10-Kommission, die auf die Rechtmäßigkeit und hier insbesondere auch auf den Datenschutz zu achten haben, § 1 Abs. 2 G 10, §§ 14 f. G 10. Mitteilungen an die Betroffenen und der nachfolgende Rechtsweg sind eingeschränkt, aber nicht ausgeschlossen (§§ 12, 13 G 10).

167 Greift der BND feststellbar auf einen Telekommunikationsverkehr in einer Weise zu, die als Eingriff in Art. 10 GG zu qualifizieren ist, kann dies zwar geeignet sein, rechtliche Beziehungen zwischen der Behörde und dem betroffenen Telekommunikationsteilnehmer im Sinne eines nach § 43 Abs. 1 VwGO feststellungsfähigen Rechtsverhältnisses zu begründen (BVerwG Urt. v. 28.5.2014 – 6 A 1.13 Rn. 20 ff., BVerwGE 149, 359). Wird nach § 43 VwGO die Feststellung der Rechtswidrigkeit einer Maßnahme nach § 5 G 10 begehrt, muss aber zur Überzeugung des Gerichts festgestellt werden, dass der Telekommunikationsverkehr des Betroffenen tatsächlich erfasst worden ist; Zweifel gehen nach allgemeinen Beweisregeln zu Lasten des Klägers (BVerwGE 149, 359 = JZ 2014, 994 (995 ff.) mAnm Gärditz JZ 2014, 998 ff.). Ein feststellungsfähiges Rechtsverhältnis im Sinne des § 43 Abs. 1 VwGO ist auch unter Berücksichtigung der Rechtsschutzgarantie des Art. 19 Abs. 4 S. 1 GG nicht gegeben, wenn ein etwaiger Eingriff in das Grundrecht aus Art. 10 GG im Rahmen der strategischen Fernmeldeüberwachung unverzüglich und folgenlos beseitigt worden ist und deshalb nicht mehr festgestellt werden kann (so die Folgeentscheidung BVerwG Urt. v. 14.12.2016 – 6 A 9.14 (Ls.)). Das BVerwG muss hier das Problem lösen, das dadurch entsteht, dass einerseits die grundrechtsrelevanten Eingriffe weit gespannt sind, andererseits Prüf-, Selektions- und Löschungspflichten im Rahmen der anschließenden Verarbeitung bestehen.

H. Das Bundeskriminalamt und das Bundeskriminalamtgesetz (BKAG)

I. Überblick

168 Im **BKAG** werden zunächst die verschiedenen **Aufgaben des Bundeskriminalamts** aufgefächert (§§ 2 - 8 BKAG, → Rn. 12, → Rn. 169 ff.). Das Datenschutzregime besteht dann zunächst aus **allgemeinen Befugnissen zur Datenverarbeitung** (§ 9 ff. BKAG). Die Regelungen reagie-

Syst. L. Polizei- und Nachrichtendienstlicher Datenschutz

ren insbesondere auch auf verfassungsgerichtliche Entscheidungen und deren Vorgaben. § 9 BKAG betrifft allgemeine Befugnisse zur Datenerhebung durch und zur Datenübermittlung an das Bundeskriminalamt (→ Rn. 174 ff.). § 10 BKAG regelt die Bestandsdatenauskunft. Im Vordergrund der allgemeinen Regelungen zur Weiterverarbeitung von Daten durch das Bundeskriminalamt (§§ 12–24 BKAG) stehen die Vorschriften zur Zweckbindung und zum „Grundsatz der hypothetischen Datenneuerhebung" in § 12 BKAG. Das Informationssystem des Bundeskriminalamtes ist in § 13 BKAG verankert. Seine Gestaltung soll nach Maßgabe des Grundsatzes der hypothetischen Datenneuerhebung, der dafür nötigen Kennzeichnungspflichten (§ 14 BKAG) und Zugriffsberechtigungen (§ 15 BKAG), der Erforderlichkeit der Kenntnis der Daten für mehr oder weniger konkretisierte Aufgaben und Pflichten sowie sachlich oder personell mehr oder weniger differenzierter Schwellen für die Datenverarbeitung erfolgen (§§ 16, 18, 19 BKAG). § 91 BKAG sieht eine Übergangsvorschrift zur Weiterverarbeitung oder Übermittlung personenbezogener Daten vor, hinsichtlich derer die Anforderungen an deren Kennzeichnung bei der Speicherung im Informationssystem noch nicht erfüllt sind.

169 Die allgemeinen Vorschriften werden ergänzt durch **besondere Befugnisse zur Datenverarbeitung,** die auf die verschiedenen Aufgaben des Bundeskriminalamts zugeschnitten und den jeweiligen Aufgaben in jeweils eigenen Unterabschnitten zugeordnet sind. Hervorzuheben ist die Aufgabe als Zentralstelle für das polizeiliche Auskunfts- und Nachrichtenwesen, zu deren Erfüllung das Bundeskriminalamt ua das polizeiliche Informationssystem des Bundes und der Länder INPOL unterhält (§§ 2 und 29 ff. BKAG). Im Übrigen gibt es näher geregelte Befugnisse im Hinblick auf die Strafverfolgung und Datenspeicherung für Zwecke künftiger Strafverfahren (§§ 34–37 BKAG), im Hinblick auf die Abwehr von Gefahren des internationalen Terrorismus (§§ 38–62 BKAG), im Hinblick auf den Schutz von Mitgliedern der Verfassungsorgane und der Leitung des Bundeskriminalamts (§§ 63–65 BKAG) und im Hinblick auf den Zeugenschutz (§ 66 BKAG).

170 An die Verarbeitungsermächtigungen schließt sich ein Abschnitt mit **Bestimmungen zu Datenschutz und Datensicherheit** und zu **Rechten der betroffenen Person** an (§§ 69–86 BKAG).

II. § 2 BKAG: Aufgaben des Bundeskriminalamtes

171 Die Aufgaben des Bundeskriminalamts sind in den §§ 2 ff. BKAG aufgeführt. Nach **§ 2 Abs. 1 BKAG** unterstützt das Bundeskriminalamt als Zentralstelle für das polizeiliche Auskunfts- und Nachrichtenwesen und für die Kriminalpolizei die Polizeien des Bundes und der Länder bei der Verhütung und Verfolgung von Straftaten mit länderübergreifender, internationaler oder erheblicher Bedeutung. Darin liegt eine doppelte Zentralstellenfunktion (Ahlf/Daub/Lersch/Störzer, BKAG, 2000, BKAG § 2 Rn. 3). Nach ihrem traditionellen Zweck umfasst die Zentralstellentätigkeit des Bundeskriminalamtes die informationelle Unterstützung und Koordination des Handelns verschiedener Polizeibehörden. Ein modernes Verständnis sieht den Zweck der Zentralstelle auch darin, Intelligence-Arbeit zu leisten (Ahlf/Daub/Lersch/Störzer, BKAG, 2000, BKAG § 2 Rn. 11, 34). Seit längerem zählt es zur Kerntätigkeit des Bundeskriminalamts, Daten zu sammeln und auszuwerten, zentrale Dateien und Informationssysteme zu betreiben und auch darüber hinaus „kriminalistische Expertise" zu bündeln (Bäcker, Terrorismusabwehr durch das Bundeskriminalamt, 2009, S. 25).

172 Die Aufgabenwahrnehmung schließt sowohl Datensammlungs- und -auswertungsfunktionen als auch Unterrichtungsfunktionen ein. Nach **§ 2 Abs. 2 BKAG** hat das Bundeskriminalamt zur Wahrnehmung seiner Aufgabe als Zentralstelle alle hierfür erforderlichen Informationen zu sammeln und auszuwerten (Nr. 1) und die Strafverfolgungsbehörden des Bundes und der Länder unverzüglich über die sie betreffenden Informationen und die in Erfahrung gebrachten Zusammenhänge von Straftaten zu unterrichten (Nr. 2).

173 **§ 2 Abs. 3 BKAG** hält die Aufgabe des Bundeskriminalamtes fest, in seiner Funktion als Zentralstelle einen einheitlichen polizeilichen Informationsverbund nach Maßgabe des BKAG zu unterhalten. Der mit der grundlegenden Novellierung des BKAG aus dem Jahr 2017 eingeführte Begriff „Informationsverbund" stellt klar, dass es sich bei dem vom Bundeskriminalamt bereitgestellten polizeilichen Informationssystem für die Polizeien des Bundes und der Länder um ein Verbundsystem handelt. Die Änderung dient damit der deutlichen Unterscheidbarkeit zum Informationssystem des Bundeskriminalamtes, auf welches die Polizeien des Bundes und der Länder grundsätzlich keinen Zugriff haben (Begründung des Gesetzentwurfs der Fraktionen der CDU/CSU und SPD zur Neustrukturierung des Bundeskriminalamtgesetzes, BT-Drs. 18/11163, 84).

174 Die Neufassung des **§ 2 Abs. 6 BKAG** dient der Modernisierung der Zentralstellenfunktion des Bundeskriminalamtes (BT-Drs. 18/11163, 86). So hat das Bundeskriminalamt strategische und

Syst. L. Polizei- und Nachrichtendienstlicher Datenschutz

operative Analysen, Statistiken und Lageberichte zu erstellen und hierfür die Entwicklung der Kriminalität zu beobachten und auszuwerten (Nr. 1). Insbesondere die strategische, das heißt generell-abstrakte und somit regelmäßig nicht personenbezogene kriminalpolizeiliche Analyse gewinnt im Bereich der Kriminalitätsbekämpfung ständig an Bedeutung. Sie leistet einen wichtigen Beitrag zur Lageanalyse sowie zur Früherkennung von deliktsspezifischen oder deliktsübergreifenden Kriminalitätsbrennpunkten (BT-Drs. 18/11163, 86). Nach Nr. 2 ist es Aufgabe des Bundeskriminalamtes, die erforderlichen Einrichtungen für alle Bereiche kriminaltechnischer Untersuchung und für kriminaltechnische Forschung zu unterhalten und die Zusammenarbeit der Polizei auf diesem Gebiet zu koordinieren. Nr. 3 trägt dem Bundeskriminalamt die Aufgabe der Erforschung und Entwicklung polizeilicher Methoden und Arbeitsweisen der Kriminalitätsbekämpfung auf. Nr. 4 enthält für das Bundeskriminalamt die verpflichtende Aufgabe, als zentraler Dienstleister der deutschen Polizei technische und organisatorische Vorkehrungen zur Umsetzung von Datenschutzgrundsätzen, einschließlich der Pseudonymisierung, insbesondere der Grundsätze der Datenvermeidung und Datensparsamkeit, zu entwickeln und durch die Zurverfügungstellung zu einer bundesweiten Harmonisierung beizutragen. Es besteht jedoch keine Pflicht der Länder, die vom Bundeskriminalamt entwickelten technischen und organisatorischen Vorkehrungen zu übernehmen (BT-Drs. 18/11163, 86).

III. § 9 BKAG: Allgemeine Befugnisse zur Datenerhebung durch und zur Datenübermittlung an das Bundeskriminalamt

175 § 9 BKAG systematisiert die im BKAG bisher an verschiedenen Stellen geregelten allgemeinen Vorschriften zur Datenerhebung durch das und zur Datenübermittlung an das Bundeskriminalamt und fasst diese – soweit möglich – in zentralen Normen zusammen (BT-Drs. 18/11163, 90). Die Norm erschließt grundsätzlich sämtliche Aufgabenbereiche; eine eigenständige Befugnis mit partiellen Verweisen auf § 9 enthält § 39 BKAG für die Aufgabe zur Abwehr von Gefahren des internationalen Terrorismus (s. auch Schenke/Graulich/Ruthig/Graulich, Sicherheitsrecht des Bundes, BKAG, § 9 Rn. 1).

176 § 9 Abs. 1 übernimmt mit redaktionellen Änderungen den bisherigen § 7 Abs. 2 (BT-Drs. 18/11163, 90) und ermöglicht dem BKA eine originäre, also nicht mehr subsidiäre (vgl. dazu Ahlf/Daub/Lersch/Störzer/Ahlf, BKAG, 2000, BKAG § 7 Rn. 15) Erhebung von Daten zu den genannten Zwecken. Nach **§ 9 Abs. 1 S. 1 BKAG** kann das BKA, soweit dies zur Erfüllung seiner Aufgaben als Zentralstelle nach § 2 Abs. 2 Nr. 1 und Abs. 6 BKAG erforderlich ist, **personenbezogene Daten zur Ergänzung vorhandener Sachverhalte** oder sonst zu **Zwecken der Auswertung** mittels Auskünften oder Anfragen bei öffentlichen oder nichtöffentlichen Stellen erheben. Die Datenerhebung muss einem **doppelten** (und dabei **gestuftem**) **Zweck** dienen (vgl. Kugelmann, BKAG, 1. Aufl. 2014, § 7 Rn. 8): Sie muss zur Erfüllung der Zentralstellenaufgabe des BKA erforderlich sein und dann auf einen der beiden weiteren Zwecke des § 9 Abs. 1 S. 1 BKAG gerichtet ein. Wie der Verweis auf § 2 Abs. 2 Nr. 1 und Abs. 6 BKAG zeigt, erlaubt sie dem BKA insbesondere auch Ersuchen, die allgemeine kriminalistische Lagebilder oder Milieustudien ermöglichen sollen (Bäcker, Terrorismusabwehr durch das BKA, 2009, S. 22 f.; zu weiteren Anwendungsfällen siehe Kugelmann, BKAG, 2014, § 7 Rn. 14 ff.). Zu ihren aus dem Tatbestand erschließbaren Voraussetzungen zählt, dass Datenerhebungen, die auf die erstmalige Gewinnung neuer Erkenntnisse zielen, nicht gedeckt sind. Vielmehr müssen beim BKA bereits Daten oder Unterlagen zu den ergänzungs- oder auswertungsbedürftigen Sachverhalten vorliegen (BT-Drs. 13/1550, 24). Die Datenerhebung muss also auf einen **vorhandenen Informationsstand** aufbauen. Die Voraussetzungen von § 9 Abs. 1 S. 1 BKAG sind damit allerdings niedrig (vgl. auch Schenke/Graulich/Ruthig/Graulich, Sicherheitsrecht des Bundes, BKAG, § 9 Rn. 28 f.). Die Reichweite des § 9 Abs. 1 S. 1 BKAG ist dementsprechend aus Gründen des Übermaßverbots auf Grundrechtseingriffe von geringer Intensität beschränkt (so auch Bäcker, Terrorismusabwehr durch das BKA, 2009, S. 23). **§ 9 Abs. 1 S. 2 BKAG** ermöglicht dem BKA, unter den Voraussetzungen des Satzes 1 bei den aufgeführten Stellen und Behörden anderer Staaten und internationalen Organisationen personenbezogene Daten zu erheben. Gemäß **§ 9 Abs. 1 S. 3 BKAG** kann das BKA die Datenerhebung in einem anhängigen Strafverfahren nur im Einvernehmen mit der zuständigen Strafverfolgungsbehörde wahrnehmen. Damit wird die Verfahrensleitung der Staatsanwaltschaft in einem Strafverfahren sichergestellt.

177 **§ 9 Abs. 2 S. 1 BKAG** fasst die bislang in § 22 Abs. 1 BKAG aF für den Schutz der Verfassungsorgane (§ 6 BKAG) und in § 26 BKAG aF iVm § 22 BKAG aF für den Zeugenschutz (§ 7 BKAG) vorhandenen Datenerhebungsvorschriften in einer zentralen Norm zusammen und ergänzt die Zwecke der Eigensicherung nach § 8 BKAG (BT-Drs. 18/11163, 91). Die personenbezogenen

Syst. L. Polizei- und Nachrichtendienstlicher Datenschutz

Daten sind grundsätzlich offen und bei der betroffenen Person zu erheben. Eine verdeckte Datenerhebung ist als Ausnahme nur unter den erweiterten Voraussetzungen des S. 4 zulässig, wenn auf andere Weise die Erfüllung der dem BKA obliegenden Aufgaben nach S. 1 erheblich gefährdet wird oder wenn anzunehmen ist, dass dies dem überwiegenden Interesse der betroffenen Person entspricht. S. 2 bis 4 übernimmt weitgehend § 21 Abs. 3 BPolG, auf den in den bisherigen §§ 22 Abs. 1 S. 2 und 26 Abs. 1 S. 3 lediglich verwiesen wurde (BT-Drs. 18/11163, 91).

§ 9 Abs. 3 BKAG regelt im Anschluss an § 21 Abs. 4 BPolG die grundsätzliche Verpflichtung des Bundeskriminalamtes, im Falle einer erstmaligen Datenerhebung bei dem Betroffenen oder der nichtöffentlichen Stelle diese auf Verlangen über ihre Auskunftspflicht und die Rechtsgrundlage der Datenerhebung zu unterrichten. Die Unterrichtung kann nur unterbleiben, wenn durch sie die Erfüllung der Aufgaben des Bundeskriminalamtes gefährdet oder erheblich erschwert würde. Besteht eine Auskunftspflicht nicht, ist auf die Freiwilligkeit der Auskunft hinzuweisen (BT-Drs. 18/11163, 91). **178**

§ 9 Abs. 4 und 5 BKAG führen ebenfalls bisher an verschiedenen Stellen des Gesetzes geregelte Vorschriften zusammen (BT-Drs. 18/11163, 91). Sie sehen die fakultative und obligatorische Übermittlung von Informationen einschließlich personenbezogener Daten anderer Behörden an das Bundeskriminalamt unter bestimmten Voraussetzungen vor. Nach dem niedrigschwelligen Abs. 4 können öffentliche Stellen **von sich aus** Informationen an das Bundeskriminalamt übermitteln, wenn tatsächliche Anhaltspunkte dafür vorliegen, dass die Übermittlung für die Erfüllung der Aufgaben des Bundeskriminalamtes erforderlich ist. Spezialgesetzliche Vorschriften bleiben unberührt. Im Übrigen enthält die Norm Vorgaben zur Verantwortungsverteilung. Nach Abs. 5 besteht eine **Übermittlungspflicht,** wenn die Informationen zur Abwehr einer Gefahr für den Bestand oder die Sicherheit des Bundes oder eines Landes oder Leib, Leben oder Freiheit einer Person oder einer Sache von bedeutendem Wert, deren Erhaltung im öffentlichen Interesse liegt, erforderlich sind. **179**

§ 9 Abs. 6 BKAG wurde als neuer Absatz durch „Artikel 6 des Transparenzregister- und Finanzinformationsgesetz (v. 25.6.2021 BGBl. I 2083 mWv 1.8.2021)" neu eingefügt. Abs. 6 regelt für das BKA in Umsetzung der entsprechenden Verpflichtung aus Art. 4 Abs. i iVm Art. 3 Abs. 1 der EU-Finanzinformationsrichtlinie ausdrücklich die **Möglichkeit des automatisierten Abrufs von Bankkontoinformationen** nach § 24c Abs. 1 S. 1 KWG. Bis dahin bestehende Befugnisse sollen in der Sache nicht erweitert werden (Gesetzentwurf der Bundesregierung zum Transparenzregister- und Finanzinformationsgesetz, BT-Drs. 19/28164, 61). Eine im Rahmen des „Doppeltürmodells" notwendige Befugnis der BaFin, dem BKA im Wege des automatisierten Verfahrens Auskunft über Kontoinformationen zu erteilen, enthält § 24c Abs. 3a KWG. **180**

IV. § 10 BKAG: Bestandsdatenauskunft

§ 10 BKAG regelt die Bestandsdatenauskunft zur Erfüllung der Zentralstellenaufgabe nach § 2 Abs. 2 Nr. 1 und Abs. 6 BKAG. In seinem Beschluss v. 27.5.2020 (BVerfGE 115, 119 – Bestandsdatenauskunft II) hat das BVerfG festgestellt, dass die Übermittlungsregelungen mit Verhältnismäßigkeitsanforderungen nur vereinbar sind, wenn sie die Verwendungszwecke der einzelnen Befugnisse gemessen an ihrem Eingriffsgewicht selbst hinreichend normenklar begrenzen. Erforderlich seien schon in den Übermittlungsregelungen begrenzende „Eingriffsschwellen", die sicherstellen, dass Auskünfte nur bei einem auf „tatsächliche Anhaltspunkte" gestützten Eingriffsanlass eingeholt werden (BVerfGE 115, 119 Rn. 145). Vor diesem Hintergrund wurde § 10 BKAG in wesentlichen Teilen neu gefasst (Gesetzentwurf der Fraktionen der CDU/CSU und SPD zur Anpassung der Regelungen über die Bestandsdatenauskunft an die Vorgaben aus der Entscheidung des Bundesverfassungsgerichts vom 27.5.2020, BT-Drs. 19/25294, 46). Er selbst ist nunmehr auf die Abrufbefugnis für Bestandsdaten zur Erfüllung der Zentralstellenaufgaben nach § 2 Abs. 2 Nr. 1 und Abs. 6 BKAG begrenzt. Abrufbefugnisse zum Schutz von Mitgliedern der Verfassungsorgane und zum Zeugenschutz wurden aus Gründen der Normenklarheit an andere Stellen des BKAG umplatziert. **181**

Für Telekommunikationsdienstleister finden sich Übermittlungs- oder Bereitstellungsermächtigungen im Sinne einer „ersten Tür" in §§ 172 TKG. Bestandsdaten sind unter anderem Name und Anschrift, Geburtsdatum und Rufnummer eines Anschlussinhabers (§ 172 TKG). Bestandsdaten dürfen gem. § 174 Abs. 1 S. 3 TKG anhand einer dynamischen IP-Adresse bestimmt werden. Die Anbieter müssen hierfür die bei ihnen gespeicherten Verkehrsdaten auswerten, um zu ermitteln, welchem Anschlussinhaber die IP-Adresse zum angefragten Zeitpunkt zugeordnet war; dabei dürfen Verkehrsdaten auch automatisiert ausgewertet werden. Im Telemedienbereich finden sich Übermittlungs- oder Bereitstellungsermächtigungen in § 22 TTDSG. **182**

Syst. L. Polizei- und Nachrichtendienstlicher Datenschutz

V. § 12 BKAG: Zweckbindung, Grundsatz der hypothetischen Datenneuerhebung

183 **§ 12 BKAG** ist Teil der Regelungen zur Weiterverarbeitung personenbezogener Daten und stellt allgemeine Anforderungen dafür auf. Der Begriff der Weiterverarbeitung orientiert sich am europäischen Recht und ist weit zu verstehen. Laut Gesetzesbegründung fallen darunter die Speicherung, die Anpassung oder Veränderung, das Auslesen, das Abfragen, die Verwendung, den Abgleich, die Verknüpfung, die Organisation oder das Ordnen von Daten (BR-Drs. 109/17, 104). Der Begriff der Weiterverarbeitung grenzt sich vom einheitlichen Begriff der Verarbeitung ab, welcher in Art. 3 Nr. 2 der RL (EU) 2016/680 definiert wird (vgl. auch § 46 Nr. 2 BDSG). Damit fallen die Datenerhebung, die Datenübermittlung, die Einschränkung der Datenverarbeitung und das Löschen der Daten nicht unter den Begriff der Weiterverarbeitung (BR-Drs. 109/17, 104).

184 Die Vorschrift orientiert sich eng an den Vorgaben des BVerfG zu einer weiteren Nutzung und zu einer zweckändernden Weiterverarbeitung personenbezogener Daten. § 12 Abs. 1 BKAG enthält Vorgaben zur Weiterverarbeitung personenbezogener Daten im Rahmen einer „weiteren Nutzung" und ist systematisch in Zusammenhang mit der jeweiligen Ermächtigungsgrundlage für die Weiterverarbeitung zu lesen. Nach § 12 Abs. 1 BKAG ist eine Weiterverarbeitung personenbezogener Daten durch das BKA unter den drei Voraussetzungen zulässig. Erstens muss es sich um Daten handeln, die das BKA **selbst erhoben hat**. Dies schließt an die Vorgaben aus dem BKAG-Urteil an, nach denen das BVerfG eine „weitere Nutzung" innerhalb der ursprünglichen Zweckbindung der Daten nur seitens „derselben Behörde" annimm. Zweitens muss die Weiterverarbeitung **zur Erfüllung derselben Aufgabe** stattfinden (Nr. 1). Auch diese Voraussetzung schließt an die Vorgaben des BVerfG an, das die Reichweite einer weiteren Nutzung von der Reichweite der Erhebungszwecke in der für die jeweilige Datenerhebung maßgeblichen Ermächtigungsgrundlage abhängig macht (BVerfGE 141, 220 Rn. 279). Die Datenerhebungsbefugnisse im BKAG verweisen auf den Aufgabenkatalog des Abschnitts 1; sie unterscheiden dabei klar zwischen den verschiedenen in §§ 2–8 BKAG beschriebenen konkreten Aufgaben des BKA (Löffelmann GSZ 2019, 16 (17)). Drittens muss die Weiterverarbeitung **zum Schutz derselben Rechtsgüter oder zur Verfolgung oder Verhütung derselben Straftaten** erfolgen (Nr. 2). Die Interpretation dieser Voraussetzungen ist umstritten. Das liegt nicht zuletzt daran, dass auch die im Hintergrund stehenden Ausführungen in der Entscheidung des BVerfG unklar bleiben (BVerfGE 141, 220 Rn. 278 ff.). Sämtliche Voraussetzungen müssen kumulativ vorliegen. Will das BKA personenbezogene Daten weiterverarbeiten und eine der Voraussetzungen ist nicht gegeben, handelt es sich um einen Fall der zweckändernden Weiterverarbeitung, dessen Zulässigkeit an den Anforderungen des § 12 Abs. 2 BKAG zu messen ist.

185 § 12 Abs. 2 BKAG regelt die Weiterverarbeitung personenbezogener Daten zu **anderen Zwecken** als denjenigen, zu denen sie erhoben worden sind. Für **zweckändernde Weiterverarbeitungen** stellt er Voraussetzungen auf, die den „Grundsatz der hypothetischen Datenneuerhebung" umsetzen sollen, soweit nicht im Anwendungsbereich des § 12 Abs. 3 BKAG restriktivere Voraussetzungen verlangt werden. Auch diese Vorschrift lehnt sich eng an die Vorgaben des BVerfG an (BVerfGE 141, 220 Rn. 284 ff.).

186 § 12 Abs. 3 BKAG stellt für die Weiterverarbeitung von personenbezogenen Daten, die durch einen **verdeckten Einsatz technischer Mittel in oder aus Wohnungen** oder einen **verdeckten Eingriff in informationstechnische Systeme** erlangt wurden, einige restriktivere Voraussetzungen in Modifikation der Linie des § 12 Abs. 2 BKAG auf. Hier stehen ebenfalls Ausführungen des BVerfG im Hintergrund (BVerfGE 141, 220 Rn. 291, 283).

VI. §§ 13 ff. BKAG: Informationssystem des Bundeskriminalamtes

187 Das Bundeskriminalamt betreibt nach **§ 13 BKAG** ein **Informationssystem** zur Erfüllung seiner Aufgaben nach §§ 2–8 BKAG und nimmt damit am einheitlichen polizeilichen Informationsverbund teil. Damit das aufgestellte Konzept mit dem Grundsatz der hypothetischen Datenneuerhebung, Kennzeichnung und Zugriffsberechtigungen umgesetzt wird, ist eine grundsätzliche Änderung der IT-Architektur erforderlich. Sie soll im Rahmen des Programms Polizei 2020 erfolgen soll. Eine solche Umgestaltung erfordert einen erheblichen technischen Aufwand und lässt sich nicht kurzfristig realisieren. Bis zum Abschluss des entsprechenden IT-Projekts zur Neugestaltung des Informationssystems des Bundeskriminalamtes und der vollständigen technischen Umsetzung der §§ 14 und 15 im Informationssystem trifft das Bundeskriminalamt geeignete Maßnahmen, die ein hohes Maß an Beachtung des Grundsatzes der hypothetischen Neuerhebung gewährleisten, gleichzeitig jedoch nicht dazu führen, dass – gerade auch vor dem Hintergrund der zeitaufwändigen Prozesse innerhalb des derzeitigen INPOL-Verbundes, für den die Vorschrift gemäß § 29 gilt – die technische Implementierung behindert oder verzögert wird (s. BT-Drs. 18/

Syst. L. Polizei- und Nachrichtendienstlicher Datenschutz

11163, 95). Dadurch entsteht die eigenartige Situation, dass zwar der Grundsatz der hypothetischen Datenneuerhebung im BKAG normiert, nach der Begründung des Gesetzes aber auf einen unbekannten Zeitpunkt in der Zukunft vertagt wird (Schenke/Graulich/Ruthig/Graulich, Sicherheitsrecht des Bundes, BKAG, § 14 Rn. 1). Für die praktische Umsetzung des Schutzkonzeptes des § 12 BKAG sind die Regelungen der §§ 14 und 15 BKAG notwendige Voraussetzungen.

§ 14 BKAG regelt die **Kennzeichnung** der personenbezogenen Daten im Informationssystem des Bundeskriminalamtes. § 14 Abs. 1 S. 1 BKAG sieht dementsprechend vor, dass personenbezogene Daten durch Angabe des Mittels der Erhebung der Daten einschließlich der Angabe, ob die Daten offen oder verdeckt erhoben wurden (Nr. 1), bei Personen, zu denen Grunddaten angelegt wurden, durch die Angabe der Kategorie nach §§ 18, 19 BKAG (Nr. 2), durch die Angabe der Rechtsgüter, deren Schutz die Erhebung dient oder Straftaten, deren Verfolgung oder Verhütung die Erhebung dient (Nr. 3), und durch die Angabe der Stelle, die sie erhoben hat, sofern nicht das Bundeskriminalamt die Daten erhoben hat (Nr. 4), zu kennzeichnen sind. Diese umfassende Kennzeichnung, die nach § 29 BKAG auch für den Informationsverbund gilt, soll eine konsistente Anwendung des Grundsatzes der hypothetischen Datenneuerhebung ermöglichen (BT-Drs. 18/11163, 96). **188**

§ 15 BKAG verpflichtet das Bundeskriminalamt die Anforderungen der Zweckbindung und des Grundsatzes der hypothetischen Datenneuerhebung in seinem Informationssystem durch ein geeignetes System von **Zugriffsberechtigungen** auf personenbezogene Daten sicherzustellen. Die Zugriffsberechtigungen müssen gewährleisten, dass aufgrund der Kennzeichnung nach § 14 Abs. 1 BKAG die Vorgaben des § 12 BKAG bei der Nutzung des Informationssystems beachtet werden (§ 15 Abs. 1 Nr. 1 BKAG) und der Zugriff auf personenbezogene Daten und Erkenntnisse nur möglich ist, wenn dieser zur Erfüllung der jeweiligen dienstlichen Pflicht erforderlich ist (§ 15 Abs. 1 Nr. 2 BKAG). Demnach bestimmen die sich aus dem jeweiligen Dienstposten eines Mitarbeiters ergebenden Dienstpflichten, wie die Zugriffsberechtigung auszugestalten ist (BT-Drs. 18/11163, 96). § 15 Abs. 3 S. 1 BKAG verpflichtet das BKA, alle zur Umsetzung des Abs. 1 erforderlichen organisatorischen und technischen Vorkehrungen und Maßnahmen, die dem Stand der Technik entsprechen, zu treffen. Die Vergabe der Zugriffsberechtigungen hat auf Grundlage eines abgestuften Rechte- und Rollenkonzeptes, das die Umsetzung der Maßgaben der Absätze 1 und 2 technisch und organisatorisch sicherstellt, zu funktionieren (§ 15 Abs. 3 S. 2 BKAG). **189**

§ 16 BKAG ermächtigt das Bundeskriminalamt in allgemeiner und spezifizierter Form zur Datenweiterverarbeitung im Informationssystem. **§§ 18 und 19 BKAG** geben eine Systematisierung und Differenzierung nach Maßgabe personeller Kategorien vor (Verurteilte, Beschuldigte, Verdächtige, Anlasspersonen, andere Personen). **190**

VII. §§ 29 ff. BKAG: Polizeilicher Informationsverbund

§§ 29 ff. BKAG sind eine Reaktion darauf, dass der **polizeiliche Informationsverbund** hinsichtlich seiner Architektur im Anschluss an die Saarbrücker Agenda (Saarbrücker Agenda zur Informationsarchitektur der Polizei als Teil der Inneren Sicherheit v. 30.11.2016) fundamental umgestaltet werden (Bundesministerium des Innern, Polizei 2020 – White Paper, https://www.bmi.bund.de/SharedDocs/downloads/DE/veroeffentlichungen/2018/polizei-2020-whitepaper.pdf?__blob=publicationFile&v=5, Abruf 9.2.2022) grundlegend neu gestaltet werden soll. Nach § 29 Abs. 1 BKAG ist das Bundeskriminalamt Zentralstelle für den polizeilichen Informationsverbund zwischen Bund und Ländern und stellt zu diesem Zweck ein einheitliches Verbundsystem zur Verfügung. Es selbst nimmt mit seinem eigenen Informationssystem an diesem Verbund teil; teilnahmeberechtigt sind außerdem ua die Landeskriminalämter, sonstige Polizeibehörden der Länder, die Bundespolizei und das Zollkriminalamt. Mit Blick auf die Grundfunktionen des Verbundsystems, etwa Unterstützung bei polizeilichen Ermittlungen, bei der polizeilichen Informationsverdichtung oder bei strategischen Analysen (§§ 29 Abs. 2 iVm 13 Abs. 2 BKAG), stellen die teilnehmenden Behörden einander verbundrelevante (vgl. § 30 BKAG) Daten zum Abruf und zur Verarbeitung zur Verfügung (§ 29 Abs. 2 S. 2 BKAG). Das Bundeskriminalamt hat durch organisatorische und technische Maßnahmen sicherzustellen, dass Eingaben von und Zugriffe auf Daten im polizeilichen Informationsverbund nur möglich sind, soweit die jeweiligen Behörden hierzu berechtigt sind (§ 29 Abs. 4 S. 2 BKAG). Die dafür unter anderem geltenden Maßgaben werden mit einem Verweis auf eine entsprechende Geltung zentraler für die Datenweiterverarbeitung des BKA geltenden Regelungen verankert. Danach greifen insbesondere der „Grundsatz der hypothetischen Datenneuerhebung" (§ 29 Abs. 4 S. 2 iVm § 12 Abs. 2–5 BKAG), die dafür nötigen Kennzeichnungspflichten (§ 29 Abs. 4 S. 2 iVm § 14 BKAG), die Bindung an die Erforderlichkeit der Kenntnis der Daten für mehr oder weniger konkretisierte Aufgaben und Pflichten (etwa **191**

Syst. L. Polizei- und Nachrichtendienstlicher Datenschutz

§ 29 Abs. 4 S. 2 iVm § 15 Abs. 1 Nr. 2 BKAG) sowie sachlich oder personell mehr oder weniger differenzierte Schwellen für die Datenverarbeitung. Neben der Abstimmung mit den Vorgaben, die das BKAG selbst enthält, ist eine Koordination mit den für die jeweiligen beteiligten Stellen geltenden Rechtsgrundlagen erforderlich. Die Umsetzung der neuen Konzeption ist außerordentlich anspruchsvoll. Deren Erfolg setzt zudem voraus, dass die Linien der Rechtsprechung des BVerfG konstant bleiben.

VIII. §§ 38 ff. BKAG: Befugnisse zur Abwehr von Gefahren des internationalen Terrorismus

192 Zur Erfüllung der Aufgabe aus § 5 BKAG – **Abwehr von Gefahren des internationalen Terrorismus** in Abgrenzung zu Länderkompetenzen, unter begrenzten Voraussetzungen Verhütung von Straftaten nach § 129a Abs. 1 und 2 StGB – weisen die §§ 38 ff. BKAG dem Bundeskriminalamt **umfangreiche Befugnisse zur eigenen Datenerhebung,** zum **Einsatz besonderer Ermittlungsmethoden,** zum **Datenerhalt** oder auch zur **Datenweitergabe** zu. § 38 Abs. 1 BKAG sieht dabei unter Verweis auf §§ 15–20 BPolG eine Generalklausel zur Gefahrenabwehr vor. § 39 BKAG enthält eine Generalklausel für die Befugnisse zur Erhebung personenbezogener Daten, die an die Erforderlichkeit zur Erfüllung der nach § 5 Abs. 1 S. 1 BKAG obliegenden Aufgabe geknüpft sind. Die Erhebung personenbezogener Daten zur Erfüllung der Aufgabe nach § 5 Abs. 1 S. 2 BKAG ist an engere Voraussetzungen geknüpft. § 40 BKAG regelt die Bestandsdatenauskunft. Im Weiteren halten §§ 41–61 BKAG einen umfangreichen Katalog bestimmter, teilweise sehr eingriffsintensiver Ermittlungsmethoden fest, die das Bundeskriminalamt unter näher geregelten Voraussetzungen jeweils einsetzen darf. Dazu zählen die Befragung mit korrespondierender Auskunftspflicht, die Identitätsfeststellung, erkennungsdienstliche Maßnahmen, der Einsatz technischer Mittel in oder aus Wohnungen, die Ausschreibung zur polizeilichen Beobachtung, die Rasterfahndung, der verdeckte Eingriff in informationstechnische Systeme, die Überwachung der Telekommunikation, die Erhebung von Telekommunikationsverkehrsdaten und Nutzungsdaten, die Identifizierung und Lokalisierung von Mobilfunkkarten und -endgeräten, die Ingewahrsamnahme sowie die Durchsuchung von Personen, Sachen und Wohnungen. Einige der Ermächtigungen erklären sich als Reaktion auf verfassungsgerichtliche Anforderungen, so § 49 BKAG, der im Anschluss an die Entscheidung zur Online-Durchsuchung und Online-Überwachung detaillierte Vorgaben zu verdeckten Eingriffen in informationstechnische Systeme enthält, die Regelungen zur Rasterfahndung nach § 48 BKAG oder die differenzierten Regelungen zur Überwachung der Telekommunikation oder von Mobilfunkgeräten nach § 51 BKAG. §§ 25 BKAG enthält mit Verweis auf § 12 Abs. 2–4 BKAG, also den „Grundsatz der hypothetischen Datenneuerhebung", Übermittlungsermächtigungen (s. auch § 74 BDSG).

IX. § 84 f. BKAG: Rechte der betroffenen Person

193 Ansprüche der Personen, auf die sich die Informationen und Daten beziehen, ergeben sich nach allgemeinen dogmatischen Regeln aus den objektivrechtlichen Datenschutzbestimmungen, soweit diese zugleich den Individualschutz dienen. Die Vorschriften, die den Umgang mit personenbezogenen Informationen und Daten steuern, vermitteln den Betroffenen demnach **Unterlassungs-, Berichtigungs-, Löschungs- oder Sperrungsansprüche. Auskunftsansprüche** oder **Benachrichtigungsansprüche** der Betroffenen sind in §§ 57, 58 BDSG und in § 84 f. BKAG geregelt. §§ 84 und 85 BKAG tragen Besonderheiten Rechnung, die sich hinsichtlich einer Datenverarbeitung im polizeilichen Informationsverbund ergeben.

X. § 91 BKAG: Übergangsvorschrift

194 § 91 BKAG enthält eine Übergangsvorschrift, die eine Ausnahme vom Weiterverarbeitungsverbot des § 14 Abs. 2 BKAG regelt: Eine Weiterverarbeitung oder Übermittlung personenbezogener Daten ist nach den Bestimmungen der für die Daten am 24.5.2018 jeweils geltenden Errichtungsanordnung nach § 34 BKAG-alt in der bis zum 24.5.2018 geltenden Fassung erlaubt. Als Grund wird genannt, dass die angestrebte Änderung der IT-Architektur einen erheblichen technischen Aufwand erfordert und sich nicht kurzfristig realisieren lässt (BT-Drs. 18/11163, 95). Eine ressourcenaufwändige Nachkennzeichnung von Altdatenbeständen soll vermieden und die Funktionsfähigkeit der Polizei nicht beeinträchtigt werden (vgl. BT-Drs. 18/12141, 6). Im Ergebnis gilt § 91 BKAG für die Verwendung von Daten aus den Verbunddateien des Bundeskriminalamtes, die beim Bundeskriminalamt in seiner Funktion als Zentralstelle für den elektronischen Datenverbund zwischen Bund und Ländern als Dateien des polizeilichen Informationssystems INPOL geführt

Syst. M. (unbesetzt)

werden. Die Vorschrift bezieht sich einerseits auf polizeiliche Datenbestände, die bereits vor Inkrafttreten des künftigen BKA-Gesetzes nach den für sie jeweils geltenden Rechtsvorschriften erhoben worden sind, und bewirkt eine Fortgeltung der bisherigen Errichtungsanordnungen für die Altdatenbestände (BT-Drs. 18/12141, 6). Da eine vollständige technische Umsetzung von § 14 Abs. 1 in den polizeilichen Systemen nur sukzessive erfolgen kann und sich über einen längeren Zeitraum erstrecken wird, bezieht sich die Vorschrift aber auch auf künftig zu erhebende Datenbestände, bei denen im Zeitpunkt der Erhebung eine Kennzeichnung aus technischen Gründen nicht möglich ist (BT-Drs. 18/12141, 6). Insgesamt hat der Gesetzgeber allerdings die Vorstellung, dass sich Altdatenbestände angesichts der regulären Aussonderungsprüfung und Löschung sukzessive reduzieren, während gleichzeitig der Datenbestand wächst, der die Voraussetzungen von § 14 Abs. 1 BKAG vollumfänglich erfüllt (BT-Drs. 18/12141, 6). Damit würde der Anwendungsbereich der Vorschrift im Zeitablauf verkleinert.

Syst. M. (unbesetzt)

Überblick

(Redaktionshinweis: Die systematische Darstellung zum Sozialdatenschutz wurde entnommen. Die frühere Fassung des Beitrags ist weiterhin in beck-online über die Altauflagen des Kommentars recherchierbar).

Verordnung (EU) 2016/679 des Europäischen Parlaments und des Rates vom 27. April 2016 zum Schutz natürlicher Personen bei der Verarbeitung personenbezogener Daten, zum freien Datenverkehr und zur Aufhebung der Richtlinie 95/46/EG (DS-GVO)

Einleitung zur DS-GVO

Überblick

Zunächst erfolgt eine Darstellung zu Informationen als Kommunikationsgrundlage (→ Rn. 1 ff.). Danach werden die Datenschutz-Richtlinie (→ Rn. 8 ff.) und der Reformprozess der Richtlinie (→ Rn. 11 ff.) sowie die Datenschutz-Grundverordnung (→ Rn. 16 ff.) und ihre Folgen für nationale Rechtsvorschriften zum Datenschutz (→ Rn. 19) dargestellt, ehe ein aktueller Ausblick erfolgt (→ Rn. 20).

Übersicht

	Rn.		Rn.
A. Informationen als Kommunikationsgrundlage	1	E. Folgen für nationale Rechtsvorschriften zum Datenschutz	19
B. Die Datenschutz-Richtlinie	8	F. Vier Jahre DS-GVO	19a
C. Der Reformprozess der Richtlinie	11		
D. Die Datenschutz-Grundverordnung	16	G. Ausblick	20

A. Informationen als Kommunikationsgrundlage

Sich über Vorgänge unserer Lebenswelt zu informieren liegt im Wesen des Menschen und 1 macht einen wesentlichen Teil seiner Kultur aus. Zu diesen Informationen gehören auch Daten über andere Mitmenschen, personalisiert oder anonymisiert. Das Informiertsein über andere Menschen ist Voraussetzung für Auswahlentscheidungen, Verbesserungsmöglichkeiten, Entwicklungschancen und Vieles mehr. Das Informiertsein gehört daher zum täglichen Leben wie die klassische Daseinsvorsorge und das Essen und Trinken. Das Sammeln von Informationen über andere Personen muss allerdings für diese nicht nur vorteilhaft, es kann auch mit Gefahren verbunden sein. Wer sich über andere Menschen informiert (von lateinisch in formare), gibt ihnen Gestalt und Profil. Jedes Erheben, Nutzen oder Weitergeben von solchen Informationen über Personen begründet nicht nur die Möglichkeit, sie besser kennen zu lernen und an ihrem Leben teilzuhaben, sondern auch die Gefahr, dass deren Interessen oder Chancen eingeschränkt oder gar vereitelt werden. Durch die Möglichkeiten der automatisierten Datenverarbeitung potenziert sich diese Gefahr. Nun werden aussagekräftige Persönlichkeitsprofile möglich, welche den Menschen als berechenbar oder sogar gläsern erscheinen lassen.

Das Datenschutzrecht will vorbeugend verhindern, dass sich diese Gefahren realisieren, ohne 2 dabei die menschliche Kommunikation und das Informiertsein des Menschen übermäßig einzuschränken.

Das Recht hat auf die Gefahren durch die Verarbeitung persönlicher Informationen reagiert 3 und jedem Individuum ein Recht auf Eigenentscheidung über auf einen selbst bezogene Informationen, also ein Recht auf informationelle Selbstbestimmung zugeordnet. Die Reichweite dieser eigenen Entscheidung ist in einer offenen, auf Kommunikation angelegten Gesellschaft naturgemäß beschränkt. Das Recht auf Eigenentscheidung bezieht sich zunächst nur auf die persönliche Entscheidung, am gesellschaftlichen Leben erkennbar teilzunehmen. Es bezieht sich schon nicht mehr auf die Schlüsse, welche von anderen aus diesen Informationen gezogen werden, sondern lediglich auf die Bereitstellung der personenbezogenen Daten als solche. Der Staat hat zum Schutz der personenbezogenen Daten das Recht auf Eigenentscheidung allerdings erweitert: Wer persönliche Informationen eines anderen verwenden will, kann sich dafür nicht allein auf die Teilnahme des anderen an gesellschaftlichen Vorgängen berufen – er bedarf dafür vielmehr eines besonderen Rechtsgrundes des Datenschutzrechts.

4   Der verkürzend aber griffig „Datenschutz" genannte staatliche Schutzansatz entstand, auf Grundlage wesentlich älterer kultureller Regulierungen (dazu → BDSG Verfassungsrecht Rn. 1 ff.), vor dem Hintergrund der technischen Entwicklung von automatisierten Datenverarbeitungen (dazu Simitis/Simitis BDSG aF Einl. Rn. 1 ff.) und wurde lange Zeit als Technikrecht verstanden, das neben das richterrechtlich entwickelte Persönlichkeitsschutzrecht trat. Mittlerweile stellt das Datenschutzrecht eine eigene Rechtsmaterie mit eigener rechtlicher Fundierung und eigenen Wirkmechanismen dar.

5   Auf die Chancen und Risiken moderner automatisierter Datenverarbeitung reagierten – selbst am internationalen Maßstab gemessen – die Deutschen Länder am schnellsten. Zur Steuerung der politischen und sozialen Konsequenzen automatisierter Datenverarbeitung (Simitis/Simitis BDSG aF Einl. Rn. 13) erließ Hessen 1970 das weltweit erste Datenschutzgesetz (GVBl. I 625). Es versuchte im knappen Umfang von 17 Paragraphen den Datenschutz durch eine Reihe von Maßnahmen sicherzustellen, insbesondere durch die Einrichtung eines unabhängigen Datenschutzbeauftragten. Das 1974 folgende rheinland-pfälzisches Landesdatenschutzgesetz (GVBl. 1974 I 31) stellt bei der „elektronischen Datenverarbeitung" nicht mehr alleine die technische Datensicherheit, sondern das persönliche Interesse des Einzelnen, seine „schutzwürdigen Belange", nicht durch Datenverarbeitungen beeinträchtigt zu sehen, in den Mittelpunkt. Das „Bundesgesetz zum Schutz vor Mißbrauch personenbezogener Daten bei der Datenverarbeitung" aus dem Jahre 1977 (GVBl. I 201 ff.) erstreckte sodann den Datenschutz auf „alle personenbezogenen Daten, gleich in welcher Darstellungsform" und überwand die ursprüngliche „Techniklastigkeit" des Datenschutzes, indem es auch die manuelle Datenverarbeitung miteinbezog.

6   Im Jahr 1983 kürte nicht nur das Magazin „Time" den Personal Computer PC zum „Mann des Jahres", in seinem Urt. v. 15.12.1983 kreierte das BVerfG auch das Grundrecht auf informationelle Selbstbestimmung, welches die Befugnis des Einzelnen gewährleistet, grundsätzlich selbst über die Preisgabe und Verwendung seiner persönlichen Daten zu bestimmen (BVerfGE 65, 1). Dieses Verständnis von informationeller Selbstbestimmung überwindet den passiv-defensiven Ansatz des „Datenschutzes" als Privatsphärenschutz und bezieht auch die aktiv-selbstbestimmte Kommunikation des gemeinschaftsbezogenen Menschen über persönliche Informationen in den Schutzbereich des Grundrechts mit ein (vgl. BVerfGE 4, 7 (15 f.); 24, 119 (144); 30, 1 (20)). Diesem Grundrecht als Abwehrrecht gegenüber staatlichen Datenverarbeitungen entspricht bei nicht-staatlichen Datenverarbeitungen eine staatliche Schutzpflicht, der gemäß staatliche Schutzgesetze wie die Datenschutzgesetze zu erlassen und zu erweitern waren.

7   Gerade nicht-staatliche Datenverarbeitungen traten mit dem Siegeszug der automatisierten Datenverarbeitung und des Internets – beides wichtige Teile der übergreifenden Entwicklung der „Digitalisierung" (vgl. Masing NJW 2012, 2305) – seit den 90er Jahren in den Vordergrund der Schutzdebatte, den offenkundigen Vorteilen des unbegrenzten Informationszugangs und der weltweiten Vernetzung mit Menschen und Institutionen korrespondieren allerdings die Gefahren eines kaum mehr zu kontrollierenden, nahezu unbegrenzten Zugriffs auf persönliche Informationen eines jeden Internet-Nutzers oder auch nur im Netz Erwähnten, also eines jeden Menschen.

B. Die Datenschutz-Richtlinie

8   Die Europäische Gemeinschaft betrat erst mit großer zeitlicher Verzögerung die Bühne des Datenschutzes (vgl. Kühling/Sividris/Seidel, Datenschutzrecht, 2. Aufl. 2011, S. 45 Abb. 2), dem deutschen Auftakt in den 70ern folgten internationale Ansätze in den 80ern, etwa die OECD-Leitlinien zum Datenschutz und die Datenschutzkonvention des Europarats von 1981 (dazu Simitis/Simitis BDSG aF § 1 Rn. 151 ff.).

9   Besonders an dieser orientierte sich die Europäische Kommission, als sie nach mehrfacher Aufforderung durch das Europäische Parlament Anfang der 90er Jahre ein legislatives Maßnahmenpaket zum Datenschutz vorlegte (Simitis/Simitis BDSG aF § 1 Rn. 203 ff.), das 1995 vom EG-Gesetzgeber als Richtlinie RL 95/46/EG zum Schutz natürlicher Personen bei der Verarbeitung personenbezogener Daten und zum freien Datenverkehr (DSRL; ABl. 1995 L 281, 31) verabschiedet wurde. Damit gelang allerdings ein „Meilenstein" der internationalen Datenschutzentwicklung" (→ BDSG Einleitung Rn. 49), der zum Orientierungspunkt innerhalb – insbesondere für die Rechtsprechung des EuGH – und auch außerhalb Europas wurde.

10   Gestützt auf die Binnenmarktkompetenz der EG aus Art. 100a EGV-Maastricht (vgl. jetzt Art. 114 AEUV) erging die Richtlinie trotz mit Blick auf das Subsidiaritätsprinzip abgemahnter Kompetenzüberschreitungen (vgl. BR-Drs. 52/12). Sie prägte dabei die später erlassenen grund-

rechtlichen Garantien in Art. 7 und 8 der Grundrechtecharta vor (vgl. Schneider Die Verwaltung 2011, 499 (500 ff.)): Nach Art. 7 GRCh hat jede Person insbesondere das Recht auf Achtung ihres Privatlebens und ihrer Kommunikation. Art. 8 Abs. 1 GRCh erweitert diese Position um das Recht auf Schutz der personenbezogenen Daten (vgl. auch Art. 16 Abs. 1 AEUV). Darüber hinaus hat jede Person das Recht, Auskunft über die sie betreffenden erhobenen Daten zu erhalten und die Berichtigung unzutreffender Daten zu verlangen. Nach Art. 8 Abs. 2 GRCh dürfen diese Daten nur nach Treu und Glauben für festgelegte Zwecke und mit Einwilligung der betroffenen Person oder auf einer sonstigen gesetzlich geregelten legitimen Grundlage verarbeitet werden. Mit kollidierenden Grundrechtspositionen, etwa der Kommunikations-, der Gedanken- und Gewissensfreiheit sowie der Freiheit der Meinungsäußerung und der Informationsfreiheit und der unternehmerischen Freiheit ist das Recht auf Schutz der personenbezogenen Daten unter Berücksichtigung des Verhältnismäßigkeitsgrundsatzes abwägend in Einklang zu bringen.

C. Der Reformprozess der Richtlinie

Mit Blick auf die rasante Verbreitung des Internet und den raschen technologischen Fortschritt (vgl. Erwägungsgrund 6 der DS-GVO), insbesondere den fortschreitenden Prozess der Digitalisierung (dazu Masing NJW 2012, 2305 sowie Erwägungsgrund 7 und 9), setzte schon bald nach Erlass der Richtlinie eine Reformdebatte auf europäischer Ebene ein (Roßnagel MMR 2005, 71 ff.; vgl. auch Simitis FS Hassemer, 2010, 1235 ff.). Gerade der weltweite Datenverkehr und die globale Internetwirtschaft machten deutlich, dass die Richtlinie hier nur sehr unvollkommene Harmonisierungswirkungen entfalten konnte. Wiederum sollte es dennoch fast 15 Jahre dauern, bis die Europäische Kommission einen Prozess der grundlegenden Überarbeitung der Europäischen Datenschutzrichtlinie einleitete (Mitteilung der Kommission über ein Gesamtkonzept für den Datenschutz in der Europäischen Union, KOM(2010) Seite 609 endg.). Aus Sicht der Kommission sollte damit nicht nur eine Modernisierung des Datenschutzes und eine Anhebung des Datenschutzniveaus erfolgen, sondern insbesondere auch die Wettbewerbsgleichheit der Marktteilnehmer gegenüber einer als uneinheitlich erkannten Handhabung des Datenschutzes in den Mitgliedsstaaten wiederhergestellt und gesichert werden. Besondere Fixpunkte dieses Gesamtkonzepts waren eine Vollharmonisierung des Datenschutzrechts, ein durchgängiger Schutz der Betroffenen unabhängig vom Ort der Datenverarbeitung sowie eine effektive Durchsetzbarkeit ihrer Rechte. **11**

Aus der Initiative entwickelte sich der Kommissionsvorschlag v. 25.1.2012 für ein Reformpaket in Gestalt einer Datenschutz-Grundverordnung (DS-GrundVO 2012, KOM(2012), 11), mit der die DSRL 95/46 ersetzt werden sollte, begleitet von einer neuen Datenschutzrichtlinie im Bereich der Strafverfolgung (DSRLV-Strafverfolgung 2012, KOM(2012), 10), mit welcher der Rahmenbeschluss 2008/977/JI ersetzt werden sollte. Die Initiatorin des Reformpakets, Justiz-Kommissarin Viviane Reding, bezeichnete als „Grundbausteine" der Reform den Wechsel in der Regulierungsform von der Richtlinie zur Verordnung, den zuständigkeitskonzentrierenden „One Stop Shop" für Datenverarbeitungen in der EU und zahlreiche Vereinfachungen für kleine und mittlere Unternehmen (Reding ZD 2012, 195). **12**

Kritische Begleiter der Kommission konstatierten daher bereits frühzeitig, dass die Grundverordnung einen nachhaltigen Wandel der Regelungspolitik der Kommission markiere (Simitis/Simitis BDSG aF Einl. Rn. 252 ff.). Die Kommission lasse keinen Zweifel daran aufkommen, dass ausschließlich sie selbst Inhalt und Tragweite des Datenschutzes festlegen wolle. **13**

Nach ebenso intensiven wie konfliktträchtigen Verhandlungen, die sich über einen Zeitraum von nahezu vier Jahren erstreckten, gelang die endgültige politische Einigung erst im Dezember 2015 (vgl. dazu Albrecht CRI 2016, 33 ff.; Dammann ZD 2016, 307 ff.; Kühling/Martini EuZW 2016, 488 ff.; Schantz NJW 2016, 1841 ff.). Bereits die Regulierungsform Verordnung war umstritten; bemängelt wurde zudem, dass ihre Harmonisierungswirkung nur begrenzt bleibe (Benecke/Wagner DVBl. 2016, 600 ff.; Kühling/Martini EuZW 2016, 448 (449 f.)) und Zweifel an ihrer Vollziehbarkeit blieben (so insbesondere der Bundesrat, BR-Drs. 52/12 (Beschl.), 2, 4). Weiterer Kritikpunkt waren die umfangreichen Befugnisse, welche sich die Kommission insbesondere zur Konkretisierung der Verordnungsbestimmungen vorbehalten wollte (krit. dazu Simitis/Simitis BDSG aF Einl. Rn. 256 ff., die hierin sogar den „Schlüssel zum Verständnis der Verordnung" sah und sich gegen diese Selbstermächtigung der Kommission wandte; vgl. insbesondere auch Art. 29 Datenschutzgruppe WP 191, 6, 7 sowie Traung CRI 2012, 33 (34 f.); unkritisch demgegenüber Sydow/Kring ZD 2014, 271 ff.) – dieses Vorhaben scheiterte jedoch an der Wachsamkeit von Rat und Parlament. **14**

Die umfangreichen inhaltlichen Debatten zum Verordnungsentwurf können hier nicht nachgezeichnet werden (hierzu Hornung ZD 2012, 99; Eckardt CR 2012, 195; Gola/Schulz RDV **15**

2013, 1; Roßnagel/Richter/Nebel ZD 2013, 103). Sie reichten von der Forderung nach einer grundsätzlichen Liberalisierung des Datenschutzrechts (Härting BB 2012, 459 ff.) über eine Problematisierung der (zu) großen Abstraktheit zahlreicher Regelungsansätze (Spiecker gen. Döhmann KritV 2014, 28 (29 f.)) bis hin zu generellen Folgeerwägungen auch im institutionellen Verhältnis der nationalen und europäischen Gerichte (Masing RDV Sonderheft zu Heft 2/2014, 3 (6 ff.)). Auch die Intervention außereuropäischer Staaten wie der USA und ihrer Wirtschaftskräfte musste der Kommission-Entwurf „überstehen".

D. Die Datenschutz-Grundverordnung

16   Nach fast vierjährigen Verhandlungen einigten sich der Europäische Rat, das Europäische Parlament und die Europäische Kommission am 15.12.2015 auf das Reformpaket aus Datenschutz-Grundverordnung (EU) 2016/679 (DS-GVO) und Richtlinie (EU) 2016/680 zur Datenverarbeitung bei Polizei und Justiz (RL) v. 27.4.2016 (Überblicke zum Reformpaket bei Albrecht CR 2016, 88; Kühling/Martini EuZW 2016, 448; Spindler DB 2016, 937). Die unmittelbar gültige (Art. 288 Abs. 2 AEUV) Datenschutz-Grundverordnung gilt nach Art. 99 Abs. 2 erst nach einer zweijährigen Übergangsfrist seit dem 25.5.2018, während die Richtlinie noch der mitgliedstaatlichen Umsetzung bedarf.

17   Die DS-GVO gliedert sich in elf Kapitel und 99 Artikel, auf die 173 Erwägungsgründe Bezug nehmen. Kap. I beschreibt Gegenstand und Ziele der GVO, ihren Anwendungsbereich – hier wird insbesondere das Marktortprinzip eingeführt (vgl. Art. 3 Abs. 2 lit. a) – und gibt Begriffsdefinitionen. Kap. II regelt Grundsätze für die rechtmäßige Verarbeitung personenbezogener Daten und beschreibt die Voraussetzungen für eine datenschutzrechtlich wirksame Einwilligung. Zudem werden besondere Verarbeitungssituationen reguliert. Die Rechte von Betroffenen (Auskunft, Berichtigung, Löschung, Vergessenwerden, Datenübertragbarkeit, Widerspruch) – auch mit Blick auf das Profiling, als der detaillierten und kontinuierlichen Zusammenstellungen personenbezogener Informationen für unterschiedlichste Zwecke (Persönlichkeitsprofil, Kundenprofil, Wählerprofil) – werden in Kap. III ebenso geregelt wie die Pflichten der Verantwortlichen zu transparenter Datenverarbeitung und entsprechender Information. Kap. IV umschreibt die Pflichten von Verantwortlichem und Auftragsverarbeiter, es definiert die Maßnahmen der Verarbeitungssicherheit und die Verpflichtung der verantwortlichen Stelle zur Verwendung datenschutzfreundlicher Grundeinstellungen (Data Protection Privacy by Default) und datenschutzfreundlicher Technologien (Data Protection Privacy by Design) ebenso wie Meldepflichten bei Datenschutzverletzungen. Hier ist auch die Datenschutz-Folgenabschätzung geregelt und die Institution des betrieblichen/behördlichen Datenschutzbeauftragten verankert. Abgeschlossen wird dieses umfangreiche Kapitel durch die Bereiche Verhaltensregeln und Zertifizierung. Nicht minder wichtig sind die in Kap. V geregelten Fragen der Übermittlung personenbezogener Daten an Drittländer und an internationale Organisationen. Angesichts der politischen Brisanz von Spähprogrammen wie „PRISM" (dazu Petri ZD 2013, 557 ff.; Hoffmann-Riem JZ 2014, 59 f.), die immerhin zu einem Beschluss der UN-Vollversammlung (v. 16.11.2016, The right to privacy in the digital age A/C.3/71/L.39/Rev.1, http://www.un.org/ga/search/view_doc.asp?symbol=A/C.3/71/L.39/Rev.1) und einer spektakulären Entscheidung des EuGH führten (Safe Harbor-Entscheidung v. Oktober 2015, MMR 2015, 753), muss allerdings verwundern, wie wenig sich in diesem Bereich die GVO von der 1995er Richtlinie absetzt. Zuständigkeiten und Aufgaben der unabhängigen Aufsichtsbehörden sind in Kap. VI beschrieben, Kap. VII befasst sich mit ihrer Zusammenarbeit und dem sog. Kohärenzverfahren unter Einschluss des künftig besonders bedeutsamen Europäischen Datenschutzausschusses. Die Einlegung von Rechtsbehelfen bei der Aufsichtsbehörde, aber auch gegen sie, sowie Haftungsfragen und Sanktionsvorschriften finden sich in Kap. VIII. Besonders die exorbitant hohen Bußgeldrahmen (Art. 83: Bis zu 4 % des gesamten weltweit erzielten Jahresumsatzes des Verantwortlichen) erwiesen sich als „Game Changer" und erhoben den Datenschutz zum vorsorgepflichtigen Unternehmensrisiko. Kap. IX enthält Vorschriften für besondere Verarbeitungssituationen, insbesondere zu den Bereichen Informationsfreiheit, Beschäftigtendatenschutz sowie Wissenschaft und Forschung; hier sind zum Teil äußerst weit reichende Erleichterungen für kollidierende Grundrechtsausübungen vorgesehen. Kap. X enthält Vorschriften zu delegierten Rechtsakten und Durchführungsrechtsakten, Kap. XI sodann die Schlussbestimmungen.

18   Spannend bleibt es, die Bedeutung der 173 Erwägungsgründe zu „vermessen". Sie sind vom Verhandlungsprozess vollständig erfasster Bestandteil der europäischen Rechtsakte – und insoweit wesentlich bedeutsamer als etwa die im deutschen Rechtssetzungsverfahren bekannten Begründungen des Entwurfsverfassers. Andererseits stehen sie außerhalb des eigentlichen Normtextes

Einleitung zur DS-GVO

und nehmen nicht Teil an seiner Verbindlichkeit. Dennoch sind sie bei der Auslegung der Normen einzubeziehen, ohne eigenständige Bindungswirkung zu entfalten; sie sind demnach geeignete und wichtige Orientierungshilfen zur Auslegung, nehmen die eigentliche Auslegung allerdings weder vorweg noch schränken sie diese über Gebühr ein (vgl. GA Colomer Schlussanträge EuGH BeckRS 2007, 70624).

E. Folgen für nationale Rechtsvorschriften zum Datenschutz

19 Die Bestimmungen der DS-GVO treten an die Stelle nationaler Rechtsvorschriften zum Datenschutz – anders könnte die GVO ihre Harmonisierungswirkung nicht entfalten. Nationale Datenschutzvorschriften werden durch die neuen Vorgaben der DS-GVO also regelmäßig abgelöst, entsprechende Anpassungsarbeiten waren bis zum Mai 2018 abzuschließen. Dies war angesichts vorsichtig geschätzter 250 Gesetze und Verordnungen alleine auf Bundesebene eine (zu) gewaltige Aufgabe (Kühling/Martini EuZW 2016, 448 (450)). Ausnahmen von der verdrängenden Wirkung der DS-GVO bilden nur solche Normen der Mitgliedstaaten, die nach Maßgabe der zahlreichen Öffnungsklauseln der GVO weiter Geltung beanspruchen dürfen (vgl. etwa Art. 23, 37 Abs. 4 oder 89 Abs. 2). Wie mit Spezialmaterien wie etwa dem TMG zu verfahren sei, war lange Zeit umstritten (vgl. etwa Keppeler MMR 2015, 779) und wurde erst jüngst – mit dem TTDSG vom Oktober 2021 – zumindest teilweise aufgelöst.

F. Vier Jahre DS-GVO

19a Blickt man auf das erste Jahr DS-GVO, so sticht vor allem die große Resonanz der Verordnung in der Bevölkerung hervor. Begleitet von einem außergewöhnlichen Medieninteresse ist in vielen Mitgliedstaaten eine intensive öffentliche Debatte über Sinn und Unsinn dieser europäischen Regulierung und des Datenschutzes insgesamt entbrannt. Zwei Drittel der europäischen Bevölkerung haben vom Rechtsakt DS-GVO gehört, knapp 60 % ordnen dieses Gesetz auch einer innerstaatlichen Aufsichtsbehörde zu – was im Vergleich zu 2015 einer Steigerung von 20 % entspricht (vgl. EU Kommission, Special Eurobarometer 487a – März 2019). Diese gesteigerte Wahrnehmung von Datenschutzfragen geht natürlich einher mit der immer weiter wachsenden Bedeutung der Digitalisierung unserer Lebenswelt, die sich immer stärker in den virtuellen Raum verlagert: Acht von zehn Nutzern des Internets sind Mitglied in Sozialen Netzwerken, mehr als die Hälfte nutzen diese tagtäglich. Der wachsenden Aufmerksamkeit für Fragen des Datenschutzes ist es zuzuschreiben, dass knapp 60 % der Nutzer von Social Media im vergangenen Jahr ihre Privatsphäreeinstellungen geändert haben (vgl. EU Kommission, Special Eurobarometer 487a – März 2019). In den Folgejahren gewann die DS-GVO auch international einen erstaunlichen Ruf als globaler Standard in Sachen digitaler Bürgerrechte, zahlreiche Staaten in den USA, Brasilien, Japan oder die Schweiz nahmen sie sich zum Vorbild und brachten eigene Datenschutzregulierungen voran. Inzwischen kann die DS-GVO als unbestritten wirksamer Meilenstein europäischer Regulierung mit weltweiter Strahlkraft gelten.

19b Auch die mitgliedstaatlichen Aufsichtsbehörden erweisen sich als produktiv, sie haben schon im ersten Jahr der DS-GVO bis Mai 2019 144.376 Verfahren nach der DS-GVO geführt und damit auf eine Flut von Eingaben und Beschwerden reagiert, aber auch eigene Prüfungsschwerpunkte gesetzt (https://ec.europa.eu/commission/priorities/justice-and-fundamental-rights/data-protection/2018-reform-eu-data-protection-rules/eu-data-protection-rules_de#library). Diese Entwicklung setzte sich in den folgenden Jahren auf hohem Niveau fort, selbst die Corona-Pandemie konnte diesen Trend keineswegs brechen. Spannend wird zu beobachten sein, wie sich erkennbare Unterschiede bei der Beschwerde- und Meldefreudigkeit der jeweiligen Bevölkerungen in Europa weiterentwickeln. So ist bei der erstaunlich hohen Zahl der Datenpannenmeldungen in Europa (Art. 33 und 34 DS-GVO) – insgesamt gingen bis 2019 89.271 Meldungen ein – festzustellen, dass ein überwiegender Großteil dieser Meldungen bei deutschen Aufsichtsbehörden auflief (vgl. https://ec.europa.eu/commission/priorities/justice-and-fundamental-rights/data-protection/2018-reform-eu-data-protection-rules/eu-data-protection-rules_de#library). Diese Entwicklung setzte sich bis 2021 ungebrochen fort, Probleme der Datensicherheit treten immer stärker in den Fokus der Behörden, aber auch der datengetriebenen Wirtschaft (https://www.baden-wuerttemberg.datenschutz.de/wp-content/uploads/2022/02/20220209_PM_TB-DS-2021_Versand.pdf).

19c Aus institutioneller Sicht stach im Jahre 2018 die Errichtung des Europäischen Datenschutz-Ausschusses (EDSA) und seiner Subgroups hervor (Art. 68 ff. DS-GVO). Wie schon zuvor durch die Aufsichtsbehörden der Mitgliedstaaten (vgl. etwa https://www.baden-wuerttemberg.datenschutz.de/datenschutzthemen/) stellte der EDSA von Anbeginn an umfangreiche und detaillierte Orientierungshilfen und Mustertexte zum Verständnis und zur Auslegung der DS-GVO zur Verfügung (https://edpb.europa.eu/guidelines-relevant-controllers-and-processors_en). Während die länderübergreifende Zusammenarbeit im Rahmen der Kooperation zwischen federführenden und betroffenen Aufsichtsbehörden (Art. 60 ff. DS-GVO) sich stetig ausweitet und verbessert – bereits im ersten Jahr wurden im Rahmen des Kooperationsmechanismus 516 grenzüberschreitende Fälle bearbeitet (EU-Kommission (Vertretung in Deutschland) zu 1 Jahr Datenschutzgrundverordnung, Pressemitteilung vom 24.7.2019 https://ec.europa.eu/germany/news/20190724-ein-jahr-datenschutzverordnung_de) – war bei den mit großen Erwartungen versehenen Kohärenzverfahren (Art. 63 ff. DS-GVO) zunächst eine vollständige Fehlanzeige zu verzeichnen. Obwohl die DS-GVO als einheitliche europäische Rechtsgrundlage elementar auf eine Vereinheitlichung auch der Verwaltungs- und Vollzugspraxis der Aufsichtsbehörden setzt, gab es bislang nicht vereinzelte Kohärenzverfahren. Der Grund hierfür ist in den enormen Unterschieden in Ausstattung und Kultur der mitgliedstaatlichen Aufsichtsbehörden zu finden – und im Unwillen gerade der zahlreichen kleineren Behörden, sich von den traditionell stärkeren Aufsichtsbehörden in Mittel- und Westeuropa dominieren zu lassen. Hier schwelt – gerade in Kombination mit erheblichen Vollzugsdefiziten der DS-GVO in einzelnen Mitgliedstaaten – ein erheblicher Konflikt, der den Erfolg des gesamten Projektes DS-GVO in Frage stellt. Der EDSA zeigt sich inzwischen bemüht, die Untätigkeit bzw. Fehlorientierung einzelner Aufsichtsbehörden wie etwa Irland oder Luxemburg durch nachdrückliches Wirken schrittweise zurückzuführen (vgl. beispielhaft https://edpb.europa.eu/news/news/2021/edpb-adopts-urgent-binding-decision-irish-sa-not-take-final-measures-carry-out_de).

G. Ausblick

20   Das ursprüngliche Ziel der DS-GVO, eine „echte" Vollharmonisierung des europäischen Datenschutzrechts herbeizuführen, ist angesichts von Regelungslücken und Öffnungsklauseln nur sehr eingeschränkt verwirklicht worden („in der Sache (…) eher eine Richtlinie im Verordnungsgewand", Kühling/Martini EuZW 2016, 448 (448 f.)). Ob auf das einheitliche Recht der einheitliche Vollzug durch die Aufsichtsbehörden folgt, wird wesentlich davon abhängen, ob künftig das Instrument des Kohärenzverfahrens (Art. 63 ff. DS-GVO) noch entschlossener und wirksamer genutzt wird. Anders werden Mitgliedstaaten wie Irland oder Luxemburg, die traditionell auf eine Politik der Unternehmensansiedlung setzen, die erkennbare Abstriche beim Vollzug von Steuer-, Umwelt- und Wirtschaftsregulierungsrecht macht, nicht zu einem einheitlichen europäischen Vollzugsstandard aufschließen können. Erste gute Ansätze in diese Richtung sind durchaus erkennbar, müssen jedoch energisch weiterverfolgt werden.

21   Zu beobachten bleibt weiter, wie es gelingt, die DS-GVO auch zum international maßgeblichen Standard fortzuentwickeln. Gute Ansätze in diese Richtung sind klar erkennbar, zahlreiche Staaten wie Brasilien, Teile der USA (etwa California mit dem CCPA) und selbst asiatische Staaten nahmen die DS-GVO zum Vorbild und erließen eigenes Daten- und Verbraucherschutzrecht mit durchaus vergleichbarem Niveau. Andere Staaten, etwa Japan, Korea oder Indien bauen der DS-GVO angemessene Datenschutzregime auf und treten so in einen globalen Dialog für ein umfassendes Schutzregime der informationellen Selbstbestimmung.

Kapitel I. Allgemeine Bestimmungen

Artikel 1 Gegenstand und Ziele

(1) Diese Verordnung enthält Vorschriften zum Schutz natürlicher Personen bei der Verarbeitung personenbezogener Daten und zum freien Verkehr solcher Daten.

(2) Diese Verordnung schützt die Grundrechte und Grundfreiheiten natürlicher Personen und insbesondere deren Recht auf Schutz personenbezogener Daten.

(3) Der freie Verkehr personenbezogener Daten in der Union darf aus Gründen des Schutzes natürlicher Personen bei der Verarbeitung personenbezogener Daten weder eingeschränkt noch verboten werden.

Überblick

Art. 1 ist wie schon Art. 1 Datenschutz-RL vor allem ein Programmsatz, welcher der DS-GVO vorangestellt ist und ihren Gegenstand (Abs. 1) sowie ihr Ziel (Abs. 2) beschreibt. Dies sind sowohl die Gewährleistung des Datenschutzes als auch die Ermöglichung des freien Verkehrs personenbezogener Daten in der EU. Abs. 3 stellt klar, dass die DS-GVO den Schutz personenbezogener Daten in der EU abschließend regelt und weitergehende Schutzmaßnahmen der Mitgliedstaaten ausschließt.

A. Gegenstand der DS-GVO (Abs. 1)

Abs. 1 beschreibt – wie unionsrechtlich üblich – den Gegenstand des Rechtsakts. Neben Vorschriften zum Schutz natürlicher Personen durch die Verarbeitung personenbezogener Daten sind dies nach dem Wortlaut der Vorschrift auch Regelungen zum freien Verkehr personenbezogener Daten in der Union. Dies ist leicht irreführend, denn in der DS-GVO finden sich keine Regelungen zum freien Verkehr der Daten in der EU; die Existenz der DS-GVO und ihre vollharmonisierende Wirkung gewährleisten den freien Verkehr personenbezogener Daten (HK-DS-GVO/Sydow DSGVO Art. 1 Rn. 22). Nicht erfasst sind von der DS-GVO Daten, die keinen Personenbezug aufweisen (zB Maschinendaten, hierzu Mitteilung der Europäische Kommission, Building a European Data Economy, COM(2017) 9 final, 5 ff. sowie die VO (EU) 2018/1807 über einen Rahmen für den freien Verkehr nicht-personenbezogener Daten in der Europäischen Union) sowie Daten, die sich auf juristische Personen beziehen; letztere unterliegen nach der Rechtsprechung des EuGH nur insoweit dem Schutz der Art. 7 und 8 GRC, wie sie Rückschlüsse auf eine natürliche Person erlauben (EuGH MMR 2011, 122 Rn. 53 – Volker und Markus Schecke; skeptisch Hornung MMR 2011, 127; Brink/Wolff JZ 2011, 206 (207)). Die e-Privacy-RL schützt demgegenüber auch juristische Personen (Art. 1 Abs. 2 S. 2 RL 2002/58/EG). 1

Die **Dualität der Zielrichtungen** gem. Abs. 1 – Datenschutz und freier Datenverkehr – stammt aus Art. 16 Abs. 2 S. 1 AEUV. Was der Schutz natürlicher Personen bei der Verarbeitung ihrer personenbezogenen Personen umfasst, ergibt sich letztlich aus Art. 8 GRC sowie Art. 16 Abs. 1 AEUV und wird in den Art. 2 und Art. 4 genauer definiert. Das Ziel des **freien Datenverkehrs** verweist hingegen auf die Binnenmarktsdimension des Datenschutzrechts (GHN/Sobotta AEUV Art. 16 Rn. 32; Simitis/Hornung/Spiecker/Hornung/Spiecker DSGVO Art. 1 Rn. 3, 16 ff.; HK-DS-GVO/Sydow DSGVO Art. 1 Rn. 3, 16 ff.; Kuner/Bygrave/Docksey/Drechsler/Hijmans, The EU General Data Protection Regulation (GDPR), 2020, Art. 1 S. 57). Die Kompetenz der Union zur Harmonisierung des Datenschutzrechts nach Art. 16 Abs. 2 S. 1 AEUV wurde erst durch den Vertrag von Lissabon eingefügt. Die Datenschutz-RL wurde daher noch als Regelung zum Abbau von Handelshemmnissen auf Art. 95 EUV (jetzt Art. 114 AEUV) gestützt, da unterschiedliche Regelungen in den Mitgliedstaaten Hindernisse für die Ausübung der Grundfreiheiten darstellen (EuGH EuR 2004, 276 Rn. 41 – Österreichischer Rundfunk; ausf. v. d. Groeben/Schwarze/Hatje/Brühann, Europäisches Unionsrecht, 7. Aufl. 2015, AEUV Art. 16 Rn. 72 ff.). Diesem Ziel dient auch die DS-GVO (vgl. EG 9 S. 2 und 3 und EG 13). 2

Das Ziel des freien Verkehrs personenbezogener Daten in der EU wird daher durch die Vereinheitlichung der unterschiedlichen datenschutzrechtlichen Regelungen in den Mitgliedstaaten sowie die Gewährleistung einer einheitlichen Auslegung des harmonisierten Rechts erreicht, die den Teilnehmern am Binnenmarkt Klarheit, Rechtssicherheit und gleiche Wettbewerbsbedingungen („level playing field"; Kühling/Buchner/Buchner DS-GVO Art. 1 Rn. 19; HK-DSGVO/ 3

Sydow Art. 1 Rn. 22) bringt. Dem Grundsatz des freien Datenverkehrs ist aber keine normative Entscheidung zugunsten einer Verbesserung des Datenflusses und zulasten des Datenschutzes zu entnehmen, die den „freien Datenverkehr" in den Rang einer weiteren Grundfreiheit erheben würde (in diese Richtung aber Plath/Plath Rn. 6; GSSV/Buchholtz/Stenzel Art. 1 Rn 37; wie hier Kühling/Buchner/Buchner DS-GVO Art. 1 Rn. 20 Fn. 31; Simitis/Hornung/Spiecker/ Hornung/Spiecker DS-GVO Art. 1 Rn. 25 ff.; Taeger/Gabel/Schmidt Art. 1 Rn. 11 f., 49; Botta DVBl. 2022, 290 (295); Kuner/Bygrave/Docksey/Drechsler/Hijmans, The EU General Data Protection Regulation (GDPR), 2020, Art. 1 S. 56). Der Grundsatz des freien Datenverkehrs kann daher auf europäischer Ebene nicht als Argument herangezogen werden, um eine Einschränkung datenschutzrechtlicher Belange zu begründen. Im Gegenteil: Der EuGH stellte in seiner ständigen Rechtsprechung zur Datenschutz-RL klar, ihr Ziel sei es, den freien Datenverkehr durch Vereinheitlichung herzustellen, aber hierbei das Datenschutzniveau nicht zu verringern, sondern ein hohes Schutzniveau zu gewährleisten (EuGH EuZW 2004, 245 Rn. 95 f. – Lindqvist; EuZW 2010, 296 Rn. 22 – Kommission/Deutschland (missverständlich Rn. 24 und 19, wonach die Aufsichtsbehörden beide Ziele „ins Gleichgewicht" bringen); ZD 2012, 33 Rn. 28 f. – ASNEF ./. FECEMD). Diese Auslegung ist auch auf die DS-GVO übertragbar, denn durch die Verbindlichkeit der GRC hat die grundrechtliche Zielrichtung der Datenschutzgesetzgebung der EU ein noch stärkeres Gewicht erhalten als zum Zeitpunkt des Erlasses der Datenschutz-RL (ebenso mit Verweis auf Art. 1 Abs. 2 Kuner/Bygrave/Docksey/Drechsler/Hijmans, The EU General Data Protection Regulation (GDPR), 2020, Art. 1 S. 56). EG 10 S. 1 greift dementsprechend die Rechtsprechung des EuGH auf, indem dort die Gewährleistung eines „gleichmäßigen und hohen Datenschutzniveaus" formuliert wird.

4   Ein freier Datenfluss soll jedoch nur in der EU gewährleistet sein. Als Kehrseite des freien Datenverkehrs zwischen den Mitgliedstaaten ist daher sicherzustellen, dass das gleichwertige und hohe Schutzniveau innerhalb der EU nicht durch Übermittlung in ein Drittland unterlaufen wird (vgl. Art. 44 S. 2). Hiermit wäre es unvereinbar, wenn die Mitgliedstaaten an die Übermittlung in Drittstaaten unterschiedliche Maßstäbe anlegen würden. Zur Verwirklichung des Grundsatzes des freien Datenverkehrs ist es daher unabdingbar, dass die Übermittlung aus der EU in Drittstaaten ebenfalls einheitlich geregelt wird (v. d. Groeben/Schwarze/Hatje/Brühann, Europäisches Unionsrecht, 7. Aufl. 2015, AEUV Art. 16 Rn. 108, 111). Dies wird durch die Vorschriften zur Drittstaatenübermittlung (Art. 44 ff.) gewährleistet.

B. Ziel der DS-GVO (Abs. 2)

5   Nach Abs. 2, der Art. 1 Abs. 1 Datenschutz-RL entspricht, dient die DS-GVO dem Schutz der Grundrechte und Grundfreiheiten natürlicher Personen, wobei das Recht auf Schutz personenbezogener Daten (Art. 8 Abs. 1 GRC) besonders hervorgehoben ist. Hintergrund ist, dass Art. 8 Abs. 1 GRC den Gesetzgeber zu einem effektiven Schutz personenbezogener Daten verpflichtet (EuGH NJW 2015, 3151 Rn. 72 – Schrems (zur Drittstaatenübermittlung); v. d. Groeben/Schwarze/Hatje/Augsberg, Europäisches Unionsrecht, 7. Aufl. 2015, GrC Art. 8 Rn. 8; Spiecker gen. Döhmann/Eisenbarth JZ 2011, 169 (172)). Die DS-GVO dient der Erfüllung dieser Schutzpflicht.

5.1 Nicht ganz deutlich wird in der Rechtsprechung des EuGH bisher, was das eigentliche Schutzgut des Art. 8 GRC ist (hierzu Lynskey 63 ICLQ 569, 587 (2014)). Mit anderen Worten: Warum werden personenbezogene Daten eigentlich geschützt? Art. 8 Abs. 2 GRC nennt nur Instrumente, um deren Schutz zu gewährleisten. Ebenso stellt Erwägungsgrund 7 S. 2 fest: „Personenbezogene Daten sollten die Kontrolle über ihre eigenen Daten besitzen." Warum aber ist die Kontrolle des Einzelnen über seine Daten wichtig? Das BVerfG ist hier bereits weiter, indem es den Schutz der Verhaltensfreiheit als Kern des Rechts auf informationelle Selbstbestimmung identifiziert hat (BVerfGE 120, 274 (311 f.) – Online-Durchsuchung; 120, 378 (397) – Automatische Kennzeichenerfassung; BVerfGE 65, 1 (42 f.) – Volkszählung; BVerfGE 152, 152 Rn. 84 f. – Recht auf Vergessen I).

6   Die Verarbeitung personenbezogener Daten berührt jedoch nicht nur Art. 8 GRC. Der EuGH selbst sieht zumeist zugleich Art. 7 GRC tangiert (zB EuGH ZD 2014, 350 Rn. 69 – Google Spain). Ferner kann eine Datenverarbeitung auch mittelbar die Freiheit der Meinungsäußerung betreffen (zB EuGH EuZW 2017, 153 Rn. 92 f. – Tele2 Sverige AB). Schon das BVerfG hatte in seinem Volkszählungsurteil die Auswirkungen der Datenverarbeitung auf die Ausübung von anderen Freiheitsrechten (zB der Versammlungs- und Vereinigungsfreiheit) und auf das Funktionieren eines demokratischen Gemeinwesens betont (BVerfGE 65, 1 (43) – Volkszählung = NJW 1984, 419 (422)). Eine immer wichtigere Rolle spielt auch der Schutz vor Diskriminierungen

Gegenstand und Ziele **Artikel 1 DS-GVO**

(Art. 21 Abs. 1 GRC), zB als normative Grundlage besonderer Voraussetzungen für die Verarbeitung sensibler Daten gem. Art. 9 oder der Frage, inwieweit automatisierte Einzelentscheidungen bestimmte besondere Kategorien von Daten gestützt werden dürfen (Art. 22 Abs. 4); Hintergrund ist nicht zuletzt die Verwendung von Algorithmen und maschinellem Lernen, weil hier – auch unbeabsichtigte – diskriminierende Effekte auftreten können (vgl. Erwägungsgrund 71 Abs. 2).

Andere Grundrechte sind ebenfalls durch die DS-GVO betroffen, weil sie durch die DS-GVO 7 und ihre Auslegung mit dem Recht auf Schutz personenbezogener Daten in Einklang gebracht werden müssen. In der Notwendigkeit, einen solchen Ausgleich herbeizuführen, zeigt sich der Sozialbezug personenbezogener Daten (vgl. EG 4 S. 1: „gesellschaftliche Funktion"; EuGH EuZW 2010, 939 Rn. 48 – Volker und Markus Schecke GbR). Insbesondere muss ein Ausgleich mit der Freiheit der Meinungsäußerung und Informationsfreiheit (hierzu auch Art. 85 Abs. 1) sowie der unternehmerischen Freiheit der Verantwortlichen durch die Regelungen der DS-GVO hergestellt werden.

C. Harmonisierungswirkung der DS-GVO (Abs. 3)

Wie schon Art. 1 Abs. 2 Datenschutz-RL schließt Abs. 3 weitergehende nationale Maßnahmen 8 zum Schutz personenbezogener Daten aus und stellt damit klar, dass die DS-GVO – wie schon die Datenschutz-RL (grundlegend EuGH EuZW 2004, 245 Rn. 95 f. – Lindqvist; zuletzt NJW 2016, 3579 Rn. 57 ff. – Breyer) – das Datenschutzrecht in der EU **vollständig harmonisiert,** soweit sie die Mitgliedstaaten nicht selbst zu abweichenden oder konkretisierenden Regelungen ermächtigt. Die DS-GVO bildet daher einen abschließenden legislativen Konsens innerhalb der EU ab, wie personenbezogene Daten zu schützen sind.

Die DS-GVO schließt damit aus, dass die Mitgliedstaaten nationale Maßnahmen zum Schutz 9 personenbezogener Daten ergreifen und diese Beschränkung der Grundfreiheiten als wichtiges Allgemeininteresse rechtfertigen. Ebenso dürften Mitgliedstaaten das Datenschutzniveau in anderen Mitgliedstaat nicht in Zweifel ziehen, sondern müssen eine Übermittlung von Daten in einen anderen Mitgliedstaat ebenso behandeln wie innerhalb des Mitgliedstaates (Paal/Pauly/Ernst DS-GVO Art. 1 Rn. 14; Kühling/Buchner/Buchner DS-GVO Art. 1 Rn. 18). Damit unvereinbar sind zB Regelungen, die eine Speicherung von Daten im Inland erzwingen (Mitteilung der Europäische Kommission, Building a European Data Economy, COM(2017) 9 final, 7 zur Beseitigung von Regelungen zur Datenlokalisierung). Nicht ausgeschlossen sind Maßnahmen, die anderen Zielsetzungen folgen (Mitteilung der Europäische Kommission, Building a European Data Economy, COM(2017) 9 final, 5; Ehmann/Selmayr/Zerdick DS-GVO Art. 1 Rn. 13).

Die Abgrenzung kann sehr schwierig sein, wenn die Tätigkeit von Unternehmen reguliert wird, deren 9.1 Geschäftstätigkeit im Kern die Verarbeitung personenbezogener Daten ist (zB Auskunfteien, Data Broker), und hierbei primär andere Ziele verfolgt werden. Dies zeigt sich anhand der Frage, ob § 31 BDSG mit der vollharmonisierenden Wirkung der DS-GVO vereinbar ist. So formuliert § 31 Abs. 1 BDSG in Fortführung von § 28b BDSG aF Anforderungen an das Scoring und schränkt insbesondere die Verwendung von Adressdaten ein (§ 31 Abs. 1 Nr. 3 und 4 BDSG), um eine diskriminierende Effekte aufgrund des Wohnortes zu verhindern (sog. „Redlining"). § 31 Abs. 2 BDSG greift § 28a Abs. 1 BDSG aF auf und regelt nun aber nicht mehr, wann negative Bonitätsmerkmale an eine Auskunftei gemeldet werden dürfen, sondern wann die Auskunftei sie verarbeiten darf. Insbesondere § 31 Abs. 2 S. 1 Nr. 4 BDSG (früher § 28a Abs. 1 S. 1 Nr. 4 BDSG aF) soll den Schuldner davor schützen, dass er allein aus Angst vor der „Drohung mit der SCHUFA" darauf verzichtet, seine vertraglichen Rechte geltend zu machen (vgl. BGH ZD 2016, 27 Rn. 25). Ziel des Gesetzgebers ist es daher, den Verbraucher im Rahmen seines Vertragsverhältnisses vor unbotmäßigem Druck des Vertragspartners zu schützen. Die Zulässigkeit beider Regelungen ist umstritten (für die Zulässigkeit mit nicht tragfähiger Begründung Taeger ZRP 2016, 72 (74) als Datenverarbeitung im öffentlichen Interesse Taeger ZRP 2016, 72 (74); iE ebenso Kremer CR 2017, 367 (374); Paal/Pauly/ Frenzel BDSG § 31 Rn. 1; ablehnend Kühling/Buchner/Buchner BDSG § 31 Rn. 4 f.; zweifelnd in Bezug auf § 31 Abs. 1 BDSG Kühling NJW 2017, 1985 (1988)). Nicht tragfähig ist das Motiv des Gesetzgebers, aufgrund der hohen Bedeutung von Auskunfteien für den Wirtschaftsverkehr und dem Schutz von Verbrauchern vor Überschuldung Rechtssicherheit zu schaffen (BT-Drs. 18/11325, 101 f.). Anders könnte eine Regulierung zu beurteilen sein, welche regelt, welche Daten eine Auskunftei ihren Einschätzungen zugrunde legen darf oder ausklammern muss, um die Richtigkeit der Bonitätsprognose zu gewährleisten und wirtschaftlich negative Auswirkungen für Unternehmen und Verbraucher zu verhindern.

Die DS-GVO erlaubt den Mitgliedstaaten an einer Vielzahl von Stellen, Konkretisierungen 10 und Spezifizierungen vorzunehmen, und eröffnet ihnen hierbei gewisse Spielräume (Erwägungsgrund 10 S. 3–6). Allerdings stehen den Mitgliedstaaten keine weitergehenden **Konkretisierungs-**

befugnisse zu als nach der Datenschutz-RL (vgl. Pötters RDV 2015, 10 (12)). Es wäre mit dem Wechsel der Rechtsform von der Richtlinie zur Verordnung kaum zu vereinbaren, wenn das „Harmonisierungsniveau" im Vergleich zur Datenschutz-RL abnehmen würde (Piltz K&R 2016, 557 (560)). Die Mitgliedstaaten sind daher daran gehindert, die „Tragweite" der Regelungen der DS-GVO zu verändern (vgl. EuGH ZD 2012, 33 Rn. 32 und 34 – ASNEF und FECEMD) und das Datenschutzniveau der DS-GVO zu überschreiten oder zu unterschreiten. Dies ist nur dann zulässig, wenn die DS-GVO dies explizit erlaubt (zB Art. 8 Abs. 1 UAbs. 1; Art. 9 Abs. 2 lit. a; Art. 9 Abs. 4).

11 Die verschiedenen Öffnungsklauseln können wiederum zu Hemmnissen für den freien Datenverkehr führen, weil es in den Mitgliedstaaten unterschiedliche Regelungen gibt, auf die sich Verantwortliche einstellen müssen. Es stellt sich dann die Frage, ob im Fall einer grenzüberschreitenden Verarbeitung für den Anwendungsbereich dieser nationalen Regelungen das Herkunftsland des Verantwortlichen maßgeblich sein soll, der Aufenthaltsort der betroffenen Person oder ein anderer Anknüpfungspunkt, zB die Ausrichtung des Angebots des Verantwortlichen auf Personen in einem Mitgliedstaat wie im Rahmen des Marktortprinzips. Art. 4 Abs. 1 lit. a Datenschutz-RL enthielt eine klare Entscheidung für das Herkunftslandprinzip. Soweit die DS-GVO sich zu dieser Problematik verhält (zB Erwägungsgrund 55 S. 5 zu Art. 9 Abs. 4; Erwägungsgrund 153 S. 6 zu Art. 85 Abs. 2), entscheidet sie sich ebenfalls für das **Herkunftslandprinzip** bzw. für den Grundsatz des freien Datenverkehrs. Die Ausrichtung am Herkunftslandprinzip folgt letztlich aus den Grundfreiheiten und damit aus dem Primärrecht (vgl. v. Lewinski/Herrmann ZD 2016, 467 (473 f. mwN)) und lässt sich daher als allgemeiner Grundsatz in solchen Kollisionsfällen anwenden, wenn keine Schutzgedanken eingreifen (Thon RabelsZ 88 (2020) 24 (46)), die auch eine Einschränkung der betroffenen Grundfreiheiten rechtfertigen würde. Art. 1 Abs. 3 sperrt hier datenschutzrechtliche Erwägungen und zwingt zur Anerkennung des Datenschutzniveaus in den anderen Mitgliedstaaten. Das Herkunftslandprinzip ist daher etwa keine überzeugende Lösung, wenn hierdurch der Schutz Minderjähriger unterlaufen werden würde (vgl. Art. 8 Abs. 1 UAbs. 2); für den Schutz Minderjähriger ist daher der Aufenthaltsort maßgeblich (ebenso Kühling/Buchner/ Kühling DS-GVO Art. 1 Rn. 20; Schantz/Wolff DatenschutzR/Schantz Rn. 482; für den gewöhnlichen Aufenthaltsort; Thon RabelsZ 88 (2020) 24 (46); vgl. auch Laue ZD 2016, 463 (466), der aber eine Rechtswahl befürwortet, was angesichts des zwingenden Charakters und der Zielrichtung des Art. 8 Abs. 1 zweifelhaft erscheint.).

Artikel 2 Sachlicher Anwendungsbereich

(1) Diese Verordnung gilt für die ganz oder teilweise automatisierte Verarbeitung personenbezogener Daten sowie für die nichtautomatisierte Verarbeitung personenbezogener Daten, die in einem Dateisystem gespeichert sind oder gespeichert werden sollen.

(2) Diese Verordnung findet keine Anwendung auf die Verarbeitung personenbezogener Daten
a) im Rahmen einer Tätigkeit, die nicht in den Anwendungsbereich des Unionsrechts fällt,
b) durch die Mitgliedstaaten im Rahmen von Tätigkeiten, die in den Anwendungsbereich von Titel V Kapitel 2 EUV fallen,
c) durch natürliche Personen zur Ausübung ausschließlich persönlicher oder familiärer Tätigkeiten,
d) durch die zuständigen Behörden zum Zwecke der Verhütung, Ermittlung, Aufdeckung oder Verfolgung von Straftaten oder der Strafvollstreckung, einschließlich des Schutzes vor und der Abwehr von Gefahren für die öffentliche Sicherheit.

(3) ¹Für die Verarbeitung personenbezogener Daten durch die Organe, Einrichtungen, Ämter und Agenturen der Union gilt die Verordnung (EG) Nr. 45/2001. ²Die Verordnung (EG) Nr. 45/2001 und sonstige Rechtsakte der Union, die diese Verarbeitung personenbezogener Daten regeln, werden im Einklang mit Artikel 98 an die Grundsätze und Vorschriften der vorliegenden Verordnung angepasst.

(4) Die vorliegende Verordnung lässt die Anwendung der Richtlinie 2000/31/EG und speziell die Vorschriften der Artikel 12 bis 15 dieser Richtlinie zur Verantwortlichkeit der Vermittler unberührt.

Sachlicher Anwendungsbereich **Artikel 2 DS-GVO**

Überblick

Art. 2 bestimmt den **sachlichen Anwendungsbereich** der Verordnung. Hierzu enthält Abs. 1 eine **Grundregel** (→ Rn. 1 ff.), von der Abs. 2 **Ausnahmen** vorsieht (→ Rn. 6 ff.). Abs. 3 stellt klar, dass die Verordnung nicht für **Datenverarbeitungen durch Organe und Einrichtungen der EU** gilt (→ Rn. 31). Abs. 4 befasst sich mit dem Verhältnis der Verordnung zu den Verantwortlichkeitsregelungen der **E-Commerce-Richtlinie** (→ Rn. 32 ff.).

Übersicht

	Rn.		Rn.
A. Grundregel (Abs. 1)	1	2. Insbesondere zur Nutzung von Social Media-Diensten	17
B. Ausnahmetatbestände (Abs. 2)	6	IV. Bekämpfung von Straftaten	24
I. Anwendungsbereich des Unionsrechts	7	**C. Datenverarbeitungen durch Stellen der EU (Abs. 3)**	31
II. Gemeinsame Außen- und Sicherheitspolitik	10	**D. Verhältnis zur E-Commerce-Richtlinie (Abs. 4)**	32
III. Haushaltsausnahme	12		
1. Allgemeine Grundsätze	13		

A. Grundregel (Abs. 1)

Abs. 1 enthält die **Grundregel** zur Bestimmung des sachlichen Anwendungsbereichs der Verordnung. Die Verordnung ist danach auf die **Verarbeitung** iSv Art. 4 Nr. 2 (→ Art. 4 Rn. 29 ff.) von **personenbezogenen Daten** iSv Art. 4 Nr. 1 (→ Art. 4 Rn. 3 ff.) in **zwei Verarbeitungskonstellationen** anzuwenden. 1

Erstens fällt die ganz oder teilweise **automatisierte Verarbeitung** personenbezogener Daten in den Anwendungsbereich der Verordnung. Der in der Verordnung – anders als noch in § 3 Abs. 2 S. 1 BDSG aF – nicht legaldefinierte Begriff der Automatisierung ist weit zu verstehen und umfasst alle Verfahren, bei denen ein Datenverarbeitungsvorgang anhand eines vorgegebenen Programms ohne weiteres menschliches Zutun selbsttätig erledigt wird (ähnlich Ehmann/Selmayr/Zerdick Rn. 3). Eine Digitalisierung der verarbeiteten Daten ist hinreichende, aber nicht notwendige Bedingung der Automatisierung (ähnlich Kühling/Buchner/Kühling/Raab Rn. 17). 2

Die Datenverarbeitung muss **ganz oder teilweise** automatisiert erfolgen. Eine Teilautomatisierung liegt jedenfalls vor, wenn ein einzelner Datenverarbeitungsvorgang teils manuell, teils automatisch erfolgt. So liegt es etwa, wenn personenbezogene Daten manuell in eine digitale Datenbank eingegeben werden. Daneben ist eine Teilautomatisierung auch dann anzunehmen, wenn mehrere Datenverarbeitungsvorgänge, von denen einige manuell und einige automatisiert durchgeführt werden, in einer zusammenhängenden Vorgangsreihe hinreichend dicht miteinander verknüpft sind. 3

Beispiele: 3.1
- Der Betrieb einer **Videoüberwachungsanlage,** auf deren Bildern einzelne Personen zu erkennen sind, ist in aller Regel als automatisierte Verarbeitung personenbezogener Daten anzusehen. Dies ist in der höchstrichterlichen Rechtsprechung mittlerweile geklärt für Fälle, in denen die erfassten Bilddaten über die Erfassung hinaus gespeichert werden (EuGH NJW 2015, 463 (464); ZD 2020, 148 (149)). Auch bei einer bloßen Live-Bildübertragung liegt jedoch eine automatisierte Datenverarbeitung jedenfalls dann vor, wenn die erfassten Bilder digitalisiert und damit informationstechnisch verarbeitet werden (OVG Bln-Bbg ZD 2017, 399; Hornung/Schindler/Schneider ZIS 2018, 566 (570); DWWS/Weichert Rn. 8; aA Kühling/Buchner/Kühling/Raab Rn. 15; Simitis/Hornung/Spiecker/Roßnagel Rn. 16).
- Eine Datenspeicherung auf **analogen Speichermedien** wie Tonbändern oder Kassetten stellt auch ohne Digitalisierung der gespeicherten Daten eine automatisierte Verarbeitung dar (Kühling/Buchner/Kühling/Raab Rn. 17).
- Wird eine Zettelsammlung, die personenbezogene Daten enthält, durch einen digitalen **Index** erschlossen, so liegt hinsichtlich der personenbezogenen Daten auf den einzelnen Zetteln eine teilautomatisierte Verarbeitung vor. Der Anwendungsbereich der Verordnung ist eröffnet, ohne dass es darauf ankäme, ob die Zettelsammlung ein Dateisystem darstellt (Kühling/Buchner/Kühling/Raab Rn. 16; OVG NRW BeckRS 2021, 13156 Rn. 60).

Zweitens unterfällt auch die **nichtautomatisierte Verarbeitung** personenbezogener Daten in einem **Dateisystem** iSv Art. 4 Nr. 6 dem sachlichen Anwendungsbereich der Verordnung. Da der Begriff des Dateisystems nur niedrige Anforderungen an die Strukturierung der darin enthalte- 4 nen Daten stellt (→ Art. 4 Rn. 81 ff.), erfasst die Verordnung praktisch alle geordneten manuellen Datensammlungen (vgl. beispielhaft zur Sammlung von Informationen für die Kontaktnachverfolgung im Zuge der Covid-19-Pandemie VerfGH Sachsen BeckRS 2021, 10002 Rn. 15). Zwar heißt es in Erwägungsgrund 15, **Akten** oder Aktensammlungen sowie ihre Deckblätter, die nicht nach bestimmten Kriterien geordnet seien, sollten nicht in den Anwendungsbereich der Verordnung fallen. Da eine solche Ordnung jedoch in aller Regel beabsichtigt ist, ist diese Erwägung praktisch kaum relevant (vgl. zu Personalakten LAG LSA BeckRS 2018, 35988, Rn. 51 ff.; aA LAG Nds BeckRS 2021, 24370 Rn. 50; zu einer Schülerakte VG Berlin ZD 2020, 483). Des Weiteren ist die Verordnung bereits anwendbar, wenn die verarbeiteten Daten erst **zukünftig** in einem Dateisystem gespeichert werden sollen. Im Ergebnis fallen – neben einer rein kognitiven Informationsverarbeitung, bei der es an einer Vergegenständlichung von Informationen auf einem Datenträger vollständig fehlt – im Wesentlichen nur Einzeldokumente oder unsortierte Zettelsammlungen, deren Strukturierung auch nicht beabsichtigt ist, nicht in den Anwendungsbereich der Verordnung.

5   Darüber hinaus haben die **deutschen Gesetzgeber** den Anwendungsbereich der Verordnung aufgrund autonomer Regelungsentscheidungen auf weitere Verarbeitungen personenbezogener Daten erstreckt. Gemäß § 26 Abs. 7 BDSG sind – in verständiger Auslegung dieser Vorschrift – im Bereich des **Beschäftigtendatenschutzes** die Regelungen der Verordnung auch auf nichtautomatisierte Verarbeitungen außerhalb von Dateisystemen anzuwenden (→ BDSG 2018 § 26 Rn. 41). Nach § 1 Abs. 1 S. 1 Abs. 8 BDSG sowie den entsprechenden Regelungen in den meisten Landesdatenschutzgesetzen (§ 2 Abs. 1, Abs. 4 BWDSG; Art. 2 BayDSG; § 2 Abs. 1, Abs. 9 BlnDSG; § 2 Abs. 1, Abs. 6 BbgDSG; § 2 Abs. 1, Abs. 6 BremDSGVOAG; § 2 Abs. 1, Abs. 6 HmbDSG; § 2 Abs. 1, Abs. 8 HDSIG; § 2 Abs. 1 iVm § 3 DSG M-V; § 1 Abs. 1 S. 1 iVm § 2 Nr. 2 lit. c NDSG; § 5 Abs. 1, Abs. 8 DSG NRW; § 2 Abs. 1 S. 1 iVm § 10 RPDSG;§ 3 SaarlDSG; § 2 Abs. 4 SächsDSDG; § 2 Abs. 1 S. 1, Abs. 6 SHLDSG; § 2 Abs. 1 S. 1, Abs. 4 ThürDSG) ist die Verordnung auf Verarbeitungen personenbezogener Daten durch **öffentliche Stellen** prinzipiell auch dann anzuwenden, wenn ihr sachlicher Anwendungsbereich nach Maßgabe von Abs. 1 nicht eröffnet ist.

B. Ausnahmetatbestände (Abs. 2)

6   Abs. 2 enthält **Ausnahmen** vom sachlichen Anwendungsbereich der Verordnung. Abs. 2 lit. a und Abs. 2 lit. b zeichnen die kompetenzrechtlichen Grenzen dieses Regelungswerks nach. Abs. 2 lit. c begrenzt den sachlichen Anwendungsbereich des Datenschutzrechts, um die freie Entfaltung im privaten Bereich nicht über Gebühr einzuschränken. Abs. 2 lit. d grenzt die Verordnung von der JI-RL ab.

6a Eine weitere (partielle) Ausnahmeregelung zum sachlichen Anwendungsbereich der Verordnung findet sich für den **Datenschutz in der elektronischen Kommunikation** in Art. 95 (→ Art. 95 Rn. 5). Ferner ermöglicht Art. 91 **Religionsgemeinschaften,** bestehende Datenschutzregime beizubehalten. Diese Regelungswerke treten an die Stelle der Verordnung. Allerdings muss ihr Schutzniveau an den Standard der Verordnung angeglichen werden (→ Art. 91 Rn. 13 ff.).

I. Anwendungsbereich des Unionsrechts

7   Abs. 2 lit. a beschränkt den Anwendungsbereich der Verordnung auf Tätigkeiten, die in den **Anwendungsbereich des Unionsrechts** fallen. Der Ausnahmetatbestand zeichnet die Grenzen der **Regelungskompetenz** der Union für das Datenschutzrecht nach, die sich aus Art. 16 Abs. 2 AEUV ergibt. Dieser Kompetenztitel differenziert nach unterschiedlichen Verarbeitungskonstellationen. Die Union kann Vorgaben für Datenverarbeitungen durch hoheitliche Stellen der Mitgliedstaaten schaffen, soweit sie mit Tätigkeiten zusammenhängen, die in den Anwendungsbereich des Unionsrechts fallen. Mit Blick auf Datenverarbeitungen durch Private hat die Union eine Regelungskompetenz für den freien Datenverkehr, die den Datenschutz umfasst. Auf einen Bezug zum sonstigen Anwendungsbereich des Unionsrechts kommt es insoweit nicht an (näher Hatje/Müller-Graff/Wegener, Enzyklopädie Europarecht, Bd. 8, 2. Aufl. 2021/Bäcker, § 11 Rn. 14 ff.). Entsprechend dieser differenzierten Kompetenzregelung ist auch für die Anwendung von Abs. 2 lit. a zu differenzieren:

8   Auf **Datenverarbeitungen durch Private** ist der Ausnahmetatbestand in Abs. 2 lit. a **nicht anwendbar.** Dieser Ausnahmetatbestand zeichnet die Grenzen einer Regelungskompetenz der EU nach, die sich auf hoheitliche Datenverarbeitungen der Mitgliedstaaten bezieht. Er setzt dementsprechend eine **spezifisch staatliche Datenverarbeitung** voraus (EuGH ZD 2020, 511 (513);

ZD 2020, 577 (578); BeckRS 2021, 15289 Rn. 65). Nur wenn eine Datenverarbeitung durch einen Privaten dem Staat zurechenbar ist, etwa im Rahmen einer Beleihung, kommt eine Anwendung von Abs. 2 lit. a in Betracht. Die für den Datenschutz im Privatsektor maßgebliche Regelungskompetenz für den **freien Datenverkehr** aus Art. 16 Abs. 2 AEUV setzt hingegen voraus, dass der Anwendungsbereich des Unionsrechts bereits durch eine andere Norm eröffnet ist. Es handelt sich vielmehr um eine besondere Ausprägung der Binnenmarktkompetenz der EU (NK-DatenschutzR Einl. Rn. 157). Dieser Kompetenztitel trägt der Multifunktionalität von Daten Rechnung, die potenziell stets in einen binnenmarktrelevanten Verarbeitungszusammenhang überführt werden können. Die Regelungskompetenz hängt darum insbesondere nicht davon ab, dass im Einzelfall ein grenzüberschreitender oder wirtschaftlicher Bezug besteht. Erwägenswert erscheint allenfalls, eine Kompetenzgrenze für Datenverarbeitungen im persönlichen Nahbereich eines Menschen mangels eines auch nur potenziellen Binnenmarktbezugs anzunehmen. Für solche Datenverarbeitungen findet sich eine Sonderregelung in Abs. 2 lit. c (→ Rn. 12 ff.), sodass es keines systemwidrigen Rückgriffs auf lit. a bedarf.

Für Datenverarbeitungen durch **hoheitliche Stellen der Mitgliedstaaten** ist maßgeblich, wie **9** weit ihr Anwendungsbereich des Unionsrechts reicht. Der EuGH legt diesen Begriff – parallel zu vergleichbaren Vorschriften wie Art. 18 AEUV (vgl. Calliess/Ruffert/Epiney AEUV Art. 18 Rn. 16 ff. mwN) oder Art. 51 Abs. 1 S. 1 GRCh (vgl. Calliess/Ruffert/Kingreen GRCh Art. 51 Rn. 8 ff. mwN) – unter Verweis auf Erwägungsgrund 16 der Verordnung weit aus. Danach sind vom Anwendungsbereich des Unionsrechts nur Datenverarbeitungen ausgenommen, die „von staatlichen Stellen im Rahmen einer Tätigkeit, die der Wahrung der nationalen Sicherheit dient, oder einer Tätigkeit, die derselben Kategorie zugeordnet werden kann, vorgenommen werden" (EuGH BeckRS 2021, 15289 Rn. 66). Welche Tätigkeiten „derselben Kategorie" wie dem Schutz der nationalen Sicherheit zugeordnet werden können, hat der Gerichtshof noch nicht geklärt. Jedenfalls ist nach dieser Rechtsprechung der Anwendungsbereich des Unionsrechts nicht erst dann eröffnet, wenn eine mit einer Datenverarbeitung zusammenhängende hoheitliche Tätigkeit im konkreten Einzelfall durch unionsrechtliche Regelungen beeinflusst wird. Vielmehr dürfte ausreichen, dass die Verarbeitung bei **abstrakter Betrachtung** überhaupt einen **Bezug zum Unionsrecht** haben kann (ähnlich Grzeszick NVwZ 2018, 1505 (1507); zu Art. 16 AEUV von der Groeben/Schwarze/Hatje/Brühann AEUV Art. 16 Rn. 65 ff.). Wegen der weitreichenden Zuständigkeiten der EU auf den meisten staatlichen Handlungsfeldern (vgl. Art. 2 ff. AEUV) und wegen des potenziellen Binnenmarktbezugs nahezu aller staatlichen Handlungen ist darum der Anwendungsbereich des Unionsrechts für hoheitliche Datenverarbeitungen **in aller Regel eröffnet** (vgl. etwa zum Steuerverfahren v. Armansperg DStR 2021, 453 (454 ff.), mit zutreffender Kritik an FG Niedersachsen DStRE 2020, 881 (882)).

Die bedeutsamste Ausnahme vom Anwendungsbereich der Verordnung ergibt sich aus der in **9a** Art. 4 Abs. 2 S. 2 EUV hervorgehobenen alleinigen Verantwortung der Mitgliedstaaten für die **nationale Sicherheit,** die auch Erwägungsgrund 16 ausdrücklich nennt. Hierbei geht es ausschließlich um die nationale Sicherheit der Mitgliedstaaten. Datenverarbeitungen mit dem Ziel, lediglich die nationale Sicherheit eines Drittstaats zu schützen, unterfallen hingegen der Verordnung (EuGH GRUR-RS 2020, 16082 Rn. 81, 86 ff.). Die Gewährleistung der nationalen Sicherheit beschränkt sich nach dem EuGH auf den Schutz der „wesentlichen Funktionen des Staates" und der „grundlegenden Interessen der Gesellschaft". Sie umfasst „die Verhütung und Repression von Tätigkeiten, die geeignet sind, die tragenden Strukturen eines Landes im Bereich der Verfassung, Politik oder Wirtschaft oder im sozialen Bereich in schwerwiegender Weise zu destabilisieren und insbesondere die Gesellschaft, die Bevölkerung oder den Staat als solchen unmittelbar zu bedrohen". Als Beispiel nennt der Gerichtshof terroristische Aktivitäten (EuGH NJW 2021, 531 (538)).

Allerdings erscheint fragwürdig, ob mitgliedstaatliche Datenverarbeitungen durchweg bereits **9b** dann aus dem Anwendungsbereich des Unionsrechts herausfallen, wenn sie der nationalen Sicherheit dienen. Denn die Union hat durchaus Kompetenzen im Bereich der nationalen Sicherheit. Beispielhaft zeigt sich dies an der **Terrorismusbekämpfung,** die Gegenstand zahlreicher Regelungswerke des Unionsrechts ist, etwa die Richtlinie 2017/541 zur Terrorismusbekämpfung. Der Ausnahmetatbestand in Abs. 2 lit. a lässt sich darum, soweit es um den Schutz der nationalen Sicherheit geht, nicht allein anhand der **drohenden Schäden** abgrenzen. Hierbei handelt es sich um eine notwendige, aber nicht hinreichende Bedingung. Hinzukommen müssen spezifische Eigenschaften der **staatlichen Reaktion** auf Bedrohungen der nationalen Sicherheit, damit der von Art. 4 Abs. 2 S. 3 EUV angesprochene mitgliedstaatliche Prärogativbereich eröffnet ist. Daher unterfällt etwa der **polizeiliche Staatsschutz** nicht Abs. 2 lit. a, obwohl es ihm um den Schutz der nationalen Sicherheit geht. Vielmehr fällt dieses polizeiliche Handlungsfeld in den Anwendungsbereich von Abs. 2 lit. d und der damit verknüpften (→ Rn. 24) Richtlinie 2016/680.

9c Datenverarbeitungen zum Schutz der nationalen Sicherheit unterfallen des Weiteren dem Ausnahmetatbestand in Abs. 2 lit. a nur insoweit, als es sich um **staatliche Datenverarbeitungen** handelt. Denn dieser Ausnahmetatbestand hat spezifisch staatliche Tätigkeiten zum Gegenstand (EuGH ZD 2020, 511 (513); ZD 2020, 577 (578); BeckRS 2021, 15289 Rn. 65; → Rn. 8). Dies zeigt sich auch an der Öffnungsklausel zum Schutz der nationalen Sicherheit in Art. 23 Abs. 1 lit. a, die ansonsten sinnlos wäre (vgl. Kühling/Buchner/Bäcker Art. 23 Rn. 16). Bedeutsam ist die Beschränkung von Abs. 2 lit. a auf staatliche Datenverarbeitungen vor allem für **Datenübermittlungen.** Übermittelt eine private Stelle Daten an eine Sicherheitsbehörde, die diese Daten zum Schutz der nationalen Sicherheit weiterverarbeitet, so unterfällt die Übermittlung noch dem Anwendungsbereich der Verordnung (vgl. zu Datenübermittlungen im Anwendungsbereich der RL 2002/58/EG EuGH NJW 2019, 655 (656); BeckRS 2020, 25341 Rn. 39; Baumgartner GSZ 2021, 42 (43 f.)). Erst auf die Weiterverarbeitung der Daten durch die Sicherheitsbehörde ist das europäische Datenschutzrecht nicht mehr anwendbar (vgl. zum Parallelproblem bei Abs. 2 lit. d → Rn. 30a).

9d Aus der exklusiven Zuständigkeit der Mitgliedstaaten für den Schutz der nationalen Sicherheit wird zumeist – auch in früheren Fassungen dieser Kommentierung – gefolgert, Datenverarbeitungen durch die **Nachrichtendienste** der Mitgliedstaaten unterfielen generell nicht dem Anwendungsbereich des europäischen Datenschutzrechts (Taeger/Gabel/Schmidt Rn. 14; Auernhammer/Eßer/Kramer/v. Lewinski Rn. 24; GSSV/v. Grafenstein Rn. 31; Ehmann/Selmayr/Zerdick Rn. 8; vgl. ferner zu Sicherheitsüberprüfungen nach dem SÜG OVG Münster BeckRS 2021, 22734 Rn. 8). Diese Annahme liegt auch der deutschen Gesetzgebung zugrunde, die ein weitreichendes datenschutzrechtliches Sonderregime für die Nachrichtendienste errichtet (vgl. etwa § 27 BVerfSchG). Die Prämisse hierfür lautet, dass das **gesamte Aufgabenspektrum** der Nachrichtendienste dem Schutz der nationalen Sicherheit zuzuordnen ist. Mit Blick auf das enge Begriffsverständnis des EuGH erscheint dies allerdings zumindest für die deutsche Sicherheitsarchitektur fragwürdig. So umfasst der Aufklärungsauftrag der für die Inlandsaufklärung zuständigen Verfassungsschutzbehörden nach § 3 Abs. 1 Nr. 1 BVerfSchG generell Bestrebungen, die sich gegen die freiheitlich demokratische Grundordnung richten. Dies setzt ein aktives, ziel- und zweckgerichtetes Vorgehen voraus, aber weder gewalttätige oder sonst rechtswidrige Handlungen noch eine Erfolgsaussicht der Bestrebung (vgl. Schenke/Graulich/Ruthig, Sicherheitsrecht des Bundes, 2. Aufl. 2019/Roth, BVerfSchG § 4 Rn. 14 ff.). Der Aufklärungsauftrag des Verfassungsschutzes erstreckt sich daher auf verfassungsfeindliche Strukturen, bei denen es an der vom EuGH vorausgesetzten unmittelbaren Bedrohungslage fehlt. Darüber hinaus sind die Nachrichtendienste teilweise damit betraut, Strukturen der organisierten Kriminalität aufzuklären (vgl. etwa Art. 3 S. 2 BayVSG sowie § 5 Abs. 1 S. 1 Nr. 4, 5, 6, 7 lit. b und 8 Alt. 1 G 10). Solche Strukturen bedrohen ungeachtet ihres hohen Schädigungspotenzials zumindest nicht durchweg die nationale Sicherheit. Wird davon ausgegangen, dass die Nachrichtendienste zumindest nicht ausschließlich Zwecke der nationalen Sicherheit verfolgen, stellt sich die Folgefrage, welches Regelungswerk des europäischen Datenschutzrechts auf sie anzuwenden ist, soweit Abs. 2 lit. a nicht greift. Hierfür dürfte es darauf ankommen, ob die Nachrichtendienste als Kriminalbehörden einzustufen sind, die der RL 2016/680 unterfallen (→ Rn. 24 ff.; vgl. zur ambivalenten organisationsverfassungsrechtlichen Einstufung der Nachrichtendienste Lisken/Denninger, Handbuch des Polizeirechts, 7. Aufl. 2021/Bäcker, B Rn. 229 ff.).

9e Umstritten ist, ob und inwieweit Datenverarbeitungen durch die mitgliedstaatlichen **Parlamente** und deren Untergliederungen (wie Ausschüsse oder Fraktionen) dem Anwendungsbereich des Unionsrechts unterfallen, soweit sie im Rahmen der parlamentarischen Tätigkeit und nicht der Parlamentsverwaltung durchgeführt werden. Der EuGH hat Datenverarbeitungen durch den Petitionsausschuss eines Landtags ohne weiteres dem Anwendungsbereich der Verordnung unterstellt (EuGH ZD 2020, 577 (578)). In der Literatur wird teilweise angenommen, diese Entscheidung sei auf Spezifika von Petitionsausschüssen zurückzuführen. Für die politische Kerntätigkeit der mitgliedstaatlichen Parlamente greife hingegen der Ausnahmetatbestand des Abs. 2 lit. a, da das Parlamentsrecht nicht in den Anwendungsbereich des Unionsrechts falle (Hilbert NVwZ 2021, 1173 (1174 ff.); tendenziell auch Engelbrecht ZD 2020, 578 (579); Petri DuD 2020, 810 (811)). In der Tat lassen sich aus den recht unspezifischen Ausführungen des EuGH keine zwingenden Schlüsse auf andere parlamentarische Gremien ziehen. Der Gerichtshof deutet allerdings auch mit keinem Wort an, dass die politische Tätigkeit der mitgliedstaatlichen Parlamente anders einzuordnen sein könnte als der Petitionsausschuss. Unabhängig davon, ob die Entscheidung inhaltlich überzeugt (kritisch Grzeszick/Schwartmann/Mühlenbeck NVwZ 2020, 1491 (1494); Pabst RDV

2020, 249 (251 ff.); dem EuGH zustimmend Heberlein ZD 2021, 85 (86 ff.); Stürmer/Wolff DÖV 2021, 167 (169)), sollte daher für die Praxis davon ausgegangen werden, dass die Verordnung für Datenverarbeitungen durch Parlamente umfassend gilt (vgl. zu einem parlamentarischen Untersuchungsausschuss öBVwG v. 23.11.2020 – W211 2227144-1/3E; für eine Nachjustierung des Parlamentsdatenschutzes Grzeszick/Schwartmann/Mühlenbeck NVwZ 2020, 1491 (1495); Heberlein ZD 2021, 85 (88); Stürmer/Wolff DÖV 2021, 167 (170 f.)).

II. Gemeinsame Außen- und Sicherheitspolitik

Abs. 2 lit. b nimmt Datenverarbeitungen durch die Mitgliedstaaten im Rahmen der **Gemeinsamen Außen- und Sicherheitspolitik** vom Anwendungsbereich der Verordnung aus. Ähnlich wie Abs. 2 lit. a (→ Rn. 7) zeichnet diese Vorschrift deklaratorisch die Kompetenzrechtslage nach. Für den Datenschutz im Bereich der Gemeinsamen Außen- und Sicherheitspolitik enthält Art. 39 EUV eine besondere Regelungsbefugnis, die hinsichtlich des Verfahrens von dem allgemeinen Kompetenztitel des Art. 16 Abs. 2 AEUV abweicht und einen einstimmigen Ratsbeschluss erfordert (Ehmann/Selmayr/Zerdick Rn. 9). 10

Ein **allgemeines Regelungswerk** zum Datenschutz im Rahmen der gemeinsamen Außen- und Sicherheitspolitik wurde bislang **nicht verabschiedet.** Lediglich für einzelne Operationen finden sich Regelungen (vgl. Kühling/Buchner/Kühling/Raab Rn. 22). Im Übrigen ist die Verarbeitung personenbezogener Daten durch die Mitgliedstaaten im Bereich der Gemeinsamen Außen- und Sicherheitspolitik in jedem Fall an den **Grundrechten** aus Art. 7 und Art. 8 GRCh zu messen (GSSV/v. Grafenstein Rn. 32). 11

III. Haushaltsausnahme

Abs. 2 lit. c, der auf Art. 3 Abs. 2 Alt. 2 DSRL zurückgeht, nimmt Datenverarbeitungen im persönlichen Bereich vom Anwendungsbereich der Verordnung aus. Diese sogenannte **Haushaltsausnahme** schützt die **Privatsphäre** gegen eine übermäßige Regulierung, welche die freie Entfaltung der Persönlichkeit gefährden könnte (Kühling/Buchner/Kühling/Raab Rn. 10 und 23). Schief ist demgegenüber die Deutung als „Bagatellklausel" (so jedoch Ehmann/Selmayr/Zerdick Rn. 10; ähnlich Simitis/Hornung/Spiecker/Roßnagel Rn. 23; wie hier kritisch DWWS/Weichert Rn. 17). Gerade im privaten Bereich kann es zu schweren Persönlichkeitsrechtsverletzungen kommen, die eine rechtliche Reaktion erforderlich machen (Schantz/Wolff DatenschutzR Rn. 313). Dementsprechend ist die Privatsphäre kein rechtsfreier Raum, sondern unterliegt – wenngleich teils mit Modifikationen – den allgemeinen zivil- und strafrechtlichen Vorgaben (vgl. beispielhaft BGH NJW 2016, 1094 – Pflicht zur Löschung intimer Bildaufnahmen nach dem Ende einer Liebesbeziehung; zur Vorinstanz Golla/Herbort GRUR 2015, 648). Sinn der Haushaltsausnahme ist auch weniger eine Freistellung von den materiellen Anforderungen an Datenverarbeitungen im Einzelfall als von den einzelfallübergreifenden prozeduralen Vorgaben des Datenschutzrechts. Diese Vorgaben wären im privaten Bereich kaum umfassend einzuhalten und könnten teils dem grundrechtlichen Schutz der Privatsphäre zuwiderlaufen. 12

1. Allgemeine Grundsätze

Die Haushaltsausnahme schützt allein **natürliche Personen.** Juristische Personen können sich unabhängig von ihrer Rechtsform und ihren Zielen nie auf Abs. 2 lit. c berufen. Die Verordnung ist daher insbesondere auf nicht erwerbsorientierte gemeinnützige Vereine unbeschränkt anwendbar (Paal/Pauly/Ernst Rn. 15). Demgegenüber setzt Abs. 2 lit. c nicht voraus, dass nur eine einzelne natürliche Person die fragliche Datenverarbeitung durchführt. Mehrere Personen können sich daher ggf. gemeinsam auf die Haushaltsausnahme berufen (Kühling/Buchner/Kühling/Raab Rn. 23). 13

Abs. 2 lit. c setzt eine Datenverarbeitung zur Ausübung **ausschließlich persönlicher oder familiärer Tätigkeiten** voraus. Die Verordnung ist dementsprechend anwendbar, wenn die Datenverarbeitung den privaten Bereich auch nur teilweise überschreitet (vgl. zu der Vorgängerregelung in Art. 3 Abs. 2 DSRL EuGH BeckRS 2018, 14563, Rn. 44 aE). Für die damit erforderliche Abgrenzung zwischen privaten und nicht-(nur)-privaten Tätigkeiten kann ein Bündel von Kriterien herangezogen werden, die sich an den Eigenschaften der jeweiligen Datenverarbeitung orientieren. Hierzu zählen insbesondere räumliche und soziale Gesichtspunkte sowie der Zweck der Datenverarbeitung. 14

In **räumlicher** Hinsicht ist bedeutsam, ob sich die Datenverarbeitung auf einen abgegrenzten Privatbereich des Verarbeiters beschränkt oder ob sie auf den öffentlichen Raum ausgreift. In 15

DS-GVO Artikel 2 Kapitel I. Allgemeine Bestimmungen

sozialer Hinsicht kommt es zum einen auf die Beziehung des Verarbeiters zu den betroffenen Personen an. Zum anderen ist relevant, welcher Personenkreis Zugriff auf die verarbeiteten Daten erhalten soll. Räumliche und soziale Gesichtspunkte sind in einer Gesamtwürdigung zusammenzuführen, um die Reichweite der Haushaltsausnahme im Einzelfall zu bestimmen. Weder das Ausgreifen einer Datenverarbeitung auf den öffentlichen Raum noch eine Datenverarbeitung mit Bezug zu Personen, die der Verantwortliche nicht näher kennt, schließen also eine Anwendung von Abs. 2 lit. c generell aus (vgl. zur Kritik an einer – rein – geografischen Bestimmung des Privatlebens Taeger/Gabel/Schmidt Rn. 21). Liegt eine Datenverarbeitung räumlich-sozial außerhalb der Privatsphäre des Verarbeiters, so ist die Haushaltsausnahme nicht anwendbar, ohne dass es noch auf den Verarbeitungszweck ankäme.

15.1 Beispiele:
- Eine dauerhafte **Videoüberwachung,** die sich auch nur teilweise auf den öffentlichen Raum erstreckt und dort einen potenziell unbegrenzten Personenkreis erfassen kann, fällt unabhängig von ihrem Zweck in den Anwendungsbereich der Verordnung (vgl. zu Art. 3 Abs. 2 DSRL EuGH NJW 2015, 463 (464); NJW 2019, 2451 (2453); zu Dash-Cams BGH BeckRS 2018, 8602, Rn. 22; zur Nutzung von Smartcams im öffentlichen Raum Schwenke NJW 2018, 823 (827)). Der Haushaltsausnahme unterfällt hingegen eine Überwachungsanlage, die zum Selbstschutz allein das eigene Grundstück des Verarbeiters erfasst (Kühling/Buchner/Kühling/Raab Rn. 27; Simitis/Hornung/Spiecker/Roßnagel Rn. 31).
- Einzelne **Bildaufnahmen** im öffentlichen Raum zu privaten Zwecken fallen jedenfalls dann unter die Haushaltsausnahme, wenn der Verarbeiter zu den abgebildeten Personen in einer näheren persönlichen Beziehung steht (Auernhammer/v. Lewinski Rn. 37). Dies sollte auch noch gelten, wenn auf einem solchen Bild Dritte zu sehen sind, die nicht das primäre Bildobjekt darstellen, etwa weil sie als bloßes Beiwerk im Hintergrund erfasst wurden. Neben Personenaufnahmen ist dies bedeutsam für Landschafts- oder Gebäudeaufnahmen, die vielfach unbekannte Personen erfassen.
- Die „gezielte" Verarbeitung personenbezogener Daten von dem Verarbeiter zuvor **unbekannten Personen** fällt unabhängig von ihrem Zweck in den Anwendungsbereich der Verordnung (vgl. zur Mitgliederwerbung für eine Religionsgemeinschaft EuGH BeckRS 2018, 14563 Rn. 44).
- Nach der Rechtsprechung des EuGH zu Art. 3 Abs. 2 DSRL ist das Datenschutzrecht unabhängig von den betroffenen Personen und dem Zweck der Datenverarbeitung anwendbar, wenn die verarbeiteten Daten an einen nicht klar abgegrenzten Personenkreis weitergeleitet oder sogar **veröffentlicht** werden (EuGH NJW 2019, 2451 (2453); NVwZ 2019, 465 (467); EuGH BeckRS 2018, 14563 Rn. 45; EuGH EuZW 2009, 108 (110); EuGH MMR 2004, 95 (96)). Allerdings ist fragwürdig, ob diese Rechtsprechung den heutigen kommunikativen Bedingungen in jeder Hinsicht Rechnung trägt und darum fortgeführt werden sollte (→ Rn. 17 ff.).

16
Wegen ihres **Zwecks** unterfallen insbesondere Datenverarbeitungen dem Anwendungsbereich der Verordnung, die der **beruflichen Tätigkeit** des Verarbeiters zuzuordnen sind oder sonst der **Gewinnerzielung** dienen. Dies führt Erwägungsgrund 18 ausdrücklich aus. Dieser Erwägungsgrund nennt als Gegenbegriff zu einer persönlichen oder familiären Tätigkeit eine „berufliche oder wirtschaftliche Tätigkeit". Der Begriff der wirtschaftlichen Tätigkeit ist allerdings insoweit missverständlich, als die Haushaltsausnahme durchaus Datenverarbeitungen erfassen kann, die im Zusammenhang mit einer finanziellen Transaktion stehen. Denn auch im rein privaten Bereich können solche Transaktionen vorkommen. Die englischen und französischen Sprachfassungen bezeichnen diesen Gegenbegriff präziser als „kommerzielle Tätigkeit" („commercial activity", „activité commerciale"). Maßgeblich ist also der gewerbliche oder geschäftliche Bezug der Datenverarbeitung (GSSV/v. Grafenstein Rn. 42). Eine geschäftliche Datenverarbeitung kann je nach Ausmaß auch bei der **Verwaltung des eigenen Vermögens** vorliegen, insbesondere wenn der Verarbeiter daraus seinen Lebensunterhalt ganz oder zu wesentlichen Teilen bestreitet (Gola/Gola Rn. 21; Simitis/Hornung/Spiecker/Roßnagel Rn. 27; Paal/Pauly/Ernst Rn. 19).

16.1 Beispiele:
- Nutzt ein Mitglied einer Thekenfußballmannschaft das gemeinsame Adressverzeichnis, um bei den anderen Mitgliedern einen finanziellen Beitrag für die Anschaffung von Spielmaterial zu sammeln, mag es sich bei weitem Verständnis um eine wirtschaftliche Tätigkeit handeln. Mangels eines kommerziellen Bezugs unterfällt diese Datenverarbeitung gleichwohl der Haushaltsausnahme (aA anscheinend SJTK/Pabst Rn. 41; NK-DatenschutzR/Roßnagel Rn. 26).
- Die Führung eines privat genutzten Girokontos, in deren Rahmen etwa Unterhaltszahlungen an Dritte geleistet und damit deren personenbezogene Daten verarbeitet werden, unterfällt der Haushaltsausnahme. Der Umstand, dass auf das Konto auch das Arbeitsentgelt gezahlt wird, macht die Kontoführung noch nicht zur geschäftlichen Tätigkeit.

Sachlicher Anwendungsbereich **Artikel 2 DS-GVO**

- Der private Verkauf einzelner gebrauchter Gegenstände auf einer internetbasierten Versteigerungsplattform unterfällt trotz des damit verbundenen wirtschaftlichen Interesses der Haushaltsausnahme (Auernhammer/v. Lewinski Rn. 32).

2. Insbesondere zur Nutzung von Social Media-Diensten

Erhebliche Abgrenzungsprobleme bereitet die Haushaltsausnahme im Zusammenhang mit der 17
Nutzung von internetbasierten Diensten. Ein Schwerpunkt der Diskussion lag in jüngerer Zeit bei **Social Media-Diensten**. Grund für diese Probleme ist die immer noch zunehmende Konvergenz und Überlappung von Individual- und Massenkommunikation, aufgrund derer die von Abs. 2 lit. c verlangte Abgrenzung von Privat- und Sozialsphäre verschwimmt.

Der EuGH hat zu der Vorgängerregelung in Art. 3 Abs. 2 DSRL im Jahr 2003 in seinem 18
Lindqvist-Urteil entschieden, eine Veröffentlichung im Internet, bei der die veröffentlichten Daten einer unbegrenzten Zahl von Personen verfügbar gemacht würden, unterfalle „offensichtlich" nicht der Haushaltsausnahme (EuGH MMR 2004, 95 (96); fortgeführt in EuGH MMR 2009, 175 (177); NJW 2019, 2451 (2453)). Obwohl Abs. 2 lit. c mit Art. 3 Abs. 2 DSRL nahezu wörtlich übereinstimmt, ist unklar, ob an dieser Rechtsprechung noch in vollem Umfang festzuhalten ist. Erwägungsgrund 18 nennt als Beispiele für persönliche oder familiäre Tätigkeiten ausdrücklich „die **Nutzung sozialer Netze** und **Online-Tätigkeiten**" im Rahmen solcher Tätigkeiten". Dabei dürfte ein durchschnittliches Nutzerprofil eines Social Media-Dienstes nach den heutigen kommunikativen Gepflogenheiten faktisch eine erheblich größere Breitenwirkung haben als die Internet-Veröffentlichung in dem vom EuGH entschiedenen Fall, der die persönliche Homepage einer Mitarbeiterin einer schwedischen Kirchengemeinde zum Gegenstand hatte. Auch ansonsten dürften die Persönlichkeitsrisiken, die von Veröffentlichungen in Social Media ausgehen können, das Niveau des Jahres 2003 erheblich übersteigen. Andererseits würde eine unbeschränkte Anwendung des Datenschutzrechts auf persönliche Profile in Social Media deren Nutzung wegen der damit verbundenen prozeduralen Pflichten nahezu prohibitiv erschweren.

Um den Datenschutz und das legitime Interesse an der Nutzung gesellschaftlich nützlicher 19
Kommunikationsdienste in praktische Konkordanz zu bringen, scheint auf den ersten Blick eine **differenzierende Lösung** nahezuliegen, die auf die kommunikativen Bedingungen des jeweiligen Dienstes zugeschnitten wird. So könnte zur Konturierung der Haushaltsausnahme bei Social Media auf ein **Beherrschbarkeitskriterium** abgestellt werden (dafür mit unterschiedlichen Abgrenzungsvorschlägen im Detail etwa öOGH BeckRS 2021, 19302 Rn. 114 ff.; GSSV/v. Grafenstein Rn. 43 ff.; Kühling/Buchner/Kühling/Raab Rn. 25; Gola/Gola Rn. 25; HK-DS-GVO/Ennöckl Rn. 13; Albrecht/Jotzo Teil 3 Rn. 30; Simitis/Hornung/Spiecker/Roßnagel Rn. 29; Golland ZD 2020, 397 f.). Danach wäre die Verordnung auf Nachrichten, die sich lediglich an einen begrenzten, durch den Nutzer definierten Personenkreis richten (etwa die eigenen „Freunde"), nicht anzuwenden. Teils wird darüber hinaus verlangt, dass die Angehörigen dieses Personenkreises tatsächlich zum engeren sozialen Umfeld des Nutzers gehören (Gola/Gola Rn. 25; Simitis/Hornung/Spiecker/Roßnagel Rn. 29). Die Grenzen der Haushaltsausnahme wären jedenfalls überschritten, wenn eine Nachricht von einem potenziell unbegrenzten Personenkreis empfangen werden kann. Zur Abgrenzung beider Fallkonstellationen müsste auf den technisch-kommunikativen Rahmen einer Nachricht dieser Art bei diesem Dienst abgestellt werden. So wären ggf. Veröffentlichungen auf der eigenen Profilseite, wenn sie nur von bestimmten ausgewählten Personen eingesehen werden kann, anders zu beurteilen als Nachrichten an eine Benutzergruppe, der beliebige Personen beitreten können. Um das Beherrschbarkeitskriterium nicht leerlaufen zu lassen, müsste zudem die stets gegebene Möglichkeit außer Acht gelassen werden, dass die einmal übermittelten digitalen Nachrichten (etwa durch Teilen) an Dritte weitergeleitet werden (GSSV/v. Grafenstein Rn. 47; aA Kühling/Buchner/Kühling/Raab Rn. 25).

Gegen eine differenzierende Lösung spricht jedoch, dass sie so gut wie zwangsläufig **über-** 20
komplex und wenig praktikabel ausfällt. Je nach Kommunikationsdienst bestehen unterschiedliche graduelle Abstufungen zwischen privater und öffentlicher Kommunikation, die sich zudem mit der Weiterentwicklung des Dienstes laufend verschieben können. Eine Differenzierung, die von den konkreten kommunikativen Möglichkeiten des einzelnen Dienstes ausgeht, erreicht nur versierte Nutzer und vermittelt wegen der Dynamik der technischen und kommunikativen Entwicklung kaum Rechtssicherheit.

Benötigt wird daher ein grobkörnigerer Ansatz, der zumindest mittelfristig stabile rechtliche 21
Bewertungen ermöglicht. Hierzu bedarf es einer **Teilrevision des Lindqvist-Urteils.** Eine Social Media-Veröffentlichung sollte generell der Haushaltsausnahme unterstellt werden, wenn der betreffende Nutzer den Dienst **als Privatperson nutzt** (ähnlich wohl Auernhammer/v. Lewinski

Rn. 30). Auf eine Beschränkung des Adressatenkreises sollte es insoweit nicht ankommen. Eine Entlassung derartiger Nachrichten aus dem Anwendungsbereich des Datenschutzrechts rechtfertigt sich daraus, dass ihre Breitenwirkung regelmäßig begrenzt ist (dies würde für – praktisch heute allerdings bedeutungslose – private Websites ebenso gelten, gegenstandslos ist daher der darauf abstellende Einwand von Golland ZD 2020, 397 (398)). Die immer bestehende Möglichkeit einer „viralen" Verbreitung widerlegt diesen Befund nicht, es handelt sich dabei – bezogen auf die Gesamtheit der privaten Veröffentlichungen auf Social Media – quantitativ um ein seltenes Phänomen. Zudem bedeutet die Nichtanwendung der Verordnung nicht, dass Veröffentlichungen in Social Media rechtlich unreguliert blieben. Persönlichkeitsrechtsverletzungen durch solche Veröffentlichungen sind vielmehr im Rahmen der allgemeinen zivil- und strafrechtlichen Vorschriften abzuarbeiten, die materiell kein niedrigeres Schutzniveau als die Verordnung aufweisen, die Nutzer jedoch von deren prozeduralen Vorgaben entlasten. Dem Anwendungsbereich der Verordnung unterfallen hingegen Veröffentlichungen von Nutzern, die Social Media-Dienste im Rahmen ihrer **beruflichen Tätigkeit** oder sonst als **Person des öffentlichen Lebens** nutzen. Diesem Personenkreis ist bei dieser Nutzungsform zumutbar, die prozeduralen Anforderungen des Datenschutzrechts zu erfüllen. Ob ein Social Media-Konto als privater oder als geschäftlicher Auftritt anzusehen ist, ist anhand des Gesamteindrucks zu würdigen. Die Zuordnung wird erleichtert, wenn der Dienstbetreiber für private und geschäftliche Profile unterschiedliche Formate (wie etwa „Fanpages") bereitstellt. Nutzt jemand sein Konto sowohl privat als auch geschäftlich, so ist die Haushaltsausnahme insgesamt nicht anwendbar.

22   Erwägungsgrund 18 stellt klar, dass sich der **Betreiber** eines internetbasierten Dienstes **nicht** auf die Haushaltsausnahme berufen kann, auch wenn die Nutzung für den Nutzer eine private Tätigkeit darstellt. Um die Haushaltsausnahme nicht leerlaufen zu lassen, ergibt sich daraus folgende Abgrenzung: Der Nutzer unterfällt der Verordnung hinsichtlich der von ihm erzeugten **Inhaltsdaten** nicht, und zwar auch nicht insoweit, als er diese Daten an den Dienstbetreiber weitergibt, damit dieser sie an Dritte übermitteln kann (GSSV/v. Grafenstein Rn. 48; aA zur früheren Rechtslage Roßnagel/Jandt ZD 2011, 160 (162)). Die Verordnung ist hingegen auf die Verarbeitung der Inhaltsdaten durch den Dienstbetreiber anzuwenden (anscheinend für eine Reduktion der Pflichten des Dienstbetreibers, die aber im Text der Verordnung keine Stütze findet, Wagner ZD 2018, 307 (312); zu den aus der Verantwortlichenstellung des Dienstbetreibers resultierenden Friktionen → Rn. 32 ff.).

23   Klärungsbedürftig ist der Status des Dienstbetreibers, wenn er nach allgemeinen Grundsätzen datenschutzrechtlich nicht als Verantwortlicher, sondern als bloßer **Auftragsverarbeiter** anzusehen wäre. Eine solche Einstufung scheidet allerdings bei Social Media-Anbietern regelmäßig aus, da sie über Zweck und Mittel der Verarbeitung von Kommunikationsinhalten auf ihren Plattformen zumindest mitbestimmen (im Ergebnis ebenso mit allerdings verkürzter Begründung öOGH BeckRS 2021, 19302 Rn. 136). Das Problem kann jedoch etwa bei manchen Clouddiensten entstehen (vgl. zur Einstufung solcher Dienste → Art. 28 Rn. 24c). Die Haushaltsausnahme entlässt nur den privaten Nutzer aus der datenschutzrechtlichen Verantwortung, privilegiert aber nicht den Diensteanbieter (aA Auernhammer/v. Lewinski Rn. 30). Eine Auftragsverarbeitung ohne Verantwortlichen sieht die Verordnung jedoch nicht vor. Die in früheren Fassungen dieser Kommentierung vertretene Lösung, den Diensteanbieter als Verantwortlichen zu behandeln, könnte allerdings dazu führen, dass ihn praktisch unerfüllbare Pflichten treffen. Am überzeugendsten erscheint es daher, in solchen Fällen die Vorschriften über die Auftragsverarbeitung gleichwohl anzuwenden (Grzesick/Rauber ZD 2018, 560 (563); Golland ZD 2020, 397 (400)). Der Diensteanbieter muss daher insbesondere mit dem Nutzer eine Vereinbarung nach Art. 28 Abs. 3 abschließen, die ihn verpflichtet, die Daten nur nach Weisung des Nutzers zu verarbeiten und eine hinreichende Datensicherheit zu gewährleisten.

IV. Bekämpfung von Straftaten

24   Abs. 2 lit. d nimmt die **hoheitliche Kriminalitätsbekämpfung** aus dem Anwendungsbereich der Verordnung aus. Die Norm grenzt damit die Verordnung von der **JI-RL** ab, deren Art. 1 Abs. 1 iVm Art. 2 Abs. 1 den Anwendungsbereich der Richtlinie wortlautgleich beschreibt.

25   Die hoheitlichen Tätigkeiten, die unter den Ausnahmetatbestand fallen, befassen sich mit **Straftaten.** Der Begriff der Straftat ist **autonom unionsrechtlich** zu interpretieren und kann nicht anhand mitgliedstaatlicher Differenzierungen bestimmt werden. Eine Straftat zeichnet sich gegenüber anderen Erscheinungsformen abweichenden Verhaltens dadurch aus, dass die Rechtsordnung an sie einen verbindlichen Kommunikationsakt knüpft (sog. Primärsanktion), der in einem besonderen Verfahren ausgesprochen und in der Regel mit einem weiteren Übel (sog. Sekundärsanktion)

Sachlicher Anwendungsbereich **Artikel 2 DS-GVO**

verknüpft wird. Kriterien sind die rechtliche Einordnung der Zuwiderhandlung im innerstaatlichen Recht, die Art der Zuwiderhandlung und die Art und der Schweregrad der angedrohten Sanktion (EuGH EuZW 2012, 543 (544); BeckRS 2021, 15289 Rn. 87; vgl. zum Strafbegriff des Art. 49 GRCh Jarass GRCh Art. 49 Rn. 7 f.; zu Art. 6 und Art. 7 EMRK NK-EMRK/ Nettesheim/v. Raumer EMRK Art. 6 Rn. 24 ff., Art. 7 Rn. 7 ff.).

Straftaten in diesem Sinne sind insbesondere auch die **Ordnungswidrigkeiten** des deutschen Rechts, an die gleichfalls die verbindliche Feststellung eines Fehlverhaltens und eine strafäquivalente Sekundärsanktion anknüpfen. Zudem wird die Tatsachengrundlage für eine Bebußung weitgehend (vgl. § 46 OWiG) nach den Regeln des strafrechtlichen Ermittlungsverfahrens ermittelt (Hörauf ZIS 2013, 276 ff.; Hornung/Schindler/Schneider ZIS 2018, 566 (570 f.); GSSV/v. Grafenstein/Gaitzsch Rn. 56; Auernhammer/Herbst JI-RL Rn. 8; aA Ehmann/Selmayr/Zerdick Rn. 12; vgl. zum lettischen Recht EuGH BeckRS 2021, 15289 Rn. 86 ff.). Diesem Begriffsverständnis folgen auch § 45 S. 1 BDSG sowie die entsprechenden Regelungen vieler Landesdatenschutzgesetze (Art. 28 Abs. 1 S. 1 BayDSG; § 30 Abs. 1 S. 1 BlnDSG; § 35 Abs. 2 BbgDSG; § 40 Abs. 1 S. 1 HDSIG; § 23 Abs. 2 NDSG; § 35 Abs. 1 S. 1 DSG NRW; § 26 Abs. 1 S. 1 RPDSG; § 20 S. 1 SHLDSG; § 31 S. 1ThürDSG; implizit auch § 30 Abs. 2 BWDSG). 25a

Der Ausnahmetatbestand hat Datenverarbeitungen mit dem Ziel der **Verhütung, Ermittlung, Aufdeckung oder Verfolgung** von Straftaten zum Gegenstand. Er erfasst daher nach der Systematik des deutschen Rechts einerseits die repressive Verfolgung von Straftaten oder Ordnungswidrigkeiten durch Strafverfolgungsbehörden, Gerichte und Ordnungsbehörden nach Maßgabe des Strafprozess- oder Ordnungswidrigkeitenrechts. Andererseits unterfällt Abs. 2 lit. d die präventive Verhinderung oder Verhütung von Straftaten durch die Polizei. Erwägungsgrund 12 zu der JI-RL führt zudem aus, dass dem Anwendungsbereich der Richtlinie (und damit zugleich dem Ausnahmetatbestand des Abs. 2 lit. d) im Sinne einer **Zweifelsregel** auch behördliches Handeln in einer Situation unterfällt, in der anfangs noch nicht bekannt ist, ob eine Straftat vorliegt oder nicht. In einem solchen Fall muss die handelnde Behörde jedoch zumindest auch zur Klärung dieser Frage tätig werden. Nicht ausreichend ist hingegen die fast immer gegebene Möglichkeit, dass ein behördliches Verfahren in Straf- oder Ordnungswidrigkeitsverfahren übergehen kann (vgl. zu der Vorgängerregelung in Art. 3 Abs. 2 DSRL EuGH BeckRS 2017, 126269 Rn. 40). In den Anwendungsbereich der JI-RL und nicht der Verordnung fallen auch Maßnahmen der **Strafverfolgungs- oder Gefahrenvorsorge,** mit denen die Polizei Daten erhebt und speichert, damit sie für zukünftige Verfahren der Kriminalitätsbekämpfung zur Verfügung stehen (BVerwG NVwZ 2020, 247 (252)). 26

Daneben unterfallen dem Ausnahmetatbestand Datenverarbeitungen zum Zweck der **Strafvollstreckung.** Auch dieser Begriff ist autonom unionsrechtlich auszulegen. Nach deutschem Begriffsverständnis erstreckt er sich neben der Strafvollstreckung im engeren Sinne, wie sie in §§ 449 ff. StPO geregelt ist, wegen des engen Zusammenhangs mit dem Strafrecht auch auf den **Strafvollzug** (Hornung/Schindler/Schneider ZIS 2018, 566 (572 f.)). Dieses weite Begriffsverständnis liegt vielfach auch dem Landesrecht zugrunde (vgl. § 30 Abs. 2 BWDSG; Art. 28 Abs. 1 S. 1 Nr. 3 BayDSG; § 30 Abs. 2 BlnDSG; § 10 Abs. 2 Nr. 5 HmbJVollzDSG; § 40 Abs. 2 HDSIG; § 23 Abs. 1 S. 2 NDSG; § 35 Abs. 1 S. 1 Nr. 3 DSG NRW; § 20 Abs. 4 SHLDSG; weniger klar § 35 Abs. 2 S. 2 BbgDSG; § 3 DSG M-V; § 26 Abs. 1 S. 1 RPDSG). 27

Erhebliche Interpretations- und Abgrenzungsprobleme wirft der Zusatz auf, dass auch Datenverarbeitungen zum **Schutz vor Gefahren für die öffentliche Sicherheit** unter den Ausnahmetatbestand des Abs. 2 lit. d fallen (näher zu Hintergrund und Entstehungsgeschichte GSSV/v. Grafenstein/Gaitzsch Rn. 54 ff.). Der aus dem Primärrecht geläufige (vgl. Art. 36, Art. 45 Abs. 2, Art. 52, Art. 65 und Art. 202 AEUV) unionsrechtliche Begriff der öffentlichen Sicherheit ist zwar enger zu verstehen als der gleichlautende Begriff im deutschen Recht. Gleichwohl beschränkt er sich nicht auf den Schutz vor Straftaten, sondern umfasst bedeutsame Rechtsgüter und elementare rechtliche Standards unabhängig davon, wodurch sie bedroht werden (vgl. von der Groeben/ Schwarze/Hatje/Müller-Graff AEUV Art. 36 Rn. 50 ff. mwN zur Rspr). Zum Schutz vor Gefahren für die so verstandene öffentliche Sicherheit sind zahlreiche Behörden berufen. Bei einem weiten Verständnis des Zusatzes in Abs. 2 lit. d wären daher große Teile der Ordnungsverwaltung vom sachlichen Anwendungsbereich der Verordnung ausgenommen. Dies wäre mit dem Anliegen des reformierten europäischen Datenschutzrechts unvereinbar, den Datenschutz auch im öffentlichen Sektor zumindest überwiegend zu harmonisieren (vgl. Erwägungsgründe 5 ff.). 28

Der Zusatz ist daher eng auszulegen. Der Schutz vor Gefahren für die öffentliche Sicherheit fällt aus dem sachlichen Anwendungsbereich der Verordnung nur insoweit heraus, als ein enger **Bezug zu den Tätigkeitsfeldern der Verhütung und Verfolgung von Straftaten** besteht, die den Hauptgegenstand der JI-RL ausmachen. Ein solcher Bezug ist nur unter zwei Voraussetzungen 29

Bäcker

anzunehmen: Erstens muss eine Behörde, die spezifisch zur Bekämpfung von Straftaten berufen ist, daneben eine weitere Aufgabe zum Schutz der öffentlichen Sicherheit wahrzunehmen haben (ähnlich Kühling/Buchner/Kühling/Raab Rn. 29; → BDSG 2018 § 45 Rn. 17). Dies gilt für die (Vollzugs-)Polizei. Nicht erfasst werden hingegen zum einen die allgemeinen Ordnungsbehörden, zum anderen Sonderordnungsbehörden wie etwa die Gewerbeaufsichts- oder die Ausländerbehörden, auch wenn diese Behörden durchaus zur Kriminalprävention beitragen (Hornung/Schindler/Schneider ZIS 2018, 566 (572); vgl. beispielhaft zu einer kommunalen Videoüberwachung VG Regensburg ZD 2020, 601 f.). Diese Behörden fallen nur insoweit unter den Ausnahmetatbestand in Abs. 2 lit. d, als sie Ordnungswidrigkeiten repressiv verfolgen und ahnden. Zweitens muss die weitere Aufgabe in einem engen Zusammenhang mit der Bekämpfung von Straftaten stehen, sodass bei der Erfüllung der Aufgabe ein Übergang zur Verhütung oder Verfolgung von Straftaten typischerweise naheliegt (vgl. Erwägungsgrund 19, der sogar eine „zwangsläufige" Verbindung fordert). Bei der allgemeinen Gefahrenabwehr ist nach Ziel und Kontext des polizeilichen Einsatzes zu differenzieren. In Grenzfällen kommt es damit auf eine Würdigung des Einzelfalls an (Hornung/Schindler/Schneider ZIS 2018, 566 (572); Simitis/Hornung/Spiecker/Roßnagel Rn. 40; aA → BDSG 2018 § 45 Rn. 17).

29.1 **Beispiele:**
- Ist eine **Polizeibehörde** zugleich als **Sonderordnungsbehörde** mit den Aufgaben der Versammlungs- oder Straßenverkehrsaufsicht betraut, so ist wegen der besonderen Nähe dieser Aufgaben zur Kriminalitätsbekämpfung der Anwendungsbereich der JI-RL eröffnet (Auernhammer/Herbst JI-RL Rn. 9); dementsprechend ist der Ausnahmetatbestand des Abs. 2 lit. d anzuwenden. Anders liegt es etwa, wenn eine Polizeibehörde presserechtliche Ordnungsaufgaben oder die Jagdaufsicht wahrnimmt.
- Im Rahmen der **allgemeinen Gefahrenabwehr** unterfällt etwa die Sicherung eines Fußballspiels dem Ausnahmetatbestand (vgl. Erwägungsgrund 12 der JI-RL), nicht aber Schutztätigkeiten bei einem Unwetter (weitere Beispiele bei GSSV/v. Grafenstein/Gaitzsch Rn. 55).

30 Dem Ausnahmetatbestand des Abs. 2 lit. d unterfallen schließlich nur die für die Bekämpfung von Straftaten **zuständigen Behörden.** Zur Auslegung dieses Begriffs ist die **Legaldefinition** in Art. 3 Nr. 7 JI-RL heranzuziehen (EuGH BeckRS 2021, 15289 Rn. 69). Es muss sich danach um eine Stelle handeln, die spezifisch für die in Abs. 2 lit. d genannten Zwecke der Kriminalitätsbekämpfung zuständig ist (vgl. zur Steuerfahndung BFH NJW 2020, 2135 (2136)). Zudem muss die zuständige Behörde gerade auf diesem Handlungsfeld tätig werden. Datenverarbeitungen zu anderen Zwecken als den in Abs. 2 lit. d genannten unterfallen der Verordnung auch dann, wenn eine zuständige Behörde iSv Art. 3 Nr. 7 JI-RL sie durchführt (EuGH BeckRS 2021, 15289 Rn. 70). Der unionsrechtliche Behördenbegriff erfasst neben exekutiven Stellen insbesondere auch die **Strafjustiz,** was in Art. 3 Nr. 7 lit. a JI-RL durch den weiten Begriff der „Stelle" (Englisch: „public authority", Französisch: „autorité publique") deutlich gemacht wird (Wiebe/Eichfeld NJW 2019, 2734 (2735); aA Kühling/Buchner/Kühling/Raab Rn. 30; Taeger/Gabel/Schmidt Rn. 23; SJTK/Pabst Rn. 48). Demgegenüber unterfallen **Datenverarbeitungen durch Private** – außer im Sonderfall einer Beleihung mit hoheitlichen Aufgaben der Kriminalitätsbekämpfung (vgl. Art. 3 Nr. 7 lit. b JI-RL) – stets der Verordnung (Ehmann/Selmayr/Zerdick Rn. 13; Kühling/Buchner/Kühling/Raab Rn. 30). Dies gilt auch dann, wenn diese Datenverarbeitungen das Ziel haben, Straftaten zu verhindern oder zu verfolgen. Auch auf Datenverarbeitungen durch Kriminalbehörden von Drittstaaten oder überstaatlichen Einrichtungen sowie deren Vorbereitung ist der Ausnahmetatbestand in Abs. 2 lit. d nicht anwendbar (vgl. zur fehlenden Eigenschaft von Interpol als zuständige Behörde EuGH BeckRS 2021, 10502 Rn. 117; ferner allgemein zu ausländischen Sicherheitsbehörden EuGH GRUR-RS 2020, 16082 Rn. 87).

30a Eine **Schnittstelle zwischen der Verordnung und der JI-RL** entsteht insbesondere dann, wenn Daten zwischen einer Stelle, deren Datenverarbeitungen unter die Verordnung fallen, und einer unter die JI-RL fallenden Behörde **übermittelt** werden. In einem solchen Fall bestimmt sich die Zuordnung der einzelnen Datenverarbeitungshandlungen im Übermittlungsprozess nach der jeweils handelnden Stelle und ggf. dem Zweck der Datenverarbeitung (nicht ganz klar, aber wohl in diese Richtung zum alten Rechtsrahmen EuGH NJW 2017, 717 (719); EuGH NJW 2019, 655 (656)).

30a.1 **Beispiele:**
- Fordert die Staatsanwaltschaft ein Kreditinstitut zur Aufklärung eines Betrugsverdachts auf, die Kontobewegungen eines Kunden nach bestimmten Kriterien auszuwerten und die Auswertungsergebnisse zu übermitteln, so unterfallen diese Handlungen des Kreditinstituts dem Anwendungsbereich der Verordnung. Dementsprechend bedarf es für die Auswertung und die darin liegende Zweckänderung der

Kontodaten sowie für die Übermittlung jeweils eines Erlaubnistatbestands, der sich aus der Verordnung (ggf. im Zusammenwirken mit dem nationalen Recht, vgl. Art. 6 Abs. 1 S. 1 lit. c, Abs. 4) ergeben muss (insoweit wie hier für Art. 1 Abs. 3 RL 2002/58 zur Erhebung von Telekommunikationsverkehrsdaten bei einem Telekommunikationsunternehmen durch eine Strafverfolgungsbehörde EuGH NJW 2019, 655 (656)). Die Erhebung der übermittelten Daten und deren Weiterverarbeitung durch die Staatsanwaltschaft richten sich hingegen nach der JI-RL und dem dazu ergangenen nationalen Umsetzungsrecht (insoweit undeutlich, allerdings zur Rechtslage vor Inkrafttreten der JI-RL EuGH NJW 2019, 655 (656)).

- Stellt eine Polizeibehörde im Rahmen eines strafrechtlichen Ermittlungsverfahrens fest, dass der Beschuldigte alkoholkrank und deswegen unzuverlässig für den Betrieb einer Gaststätte ist, und übermittelt die Polizei deshalb personenbezogene Daten an die Gewerbeaufsicht, so ist die Schnittstellenregelung des Art. 9 Abs. 1 JI-RL anzuwenden. Danach bedarf es zunächst einer Zweckänderungserlaubnis, die nach Maßgabe von Art. 9 Abs. 1 S. 1 JI-RL im nationalen Recht geschaffen werden kann. Die eigentliche Übermittlung zu dem neuen gewerberechtlichen Zweck durch die Polizei und die anschließende Weiterverarbeitung der übermittelten Daten durch die Gewerbeaufsicht richten sich gemäß Art. 9 Abs. 1 S. 2 JI-RL nach der Verordnung.

C. Datenverarbeitungen durch Stellen der EU (Abs. 3)

Abs. 3 stellt klar, dass **Datenverarbeitungen durch Organe und Einrichtungen der EU** nicht unter die DS-GVO fallen. Stattdessen verweist Abs. 3 auf die Verordnung 45/2001, die zwischenzeitlich – dem in Abs. 3 S. 2 formulierten Anpassungsauftrag folgend – außer Kraft getreten und durch die Verordnung 2018/1725 ersetzt worden ist.

31

D. Verhältnis zur E-Commerce-Richtlinie (Abs. 4)

Abs. 4 spricht das **Verhältnis der Verordnung zu der E-Commerce-Richtlinie 2000/31** an. Art. 12–15 dieser Richtlinie sehen Haftungsprivilegierungen für Intermediäre der Internetkommunikation hinsichtlich von Inhalten vor, die von Dritten stammen. Diese Regelungen, die durch §§ 7 ff. TMG in deutsches Recht umgesetzt sind, begründen selbst keine Haftung, sondern setzen anderweitig geregelte Haftungsvorschriften voraus und begrenzen diese. Sie sollen so die zivil- und strafrechtlichen Risiken für die Intermediäre vermindern und Bestand und Ausbau der digitalen Infrastruktur fördern (Spindler/Schmitz/Spindler TMG Rn. 1 vor § 7). Die Frage nach dem Verhältnis zwischen Datenschutzrecht und E-Commerce-Richtlinie kann sich stellen, wenn die übermittelten Inhalte personenbezogene Daten enthalten. Je nach der erbrachten Dienstleistung kann ein Intermediär für diese Inhalte datenschutzrechtlich verantwortlich sein (vgl. zu Suchmaschinen EuGH GRUR 2014, 895 (897); EuZW 2019, 906 (907); Hornung FS Roßnagel, 2020, 379 (382 f.); zu Bewertungsportalen BGH NJW 2009, 2888 (2890); MMR 2015, 106; NJW 2018, 1884 (1885)). Daneben kommt eine zivil- oder strafrechtliche Haftung des Intermediärs in Betracht. In solchen Fällen sind zwei klärungsbedürftige Fragen zu unterscheiden:

32

Erstens ist das **regimebezogene Konkurrenzverhältnis** des Datenschutzrechts zu den haftungsbegründenden Regelungen des Zivil- und Strafrechts zu klären. Der BGH geht im Verhältnis zum **privaten Äußerungsrecht** mittlerweile anscheinend von einem **Anwendungsvorrang des Datenschutzrechts** aus (so zur Suchmaschinenhaftung BGH NJW 2020, 3436 (3444); für eine parallele Anwendung von Datenschutz- und Äußerungsrecht noch BGH NJW 2018, 2324 (2326 ff.)). Hieran trifft jedenfalls zu, dass eine Anwendung des privaten Äußerungsrechts nicht zu Ergebnissen führen darf, die dem Datenschutzrecht widersprechen. Hingegen steht das Datenschutzrecht einer kumulativen Anwendung beider Regime nicht entgegen, solange solche Widersprüche vermieden werden. Hierfür lässt sich anführen, dass Zweck und Regelungsansatz des Datenschutzrechts als Regime eines vorgelagerten Schutzes gegen Rechts**gefährdungen** (näher Hatje/Müller-Graff/Wegener, Enzyklopädie Europarecht, Bd. 8, 2. Aufl. 2021/Bäcker, § 11 Rn. 1 ff.) sich von dem auf die Abwehr und Kompensation von Rechts**verletzungen** gerichteten Äußerungsrecht durchaus unterscheiden. Im Verhältnis zum **strafrechtlichen Persönlichkeits- und Geheimnisschutz** liegt ein Vorrang des Datenschutzrechts von vornherein fern.

33

Zweitens ist klärungsbedürftig inwieweit die **Verantwortlichkeits- und Haftungsmaßstäbe** des Datenschutzrechts einerseits, des Zivil- und Strafrechts andererseits einander beeinflussen. Nur diese Frage behandelt nach dem Wortlaut der Norm Abs. 4. Danach lässt die Verordnung die Haftungsprivilegierungen der E-Commerce-Richtlinie unberührt. Gleichzeitig schließt Art. 1 Abs. 5 lit. b E-Commerce-Richtlinie datenschutzrechtliche Fragen vom Anwendungsbereich dieser Richtlinie aus. Beide Regelungswerke sind damit **nebeneinander anwendbar** und beeinflussen sich wechselseitig nicht (Ehmann/Selmayr/Zerdick Rn. 17; Wagner ZD 2018, 307 (310);

34

wohl auch Simitis/Hornung/Spiecker/Roßnagel Rn. 46). Damit müssen ggf. datenschutzrechtliche Normen und zivil- oder strafrechtliche Regelungen, auf welche die Haftungstatbestände der E-Commerce-Richtlinie anwendbar sind, unabhängig voneinander geprüft werden. Welche Pflichten einen Informationsintermediär hinsichtlich der von ihm übermittelten Drittinhalte treffen, lässt sich erst in einer Gesamtschau aller anwendbaren Rechtsregime bestimmen (Ehmann/Selmayr/Zerdick Rn. 17). Die gegenläufige Annahme, die Regelungen der E-Commerce-Richtlinie gingen der Verordnung als spezielles Gesetz vor (Kühling/Buchner/Kühling/Raab Rn. 32; HK-DS-GVO/Ennöckl Rn. 17; wohl auch Gola/Gola Rn. 33; GSSV/v. Grafenstein Rn. 61), findet im Text der Verordnung keine Stütze. Dies gilt auch für andere Sprachfassungen (Englisch: „without prejudice", Französisch: „sans préjudice"). Eine Anwendung der aus dieser Richtlinie stammenden Haftungsprivilegierungen auf datenschutzrechtliche Ansprüche (so zu § 10 TMG anscheinend noch BGH NJW 2009, 2888 (2889 f.)) kommt dementsprechend jedenfalls heute nicht mehr in Betracht.

35 **Rechtspolitisch** ist die Entscheidung des Verordnungsgebers, das Datenschutzrecht unverbunden neben die Haftungsprivilegierungen der E-Commerce-Richtlinie zu stellen, zu bedauern. Das vergleichsweise schematische Rollenmodell des Datenschutzrechts eignet sich kaum dazu, die Verantwortung von Netzintermediären für die von ihnen vermittelten Inhalte sachgerecht zu regeln. Der Verantwortliche muss nach datenschutzrechtlichen Grundsätzen unbeschränkt für die von ihm verantworteten Datenverarbeitungen einstehen. Dies führt für Netzintermediäre zu einer potenziell ausufernden Haftung, die sozial erwünschte Kommunikationsformate bedroht, zumindest aber starke Anreize für eine überschießende Löschpraxis setzt. Die Rechtsprechung behilft sich damit, auf der Grundlage datenschutzrechtlicher Regelungen ohne klaren normativen Anknüpfungspunkt differenziertere Haftungsmodelle zu entwickeln, die an die Vorgaben der E-Commerce-Richtlinie erinnern (vgl. zum mittlerweile etablierten **notice and take down**-Ansatz für die Suchmaschinenhaftung EuGH GRUR 2014, 895 (902); EuZW 2019, 906 (909); Hornung FS Roßnagel, 2020, 379 (385 f.)). Pragmatisch leuchtet diese Lösung ein. Sie widerspricht jedoch allgemeinen datenschutzrechtlichen Schutzansätzen und könnte zu einer Erosion des Datenschutzes beitragen, wenn sie auf andere Fallkonstellationen erstreckt würde. Dasselbe gilt für den in der Literatur vertretenen Vorschlag, die Verantwortlichkeit der Netzintermediäre durch eine teleologische Reduktion von Art. 26 Abs. 3 in Anlehnung an die Grundsätze der äußerungsrechtlichen Störerhaftung zu begrenzen (Hacker MMR 2018, 779 (783 f.)). Darüber hinaus passen auch viele prozedurale Vorgaben des Datenschutzrechts wie etwa die Informations- und Auskunftspflichten aus Art. 13 ff. ersichtlich nicht auf Netzintermediäre, was weiteren Reduktionsbedarf und damit weiteres Erosionspotenzial schafft. Es erscheint daher rechtspolitisch angezeigt, die datenschutzrechtliche Verantwortlichkeit der Intermediäre ausdrücklich zu begrenzen. Zumindest eine Teillösung könnte darin bestehen, Abs. 4 zu revidieren und die Haftungsprivilegierungen der E-Commerce-Richtlinie auf das Datenschutzrecht zu erstrecken.

Artikel 3 Räumlicher Anwendungsbereich

(1) Diese Verordnung findet Anwendung auf die Verarbeitung personenbezogener Daten, soweit diese im Rahmen der Tätigkeiten einer Niederlassung eines Verantwortlichen oder eines Auftragsverarbeiters in der Union erfolgt, unabhängig davon, ob die Verarbeitung in der Union stattfindet.

(2) Diese Verordnung findet Anwendung auf die Verarbeitung personenbezogener Daten von betroffenen Personen, die sich in der Union befinden, durch einen nicht in der Union niedergelassenen Verantwortlichen oder Auftragsverarbeiter, wenn die Datenverarbeitung im Zusammenhang damit steht
a) betroffenen Personen in der Union Waren oder Dienstleistungen anzubieten, unabhängig davon, ob von diesen betroffenen Personen eine Zahlung zu leisten ist;
b) das Verhalten betroffener Personen zu beobachten, soweit ihr Verhalten in der Union erfolgt.

(3) Diese Verordnung findet Anwendung auf die Verarbeitung personenbezogener Daten durch einen nicht in der Union niedergelassenen Verantwortlichen an einem Ort, der aufgrund Völkerrechts dem Recht eines Mitgliedstaats unterliegt.

Artikel 3 DS-GVO

Überblick

Art. 3 bestimmt den räumlichen Anwendungsbereich der DS-GVO.

Übersicht

	Rn.		Rn.
A. Prüfung des räumlichen Anwendungsbereichs	1	2. Vereinigtes Königreich, Brexit	23a
		IV. Unerheblichkeit des Betroffenenaufenthalts	24
B. Rechtsfolgen des räumlichen Anwendungsbereichs	5	G. Verarbeitung iRd Tätigkeit	25
I. Räumlicher Anwendungsbereich und internationale Zuständigkeit	6	H. Verantwortlicher oder Auftragsverarbeiter ohne Unionsniederlassung	26
II. Räumlicher Anwendungsbereich und Kollisionsrecht	7	I. Direkterhebung aus Drittland versus Datenexport in Drittland; Abgrenzung zu EuGH Schrems II	26a
C. Entwicklung	8	J. Unionsaufenthalter	27
D. Prüfungsgegenständliche Verarbeitung	10	K. Unionsbezogenes Produktangebot	30
E. Verantwortlicher oder Auftragsverarbeiter mit Unionsniederlassung	11	I. Datenverarbeitung im Zusammenhang	31
		II. Unionsausrichtung (objektives Element)	32
F. Unionsniederlassung	13	III. Evidente Angebotsabsicht (subjektives Element)	34
I. Feste Einrichtung	15	IV. Entgeltlich oder unentgeltlich	35
II. Effektive und tatsächliche Ausübung einer Tätigkeit	17	V. Vorgreifliche Pflichten	36
1. Unerheblichkeit des Sitzes	18	L. Unionsbezogene Verhaltensbeobachtung	37
2. Haupt- und Zweigniederlassungen	19		
3. Juristische Personen als Niederlassung	20	M. Unionsvertreter	42
4. Begriffsdreieck Verantwortlicher – Niederlassung – Auftragsverarbeiter	22	N. Territorialitätsprinzip versus Personalitätsprinzip; Herkunftslandprinzip	43
III. Belegenheit der Niederlassung im Unionsgebiet	23	O. Kritik	46
1. Unionsgebiet	23		

A. Prüfung des räumlichen Anwendungsbereichs

Eine nach Art. 2 sachlich verordnungsrelevante Verarbeitung muss einen hinreichenden Unionsbezug aufweisen, um dem Schutzregime der DS-GVO zu unterfallen. Eine solche Lokalisierung der Verarbeitung im Unionsrecht vermittelt entweder die Regelanknüpfung an eine Unionsniederlassung nach Abs. 1 oder eine Hilfsanknüpfung an den Unionsaufenthalt der betroffenen Person nach Abs. 2. **1**

Primär eröffnet eine Niederlassung des Verantwortlichen oder Auftragsverarbeiters im Unionsgebiet die räumliche Anwendbarkeit der DS-GVO. Diese Regelanknüpfung nach Abs. 1 erfolgt in fünf Schritten: Zunächst ist die prüfungsgegenständliche Verarbeitung eindeutig abzugrenzen (→ Rn. 10). Sodann ist der Verantwortliche, dessen betrieblichen oder behördlichen Zwecken die Verarbeitung dient, zu ermitteln oder dessen Auftragsverarbeiter zu bestimmen (→ Rn. 11 f.). Der Verantwortliche oder dessen Auftragsverarbeiter muss in mindestens einem Mitgliedstaat niedergelassen sein (→ Rn. 13 ff.). Schließlich muss die Verarbeitung im Rahmen der Tätigkeit dieser Unionsniederlassung erfolgen (→ Rn. 25). Sind diese fünf Voraussetzungen erfüllt, weist die prüfungsgegenständliche Verarbeitung einen hinreichenden Unionsbezug auf und fällt in den räumlichen Anwendungsbereich der DS-GVO. **2**

Sekundär, wenn weder Verantwortlicher noch Auftragsverarbeiter über eine Unionsniederlassung verfügen (→ Rn. 26), kommt eine Hilfsanknüpfung nach dem Marktortprinzip nach Abs. 2 in Betracht: Hier stellt sich zunächst die Frage, ob personenbezogene Daten von mindestens einer betroffenen Person, die sich in der Union befindet (Unionsaufenthalter), zum Gegenstand hat (→ Rn. 31). Zudem muss die prüfungsgegenständliche Verarbeitung im Zusammenhang mit dem Angebot von – auch unentgeltlichen – Waren oder Dienstleistungen an einen Unionsaufenthalter stehen (→ Rn. 30 ff.) oder das Verhalten von Unionsaufenthaltern beobachtet werden (→ Rn. 46). **3**

Tertiär bezieht Abs. 3 diplomatische und konsularische Vertretungen der Mitgliedstaaten in Drittstaaten in den räumlichen Anwendungsbereich ein, wie Erwägungsgrund 25 klarstellt. **4**

B. Rechtsfolgen des räumlichen Anwendungsbereichs

5   Eröffnet Art. 3 den räumlichen Anwendungsbereich der DS-GVO, beurteilen sich die Rechtmäßigkeit der Verarbeitung, Informationspflichten und sämtliche Betroffenenrechte, technisch-organisatorische Anforderungen, Meldepflichten, Übermittlungen an Drittstaaten, usw. nach der DS-GVO.

I. Räumlicher Anwendungsbereich und internationale Zuständigkeit

6   Der räumliche Anwendungsbereich steht in Wechselwirkung zum Internationalen Zivilprozessrecht. Die internationale Zuständigkeit der Gerichte der Mitgliedstaaten in Datenschutzsachen richtet sich künftig nach Art. 78 Abs. 3 (Verwaltungsrechtsweg) oder Art. 79 Abs. 2 (Zivilrechtsweg – Individualklage) bzw. 80 Abs. 2 (Zivilrechtsweg – Verbandsklage). Diese sonderrechtlichen Gerichtsstände verdrängen nach Art. 67 EuGVVO die besondere Zuständigkeit der Zivilgerichte am Schadenseintrittsort aus Art. 7 Nr. 2 EuGVVO. Dies jedoch nur im räumlichen Anwendungsbereich der DS-GVO; angenommen eine betroffene Person wollte einen unionsfremden Verantwortlichen aus einer Verarbeitung vor Begründung ihres Unionsaufenthalts in einem Mitgliedstaat gerichtlich in Anspruch nehmen, richtete sich die internationale Zuständigkeit mangels Anwendbarkeit der DS-GVO auch künftig nach der EuGVVO.

II. Räumlicher Anwendungsbereich und Kollisionsrecht

7   Der Prüfung des räumlichen Anwendungsbereichs nach Art. 3 ist die kollisionsrechtliche Entscheidung, ob die DS-GVO überhaupt das anwendbare Sachrecht ist, vorgelagert. Der EuGH hatte Art. 4 Abs. 1 lit. a Datenschutz-RL im Rahmen einer Klauselbeanstandung im Verbandsklageverfahren wenn auch nicht zu einer allseitigen so doch zu einer mehrseitigen Kollisionsnorm für die konkurrierenden Datenschutzgesetze der Mitgliedstaaten ausgebaut (EuGH NJW 2016, 2727 (2730) Tz 74 – VKI/Amazon EU). Daraus folgt, dass eine Verarbeitung, die iRd Tätigkeit einer Unionsniederlassung ausgeführt wird, dem Recht des Mitgliedstaats unterliegt, in dessen Hoheitsgebiet sich diese Niederlassung befindet. Konsequent wäre Art. 4 Datenschutz-RL eine sonderrechtliche Kollisionsnorm iSd Art. 27 Rom II-VO und die datenschutzrechtlichen Vorschriften zwingendes Recht iSd Art. 16 Rom II-VO, hinter die das Deliktsstatut nach Art. 4 Rom II-VO bzw. 6 Abs. 1 Rom II-VO zurücktritt. Auf die DS-GVO übertragen bedeutete dies, dass sie im Rahmen ihres räumlichen Anwendungsbereichs auch kollisionsrechtlich als zwingendes Recht einschlägig ist. Für die zivilrechtlichen Aspekte des Datenschutzes bestimmt Art. 3 somit international privatrechtlich zugleich das Statut der Betroffenenrechte, das Deliktsstatut, etc.

C. Entwicklung

8   Die Datenschutz-RL folgte dem Territorialitätsprinzip. Primärer Anknüpfungspunkt war nach Art. 4 Abs. 1 lit. a Datenschutz-RL eine Niederlassung des Verantwortlichen – nicht aber des Auftragsverarbeiters – in einem Mitgliedstaat. Das nationale Datenschutzrecht des Mitgliedstaates, in dem die Niederlassung belegen war, war kollisionsrechtlich anwendbar, und zwar kontextuell auf alle Verarbeitungen, die im Rahmen der Tätigkeit dieser Niederlassung ausgeführt wurden. Auf den Verarbeitungsort oder den Wohnsitz bzw. Aufenthalt des Betroffenen, der womöglich in einem anderen Mitgliedstaat als dem Mitgliedstaat der Niederlassung des Verantwortlichen lag, kam es nicht an. Die sekundäre Anknüpfung nach Art. 4 Abs. 1 lit. c Datenschutz-RL führte nur dann in das nationale Datenschutzrecht am inländischen Verarbeitungsort (lex loci actus), wenn der Verantwortliche keine Niederlassung im Unionsgebiet unterhielt. Eine Niederlassung des Verantwortlichen bzw. Auftragsverarbeiters in mindestens einem Mitgliedstaat hatte Sperrwirkung für die Anwendung des nationalen Datenschutzrechts des Verarbeitungsorts nach Art. 4 Abs. 1 lit. c Datenschutz-RL. Diese Sperrwirkung führte zu einer legislatorisch unbeabsichtigten Schutzlücke, wenn die Verarbeitung nicht im Rahmen der Niederlassung im Unionsgebiet erfolgte, sondern für eine Niederlassung außerhalb des Unionsgebiets, weil dann gar kein Datenschutzrecht irgendeines Mitgliedstaats anwendbar war. Die wesentliche Schutzlücke reißt die tradierte territoriale Anknüpfung jedoch gegenüber Anbietern aus Drittstaaten ohne Niederlassung und ohne Verarbeitung im Unionsgebiet. Ausschließlich territoriale Anknüpfungen öffnen in Zeiten ubiquitärer Datenflüsse Umgehungsmöglichkeiten Tür und Tor. Im internen Arbeitspapier zur Vorbereitung des Kommissionsentwurfs (Komm.-Dok. SEC(2012) 72 endg. v. 25.1.2011, 25) wurde konsequent eine Abkehr vom überkommenen Verarbeitungsort hin zum Marktortprinzip vorgeschlagen.

Die DS-GVO schafft Einheitsrecht in der Union, sodass sich die Frage nach dem anwendbaren 9
mitgliedstaatlichen Datenschutzrecht nicht mehr stellen sollte. Allerdings ist die Verlustliste der
europäischen Rechtseinheit wegen der vielfältigen Öffnungsklauseln lang; hier bleibt das anwendbare mitgliedstaatliche Partikularrecht kollisionsrechtlich zu bestimmen. Dies übernimmt im deutschen Recht § 1 Abs. 4 BDSG. Die Regelung der räumlichen Anwendbarkeit der mitgliedstaatlichen Komplementärvorschriften zur DS-GVO ist offenbar eine gesetzestechnisch nicht zu unterschätzende Herausforderung, die durchaus zu kuriosen Ergebnissen führen kann: § 1 Abs. 4 S. 2 Nr. 3 BDSG vereinnahmt sämtliche unionsfremden Verantwortlichen und Auftragsverarbeiter, die unter Art. 3 Abs. 2 DS-GVO fallen, für das deutsche Rumpf-Datenschutzrecht, ohne dass Deutschland Marktort wäre. § 1 Abs. 4 S. 2 Nr. 1 BDSG soll die Anknüpfung an den Verarbeitungsort in das neue Datenschutzregime der DS-GVO hinüberretten: Über den räumlichen Anwendungsbereich des Art. 3 DS-GVO hinaus sollen in Deutschland belegene Rechenzentren, die keine Niederlassung darstellen, deutschem Datenschutzrecht unterliegen. § 1 Abs. 4 Ziff. 1 und 3 BDSG sind entsprechend europarechtswidrig. Wünschenswert wäre vielmehr ein ausdifferenzierter Ansatz gewesen, der insbesondere zwischen Verantwortlichen und Auftragsverarbeitern unterscheidet: Soll der Beschäftigtendatenschutz deutscher Prägung tatsächlich greifen, wenn ein in Deutschland niedergelassener Auftragsverarbeiter für einen US-amerikanischen Konzern die Daten US-amerikanischer Arbeitnehmer verarbeitet?

D. Prüfungsgegenständliche Verarbeitung

Der EuGH fordert in ständiger Rechtsprechung eine streng sequentielle datenschutzrechtliche 10
Bewertung eines jeden einzelnen Verarbeitungsvorgangs (zuletzt EuGH ZD 2019, 455 (456 f.)
Rn. 71 ff. – Fashion ID). Der räumliche Anwendungsbereich ist für jede einzelne Verarbeitung
separat zu bestätigen. Der Begriff „Verarbeitung" ist in Art. 4 Nr. 2 als Vorgang (operation) oder
Vorgangsreihe (set of operations) im Zusammenhang mit personenbezogenen Daten legal definiert;
der Beispielskatalog erfasst den gesamten Lebenszyklus eines erhobenen Datums von der Speicherung über die Verwendung, mögliche Übermittlung bis hin zur Löschung. Aus der Erwähnung
eines mehrgliedrigen Verarbeitungsprozesses im Sinne einer „Vorgangsreihe" in der Legaldefinition
folgt für den räumlichen Anwendungsbereich nach Art. 3 aber nicht, dass ein einzelner Verarbeitungsschritt im räumlichen Anwendungsbereich der DS-GVO kraft Sachzusammenhangs für den
gesamten Lebenszyklus fortwirkt. Wird ein Datum an einen unionsfremden Verantwortlichen in
einen Drittstaat übermittelt – ganz gleich ob rechtmäßig oder rechtswidrig – beurteilt sich eine
Weiterübermittlung im Drittstaat (onward transfer) autonom; einem unter der DS-GVO erhobenen Datum haftet das europäische Schutzregime somit nicht bis zur Löschung an. Andererseits
braucht der räumliche Anwendungsbereich nicht kumulativ für sämtliche Schritte einer Verarbeitungsreihe eröffnet zu sein, um in die DS-GVO zu gelangen.

E. Verantwortlicher oder Auftragsverarbeiter mit Unionsniederlassung

Die Begriffe „Verantwortlicher" und „Auftragsverarbeiter" bestimmen sich autonom unions- 11
rechtlich nach den Legaldefinitionen in Art. 4 Nr. 7 und 8. Beauftragt ein unionsfremder Verantwortlicher einen unionsansässigen Auftragsverarbeiter, muss sich der Verantwortliche die Unionsniederlassung seines Auftragsverarbeiters nicht als eigene Unionsniederlassung zurechnen lassen
(Europäischer Datenschutzausschuss (EDSA), Leitlinie 3/2018, Version 2.0 v. 12.11.2019, S. 13).
Bei einer solchen „importierten" Auftragsverarbeitung folgt aus Art. 3 Abs. 1 für den unionsansässigen Auftragsverarbeiter zunächst eine partielle räumliche Anwendbarkeit seiner auftragsspezifischen Pflichten aus Art. 28 ff. DS-GVO. Darüber hinaus leitet der EDSA allerdings eine mittelbare
Geltung der DS-GVO auf importierte Auftragsverarbeitungen aus Art. 28 Abs. 3 (UAbs. 2) her:
Der unionsansässige Auftragsverarbeiter habe auch bei importierten Auftragsverarbeitungen seine
Remonstranz-Pflicht aus Art. 28 Abs. 3 (UAbs. 2) iVm Art. 33 Abs. 2 gegenüber dem unionsfremden Verantwortlichen bei Verstößen „gegen andere Datenschutzbestimmungen der Union"
(EDSA, Leitlinie 3/2018, Version 2.0 v. 12.11.2019, S. 14 f.). Hierzu zähle auch das Datenschutzgrundrecht aus Art. 8 GRCh – und damit zumindest die Verarbeitungsgrundsätze des Art. 5 durch
die Hintertür. Mit den Worten des EDSA ist nur so gewährleistet, dass „das Hoheitsgebiet der
Union nicht als ‚Datenoase' verwendet [wird]" (EDSA, Leitlinie 3/2018, Version 2.0
v. 12.11.2019, S. 15). Dogmatisch konsequent hebt der EDSA abschließend hervor, dass der
unionsansässige Auftragsverarbeiter, und nicht der unionsfremde Verantwortliche, die grundrechtskonforme Verarbeitung im Unionsgebiet sicherzustellen habe.

In Fällen gemeinsamer Verantwortung iSd Art. 26 reicht die Unionsniederlassung eines Mitver- 12
antwortlichen, um die räumliche Anwendbarkeit der DS-GVO auch gegenüber sämtlichen uni-

onsfremden Mitverantwortlichen zu eröffnen. Benennen die gemeinsam Verantwortlichen bspw. den einzigen Mitverantwortlichen mit Unionsniederlassung als Anlaufstelle nach Art. 26 Abs. 1 S. 2 DS-GVO, bleibt ihre gemeinsame unionsrechtliche Verpflichtung und Haftung nach Art. 26 Abs. 3 DS-GVO bestehen.

F. Unionsniederlassung

13   Begriffe des europäischen Rechts sind autonom unionsrechtlich auszulegen. Auf das – zudem in sich uneinheitliche – deutschrechtliche Verständnis einer Niederlassung in § 13 HGB, § 21 ZPO oder etwa § 7 Abs. 3 BGB kommt es nicht an. Erwägungsgrund 22 definiert eine Niederlassung (establishment; établissement) – wortgleich zu Erwägungsgrund 19 Datenschutz-RL – als eine feste Einrichtung (stable arrangements; dispositif stable), die der effektiven und tatsächlichen Ausübung einer Tätigkeit (effective and real exercise of activity; exercice effectif et réel d'une activité) dient.

14   Der EuGH betonte bei der Auslegung des Niederlassungsbegriffs nach Art. 4 Datenschutz-RL stets, dass ein wirksamer und umfassender Schutz der betroffenen Personen bei der Verarbeitung personenbezogener Daten nur durch eine weite Auslegung gewährleistet werden kann (EuGH ZD 2014, 350 (355) Rn. 53 – Google Spain). Art. 1 Abs. 2 betont dasselbe Schutzziel, sodass der großzügige Niederlassungsbegriff auch unter der DS-GVO Bestand hat.

I. Feste Einrichtung

15   Der EuGH hat den Grenzlinie zwischen stationär und ambulant maßgeblich in Richtung fester Einrichtungen verschoben, indem er einen einzigen Vertreter, der mit einem ausreichenden Grad an Beständigkeit mit den für die Erbringung der betreffenden konkreten Dienstleistungen erforderlichen Mitteln in einem Mitgliedstaat tätig ist, als niederlassungsbegründend anerkannt hat (EuGH ZD 2015, 580 (582) Tz 30 – Weltimmo). Sachliche Betriebsmittel brauchen also nicht im Unionsgebiet belegen zu sein, es reicht die Präsenz eines einzigen Mitarbeiters aus, der im entschiedenen Fall eine Privatadresse im Mitgliedstaat angegeben hatte und dort wiederholt geschäftlich tätig gewesen war. Dieser Fall ist auch unter der DS-GVO instruktiv, obwohl er im Hinblick auf die mandatorische Vertreterbestellung nach Art. 27 künftig anders zu entscheiden wäre: Ernennt ein unionsfremder Verantwortlicher nämlich rechtskonform einen Unionsvertreter, begründet er damit nicht – quasi als Rechtsreflex – eine Unionsniederlassung, durch die er dann – quasi als Gegenreflex – sogleich der Pflicht zur Vertreterbestellung wieder enthoben wäre.

16   Auch sachliche Betriebsmittel können eine feste Einrichtung begründen. Ein ferngewarteter Serverstandort, der nur der gelegentlichen Wartung vor Ort bedarf, ist eine feste Einrichtung, sei es des Verantwortlichen oder seines Auftragsverarbeiters. In einer extensiven Auslegung wertete die die Artikel 29-Datenschutzgruppe sogar die im Nutzerbrowser gespeicherte Cookie-Testdatei als feste Einrichtung des cookie-setzenden Telemedienanbieters (Arbeitspapier 56 v. 30.5.2002, 10 f.).

II. Effektive und tatsächliche Ausübung einer Tätigkeit

17   Die Niederlassung muss der effektiven und tatsächlichen Ausübung einer Tätigkeit dienen. Dies setzt eine Betriebsstätte voraus, die den Geschäftszweck des Verantwortlichen oder Auftragsverarbeiters mit den in der Niederlassung räumlich-organisatorisch zusammengefassten Produktionsfaktoren aktiv verfolgt.

1. Unerheblichkeit des Sitzes

18   Der Sitz der verantwortlichen Stelle ist für die Bestimmung der Niederlassung unerheblich. Sitz und Niederlassung sind im europäischen Datenschutzrecht entkoppelt. Im Zusammenhang mit Art. 3 noch das Sitzlandprinzip zu erwähnen, ist bestenfalls unbehilflich, schlechtestenfalls unzutreffend: Ist der Sitz zugleich der effektive Verwaltungssitz des Verantwortlichen oder Auftragsverarbeiters, so liegt dort auch eine effektive und tatsächliche Ausübung einer Tätigkeit und damit eine Niederlassung im datenschutzrechtlichen Sinn vor. Ist der Sitz lediglich satzungsgemäß bzw. statuarisch – etwa zur Wahrnehmung eines günstigeren Gründungstatuts mit geringeren Mindestkapitalvorschriften – und der effektive Verwaltungssitz andernorts belegen, ist der satzungsmäßige bzw. statuarische Sitz mangels effektiver und tatsächlicher Tätigkeitsausübung gerade keine Niederlassung iSd Art. 3. Die sprichwörtlichen Briefkastenfirmen haben daher datenschutzrechtlich keine Niederlassung an ihrem gewillkürten satzungsmäßigen Sitz.

2. Haupt- und Zweigniederlassungen

Auf die unternehmens- bzw. konzerninterne Relevanz mehrerer Niederlassungen untereinander und deren Grad an Selbständigkeit kommt es ebenfalls nicht an. Die Bezeichnung einer Niederlassung durch den Verantwortlichen oder Auftragsverarbeiter als Hauptverwaltung (Zentrale, Headquarter), Hauptniederlassung, Zweigniederlassung oder Agentur erspart nicht die eigenständige Prüfung der effektiven und tatsächlichen Tätigkeitsausübung. Nach der Hauptniederlassung iSd Art. 4 Nr. 16 ist allein für die Bestimmung der federführenden Aufsichtsbehörde nach Art. 56 zu fragen; für den räumlichen Anwendungsbereich der DS-GVO spielt die Hauptniederlassung keine hervorgehobene Rolle. 19

3. Juristische Personen als Niederlassung

Auf die Rechtsform einer Niederlassung kommt es nach Erwägungsgrund 22 S. 2 nicht an. Im Konzernverbund kann auch eine Niederlassung einer rechtlich selbständigen Tochtergesellschaft oder Enkelgesellschaft als Niederlassung der verantwortlichen Konzernmutter handeln. Dies brachte Erwägungsgrund 19 Datenschutz-RL in der deutschen Fassung nicht eindeutig zum Ausdruck; entsprechend wird das Begriffspaar „Agentur oder Zweigstelle" in Erwägungsgrund 22 nunmehr durch: „Zweigstelle oder Tochtergesellschaft mit eigener Rechtspersönlichkeit" klarstellend ersetzt; die anderen Sprachfassungen bezogen rechtlich selbständigen Tochtergesellschaften seit jeher ausdrücklich mit ein: branch or subsidiary with a legal personality; succursale ou une filiale ayant la personnalité juridique. Die deutschen Gerichte folgten jedoch stets einer europarechtskonformen Auslegung. So bestätigte das OVG Schleswig (ZD 2013, 364 (365)) ohne weiteres die Facebook Ireland Ltd. als Niederlassung der US-amerikanischen Facebook Inc. 20

Erwägungsgrund 22 S. 2 erwähnt die Tochtergesellschaft nur beispielhaft, nicht einschränkend. Das Datenschutzrecht ist für den Konzernkontext bekanntlich blind. Aus Erwägungsgrund 22 S. 2 folgt, dass die gesellschaftsrechtlich einer juristischen Person zugeordnete Niederlassung datenschutzrechtlich einer anderen juristischen Person, nämlich dem Verantwortlichen – auch über Konzerngrenzen hinweg – als Niederlassung zugerechnet werden kann. Zurechnungskriterium ist stets die Tätigkeit der Niederlassung, in deren Rahmen die Datenverarbeitung, deren Zweck und Mittel der Verantwortliche bestimmt, fallen muss. 21

4. Begriffsdreieck Verantwortlicher – Niederlassung – Auftragsverarbeiter

Die Niederlassung ist jedoch kein Tertium, das weder wie ein Auftragsverarbeiter weisungsgebunden Daten verarbeitet noch wie der Verantwortliche über Zwecke und Mittel der Verarbeitung entscheidet. Vielmehr müssen zwei Ordnungsebenen auseinander gehalten werden: Auf der oberen Ordnungsebene stehen sich die beteiligten juristischen Personen gegenüber. Hier herrscht die strenge Dichotomie zwischen Verantwortlichen und Auftragsverarbeitern. Dieses duale Rollenbild weist jeder an der Verarbeitung beteiligten juristischen Person entweder die Funktion des Verantwortlichen oder des Auftragsverarbeiters nach den Abgrenzungskriterien aus Art. 4 Nr. 7 oder 8 zu. Auf dieser oberen Ebene entscheidet sich auch, ob mehrere Mitverantwortliche iSd Art. 26 gemeinsam die Zwecke und die Mittel der Verarbeitung festlegen. Die untere Ebene betrifft hingegen die mitwirkenden Niederlassungen und deren datenschutzrechtliche Zurechnung zu einem oder mehreren (Mit-)Verantwortlichen oder Auftragsverarbeitern. So qualifiziert der EuGH in der Google Spain-Entscheidung allein die US-amerikanische Google Inc. nicht aber die Google Spain SL auf oberer Ebene als Verantwortliche; auf unterer Ebene rechnet sie die spanische Betriebsstätte der Google Spain SL der Google Inc. wegen ihrer wirtschaftlichen Förderung des Verarbeitungszwecks als Niederlassung zu (OVG Schleswig ZD 2014, 350 (355) Rn. 52 ff. – Google Spain). Die Facebook-Entscheidung des OVG Schleswig betraf auf oberer Ebene die Frage, ob die Facebook Ireland Ltd. als Verantwortliche – alleinverantwortlich oder mitverantwortlich neben der US-amerikanischen Facebook Inc. – oder aber als Auftragsverarbeiterin der Facebook Inc. zu qualifizieren sei (ZD 2013, 364 (365)). Auf unterer Ebene konnte es das OVG Schleswig dahinstehen lassen, ob die irische Betriebsstätte einer verantwortlichen Facebook Inc. und/oder einer verantwortlichen Facebook Ireland Ltd. datenschutzrechtlich als Niederlassung zuzurechnen war, denn die irische Unionsniederlassung schloss die Anwendbarkeit deutschen Datenschutzrechts nach § 1 Abs. 5 S. 1 BDSG jedenfalls aus. 22

III. Belegenheit der Niederlassung im Unionsgebiet

1. Unionsgebiet

23   Die Niederlassung muss im Unionsgebiet belegen sein. Das Unionsgebiet ist in Art. 52 EUV definiert und in Art. 355 AEUV konkretisiert.

2. Vereinigtes Königreich, Brexit

23a   Das Vereinigte Königreich war nach einigem Zaudern und Zagen am 31.1.2020 aus der Europäischen Union ausgetreten – Brexit – und ist seit dem 1.2.2020 kein Mitgliedstaat der Europäischen Union mehr. Großbritannien und Nordirland gehören seither nicht mehr zum Unionsgebiet.

23b   Für einen Übergangszeitraum (transition period) vom 1.2.2020 bis 31.12.2020 galt die DS-GVO noch auf der Grundlage einer Übereinkunft iSd Art. 216 Abs. 1 AEUV, dem Austrittsabkommen (Withdrawal Agreement – EU-UK WA) v. 24.1.2020 unverändert fort. Art. 127 Abs. 1 EU-UK WA bestimmte, dass das Unionsrecht – und damit auch die DS-GVO – während des Übergangszeitraums für das und im Vereinigten Königreich weitergalt. Das weitergeltende Unionsrecht war nach Art. 4 Abs. 1, 127 Abs. 3 EU-UK WA wirkungsgleich; es führte im Vereinigten Königreich dieselben Rechtsfolgen wie in den Mitgliedstaaten herbei. Entsprechend schlossen Bezugnahmen auf die Mitgliedstaaten einstweilen das Vereinigte Königreich ein, Art. 127 Abs. 6 EU-UK WA. Aus der Weitergeltung (Art. 127 Abs. 1 EU-UK WA) und der Wirkungsgleichheit (Art. 4 Abs. 1, 127 Abs. 3 EU-UK WA) folgte, dass bis zum 31.12.2020 eine Niederlassung im Vereinigten Königreich nach Art. 3 Abs. 1 DS-GVO und der Aufenthalt der betroffenen Person im Vereinigten Königreich nach Art. 3 Abs. 2 DS-GVO die Anwendbarkeit der DS-GVO begründeten.

23c   Die DS-GVO galt im Vereinigten Königreich zudem nach Section 1A Abs. 2 des European Union (Withdrawal) Act 2018 – EUWA v. 26.6.2018 idF des European Union (Withdrawal Agreement) Act 2020 – EUWAA v. 23.1.2020 für einen Anpassungszeitraum (implementation period) bis 31.12.2020 vollumfänglich fort; am 1.1.2021 überführte Section 3 Abs. 1 EUWA die DS-GVO als beibehaltenes EU-Recht (retained EU law) in nationales Recht des Vereinigten Königreichs – umbenannt in United Kingdom General Data Protection Regulation – UK GDPR durch Art. 2 Data Protection, Privacy and Electronic Communications (Amendments etc) (EU Exit) Regulations 2019 – DPPEC Regulations v. 28.2.2019. Daneben steht der terminologisch ebenfalls angepasste Data Protection Act 2018 v. 23.5.2018 idF des Anhangs 2 zu den DPPEC Regulations. Art. 3 UK GDPR spiegelt Art. 3 DS-GVO für das Vereinigte Königreich.

23d   In der Folge hat die Kommission ein angemessenes Schutzniveau im Vereinigten Königreich mit Angemessenheitsbeschluss (Adäquanzentscheidung) v. 28.6.2021 (Komm.-Dok. C(2021) 4800 endg.) gem. Art. 45 Abs. 3 festgestellt, allerdings durch eine Ablaufklausel (sunset clause) befristet zum 27.6.2025. Nach dem Ende des Übergangszeitraums am 31.12.2020 und bis zum Wirksamwerden des Angemessenheitsbeschlusses am 28.6.2021 griff der Überleitungsmechanismus des Art. 71 Abs. 1 EU-UK WA.

IV. Unerheblichkeit des Betroffenenaufenthalts

24   Betroffenen Personen, die sich nicht im Unionsgebiet befinden, wird regelmäßig die Erwartung fehlen, am hohen Schutzniveau der Union teilzuhaben. Dies wird augenscheinlich, wenn ein unionsfremder Verantwortlicher einen unionsansässigen Auftragsverarbeiter ausnahmsweise auch mit der Verarbeitung personenbezogener Daten von Drittstaatenaufenthaltern beauftragten sollte. Selbst wenn die Verarbeitung der personenbezogenen Daten dieser Personengruppe technisch-organisatorisch von der Unionspopulation getrennt würde, bliebe es beim einheitlichen Datenschutzregime unabhängig vom Aufenthaltsort der betroffenen Personen. Dies ist allerdings eine beabsichtigte Folge, da Erwägungsgrund 2 und 14 den Schutz personenbezogener Daten nach der DS-GVO ausdrücklich ungeachtet des Aufenthaltsorts der betroffenen Person gewähren. Einschränkende Änderungsvorschläge aus der Mitte des Europäischen Parlaments haben entsprechend kein Gehör gefunden (Parl.-Dok. PE506.145v01-00 v. 4.3.2013, Amendments 701, 703).

G. Verarbeitung iRd Tätigkeit

25   Die Verarbeitung muss iRd Tätigkeit der Niederlassung erfolgen. Die Niederlassung braucht die Verarbeitung nicht selbst auszuführen (EuGH ZD 2014, 350 (354) Rn. 52 – Google Spain); die Kontextanknüpfung fragt vielmehr, ob die Tätigkeit der Niederlassung den Geschäftszweck

des Verantwortlichen, dem die Verarbeitung dient, fördert. Ausgangspunkt ist wie immer die prüfungsgegenständliche Verarbeitung und der mit ihr verfolgte Geschäftszweck des Verantwortlichen; diesen Geschäftszweck muss die Tätigkeit der Niederlassung fördern. Eine wirtschaftliche Förderung der Geschäftszwecke der Suchmaschinenbetreibers Google Inc. durch die lokale Vermarktung der auf der Suchmaschine verfügbaren Werbeflächen hat der EuGH in der vorbezeichneten Entscheidung genügen lassen, um die Verarbeitung in den Rahmen der Tätigkeit der spanischen Niederlassung fallen zu lassen.

H. Verantwortlicher oder Auftragsverarbeiter ohne Unionsniederlassung

Der Kommissionsentwurf v. 25.1.2012 nannte in Abs. 2 lediglich unionsfremde Verantwortliche, erwähnte Auftragsverarbeiter ohne Inlandsniederlassung jedoch nicht. Der Anwendungsbereich der subsidiären Anknüpfung in Abs. 2 wäre tatbestandlich nicht das spiegelbildliche Negativ der primären Anknüpfung in Abs. 1 gewesen. Die Ergänzung der unionsfremden Auftragsverarbeiter in der finalen Fassung ist letztlich aber nur eine handwerkliche Korrektur ohne Bedeutung. Im widrigsten Fall wäre allenfalls eine Doppelanknüpfung an die Inlandsniederlassung des Auftragsverarbeiters nach Abs. 1 und zusätzlich an das unionsgerichtete Produktangebot bzw. die unionsgerichtete Beobachtungshandlung des unionsfremden Verantwortlichen nach Abs. 2 eingetreten. Eine Schutzerweiterung hätte dies jedoch nicht zur Folge gehabt, da der unionsfremde Verantwortliche bereits durch seinen unionsansässigen Auftragsverarbeiter an sämtliche Vorschriften der DS-GVO gebunden wird. **26**

I. Direkterhebung aus Drittland versus Datenexport in Drittland; Abgrenzung zu EuGH Schrems II

Die DS-GVO garantiert ein hohes Schutzniveau für die Verarbeitung personenbezogener Daten. Das unionsspezifische Schutzniveau bleibt auch bei Datenverarbeitungen mit Bezug zu Drittstaaten außerhalb des Unionsgebiets gewährleistet. Die DS-GVO kennt hierfür zwei Mechanismen: die extraterritoriale Erstreckung bei Direkterhebungen aus Drittstaaten nach Art. 3 Abs. 2 und die Bedingungen aus Kap. V (Art. 44 ff.) für Datenexporte in Drittstaaten. **26a**

Die extraterritoriale Erstreckung der DS-GVO auf unionsfremde Verantwortliche und Auftragsverarbeiter nach Art. 3 Abs. 2 ist deshalb vom Datenexport an einen Datenempfänger in einem Drittland nach Art. 44 ff. sauber abzugrenzen. Nur wenn die Datenverarbeitung des unionsfremden Akteurs nicht bereits nach Abs. 2 voll und ganz der DS-GVO unterworfen ist, braucht ihm gegenüber ein angemessenes Datenschutzniveau über die Mechanismen der Art. 45 ff. simuliert zu werden. Am Anfang der datenschutzrechtlichen Prüfung steht mithin die technische Analyse, ob die Daten direkt aus dem Drittland bei der betroffenen Person iSd Abs. 2 erhoben wurden – ohne Beteiligung eines unionsansässigen Verantwortlichen (Direkterhebung aus Drittland) oder aber nach einer Speicherung durch einen unionsansässigen Verantwortlichen an ein Drittland iSd Art. 44 ff. übermittelt werden (Datenexport in Drittland). Ein angemessenes Datenschutzniveau braucht also dann und nur dann nach Kap. V (Art. 44 ff.) simuliert zu werden, bspw. durch Standarddatenschutzklauseln (Standard Contractual Clauses – SCCs), wenn keine Direkterhebung aus dem Drittland, sondern ein Datenexport in das Drittland durch einen unionsansässigen Verantwortlichen erfolgt, sei es dass der unionsansässige Datenexporteur die von ihm gespeicherten Daten an den Datenimporteur aktiv übermittelt (Push durch den Datenexporteur) oder die Daten zum Abruf durch den Datenimporteur bereitstellt (Pull durch den Datenimporteur). In seiner Leitlinie 5/2021 zum „Zusammenspiel zwischen der Anwendung des Art. 3 und den Vorschriften zu internationalen Übermittlungen nach Kapitel 5 der DS-GVO", Konsultationsentwurf v. 18.11.2021, S. 5 Rn. 11, stellt der Europäische Datenschutzausschuss (EDSA) entsprechend klar, dass ein Datentransfer nach Kap. 5 der DS-GVO stets voraussetzt, dass (1.) ein Verantwortlicher oder Auftragsverarbeiter personenbezogene Daten (2.) durch Übermittlung, Verbreitung oder eine andere Form der Bereitstellung (3.) einem anderen(sic!) Verantwortlichen oder Auftragsverarbeiter offenlegt. Der EDSA kommt dann in Rn. 12 zur naheliegenden Schlussfolgerung, dass es bei einer Direkterhebung durch einen Verantwortlichen aus einem Drittstaat schlicht am datenübermittelnden Datenexporteur im Unionsgebiet mangelt und folglich kein Datentransfer nach Kap. 5 der DS-GVO stattfindet. **26b**

Rein praktisch fehlt bei einer Direkterhebung aus einem Drittland ja bereits die unionsansässige Vertragspartei, mit der der unionsfremde Verantwortliche Standarddatenschutzklauseln schließen könnte. Entsprechend verbietet Erwägungsgrund 7 S. 2 des Kommissionsbeschlusses 2021/914 v. 4.7.2021 den Abschluss der Standarddatenschutzklauseln, wenn die Verarbeitung durch den **26c** unionsfremden Verantwortlichen bereits in den Anwendungsbereich der DS-GVO fällt. Wenn ein unionsansässiger und ein unionsfremder Verantwortlicher die Daten nach den Maßstäben des Art. 26 beim Betroffenen gemeinsam erheben, findet ebenfalls kein fiktiver Datenexport in ein Drittland statt, der dann künstlich Raum für Mechanismen der Art. 45 ff. schaffen würde – Vereinbarungen über gemeinsame Verantwortlichkeit (Joint Controller Arrangements – JCAs) und Standarddatenschutzklauseln schließen sich für denselben Verarbeitungsvorgang aus. Entsprechend trifft die Forderung des EuGH nach ergänzenden Schutzmaßnahmen Garantien aus der Entscheidung Schrems II (EuGH NJW 2020, 2613) nur Datenexporte in Drittländer aber keine Direkterhebungen aus Drittländern. Zu den Wertungswidersprüchen und zu Lösungsansätzen → Rn. 47.

J. Unionsaufenthalter

27   Der Kommissionsentwurf beschränkte die extraterritoriale Geltung der DS-GVO auf betroffene Personen, die in der Union ansässig sind (Komm.-Dok. KOM(2012) 11 endg. v. 25.1.2012). In der Parlamentsdiskussion sprach sich der Ausschuss für Industrie, Forschung und Energie (ITRE) klarstellungshalber für die Ersetzung des Begriffes „ansässig" (residing) durch „mit Wohnsitz" (domiciled) aus (Parl.-Dok. PE501.927v05-00 v. 21.11.2013). Wahrscheinlich hat der Klarstellungsversuch eher Verwirrung gestiftet – jedenfalls verzichtet der Parlamentsentwurf auf jegliche normative Qualifizierung des Unionsaufenthalts (Parl.-Dok. P7_TA(2014)0212 v. 12.3.2014). Die rein tatsächliche Anknüpfung an die physische Präsenz der betroffenen Person im Unionsgebiet (Unionsaufenthalt) – ohne qualitatives Integrationserfordernis, ohne zeitliche Mindestverweildauer und ohne subjektive Bleibeabsicht – hat sich im Trilog durchgesetzt. Abs. 2 fordert in seiner finalen Fassung lediglich, dass sich die betroffene Person in der Union befindet (who are in the Union; qui se trouvent sur le territoire de l'Union).

28   Die rein tatsächliche Anknüpfung an den Unionsaufenthalt entspricht dem programmatischen Ansatz aus Erwägungsgrund 2 und 12, betroffene Personen ohne Ansehung von Staatsangehörigkeit und Aufenthaltsort zu schützen. Überdies wäre eine normative Präsenzanforderung impraktikabel, da das Begriffspaar „Wohnsitz" und „domicile of origin" bzw. „domcile of choice" ebenso wenig harmonisiert, geschweige denn vereinheitlicht ist wie das Begriffspaar „gewöhnlicher Aufenthalt" und „residence" bzw. „ordinary residence". Rechtsvergleichend handelt sich jeweils um faux amis, die der Angleichung bedurft hätten, wozu sich die beteiligten Institutionen offenbar außerstande sahen.

29   In der Rechtspraxis hat die Abkehr von normativen Anknüpfungstatbeständen wie Staatsangehörigkeit oder gewöhnlichem Aufenthalt eine höhere Volatilität des Schutzes zur Folge, je nachdem ob sich eine betroffene Person gerade im Unionsgebiet befindet oder dieses – auch nur zeitweise – verlassen hat. Ein Unionsbürger auf Reisen in einem Drittstaat kann sich für Verarbeitungen, die während seiner Unionsabwesenheit stattfinden, nicht auf die extraterritoriale Wirkung der DS-GVO aus Abs. 2 berufen.

K. Unionsbezogenes Produktangebot

30   Die bewusste Unionsausrichtung des Produktangebots rechtfertigt die extraterritoriale Erstreckung der DS-GVO auf unionsfremde Verantwortliche und Auftragsverarbeiter nach Abs. 2 lit. a. Die Erschließung des europäischen Marktes gibt es nur um den Preis der Compliance mit den unionsrechtlichen Datenschutzbestimmungen, selbst bei Vermeidung einer Unionsniederlassung.

I. Datenverarbeitung im Zusammenhang

31   Abs. 2 erfasst nicht nur die Verarbeitungshandlungen des unionsfremden Produktanbieters und ggf. seines Auftragsverarbeiters, sondern auch aller anderen unionsfremden Verantwortlichen, die iRd Distanzansprache personenbezogene Daten mit oder ohne Wissen des Produktanbieters sowohl offen oder verdeckt miterheben. Der Einleitungssatz zu Abs. 2 fordert nämlich nicht einschränkend, dass „die Datenverarbeitung dazu dient", sondern erweiternd, dass „die Datenverarbeitung im Zusammenhang damit steht", ein unionsbezogenes Produktangebot zu unterbreiten. Sämtliche unionsfremde Verantwortliche, die im Zusammenhang mit der Distanzansprache personenbezogene Daten von Unionsaufenthaltern quasi Huckepack abgreifen, müssen sich an der DS-GVO messen lassen.

II. Unionsausrichtung (objektives Element)

32   Die Distanzansprache eines Unionsaufenthalters aus einem Drittstaat erfolgt regelmäßig über das Internet. Da Internetseiten üblicherweise weltweit abrufbar sind, erwies sich die Feststellung

einer bestimmten Marktausrichtung seit jeher als schwierig. Der BGH hatte bereits in einer kennzeichenrechtlichen Entscheidung aus dem Jahr 2004 (BGH MMR 2005, 239 (241) – Hotel Maritime) entschieden, dass zur Vermeidung einer ubiquitären Geltung des deutschen Markenrechts eine bestimmungsgemäße Ausrichtung auf die inländischen Verkehrskreise erforderlich ist. Als maßgebliches Kriterium für einen hinreichenden Inlandsbezug nannte der BGH damals die deutsche Sprache. Der EuGH erkannte später zum internationalen Gerichtsstand in Verbrauchersachen verschiedene Kriterien für eine Ausrichtung eines Internetangebots auf einen anderen Mitgliedstaat an (EuGH MMR 2011, 132 (136) Tz 83 f. – Pammer und Hotel Alpenhof). Abstrahiert man die Kriterien von ihrem Binnenmarktbezug und wendet sie auf den Drittstaatenverkehr an, ergeben sich folgende Umstände: (i) die Verwendung der Sprache eines Mitgliedstaates, die von der Sprache des Drittstaates abweicht, (ii) die Zahlungsmöglichkeit in EUR oder in der Währung eines Mitgliedstaats, der nicht dem Euro-Währungsgebiet angehört, (iii) die Verwendung der Top Level Domain eines Mitgliedstaates und (iv) die Veröffentlichung von Kundenbewertungen mit der Angabe eines Mitgliedstaates als Herkunftsland (vgl. dazu Voigt, Räumliche Anwendbarkeit der DS-GVO, 2020, 114).

Sowohl der federführende Ausschuss im Europäischen Parlament (Parl.-Dok. P7 TA(2014)0212 v. 12.3.2014, 6) als auch die irische Ratspräsidentschaft – unter ausdrücklicher Bezugnahme auf die EuGH-Entscheidungen Pammer und Hotel Alpenhof – (Ratsdok. 6828/13 v. 26.2.2013, Fn. 21) sprachen sich für eine klarstellende Ergänzung des Kommissionsentwurfs aus. Entsprechend stellt Erwägungsgrund 23 S. 3 fest, dass Faktoren wie die Verwendung einer Sprache oder Währung, die in einem oder mehreren Mitgliedstaaten gebräuchlich ist, iVm der Möglichkeit, Waren und Dienstleistungen in dieser anderen Sprache zu bestellen, oder die Erwähnung von Kunden oder Nutzern, die sich in der Union befinden, darauf hindeuten, dass der Verantwortliche beabsichtigt, den Personen in der Union Waren oder Dienstleistungen anzubieten. Die bloße Zugänglichkeit der Website des Verantwortlichen oder des Auftragsverarbeiters oder eines Vermittlers in der Union, einer E-Mail-Adresse oder anderer Kontaktdaten oder die Verwendung einer Sprache, die in dem Drittstaat, in dem der Verantwortliche niedergelassen ist, allgemein gebräuchlich ist, sind hingegen keine ausreichenden Anhaltspunkte für eine Unionsausrichtung. **33**

III. Evidente Angebotsabsicht (subjektives Element)

Der unionsfremde Verantwortliche oder Auftragsverarbeiter muss nach Erwägungsgrund 23 S. 3 auch offensichtlich beabsichtigen, betroffenen Personen in einem oder mehreren Mitgliedstaaten Dienstleistungen – und man wir hinzufügen müssen: und Waren – anzubieten. Für den Verantwortlichen indizieren die objektiven Faktoren für eine Unionsausrichtung ein von einer kommerziellen, wissenschaftlichen oder karitativen Absicht getragenes Verhalten. Anders jedoch beim Auftragsverarbeiter, der zwar im Einzelfall von der Distanzansprache aus dem Drittland wissen mag (intellektuelles Element), dem aber die darüber hinausgehende Absicht im Sinne eines zielgerichteten Wollens (voluntatives Element) fehlen wird. Das Problem relativiert sich allerdings in der Praxis, da die indizierte Absicht des Verantwortlichen ausreicht, um den räumlichen Anwendungsbereich der DS-GVO für die prüfungsgegenständliche Verarbeitung zu eröffnen. Die Erwähnung des Auftragsverarbeiters in Erwägungsgrund 34 S. 3 ist letztlich überflüssig. Zudem ist zweifelhaft, ob der Begriff „beabsichtigen" rechtstechnisch zu verstehen ist. Der englische Originalwortlaut spricht nämlich nicht von Absicht (intention), sondern „envisage", was mit einer gewissen Beliebigkeit ins Deutsche übersetzt wurde: Anschaulich in Art. 15 Abs. 1 lit. d („geplant") und nur weniger Zeilen später in lit. h („angestrebt"). **34**

IV. Entgeltlich oder unentgeltlich

Auf die Entgeltlichkeit der Ware oder Dienstleistung kommt es nicht an. Wirtschaftliche Überlegungen zum Austauschcharakter bei nicht zahlungspflichtigen Telemediendiensten wie Nachrichtenportalen, Suchmaschinen, sozialen Netzwerken, Vergleichsportalen usw. erübrigen sich. **35**

V. Vorgreifliche Pflichten

Der Umfang der geschäftlichen Tätigkeit ist unerheblich. Weder ist es in tatsächlicher Hinsicht beachtlich, ob es überhaupt zu einem Geschäftsabschluss mit einem Unionsaufenthalter kommen wird, noch ist der Wille des unionsfremden Verantwortlichen konditional, seine Tätigkeit im Unionsgebiet in mehr als unerheblichem Umfang zu entfalten. Vielmehr gelten die präventiven Kontrollpflichten, etwa die Datenschutz-Folgenabschätzung nach Art. 35, bereits vorgreiflich im Hinblick auf eine spätere Freischaltung des unionsbezogenen Produktangebots. **36**

L. Unionsbezogene Verhaltensbeobachtung

37 Abs. 2 lit. b erstreckt die extraterritoriale Wirkung der DS-GVO auf die Beobachtung der Internetaktivitäten von Unionsaufenthaltern durch unionsfremde Verantwortliche. Als Ausgangspunkt einer Beobachtungshandlung nennt Erwägungsgrund 24 das Nachvollziehen der Internetaktivitäten, bezieht aber auch eine anschließende Profilbildung zu Werbezwecken ein.

38 Das Nachvollziehen von Internetaktivitäten setzt zunächst das Wiedererkennen einer natürlichen Person über verschiedene Internetaktivitäten hinweg (Tracing) voraus. Die DS-GVO unterscheidet in Erwägungsgrund 30 S. 1 sauber zwischen personenbezogenen Daten und nicht personenbezogenen Geräte-Kennungen wie etwas IP-Adressen und Cookie-IDs, die erst noch einer bestimmten natürlichen Person zugeordnet werden müssen, um den Personenbezug herzustellen. Ein datenschutzrelevantes Wiedererkennen, dh Tracing, iSd Abs. 2 lit. b scheidet nach Erwägungsgrund 30 S. 1 bei der Verwendung von Geräte-Kennungen aus, solange der Diensteanbieter keine Zuordnung zu einem identifizierten Nutzer vornimmt.

39 Auf das individuelle Wiedererkennen baut das Sammeln von Metriken bzw. Datenpunkten über das individuelle, nicht nur gerätebezogene Nutzungsverhalten (Tracking) auf.

40 Erwägungsgrund 24 spricht sodann die Verwendung von Techniken zur Profilbildung (Profiling) an. Gemeint ist hier die ganz kleine Münze des Profilings zu Werbezwecken in Abgrenzung zum Profiling nach Art. 22, das einer automatisierten Entscheidung mit rechtlichen Folgen oder ähnlichen erheblichen Beeinträchtigungen dient.

41 Voraussetzung ist allerdings, dass das beobachtete Verhalten in der Union erfolgt. Der Unionsaufenthalter muss sich zum Zeitpunkt der Beobachtung physisch in der Union befinden.

M. Unionsvertreter

42 Unionsfremde Verantwortliche oder Auftragsverarbeiter müssen nach Art. 27 einen Unionsvertreter bestellen, der insbesondere als Anlaufstelle für Aufsichtsbehörden und betroffene Personen tätig wird.

N. Territorialitätsprinzip versus Personalitätsprinzip; Herkunftslandprinzip

43 Die DS-GVO folgt ausschließlich dem Territorialitätsprinzip. Es kommt allein auf den Ort der Niederlassung im Unionsgebiet bzw. den tatsächlichen Aufenthaltsort der betroffenen Person im Unionsgebiet an. Eine territoriale Anknüpfung an den Datenverarbeitungsort schließt Abs. 1, letzter Hs., hingegen aus.

44 Das Personalitätsprinzip kommt in Art. 3 nicht zum Tragen. Das Gesellschaftsstatut, die lex societas, ist für die Bestimmung der Anwendbarkeit der DS-GVO unerheblich, ganz gleich ob man der Sitztheorie oder der Gründungstheorie folgt. Wo der Sitz oder Inkorporationsort des Verantwortlichen bzw. Auftragsverarbeiters belegen ist, ist ebenso unerheblich wie etwa die Staatsangehörigkeit der betroffenen Person.

45 Die DS-GVO schafft Einheitsrecht in der Union, sodass sich das Herkunftslandprinzip zum binnenmarktfördernden Abbau von Hemmnissen für den freien Verkehr personenbezogener Daten zwischen den Mitgliedstaaten erledigt hat.

O. Kritik

46 Kritik wird insbesondere an der extraterritorialen Erstreckung auf unionsfremde Verantwortliche nach Abs. 2 geübt. Die britische Delegation im Ministerrat warnte vor Vollstreckungsdefiziten in Drittstaaten, wenn der Verantwortliche schlicht keinen Vertreter in der Union nach Art. 27 benennt. Unionsaufenthalter würden durch das Schutzversprechen des Abs. 2 in falscher Sicherheit gewogen und ihre Daten unionsfremden Verantwortlichen offenbaren, obwohl sie womöglich schutzlos gestellt sind. Konsequent sprach sich die britische Ratsdelegation für eine Streichung aus (Ratsdok. 9897/2/12 v. 18.7.2012, 140 f.). Die Kommission verteidigte Abs. 2 mit der grundsätzlichen Erwägung, dass praktische Vollstreckungsprobleme die Union nicht davon abhalten sollten, die Betroffenenrechte eindeutig zu regeln (Ratsdok. 16529/12 v. 4.12.2012 Rn. 47).

47 Wie sehr der europäische Gesetzgeber mit der Extraterritorialität der DS-GVO fremdelt, zeigt die willkürliche Unterscheidung zwischen Direkterhebungen aus Drittländern und Datenexporten in Drittländer. Der unionsfremde Direkterheber unterliegt der DS-GVO nach Art. 3 Abs. 2 unmittelbar und vollständig, soweit er Daten im Zusammenhang mit unionsgerichteten Produktangeboten bzw. unionsgerichteten Beobachtungshandlungen verarbeitet. Der unionsfremde Datenimporteur, der einen unionsansässigen Verantwortlichen zwischenschaltet, ist hingegen nicht gesetzlich

an die DS-GVO gebunden; Kap. V (Art. 44 ff.) DS-GVO übernimmt hier den tradierten Maßnahmenkatalog aus Kap. IV (Art. 25 ff.) Datenschutz-RL (RL 95/46/EG), obwohl eine extraterritoriale Geltungserstreckung auf Datenimporteure nahe gelegen hätte.

Für unsichere Drittstaaten müssen Datenexporteur und -importeur seit der EuGH-Entscheidung Schrems II (EuGH NJW 2020, 2613) die extraterritoriale Geltung des unionsspezifischen Datenschutzniveaus in letzter Konsequenz durch Standarddatenschutzklauseln vertraglich simulieren. Dabei stellt der EuGH (EuGH NJW 2020, 2613 (2616 Rn. 132)) zutreffend klar, dass es das Primat des Gesetzgebers ist, das unionsspezifische Datenschutzniveau auch gegenüber ausländischen Staaten zu gewährleisten – die aktuelle Ablastung auf die Marktteilnehmer ist insofern systemwidrig.

Integrationsansatz – eine Lösung de lege lata: Art. 44 Abs. 1 DS-GVO setzt für den Datenexport in Drittländer voraus, dass „auch die sonstigen Bestimmungen dieser Verordnung eingehalten werden". Dieser Halbsatz wird üblicherweise als Rechtmäßigkeitsvoraussetzung für einen DS-GVO-konformen Datenexport verstanden; der Datenexport müsste auch als rein unionsinterne Datenübermittlung rechtmäßig sein. Man könnte den Halbsatz aber auch als extraterritoriale Geltungserstreckung „der sonstigen Bestimmungen dieser Verordnung" auf die Verarbeitung der exportierten Daten durch den unionsfremden Datenimporteur verstehen. Datenexporteur und -importeur müssen nämlich sicherstellen, dass die Übermittlung in das Drittland „im Einklang mit dem ‚anwendbaren Datenschutzrecht' erfolgt ist und (im Drittland) weiterhin erfolgen wird" (EuGH NJW 2020, 2613 (2618 Rn. 138)); dieser Anforderung würde eine extraterritoriale Auslegung des Halbsatzes Rechnung tragen. Auch wäre der nötige Gleichklang mit der Direkterhebung aus Art. 3 Abs. 2 bereits de lege lata hergestellt.

Bereinigungsansatz – eine Lösung de lege ferenda: Die extraterritoriale Geltung der DS-GVO könnte künftig bspw. durch Einfügung eines Art. 3 Abs. 2a (neu) auf Datenimporteure aus unsicheren Drittstaaten erstreckt werden: „Diese Verordnung findet Anwendung auf die Verarbeitung **personenbezogener Daten, die bereits verarbeitet werden oder nach ihrer Übermittlung an ein Drittland oder eine internationale Organisation verarbeitet werden sollen,** es sei denn die Kommission hat nach Art. 45 beschlossen, dass das betreffende Drittland ein angemessenes Schutzniveau bietet; **dies gilt auch für die etwaige Weiterübermittlung personenbezogener Daten aus dem betreffenden Drittland oder der betreffenden internationalen Organisation an ein anderes Drittland oder eine andere internationale Organisation.**"

Der fett gedruckte Wortlaut entspricht Art. 44 Abs. 1 S. 1 DS-GVO. Die Art. 44, 46, 47 und 49 DS-GVO wären aufzuheben.

Artikel 4 Begriffsbestimmungen

Im Sinne dieser Verordnung bezeichnet der Ausdruck:
1. „personenbezogene Daten" alle Informationen, die sich auf eine identifizierte oder identifizierbare natürliche Person (im Folgenden „betroffene Person") beziehen; als identifizierbar wird eine natürliche Person angesehen, die direkt oder indirekt, insbesondere mittels Zuordnung zu einer Kennung wie einem Namen, zu einer Kennnummer, zu Standortdaten, zu einer Online-Kennung oder zu einem oder mehreren besonderen Merkmalen, die Ausdruck der physischen, physiologischen, genetischen, psychischen, wirtschaftlichen, kulturellen oder sozialen Identität dieser natürlichen Person sind, identifiziert werden kann;
2. „Verarbeitung" jeden mit oder ohne Hilfe automatisierter Verfahren ausgeführten Vorgang oder jede solche Vorgangsreihe im Zusammenhang mit personenbezogenen Daten wie das Erheben, das Erfassen, die Organisation, das Ordnen, die Speicherung, die Anpassung oder Veränderung, das Auslesen, das Abfragen, die Verwendung, die Offenlegung durch Übermittlung, Verbreitung oder eine andere Form der Bereitstellung, den Abgleich oder die Verknüpfung, die Einschränkung, das Löschen oder die Vernichtung;
3. „Einschränkung der Verarbeitung" die Markierung gespeicherter personenbezogener Daten mit dem Ziel, ihre künftige Verarbeitung einzuschränken;
4. „Profiling" jede Art der automatisierten Verarbeitung personenbezogener Daten, die darin besteht, dass diese personenbezogenen Daten verwendet werden, um bestimmte persönliche Aspekte, die sich auf eine natürliche Person beziehen, zu bewerten, insbesondere um Aspekte bezüglich Arbeitsleistung, wirtschaftliche Lage, Gesundheit, persönliche Vorlieben, Interessen, Zuverlässigkeit, Verhalten, Aufent-

haltsort oder Ortswechsel dieser natürlichen Person zu analysieren oder vorherzusagen;

5. „Pseudonymisierung" die Verarbeitung personenbezogener Daten in einer Weise, dass die personenbezogenen Daten ohne Hinzuziehung zusätzlicher Informationen nicht mehr einer spezifischen betroffenen Person zugeordnet werden können, sofern diese zusätzlichen Informationen gesondert aufbewahrt werden und technischen und organisatorischen Maßnahmen unterliegen, die gewährleisten, dass die personenbezogenen Daten nicht einer identifizierten oder identifizierbaren natürlichen Person zugewiesen werden;

6. „Dateisystem" jede strukturierte Sammlung personenbezogener Daten, die nach bestimmten Kriterien zugänglich sind, unabhängig davon, ob diese Sammlung zentral, dezentral oder nach funktionalen oder geografischen Gesichtspunkten geordnet geführt wird;

7. „Verantwortlicher" die natürliche oder juristische Person, Behörde, Einrichtung oder andere Stelle, die allein oder gemeinsam mit anderen über die Zwecke und Mittel der Verarbeitung von personenbezogenen Daten entscheidet; sind die Zwecke und Mittel dieser Verarbeitung durch das Unionsrecht oder das Recht der Mitgliedstaaten vorgegeben, so kann der Verantwortliche beziehungsweise können die bestimmten Kriterien seiner Benennung nach dem Unionsrecht oder dem Recht der Mitgliedstaaten vorgesehen werden;

8. „Auftragsverarbeiter" eine natürliche oder juristische Person, Behörde, Einrichtung oder andere Stelle, die personenbezogene Daten im Auftrag des Verantwortlichen verarbeitet;

9. „Empfänger" eine natürliche oder juristische Person, Behörde, Einrichtung oder andere Stelle, der personenbezogene Daten offengelegt werden, unabhängig davon, ob es sich bei ihr um einen Dritten handelt oder nicht. Behörden, die im Rahmen eines bestimmten Untersuchungsauftrags nach dem Unionsrecht oder dem Recht der Mitgliedstaaten möglicherweise personenbezogene Daten erhalten, gelten jedoch nicht als Empfänger; die Verarbeitung dieser Daten durch die genannten Behörden erfolgt im Einklang mit den geltenden Datenschutzvorschriften gemäß den Zwecken der Verarbeitung;

10. „Dritter" eine natürliche oder juristische Person, Behörde, Einrichtung oder andere Stelle, außer der betroffenen Person, dem Verantwortlichen, dem Auftragsverarbeiter und den Personen, die unter der unmittelbaren Verantwortung des Verantwortlichen oder des Auftragsverarbeiters befugt sind, die personenbezogenen Daten zu verarbeiten;

11. „Einwilligung" der betroffenen Person jede freiwillig für den bestimmten Fall, in informierter Weise und unmissverständlich abgegebene Willensbekundung in Form einer Erklärung oder einer sonstigen eindeutigen bestätigenden Handlung, mit der die betroffene Person zu verstehen gibt, dass sie mit der Verarbeitung der sie betreffenden personenbezogenen Daten einverstanden ist;

12. „Verletzung des Schutzes personenbezogener Daten" eine Verletzung der Sicherheit, die, ob unbeabsichtigt oder unrechtmäßig, zur Vernichtung, zum Verlust, zur Veränderung, oder zur unbefugten Offenlegung von beziehungsweise zum unbefugten Zugang zu personenbezogenen Daten führt, die übermittelt, gespeichert oder auf sonstige Weise verarbeitet wurden;

13. „genetische Daten" personenbezogene Daten zu den ererbten oder erworbenen genetischen Eigenschaften einer natürlichen Person, die eindeutige Informationen über die Physiologie oder die Gesundheit dieser natürlichen Person liefern und insbesondere aus der Analyse einer biologischen Probe der betreffenden natürlichen Person gewonnen wurden;

14. „biometrische Daten" mit speziellen technischen Verfahren gewonnene personenbezogene Daten zu den physischen, physiologischen oder verhaltenstypischen Merkmalen einer natürlichen Person, die die eindeutige Identifizierung dieser natürlichen Person ermöglichen oder bestätigen, wie Gesichtsbilder oder daktyloskopische Daten;

15. „Gesundheitsdaten" personenbezogene Daten, die sich auf die körperliche oder geistige Gesundheit einer natürlichen Person, einschließlich der Erbringung von Gesundheitsdienstleistungen, beziehen und aus denen Informationen über deren Gesundheitszustand hervorgehen;

16. „Hauptniederlassung"
   a) im Falle eines Verantwortlichen mit Niederlassungen in mehr als einem Mitgliedstaat den Ort seiner Hauptverwaltung in der Union, es sei denn, die Entscheidungen hinsichtlich der Zwecke und Mittel der Verarbeitung personenbezogener Daten werden in einer anderen Niederlassung des Verantwortlichen in der Union getroffen und diese Niederlassung ist befugt, diese Entscheidungen umsetzen zu lassen; in diesem Fall gilt die Niederlassung, die derartige Entscheidungen trifft, als Hauptniederlassung;
   b) im Falle eines Auftragsverarbeiters mit Niederlassungen in mehr als einem Mitgliedstaat den Ort seiner Hauptverwaltung in der Union oder, sofern der Auftragsverarbeiter keine Hauptverwaltung in der Union hat, die Niederlassung des Auftragsverarbeiters in der Union, in der die Verarbeitungtätigkeiten im Rahmen der Tätigkeiten einer Niederlassung eines Auftragsverarbeiters hauptsächlich stattfinden, soweit der Auftragsverarbeiter spezifischen Pflichten aus dieser Verordnung unterliegt;
17. „Vertreter" eine in der Union niedergelassene natürliche oder juristische Person, die von dem Verantwortlichen oder Auftragsverarbeiter schriftlich gemäß Artikel 27 bestellt wurde und den Verantwortlichen oder Auftragsverarbeiter in Bezug auf die ihnen jeweils nach dieser Verordnung obliegenden Pflichten vertritt;
18. „Unternehmen" eine natürliche oder juristische Person, die eine wirtschaftliche Tätigkeit ausübt, unabhängig von ihrer Rechtsform, einschließlich Personengesellschaften oder Vereinigungen, die regelmäßig einer wirtschaftlichen Tätigkeit nachgehen;
19. „Unternehmensgruppe" eine Gruppe, die aus einem herrschenden Unternehmen und den von diesem abhängigen Unternehmen besteht;
20. „verbindliche interne Datenschutzvorschriften" Maßnahmen zum Schutz personenbezogener Daten, zu deren Einhaltung sich ein im Hoheitsgebiet eines Mitgliedstaats niedergelassener Verantwortlicher oder Auftragsverarbeiter verpflichtet im Hinblick auf Datenübermittlungen oder eine Kategorie von Datenübermittlungen personenbezogener Daten an einen Verantwortlichen oder Auftragsverarbeiter derselben Unternehmensgruppe oder derselben Gruppe von Unternehmen, die eine gemeinsame Wirtschaftstätigkeit ausüben, in einem oder mehreren Drittländern;
21. „Aufsichtsbehörde" eine von einem Mitgliedstaat gemäß Artikel 51 eingerichtete unabhängige staatliche Stelle;
22. „betroffene Aufsichtsbehörde" eine Aufsichtsbehörde, die von der Verarbeitung personenbezogener Daten betroffen ist, weil
   a) der Verantwortliche oder der Auftragsverarbeiter im Hoheitsgebiet des Mitgliedstaats dieser Aufsichtsbehörde niedergelassen ist,
   b) diese Verarbeitung erhebliche Auswirkungen auf betroffene Personen mit Wohnsitz im Mitgliedstaat dieser Aufsichtsbehörde hat oder haben kann oder
   c) eine Beschwerde bei dieser Aufsichtsbehörde eingereicht wurde;
23. „grenzüberschreitende Verarbeitung" entweder
   a) eine Verarbeitung personenbezogener Daten, die im Rahmen der Tätigkeiten von Niederlassungen eines Verantwortlichen oder eines Auftragsverarbeiters in der Union in mehr als einem Mitgliedstaat erfolgt, wenn der Verantwortliche oder Auftragsverarbeiter in mehr als einem Mitgliedstaat niedergelassen ist, oder
   b) eine Verarbeitung personenbezogener Daten, die im Rahmen der Tätigkeiten einer einzelnen Niederlassung eines Verantwortlichen oder eines Auftragsverarbeiters in der Union erfolgt, die jedoch erhebliche Auswirkungen auf betroffene Personen in mehr als einem Mitgliedstaat hat oder haben kann;
24. „maßgeblicher und begründeter Einspruch" einen Einspruch gegen einen Beschlussentwurf im Hinblick darauf, ob ein Verstoß gegen diese Verordnung vorliegt oder ob beabsichtigte Maßnahmen gegen den Verantwortlichen oder den Auftragsverarbeiter im Einklang mit dieser Verordnung steht, wobei aus diesem Einspruch die Tragweite der Risiken klar hervorgeht, die von dem Beschlussentwurf in Bezug auf die Grundrechte und Grundfreiheiten der betroffenen Personen und gegebenenfalls den freien Verkehr personenbezogener Daten in der Union ausgehen;
25. „Dienst der Informationsgesellschaft" eine Dienstleistung im Sinne des Artikels 1 Nummer 1 Buchstabe b der Richtlinie (EU) 2015/1535 des Europäischen Parlaments und des Rates;

DS-GVO Artikel 4   Kapitel I. Allgemeine Bestimmungen

26. „internationale Organisation" eine völkerrechtliche Organisation und ihre nachgeordneten Stellen oder jede sonstige Einrichtung, die durch eine zwischen zwei oder mehr Ländern geschlossene Übereinkunft oder auf der Grundlage einer solchen Übereinkunft geschaffen wurde.

Überblick

Die Begriffsbestimmungen sind vollständig bereits in der Kommentierung zu § 3 BDSG erfasst (→ BDSG § 3 Rn. 1 ff.). Art. 4 enthält die für die DS-GVO wichtigsten Begriffsdefinitionen (→ Rn. 1). Im Einzelnen (→ Rn. 3) sind dies die personenbezogenen Daten (→ Rn. 3) von natürlichen Personen (→ Rn. 5), in Abgrenzung zur juristischen Person (→ Rn. 6), lebenden Personen (→ Rn. 9) zu verstorbenen Personen (→ Rn. 11), Personen mit besonderer Stellung (→ Rn. 13), der Identifizierbarkeit von Personen (→ Rn. 14) in Abgrenzung zu den Sachdaten (→ Rn. 22) und der betroffenen Person (→ Rn. 28). Hinzu kommen die Verarbeitung (→ Rn. 29) in nicht-automatisierter Form (→ Rn. 33), in automatisierten Verfahren (→ Rn. 34) mit den einzelnen Bestandteilen der Verarbeitung (→ Rn. 35), die Einschränkung der Verarbeitung (→ Rn. 58) und das Profiling (→ Rn. 64). Die Pseudonymisierung (→ Rn. 68) ist nicht nur zu definieren (→ Rn. 71), es sind auch die Arten der Pseudonymisierung (→ Rn. 74) und die Fallgestaltungen (→ Rn. 77) zu betrachten. Zu den Begriffen gehören natürlich die personenbezogenen Daten (→ Rn. 78), die verschlüsselten Daten (→ Rn. 80), das Dateisystem (→ Rn. 81), der Verantwortliche (→ Rn. 87), der Auftragsverarbeiter (→ Rn. 94), der Empfänger (→ Rn. 100) in Abgrenzung zu der fehlenden Empfängereigenschaft beim Untersuchungsauftrag (→ Rn. 105) und dem Dritten (→ Rn. 108). Es folgen die Einwilligung (→ Rn. 122), die Verletzung des Schutzes personenbezogener Daten (→ Rn. 133), die genetischen Daten (→ Rn. 136), die biometrischen Daten (→ Rn. 139), die Gesundheitsdaten (→ Rn. 142), die Hauptniederlassung (→ Rn. 145) mit einem Verantwortlichen (→ Rn. 147), die Hauptniederlassung eines Auftragsgebers (→ Rn. 149), der Vertreter (→ Rn. 151), das Unternehmen (→ Rn. 156), die Unternehmensgruppen (→ Rn. 159), die verbindlichen internen Datenschutzvorschriften (→ Rn. 163), die Bestimmung der Aufsichtsbehörde (→ Rn. 165) und der betroffenen Aufsichtsbehörde (→ Rn. 167), die grenzüberschreitende Verarbeitung (→ Rn. 169), der maßgebliche und begründete Einspruch (→ Rn. 171), der Dienst der Informationsgesellschaft (→ Rn. 172) und die Internationale Organisation (→ Rn. 179). Dabei dürfen die besonderen Kategorien personenbezogener Daten und strafrechtlichen Verurteilungen (→ Rn. 181) im Lichte der Datenschutzkonvention (→ Rn. 184) mit den Abgrenzungsproblemen (→ Rn. 186), der Diskriminierung (→ Rn. 188) und einem Blick auf die einzelnen Begriffe (→ Rn. 189) nicht fehlen. Weitere Begriffe in der DS-GVO sind nicht definiert, wie der Beschäftigtenbegriff (→ Rn. 196) oder die strafrechtliche Verurteilung (→ Rn. 202).

Übersicht

	Rn.		Rn.
A. Allgemeines	1	1. Definition	71
		2. Arten der Pseudonymisierung	74
B. Die Begriffsbestimmungen (Definitionen) im Einzelnen	3	3. Fallgestaltung	77
		4. Personenbezogene Daten	78
I. Personenbezogene Daten (Nr. 1)	3	5. Depersonalisierung	79a
1. Natürliche Person	5	6. Verschlüsselte Daten (Nr. 5)	80
2. Abgrenzung zur juristischen Person	6	VI. Dateisystem (Nr. 6)	81
3. Lebende Personen	9	VII. Verantwortlicher (Nr. 7)	87
4. Verstorbene Personen	11	VIII. Auftragsverarbeiter (Nr. 8)	94
5. Personen mit besonderer Stellung	13	IX. Empfänger (Nr. 9)	100
6. Identifizierbarkeit	14	1. Empfänger nach S. 1	100
7. Sachdaten	22	2. Keine Empfänger nach S. 2 (Untersuchungsauftrag)	105
8. Synthetische Daten	27b		
9. Betroffene Person	28		
II. Verarbeitung (Nr. 2)	29	X. Dritter (Nr. 10)	108
1. Nicht-automatisiert	33	XI. Einwilligung (Nr. 11)	122
2. Automatisierte Verfahren	34	XII. Verletzung des Schutzes personenbezogener Daten (Nr. 12)	133
3. Bestandteile der Verarbeitung sind iE:	35		
III. Einschränkung der Verarbeitung (Nr. 3)	58	XIII. Genetische Daten (Nr. 13)	136
IV. Profiling (Nr. 4)	64	XIV. Biometrische Daten (Nr. 14)	139
V. Pseudonymisierung (Nr. 5)	68	XV. Gesundheitsdaten (Nr. 15)	142

	Rn.		Rn.
XVI. Hauptniederlassung (Nr. 16)	145	XXIII. Maßgeblicher und begründeter Einspruch (Nr. 24)	171
1. Hauptniederlassung eines Verantwortlichen	147	XXIV. Dienst der Informationsgesellschaft (Nr. 25)	172
2. Hauptniederlassung eines Auftragsdatenverarbeiters	149	XXV. Internationale Organisation (Nr. 26)	179
XVII. Vertreter (Nr. 17)	151	C. Besondere Kategorien personenbezogener Daten (Art. 9)	181
XVIII. Unternehmen (Nr. 18)	156	I. Datenschutzkonvention	184
XIX. Unternehmensgruppen (Nr. 19)	159	II. Abgrenzungsprobleme	186
XX. Verbindliche interne Datenschutzvorschriften (Nr. 20)	163	III. Diskriminierung	188
		IV. Zu den einzelnen Begriffen	189
XXI. Aufsichtsbehörde und betroffene Aufsichtsbehörde (Nr. 21 und 22)	165	D. Weitere Begriffe der DS-GVO	196
		I. Beschäftigte	196
XXII. Grenzüberschreitende Verarbeitung (Nr. 23)	169	II. strafrechtliche Verurteilungen (Art. 10)	201

A. Allgemeines

Art. 4 enthält die für die DS-GVO **wichtigen Begriffsdefinitionen,** ist aber nicht abgeschlossen und vollständig. Einige der Begriffe kommen in den Normen der DS-GVO überhaupt nicht weiter vor. Dafür finden sich innerhalb der Regelungen der DS-GVO weitere Definitionen, wie zB in Art. 9 die **besonderen Kategorien personenbezogener Daten** (→ Rn. 181 ff.). 1

Die Begriffsdefinitionen sind als **Legaldefinition der Begrifflichkeiten der DS-GVO** verbindlich „im Sinne dieser Verordnung bezeichnet der Ausdruck" und sind die Grundlage des jeweiligen Verständnisses. Dabei wird an die Begriffsbestimmungen des Art. 2 Datenschutz-RL angeknüpft, der Definitionsbereich aber auch erheblich erweitert. 2

B. Die Begriffsbestimmungen (Definitionen) im Einzelnen

I. Personenbezogene Daten (Nr. 1)

„Personenbezogene Daten" sind **alle Informationen, die sich auf eine identifizierte oder identifizierbare natürliche Person** (im Folgenden „betroffene Person") beziehen. Es bedarf also einer natürlichen Person und die **natürliche Person** muss mindestens identifizierbar sein. Dabei müssen sich die Daten personenbezogen auf diese Person beziehen. Personenbezogene Daten sind Identifikationsmerkmale (zB Name, Anschrift und Geburtsdatum), äußere Merkmale (wie Geschlecht, Augenfarbe, Größe und Gewicht) oder innere Zustände (zB Meinungen, Motive, Wünsche, Überzeugungen und Werturteile), als auch sachliche Informationen wie Vermögens- und Eigentumsverhältnisse, Kommunikations- und Vertragsbeziehungen und alle sonstigen Beziehungen der betroffenen Person zu Dritten und ihrer Umwelt (LG Münster BeckRS 2020, 42403 = ZD 2021, 381 Rn. 25). 3

Von den allgemeinen personenbezogenen Daten sind **die besonderen Kategorien von Daten** (Art. 9) und die personenbezogenen Daten über **strafrechtliche Verurteilungen und Straftaten** (Art. 10) zu unterscheiden (→ Rn. 202 ff.). **Steuerdaten** sind personenbezogene Daten, da es sich um „Informationen über eine bestimmte oder bestimmbare natürliche Person" handelt (EuGH BeckRS 2017, 126269 Rn. 41; BeckRS 2015, 81219 Rn. 29). Im Übrigen wird im EU-Recht nur zwischen personenbezogenen Daten und nicht-personenbezogenen Daten unterschieden (s. Verordnung des Europäischen Parlaments und des Rates vom 14.11.2018 über einen Rahmen für den freien Verkehr nicht personenbezogener Daten in der Europäischen Union (ABl. L 303, 59 v. 28.11.2018). 4

1. Natürliche Person

Ausgehend von der Entscheidung des BVerfG zum **Recht auf informationelle Selbstbestimmung** nach Art. 1 Abs. 1 iVm Art. 2 Abs. 1 GG (BVerfG NJW 1984, 419) stellte das BDSG, wie auch die Datenschutz-RL, nur auf natürliche Personen ab. Gleiches gilt für die DS-GVO, welche ebenfalls nur auf natürliche Personen abstellt, die auch als die **betroffene Person** bezeichnet wird. Damit werden **juristische Personen** des privaten Rechts (AG, GmbH, GmbH & Co KG, Genossenschaft usw) **von der DS-GVO nicht ausdrücklich erfasst.** 5

DS-GVO Artikel 4

2. Abgrenzung zur juristischen Person

6 Jedoch ist zu beachten, dass nach der Rechtsprechung in Deutschland **juristische Personen des Privatrechts sich auf das Recht der informationellen Selbstbestimmung** nach Art. 2 Abs. 1 iVm Art. 1 Abs. 1 GG und Art. 14 Abs. 1 sowie Art. 19 Abs. 3 GG insoweit **berufen können,** als ihren Trägern Schutz gegen unbegrenzte Erhebung, Speicherung, Verwendung oder Weitergabe der betreffenden individualisierten oder individualisierbaren Daten zusteht (BVerfG NJW 1988, 890; BVerwG BeckRS 2001 30229215; VG Wiesbaden BeckRS 2008, 30189; Gola/Schomerus BDSG § 3 Rn. 11a).

7 Nach Art. 8 Charta der Grundrechte der Europäischen Union hat jede Person das Recht auf Schutz der sie betreffenden personenbezogenen Daten. Dieses Grundrecht steht in engem Zusammenhang mit dem in Art. 7 Grundrechte Charta verankerten Recht auf Achtung des Privatlebens (EuGH BeckRS 2010, 91284 Rn. 47). Zwar können sich juristische Personen ebenfalls auf Art. 7 und 8 **Grundrechte Charta** berufen, jedoch hat die Verletzung des Schutzes der personenbezogenen Daten ein anderes Gewicht als bei natürlichen Personen, weshalb insoweit eine Abschichtung gerechtfertigt ist (EuGH BeckRS 2010, 91284 zur Veröffentlichung von Daten). Ansonsten können sich – wie auch nach der deutschen Rechtsprechung – juristische Personen auf Art. 7 und 8 Grundrechte Charta nur berufen, soweit der Name der juristischen Person eine oder mehrere natürliche Personen bestimmt (EuGH BeckRS 2010, 91284). Mithin ist immer auch auf die natürliche Person abzustellen.

8 Jedoch besteht europarechtlich die Möglichkeit, die **DS-GVO auch auf Bereiche anzuwenden,** die von ihr eigentlich nicht erfasst worden sind. Dies, soweit keine anderen Bestimmungen des Gemeinschaftsrechts entgegenstehen (EuGH BeckRS 2004, 74038). Dementsprechend haben einige Mitgliedstaaten wie Italien, Österreich oder Luxemburg den Geltungsbereich der bisherigen Datenschutz-RL auf die Verarbeitung von Daten über juristische Personen ausgeweitet (WP 136 Stellungnahme 4/2007 zum Begriff „personenbezogene Daten" 27, 28). In Deutschland sind im Sozialdatenschutz „**Betriebsgeheimnisse**" vom Sozialgeheimnis nach § 35 SGB I iVm § 67 SGB X umfasst.

3. Lebende Personen

9 **Jede lebende Person ist eine natürliche Person.** Auf das Alter oder die Nationalität kommt es nicht an. Fraglich ist allerdings, ob das Leben erst mit der Geburt einsetzt oder nicht schon beim **Nasciturus,** also dem ungeborenen Kind, gegeben ist. Immerhin werden vor der Geburt bereits eine Vielzahl von Daten durch Ultraschallbilder, Fruchtwasseranalyse usw erhoben, die sich originär nur auf das werdende Kind beziehen. Diese Daten aus dem Schutzbereich der DS-GVO herauszunehmen, dürfte gerade im Hinblick auf Art. 1 GG und die damit auch verbundene Abtreibungsdiskussion, aber auch die Gen-Diagnostik in Deutschland problematisch sein. Sollen alle vor der Geburt gewonnen Daten nicht schützenswert sein? Dies, obwohl ein noch werdendes, also nicht geborenes Kind schon erben, Schenkungen annehmen oder gar Schadenersatzansprüche geltend machen kann? Deshalb erscheint der Aussage zweifelhaft, dass erst mit der Geburt eine natürliche Person gegeben sei. Zumindest dürfte viel dafür sprechen, dass das Recht auf informationelle Selbstbestimmung hier eine Vorwirkung hat (DKWW BDSG § 3 Rn. 3).

10 Auch ist zu beachten, dass dank der neuen Medizintechnik der Zustand des „Ungeborenseins" länger andauern kann als die normale Schwangerschaft, zB dann, wenn ein Embryo eingefroren und so längere Zeit so aufbewahrt wird. Hier fallen genetische und/oder medizinische Informationen über Embryonen an, die es zu schützen gilt.

4. Verstorbene Personen

11 Anknüpfend an das „**Persönlichkeitsrecht**" wurden **Daten der Verstorbenen von dem BDSG nicht geschützt.** Auch die DS-GVO knüpft, wie bisher die Datenschutz-RL, an die natürliche Person an, also eine bestimmte oder bestimmbare lebende Person an (Erwägungsgrund 27; s.a. WP 136 Stellungnahme 4/2007 zum Begriff „personenbezogene Daten", 25). Damit sind **Daten der Verstorbenen nicht als personenbezogene Daten anzusehen** (zum Postmortalen Datenschutz Arens RDV 2018, 127 ff.). Trotzdem können sie noch von dem Schutzbereich des personenbezogenen Datums umfasst sein. Denn die Daten eines Verstorbenen können auch Daten einer noch lebenden Person, zB eines Nachkömmlings, sein. Dies mit der Folge, dass die Daten weiterhin als personenbezogene Daten des Nachkömmlings geschützt sind. Auch besteht das Persönlichkeitsrecht, gerade wenn es um vermögenswerte Bestandteile geht, fort (Gola/Schomerus BDSG § 3 Rn. 12). Dies gilt auch bei Krankheiten (zB Bluterkrankheit), bei denen die Daten der verstorbenen Person gleichzeitig die Daten der noch lebenden Kinder sind. Dabei wird strickt an das Persönlichkeitsrecht nach Art. 2 Abs. 1 GG angeknüpft, welches mit dem Tod erlischt (BVerfG NJW 1971, 1645; Seifert NJW 1999, 1889 ff.). Demgegenüber fallen nach dem SGB die **Daten der Verstorbenen** weiterhin **unter das Sozialgeheimnis,** § 35 Abs. 1 SGB I iVm § 67 SGB X. Auch in anderen Bereichen wie dem Kunsturheberrecht, dem Arzt-, Statistik- oder Steuergeheimnis gelten diese Geheimnisse zeitlich über den Tod hinaus und bieten dadurch einen speziellen Schutz, der durch andere Regelwerke als die allgemeinen Datenschutzbestimmungen gewährt wird.

Die **DS-GVO gilt nicht für die personenbezogenen Daten Verstorbener** (Erwägungsgrund 27). Die Definition in Nr. 1 bezieht sich nur auf personenbezogene Daten von natürlichen Personen, also lebenden Personen. Die Mitgliedstaaten können aber Vorschriften für die Verarbeitung der personenbezogenen Daten Verstorbener vorsehen (Erwägungsgrund 27). Insoweit kann das Sozial- und Steuergeheimnis weiterhin die Daten der Verstorbenen mit einbeziehen oder ausschließen. Gleiches gilt für das Steuerrecht, § 2a Abs. 5 Nr. 1 AO; identifizierte oder identifizierbare verstorbene natürliche Personen). 12

5. Personen mit besonderer Stellung

Natürliche Personen, die Kraft ihres Amtes Aufgaben wahrnehmen, die öffentliche Aufgaben sind (sog. **Funktionsträger**), sind in dieser Funktion nicht Träger von Grundrechten. Jedoch handelt immer eine natürliche Person, weshalb diese trotz ihrer Funktion Persönlichkeitsschutz genießt. Damit handelt es sich bei diesen Daten auch um personenbezogene Daten, die dadurch einen Doppelcharakter erhalten (DKWW BDSG § 3 Rn. 5). Denn diese Daten sind ebenfalls von dem Begriff personenbezogene Daten erfasst, ihre Erhebung, Verarbeitung oder Nutzung ist jedoch teilweise weitergehend zulässig. Allerdings darf nicht verkannt werden, dass die Personen ihre persönliche Individualität nach außen nicht aufgeben (DKWW BDSG § 3 Rn. 5). Diese Schnittstellenproblematik (Funktionsausübung/Außenverhältnis) zeigt sich sehr gut bei der Frage, ob Polizeibeamte ein Namensschild tragen sollen oder nicht (siehe dazu BeckOK BeamtenR Hessen/Schild, 9. Ed. 1.8.2019, § 90 Rn. 59 ff.). Der Umstand, dass Polizeibeamte im Rahmen der Ausübung ihres Amtes auf Video aufgezeichnet werden, führt nicht zum Ausschluss der Verarbeitung personenbezogener Daten aus dem Anwendungsbereich der DS-GVO (EuGH NJW 2019, 2451 Rn. 44 ff.). Auch bei der Evaluation von Lehrveranstaltungen werden in der Regel Informationen zur Bewertung der Lehrer oder Dozenten eingeholt, also subjektive Daten über natürliche Personen, auch wenn ihre Lehrtätigkeit die Ausübung eine bestimmten Funktion in der Schule/Hochschule darstellt (ausführlich zu dieser Problematik Simitis/Simits BDSG § 4a Rn. 12 ff.). Damit zeigt sich sehr gut, dass im öffentlichen Bereich die Betroffenen gerade nicht frei entscheiden können, wer ihre Daten erheben, verarbeiten und nutzen darf. Dies gilt auch für **Personen der Zeitgeschichte.** Auch sie können, soweit ihre zeitgeschichtliche Rolle im Vordergrund steht, weniger schutzwürdige Belange geltend machen (vgl. § 23 Abs. 1 Nr. 1 KUG; EGMR NJW 2004, 2647; DKWW BDSG § 3 Rn. 7). Dies schlägt sich auch in dem sog. Medienprivileg des § 41 nieder, welcher Art. 9 Datenschutz-RL nicht richtig umsetzt und insoweit nur auf die Pressegesetze der Länder verweist. 13

6. Identifizierbarkeit

Als identifizierbar wird eine natürliche Person angesehen, die direkt oder indirekt, insbesondere mittels Zuordnung zu einer Kennung, wie einem Namen, zu einer Kennnummer, zu Standortdaten, zu einer Online-Kennung oder zu einem oder mehreren besonderen Merkmalen, die Ausdruck der physischen, physiologischen, genetischen, psychischen, wirtschaftlichen, kulturellen oder sozialen Identität dieser natürlichen Person sind, identifiziert werden kann. Das von **einer Kamera aufgezeichnete Bild einer Person** fällt unter den Begriff „personenbezogene Daten", sofern es die Identifikation der betroffenen Person ermöglicht (EuGH NJW 2015, 463 Rn. 22; zu Personenaufnahmen siehe Ehmann ZD 2020, 65 ff.). Gleiches gilt für die mit einem Foto verbundenen GPS-Daten, die mit den Bilddaten gespeichert werden und eine ziemlich genaue Lokalisierung ermöglichen. Sie können daher zu einem Personenbezug führen. Dies bezüglich der Person, die die Fotos aufgenommen hat oder gerade auch zu den aufgenommen Personen. 14

Um festzustellen, ob eine **natürliche Person identifizierbar** ist, sollen alle Mittel berücksichtigt werden, die von dem Verantwortlichen oder einer anderen Person nach allgemeinem Ermessen wahrscheinlich genutzt werden, um die natürliche Person direkt oder indirekt zu identifizieren, wie bspw. das Aussondern. Bei der Feststellung, ob Mittel nach allgemeinem Ermessen wahrscheinlich zur Identifizierung der natürlichen Person genutzt werden, sollen alle objektiven Fakto- 15 ren, wie die Kosten der Identifizierung und der dafür erforderliche Zeitaufwand, herangezogen werden, wobei die zum Zeitpunkt der Verarbeitung verfügbare Technologie und technologische Entwicklungen zu berücksichtigen sind. Die Grundsätze des Datenschutzes sollen daher **nicht für anonyme Informationen** gelten, dh für Informationen, die sich nicht auf eine identifizierte oder identifizierbare natürliche Person beziehen, oder personenbezogene Daten, die in einer Weise anonymisiert worden sind, dass die betroffene Person nicht oder nicht mehr identifiziert werden kann. Die DS-GVO betrifft somit nicht die Verarbeitung solcher anonymer Daten, auch für statistische oder für Forschungszwecke (Erwägungsgrund 26). Dies setzt aber voraus, dass die Daten über keinerlei Personenbezug mehr verfügen (Winter/Battis/Halvani DZ 2019, 489 ff.).

15a Für eine **Anonymisierung** ist es in der Regel ausreichend, dass der Personenbezug derart aufgehoben wird, dass eine Re-Identifizierung praktisch nicht durchführbar ist, weil der Personenbezug nur mit einem unverhältnismäßigen Aufwand an Zeit, Kosten und Arbeitskraftwiederhergestellt werden kann. Die Überprüfung der Anonymisierung auf ihre Validität ist eine fortwährende Aufgabe des Verantwortlichen (siehe dazu BfDI, Positionspapier zur Anonymisierung unter der DSGVO unter besonderer Berücksichtigung der TK-Branche, https://www.bfdi.bund.de/DE/Infothek/Transparenz/Konsultationsverfahren/01_Konsulation-Anonymisierung-TK/Positionspapier-Anonymisierung-DSGVO-TKG.html?nn=5216976, Stand 15.9.2020, mit umfangreichen Stellungnahmen Dritter).

15b Die DS-GVO gilt nicht für die personenbezogenen Daten Verstorbener. Die Mitgliedstaaten können Vorschriften für die Verarbeitung der personenbezogenen Daten Verstorbener vorsehen (Erwägungsgrund 27), wie dies bisher bei den Regelungen zum Sozialgeheimnis in Deutschland der Fall ist (vgl. § 35 SGB I).

16 **a. Direkte Bestimmbarkeit. Direkt identifizierbar und damit bestimmbar ist eine natürliche Person** hauptsächlich durch ihren Namen als das in der westlichen Kulturgesellschaft am häufigsten genutzte Kennzeichen. Eine direkte Identifizierbarkeit ist aber auch durch die Sozialversicherungsnummer oder seit neuestem durch die Steueridentifikationsnummer gegeben, die nun eine allgemeine Personenkennziffer geworden ist (Ehmann ZD 2021, 509 ff.). Ansonsten bedarf es zur Feststellung der Identität neben dem Namen noch weiterer Informationen, wie Geburtsdatum, Geburtsort, Namen der Eltern, Adresse/Anschrift oder gar Fotografie des Gesichtes oder anderer biometrischer Daten, E-Mailadresse usw, dh **alle mit dem Namen verbundenen Informationen können Rückschlüsse auf eine lebende Person erlauben.** Damit kann die Person zugleich von anderen Personen unterschieden werden.

16a Eine direkte Bestimmbarkeit personenbezogener Daten ist auch bei der Veröffentlichung der begünstigten der Fonds für die Finanzierung der Gemeinsamen Agrarpolitik gem. den Bestimmungen nach Art. 111 ff. VO (EU) 1306/2013 des europäischen Parlaments und des Rates v. 17.12.2013 über die Finanzierung, die Verwaltung und das Kontrollsystem der Gemeinsamen Agrarpolitik und der Art. 57 ff. VO (EU) 908/2014 der Kommission v. 6.8.2014 mit Durchführungsbestimmungen zur VO (EU) 1306/2013 des Europäischen Parlaments und des Rates hinsichtlich der Zahlstellen und anderen Einrichtungen, der Mittelverwaltung, des Rechnungsabschlusses und der Bestimmungen für Kontrollen, Sicherheiten und Transparenzgegeben, wenn auf einer speziellen Website der Vor- und Nachname nebst Wohnort und Postleitzahl sowie den im Haushaltsjahr geleisteten Subventionen veröffentlicht werden (dazu BVerwG BeckRS 2019, 31828; zum früheren Recht EuGH BeckRS 2010, 90111; VG Wiesbaden MMR 2009, 428; Schild MMR-Aktuell 2010, 310712).

17 **b. Indirekte Bestimmbarkeit.** Indirekt ist eine Person ebenfalls identifizierbar. Dies kann durch ein Autokennzeichen, eine Telefonnummer, die Reisepass- oder Personalausweisnummer usw erfolgen. Hierzu gehören alle Daten, die **ein Wiedererkennen ermöglichen.** Dies auch, wenn die Daten auf Anhieb keinen Schluss auf eine bestimmte Person erlauben. Jedoch ist die Person durch diese Daten bestimmbar, weil die Information in Verbindung mit anderen Informationen eine Unterscheidung bzw. Identifizierbarkeit ermöglicht. Dies kann auch durch Eigenschaften erfolgen, wie zB die derzeit ausgeübte Tätigkeit: die derzeitige Bundesbeauftragte für den Datenschutz und die Informationsfreiheit. **Die Identifizierung einer Person setzt damit nicht die Kenntnis eines Namens voraus** (WP136 Stellungnahme 4/2007 zum Begriff „personenbezogene Daten", 16 f.). Nach Nr. 1 können Standortdaten, Online-Kennungen oder zu einem oder mehreren besonderen Merkmalen, die Ausdruck der physischen, physiologischen, genetischen, psychischen, wirtschaftlichen, kulturellen oder sozialen Identität sind die natürlichen Person identifizierbar machen.

18 Bei der Entscheidung, ob eine Person bestimmbar ist, sollten alle Mittel berücksichtigt werden, die vernünftiger Weise entweder von dem Verantwortlichen selbst oder einem Dritten eingesetzt werden können, um die betreffende Person zu bestimmen (Erwägungsgrund 26 Datenschutz-

RL). Damit reicht die rein fiktive Möglichkeit einer Bestimmbarkeit nicht aus. Die Kosten der Identifizierung können zwar eine Rolle spielen, sind aber bei der Beurteilung, ob diese möglich ist, nicht ausschlaggebend. Jedoch muss der Aufwand, um den Betroffenen bestimmen zu können, noch „im Verhältnis" stehen. Ein Personenbezug soll daher dann zu verneinen sein, wenn der Aufwand den Informationswert so wesentlich übertrifft, dass man vernünftigerweise davon ausgehen muss, dass niemand den Versuch der Bestimmung der Person unter Verwendung der vorhandenen Daten unternehmen wird (Simitis/Dammann Rn. 25).

Daher sind auch **Online-Kennungen, wie die IP-Adressen** – und zwar auch die dynamischen IP-Adressen – Daten, die sich auf eine bestimmbare natürliche Person beziehen (LG Bln MMR 2007, 799; AG Offenburg Beschl. v. 20.7.2007 – Gs 442/07; AG Bln Mitte Urt. v. 27.3.2007 – 5 C 314/06; EuGH BeckRS 2012, 80744 Rn. 51; BeckRS 2011, 81685 Rn. 51 „wobei es sich bei diesen (IP-) Adressen um geschützte personenbezogene Daten handelt, da sie die genaue Identifizierung der Nutzer ermöglichen."; aA OLG Hmb BeckRS 2010, 28964; AG München BeckRS 2008, 23037; s. auch Vorlage-Beschl., BGH BeckRS 2014, 20158, der auf die Kenntnis der verantwortlichen Stelle zum Zwecke der Verknüpfung abstellt; nach dieser Meinung wären auch KfZ-Kennzeichen keine personenbeziehbaren Daten und die Antwort des EuGH BeckRS 2016, 82520). Auch dynamische IP-Adressen dienen zur Identifizierung des Anschlussinhabers, auch wenn das Wissen und die Mitwirkung eines Dritten, des Providers, hierzu erforderlich ist. Insoweit hat der EuGH entschieden, dass eine dynamische IP-Adresse, die von einem Anbieter von Online-Mediendiensten beim Zugriff einer Person auf eine Website, die dieser Anbieter allgemein zugänglich macht, gespeichert wird, für den Anbieter ein personenbezogenes Datum darstellt, wenn er über rechtliche Mittel verfügt, die es ihm erlauben, die betreffende Person anhand der Zusatzinformationen, über die der Internetzugangsanbieter dieser Person verfügt, bestimmen zu lassen (EuGH BeckRS 2016, 82520 Rn. 49; dem nun folgend BGH BeckRS 2017, 114664). 19

Die **Internetanbieter** oder Verwalter von lokalen Netzwerken **können ohne großen Aufwand Internet-Nutzer identifizieren, denen sie eine IP-Adresse zugewiesen haben,** da sie in der Regel in Dateien systematisch Datum, Zeitpunkt, Dauer und die dem Internet-Nutzer zugeteilte dynamische IP-Adresse zusammenführen (s. WP 37 „Privatsphäre im Internet"; zur Löschung der IP-Adressdaten bei einer Flat-Rate s. BGH BeckRS 2011, 02767; OLG Frankfurt a. M. BeckRS 2010, 14572). Nach Ziff. 1 ist ein Personenbezug immer dann anzunehmen, wenn die betroffene Person direkt oder indirekt mit Mitteln bestimmt werden kann, die der für die Verarbeitung Verantwortliche oder jede sonstige natürliche oder juristische Person nach allgemeinem Ermessen aller Voraussicht nach einsetzen würde. Damit muss auch hiernach regelmäßig von einem Personenbezug ausgegangen werden. Denn Natürlichen Personen werden unter Umständen Online-Kennungen wie IP-Adressen und **Cookie-Kennungen,** die sein Gerät oder Software-Anwendungen und -Tools oder Protokolle liefern, oder sonstige Kennungen wie Funkfrequenzkennzeichnungen zugeordnet. Dies kann Spuren hinterlassen, die insbesondere in Kombination mit eindeutigen Kennungen und anderen beim Server eingehenden Informationen dazu benutzt werden können, um Profile der natürlichen Personen zu erstellen und sie zu identifizieren (Erwägungsgrund 30). 20

Bei einer Blockchain-Architektur wird ein kryptographisches Schlüsselpaar benötigt, welches aus einem öffentlichen und einem nicht-öffentlichen Schlüssel besteht. Der sogenannte Private Key eröffnet die volle Verfügungsgewalt. Soweit der Private Key einer natürlichen Person zuordenbar ist, liegt wohl ein personenbezogenes Datum vor (dazu Vig RDV 2021, 14 ff.). 20a

Auch die sog. **Tags** bei Graffitis sind personenbeziehbare Daten. Hierbei handelt es sich um die „Unterschrift", also das persönliche Kennzeichen des Sprayers bei einem Graffiti. Durch das Sammeln der Tags und damit verbundener Begleitumstände, sowie der Bilder der durch Graffiti geschädigten Gegenstände, kann langfristig die Möglichkeit bestehen, den Verursacher doch zu ermitteln. Die grundsätzliche Bestimmbarkeit ist auch gegeben, wenn vielleicht der Schadensverursacher niemals gefunden wird. Damit sind die Tags jedenfalls personenbeziehbar. **GPS-Daten zur Ortung von Firmenfahrzeugen** sind ebenfalls Personenbeziehbar, da der jeweilige Nutzer über die Zuordnung zu dem ihm zugeteilten Fahrzeug identifizierbar ist (VG Lüneburg ZD 2019, 331). Insoweit liegen **Standortdaten** vor. Gleiches gilt für **KfZ-Kennzeichen,** sie sind einem Halter und ggf. auch einem Fahrer zurechenbar, daher sind KfZ-Kennzeichen personenbeziehbarer Daten (OVG Münster NVwZ 2018, 742). Auch Daten in **Fahrzeugspeichern** sind personenbeziehbar. So ist die Fahrzeug-Identifikationsnummer mit dem Kennzeichen und damit mit dem Halter verknüpft. Dies gilt auch bezüglich der Speicherung der Positions- und Zeitangaben, der Geschwindigkeit und des Bremsverhaltens. Diese Daten sind halter- und fahrerbeziehbar. 21

21a Dem Begriff der personenbezogenen Daten ist **eine weite Bedeutung beizumessen.** Er ist nicht auf sensible oder private Informationen beschränkt, sondern umfasse potenziell alle Arten von Informationen sowohl objektiver als auch subjektiver Natur in Form von Stellungnahmen oder Beurteilungen, unter der Voraussetzung, dass es sich um Informationen „über" die in Rede stehende Person handelt. Die letztgenannte Voraussetzung ist erfüllt, wenn die Information aufgrund ihres Inhalts, ihres Zwecks oder ihrer Auswirkungen mit einer bestimmten Person verknüpft ist (EuGH BeckRS 2017, 136145, zur Korrektur und der Bewertung der Prüfungsarbeit; Hermann RDV 2019, 64 ff.). So stellen die schriftlichen Antworten eines Prüflings in einer Prüfung Informationen dar, die aufgrund ihres Inhalts, ihres Zwecks und ihrer Auswirkungen Informationen über diesen Prüfling darstellen. Die Antworten stellen den Kenntnisstand und das Kompetenzniveau eines Prüflings in einem bestimmten Bereich ebenso dar, wie seine Gedankengänge, sein Urteilsvermögen und sein kritisches Denken. Im Fall einer handschriftlich verfassten Prüfung enthalten die Antworten zudem Informationen über seine Handschrift, mithin personenbeziehbare Daten. Auch die Kommentare des Prüfers zu diesen Antworten stellen personenbezogene Daten des Prüflings dar (VG Gelsenkirchen BeckRS 2020, 8804; EuGH BeckRS 2017, 136145; Zum Auskunftsanspruch von Prüfungsunterlagen, siehe Klink-Straub/Straub DuD 2020, 672 ff.).

21b Auch die Leistungen des Prüfers sind personenbezogene Daten des Prüfers, dieser ist aber in einer besonderen Stellung bei der Prüfung (→ Rn. 13). Fertigt aber ein Prüfling ein **Gedächtnisprotokoll über eine mündliche Prüfung** und verkauft diese an Dritte, so sind die Angaben über den Prüfer wiederum Daten dieser Person. Sie sind allerdings nicht Teil der Prüfungstätigkeit (im Prüfungsprotokoll), sondern privat und subjektiv durch den Prüfling erfasst, mit der Folge, dass der Prüfer für dieses Protokoll einen Auskunftsanspruch nach Art. 15 DS-GVO hat, wie jede andere betroffene Person auch. Auch das Aufnehmen eines Polizeibeamten bei einer Aussage führt zu einer Verarbeitung personenbezogener Daten dieses Polizisten (EuGH NJW 2019, 2451).

21c Personenbezogen sind auch Daten die – auch wenn unzutreffend – einer Person zugeschrieben werden. So sind Daten die in einem Marktanalyseverfahren einer Person zugeschrieben werden und die Person damit einer bestimmten Marketinggruppe zuschreiben Informationen über die in Rede stehende Person, mithin personenbezogene Daten (OOGH, Urt. v. 18.2.2021 – 6 Ob 127/20). Gleiches gilt für personenbeziehbare Daten, die im Rahmen eines Algorithmus von einer Wirtschaftsauskunftei einer Peron zugeschrieben werden.

21d Auch Schreiben einer betroffenen Person (hier: an eine Versicherung) und Antwortschreiben sind als personenbezogene Daten zu werten. Die personenbezogenen Daten bestehen bereits darin, dass dich die Person dem Schreiben gemäß geäußert hat. Gleiches gilt für die Antwortschreiben (BGH Urt. v. 15.6.2021 – VI ZR 576/19 Rn. 28 f. mwN, zum Auskunftsanspruch). Damit ist auch die Korrespondenz von Art. 4 Nr. 1 erfasset. Allerdings ist auch die interne Kommunikation einer Firma über eine betroffene Person personenbeziehbar (zB Vermerke, wie sich die Person verhalten oder geäußert hat (BGH Urt. v. 15.6.2021 – VI ZR 576/19 Rn. 30 mwN zum Auskunftsanspruch).

7. Sachdaten

22 **Sachdaten sind zunächst keine personenbezogenen Daten.** Sie beziehen sich auf eine Sache und beschreiben diese. Der Wagen hat eine Höchstgeschwindigkeit von xy km(h) oder eine Leistungsfähigkeit von xy Kw. Sie beziehen sich aber auch auf belegene Sachen, wie Grundstücke. So haben Grundstücke in Deutschland eine Flurstücksbezeichnung, ggf. auch eine Hausnummer, welche das einzelne Grundstück individualisiert. Dazu zählen auch die Grund- und Bodenpreise. Werden diese bezogen auf eine Fläche veröffentlicht, so beziehen sie sich nicht auf das jeweilige Grundstück, welches zu der Fläche zählt. So bestimmt die RL 2007/2/EG des Europäischen Parlaments und des Rates zur Schaffung einer Geodateninfrastruktur in der Europäischen Gemeinschaft (INSPIRE) v. 14.3.2007 (ABl. EU 2007 L 108, 1), dass die Geodateninfrastruktur einer gemeinschaftlichen Umweltpolitik sowie anderer politischen Maßnahmen oder Tätigkeiten, die Auswirkungen auf die Umwelt haben können, dienen soll. Dabei sind **Geodaten** alle Daten, die direkten oder indirekten Bezug zu einem bestimmten Standort oder geographischem Gebiet haben (Art. 3 Nr. 2 INSPIRE-RL). Damit sind die Datenflächen also grundstücksbezogen.

23 Die **Geodaten können aber auch Personenbezug aufweisen.** Wenn Geodaten abgerufen werden, können sie auch einen Personenbezug beinhalten. Daher ist in Erwägungsgrund Nr. 24 INSPIRE-RL ausgeführt, dass die Datenschutz-RL (nunmehr DS-GVO) uneingeschränkt bei den sog. Netzdiensten zu beachten ist. So kann zB auf der Homepage der Hessischen Verwaltung für Bodenmanagement – wie auch bei anderen Bundesländern – in einem Verfahren „BORIS Hessen" über die Flur- und Flurstücksbezeichnung eine Adresse ermittelt werden, und dies, obwohl das Verfahren nur über die Bodenrichtwerte informieren soll. Damit sind die Daten zumindest indirekt personenbeziehbar. Würde die Flur- und insbesondere die Flurstücksnummer sowie die Hausnummer in den Angaben entfallen und ein Grundstück in einer Menge von Grundstücken untergehen, so handelt es sich mit Sicherheit um ein Sachdatum; andernfalls sind aber sind die gelieferten Informationen auf Grund des hohen Detaillierungsgrades ein personenbeziehbares Datum (so auch VG Wiesbaden Urt. v. 4.11.2019 – 6 K 460/16.WI; VG Gelsenkirchen Urt. v. 8.3.2021 – 20 K 4117/19). Das heißt: Bei einer Maßstabsveränderung in einen größeren Maßstab wäre eine Zuordnung nicht mehr möglich. Damit besteht jedoch das Problem, dass im Einzelfall bei einem Sachdatum auch ein personenbeziehbares und damit personenbezogenes Datum vorliegt. Ein Ergebnis, welches im Hinblick auf die Komplexität des Lebens nicht befriedigend ist, aber immer wichtiger wird.

Sachdaten können damit je nach Detaillierungsgrad zugleich als personenbezogenes Datum zuzurechnen sein. Dies ist immer der Fall, wenn die Sachdaten **im Kontext** Auswirkungen auf rechtliche, wirtschaftliche oder soziale Positionen einer Person haben oder sich zur Beschreibung ihrer individuellen Verhältnisse eignen (Simitis/Dammann Rn. 60; zum kontextbezogenen Ansatz des EuGH (siehe EuGH Urt. v. 20.12.2017 – C-434/16 Rn. 35 ff., NJW 2018, 767). Ist jedoch keine Personenverknüpfung möglich, so bleiben sie Sachdaten. Ein Beweissicherungsgutachten über ein Objekt stellt insgesamt ein personenbezogenes Datum dar, da es regelmäßig zum Zweck der Vermögens- und Eigentumserfassung erstellt wird (VG Schwerin Urt. v. 29.4.2021 – 1 A 1343/19 SN). 24

Sachdaten können auch bei Bewertungen als objektive Daten eine Rolle spielen. 25
Dies ist zB beim **Geoscoring** der Fall. 26
Hier werden Geodaten, also Grundstückslage, Grundstücksgröße, Quadratmeterpreis der Grundstückslage usw zur Beurteilung von Personen, etwa bei Personal- oder Bonitätsbeurteilung herangezogen (Simitis/Dammann BDSG § 3 Rn. 60). 27

Baugenehmigungsakten beziehen sich auf ein Bauwerk. Dies sind Sachdaten. Allerdings enthalten Baugenehmigungsakten darüber hinaus auch personenbezogen Daten, die sich insbesondere ua auf die Bauherrschaft beziehen, welche eine natürliche Person sein kann (zur Frage des Einsichtsrechts eines Nachbarn nach einem Informationsfreiheitsgesetz siehe VGH BW Urt. v. 17.12.2020 – 10 S 3000/18). 27a

8. Synthetische Daten

Im Zusammenhang mit **KI-Systemen** kommt nunmehr der Begriff der „synthetischen Daten". Unter **synthetischen Daten sollen realistischen und möglichst allgemein verwendbaren Datensätze (synthetische Daten) für relevante Anwendungsgebiete verstanden, die für die Erzeugung und Validierung von KI-Modellen genutzt werden können.** Ein weiterer Anwendungsfall soll die Anonymisierung vorhandener personenbezogener Datenbestände sein (Bekanntmachung der Richtlinie zur Förderung von Projekten zum Thema „Erzeugung von synthetischen Daten für Künstliche Intelligenz", BAnz. vom 3.7.2020). Letztendlich geht es dabei um anonymisierte Daten, welche so anonymisiert (siehe → Rn. 15 ff.) sind, dass sie für KI-Systeme als genügend Daten zum Lernen für die Systeme zur Verfügung stehen (dazu Raji DuD 2021, 303 (305)). Dabei sollen die Daten dergestalt aus einem echten Datensatz erstellt werden, dass die erzeugten Daten zwar den Originaldaten entsprechen, aber nicht mehr auf die ursprünglichen Daten zurückgeführt werden können, also Daten sein die frei erfundene Daten ohne Personenbezug entsprechen. In diesem Falle wäre sie dann allerdings nicht-personenbezogene Daten, wenn eine „Rückrechnung" tatsächlich nicht mehr möglich ist. Andernfalls handelt es sich bei dieser Art der Anonymisierung weiterhin um personenbeziehbare Daten, mit der Folge dass deren Verarbeitung nur im Rahmen des zulässigen nach der DS-GVO verarbeitet werden dürften. 27b

Bei der Abgrenzung wird dabei auf Erwägungsgrund 26 letzter Satz DS-GVO abzustellen sein, wonach die Grundsätze des Datenschutzes nicht für anonyme Informationen gelten sollen, dh für Informationen, die sich nicht auf eine identifizierte oder identifizierbare natürliche Person beziehen, oder personenbezogene Daten, die in einer Weise anonymisiert worden sind, dass die betroffene Person nicht oder nicht mehr identifiziert werden kann. Die DS-GVO soll somit nicht die Verarbeitung solcher anonymer Daten gelten. Dies soll auch für statistische oder für Forschungszwecke gelten. Entscheidend ist allerdings, ob die betroffen Person nicht mehr identifiziert werden kann. In diesem Fall würde die DS-GVO keine Anwendung finden. 27c

9. Betroffene Person

28   Die natürliche Person, um deren Daten es geht, ist nach dem Klammerzusatz in der Definition von Nr. 1 zugleich die betroffene Person. **Die betroffene Person ist diejenige, die davor zu schützen ist, dass sie durch den Umgang mit ihren personenbezogenen Daten in ihrem Persönlichkeitsrecht beeinträchtigt wird** (§ 1 Abs. 1 BDSG). Der Betroffene ist nicht der Verantwortliche und er ist auch nicht der Dritte. Die betroffene Person (der Betroffene) hat ggf. eine Einwilligung zu erteilen. Die betroffene Person kann auch ihre Rechte aus Art. 15 auf Auskunft (zum Recht auf Datenkopie im Rahmen des Auskunftsanspruchs siehe Weik DuDu 2020, 98 ff.), auf Berichtigung (Art. 16), auf Löschung (Art. 17) oder auf Einschränkung der Verarbeitung (Art. 18) geltend machen. Zu den Daten einer betroffene Person können auch Daten anderer betroffener Person gehören (dazu Simitis/Dammann BDSG § 3 Rn. 41 ff.). Der Insolvenzverwalter ist hinsichtlich der Steuerdaten des Insolvenzschuldners nicht „betroffene Person" iSd Art. 4 Nr. 1 (BVerwG BeckRS 2020, 24289).

II. Verarbeitung (Nr. 2)

29   **Verarbeitung** wird definiert als jeden, **mit oder ohne Hilfe automatisierter Verfahren** ausgeführten Vorgang oder jede solche Vorgangsreihe im Zusammenhang mit personenbezogenen Daten wie das Erheben, das Erfassen, die Organisation, das Ordnen, die Speicherung, die Anpassung oder Veränderung, das Auslesen, das Abfragen, die Verwendung, die Offenlegung durch Übermittlung, Verbreitung oder eine andere Form der Bereitstellung, den Abgleich oder die Verknüpfung, die Einschränkung, das Löschen oder die Vernichtung. Dies entspricht der Definition von Art. 2 lit. b Datenschutz-RL. Neu hinzugekommen ist jedoch eine „**Einschränkung der Verarbeitung**" (Nr. 3) als die Markierung gespeicherter personenbezogener Daten mit dem Ziel, ihre künftige Verarbeitung einzuschränken. Die Einschränkung der Verarbeitung tritt an die Stelle der Sperrung. Bei der Einschränkung handelt es sich um einen gesondert definierten **Unterfall des umfänglichen Verarbeitungsbegriffes** (s. Nr. 3). Der Verarbeitungsbegriff nach der DS-GVO ist rein objektiv zu verstehen. Ein subjektives Element enthält die Definition der Verarbeitung nicht. Es kommt also für die Frage der Verarbeitung nicht darauf an, wer tatsächlich verarbeitet (siehe Weichert DuD 2021, 272 (275) Anm. zu HmbOVG Beschl. v. 15.10.2020 – 5 Bs 152/20)).

30   Das BDSG geht noch von dem **Dreigestirn – Erheben, Verarbeiten, Nutzen** – aus (Schild DuD 1997, 444 f.) und erfasst den Umgang mit personenbezogenen Daten weiterhin durch die Begriffe Erheben, Verarbeiten und Nutzen.

31   Allerdings schien es auch für einen Bundesgesetz- oder Verordnungsgeber nicht immer leicht zu sein, an alle drei Formen des Datenumganges zu denken und so kann es schon einmal passieren, dass vergessen wird, das Nutzen in eine Norm aufzunehmen (vgl. § 7 Abs. 2 TDSV, welcher zur Entgeltermittlung und Entgeltabrechnung nur vom Erheben und Verarbeiten spricht; dazu Schild RTkom 2000, 211 ff.) – mit der Folge, dass neben dem Erheben der Daten nur die fünf abschließenden Umgangsformen des Verarbeitens (Speichern, Verändern, Übermitteln, Sperren und Löschen) zulässig sind. Für das Schreiben einer Rechnung wäre aber nun einmal eine Nutzung erforderlich, mit der Folge, dass eine Rechnung eigentlich nicht erstellt werden konnte.

32   Demgegenüber wurde bisher im TKG und im TMG von **Erheben und Verwenden** gesprochen, wobei **Verwenden wiederum das Verarbeiten und die Nutzung umfasst.** Mit diesem Begriffs-Wirrwarr ist nun durch die DS-GVO Schluss, **umfasst Verarbeiten iSv Nr. 2 doch letztendlich nun jeglichen Umgang mit personenbezogenen Daten.** Mit dem Gesetzüber den Datenschutz und den Schutz der Privatsphäre in der Telekommunikation und bei Telemedien (Telekommunikation-Telemedien-Datenschutz-Gesetz – TTDSG) gilt ab dem 1.12.2021 der einheitliche Verarbeitungsbegriff.

32a   Nach Art. 3 Abs. 1 des Protokolls zur Änderung des Übereinkommens zum Schutz des Menschen bei der automatischen Verarbeitung personenbezogener Daten (siehe Entwurf eines Gesetzes zu dem Protokoll vom 10.10.2018 zur Änderung des Übereinkommens vom 28.1.1981 zum Schutz des Menschen bei der automatischen Verarbeitung personenbezogener Daten, BR-Drs. 267/20) bedeutet „Datenverarbeitung" jeden Vorgang oder jede Vorgangsreihe, der beziehungsweise die im Zusammenhang mit personenbezogenen Daten ausgeführt wird, wie das Erheben, die Speicherung, die Aufbewahrung, die Veränderung, das Auslesen, die Offenlegung, die Bereitstellung, das Löschen oder die Vernichtung solcher Daten oder **die Anwendung von logischen und/oder arithmetischen Operationen** auf solche Daten. Diese Definition entspricht der DS-GVO geht aber bereits auf sog. KI-Systeme als diese noch durch logische oder arithmetische

Formeln gelenkt werden, womit auch Wahrscheinlichkeitsrechnungen im weitesten Sinn, zB Score Werte, und ihre Berechnung mit erfasst werden.

1. Nicht-automatisiert

Dieser Umgang mit personenbezogenen Daten ist nicht von der Art der Verarbeitung abhängig. Sie kann manuell, wie auch automatisiert erfolgen. Insoweit werden automatisierte, als auch nicht-automatisierte Verarbeitungen erfasst. Auf die dabei verwendete Technik kommt es nicht an. Bei der **manuellen Verarbeitung** (nicht automatisiert) werden von der DS-GVO die **Dateisysteme** (Nr. 6) erfasst, **nicht jedoch unstrukturierte Akten,** Aufzeichnungen oder Notizen. 33

2. Automatisierte Verfahren

Die automatisierten Verfahren umfassen jeglichen Umgang mit personenbezogenen Daten unter dem Einsatz von Datenverarbeitungssystemen. Ein automatisiertes Verfahren liegt immer dann vor, wenn bestimmte Aufgaben durch eine informationstechnische Infrastruktur (Hardware, Software, Übertragungsnetze) unter Verwendung von personenbezogenen Daten wahrgenommen werden (PC, Netzwerke mit Servern, Notebooks, aber auch Handys, Smartphones usw; auch der Einsatz der digitalen Kameratechnik OVG Bln-Bbg BeckRS 2017, 108598). Hierzu zählt dann auch das aufbau- und ablauforganisatorische Umfeld (Speichermedien. Disketten, Sticks, CD's, DVD's, bewegliche Festplatten usw). Dabei ist die automatisierte Verarbeitung mit Datenverarbeitungssystemen die Gesamtheit aller automatisierten Verarbeitungsschritte zur rechtmäßigen Erfüllung eines bestimmten Zweckes, dh auch Videokameras, Kopierer, Multifunktionsgeräte sind Datenverarbeitungsanlagen, da sie automatisiert personenbezogene Daten verarbeiten. Insoweit fallen sie unter den Begriff der automatisierten Verfahren. Diese Geräte beinhalten heutzutage zumindest Speicherchips, auf denen die Daten in digitaler Form (Bits und Byts) zwischengespeichert oder gar langfristig gespeichert werden, und unterscheiden sich wesentlich von früheren „halbautomatischen" Geräten. Sie sind insoweit heute alle EDV-Anlagen. Damit ist alles erfasst, was man mit EDV-Anlagen mit personenbezogenen Daten machen kann. Auf die einzelne Hard- oder Software kommt es nicht an. Auch nicht, ob sog. Standardprogramme (zB Microsoft Office) eingesetzt werden oder ein gesondert konfiguriertes und geschriebenes Programm der Anwendung zugrunde liegt. Damit führt auch bereits jeder Einsatz eines Textverarbeitungsprogrammes zu einer automatisierten Verarbeitung, wobei schon eine automatisierte Auswertbarkeit genügt (Simitis/Dammann BDSG § 3 Rn. 82). 34

3. Bestandteile der Verarbeitung sind iE:

a) **Erheben.** Erheben ist das **Beschaffen der personenbezogenen Daten bei dem Betroffenen selbst.** Insoweit ist in § 4 Abs. 2 S. 1 BDSG der Grundsatz festgelegt, dass **personenbezogene Daten beim Betroffenen zu erheben** sind, und zwar nicht mit dessen Kenntnis, sondern durch sein persönliches Tun. Dieses Tun kann in einer mündlichen oder schriftlichen Auskunft oder Erklärung ebenso liegen wie in Gestik, Gesichtsausdruck oder sonstigem nonverbalen Verhalten. Das Erheben setzt zunächst ein aktives Tun durch die erhebende Stelle voraus. Insoweit knüpft das Beschaffen an eine Tätigkeit durch die erhebende Stelle an, welche Kenntnis von den personenbezogenen Daten erhalten möchte. Hier bedarf es eines aktiven Tuns der erhebenden Stelle (des Verantwortlichen), welches ihr zuzurechnen ist (Simitis/Dammann BDSG § 3 Rn. 102). Auf die Methode der Beschaffung kommt es dabei nicht an. Neben der Befragung kommen etwa die Beobachtung, Bild- und Tonaufnahmen, Messungen sowie die körperliche Übernahme aller Arten von Informationsträgern in Betracht. 35

An dem von dem **Begriff des Beschaffens** geforderten aktiven und subjektiven Element fehlt es, wenn die Daten von dem Betroffenen selbst oder von Dritten ohne Aufforderung geliefert werden, dh der verantwortlichen Stelle „zuwachsen" (Simitis/Dammann BDSG § 3 Rn. 104). In diesen Fällen ist keine Erhebung gegeben, sondern handelt es sich um eine aufgedrängte Bereicherung bzw. Information. Sie wird datenschutzrechtlich erst dann relevant, wenn der Empfänger sie verarbeiten oder nutzen will. Insoweit müssen dann für diese Formen des Datenumgangs die gesetzlichen Voraussetzungen vorliegen. 36

Die Erhebung muss für einen oder mehrere bestimmte Zwecke erforderlich sein, also für festgelegte, eindeutige und legitime Zwecke erfolgen (Art. 5 Abs. 1 lit b). Das heißt, die Datenbeschaffung muss einer beabsichtigten oder tatsächlichen Verwendung dienen, deren Zweck im Voraus festliegt. Nicht entscheidend ist dabei, ob die erhobenen Daten auch einer Speicherung zugeführt werden sollen. So stellt die Beobachtung öffentlich zugänglicher Räume durch **Video-** 37

DS-GVO Artikel 4 Kapitel I. Allgemeine Bestimmungen

überwachung auch dann **eine Erhebung** dar, wenn keine Videoaufzeichnung erfolgt, sondern nur eine Überwachung am Bildschirm ohne Aufzeichnungsmöglichkeit (Simitis/Dammann BDSG § 3 Rn. 110).

38 **Gegenstand der Erhebung sind immer personenbezogene Daten.** Sind Daten einer natürlichen Person nicht zurechenbar, liegt keine Erhebung vor (Simitis/Dammann BDSG § 3 Rn. 108). Denn es fehlt an der Bestimmbarkeit, wenn die erhebende Stelle in keiner Weise in der Lage ist, die Daten einer Bezugsperson und damit einer natürlichen Person zuzurechnen.

39 Die Erhebung hat grundsätzlich bei dem Betroffenen unter seiner Mitwirkung zu erfolgen, denn eine rechtmäßige Erhebung setzt im Regelfall voraus, dass **die betroffene Person darüber entscheidet, ob sie gegenüber der erhebenden Stelle ihre Daten bekannt gibt.** Dies bedeutet die aktive Mitwirkung des Betroffenen, welcher selbst die Informationen liefert oder die Erhebung ausdrücklich duldet, ohne sich ihr zu entziehen. Hierzu bedarf es der **Information des Betroffenen,** vgl. Art. 13. Insoweit ist der Betroffene bei der Erhebung über die Identität der verantwortlichen (erhebenden) Stelle, die Zweckbestimmungen der Verarbeitung und die Kategorien von Empfängern usw zu unterrichten. Darüber hinaus ist der Betroffene auf mögliche Auskunftsverpflichtungen hinzuweisen. Der Betroffene ist aber auch auf die ansonsten vorliegende Freiwilligkeit oder gar den gesetzlichen Zwang hinzuweisen. Fehlt es an einer entsprechenden Aufklärung, liegt keine ordnungsgemäße Erhebung vor, mit der Folge, dass die auf diese Weise erworbenen personenbezogenen Daten nicht nur nicht ordnungsgemäß erhoben worden sind, sondern auch nicht weiterverwendet (verarbeitet) werden dürfen. Damit ist die Verletzung der Aufklärungspflicht nur durch nachträgliche Zustimmung des Betroffenen heilbar, andernfalls ist sie irreparabel (bezüglich der Verletzung der Belehrungspflicht nach § 101 Abs. 1 S. 2 AO 1977, BFH BeckRS 1990, 22009735).

40 Soweit personenbezogene Daten auf unzulässige Weise erhoben und damit erlangt wurden, kann sich die verantwortliche Stelle nicht auf sie berufen und darf sie nicht speichern. Sind sie bereits gespeichert, hat sie sie unverzüglich zu löschen, da eine Speicherung in diesem Fall unzulässig ist.

41 In den Fällen der **Erhebung ohne Kenntnis des Betroffenen** bedarf es der nachträglichen Benachrichtigung des Betroffenen (Art. 19).

42 **b) Erfassen und Speicherung.** Erfassen und Speicherung ist Aufnehmen oder Aufbewahren personenbezogener Daten auf einem Datenträger zum Zwecke ihrer weiteren Verarbeitung oder Nutzung. **Das Erfassen ist, ebenso wie das Aufnehmen, sehr weit gefasst zu verstehen.** Hiermit sind alle Formen der Verkörperung von Signalen, einschließlich optischer und akustischer Signale, gemeint. Dabei soll das Erfassen das schriftliche Fixieren der Daten und das Aufnehmen, das Fixieren von Daten mittels Aufnahmetechnik (Tonband, Film, Video usw) umfassen (Gola/Schomerus BDSG § 3 Rn. 21, 26). Ein erneutes Erfassen ist bei der Anfertigung von Kopien (auch Sicherungskopien), gleich auf welchem Datenträger, gegeben. Was ein Datenträger sein soll, ist selbst nicht definiert. Hierunter ist jedes Medium zu verstehen, welches geeignet ist, personenbezogene Daten aufzunehmen (Gola/Schomerus BDSG § 3 Rn. 26). Zur Speicherung von Daten gehört auch die Aufbewahrung der Daten in Akten durch Lagerung (aA rechtsirrig HmbOVG Beschl. v. 15.10.2020 – 5 Bs 152/20, in diesem Sinne auch Anmerkung von Weichert DuD 2021, 275). Die Person oder Stelle, bei der Akten gelagert werden, ist „Datenverarbeiter" iSd DS-GVO, denn sie „verarbeitet" die Daten. Eine subjektive Komponente, also einen Willen, kommt es nicht an. Ein solche ist in der Definition nicht angelegt.

42a Auch wenn personenbezogen Daten nur gespeichert bzw. gelagert werden, so stellt dies weiterhin eine Verarbeitung iSd DS-GVO. Die Auffassung, dass die bloße Lagerung personenbezogener Daten, ohne dass mit diesen Daten „umgegangen" wurde oder wird, keine Verarbeitung darstelle ist rechtsirrig (so aber HmbOVG BeckRS 2020, 30248 bei Patientenakten). Andernfalls wäre die Archivierung, also das Lagern von Dateisystemen, keine Datenverarbeitung, was bisher jedoch unbestritten schon nach altem Recht unter den Begriff der Speicherung viel.

43 **c) Organisation und Ordnen.** Die Organisation und das Ordnen von Daten sind Begriffe, die sich überschneiden. Gemeint ist das Aufbauen einer wie auch immer gearteten Struktur innerhalb der Daten, wobei es keine Rolle spielt, ob diese simpel oder komplex ist. Fragen der Qualität des Strukturierungsvorgangs, ob dieser etwa sinnvoll und vernünftig ist, spielen keine Rolle (Paal/Pauly/Ernst Rn. 26).

44 **d) Anpassung oder Veränderung.** Unter die Begriffe der Anpassung und des Veränderns von personenbezogenen Daten fällt jede inhaltliche Umgestaltung von gespeicherten Daten. **Inhaltliches Umgestalten ist jede Maßnahme, durch die der Informationsgehalt geändert oder ergänzt wird** (Simitis/Dammann BDSG § 3 Rn. 129). Insoweit zählt hierzu auch das **Verknüpfen** von personenbezogenen Daten aus verschiedenen Quellen, da die einzelne Informa-

tion einen anderen Inhalt bekommt. Auch wenn die Daten im Falle einer Verknüpfung nicht verändert werden, so kann die Veränderung darin liegen, dass sie durch den neuen Zusammenhang in einem neuen Kontext stehen (Gola/Schomerus BDSG § 3 Rn. 30).

Keine Veränderung liegt bei nur äußerlicher Umgestaltung vor; zB durch Änderung des Trägermediums oder durch Abkürzung bisher ausgeschriebener Worte (Simitis/Dammann BDSG § 3 Rn. 130). **Nur wenn die Daten durch die Veränderung insgesamt einen neuen Informationswert erhalten, liegt eine Änderung vor** (Gola/Schomerus BDSG § 3 Rn. 30). Das Hinzufügen von weiteren personenbezogen Daten stellt kein Verändern dar, sondern eine Ergänzung oder Anpassung in der Form der Speicherung (Simitis/Dammann BDSG § 3 Rn. 132). Löschen oder Anonymisieren stellen in der Regel ebenfalls keine Änderung dar, wenn die Information nur reduziert, aber nicht verändert wird. Anders stellt sich der Fall dar, wenn die Löschung zur Veränderung des Aussagewertes führt. Erfolgt jedoch eine komplette Löschung, liegt keine Veränderung mehr vor, sondern eine Löschung. Insoweit greifen die spezielleren Regelungen zur Löschung. 45

Eine Anonymisierung führt nicht zu einer Löschung der Daten (dazu Roßnagel ZD 2021, 188). Denn solange eine Re-Anonymisierung möglich ist, bleiben die Daten „personenbeziehbare Daten". Nur Daten, die in einer Weise anonymisiert worden sind, dass die betroffene Person nicht oder nicht mehr identifiziert werden kann, fallen nicht unter den Begriff der „personenbezogenen Daten" (Erwägungsgrund 26). Dies ist bei Statistischen Daten der Fall (Erwägungsgrund 26). Solange personenbeziehbare Daten, ggf. auch durch komplizierte Verarbeitungsschritte, wieder re-anonymisiert werden können, handelt es sich weder um gelöschte Daten noch um nichtpersonenbezogene Daten (aA Stürmer ZD 2020, 626). 45a

Die Definition der Änderung schließt die Speicherung und die Löschung nicht aus. Eine besondere Form der Veränderung stellt die **Berichtigung** dar (s. Art. 16). Sind personenbezogene Daten unrichtig, sind sie zu berichtigen. Die Berichtigung (zB bei der Namensschreibweise) besteht in der Regel in einer Veränderung der Daten, bildet also einen Unterfall des inhaltlichen Umgestaltens von Daten. Denn anstelle der unrichtigen Daten werden die richtigen Daten gespeichert oder durch Ergänzung unrichtige Daten richtiggestellt. Somit hat die Berichtigung – in der **Form der Veränderung** – die Funktion, dass die erhobenen oder gespeicherten Daten mit der Wirklichkeit in Übereinstimmung gebracht werden. 46

e) Auslesen und Abfragen. Das Auslesen unterscheidet sich vom Abfragen insoweit, als beim Auslesen insbesondere ein vorhandener Datensatz konsultiert wird, während beim Abfragen eine externe Datenbank genutzt wird (so Paal/Pauly/Ernst Rn. 28). In beiden Fällen geht es jedoch um eine Unterform des Erhebens, da Daten beschafft werden. 47

f) Verwendung. Die Verwendung ist unbestimmt und ein **Auffangtatbestand.** „In Bezug auf die weitere Verwendung dieser Daten" (Erwägungsgrund 50) zeugt davon, dass **Verwendung jede Form der Datenverarbeitung umfasst,** insbesondere diejenige, welche gerade nicht ausdrücklich erwähnt wurde (in diesem Sinne wohl auch Paal/Pauly/Ernst Rn. 29). 48

g) Offenlegung/Übermittlung. Die Offenlegung ist das Bereithalten und korrespondiert mit dem Auslesen und Abfragen. Eine Form der Offenlegung ist die Einstellung personenbezogener Daten in allgemein zugängliche öffentliche Register, ohne dass es eines besonderen Zugangsantrages bedarf (zu dem europarechtswidrigen Zugang zu personenbezogenen Daten über Verkehrsverstöße siehe EuGH BeckRS 2021, 15289). Die Übermittlung von Daten erfolgt durch Bekanntgabe gespeicherter oder durch Datenverarbeitung gewonnener Daten an einen Dritten. Werden Daten innerhalb der verantwortlichen Stelle, zwischen dieser und der für die Datenerhebung, Verarbeitung und/oder Nutzung im Auftrag tätigen Stelle oder an den Betroffenen weitergeben, sind diese „nur" Empfänger und keine Dritten. Dies hat zur Folge, dass eine Datenweitergabe, zB innerhalb der verantwortlichen Stelle, keine Übermittlung, sondern eine schlichte Nutzung in der Form der Weitergabe ist. Allerdings unterliegt die Weitergabe in der Form der Nutzung wiederum dem Erfordernis der Zweckbindung und Erforderlichkeit. Für das Vorliegen einer Übermittlung ist damit entscheidend, dass die Daten an einen Dritten weitergegeben werden. 49

Bei einer Übermittlung kommen **alle Formen der Bekanntgabe in Betracht.** Dabei spielt auch die Form der Weitergabe (schriftlich, mündlich, per Fax, E-Mail oder durch Weitergabe von Datenträgern selbst) keine Rolle (Roßnagel DatenschutzR-HdB/Schild Kap. 4.2 Rn. 72). So kann die Übermittlung an eine unbestimmte Zahl von Dritten durch Bekanntmachung, zB am schwarzen Brett, in einer Zeitung oder gar im Internet erfolgen (Gola/Schomerus BDSG § 3 Rn. 33). Im letzteren Fall bestünde das Weitergeben in dem Einsehen oder Abrufen durch den Dritten. Entgegen dem aktiven Übermitteln durch die verantwortliche Stelle genügt hier bereits die einfache Bereitstellung, also die Offenlegung von Daten, während die entscheidende Aktivität vom Dritten ausgeht. Dabei muss das Bereithalten durch zweckgerichtetes Handeln erfolgen. Auf 50

DS-GVO Artikel 4   Kapitel I. Allgemeine Bestimmungen

eine Unterscheidung, ob die Offenlegung innerhalb der Union und damit der DS-GVO stattfindet oder aber eine Verknüpfung mit einem Drittstaat aufweist spielt für die Frage, ob eine Verarbeitung oder eine andere Form der Bereitstellung erfolgt keine Rolle (EuGH NJW 2020, 2613 Rn. 85). Eine Einsicht oder ein Abruf von bereitgehaltenen Daten liegt allerdings insoweit nicht vor, wenn sich jemand unbefugt Zugang zu den Daten verschafft (Simitis/Dammann BDSG § 3 Rn. 150).

51   Einstellungen und damit Veröffentlichungen im Internet sind weltweit einsehbar. Sie sind in der Regel nicht widerrufbar. Insoweit bedürfen **Veröffentlichungen von personenbezogenen Daten im Internet** einer konkreten Rechtsgrundlage (EuGH BeckRS 2010, 91284 mAnm Schild GewArch 2011, 28), da „das Internet nichts vergisst" und damit die Veröffentlichung im Internet sich gerade von der in gedruckter Form – allein durch den möglichen Verbreitungsgrad – wesentlich unterscheidet.

52   **h) Abgleich und Verknüpfung.** Ein Abgleich von Daten meint die Überprüfung, ob die in mehreren Dateisystemen über einen Betroffenen gespeicherten Daten identisch oder, ob bestimmte Daten in zwei unterschiedlichen Dateien vorhanden sind (zB um festzustellen, welche Personen an mehreren Sachverhalten beteiligt sind) (Paal/Pauly/Ernst Rn. 31). Werden Daten aus einem System mit einem anderen verbunden oder hinzugefügt, um den anderen Datensatz zu vervollständigen, handelt es sich um eine Verknüpfung (Paal/Pauly/Ernst Rn. 31).

53   **i) Löschen und Vernichtung.** Es besteht ein verfassungsrechtlicher Anspruch auf Vergessen aus dem Grundrecht aus Art. 2 Abs. 1 iVm Art. 1 GG (BVerfG NJW 1973, 1226). Die Löschung und die Vernichtung ist ein Beitrag hierzu. Personenbezogene Daten sind nicht auf Dauer zu speichern. Daher ist bei automatisierten Verarbeitungen in der Dokumentation auch **festzulegen, wann Daten gelöscht werden (Regelfristen für die Löschung).** Um dann auch eine Löschung zu ermöglichen, bedarf es einer **Löschroutine** (bezüglich SAP s. VG Wiesbaden RDV 2005, 177; DuD 2005, 427; BfDI 23. TB 5.4 Einmal erfasst – für immer gespeichert?; Gründel ZD 2019, 493 ff.). Fehlt diese, darf das automatisierte Verfahren nicht eingesetzt werden. Dabei findet das **Löschen in der Regel bei automatisierten Verfahren** auf den Datenträgern (Festplatte, Speicherstick usw) durch mehrfaches Überschreiben statt. Die **Vernichtung** geht auf **das endgültige Zerstören des Datenträgers,** sei dies die manuelle Akte oder gar die Festpatte durch physische Zerstörung.

54   Bei automatisierten Verarbeitungen, wie bei PC oder Server, ist die **Löschung der logischen Verknüpfung** von personenbezogenen Daten oder die Löschung einer Datei aus einem Verzeichnis **keine Löschung im Sinne des Gesetzes.** Denn die Daten sind noch auf der Festplatte vorhanden und können mit entsprechender Software wieder lesbar gemacht werden. Die in Standard-Software enthaltene Löschungsfunktion genügt daher den gesetzlich gestellten Anforderungen nicht. Insoweit sind die zu löschenden personenbezogenen Daten mit Hilfe eines **gesonderten Löschprogramms** mindestens sieben Mal zu überschreiben, um eine Wiederherstellung der Daten unmöglich zu machen. Auch reicht bei den heutigen Versionen der Betriebssysteme eine Formatierung des Datenträgers (Festplatte, Diskette) nicht aus.

55   Das Löschen bedeutet auch, dass die Daten nicht mehr auf anderen Datenträgern vorhanden sein dürfen. Im Falle einer Verpflichtung zur Löschung personenbezogener Daten sind daher diese Daten auch in der Datensicherung oder anderen Datenbeständen, wie im Archiv zu vernichten (Löschung und gleichzeitigen Datenfernübertragung AG Kassel LSK 2000, 090546). Insoweit ist die Datensicherung entsprechend datenschutzgemäß zu organisieren (Simitis/Dammann BDSG § 3 Rn. 186), wobei es im Rahmen der Verhältnismäßigkeit liegen dürfte, dass eine zeitliche Verzögerung bei der Löschung in den Sicherungen entsteht. Der Zeitraum bis zur Löschung der Sicherungsversionen darf aber eine Zeit von mehr als zwei Monaten in der Regel nicht übersteigen (Simitis/Dammann BDSG § 3 Rn. 186). **Jegliche Reproduzierbarkeit würde das Löschungsgebot verletzen.**

56   Bei **nichtautomatisierten Dateien und Akten** kann die Löschung bereits durch Ausstreichen und Schwärzen von Schriftzeichen geschehen, aber auch durch **physische Vernichtung.** Dabei ist zu beachten, dass sie nicht durch den Papierkorb und die allgemeine Müllabfuhr beseitigt werden dürfen, sondern früher nach DIN 32757-1 (für papierene Datenträger, Mikrofilme und Identkarten) oder DIN 33858 (für opto-magnetische bzw. magnetische Datenträger), nunmehr nach DIN 66300 zur Vernichtung von Datenträgern, je nach Schutzklasseneinteilung, vernichtet werden müssen.

57   Wann personenbezogene Daten im Einzelnen zu löschen sind hängt davon ab, wie lange die Daten benötigt werden, also erforderlich sind. Die Aufbewahrungsdauer ist wiederum abhängig von dem Zweck der Daten. Soweit gesetzliche **Aufbewahrungsfristen** (§ 146 ff. AO, § 257 HGB, § 113 BBG, § 28 RöV usw; dazu Weichert DuD 2021, 755 ff.) bestehen, wird der Zweck über den ursprünglichen Zweck hinaus weiter vom Gesetzgeber im Rahmen einer pauschalen Betrach-

tungsweise festgelegt. Falls jedoch gesetzliche Fristen fehlen – was der Regelfall sein dürfte – bedarf es Überlegungen, wie lange die Daten für den ursprünglichen Zweck erforderlich sind. Eine Orientierungshilfe können dabei Verjährungsfristen, Gewährleistungsfristen, Fristen, die nach Tarifvertrag zur Geltendmachung von Ansprüchen festgelegt wurden, Aufbewahrungsfristen, die eine Berufsordnung festlegen (zB § 10 (Muster-)Berufsordnung für die in Deutschland tätigen Ärztinnen und Ärzte – MBO-Ä 1997 – idF der Beschlüsse des 114. Deutschen Ärztetages 2011 in Kiel) oder Aufbewahrungserlasse bei Behörden sein. Soweit Aufbewahrungsfristen, von einem Unternehmen oder Behörde selbst festzulegen sind, sind diese von dem jeweiligen Zweck und der Erforderlichkeit geprägt und bestimmt.

Auch wenn Daten eigentlich zu löschen oder zu vernichten sind, so dürfen personenbezogene Daten zu Archivzwecken weiterverarbeitet werden. Behörden oder öffentliche oder private Stellen, die Aufzeichnungen von öffentlichem Interesse führen, sollten gemäß dem Unionsrecht oder dem Recht der Mitgliedstaaten rechtlich verpflichtet sein, Aufzeichnungen von bleibendem Wert für das allgemeine öffentliche Interesse zu erwerben, zu erhalten, zu bewerten, aufzubereiten, zu beschreiben, mitzuteilen, zu fördern, zu verbreiten sowie Zugang dazu bereitzustellen (Erwägungsgrund 158). Daher regelt Art. 17 Abs. 3 lit. d, dass für im öffentlichen Interesse liegende Archivzwecke die Verarbeitung noch erforderlich ist, mithin eine Löschung nach Art. 17 Abs. 1 und 2 nicht in Betracht kommt. Hierzu bedarf es geeigneter Garantien nach Art. 89, welche durch das Bundesarchivgesetz und die Archivgesetze der Länder zu gewährleisten sind (dazu Weichert DVBl. 2020, 19 ff.; zu den besonderen Arten personenbezogener Daten siehe ferner § 28 BDSG – Datenverarbeitung zu im öffentlichen Interesse liegenden Archivzwecken → BDSG § 28 Rn. 1; zum postmortalen Persönlichkeitsschutz bei Archiven der Nachrichtendienste siehe BVerwG NVwZ 2020, 78). **57a**

Zum Recht auf Löschung gehört auch das **Recht auf Vergessenwerden** nach Art. 17 DS-GVO. Hat ein Verantwortlicher die personenbezogenen Daten öffentlich gemacht und ist er gem. Art. 17 Abs. 1 DS-GVO zu deren Löschung verpflichtet, so hat er unter Berücksichtigung der verfügbaren Technologie und der Implementierungskosten angemessene Maßnahmen zu treffen, um für die Datenverarbeitung Verantwortliche, die die personenbezogenen Daten verarbeiten, dass eine betroffene Person von ihnen die Löschung aller Links zu diesen personenbezogenen Daten oder von Kopien oder Replikationen dieser personenbezogenen Daten verlangen kann. Insoweit kann ein Suchmaschinenbetreiber verpflichtet werden die Verlinkung bestimmter Inhalte im Netz zu unterlassen (zum „Recht auf Vergessen" siehe dazu BVerfG NVwZ 2020, 63; BVerfG NJW 2020, 300; EuGH NJW 2014, 2257 – Google Spain und Google). Allerdings führt eine solche „Auslistung" nicht dazu, dass die Daten Außerhalb der Europäischen Union nicht mehr verfügbar sind, denn das Recht auf Vergessenwerden ist auf den Anwendungsbereich der DS-GVO beschränkt (EuGH NJW 2019, 3499 – Google). Besonders sensible Daten sind von Suchmaschinenbetreibern insbesondere bei der Listung der Website zu löschen, dies gerade, wenn es sich um nicht mehr aktuelle Daten handelt (zu strafrechtlichen Verurteilungen siehe EuGH NJW 2019, 3503). **57b**

III. Einschränkung der Verarbeitung (Nr. 3)

Die Einschränkung der Verarbeitung ist die Markierung gespeicherter personenbezogener Daten mit dem Ziel, ihre künftige Verarbeitung einzuschränken. **58**

Aus dem BDSG kennt man die Einschränkung der Verarbeitung durch den Begriff der **Sperrung**. Der Begriff der Einschränkung der Verarbeitung entspricht demjenigen der Sperrung, wie er bislang im Datenschutzrecht verwendet wurde. So wird in den Erwägungsgründen auch **von „sperren" gesprochen,** wenn es um die Beschränkung der Verarbeitung personenbezogener Daten geht (s. Erwägungsgrund 67). **59**

Das Recht auf Einschränkung der Verarbeitung ist in Art. 18 geregelt. Wie die Einschränkung der Verarbeitung zu erfolgen hat regelt die DS-VGO nicht. Vielmehr regelt Art. 18 Abs. 2, dass **im Falle der Einschränkung nur unter besonderen einzeln aufgeführten Bedingungen auf die Daten zugegriffen werden darf.** **60**

Das Sperren nach dem BDSG war das Kennzeichnen gespeicherter personenbezogener Daten, um ihre weitere Verarbeitung oder Nutzung einzuschränken. Damit wurde ein äußeres Verfahren definiert, wie die Sperrung zu realisieren ist (Simitis/Dammann BDSG § 3 Rn. 165). Die Einschränkung der Verarbeitung ist auch nicht mit dem Sperren iSv § 35 Abs. 3 Nr. 3 BDSG, der ein Sperren erlaubte, gleich zu setzen, der eine Sperrung vorsah, wenn eine Löschung wegen der besonderen Art der Speicherung nicht oder nur mit unverhältnismäßig hohem Aufwand möglich **61** ist. Dies entfällt ersatzlos mit der Folge, dass Systeme wie SAP über eine Löschroutine verfügen müssen (s. nur Schild/Sachse, Löschen im SAP-System, AiB extra 2015, 47 ff.).

62 Methoden zur Beschränkung der Verarbeitung personenbezogener Daten können ua darin bestehen, dass ausgewählte personenbezogene Daten vorübergehend auf ein anderes Verarbeitungssystem übertragen werden, dass sie für Nutzer gesperrt werden oder dass veröffentlichte Daten vorübergehend von einer Website entfernt werden (Erwägungsgrund 67). In automatisierten Dateisystemen soll die **Einschränkung der Verarbeitung grundsätzlich durch technische Mittel** so erfolgen, dass die personenbezogenen Daten in keiner Weise weiterverarbeitet werden und nicht verändert werden können (Erwägungsgrund 67). Auf die Tatsache, dass die Verarbeitung der personenbezogenen Daten beschränkt wurde, soll in dem System unmissverständlich hingewiesen werden (Erwägungsgrund 67). Damit ist die Form der Einschränkung der Verarbeitung auf vielfältige Art und Weise möglich und die Definition vollständig technikneutral.

63 Von der Einschränkung der Verarbeitung ist das **Archivieren** zu unterscheiden. Hier werden die Daten weiterhin vorrätig gehalten und sind im günstigsten Fall gesondert gelagert. **Archivierungsprogramme sind insoweit kein Ersatz für eine Einschränkung der Verarbeitung.** Im Gegenteil, Archivierungsprogramme müssen so konfiguriert sein, dass eine Einschränkung der Verarbeitung von personenbezogenen Daten in diesen genauso möglich ist, wie eine Löschung. Werden personenbezogene Daten weiterhin aufgehoben und damit gespeichert, obwohl sie nicht mehr benötigt werden und nach den Regelungen des BDSG eigentlich zu löschen wären, ist dies nur iRd jeweils geltenden Archivgesetze zulässig. Insoweit findet die DS-GVO dann keine Anwendung mehr, mit der Folge, dass eine **Aufbewahrung nach Archivrecht** (Bundesarchivgesetz-BArchG, Archivgesetze der Länder) zulässig sein muss, mithin nach Regelungen, welche sich iRv Art. 89 halten. Die personenbezogenen Daten, welche nach Archivrecht aufbewahrt werden, werden dann iRd Ausnahmen von Art. 89 Abs. 3 gespeichert und unterliegen dann den bereichsspezifischen Regelungen des Archivrechts. Für den nicht-öffentlichen Bereich findet das BArchG keine Anwendung, sodass hier keine Möglichkeit der langfristigen Archivierung besteht.

IV. Profiling (Nr. 4)

64 Als „Profiling" wird jede Art der automatisierten Verarbeitung personenbezogener Daten bezeichnet, die darin besteht, dass diese personenbezogenen Daten verwendet werden, um bestimmte persönliche Aspekte, die sich auf eine natürliche Person beziehen, zu bewerten, insbesondere um Aspekte bezüglich Arbeitsleistung, wirtschaftliche Lage, Gesundheit, persönliche Vorlieben, Interessen, Zuverlässigkeit, Verhalten, Aufenthaltsort oder Ortswechsel dieser natürlichen Person zu analysieren oder vorherzusagen. Hierunter fällt auch das Scoring, in der DS-GVO als Profiling (Art. 22) bezeichnet.

65 Unter **Profiling** versteht die DS-GVO jegliche Form **automatisierter Verarbeitung** personenbezogener Daten **unter Bewertung der persönlichen Aspekte in Bezug auf eine natürliche Person,** insbesondere zur Analyse oder Prognose von Aspekten bezüglich Arbeitsleistung, wirtschaftliche Lage, Gesundheit, persönliche Vorlieben oder Interessen, Zuverlässigkeit oder Verhalten, Aufenthaltsort oder Ortswechsel der betroffenen Person, soweit dies rechtliche Wirkung für die betroffene Person entfaltet oder sie in ähnlicher Weise erheblich beeinträchtigt (Erwägungsgrund 71). Damit wird Profiling auch von der Verhaltens- und Leistungskontrolle nach dem BetrVG umfasst. Das Profiling unterliegt den Vorschriften der DS-GVO für die Verarbeitung personenbezogener Daten, wie etwa die Rechtsgrundlage für die Verarbeitung oder die Datenschutzgrundsätze. Der durch die DS-GVO eingerichtete Europäische Datenschutzausschuss soll diesbezüglich Leitlinien herausgeben können (Erwägungsgrund 72). Dies gilt auch, wenn über die natürliche Person ein Profil erstellt wird, das insbesondere die Grundlage für sie betreffende Entscheidungen bildet oder anhand dessen ihre persönlichen Vorlieben, Verhaltensweisen oder Gepflogenheiten analysiert oder vorausgesagt werden sollen (Erwägungsgrund 24).

66 Die automatisierte Entscheidungsfindung und das Profiling auf der Grundlage besonderer Kategorien von personenbezogenen Daten soll nach der DS-GVO nur unter bestimmten Bedingungen erlaubt sein (Erwägungsgrund 71).

67 Die Grundsätze einer fairen und transparenten Verarbeitung machen es erforderlich, dass die betroffene Person über die Existenz des Verarbeitungsvorgangs und seine Zwecke unterrichtet wird. Der Verantwortliche soll die betroffene Person **darauf hinweisen, dass Profiling stattfindet** und welche Folgen dies für ihn hat (Erwägungsgrund 60).

V. Pseudonymisierung (Nr. 5)

Pseudonymisieren ist die Verarbeitung personenbezogener Daten in einer Weise, dass die 68 personenbezogenen Daten ohne Hinzuziehung zusätzlicher Informationen nicht mehr einer spezifischen betroffenen Person zugeordnet werden können, sofern diese zusätzlichen Informationen gesondert aufbewahrt werden und technischen und organisatorischen Maßnahmen unterliegen, die gewährleisten, dass die personenbezogenen Daten nicht einer identifizierten oder identifizierbaren natürlichen Person zugewiesen werden (siehe Schleipfer ZD 2020, 284 ff.). Hiervon zu unterscheiden ist die **Anonymisierung** (siehe auch → Rn. 15a). Anonyme Daten sind nicht definiert worden. Anonyme Informationen sind solche Informationen, die sich nicht auf eine identifizierte oder identifizierbare natürliche Person beziehen, oder personenbezogene Daten, die in einer Weise anonymisiert worden, sind, dass die betroffene Person nicht oder nicht mehr identifiziert werden kann (Erwägungsgrund 26 DS-GVO; dazu Gierschmann ZD 2021, 482 ff.).

Die Anwendung der **Pseudonymisierung** auf personenbezogene Daten **kann die Risiken** 69 **für die betroffenen Personen senken** und die Verantwortlichen und die Auftragsverarbeiter bei der Einhaltung ihrer Datenschutzpflichten unterstützen. Durch die ausdrückliche Einführung der „Pseudonymisierung" in der DS-GVO ist aber nicht beabsichtigt, andere Datenschutzmaßnahmen auszuschließen (Erwägungsgrund 28). Im deutschen Datenschutzrecht ist das Pseudonymisieren nicht unbekannt. Forderte doch § 3a S. 2 BDSG das Pseudonymisieren als vorrangigen Einsatz bei der Datenverarbeitung.

Um Anreize für die Anwendung der Pseudonymisierung bei der Verarbeitung personenbezogener Daten zu schaffen, sollten Pseudonymisierungsmaßnahmen, die jedoch eine allgemeine Analyse zulassen, bei demselben Verantwortlichen möglich sein, wenn dieser die erforderlichen technischen und organisatorischen Maßnahmen getroffen hat, um – für die jeweilige Verarbeitung – die Umsetzung dieser Verordnung zu gewährleisten, wobei sicherzustellen ist, dass zusätzliche Informationen, mit denen die personenbezogenen Daten einer speziellen betroffenen Person zugeordnet werden können, gesondert aufbewahrt werden. Der für die Verarbeitung der personenbezogenen Daten Verantwortliche, sollte die befugten Personen bei diesem Verantwortlichen angeben.

1. Definition

„**Pseudonym**" **kommt aus dem Griechischen** (pseudónymos: „fälschlich so genannt") und 71 bedeutet nach allgemeinem Verständnis soviel wie „erfundener Name", „fingierter Name" oder „Deckname" (Roßnagel/Scholz MMR 2000, 721 (724); Simitis/Scholz BDSG § 3 Rn. 213). Das BDSG definierte daher „Pseudonymisieren" als „das Ersetzen des Namens und anderer Identifikationsmerkmale durch ein Kennzeichen zu dem Zweck, die Bestimmung des Betroffenen auszuschließen oder wesentlich zu erschweren." Indem der Betroffene in verschiedenen Situationen unter Pseudonym (Kennzeichen) handelt, kann er verhindern, dass er bei jedem, der davon erfährt, Datenspuren hinterlässt, die zu ihm führen und die gegen seinen Willen gesammelt, weiterverarbeitet und weitergeben werden können (Roßnagel/Scholz MMR 2000, 721 (724)).

Die Pseudonymität ist gegeben, wenn eine betroffene Person ein Kennzeichen erhält oder selbst 72 benutzt, durch das die Wahrscheinlichkeit, dass Daten dieser Person zugeordnet werden können, so gering ist, dass sie ohne Kenntnis der jeweiligen Zuordnungsregel zwischen Kennzeichen und Person nach der Lebenserfahrung oder dem Stand der Wissenschaft praktisch ausscheidet. Neben aktiv benutzten Pseudonymen, die sich eine betroffene Person selbst auswählt, um mit ihrer Hilfe ihre informationelle Selbstbestimmung zu schützen, gibt es auch Pseudonyme, die von Dritten ohne Zutun der betroffenen Person vergeben werden und ihr entweder bekannt oder unbekannt sind.

Die Anwendung der Pseudonymisierung auf personenbezogene Daten kann die **Risiken** für 73 die betroffenen Personen **senken** und die Verantwortlichen und die Auftragsverarbeiter bei der Einhaltung ihrer Datenschutzpflichten unterstützen. Durch die ausdrückliche Einführung der „Pseudonymisierung" in Ziff. 5 ist nicht beabsichtigt, andere Datenschutzmaßnahmen auszuschließen. Um Anreize für die Anwendung der Pseudonymisierung bei der Verarbeitung personenbezogener Daten zu schaffen, sollten Pseudonymisierungsmaßnahmen, die jedoch eine allgemeine Analyse zulassen, bei demselben Verantwortlichen möglich sein, wenn dieser die erforderlichen technischen und organisatorischen Maßnahmen getroffen hat, um – für die jeweilige Verarbeitung – die Umsetzung der DS-GVO zu gewährleisten, wobei sicherzustellen ist, dass zusätzliche Informationen, mit denen die personenbezogenen Daten einer speziellen betroffenen Person zugeordnet werden können, gesondert aufbewahrt werden (zu geeigneten Pseudonymisierungsmethoden siehe Schwartmann/Weiß RDV 2020, 71 (72 f.)). Der für die Verarbeitung der personenbezogenen Daten Verantwortliche, sollte die befugten Personen bei diesem Verantwortlichen angeben (Erwägungsgrund 29).

2. Arten der Pseudonymisierung

74   Es werden grundsätzlich **drei Arten von Pseudonymen** unterschieden (Roßnagel/Scholz MMR 2000, 721 (724 ff.); s. auch Simitis/Scholz BDSG § 3 Rn. 220 ff.): Wenn der Betroffene Pseudonyme ausschließlich selbst vergibt und nicht mit seinen Identitätsdaten gleichzeitig nutzt, so kann der Personenbezug auch nur vom Betroffenen selbst hergestellt werden. Das Nutzen **eines selbst vergebenen Pseudonyms** ist zB die frei gewählte Benutzer-ID, die vor der Inanspruchnahme eines Internetangebots angegeben werden muss. Für den datenverarbeitenden Anbieter weisen Daten, die ausschließlich in Verbindung mit einem solchen Pseudonym stehen, grundsätzlich keinen Personenbezug auf. In diesem Fall hat es grundsätzlich nur der Nutzer in der Hand, die Identität eines Pseudonyms preiszugeben (Simitis/Scholz BDSG § 3 Rn. 220a).

75   Pseudonyme können auch **von einem vertrauenswürdigen Dritten vergeben** werden, der allein über die Zuordnungsregel verfügt (Simitis/Scholz BDSG § 3 Rn. 220b). Diese Organisationsform sieht das SigG vor. Jeder, der dies möchte, kann sich nach § 7 Abs. 1 SigG einen Signaturschlüssel auf andere Namen als seinen eigenen als Pseudonyme zertifizieren lassen. Zusätzlich kann er im Zertifikat oder in einem Attributzertifikat nach § 7 Abs. 2 und 3 SigG Vollmachten, Berufszulassungen, Amtseigenschaften sowie sonstige Berechtigungen bestätigen lassen und damit im Rechtsverkehr qualifiziert auftreten, ohne seine Identität aufdecken zu müssen. Hier kennt nicht nur der Betroffene, sondern auch ein Dritter die Identität des Pseudonyms. Allerdings besteht typischerweise eine organisatorische Trennung zwischen dem Inhaber der Zuordnungsregel und dem potenziellen Datenverwender. So bezieht zB der Betroffene sein pseudonymes Zertifikat von einer Zertifizierungsstelle und verwendet es beim Interneteinkauf gegenüber verschiedenen Anbietern, die grundsätzlich keinen Zugriff auf die Zuordnungsregel haben.

76   Die dritte Möglichkeit besteht darin, dass **die für die Datenverarbeitung verantwortliche Stelle das Pseudonym selbst vergibt** und über die Zuordnungsregel verfügt (Simitis/Scholz BDSG § 3 Rn. 220c). Bei der Zuordnungsregel wird noch zwischen der fortlaufenden Nummerierung und der zufälligen Nummerierung zur Pseudonymisierung unterschieden (dazu Hansen/Walczak RDV 2019, 53 ff.). Das Pseudonym schützt dann gegenüber allen Dritten. Im Unterschied zur zweiten Alternative hat der Kenner der Zuordnungsregel ein eigenes Datenverwendungsinteresse und kann trotz Pseudonym die Daten personenbezogen verwenden. Dies sind zB dynamisch vergebene IP-Nr. Dem Access-Provider sind die personenbezogenen Daten des Nutzers zwar bekannt, der Nutzer agiert gegenüber den angewählten Anbieter-Servern jedoch unter einer – innerhalb des IP-Adressenraums des Providers – dynamischen IP-Adresse, die somit temporär sein Pseudonym ist. Für Dritte kann ein Personenbezug über IP-Adressen nicht hergestellt werden. Sie können dies nur dann, wenn sie mit dem Access-Provider, der über die Zuordnungsregel verfügt, zusammenarbeiten (Roßnagel/Scholz MMR 2000, 721 (725)).

3. Fallgestaltung

77   Wenn ein Arzt die **Blutproben** seiner Patienten mit einer fortlaufenden Nummer versehen in ein Labor gibt, so sind die Blutproben für das Labor pseudonym, es weiß nicht, welche Person sich hinter der jeweiligen Nummer verbirgt. Das nummernbezogene Analyseergebnis kann der Arzt dann seinen Patienten wieder zuordnen. Der Arzt verfügt über die Zuordnungsregel. Wenn aber das Labor bestimmte Leistungen mit dem Patienten selbst abrechnen müsste, bedürfte es ebenfalls der Zuordnung, mit der Folge, dass die Pseudonymisierung durchbrochen wird. Auch zeigt das Beispiel der dynamischen IP-Adresse, dass Pseudonyme leicht aufgehoben werden können und damit der positive Ansatz der gewollten Datensparsamkeit schnell seine Wirkung verlieren kann. Dies ist bei der Entscheidung der Frage, ob Daten pseudonymisiert oder anonymisiert verwendet werden, immer zu beachten.

4. Personenbezogene Daten

78   **Bei den pseudonymisierten Daten handelt es sich weiterhin um personenbezogene Daten,** welche nur entsprechend den Vorgaben des Gesetzes verwendet werden dürfen. Allenfalls kann unter gewissen Umständen auf besondere Schutzvorkehrungen hinsichtlich des Zugangs oder Zugriffs auf pseudonymisierte Daten im Rahmen der Verhältnismäßigkeit bei der Datensicherung verzichtet werden. Nunmehr fordert Art. 25 einen **Datenschutz durch Technikgestaltung** und durch datenschutzfreundliche Voreinstellungen, wozu das Pseudonymisieren zählt.

Begriffsbestimmungen **Artikel 4 DS-GVO**

Dessen ungeachtet sollte sich im Rahmen der Erforderlichkeit jeder Umgang mit personenbezogenen Daten an dem Ziel ausrichten, die eigentlichen Datenverarbeitungsvorgänge zu reduzieren, also automatisierte Verfahren so auszuwählen oder zu entwickeln, dass so wenig personenbezogene Daten verarbeitet werden, wie dies zur Erreichung des angestrebten Zwecks erforderlich ist (dazu Roßnagel ZD 2018, 243 ff.). 79

5. Depersonalisierung

Eine besondere Form der Pseudonymisierung ist die „**Depersonalisierung**" nach Art. 3 Nr. 10 der RL (EU) 2016/681 des Europäischen Parlaments und des Rates vom 27.4.2016 über die Verwendung von Fluggastdatensätzen (PNR-Daten) zur Verhütung, Aufdeckung, Ermittlung und Verfolgung von terroristischen Straftaten und schwer Kriminalität (ABl. L 119, vom 4-5.2016, S. 132) und § 5 des Gesetzes über die Verarbeitung von Fluggastdaten zur Umsetzung der RL (EU) 2016/681(Fluggastdatengesetz, BGBl. 2017 I 1484). 79a

Depersonalisierung „**durch Unkenntlichmachung von Datenelementen**" wird als eine Vorgehensweise definiert, mit der Datenelemente der sog. PNR-Daten, mit denen die Identität des Fluggastes festgestellt werden könnte, für den Nutzer dieser Daten unsichtbar gemacht wird (siehe Art. 3 Nr. 10 RL (EU) 2016/681). Nach Art. 12 Abs. 2 RL (EU) 2016/681 sind nach sechs Monaten bestimmte Fluggastdaten (PNR-Daten) zu depersonalisieren. Hierzu zählen Name, Anschrift, Kontaktdaten der reisenden Person, Zahlungsinformationen, Vielfliegereintrag, allgemeine Hinweise und jedwede erhobenen API-Daten („Advance Passenger Information"). 79b

Nur unter bestimmten Voraussetzungen dürfen diese Daten nach sechs Monaten wieder zugänglich gemacht werden (siehe dazu Art. 12 Abs. 3 RL (EU) 2016/681; § 5 Abs. 2 FlugDaG), dh letztendlich wieder personalisiert werden. Erwägungsgrund 25 RL (EU) 2016/681 spricht von der „Unkenntlichmachung von Datenelementen". Eine Unkenntlichmachung führt aber nach der DS-DVO dazu, dass die Daten gerade nicht „**Re-Pseudomisiert**" werden, also im vorliegenden Sprachgebrauch „die Depersonalisierung" rückgängig gemacht werden kann. **Daher liegt nur in einer neuen Wortschöpfung für eine Psyedonymisierung vor** (siehe dazu VG Wiesbaden Beschl. v. 13.5.2020 – 6 K 805/19.WI, Vorlagefrage 2.h). 79c

6. Verschlüsselte Daten (Nr. 5)

Verschlüsselte Daten sind ebenfalls pseudonymisierte Daten (ebenso Gola/Schomerus BDSG § 3 Rn. 45). Die hier gespeicherten Informationen die sich auf eine natürliche Person beziehen, werden durch eine Verschlüsselung so abgelegt, dass sie nur mit Hilfe eines Schlüssels (Passwort) wieder lesbar sind. Damit sind auch Daten, die, obwohl verschlüsselt, in der Cloud abgelegt sind, personenbezogene Daten. Denn sie können jederzeit wieder lesbar gemacht werden. Dies kann durch den Schlüsselinhaber (Passwortbesitzer) genauso geschehen, wie von einem unberechtigten Dritten, der das Passwort entschlüsselt. Insoweit hat die Verschlüsselung dem jeweiligen Stand der Technik zu entsprechen, um zumindest einen gewissen Schutz gewährleisten zu können. So wird in Art. 32 Abs. 1 lit. a zum angemessenen Schutzniveau die Verschlüsselung personenbezogener Daten gefordert. 80

VI. Dateisystem (Nr. 6)

Jede strukturierte Sammlung personenbezogener Daten, die nach bestimmten Kriterien zugänglich sind, unabhängig davon, ob diese Sammlung zentral, dezentral oder nach funktionalen oder geografischen Gesichtspunkten geordnet geführt wird ist ein Dateisystem. 81

Dabei wird an Art. 2 lit. c Datenschutz-RL angeknüpft, der zwar dieselbe Definition beinhaltete, aber damit den Begriff „Datei" definierte. Tatsächlich hat sich durch die Begriffsänderung wohl keine inhaltliche Änderung ergeben (Paal/Pauly/Ernst Rn. 52). Allerdings **umfasst der Begriff „Dateisystem" sowohl manuelle Sammlungen (zB Akten) wie auch digitale Sammlungen personenbezogener Daten.** 82

Ein **gleichartiger Aufbau** bestimmter Kriterien liegt bereits vor, wenn Akten nach ihrer äußeren Beschriftung ein gleiches System beinhalten (bei einer Personalakte: Name, Vorname, Personalnummer). Entscheidend ist die einheitliche und gleiche Gestaltung (Gola/Schomerus § 3 Rn. 18). In diesem Fall sind **Akten**, oder besser Aktensammlungen von dem Begriff Dateisystem umfasst. Ein gleichartiger Aufbau ist bei Akten, die nach Sachgebieten, Personen, Kunden usw gegliedert sind, immer gegeben. Auf einen gleichartigen inneren Aufbau der Akte, kommt es dann nicht mehr an. Jedoch kann es auch genügen, wenn Vorgänge oder Formulare auch in sich gleichartig aufgebaut sind. Entscheidend ist nur, dass durch den formalen Aufbau die Daten 83

Schild 285

letztendlich leichter erschlossen werden können. Soweit infolge des Aufbaus die Erschließbarkeit erfüllt ist, ist der Dateibegriff zu bejahen (Simitis/Dammann BDSG § 3 Rn. 89). So sind als Papierakte geführte Prüfungsunterlagen als Dateisystem anzusehen (VG Gelsenkirchen ZD 2020, 544), gleiches gilt, wenn Akten nach Aktenzeichen geordnet sind. Ist eine Sammlung nach Namen, Anschriften und Kleingartenparzellen sortierbar, so ist sie gleichartig aufgebaut und als Dateisystem zugänglich (VG Schleswig ZD 2020, 327).

84 Als Merkmal für einen gleichartigen Aufbau dient ein Name, ein Aktenzeichen, eine Personalnummer, eine Adresse usw Hierunter können auch Regionen, Berufe, Kfz-Kennzeichen fallen. Sind diese Merkmale aber rein sachbezogen und nicht personenbezogen, fehlt es an einem personenbezogenen Merkmal.

85 Fraglich ist jedoch, ob es mindestens eine bestimmte Anzahl von Akten geben muss, welche gleichartig aufgebaut sind, um überhaupt zu einer strukturierten Sammlung zu gelangen. Eine Mindestzahl von Akten, Daten oder Betroffenen fordert die Definition nicht. Damit können schon zwei strukturierte Vorgänge, zu denen später weitere Vorgänge hinzukommen können, aber nicht müssen, die **Bedingungen für ein Dateisystem** erfüllen. Akten oder Aktensammlungen sowie ihre Deckblätter, die **nicht** nach bestimmten Kriterien geordnet sind, fallen nicht unter den Begriff und damit unter den Anwendungsbereich der DS-GVO (Erwägungsgrund 15).

86 Karteien (Krankenkarten) sind immer ein Dateisystem, da sie eine Sammlung sind, die gleichartig aufgebaut ist und ausgewertet werden kann. Selbst Handschriftliche Aufzeichnungen können ein Dateisystem sein, wenn sich der Inhalt leicht erschießen lässt, dass die gespeicherten personenbezogenen Daten leicht wieder auffindbar sind (in diesem Sinne bei EuGH bei den Zeugen Jehovas ZD 2018, 469 Rn. 61), also die Datenstrukturierung leichte Wiederauffindbarkeit gewährleistet.

VII. Verantwortlicher (Nr. 7)

87 **Verantwortlicher ist die natürliche oder juristische Person,** Behörde, Einrichtung oder andere Stelle, die allein oder gemeinsam mit Anderen über die Zwecke und Mittel der Verarbeitung von personenbezogenen Daten entscheidet. Sind die Zwecke und Mittel dieser Verarbeitung durch das Unionsrecht oder das Recht der Mitgliedstaaten vorgegeben, so kann der Verantwortliche beziehungsweise können die bestimmten Kriterien seiner Benennung nach dem Unionsrecht oder dem Recht der Mitgliedstaaten vorgesehen werden (zur Problematik der Bestimmbarkeit des Verantwortlichen siehe Conrad DuD 2019, 563 ff.).

87a Nach Art. 3 Abs. 3 des Protokolls zur Änderung des Übereinkommens zum Schutz des Menschen bei der automatischen Verarbeitung personenbezogener Daten (siehe Entwurf eines Gesetzes zu dem Protokoll vom 10.10.2018 zur Änderung des Übereinkommens vom 28.1.1981 zum Schutz des Menschen bei der automatischen Verarbeitung personenbezogener Daten, BR-Drs. 267/20) ist „**Verantwortlicher**" definiert als die natürliche oder juristische Person, die Behörde, den Dienst, die Einrichtung oder jede andere Stelle, die beziehungsweise der allein oder gemeinsam mit anderen Entscheidungsbefugnis im Hinblick auf die Datenverarbeitung hat. Damit übernimmt das Europaratsübereinkommen die Definition der DS-GVO fast wörtlich, ergänzt durch „den Dienst" und „die Einrichtung". Beiden gemeinsam ist aber, dass es mehrere Verantwortliche oder Ko-Verantwortliche für die Datenverarbeitung geben (die gemeinsam für die Verarbeitung zuständig sind und möglicherweise für verschiedene Aspekte dieser Datenverarbeitung zuständig sind). Insoweit wird die gemeinsame Verantwortlichkeit allein an der Entscheidungsbefugnis angeknüpft, was sehr weitgehend ist.

88 Dies **entspricht der Verantwortlichen Stelle** nach § 3 Abs. 7 BDSG. Damit wird auf die natürliche Person, die juristische Person (GmbH, AG, Genossenschaft usw) oder Behörde als solche abgestellt. An den Verantwortlichen knüpfen die Rechte und Pflichten aus der DS-GVO an, sie sind mithin **Normadressat** (Artikel 29-Datenschutzgruppe „für die Verarbeitung Verantwortlicher" und „Auftragsverarbeiter" WP 169, 19 ff., 38 f.). Einen **Konzerndatenschutz** in dem Sinne, dass der Konzern ein Verantwortlicher ist, gibt es nicht.

89 Letztendlich **handelt** bei einer Behörde als verantwortliche Stelle der **Behördenleiter**, bei einer juristischen Person, wie der GmbH der oder die **Geschäftsführer** und bei einer AG der **Vorstand.** Damit gibt es auch immer natürliche Personen, die letztendlich auch die persönliche Verantwortung für ein Tun oder Nichttun zu tragen haben. Diese **Verantwortung ist nur beschränkt delegierbar** und wird auch nicht durch die Bestellung eines behördlichen oder betrieblichen Datenschutzbeauftragten abbedungen. Vielmehr hat die verantwortliche Person sicherzustellen, dass er ordentlich beraten wird. Dies geht nur, wenn die verantwortliche Person die Bereitschaft und den Willen zur Beratung hat und, wenn ein Datenschutzbeauftragter bestellt

Begriffsbestimmungen **Artikel 4 DS-GVO**

ist, den Datenschutzbeauftragten vor wesentlichen Änderungen oder Neueinführungen von Verfahren und Systemen so beteiligt, dass dieser seine Beratungsfunktion auch ausüben kann.

Die Pflichten des Verantwortlichen sind im Kapitel IV ab Art. 24 geregelt. Neu ist dabei, dass **90** auch der Auftragsdatenverarbeiter „**Verantwortlicher**" ist. Legen zwei oder mehr Verantwortliche gemeinsam die Zwecke der und die Mittel zur Verarbeitung fest, so sind sie **gemeinsam Verantwortliche** (Art. 26 Abs. 1 S. 1 DS-GVO).

Bei einem **gemeinsamen Verfahren** gibt es **mehrere Verantwortliche,** Art. 26 Abs. 1 S. 1 **91** DS-GVO). Das gemeinsame Verfahren war schon in der Datenschutz-RL geregelt, im BDSG aber nicht umgesetzt (allerdings in einzelnen Landesdatenschutzgesetzen, vgl. § 15 HDSG). Nunmehr ist durch Art. 26 klargestellt, dass alle Verantwortlichen gemeinsam festzulegen haben, wer von ihnen welche Verpflichtung gem. der DS-GVO erfüllt, insbesondere was die Wahrnehmung der Rechte der betroffenen Person angeht, und wer welchen Informationspflichten gem. den Art. 13 und 14 nachkommt (dazu Uecker ZD Fokus Heft 11, 2018, 15 ff.; Lezzi/Oberlin ZD 2018, 398 ff.; zum Inhalt einer solchen Vereinbarung über die gemeinsamen Verfahren siehe das Muster „Word-Vorlage zur Vereinbarung gem. Art. 26 Abs. 1 S. 1 DS-GVO (BW LfDI)" und zur Information „Informationen zur gemeinsamen Verantwortlichkeit" – https://www.baden-wuerttemberg.datenschutz.de/datenschutzthemen/, Stand Februar 2020). Die gemeinsame Verantwortlichkeit ist im Lichte der Rechtsprechung des EuGH weit auszulegen (dazu Gierschmann ZD 2020, 69 ff.). So sind bei der Adressvermietung – bei der werbenden Organisation die Adressdaten von dem Adressbesitzer nicht herausgegeben werden – beide, der Adressvermieter und der der die Adressen auf seine Schreiben bekommt, gemeinsame Verantwortliche iSv Art. 26 DS-GVO (LfDI Berlin, Jahresbericht 2019, 31 ff.). Dies ist immer der Fall, wenn eine zentrale Stelle für mehrere Verantwortliche (bei Konzernen Tochtergesellschaften) oder Behörden eines Landes als Verantwortliche die Koordinierungsfunktion für übergreifende Verfahren, wie zB elektronische Aktenführung, Bürokommunikation, Zeiterfassung usw, wahrnimmt.

Werden von mehreren selbständigen aber wirtschaftlich verbundenen Unternehmen die Daten **91a** in einer gemeinsamen Datenbank verarbeitet, sodass jedes Unternehmen auf die Daten eines anderen angeschlossenen Unternehmens zugreifen kann, liegt eine gemeinsame Verantwortlichkeit iSv Art. 26 DS-GVO vor. Denn ein Konzernprivileg besteht nach der DS-GVO nicht.

Obwohl bei der Finanzverwaltung die unterschiedlichen **Verfahren nach Elster Teil eines** **91b** **gemeinsamen Verfahrens** sind, will dies die Finanzverwaltung nicht wahrhaben. Sie kennt nur verantwortliche Finanzämter und Auftragsverarbeiter (Rn. 14 Erlass des BMdF v. 13.1.2020, Datenschutz im Steuerverwaltungsverfahren seit dem 25.5.2018; BStBl. 2020 I 143, 145). Dabei sind nach den alten „Verfahrensverzeichnissen als verantwortliche Stellen entweder das bayerische Landesamt für Steuern oder der Landesbetrieb Information und Technik Nordrhein-Westfalen als verantwortliche Stellen genannt worden. Dies, obwohl unter Elster die verschiedensten Steuererklärungen an das zuständige Finanzamt abgegeben werden sollen und die Daten auf einem der Server der genannten Behörden gehorstet werden. Im Landesbereich kommt meist noch ein EDV-Dienstleister hinzu. So ist in Hessen die Hessische Zentrale für Datenverarbeitung (HZD) ist zentraler Dienstleister für Informations- und Kommunikationstechnik für alle Behörden des Landes Hessen (§ 1 Abs. 1 DV-VerbundG) idF v. 4.4.2007), bei dem alle Steuerdaten gehorstet und die Steuerbescheide ausgedruckt und versandt werden.

Ein **gemeinsames Verfahren ist auf europäischer Ebene** im weitesten Sinn das Schengener **92** Informationssystem (SIS) und das Visa-Informationssystem (VIS). Auf **nationaler Ebene** wäre ein gemeinsames Verfahren mit dem INPOL-System beim BKA vergleichbar. Gleichwohl stellt die Bundesregierung und der Bundestag bei allen neuen Bestrebungen Daten zu sammeln (Visa-Warndatei, Neonazi-Datei, Anti-Terror-Datei, Nationales Waffenregister), weiterhin auf die althergebrachte Dateistruktur und das automatisierte Abrufverfahren ab und verharrt so in alten Strukturen, die eine Verantwortlichkeit verschwimmen lassen. Dies mit der Folge, dass die eigentlichen verantwortlichen Stellen ihre Daten in eine Zentraldatei, die meist vom Bundesverwaltungsamt geführt wird, übermitteln müssen und so eine weitere verantwortliche Stelle entsteht. Wie dies seit langem schon beim Bundeszentralregister und dem Ausländerzentralregister der Fall ist. Ein Zugriff der ursprünglichen verantwortlichen Stelle auf die Daten in der Zentraldatei wiederum führt zu einer Übermittlung, deren Zulässigkeit die Stelle, welche die Zentraldatei führt, auf ihre Zulässigkeit hin zu überprüfen hat. Hinzu kommt, dass die Betroffenenrechte mangels klarer Verantwortlichkeiten verschwimmen und schwer wahrzunehmen sind.

Das **Ausländerzentralregister fällt unter die DS-GVO,** während das INPOL-System, wie **93** auch die anderen Dateien unter die Richtlinie (EU) 2016/680 des europäischen Parlaments und des Rates v. 27.4.2016 zum Schutz natürlicher Personen bei der Verarbeitung personenbezogener Daten durch die zuständigen Behörden zum Zwecke der Verhütung, Ermittlung, Aufdeckung oder Verfolgung von Straftaten oder der Strafvollstreckung sowie zum freien Datenverkehr und zur Aufhebung des Rahmenbeschlusses 2008/977/JI des Rates (ABl. 2016 L 119, 89) fällt und insoweit der Art. 21 RL 2016/680 einschlägig ist.

93a Der Begriff „für die Verarbeitung Verantwortlicher" ist weit auszulegen, um einen wirksamen und umfassenden Schutz der betroffenen Personen zu gewährleisten (Schlussantrag EuGH BeckRS 2018, 646 Rn. 63 mwN). Dabei ist zu beachten, dass der für die Verarbeitung Verantwortliche im Rahmen des Normsystems der DS-GVO eine grundlegende Rolle spielt.

93b So ist der **Betreiber einer Suchmaschine** Verantwortlicher für seinen Bereich der Suchmaschine. Er ist auch für Löschungsanträge und sogenannte Auslistungen verantwortlich und damit zuständig (EuGH BeckRS 2019, 22052; siehe dazu Anmerkung Ukrow ZD 2020, 42 Rn. 1). Ein **Facebook-Nutzer** soll hinsichtlich seiner eigenen personenbezogenen Daten **nur Betroffener** sind. Facebook hingegen sei einziger Verantwortlicher der Datenverarbeitung (OLG Wien BeckRS 2020, 49348).

93c Eine **Religionsgemeinschaft,** die eine Verkündigungstätigkeit organisiert, bei der personenbezogene Daten erhoben werden, ist als für die Verarbeitung verantwortlich anzusehen, auch wenn sie auf die von ihren Mitgliedern erhobenen personenbezogenen Daten selbst keinen Zugriff hat (Schlussantrag EuGH BeckRS 2018, 646 Rn. 73). Es reicht, wenn der Verantwortliche tatsächlichen Einfluss auf die Erhebung und Verarbeitung hat. Des „für die Verarbeitung Verantwortlichen" im Sinne dieser Bestimmung umfasst auch den Betreiber einer bei einem sozialen Netzwerk unterhaltenen Fanpage (EuGH EuZW 2018, 534 Rn. 44).

93d **Parlamente** (Bundestag und Landtage) **sind ebenfalls Verantwortliche iSd DS-GVO** und von dem Anwendungsausschluss des Art. 2 Abs. 2 lit. a nicht erfasst (so EuGH Urt. v. 9.7.2020 – C-272/19 Rn. 68, BeckRS 2020, 15182 mAnm Engelbrecht ZD 2020, 578; aA wonach die Tätigkeit des Parlaments nicht vom Unionsrecht umfasst ist, siehe VG Wiesbaden Urt. v. 31.8.2020 – 6 K 1016/15; Pabst RDV 2020, 249; ferner Art. 2 → Art. 2 Rn. 9a). Dies gilt erst Recht für einen **Petitionsausschuss eines Parlaments,** auch wenn der Ausschuss mittelbar zur parlamentarischen Tätigkeit beiträgt, dennoch sind diese Tätigkeiten nicht nur politischer und administrativer Natur und auch keiner der Tätigkeiten nach in Art. 2 Abs. 2 lit. b und d. Wobei die DS-GVO keine Ausnahme in Bezug auf parlamentarische Tätigkeiten vorgesehen (vgl. Erwägungsgrund 20 und Art. 23; EuGH Urt. v. 9.7.2020 – C-272/19 Rn. 77, BeckRS 2020, 15182).

93e Zu unterscheiden ist jedoch zwischen Verwaltungsaufgaben und parlamentarischen Aufgaben des Parlaments als Erste Gewalt. Denn letztere können von dem Unionsrecht nicht erfasst sein. Hier ist die nationalstaatliche Souveränität betroffen, auch wenn die Gewaltenteilung in Deutschland bezogen auf die Dritte Gewalt nicht eingehalten wird. Tätigkeiten eines Parlaments, wie Gesetzgebungsverfahren im engeren Sinn, als auch die Tätigkeit des Parlaments im Zusammenhang mit dem Gesetzgebungsverfahren (zB Untersuchungsausschuss), welche sich auf die parlamentarische politische Willensbildung des Parlamentes beziehen, fallen nicht in den Anwendungsbereich des Unionsrechts (VG Wiesbaden Urt. v. 31.8.2020 – 6 K 1016/15.WI).

93f Der **Petitionsausschuss** eines Gliedstaats eines Mitgliedstaats ist, soweit dieser als Ausschuss allein oder gemeinsam mit anderen über die Zwecke und Mittel der Verarbeitung entscheidet, als **„Verantwortlicher" iSd Nr. 7** einzustufen, sodass die von einem solchen Ausschuss vorgenommene Verarbeitung personenbezogener Daten in den Anwendungsbereich dieser Verordnung, ua unter deren Art. 15, fällt (Kosmider/Wolff ZG 2020, 190 ff.; EuGH BeckRS 2020, 15182; siehe auch VG Wiesbaden BeckRS 2019, 5206).

93g **Kommunale Fraktionen** sind ebenfalls Verantwortliche Stellen. Sie sind jedoch keine öffentlichen Stellen, sodass sie die DS-GVO vollständig anzuwenden haben (ULD, 20. TB, 4.1.10 Einordnung von kommunalen Fraktionen als nichtöffentliche Stellen, 40 f.).

93h Betriebs- und Personalräte sollen keine Verantwortlichen iSd Nr. 7 sein. Sie sollen zwar der Verarbeitung personenbezogener Daten die Vorschriften über den Datenschutz einzuhalten. Soweit der Betriebs- oder Personalrat zur Erfüllung der in seiner Zuständigkeit liegenden Aufgaben personenbezogene Daten verarbeitet, soll der Arbeitgeber oder die Dienststelle der für die Verarbeitung Verantwortliche im Sinne der datenschutzrechtlichen Vorschriften sein. Arbeitgeber und Betriebsrat bzw. die Dienststelle und der Personalrat sollen sich gegenseitig bei der Einhaltung der datenschutzrechtlichen Vorschriften unterstützen (so § 79a Entwurf eines Gesetzes zur Förderung der Betriebsratswahlen und der Betriebsratsarbeit in einer digitalen Arbeitswelt (Betriebsrätemodernisierungsgesetz) bzw. § 69 Entwurf eines Gesetzes zur Novellierung des Bundespersonalvertretungsgesetzes, BT-Drs. 19/26820). Diese Regelung soll die bislang bestehende Rechtslage fortführen und von der durch Art. 4 Nr. 7 Hs. 2 DS-GVO eröffneten Möglichkeit Gebrauch, den für die Datenverarbeitung Verantwortlichen im mitgliedstaatlichen Recht zu bestimmen Gebrauch machen (zu den Folgen → Rn. 121c). Trotzdem hat der Personalrat innerhalb seines Zuständigkeitsbereichs eigenverantwortlich die Umsetzung technischer und organisatorischer Maßnahmen zur Gewährleistung der Datensicherheit iSd Art. 24 und 32 sicherzustellen.

VIII. Auftragsverarbeiter (Nr. 8)

Als **Auftragsverarbeiter ist eine natürliche oder juristische Person, Behörde,** Einrichtung oder andere Stelle, die personenbezogene Daten im Auftrag des Verantwortlichen verarbeitet, definiert. Anders als im BDSG wird hier jedoch nicht von der Auftragsdatenverarbeitung, sondern von der Auftragsverarbeitung gesprochen. Dies dürfte nicht weiter von Belang sein. Allerdings hat der **Auftragnehmer nun eine andere Stellung als im BDSG.** 94

Der Auftragnehmer galt bisher als Teil der datenverarbeitenden Stelle (vgl. § 11 BDSG), denn er ist an die Weisungen der Auftraggebers gebunden. Dieser haftete auch für den Auftragnehmer. **Nunmehr trifft den Auftragnehmer eine eigene Dokumentationspflicht** (Art. 30 Abs. 2). Sitzt er nicht in der Union, hat er einen Vertreter zu benennen (vgl. Art. 27; zur alten und neuen Rechtslage siehe Gürtler ZD 2019, 51 ff.). 95

Der **Auftragsverarbeiter ist auch Verantwortlicher,** wenn er selbst Verantwortlicher iSv Nr. 7, wenn er unter Verstoß gegen die DS-GVO über die Zwecke und Mittel der Verarbeitung bestimmt (Art. 28 Abs. 10) oder gar **Unterauftragsverarbeitungsverhältnisse** abschließt (Art. 28 Abs. 4). Ein Auftragsverarbeiter kann insoweit selbst Verantwortlicher iSv Art. 4 Nr. 7 sein (zu einem Spezialfall siehe Möllenkamp/Ohrtmann ZD 2019, 455 ff.). 96

Ferner **haftet** nun nicht mehr nur der Auftraggeber, sondern auch der **Auftragsverarbeiter** wegen eines Verstoßes auf materiellen, wie auf immateriellen Schadensersatz (Art. 82). Mithin ist eine **gesamtschuldnerische Haftung** gegeben (siehe Kohn ZD 2019, 498 ff.). Die Verarbeitung durch einen Auftragsverarbeiter erfolgt auf der Grundlage eines Vertrags (Art. 28 Abs. 3 DS-GVO; zu den Inhaltlichen Herausforderungen bei der Auftragsverarbeitung und die für die Praxis bedeutsame Vertragsgestaltung und deren mögliche Grenzen, siehe Conrad/Seiter RDV 2021, 186 ff.). 97

Eine **Funktionsübertragung** kennt die DS-GVO nicht. Eine Funktionsübertragung wurde nach bisherigem Recht immer dann angenommen, wenn der Dritte über eine eigene Entscheidungsbefugnis hinsichtlich des „wie" der Datenverarbeitung und diesbezüglich auch der Auswahlbefugnis hat, ihm damit die Aufgabe der Verarbeitung obliegt und er insoweit für die Datenverarbeitung verantwortlich ist und über die Daten verfügen kann, ja ein eigenes Interesse an den Daten hat. So soll die Lohn- und Gehaltsabrechnung bei der DATEV eG eine Funktionsübertragung sein. Wäre es eine solche und keine Auftragsdatenverarbeitung, dann hätte dies letztendlich zur Konsequenz, dass diese über die Gehaltshöhe einer Person entscheiden könnte und dass das Unternehmen, bei dem der Lohnempfänger beschäftigt ist, keine bzw. nur vertragliche Mitspracherechte hätte. Eine Lohn- und Gehaltsführung, auch die eines Steuerberaters, ist insoweit eine **Auftragsverarbeitung** (zu dem Misslungen neuen § 11 Abs. 1 und 2 StBerG, siehe Lauck ZD-Aktuell 2020, 06965). Es sei denn die externe Lohnbuchhaltung wird als ein arbeitsteiliges Zusammenwirken zwischen Auftraggeber und Dienstleister betrachtet. Datenschutzrechtlich würde dann eine **gemeinsame Verantwortlichkeit** entstehen, die einen Vertrag erfordert, der den Anforderungen des Art. 26 DS-GVO genügt (so Härting DB 2020, 490 ff.). 98

Ein Outsourcing in der Form der früheren Funktionsübertragung ist, da es um die Übermittlung von Daten an einen Dritten geht, nur zulässig, wenn dies gesetzlich erlaubt ist. Insoweit bedarf es dafür einer Rechtsgrundlage, um die Daten an einen Dritten zu übermitteln (zur Meinung der Beibehaltung der Funktionsübertragung bei der Lohnbuchführung siehe Kramer/Schmidt ZD 2020, 194, 198). 99

Eine **Abrechnungsstelle** (Inkassofirma) arbeitet im Auftrag nach Art. 28 DS-GVO, wenn die Forderung gerade **nicht** an diese **abgetreten** ist (dazu sehr ausführlich VG Mainz Urt. v. 20.2.2020 –1 K 467/19.MZ Rn. 22 ff.). Auch handelt es sich beim **Cloud Computing** um eine Auftragsverarbeitung (Rost/Brink/Birk RDV 2020, 240 ff.). 99a

IX. Empfänger (Nr. 9)

1. Empfänger nach S. 1

Empfänger ist eine natürliche oder juristische Person, Behörde, Einrichtung oder andere Stelle, der personenbezogene Daten offengelegt werden, unabhängig davon, ob es sich bei ihr um einen Dritten handelt oder nicht. 100

Nach Art. 3 Abs. 4 des Protokolls zur Änderung des Übereinkommens zum Schutz des Menschen bei der automatischen Verarbeitung personenbezogener Daten (siehe Entwurf eines Gesetzes 100a zu dem Protokoll vom 10.10.2018 zur Änderung des Übereinkommens vom 28.1.1981 zum Schutz des Menschen bei der automatischen Verarbeitung personenbezogener Daten, BR-Drs. 267/20) bedeutet „Empfänger" eine natürliche oder juristische Person, eine Behörde, einen Dienst, eine Einrichtung oder jede andere Stelle, der beziehungsweise dem personenbezogene Daten offengelegt **oder bereitgestellt** werden. Insoweit wird hier klarstellend das „Bereitstellen" für einen Empfänger, der auch ein Dienst sein kann, mit erfasst und gegenüber der Definition der DS-GVO konkretisiert.

101 **Die DS-GVO stellt im Weiteren allerdings nur auf Empfänger ab.** So wird in Art. 14 und 15 von Empfängern gesprochen, wie in Art. 19 und Art. 30. Aber auch Art. 58 und Art. 83 kennen den Empfänger oder die Empfänger. In keiner einzigen Norm ist noch von dem Dritten die Rede. Damit ist auch ein Dritter Empfänger. Dritter ist aber nicht der Betroffene. Empfänger sind auch der Auftragsverarbeiter und die Personen, die unter der unmittelbaren Verantwortung des Verantwortlichen oder des Auftragsverarbeiters befugt sind, die personenbezogenen Daten zu verarbeiten (Umkehrschluss zur Definition des Dritten).

102 **Empfänger sind somit alle, die nicht Dritte sind** und damit auch diejenigen innerhalb einer verantwortlichen Stelle. Bisher fiel ein Datenfluss innerhalb der verantwortlichen Stelle im BDSG unter den Begriff der Nutzung, welcher in dem Begriff der Verarbeitung nach der DS-GVO nicht vorkommt. Nutzen war in § 3 Abs. 5 BDSG bestimmt als jede Verwendung personenbezogener Daten, soweit es sich nicht um Verarbeitung handelt. Diese Definition galt als Auffangtatbestand. Da die **Verarbeitung nach Nr. 2 allerdings weit zu verstehen** ist, fällt auch die hier bekannte „Nutzung" darunter.

103 Die Nutzung der Daten, in der Form der Weitergabe an den Empfänger ist nicht unbeschränkt möglich. Sie unterliegt vielmehr der **Zweckbindung und der Erforderlichkeit** und nicht der „Nützlichkeit". Insoweit dürfen Daten von der Personalabteilung eines Unternehmens an einen Vorgesetzten nur weitergegeben werden, soweit dies für die Begründung, Durchführung und Beendigung des Beschäftigungsverhältnisses erforderlich ist (§ 32 Abs. 1 S. 1 BDSG). Dazu sind – mit der Ausnahme eines Modelbetriebes – weder Körpermaße noch Haarfarbe oder Schuhgröße erforderlich, weshalb es auch des InfoTyps 0804 in SAP/HR nicht bedarf. Vielmehr ist für den Vorgesetzten von entscheidender Bedeutung, dass er einen neuen Beschäftigten erhält, mit dem eine bestimmte Arbeitszeit, Arbeitsleistungen, ein Entgelt, Urlaub usw vereinbart worden ist und der über eine bestimmte Qualifikation verfügt.

104 Die DS-GVO benutzt oft den Begriff „Kategorien von Empfängern". Er dient der Zusammenfassung mehrerer gleicher Empfänger, die auf Grund eines ähnlichen Sachverhalts die Daten erhalten (zB alle Abteilungsleiter eines Unternehmens, die gesetzlichen Krankenversicherungen, Rückversicherer) (vgl. Simitis/Dammann EG-DatSchRL Art. 19 Rn. 6). Eine Kategorie von Empfängern wären auch alle Auftragsdatenverarbeiter. Dabei sind die Empfänger nicht namentlich zu benennen, sondern abstrakt: Personalabteilung, Abteilungsleiter, Krankenversicherung, Veranlagungsfinanzamt usw.

2. Keine Empfänger nach S. 2 (Untersuchungsauftrag)

105 S. 2 bestimmt, dass Behörden, die **im Rahmen eines bestimmten Untersuchungsauftrags nach dem Unionsrecht oder dem Recht der Mitgliedstaaten** möglicherweise personenbezogene Daten erhalten, jedoch **nicht als Empfänger gelten sollen.** Die Verarbeitung dieser Daten durch die genannten Behörden erfolge im Einklang mit den geltenden Datenschutzvorschriften gem. den Zwecken der Verarbeitung.

106 Nach dem Erwägungsgrund 31 sollten Behörden, gegenüber denen personenbezogene Daten aufgrund einer rechtlichen Verpflichtung für die Ausübung ihres offiziellen Auftrags offengelegt werden, wie Steuer- und Zollbehörden, Finanzermittlungsstellen, unabhängige Verwaltungsbehörden oder Finanzmarktbehörden, die für die Regulierung und Aufsicht von Wertpapiermärkten zuständig sind, nicht als Empfänger gelten, wenn sie personenbezogene Daten erhalten, die für die Durchführung – gem. dem Unionsrecht oder dem Recht der Mitgliedstaaten – **eines einzelnen Untersuchungsauftrags im Interesse der Allgemeinheit** erforderlich seien. Anträge auf Offenlegung, die von Behörden ausgehen, sollten immer schriftlich erfolgen, mit Gründen versehen sein und gelegentlichen Charakter haben, und sie sollten nicht vollständige Dateisysteme betreffen oder zur Verknüpfung von Dateisystemen führen. Die Verarbeitung personenbezogener Daten durch die genannten Behörden sollte den für die Zwecke der Verarbeitung geltenden Datenschutzvorschriften entsprechen.

107 Damit sind Untersuchungsausschüsse und dergleichen gemeint. **Warum diese keine Empfänger sein sollen, erschließt sich jedoch nicht wirklich.**

X. Dritter (Nr. 10)

Dritter ist eine natürliche oder juristische Person, Behörde, Einrichtung oder andere Stelle, außer der betroffenen Person, dem Verantwortlichen, dem Auftragsverarbeiter und den Personen, die unter der unmittelbaren Verantwortung des Verantwortlichen oder des Auftragsverarbeiters befugt sind, die personenbezogenen Daten zu verarbeiten. **108**

Der Dritte ist damit außerhalb des Verantwortlichen, außerhalb der verantwortlichen Stelle. Hierdurch erfolgt die Abgrenzung zum Verantwortlichen (zur datenverarbeitenden Stelle), durch die alle anderen außerhalb dieser als „Dritten" bezeichnet werden. Dritter kann dabei eine natürliche Person, aber auch eine juristische Person des privaten oder öffentlichen Rechts sein. Der Dritte steht außerhalb der verantwortlichen Stelle, sei dies eine natürliche oder juristische Person. Die Weitergabe der Daten an Dritte ist auch keine Nutzung, sondern eine Unterform der Verarbeitung, die Datenübermittlung. Der Dritte ist nicht zugleich die verantwortliche Stelle, von der die Daten stammen. **109**

Entscheidendes Kriterium ist, dass der Dritte „außerhalb der verantwortlichen Stelle" steht. Dritter ist damit in Abgrenzung zu einer Behörde jede andere Behörde, auch wenn diese zum gleichen Rechtsträger gehört (Simitis/Dammann BDSG § 3 Rn. 231). Damit ist auch jede andere öffentliche Stelle Dritter. Innerhalb einer Behörde (zB Gemeindeverwaltung) können jedoch, wenn funktional mehrere Aufgaben wahrgenommen werden, die „Ämter" dieser Behörde „Dritte" zueinander sein. Dies beruht auf dem funktionalen Stellenbegriff und führt dazu, dass insbesondere bei der Kommunalverwaltung die einzelnen Ämter einer Gemeinde als einzelne datenverarbeitende Stellen und damit als Dritte zueinander aufgefasst werden. So unterliegt das Sozialamt dem Sozialgeheimnis nach § 35 SGB I, das Steueramt dem Steuergeheimnis nach § 30 AO, während das Personalamt den allgemeinen datenschutzrechtlichen Regelungen (§ 32 soweit er Anwendung findet) unterliegt. Alle Ämter sind zwar Teil der Kommunalverwaltung, in sich aber funktional abgeschottet, sodass sie jeweils Dritte zueinander sind. Auch ist ein Eigenbetrieb (zB Wasserwerk, Abwasserentsorgung, Betriebshof) im Verhältnis zu anderen Betrieben und Ämtern Dritter (Simitis/Dammann BDSG § 3 Rn. 231). Soweit sich eine öffentliche Stelle der Rechtsform einer GmbH oder AG bedient, ist auch diese Dritte gegenüber den anderen Ämtern oder Betrieben, auch wenn bedingt durch die „Flucht ins Privatrecht" auf die Rechtsform der nicht-öffentlichen Stelle das jeweilige LSDG Anwendung finden sollte (Schild NVwZ 1990, 339 ff.; Schild RDV 1989, 232 ff.). **110**

Privatrechtssubjekte sind gegenüber einer öffentlichen Stelle stets Dritte, auch wenn es sich um beliehene Unternehmen handelt (TÜV bei Kfz-Hauptuntersuchung, Anwaltsnotar usw) (Simitis/Dammann BDSG § 3 Rn. 231). Soweit rechtlich selbständige Einrichtungen organisatorisch, räumlich oder personell mit der verantwortlichen Stelle verbunden sind, bleiben sie Dritter (Simitis/Dammann BDSG § 3 Rn. 236). **111**

Die DS-GVO enthält keine Regelungen zum Umgang mit personenbezogenen Daten für den nicht-öffentlichen Bereich in Konzernen. Allerdings kennt sie die Begriffe Unternehmensgruppe und einer Gruppe von Unternehmen (zB Art. 88 – Datenverarbeitung im Beschäftigtenkontext). Für Unternehmensgruppen sind besondere Vergünstigungen vorgesehen. Allerdings gibt es wie bei der Datenschutz-RL keinen Konzerndatenschutz nach der DS-GVO. **112**

Bereits nach den Erwägungsgründen und der Begründung für den geänderten Vorschlag der Datenschutz-RL gab es keinen Konzerndatenschutz („Personen, die in einem anderen Unternehmen arbeiten, auch wenn dieses demselben Konzern oder derselben Holding angehört, dürfen im allgemeinen als Dritte angesehen werden"). Dies ist insoweit konsequent, als jede Aktiengesellschaft oder jede GmbH eine eigenständige juristische Person ist und insoweit die einzelne juristische Person die „verantwortliche Stelle" iSv „für die Verarbeitung Verantwortlicher" nach Art. 2 lit. d Datenschutz-RL ist. Dies gilt auch bei der DS-GVO. **113**

Das Aktienrecht kennt den Konzern als einen Teil der verbundenen Unternehmen. Insoweit regelt § 15 Aktiengesetz, was verbundene Unternehmen sind: „Verbundene Unternehmen sind rechtlich selbständige Unternehmen, die im Verhältnis zueinander in Mehrheitsbesitz stehende Unternehmen und mit Mehrheit beteiligte Unternehmen (§ 16 AktG), abhängige und herrschende Unternehmen (§ 17 AktG), Konzernunternehmen (§ 18 AktG), wechselseitig beteiligte Unternehmen (§ 19 AktG) oder Vertragsteile eines Unternehmensvertrags (§§ 291, 292 HGB) sind." Demgegenüber stellt das HGB auf verbundene Unternehmen ab, die als Mutter- oder Tochterunternehmen in einen Konzernabschluss des Mutterunternehmens einzubeziehen sind. Jedoch gelten auch Tochterunternehmen, die in den Konzernabschluss nicht einbezogen werden, ebenfalls als verbundene Unternehmen. **114**

115 Steuerrechtlich wird auf die sog. Organschaft und nicht auf den Konzern oder Unternehmensverbund abgestellt. So regelt § 14 Körperschaftssteuergesetzes, dass wenn sich eine europäische Gesellschaft, Aktiengesellschaft oder Kommanditgesellschaft auf Aktien mit Geschäftsleitung und Sitz im Inland (Organgesellschaft) durch einen Gewinnabführungsvertrag im Sinne des Aktiengesetzes verpflichtet, ihren ganzen Gewinn an ein einziges anderes gewerbliches Unternehmen abzuführen, das Einkommen der Organschaft dem Träger des Unternehmens (Organträger) unter den im Einzelnen aufgeführten Bedingungen (§ 14 Abs. 1 Nr. 1–3 KStG) zuzurechnen ist. Die steuerliche Organschaft spielt eine wesentliche Rolle auch im Einkommensteuerrecht und Umsatzsteuerrecht. Sinn und Zweck der Bildung von Organschaften ist die steuerliche Optimierung.

116 Jedoch gibt es **keinen Konzerndatenschutz** mit der Folge, dass alle Unternehmen eines Konzerns oder einer Organschaft zueinander Dritte sind. Das heißt jede natürliche oder juristische Person und jede Gesellschaft ist eine verantwortliche Stelle und damit auch Dritter, mit der Folge, dass auch verbundene Unternehmen zueinander Dritte bleiben (Simitis/Dammann BDSG § 3 Rn. 232), es sei denn, es läge eine Auftragsdatenverarbeitung vor. Gleiches gilt für die Behörden der Länder. Das geflügelte Wort „Wir sind alle eine Familie" findet weder im nicht-öffentlichen noch im öffentlichen Bereich bei der Abgrenzung, wer Dritter ist, Anwendung. Jede Behörde ist und bleibt eine eigenständige verantwortliche Stelle.

117 Etwas anderes gilt nur dann, wenn ein Unternehmen eine rechtlich unselbständige Zweigstelle, Filiale oder Betrieb betreibt, zB eine Produktionsstätte an einem anderen Standort (Gola/Schomerus BDSG § 3 Rn. 52). In diesem Fall erfolgt die verantwortliche Datenverarbeitung durch die verantwortliche Stelle, weshalb die Zweigstelle Teil von dieser ist und nicht Dritter. Dies mit der Folge, dass eine Datennutzung durch Weitergabe und keine Datenübermittlung erfolgt (Simitis/Dammann BDSG § 3 Rn. 233). Dies gilt jedoch nur so lange, bis nicht die Zweigstelle selbst verantwortliche Stelle wird, indem sie zB für ein eigenes Personalverwaltungssystem zuständig und verantwortlich zeichnet. Mithin können die Grenzen fließend sein.

118 Soweit rechtlich selbständige Einrichtungen organisatorisch, räumlich oder personell mit der verantwortlichen Stelle verbunden sind, bleiben sie Dritter. Dies wäre auch der Fall, wenn sie ausschließlich durch Beschäftigte der verantwortlichen Stelle in Personalunion geführt würden (Simitis/Dammann BDSG § 3 Rn. 236).

119 Zur verantwortlichen Stelle zählen im nicht-öffentlichen Bereich Betriebsärzte, besondere Beauftragte (Brandschutzbeauftragter, Arbeitssicherheitsbeauftragter usw), Schwerbehindertenvertreter ebenso wie die Geschäftsführer, Vorstände, Aufsichtsräte, Verwaltungsräte oder Gesellschafter. Gleiches gilt für den öffentlichen Bereich bezüglich der Beauftragten, der Behörden- oder Dienststellenleiter. Sie stehen im Rahmen ihrer funktionsbezogenen Aufgaben innerhalb der verantwortlichen Stelle (Simitis/Dammann BDSG § 3 Rn. 238).

120 Teile der verantwortlichen Stelle sind gerade nicht Dritte, sondern Empfänger sind die beschäftigten Personen im Unternehmen oder der Behörde, die Daten in ihrer dienstlichen Funktion erhalten. Sie sind Teil der verantwortlichen Stelle. Nur wenn die Person außerhalb dieser Funktion Daten erhält (zB als Privatperson), ist sie Dritter (vgl. Simitis/Dammann BDSG § 3 Rn. 234).

121 Ein selbständiger Handelsvertreter (§ 84 HGB) bleibt, obwohl für die verantwortliche Stelle tätig, ein Dritter (Gola/Schomerus BDSG § 3 Rn. 54). **Beschäftigte** bei einer verantwortlichen Stelle können **im Falle eines Datenmissbrauchs** zu Dritten werden, also Daten verarbeiten, die für die eigentliche Aufgabenerfüllung nicht erforderlich sind (zB Polizist greift auf das Melderegister zu um die Anschrift seiner Freundin zu ermitteln (dazu Ambrock ZD 2020, 492 ff.).

121a Ob der **Betriebs- oder Personalrat** insoweit Teil des Unternehmens ist oder nicht doch Dritter, ist fraglich (s. dazu Kort NZA 2015, 1345 (1347)). Eine klare gesetzliche Abgrenzung gibt es nicht (zu den unterschiedlichen Auffassungen der Aufsichtsbehörden siehe Gola RDV 2019, 73 (75)). Jedoch ist der Betriebs- und Personalrat für die Einhaltung der datenschutzrechtlichen Vorschriften selbst verantwortlich (Veranwortlicher), weshalb er auch nicht der Kontrolle des betrieblichen bzw. behördlichen Datenschutzbeauftragten unterliegt (BAG NJW 1998, 2466 ff.; LfDI BW, 34. TB 2018, 34; Schild ZBVR online 9/2018, 26, 31; § 80 Abs. 1 S. 1 Hs. 2 ThürPersVG bestimmt sogar, dass der Personalrat einen Datenschutzbeauftragten zu bestellen hat, insoweit tatsächlich Dritter gegenüber der Dienststelle ist; die Verantwortlichkeit des Personalrats verneinend, jedoch unter gleichzeitiger Einschränkung der Kontrolle siehe BayLDSB, 29. TB2019, 9.52 Der Personalrat als „Verantwortlicher"?, 94 ff.). Hinzu kommt, dass nach den Vorgaben des BetrVG und den PersVG der Länder ein Rechtsanspruch auf Bereitstellung und Lieferung bestimmter Daten zur Erfüllung der Aufgaben der Gremien gegeben sein muss, andernfalls eine Datenweitergabe an diese unzulässig ist. Die reine Erforderlichkeit reicht insoweit nicht aus. Sie orientiert sich vielmehr an den Beteiligungs- und Mitbestimmungstatbeständen des BetrVG oder des jeweiligen PersVG, welche insoweit den bereichsspezifischen Erlaubnistatbestand zur Datenweitergabe bilden (aA Gola/Schomerus Rn. 49, 51, der den Betriebs-/Personalrat als Empfänger der verantwortlichen Stelle zurechnet). Richtig ist hingegen, dass die Betriebsräte und Personalvertretungen (auch Jugendvertretung und Wahlvorstände) keine Personenvereinigung iSv § 1 Abs. 2 sind, sondern ein unselbständiger Teil der verantwortlichen Stelle (Simitis/Dammann Rn. 240). Dies ändert jedoch nichts daran, dass für die Übermittlung an diese allein die Vorschriften des Betriebs- und Personalvertretungsgesetzes greifen (so richtig erkannt Simitis/Dammann Rn. 240) und damit bereichsspezifische Übermittlungsregelungen gegeben sind. Hinzu kommt, dass insoweit Einigkeit besteht, dass Konzernbetriebsräte, Gesamtpersonal- oder Betriebsräte, Hauptpersonalräte und Bezirkspersonalräte, die nicht bei der verantwortlichen Stelle, sondern auf einer anderen Ebene gebildet wurden, im Verhältnis zu ihr immer Dritte sind (Simitis/Dammann Rn. 240).

121b Damit ist der Betriebs- und Personalrat auf jeden Fall Empfänger und – wenn man den Begriff „Übermitteln" im Sinne der gesetzlichen Definition ernst nimmt – auch Dritter. Der Gesetzgeber hat es hier versäumt, eine entsprechende klarstellende Regelung zu schaffen. Zumindest sind Auskunft- und Löschungsansprüche direkt an die Gremien zu richten und unmittelbar von diesen zu beantworten. Sie können auch direkt mit der Kontrollbehörde (Aufsichtsbehörde nach § 38 bzw. den Landesdatenschutzbeauftragten nach dem jeweiligen LDSG) Kontakt aufnehmen. Nach der Rechtsprechung des BAG und des BVerwG ist der Personalrat nicht Dritter im Sinne der Datenschutzgesetze. Vielmehr soll er als Teil der Dienststelle zugleich Teil der verantwortlichen Stelle sein (s. zu den unterschiedlichen Auffassungen Kort NZA 2015, 1345 (1347)); zum Informationsanspruch des Personalrats beim betrieblichen Eingliederungsmanagement, BVerwG BeckRS 2012, 57652; BAG BeckRS 2012, 70023). Trotz alledem geht das BVerwG entgegen dem BAG in seiner Entscheidung von einer Datenübermittlung und gerade nicht von einer Datennutzung in der Form der Weitergabe aus, was in sich in der datenschutzrechtlichen Terminologie einen Widerspruch darstellt, den das BVerwG nicht auflöst. Vielmehr verweist das BVerwG auf die für die Datenübermittlung im Personalvertretungsrecht vorhandene bereichsspezifische Regelungen in den Personalvertretungsgesetzen hin (vorliegend § 65 NWPersVG = § 68 BPersVG), welche den allgemeinen datenschutzrechtlichen Regelungen vorgehen (vgl. BVerwG NVwZ-RR 1997, 551; BVerwG BeckRS 2002, 20842; BAG BeckRS 2012, 70023). Mithin wird trotz entgegenstehender Erklärung bestätigt, dass es sich bei dem Personalrat um einen Dritten handelt. Andererseits geht das BAG davon aus, dass die Datenweitergabe an den Betriebsrat ist keine Datenübermittlung an einen Dritten ist. Vielmehr sei der Betriebsrat selbst Teil der verantwortlichen Stelle, der die betrieblichen und gesetzlichen Datenschutzbestimmungen einzuhalten habe (BAG BeckRS 2012, 70023). In diesem Fall wäre eine Datennutzung in der Form der Weitergabe gegeben, welche nur eine Erforderlichkeit bedarf, nicht jedoch bereichsspezifische Regelungen auf die das BVerwG allerdings ausdrücklich hingewiesen hat. Den Betriebsrat trifft jedoch unabhängig von der Frage ob er Teil der verantwortlichen Stelle ist oder aber gar Verantwortlicher, eine spezielle Schutzpflicht bei besonderen Kategorien personenbezogener Daten (BAG BeckRS 2019,14744 Rn. 47).

121c Mit den in dem BetrVG und BPersVG geplanten Regelungen zum Datenschutz (§ 79a BetrVG-Referentenentwurf für ein Gesetz zur Förderung der Betriebsratswahlen und der Betriebsratsarbeit in einer digitalen Arbeitswelt (Betriebsrätemodernisierungsgesetz) – https://www.bmas.de/DE/Service/Gesetze-und-Gesetzesvorhaben/betriebsraetemodernisierungsgesetz.html, Stand 10.4.2021 und § 69, Art. 1 des Entwurfes eines Gesetzes zur Novellierung des Bundespersonalvertretungsgesetzes, BT-Drs. 19/26820) soll der Arbeitgeber bzw. die Dienststelle die für die Verarbeitung verantwortliche Stelle im Sinne der datenschutzrechtlichen Vorschriften sein. In diesem Fall wäre der Betriebsrat/Personalrat kein für die Verarbeitung Verantwortlicher und damit zu dem Unternehmen bzw. der Dienststelle kein Dritter, sodass immer nur eine Datenweitergabe an einen Empfänger erfolgt, dies ohne dass es einer gesonderten Rechtsgrundlage bedarf.

121d Gewerkschaftliche Vertrauensleute sind keine Organe der verantwortlichen Stelle, sondern Vertreter einer Gewerkschaft im Betrieb und somit immer Dritte.

XI. Einwilligung (Nr. 11)

122 Jede von der betroffenen Person freiwillig für den bestimmten Fall, in informierter Weise und unmissverständlich abgegebene Willensbekundung, in Form einer Erklärung oder einer sonstigen eindeutigen bestätigenden Handlung, mit der die betroffene Person zu verstehen gibt, dass sie mit der Verarbeitung der sie betreffenden personenbezogenen Daten einverstanden ist, ist eine „Einwilligung" (Tinnefeld/Conrad ZD 2018, 391 ff.).

123 Jede Verarbeitung personenbezogener Daten sollte rechtmäßig und nach Treu und Glauben erfolgen. Die Einwilligung ist nach der DS-GVO eine der wichtigsten Rechtsgrundlagen (Art. 6

Abs. 1 lit a). Mit der Einwilligung können jedoch zwingende Vorgaben zum Umgang mit personenbezogenen Daten nach der DS-GVO oder auch allgemeinen oder bereichsspezifischen Gesetz nicht abbedungen werden.

124 Die Einwilligung soll daher durch **eine eindeutige bestätigende Handlung** erfolgen, mit der freiwillig, für den konkreten Fall, in informierter Weise und unmissverständlich bekundet wird, dass die betroffene Person mit der Verarbeitung der sie betreffenden personenbezogenen Daten einverstanden ist, etwa in Form einer schriftlichen Erklärung, die auch elektronisch erfolgen kann, oder einer mündlichen Erklärung. Insoweit ist eine Einwilligung immer eine aktive Einwilligung (EuGH NJW 2019, 3433 Rn. 62), wie dies die DS-GVO ausdrücklich vorgesehen hat (EuGH BeckRS 2020, 30027 Rn. 36). Dies könnte etwa durch Anklicken eines Kästchens beim Besuch einer Internetseite, durch die Auswahl technischer Einstellungen für Dienste der Informationsgesellschaft oder durch eine andere Erklärung oder Verhaltensweise geschehen, mit der die betroffene Person in dem jeweiligen Kontext eindeutig ihr Einverständnis mit der beabsichtigten Verarbeitung ihrer personenbezogenen Daten signalisiert. Stillschweigen, bereits angekreuzte Kästchen oder Untätigkeit der betroffenen Person, sollten daher keine Einwilligung darstellen. Die Einwilligung sollte sich auf alle zu demselben Zweck oder denselben Zwecken vorgenommenen Verarbeitungsvorgängen beziehen. Wenn die Verarbeitung mehreren Zwecken dient, sollte für alle diese Verarbeitungszwecke eine Einwilligung gegeben werden. Wird die betroffene Person auf elektronischem Weg zur Einwilligung aufgefordert, so muss die Aufforderung in klarer und knapper Form und ohne unnötige Unterbrechung des Dienstes, für den die Einwilligung gegeben wird, erfolgen (Erwägungsgrund 32).

125 Soweit keine Rechtsvorschrift für die Datenverarbeitung existiert, **ersetzt die Einwilligung des Betroffenen die fehlende Rechtsgrundlage** (Geiger NVwZ 1989, 35 (37 f.). Die Datenverarbeitung muss daher im Rahmen der erteilten Einwilligung erfolgen. Die Einwilligung bedarf der Bestimmtheit, dh Inhalt, Zweck und Tragweite müssen hinreichend konkretisiert sein. Es ist dabei zu gewährleisten, dass die Einwilligung in voller Kenntnis der Sachlage erteilt wird (EuGH BeckRS 2020, 30027 Rn. 40) und ist von anderen Sachverhalten klar zu unterscheiden (EuGH BeckRS 2020, 30027 Rn. 39).

126 Die Einwilligung muss vor der Erhebung, und damit bevor mit der Datenverarbeitung begonnen wird, vorliegen. Wird mit der Datenverarbeitung begonnen, bevor die Einwilligung vorliegt, ist diese rechtswidrig. Der Mangel ist nachträglich nicht mehr heilbar, weshalb es auch bei der Rechtswidrigkeit bleibt.

127 Dies setzt zunächst **„Freiwilligkeit"** voraus und nicht Zwang. Die Einwilligung soll auf der freien Entscheidung des Betroffenen beruhen, sie muss also „ohne Zwang" erfolgen. Auch wenn der Ausschluss des „Zwangs" nicht mehr, wie in Art. 2 lit. h Datenschutz-RL enthalten ist, so ist dies noch immer Bestandteil der Definition. Denn die Abgabe „ohne Zwang" ist dabei in diesem Sinne zu verstehen, was auch in der englischen Fassung „freely given" zu erkennen ist. Das ist nicht das Gleiche, wie etwa das bloße Fehlen einer (ohnehin freiwilligkeitsschädlichen) widerrechtlichen Drohung. Der Betroffene muss in der Lage sein, eine echte Wahl zu treffen ob, wieviel und wem er die Nutzung seiner Daten gestattet (Paal/Pauly/Ernst Rn. 69). Von einer Einwilligung in die Erhebung persönlicher Informationen kann nicht ausgegangen werden, wenn die betroffene Person lediglich die Alternative zwischen ihrer Erteilung und dem Verzicht auf einer Teilnahme am sozialen Leben hat (VerfGH Saarl NVwZ 2020, 1513 (JurPC Web-Dok. 125/2020, zu Vorschriften zur Kontaktnachverfolgung bei Corona); Ruschemeier ZD 2020, 618).

128 Dazu muss die Einwilligung aufgeklärt erfolgen. In jedem Fall ist der Betroffene darauf hinzuweisen, dass er seine Einwilligung verweigern kann. Dieser Hinweis muss allerdings auch eine Belehrung über die möglichen Konsequenzen der verweigerten Einwilligung enthalten, zB keine Zahlungen Teilnahme an einem Preisausschreiben.

129 Die Aufklärung über die Einwilligung muss umfassend sein, dh sie muss sowohl den Verwendungszweck, als auch die Mitteilung umfassen, ob und an wen eine Übermittlung geplant ist.

130 Die Einwilligung ist eine rechtsgeschäftliche Erklärung. Erforderlich hierzu ist grundsätzlich, dass derjenige, der eine solche Einwilligung abgibt, geschäftsfähig ist. Fehlt die Geschäftsfähigkeit, sind grundsätzlich die gesetzlichen Vertreter zur Abgabe der Einwilligung befugt. Darüber hinaus sind in Fällen, in denen das fachspezifische Gesetz von einem geringeren Lebensalter ausgeht (wie im Bereich des Sozialrechts – 15. Lebensjahr vollendet, im Melderecht – 16 Jahre), Erklärungen des beschränkt Geschäftsfähigen – auch bezüglich der Einwilligung – von diesem abzugeben und nicht von seinem gesetzlichen Vertreter. Insoweit stellt Art. 8 bei der Einwilligung eines Kindes auf das vollendete 16. Lebensjahr ab. Für die Einwilligung eines Kindes ist die Einwilligung beider sorgeberechtigter Elternteile erforderlich (zur Veröffentlichung von Kinderfotos und § 22

KunstUrhG siehe OLG Düsseldorf Beschl. v. 20.7.2021 – 1 UF 74/21; ferner Taeger ZD 2021, 505 ff.).

Die Einwilligungserklärung muss nach der Definition nicht schriftlich erfolgen. Die 131 Einwilligung muss aber konkret und klar genug sein und darf nicht pauschal erteilt werden. Insoweit ist eine entsprechende Dokumentation zwingend erforderlich. Erfolgt die Einwilligung durch eine schriftliche Erklärung oder in Textform, so muss die Einwilligung in verständlicher und leicht zugänglicher Form in einer klaren und einfachen Sprache erfolgen. Sie muss sich von anderen Sachverhalten klar abgrenzen und unterscheiden (zur Einwilligung zur Nutzung von Patientendaten für medizinische Forschungszwecke siehe Mustertext Patienteneinwilligung die von der DSK mit Beschluss vom 15.4.2020 akzeptiert wurde (https://www.datenschutzkonferenz-online.de/media/pm/20200427_Einwilligungsdokumente_der_Medizininformatik-Initiative.pdf, Stand 1.8.2020, mit weiteren Verknüpfungen). Nach Art. 5 Abs. 2 muss der Verantwortliche in der Lage sein, die **„Rechtmäßigkeit" der Einwilligung jederzeit nachzuweisen** (EuGH BeckRS 2020, 30027 Rn. 42), was bei einem **Ausschluss der freien Entscheidung** durch Zwang nicht gegeben ist. Der Verantwortliche muss die Wirksamkeit einer Einwilligung in die Verarbeitung personenbezogener Daten **gegenüber der Aufsichtsbehörde nachweisen** können (vgl. OVG Saarlouis BeckRS 2021, 2248 = ZD 2021, 386 ff. mAnm Eckhardt ZD 2021, 387 ff.).

Die Abgabe der Einwilligung, ihre Rücknahme und ihr **möglicher Widerruf** richten sich 132 nach den allgemeinen Regeln des Bürgerlichen Gesetzbuches über die Abgabe einer Willenserklärung. Dem Betroffenen muss allerdings die Möglichkeit gegeben werden, die Einwilligung jederzeit zurückzunehmen, weshalb die Aufnahme eines Widerrufverzichts nicht zulässig ist (Art. 7 Abs. 3; zu den Folgen einer fehlenden Belehrung, siehe Ernst ZD 2020, 383 ff.; zur Wiederrufbarkeit im Forschungskontext siehe Buchner DuD 2021, 831).

Der Einsatz von Tracking-Technologien für Marketingzwecke (sog. Cookies) bedürfen der 132a Einwilligung der Nutzer. Dabei darf der Zugang zu den Diensten und Funktionen grundsätzlich nicht von der Einwilligung des Nutzers in die Speicherung von Informationen in seinem Gerät oder in dem Zugang zu bereits gespeicherten Informationen abhängig gemacht werden (EDSA, Leitlinien 05/2020 zur Einwilligung gemäß Verordnung 2016/679, https://www.datenschutzkonferenz-online.de/media/dsgvo/Leitlinien%2005-2020%20zur%20Einwilligung%20gem%C3%A4%C3%9F%20Verordnung%202016-679.pdf). Entscheidend ist dabei die Freiwilligkeit (dazu Baumann/Alexiou ZD 2021, 349 ff.).

XII. Verletzung des Schutzes personenbezogener Daten (Nr. 12)

Wann eine „Verletzung des Schutzes personenbezogener Daten" immer vorliegt wird nun 133 ausdrücklich definiert. Dies ist der Fall, **wenn eine Verletzung der Sicherheit,** die, ob unbeabsichtigt oder unrechtmäßig, zur Vernichtung, zum Verlust, zur Veränderung, oder zur unbefugten Offenlegung von bzw. zum unbefugten Zugang zu personenbezogenen Daten führt, die übermittelt, gespeichert oder auf sonstige Weise verarbeitet wurden. Nicht erfasst ist damit offensichtlich die rechtswidrige Verarbeitung unter Verstoß gegen Rechtsgrundlagen oder gar ohne Rechtsgrundlage. Die Definition steht in unmittelbarem Zusammenhang mit Art. 33 (Meldung von Verletzungen des Schutzes personenbezogener Daten an die Aufsichtsbehörde) und Art. 34 (Benachrichtigung der von einer Verletzung des Schutzes personenbezogener Daten betroffenen Person).

Eine Verletzung des Schutzes personenbezogener Daten kann, wenn nicht rechtzeitig und 134 angemessen reagiert wird, einen physischen, materiellen oder immateriellen Schaden für natürliche Personen nach sich ziehen, wie etwa Verlust der Kontrolle über ihre personenbezogenen Daten oder Einschränkung ihrer Rechte, Diskriminierung, Identitätsdiebstahl oder -betrug, finanzielle Verluste, unbefugte Aufhebung der Pseudonymisierung, Rufschädigung, Verlust der Vertraulichkeit von dem Berufsgeheimnis unterliegenden Daten oder andere erhebliche wirtschaftliche oder gesellschaftliche Nachteile für die betroffene natürliche Person. Deshalb sollte der Verantwortliche, sobald ihm eine Verletzung des Schutzes personenbezogener Daten bekannt wird, die Aufsichtsbehörde von der Verletzung des Schutzes personenbezogener Daten unverzüglich und, falls möglich, binnen höchstens 72 Stunden, nachdem ihm die Verletzung bekannt wurde, unterrichten, es sei denn, der Verantwortliche kann im Einklang mit dem Grundsatz der Rechenschaftspflicht nachweisen, dass die Verletzung des Schutzes personenbezogener Daten voraussichtlich nicht zu einem Risiko für die persönlichen Rechte und Freiheiten natürlicher Personen führt. Falls diese Benachrichtigung nicht binnen 72 Stunden erfolgen kann, sollten in ihr die Gründe für die Verzögerung angegeben werden müssen, und die Informationen können schrittweise ohne unangemessene weitere Verzögerung bereitgestellt werden (Erwägungsgrund 86).

135   Auf die Form des Verlustes kommt es nicht an. Gleich, ob Vorsatz, Fahrlässigkeit, gezieltes Handeln, aber auch Nebeneffekte anderer Handlungen oder Versäumnisse können gleichermaßen ursächlich sein. Die Definition umfasst ausdrücklich sowohl unbeabsichtigtes (zB Fahrlässigkeit eigener Mitarbeiter durch das Liegenlassen von Datenträgern oder das nicht ordnungsgemäße Entsorgen von Unterlagen), wie auch gezieltes Handeln (zB vorsätzliche Weitergabe an Unbefugte oder Einbrüche in eigene Datensysteme im Wege des Hacking oder Phishing). Beides führt zu einer Verletzung des Schutzes personenbezogener Daten (Paal/Pauly/Ernst Rn. 95).

XIII. Genetische Daten (Nr. 13)

136   „Genetische Daten" sind personenbezogene Daten zu den ererbten oder erworbenen genetischen Eigenschaften einer natürlichen Person, die eindeutige Informationen über die Physiologie oder die Gesundheit dieser natürlichen Person liefern und insbesondere aus der Analyse einer biologischen Probe der betreffenden natürlichen Person gewonnen wurden (Erwägungsgrund 34).

137   Damit sollen genetische Daten als **personenbezogene Daten über die ererbten oder erworbenen genetischen Eigenschaften einer natürlichen Person** erfasst werden, die aus der Analyse einer biologischen Probe der betreffenden natürlichen Person, insbesondere durch eine Chromosomen-, Desoxyribonukleinsäure- (DNS)- oder Ribonukleinsäure (RNS)-Analyse oder der Analyse eines anderen Elements, durch die gleichwertige Informationen erlangt werden können, gewonnen werden (Erwägungsgrund 33). Erfasst sind dabei sowohl die nichtcodierende DNA, welche bei der DNA-Analyse im Strafverfahren genutzt werden darf, wie die codierende DNA. Der nichtcodierte Bereich gibt auch Auskunft über das Alter und äußere Merkmale, wie Augen-, Haar- und Hautfarbe und damit auch über die Herkunft. Bei der DNA-Analyse im Strafverfahren ist dies derzeit noch auf das DNA-Identifizierungsmuster und das Geschlecht beschränkt (§ 81g StPO – DNA-Identitätsfeststellung).

138   Damit wurde der Kritik, dass die Aufzählung in Art. 8 Datenschutz-RL gemessen an ihrem Zweck, Sonderbedingungen für die Verarbeitung sensitiver Daten festzuschreiben für willkürlich, antiquiert und unvollständig gehalten wurde, genüge getan (s. Simitis/Simitis § 3 Rn. 275). Dies war insofern berechtigt, als die Aufzählung abschließend ist und zB biometrische und genetische Daten nicht erfasst wurden. Gerade in der immer weiteren Verbreitung des Einsatzes von biometrischen Daten und der modernen Möglichkeiten der Genomuntersuchung und -diagnostik steckt für den einzelnen Betroffenen ein hohes Gefährdungspotenzial. Einzelne genetische Daten konnten allerdings bereits bisher unter die Gesundheitsdaten subsumiert werden, aber nicht alle. Spätestens mit der Entschlüsselung der menschlichen DNA bestehen vielschichtige Begehrlichkeiten. So werden DNA-Analysen für medizinische Zwecke, zur Klärung der Abstammung, für Untersuchungen im Versicherungsbereich, im Rahmen von Beschäftigungsverhältnissen oder der Forschung durchgeführt und genetische Daten einzelner Betroffener erhoben, verarbeitet und genutzt. In Teilen – aber nur in Teilen – ist dies in Deutschland durch das Gendiagnostikgesetz geregelt (zum Schutz genomischer Daten siehe Hamacher/Katzenbeisser/Kussel/Stammler DuD 2020, 87 ff.).

XIV. Biometrische Daten (Nr. 14)

139   Neben den genetischen Daten werden die „biometrischen Daten" definiert. Dies sind Daten, die mit speziellen technischen Verfahren gewonnen werden und zu den physischen, physiologischen oder verhaltenstypischen Merkmalen einer natürlichen Person, die die **eindeutige Identifizierung dieser natürlichen Person** ermöglichen oder bestätigen, wie Gesichtsbilder oder daktyloskopische Daten. Dazu zählen Fingerabdrücke oder biometrisches Lichtbild (siehe zur biometrischen Analyse, DSK, Positionspapier zur biometrischen Analyse Version 1.0, Stand: 3.4.2019, https://www.datenschutzkonferenz-online.de/media/oh/20190405_oh_positionspapier_biometrie.pdf, Stand 15.8.2020; einen guten Überblick bietet Weichert DANA 2021, 10 ff.).

140   **Fingerabdrücke** fallen unter diesen Begriff, da sie objektiv unverwechselbare Informationen über natürliche Personen enthalten und deren genaue Identifizierung ermöglichen (EuGH BeckRS 2013, 81987; EGMR Urt. v. 4.12.2008 – 30562/04 und 30566/04). Auch ein sog. Fingerprint bei der Arbeitszeiterfassung ist ein biometrisches Datum (zur Unzulässigkeit einer solchen Zeiterfassung siehe ArbG Berlin BeckRS 2019, 31474).

141   **Biometrische Lichtbilder sind in Pässen, Personalausweisen und Führerscheinen** ebenso enthalten, wie in Aufenthaltstiteln. Biometrische Lichtbilder sollen jedoch nur dann von der Definition des Begriffs „biometrische Daten" erfasst werden, wenn sie mit speziellen technischen Mitteln verarbeitet werden, die die eindeutige Identifizierung oder Authentifizierung einer natürlichen Person ermöglichen. Derartige personenbezogene Daten sollten nicht verarbeitet wer-

den (Erwägungsgrund 51). Es sei denn, die Verarbeitung ist in den, in der DS-GVO dargelegten besonderen Fällen zulässig, wobei zu berücksichtigen ist, dass im Recht der Mitgliedstaaten besondere Datenschutzbestimmungen festgelegt sein können, um die Anwendung der Bestimmungen dieser Verordnung anzupassen, damit die Einhaltung einer rechtlichen Verpflichtung oder die Wahrnehmung einer Aufgabe im öffentlichen Interesse oder die Ausübung öffentlicher Gewalt, die dem Verantwortlichen übertragen wurde, möglich ist (Erwägungsgrund 51; siehe auch Coester/Fuhlert DuD 2020, 48 ff.). Biometrische Gesichtserkennung dürfte bei einer sog. intelligenten Videoüberwachung an Bedeutung gewinnen (dazu Hornung/Schindler DuD 2021, 515 ff.).

Biometrische Daten können auch die Daten der **menschlichen Venen** darstellen. Die Struktur der menschlichen Blutgefäße ist daher zur individuellen Erkennung eines Menschen möglich (siehe dazu Uhl DuD 2020, 16 ff.). Handvenen, Fingervenen und Handgelenksvenen können insoweit mit der Fingerabdruck Erkennung und der Handflächen bzw. -geometrie Erkennung verglichen werden. 141a

Eine schlichte **Unterschrift** kann ebenfalls ein biometrisches Datum sein, denn sie muss individuelle Züge tragen. Dies ist der Fall wenn man den Schreibfluss und den Schreidruck ermitteln kann, wie dies bei sog. Unterschriftspats bei Banken und Sparkassen der Fall ist, die das „Schreibverhalten" aufzeichnen, welches immer einer Person zugeordnet werden kann (siehe dazu vertieft § 46 → BDSG § 46 Rn. 59). Die Kopie einer Unterschrift ist kein biometrisches Datum, da diese nicht auswertbar ist. Die Kopie einer Unterschrift (ein Faksimile) ist allerdings auch keine Unterschrift (vgl. dazu § 126 Abs. 1 BGB der eine eigenhändige „Unterzeichnung" unter einem Text fordert). 141b

Auch die Stimme ist ein biometrisches Datum. Da jeder Mensch eine eigene Art hat zu sprechen, kann die Stimme einer Person zugeordnet werden. Insoweit ist je nach eigesetzter Technik eine Identifizierung einer einzelnen Person möglich (siehe Holzgraefe 2021, 6 ff.). 141c

XV. Gesundheitsdaten (Nr. 15)

Gesundheitsdaten werden definiert als personenbezogene Daten, die sich auf die körperliche oder geistige Gesundheit einer natürlichen Person, einschl. der Erbringung von Gesundheitsdienstleistungen, beziehen und aus denen Informationen über deren Gesundheitszustand hervorgehen. Dies kann sich auf den früheren, gegenwärtigen und künftigen körperlichen oder geistigen Gesundheitszustand der betroffenen Person beziehen (Erwägungsgrund 35). Dazu gehören auch Informationen, die im Zuge der Anmeldung für sowie der Erbringung von Gesundheitsdienstleistungen iSd RL 2011/24/EU (ABl. 2011 L 88, 45; welche in Deutschland durch die Patientenmobilitätsrichtlinienumsetzungsgesetze bzw. andere Gesetze der Länder umgesetzt sein soll) erhoben werden. Hierzu zählen Nummern, Symbole oder Kennzeichen, die einer natürlichen Person zugeteilt wurden, um diese natürliche Person für gesundheitliche Zwecke eindeutig zu identifizieren, Informationen, die von der Prüfung oder Untersuchung eines Körperteils oder einer körpereigenen Substanz, auch aus genetischen Daten und biologischen Proben, abgeleitet wurden, und Informationen etwa über Krankheiten, Behinderungen, Krankheitsrisiken, Vorerkrankungen, klinische Behandlungen oder den physiologischen oder biomedizinischen Zustand der betroffenen Person unabhängig von der Herkunft der Daten, ob sie nun von einem Arzt oder sonstigem Angehörigen eines Gesundheitsberufes, einem Krankenhaus, einem Medizinprodukt oder einem In-Vitro-Diagnostikum stammen (Erwägungsgrund 35). 142

Angesichts des Zweckes von Art. 9 Abs. 1 ist der verwendete Begriff, Daten über Gesundheit, in dem Sinne weit auszulegen, dass er sich auf alle Informationen bezieht, die die Gesundheit einer Person unter allen Aspekten – körperlichen wie psychischen – betreffen (Paal/Pauly Rn. 109). Dies soll somit in letzter Konsequenz bereits für ein Portraitfoto gelten, das einen Brillenträger zeigt, da diese Information einen Hintergrund auf eine medizinische Information – die Stärke seiner Sehkraft – zulasse (Paal/Pauly/Ernst Rn. 109). Insoweit sind auch medizinische Daten immer Gesundheitsdaten. 143

Soweit Fitness-Apps oder andere technische Geräte Werte wie Puls, Blutdruck usw erfasst, handelt es sich um Gesundheitsdaten einer lebenden Person (in diesem Sinne auch Paal/Pauly/Ernst Rn. 110). 144

XVI. Hauptniederlassung (Nr. 16)

Zwar wird eine Hauptniederlassung definiert, nicht aber der Begriff der Niederlassung. Dieser wird als bekannt vorausgesetzt. Eine **Niederlassung setzt eine effektive und tatsächliche Ausübung einer Tätigkeit durch eine feste Einrichtung voraus** (Erwägungsgrund 22; EuGH, BeckRS 2015, 81213; EuGH, BeckRS 2014, 80862). Auf die Rechtsform einer solchen Einrich- 145 tung, gleich ob es sich um eine Zweigstelle oder eine Tochtergesellschaft mir eigener Rechtspersönlichkeit handelt, ist dabei nicht ausschlaggebend (Erwägungsgrund 22). Der Begriff der Niederlassung ist eine flexible Konzeption, die Abstand nimmt von einer formalistischen Sichtweise, nach der ein Unternehmen ausschließlich an dem Ort niedergelassen sein kann, an dem es eingetragen ist EuGH-Generalanwalt Pedro Cruz Villalón, Schlussantrag, BeckRS 2015, 80838; EuGH BeckRS 2015, 81213).

146 Zwar gibt es weiterhin **kein Konzernprivileg**. Allerdings wird auf „Konzerngebilde" nun insoweit auch abgestellt, als eine **Hauptniederlassung** bestimmt wird. Die Hauptniederlassung des Verantwortlichen in der Union soll der **Ort seiner Hauptverwaltung in der Union** sein, es sei denn, dass Entscheidungen über die Zwecke und Mittel der Verarbeitung personenbezogener Daten in einer anderen Niederlassung des Verantwortlichen in der Union getroffen werden; in diesem Fall sollte die Letztgenannte als Hauptniederlassung gelten. Zur Bestimmung der Hauptniederlassung eines Verantwortlichen in der Union sollen objektive Kriterien herangezogen werden; ein Kriterium soll dabei die effektive und tatsächliche Ausübung von Managementtätigkeiten durch eine feste Einrichtung sein, in der Regel die Grundsatzentscheidungen zur Festlegung der Zwecke und Mittel der Verarbeitung getroffen werden. Dabei solle nicht ausschlaggebend sein, ob die Verarbeitung der personenbezogenen Daten tatsächlich an diesem Ort ausgeführt wird. Das Vorhandensein und die Verwendung technischer Mittel und Verfahren zur Verarbeitung personenbezogener Daten oder Verarbeitungstätigkeiten soll an sich noch keine Hauptniederlassung begründen und sind daher kein ausschlaggebender Faktor für das Bestehen einer Hauptniederlassung (Erwägungsgrund 36, ABl. L 119, 1 (6 f.)).

1. Hauptniederlassung eines Verantwortlichen

147 Die „**Hauptniederlassung**" wird daher im Falle eines Verantwortlichen mit Niederlassungen in mehr als einem Mitgliedstaat mit dem Ort seiner Hauptverwaltung in der Union definiert. Es sei denn, die Entscheidungen hinsichtlich der Zwecke und Mittel der Verarbeitung personenbezogener Daten werden in einer anderen Niederlassung des Verantwortlichen in der Union getroffen und diese Niederlassung ist befugt, diese Entscheidungen umsetzen zu lassen; in diesem Fall gilt die Niederlassung, die derartige Entscheidungen trifft, als Hauptniederlassung (Nr. 16 lit. a).

148 Wird die Verarbeitung durch eine Unternehmensgruppe vorgenommen, so sollte die Hauptniederlassung des herrschenden Unternehmens als Hauptniederlassung der Unternehmensgruppe gelten, es sei denn, die Zwecke und Mittel der Verarbeitung werden von einem anderen Unternehmen festgelegt Erwägungsgrund 36).

148a Nicht definiert ist die Niederlassung. Für diese reicht es nicht aus, dass zB eine Webseite in der europäischen Union zugänglich ist. Erforderlich ist vielmehr, dass die Niederlassung reale und effektive Aktivitäten organisatorischer oder ökonomischer Art innerhalb der EU ausübt (siehe auch Leitlinien für die Bestimmung der federführenden Aufsichtsbehörde eines Verantwortlichen oder Auftragsverarbeiters, WP 244 rev.01). Insoweit folgt Nr. 16 Buchst. a einem dynamischen Verständnis, was als Hauptniederlassung anzusehen ist, das nicht notwendigerweise mit der statischen Betriebsstruktur eines Unternehmens übereinstimmen muss, was allgemein auch für jede Verarbeitung als solche und die Definition ihres (Mit-)Verantwortlichen gelten sollte. Die tatsächliche Kontrolle über die Zwecke und Mittel der Verarbeitung ist anhand eines bestimmten Verarbeitungsvorgangs und nicht abstrakt und statisch anhand einer unbestimmten „Verarbeitung" zu beurteilen (vgl. EuGH BeckRS 2019, 15831 Rn. 71–74).

2. Hauptniederlassung eines Auftragsdatenverarbeiters

149 Die **Hauptniederlassung des Auftragsverarbeiters** soll wiederum der Ort sein, an dem der Auftragsverarbeiter seine Hauptverwaltung in der Union hat, oder – wenn er keine Hauptverwaltung in der Union hat – der Ort, an dem die wesentlichen Verarbeitungstätigkeiten in der Union stattfinden. Sind sowohl der Verantwortliche als auch der Auftragsverarbeiter betroffen, so solle die **Aufsichtsbehörde** des Mitgliedstaats, in dem der Verantwortliche seine Hauptniederlassung hat, die zuständige federführende Aufsichtsbehörde bleiben, doch solle die **Aufsichtsbehörde des Auftragsverarbeiters** als betroffene Aufsichtsbehörde betrachtet werden und diese Aufsichtsbehörde soll sich an dem in dieser Verordnung vorgesehenen Verfahren der Zusammenarbeit beteiligen. Auf jeden Fall sollen die Aufsichtsbehörden des Mitgliedstaats oder der Mitgliedstaaten, in dem bzw. denen der Auftragsverarbeiter eine oder mehrere Niederlassungen hat, nicht als betroffene Aufsichtsbehörden betrachtet werden, wenn sich der Beschlussentwurf nur auf den Verantwortlichen bezieht. Wird die Verarbeitung durch eine Unternehmensgruppe vorgenommen, so soll die Hauptniederlassung des herrschenden Unternehmens als Hauptniederlassung der

Unternehmensgruppe gelten, es sei denn, die Zwecke und Mittel der Verarbeitung werden von einem anderen Unternehmen festgelegt (Erwägungsgrund 36).

Insoweit wird geregelt, dass im Falle eines **Auftragsverarbeiters mit Niederlassungen in mehr als einem Mitgliedstaat** der Ort seiner Hauptverwaltung in der Union oder, sofern der Auftragsverarbeiter keine Hauptverwaltung in der Union hat, die Niederlassung des Auftragsverarbeiters in der Union, in der die Verarbeitungstätigkeiten im Rahmen der Tätigkeiten einer Niederlassung eines Auftragsverarbeiters hauptsächlich stattfinden, soweit der Auftragsverarbeiter spezifischen Pflichten aus dieser Verordnung unterliegt, als Ort für die Zuständigkeit der Aufsichtsbehörde gilt (Nr. 16 lit. b; Leitlinien für die Bestimmung der federführenden Aufsichtsbehörde eines Verantwortlichen oder Auftragsverarbeiters, WP 244 rev.01).

XVII. Vertreter (Nr. 17)

Unternehmen ohne Niederlassung in der Union sollen datenschutzrechtlich erfasst werden. Daher hat jeder **Verantwortliche oder Auftragsverarbeiter ohne Niederlassung in der Union,** dessen Verarbeitungstätigkeiten sich auf betroffene Personen beziehen, die sich in der Union aufhalten, und dazu dienen, diesen Personen in der Union Waren oder Dienstleistungen anzubieten – unabhängig davon, ob von der betroffenen Person eine Zahlung verlangt wird – oder deren Verhalten, soweit dieses innerhalb der Union erfolgt, zu beobachten, einen Vertreter zu benennen (dazu Franck RDV 2018, 303). Es sei denn, die Verarbeitung erfolgt gelegentlich, schließt nicht die umfangreiche Verarbeitung besonderer Kategorien personenbezogener Daten oder die Verarbeitung von personenbezogenen Daten über strafrechtliche Verurteilungen und Straftaten ein und bringt unter Berücksichtigung ihrer Art, ihrer Umstände, ihres Umfangs und ihrer Zwecke wahrscheinlich kein Risiko für die Rechte und Freiheiten natürlicher Personen mit sich oder bei dem Verantwortlichen handelt es sich um eine Behörde oder öffentliche Stelle (Erwägungsgrund 80).

Der **Vertreter soll im Namen des Verantwortlichen oder des Auftragsverarbeiters tätig werden** und den Aufsichtsbehörden als Anlaufstelle dienen. Der Verantwortliche oder der Auftragsverarbeiter sollte den Vertreter ausdrücklich bestellen und schriftlich beauftragen, in Bezug auf die ihm nach dieser Verordnung obliegenden Verpflichtungen an seiner Stelle zu handeln. Die Benennung eines solchen Vertreters berührt nicht die Verantwortung oder Haftung des Verantwortlichen oder des Auftragsverarbeiters nach Maßgabe dieser Verordnung. Ein solcher Vertreter sollte seine Aufgaben entsprechend dem Mandat des Verantwortlichen oder Auftragsverarbeiters ausführen und insbesondere mit den zuständigen Aufsichtsbehörden in Bezug auf Maßnahmen, die die Einhaltung dieser Verordnung sicherstellen sollen, zusammenarbeiten. Bei Verstößen des Verantwortlichen oder Auftragsverarbeiters soll der bestellte Vertreter Durchsetzungsverfahren unterworfen werden. (Erwägungsgrund 80). Damit werden Fragen für die Zuständigkeit von Aufsichtsbehörden, wie zB bei Facebook und der Verantwortlichkeit von Fanpage-Betreibern, geklärt (s. dazu Vorlagebeschluss BVerwG BeckRS 2016, 44371; VG Schleswig BeckRS 2013, 57581; OVG Schleswig BeckRS 2014, 55993).

Der „Vertreter" ist eine **in der Union niedergelassene natürliche oder juristische Person,** die von dem Verantwortlichen oder Auftragsdatenverarbeiter **schriftlich** gem. Art. 27 **bestellt** wurde und den Verantwortlichen oder Auftragsverarbeiter in Bezug auf die ihnen jeweils nach dieser Verordnung obliegenden Pflichten vertritt (Nr. 17 lit. b). Denn die DS-GVO findet auch auf die Verarbeitung personenbezogener Daten von betroffenen Personen Anwendung, die sich in der Union befinden, wenn die Verarbeitung durch einen **nicht in der Union niedergelassenen Verantwortlichen oder Auftragsverarbeiter** erfolgt und den betroffenen Personen in der Union Waren oder Dienstleistungen angeboten werden, unabhängig davon, ob von diesen betroffenen Personen eine Zahlung zu leisten ist oder dazu dient das Verhalten betroffener Personen zu beobachten, soweit ihr Verhalten in der Union erfolgt (vgl. Art. 3 Abs. 2). Damit soll gewährleistet werden, dass einer natürlichen Person der durch die DS-GVO gewährte Schutz nicht vorenthalten wird, sollte die Verarbeitung personenbezogener Daten von betroffenen Personen, die sich in der Union befinden, durch einen nicht in der Union niedergelassenen Verantwortlichen oder Auftragsverarbeiter dieser Verordnung unterliegen. Dies gilt dann, wenn die Verarbeitung dazu dient, diesen betroffenen Personen gegen Entgelt oder unentgeltlich Waren oder Dienstleistungen anzubieten.

Soweit eine schriftliche Bestellung der Benennung gefordert ist wäre nach deutschen Verständnis die Schriftlichkeit iSv § 126 BGB bzw. die ersetzende Qualifizierte Signatur gem. § 126a BGB zu Grunde zu legen. Ob eine Textform (§ 126b BGB) ausreichend ist, ist fraglich (bejahend

Franck RDV 2018, 303 (306 f.)). Zumindest ist eine ausreichend sicherer Dokumentation zu gewährleisten.

154a Um festzustellen, ob dieser Verantwortliche oder Auftragsverarbeiter betroffenen Personen, die sich in der Union befinden, Waren oder Dienstleistungen anbietet, ist festzustellen, ob der Verantwortliche oder Auftragsverarbeiter offensichtlich beabsichtigt, betroffenen Personen in einem oder mehreren Mitgliedstaaten der Union Dienstleistungen anzubieten.

155 Während die bloße Zugänglichkeit der Website des Verantwortlichen, des Auftragsverarbeiters oder eines Vermittlers in der Union, einer E-Mail-Adresse oder anderer Kontaktdaten oder die Verwendung einer Sprache, die in dem Drittland, in dem der Verantwortliche niedergelassen ist, allgemein gebräuchlich ist, hierfür kein ausreichender Anhaltspunkt ist, können andere Faktoren, wie die Verwendung einer Sprache oder Währung, die in einem oder mehreren Mitgliedstaaten gebräuchlich ist, in Verbindung mit der Möglichkeit, Waren und Dienstleistungen in dieser anderen Sprache zu bestellen, oder die Erwähnung von Kunden oder Nutzern, die sich in der Union befinden, darauf hindeuten, dass der Verantwortliche beabsichtigt, den Personen in der Union Waren oder Dienstleistungen anzubieten (Erwägungsgrund 23).

XVIII. Unternehmen (Nr. 18)

156 Das „Unternehmen" ist eine natürliche oder juristische Person, die eine wirtschaftliche Tätigkeit ausübt, unabhängig von ihrer Rechtsform, einschließlich Personengesellschaften oder Vereinigungen, die regelmäßig einer wirtschaftlichen Tätigkeit nachgehen.

157 Die Definition Unternehmen ist insoweit wichtig, als die DS-GVO immer wieder darauf abstellt. So bei der Bestellung eines Datenschutzbeauftragten (Art. 30 Abs. 5), Unternehmen die weniger als 250 Mitarbeiter beschäftigen, sofern die von ihnen vorgenommene Verarbeitung nicht ein Risiko für die Rechte und Freiheiten der betroffenen Personen birgt, die Verarbeitung nicht nur gelegentlich erfolgt oder nicht die Verarbeitung besonderer Datenkategorien gem. Art. 9 Abs. 1 bzw. die Verarbeitung von personenbezogenen Daten über strafrechtliche Verurteilungen und Straftaten iSd Art. 10 einschließt. Aber auch bei den Bußgeldern (Art. 83 Abs. 4–6; dazu → Rn. 158a).

158 Allerdings wird mehrfach auf die besonderen Bedürfnisse von **Kleinstunternehmen** in der DS-GVO abgestellt (zB Art. 40, 42), ohne den Begriff „Kleinstunternehmen" zu definieren. Hier wird auf die Empfehlung der Kommission v. 6.5.2003 betreffend die Definition der Kleinstunternehmen sowie der kleinen und mittleren Unternehmen (C (2003) 1422; ABl. 2003 124, 36) verwiesen. Art. 2 des Anhangs zu Art. 1 der Empfehlung dienen die Mitarbeiterzahlen (Personen) und die finanziellen Schwellenwerte der Definition der Unternehmensklassen. Danach bestimmt sich die Größenklasse der Kleinstunternehmen sowie der kleinen und mittleren Unternehmen (KMU) aus der Beschäftigtenzahl (die weniger als 250 Personen beschäftigen) und dem Jahresumsatz (die entweder einen Jahresumsatz von höchstens 50 Mio. EUR erzielen oder deren Jahresbilanzsumme sich auf höchstens 43 Mio. EUR beläuft). Als ein **kleines Unternehmen** wird ein Unternehmen definiert, das weniger als 50 Personen beschäftigt und dessen Jahresumsatz bzw. Jahresbilanz 10 Mio. EUR nicht übersteigt. Innerhalb der Kategorie der KMU wird ein **Kleinstunternehmen** als ein Unternehmen definiert, das weniger als 10 Personen beschäftigt und dessen Jahresumsatz bzw. Jahresbilanz 2 Mio. EUR nicht überschreitet (ABl. 2003 L 124, 36 (39)). Ob diese wettbewerbsrechtliche Definition aus der datenschutzrechtlichen Sicht sinnvoll erscheint ist mehr als fraglich. Müssen doch zur Bestimmung nicht nur die beschäftigten Personen ermittelt werden, sondern auch noch der jeweilige Jahresumsatz bzw. die jeweilige Bilanz.

158a Werden Geldbußen nach Art. 83 Unternehmen auferlegt, soll zu diesem Zweck der Begriff „Unternehmen" iSd Art. 101 und 102 AEUV verstanden werden (Erwägungsgrund 150). Damit enthält die DS-GVO neben der Definition Unternehmen in Nr. 18 noch einen weiteren Unternehmensbegriff, der in den Definitionen nicht enthalten ist. In Abschnitt 1 "Vorschriften für Unternehmen" Art. 101 Abs. AEUV (ex-Artikel 81 EGV) wird als mit dem Binnenmarkt unvereinbar und verboten, alle Vereinbarungen zwischen Unternehmen, Beschlüsse von Unternehmensvereinigungen und aufeinander abgestimmte Verhaltensweisen, welche den Handel zwischen Mitgliedstaaten zu beeinträchtigen geeignet sind und eine Verhinderung, Einschränkung oder Verfälschung des Wettbewerbs innerhalb des Binnenmarkts bezwecken oder bewirken definiert. Damit ist Unternehmen im Falle des Art. 83 „jede wirtschaftliche Tätigkeit ausübende Einheit, unabhängig von ihrer Rechtsform und Art ihrer Finanzierung" (Rost RDV 2017, 13 (16) mit umfangreichen Hinweisen auf die Rechtsprechung des EuGH). Insoweit gibt es noch den „**funktionalen Unternehmensbegriff**", ohne, dass er in den Definitionen mit aufgenommen worden ist (in diesem Sinne auch das Konzept der unabhängigen Datenschutzaufsichtsbehörden des Bundes und der Länder zur Bußgeldzumessung in Verfahren gegen Unternehmen (Stand 1.5.2021; https://www.datenschutzkonferenz-online.de/media/ah/20191016_bu%C3%9Fgeldkonzept.pdf; ferner Rost/Fischer, Der funktionale Unternehmensbegriff im Bußgeldverfahren nach der DS-GVO – nationale Identität im Spannungsfeld europäischer Erfüllungspflichten, RDV 2021, 253 ff.).

XIX. Unternehmensgruppen (Nr. 19)

159 Als „Unternehmensgruppe" wird eine Gruppe bezeichnet, die aus einem herrschenden Unternehmen und den von diesem abhängigen Unternehmen besteht.

160 Zwar verzichtet die DS-GVO auf **Konzernstrukturen** einzugehen, dafür stellt sie auf Unternehmensgruppen ab. Eine Unternehmensgruppe besteht aus einem herrschenden Unternehmen und den von diesem abhängigen Unternehmen, wobei das herrschende Unternehmen dasjenige sein soll, das zB aufgrund der Eigentumsverhältnisse, der finanziellen Beteiligung oder der für das Unternehmen geltenden Vorschriften oder der Befugnis, Datenschutzvorschriften umsetzen zu lassen, einen beherrschenden Einfluss auf die übrigen Unternehmen ausüben kann. Ein Unternehmen, das aufgrund der Eigentumsverhältnisse, der finanziellen Beteiligung oder der für das Unternehmen geltenden Vorschriften oder der Befugnis, Datenschutzvorschriften umsetzen zu lassen, einen beherrschenden Einfluss auf die übrigen Unternehmen ausüben kann. Damit soll ein Unternehmen, das die Verarbeitung personenbezogener Daten in ihm angeschlossenen Unternehmen kontrolliert, zusammen mit diesen als eine „Unternehmensgruppe" betrachtet werden (Erwägungsgrund 37). Dabei sollen Verantwortliche, die Teil einer Unternehmensgruppe oder einer Gruppe von Einrichtungen sind, die einer zentralen Stelle zugeordnet sind, ein **berechtigtes Interesse haben, personenbezogene Daten innerhalb der Unternehmensgruppe für interne Verwaltungszwecke, einschließlich der Verarbeitung personenbezogener Daten von Kunden und Beschäftigten, zu übermitteln.**

161 Die Grundprinzipien für die Übermittlung personenbezogener Daten innerhalb von Unternehmensgruppen an ein Unternehmen in einem Drittland bleiben unberührt (Erwägungsgrund 48). Damit soll Konzernbelangen Rechnung getragen werden. Eine Unternehmensgruppe darf einen **gemeinsamen Datenschutzbeauftragten** ernennen, sofern von jeder Niederlassung aus der Datenschutzbeauftragte leicht erreicht werden kann (Art. 37 Abs. 2). Verbindliche interne Datenschutzvorschriften können für Unternehmensgruppen geschaffen werden (Art. 47).

162 Art. 47 (Verbindliche interne Datenschutzvorschriften) sowie Art. 88 (Datenverarbeitung im Beschäftigungskontext) unterscheiden zwischen der Unternehmensgruppe einerseits und einer Gruppe von Unternehmen, die eine gemeinsame Wirtschaftstätigkeit ausüben, andererseits. Letztere sind aufgrund ihrer Selbständigkeit nicht vom Begriff der Unternehmensgruppe umfasst (Paal/Pauly/Ernst Rn. 130).

XX. Verbindliche interne Datenschutzvorschriften (Nr. 20)

163 Art. 47 regelt sehr ausgiebig verbindliche interne Datenschutzvorschriften. Diese „verbindliche interne Datenschutzvorschriften" sind **definiert als Maßnahmen zum Schutz personenbezogener Daten,** zu deren Einhaltung sich ein im Hoheitsgebiet eines Mitgliedstaats niedergelassener Verantwortlicher oder Auftragsverarbeiter verpflichtet im Hinblick auf Datenübermittlungen oder eine Kategorie von Datenübermittlungen personenbezogener Daten an einen Verantwortlichen oder Auftragsverarbeiter derselben Unternehmensgruppe oder derselben Gruppe von Unternehmen, die eine gemeinsame Wirtschaftstätigkeit ausüben, in einem oder mehreren Drittländern.

164 Insoweit wird klargestellt, dass **jede Unternehmensgruppe** oder **jede Gruppe von Unternehmen,** die eine gemeinsame Wirtschaftstätigkeit ausüben, für ihre internationalen Datenübermittlungen aus der Union an Organisationen derselben Unternehmensgruppe oder derselben Gruppe von Unternehmen, die eine gemeinsame Wirtschaftstätigkeit ausüben, genehmigte verbindliche interne Datenschutzvorschriften (binding corporate rules; BCRs) anwenden dürfen, sofern diese sämtliche Grundprinzipien und durchsetzbaren Rechte für die Betroffenen enthalten, die geeignete Garantien für die Übermittlungen beziehungsweise Kategorien von Übermittlungen personenbezogener Daten bieten (Erwägungsgrund 110).

XXI. Aufsichtsbehörde und betroffene Aufsichtsbehörde (Nr. 21 und 22)

165 Die **„Aufsichtsbehörde" ist eine von einem Mitgliedstaat** gem. Art. 51 **eingerichtete unabhängige staatliche Stelle.** Jeder Mitgliedstaat sieht hiernach vor, dass eine oder mehrere unabhängige Behörden für die Überwachung der Anwendung dieser Verordnung zuständig sind, damit die Grundrechte und Grundfreiheiten natürlicher Personen bei der Verarbeitung geschützt werden und der freie Verkehr personenbezogener Daten in der Union erleichtert wird. Wer Aufsichtsbehörde ist, bestimmt sich insoweit nach nationalem Recht. Aktuell sind dies die Bundesbeauftragte für den Datenschutz und die Informationsfreiheit, die Landesdatenschutzbeauftragten der Länder und in Bayern für den nicht-öffentlichen Bereich das Landesamt für Datenschutzaufsicht. Darüber hinaus gibt es noch die Datenschutzbeauftragten der öffentlich-rechtlichen Rundfunkanstalten für den journalistisch-redaktionellen Teil der Rundfunkanstalt und die Datenschutzbeauftragen der öffentlich-rechtlichen Kirchen, der evangelischen und katholischen Kirche.

166 Gibt es in einem Mitgliedstaat mehr als eine Aufsichtsbehörde, so bestimmt dieser Mitgliedstaat die Aufsichtsbehörde, die diese Behörden im Ausschuss vertritt, und führt ein Verfahren ein, mit dem sichergestellt wird, dass die anderen Behörden die Regeln für das Kohärenzverfahren nach Art. 63 einhalten. Dies muss noch geregelt werden. Die unabhängigen Aufsichtsbehörden sind in Kap. VI, Art. 51 ff. geregelt (bezüglich den Anforderungen an die Unabhängigkeit s. EuGH BeckRS 2010, 90304 (Deutschland); BeckRS 2012, 82023 (Österreich), EuGH Urt. v. 6.10.2015 – C-362/14 (Ungarn); Zur Unabhängigkeit der Justiz, Europäischer Gerichtshof für Menschenrechte, Urt. v. 23.6.2016 – 20261/12).

167 Die „betroffene Aufsichtsbehörde" wiederum ist eine Aufsichtsbehörde, die von der Verarbeitung personenbezogener Daten betroffen ist, weil
• der Verantwortliche oder der Auftragsverarbeiter im Hoheitsgebiet des Mitgliedstaats dieser Aufsichtsbehörde niedergelassen ist,
• diese Verarbeitung erhebliche Auswirkungen auf betroffene Personen mit Wohnsitz im Mitgliedstaat dieser Aufsichtsbehörde hat oder haben kann oder
• eine Beschwerde bei dieser Aufsichtsbehörde eingereicht wurde.

168 Insoweit ist die betroffene Aufsichtsbehörde immer von einer der Bedingungen abhängig und kann von Zufällen abhängen (da wo die Beschwerde zufällig von einem Betroffenen eingereicht wurde). Es wird jedoch immer die Zuständigkeit begründet (One-Stop-Shop). Dies gilt innerhalb der EU, aber auch innerhalb Deutschlands bezüglich der 16 Landesaufsichtsbehörden und der Bundesbeauftragten für den Datenschutz und die Informationsfreiheit.

168a Soweit es sich um Datenverarbeitungsvorgänge handelt, die nicht der DS-GVO unterliegen, findet der One-Stop-Shop-Mechanismus keine Anwendung. Nur wenn sich eine Verpflichtung aus der DS-GVO ergibt, sind die darin vorgesehenen Verfahren anwendbar.

XXII. Grenzüberschreitende Verarbeitung (Nr. 23)

169 Eine „grenzüberschreitende Verarbeitung" ist entweder
• eine Verarbeitung personenbezogener Daten, die im Rahmen der Tätigkeiten von Niederlassungen eines Verantwortlichen oder eines Auftragsverarbeiters in der Union in mehr als einem Mitgliedstaat erfolgt, wenn der Verantwortliche oder Auftragsverarbeiter in mehr als einem Mitgliedstaat niedergelassen ist, oder
• eine Verarbeitung personenbezogener Daten, die im Rahmen der Tätigkeiten einer einzelnen Niederlassung eines Verantwortlichen oder eines Auftragsverarbeiters in der Union erfolgt, die jedoch erhebliche Auswirkungen auf betroffene Personen in mehr als einem Mitgliedstaat hat oder haben kann.

170 Diese Definition ist wichtig für die Bestimmung der Aufsichtsbehörde. Denn gem. Art. 56 Abs. 1 ist die Aufsichtsbehörde der Hauptniederlassung oder der einzigen Niederlassung des Verantwortlichen oder des Auftragsverarbeiters gem. dem Verfahren nach Art. 60 **die zuständige federführende Aufsichtsbehörde für die** von diesem Verantwortlichen oder diesem Auftragsverarbeiter **durchgeführte grenzüberschreitende Verarbeitung**.

XXIII. Maßgeblicher und begründeter Einspruch (Nr. 24)

171 Ein „maßgeblicher und begründeter Einspruch" ist ein Einspruch gegen einen Beschlussentwurf im Hinblick darauf, ob ein Verstoß gegen diese Verordnung vorliegt oder ob beabsichtigte Maßnahmen gegen den Verantwortlichen oder den Auftragsverarbeiter im Einklang mit dieser Verordnung steht, wobei aus diesem Einspruch die Tragweite der Risiken klar hervorgehen müssen, die von dem Beschlussentwurf in Bezug auf die Grundrechte und Grundfreiheiten der betroffenen Personen und gegebenenfalls den freien Verkehr personenbezogener Daten in der Union ausgehen. Diese Definition steht in unmittelbarem Zusammenhang mit Art. 60 und der Zusammenarbeit zwischen der federführenden Aufsichtsbehörde und den anderen betroffenen Aufsichtsbehörden. Hiernach übermittelt die federführende Aufsichtsbehörde den anderen betroffenen Aufsichtsbehörden unverzüglich die zweckdienlichen Informationen zu der Angelegenheit. Sie legt den anderen betroffenen Aufsichtsbehörden unverzüglich einen Beschlussentwurf zur Stellungnahme vor

und trägt deren Standpunkten gebührend Rechnung (Art. 60 Abs. 3). Der maßgebliche und begründete Einspruch ist wiederum, in Art. 60 Abs. 4 geregelt. Denn schließt sich die federführende Aufsichtsbehörde dem maßgeblichen und begründeten Einspruch nicht an oder ist der Ansicht, dass der Einspruch nicht maßgeblich oder nicht begründet ist, so leitet die federführende Aufsichtsbehörde das Kohärenzverfahren gem. Art. 63 für die Angelegenheit ein. Insoweit ist der Begriff für die Aufsichtsbehörden von besonderer Bedeutung.

XXIV. Dienst der Informationsgesellschaft (Nr. 25)

Ein Dienst der Informationsgesellschaft ist eine Dienstleistung iSd Art. 1 Nr. 1 lit. b der Richtlinie (EU) 2015/1535 des Europäischen Parlaments und des Rates vom 9.9.2015 über ein Informationsverfahren auf dem Gebiet der technischen Vorschriften und der Vorschriften für die Dienste der Informationsgesellschaft (ABl. 2015 L 241, 1). Danach ist „Dienst" eine Dienstleistung der Informationsgesellschaft, dh jede in der Regel gegen Entgelt, elektronisch im Fernabsatz und auf individuellen Abruf eines Empfängers erbrachte Dienstleistung. 172

Im Sinne der Definition bezeichnet der Ausdruck 173
- „im Fernabsatz erbrachte Dienstleistung" eine Dienstleistung, die ohne gleichzeitige physische Anwesenheit der Vertragsparteien erbracht wird;
- „elektronisch erbrachte Dienstleistung" eine Dienstleistung, die mittels Geräten für die elektronische Verarbeitung (einschließlich digitaler Kompression) und Speicherung von Daten am Ausgangspunkt gesendet und am Endpunkt empfangen wird und die vollständig über Draht, über Funk, auf optischem oder anderem elektromagnetischem Wege gesendet, weitergeleitet und empfangen wird;
- „auf individuellen Abruf eines Empfängers erbrachte Dienstleistung" eine Dienstleistung die durch die Übertragung von Daten auf individuelle Anforderung erbracht wird.

Was nicht unter diese Definition fallende Dienste sind, wird in Anhang I RL 2015/1535/EU aufgeführt. Dies sind nicht „elektronisch" erbrachte Dienste – Dienste, die zwar mit elektronischen Geräten, aber in materieller Form erbracht werden: 174
- Geldausgabe- oder Fahrkartenautomaten;
- Zugang zu gebührenpflichtigen Straßennetzen, Parkplätzen usw, auch wenn elektronische Geräte bei der Ein- und/oder Ausfahrt den Zugang kontrollieren und/oder die korrekte Gebührenentrichtung gewährleisten;

Offline-Dienste: Vertrieb von CD-ROMs oder Software auf Disketten. 175

Dienste, die nicht über elektronische Verarbeitungs- und Speicherungssysteme erbracht werden: 176
- Sprachtelefondienste;
- Telefax-/Telexdienste;
- über Sprachtelefon oder Telefax erbrachte Dienste;
- medizinische Beratung per Telefon/Telefax;
- anwaltliche Beratung per Telefon/Telefax;
- Direktmarketing per Telefon/Telefax.

Die DS-GVO soll ebenfalls nicht die Anwendung der Richtlinie 2000/31/EG des europäischen Parlaments und des Rates v. 8.6.2000 über bestimmte rechtliche Aspekte der Dienste der Informationsgesellschaft, insbesondere des elektronischen Geschäftsverkehrs, im Binnenmarkt („Richtlinie über den elektronischen Geschäftsverkehr") (ABl. 2000 L 178, 1) berühren und insbesondere die der Vorschriften der Art. 12–15 jener Richtlinie zur Verantwortlichkeit von Anbietern reiner Vermittlungsdienste. Die genannte Richtlinie soll dazu beitragen, dass der Binnenmarkt einwandfrei funktioniert, indem sie den freien Verkehr von Diensten der Informationsgesellschaft zwischen den Mitgliedstaaten sicherstellt (Erwägungsgrund 21). 177

Von Bedeutung ist diese Definition insbesondere im Zusammenhang mit Art. 8 (Bedingungen für die Einwilligung eines Kindes in Bezug auf Dienste der Informationsgesellschaft), Art. 17 Abs. 1 lit. 8, Art. 21 Abs. 5 und Art. 97 Abs. 5 in denen auf die Definition der Dienste der Informationsgesellschaft Bezug genommen wird. 178

XXV. Internationale Organisation (Nr. 26)

Die „internationale Organisation" ist eine völkerrechtliche Organisation oder ihr nachgeordnete Stelle oder jede sonstige Einrichtung, die durch eine zwischen zwei oder mehr Ländern geschlossene Übereinkunft oder auf der Grundlage einer solchen Übereinkunft geschaffen wurde. Dies wäre zB die ESA, die UNO usw Nicht hierunter dürfte EUROPOL oder Interpol fallen, da die Gefahrenabwehr durch die DS-GVO nicht erfasst ist. Werden personenbezogene Daten an 179

DS-GVO Artikel 4 Kapitel I. Allgemeine Bestimmungen

eine internationale Organisation übermittelt, so hat die betroffene Person das Recht, über die geeigneten Garantien gem. Art. 46 im Zusammenhang mit der Übermittlung unterrichtet zu werden. Sie werden wie Drittstaaten behandelt, sodass für sie das Kap. V „Übermittlungen personenbezogener Daten an Drittländer oder an internationale Organisationen" der DS-GVO Anwendung findet.

180   Wie bei Drittstaaten kann die Kommission mit Wirkung für die gesamte Union beschließen, dass eine internationale Organisation ein angemessenes Datenschutzniveau bietet (Erwägungsgrund 103).

C. Besondere Kategorien personenbezogener Daten (Art. 9)

181   Nach Art. 8 Abs. 1 Datenschutz-RL (Verarbeitung besonderer Kategorien personenbezogener Daten) untersagen die Mitgliedstaaten die Verarbeitung personenbezogener Daten, aus denen die rassische und ethnische Herkunft, politische Meinungen, religiöse oder philosophische Überzeugungen oder die Gewerkschaftszugehörigkeit hervorgehen, sowie von Daten über Gesundheit oder Sexualleben. Nach Art. 8 Abs. 5 Datenschutz-RL darf die Verarbeitung von Daten, die Straftaten, strafrechtliche Verurteilungen oder Sicherungsmaßregeln betreffen, nur unter behördlicher Aufsicht oder aufgrund von einzelstaatlichem Recht, das angemessene Garantien vorsieht, erfolgen.

182   Die DS-GVO verzichtet in Art. 4 auf eine Definition der besonderen personenbezogenen Daten, wie dies bisher auch bei der Datenschutz-RL der Fall war. Diese werden jetzt im in Teilen von der Definition „personenbezogene Daten" mit erfasst: „zu einem oder mehreren besonderen Merkmalen, die Ausdruck der physischen, physiologischen, genetischen, psychischen, wirtschaftlichen, kulturellen oder sozialen Identität dieser natürlichen Person sind". Hinzu kommen die gesonderten Definitionen für genetische und biometrische Daten und Gesundheitsdaten. Allerdings regelt Art. 9 weiterhin, dass die Verarbeitung personenbezogener Daten, aus denen die rassische und ethnische Herkunft, politische Meinungen, religiöse oder weltanschauliche Überzeugungen oder die Gewerkschaftszugehörigkeit hervorgehen, sowie die Verarbeitung von genetischen Daten, biometrischen Daten zur eindeutigen Identifizierung einer natürlichen Person, Gesundheitsdaten oder Daten zum Sexualleben oder der sexuellen Orientierung einer natürlichen Person untersagt ist. Dabei wird der Kreis der betroffenen Daten noch erweitert auf die Verarbeitung von genetischen Daten sowie auf biologische Daten, die zur eindeutigen Identifizierung einer natürlichen Person dienen (zur Abgrenzung und dem Verarbeitungsrahmen siehe Matejek/Mäusezahl ZD 2019, 551 ff.).

183   Gleiches gilt für die Verarbeitung personenbezogener Daten über strafrechtliche Verurteilungen und Straftaten oder damit zusammenhängende Sicherungsmaßregeln (vgl. Art. 10).

183a   Hiervon zu unterscheiden sind die sog. **Wesensdaten.** Hierbei handelt es sich um **Informationen, die aus Gehirnströmen erworben werden können.** Auf der Grundlage dieser Neurodaten können Aussagen über sexuelle Orientierung der betroffenen Person ebenso herleiten, wie die Information, ob die betroffene Person Vegetarier oder Veganer, Raucher oder Ex-Raucher ist. Weitere Erkenntnisse sich möglich, wie Ethnie, Vorurteile gegenüber anderem Geschlecht, kognitive Fähigkeiten, Persönlichkeitszüge und mehr (Ottel DuD 2021, 623 ff.).

183b   **Der Impfstatus ist ein Gesundheitsdatum.** Insoweit bedarf es zu seiner Verarbeitung eines besonderen Erlaubnistatbestandes. So regelt das Infektionsschutzgesetz bezüglich der **Masern,** dass Personen, die in Gemeinschaftseinrichtungen nach § 33 Nr. 1–3 IfSG betreut oder in Einrichtungen nach § 23 Abs. 3 S. 1, § 33 Nr. 1–4 oder § 36 Abs. 1 Nr. 4 IfSG tätig werden sollen, der Leitung der jeweiligen Einrichtung vor Beginn ihrer Betreuung oder ihrer Tätigkeit einen Nachweis vorzulegen haben. Dieser kann bestehen in einer Impfdokumentation nach § 22 Abs. 1 und 2 IfSG (Impfausweis) oder einen ärztlichen Zeugnis oder auch in Form einer Dokumentation darüber, dass bei ihnen ein ausreichender Impfschutz gegen Masern besteht; ferner durch ein ärztliches Zeugnis darüber, dass bei ihnen eine Immunität gegen Masern vorliegt oder sie aufgrund einer medizinischen Kontraindikation nicht geimpft werden können. Impfungen gegen Masern in bestimmten Gemeinschaftseinrichtungen sollen nicht nur das Individuum gegen die Erkrankung schützen, sondern gleichzeitig die Weiterverbreitung der Krankheit in der Bevölkerung verhindern, wenn mit Hilfe der Maßnahmen erreicht wird, dass die Impfquote in der Bevölkerung hoch genug ist. Auf diese Weise könnten auch Personen geschützt werden, die aus medizinischen Gründen selbst nicht geimpft werden können, bei denen aber schwere klinische Verläufe bei einer Infektion drohen (dazu BVerfG Ablehnung einstweilige Anordnung vom 11.5.2020 – 1 BvR 469/20). Damit besteht für die Vorlage des Impfnachweises eine Rechtsgrundlage. Sie berechtigt nicht zu einer Kopie des Impfausweises.

Bezüglich der **Covid-19-Impfung** gibt es nur partielle Ermächtigungsgrundlagen für **183c** bestimmte Einrichtungen, wie **Krankenhäuser**n (siehe § 23 Abs. 3). Hier darf der Arbeitgeber personenbezogene Daten eines Beschäftigten über dessen Impf- und Serostatus verarbeiten, um über die Begründung eines Beschäftigungsverhältnisses oder über die Art und Weise einer Beschäftigung zu entscheiden. Nach der **Feststellung einer epidemische Lage von nationaler Tragweite** darf der Arbeitgeber bei einer Vielzahl weiterer in dem Gesetz genannten Einrichtungen (zB Justizvollzugsanstalten, siehe § 36 Abs. 1 und 2 IfSG) personenbezogene Daten eines Beschäftigten über dessen Impf- und Serostatus in Bezug auf die Coronavirus-Krankheit-2019 (COVID-19) verarbeiten, um über die Begründung eines Beschäftigungsverhältnisses oder über die Art und Weise einer Beschäftigung zu entscheiden. Im Übrigen fehlt es an einer Rechtsgrundlage (Will ZD 2021, 601 f.).

I. Datenschutzkonvention

Art. 8 Datenschutz-RL, nunmehr Art. 9, folgt Art. 6 des Übereinkommens des Europarates **184** zum Schutz des Menschen bei der automatischen Verarbeitung personenbezogener Daten v. 28.1.1981 (Datenschutzkonvention), welches bereits besondere Arten von Daten kannte: „Personenbezogene Daten, welche die rassische Herkunft, politische Anschauungen oder religiöse oder andere Überzeugungen erkennen lassen, sowie personenbezogene Daten, welche die Gesundheit oder das Sexualleben betreffen, dürfen nur automatisch verarbeitet werden, wenn das innerstaatliche Recht einen geeigneten Schutz gewährleistet. Dasselbe gilt für personenbezogene Daten über Strafurteile." Dieser Ansatz wurde geprägt durch das französische Datenschutzrecht von 1978, dem das spanische, niederländische und britische DSG folgten (Simitis/Simitis BDSG § 3 Rn. 252). Hier wurde das Bedürfnis für eigene Vorschriften für sensitive Daten gesehen mit dem Ziel, ihre Speicherung, Verarbeitung und Nutzung möglichst zu unterbinden. Die EU-einheitliche Normierung sensitiver Daten ändert jedoch nichts an der Tatsache, dass der Grad der Sensitivität aufgrund der gesellschaftlichen und historischen Rahmenbedingungen des jeweiligen Mitgliedsstaates unterschiedlich bewertet wird (BlnDSB Jahresbericht 2002 Nr. 3.1, 25).

Art. 9 und 10 entsprechen Art. 8 des Protokolls zur Änderung des Übereinkommens zum **184a** Schutz des Menschen bei der automatischen Verarbeitung personenbezogener Daten (siehe Entwurf eines Gesetzes zu dem Protokoll vom 10.10.2018 zur Änderung des Übereinkommens vom 28.1.1981 zum Schutz des Menschen bei der automatischen Verarbeitung personenbezogener Daten, BR-Drs. 267/20) welcher nunmehr den Erlaubnistatbestand für Verarbeitung von
- genetischen Daten,
- personenbezogenen Daten bezüglich Straftaten, Strafverfahren und Strafurteilen und damit zusammenhängenden Sicherungsmaßnahmen,
- biometrischen Daten, anhand derer eine Person eindeutig identifizierbar ist,
- personenbezogenen Daten, aus denen Informationen über die rassische oder ethnische Herkunft, politische Meinungen, die Gewerkschaftszugehörigkeit, religiöse oder sonstige Überzeugungen, die Gesundheit oder das Sexualleben hervorgehen,

erlaubt, wenn es ergänzend zu den Garantien dieses Übereinkommens geeignete gesetzlich verankerte Garantien gibt.

Dies muss in Deutschland zu einem vollständiges Umdenken führen, denn wenn Akten in **184b** Zukunft elektronisch geführt werden, so handelt es sich um eine automatische Verarbeitung, mit der Folge, dass zB Bundeszentralregisterauszüge, ärztliche Atteste usw. auf gar keinen Fall einfach in die sog. E-Akte ohne gesonderte Zugriffsicherungen und Verschlüsselung mehr aufgenommen werden dürfen.

Demgegenüber ging bis zur DS-GVO das deutsche Datenschutzrecht von dem Ansatz aus, **185** dass jedes Datum gleich zu schützen war, da eine Gefährdung des Rechts auf informationelle Selbstbestimmung gerade in den möglichen Verknüpfungen von Daten besteht (vgl. Schild EuZW 1996, 549 (552)). Denn auch scheinbar harmlose Angaben können sich je nach Verknüpfung schnell zu überaus sensitiven Daten verwandeln. So ist die Angabe eines Arztes, den ein Betroffener besucht, für sich unschädlich. Mit dem Zusatzwissen, dass dieser Arzt ein AIDS-Spezialist ist wird dieses Datum sehr sensitiv, auch wenn es von Art. 9 Abs. 1 nicht erfasst wird.

II. Abgrenzungsprobleme

Bei der Frage, ob es sich bei einer bestimmten Information um besondere Kategorien personen- **186** bezogener Daten handelt, gibt es Abgrenzungsprobleme. Noch unproblematisch ist, dass nicht nur die Asthmaerkrankung, sondern auch der Besuch bei einem Lungenarzt ein besonderes personenbezogenes Datum ist, obwohl dieser Besuch möglicherweise nur der Vorsorge diente. Nach einer Auffassung sollen Daten, aus denen nur mit einer statistischen Wahrscheinlichkeit auf Angaben zu den genannten besonderen Kategorien personenbezogener Daten geschlossen werden kann, nicht zu besonderen personenbezogen Daten zählen. Dieser Auslegung ist zwar grundsätzlich zuzustimmen, sie ist aber nicht ausreichend, um die Mehrzahl der genannten personenbezogenen Daten aus dem Anwendungsbereich der besonderen Daten herauszunehmen. Allen diesen Daten ist gemein, dass sie selbst (Name, Adresse usw) nicht als sensitiv zu bewerten sind, handelt es sich doch im Gegenteil um Grunddaten, die von den verschiedensten verantwortlichen Stellen benötigt werden. Würde man bei diesen Grunddaten die Datenverarbeitung nach Art. 9 einschränken, würde dies zu einem wenig praktikablen Ergebnis führen. Es erscheint deshalb sachgerecht, diese Daten nicht als besondere Kategorien personenbezogener Daten zu betrachten, sofern die verantwortliche Stelle sie ohne Bezug auf einen etwaigen sensitiven Kern erhebt, verarbeitet oder nutzt und die Sensitivität des Datums für die verantwortliche Stelle zufällig ist. Werden diese Daten jedoch auf sensitive Punkte untersucht, bedürfte es mangels anderweitiger Rechtsgrundlage der Einwilligung des Betroffenen nach Art. 7 (so ausf. BlnDSB Jahresbericht 2002 Nr. 3.1, 25).

187 In einem besonders großen Umfang werden besondere Arten personenbezogener Daten bei der Begründung und Durchführung eines Beschäftigungsverhältnisses erhoben, verarbeitet und genutzt. Insoweit soll § 26 Abs. 3 BDSG eine Ermächtigungsgrundlage für besondere Arten personenbezogener Daten bieten. Die Kirchenzugehörigkeit oder Gewerkschaftsmitgliedschaft ist bei entsprechenden Tendenzbetrieben regelmäßig Einstellungsvoraussetzung. In einem bestehenden Arbeitsverhältnis erhält der Arbeitgeber Informationen über Erkrankungen seiner Mitarbeiter, muss hinsichtlich einer tariflichen Vergütung über eine Gewerkschaftsmitgliedschaft in Kenntnis gesetzt werden oder erfährt durch die Vorlage der Steuerkarte von einer möglichen Kirchenzugehörigkeit seiner Mitarbeiter (BlnDSB Jahresbericht 2002 Nr. 3.1, 25). Bezüglich der Daten der Schwerbehinderung findet das SGB IX Anwendung, für die Kirchensteuer gelten die Konkordatsverträge und bei der Gewerkschaftszugehörigkeit bedarf es der Einwilligung des Betroffenen, während bei Tendenzbetrieben das Kirchenrecht die Rechtsgrundlage bilden kann.

III. Diskriminierung

188 Bei den sensiblen Daten handelt es sich auch um Daten, die bei ihrer Erhebung, Verarbeitung und Nutzung auch diskriminierende Wirkung haben können. Insoweit korrespondieren sie mit den Merkmalen aus den Antidiskriminierungsrichtlinien (RL 2000/43/EG des Rates v. 29.6.2000 zur Anwendung des Gleichbehandlungsgrundsatzes ohne Unterschied der Rasse oder der ethnischen Herkunft ABl. EG 2000 L 180, 22; der RL 2000/78/EG des Rates v. 27.11.2000 zur Festlegung eines allgemeinen Rahmens für die Verwirklichung der Gleichbehandlung in Beschäftigung und Beruf ABl EG 2002 L 303, 16; RL 2002/73/EG des Europäischen Parlaments und des Rates v. 23.9.2002 zur Änderung der RL 76/207/EWG des Rates zur Verwirklichung des Grundsatzes der Gleichbehandlung von Männern und Frauen hinsichtlich des Zugangs zur Beschäftigung, zur Berufsbildung und zum beruflichen Aufstieg sowie in Bezug auf die Arbeitsbedingungen ABl EG 2002 L 269, 15 und RL 2004/113/EG des Rates v. 13.12.2004 zur Verwirklichung des Grundsatzes der Gleichbehandlung von Männern und Frauen beim Zugang zu und bei der Versorgung mit Gütern und Dienstleistungen ABl EU 2004 L 373, 37), welche im AGG aufgegangen sind. Ein fehlerhafter Umgang mit den sensitiven Daten kann daher auch die Vermutung der Diskriminierung (zB bei Gesundheit oder ethnischer Herkunft) begründen. Alter und Geschlecht sind jedoch keine sensitiven Daten (Gola/Schomerus BDSG § 3 Rn. 57a), auch wenn sie iRd Allgemeinen Gleichbehandlungsgesetzes (AGG) durchaus Diskriminierungsmerkmale darstellen können.

IV. Zu den einzelnen Begriffen

189 Die **rassische oder ethnische Herkunft** bezieht sich nicht auf die Staatsangehörigkeit, sondern auf eine Gruppenherkunft, die sich durchaus auf mehrere Staaten verteilen kann (zB Kurden leben in der Türkei, dem Norden Iraks, aber auch anderswo). Auch die Hautfarbe kann eine Information über die Herkunft sein. So wird die rote Haut typischerweise mit Indianern gleichgesetzt. Ein Indiz kann sich auch aus der Sprache ergeben (nicht Türkisch, sondern Kurmanci oder Zaza). Problematisch ist der aufgenommene Begriff der „Rasse". Denn zum einen ist der Rassebegriff im Dritten Reich mehr als missbräuchlich benutzt worden, zum andern gibt es aber im Gegensatz zu Hunderassen (obwohl alle Hunde vom Wolf abstammen) keine menschlichen Rassen. Die Einteilung des Menschen in Rassen entspricht nicht (mehr) dem Stand der Wissenschaft (zB Hautfarbe als Modifikation, nicht aber als Mutation). Politische Meinung kann die

Begriffsbestimmungen **Artikel 4 DS-GVO**

Zugehörigkeit zu einer politischen Partei genauso sein, wie eine bestimmte Einstellung (Marxist, Kommunist, Nazi).

Religiöse oder philosophische Überzeugungen sind Glaubensrichtungen ebenso wie 190 bestimmte Lebensregeln (zB Freimaurer). Bei der religiösen Überzeugung kommt es nicht darauf an, ob jemand einer „Staatskirche" angehört oder es sich um eine andere Glaubensrichtung handelt (Christ, Protestant, Kopte, Moslem, Sunnit, Schiit, Bahai, Buddhist usw). Auch der Beitritt, das Nahestehen, sowie der Austritt werden von der Überzeugung erfasst. Was unter philosophischen Überzeugungen zu verstehen ist, ist nicht ganz nachvollziehbar (Simitis/Simitis BDSG § 3 Rn. 262). Aus der Verklammerung zu den religiösen Überzeugungen lässt sich jedoch der Schluss ziehen, dass auch die weltanschaulichen Vorstellungen zu den sensitiven Daten zählen sollen, die keiner der anderen Kategorien zugerechnet werden können, ja sich davon gezielt abheben (Simitis/Simitis BDSG § 3 Rn. 262). Damit werden auch Atheisten und Anthroposophen mit ihrer Überzeugung einbezogen.

Die **Gewerkschaftszugehörigkeit** ist die Angehörigkeit zu einer Gewerkschaft und der Betei- 191 ligung an ihr. Soweit eine Arbeitnehmerorganisation eine Stiftung gegründet hat, müssen auch die Daten besonders geschützt werden, die sich auf die Mitarbeit an dieser beziehen (Simitis/Simitis BDSG § 3 Rn. 261).

Die **genetischen Daten** sind in Nr. 13 definiert als personenbezogene Daten zu den erebten 192 oder erworbenen genetischen Eigenschaften einer natürlichen Person, die eindeutige Informationen über die Physiologie oder die Gesundheit dieser natürlichen Person liefern und insbesondere aus der Analyse einer biologischen Probe der betreffenden natürlichen Person gewonnen wurden.

Die **biometrische Daten** sind in Nr. 14 definiert als gewonnene personenbezogene Daten die 193 mit speziellen technischen Verfahren zu den physischen, physiologischen oder verhaltenstypischen Merkmalen einer natürlichen Person, die eindeutige Identifizierung dieser natürlichen Person ermöglichen oder bestätigen, wie Gesichtsbilder oder daktyloskopische Daten.

Die **Gesundheitsdaten** sind gesondert in Nr. 15 definiert als Daten, die sich auf die körperliche 194 oder geistige Gesundheit beziehen. Die Gesundheit umfasst nicht nur Krankheiten, sondern auch oder derzeitige oder frühere psychische und geistige Erkrankungen, aber auch Informationen über Drogen- oder Alkoholmissbrauch. Auch der Impfstatus ist ein Gesundheitsdatum (→ Rn. 183b). Die reine Krankschreibung des Arztes (Patient ist bis zum arbeitsunfähig erkrankt) ist keine Angabe über die Gesundheit, die als sensitives Datum zu erfassen wäre. Dies wäre vielmehr erst die Diagnose. Mit erfasst sind „Gesundheitsleistungen" (zB Diagnosen) aus denen Informationen über den Gesundheitszustand hervorgehen.

Das **Sexualleben** umfasst auch sexuelle Praktiken oder Vorlieben. Davon abzugrenzen sind die 195 wiederum die gesondert definierten Daten der genetischen Daten (Nr. 13), der biometrischen Daten (Nr. 14) sowie der Gesundheitsdaten (Nr. 15).

D. Weitere Begriffe der DS-GVO

I. Beschäftigte

Der Begriff des Beschäftigten wird in Art. 9 Abs. 2 lit. h, 37 Abs. 6, 38 Abs. 1 lit. a, Art. 47 und 196 in Art. 88 DS-GVO erwähnt. Art. 88 DS-GVO enthält sogar eine Ermächtigung zur Regelung der Verarbeitung personenbezogener Beschäftigtendaten im Beschäftigungskontext für die Mitgliedstaaten. Was „Beschäftigte" sind definiert die DS-GVO jedoch nicht.

§ 26 Abs. 8 BDSG enthält eine nationale Definition für Deutschland. Hiernach sind Beschäftigte 197 im Sinne des Gesetzes:
- Arbeitnehmerinnen und Arbeitnehmer, einschließlich der Leiharbeitnehmerinnen und Leiharbeitnehmer im Verhältnis zum Entleiher,
- zu ihrer Berufsbildung Beschäftigte,
- Teilnehmerinnen und Teilnehmer an Leistungen zur Teilhabe am Arbeitsleben sowie an Abklärungen der beruflichen Eignung oder Arbeitserprobung (Rehabilitandinnen und Rehabilitanden),
- in anerkannten Werkstätten für behinderte Menschen Beschäftigte,
- Freiwillige, die einen Dienst nach dem Jugendfreiwilligendienstegesetz oder dem Bundesfreiwilligendienstgesetz leisten,
- Personen, die wegen ihrer wirtschaftlichen Unselbständigkeit als arbeitnehmerähnliche Personen anzusehen sind; zu diesen gehören auch die in Heimarbeit Beschäftigten und die ihnen Gleichgestellten,

Schild 307

DS-GVO Artikel 4 Kapitel I. Allgemeine Bestimmungen

- Beamtinnen und Beamte des Bundes, Richterinnen und Richter des Bundes, Soldatinnen und Soldaten sowie Zivildienstleistende.

Bewerberinnen und Bewerber für ein Beschäftigungsverhältnis sowie Personen, deren Beschäftigungsverhältnis beendet ist, gelten als Beschäftigte.

198 Eine europarechtliche Definition gibt es nicht. Was Beschäftigte sind, wird hier vorausgesetzt. Allerdings hat der EuGH sich mit dem Begriff. So hatte er sich mit der Frage zu befassen ob Richter als Beschäftigte iSv § 2 Nr. 1 der Rahmenvereinbarung über Teilzeitarbeit zu betrachten sind und dies bejaht (EuGH Urt. v. 1.3.2012 – C-393/10). Auch sind Angestellte im öffentlichen Sektor Beschäftigte (EuGH Urt. v. 4.7.2006 – C-212/04). Die Definition des Begriffs „befristet beschäftigter Arbeitnehmer" erfasst alle Arbeitnehmer, ohne danach zu unterscheiden, ob sie an einen öffentlichen oder an einen privaten Arbeitgeber gebunden sind, auch Beamte (EuGH BeckEuRS 2010, 554019).

199 Insoweit sind aus europarechtlicher Sicht Angestellte, Beamte und Richter Beschäftigte, gleich ob die Angestellten (Beschäftigten) bei einem privaten oder öffentlichen Arbeitgeber beschäftigt sind. Der Begriff des „Beschäftigten" ist insoweit sehr weit auszulegen.

200 Soweit es um Beamte und Richter geht könnte hier der nationale Gesetzgeber über Art. 88 DS-GVO eine Regelungskompetenz, aber auch aus Art. 6 Abs. 2 DS-GVO, besitzen, soweit es sich um „Beschäftigte" des öffentlichen Dienstes handelt (s. dazu Maier DuD 2017, 169 ff.).

II. strafrechtliche Verurteilungen (Art. 10)

201 Nach § 10 dürften Verarbeitungen personenbezogener Daten über strafrechtliche Verurteilungen und Straftaten oder damit zusammenhängende Sicherungsmaßregeln aufgrund von Art. 6 Abs. 1 darf nur unter behördlicher Aufsicht vorgenommen werden oder wenn dies nach dem Unionsrecht oder dem Recht der Mitgliedstaaten, das geeignete Garantien für die Rechte und Freiheiten der betroffenen Personen vorsieht, zulässig ist. Ein umfassendes Register der strafrechtlichen Verurteilungen darf nur unter behördlicher Aufsicht geführt werden. Demgegenüber differenzierte Art. 8 Abs. 5 EG-Datenschutz-RL zwischen die Straftaten, strafrechtlichen Verurteilungen oder Sicherungsmaßregeln und administrativen Strafen (zB Bußgeldbescheide) oder zivilrechtlichen Urteile. Letztere werden nun nicht mehr erfasst.

202 Was strafrechtliche Verurteilungen sind wird in der DS-GVO nicht definiert. § 4 BZRG definiert was als Verurteilungen die in das Bundeszentralregister einzutragen ist. Dies sind rechtskräftige Entscheidungen, die ein deutsches Gericht im Geltungsbereich dieses Gesetzes wegen einer rechtswidrigen Tat
- auf Strafe erkannt,
- eine Maßregel der Besserung und Sicherung angeordnet,
- jemanden nach § 59 des Strafgesetzbuchs mit Strafvorbehalt verwarnt oder
- nach § 27 des Jugendgerichtsgesetzes die Schuld eines Jugendlichen oder Heranwachsenden festgestellt

hat.

203 So sind auch Verfahrenseinstellung nach § 45 JGG gegen Auflage bis zum 24. Geburtstag desjenigen im Erziehungsregister des Bundeszentralregisters gespeichert.

204 Abzugrenzen davon polizeilichen Führungszeugnis, denn Umgangssprachlich versteht man unter „vorbestraft sein", wenn die Strafen auch im Bundeszentralregisterauszug auch erscheinen. Dies ist der Fall bei Geldstrafen von mehr als 90 Tagessätzen oder Freiheitsstrafen von mehr als drei Monaten, oder aber mehreren Verurteilungen, unabhängig von deren Höhe (vgl. § 32 BZRG).

205 Mangels eigener Definition der strafrechtlichen Verurteilungen innerhalb der DS-GVO ist auf die Definition des § 4 BZRG abzustellen.

Kapitel II. Grundsätze

Artikel 5 Grundsätze für die Verarbeitung personenbezogener Daten

(1) Personenbezogene Daten müssen
a) auf rechtmäßige Weise, nach Treu und Glauben und in einer für die betroffene Person nachvollziehbaren Weise verarbeitet werden („Rechtmäßigkeit, Verarbeitung nach Treu und Glauben, Transparenz");
b) für festgelegte, eindeutige und legitime Zwecke erhoben werden und dürfen nicht in einer mit diesen Zwecken nicht zu vereinbarenden Weise weiterverarbeitet werden; eine Weiterverarbeitung für im öffentlichen Interesse liegende Archivzwecke, für wissenschaftliche oder historische Forschungszwecke oder für statistische Zwecke gilt gemäß Artikel 89 Absatz 1 nicht als unvereinbar mit den ursprünglichen Zwecken („Zweckbindung");
c) dem Zweck angemessen und erheblich sowie auf das für die Zwecke der Verarbeitung notwendige Maß beschränkt sein („Datenminimierung");
d) sachlich richtig und erforderlichenfalls auf dem neuesten Stand sein; es sind alle angemessenen Maßnahmen zu treffen, damit personenbezogene Daten, die im Hinblick auf die Zwecke ihrer Verarbeitung unrichtig sind, unverzüglich gelöscht oder berichtigt werden („Richtigkeit");
e) in einer Form gespeichert werden, die die Identifizierung der betroffenen Personen nur so lange ermöglicht, wie es für die Zwecke, für die sie verarbeitet werden, erforderlich ist; personenbezogene Daten dürfen länger gespeichert werden, soweit die personenbezogenen Daten vorbehaltlich der Durchführung geeigneter technischer und organisatorischer Maßnahmen, die von dieser Verordnung zum Schutz der Rechte und Freiheiten der betroffenen Person gefordert werden, ausschließlich für im öffentlichen Interesse liegende Archivzwecke oder für wissenschaftliche und historische Forschungszwecke oder für statistische Zwecke gemäß Artikel 89 Absatz 1 verarbeitet werden („Speicherbegrenzung");
f) in einer Weise verarbeitet werden, die eine angemessene Sicherheit der personenbezogenen Daten gewährleistet, einschließlich Schutz vor unbefugter oder unrechtmäßiger Verarbeitung und vor unbeabsichtigtem Verlust, unbeabsichtigter Zerstörung oder unbeabsichtigter Schädigung durch geeignete technische und organisatorische Maßnahmen („Integrität und Vertraulichkeit");

(2) Der Verantwortliche ist für die Einhaltung des Absatzes 1 verantwortlich und muss dessen Einhaltung nachweisen können („Rechenschaftspflicht").

Überblick

Art. 5 stellt – wie schon Art. 6 DSRL – eine Reihe von Grundsätzen auf, die auf Art. 8 GRC beruhen und bei jeder Datenverarbeitung zu beachten sind.

Übersicht

	Rn.		Rn.
A. Allgemeines	1	IV. Zweckbindung (Abs. 1 lit. b)	12
I. Vorgängerregelungen und Parallelnormen	1	1. Verarbeitung für festgelegte, eindeutige und legitime Zwecke	13
II. Bedeutung der Grundsätze	2	2. Keine Unvereinbarkeit mit dem Erhebungszweck	18
III. Ausnahmen	4	V. Datenminimierung (Abs. 1 lit. c)	24
B. Die Grundsätze im Einzelnen	5	VI. Richtigkeit (Abs. 1 lit. d)	27
I. Rechtmäßigkeit (Abs. 1 lit. a)	5	VII. Speicherbegrenzung (Abs. 1 lit. e)	32
II. Treu und Glauben (Abs. 1 lit. a)	7	VIII. Integrität und Vertraulichkeit (Abs. 1 lit. f)	35
III. Transparenz (Abs. 1 lit. a)	10	IX. Rechenschaftspflicht (Abs. 2)	37

DS-GVO Artikel 5

A. Allgemeines

I. Vorgängerregelungen und Parallelnormen

1 Art. 5 stellt eine Reihe von Grundsätzen auf, die jede Datenverarbeitung erfüllen muss. Ähnliche Qualitätsgrundsätze enthielten bereits Art. 5 der Datenschutzkonvention 108 des Europarates und Art. 6 DSRL. Parallele Regelungen finden sich auch in Art. 4 Abs. 1 JI-RL (umgesetzt in § 47 BDSG) und Art. 4 VO (EU) 2018/1725 für die Organe der EU. Der Unionsgesetzgeber hat den Katalog des Art. 6 Abs. 1 DSRL in Art. 5 um die Grundsätze der Transparenz, der Integrität und Vertraulichkeit sowie um die Rechenschaftspflicht des Verantwortlichen (Art. 5 Abs. 2) ergänzt.

II. Bedeutung der Grundsätze

2 Während sich die Vorgängerregelung des Art. 5 in Art. 6 Datenschutz-RL an die nationalen Gesetzgeber richtete, ist Art. 5 unmittelbar anwendbar und stellt – zumindest für deutsche Juristen – vor das Problem, wie die Regelung einzuordnen und zu handhaben ist. Denn die Grundsätze des Art. 5 sind ausgesprochen allgemein gehalten und konkretisierungsbedürftig. Es handelt sich aber keineswegs nur um Programmsätze (LNK Das neue DatenschutzR § 1 Rn. 134) oder Optimierungsgebote (in diese Richtung NK-DatenschutzR/Roßnagel Rn. 21; Paal/Pauly/Frenzel Rn. 9), sondern um verbindliche Regelungen (Albrecht/Jotzo Das neue DatenschutzR Teil 2 Rn. 1; Schantz/Wolff DatenschutzR/Wolff Rn. 382; Gola/Pötters Rn. 4: „allgemeine Strukturprinzipien"). Es ist daher treffender, von „Grundpflichten" zu sprechen (HK-DS-GVO/Reimer Rn. 1), deren Verwirklichung verpflichtend ist und nicht nur bestmöglich angestrebt werden muss. Ihre Verbindlichkeit ergibt sich auch daraus, dass die Grundsätze des Art. 5 größtenteils unmittelbar aus Art. 8 Abs. 2 GRC folgen (Albrecht/Jotzo Das neue DatenschutzR Teil 2 Rn. 1). Dementsprechend hebt auch der EuGH in seiner ständigen Rechtsprechung hervor, jede Datenverarbeitung müsse sowohl den Grundsätzen hinsichtlich der Qualität der Verarbeitung gem. Art. 5 als auch den Grundsätzen zur Zulässigkeit der Verarbeitung gem. Art. 6 genügen, also auf Basis einer dort genannten Rechtsgrundlage erfolgen (EuGH ZD 2020, 36 Rn. 64 – Google France mwN). Der EuGH zieht die Grundsätze nicht nur zur **Auslegung** heran (zB zur Bestimmung der Dauer der Speicherung von Empfängern einer Datenübermittlung, EuGH EuZW 2009, 546 Rn. 65, 69 – Rijkeboer); in der Rechtssache Google Spain leitete er aus den Grundsätzen des Art. 6 lit. c–e DSRL sogar ab, dass es eine **unzulässige Verarbeitung** sei, wenn eine Internetsuchmaschine bestimmte Ergebnisse im Rahmen einer Namenssuche anzeige, und begründete so das „Recht auf Vergessenwerden" (EuGH NJW 2014, 2257 Rn. 93 f. – Google Spain). Die Grundsätze gelten für jede Datenverarbeitung personenbezogener Daten. Auch wenn Art. 5 Abs. 2 die Rechenschaftspflicht nur dem Verantwortlichen auferlegt, gelten sie auch für den Auftragsverarbeiter (NK-DatenschutzR/Roßnagel Rn. 4; HK-DS-GVO/Reimer Rn. 1; aA Kühling/Buchner/Herbst Rn. 1; Ehmann/Selmayr/Heberlein Rn. 1), soweit ihn nach der DS-GVO entsprechende Verpflichtungen treffen, welche die Grundsätze konkretisieren.

3 Verstöße gegen die Grundsätze des Art. 5 sind **bußgeldbewehrt** (Art. 83 Abs. 5 lit. a), was angesichts ihrer Allgemeinheit vor dem Hintergrund des Bestimmtheitsgrundsatzes nicht in allen Fällen unproblematisch ist (Paal/Pauly/Frenzel Rn. 2; Schantz/Wolff DatenschutzR/Wolff Rn. 1118).

III. Ausnahmen

4 Art. 23 Abs. 1 erlaubt Ausnahmen von Art. 5 im nationalen Recht für die darin genannten Ziele, allerdings nur, „insofern dessen Bestimmungen den in Art. 12–21 vorgesehenen Rechten und Pflichten entsprechen". Damit könnten bspw. Informationspflichten ausgeschlossen werden, die sich punktuell aus den Grundsätzen der Transparenz sowie Treu und Glauben neben Art. 13 f. ergeben können. Eine Ausnahme vom Grundsatz der Speicherbegrenzung (Abs. 1 lit. e) hingegen hätte keinen Bezug zu den Betroffenenrechten und könnte daher nicht auf Art. 23 Abs. 1 gestützt werden. Auch Art. 85 Abs. 2 erlaubt Ausnahmen für Verarbeitungen zu journalistischen, künstlerischen, wissenschaftlichen und literarischen Zwecken (vgl. zB § 23 Abs. 1 S. 4 MStV sowie presserechtliche Landesgesetze).

B. Die Grundsätze im Einzelnen

I. Rechtmäßigkeit (Abs. 1 lit. a)

Gemäß Abs. 1 lit. a müssen personenbezogene Daten auf rechtmäßige Weise verarbeitet werden. 5
Dies entspricht der Vorgabe von Art. 8 Abs. 2 S. 1 GRC, wonach personenbezogene Daten nur
mit Einwilligung der betroffenen Person oder auf Basis sonstiger gesetzlich geregelter legitimer
Grundlagen verarbeitet werden dürfen. Art. 6 Abs. 1 nimmt diesen Grundsatz durch die Anforderung auf, dass eine der dort geregelten Rechtsgrundlagen vorliegen muss. Damit entspricht dieser
Grundsatz dem sog. „Verbot mit Erlaubnisvorbehalt" des deutschen Datenschutzrechts (kritisch
zu diesem unglücklichen und dogmatisch nichtzutreffenden Begriff NK-DatenschutzR/Roßnagel
Rn. 35 f.). Denkbar wäre auch eine weite Interpretation, unter Rechtmäßigkeit die Einhaltung
aller Regeln der DS-GVO und ggf. darüber hinaus zu verstehen; Folge wäre, dass jeder Verstoß
gegen rechtliche Vorgaben, zB der Transparenzpflichten oder der Datensicherheit die Verarbeitung
unzulässig werden ließe. Dies erscheint zu weitgehend und auch mit Blick auf Art. 8 Abs. 2
GRCh und die Systematik des Art. 5 Abs. 1 nicht geboten. Art. 8 Abs. 2 GRCh nennt neben
dem Erfordernis einer Einwilligung oder einer gesetzlichen Grundlage etwa den Grundsatz von
Treu und Glauben; ebenso decken die anderen Grundsätze des Art. 5 Abs. 1 eine Reihe anderer
Aspekte der Datenverarbeitung ab (ausführlich Kühling/Buchner/Herbst Rn. 9 ff.)

Zu beachten ist, dass die Rechtsgrundlage, auf der die Datenverarbeitung beruht, so „klar 6
und präzise" deren Tragweite und Anwendung regeln muss (Erwägungsgrund 41 S. 2), dass die
Verarbeitung für die betroffene Person vorausehbar ist (vgl. EuGH EuR 2004, 276 Rn. 77 –
Österreichischer Rundfunk; NJW 2014, 2169 Rn. 54 – Digital Rights Ireland).

II. Treu und Glauben (Abs. 1 lit. a)

Bereits Art. 8 Abs. 2 S. 1 GRC verlangt, dass personenbezogene Daten nur nach Treu und 7
Glauben verarbeitet werden dürfen. Dennoch ist der Grundsatz von Treu und Glauben relativ
schwierig zu fassen, soweit man darunter nicht nur die Transparenz der Datenverarbeitung versteht,
die Abs. 1 lit. a jetzt separat nennt. Die englische Sprachfassung („**fairness**") trifft die Bedeutung
besser als die deutsche Übersetzung (Albrecht CR 2016, 88 (91); Paal/Pauly/Frenzel Rn. 18 zu
weiteren Sprachfassungen; NK-DatenschutzR/Roßnagel Rn. 47; Schantz/Wolff DatenschutzR/
Wolff Rn. 392). Auch Art. 13 Abs. 2 und Art. 14 Abs. 2 knüpfen zusätzliche Informationen daran,
ob ihre Kenntnis für eine „faire und transparente Verarbeitung" erforderlich ist (Taeger/Gabel/
Voigt Rn. 15).

Generell lässt sich der Grundsatz von Treu und Glauben als **Rücksichtnahmepflicht** auf die 8
Interessen der betroffenen Person verstehen (Schantz/Wolff DatenschutzR/Wolff Rn. 393) und
damit als **Ausprägung des Grundsatzes der Verhältnismäßigkeit**. Der Verantwortliche soll die
Interessen und Erwartungen der betroffenen Person berücksichtigen und nicht grundlos übergehen
(Bygrave, Data Privacy Law, 2014, 146), ihr **Vertrauen missbrauchen oder gar Fehlvorstellungen der betroffenen Person ausnutzen** (HK-DS-GVO/Reimer Rn. 14: „Verbot des Erschleichens von Daten"; GSSV/Buchholtz/Stentzel Rn. 26: „Überraschungsverbot"). Dies ist zB der
Fall, wenn die Einwilligung einer betroffenen Person eingeholt wird, obwohl eine andere Rechtsgrundlage vorliegt, und dies der betroffenen Person nicht mitgeteilt wird; die betroffene Person
hat so bei der Abgabe der Einwilligung und der Preisgabe ihrer Daten den irrigen Eindruck, sie
behalte die Kontrolle über die Daten, weil sie die Einwilligung jederzeit widerrufen könne (NK-
DatenschutzR/Roßnagel Rn. 47; Taeger/Gabel/Voigt Rn. 14; siehe auch EDPB, Guidelines 5/
2020 on consent under Regulation 2016/679, Rn. 121 ff.)).

Aus dem Grundsatz von Treu und Glauben ergibt auch, dass der Verantwortliche der betroffenen 8a
Person die **Ausübung ihrer informationellen Selbstbestimmung nicht übermäßig
erschweren** darf. Die Verpflichtung des Verantwortlichen, der betroffenen Person die Ausübung
ihrer Rechte zu erleichtern (Art. 11 Abs. 2), lässt sich in diesem Sinne als Ausprägung des Grundsatzes von Treu und Glauben verstehen; der Verantwortliche soll der betroffenen Person keine
Steine in den Weg legen, um ihr die Geltendmachung ihrer Rechte nicht zu erschweren. Er darf
aber auch Entscheidungssituationen nicht manipulativ gestalten (sog. **Dark Pattern**); nach Art. 25
Abs. 1 müssen die Datenschutzgrundsätze bereits bei der **Gestaltung der Datenverarbeitung**
berücksichtigt werden. So müssen etwa Entscheidungsalternativen neutral und gleichwertig dargestellt werden (Martini/Drews/Seeliger/Weinzierl ZfDR 2021, 47 (57)). Auch darf die Verweigerung einer Einwilligung im Vergleich zu ihrer Erteilung nicht schwerer als notwendig gemacht
werden. Ebenso unzulässig ist es, die betroffene Person „mürbe" zu machen, wenn sie trotz

Verweigerung einer Einwilligung andauernd erneut danach gefragt wird (zB durch Abfragen mittels Cookie-Bannern auf jeder Unterseite), bis sie entnervt zustimmt (Loy/Baumgartner ZD 2021, 404 (407)).

9 Die Rücksichtnahme auf die Interessen und Rechte der betroffenen Person gebietet es auch, sie vor unklaren Verarbeitungsvorgängen zu schützen (Albrecht/Jotzo Das neue DatenschutzR Teil 2 Rn. 3; NK-DatenschutzR/Roßnagel Rn. 47. Daraus folgt ein **Vorrang der offenen Datenerhebung und der Direkterhebung** bei der betroffenen Person, da diese Form der Erhebung für sie am besten nachvollziehbar ist und ihr die größte Kontrolle über ihre Daten bietet (Bygrave, Data Privacy Law, 2014, 147; v. d. Groeben/Schwarze/Hatje/Brühann, Europäisches Unionsrecht, 7. Aufl. 2015, AEUV Art. 16 Rn. 52; GHN/Sobotta AEUV Art. 16 Rn. 47). Wenn der Verantwortliche die Daten von Dritten oder gar heimlich erhebt, obwohl eine Direkterhebung oder eine offene Erhebung möglich wäre, bedarf dies einer Rechtfertigung (iE ebenso Schantz/Wolff DatenschutzR/Wolff Rn. 395 (456); Gola/Pötters Rn. 9: „regelmäßig...treuwidrig"; SJtK/Jaspers/Schwartmann/Herrmann Rn. 28; iE ebenso Kühling/Buchner/Herbst Rn. 15 f. auf Basis des Grundsatzes der Transparenz; einen Grundsatz der Direkterhebung unter der DS-GVO ablehnend NK-DatenschutzR/Roßnagel Rn. 51).

III. Transparenz (Abs. 1 lit. a)

10 Der Grundsatz der Transparenz ist bereits heute als **Ausprägung der Verarbeitung nach Treu und Glauben** anerkannt (EuGH ZD 2015, 577 Rn. 34 – Bara zur Information der betroffenen Person bei Übermittlungen). Der Unionsgesetzgeber hat den Grundsatz der Transparenz nun auch ausdrücklich aufgenommen, um seine besondere Bedeutung zu betonen. Diese zeigt sich auch in der Erweiterung und Konkretisierung der Informationspflichten nach Art. 13 f. Auch das BVerfG hat bereits im Volkszählungs-Urteil die Informationsasymmetrie durch die Intransparenz der Datenverarbeitung und die daraus resultierende Unsicherheit und Hemmung der Verhaltensfreiheit treffend beschrieben: „Wer nicht mit hinreichender Sicherheit überschauen kann, welche ihn betreffenden Informationen in bestimmten Bereichen seiner sozialen Umwelt bekannt sind, und wer das Wissen möglicher Kommunikationspartner nicht einigermaßen abzuschätzen vermag, kann in seiner Freiheit wesentlich gehemmt sein, aus eigener Selbstbestimmung zu planen oder zu entscheiden. Mit dem Recht auf informationelle Selbstbestimmung wären eine Gesellschaftsordnung und eine diese ermöglichende Rechtsordnung nicht vereinbar, in der Bürger nicht mehr wissen, wer was bei welcher Gelegenheit über sie weiß." (BVerfGE 65, 1 (43) = NJW 1984, 419).

11 Abs. 1 lit. a verlangt, dass die betroffene Person die Datenverarbeitung nachvollziehen können muss. Dies erweckt den Eindruck, als ob Transparenz vor allem **retrospektiv** gewährleistet werden muss. Erwägungsgrund 39 S. 2 stellt jedoch klar, dass die betroffene Person auch **prospektiv** über zukünftige Datenverarbeitungen Klarheit haben muss (Paal/Pauly/Frenzel Rn. 21); nur so kann die betroffene Person die Kontrolle über ihre personenbezogenen Daten (vgl. Erwägungsgrund 7 S. 2) behalten. Hierzu gehört es, dass die betroffene Person nicht nur den Verantwortlichen und die Zwecke der Verarbeitung kennt; sie muss auch zusätzliche Informationen erhalten, die über den Katalog der Art. 13 f. hinausgehen, wenn diese Informationen erforderlich sind, um eine faire und transparente Verarbeitung zu gewährleisten (Erwägungsgrund 39 S. 4, vgl. Artikel 29-Datenschutzgruppe WP 260 rev.01 Rn. 28, 42). Erwägungsgrund 39 S. 5 erwähnt in diesem Zusammenhang insbesondere die Risiken der Verarbeitung, welche die betroffene Person kennen muss, um die Auswirkungen einer Verarbeitung auf sich einzuschätzen. Die Datenschutzaufsichtsbehörden folgern daraus, dass der betroffenen Person auch die wichtigsten Konsequenzen der Datenverarbeitung für sie vor Augen geführt werden sollten (Artikel 29-Datenschutzgruppe WP 260 rev.01 Rn. 10). Die Nähe der Grundsätze der Transparenz und von Treu und Glauben wird in der Vorgabe deutlich, dass die Informationen der betroffenen Person leicht zugänglich und in **verständlicher, klarer und einfacher Sprache** abgefasst sein müssen (Erwägungsgrund 39 S. 3). Dies bedeutet auch, dass die Informationen **adressatengerecht** sein müssen. Wendet sich der Verantwortliche zB mit einem Angebot an Kinder, müssen die Informationen sich an deren Kenntnissen und Fähigkeiten ausrichten und nicht an denen ihrer Eltern (Artikel 29-Datenschutzgruppe WP 260 rev.01 Rn. 14 f.).

IV. Zweckbindung (Abs. 1 lit. b)

12 Es ist nicht übertrieben, die Zweckbindung als „Grundstein des Datenschutzrechts" zu bezeichnen (Artikel 29-Datenschutzgruppe WP251 rev.01, 4: „cornerstone of data protection law"). Der Grundsatz der Zweckbindung zerfällt in Abs. 1 lit. b Hs. 1 in zwei Aspekte mit leicht unterschiedlicher Zielrichtung:

- dem Gebot der **Zweckfestlegung,** wonach eine Verarbeitung nur für festgelegte, eindeutige und legitime Zwecke erfolgen darf, und
- der **Zweckbindung im engeren Sinne,** dem Verbot der Verarbeitung personenbezogener Daten in einer Weise, die mit dem Erhebungszweck unvereinbar ist.

1. Verarbeitung für festgelegte, eindeutige und legitime Zwecke

Bereits Art. 8 Abs. 2 S. 1 GRCh enthält die Vorgabe, dass personenbezogene Daten nur für **festgelegte Zwecke** verarbeitet werden dürfen. Im Umkehrschluss scheidet eine Verarbeitung zu noch unbekannten Zwecken – **auf Vorrat** – aus (vgl. schon BVerfGE 65, 1 (46) – Volkszählung = NJW 1984, 419 (422)). Die Orientierung am Zweck der Verarbeitung ist das beherrschende **Konstruktionsprinzip** des Datenschutzrechts (vgl. Dammann ZD 2016, 307 (311 f.); Paal/Pauly/Frenzel Rn. 23: „Dreh- und Angelpunkt"). Der Zweck der Datenverarbeitung ist der Fixpunkt, an dem sich zB die Erforderlichkeit der Verarbeitung, die Rechtsgrundlagen gem. Art. 6 Abs. 1 und auch die Informationspflichten nach Art. 13 ff. ausrichten. 13

Der Zweck der Verarbeitung muss **grundsätzlich vor Erhebung** festgelegt werden; dies ist schon erforderlich, um die betroffene Person nach Art. 13, 14 informieren zu können. Spätestens muss der Zweck mit Beginn der Verarbeitung, zumeist also der Erhebung der Daten, fixiert werden (Artikel 29-Datenschutzgruppe WP 203 v. 2.4.2013, 15; v. d. Groeben/Schwarze/Hatje/Brühann, Europäisches Unionsrecht, 7. Aufl. 2015, AEUV Art. 16 Rn. 54). Hierin zeigt sich, dass die Festlegung des Zwecks für den Verantwortlichen selbst eine gewisse Hinweis- und Warnfunktion hat (Härting NJW 2015, 3284 (3286)), denn sie zwingt ihn, vor der Erhebung zu prüfen, welche Ziele er mit der Verarbeitung beabsichtigt. Das Gebot der Zweckfestlegung lässt sich insoweit auch als ein Instrument der Selbstregulierung verstehen (v. Grafenstein DuD 2015, 789 (792)). Abs. 1 lit. b Hs. 1 sieht **keine Form** vor, in der die Festlegung des Zwecks erfolgen soll. Zur Erfüllung der Rechenschaftspflicht nach Abs. 2 sollte aber die Schriftform (Paal/Pauly/Frenzel Rn. 27; für die Schriftform als Regelform Ehmann/Helfrich DSRL Art. 6 Rn. 13) oder eine andere dauerhafte Form der Dokumentation gewählt werden (Artikel 29-Datenschutzgruppe WP 203 v. 2.4.2013, 18). Praktisch wird eine Festlegung des Zweckes häufig entweder im Verarbeitungsverzeichnis (Art. 30 Abs. 1 S. 2 lit. b) oder durch die Information des Betroffenen (vgl. Art. 13 Abs. 1 lit. c) erfolgen. Hat der Verantwortliche den Zweck der Verarbeitung nicht eindeutig festgelegt, geht dies zu seinen Lasten und verringert seine Spielräume bei der Verarbeitung der Daten (Ehmann/Selmayr/Heberlein Rn. 14) (→ Rn. 14.1). 14

Eine Festlegung des Zwecks der Verarbeitung kann auch dann erforderlich sein, wenn eine Verarbeitung im Rahmen von Art. 6 Abs. 1 UAbs. 1 lit. c und e auf einer gesetzlichen Grundlage beruht. Zwar verlangt Art. 6 Abs. 3 S. 2 Alt. 1, dass der Zweck in der Rechtsgrundlage festgelegt sein muss. Dies macht eine Festlegung des Zwecks für die konkrete Verarbeitung aber nicht obsolet. Der Zweck, den die Rechtsgrundlage vorsieht, ist in der Regel weniger präzise und weiter gefasst als der Zweck der konkreten Verarbeitung. Eine andere Auslegung wäre gerade im grundrechtlich sensiblen Bereich der Verarbeitung durch den Staat nicht mit Art. 8 Abs. 2 S. 1 GRCh vereinbar, der ausdrücklich vorsieht, dass die Verarbeitung „für festgelegte Zwecke" erfolgen muss (iE ebenso NK-DatenschutzR/Roßnagel Art. 6 Abs. 3 Rn. 29; aA Schantz/Wolff DatenschutzR/Wolff Rn. 404). 14.1

Eine auch praktisch entscheidende Frage ist, wie **präzise** der Zweck vom Verarbeiter bestimmt werden muss. Von dieser Frage hängt zB der Grad der Transparenz der Datenverarbeitung ab (vgl. Art. 13 Abs. 1 lit. c; Art. 14 Abs. 1 lit. c; Art. 15 Abs. 1 lit. a), aber auch, wann von einer Zweckänderung auszunehmen ist, die am Grundsatz der Zweckbindung zu messen ist. Die DS-GVO enthält hierzu keine direkte Vorgabe (Dammann ZD 2016, 307 (312)). Beruht die Datenverarbeitung auf einer gesetzlichen Grundlage (Art. 6 Abs. 1 UAbs. 1 lit. c und lit. e) oder einer Einwilligung, bestimmen diese zwar, für welche Zwecke eine Datenverarbeitung erfolgen darf; der Verantwortliche muss aber festlegen, für welche dieser möglichen Zwecke er die Daten im konkreten Fall tatsächlich verarbeiten möchte (aA Härting NJW 2015, 3284 (3287), der allein auf die Rechtsgrundlage abstellt). Entscheidend ist, dass die betroffene Person voraussehen kann, für welche Zwecke ihre Daten verarbeitet werden und welche Gefahren damit verbunden sind. Dementsprechend hängt der Grad der Präzision der Zweckbestimmung von den Umständen der Erhebung, Art und Umfang der verarbeiteten Daten und den daraus resultierenden Gefahren ab (Artikel 29-Datenschutzgruppe WP 203 v. 2.4.2013, 15 f.; NK-DatenschutzR/Roßnagel Rn. 71; zur Berücksichtigung der Auswirkungen auf andere Grundrechte v. Grafenstein DuD 2015, 789 (793 ff.)). Allerdings lässt sich aus der DS-GVO die Tendenz ablesen, dass der Verarbeitungszweck eher eng zu bestimmen ist (hierzu schon Schantz NJW 2016, 1841 (1843 f.); aA Culik/Döpke ZD 2017, 15

226 (228)). Mit dem Ziel, dass die betroffene Person Datenverarbeitungsvorgänge nachvollziehen können soll (Abs. 1 lit. a), lassen sich **allgemeine Zweckbestimmungen** wie „Werbung","„Verbesserung der Leistung" oder „IT-Sicherheit" nicht vereinbaren (Artikel 29-Datenschutzgruppe WP 203 v. 2.4.2013, 16 und 52; NK-DatenschutzR/Roßnagel Rn. 88; Ehmann/Selmayr/Heberlein Rn. 14; Kühling/Buchner/Herbst Rn. 35; Taeger/Gabel/Voigt Rn. 24). Dies belegt auch Erwägungsgrund 33, der bei Einwilligungen in Forschungsvorhaben ausdrücklich eine breitere Zweckbestimmung ermöglicht.

16   Abs. 1 lit. b Hs. 1 verlangt zudem, dass es sich um **eindeutige Zwecke** handelt. Dies wirkt wie eine weitere Konkretisierung der Verarbeitung zu festgelegten Zwecken (so das Verständnis bei Paal/Pauly/Frenzel Rn. 27). Zieht man jedoch die englische und französische Sprachfassung heran („explicit"/„explicites"), die sich beide vom lateinischen „explicare" für „erklären" ableiten, zeigt sich neben der Eindeutigkeit des Zwecks eine **kommunikative Konnotation:** Der Zweck soll der betroffenen Person auch **mitgeteilt** werden (Artikel 29-Datenschutzgruppe WP 203 v. 2.4.2013, 17 in Fn. 42; Monreal ZD 2016, 507 (509); Dammann/Simitis DSRL Art. 6 Rn. 6; allgemein zur Erforderlichkeit, den Zweck dem Betroffenen zu kommunizieren, v. d. Groeben/Schwarze/Hatje/Brühann, Europäisches Unionsrecht, 7. Aufl. 2015, AEUV Art. 16 Rn. 54; GHN/Sobotta AEUV Art. 16 Rn. 42; Kuner, European Data Protection Law Rn. 2.89). Dies steigert aus Sicht der betroffenen Person die Transparenz und Voraussehbarkeit der Verarbeitung. Das Merkmal der Eindeutigkeit erhält so im Ergebnis eine eigenständige Bedeutung.

17   Schließlich muss der festgelegte, eindeutige Verarbeitungszweck auch **legitim („legitimate")** sein. Sowohl in Art. 6 Abs. 1 lit. a DSRL als auch lit. a Europaratskonvention 108 wurde „legitimate" bisher als „rechtmäßig" übersetzt (Monreal ZD 2016, 507 (509)), was eine Verbindung zur Frage der Rechtmäßigkeit der Verarbeitung nahelegte (in diese Richtung Paal/Pauly/Frenzel Rn. 28; Dammann/Simitis DSRL Art. 6 Rn. 7). Die neue Übersetzung der DSGVO („legitim") spricht jedoch eher für ein weites Verständnis. So geht die Artikel 29-Datenschutzgruppe davon aus, dass ein Ziel legitim ist, wenn es mit der Rechtsordnung insgesamt im Einklang steht (Artikel 29-Datenschutzgruppe WP 203 v. 2.4.2013, 19 f.; ebenso Monreal ZD 2016, 507 (509)). Es kommt also nicht darauf an, ob die Verarbeitung zu diesem Zweck gem. Art. 6 Abs. 1 rechtmäßig ist, sondern ob es sich um einen von der Rechtsordnung missbilligten Zweck handelt (zB der Diskriminierung bestimmter Personengruppen aus rassistischen Motiven, vgl. Helbig K&R 2015, 145 (146)). Es handelt sich also allenfalls um einen eher **groben Filter.**

2. Keine Unvereinbarkeit mit dem Erhebungszweck

18   Die **Kontrolle der betroffenen Person über ihre Daten** (vgl. zu diesem Ziel Erwägungsgrund 7 S. 2) ist am besten gewährleistet, wenn die Daten nur für den Zweck verarbeitet werden, zu dem sie bei der betroffenen Person erhoben worden sind. Abs. 1 lit. a Hs. 1 (wie schon Art. 6 Abs. 1 lit. b DSRL und Art. 5 lit. a Europaratskonvention 108) sieht eine derartig strenge Zweckbindung jedoch nicht vor, sondern lässt dem Verantwortlichen (und nach einer Übermittlung anderen Verantwortlichen) gewisse Spielräume. Er darf personenbezogene Daten für andere Zwecke weiterverarbeiten, solange er dies „nicht in einer mit diesen Zwecken nicht zu vereinbarenden Weise" tut. Der Gesetzgeber hat sich für eine **doppelte Verneinung** entschieden, statt positiv zu verlangen, dass die Weiterverarbeitung mit dem Erhebungszweck vereinbar ist; dies wird als Zeichen des Unionsgesetzgebers gewertet, den Verantwortlichen zusätzliche Flexibilität einräumen zu wollen (Artikel 29-Datenschutzgruppe WP 203 v. 2.4.2013, 21; Bygrave, Data Privacy Law, 2014, 156; HK-DS-GVO/Reimer Rn. 26: „im Zweifel zulässig"; ähnlich Paal/Pauly/Frenzel Rn. 30). In Erwägungsgrund 50 S. 1 und 6 findet sich allerdings das positive Erfordernis einer Vereinbarkeit mit dem Erhebungszweck. Eine **Umkehr der Beweislast lässt sich zudem nicht begründen,** da den Verantwortlichen bereits nach Art. 5 Abs. 2 die Pflicht trifft, die Einhaltung des Grundsatzes der Zweckbindung nachweisen zu können; hiervon geht auch Art. 6 Abs. 4 aus, der Faktoren nennt, die der Verantwortliche bei der Prüfung der Zweckvereinbarkeit berücksichtigen muss (NK-DatenschutzR/Roßnagel Rn. 100; Ehmann/Selmayr/Heberlein Rn. 16).

19   Die Begrenzung auf Verarbeitungen, die mit dem Erhebungszweck vereinbar sind, **koppelt die Weiterverarbeitung an den Erhebungskontext** und die Erwartungen der betroffenen Person zu diesem Zeitpunkt her. Im Moment der Erhebung ist die Datenverarbeitung für die betroffene Person am transparentesten und am leichtesten zu kontrollieren, auch weil sie häufig selbst entscheiden kann, welche Daten sie über sich preisgeben möchte. Mit der Weiterverarbeitung der Daten wird es für die betroffene Person immer schwieriger, ihre Verarbeitung wirksam zu kontrollieren (von der Groeben/Schwarze/Hatje/Brühann, Europäisches Unionsrecht, 7. Aufl.

Grundsätze für die Verarbeitung personenbezogener Daten **Artikel 5 DS-GVO**

2015, AEUV Art. 16 Rn. 54); allerdings mildern die Pflichten zur Information der betroffenen Person über Zweckänderungen nach Art. 13 Abs. 3 und Art. 14 Abs. 4 diese Schwierigkeit etwas ab.

Zu beachten ist, dass Abs. 1 lit. b Hs. 1 nicht nur auf die Vereinbarkeit des Zwecks der Weiter- **20** verarbeitung mit dem Erhebungszweck abstellt, sondern auf die **„Weise"** („manner") der Verarbeitung. Da jede Verarbeitung im Anschluss an die Erhebung als Weiterverarbeitung iSd Abs. 1 lit. b einzuordnen ist (Artikel 29-Gruppe, WP 203 v. 2.4.2013, 21), erscheint es nicht ausgeschlossen, dass eine Weiterverarbeitung auch dann unzulässig sein kann, obwohl sie weiterhin dem Erhebungszweck dient; dies wäre denkbar, wenn sich wichtige Umstände der Verarbeitung seit der Erhebung verändert haben, welche die weitere Verarbeitung für die betroffene Person in einem ganz anderen Licht erscheinen lassen als zum Zeitpunkt der Erhebung.

Wann der Zweck einer Weiterverarbeitung mit dem Erhebungszweck vereinbar ist, **konkreti-** **21** **siert Art. 6 Abs. 4** (Albrecht CR 2016, 88 (91 f.); Dammann ZD 2016, 307 (312); Spindler DB 2016, 937 (943); Schantz NJW 2016, 1841 (1844); Kühling/Buchner/Herbst Rn. 45). Art. 6 Abs. 4 listet eine Reihe von Faktoren auf, die hierbei eine Rolle spielen können; sie lehnen sich an die Empfehlungen der Artikel 29-Datenschutzgruppe an (vgl. WP 203 v. 2.4.2013, 23 ff.). Entscheidend ist jedoch zusätzlich, inwieweit die Weiterverarbeitung den Erwartungen der betroffenen Person zum Zeitpunkt der Erhebung entspricht (vgl. EG 50 S. 6; Artikel 29-Datenschutzgruppe WP 203 v. 2.4.2013, 24 f.). Die Erwartungen der betroffenen Person werden insbesondere durch die festgelegten und ihr kommunizierten Zwecke der Verarbeitung geprägt, aber auch durch den Kontext der Erhebung. Bildlich gesprochen musste die betroffene Person die Zwecke der Weiterverarbeitung damals schon in den Erhebungszweck „hineinlesen" können (Bygrave, Data Privacy Law, 2014, 153 und 156).

Vom Grundsatz der Zweckbindung ieS sind lediglich **drei Ausnahmen** vorgesehen. Eine **22** Datenverarbeitung zu Zwecken, die mit dem Erhebungszweck unvereinbar sind, ist danach nur zulässig, wenn

- die betroffene Person **eingewilligt** hat (Art. 6 Abs. 4). In diesem Fall ist die betroffene Person nicht schutzwürdig, da ihre Erwartungen an die Weiterverarbeitung ihrer Daten durch die Einwilligung geprägt sind (vgl. Bygrave, Data Privacy Law, 2014, 154). Voraussetzung ist allerdings, dass wiederum die Einwilligung so bestimmt ist, dass sie den Zweck der Weiterverarbeitung klar erkennen lässt.
- eine **Rechtsvorschrift** des Unionsrechts oder des nationalen Rechts dies erlaubt, die notwendig und verhältnismäßig zum Schutz eines der Ziele ist, die **Art. 23 Abs. 1** nennt (Art. 6 Abs. 4). Diese Ausnahme entspricht Art. 13 Abs. 1 DSRL, der ebenfalls Ausnahmen vom Grundsatz der Zweckbindung für die dort genannten Ziele erlaubte. Hervorzuheben sind hier §§ 23, 24 BDSG.
- die Weiterverarbeitung für im öffentlichen Interesse liegende **Archivzwecke, für wissenschaftliche oder historische Forschungszwecke oder für statistische Zwecke** erfolgt (Abs. 1 lit. b Hs. 2). In diesem Fall wird die Vereinbarkeit mit dem Erhebungszweck fingiert (Paal/Pauly/Frenzel Rn. 32; für Rückausnahmen im Einzelfall NK-DatenschutzR/Roßnagel Rn. 109). Dem könnte die Wertung zugrunde liegen, dass die Daten für diese Zwecke nicht verarbeitet werden, um Erkenntnisse über die betroffene Person zu gewinnen oder Entscheidungen über sie zu treffen (so die Vermutung bei NK-DatenschutzR/Roßnagel Rn. 104; Paal/Pauly/Frenzel Rn. 32; vgl. zu statistischen Zwecken Erwägungsgrund 162 S. 5). Diese Ausnahme ist sehr kritisch zu bewerten, da sie die Zweckbindung erheblich aushöhlt; sie ist daher eng auszulegen (ebenso Richter DuD 2015, 735 (739); Buchner DuD 2016, 155 (157); Paal/Pauly/Frenzel Rn. 33). Problematisch wird Abs. 1 lit. b Hs. 2 insbesondere dann, wenn man davon ausgeht, dass eine Weiterverarbeitung nach Erwägungsgrund 50 S. 2 auf keiner (neuen) Rechtsgrundlage gem. Art. 6 Abs. 1 basieren muss, soweit sie mit dem Erhebungszweck vereinbar ist (so zB Ziegenhorn/v. Heckel NVwZ 2016, 1585 (1589 f.); Monreal ZD 2016, 507 (510); Kühling/Martini EuZW 2016, 448 (451); NK-DatenschutzR/Roßnagel Rn. 98 f.; differenzierend Schantz/Wolff DatenschutzR/Wolff Rn. 411; aA Schantz NJW 2016, 1841 (1844); NK-DatenschutzR/Schantz Art. 6 Abs. 1 Rn. 93 ff.; NK-DatenschutzR/Albrecht Art. 6 Einführung Rn. 12 ff.; Albrecht/Jotzo Das neue DatenschutzR Teil 3 Rn. 54 f.; HK-DS-GVO/Reimer Rn. 24; Ehmann/Selmayr/Heberlein Rn. 19 f.; Kühling/Buchner/Herbst Rn. 28 f., 48 f.; Kühling/Buchner/Buchner/Petri Art. 6 Rn. 181 ff.; Eichhofer PinG 2017, 135 (139 f.); SJTK/Jaspers/Schwartmann/Herrmann Rn. 43; offengelassen in BGH ZD 2019, 363 Rn. 44). In diesem Fall wäre eine Datenverarbeitung zu den in Abs. 1 lit. b Hs. 2 genannten Zwecken ohne weitere Voraussetzungen und ohne Berücksichtigung der Interessen der betroffenen Person zulässig. Dies erscheint **im Hinblick auf Art. 7, 8 GRCh zweifelhaft** (Schantz NJW 2016, 1841 (1844); aA Ziegenhorn/v. Heckel NVwZ 2016, 1585 (1590)). Zwar müssen bei einer

DS-GVO Artikel 5

Kapitel II. Grundsätze

Verarbeitung zu diesen privilegierten Zwecken die Maßgaben des Art. 89 Abs. 1 eingehalten werden (Ehmann/Selmayr/Heberlein Rn. 17 knüpft die Lockerung der Zweckbindung an die Einhaltung des Art. 89); diese kompensieren die Ausnahme von der Zweckbindung aber kaum, zumal auch das Widerspruchsrecht der betroffenen Person stark eingeschränkt wird (vgl. Art. 21 Abs. 6). Daher ist die Ausnahme **restriktiv auszulegen** (NK-DatenschutzR/Roßnagel Rn. 109; Schantz/Wolff DatenschutzR/Wolff Rn. 413; Paal/Pauly/Frenzel Rn. 32 f.; Richter DuD 2015, 735 (739)) und führt in jeden Fall zu einer engen Zweckbindung für diese privilegierten Zwecke, die eine weitere Zweckänderung insbesondere für nicht privilegierte Zwecke erheblich erschweren (Weichert ZD 2020, 18 (21)).

23 Ist die Weiterverarbeitung mit dem Erhebungszweck danach nicht vereinbar, ist sie unzulässig (BGH NZG 2020, 381 Rn. 29; BGH ZD 2019, 363 Rn. 34 ff.). Es ist nicht möglich, die **Unvereinbarkeit einer Weiterverarbeitung** mit dem Erhebungszweck durch Rückgriff auf eine Rechtsgrundlage nach Art. 6 Abs. 1 zu kompensieren; der Verantwortliche kann die Daten **nur erneut für den geplanten Zweck erheben** (BGH ZD 2019, 363 Rn. 38; Schantz/Wolff DatenschutzR/Wolff Rn. 399, 412; Albrecht CR 2016, 88 (92); Kühling/Buchner/Herbst Rn. 47: Kühling/Buchner/Buchner Petri Art. 6 Rn. 185; vgl. Artikel 29-Gruppe, WP 203 v. 2.4.2013, 36 zur DSRL; aA NK-DatenschutzR/Roßnagel Rn. 96). Anderenfalls würde der Grundsatz der Zweckbindung weitgehend entwertet werden. Ferner könnten die speziellen Anforderungen, die Art. 6 Abs. 4 iVm Art. 23 Abs. 1 für gesetzliche Ausnahmen aufstellt, umgangen werden. Schließlich entspräche ein solches Ergebnis auch nicht der Entstehungsgeschichte der Regelung.

23.1 Der Entwurf der Kommission und der Standpunkt des Rates sahen in Art. 6 Abs. 4 KOM-E/Rats-E Fälle vor, in denen eine Weiterverarbeitung trotz Unvereinbarkeit mit dem Erhebungszweck zulässig sein sollte. Voraussetzung hierfür sollte lediglich sein, dass eine Rechtsgrundlage nach Art. 6 Abs. 1 UAbs. 1 lit. a–e vorliegt. Der Rat wollte als weitere Ausnahme, nach der eine mit dem Erhebungszweck inkompatible Weiterverarbeitung auch möglich sein sollte, wenn das berechtigtes Interesse des Verarbeiters oder eines Dritten gegenüber den Interessen der betroffenen Person überwiegt. Dies hätte den Grundsatz der Zweckbindung weitestgehend seiner Bedeutung beraubt. Allerdings konnten sich Rat und Kommission im Trilog nicht gegen das Europäische Parlament durchsetzen, das solche Ausnahmen ablehnte (zur Entstehungsgeschichte Albrecht CR 2016, 88 (92); Albrecht/Jotzo Das neue DatenschutzR Teil 2 Rn. 5 und Teil 3 Rn. 52 ff.; Schantz NJW 2016, 1841 (1844); Kühling/Buchner/Herbst Rn. 49; Kühling/Buchner/Buchner/Petri Art. 6 Rn. 182 f.).

V. Datenminimierung (Abs. 1 lit. c)

24 Der Grundsatz der Datenminimierung setzt sich aus drei Anforderungen an die Datenverarbeitung zusammen, die sich alle am Zweck der Datenverarbeitung ausrichten und zusammen die drei Stufen der Verhältnismäßigkeitsprüfung widerspiegeln. Zunächst müssen die Daten für den verfolgten Zweck **erheblich** sein. Im Rahmen der Verhältnismäßigkeitsprüfung entspricht dies der Frage, ob ein Eingriff – hier die Verarbeitung personenbezogener Daten – geeignet ist, um ein legitimes Ziel zu erreichen.

25 Die zweite Stufe ist die **Erforderlichkeit:** Die Verarbeitung personenbezogener Daten muss auf das für die verfolgten Zwecke notwendige Maß begrenzt sein („limited to what ist necessary"). Im Vergleich mit der englischen Sprachfassung von Art. 6 Abs. 1 lit. c DSRL („not excessive") zeigt sich hier eine gewisse Verschärfung (Paal/Pauly/Frenzel Rn. 37; Ehmann/Selmayr/Heberlein Rn. 22; Schantz NJW 2016, 1841 (1843)). Trotzdem zeichnet der Grundsatz der Datenminimierung insoweit nur das Tatbestandsmerkmal der Erforderlichkeit nach, das bereits alle Rechtsgrundlagen des Art. 6 Abs. 1 (mit Ausnahme der Einwilligung) beinhalten. Er bleibt damit hinter dem Grundsatz der Datensparsamkeit nach § 3a S. 1 BDSG aF zurück (Hornung ZD 2012, 99 (103); NK-DatenschutzR/Roßnagel Rn. 123), dessen Ziel die Datenvermeidung ist und daher bereits bei der Gestaltung und Organisation von Datenverarbeitungsprozessen ansetzte. Demgegenüber richtet sich die Erforderlichkeit am Zweck der Datenverarbeitung aus und enthält keine normative Begrenzung des Umfangs der Datenverarbeitung. Auch Art. 25 Abs. 1 knüpft an den Grundsatz der Datenminimierung nach Art. 5 Abs. 1 lit. c an und bleibt damit allein auf den Zweck der Datenverarbeitung ausgerichtet.

25.1 Eine Verarbeitung ist dann nicht erforderlich, wenn ihr Ziel sich mit einem geringeren Eingriff in die Rechte der betroffenen Person ebenso effektiv erreichen ließe (vgl. nur NK-DatenschutzR/Roßnagel Rn. 121), als also keine „datenschutzschonende Alternative" (Schantz/Wolff DatenschutzR/Wolff Rn. 434) gibt. Bei vielen Angeboten im Internet ist es daher zB nicht erforderlich, dass der Nutzer sich identifiziert oder der Anbieter von ihm die Nutzung seines realen Namens verlangt (sog. **Klarnamenpflicht;** hierzu

Caspar ZRP 2015, 233); eine anonyme Nutzung oder eine Nutzung unter einem selbst gewählten Pseudonym wäre in vielen Fällen ebenso möglich (Schantz/Wolff DatenschutzR/Schantz Rn. 306; Schantz NJW 2016, 1841 (1841 f.); Rössel AfP 2021, 93 (97); Plath/Hullen/Roggemkamp TMG § 13 Rn. 43a). Dieser Gedanke liegt bisher bereits § 13 Abs. 6 TMG zugrunde. Auch wenn die Forderung nach einer vergleichbaren Regelung in der DSGVO nicht vom Unionsgesetzgeber aufgenommen worden ist, entbindet dies nicht von einer genauen Prüfung der Grundsätze des Art. 5 DSGVO (so aber offenbar OLG München MMR 2021, 245 Rn. 59, wobei das Gericht den Unterschied zwischen Pseudonymisierung und einem selbstgewählten Pseudonym übersieht). Kritisch ist auch die Erforderlichkeit der Verarbeitung von Daten mit Personenbezug bei **Big Data-Anwendungen** jeweils zu hinterfragen. Vielfach wird eine Nutzung von **anonymisierten oder pseudonymisierten Daten** ausreichend um ihren Zweck zu erreichen, weil es auf den Bezug der Daten zu einer einzelnen konkreten Person nicht ankommt.

Eine solche Begrenzung lässt sich am ehesten der dritten Stufe des Grundsatzes der Datenminimierung entnehmen: Die personenbezogenen Daten, die verarbeitet werden, müssen **dem Zweck angemessen** sein („adequate"). Dies geht über die bloße Erheblichkeit für den Zweck hinaus und verlangt eine **wertende Betrachtung,** ob die Verarbeitung von Daten in diesem Umfang im engeren Sinne verhältnismäßig ist (Paal/Pauly/Frenzel Rn. 35; Dammann/Simitis DSRL Art. 6 Rn. 11). Dies kann dazu führen, dass eine Datenverarbeitung, die zwar die Voraussetzungen einer Rechtsgrundlage – auch einer Einwilligung – erfüllt, trotzdem unzulässig ist, weil der Umfang der Datenverarbeitung von einer objektiven Perspektive aus exzessiv ist (NK-DatenschutzR/Roßnagel Rn. 119). Unangemessen kann auch eine Datenverarbeitung für **rein hypothetische Zwecke,** für die es im Zeitpunkt der Erhebung noch keinen absehbaren Anlass gibt. 26

VI. Richtigkeit (Abs. 1 lit. d)

Der Richtigkeit der verarbeiteten Daten wird datenschutzrechtlich eher wenig Aufmerksamkeit geschenkt (vgl. Hoeren ZD 2016, 459; MMR 2016, 8). Die Richtigkeit der verarbeiteten Daten ist aber für die betroffene Person von großer Bedeutung, denn diese Daten sind die Basis des Bildes, das sich andere über die betroffene Person machen, und Grundlage für Entscheidungen, die das Leben der betroffenen Person beeinflussen können. Dementsprechend hatte schon das BVerfG im Volkszählungsurteil vor Persönlichkeitsbildern – sozusagen „digitalen Zwillingen" (Joachim Gauck) – gewarnt, deren Richtigkeit die betroffene Person nur unzureichend kontrollieren kann (BVerfGE 65, 1 (42) = NJW 1984, 417 (421)). Der Grundsatz der Richtigkeit gilt dabei nicht nur für **Tatsachen,** welche über eine Person verarbeitet werden, sondern **auch für Werturteile insbesondere Prognosen und Korrelationen** (Artikel 29-Datenschutzgruppe WP 251 rev.01, 11; Stevens CR 2020, 73 (75); Hallinan/Zuiderveen Borgesius IDPL 10 (2020), 1 (8); aA NK-DatenschutzR/Roßnagel Rn. 140; Kühling/Buchner/Herbst Rn. 60), die im Rahmen des Profiling (Art. 4 Nr. 4), dh der Bewertung von Personen und ihren Eigenschaften oder Prognosen über sie, sowie im Rahmen von **künstlicher Intelligenz und selbstlernenden Systemen** eine immer größere Bedeutung gewinnen. Auch Werturteile können falsch sein, wenn sie auf einer fehlerhaften Tatsachengrundlage beruhen, von falschen Prämissen ausgehen oder das Ergebnis unrichtiger Schlussfolgerungen sein (zB dass zwischen einem Datum und der Zahlungsfähigkeit einer Person eine Korrelation besteht). Nach Erwägungsgrund 71 S. 6 muss Profiling daher auf „geeigneten und statistischen Verfahren beruhen". Zudem müssen Verantwortliche technische und organisatorische Maßnahmen treffen, um Diskriminierungen zu vermeiden, aber auch um sicherzustellen, „dass Faktoren, die zu unrichtigen personenbezogenen Daten führen, korrigiert werden (…)". Im Rahmen **selbstlernenden Systemen und künstlicher Intelligenz,** die sich auf Basis eigener „Erfahrungen" und Trainingsdaten fortentwickeln, ist sicherzustellen, dass Entscheidungen nicht auf ungeeigneten oder nicht repräsentativen Trainingsdaten beruhen und dadurch zu falschen oder diskriminierenden Ergebnissen führen (DSK, Hambacher Erklärung zur Künstlichen Intelligenz v. 3.4.2019, 3 f.). 27

Abs. 1 lit. d Hs. 1 verlangt daher vom Verantwortlichen, dass die verarbeiteten Daten richtig sind und, soweit dies für die Verarbeitung erforderlich ist, werden, damit sie auf dem neuesten Stand sind. Er soll nicht nur tätig werden, wenn die betroffene Person ihren Anspruch auf Berichtigung (Art. 16 Abs. 1) geltend macht und ggf. bis zur Klärung der Richtigkeit die Einschränkung der Verarbeitung verlangt (Art. 18 Abs. 1 lit. a). Der Verantwortliche muss vielmehr von sich aus **angemessene Maßnahmen** ergreifen, um unrichtige Daten unverzüglich zu löschen oder zu berichtigen (Abs. 1 lit. d Hs. 2; vgl. schon EuGH NVwZ 2009, 379 Rn. 60 – Huber). 28

Welche Maßnahmen zur Gewährleistung der Richtigkeit und der **Aktualisierung** angemessen sind, ist im Einzelfall unter Berücksichtigung des Zwecks der Verarbeitung zu bestimmen. Dies zeigt sich auch im Wortlaut an der Einschränkung der Aktualisierungspflicht durch das Wort 29

„erforderlichenfalls"; so können Daten, die zwar inzwischen veraltet sind, für Beweiszwecke weiterhin relevant sein (Ehmann/Selmayr/Heberlein Rn. 24). Generell aber gilt: An die Kontrolle der Daten im Kontext der Erhebung sind in der Regel höhere Anforderungen zu stellen als an die Kontrolle der Richtigkeit von Bestandsdaten. Der Verantwortliche muss aber in Bezug auf die von ihm gespeicherten Daten erstens dafür sorgen, dass Informationen, welche die Richtigkeit der gespeicherten Daten in Frage stellen, wahrgenommen werden, ggf. durch Beobachtung besonders relevanter Informationsquellen, und zweitens, wenn erforderlich, die vorhandenen Daten überprüft und berichtigt werden. Dies setzt zB voraus, dass er den Informationsfluss in seiner Organisation sicherstellt, damit neue Informationen auch ihren Weg zu den Stellen finden, welche die Richtigkeit der Daten bewerten und sie ggf. korrigieren können. Gesteigerte Bedeutung muss der Verantwortliche der Richtigkeit und Aktualität der Daten beimessen, die von besonderer Relevanz für die betroffene Person sind, zB weil auf ihrer Grundlage Entscheidungen getroffen werden oder weil sie an Dritte übermittelt werden und Unrichtigkeiten so später nur schwerer korrigierbar sind (zB Auskunfteien und Warndateien, während die Richtigkeit von Kundenprofilen zu Werbezwecken weniger relevant ist, vgl. Dammann/Simitis DSRL Art. 6 Rn. 15). Abs. 1 lit. d Hs. 2 bringt dies auch in seinem Wortlaut zum Ausdruck, wonach die Richtigkeit der Daten **„im Hinblick auf die Zwecke ihrer Verarbeitung"** gewährleistet sein muss (Paal/Pauly/Frenzel Rn. 41). Daten können vor ihrem Hintergrund ihres Zweckes auch unrichtig sein, wenn sie **unvollständig** sind und daher zu einem falschen Eindruck oder Fehlentscheidungen führen können (NK-DatenschutzR/Roßnagel Rn. 139).

30 In diesem Zusammenhang stellt sich die Frage, ob der Verantwortliche **Dritte, denen er die Daten übermittelt hat, auch dann auf deren Berichtigung hinweisen** muss, wenn er die Daten von sich aus berichtigt hat. **Art. 19 S. 1** ist seinem Wortlaut nach nicht anwendbar, weil er einen Berichtigungsanspruch der betroffenen Person nach Art. 16 voraussetzt. Aus Sicht der betroffenen Person wie des Verantwortlichen macht dies jedoch nur einen geringen Unterschied. Zumindest dann, wenn das berichtigte Datum für die betroffene Person aufgrund des Kontexts von einiger Bedeutung ist, wird der Verantwortliche nach den Grundsätzen der Richtigkeit sowie von Treu und Glauben verpflichtet sein, angemessene Anstrengungen zu unternehmen, um die Empfänger über die Berichtigung zu informieren.

31 Eine Berichtigung kommt allerdings nicht in allen Fällen in Betracht, wenn sich ein Datum später als falsch herausstellt („erforderlichenfalls"; hierzu Albrecht/Jotzo Das neue DatenschutzR Teil 2 Rn. 10). Wenn sich etwa Daten **auf einen bestimmten Zeitpunkt oder einen bestimmten vergangenen Vorgang beziehen,** würde eine inhaltliche Korrektur ihren Aussagegehalt verfälschen. „Im Hinblick auf die Zwecke ihrer Verarbeitung" (Abs. 1 Hs. 2) sind diese Daten richtig (zB geben Protokolle wieder, was eine Person in einer Sitzung gesagt hat – unabhängig von der inhaltlichen Richtigkeit der Aussage; Prüfungsantworten spiegeln den Kenntnisstand zum Zeitpunkt der Prüfung wieder, vgl. EuGH NJW 2018, 787 Rn. 54 f. – Nowak; rückwirkende Änderung des Namens in einer Personalakte nach geschlechtsangleichender Operation, vgl. OVG Hamburg NVwZ 2019, 1532 Rn. 22). Möglicherweise kann aber eine **Vervollständigung** der über eine Person verarbeiteten Daten geboten sein, wenn anderenfalls die Gefahr von Fehlschlüssen besteht (zB dass die richtig protokollierte Aussage über den Betroffenen auch inhaltlich zutrifft; ähnlich Dammann/Simitis DSRL Art. 6 Rn. 14).

VII. Speicherbegrenzung (Abs. 1 lit. e)

32 Der Grundsatz der Speicherbegrenzung konkretisiert den Grundsatz der **Datensparsamkeit in zeitlicher Hinsicht** (Albrecht/Jotzo Das neue DatenschutzR Teil 2 Rn. 6). Auch er ist daher eine Ausprägung des Grundsatzes der Verhältnismäßigkeit. Dass der Unionsgesetzgeber trotzdem zur Frage der Speicherdauer eigenen eigenständigen Grundsatz formuliert hat, gibt diesem Aspekt der Datenverarbeitung ein besonderes Gewicht und setzt die Verantwortlichen einem erhöhten Rechtfertigungsdruck aus (Paal/Pauly/Frenzel Art. 43). Dies unterstreicht auch EG 39 S. 8, wonach die Speicherdauer auf das **„unbedingt erforderliche Mindestmaß"** zu beschränken ist. Da der Verantwortliche auch die betroffene Person, soweit möglich, über die prospektierte Speicherdauer oder die Kriterien der Speicherdauer informieren muss (Art. 13 Abs. 2 lit. a; Art. 14 Abs. 2 lit. a) und die Einhaltung des Grundsatzes sicherstellen und nachweisen muss (Art. 5 Abs. 2), wird man daraus auch eine Pflicht folgern können, die Speicherdauer oder die Kriterien für die Dauer – ähnlich dem Zweck der Verarbeitung – intern festzulegen (iE ähnlich Ehmann/Selmayr/Heberlein Rn. 25).

33 Abs. 1 lit. e Hs. 1 erfasst vor allem Fälle der **Zweckerreichung** (vgl. Ehmann/Helfrich DSRL Art. 6 Rn. 29). Daten können aber auch ihre Relevanz für den Zweck verlieren, zu dem sie

verarbeitet werden (EuGH NJW 2014, 2257 Rn. 93 f. – Google Spain), zB wenn sie nicht mehr aktuell sind. Der Verantwortliche muss die Daten nicht nur dann löschen, wenn der Betroffene dies gem. Art. 17 Abs. 1 verlangt. Er muss dies auch aus eigener Initiative tun (EuGH NJW 2014, 2257 Rn. 72 – Google Spain; NVwZ 2009, 379 Rn. 60 – Huber). Um sicherzugehen, dass Daten nicht unnötig lange gespeichert werden, muss der Verantwortliche als Ausprägung seiner Rechenschaftspflicht nach Abs. 2 die von ihm gespeicherten Datenbestände **in regelmäßigen Abständen überprüfen** (Erwägungsgrund 39 S. 10) und die entsprechen Intervalle im Verarbeitungsverzeichnis aufführen (Art. 30 Abs. 1 S. 2 lit. f). Bei größeren Datenbeständen muss hierbei nicht auf den einzelnen Datensatz abgestellt werden, sondern können „typisierte Regelprüffristen" (VG Karlsruhe ZD 2017, 543 Rn. 18) oder Löschkonzepte (ausführlich Taeger/Gabel/Voigt Rn. 34 ff.) festgelegt werden. Sind Daten für den Verarbeitungszweck nicht mehr erforderlich, dürfen sie nach dem Grundsatz der Zweckerreichung **nicht auf Vorrat für noch unbestimmte Zwecke** aufbewahrt werden.

Eine Ausnahme vom Grundsatz der Speicherbegrenzung enthält Abs. 1 lit. e Hs. 2 zugunsten **34** der Verarbeitung für im öffentlichen Interesse liegende Archivzwecke, für Zwecke der wissenschaftlichen und historischen Forschung sowie der Statistik. Mit dieser **Privilegierung** wollte der Unionsgesetzgeber dem gesellschaftlichen Interesse an einer funktionierenden Forschung und dem Erhalt des kollektiven Gedächtnisses Rechnung tragen (Albrecht/Jotzo Das neue DatenschutzR Teil 2 Rn. 9). Voraussetzung für eine längere Speicherung personenbezogener Daten zu diesen Zwecken ist, dass als Kompensation zum Schutz der Interessen des Betroffenen die technischen und organisatorischen Maßnahmen eingehalten werden, die Art. 89 Abs. 1 S. 2 verlangt. Vor allem muss der Verantwortliche prüfen, ob er für den verfolgten Zweck überhaupt personenbezogene Daten verarbeiten muss oder auch anonymisierte Daten ausreichen (Art. 89 Abs. 1 S. 4, Erwägungsgrund 156 S. 3; vgl. für statistische Zwecke EuGH NVwZ 2009, 379 Rn. 64 f. – Huber).

Hierin liegt ein gewisser Widerspruch zu Abs. 1 lit. e Hs. 2, der die Aufbewahrung von Daten in **34.1** personenbezogener Form für Zwecke des Art. 89 Abs. 1 erlaubt, ohne dass dafür konkrete Verarbeitungsvorgänge erforderlich sind, also gewissermaßen auf Vorrat. Aufgrund des fehlenden konkreten Verarbeitungszwecks lässt sich kaum beurteilen, ob sie für eine potentielle, noch nicht feststehende Weiterverarbeitung in personenbezogener Form erforderlich sind. Im Falle eines konkreten Weiterverarbeitungsvorgangs ist dann aber gem. Art. 89 Abs. 1 S. 4 zu prüfen, ob hierfür wirklich personenbezogene Daten erforderlich sind (für Begrenzung von Abs. 1 lit. e Hs. 2 durch Art. 89 Abs. 1 S. 4 Albrecht/Jotzo Das neue DatenschutzR Teil 3 Rn. 74).

VIII. Integrität und Vertraulichkeit (Abs. 1 lit. f)

Der Grundsatz der Integrität und Vertraulichkeit beschreibt zwei Ziele, denen die **Gewährleis- 35 tung der Datensicherheit** gem. Art. 32 dient. Integrität beschreibt in diesem Zusammenhang den Schutz der Unversehrtheit der Daten, also, dass sie nicht ganz oder teilweise gelöscht, auf andere Art vernichtet oder unbefugt verändert werden (Paal/Pauly/Frenzel Rn. 47). Vertraulichkeit zielt auf den Schutz der Daten vor unbefugter Kenntnisnahme und damit vor unbefugter Verarbeitung.

Abs. 1 lit. f stellt nach seinem Wortlaut in erster Line auf eine angemessene Sicherheit personen- **36** bezogener Daten durch geeignete technische und organisatorische Maßnahmen ab. Hierzu gehört nach Erwägungsgrund 39 S. 12, dass unbefugte Personen weder Zugang zu den Daten, noch zu den Geräten haben, mit denen sie verarbeitet werden. Wie aber aus den Beispielen deutlich wird, die Abs. 1 lit. f aufzählt, bezieht sich dieser Schutz nicht nur auf gezielte Eingriffe, sondern auch auf unbeabsichtigte Veränderungen der Daten. Welche Maßnahmen zum Schutz der Daten ergriffen werden müssen, hängt insbesondere vom Risiko eines unberechtigten Zugriffs, der Art der Verarbeitung ab (vgl. EuGH NJW 2014, 2169 Rn. 54 f. – Digital Rights Ireland) sowie der Bedeutung der Daten für die Rechte und Interessen der betroffenen Personen ab (zB werden Finanzdaten oder besondere Kategorien von Daten nach Art. 9 Abs. 1 eines höheren Schutzes bedürfen).

IX. Rechenschaftspflicht (Abs. 2)

Der Grundsatz der Rechenschaftspflicht war als Verpflichtung, die Einhaltung der Grundsätze **37** des Abs. 1 sicherzustellen, bereits in Art. 6 Abs. DSRL enthalten. Neu hinzugekommen ist die Verpflichtung, die Einhaltung dieser Grundsätze nachzuweisen (grundlegende Kritik bei Veil ZD 2018, 9 (11 f.)). Abs. 2 enthält damit die beiden wesentlichen Aspekte des Konzepts der „**Accountablity**" (Artikel 29-Datenschutzgruppe WP 173 v. 13.7.2010, 9 f.), bezieht sich – anders als noch im Entwurf der Kommission (Art. 5 Abs. 1 lit. f KOM-E) – nicht mehr auf alle Vorschriften der DS-GVO, sondern wie seine Vorgängerregelung nur auf die Grundsätze des Abs. 1.

38 Der Grundsatz der Rechenschaftspflicht ist daher in allgemeiner Form sehr viel deutlicher in **Art. 24 Abs. 1** abgebildet: Der Verantwortliche muss danach – abhängig vom Risiko seiner Datenverarbeitung für die Rechte und Interessen der betroffenen Personen (sog risikobasierter Ansatz) – die technischen und organisatorischen Maßnahmen ergreifen, um sicherzustellen und den Nachweis zu erbringen, dass die Verarbeitung im Einklang mit der DS-GVO erfolgt. Der Verantwortliche haftet also nicht nur für den Erfolg, der Einhaltung der datenschutzrechtlichen Vorgaben; er muss bereits im Vorfeld interne **Compliance-Maßnahmen** ergreifen, um Verstöße gegen die DSGVO zu vermeiden. Diese Maßnahmen unterliegen wiederum der Kontrolle durch die Aufsichtsbehörden (vgl. Artikel 29-Datenschutzgruppe WP 173 v. 13.7.2010, 8, 12 und 19). Dieser Ansatz entspricht dem Bestreben des Unionsgesetzgebers, ein größeres Gewicht auf die Eigenverantwortung der Verantwortlichen zu legen. Deutlichstes Zeichen für diesen Willen ist, dass der Unionsgesetzgeber von der allgemeinen Meldepflicht vor Beginn einer Datenverarbeitung Abschied genommen und sie durch den risikoorientierten Ansatz der Datenschutz-Folgenabschätzung und einer anschließenden Konsultation der Datenschutzaufsichtsbehörden ersetzt hat (Albrecht/Jotzo Das neue DatenschutzR Teil 2 Rn. 18).

39 Den Verantwortlichen trifft nicht nur die Verantwortung für die Einhaltung der Grundsätze des Abs. 1; er muss ihre Einhaltung auch nachweisen können. Diese **Nachweispflicht** kann er nur durch eine entsprechende Dokumentation oder ein Daten-Managementsystem erfüllen, die er zumindest für drei Jahre vorhalten sollte (zur Herleitung dieser Frist aus der Verfolgungsverjährung nach § 31 Abs. 3 S. 1 OWiG, siehe Taeger/Gabel/Voigt Rn. 44). Sie bürdet ihm auch die Darlegungs- und Beweislast in Streitfällen auf (streitig, dafür NK-DatenschutzR/Roßnagel Rn. 186; Ehmann/Selmayr/Heberlein Rn. 32; Gola/Pötters Rn. 34; Kühling/Buchner/Herbst Rn. 78; Schantz/Wolff DatenschutzR/Wolff Rn. 449; aA Veil ZD 2018, 9 (12); HK-DS-GVO/Reimer Rn. 53). Dies ist auch sachgerecht, weil der Verantwortliche bereits nach Art. 6 Abs. 1, Art. 5 Abs. 1 lit. a die Rechtmäßigkeit der Datenverarbeitung nachweisen können muss (EuGH NJW 2021, 841 Rn. 42 – Orange România/ANSPDCP) und die Motive und Überlegungen hinter der Datenverarbeitung in der Sphäre des Verantwortlichen liegen. Anders liegt der Fall hingegen, wenn die betroffene Person etwa ihr Widerspruchsrecht nach Art. 21 Abs. 1 S. 1 geltend macht, da die Gründe, die sich aus ihrer besonderen Situation ergeben, typischerweise dem Verantwortlichen gerade nicht bekannt sein können (iE ebenso BGH NJW 2020, 3444 Rn. 31).

Artikel 6 Rechtmäßigkeit der Verarbeitung

(1) ¹Die Verarbeitung ist nur rechtmäßig, wenn mindestens eine der nachstehenden Bedingungen erfüllt ist:
a) Die betroffene Person hat ihre Einwilligung zu der Verarbeitung der sie betreffenden personenbezogenen Daten für einen oder mehrere bestimmte Zwecke gegeben;
b) die Verarbeitung ist für die Erfüllung eines Vertrags, dessen Vertragspartei die betroffene Person ist, oder zur Durchführung vorvertraglicher Maßnahmen erforderlich, die auf Anfrage der betroffenen Person erfolgen;
c) die Verarbeitung ist zur Erfüllung einer rechtlichen Verpflichtung erforderlich, der der Verantwortliche unterliegt;
d) die Verarbeitung ist erforderlich, um lebenswichtige Interessen der betroffenen Person oder einer anderen natürlichen Person zu schützen;
e) die Verarbeitung ist für die Wahrnehmung einer Aufgabe erforderlich, die im öffentlichen Interesse liegt oder in Ausübung öffentlicher Gewalt erfolgt, die dem Verantwortlichen übertragen wurde;
f) die Verarbeitung ist zur Wahrung der berechtigten Interessen des Verantwortlichen oder eines Dritten erforderlich, sofern nicht die Interessen oder Grundrechte und Grundfreiheiten der betroffenen Person, die den Schutz personenbezogener Daten erfordern, überwiegen, insbesondere dann, wenn es sich bei der betroffenen Person um ein Kind handelt.
²Unterabsatz 1 Buchstabe f gilt nicht für die von Behörden in Erfüllung ihrer Aufgaben vorgenommene Verarbeitung.

(2) Die Mitgliedstaaten können spezifischere Bestimmungen zur Anpassung der Anwendung der Vorschriften dieser Verordnung in Bezug auf die Verarbeitung zur Erfüllung von Absatz 1 Buchstaben c und e beibehalten oder einführen, indem sie

spezifische Anforderungen für die Verarbeitung sowie sonstige Maßnahmen präziser bestimmen, um eine rechtmäßig und nach Treu und Glauben erfolgende Verarbeitung zu gewährleisten, einschließlich für andere besondere Verarbeitungssituationen gemäß Kapitel IX.

(3) ¹Die Rechtsgrundlage für die Verarbeitungen gemäß Absatz 1 Buchstaben c und e wird festgelegt durch
a) Unionsrecht oder
b) das Recht der Mitgliedstaaten, dem der Verantwortliche unterliegt.
²Der Zweck der Verarbeitung muss in dieser Rechtsgrundlage festgelegt oder hinsichtlich der Verarbeitung gemäß Absatz 1 Buchstabe e für die Erfüllung einer Aufgabe erforderlich sein, die im öffentlichen Interesse liegt oder in Ausübung öffentlicher Gewalt erfolgt, die dem Verantwortlichen übertragen wurde. ³Diese Rechtsgrundlage kann spezifische Bestimmungen zur Anpassung der Anwendung der Vorschriften dieser Verordnung enthalten, unter anderem Bestimmungen darüber, welche allgemeinen Bedingungen für die Regelung der Rechtmäßigkeit der Verarbeitung durch den Verantwortlichen gelten, welche Arten von Daten verarbeitet werden, welche Personen betroffen sind, an welche Einrichtungen und für welche Zwecke die personenbezogenen Daten offengelegt werden dürfen, welcher Zweckbindung sie unterliegen, wie lange sie gespeichert werden dürfen und welche Verarbeitungsvorgänge und -verfahren angewandt werden dürfen, einschließlich Maßnahmen zur Gewährleistung einer rechtmäßig und nach Treu und Glauben erfolgenden Verarbeitung, wie solche für sonstige besondere Verarbeitungssituationen gemäß Kapitel IX. ⁴Das Unionsrecht oder das Recht der Mitgliedstaaten müssen ein im öffentlichen Interesse liegendes Ziel verfolgen und in einem angemessenen Verhältnis zu dem verfolgten legitimen Zweck stehen.

(4) Beruht die Verarbeitung zu einem anderen Zweck als zu demjenigen, zu dem die personenbezogenen Daten erhoben wurden, nicht auf der Einwilligung der betroffenen Person oder auf einer Rechtsvorschrift der Union oder der Mitgliedstaaten, die in einer demokratischen Gesellschaft eine notwendige und verhältnismäßige Maßnahme zum Schutz der in Artikel 23 Absatz 1 genannten Ziele darstellt, so berücksichtigt der Verantwortliche – um festzustellen, ob die Verarbeitung zu einem anderen Zweck mit demjenigen, zu dem die personenbezogenen Daten ursprünglich erhoben wurden, vereinbar ist – unter anderem
a) jede Verbindung zwischen den Zwecken, für die die personenbezogenen Daten erhoben wurden, und den Zwecken der beabsichtigten Weiterverarbeitung,
b) den Zusammenhang, in dem die personenbezogenen Daten erhoben wurden, insbesondere hinsichtlich des Verhältnisses zwischen den betroffenen Personen und dem Verantwortlichen,
c) die Art der personenbezogenen Daten, insbesondere ob besondere Kategorien personenbezogener Daten gemäß Artikel 9 verarbeitet werden oder ob personenbezogene Daten über strafrechtliche Verurteilungen und Straftaten gemäß Artikel 10 verarbeitet werden,
d) die möglichen Folgen der beabsichtigten Weiterverarbeitung für die betroffenen Personen,
e) das Vorhandensein geeigneter Garantien, wozu Verschlüsselung oder Pseudonymisierung gehören kann.

Überblick

Art. 6 ist eine zentrale Norm sowohl im unionalen als auch für das mitgliedstaatliche Datenschutzrecht. In seinen ersten drei Absätzen betrifft er Rechtmäßigkeitsvoraussetzungen in Gestalt der Grundlagen, auf die sich eine Verarbeitung personenbezogener Daten stützen darf und muss. Dabei geht es darum, einen Rechtsrahmen für die Verarbeitung personenbezogener Daten zu schaffen (→ Rn. 2, → Rn. 11). Im Gesetzgebungsverfahren war die Norm Gegenstand zahlreicher Kontroversen, die ihr Verständnis prägen und teilweise erschweren (→ Rn. 5 ff.). Ihr Verständnis erfordert den Blick auf übergreifende Regelungsmuster, etwa auf die Differenz von Privaten und öffentlichen Stellen, die Verarbeitung gerade personenbezogener Daten oder das datenschutzrechtliche Regelungselement der Erforderlichkeit (→ Rn. 12 ff.). Die Rechtmäßigkeit der Verarbeitung personenbezogener Daten setzt voraus, dass mindestens einer der Rechtmäßigkeitstatbestände des Abs. 1 UAbs. 1 vorliegt (→ Rn. 24 ff.). Abs. 2 und 3 eröffnen mitgliedstaatliche Regelungs-

DS-GVO Artikel 6

spielräume zur Gestaltung des Datenschutzrechts im öffentlichen Bereich (→ Rn. 73 ff.). Abs. 4 steht im Zusammenhang mit dem im Art. 5 Abs. 1 lit. b verankerten Grundsatz der Zweckbindung, in Hs. 1 aber auch mit Art. 23. Er enthält Kriterien für die Beurteilung der Zweckvereinbarkeit und verweist auf die Möglichkeit darüber hinausgehender Zweckänderungen (→ Rn. 95 ff.).

Übersicht

	Rn.		Rn.
A. Allgemeines	1	**C. Öffnungsklauseln und mitgliedstaatliches Recht (Abs. 2 und 3)**	73
I. Überblick über die Aussagen der Norm	1	I. Mitgliedstaatliche Regelungsspielräume zur Gestaltung des Datenschutzrechts im öffentlichen Bereich	73
II. Vorgängerregelung und Normgenese	5		
B. Rechtmäßigkeit der Verarbeitung (Abs. 1)	10	II. Das Verhältnis von Abs. 2 und Abs. 3	84
I. Übergreifende Regelungsmuster im Rahmen der Rechtmäßigkeitsvoraussetzungen	10	III. Rechtsgrundlagen aus dem Unionsrecht (Abs. 3 UAbs. 1 lit. a)	88
II. Einzelne Rechtmäßigkeitsvoraussetzungen (Art. 6 Abs. 1 UAbs. 1)	24	IV. Die Neugestaltung des deutschen Datenschutzrechts	91
1. „Mindestens eine der nachstehenden Bedingungen"	24	**D. Zweckänderungen und Zweckvereinbarkeit (Abs. 4)**	95
2. Einwilligung (lit. a)	29	I. Zweckbindung, Zweckänderungen, Zweckvereinbarkeit	96
3. Vertragserfüllung und vorvertragliche Maßnahmen (lit. b)	40	II. Anforderungen an eine Weiterverarbeitung in Fällen der Zweckvereinbarkeit	102
4. Erfüllung einer rechtlichen Verpflichtung (lit. c)	48	III. Aussagegehalt des Abs. 4 Hs. 1 und Anforderungen an mitgliedstaatliches Recht	110
5. Lebenswichtiges Interesse (lit. d)	51		
6. Wahrnehmung einer Aufgabe im öffentlichen Interesse oder in Ausübung hoheitlicher Gewalt (lit. e)	53	**E. Rechtmäßigkeitsanforderungen und Rechtswidrigkeitsfolgen**	115
7. Wahrung berechtigter Interessen des Verantwortlichen oder eines Dritten (lit. f)	63		

A. Allgemeines

I. Überblick über die Aussagen der Norm

1   Neben Art. 5 ist Art. 6 die **zentrale Vorschrift** für die Bewertung der Rechtmäßigkeit der Verarbeitung von personenbezogenen Daten. In terminologischer Hinsicht ist der Unionsgesetzgeber von der Unterscheidung von „Anforderungen an die **Qualität** der Daten" (Art. 6 DSRL) und „Grundsätzen für die **Zulässigkeit** der Verarbeitung von Daten" (Art. 7 DSRL) abgewichen (zum Hintergrund der terminologischen Differenzierung in der DSRL s. Albers, Informationelle Selbstbestimmung, 2005, 321 f., Open Access unter www.nomos-elibrary.de/10.5771/9783845258638/informationelle-selbstbestimmung). Differenziert wird nunmehr nach **Grundsätzen** für die Verarbeitung (Art. 5) und Voraussetzungen für die **Rechtmäßigkeit** der Verarbeitung (Art. 6). Dass Art. 6 mit „Rechtmäßigkeit der Datenverarbeitung" überschrieben ist, ist insoweit missverständlich, als die Norm nicht erschöpfend die Rechtmäßigkeit der Verarbeitung personenbezogener Daten regelt. Sie betrifft nur die Gründe, die eine Datenverarbeitung tragen können, und insofern nur das „Ob" der Datenverarbeitung, nicht das „Wie" (s. auch Paal/Pauly/Frenzel Rn. 7). Die Vorschrift wird flankiert von weiteren materiellen Anforderungen an die Rechtmäßigkeit, wie etwa den Betroffenenrechten (Art. 12 ff.) oder Datensicherheitsmaßnahmen (Art. 32 ff.). Verstöße gegen Art. 6 werden gem. Art. 83 Abs. 5 lit. a mit Geldbußen von bis zu 20 Millionen EUR respektive 4% des gesamten weltweiten Jahresumsatzes **sanktioniert**.

2   Art. 6 **Abs. 1** ist inhaltlich weitestgehend deckungsgleich mit den Vorgaben der Vorgängerregelung in Art. 7 DSRL. Die Verarbeitung personenbezogener Daten ist nur rechtmäßig, wenn sie auf eine der aufgeführten Rechtmäßigkeitsvoraussetzungen gestützt werden kann. Dabei sind die in Art. 6 Abs. 1 UAbs. 1 lit. a–f aufgezählten „Bedingungen" rahmenartig gestaltet. Die häufig gewählte Bezeichnung der in Art. 6 Abs. 1 geregelten Rechtmäßigkeitsanforderungen als „Verbot mit Erlaubnisvorbehalt" ist dogmatisch verfehlt. Vielmehr geht es darum, einen **Rechtsrahmen für die Verarbeitung personenbezogener Daten** zu schaffen (→ Rn. 11 ff.). **Rechtswidrigkeitsfolgen** im Verarbeitungszusammenhang können in Abhängigkeit vom Kontext eigenständig zu beurteilen sein (→ Rn. 115 ff.). Etwa können Videoaufzeichnungen, die aus einer rechtswidrigen, insbesondere nicht von Art. 6 Abs. 1 UAbs. 1 lit. f DS-GVO gedeckten Videoüberwachung stammen, im Strafprozess als Beweismittel verwertbar sein (BGH ZD 2021, 637).

Rechtmäßigkeit der Verarbeitung   **Artikel 6 DS-GVO**

Abs. 2 enthält eine **Öffnungsklausel,** durch welche den Mitgliedstaaten die Möglichkeit eröff- 3
net wird, mit Bezug auf die Zulässigkeitstatbestände in Abs. 1 lit. c und e spezifischere Bestimmungen im mitgliedstaatlichen Recht einzuführen oder beizubehalten. Insbesondere der öffentliche Bereich wird somit adressiert, dies vor allem, weil gerade im öffentlichen Sektor Ausgestaltungen und Regelungsmuster in den nationalen Rechtssystemen in vieler Hinsicht divergieren und der unionale Datenschutzstandard sachgerecht und mit Rücksicht auf Kompetenzen eingepasst werden muss (→ Rn. 74 ff.). **Abs. 3 UAbs. 1** legt fest, dass Rechtsgrundlagen für die Verarbeitung gem. Abs. 1 lit. c und e durch (a) Unionsrecht oder (b) das Recht der Mitgliedstaaten, dem der Verantwortliche unterliegt, festgelegt werden. **Abs. 3 UAbs. 2** präzisiert die Anforderungen an eine solche Rechtsgrundlage. Auch Abs. 3 UAbs. 1 lit. b öffnet die DS-GVO also für mitgliedstaatliche Rechtsetzung. Dieses unmittelbare Nebeneinander von zwei Öffnungsklauseln führt dazu, dass deren Verhältnis zueinander klärungsbedürftig ist (→ Rn. 84 ff.).

Abs. 4 steht in engem systematischen Zusammenhang mit dem in Art. 5 Abs. 1 lit. b veranker- 4
ten Grundsatz der Zweckbindung (→ Rn. 96 ff.). Unter bestimmten Voraussetzungen sind Verarbeitungen personenbezogener Daten zu anderen Zwecken als zu denjenigen, zu denen sie ursprünglich erhoben wurden, rechtmäßig, nämlich im Falle einer Zweckvereinbarkeit und im Falle anderweitig rechtlich abgesicherter Zweckänderungen. Für den Fall, dass die Zweckänderung nicht von einer Einwilligung der betroffenen Person oder einer zureichenden Rechtsgrundlage im Unionsrecht oder im Recht der Mitgliedstaaten gedeckt ist, enthält zu einen **Art. 6 Abs. 4 Hs. 2** Maßgaben für den „**Kompatibilitätstest**", indem sie fünf regelbeispielhafte Kriterien aufzählt, die der Verantwortliche bei der Prüfung der Vereinbarkeit von geänderten Zwecken mit dem Ursprungszweck zu berücksichtigen hat (→ Rn. 102 ff.). Zum anderen ergibt sich aus der **Kombination von Art. 6 Abs. 4 Hs. 1 und Art. 23 Abs. 1** für die davon erfassten Konstellationen die Möglichkeit, mittels einer bestimmte Anforderungen erfüllenden **Rechtsvorschrift** des Unionsrecht oder des mitgliedstaatlichen Rechts Zweckänderungen zu regeln (→ Rn. 110 ff.).

II. Vorgängerregelung und Normgenese

Der Katalog der Zulässigkeitsvoraussetzungen in **Art. 6 Abs. 1** entspricht im Wesentlichen 5
jenem in der Vorgängerregelung Art. 7 DSRL. Aus der Handlungsform der Verordnung resultiert freilich der Unterschied, dass die DS-GVO unmittelbar gilt, sofern dies nicht durch Öffnungsklauseln relativiert wird. Ein vergleichender Blick auf die Verhandlungsdokumente der am Trilog beteiligten Parteien offenbart, dass mit Blick auf Abs. 1 UAbs. 1 lit. b, c und e von Anfang Einigkeit bestand und lediglich die Einwilligungs- bzw. Rechtmäßigkeitsvoraussetzungen in Abs. 1 UAbs. 1 lit. a bzw. lit. f umstritten waren (für einen Vergleich der Formulierungen in Art. 6 der Endfassung mit jenen in den verschiedenen Entwürfen s. Paal/Pauly/Frenzel Rn. 4 ff.).

Der direkte Vergleich mit den Formulierungen in Art. 7 DSRL offenbart vereinzelte Abwei- 6
chungen und Ergänzungen, welche Hinweise auf gesetzgeberische Intentionen und Auslegungstendenzen geben können (Plath/Plath Rn. 2). Im Unterschied zu Art. 7 DSRL stellt die Norm nunmehr explizit klar, dass auch mehrere der aufgeführten Tatbestände kumulativ erfüllt sein können („mindestens eine der nachstehenden Bedingungen"). Dass sich aus dieser Abweichung eine Änderung der bisherigen Rechtslage abzeichnet, ist nicht ersichtlich (so auch Kühling/Buchner/Buchner/Petri Rn. 13, die darauf verweisen, dass die Art. 29-Datenschutzgruppe bereits auf Grundlage der DSRL von einer kumulativen Anwendbarkeit der Rechtmäßigkeitstatbestände ausgegangen ist). In **Abs. 1 Uabs. 1 lit. a** wurde der Passus „ohne jeden Zweifel" gestrichen. Dafür wurde ergänzt, dass die Einwilligung auch zu mehr als einem bestimmten Zweck gegeben werden kann. Die Streichung fällt deshalb nicht so sehr ins Gewicht, weil die Erwägungsgründe 32, 42 und 43 insoweit konkretisierende Vorgaben machen und die Formulierung in Art. 4 Nr. 11 – verändert – ihren Niederschlag gefunden hat. **Abs. 1 UAbs. 1 lit. d** wurde im Laufe des Gesetzgebungsverfahrens dahingehend ergänzt, dass eine Verarbeitung auch zum Schutz lebenswichtiger Interessen einer anderen (natürlichen) Person als der des Betroffenen erforderlich sein kann. In **Abs. 1 UAbs. 1 lit. e** wird der Dritte, dem die Daten übertragen werden, nicht mehr erwähnt. **Abs. 1 UAbs. 1 lit. f** wurde gegenüber Art. 7 lit. f DSRL insofern ergänzt, als Minderjährige nunmehr als besonders schutzbedürftig Betroffene hervorgehoben werden. Demnach ist das „insbesondere dann, wenn es sich bei der betroffenen Person um ein Kind handelt" zu prüfen, inwieweit deren Interessen, Grundfreiheiten und Grundrechte gegenüber den Interessen des Verantwortlichen überwiegen. Neu ist zudem **Abs. 1 UAbs. 2,** der eine Bereichsausnahme vom Zulässigkeitstatbestand in Abs. 1 UAbs. 1 lit. f enthält für Verarbeitungen, die von Behörden in Erfüllung ihrer Aufgaben wahrgenommen werden.

7   Der jetzige Inhalt von **Abs. 2** ist auf den Einsatz verschiedener Mitgliedstaaten im Rat für **größere Flexibilität im öffentlichen Sektor** zurückzuführen. Der ursprüngliche **Abs. 2** des Kommissionsentwurfs (KOM/2012/011 endgültig, abrufbar unter http://eur-lex.europa.eu/legal-content/DE/TXT/HTML/?uri=CELEX:52012PC0011&from=EN) wurde vor der finalen Version gestrichen, um keine Interpretationsmöglichkeit zu schaffen, wonach Forschungszwecke selbständig als Rechtmäßigkeitstatbestand gesehen werden könnten (Albrecht CR 2016, 88 (92), s. aber Art. 5 Abs. 1 lit. b, welcher solche Zweckänderungen privilegiert). Den jetzigen Inhalt versuchte die Kommission zunächst mit dem Einwand abzuwehren, durch Art. 6 Abs. 3 sei schon ausreichende Flexibilität gewährleistet (Ratsdok. 16525/12, Ziffern 20–24). Die Mitgliedstaaten wollten aber sicherstellen, dass der Regelungsspielraum, wie er in Art. 5 DSRL enthalten war, jedenfalls für öffentlichen Sektor so weit wie möglich erhalten bleibt. Für mehr Flexibilität im öffentlichen Sektor haben sich im Laufe des Gesetzgebungsverfahren u.a. ausgesprochen Dänemark (Rat der Europäischen Union, Dok. 11640/14 v. 7.7.2014, S. 1 ff. Frankreich, (Rat der Europäische Union, Dok. 14098/1/14 Rev 1 v. 20.10.2014, S. 17 ff.), Estland (Rat der Europäische Union, Dok. 14786/14 v. 28.10.2014, S. 2) und die Slowakei (Rat der Europäische Union, Dok. 14098/1/14 Rev 1 v. 20.10.2014, S. 44). Dabei vertraten die Mitgliedstaaten indes unterschiedliche Ansichten, wie dies rechtssetzungstechnisch umgesetzt werden sollte. Insbesondere die Einfügung einer Mindestharmonisierungsklausel für den öffentlichen Sektor war zwischen ihnen umstritten (s. auch dazu die vorstehenden Ratsdokumente, allesamt abrufbar über die Suchfunktion unter https://www.consilium.europa.eu/de/documents-publications/public-register/public-register-search/). Inhalte und normative Aussagen des Abs. 2 erschließen sich nur in Zusammenschau mit Abs. 3.

8   Mit Blick auf **Abs. 3** stand anfangs zur Debatte, ob die mitgliedstaatliche Regelungsbefugnis nur **spezifischere** oder aber auch **erweiternde**, also abweichende Vorschriften umfassen sollte. Dänemark und Deutschland sprachen sich für eine Erweiterung aus (s. Ratsdokument 11013/13 Art. 6 Fn. 56. Nachweise zur Genese der Bestimmung iE bei Kühling/Buchner/Buchner/Petri Rn. 6, 92 ff.). Der Rat sah im Zuge dieser Diskussion zunächst eine Abweichungsmöglichkeit „nach oben" vor, in der einschlägigen Fassung lautete Art. 1 Abs. 2a: „Member states may maintain or introduce national provisions ensuring a higher level of protection of the rights and freedoms of the data subject, than those provided for in this Regulation, with regard to the processing of personal data by public authorities for the performance of a task carried out in the public interest or in the exercise of official authority vested in the controller" (Ratsdokument 13355/14). Im Ergebnis entschied sich der Rat für eine Ermächtigung zu **spezifischeren** Regelungen (vgl. Art. 1 Abs. 2a in Ratsdokument 9565/15, der im Wesentlichen dem heutigen Art. 6 Abs. 2 entspricht). Die Verschiebung dieser Bestimmung von Art. 1 Abs. 2a nach Art. 6 Abs. 2 (in der Trilogfassung noch Art. 6 Abs. 2a) führt in der Endfassung zu einer Doppelung von Öffnungsklauseln für mitgliedstaatliche Rechtsetzung in Abs. 2 und Abs. 3.

9   **Abs. 4** regelt Anforderungen an zweckändernde (Weiter-)Verarbeitungen. Er stellt gegenüber der DSRL eine wesentliche materiell-rechtliche Neuerung der DS-GVO dar. Die DSRL äußerte sich zur Zulässigkeit von zweckändernden Verarbeitungen allein in Art. 6 Abs. 1 lit. b. Danach durfte die Zweckbestimmung der Ersterhebung nicht unvereinbar mit der Zweckbestimmung zur Weitervereinbarung sein, ohne dass konkrete Kriterien zur Beurteilung der Vereinbarkeit benannt worden wären. Diese Bestimmung hat in Art. 5 lit. b einen direkten Nachfolger erhalten. Kriterien für den Kompatibilitätstest regelt freilich nunmehr Art. 6 Abs. 4 Hs. 2; man kann Zweifel haben, ob der systematische Standort gut gewählt ist. Die konkrete Ausgestaltung von Art. 6 Abs. 4 war im **Gesetzgebungsprozess** sehr umstritten und ist dementsprechend mehrfach geändert worden. Die verschiedenen Fassungen der Bestimmung haben zu interpretationsbedürftigen und missverständlichen Formulierungen in der Endversion beigetragen. Die Kommission hatte in ihrem Vorschlag (in Art. 6 Abs. 4 und Erwägungsgrund 40 des Vorschlags) betont, dass die Verarbeitung personenbezogener Daten für andere Zwecke nur zulässig sein sollte, wenn diese mit den Zwecken, für die sie ursprünglich erhoben wurden, vereinbar sind. Für den Fall, dass der andere Zweck nicht mit dem ursprünglichen Zweck, für den die Daten erhoben wurden, vereinbar ist, sollte sie auf die Einwilligung der betroffenen Person oder auf einen anderen Rechtmäßigkeitsgrund gestützt werden können, der sich beispielsweise aus unionalem oder mitgliedstaatlichem Recht ergibt. In jedem Fall sollte gewährleistet sein, dass die in dieser Verordnung niedergelegten Grundsätze angewandt werden und die betroffene Person über diese anderen Zwecke unterrichtet wird. Nachdem das Europäische Parlament den gesamten Abs. 4 gestrichen hatte, übernahm der Rat Teile der Formulierung des Kommissionsvorschlags und nahm Ergänzungen vor. In Abs. 3a der Ratsfassung wurden in einer weniger detaillierten Fassung die nunmehr in Abs. 4 aufzählten Kompatibilitätskriterien festgehalten, die der Verantwortliche zu berücksichtigen hatte, um „sich

in Fällen, in denen die betroffene Person keine Einwilligung erteilt hat, zu vergewissern, ob ein Zweck der Weiterverarbeitung (...) mit demjenigen vereinbar ist, zu dem die Daten ursprünglich erhoben wurden". Abs. 4 der Ratsfassung sah in abgewandeltem Anschluss an den Kommissionsvorschlag vor, dass im Falle einer Nichtvereinbarkeit der Zwecke die Weiterverarbeitung auf einen der in Art. 6 Abs. 1 UAbs. 1 genannten Zulässigkeitsgründe gestützt werden müsste. Im Trilog akzeptierte das Parlament einen durch Kriterien konkretisierten Kompatibilitätstest (Albrecht CR 2016, 88 (92)). Und während die Ratsfassung in Art. 6 Abs. 3a die Einwilligung der betroffenen Person gegen das Erfordernis eines Kompatibilitätstests abgrenzte, wurde dies in der Trilogfassung (ebenfalls Art. 6 Abs. 3a) um „Rechtsvorschrift der Union oder der Mitgliedstaaten, die in einer demokratischen Gesellschaft eine notwendige und verhältnismäßige Maßnahme zum Schutz der in Artikel 21 Absatz 1 (...) genannten Ziele darstellt" ergänzt; Fragen des Abs. 4 der Ratsfassung wurden dann nicht mehr vertieft. In der Genese der Bestimmung sind die Interpretationsprobleme bei Abs. 4 (→ Rn. 95 ff.) angelegt.

B. Rechtmäßigkeit der Verarbeitung (Abs. 1)

I. Übergreifende Regelungsmuster im Rahmen der Rechtmäßigkeitsvoraussetzungen

Art. 6 Abs. 1 knüpft die Rechtmäßigkeit der Verarbeitung personenbezogener Daten daran, **10** dass diese durch mindestens einen der in Art. 6 Abs. 1 UAbs. 1 aufgezählten **Rechtmäßigkeitstatbestände** abgedeckt ist. Rechtmäßigkeitsvoraussetzungen ergeben sich zudem aus zahlreichen anderen Normen der DS-GVO. Zentral sind ua die übergreifenden Grundsätze des Art. 5, hier va der Zweckbindungsgrundsatz des Art. 5 Abs. 1 lit. b. Dieser stellt die Bedeutung festgelegter, eindeutiger und legitimer Zwecke heraus, die für die Erhebung und weitere Verarbeitung personenbezogener Daten einen strukturierenden Bezugspunkt liefern sollen (vgl. → Rn. 96 ff.; s. auch → Art. 5 Rn. 13). Der Bezug auf bestimmte festgelegte Zwecke spiegelt sich in Art. 6 Abs. 1 UAbs. 1 wider. Normtextlich besonders deutlich wird dies in Art. 6 Abs. 1 UAbs. 1 lit. a, aber auch in den anderen Konstellationen wird die Verknüpfung der Datenverarbeitung mit Zwecken erkennbar. Art. 6 Abs. 1 UAbs. 1 beschreibt dann für die aufgezählten verschiedenartigen Konstellationen in abschließender Regelung die **Grundlagen,** auf die sich Verarbeitungen stützen dürfen und müssen.

Die hierin zum Ausdruck kommende Regelungskonstruktion wird oft als datenschutzrechtliches „Verbotsprinzip" oder als „Verbot mit Erlaubnisvorbehalt" bezeichnet (etwa Kühling/Buchner/Buchner/Petri Rn. 1; Paal/Pauly/Frenzel Rn. 1; Plath/Plath Rn. 2; NK-DatenschutzR/Albrecht Einf. Art. 6 Rn. 1; Buchner DuD 2016, 155 (157 f.); Ziegenhorn/von Heckel NVwZ 2016, 1585 (1586); s. auch mit etwas differenzierteren Überlegungen Auernhammer/Kramer Rn. 1). Daran schließt sich häufig unmittelbar eine Kritik des Einsatzes dieser Figur an (etwa bei Schneider/Härting ZD 2012, 199 (202); Kramer DuD 2013, 380 f. Veil ZD 2015, 347 identifiziert einzelne Elemente eines risikobasierten Ansatzes in der DS-GVO; s. auch Roßnagel NJW 2019, 1 (4 f.)). Die Bezeichnung als „Verbotsprinzip" oder „Verbot mit Erlaubnisvorbehalt" – mit der mehr gemeint ist als ein bloßer Hinweis darauf, dass eine die Anforderungen des Art. 6 Abs. 1 UAbs. 1 nicht erfüllende Datenverarbeitung rechtswidrig ist (insofern verkürzt HK-DS-GVO/Reimer Rn. 1 mit Fn. 3) – ist jedoch dogmatisch nicht treffend. Ein „Verbot mit Erlaubnisvorbehalt" impliziert ein generelles Verbot mit nur wenigen Ausnahmen aufgrund einer gesonderten (administrativen) Erlaubnis. Demgegenüber sind die in Art. 6 Abs. 1 aufgelisteten datenschutzrechtlichen Rechtmäßigkeitsbedingungen mehr oder weniger weit, unter Rückgriff auf unbestimmte Rechtsbegriffe und insofern rahmenartig gestaltet. Der Grund dieser Gestaltung lässt sich als eine Reaktion auf das Problem begreifen, dass Daten, denen Informationsgehalt und Verwendungsmöglichkeiten nicht anhaften (Voßkuhle/Eifert/Möllers VerwR/Albers § 22 Rn. 6 f.; ausf. Albers, Informationelle Selbstbestimmung, 2005, S. 87 ff., 141 ff., Open Access unter www.nomos-elibrary.de/10.5771/9783845258638/informationelle-selbstbestimmung), nicht von vornherein aus dem Datenschutzregime herausfallen dürfen. Es geht daher darum, einen **Rechtsrahmen für die Verarbeitung personenbezogener Daten** zu schaffen, in den im Ansatz sämtliche Daten oder Datenverarbeitungsschritte einbezogen sind und aus dem sie nicht schon im Ansatz ausgeklammert sind. Die einzelnen Rechtmäßigkeitstatbestände werden nicht eng ausgelegt, wie dies bei einem „Verbot mit Erlaubnisvorbehalt" methodisch vorgegeben wäre. Die Rechtmäßigkeit einer die Voraussetzungen einhaltenden Datenverarbeitung ergibt sich außerdem nicht aus einer „Erlaubnis", sondern aus dem Gesetz, das durch verschiedene involvierte Akteure und im Fall der Datenverarbeitung Privater nicht zuletzt zumindest zunächst durch den Verantwortlichen selbst konkretisiert wird.

12 Den gebotenen Differenzierungen zwischen öffentlichen Stellen und Privaten, die im deutschen Recht tiefgreifende verfassungsrechtliche Wurzeln haben (dazu instruktiv Masing NJW 2012, 2305 (2306 ff.)), ist Rechnung getragen (s. generell zur Frage der einheitlichen oder separaten Regulierung der beiden Sektoren auch Blume EDPL 2015, 32 ff.). Der Gesetzgeber ist mit Blick auf Datenverarbeitungen zwischen Privaten seinem in Art. 8 GRCh verankerten Schutzauftrag nachgekommen (näher zu einschlägigen Konzeptionen → EUDatenschutzrichtlinie Rn. 38 ff.; Reinhardt AöR 142 (2017), 528 ff.; Marsch, Das europäische Datenschutzgrundrecht, 2018, 247 ff., 260 ff.), indem er (insbesondere) mit Art. 6 Abs. 1 UAbs. 1 lit. a, b und lit. f rahmenartige Regelungen zum Ausgleich konfligierender Grundrechtspositionen der Datenverarbeiter und betroffener Personen geschaffen hat. Die Rechtmäßigkeitsgründe der Einwilligung (lit. a) sowie der überwiegenden Interessen (lit. f) des Verantwortlichen sollen nach Vorstellung des Gesetzgebers im Regelfall nicht als Legitimationsgrundlage für Datenverarbeitungen durch öffentliche Stellen dienen, wie sich aus EG 43 S. 1 bzw. Art. 6 Abs. 1 UAbs. 2 ergibt. Umgekehrt können sich Privatpersonen nur unter besonderen Voraussetzungen auf 6 Abs. 1 UAbs. 1 lit. e stützen (vgl. BVerwG Urt. v. 27.3.2019 – 6 C 2.18, www.bverwg.de/270319U6C2.18.0).

13 Mit der normativen Grundentscheidung, dass sämtliche Verarbeitungen personenbezogener Daten auf eine rechtlich anerkannte Grundlage (Rechtsvorschrift oder Einwilligung) gestützt werden müssen, sind **risikoorientierte Perspektiven** keineswegs unvereinbar. Die DS-GVO enthält vielmehr an verschiedenen Stellen risikoorientierte Elemente (dazu mit Beispielen auch Buchner DuD 2016, 155 (157 f.); Kühling/Buchner/Buchner/Petri Rn. 14; vgl. weiter Albrecht CR 2016, 88 (93 f.)). So ist die Möglichkeit, Datenverarbeitungen im Wege der (privatautonomen) Einwilligung der betroffenen Person abzusichern, ebenso wie die Privilegierung bestimmter Verarbeitungszwecke in Art. 85 Ausdruck der Rücksichtnahme auf die schützenswerten Grundrechtspositionen oder berechtigten Interessen der Datenverarbeiter. Art. 32 ergänzt die allgemeinen, ebenfalls risikoorientierten Pflichten aus den Art. 24, 25 und legt den Verantwortlichen die Verpflichtung auf, geeignete technische und organisatorische Maßnahmen zu treffen, um ein dem Risiko angemessenes Schutzniveau zu gewährleisten. Art. 35 legt fest, dass in Fällen besonders risikobehafteter Verarbeitungen präventiv eine Datenschutz-Folgenabschätzung vorzunehmen ist. Auch diese Regelungen sind Ausdruck eines an spezifischen Risiken orientierten Regulierungsansatzes. Zutreffend ist freilich der Einwand, die DS-GVO verfolge mit Blick auf die vielfältigen und stetig sich weiterentwickelnden **Techniken** der Datenverarbeitungen einen **„One size fits all"-Ansatz** und lasse **insoweit** eine Orientierung an konkreten Risiken vermissen (s. nur Gola/Schulz/Gola Rn. 5. Kritisch zum Ansatz der Technologieneutralität mit Argumenten für technologieadäquate Regelungen HK-DS-GVO/Kring ZD 2014, 271; gar von einer „Risikoneutralität" spricht Roßnagel/Roßnagel § 1 Rn. 42, der zugleich auf die Notwendigkeit ergänzender, risikospezifischer Regelungen im Recht der Mitgliedstaaten hinweist, vgl. ebd. Rn. 44). Der explizit gewählte Ansatz der Technologieneutralität in der Datenschutzgrundverordnung (vgl. nur EG 15 S. 1) gewährleistet durch seine Abstraktion des Rechts vom Regelungssubstrat einerseits die angesichts immer neuer va technologieinduzierter Risiken zwingend erforderliche Lernfähigkeit und Innovationsoffenheit des Rechtsakts. Er geht allerdings zugleich mit einem großen Maß an Rechtsunsicherheit einher. Das veranschaulicht etwa Art. 6 Abs. 1 UAbs. 1 lit. f, der so gut wie keine Kriterien für die Interessenabwägung vorgibt. Konkretisierungen bleiben den Verantwortlichen, die die Einhaltung der Anforderungen der DS-GVO sicherstellen und nachweisen müssen, vgl. Art. 5 Abs. 2, sowie dann auch der regulierten Selbstregulierung, der Datenschutzaufsicht und den Gerichten überlassen. Die Ermöglichung einer flexiblen Anpassung des Rechts an das dynamische Regelungssubstrat wollte die Kommission in ihrem Entwurf durch delegierte Rechtsetzungsbefugnisse zu ihren Gunsten gewährleisten (der Kommissionsentwurf enthielt in Art. 6 Abs. 5 noch eine delegierte Rechtsetzungsbefugnis der Kommission, um die Anwendung von Art. 6 Abs. 1 UAbs. 1 lit. f für besondere Verarbeitungssituationen genauer zu bestimmen; s. auch HK-DS-GVO/Kring ZD 2014, 271 (273 ff.), die diesen Regulierungsansatz im Kommissionsentwurf positiv bewerten). Diese Delegationsermächtigungen sind jedoch im Laufe des Gesetzgebungsverfahrens weitestgehend ersatzlos gestrichen worden. Zurückgreifen können Verantwortliche allerdings ggf. auf Instrumente der regulierten Selbstregulierung, etwa auf Verhaltensregeln und Zertifizierungen (Art. 40 ff.). Daneben ist der Europäische Datenschutzausschuss (EDSA) als Nachfolger der Artikel 29-Datenschutzgruppe dazu berufen, konkretisierendes „soft law" zu erlassen (s. etwa Leitlinien 3/2019 vom 29.1.2020, Rn. 17 ff. zur Frage, inwieweit Videoüberwachung auf Art. 6 Abs. 1 UAbs. 1 lit. f gestützt werden kann.

14 Art. 6 betrifft die Rechtmäßigkeit der **Verarbeitung personenbezogener Daten**. Der Begriff der **Verarbeitung** ist in Art. 4 Nr. 2 als „jeder mit oder ohne Hilfe automatisierter Verfahren ausgeführte Vorgang oder jede solche Vorgangsreihe im Zusammenhang mit personenbezogenen

Daten" legaldefiniert. Das ist zu lesen im Zusammenhang mit dem sachlichen Anwendungsbereich der DS-GVO, insbesondere Art. 2 Abs. 1 (näher → Art. 2 Rn. 1 ff.). Art. 4 Nr. 2 nennt zahlreiche Beispiele: das Erheben, das Erfassen, die Organisation, das Ordnen, die Speicherung, die Anpassung oder Veränderung, das Auslesen, das Abfragen, die Verwendung, die Offenlegung durch Übermittlung, Verbreitung oder eine andere Form der Bereitstellung, den Abgleich oder die Verknüpfung, die Einschränkung, das Löschen oder die Vernichtung (vgl. im Einzelnen → DS-GVO Art. 4 Rn. 29 ff.; Kühling/Buchner/Herbst Art. 4 Rn. 1 ff.). Die Beispiele sind nicht abschließend, weil die Antwort auf die Frage, was ein rechtlich relevanter eigenständiger Verarbeitungsvorgang ist, vom Verwendungskontext sowie den entsprechenden Risiken und vor allem auch von den Verarbeitungstechniken abhängt. **Personenbezogene Daten** sind nach der Legaldefinition des Art. 4 Nr. 1 „personenbezogene Daten" alle Informationen, die sich auf eine identifizierte oder identifizierbare natürliche Person beziehen. Als identifizierbar wird eine natürliche Person angesehen, die direkt oder indirekt, insbesondere mittels Zuordnung zu einer Kennung wie einem Namen, zu einer Kennnummer, zu Standortdaten, zu einer Online-Kennung oder zu einem oder mehreren besonderen Merkmalen, die Ausdruck der physischen, physiologischen, genetischen, psychischen, wirtschaftlichen, kulturellen oder sozialen Identität dieser Person sind, identifiziert werden kann. Mit den in der Norm aufgelisteten Beispielen für eine Kennung werden freilich nur Identifikatoren benannt. Die Legaldefinition deutet darauf hin, dass das wesentliche Problem in der **Identifizierbarkeit** einer Person gesehen wurde (s. auch Erwägungsgrund 26). Das kann sich simpel gestalten, wenn beispielsweise bestimmte Angaben unmittelbar mit Identifikatoren wie dem Namen verknüpft werden (für Passagierdaten im Rahmen des PNR-Abkommens EuGH, Gutachten v. 26.7.2017, 1/15, Rn. 121 f.). Sofern ein Personenbezug theoretisch über mehrere Operationen unter Beteiligung unterschiedlicher Akteure hergestellt werden kann, kann es durchaus schwer fallen zu entscheiden, unter welchen Voraussetzungen die hinter bestimmten Daten (IP-Adresse, Foto, nickname) stehende Person im datenschutzrechtlichen Sinne in Bezug auf welchen Akteur als bestimmbar anzusehen ist (dazu EuGH Urt. v. 24.11.2011 – C-70/10 Rn. 88; Urt. v. 19.10.2016 – C-582/14 Rn. 32 ff.; Urt. v. 17.6.2021 – C-597/19 Rn. 102 ff.; Urt. v. 11.12.2014 – C212/13 Rn. 22 f.; s. auch → DS-GVO Art. 4 Rn. 14 ff. mwN). **Aufmerksamkeit** verdient jedoch darüber hinaus die Frage, **welche Daten sich überhaupt auf eine identifizierte oder identifizierbare Person beziehen.** Der Bezug von Daten auf Personen ist keineswegs immer schon in einer Weise gegeben, dass es nur um deren Identifizierbarkeit ginge. Er wird vielmehr in bestimmten Kontexten als **Ergebnis einer sinngehaltserzeugenden Leistung** tatsächlich oder potenziell und gegebenenfalls erstmals hergestellt; auch gestaltet er sich vielfältig und von unterschiedlicher Dichte (näher Voßkuhle/Eifert/Möllers VerwR/Albers § 22 Rn. 15 ff., 41). Antworten darauf, wann sich Daten in datenschutzrechtlich relevanter Weise auf identifizierte oder über bestimmte Identifikatoren identifizierbare Personen beziehen (können), sind nicht nur (akteurs-)relativ, sondern auch kontextabhängig. Sie können Wahrscheinlichkeitsannahmen, Prognosen und wertende Beurteilungen erfordern (s. auch Herbst NVwZ 2016, 902 ff.; aus der Rspr. etwa BVerwG NVwZ 2020, 1114 (1117)). Hier stecken zentrale Abgrenzungs- und Anwendungsprobleme des Datenschutzrechts. Das gilt umso mehr vor dem Hintergrund von automatisierten Verarbeitungsformen im Big-Data-Kontext oder auf Grund von Re-Identifikationsmöglichkeiten durch Zugang zu und Verknüpfung von Daten. Man steht vor der Frage, ob dem Merkmal des Personenbezugs, das den Anwendungsbereich des Datenschutzrechts ein- und abgrenzt, in gesamten davon erfassten Spektrum wirklich ausreichende Leistungs- und Differenzierungskraft zukommt. Antworten auf diese Frage werden umso wichtiger, als diesem Merkmal auch in den übergreifenden Vorschlägen der Kommission zum „Aufbau eines gemeinsamen europäischen Datenraums", zur Digitalstrategie und zur europäischen Datenstrategie zentrale Bedeutung zuerkannt wird (knapp dazu mit Nachweisen Voßkuhle/Eifert/Möllers VerwR/Albers § 22 Rn. 3). Für eine sinnvolle Gestaltung, Auslegung und Anwendung datenschutzrechtlicher Regelungen wird es jedenfalls immer wichtiger, Schutzgüter und rechtlich schutzwürdige Datenschutzinteressen zu schärfen.

Sämtliche Rechtmäßigkeitstatbestände in Abs. 1, mit Ausnahme der Einwilligung, enthalten zudem die Anforderung der **Erforderlichkeit** der Verarbeitung. Dies darf nicht, wie es häufig geschieht, verwechselt werden mit dem Erfordernis des Einsatzes des „mildesten Mittels", wie man es aus dem Übermaßverbot kennt. Der **EuGH** interpretiert den Begriff der Erforderlichkeit im Datenschutzrecht der Union in den einschlägigen Fällen oft dahin, dass eine Verarbeitung personenbezogener Datenverarbeitung sich auf das „absolut Notwendige" beschränken muss oder die Grundrechte des Betroffenen nicht in einem Maße einschränken darf, das über das absolut Notwendige hinausgeht (vgl. EuGH BeckRS 2008, 71330 Rn. 56 – Satamedia; BeckRS 9998, 93389 Rn. 77 und 86 – Schecke & Eifert; BeckRS 2013, 82121 Rn. 39 – IPI; Urt. v. 17.6.2021 –

15

C-597/19 Rn. 110 – M.I.C.M.; Urt. v. 22.6.2021 – C 439/19 - B B Rn. 109 ff., BeckRS 2021, 15289). Diese Formulierung ist insofern **unterdifferenziert,** als sie den Aussagegehalt der „Erforderlichkeit" als datenschutzrechtliches Tatbestandselement und dessen Aussagegehalt, wie er sich im Lichte konkret involvierter Grundrechte der Beteiligten ergeben kann, zusammenzieht. In Fällen, in denen über die Grundrechtmäßigkeit zu entscheiden ist, spielen beide Aspekte auch eine Rolle, aber für das Gesetzesverständnis sollte man sie unterscheiden. Die „Erforderlichkeit" ist, auch wenn sie Anknüpfungspunkt für das Verhältnismäßigkeitsprinzip sein kann (→ Rn. 20), zunächst ein **datenschutzrechtliches Regelungs- und Tatbestandselement** (zur Erforderlichkeit als Regelungselement für das Recht des Umgangs mit personenbezogenen Informationen und Daten im öffentlich-rechtlichen Bereich s. näher Voßkuhle/Eifert/Möllers VerwR/Albers § 22 Rn. 87 ff.). Als solches **ergänzt sie die Bindung an festgelegte Zwecke.** Normtextlich spiegelt sich das deutlich wider in der Wechselbeziehung zwischen Art. 5 Abs. 1 lit. b („Zweckbindung") einerseits und Art. 5 Abs. 1 lit. c („Datenminimierung") sowie lit. e („Speicherbegrenzung") andererseits. Was mit dem datenschutzrechtlichen Tatbestandselement der „Erforderlichkeit" gemeint ist, wird insbesondere mit Blick auf Art. 5 Abs. 1 lit. c klarer: Personenbezogene Daten müssen erstens „dem Zweck angemessen" („adequate") sein. Sie müssen zweitens „erheblich" sein, also zur Erfüllung des Ziels oder der Aufgabe, auf die der Verarbeitungs- oder Verwendungszweck abstellt, überhaupt relevant („relevant") sein. Drittens müssen sie Hinblick auf die Zwecke, für die sie verarbeitet werden, auf das notwendige Maß beschränkt sein („limited to what is necessary in relation to the purposes for which they are processed"). Insofern wird mittels des Regelungselements der „Erforderlichkeit" eine **Abhängigkeitsbeziehung** zwischen der Verarbeitung personenbezogener Daten und den festgelegten Zwecken hergestellt und der **Abhängigkeitsgrad** beschrieben, mit dem die datenverarbeitende Stelle auf den jeweiligen Verarbeitungsvorgang angewiesen ist (s. näher, va mit Blick auf den öffentlichen Bereich, Albers, Informationelle Selbstbestimmung, 2005, S. 516 ff., Open Access unter www.nomos-elibrary.de/10.5771/ 9783845258638/informationelle-selbstbestimmung). Das zeigt noch einmal den **engen Zusammenhang mit dem Verarbeitungszweck,** der im Rahmen der Rechtmäßigkeitstatbestände des Art. 6 Abs. 1 UAbs. 1 differenziert, allerdings immer nach Maßgabe auch der Anforderungen des Art. 5 Abs. 1 lit. b zu bestimmen ist. Die Frage lautet, ob ein Verarbeitungsvorgang mit Blick darauf notwendig ist, und sie konzentriert sich weniger auf die Suche nach alternativen Mitteln als vielmehr darauf, ob die Erfüllung der durch den Verarbeitungszweck konkretisierten Angelegenheit oder Aufgabe ohne die in Rede stehende Verarbeitung bestimmter Daten möglich ist.

16 Im Kontext der einzelnen Tatbestände des Abs. 1 UAbs. 1 kann das Tatbestandselement der Erforderlichkeit so interpretiert werden, dass es bereits auf dieser Grundebene objektive Maßgaben hergibt, die in dem Sinne limitierend wirken, dass sie die Möglichkeiten des Rückgriffs auf bestimmte Rechtmäßigkeitstatbestände mitbestimmen. Das ist im jeweiligen Zusammenhang zu entwickeln (dazu näher insbesondere → Rn. 44; → Rn. 69).

17 **Bezugspunkt der Erforderlichkeit** ist nicht die im öffentlichen Interesse liegende Aufgabe (lit. e) oder das berechtigte Interesse (lit. f), sondern der näher festgelegte **Verarbeitungs- und Verwendungszweck** iSd Art. 5 Abs. 1 lit. b. Das kommt in den normtextlichen Formulierungen „für die Wahrnehmung einer Aufgabe erforderlich" oder „zur Wahrung des berechtigten Interesses erforderlich" zum Ausdruck. Erst mit Blick auf eine dadurch erreichte Konkretisierung lässt sich die Erforderlichkeit überhaupt beantworten. Sie setzt die Zwecke der Verarbeitung grundsätzlich als vorgegeben voraus. Allerdings kann sie im Zusammenspiel auf deren Konkretions- und Präzisionsgrad Rückwirkungen entfalten, mittels derer gewährleistet wird, dass sie selbst ihre Funktionen erfüllt. Umgekehrt kann und muss hier aber auch einfließen, dass etwa die behördliche Erfüllung einer Aufgabe bestimmte Begleit-, Neben- und Hilfsfunktionen einschließen kann. Zugleich erfolgt sie mit Rücksicht auf die eingesetzten Techniken sowie mit Blick auf die gegebene Organisation, die ihrerseits in bestimmtem Umfang eigenständigen datenschutzrechtlichen Anforderungen etwa an die Systemgestaltung unterliegen. Nicht zuletzt wird die Aufgabenwahrnehmung auch durch ggf. gesondert festgehaltene Prinzipien wie Wirtschaftlichkeit, Effizienz oder Bürgerfreundlichkeit geprägt. Diese Prinzipien führen nicht etwa zu einer pauschalen Relativierung der Rechtmäßigkeitsvoraussetzung der Erforderlichkeit, schon weil sie der Rechtmäßigkeit nicht gegenüberstehen, sondern diese voraussetzen. Da das Tatbestandsmerkmal der „Erforderlichkeit" aber eine gewisse Bandbreite zulässt, soweit nicht zusätzliche Merkmale oder das Verhältnismäßigkeitsprinzip Restriktionen verlangen, können in seinem Rahmen Effizienz- oder Bürgerfreundlichkeitsaspekte in bestimmtem, mit den Datenschutzinteressen auf dieser grundlegenden Ebene abzustimmendem Umfang berücksichtigt werden.

18 Von diesem Ausgangspunkt aus lässt sich der Aussagegehalt des Tatbestandsmerkmals „Erforderlichkeit" weiter **aufschlüsseln.** Art und Reichweite der Aufschlüsselung hängen von der Konstellation ab. Die wichtigsten Punkte lauten: Erforderlich sein muss erstens gerade der jeweilige Verarbeitungsschritt mit den ihm zukommenden Funktionen. Etwa kann eine Erhebung von Daten nötig sein, die Speicherung aber nicht, und ggf. kann eine Speicherung nötig sein, aber nicht für die beabsichtigte Zeitdauer. Bei dieser Beurteilung können auch technische Möglichkeiten eine Rolle spielen, etwa solche, die es ermöglichen, die Speicherung mittels einer Dashcam mitlaufend erhobener Daten anlassbezogen zu beschränken (vgl. BGH Urt. v. 15.5.2018 – VI ZR 233/17 Rn. 25, https://juris.bundesgerichtshof.de). Zweitens muss die Verarbeitung gerade der personenbezogenen Informationen und Daten erforderlich sein, auf die sich die Verarbeitung bezieht. Drittens kann man weiter differenzieren, ob die Verarbeitung gerade personenbezogener Informationen und Daten erforderlich ist oder ob nicht anonymisierte oder pseudonymisierte Daten genügen. Das Erforderlichkeitsmerkmal trägt insofern den Grundsätzen des Art. 5 Abs. 1 lit. c (Datenminimierung) und e (Speicherbegrenzung) Rechnung, weil auch die Art der Informationen sowie die eigentlichen Maßnahmen der Datenverarbeitung an ihm zu messen sind (vgl. auch im Kontext des Art. 7 lit. e DSRL EuGHUrt. v. 16.12.2008 – C524/06, Slg. 2008, I-9705 Rn. 52 ff.; Paal/Pauly/Frenzel Rn. 9).

Im Hinblick auf den **Abhängigkeitsgrad,** mit dem die datenverarbeitende Stelle auf den **19** jeweiligen Verarbeitungsvorgang angewiesen ist, reicht es nicht aus, dass eine Datenverarbeitung für eine der in Abs. 1 UAbs. 1 genannten Voraussetzungen irgendwie förderlich ist oder eine mit Blick auf allein die Interessen des Verantwortlichen bestmögliche Effizienz gewährleistet. Die Erforderlichkeit der Verarbeitung personenbezogener Daten setzt vielmehr voraus, dass die Zwecke ohnedem nicht, nicht vollständig oder nicht in rechtmäßiger Weise realisiert werden können (auch der EuGH versteht das Kriterium der Erforderlichkeit im Sinne einer „conditio-sine-qua-non" für die Erfüllung der Ziele oder Aufgaben, auf die der Verarbeitungszweck Bezug nimmt, s. etwa EuGH BeckRS 2017, 108615 Rn. 30 – Rigas mwN). Darin steckt freilich noch eine gewisse **Bandbreite,** die man auf die verschiedenen Konstellationen des Abs. 1 UAbs. 1 weiter zuschneiden und mit der man auch unterschiedlichen Betroffenheits- und Interessenkonstellationen Rechnung tragen kann (vgl. auch NK-DatenschutzR/Schantz Art. 6 Rn. 32 ff. hins. der Vertragserfüllung; → Rn. 18 hinsichtlich der Erfüllung einer im öffentlichen Interesse liegenden Aufgabe, bei der unter bestimmten Voraussetzungen in bestimmtem Umfang Effizienz- oder Bürgerfreundlichkeitskriterien einfließen können). Im strengen Sinne „unabdingbar" oder „zwingend notwendig" braucht die Datenverarbeitung somit nicht zu sein, sofern sich diese Restriktion nicht aufgrund einer entsprechenden bereichsspezifischen gesetzlichen Konkretisierung etwa in Fällen des Abs. 1 UAbs. 1 lit. e, Abs. 2 und 3 oder in konkreten Konstellationen aufgrund des Einflusses der Grundrechte (→ Rn. 20) ergibt.

Über seine Aussagegehalte als datenschutzrechtliches Regelungselement hinaus (→ Rn. 15 ff.) **20** zeichnet sich das gesetzliche Tatbestandsmerkmal der „Erforderlichkeit" dadurch aus, dass es sich wegen seiner normativen Offenheit als **Anknüpfungspunkt grundrechtlichen Einflusses** anbietet und in seinem Rahmen eine Abwägung der jeweils geschützten Interessen betroffener Personen und privater Datenverarbeiter oder auch der geschützten Interessen Betroffener und öffentlicher Belange erfolgen kann. Das bedeutet, dass das Tatbestandsmerkmal der Erforderlichkeit in konkreten Konstellationen mit Rücksicht auf die jeweils involvierten Grundrechte **im Lichte des Verhältnismäßigkeitsprinzips** zu interpretieren ist. Im Ergebnis kann dies die Verarbeitungsmöglichkeiten weiter einengen. Eine solche Einengung lässt sich entwickeln, indem Anforderungen auf der Basis des Zusammenspiels zwischen Verarbeitungszweck und Erforderlichkeit erhöht werden und dabei etwa Zweck-Teilelemente aufgeschlüsselt und noch präziser gefasst werden, damit die Erforderlichkeit einen weiter eingeengten Bezugspunkt zur Verfügung hat. In Betracht kommt zudem, dass die Anforderungen an den Abhängigkeitsgrad, mit dem die datenverarbeitende Stelle auf den jeweiligen Verarbeitungsvorgang angewiesen ist, erhöht werden, etwa im Sinne einer „zwingenden Erforderlichkeit" (wie in verschiedenen Konstellationen des Art. 9) oder im Sinne einer „Unverzichtbarkeit". Hier passen jetzt die Formulierungen des EuGH, eine Verarbeitung personenbezogener Datenverarbeitung habe sich auf das „absolut Notwendige" zu beschränken und dürfe die Grundrechte des Betroffenen nicht in einem Maße einschränken, das über das absolut Notwendige hinausgehe (→ Rn. 15). Nicht übersehen darf man, dass das Ergebnis der Abwägung, die an das Tatbestandsmerkmals der „Erforderlichkeit" anknüpft und in dessen Rahmen stattfindet, auch lauten kann, dass eine bestimmte Datenverarbeitung, obwohl die verantwortliche Stelle für die Realisierung ihrer Ziele oder Aufgaben darauf angewiesen ist, mit Rücksicht auf die Intensität der Beeinträchtigung der Grundrechte der betroffenen Person zu unterbleiben hat.

Vor diesem gesamten Hintergrund stecken in dem rechtsdogmatisch gängig scheinenden Tatbe- **21** standsmerkmal der Erforderlichkeit **komplizierte Probleme.** Das gilt schon deshalb, weil man es, wie erläutert, aufschlüsseln muss und weil seine Bezugspunkte variieren und präzisiert werden müssen. Vor allem muss man bestimmen, welche Informationen und welche Daten als Informationsgrundlage mit Blick auf die Zwecke, die sich ihrerseits mehr oder weniger komplex gestalten können und in deren Hintergrund wiederum mehr oder weniger komplexe auszulegende Rechtsnormen des jeweiligen Regelungsfeldes stehen, überhaupt „erforderlich" oder - im Falle einer grundrechtlich gebotenen weiteren Einengung - „unverzichtbar" sind. Vor allem zu Beginn eines Verarbeitungsprozesses muss noch der Prozess selbst antizipiert werden, der sich komplex gestalten und relativ unberechenbar verlaufen kann. Ob bestimmte personenbezogene Daten später tatsächlich noch benötigt werden, kann ohne weiteres erkennbar, aber auch eine hochgradig ungewisse Prognose sein. Insofern kann die Erforderlichkeit ggf. nur prozedural angelegt und muss im Verarbeitungsablauf spezifiziert werden. Das bedeutet bspw., dass eine Datenerhebung als „erforderlich" eingestuft wird, obwohl noch unklar ist, ob und welche der dann erhobenen Daten überhaupt relevant sind; spätestens bei der Speicherung oder auch schon bei der Erfassung in einem bestimmten Format muss aber selektiert werden (vgl. auch BGH Urt. v. 15.5.2018 – VI ZR 233/17 Rn. 25 – Dashcam, https://juris.bundesgerichtshof.de/).

22 Grundsätzlich regelt Art. 6 Abs. 1 die Voraussetzungen, unter denen eine Verarbeitung personenbezogener Daten rechtmäßig ist, **abschließend.** Das hat der EuGH ausdrücklich festgestellt (EuGH Rs. C-51/19 Rn. 34 – Orange România sowie Rs. C-439/19 Rn. 99 – B). Allerdings ist die Vorschrift mit Rücksicht auf ihre weit gefassten Tatbestände und im systematischen Zusammenhang mit den Abs. 2, 3 zu sehen, die eine gewisse Erweiterung bzw. Spezifizierung der in Abs. 1 UAbs. 1 aufgezählten Voraussetzungen ermöglichen. In diesem Lichte ist auch EG 40 zu lesen. Danach ist die Verarbeitung personenbezogener Daten neben der Einwilligung auch „auf einer sonstigen zulässigen Rechtsgrundlage (...), die sich aus dieser Verordnung oder – wann immer in dieser Verordnung darauf Bezug genommen wird – aus dem sonstigen Unionsrecht oder dem Recht der Mitgliedstaaten ergibt" rechtmäßig. Mit der Öffnung (auch) für das Recht der Mitgliedstaaten trägt der Unionsgesetzgeber datenschutzspezifischen Flexibilitäts- und Vielfaltserfordernissen Rechnung (s. noch ua → Rn. 78).

23 Angesichts der Funktion, einen Rechtsrahmen für die Verarbeitung personenbezogener Daten zu schaffen, in den im Ansatz sämtliche Daten oder Datenverarbeitungsschritte einbezogen sind, und angesichts der systematischen Bezüge zum Grundsatz der Zweckbindung in Art. 5 Abs. 1 lit. b wird auch über Art. 6 gewährleistet, dass die Phasen einer Datenverarbeitung in bestimmte **Verarbeitungs- und Verwendungszusammenhänge** eingegliedert sind. Damit nicht schon beantwortet sind Fragen nach den **Rechtswidrigkeitszusammenhängen** in Verarbeitungsabläufen, also etwa die Frage danach, inwiefern die Rechtswidrigkeit einer Datenerhebung auch ein Rechtswidrigkeitsverdikt für weitere Verarbeitungsschritte nach sich ziehen kann. Antworten auf diese Fragen müssen sehr differenziert ausfallen. In Abhängigkeit von der Konstellation können sie sich schnell erschließen, aber auch komplexe Überlegungen erfordern und Kontroversen mit sich bringen (→ Rn. 117 ff.).

II. Einzelne Rechtmäßigkeitsvoraussetzungen (Art. 6 Abs. 1 UAbs. 1)

1. „Mindestens eine der nachstehenden Bedingungen"

24 Wie die Vorgängerregelung Art. 7 DSRL sieht Art. 6 Abs. 1 neben der Einwilligung fünf gesetzliche Rechtmäßigkeitsgründe vor, die in jedem Mitgliedstaat unmittelbar anwendbar sind. Die Rechtmäßigkeitstatbestände stehen grundsätzlich **gleichberechtigt nebeneinander** und können – wie nunmehr im Wortlaut ausdrücklich festgelegt ist („mindestens") – **auch kumulativ herangezogen** werden (nach der Artikel 29-Datenschutzgruppe, WP 259, 22 f., soll dies nur möglich, wenn die Datenverarbeitung zu mehreren Zwecken erfolgt, weil jeder Verarbeitungszweck von einer Rechtsgrundlage gedeckt sein muss; eine Verarbeitung zu einem konkreten Zweck könne hingegen nicht auf mehrere Rechtsgrundlage gestützt werden). Allerdings hat dies Voraussetzungen und Grenzen (→ Rn. 26 ff.).

25 Die Möglichkeit, eine Verarbeitung auf mehrere Rechtmäßigkeitsgründe zu stützen, hat in praktischer Hinsicht den Vorteil, dass vorsorglich eine Einwilligung eingeholt werden kann, wenn Unklarheit darüber besteht, ob sie sich auf einen anderen Rechtmäßigkeitstatbestand stützen lässt (Plath/Plath Art. 6 Rn. 5, der die Möglichkeit einer alternativen Legitimation von Datenverarbeitungen durch Einwilligung und gesetzliche Rechtmäßigkeitstatbestände auch im Wortlaut von Art. 17 Abs. 1 lit. b letzter Hs. bestätigt sieht). Hierbei ist allerdings zu beachten, dass die Einholung einer Einwilligung bei dem Betroffenen diesem eine Entscheidungsautonomie suggeriert, die ggf. gar nicht besteht (Kühling/Buchner/Buchner/Petri Rn. 23). Allerdings ist nicht zu sehen, weshalb

die datenverarbeitende Stelle sich widersprüchlich und damit unzulässig verhalten würde, wenn sie die Verarbeitung der Daten bei Verweigerung der Einwilligung auf einen anderen Rechtmäßigkeitstatbestand stützt (so aber Kühling/Buchner/Buchner/Petri Rn. 23). Die Transparenz- und Informationspflichten des Verarbeiters in den Art. 12 ff. tragen dem Interesse des Betroffenen für diesen Fall hinreichend Rechnung. Denn der Verantwortliche müsste den Betroffenen, wenn er diesem gegenüber zunächst den Eindruck erweckt, es komme auf die Wirksamkeit der Einwilligung an, dann aber später die Verarbeitung auf eine andere Rechtsgrundlage stützt, gem. Art. 13 Abs. 1 (ggf. Abs. 2) lit. c, Art. 14 Abs. 1 (ggf. Abs. 2) lit. c über diesen „Tausch" informieren. Verletzt er diese Pflicht, macht er sich schadensersatz- (Art. 82) und bußgeldpflichtig (Art. 83 Abs. 5 lit. b). Auch Art. 17 Abs. 1 lit. b lässt erkennen, dass der Verordnungsgeber **keine „Sperrwirkung" einer (verweigerten, unwirksamen oder widerrufenen) Einwilligung** intendiert hat (so auch LNK Das neue DatenschutzR § 2 Rn. 4; Gola/Schulz Rn. 11). Es würde zudem eine nicht zu rechtfertigende Benachteiligung von nicht-öffentlichen Stellen bedeuten, wenn diese, für den Fall, dass sie für ihre Datenverarbeitung eine Einwilligung einzuholen versuchen und damit den Rechtmäßigkeitsgrund auswählen, der den Datenschutzinteressen der geschützten Person entgegenkommen kann, diese aber verweigert wird, mit Blick auf die anderen Rechtmäßigkeitsgründe präkludiert wären. Dies könnte private Datenverarbeiter dazu motivieren, auf die Einwilligung nur selten zurückzugreifen. Vielmehr sollte und könnte der in einer von massenhaften digitalen Alltagsgeschäften gekennzeichneten Realität ohnehin faktisch fehlenden Entscheidungsautonomie von Betroffenen durch die Herauskristallisierung substantieller Mindeststandards für die rechtsgeschäftsbasierte Datenverarbeitung insgesamt entgegengewirkt werden (zu grundrechtlichen Hintergründen und Überlegungen zu konkreten Inhalten solcher Maßstäbe s. Bunnenberg, Privates Datenschutzrecht, 2020, S. 228 ff.).

Sofern die Verarbeitungstätigkeit in bestimmten Konstellationen neben einer Einwilligung auch auf lit. b oder lit. f als Rechtsgrundlagen gestützt werden kann, hat der EDSA darauf hingewiesen, dass es wichtig sei, genau zu untersuchen, welche der Rechtsgrundlagen im konkreten Einzelfall einschlägig ist, weil die Bestimmungen unterschiedlichen Anforderungen unterlägen. Angesichts der Transparenzpflicht des Verantwortlichen dürfe es beim Betroffenen gerade **nicht zu Verwirrungen** hinsichtlich der angewandten Rechtsgrundlage kommen (Leitlinien 2/2019 EDSA, 8.10.2019, Rn. 17 ff.). 26

Des Weiteren wirft die Möglichkeit der Kumulation Probleme hinsichtlich der **inneren Kohärenz der Rechtmäßigkeitstatbestände** mit Blick auf die von ihnen verfolgten Schutzziele des Datenschutzrechts auf. Problematisch und dementsprechend umstritten ist insbesondere das **Verhältnis der Art. 6 Abs. 1 UAbs. 1 lit. a, b und f,** also derjenigen Rechtmäßigkeitsgründe, die vor allem den privaten Bereich betreffen. Es ist stets darauf zu achten, dass die Stützung einer Verarbeitung personenbezogener Daten auf mehrere Rechtmäßigkeitstatbestände nicht deren unterschiedliche Voraussetzungen unterlaufen darf. So könnten etwa die enge(re)n Voraussetzungen einer Einwilligung (vgl. insbesondere Art. 7) oder auch das Erfordernis des Bezugs zum Vertragsinhalt iRv Art. 6 Abs. 1 UAbs. 1 lit. b (dazu → Rn. 44) umgangen werden, wenn Datenverarbeitungen **immer** auch auf Grundlage von Art. 6 Abs. 1 UAbs. 1 lit. f erfolgen könnten. Ein anderes Beispiel (vgl. Gola/Schulz Rn. 13) ist, dass eine vertraglich vereinbarte Schweigeverpflichtung als gewillkürtes (wenn auch ggf. gesetzlich vorgegebenes) Datenverarbeitungsverbot im Wege einer Interessenabwägung gem. Art. 6 Abs. 1 UAbs. 1 lit. f, die außerhalb des Vertrags liegt, unterlaufen werden könnte. 27

Diese Beispiele verweisen darauf, dass die in Betracht kommenden Rechtmäßigkeitsbedingungen **konsistent mit der konkreten Konstellation abgestimmt** werden müssen und sich mit Blick darauf auch ein **Rangverhältnis** zwischen den Rechtmäßigkeitstatbeständen ergeben kann. In der Praxis stellt sich die Frage eines etwaigen Rangverhältnisses insbesondere mit Blick auf Datenverarbeitungen im Zusammenhang mit dem rechtsgeschäftlichen Verkehr (mit guten Argumenten für einen Vorrang der Einwilligung im Kontext verbraucherrechtsgeschäftlicher Legitimation personenbezogener Datenverarbeitungen gegenüber Art. 6 Abs. 1 UAbs. 1 lit. b und f, der dogmatisch am (einschränkenden) Kriterium der Erforderlichkeit in Art. 6 Abs. 1 UAbs. 1 lit. b und f festgemacht wird, Bunnenberg, Privates Datenschutzrecht, 2020, S. 31–85; insbesondere 68 ff.). Jedenfalls für die Speicherung von Kreditkartendaten durch Online-Anbieter von Waren und Dienstleistungen zu dem alleinigen Zweck, weitere Käufe durch betroffene Personen zu erleichtern, ist die Einwilligung die einzig mögliche Rechtsgrundlage (vgl. EDSA, Empfehlungen 02/2021 vom 19.5.2021, Rn. 10). 28

2. Einwilligung (lit. a)

29 Die Rechtmäßigkeitsvoraussetzung der **Einwilligung** ist ein **zentrales Scharnier des privaten Datenschutzrechts**. Die Einwilligung ist eine **privatautonome Entscheidung des Betroffenen**, mittels derer dieser sein Einverständnis zu einer bestimmten Verarbeitung von auf ihn verweisenden Informationen und Daten durch den Datenverarbeiter erklärt. Ihre Rechtsnatur ist im Einzelnen umstritten (zur Diskussion etwa Funke, Dogmatik und Voraussetzungen der datenschutzrechtlichen Einwilligung im Zivilrecht, 2017, S. 74 ff.). Das ist auch im Zusammenhang mit der Debatte über eine etwaige Dispositionsmöglichkeit und -befugnis über die „eigenen" Daten zu sehen (dazu umfassend, aus privatrechtstheoretischer Perspektive, Amstutz AcP 2018, 438 ff.).

30 Die Positionierung der Einwilligung an erster Stelle des Katalogs der Rechtmäßigkeitsbedingungen entspricht dem Wortlaut von Art. 8 Abs. 2 S. 1. GRCh und führt die Systematik von Art. 7 DSRL fort. Sie trägt auch derer **Bedeutung in der Rechtspraxis** Rechnung, die im nicht-öffentlichen Bereich hoch ist. Die Einwilligung vermag – bei adäquater Ausgestaltung – die kollidierenden Freiheiten der von der Verarbeitung Betroffenen einerseits sowie der Verantwortlichen andererseits zum Ausgleich zu bringen. Sie ist somit gleichermaßen Ausdruck der Freiheit und Schutzinteressen der geschützten Person wie der Rücksichtnahme auf die Grundrechte und Interessen der Datenverarbeiter (s. auch Masing NJW 2012, 2305 (2307); kritisch zur Einwilligung als alleinigem Instrument der Gewährleistung von „Datensouveränität" Krüger ZRP 2016, 190 (191); skeptisch zu einer zentralen Rolle der Einwilligung aus Sicht des Verantwortlichen Auernhammer/Kramer Rn. 25 ff.).

31 Die Legitimität der Einwilligung als Instrument des Interessenausgleichs ist eng an die **Idee eines Gleichgewichts zwischen Betroffenem und Datenverarbeiter** geknüpft. In der heutigen Realität „digitaler Massengeschäfte" besteht indessen vielfach das **Problem einer strukturellen Asymmetrie** zwischen den Nutzern und den Diensteanbietern, insbesondere mit Blick auf Angebote wie Suchmaschinen, soziale Netzwerke oder Onlinehändler. Um dieser strukturellen Asymmetrie und der Entwicklung va in der Internetpraxis zu begegnen, hat der Unionsgesetzgeber die Anforderungen an die Wirksamkeit einer Einwilligung erhöht (→ Rn. 32 ff.; kritisch zur Einwilligung als Verarbeitungsgrundlage im Kontext digitaler Massengeschäfte Rothmann/Buchner DuD 2018, 342 (344 ff.), die auf Grundlage einer empirischen Studie zu dem Ergebnis kommen, der Einwilligung als Datenverarbeitungsgrundlage fehle jegliche Legitimität). Insoweit weist das Datenschutzrecht Parallelen zum Verbraucherschutzrecht auf, woraus das Erfordernis resultiert, die die Regelungs- und Schutzmechanismen der jeweiligen Rechtsgebiete miteinander zu koordinieren. Die Tatsache, dass die Privatautonomie durch ein Ungleichgewicht zwischen Verarbeiter und Betroffenen im Einzelfall beeinträchtigt sein kann, hat der Gesetzgeber in Erwägungsgrund 43 aufgegriffen und dort am Beispiel einer Behörde als Datenverarbeiter dargelegt, wann eine Einwilligung mangels Freiwilligkeit typischerweise nicht als Verarbeitungsgrundlage dienen können soll. Dies unterstreicht die Bedeutung der Einwilligung vor allem als Instrument des privaten Datenschutzrechts. Gleichwohl sind auch im öffentlichen Sektor Konstellationen denkbar, in denen auf eine Einwilligung zurückgegriffen werden kann. Umgekehrt gibt es im nicht-öffentlichen Sektor Konstellationen, die von einem Ungleichgewicht geprägt sind. Der Kommissionsentwurf sah dafür noch als Beispiel die Verarbeitung personenbezogener Daten des Arbeitnehmers durch den Arbeitgeber im Rahmen eines Beschäftigungsverhältnisses vor (s. Erwägungsgrund 34 des Kommissionsvorschlags; in Ausnahmefällen können sich Arbeitgeber auf die Einwilligung als Rechtmäßigkeitsgrund berufen, s. dazu EDSA, Leitlinien 05/2020 vom 4.5.2020, Rn. 22 f.). Ein weiteres, praktisch sehr bedeutendes Beispiel ist das Angebot von Dienstleistungen seitens sog. „Gatekeeper" (die Kommission hat diesen Begriff in ihrem Entwurf des Digital Markets Act in Art. 2 Abs. 1 definiert, vgl. COM(2020) 842 final, S. 34).

32 Die **Wirksamkeitsanforderungen** an die Einwilligung als Rechtmäßigkeitstatbestand sind an **verschiedenen Stellen in der DS-GVO** normiert. Einschlägig sind neben Art. 6 Abs. 1 UAbs. 1 lit. a insbesondere Art. 4 Nr. 11, 7 und 8. **Art. 6 Abs. 1 UAbs. 1 lit. a** legt unmittelbar selbst fest, dass die Einwilligung „**für einen oder mehrere bestimmte Zwecke**" erteilt werden muss. Das ist eine Konkretisierung des Zweckbindungsgrundsatzes für die Einwilligung. Damit soll verhindert werden, dass nach der Erteilung der Einwilligung die Verarbeitungszwecke nachträglich ausgeweitet werden können (EDSA, Leitlinien 05/2020 vom 4.5.2020, Rn. 56). Über den erforderlichen Bestimmtheitsgrad der Zweckfestlegung macht die DS-GVO indessen keine näheren Angaben. Aus Erwägungsgrund 33, wonach für die Einwilligung im Forschungsbereich eine relativ weite Zweckfestlegung zulässig sein soll, lässt sich indessen der Umkehrschluss ziehen, dass der Gesetzgeber die Bestimmtheitsanforderungen an die Zwecksetzung im Übrigen eng versteht (NK-

DatenschutzR/Schantz Art. 6 Abs. 1 Rn. 9). Der Datenschutzausschuss hat in seinen Leitlinien drei kumulative Voraussetzungen aufgestellt: Der Verantwortliche muss einen bestimmten Zweck festlegen, er muss – wann immer es angebracht ist – gesonderte Einwilligungen zu verschiedenen Verarbeitungsvorgängen verlangen („Granularität bei Ersuchen um Einwilligung", vgl. auch EG 43) und er muss klar trennen zwischen Informationen im Zusammenhang der Einwilligung in die Datenverarbeitung und sonstigen Informationen zu anderen Angelegenheiten. Die betroffene Person muss in Bezug auf jeden der Zwecke eine Wahlmöglichkeit haben (vgl. EDSA, Leitlinien 05/2020 vom 4.5.2020, Rn. 55 ff.).

In **Art. 4 Nr. 11** ist der Begriff der Einwilligung definiert. Demnach muss die Willensbekundung **freiwillig, für den bestimmten Fall, in informierter Weise** und **unmissverständlich** sowie durch Erklärung oder eine sonstige bestätigende Handlung **eindeutige bestätigende Handlung** erfolgen (siehe auch Artikel 29-Datenschutzgruppe, WP 259, 5 ff.; zu den Anforderungen eines „informed consent", allerdings noch im Rahmen von Art. 7 DSRL, s. auch LG Berlin 16.1.2018 Rn. 131 ff.). 33

Das Tatbestandsmerkmal „frei" bzw. „**freiwillig**" setzt ganz generell voraus, dass die betroffene Person „**eine echte oder freie Wahl hat**" und somit in der Lage ist, die Einwilligung zu verweigern oder zurückzuziehen, ohne Nachteile zu erleiden" (Erwägungsgrund 42). Ist die Einwilligung ein nicht verhandelbarer Teil von AGB, so ist sie nicht freiwillig erteilt worden (EDSA, Leitlinien 05/2020 vom 4.5.2020, Rn. 13 ff.). Zur Beurteilung der Freiwilligkeit findet sich – neben der angesprochenen Berücksichtigung eines etwaigen Ungleichgewichts – in **Art. 7 Abs. 4** als Regelbeispiel der Gedanke eines **Kopplungsverbots** von Einwilligung und Vertragserfüllung bzw. Dienstleistungserbringung wieder (nach EG 43 soll das Fehlen der Freiwilligkeit in diesem Fall vermutet werden; zum „Kopplungsverbot" auch Albrecht CR 2016, 88 (91); Kühling/Martini EuZW 2016, 448 (451); Schantz NJW 2016, 1831 (1845); Funke, Dogmatik und Voraussetzungen der datenschutzrechtlichen Einwilligung im Zivilrecht, 2017, S. 267 ff.; für eine alternative Interpretation: Bunnenberg, Privates Datenschutzrecht, 2020, S. 78 ff. Nach dem EDSA spielt die Norm eine wichtige Rolle bei der Entscheidung, ob eine Einwilligung freiwillig erteilt wurden, vgl. EDSA, Leitlinien 05/2020 vom 4.5.2020, Rn. 25). Danach darf die Erfüllung eines Vertrages bzw. die Erbringung einer Dienstleistung nicht von der Einwilligung abhängig gemacht werden, wenn diese für die Vertragserfüllung nicht erforderlich ist. Dies wirft etwa im Falle von Suchmaschinen die Frage auf, inwieweit die Speicherung und Bewertung von Suchanfragen für die Erbringung der eigentlichen Suchleistung erforderlich ist (dies verneinend Buchner DuD 2016, 155 (158)). Soweit in das Erforderlichkeitskriterium auch Gesichtspunkte der Wirtschaftlichkeit einfließen dürfen, lässt sich dies wohl bejahen. Ein Ende des Modells der „Bezahlung mit Daten" ist deshalb nicht zu erwarten (so aber offenbar Schantz NJW 2016, 1841 (1845)). Das dürfte auch nicht – jedenfalls nicht grundsätzlich – normativ gewünscht sein. Vielmehr geht es darum, über Art. 7 Abs. 4 materielle Maßstäbe aufzustellen, die dem Modell Grenzen ziehen. Der EDSA hat in seinen Leitlinien festgestellt, dass es der Freiwilligkeit entgegensteht, wenn der Zugang zu Diensten und Funktionen von der Einwilligung des Nutzers in die Speicherung von Informationen in seinem Gerät oder der Einwilligung in den Zugang zu bereits darin gespeicherten Informationen abhängig gemacht wird (sog. „**Cookie-Walls**", EDSA, Leitlinien 05/2020 vom 4.5.2020, Rn. 39). Zur Sicherstellung einer echten Wahlfreiheit dürfen Vertragsbestimmungen die betroffene Person **nicht über die Möglichkeit irreführen, einen Vertrag abschließen zu können,** auch wenn sie sich weigert, einzuwilligen – dies zu prüfen ist Aufgabe der nationalen Gerichte (EuGH Rs. C-51/19 Rn. 41 bzw. 49 – Orange România). 34

„**Für den bestimmten Fall**" ist so zu verstehen, dass sich die Einwilligung gerade auf die betreffende Datenverarbeitung beziehen muss und nicht aus einer Willensbekundung mit anderem Gegenstand abgeleitet werden kann. Art. 7 Abs. 2 stellt insoweit die konkretisierende Anforderung auf, dass, wenn eine Einwilligung durch schriftliche Erklärung erfolgt, die noch andere Sachverhalte betrifft, das Ersuchen um Zustimmung so gestaltet sein muss, dass es von den anderen Sachverhalten klar zu unterscheiden ist. Das gilt insbesondere für eine vom Verantwortlichen vorformulierte Einwilligungserklärung (zum Ganzen EuGH Rs. C-51/19 Rn. 38 f. – Orange România). 35

Das Erfordernis der Einwilligung in „**informierter Weise**" ist als Ausprägung des in Art. 5 Abs. 1 lit. a niedergelegten Transparenzgrundsatzes zu verstehen. Insoweit wird die Basis für eine informierte Entscheidung durch die Transparenz- und Informationspflichten der Verantwortlichen in den Art. 12 ff. sichergestellt. Die Informationspflicht bzgl. der Einwilligung bezieht sich auf bestimmte **Elemente, die für die Entscheidungsfindung wesentlich sind,** mindestens umfasst sie aber: die Identität des Verantwortlichen, den Zweck jedes Verarbeitungsvorgangs, für den die Einwilligung eingeholt wird, die (Art der) Daten, die erhoben und verwendet werden, das Bestehen eines Widerrufsrechts, ggf. Informationen über die Verwendung der Daten für eine automati- 36 sierte Entscheidungsfindung gemäß Art. 22 Abs. 2 lit. c und Angaben zu möglichen Risiken von Datenübermittlungen ohne Vorliegen eines Angemessenheitsbeschlusses und ohne geeignete Garantien nach Art. 46 (s. im Einzelnen EDSA, Leitlinien 05/2020 vom 4.5.2020, Rn. 62 ff.). Hinsichtlich der formalen Gestaltung muss eine einfache, klare und allgemeinverständliche Sprache verwendet werden und zudem muss die Einwilligung leicht zugänglich und deutlich von anderen Sachverhalten klar zu unterscheiden sein. Insbesondere dürfen die Informationen nicht in AGB „versteckt" werden (EDSA, Leitlinien 05/2020 vom 4.5.2020, Rn. 66 ff.). Damit korrespondiert, dass eine pauschale Annahme der AGB nicht als eindeutige bestätigende Handlung in die Einwilligung der Verwendung personenbezogener Daten gewertet werden kann (EDSA, Leitlinien 05/ 2020 vom 4.5.2020, Rn. 81).

37   Art. 7 legt einzelne Bedingungen für die Einwilligung genauer fest, wie etwa die Beweislast des Verarbeiters für ihr Vorliegen in Abs. 1 (für eine beispielhafte Gestaltungsformen der Einwilligungserklärung, die nicht als Nachweis dafür geeignet sind, dass die betroffene Person ihre Einwilligung gültig erteilt hat: EuGH Rs. C-51/19 Rn. 52 – Orange România). **Art. 8** spezifiziert die Wirksamkeitsanforderungen einer Einwilligung von Minderjährigen in Bezug auf Dienste der Informationsgesellschaft; letztere sind in Art. 4 Nr. 25 definiert (zum Verhältnis von Art. 6 und 8 DS-GVO s. nunmehr auch EDSA, Leitlinien 05/2020 vom 4.5.2020, Rn. 124 ff.). Die Datenschutz-Grundverordnung stellt also erstmals rechtliche Anforderungen an die **Einwilligungsfähigkeit** von Betroffenen. Das wird allerdings durch den Abweichungsspielraum der Mitgliedstaaten in Art. 8 Abs. 1 UAbs. 2 relativiert. **Einwilligungen, die noch unter Geltung der DSRL eingeholt wurden**, bleiben insoweit gültig, als sie den in der DS-GVO niedergelegten Anforderungen entsprechen (EDSA, Leitlinien 05/2020 vom 4.5.2020, Rn. 165).

38   Anders als noch im Kommissionsvorschlag vorgesehen und auch vom Parlament befürwortet, hat die **Ausdrücklichkeit der Einwilligung** als allgemeine Wirksamkeitsvoraussetzung keinen Einzug in die Endfassung erhalten. Diese Anforderung findet sich nur in verschiedenen Bestimmungen, die besonders risikobehaftete Verarbeitungen als Regelungsgegenstand haben (Kühling/ Buchner/Buchner/Petri Rn. 18 mit dem Verweis auf Art. 9 Abs. 2 lit. a, Art. 22 Abs. 2 lit. c sowie Art. 49 Abs. 1 lit. a; zu den Anforderungen an die Ausdrücklichkeit s. a. EDSA, Leitlinien 05/2020 vom 4.5.2020, Rn. 91 ff.). Allerdings haben sich Kommission und Parlament insofern durchsetzen können, als für eine Einwilligung nunmehr stets eine Erklärung oder eine sonstige **eindeutig bestätigende Handlung** erforderlich ist (Albrecht CR 2016, 88 (91)). Erwägungsgrund 32 S. 3 präzisiert diese Vorgabe dahingehend, dass Stillschweigen oder vorangekreuzte Kästchen nicht genügen. Sogenannte **„Opt out"-Varianten** zur Einholung einer Einwilligung sind demnach zukünftig nicht mehr zulässig, weil nicht ausgeschlossen werden kann, dass der [Dienste]Nutzer die dem voreingestellten Ankreuzkästchen beigefügte Information nicht gelesen hat (s. dazu nunmehr auch EuGH NJW 2019, 3433 Rn. 60 ff. – Verbraucherzentrale Bundesverband eV/Planet49 GmbH; EuGH Rs. C-51/19 Rn. 36 ff., insbesondere 42 ff. – Orange România. Siehe zu den Anforderungen im Einzelnen auch Artikel 29-Datenschutzgruppe, WP 259, 18 ff. sowie EDSA, Leitlinien 05/2020 vom 4.5.2020, Rn. 75 ff.). Gleichwohl kann sich aus dem konkreten Kontext ergeben, dass auch eine schlüssige Willenserklärung den Anforderungen des Art. 6 Abs. 1 UAbs. 1 lit. a genügen kann (so Paal/Pauly/Frenzel Rn. 11 mit dem Beispiel, dass eine betroffene Person einen Antrag stellt, der ohne Verarbeitung personenbezogener Daten zu diesem Zweck nicht bearbeitet werden kann). Für eine Vielzahl von Verträgen **vorformulierte Einwilligungserklärungen** müssen sich an den §§ 305 ff. BGB messen lassen und können etwa aufgrund missbräuchlicher Klauseln unwirksam sein (vgl. Erwägungsgrund 42 S. 3. Zum Mehrwert von AGB-Kontrollen als Instrument der Gewährleistung der „Datensouveränität" des Einzelnen Krüger ZRP 2016, 190 (191 f.); weiterführende Überlegungen zur Gestaltung einer „datenrechtlichen Inhaltskontrolle", einschließlich möglicher einwilligungsfester Mindeststandards für datenbezogene Rechtsgeschäfte, finden sich bei Bunnenberg, Privates Datenschutzrecht, 2020, S. 202 ff.; zur (Un-)Vereinbarkeit verschiedener Klauseln in den „Nutzungsbedingungen" bzw. der „Datenrichtlinie" von Facebook mit deutschem AGB-Recht LG Berlin Urt. v. 16.1.2018 – 16 O 341/15, Rn. 53 ff.; KG Berlin Urt. v. 20.12.2019 – 5 U 9/18 Rn. 35 ff. = MMR 2020, 239)). Wie sich aus Art. 7 Abs. 2 ergibt, ist dies auch dann möglich, wenn die vorformulierte Einwilligungserklärung zusammen mit anderen Vertragspunkten in AGB verwendet werden (dazu näher Ernst ZD 2017, 110). Für diesen Fall muss das Ersuchen um die Einwilligung in verständlicher und leicht zugänglicher Form in einer klaren und einfachen Sprache erfolgen, sodass es von den anderen Punkten des Vertrags klar abgrenzbar ist.

39   Stützt ein Verantwortlicher seine Datenverarbeitung auf Art. 6 Abs. 1 UAbs. 1 lit. a, so trifft ihn die Pflicht aus Art. 13 Abs. 2 lit. c respektive Art. 14 Abs. 2 lit. d, den Betroffenen über sein **jederzeitiges Widerrufsrecht** zu informieren.

3. Vertragserfüllung und vorvertragliche Maßnahmen (lit. b)

Die Verarbeitung personenbezogener Daten ist gem. Art. 6 Abs. 1 UAbs. 1 lit. b. auch dann rechtmäßig, wenn sie **zur Erfüllung eines Vertrages** oder **zur Durchführung vorvertraglicher Maßnahmen** erforderlich ist. Bis auf die grammatikalisch erforderliche Umstellung im Satzbau und der Ersetzung von „Antrag" durch „Anfrage" entspricht Art. 6 Abs. 1 UAbs. 1 lit. b wortgleich seiner Vorgängerbestimmung in Art. 7 lit. b DSRL. Diese begriffliche Abweichung findet sich aber etwa in der englischen Fassung nicht („at the request"), sodass sich aus der Änderung keine normativen Implikationen ableiten lassen. **40**

Die Bestimmung normiert insoweit eine Selbstverständlichkeit, als der von Privatautonomie geprägte Rechtsverkehr bis zur Dysfunktionalität eingeschränkt wäre, wenn die Verarbeitung personenbezogener Informationen und Daten, die zur Durchführung von Verträgen und vorvertraglichen Maßnahmen erforderlich ist, nicht zulässig wäre. Der Austausch von Leistungen und Gütern ist ohne einen parallelen Austausch von Informationen und Daten schlechterdings nicht möglich. Auch unter dem Gesichtspunkt der Datenschutzinteressen der geschützten Person bestehen mit Blick auf die Zulässigkeit einer solchen Datenverarbeitung keine Bedenken, weil Verträge stets **Resultate privatautonomer Entscheidungen** sind, dem jeweiligen Vertragspartner die Verarbeitung vertragsrelevanter Informationen und Daten zu gestatten (Kühling/Buchner/Buchner/Petri Rn. 26). Wie auch bei der Einwilligung liegt es bei Verträgen in den Händen der Parteien, die Reichweite der Legitimationswirkung selbst zu bestimmen. Dies setzt freilich voraus, dass die Parteien (rechtliche) Rahmenbedingungen vorfinden, die einen von Privatautonomie angeleiteten Aushandlungsprozess ermöglichen. Auch im Kontext von Art. 6 Abs. 1 UAbs. 1 lit. b stellt sich die Frage, wie mit „**strukturellen Machtgefällen**" bzw. „strukturellen Asymmetrien" umzugehen ist (→ Rn. 31). Dazu gehört die Gestaltungsmacht von Intermediären, Nutzungsverträge ganz im Sinne datengetriebener Geschäftsmodelle auszugestalten (dazu noch → Rn. 42, → Rn. 44 ff.), und darüber hinaus die technische Gestaltungsmacht der Anbieter digitaler Dienste (s. dazu Korch ZeuP 2021, 792 (796 ff.)). **41**

Die Formulierung „**Erfüllung eines Vertrags**" ist unionsrechtlich autonom auszulegen und darf nicht ohne weiteres mit den deutschen Begriffskonnotationen gleichgesetzt werden (auch wenn mit dem Begriff, mangels eines unionsrechtlichen Zivil(vertrags)rechts, zwangsläufig auf das jeweilige mitgliedstaatliche Zivilrecht verwiesen wird bzw. dieses vorausgesetzt wird, sa HK-DS-GVO/Reimer, 2018, Rn. 19). „**Vertrag**" erfasst gleichwohl jedenfalls rechtsgeschäftliche oder rechtsgeschäftsähnliche Schuldverhältnisse, so wie es bisher in § 28 Abs. 1 S. 1 Nr. 1 BDSG aF normiert war (die insoweit auch gegenüber Art. 7 lit. b DSRL abweichende Bezeichnung in § 28 Abs. 1 S. 1 Nr. 1 BDSG aF war darauf zurückzuführen, dass der deutsche Gesetzgeber eine innere Kohärenz zur Terminologie des BGB herstellen wollte, vgl. Kühling/Buchner/Buchner/Petri Rn. 27). Der „Vertrag" kann sich mit verschiedenartigen Pflichten und Rechten auch komplex gestalten, dann aber ggf. für die datenschutzrechtliche Beurteilung aufzuschlüsseln sein; im Falle der Verknüpfung unterschiedlichster Aspekte können sich Grenzen auch mit Blick auf das Zusammenspiel der Tatbestandsmerkmale „zur Erfüllung eines Vertrages erforderlich" und teleologisch im Regelungszusammenhang der DS-GVO ergeben (für datengetriebene Geschäftsmodelle s. noch → Rn. 44 ff.). Vor dem Hintergrund der Ratio der Norm, die Verarbeitung von Informationen und Daten im von Autonomie geprägten privaten Rechtsverkehr auf adäquate datenschutzrechtliche Grundlagen zu stellen, erstreckt sich der Anwendungsbereich von Art. 6 Abs. 1 UAbs. 1 lit. b darüber hinaus auf all jene **vertragsähnlichen Konstellationen,** die gleichermaßen auf willentliche Entscheidungen des von der Verarbeitung Betroffenen zurückgehen. So sind wegen des vergleichbaren Schutzbedarfs richtigerweise etwa auch Gefälligkeitsverhältnisse mit rechtsgeschäftlichem Charakter erfasst (so auch Kühling/Buchner/Buchner/Petri Rn. 30. AA offenbar Gola/Schulz Rn. 31). Das Telos der Vorschrift führt auch zu der Auslegung, dass im Falle **einseitiger Rechtsgeschäfte** eine Datenverarbeitung jedenfalls dann nicht nach Art. 6 Abs. 1 UAbs. 1 lit. b) abgedeckt ist, wenn diese durch den Verarbeiter begründet werden und der Betroffene keinen Einfluss darauf nehmen kann (vgl. Kühling/Buchner/Buchner/Petri Rn. 28; sa Auernhammer/Kramer Rn. 33; s. weiter Gola/Schulz Rn. 29, wonach die Entscheidung Betroffener zur Teilnahme an einem Preisausschreiben im Falle transparenter Konditionen als Einflussmöglichkeit ausreicht). Die Formulierung „Erfüllung **eines** Vertrags" macht deutlich, dass es für die Anwendbarkeit von Art. 6 Abs. 1 UAbs. 1 lit. b. nicht darauf ankommt, dass der Vertragspartner des Betroffenen und der die Daten verarbeitende Verantwortliche personenidentisch sind. Erforderlich ist nach dem Wortlaut vielmehr allein, dass der Betroffene Vertragspartei ist. Demnach kann Art. 6 Abs. 1 UAbs. 1 lit. b auch **Datenverarbeitungen durch unbeteiligte Dritte** legitimieren, soweit diese für die Erfüllung eines Vertrags, deren Partei der Betroffene ist, erforderlich sind. **42**

43 Der Unionsgesetzgeber hat allein die „**Erfüllung**" des Vertrags in den Wortlaut aufgenommen (vgl. im Gegensatz dazu § 28 Abs. 1 S. 1 Nr. 1 BDSG aF, der von der „Begründung, Durchführung oder Beendigung" eines Schuldverhältnisses sprach). Abweichend von der Terminologie des BGB (vgl. § 362 BGB) sind damit gleichermaßen **Leistungs- und Neben- bzw. Rücksichtspflichten**, die notwendigerweise mit einem Schuldverhältnis einhergehen (§ 241 BGB), erfasst. Es stellt sich aus Perspektive des deutschen Rechts zudem die Frage, ob auch Abschluss, Änderung oder (Rück-)Abwicklung eines Vertrags unter den Rechtmäßigkeitstatbestand fallen oder ob dafür vielmehr Art. 6 Abs. 1 UAbs. 1 lit. f greifen soll (Gola/Schulz Rn. 27). Mit Blick auf die **Änderung eines Vertrags** lässt sich sagen, dass eine solche als „neuer" Vertrag iSv Art. 6 Abs. 1 UAbs. 1 lit. b gewertet werden kann, jedenfalls soweit sie im beiderseitigen Einvernehmen erfolgt ist. Dass der **Abschluss von Verträgen** nach der Vorstellung des Gesetzgebers erfasst sein soll, lässt sich a fortiori aus EG 44 entnehmen, wonach schon eine für den **geplanten** Vertragsabschluss erforderliche Datenverarbeitung rechtmäßig sein soll. Die Abwicklung eines Vertrags, etwa auf Grund von Leistungsstörungen, ist in der Terminologie des deutschen Zivilrechts zwar genauso wenig wie die „Erfüllung" wie eine Änderung oder ein Vertragsabschluss. Der unionsrechtliche Begriff ist jedoch autonom auszulegen. Seinem Sinn und Zweck entsprechend, das Funktionieren des selbstbestimmten Privatrechtsverkehrs zu gewährleisten, muss Art. 6 Abs. 1 UAbs. 1 lit. b deshalb so verstanden werden, dass die Vorschrift jede ein bestehendes Vertragsverhältnis betreffende Datenverarbeitung erfasst (Gola/Schulz Rn. 27), sodass insbesondere auch die **Abwicklung und Beendigung von Verträgen** sowie nachträgliche Sorgfaltspflichten umfasst sind (so auch Kühling/Buchner/Buchner/Petri Rn. 33; Plath/Plath Art. 6 Rn. 9). Die Stützung einer Verarbeitung auf Art. 6 Abs. 1 UAbs. 1 lit. b setzt indes – unabhängig von der nationalrechtsdogmatischen Natur des „Vertrags" – jedenfalls voraus, dass dieser (gemäß dem jeweils anwendbaren nationalen Recht) wirksam entstanden ist (s. nunmehr auch EDSA, Leitlinien 2/2019 vom 8. 10.2019, Rn. 13). Dies nachzuweisen, liegt im Pflichtenkreis des Verantwortlichen, vgl. Art. 5 Abs. 2 DS-GVO.

44 Indes genügt ein bloßer Bezug des Verarbeitungsvorgangs zu einem Vertragsverhältnis für die Subsumtion unter lit. b nicht. Sowohl für Verträge als auch für vorvertragliche Maßnahmen (dazu sogleich) ist – neben der Zweckfestlegung und der Notwendigkeit, komplexe Verträge ggf. angemessen aufzuschlüsseln – die **Erforderlichkeit der Verarbeitung** insoweit das **maßgebliche normative Scharnier**, das im Kontext des Art. 6 Abs. 1 UAbs. 1 lit. b auf die Datenverarbeitung zwischen Privaten zugeschnitten werden muss (s. bereits allg. → Rn. 15 ff.). Maßgeblich ist, dass ein **unmittelbarer Zusammenhang** zwischen der **Verarbeitung** und dem **konkreten Zweck des Vertragsverhältnisses** besteht (so auch Albrecht/Jotzo Das neue DatenschutzR Teil 3 Rn. 43 mit Verweisen auf die Kommentarliteratur zu § 28 BDSG). Um diesen Zusammenhang bewerten zu können, ist ua stets auch der jeweilige konkrete Vertragstypus zu berücksichtigen. Die Anforderungen an die Erforderlichkeit dürfen weder zu niedrig noch, sofern es keine Gründe für eine besondere Einengung gibt (→ Rn. 21), zu hoch sein. Die Erforderlichkeit ist im Rahmen des Art. 6 Abs. 1 UAbs. 1 lit. b zunächst auf den konkreten Vertrag zu beziehen. Verwendet ein Kunde eine Kreditkarte zur Zahlung, mag die längerfristige Speicherung dieser Daten nützlich sein, um eine potenzielle nächste Transaktion zu erleichtern und Verkäufe zu fördern; sie ist aber im Rahmen des Art. 6 Abs. 1 UAbs. 1 lit. b nicht erforderlich für die Vertragserfüllung (EDSA, Empfehlungen 02/2021 vom 19.5.2021, Rn. 4). Auch ist nicht schon jede dem Vertragszweck dienliche Verarbeitung bereits erforderlich, wenngleich sie auch nicht erst für den Vertragszweck unverzichtbar sein muss. In der Festlegung der materiellen Maßstäbe zur Ermittlung der Erforderlichkeit für die Vertragserfüllung liegt der **Dreh- und Angelpunkt der Abgrenzung von Art. 6 Abs. 1 UAbs. 1 lit. b zu lit. a und f**. Die Bedeutung dieser normativen Weichenstellung liegt auf der Hand: Durch die Verzahnung mit dem jeweiligen nationalen Zivilrecht wirkt das Verständnis der Erforderlichkeit im Rahmen von Art. 6 Abs. 1 UAbs. 1 lit. b DS-GVO in hohem Maße auf dieses zurück und es ergeben sich Abstimmungserfordernisse. Konkret geht es dabei um die Frage, inwieweit die zivilrechtliche Privatautonomie durch datenschutzrechtliche Maßstäbe überlagert (oder verdrängt) werden soll respektive ob und inwieweit das Datenschutzrecht die (nationalen) Privatrechtsordnungen ausgestalten können soll. Wenn man die Maßstäbe zu weit gestaltete, man also jede noch so lose Verbindung zum Vertragsinhalt genügen ließe, würde man die Festlegung der Reichweite der Legitimationswirkung von Art. 6 Abs. 1 UAbs. 1 lit. b im Wesentlichen den Anbietern von Waren und Dienstleistungen (in Gestalt von AGB) überlassen. Eine möglichst ausufernde Gestaltung des Vertragsinhalts könnte dann auch solche Datenverarbeitungen als „erforderlich" erscheinen lassen, mit denen der Betroffene wegen des äußeren Erscheinungsbilds der Leistungsbeziehungen typischerweise nicht rechnet (für das Beispiel des Kaufs eines Smart-TV, mit der Käufer nicht nur einen Kaufvertrag mit dem Verkäufer schließt, sondern eine Vielzahl von Dauerschuldverhältnissen z. B. mit dem Hersteller des Fernsehers und den Herstellern der verschiedenen Apps, Wendehorst/Graf v. Westphalen NJW 2016, 3745 (3746). Gerade in B2C-Konstellationen würden so die Einflussmöglichkeiten des Betroffenen, die ihm die DS-GVO bei einer einwilligungsbasierten Datenverarbeitung zuweist (insbesondere das jederzeitige Widerrufsrecht, Art. 7 Abs. 3), umgangen werden (Wendehorst/Graf v. Westphalen NJW 2016, 3745 (3747)). Um dem entgegenzuwirken und gleichzeitig weder die Möglichkeiten privatautonomer Vertragsgestaltung übermäßig durch das Datenschutzrecht einzuschränken noch eine Umgehung der datenschutzrechtlichen Schutzziele zuzulassen („Flucht in die vertragsbasierte Datenverarbeitung"), gibt es **unterschiedliche dogmatische Ansätze** (dazu Bunnenberg, Privates Datenschutzrecht, 2020, S. 53 ff. mwN). Zu kurz greift die Sicht, die Grenzen der Legitimationswirkung von Art. 6 Abs. 1 UAbs. 1 lit. b würden allein von der AGB-Kontrolle (§§ 305 ff. BGB) gezogen (dazu etwa Indenhuck/Britz BB 2019, 1093 ff.). Richtigerweise liefert die Erforderlichkeit - neben der Zweckfestlegung, die vor dem Hintergrund ihrer datenschutzrechtlichen Funktion ihrerseits bestimmte normative Anforderungen erfüllen muss und die Aufschlüsselung komplexer Verträge leisten kann - ein entscheidendes normatives Korrektiv. Sie ist dabei nicht allein als vertragsinhaltsbezogen (akzessorisch) zu verstehen. Dementsprechend wird im Rahmen der Erforderlichkeit geprüft, ob dem Verarbeiter in dem Sinne Alternativen zumutbar sind, dass die **Einwilligung im Vergleich zu Art. 6 Abs. 1 UAbs. 1 lit. b die adäquatere Verarbeitungsgrundlage** ist (Bunnenberg, Privates Datenschutzrecht, 2020, S. 57 mit Verweis auf VGH München Beschl. v. 26.9.2018 – 5 CS 18.1157, NVwZ 2019, 171 Rn. 29). Der zentrale Unterschied – und damit das zentrale Kriterium für die Beurteilung der Zumutbarkeit – sei die jederzeitige Widerruflichkeit der Einwilligung (Art. 7 Abs. 3).

Der Europäische Datenschutzausschuss hat sich in Leitlinien zur Auslegung des Merkmals der **45** Erforderlichkeit zur Vertragserfüllung im Kontext von digitalen Dienstleistungen geäußert. Darin stellt er unter anderem verschiedene Kriterien auf, die vom Verantwortlichen bei der Prüfung der Erforderlichkeit iRv Art. 6 Abs. 1 UAbs. 1 lit. b berücksichtigt werden können: Die Natur und die spezifischen Charakteristika des zu erbringenden Dienstes, der essenziellen Vertragselemente, die gegenseitigen Erwartungen der Vertragsparteien sowie die vernünftigen Erwartungen eines durchschnittlichen Nutzers (Leitlinien 2/2019 EDSA, 8.10.2019, Rn. 33). Um sogenannte „take it or leave it"-Situationen zu verhindern, müsse in Fällen, in denen ein Vertrag aus vielen Einzelleistungen besteht, die tatsächlich auch jeweils separat erbracht werden könnten, bei der Beurteilung der Erforderlichkeit im Rahmen von lit. b eine Einzelfallprüfung vorgenommen werden. Stellt sich dabei heraus, dass einzelne Verarbeitungstätigkeiten nicht der Erfüllung der vom Betroffenen gewollten Leistungen dienen, sondern allein für das Geschäftsmodell des Verantwortlichen notwendig sind, so sei Art. 6 Abs. 1 UAbs. 1 lit. b nicht die richtige Rechtsgrundlage (Leitlinien 2/2019 EDSA, 8.10.2019, Rn. 36 f.). Verarbeitungstätigkeiten zur Verbesserung der Dienste des Verantwortlichen, zur Betrugsprävention oder zu „online behavioural advertising" könnten demnach nicht auf Art. 6 Abs. 1 UAbs. 1 lit. b DS-GVO gestützt werden (Leitlinien 2/2019 EDSA, 8.10.2019, Rn. 48 ff.).

Besondere praktische Fragen entstehen im Kontext des „**Bezahlens mit Daten**" dadurch, **46** dass, etwa bei **Sozialen Netzwerken,** Nutzungsverträge durch vom Anbieter formulierte Vertragsklauseln enthalten, nach denen die Verarbeitung zahlreicher personenbezogener Nutzungsdaten ein wesentlicher Bestandteil des **Vertragszwecks** ist, der auch auf eine **Personalisierung** und **maßgeschneiderte Werbung** und meist **noch auf andere Gesichtspunkte** gerichtet ist. Auch hier ist der „Vertrag" aufzuschlüsseln und ggf. in Teilkomponenten zu differenzieren und zudem die „Erforderlichkeit" der Verarbeitung nicht allein als rein vertragsinhaltsbezogen und akzessorisch zu verstehen. Schließen einseitig vorformulierte Vertrags- und Nutzungsbedingungen die Verarbeitung der personenbezogenen Nutzungsdaten in den Vertragszweck ein, damit eine Personalisierung und maßgeschneiderte Werbung möglich sind, führt somit nicht allein diese Ausgestaltung zur Erforderlichkeit der Verarbeitung. Unbeschadet der möglichen Inhaltskontrolle der AGB gibt die Erforderlichkeit ein limitierendes normatives Korrektiv her. Es kann bei der Ausklammerung lediglich geschäftsmaximierender Datenauswertungspraktiken ansetzen, aber auch einen Vergleich unterschiedlicher Rechtmäßigkeitstatbestände und der dahinterstehenden Schutzkonzepte bedingen. Dementsprechend hat der österreichische Oberste Gerichtshof es in einem Vorlagebeschluss als Kernfrage bezeichnet, ob eine vertragliche Willenserklärung zur Verarbeitung personenbezogener Daten unter das Rechtskonzept nach Art. 6 Abs. 1 lit. b verschoben werden kann, um damit den einfach höheren Schutz, den die Rechtsgrundlage der Einwilligung bietet, „auszuhebeln" (so OGH Beschl. v. 30.6.2020 – 6 Ob 56/21k, abrufbar unter https://noyb.eu/sites/default/files/2021-07/Vorlage_sw_DE.pdf, Rn. 54). Das OLG Düsseldorf hat dem EuGH ua die Frage vorgelegt, ob einer und welcher der Rechtmäßigkeitstatbestände des Art. 6 Abs. 1 UAbs. 1 einschlägig ist, wenn ein Unternehmen *(Facebook Ireland)*, das ein werbefinanziertes, digitales soziales Netzwerk betreibt und in seinen Nutzungsbedingungen verschiedenste Vertragszwecke anführt, zu diesen Zwecken personenbezogene Daten der Nutzer in weitem Umfang miteinander verknüpft und verwendet (OLG Düsseldorf EuZW 2021, 680 (bes. 686 ff.)).

47 Die Durchführung **vorvertraglicher Maßnahmen** kann eine Verarbeitung ausdrücklich nur dann legitimieren, wenn sie auf Anfrage (zuvor unter Art. 7 lit. b DSRL: Antrag) des Betroffenen erfolgen. Gemeint ist damit das **Stadium der Vorbereitung und Anbahnung eines Vertrags,** insbesondere in Gestalt von Vertragsverhandlungen (für das deutsche Recht ergeben sich Anhaltspunkte insbesondere aus § 311 Abs. 2 BGB). Bereits im Vorfeld eines Vertragsabschlusses kann eine umfangreiche Verarbeitung von Daten notwendig sein, etwa wenn eine Bank im Rahmen der Anbahnung eines Darlehensvertrags Anfragedaten des Betroffenen zum Zwecke einer Bonitätsprüfung einem Dritten übermittelt (Beispiel bei Plath/Plath Rn. 10) oder zur Erstellung von individualisierten Angeboten, die der Betroffene angefordert hat. Die Verarbeitung ist dann von Art. 6 Abs. 1 UAbs. 1 lit. b gedeckt, auch wenn es im Ergebnis nicht zum Vertragsabschluss kommt; die Erforderlichkeit entfällt in diesem Falle **ex nunc** (Paal/Pauly/Frenzel Rn. 15). Auch im Kontext von M&A-Transaktionen und der im Vorfeld durchgeführten „**due diligence**" ist ein erheblicher Austausch von mitunter personenbezogenen Informationen und Daten (auch über Dritte, wie Arbeitnehmer und Geschäftspartner) erforderlich, um die Wirtschaftlichkeit und etwaige Risiken des „Deals" beurteilen zu können (zu in der Praxis gebräuchlichen Lösungsansätzen s. Hensel/Dörstling DStR 2021, 170 (173 f.)). Die Verarbeitung von Daten Dritter auf Grundlage von Art. 6 Abs. 1 UAbs. 1 lit. b ist nach dessen eindeutigem Wortlaut allerdings nicht möglich. Das Erfordernis der Anfrage des Betroffenen schließt eigenmächtige Verarbeitungen des Verantwortlichen, etwa zur Vorbereitung von Vertragsverhandlungen, aus (s. auch Leitlinien 2/2019 EDSA, 8.10.2019, Rn. 47).

4. Erfüllung einer rechtlichen Verpflichtung (lit. c)

48 In Abgrenzung zu lit. b meint Art. 6 Abs. 1 UAbs. 1 lit. c mit „rechtlicher Verpflichtung" (sprachlich präziser hieß es in Kommissions- und Parlamentsentwurf noch „gesetzliche Verpflichtung") nicht eine auf einer privatautonomen Entscheidung beruhende vertragliche Obligation, sondern eine Verpflichtung **kraft Rechts der Union oder eines Mitgliedstaates,** vgl. Art. 6 Abs. 3 UAbs. 1. Die in einer Vorschrift des objektiven Rechts vorgesehene „rechtliche Verpflichtung" muss sich dabei **unmittelbar auf die Datenverarbeitung** beziehen; allein der Umstand, dass ein Verantwortlicher, um irgendeine rechtliche Verpflichtung erfüllen zu können, auch personenbezogene Daten verarbeiten muss, reicht nicht aus (LSG Hessen BeckRS 2020, 1442 Rn. 13). Wegen des Abstraktions- und Typisierungsgrades von Gesetzen (s. auch noch → Rn. 50) kann das Regelungselement, dass eine Verarbeitung „zur Erfüllung" der Verpflichtung „erforderlich" ist, trotzdem ggf. noch limitierende Maßgaben setzen.

49 Art. 6 Abs. 1 UAbs. 1 lit. c betrifft, wie lit. e, vornehmlich den **öffentlichen Sektor** und öffnet die Grundverordnung für die zahlreichen bereichsspezifischen (Datenschutz)Vorschriften in den Mitgliedstaaten. Auch für den privaten Sektor finden sich im jeweiligen Recht der Mitgliedstaaten indes mannigfaltige rechtliche Verpflichtungen. Die Reichweite dieser Öffnung wird dabei durchaus unterschiedlich beurteilt. Einerseits wird vorgebracht, die DS-GVO habe „an dieser Stelle Richtliniencharakter" (vgl. Gola/Schulz Rn. 42; von einer „ganz erhebliche(n) Breitenwirkung" sprechen Kühling/Martini EuZW 2016, 448 (449)). An anderer Stelle wird hingegen auf die Anforderungen aus Abs. 2 und Abs. 3 UAbs. 2 hingewiesen, welche im Ergebnis nur „scheinbar breite Öffnungsklauseln" seien (s. Albrecht/Jotzo Das neue DatenschutzR Teil 3 Rn. 46). Die Breitenwirkung der Bestimmung wird erst in Zusammenschau mit den Abs. 2 und 3 deutlich. Abs. 3 UAbs. 1 lässt erkennen, dass lit. c für sich genommen noch keine Legitimationswirkung entfalten kann, sondern erst über die „Brücke" unionsrechtlicher respektive mitgliedstaatlicher Rechtsgrundlagen als Rechtmäßigkeitstatbestand fungieren kann (s. dazu auch EG 45 S. 1). Spiegelverkehrt könnte man auch sagen, dass Art. 6 Abs. 1 UAbs. 1 lit. c, neben lit. e, das „Einfallstor" für die die Rechtmäßigkeit der Verarbeitung begründende Wirkung von unionsrechtlichen und mitgliedstaatlichen Datenverarbeitungspflichten konstituiert. Gleichwohl verdeutlicht der Unionsgesetzgeber in EG 45, dass unter der DS-GVO – jedenfalls unionsrechtlich – nicht „für jede einzelne Verarbeitung ein spezifisches Gesetz" verlangt wird. Art. 6 Abs. 1 UAbs. 1 lit. c ist deutlich **enger als** der bisherige **§ 4 Abs. 1 BDSG aF,** wonach auch Datenverarbeitungen zulässig waren, die durch Gesetz „erlaubt" sind. Für solche gesetzlichen Datenverarbeitungs**befugnisse** ist zukünftig, gewissermaßen als Gegenstück, Art. 6 Abs. 1 UAbs. 1 lit. e einschlägig.

50 Aus Art. 6 Abs. 1 UAbs. 1 lit. c ergibt sich nicht ausdrücklich, welchen **Konkretions- und Präzisionsgrad** die rechtliche Verpflichtung aufweisen muss. Art. 6 Abs. 1 UAbs. 1 lit. c betrifft

auf jeden Fall bereichsspezifische Regelungen, die – unbeschadet des bei Rechtsvorschriften immer gegebenen und mehr oder weniger weit reichenden Abstraktions- und Typisierungsgrades – konkrete Pflichten zur Verarbeitung bestimmter Daten vorsehen, die mit Rücksicht auf bestimmte sachliche Pflichten oder Aufgaben bereits im Gesetz präzisiert werden. Je genauer und detaillierter dies geschieht, desto umfangreicher wird auch die „Erforderlichkeit" vorbestimmt: Eine Verarbeitung ist in Fällen einer entsprechend konkreten Verpflichtung stets schon dann erforderlich, wenn sie durch (verfassungsgemäßes) Gesetz verpflichtend angeordnet ist (Paal/Pauly/Frenzel Rn. 16). Bleibt das Gesetz abstrakt-typisierend, setzt das Merkmal, dass eine Verarbeitung „zur Erfüllung" der Verpflichtung „erforderlich" sein muss, noch Maßstäbe. Differenziert zu beantworten ist, ob rechtliche Verpflichtungen wie der Amtsermittlungsgrundsatz von Art. 6 Abs. 1 UAbs. 1 lit. c erfasst sind (vgl. dazu LSG Hessen BeckRS 2020, 1442 Rn. 13). In der systematischen Abgrenzung zu Art. 6 Abs. 1 UAbs. 1 lit. e wird man dies nur bejahen können, soweit Rechtsvorschriften diesen Grundsatz im Wege spezifischer Datenverarbeitungspflichten konkretisieren. Der allgemeine verwaltungsverfahrensrechtliche Amtsermittlungsgrundsatz ist in seinem Aussagegehalt dagegen anders akzentuiert und zu vage, als dass daraus eine rechtliche Verpflichtung iSd Art. 6 Abs. 1 UAbs. 1 lit. c folgen könnte; für die Datenverarbeitungen ist insofern Art. 6 Abs. 1 UAbs. 1 lit. e einschlägig.

5. Lebenswichtiges Interesse (lit. d)

In Art. 6 Abs. 1 UAbs. 1 lit. d trägt der Unionsgesetzgeber der Selbstverständlichkeit Rechnung, **51** dass in Notlagen der Schutz personenbezogener Daten gegenüber lebenswichtigen Interessen zurücktreten muss. In Ergänzung der Vorgängerregelung in Art. 7 lit. d erstreckt sich der Tatbestand des lit. d auch auf die lebenswichtigen Interessen „anderer natürlicher Personen". Der Begriff der Lebenswichtigkeit bestimmt sich objektiv. Der europäische Gesetzgeber lässt in EG 112 S. 2 erkennen, dass er darunter insbesondere die **körperliche Unversehrtheit** und das **Leben** fasst. Gleichwohl ist „lebenswichtig" nicht gleichzusetzen mit lebensnotwendig, sodass lit. d nicht erst greift, wenn eine Lebensgefahr besteht. Ein hinreichend enger und gewichtiger Bezug zur körperlichen Integrität und Gesundheit des Betroffenen (oder einer anderen natürlichen Person) genügt (vgl. auch Gola/Schulz Rn. 47). Erwägungsgrund 46 S. 3 verdeutlicht, dass Datenverarbeitungen im Einzelfall zugleich zur Erfüllung öffentlicher und lebenswichtiger Interessen erforderlich sein können, so etwa zur Überwachung von Epidemien (gegen die Möglichkeit, den Einsatz der Corona-Warn-App auf Art. 6 Abs. 1 UAbs. 1 lit. d zu stützen, weil der Tatbestand nur in akuten Notsituationen Anwendung finde und zudem Art. 9 Abs. 2 lit. c eine Spezialregelung enthalte, Köllmann NZA 2020, 831 (833)) oder in humanitären Notfällen, insbesondere bei (durch Natur oder Mensch verursachten) Katastrophen. Mit Blick auf die **Erforderlichkeit** ist – wie schon zu Art. 7 lit. d DSRL – strittig, ob es darauf ankommt, inwieweit die betroffene Person in der Lage ist, für die Wahrung ihrer lebenswichtigen Interessen selbst die notwendigen Entscheidungen zu treffen (bejahend Gola/Schulz Rn. 46, verneinend Kühling/Buchner/Buchner/Petri Rn. 109 f sowie Paal/Pauly/Frenzel Rn. 21). Nach dem Wortlaut von Art. 6 Abs. 1 UAbs. 1 lit. d ist eine Datenverarbeitung zur Wahrung lebenswichtiger Interessen unabhängig davon rechtmäßig, ob die betroffene Person zur eigenen Wahrnehmung ihrer Interessen imstande ist sowie (mutmaßlich) in die Verarbeitung einwilligen würde. Art. 9 Abs. 2 lit. c zeigt, dass der Gesetzgeber dieses Problem gesehen hat, sodass im Wege eines Umkehrschlusses davon auszugehen ist, dass er diese Einschränkung iRv Art. 6 Abs. 1 UAbs. 1 lit. d gerade nicht für notwendig hielt. Das rechtfertigt sich mit Blick auf den Anwendungsbereich, der auch über die Subsidiarität begrenzt wird.

Der Rechtmäßigkeitstatbestand hat **subsidiären Charakter;** er soll nach dem Willen des **52** Gesetzgebers nur herangezogen werden, wenn die Datenverarbeitung auf keine andere Grundlage gestützt werden kann (vgl. EG 46 S. 2). Der **Anwendungsbereich** von Art. 6 Abs. 1 UAbs. 1 lit. d dürfte jenseits des privaten Sektors ohnehin **begrenzt** sein. Die Abwehr von Gefahren, die lebenswichtige Interessen bedrohen, stellt jedenfalls eine Aufgabe im öffentlichen Interesse dar (lit. e; vgl. auch Kühling/Buchner/Buchner/Petri Rn. 108 sowie Paal/Pauly/Frenzel Rn. 22). Je nach Ausgestaltung durch Vorschriften des objektiven Rechts kann darüber hinaus sogar eine rechtliche Verpflichtung der öffentlichen Stellen (lit. c) begründet sein. Zudem sind auch die **leges speciales aus Art. 9 Abs. 2,** insbesondere Abs. 2 lit. c und i, zu beachten.

6. Wahrnehmung einer Aufgabe im öffentlichen Interesse oder in Ausübung hoheitlicher Gewalt (lit. e)

Eine Verarbeitung personenbezogener Daten ist nach Art. 6 Abs. 1 UAbs. 1 lit. e auch dann **53** rechtmäßig, wenn sie für die Wahrnehmung einer Aufgabe erforderlich ist, die (1.) im öffentlichen Interesse liegt oder (2.) in Ausübung öffentlicher Gewalt erfolgt.

54   Nach der Vorstellung des Verordnungsgebers kann aus Gründen des öffentlichen Interesses auch die Datenverarbeitung durch staatliche Stellen zu verfassungsrechtlich oder völkerrechtlich verankerten **Zielen von** staatlich anerkannten **Religionsgemeinschaften** erfolgen (vgl. Erwägungsgrund 55). Daneben soll, wie sich aus Erwägungsgrund 56 ergibt, im Einzelfall auch die Verarbeitung personenbezogener **Daten über die politische Einstellung von Personen** durch politische Parteien im Zusammenhang mit Wahlen zulässig sein, unter dem Vorbehalt, dass geeignete Garantien vorgesehen werden.

55   Unter die erste Tatbestandsalternative, „**Wahrnehmung einer Aufgabe, die im öffentlichen Interesse liegt**", fallen jedenfalls diejenigen Aufgaben, die einem von der Union anerkannten „Ziel im allgemeinen Interesse" entsprechen (bejahend für die Verbesserung der Straßenverkehrssicherheit EuGH BeckRS 2021, 15289 Rn. 108 – B). Mit Blick auf die zweite Tatbestandsalternative, „**Ausübung öffentlicher Gewalt**", stellt sich die Frage, inwieweit sie inhaltlich kongruent ist mit der ebenfalls verwendeten Formulierung „Ausübung hoheitlicher Befugnisse" (vgl. Art. 49 Abs. 3, 79 Abs. 2). Die terminologische Unterscheidung findet sich auch in der englischen und französischen Sprachfassung. Art. 6 Abs. 1 UAbs. 1 lit. e ist vor dem Hintergrund von EG 45 S. 5 dahingehend zu verstehen, dass die Norm auch die Ausübung hoheitlicher Befugnisse einschließt; allerdings lässt sie den handelnden Akteur (öffentlich oder nicht-öffentlich) offen, während Art. 49 Abs. 3 und Art. 79 Abs. 2 allein öffentliche Stellen adressieren (Kühling/Buchner/Buchner/Petri Rn. 117).

56   Normadressaten sind nur diejenigen Verantwortlichen, denen eine solche Aufgabe **übertragen wurde**. Anders als noch unter Art. 7 lit. e DSRL sind etwaige **dritte Empfänger der Daten**, auch wenn sie mit der Wahrnehmung einer Aufgabe im öffentlichen Interesse oder in Ausübung hoheitlicher Gewalt betraut sind, tatbestandlich nicht mehr erfasst. Art. 6 Abs. 1 UAbs. 1 lit. e verfolgt in Kongruenz mit seiner Vorgängerregelung einen strikt **funktionalen Ansatz**, indem allein auf die öffentliche Funktion abgestellt wird, unabhängig davon, ob sie durch öffentliche oder nicht-öffentliche Stellen wahrgenommen bzw. ausgeübt wird. Damit trägt die Norm zugleich der zunehmenden Diffusion der Trennlinien zwischen öffentlichen und privaten Bereichen (zu resultierenden Problemen mit Blick auf DS-GVO und die UK Data Protection Bill Butler, European Public Law 2018, Vol. 24, S. 555 ff.) und dem Umstand Rechnung, dass sich diese Unterscheidung in den relativ heterogen strukturierten Mitgliedstaaten mitunter verschieden gestaltet (s. dazu Veit, Einheit und Vielfalt im europäischen Datenschutzrecht, Manuskript, Teil 2, C., II., 2, erscheint 2022). Gleichwohl gilt unter der DS-GVO, anders als unter Art. 7 lit. e DSRL, dass sich aus etwaigen unionsrechtlichen bzw. mitgliedstaatlichen Rechtsgrundlagen nach Abs. 3 UAbs. 1 ergeben muss, ob der Verantwortliche eine Behörde oder eine Person des Privatrechts ist (vgl. Erwägungsgrund 45 S. 5). In jedem Fall hat der Betroffene bei einer auf Art. 6 Abs. 1 UAbs. 1 lit. e gestützten Verarbeitung der auf ihn verweisenden Daten ein **Widerspruchsrecht**, vgl. Art. 21 Abs. 1 S. 1.

57   Wie bei Art. 6 Abs. 1 UAbs. 1 lit. c entfaltet auch lit. e seine die Datenverarbeitung legitimierende Wirkung erst iVm einer **Rechtsgrundlage** im Unionsrecht oder im Recht der Mitgliedstaaten, vgl. Art. 6 Abs. 3 UAbs. 1. Gefordert ist eine **datenverarbeitungsbezogene Rechtsgrundlage**; die Festlegung einer sachlichen Aufgabe oder eines sachlichen Aufgaben/Befugnis-Zusammenhanges reicht nach dem Normtext und auch aus teleologischen Gründen nicht aus. Datenverarbeitungsbezogene Rechtsgrundlagen stellen einen Bezug zwischen Datenverarbeitung und den von lit. e tatbestandlich vorausgesetzten Aufgaben her, dies vor allem mittels der wegen des Grundsatzes der Zweckbindung notwendigen Festlegung der Zwecke, für die personenbezogene Daten verarbeitet und verwendet werden sollen. Der Zweck der Verarbeitung (iSv Art. 5 Abs. 1 lit. b) fällt keineswegs mit der (sachlichen) Aufgabe zusammen, die dem für die Verarbeitung Verantwortlichen übertragen wurde. Er liegt vielmehr gleichsam quer dazu und nimmt sie in Bezug. Mittels dieser grundlegenden Regelungsmechanismen wird **die Datenverarbeitung** mit den **sachlichen Verwaltungskompetenzen verklammert**. Die abstrakteste Form der Zweckfestlegung lautet daher: **Wahrnehmung** oder **Erfüllung** einer oder der (sachlichen) Aufgabe/n (vgl. auch EuGH Urt. v. 27.9.2017 – Rs. C 73/16 Rn. 111 – Puškár). Die Rechtsgrundlage iSd Art. 6 Abs. 3 UAbs. 1 verklammert die Verarbeitung personenbezogener Daten folglich mit den vielen Regelungsfeldern des (allgemeinen und besonderen) Verwaltungsrechts der 27 EU-Mitgliedstaaten (s. zur Wechselwirkung von nationalem Verwaltungsrecht und Datenschutzrecht etwa Blume EDPL 2015, 32 (34); Albers, Datenschutzrecht in Ehlers/Fehling/Pünder, Besonderes Verwaltungsrecht, Band 2, 4. Aufl. 2020, Rn. 30). Regelmäßig wirkt sich der Aufgabenrahmen dabei auf die Zweckfestlegung aus, indem diese – obwohl quer zu jenem liegend – durch jenen geprägt und begrenzt wird, während sie sich umgekehrt in Gestalt „eindeutiger" Zwecke nicht auf die Erfüllung des gesamten Aufgabenspektrums, sondern auf die Erfüllung einer spezifischen

Aufgabe nach Maßgabe der Befugnisse bezieht. Wenn die Aufgabe – wie häufig – durch nationales Recht übertragen wird, ist es Sache der jeweiligen nationalen Gerichte zu überprüfen, ob der Zweck überhaupt im Rahmen der Aufgabennorm verbleibt (vgl. auch, allerdings nicht bezogen auf Art. 7 lit. e DSRL, EuGH Urt. v. 27.9.2017 – Rs. C 73/16 Rn. 109 f. – Puškár; zu den resultierenden Steuerungsmöglichkeiten durch die Gestaltung des Verwaltungsrechts s. noch im Kontext der Öffnungsklauseln → Rn. 78 ff.). Über die Rechtsgrundlagen iSd Art. 6 Abs. 3 UAbs. 1 wird die Datenverarbeitung zudem mit dem **Organisationsrecht** und der **Zuständigkeitsverteilung** verklammert (Voßkuhle/Eifert/Möllers VerwR/Albers § 22 Rn. 88).

58 Parallel zu lit. c ist auch mit Blick auf lit. e umstritten, wie weit diese Rechtmäßigkeitsbedingung (iVm Abs. 2 und Abs. 3) die DS-GVO für mitgliedstaatliche Rechtsetzung öffnet. Richtigerweise trägt diese Öffnung dem **Querschnittscharakter des Datenschutzrechts** Rechnung, indem sie die Aufrechterhaltung der z.T. sehr ausdifferenzierten und vielschichtigen Regelungslandschaft in den Mitgliedstaaten ermöglicht. Gleichwohl ist zu beachten, dass mitgliedstaatliches „Ausfüllungsrecht" den Katalog des Art. 6 nicht erweitern und insbesondere nicht vom Schutzniveau der DS-GVO abweichen darf (so auch zutreffend Gola/Schulz Rn. 49). Allerdings stellt sich die **Frage nach der genauen Bedeutung des Begriffs „Schutzniveau"** in diesem Kontext bzw. die Frage danach, welche Anforderungen und Grenzen für die Gestaltungsmöglichkeiten der Mitgliedstaaten greifen. Man könnte das Verbot der Abweichung vom Schutzniveau der DS-GVO als Erfordernis verstehen, den (freilich vielfältigen und jeweils (regelungs)kontextbezogen herauszuarbeitenden) Schutzzielen des EU-Datenschutzrechts, die entsprechend seiner doppelten Finalität auch die Gewährleistung des freien Datenverkehrs einschließen, bei der Gestaltung des Ausfüllungsrechts größtmöglich Rechnung zu tragen. Angesichts der relativen Kontingenz der Ausgestaltung der datenschutzrechtlichen Bausteine (dazu Voßkuhle/Eifert/Möllers VerwR/Albers § 22 Rn. 68 f.) erfordert das dann aber eine Betrachtung der jeweiligen Ausfüllungsvorschrift in ihrem Gesamtregelungskontext, wobei auch etwaige Substitutions- oder Kompensationsmöglichkeiten im nationalen Recht in die Analyse einzubeziehen sind (s. noch im Kontext der Öffnungsklauseln → Rn. 79).

59 Das Regelungselement der **Erforderlichkeit** ist gerade auch bei Art. 6 Abs. 1 UAbs. 1 lit. e ein **vielschichtiger Begriff** (→ Rn. 16 ff.). Es geht hierbei nicht um den Einsatz des „mildesten Mittels" (zu verkürzt auf das Verhältnismäßigkeitsprinzip abstellend etwa Paal/Pauly/Frenzel Rn. 23), sondern auf einer Grundebene um die Herstellung einer Abhängigkeitsbeziehung zwischen der Verarbeitung personenbezogener Daten und den festgelegten Zwecken, die die Beschreibung des Abhängigkeitsgrads einschließt, mit dem die datenverarbeitende Stelle auf den jeweiligen Verarbeitungsvorgang angewiesen ist. Das Regelungselement der Erforderlichkeit ergänzt die Zweckbindung. Es trägt somit dazu bei, Datenverarbeitung einerseits und sachliche Kompetenzen andererseits miteinander zu verklammern: Zur Wahrnehmung einer Aufgabe, die im öffentlichen Interesse liegt oder in Ausübung öffentlicher Gewalt erfolgt, dürfen die adressierten Stellen personenbezogene Daten verarbeiten, dies aber nur, soweit der jeweilige Schritt der Verarbeitung gerade der in den Blick genommenen Daten in personenbezogener Form erforderlich ist. Das setzt zunächst voraus, dass die Aufgabe ohnedem nicht, nicht vollständig oder nicht in rechtmäßiger Weise erfüllt werden kann (→ Rn. 19). Darin kann noch eine gewisse Bandbreite eingeschlossen sein (→ Rn. 17 ff.). Das Tatbestandselement der „Erforderlichkeit" ist allerdings zudem Anknüpfungspunkt für das Übermaßverbot (→ Rn. 20; vgl. auch EuGH Urt. v. 27.9.2017 – Rs. C 73/16 Rn. 112 ff. – Puškár). Ergebnis der in diesem Rahmen nötigen Abwägung kann auch sein, dass die Datenverarbeitung wegen der die betroffene Person übermäßig beeinträchtigenden Folgen zu unterbleiben hat.

60 Für das Kriterium der Erforderlichkeit ist zu beachten, dass es sich um einen **autonomen Begriff des Unionsrechts** handelt. Zur Vorgängerregelung des Art. 7 lit. e DSRL hat der EuGH ausgeführt, dass der Begriff der Erforderlichkeit in den Mitgliedstaaten keinen variablen Gehalt haben dürfe, weil anderenfalls das Ziel eines unionsweit gleichwertigen Schutzniveaus verfehlt werde (EuGH Rs. C-524/06 Rn. 52 – Huber). Das ist richtigerweise so zu verstehen, dass die Erforderlichkeit als phasenübergreifendes Regelungselement in allen Mitgliedstaaten dieselbe Funktion erfüllen muss. Dadurch wird aber nicht die Befugnis der Mitgliedstaaten ausgeschlossen, im Bereich der öffentlichen Verwaltung hoheitliche Aufgaben und Befugnisse entsprechend den jeweiligen Anforderungen in den Sachbereichen zu gestalten – und damit mittelbar auf die datenschutzrechtliche Erforderlichkeit Einfluss zu nehmen. Das kommt gerade auch in Art. 6 Abs. 2 und Abs. 3 zum Ausdruck (Veit, Einheit und Vielfalt im europäischen Datenschutzrecht Manuskript, Teil 3, A., II., 1, b, erscheint 2022; s. zu den Funktionen der Öffnungen auch noch unten → Rn. 76 ff.).

61 Art. 6 Abs. 1 UAbs. 1 lit. e zeigt besonders deutlich, wie anspruchsvoll das scheinbar unkomplizierte Element der Erforderlichkeit ist, weil man bestimmen muss, **welche Informationen** und **welche Daten als Informationsgrundlage** die adressierte Stelle benötigt, damit sie die ihr zugewiesene Aufgabe nach Maßgabe ihrer Befugnisse in einem konkreten Fall vollständig und in rechtmäßiger Weise wahrnehmen kann. Die hierfür notwendige Auslegung der in Bezug genommenen sachlichen Normen und ihrer Tatbestandsmerkmale und die semantische Beschreibung der in den Normanwendungssituationen benötigten Informationen ist bereits für sich genommen mehr oder weniger anspruchsvoll. Prognoseerfordernisse kommen hinzu (→ Rn. 21).

62 In den mitgliedstaatlichen Kompetenzbereichen ist es den Mitgliedstaaten überantwortet, **allgemeine** und **bereichsspezifische Rechtsgrundlagen** zu schaffen (zutr. zum Nutzen allgemeiner Rechtsgrundlagen, wenn auch mit teilweise unzutreffender Beschreibung der Rolle des § 3 BDSG, Marsch/Rademacher DV 54/2021, 1 (14 ff.)). Neben der „Wahrnehmung" einer „Aufgabe", bei der Datenschutzrecht und Fachrecht verklammert werden (→ Rn. 57), lässt sich auch die Komponente der „Erforderlichkeit" in bereichsspezifischen Vorschriften in verschiedener Weise **näher gestalten** und präzisieren. Sie kann zum Beispiel in phasenbezogene Tatbestandsvoraussetzungen eingehen, mittels derer der Gesetzgeber präzisieren kann, unter welchen Voraussetzungen welche Daten wie lange zur Erfüllung der jeweiligen Aufgabe benötigt werden. Auch kann der geforderte Abhängigkeitsgrad in unterschiedlicher Schärfe bestimmt werden.

7. Wahrung berechtigter Interessen des Verantwortlichen oder eines Dritten (lit. f)

63 Art. 6 Abs. 1 UAbs. 1 lit. f erklärt die Verarbeitung personenbezogener Daten dann für rechtmäßig, wenn sie **zur Wahrung der berechtigten Interessen** des Verantwortlichen oder eines Dritten **erforderlich** ist und die **datenschutzbezogenen Interessen,** Grundrechte und Grundfreiheiten **des Betroffenen nicht überwiegen.** Die Norm enthält demnach die **zentrale Interessenabwägungsklausel** der DS-GVO. Sie ist auf die Datenverarbeitung zugeschnitten, indem die Formulierung „zur Wahrung der berechtigten Interessen (…) erforderlich" den Verarbeitungszweck einbezieht. Auf der einen Seite sind die im Hintergrund der beabsichtigten Verarbeitung stehenden und mit Rücksicht auf die Konstellation zu konkretisierenden berechtigten Interessen und auf der anderen Seite die ebenfalls konstellationsspezifisch zu konkretisierenden Datenschutzinteressen Betroffener in den Blick zu nehmen. Der Regelung kommt im Datenverkehr zwischen Privaten größte praktische Bedeutung zu (Albrecht CR 2016, 88 (91) spricht von „einer der zentralen Stellschrauben" für einen Ausgleich der Verbraucher- und Unternehmerinteressen.). Eine zentrale Neuerung gegenüber der Vorgängerregelung in Art. 7 lit. f DSRL ist, dass nunmehr auch **berechtigte Drittinteressen** eine Datenverarbeitung legitimieren können. Inwieweit Art. 6 Abs. 1 UAbs. 1 lit. f als Rechtmäßigkeitstatbestand herangezogen werden kann, wenn zwischen Arbeitgebern und Arbeitnehmern bereits eine Betriebsvereinbarung besteht, die datenschutzrechtliche Fragen regelt, ist umstritten (gegen die Anwendbarkeit Schulze/Simon ArbRAktuell 2021, 182 ff.).

64 Gerade iRv Art. 6 Abs. 1 UAbs. 1 lit. f kann es ein relevantes Problem werden zu bestimmen, wer eigentlich „der" **Verantwortliche** ist. Bei einem Blick auf die Legaldefinition des Art. 4 Nr. 7 – eine Stelle, die allein oder gemeinsam mit anderen über die Zwecke und Mittel der Verarbeitung von personenbezogenen Daten entscheidet – liefern der Begriff der „Entscheidung" und auch derjenige der „Zwecke und Mittel der Verarbeitung" nicht unbedingt hinreichende Kriterien. Etwa hat man im Bereich von Social Media-Plattformen, in dem im Falle von nutzergenerierten Inhalten unterschiedliche Akteure jeweils bestimmte Entscheidungen treffen, mit einem Geflecht an Verantwortlichkeiten zu tun (dazu EuGH Urt. v. 5.6.2018 – C-210/16 Rn. 29 ff. – Fanpage; Urt. v. 24.9.2019 – C-136/17 Rn. 34 ff. – GC ua). Die gemeinsame Verantwortlichkeit, die Art. 4 Nr. 7 herausstellt, kann in solchen Fällen keine gleichwertige Verantwortlichkeit sein. Die Akteure können „in die Verarbeitung personenbezogener Daten in verschiedenen Phasen und in unterschiedlichem Ausmaß in der Weise einbezogen sein, dass der Grad der Verantwortlichkeit eines jeden von ihnen unter Berücksichtigung aller maßgeblichen Umstände des Einzelfalls zu beurteilen ist" (so EuGH Urt. v. 5.6.2018 – C-210/16 Rn. 43). Daher steht man nicht nur vor dem Erfordernis der Bewertung einzelner Beiträge, sondern vor allem auch der Aufschlüsselung der Konstellation. Hier können Weiterentwicklungen nötig sein (für eine Plattformverantwortlichkeit Wittner, Die datenschutzrechtliche Verantwortlichkeit im Kontext der verteilten Verarbeitungsrealität, Dissertationsmanuskript, 2021, S. 382 ff., im Erscheinen).

65 Öffentliche Stellen können eine Datenverarbeitung auf lit. f nur insoweit stützen, als sie sich mit dem Betroffenen in keinem spezifisch staatlichen Verhältnis befinden (BVerwG Urt. v. 27.9.2018 – 7 C 5/17 Rn. 26). Art. 6 Abs. 1 UAbs. 2 verwehrt Behörden den Rückgriff auf die

Abwägungsklausel, soweit sie die Datenverarbeitung in Erfüllung ihrer Aufgaben vornehmen. Der Verordnungsgeber begründet dies mit der Erwägung, dass es der Legislative obliegt, Datenverarbeitungen durch Behörden per Gesetz zu legitimieren (vgl. Erwägungsgrund 47 S. 5). Dieser rechtsstaatliche Grundsatz des Gesetzesvorbehalts wäre leicht zu unterlaufen, wenn sich Behörden im Rahmen ihrer Aufgabenwahrnehmung schlicht auf überwiegende Interessen berufen könnten.

Der Rechtmäßigkeitstatbestand des Art. 6 Abs. 1 UAbs. 1 lit. f wird von der **prozeduralen** **Verpflichtung** des Verantwortlichen flankiert, den Betroffenen über seine (überwiegenden) Interessen **zu informieren,** Art. 13 Abs. 1 lit. d bzw. Art. 14 Abs. 2 lit. b. Daneben hat der Betroffene gem. Art. 21 Abs. 1 S. 1 ein **Widerspruchsrecht** gegen eine auf Art. 6 Abs. 1 UAbs. 1 lit. f gestützte Verarbeitung von ihn betreffenden personenbezogenen Daten. **66**

Im Laufe der Genese der Bestimmung gab es verschiedene Versuche, den Begriff des berechtigten Interesses zu präzisieren. Die Kommission räumte sich insoweit in ihrem Entwurf eine Befugnis ein, die Anwendung von Abs. 1 lit. f für verschiedene Bereiche und Verarbeitungssituationen durch delegierte Rechtsakte näher zu regeln. Diese Befugnis wurde jedoch ersatzlos gestrichen. Von den ambitionierten Bestrebungen des Europäischen Parlaments, den vagen Begriff der „berechtigten Interessen" mit inhaltlichen Konkretisierungen im Tatbestand anzureichern (dazu näher Albrecht CR 2016, 88 (92)), ist nicht mehr geblieben als der Hinweis in den Erwägungsgründen, dass die **vernünftigen Erwartungen der betroffenen Person,** die auf der Beziehung zu dem Verantwortlichen beruhen, zu berücksichtigen sind (vgl. Erwägungsgrund 47 S. 1 Hs. 2. In S. 2 wird als Beispiel für eine solche Beziehung genannt, dass der Betroffene ein Kunde des Verantwortlichen ist oder in seinen Diensten steht). Die Unbestimmtheit der Interessenabwägungsklausel stellt ein gegenüber dem bisherigen Art. 7 lit. f DSRL spezifisches Problem dar (so auch Roßnagel/Nebel/Richter ZD 2015, 455 (460); vgl. auch Traung CRI 2012, 33 (41)). Die ausdifferenzierten, bereits typische Interessenkollisionen berücksichtigenden spezifischen Interessenabwägungsklauseln in den §§ 28 ff. BDSG aF sind somit obsolet. Sie können allerdings mit ihren Argumentationsmustern, soweit diese passen, als **Auslegungshilfen** bei der Interpretation des vagen Art. 6 Abs. 1 UAbs. 1 lit. f herangezogen werden. Dabei ist zu beachten, dass das übergeordnete Ziel der DS-GVO eines unionsweit einheitlichen Datenschutzniveaus, vgl. EG 13, nicht unterlaufen werden darf (Kühling/Buchner/Buchner/Petri Rn. 145; vgl. auch OLG Köln Urt. v. 14.11.2019 – 15 U 126/19 Rn. 64) und bisherige, auf der Basis der alten nationalen Rechtslage entstandenen Argumentationsmuster mit Blick darauf zu ergänzen oder zu modifizieren sein können. Dass ein Katalog mit Abwägungskriterien die Zukunftsfähigkeit der DS-GVO beschränkt hätte, ist nicht zu sehen (so aber Plath/Plath Rn. 19). Vielmehr hätten die Kriterien derart ausgestaltet werden können, dass sie eine innovationsoffene Interpretation erlaubt hätten. **67**

Die Frage, ob ein **berechtigtes Interesse** vorliegt, ist rein **normativ zu entscheiden.** Das jeweilige Interesse ist zunächst unter Berücksichtigung des Zwecks der Verarbeitung mit Rücksicht auf die Konstellation zu konkretisieren. Das „berechtigte Interesse" deckt sich freilich nicht mit dem aus diesem Zweck resultierenden Verarbeitungsinteresse; würden bereits sämtliche Details der konkreten Aktivitäten einbezogen, erübrigte sich die Prüfung der Erforderlichkeit, weil es stets unabdingbar wäre, die Daten zu nutzen, anhand derer das Interesse definiert worden ist (vgl. OLG Köln Urt. v. 14.8.2009 – 6 U 70/09 Rn. 14, https://rewis.io/s/u/DpJ/). Herauszuarbeiten ist **das sich vor dem Hintergrund normativer Kriterien konstellationsspezifisch ergebende Interesse** (zB die Möglichkeit, rechtliche Forderungen ordnungsmäßig beizutreiben, EuGH Urt. v. 17.6.2021 – C597/19 Rn. 109 – M.I.C.M. = GRUR 2021, 1067). Bei der **normativen Beurteilung des Inhalts und des Gewichts des berechtigten Interesses** spielen nicht zuletzt **(unions-)grundrechtliche Vorgaben** eine Rolle. Hervorzuheben sind die Rechte auf Meinungs-, Presse-, Rundfunk-, Berufs-, Unternehmens- oder Eigentumsfreiheit. Unter anderem gehört der Schutz des Eigentums, der Gesundheit und des Lebens der Miteigentümer eines Gebäudes dazu (EuGH Urt. v. 11.12.2019 – C708/18 Rn. 42 – TK). Vor dem teleologischen Hintergrund von Art. 6 Abs. 1 UAbs. 1 lit. f, einen Ausgleich zwischen den Interessen des Betroffenen und jenen des Verantwortlichen (oder eines Dritten) zu schaffen, können freilich nicht nur rechtliche Interessen von Bedeutung („berechtigt") sein, sondern es müssen auch **wirtschaftliche** oder **ideelle Interessen** des Verarbeiters berücksichtigt werden (bejahend für das Interesse eines Dritten, eine persönliche Information über einen Schädiger zu erlangen, um eine Schadensersatzklage zu erheben, EuGH BeckRS 2017, 108615 Rn. 29 – Rigas; EuGH Urt. v. 17.6.2021 – C-597/19 Rn. 108 f. – Mircom). Eine weite Anerkennung berechtigter Interessen steht den datenschutzbezogenen Interessen, Grundrechten und Grundfreiheiten des Betroffenen nicht entgegen, als der eigentliche Interessen- bzw. Grundrechtsausgleich erst auf Ebene der – tatbestandlich nachgeschalteten – Abwägung erfolgt (vgl. auch Gola/Schulz Rn. 57). Das berechtigte Interesse **muss tatsächlich und aktuell bestehen,** es darf also nicht fiktiv oder spekulativ sein (EuGH **68**

Urt. v. 11.12.2019 – C708/18 Rn. 44 – TK). Eine bereits eingetretene Beeinträchtigung der Rechte und Interessen ist indessen keine Voraussetzungen (vgl. im Kontext der Videoüberwachung, EDSA, Leitlinien 3/2019 vom 29.1.2020, Rn. 20 sowie EuGH Urt. v. 11.12.2019 – C-708/18 Rn. 44 – TK). **Anhaltspunkte für berechtigte Interessen** finden sich in EG 47 S. 2, 6 und 7 sowie in EG 49, in denen insbesondere Betrugsprävention, Direktwerbung sowie Maßnahmen zur Verbesserung der Sicherheit von IT-Systemen genannt werden (zu berechtigten Interessen im Zusammenhang mit Videoüberwachung EDSA, Leitlinien 3/2019 vom 29.1.2020, Rn. 18 ff.). Weil demnach auch **geschäftliche Interessen** (der Betroffene ist „Kunde des Verantwortlichen" oder steht „in seinen Diensten", vgl. Erwägungsgrund 47 S. 2) – die typischerweise durch rechtsgeschäftliches Handeln verfolgt werden – Datenverarbeitungen auf Grundlage von Art. 6 Abs. 1 UAbs. 1 lit. f rechtfertigen können, stellt sich die Frage zum Verhältnis zu Art. 6 Abs. 1 UAbs. 1 lit. a und b (Bunnenberg, Privates Datenschutzrecht, 2020, S. 62, vgl. dazu bereits oben → Rn. 27 f.). Wenngleich die DS-GVO **kein Konzernprivileg** enthält, so zeigt der Gesetzgeber in Erwägungsgrund 48 das Bewusstsein für die Tatsache, dass innerhalb eines Konzerns („Unternehmensgruppen") ein berechtigtes Interesse daran haben können, Daten zu internen Verwaltungszwecken, einschließlich der Verarbeitung von Kunden- und Beschäftigtendaten, zu übermitteln. Auch wenn ein berechtigtes Interesse zu bejahen ist, so begründet dies für sich genommen noch nicht die Rechtmäßigkeit der Verarbeitung. Art. 6 Abs. 1 UAbs. 1 lit. f verlangt daneben stets die **Erforderlichkeit** der Datenverarbeitung und in einem weiteren Schritt eine **Abwägung** mit den Interessen des Betroffenen **im Einzelfall** (zum Stufenprogramm der Prüfung von Art. 6 Abs. 1 UAbs. 1 lit. f auch EuGH Urt. v. 17.6.2021 – C597/19 Rn. 110 – M.I.C.M., GRUR 2021, 1067; mit dem Terminus „zweistufiges Prüfprogramm" im Hinblick auf erstens die Erforderlichkeit zur Wahrung berechtigter Interessen und zweitens die Abwägung BVerwG Urt. v. 27.3.2019 – 6 C 2.18 Rn. 47, www.bverwg.de/270319U6C2.18.0 = NJW 2019, 2556).

69 Das Tatbestandselement der **Erforderlichkeit** ist auch iRv Art. 6 Abs. 1 UAbs. 1 f nicht als Ausprägung des Grundsatzes der Verhältnismäßigkeit zu verstehen, sondern als **eigenständiges Regelungselement,** das eine Beziehung zwischen den zu wahrenden berechtigten Interessen und der Datenverarbeitung herstellt und insofern bestimmte Anforderungen stellt (→ Rn. 15 ff.). Da es sich auf die „Wahrung" der berechtigten Interessen bezieht und diese konstellationsspezifisch zu konkretisieren sind, wäre eine pauschale Annahme, ihm komme „keine große Filterwirkung" zu (so HK-DS-GVO/Reimer Art. 6 Rn. 58), nicht richtig. Bei Datenverarbeitungen im Kontext rechtsgeschäftlicher Beziehungen, wo sich die Frage der Abgrenzung zu Art. 6 Abs. 1 UAbs. 1 lit. a und b stellt, ist zu berücksichtigen, dass die einseitige, also nicht konsentierte, Datenverarbeitung im zugrundeliegenden, (meist auf übereinstimmendem Willen basierenden) rechtsgeschäftlichen Austauschverhältnis einen Fremdkörper bildet (Bunnenberg, Privates Datenschutzrecht, 2020, S. 64). Deshalb bietet es sich an, den Anwendungsbereich von Art. 6 Abs. 1 UAbs. 1 lit. f im (verbraucher)rechtsgeschäftlichen Kontext über das Merkmal der Erforderlichkeit dahingehend einzuschränken, dass stets vorrangig zu prüfen ist, ob die Verarbeitung auf eine Einwilligung oder auf Art. 6 Abs. 1 UAbs. 1 lit. b (wobei dort als Korrektiv ebenfalls die Erforderlichkeit zu prüfen ist, s. bereits oben→ Rn. 44 ff.) gestützt werden kann – und nur im Falle der Unzumutbarkeit die Heranziehung von Art. 6 Abs. 1 UAbs. 1 lit. f erforderlich ist (Bunnenberg, Privates Datenschutzrecht, 2020, 65 ff., dort auch zum verbleibenden Anwendungsbereich, etwa im Bereich der Abwehr schädlichen Verhaltens seitens des Betroffenen). Die **Tatsachengrundlagen,** die die Erforderlichkeit der Datenverarbeitung stützen sollen, sind **vom Verantwortlichen darzulegen.**

70 Eine **Interessenabwägung** sieht Art. 6 Abs. 1 UAbs. 1 f ausdrücklich vor. Problematisch an der Formulierung von Art. 6 Abs. 1 UAbs. 1 lit. f („sofern nicht die Interessen, Grundrechte und Grundfreiheiten der betroffenen Person (…) überwiegen") ist, dass sie in dieser Hinsicht bei genauer Lesart die **Darlegungslast** dem Betroffenen aufbürdet (so auch Paal/Pauly/Frenzel Rn. 31). Dieser Befund wird lediglich dadurch relativiert, dass dem Betroffenen bei einer Verarbeitung auf Grundlage von lit. f gem. Art. 21 Abs. 1 jederzeit ein Widerspruchsrecht zusteht, das bei seiner Ausübung zu einer Umkehr der Darlegungslast führt, und der Verantwortliche dann ua „zwingende schutzwürdige Gründe" für die Verarbeitung nachweisen muss.

71 Für die **Vornahme der Interessenabwägung** ist zunächst zu beachten, dass auf Seiten des Betroffenen nicht nur berechtigte Interessen in die Abwägung einzustellen sind (Gola/Schulz Rn. 57). Die jeweils einander gegenüberstehenden Rechte und Interessen sind grundsätzlich von den konkreten Umständen des betroffenen Einzelfalls abhängig und dementsprechend auch einzelfallbezogen zu ermitteln und zu beurteilen (EuGH BeckRS 2016, 82520 Rn. 62 – Breyer; BeckRS 2017, 108615 Rn. 31 – Rigas). Sofern es sich bei der Person, auf die die zu verarbeitenden Daten verweisen, um ein **Kind** handelt, ist nach Maßgabe des Art. 6 Abs. 1 UAbs. 1 lit. f von einem Überwiegen der Betroffeneninteressen auszugehen. Zum anders formulierten Art. 7 lit. f DSRL hatte der EuGH noch entschieden, dass die Minderjährigkeit des Betroffenen im Rahmen der Interessenabwägung zu berücksichtigen sei, dieser Umstand aber nicht als solcher ausreiche, um die Unzulässigkeit der Datenverarbeitung zu bejahen (s. EuGH BeckRS 2017, 108615 Rn. 29 – Rigas). Eine Definition des Begriffs des Kindes findet sich in der DS-GVO nicht. Allerdings lässt sich im Wege eines Umkehrschlusses aus Art. 8 Abs. 1 S. 3 sagen, dass **jedenfalls bis zum vollendeten dreizehnten Lebensjahr** von einer überwiegenden Schutzbedürftigkeit ausgegangen werden kann (Kühling/Buchner/Buchner/Petri Rn. 155 stellen hingegen auf Art. 8 Abs. 1 S. 1 ab und ziehen die Grenze dementsprechend beim sechzehnten Lebensjahr).

Im Rahmen der Interessenabwägung ist zunächst der vom Datenverarbeiter verfolgte Zweck mit der Art, dem Inhalt sowie der Aussagekraft der Daten gegenüberzustellen (so für die überkommene Rechtslage unter dem BDSG BGH CR 2009, 593 (595) – Spickmich). Mit Blick auf die **Kriterien für die Abwägung** lassen sich der DS-GVO sodann verschiedene Anhaltspunkte entnehmen. Zu berücksichtigen sind demnach insbesondere die **vernünftige Erwartungshaltung** der betroffenen Person (reasonable expectations, dazu nunmehr auch EuGH Urt. v. 11.12.2019 – C708/18 Rn. 58 – TK) bzw. die **Absehbarkeit** (Branchenüblichkeit) der Verarbeitung (vgl. Erwägungsgrund 47 S. 1 Hs. 2: „dabei sind die vernünftigen Erwartungen der betroffenen Person, die auf ihrer Beziehung zu dem Verantwortlichen beruhen, zu berücksichtigen" bzw. S. 3: „wobei auch zu prüfen ist, ob eine betroffene Person zum Zeitpunkt der Erhebung der personenbezogenen Daten und angesichts der Umstände, unter denen sie erfolgt, vernünftigerweise absehen kann, dass möglicherweise eine Verarbeitung für diesen Zweck erfolgen wird") sowie ihre **Beziehung zu dem Verantwortlichen** (Erwägungsgrund 47 S. 2). Die Beurteilung der Begründetheit der Erwartungshaltung des Betroffenen erfordert stets ein Mitdenken des Erhebungs- und Verarbeitungskontexts (Gola/Schulz Rn. 63). Daneben ist stets im Einzelfall zu prüfen, wie sich Gewichtung der Interessen des Verarbeiters und Intensität der Beeinträchtigung von Interessen, Grundrechten bzw. Grundfreiheiten des Betroffenen zueinander verhalten (vgl. allerdings noch zu Art. 7 DSRL, am Beispiel der privaten Videoüberwachung auch EuGH Urt. v. 11.12.2019 – C708/18 Rn. 56 f., 59 – TK; s. auch VG Mainz ZD 2021, 336 (338 f.); weiter EuGH Urt. v. 17.6.2021 – C597/19 Rn. 111; für Bewertungsportale BGH Urt. v. 12.10.2021 – VI ZR 489/19 Rn. 31 ff. mwN). Die Interessenabwägung kann sehr vielschichtige Formen annehmen, die deutlich über rein zweipolige Abwägungsmuster hinausgehen. Anschauliches Beispiel dafür sind inzwischen Abwägungen im Falle der **Suchergebnisanzeige von Suchmaschinen** (s. zunächst die unterkomplexe Annäherung im Rahmen der Vorgängerregelung in Art. 7 lit. f. DSRL EuGH BeckRS 2014, 80862 Rn. 97 – Google Spain sowie C-507/17 – CNIL Rn. 45; vgl. jetzt etwa die Ausführungen in BGH Beschl. v. 27.7.2020 – VI ZR 476/18, MMR 2021, 239 Rn. 22 ff.).

C. Öffnungsklauseln und mitgliedstaatliches Recht (Abs. 2 und 3)

I. Mitgliedstaatliche Regelungsspielräume zur Gestaltung des Datenschutzrechts im öffentlichen Bereich

In Art. 6 Abs. 1 regelt die Datenschutz-Grundverordnung zwar abschließend die Voraussetzungen, unter denen eine Verarbeitung personenbezogener Daten rechtmäßig ist. Für die Rechtmäßigkeitstatbestände der Erfüllung einer rechtlichen Verpflichtung (Abs. 1 UAbs. 1 lit. c) sowie der Wahrnehmung einer Aufgabe, die im öffentlichen Interesse liegt oder in Ausübung öffentlicher Gewalt erfolgt (Abs. 1 UAbs. 1 lit. e), hat der europäische Gesetzgeber den Rechtsakt allerdings – wie an vielen anderen Stellen – (auch) **für das Recht der Mitgliedstaaten geöffnet.** Im Bereich dieser beiden gesetzlichen Rechtsgrundlagen besteht für die Gesetzgeber der Mitgliedstaaten die Möglichkeit (und nationalverfassungsrechtlich ggf. sogar die Verpflichtung), eigenständige Regelungen beizubehalten oder vorzusehen. Dabei gibt es zwei Bestimmungen in Art. 6, aus deren Wortlaut sich eine Regelungsbefugnis für die Mitgliedstaaten entnehmen lässt: **Abs. 2 und Abs. 3 UAbs. 1 lit. b.** In beiden Fällen müssen **Funktionen** und **Aussagegehalte** geklärt werden, nicht zuletzt deshalb, damit man die Reichweite der Öffnungsklauseln ermitteln und das mitgliedstaatliche Recht angemessen einordnen kann (→ Rn. 74 ff.). Da sich die Öffnungsklauseln inhaltlich überschneiden, stellt sich zudem die Frage nach ihrem Verhältnis zueinander (→ Rn. 84 ff.).

Abs. 2 legt fest, dass die Mitgliedstaaten in Bezug auf die beiden genannten Rechtmäßigkeitstatbestände spezifischere Bestimmungen „zur Anpassung der Anwendung der Vorschriften dieser Verordnung" beibehalten oder einführen können. Dies soll geschehen, indem sie spezifische Anforderungen für die Verarbeitung sowie sonstige Maßnahmen präziser bestimmen. Das Verständnis der **Funktion** und der **inhaltlichen Vorgaben** der Norm erfordert umfassende Überlegungen, die in das grundsätzliche Verhältnis zwischen Union und Mitgliedstaaten hineinreichen.

75 Die Norm erweckt auf den ersten Blick den Eindruck, als öffne sich die DS-GVO für mitgliedstaatliche Besonderheiten an dieser Stelle allein aus Gründen der effektiven Durchsetzbarkeit, zumal spezifischere mitgliedstaatliche Normen „nur" zur Anpassung der Anwendung der DS-GVO-Vorschriften erlassen werden dürfen. Dementsprechend wird ausgeführt, es gehe nur um die Anpassung der „Modalitäten der Anwendung in bestimmten Fällen der Datenverarbeitung" (Paal/Pauly/Frenzel Rn. 32). Neben der Auseinandersetzung mit diesem Aspekt muss interpretatorisch beantwortet werden, welche inhaltliche Reichweite den Öffnungsklauseln mit den Formulierungen „spezifischer" bzw. „präziser" zukommt. Aus dem gescheiterten Versuch im Rahmen der Ratsverhandlungen, das Wort „spezifisch" durch „strenger" zu ersetzen, kann man ableiten, dass das „Schutzniveau" im Bereich der Rechtmäßigkeitstatbestände durch mitgliedstaatliche Rechtsetzung nicht unterschritten werden soll. Teilweise wird deshalb angenommen, „spezifischer" beziehe sich nicht auf die Qualität, sondern auf die Quantität bereichsspezifischer nationaler Gesetze (Gola/Schulz Rn. 200; Plath/Plath Rn. 25). Teilweise wird ausgeführt, die Regelungsdichte durch mitgliedstaatliches Tätigwerden könne höher und das vom Verantwortlichen zu beachtende Programm konkreter sein (Paal/Pauly/Frenzel Rn. 32). Antworten lassen sich jedoch nicht allein aus der gewählten Begrifflichkeit herleiten, sondern erfordern umfassendere Überlegungen.

76 Die Komparative **spezifischere** Bestimmungen und **präzisere** Maßnahmen verdeutlichen zunächst, dass der Verordnungsgeber den Mitgliedstaaten nur für jene Materien eine Rechtsetzungsbefugnis einräumen wollte (und konnte), die regulativ von der Verordnung abgedeckt sind; die Reichweite der Regelungsspielräume korrespondiert daher mit dem Anwendungsbereich der DS-GVO (darauf weisen hin Benecke/Wagner DVBl 2016, 600 (601); s. auch mit die Determinationsreichweite und -tiefe der DS-GVO weiter einschränkenden Überlegungen Sandhu, Grundrechtsunitarisierung durch Sekundärrecht, 2021, S. 242 ff.). Gleichwohl impliziert der Komparativ keinen subsidiären Charakter der Rechtmäßigkeitstatbestände aus Abs. 1 UAbs. 1 lit. c und e für den Fall, dass mitgliedstaatliche Regelungen in Ausfüllung der Öffnungsklausel ergangen sind. Es greift ebenfalls zu kurz und wäre missverständlich, Art. 6 Abs. 1c und e DS-GVO nur als „Scharniernormen" zu bezeichnen (so aber NK-DatenschutzR/Roßnagel Art. 6 Rn. 52, 71, 79). Diese Rechtmäßigkeitstatbestände entfalten vielmehr im **Zusammenspiel** mit Normen aus dem Unionsrecht oder dem Recht der Mitgliedstaaten ihre legitimierende normative Wirkung (so auch Gola/Schulz Rn. 197; auch nach Albrecht CR 2016, 88 (92) ist für Datenverarbeitungen im Rahmen einer gesetzlichen Verpflichtung (Abs. 1 UAbs. 1 lit. c), eines öffentlichen Interesses oder der Ausübung hoheitlicher Gewalt (Abs. 1 UAbs. 1 lit. e) eine zusätzliche Rechtsgrundlage im Unionsrecht oder mitgliedstaatlichen Recht erforderlich; s. auch zur Grundlage die Kontaktnachverfolgung VerfGH Saarl NVwZ 2020, 1513 (1518 f.)).

77 Der Umstand, dass es **spezifischere** Bestimmungen sein müssen, deutet zudem darauf hin, dass die mitgliedstaatlichen Maßnahmen sich **nicht darauf beschränken** sollen, allgemeine Aussagen der DS-GVO-Bestimmungen schlicht zu (wortgleich) im nationalen Recht zu **wiederholen.** Eine derartige sektorspezifische Datenschutzgestaltung wurde bereits unter Geltung der DSRL unter den Stichworten „Verrechtlichungsfalle" oder „Überregulierung" kritisiert. In Frankreich wurde ein nationales Ausfüllungsgesetz, weil es lediglich den Wortlaut einer Öffnungsklausel – Art. 10 S. 1 – wiederholte, für verfassungswidrig erklärt (vgl. Conseil d'État Décision n° 2018-765 DC vom 12.6.2018, Rn. 44 ff.). Auch in Portugal wurden Teile des nationalen Ausfüllungsgesetzes von der portugiesischen Aufsichtsbehörde für unanwendbar erklärt, ua auch mit der Begründung, dass sie lediglich den Wortlaut von DS-GVO-Bestimmungen wiederholen und deshalb unionsrechtswidrig sind (vgl. Comissão Nacional de Proteção de Dados (CNPD), Deliberação n° 2019/494 vom 3.9.2019; kritisch zum Umsetzungsgesetz Mota/Pedral Sampaio, Actualidad Jurídica Uría Menénde 2019, 142 (148)).

78 Ein Blick auf die **Erwägungsgründe** zeigt, dass „es dem Unionsgesetzgeber darum ging, den Mitgliedstaaten die Möglichkeit zu eröffnen, nationale Bestimmungen beizubehalten oder einzuführen, mit denen sie die Anwendung der DS-GVO-Vorschriften genauer festlegen (vgl. Erwägungsgrund 10 S. 2), auch weil es in den Mitgliedstaaten mehrere sektorspezifische Rechtsvorschriften in Bereichen gibt, die spezifischere Bestimmungen erfordern (Erwägungsgrund 10 S. 3). Abs. 2 (und auch Abs. 3 UAbs. 1 lit. b) weist den Mitgliedstaaten die Aufgabe zu, den **Interdependenzen des Datenschutzrechts mit den sachlichen Strukturen** des mannigfaltigen (Verwaltungs-)Fachrechts Rechnung zu tragen, indem sie die Vorgaben der DS-GVO (im Hinblick auf Art. 6 Abs. 1 UAbs. 1 lit. c und e) mit den sachlichen Regelungsfeldern und den jeweiligen Regelungsmustern koordinieren und entsprechend sachgerecht und differenziert inhaltlich ausgestalten (dazu Veit, Einheit und Vielfalt im europäischen Datenschutzrecht, Manuskript, Teil 3, B., III., 1, a, bb), erscheint 2022). Denn die Regelungsstrukturen, die in der Sache die

Erfüllung einer Aufgabe nach Maßgabe von Kompetenzen regeln, bieten in bestimmten Hinsichten ein Gerüst für das Verständnis und die Ausgestaltung der Datenschutzregelungen; das Datenschutzrecht und das sachbezogene Verwaltungsrecht müssen auf Gesetzes- und auf Anwendungsebene aufeinander bezogen und miteinander abgestimmt werden (Voßkuhle/Eifert/Möllers VerwR/Albers § 22 Rn. 67). Die Wechselwirkungen gehen so weit, dass datenschutzrechtlichen Schutzzielen (nicht allein, aber) auch etwa dadurch Rechnung getragen werden kann, dass die sachlichen Verwaltungsaufgaben gesetzlich präzise umrissen werden (mit der Folge, dass die Verarbeitungszwecke abstrakter gefasst werden können, weil sie auf eine präzisere Aufgabe bezogen werden). Bereits kompetenzbedingt und angesichts der in vieler Hinsicht – insbesondere im öffentlichen Sektor – **divergierenden nationalen Rechtssysteme** (dazu Blume, EDPL 2015, 32 (33 ff.) sind es überwiegend die Mitgliedstaaten, die sachnah entscheiden können, welcher Ansatzpunkt im jeweiligen Regelungsbereich den jeweiligen Gegebenheiten und datenschutzrechtlichen Schutzerfordernissen besser Rechnung trägt. Der **Funktion** nach geht es Art. 6 Abs. 2 also in erster Linie um die **Integration des unionalen Datenschutzstandards** in die vielfältigen und in bestimmten Hinsichten heterogenen nationalen Rechtssysteme. Die Mitgliedstaaten sollen die abstrakten Vorschriften der Verordnung durch allgemeine und risikospezifische Rechtsgrundlagen konkretisieren, die sowohl ihren jeweiligen Regelungssystemen und sachlichen Regelungsmustern als auch dem Gegenstand und den Schutzzielen des Datenschutzes gerecht werden. Sie sollen somit als Ko-Regulatoren den Zielen der DS-GVO zur praktischen Wirksamkeit verhelfen (für die Notwendigkeit einer Ko-Regulierung durch Unionsrecht und mitgliedstaatliches Recht auch Roßnagel DatenschutzR-HdB/Roßnagel § 1 Rn. 43 f.).

Sofern man Abs. 2 dahingehend versteht, dass auf seiner Grundlage geschaffenes nationales **79** Ausfüllungsrecht das Schutzniveau der DS-GVO nicht unterschreiten darf, stellt sich die Frage, wie dieses „Schutzniveau" jeweils zu messen ist. Eine Interpretation der Öffnungsklausel als „Verbot der Abweichung nach unten" in Einzelbetrachtung der jeweiligen Ausfüllungsvorschrift wäre dysfunktional und untauglich. Denn das (höhere oder niedrigere) „Schutzniveau" einer nationalen Ausfüllungsnorm lässt sich nicht isoliert bestimmen. Die Regelungskompetenz der Mitgliedstaaten schließt gerade das Erfordernis ein, die datenschutzrechtlichen Bausteine entsprechend den jeweiligen nationalen Gegebenheiten zu gestalten. Es kann – je nach Regelungskontext – etwa angemessen sein, Zweckbestimmungen in einer mitgliedstaatlichen Regelung breit anzusetzen. Dadurch hätte die jeweilige nationale Norm aber nicht zwingend ein „niedrigeres Schutzniveau". Denn soweit sich im Regelungskontext der Norm andere Mechanismen finden, die die breite Zweckbestimmung im Hinblick auf die jeweiligen Schutzerfordernisse kompensieren (etwa: präzise begrenzte sachliche Aufgaben, prozedurale Informationsansprüche, technisch-organisatorische Maßnahmen wie die Anonymisierung oder kurze Löschfristen), ist das „Schutzniveau" (im Sinne der kontextspezifisch zu konkretisierenden Schutzziele des EU-Datenschutzrechts) gewahrt (zur Kontingenz der Ausgestaltung der Bausteine Voßkuhle/Eifert/Möllers VerwR/Albers § 22 Rn. 68 f.).

Neben diesen Vorgaben in Abs. 2 ist in **Abs. 3 UAbs. 1 lit. b** normiert, dass die Rechtsgrundlagen **80** für die Verarbeitungen nach Abs. 1 UAbs. 1 lit. c und e durch das Recht der Mitgliedstaaten festgelegt werden, dem der Verantwortliche unterliegt. In Abs. 3 UAbs. 2 S. 1 und S. 3 sind verschiedene (unionsgrundrechtlich vorgegebene) Anforderungen formuliert, die solche Rechtsgrundlagen zu erfüllen haben. Danach muss zunächst der **Zweck der Verarbeitung** in der Rechtsgrundlage festgelegt oder hinsichtlich der Verarbeitung für die Erfüllung einer im öffentlichen Interesse liegenden oder in Ausübung hoheitlicher Gewalt erfolgenden Aufgabe erforderlich sein (S. 1). Aus dieser alternativen Formulierung folgt, dass der Verarbeitungszweck nicht notwendigerweise präzise und detailliert in der Rechtsgrundlage festgelegt sein muss. Er kann sich auch daraus ergeben, dass die Verarbeitung zu einem bestimmten Zweck für die Erfüllung der jeweiligen Aufgabe erforderlich ist. Dies korrespondiert mit der Erwägung des europäischen Gesetzgebers, dass **nicht für jede Verarbeitung ein spezifisches Gesetz** verlangt wird (vgl. auch Erwägungsgrund 45 S. 2). Vor diesem Hintergrund erklären sich die allgemeinen Rechtsgrundlagen in den Umsetzungsgesetzen der Länder und des Bundes. So ist nach § 3 BDSG die Verarbeitung personenbezogener Daten durch eine öffentliche Stelle zulässig, wenn sie zur Erfüllung der in der Zuständigkeit des Verantwortlichen liegenden Aufgabe oder in Ausübung öffentlicher Gewalt, die dem Verantwortlichen übertragen wurde, erforderlich ist. Die Regelung ist auch als allgemein formulierter Auffangtatbestand keine nichtssagende Floskel, weil sie die Datenverarbeitung zum einen über die Zweckfestlegung („zur Erfüllung der Aufgabe") mit dem materiellen Verwaltungsrecht sowie den dort geregelten sachlichen Kompetenzen, zum anderen über den Bezug auf gerade den zuständigen Verantwortlichen mit dem Organisationsrecht und der Zuständigkeitsverteilung verknüpft (Voßkuhle/Eifert/Möllers VerwR/Albers § 22 Rn. 88). In den Fällen, in denen § 3

BDSG die Ermächtigungsgrundlage hergibt, ist immer auch der Blick in den sachlichen Regelungskomplex notwendig, über den sich erst ergibt, ob die in Rede stehenden Daten für eine bestimmte rechtlich gedeckte Aufgabenerfüllung gebraucht werden. Die Möglichkeit sowohl allgemeiner als auch (bereichs-)spezifischer Regelungen gewährleistet ein hinreichendes Maß an Flexibilität bei der Normgestaltung und kann – bei adäquater Nutzung – zugleich der Gefahr der „Verrechtlichungsfalle" im Datenschutzrecht entgegenwirken (vgl. allg. auch Marsch/Rademacher DV 54/2021, 1 (bes. 21 ff.)).

81 Abs. 3 UAbs. 2 S. 2 äußert sich zu möglichen (fakultativen) Inhalten der Rechtsgrundlage und besagt, insoweit terminologisch eng an Abs. 2 angelehnt, dass die Rechtsgrundlage spezifische Bestimmungen zur Anpassung der Anwendung der Verordnungsvorschriften enthalten kann und zählt beispielhafte Spezifizierungen auf. Demnach können Vorschriften erlassen werden etwa darüber, welche Arten von Daten verarbeitet werden, welche Personen betroffen sind oder gegenüber welchen Einrichtungen und für welche Zwecke die personenbezogenen Daten offengelegt werden dürfen (aufschlussreich ist in diesem Zusammenhang auch EG 45 S. 5 und S. 6.). Die nur beispielhafte Natur dieser Vorgaben ermöglicht es, die Anforderungen an die Ausgestaltung von Rechtsgrundlagen je nach Sensibilität des zu regulierenden Bereiches strenger oder weniger streng zu handhaben. Sie bedeutet zugleich eine breite Öffnung der DS-GVO für das „Wie" der Ausfüllung der Rechtsetzungskompetenz durch die Mitgliedstaaten und ist präziser als Abs. 2. Da die Aufzählung in Abs. 3 UAbs. 2 S. 2 nicht abschließend ist, schließt die Norm weitergehende Konkretisierungen gerade nicht aus, insbesondere nicht solche, zu denen der jeweilige nationale Gesetzgeber – etwa verfassungsrechtlich – verpflichtet sein kann (so auch Kühling/Buchner/Buchner/Petri Rn. 94). Allerdings ist zu beachten, dass die DS-GVO insbesondere mit den Vorgaben aus Art. 5 und Art. 6 Abs. 1 Grenzen zieht (Paal/Pauly/Frenzel Rn. 43), hinsichtlich derer allerdings immer Substitutions- und Kompensationsmechanismen im jeweiligen gesamten mitgliedstaatlichen Regelungskontext zu bedenken sind (dazu Voßkuhle/Eifert/Möllers VerwR/Albers § 22 Rn. 68 f.). Inhaltliche Anforderungen für die Rechtsgrundlagen ergeben sich auch aus S. 3, wonach sie ein im öffentlichen Interesse liegendes Ziel verfolgen und verhältnismäßig sein müssen.

82 In Erwägungsgrund 41 lässt der Verordnungsgeber erkennen, dass – jedenfalls unionsrechtlich – die Ausfüllung von Öffnungsklauseln **nicht notwendigerweise durch parlamentarisches Gesetz** zu erfolgen hat, solange sie klar, präzise und für die Rechtsunterworfenen vorhersehbar sind. Soweit mit deutschem Verfassungsrecht vereinbar, sind zulässige Rechtsetzungsformen neben formellen Bundes- und Landesgesetzen also auch Rechtsverordnungen sowie Satzungen juristischer Personen des öffentlichen Rechts. Verwaltungsvorschriften kommen in Ermangelung einer unmittelbaren Rechtswirkung nach außen hingegen nicht in Betracht (so auch Paal/Pauly/Frenzel Rn. 36; Kühling/Buchner/Buchner/Petri Rn. 197). Hingegen ist dies für den normativen Teil von Tarifverträgen (vgl. § 4 Abs. 1 TVG) strittig (ohne weitere Begründung bejahend etwa Kühling/Buchner/Buchner/Petri Rn. 197; Gola/Schulz Rn. 43. Kritisch hingegen Kühling/Martini et al. DS-GVO und nationales Recht S. 30, die zur Debatte stellen, ob Tarifverträge den Anforderungen aus Art. 8 Abs. 2 GRCh genügen).

83 Soweit Vorgaben obligatorischen Charakter haben, unterliegt ihre Beachtung durch die Gesetzgebungsorgane bei der Ausfüllung der Öffnungsklauseln der gerichtlichen Kontrolle. In diesem Zusammenhang stellen sich komplexe Fragen nach **den Grenzen des jurisdiktionellen Zugriffs der EU-Gerichtsbarkeit.** Dies betrifft zum einen die respektiven Einsatzbereiche der nationalen und europäischen Grundrechte. Auf der anderen Seite geht es dabei um die Kontrolldichtekonzeption des EuGH im Hinblick auf die Auslegung und Anwendung des Datenschutzsekundärrechts (insbesondere) gegenüber der mitgliedstaatlichen Legislative, Exekutive und Judikative. Soweit der EU-Gesetzgeber im Bereich der Öffnungsklauseln (einschließlich der impliziten Öffnungen) den grundsätzlichen Harmonisierungsanspruch der DS-GVO gerade zugunsten von Flexibilität und Vielfalt relativiert hat – was durch eine funktionale Analyse der jeweiligen Vorschrift zu ermitteln ist –, sollte sich auch der EuGH bei der Maßstabsetzung in Zurückhaltung üben. Andernfalls würde das legislativ konsentierte und durch gegenstandsspezifische Erwägungen begründete Verhältnis von Einheit und Vielfalt unterlaufen (s. dazu im Einzelnen Veit, Einheit und Vielfalt im europäischen Datenschutzrecht, Manuskript, Teil 4, A., erscheint 2022).

II. Das Verhältnis von Abs. 2 und Abs. 3

84 Die beiden Bestimmungen in Art. 6 Abs. 2 und Abs. 3, nach denen die Mitgliedstaaten eigenständige Regelungsbefugnisse in Bezug auf die Rechtmäßigkeitstatbestände in Abs. 1 UAbs. 1 lit. c und e haben, werfen die Frage nach ihrem **Verhältnis** zueinander auf.

Insoweit wird teilweise in Abs. 2 die Kompetenz zum mitgliedstaatlichen Normerlass gesehen, **85** an welche Abs. 3 lediglich anknüpfe und für den Fall der Rechtsetzung durch die Mitgliedstaaten konkretisierte Anforderungen stelle (Benecke/Wagner DVBl 2016, 600 (602 f.); in diese Richtung wohl auch Plath/Plath Rn. 3, 24 ff.). Umgekehrt wird mit Blick auf die Entstehungsgeschichte der Normen vertreten, Abs. 2 habe lediglich einen deklaratorischen Charakter, dem kein normativer Eigenwert zukomme und Abs. 3 UAbs. 1 S. 3 enthalte die eigentliche Regelungskompetenz (Kühling/Buchner/Buchner/Petri Rn. 93 ff. und 195 f.). Andere Autoren sehen in Abs. 2 und 3 kumulative Anforderungen, die die DS-GVO an etwaiges mitgliedstaatliches Recht stellt. Rechtsgrundlagen, die die Verarbeitungen nach Abs. 1 UAbs. 1 lit. c und e spezifischer ausgestalten, müssen demnach sowohl den Vorgaben aus Abs. 2 als auch jenen aus Abs. 3 UAbs. 2 genügen (so offenbar Kühling/Martini DS-GVO S. 27 ff.; von einer normativen Eigenständigkeit der beiden Absätze ausgehend auch NK-DatenschutzR/Roßnagel Art. 6 Rn. 7 ff.; 22 ff., sowie LNK Das neue DatenschutzR § 2 Rn. 30 ff.; offen lassend Gola/Schulz Rn. 197, der lediglich von einem teilweise redundanten Verhältnis spricht). Dabei wird Abs. 2 zum Teil als Begrenzung des Gestaltungsspielraums in Abs. 3 gewertet (Albrecht/Jotzo Das neue DatenschutzR Teil 3 Rn. 46; in diese Richtung wohl auch Paal/Pauly/Frenzel Rn. 40, nach dem das Recht der Mitgliedstaaten nach Abs. 3 UAbs. 1 lit. b das „Ob" der Verarbeitung bestimme, während in Abs. 2 die Frage des „Wie" geregelt sei).

Dass der Gesetzgeber in Abs. 2 die eigentliche Regelungskompetenz verankern und in Abs. 3 **86** nur präzisierende Anforderungen stellen wollte, erscheint insoweit zweifelhaft, als Abs. 3 schon im Kommissionsentwurf vorgesehen war und nach Ansicht der Kommission auch eine Öffnungsklausel für den öffentlichen Sektor beinhaltet. Die Entstehungsgeschichte von Abs. 2 lässt erkennen, dass er seinen Einzug allein dem Engagement der Mitgliedstaaten für mehr Flexibilität im öffentlichen Sektor zu verdanken hat (→ Rn. 7). Das spricht dafür, dass Abs. 2 nicht als Begrenzung des Gestaltungsspielraums in Abs. 3 zu verstehen ist, sondern im Gegenteil einen über Abs. 3 UAbs. 1 lit. b hinausgehenden Anwendungsbereich haben soll. Abs. 2 erkennt den Mitgliedstaaten in übergreifenderer Weise grundsätzliche Regelungskompetenzen zu, die auch einschließen, dass die Mitgliedstaaten jenseits der Gestaltung der Datenschutzbestimmungen selbst auch indirekt durch den Zuschnitt der sachlichen Verwaltungskompetenzen „spezifischere Bestimmung zur Anpassung der Anwendung der Vorschriften dieser Verordnung" beibehalten oder einführen können (näher → Rn. 78 f.). Angesichts der spezifischen Vorgaben in Art. 6 Abs. 3 UAbs. 1 S. 2 und 3 ist Abs. 3 UAbs. 1 lit. b als die hinsichtlich der Gestaltung der datenschutzrechtlichen Rechtsgrundlagen speziellere Öffnungsklausel anzusehen (für ein Spezialitätsverhältnis auch NK-DatenschutzR/Roßnagel, Art. 6 Rn. 7). Dies deckt sich damit, dass der deutsche Bundestag die Regelungskompetenz für die Schaffung von § 3 BDSG ausdrücklich auf Art. 6 Abs. 1 UAbs. 1 lit. e iVm Art. 6 Abs. 3 UAbs. 1 lit. b stützt (vgl. BT-Drs. 18/11325, 81).

Bis über das Verhältnis der beiden Bestimmungen Klarheit geschaffen wurde, insbesondere **87** durch Rechtsprechung des EuGH oder durch Leitlinien des EDSA (nach Art. 70 Abs. 1 lit. e), sollten die mitgliedstaatlichen Gesetzgeber bei der Schaffung bzw. Beibehaltung von nationalem Ausfüllungsrecht die normativen Anforderungen beider Vorgaben beachten, um nicht Gefahr zu laufen, dass das mitgliedstaatliche Recht mangels Konformität mit der DS-GVO kassiert wird. Entgegen dem grundsätzlich geltenden sog. **Normwiederholungsverbot** (dazu nur EuGH Rs. 272/83 Rn. 26 – Kommission/Italien), ist es – wie Erwägungsgrund 8 erkennen lässt – den nationalen Gesetzgebern bei der Ausfüllung der Öffnungsklauseln gestattet, Teile der DS-GVO in ihr mitgliedstaatliches Recht zu übernehmen, soweit dies zur Wahrung der Kohärenz erforderlich und einer besseren Verständlichkeit für den Normadressaten zuträglich ist. Diese Erwägung ist dabei kein Spezifikum der DS-GVO, sondern korrespondiert mit der Rechtsprechung des EuGH, nach der auch bisher die punktuelle Wiederholung vereinzelter Teile einer Verordnung im nationalen Recht zulässig war, wenn sie zu einem inneren Zusammenhang mit der europäischen Regelung und zu einer besseren Verständlichkeit für den Normadressaten beitragen (vgl. EuGH Rs. 272/83 Rn. 26 f. – Kommission/Italien). Hierbei wäre es sinnvoll, wenn die Mitgliedstaaten bei der Übernahme von Verordnungsbestimmungen auf ihren europarechtlichen Ursprung hinweisen würden; so würde dem Telos des Normwiederholungsverbots – die Sicherung der einheitlichen Anwendung des Unionsrechts durch den EuGH – Rechnung getragen und zudem das Risiko minimiert, dass eine Wiederholung nicht akzeptiert wird.

III. Rechtsgrundlagen aus dem Unionsrecht (Abs. 3 UAbs. 1 lit. a)

Neben den Öffnungsklauseln für mitgliedstaatliches Recht in den Abs. 2 und 3 UAbs. 1 lit. b **88** ist in Abs. 3 UAbs. 1 lit. a festgelegt, dass die Rechtsgrundlage für Verarbeitungen auf Grundlage von Abs. 1 UAbs. 1 lit. c und e auch aus dem Unionsrecht stammen kann. Die rechtliche Verpflichtung (Abs. 1 UAbs. 1 lit. c) bzw. die Aufgabenwahrnehmung im öffentlichen Interesse bzw. in Ausübung hoheitlicher Gewalt (Abs. 1 UAbs. 1 lit. e) können sich demnach aus unionsrechtlichen Vorschriften ergeben. Hauptanwendungsfall für Rechtsgrundlagen aus dem Unionsrecht sind freilich Verarbeitungen personenbezogener Daten durch die Organe der Europäischen Union, für die das Sonderregime der Datenschutzverordnung VO (EU) 2018/1725 (ABl. L 295/39) gilt. Gleichwohl können unionale Rechtsgrundlagen auch Datenverarbeitungen durch die Mitgliedstaaten sowie durch private Akteure (Beispiele bei Paal/Pauly/Frenzel Rn. 39) abdecken, soweit sie entsprechende Pflichten zur Datenerhebung und -verarbeitung statuieren.

89   Die inhaltlichen und normativen Anforderungen an etwaige Rechtsgrundlagen aus dem Unionsrecht decken sich mit jenen für mitgliedstaatliche Rechtsgrundlagen. Sie werden von Abs. 3 UAbs. 2 (sowie unionsgrundrechtlich) vorgegeben. Abs. 2 macht hingegen keinerlei Vorgaben für Rechtsgrundlagen aus dem Unionsrecht.

90   Die vor allem im Jahr 2020 erfolgten Vorschläge der Kommission zum „Aufbau eines gemeinsamen europäischen Datenraums", zur Digitalstrategie unter dem Leitbild „Digitale Souveränität", zur europäischen Datenstrategie und zu einem europäischen Konzept zur Künstlichen Intelligenz sind geeignet, hier erhebliche Erweiterungen und Novellierungen auszulösen (knapp dazu Voßkuhle/Eifert/Möllers VerwR/Albers § 22 Rn. 3).

IV. Die Neugestaltung des deutschen Datenschutzrechts

91   Art. 1 DSAnpUG-EU enthält als Kernbestandteil des (ersten) Reformpakets die Neufassung des deutschen BDSG. Dieses gliedert sich inhaltlich in vier Teile. Teil 1 (§§ 1–21 BDSG) enthält vor der Klammer gezogene gemeinsame Bestimmungen, die unabhängig davon Geltung beanspruchen, ob eine Datenverarbeitung sachlich der Datenschutz-Grundverordnung, der Datenschutz-Richtlinie Polizei und Justiz oder einem nicht von diesen Rechtsakten erfassten Bereich unterfällt. Teil 2 (§§ 22–44 BDSG) beinhaltet Bestimmungen zur Ergänzung der DS-GVO und zur Ausfüllung ihrer Öffnungsklauseln, insbesondere Regelungen für die Verarbeitung besonderer Kategorien personenbezogener Daten und für besondere Verarbeitungssituationen sowie Regelungen zu den Betroffenenrechten und Sanktionen. Teil 3 (§§ 45–84 BDSG) ist der Umsetzung der Datenschutz-Richtlinie Polizei und Justiz gewidmet, soweit diese nicht bereichsspezifisch erfolgt. Teil 4 (§ 85 BDSG) sowie die anderen Artikel des DSAnpUG-EU enthalten besondere Bestimmungen für Datenverarbeitungen, die nicht unter die beiden EU-Rechtsakte fallen.

92   Jenseits des BDSG muss auch das sehr unübersichtliche **sektorspezifische Datenschutzrecht** an das unionale Datenschutzregime angepasst sein. Vor allem im Kontext dieser spezifischen Regelungsgebiete erschließt sich der normative Hintergrund vieler Öffnungsklauseln – insbesondere von Art. 6 Abs. 1 UAbs. 1 lit. c und e iVm Abs. 2 bzw. Abs. 3 (vgl. zum Sozialrecht etwa BSG ZD 2019, 326 f. – dort auch zu den zeitlichen Grenzen der Speicherung von Lichtbildern durch die Krankenkassen). Der Unionsgesetzgeber anerkennt in Erwägungsgrund 10 S. 3, dass es in den Mitgliedstaaten Regelungssektoren gibt, in denen die Verarbeitung personenbezogener Daten spezifischere Bestimmungen und adäquate mitgliedstaatlichen Regelungsbefugnisse erfordert (→ Rn. 74 ff.). Neben der DS-GVO kann es auch bereichsspezifische unionale Datenschutzvorgaben geben.

93   Anpassungen hat der Bundesgesetzgeber zunächst mit dem **Gesetz zur Änderung des Bundesversorgungsgesetzes und anderer Vorschriften** vorgenommen, das Änderungen insbesondere im Sozialdatenschutzrecht (SGB I und X, s. dazu im Einzelnen Roßnagel DatenschutzR-HdB/Hoidn § 7 Rn. 115 ff.), der Abgabenordnung sowie zahlreichen Einzelvorschriften in anderen Gesetzen wie etwa § 10a HGB oder § 31 Abs. 3b bzw. § 31a PatG beinhaltet. Die Anpassung von über 150 Fachgesetzen hat der deutsche Gesetzgeber dann mit dem 2. DSAnpUG-EU vorgenommen (BGBl. 2019 I 1626 ff.). Zu den hiermit geänderten Gesetzen zählt auch das bereits mit dem 1. DSAnpUG-EU reformierte BDSG. Nicht zuletzt wegen entstandenen Zeitdrucks beschränkt sich das zweite Anpassungs- und Umsetzungsgesetz in großen Teilen auf begriffliche Anpassungen sektorspezifischer Normen an die Terminologie der DS-GVO. Teilweise hat der Gesetzgeber aber auch die in Art. 6 Abs. 2, 3 und 4 enthaltenen Möglichkeiten genutzt und sachbereichsspezifische Gesetze neugestaltet (für Beispiele s. Kühling/Buchner/Bucher/Petri, 3. Aufl. 2020, Rn. 210 ff.). Im Ergebnis sind die Anpassungen nur begrenzt geglückt.

94   Aufgrund der föderalen Struktur der Bundesrepublik Deutschland ist es neben dem Bundesgesetzgeber auch den Ländern überantwortet, innerhalb ihrer jeweiligen Kompetenzbereiche tätig zu werden und die unionsrechtlichen Vorgaben der DS-GVO umzusetzen bzw. bestehendes Landesrecht entsprechend anzupassen. Die meisten der 16 Länderparlamente haben es dabei geschafft,

ihre jeweiligen Landesdatenschutzgesetze bis zum ersten Geltungstag der DS-GVO, dem 25.5.2018, neu zu regeln. Berlin hat mit dem Gesetz zum Schutz personenbezogener Daten in der Berliner Verwaltung vom 23.6.2018 als letztes Bundesland die Anpassung vorgenommen (der Berufsverband der Datenschutzbeauftragen Deutschlands hat eine Übersicht aller Landesdatenschutzgesetze erstellt, s. https://www.bvdnet.de/datenschutzgesetze-der-bundeslaender-an-die-ds-gvo-angepasst/).

D. Zweckänderungen und Zweckvereinbarkeit (Abs. 4)

Abs. 4 adressiert Verarbeitungen personenbezogener Daten zu einem **anderen Zweck** als zu 95 demjenigen, zu dem sie **ursprünglich erhoben** wurden. Beruht eine solche Verarbeitung nicht auf der Einwilligung der betroffenen Person oder auf einer Rechtsvorschrift der Union oder der Mitgliedstaaten, die in einer demokratischen Gesellschaft eine notwendige und verhältnismäßige Maßnahme zum Schutz der in Art. 23 Abs. 1 genannten Ziele darstellt, hat der Verantwortliche zur **Beurteilung der Zweckvereinbarkeit** iSd Art. 5 Abs. 1 lit. b eine Reihe von **Kriterien** zu berücksichtigen. Dazu gehören ua jede Verbindung zwischen den Zwecken, für die die personenbezogenen Daten erhoben wurden, und den Zwecken der beabsichtigten Weiterverarbeitung, der Zusammenhang, in dem die personenbezogenen Daten erhoben wurden, die Art der personenbezogenen Daten, die möglichen Folgen der beabsichtigten Weiterverarbeitung für die betroffenen Personen und das Vorhandensein geeigneter Garantien, etwa Verschlüsselung oder Pseudonymisierung. Die Norm wirft eine Reihe von **Auslegungsschwierigkeiten** auf. Sie erfordert zunächst eine **Klärung der Grundbegriffe** im systematischen Zusammenhang (Zweckbindung, Zweckänderungen, Zweckvereinbarkeit; → Rn. 96 ff.). Die in **Art. 6 Abs. 4 S. 1 Hs. 2** verankerten **rechtlichen Anforderungen an eine Weiterverarbeitung zu einem geänderten Zweck**, der mit dem zum Zeitpunkt der Erhebung festgelegten Zweck **vereinbar** ist, sind konkretisierungsbedürftig (→ Rn. 102 ff.). Klärungsbedürftig ist zudem, welchen Aussagegehalt des **Art. 6 Abs. 4 S. 1 Hs. 1** im systematischen Zusammenhang mit Art. 5 Abs. 1 lit. b und Art. 23 Abs. 1 hat (→ Rn. 110 ff.).

I. Zweckbindung, Zweckänderungen, Zweckvereinbarkeit

Der normative Gehalt des Abs. 4 erschließt sich vor allem in Zusammenschau mit Art. 5 Abs. 1 96 lit. b. Nach dem dort festgehaltenen **Grundsatz der Zweckbindung** müssen personenbezogene Daten „für festgelegte, eindeutige und legitime Zwecke erhoben werden und dürfen nicht in einer mit diesen Zwecken nicht zu vereinbarenden Weise weiterverarbeitet werden"." In Gestalt des Art. 5 Abs. 1b DS-GVO ist die „Zweckbindung" ein **mehrere Komponenten bündelnder Begriff.**

Eingeschlossen ist zunächst das – durch Art. 8 Abs. 2 S. 1 GRCh in bestimmtem Umfang 97 vorgegebene – Erfordernis der **Festlegung** eines eindeutigen und legitimen Zweckes vor oder bei der Datenerhebung oder spätestens bei der Speicherung. Diese Festlegung muss der **Verantwortliche** im Rahmen und auf Basis der gesetzlichen Vorgaben vornehmen (s. etwa NK-DatenschutzR/Roßnagel Art. 5 Rn. 73). Die festzulegenden Zwecke sind keineswegs deckungsgleich mit den allgemeinen Handlungszielen Privater oder mit den sachlichen Aufgaben einer staatlichen Stelle. Es geht vielmehr um die **datenverarbeitungsbezogenen Zwecke.** Deren Festlegung hat die Funktion, die Verarbeitung personenbezogener Daten, die für sich genommen vielfältig und für beliebige Zwecke nutzbar wären, mit (bestimmten) Handlungszielen Privater oder mit (bestimmten) sachlichen Kompetenzen einer staatlichen Stelle rechtlich zu verklammern. Als Regelungselement des Datenschutzrechts bezieht sich der Begriff auf den Zweck oder die Zwecke, für die die personenbezogenen Daten im Ergebnis einer Verarbeitung, hier regelmäßig als Informationsgrundlagen, in einem bestimmten Kontext verwendet werden sollen. Das gilt auch für die Phase der Erhebung; „Erhebungszweck" ist insofern nur eine - uU missverständliche - Kurzfassung für den „vor oder bei Erhebung festgelegten Verwendungszweck". Mit der Festlegung von Verwendungszwecken soll ein Bezugspunkt oder ein Band entstehen, das die einzelnen Verarbeitungsvorgänge zu einheitlichen oder auch zu sich differenzierenden Verarbeitungszusammenhängen verbindet (zur Grundidee vgl. auch Koning, The purpose and limitations of purpose limitation, 2020, S. 58: „The purposes determine a chain of processing actions within one processing operation that starts at the moment of collecting the data and ends at the moment the purposes are fulfilled. The purposes specification, therefore, categorizes the data processing into viable processes with a start and end point: a processing operation."). Der „Verwendungszusammenhang" (BVerfGE 65, 1 (45)) erhält Konturen, mit Blick auf den sich erst beschreiben lässt, welche Informationen und welches Wissen über eine Person entstehen und mit welchen ggf. beeinträchtigenden Folgen überhaupt zu rechnen ist. Nicht zuletzt soll die Kenntnis des Verwendungszwecks der betroffenen Person eine gewisse Einschätzung dessen ermöglichen, was mit den sie betreffenden Daten passiert und welche Informationen über sie in welchen Kontexten gewonnen werden. Funktional dient die Zweckfestlegung somit – in Verbindung mit der (flexibilisierten) Bindung an diese Zwecke und dem Regelungselement der „Erforderlichkeit" (→ Rn. 15 ff.) – ua dazu, die Verarbeitung personenbezogener Daten zu begrenzen, zu strukturieren und transparent zu gestalten (vgl. auch Voßkuhle/Eifert/Möllers VerwR/Albers § 22 Rn. 83; jedenfalls mit Blick auf die Funktion wären grds auch prozeduralisierende Konzeptionen der Zweckfestlegung möglich, dazu grundlegend Grafenstein, The Principle of Purpose Limitation in Data Protection Laws, 2018, S. 325 ff.).

98 Die normative Anforderung, dass der Verantwortliche vor oder bei einer Erhebung personenbezogener Daten eindeutige und legitime (Verwendungs-)Zwecke festzulegen hat, liefe leer, wenn es keinerlei rechtliche Gewährleistung einer **Bindung an diese Zwecke** im weiteren Verarbeitungsablauf gäbe. Das Erfordernis der Zweckfestlegung wird deshalb in Art. 5 Abs. 1 lit. b ergänzt um die Vorgabe, dass die gesamte Verarbeitung an die festgelegten Zwecke insoweit gebunden ist, als die personenbezogenen Daten nicht in einer mit diesen Zwecken nicht zu vereinbarenden Weise weiterverarbeitet werden dürfen. Nach dem eindeutigen Normtext des Art. 6 Abs. 4 Hs. 2 sind auch Verarbeitungen personenbezogener Daten zu Zwecken, die sich nicht mit ursprünglich festgelegten Zwecken decken, aber damit vereinbar sind, Verarbeitungen zu einem **anderen Zweck** (und nicht etwa Verarbeitungen, die noch in einem breiter verstandenen Rahmen des ursprünglichen Zwecks eingeordnet würden). Der Zweckbindungsgrundsatz in Gestalt des Art. 5 Abs. 1 lit. b schließt somit die Möglichkeit von Zweckänderungen ein, soweit die neuen Zwecke nach Maßgabe der Kriterien des Art. 6 Abs. 4 mit den ursprünglichen Verwendungszwecken vereinbar sind („**Zweckvereinbarkeit**"). Die Konzeption kommt in der englischen Sprachfassung („principle of purpose limitation") deutlich besser zum Ausdruck. Auch diese **flexibilisierte Bindung** kann – jedenfalls bei teleologisch treffender Auslegung und bei ergänzenden Vorkehrungen insbesondere zur Gewährleistung der Kenntnis der betroffenen Person (dazu Art. 13 Abs. 3, 14 Abs. 4) – im Verbund mit Zweckfestlegungen zur Begrenzung, Strukturierung und Transparenz von Datenverarbeitungen beitragen.

99 Der „Grundsatz der Zweckbindung" in Art. 5 Abs. 1 lit. b DS-GVO enthält somit keine „strikte" Bindung an den ursprünglich festgelegten Zweck. Im deutschen Datenschutzrecht verstand man unter dem Begriff der „Zweckbindung" demgegenüber die prozessübergreifende Bindung sämtlicher Verarbeitungsschritte an die vor oder bei Datenerhebung festgelegten Verwendungszwecke (ausf. zu den Konzeptionen Albers, Informationelle Selbstbestimmung, 2005, 507 ff., Open Access unter www.nomos-elibrary.de/10.5771/9783845258638/informationelle-selbstbestimmung). Dabei treten gesetzlich zugelassene Zweckänderungsmöglichkeiten flankierend hinzu. Die Annahme einer „optischen Adelung" (s. Ziegenhorn/von Heckel NVwZ 2016, 1585 (1589)) des in deutscher Tradition begriffenen „Zweckbindungs"gebots in Art. 5 Abs. 1 lit. b ist unzutreffend. Es handelt sich hierbei vielmehr um eine autonome Figur des Unionsrechts mit partiell anderem Aussagegehalt.

100 Die in Abs. 4 Hs. 2 genannten Kriterien sind nicht im Kontext jeder zweckändernden Verarbeitung zu berücksichtigen. Weiterverarbeitungen für im öffentlichen Interesse liegende **Archivzwecke, für wissenschaftliche und historische Forschungszwecke** oder **statistische Zwecke** sind insoweit in Art. 5 Abs. 1 lit. b Hs. 2 **privilegiert** und fallen demnach aus dem normativen Anwendungsbereich des gem. Art. 5 Abs. 1 lit. b Hs. 1 erforderlichen Kompatibilitätstests heraus, sodass auch die in Art. 6 Abs. 4 Hs. 2 festgelegten Kriterien in diesen Fällen nicht greifen. Von der Kompatibilitätsbeurteilung ausgenommen sind nach Art. 6 Abs. 4 Hs. 1 im Übrigen **zweckändernde Verarbeitungen,** die zum einen von einer **Einwilligung** der betroffenen Person gedeckt sind. Bei passenden Anforderungen an die Einwilligung ist das naheliegend und sachgerecht. Zum anderen sind zweckändernde Verarbeitungen ausgenommen, die auf eine **Rechtsvorschrift** des Unionsrechts oder des mitgliedstaatlichen Rechts gestützt sind, soweit diese **verhältnismäßig** und **in einer demokratischen Gesellschaft notwendig** ist und **eines der in Art. 23 Abs. 1 benannten Ziele** verfolgt.

101 Abstrakt betrachtet gewährleistet die **Möglichkeit von Zweckänderungen** Flexibilitäten, die mit Blick auf die Anforderung der Festlegung eindeutiger und legitimer (Verwendungs-)Zwecke vor oder bei einer Erhebung personenbezogener Daten und mit Blick auf die für den Verarbeitungsablauf vorgesehene Bindung an diese Zwecke grundsätzlich sinnvoll sind. Überspitzt formuliert bedeutet Zweckbindung „Zukunftsbindung". Die Konsequenz eines ganz rigiden Festhaltens an den in einer Ursprungssituation festgelegten Zwecken wäre, dass bereits nicht die Möglichkeit bestünde, auf den – unter Umständen anders als erwartet ausfallenden – Informationsgehalt erhaltener Daten zu reagieren. Änderungen der Situation und veränderte Nutzungserfordernisse im Zeitablauf könnten ebenso wenig berücksichtigt werden wie hinzutretende neuartige berechtigte Verarbeitungsinteressen, die wiederum aus dem sich im jeweiligen Kontext erst erschließenden Informationsgehalt von Daten resultieren können. Vor diesem Hintergrund kann man Zweckänderungen, statt als Ausnahme im engen Sinne, als ergänzendes Element begreifen (vgl. auch Albers, Informationelle Selbstbestimmung, 2005, 509 ff., Open Access unter www.nomos-elibrary.de/10.5771/9783845258638/informationelle-selbstbestimmung). Es versteht sich dabei von selbst, dass für die Möglichkeit von Zweckänderungen rechtliche Anforderungen greifen müssen, die den Regulierungserfordernissen und nicht zuletzt den Schutzerfordernissen betroffener Personen hinreichend Rechnung tragen. Diese Schutzerfordernisse können sich eher abstrakt (etwa als Informationsinteresse, dazu Art. 13 Abs. 3, 14 Abs. 4, oder auch als Einflussnahmeinteresse) oder konkreter mit Blick auf spezifische Beeinträchtigungen gestalten.

II. Anforderungen an eine Weiterverarbeitung in Fällen der Zweckvereinbarkeit

102 Art. 6 Abs. 4 Hs. 1 ist in negativer Formulierung tatbestandliche Voraussetzung für die in Art. 6 Abs. 4 Hs. 2 geregelte, an den Verantwortlichen adressierte Vorgabe, die Feststellung der Vereinbarkeit des ursprünglich festgelegten und des anderen Zwecks nach Maßgabe bestimmter Kriterien zu treffen. Die erste Frage, die die Norm aufwirft, richtet sich darauf, **ob die in Hs. 1 genannte „Rechtsvorschrift der Union oder der Mitgliedstaaten"** auch **Konstellationen regeln** kann, in denen **aus Sicht des Rechtsetzers ursprünglich festgelegter und anderer Zweck miteinander vereinbar** sind (s. hierzu auch → BDSG § 23 Rn. 1 f.). Die Entstehungsgeschichte gibt dazu keinerlei Aussage her (→ Rn. 9) und in systematischer und teleologischer Auslegung ist diese Frage **zu bejahen.** Normativ spricht nichts dagegen, dass Vereinbarkeitsfragen (auch) in der Rechtsetzung entschieden werden, dies unter den Voraussetzungen und im Rahmen der (auch) den Mitgliedstaaten zuerkannten Regelungskompetenzen. Dieses Ergebnis wird dadurch gestützt, dass auch eine zweckkompatible Weiterverarbeitung vom Rechtsrahmen des Art. 6 Abs. 1, ggf. iVm Abs. 2 und 3, abgedeckt sein muss (→ Rn. 107 f.). Der Normtext des Art. 6 Abs. 4 verpflichtet die Rechtsetzung dabei nicht zur Beachtung der aufgelisteten Kriterien; er schließt aber nicht aus, dass diese als Orientierungsleitlinien herangezogen werden.

103 Auch wenn Art. 6 Abs. 4 unionale oder mitgliedstaatliche Rechtsvorschriften in Fällen der Zweckkompatibilität zulässt, ergibt sich aus ihm freilich zugleich, dass es **einer solchen „Rechtsvorschrift der Union oder der Mitgliedstaaten" nicht zwingend bedarf.** Beruht die Verarbeitung nicht auf einer solchen Vorschrift, überantwortet Art. 6 Abs. 4 Hs. 2 (zunächst) dem **Verantwortlichen** die Feststellung der Zweckvereinbarkeit und die entsprechende Beurteilung nach Maßgabe der Kriterien in Art. 6 Abs. 4 Hs. 2. Von zentraler Bedeutung sind vor diesem Hintergrund die **Pflichten zur Information der betroffenen Person** in Art. 13 Abs. 3, 14 Abs. 4.

104 Art. 6 Abs. 4 Hs. 2 enthält einen **nicht abschließenden** Katalog mit **Kriterien,** die für die Kompatibilität einerseits der Zwecke, die vor oder bei Erhebung festgelegt wurden, und andererseits der Zwecke, zu denen die personenbezogenen Daten nunmehr weiterverarbeitet werden sollen, maßgeblich sein sollen (für ein Verständnis als „Auslegungsregel" Kühling/Buchner/Buchner/Petri Rn. 183). Leicht anders formulierte Anhaltspunkte zur Konkretisierung dessen, was der Verantwortliche bei der Beurteilung der Kompatibilität zu berücksichtigen hat, enthält Erwägungsgrund 50 S. 6. Die Kriterien sind eng an die „Key factors" für die Kompatibilität der Zwecke angelehnt, die von der Artikel 29-Datenschutzgruppe bereits im Zusammenhang mit der DSRL entwickelt wurden (s. Art. 29 Data Protection Working Party, Opinion 03/2013 on purpose limitation, WP 203, S. 20 ff. (insbesondere S. 23 ff.)).

105 Die Formulierungen bleiben trotz der hohen Bedeutung der Kriterien allerdings **überwiegend vage.** Zu berücksichtigen ist zunächst jede Verbindung zwischen den Zwecken, für die die personenbezogenen Daten erhoben wurden, und den Zwecken der beabsichtigten Weiterverarbeitung. Wenn sich die Weiterverarbeitung als ein „logischer nächster Schritt" (s. Kühling/Buchner/Herbst Art. 5 Rn. 44; Kühling/Buchner/Buchner/Petri Rn. 187) darstellt, wird man es allerdings eher mit dem gleichen und nicht mit einem anderen Zweck zu tun haben. Es ist somit eine wertende Beurteilung nötig, die Verarbeitungszwecke und -kontexte vergleicht. Pauschale Formeln etwa dahin, dass sich die Annahme einer kompatiblen Zweckänderung umso weniger rechtfertigen lässt, je weiter die Zwecke auseinanderliegen (Kühling/Buchner/Buchner/Petri Rn. 187), greifen zu kurz. Nach Abs. 4 Hs. 2 lit. b sollen auch der Erhebungskontext und das Verhältnis zwischen Betroffenen und Verantwortlichen eine Rolle spielen. Die Kriterien in Hs. 2 lit. a und b verweisen beide auf die vernünftigen Erwartungen der betroffenen Person hinsichtlich einer Weiterverarbeitung (vgl. Erwägungsgrund 50). Gut nachvollziehbar ist, dass nach Hs. 2 lit. c und d die Art der Daten und die Folgen der Weiterverarbeitung für die betroffenen Personen zu berücksichtigen sind. Schließlich ist das Vorhandensein geeigneter Garantien in Rechnung zu stellen, etwa Vorkehrungen zur Verschlüsselung oder Pseudonymisierung bei der Weiterverarbeitung.

106 Die Vagheit rückt die Rolle des institutionellen Unterbaus des Datenschutzrechts, bestehend aus Datenschutzbeauftragen, Aufsichtsbehörden (im Verbund), EDSA und – in letzter Konsequenz – Gerichten, für die Konkretisierung in den Vordergrund. Die verschiedenen Kriterien bieten unterschiedliche Anknüpfungspunkte für die Entwicklung einer mehr oder weniger komplexen Dogmatik oder eines an Fällen orientierten Rechtsprechungsrechts".

107 Eine weitere Frage, die Art. 6 Abs. 4 hinsichtlich der normativen Grundlagen aufwirft, richtet sich darauf, **ob es für die Rechtmäßigkeit einer zweckkompatiblen Weiterverarbeitung ausreicht,** wenn die **ursprüngliche Erhebung durch einen der Tatbestände des Art. 6 Abs. 1 DS-GVO abgedeckt** war und **dann die Kriterien des Art. 6 Abs. 4 Hs. 2 DS-GVO erfüllt** sind. Teilweise wird vertreten, Art. 6 Abs. 4 Hs. 2 begründe gegenüber dem allgemeinen Katalog in Art. 6 Abs. 1–3 eigenständigen Rechtmäßigkeitstatbestand für zweckändernde (Weiter-)Verarbeitungen in dem Sinne, dass eine Weiterverarbeitung, die mit dem ursprünglichen Zweck vereinbar ist, durch die für die ursprüngliche Erhebung greifende Grundlage abgedeckt ist (so NK-DatenschutzR/Roßnagel Art. 6 Rn. 10 ff.; Auernhammer/Kramer Rn. 99 ff.). Als Argument wird namentlich der insoweit vermeintlich eindeutige Erwägungsgrund 50 S. 2 angeführt, demgemäß im Falle solcher zweckändernder Weiterverarbeitungen „keine andere gesonderte Rechtsgrundlage erforderlich (ist)" als diejenige für die Erhebung der personenbezogenen Daten". Die zweckkompatible Weiterverarbeitung könne „auf die Erlaubnis gestützt werden, die für die Erhebung gilt" (NK-DatenschutzR/Roßnagel Art. 6 Rn. 10). Anderenfalls würden „moderate" gegenüber „strengen" Zweckänderungen erschwert, weil für diese keine Vereinbarkeitsprüfung durchzuführen sei (NK-DatenschutzR/Roßnagel Art. 6 Rn. 12). Auf die zahlreichen Probleme, die diese Sicht nach sich zieht, wird dann hingewiesen (NK-DatenschutzR/Roßnagel Art. 6 Rn. 13 ff.).

108 Bei näherer Analyse ergibt sich, dass es für die Rechtmäßigkeit der Weiterverarbeitung nicht genügt, wenn die ursprüngliche Erhebung durch einen der Tatbestände des Art. 6 Abs. 1 DS-GVO abgedeckt war und dann die Kriterien des Art. 6 Abs. 4 Hs. 2 DS-GVO erfüllt sind. Vielmehr bedarf die Weiterverarbeitung, also der Prozess der Verarbeitungsschritte zu dem geänderten Zweck, einer **Rechtsgrundlage,** wie sie **Art. 6 Abs. 1 UAbs. 1** für jede Verarbeitung (zum Verarbeitungsbegriff Art. 4 Nr. 2) fordert. Nach dessen Normtext muss „die" (also jede) Verarbeitung personenbezogener Daten (damit auch jene zu geänderten Zwecken) auf mindestens einem Rechtmäßigkeitstatbestand iSv Art. 6 Abs. 1 UAbs. 1 beruhen. Demnach muss auch die zweckkompatible Weiterverarbeitung die Rechtmäßigkeitsvoraussetzungen des Art. 6 Abs. 1 erfüllen und sich ihrerseits im Rahmen der Rechtmäßigkeitstatbestände des Art. 6 Abs. 1 bewegen. Die Grundlage, die für die Erhebung gilt, trägt (nur) die Erhebung als Verarbeitungsschritt, nicht aber auch die weitere Verarbeitung. Das gilt schon deshalb, weil die ggf. vielschichtigen Verarbeitungsschritte der „Weiterverarbeitung" eigenständige Funktionen haben und eigenständige Rechtsprobleme aufwerfen, die von der für die Erhebung maßgeblichen Grundlage (und der hierfür vorgenommenen Konkretisierung) nicht unbedingt erfasst und gelöst werden. Nicht zuletzt hat der zentrale Baustein der Erforderlichkeit im Hinblick auf die Erhebung einerseits und anderweitige Verarbeitungsschritte andererseits eigenständige Ausprägungen. Der missverständlich formulierte Erwägungsgrund 50 S. 2 dürfte so gemeint sein und ist auch so zu verstehen, dass man keine andere gesonderte **Erhebungs**grundlage braucht als diejenige, die die Ersterhebung getragen hat, weil und soweit eben die zweckändernde Weiterverarbeitung der einmal erhobenen und vorhandenen Daten zulässig ist. Eine Rechtsgrundlage für die weiteren Verarbeitungsschritte ist deswegen jedoch nicht entbehrlich. Allerdings geht es hierbei nicht um eine gerade die (zweckkompatible) Zweckänderung regelnde und insofern „zusätzliche" Grundlage. Die nötigen Rechtsgrundlagen finden sich in Art. 6 Abs. 1 UAbs. 1 (in diesem Sinne auch Kuner/Bygrave/Docksey/Kotschy, The EU General Data Protection Regulation (GDPR), Article 6(4), 4.2). Dabei sind lit. c und e zu spezifizieren, ohne dass hier nicht auch allgemein-übergreifende Vorschriften ausreichen könnten. Das bedeutet, dass die Rechtsgrundlage, die die ursprüngliche Erhebung getragen hat (etwa Art. 6 Abs. 1 UAbs. 1 lit. f), in bestimmten Konstellationen wiederum diejenige sein kann, die die weitere Verarbeitung tragen kann (Art. 6 Abs. 1 UAbs. 1 lit. f); die Konkretisierung wäre auf den jeweils in Rede stehenden Verarbeitungsschritt zuzuschneiden (bei einer Zweckänderung im Bereich des lit. f bedarf es einer umfassenden neuen Interessenabwägung, die auch die in die ursprüngliche Abwägung eingestellten Interessen einbeziehen muss, so zutr. Ehmann/Selmayr/Heberlein Rn. 48). Ähnliches gilt bei abstrakt-allgemeinen Vorschriften im öffentlichen Sektor (in Ausfüllung

der Art. 6 Abs. 1 UAbs. 1 lit. c oder e, Abs. 2 und 3). Je nach Konstellation können die einschlägigen Rechtsgrundlagen aber auch auseinanderfallen, so im Falle der Relevanz unterschiedlicher Rechtmäßigkeitstatbestände des Art. 6 Abs. 1 UAbs. 1. Die positiv ausfallende Kompatibilitätsprüfung heißt also keineswegs, dass die Weiterverarbeitung von anderweitigen grundsätzlichen Anforderungen freigestellt wäre (vgl. auch BVerwG Urt. v.27.9.2018 – 7 C 5.17 Rn. 27, www.bverwg.de/270918U7C5.17.0. Siehe weiter Schantz NJW 2016, 1841 (1844), der Erwägungsgrund 50 S. 2 als Redaktionsversehen einstuft und ausführt, aus der Entstehungsgeschichte ergebe sich, dass der Gesetzgeber das Erfordernis einer Rechtsgrundlage für zweckändernde Weiterverarbeitungen gerade nicht aufgeben wollte; bei anderer Sicht gelange man zu dem mit den Grundrechten unvereinbaren Ergebnis, dass eine Weiterverarbeitung „ohne weitere Voraussetzungen zulässig" wäre; vgl. auch Albrecht CR 2016, 88 (92); Kühling/Buchner/Herbst Art. 5 Rn. 49f.; HK-DS-GVO/Reimer Art. 5 Rn. 24). Zweckkompatible werden gegenüber zweckinkompatiblen (dazu → Rn. 110 ff.) Zweckänderungen keineswegs erschwert (so aber NK-DatenschutzR/Roßnagel Art. 6 Rn. 12), weil für diese die (strengeren) Anforderungen des Art. 6 Abs. 4 Hs. 1 iVm Art. 23 Abs. 1 greifen.

109 Im Lichte dieser Befunde und der Streitigkeiten angesichts der unklaren Formulierungen sind der **Normtext des Art. 6 Abs. 4** und die **systematische Verortung seines zweiten Teils,** also die Bereitstellung der Kriterien für die Beurteilung der Zweckvereinbarkeit, als im Ergebnis **missglückt** zu bewerten: Dieser Teil wäre systematisch besser in Art. 5 lit. b platziert.

III. Aussagegehalt des Abs. 4 Hs. 1 und Anforderungen an mitgliedstaatliches Recht

110 Art. 6 Abs. 4 Hs. 1 grenzt sich zunächst gegen Art. 6 Abs. 4 Hs. 2 ab, indem er tatbestandliche Voraussetzung für den in der Rechtsfolge geregelten Kompatibilitätstest ist. Trotz dieser rechtstechnischen Konstruktion, die das Verständnis erschwert, reicht sein Aussagegehalt aber weiter (zu verkürzt HK-DS-GVO/Reimer Art. 6 Rn. 67). Er verweist darauf, dass **zweckändernde Verarbeitungen,** die von einer **Einwilligung** der betroffenen Person gedeckt sind oder auf eine bestimmte Anforderungen erfüllende **Rechtsvorschrift** des Unionsrecht oder des mitgliedstaatlichen Rechts gestützt sind, gegenüber der Zweckvereinbarkeit eigenständig abgesichert werden können. Unbeschadet der Möglichkeit, zweckkompatible Zweckänderungsoptionen in einer Rechtsgrundlage nach Maßgabe des Art. 6 Abs. 4 Hs. 1 zu regeln (→ Rn. 102), spiegelt sich in der Abgrenzung der beiden Halbsätze gegeneinander wider, dass zweckändernde Verarbeitungen auch in Fällen, in denen der ursprünglich festgelegte und der andere Zweck nicht miteinander vereinbar („inkompatibel") sind, unter bestimmten Voraussetzungen rechtmäßig sind. Aus Art. 6 Abs. 4 Hs. 1 ergibt sich, dass es dafür außerhalb von Einwilligungen gerade in die Zweckänderung einer unionalen oder mitgliedstaatlichen Rechtsvorschrift bedarf, die in einer demokratischen Gesellschaft eine notwendige und verhältnismäßige Maßnahme zum Schutz der in Art. 23 Abs. 1 genannten Ziele darstellt (vgl. auch Kuner/Bygrave/Docksey/Kotschy, The EU General Data Protection Regulation (GDPR), Article 6(4), 4.2, hier auch zum Verhältnis zwischen Einwilligung und Rechtsgrundlage). Damit wird Art. 23 Abs. 1 in Bezug genommen, der unionale oder mitgliedstaatliche Beschränkungen bestimmter Pflichten und Rechte zulässt. Aus der Formulierung dieser Norm ergeben sich Beschränkungsmöglichkeiten. Allerdings ist sie inhaltlich begrenzt und lässt ihrem Normtext nach keine Beschränkung des in Art. 5 Abs. 1 lit. b verankerten Grundsatzes der Zweckbindung zu. Diese Möglichkeit muss, soweit nicht die Einwilligung tragfähig ist, aus der **Kombination von Art. 6 Abs. 4 Hs. 1 und Art. 23 Abs. 1** gefolgert werden. Nicht allein Art. 6 Abs. 4 Hs. 1, sondern diese Kombination gibt für die von ihr erfassten Konstellationen im Rahmen der tatbestandlichen Voraussetzungen die Möglichkeit her, Rechtsgrundlagen für „inkompatible" Zweckänderungen zu schaffen. Sie öffnet sich dabei auch der mitgliedstaatlichen Rechtsetzung.

111 Vor dem Hintergrund der Bedeutung, die normativen Aussagen zu Zweckänderungsmöglichkeiten zukommt, muss auch an dieser Stelle die gesamte Konstruktion des Art. 6 Abs. 4 als **rechtstechnisch missglückt** bezeichnet werden. Gerade wenn man das Erfordernis von Zweckänderungsmöglichkeiten anerkennt (→ Rn. 101), erschließt sich doch immer auch, dass sie an klare Voraussetzungen, Grenzen und kompensatorische Schutzmechanismen gebunden sein müssen. Das gilt umso mehr, als sich sowohl Abs. 4 Hs. 1 als auch Art. 23 Abs. 1 mit dem Verweis auf „Rechtsvorschriften der Mitgliedstaaten" mitgliedstaatlichem Recht öffnen und damit auch Fragen des Verhältnisses zwischen den Aussagen der DS-GVO und mitgliedstaatlichen Regelungen aufgeworfen werden.

112 Die **Reichweite der Öffnung für mitgliedstaatliches Recht** ist schon im Ansatz umstritten. Erfasst sind jedenfalls Zweckänderungsvorschriften im Falle von Verarbeitungen auf der Grundlage des Art. 6 Abs. 1 UAbs. 1 lit. c und e iVm Art. 6 Abs. 2 und 3, also **Verarbeitungen im öffentlichen Sektor,** denn hier sind den Mitgliedstaaten in bestimmtem Umfang eigenständige Regelungskompetenzen eingeräumt (BVerwG Urt. v. 27.9.2018 – 7 C 5/17 Rn. 27 = NVwZ 2019, 473 (476)). Was **den privaten Sektor** angeht, werden in Art. 23 Abs. 1 lit. i („Schutz der betroffenen Person oder der Rechte und Freiheiten anderer Personen") und lit. j („Durchsetzung zivilrechtlicher Ansprüche") privatrechtlich zu erfassende Konstellationen genannt, die über den Anwendungsbereich des Abs. 1 UAbs. lit. c und e hinausgehen (NK-DatenschutzR/Roßnagel Art. 6 Rn. 19; Gola/Schulz Art. 6 Rn. 216). Mit Blick darauf werden auch insoweit mitgliedstaatliche Zweckänderungsvorschriften als abgedeckt angesehen werden (ausf. BGH Beschl. v. 24.9.2019 – VI ZB 39/18 Rn. 35 ff., https://juris.bundesgerichtshof.de). Allerdings muss bedacht werden, dass die unionsweite Harmonisierung des privaten Sektors nicht durch mannigfaltige mitgliedstaatliche Zweckänderungsvorschriften auf Grundlage von Abs. 4 Hs. 1, 23 Abs. 1 konterkariert werden darf (s. die Einwände bei Kühling/Buchner/Buchner/Petri Rn. 180, 199 f., die die Reichweite der Öffnung für mitgliedstaatliches Recht auf Verarbeitungen im öffentlichen Sektor beschränken; vgl. auch Kühling/Buchner/Herbst Art. 5 Rn. 46: „eng auszulegen"). Jedenfalls müssen sich Zweckänderungsvorschriften im Rahmen der Anforderungen des Art. 6 Abs. 1 UAbs. 1 lit. a–f, Abs. 2 und 3 halten (→ Rn. 113), sodass sich darüber Differenzierungen zwischen öffentlichem und privatem Sektor widerspiegeln.

113 Eine weitere Frage ist, ob die mitgliedstaatliche Rechtsvorschrift allein die Voraussetzungen des Art. 6 Abs. 4 Hs. 1 iVm Art. 23 Abs. 1 einhalten, also eine in einer demokratischen Gesellschaft notwendige und verhältnismäßige Maßnahme zum Schutz der in Art. 23 Abs. 1 genannten Ziele sein muss, oder ob **zudem die Rechtmäßigkeitsanforderungen des Art. 6 Abs. 1 UAbs. 1 lit. a–f** gelten (offen lassend BGH Beschl. v. 24.9.2019 – VI ZB 39/18 Rn. 44, https://juris.bundesgerichtshof.de). Im Ergebnis muss sich eine zweckändernde Weiterverarbeitung immer auch auf einen der dortigen Rechtmäßigkeitstatbestände stützen (ohne dass dies unbedingt voraussetzt, dass auch eine entsprechende Ersterhebung möglich ist). Sie würde also durch ein Zusammenspiel des Art. 6 Abs. 1 UAbs. 1 lit. a–f, Abs. 2 und 3 und der auf Art. 6 Abs. 4 Hs. 1 iVm Art. 23 Abs. 1 beruhenden mitgliedstaatlichen Rechtsvorschrift getragen. Art. 23 ist hinsichtlich der dort aufgelisteten Ziele enger als Art. 6, bietet als Norm, die auf Beschränkungen unter anderem der Rechte betroffener Personen zugeschnitten ist, aber keine hinreichenden Maßgaben für die Schritte der Weiterverarbeitung nach Zweckänderung. Die unionale Grundlage dafür liefert vielmehr Art. 6 Abs. 1, nach dessen Normtext jede Verarbeitung personenbezogener Daten, also auch jene zu geänderten Zwecken, auf mindestens einem Rechtmäßigkeitstatbestand iSv Art. 6 Abs. 1 UAbs. 1 beruhen muss und in dem auch das das Erforderlichkeitsmerkmal verankert ist. Diese Sicht wird von Erwägungsgrund 50 S. 8 gestützt, nach dem der Verantwortliche im Falle einer Einwilligung oder einer unionalen oder mitgliedstaatlichen Rechtsvorschrift zum Schutz der Ziele des Art. 23 die personenbezogenen Daten ungeachtet der Vereinbarkeit der Zwecke weiterverarbeiten dürfen sollte, zugleich jedoch bei zweckändernden Weiterverarbeitungen „(i)n jedem Fall (…) gewährleistet sein (sollte), dass die in dieser Verordnung niedergelegten Grundsätze angewandt werden". Dazu gehören diejenigen der Rechtmäßigkeit und Erforderlichkeit als unionsautonom zu verstehende Vorgaben. Mitgliedstaatliche Zweckänderungsregime nach Maßgabe des Art. 6 Abs. 4 Hs. 1 iVm Art. 23 Abs. 1 können sich also nicht etwa vollständig aus dem Rechtsrahmen der DS-GVO lösen.

114 Das BDSG sieht in den §§ 23, 24 Rechtsgrundlagen für zweckändernde Verarbeitungen sowohl für den öffentlichen als auch den privaten Sektor vor. Sie sind stark an ihren Vorgängerregelungen, den §§ 13 Abs. 2, 14 Abs. 2–5 bzw. 28 Abs. 2, 3 BDSG aF orientiert (zu den Normen und ihren Problemen → BDSG § 23 Rn. 1 ff.; → BDSG § 24 Rn. 1 ff.). Auch im bereichsspezifischen Recht hat der Bundesgesetzgeber Rechtsgrundlagen für zweckändernde Verarbeitungen geschaffen. So wurden etwa § 29c AO und § 30 Abs. 4 AO (hierzu OVG Münster NVwZ-RR 2021, 716 (717)) ausdrücklich auf Art. 6 Abs. 4 gestützt (vgl. die Begründung des Gesetzentwurfs, BT-Drs. 18/12611, 78, 81). Gleiches gilt für § 78 Abs. 1 S. 5 SGB X, wobei die Vorschrift nach der Vorstellung des Gesetzgebers dem in Art. 23 Abs. 1 lit. d genannten Ziel zu dienen bestimmt ist (vgl. Begründung des Gesetzentwurfs, BT-Drs. 18/12611, 113 am Ende). In der Begründung anderer Zweckänderungstatbestände fehlt die Bezugnahme auf Art. 6 Abs. 4. Auch das 2. DSAnpUG-EU enthält verschiedene Zweckänderungstatbestände. Einige wurden in der Gesetzesentwurfsbegründung allein auf Art. 6 Abs. 4 (s. etwa die Begründungen zu den Änderungen im SolidaritätszuschlagG bzw. EinkommensteuerG, BT-Drs. 19/4674, 294 bzw. 299), andere neben Art. 6 Abs. 4 auch etwa auf Art. 6 Abs. 2, 3 und Art. 9 Abs. 2 lit. a und b (s. Begründung zur Änderung von § 108 BundesbeamtenG, BT-Drs. 19/4674, 208) gestützt.

E. Rechtmäßigkeitsanforderungen und Rechtswidrigkeitsfolgen

Ist eine Verarbeitung personenbezogener Daten im Anwendungsbereich des Art. 6 DS-GVO nicht von den Tatbestandsvoraussetzungen des Art. 6 Abs. 1 UAbs. 1 gedeckt, ist sie **rechtswidrig**. Verstöße gegen Art. 6 sind nach Art. 83 sanktionsbewehrt. Betroffene Personen haben nach den Anspruchsnormen, die für die jeweilige in den Rechtmäßigkeitstatbeständen des Art. 6 Abs. 1 UAbs. 1 erfasste Konstellation einschlägig sind, einen **Unterlassungsanspruch** darauf, dass rechtswidrige Verarbeitungsvorgänge unterbleiben. Einschlägige Anspruchsnorm kann zB §§ 823 Abs. 2, 1004 BGB analog i.V.m. Art. 6 Abs. 1 UAbs. 1 lit. f als Schutzgesetz sein (vgl. OLG Köln Urt. v. 14.11.2019 – 15 U 126/19 Rn. 49; LG Hamburg ZD 2020, 477 (478)). Im öffentlichen Sektor kann ebenfalls auf einschlägige Anspruchsnormen oder ggf. auch auf Ermächtigungsnormen, die nach Maßgabe der Schutznormtheorie unter Berücksichtigung des Art. 6 Abs. 1 UAbs. 1 resubjektivierbar sind, abgestellt werden. Hinzu tritt ein **Löschungsanspruch** nach Maßgabe der verschiedenen Ausprägungen des Art. 17 Abs. 1. Ggf. bestehen **Schadensersatzansprüche** nach Maßgabe der Vorgaben des Art. 82, die ein autonomes unionsrechtliches Verständnis erfordern (BVerfG NJW 2021, 1005 (1007 f.); Korch NJW 2021, 978 (979 f.)), und – der unter Berücksichtigung der unionsrechtlichen Vorgaben zu interpretierenden – einschlägigen mitgliedstaatlichen Bestimmungen. **115**

Trotz dieser auf den ersten Blick klaren Rechtswidrigkeitsaussage entstehen **außerordentlich schwierige Probleme** bei der **Beurteilung von Rechtswidrigkeitszusammenhängen im Ablauf der Datenverarbeitungsprozesse**. Das gilt bereits innerhalb der von Art. 6 Abs. 1 UAbs. 1 erfassten Verarbeitungsvorgänge selbst. Ist ein zum Beurteilungszeitpunkt für sich genommen rechtmäßiges Nutzen personenbezogener Daten oder deren Übermittlung in einen anderen Kontext allein deswegen rechtswidrig, weil die vorangegangene Erhebung rechtswidrig gewesen ist? Oder können etwa Videoaufzeichnungen, die aus einer nicht von Art. 6 Abs. 1 UAbs. 1 lit. f DS-GVO gedeckten privaten Videoüberwachung stammen, trotz der Rechtswidrigkeit der Datenerhebung im Strafprozess als Beweismittel verwertbar sein (so BGH ZD 2021, 637)? Ist eine für sich genommen durch Rechtsgrundlagen abgedeckte Übermittlung schon deshalb rechtswidrig, weil eine zweckkompatible Weiterverarbeitung im Rahmen der Rechtmäßigkeitstatbestände erfolgt ist, aber die Informationspflichten missachtet worden sind? Rechtswidrigkeitszusammenhänge müssen auch beurteilt werden, wenn sich eine Tätigkeit nach Maßgabe materiellen Rechts als rechtswidrig darstellt. Dafür ist die Datenverarbeitung dann ohne weiteres ihrerseits rechtswidrig, aber dürfen die erlangten und gespeicherten Daten für einen veränderten Verwendungszweck eingesetzt werden? Sind sie nach einer bereits erfolgten Zweckänderung zu löschen, weil sie ursprünglich gar nicht hätten erhoben und gespeichert werden dürfen? **116**

Art. 6 DSVGO gibt weder die Aussage her, dass es für die einzelnen Verarbeitungsschritte eines bestimmten Verarbeitungsprozesses eine **Rechtmäßigkeitskette** geben muss, noch ist ihm die Aussage zu entnehmen, dass die einzelnen Verarbeitungsschritte vollständig voneinander **entkoppelt** zu betrachten und **für sich zu beurteilen** sind. Auch aus der Rechtmäßigkeitsanforderung des Art. 5 Abs. 1 lit. a folgt einerseits nicht, dass für das Rechtmäßigkeitsurteil hinsichtlich eines bestimmten Verarbeitungsschritts zwingend eine Rechtmäßigkeitskette in Bezug auf sämtliche vorangegangenen Schritte zugrunde gelegt werden muss; andererseits stellt sie die Bedeutung der Verarbeitung „auf rechtmäßige Weise" heraus. Der erste Befund bedeutet, dass es **im Ausgangspunkt** keineswegs ausgeschlossen ist, dass man die in bestimmtem Umfang eigenständigen **Verarbeitungsschritte anhand eines jeweils neuen Rechtmäßigkeitsurteils** beurteilt. Die Annahme einer stets auf nachfolgende Verarbeitungsschritte durchgreifenden Rechtswidrigkeit wäre verfehlt. Der zweite Befund bedeutet, dass die **Rechtswidrigkeit eines vorangegangenen Schrittes** für die Beurteilung nachfolgender Phasen **nicht per se vollkommen unerheblich** ist. Wegen der rechtsrelevanten Eingliederung der Verarbeitungsschritte in Verarbeitungs- und Regelungszusammenhänge kann sie dies auch nicht sein. Vor diesem Hintergrund griffe jede pauschale Lösung zu kurz. Die Beurteilung von Rechtswidrigkeitszusammenhängen erfordert eine **hinreichende Aufschlüsselung** der jeweils relevanten Konstellation und der involvierten datenschutzrechtlichen Regelungskomponenten. Soweit dann nicht bereits **funktionale Überlegungen** dazu, wie verschiedene Komponenten miteinander zusammenhängen, Antworten vorgeben, ist eine **differenzierte Lösung** unter Berücksichtigung der involvierten Interessen erforderlich. **117**

Soweit es um die Rechtswidrigkeitszusammenhänge zwischen einzelnen Verarbeitungsvorgängen geht, lassen sich unterschiedliche Aspekte abschichten. Das Problem der Rechtswidrigkeitsfolgen im Verarbeitungsprozess stellt sich nicht, sofern bestimmte Maßgaben durchgängig, also für jede Phase, greifen und (auch) in der zu beurteilenden Phase fehlen. Das betrifft etwa den Verwen- **118** dungszweck, der aufgrund des Grundsatzes der Zweckbindung (Art. 5 Abs. 1 lit. b) unbeschadet der Zweckänderungsmöglichkeiten in allen Phasen jedenfalls in hinreichender Weise festgelegt sein muss. Erfüllt die Verarbeitung solche Voraussetzungen nicht, ist sie aus sich heraus rechtswidrig und löst Unterlassungsansprüche aus.

119 Wenn Maßgaben dagegen nicht durchgängig gelten – etwa Informationspflichten nach Art. 13 Abs. 3, 14 Abs. 4 – oder zwar im ersten Verarbeitungsschritt fehlen, dann aber vorliegen, müssen mit Blick auf den jeweils relevanten Regelungskomplex **interpretatorische Antworten** entwickelt werden. Dabei kommt es nicht zuletzt auf die Funktion des verletzten Tatbestands(elements) an, so dass zB bei den verschiedenen Rechtmäßigkeitstatbeständen des Art. 6 Abs. 1 UAbs. 1 unterschiedliche Lösungen angebracht sein können. In bestimmten Konstellationen kann der Gedanke der „Heilung" tragfähig sein, so dass Rechtmäßigkeitsanforderungen mit der Folge einer Korrektur der Rechtsfehler nachgeholt oder zumindest kompensiert werden können. Im Übrigen ist eine **normgeleitete Abwägung** erforderlich. Diese Abwägung muss in bestimmtem Umfang an das (verletzte) Tatbestandselement der Regelung des vorangegangenen Verarbeitungsschrittes rückgebunden sein und etwa die Schutzfunktionen des Tatbestandselements, gegen das verstoßen worden ist, die Schwere der Rechtsverletzung sowie die Schutzwürdigkeit der betroffenen Person berücksichtigen. Einzufließen hat hier auch das übergeordnete Interesse an der Vermeidung strategischer Normverletzungen („Disziplinierungsgedanke"), etwa bewusst rechtswidriger Datenerhebungen mit Blick auf die Vorteile einer ggf. trotzdem möglichen späteren Datenverwertung. Es ist somit rechtlich nicht ausgeschlossen, dass die Folgen der Rechtswidrigkeit im Rahmen einer Abwägung in bestimmtem Umfang relativiert werden. Die einschlägigen normativen Vorgaben und deren Verletzung dürfen dabei freilich nicht bedeutungslos werden.

Artikel 7 Bedingungen für die Einwilligung

(1) Beruht die Verarbeitung auf einer Einwilligung, muss der Verantwortliche nachweisen können, dass die betroffene Person in die Verarbeitung ihrer personenbezogenen Daten eingewilligt hat.

(2) ¹Erfolgt die Einwilligung der betroffenen Person durch eine schriftliche Erklärung, die noch andere Sachverhalte betrifft, so muss das Ersuchen um Einwilligung in verständlicher und leicht zugänglicher Form in einer klaren und einfachen Sprache so erfolgen, dass es von den anderen Sachverhalten klar zu unterscheiden ist. ²Teile der Erklärung sind dann nicht verbindlich, wenn sie einen Verstoß gegen diese Verordnung darstellen.

(3) ¹Die betroffene Person hat das Recht, ihre Einwilligung jederzeit zu widerrufen. ²Durch den Widerruf der Einwilligung wird die Rechtmäßigkeit der aufgrund der Einwilligung bis zum Widerruf erfolgten Verarbeitung nicht berührt. ³Die betroffene Person wird vor Abgabe der Einwilligung hiervon in Kenntnis gesetzt. ⁴Der Widerruf der Einwilligung muss so einfach wie die Erteilung der Einwilligung sein.

(4) Bei der Beurteilung, ob die Einwilligung freiwillig erteilt wurde, muss dem Umstand in größtmöglichem Umfang Rechnung getragen werden, ob unter anderem die Erfüllung eines Vertrags, einschließlich der Erbringung einer Dienstleistung, von der Einwilligung zu einer Verarbeitung von personenbezogenen Daten abhängig ist, die für die Erfüllung des Vertrags nicht erforderlich sind.

Überblick

Art. 7 bildet den normativen Anker für die datenschutzrechtliche Einwilligung. Ihre Stellung als besonderes Instrument datenschutzrechtlicher Selbstbestimmung behält die Einwilligung auch unter der DS-GVO (→ Rn. 1 ff.). Sie ist inzwischen primärrechtlich verankert (→ Rn. 27 ff.). Einwilligungsbezogene Rechtsvorschriften finden sich sowohl innerhalb als auch außerhalb der Verordnung (→ Rn. 6 ff.). Anders als der Normtitel vermuten lässt, regelt Art. 7 weder abschließend noch ausschließlich die Voraussetzungen einer Einwilligung. Vielmehr ergeben sie die Wirksamkeitsvoraussetzungen aus einer Zusammenschau von Art. 4 Nr. 11 mit Art. 7 **Abs. 2, 4**. Danach ist – wie nach bisheriger Rechtslage – eine der Verarbeitung zeitlich vorgehende, freiwillige, informierte, bestimmte, formgemäße Einverständniserklärung einer einwilligungsfähigen Person erforderlich (→ Rn. 34 ff.). Ausdrückliche Regelungen zu Anfechtbarkeit, Nichtigkeit und Möglichkeit einer Stellvertretung fehlen, sind daher ggf. durch Rückgriff auf das nationale Recht zu ermitteln (→ Rn. 30 ff.). **Abs. 1** regelt Beweislast (→ Rn. 89 ff.), **Abs. 3** den Widerruf der Einwilligung (→ Rn. 92 ff.).

Übersicht

	Rn.		Rn.
A. Allgemeines	1	III. Freiwilligkeit	39
I. Bedeutung der Einwilligung	1	1. Drohung, Zwang, Rechtspflichten	41
II. Übersicht der Rechtsvorschriften	6	2. Koppelungsverbot (Abs. 4)	42
1. Grundverordnung	6	3. Machtungleichgewicht (Erwägungsgrund 43)	51
2. Öffnungsklauseln	16	IV. Informiertheit und Transparenzgebot	55
III. Verhältnis zu anderen Rechtsvorschriften	20	1. Informationspflichten im Einzelnen	58
1. Telekommunikations- und Telemedienrecht	20	2. Verständlichkeit und Bildsymbole	64
2. Datenverarbeitung durch Polizei und Justiz (RL 2016/680)	24	3. Besonderheiten zusammengesetzter Erklärungen (Abs. 2 S. 1, 2)	68
3. Einwilligung bei klinischen Prüfungen (VO (EU) Nr. 536/2014)	25	4. Zeitpunkt und Umstände der Informationspflicht	72
4. Kunsturhebergesetz	26	5. Entfallen der Informationspflicht	74
B. Primärrechtliche Grundlagen	27	V. Bestimmtheit und Zweckbindung	77
C. Rechtsnatur	30	VI. Form	82
I. Anfechtung	31	1. Ausdrückliche Einwilligung	83
II. Nichtigkeitsgründe	32	2. Konkludente Einwilligung	84
III. Stellvertretung, Bote	33	3. Opt-Out und Stillschweigen	86
D. Wirksamkeit der Einwilligung (Abs. 2, 4)	34	4. Mutmaßliche Einwilligung	87
I. Allgemeines	34	VII. Zeitpunkt, Dauer	88
II. Einwilligungsfähigkeit	35	**E. Beweislast (Abs. 1)**	89
		F. Widerruf (Abs. 3)	92
		G. Rechtsfolgen bei Verstößen	98

A. Allgemeines

I. Bedeutung der Einwilligung

Die Einwilligung ist seit Entstehung des Datenschutzrechts als Rechtsinstitut anerkannt. Sie bleibt auch unter der DS-GVO das **zentrale Instrument** zur Verwirklichung datenschutzrechtlicher Selbstbestimmung. **1**

Ihre **Grundlage** findet die Einwilligung im Primärrecht. Art. 8 Abs. 2 GRCh erkennt sie als Verarbeitungsgrundlage ausdrücklich an und gibt zugleich das für den grundrechtlichen Datenschutz bekannte **dualistische Vorbehaltsprinzip** vor: danach ist eine Verarbeitung personenbezogener Daten nur zulässig, wenn sie entweder auf die Einwilligung der betroffenen Person oder auf eine gesetzliche Grundlage gestützt werden kann (Spindler DB 2016, 937). **2**

Gegenstand der Einwilligung ist die Gestattung einer Datenverarbeitung für festgelegte Zwecke. Ablehnend zur Frage, ob sich die Einwilligung auch auf die Modalitäten der Verarbeitung, namentlich die Einhaltung der Anforderungen des Art. 32 DS-GVO beziehen kann Bleckat RDV 2021, 206. **2.1**

Diese Vorgaben setzt auf sekundärrechtlicher Ebene Art. 6 Abs. 1 UAbs. 1 mit dem Katalog der Erlaubnistatbestände um (Buchner DuD 2016, 155 (157)). Dabei ist die Einwilligung in Art. 6 Abs. 1 UAbs. 1 lit. a wie bisher schon als **vollwertige Alternative** neben den Rechtsvorschriften des Unionsrechts einschließlich der DS-GVO und des mitgliedstaatlichen Rechts (Art. 6 Abs. 1 UAbs. 1 lit. b–f, Abs. 2, 3) ausgestaltet (s. auch Erwägungsgrund 40; Ehmann/Selmayr/Heckmann/Paschke Rn. 19). Das gilt unterschiedslos für **öffentliche** wie für **nicht-öffentliche Stellen** und folgt für den staatlichen Sektor bereits aus der ausdrücklichen Anerkennung der Einwilligung in der GRCh und dem Umkehrschluss aus Art. 6 Abs. 1 UAbs. 2, der im Falle behördlicher Datenverarbeitung zwar den Erlaubnistatbestand aus Buchst. f, nicht aber die Einwilligung ausschließt. Nichtsdestotrotz kann die Einwilligung als Rechtsgrundlage staatlicher Datenverarbeitung im Einzelfall ausscheiden. Zum einen können sich öffentliche Stelle nicht mithilfe der datenschutzrechtlichen Einwilligung anderweitiger rechtlicher Bindungen entledigen. Diesbezüglich wird in der Literatur insbesondere auf den für öffentliche Stellen geltenden Grundsatz der Gesetzmäßigkeit der Verwaltung und die gesetzliche Aufgabenzuweisung (Kühling/Buchner/Buchner/Kühling **3**

Rn. 15; wohl aA Sydow/Ingold Rn. 11) verwiesen. Zum anderen haben öffentliche Stellen als Träger von Hoheitsgewalt häufig eine überlegene Machtposition inne, die einer freiwilligen Entscheidung des Bürgers entgegenstehen kann (→ Rn. 51 ff.). Öffentliche Stellen bedürften deshalb in der Regel einer gesetzlichen Rechtsgrundlage (GSSV/Gierschmann Rn. 4, 53 ff.; Schantz/Wolff DatenschutzR/Schantz Rn. 511). Dass eine spezialgesetzliche Norm die Einwilligung im Einzelfall ausdrücklich zulassen muss (so Taeger/Gabel/Taeger Rn. 18), ist wegen der gleichrangigen Aufzählung der Erlaubnistatbestände in Art. 6 Abs. 1 UAbs. 1 lit. a jedoch abzulehnen.

4   Darüber hinaus ist umstritten, ob (insbesondere nicht-öffentliche) Verantwortliche auch dann eine Einwilligung bei der betroffenen Person einholen dürfen, wenn die Datenverarbeitung bereits aufgrund eines gesetzlichen Erlaubnistatbestands zulässig ist (so NK-DatenschutzR/Klement Rn. 34; Kühling/Buchner/Buchner/Kühling Rn. 17; Gola/Schulz Art. 6 Rn. 1; aA HK-DS-GVO/Ingold Rn. 51; Ehmann/Selmayr/Heckmann/Paschke Rn. 55). Das dürfte zu bejahen sein, sofern die Rechtsvorschrift die betroffene Person nicht zur Herausgabe ihrer Daten verpflichtet (→ Rn. 41). Mit der herrschenden Meinung darf der Verantwortliche die Verarbeitung in diesem Fall **kumulativ** auf eine Einwilligung und die einschlägige Rechtsvorschrift stützen (Veil NJW 2018, 3337 (3342); NK-DatenschutzR/Klement Rn. 34 mit der Folge, dass im Falle des Widerrufs oder der Unwirksamkeit der Einwilligung die Datenverarbeitung zulässig bliebe). Abgesehen davon bleiben Herausforderungen, die sich schon nach alter Rechtslage stellten, bestehen, etwa die Gefahr, dass sich Verantwortliche durch Flucht in die Einwilligung den gesetzlich auferlegten Beschränkungen zu entziehen versuchen.

4.1   Zu Recht wird gefordert, dass die betroffene Person bei Einholung der Einwilligung zumindest auf einen gleichzeitig einschlägigen gesetzlichen Erlaubnistatbestand **hingewiesen** wird, damit sie dies bei ihrer Entscheidung berücksichtigen kann (Kühling/Buchner/Buchner/Kühling Rn. 18; Schantz/Wolff DatenschutzR/Schantz Rn. 475). Andernfalls stelle ein Rückgriff auf den gesetzlichen Erlaubnistatbestand bei Unwirksamkeit oder Widerruf der Einwilligung einen Verstoß gegen den Grundsatz von Treu und Glauben aus Art. 5 Abs. 1 lit. a dar. Das gilt auch für den Fall, dass die Einwilligung verweigert wird (→ Rn. 55). Im Übrigen müsse der Umstand, dass die Einwilligung verweigert wurde, bei einem Rückgriff auf Art. 6 Abs. 1 UAbs. 1 lit. f berücksichtigt werden (Schantz/Wolff DatenschutzR/Schantz Rn. 475; weitergehend Tinnefeld/Conrad ZD 2018, 391 (392 f.): Verweigerung entfaltet „Sperrwirkung"; ähnl. Kühling/Buchner/Buchner/Petri Art. 6 Rn. 23).

5   Die **Relevanz** der Einwilligung unter der DS-GVO ist umstritten. Einerseits wird darauf verwiesen, dass sie flexibel einsetzbar ist und den Verantwortlichen die Möglichkeit gibt, sich datenschutzrechtlich abzusichern, bei neuen technischen Entwicklungen gar oft einzige taugliche Grundlage sei (Pollmann/Kipker DuD 2016, 378 (379)). Auch seien die gesetzlichen Erlaubnistatbestände enger gefasst als nach alter Rechtslage (für öffftl. Stellen Pfeifer GewArch 2014, 142 (144)). Von manchen wird sie als „der wichtigste Rechtfertigungsgrund" gesehen (Wendehorst/Graf von Westphalen NJW 2016, 3745). Nach anderer Ansicht nimmt der Umfang gesetzlicher Erlaubnistatbestände vielmehr zu (Roßnagel DuD 2016, 561 (563)). Die Anforderungen an eine Einwilligung seien verschärft worden (Ehmann/Selmayr/Heckmann/Paschke Rn. 10), die Einwilligung könne daher häufiger als in der Vergangenheit unpraktikabel sein (Buchner/Kühling DuD 2017, 544 (545)). Teils wird sogar eine „Flucht vor der Einwilligung" für möglich gehalten (Paal/Pauly/Frenzel Rn. 26). Angesichts begrenzter materieller Änderungen ist ein größerer Bedeutungswandel – von Verschiebungen in Einzelfällen abgesehen – aber eher nicht zu erwarten (in diese Richtung auch Buchner DuD 2016, 155 (158)).

II. Übersicht der Rechtsvorschriften

1. Grundverordnung

6   Die wesentlichen Überlegungen des Verordnungsgebers zur Einwilligung finden sich in den **Erwägungsgründen** 32 und 33 (Form, Bestimmtheit), 38 (Einwilligung v. Kindern), 40 (Dualismus d. Erlaubnistatbestände), 42 und 43 (Beweislast, Transparenz, Freiwilligkeit), 50 Abs. 2 (Zweckbindung), 155 (Beschäftigungsverhältnis). Besondere Bedeutung hat Erwägungsgrund 171, der als Übergangsbestimmung das **Fortgelten bestehender Einwilligungserklärungen** vorsieht, die noch auf Grundlage der Datenschutzrichtlinie erteilt worden sind. Sie sollen nach dem Wirksamwerden der Verordnung nicht erneut eingeholt werden müssen, wenn sie ihrer „Art" nach die Bedingungen der Verordnung erfüllen. Dieser Begriff spricht dafür, dass eine Einwilligung nicht sämtlichen Vorgaben der DS-GVO entsprechen muss, um weiterhin gültig zu sein, sondern dass lediglich die wesentlichen Voraussetzungen der Verordnung erfüllt sein müssen (Gola/Schulz

Rn. 59; aA Plath Rn. 2 unter Verweis auf die englische Sprachfassung, der jedoch übersieht, dass auch hier lediglich auf die Art der Einwilligung abgestellt wird: „if the manner (...) is in line with the conditions of this Regulation"). Die meisten der unter dem BDSG aF formulierten Einwilligungserklärungen dürften die wesentlichen Vorgaben der DS-GVO erfüllen.

Nach einem **Beschluss d. Düsseldorfer Kreises** v. 13./14.9.2016 erfüllen bisher rechtswirksame Einwilligungen grundsätzlich die Anforderungen der DS-GVO. Sie sollen insbesondere dann nicht fortgelten, wenn die Anforderungen des Koppelungsverbots (→ Rn. 42 ff.) nicht erfüllt sind oder es sich um eine Einwilligung iSd Art. 8 handelt, die von einem Minderjährigen unter 16 Jahren abgegeben worden ist (→ Art. 8 Rn. 44 f.). Zu Recht wird darauf hingewiesen, dass insbesondere Einwilligungen, die in Form eines Opt-Out erklärt wurden, nicht weitergelten dürften (Taeger/Gabel/Taeger Rn. 143; → Rn. 86). Die abweichende Auffassung, dass sämtliche Alteinwilligungen vollumfänglich wirksam bleiben mangels entgegenstehender Verordnungsregelung und fehlender normativer Wirkung der Erwägungsgründe (Franck ZD 2017, 509 (510)) kann nicht überzeugen. Mit der Geltung der DS-GVO müssen sämtliche Verarbeitungen den neuen Anforderungen genügen. Ein schutzwürdiges Vertrauen auf die fortbestehende Wirksamkeit bereits erteilter Einwilligungen auch über den 25.5.2018 hinaus haben Verantwortliche schon wegen der – zu ebendiesem Zweck festgelegten – 2-jährigen Übergangsphase nicht. **6.1**

Die Verordnung enthält neben der Begriffsdefinition in Art. 4 Nr. 11 und deren Konkretisierung in Art. 7 eine Reihe von **Spezialregelungen** zur Einwilligung und **spezifische Erlaubnistatbestände**. Zu nennen sind insbesondere: **7**

Art. 6 Abs. 4: Daten dürfen **zweckändernd** – und zwar auch ohne dass alter und neuer Zweck miteinander vereinbar sind – verarbeitet werden, wenn der Betroffene einwilligt (sa Erwägungsgrund 50 Abs. 2; zur Bedeutung der Regelung → Art. 6 Rn. 71 ff.). **8**

Art. 8 regelt Altersgrenzen, Stellvertretung, Verifikation und das Verhältnis zu mitgliedstaatlichem Vertragsrecht bei Einwilligungen eines Kindes bei **Diensten der Informationsgesellschaft** iSd Art. 4 Nr. 25 (sa Erwägungsgrund 38). **9**

Art. 9 Abs. 2 lit. a: Die Verarbeitung **besonderer Kategorien personenbezogener Daten** ist grundsätzlich untersagt, Art. 9 Abs. 1. Art. 9 Abs. 2 lit. a lässt eine Verarbeitung gleichwohl zu, wenn der Betroffene in die Verarbeitung dieser Daten für einen oder mehrere Zwecke einwilligt. Die Einwilligung muss jedoch ausdrücklich erklärt werden. Sie kann durch Unionsrecht oder mitgliedstaatliches Recht ausgeschlossen werden (→ Art. 9 Rn. 49; s. auch Erwägungsgrund 51). Allerdings ist zu beachten, dass mit Art. 9 Abs. 2 lit. b–j zahlreiche Erlaubnistatbestände existieren, die eine Einwilligung entbehrlich machen, zB im Beschäftigungsverhältnis (lit. b, h; Schuler/Weichert, Die EU-DSGVO und die Zukunft des Beschäftigtendatenschutzes, 2016, 7). Im Beschäftigungsverhältnis beachte die Konkretisierung in § 26 Abs. 2, 3 S. 2 BDSG (→ BDSG § 26 Rn. 43 ff., 51). **10**

Art. 9 Abs. 2 lit. d: Während eine Einwilligung in die Verarbeitung **besonderer Kategorien personenbezogener Daten** entbehrlich ist, wenn ein anderer der in Art. 9 Abs. 2 normierten Ausnahmetatbestände greift, schreibt Art. 9 Abs. 2 lit. d die Einwilligung zwingend vor, wenn politisch, weltanschaulich, religiös oder gewerkschaftlich ausgerichtete Stiftungen, Vereinigungen oder sonstige Organisationen ohne Gewinnerzielungsabsicht besondere Kategorien personenbezogener Daten ihrer – auch ehemaligen – Mitglieder oder Kontaktpersonen an Dritte übermitteln wollen (→ Art. 9 Rn. 62). **11**

Art. 18 Abs. 2: Daten, deren **Verarbeitung eingeschränkt** ist, dürfen weiterhin verarbeitet werden, soweit die betroffene Person einwilligt (→ Art. 18 Rn. 49). **12**

Art. 20 Abs. 1 lit. a: Das neue **Recht auf Datenübertragbarkeit** besteht nur, wenn die Verarbeitung auf einem Vertrag oder der Einwilligung des Betroffenen beruht (sa Erwägungsgrund 68; → Art. 20 Rn. 33 ff.). **13**

Art. 22 Abs. 2 lit. c: Mit Einwilligung der betroffenen Person, die ausdrücklich erklärt werden muss, darf der Verantwortliche rechtlich relevante oder in ähnlicher Weise erheblich beeinträchtigende Entscheidungen auch auf eine **ausschließlich automatisierte Verarbeitung** personenbezogener Daten, etwa ein Profiling, stützen (sa Erwägungsgrund 71; krit. zur Wirksamkeit der Regelung Dammann ZD 2016, 307 (313); → Art. 22 Rn. 45). **14**

Art. 49 Abs. 1 lit. a: Die **Übermittlung von Daten in ein Drittland** oder **an eine internationale Organisation**, ohne dass die Kommission die Angemessenheit des dort gewährleisteten Datenschutzniveaus festgestellt und ohne dass der Verantwortliche oder Auftragsverarbeiter geeigneten Garantien abgegeben hat, um das mangelhafte Datenschutzniveau zu kompensieren, ist mit Einwilligung des Betroffenen zulässig. Die Einwilligung muss ausdrücklich erklärt werden. Zuvor ist der Betroffene über die allgemeinen Risiken einer solchen Datenverarbeitung zu informieren (→ Rn. 61 f.). **15**

2. Öffnungsklauseln

16 Einige Öffnungsklauseln ermöglichen **abweichende oder spezifischere Regelungen** der Einwilligung.

17 **Art. 40 Abs. 2:** Interessensverbände ua Vereinigungen von Verantwortlichen und Auftragsverarbeitern können für ihre Mitglieder **branchenspezifische Verhaltensregeln** ausarbeiten, die die Bestimmungen der Verordnung präzisieren. Möglich sind damit auch Kodizes, die die Einwilligung betreffen. Ausdrücklich genannt werden in Art. 40 Abs. 2 lit. g Verhaltensregeln für die Unterrichtung und den Schutz von Kindern und die formellen Anforderungen an die Einwilligung von Eltern in die Verarbeitung von Daten ihres Kindes. Jedoch dürfen die Verhaltensregeln die Bestimmungen der Verordnung lediglich konkretisieren, wo Spielräume bestehen (etwa bei der Einwilligungsfähigkeit). Materiell-rechtliche Abweichungen sind unzulässig (→ Art. 40 Rn. 16).

18 **Art. 85:** die Mitgliedstaaten haben abweichende Regelungen zur Einwilligung zu erlassen, wenn die Datenverarbeitung ausschließlich **journalistischen, wissenschaftlichen, künstlerischen oder literarischen Zwecken** dient und die Abweichung oder Ausnahme erforderlich ist, um das Recht auf Schutz personenbezogener Daten mit der Meinungsäußerungs- und der Informationsfreiheit in Ausgleich zu bringen. Dabei darf das mitgliedstaatliche Recht nur die primärrechtlich vorgezeichnete Konkordanz zwischen den Grundrechten herstellen, nicht aber den Persönlichkeitsschutz einseitig zugunsten der Meinungsäußerungs- oder der Informationsfreiheit zurückdrängen (→ Art. 85 Rn. 25; so schon zu Art. 9 DSRL und § 41 BDSG aF Simitis/Dix § 41 Rn. 5). Die Abweichungsbefugnis umfasst nicht die Kriterien des Art. 4 Nr. 11, sodass die Begriffselemente der Einwilligung nicht geändert oder aufgehoben werden können. Denkbar wäre aber bspw., das Widerrufsrecht oder den Umfang der Informationspflichten einzuschränken, soweit dadurch nicht die Informiertheit als solche beeinträchtigt wird. Zur Anwendbarkeit des KUG → Rn. 26.

19 **Art. 88:** Die Mitgliedstaaten können den **Beschäftigtendatenschutz** weiterhin national regeln. Das beinhaltet nach dem ausdrücklichen Hinweis in Erwägungsgrund 155 das Recht, Vorschriften über die Einwilligung im Beschäftigungsverhältnis zu erlassen. Solche Regelungen können auch in Kollektivvereinbarungen enthalten sein. Zulässig sind auch hier nur die Verordnung konkretisierende Vorschriften; materiell-rechtliche Modifikationen sind nicht erlaubt (Gola/Schulz RDV 2013, 1 (4); Schantz NJW 2016, 1841 (1842); aA HK-DS-GVO/Ingold Rn. 57; → Art. 88 Rn. 76). Daraus wird in der Literatur gefolgert, dass die Anforderungen an eine freiwillige, informierte Einwilligung nicht abgeändert werden dürfen (Düwell/Brink NZA 2016, 665 (666 f.)). Im Beschäftigungsverhältnis soll der Gesetzgeber für Konstellationen, in denen Freiwilligkeit hiernach nicht vorliegt, auch einen völligen Ausschluss der Einwilligung vorsehen können (Schuler/Weichert, Die EU-DSGVO und die Zukunft des Beschäftigtendatenschutzes, 2016, 7; s. auch Thüsing BB 2016, 2165 (2166); krit. → Art. 88 Rn. 77). Der deutsche Gesetzgeber hat von der Öffnungsklausel mit der Regelung in **§ 26 Abs. 2, 3 BDSG** Gebrauch gemacht.

III. Verhältnis zu anderen Rechtsvorschriften

1. Telekommunikations- und Telemedienrecht

20 Auch im Telekommunikations- und Telemedienbereich gelten für die Einwilligung grundsätzlich die Vorgaben der DS-GVO. Dabei sind weiterhin die spezialgesetzlichen Regelungen der Datenschutzrichtlinie für elektronische Kommunikation zu beachten (RL 2002/58, „**ePrivacy-RL**", s. hierzu Art. 95), die der Gesetzgeber nunmehr durch das Telekommunikation-Telemedien-Datenschutz-Gesetz (**TTDSG**) in nationales Recht umgesetzt hat. Im TTDSG hat er außerdem die bislang im TKG aF und TMG aF enthaltenen Vorschriften über die Verarbeitung personenbezogener Daten zusammengeführt und an das europäische Recht angepasst bzw. aufgehoben, soweit sie von der DS-GVO verdrängt wurden (allg. Golland NJW 2021, 2238; ausf. Piltz CR 2021, 555). Die nationalen datenschutzrechtlichen Vorschriften für den Telekommunikations- und Telemedienbereich sind damit jetzt außerhalb des TKG und des TMG geregelt. Soweit das TTDSG spezifische Vorschriften zur Einwilligung enthält, sind diese anzuwenden; im Übrigen gelten die Regelungen der DS-GVO.

21 Da die ePrivacy-RL in Art. 2 S. 2 lit. f für den Einwilligungsbegriff auf die DSRL verweist und Verweise auf die DSRL nach Art. 94 Abs. 2 S. 1 als Verweise auf die DS-GVO gelten, ergeben sich insoweit aus der ePrivacy-RL keine Abweichungen.

22 Im Kontext der Einwilligung bedeutsam ist insbesondere **§ 25 TTDSG**, der Art. 5 Abs. 3 der ePrivacy-RL umsetzt und an die Stelle des § 15 Abs. 3 TMG aF getreten ist. Danach ist die Speicherung von Informationen in der Endeinrichtung eines Endnutzers oder der Zugriff auf

Informationen, die bereits in der Endeinrichtung gespeichert sind, nur zulässig, wenn der Endnutzer hierin eingewilligt hat, es sei denn es ist einer der in § 25 Abs. 2 TTDSG normierten Ausnahmetatbestände einschlägig (zu den Ausnahmen Piltz/Kühner ZD 2021, 123; Piltz CR 2021, 555 (561 f.); Art-29-Datenschutzgruppe, WP 194, Stellungnahme 04/2012 zur Ausnahme von Cookies von der Einwilligungspflicht, abrufbar unter https://ec.europa.eu/justice/article-29/documentation/opinion-recommendation/files/2012/wp194_de.pdf). Für die Einwilligung des Endnutzers gelten die Anforderungen der DS-GVO (§ 25 Abs. 2 S. 2 TTDSG). Die Vorschrift regelt die Speicherung jeglicher Informationen, ist also nicht nur auf personenbezogene Daten anzuwenden (EuGH NJW 2019, 3433 Rn. 68 ff. – Planet 49 GmbH). Sie betrifft insbesondere das Speichern und Auslesen von Cookies, ist jedoch nicht darauf beschränkt. Da Art. 5 Abs. 3 ePrivacy-RL nur das Speichern von und den Zugriff auf Informationen in der Endeinrichtung des Endnutzers erfasst, bedarf eine sich daran anschließende Verarbeitung personenbezogener Daten (zB Erstellung und Verwendung von Nutzungsprofilen) eines zusätzlichen Erlaubnistatbestands nach Art. 6 Abs. 1 (so auch die Gesetzesbegründung, BT-Drs. 19/27441, 38). Art. 95 steht dem nicht entgegen, da Art. 5 Abs. 3 ePrivacy-RL dem Schutz der Privatsphäre dient und nicht demselben Ziel wie die DS-GVO – dem Schutz personenbezogener Daten (BGH GRUR 2020, 891 Rn. 61). Sofern die Verarbeitung nicht auf einen gesetzlichen Erlaubnistatbestand gestützt werden kann, ist daher gem. Art. 6 Abs. 1 UAbs. 1 lit. a auch diesbezüglich eine Einwilligung erforderlich, die mit der Einwilligung iSd Art. 5 Abs. 3 ePrivacy-RL verbunden werden kann.

Die Rechtsprechung zu § 15 Abs. 3 TMG aF (ua BGH GRUR 2020, 891) sowie der Meinungsstreit über das Verhältnis dieser Vorschrift zur DS-GVO ist mit der Neuregelung obsolet geworden. **22.1**

Mit **§ 26 TTDSG** enthält das Gesetz eine weitere einwilligungsspezifische Regelung, die **23** jedoch nicht auf europäisches Recht zurückgeht. Mit der Vorschrift wird die Grundlage für einen Rechtsrahmen über die Anerkennung von Diensten zur Verwaltung von Einwilligungen gemäß § 25 TTDSG geschaffen. Dabei handelt es sich um Dienste, mit denen Nutzer möglichst anwenderfreundlich beispielsweise in Form eines ‚Single-Sign-On' (‚Einmalanmeldung') ihre Einwilligung beispielsweise gleichzeitig für mehrere Webseiten erteilen oder widerrufen können, wobei der Dienst von einem Anbieter zur Verfügung zu stellen ist, der kein wirtschaftliches Eigeninteresse an der Erteilung der Einwilligung hat und von dem Unternehmen unabhängig ist, das ein solches Interesse hat. Die dabei anfallenden Daten dürfen ausschließlich für die Einwilligungsverwaltung verarbeitet werden. Ein Anbieter muss, um hiernach anerkannt zu werden, bestimmte Anforderungen erfüllen, die in einer noch zu schaffenden Rechtsverordnung konkretisiert werden (im Einzelnen Schwartmann/Benedikt RDV 2021, 248; Piltz CR 2021, 555 (562 f.)).

Der europäische Gesetzgeber beabsichtigt, die Datenschutzrichtlinie für elektronische Kommunikation **23.1** durch eine Verordnung über Privatsphäre und elektronische Kommunikation („**ePrivacy-Verordnung**") abzulösen (COM(2017) 10 final). Diese wird gem. Art. 288 Abs. 2 AEUV unmittelbar anwendbar sein und Vorrang vor nationalem Recht haben. Die Verordnung befindet sich noch im Gesetzgebungsverfahren. Nach gegenwärtigem Stand soll die Verordnung spezifische Regelungen zur Einwilligung enthalten, die als lex specialis den Einwilligungsregelungen der DS-GVO vorgehen bzw. die DS-GVO ergänzen werden. Soweit die Verordnung keine Regelung enthalten wird, werden subsidiär die Vorschriften der DS-GVO anwendbar sein (zum ursprünglichen Entwurf Schmitz ZRP 2017, 172).

2. Datenverarbeitung durch Polizei und Justiz (RL 2016/680)

Die DS-GVO findet nach Art. 2 Abs. 2 lit. d auf Datenverarbeitungen durch Polizei und Justiz **24** keine Anwendung. Hier gilt die RL 2016/680/EU, die Einwilligungen zwar weitgehend, aber nicht vollständig ausschließt (EG 35, 37 RL 2016/680/EU; Schwichtenberg DuD 2016, 605 (606 f.)). Die Richtlinie wurde entsprechend der divergierenden gesetzgeberischen Zuständigkeiten ua für das Polizei- und Sicherheitsrecht, das Strafverfahrensrecht und das Justizverwaltungsrecht teilweise in Bundes-, teilweise in Landesrecht umgesetzt (ausf. speziell zu den einwilligungsbezogenen Regelungen Schieder GZS 2021, 16). Der Bundesgesetzgeber hat hierzu in den §§ 45 ff. BDSG allgemeine Regelungen zur Einwilligung insbesondere in § 46 Nr. 17 (Legaldefinition; → BDSG 2018 § 46 Rn. 72) und § 51 BDSG (Beweislast, Wirksamkeit, Widerruf) getroffen. Diese Vorschriften sind anzuwenden, soweit bereichsspezifische Vorschriften des Bundes (etwa die StPO) keine Sonderregelungen enthalten (Gesetzesbegründung BT-Drs. 19/4671, 44).

3. Einwilligung bei klinischen Prüfungen (VO (EU) Nr. 536/2014)

Nach Erwägungsgrund 161 soll sich die Einwilligung in die Teilnahme an Forschungsprojekten **25** im Rahmen klinischer Prüfungen nach den Spezialregelungen der VO (EU) Nr. 536/2014 richten, die die Einwilligung insbesondere in Art. 29 ff. besonderen Anforderungen unterwirft (strenge Schriftform, Bedenkzeit, detaillierte prozedurale Anforderungen; Bischoff PharmR 2019, 265).

4. Kunsturhebergesetz

26 Es ist umstritten, ob die **§§ 22, 23 KUG** weiterhin Anwendung finden. Weil Bildnisse, die eine identifizierbare Person zeigen, personenbezogene Daten enthalten, ist grundsätzlich der Anwendungsbereich der DS-GVO eröffnet (Ausnahme → Art. 2 Rn. 12 ff.). Nach überwiegender Auffassung enthält jedoch **Art. 85 Abs. 2** eine Öffnungsklausel zugunsten abweichender nationaler Regelungen, sodass sich die Verbreitung personenbezogener Bildnisse für journalistische, wissenschaftliche, künstlerische oder literarische Zwecke nach dem KUG und der hierzu entwickelten Rechtsprechung richte (OLG Köln ZD 2018, 434 mAnm Hoeren ZD 2018, 436; LG Frankfurt BeckRS 2018, 25130; OLG Köln BeckRS 2018, 12712). Offen ist, ob für die Verbreitung personenbezogener Bildnisse für andere Zwecke ebenfalls das KUG gilt. Das wird teilweise mit der Begründung angenommen, **Art. 85 Abs. 1** enthalte eine allgemeine Öffnungsklausel, die zu von der DS-GVO abweichenden Regelungen ermächtige (Krüger/Wiencke MMR 2019, 76 (77 f.); Ziebarth/Elsaß ZUM 2018, 578 (581 ff.)). Das BMI vertritt die Auffassung, dass sich die Zulässigkeit des Anfertigens und Veröffentlichens (personenbezogener) Fotografien nach den Vorschriften der DS-GVO richte, also einen Erlaubnistatbestand nach Art. 6 Abs. 1 erfordert (in Betracht komme Art. 6 Abs. 1 UAbs. 1 lit. a, b und f). Das Veröffentlichen von Bildnissen richte sich jedoch „ergänzend" weiterhin nach §§ 22, 23 KUG, die auf Art. 85 Abs. 1 beruhten (https://www.bmi.bund.de/SharedDocs/kurzmeldungen/DE/2018/04/faqs-datenschutz-grundverordnung.html; Taeger/Gabel/Taeger Rn. 34). Nach der Gegenansicht enthält Art. 85 Abs. 1 keine Öffnungsklausel; die DS-GVO gehe hier vor (Zielbauer RDV 2021, 200; Benedikt/Kranig ZD 2019, 4). Da sowohl nach Art. 6 Abs. 1 UAbs. 1 als auch nach § 22 KUG die Verbreitung personenbezogener Bildnisse auf die Einwilligung der betroffenen Person gestützt werden kann, ergeben sich aus den verschiedenen Auffassungen nur insoweit Unterschiede, als die Einwilligung nach KUG nach teilweise vertretener Auffassung lediglich in bestimmten Fällen widerrufen werden kann, während die Einwilligung nach der DS-GVO frei widerruflich ist (→ Rn. 93). Allerdings könne die Verarbeitung nach einem Widerruf gem. Art. 17 Abs. 1 lit. b ggf. auf Grundlage des Art. 6 Abs. 1 lit. f fortgesetzt werden (Reuter/Schwarz, ZUM 2020, 31 (36); Krüger, MMR 2019, 76 (79)). Zu bedenken ist außerdem, dass für Einwilligungen nach der DS-GVO weitreichende Informationspflichten gelten.

B. Primärrechtliche Grundlagen

27 Die Einwilligung findet eine explizite primärrechtliche Grundlage in **Art. 8 Abs. 2 GRCh**, während Art. 16 AEUV sie nicht ausdrücklich nennt. Nach Art. 8 Abs. 2 GRCh dürfen personenbezogene Daten für festgelegte Zwecke nach Treu und Glauben nicht nur auf einer gesetzlich geregelten legitimen Grundlage, sondern auch mit Einwilligung der betroffenen Person verarbeitet werden.

28 Die primärrechtliche Rolle der Einwilligung ist bislang wenig beleuchtet. Art. 8 GRCh stellt die Einwilligung formal auf eine Stufe mit den gesetzlich geregelten Verarbeitungsgrundlagen. Gleichwohl ist nach herrschender Auffassung kein Rechtfertigungsgrund, sondern lässt bereits den **Grundrechtseingriff entfallen** (HK-DS-GVO/Ingold Rn. 9; Jarass GRCh Art. 8 Rn. 9; Calliess/Ruffert/Kingreen GRCh Art. 8 Rn. 13; aA Burgkardt, Grundrechtlicher Datenschutz zwischen zwischen Grundgesetz und Europarecht, 2013, 367 f.). Das gilt sowohl für öffentliche als auch nicht-öffentliche Stellen, wenn auch für letztere die Art. 7 und 8 GRCh nur mittelbar gelten dürften (Jarass GRCh Art. 7 Rn. 19, Art. 8 Rn. 3; Calliess/Ruffert/Kingreen GRCh Art. 8 Rn. 12).

29 Die Erteilung der Einwilligung – und ihre Verweigerung – stellt eine Grundrechtsausübung dar (Taeger/Gabel/Taeger Rn. 1; HK-DS-GVO/Ingold Rn. 10). Die betroffene Person ist in ihrer Entscheidung frei, ob sie in eine Datenverarbeitung einwilligt. Art. 8 Abs. 2 GRCh stellt jedoch klar, dass sich Verantwortliche auch nicht mithilfe einer Einwilligung jeglicher Bindungen entziehen können. Vielmehr dürfen Daten selbst mit Zustimmung des Betroffenen nur nach **Treu und Glauben** für **festgelegte Zwecke** verarbeitet werden. Diese Vorgabe hat der europäische Gesetzgeber in den vor die Klammer gezogenen allgemeinen Grundsätzen für Datenverarbeitungen in Art. 5 Abs. 1 lit. a und b berücksichtigt, die auch im Falle einer Einwilligung gelten (Albrecht CR 2016, 88 (91)).

C. Rechtsnatur

Die Zulässigkeit einer Anfechtung der Einwilligung, die Möglichkeit einer Stellvertretung 30 und die Einwilligungsfähigkeit sind (entgegen vielfacher Forderung gerade in Hinblick auf die Einwilligungsfähigkeit, s. etwa Artikel 29-Datenschutzgruppe, WP 187, 45) in der DS-GVO nicht bzw. nicht vollumfänglich geregelt. Es ist umstritten, ob hierfür weiterhin die **Vorschriften im nationalen Recht** herangezogen werden können. Nach einer Ansicht ist ein solcher Rückgriff aufgrund des Anwendungsvorrangs der Verordnung weder zulässig noch erforderlich. Die maßgeblichen Fragen seien allein anhand des Unionsrechts zu beantworten (Ehmann/Selmayr/Heckmann/Paschke Rn. 29; NK-DatenschutzR/Klement Rn. 84; HK-DS-GVO/Ingold Rn. 13). Nach der hier vertretenen Ansicht ist derzeit ein Rückgriff mangels umfassenden europäischen Privatrechtsregimes, das insoweit Vorgaben machen oder die mitgliedstaatlichen Vorschriften verdrängen könnte, noch möglich (ähnlich GSSV/Gierschmann Rn. 41, 45; Schantz/Wolff DatenschutzR/Schantz Rn. 487 hinsichtlich Einwilligungsfähigkeit; Lang/Peintinger ELR 2013, 206 (210) hinsichtlich Anfechtungsrecht). Das nationale Recht ist jedoch seinerseits unionsrechtskonform unter Berücksichtigung insbesondere der Wertungen der DS-GVO auszulegen. Nicht gänzlich obsolet geworden ist damit die zum deutschen Datenschutzrecht geführte Diskussion um die Rechtsnatur der Einwilligung als **rechtsgeschäftliche Willenserklärung** (Schantz/Wolff DatenschutzR/Schantz Rn. 487), **geschäftsähnliche Handlung** (DWWS/Däubler Rn. 36), selten auch **Realakt** (Gola/Schulz Rn. 8). Je nachdem sollen die Vorschriften über Willenserklärungen uneingeschränkt (bei Willenserklärung) oder allenfalls entsprechend anzuwenden sein (bei geschäftsähnlicher Handlung, Realakt). Das wirkt sich – wegen flexibler Handhabung der Rechtsfolgen allerdings nur begrenzt – vor allem auf die Einwilligungsfähigkeit des Betroffenen, die Anfechtbarkeit und etwaige Nichtigkeit der Einwilligungserklärung aus.

I. Anfechtung

Die Einwilligung ist anfechtbar (§§ 119, 123 BGB). Ein Anfechtungsrecht ist nicht ausdrücklich 31 geregelt, sodass ein Rückgriff auf das nationale Recht möglich ist (DWWS/Däubler Rn. 36; Lang/Peintinger ELR 2013, 206 (210); aA NK-DatenschutzR/Klement Rn. 93; Ehmann/Selmayr/Heckmann/Paschke Rn. 29), soweit die Verordnung nicht entgegensteht. Weil die Einwilligung nach Art. 4 Nr. 11 Ausdruck des Willens ist, mit der Datenverarbeitung einverstanden zu sein, muss sie aufgehoben werden können, wenn Erklärung und tatsächlicher Wille infolge **Irrtums** oder **Täuschung** auseinanderfallen. Mit der Anfechtung wird die Einwilligung im Gegensatz zum Widerruf (→ Rn. 96) ex tunc nichtig (§ 142 Abs. 1 BGB) und löst unter den Voraussetzungen des § 122 BGB eine Schadensersatzpflicht aus. Nach den Umständen des Einzelfalls kann es in diesen Fällen auch am Tatbestandsmerkmal der Freiwilligkeit, der Informiertheit oder einer eindeutig bestätigenden Handlung fehlen, sodass die Einwilligung von vornherein unwirksam ist. Die durch **Drohung** abgenötigte Einwilligung ist in jedem Fall unfreiwillig erteilt und ist deshalb bereits unwirksam. Nach der Gegenauffassung ist die Einwilligung mangels entsprechender Regelung in der Verordnung nicht anfechtbar, sondern die Einwilligung entweder bereits unwirksam oder mit Wirkung ex nunc widerrufbar (Kühling/Buchner/Buchner/Kühling Rn. 33; GSSV/Gierschmann Rn. 48).

II. Nichtigkeitsgründe

Die **§§ 125, 134 BGB** finden keine Anwendung (aA für § 134 DWWS/Däubler Rn. 25; 32 Ehmann/Selmayr/Heckmann/Paschke Rn. 30). Eine Einwilligung, die die Formvorschriften nicht erfüllt, ist nichtig. Das ergibt sich schon aus Art. 7 Abs. 2 S. 2 und Art. 4 Nr. 11, der die formellen Voraussetzungen zum Bestandteil des Einwilligungsbegriffs macht (s. auch Erwägungsgrund 32). Die Mitgliedstaaten können die Einwilligung im Übrigen dort verbieten, wo ihnen die Verordnung einen entsprechenden Regelungsspielraum einräumt (zB Art. 9 Abs. 2 lit. a). **§ 138 BGB** dürfte auch zukünftig anwendbar sein, seine praktische Relevanz jedoch gering sein.

III. Stellvertretung, Bote

Während die Möglichkeit, eine Einwilligung durch einen **Boten** zu übermitteln, nicht infrage 33 gestellt wird (Sydow/Ingold Rn. 20), ist die Zulässigkeit einer **Stellvertretung** bei der Abgabe einer Einwilligungserklärung mangels Regelung in der DS-GVO bislang ungeklärt (mit Ausnahme des Art. 8 Abs. 1 S. 2 im Falle einer Einwilligung in die Verarbeitung von Daten eines Kindes im Rahmen eines Dienstes der Informationsgesellschaft). Nach einer Ansicht soll nur ein gesetzlicher

Vertreter eine Einwilligungserklärung für eine andere Person abgeben können (NK-DatenschutzR/Klement Rn. 37). Nach anderer Ansicht ist dagegen auch eine rechtsgeschäftliche Bevollmächtigung möglich (Kühling/Buchner/Buchner/Kühling Rn. 31; GSSV/Gierschmann Rn. 47; nur bei „Einwilligungsunfähigkeit": DWWS/Däubler Rn. 13). Nach der Gegenauffassung ist eine Stellvertretung generell ausgeschlossen (Ehmann/Selmayr/Heckmann/Paschke Rn. 34; Ernst ZD 2017, 110 (111); „eher ablehnend" Taeger/Gabel/Taeger Rn. 10). Zu einer Einwilligungserklärung, die sich auf weitere betroffene Personen erstreckt Kühling/Buchner/Buchner/Kühling Rn. 18a ff.

D. Wirksamkeit der Einwilligung (Abs. 2, 4)

I. Allgemeines

34   Die Wirksamkeitsvoraussetzungen der Einwilligung ergeben sich in erster Linie aus den Art. 4 Nr. 11 iVm Art. 7 Abs. 2, 4. Erforderlich ist eine der Verarbeitung **zeitlich vorgehende** (→ Rn. 88), **freiwillige** (→ Rn. 39 ff.), **informierte** (→ Rn. 55 ff.), **bestimmte** (→ Rn. 77 ff.), **formgemäße** (→ Rn. 82 ff.) Einverständniserklärung einer **einwilligungsfähigen** (→ Rn. 35 ff.) betroffenen Person über die Verarbeitung personenbezogener Daten.

II. Einwilligungsfähigkeit

35   Nach der Definition in Art. 4 Nr. 11 muss die betroffene Person freiwillig und in informierter Weise zu verstehen geben, dass sie mit der Verarbeitung ihrer Daten einverstanden ist. Das bedingt wie schon nach alter Rechtslage, dass die betroffene Person fähig ist, **Bedeutung und Tragweite** ihrer Erklärung zu erfassen. Dazu liefert die Verordnung nur punktuelle Aussagen.

36   **Art. 8,** der für die Einwilligungsfähigkeit eine Altersgrenze von 16 Jahren vorsieht, bezieht sich auf den Spezialfall, dass Daten eines Minderjährigen im Rahmen eines unmittelbar an ihn gerichteten Dienstes der Informationsgesellschaft (Art. 4 Nr. 25) verarbeitet werden (→ Art. 8 Rn. 46 ff.). Abgesehen davon, dass die Mitgliedstaaten von dieser Regelung abweichen und die Grenze auf bis zu 13 Jahre senken können, sind die in Art. 8 festgelegten Altersgrenzen wegen der ausdrücklichen tatbestandlichen Einschränkung nicht verallgemeinerungsfähig (aA wohl Auernhammer/Kramer Rn. 9). Eine analoge Anwendung der Vorschrift scheidet mangels unbeabsichtigter Regelungslücke aus.

37   Einen weiteren Spezialfall spricht **Erwägungsgrund 38** an. Danach sollen Minderjährige einwilligungsfähig sein, wenn die Datenverarbeitung im Rahmen eines **Präventions- oder Beratungsdienstes** erfolgt, der unmittelbar an den Minderjährigen gerichtet ist. Zwar wird damit ein Wertungswiderspruch vermieden, der entstünde, wenn ein Kind ein Beratungsangebot annehmen, nicht aber wirksam in die damit verbundene Datenverarbeitung einwilligen könnte. Das wird aber ausschließlich auf nicht-kommerzielle Dienste etwa von gemeinnützigen Kinder- und Jugendberatungsstellen anwendbar sein und nicht für wirtschaftliche „Beratungsleistungen". Denn den betroffenen Minderjährigen wird es meist an der nötigen Einsichtsfähigkeit über die Konsequenzen ihrer Erklärung fehlen, wenn mit einer Beratungsleistung auch oder allein wirtschaftliche Interessen verfolgt werden.

38   Nach früherem, zum nationalen Datenschutzrecht geführten **Meinungsstreit** sollte Einwilligungsfähigkeit regelmäßig mit Geschäftsfähigkeit eintreten oder die Einsichtsfähigkeit des Betroffenen maßgeblich sein, die entweder generell an das Erreichen einer bestimmten Altersstufe geknüpft wurde oder vom individuellen Reifegrad des Betroffenen abhängen sollte. Nach einer vermittelnden Ansicht, war ein situationsabhängiger Maßstab anzulegen, wonach grundsätzlich Reife und Einsichtsfähigkeit maßgebend waren, die vom jeweiligen Verarbeitungskontext abhängen sollte. Die Literatur stellt bislang ganz überwiegend auf die Einsichtsfähigkeit im konkreten Verarbeitungskontext ab, ohne feste Altersgrenzen zugrunde zu legen (NK-DatenschutzR/Klement Rn. 49; Kühling/Buchner/Buchner/Kühling Rn. 67, 70; Taeger/Gabel/Taeger Rn. 110; zur Einwilligungsfähigkeit im Sozialrecht Tinnefeld/Conrad ZD 2018, 391 (393 f.)).

III. Freiwilligkeit

39   Die Einwilligung setzt nach der Definition in Art. 4 Nr. 11 eine freiwillige Willensbekundung voraus. Eine Einwilligung kann nur dann als Ausdruck individueller Selbstbestimmung begriffen werden, wenn sie auf einem freien Willensentschluss der betroffenen Person beruht. Eine Legaldefinition von Freiwilligkeit enthält der Verordnungstext allerdings ebensowenig wie ehemals das BDSG und die DSRL. Die einzige Festlegung trifft sie in Art. 7 Abs. 4, der ein Kopplungsverbot

statuiert (→ Rn. 42 ff.). Ergänzende Überlegungen finden sich außerdem in den Erwägungsgründen 42 und 43.

Abstrakt lässt sich der **Freiwilligkeitsbegriff** durch die bereits aus dem nationalen Datenschutzrecht bekannte, jetzt in Erwägungsgrund 42 vorangestellte Formulierung beschreiben, dass die betroffene Person „eine **echte oder freie Wahl** haben" und somit in der Lage sein muss, „die Einwilligung zu verweigern oder zurückzuziehen, ohne Nachteile zu erleiden". Die Formel ist jedoch konkretisierungsbedürftig. Dazu wurden in der Vergangenheit Fallgruppen gebildet, die sich teilweise im Verordnungstext wiederfinden oder in den Erwägungsgründen angesprochen sind und zur Systematisierung genutzt werden können. Mangels präziser Vorgaben, bleiben jedoch Einordnungsprobleme meist bestehen. Insbesondere ist zu berücksichtigen, dass nicht jeder noch so geringe Nachteil die Willensentschließungsfreiheit aufhebt; zu fordern ist deshalb ein Nachteil oder zusätzlicher Aufwand von einem gewissen Gewicht (GSSV/Gierschmann Rn. 50; zu weitgehend Gola/Schulz Rn. 29: nur schwerwiegende Nachteile). Neben den nachfolgend dargestellten Fallgruppen werden in der Literatur folgende Konstellationen genannt, in denen es an der erforderlichen Willensbildungsfreiheit fehlen soll: Überrumpelung oder einseitige Beratung der betroffenen Person (DWWS/Däubler Rn. 33, 40), angedrohte oder erwartbare Nachteile bei Verweigerung der Einwilligung, etwa der Entzug rechtlicher Vorteile oder das Vorenthalten künftiger Vorteile (DWWS/Däubler Rn. 41 f.; aA GSSV/Gierschmann Rn. 50: bloße Verweigerung eines Vorteils ist kein relevanter Nachteil), das Ausnutzen einer Notlage (Taeger/Gabel/Taeger Rn. 83), übermäßige Anreize zur Abgabe der Einwilligungserklärung (DWWS/Däubler Rn. 43), Gefahr sozialen Ansehensverlusts der betroffenen Person bei Verweigerung der Einwilligung (HK-DS-GVO/Ingold Rn. 27) sowie das Hervorrufen der irrigen Annahme, die Datenverarbeitung könne nur erfolgen, wenn die betroffene Person einwilligt, obwohl ein gesetzlicher Erlaubnistatbestand einschlägig ist (HK-DS-GVO/Ingold Rn. 29). Auch das Verschleiern, dass durch die Handlung eine Einwilligung erteilt wird, oder Erschwerungen **keine** Einwilligung zu erteilen, kann die Freiwilligkeit entfallen lassen. Nach der Rechtsprechung des EuGH kann bereits der Umstand, dass ein gesondertes Formular ausgefüllt werden muss, wenn die Einwilligung verweigert wird, zur Unfreiwilligkeit einer vor diesem Hintergrund erteilten Einwilligung führen (EuGH NJW 2021, 841 Rn. 50 – Orange Romania; im Kontext von Cookie-Bannern oder ‚Cookie-Walls' zB denkbar, wenn durch absichtlich umständliche Klickwege der Nutzer dazu gebracht werden soll, eine Einwilligung zu erteilen).

1. Drohung, Zwang, Rechtspflichten

Wird auf die Willensbildung durch Drohung oder Zwang (vis absoluta, vis compulsiva; HK-DS-GVO/Ingold Rn. 27) eingewirkt oder ist die betroffene Person zur Angabe ihrer Daten durch Rechtsvorschrift verpflichtet, erfolgt die Einwilligung nicht freiwillig.

2. Koppelungsverbot (Abs. 4)

Die einzige ausdrückliche Regelung zur Freiwilligkeit im Verordnungstext enthält Art. 7 Abs. 4. Danach kann eine Einwilligung unfreiwillig erteilt sein, wenn die Erfüllung eines Vertrags, bspw. die Erbringung einer Dienstleistung, abhängig gemacht wird von der Einwilligung in eine Datenverarbeitung, die für die Vertragserfüllung nicht erforderlich ist. Im Ergebnis formuliert die Vorschrift ein **allgemeines Koppelungsverbot.** Eine Einwilligung soll nicht freiwillig erteilt sein, wenn der Betroffene faktisch keine andere Wahl hat als der Datenverarbeitung zuzustimmen, um in den Genuss einer Dienstleistung oder einer anderen vertraglichen Leistung zu kommen. Zudem solle durch die Vorschrift verhindert werden, dass völlig vertragsfremde Zwecke verfolgt werden (Taeger/Gabel/Taeger Rn. 93). Der Anwendungsbereich der Vorschrift ist aufgrund des Wortlauts („„unter anderem") nicht auf Vertragsverhältnisse bzw. Dienstleistungen beschränkt (Becker CR 2021, 230 (236); aA Baumann/Alexiou ZD 2021, 349 (350 f.)).

Art. 7 Abs. 4 enthält ein **allgemeines,** nicht nur ein branchen- oder bereichsspezifisches **Koppelungsverbot** (Gola/Schulz Rn. 22; aA Paal/Pauly/Frenzel Rn. 18). Entscheidend ist, ob die entsprechende Datenverarbeitung im jeweiligen Anwendungsbereich, etwa zur Vertragserfüllung, **erforderlich** ist. Ist das der Fall, so ist das Koppelungsverbot schon nicht einschlägig (Kühling/Buchner/Buchner/Kühling Rn. 46; Paal/Pauly/Frenzel Rn. 20). Welcher Maßstab an die Erforderlichkeit anzulegen ist, ist offen. Der Zweck der Regelung spricht für eine restriktive Auslegung. Nicht ausreichend ist es, dass die Datenverarbeitung vertraglich vorgesehen ist, sondern sie muss zur Erbringung der vom Verantwortlichen geschuldeten Leistung in tatsächlicher Hinsicht zwingend erforderlich sein. Nach anderer Ansicht ist die Erforderlichkeit anhand der „konkreten Vertragsklauseln" (Engeler ZD 2018, 55 (57 f.)) oder anhand der „vertragscharakteristischen Leistung"

(Kühling/Buchner/Buchner/Kühling Rn. 49; Golland MMR 2018, 130 (132)) zu bestimmen. Dabei darf nicht vergessen werden, dass eine über das Erforderliche hinausgehende Datenverarbeitung auch bei enger Auslegung nicht zwangsläufig unzulässig ist, sodass kein Bedürfnis besteht, einen möglichst weiten Erforderlichkeitsmaßstab zu wählen.

44   Hieran ändert sich auch nichts durch die RL (EU) 2019/770 (**Digitale-Inhalte-RL**) und ihre Umsetzung durch die §§ 312 ff. BGB (Gesetz zur Umsetzung der Richtlinie über bestimmte vertragsrechtliche Aspekte der Bereitstellung digitaler Inhalte und digitaler Dienstleistungen v. 25.6.2021, BGBl I 2123). Ziel der RL ist die Harmonisierung der Verbrauchervertragsvorschriften bei Verträgen über digitale Inhalte und Dienstleistungen (Erwägungsgrund 11 Digitale-Inhalte-RL). Die Richtlinie gilt nach Art. 3 Abs. 1 ua in Fällen, in denen der Verbraucher dem Unternehmer für die Bereitstellung digitaler Inhalte oder Dienstleistungen seinerseits personenbezogene Daten bereitstellt oder deren Bereitstellung zusagt und diese nicht ausschließlich zur Vertragserfüllung verarbeitet werden. Der europäische Gesetzgeber hat damit anerkannt, dass personenbezogene Daten zum Gegenstand des vertraglichen Austauschverhältnisses gemacht werden können (jedoch muss die Bereitstellung der Daten nicht zwingend Hauptleistungspflicht sein). Gleichzeitig geht er davon aus, dass die Rechtsgrundlage der Datenverarbeitung in solchen Fällen die Einwilligung des Verbrauchers sein kann (Erwägungsgrund 24 Digitale-Inhalte-RL). Dies könnte so verstanden werden, dass in derartigen Konstellationen die Datenverarbeitung erforderlich iSd Art. 7 Abs. 4 ist und das Koppelungsverbot von vornherein nicht gilt, weil die insbesondere über die bloße Bereitstellung der digitalen Inhalte oder digitalen Dienstleistungen hinausgehende Datenverarbeitung ebenfalls Vertragsgegenstand ist. Allerdings ist zu beachten, dass die Richtlinie nach ihrem Art. 3 Abs. 8 die Vorschriften der DS-GVO unberührt lässt und nicht modifiziert. Widerspricht die RL der DS-GVO, geht Letztere vor. Die Zulässigkeit einer Datenverarbeitung, speziell die Freiwilligkeit der Einwilligung, richtet sich unverändert nach der DS-GVO (Erwägungsgrund 38 Digitale-Inhalte-RL). Würde man die Datenverarbeitung im Rahmen eines Vertrags nach dem Modell „Leistung gegen Daten", das heißt auch im Fall des Art. 3 Abs. 1 UAbs. 2 Digitale-Inhalte-RL, als erforderlich ansehen mit dem Argument, dass die Bereitstellung und weitere Verarbeitung der Daten Gegenstand des Vertrages ist, könnte Art. 7 Abs. 4 zukünftig ohne Weiteres dadurch umgangen werden, dass Verantwortliche die Datenverarbeitung durch Vertragsgestaltung durchweg in den Rang einer Leistungspflicht des Kunden erheben und sie so zum Bestandteil des Austauschverhältnisses machen (Golland MMR 2018, 130 (131)). Das Koppelungsverbot liefe faktisch leer. Daher dürfte richtigerweise wie folgt zu differenzieren sein: Ist die Verarbeitung personenbezogener Daten zur Vertragserfüllung notwendig oder wird sie von den Parteien zum Gegenstand des Vertrags gemacht (ua im Fall des Art. 3 Abs. 1 UAbs. 2 Digitale-Inhalte-RL), dürfte in der Regel Art. 6 Abs. 1 UAbs. 1 lit. b die zutreffende Rechtsgrundlage für die Datenverarbeitung sein. Ist diese Norm als Rechtsgrundlage im Einzelfall nicht einschlägig oder soll die Verarbeitung dennoch auf die Einwilligung des Verbrauchers gestützt werden, muss diese, um freiwillig erteilt und damit wirksam zu sein, den Anforderungen des Art. 7 Abs. 4 nach dem dargestellten Maßstab genügen.

44.1   Ob die divergierenden Ansichten relevante Unterschiede für den Verbraucher mit sich bringen, ist allerdings fraglich. Selbst wenn die Einwilligung nach der hier vertretenen Auslegung des Art. 7 Abs. 4 im Einzelfall ausscheidet, bleibt doch schon wegen der Privatautonomie der Vertragsparteien ein solcher Vertragsschluss möglich, bei dem die Datenverarbeitung auf Art. 6 Abs. 1 UAbs. 1 lit. b gestützt werden würde.

44.2   Auch aus anderen Gründen überzeugt die Auffassung nicht, dass das Koppelungsverbot im Geschäftsmodell „**Leistung gegen Daten**" nicht greift, weil die personenbezogenen Daten hier Gegenstand der Hauptleistungspflicht und damit zur Vertragserfüllung erforderlich seien (Gola/Schulz Rn. 27; GSSV/Gierschmann Rn. 65; differenzierend Kühling/Buchner/Buchner/Kühling Rn. 51 f.) und dass allein eine vertragliche Klarstellung unter Verzicht auf die Bezeichnung als „kostenlos" dem Koppelungsverbot gerecht werde (so noch Buchner DuD 2016, 155 (158 f.)). Dem Normtext lässt sich eine unterschiedliche Behandlung unentgeltlicher und entgeltlicher Vertragsverhältnisse nicht entnehmen. Deshalb ist auch bei unentgeltlichen Verträgen zu unterscheiden zwischen Daten, die für die Leistungserbringung zwingend erforderlich sind (bspw. Benutzername und Kennwort für ein Benutzerkonto in einem kostenlosen Online-Spiel), und darüber hinausgehenden Daten bzw. Datenverarbeitungen (etwa Geburtsdatum und Anschrift, die für Marketingzwecke erhoben werden).

44.3   Dass das verbreitete Geschäftsmodell „**Leistung gegen Daten**" künftig ausgeschlossen ist, wie teils vermutet wurde (Schantz NJW 2016, 1841 (1845)), darf schon in Hinblick auf die Digitale-Inhalte-RL und in Anbetracht der nebulösen Abwägungsformel bezweifelt werden (in diesem Kontext auf marktbeherrschende Position abstellend Paal/Pauly/Frenzel Rn. 21; Wybitul BB 2016, 1077 (1081)) will übereinstimmend mit Roßnagel DuD 2016, 561 (563) in solchen Fällen Art. 6 Abs. 1 UAbs. 1 lit. f heranziehen; dazu allg. krit. Paal/Pauly/Frenzel Rn. 26). Speziell zu dem Problem einer Webseite vorgeschalteter Cookie-Walls Baumann/Alexiou ZD 2021, 349.

45 Ist die Datenverarbeitung für die Vertragserfüllung nicht erforderlich, ist weiter zu prüfen, ob das Koppelungsverbot verletzt ist. Nicht jede Koppelung lässt automatisch die Freiwilligkeit entfallen. Stattdessen muss der Koppelungssituation lediglich „**in größtmöglichem Umfang** Rechnung getragen werden". Das bringt zum Ausdruck, dass es noch andere Faktoren gibt, die bei der Subsumtion unter den Begriff „freiwillig" zu berücksichtigen sind. Der Verantwortliche muss also im Einzelfall prüfen, ob eine Drucksituation entsteht, die die Freiheit zur Willensentschließung aufhebt (Paal/Pauly/Frenzel Rn. 18; Gola/Schulz Rn. 23; Ehmann/Selmayr/Heckmann/Paschke Rn. 53; aA Dammann ZD 2016, 307 (311); Golland MMR 2018, 130 (132): striktes Koppelungsverbot). Das ermöglicht eine differenzierte Bewertung, in die sämtliche Umstände einfließen müssen, die geeignet sein können, die Entschließungsfreiheit der betroffenen Person zu beeinträchtigen.

46 Es ist umstritten, ob Koppelungen die Freiwilligkeit nur dann entfallen lassen, wenn der Verantwortliche eine **besondere Marktmacht oder eine Monopolstellung** ausnutzt. Argumentiert wird, dass die Wendung „in größtmöglichem Umfang" eine wertende Betrachtung dahingehend erfordere, wie sehr die betroffene Person auf die vertragliche Leistung angewiesen sei. Wenn die betroffene Person dabei zwischen verschiedenen Anbietern wählen könne, stehe es ihr gerade frei, die Einwilligung nicht abzugeben. Das Koppelungsverbot gelte deshalb nur bei einer Monopolstellung des Verantwortlichen. Für diese Sichtweise soll im Übrigen Erwägungsgrund 43 sprechen, der auf ein „klares Ungleichgewicht" abstellt (Plath Rn. 14 f.; im Ergebnis auch Gola/Schulz Rn. 27). Die Gegenauffassung sieht in der Monopolstellung des Verantwortlichen zwar einen Anhaltspunkt für eine unzulässige Koppelung, sie stuft die besondere Marktmacht aber nicht als notwendige Voraussetzung hierfür ein (Ehmann/Selmayr/Heckmann/Paschke Rn. 55; Buchner/Kühling Rn. 52 f.; zum Kriterium der marktbeherrschenden Stellung Golland MMR 2018, 130 (132)).

47 Gegen das Erfordernis einer Monopolstellung spricht der Wortlaut des Art. 7 Abs. 4, der gerade keine marktbeherrschende Stellung des Verantwortlichen verlangt. Stattdessen wird allein darauf abgestellt, dass die Vertragserfüllung von der Einwilligung in die Verarbeitung nicht erforderlicher Daten abhängig gemacht wird. Hätte der Verordnungsgeber eine für die Anwendung der Norm derart bedeutsame Einschränkung vornehmen wollen, hätte dies im Text seinen Niederschlag finden müssen. Es ist auch nicht ersichtlich, dass sich Erwägungsgrund 43 gerade auf das Koppelungsverbot bezieht, wird dort doch in erster Linie auf das Machtungleichgewicht zwischen Bürger und Behörde abgestellt, das nicht den Hauptanwendungsfall des Koppelungsverbots darstellen dürfte.

48 Im Ergebnis ist es nicht erforderlich, dass der betroffenen Person ein anderweitiger, zumutbarer Zugang zu gleichwertigen Leistungen am Markt nicht möglich ist, der keiner Einwilligung bedarf (Spindler DB 2016, 937; aA GSSV/Gierschmann Rn. 70). Der Verantwortliche darf die Erfüllung eines Vertrags also selbst dann nicht von einer Einwilligung in eine nicht erforderliche Datenverarbeitung abhängig machen, wenn die betroffene Person dieselbe oder eine gleichwertige Leistung bei Dritten erlangen könnte, ohne dort eine Einwilligung abgeben zu müssen.

49 Die Formulierung, dass dem Koppelungstatbestand „in größtmöglichem Umfang Rechnung getragen werden" muss, bringt zum Ausdruck, dass die **Freiwilligkeit** in Koppelungsfällen **regelmäßig entfällt** (aA Gola/Schulz Rn. 25: nur „sachfremde" Koppelungen unzulässig; Taeger/Gabel/Taeger Rn. 90: wertende Betrachtung erforderlich). Nur wenn besondere Umstände vorliegen, die ausschließen, dass die Koppelung die Entschließungsfreiheit beeinträchtigt hat, ist die Einwilligung wirksam (Albrecht CR 2016, 88 (91)). Solche Umstände können etwa sein, dass die Datenverarbeitung im Interesse des Betroffenen liegt. Dagegen wird in der Literatur die Auffassung vertreten, dass eine Koppelung auch dann zulässig ist, wenn die Datenverarbeitung erforderlich ist, um eine „notwendige Entscheidungs- und Kalkulationsgrundlage" für die Durchführung des Vertragsverhältnisses zu schaffen (Kühling/Buchner/Buchner/Kühling Rn. 47; zu Recht krit. Taeger/Gabel/Taeger Rn. 92 unter Verweis auf Art. 6 Abs. 1 UAbs. 1 lit. b).

49.1 In dem Geschäftsmodell „**Leistung gegen Daten**" dürfte ein Verstoß gegen das Koppelungsverbot dann nicht vorliegen, wenn Nutzer eine echte Wahl haben, ob sie der Datenverarbeitung zustimmen. Das ist der Fall, wenn Verantwortliche neben dem unentgeltlichen Angebot, das auf einer kommerziellen Verwertung personenbezogener Daten beruht, einen alternativen Zugang anbieten, in dessen Rahmen die zur Dienstbringung erforderlichen personenbezogenen Daten nicht wirtschaftlich verwertet werden. Für den alternativen Zugang kann ein angemessenes Entgelt erhoben werden (ausführlich Becker CR 2021, 230 (237 ff.); Golland MMR 2018, 130 (134 f.)). Damit ist im Ergebnis das Koppelungsverbot auch im

Geschäftsmodell „Leistung gegen Daten" einschlägig, ob die Einwilligung unfreiwillig ist, hängt jedoch wiederum von den Umständen des Einzelfalls ab, wobei Faktoren wie das Angewiesensein auf die Leistung eine Rolle spielen (so ist es unbedenklich, eine Gewinnspielteilnahme von einer Einwilligung in die Nutzung der Daten zu Werbezwecken abhängig zu machen: so iErg OLG Frankfurt ZD 2019, 507).

50 **Erwägungsgrund 43** formuliert einen **erweiterten Koppelungsgedanken.** Danach soll eine Einwilligung auch dann nicht als freiwillig erteilt gelten, wenn zu verschiedenen Verarbeitungsvorgängen nur eine einheitliche Einwilligung erteilt werden kann, obwohl eine gesonderte Einwilligung im Einzelfall angebracht ist. Die betroffene Person soll nicht durch die Zusammenfassung verschiedener Fallgruppen in einer Zustimmungserklärung zur Abgabe einer weiterreichenden Einwilligung gedrängt werden, als nötig wäre (Schantz NJW 2016, 1841 (1845); mit Beispielen Buchner DuD 2016, 155 (158)). Nach dem Wortlaut sind aber auch hier die konkreten Umstände maßgebend, nämlich ob die Möglichkeit, separate Einwilligungen zu erteilen, „im Einzelfall angebracht" ist (GSSV/Gierschmann Rn. 71 f.). Zu beachten ist in diesem Zusammenhang Erwägungsgrund 32 (aE). Während sich das Koppelungsverbot allein auf für die Vertragserfüllung nicht erforderliche Daten bezieht, erfasst Erwägungsgrund 43 auch den Fall, dass einzelne oder mehrere Verarbeitungsvorgänge der Vertragserfüllung dienen, jedoch voneinander unabhängig sind. Praktisch relevant wird das jedoch nur in Fällen, in denen solche Datenverarbeitungen ausnahmsweise einer Einwilligung bedürfen (etwa Verarbeitung besonderer Arten personenbezogener Daten, Art. 9 Abs. 2 lit. a; vgl. zum Erfordernis einer Einwilligung in diesen Fällen Artikel 29-Datenschutzgruppe, WP259 rev.01 vom 10.4.2018, abrufbar unter https://ec.europa.eu/newsroom/article29/item-detail.cfm?item_id=623051). Im Übrigen sind für die Vertragserfüllung oder Leistungserbringung erforderliche Datenverarbeitungen regelmäßig bereits auf gesetzlicher Grundlage, insbesondere Art. 6 Abs. 1 UAbs. 1 lit. b, zulässig, so dass keine Einwilligung erforderlich ist.

3. Machtungleichgewicht (Erwägungsgrund 43)

51 Auf Betreiben des Parlaments ist die ursprünglich in Art. 7 Abs. 4 DS-GVO-E vorgesehene Regelung gestrichen worden, dass eine wirksame Einwilligung ausgeschlossen ist, wenn zwischen der betroffenen Person und dem für die Verarbeitung Verantwortlichen „ein erhebliches Ungleichgewicht" besteht. Weil der Kommissionsentwurf ausdrücklich Beschäftigungsverhältnisse als Anwendungsfall genannt hatte (EG 34 DS-GVO-E; Kühling/Martini EuZW 2016, 448 (451)), wurde befürchtet, dass eine Einwilligung insbesondere im **Beschäftigungsverhältnis** pauschal verboten ist, etwa auch bezüglich Fotoaufnahmen für den Internetauftritt des Arbeitgebers oder Datenverarbeitungen für freiwillige Zusatzleistungen wie Qualifizierungsprogramme (BR-Drs. 52/12(B)(2), 11; Gola/Schulz RDV 2013, 1 (5 f.); Pötters RDV 2015, 10 (15)). Ähnliches wurde für das **Unternehmer-Verbraucher-Verhältnis** (Gola/Schulz RDV 2013, 1 (6) mwN) sowie den gesamten **öffentlichen Bereich** angenommen (BR-Drs. 52/12(B)(2), 12).

52 Eine entsprechende Aussage findet sich jetzt nur noch in **Erwägungsgrund 43,** wonach eine wirksame Einwilligung ausgeschlossen sein sollte, wenn zwischen der betroffenen Person und dem Verantwortlichen ein **klares Ungleichgewicht** besteht, insbesondere wenn es sich bei dem Verantwortlichen um eine Behörde handelt. Zugleich wurde die Formulierung dahingehend entschärft, dass ungleiche Machtverhältnisse die Freiwilligkeit nur dann entfallen lassen, wenn sich das unter Berücksichtigung sämtlicher Umstände des Einzelfalls ergibt.

53 Besteht zwischen dem Verantwortlichen und der betroffenen Person ein Machtungleichgewicht wie im Beschäftigungsverhältnis, zwischen Unternehmer und Verbraucher oder bei Abschluss eines Mietvertrags in Gegenden mit angespannter Marktlage, so ist **im Einzelfall zu prüfen,** ob sich die ungleiche Machtverteilung auf die Einwilligung auswirkt (damit auch im Beschäftigungsverhältnis nicht per se ausgeschlossen: Spelge DuD 2016, 775 (780); Wybitul ZD 2016, 203 (205); GSSV/Gierschmann Rn. 54). Im Einzelfall ist eine Einwilligung trotz Machtdisparität wirksam, wenn sich das Ungleichgewicht in der konkreten Einwilligungssituation nicht niederschlägt, etwa weil die Verarbeitung im Interesse des Betroffenen liegt oder der Betroffene keinerlei Nachteile erleidet, wenn er seine Einwilligung verweigert (DWWS/Däubler Rn. 44; weitere Konstellationen im Beschäftigungsverhältnis Thüsing BB 2016, 2165 (2166)). Umgekehrt soll es an der Freiwilligkeit im Beschäftigungsverhältnis fehlen, wenn eine Datenverarbeitung für die Abwicklung des Verhältnisses nicht erforderlich ist und mit Nachteilen für den Betroffenen verbunden ist (Spelge DuD 2016, 775 (780); auf Angewiesensein abstellend Stelljes DuD 2016, 787 (788)).

53.1 Der deutsche Gesetzgeber hat von der Öffnungsklausel des Art. 88 DS-GVO Gebrauch gemacht (→ Rn. 19) und den Begriff der Freiwilligkeit in Hinblick auf Einwilligungen im Beschäftigungsverhältnis in **§ 26 Abs. 2, Abs. 3 S. 2 BDSG** spezifiziert (→ BDSG § 26 Rn. 43 ff.).

Nichts anderes gilt für den **öffentlichen Bereich.** Zwar soll zwischen Bürger und Behörde 54
stets ein klares Ungleichgewicht bestehen, ausgeschlossen sein soll eine Einwilligung gegenüber
Trägern hoheitlicher Gewalt aber auch hier nicht per se. Hier wird es bspw. darauf ankommen,
ob die Einwilligung im Rahmen hoheitlicher Eingriffsverwaltung, der Fiskalverwaltung (Paal/
Pauly/Frenzel Rn. 19) oder Leistungsverwaltung erteilt wird (zu Sozialleistungen Bieresborn NZS
2017, 926 (930 f.)), ob die betroffene Person auf die Leistung angewiesen ist und ob der öffentlichen Stelle in der konkreten Situation Zwangsmittel zur Verfügung stehen, mit denen sie die
Datenverarbeitungen notfalls auch ohne Einwilligung erzwingen kann (zB einen Bluttest).

IV. Informiertheit und Transparenzgebot

Die Einwilligung ist nur wirksam, wenn die betroffene Person ihr Einverständnis „in informier- 55
ter Weise" erklärt hat (Art. 4 Nr. 11), weil von echter Selbstbestimmung nur dann die Rede sein
kann, wenn die betroffene Person die Konsequenzen ihres Handelns erkennt. Damit wird der in
Art. 5 Abs. 1 lit. a formulierte **Transparenzgrundsatz** für die Einwilligung spezifiziert.

Eine zentrale Vorschrift, die die Information der betroffenen Person für alle Einwilligungen 56
einheitlich regelt, existiert mit Ausnahme des Art. 7 Abs. 3 (Aufklärungspflicht über das Widerrufsrecht) nicht. Stattdessen ist eine Reihe von **Einzeltatbeständen** heranzuziehen, insbesondere
Art. 12 Abs. 1, 5, 7 und 8, Art. 13 Abs. 2 lit. c, e, Art. 14 Abs. 2 lit. d, Art. 49 Abs. 1 lit. a (s.
auch Erwägungsgrund 42 S. 4). Die Regelungen sind jedoch lückenhaft und werfen viele Detailfragen auf. Zu beachten ist, dass Informationspflichten konkretisiert werden können durch **Verhaltensregeln von Interessensvertretern** zum Schutz von Kindern (Art. 40 Abs. 2 lit. g). Für
andere Fallgestaltungen wie die Einwilligung in die Übermittlung von Daten an andere Verantwortliche im Geltungsbereich der DS-GVO fehlen Vorgaben.

Zu Recht wurde kritisiert, dass die umfassenden Unterrichtungspflichten der Art. 12 ff. zu 57
einer Informationsflut (Eckhardt CR 2012, 195 (198)) und damit zu **überlangen Einwilligungserklärungen** führen können, die von den betroffenen Personen nicht mehr gelesen werden.
Vorgeschlagen wird deshalb etwa eine gestufte Unterrichtung, bei der die grundlegenden Informationen dem ausführlichen Hinweistext als Zusammenfassung vorangestellt werden (Pollmann/
Kipker DuD 2016, 378 (379)). Auch ein „Anstupsen" („Nudging") durch kurze Hinweistexte
wird vorgeschlagen (Arnold/Hillebrand/Waldburger DuD 2016, 730 (734)), wobei die Vereinbarkeit solcher Modelle mit den Anforderungen der DS-GVO an die Informiertheit der betroffenen
Person fraglich ist (gestufte Hinweistexte ablehnend: Ernst ZD 2017, 110 (113); Zulässigkeit
bejahend Kühling/Buchner/Buchner Rn. 60).

1. Informationspflichten im Einzelnen

Werden personenbezogene Daten mit Einwilligung **bei der betroffenen Person erhoben,** 58
gelten die allgemeinen Unterrichtungspflichten, die auch bei Datenerhebung auf gesetzlicher
Grundlage bestehen (vgl. EuGH NJW 2021, 841 Rn. 40 – Orange Romania; EuGH NJW 2019,
3433 Rn. 76, 79 ff. – Planet49 GmbH; Schantz/Wolff DatenschutzR/Schantz Rn. 520; aA NK-
DatenschutzR/Klement Rn. 73; Aufzählung in Art. 13 f. ist nur „Orientierungsrahmen" für
Informationspflichten im Falle einer Einwilligung: Kühling/Buchner/Buchner/Kühling Rn. 59;
zur Rechtsfolge bei Verstößen → Rn. 98 f.). Bereitzustellen sind bei einer Direkterhebung die
Informationen aus Art. 13 Abs. 1 lit a–c, e–f sowie ergänzend die in Abs. 2 genannten Informationen. Im Rahmen einer Einwilligung muss der Verantwortliche insbesondere darauf hinweisen,
dass die Einwilligung jederzeit widerrufen werden kann, dass jedoch eine bis zum Widerruf
durchgeführte Datenverarbeitung rechtmäßig bleibt (Art. 7 Abs. 3 S. 3; Art. 13 Abs. 2 lit. c). Diese
Vorschrift dürfte weit auszulegen sein. Die betroffene Person muss daher gegebenenfalls darüber
informiert werden, dass nach Art. 17 Abs. 1 lit. b eine Datenverarbeitung nach einem Widerruf
auf gesetzlicher Grundlage fortgesetzt werden kann (→ Rn. 96). Nur mit diesem Hinweis kann sie
tatsächlich Bedeutung und Tragweite ihrer Entscheidung erkennen (Taeger/Gabel/Taeger Art. 6
Rn. 44; aA Plath/Plath Art. 6 Rn. 7; Krusche ZD 2020, 232 (236)). Darüber hinaus muss aufgeklärt werden, ob die Daten für einen Vertragsabschluss erforderlich sind, dass die Datenpreisgabe
freiwillig erfolgt und welche Folgen eine Verweigerung der Einwilligung hat (Art. 13 Abs. 2 lit
e; es muss daher auch darüber aufgeklärt werden, wenn der Verantwortliche bereit ist, den Vertrag
auch ohne Einwilligung abzuschließen EuGH NJW 2021, 841 Rn. 41, 52 – Orange Romania).
Der Hinweis auf die Folgen einer Verweigerung der Einwilligung ist gerade auch von Bedeutung,
wenn der Verantwortliche beabsichtigt, bei einer Weigerung die Datenverarbeitung allein auf einen
kumulativ angewendeten gesetzlichen Erlaubnistatbestand zu stützen. Die betroffene Person muss
in diesem Fall darüber aufgeklärt werden, dass die Verarbeitung auch ohne ihre Einwilligung auf

dieser gesetzlichen Grundlage erfolgen wird. Es ist davon auszugehen, dass diese Informationen im Falle einer Einwilligung durchweg unverzichtbar sind, um eine faire und transparente Verarbeitung sicherzustellen.

58.1 Bei Einwilligungen im Beschäftigungsverhältnis ist § 26 Abs. 2 S. 4, Abs. 3 S. 2 BDSG zu beachten.

59 Entsprechendes gilt, wenn die Daten mit Einwilligung der betroffenen Person **bei einem Dritten erhoben** werden. Mitzuteilen sind die in Art. 14 Abs. 1 und ggf. in Abs. 2 lit. a, c–g genannten Informationen, insbesondere muss über das Bestehen eines Widerrufsrechts und die Rechtmäßigkeit der Datenverarbeitung bis zum Widerruf unterrichtet werden (Art. 7 Abs. 3 S. 1–3, Art. 14 Abs. 2 lit. d. Ein ausdrücklicher Hinweis auf die Erforderlichkeit der Daten für einen Vertragsabschluss, die Freiwilligkeit der Einwilligung und die Folgen ihrer Verweigerung sind nicht ausdrücklich vorgeschrieben. Ein Unterschied zur Direkterhebung ist allerdings nicht erkennbar. Vielmehr dürften die genannten Informationen auch hier notwendig sein, um die in Art. 4 Nr. 11 geforderte Informiertheit herzustellen.

60 Die Hinweispflichten für eine Einwilligung in eine **zweckändernde Nutzung** ergeben sich aus Art. 13 Abs. 3 und Art. 14 Abs. 4 je nachdem, ob die Daten ursprünglich bei der betroffenen Person oder bei einem Dritten erhoben wurden. Danach muss die betroffene Person über den Zweck aufgeklärt werden, zu dem die Daten künftig verarbeitet werden sollen (s. auch Erwägungsgrund 50 Abs. 2). Ferner müssen die jeweils in Art. 13 Abs. 2 und Art. 14 Abs. 2 für eine Datenerhebung vorgegebenen maßgeblichen Informationen zur Verfügung gestellt werden. Insofern gilt, dass auch hier auf das Widerrufsrecht, die etwaige Erforderlichkeit der Daten für einen Vertragsschluss und die Freiwilligkeit der Einwilligung hingewiesen werden muss.

61 Sollen die Daten **in ein Drittland übermittelt** werden, muss auf den Umstand der Datenübermittlung in das Drittland, das Bestehen eines Angemessenheitsbeschlusses der Kommission nach Art. 45 oder auf die vom Empfänger abgegebenen geeigneten oder angemessenen Garantien nach Art. 46, 46 hingewiesen werden sowie auf das Recht, diese in Kopie zu erhalten, und wo das möglich ist.

62 Falls ein Angemessenheitsbeschluss der Kommission fehlt und der Empfänger der Daten auch keine Garantien nach Art. 46 abgegeben hat, muss auf die möglichen Risiken einer derartigen Datenübermittlung ohne Angemessenheitsbeschluss und ohne geeignete Garantien des Empfängers hingewiesen werden (Art. 13 Abs. 1 lit. f, Art. 14 Abs. 1 lit. f iVm Art. 49 Abs. 1 lit. a).

63 Vergleichbare Regelungen für Informationspflichten bei Einwilligungen in **andere Verarbeitungssituationen**, etwa die Übermittlung an einen Verantwortlichen im Geltungsbereich der DS-GVO, fehlen. Wegen der allgemeinen Forderung des Art. 4 Nr. 11, dass die Einwilligung in „informierter Weise" erteilt werden muss, gelten hier jedoch entsprechende Bedingungen wie bei der Datenerhebung (→ Rn. 58). Es ist ratsam, sich an den in Art. 13 und 14 normierten Unterrichtungspflichten zu orientieren.

2. Verständlichkeit und Bildsymbole

64 Damit die betroffene Person die Konsequenzen ihrer Erklärung erfassen kann, müssen die Hinweise und die Einwilligungserklärung „in präziser, transparenter, verständlicher und leicht zugänglicher **Form** in einer klaren und einfachen **Sprache**" formuliert sein. Das ist allgemein für die Erhebung von Daten in Art. 12 Abs. 1 und für das „Ersuchen" um eine schriftliche Einwilligung, die noch andere Sachverhalte betrifft (→ Rn. 68) in **Art. 7 Abs. 2** ausdrücklich vorgeschrieben, gilt jedoch für die Einwilligung generell (im Ergebnis auch GSSV/Gierschmann Rn. 80, 100).

64.1 Das ist nicht der Fall, wenn versucht wird, durch die äußere Gestaltung den Nutzer zur Erteilung der Einwilligung zu verleiten bzw. hierüber zu täuschen (so zum Beispiel bei Cookie-Walls, wenn die Auswahloption, um keine Einwilligung zu erteilen („nur notwendige Cookies verwenden") nicht als anklickbare Schaltfläche zu erkennen ist: LG Rostock Urt. v. 15.9.2020 – 3 O 762/19; Becker CR 2021, 230 (237 f.)).

65 In diesem Zusammenhang weist **Erwägungsgrund 42** darauf hin, dass vom Verantwortlichen vorformulierte Einwilligungserklärungen **keine missbräuchlichen Klauseln** beinhalten sollten (dazu Wendehorst/Graf von Westphalen NJW 2016, 3745 (3748); HK-DS-GVO/Ingold Rn. 41; Taeger/Gabel/Taeger Rn. 55).

66 Obwohl im Normtext ganz generell eine einfache und verständliche Formulierung verlangt wird, kommt es auf die Informiertheit der einzelnen Person an und ist deshalb vom **Empfängerhorizont** des betroffenen Personenkreises auszugehen (so auch ausdrücklich für an Kinder gerich-

Bedingungen für die Einwilligung   **Artikel 7 DS-GVO**

tete Verarbeitungen Erwägungsgrund 58; Lang/Peintinger ELR 2013, 206 (212)). Typisierungen dürften zulässig sein. Bei Fehlen entgegenstehender Anhaltspunkte ist von der Auffassungsgabe einer durchschnittlich verständigen Person auszugehen. Komplexe Zusammenhänge wie zB Datenverarbeitungen für wissenschaftliche Forschungsvorhaben sind in einer für Laien verständlichen Form darzustellen, Fachtermini sind zu umschreiben, sofern nicht Fachkreise angesprochen sind (NK-DatenschutzR/Klement Rn. 73; Ernst ZD 2017, 110 (113)). Ist die betroffene Person trotz Einhaltung dieses Maßstabs ersichtlich nicht in der Lage, die Tragweite ihrer Erklärung zu erfassen, ist der Verantwortliche zu im Einzelfall weitergehender Aufklärung verpflichtet (zu weitgehend aber Ehmann/Selmayr/Heckmann/Paschke Rn. 80, wonach der Text generell auch bei fehlenden Sprachkenntnissen zu verstehen sein muss; unzureichend ist dagegen englischsprachiger Text, der sich an deutschsprachigen Nutzerkreis richtet: Ernst ZD 2017, 110 (113); der Text muss nicht in der Amtssprache von Personen vorliegen, an die sich das Angebot nicht richtet, selbst wenn diese das Angebot gleichwohl nutzen, so zutreffend Taeger/Gabel/Taeger Rn. 60; s. auch GSSV/Gierschmann Rn. 101).

Nach Art. 12 Abs. 7 kann der Inhalt der Erklärung durch **standardisierte Bildsymbole** 67 ergänzt werden. Solche Symbole können jedoch nur zusätzlich neben den Text treten, ihn aber weder ganz noch teilweise ersetzen (nur „in Kombination mit"). Das Problem überlanger Einwilligungserklärungen, die von den betroffenen Personen nicht mehr gelesen werden (→ Rn. 57) wird damit nicht gelöst. Im Übrigen → Art. 12 Rn. 53 ff.

3. Besonderheiten zusammengesetzter Erklärungen (Abs. 2 S. 1, 2)

Art. 7 Abs. 2 formuliert besondere Anforderungen an Einwilligungen in schriftlichen Erklärun- 68 gen, die noch andere Sachverhalte betreffen (zum Begriff Paal/Pauly/Frenzel Rn. 11), mithin zusammengesetzte Erklärungen. Wichtigster Anwendungsfall der Norm dürften in Verträgen enthaltene Einwilligungen, insbesondere **AGB**, sein. Zwar gilt die Vorschrift nur für schriftliche Erklärungen; wie sich aus Erwägungsgrund 32 ergibt, sind darunter abweichend von § 126 BGB aber auch elektronische Erklärungen zu verstehen. Dort ist die Rede von „einer schriftlichen Erklärung, die auch elektronisch erfolgen kann". Demzufolge versteht der Verordnungsgeber die elektronische Einwilligung als Unterfall der schriftlichen Einwilligung (im Ergebnis auch Plath Rn. 7; Ehmann/Selmayr/Heckmann/Paschke Rn. 77; Taeger/Gabel/Taeger Rn. 56).

Ein Ersuchen um eine schriftliche Einwilligung, die noch andere Sachverhalte betrifft, muss 69 so erfolgen, dass sie von den anderen Sachverhalten klar zu unterscheiden ist (**Trennungsgebot**). Diese Regelung in **Art. 7 Abs. 2 S. 1** bleibt hinter § 4a Abs. 1 S. 4 und § 28 Abs. 3a S. 2 BDSG aF zurück, wonach eine Einwilligung, die zusammen mit anderen Erklärungen schriftlich erteilt wurde, besonders hervorzuheben war. Damit ist es nicht mehr erforderlich, Einwilligungserklärungen durch Fettdruck, durch Umrandung oder auffällige Einfärbung vom übrigen Text besonders in den Vordergrund zu rücken. Es genügt, sie in einen eigenen Absatz zu fassen (wie hier SJTK/Schwartmann/Klein Rn. 27; aA DWWS/Däubler Rn. 21; Taeger/Gabel/Taeger Rn. 63; HK-DS-GVO/Ingold Rn. 24).

So auch Dammann ZD 2016, 307 (308). Nach der Gegenauffassung entspricht die Regelung dem 69.1 bisherigen Hervorhebungsgebot (GSSV/Gierschmann Rn. 14; DWWS/Däubler Rn. 21; Gola/Schulz Rn. 44), geht darüber hinaus (Eckhardt CR 2012 195 (197)) oder geht jedenfalls wegen der Anforderung einer klaren und einfachen Sprache darüber hinaus (Kühling/Buchner Rn. 25; Ehmann/Selmayr/Heckmann/Paschke Rn. 75).

Zu einer Absenkung des Datenschutzniveaus führt diese Regelung trotzdem nicht, wenn man 70 berücksichtigt, dass die betroffene Person die Einwilligung gleichwohl durch eine eindeutig bestätigende Handlung wie das Ankreuzen eines Kästchens erklären muss (→ Rn. 84). Die nach alter Rechtslage bestehende Gefahr, dass eine Einwilligung zwischen anderen Erklärungen versteckt und dem Betroffenen „untergeschoben" wird, der durch eine besondere Hervorhebung begegnet werden musste, dürfte insofern nicht mehr bestehen.

Im Falle einer aus einer datenschutzrechtlichen Einwilligung und anderen Inhalten zusammengesetzten 70.1 Erklärung genügt die Abgabe nur einer bestätigenden Handlung für die gesamte Erklärung nicht der Anforderung, dass ein Opt-Out keine wirksame Einwilligung darstellt (→ Rn. 86). Richtigerweise sind zusammengesetzte Erklärungen so auszugestalten, dass neben der Bestätigung der einwilligungsfremden Erklärungsinhalte (etwa durch Unterzeichnen der Vertragsurkunde) eine **weitere aktive Handlung** zur Bestätigung der datenschutzrechtlichen Einwilligungserklärung treten muss, etwa Ankreuzen der im Vertrag enthaltenen Einwilligungserklärung (aA NK-DatenschutzR/Klement Rn. 36; Auernhammer/Kramer Rn. 27; Ernst ZD 2017 110 (113): Hinweis auf in AGB enthaltener Einwilligung genügt). Dies wird durch

Stemmer   373

EuGH NJW 2019, 3433 – Planet49 GmbH bestätigt: Gegenstand des Urteils war ein Online-Gewinnspiel, dessen Anmeldemaske zwei Ankreuzkästchen mit je einer Einwilligungserklärung zur Datenverarbeitung für Werbezwecke enthielt, wobei das zweite Kästchen von vornherein angekreuzt war und vom Teilnehmer angeklickt werden musste, wenn dieser keine Einwilligung erteilen wollte. Der EuGH führte hierzu aus, dass sich eine Einwilligung gerade auf die betreffende Datenverarbeitung beziehen müsse und nicht aus einer Willensbekundung mit anderem Gegenstand abgeleitet werden könne. Im konkreten Fall habe daher nicht davon ausgegangen werden können, dass die Betätigung der Schaltfläche zur Teilnahme an dem Gewinnspiel bei bereits angekreuztem zweitem Einwilligungstext ausreiche, um von einer wirksamen Einwilligung des Nutzers in die betreffende Datenverarbeitung zu Werbezwecken auszugehen. Diese, auf die Vorschriften der DSRL bezogene Auslegung, sei erst recht im Lichte der DS-GVO geboten (Rn. 58 ff.). Folglich ist es in solchen Konstellationen nicht möglich, mit derselben Handlung einen Vertrag abzuschließen und zugleich in die Datenverarbeitung einzuwilligen.

71 Verstößt eine in einer zusammengesetzten Erklärung enthaltene Einwilligung gegen die Verordnung, so ist sie nach **Art. 7 Abs. 2 S. 2** unwirksam. In der Literatur wird eine teleologische Reduktion dahingehend angenommen, dass lediglich Verstöße gegen Art. 7 Abs. 2 S. 1 zur Unwirksamkeit führen, nicht aber Verstöße gegen die Vorschriften im Übrigen (Ehmann/Selmayr/Heckmann/Paschke Rn. 83; aA Gola/Schulz Rn. 52; Taeger/Gabel/Taeger Rn. 65). Die Vorschrift ordnet ferner an, dass eine hiernach unwirksame Einwilligung das Vertragsverhältnis im Übrigen unberührt lässt (nicht verbindlich sind nur die Teile der mehrere Sachverhalte betreffenden Erklärung, die einen Verstoß gegen die Verordnung darstellen; aA Ehmann/Selmayr/Heckmann/Paschke Rn. 85). Auch ist eine nur teilweise Unwirksamkeit der datenschutzrechtlichen Einwilligung denkbar, wenn erstens der Fehler nur einen Teil der Einwilligung betrifft und der übrige Teil sinnvoll aufrechterhalten werden kann, die Einwilligung also inhaltlich teilbar ist (NK-DatenschutzR/Klement Rn. 79; GSSV/Gierschmann Rn. 132 f.). Das wird jedoch nur in Ausnahmefällen in Betracht kommen. Was in den zahlreichen Fällen gelten soll, in denen der Vertrag nicht ohne die auf die Einwilligung gestützte Datenverarbeitung sinnvoll fortbestehen kann, bleibt offen (für Heranziehung des jeweils einschlägigen europäischen oder nationalen Rechts Ehmann/Selmayr/Heckmann/Paschke Rn. 85).

4. Zeitpunkt und Umstände der Informationspflicht

72 Die Kenntnis von Bedeutung und Tragweite der Einwilligung muss bei Abgabe der Einwilligung vorliegen, die Unterrichtung muss deshalb der Erklärung **zeitlich vorgehen** (vgl. Art. 7 Abs. 3 S. 3; im Fall des Art. 14 Abs. 3 ergibt sich das aus den „spezifischen Umständen" einer Einwilligung, Paal/Pauly/Paal Art. 14 Rn. 34). Bei Schrift- oder Textform müssen sich die Hinweise über der Unterschrift, dem Ankreuzfeld oder der Schaltfläche für die Abgabe der Einwilligungserklärung befinden. Die Informationen sind **unaufgefordert** zur Verfügung zu stellen; es genügt nicht, die betroffene Person in die Lage zu versetzen, sich die Information selbst zu beschaffen (wohl aA Gola/Schulz Rn. 40 unter Verweis auf Erwägungsgrund 58). Die zwingend vorgeschriebenen Informationen müssen der betroffenen Person deshalb in dem Ablaufgeschehen automatisch vorgelegt oder eingeblendet werden (Möglichkeit der Kenntnisnahme verneinend, wenn nicht allen Nutzern zugängliche technische Textformate und undeutliche Schriftarten verwendet werden: Ernst ZD 2017, 110 (113)). Dagegen können überobligatorische Informationen (etwa für besonders Interessierte) anderweitig platziert sein.

73 Die tatsächliche Kenntnisnahme kann nicht erzwungen werden. **Verzichtet** die betroffene Person darauf bereitgestellte Informationen zu lesen, oder lehnt sie eine mündliche Erläuterung ausdrücklich ab, kann die daraus resultierende Unkenntnis in der Regel nicht zur Unwirksamkeit der Einwilligung führen (NK-DatenschutzR/Klement Rn. 72; anders möglicherweise bei Datenverarbeitungen von erheblicher Tragweite für die betroffene Person; beachte aber die Unwirksamkeit einer Klausel in AGB, wonach der Nutzer zum Nachweis einer informierten Einwilligung die Kenntnisnahme von Datenschutzhinweisen zu bestätigen hatte LG Berlin MMR 2018, 328 (331 f.)).

5. Entfallen der Informationspflicht

74 Vergleichbar der bisherigen Rechtslage, wonach nur aufzuklären war, soweit nach den Umständen erforderlich, entfällt die Aufklärungspflicht, wenn der Betroffene über die notwendigen **Informationen bereits verfügt**. Das ist für die Einwilligung in eine Datenerhebung in den Art. 13 Abs. 4 und 14 Abs. 5 lit. a ausdrücklich geregelt, ergibt sich in anderen Fällen daraus, dass die Einwilligung auch ohne erneute Aufklärung in informierter Weise erfolgt. Als Ausnahme zur

Bedingungen für die Einwilligung **Artikel 7 DS-GVO**

Informationspflicht sind die Regelungen eng auszulegen. Der Tatbestand ist nur erfüllt, wenn die betroffene Person die erforderlichen Informationen in unmittelbarem zeitlichem Zusammenhang bereits erhalten hat.

Dass dem Verantwortlichen eine Unterrichtung **unmöglich** ist oder einen **unverhältnismäßi-** 75 **gen Aufwand** erfordert, wenn er Daten mit Einwilligung bei einem Dritten erhebt, sodass die Informationspflicht entfällt (Art. 14 Abs. 5 lit. b), ist ausgeschlossen. Damit würde eine unverzichtbare Voraussetzung für eine wirksame Einwilligung fehlen.

Eine über Art. 13 Abs. 4 und Art. 14 Abs. 5 hinausgehende Einschränkung der Informations- 76 pflichten durch Unionsrecht oder mitgliedstaatliches Recht, wie sie Art. 23 zulässt, dürfte im Fall der Einwilligung **weitestgehend ausscheiden,** weil dadurch die nach Art. 4 Nr. 11 begriffsnotwendige Informiertheit beeinträchtigt wird. Ob Art. 23 Abs. 1 eine Regelung ermöglicht, dass in bestimmten Fällen nur aufzuklären ist, wenn es die betroffene Person verlangt, ist unklar, dürfte jedoch außer bei bereits bestehender Informiertheit abzulehnen sein.

V. Bestimmtheit und Zweckbindung

Die Einwilligung muss **für den bestimmten Fall** gegeben werden (Art. 4 Nr. 11), weil der 77 Betroffene nur so die Reichweite seiner Erklärung zu überblicken vermag und der Verantwortliche wirksame Grenzen für den Umgang mit den personenbezogenen Daten vorfindet. Diesbezüglich ergeben sich keine Änderungen gegenüber der bisherigen Rechtslage unter der DSRL, die in Art. 2 lit. h eine Erklärung „für den konkreten Fall" forderte.

Bestimmt sein müssen der Verantwortliche (nicht zuletzt bei gemeinsamer Verantwortlichkeit 78 gem. Art. 26; so schon Art. 13 Abs. 1 lit. a, Art. 14 Abs. 1 lit. a), die zu verarbeitenden Daten und die Art der Verarbeitung (vgl. Dammann/Simitis DSRL Art. 2 Rn. 22; Ehmann/Helfrich DSRL Art. 2 Rn. 71) sowie der oder die Verarbeitungszwecke (Art. 6 Abs. 1 UAbs. 1 lit. a; s. auch Erwägungsgrund 42). Diese Festlegungen sind notwendig, um Inhalt und Reichweite der Einwilligung zu fixieren. Die Bestimmtheit der Einwilligung ergibt sich in der Regel aus dem Zusammenspiel der Informationen an den Betroffenen und der Einwilligungserklärung (vgl. Kugelmann DuD 2016, 566 (568 f.)), sodass sich das Bestimmtheitserfordernis mit der Verpflichtung, den Betroffenen zu informieren, überschneidet.

Im Ergebnis sind **Pauschal- und Blankoeinwilligungen** unzulässig (Paal/Pauly/Frenzel 79 Rn. 8; Taeger/Gabel/Taeger Rn. 126). Das entspricht der bisherigen Rechtslage (aA Lang/Peintinger ELR 2013, 206 (210): Verschärfung). Wie konkret die Einwilligung gefasst sein muss, hängt von den Umständen des Einzelfalls ab. Je größer die mit der Verarbeitung verbundene Persönlichkeitsgefährdung, desto detaillierter müssen Inhalt, Zweck und Ausmaß der Einwilligung bzw. der Datenverarbeitung gefasst sein (Ernst ZD 2017, 110 (113); vgl. Dammann/Simitis DSRL Art. 2 Rn. 22).

Zumindest kritisch ist es zu sehen, wenn sich die Bestimmtheit der Erklärung an den Einsatzzwecken 79.1 (und damit an den Interessen) des Verantwortlichen orientieren soll, etwa im Falle von AGB (Kühling/Buchner Rn. 66). Weil die Informationspflichten dem Schutz des Persönlichkeitsrechts der betroffenen Person dienen, können die Belange des Verantwortlichen nur eine untergeordnete Rolle spielen.

Das schließt es nicht aus, dass eine Einwilligung **für mehrere Zwecke zugleich** gegeben 80 wird, sofern diese bestimmt und abschließend bezeichnet sind (DWWS/Däubler Rn. 23; aA Gola/Schulz Rn. 35 für Verarbeitungen nach unspezifischen Zweckbestimmungen). Werden mit einer Datenverarbeitung verschiedene Zwecke verfolgt, ist allerdings in Hinblick auf Erwägungsgrund 43 S. 2 zu prüfen, ob es im Einzelfall angebracht ist, für jeden dieser Zwecke eine gesonderte Einwilligung einzuholen (→ Rn. 50). Die einzelnen Einwilligungen können dabei formal in einem Einwilligungstext zusammengefasst sein, sofern die betroffene Person beispielsweise durch Ankreuzen einzeln bestimmen kann, welchen Zwecken sie zustimmt. Nach Erwägungsgrund 32 S. 4 soll die Einwilligung generell zweckbezogen erteilt werden anstatt bezogen auf jeden einzelnen Verarbeitungsvorgang für denselben Zweck oder dieselben Zwecke. Die Einwilligung soll daher sämtliche Verarbeitungsvorgänge umfassen, die dem entsprechenden Zweck dienen. Sofern ein Verarbeitungsvorgang mehreren unterschiedlichen Zwecken dient, soll für alle Verarbeitungszwecke eine Einwilligung erteilt werden. Damit soll offenbar vermieden werden, dass ein Verarbeitungsvorgang teilweise auf eine Einwilligung und teilweise auf gesetzliche Grundlagen bzw. auf mehrere Einwilligungen (sofern das nicht nach Erwägungsgrund 43 S. 2 angebracht ist) gestützt wird.

Dagegen soll nach **Erwägungsgrund 33** im Rahmen **wissenschaftlicher Forschung** keine 81 strenge Zweckbestimmung erforderlich sein, sondern eine Einwilligung in „bestimmte Bereiche wissenschaftlicher Forschung" ausreichen, wenn dabei die „anerkannten ethischen Standards" der wissenschaftlichen Forschung eingehalten werden. Der betroffenen Person soll es aber ermöglicht werden, die Einwilligung auf bestimmte Bereiche oder Teile von Forschungsprojekten zu beschränken. Dahinter steht der Gedanke, dass Forschungsziele zu Beginn eines Projekts nicht immer exakt definiert werden können, sondern sich erst später konkretisieren und eine Nutzung personenbezogener Daten für sich erst später, teils nach Jahrzehnten abzeichnende Forschung ausgeschlossen wäre (vgl. zur Zweckbestimmung bei Biobanken Schmidt am Busch/Gassner/Wollenschläger DuD 2016, 365 (368) mwN). Um gerade im sensiblen Bereich der wissenschaftlichen Forschung das Selbstbestimmungsrecht nicht leerlaufen zu lassen, ist von dieser Möglichkeit allerdings zurückhaltend Gebrauch zu machen. Wo möglich sollten die Verwendungszwecke weiterhin projektbezogen festgelegt werden.

81.1 Zur Lösung wird vorgeschlagen, der betroffenen Person die Möglichkeit zu geben ausschließlich in die Datenverarbeitung eines bestimmten Vorhabens einzuwilligen oder zusätzlich in die Verwendung der Daten für darüber hinausgehende Forschungszwecke, sog. „broad consent" (Taeger/Gabel/Taeger Rn. 127).

VI. Form

82 Art. 4 Nr. 11 fordert eine **„unmissverständlich** abgegebene Willensbekundung in Form einer Erklärung oder einer **sonstigen eindeutigen bestätigenden Handlung**". Diese Formulierung bewirkt im Zusammenwirken mit Erwägungsgrund 32 teils Erleichterungen, teils Verschärfungen im Vergleich zur früheren Rechtslage. Dass die Einwilligung damit als Rechtsgrundlage in vielen Fällen ausscheidet, ist nicht zu erwarten (aA Gierschmann ZD 2016, 51 (54)).

1. Ausdrückliche Einwilligung

83 Die größte Rechtssicherheit gewährleistet nach wie vor die ausdrückliche Einwilligungserklärung. Eine solche kann, muss jedoch nicht mehr **schriftlich** erklärt werden. Ein Schriftformerfordernis wie noch das BDSG enthält die DS-GVO nicht, die ausdrückliche Einwilligung kann demzufolge auch **elektronisch** oder **mündlich** erklärt werden (EG 32). Relativiert wird die Formfreiheit allerdings dadurch, dass der Verantwortliche weiterhin den Beweis für das Vorliegen einer Einwilligung führen muss (→ Rn. 89 ff.), was in der Regel weiterhin eine Dokumentation der Erklärung erforderlich macht. Insbesondere bei erheblichen Gefährdungen für das Persönlichkeitsrecht des Betroffenen dürften schriftliche Einwilligungserklärungen nach wie vor unumgänglich sein, nicht zuletzt zum Schutz vor zivilrechtlicher Haftung (vgl. Wybitul BB 2016, 1077).

83.1 Zur Einwilligungen im **Beschäftigungsverhältnis** siehe § 26 Abs. 2 S. 3, Abs. 3 S. 2 BDSG (→ BDSG § 26 Rn. 45). Auch in andere bereichsspezifische Rechtsvorschriften hat der Gesetzgeber Regelungen zur Form der Einwilligung aufgenommen (z. B. § 67b Abs. 2, § 100 Abs. 1 S. 2 SGB X; dazu kritisch Hoidn/Roßnagel DuD 2018, 487 (489); s. auch Bieresborn NZS 2017, 926 (930)).

2. Konkludente Einwilligung

84 Die Formulierung „Erklärung oder einer sonstigen eindeutigen bestätigenden Handlung" (Art. 4 Nr. 11) stellt klar, dass neben ausdrücklichen auch konkludente Einwilligungen möglich sind (krit. Kühling/Buchner/Buchner/Kühling Rn. 58a f.). So kann die Einwilligung nach **Erwägungsgrund 32** auch „durch eine andere (...) Verhaltensweise geschehen, sofern die betroffene Person in dem jeweiligen Kontext eindeutig ihr Einverständnis mit der beabsichtigten Verarbeitung ihrer personenbezogenen Daten signalisiert". Das dürfte in der Praxis Anlass zu Kontroversen geben, ob einer Verhaltensweise ein eindeutiges Einverständnis entnommen werden kann (DWWS/Däubler Rn. 20; Spelge DuD 2016, 775 (781); s. etwa OLG Dresden Urt. v. 31.8.2021 – 4 U 324/21 – Einsenden einer Festplatte an den Verkäufer als konkludente Einwilligung in die Löschung der darauf gespeicherten Daten). Erwägungsgrund 32 stellt zumindest klar, dass jedenfalls das Anklicken eines Kästchens auf einer Internetseite oder die Vornahme bestimmter Browsereinstellungen diesen Anforderungen genügt (aA für „pauschale Browser-Opt-In-Lösung" Taeger/Gabel/Taeger Rn. 24 wegen Fehlens der erforderlichen Informationen im Einzelfall und Sydow/Ingold Rn. 20, 44 wegen unter Umständen mangelnder Bestimmtheit; Spindler DB 2016, 937, der insoweit Erwägungsgrund 32 übersieht; Albrecht CR 2016, 88 (91) unter Verweis auf den Zusatz „ohne jeden Zweifel" (jetzt in der dt. Fassung „unmissverständlich"), der mit „ausdrücklich" gleichzusetzen sei, verkennt, dass das Wort ausdrücklich etwa in Art. 9 Abs. 2 lit. a überflüssig wäre und lediglich eine hinreichend deutliche Erkennbarkeit verlangt (Dammann ZD 2016, 307 (308)).

Dagegen wird das Vorliegen einer wirksamen Einwilligung in der Literatur mangels eindeutig bestätigender Handlung zu Recht verneint, wenn die **Browsereinstellungen** bereits bei Installation entsprechend **vorkonfiguriert** sind (Schantz NJW 2016, 1841 (1844); Ehmann/Selmayr/Heckmann/Paschke Rn. 37).

84.1

Unzulässig sind dagegen konkludente Einwilligungen, wo der Verordnungstext eine **ausdrückliche Einwilligung vorschreibt** wie bei der Verarbeitung besonderer Kategorien personenbezogener Daten (Art. 9 Abs. 2 lit. a, Erwägungsgrund 51), automatisierten Entscheidungen im Einzelfall einschließlich Profiling (Art. 22 Abs. 2 lit. c, Erwägungsgrund 71) und bei Datenübermittlungen in Drittstaaten ohne angemessenes Datenschutzniveau und geeignete Garantien (Art. 49 Abs. 1 lit. a, Erwägungsgrund 111).

85

3. Opt-Out und Stillschweigen

Ein Opt-Out, also ein unterbliebener Widerspruch, ist keine wirksame Einwilligung. Art. 4 Nr. 11 fordert eine „unmissverständlich abgegebene" Willensbekundung und eine eindeutige bestätigende Handlung (Lang/Peintinger ELR 2013, 206 (212); im Einzelnen auch Kühling/Martini EuZW 2016, 448 (451)). In diesem Sinne führt **Erwägungsgrund 32** aus, dass „Stillschweigen, bereits angekreuzte Kästchen oder Untätigkeit der betroffenen Person" keine Einwilligung darstellen sollten. Zulässig sind folglich nur noch Gestaltungen, bei denen die betroffene Person von sich aus tätig werden muss, um eine Einwilligung zu erteilen (EuGH NJW 2021, 841 Rn. 36 f. – Orange Romania). Hingegen ist es unzulässig, wenn sie aktiv werden muss, um keine Einwilligung zu erteilen (zB Durchstreichen eines Einwilligungstextes, Buchner DuD 2016, 155 (158); ‚Deaktivieren' eines bereits angekreuzten Kästchens mit Einwilligungserklärung EuGH NJW 2019, 3433 Rn. 55, 57 – Planet49 GmbH → Rn. 70.1). Ebensowenig soll es genügen, wenn der Verantwortliche selbst die aktive Handlung vornimmt (zB Ankreuzen eines Kästchens: EuGH NJW 2021, 841 Rn. 46, 51 – Orange Romania). Die bloße Weiternutzung eines Dienstes (LG Köln Beschl. v. 13.4.2021 – 3 O 36/21; DWWS/Däubler Rn. 20) oder das Fortsetzen eines Telefonats (Taeger/Gabel/Taeger Rn. 27; Kühling/Buchner/Buchner/Kühling Rn. 58c) trotz Hinweises auf die damit verbundene Datenverarbeitung stellt ebenfalls keine unmissverständliche Willensbekundung dar.

86

4. Mutmaßliche Einwilligung

Aus dem Erfordernis einer eindeutigen bestätigenden Handlung in Art. 4 Nr. 11 folgt, dass es eine mutmaßliche Einwilligung unter der DS-GVO nicht gibt (DWWS/Däubler Rn. 20; Ernst ZD 2017, 110 (114)). Soweit der Betroffene selbst nicht mehr in der Lage ist, seine Einwilligung zu erklären, die Datenverarbeitung aber lebenswichtigen Interessen dient, enthält die Verordnung spezifische Rechtsgrundlagen (Art. 6 Abs. 1 UAbs. 1 lit. d, Art. 9 Abs. 1 lit. c, Art. 49 Abs. 1 lit. f; s. auch Erwägungsgrund 112, der zusätzlich auf das mögliche Bestehen eines öffentlichen Interesses an der Datenverarbeitung hinweist; aA Taeger/Gabel/Taeger Rn. 29)).

87

VII. Zeitpunkt, Dauer

Die wirksame Einwilligung muss im Zeitpunkt der Datenverarbeitung vorliegen und deshalb **zuvor erklärt** worden sein (HK-DS-GVO/Ingold Rn. 17; Kühling/Buchner/Buchner/Kühling Rn. 30). Ein **Verfallsdatum** für Einwilligungserklärungen wurde entgegen mancher Empfehlung nicht eingeführt (BR-Drs. 52/12(B)(2), 12; Gola/Schulz Rn. 58). Ein automatisches erneutes Einholen der Einwilligung ist damit nicht notwendig, kann jedoch in Einzelfällen zu empfehlen sein. Zu einer zeitlichen Grenze führt allerdings das Recht auf Vergessen, wenn Daten zu löschen sind, sobald sie für die Zwecke, für die sie erhoben wurden, nicht mehr erforderlich sind (Art. 17 Abs. 1 lit. a → Art. 17 Rn. 25 ff.). Das ist auch der Fall, wenn der Zweck, für den die Daten erhoben wurden, erfüllt ist. Entfällt nur einer von mehreren Zwecken, gilt die Einwilligung im Übrigen fort (DWWS/Däubler Rn. 45). Es ist umstritten, ob eine einmal eingeholte Einwilligung, von der lange Zeit kein Gebrauch gemacht wird, ihre Wirkung verliert (so DWWS/Däubler Rn. 51; aA GSSV/Gierschmann Rn. 138). Die betroffene Person soll eine Einwilligung jedoch befristen können (Auernhammer/Kramer Rn. 7).

88

E. Beweislast (Abs. 1)

Die DS-GVO enthält mit Art. 7 Abs. 1 eine **ausdrückliche Beweislastregel** für das Vorliegen einer wirksamen Einwilligung (EuGH NJW 2021, 841 Rn. 42 – Orange Romania; OVG Saarlouis

89

ZD 2021, 386 Rn. 28; GSSV/Gierschmann Rn. 127 ff.; aA NK-Datenschutzrecht/Klement Rn. 46). Die Vorschrift konkretisiert die in Art. 5 Abs. 2 normierte allgemeine Rechenschaftspflicht, wonach der Verantwortliche ua die Rechtmäßigkeit der Datenverarbeitung nachweisen können muss. Das entspricht der bisherigen Rechtslage, wonach eine Datenverarbeitung nur rechtmäßig war, wenn der Betroffene „ohne jeden Zweifel" seine Einwilligung gegeben hatte (Art. 7 lit. a DSRL; Roßnagel/Holznagel/Sonntag DatenschutzR-Hdb Kap. 4.8 Rn. 11 f.; DKWW/Däubler BDSG § 4a Rn. 17), und nach der allgemeinen Beweislastregel diejenige Partei beweispflichtig war für eine Tatsache, aus der sie einen eigenen Vorteil ableitete (Taeger/Gabel/ Taeger Rn. 5). Kann der Verantwortliche diesen Nachweis nicht führen, so gilt die Einwilligung als nicht bzw. nicht wirksam erteilt. Es treten dieselben Rechtsfolgen ein wie bei tatsächlich fehlender wirksamer Einwilligung (OVG Saarlouis ZD 2021, 386 Rn. 28; ähnlich Taeger/Gabel/ Taeger Rn. 37; → Rn. 100 f.)

90 Der Zweck der Vorschrift erfordert eine **weite Auslegung:** Der Verantwortliche muss im Streitfall nicht nur nachweisen, dass der Betroffene überhaupt eine Zustimmung erklärt hat, sondern er muss das Vorliegen **sämtlicher Wirksamkeitsvoraussetzungen** beweisen (vgl. EuGH NJW 2021, 841 Rn. 42, 52 – Orange Romania; Taeger/Gabel/Taeger Rn. 38 ff.; ähnlich Auernhammer/Kramer Rn. 12). In diesem Sinne dürfte auch **Erwägungsgrund 42** zu verstehen sein. An die Feststellung, dass der Verantwortliche die Abgabe einer Einwilligung nachweisen können muss, schließen sich – eingeleitet durch das Wort „insbesondere" – weitere Modalitäten an, die die Wirksamkeit der Einwilligung sicherstellen sollen. In Hinblick auf die Freiwilligkeit wird allerdings zu fordern sein, dass eine betroffene Person, die das Vorliegen einer wirksamen Einwilligung bestreitet, substantiiert darlegt, aus welchen Umständen sich die fehlende Freiwilligkeit ergeben soll.

91 Die **Art des Nachweises** lässt die Vorschrift offen (Taeger/Gabel/Taeger Rn. 43). Neben einer schriftlichen Einwilligung, die nach wie vor die größte Rechtssicherheit bietet (DWWS/ Däubler Rn. 22), sind etwa die Speicherung einer Einwilligung in Textform, elektronische Protokollierung, Vermerke ua Dokumentationen denkbar – mit freilich unterschiedlicher Beweiskraft. Ob für einen Nachweis allein die Tatsache ausreicht, dass ein Dienst technisch erst nach Ankreuzen eines Einwilligungstextes genutzt werden kann, ist sehr zweifelhaft (ablehnend Hanloser ZD 2019, 287 (288); zur Rechtsgrundlage der mit dem Nachweis verbundenen Datenverarbeitung Paal/ Pauly/Frenzel Rn. 9).

91.1 Zur mangelnden Eignung des Double-Opt-In-Verfahrens per E-Mail zum Nachweis einer Einwilligung in die Verarbeitung personenbezogener Daten für telefonische Werbung VG Saarlouis, Urt. v. 29.10.2019, 1 K 732/19.

F. Widerruf (Abs. 3)

92 Während ein Widerrufsrecht bislang zwar anerkannt, in der DSRL aber nicht ausdrücklich geregelt war (Ehmann/Helfrich, EG-Datenschutzrichtlinie, 1999, DSRL Art. 2 Rn. 72), sieht die Verordnung ein Widerrufsrecht explizit in Art. 7 Abs. 3 vor. Danach ist die Einwilligung **frei widerruflich** (DWWS/Däubler Rn. 49; GVVS/Gierschmann Rn. 119).

93 Einen **Ausschluss des Widerrufsrechts** für bestimmte Fallkonstellationen, etwa bei Datenverarbeitungen im Rahmen von Vertragsverhältnissen oder aufgrund „Unzumutbarkeit" der mit der Löschung verbundenen Folgen für den Verantwortlichen, sieht die Verordnung nicht vor. Die betroffene Person kann daher eine die in einem Vertrag erklärte Einwilligung widerrufen, selbst wenn die fraglichen Daten zur Vertragserfüllung erforderlich oder Gegenstand der vertraglichen Leistungspflicht sind (DWWS/Däubler Rn. 50; Weichert, Die Europäische Datenschutz-Grundordnung, 2016, 12; im Arbeitsverhältnis Tinnefeld/Conrad ZD 2018, 391 (396); EuArbRK/ Franzen Rn. 6; aA NK-DatenschutzR/Klement Rn. 92; Gola/Schulz Rn. 57; Auernhammer/ Kramer Rn. 34). Das ist für Verträge über digitale Inhalte und digitale Dienstleistungen in Art. 3 Abs. 8 Digitale-Inhalte-RL und § 327q BGB nF ausdrücklich klargestellt (Gesetzesbegründung, BT-Drs. 19/27653, 75 f.; ggf. steht dem Unternehmer jedoch nach der Vorschrift ein außerordentliches Kündigungsrecht des Vertrages zu; dazu Fellner MDR 2021, 976 (981); Klink-Straub NJW 2021, 3217). Dass auch in solchen Fällen eine weitere Verarbeitung in der Regel möglich ist, stellt – wenn auch fragwürdig – Art. 17 Abs. 1 lit. b iVm Art. 6 Abs. 1 UAbs. 1 lit. b sicher (jedenfalls wenn die Verarbeitung kumulativ hierauf gestützt wurde: Kühling/Buchner/Buchner/ Kühling Rn. 39a; → Rn. 96). Entgegen der abweichenden Literaturmeinung dürfte ein Ausschluss des Widerrufsrechts daher zur Erfüllung des Vertragsverhältnisses in vielen Fällen ohnehin nicht erforderlich sein. Nichts anderes gilt, wenn (ggf. kostenaufwendig) erstellte Arbeitsergebnisse für den Verantwortlichen nicht mehr nutzbar sind. Das Gebot von Treu und Glauben kann

	Artikel 7 DS-GVO
Bedingungen für die Einwilligung	

angesichts des klaren Verordnungstexts zur Einschränkung des Widerrufsrechts in solchen Fällen nicht herangezogen werden (aA Taeger/Gabel/Taeger Rn. 73 f.). Möglich ist auch ein **teilweiser Widerruf** der Einwilligung, sofern der restliche Teil der Einwilligung sinnvoll bestehen kann (Kühling/Buchner Rn. 35; NK-DatenschutzR/Klement Rn. 88). Andernfalls ist durch Auslegung zu ermitteln, ob die Einwilligung vollständig oder gar nicht widerrufen worden ist.

94 Die betroffene Person ist vor Abgabe einer Einwilligungserklärung über dieses Recht zu **informieren,** Art. 7 Abs. 3 S. 3 (→ Rn. 58). Ob Verstöße gegen die Hinweispflicht zur Unwirksamkeit der Einwilligung führen, wird unterschiedlich beurteilt (verneinend: Ehmann/Selmayr/Heckmann/Paschke Rn. 89; Ernst ZD 2017, 110 (112); bejahend: Taeger/Gabel/Taeger Rn. 76; Auernhammer/Kramer Rn. 38; danach differenzierend, ob die Datenverarbeitung bereits begonnen hat NK-DatenschutzR/Klement Rn. 95).

95 Auf Initiative des Parlaments wurde die Regelung des Art. 7 Abs. 3 S. 4 aufgenommen, wonach ein Widerruf **so einfach** möglich sein muss **wie die Erteilung der Einwilligung** (nach SJTK/Schwartmann/Klein Rn. 39 soll noch weitergehend ungeachtet der Form der erteilten Einwilligung „jedwede Form des Widerrufs" ausreichend sein; s. auch Roßnagel/Kroschwald ZD 2014, 495 (497); zum Beschäftigungsverhältnis: Spelge DuD 2016, 775 (781)). Die Regelung beschränkt sich nicht auf die Form, sondern erfasst sämtliche Umstände der Erklärung, sodass die betroffene Person nicht gezwungen werden kann, das Widerrufsrecht dem Datenschutzbeauftragten gegenüber zu erklären, wenn die Einwilligung von einem Kundenbetreuer eingeholt wurde (Paal/Pauly/Frenzel Rn. 17; aA Auernhammer/Kramer Rn. 40; Wendehorst/Graf von Westphalen NJW 2016, 3745). In jedem Fall muss der Widerruf hinreichend bestimmt sein und eine zuverlässige Identifikation des Widerrufenden ermöglichen (NK-DatenschutzR/Klement Rn. 88).

96 Der Widerruf wirkt **ex nunc,** die bis zum Widerruf erfolgte Datenverarbeitung bleibt rechtmäßig (Art. 7 Abs. 3 S. 2). Mit Ausübung des Widerrufsrechts sind die auf Grundlage der widerrufenen Einwilligung verarbeiteten Daten zu **löschen.** Diese Pflicht wird jedoch dadurch erheblich eingeschränkt, dass eine Verarbeitung weiterhin zulässig ist, wenn sie auf eine **andere Rechtsgrundlage** gestützt werden kann (Art. 17 Abs. 1 lit. b; verdrängt insoweit Abs. 3; Veil NJW 2018, 3337 (3342)). Das wird überwiegend so verstanden, dass ein Rückgriff auf einen gesetzlichen Erlaubnistatbestand jedenfalls dann zulässig ist, wenn die Datenverarbeitung von vornherein (kumulativ) auf diesen Tatbestand gestützt wurde (→ Rn. 4). Dem Wortlaut der Vorschrift nach, wäre auch ein Auswechseln der Rechtsgrundlage ex nunc möglich (ablehnend Krusche ZD 2020, 232 (236)).

96.1 Diese äußerst bedenkliche Regelung hat zur Folge, dass die betroffene Person in vielen Fällen eine Datenverarbeitung auch **nach dem Widerruf ihrer Einwilligung weiterhin dulden muss** (etwa nach Art. 6 Abs. 1 UAbs. 1 lit. b, f). Das widerspricht dem bisherigen Anspruch, dass der Verantwortliche eine Datenverarbeitung nur dann auf die Einwilligung stützen soll, wenn er bereit ist die Entscheidung der betroffenen Person zu akzeptieren. Dem Betroffenen soll kein Einfluss auf den Umgang mit seinen Daten vorgegaukelt werden, den er tatsächlich nicht hat. Das gilt in gleicher Weise für das Widerrufsrecht. Das Selbstbestimmungsrecht wird entwertet, wenn der Betroffene erst explizit auf ein Widerrufsrecht hingewiesen und so zur Einwilligung bewegt wird, wenn sich dieses Recht später als wertlos entpuppt. Besonders bedenklich ist die Regelung, wenn der Verantwortliche mit der Einwilligung Daten erlangt hat, die er nicht auf gesetzlicher Grundlage hätte erheben dürfen, die er aber (etwa wegen eines berechtigten Interesses) anschließend auf gesetzlicher Grundlage weiterverarbeiten darf. Im Ergebnis sollte von der Vorschrift nur äußerst zurückhaltend Gebrauch gemacht werden. Zu Recht wird gefordert, der Verantwortliche müsse den Betroffenen vor Erteilung der Einwilligung darauf hinweisen, dass eine Datenverarbeitung auch nach Widerruf auf gesetzlicher Grundlage zulässig ist (→ Rn. 4).

96.2 Nach der **Gegenauffassung** besteht kein schutzwürdiges Vertrauen, dass eine Verarbeitung mit dem Widerruf der Einwilligung unzulässig wird (Taeger/Gabel/Taeger Rn. 72; s. auch NK-DatenschutzR/Klement Rn. 34). Stattdessen soll eine Löschung personenbezogener Daten sogar erst dann zulässig sein, wenn der Verantwortliche erfolglos nach einer anderen Verarbeitungsgrundlage gesucht hat (Veil NJW 2018, 3337 (3342)).

97 Hat der Verantwortliche die Daten **öffentlich gemacht,** kann er nach Art. 17 Abs. 2 verpflichtet sein, Dritte über den Widerruf zu informieren.

G. Rechtsfolgen bei Verstößen

98 Eine Einwilligung, die die Voraussetzungen der Art. 4 Nr. 11, Art. 7 Abs. 2 und 4 nicht erfüllt, ist **unwirksam.** Diese Rechtsfolge ist in **Art. 7 Abs. 2 S. 2** für zusammengesetzte Erklärungen ausdrücklich angeordnet, folgt aber bereits daraus, dass begriffsnotwendige Voraussetzungen fehlen.

Insofern ist die Regelung in Art. 4 Nr. 11 als Legaldefinition der wirksamen Einwilligung zu verstehen. Das wird in der Regel die gesamte Einwilligung betreffen. Nur in Ausnahmefällen ist eine Teilunwirksamkeit denkbar (GSSV/Gierschmann Rn. 132 f.).

99 Fraglich ist allerdings, ob jeglicher Verstoß gegen die **Hinweispflichten** der Art. 13 f. zur Unwirksamkeit der Einwilligung führt, bspw. auch das Fehlen von Kontaktdaten des Datenschutzbeauftragten. Die strikte Formulierung der Art. 13 und 14 spricht zwar für einen strengen Maßstab, die Vorschriften werden in der Literatur überwiegend nur als Anhaltspunkt für die Informationspflichten im Rahmen einer Einwilligung herangezogen. Hinsichtlich der Wirksamkeit wird deshalb nach Art der fehlenden Information differenziert (vgl. Kühling/Buchner/Buchner/Kühling Rn. 59; Ehmann/Selmayr/Heckmann/Paschke Rn. 58; s. auch Ernst ZD 2017, 110 (112): Fehlen von Kontaktangaben des Datenschutzbeauftragen unschädlich). Die meisten der in Art. 13 und 14 genannten Angaben werden jedoch für die hinreichende Unterrichtung des Betroffenen zwingend erforderlich sein.

100 Auf Grundlage einer unwirksamen Einwilligung erhobene Daten sind zu **löschen** (Art. 17 Abs. 1 lit. d), es sei denn die betroffene Person willigt erneut in die Verarbeitung ihrer Daten ein. Freilich kann die Rechtswidrigkeit der Verarbeitung für die Vergangenheit damit nicht beseitigt werden. Weil der Betroffene in Hinblick auf den Transparenzgedanken (Art. 5 Abs. 1 lit. a, Art. 13 Abs. 1 lit. c, Art. 14 Abs. 1 lit. c) stets (zutreffende) Kenntnis davon haben muss, auf welcher Grundlage seine Daten verarbeitet werden (Paal/Pauly/Frenzel Rn. 7) und angesichts der eindeutigen Regelung in Art. 17 Abs. 1 lit. d scheidet ein nachträgliches Auswechseln der Rechtsgrundlage (ex tunc) regelmäßig aus. Es kann nicht offen bleiben, unter welchen Bedingungen personenbezogene Daten verarbeitet werden (siehe aber zur kumulativen Anwendung von Erlaubnistatbeständen → Rn. 4 f.).

101 Verantwortliche und Auftragsverarbeiter, die gegen die Vorschriften über eine Datenverarbeitung mit Einwilligung der betroffenen Person verstoßen, können nach Art. 82 zum **Schadensersatz** verpflichtet sein (→ Art. 82 Rn. 14). Darüber hinaus kann nach Art. 83 Abs. 5 lit. a eine **Geldbuße** verhängt werden, soweit ein Verstoß gegen die für die Datenverarbeitung geltenden Grundsätze – auch die Bedingungen für eine Einwilligung – vorliegt. Während die Bedingungen der Einwilligung insbesondere in Art. 6 und 7 beschrieben sind (s. aber Nebel/Richter ZD 2012, 407 (410)), ist unklar, wann ein Verstoß gegen die Grundsätze für die Verarbeitung vorliegt. Viel spricht dafür, dass Verstöße gegen einwilligungsbezogene Vorschriften auch außerhalb der genannten Normen erfasst sind. Im Übrigen sind auch Verstöße gegen die Art. 12, 13 und 14 bußgeldbewehrt (Art. 83 Abs. 5 lit. b; Wybitul BB 2016, 1077 (1079)).

Artikel 8 Bedingungen für die Einwilligung eines Kindes in Bezug auf Dienste der Informationsgesellschaft

(1) ¹Gilt Artikel 6 Absatz 1 Buchstabe a bei einem Angebot von Diensten der Informationsgesellschaft, das einem Kind direkt gemacht wird, so ist die Verarbeitung der personenbezogenen Daten des Kindes rechtmäßig, wenn das Kind das sechzehnte Lebensjahr vollendet hat. ²Hat das Kind noch nicht das sechzehnte Lebensjahr vollendet, so ist diese Verarbeitung nur rechtmäßig, sofern und soweit diese Einwilligung durch den Träger der elterlichen Verantwortung für das Kind oder mit dessen Zustimmung erteilt wird.

Die Mitgliedstaaten können durch Rechtsvorschriften zu diesen Zwecken eine niedrigere Altersgrenze vorsehen, die jedoch nicht unter dem vollendeten dreizehnten Lebensjahr liegen darf.

(2) Der Verantwortliche unternimmt unter Berücksichtigung der verfügbaren Technik angemessene Anstrengungen, um sich in solchen Fällen zu vergewissern, dass die Einwilligung durch den Träger der elterlichen Verantwortung für das Kind oder mit dessen Zustimmung erteilt wurde.

(3) Absatz 1 lässt das allgemeine Vertragsrecht der Mitgliedstaaten, wie etwa die Vorschriften zur Gültigkeit, zum Zustandekommen oder zu den Rechtsfolgen eines Vertrags in Bezug auf ein Kind, unberührt.

Überblick

Art. 8 sieht ergänzende Bestimmung bezüglich der Wirksamkeit der Einwilligung von Kindern, die das 16. Lebensjahr noch nicht vollendet haben vor. Dadurch werden die Anforderungen an die Einwilligung der Art. 6 und 7 ergänzt (→ Rn. 11 f.) und dem besonderen Bedürfnis nach einem Schutz von Kindern bei der Nutzung von Internetdienstleistungen Rechnung getragen (→ Rn. 7 f.). Eine Einwilligung eines Kindes ist danach nur wirksam, wenn die Inhaber des elterlichen Sorgerechts der Einwilligung zustimmen bzw. diese für das Kind erklären (→ Rn. 52 f.). Mittels einer Öffnungsklausel erhalten die Mitgliedstaaten die Möglichkeit, nationalen Besonderheiten des Minderjährigen-Rechts Rechnung zu tragen (→ Rn. 60 f.). Sie können das Zustimmungserfordernis für jüngere Kinder national eigenständig regeln (→ Rn. 21 f.). Allerdings dürfen sie dabei ein Mindestalter von 13 Jahren nicht unterschreiten. Neben einer Unberührtheitsklausel im Hinblick auf das nationale Vertragsrecht und den Schutz von Minderjährigen sieht Art. 8 eine Kontrollpflicht der verantwortlichen Stelle vor (→ Rn. 55 ff.). Diese wird verpflichtet zu prüfen und zu dokumentieren, dass die Zustimmung der Eltern bzw. Sorgeberechtigten bei Einwilligungen von Kindern unter 16 Jahren vorliegt. Verstöße gegen die Vorgaben des Art. 8 sind gem. Art. 83 Abs. 5 lit. a bußgeldbewehrt (→ Rn. 27 ff.).

Übersicht

	Rn.		Rn.
A. Allgemeines	1	III. Rechtspolitische Bedeutung	41
I. Normengeschichte und bisheriger Regelungsstand	2	**C. Tatbestandsvoraussetzungen – Wirksamkeit einer Einwilligung Abs. 1**	44
II. Zweck der Norm	7	I. Personeller Anwendungsbereich „Kind"	44
III. Systematische Stellung in der DS-GVO	11	II. Materieller Anwendungsbereich „Angebot von Diensten der Informationsgesellschaft, das einem Kind direkt gemacht wird"	46
IV. Öffnungsklausel und mitgliedstaatliche Regelungen	19		
V. Anwendbare nationale Altersvorgaben	21		
VI. Internationale Regelungen	25	III. Voraussetzung für die Wirksamkeit „Zustimmung durch die Träger der elterlichen Verantwortung"	52
VII. Sanktionen	27		
B. Normative Bedeutung und Wirkung	34	**D. Dokumentation und Nachweis der Zustimmung Abs. 2**	55
I. Wirksamkeitsvoraussetzung für Einwilligung Minderjähriger	34	**E. Verhältnis zum nationalen Vertragsrecht Abs. 3**	60
II. Regulierung der Einsichtsfähigkeit vs. Geschäftsfähigkeit	36		

A. Allgemeines

Das europäische und deutsche Datenschutzrecht sahen bis zum Inkrafttreten der DS-GVO **1** **keinen expliziten datenschutzrechtlichen Schutz** der Persönlichkeitsrechte von **Kindern** vor (BMH Rn. 4 ff.). Anstrengungen innerhalb Deutschlands an diesem Zustand etwas zu verändern, waren in der Vergangenheit gescheitert (Gola/Schulz ZD 2013 475 (475)). Teilweise wurde allerdings versucht, den besonderen Schutz von Kindern und Jugendlichen aus dem Grundgesetz herzuleiten (Jandt/Roßnagel MMR 2011 637 (638)), indem über die bestehenden Abwägungsklauseln gesetzlicher Verarbeitungstatbestände der besonderen Schutzbedürftigkeit von Kindern und Jugendlichen bei der Verarbeitung deren personenbezogenen Daten Rechnung getragen wurde. So stellte der EuGH fest, dass das Alter Betroffener ein Faktor ist, das im Rahmen der Abwägung der jeweils einander gegenüberstehenden Rechte und Interessen im Hinblick auf die Verarbeitung personenbezogener Daten zu berücksichtigen ist (EuGH BeckRS 2017, 108615 Rn. 33). Erst mit Inkrafttreten der DS-GVO wird durch den europäischen Gesetzgeber **der besondere Schutz** von Kindern (→ Rn. 7) auch im Hinblick auf deren Persönlichkeitsrechten normiert. Art. 8 ergänzt insoweit die Anforderungen an die Wirksamkeit einer Einwilligung gem. Art. 7 (→ Art. 7 Rn. 6).

Art. 8 kann damit als eine der wenigen wirklichen Innovationen der DS-GVO verstanden werden **1.1** (Roßnagel DuD 2016, 560 (562)). Eine Evaluation der DS-GVO im Auftrag der EU-Kommission hat allerdings gezeigt, dass die Beachtung der besonderen Situation von Kindern und Jugendlichen im Hinblick auf deren Schutzbedürftigkeit verbesserungswürdig ist. Zugleich steht der Schutz von Kindern im besonderen Fokus der Aufsichtsbehörden (European Commission, Commission Staff Working Document, Data protection as a pillar of citizens' empowerment and the EU's approach to the digital transition - two years of application of the General Data Protection Regulation, COM (2020) 264 final, 11, 21).

DS-GVO Artikel 8

Kapitel II. Grundsätze

I. Normengeschichte und bisheriger Regelungsstand

2   Bereits die **Kommission** hatte in ihrem Entwurf v. 25.1.2012 (2012/0011 (COD)) eine Regelung zur **Wirksamkeit von Einwilligungen** durch Kinder vorgesehen. Diese war allerdings gem. Abs. 1 des Entwurfs im Hinblick auf das Mindestalter, welches 13 Jahre betrug, weniger restriktiv. Zudem sah diese Regelung vor, dass Anbieter von Diensten der Informationsgesellschaft sich angemessen anstrengen müssen, eine **nachprüfbare Einwilligung** zu erhalten (Abs. 1 S. 2 des Entwurfs). Die Kommission hatte auch eine Ermächtigung zum **Erlass delegierter Rechtsakte** für die Modalitäten und Anforderungen, Abs. 3 des Entwurfs, und die Festlegung von Standardvorlagen für spezielle Arten der Erlangung einer nachprüfbaren Einwilligung vorgesehen, Abs. 4 des Entwurfs. Beide Ermächtigungen wurden im Laufe des Gesetzgebungsverfahrens **aufgegeben**.

3   Das **Parlament** erweiterte in seinem Entwurf des Art. 8 den Anwendungsbereich auf das Angebot von „**Waren und Dienstleistungen**" an Kinder. Zudem sollte es keine Begrenzung der Regelung auf „**Dienste der Informationsgesellschaft**" (vgl. Art. 8 Abs. 1) geben. Verantwortliche Stellen sollten außerdem verpflichtet werden, angemessene Anstrengungen nicht allein im Hinblick auf die Erlangung der Einwilligung, sondern auf die Überprüfung der erteilten Einwilligung zu unternehmen. Der Vorschlag des Parlaments sah außerdem eine Datenminimierungsklausel vor, durch welche die zusätzliche Erhebung personenbezogener Daten zur Verifikation der Einwilligung vermieden werden sollten. Eine vergleichbare Regelung findet sich in Art. 11 (→ Art. 11 Rn. 12).

4   Der Entwurf des Parlaments beinhaltete des Weiteren in Abs. 1a eine **gesonderte Verpflichtung** zur **Information** von Kindern und deren Eltern und Sorgeberechtigten bezüglich der Bestimmtheit der Formulierung und einer **adressatengerechten Gestaltung.** Diese Forderungen finden sich in Art. 12 Abs. 1 (→ Art. 12 Rn. 12) wieder. Ebenfalls nicht mehr enthalten ist der Vorschlag des Parlaments, den Gemeinsamen Ausschuss mit der **Erstellung von Richtlinien und Hinweisen** bezüglich der Einholung der Einwilligung von Kindern zu beauftragen.

5   Der **Rat** sah in seinem Entwurf keine Altersbegrenzung vor. Er stützte sich auf den Begriff des „Kindes". Die Einwilligung eines Kindes wäre nach dem Willen der Mitgliedstaaten nicht **nur mit der Zustimmung** der Eltern und Sorgeberechtigten wirksam gewesen, sondern auch wenn das nationale Recht der Mitgliedstaaten dies so vorgesehen hätte. Unterabsatz 1 trägt nunmehr dem Bedürfnis der Mitgliedstaaten Rechnung, **einzelstaatliche Sondervorschriften** erlassen zu können (→ Rn. 21). Der Rat sah keine delegierten Rechtsakte oder eine Beauftragung des Gemeinsamen Ausschusses zur Konkretisierung der Bedingungen unter welchen Minderjährigen einwilligen können vor.

6   Aus der **Normenhistorie** ergibt sich deutlich, dass Kommission und Parlament mit ihrem Ziel einer **Vollharmonisierung** des datenschutzrechtlichen Schutzes von Minderjährigen nicht durchgedrungen sind. Die Mitgliedstaaten beharrten dabei einerseits auf deren nationalen Regeln des Minderjährigenschutzes und gleichzeitig auf ein hohes Alter (Albrecht/Jotzo Das neue DatenschutzR Teil 3 C III 4. Rn. 69).

II. Zweck der Norm

7   Der europäische Gesetzgeber hat erkannt, dass Kinder bei der Verarbeitung ihrer personenbezogenen Daten eines besonderen Schutzes bedürfen (Ernst ZD 2017, 110 (111); Joachim ZD 2017, 414 (415), so im Hinblick auf den Schutz vor Presseveröffentlichungen der BGH ZD 2014, 410 (411) Rn. 17). Daher mussten **spezielle Maßnahmen** zum Schutz von Minderjährigen getroffen werden (Entschl. EP v. 6.7.2011 zum Gesamtkonzept für den Datenschutz in der EU (2011/2025(INI), Ziff. 20). Denn Kinder seien sich häufig kaum der **betreffenden Risiken, Folgen und ihrer Garantien und Rechte** im Hinblick auf die Verarbeitung ihrer Daten bewusst (Erwägungsgrund 38). Auch lassen sich Kinder stärker **beeinflussen, sind unerfahrener und verfügen in der Regel über keine geschäftliche Erfahrung,** was eine erhöhte Schutzbedürftigkeit auslöst (Gola/Schulz ZD 2013 475 (475)) und entsprechende Maßnahmen rechtfertigt. Mit Art. 8 existiert nunmehr ein altersabhängiges, gestuftes Schutzkonzept für Kinder bei der Erteilung von Einwilligungen bei der Nutzung von Internetdienstleistungen. Die Schutzwirkung geht dabei allerdings nicht über die Regulierung der Wirksamkeit der Einwilligung hinaus und regelt zB nicht die Zulässigkeit der Wahrnehmung anderer Betroffenenrechte durch Minderjährige (so wohl auch Tinnefeld/Conrad ZD 2018 391 (394)). Dennoch hat der europäische Gesetzgeber mit dieser Regelung auf die sich in der Informationsgesellschaft wandelnden Bedürfnisse des Schutzes Minderjähriger reagiert (Spindler/Schuster/Spindler/Dalby DS-GVO Art. 8 Rn. 1).

8   Zudem nutzen Kinder und Jugendliche zunehmend **digitale Medien** und integrieren diese in ihren **Alltag** (Taeger ZD 2021, 505; DIVSI U9-Studie – Kinder in der digitalen Welt, 2015,

61 f.) und sind zugleich eine wirtschaftlich relevante Zielgruppe und zugleich die „Kunden von morgen" (Rouda MMR 2017, 15 (16); Paal/Pauly/Frenzel Art. 8 Rn. 1), womit sie insbesondere für den Werbemarkt eine interessante Zielgruppe darstellen. Ergänzend basiert vor allem in der Spielebranche die Weiterentwicklung von Spielen auf den durch bei der Nutzung der Spiele gesammelten Daten. Die Nutzerdaten werden auch als das „Lebenselixier für Computer- und Videospiele" bezeichnet (Bänsch/Hentsch MMR-Beil. 8/2021, 3). Nicht nur deswegen geht die Nutzung der Dienste der Informationsgesellschaft mit der teilweise sehr umfangreichen Preisgabe personenbezogener Daten einher (Entschl EP v. 6.7.2011 zum Gesamtkonzept für den Datenschutz in der EU (2011/2025(INI), Erwägungsgrund M) und kann in einer umfassenden **Persönlichkeitsprofilbildung** münden (Gola/Schulz ZD 2013, 475 (475)). Insoweit überrascht es nicht, dass bei den sogenannten Digital Natives, also der Bevölkerungsgruppe die mit digitalen Medien aufwachsen, das **Thema Datenschutz** bei der Nutzung digitaler Angebote eine besondere Rolle spielt (DIVSI U25-Studie Kinder, Jugendliche und junge Erwachsene in der digitalen Welt, 2014, 19). Daher ist es konsequent, den spezifischen Schutz Minderjähriger unter datenschutzrechtlichen Aspekten in Bezug auf die Dienste der Informationsgesellschaft zu normieren.

Zum Teil wird in der Literatur vertreten, dass Zweck des Art. 8 die Regelung der Einwilligungsfähigkeit im Hinblick auf die fehlende **Freiwilligkeit** der Erteilung der Zustimmung durch Kinder und Jugendliche sei. Kinder und Jugendliche seien in ihrer Fähigkeit zur kognitiven Erfassung des Gegenstands und des Sachverhalts der Einwilligung und der damit verbundenen Folgen beschränkt. Deswegen könnten sie nicht selbstbestimmt ihren Willen betätigen. Dies führe unter den Wirksamkeitsbedingungen einer Einwilligung der DS-GVO regelmäßig zur Unwirksamkeit der Erteilung der Zustimmung in die Verarbeitung personenbezogener Daten von Minderjährigen, soweit keine Legitimierung durch Eltern oder Sorgeberechtigte erfolgen würde (NK-DatenschutzR/Klement Rn. 1, 10; Art. 7 Rn. 49). Diese Sichtweise erweitert allerdings den Begriff der Freiwilligkeit um eine normative Komponente, die eigentlich eine eigenständige Bedingung der Wirksamkeit der Willenserklärung ist, nämlich gem. Art. 4 Nr. 11 DS-GVO die Informiertheit (vgl. Janicki DSRITB 2019, 313 (319)). Fehlt Kinder und Jugendlichen die Fähigkeit, die Konsequenzen ihres Handelns zu überblicken, sind diese im Sinn des DS-GVO gleich gestellt mit Personen, die zB einer Fehlvorstellung unterliegen. Deren Zustimmung erteilen diese Personen dann weiterhin ohne Zwang oder Druck (Gola/Schulz Art. 7 Rn. 21) und damit freiwillig, allerdings uninformiert mithin ohne die erforderliche Einsichtsfähigkeit. 8a

Die DS-GVO greift dieses **Bedürfnis** auf. Unter anderem mit der Regelung des Art. 8 gewährt die DS-GVO Minderjährigen einen **besonderen Schutz** insbesondere bei der Verwendung personenbezogener Daten zu **Werbezwecken** oder der **Erstellung von Persönlichkeits- oder Nutzerprofilen.** Der Schwerpunkt des Schutzes in Art. 8 liegt auf der Erhebung und Verarbeitung der Daten von Kindern bei deren Nutzung von an **sie gerichteten digitalen Diensten** (→ Rn. 46). 9

Gleichzeitig beachtet die DS-GVO das **Sorgerecht** der Eltern und Sorgeberechtigten für deren Minderjährigen im Bereich des Datenschutzes (Erwägungsgrund 38). Neben der Berechtigung zur Ausübung dieses Rechts beinhaltet die DS-GVO mit Art. 8 allerdings auch eine **Pflicht,** die Interessen der Minderjährigen auf Persönlichkeitsschutz gegenüber verantwortlichen Stellen **wahrzunehmen** und trägt damit gleichzeitig dem grundrechtlichen Schutz des Eltern-Kind-Verhältnis Rechnung, in dem Minderjährigen die exklusive und vollständige Kontrolle über die Entscheidung über den Umgang mit den eigenen Daten verwehrt wird (NK-DatenschutzR/ Klement Rn. 27; Paal/Pauly/Frenzel Rn. 2). Die DS-GVO stellt daher die Wirksamkeit einer Einwilligung von Kindern unter dem 16. Lebensjahr bei der Nutzung von Diensten der Informationsgesellschaft unter den **Zustimmungsvorbehalt** der Eltern des Kindes bzw. den Trägern der elterlichen Verantwortung (Plath/Plath Rn. 4). 10

Die Regelung des Art. 8 berührt verschiedene Schutzbereiche von Grundrechten und befindet sich in einer „multipolaren Grundrechtskonstellation" die zu einer strengen Auslegung des Art. 8 führen soll (Kühling/Buchner/Buchner/Kühling Rn. 10). 10.1

III. Systematische Stellung in der DS-GVO

Die Nähe zu Art. 7 (→ Rn. 34) verdeutlicht, dass Art. 8 die Vorgaben der DS-GVO zur Einwilligung ergänzt. Allerdings ist Art. 8 keine eigene Rechtsgrundlage für die Rechtmäßigkeit der Einwilligung Minderjähriger. Die Vorgaben sind zusätzlich zu den Tatbestandsmerkmalen (→ Rn. 44) für die Rechtswirksamkeit der Einwilligung zu prüfen (Joachim ZD 2017, 414 (415)). 11

Art. 8 muss zudem als Teil eines deutlicher akzentuierten datenschutzrechtlichen Schutzsystems Minderjähriger durch die DS-GVO gesehen werden, welches bisher in dieser Form auf europäi- 12 scher Ebene nicht realisiert war. Art. 8 ist eingebettet in ein System des Schutzes Minderjähriger innerhalb der DS-GVO und kann daher nicht vollkommen singulär betrachtet, ausgelegt und angewendet werden.

13 So trägt zB Art. 6 Abs. 1 lit. f der besonderen Schutzbedürftigkeit Minderjähriger bei der Verarbeitung ihrer Daten iRd Abwägung mit den Interessen der verantwortlichen Stelle Rechnung und stellt die Interessen des Kindes regelmäßig über die Interessen des Verantwortlichen (→ Art. 6 Rn. 51; vgl. EuGH BeckRS 2017, 108615 Rn. 33).

14 Zusätzlich und ergänzend zu Art. 8 sieht Art. 12 (→ Art. 12 Rn. 22) eine spezifische Verpflichtung zur alters- und adressatengerechten Information von Kindern und deren Eltern und Sorgeberechtigten vor.

15 Art. 17 Abs. 1 lit. f ergänzt den Schutz von Minderjährigen durch einen eigenständigen Löschanspruch (→ Art. 17 Rn. 50), der vorsieht, dass Minderjährige oder mittlerweile Volljährige ihre gem. Art. 7 und 8 Abs. 1 erteilte Einwilligung jederzeit zurücknehmen können und die Löschung der auf dieser Rechtsgrundlage gespeicherten Daten verlangen können (Erwägungsgrund 65, aA LNK Das neue DatenschutzR § 4 Rn. 44). Das unterstreicht im Besonderen die rechtliche Flüchtigkeit von datenschutzrechtlichen Entscheidungen Minderjähriger gerade im Hinblick auf die Wirksamkeit von Einwilligungen.

16 Art. 40 sieht die Möglichkeit vor, branchen- und bereichsspezifische Regelungen zum Schutz von Kindern bei der Einholung von Einwilligungen zu verabschieden (→ Art. 40 Rn. 13), um die teilweise durch die DS-GVO verursachte Verunsicherung im Hinblick auf Art. 8 zu minimieren. Diese Möglichkeit kann vor allem für Branchen von Interesse sein, die sich gezielt an Kinder und Jugendliche wenden (vgl. NK-DatenschutzR/Roßnagel Art. 40 Rn. 45).

17 Aufsichtsbehörden werden zudem aktiv verpflichtet, durch die Ergreifung spezifischer Maßnahmen zur Sensibilisierung der Öffentlichkeit im Hinblick auf den besonderen Schutz von Kindern im Bereich des Datenschutzes hinzuwirken, zB durch die Förderung der Medienkompetenz bei Kindern und Jugendlichen (→ Art. 57 Rn. 7).

18 Aus der Zusammenschau der jeweiligen Einzelregelungen ergibt sich allerdings kein lückenloser Schutz von Kindern und Jugendlichen bezüglich der speziellen Schutzbedürftigkeit im Hinblick auf deren Recht auf Datenschutz. So fehlt eine dem Art. 8 angelehnte Schutzklausel für die Erteilung von Einwilligungen Minderjähriger in anderen Bereichen jenseits von digitalen Angeboten. Dabei ignorierte der Gesetzgeber, dass die besondere Schutzbedürftigkeit von Kindern und Jugendlichen sich nicht allein auf das Internet und den darüber angebotenen Diensten erstreckt.

IV. Öffnungsklausel und mitgliedstaatliche Regelungen

19 Art. 8 Abs. 1 UAbs. 2 sieht eine Öffnungsklausel für den nationalen Gesetzgeber vor. Danach können die Mitgliedstaaten der EU niedrigere Altersgrenzen vorsehen und dass durch die DSGVO vorgesehene Schutzniveau für Kinder absenken (Joachim ZD 2017, 414 (415)). Allerdings legt die DSGVO hierbei eine absolute Untergrenze von 13 Jahren fest, die nicht unterschritten werden darf.

19.1 Bei der durch das Inkrafttreten der DS-GVO erforderlich gewordenen Novellierung des Bundesdatenschutzgesetzes, hat der nationale Gesetzgeber keine eigene Regelung vorgesehen. Der spezifische datenschutzrechtliche Schutz der Kinder und Jugendlichen war nicht relevant. Lediglich die/der Bundesdatenschutzbeauftragte erhielt die Aufgabe gem. § 14 Abs. 1 Nr. 2 Datenschutz-Anpassungs- und -Umsetzungsgesetz EU (DSAnpUG-EU) „die Öffentlichkeit für die Risiken, Vorschriften, Garantien und Rechte im Zusammenhang mit der Verarbeitung personenbezogener Daten zu sensibilisieren und sie darüber aufzuklären, wobei spezifische Maßnahmen für Kinder besondere Beachtung finden".

20 In einigen Mitgliedsstaaten der EU bestanden bereits vor dem Geltungsbeginn der DS-GVO einzelstaatliche und sektorale Regelungen bzw. Normenauslegungen im Hinblick auf die altersabhängige Einwilligungsfähigkeit von Minderjährigen. Mit Stand 2020 haben neun Mitgliedstaaten das Mindestalter von 16 Jahren umgesetzt, acht Mitgliedstaaten wenden die Grenze von 13 Jahren an. Sechs Staaten haben die Grenze bei 14 Jahren und drei Staaten bei 15 festgelegt (vgl. European Commission, Commission Staff Working Document, Data protection as a pillar of citizens' empowerment and the EU's approach to the digital transition - two years of application of the General Data Protection Regulation, COM(2020) 264 final, 17). Die damit entstehende Heterogenität widerspricht freilich dem rechtspolitischen Ziel der DS-GVO: der Schaffung eines einheitlichen europaweiten datenschutzrechtlichen Schutzniveaus (Taeger ZD 2021, 505).

20.1 Gemäß Section 23 des Irish Non-Fatal Offences Against the Person Act von 1997 können Minderjährige, die das Alter von 16 Jahren erreicht haben, wirksam in eine medizinische Behandlung einwilligen.

Daraus schließt die Datenschutzbeauftragte Irlands, dass Minderjährige dieses Alters in die Erhebung der medizinischen Daten rechtswirksam einwilligen können (https://www.dataprotection.ie/docs/Age-of-Consent/m/212.htm).

In Deutschland basierte der Schutz von Jugendlichen im Internet iW auf dem Jugendmedienstaatsvertrag (JMStV) und dem Jugendschutzgesetz (JuSchG), die allerdings keine spezifischen Vorgaben zum Recht auf Datenschutz enthielten (Gola/Schulz ZD 2013, 475 (475 f.)). Das nationale Werberecht stellt zudem besondere Anforderungen an die Bewerbung von Minderjährigen, zB das Verbot der direkten Kaufaufforderung vgl. Nr. 28 Anhang zu § 3 Abs. 3 UWG oder das Verbot des Ausnutzens des Alters oder der geschäftlichen Unerfahrenheit Minderjähriger gem. § 4a Abs. 1 S. 1, S. 2 Nr. 3 iVm Abs. 2 S. 1 Nr. 3, S. 2 UWG (Rouda MMR 2017, 15 (16)).

20.2

V. Anwendbare nationale Altersvorgaben

Nach welchem Recht sich Anbieter von Onlinediensten bei der Festlegung des Alters der einwilligenden Kinder richten müssen, bestimmt sich bei in der EU niedergelassenen verantwortlichen Stellen nach dem **Sitzland** bzw. nach dem Sitzland der **Niederlassung** der verantwortlichen Stelle. Denn Art. 3 Abs. 1 (→ Art. 3 Rn. 44 f.) knüpft als Kollisionsnorm an das Sitzland-Prinzip an. Danach löst der Ort des Sitzes der verantwortlichen Stelle bzw. deren Niederlassung die Anwendbarkeit der Datenschutzrechts aus (Paal/Pauly/Ernst Art. 3 Rn. 2; LNK Das neue DatenschutzR § 1 B II Rn. 71). Für die Anwendbarkeit des damit geltenden nationalen Datenschutzrechts kann nichts Anderes gelten, wenn die DS-GVO den Mitgliedstaaten an dieser Stelle **Regelungsspielraum** zubilligt.

21

Nicht anwendbar ist allerdings das nationale Recht der Mitgliedstaaten, soweit die Anbieter weder in der EU ansässig sind noch eine Niederlassung in der EU betreiben. Sie müssen sich gem. Art. 3 Abs. 2a an die **vollharmonisierten Vorgaben** der Datenschutzgrundverordnung halten. Denn Art. 3 Abs. 2a knüpft in diesem Fall an den „**europäischen Marktort**" an. Es reicht aus, wenn sich die Anbieter mit ihrer Dienstleitung an Kinder richten, die „sich in der Union befinden". Für die Anwendung der DS-GVO ist ein Wohnsitz oder gefestigter Aufenthaltsort in einem EU-Mitgliedstaat nicht erforderlich (Roßnagel DS-GVO-HdB/Barlag § 3 Rn. 17). Es reicht, dass das Kind überhaupt auf dem Gebiet der Europäischen Union aufhält. Eine „**nationale Bestimmung**" des einwilligenden Kindes ist insoweit **unerheblich**, womit allerdings auch die jeweils nationalen Vorgaben zur Einsichtsfähigkeit von Kindern nicht zur Anwendung kommen können.

22

Eine andere Auffassung zieht für die Bestimmung des jeweils anzuwendenden Minderjährigen-Recht die Kollisionsnormen der Rom I-VO an. Danach richtet sich das anwendbare Recht bei in der EU ansässige verantwortliche Stelle nach dem **gewöhnlichen Aufenthaltsort** des Kindes. Kinder seien nach dieser Auffassung wie Verbraucher zu behandeln. Sie würden nicht in gewerblicher oder beruflicher Eigenschaft gegenüber den Anbietern von Internetdienstleitungen Einwilligung erteilen. Die relevante Kollisionsnorm sei daher **Art. 6 Abs. 1 Rom I-VO**. Maßgeblich seien dann nicht Regelungen des Sitzstaates der verantwortlichen Stelle, sondern des Staates in dem das Kind seinen gewöhnlichen Aufenthaltsort hat, solange die Anbieter seinen Dienst auch auf diesen konkreten Mitgliedstaat ausrichtet (LNK Das neue DatenschutzR § 1 B Rn. 105). Dieses Ergebnis träfe allerdings nicht für **Anbieter mit Sitz außerhalb der EU** zu. Denn auch nach dieser Ansicht wäre dann Art. 3 Abs. 2 lit. a maßgeblich. Trotz der generellen Anwendbarkeit der Rom I-VO soll sich die Einwilligungsvoraussetzungen von in einem Mitgliedstaat der EU lebenden Kindern gem. Art. 4 Abs. 1 lit. b Rom I-VO zwar nach dem Recht des Drittstaats bestimmen, der allerdings nicht das eigene nationale Recht zur Anwendung bringen kann, sondern in dieser Konstellation der DS-GVO unterliegt. Das wiederum führt zu einer Anwendung des Art. 8 Abs. 1. Damit können sich datenschutzrechtlich verantwortliche Anbieter mit Sitz außerhalb der EU unabhängig von dem Aufenthaltsort des betroffenen Kindes, nur dann auf dessen Einwilligung ohne die Zustimmung der Inhaber des elterlichen Sorgerechts stützen, wenn es das 16. Lebensjahr vollendet hat (Laue ZD 2016, 463 (466)).

23

Letztere Ansicht unterschlägt allerdings die Spezialität des Datenschutzrechts gegenüber dem Zivilrecht und dessen kollisionsrechtlichen Normen. Unabhängig von dem zugrundeliegenden zivilrechtlichen Rechtsverhältnis zwischen den Beteiligten, richtet sich die **datenschutzrechtliche** Bewertung nach dem spezielleren datenschutzrechtlichen Kollisionsnormen (vgl. dazu Jotzo, Der Schutz personenbezogener Daten in der Cloud, 2013, 121 f.) Für die Bestimmung, welche anwendbaren nationalen Altersvorgaben auf Anbieter zur Anwendung kommen, sind die **datenschutzrechtlichen** Kollisions- und Anwendungsvorgaben heranzuziehen. Für die DS-GVO ist

24

Art. 3 maßgeblich und lässt keinen Raum für die zivilrechtlichen Kollisionsnormen (→ Art. 3 Rn. 44).

VI. Internationale Regelungen

25   Anders als die Europäische Union reguliert der **Children's Online Privacy Protection Act** (COPPA) seit dem 21.4.2000 die Privatsphäre minderjähriger Internetnutzer in den USA. Allerdings liegt das schutzwürdige Alter der Kinder bei 13 Jahren (vgl. Nouwt MMR 2002 703 (703)). Die praktischen Auswirkungen des COPPA sind aufgrund der hohen administrativen Anforderungen und wirtschaftlich relevanten Bußgeldandrohungen hoch. Konsequenz der Regelungen ist ua das Kinder und Jugendliche unter 13. Jahren von der Nutzung vieler Dienste der Informationsgesellschaft in den USA ausgeschlossen werden (Rouda MMR 2017, 15 (17)).

26   Auch in anderen Regionen der Welt wird dem Schutz personenbezogener Daten von Kindern und damit auch die Regulierung der Einwilligungsfähigkeit Aufmerksamkeit geschenkt und erwogen, mit der DSGVO vergleichbare Regelungen zu schaffen (Kipker ZD 2018, 253 (254)).

VII. Sanktionen

27   Eine **Missachtung** der Vorgaben des Art. 8 kann durch die Aufsichtsbehörden gem. Art. 83 Abs. 4 lit. a (→ Art. 83 Rn. 53) mit einer **Geldbuße** bis zu EUR **10 Millionen oder 2% des Jahresumsatzes** des Unternehmens geahndet werden. Damit wird ein Verstoß gegen die Vorgaben des Art. 8 nicht mit der ansonsten für Verstöße gegen die Einwilligung gem. Art. 83 Abs. 5 lit. a höheren Geldbuße von EUR 20 Millionen oder 4% des Jahresumsatzes geahndet, sondern lediglich mit der **geringeren Maximalstrafe**. Der **Wertungswiderspruch** wird teilweise als Ausdruck unterschiedlicher Wertigkeiten bzw. Schwere der in Abs. 4 und 5 normierten Verstöße begründet (Paal/Pauly/Frenzel Art. 83 Rn. 22).

28   Nach überkommenem Verständnis der **Bewertung der Schwere** von Verstößen im Bußgeldverfahren, verdeutlicht die Maximalbußgeldhöhe allerdings entgegen dieser Ansicht die Bedeutung der Norm, gegen die verstoßen wurde. Überzeugender erscheint daher die Interpretation, dass die in Abs. 4 beschriebenen Verstöße **administrativer Natur** sind, während Abs. 5 eher **materiellrechtliche Verstöße** sanktioniert (Albrecht/Jotzo Das neue DatenschutzR Teil 8 D I. Rn. 36). Dies kann allerdings nicht erklären, aus welchem Grund ein Verstoß gegen die **Wirksamkeitsbedingung** für die Einwilligung eines Kindes bzw. der Zustimmung der Eltern weniger Gewicht haben sollte als die Missachtung der Vorgaben der Einwilligung gem. Art. 7.

29   Aus Art. 83 ergibt sich nicht, welche Verstöße gegen die Anforderungen der Art. 8 konkret bußgeldbewehrt sind. Aufgrund der **Mindesttrias** (→ Art. 83 Rn. 22) der Sanktionen muss allerdings von einer umfassenden Anwendung ausgegangen werden, was allerdings mit dem Bestimmtheitsgebot in Kollision treten könnte.

30   Zweifelsfrei kann der Verstoß gegen die Pflicht zur **Einholung der Zustimmung** der Eltern bzw. Sorgeberechtigten gem. Abs. 1 UAbs. 1 S. 2 zu einer Sanktion führen. Dies wäre der Fall, wenn die verantwortliche Stelle einer Verarbeitung mittels Einwilligung eines Kindes unter 16 Jahren bzw. entsprechend der nationalen Altersvorgabe (UAbs. 2) **ohne Zustimmung** der Inhaber der elterlichen Sorge zu **legitimieren** versucht.

31   Dieser Verstoß könnte allerdings inzident bei einem Verstoß gegen die Beachtung der Bedingungen einer Einwilligung gem. Art. 83 Abs. 5 lit. a geahndet werden, Art. 83 Abs. 3 (→ Art. 83 Rn. 46; Paal/Pauly/Frenzel Art. 83 Rn. 15 f.).

32   Unter dem Aspekt des **Bestimmtheitsgebotes** birgt hingegen die Sanktionierung der Missachtung des Abs. 2 einen rechtlichen Fallstrick. Denn es obliegt letztlich der **Ermessensentscheidung** der Aufsichtsbehörde, ob die „Anstrengungen" der verantwortlichen Stelle" unter Beachtung der „verfügbaren Technik" **angemessen** waren. Die Anzahl der in Abs. 2 enthaltenen unbestimmten Rechtsbegriffe lässt Zweifel daran aufkommen, ob die Norm einer Prüfung am Maßstab der nationalen bußgeld- und ordnungswidrigkeitsrechtlichen Bestimmtheitsgebotes standhalten würde (→ Art. 83 Rn. 48); Spindler/Schuster/Eckhardt Art. 83 Rn. 82).

33   Rechtsprechung zu Bußgeldverfahren im Hinblick auf die Verletzung der in Art. 8 enthaltenen Verpflichtungen sind derzeit nicht erkennbar.

33.1   Zu aufsichtsbehördlichen Verfahren gegen den Dienstanbieter TikTok siehe Taeger ZD2021 505 (506).

B. Normative Bedeutung und Wirkung

I. Wirksamkeitsvoraussetzung für Einwilligung Minderjähriger

In Art. 8 enthaltene Regelungen statuieren ergänzende **Tatbestandsvoraussetzung** für die Rechtswirksamkeit einer gem. Art. 6 Abs. 1 lit. a und Art. 7 erteilten Einwilligungen einer Person, die das 16. Lebensjahr noch nicht vollendet hat (Albrecht/Jotzo Das neue DatenschutzR Teil 3 C. III Rn. 69; LNK Das neue DatenschutzR § 2 Rn. 47; Paal/Pauly/Frenzel Rn. 9). Er normiert damit **nicht allein** die Tatbestandsvoraussetzungen für die Rechtmäßigkeit einer Einwilligung Minderjähriger. Vielmehr müssen die Anforderungen der Art. 8 **ergänzend** zu den Vorgaben des Art. 7 erfüllt werden, soweit verantwortliche Stellen die Datenverarbeitung von Minderjährigen durch deren Einwilligung legitimieren wollen. 34

Art. 8 betrifft allerdings nicht den Fall minderjähriger Jugendlicher, die das 16. Lebensjahr bereits erreicht haben und begründet **keine Regelvermutung** für die Wirksamkeit der Einwilligung dieser Betroffenengruppe. In diesen Fällen verbleibt es weiterhin bei der Erforderlichkeit der **individuellen Einsichtsfähigkeit** der einwilligenden minderjährigen Person. Deren individuelle geistige Reife der bzw. des Jugendlichen, Art der verarbeitenden personenbezogenen Daten sowie Zweck, Umfang und Komplexität der Datenverarbeitung müssen dann in einer **Gesamtbewertung** einbezogen werden (Joachim ZD 2017, 414 (415 f.) aA Taeger ZD 2021 505 (506)). Anderenfalls würde Art. 8 die rechtlichen Anforderungen des Art. 4 Nr. 11 bzw. 7 modifizieren und dies zu einer **Senkung** der Anforderungen an die Wirksamkeit einer Einwilligung für diese **besonders schutzwürdige** Nutzergruppe führen. Die Konsequenz wäre, dass für Volljährige nach den allgemeinen Regeln geprüft werden müsste, ob diese die Konsequenzen und Bedeutung der Einwilligung erfassen konnten, während pauschal für Personen zwischen 16 Jahren und der Volljährigkeit diese Prüfung nicht mehr erforderlich wäre. 35

Die Regelung des Art. 8 DSGVO strahlt nach einer Auffassung in der Literatur auch auf die **Formulierung** der Einwilligungserklärung hinaus aus. Erklärungen müssen, wenn sie an Kinder gerichtet sind, auch entsprechend adressatengerecht formuliert sein. Mit anderen Worten Einwilligungserklärungen, die sich unmittelbar an minderjährige Personen richten, müssen deren Verständnishorizont antizipieren. Erfolgt dies nicht, wirkt sich die ungünstig auf die Bewertung der Einsichtsfähigkeit der Person bei der Erteilung der Einwilligung aus (Ernst ZD 2018, 110 (111)). 35a

II. Regulierung der Einsichtsfähigkeit vs. Geschäftsfähigkeit

Umstritten ist, ob es sich bei Art. 8 um eine gesetzlich verbindliche Vermutung für die **Einsichtsfähigkeit** einer minderjährigen einwilligenden Person handelt oder die Rechtswirksamkeit der Einwilligung im Sinn einer **rechtsgeschäftlichen Erklärung** normiert werden sollte. 36

Zugunsten der ersteren Vermutung spricht, dass bisher in Deutschland wie in anderen EU-Mitgliedstaaten auch (vgl. Art. 2a Abs. 1 lit. a Irish Data Protection Act von 1998 und 2003) entsprechend der EU-DSRL die Wirksamkeit einer Einwilligung einer minderjährigen Person nach **herrschender Auffassung** von deren **Einsichtsfähigkeit** im Hinblick auf die Bedeutung und Folgen der Erteilung der Einwilligung ausgegangen wurde (vgl. BMH Rn. 15; HBDI, 40. Tätigkeitsbericht, 2011, 3.6.4; ULD, 32. Tätigkeitsbericht, 2010, 5.7.11; → BDSG § 4a Rn. 33 f.; Gola/Schomerus BDSG § 4a Rn. 2a, Rouda MMR 2017, 15 (16)). 37

Die enge **Verzahnung** des Art. 8 mit dem nationalen Minderjährigen- und Vertragsrecht lässt allerdings auch die Deutung zu, dass die Einwilligungsfähigkeit des Minderjährigen im Sinn einer **Geschäftsfähigkeit** beurteilt werden kann (wohl Paal/Pauly/Frenzel Rn. 1). Dieser Meinung kann aus zwei Gründen nicht gefolgt werden. 38

Art. 8 Abs. 3 sieht vor, dass das nationale Recht bezüglich der Rechtswirksamkeit von rechtsgeschäftlichen Handlungen Minderjähriger nicht berührt werden soll. Eine andere Wirkung hätte allerdings Art. 8, wenn dieser Aussagen bezüglich der **Geschäftsfähigkeit** eines Minderjährigen treffen würde. Außerdem wäre eine derartige Auslegung ein systematischer Bruch. Denn die **datenschutz**rechtliche Wirksamkeit richtet sich ausschließlich nach datenschutzrechtlichen Vorgaben. Diese sind strikt von der rechtlichen Bewertung der Handlungen Minderjähriger in anderen Rechtsgebieten zu trennen. So unterliegt die **schuldrechtliche Bewertung** einer zustimmenden Handlung eines Minderjährigen anderen Bedingungen (zB § 110 BGB) als die datenschutzrechtliche Bewertung. Auch wenn der Lebenssachverhalt sich in einem ggf. als einheitlich anzusehenden Handlungsablauf darstellt, muss die rechtliche Bewertung **separat** nach den jeweiligen Rechtsregimen (Datenschutzrecht, Zivilrecht, Strafrecht etc.) erfolgen. 39

Zudem wird in der Literatur angeführt, dass auch geschäftsunfähige Menschen nicht ohne Weiteres von der Ausübung ihrer Grundrechte verfassungsrechtlich vollständig ausgeschlossen wer- 39a den dürfen. Daher muss die Einsichtsfähigkeit von der Geschäftsfähigkeit getrennt geprüft werden (Janicki DSRITB 2019, 313 (318)). Letztlich ist dieser Auffassung auch der deutsche Gesetzgeber mit der Schaffung des § 327q BGB, wonach die Wirksamkeit eines Rechtsgeschäftes von dem Bestand der Einwilligungserklärung abgekoppelt wurde, gefolgt. Die in dieser Norm steckende Wertung, nämlich einer klaren Trennung zwischen rechtsgeschäftlicher Handlung und der Befugniserteilung zum Grundrechtseingriff, spricht klar für eine Trennung der Bewertung der Geschäftsfähigkeit von der Einsichtsfähigkeit im Hinblick auf die Disposition über geschützte Grundrechtspositionen (→ Rn. 62).

39a.1 Dieser Auffassung scheint auch Taeger (ZD 2021 505 (506)) zu folgen, der allerdings darauf abstellt, ob mit den Daten das zugrundeliegende schuldrechtliche Geschäft „bezahlt" wird. Was wiederum keine Aussage darüber zulässt, welcher Maßstab bei der Beurteilung der Wirksamkeit der Einwilligung eines über 16-jährigen Minderjähren angelegt werden sollte.

40 Konsequenz der hier vertretenen Auffassung ist allerdings, dass das Fehlen der Einsichtsfähigkeit im Einzelfall durch die verantwortliche Stelle widerlegt werden könnte. Dann müsste Art. 8 als gesetzliche **Regelvermutung** gedeutet werden (so Kühling/Buchner/Buchner/Kühling Rn. 18 die allerdings die Regelvermutung für unwiderleglich halten). Allerdings fehlt dazu eine entsprechende Abwägungsklausel, die sich weder aus dem Wortlaut noch dem Zweck oder der historischen Genese der Norm herauslesen lässt.

III. Rechtspolitische Bedeutung

41 Der materielle Anwendungsbereich des Art. 8 ist auf die Dienste der Informationsgesellschaft also Dienstangebote im Internet (→ Rn. 46) beschränkt. **Formaljuristisch** richtet sich die Wirksamkeit der Einwilligung die zB in Printmedien von Kinder- und Jugendlichen zur Teilnahme an Gewinnspielen oder Marketingaktivitäten eingeholt werden, weiterhin nach den nationalen Vorgaben bzw. Praktiken (LNK Das neue DatenschutzR Teil B § 2 Rn. 56, so auch Bieresborn NZS 2017, 926 (930)).

41.1 Deutsche Aufsichtsbehörden gehen bisher bei der Einsichtsfähigkeit von Kindern und Jugendlichen von einer Altersgrenze von 14 Jahren aus. Dabei handelt es sich allerdings um eine Regelvermutung wonach Kinder und Jugendliche unterhalb dieser Grenze die Einsichtsfähigkeit nicht besitzen und die Zustimmung der Eltern erforderlich ist (HBDI, 40. Tätigkeitsbericht, 2011, 3.6.4; ULD, 32. Tätigkeitsbericht, 2010, 5.7.11).

42 Allerdings ist davon auszugehen, dass Art. 8 auf die Wirksamkeit von Einwilligungen, die nicht durch den Tatbestand erfasst werden, **Auswirkungen** haben wird (so auch Plath/Plath Rn. 8). Denn es wird einen erhöhten **Begründungsaufwand** erfordern, die **Regelvermutung** des europäischen Gesetzgebers bezüglich der hinreichenden Einsichtsfähigkeit von Kindern bei der Erteilung einer rechtswirksamen Einwilligung bei Internetangeboten nach Vollendung des 16. Lebensjahres zu erschüttern. Denn wenn die Einsichtsfähigkeit von 16-Jährigen ausreicht, wirksam in die Datenverarbeitung von Messenger-Diensten, Videoportalen oder Sozialen Netzwerken und den damit einhergehenden Risiken für deren Persönlichkeitsrechte einzuwilligen, wird vergleichbares auch für **minimalinvasivere Einwilligungen** der „Offlinewelt" gelten müssen.

43 Bisher hat sich allerdings keine vereinheitlichende Wirkung des Art. 8 auf den Schutz der Minderjährigen in den einzelnen Mitgliedstaaten realisiert (→ Rn. 20; European Commission, Commission Staff Working Document, Data protection as a pillar of citizens' empowerment and the EU's approach to the digital transition – two years of application of the General Data Protection Regulation, COM(2020) 264 final, 17). Vielmehr hat die Evaluation der DS-GVO gezeigt, dass weiterhin Bedarf an einem verbesserten Schutz für Kinder und Jugendlichen besteht (vgl. Heberlein ZD 2020, 487 (489f).; Roßnagel MMR 2020, 657 f.).

C. Tatbestandsvoraussetzungen – Wirksamkeit einer Einwilligung Abs. 1

I. Personeller Anwendungsbereich „Kind"

44 Der Begriff des Kindes wird in der DS-GVO **nicht legal definiert** (anders offenbar BMH Rn. 1, 12; wonach alle Personen unter 18 darunter subsumiert werden). Kinder sind mit Rückgriff auf Art. 24 Abs. 1 S. 1 GRCh iVm Art. 1 UN-Kinderrechtskonvention Menschen, die das 18. Lebensjahr noch nicht vollendet haben (NK-DatenschutzR/Klement Rn. 13). Art. 8 beinhaltet eine Begriffsbestimmung dahingehen, dass nur Personen die das 16. Lebensjahr noch nicht vollendet haben, durch Art. 8 erfasst werden. Die DS-GVO greift damit nicht in die **nationale Deutungshoheit** der Mitgliedstaaten bezüglich der Einsichtsfähigkeit von Minderjährigen ein, reguliert gleichwohl die Wirksamkeit von Einwilligungen im Bereich des Datenschutzrechts (Paal/Pauly/Frenzel Rn. 9).

Selbst wenn in einzelnen Mitgliedstaaten jüngeren Kindern in anderen Bereichen die erforderliche Einsichtsfähigkeit zugestanden wird oder sie **wirksame Rechtshandlungen** vornehmen dürfen, zB Religionsmündigkeit in Deutschland gem. § 5 KErzG, bleibt die normative Vorgabe des Art. 8 davon unberührt. 45

II. Materieller Anwendungsbereich „Angebot von Diensten der Informationsgesellschaft, das einem Kind direkt gemacht wird"

Der materielle Anwendungsbereich des Art. 8 DS-GVO ist auf Einwilligungen gegenüber Anbietern von „Dienst der Informationsgesellschaft" beschränkt. Gem. Art. 4 Nr. 25 bezieht sich dieser Begriff auf eine Dienstleistung iSd Art. 1 Nr. 1 lit. b RL 2015/1636/EU (→ Art. 4 Rn. 172 f.). Der Anwendungsbereich des Art. 8 beschränkt sich damit iW auf **elektronische und gegen Entgelt** und individuell für den Betroffenen erbrachte Dienstleistungen, was den Anwendungsbereich des Art. 8 deutlich einengt (Plath/Plath Rn. 5). Für die von Art. 8 DS-GVO nicht erfassten Anwendungsfällen gelten allerdings weiterhin die allgemeinen Regelungen (so auch BMH Rn. 25). 46

Liste von in Betracht kommenden Diensten bei BMH Rn. 19 ff. Nicht dazu zählen Contact Tracing Apps. Es handelt sich hierbei regelmäßig nicht um Dienste der Informationsgesellschaft, weil es diesen an der Entgeltlichkeit fehlen würde. Zugleich würde allerdings die mit Art. 8 verbundenen „Freiheiten" im Hinblick auf Jugendliche über 16 Jahren ebenfalls keine Anwendung finden können (Kessemeier DSRITB 2020, 111 (123)). 46.1

Die DS-GVO reguliert die Altersgrenze somit **nicht allumfassend,** sondern nur im Verarbeitungskontext zu Online-Diensten. Ohne Bezug zur digitalen Welt gelten damit weiterhin die jeweiligen **nationalen Besonderheiten** (Roßnagel DS-GVO-HdB/Nebel § 3 Rn. 71). Allerdings ist nicht unwahrscheinlich, dass es zu einer rechtspolitischen **Ausstrahlungswirkung** auf Einwilligungen auch außerhalb dieses Anwendungsbereiches kommen wird (→ Rn. 41), die allerdings auch in einer Abwärtsspirale münden kann (Kugelmann DuD 2016, 566 (569)). 47

Zudem muss sich das Angebot an Kinder richten. Hierbei handelt es sich um ein schwierig zu bestimmendes Tatbestandsmerkmal (Taeger ZD 2021 505 (506)). Dem Wortlaut nach sollen damit Angebote von der Anwendung ausgenommen werden, die sich ausschließlich an volljährige Personen richten, zB durch entsprechende Alterskennzeichnung. Dies gilt selbst dann, wenn die Dienste bestimmungswidrig durch Kinder genutzt werden (Paal/Pauly/Frenzel Rn. 7). Eine andere Auffassung hingegen differenziert danach, wie deutlich eine Altersverifikation durchgeführt wird. Sie lässt aus dem Schutzgedanken des Art. 8 heraus eine Unanwendbarkeit nur dann zu, wenn durch entsprechende Sicherungssysteme die Nutzung des Dienstes durch Kinder hinreichend sicher ausgeschlossen werden kann. Allein durch eine formale Altersdeklaration soll sich der Anbieter der Dokumentationspflicht nicht entledigen können (Kühling/Buchner/Buchner Rn. 17). 48

Dazu zählen zB Dating Apps. 48.1

Ebenfalls unstreitig fallen Dienstangebote in den Anwendungsbereich des Art. 8, die sich **explizit** an Kinder und Jugendliche richten. Nach der objektiven Sichtweise kommt es dabei darauf an, ob sich nach Aufmachung, Sprache oder der Inhalt des Dienstes erkennbar ist, dass sich an Kinder und Jugendliche richtet. Nicht davon erfasst sollen allerdings Dienste sein, die zwar Dienstleistungen oder Waren **für** Kinder anbieten, sich aber im Hinblick auf die zahlende Person nicht an Kinder, sondern Erwachsene richten (BMH Rn. 27; Taeger ZD 2021 505 (507)). 49

Dazu zählen ua die Digitale-Angebote des KiKa oder speziell an Kinder orientierte soziale Netzwerke sowie die Digitalangebote von Printausgaben von Kinder- und Jugendzeitschriften. 49.1

Eine grammatikalische Auslegung des Abs. 1 S. 1 lässt wegen des Begriffs „direkt" allerdings offen, ob sogenannte „**dual use**" Angebote (Paal/Pauly/Frenzel Rn. 7) in den Anwendungsbereich des Art. 8 fallen. Es handelt sich dabei um Angebote, deren Nutzung **auch** Kindern und Jugendliche offenstehen, sich allerdings nicht **exklusiv** an diese richten. (Kühling/Buchner/Kühling Rn. 16) Die teleologische Auslegung lässt diesbezüglich wenig Spielraum. Erklärtes Ziel der DS-GVO ist die Verbesserung des Schutzes der Persönlichkeitsrechte betroffener Kinder (38. Erwägungsgrund, → Rn. 7). Soweit Dienstanbieter ihre Angebote auch an Kinder richten, 50 wäre kaum erklärbar, warum bei deren Nutzung der **Schutzbedarf** von Kindern geringer zu bewerten wäre. Vielmehr müsste gerade aufgrund der Unerfahrenheit und der ggf. umfangreicheren Nutzung der personenbezogenen Daten zB zur Finanzierung des Angebotes, dem Schutz der Kinder besondere **Aufmerksamkeit** gewidmet werden. Eine normenverkürzende Auslegung würde diesem Zweck nicht gerecht werden (so auch Kühling/Buchner/Buchner Rn. 16; Taeger ZD 2021 505 (507)).

51 Dienstanbieter die keine explizite Altersbegrenzung in ihren Angeboten vorsehen und diese durch Kinder sinnvoll genutzt werden können, unterfallen i.S. eines **effektiven datenschutzrechtlichen Minderjährigenschutzes** den Vorgaben des Art. 8. Verwenden Dienstanbieter flexible Altersklauseln, gehen mögliche Unsicherheiten bezüglich der Wirksamkeit der Einwilligung zu deren Lasten.

51.1 Dazu zählen u.a. die auch bei Kindern und Jugendlichen reichweitenstarken Dienste wie WhatsApp, Instagram, TikTok oder Twitch denn die Anbieter beschränken die Nutzung nur für Kinder unter 13 Jahren, wie die bei vielen Internetdienstanbieter festzustellen ist (Taeger ZD 2021 505 (506); Kugelmann DuD 2016 566 (569)).

51.2 Schwieriger gestaltet sich die Bewertung bei Angeboten, die sich zwar an Erwachsene richten, allerdings nicht ausgeschlossen werden kann, dass auch Personen unter 16 Jahren diese sinnvoll nutzen können. Dazu zählen zB Berufsnetzwerke. Nicht ausgeschlossen ist bei diesen Angeboten, dass zB 15-Jährige darüber ihren Ausbildungsplatz suchen und dafür ein Profil anlegen.

III. Voraussetzung für die Wirksamkeit „Zustimmung durch die Träger der elterlichen Verantwortung"

52 Die Zustimmung der Eltern bzw. Sorgeberechtigten ist für die **Rechtswirksamkeit** (→ Rn. 34) der durch das Kind erteilten Einwilligung nicht erforderlich, sobald das Kind das Alter von 16 Jahren erreicht hat. Ausgenommen sind allerdings die Anbieter, die sich auf eine abweichende nationale Regelung berufen können (→ Rn. 19 ff.). Anderenfalls ist die Einwilligung ohne **vorherige Genehmigung** oder nachträgliche **Zustimmung** unwirksam. Unter Zustimmung in diesem Kontext wird die Erklärung des **Einverständnisses** mit der Einwilligung der minderjährigen Person verstanden (Taeger ZD 2021 505 (508)). Sie ist konstitutiv für die Rechtwirksamkeit der Einwilligung in die Verarbeitung der Daten der der bzw. des Minderjährigen gegenüber dem Dienstanbieter. Die Zustimmung muss zudem **vor** Beginn der Datenverarbeitung vorliegen.

53 Liegt ein Mangel in der Wirksamkeit der Einwilligung des Kindes sind die Daten gem. Art. 17 Abs. 1 lit. d (→ Art. 17 Rn. 43) und im Übrigen jederzeit auf Verlangen des Kindes bzw. mittlerweile volljährigen Person gem. Art. 17 Abs. 1 lit. f (→ Art. 17 Rn. 53) zu **löschen**.

54 Eine nicht im Normtext genannte Ausnahme von der Einwilligung der Träger der elterlichen Verantwortung für die Wirksamkeit der Einwilligung soll für Anbieter von **Präventions- oder Beratungsdiensten,** die unmittelbar einem Kind angeboten werden, gelten (38. Erwägungsgrund). Aufgrund der Verortung dieser Ausnahme in den Erwägungsgründen kann allerdings davon ausgegangen werden, dass in vergleichbaren Konfliktfällen, in denen die Inanspruchnahme einer Dienstleistung mit dem Sorgerecht in Kollision tritt und diese Kollision zugunsten der Interessen des Kindes aufgelöst werden muss, die Verarbeitung der Daten auf der Grundlage der Einwilligung des Kindes trotz des Fehlens der Zustimmung der Inhaber der elterlichen Sorge zulässig ist. Allerdings ist in diesen Fällen zu prüfen, ob die Datenverarbeitung nicht eher auf die **gesetzlichen Zulässigkeitstatbestände** des Art. 6 Abs. 1 und ggf. Art. 9 Abs. 2 gestützt werden kann (Kühling/Buchner/Buchner/Kühling Rn. 14).

54.1 Als gesetzlicher Verarbeitungstatbestand soll vor allem Art. 6 Abs. 1 lit e) Alt. 1 in Betracht kommen, da Beratungsstellen in der Regel im öffentlichen Interesse tätig wären (Kühling/Buchner/Buchner/Kühling Rn. 14 aE).

D. Dokumentation und Nachweis der Zustimmung Abs. 2

55 Abs. 2 verpflichtet verantwortliche Stellen zum **Nachweis** der erteilten Zustimmung der Inhaber der elterlichen Sorge (Remmertz MMR 2018 507 (508)) und folgt damit der generellen Rechenschaftspflicht in Art. 5 Abs. 2 (→ Art. 5 Rn. 37). Es handelt sich hierbei nicht um Anforderungen an die rechtliche Wirksamkeit der Einwilligung, sondern die Verpflichtung zu technischen und/oder organisatorischen Maßnahmen, mit denen der Verantwortliche nachweisen kann, dass eine Altersprüfung der einwilligenden Person im erfolgte, ob in Hinblick auf die bei minderjährigen Personen erforderliche Zustimmung der Eltern entbehrlich ist und ob ggf. die Zustim-

mung der Eltern in die durch die minderjährige Person erteilte Einwilligung abgegeben wurde (Taeger ZD 2021 505 (507)). Diese **Dokumentationsverpflichtungen** stellen eine enorme technische und praktische Herausforderung für verantwortliche Stellen dar. Denn die verantwortliche Stelle wird verpflichtet, unter Berücksichtigung der **verfügbaren Technik** angemessene Anstrengungen zu unternehmen, um die Wirksamkeit der Einwilligung des Kindes zu überprüfen. Dies führt aus praktischer Sicht allerdings zu zwei wesentlichen **Schwierigkeiten.**

Primär muss die verantwortliche Stelle das Alter der einwilligenden Person feststellen. Die Problematik besteht allerdings darin, dass eine **Altersverifikation** gerade bei Minderjährigen im Internet technisch nicht trivial ist. **56**

Vgl. zum Jugendmedienschutz http://www.kjm-online.de/telemedien/. Die Verpflichtung zur Einsendung einer schriftlichen Zustimmung der Eltern soll unangemessen sein (Plath/Plath Rn. 12). **56.1**

Gleiches gilt für den Nachweis, dass es sich bei der zustimmenden Person tatsächlich um einen Inhaber der elterlichen Sorge für das jeweilige Kind handelt. Auch hier fehlen zurzeit **missbrauchsrobuste, praxistaugliche und datenschutzfreundliche Verifikationssysteme.** **57**

Die Problematik der Verifikation des Alters liegt weniger in dem Fehlen von Verifikationssystemen (vgl. Taeger ZD 2021, 505 (5067)). Denn diese existieren zB gem. § 18 PAuswG oder § 12 eID-Karte-Gesetz (eIDKG) zwar. Jedoch kommt ihr Einsatz erst mit der Möglichkeit der Beantragung eines Ausweises oder Passes in Betracht. Die dortige Altersgrenze liegt allerdings bei 16 Jahren. Damit können Personen zwar nachweisen, dass sie ein gewisses über 16 Jahren liegendes Alter erreicht haben. Aber eine Verifikation des Alters **unter** 16 Jahren ist damit nicht möglich. Auch die Eigenschaft Vater oder Mutter zu sein oder das Sorgerecht über eine Minderjährige zu haben, um einer abgegebenen Einwilligung die Zustimmung zu erteilen, lässt sich digital kaum oder nur mit einem hohen, den üblichen Nutzungsszenarien digitaler Dienstleistungen wiederspechenden Aufwand, realisieren. Das damit verbundene Vollzugsdefizit wird damit unweigerlich evident. **57.1**

Allerdings unterliegt der Abwägungsprozess, ob der zu tätigende Aufwand angemessen ist, dem Stand der Technik. Soweit technische Möglichkeiten der Alters- und Zustimmungsverifikation entwickelt werden, haben verantwortliche Stellen ihre Bemühungen diesem **anzupassen.** **58**

In der Abwägung der Angemessenheit des Nachweises könnten zudem der Gegenstand der digitalen Leistung mit einfließen. Je stärker **schutzwürdige Interessen** der betroffenen Kinder berührt sind, zB im Bereich des Jugendmedienschutzes, desto höher können die Anforderungen an den **Nachweis** der elterlichen Zustimmung sein (so Plath/Plath Rn. 12). **59**

E. Verhältnis zum nationalen Vertragsrecht Abs. 3

Der Eingriff in die Regelungskompetenz der Mitgliedstaaten ist aufgrund des engen materiellen Anwendungsbereiches im Hinblick auf die nationalen Vorgaben gering. Die nationalen Regelungen zum zivilrechtlichen Minderjährigenrecht werden durch Art. 8 nicht beeinflusst. So wirkt sich Art. 8 nicht auf die zivilrechtlichen Grundgeschäfte des Kindes und deren rechtliche Wirksamkeit aus (Schrader JA 2021 177 (179 f.); Paal/Pauly/Frenzel Rn. 15 → Rn. 24). **60**

Allerdings beschränkt sich Abs. 3 nur auf das Vertragsrecht. Undeutlich bleibt, welchen Einfluss Art. 8 auf die rechtliche Bewertung einwilligende Handlungen Minderjähriger in anderen Rechtsgebieten wie dem Strafrecht hat. **61**

Der nationale Gesetzgeber hat mit § 327q BGB, welcher ab dem 1.1.2022 wirksam ist, eine Regelung geschaffen, mit der die Rücknahme und damit die Wirksamkeit der Einwilligung von der Wirksamkeit des damit verbundenen schuldrechtlichen Rechtsgeschäfts entkoppelt wird (BT Drs. 19/27653, 26). So lässt gem. § 327q Abs. 1 BGB der Widerruf einer durch eine minderjährige Person erteilte Einwilligung die Wirksamkeit des Vertrags unberührt (Bänsch/Hentsch MMR-Beil. 8/2021, 3 (5)). Damit ist allerdings keine Aussage darüber getroffen, ob eine datenschutzrechtlich unwirksam erteilte Einwilligung einer minderjährigen Person, die allerdings zugleich zB wegen des sog. Taschengeldparagrafen (§ 110 BGB) oder einer entsprechenden nachträglichen Genehmigung durch die Eltern schuldrechtlich wirksam ist, sich auf ebendieses Geschäft auswirkt (dazu Schrader JA 2021 177 (180)). Der Regierungsentwurf bleibt an dieser Stelle unklar (vgl. BT Drs. 17/27653, 75). Überträgt man allerdings den zugrundeliegenden Zweck des § 327q Abs. 1 BGB auf die Situation des Art. 8, wäre die Wirksamkeit der **Erteilung** der Einwilligung in die Datenverarbeitung von der Wirksamkeit des Nutzungsvertrages entkoppelt. **62**

Artikel 9 Verarbeitung besonderer Kategorien personenbezogener Daten

(1) Die Verarbeitung personenbezogener Daten, aus denen die rassische und ethnische Herkunft, politische Meinungen, religiöse oder weltanschauliche Überzeugungen oder die Gewerkschaftszugehörigkeit hervorgehen, sowie die Verarbeitung von genetischen Daten, biometrischen Daten zur eindeutigen Identifizierung einer natürlichen Person, Gesundheitsdaten oder Daten zum Sexualleben oder der sexuellen Orientierung einer natürlichen Person ist untersagt.

(2) Absatz 1 gilt nicht in folgenden Fällen:
a) Die betroffene Person hat in die Verarbeitung der genannten personenbezogenen Daten für einen oder mehrere festgelegte Zwecke ausdrücklich eingewilligt, es sei denn, nach Unionsrecht oder dem Recht der Mitgliedstaaten kann das Verbot nach Absatz 1 durch die Einwilligung der betroffenen Person nicht aufgehoben werden,
b) die Verarbeitung ist erforderlich, damit der Verantwortliche oder die betroffene Person die ihm bzw. ihr aus dem Arbeitsrecht und dem Recht der sozialen Sicherheit und des Sozialschutzes erwachsenden Rechte ausüben und seinen bzw. ihren diesbezüglichen Pflichten nachkommen kann, soweit dies nach Unionsrecht oder dem Recht der Mitgliedstaaten oder einer Kollektivvereinbarung nach dem Recht der Mitgliedstaaten, das geeignete Garantien für die Grundrechte und die Interessen der betroffenen Person vorsieht, zulässig ist,
c) die Verarbeitung ist zum Schutz lebenswichtiger Interessen der betroffenen Person oder einer anderen natürlichen Person erforderlich und die betroffene Person ist aus körperlichen oder rechtlichen Gründen außerstande, ihre Einwilligung zu geben,
d) die Verarbeitung erfolgt auf der Grundlage geeigneter Garantien durch eine politisch, weltanschaulich, religiös oder gewerkschaftlich ausgerichtete Stiftung, Vereinigung oder sonstige Organisation ohne Gewinnerzielungsabsicht im Rahmen ihrer rechtmäßigen Tätigkeiten und unter der Voraussetzung, dass sich die Verarbeitung ausschließlich auf die Mitglieder oder ehemalige Mitglieder der Organisation oder auf Personen, die im Zusammenhang mit deren Tätigkeitszweck regelmäßige Kontakte mit ihr unterhalten, bezieht und die personenbezogenen Daten nicht ohne Einwilligung der betroffenen Personen nach außen offengelegt werden,
e) die Verarbeitung bezieht sich auf personenbezogene Daten, die die betroffene Person offensichtlich öffentlich gemacht hat,
f) die Verarbeitung ist zur Geltendmachung, Ausübung oder Verteidigung von Rechtsansprüchen oder bei Handlungen der Gerichte im Rahmen ihrer justiziellen Tätigkeit erforderlich,
g) die Verarbeitung ist auf der Grundlage des Unionsrechts oder des Rechts eines Mitgliedstaats, das in angemessenem Verhältnis zu dem verfolgten Ziel steht, den Wesensgehalt des Rechts auf Datenschutz wahrt und angemessene und spezifische Maßnahmen zur Wahrung der Grundrechte und Interessen der betroffenen Person vorsieht, aus Gründen eines erheblichen öffentlichen Interesses erforderlich,
h) die Verarbeitung ist für Zwecke der Gesundheitsvorsorge oder der Arbeitsmedizin, für die Beurteilung der Arbeitsfähigkeit des Beschäftigten, für die medizinische Diagnostik, die Versorgung oder Behandlung im Gesundheits- oder Sozialbereich oder für die Verwaltung von Systemen und Diensten im Gesundheits- oder Sozialbereich auf der Grundlage des Unionsrechts oder des Rechts eines Mitgliedstaats oder aufgrund eines Vertrags mit einem Angehörigen eines Gesundheitsberufs und vorbehaltlich der in Absatz 3 genannten Bedingungen und Garantien erforderlich,
i) die Verarbeitung ist aus Gründen des öffentlichen Interesses im Bereich der öffentlichen Gesundheit, wie dem Schutz vor schwerwiegenden grenzüberschreitenden Gesundheitsgefahren oder zur Gewährleistung hoher Qualitäts- und Sicherheitsstandards bei der Gesundheitsversorgung und bei Arzneimitteln und Medizinprodukten, auf der Grundlage des Unionsrechts oder des Rechts eines Mitgliedstaats, das angemessene und spezifische Maßnahmen zur Wahrung der Rechte und Freiheiten der betroffenen Person, insbesondere des Berufsgeheimnisses, vorsieht, erforderlich, oder
j) die Verarbeitung ist auf der Grundlage des Unionsrechts oder des Rechts eines Mitgliedstaats, das in angemessenem Verhältnis zu dem verfolgten Ziel steht, den Wesensgehalt des Rechts auf Datenschutz wahrt und angemessene und spezifische Maßnahmen zur Wahrung der Grundrechte und Interessen der betroffenen Person

vorsieht, für im öffentlichen Interesse liegende Archivzwecke, für wissenschaftliche oder historische Forschungszwecke oder für statistische Zwecke gemäß Artikel 89 Absatz 1 erforderlich.

(3) Die in Absatz 1 genannten personenbezogenen Daten dürfen zu den in Absatz 2 Buchstabe h genannten Zwecken verarbeitet werden, wenn diese Daten von Fachpersonal oder unter dessen Verantwortung verarbeitet werden und dieses Fachpersonal nach dem Unionsrecht oder dem Recht eines Mitgliedstaats oder den Vorschriften nationaler zuständiger Stellen dem Berufsgeheimnis unterliegt, oder wenn die Verarbeitung durch eine andere Person erfolgt, die ebenfalls nach dem Unionsrecht oder dem Recht eines Mitgliedstaats oder den Vorschriften nationaler zuständiger Stellen einer Geheimhaltungspflicht unterliegt.

(4) Die Mitgliedstaaten können zusätzliche Bedingungen, einschließlich Beschränkungen, einführen oder aufrechterhalten, soweit die Verarbeitung von genetischen, biometrischen oder Gesundheitsdaten betroffen ist.

Überblick

Art. 9 sieht für bestimmte Kategorien von personenbezogenen Daten („sensible Daten") ein grundsätzliches Verarbeitungsverbot (Abs. 1) in Kombination mit detaillierten Voraussetzungen für eine Zulässigkeit der Verarbeitung (Abs. 2 und 3) vor (→ Rn. 1 ff., → Rn. 15 ff.). Die Norm knüpft mit ihren Regelungsmustern an europäische Vorläufer an (→ Rn. 6 ff.) und steht systematisch im Zusammenhang mit verschiedenen anderen Vorschriften (→ Rn. 11 ff.). Art. 9 setzt die Verarbeitung personenbezogener Daten voraus (→ Rn. 15 ff.) und das Verständnis des Abs. 1 erfordert den Blick auf das Konzept „sensibler Daten" (→ Rn. 19 ff.), auf die Schutzerfordernisse (→ Rn. 21 ff.) und auf die in unterschiedlicher Weise aufgelisteten besonderen Kategorien (→ Rn. 27 ff.). Die Rechtmäßigkeit der Verarbeitung besonderer Kategorien personenbezogener Daten setzt voraus, dass mindestens einer der Tatbestände des Abs. 2, ggf. i.V.m. Abs. 3 und/oder Abs. 4, vorliegt (→ Rn. 51 ff.), wobei oft auch „geeignete Garantien" oder „angemessene und spezifische Maßnahmen zur Wahrung der Grundrechte und Interessen der betroffenen Person" vorzusehen sind (übergreifender dazu → Rn. 105 ff.). In Abs. 2–4 öffnet sich Art. 9 an verschiedenen Stellen mitgliedstaatlichem Recht. Abs. 4 enthält eine näher spezifizierte Öffnungsklausel zu Gunsten mitgliedstaatlicher Regelungen („zusätzliche Bedingungen, einschließlich Beschränkungen"), soweit die Verarbeitung von genetischen, biometrischen oder Gesundheitsdaten betroffen ist (→ Rn. 109 ff.).

Übersicht

	Rn.		Rn.
A. Allgemeines	1	7. Daten zum Sexualleben oder zur sexuellen Orientierung	47
I. Überblick über die Aussagen der Norm	1	IV. Untersagung der Verarbeitung	49
II. Vorgängerregelungen und Normgenese	6	**C. Ausnahmen von der Unzulässigkeit (Abs. 2 und Abs. 3)**	51
III. Verhältnis zu anderen Vorschriften	11	I. Allgemeines	51
B. Unzulässigkeit der Verarbeitung sensibler Daten (Abs. 1)	15	II. Die einzelnen Zulässigkeitstatbestände (Abs. 2 lit. a–j und Abs. 3)	57
I. Verarbeitung personenbezogener Daten	15	1. Abs. 2 lit. a – Ausdrückliche Einwilligung	57
II. Konzept sensibler Daten und Schutzerfordernisse	18	2. Abs. 2 lit. b – Arbeitsrecht, Recht der sozialen Sicherheit und des Sozialschutzes	63
III. Die einzelnen Kategorien	27	3. Abs. 2 lit. c – Schutz lebenswichtiger Interessen	66
1. Differenzierende Ausgestaltung der Kategorien	27	4. Abs. 2 lit. d – Zweckgebunde interne Verarbeitung durch Organisationen ohne Gewinnerzielungsabsicht	69
2. Daten, aus denen die rassische und ethnische Herkunft hervorgeht	34	5. Abs. 2 lit. e – Offenkundig öffentlich gemachte Daten	74
3. Daten, aus denen politische Meinungen hervorgehen	36	6. Abs. 2 lit. f – Durchsetzung von Ansprüchen und Funktionsfähigkeit der justiziellen Tätigkeit der Gerichte	80
4. Daten, aus denen religiöse und weltanschauliche Überzeugungen hervorgehen	38	7. Abs. 2 lit. g – erhebliches öffentliches (unions- und mitgliedstaatliches) Interesse	85
5. Daten, aus denen die Gewerkschaftszugehörigkeit hervorgeht	40	8. Abs. 2 lit. h und Abs. 3 – Individuelle Versorgung im Gesundheitsbereich	90
6. Genetische Daten, biometrische Daten zur eindeutigen Identifizierung und Gesundheitsdaten	42		

	Rn.		Rn.
9. Abs. 2 lit. i – Öffentliche Gesundheitsbelange	95	11. Geeignete Garantien bzw. angemessene Maßnahmen im Unionsrecht oder im Recht der Mitgliedstaaten	105
10. Abs. 2 lit. j – Archivarische, wissenschaftliche und historische Forschungszwecke sowie statische Zwecke	99	D. Öffnungsklausel für mitgliedstaatliches Recht (Abs. 4)	109
		E. DS-GVO und nationales Recht	114

A. Allgemeines

I. Überblick über die Aussagen der Norm

1 Art. 9 sieht für näher umschriebene Kategorien von personenbezogenen Daten gegenüber Art. 6 erhöhte Rechtmäßigkeitsanforderungen vor, die in einem grundsätzlichen Verarbeitungsverbot (**Abs. 1**) in Kombination mit detaillierter und strenger gestalteten Voraussetzungen für eine Zulässigkeit der Verarbeitung bestehen (**Abs. 2 und 3**). Art. 9 ist bei der Beurteilung der Rechtmäßigkeit von Datenverarbeitungen anhand von Art. 6 stets mitzudenken. Die allgemeinen **Rechtmäßigkeitsanforderungen des Art. 6** werden dabei nicht vollständig verdrängt, sondern lediglich **von den spezifischeren Anforderungen des Art. 9 überlagert**. Wird eine Verarbeitung personenbezogener Daten also durch mindestens einen der Rechtmäßigkeitstatbestände aus Art. 6 Abs. 1 abgedeckt, so ist beim Umgang mit besonderen Kategorien von Daten stets noch zu prüfen, ob die Verarbeitung nach Art. 9 Abs. 1 untersagt oder nach Maßgabe der Voraussetzungen des Art. 9 Abs. 2–4 zulässig ist (dazu und zum Verhältnis zu anderen Vorschriften → Rn. 11 ff.). Verstöße gegen Art. 9 werden gem. Art. 83 Abs. 5 lit. a – im Einklang mit Art. 83 Abs. 2 – mit Geldbußen von bis 20 Millionen EUR respektive 4 % des gesamten weltweiten Jahresumsatzes **sanktioniert**. Die Kategorie der personenbezogenen Daten ist einer der bei der Entscheidung über die Verhängung einer Geldbuße und über deren Höhe zu berücksichtigender Umstand (Art. 83 Abs. 2 lit. g).

2 Nach Art. 9 **Abs. 1** ist die Verarbeitung personenbezogener Daten, aus denen bestimmte Informationsgehalte hervorgehen oder die bestimmte Aussagegehalte enthalten, untersagt. Der Begriff der besonderen Kategorien personenbezogener Daten ist nicht selbst, aber hinsichtlich genetischer (Art. 4 Nr. 13), biometrischer (Art. 4 Nr. 14) und Gesundheitsdaten (Art. 4 Nr. 15) legaldefiniert; daneben sind einzelne „besondere Merkmale" in der Legaldefinition „personenbezogener Daten" aufgeführt (Art. 4 Nr. 1). Zum Hintergrund der erhöhten Rechtmäßigkeitsvoraussetzungen des Art. 9 gehört die **typisierende Annahme einer gesteigerten Schutzbedürftigkeit** der betroffenen Person im Falle besonderer Kategorien personenbezogener Daten. Der Gesetzgeber führt dazu aus, dass diese „ihrem Wesen nach hinsichtlich der Grundrechte und Grundfreiheiten besonders sensibel sind, (…) da im Zusammenhang mit ihrer Verarbeitung erhebliche Risiken für die Grundrechte und Grundfreiheiten auftreten können" (Erwägungsgrund 51; s. auch EuGH BeckRS 2019, 22052 Rn. 44 – GC ua; für Art. 10 s. auch EuGH BeckRS 2021, 15289 Rn. 74 f.). Diese Formulierung legt es zum einen nahe, insoweit von **„sensiblen" und nicht von „sensitiven" Daten** zu sprechen. Der Wortlaut von Erwägungsgrund 10 S. 5: „Diese Verordnung bietet den Mitgliedstaaten zudem einen Spielraum für die Spezifizierung ihrer Vorschriften, auch für die Verarbeitung besonderer Kategorien von personenbezogenen Daten (im Folgenden: „sensible Daten")" spricht ebenfalls dafür (anders Gola/Schulz Rn. 1. Die Begriffe werden oft synonym verwendet; s. dazu auch Kühling/Buchner/Weichert Rn. 1). Zum anderen zeigt sie das Bewusstsein des Gesetzgebers dafür, dass es für die gesteigerte Schutzbedürftigkeit einer betroffenen Person nicht allein auf den Aussagegehalt von Daten ankommt, sondern auch der **Verarbeitungskontext**, die in ihm gewonnenen Informationen und ggf potentiell beeinträchtigende Folgen für die betroffene Person maßgeblich sind (s. dazu näher Voßkuhle/Eifert/Möllers VerwR/Albers § 22 Rn. 17; kritisch zur Vorgängerregelung Art. 8 DSRL Dammann/Simitis/Dammann DSRL Art. 8 Rn. 3; die Bedeutung des Kontextes betonend auch Kühling/Buchner/Weichert Rn. 3, 13). Die Bedeutung der **Kontextabhängigkeit** wird im Normtext von Art. 9 selbst gleichwohl nicht hinreichend reflektiert (so auch Paal/Pauly/Frenzel Rn. 9). Das kann in bestimmtem Umfang durch eine verstärkte Einbeziehung der Erwägungsgründe bei der Auslegung und Anwendung der Bestimmung (insbesondere der normativen Tatbestandsmerkmale in Abs. 2) und vor allem durch eine teleologische Auslegung mit Blick auf die jeweils involvierten Schutzinteressen der betroffenen Person kompensiert werden. Trotz fehlender Anknüpfung an den Kontext der Verarbeitung kann man die Regelung – wohlwollend – als Ausprägung des **risikobasierten Ansatzes** interpretieren (Veil ZD 2015, 347 (349)).

Die normative Sonderstellung der besonderen Kategorien personenbezogener Daten erschöpft sich nicht in dem grundsätzlichen Verbot ihrer Verarbeitung und den engen Zulässigkeitstatbeständen in Art. 9. Die Datenschutz-Grundverordnung knüpft vielmehr an verschiedenen Stellen an den Begriff an, sodass bei dem Umgang mit sensiblen Informationen und Daten **verschiedene Anforderungen mitbedacht bzw. assoziiert werden müssen,** namentlich Art. 6 Abs. 4 lit. c (Zweckänderungen), Art. 22 Abs. 4 (automatisierte Entscheidungen), Art. 27 Abs. 1 lit. a (keine Freistellung von der Pflicht zur Bestellung eines Vertreters für nicht in der Union niedergelassenen Verantwortlichen und Auftragsverarbeitern), Art. 30 Abs. 5 (keine Freistellung von der Dokumentationspflicht), Art. 35 Abs. 3 lit. b (Datenschutz-Folgeabschätzung bei umfangreicher Verarbeitung) und Art. 37 Abs. 1 lit. c (verpflichtende Benennung eines Datenschutzbeauftragten). 3

Die Relevanz der Verarbeitungskontexte spiegelt sich darin wider, dass Art. 9 **Abs. 2–4** durchaus zahlreiche Verarbeitungsmöglichkeiten zulassen und dabei auch an einer Reihe von Stellen verschiedenartig formulierte **Öffnungen für unions-** und va auch **mitgliedstaatsrechtliche Ausgestaltungen** enthalten. Erwägungsgrund 10 S. 6 („Diesbezüglich schließt diese Verordnung nicht Rechtsvorschriften der Mitgliedstaaten aus, in denen die Umstände besonderer Verarbeitungssituationen festgelegt werden, einschließlich einer genaueren Bestimmung der Voraussetzungen, unter denen die Verarbeitung personenbezogener Daten rechtmäßig ist.") und die differenzierten Ausführungen in Erwägungsgrund 51 ff. belegen, dass es dem Gesetzgeber keineswegs allein um ein Verbot, sondern auch darum geht, dass eine Verarbeitung besonderer Kategorien personenbezogener Daten durch Rechtsvorschriften, insbes. auch die Vorgabe von Garantien und Schutzvorkehrungen aller Art, und durch deren adäquate Umsetzung in der Praxis in einer Weise erfolgt, die der gesteigerten Schutzbedürftigkeit angemessen Rechnung trägt. Angesichts der Interdependenzen des Datenschutzrechts mit den sachlichen Strukturen des mannigfaltigen Fachrechts (vgl. Voßkuhle/Eifert/Möllers VerwR/Albers § 22 Rn. 67) und angesichts der in den von Art. 9 erfassten Feldern in vieler Hinsicht divergierenden nationalen Rechtssysteme sind es – auch bereits kompetenzbedingt – überwiegend die Mitgliedstaaten, die sachnah entscheiden können, welcher Ansatzpunkt im jeweiligen Regelungsbereich den jeweiligen Gegebenheiten und datenschutzrechtlichen Schutzerfordernissen am besten Rechnung trägt. Insofern kommt es den Mitgliedstaaten zu, die abstrakten Vorgaben des Art. 9 im Rahmen der ihnen hier aufgegebenen Regelungsmöglichkeiten durch allgemeine und risikospezifische Rechtsgrundlagen auszugestalten, die sowohl ihren jeweiligen Regelungssystemen und sachlichen Regelungsmustern als auch dem Gegenstand und den Schutzzielen des Datenschutzes gerecht werden (zu Rolle solcher Öffnungen für mitgliedstaatliches Recht Veit, Einheit und Vielfalt im europäischen Datenschutzrecht, Manuskript, Teil 3, B., III., 1, a, bb), erscheint 2022). 4

Abs. 4 enthält eine Öffnungsklausel zu Gunsten mitgliedstaatlicher Regelungen, die den Mitgliedstaaten die Einführung oder Aufrechterhaltung zusätzlicher Bedingungen, einschließlich Beschränkungen, zuerkennt, soweit die Verarbeitung von genetischen, biometrischen oder Gesundheitsdaten betroffen ist. Die Reichweite dieser Öffnungsklausel und deren Verhältnis zu den Öffnungen zu Gunsten mitgliedstaatlichen Rechts in Abs. 2 und 3 sind interpretationsbedürftig (→ Rn. 97 ff.). 5

II. Vorgängerregelungen und Normgenese

Der regulatorische Ansatz, bestimmte Kategorien personenbezogener Daten unter besonderen Schutz zu stellen, ist **keine Innovation der DS-GVO.** Er fand sich bereits in der Vorgängerregelung, Art. 8 DSRL, und geht auf Art. 6 der Datenschutzkonvention des Europarats von 1981 zurück. Dieser orientierte sich seinerseits an der Mehrzahl der bis dato in den Konventionsstaaten verabschiedeten Datenschutzgesetze (dazu näher NK-DatenschutzR Einleitung Rn. 97)). 6

Der direkte Vergleich von Art. 9 und seiner Vorgängerregelung Art. 8 DSRL offenbart **Unterschiede nur im Detail.** So erweitert Art. 9 Abs. 1 den bisherigen Art. 8 Abs. 1 DSRL um genetische und biometrische Daten zur eindeutigen Identifizierung einer Person sowie Daten zur sexuellen Orientierung. Außerdem wurde der in Art. 8 Abs. 1 DSRL verwendete Begriff „philosophische Überzeugungen" durch „weltanschauliche Überzeugungen" ersetzt. Zudem ist der Katalog der Ausnahmebestände des Art. 8 Abs. 2 DSRL in Abs. 2 erweitert worden (dazu iE näher Paal/Pauly/Frenzel Rn. 2). 7

Ausgangspunkt für Art. 9 war für die die Reform initiierende Kommission dessen Vorgängerregelung (Art. 8 DSRL). Bereits der **Kommissionsvorschlag** nahm die Kategorie „genetische Daten" auf, mit Blick auf die bisher umstritten war, ob sie generell zu Gesundheitsdaten gezählt werden können (Kühling/Buchner/Weichert Rn. 9). Die Kategorien Daten über die sexuelle Orientierung und biometrische Daten waren in Abs. 1 des Kommissionsentwurfs noch nicht 8 vorgesehen, dafür aber Daten über Strafurteile und damit zusammenhängende Sicherungsmaßregeln (Art. 9 Abs. 1 lit. j DS-GVO-E(KOM)), die nunmehr in Art. 10 geregelt sind. In Art. 9 Abs. 3 DS-GVO-E(KOM) war eine Ermächtigung der Kommission vorgesehen, durch delegierte Rechtsakte die Maßgaben der Abs. 1 und 2 näher zu regeln. Die im Kommissionsvorschlag noch eigenständig in Art. 81 Abs. 1 DS-GVO-E(KOM) geregelten materiellen Anforderungen an die Verarbeitung von Gesundheitsdaten sind nunmehr in Art. 9 Abs. 1 lit. h integriert. Die Rechtssetzungsbefugnis der Kommission, diese Vorgaben im Wege delegierter Rechtsakte zu präzisieren (Art. 81 Abs. 3 DS-GVO-E(KOM)), ist weggefallen.

9 Im Verhandlungsdokument des **Europäische Parlaments** wurden die Kategorien „sexuelle Orientierung oder Geschlechtsidentität", biometrische Daten und (neben religiösen auch) philosophische Überzeugungen ergänzt. Mit Blick auf Gewerkschaften wurde nicht nur die Mitgliedschaft, sondern auch die Betätigung in ihnen in Art. 9 Abs. 1 aufgenommen. Als Legitimationsgrundlage für Datenverarbeitungen im Bereich des Arbeitsrechts wurden, neben Vorschriften des europäischen und mitgliedstaatlichen Rechts, auch Kollektivvereinbarungen mit aufgenommen (Art. 9 Abs. 2 lit. b DS-GVO-E(EP)). Zudem wurde die im Kommissionsvorschlag noch sehr abstrakt gehaltene Generalklausel der Erforderlichkeit für ein öffentliches Interesse (Art. 9 Abs. 1 lit. g) um materielle Anforderungen an unionale und mitgliedstaatliche Rechtsgrundlagen ergänzt, die sich auch in der Endfassung finden.

10 Im Ratsentwurf wurde ein bis dato vorgesehener separater Artikel für die Verarbeitung von Gesundheitsdaten gestrichen und dessen Inhalte – im Wesentlichen – wurden in Art. 9 Abs. 1 lit. h eingefügt. In Fortführung von Art. 8 Abs. 3 DSRL wurde eine Regelung ergänzt, die die Zulässigkeit der Verarbeitung sensibler Daten für die in Art. 9 Abs. 1 lit. h genannten Zwecke personell an Berufsgeheimnisträger oder sonstige Geheimhaltungspflichtige knüpft (Art. 9 Abs. 4 DS-GVO-E(Rat), nunmehr Art. 9 Abs. 3). Die Vorschläge des Rates wurden im Rahmen der Trilogverhandlungen weitestgehend berücksichtigt, sodass dessen Einfluss auch maßgeblich die Endfassung prägt.

III. Verhältnis zu anderen Vorschriften

11 Stellt ein Verantwortlicher fest, dass die zu verarbeitenden Daten bzw. die aus ihnen kontextabhängig generierbaren Informationen sich den in Art. 9 Abs. 1 aufgeführten besonderen Kategorien zuordnen lassen, und kann er die Verarbeitung auf einen der Ausnahmetatbestände in Art. 9 Abs. 2 und 3 stützen, stellt sich die Frage, ob zusätzlich noch die allgemeinen Anforderungen des Art. 6 zu beachten sind (s. a. den Vorlagebeschluss des BAG v. 26.8.2021 – 8 AZR 253/20 (A) Rn. 28 ff.). Insoweit gilt, dass **neben** einem **Ausnahmetatbestand** nach Art. 9 Abs. 2 oder 3 **stets auch die Rechtmäßigkeitsbedingungen nach Art. 6** vorliegen müssen. Die Anforderungen des Art. 6 werden von denjenigen des Art. 9 **normativ überlagert, nicht aber verdrängt** (für das Verhältnis von Art. 6 und 10 nunmehr auch EuGH BeckRS 2021, 15289 Rn. 55 – B). Einen Hinweis dazu liefert Erwägungsgrund 51 S. 5: „Zusätzlich zu den speziellen Anforderungen an eine derartige Verarbeitung sollten die allgemeinen Grundsätze und andere Bestimmungen dieser Verordnung, insbesondere hinsichtlich der Bedingungen für eine rechtmäßige Verarbeitung, gelten." Dafür sprechen zudem der Verweis in Art. 6 Abs. 4 lit. c auf Art. 9 und weitere systematisch-teleologische Erwägungen. Auch der deutsche Gesetzgeber teilt diese Auffassung (s. Begründung zu § 22 BDSG, BT-Drs. 18/11325, 94). Gleichwohl entfaltet Art. 9 als lex specialis Sperrwirkung gegenüber Art. 6 Abs. 1 dergestalt, dass sich ein Rückgriff auf die allgemeinen Rechtmäßigkeitstatbestände verbietet, wenn die Ausnahmeregelungen in Art. 9 Abs. 2 und 3 nicht einschlägig sind.

12 In unmittelbarem Zusammenhang mit dieser Diskussion steht die Frage, wie sich Art. 9 zur Regelung des **Art. 6 Abs. 4** verhält. Art. 9 selbst enthält keinerlei Aussage dazu, ob und unter welchen Voraussetzungen die **(Weiter-)Verarbeitung von besonderen Kategorien personenbezogener Daten zu geänderten Zwecken** rechtmäßig ist. Daraus wird teilweise gefolgert, zweckändernde Verarbeitungen von sensiblen Daten richteten sich – auch mangels Verweis auf Art. 6 Abs. 4 – allein nach Art. 9, sodass in Fällen, in denen der Verantwortliche oder Auftragsverarbeiter eine Weiterverwendung sensibler Daten beabsichtigt, diese erneut mit einem festgelegten, eindeutigen und legitimen Zweck erhoben werden müssten (so Ehmann/Selmayr/Schiff Rn. 10 f., mit zusätzlichem Verweis auf Erwägungsgrund 51 S. 4). Dies ist jedoch bereits aus normsystematischen Gründen wenig überzeugend. Der in Art. 5 Abs. 1 lit. b festgelegte Grundsatz der „Zweckbindung" statuiert keine generelle Unzulässigkeit von Verarbeitungen zu geänderten Zwecken (so aber Ehmann/Selmayr/Schiff Rn. 10). Er schließt im Gegenteil Weiterverarbeitungsmöglichkeiten zu geänderten Zwecken ein, soweit die neuen Zwecke mit Rücksicht auf die Kriterien des Art. 6 Abs. 4 Hs. 2 mit den ursprünglich festgelegten Verwendungszwecken vereinbar sind (→ Art. 6

Rn. 98 f.). Das gilt nach Maßgabe der anderweitig geltenden Rechtmäßigkeitsanforderungen, zu denen insbesondere gehört, dass sich die Weiterverarbeitung, also der Prozess der Verarbeitungsschritte zu dem geänderten Zweck, auf eine Rechtsgrundlage stützen kann, wie sie Art. 6 Abs. 1 UAbs. 1 für jede Verarbeitung fordert (→ Art. 6 Rn. 108). Diese Rechtmäßigkeitsbedingung bedeutet im Rahmen des Art. 9, der die Anforderungen des Art. 6 normativ überlagert, dass die Rechtmäßigkeitsvoraussetzungen nach Maßgabe der Art. 9 Abs. 2–4 gegeben sein müssen. Art. 6 Abs. 4 Hs. 2 lit. c als Kriterium verweist zur Beurteilung der Kompatibilität ausdrücklich auf Art. 9 und setzt somit voraus, dass auch diese zu geänderten Zwecken verarbeitet werden können – wenn auch unter erhöhten Anforderungen, nämlich denjenigen, die sich aus Art. 9 Abs. 2–4 und der entsprechenden schutzbedarfsgerechten Auslegung ergeben (vgl. auch knapp dazu Kühling/Buchner/Weichert Art. 9 Rn. 4a; NK-DatenschutzR/Petri Art. 9 Rn. 3; Auernhammer/Greve Rn. 17). Zudem ergibt sich aus der Kombination von Art. 6 Abs. 4 Hs. 1 und Art. 23 Abs. 1, Art. 6 Abs. 1, 2 und 3 im Rahmen der dort geregelten tatbestandlichen Voraussetzungen die Möglichkeit besonderer Rechtsgrundlagen für „inkompatible" Zweckänderungen (→ Art. 6 Rn. 110 ff.). Auch daran kann die mitgliedstaatliche Rechtsetzung unter zusätzlicher Beachtung der Anforderungen der Art. 9 Abs. 2–4 und der besonderen Schutzerfordernisse bei „sensiblen" Daten anknüpfen (knapp dazu ebenso Kühling/Buchner/Weichert Art. 9 Rn. 4a; NK-DatenschutzR/Petri Art. 9 Rn. 3). Erwägungsgrund 51 S. 5 stellt klar, dass mit Blick auf die Verarbeitung sensibler Daten neben den speziellen Anforderungen (aus Art. 9) auch „die allgemeinen Grundsätze" der Verordnung, insbesondere „die Bedingungen für eine rechtmäßige Verarbeitung" gelten sollen. Erwägungsgrund 51 S. 4 macht dann deutlich, dass immer auch die zusätzlichen Anforderungen des Art. 9 greifen. Entsprechend diesem Verständnis hat der deutsche Gesetzgeber in Umsetzung der DS-GVO in § 23 Abs. 2 BDSG festgehalten, dass zweckändernde Weiterverarbeitungen von sensiblen Daten nur zulässig sind, wenn neben den Voraussetzungen § 23 Abs. 1 BDSG, der Art. 6 Abs. 4 umsetzt (→ BDSG § 23 Rn. 1), zusätzlich ein Ausnahmetatbestand nach Art. 9 Abs. 2 oder nach § 22 BDSG gegeben ist (→ BDSG § 23 Rn. 1). Ähnliches gilt etwa für die Offenbarung oder Verwertung als Steuergeheimnis geschützter Daten nach Maßgabe der bereichsspezifischen Norm des § 30 Abs. 4, 5 und 10 AO.

Die **privilegierte Weiterverarbeitungsmöglichkeit** für im öffentlichen Interesse liegende 13 Archivzwecke, für wissenschaftliche oder historische Forschungszwecke oder für statistische Zwecke (vgl. Art. 5 lit. b Hs. 2 iVm Art. 89) gilt auch für Daten, die den in Art. 9 Abs. 1 genannten besonderen Kategorien zuzuordnen sind. Grenzen werden insoweit allerdings durch die Anforderungen des Art. 89 in Verbindung mit dem mitgliedstaatlichen Ausfüllungsrecht gezogen (zur deutschen Umsetzung in § 28 BDSG s. Johannes/Richter DuD 2017, 300 ff.).

Abgrenzungsbedarf besteht in sachlicher Hinsicht auch in Bezug auf die **Richtlinie (EU)** 14 **2016/680**, die in ihrem Art. 10 ihrerseits Vorgaben für die Verarbeitung besonderer Kategorien personenbezogener Daten enthält (→ PolizeiundNachrichtendienst Rn. 55). Die Richtlinie gilt nach ihrem Art. 1 Abs. 1 für die Verarbeitung personenbezogener Daten durch die zuständigen Behörden zum Zwecke der Verhütung, Ermittlung, Aufdeckung oder Verfolgung von Straftaten oder der Strafvollstreckung, einschließlich des Schutzes vor und der Abwehr von Gefahren für die öffentliche Sicherheit (→ PolizeiundNachrichtendienst Rn. 48). Sofern also im Anwendungsbereich der Richtlinie (EU) 2016/680 die **Verarbeitung sensibler Daten** durch die **adressierten Behörden** zu den in Art. 1 Abs. 1 RL 2016/680 genannten **Zwecken** in Rede steht, ist Rechtmäßigkeitsmaßstab nicht Art. 9 DS-GVO, sondern Art. 10 RL (EU) 2016/680 iVm dem jeweiligen mitgliedstaatlichen Umsetzungsrecht (zum Verhältnis von DS-GVO und RL 2016/680 s. auch EuGH, BeckRS 2021, 15289, Rn. 69 f. – B mit Verweis ua auf Erwägungsgrund 11 DS-GVO). In Deutschland ist die Umsetzung durch allgemeine und durch fachgesetzliche Bestimmungen erfolgt (→ BDSG § 48 Rn. 1 ff.).

B. Unzulässigkeit der Verarbeitung sensibler Daten (Abs. 1)

I. Verarbeitung personenbezogener Daten

Art. 9 betrifft die **Verarbeitung personenbezogener Daten.** Der Begriff der **Verarbeitung** 15 ist in Art. 4 Nr. 2 als „jeder mit oder ohne Hilfe automatisierter Verfahren ausgeführte Vorgang oder jede solche Vorgangsreihe im Zusammenhang mit personenbezogenen Daten" legaldefiniert. Das ist zu lesen im Zusammenhang mit dem sachlichen Anwendungsbereich der DS-GVO, insbes. Art. 2 Abs. 1 (näher → Art. 2 Rn. 1 ff.). Art. 4 Nr. 2 nennt zahlreiche Beispiele: das Erheben, das Erfassen, die Organisation, das Ordnen, die Speicherung, die Anpassung oder Veränderung, das Auslesen, das Abfragen, die Verwendung, die Offenlegung durch Übermittlung, Verbreitung oder eine andere Form der Bereitstellung, den Abgleich oder die Verknüpfung, die Einschränkung, das Löschen oder die Vernichtung (vgl. im Einzelnen → DS-GVO Art. 4 Rn. 29 ff.; Kühling/Buchner/Herbst Art. 4 Rn. 1 ff.). Die Beispiele sind nicht abschließend, weil die Antwort auf die Frage, was ein rechtlich relevanter eigenständiger Verarbeitungsvorgang ist, vom Verwendungskontext sowie den entsprechenden Risiken und vor allem auch von den Verarbeitungstechniken abhängt.

16 **Personenbezogene Daten** sind nach der Legaldefinition des Art. 4 Nr. 1 „personenbezogene Daten" alle Informationen, die sich auf eine identifizierte oder identifizierbare natürliche Person beziehen. Als identifizierbar wird eine natürliche Person angesehen, die direkt oder indirekt, insbesondere mittels Zuordnung zu einer Kennung wie einem Namen, zu einer Kennnummer, zu Standortdaten, zu einer Online-Kennung oder zu einem oder mehreren besonderen Merkmalen, die Ausdruck der physischen, physiologischen, genetischen, psychischen, wirtschaftlichen, kulturellen oder sozialen Identität dieser Person sind, identifiziert werden kann. Mit den in der Norm aufgelisteten Beispielen für eine Kennung werden freilich nur – teilweise auf „besondere Kategorien" verweisende – Identifikatoren benannt. Die Legaldefinition deutet darauf hin, dass das wesentliche Problem in der **Identifizierbarkeit** einer Person gesehen wurde (s. auch EG 26). Das kann sich simpel gestalten, wenn beispielsweise bestimmte Angaben unmittelbar mit Identifikatoren wie dem Namen verknüpft werden (für Passagierdaten im Rahmen des PNR-Abkommens EuGH, Gutachten v. 26.7.2017, 1/15, Rn. 121 f.). Sofern ein Personenbezug theoretisch über mehrere Operationen unter Beteiligung unterschiedlicher Akteure hergestellt werden kann, kann es durchaus schwer fallen zu entscheiden, unter welchen Voraussetzungen die hinter bestimmten Daten (IP-Adresse, Foto, nickname) stehende Person in datenschutzrechtlichen Sinne in Bezug auf welchen Akteur als bestimmbar anzusehen ist (dazu EuGH Urt. v. 24.11.2011 – C-70/10 Rn. 88; Urt. v. 19.10.2016 – C-582/14 Rn. 32 ff.; Urt. v. 11.12.2014 – C212/13 Rn. 22 f.; s. auch → DS-GVO Art. 4 Rn. 14 ff. mwN). **Aufmerksamkeit** verdient jedoch darüber hinaus die Frage, **welche Daten sich überhaupt auf eine identifizierte oder identifizierbare Person beziehen.** Der Bezug von Daten auf Personen ist keineswegs immer schon in einer Weise gegeben, dass es nur um deren Identifizierbarkeit ginge. Er wird vielmehr in bestimmten Kontexten als **Ergebnis einer sinngehaltserzeugenden Leistung** tatsächlich oder potenziell und gegebenenfalls erstmals hergestellt; auch gestaltet er sich vielfältig und von unterschiedlicher Dichte (näher Voßkuhle/Eifert/Möllers VerwR/Albers § 22 Rn. 15 ff., 41). Antworten darauf, wann sich Daten in datenschutzrechtlich relevanter Weise auf identifizierte oder über bestimmte Identifikatoren identifizierbare Personen beziehen (können), sind nicht nur (akteurs-)relativ, sondern auch kontextabhängig. Sie können Wahrscheinlichkeitsannahmen, Prognosen und wertende Beurteilungen erfordern (s. auch Herbst NVwZ 2016, 902 ff.; aus der Rspr. etwa BVerwG NVwZ 2020, 1114 (1117)). Hier stecken zentrale Abgrenzungs- und Anwendungsprobleme des Datenschutzrechts insgesamt. Das gilt umso mehr vor dem Hintergrund von automatisierten Verarbeitungsformen im Big-Data-Kontext oder auf Grund von Re-Identifikationsmöglichkeiten durch Zugang zu und Verknüpfung von Daten. Man steht vor der Frage, ob dem Merkmal des Personenbezugs, das den Anwendungsbereich des Datenschutzrechts ein- und abgrenzt, im gesamten davon erfassten Spektrum wirklich ausreichende Leistungs- und Differenzierungskraft zukommt. Antworten auf diese Frage werden umso wichtiger, als diesem Merkmal auch in den übergreifenden Vorschlägen der Kommission zum „Aufbau eines gemeinsamen europäischen Datenraums", zur Digitalstrategie und zur europäischen Datenstrategie zentrale Bedeutung zuerkannt wird (knapp dazu m. N. Voßkuhle/Eifert/Möllers VerwR/Albers § 22 Rn. 3) und es in diesen Strategien ua um einen „Raum für Gesundheitsdaten" geht.

17 Das Problem der Leistungs- und Abgrenzungskraft des Merkmals des Personenbezugs wird bei den „besonderen Kategorien personenbezogener Daten" noch verstärkt, weil diese Kategorien ihrerseits mit mehr oder weniger ausgeprägten Einordnungs- und Abgrenzungsproblemen einhergehen. Darüber hinaus weisen insbes. genetische Daten das Problem auf, dass sie vor dem Hintergrund wissenschaftlicher Befunde über Naturgesetzlichkeiten Informationen über mehrere (genetisch verwandte) Personen vermitteln können. Für eine sinnvolle Gestaltung, Auslegung und Anwendung der einschlägigen datenschutzrechtlichen Regelungen ist es daher wichtig, die dahinter stehenden Schutzgüter und rechtlich schutzwürdige Datenschutzinteressen zu schärfen.

II. Konzept sensibler Daten und Schutzerfordernisse

18 Die Aufzählung der genannten Kategorien besonderer personenbezogener Daten ist **abschließend.** Gleichwohl finden sich auch an anderer Stelle in der DS-GVO Bestimmungen, die der spezifischen Grundrechtssensibilität anderer Datenkategorien Rechnung zu tragen bestimmt sind.

Verarbeitung besonderer Kategorien personenbezogener Daten Artikel 9 DS-GVO

So stellt Art. 10 an die Verarbeitung von personenbezogenen Daten über strafrechtliche Verurteilungen und Straftaten gegenüber Art. 6 erhöhte Anforderungen (zum Anwendungsbereich von Art. 10 s. EuGH BeckRS 2021, 15289 Rn. 54 ff. – B).

Das Konzept der sensiblen Daten wird von den Annahmen getragen, dass bestimmte Kategorien personenbezogener Daten typischerweise das Risiko einer Verletzung der Rechte der betroffenen Person in sich bergen und mit deren erhöhter Schutzbedürftigkeit verbunden sind, so dass dem durch verschärfte datenschutzrechtliche Vorgaben Rechnung getragen werden muss. Im Konzept steckt somit eine **Typisierung, die an eine in bestimmter Weise formulierte Kategorisierung von Daten anknüpft,** wobei diese Formulierungen **verschiedenartig** und **in sich mehr oder weniger anspruchsvoll** sind. Die Unterscheidung nicht-sensibler Datenkategorien einerseits und sensibler Datenkategorien andererseits stammt aus den Anfangszeiten des Datenschutzrechts (→ Rn. 6). Unter den damals in den Blick genommenen technischen Bedingungen, vor allem denjenigen der Großrechenanlagen, konnte man einer solchen abstrakten Kategorisierung von Daten durchaus eine gewisse Plausibilität zusprechen. Eine Reihe europäischer Länder (zB Schweden oder Frankreich) hat dies aufgegriffen, und das Konzept ging dann in Art. 8 RL 95/46 EG ein. Für Art. 9 erläutert Erwägungsgrund 51, dass die dort aufgezählten besonderen Kategorien personenbezogener Daten „ihrem Wesen nach hinsichtlich der Grundrechte und Grundfreiheiten besonders sensibel sind, (…) da im Zusammenhang mit ihrer Verarbeitung erhebliche Risiken für die Grundrechte und Grundfreiheiten auftreten können". Insofern passt bei Art. 9 auch der Grundgedanke einer Pfadabhängigkeit der Entwicklung unionaler Vorgaben. 19

Seit seiner Einführung ist das Konzept von **Kritik** begleitet worden. Diese richtet sich zum einen gegen die Konzeption als solche (grundlegend und ausf. Simitis FS Pedrazzini 1999, 469 ff.; vgl. außerdem etwa Kühling/Buchner/Weichert Rn. 1, 10; Schneider ZD 2017, 303 (304); s. für eine Erwägung alternativer Regelungsmodelle auch Artikel 29-Datenschutzgruppe, Advice paper on special categories of data („sensitive data"), 2011, S. 12 ff.). Der **zentrale Einwand** lautet, dass die Typisierung von Risiken und Schutzerfordernissen, die an eine abstrakte Kategorisierung von Daten anknüpft, bestenfalls begrenzt möglich und kurzschlüssig ist, weil die Risiken und Schutzerfordernisse wesentlich vom (Verwendungs-)kontext abhingen. Das hat auch das BVerfG (mit Folgen für die deutsche Rechtslage) hervorgehoben: „Dabei kann nicht allein auf die Art der Angaben abgestellt werden. Entscheidend sind ihre Nutzbarkeit und Verwendungsmöglichkeit. (…) Wieweit Informationen sensibel sind, kann hiernach nicht allein davon abhängen, ob sie intime Vorgänge betreffen. Vielmehr bedarf es zur Feststellung der persönlichkeitsrechtlichen Bedeutung eines Datums der Kenntnis seines Verwendungszusammenhangs" (BVerfGE 65, 1 (45)). Zum anderen richten sich **weitere Einwände,** die in bestimmtem Umfang mit der zentralen Kritik am Konzept zusammenhängen, gegen das ausgewählte Spektrum besonderer Kategorien personenbezogener Daten. Der Auswahl wird vorgehalten, sie sei unvollständig und willkürlich (s. etwa zu § 3 Abs. 9 BDSG aF Simitis/Simitis BDSG aF § 3 Rn. 258) oder unter den Bedingungen des Internets impraktikabel und antiquiert (etwa Wong, JICLT Vol. 2 (2007), 9 (12)). Diese Kritik hat allerdings nicht zur Abkehr vom Konzept, sondern zur Ausweitung des Katalogs geführt (Kühling/Buchner/Weichert Rn. 21). 20

Das Konzept der Typisierung von Risiken und Schutzerfordernissen, die an eine abstrakte Kategorisierung von Daten anknüpft, ist in der Tat nicht nur voraussetzungsvoll, sondern birgt auch die Gefahr kurzschlüssiger Folgerungen und nicht überzeugender, wenn nicht sogar kontraproduktiver Ergebnisse. Diesem Befund muss man Rechnung tragen, indem man erstens **die jeweils relevanten Schutzgüter und Datenschutzinteressen** der betroffenen Person adäquat herausarbeitet und zweitens an den jeweiligen normativen Anknüpfungspunkten, die Art. 9 bietet, ein **sach- und schutzbedarfsgerechtes Verständnis der Vorgaben** entwickelt. Dann zeigt sich, dass das Konzept der „sensiblen Daten" anforderungsreich, aber auch nicht vollkommen unbrauchbar ist. Insbesondere lässt es sich an unterschiedliche Möglichkeiten der Beschreibung der relevanten Verarbeitungskontexte anpassen und auch auf die jeweiligen Gefährdungen zuschneiden, die von relativ abstrakten Risiken bis zu erkennbar drohenden Nachteilen für die betroffene Person reichen können. Umgekehrt ergibt eine normgerechte Auslegung der allgemeinen Rechtmäßigkeitsvoraussetzungen (Art. 6), dass diese Konstellationen auffangen können, die nicht von Art. 9 erfasst werden und trotzdem mit gesteigerten Beeinträchtigungen der betroffenen Person einhergehen. Das bedeutet nicht nur, dass diese dort zu berücksichtigen sind, sondern auch, dass Art. 9 unter bestimmten Voraussetzungen schutzbedarfsgerecht teleologisch reduziert werden kann. 21

Der Kritik an der Zusammenstellung des Katalogs ist jedenfalls insoweit zuzustimmen, als sich **kein abstrakter Sammelbegriff im Sinne eines einheitlichen Schutzguts** definieren lässt, unter den sich die ausgewählten Datenkategorien fassen ließen und der es zugleich rechtfertigen 22 würde, andere (ebenfalls unter Umständen „sensible") Datenkategorien vom erhöhten Schutz auszunehmen. Dem Vorwurf der Beliebigkeit wird zum Teil mit dem jeweils höchstpersönlichen bzw. identitätsstiftenden Charakter des möglicherweise generierbaren Informationsgehalts aus den aufgeführten Datenkategorien entgegengetreten (Paal/Pauly/Frenzel Rn. 6). Auch der Gedanke des Schutzes der Intimsphäre (etwa Kühling/Buchner/Weichert Rn. 23) und das erhöhte Schadenspotenzial eines Missbrauchs (Paal/Pauly/Frenzel Rn. 6) werden als teleologische Hintergründe genannt. Diese Merkmale mögen die aufgelisteten Datenkategorien vereinen; sie erklären aber nicht, weshalb andere Daten, etwa – je nach Kontext – äußerst sensible Daten über die Finanzen (mit Bezug auf die Rechtsprechung des EGMR etwa van der Sloot, EDPL Vol. 2 (2016), 262 ff.), das Alter oder der Wohnort nicht aufgenommen wurden. Nimmt man indessen die Formulierung „aus denen (…) hervorgehen" ernst, kann der Tatbestand unter bestimmten Voraussetzungen auch „allgemeine" Daten wie Name und Adresse erfassen, aus denen sich (nicht notwendigerweise korrekte) Rückschlüsse auf in Abs. 1 genannte Merkmale ziehen lassen (dazu Schneider ZD 2017, 303 (305)). Im Übrigen kann der kontextabhängigen Grundrechtssensibilität dieser Daten bei der Auslegung und Anwendung der allgemeinen Regeln (insbesondere Art. 6) Rechnung getragen werden (Paal/Pauly/Frenzel Rn. 7).

23 Für das Verständnis des Art. 9 ist es damit insgesamt von **zentraler Bedeutung, die jeweils relevanten Schutzgüter und Datenschutzinteressen** der betroffenen Person herauszuarbeiten. Die teleologische Zielrichtung von Art. 9 allein auf ein Diskriminierungsverbot (insoweit missverständlich Kühling/Buchner/Weichert Rn. 10) zu reduzieren, greift zu kurz. Wenn auch die meisten der in Abs. 1 aufgelisteten Kategorien zugleich im Tatbestand des Diskriminierungsverbots aus Art. 21 Abs. 1 GRCh aufgeführt sind und Art. 9 insoweit als einfach-rechtliche, daten- und informationsbezogene Konkretisierung angesehen werden kann, so sind Diskriminierungen nur eine von verschiedenen möglichen negativen Folgen der Verarbeitung sensibler Daten (differenzierter dann auch Kühling/Buchner/Weichert Rn. 15 ff.). Die in Art. 9 geregelten Kategorien „sensibler Daten" verdeutlichen vielmehr geradezu, dass der **Datenschutz** sich **nicht auf ein einheitliches Schutzgut** reduzieren lässt. Das Diskriminierungsverbot aus Art. 21 Abs. 1 GRCh oder der Anspruch auf Achtung des Privatlebens aus Art. 7 GRCh können für die Beschreibung der Schutzerfordernisse relevant sein, decken diese aber keineswegs erschöpfend ab.

24 Die **grundrechtlichen Schutzgüter,** die im Hintergrund des Datenschutzes im Allgemeinen und des Katalogs in Abs. 1 im Besonderen stehen (ohne den Schutz ausschließlich und vollständig zu prägen), sind sowohl **vielschichtig** als auch **vielfältig** (vgl. Voßkuhle/Eifert/Möllers VerwR/Albers § 22 Rn. 25 ff.; s. auch Marsch, Das europäische Datenschutzgrundrecht, 2018, 85 ff.). Das gilt insbesondere auch im **Zusammenspiel** von **Art. 8 GRCh** und weiteren **speziellen Grundrechtsgewährleistungen.** Art. 8 GRCh gibt mit dem Recht jeder Person „auf Schutz der sie betreffenden personenbezogenen Daten" Regulierungs- und Schutzanforderungen her, die sich primär auf einer konkreten Konstellationen vorgelagerten Ebene bewegen und hier bestimmten Schutzerfordernissen der betroffenen Personen Rechnung tragen (näher Voßkuhle/Eifert/Möllers VerwR/Albers § 22 Rn. 25 ff.; Marsch, Das europäische Datenschutzgrundrecht, 2018, bes. 127 ff.; Reinhardt AöR 2017, 528 (540 ff.)). Bereits daraus ergibt sich ein Bündel vielschichtiger Anforderungen. Andere Verbürgungen mit ihren Freiheits- und Schutzversprechen treten hinzu (dazu auch Weichert DuD 2017, 538 (540 f.)). Es drängt sich auf, dass man eine breite normative Basis für die Ausarbeitung von Schutzinteressen und für die Beurteilung des Umgangs mit personenbezogenen Informationen und Daten heranziehen kann, beispielsweise die Unantastbarkeit der Menschenwürde (Art. 1 S. 1 GRCh), das Recht auf geistige Unversehrtheit (Art. 3 Abs. 1 GRCh), das daraus und aus Art. 7 GRCh herleitbare Recht auf Nichtwissen, die Rechte auf Gedanken-, Gewissens- und Religionsfreiheit (Art. 10 Abs. 1 GRCh), auf Meinungsäußerungs- und Versammlungsfreiheit (Art. 11 Abs. 1 und 12 Abs. 1 GRCh) oder auf Berufsfreiheit (Art. 15 Abs. 1 GRCh).

25 Mit Blick auf das Zusammenspiel von Art. 8 GRCh, der auch auf einer grundlegenden und vorgelagerten Ebene Anforderungen hergibt, und weiteren speziellen Grundrechtsgewährleistungen erschließt sich für das Verständnis des Art. 9, dass die **Möglichkeiten der Beschreibung der relevanten Verarbeitungskontexte** variieren. Verarbeitungskontexte können ggf. trotz der Anforderungen an die Zweckfestlegung noch relativ unbestimmt oder abstrakt bleiben oder – dies in gradueller Konkretisierung – recht präzise im Hinblick auf im Kontext konkret drohende Risiken beschreibbar sein. Vor diesem Hintergrund kann der Kritik an der Typisierung, die das Konzept „sensibler Daten" in sich birgt, in bestimmtem Umfang Rechnung getragen und zugleich begegnet werden. Auf einer **vorgelagert-abstrakten Ebene** kann die Typisierung durchaus sinnvoll sein, etwa hinsichtlich der grundsätzlichen Anforderungen an den Präzisionsgrad des Rechtsrahmens, den Art. 9 Abs. 2–4 vorgeben, oder bei der Entwicklung von grundlegenden Garantien

und Schutzvorkehrungen gegen Missbrauchsgefahren. Sofern sich **konkrete Verarbeitungskontexte** genauer beschreiben lassen, können sie und die hier erkennbaren Risiken und Schutzerfordernisse bei der Auslegung des Art. 9 an einer Reihe normativer Anknüpfungspunkte Berücksichtigung finden.

Schutzgüter und Schutzerfordernisse lassen sich vor diesem Hintergrund mehr oder weniger 26 konkret herausarbeiten, etwa als **relativ abstrakte Gefährdung** oder als **erkennbar drohende Nachteile** für die betroffene Person. Das gilt etwa für **Diskriminierungen** der betroffenen Personen, zu denen der Umgang mit sensiblen Daten führen kann. Bei genetischen Daten oder auch bei Gesundheitsdaten kann das **Recht auf Nichtwissen** relevant sein, sei es mit Blick auf die betroffene Person, sei es mit Blick auf Verwandte, hinsichtlich derer die Daten ebenfalls Informationen vermitteln. Wie für den Datenschutz generell gilt für sensible Daten insbesondere, dass die latente Gefahr ihrer Erhebung und Verarbeitung zu **Selbstbeschränkungen beim Freiheitsgebrauch** führen kann (vgl. dazu VG Schwerin Urt. v. 26.11.2020, 1 A 1598/19 SN Rn. 66 – Lehrermeldeportal; für empirische Belege eines „chilling effects" beim Online-Verhalten von Internetnutzern vor und nach den Snowden-Enthüllungen s. Gray/Hendersen/Marthews/Tucker, The Cambridge Handbook of Surveillance Law, 2017, S. 444 ff.) Die Gefahr, bei (politischen) Versammlungen staatlicher Videoüberwachung ausgesetzt zu sein, kann abschreckend auf potentielle Interessenten wirken und sie davon abhalten, ihre Rechte auf Meinungsäußerung und Versammlung (Art. 11 bzw. 12 GRCh) wahrzunehmen (zur Bedeutung von Datenschutz für die Demokratie s. etwa Boehme-Neßler DVBl 2015, 1282; übergreifend zu Umgang mit besonderen Kategorien personenbezogener Daten im Zusammenhang mit Videoüberwachungsanlagen EDSA, Leitlinien 3/2019 vom 29.1.2020, Rn. 62 ff.).

III. Die einzelnen Kategorien

1. Differenzierende Ausgestaltung der Kategorien

Bei genauer Betrachtung der in Abs. 1 aufgezählten besonderen Arten von Daten zeigt sich 27 eine **zweigliedrige Struktur** des Tatbestands: Die rassische und ethnische Herkunft, politische Meinungen, religiöse oder weltanschauliche Überzeugungen sowie die Gewerkschaftszugehörigkeit hat der Gesetzgeber als **abstrakte Bezugspunkte** ausgestaltet, im Hinblick auf die ein gesteigerter Schutzbedarf besteht, wenn sie sich aus den Aussagegehalten von Daten ergeben („Daten, aus denen (…) hervorgehen"). Bei dieser ersten Gruppe besonderer Kategorien personenbezogener Daten geht es also darum, bereits im Vorfeld ein Verarbeitungsverbot für solche Metadaten zu statuieren, aus denen sich zwar selbst kein „sensibler" Inhalt ergibt, aus denen sich in solcher aber generieren ließe (Schneider ZD 2017, 303 (304)). Bei den anderen Kategorien scheint der Gesetzgeber die spezifische Schutzbedürftigkeit bereits in ihrer Existenz als solcher begründet zu sehen („die Verarbeitung von genetischen Daten, biometrischen Daten (…), Gesundheitsdaten oder Daten zum Sexualleben oder der sexuellen Orientierung ist untersagt."). Diese Differenzierung ist insoweit bedeutsam, als bei der ersten Gruppe die Verarbeitung der „Quelldaten" (also der Informationsgrundlagen, aus denen sich die sensiblen Informationen und Daten ergeben können) und bei der zweiten Gruppe unmittelbar die Verarbeitung der gelisteten „(Inhalts-)Daten" verboten ist. Zwar wurde diese zweigliedrige Struktur bereits in Art. 8 von der DSRL vorgegeben; die Umsetzung etwa in § 3 Abs. 9 BDSG aF hatte diese Differenzierung jedoch nicht übernommen, sodass die Struktur in Art. 9 Abs. 1 durch ihre nunmehr unmittelbare Geltung in allen Mitgliedstaaten neue Bedeutung erlangt (Schneider ZD 2017, 303 (304)).

Die unterschiedliche Behandlung wird zum Teil durch die **Legaldefinitionen** in Art. 4 Nr. 13– 28 15 **relativiert**, die jeweils den (kontextabhängig generierbaren) Informationsgehalt und nicht das Datum als solches in den Mittelpunkt stellen (s. insbesondere Art. 4 Nr. 15, der eine Kongruenz zu der ersten Gruppe herstellt, indem er Gesundheitsdaten als solche personenbezogene Daten definiert, die sich auf die körperliche oder geistige Gesundheit einer natürlichen Person, einschließlich der Erbringung von Gesundheitsdienstleistungen, beziehen und „aus denen Informationen über deren Gesundheitszustand hervorgehen"). Zudem dürfen die als im Kern sensibel bewerteten Daten der zweiten Gruppe auch sonst **nicht statisch und ganz isoliert begriffen** werden: Auch sie können sich in einem konkreten Kontext als „belanglos" darstellen, sodass es, soweit der konkrete Kontext beschreibbar und beurteilungsrelevant ist (→ Rn. 25), auch darauf ankommt, welche Informationen in einem bestimmten Kontext aus ihnen hervorgehen (zu verkürzt an dieser Stelle allerdings Kühling/Buchner/Weichert, Rn. 20, die Zuordnung eines Datums zu den in Abs. 1 genannten Kategorien entfalte lediglich Indizwirkung).

29 Für die **Daten der ersten Gruppe** gilt, dass im Ausgangspunkt alle jene Daten als (grundrechts-)sensibel einbezogen sind, die unmittelbar oder mittelbar, direkt oder indirekt die in der Aufzählung genannten Informationsinhalte hergeben (zur bisherigen Rechtslage unter § 3 Abs. 9 BDSG aF, der gerade nicht differenziert Simitis/Simitis BDSG aF § 3 Rn. 263 sowie VG Berlin ZD 2017, 349 (351); s. mit Blick auf Art. 9 Gola/Schulz Rn. 13). Das ist im Ausgangspunkt weit gefasst. Hier wird anschaulich, dass das typisierende Konzept Leistungsgrenzen hat und ein **teleologischer Zugriff** nötig ist. Mit dem Bezugspunkt der Daten bei gleichzeitiger Relevanz der Informationsinhalte, die aus Daten hervorgehen, wird das Problem, das bereits hinsichtlich des Personenbezugs auftauchen kann (→ Rn. 16), noch einmal gesteigert. Scheinbar unverfängliche Angaben können schnell im Rahmen des Art. 9 relevant werden (vgl. auch die Schlussanträge des Generalanwalts P. Pikamäe v. 9.12.2021 – C-184/20 Rn. 80 ff.). Denn es hängt **erstens** vom **Kontext,** vom **Zusatzwissen,** vom **Verarbeitungszweck** und der **Gestaltung der Verarbeitung,** von eingesetzten **Verarbeitungstechniken** oder von **Verknüpfungsmöglichkeiten** ab, welche Informationen aus Daten hervorgehen. **Zweitens** muss auch beantwortet werden, mit welchem **Wahrscheinlichkeitsgrad** Informationen aus Daten hervorgehen müssen. Datengetriebene Geschäftsmodelle richten sich auf die Erfassen und Auswertung sämtlicher Daten, u.a. zwecks personalisierter Werbung, und ermöglichen mit Hilfe von Algorithmen, dass etwa aus angeklickten Webseiten, der Zeitdauer des Aufenthalts auf einer Seite, näher angeschauten Beiträgen oder hinterlassenen Likes (nach statistischen Kriterien wahrscheinliche, im Einzelfall dann zutreffende oder nicht zutreffende) Folgerungen auf politische Einstellungen oder auf die sexuelle Orientierung gezogen werden (s. hierzu Vorlagebeschluss des österr. OGH v. 30.6.2020 – 6 Ob 56/21k Rn. 61 ff., abrufbar unter https://noyb.eu/sites/default/files/2021-07/Vorlage_sw_DE.pdf). Vor dem Hintergrund mittlerweile in vielen Feldern eingesetzten Datenverarbeitungstechniken wie insbesondere Big Data und deren Analysemöglichkeiten wird das erfasste Spektrum unbestimmbar werden, insbesondere weil das Tatbestandsmerkmal „hervorgehen" in Art. 9 Abs. 1 keinen Verarbeitungsvorgang iSv Art. 4 Nr. 2 voraussetzt und bereits indirekte Hinweise auszureichen scheinen (dazu sowie zu den Auswirkungen eines solch weiten Verständnisses auf andere Bestimmungen der DS-GVO Schneider ZD 2017, 305–307).

30 Mit Blick auf diese mittelbare, kontextbezogene Ableitbarkeit von Informationen zu den in Abs. 1 genannten Kategorien der ersten Gruppe kommt es darauf an, welche Kriterien für Bestimmung einer etwaigen Ableitbarkeit des in Bezug genommenen Informationsgehalts (und damit der Anwendbarkeit von Art. 9) herangezogen werden soll. Insoweit wird teilweise allein auf die **(subjektive) Auswertungsabsicht** des Verarbeiters abgestellt (so Gola/Schulz Rn. 13; differenzierter auf der Basis des Verarbeitungskontexts, dann allerdings in teleologischer Reduktion die Auswertungsabsicht hervorhebend Matejek/Mäusebau ZD 2019, 551 (553)). Der Normtext gibt für deren ausschließliche Maßgeblichkeit allerdings keinen Anhaltspunkt her. Eine vollständige Subjektivierung erscheint auch deshalb verkürzt, weil sie weder komplexen, arbeitsteiligen Verarbeitungszusammenhängen gerecht werden kann noch die – nicht zuletzt in solchen Zusammenhängen bestehenden – Missbrauchsgefahren in Rechnung stellt, deren Minimierung zu den Zielen des Art. 9 zählt. Ein anderer Ansatz besteht darin, danach zu fragen, ob **mit Blick auf den Verarbeitungskontext objektiv** mit **hinreichender Wahrscheinlichkeit** die Herstellung eines solch mittelbaren Bezugs zu erwarten ist (Ehmann/Selmayr/Schiff Rn. 13; Kühling/Buchner/Weichert Rn. 22). Das ist im Ausgangspunkt treffend. Die Figur des „Verständnis- und Interpretationshorizonts des durchschnittlichen Empfängers im jeweiligen Verarbeitungskontext" (Kühling/Buchner/Weichert Rn. 22) ist hier allerdings unzulänglich. Notwendig ist eine **Aufschlüsselung des Verarbeitungskontexts mit seinen relevanten Komponenten** (ua Verarbeitungszweck, Verarbeitungsabläufe, eingesetzte Verarbeitungstechniken, Datenverknüpfungsmöglichkeiten, arbeitsteiliges Zusammenspiel unterschiedlicher Akteure), die so weit reicht, dass Antworten auf die Frage, ob und mit welchem Wahrscheinlichkeitsgrad an welchen Stellen die in der Aufzählung genannten Informationsinhalte aus Daten hervorgehen, möglich werden. In diesem Rahmen stellt sich die Auswertungsabsicht als Teil des Verarbeitungskontexts dar und ist, soweit sie eine Rolle spielt, zu berücksichtigen (s. auch Kühling/Buchner/Weichert Rn. 22; zu der Frage der Herstellbarkeit eines mittelbaren Zusammenhangs auch VG Berlin ZD 2017, 351 f.; vgl. auch den Vorlagebeschluss des OLG Düsseldorf EuZW 2021, 680 (685)). Ihre Rolle ist allerdings in Abhängigkeit vom gesamten Verarbeitungskontext unterschiedlich zu bestimmen und zB für die Beurteilung mancher Missbrauchsgefahren nicht nachrangig.

31 Die **notwendige Aufschlüsselung** ist mehr oder weniger **herausforderungsreich**. Zusätzlich kann die Frage, **ob** und **mit welchem Wahrscheinlichkeitsgrad** an welchen Stellen die in der Aufzählung genannten **Informationsinhalte aus Daten hervorgehen,** weitere eigenständige Probleme aufwerfen. Vor diesem Hintergrund hat das OLG Düsseldorf dem EuGH ua die Frage vorgelegt, ob es sich dann, wenn ein Internetnutzer Webseiten oder Apps mit Bezug zu den Kriterien des Art. 9 Abs. 1 (Flirting-Apps, Homosexuellen-Partnerbörsen, Webseiten politischer Parteien, gesundheitsbezogene Webseiten) entweder nur aufruft oder dort auch Eingaben tätigt, und ein Unternehmen (Facebook Ireland), das ein werbefinanziertes, digitales soziales Netzwerk betreibt, diese Daten über Schnittstellen oder Cookies erfasst und mit anderen Daten des Kontos des Nutzers verknüpft und verwendet, um die Verarbeitung „sensibler" Daten im Sinne des Art. 9 handelt und wie die Begriffe der ersten und der zweiten Gruppe besonderer Kategorien personenbezogener Daten auszulegen sind (OLG Düsseldorf EuZW 2021, 680 (685)). Läuft die Datenverarbeitung mittels des Einsatzes von Algorithmen oder selbstlernender Maschinen, wirft die Ermittlung der hinreichenden Wahrscheinlichkeit für die Herstellung eines mittelbaren Bezugs auf erfasste Informationen besondere Schwierigkeiten auf. Hier stellen sich nicht nur Fragen, wie man mit einer technikbedingten „black box" umgeht, sondern auch Fragen nach der **rechtlichen Relevanz von Betriebs- und Geschäftsgeheimnissen,** die der Verantwortliche im Hinblick auf in Rede stehende Verarbeitungsabläufe in Anspruch nehmen möchte. Wie in anderen Hinsichten überschneidet sich das Datenschutzrecht an dieser Stelle mit Debatten, die sich übergreifender um rechtliche Anforderungen an die **Transparenz von Algorithmen** drehen.

Aus demselben Datum lassen sich ggf. Informationen gewinnen, die sich **mehreren der besonderen Kategorien** zuordnen lassen. Eine präzise Abgrenzung kann sich im Einzelfall schwierig gestalten. Sie kann indes dann von Bedeutung sein, wenn die DS-GVO (bzw. das mitgliedstaatliche Ausfüllungsrecht) für eine Kategorie strengere Vorgaben macht als für eine andere (vgl. zu Möglichkeiten des Abweichens „nach oben" Art. 9 Abs. 4 → Rn. 109 ff.). 32

Angesichts der Tatsache, dass der Unionsgesetzgeber die besondere Schutzbedürftigkeit „sensibler Daten" in den potentiellen Risiken für die **Grundrechte** bei ihrer Verarbeitung begründet sieht (vgl. Erwägungsgrund 51 S. 1) sind diese bei der Auslegung der in Abs. 1 genannten Kategorien stets zu berücksichtigen. Wichtig ist daher stets die kontextbezogene Herausarbeitung der durch die Verarbeitung betroffenen Schutzgüter (zu deren Vielschichtigkeit und Vielfalt → Rn. 23 ff.). Dies trägt zur Ab- und Begrenzung der Kategorien besonderer personenbezogener Daten und der Einschlägigkeit gerade des Art. 9 bei. 33

2. Daten, aus denen die rassische und ethnische Herkunft hervorgeht

Die Aufnahme dieser Kategorien erklärt sich vor dem Hintergrund sowohl des verfassungsrechtlichen **Achtungsgebots der Vielfalt von Kulturen** und Sprachen (Art. 22 GRCh) als auch des **Diskriminierungsverbots** aus Art. 21 GRCh. Dieses erfasst tatbestandlich neben Rasse und Ethnie auch die Hautfarbe. Der Gesetzgeber ist sich bei Art. 9 Abs. 1 der Brisanz des Begriffs „Rasse" bewusst und stellt klar, dass mit seiner Verwendung keine Theorien unterstützt werden sollen, die die Existenz verschiedener menschlicher Rassen zu belegen versuchen (vgl. Erwägungsgrund 51 S. 2). Mit Blick auf Art. 21 GRCh wird zumindest deutlich, was mit Daten aus denen die rassische und ethnische Herkunft hervorgeht, insbesondere gemeint ist: Informationen über **physiognomische Merkmale,** die Rückschlüsse auf die Zugehörigkeit zu einer „Rasse" bzw. einer Ethnie im Sinne eines Volks oder einer Volksgruppe mit einer einheitlichen Kultur zulassen, wie Augenfarbe und -form, Haartyp oder Hautfarbe. Rückschlüsse auf die Zugehörigkeit zu einer Ethnie lassen Merkmale wie die Muttersprache und der Geburtsort, aber auch allgemeine Daten wie etwa der Namen oder der Wohnort einer Person zu. 34

Die Breite der Kategorie der „Daten, aus denen die rassische und ethnische Herkunft hervorgeht" verweist auf die **Relevanz des Verarbeitungskontexts,** der maßgeblich bei der Beurteilung, ob es sich um ein sensibles Datum handelt, zu beachten ist (→ Rn. 29 ff.). Damit verweist sie zugleich auf die Schwierigkeiten, die sowohl mit dessen Aufschlüsselung als auch mit der Frage, ob und mit welchem Wahrscheinlichkeitsgrad an welchen Stellen die rassische und ethnische Herkunft aus Daten hervorgeht, verbunden sind (→ Rn. 31). Zur Ab- und Begrenzung sind nicht zuletzt die einschlägigen **Grundrechte** heranzuziehen, hier insbesondere das Diskriminierungsverbot aus Art. 21 GRCh (→ Rn. 33). Vor diesem Hintergrund ist dann auch nicht jedes Hochladen eines Fotos, zB von einem Inuit im Internet als Verarbeitung sensibler Daten (hier: Datum, aus dem die ethnische Herkunft hervorgeht), grundsätzlich verboten (s. zu dieser Problematik Wong, JICLT Vol. 2 (2007), 9 ff.). 35

3. Daten, aus denen politische Meinungen hervorgehen

Die Kategorie der „Daten, aus denen politische Meinungen hervorgehen" will jegliche Form von Informationsgrundlage privilegieren, die einen Rückschluss auf die politische Einstellung einer Person zulässt - dies umfasst sowohl die Zustimmung als auch die Ablehnung einer politischen 36

Idee (zur bisherigen Rechtslage Simitis/Simitis BDSG aF § 3 Rn. 260). Der spezifische Schutz von Daten, aus denen die politische Meinung hervorgeht, rechtfertigt sich va aus dem **Diskriminierungsverbot** (Art. 21 GRCh) und aus demokratischen **Freiheitsrechten** wie der Meinungsäußerungs- und der Versammlungsfreiheit (Art. 11, 12 GRCh). Aus überindividueller Perspektive kann zudem der **Schutz demokratischer Prozesse** hervorzuheben sein, wie etwa die Aktivitäten zeigen, bei denen zwecks Wahlbeeinflussung einschlägige Persönlichkeits(teil-)profile erstellt und dann ausgewählte Werbung, bestimmte Medienreportagen oder Posts zugespielt werden (vgl. hierzu etwa den Bericht des Information Commissioner's Office, Investigation into the use of data analytics in political campaigns. A report to Parliament, 2018, mit Updates; Dommett, Internet Policy Review Vol. 8 (2019), https://doi.org/10.14763/2019.4.1432; EDSA, Stellungnahme 1/2022 vom 20.1.2022, Rn. 7, 9 ff.). Die politische Meinung einer Person ergibt sich nicht nur aus deren expliziten Äußerungen einer politischen Auffassung. Sie kann auch in dem Tragen „milieuspezifischer" Kleidung, dem parteipolitischem Engagement, der Mitarbeit bei und dem Konsum von einschlägigen Medien, der Teilnahme an einer Demonstration, der Mitgliedschaft in bestimmten Facebook-Gruppen oder geposteten Likes zum Ausdruck kommen (vgl. OVG Hamburg Urt. v. 7.10.2019 – 5 Bf 279/17 Rn. 83; VG Schwerin Urt. v. 26.11.2020, 1 A 1598/19 SN Rn. 36 – Lehrermeldeportal).

37   Wie bei allen Kategorien der ersten Gruppe ist der Ausgangspunkt damit breit angelegt. Einordnungen und Ab- und Eingrenzungen in Betracht kommender Daten erfordern den Blick auf den **Verarbeitungskontext,** der in hinreichendem Umfang aufzuschlüsseln ist und im Rahmen dessen auch die Auswertungsabsicht eine Rolle spielen kann (→ Rn. 29 ff.). Wie herausforderungsreich dies ist, zeigt sich beim Tracking in sozialen Netzwerken, bei dem neben vielen anderen Daten auch der Aufruf bestimmter Webseiten, etwa politischen Journalen oder politischer Parteien, die Länge des Anschauens oder gegebene Likes zwecks Personalisierung miteinander verknüpft und ausgewertet werden (dazu OLG Düsseldorf EuZW 2021, 680 (685)). Eine Einschlägigkeit der Kategorie der „Daten, aus denen politische Meinungen hervorgehen" ist zumindest bei den eben genannten Aktivitäten zwecks Meinungsbildungs- und Wahlbeeinflussung begründbar. Die Beurteilung, inwiefern sich aus einem Datum oder einer anderen Informationsgrundlage **mit hinreichender Wahrscheinlichkeit** Rückschlüsse auf politische Meinungen ergeben, erfordert noch einmal weitere eigenständige Überlegungen. Die Teilnahme an einer Demonstration „gegen rechts" etwa lässt einen Rückschluss auf die politische Gesinnung ihrer Teilnehmer eher zu als der Besuch einer Wahlkampfveranstaltung, der ja auch erst der Meinungsbildung dienen kann. Welchen Wahrscheinlichkeitsgrad man genügen lässt, kann wiederum vom Verarbeitungskontext einschließlich der Auswertungs- und Verwendungsabsicht abhängen. Zur Ab- und Begrenzung sind die für den Individualschutz und den Schutz demokratischer Prozesse relevanten **Grundrechtsnormen** heranzuziehen.

4. Daten, aus denen religiöse und weltanschauliche Überzeugungen hervorgehen

38   Diese Kategorie erfasst Daten, aus denen sich Informationen über religiöse oder weltanschauliche Einstellungen einer Person ergeben. Durch die Aufnahme der Kategorie „weltanschauliche Überzeugung" wird eine tatbestandliche **Kohärenz zu Art. 10 und 21 GRCh,** die hinter dieser Kategorie stehen, hergestellt und klargestellt, dass nach dem Willen des Gesetzgebers etwa atheistische oder agnostische Überzeugungen im gleichen Maße schützenswert sind wie „konventionelle" Religionen. Erfasst sind innere Überzeugungen, Äußerungen oder Verhaltensweisen und informationelle Folgerungen sowohl in positiver als auch in negativer Hinsicht. Denkbare, aber kontextabhängig zu bewertende Beispiele sind auch hier einschlägige Kommunikationsbeiträge, die Betätigung in einer religiösen bzw. weltanschaulichen Gemeinschaft, der Bezug religiöser Literatur, die Mitgliedschaft in einer bestimmten Online-Gruppe oder die Vergabe bestimmter Likes.

39   Ähnlich wie bei den „Daten, aus denen politische Meinungen hervorgehen" kommt es für Einordnungen und Ab- und Eingrenzungen dieser im Ausgangspunkt breit angelegten Kategorie auf den **Verarbeitungskontext** an, der in hinreichendem Umfang unter Berücksichtigung auch der Auswertungsabsicht aufzuschlüsseln ist (→ Rn. 29 ff., → Rn. 37). Die Beurteilung, inwiefern sich aus einem Datum oder einer anderen Informationsgrundlage **mit hinreichender Wahrscheinlichkeit** Rückschlüsse auf religiöse und weltanschauliche Überzeugungen ergeben, erfordert noch einmal weitere eigenständige Überlegungen. So ist umstritten, ob Name und Wohnort als an sich „allgemeine Daten" mit hinreichender Wahrscheinlichkeit Rückschlüsse auf religiöse Überzeugungen zulassen, etwa wenn eine bestimmte Konfession in einem Gebiet besonders verbreitet und mit einem bestimmten Namen verbunden ist (zust. Paal/Pauly/Frenzel Rn. 13; aA Kühling/Buchner/Weichert Rn. 29). Der Streit zeigt, dass es wiederum vom Verarbeitungskontext

einschließlich der Auswertungs- und Verwendungsabsicht abhängen kann, welchen Wahrscheinlichkeitsgrad man ausreichen lässt. Im Übrigen kann ein Rückgriff auf die relevanten **Grundrechtsnormen** bei einer teleologischen Ab- und Begrenzung der Datenkategorie helfen.

5. Daten, aus denen die Gewerkschaftszugehörigkeit hervorgeht

Die Aufnahme dieser Kategorie in den Katalog der sensiblen Daten versteht sich vor dem Hintergrund der **Koalitionsfreiheit (Art. 28 GRCh)** sowie des **Diskriminierungsverbots** (Art. 21 GRCh). Durch das – grundsätzliche – Verbot der Verarbeitung von Daten und Informationen, aus denen die Zugehörigkeit zu einer Gewerkschaft hervorgeht, soll jegliche Form der Diskriminierung am Arbeitsmarkt verhindert sowie einer Selbstbeschränkung bei der Ausübung (verfassungsrechtlich gewährleisteter) gewerkschaftlicher Rechte vorgebeugt werden. Die Ausrichtung der Gewerkschaft ist insoweit unerheblich. **40**

Die Einstufung, dass aus Daten mit hinreichender Wahrscheinlichkeit die Gewerkschaftszugehörigkeit hervorgeht, erfordert wiederum den Blick auf den **Verarbeitungskontext,** eine **differenzierte Beurteilung des Wahrscheinlichkeitsgrades,** mit der in diesem Kontext aus bestimmten Daten auf die Gewerkschaftszugehörigkeit geschlossen werden kann, und eine Einbeziehung der im Hintergrund stehenden **Grundrechtsnormen** (→ Rn. 29 ff.). Beispielsweise muss aus dem Besuch einer Gewerkschaftsveranstaltung nicht zwingend die Zugehörigkeit zu jener hervorgehen; der Besuch kann auch reinem Interesse geschuldet sein. **41**

6. Genetische Daten, biometrische Daten zur eindeutigen Identifizierung und Gesundheitsdaten

Die Aufnahme genetischer Daten und biometrischer Daten zur eindeutigen Identifizierung ist die **zentrale Neuerung** gegenüber der bisherigen, von Art. 8 DSRL geprägten Rechtslage (zur Genese der Kategorie biometrischer Daten im europäischen Datenschutzrecht s. Jasserand, EDPL Vol. 2 (2016), 297 (300 f.); zur datenschutzrechtlichen Einwilligung im Kontext dieser neuen Kategorien Spranger MedR 2017, 864 ff.)). Die **Schutzgüter,** die im Hintergrund dieser neuen Kategorien stehen, sind v.a. das Diskriminierungsverbot, der Anspruch auf Achtung des Privatlebens, der Schutz von Autonomie und Persönlichkeitsrechten, der in Abhängigkeit sowohl von Art und Reichweite des Profils als auch vom Verwendungszusammenhang ggf. zusätzlich von der Unantastbarkeit der Würde des Menschen (Art. 1 GRCh) getragene Schutz vor Persönlichkeitsprofilen, die durch die mehr oder weniger weit reichende Zusammenführung genetischer und/ oder biometrischer Daten gebildet werden können (dazu Kühling/Buchner/Weichert Rn. 32; dazu näher auch Weichert DuD 2017, 538 (540 f.) sowie nicht zuletzt das Recht auf Nichtwissen. **42**

Art. 4 Nr. 13 definiert **genetische Daten** als personenbezogene Daten zu den ererbten oder erworbenen genetischen Eigenschaften einer natürlichen Person, die eindeutige Informationen über die Physiologie oder die Gesundheit dieser Person liefern und insbesondere aus der Analyse biologischer Proben dieser Person (insbesondere Chromosomen-, DNS- oder RNS-Analysen, vgl. Erwägungsgrund 34) gewonnen werden. Ob Proben als körperliche Substanzen einer natürlichen Person selbst als Datenträger oder als ein – dann miterfasstes – Bündel personenbezogener Daten zu begreifen sind, ist, zumal in der internationalen Diskussion, umstritten. Sie sind aber jedenfalls nicht umfassend in das Datenschutzregime einzubeziehen, weil die Möglichkeit, aus ihnen genetische Daten zu gewinnen, von Analysemöglichkeiten und -techniken abhängt, die nur in bestimmten Kontexten gegeben sind. In einem entsprechenden Kontext und mit den entsprechenden Techniken sind genetische Daten aber leicht zu extrahieren, und das ist erstens der Grund, warum Proben gelegentlich als Datenbündel begriffen werden, und zeigt zweitens, dass die Abgrenzung von „Daten, aus denen bestimmte Informationen hervorgehen" und spezifizierten (Inhalts-)Daten, die in der zweigliedrigen Struktur des Art. 9 Abs. 1 angelegt ist, manchmal zu zerfließen tendiert. Auch wenn man Proben nicht in das Datenschutzregime einbezieht, unterliegen sie in mit Gefährdungen verbundenen Zusammenhängen als Körpersubstanzen und Datenträger allerdings einem besonderen Schutzregime. Anschaulich zeigt das der komplexe Rechtsrahmen, dem Biobanken unterliegen, die Proben von Körpermaterialien mit medizinischen oder genetischen Daten und allgemeinen Angaben zum Gesundheitszustand oder zum Lebensstil der betroffenen Personen zusammenführen (hierzu mwN Albers MedR 2013, 483 (483 ff.); Berdin, Biobank-Governance, 2017). **43**

Biometrische Daten sind in Art. 4 Nr. 14 definiert als mit speziellen technischen Verfahren gewonnene personenbezogene Daten zu den physischen, physiologischen oder verhaltenstypischen Merkmalen einer natürlichen Person, die die eindeutige Identifizierung dieser Person ermöglichen oder bestätigen. Zu prüfen sind demnach **drei Kriterien** (s. auch EDSA, Leitlinien 3/2019 **44**

vom 29.1.2020 Rn. 76): die Art der Daten (Daten „zu den physischen, physiologischen oder verhaltenstypischen Merkmalen einer natürlichen Person"), Mittel und Wege der Verarbeitung („mit speziellen technischen Verfahren gewonnene" Daten) und der Zweck der Verarbeitung („zur eindeutigen Identifizierung einer natürlichen Person"). Als Beispiele sind Gesichtsbilder und daktyloskopische Daten genannt. Fingerabdrücke sind danach regelmäßig erfasst (zur Konformität der Fingerabdruckspflicht auf Reisepässen mit Art. 7 und 8 GRCh s. EuGH ZD 2013, 608 Rn. 23 ff. – Schwarz), Lichtbilder hingegen nur dann, „wenn sie mittels technischer Verfahren verarbeitet werden, die die eindeutige Identifizierung oder Authentifizierung einer Person ermöglichen" (Erwägungsgrund 51 S. 3). Das ist bei EU-Personalausweisen der Fall, bei einem Mitarbeiterausweis eines Unternehmens etwa aber nicht. Auch konstituiert nicht jede Videoaufnahme menschlicher Gesichter eine Verarbeitung biometrischer Daten (EDSA, Leitlinien 3/2019 vom 29.1.2020, Rn. 62 ff., sowie Rn. 73 ff. zu allgemeinen Erwägungen bei der Verarbeitung biometrischer Daten. Zur Debatte außerdem Schneider/Schindler ZD 2019, 463 ff.; Schindler/Wentland ZD-Aktuell 2018, 06057. Zum Rechtsrahmen für biometrische Videoüberwachung durch private Stellen Jandt ZRP 2018, 16 ff.). Die von automatisierten Gesichtserkennungsverfahren erfassten Daten, zB die Herstellung von Templates erkennbarer Gesichter, deren Speicherung in einer Referenzdatei, und die mit ihnen erzeugten personenbezogenen Daten, zB die Identifizierung einer Person über ihr Gesicht mittels des Abgleichs mit solchen Templates, werden erfasst (vgl. auch → BDSG § 48 Rn. 11). Die Daten, die daraus in eindeutiger Identifizierung dieser Person als Schlussfolgerung gezogen werden – diese Person war zu einer bestimmten Zeit an einem bestimmten Ort – sind dagegen keine im engeren Sinne biometrischen Daten mehr. Unabhängig davon erfordern „Aufenthalts- und Bewegungsprofile", wie sie durch die Verknüpfung von Aufzeichnungen, automatisierten Gesichtserkennungsverfahren und weiteren Auswertungsdaten möglich werden, schon aus grundrechtlichen Gründen einen intensiven Schutz der betroffenen Person. Das verweist zurück auf die Leistungsgrenzen des Konzepts „sensibler" Daten (→ Rn. 19 ff.).

45   Der Begriff der **Gesundheitsdaten** bezieht sich nach der Legaldefinition in Art. 4 Nr. 15 auf alle Daten, die die Gesundheit einer Person unter allen Aspekten, also körperlich wie geistig, betreffen und aus denen Informationen über den (auch zukünftigen) Gesundheitszustand der Person hervorgehen (zum Begriff nach der bisherigen Rechtslage Kingreen/Kühling, Gesundheitsdatenschutzrecht, 2015, 30 ff.). Das schließt ausdrücklich auch Informationen über eine Person ein, die im Zuge der Anmeldung für sowie der Erbringung von Gesundheitsleistungen iSd RL 2011/24/EU erhoben werden (s. Erwägungsgrund 35, dort auch weitere konkrete Beispiele). Danach ist der Begriff im Ausgangspunkt weit zu verstehen. Durch das tatbestandliche Erfordernis der Gesundheitsheits**bezogenheit** wird der Anwendungsbereich insoweit eingeschränkt, als Daten die lediglich (potentiell gesundheitsschädliche/-fördernde) Gewohnheiten einer Person wiedergeben, wie etwa, dass Person X jedes Wochenende reichlich Alkohol trinkt bzw. täglich Sport treibt, nicht unter Art. 9 fallen. Offensichtlich erfasst sind etwa die Ergebnisse einer medizinischen Untersuchung. Die Angabe, dass sich eine Person den Fuß verletzt hat und deshalb partiell krankgeschrieben ist, ist ein Gesundheitsdatum (s. noch zur Vorgängerregelung EuGH BeckRS 9998, 93273 Rn. 50 f. – Lindqvist), ebenso die Beurteilung der Arbeitsunfähigkeit aus medizinischer Sicht (LAG Düsseldorf NZA-RR 2020, 348 (354)). Eingeschlossen sind ebenfalls positive oder neutrale Angaben zur körperlichen Verfasstheit, etwa zum Vorliegen einer Schwangerschaft (BAG Beschl. v. 9.4.2019 – 1 ABR 51/17 Rn. 37, https://www.bag-urteil.com/09-04-2019-1-abr-51-17/ = ZD 2020, 46). Auch der Impfstatus fällt unter Gesundheitsdaten iSd Art. 4 Nr. 15. Aber auch Daten über die Leistungsfähigkeit und Fitness einer Person (zB aus Smart Health Apps) können unter bestimmten Voraussetzungen und in ihrer Kumulation Informationen über den Gesundheitszustand einer Person liefern. Allein auf Grund der abstrakten Möglichkeit, dass aus Unterlagen und Daten, die im Grundsatz anderweitige Informationen hergeben, Rückschlüsse auf die Gesundheit einer Person gezogen werden können, werden solche Daten aber nicht generell zu Gesundheitsdaten (s. dazu VG Mainz Urt. v. 20.2.2020 – 1 K 467/19.MZ; ZD 2020, 376 Rn. 38).

46   Bei den Kategorien personenbezogener Daten dieser Gruppe sieht der Gesetzgeber schon in deren **Aussageinhalten** als solchen eine **spezifische Schutzbedürftigkeit**. Die Annahme beruht auf eine **Typisierung sowohl der Verarbeitungskontexte und der Verwendungsmöglichkeiten der Daten** als auch einer **Typisierung der Gefährdungen**, die für die zu beachtenden (Grund-)Rechte betroffener Personen entstehen. Ob sie gerechtfertigt ist, wird bei genetischen Daten seit langem unter dem Stichwort „genetischer Exzeptionalismus" diskutiert. Unabhängig davon, welcher Position man folgt, ist der gesetzgeberischen Typisierung Rechnung zu tragen. Das hindert nicht an einer teleologischen Reduktion des Anwendungsbereichs in Fällen, in denen die Verarbeitung genetischer, biometrischer oder Gesundheitsdaten unter jedem Aspekt erkennbar "belanglos" ist. Hierhin gehört das Beispiel des Fotos eines Brillenträgers in belanglosen Zusammenhängen. Ebenso wenig ist es im Rahmen der Regelungsmöglichkeiten nach Art. 9 Abs. 2–4 ausgeschlossen, bei grundsätzlicher Anerkennung einer gesteigerten Schutzbedürftigkeit Differenzierungen mit Rücksicht auf Verarbeitungskontexte und hierin erkennbare Gefährdungen vorzunehmen. Bei genetischen Daten oder auch bei Gesundheitsdaten sind bei einem Informationsgehalt, der auf sowohl die betroffene Person als auch mit ihr verwandte Personen verweist, die je spezifischen Schutzerfordernisse zu berücksichtigen.

7. Daten zum Sexualleben oder zur sexuellen Orientierung

Daten zum **Sexualleben** betreffen Informationen zu sexuellen Aktivitäten, so etwa zur Häufigkeit oder auch zur Art des Geschlechtsverkehrs der betroffenen Person. Auch Daten zu Sexualpartnern sind umfasst, wobei diese bereits gleichermaßen Rückschlüsse auf die sexuelle Orientierung zulassen. Daten zur **sexuellen Orientierung** sind insbesondere solche, aus denen Informationen darüber hervorgehen, ob eine Person etwa hetero-, bi-, homo-, trans- oder auch asexuell ausgerichtet ist. Grundrechtlicher Hintergrund dieser Kategorie ist insbesondere das Diskriminierungsverbot (Art. 21 GRCh), aber auch der Anspruch auf Achtung des Privatlebens (Art. 7 GRCh). 47

Systematisch ist dies in Art. 9 Abs. 1 Hs. 2 den Kategorien personenbezogener Daten zugeordnet, bei denen es auf die **Aussageinhalte** als solche ankommt. Das wiederum wird dadurch relativiert, dass Daten „zum" Sexualleben und „zur" sexuellen Orientierung angesprochen sind. Vor diesem Hintergrund ist interpretationsbedürftig und in teleologischer Auslegung mit Rücksicht auf Verarbeitungskontext und Gefährdung grundrechtlicher Schutzgüter zu beantworten, wie weit der **Kreis des erfassten Datenspektrums** durch das Einbeziehen auch solcher Angaben, aus denen sich nur mittelbar oder nur mit einem bestimmten Wahrscheinlichkeitsgrad Informationen zum Sexualleben oder zur sexuellen Ausrichtung ergeben, gezogen werden soll. Grundsätzlich reicht dieses Spektrum von sehr allgemeinen Angaben zum Familienstand über den Einkauf von Verhütungsmitteln bis hin zur Mitgliedschaft auf einer Plattform mit bestimmten pornografischen Angeboten. Die Tatsache, dass auf einem Internetportal, das überwiegend private Unterkünfte von „schwulen oder schwulenfreundlichen" Gastgebern und Gastgeberinnen für kurze Zeiträume von wenigen Tagen bis Wochen vermittelt, jemand seine Wohnung anbietet oder dort Wohnraum mietet, lässt nur mit einer erhöhten statistischen Wahrscheinlichkeit den Schluss auf dessen Sexualität zu (deshalb die Sensibilität ua von Namen und Anschrift der Vermieter verneinend VG Berlin ZD 2017, 349 (351 f.)). 48

IV. Untersagung der Verarbeitung

Handelt es sich um die Verarbeitung personenbezogener Daten, die iSd Norm unter die aufgelisteten besonderen Kategorien fallen, ist deren Verarbeitung nach Art. 9 Abs. 1 untersagt. Es besteht somit ein **Verarbeitungsverbot.** Dem stehen allerdings die Tatbestände der Art. 9 Abs. 2–4 und die sich daraus ergebenden **Regelungsmöglichkeiten** gegenüber. Soweit daraus Regelungsmöglichkeiten resultieren, geht es auch bei sensiblen Daten darum, dass ein **darauf zugeschnittener, angemessener Rechtsrahmen** geschaffen wird (vgl. auch → Art. 6 Rn. 11 ff.). 49

Im Web 2.0 können sich im Falle nutzergenerierter Inhalte Fragen nach der **Reichweite der Verantwortlichkeit** und daraus resultierenden Pflichten stellen. Sofern hier unterschiedliche Akteure jeweils bestimmte Entscheidungen treffen, hat man es mit einem Geflecht an Verantwortlichkeiten zu tun (dazu EuGH Urt. v. 5.6.2018 – C-210/16 Rn. 29 ff. – Fanpage; Urt. v. 24.9.2019 – C-136/17, BeckRS 2019, 22052 Rn. 34 ff. – GC ua). Die gemeinsame Verantwortlichkeit, die Art. 4 Nr. 7 herausstellt, kann in solchen Fällen keine gleichwertige Verantwortlichkeit sein. Die Akteure können „in die Verarbeitung personenbezogener Daten in verschiedenen Phasen und in unterschiedlichem Ausmaß in der Weise einbezogen sein, dass der Grad der Verantwortlichkeit eines jeden von ihnen unter Berücksichtigung aller maßgeblichen Umstände des Einzelfalls zu beurteilen ist" (so EuGH Urt. v. 5.6.2018 – C-210/16 Rn. 43). Daher steht man nicht nur vor dem Erfordernis der Bewertung einzelner Beiträge, sondern vor allem auch der Aufschlüsselung der Konstellation. Hier können Weiterentwicklungen nötig sein (für eine Plattformverantwortlichkeit Wittner, Die datenschutzrechtliche Verantwortlichkeit im Kontext der verteilten Verarbeitungsrealität, Dissertationsmanuskript 2021, S. 382 ff., im Einzelnen). Nach der Rechtsprechung des EuGH haben Suchmaschinenbetreiber die Verbote und Beschränkungen aus Art. 9 Abs. 1 und 10 im Rahmen ihres Verantwortungsbereichs zu beachten, allerdings nur aufgrund der Listung einer Website, auf der entsprechende Daten verarbeitet werden und auch nur auf Grundlage eines Antrags einer betroffenen Person (s. EuGH BeckRS 2019, 22052 Rn. 47 f. – GC ua). Wenn sie mit einem Antrag auf Auslistung eines Links zu einer Website befasst sind, auf der sensible Daten 50 iSv Art. 9 Abs. 1 veröffentlicht sind, müssen sie anhand der in Art. 9 Abs. 2 lit. g angeführten Gründe eines erheblichen öffentlichen Interesses überprüfen, ob sich die Aufnahme dieses Links in die Ergebnisliste als unbedingt erforderlich erweist, um die in Art. 11 GRCh verankerte Informationsfreiheit zu schützen (EuGH BeckRS 2019, 22052 Rn. 66 ff. – GC ua).

C. Ausnahmen von der Unzulässigkeit (Abs. 2 und Abs. 3)

I. Allgemeines

51   Das prinzipielle Verarbeitungsverbot für die in Abs. 1 genannten besonderen Kategorien personenbezogener Daten wird durch die Vorgaben in **Abs. 2 und 3** relativiert, nach denen Abs. 1 in den aufgelisteten Fällen unter näher geregelten Bedingungen nicht gilt. Der Blick auf diese Vorgaben zeigt, dass Art. 9 auch darauf zielt, zu gewährleisten, dass eine Verarbeitung besonderer Kategorien personenbezogener Daten, wenn sie stattfindet, aufgrund adäquater normativer Vorgaben, hier nicht zuletzt Garantien und Schutzvorkehrungen, schutzbedarfsgerecht verläuft. Die Bestimmungen in Abs. 2 und 3 haben auch die Funktion, dem strikten Verarbeitungsverbot aus Abs. 1 erhöhte normative Anforderungen und Regelungsmöglichkeiten gegenüberzustellen, auf deren Basis ein angemessener Rechtsrahmen für den Umgang mit besonderen Kategorien personenbezogener Informationen und Daten be- und entsteht. Vor dem Hintergrund ihrer Funktion sind die Vorgaben in Abs. 2 **nicht generell restriktiv auszulegen** (aA Kühling/Buchner/Weichert Rn. 46). Die Normziele und die Ausgestaltung der Vorgaben in Abs. 2 sind zu vielschichtig, als dass man sie mittels eines zu starren Regel/Ausnahme-Denkens verstehen könnte.

52   Der Katalog der Tatbestände in Abs. 2 ist **abschließend**. Mit Blick darauf wird er zum Teil als unzureichend bezeichnet. Insbesondere wird das Fehlen einer mit Art. 6 Abs. 1 UAbs. 1 lit. b vergleichbaren Regelung beklagt, welche vertragliche Grundlagen für eine Verarbeitung besonderer Kategorien personenbezogener Daten bereitstellen würde (Schneider ZD 2017, 303 (305)). Nach der Konzeption des Art. 9 ist man in manchen einschlägigen Fällen auf eine ausdrückliche Einwilligung der betroffenen Person nach Maßgabe des Art. 9 Abs. 2 lit. a angewiesen.

53   Die abschließende Ausgestaltung darf nicht den Blick dafür verstellen, dass mehrere der Tatbestände des Abs. 2 **Regelungsmöglichkeiten und -spielräume für die Mitgliedstaaten** beinhalten und auch die Abs. 3 und 4 Öffnungsklauseln statuieren. Dies erklärt sich angesichts der Interdependenzen des Datenschutzrechts mit den sachlichen Strukturen des mannigfaltigen Fachrechts (vgl. Voßkuhle/Eifert/Möllers VerwR/Albers § 22 Rn. 67). In den von Art. 9 erfassten Feldern divergieren die nationalen Rechtssysteme in vieler Hinsicht. Auch bereits kompetenzbedingt sind es überwiegend die Mitgliedstaaten, die sachnah entscheiden können, welcher Ansatzpunkt im jeweiligen Regelungsbereich den jeweiligen Gegebenheiten und datenschutzrechtlichen Schutzerfordernissen am besten Rechnung trägt. Insofern kommt es ihnen zu, die abstrakten Vorgaben des Art. 9 im Rahmen der ihnen aufgegebenen Regelungsmöglichkeiten durch allgemeine und risikospezifische Rechtsgrundlagen auszugestalten, die sowohl ihren jeweiligen Regelungssystemen und sachlichen Regelungsmustern als auch den Datenschutzanforderungen gerecht werden (Veit, Einheit und Vielfalt im europäischen Datenschutzrecht, Manuskript, Teil 3, A. I. 3., erscheint 2022). Vor diesem Hintergrund ist auch die **Reichweite** mitgliedstaatlicher Regelungsmöglichkeiten und -spielräume in Art. 9 Abs. 2–4 zu ermitteln. Im Ergebnis hat man hier mit einem **Geflecht unionaler und nationaler Vorgaben** zu tun. Zur Beurteilung der Rechtmäßigkeit einer Verarbeitung sensibler Daten iSd Abs. 1 sind also ggf., ergänzend zu den Maßgaben aus Abs. 2, auch mitgliedstaatliche Vorschriften heranzuziehen. Die Tatbestände des Abs. 2 lassen sich in diesem Kontext dahin systematisieren, inwieweit sie unionseinheitlich unmittelbare Rechtswirkung (vgl. Art. 288 Abs. 2 AEUV) entfalten (mit Einschränkungen lit. a und f sowie insbesondere c–e) oder auch durch mitgliedstaatliche Vorschriften ergänzungsfähig bzw. -bedürftig sind (Abs. 2 deshalb als „hybride Regelung" bezeichnend, Weichert DuD 2017, 538 (541))).

54   Die **Öffnung für mitgliedstaatliches Recht** wirkt auf den relevanten **Grundrechtsmaßstab** zurück. Unionsgrundrechte greifen, soweit Recht der Union durchgeführt wird (Art. 51 Abs. 1 S. 1 GRCh). Art. 9 Abs. 2–4 enthalten sowohl strikte Determinanten als auch spielraumeröffnende Vorgaben, die Flexibilität und Vielfalt bei der Gestaltung des Datenschutzrechts zu Gunsten der Mitgliedstaaten gewährleisten sollen. In dieser Hinsicht muss man beachten, dass EuGH und BVerfG eigenständige Ansätze vertreten. Nach ständiger Rechtsprechung des **EuGH** erfolgt auch die Ausfüllung von Umsetzungs- und Gestaltungsspielräumen in Durchführung des Rechts der Union und ist an die Unionsgrundrechte gebunden (vgl. EuGH (GK), Urt. v. 21.12.2011 – C-411/10 ua Rn. 77 ff.; EuGH Urt. v. 21.12.2016 – C-203/15, C-698/15 Rn. 82 ff. – Tele Sverige AB ua). Neben den danach immer einschlägigen Unionsgrundrechten kommt aus Sicht des EuGH

eine Anwendung nationaler Schutzstandards in Betracht, „sofern durch diese Anwendung weder das Schutzniveau der Charta, wie sie vom Gerichtshof ausgelegt wird, noch der Vorrang, die Einheit und die Wirksamkeit des Unionsrechts beeinträchtigt werden" (EuGH Urt. v. 26.2.2013 – C-617/10 Rn. 29 – Åkerberg Fransson). Das **BVerfG** vertritt hier eine „Mitgewährleistungsthese": Da regelmäßig die Vermutung greife, dass das Schutzniveau der Charta der Grundrechte der Europäischen Union durch die Anwendung der Grundrechte des Grundgesetzes mitgewährleistet sei, prüft es unionsrechtlich nicht vollständig determiniertes innerstaatliches Recht primär am Maßstab der Grundrechte des Grundgesetzes, auch wenn das innerstaatliche Recht der Durchführung des Unionsrechts dient (BVerfG Beschl. v. 6.11.2019 – 1 BvR 16/13 Ls. 1 und Rn. 41 ff., BVerfGE 152, 152). Die Mitgewährleistungsthese hat eine ihrer Stützen darin, dass die EU-Charta in ähnlicher, wenn auch nicht in gleicher Weise wie die EMRK als „Auslegungshilfe" für das Verständnis der grundgesetzlichen Garantien herangezogen wird (BVerfG Beschl. v. 6.11.2019 – 1 BvR 16/13 Rn. 60 ff., BVerfGE 152, 152). Im Bereich der **Öffnungen des Art. 9 Abs. 2–4** ist somit im ersten Schritt zu prüfen, **welche Vorgaben strikt determinierend** und daher **mit Blick allein auf die Unionsgrundrechte** zu beurteilen sind. Soweit man mit **Spielräumen** zu tun hat, kommt es im zweiten Schritt darauf an, welchem der gerichtlichen Ansätze man folgt. Nach beiden Ansätzen spielen allerdings immer **sowohl Unionsgrundrechte als auch die grundgesetzlichen Grundrechte** in bestimmter Hinsicht eine Rolle, wenn auch der zentrale Maßstab jeweils unterschiedlich bestimmt wird. Jedenfalls dürften bei genauer Analyse im Bereich von Spielräumen die vom EuGH postulierten Schranken von „Schutzniveau, Vorrang, Einheit und Wirksamkeit" regelmäßig nicht greifen (dazu Veit, Einheit und Vielfalt im europäischen Datenschutzrecht, Manuskript, Teil 4, A. I. 2., erscheint 2022).

Mehrere der Tatbestände des Abs. 2 knüpfen ihre Öffnung für weitergehende legislative Maßnahmen darüber hinaus an konkrete Anforderungen, die etwa „angemessene und **spezifische Maßnahmen**" zur Wahrung der Rechte und Freiheiten der betroffenen Person" (lit. g, i, j) oder „**geeignete Garantien**" (lit. b, d, h) fordern. Solche Maßnahmen und Garantien haben eine erkennbar wichtige Funktion im Rahmen einer Verarbeitung besonderer Kategorien personenbezogener Daten. Den Anforderungen kann durch zusätzliche formelle, technische und organisatorische Maßnahmen oder auch durch spezifische materiell-rechtliche Vorgaben Rechnung getragen werden, die mit Blick auf Verarbeitungszweck und -kontext sowie die jeweiligen Schutzerfordernisse zu entfalten sind (s. dazu näher → Rn. 105 ff.). 55

Die Zulässigkeitstatbestände des Art. 9 Abs. 2 implizieren im Zusammenspiel mit dem Grundsatz der Zweckbindung in Art. 5 Abs. 1 lit. b, dass die einzelnen Verarbeitungsvorgänge einer nach Abs. 2 und der entsprechenden rechtlichen Ausgestaltung zulässigen Verarbeitung sensibler Daten in einen **Rechtsrahmen** und in bestimmte **Verarbeitungs- und Verwendungszusammenhänge** eingegliedert sind. Damit nicht schon beantwortet sind Fragen nach den **Rechtswidrigkeitszusammenhängen** in Verarbeitungsabläufen, also etwa die Frage danach, inwiefern die Rechtswidrigkeit einer Erhebung sensibler Daten oder unzureichende Garantievorkehrungen auch ein Rechtswidrigkeitsverdikt für weitere Verarbeitungsschritte nach sich ziehen. Auch aus der Rechtmäßigkeitsanforderung des Art. 5 Abs. 1 lit. a folgt einerseits nicht, dass für das Rechtmäßigkeitsurteil hinsichtlich eines bestimmten Verarbeitungsschritts zwingend eine Rechtmäßigkeitskette in Bezug auf sämtliche vorangegangenen Schritte zugrunde gelegt werden muss; andererseits stellt sie die Bedeutung der Verarbeitung „auf rechtmäßige Weise" heraus. Im Ergebnis ist es im Ausgangspunkt nicht ausgeschlossen, dass man die in bestimmtem Umfang eigenständigen Verarbeitungsschritte anhand eines jeweils neuen Rechtmäßigkeitsurteils beurteilt. Umgekehrt ist die Rechtswidrigkeit eines vorangegangenen Schrittes für die Beurteilung nachfolgender Phasen auch keineswegs irrelevant. Antworten auf diese Fragen können vom unionalen oder mitgliedstaatlichen Rechtsetzer im Regelungszusammenhang nach Maßgabe aller rechtlichen Anforderungen mitgeregelt werden – müssen kontextspezifisch und differenziert ausfallen sowie auf jeden Fall der Sensibilität der Daten und den daraus resultierenden Schutzerfordernissen Rechnung tragen (s. auch → Art. 6 Rn. 116 ff.). 56

II. Die einzelnen Zulässigkeitstatbestände (Abs. 2 lit. a–j und Abs. 3)

1. Abs. 2 lit. a – Ausdrückliche Einwilligung

Der Einwilligungstatbestand in Art. 9 Abs. 2 lit. a unterscheidet sich von der in Art. 6 Abs. 1 UAbs. 1 lit. a geregelten Einwilligung dadurch, dass die betroffene Person **in die Verarbeitung** der in den besonderen Kategorien genannten personenbezogenen Daten **für einen oder mehrere festgelegte Zwecke ausdrücklich eingewilligt** haben muss. Mittels dieser gegenüber der allge- 57 meinen Bestimmung verschärften Ausgestaltung wollte der Gesetzgeber höhere Anforderungen an die Wirksamkeit einer Einwilligung in die Verarbeitung **sensibler** Daten stellen.

58 Art. 9 Abs. 1 lit. a baut auf den **allgemeinen Anforderungen** an die Einwilligung aus den **Art. 4 Nr. 11, 7 und 8** auf. Diese greifen somit auch in den Fällen, in denen die Verarbeitung besonderer Kategorien personenbezogener Daten auf der Basis einer Einwilligung der betroffenen Person erfolgen soll, und sind in bestimmtem Umfang darauf zuzuschneiden. Zu den praktisch besonders relevanten Voraussetzungen zählen diejenige der **Freiwilligkeit** und der Einwilligung „**in informierter Weise**".

59 Für die **normative Beurteilung der Freiwilligkeit** gibt es leitende Maßgaben etwa in Art. 7 Abs. 4. Deren Grundideen, dass die betroffene Person nicht unzumutbar unter Druck gesetzt werden darf, auch nicht mit der Vorenthaltung eigentlich gewährleisteter Leistungen, und eine echte Wahl haben muss (→ Art. 6 Rn. 34; → Art. 7 Rn. 40 ff.) können übertragen werden. Das gilt etwa für die Beurteilung der Freiwilligkeit der Einwilligung in einen Covid 19-Test, wenn ohne negatives Testergebnis keine Teilnahme am Präsenzschulunterricht möglich ist (vgl. VGH München Beschl. v. 12.4.2021 – 20 NE 21.926, BeckRS 2021, 7239 Rn. 27). Für die Verarbeitung sensibler Daten für Zwecke des Beschäftigungsverhältnisses hat der deutsche Gesetzgeber Maßgaben in § 26 Abs. 3 S. 2 iVm Abs. 2 BDSG ausformuliert. Danach richtete sich – vorbehaltlich der Antworten auf die strittigen Fragen des Aussagegehalts des Art. 88 und des Verhältnisses zu Art. 6 Abs. 1 UAbs. 1 – etwa die Beurteilung, ob die Abfrage des Impf-, Genesenen- oder Teststatus (Gesundheitsdaten) durch den Arbeitgeber auf der Basis einer Einwilligung der beschäftigten Person tragfähig sein kann; ab Ende November greift hier die spezialgesetzliche Bestimmung des § 28b Abs. 3 IfSG, der für die nach Art. 9 Abs. 2 lit. b notwendigen „geeigneten Garantien" auf § 22 Abs. 2 BDSG (→ BDSG § 22 Rn. 36 ff.) verweist. Für die **normative Beurteilung** der Einwilligung „**in informierter Weise**" gibt das Tatbestandsmerkmal der Ausdrücklichkeit Maßgaben her, aufgrund derer die allgemeinen Anforderungen gesteigert werden. Im Übrigen kann es ausgefeilte bereichsspezifische Dogmatiken mit langer Tradition geben, die in bestimmtem Umfang eine übergreifende Orientierung liefern können. Hervorzuheben ist das Medizinrecht (zu den Änderungen des Einwilligungstatbestands im Gesundheitskontext s. Spranger MedR 2017, 864 ff.; zu den Anforderungen an eine Patienteneinwilligung unter der DS-GVO, inklusive eines Formulierungsvorschlags, Otto/Rüdlin ZD 2017, 519 (521 ff.); zu den Möglichkeiten, ausschließlich im Zusammenhang mit Forschungstätigkeiten stehende Verarbeitungsvorgänge im Rahmen von klinischen Prüfungen auf Art. 9 Abs. 2 lit. a zu stützten EDSA, Stellungnahme 3/2019 vom 23.1. 2019, Rn. 15 ff.). Anschaulich regeln etwa §§ 8 Abs. 1, 9 Abs. 1und 2 GenDG die Einwilligung in die Verarbeitung genetischer Daten unter Berücksichtigung auch der medizinrechtlichen Dogmatik des „informed consent".

60 Die **ausdrückliche** Einwilligung, die auch in Art. 22 Abs. 2 lit. c und Art. 49 Abs. 1 lit. a gefordert wird, stellt sowohl an den **Gegenstand der Einwilligung** und dann zugleich an die **vorangegangene Information der betroffenen Person** als auch an die **Form** erhöhte Anforderungen. Die Person muss in die Verarbeitung bestimmter personenbezogener Daten (der, ggf. bündelnd, „genannten") für einen oder mehrere festgelegte Zwecke eingewilligt haben (Kühling/Buchner/Weichert Rn. 47). Ihr muss deutlich sein, was zu welchen Zwecken im Verarbeitungs- und Verwendungskontext mit den Daten passiert und welche datenbezogenen Risiken hinsichtlich ihrer Schutzgüter mit der Verarbeitung verbunden sind. Je nach Verarbeitungskontext kann dies freilich ausgestaltet und auch prozedural angelegt werden, wenn sich bestimmte Zwecke oder Risiken erst in den Verarbeitungsabläufen ergeben. Der in der medizinischen oder genetischen Forschung eingesetzte „**broad consent**" ist, angemessen ausgestaltet, möglich (zur Debatte Hallinan, Life Sciences, Society and Policy (2020) 16:1, https://doi.org/10.1186/s40504-019-0096-3).

61 Der **Form** nach ist eine **konkludente, stillschweigende Zustimmung nicht ausreichend.** Dies gilt bereits deshalb, weil der Gesetzgeber schon mit Blick auf Art. 6 Abs. 1 UAbs. 1 lit. a eine „eindeutige, bestätigende Handlung" verlangt (vgl. EG 41) und „Stillschweigen, bereits angekreuzte Kästchen oder Untätigkeit" gerade keine Einwilligung darstellen sollen (EG 32 S. 3; s. auch EuGH NJW 2019, 3433 Rn. 60 ff. – Verbraucherzentrale vs. Planet49). Eine **mündliche Erklärung** kann zwar grundsätzlich genügen; allerdings stellt sich dann die Frage, wie der Verantwortliche nachweisen soll, dass zum Zeitpunkt der Aufzeichnung der Erklärung alle Bedingungen für eine gültige, ausdrückliche Einwilligung erfüllt waren (EDSA, Leitlinien 05/2020 vom 4.5.2020, Rn. 94). Auf Grund der **Rechenschafts- und der Beweispflicht des Verantwortlichen** (vgl. Art. 5 Abs. 2 bzw. Art. 7 Abs. 1) bietet es sich in der Praxis in vielen Fällen an, eine **schriftliche Einwilligung** einzuholen (durch Unterzeichnung der betroffenen Person) bzw. elektronische Einwilligungen zu protokollieren (so auch Buchner/Kühling DuD 2017, 544 (546);

s. auch EDSA, Leitlinien 05/2020 vom 4.5.2020, Rn. 93). Die Gültigkeit der Einwilligung kann auch mit einer zweistufigen Prüfung der Einwilligung sichergestellt werden, beispielsweise indem eine betroffene Person auf eine E-Mail, in der sie um die Einwilligung in die Verwendung bestimmter Informationen und Daten zu einem bestimmten Zweck ersucht wird, per E-Mail antwortet „ich willige ein", woraufhin sie einen Bestätigungslink erhält (z. B. per SMS), mit dessen Anklicken sie die Einwilligung bestätigt (vgl. EDSA, Leitlinien 05/2020 vom 4.5.2020, Rn. 98). Im **digitalen oder Online-Kontext** kann eine betroffene Person die erforderliche Erklärung durch Ausfüllen eines elektronischen Formulars, Senden einer E-Mail, Hochladen eines eingescannten von der betroffenen Person unterzeichneten Dokuments oder durch das Unterzeichnen mit einer elektronischen Signatur erteilen.

Nach **Art. 9 Abs. 2 lit. a Hs. 2** kann die Möglichkeit, das Verbot nach Abs. 1 mittels einer **Einwilligung** der betroffenen Person aufzuheben, **durch unionales oder mitgliedstaatliches Recht ausgeschlossen** werden. Solche, die Einwilligungsmöglichkeiten begrenzenden Rechtsvorschriften sind ihrerseits nur grundrechtmäßig, wenn bei ihrer Setzung, Auslegung und Anwendung hinreichend berücksichtigt wird, dass eine Einwilligung Ausprägung der grundrechtlich garantierten Autonomie der einzelnen Person sein kann. Inwieweit dies der Fall ist und welche normative Bedeutung einer Einwilligung zuerkannt werden muss, hängt va vom Kontext ab. Gerechtfertigt könnte ein Ausschluss der Einwilligungsmöglichkeit dort sein, wo aus faktischen Gründen die Freiwilligkeit und Selbstbestimmtheit des Betroffenen unwahrscheinlich ist (Kühling/Buchner/Weichert Rn. 48), insbesondere also etwa bei struktureller Ungleichheit (gem. Erwägungsgrund 43 S. 1 soll die Einwilligung in solchen Abhängigkeitsverhältnissen keine gültige Rechtsgrundlage liefern). In diesem Kontext ist auch zu erwähnen, dass empirische Studien Anlass dazu geben, an der Effektivität der Einwilligung (jedenfalls in Gestalt von unübersichtlichen AGB-Klauseln) und ihrem Charakter als Instrument der Privatautonomie zu zweifeln (Rothmann/Buchner NJW-aktuell 16/2018, 14). Art. 9 Abs. 2 lit. a Hs. 2 erfordert keinen pauschalen Einwilligungsausschluss, sondern ermöglicht im Gegenteil gerade auch **sehr differenzierte, ggf. nur bestimmte problematische Konstellationen adressierende Rechtsvorschriften.** Etwa könnten für bestimmte typische Verarbeitungskontexte, etwa B2C-Verträge, einwilligungsfeste substanzielle Standards, gewissermaßen eine datenschutzrechtliche Inhaltskontrolle, etabliert werden (s. dazu näher → Art. 6 Rn. 38). Als „Minus" zum Ausschluss besteht auch die Möglichkeit, die **Anforderungen an die Einwilligung** zu **schärfen** (so zutreffend Gola/Schulz Rn. 19). Allzu hohe Anforderungen an die Wirksamkeit einer Einwilligung sind allerdings im Rahmen von Art. 9 insoweit problematisch, als die Norm, anders als Art. 6 Abs. 1, keine umfassende Ausnahmeregelung für den vertraglichen Kontext bietet (s. aber Art. 9 Abs. 2 lit. h), was die Einwilligung zum zentralen Ausnahmetatbestand für den privaten Sektor macht (s. dazu EDSA, Leitlinien 05/2020 vom 4.5.2020, Rn. 99 ff. mit praktischen Beispielen; außerdem kritisch und mit dem Vorschlag, die Anforderungen an die Einwilligung im Kontext von Art. 9 offener zu interpretieren, Schneider ZD 2017, 303 (305 f., 308)). Unionale oder mitgliedstaatliche Rechtsvorschriften, wie Art. 9 Abs. 2 lit. a Hs. 2 sie adressiert, werden im Ergebnis bereichsspezifischer Natur und differenziert ausgestaltet sein müssen.

2. Abs. 2 lit. b – Arbeitsrecht, Recht der sozialen Sicherheit und des Sozialschutzes

Abs. 2 lit. b sieht die Zulässigkeit für all diejenigen Verarbeitungen vor, die erforderlich sind, damit der Verantwortliche oder Betroffene seine Rechte bzw. Pflichten aus dem Arbeitsrecht, dem Recht der sozialen Sicherheit und des Sozialschutzes ausüben bzw. wahrnehmen kann. Das gilt, soweit dies nach Unionsrecht oder dem Recht der Mitgliedstaaten oder einer Kollektivvereinbarung nach dem Recht der Mitgliedstaaten, das geeignete Garantien für die Grundrechte und die Interessen der betroffenen Person vorsieht, zulässig ist. Die Norm trägt etwa dem Umstand Rechnung, dass der Arbeitgeber im Arbeitsverhältnis in der Regel Daten verarbeitet, die dem Katalog des Abs. 1 unterfallen (Paal/Pauly/Frenzel Rn. 26). Sie enthält einige grundlegende Tatbestandsvoraussetzungen und knüpft im Übrigen **an das Recht der Union bzw. der Mitgliedstaaten,** inklusive Betriebsvereinbarungen und Tarifverträge, **an** (zu den inhaltlichen Anforderungen an das „Recht der Mitgliedstaaten" s. auch EG 41). Das gilt sowohl hinsichtlich der sachlichen Regelungsfelder, die (auch) im Recht der Mitgliedstaaten konkretisiert werden, als auch hinsichtlich spezifischer Zulässigkeitsbestimmungen.

Das Spektrum der möglichen sensiblen Daten, deren Verarbeitung zur Erfüllung arbeitsrechtlicher Pflichten erforderlich ist, ist dabei sehr weit. Denkbar ist die Verarbeitung von Gesundheitsdaten (zB die Erfassung von Krankheitstagen oder Behinderungen, die Verbote der Beschäftigung in bestimmten Bereichen begründen), von biometrischen Daten, etwa mit Blick auf Zugangsschranken zu gesicherten Bereichen des Betriebsgeländes, oder auch von Angaben zur Religionszugehörigkeit mit Blick auf die Kirchensteuer (Kühling/Buchner/Weichert Rn. 54 ff. mit weiteren Beispielen).

65   Mit der Erforderlichkeit für die Erfüllung von Pflichten aus dem Recht der sozialen Sicherheit und des Sozialschutzes sind insbesondere die Erbringung und Abrechnung von Sozialleistungen und die in diesem Kontext notwendigen Daten angesprochen. Zu denken ist insbesondere an Kranken-, Renten-, Pflege- oder Unfallversicherungen oder auch staatliche Ausbildungsförderungen (vgl. auch Erwägungsgrund 52). Der Großteil der insoweit relevanten Bestimmungen, an die Abs. 2 lit. b anknüpft, findet sich im deutschen Recht in den Sozialgesetzbüchern. Diese Bestimmungen müssen unter den Bedingungen der DS-GVO den Anforderungen des Abs. 2 lit. b genügen, insbesondere mit Blick auf die erforderlichen „geeigneten Garantien für die Grundrechte und Interessen der betroffenen Person" (vgl. für Art. 9 Abs. 2 lit. i und j, die ähnliche materielle Anforderungen an das nationale Ausfüllungsrecht stellen, EDSA Leitlinien 3/2020 vom 21.4.2020, Rn. 26 f.). Die allgemeine Vorschrift des § 22 Abs. 1 Nr. 1 lit. a BDSG wiederholt die Vorgaben des Abs. 2 lit. b wortgleich und § 22 Abs. 2 BDSG definiert regelbeispielhaft, wie die geeigneten Garantien konkret ausgestaltet werden können (→ BDSG § 22 Rn. 39 ff.).

3. Abs. 2 lit. c – Schutz lebenswichtiger Interessen

66   Nach Abs. 2 lit. c ist die Verarbeitung sensibler Daten auch dann zulässig, wenn sie zum Schutz lebenswichtiger Interessen der betroffenen Person oder eines Dritten erforderlich und die betroffene Person aus körperlichen oder rechtlichen Gründen außerstande ist, ihre Einwilligung zu geben. Dies ist eine zusätzliche Anforderung über den Rechtmäßigkeitstatbestand des Art. 6 Abs. UAbs. 1 lit. d hinaus, dem Art. 9 Abs. 2 lit. c ansonsten in Bezug auf die Verarbeitung sensibler Daten entspricht. In ähnlicher Gestalt fand sich eine solche Vorgabe bereits in der Vorgängerregelung, nämlich Art. 8 Abs. 2 lit. c DSRL.

67   Nach der Vorstellung des Gesetzgebers ist dieser Zulässigkeitstatbestand nur als **„ultima ratio"** heranzuziehen, nämlich dann, wenn die Verarbeitung offensichtlich nicht auf eine andere Rechtsgrundlage gestützt werden kann (vgl. Erwägungsgrund 46). Dies wird auch durch das Erfordernis der Unmöglichkeit einer Einwilligung gestützt.

68   Auf einer ersten Ebene ist also zu prüfen, ob die betroffene Person in der jeweiligen Situation aus körperlichen oder rechtlichen Gründen zur Einwilligung nicht in der Lage ist. Diese Voraussetzung gilt auch, wenn es um lebenswichtige Interessen eines Dritten geht, denn es sind die Daten der betroffenen Person, deren Verarbeitung erforderlich sein muss, nicht jene der Person, um deren lebenswichtige Interessen es geht. Wegen der rechtlichen Bedeutung der Einwilligung ist dann auf einer zweiten Ebene der mutmaßliche Wille der betroffenen Person zu ermitteln, soweit möglich. Ist dieser nicht ermittelbar, ist eine Interessenabwägung vorzunehmen. Abs. 2 lit. c setzt im Übrigen voraus, dass die Verarbeitung sensibler Daten erforderlich ist (zum datenschutzrechtlichen Regelungselement der Erforderlichkeit → Art. 6 Rn. 15 ff.).

4. Abs. 2 lit. d – Zweckgebunde interne Verarbeitung durch Organisationen ohne Gewinnerzielungsabsicht

69   Wie bereits Art. 8 Abs. 2 lit. d DSRL sieht auch Art. 9 Abs. 2 lit. d eine ausnahmsweise Zulässigkeit der Verarbeitung sensibler Daten durch bestimmte Gruppen von Organisationen vor, sog. Tendenzbetriebe. Die Vorschrift macht deutlich, dass der Gesetzgeber den aufgezählten Gruppen eine **besondere Signifikanz in einer demokratischen Gesellschaft** beimisst (Gola/Schulz Rn. 22). Die verschachtelt formulierte Vorschrift stellt tatbestandliche Anforderungen einerseits an die die Daten verarbeitende Organisation und andererseits an den Verarbeitungsvorgang als solchen.

70   Mit Blick auf die Organisation ist erforderlich, dass sie **politisch, weltanschaulich, religiös oder gewerkschaftlich** ausgerichtet ist und **ohne Gewinnerzielungsabsicht** operiert. Die Rechtsform der Organisation ist unerheblich, solange sie nicht profitorientiert ist. Erfasst sind etwa politische Parteien, Kirchen, Gewerkschaften oder Berufsverbände. Andere gemeinnützige Organisationen, die sich nicht den erwähnten Kategorien zuordnen lassen, sind indessen nicht von der Privilegierung erfasst, sodass etwa NGOs nicht generell unter den Tatbestand fallen (Paal/Pauly/Frenzel Rn. 33).

71   In Bezug auf den Verarbeitungsvorgang verlangt Abs. 2 lit. d, dass die Daten nur im Rahmen der rechtmäßigen Tätigkeiten der jeweiligen Organisation erfolgen dürfen. Wie weit diese Tätigkeiten reichen, richtet sich freilich nach der Ausrichtung der Organisation. Nicht aus der Formulierung, aber aus dem Telos der Privilegierung ergibt sich eine Beschränkung auf die jeweils einschlägige

"Tendenz", sodass etwa eine religiöse Organisation im Rückgriff auf Abs. 2 lit. d nur Daten, aus denen die religiöse Überzeugung des Betroffenen hervorgeht, verarbeiten darf (ähnlich Paal/Pauly/Frenzel Rn. 34 mit dem Hinweis, das für alle anderen Kategorien auf die anderen Tatbestände, insbesondere Abs. 2 lit. a, zurückzugreifen ist).

Mit Blick auf den Verarbeitungsvorgang fordert Abs. 2 lit. d zusätzlich, dass sich dieser nur auf **72** die Mitglieder, ehemalige Mitglieder oder Personen bezieht, die im Zusammenhang mit dem Tätigkeitszweck in regelmäßigem Kontakt zu den Organisationen stehen. Kommerzielle Kontakte, die in keinem Zusammenhang zu der Ausrichtung der Organisation stehen, sind davon nicht erfasst. Im Hinblick auf ehemalige Mitglieder ist eine gewisse Zeitspanne nach ihrem Ausscheiden noch auf Grundlage von Art. 9 Abs. 2 lit. d abgedeckt, die aber über die Verarbeitungszwecke und das Tatbestandsmerkmal der Erforderlichkeit begrenzt ist.

Als weitere Voraussetzung ist erforderlich, dass die personenbezogenen Daten nicht ohne Ein- **73** willigung der betroffenen Person nach außen offengelegt werden. Daraus folgt, dass die Zulässigkeit auf **Verarbeitungen zu internen Zwecken** beschränkt ist. Für eine Offenlegung der Daten an Dritte ist ausdrücklich die Einwilligung der betroffenen Person erforderlich. Die Anforderungen richten sich insoweit nach Art. 9 Abs. 2 lit. a.

5. Abs. 2 lit. e – Offenkundig öffentlich gemachte Daten

Art. 9 Abs. 2 lit. e sieht eine Ausnahme von der Untersagung der Verarbeitung besonderer **74** Kategorien personenbezogener Daten vor, wenn diese sich auf personenbezogene Daten bezieht, die die betroffene Person offensichtlich öffentlich gemacht hat. Die Norm hat in Art. 8 Abs. 2 lit. e Alt. 1 DSRL ihren unmittelbaren Vorgänger. Sie wird nicht etwa von der Idee getragen, dass Daten, die einmal in der „Öffentlichkeit" sind, frei zur Verfügung stehen. Ihr liegt vielmehr zugrunde, dass das besondere Schutzregime, das für sensible Daten greift, für nicht notwendig gehalten wird, wenn die betroffene Person auf einen solchen Schutz erkennbar keinen Wert legt. Diese Normintention erschließt sich mit Blick auf den Normtext, dass die Daten von der betroffenen Person „offenkundig" öffentlich „gemacht" worden sein müssen. Dahinter steht auch, dass das Selbstverständnis zur „Privatheit" variiert und Menschen Daten über ihre weltanschaulichen Überzeugungen oder ihre sexuelle Orientierung nicht unbedingt als „privat" zu betrachten brauchen.

Auf Art, Form oder Medium, mittels derer ein Öffentlichmachen von Daten bewirkt wird, **75** kommt es nicht an (Kühling/Buchner/Weichert Rn. 78), sofern man die Tatbestandsvoraussetzungen bejahen kann. Das wiederum kann durchaus von Art, Form der Medium abhängen, weil der Begriff „öffentlich" vielschichtig und differenziert zu bestimmen ist.

Der Tatbestand des Art. 9 Abs. 2 lit. e beruht auf nicht unproblematischen Prämissen und regelt **76** keineswegs Selbstverständlichkeiten, sondern muss problembewusst interpretiert werden. Die überkommene Unterscheidung öffentlich/privat, die sich in ihm noch widerspiegelt, wird mittlerweile zunehmend durch **Teil-Öffentlichkeiten** und **Grauzonen zwischen Privatheit und Öffentlichkeit** abgelöst (vgl. dazu Albers, Grundrechtsschutz der Privatheit, DVBl 2010, 1061 ff.). Das erschwert die Beurteilung, wann Daten im Sinne der der Norm „**öffentlich**" gemacht worden sind. Lokale Öffentlichkeiten oder beschränkte Öffentlichkeiten wie ein Klassenzimmer oder anderweitig durch Zugangsschranken und soziale Erwartungen abgegrenzte Räume sind keine „Öffentlichkeit" iSd Art. 9 Abs. 2 lit. e (vgl. auch OVG Hamburg Urt. v. 7.10.2019 – 5 Bf 279/17 Rn. 87; VG Schwerin Urt. v. 26.11.2020 – 1 A 1598/19 SN Rn. 49 – Lehrermeldeportal). Posts oder hochgeladene Fotos in geschlossenen Gruppen sind nicht öffentlich (ebenso Gola/Schulz Rn. 26). Aber auch darüber hinaus transzendieren gerade **Soziale Netzwerke** die klassische Dichotomie von öffentlich/nicht-öffentlich, weil die Beteiligten in ihren Bezügen zu anderen Teilnehmenden oft eine „kontextuale Integrität" hinsichtlich des Umgangs mit personenbezogenen Daten voraussetzen, die sich anders gestaltet als die in Art. 9 Abs. 2 lit. e vorausgesetzte Öffentlichkeit (vgl. dazu Nissenbaum, 79 Washington Law Review 2008, 119 (136 ff.); Nissenbaum, Privacy in Context, 2010, bes. 125 ff.). Im Übrigen entstehen besondere Probleme dadurch, dass es automatisierte Verknüpfungs- und Auswertungs- oder auch Re-Identifikationsmöglichkeiten gibt, aufgrund derer eine isolierte Betrachtung bestimmter Daten als „öffentlich gemacht" nicht unbedingt angemessen erscheint. Auch neuere Konstellationen der **Datenspende** und des daran anknüpfenden **Daten-Teilens** sind nicht leicht zu lösen (dazu Dove/Chen, International Data Privacy Law 2021, 107 ff.). Jedenfalls bedarf es eines **differenzierten Verständnisses** des Begriffs „öffentlich" je nach Kontexten oder auch Medien.

Das Merkmal der **Offenkundigkeit** setzt voraus, dass das Öffentlichmachen eindeutig auf einen **77 Willensakt der betroffenen Person zurückzuführen** ist. Maßgeblich zur Beurteilung der

Offenkundigkeit ist dabei die Perspektive eines äußeren objektiven Betrachters. Das bloße Vorhandensein von sensiblen Daten im öffentlichen Raum ist nicht ausreichend (Ehmann/Selmayr/Schiff Rn. 46). Zudem muss „offenkundig" gerade ein Öffentlichmachen in dem Sinne sein, dass erkennbar wird, dass die betroffene Person auf das besondere Schutzregime für sensible Daten hinsichtlich der „offenkundig öffentlich gemachten Daten" keinen Wert legt (s. hierzu auch den Vorlagebeschluss des österr. OGH v. 30.6.2020 - 6 Ob 56/21k, Rn. 64 ff., abrufbar unter https://noyb.eu/sites/default/files/2021-07/Vorlage_sw_DE.pdf).

78 Pauschale Lösungen berücksichtigen zu wenig, dass das Problem häufig weniger im Zugriff auf bestimmte Daten liegt als vielmehr darin, dass die Daten mit entsprechend verändertem Informationsgehalt und neuen (Rechts-)Folgen in anderen Kontexten eingesetzt werden. Dementsprechend löst das Vorliegen von Abs. 2 lit. e keineswegs eine vollständige Schutzlosigkeit aus. Im Falle der Veröffentlichung der Daten greifen vielmehr die allgemeinen Voraussetzungen des Art. 6 und des Art. 5 (vgl. dazu im Kontext von Anträgen auf Auslistung von Websites EuGH BeckRS 2019, 22052 Rn. 63 f. – GC ua, dort auch zu dem ggf. trotzdem bestehenden Recht auf Auslistung aus Art. 17 Abs. 1 lit. c und Art. 21). Es wird analysiert werden müssen, ob man nicht, etwa im Fall der Datenspende zwecks Datenteilens in bestimmten Zusammenhängen, stärker aufgefächerte Schutzregime braucht.

79 Art. 9 Abs. 2 lit. e ist aus all diesen Gründen hinsichtlich sämtlicher Tatbestandsmerkmale mit Blick auf den Kontext und Schutzerfordernisse **differenziert** zu konkretisieren. Er ist eher **restriktiv** zu interpretieren (vgl. auch für den Fall von Zweifeln über das Öffentlich„machen" Kühling/Buchner/Weichert Rn. 81); allerdings ist die Weite des Begriffs der „sensiblen" Daten in Rechnung zu stellen.

6. Abs. 2 lit. f – Durchsetzung von Ansprüchen und Funktionsfähigkeit der justiziellen Tätigkeit der Gerichte

80 In Fortführung von Art. 8 Abs. 2 lit. e Alt. 2 DSRL sieht Art. 9 Abs. 2 lit. f eine Ausnahme vom Verarbeitungsverbot des Abs. 1 vor, wenn die Verarbeitung sensibler Daten zur Geltendmachung, Ausübung oder Verteidigung von Rechtsansprüchen (inklusive in einem Verwaltungsverfahren oder in einem außergerichtlichen Verfahren, vgl. Erwägungsgrund 52 S. 3) oder bei Handlungen der Gerichte im Rahmen ihrer justiziellen Tätigkeit erforderlich ist.

81 Der teleologische Hintergrund dieses Ausnahmetatbestands ist evident: Er gewährleistet, dass das Datenschutzrecht nicht die **Durchsetzung legitimer Rechtsansprüche** und die – dafür erforderliche – **Funktionsfähigkeit der Justiz** beeinträchtigt. Entscheidungserhebliche Daten sollen auch dann in das Verfahren eingeführt werden können, wenn sie grundsätzlich dem Verbot des Art. 9 Abs. 1 unterfallen (Gola/Schulz Rn. 29). Durch das Regelungselement der Erforderlichkeit wird gleichwohl eine Grenze gezogen (→ Art. 6 Rn. 15 ff.).

82 „Rechtsansprüche" ist als autonomer Begriff des Unionsrechts weit auszulegen und umfasst neben zivilrechtlichen Ansprüchen (vgl. für das deutsche Verständnis § 194 Abs. 1 BGB) auch öffentlich-rechtliche Rechtspositionen. An das Kriterium der Erforderlichkeit sind vor dem Hintergrund des Sinns und Zwecks der Vorschrift keine strengen Anforderungen zu stellen. Parteien müssen alles Relevante beibringen und Gerichte einen relevanten Vortrag aufgreifen dürfen, damit die Gerichtsentscheidung normativ „richtig" ist. Zudem ist zu berücksichtigen, dass bei streitigen Ansprüchen der Wert eines Beweismittels im Vorfeld unklar sein kann (Kühling/Buchner/Weichert Rn. 86). Daher kann sich Vortrag zu einem bestimmten Verfahrenszeitpunkt als erforderlich darstellen, auch wenn er sich im Ergebnis als irrelevant erweist. Ein Vorbringen vor Gericht, das sensible Daten des Betroffenen beinhaltet, ist jedenfalls dann nicht „erforderlich", wenn es willkürlich und ohne Zusammenhang zum Streitgegenstand geschieht (Ehmann/Selmayr/Schiff Rn. 49).

83 Verarbeitungen sensibler Daten sind bei Gerichtshandlungen im Rahmen ihrer justiziellen Tätigkeit jedenfalls dann erforderlich, wenn sie für die Urteilsfindung zwingend sind, wie etwa Gesundheitsdaten zur Berechnung der Höhen eines etwaigen Schmerzensgeldes (Ehmann/Selmayr/Schiff Rn. 50) oder Fragen zu den persönlichen Verhältnissen zwecks Bestimmung des Strafmaßes.

84 Anforderungen werden auch im Hinblick auf die **Verarbeitung von Daten durch die Geschäftsstelle,** soweit dies im Zusammenhang mit der justiziellen Tätigkeit erfolgt (Auernhammer/Greve Rn. 28), oder im Hinblick auf die **Veröffentlichung von Urteilen** einschließlich ihrer Begründung insoweit gestellt, als die Verarbeitung sensibler Daten erforderlich sein muss (→ Art. 6 Rn. 15 ff.). Das kann in einschlägigen Fällen, in denen beispielsweise Gesundheitsdaten Verfahrensbeteiligter eine Rolle spielen, dazu führen, dass die Urteilsgründe mit hinreichendem Detailgrad in solche Teile, die für das übergreifende Verständnis der Entscheidung notwendig sind,

und solche Passagen, die insoweit entbehrlich und deshalb aus der Veröffentlichung auszuklammern sind, differenziert werden müssen. Hinsichtlich der notwendigen Teile sind verbleibende Anonymisierungsmöglichkeiten zu nutzen. In diesem Rahmen wird man eine Veröffentlichung, da Gerichtsentscheidungen legitimations- und kontrollbedürftig sowie ein Beitrag zur Rechtsdogmatik sind, für auf der grundlegenden Ebene „erforderlich" halten können. Da das Tatbestandsmerkmal der Erforderlichkeit in konkreten Konstellationen freilich zudem mit Rücksicht auf die jeweils involvierten Grundrechte im Lichte des Verhältnismäßigkeitsprinzips zu interpretieren ist (→ Art. 6 Rn. 20), kann das Abwägungsergebnis in Fällen, in denen trotz der beschriebenen Maßnahmen eine intensive, die Veröffentlichungsbelange überwiegende Beeinträchtigung aufgrund der noch auftauchenden und zuordbaren sensiblen Daten zu konstatieren ist, aber auch so ausfallen, dass eine Veröffentlichung der Entscheidung unterbleibt.

7. Abs. 2 lit. g – erhebliches öffentliches (unions- und mitgliedstaatliches) Interesse

Abs. 2 lit. g sieht eine Ausnahme vom Verbot der Verarbeitung sensibler Daten in den Fällen vor, in denen die Verarbeitung auf der Grundlage des Unionsrechts oder des Rechts eines Mitgliedstaats aus Gründen eines erheblichen öffentlichen Interesses erforderlich ist. Die in Bezug genommenen Rechtsnormen müssen in angemessenem Verhältnis zu dem verfolgten Ziel stehen, den Wesensgehalt des Rechts auf Datenschutz wahren und angemessene und spezifische Maßnahmen zur Wahrung der Grundrechte und Interessen der betroffenen Person vorsehen. Vorgängerregelung ist Art. 8 Abs. 4 DSRL. Wie auch Abs. 2 lit. b enthält lit. g einige grundlegende Tatbestandsvoraussetzungen und öffnet ansonsten das strikte Regime des Abs. 1 für das Unionsrecht und das Recht der Mitgliedstaaten. In struktureller Parallelität zu Art. 6 Abs. 1 UAbs. 1 lit. e iVm Abs. 3 S. 4 statuiert die Bestimmung eine Öffnungsklausel für unionale und mitgliedstaatliche Regelungen, die (unter anderem) ein öffentliches Interesse verfolgen müssen (Paal/Pauly/Frenzel Rn. 38; auf Grund der fehlenden Konturen sehen Mathes/Krohm PinG 2015, 49 (54), die Bestimmung als ein zentrales Einfallstor für divergierende mitgliedstaatliche Rechtsetzung; zumindest die Tatbestandsvoraussetzungen der Norm wirken diesem Effekt freilich entgegen). 85

Der erste Halbsatz der Bestimmung normiert besondere materielle Anforderungen an das „Ausfüllungsrecht", das die Union bzw. die Mitgliedstaaten in Umsetzung der Öffnungsklausel erlassen können: Es muss in einem angemessenen Verhältnis zum verfolgten Ziel stehen, den Wesensgehalt des Rechts auf Datenschutz wahren (zum Wesensgehalt des Rechts auf Achtung des Privatlebens aus Art 7 GRCh EuGH BeckRS 2015 Rn. 94, 81250 – Schrems) und angemessene und spezifische Maßnahmen zur Wahrung der Grundrechte und Interessen der betroffenen Person vorsehen. Den Gesetzgebern werden somit bei der Konkretisierung des konturenlosen Begriffs des „erheblichen öffentlichen Interesses" materiell-rechtliche, wenn auch abstrakt bleibende Grenzen gezogen. Mit der Verpflichtung, „angemessene und spezifische Maßnahmen" zur Wahrung der Grundrechte und Interessen der betroffenen Person vorzusehen, werden ebenfalls abstrakte Anforderungen formuliert, während die nähere Ausgestaltung der Verarbeitung an die Mitgliedstaaten delegiert wird. Das ist folgerichtig, weil die spezifischen Maßnahmen und deren Angemessenheit vom Verarbeitungskontext, Verarbeitungsverfahren und -techniken und der kontextspezifischen Schutzbedürftigkeit der betroffenen Person abhängen (→ Rn. 105 ff.). 86

Auf einer ersten Stufe nehmen also die jeweiligen Gesetzgeber eine abstrakt-generelle Vorstrukturierung vor, indem sie die Verarbeitungsmöglichkeiten aus Gründen eines erheblichen öffentlichen Interesses in den Grenzen, die Art. 9 Abs. 2 lit. g vorgibt, ausfüllen. Auf der zweiten Stufe ist es dann an den Verarbeitern im konkreten Fall zu prüfen, ob die Verarbeitung auch für dieses – abstrakt-generell näher definierte – erhebliche öffentliche Interesse erforderlich ist. Das erfordert eine weitere, einzelfallbezogene Abwägung von öffentlichem Belang und Datenschutzinteressen der betroffenen Person. Zudem sind die abstrakt vorgegebenen angemessenen Maßnahmen zur Wahrung der Grundrechte und Interessen der betroffenen Person zu konkretisieren. 87

Anhaltspunkte dafür, welche Szenarien der Verordnungsgesetzgeber mit dem Tatbestand abdecken wollte, ergeben sich aus einem vergleichenden Blick auf die Ausnahmetatbestände in Art. 9 Abs. 2 lit. h und i. Jene Bestimmungen definieren jeweils spezifische Belange des öffentlichen Interesses, während Art. 9 Abs. 2 lit. g allgemein von öffentlichen Interessen spricht, allerdings mit dem Zusatz, dass diese **erheblich** sein müssen. 88

Der deutsche Gesetzgeber hat mit § 22 Abs. 1 Nr. 2 lit. a–d von der Regelungsmöglichkeit in Art. 9 Abs. 2 lit. g Gebrauch gemacht und vier Tatbestände geschaffen, die eine Verarbeitung sensibler Daten aus Gründen eines erheblichen öffentlichen Interesses legitimieren (→ BDSG § 22 Rn. 31 ff.). Für Suchmaschinentreiber, die mit einem Antrag auf Auslistung eines Links zu einer Website befasst sind, auf der sensible Daten iSv Art. 9 Abs. 1 veröffentlicht sind, hat der 89

EuGH ausgeführt, dass sie anhand der in Art. 9 Abs. 2 lit. g angeführten Gründe eines erheblichen öffentlichen Interesses überprüfen müssen, ob sich die Aufnahme dieses Links in die Ergebnisliste als unbedingt erforderlich erweist, um die in Art. 11 GRCh verankerte Informationsfreiheit zu schützen (vgl. EuGH BeckRS 2019, 22052 Rn. 66 ff. – GC ua). Diese Sicht ist insoweit nicht unproblematisch, als Art. 9 Abs. 2 lit. g die Unions- und nationalen Gesetzgeber adressiert und mit seinen relativ vagen Vorgaben auch ausfüllungsbedürftig ist.

8. Abs. 2 lit. h und Abs. 3 – Individuelle Versorgung im Gesundheitsbereich

90 Abs. 2 lit. h bzw. Abs. 3 sind die Nachfolgerbestimmungen von Art. 8 Abs. 3 DSRL. Die Verarbeitung sensibler Daten ist nach der Vorschrift zulässig, wenn sie für die Zwecke der Gesundheitsvorsorge oder Arbeitsmedizin, zur Beurteilung der Arbeitsfähigkeit des Beschäftigten, für die medizinische Diagnostik, die Versorgung oder Behandlung im Gesundheitsbereich oder für die Verwaltung von Systemen und Diensten im Gesundheits- oder Sozialbereich erforderlich ist. Der Zulässigkeitstatbestand trägt der **Bedeutung der Gesundheit für den Betroffenen sowie der Gesellschaft insgesamt** Rechnung (vgl. EG 53 S. 1) und rechtfertigt sich aus dem Umstand, dass im Gesundheitswesen in hohem Maße sensible Daten verarbeitet und zwischen verschiedenen Akteuren bewegt werden und dies für die Funktionalität der medizinischen Versorgung und den medizinischen Fortschritt auch notwendig ist.

91 **Abgrenzungsbedarf** besteht gegenüber Abs. 2 lit. b (hierzu LAG Düsseldorf NZA-RR 2020, 348 (354 f.)) und gegenüber Abs. 2 lit. i, der ebenfalls den Gesundheitsbereich in den Blick nimmt. Abs. 2 lit. h hat allerdings eine andere Stoßrichtung, weil er dem individuellen Interesse an einer funktionierenden Gesundheitsversorgung Rechnung zu tragen bestimmt ist. Demgegenüber legitimiert Abs. 2 lit. i eine Verarbeitung aus Gründen des genuin öffentlichen Gesundheitsinteresses (Kühling/Buchner/Weichert Rn. 93) und ist somit eher der Gefahrenabwehr bzw. Risikovorsorge zuzurechnen. Überschneidungen der geregelten Aspekte in bestimmten Feldern sind unschädlich (vgl. auch BSG Urt. v. 20.1.2021 – B 1 KR 7/20 R Rn. 67). Stärkeren Abgrenzungsbedarf wirft – in Parallelität zu Art. 6 Abs. 1 UAbs. 1 (→ Art. 6 Rn. 44) – die Frage auf, in welchem Verhältnis die vertragsbasierte Verarbeitung sensibler Daten durch „Angehörige eines Gesundheitsberufs" zur einwilligungsbasierten Verarbeitung nach Abs. 2 lit. a steht.

92 Inhaltlich vom Begriff der medizinischen Versorgung erfasst sind sämtliche gesundheitsbezogenen Handlungen und Leistungen, insbesondere solche **präventiver, diagnostischer, kurativer und nachsorgender** Art (Gola/Schulz Rn. 29). Erfasst ist auch die im Kontext der Erbringung und Abrechnung von Gesundheitsleistungen erforderliche Verwaltung von Systemen und Diensten des Gesundheits- und Sozialbereichs, also die infrastrukturelle Dimension des Gesundheitswesens. Anders als die Vorgängerbestimmung in der DSRL umfasst der Tatbestand nunmehr auch privatrechtlich gestaltete Verfahren der Kostenübernahme (Kühling/Buchner/Weichert Rn. 106). Mit dem Begriff der Arbeitsmedizin ist die rechtliche Schnittstelle zwischen Arbeits- und Medizinrecht angesprochen, die sich in verschiedenen Spezialgesetzen (insbesondere den Sozialgesetzbüchern) findet (dazu im Einzelnen näher Kühling/Buchner/Weichert Rn. 113).

93 **Abs. 3** schränkt den sehr weit gesteckten Tatbestand in personeller Hinsicht ein, indem der Umgang mit den sensiblen Daten allein (nach dem Unionsrecht oder dem Recht der Mitgliedstaaten) einem Berufsgeheimnis unterliegenden **Fachpersonal** gestattet wird (vgl. hierzu auch LAG Düsseldorf NZA-RR 2020, 348 (355); BSG Urt. v. 20.1.2021 – B 1 KR 7/20 R Rn. 73 ff.). Dies ist ein Beispiel für eine „geeignete Garantie" bzw. „angemessene Maßnahme", wie sie auch in anderen Zulässigkeitstatbeständen vorausgesetzt wird (→ Rn. 105 ff.).

94 Die Tatsache, dass die DS-GVO auch die Gesundheitsdatenverarbeitung reguliert, wird aus kompetenzieller Perspektive zum Teil kritisch gesehen, insbesondere mit Blick auf Art. 5 Abs. 3 EUV sowie Art. 168 Abs. 7 AEUV (vgl. Kühling/Buchner/Weichert Rn. 96 mwN, mit der Ansicht, dass die Regulierung die nationale Gesundheitspolitik nicht tangiere und von Art. 16 Abs. 2 AEUV gedeckt sei). Die Regulierung auch der Gesundheitsdatenverarbeitung ist ein Beispiel dafür, dass die DS-GVO an vielen Stellen kompetenziell-überschießend gestaltet ist. Dies ist auf Grund des Grundsatzes der praktischen Wirksamkeit i.R. von Art. 16 Abs. 2 AEUV zulässig, soweit die effektive Regulierung von Datenverarbeitungen und Datenverarbeitungszusammenhängen nicht möglich wäre, wenn das einzelne Bereiche mitregeln müsste, die prima facie nicht vom Anwendungsbereich erfasst sind (dazu Veit, Einheit und Vielfalt im europäischen Datenschutzrecht, Manuskript, Teil 1, C., I., 2., b), bb), erscheint 2022). Abgrenzungen unionaler und mitgliedstaatlicher Regelungskompetenzen können sich vor diesem Hintergrund als schwierig erweisen (vgl. auch BSG Urt. v. 20.1.2021 – B 1 KR 7/20 R Rn. 27 ff., das für die elektronische Gesundheitskarte die Anwendbarkeit der DS-GVO offen lässt).

9. Abs. 2 lit. i – Öffentliche Gesundheitsbelange

In Abgrenzung zu Abs. 2 lit. h schafft Abs. 2 lit. i einen Zulässigkeitstatbestand für die Verarbeitung sensibler Datenkategorien, die aus Gründen eines genuin **öffentlichen** Interesses im Bereich der öffentlichen Gesundheit erforderlich ist. Die Bestimmung ist insoweit **lex specialis** gegenüber dem allgemeinen Tatbestand in Art. 9 Abs. 2 lit. g. 95

Die tatbestandliche Unbestimmtheit, die aus der Kombination der beiden Generalklauseln „öffentliches Interesse" und „öffentliche Gesundheit" resultiert, wird in zweierlei Hinsicht abgemildert: Zum einen inkorporiert Erwägungsgrund 54 die Definition des (unionsrechtlichen) Begriffs der öffentlichen Gesundheit aus Art. 3 lit. c VO (EG) Nr. 1338/2008 in die DS-GVO. Zum anderen nennt der Tatbestand selbst als Beispiele für öffentliche Interessen den Schutz vor schwerwiegenden grenzüberschreitenden Gesundheitsgefahren sowie die Gewährleistung hoher Qualitäts- und Sicherheitsstandards bei der Gesundheitsversorgung und bei Arzneimitteln und Medizinprodukten. Private Verarbeiter können eine Verarbeitung sensibler Daten nur dann auf Abs. 2 lit. i stützen, wenn sie aus Zwecken erfolgt, die im öffentlichen Interesse liegen (vgl. EG 54 S. 4, der insoweit Grenzen zieht). 96

Die Bestimmung ist wiederum auf „Ausfüllung" durch ergänzende Rechtsetzung angewiesen (s. im Zusammenhang mit der Verarbeitung von Gesundheitsdaten für wissenschaftliche Forschungszwecke im Kontext von COVID-19 EDSA, Leitlinien 3/2020 vom 21.4.2020, Rn. 23 ff.). An diese stellt die DS-GVO auch materielle Anforderungen dergestalt, dass das jeweilige Recht angemessene und spezifische Maßnahmen zur Wahrung der Rechte und Freiheiten der betroffenen Person vorsieht. Dabei wird das Berufsgeheimnis als Regelbeispiel genannt (s. dazu allgemein → Rn. 107). 97

Vorschriften der deutschen Rechtsordnung, die den genannten öffentlichen Interessen zu dienen bestimmt und insoweit von der Öffnungsklausel erfasst sind, finden in § 22 Abs. 1 lit. c BDSG und bereichsspezifisch etwa im Arzneimittelgesetz (Gewährleistung hoher Qualitäts- und Sicherheitsstandards) oder im Infektionsschutzgesetz (für eine detailliertere Übersicht s. Kühling/Buchner/Weichert Rn. 119 f.). 98

10. Abs. 2 lit. j – Archivarische, wissenschaftliche und historische Forschungszwecke sowie statische Zwecke

Zulässig ist die Verarbeitung sensibler Datenkategorien nach Abs. 2 lit. j soweit sie für im öffentlichen Interesse liegende Archivzwecke, für wissenschaftliche oder historische Forschungszwecke oder für statistische Zwecke gem. Art 89 Abs. 1 erforderlich ist. Die Bestimmung ist in Parallelität zu der Privilegierung dieser Zwecke mit Blick auf den Grundsatz der Zweckkompatibilität in Art. 5 Abs. 1 lit. b Hs. 2 zu sehen. Wie Abs. 2 lit. i ist Abs. 2 lit. j **lex specialis** gegenüber Abs. 2 lit. g. Eine vergleichbare Ausnahme für die Verarbeitung sensibler Daten gab es in der DSRL nicht, sodass die DS-GVO mit Blick auf die genannten Zwecke weniger strikt ist (dazu auch Pormeister, International Data Privacy Law, 2017, S. 137 ff.). Die Privilegierung der genannten Zwecke findet auch an anderen Stellen der DS-GVO Niederschlag, so etwa in Art. 5 Abs. 1 lit. e, Art. 14 Abs. 5 lit. b, Art. 17 Abs. 3 lit. b und Art. 21 Abs. 6. Sie reagiert auf den hohen Rang, der der Forschung auch im Interesse der Gesamtgesellschaft zukommt (Art. 13 GRCh, vgl. auch Schantz/Wolff DatenschutzR Rn. 1347 mit Verweis auf Erwägungsgrund 113 S. 4). 99

Der Begriff des Archivs bzw. der **Archivzwecke** wird in der DS-GVO nicht definiert. Einen Anhaltspunkt gibt Erwägungsgrund 158 S. 4, wonach es Mitgliedstaaten erlaubt sein sollte, Weiterverarbeitungsmöglichkeiten zu Archivzwecken vorzusehen, „beispielsweise im Hinblick auf die Bereitstellung spezifischer Informationen im Zusammenhang mit dem politischen Verhalten unter ehemaligen totalitären Regimen, Völkermord, Verbrechen gegen die Menschlichkeit, insbesondere dem Holocaust, und Kriegsverbrechen.". Daten werden erst dann zu Archivzwecken verarbeitet, wenn sie für ihren ursprünglichen Zweck nicht mehr benötigt werden und nur zu Forschungszwecken aufbewahrt werden (Kühling/Buchner/Weichert Rn. 124). Da die Privilegierung nur für im öffentliche Interesse liegende Archivzwecke gilt, ist unklar, ob damit auch private Archive erfasst sind (Schantz/Wolff DatenschutzR Rn. 1348 mit der Fragestellung, ob es auf die öffentliche Anerkennung als Archiv oder nur den Gegenstand des Archivs ankommt). 100

Im Hintergrund der Privilegierung von **wissenschaftlichen und historischen Forschungszwecken** steht die in Art. 13 GRCh gewährleistete Forschungsfreiheit. Der Begriff der „wissenschaftlichen Forschung" ist allgemein formuliert und schließt sämtliche Forschungsvorhaben öffentlich-rechtlich oder auch privatrechtlich organisierter Forschungseinrichtungen unabhängig von Erkenntnisinteressen, Gegenständen oder Methoden der jeweiligen Forschung ein. Thema- 101 tisch eingegrenzte Projekte sind ebenso umfasst wie die Grundlagenforschung oder der Aufbau wissenschaftlicher Datenbanken oder Forschungsinformationssysteme. Dass dies zunächst breit angelegt ist, folgt aus der Forschungsfreiheit des Art. 13 GRCh und den Charakteristika wissenschaftlicher Forschung. Dies wird bestärkt durch Erwägungsgrund 159, wonach das Tatbestandsmerkmal wissenschaftlicher Forschungszwecke weit zu verstehen ist und „die Verarbeitung für beispielsweise die technologische Entwicklung und die Demonstration, die Grundlagenforschung, die angewandte Forschung und die privat finanzierte Forschung" umfasst. Der Ausnahmetatbestand erfasst dementsprechend sowohl durch den Verantwortlichen initiierte und durchgeführte Forschungsvorhaben als auch externe Vorhaben, deren Durchführung den Zugang zu sensiblen Daten seitens des Verantwortlichen erfordert (Gola/Schulz Rn. 43).

102 Mit dem Tatbestandsmerkmal der **statistischen Zwecke** ist nach Vorstellung des Verordnungsgebers „jeder für die Durchführung statistischer Untersuchungen und die Erstellung statistischer Ergebnisse erforderliche Vorgang der Erhebung und Verarbeitung personenbezogener Daten" gemeint (Erwägungsgrund 162 S. 3). Der Tatbestand setzt dabei voraus, dass die Ergebnisse aus der Verarbeitung zu statistischen Zwecken aggregierte Daten ohne Personenbezug sind (Erwägungsgrund 162 S. 4). Das Telos der Privilegierung ist dementsprechend, dass die Risiken für die Datenschutzinteressen der betroffenen Person bei Verarbeitung auf sie verweisender Daten zu statistischen Zwecken geringer sind. Richtigerweise meint „Verarbeitung zu statistischen Zwecken" daher nicht konkrete Zwecke im Sinne eines Verwendungszusammenhangs, sondern eher bestimmte Verarbeitungstechniken und -methoden, die die Erstellung statischer Ergebnisse zum Ziel haben (Schantz/Wolff DatenschutzR/Schantz Rn. 1351). Grenzen werden dem Begriff gleichwohl dadurch gezogen, dass die Ergebnisse „nicht für Maßnahmen oder Entscheidungen gegenüber einzelnen natürlichen Personen verwendet werden (dürfen)" (Erwägungsgrund 162 S. 4 am Ende), sodass etwa Techniken wie Scoring oder Profiling gerade nicht unter den Ausnahmetatbestand fallen (so auch Schantz/Wolff DatenschutzR/Schantz Rn. 1351).

103 Auch dieser Ausnahmebestand bedarf einer Grundlage im Unionsrecht bzw. im Recht der Mitgliedstaaten (vgl. EDSA, Leitlinien 3/2020 vom 21.4. 2020, Rn. 23 ff.), wobei auch Abs. 2 lit. j insoweit materielle Anforderungen stellt: Die jeweiligen Bestimmungen müssen verhältnismäßig sein, den Wesensgehalt des Rechts auf Datenschutz wahren und angemessene und spezifische Maßnahmen zur Wahrung der Grundrechte und Interessen der betroffenen Persin vorsehen (vgl. auch die Ausführungen zu dem insoweit gleichlautenden Abs. 2 lit. g → Rn. 73 f.). Art. 89 Abs. 1 präzisiert diese Anforderungen dahingehend, dass mit den Garantien sichergestellt wird, dass technische und organisatorische Maßnahmen bestehen, mit denen insbesondere der Grundsatz der Datenminimierung gewährleistet wird und nennt als Beispiel die Pseudonymisierung (zur Pseudonymisierung personenbezogener Daten insbesondere unter der DS-GVO s. Roßnagel ZD 2018, 243 ff.).

104 Im Unionsrecht gibt es teilweise bereichsspezifische Rechtsgrundlagen. Das deutsche Umsetzungsgesetz enthält mit den §§ 27 und 28 BDSG Bestimmungen, die in Ausfüllung der Öffnungsklauseln in Art. 9 Abs. 2 lit. j bzw. Art. 89 Abs. 2 und 3 ergangen sind (vgl. BT-Drs. 18/11325, 99 bzw. 100).

11. Geeignete Garantien bzw. angemessene Maßnahmen im Unionsrecht oder im Recht der Mitgliedstaaten

105 Viele der Ausnahmetatbestände in Abs. 2 enthalten neben ihren materiellen Voraussetzungen den Vorbehalt, dass im – den jeweiligen Ausnahmegrund implementierenden – Recht der Union bzw. der Mitgliedstaaten „geeignete Garantien" bzw. „angemessene Maßnahmen" für die Grundrechte und Interessen der betroffenen Person vorzusehen sind (so bei lit. b, h und i; zu den darüber hinaus gehenden Anforderungen in lit. g und j bereits → Rn. 86 f., → Rn. 103). Die Vorschriften schweigen zur konkreten Ausgestaltung und geben der Union und den Mitgliedstaaten damit einen gewissen Gestaltungsspielraum. Man kann insoweit von einer eigenen, **impliziten Öffnung** sprechen. Dies ist auch sachgerecht, weil die „Geeignetheit" der Garantien bzw. die „Angemessenheit" der Maßnahmen nicht abstrakt und losgelöst vom konkreten Regelungssachverhalt beantwortet werden können. Sie hängen vom jeweiligen Verarbeitungskontext, den eingesetzten Verarbeitungsverfahren und -techniken oder der kontextspezifischen Schutzbedürftigkeit der betroffenen Person ab.

106 Bei der „Geeignetheit" bzw. „Angemessenheit" handelt es sich demnach um **Relationsbegriffe.** Die DS-DS-GVO gibt der Union und den Mitgliedstaaten vor, bei der Gestaltung des Rechts genau zu analysieren, welche spezifischen Risiken für die datenschutzrechtlichen Schutzziele im jeweiligen Regelungskontext (auch unter Einbeziehung der jeweils typischerweise einge-

Verarbeitung besonderer Kategorien personenbezogener Daten **Artikel 9 DS-GVO**

setzten Verarbeitungsverfahren und -techniken, des dort typischerweise entwickelbaren Wissens etc) bestehen, und im zweiten Schritt zu eruieren, welche Garantien bzw. Maßnahmen jeweils geeignet bzw. angemessen sind, um den resultierenden Gefährdungslagen entgegenzuwirken. Teil dieses Prüfprozesses ist auch, zu analysieren, ob und in welchem Maße jeweils geeignete Garantien bzw. angemessene Maßnahmen **bereits durch die Legislative** – etwa in Gestalt kontextspezifisch konkretisierter Regelbeispiele – vorgegeben werden sollten oder ob diese **bei der Normanwendung durch die jeweiligen Verantwortlichen** festgelegt werden sollen. Die Legislative kann also bereichs- und kontextspezifisch vorzeichnen, welche Garantien sie in dem jeweiligen Kontext **abstrakt-generell** für geeignet erachtet. Sie kann dadurch, soweit der Katalog abschließend formuliert ist, den Rückgriff auf andere Maßnahmen ausschließen. Je nach Regelungsfeld kann der Katalog aber auch **flexibel ausgestaltet** werden, sodass im Einzelfall die Regelungsadressaten (Exekutive und andere Verarbeiter) die legislativ getroffene Auswahl einzelfallbezogen weiter konkretisieren können. So wird – im öffentlichen Bereich – für die Exekutive die Möglichkeit geschaffen, verarbeitungskontextadäquat zu reagieren.

107 Einen Anhaltspunkt für mögliche „geeignete Garantien" bzw. „angemessene Maßnahmen" gibt denn auch die Norm selbst: Aus einer Zusammenschau von Abs. 2 lit. h und Abs. 3 geht hervor, dass die Verarbeitung durch Fachpersonal, das der Verschwiegenheit verpflichtet ist, eine solche Garantie bzw. Maßnahme darstellen soll. Solche **beruflichen Schweigepflichten** können selbstverständlich auch im Kontext der Verarbeitung anderer sensibler Datenkategorien eine geeignete Garantie bzw. angemessene Maßnahme darstellen. Das bedeutet nicht, dass solche Vorkehrungen in jeder Konstellation hinreichend oder auch nur passend sind (vgl. BAG Beschl. v. 26.8.2021 – 8 AZR 253/20 (A) Rn. 25 ff.). An anderer Stelle (Art. 6 Abs. 4 lit. e oder auch Art. 89 Abs. 1) hat der Gesetzgeber ebenfalls den Begriff „geeignete Garantien" verwendet und nennt der **Verschlüsselung** bzw. **Pseudonymisierung** als Beispiele. Freilich können geeignete Garantien für die Grundrechte und Interessen der betroffenen Person auch in einer **Aufwertung und Ausweitung von Betroffenenrechten** bestehen, soweit dies im jeweiligen Verarbeitungskontext sachgerecht erscheint. Jedenfalls müssen die Maßnahmen über die allgemeinen Anforderungen, die sich bereits aus der DS-GVO ergeben, hinausgehen. Weitere **Beispiele,** konkret im Zusammenhang mit der Verarbeitung biometrischer Daten, sind die Minimierung der aus einem digitalen Bild extrahierten Daten; Sorgfalt bei Auswahl des **Orts der Speicherung; Begrenzung des Zugriffs** auf ausgewähltes Personal; **Speicherung in verschiedenen Datenbanken;** Unterteilung der Daten während der Übermittlung und Speicherung; Festlegung einer Verschlüsselungs- und Schlüsselmanagementstrategie; Verknüpfung eines **Integritätscodes** mit den Daten, zB Signatur oder Hash (s. EDSA, Leitlinien 3/2019 vom 29.1.2020, Rn. 87 ff.).

108 Vor diesem Hintergrund ist mit Blick auf die Umsetzung der Vorgaben aus Art. 9 Abs. 1 durch den deutschen Gesetzgeber in **§ 22 Abs. 2 BDSG** zu konstatieren, dass diese insoweit gelungen ist, als sie erstens flexibel ausgestaltet ist und somit den Verantwortlichen einen (nicht abschließenden) Rahmen zur Orientierung gibt und zweitens ihre Steuerungswirkung auf Grund der sehr allgemeinen Fassung ohnehin begrenzt ist (aA Schantz/Wolff DatenschutzR/Schantz Rn. 706, der mit Blick auf den Wortlaut der einzelnen Tatbestände in Art. 9 Abs. 2 eine abschließende Festlegung der Garantien bereits durch den Gesetzgeber für notwendig hält). Gleichzeitig ergeben sich aufgrund des allgemein-übergreifenden Zuschnitts der Vorschrift **Abstimmungsprobleme mit bereichsspezifischen Vorschriften.** Diese äußern sich auch darin, dass z.T. unklar ist, auf welches Gesetz bzw. welche Gesetze im konkreten Fall zurückzugreifen ist (s. dazu, für den Bereich der Gesundheitsforschung, Dierks + Company Rechtsanwaltsgesellschaft, Lösungsvorschläge für ein neues Gesundheitsforschungsdatenschutzrecht in Bund und Ländern, Rechtsgutachten im Auftrag des Bundesgesundheitsministeriums vom 15.09.2021, online verfügbar unter https://www.bundesgesundheitsministerium.de/fileadmin/Dateien/5_Publikationen/Gesundheit/Berichte/RECHTSGUTACHTEN_Gesundheitsforschungsdatenschutzrecht_BMG.pdf.) Das verweist auf die grundlegende Frage, in welchem Maße der Umgang mit personenbezogenen Informationen und Daten durch allgemein-übergreifende oder aber sachbereichsspezifische Vorschriften gestaltet werden sollte (übergr. dazu Marsch/Rademacher, DV 54 (2021), 1 ff.). Auch allgemein-übergreifende Vorschriften sollten allerdings mit den gesetzlich vorgezeichneten „Garantien" bzw. „Maßnahmen" auf die im erfassten Regelungsfeld typischerweise anzutreffenden Risiken zugeschnitten werden (s. auch → BDSG § 48 Rn. 29 ff.).

D. Öffnungsklausel für mitgliedstaatliches Recht (Abs. 4)

109 Gemäß Art. 9 Abs. 4 können die Mitgliedstaaten zusätzliche Bedingungen, einschließlich Beschränkungen, einführen oder aufrechterhalten, soweit die Verarbeitung von genetischen, biometrischen oder Gesundheitsdaten betroffen ist. Die Bestimmung erlaubt es den nationalen Gesetzgebern also, zusätzliche Anforderungen an die über Abs. 2 und 3 erreichte Rechtmäßigkeit der Verarbeitung der genannten Datenkategorien zu stellen.

110 Aufgrund der offenen Formulierung des Tatbestands sind jedenfalls nationale Vorschriften zulässig, die die Rechtmäßigkeitsanforderungen erhöhen, die Verarbeitung also an zusätzliche Voraussetzungen knüpfen. Ob die Öffnungsklausel demgegenüber **auch nationale Bestimmungen gestattet,** die die **Verarbeitungsmöglichkeiten erweitern** oder deren **Anforderungen absenken,** ist indes **zweifelhaft** (bejahend Kühling/Buchner/Weichert Rn. 150 sowie Rn. 154 mit Beispielen für die Notwendigkeit; ablehnend hingegen Gola/Schulz Rn. 48 sowie Ehmann/Selmayr/Schiff Rn. 64; zweifelnd auch Spindler DB 2016, 937 (944)). Gegen nationales Recht, das die Zulässigkeitsvoraussetzungen abschwächt bzw. weitergehende Ausnahmetatbestände schafft, sprechen sowohl der Wortlaut („Bedingungen" bzw. „conditions"/„Beschränkungen" bzw. „limitations") als auch der systematische Zusammenhang von Erwägungsgrund 53 S. 4 und 5: Eine Beeinträchtigung des freien Datenverkehrs innerhalb der Union durch mitgliedstaatliche Vorschriften, die die Rechtmäßigkeitsanforderungen absenken (und dadurch eine Verarbeitung und Übermittlung potenziell erleichtern), erscheint nicht plausibel. Erwägungsgrund 54 S. 4 deutet jedenfalls darauf hin, dass sich die Regelungsmöglichkeit nur auf die Datenverarbeitung und deren Bedingungen (und Beschränkungen), nicht aber auf die Rechte der Betroffenen bezieht (so auch Spranger MedR 2017, 864 (865)). Der Tatbestand ist so zu verstehen, dass die zusätzlichen Bedingungen oder Beschränkungen für die jeweils mit ihnen verfolgten Schutzzwecke geeignet, erforderlich und angemessen sind (Kühling/Buchner/Weichert Rn. 150). Soweit sie für die grenzüberschreitende Datenverarbeitungen gelten, dürfen sie nicht den freien Verkehr personenbezogener Daten innerhalb der Union beeinträchtigen (Erwägungsgrund 53 S. 5).

111 Eine die Verarbeitungsmöglichkeiten von genetischen Daten einengende nationale Vorschrift ist etwa **§ 8 Abs. 1 GenDG,** der an eine Einwilligung in eine genetische Untersuchung oder Analyse spezifische, über Art. 9 Abs. 2 lit. a hinausgehende Anforderungen stellt.

112 Soweit nationale Vorschriften in Rede stehen, die die Verarbeitung genetischer, biometrischer oder Gesundheitsdaten zu Zwecken unter anderem der Versorgung im Gesundheitsbereich näher ausgestalten sollen (Abs. 2 lit. h), so besteht eine **Überschneidung mit der Öffnungsklausel in Abs. 3,** die für eben jene Zwecke konkrete personelle Anforderungen an die Verarbeiter stellt. Abs. 4 ist aber gerade tatbestandlich offen formuliert und behält deshalb einen eigenständigen Anwendungsbereich (ähnlich Paal/Pauly/Frenzel Rn. 48). Ein Beispiel für diesen neben Abs. 3 eigenständigen Anwendungsbereich ist die „überschießende" Umsetzung des § 22 Abs. 2 BDSG: Während Art. 9 Abs. 3 nur Vorgaben im Zusammenhang mit dem Berufsgeheimnis macht (diese sind bereits von § 22 Abs. 1 lit. b BSDSG nF abgedeckt), werden die in § 22 Abs. 2 BDSG normierten weitergehenden Anforderungen – mangels Ausnahme – auch auf den Ausnahmetatbestand des Art. 9 Abs. 2 lit. h erstreckt. Diese erhöhten Anforderungen sind aber nicht von der Öffnungsklausel des Art. 9 Abs. 3 gedeckt, und müssten deshalb auf Art. 9 Abs. 4 gestützt werden. Allerdings gilt Art. 9 Abs. 4 nur für die Verarbeitung von biometrischen, genetischen und Gesundheitsdaten, sodass sich die überschießende Regelung allenfalls auf die allgemeinen Öffnungsklauseln in Art. 6 Abs. 2 bzw. Abs. 3 UAbs. 1 lit. b stützten könnte, was wiederum die Frage nach dem Verhältnis dieser zu den Öffnungsklauseln in Art. 9 Abs. 2, 3 und 4 aufwirft.

113 Ergänzende „Bedingungen, einschließlich Beschränkungen" finden sich im deutschen Recht für **genetische Daten** vor allem im Gendiagnostikgesetz (dazu näher Kingreen/Kühling/Torbohm, Gesundheitsdatenschutzrecht, 2015, S. 287 ff.). Spezifische Vorschriften für die Verarbeitung von **Gesundheitsdaten** sind in einer kaum zu überschauenden Anzahl von Spezialgesetzen zu finden, so etwa in §§ 284 f. SGB V, §§ 6 ff. IfSG oder in § 7 TPG. Nationale Datenschutzvorschriften für den Umgang mit **biometrischen Daten** finden sich etwa in § 5 Abs. 5 und 9 PAuswG.

E. DS-GVO und nationales Recht

114 Nicht zuletzt auf Grund der mitunter weitreichenden Öffnungsklauseln für mitgliedstaatliche Regelungen in Abs. 2 und Abs. 4 DS-GVO wird die DS-GVO nur begrenzt zu einer gegenüber der DSRL **verstärkten Harmonisierung** der mitgliedstaatlichen Regelungen in Bereichen wie der medizinisches Forschung und der Gesundheits- und Sozialsystem beitragen. Ein vollharmonisierender Ansatz ist aber auch nicht durchweg sachgerecht und die **Relativierung des grundsätzlichen Harmonisierungsanspruchs** der DS-GVO nicht unbedingt beklagenswert. Anhand von Art. 9 wird vielmehr deutlich, dass sich der Datenschutz als Regelungsgegenstand gerade durch Charakteristika auszeichnet, die – zumal eingebettet ins Mehrebenensystem der EU – einer unions-

weiten Rechtsvereinheitlichung entgegenstehen. Die Interdependenzen des Datenschutzrechts mit den sonstigen sachlichen Strukturen und Rechtsregimes (dazu gehören zB auch das Arbeits- und Sozialrecht) werden im Unionsnexus zum einen vom Kompetenzgefüge zwischen der EU und den Mitgliedstaaten überlagert. Zum anderen findet der Unionsgesetzgeber 27 relativ heterogen gestaltete Rechtssysteme, (Verwaltungs-)Strukturen und Kulturen in den Mitgliedstaaten vor, mit jeweils unterschiedlichen Gegebenheiten und datenschutzbezogenen Anforderungen. All dies lässt sich schlicht nicht in der notwendigen Differenziertheit in einem unionseinheitlichen Gesetz abbilden Auch mit Blick auf das Ziel eines funktionalen, effektiv durchsetzbaren Datenschutzrechts wäre eine einheitliche Regelung nicht erstrebenswert. Wenn auch der Rechtsakt im Detail gemessen an den aktuellen Herausforderungen des Datenschutzes unterkomplex sein mag und sein Innovationspotenzial umstritten ist (ein überwiegend negatives Bild zeichnet etwa Roßnagel/Roßnagel, Das neue Datenschutzrecht, 2018, § 1 Rn. 27 ff., der die DS-GVO an ihren eigenen Ansprüchen misst), so ist das im Ergebnis verabschiedete Modell einer zentralen-dezentralen Regulierung ein durchaus tragfähiger Ansatz, um den Anspruch einer möglichst umfassenden Harmonisierung (vgl. EG 3, 7, 9 und 13) einerseits mit den aus dem Querschnittscharakter des Datenschutzes resultierenden Herausforderungen andererseits miteinander in Einklang zu bringen (zum Ganzen Veit, Einheit und Vielfalt im europäischen Datenschutzrecht, 2021, Teil 2., B. und C.). Freilich rückt damit die Aufgabe, das Datenschutzrecht funktional-sinnvoll zwischen Einheit und Vielfalt zu gestalten, in den Mittelpunkt (s. zur neuen Komplexität des Datenschutzrechts angesichts des mehrstufigen Normensystems auch Kühling/Sackmann NVwZ 2018, 681 (682 ff.), allerdings mit der zu pauschalen Forderung, die Öffnungsklauseln schrittweise abzubauen).

115 Unter Geltung der DS-GVO gibt es ein **Geflecht aus europäischen und nationalen Vorgaben**. Mit dem am 5.7.2017 im Bundesgesetzblatt verkündeten **DSAnpUG-EU** (Gesetz zur Anpassung des Datenschutzrechts an die VO (EU) 2016/679 und zur Umsetzung der Richtlinie (EU) 2016/680 (Datenschutz-Anpassungs- und -Umsetzungsgesetz EU)) hat der deutsche Gesetzgeber als erster Mitgliedstaat gehandelt und von den zahlreichen Spielräumen und Öffnungsklauseln in der DS-GVO Gebrauch gemacht. Weitere Anpassungen hat der Bundesgesetzgeber mit dem **Gesetz zur Änderung des Bundesversorgungsgesetzes und anderer Vorschriften** vorgenommen, das Änderungen insbesondere im Sozialdatenschutzrecht (SGB I und X, s. dazu im Einzelnen Roßnagel DatenschutzR-HdB/Hoidn § 7 Rn. 115 ff.), der Abgabenordnung sowie zahlreichen Einzelvorschriften in anderen Gesetze wie etwa § 10a HGB oder § 31 Abs. 3b bzw. § 31a PatG beinhaltet. Die Anpassung von über 150 Fachgesetzen ist dann mit dem 2. DSAnpUG-EU erfolgt, das am 26.11.2019 in Kraft getreten ist (s. BGBl. 2019 I 1626 ff.). Nicht zuletzt wegen entstandenen Zeitdrucks beschränkt sich das zweite Anpassungs- und Umsetzungsgesetz in großen Teilen auf begriffliche Anpassungen sektorspezifischer Normen an die Terminologie der DS-GVO; gelegentlich sind sachbereichsspezifische Gesetze neu gestaltet worden. Anpassungs-Umsetzungsgesetze sind mittlerweile in zahlreichen Mitgliedstaaten in Kraft (eine Infografik der Europäische Kommission ist abrufbar unter https://ec.europa.eu/commission/sites/beta-political/files/190125_gdpr_infographics_v4.pdf). Zu erwarten ist allerdings, dass Verbesserungs- und Novellierungserfordernisse einen steten Reformbedarf erzeugen.

116 Datenverarbeiter, die den Umgang mit sensiblen Daten iSv Abs. 1 beabsichtigen, müssen stets sowohl die unionsweit einheitlichen Legitimationsgründe (lit. c, d, e, f) als auch das (jeweilige) nationale Ausfüllungsrecht im Blick haben. Die **förderale Organisationsstruktur mit dezentralen Gesetzgebungskompetenzen** einiger Mitgliedstaaten, wie auch der Bundesrepublik Deutschland, erschwert die Übersichtlichkeit für die Regelungsadressaten (zu den einschlägigen Gesetzgebungskompetenzen s. Kühling/Buchner/Weichert, Rn. 160 ff.; Kingreen/Kühling, Gesundheitsdatenschutzrecht, 2015, 60 ff.; s. nunmehr mit dem konkreten Beispiel der Videoüberwachung auch Kühling/Sackmann NVwZ 2018, 681 (682 f.)).

117 Der deutsche Gesetzgeber hat durch **§ 22 BDSG** von den Spielräumen in den Ausnahmetatbeständen des Art. 9 Abs. 2 lit. b, g, h und i Gebrauch gemacht (→ BDSG § 22 Rn. 1 ff.). **§ 22 Abs. 1 Nr. lit. b BDSG** dient der Umsetzung der in Art. 9 Abs. 3 vorgesehenen Garantien. Mit § 22 Abs. 2 BDSG werden die in den Ausnahmetatbeständen in Art. 9 Abs. 2 lit. b, g und i geforderten „geeigneten Garantien für die Grundrechte und die Interessen der betroffenen Person" bzw. „angemessenen und spezifischen Maßnahmen zur Wahrung der Grundrechte und Interessen der betroffenen Person" normiert (→ BDSG § 22 Rn. 36 ff.). **§ 23 Abs. 2 BDSG** legt fest, dass im Falle der Weiterverarbeitung sensibler Kategorien von Daten neben den Tatbestandsvoraussetzungen des § 23 Abs. 1 BDSG stets auch ein Ausnahmetatbestand von Art. 9 Abs. 2 (oder § 22 BDSG) gegeben sein muss (→ BDSG § 23 Rn. 40 ff.). **§ 26 Abs. 3 und 4 BDSG** beruhen partiell auf Art. 9 Abs. 2 lit. b (s. hierzu ausf. BAG, Beschl. v. 9.4.2019, 1 ABR 51/17, https://www.bag-urteil.com/09-04-2019-1-abr-51-17/, Rn. 27 ff. = ZD 2020, 46). **§§ 27 und 28 BDSG** sind indes (auch) in Umsetzung von Art. 9 Abs. 2 lit. j ergangen. Weiteres „Ausfüllungsrecht" existiert in **bereichsspezifischen Sektoren,** zB in **§ 30 AO,** oder auf der Basis des Abs. 4 im **Gesundheitsdatenschutzrecht,** das sich im föderalen System nach wie vor wenig übersichtlich und sehr heterogen darstellt.

Artikel 10 Verarbeitung von personenbezogenen Daten über strafrechtliche Verurteilungen und Straftaten

¹Die Verarbeitung personenbezogener Daten über strafrechtliche Verurteilungen und Straftaten oder damit zusammenhängende Sicherungsmaßregeln aufgrund von Artikel 6 Absatz 1 darf nur unter behördlicher Aufsicht vorgenommen werden oder wenn dies nach dem Unionsrecht oder dem Recht der Mitgliedstaaten, das geeignete Garantien für die Rechte und Freiheiten der betroffenen Personen vorsieht, zulässig ist. ²Ein umfassendes Register der strafrechtlichen Verurteilungen darf nur unter behördlicher Aufsicht geführt werden.

Überblick

Die Norm enthält Vorgaben für die Verarbeitung personenbezogener **Strafdaten** als besonders sensibler Daten (→ Rn. 1 ff.). Sie steht im Sachzusammenhang mit Art. 9, sieht aber – zumindest dem Wortlaut nach – andere Schutzmechanismen vor. Insbesondere enthält Art. 10 keine ausdrücklichen materiellen Vorgaben für die Datenverarbeitung, sondern stellt diese unter einen grundsätzlichen **Behördenvorbehalt** (→ Rn. 6 ff.). Allerdings hat der EuGH Art. 9 und Art. 10 im **materiellen Schutzniveau** einander angenähert (→ Rn. 13a). Die Verordnung flankiert Art. 10 durch weitere (primär prozedurale) **Schutzregelungen** für Strafdaten, die sich in anderen Regelungen finden (→ Rn. 17).

Übersicht

	Rn.		Rn.
A. Anwendungsbereich	1	1. Anforderungen an Verarbeitungserlaubnisse	10
B. Anforderungen an die Datenverarbeitung	6	2. Verbot privater Verurteilungsregister (S. 2)	13
I. Grundsätzlicher Behördenvorbehalt (S. 1 Hs. 1)	7	III. Materielle Anforderungen an die Verarbeitung von Strafdaten	13a
II. Öffnungsklausel für Verarbeitungen durch Private (S. 1 Hs. 2)	10	IV. Weitere Öffnungsklauseln	14
		C. Weitere Schutzregelungen für Strafdaten	17

A. Anwendungsbereich

1 Art. 10 schützt personenbezogene Daten über **Straftaten** und die staatlichen Reaktionen darauf. Der Begriff der Straftat ist autonom unionsrechtlich zu interpretieren (EuGH BeckRS 2021, 15289 Rn. 85). Als Straftaten im unionsrechtlichen Sinne sind neben den Tatbeständen des Kriminalstrafrechts insbesondere auch die **Ordnungswidrigkeiten** des deutschen Rechts anzusehen (→ Art. 2 Rn. 25a; Kühling/Buchner/Weichert Rn. 7; Auernhammer/Greve Rn. 4; Simitis/Hornung/Spiecker/Petri Rn. 13; aA GSSV/Gierschmann Rn. 21; DWWS/Wedde Rn. 6).

2 In den Anwendungsbereich der Norm fallen nur Daten **über** Straftaten, die im Folgenden als **Strafdaten** bezeichnet werden. Hierunter ist primär die **hoheitliche Feststellung** zu verstehen, dass die betroffene Person tatbestandlich und rechtswidrig eine bestimmte Straftat begangen hat. Die Feststellung schuldhaften Handelns ist hingegen nicht zwingend erforderlich (Paal/Pauly/Frenzel Rn. 5; Simitis/Hornung/Spiecker/Petri Rn. 12; Kühling/Buchner/Weichert Rn. 7). Die Feststellung einer Straftat liegt insbesondere in einer **strafrechtlichen Verurteilung** oder in der Verhängung einer **Sicherungsmaßregel** gegenüber einer schuldunfähigen Person. Soweit das mitgliedstaatliche Verfahrensrecht sonstige verbindliche Feststellungen strafbaren Verhaltens kennt, sind diese gleichfalls erfasst, im deutschen Recht insbesondere behördliche **Bußgeldbescheide** iSv § 65 OWiG. Personenbezogene Daten, die sich auf **andere Personen als den Täter** beziehen – etwa Zeugen oder Opfer von Straftaten – unterfallen nicht Art. 10 (Kühling/Buchner/

Weichert Rn. 6; Ehmann/Selmayr/Schiff Rn. 5). Der besonderen Sensibilität dieser Daten ist ggf. bei der Anwendung der allgemeinen Datenverarbeitungserlaubnisse des Art. 6 Rechnung zu tragen (Simitis/Hornung/Spiecker/Petri Rn. 11).

Darüber hinaus unterfallen Art. 10 auch Daten über verbindliche behördliche Entscheidungen in **vorbereitenden Verfahren,** mit denen die Feststellung einer Straftat ermöglicht werden soll. Insbesondere zu nennen sind Daten über Maßnahmen im **strafrechtlichen Ermittlungsverfahren.** Eine extensive Auslegung von Art. 10 ist hinsichtlich dieser Daten geboten, soweit sie zumindest die vorläufige hoheitliche Feststellung zum Gegenstand haben, dass die Person einer Straftat verdächtigt oder beschuldigt wird (Ehmann/Selmayr/Schiff Rn. 5; HK-DS-GVO/Kampert Rn. 4; Simitis/Hornung/Spiecker/Petri Rn. 10; DWWS/Wedde Rn. 8; aA Taeger/Gabel/Nolde Rn. 12; GSSV/Gierschmann Rn. 23). Denn diese Feststellung kann die betroffene Person selbst dann fortwirkend belasten, wenn die Person letztlich nicht verurteilt oder gemaßregelt wird. **3**

Entgegen einer vereinzelt vertretenen Auffassung (Schwarz ZD 2018, 353 (356)) fallen in den Anwendungsbereich von Art. 10 nicht nur systematische Datensammlungen, sondern auch **Verarbeitungen einzelner Strafdaten.** Die verfochtete teleologische Reduktion der Norm findet im Wortlaut keine Stütze und steht im systematischen Widerspruch zu S. 2, der Verurteilungsregister besonders reguliert. Das berechtigte Anliegen, unangemessene Beschränkungen legitimer Verarbeitungsinteressen zu vermeiden, ist zum einen durch eine klare Abgrenzung der Strafdaten von Daten mit bloßem Straftatbezug, zum anderen durch gesetzliche Ausnahmeregelungen zu Art. 10 zu verfolgen. **3a**

Abzugrenzen sind die geschützten Strafdaten insbesondere von Daten über **Handlungen von betroffenen Personen,** die einen Straftatbestand verwirklichen. Solche **Daten mit Straftatbezug** können zwar gleichfalls sensibel sein. Dies ist im Rahmen der allgemeinen Vorschriften abzuarbeiten (OLG Karlsruhe ZD 2021, 376 (377)). Der besondere Schutzbedarf, dem Art. 10 Rechnung trägt, ergibt sich hingegen erst aus der hoheitlichen Feststellung, dass jemand durch eine bestimmte Handlung eine Straftat begangen hat. **4**

Bedeutsam ist die Abgrenzung von Strafdaten und Daten mit bloßem Straftatbezug ua für die Einstufung von **Überwachungen** durch Private. Die durch eine Überwachung gewonnenen Erkenntnisse zählen für sich genommen nicht zu den durch Art. 10 geschützten Daten, da sie selbst noch keine hoheitliche Feststellung einer Straftat darstellen (GSSV/Gierschmann Rn. 24). Dies gilt auch dann, wenn die Überwachung dazu dient, Straftaten aufzudecken, und sich aus den Überwachungsergebnissen Schlussfolgerungen auf begangene Straftaten ziehen lassen. Ebenso unterfällt die durch § 24 Abs. 1 Nr. 1 BDSG ermöglichte Weiterverarbeitung der Überwachungsergebnisse zum Zweck der Strafverfolgung nicht dem Anwendungsbereich von Art. 10 (aA Simitis/Hornung/Spiecker/Petri Rn. 3). Dem Behördenvorbehalt des S. 1 Hs. 1 lässt sich daher **kein grundsätzliches Verbot privater Überwachungen** entnehmen (zu Compliance-Maßnahmen ebenso SJTK/Jaspers/Claus Rn. 3; Gola/Gola Rn. 5). **5**

Beispiele: **5.1**
- Die Angabe, eine Person sei wegen eines Betrugs verurteilt worden, unterfällt Art. 10 (vgl. LG Dortmund BeckRS 2020, 27314 Rn. 11), nicht aber die bloße Schilderung des Tatgeschehens oder die unspezifische (nicht durch Bezugnahme auf eine Verurteilung oder sonstige hoheitliche Tatfeststellung untermauerte) Angabe, die Person habe einen Betrug begangen.
- Der in § 2 Abs. 1 S. 1 Nr. 1 VIG geregelte Anspruch auf Zugang zu amtlichen Informationen über festgestellte unzulässige Abweichungen von den Anforderungen des Lebensmittel- und Produktsicherheitsrechts ist unabhängig von einer Sanktion und bezieht sich darum nicht auf Strafdaten (Wollenschläger LMuR 2021, 363 (371)). Hingegen unterfällt ein Zugangsanspruch zu einem Register, das Informationen über Strafpunkte wegen Verkehrsverstößen enthält, dem Anwendungsbereich von Art. 10 (EuGH BeckRS 2021, 15289 Rn. 73 ff.).
- Art. 10 erfasst nicht eine heimliche Observation durch einen Privatdetektiv, der im Auftrag einer Privatperson untersucht, ob der Observierte eine Straftat begangen hat. Hingegen unterfällt der Norm die Angabe, dass eine Strafverfolgungsbehörde eine bestimmte Person als Beschuldigten einer Straftat observiert hat.

B. Anforderungen an die Datenverarbeitung

Art. 10 stellt die Verarbeitung personenbezogener Strafdaten unter einen grundsätzlichen **Behördenvorbehalt.** Zugleich enthält die Norm eine Öffnungsklausel, die **Verarbeitungserlaubnisse zugunsten Privater** im mitgliedstaatlichen Recht und im Unionsrecht zulässt. Umfassende **Verurteilungsregister** dürfen hingegen nur durch Behörden geführt werden. Der EuGH entnimmt Art. 10 darüber hinaus **materielle Abwägungsmaßstäbe.** In der Verordnung finden **6** sich **weitere Öffnungsklauseln,** auf deren Grundlage eine Verarbeitung von Strafdaten durch Private zugelassen werden kann.

I. Grundsätzlicher Behördenvorbehalt (S. 1 Hs. 1)

7 Nach S. 1 sind Strafdaten grundsätzlich unter **behördlicher Aufsicht** zu verarbeiten. Der Begriff der Aufsicht ist missverständlich, da er suggeriert, dass Privatpersonen solche Daten ohne weiteres zu eigenen Zwecken verarbeiten dürfen, wenn sie dabei behördlich beaufsichtigt werden (so anscheinend Paal/Pauly/Frenzel Rn. 6; HK-DS-GVO/Kampert Rn. 5; Simitis/Hornung/Spiecker/Petri Rn. 17 f.; SJTK/Jaspers/Claus Rn. 4). Nach diesem Verständnis hat Art. 10 keinen Schutzgehalt, da die Verarbeitung personenbezogener Daten im Anwendungsbereich der Verordnung stets durch Aufsichtsbehörden beaufsichtigt wird. Der Begriff „control" (nicht etwa „supervision") in der englischsprachigen Fassung der Norm verdeutlicht hingegen, dass S. 1 einen prinzipiellen **Behördenvorbehalt** errichtet: Die Verarbeitung von Strafdaten ist grundsätzlich nur zulässig, wenn eine Behörde iSv Art. 4 Nr. 7 **Verantwortlicher** („controller") für die Datenverarbeitung ist (GSSV/Gierschmann Rn. 27; ähnlich Kühling/Buchner/Weichert Rn. 11: „Privatisierungsverbot"; wie hier wohl auch EuGH BeckRS 2021, 15289 Rn. 101; den „maßgeblichen Einfluss" einer Behörde auf die Verarbeitung halten für erforderlich Ehmann/Selmayr/Schiff Rn. 7; Auernhammer/Greve Rn. 6). Private dürfen grundsätzlich nur als Auftragsverarbeiter iSv Art. 4 Nr. 8 an der Datenverarbeitung beteiligt werden.

8 Anders als Art. 9 errichtet Art. 10 dem Wortlaut nach **keine besonderen materiellen Anforderungen** an die Datenverarbeitung. Ob und inwieweit eine Behörde personenbezogene Strafdaten verarbeiten darf, ergibt sich – wie S. 1 ausdrücklich klarstellt – aus Art. 6 Abs. 1 und ggf. dem aufgrund von Art. 6 Abs. 2 und Abs. 3 erlassenen Recht der Mitgliedstaaten oder der EU. Die besondere Sensibilität von Strafdaten ist bei der Anwendung dieser Vorschriften zu beachten (→ Rn. 13a).

9 Die Verarbeitung von Strafdaten durch **Strafverfolgungs- und Polizeibehörden** sowie **Strafgerichte** zum Zweck der Verhütung oder Verfolgung von Straftaten unterfällt gem. Art. 2 Abs. 2 lit. d nicht dem sachlichen Anwendungsbereich der Verordnung. Die Anforderungen an solche Datenverarbeitungen ergeben sich aus der JI-RL (Simitis/Hornung/Spiecker/Petri Rn. 7).

9.1 Im deutschen Recht finden sich spezifische Rechtsgrundlagen für die behördliche Verarbeitung von personenbezogenen Strafdaten etwa im BZRG. Dieses Gesetz unterfällt dem Anwendungsbereich der DSGVO, da es nicht unmittelbar der Bekämpfung von Straftaten dient, sondern der Auskunftserteilung über strafrechtliche Sanktionen (Kühling/Buchner/Weichert Rn. 18). Daneben verarbeiten zahlreiche Behörden personenbezogene Strafdaten, um Entscheidungen über Eingriffsmaßnahmen gegenüber der betroffenen Person vorzubereiten. Beispiele bilden die Prüfung der gewerberechtlichen Zuverlässigkeit eines Straftäters oder die Prüfung, ob eine Ausländerin wegen einer Straftat ausgewiesen werden soll.

II. Öffnungsklausel für Verarbeitungen durch Private (S. 1 Hs. 2)

1. Anforderungen an Verarbeitungserlaubnisse

10 S. 1 Hs. 2 enthält eine **Öffnungsklausel,** nach der die Mitgliedstaaten und die Union Privaten die Verarbeitung personenbezogener Strafdaten erlauben dürfen. Solche Verarbeitungserlaubnisse müssen **geeignete Garantien** für die Rechte und Freiheiten der betroffenen Personen enthalten. Die Verordnung spezifiziert allerdings nicht, welche Rechte diese Garantien schützen und wie sie hierzu ansetzen müssen. Diese Fragen müssen daher anhand allgemeiner, insbesondere grundrechtlicher Maßstäbe erschlossen werden. Die gebotenen Garantien müssen danach insbesondere das **Persönlichkeitsrecht** der betroffenen Person und ihr **Resozialisierungsinteresse** gewährleisten (Kühling/Buchner/Weichert Rn. 11; DWWS/Wedde Rn. 13; vgl. zu der Vorgängerregelung in Art. 8 Abs. 5 DSRL Dammann/Simitis DSRL Art. 8 Rn. 26 f.). Soweit Daten über kriminalbehördliche Ermittlungsmaßnahmen verarbeitet werden, die nicht zu einer Verurteilung oder Maßregelung geführt haben, sind überschießende Schlussfolgerungen und daraus resultierende **ungerechtfertigte Verdächtigungen** zu verhindern.

11 Um den gebotenen Schutz der betroffenen Personen sicherzustellen, bedarf es **spezifischer Regelungen,** die gerade die Verarbeitung personenbezogener Strafdaten zum Gegenstand haben (GSSV/Gierschmann Rn. 30; DWWS/Wedde Rn. 10; Ehmann/Selmayr/Schiff Rn. 8). Allgemeine Verarbeitungserlaubnisse können solche Datenverarbeitungen nicht legitimieren (aA für Art. 8 Abs. 5 DSRL Dammann/Simitis DSRL Art. 8 Rn. 27). Ohnehin haben die Mitgliedstaaten

nach der Reform des europäischen Datenschutzrechts mit Blick auf private Verantwortliche nicht mehr die Regelungskompetenz für derartige allgemeine Regelungen.

Die Verarbeitungserlaubnisse müssen insbesondere die zulässigen **Zwecke** einer Verarbeitung 12 von Strafdaten klar bestimmen und die verarbeiteten Daten einer strengeren **Zweckbindung** unterwerfen als Art. 6 Abs. 4 dies ansonsten vorsieht. Die gesetzlichen Garantien müssen zudem den **Verhältnismäßigkeitsgrundsatz** wahren (EuGH BeckRS 2021, 15289 Rn. 106; DWWS/Wedde Rn. 14; Kühling/Buchner/Weichert Rn. 12). Datenverarbeitungen, die etwa wegen ihres Umfangs oder ihres Zwecks erhebliche Risiken für die betroffene Person begründen, müssen auf Daten über bestimmte (etwa besonders schwere oder gegen bestimmte Rechtsgüter gerichtete) Straftaten beschränkt werden. Datenverarbeitungen über kriminalbehördliche Ermittlungsmaßnahmen, die nicht zu einer Verurteilung oder Maßregelung geführt haben, dürfen nur zugelassen werden, wenn – etwa durch eine Kennzeichnungspflicht – sichergestellt ist, dass die Ungewissheit des behördlichen Tatverdachts im gesamten Verarbeitungsprozess berücksichtigt wird.

Praktisch bedeutsame Verarbeitungen personenbezogener Strafdaten stellen etwa **Warndateien** dar, 12.1 die von Kreditauskunfteien, Versicherungsunternehmen oder Sicherheitsdienstleistern betrieben werden (Kühling/Buchner/Weichert Rn. 20). Solche Dateien können durch gesetzliche Verarbeitungserlaubnisse zugelassen werden, die aber die zulässigen Zwecke und Inhalte vorstrukturieren müssen. Eine entsprechende Regelung fehlt im BDSG (eine Klärung durch den Gesetzgeber halten wie hier für angezeigt GSSV/Gierschmann Rn. 37; Simitis/Hornung/Spiecker/Petri Rn. 20; Kühling/Buchner/Weichert Rn. 10a).

2. Verbot privater Verurteilungsregister (S. 2)

S. 2 begrenzt die Öffnungsklausel in S. 1 Hs. 2 durch ein **Verbot umfassender privater** 13 **Verurteilungsregister.** Für solche Register verbleibt es zwingend bei dem Behördenvorbehalt. Die Norm untersagt damit eine Privatisierung von Dateien, die – wie in der Bundesrepublik das Bundeszentralregister – spezifisch dazu dienen, Auskünfte über Straftaten zu ermöglichen. Ein verbotenes **umfassendes** Verurteilungsregister liegt auch noch vor, wenn lediglich Informationen über Straftaten auf bestimmten Deliktsfeldern gezielt und möglichst flächendeckend zusammengetragen werden (Kühling/Buchner/Weichert Rn. 17; Simitis/Hornung/Spiecker/Petri Rn. 25). Privat betriebene Datenbanken, die unmittelbar einem anderen Auskunftszweck als der Auskunft über Straftaten dienen und hierzu lediglich punktuell neben anderen Daten auch Strafdaten enthalten, können hingegen nach Maßgabe von S. 1 Hs. 2 zugelassen werden (DWWS/Wedde Rn. 17).

Beispiele: 13.1
- Ein **Korruptionsregister,** in das Daten über Verurteilungen wegen bestimmter Wirtschaftsstraftaten aufgenommen werden, hat gleichwohl die Auskunftserteilung über Straftaten zum Ziel und ist hinsichtlich der ausgewählten Straftaten auf Vollständigkeit angelegt (vgl. etwa § 3 BlnKRG sowie perspektivisch § 2 WRegG). Ein solches Register darf nur durch eine Behörde als Verantwortliche geführt werden (Kühling/Buchner/Weichert Rn. 19; zweifelnd Taeger/Gabel/Nolde Rn. 18; SJTK/Jaspers/Claus Rn. 10).
- Werden in einer privat betriebenen **Warndatei** zur Beurteilung wirtschaftlicher Risiken allgemein auffällige Ereignisse und Verhaltensweisen gespeichert, so darf auch eine Hinzuspeicherung bekannt gewordener strafrechtlicher Verurteilungen zugelassen werden, um die Risikoprognose zu erhärten (Kühling/Buchner/Weichert Rn. 20).

III. Materielle Anforderungen an die Verarbeitung von Strafdaten

Nach dem Normwortlaut trifft Art. 10 keine Aussage darüber, wann die Verarbeitung von 13a Strafdaten materiell zulässig ist. Maßgeblich sind allein die **allgemeinen Erlaubnistatbestände** in Art. 6 Abs. 1 S. 1 (Taeger/Gabel/Nolde Rn. 3). Hierin liegt ein fundamentaler Unterschied zu der Regelungstechnik des Art. 9, der für die dort genannten Datenkategorien ein Verarbeitungsverbot mit nur engen Ausnahmen errichtet (→ Art. 9 Rn. 1).

Der **EuGH** hat diesen Unterschied allerdings in seiner **Rechtsprechung zu Suchmaschinen** 13b weitgehend nivelliert. Einerseits hat der Gerichtshof den Ausnahmetatbestand des Art. 9 Abs. 2 lit. g, der ersichtlich auf eine gesetzliche Konkretisierung angewiesen ist, mit der grundrechtlichen Informationsfreiheit des Art. 11 GRCh verknüpft (EuGH NJW 2019, 3503 (3507)). Sollte sich dieses Vorgehen auf andere Grundrechte übertragen lassen, so wird letztlich – zumindest im Privatsektor – die Regelungstechnik des Art. 9 ausgehebelt und das Gefüge eng gefasster Ausnahmevorschriften durch einen allgemeinen Abwägungsvorbehalt ersetzt (zu Recht kritisch Hornung in FS Roßnagel, 2020, 379 (392 ff.); erkennbare Irritation auch unter → Art. 9 Rn. 76). Die in Art. 9 genannten Datenkategorien haben dann nur noch die Funktion, für diese Abwägung einen besonderen Schutzbedarf zu markieren. Andererseits bezeichnet der EuGH die in Art. 9 und Art. 10 genannten Datenkategorien gleichermaßen als „besondere Datenkategorien", deren Verarbeitung einen solchen Schutzbedarf auslöst (EuGH NJW 2019, 3503 (3507); kritisch Gomille ZUM 2020, 123 (126)). Das prozedurale Schutzkonzept des Art. 10 wird so durch eine **ungeschriebene materielle Abwägungsregel** ergänzt (in diese Richtung auch EuGH BeckRS 2021, 15289 Rn. 106), die den materiellen Schutz von Strafdaten den besonderen Datenkategorien des Art. 9 zumindest annähert.

IV. Weitere Öffnungsklauseln

14 Neben S. 1 Hs. 2 ermöglichen weitere Regelungen der Verordnung, **Ausnahmen von dem grundsätzlichen Behördenvorbehalt** für die Verarbeitung personenbezogener Strafdaten zu schaffen.

15 Für **journalistische und wissenschaftliche Zwecke** erlaubt Art. 85 Abs. 2 den Mitgliedstaaten Abweichungen ua von Art. 10. Solche Abweichungen sind in weitem Umfang auch grundrechtlich geboten. So passen die primär auf Datenverarbeitungen in Registern und ähnlichen Datenbanken zugeschnittenen Schutzregelungen des Art. 10 nicht auf **Beiträge zur öffentlichen Meinungsbildung** und deren Vorbereitung. Dass die hergebrachten datenschutzrechtlichen **Medienprivilegien** der grundrechtlich gebotenen Gewährleistung einer freien Kommunikation hinreichend Rechnung tragen (so Kühling/Buchner/Weichert Rn. 9), ist allerdings zu bezweifeln. Insbesondere bestimmt die Rechtsprechung die Anwendungsbereiche dieser Regelungen mit Blick auf **Intermediäre der Internetkommunikation** sehr restriktiv (vgl. zu Bewertungsportalen BGH NJW 2009, 2888 (2890); GRUR 2014, 1228 (1229); GRUR 2018, 636 (637); eingehend und differenzierend Michel ZUM 2018, 836 ff.; zu Suchmaschinen EuGH NJW 2014, 2257 (2263); BVerfGE 152, 216 (257 f.); BGH GRUR 2018, 642 (646 f.); NJW 2020, S. 3436 (3438)). Auf der Grundlage der Öffnungsklausel der S. 1 Hs. 2 lässt sich das Problem allenfalls punktuell und vorübergehend beheben. Zudem müssen hierzu die von S. 1 Hs. 2 geforderten Garantien von datenschutzspezifischen Anliegen wie einer strengen Zweckbindung auf eine unspezifische Interessenabwägung reduziert werden – mit dem Risiko, dass das Schutzniveau von Art. 10 insgesamt erodiert. Zur Austarierung von Kommunikationsfreiheiten und Datenschutz sind mit Blick auf Art. 10 daher noch konzeptionelle Grundsatzüberlegungen erforderlich.

15.1 **Beispiel:** Eine privat betriebene Suchmaschine, die nach der Rechtsprechung datenschutzrechtlich für die angezeigten Verweise verantwortlich ist und nicht unter das Medienprivileg fällt (vgl. EuGH NJW 2014, 2257 (2263); BGH NJW 2020, 3436 (3438)), darf wegen Art. 10 nicht auf einen zulässigerweise veröffentlichten Bericht über die strafrechtliche Verurteilung einer Person des öffentlichen Lebens verweisen, wenn eine Nutzerin den Namen dieser Person in die Suchmaschine eingibt. Dabei kommt es nicht darauf an, wie gewichtig das Informationsinteresse der Öffentlichkeit im Einzelfall ist, da Art. 10 den Behördenvorbehalt nicht von einer Einzelfallabwägung abhängig macht. Eine gesetzliche Lösung auf der Grundlage von S. 1 Hs. 2 liefe auf ein Suchmaschinen-Sonderrecht hinaus, das beim Aufkommen neuer Kommunikationsintermediäre durch weiteres Sonderrecht zu ergänzen wäre. Die Rechtsprechung löst dieses konzeptionelle Problem, indem sie den Behördenvorbehalt des Art. 10 ignoriert und stattdessen dieser Vorschrift eine materielle Abwägungsregel entnimmt (EuGH NJW 2019, 3503 (3504 ff.); OLG Karlsruhe GRUR 2020, 1109 (1113); → Rn. 13b). Pragmatisch leuchtet dieses Vorgehen ein. Es birgt aber die Gefahr, dass der prozedurale Schutzgehalt von Art. 10 auch in anderen Fallkonstellationen erodiert (vgl. auch → Art. 2 Rn. 35).

15a In Art. 86 findet sich eine Öffnungsklausel für den **Zugang zu amtlichen Dokumenten**. Gesetzliche Zugangsansprüche dürfen sich danach auf personenbezogene Daten erstrecken, die in solchen Dokumenten enthalten sind. Dies schließt Strafdaten iSv Art. 10 ein. Geregelt werden können sowohl ein passiver (antragsgebundener) Informationszugang als auch eine proaktiv zu erfüllende Transparenzpflicht (→ Art. 86 Rn. 3; Wollenschläger LMuR 2021, 363 (372)). Die Zugangsregelungen müssen gewährleisten, dass der Verhältnismäßigkeitsgrundsatz gewahrt wird. In diesem Rahmen ist der besonderen Sensibilität von Strafdaten Rechnung zu tragen, was zumindest einen voraussetzungslosen und umfassenden Zugang zu solchen Daten ausschließt (vgl. zum Zugang zu Informationen über Verkehrsverstöße EuGH BeckRS 2021, 15289 Rn. 119 f.).

16 Für den **Beschäftigungskontext** enthält Art. 88 eine Öffnungsklausel für mitgliedstaatliche Rechtsvorschriften und Kollektivvereinbarungen. Die Verarbeitungserlaubnis in § 26 Abs. 1 S. 1 BDSG kann aufgrund dieser Öffnungsklausel auch die Verarbeitung von Strafdaten legitimieren, obwohl sie sich nicht spezifisch auf solche Daten bezieht und keine spezifischen Garantien für die Rechte der betroffenen Person enthält (iE wie hier GSSV/Gierschmann Rn. 31; Kühling/Buchner/Weichert Rn. 20; zu Recht kritisch zum Fehlen spezifischer Garantien Ehmann/Selmayr/Schiff Rn. 11; aA DWWS/Wedde Rn. 5). **Überwachungen** im Beschäftigungsverhältnis, wie sie § 26 Abs. 1 S. 2 BDSG reguliert (→ BDSG 2018 § 26 Rn. 129 ff.), unterfallen ohnehin nicht Art. 10, da in ihrem Rahmen keine Strafdaten, sondern Daten mit bloßem Straftatbezug verarbeitet werden (→ Rn. 5; GSSV/Gierschmann Rn. 31; Taeger/Gabel/Nolde Rn. 4; aA Simitis/Hornung/Spiecker/Petri Rn. 23).

C. Weitere Schutzregelungen für Strafdaten

Die Verordnung enthält neben Art. 10 weitere (überwiegend prozedurale) **Schutzregelungen**, 17 die zu beachten sind, wenn ein Verantwortlicher zulässigerweise personenbezogene Strafdaten verarbeitet. Um die Zulässigkeit einer **zweckändernden Weiterverarbeitung** zu beurteilen, ist gem. Art. 6 Abs. 4 lit. c die besondere Sensibilität von Strafdaten zu beachten. Gemäß Art. 27 Abs. 2 lit. a muss ein Verantwortlicher oder Auftragsverarbeiter, der nicht in der EU niedergelassen ist, einen **Vertreter in der Union** benennen, wenn er in größerem Umfang Strafdaten verarbeitet. Nach Art. 30 Abs. 5 muss ein Verantwortlicher oder Auftragsverarbeiter ein **Verarbeitungsverzeichnis** führen, wenn er Strafdaten verarbeitet (→ Art. 30 Rn. 26). Vor einer umfangreichen Verarbeitung von Strafdaten ist gem. Art. 35 Abs. 3 lit. b eine **Datenschutz-Folgenabschätzung** durchzuführen (→ Art. 35 Rn. 27). Ein Verantwortlicher oder Auftragsverarbeiter, dessen Kerntätigkeit in der umfangreichen Verarbeitung von Strafdaten besteht, muss nach Art. 37 Abs. 1 lit. c einen **Datenschutzbeauftragten** benennen (→ Art. 37 Rn. 32 ff.).

Artikel 11 Verarbeitung, für die eine Identifizierung der betroffenen Person nicht erforderlich ist

(1) Ist für die Zwecke, für die ein Verantwortlicher personenbezogene Daten verarbeitet, die Identifizierung der betroffenen Person durch den Verantwortlichen nicht oder nicht mehr erforderlich, so ist dieser nicht verpflichtet, zur bloßen Einhaltung dieser Verordnung zusätzliche Informationen aufzubewahren, einzuholen oder zu verarbeiten, um die betroffene Person zu identifizieren.

(2) ¹Kann der Verantwortliche in Fällen gemäß Absatz 1 des vorliegenden Artikels nachweisen, dass er nicht in der Lage ist, die betroffene Person zu identifizieren, so unterrichtet er die betroffene Person hierüber, sofern möglich. ²In diesen Fällen finden die Artikel 15 bis 20 keine Anwendung, es sei denn, die betroffene Person stellt zur Ausübung ihrer in diesen Artikeln niedergelegten Rechte zusätzliche Informationen bereit, die ihre Identifizierung ermöglichen.

Überblick

Art. 11 ist eine mit der DS-GVO eingeführte Regelung (→ Rn. 1), die bei ihrer Entstehung umstritten war (→ Rn. 2). Sie gilt für personenbezogene Daten, bei denen der Verantwortliche in der gegenwärtigen Form eine Identifizierung nicht vornehmen kann (→ Rn. 15), also nur bei „faktischen Pseudonymisierung" (→ Rn. 5). Für diesen Fall stellt die Norm klar, dass der Verantwortliche (→ Rn. 15) nicht allein zur Herstellung der Identifizierbarkeit Informationen erheben muss, um die Einhaltung der Normen der Verordnung sicherzustellen. Die Norm schützt zunächst den Verantwortlichen vor unnötigem Aufwand. Weiter dient sie aber auch dem Datenschutz, da die Beeinträchtigung der Rechte und Grundfreiheiten der betroffenen Personen geringer ist, wenn eine Identifizierung der personenbezogenen Daten bei der verantwortlichen Stelle zunächst nicht möglich ist. Ferner wird mit der Norm der Grundsatz der Datenminimierung verfolgt (→ Rn. 8). Die Regelung steht mit dem Gebot der Pseudonymisierung in Verbindung, ohne mit diesem identisch zu sein (→ Rn. 6). Liegt die beschriebene Konstellation vor, muss der Verantwortlich, falls möglich, die betroffene Person darüber unterrichten (→ Rn. 22), danach aber die ihn aus Art. 15–20 treffenden Pflichten nicht mehr erfüllen (→ Rn. 26).

DS-GVO Artikel 11 — Kapitel II. Grundsätze

Übersicht

	Rn.		Rn.
A. Allgemeines	1	III. Rechtlicher Gehalt	15
I. Vergleichbare Normen	1	1. Überblick	15
II. Entstehungsgeschichte	2	2. Tatbestandsvoraussetzungen	16
III. Systematik	4	3. Keine Pflicht, die Identifizierung herbeizuführen	19
IV. Ratio	8	4. Freistellung von Pflichten	21
V. Umsetzung bzw. Abweichungen	9	**C. Sonderregeln für die Auskunftspflicht gem. Abs. 2**	23
VI. Verhältnis von Abs. 1 und Abs. 2	10	I. Grundlagen	23
VII. Anwendungsfälle	11	II. Unterrichtungspflicht	24
B. Die Regelung des Abs. 1	12	III. Nachweispflicht	28
I. Ausgangslage	12	IV. Rechtsfolge	29
II. Adressat	14	V. Rückausnahme	30

A. Allgemeines

I. Vergleichbare Normen

1 Die Regelungen des Art. 11 besitzen im systematischen Vergleich **eine singuläre Stellung.** In dieser Form gibt/gab es eine solche Vorschrift bisher in keiner der anderen europäischen Datenschutzkodifikationen. Die Datenschutzrichtlinie kannte keine vergleichbare Norm. Die Verordnung über den Datenschutz bei den Organen der Union und die Richtlinie über die Datenverarbeitung zum Zwecke der Strafverfolgung und der Gefahrenabwehr kennen lediglich den in Art. 5 Abs. 1 lit. e S. 1 niedergelegten Grundsatz der Speicherbegrenzung, der mit Art. 11 in Verbindung steht. Die konkrete Regelung selbst enthalten beide Rechtsakte aber nicht.

II. Entstehungsgeschichte

2 Die Einmaligkeit der Regelung des Art. 11 kommt auch in der Entstehungsgeschichte der Norm zum Ausdruck: Einerseits bezieht sich die Norm auf die Fallgestaltung der faktischen Pseudonymisierung, somit einer Erscheinung, die dem Normgeber erst nach einer gewissen Praxiserfahrung geläufig geworden sein dürfte (etwas anders Paal/Pauly/Frenzel Rn. 3), andererseits ist Art. 11 eine der wenigen Normen, die wirklich in **jeder Phase des Entstehungsprozesses eine Änderung** erfahren hat.

2.1 **Vorschlag der Kommission:**
Art. 10: Verarbeitung, ohne dass die betroffene Person bestimmt werden kann.
Kann der für die Verarbeitung Verantwortliche anhand der von ihm verarbeiteten Daten eine natürliche Person nicht bestimmen, ist er nicht verpflichtet, zur bloßen Einhaltung einer Vorschrift dieser Verordnung zusätzliche Daten einzuholen, um die betroffene Person zu bestimmen.

2.2 **Fassung des Parlaments:**
Art. 10: Verarbeitung, ohne dass die betroffene Person bestimmt werden kann.
(1) Kann der für die Verarbeitung Verantwortliche oder der Auftragsverarbeiter anhand der von ihm verarbeiteten Daten eine natürliche Person weder direkt noch indirekt bestimmen oder bestehen die von ihm verarbeiteten Daten nur aus pseudonymisierten Daten, so ist es ihm nicht gestattet, zur bloßen Einhaltung einer Vorschrift dieser Verordnung zusätzliche Daten zu verarbeiten oder einzuholen um die betroffene Person zu bestimmen.

(2) Kann der für die Verarbeitung Verantwortliche eine Vorschrift dieser Verordnung wegen Absatz 1 nicht einhalten, ist er nicht verpflichtet, die konkrete Vorschrift dieser Verordnung einzuhalten. Kann infolgedessen der für die Verarbeitung Verantwortliche dem Verlangen einer betroffenen Person nicht entsprechen, informiert er die betroffene Person dementsprechend.

2.3 **Fassung des Rates:**
Art. 10: Verarbeitung, für die eine Bestimmung der betroffenen Person nicht erforderlich ist
(1) Ist für die Zwecke, für die ein für die Verarbeitung Verantwortlicher personenbezogene Daten verarbeitet, die Bestimmung der betroffenen Person durch den für die Verarbeitung Verantwortlichen nicht oder nicht mehr erforderlich, so ist dieser nicht verpflichtet zur bloßen Einhaltung dieser Verordnung zusätzliche Informationen aufzubewahren oder einzuholen oder eine zusätzliche Verarbeitung vorzunehmen, um die betroffene Person zu bestimmen.

(2) Kann der für die Verarbeitung Verantwortliche in derartigen Fällen die betroffene Person nicht bestimmen, so gelten die Art. 15, 16, 17, 17a, 17b und 18 nicht, es sei denn, die betroffene Person stellt zur Ausübung ihrer in diesen Artikeln niedergelegten Rechte zusätzliche Informationen bereit, die ihre Bestimmung ermöglichen.

Fassung des Triloges: 2.4
Art. 10: Verarbeitung für die eine Bestimmung der betroffenen Person nicht erforderlich ist.
Die endgültige Fassung, d.h. der aktuelle Normtext der Fassung des Rates, mit dem Unterschied, dass anstelle von „Bestimmung" in Absatz 1 der Begriff „Identifizierung" sowie anstelle des „für die Verarbeitung Verantwortlichen" der „Verantwortliche" tritt und dass die Passage „oder eine zusätzliche Verarbeitung vorzunehmen" ersetzt wird durch „oder zu verarbeiten". In Absatz 2 Satz 1 ist die Nachweispflicht eingefügt und die Bezeichnung der Rechte verkürzt worden sowie der Begriff „Bestimmung" durch „Identifizierung" ersetzt.

Wie die Entstehungsgeschichte zeigt, betreffen die Veränderungen zunächst einige terminologische Fragen (Bestimmung und Identifizierung, Bezeichnung des Verantwortlichen). Darüber hinaus hat sich die vom Parlament gewünschte **Stärkung** des **Verbotscharakters nicht durchgesetzt.** Auch die konkrete Informationspflicht in genereller Form, wie sie das Parlament in Abs. 2 vorsah, wurde nicht geltendes Recht. 3

III. Systematik

Die Norm steht am Ende des Kapitels zu den Grundsätzen. Sie formuliert zwar auch einen Grundsatz, der jedoch eine gewisse Spezifität aufweist und einen beschränkten Anwendungsbereich besitzen dürfte. Die Norm steht zunächst im **engen Kontext des Art. 5 Abs. 1 lit. e.** Danach müssen personenbezogene Daten in einer Form gespeichert werden, die eine Identifizierung der betroffenen Person nur so lange ermöglicht, wie es für die Zwecke der Verarbeitung erforderlich ist. Dieser Aspekt der Speicherbegrenzung schafft eine Pflicht zur rechtlichen oder faktischen Pseudonymisierung bei der Speicherung. Art. 11 stellt eine Auswirkung dieses Grundsatzes dar. Wenn der Verantwortliche die Daten möglichst in einer Form speichern soll, die eine rechtliche oder faktische Pseudonymisierung darstellt, folgt daraus, dass er dann auch nicht mehr nachzuweisen hat, wessen Daten er verarbeitet hat (vgl. Paal/Pauly/Frenzel Rn. 2). 4

Rechtliche Pseudonymisierung ist gem. Art. 4 Nr. 5 eine Trennung von Informationen von personenbezogenen Daten in einer Weise, dass die gespeicherten Informationen nicht mehr unmittelbar einer Person zugeordnet werden können, dh eine Identifizierung nur unter Hinzuziehung der getrennten Informationen möglich ist, klassischerweise dem Datensatz und einem Personalisierungsschlüssel. Eine **faktische Pseudonymisierung** liegt vor, wenn der Verarbeiter die personenbezogenen Daten in der vorliegenden Form selbst nicht zuordnen kann, weil es sich etwa um pseudonymisierte Daten handelt, er aber den Pseudonymisierungsschlüssel nicht besitzt oder er die dafür erforderlichen weiteren Informationen zwar einholen könnte, aber nicht eingeholt hat. Sie entspricht Art. 4 Nr. 5 nicht wörtlich, ist im Ergebnis aber vergleichbar. 5

In Art. 5 werden rechtliche und faktische Pseudonymisierung gleichbehandelt. Bei Art. 11 geht es dagegen **nur um den Fall** der **faktischen** Pseudonymisierung (→ Rn. 17). Dass der Formulierungsvorschlag des Rates dagegen generell von pseudonymisierten Daten sprach, dürfte als sprachliche Ungenauigkeit einzuordnen sein. Für den Fall, dass der Verarbeiter selbst den Pseudonymisierungsschlüssel besitzt, kann er sich deshalb nicht auf die Freistellung nach Art. 11 berufen. 6

Weiter besteht ein **Zusammenhang** mit dem Grundsatz der **Erforderlichkeit.** Benötigt der Verantwortliche die Informationen, die eine Identifizierbarkeit herstellen würden, nicht für den Verarbeitungszweck, ist eine Speicherung nicht erforderlich. Unter Beachtung des Zweckbindungs- und des Erforderlichkeitsgrundsatzes liegt eine Speicherung dieser Informationen dann nicht nahe, (vgl. Paal/Pauly/Frenzel Rn. 1). Der Erforderlichkeitsgrundsatz gilt zunächst für personenbezogene Daten, ist aber auf Teilinformationen innerhalb des Begriffs der personenbezogenen Daten sinngemäß übertragbar. 7

IV. Ratio

Art. 11 besitzt **drei Zwecke.** Genügen dem Verantwortlichen die personenbezogenen Daten in einer faktisch pseudonymisierten Form, soll er sie nicht zum Zwecke der Einhaltung anderer datenschutzrechtlichen Vorschriften in einer Weise weiter konkretisieren müssen, dass eine Identifizierung möglich wird. Dadurch soll er von **unnötigem Aufwand verschont** bleiben. „Die Regelung dient auch dem Grundsatz der **Datenminimierung** gem. Art. 5 Abs. 1 lit. c DS-VGO. 8

Dadurch, dass mithin weniger Daten gesammelt werden müssen, werden schließlich auch **die Rechte und Grundfreiheiten** der betroffenen Person **geschützt.**" Wenn personenbezogenen Daten faktisch die Identifizierbarkeit fehlt, beeinträchtigen sie die betroffene Person in geringerem Maße.

V. Umsetzung bzw. Abweichungen

9   Eine **Umsetzung** ins deutsche Recht bedarf Art. 11 **nicht** (Paal/Pauly/Frenzel Rn. 11). Eine Abweichungsmöglichkeit im Wege der Wahrnehmung einer Öffnungsklausel ist zumindest nicht unmittelbar normiert.

VI. Verhältnis von Abs. 1 und Abs. 2

10   Abs. 2 ist gegenüber Abs. 1 eine Verschärfung bezogen auf die Pflichten aus Art. 15–20. Bei Abs. 2 genügt es für die Freistellung nicht, dass der Verantwortliche wegen der faktischen Pseudonymisierung die Pflichten nicht unmittelbar erfüllen kann. Vielmehr ist zusätzliche Voraussetzung, dass er die Unterrichtung gem. Abs. 2 S. 1 vorgenommen hat.

VII. Anwendungsfälle

11   Die Norm erweist sich vor allem für Online-Dienste, bei denen Pseudonyme verwendet werden, als sinnvoll (Simits/Hansen Rn. 7 und 16). Weiter ist sie dann hilfreich, wenn bei der Internetnutzung eine gewisse Unschärfe bei der Zuordnung entsteht, weil mehrere Nutzer in Frage kommen (Simitis/Hansen, Rn. 21). Ferner kann die Norm bei **Datenpools** greifen, bei denen der Verantwortliche zwar weiß, welche Personen betroffen sind, aber nicht mehr sagen kann, welche Datensätze von welcher Person genau stammen, weil er die Zuordnung selbst aufgehoben hat. Als Beispiele werden außerdem die Fallgestaltungen von Google Streetview sowie Telefonnummer- und Kfz-Kennzeichenerfassungen genannt (Gola Rn. 6 ff.).

B. Die Regelung des Abs. 1

I. Ausgangslage

12   Art. 11 ist nur zu verstehen, wenn man die **Definition** der personenbezogenen Daten in Art. 4 Nr. 1 im Blick behält. Danach sind personenbezogene Daten auch Informationen, die sich auf eine identifizierbare Person beziehen (Ehmann/Selmayer/Klabunde Rn. 1). **Identifizierbar** ist eine Person, wenn der Verantwortliche Mittel zur Identifizierung besitzt und damit zu rechnen ist, dass er von diesen Gebrauch macht. Dies ist insbesondere dann anzunehmen, wenn der damit verbundene Aufwand zumutbar ist. In der Datenschutzrichtlinie hieß es diesbezüglich, dass die Mittel zu berücksichtigen seien, die vernünftigerweise eingesetzt würden (Erwägungsgrund 26), während in Erwägungsgrund 26 der Datenschutzgrundverordnung davon die Rede ist, dass die Mittel zu berücksichtigen seien, die nach allgemeinem Ermessen wahrscheinlich genutzt würden. Bezogen auf diese etwas andere Formulierung hat der EuGH im Oktober 2016 die dynamische IP-Adresse generell als personenbezogenes Datum qualifiziert (vgl. EuGH BeckRS 2016, 82520 – Patrick Breyer/Bundesrepublik Deutschland Rn. 46 ff.).

13   Nutzt der Verantwortliche diese Mittel nicht, **bleiben** die Daten trotz fehlender Identifikation **rechtlich** personenbezogene Daten. Auf diese Situation bezieht sich Art. 11. Ob die Identifizierbarkeit von Anfang an nicht bestand, oder zwar ursprünglich bestanden, später aber beseitigt wurde, ist für Abs. 1 gleichgültig. Bei Abs. 2 dürfte es sich rein faktisch überwiegend um Fallgestaltungen handeln, bei denen die Identifizierbarkeit beseitigt wurde.

II. Adressat

14   Adressat ist **nur** der **Verantwortliche.** Der **Auftragsverarbeiter** wurde nicht aufgenommen, auch wenn das im Gesetzgebungsverfahren (→ Rn. 2.2) einmal vorgeschlagen worden war. Der Grund dürfte darin liegen, dass es bei Art. 11 um Pflichten des Verantwortlichen geht., die sachlich nur den Verantwortlichen treffen können. Sollten den Auftragsverarbeiter entsprechende Rechte einmal treffen, müsste auch für ihn Art. 11 zumindest in analoger Anwendung greifen.

III. Rechtlicher Gehalt

1. Überblick

Die Regelung des Abs. 1 enthält **zwei Rechtsfolgen.** Zum einen besteht **keine Pflicht,** die **Identifizierung herbeizuführen,** und zum anderen **wird** der **Verantwortliche** von Pflichten **freigestellt,** sofern diese eine Individualisierung voraussetzen. Die Rechtsfolgen sind für den Verantwortlichen ausschließlich positiv. Verbote normiert Art. 11 nicht. Insbesondere verbietet Abs. 1 nicht, dass der Verantwortliche die Identifizierung herbeiführt, um datenschutzrechtliche Pflichten zu erfüllen.

2. Tatbestandsvoraussetzungen

Art. 11 setzt **zwei Dinge voraus:** Zum einen dürfen die personenbezogenen Daten beim Verantwortlichen eine Zuordnung auch unter Hinzunahme weiterer, beim Verantwortlichen vorhandenen Daten zu einer Person nicht zulassen, dh eine Identifizierung allein mit internen Mitteln scheidet aus. Zum anderen darf eine solche **Identifizierung** für den Zweck, den der Verantwortliche verfolgt, nicht erforderlich sein.

An der ersten Voraussetzung fehlt es, sofern der Verantwortliche selbst die Möglichkeit der Identifizierung hat, sodass er keine weiteren Nachforschungen anstellen muss (Kühling/Buchner/Weichert Rn. 13). Muss er selbst nur intern Maßnahmen ergreifen, kann dies für die Freistellung von Pflichten nicht genügen. Aus diesem Grund **greift** Art. 11 **nicht** bei **rechtlich pseudonymisierten** Daten. Bei diesen hat der Verantwortliche ohne weiteres die Zuordnung vorzunehmen. Dies ist schon am Normtext erkennbar. Die Freistellung erfolgt nur, wenn er über die zusätzlichen Informationen selbst nicht verfügt. Die innerhalb seines Organisationskreises verfügbaren Informationen muss er nutzen.

Fraglich ist, ob Art. 11 es gestattet, dass ein Verantwortlicher, der pseudonymisierte Datensätze hat, den Pseudonymisierungsschlüssel **aus der Hand gibt,** weil er eine Entpseudonymisierung für seine eigenen Verarbeitungszwecke nicht benötigt. Ein solcher Wandel von rechtlicher Pseudonymisierung zur faktischen Pseudonymisierung widerspricht Art. 11 nicht. In diesem Fall ist die Norm anwendbar.

3. Keine Pflicht, die Identifizierung herbeizuführen

Außer im Falle der rechtlichen Pseudonymisierung, für die Art. 11 generell nicht gilt (→ Rn. 17), muss der Verantwortliche die Identifizierung **nicht herbeiführen,** indem er die Gründe aufhebt, die bewirken, dass die Daten nicht identifizierbar sind. Er muss zwar alle bei ihm vorhandenen Informationen und verfügbaren technischen Verfahren einsetzen, um die Identifizierung zu ermöglichen. Er muss allerdings keine weiteren Daten erheben.

Der Hinweis in Abs. 1 auf die fehlende Verpflichtung, weitere Informationen verfügbar zu machen, kann **nicht im Umkehrschluss als Rechtfertigung** für die Erhebung dieser Daten herangezogen werden, falls der Verantwortliche sich die Informationen doch beschafft (vgl. Paal/Pauly/Frenzel Rn. 9). Die Rechtmäßigkeit dieser zusätzlichen Informationsbeschaffung richtet sich vielmehr nach den allgemeinen Datenschutzregeln.

4. Freistellung von Pflichten

Abs. 1 stellt ausdrücklich klar, dass der Verantwortliche nicht die Identifizierung der Person herbeiführen muss, um die Pflichten der Verordnung zu erfüllen. Die Folge davon ist, dass dem Verantwortlichen die **Erfüllung der Pflichten der Verordnung nicht mehr möglich** sind, die diese Identifizierung erfordern. Daher folgt schon aus Abs. 1 und nicht erst aus Abs. 2, dass der Verantwortliche im Falle der faktischen Pseudonymisierung die datenschutzrechtlichen Pflichten, bei denen er die Information einer bestimmten Person zuordnen können muss, nicht mehr zu erfüllen hat (undeutlich Ehmann/Selmayr/Klabunde Rn. 14). Für die Pflichten aus Art. 15–20 gelten dafür allerdings die weiteren in Abs. 2 vorgesehen Voraussetzungen. Der Normgeber hat dabei ersichtlich die Freistellung vor allen für die in Abs. 2 genannten Pflichten gewollt – über Abs. 1 aber rein objektiv auch andere miterfasst.

Zu Recht wird darauf hingewiesen, dass zu den Pflichten, von denen Abs. 1 sachlich freistellt, nicht die Pflicht gehört, ggf. die Einwilligung der betroffenen Person einzuholen (Hanloser ZD 2019, 287 (288)). Abs. 1 geht erkennbar davon aus, dass diese Einwilligung auch in einer rechtlich verbindlichen Form abgegeben werden kann, ohne dass die Person identifiziert sein muss.

22 Die Norm bezieht sich zunächst auf die Einhaltung der Vorschriften der **Verordnung**. Sie dürfte aber auch auf solche Bestimmungen **zu erstrecken** sein, die von den Mitgliedstaaten in Wahrnehmung einer Abweichungsmöglichkeit oder Öffnungsklausel der Datenschutzgrundverordnung erlassen wurden.

C. Sonderregeln für die Auskunftspflicht gem. Abs. 2

I. Grundlagen

23 Abs. 2 regelt einen Sonderfall von Abs. 1 und stellt **zusätzliche Voraussetzungen** auf, damit sich der Verantwortliche auf die Freistellung von den Pflichten aus der Datenschutzgrundverordnung oder auf ihrer Grundlage erlassener nationaler Rechtsvorschriften (→ Rn. 22) iSv Abs. 1 berufen kann, sofern es um die Pflichten aus Art. 15–20 geht. Für andere Normen, auch für Art. 21, bleibt es daher bei der Grundregelung von Abs. 1

II. Unterrichtungspflicht

24 Zu diesem Zwecke normiert Abs. 2 S. 1 zunächst dahingehend eine **Unterrichtungspflicht** des Verantwortlichen gegenüber der betroffenen Person, dass er die personenbezogenen Daten wegen der faktischen Pseudonymisierung nicht zuordnen kann. Die Norm meint dabei nicht zuletzt die Konstellation, dass ein Betroffener einen Antrag auf Auskunft stellt und für den Verantwortlichen unklar ist, ob er personenbezogen Daten von dieser Person verarbeitet oder nicht – etwa, wenn bei Online-Diensten Pseudonyme verwendet werden und die betroffene Person einen Antrag unter ihrem Klarnamen stellt. Weiter ist die Norm anwendbar, wenn der Verantwortliche zwar weiß, von welchen Betroffenen er Daten verarbeitet, diese Daten aber nicht mehr individuell zuordnen kann.

25 Wie die Unterrichtung vorzunehmen ist, sagt Abs. 2 S. 1 nicht. Der Normtext spricht aber von **Unterrichtung** und nicht von Bekanntgabe. Notwendig ist daher möglichst eine individuelle Kontaktaufnahme zur betroffenen Person. Ob diese Kontaktaufnahme mündlich schriftlich, elektronisch, fernmündlich, digital, analog oder in einer beliebigen anderen Form vorgenommen wird, ist rechtlich unerheblich. Ist eine persönliche Unterrichtung nicht möglich, ist nach dem Sinn der Norm so weit wie möglich zu informieren, ggf. auch im Rahmen der allgemeinen Informationspflicht gem. Art. 13 und 14 (Simits/Hansen Rn. 31).

26 Die Unterrichtung bezieht sich auf die beiden Umstände, dass der Verantwortliche personenbezogene Daten der **betroffenen Person** verarbeitet, aber nicht sagen kann, wie und in welchem Umfang genau.

27 Die Pflicht **entfällt** gem. Abs. 2 S. 1 Hs. 2, wenn die Unterrichtung **unmöglich** ist. Dies ist der Fall, wenn der Verantwortliche keine Kontaktdaten der betroffenen Person besitzt oder aus sonstigen Gründen keinen Kontakt zu ihr herstellen kann. Auf die Frage der Zumutbarkeit der Erfüllung der Unterrichtungspflicht stellt die Ausnahme nicht ab. Ganz außer Acht lassen wird man Zumutbarkeitsüberlegungen bei der Frage der Möglichkeit allerdings nicht können: Ist der Aufwand exorbitant hoch, dürfte die Unterrichtungspflicht als faktisch unmöglich zu erfüllen entfallen.

III. Nachweispflicht

28 Die Unterrichtungspflicht und die Befreiung von den Pflichten aus Art. 15–20 setzen voraus, dass der Verantwortliche die fehlende Identifizierbarkeit nachweisen kann. Das gleiche gilt schon wegen Art. 24 Abs. 1 für die Freistellung von den anderen Pflichten aus der Verordnung über Abs. 1. Der Nachweis verlangt wenigstens eine plausible Darlegung, weshalb die Identifizierbarkeit nicht gegeben ist (Simits/Hansen Rn. 28; Ehmann/Selmayer/Klabunde Rn. 20).

IV. Rechtsfolge

29 Hat der Verantwortliche die Unterrichtung vorgenommen, ist er gem. Abs. 2 S. 2 von der Einhaltung der Pflichten aus Art. 15–20 freigestellt. Man wird die Norm allerdings **teleologisch dahingehend einschränkend** auslegen müssen, dass der Verantwortliche nur insoweit befreit ist, als er für die Erfüllung der in Art. 15–20 vorgesehenen Rechte die Informationen benötigt, die er wegen der faktischen Pseudonymisierung nicht besitzt. Kann er trotz der fehlenden Informationen die Pflichten erfüllen, ist er dazu verpflichtet.

V. Rückausnahme

Liefert die betroffene Person die fehlenden Informationen, die für eine Identifizierung erforderlich sind, muss der Verantwortliche auch im Falle von Abs. 2 S. 2 diese Informationen **zunächst entgegennehmen** (Erwägungsgrund 57 S. 2) und anschließend die Pflichten erfüllen, da nun eine Identifizierung möglich ist. Eine **Verweigerung** der Entgegennahme ist **nicht zulässig** (vgl. Paal/Pauly/Frenzel Rn. 8). Diese Grundsätze gelten auch für Online-Dienste (Erwägungsgrund 57 S. 3). Eine Identifizierung ist dabei auch im Wege eines Authentifizierungsverfahrens möglich (Gola Rn. 11). Die gelieferten Daten unterliegen einer strengen Zweckbindung und dürfen nur zur Wahrnehmung der Rechte gem. Art. 15–20 durch die betroffene Person verwendet werden (Kühling/Buchner/Weichert Rn. 18).

Die Möglichkeit der betroffenen Person, die Informationen zu liefern, knüpft an die Unterrichtungspflicht an (→ Rn. 22). Durch diese wird auch für die betroffene Person klar, dass die Identifizierbarkeit beseitigt wurde. Damit erhält diese die **Möglichkeit** zu überlegen, durch die Zulieferung weiterer Daten die **erneute Identifizierung** zu **ermöglichen** (Ehmann/Selmayer/Klabunde Rn. 15). Wenn sie sich dazu entschließt, leben die Informationspflichten der Art. 15–20 wieder auf (Paal/Pauly/Frenzel Rn. 10).

Kapitel III. Rechte der betroffenen Person

Abschnitt 1. Transparenz und Modalitäten

Artikel 12 Transparente Information, Kommunikation und Modalitäten für die Ausübung der Rechte der betroffenen Person

(1) ¹Der Verantwortliche trifft geeignete Maßnahmen, um der betroffenen Person alle Informationen gemäß den Artikeln 13 und 14 und alle Mitteilungen gemäß den Artikeln 15 bis 22 und Artikel 34, die sich auf die Verarbeitung beziehen, in präziser, transparenter, verständlicher und leicht zugänglicher Form in einer klaren und einfachen Sprache zu übermitteln; dies gilt insbesondere für Informationen, die sich speziell an Kinder richten. ²Die Übermittlung der Informationen erfolgt schriftlich oder in anderer Form, gegebenenfalls auch elektronisch. ³Falls von der betroffenen Person verlangt, kann die Information mündlich erteilt werden, sofern die Identität der betroffenen Person in anderer Form nachgewiesen wurde.

(2) ¹Der Verantwortliche erleichtert der betroffenen Person die Ausübung ihrer Rechte gemäß den Artikeln 15 bis 22. ²In den in Artikel 11 Absatz 2 genannten Fällen darf sich der Verantwortliche nur dann weigern, aufgrund des Antrags der betroffenen Person auf Wahrnehmung ihrer Rechte gemäß den Artikeln 15 bis 22 tätig zu werden, wenn er glaubhaft macht, dass er nicht in der Lage ist, die betroffene Person zu identifizieren.

(3) ¹Der Verantwortliche stellt der betroffenen Person Informationen über die auf Antrag gemäß den Artikeln 15 bis 22 ergriffenen Maßnahmen unverzüglich, in jedem Fall aber innerhalb eines Monats nach Eingang des Antrags zur Verfügung. ²Diese Frist kann um weitere zwei Monate verlängert werden, wenn dies unter Berücksichtigung der Komplexität und der Anzahl von Anträgen erforderlich ist. ³Der Verantwortliche unterrichtet die betroffene Person innerhalb eines Monats nach Eingang des Antrags über eine Fristverlängerung, zusammen mit den Gründen für die Verzögerung. ⁴Stellt die betroffene Person den Antrag elektronisch, so ist sie nach Möglichkeit auf elektronischem Weg zu unterrichten, sofern sie nichts anderes angibt.

(4) Wird der Verantwortliche auf den Antrag der betroffenen Person hin nicht tätig, so unterrichtet er die betroffene Person ohne Verzögerung, spätestens aber innerhalb eines Monats nach Eingang des Antrags über die Gründe hierfür und über die Möglichkeit, bei einer Aufsichtsbehörde Beschwerde einzulegen oder einen gerichtlichen Rechtsbehelf einzulegen.

(5) ¹Informationen gemäß den Artikeln 13 und 14 sowie alle Mitteilungen und Maßnahmen gemäß den Artikeln 15 bis 22 und Artikel 34 werden unentgeltlich zur Verfügung gestellt. ²Bei offenkundig unbegründeten oder – insbesondere im Fall von häufiger Wiederholung – exzessiven Anträgen einer betroffenen Person kann der Verantwortliche entweder
a) ein angemessenes Entgelt verlangen, bei dem die Verwaltungskosten für die Unterrichtung oder die Mitteilung oder die Durchführung der beantragten Maßnahme berücksichtigt werden, oder
b) sich weigern, aufgrund des Antrags tätig zu werden.
³Der Verantwortliche hat den Nachweis für den offenkundig unbegründeten oder exzessiven Charakter des Antrags zu erbringen.

(6) Hat der Verantwortliche begründete Zweifel an der Identität der natürlichen Person, die den Antrag gemäß den Artikeln 15 bis 21 stellt, so kann er unbeschadet des Artikels 11 zusätzliche Informationen anfordern, die zur Bestätigung der Identität der betroffenen Person erforderlich sind.

(7) ¹Die Informationen, die den betroffenen Personen gemäß den Artikeln 13 und 14 bereitzustellen sind, können in Kombination mit standardisierten Bildsymbolen bereitgestellt werden, um in leicht wahrnehmbarer, verständlicher und klar nachvollziehbarer Form einen aussagekräftigen Überblick über die beabsichtigte Verarbeitung zu vermit-

teln. ²Werden die Bildsymbole in elektronischer Form dargestellt, müssen sie maschinenlesbar sein.

(8) Der Kommission wird die Befugnis übertragen, gemäß Artikel 92 delegierte Rechtsakte zur Bestimmung der Informationen, die durch Bildsymbole darzustellen sind, und der Verfahren für die Bereitstellung standardisierter Bildsymbole zu erlassen.

Überblick

Informationspflichten sind zentrale Elemente des europäischen Datenschutzes, Transparenz im Sinne verständlicher Information ist einer der wesentlichen Grundsätze. Informationen verfehlen ihren Zweck, wenn sie vom Adressaten nicht verstanden werden oder diesen zu spät erreichen. Das zentrale Kapitel III der Datenschutzverordnung „Rechte der betroffenen Person" wird folgerichtig eingeleitet von Art. 12, der die Anforderungen an eine transparente Information und Kommunikation normiert, während ab den Art. 13 Informations- und Mitteilungspflichten geregelt werden. Art. 12 schreibt auf der einen Seite vor, dass Mitteilungen, die dem Schutz und der Ausübung der Rechte von Betroffenen dienen, klar und zum Teil (Abs. 7) anschaulich erfolgen müssen. Auf der anderen Seite werden Verfahrensvorschriften für die Ausübung von Betroffenenrechten wie Fristen (für die Information über erfolgte Maßnahmen – Abs. 3 – sowie für die Begründung der Ablehnung von Maßnahmen – Abs. 4), eine allgemeine Unterstützungspflicht (Abs. 2 S. 1), die Unentgeltlichkeit der Informationen (Abs. 5 S. 1) sowie Verweigerungsrechte (Abs. 2 S. 2 und Abs. 5 S. 2–3) vor die Klammer gezogen.

Übersicht

	Rn.		Rn.
A. Allgemeines; Grundlagen – Transparenzgebot	1	IV. Form der Übermittlung (Abs. 1 S. 2 und 3)	27
I. Praktische Bedeutung	1	C. Unterstützungspflicht und Verweigerungsrecht bei fehlenden Identifizierbarkeit des Betroffenen (Abs. 2)	31
II. Zweck	4		
III. Anwendungsbereich	5		
IV. Sonderregelungen	6	D. Information nach Ausübung der Schutzrechte – Frist und Form (Abs. 3)	35
V. Beschränkung	7		
VI. Normgeschichte	8		
B. Transparenzregelung des Abs. 1	9	E. Unterrichtung bei Nichtabhilfe (Abs. 4)	40
I. Maßgebliche Informationen und Mitteilungen	9	F. Unentgeltlichkeit der Mitteilungen und Verweigerungsrecht bei Missbrauch (Abs. 5)	43
II. Anforderungen an die Art und Weise	11		
1. in präziser, transparenter, verständlicher und leicht zugänglicher Form	13	G. Identifizierungsprobleme (Abs. 6)	49
2. in einer klaren und einfachen Sprache	18	H. Bildsymbole (Abs. 7)	53
3. Sonderregelung für Kinder	22		
III. Ermöglichung der Übermittlung der Informationen	25	I. Ermächtigung der Kommission (Abs. 8)	57

A. Allgemeines; Grundlagen – Transparenzgebot

I. Praktische Bedeutung

Art. 12 fasst den allgemeinen Grundsatz der Transparenz zusammen und gestaltet ihn aus. **1** Die Normierung des allgemeinen Prinzips schafft die beabsichtigte Klarheit nur teilweise, seine Umsetzung wird im Einzelfall nicht unerhebliche Schwierigkeiten bereiten. So sind zB die Ziele einer präzisen und zugleich verständlichen Information nicht ohne Weiteres widerspruchsfrei zu vereinbaren (so auch Kühling/Buchner/Bäcker Rn. 12). Die Umsetzung des Gebots erfordert daher von den Verantwortlichen großes Formulierungsgeschick. Die Transparenz hat nicht nur Appellcharakter, sondern ist ein hoch sanktionierter und im Einzelfall einzuklagender Grundsatz (→ Rn. 3).

Auch die weiteren in Art. 12 gleichsam vor die Klammer gezogenen Modalitäten der Betroffe- **2** nenrechte sollen die Stellung der Betroffenen effektiv stärken. Die Stellung und die hohe Sanktionierungsmöglichkeit zeigen die hohe Bedeutung, die der europäische Verordnungsgeber diesem zumisst.

3 Die Rechtsschutz- und Sanktionsmöglichkeiten unterstützen die Stärkung der Betroffenenrechte: Dem Betroffenen steht zunächst eine Beschwerde bei den Aufsichtsbehörden gem. Art. 77 offen. Die Aufsichtsbehörden können nach Art. 58 ua verwarnen oder anweisen sowie nach Art. 83 Abs. 5b Geldbußen bis zu 20.000.000 EUR oder im Fall eines Unternehmens von bis zu 4% seines gesamten weltweit erzielten Vorjahresumsatzes verhängen. Gegen einen ablehnenden oder belastenden Beschluss der Aufsichtsbehörden sowie bei deren Untätigkeit steht dem Betroffenen als praktisch zweiter Schritt ein gerichtlicher Rechtsbehelf zu (Art. 78). Dieser ist vom Mitgliedsstaat noch auszugestalten. Hinzu kommt ein gerichtlicher Rechtsbehelf gegen den Verantwortlichen selbst bzw den Auftragsverarbeiter (Art. 79 – auch dieser ist noch von den Mitgliedsstaaten auszugestalten). Daneben ist noch an Leistungsklagen im Rahmen des jeweiligen Rechtsregimes zur Durchsetzung der Rechte zu denken.

II. Zweck

4 Nicht nur die Information selbst, sondern das Verständnis vom Inhalt der informierenden Mitteilung ist nötig, um Rechte wahrnehmen zu können: Wer nicht versteht, dass und wie seine Daten gespeichert oder sonst verarbeitet werden, kann so bspw. keine Berichtigung oder Löschung verlangen oder gar widersprechen. Jede Information läuft leer, wenn sie nicht verstanden wird oder wenn sie nicht zeitgerecht, insbesondere, wenn sie zu spät erfolgt. Damit dient Art. 12 unmittelbar dem Recht auf informationelle Selbstbestimmung und konkretisiert die primärrechtlichen Garantien von Art. 8 GRCh und Art. 16 AEUV (Simitis/Hornung/Dix Rn. 3). Art. 12 setzt das in Erwägungsgrund 11 DS-GVO genannte zentrale Ziel der DS-GVO um, die Rechte der betroffenen Person zu stärken und präzise festzulegen. Die Transparenz soll nicht nur Kontrolle erleichtern, sondern zumindest mittelbar das Vertrauen des Betroffenen in die digitale Umgebung stärken (Ausführung im Vorschlag der Kommission KOM(2012) 11 endgültig, 11; (COD) C7-0025/12, 118).

4.1 Im sog. Volkszählungsurteil hat das BVerfG die Bedeutung der Erkennbarkeit der gespeicherten Information betont. Wer nicht mit hinreichender Sicherheit überschauen könne, welche ihn betreffende Informationen in bestimmten Bereichen seiner sozialen Umwelt bekannt sind, und wer das Wissen möglicher Kommunikationspartner nicht einigermaßen abzuschätzen vermag, könne in seiner Freiheit wesentlich gehemmt werden. Mit dem Recht auf informationelle Selbstbestimmung wären eine Gesellschaftsordnung und eine diese ermöglichende Rechtsordnung nicht vereinbar, in der Bürger nicht mehr wissen können, wer was wann und bei welcher Gelegenheit über sie weiß (so ausdrücklich BVerfG Urt. v. 15.12.1983 – 1 BvR 209/83, 1 BvR 484/83, 1 BvR 440/83, 1 BvR 420/83, 1 BvR 362/83, 1 BvR 269/83 Rn. 172).

III. Anwendungsbereich

5 Der Grundsatz verständlicher Information und Kommunikation gilt wie bisher ganz allgemein. Die erforderlichen Informationen und Mitteilungen werden in den jeweiligen Normen geregelt, Art. 12 stellt allgemeine Rahmenbedingungen für das Wie der Information zur Verfügung. Die Information oder Mitteilung an sich wird in den gesonderten Art. 13, 14, 15–22 und 34 geregelt.

5a Art. 12 gilt für alle Verantwortlichen iSv Art. 4 Nr. 7, private wie öffentliche – unter Beachtung von Art. 3 Abs. 2 und 3 ggf. auch für verantwortliche Stellen in Drittstaaten. Für den Auftragsverarbeiter gilt er mittelbar nach Art. 28 Abs. 3 S. 2 lit. e (so auch Gola/Frank Art. 12 Rn. 1). Wenn es mehrere Verantwortliche gibt, so können diese eine interne Regelung nach Art. 26 treffen, in der sich sie sich die Verantwortlichkeiten zuweisen bzw. aufteilen. Diese interne Vereinbarung hat zumindest faktische Bedeutung für Aufsichtsbehörden oder betroffene Personen. Ob und in welchen Fällen sie auch Verbindlichkeit nach außen entfaltet, ist offen (Gola/Piltz Art. 26 Rn. 2; hierzu → Art. 26 Rn. 37).

IV. Sonderregelungen

6 Art. 12 stellt allgemeine Grundsätze auf und kommt dann zur Anwendung, wenn keine besonderen Regelungen getroffen werden. Vorrangig sind insbesondere:
• Eine ausdrückliche weiterreichende Anforderung an verständliche Informationen, deren Verstoß besonders „sanktioniert" ist, stellt Art. 7 zur Einwilligung auf. Das Ersuchen um die Einwilligung muss nach Art. 7 Abs. 2 in verständlicher und leicht zugänglicher Form, in einer klaren und einfachen Sprache so erfolgen, dass es von den anderen Sachverhalten klar zu unterscheiden

Transparente Information für Ausübung der Rechte **Artikel 12 DS-GVO**

ist. Teile der Erklärung sind dann nicht verbindlich, wenn sie einen Verstoß gegen diese Verordnung darstellen.
- Für den Hinweis auf den Widerspruch nach Art. 21 sieht die DS-GVO Transparenzvorgaben auch im Bereich der Form vor. So hat nach Art. 21 Abs. 4 der entsprechende Hinweis in einer verständlichen und von anderen Informationen getrennten Form zu erfolgen. Art. 20 Abs. 1 normiert spezielle Formanforderungen: Es besteht das Recht, die gespeicherten Daten in einem strukturierten, gängigen und maschinenlesbaren Format zu erhalten.
- Eine teilweise überflüssige Wiederholung enthält Art. 34 Abs. 2 bei der Benachrichtigung nach Schutzverletzungen, wonach in klarer und einfacher Sprache die Art der Verletzung des Schutzes personenbezogener Daten zu beschreiben ist und die Einhaltung eines konkreten Inhalts vorgeschrieben wird.
- Abweichend von den allgemeinen Regelungen ermöglicht Art. 34 Abs. 3 lit. c eine öffentliche Bekanntmachung.
- Art. 15 Abs. 3 S. 3 erfordert eine Informationsübermittlung in einem gängigen elektronischen Format
- Art. 15 Abs. 3, 20 das Recht auf Datenkopie bzw. Datenübertragbarkeit unterfällt nicht Art. 12. Diese Ansprüche beschränken sich darauf, die Daten so zu erhalten wie der Verantwortliche sie innehat (Ehrmann/Selmayr/Heckmann/Pascke DS-GVO Art. 12 Rn. 9).

V. Beschränkung

Art. 23 ermöglicht eine Beschränkung des Art. 12 durch den nationalen Gesetzgeber. Nicht **7** nur die Rechte und Pflichten an sich, sondern auch deren Modalitäten wie die verständliche Information und Kommunikation können beschränkt werden. Zudem sind die allgemeinen Einschränkungsmöglichkeiten nach Art. 85 Abs. 2 zu berücksichtigen.

VI. Normgeschichte

Das Transparenzgebot galt als allgemeiner Grundsatz auch in der DSRL, war in Teilbereichen **8** ausdrücklich normiert (so zB fürs Auskunftsrecht Art. 12 lit. a: Mitteilung in verständlicher Form über die Daten, die Gegenstand der Verarbeitung sind, sowie die verfügbaren Informationen über die Herkunft der Daten) und war auch in den Erwägungsgründen angelegt (Erwägungsgrund 38 „umfassende und ordnungsgemäße Information über die Bedingungen der Erhebung"). Erst im Entwurf der Ratspräsidentschaft v. 11.6.2015 (Interinstitutionelles Dossier 2012/0011 (COD)) nach dem EU-Rat wurden die im Entwurf der EU-Kommission v. 25.1.2012 und in der Legislativen Entschließung des Europäischen Parlaments v. 12.3.2014 in Art. 11 vorgesehenen Anforderungen an transparente Information und Kommunikation mit den in Art. 12 vorgesehenen Verfahren und Vorkehrungen zur Rechtsausübung zusammengeführt.

B. Transparenzregelung des Abs. 1

I. Maßgebliche Informationen und Mitteilungen

Art. 12 stellt Anforderungen an den Verantwortlichen, damit der Betroffene die (anderweitig **9** geregelten) Informationen und Mitteilungen wahrnehmen und verstehen kann. Während Informationen unabhängig von einer konkreten Anfrage sind, setzt eine Mitteilung regelmäßig eine Inanspruchnahme des Verantwortlichen durch die betroffene Person voraus.

Es werden die Modalitäten für alle Informationen gem. den Art. 13 und 14 geregelt, dh
- die Information bei der Erhebung personenbezogener Daten beim Betroffenen selbst (Art. 13) insbesondere über die Identität des Verantwortlichen, die Kontaktdaten des Datenschutzbeauftragten, die Verarbeitungszwecke und Rechtsgrundlagen, das berechtigte Interesse, den Empfänger und
- die Information des Betroffenen bei anderweitiger, dh nicht bei ihm selbst erfolgender, Datenerhebung (Art. 14): Informationen wie bei Art. 13 (s. eben) mit Ausnahme der Bereitstellung, zusätzlich die Quelle und ob es sich dabei um eine öffentlich zugängliche Quelle handelt.

Überdies gelten die Regelungen für alle Mitteilungen gem. der Art. 15–22 und Art. 34, dh **10**
- Auskunft über gespeicherte personenbezogene Daten und weitere Informationen wie ua Verarbeitungszweck, Empfänger, Dauer (Art. 15)
- Mitteilungen im Rahmen des Berichtigungsrechts (Art. 16)
- Mitteilungen im Rahmen der Löschung (Art. 17), insbesondere auch Informationen der für die Datenverarbeitung Verantwortlichen (Art. 17 Abs. 2)

- Mitteilungen im Rahmen der Einschränkung der Verarbeitung (Art. 18), insbesondere Information des Betroffenen vor Einschränkung der Verarbeitung (Art. 18 Abs. 3)
- Mitteilungen an alle Empfänger nach Berichtung, Löschung oder Einschränkung (Art. 19)
- Erhalt der bei einem Verantwortlichen vorhandenen Daten zur Übertragung (Art. 20) (anders Kühling/Buchner/Bäcker Rn. 10)
- Mitteilungen im Rahmen des Widerspruchsrechts (Art. 21); von besonderer Bedeutung ist dabei der Hinweis auf dieses Widerspruchsrecht zum Zeitpunkt der ersten Kommunikation (Art. 21 Abs. 4)
- Mitteilungen im Zusammenhang mit automatisierten Entscheidungen, insbesondere Profiling
- Benachrichtigung bei Datenschutzverletzungen (Art. 34).

II. Anforderungen an die Art und Weise

11 Trotz des Wortlautes, der zwischen Form- und Inhaltsanforderungen unterscheidet, handelt es sich nicht auf der einen Seite um eine Formvorschrift, die nur die äußere Gestalt erfasst, und auf der anderen Seite um inhaltliche Anforderungen. Dies zeigt bereits das erste Merkmal „präzise": dies bezieht sich im Wesentlichen nicht auf die äußere Gestalt, sondern vor allem auf den Inhalt der Information → Rn. 17. So fassen auch die Erwägungsgründe die Anforderungen zusammen und stellen dies klar.

11.1 Erwägungsgrund 58: „eine für die Öffentlichkeit oder die betroffene Person bestimmte Information hat präzise, leicht zugänglich und verständlich sowie in klarer und einfacher Sprache abgefasst zu sein."

12 Abzustellen ist jeweils auf den durchschnittlichen Nutzer des jeweiligen Angebots (aA Plath/Kamlah Rn. 2); für an Kinder gerichtete Angebote wird dies in Abs. 1 S. 1 ausdrücklich festgeschrieben. Wie der Wortlaut zeigt, gilt dieser Adressatenbezug auch darüber hinaus („insbesondere"). Richtet sich das Angebot an verschiedene Zielgruppen, so sind ggf. verschiedene Darstellungen erforderlich (so auch Kühling/Buchner/Bäcker Rn. 11).

1. in präziser, transparenter, verständlicher und leicht zugänglicher Form

13 Präzise ist eine Information oder Mitteilung, wenn sie einen hinreichenden Grad an Genauigkeit und Abgrenzungsschärfe besitzt (Gola/Franck Rn. 17). Diese Anforderung steht in einem Spannungsverhältnis zur Einfachheit und leichten Verständlichkeit und setzt einiges Formulierungsgeschick voraus. Das Spannungsverhältnis wird sich nicht vollständig auflösen lassen.

14 Transparent setzt voraus, dass der Inhalt an sich erkennbar und nachvollziehbar ist; abzugrenzen ist dies von nebulösen und verschleiernden Erläuterungen. Die Transparenz wird in Art. 5 Abs. 1 lit. 1 legaldefiniert.

15 Verständliche Mitteilungen sind deutlich und erfassbar. Der durchschnittliche (→ Rn. 12) Empfänger soll den Inhalt visuell wie begrifflich erfassen und verarbeiten können (vgl. hierzu auch Paal/Pauly/Paal Rn. 30).

16 Auch das Kriterium „leicht zugänglich" bezieht sich sowohl auf den Inhalt als auch auf die Form: Es sollen keine Hürden aufgestellt werden, vielmehr soll der Betroffenen die Information mit den ihm zur Verfügung stehenden Mitteln erreichen können (Paal/Pauly/Paal Rn. 32). Sie muss ohne wesentliche Mitwirkung des Betroffenen wahrnehmbar sein. Im Internet bedeutet dies, dass die Information jederzeit mit verschiedenen Browsern abrufbar sein muss, dh ohne großen Suchaufwand ständig zur Nutzung bereitgehalten wird (vgl. Müller-Broich, Telemediengesetz, 2012, TMG § 13 Rn. 1), die Texte sollten nicht zu klein oder in zu heller Schrift dargestellt werden (Gola/Franck Rn. 21).

17 „Form" ist nicht im Sinne der deutschen Rechtsterminologie, dh Fixierungen iSd §§ 126 ff. BGB zu verstehen (hierzu Abschnitt IV.), der Begriff ist vielmehr mit „Stil" gleichzusetzen (so auch Gola/Franck Art. 12 Rn. 17).

2. in einer klaren und einfachen Sprache

18 Klar ist die Sprache, wenn der Kern der Mitteilung offen liegt und nicht versteckt ist (insoweit kann auf die Rechtsprechung zu § 312j Abs. 1 BGB zurückgegriffen werden; weiteres hierzu Spindler/Schuster/Schirmbacher BGB § 312j Rn. 30) und der Durchschnittsadressat (→ Rn. 12) die Bedingungen ohne Schwierigkeiten wahrnehmen und verstehen kann (vgl. auch Spindler/Schuster/Micklitz/Schirmbacher UWG § 4 Rn. 140).

Einfach ist die Sprache, die kurze Sätze und allgemein gebräuchliche Worte verwendet, proble- **19**
matisch sind in diesem Zusammenhang Fachvokabular und Schachtelsätze (hierzu Paal/Pauly/Paal
Rn. 33; ausführlich Gola/Franck Rn. 22).

Hinsichtlich der Frage, in welcher Sprache die Mitteilung zu erfolgen hat, ist darauf abzustellen, **20–21**
an wen sich die Information nach allgemeinen Grundsätzen richtet, dh für wen sie bestimmt ist
(dies legt Erwägungsgrund 58 nahe: „eine für die Öffentlichkeit oder die betroffene Person
bestimmte Information"). Hier ist das Marktortprinzip nach Art. 3 zu berücksichtigen (so auch
Paal/Pauly/Paal Rn. 35): die Mitteilungen sind in den Sprachen der Länder zu erteilen, in denen
der Unternehmer Leistungen anbietet. Gegebenenfalls sind die Informationen auch bei online-
gestützten Tätigkeiten in verschiedenen Sprachen anzubieten (Ehmann/Selmayr/Heckmann/
Paschke Rn. 19).

3. Sonderregelung für Kinder

Kinder sind besonders schutzwürdig, da sie sich der maßgeblichen Risiken, Folgen und Garan- **22**
tien und ihrer Rechte bei der Verarbeitung personenbezogener Daten möglicherweise weniger
bewusst sind (vgl. hierzu Erwägungsgrund 38). Daher sieht die DS-GVO hierfür mehrfach Sonderregelungen vor, vgl. Art. 6 Abs. 1 lit. f, 8, 40 Abs. 2 lit. g, 57 Abs. 1 lit. b. Informationen und
Hinweise bei Angeboten, die sich an Kinder richten, sollen in einer kindgerechten Sprache, dh
dergestalt klar und einfach erfolgen, dass ein Kind sie verstehen kann (Erwägungsgrund 58).

Der Begriff des Kindes wird in der DS-GVO nicht legaldefiniert. Nach Art. 8 werden nur **23**
Personen, die das 16. Lebensjahr noch nicht vollendet haben, erfasst. Die DS-GVO überlässt die
Regelung damit grundsätzlich den Mitgliedstaaten und gibt nur einen Rahmen (→ Art. 8 Rn. 44)
vor.

Dies gilt unabhängig von der Einwilligungsfähigkeit der Kinder, für die die Kinder regelmäßig **24**
die Zustimmung der Erziehungsberechtigten benötigen werden. Die Kinder sollen ihre Rechte
als Betroffenen ggf. selbständig geltend machen können, was ein Verständnis der Informationen
erfordert (Ehmann/Selmayr/Heckmann/Paschke Rn. 21).

III. Ermöglichung der Übermittlung der Informationen

Den Verantwortlichen trifft lediglich die Pflicht, eine Übermittlung durch geeignete Maßnah- **25**
men zu ermöglichen und setzt nicht den Erfolg, dh die erfolgte Übermittlung der Information
beim Betroffenen selbst voraus. Der Abruf und damit die konkrete Übermittlung liegt – insbesondere, aber nicht nur – im Onlinekontext in der Sphäre des Betroffenen. Daher muss auch der
Verantwortliche die Informationen nur entsprechend zur Verfügung stellen, sodass der Betroffene
diese Information ohne größeren Aufwand zur Kenntnis nehmen kann.

Der Verantwortliche muss sie jedoch dem Betroffenen nicht durch eine tatsächliche Übermitt- **26**
lung „aufzwingen". Begründen lässt sich dies mit den praktischen Erfahrungen mit allgemeinen
Geschäftsbedingungen, die von den Adressen regelmäßig nicht gelesen, sondern ungelesen akzeptiert werden. Ein konkreter, verständlicher Hinweis auf die abrufbaren Informationen (und damit
auf den Anstoß der Übermittlung) gehört aber zu den „geeigneten Maßnahmen" iSd Abs. 1 und
ist im Zusammenhang mit Abs. 2 S. 1, wonach die Ausübung der Rechte zu erleichtern ist, zu
betrachten.

IV. Form der Übermittlung (Abs. 1 S. 2 und 3)

Hinsichtlich der Form ist der Verpflichtete vergleichsweise frei. Die Mitteilung kann schriftlich **27**
(iSv § 126 BGB) oder in anderer, fixierter Form, ggf. auch elektronisch (iSv § 126a BGB bzw.
§§ 126b, 127 BGB) erfolgen. Auch eine mündliche Übermittlung ist entsprechend Abs. 1 S. 3
grundsätzlich möglich, ein Vorrang für schriftliche Mitteilungen gegenüber elektronischer Übermittlung besteht nicht (so jedoch Paal/Pauly/Paal Rn. 38). Jedoch zeigt der Umkehrschluss aus
S. 3 (mündlich) und der Einschub (ggf. elektronisch), dass eine Fixierung der Mitteilung erforderlich ist.

Die elektronische Bereitstellung ist vor allem im Internet von Bedeutung und gewinnt im **28**
alltäglichen Leben mehr und mehr an Bedeutung. Aber auch die Übergabe eines Datenträgers
(CD, USB-Stick) im Rahmen eines Vertragsschlusses wie in der Praxis der Versicherungen oder
Banken ist denkbar. Im letzteren Fall ist jedoch im Einzelfall zu prüfen, ob es sich dabei um eine
„geeignete Maßnahme" zur Übermittlung im Sinne der Vorschrift handelt.

Eine mündliche Information oder Mitteilung kommt nur in Betracht, wenn die Identität klar **29–30**
ist. Voraussetzung hierfür ist der Nachweis der Identität, der vorab erfolgen muss. Zur Identifizie-

rung können Angaben wie Name, Wohnort, Adresse, Geburtsdatum, Personalausweisnummer, Kundenpasswörtern, Bestellkonten auch in Kombination mit konkreten Informationen im Zusammenhang mit dem Auskunftsersuchen herangezogen werden. Das Gebot der Datensparsamkeit ist hier in Gleichgewicht zu bringen mit dem Identifizierungsbedürfnis. Inwieweit Ausweiskopien herangezogen werden können, ist strittig; vgl. (hierzu zustimmend Plath/Kamlah Rn. 9c; einschränkend abstellend auf §§ 14, 20 PAuswG Ehmann/Selmayr/Heckmann/Paschke Rn. 30), § 20 Abs. 1 PAuswG eröffnet dem Betroffenen die Möglichkeit die Nutzung des Ausweises als Identifikationsnachweis. Hiervon zu trennen ist jedoch eine Verpflichtung des Nachweises durch den Ausweis.

C. Unterstützungspflicht und Verweigerungsrecht bei fehlenden Identifizierbarkeit des Betroffenen (Abs. 2)

31 Abs. 2 legt dem Verantwortlichen die Pflicht auf, der betroffenen Person die Rechtsausübung zu erleichtern (S. 1) und schränkt das Verweigerungsrecht nach Art. 11 Abs. 2 bei fehlender Identifizierbarkeit der betroffenen Person ein (S. 2).

32 Den Verantwortlichen trifft nicht nur die Pflicht, die Wahrnehmung der Rechte nicht zu erschweren, sondern legt darüber hinaus dem Verantwortlichen ein aktives Tun des Unterstützens auf. Dies bezieht sich aufgrund der Systematik auf die Erreichbarkeit der für die Rechteausübung erforderlichen Informationen (so auch Paal/Pauly/Paal Rn. 44). Abs. 2 S. 1 hat insoweit einen Appellcharakter und muss iVm anderen Regelungen gesehen werden. Für die Praxis von Bedeutung sind daher klare Zuständigkeiten und Ansprechpartner beim Verantwortlichen sowie Kontaktformulare ua (Gola/Franck Rn. 13). Ein Verstoß wäre es, wenn Rechte nur mit einem Medienbruch (zB bei Onlineangeboten Forderung nach schriftlichen Anträgen) wahrnehmbar wären (so richtig Kühling/Buchner/Bäcker Rn. 26).

33 Praxisrelevant ist Abs. 2 S. 2, wonach der Verantwortliche eine beantragte Tätigkeit zum Schutz der Rechte eines Betroffenen nur dann verweigern kann, wenn er nachweist, dass er den Betroffenen nicht identifizieren kann. Der Verantwortliche muss zunächst mit allen möglichen Maßnahmen versuchen, den Betroffenen zu identifizieren. Die Darlegungslast (Glaubhaftmachung) liegt bei ihm. Art. 12 geht insoweit weiter als Art. 11, mit dem er in einem engen Zusammenhang steht, da er ein Verweigerungsrecht einräumt und auch den Widerspruch gem. Art. 21 und die automatisierten Entscheidungen nach Art. 22 erfasst. Eine Glaubhaftmachung iSv § 294 ZPO ist ausreichend oder nicht wie in Art. 11 Abs. 2 in deutscher Fassung vorgesehen ein Nachweis.

33.1 Wobei zweifelhaft ist, ob tatsächlich ein Unterschied zu fordern ist oder nicht vielmehr auch in Art. 11 Abs. 2 eine Glaubhaftmachung ausreicht. Simitis/Hornung/Dix weisen zu Recht darauf hin, dass die englische und französische Fassung in Art. 11 Abs. 2 und Art. 12 Abs. 2 jeweils dasselbe Verb demonstrate bzw. démontre verwenden.

34 Zur Identifizierung können Angaben wie Name, Wohnort, Adresse, Geburtsdatum, Personalausweisnummer, Ausweiskopien (streitig; vgl. hierzu zustimmend Plath/Kamlah Rn. 9c; einschränkend Ehmann/Selmayr/Heckmann/Paschke; hierzu auch → Rn. 29), Kundenpasswörtern, Bestellkonten auch in Kombination mit konkreten Informationen im Zusammenhang mit dem Auskunftsersuchen herangezogen werden. Das Gebot der Datensparsamkeit ist hier in Gleichgewicht zu bringen mit dem Identifizierungsbedürfnis.

D. Information nach Ausübung der Schutzrechte – Frist und Form (Abs. 3)

35 Abs. 3 S. 1 legt dem Verantwortlichen auf, die Informationen zu den beantragten Maßnahmen wie Auskunft, Berichtigung oder Löschung unverzüglich zu erteilen. Für die nach Art. 15–22 beantragten Maßnahmen ist wie bei § 121 BGB ohne schuldhaftes Zögern eine Antwort zu erteilen, dabei ist wie iRd § 121 BGB bei der Zeitkomponente auf eine subjektive Zumutbarkeit abzustellen. Eine Information ist auch dann noch unverzüglich, wenn sie innerhalb einer nach den Umständen des Einzelfalls zu bemessenden Prüfungs- und Überlegungszeit vorgenommen wird (so zu § 121 BGB ua BGH NJW 2008, 985 Rn. 18; wobei damit nicht die inhaltliche Prüfung und Umsetzung des Antrags gemeint ist). Die Information sollte in der Praxis in der Regel zusammen mit oder nach Einleitung der ersten Umsetzungsschritte erfolgen. Dies legt auch der Wortlaut „ergriffenen Maßnahmen" nahe. Dieser Zeitraum steht dem Verantwortlichen auch zur Verfügung. Begrenzt wird der Prüfungszeitraum von einer Ein-Monatsfrist: eine Information ist grundsätzlich innerhalb eines Monats nach dem Eingang des Antrags bereitzustellen. Zu berücksichtigen ist, dass Abs. 3 der Prüfung des Antrags keine Frist auferlegt, sondern sich lediglich auf die Information über den Stand des Antrags bezieht.

Die Frist beginnt ggf. nach Feststellung der Identität nach Abs. 6, wozu auch die Vorlage einer **35a** Vollmacht eines Rechtsanwalts gehören kann (hierzu AG Mitte ZD 2020, 647).

S. 2 ermöglicht dem Verantwortlichen eine Verlängerung dieser Frist um zwei Monate, sodass **36** ihm maximal drei Monate zur Verfügung stehen. Voraussetzung für diese vom Verantwortlichen sich (systemwidrig) selbst gewährte Verlängerung ist in materieller Hinsicht die (hohe) Komplexität der Anfrage und/oder die Menge von weiteren Anträgen, wobei es sich nicht um gleichgelagerte Anträge handeln muss (so auch Simitis/Hornung/Dix Rn. 25; aA Ehrmann/Selmayr/Heckmann/Paschke Rn. 12 Komplexität und Menge als kumulative Voraussetzung).

S. 3 normiert eine formelle Begründungspflicht bei einer Verlängerung nach S. 2 und legt dem **37** Verantwortlichen eine gesonderte Informationspflicht auf. Innerhalb eines Monats nach Eingang des Antrags hat der Verantwortliche die Fristverlängerung mit Begründung mitzuteilen. Innerhalb eines Monats nach Antragseingang muss der Verantwortliche also spätestens den Betroffenen kontaktiert haben, ihm entweder die Information zur beantragten Maßnahme zur Verfügung stellen oder aber eben die Fristverlängerung begründet mitteilen.

Die Form regelt S. 4 in praxistauglicher Art und Weise. Bei einem elektronischen Antrag soll **38** auch in der Regel eine elektronische Information erfolgen. Auch diese Unterrichtung ist nach dem Sinn und Zweck an den Voraussetzungen des Abs. 1 zu messen (so auch Paal/Pauly/Paal Rn. 55).

Derzeit nicht belegt. **39**

E. Unterrichtung bei Nichtabhilfe (Abs. 4)

Sofern der Verantwortliche die beantragte Maßnahme nicht ergreift und damit keine Abhilfe **40** leistet, hat er den Betroffenen zu informieren, und zwar ohne Verzögerung, dh sobald die Entscheidung getroffen ist. Als Höchstfrist sieht Abs. 4 einen Monat vor. Anders als Abs. 3, der eine Unterrichtung bei „ergriffenen Maßnahmen" regelt, ist eine Fristverlängerung nicht vorgesehen. Hier muss jedoch vom Sinn und Zweck der Prüfung des Abs. 3, der auch in S. 2 „Komplexität" zum Ausdruck kommt, die Fristverlängerungsmöglichkeit von Abs. 3 S. 2 und 3 herangezogen werden (aA Kühling/Buchner/Bäcker Rn. 34). Die Fristverlängerung soll dem Verantwortlichen gerade eine Prüfung in beide Richtungen (Maßnahmen der Art. 15–22 zu ergreifen oder nicht) ermöglichen. Eine Mitteilung, dass keine Maßnahmen ergriffen werden, kann damit auch nach entsprechender Fristverlängerung maximal drei Monate nach Eingang des Antrags erfolgen und damit abweichend von Wortlaut des Abs. 4.

Diese auf den konkreten Antrag bezogene Mitteilung ist zu begründen (Angabe der Gründe, **41** warum der Verantwortliche die konkrete beantragte Maßnahme nicht ergreift) sowie mit einer Rechtsbehelfsbelehrung zu versehen (Beschwerde gem. Art. 77 bei der Aufsichtsbehörde iSv Art. 51, gerichtliche Rechtsbehelfe Art. 79). Auch insoweit ist eine Form nicht geregelt, die Mitteilung ist aber ebenfalls nach deren Sinn und Zweck am Maßstab des Abs. 1 zu messen (so auch Paal/Pauly/Paal Rn. 59).

Derzeit nicht belegt. **42**

F. Unentgeltlichkeit der Mitteilungen und Verweigerungsrecht bei Missbrauch (Abs. 5)

Mitteilungen und Informationen sind mit Ausnahme von offenkundig missbräuchlichen Anträ- **43** gen unentgeltlich zu erteilen. Der Verantwortliche darf für sein Tätigwerden kein Geld verlangen. Weder die Bearbeitung des Antrags noch die Mitteilung bzw. Information darf von einer Zahlung oder gar einem Vertragsschluss abhängig gemacht werden.

Sonderregelungen sind für Kopien geregelt, s. Art. 15 Abs. 3 S. 2, andere Verwaltungskosten dürfen nichterhoben werden.

Die betroffene Person hat dagegen auch keinen Anspruch gegen den Verantwortlichen auf Ersatz von Kosten, die ihr im Zusammenhang damit entstanden sind (zB Fahrtkosten; so auch Simitis/Hornung/Dix Rn. 30). Ein entsprechender Ersatz kommt aber ggf. im Rahmen eines Schadensersatzanspruchs wegen eines Verstoßes gegen die DS-GVO nach Art. 82 in Betracht.

In der Praxis hat Art. 12 Abs. 5 eine besondere Relevanz bei Auskunftsansprüchen nach Art. 15 **43a** bzw. begehrten Kopien von Krankenakten (insoweit besteht ein Widerspruch zu § 630g BGB, hierzu MüKoBGB/Wagner, 8. Aufl. 2021, § 630g Rn. 29; zum österreichischen Recht ÖOGH ZD 2021, 366 (367)).

44 Missbrauch liegt vor, wenn Anträge
- offenkundig unbegründet sind, dh Anträge, bei denen das Fehlen der Voraussetzungen auf der Hand liegt bzw. offen zu Tage tritt und der Antrag eindeutig aussichtslos ist (vgl. allgemein BVerfGE 94, 166 (191); so auch schon BVerfGE 67, 43 (59)).
- exzessiv, dh ohne Maß gestellt werden, was insbesondere bei häufiger Wiederholung anzunehmen sein soll. Zur Wiederholung sollte hinzukommen, dass es keine stichhaltigen Gründe für die häufigen Wiederholungen wie eine Änderung der tatsächlichen Umstände oder eine anderweitige, abweichende Auskunft gibt. Andernfalls kann ein wiederholender Antrag sehr wohl mit Maß gestellt sein und wäre damit nicht exzessiv. Dies kann dann anzunehmen sein, wenn der Betroffene nicht eine Rechtmäßigkeitsprüfung zur Durchsetzung seiner Betroffenenrechte anstrebt sondern im inhaltliche Prüfung oder eine Lästigkeitswirkung erzielen möchte (LG Heidelberg ZD 2020, 313 (315)).

45 Diese Voraussetzungen sind vor dem Hintergrund der Ausnahmeregelung von der Entgeltfreiheit restriktiv auszulegen (vgl. auch Simitis/Hornung/Dix Rn. 32), so dürfen unter anderem an die Häufigkeit keine allzu großen Anforderungen gestellt werden, zumal die Anträge grundsätzlich der Verwirklichung des Rechts auf informationelle Selbstbestimmung dienen.

46 Bei solch missbräuchlichen Anträgen kann der Verantwortliche ausnahmsweise ein Entgelt verlangen, wobei die Verwaltungskosten zu berücksichtigen sind. Was Basis der Entgelte ist, insbesondere ob auch vorbereitende Maßnahmen hierbei berücksichtigt werden können, ist nicht eindeutig geregelt (Plath/Kamlah Rn. 21 f.). Die konkreten Verwaltungskosten sind nicht notwendigerweise wiederzugeben sind, sie können auch pauschaliert werden (hierzu auch Gola/Francke Rn. 39), sie sind insbesondere keine Obergrenze (wie in Art. 12 lit. a. Datenschutz-RL), das Entgelt muss aber eine tatsächliche Gegenleistung sein und soll keinen abschreckenden Charakter haben (Simitis/Hornung/Dix Rn. 34 will Strafcharakter ausschließen). Im Zweifel obliegt es der verantwortlichen Stelle sowohl die Voraussetzungen „offenkundig unbegründet" und „exzessiv" sowie die Höhe der Kosten darzulegen und nachzuweisen (Gola/Franck Art. 12 Rn. 41).

47 Alternativ darf der Verantwortliche bei solch missbräuchlichen Anträgen das Tätigwerden ganz verweigern, dh er muss keine Mitteilung machen. Es handelt sich um eine vom Verantwortlichen zu erhebende Einrede.

48 Die Beweislast für den Missbrauch, dh offenkundig unbegründet oder exzessiv, trägt der Verantwortliche.

G. Identifizierungsprobleme (Abs. 6)

49 Weitere Informationen zur Person des Antragsstellers anzufordern, ermöglicht Abs. 6: Um dessen Identität festzustellen oder zu bestätigen, kann der Verantwortliche taugliche Informationen (ua Geburtsdatum, Anschrift, Kundenkennwort) oder auch die Vorlage einer Vollmacht des den Anspruchsteller vertretenden Rechtsanwalts (zu letzterem AG Mitte ZD 2020, 647) verlangen. Der Verantwortliche soll alle vertretbaren Mittel nutzen, um die Identität zu überprüfen, insbesondere im Rahmen von Online-Diensten und im Fall von Online-Kennungen (Erwägungsgrund 64).

50 Voraussetzung für die Anforderung weiterer Informationen sind begründete (vom Verantwortlichen gegebenenfalls darzulegende und nachzuweisende) Zweifel an der Identität. Hintergrund dieser Regelung ist ein Schutzgedanke: Es sollen Informationen nur an den tatsächlich Betroffenen zur Verfügung gestellt werden, aber zugleich den Grundsätzen der Datensparsamkeit Rechnung getragen werden. Standard- oder routinemäßige Abgleiche sind dadurch ausgeschlossen.

51 Art. 11 steht daneben: sofern der der Antragsteller nicht identifiziert werden kann, ist der Verantwortliche nach Art. 11 Abs. 2 von den Maßnahmen nach Art. 15–20 entbunden.

52 Derzeit nicht belegt.

H. Bildsymbole (Abs. 7)

53 Zur Erfüllung der Informationspflichten nach Art. 13 und 14 besteht die Möglichkeit, nicht die Pflicht, neben verbalen Mitteilungen auch Bildsymbole zu verwenden. Die Symbole müssen standardisiert sein. Sie können nur zusätzlich gebraucht werden, sie ersetzen aber nicht die schriftliche oder elektronische Information. Das Ziel der Symbole wird in der Norm selbst angegeben: Der Betroffenen soll sich anhand der Bilder in leicht wahrnehmbarer, verständlicher und klar nachvollziehbarer Form einen aussagekräftigen Überblick verschaffen können; die Vorschrift steht daher im engen Zusammenhang mit dem Transparenzgebot des Abs. 1 (so auch Kühling/Buchner/Bäcker Rn. 19).

Bei einer elektronischen Darstellung der Bildsymbole hat diese im Interesse der Barrierefreiheit 54
maschinenlesbar zu sein.

Zur Standardisierung wird die Kommission in Abs. 8 ermächtigt. Bislang hat dieses die Kompe- 55
tenz nicht genutzt.

Derzeit nicht belegt. 56

I. Ermächtigung der Kommission (Abs. 8)

Die Kommission ist ermächtigt, sowohl die maßgeblichen Informationen, für die Bildsymbole 57
bereitgestellt werden sollen, als auch Verfahren der Standardisierung zu entwickeln. Die Entwicklung aussagekräftiger Symbole wird eine große Herausforderung werden (zweifelhaft hierzu Dehmel/Hullen ZD 2013, 147 (152)).

Gem. Art. 92 Abs. 2 ist die Kommission die Befugnis zum Erlass delegierter Rechtsakte auf 58
unbestimmte Zeit übertragen (mit Widerrufsmöglichkeit nach Art. 92 Abs. 3).

Abschnitt 2. Informationspflicht und Recht auf Auskunft zu personenbezogenen Daten

Artikel 13 Informationspflicht bei Erhebung von personenbezogenen Daten bei der betroffenen Person

(1) Werden personenbezogene Daten bei der betroffenen Person erhoben, so teilt der Verantwortliche der betroffenen Person zum Zeitpunkt der Erhebung dieser Daten Folgendes mit:
a) den Namen und die Kontaktdaten des Verantwortlichen sowie gegebenenfalls seines Vertreters;
b) gegebenenfalls die Kontaktdaten des Datenschutzbeauftragten;
c) die Zwecke, für die die personenbezogenen Daten verarbeitet werden sollen, sowie die Rechtsgrundlage für die Verarbeitung;
d) wenn die Verarbeitung auf Artikel 6 Absatz 1 Buchstabe f beruht, die berechtigten Interessen, die von dem Verantwortlichen oder einem Dritten verfolgt werden;
e) gegebenenfalls die Empfänger oder Kategorien von Empfängern der personenbezogenen Daten und
f) gegebenenfalls die Absicht des Verantwortlichen, die personenbezogenen Daten an ein Drittland oder eine internationale Organisation zu übermitteln, sowie das Vorhandensein oder das Fehlen eines Angemessenheitsbeschlusses der Kommission oder im Falle von Übermittlungen gemäß Artikel 46 oder Artikel 47 oder Artikel 49 Absatz 1 Unterabsatz 2 einen Verweis auf die geeigneten oder angemessenen Garantien und die Möglichkeit, wie eine Kopie von ihnen zu erhalten ist, oder wo sie verfügbar sind.

(2) Zusätzlich zu den Informationen gemäß Absatz 1 stellt der Verantwortliche der betroffenen Person zum Zeitpunkt der Erhebung dieser Daten folgende weitere Informationen zur Verfügung, die notwendig sind, um eine faire und transparente Verarbeitung zu gewährleisten:
a) die Dauer, für die die personenbezogenen Daten gespeichert werden oder, falls dies nicht möglich ist, die Kriterien für die Festlegung dieser Dauer;
b) das Bestehen eines Rechts auf Auskunft seitens des Verantwortlichen über die betreffenden personenbezogenen Daten sowie auf Berichtigung oder Löschung oder auf Einschränkung der Verarbeitung oder eines Widerspruchsrechts gegen die Verarbeitung sowie des Rechts auf Datenübertragbarkeit;
c) wenn die Verarbeitung auf Artikel 6 Absatz 1 Buchstabe a oder Artikel 9 Absatz 2 Buchstabe a beruht, das Bestehen eines Rechts, die Einwilligung jederzeit zu widerrufen, ohne dass die Rechtmäßigkeit der aufgrund der Einwilligung bis zum Widerruf erfolgten Verarbeitung berührt wird;
d) das Bestehen eines Beschwerderechts bei einer Aufsichtsbehörde;
e) ob die Bereitstellung der personenbezogenen Daten gesetzlich oder vertraglich vorgeschrieben oder für einen Vertragsabschluss erforderlich ist, ob die betroffene Per-

son verpflichtet ist, die personenbezogenen Daten bereitzustellen, und welche mögliche Folgen die Nichtbereitstellung hätte und

f) das Bestehen einer automatisierten Entscheidungsfindung einschließlich Profiling gemäß Artikel 22 Absätze 1 und 4 und – zumindest in diesen Fällen – aussagekräftige Informationen über die involvierte Logik sowie die Tragweite und die angestrebten Auswirkungen einer derartigen Verarbeitung für die betroffene Person.

(3) Beabsichtigt der Verantwortliche, die personenbezogenen Daten für einen anderen Zweck weiterzuverarbeiten als den, für den die personenbezogenen Daten erhoben wurden, so stellt er der betroffenen Person vor dieser Weiterverarbeitung Informationen über diesen anderen Zweck und alle anderen maßgeblichen Informationen gemäß Absatz 2 zur Verfügung.

(4) Die Absätze 1, 2 und 3 finden keine Anwendung, wenn und soweit die betroffene Person bereits über die Informationen verfügt.

Überblick

Art. 13 regelt die Informations**pflicht** (wie hier: Paal/Pauly/Paal Rn. 1; aA Gola/Franck Rn. 1 und 39: Obliegenheit) des Verantwortlichen gegenüber der betroffenen Person, wenn der Verantwortliche die Daten der betroffenen Person **bei dieser** erhebt. Art. 13 komplettiert mit Art. 14 (→ Art. 14 Rn. 1) die Informationspflicht des Verantwortlichen und bildet zusammen mit Art. 15 (→ Art. 15 Rn. 1) einen fundamentalen Teil der Betroffenenrechte.

Übersicht

	Rn.		Rn.
A. Allgemeines	1	III. lit. b	42
I. Normgeschichte	1	IV. lit. c	44
II. Sinn und Zweck	2	V. lit. d	49
III. Vergleich mit dem bisher geltenden BDSG aF	3	VI. lit. e	51
		VII. lit. f	54
IV. Einbettung in die Unionsrechtsordnung	6	**D. Die Informationspflicht gem. Abs. 2**	58
V. Einschränkung durch den nationalen Gesetzgeber	8	I. Allgemeines	58
VI. Normkonkurrenzen	12	II. lit. a	60
VII. Rechtsdurchsetzung und Sanktionen	17	III. lit. b	63
1. Rechtsfolgen für den Verantwortlichen bei Zuwiderhandlung	17	IV. lit. c	68
		V. lit. d	71
2. Rechte der betroffenen Person	21	VI. lit. e	73
3. Rechtsdurchsetzung	25	VII. lit. f	77
B. Allgemeine Anspruchsvoraussetzungen	29	**E. Zeitpunkt und Form der Information**	79
I. Anwendungsbereich und Dispositivität	30	I. Zeitpunkt	79
1. Anwendungsbereich	30	II. Form der Information	85
2. Dispositivität	33	**F. Die Informationspflicht bei anderem Weiterverarbeitungszweck gem. Abs. 3**	87
II. Die betroffene Person und der Verantwortliche	35		
C. Die Informationspflicht gem. Abs. 1	37	**G. Unentgeltlichkeit**	91
I. Allgemeines	37	**H. Ausschluss des Anspruchs gem. Abs. 4**	93
II. lit. a	39		

A. Allgemeines

I. Normgeschichte

1   Art. 13 war im vorangegangenen Gesetzesentwurf in den Fassungen der Kommission vom 25.1.2012 (2012/0011 (COD)), im Beschluss des Europäischen Parlaments v. 12.3.2014 (7427/1/14, REV 1), dem gemeinsamen Standpunkt des Rats v. 15.5.2015 (9565/15) sowie schließlich

dem Ergebnis der Trilogparteien v. 15.12.2015 (15039/15) noch als Art. 14 gestaltet und wurde während des Gesetzgebungsprozesses auch mehrfach angepasst. Soweit dies für die Auslegung der geltenden Vorschrift von Bedeutung ist, wird auf die Gesetzeshistorie bei der Kommentierung der einzelnen Bestandteile dieser Vorschrift gesondert eingegangen.

II. Sinn und Zweck

Art. 13 bildet zusammen mit Art. 14 einen Komplex und formt zusammen mit Art. 15 einen ganz wesentlichen Bestandteil („**Magna Charta**") der Betroffenenrechte. Denn erst durch die mit Hilfe von Art. 13 gewonnenen Informationen wird die betroffene Person in die Lage versetzt, eine Datenverarbeitung richtig einzuschätzen und ihre Betroffenenrechte ordnungsgemäß wahrzunehmen. Die fundamentale Bedeutung von Art. 13 wird auch in den Erwägungsgrund 60 und 61 deutlich (vgl. auch Paal/Pauly/Paal Rn. 4). 2

III. Vergleich mit dem bisher geltenden BDSG aF

Mit Art. 13 vergleichbar war § 4 Abs. 3 BDSG aF (→ BDSG 2003 [aK] § 4 Rn. 55 ff.) sowie der noch bis zum 25.5.2018 geltende Art. 10 RL 95/46/EG. Beide Vorschriften bürdeten dem Verantwortlichen allerdings deutlich weniger Informationspflichten als Art. 13 auf. 3

Verglichen mit den bei einer Verletzung von § 4 Abs. 3 BDSG aF in bestimmten Fallkonstellationen möglichen Geldbußen aus § 43 Abs. 2 Nr. 1 BDSG aF (→ BDSG 2003 [aK] § 4 Rn. 83) kann sich ein Verstoß gegen Art. 13 gem. Art. 83 Abs. 5 angesichts der dort möglichen, sehr erheblichen Geldbußen, künftig geradezu drakonisch auswirken. 4

Derzeit nicht belegt. 5

IV. Einbettung in die Unionsrechtsordnung

Hinsichtlich der Einbettung von Art. 13 in die Unionsrechtsordnung kann auf die Ausführungen bei Art. 15 (→ Art. 15 Rn. 5) verwiesen werden. 6

Derzeit nicht belegt. 7

V. Einschränkung durch den nationalen Gesetzgeber

Fraglich ist, ob und wie Art. 13 durch den nationalen Gesetzgeber angepasst werden kann (hierzu allg. → Art. 15 Rn. 8 ff. sowie → Art. 14 Rn. 12). 8

Angewendet auf Art. 13 ergibt sich Folgendes: Art. 13 unterliegt den Öffnungsklauseln in Art. 23 (Handlungsoption), Art. 85 (Regelungsgebot), Art. 88 (Handlungsoption) und kann daher vom nationalen Gesetzgeber unter den dort jeweils genannten Voraussetzungen angepasst werden. Darüber hinaus ist Art. 13 an zahlreichen Stellen auslegungs- bzw. konkretisierungsbedürftig. In diesem Fällen ist unter Berücksichtigung der vorstehenden Ausführungen jeweils im Einzelfall zu untersuchen, ob und inwiefern ein Tätigwerden des nationalen Gesetzgebers möglich ist. 9

Durch § 32 BDSG (→ BDSG § 32 Rn. 1 ff.) wird Art. 13 konkretisiert bzw. eingeschränkt. 10

Derzeit nicht belegt. 11

VI. Normkonkurrenzen

Normkonkurrenzen mit Regelungen innerhalb der DS-GVO: Zwischen Art. 13 und Art. 14 besteht kein Überschneidungsbereich. Insofern kann auf die bei Art. 14 gemachten Ausführungen verwiesen werden (→ Art. 14 Rn. 12). 12

Für **Normkonkurrenzen mit Regelungen außerhalb der DS-GVO im Unionsrecht** gelten die Ausführungen bei → Art. 15 Rn. 16. 13

Normkonkurrenzen mit nationalem Recht: Besteht eine Normkonkurrenz, eine Unklarheit und/oder ein Widerspruch zwischen Art. 13 und einer nationalen Vorschrift, so gelten die vorstehend (→ Rn. 8) gefundenen Grundsätze. 14

Derzeit nicht belegt. 15–16

VII. Rechtsdurchsetzung und Sanktionen

1. Rechtsfolgen für den Verantwortlichen bei Zuwiderhandlung

Bei Verstößen gegen Art. 13 ist für die Rechtsfolgen zwischen dem Verstoß gegen die Informationspflicht und dessen Auswirkungen auf die Rechtmäßigkeit der Datenverarbeitung zu unterscheiden. 17

DS-GVO Artikel 13   Kapitel III. Rechte der betroffenen Person

18   Der **Verstoß gegen die Informationspflicht** führt zu den in Art. 15 (→ Art. 15 Rn. 21 ff.) näher dargelegten Rechtsfolgen in Bezug auf die Aufsichtsbehörden, deren Sanktionsmöglichkeiten, der Möglichkeit zur Verbandsklage aus Art. 80, weiteren Sanktionen aus Art. 84 sowie dem Recht auf Schadensersatz der betroffenen Person gem. Art. 82.

19   **Die Auswirkungen des Verstoßes auf die Rechtmäßigkeit der Datenverarbeitung** sind bei Art. 13 prinzipiell von den Auswirkungen bei einem Verstoß gegen Art. 14 (→ Art. 14 Rn. 19) zu unterscheiden, da bei Art. 13 die Information bei der Direkterhebung von Daten unterblieben ist, wohingegen bei Art. 14 die Datenerhebung ohne Beteiligung der betroffenen Person erfolgte. Die Literatur ist uneins, wie sich ein Verstoß gegen Art. 13 auf die Datenverarbeitung auswirkt. Einerseits (Gola/Franck Art. 13 Rn. 37; wohl auch Ehmann/Selmayr Art. 13 Rn. 65) wird vertreten, dass ein Verstoß keine Folge auf die Rechtmäßigkeit der Datenverarbeitung hätte. Andererseits wird differenziert, ob die Rechtmäßigkeit der Datenverarbeitung vom Willen der betroffenen Person abhing oder ob diese verpflichtet war, die Datenerhebung zu dulden oder an ihr mitzuwirken (Kühling/Buchner Art. 13 Rn. 63 ff.). Auch wird vertreten, dass die Datenerhebung rechtswidrig sei, wenn eine Einwilligung nach Art. 6 Abs. 1 lit a erfolgt sei oder durch die fehlende Information die Möglichkeit genommen werde, der Datenerhebung auszuweichen (Simitis/Hornung/Spiecker/Dix Rn. 26). **Nach hier vertretener Auffassung ist für Art. 13** danach zu differenzieren, ob die Zulässigkeit der Datenerhebung (auch) auf einer in der DS-GVO enthaltenen Rechtfertigung (Fall 1) oder ausschließlich auf einer Einwilligung iSv Art. 6 Abs. 1 lit. a DS-GVO der betroffenen Person basiert (Fall 2). Für beide Fälle verbieten sich zwar grundsätzlich pauschale Ergebnisse, weswegen stets im Einzelfall mit einer Interessenabwägung zu einem vertretbaren Ergebnis zu gelangen ist. Bezogen auf Fall 1 spricht aber viel dafür, dass die Verletzung von Art. 13 im Regelfall keine rechtlichen Auswirkungen auf die Zulässigkeit der Datenerhebung hat, es sei denn, der Verantwortliche hat seine Informationspflicht vorsätzlich verletzt. Bezogen auf Fall 2 spricht viel dafür, dass eine Einwilligung mangels transparenter Information unwirksam ist und die Datenerhebung aufgrund der Verletzung des Art. 13 daher rechtswidrig ist (ähnlich Schantz/Wolff DatenschutzR Rn. 1176 f.).

20   Ist aufgrund des Verstoßes gegen Art. 13 die Datenverarbeitung rechtswidrig (s. → Rn. 19), so stellt sich die Frage, ob die auf der rechtswidrigen Datenverarbeitung basierenden, **weiteren Datenverarbeitungen** ebenfalls rechtswidrig sind. Dies wird teils mit Kritik unter Hinweis auf Art. 17 Abs. 1 lit. d) bejaht (so Kühling/Buchner Art. 13 Rn. 68; wohl auch Simitis/Hornung/Spiecker/Dix Rn. 26). Nach hier vertretener Auffassung verbietet sich eine solche Verallgemeinerung. Vielmehr ist danach zu differenzieren, ob die sich anschließenden Datenverarbeitungen durch Art. 6 DS-GVO zu rechtfertigen sind. So kann es zB der Fall sein, dass eine durch fehlende Information erfolgte Datenerhebung rechtswidrig ist, die anschließende Datenweitergabe aber durch eine nochmalige Einwilligung iRd Art. 6 Abs. 1 lit. a DS-GVO gerechtfertigt wird, sodass die unter Verstoß gegen Art. 13 erfolgte Datenerhebung für die sich anschließende Datenweitergabe ohne Auswirkungen ist.

2. Rechte der betroffenen Person

21   Bezüglich der Rechte der betroffenen Person ist ebenso zu unterscheiden zwischen dem Verstoß gegen die Informationspflicht und dessen Auswirkungen auf die Rechtmäßigkeit der Datenverarbeitung.

22   Der **Verstoß gegen die Informationspflicht** kann vom Betroffenen so, wie ein Verstoß gegen Art. 15 verfolgt werden (→ Art. 15 Rn. 23).

23   Die **durch den Verstoß ggf.** (→ Rn. 19) **ausgelöste Rechtswidrigkeit der Datenerhebung** wirkt sich für die betroffene Person wie eine Verletzung von Art. 6 aus, sodass auf die dortigen Ausführungen verwiesen werden kann.

24   Derzeit nicht belegt.

3. Rechtsdurchsetzung

25   Wiederum ist bei der Rechtsdurchsetzung zu unterscheiden zwischen dem Verstoß gegen die Informationspflicht und dessen Auswirkungen auf die Rechtmäßigkeit der Datenverarbeitung zu unterscheiden.

26   Der **Verstoß gegen die Informationspflicht** kann vom Betroffenen so, wie ein Verstoß gegen Art. 15 verfolgt werden (→ Art. 15 Rn. 27; differenzierend Gola/Franck Rn. 40 f.). Unterschiede ergeben sich freilich etwa bei der Frage, ob eine Frist vor gerichtlicher Geltendmachung abzuwarten ist (→ Art. 15 Rn. 27). Im Übrigen besteht für den Anspruch aus Art. 13 keine Frist, da die

Informationspflicht beim Vorliegen der auch in Art. 13 genannten Tatbestandsvoraussetzungen vom Verpflichteten sofort zu erfüllen ist. Folglich ist auch § 93 ZPO nicht einschlägig.

Die **durch den Verstoß ggf.** (→ Rn. 19) **ausgelöste Rechtswidrigkeit der Datenerhebung** wirkt sich für die betroffene Person wie eine Verletzung von Art. 6 aus, sodass auf die dortigen Ausführungen verwiesen werden kann. 27

Derzeit nicht belegt. 28

B. Allgemeine Anspruchsvoraussetzungen

Ist der Anwendungsbereich eröffnet (→ Rn. 30) und liegen die Eigenschaft als Verantwortlicher und Betroffener (→ Rn. 35) vor, so hat der Verantwortliche zum Zeitpunkt der Erhebung der Daten (→ Rn. 79) die Informationspflicht aus Art. 13 zu erfüllen, es sei denn, der Informationsanspruch ist gem. Art. 13 Abs. 4 (→ Rn. 93) ausgeschlossen. 29

I. Anwendungsbereich und Dispositivität

1. Anwendungsbereich

Im Anwendungsbereich der DS-GVO (vgl. Art 2 und 3) kommt es für die Anwendbarkeit des Art. 13 darauf an, ob Daten bei der betroffenen Person erhoben wurden (sog. Direkterhebung, wobei der Begriff v. Ehmann/Selmayr Art. 14 Rn. 2 kritisiert wird) oder nicht (auch → Rn. 12). Art. 13 ist nur dann einschlägig, wenn Daten bei der betroffenen Person erhoben worden sind. Ausgehend von den zu Art. 14 gefundenen Ergebnissen (→ Art. 14 Rn. 30 ff.), **liegt eine Erhebung von Daten bei der betroffenen Person iSd Art. 13 vor, wenn die betroffene Person für den Verantwortlichen erkennbar entweder körperlich oder mental an der Datenerhebung (aktiv oder passiv) beteiligt ist.** 30

Beispiele: → Art. 14 Rn. 31.1. 30.1

Derzeit nicht belegt. 31–32

2. Dispositivität

Art. 13 kann nur iRd Öffnungsklauseln (→ Rn. 9) vom nationalen Gesetzgeber eingeschränkt werden. Andere Einschränkungen des Art. 13 (zB durch Vereinbarung zwischen zwei Parteien) sind rechtlich nicht zulässig und daher in ihren Rechtsfolgen auf Art. 13 nichtig. 33

Art 13 wird vom nationalen Gesetzgeber durch § 32 BDSG (→ BDSG § 32 Rn. 1 ff.) konkretisiert bzw. eingeschränkt. 34

II. Die betroffene Person und der Verantwortliche

Bezüglich der Begriffe der betroffenen Person und des Verantwortlichen kann auf die Ausführungen zu Art. 15 verwiesen werden (→ Art. 15 Rn. 35 und → Art. 15 Rn. 40). 35

Derzeit nicht belegt. 36

C. Die Informationspflicht gem. Abs. 1

I. Allgemeines

Art. 13 Abs. 1 bildet mit Abs. 2 eine Einheit, da zwischen den jeweiligen Tatbestandsvoraussetzungen keine Unterschiede bestehen, weil der Satzteil in Abs. 2 mit dem Wortlaut „" die notwendig sind, um (…)" nicht als Tatbestandsvoraussetzung für Abs. 2 formuliert ist (wie hier: Kühling/Buchner Art. 13 Rn. 19; aA: Ehmann/Selmayr Art. 13 Rn. 40, wonach die Informationen gem. Abs. 1 immer, gem. Abs. 2 situationsabhängig zu geben sind; näher → Rn. 58 f.). 37

Eine Pflicht zur Mitteilung von Informationen, die nicht vom Wortlaut der Abs. 1 und 2 umfasst sind, besteht nicht (näher: → Art. 14 Rn. 38). 38

Praxistipp: Während der COVID-19-Pandemie, ausgelöst durch das SARS-CoV-2-Virus (Corona-Virus) wurden beispielsweise Gastronomiebetriebe dazu verpflichtet, die Kontaktdaten ihrer Gäste zu erheben. Diese Kontaktdaten sind so zu erheben, dass andere Gäste hiervon keine Kenntnis erlangen können und es sind die Anforderungen aus Art. 13 DS-GVO zu erfüllen – bei beidem scheitert die Praxis derzeit oft noch. Das BayLDA hat zu diesem Zweck ein Muster veröffentlicht, das unter https://www.lda.bayern.de/media/musterformular_kontakterhebung_corona.pdf abrufbar ist. 38.1

II. lit. a

39 Diesbezüglich kann auf die Ausführungen bei Art. 14 Abs. 1 lit. a verwiesen werden (→ Art. 14 Rn. 39 ff.).
40-41 Derzeit nicht belegt.

III. lit. b

42 Gemäß lit. b sind die Kontaktdaten (dazu → Rn. 39) des Datenschutzbeauftragten erforderlich. Anders als in Art. 14 Abs. 1 lit. b, wo es heißt „zusätzlich", bestimmt der Wortlaut des lit. b nur „gegebenenfalls". Folglich sind die Kontaktdaten des Datenschutzbeauftragten nur dann mitzuteilen, sofern ein solcher existiert (aA Simitis/Hornung/Spieker/Dix Rn. 9: Kontaktdaten in jedem Fall mitzuteilen).
43 Derzeit nicht belegt.

IV. lit. c

44 Diesbezüglich kann auf die Ausführungen bei Art. 14 Abs. 1 lit. c (→ Art. 14 Rn. 44 ff.) verwiesen werden.
45-48 Derzeit nicht belegt.

V. lit. d

49 Gem. lit. d hat der Verantwortliche bei einer Verarbeitung iSd Art. 6 Abs. 1 lit. f seine berechtigten Interessen oder die eines Dritten der betroffenen Person mitzuteilen. Wiederum liegt der Sinn und Zweck darin, der betroffenen Person eine Möglichkeit zur Prüfung der Rechtmäßigkeit der Datenverarbeitung an die Hand zu geben (ähnlich Ehmann/Selmayr Art. 13 Rn. 28). Daher hat die Mitteilung in einer solchen Detailtiefe zu erfolgen, die grundsätzlich eine solche Prüfung erlaubt (aA Schaffland/Wiltfang Art. 13 Rn. 11, der offenbar einen abstrakten Hinweis zB auf den Geschäftszweck laut Gesellschaftsvertrag ausreichend lässt).

50 Trefflich kann drüber gestritten werden, wann Interessen „berechtigt" sind. So wird teils vertreten (so etwa Gola/Franck Rn. 13 unter Hinweis auf Robrecht, EU-Datenschutzgrundverordnung, 2015, 48), dass ua Bonitätsprüfungen, Forderungsmanagement, Warenkreditsicherung, Bildung von Vertriebskooperationen berechtigte Interessen sind. So hilfreich diese Beispiele sind, ihr Nachteil liegt darin, dass sie nie alle einschlägigen Fallgestaltungen umfassen und eine Subsumtion nicht erleichtern. Stattdessen sollte das Begriffspaar „**berechtigte Interessen**" abstrakt bestimmt werden. Zunächst ist das „berechtigte Interesse" **weit zu verstehen** (vgl. Erwägungsgrund 47 S. 2, 6, 7 sowie Paal/Pauly/Frenzel Art. 6 Rn. 28). Nach anderer Ansicht ist ein Interesse nur dann „berechtigt", wenn es von Art. 6 Abs. 1 lit. f DS-GVO umfasst ist und die Interessen oder Grundrechte oder Grundfreiheiten der betroffenen Person nicht überwiegen (so Simitis/Hornung/Spieker/Dix Rn. 10 und Fn. 21). **Nach hier vertretener Auffassung** genügt jedes aus Sicht des Verantwortlichen gegebene rechtliche, wirtschaftliche oder auch bloß ideelle Interesse, soweit es nicht gegen einschlägige unionsrechtliche oder nationale Rechtsvorschriften verstößt (so auch Gola/Schulz Art. 6 Rn. 51 f.).

VI. lit. e

51 Diesbezüglich kann auf die Ausführungen bei Art. 14 Abs. 1 lit. e (→ Art. 14 Rn. 51 ff.) verwiesen werden.
52-53 Derzeit nicht belegt.

VII. lit. f

54 Diesbezüglich kann auf die Ausführungen bei Art. 14 Abs. 1 lit. f (→ Art. 14 Rn. 54 ff.) verwiesen werden.
55-57 Derzeit nicht belegt.

D. Die Informationspflicht gem. Abs. 2

I. Allgemeines

58 Da Abs. 2 im Vergleich zu Abs. 1 die identischen Tatbestandsvoraussetzungen beinhaltet, ist in jedem Fall des Abs. 1 zugleich auch Abs. 2 erfüllt. Obwohl der Wortlaut von Abs. 2 im Vergleich

zu Art. 14 Abs. 2 von „weiteren Informationen" spricht und darüber hinaus in Abs. 2 von „notwendigen Informationen" die Rede ist, wohingegen in Art. 14 Abs. 2 von „erforderlichen Informationen" gesprochen wird, ergibt sich inhaltlich kein Unterschied (im Ergebnis ebenso Paal/Pauly/Paal Art. 14 Rn. 23; Kühling/Buchner Art. 13 Rn. 20).

Nach **hier vertretener Auffassung** ist der Hinweis in Abs. 2, dass die in Abs. 2 enthaltenen Informationen erforderlich seien, um eine faire und transparente Verarbeitung zu gewährleisten, **redundant,** da auch die von Abs. 1 umfassten Informationen zu diesem Zweck erforderlich sind, wie Erwägungsgrund 60 zeigt (wie hier auch Gola/Franck Rn. 5; Simitis/Hornung/Spiecker/Dix Art. 13 Rn. 13). Nach anderer Auffassung (Ehmann/Selmayr Art. 13 Rn. 18 ff.) kommt dem Kriterium der „fairen und transparente Verarbeitung" ein eigenständiger Gehalt zu. Gegen die andere Auffassung spricht die von dieser selbst thematisierte (vgl. Paal/Pauly/Paal Art. 13 Rn. 23) fehlende praktische Handhabbarkeit, die vom Normgeber in dieser Form nicht beabsichtigt gewesen sein kann. Außerdem erkennen die Befürworter eines eigenständigen Tatbestandsmerkmals, die vorschlagen, schlicht „sämtliche weiteren Informationen mitzuteilen" (vgl. Paal/Pauly/Paal Art. 13 Rn. 23), dass dieses möglicherweise Zuviel an Informationen ebenso intransparent sein kann. 59

II. lit. a

Diesbezüglich kann auf die Ausführungen bei Art. 14 Abs. 2 lit. a (→ Art. 14 Rn. 60 ff.) verwiesen werden. 60

Derzeit nicht belegt. 61–62

III. lit. b

Diesbezüglich kann auf die Ausführungen bei Art. 14 Abs. 2 lit. c (→ Art. 14 Rn. 65 ff.) verwiesen werden. 63

Derzeit nicht belegt. 64–67

IV. lit. c

Diesbezüglich kann auf die Ausführungen bei Art. 14 Abs. 2 lit. d (→ Art. 14 Rn. 68 ff.) verwiesen werden. 68

Derzeit nicht belegt. 69–70

V. lit. d

Diesbezüglich kann auf die Ausführungen bei Art. 14 Abs. 2 lit. e (→ Art. 14 Rn. 71 ff.) verwiesen werden. 71

Derzeit nicht belegt. 72

VI. lit. e

Die Regelung in lit. e wurde im gemeinsamen Standpunkt des Rats v. 15.6.2015 eingeführt und bezweckt ebenfalls, für die betroffene Person die Transparenz zu erhöhen und ihm zu ermöglichen, die Rechtmäßigkeit der Datenverarbeitung nachzuprüfen. 73

Mitzuteilen ist demnach, ob (1) die Bereitstellung von Daten im Zeitpunkt der Erhebung gesetzlich oder vertraglich vorgeschrieben oder für einen Vertragsabschluss erforderlich ist, und (2) ob der Betroffene (auf Basis einer Norm oder eines Vertrags) verpflichtet ist, die Daten bereitzustellen, und (3) welche möglichen Folgen die Nichtbereitstellung hätte. 74

Diese nicht einfach zu verstehende Norm bürdet dem Verantwortlichen erhebliche Informationspflichten auf, die – jedenfalls bezogen auf die potentiellen Folgen der Nichtbereitstellung – für den Verantwortlichen oftmals kaum abschätzbar sind (aA und viel zu weitgehend für die Praxis hingegen Kühling/Buchner Art. 13 Rn. 45 ff.). 75

Praxistipp: Da lit. e von „möglichen Folgen" spricht, es gleichzeitig aber unterlässt, die Detailtiefe der mitzuteilen Folgen anzuordnen, sollte der Verantwortliche bis zu einer gegenteiligen Behörden- bzw. Gerichtspraxis dem Betroffenen in möglichst abstrakter Form potentielle Folgen mitteilen. Eine Formulierung, wie **zum Beispiel** „eine Nichtbereitstellung der Daten kann für Sie rechtliche Nachteile haben, wie zB den Verlust von Rechtspositionen (hier konkret auf den Einzelfall beziehen)", sollte prinzipiell ausreichen. 75.1

76 Derzeit nicht belegt.

VII. lit. f

77 Diesbezüglich kann auf die Ausführungen bei Art. 14 Abs. 2 lit. g (→ Art. 14 Rn. 77 ff.) verwiesen werden.
78 Derzeit nicht belegt.

E. Zeitpunkt und Form der Information

I. Zeitpunkt

79 Die von Abs. 1 und Abs. 2 umfassten Informationen sind gem. Abs. 1 und Abs. 2 zum Zeitpunkt der Erhebung der Daten mitzuteilen, also **vor oder spätestens gleichzeitig mit** der Datenerhebung (so auch Ehmann/Sedlmayr Art. 13 Rn. 7; aA: Kühling/Buchner Art. 13 Rn. 56: vor Datenerhebung).
80–84 Derzeit nicht belegt.

II. Form der Information

85 Für die von Art. 13 umfassten Informationen gelten **keine speziellen Formerfordernisse**. Vielmehr ist auf die **allgemeinen Vorgaben aus Art. 12 Abs. 1** zurückzugreifen. Demnach sind die Informationen „in präziser, transparenter, verständlicher und leicht zugänglicher Form in einer klaren und einfachen Sprache zu übermitteln". Die Übermittlung erfolgt grundsätzlich schriftlich oder in anderer Form, ggf. auch elektronisch. Teils wird vertreten, dass die Angaben auch auf einer Internetseite für den Betroffenen zum Abruf bereitgehalten werden können (so Schaffland/Wiltfang Art. 13 Rn. 6), wobei dies freilich erfordert, dass die Daten ausschließlich für den Betroffenen abrufbar sind und der Verantwortliche dies erforderlichenfalls belegen kann. Mündlich ist eine Mitteilung nur dann statthaft, wenn der vom Verantwortlichen auf andere Weise als per Telefon identifizierte Betroffene dies verlangt hat, vgl. Art. 12 Abs. 1 S. 3.

85.1 **Praxistipp:** In der Praxis bietet es sich an, die von Art. 13 umfassten Informationen in einer mit der Datenerhebung korrespondierenden Form mitzuteilen, da auf diese Weise die Wahrscheinlichkeit besonders hoch ist, dass die betroffene Person von den mitgeteilten Informationen Kenntnis erlangt. **Beispiel:** Erfolgt die Datenerhebung auf einer Online-Bestellseite, so können auch die von Art. 13 umfassten Informationen über die Online-Bestellseite kommuniziert werden.

86 Derzeit nicht belegt.

F. Die Informationspflicht bei anderem Weiterverarbeitungszweck gem. Abs. 3

87 Da sich der Verantwortliche gem. Art. 13 Abs. 1 lit. c auf bestimmte Zwecke bei der Datenerhebung festgelegt hat, ist er hieran gebunden (→ Rn. 44 sowie Erwägungsgrund 61).
88 Möchte der Verantwortliche die Daten zu einem anderen Zweck weiterverarbeiten, als den, zu dem er sie erhoben hat, so hat der Verantwortliche dem Betroffenen **vor** der Weiterverarbeitung Informationen über den anderen Zweck sowie die in Abs. 2 genannten Informationen mitzuteilen. Der Verweis auf Abs. 2 ist keine Rechtsfolgen-, sondern eine **Rechtsgrundverweisung**, sodass zB die in Abs. 2 lit. d, g genannten Informationen nur zur Verfügung zu stellen sind, wenn die jeweiligen Tatbestandsvoraussetzungen des Abs. 2 erfüllt sind. **Umstritten** ist, ob bei einer Zweckänderung über den Wortlaut von Abs. 3 nicht nur die von Abs. 2, sondern (teilweise) auch die von Abs. 1 umfassten Informationen mitzuteilen sind.

88.1 Einer Ansicht zufolge (Gola/Franck Art. 13 Rn. 31) ist der Verweis auf Abs. 2 in Abs. 3 vermutlich ein Redaktionsversehen, da nicht einsichtig sei, wieso die von Art. 1 lit. d–e umfassten Informationen bei einer Zweckänderung nicht mitzuteilen seien. Folglich seien bei einer Zweckänderung über den Wortlaut des Abs. 3 hinaus die von Abs. 1 lit. d–e umfassten Informationen zusätzlich mitzuteilen (iErg ebenso Simitis/Hornung/Spiecker/Dix Art. 13 Rn. 21).
88.2 Nach aA (Paal/Pauly/Paal Art. 13 Rn. 33) ist der Wortlaut des Abs. 3 zu beachten und die von Abs. 1 lit. d–e umfassten Informationen sind nicht mitzuteilen.

89 Der Zweck von Abs. 3 liegt wiederum darin, dem Betroffenen zu ermöglichen, die Rechtmäßigkeit der Datenverarbeitung auf Basis des anderen Zwecks nachprüfen zu können und stellt daher die Einhaltung des Zweckbindungsgrundsatzes aus Art. 5 Abs. 1 lit. b sicher.

Derzeit nicht belegt. 90

G. Unentgeltlichkeit

Art. 12 Abs. 5 S. 1 ordnet an, dass die von Art. 13 umfassten Informationen dem Betroffenen 91
unentgeltlich mitzuteilen sind. Da vom Betroffenen in Art. 13 keine „Anträge" iSd Art. 12 Abs. 5
S. 2 gestellt werden können, ist die Unentgeltlichkeit absolut.
Derzeit nicht belegt. 92

H. Ausschluss des Anspruchs gem. Abs. 4

Im Einklang mit Erwägungsgrund 62 S. 1 regelt Abs. 4, dass die Informationspflicht gem. den 93
Abs. 1–3 nicht besteht, wenn und soweit die betroffene Person bereits über „die" Informationen
verfügt (dazu → Art. 14 Rn. 96). Der Anspruchsausschluss ist von Amts wegen zu beachten.
Die Beweislast für das Vorliegen eines Anspruchsausschlusses liegt beim Verantwortlichen. Die- 94
ser ist daher gut beraten, einen Anspruchsausschluss nur dann anzunehmen, wenn er auch gegenüber der Aufsichtsbehörde nachweisen kann, dass ein Anspruchsausschluss in Betracht kommt.
Es ist **umstritten,** ob die in Art. 14 Abs. 5 lit. b–d genannten Ausschlussgründe analog für 95
Art. 13 Abs. 4 anzuwenden sind. Eine Auffassung bejaht dies offenbar (vgl. Paal/Pauly/Paal
Rn. 35: „zumindest diskutabel") unter Hinweis auf Erwägungsgrund 62. Demgegenüber ist eine
Analogie mangels planwidriger Regelungslücke zu verneinen. Gegen eine Analogie spricht
zunächst der völlig unterschiedliche Wortlaut von Art. 13 Abs. 4 und Art. 14 Abs. 5. Des Weiteren
spricht auch die unterschiedliche Interessenlage dagegen: Bei Art. 14 wurden die Daten der betroffenen Person nicht bei dieser erhoben (→ Rn. 12), was die Informationspflicht und deren Umfang
für den Verantwortlichen deutlich unvorhersehbarer macht als iRv Art. 13, dessen Inhalte sich auf
bei der betroffenen Person erhobene Daten beziehen. Diese schlechtere Vorhersehbarkeit begründet die weitreichenderen Einschränkungsmöglichkeiten in Art. 14 Abs. 5, die iRd Art. 13 Abs. 4
nicht gleichermaßen gerechtfertigt wären (iErg ebenso Simitis/Hornung/Spiecker/Dix Art. 13
Rn. 22).

Artikel 14 Informationspflicht, wenn die personenbezogenen Daten nicht bei der betroffenen Person erhoben wurden

(1) Werden personenbezogene Daten nicht bei der betroffenen Person erhoben, so teilt der Verantwortliche der betroffenen Person Folgendes mit:
a) den Namen und die Kontaktdaten des Verantwortlichen sowie gegebenenfalls seines Vertreters;
b) zusätzlich die Kontaktdaten des Datenschutzbeauftragten;
c) die Zwecke, für die die personenbezogenen Daten verarbeitet werden sollen, sowie die Rechtsgrundlage für die Verarbeitung;
d) die Kategorien personenbezogener Daten, die verarbeitet werden;
e) gegebenenfalls die Empfänger oder Kategorien von Empfängern der personenbezogenen Daten;
f) gegebenenfalls die Absicht des Verantwortlichen, die personenbezogenen Daten an einen Empfänger in einem Drittland oder einer internationalen Organisation zu übermitteln, sowie das Vorhandensein oder das Fehlen eines Angemessenheitsbeschlusses der Kommission oder im Falle von Übermittlungen gemäß Artikel 46 oder Artikel 47 oder Artikel 49 Absatz 1 Unterabsatz 2 einen Verweis auf die geeigneten oder angemessenen Garantien und die Möglichkeit, eine Kopie von ihnen zu erhalten, oder wo sie verfügbar sind.

(2) Zusätzlich zu den Informationen gemäß Absatz 1 stellt der Verantwortliche der betroffenen Person die folgenden Informationen zur Verfügung, die erforderlich sind, um der betroffenen Person gegenüber eine faire und transparente Verarbeitung zu gewährleisten:
a) die Dauer, für die die personenbezogenen Daten gespeichert werden oder, falls dies nicht möglich ist, die Kriterien für die Festlegung dieser Dauer;
b) wenn die Verarbeitung auf Artikel 6 Absatz 1 Buchstabe f beruht, die berechtigten Interessen, die von dem Verantwortlichen oder einem Dritten verfolgt werden;

c) das Bestehen eines Rechts auf Auskunft seitens des Verantwortlichen über die betreffenden personenbezogenen Daten sowie auf Berichtigung oder Löschung oder auf Einschränkung der Verarbeitung und eines Widerspruchsrechts gegen die Verarbeitung sowie des Rechts auf Datenübertragbarkeit;
d) wenn die Verarbeitung auf Artikel 6 Absatz 1 Buchstabe a oder Artikel 9 Absatz 2 Buchstabe a beruht, das Bestehen eines Rechts, die Einwilligung jederzeit zu widerrufen, ohne dass die Rechtmäßigkeit der aufgrund der Einwilligung bis zum Widerruf erfolgten Verarbeitung berührt wird;
e) das Bestehen eines Beschwerderechts bei einer Aufsichtsbehörde;
f) aus welcher Quelle die personenbezogenen Daten stammen und gegebenenfalls ob sie aus öffentlich zugänglichen Quellen stammen;
g) das Bestehen einer automatisierten Entscheidungsfindung einschließlich Profiling gemäß Artikel 22 Absätze 1 und 4 und – zumindest in diesen Fällen – aussagekräftige Informationen über die involvierte Logik sowie die Tragweite und die angestrebten Auswirkungen einer derartigen Verarbeitung für die betroffene Person.

(3) Der Verantwortliche erteilt die Informationen gemäß den Absätzen 1 und 2
a) unter Berücksichtigung der spezifischen Umstände der Verarbeitung der personenbezogenen Daten innerhalb einer angemessenen Frist nach Erlangung der personenbezogenen Daten, längstens jedoch innerhalb eines Monats,
b) falls die personenbezogenen Daten zur Kommunikation mit der betroffenen Person verwendet werden sollen, spätestens zum Zeitpunkt der ersten Mitteilung an sie, oder,
c) falls die Offenlegung an einen anderen Empfänger beabsichtigt ist, spätestens zum Zeitpunkt der ersten Offenlegung.

(4) Beabsichtigt der Verantwortliche, die personenbezogenen Daten für einen anderen Zweck weiterzuverarbeiten als den, für den die personenbezogenen Daten erlangt wurden, so stellt er der betroffenen Person vor dieser Weiterverarbeitung Informationen über diesen anderen Zweck und alle anderen maßgeblichen Informationen gemäß Absatz 2 zur Verfügung.

(5) Die Absätze 1 bis 4 finden keine Anwendung, wenn und soweit
a) die betroffene Person bereits über die Informationen verfügt,
b) die Erteilung dieser Informationen sich als unmöglich erweist oder einen unverhältnismäßigen Aufwand erfordern würde; dies gilt insbesondere für die Verarbeitung für im öffentlichen Interesse liegende Archivzwecke, für wissenschaftliche oder historische Forschungszwecke oder für statistische Zwecke vorbehaltlich der in Artikel 89 Absatz 1 genannten Bedingungen und Garantien oder soweit die in Absatz 1 des vorliegenden Artikels genannte Pflicht voraussichtlich die Verwirklichung der Ziele dieser Verarbeitung unmöglich macht oder ernsthaft beeinträchtigt. In diesen Fällen ergreift der Verantwortliche geeignete Maßnahmen zum Schutz der Rechte und Freiheiten sowie der berechtigten Interessen der betroffenen Person, einschließlich der Bereitstellung dieser Informationen für die Öffentlichkeit,
c) die Erlangung oder Offenlegung durch Rechtsvorschriften der Union oder der Mitgliedstaaten, denen der Verantwortliche unterliegt und die geeignete Maßnahmen zum Schutz der berechtigten Interessen der betroffenen Person vorsehen, ausdrücklich geregelt ist oder
d) die personenbezogenen Daten gemäß dem Unionsrecht oder dem Recht der Mitgliedstaaten dem Berufsgeheimnis, einschließlich einer satzungsmäßigen Geheimhaltungspflicht, unterliegen und daher vertraulich behandelt werden müssen.

Überblick

Art. 14 regelt die Informations**pflicht** (wie hier: Paal/Pauly/Paal Rn. 1; aA Gola/Franck Rn. 1: Obliegenheit) des Verantwortlichen gegenüber der betroffenen Person, wenn der Verantwortliche die Daten der betroffenen Person **nicht bei dieser** erhebt. Art. 14 komplettiert mit Art. 13 (→ Art. 13 Rn. 1) die Informationspflicht des Verantwortlichen und bildet zusammen mit Art. 15 (→ Art. 15 Rn. 1) einen fundamentalen Teil der Betroffenenrechte.

Artikel 14 DS-GVO

Übersicht

	Rn.		Rn.
A. Allgemeines	1	VI. lit. e	51
I. Normgeschichte	1	VII. lit. f	54
II. Sinn und Zweck	2	**D. Die Informationspflicht gem. Abs. 2**	58
III. Vergleich mit dem bisher geltenden BDSG aF	3	I. Allgemeines	58
IV. Einbettung in die Unionsrechtsordnung	6	II. lit. a	60
		III. lit. b	63
V. Einschränkung durch den nationalen Gesetzgeber	8	IV. lit. c	65
		V. lit. d	68
VI. Normkonkurrenzen	12	VI. lit. e	71
VII. Rechtsdurchsetzung und Sanktionen	17	VII. lit. f	73
1. Rechtsfolgen für den Verantwortlichen bei Zuwiderhandlung	17	VIII. lit. g	77
2. Rechte der betroffenen Person	21	**E. Zeitpunkt und Form der Information**	79
3. Rechtsdurchsetzung	25	I. Zeitpunkt	79
B. Allgemeine Anspruchsvoraussetzungen	29	II. Form der Information	85
I. Anwendungsbereich und Dispositivität	30	**F. Die Informationspflicht bei anderem Weiterverarbeitungszweck gem. Abs. 4**	87
1. Anwendungsbereich	30		
2. Dispositivität	33	**G. Unentgeltlichkeit**	91
II. Die betroffene Person und der Verantwortliche	35	**H. Ausschluss des Anspruchs gem. Abs. 5**	93
C. Die Informationspflicht gem. Abs. 1	37	I. Allgemeines	93
I. Allgemeines	37	II. lit. a	96
II. lit. a	39	III. lit. b	98
III. lit. b	42	IV. lit. c	102
IV. lit. c	44	V. lit. d	105
V. lit. d	49		

A. Allgemeines

I. Normgeschichte

Art. 14 war im vorangegangenen Gesetzesentwurf in den Fassungen der Kommission vom 25.1.2012 (2012/0011 (COD)), im Beschluss des Europäischen Parlaments v. 12.3.2014 (7427/1/14, REV 1), dem gemeinsamen Standpunkt des Rats v. 15.5.2015 (9565/15) sowie schließlich dem Ergebnis der Trilogparteien v. 15.12.2015 (15039/15) noch als Art. 14a gestaltet und wurde während des Gesetzgebungsprozesses auch mehrfach angepasst. Soweit dies für die Auslegung der geltenden Vorschrift von Bedeutung ist, wird auf die Gesetzeshistorie bei der Kommentierung der einzelnen Bestandteile dieser Vorschrift gesondert eingegangen. **1**

II. Sinn und Zweck

Art. 14 bildet zusammen mit Art. 13 einen Komplex und formt zusammen mit Art. 15 einen ganz wesentlichen Bestandteil („**Magna Charta**") der Betroffenenrechte. Denn erst durch die mit Hilfe von Art. 14 gewonnenen Informationen wird der (nichtsahnende) Betroffene in die Lage versetzt, Kenntnis über eine Datenverarbeitung zu erhalten. Die fundamentale Bedeutung von Art. 14 wird auch in den Erwägungsgründen 60 und 61 deutlich (vgl. auch Paal/Pauly/Paal Rn. 4). **2**

III. Vergleich mit dem bisher geltenden BDSG aF

Mit Art. 14 vergleichbar waren die §§ 19a, 33 BDSG aF sowie der noch bis zum 25.5.2018 geltende Art. 11 RL 95/46/EG. Beide Vorschriften bürdeten dem Verantwortlichen allerdings deutlich weniger Informationspflichten als Art. 14 auf. §§ 19a, 33 BDSG aF unterschieden sich **3**

DS-GVO Artikel 14 Kapitel III. Rechte der betroffenen Person

von Art. 14 auch insofern, als der Wortlaut des Art. 14 darauf abstellt, ob Daten nicht beim Betroffenen erhoben werden, wohingegen §§ 19a, 33 BDSG aF darauf abstellten, ob Daten ohne Kenntnis der betroffenen Person erhoben wurden.

4 Verglichen mit den bei einer Verletzung von § 34 BDSG aF potentiellen Geldbußen aus § 43 Abs. 1 Nr. 8 BDSG aF (→ BDSG 2003 [aK] § 43 Rn. 29) kann sich ein Verstoß gegen Art. 14 gem. Art. 83 Abs. 5 angesichts der dort möglichen, sehr erheblichen Geldbußen, künftig geradezu drakonisch auswirken. Verletzungen des § 19a BDSG aF waren nach § 43 BDSG aF nicht bußgeldbewehrt, sondern können allenfalls Amtshaftungsansprüche nach sich ziehen (näher → BDSG 2003 [aK] § 19a Rn. 55).

5 Derzeit nicht belegt.

IV. Einbettung in die Unionsrechtsordnung

6 Hinsichtlich der Einbettung von Art. 14 in die Unionsrechtsordnung kann auf die Ausführungen bei Art. 15 (→ Art. 15 Rn. 5) verwiesen werden.

7 Derzeit nicht belegt.

V. Einschränkung durch den nationalen Gesetzgeber

8 Fraglich ist, ob und wie Art. 14 durch den nationalen Gesetzgeber angepasst werden kann (hierzu allg. → Art. 15 Rn. 8 ff.)

9 Angewendet auf Art. 14 ergibt sich Folgendes: Art. 14 unterliegt den Öffnungsklauseln in Art. 23 (Handlungsoption), Art. 85 (Regelungsgebot), Art. 88 (Handlungsoption) und kann daher vom nationalen Gesetzgeber unter den dort jeweils genannten Voraussetzungen angepasst werden. Darüber hinaus ist Art. 14 an zahlreichen Stellen auslegungs- bzw. konkretisierungsbedürftig. In diesem Fällen ist unter Berücksichtigung der vorstehenden Ausführungen jeweils im Einzelfall zu untersuchen, ob und inwiefern ein Tätigwerden des nationalen Gesetzgebers möglich ist.

10 Durch § 29 Abs. 1 S. 1 BDSG (→ BDSG § 29 Rn. 8) sowie § 33 BDSG (→ BDSG § 33 Rn. 1 ff.) wird Art. 14 konkretisiert bzw. eingeschränkt.

11 Derzeit nicht belegt.

VI. Normkonkurrenzen

12 **Normkonkurrenzen mit Regelungen innerhalb der DS-GVO:** Zwischen Art. 13 und Art. 14 besteht kein Überschneidungsbereich. Ob Art. 13 oder Art. 14 anwendbar ist, bestimmt sich ausschließlich danach, ob Daten bei der betroffenen Person erhoben wurden oder nicht. Die Motive des Verantwortlichen oder der betroffenen Person bei der Datenerhebung sind daher irrelevant. **Art. 13** ist einschlägig, sofern der Verantwortliche Daten der betroffenen Person **bei dieser** erhebt, sog **Direkterhebung**. In Abgrenzung hierzu ist **Art. 14** einschlägig, sofern der Verantwortliche Daten der betroffenen Person **nicht bei dieser** erhebt. Diese auf den ersten Blick eingängige Unterscheidung mag in der Praxis durchaus zu Auslegungsschwierigkeiten führen (näher → Rn. 30). Zu Art. 15 besteht ebenfalls kein Überschneidungsbereich, da die Informationspflichten aus Artt. 13, 14 den Verantwortlichen ohne eine vorherige Handlung der betroffenen Person verpflichten, wohingegen Verantwortliche durch das Auskunftsrecht des Art. 15 erst nach einem von der betroffenen Person geltend gemachten Auskunftsverlangen verpflichtet wird.

13 Für **Normkonkurrenzen mit Regelungen außerhalb der DS-GVO im Unionsrecht** gelten die Ausführungen bei → Art. 15 Rn. 16.

14 **Normkonkurrenzen mit nationalem Recht:** Besteht eine Normkonkurrenz, eine Unklarheit und/oder ein Widerspruch zwischen Art. 14 und einer nationalen Vorschrift, so gelten die vorstehend (→ Rn. 8) gefundenen Grundsätze.

15-16 Derzeit nicht belegt.

VII. Rechtsdurchsetzung und Sanktionen

1. Rechtsfolgen für den Verantwortlichen bei Zuwiderhandlung

17 Bei Verstößen gegen Art. 14 ist für die Rechtsfolgen zwischen dem Verstoß gegen die Informationspflicht und dessen Auswirkungen auf die Rechtmäßigkeit der Datenverarbeitung zu unterscheiden.

18 Der **Verstoß gegen die Informationspflicht** führt zu den in Art. 15 (→ Art. 15 Rn. 21) näher dargelegten Rechtsfolgen in Bezug auf die Aufsichtsbehörden (zB Geldbuße nach Art. 83

Abs. 5 lit. b, vgl. Kühling/Buchner/Bäcker Art. 13 Rn. 61), deren Sanktionsmöglichkeiten, der Möglichkeit zur Verbandsklage aus Art. 80, weiteren Sanktionen aus Art. 84 sowie dem Recht auf Schadensersatz der betroffenen Person gem. Art. 82.

Die Auswirkungen des Verstoßes auf die Rechtmäßigkeit der Datenverarbeitung sind bei Art. 14 prinzipiell von den Auswirkungen bei einem Verstoß gegen Art. 13 (→ Art. 13 Rn. 19) zu unterscheiden, da bei Art. 13 die Information bei der Direkterhebung von Daten unterblieben ist, wohingegen bei Art. 14 die Datenerhebung ohne Beteiligung der betroffenen Person erfolgte. Insofern macht die zu Art. 13 getroffene Differenzierung danach, ob die Datenverarbeitung auf einer Einwilligung der betroffenen Person iSv Art. 6 Abs. 1 lit a DS-GVO oder einer sonstigen Rechtsgrundlage basiert, wenig Sinn, da auch bei einer Einwilligung der betroffenen Person diese von der von Art. 14 umfassten Datenverarbeitung keine Kenntnis erlangt hätte und Art. 14 Abs. 3 sogar eine Information nach der Datenverarbeitung zulässt. Für den Rechtsanwender ist die für Verletzungen des § 33 BDSG aF zu findende Aussage, dass jeweils im Einzelfall zu entscheiden sei, ob die Datenverarbeitung bei einer Verletzung der Informationspflicht rechtswidrig werde (so etwa Simitis/Dix BDSG § 33 BDSG aF Rn. 43), ebenso wenig zielführend. Teils wird auch vertreten, dass Art. 14 nicht als Ordnungsvorschrift missverstanden werden dürfe, weswegen daher ein Verstoß gegen Art. 14 zur Rechtswidrigkeit der anschließenden Datenverarbeitung führe (so Simitis/Hornung/Spiecker/Dix Art. 14 Rn. 32). **Überzeugend für Praxis scheint aus derzeitiger Sicht** mangels in Art. 14 explizit angeordneter Rechtsfolgen und wegen der Möglichkeit zur Nachinformation aus Art. 14 Abs. 3 **die Ansicht, dass ein Verstoß gegen Art. 14 als solches isoliert grundsätzlich nicht zur Rechtswidrigkeit der betreffenden Datenverarbeitung führt, solange und soweit die Datenverarbeitung nach den übrigen Vorschriften der DS-GVO gerechtfertigt ist.** Rechtswidrig wäre eine Datenverarbeitung demnach, sofern die betroffene Person aufgrund der iSv Art. 14 fehlerhaften Information keine informierte Einwilligung erteilen konnte oder einen Vertrag nicht eingegangen wäre (vgl. Kühling/Buchner/Bäcker Art. 14 Rn. 43). 19

Derzeit nicht belegt. 20

2. Rechte der betroffenen Person

Bezüglich der Rechte der betroffenen Person ist ebenso zu unterscheiden zwischen dem Verstoß gegen die Informationspflicht und dessen Auswirkungen auf die Rechtmäßigkeit der Datenverarbeitung. 21

Der **Verstoß gegen die Informationspflicht** kann vom Betroffenen so, wie ein Verstoß gegen Art. 15 verfolgt werden (→ Art. 15 Rn. 23). Freilich darf für die praktische Relevanz dieser Möglichkeit nicht übersehen werden, dass der Verantwortliche bei einer Verletzung von Art. 14 nur dann Betroffenenrechte fürchten muss, wenn der Betroffene vom Verstoß Kenntnis erlangt, was in der Praxis oftmals gerade nicht der Fall sein wird. 22

Da der Verstoß nach hier vertretener Ansicht (→ Rn. 19) grundsätzlich nicht zur Rechtswidrigkeit der Datenverarbeitung führt, kann der Betroffene die Datenverarbeitung als solches nur aufgrund des Verstoßes gegen Art. 14 nicht angreifen. 23

Derzeit nicht belegt. 24

3. Rechtsdurchsetzung

Wiederum ist bei der Rechtsdurchsetzung zu unterscheiden zwischen dem Verstoß gegen die Informationspflicht und dessen Auswirkungen auf die Rechtmäßigkeit der Datenverarbeitung zu unterscheiden. 25

Der **Verstoß gegen die Informationspflicht** kann vom Betroffenen so, wie ein Verstoß gegen Art. 15 verfolgt werden (→ Art. 15 Rn. 27). Unterschiede ergeben sich freilich etwa bei der Frage, ob eine Frist vor gerichtlicher Geltendmachung abzuwarten ist (→ Art. 15 Rn. 29). So hat der Betroffene in den in Art. 14 Abs. 3 genannten Fällen, wenn er von der Datenverarbeitung zuvor Kenntnis erlangt, die jeweilige Frist abzuwarten, da es sich bei den in Art. 14 Abs. 3 genannten Fristen um Tatbestandsvoraussetzungen handelt und eine Klage zuvor unbegründet wäre. Im Übrigen besteht für den Anspruch aus Art. 14 keine Frist, da die Informationspflicht beim Vorliegen der auch in Art. 14 Abs. 3 genannten Tatbestandsvoraussetzungen vom Verpflichteten sofort zu erfüllen ist. Folglich ist auch § 93 ZPO nicht einschlägig. 26

Da der Verstoß nach hier vertretener Ansicht (→ Rn. 19) grundsätzlich nicht zur Rechtswidrigkeit der Datenverarbeitung führt, kann der Betroffene die Datenverarbeitung als solches nur aufgrund des Verstoßes gegen Art. 14 nicht angreifen. 27

28 Derzeit nicht belegt.

B. Allgemeine Anspruchsvoraussetzungen

29 Ist der Anwendungsbereich eröffnet (→ Rn. 30) und liegen die Eigenschaft als Verantwortlicher und Betroffener (→ Rn. 35) vor, so hat der Verantwortliche zu den in Art. 14 Abs. 3 genannten Zeitpunkten (→ Rn. 79) die Informationspflicht aus Art. 14 zu erfüllen, es sei denn, der Informationsanspruch ist gem. Art. 14 Abs. 5 (→ Rn. 93) ausgeschlossen.

I. Anwendungsbereich und Dispositivität

1. Anwendungsbereich

30 Im Anwendungsbereich der DS-GVO (vgl. Art 2 und 3) kommt es für die Anwendbarkeit des Art. 14 darauf an, ob Daten bei der betroffenen Person erhoben wurden (sog Direkterhebung) oder nicht (auch → Rn. 12). Art. 14 ist nur dann einschlägig, wenn Daten nicht bei der betroffenen Person erhoben worden sind. Anders als etwa §§ 19a, 33 BDSG aF stellt Art. 14 nicht auf die Kenntnis der betroffenen Person zum Zeitpunkt der Datenerhebung ab. Aus Sicht des Verantwortlichen ist das Abstellen auf den Ort der Datenerhebung statt der subjektiven Kenntnis der betroffenen Person vorzugswürdig, da der Verantwortliche den Ort der Datenerhebung besser unter Kontrolle hat. Folglich ist das Unterscheidungsmerkmal zwischen Art. 13 und Art. 14 alleine der **Ort der Datenerhebung**. Erfolgt die **Datenerhebung nicht beim Betroffenen, ist Art. 14 einschlägig.**

31 Zu untersuchen ist, wie der Ort der Datenerhebung zu bestimmen ist bzw. wann eine Datenerhebung „bei dem" Betroffenen stattfindet. Anders als Erwägungsgrund 39 der RL 95/46/EG enthält die DS-GVO keinen Hinweis darauf, dass Art. 14 nur dann einschlägig sein soll, wenn die Datenerhebung „nicht unmittelbar bei dem" Betroffenen stattfindet. Folglich wird eine Datenerhebung „nicht beim" Betroffenen nicht schon dann gegeben sein, wenn sie nicht unmittelbar bei ihm erfolgt. **Nach hier vertretener Auffassung findet eine Datenerhebung „nicht bei der betroffenen Person" statt, wenn diese für den Verantwortlichen erkennbar weder körperlich noch mental an der Datenerhebung (aktiv oder passiv) beteiligt ist** (→ Rn. 31.1 f.).

31.1 **Beispiele:** So ist eine Datenerhebung auf einer Internetseite, auf der eine betroffene Person Informationen eingeben muss, eine Datenerhebung „bei der betroffenen Person", sodass hierauf Art. 13 einschlägig ist. Gleiches gilt bei einer Datenerhebung mittels E-Mailanfrage oder einem Telefonanruf oder einem persönlichen Gespräch, da dann Daten „bei der betroffenen Person" erhoben werden. Anders hingegen ist die Rechtslage bei einer Datenerhebung bei einer schlafenden Person, wo Art. 14 gilt, da diese für den Verantwortlichen erkennbar weder körperlich noch mental an der Datenerhebung beteiligt ist.

31.2 Bei der Videoüberwachung ist zu unterscheiden: Offene Videoüberwachung, dh durch Hinweisschild, erfüllt die Tatbestandsvoraussetzungen des Art. 13, wohingegen verdeckte Videoüberwachung von Art. 14 umfasst ist (wie hier: Gola/Franck Rn. 2).

32 Derzeit nicht belegt.

2. Dispositivität

33 Art. 14 kann nur im Rahmen der Öffnungsklauseln (→ Rn. 9) vom nationalen Gesetzgeber eingeschränkt werden. Andere Einschränkungen des Art. 14 (zB durch Vereinbarung zwischen zwei Parteien) sind rechtlich nicht zulässig und daher in ihren Rechtsfolgen auf Art. 14 nichtig.

34 Art. 14 wird vom nationalen Gesetzgeber durch § 29 Abs. 1 S. 1 BDSG (→ BDSG § 29 Rn. 8) sowie § 33 BDSG (→ BDSG § 33 Rn. 1 ff.) konkretisiert bzw. eingeschränkt.

II. Die betroffene Person und der Verantwortliche

35 Bezüglich der Begriffe der betroffenen Person und des Verantwortlichen kann auf die Ausführungen zu Art. 15 verwiesen werden (→ Art. 15 Rn. 35 und → Art. 15 Rn. 40).

36 Derzeit nicht belegt.

C. Die Informationspflicht gem. Abs. 1

I. Allgemeines

Art. 14 Abs. 1 bildet mit Abs. 2 eine Einheit, da zwischen den jeweiligen Tatbestandsvoraussetzungen keine Unterschiede bestehen. **37**

Fraglich ist, ob über den Wortlaut von Abs. 1 und Abs. 2 hinaus die Pflicht des Verantwortlichen besteht, in bestimmten Einzelfällen weitere Informationen mitzuteilen. Nach einer Ansicht (Gola/Franck Rn 16; Gola/Franck Art. 13 Rn. 27 ff.) besteht eine solche Pflicht (Gola/Franck bezeichnen diese Pflicht jedoch nur als „Obliegenheit", vgl. Gola/Franck Rn. 1) zur Mitteilung **unbenannter Informationen**. Gola/Franck wollen eine derartige Mitteilungspflicht aus Erwägungsgrund 60 herleiten. Nach **hier vertretener Auffassung ist dies abzulehnen.** Einerseits kann aus den Erwägungsgründen dogmatisch weder ein Anspruch noch eine Pflicht hergeleitet werden, da Erwägungsgrund nur der Auslegung dienen (vgl. v. der Groeben/Schwarze/Hatje/Gaitanides Art. 19 Rn. 45). Im Übrigen scheitert eine analoge Anwendung von Art. 14 zur Begründung einer Pflicht zur Mitteilung unbenannter Informationen an der fehlenden planwidrigen Regelungslücke, da der Normgeber bewusst davon abgesehen hat, die zB im Kommissionsentwurf (2012/0011 (COD) – dort: Art. 14 Abs. 1 lit. h) enthaltene Pflicht zur Mitteilung solch unbenannter Informationen in die DS-GVO zu übernehmen. **38**

II. lit. a

Gemäß lit. a sind der Name und die Kontaktdaten des Verantwortlichen mitzuteilen. Sofern ein gesetzlicher oder organschaftlicher Vertreter vorhanden ist, so sind auch dessen (dienstliche) Kontaktdaten mitzuteilen (aA Paal/Pauly/Paal Rn. 4: Kontaktdaten des Vertreters nur „ggf." mitzuteilen). **Nicht jedoch sind sonstige Vertreter** (zB Generalbevollmächtigte, Prokuristen, Handlungsbevollmächtigte, Rechtsanwälte etc.) mitzuteilen, da dies die betroffene Person einerseits mit Informationen überfluten würde und andererseits zu einer inakzeptablen Belastung des Verantwortlichen führen würde. **39**

Fraglich ist der **Umfang** der erforderlichen Angaben. Hinsichtlich des **Namens** ist bei natürlichen Personen die Angabe des Vor- und Nachnamens (wie hier: Paal/Pauly/Paal Art. 13 Rn. 14; aA Gola/Franck Art. 13 Rn. 7: Vorname nur bei Namensgleichheit) erforderlich, bei Kaufleuten, Personengesellschaften oder juristischen Personen ist die Angabe des Firmen- bzw. Vereinsnamens (dh also mit Rechtsformzusatz) erforderlich (so auch Gola/Franck Art. 13 Rn. 7; Paal/Pauly/Paal Art. 13 Rn. 14). Hinsichtlich der **Kontaktdaten** ist die Angabe einer ladungsfähigen Anschrift erforderlich. Fraglich ist, ob auch die Angabe einer Telefonnummer und/oder eine E-Mailadresse erforderlich ist (verneinend Plath/Kamlah Art. 13 Rn. 9; Sydow/Ingold Art. 13 Rn. 16; zum BDSG aF → BDSG 2003 [aK] § 4 Rn. 57). Teils wird vertreten, dass eine stets ladungsfähige Anschrift stets erforderlich sei, wohingegen eine Tel-Nr. nicht erforderlich sei und eine Online-Kontaktmöglichkeit (zB E-Mailadresse) nur dann erforderlich sei, wenn die Datenerhebung über das Internet erfolgt sei (so Ehmann/Selmayr/Knyrim Art. 13 Rn. 23; Kühling/Buchner/Bäcker Art. 13 Rn. 22; unklar: Gola/Franck Art. 13 Rn. 8). Richtigerweise ist zusätzlich zur Angabe der ladungsfähigen Anschrift entweder die Angabe einer E-Mailadresse **oder** die Angabe einer Telefonnummer erforderlich (wie hier: Paal/Pauly/Paal Art. 13 Rn. 14). Beides zu verlangen, ohne dass sich dies aus dem Wortlaut des Gesetzes ergibt, würde Verantwortliche, die gerade noch im Aufbau eines Unternehmens sind bzw. Verantwortliche bestimmter Branchen ohne ständige Kommunikation über das Internet über Gebühr belasten und brächte auch für die betroffene Person keinerlei Mehrwert. **40**

Derzeit nicht belegt. **41**

III. lit. b

Gemäß lit. b sind die Kontaktdaten (dazu → Rn. 39 f.) des Datenschutzbeauftragten erforderlich. Anders als in Art. 13 Abs. 1 lit. b heißt es „zusätzlich" anstatt „gegebenenfalls". Gleichwohl führt der Unterschied im Wortlaut zu keinem anderen Ergebnis, denn die Kontaktdaten des Datenschutzbeauftragten können nur dann mitgeteilt werden, sofern ein solcher existiert (so auch Ehmann/Selmayr/Knyrim Art. 14 Rn. 22; den unterschiedlichen Wortlaut lassen insoweit unbeachtet Kühling/Buchner/Bäcker Art. 14 Rn. 16; Gola/Franck Art. 14 Rn. 5; Plath/Kamlah Art. 14 Rn. 4; Schaffland/Wiltfang Art. 14 Rn. 4). **42**

Da lit. b anders als lit. a den „Namen" nicht verlangt, genügt es, die Kontaktdaten (dazu → Rn. 39 f.) des Datenschutzbeauftragten abstrakt mitzuteilen ohne dessen Namen zu nennen, **43** zB datenschutzbeauftragter@ (vgl. Ehmann/Selmayr/Knyrim Art. 13 Rn. 36; Paal/Pauly/Paal Art. 13 Rn. 15).

IV. lit. c

44 Gemäß lit. c sind die Zwecke der beabsichtigten Datenverarbeitung sowie die Rechtsgrundlage hierfür anzugeben. Diese Information dient gem. Erwägungsgrund 60 dem Erfordernis einer fairen und transparenten Datenverarbeitung und der Überprüfung des Zweckbindungsgrundsatzes in Art. 5 Abs. 1 lit. b.

45 Die von lit. c umfassten Angaben werden so vollständig und so detailliert sein müssen, dass sich der Betroffene ein Bild machen kann, mit welchen weiteren Datenverwendungen zu rechnen ist.

46 Die Pflicht zur Angabe der Rechtsgrundlage wurde im gemeinsamen Standpunkt des Rats v. 15.6.2015 eingeführt. Der Zweck ist klar: Der Betroffene soll selbst nachprüfen können, ob die Datenverarbeitung rechtmäßig ist. Demgegenüber sind bereits jetzt die praktischen Schwierigkeiten absehbar, da die Rechtsgrundlage oftmals nicht eindeutig angegeben werden kann, falls sich eine Datenverarbeitung unter mehrere Rechtsgrundlagen subsumieren lässt. Auch ist zB unklar, wie zu verfahren ist, wenn der Verantwortliche eine Rechtsgrundlage angibt, auf Basis derer er die Datenverarbeitung durchführt, die aber im Gegensatz zu einer anderen Rechtsgrundlage nicht zur Legitimation der Datenverarbeitung einschlägig ist oder sofern mehrere Rechtsgrundlagen einschlägig sind (→ Rn. 46.1 f.). Eine Literaturansicht (Schaffland/Wiltfang Art. 13 Rn. 11) ist der Meinung, dass die Angabe einer konkreten Rechtsgrundlage nur für öffentliche Stellen erforderlich sei und nichtöffentliche Stellen die Pflicht aus lit. c durch die Angabe „zum Anschluss und zur Durchführung des Vertrags" erfüllen könnten. Ob dies der Fall ist, ist zweifelhaft, denn dies widerspricht dem Wortlaut und dem Sinn und Zweck der Vorschrift. Deutlich überzogen dürfte aber die Ansicht sein, dass der Verantwortliche dem Betroffenen die einschlägige Rechtsgrundlage einzelfallbezogen und vollständig die Subsumtion des Sachverhalts unter die einschlägige Rechtsgrundlage darzulegen hat (so aber Kühling/Buchner/Bäcker Art. 13 Rn. 26); eine derartige Darlegungspflicht ist abzulehnen, denn (1) sie ginge weit über den Wortlaut der Norm hinaus, (2) würde den Verantwortlichen letztlich dazu zwingen, vor jeder Information einen Rechtsanwalt hinzuzuziehen, (3) würde das „Subsumtionsrisiko" gänzlich auf den Verantwortlichen verlagern und (4) verstieße gegen die in Art. 16, 17 GRCh garantierten Rechte des Verantwortlichen (im Ergebnis auch Ehmann/Selmayr/Knyrim Art. 13 Rn. 27) (→ Rn. 46.1).

46.1 **Praxistipp:** Sind **mehrere Rechtsgrundlagen einschlägig und erkennt der Verantwortliche dies,** so sollte der Verantwortliche alle nennen und klarstellen, dass die Datenverarbeitung jedenfalls nach einer der genannten Rechtsgrundlagen zulässig ist (ähnlich Gola/Franck Art. 13 Rn. 11; Plath/Kamlah Art. 13 Rn. 11). Hierdurch sollte er davor bewahrt werden, lit. c zu verletzen. Für dieses Ergebnis spricht zum einen der Wortlaut von lit. c, wo nur von „Rechtsgrundlage" die Rede ist, mithin also nur die Angabe einer, nicht aller, Rechtsgrundlagen erforderlich ist. Zum anderen ergibt dies der Sinn und Zweck von lit. c, da es der betroffenen Person auch bei der Angabe mehrerer Rechtsgrundlagen möglich bleibt, die Rechtmäßigkeit der Datenverarbeitung zu prüfen. Sind **mehrere Rechtsgrundlagen einschlägig, erkennt der Verantwortliche dies aber nicht und nennt daher nur eine** (zB weil er die anderen Rechtsgrundlagen übersehen hat), so spricht viel dafür, dass lit. c gewahrt ist, weil lit. c die betroffene Person im Vergleich zum Verantwortlichen auf ein identisches Informationsniveau bezüglich der Rechtsgrundlage der Datenverarbeitung stellen möchte.

46.2 Gibt der Verantwortliche eine Rechtsgrundlage an, auf Basis derer er die Datenverarbeitung durchführt, die aber nicht zur Legitimation der Datenverarbeitung einschlägig ist, so spricht viel dafür, dass lit. c unabhängig davon gewahrt ist, ob die Datenverarbeitung auf Basis einer anderen Rechtsgrundlage zulässig ist oder nicht. Lit. c möchte die Transparenz der Datenverarbeitung für die betroffene Person sicherstellen (vgl. Erwägungsgrund 60). Gibt der Verantwortliche die Rechtsgrundlage an, auf deren Basis er die Datenverarbeitung durchführt, so stellt dies die betroffene Person im Vergleich zum Verantwortlichen auf ein identisches Informationsniveau bezüglich der Rechtsgrundlage der Datenverarbeitung.

47 Wie die Zusammenschau mit Art. 14 Abs. 4 ergibt, legt sich der Verantwortliche mit der Mitteilung des Zwecks gem. Art. 14 Abs. 1 lit. c gegenüber der betroffenen Person fest. Eine Zweckänderung ist nach Mitteilung gem. Art. 14 Abs. 1 lit. c nur unter den Voraussetzungen des Art. 14 Abs. 4 zulässig.

48 Derzeit nicht belegt.

V. lit. d

Gemäß lit. d hat der Verantwortliche die Kategorien personenbezogener Daten, die verarbeitet 49
werden, mitzuteilen. Diesbezüglich kann auf die Ausführungen bei Art. 15 Abs. 1 Hs. 2 lit. b
verwiesen werden (→ Art. 15 Rn. 56).
Derzeit nicht belegt. 50

VI. lit. e

Nach lit. e sind „gegebenenfalls" die Empfänger „oder" (vgl. zur Auslegung dieses „oder" → 51
Art. 15 Rn. 58 ff.) Kategorien von Empfängern (zum Begriff „Empfänger" → Art. 4 Rn. 101 ff.)
der personenbezogenen Daten vom Verantwortlichen mitzuteilen. Nach hier vertretener Ansicht
müssen **interne Übermittlungen innerhalb des Verantwortlichen** (zB v. Personalabteilung
an Rechtsabteilung) nicht mitgeteilt werden (so auch Ehmann/Selmayr/Knyrim Art. 13 Rn. 32;
Schaffland/Wiltfang Art. 13 Rn. 12). **Nach herrschender Meinung sind Auftragsverarbeiter
„Empfänger"** (Ehmann/Selmayr/Knyrim Art. 13 Rn. 33; Gola/Franck Art. 13 Rn. 15; Kühling/Buchner/Bäcker Art. 13 Rn. 28; Paal/Pauly/Paal Art. 13 Rn. 18). Die Gegenansicht (Schaffland/Wiltfang Art. 13 Rn. 12) vertritt die Ansicht, dass der EU-Gesetzgeber ein „Redaktionsversehen des BDSG 2003 übernommen (habe), gemeint (seien) Dritte" (so Schaffland/Wiltfang
Art. 13 Rn. 12). Für das Ergebnis der Gegenansicht, Auftragsverarbeiter nicht als „Empfänger"
iSd Art. 13 Abs. 1 lit. e anzusehen, spricht die für Auftragsverarbeiter geltenden Privilegierung,
nicht „Dritter" zu sein (→ Art. 4 Rn. 108 ff.), die den Verantwortlichen treffende Haftungszurechnung bei Auftragsverarbeitung sowie die Tatsache, dass sich das Auskunftsrecht gem. Art. 15
DS-GVO nur gegen den Verantwortlichen richtet (→ Art. 15 Rn. 40). Dennoch ist der Wortlaut
von lit. e eindeutig und eine teleologischen Reduktion wäre angesichts der Gesetzgebungshistorie
nur schwer begründbar.

Der Begriff „gegebenenfalls" bedeutet, dass die Mitteilung zu erfolgen hat, wenn die Daten 52
vom Verantwortlichen zum Zeitpunkt der Datenerhebung an Dritte übermittelt werden sollen.
Ist eine solche Übermittlung zum Zeitpunkt der Datenerhebung durch den Verantwortlichen
noch nicht geplant, kann er naturgemäß die von lit. e umfassten Daten noch nicht mitteilen.
Derzeit nicht belegt. 53

VII. lit. f

Nach lit. f ist die Absicht des Verantwortlichen mitzuteilen, die Daten der betroffenen Person 54
an ein Drittland oder eine internationale Organisation (zum Begriff → Art. 4 Rn. 179) zu übermitteln, mitzuteilen.

Ebenso ist das Vorhandensein oder das Fehlen des Beschlusses der Kommission zur Angemessen- 55
heit des Datenschutzniveaus in einem Drittland mitzuteilen.

Schließlich ist bei Übermittlungen gem. Art. 46, 47 oder 49 Abs. 1 UAbs. 2 ein Verweis auf 56
die geeigneten oder angemessenen Garantien und deren Bezugsmöglichkeit hinzuweisen. Hierdurch wird der betroffenen Person die Möglichkeit gegeben, von den durch den Verantwortlichen
abgeschlossenen Standardvertragsklauseln, Intra-Group-Agreements oder Binding-Corporate-Rules Kenntnis zu erlangen. Da in diesen Dokumenten auch weitere, die betroffene Person nicht
tangierende Informationen enthalten sind und diese gleichzeitig Betriebs- und Geschäftsgeheimnisse darstellen können, sollte lit. f insoweit restriktiv ausgelegt werden, dass der Betroffene nur
einen Anspruch auf Kopie bzw. Einsicht in die ihn betreffenden Teile der in lit. f genannten
Dokumente hat.
Derzeit nicht belegt. 57

D. Die Informationspflicht gem. Abs. 2

I. Allgemeines

Da Abs. 2 im Vergleich zu Abs. 1 keine weiteren Tatbestandsvoraussetzungen beinhaltet, ist in 58
jedem Fall des Abs. 1 zugleich auch Abs. 2 erfüllt. Obwohl der Wortlaut von Abs. 2 im Vergleich
zu Art. 13 Abs. 2 nicht von „weiteren Informationen" spricht und darüber hinaus in Abs. 2 von
„erforderlichen Informationen" die Rede ist, wohingegen in Art. 13 Abs. 2 von „notwendigen
Informationen" gesprochen wird, ergibt sich inhaltlich kein Unterschied (im Ergebnis ebenso
Paal/Pauly/Paal Rn. 23).

59 Nach hier vertretener Auffassung ist der Hinweis in Abs. 2, dass die in Abs. 2 enthaltenen Informationen erforderlich seien, um eine faire und transparente Verarbeitung zu gewährleisten, **redundant,** da auch die von Abs. 1 umfassten Informationen zu diesem Zweck erforderlich sind, wie Erwägungsgrund 60 zeigt (wie hier auch Gola/Franck Art. 13 Rn. 5; iErg auch Kühling/Buchner/Bäcker Art. 14 Rn. 20). Nach anderer Auffassung (Paal/Pauly/Paal Art. 13 Rn. 22; Ehmann/Selmayr/Knyrim Art. 14 Rn. 29) kommt dem Kriterium der „fairen und transparente Verarbeitung" ein eigenständiger Gehalt zu. Gegen die andere Auffassung spricht die von dieser selbst thematisierte (vgl. Paal/Pauly/Paal Art. 13 Rn. 23; Ehmann/Selmayr/Knyrim Art. 14 Rn. 29) schwierige praktische Handhabbarkeit, die vom Normgeber in dieser Form nicht beabsichtigt gewesen sein kann.

II. lit. a

60 Lit. a ist ähnlich wie Art. 15 Abs. 1 lit. d gestaltet, jedoch mit dem Unterschied, dass in Art. 15 Abs. 1 lit. d nur „die geplante Dauer" der Datenspeicherung, auch nur dann mitzuteilen ist, „falls (dies) möglich" ist.

61 Dieser Unterschied im Wortlaut des lit. a im Vergleich zu dem des Art. 15 Abs. 1 lit. d ist unglücklich, da beide Tatbestände letztlich einen vom Kern her identischen Komplex regeln. Dennoch kann die von lit. a umfasste Dauer der Datenspeicherung nur die aus ex ante Sicht des Verantwortlichen im Zeitpunkt der Datenerhebung „geplante" Dauer der Datenspeicherung sein, die auch nur dann mitgeteilt werden kann, wenn dies „möglich" ist. Insofern können für lit. a richtigerweise die zu Art. 15 Abs. 1 lit. d gefundenen Ergebnisse (→ Art. 15 Rn. 63) fruchtbar gemacht werden.

62 Derzeit nicht belegt.

III. lit. b

63 Gemäß lit. b hat der Verantwortliche bei einer Verarbeitung iSd Art. 6 Abs. 1 lit. f seine **berechtigten Interessen** (dazu → Art. 13 Rn. 50) oder die eines Dritten der betroffenen Person mitzuteilen. Wiederum liegt der Sinn und Zweck darin, der betroffenen Person eine Möglichkeit zur Prüfung der Rechtmäßigkeit der Datenverarbeitung an die Hand zu geben.

64 Derzeit nicht belegt.

IV. lit. c

65 Lit. c findet sich in ähnlicher Form in Art. 15 Abs. 1 lit. e. Im Gegensatz zu Art. 15 Abs. 1 lit. e beinhaltet lit. c jedoch den Hinweis auf das Recht zur Auskunft sowie das Recht auf Datenübertragbarkeit.

66 Im Übrigen kann auf die Ausführungen bei Art. 15 Abs. 1 lit. e verwiesen werden (→ Art. 15 Rn. 67).

67 Derzeit nicht belegt.

V. lit. d

68 Gemäß lit. d ist dann, sofern die Datenverarbeitung auf Basis einer Einwilligung gem. Art. 6 Abs. 1 lit. a oder Art. 9 Abs. 2 lit. e erfolgt, ein Hinweis auf das Recht, die Einwilligung jederzeit zu widerrufen ebenso erforderlich wie der Hinweis darauf, dass der Widerruf nur ex nunc wirkt, d.h. die die Rechtmäßigkeit der Datenverarbeitung bis zum Widerrufsfall nicht beseitigt wird.

69 Die Mitteilung gem. lit. d ist folglich nur dann auszuführen, wenn die Datenverarbeitung auf Basis einer Einwilligung erfolgt.

70 Derzeit nicht belegt.

VI. lit. e

71 Der Hinweis auf das Beschwerderecht in lit. e findet sich identisch in Art. 15 Abs. 1 lit. f, sodass auf die dortigen Ausführungen verwiesen werden kann (→ Art. 15 Rn. 71).

72 Derzeit nicht belegt.

VII. lit. f

73 Die Regelung in lit. f wurde im gemeinsamen Standpunkt des Rats v. 15.6.2015 eingeführt und bezweckt ebenfalls, für die betroffene Person die Transparenz zu erhöhen und ihm zu ermöglichen, die Rechtmäßigkeit der Datenverarbeitung nachzuprüfen.

Informationspflicht, Erhebung bei Dritten **Artikel 14 DS-GVO**

Mitzuteilen ist demnach, (1) aus welcher Quelle der Verantwortliche die Daten der betroffenen Person bezogen hat und (2) ob die Daten aus öffentlich zugänglichen Quellen stammen. 74

Eine „öffentlich zugängliche" Quelle ist eine Quelle, die für einen **nicht nach bestimmten Merkmalen festgelegten** Adressatenkreis **frei** zugänglich ist (zB Telefonbuch, Google-Suchergebnis). Fraglich ist, ob Informationen, die auf Social-Media Plattformen (zB Facebook, LinkedIN, Xing) mit Hilfe dort vorhandener Einstellungen so veröffentlicht wurden, dass sie nicht von Jedermann, sondern nur bestimmten Personen (zB Freunden) abgerufen werden können, aus „öffentlich zugänglichen" Quellen stammen. Richtigerweise ist dies zu verneinen, da diese Informationen nicht Jedermann, sondern eben nur einem nach bestimmten Merkmalen eingeschränkten Personenkreis zugänglich sind (wie hier: Gola/Franck Rn. 14). Die **freie Zugänglichkeit** ist gegeben bei Datenbanken oder Plattformen, die den Zugriff auf ihre Inhalte durch eine Registrierung ohne Gegenleistung erlauben (zB Facebook, Xing, LinkedIN), nicht jedoch bei Datenbanken, die den Zugriff auf Inhalte von einer Gegenleistung (zB Zahlung Lizenzgebühr) abhängig machen. Im Ergebnis bedeutet dies, dass Datenbanken, wie zB juris, Beck-Online oder Creditreform, keine öffentlich zugänglichen Quellen sind, da sie zwar für einen nicht nach bestimmten Merkmalen festgelegten Adressatenkreis, nicht jedoch frei zugänglich sind. 75

Die Gegenansicht (Herfurth ZD 2018, 514 (517); Gola/Franck Rn. 14) subsumiert unter „öffentlich zugängliche Quellen" auch solche, die nur kostenpflichtig zugänglich sind. Die Gegenansicht beruft sich dabei auf § 10 Abs. 5 S. 2 BDSG aF. Gegen die Gegenansicht sprechen systematische und teleologische Argumente. Systematisch kann zur Auslegung der DS-GVO keine (überholte) nationale Vorschrift herangezogen werden. Teleologisch hätte die Gegenansicht zur Folge, dass die verantwortliche Person nicht nur die konkrete Datenquelle mitteilen muss, sondern auch recherchieren müsste, ob die Daten in nur gegen Entgelt zugänglichen Datenbanken abgerufen werden können. Dass eine die verantwortliche Person derart belastende Recherchepflicht über den Sinn und Zweck des Art. 14 DS-GVO hinausgeht, der in der Mitteilung der konkreten Quelle erfüllt ist, liegt auf der Hand. 75.1

Derzeit nicht belegt. 76

VIII. lit. g

Lit. g findet sich identisch in Art. 15 Abs. 1 lit. h, sodass auf die dortigen Ausführungen verwiesen werden kann (→ Art. 15 Rn. 76). 77

Derzeit nicht belegt. 78

E. Zeitpunkt und Form der Information

I. Zeitpunkt

Die von Abs. 1 und Abs. 2 umfassten Informationen sind zu den in **Abs. 3 genannten Zeitpunkten** mitzuteilen. IE: 79

Gemäß Abs. 3 lit. a sind die Informationen des Abs. 1 und Abs. 2 grundsätzlich innerhalb einer angemessenen Frist nach Erlangung der Daten, **längstens jedoch innerhalb eines Monats nach Erlangung,** mitzuteilen. Die Angemessenheit der Frist richtet sich nach den Umständen des Einzelfalls bezogen auf die Art der Datenverarbeitung (vgl. Erwägungsgrund 61 S. 1 sowie lit. a). 80

Abweichend von lit. a hat der Verantwortliche die betroffene Person im Fall des lit. b bereits zu einem früheren Zeitpunkt zu informieren. Möchte der Betroffene daher die erhobenen Daten zur Kommunikation mit der betroffenen Person verwenden, so hat er die Informationen gem. Abs. 1 und Abs. 2 spätestens im Zeitpunkt der ersten Mitteilung an die betroffene Person mitzuteilen. 81

Abweichend von lit. a und lit. b hat der Verantwortliche in Fall des lit c., also wenn er die Offenlegung der Daten der betroffenen Person an einen Dritten beabsichtigt, die Informationen nach Abs. 1 und Abs. 2 spätestens im Zeitpunkt der ersten Offenlegung an den Dritten gleichzeitig der betroffenen Person mitzuteilen. 82

Lit. b und lit. c sind lex specialis zu lit. a. Sind lit. b und lit. c gleichzeitig einschlägig, hat der Verantwortliche der betroffenen Person die Informationen zu nach lit. b oder lit. c jeweils früheren Zeitpunkt mitzuteilen. 83

Derzeit nicht belegt. 84

II. Form der Information

85 Für die von Art. 14 umfassten Informationen gelten **keine speziellen Formerfordernisse**. Vielmehr ist auf die **allgemeinen Vorgaben aus Art. 12 Abs. 1** zurückzugreifen. Demnach sind die Informationen „in präziser, transparenter, verständlicher und leicht zugänglicher Form in einer klaren und einfachen Sprache zu übermitteln". Die Übermittlung erfolgt grundsätzlich schriftlich oder in anderer Form, ggf. auch elektronisch. Mündlich ist eine Mitteilung nur dann statthaft, wenn der vom Verantwortlichen auf andere Weise als per Telefon identifizierte Betroffene dies verlangt hat, vgl. Art. 12 Abs. 1 S. 3.

86 Derzeit nicht belegt.

F. Die Informationspflicht bei anderem Weiterverarbeitungszweck gem. Abs. 4

87 Da sich der Verantwortliche gem. Art. 14 Abs. 1 lit. c auf bestimmte Zwecke bei der Datenerhebung festgelegt hat, ist er hieran gebunden (→ Rn. 44 sowie Erwägungsgrund 61).

88 Möchte der Verantwortliche die Daten zu einem anderen Zweck weiterverarbeiten, als den, zu dem er sie erhoben hat, so hat der Verantwortliche der betroffenen Person vor der Weiterverarbeitung Informationen über den anderen Zweck sowie die in Abs. 2 genannten Informationen mitzuteilen. Der Verweis auf Abs. 2 ist keine Rechtsfolgen-, sondern eine **Rechtsgrundverweisung**, sodass zB die in Abs. 2 lit. d, g genannten Informationen nur zur Verfügung zu stellen sind, wenn die jeweiligen Tatbestandsvoraussetzungen des Abs. 2 erfüllt sind (→ Rn. 88.1).

88.1 Es ist umstritten, ob bei einer Zweckänderung über den Wortlaut des Abs. 4 hinaus auch die von Abs. 1 lit. d–f umfassten Informationen mitzuteilen sind (dazu → Art. 13 Rn. 88.1 f.).

89 Der Zweck von Abs. 4 liegt wiederum darin, der betroffenen Person zu ermöglichen, die Rechtmäßigkeit der Datenverarbeitung auf Basis des anderen Zwecks nachprüfen zu können und stellt daher die Einhaltung des Zweckbindungsgrundsatzes aus Art. 5 Abs. 1 lit. b sicher.

90 Derzeit nicht belegt.

G. Unentgeltlichkeit

91 Art. 12 Abs. 5 S. 1 ordnet an, dass die von Art. 14 umfassten Informationen der betroffenen Person unentgeltlich mitzuteilen sind. Da vom Betroffenen in Art. 14 keine „Anträge" iSd Art. 12 Abs. 5 S. 2 gestellt werden können, ist die Unentgeltlichkeit absolut.

92 Derzeit nicht belegt.

H. Ausschluss des Anspruchs gem. Abs. 5

I. Allgemeines

93 Im Einklang mit Erwägungsgrund 62 S. 1 regelt Abs. 5, dass die Informationspflicht gem. den Abs. 1–4 in bestimmten Fällen nicht besteht. Der Anspruchsausschluss ist von Amts wegen zu beachten.

94 Die Beweislast für das Vorliegen eines Anspruchsausschlusses liegt beim Verantwortlichen. Dieser ist daher gut beraten, einen Anspruchsausschluss nur dann anzunehmen, wenn er auch gegenüber der Aufsichtsbehörde nachweisen kann, dass ein Anspruchsausschluss in Betracht kommt.

95 Derzeit nicht belegt.

II. lit. a

96 Nach lit. a ist keine Informationspflicht gegeben, wenn und soweit der Betroffene bereits über „die" Informationen verfügt. Dem Wortlaut zufolge entfallen also nur solche Informationspflichten, bezüglich derer der Betroffene bereits über die Informationen verfügt. Letztlich soll hierdurch nur eine überflüssige Information vermieden werden, die weder transparent wäre und den Verpflichteten über Gebühr belasten würde.

97 Derzeit nicht belegt.

III. lit. b

98 Nach lit. b ist die Informationspflicht einerseits ausgeschlossen, sofern die Erteilung der Information sich als unmöglich erweisen würde oder einen unverhältnismäßigen Aufwand erfordern

würde. Die Unmöglichkeit bzw. Unverhältnismäßigkeit sind nicht objektiv zu bestimmten, sondern subjektiv auf den Verantwortlichen bezogen (aA wohl Gola/Franck Rn. 23; unklar insoweit auch Paal/Pauly/Paal Rn. 40 und Simitis/Hornung/Spiecker/Dix Rn. 22).

Im Übrigen ist die Information unter den weiteren, in lit. b genannten Fällen ausgeschlossen, die sich auf die Öffnungsklausel aus Art. 89 (vgl. dort) beziehen. Sollte hiernach die Information der betroffenen Person ausgeschlossen sein, so ist der Verantwortliche gem. dem letzten Satz aus lit. b verpflichtet, geeignete Maßnahmen zum (1) Schutz der Rechte und Freiheiten sowie der berechtigten Interessen der betroffenen Person sowie zur (2) Bereitstellung der entsprechenden Informationen an die Öffentlichkeit sicherzustellen. **99**

Praktisch relevant kann lit. b sein bei internen Ermittlungen, denn die unverzügliche Information nach Art. 14 DS-GVO würde oftmals den Zweck der internen Ermittlung gefährden (vgl. auch Altenbach/Dierkes CCZ 2020, 126 (128)). Lit. b ist nach hier vertretener Auffassung auch im Rahmen eines Anspruchs auf Datenkopie nach Art. 15 Abs. 3 DS-GVO relevant (näher → Art. 15 Rn. 99.3). **99.1**

Teils wird vertreten, dass die Information umgehend nachzuholen sei, wenn die Voraussetzungen des lit. b wegfallen (so Simitis/Hornung/Spiecker/Dix Art. 14 Rn. 21; Kühling/Buchner/Bäcker Art. 14 Rn. 59). **Nach hier vertretener Ansicht** sprechen dagegen aber der Wortlaut und der Zweck der Vorschrift sowie die Abwägung mit den Interessen des Verantwortlichen. Denn eine nachgeholte Information kann die in der Vergangenheit vom Betroffenen vorgenommenen Handlungen nicht mehr in jedem Fall beeinflussen, wohingegen der Verantwortliche durch eine solche Nachholpflicht unverhältnismäßig belastet würde. **100**

Derzeit nicht belegt. **101**

IV. lit. c

Nach lit. c ist die Informationspflicht des Verantwortlichen ausgeschlossen, wenn die Information der betroffenen Person bereits nach anderen Rechtsvorschriften der Union oder der Mitgliedstaaten, denen der Verantwortliche unterliegt, ausdrücklich geregelt ist, sofern diese Rechtsvorschriften geeignete Maßnahmen zum Schutz der berechtigten Interessen der betroffenen Person vorsehen. Wann ein Anspruchsausschluss nach lit. c erfolgt, kann nur im Einzelfall beantwortet werden. **102**

Einschlägig sein kann lit. c zB gem. Art. 16 RL 2019/1937/EU (Whistleblower-Richtlinie), welche die Vertraulichkeit der Identität eines Whistleblowers sicherstellen soll. **103**

Derzeit nicht belegt. **104**

V. lit. d

Lit. d regelt eine Bereichsausnahme für sog Berufsgeheimnisträger, die nach dem Recht der Union oder der Mitgliedstaaten einem Berufsgeheimnis, einschließlich einer satzungsmäßigen Geheimhaltungspflicht unterliegen. Diese Personengruppen müssen die verarbeiteten Daten vertraulich behandeln und der Rechtsverkehr vertraut hierauf. **105**

Fraglich ist, wann ein Berufsgeheimnis oder eine „satzungsmäßige Geheimhaltungspflicht" gegeben ist. Eine gesetzlich angeordnete Geheimhaltungspflicht wird in jedem Fall ausreichen. Nicht jedoch wird man eine Strafbewehrung der Geheimhaltungspflicht verlangen können, da sich eine solche im Normtext der DS-GVO nicht findet. Der Verzicht auf die Strafbewehrung bei einer Verletzung kann praktisch bedeutsam sein, wenn es darum geht, zu bewerten, ob das „Bankgeheimnis" als „Berufsgeheimnis" oder „satzungsmäßige Geheimhaltungspflicht" einzustufen ist. Nach dem Sinn und Zweck der DS-GVO, der bisherigen Rechtsprechung des EuGH (vgl. EuGH EuZW 2015, 747) sowie der DS-GVO, die unter Berufsgeheimnisträger typischerweise Personen versteht, die besondere personenbezogene Daten verarbeiten (vgl. Erwägungsgrund 53 sowie Art. 9 Abs. 2 lit. i), wird man das **Bankgeheimnis nicht als Berufsgeheimnis** einordnen können. **106**

Artikel 15 Auskunftsrecht der betroffenen Person

(1) Die betroffene Person hat das Recht, von dem Verantwortlichen eine Bestätigung darüber zu verlangen, ob sie betreffende personenbezogene Daten verarbeitet werden; ist dies der Fall, so hat sie ein Recht auf Auskunft über diese personenbezogenen Daten und auf folgende Informationen:

a) die Verarbeitungszwecke;
b) die Kategorien personenbezogener Daten, die verarbeitet werden;
c) die Empfänger oder Kategorien von Empfängern, gegenüber denen die personenbezogenen Daten offengelegt worden sind oder noch offengelegt werden, insbesondere bei Empfängern in Drittländern oder bei internationalen Organisationen;
d) falls möglich die geplante Dauer, für die die personenbezogenen Daten gespeichert werden, oder, falls dies nicht möglich ist, die Kriterien für die Festlegung dieser Dauer;
e) das Bestehen eines Rechts auf Berichtigung oder Löschung der sie betreffenden personenbezogenen Daten oder auf Einschränkung der Verarbeitung durch den Verantwortlichen oder eines Widerspruchsrechts gegen diese Verarbeitung;
f) das Bestehen eines Beschwerderechts bei einer Aufsichtsbehörde;
g) wenn die personenbezogenen Daten nicht bei der betroffenen Person erhoben werden, alle verfügbaren Informationen über die Herkunft der Daten;
h) das Bestehen einer automatisierten Entscheidungsfindung einschließlich Profiling gemäß Artikel 22 Absätze 1 und 4 und – zumindest in diesen Fällen – aussagekräftige Informationen über die involvierte Logik sowie die Tragweite und die angestrebten Auswirkungen einer derartigen Verarbeitung für die betroffene Person.

(2) Werden personenbezogene Daten an ein Drittland oder an eine internationale Organisation übermittelt, so hat die betroffene Person das Recht, über die geeigneten Garantien gemäß Artikel 46 im Zusammenhang mit der Übermittlung unterrichtet zu werden.

(3) ¹Der Verantwortliche stellt eine Kopie der personenbezogenen Daten, die Gegenstand der Verarbeitung sind, zur Verfügung. ²Für alle weiteren Kopien, die die betroffene Person beantragt, kann der Verantwortliche ein angemessenes Entgelt auf der Grundlage der Verwaltungskosten verlangen. ³Stellt die betroffene Person den Antrag elektronisch, so sind die Informationen in einem gängigen elektronischen Format zur Verfügung zu stellen, sofern sie nichts anderes angibt.

(4) Das Recht auf Erhalt einer Kopie gemäß Absatz 3 darf die Rechte und Freiheiten anderer Personen nicht beeinträchtigen.

Überblick

Art. 15 regelt das Auskunftsrecht der betroffenen Person (vgl. → Art. 4 Rn. 3 ff.). Art. 15 bildet zusammen mit den Informationspflichten des Verantwortlichen aus Art. 13 DS-GVO (→ Art. 13 Rn. 1) und Art. 14 DS-GVO (→ Art. 14 Rn. 1) einen fundamentalen Teil (sog. **Magna Charta**) der Betroffenenrechte. Von Art. 15 DS-GVO geht hohe praktische Relevanz aus, die in den letzten Jahren zunahm und künftig weiter zunehmen dürfte.

Übersicht

	Rn.		Rn.
A. Allgemeines	1	II. Die betroffene Person und deren Identifikation	35
I. Normgeschichte	1	III. Der Verantwortliche	40
II. Sinn und Zweck	2	1. Allgemeines	40
III. Vergleich mit dem bisher geltenden BDSG	3	2. Grenzüberschreitende Sachverhalte	42
IV. Einbettung in die Unionsrechtsordnung	5	IV. Auskunftsverlangen	44
		1. Form	46
V. Einschränkung durch den nationalen Gesetzgeber	8	2. Präzisierung des Auskunftsverlangens	47
VI. Normkonkurrenzen	15	3. Rechtsmissbrauch durch die betroffene Person	48
VII. Rechtsdurchsetzung und Sanktionen	20	V. Auskunftsverweigerung	49
1. Rechtsfolgen für den Verantwortlichen bei Zuwiderhandlung	20	**C. Inhalt der Auskunft (Abs. 1)**	50
2. Rechte der betroffenen Person	25	I. Bestätigung über verarbeitete Daten und Auskunft über diese (Abs. 1 Hs. 1, 2)	50
3. Rechtsdurchsetzung	28		
B. Allgemeine Anspruchsvoraussetzungen	32	II. Auskunft über weitere Informationen (Abs. 1 Hs. 2)	53
		1. Verarbeitungszwecke	54
I. Anwendungsbereich und Dispositivität	33	2. Kategorien verarbeiteter Daten	56

	Rn.		Rn.
3. Empfänger oder Kategorien von Empfängern	58	E. Das Recht auf Datenkopie, Form, Frist, Leistungsort sowie Kosten (Abs. 3)	83
4. Geplante Speicherdauer bzw. Kriterien zu deren Festlegung	63	I. Frist, Form sowie Leistungsort von Auskunft und Datenkopie	83
5. Hinweis auf Betroffenenrechte	67	II. Das Recht auf Datenkopie (Abs. 3)	85
6. Beschwerderecht	71	III. Benachteiligungsverbot und Dokumentation durch den Verantwortlichen	89
7. Datenherkunft	74		
8. Automatisierte Entscheidungsfindung, Tragweite der Verarbeitung und Wirkung	76	IV. Kosten der Auskunft und Datenkopie (Abs. 3 sowie Art. 12 Abs. 5)	92
D. Unterrichtung über geeignete Garantien iSd Art. 46 (Abs. 2)	81	F. Keine Beeinträchtigung von Drittinteressen (Abs. 4)	95

A. Allgemeines

I. Normgeschichte

Art. 15 wurde im Laufe des Gesetzgebungsverfahrens mehrfach angepasst (vgl. auch Paal/Pauly/ **1** Paal Rn. 2). So war Art 15 im ursprünglichen Entwurf der Kommission v. 25.1.2012 (2012/0011 (COD)) als Auskunftsrecht gestaltet. In der Folge wurde Art. 15 im Beschluss des Europäischen Parlaments v. 12.3.2014 (7427/1/14, REV 1) als Auskunfts- und Herausgaberecht konzipiert, da das nunmehr in Art. 20 geregelte Recht auf Datenübertragbarkeit im damaligen Art. 15 inkorporiert war (vgl. näher Bräutigam/Schmidt-Wudy CR 2015, 56 ff.). Im gemeinsamen Standpunkt des Rats v. 15.6.2015 (9565/15) und schließlich dem Ergebnis der Trilogparteien v. 15.12.2015 (15039/15) wurde Art. 15 jedoch wieder als Auskunftsrecht gestaltet. Von verschiedenen Seiten wird Art. 15 aufgrund des Abs. 3 und des dortigen Anspruchs auf Erhalt einer Datenkopie ein Zwittercharakter zugeschrieben (näher → Rn. 87 ff.). Soweit dies für die Auslegung der geltenden Vorschrift von Bedeutung ist, wird auf die Gesetzeshistorie bei der Kommentierung der einzelnen Bestandteile dieser Vorschrift gesondert eingegangen.

II. Sinn und Zweck

Art. 15 bildet zusammen mit Art. 13 und Art. 14 einen ganz wesentlichen Bestandteil („**Magna** **2** **Charta**") der Betroffenenrechte. So wird der Betroffene in vielen Fällen erst durch die Auskunft in die Lage versetzt, von einer Verarbeitung der ihn betreffenden Daten Kenntnis zu erhalten und diese auf ihre Rechtmäßigkeit hin zu überprüfen. Die fundamentale Bedeutung von Art. 15 wird auch in Erwägungsgrund 63 deutlich, wo unter Art. 15 die Zwecke der **Rechtmäßigkeitskontrolle** sowie **Vermittlung von Transparenz** subsumiert werden. Aus diesem Grund darf der Verantwortliche es sich auch nicht anmaßen, zu entscheiden, ob die begehrte Auskunft für den Betroffenen sinnvoll oder zielführend ist; liegen die rechtlichen Voraussetzungen für die Auskunftserteilung vor, so ist diese zwingend zu erteilen (so auch Guidelines des EDPB 01/2022 vom 18.1.2022 S. 2 in der öffentlichen Konsultationsversion).

III. Vergleich mit dem bisher geltenden BDSG

Wie auch §§ 19, 34 BDSG sowie der noch bis zum 25.5.2018 geltende Art. 12 RL 95/46/EG **3** regelt Art. 15 ein Auskunftsrecht. Anders als §§ 19, 34 BDSG ist Art. 15 jedoch umfassender. So kann der Betroffene nach Abs. 1 S. 1 Hs. 2 Auskunft über die ihn betreffenden, vom Verantwortlichen **verarbeitete** (vgl. zum umfassenderen Begriff der Verarbeitung Art. 4 Nr. 2) personenbezogene Daten erhalten, wohingegen ein solches Recht bei den Basisansprüchen des §§ 19 Abs. 1, 34 Abs. 1 BDSG nur in Bezug auf „gespeicherte" Daten besteht. Auch ist der Auskunftskatalog des Art. 15 Abs. 1 S. 2 im Vergleich zu §§ 19, 34 BDSG eine Hybris aus sowohl erweiterten als auch eingeschränkten Informationspflichten, da zB Spezialvorschriften für das Scoring gem. § 34 Abs. 2 BDSG aF (→ BDSG 2003 [aK] § 34 Rn. 57) nicht in Art. 15 zu finden sind.

Verglichen mit den bei einer Verletzung von § 34 BDSG potentiellen Geldbußen aus § 43 **4** Abs. 1 Nr. 8a, 8b, 8c BDSG aF (→ BDSG 2003 [aK] § 34 Rn. 16) kann sich ein Verstoß gegen Art. 15 gem. Art. 83 Abs. 5 angesichts der dort möglichen, sehr erheblichen Geldbußen, künftig geradezu drakonisch auswirken.

IV. Einbettung in die Unionsrechtsordnung

5 Derzeit und nach Aufhebung der RL 95/46/EG am 25.5.2018 gem. Art. 94 Abs. 1 finden sich neben Art. 15 unionsrechtliche Normen zum Datenschutz, insbesondere zum **Auskunftsrecht in Art. 8 Abs. 2 S. 2 GRCh** sowie **Art. 16 AEUV** (dazu GHN/Sobotta AEUV Art. 16 Rn. 10). Ebenso beinhaltet **Art. 8 EMRK** auf völkerrechtlicher Basis ein Auskunftsrecht als Kontrollrecht (NK-EMRK/Meyer-Ladewig EMRK Art. 8 Rn. 43 mwN). Gem. Art. 6 Abs. 1 EUV steht Art. 8 GRCh als primärrechtliche Vorschrift gleichrangig neben Art. 16 AEUV (EuGH EuZW 2010, 177 (178) – Kücükdeveci; Ziegenhorn NVwZ 2010, 803 (806); teilweise krit. hierzu → BDSG 2003 [aK] EUDatenschutzrichtlinie Rn. 23). **Bezogen auf Art. 8 EMRK gilt Folgendes:** Nach dem Gutachten des EuGH zum Beitritt der EU zur EMRK (EuGH BeckRS 2015, 80256 Rn. 179) ist die EMRK keine Rechtsquelle, sondern lediglich Rechtserkenntnisquelle für die Auslegung des Unionsrechts (zur Unterscheidung: Calliess/Ruffert/Kingreen EUV Art. 6 Rn. 7). Folglich ist **zu bezweifeln,** ob die – bis dato geltenden Grundsätze, wonach gem. Art. 52 Abs. 3 und Art. 53 GRCh sowohl Art. 8 EMRK als auch Art. 8 GRCh in einem Wechselwirkungsverhältnis zueinander stehen und so auszulegen sind, dass der Sinn und Zweck der jeweils anderen Vorschrift erreicht und das Schutzniveau insgesamt beibehalten oder erhöht wird, weiterhin anzuwenden sind (zu den bisherigen Grundsätzen: EuGH EuZW 2010, 939 (941) – Schecke mAnm Schroeder EuZW 2011, 462 und mAnm Brink/Wolff JZ 2011, 206 ff.; auch → BDSG 2003 [aK] EUDatenschutzrichtlinie Rn. 25; Jarass EuR 2013, 29 (41)). **Vielmehr dürfte das EuGH-Gutachten in Bezug auf die EMRK zur Folge haben,** dass Art. 8 EMRK und die vom EGMR hierzu gefundenen Auslegungsergebnisse gem. Art. 6 Abs. 3 EUV als allgemeine Grundsätze bei der Auslegung des primärrechtlichen Art. 8 GRCh nur zu berücksichtigen sind, **soweit** diese mit der v. EuGH vorzunehmenden Auslegung v. Art. 8 GRCh **übereinstimmen;** die Entscheidung, ob eine derartige Übereinstimmung vorliegt, fällt in die ausschließliche Kompetenz des EuGH (so EuGH BeckRS 2015, 80256 Rn. 184 und 186; in diese Richtung auch Calliess/Ruffert/Kingreen GRCh Art. 8 Rn. 4; aA Jarass GRCh Einl. Rn. 45).

6 In Bezug auf die Auslegung der DS-GVO ergibt sich daher Folgendes: Die DS-GVO ist gem. Art. 288 Abs. 2 S. 2 AEUV als Sekundärrecht einzuordnen und daher rangmäßig unterhalb der primärrechtlich einzuordnenden Vorschriften des Art. 8 GRCh sowie Art. 16 AEUV. Folglich ist die DS-GVO stets im Lichte v. Art. 8 GRCh **grundrechtskonform auszulegen** (so zur RL 95/46/EG EuGH EuZW 2014, 541 – Google Spain ua; EuGH EuR 2004, 276 (285) – Österreichischer Rundfunk; Heselhaus/Nowak/Pache, Handbuch der Europäischen Grundrechte, 2006, § 4 Rn. 136; Jarass EuR 2013, 29 (33); Streinz/Michl EuZW 2011, 384 ff.). Sofern und soweit die vom EGMR gefundenen Auslegungsergebnisse zu Art. 8 EMRK mit der vom EuGH gefundenen Auslegungsergebnisse zu Art. 8 GRCh übereinstimmen, sind sie bei der grundrechtskonformen Auslegung der DS-GVO zu berücksichtigen.

7 Die vor Inkrafttreten der DS-GVO streitige Frage, ob Art. 8 GRCh Mitgliedstaaten und Privatpersonen im Rahmen einer unmittelbaren Drittwirkung bindet, sodass auch nicht auf Unionsrecht basierende Teile des BDSG direkt an Art. 8 GRCh zu messen wären (ablehnend aufgrund von Wortlaut und Historie des Art. 51 Abs. 1 S. 1 GRCh, vgl. Huber NJW 2011, 2385 ff. mwN; Schlussantrag Generalanwalt Rs. C-282/10 BeckRS 2011, 81367 – Maribel Dominguez), hat sich durch die DS-GVO erledigt. Denn die im Lichte des Art. 8 GRCh grundrechtskonform auszulegende DS-GVO gilt als Verordnung in den Mitgliedstaaten gem. Art. 288 Abs. 2 S. 2 AEUV allgemein, verbindlich sowie unmittelbar und genießt gegenüber entgegenstehenden nationalen Normen Anwendungsvorrang (GHN/Nettesheim AEUV Art. 288 Rn. 53).

V. Einschränkung durch den nationalen Gesetzgeber

8 Fraglich ist, ob und wie Art. 15 durch den nationalen Gesetzgeber angepasst werden kann. Die DS-GVO gilt – anders als die Richtlinie 95/46/EG – gem. Art. 288 Abs. 2 S. 2 AEUV in allen Mitgliedstaaten allgemein, verbindlich sowie unmittelbar und genießt gegenüber entgegenstehenden nationalen Normen Anwendungsvorrang (→ Rn. 7). Gleichzeitig sieht die DS-GVO an zahlreichen Stellen vor, dass Anpassungen des nationalen Gesetzgebers nicht nur möglich, sondern zwingend erforderlich sind. Derartige Klauseln der DS-GVO werden als **Öffnungsklauseln** bezeichnet (vgl. etwa Taeger ZRP 2016, 72). Darüber hinaus enthält die DS-GVO vielfach unbestimmte bzw. auslegungs- und/oder konkretisierungsbedürftige Rechtsbegriffe.

9 Hinsichtlich der Öffnungsklauseln innerhalb der DS-GVO unterscheidet die Literatur (vgl. Taeger ZRP 2016, 72; Roßnagel BT-Ausschuss-Drs. 18(24)94; Kühling/Martini EuZW 2016, 448 (449)) zwischen **Regelungsgeboten,** die eine Handlungspflicht des nationalen Gesetzgebers vorsehen, und **Handlungsoptionen,** die ein fakultatives Tätigwerden des nationalen Gesetzgebers

erlauben. **Die unbestimmten bzw. auslegungs- und/oder konkretisierungsbedürftigen Rechtsbegriffe** werden teils als „implizite Öffnungsklauseln" (Taeger ZRP 2016, 72), teils als „fakultative Handlungsaufträge" bezeichnet und danach unterschieden, ob eine Konkretisierung, Modifikation und/oder Ergänzung der DS-GVO durch den nationalen Gesetzgeber möglich ist (vgl. Kühling/Martini EuZW 2016, 448 (449)). Teils (Roßnagel BT-Ausschuss-Drs. 18(24)94, 6) wird darauf abgestellt, ob eine nationale Regelung eine Vorschrift der DS-GVO konkretisiert, präzisiert, Regelungslücken schließt oder die DS-GVO in die Systematik und den Sprachgebrauch des nationalen Rechts anpasst, da in diesen Fällen ein Tätigwerden des nationalen Gesetzgebers möglich sei, sofern das Regelungsziel der DS-GVO nicht verletzt werde.

Auch wenn diese Begriffs- und Meinungsvielfalt in der Literatur gerade zu Beginn dieses 10 noch sehr jungen Normkomplexes verständlich ist, so läuft sie doch Gefahr, dass der praktische Rechtsanwender sich in ihr verliert und das aus seiner Sicht Wesentliche – das Bedeutungsergebnis – aus den Augen verliert. **Entscheidend ist für die Rechtspraxis letztlich nur die Antwort auf die Frage, ob und wie der nationale Gesetzgeber Abweichungen vornehmen kann.** Die Antwort hierauf hat sich streng an dem Normtext der DS-GVO, seinen Erwägungsgründen und der grundrechtskonformen Auslegung der DS-GVO (dazu vgl. vorne) auszurichten. Ausgehend hiervon ist zunächst am Wortlaut der DS-GVO zu untersuchen, ob sich eine nationale Regelung unter eine Öffnungsklausel subsumieren lässt. Falls ja, ist ein Abweichen des nationalen Normgebers möglich. Falls nein bzw. falls der Wortlaut der Öffnungsklausel nicht eindeutig ist, ist die Öffnungsklausel nach ihrem Sinn und Zweck unter Berücksichtigung ihrer Erwägungsgründe sowie nach den vorstehend (→ Rn. 6) gefundenen Grundsätzen im Lichte der GRCh grundrechtskonform auszulegen und sodann zu untersuchen, ob sich die nationale Regelung unter die derart ausgelegte Öffnungsklausel subsumieren lässt. Ist auch dies nicht der Fall, so ist der Normtext der DS-GVO, von dem der nationale Gesetzgeber abweichen möchte, zu untersuchen, ob dieser Normtext unbestimmte bzw. auslegungs- und/oder konkretisierungsbedürftige Rechtsbegriffe enthält. Falls nein, kann der nationale Gesetzgeber nicht von der DS-GVO abweichen, ein entgegenstehendes Gesetz würde vom Anwendungsvorrang der DS-GVO verdrängt (→ Rn. 7). Falls ja, kann der nationale Gesetzgeber Konkretisierungen bzw. Auslegungen des Normtextes der DS-GVO im nationalen Recht implementieren, solange und soweit das Regelungsziel der DS-GVO hierdurch nicht beeinträchtigt wird. Das Regelungsziel der DS-GVO wird – wie vorstehend erläutert (→ Rn. 6 ff.) – unter Berücksichtigung der Erwägungsgründe, dem Sinn und Zweck und der grundrechtskonformen Auslegung gewonnen. Pauschale Aussagen verbieten sich daher, die Untersuchung hat stets im Einzelfall zu erfolgen. Letztlich obliegt die Kompetenz, verbindliche Entscheidungen hierüber zu treffen, jedoch nur beim EuGH. Bis der EuGH entsprechende nationale Rechtsordnungen auf ihre Vereinbarkeit mit der DS-GVO überprüft hat, verbleibt **Rechtsunsicherheit** (→ Rn. 10.1).

Praxistipp: Solange keine EuGH-Entscheidungen zur DS-GVO ergangen sind, sollte sich der Rechts- 10.1 anwender möglichst an der einschlägigen Gerichts- oder Behördenpraxis orientieren. Existiert eine solche (noch) nicht, sollte der Rechtsanwender die Kommentarliteratur zu Rate ziehen. Solange sich noch keine „herrschende Meinung" herausgebildet hat, dürfte nahezu jede Kommentarmeinung gegenüber den Behörden als „vertretbar" einzustufen sein.

Angewendet auf Art. 15 DS-GVO ergibt sich Folgendes: Art. 15 DS-GVO unterliegt den 11 Öffnungsklauseln in Art. 23 DS-GVO (Handlungsoption), Art. 85 DS-GVO (Regelungsgebot), Art. 88 DS-GVO (Handlungsoption), Art. 89 DS-GVO (Handlungsoption) und kann daher vom nationalen Gesetzgeber unter den dort jeweils genannten Voraussetzungen angepasst werden. Darüber hinaus ist Art. 15 DS-GVO an zahlreichen Stellen auslegungs- bzw. konkretisierungsbedürftig. In diesem Fällen ist unter Berücksichtigung der vorstehenden Ausführungen jeweils im Einzelfall zu untersuchen, ob und inwiefern ein Tätigwerden des nationalen Gesetzgebers möglich ist (→ Rn. 11.1).

In der **Praxis** wird es hierzu immer wieder Streit geben. Besonders deutlich wird dies an folgendem 11.1 Fall, der in der juristischen Fachpresse (vgl. Schneider in Legal Tribune Online v. 15.8.2019) deutliches Echo gefunden hat: Laut dortigem Artikel verweigern einige Landesjustizprüfungsämter den dortigen Prüflingen den Erhalt v. kostenfreien Kopien ihrer bewerteten Examensklausuren unter Hinweis auf Art. 23 Abs. 1 lit. e DS-GVO sowie die Einschränkung der DS-GVO durch die „spezialgesetzlichen" landesrechtlichen Ausbildungs- und Prüfungsordnungen für Juristen. Es liegt auf der Hand, dass diese Argumentation rechtlich unhaltbar ist. Einerseits liegt in diesen Fällen Art. 23 Abs. 1 lit. e DS-GVO nicht vor und das, obwohl lit. e den öffentlichen Bildungsbereich zwar umfassen kann. Denn Art. 23 ist aufgrund seiner vagen Formulierung äußerst restriktiv auszulegen und erfordert darüber hinaus „wichtige Ziele" (vgl. auch NK-

DatenschutzR/Dix Art. 15 Rn. 27), weswegen keinesfalls das Auskunfts- und Kopierecht über korrigierte Examensklausuren erfasst ist. Andererseits liegen die Tatbestandsvoraussetzungen v. Art. 85, 88 und 89 DS-GVO evidenterweise nicht vor, sodass der DS-GVO entgegenstehende landesrechtliche Vorschriften aufgrund des Anwendungsvorrangs des EU-Rechts nicht anzuwenden sind. Richtigerweise hat dann auch das OVG Münster (BeckRS 2021, 13156) entschieden, dass Art. 23 DS-GVO nicht einschlägig ist und ein Anspruch auf Herausgabe von Examensklausuren besteht (→ Rn. 85).

12 Durch § 27 Abs. 2 BDSG (→ BDSG § 27 Rn. 42), § 28 Abs. 2 BDSG (→ BDSG § 28 Rn. 15 f.), § 29 Abs. 1 S. 2 BDSG (→ BDSG § 29 Rn. 13 f.) sowie § 34 BDSG (→ BDSG § 34 Rn. 16 ff.) wird Art. 15 konkretisiert bzw. eingeschränkt.

13-14 Derzeit nicht belegt.

VI. Normkonkurrenzen

15 **Normkonkurrenzen mit Regelungen innerhalb der DS-GVO:** Art. 15 regelt das Recht aus Auskunft. Die in anderen Abschnitten der DS-GVO geregelten Rechte, insbesondere das Recht auf Datenübertragbarkeit ist hiervon streng zu unterscheiden (vgl. hierzu auch Bräutigam/Schmidt-Wudy CR 2015, 56 (57)). Die in den Abschnitten 3 und 4 geregelten Rechte zielen nämlich entweder auf eine Veränderung (zB das Recht auf Löschung) oder auf Herausgabe (z. B. das Recht auf Datenübertragbarkeit) bestehender Daten der betroffenen Person ab. Das Auskunftsrecht betrifft hingegen ausschließlich die Mitteilung von Information über verarbeitete Daten (vgl. hierzu auch schon zur RL 95/46/EG EuGH ZD 2014, 515 Rn. 46, 58). Auch besteht kein Überschneidungsbereich von Art. 15 zu Artt. 13, 14, da die dortigen Informationspflichten den Verantwortlichen ohne eine vorherige Handlung der betroffenen Person verpflichten, wohingegen der Betroffene durch das Auskunftsrecht des Art. 15 erst nach einem vom Betroffenen geltend gemachten Auskunftsverlangen verpflichtet wird. Zu Art. 86 besteht auch kein Überschneidungsbereich, da dieser den Zugang der Öffentlichkeit zu amtlichen Dokumenten regelt, Art. 15 demgegenüber den Zugang der betroffenen Person zu ihren Daten umfasst.

16 **Normkonkurrenzen mit Regelungen außerhalb der DS-GVO im Unionsrecht:** In seinem Anwendungsbereich (vgl. dazu Art. 2 und 3) gilt Art. 14 allgemein, verbindlich sowie unmittelbar. **Bei Bestehen einer Normkonkurrenz, einer Unklarheit und/oder einem Widerspruch zwischen der DS-GVO und einer unionsrechtlichen Vorschrift ist zu unterscheiden:** Zunächst ist die DS-GVO grundrechtskonform im Lichte von Art. 8 GRCh auszulegen (→ Rn. 6) ebenso wie die andere unionsrechtliche Vorschrift dementsprechend anhand der einschlägigen Vorschriften des Primärrechts und der GRCh auszulegen ist. Besteht trotz dieser beiderseitigen Auslegung noch eine Normkonkurrenz, eine Unklarheit und/oder ein Widerspruch zwischen Art. 15 und einer unionsrechtlichen Norm, so ist zu unterscheiden, ob es sich bei der anderen Norm um eine primärrechtliche oder eine sekundärrechtliche Norm handelt. Handelt es sich um eine primärrechtliche Norm, dann genießt die primärrechtliche Norm Vorrang (vgl. näher GHN/Nettesheim AEUV Art. 288 Rn. 226). Handelt es sich um eine sekundärrechtliche Norm, so ist zu unterscheiden, ob es sich um eine Verordnung oder um eine Richtlinie handelt. Handelt es sich um eine Richtlinie, so geht die DS-GVO vor (vgl. GHN/Nettesheim AEUV Art. 288 Rn. 229). Handelt es sich um eine Verordnung, so gelten die allgemeinen Kollisionsregelungen für Normen gleicher Rangstufe, wie zB „lex posterior/specialis derogat legi priori/generali" (vgl. GHN/Nettesheim AEUV Art. 288 Rn. 227 f.).

17 **Normkonkurrenzen mit nationalem Recht:** Besteht eine Normkonkurrenz, eine Unklarheit und/oder ein Widerspruch zwischen Art. 15 und einer nationalen Vorschrift, so gelten zunächst die vorstehend (→ Rn. 8 ff.) gefundenen Grundsätze. Es ist also für jeden einzelnen Konfliktfall zu untersuchen, ob die nationale Norm zulässigerweise von Art. 15 DS-GVO abweichen kann (→ Rn. 17.1).

17.1 In Bezug auf das Konkurrenzverhältnis zwischen Art. 15 DS-GVO und dem in § 630g BGB sowie § 10 Abs. 2 MBO-Ä enthaltenen **Recht auf Einsicht in Krankenunterlagen** gilt Folgendes (vgl. näher Ärztekammer Berlin, Auskunftsrecht und Einsichtnahme in Patientenunterlagen, Stand: August 2019, abrufbar unter: https://www.aerztekammer-berlin.de/10arzt/30_Berufsrecht/08_Berufsrechtliches/04_Praxisorga/25_Merkblatt_Einsichtsrechte_in_Patientenunterlagen.pdf, zuletzt abgerufen am 26.9.2019): Art. 15 DS-GVO geht § 630g BGB und § 10 Abs. 2 MBO-Ä grundsätzlich vor, es sei denn, § 630g BGB oder § 10 Abs. 2 MBO-Ä enthalten nach Art. 23 Abs. 1 DS-GVO zulässige Verweigerungsgründe einer Auskunft. Zulässige Verweigerungsgründe einer Auskunft nach Art. 15 DS-GVO in Krankenunterlagen können sein: Therapeutische Gründe (vgl. Art. 23 Abs. 1 lit. i DS-GVO) sowie entgegenstehende Rechte Dritter bzw. des Arztes (vgl. Art. 15 Abs. 4 DS-GVO analog (vgl. → Rn. 97) sowie Art. 23 Abs. 1 lit. i

DS-GVO). Liegen Verweigerungsgründe vor, ist die Auskunft aber nur beschränkt auf diese Verweigerungsgründe – also nicht insgesamt – zu versagen und die Verweigerung entsprechend zu begründen (vgl. → Rn. 98; Erwägungsgrund 59 sowie → BDSG § 34 Rn. 47). Abweichend zu § 630g BGB und § 10 MBO-Ä sind jedoch mit der Auskunft nach Art. 15 DS-GVO grundsätzlich **keine Kosten** mehr verbunden (vgl. → Rn. 92 f.) sowie Ärztekammer Berlin, Auskunftsrecht und Einsichtnahme in Patientenunterlagen, Stand: August 2019, abrufbar unter: https://www.aerztekammer-berlin.de/10arzt/30_Berufsrecht/08_Berufsrechtliches/04_Praxisorga/25_Merkblatt_Einsichtsrechte_in_Patientenunterlagen.pdf, zuletzt abgerufen am 26.9.2019, S. 4; ebenso LfDI NRW, 26. Tätigkeitsbericht, S. 83). Ebenso ist – abweichend v. § 630g BGB und § 10 MBO-Ä die als Leistungsort für das Zurverfügungstellen der Krankenakte das Krankenhaus bzw. die Arztpraxis vorsehen – einem Patienten, der eine Kopie seiner Patientenakte gem. Art. 15 Abs. 3 DS-GVO anfordert (vgl. → Rn. 85) diese Kopie an dessen Wohnort zu übersenden bzw. elektronisch zu Verfügung zu stellen (vgl. Ärztekammer Berlin, Auskunftsrecht und Einsichtnahme in Patientenunterlagen, Stand: August 2019, abrufbar unter: https://www.aerztekammer-berlin.de/10arzt/30_Berufsrecht/08_Berufsrechtliches/04_Praxisorga/25_Merkblatt_Einsichtsrechte_in_Patientenunterlagen.pdf, zuletzt abgerufen am 26.9.2019, S. 4; Art. 12 Abs. 1 S. 1, Abs. 2 S. 1 DS-GVO).

Derzeit nicht belegt. **18–19**

VII. Rechtsdurchsetzung und Sanktionen

1. Rechtsfolgen für den Verantwortlichen bei Zuwiderhandlung

Bei Verstößen gegen Art. 15 DS-GVO ist zunächst die Zuständigkeit der Aufsichtsbehörde gem. Art. 57, 58 gegeben. Diese können dann gegenüber dem Verantwortlichen Untersagungen und Anweisungen ausüben (vgl. Dieterich ZD 2016, 260 (263)). Darüber hinaus können Verstöße gegen Art. 15 DS-GVO gem. Art. 83 Abs. 5 lit. b DS-GVO von den Aufsichtsbehörden mit sehr erheblichen Geldbußen von bis zu 20 Mio. EUR oder bis zu 4 % des gesamten weltweiten erzielten Jahresumsatzes des vorangegangenen Geschäftsjahres geahndet werden. Schließlich besteht für Aufsichtsbehörden auch die Möglichkeit, gem. Art. 58 Abs. 5 DS-GVO Verstöße gegen Art. 15 DS-GVO den Justizbehörden zu melden, Verfahren zu betreiben oder sich daran zu beteiligen. **20**

Des Weiteren ist in Art. 80 DS-GVO eine Möglichkeit zur Verbandsklage vorgesehen kraft derer sich Betroffene von den in Art. 80 DS-GVO genannten Organisationen vertreten lassen können (vgl. Dieterich ZD 2016, 260 (263)). Näheres ist in § 2 Abs. 2 Nr. 11 UKlaG geregelt. **21**

Weiterhin sind gem. Art. 83 f. DS-GVO weitere Sanktionen denkbar. **22**

Schlussendlich hat der Betroffene gegen den Verantwortlichen bei einer schuldhaften Verletzung von Art. 15 DS-GVO die Möglichkeit, Schadensersatz gem. Art. 82 DS-GVO zu verlangen. **23**

Im Laufe der letzten Monate kristallisiert sich gerade aus der arbeitsgerichtlichen Rechtsprechung heraus, dass eine nicht oder nicht rechtzeitige oder nicht vollständige Erfüllung der Pflichten aus Art. 15 DS-GVO für den Verantwortlichen zu empfindlichen Schadensersatzzahlungen führen kann (vgl. dazu Böhm/Brams NZA-RR 2021, 521 ff.; ebenso die Latham DSGVO-Schadensersatztabelle, abrufbar unter: https://de.lw.com/thoughtLeadership/Latham-DSGVO-Schadensersatztabelle). Nachfolgend soll ein kurzer Überblick über die aktuelle Rechtsprechung gegeben werden (vgl. auch Franck ZD 2021, 680 ff.): **23.1**

Nach dem **ArbG Neumünster** (BeckRS 2020, 29998) ist pro Monat einer verspäteten Auskunft 500 EUR als Schadensersatz pauschal anzusetzen. Nach dem **LAG Hamm** (BeckRS 2021, 21866) sind für eine verspätete und unvollständige Datenauskunft 1.000 EUR Schadensersatz anzusetzen. Das **ArbG Düsseldorf** (BeckRS 2020, 11910) sprach einem Kläger aufgrund einer unvollständigen und verspäteten Auskunft 5.000 EUR Schadensersatz zu. Das **LAG Niedersachsen** (BeckRS 2021, 32008) hat dem Kläger aufgrund einer verspäteten Auskunft einen immateriellen Schadensersatz in Höhe von 1.250 EUR zugesprochen. **23.2**

Plant der Verantwortliche, die Auskunft nicht zu erteilen, hat er dies der betroffenen Person gem. Art. 12 Abs. 4 DS-GVO mitzuteilen. **24**

2. Rechte der betroffenen Person

Die betroffene Person kann ihre Rechte selbst gerichtlich durchsetzen. Der Betroffene kann seine Rechte auch von Dritten durchsetzen lassen, vgl. Art. 80 sowie § 2 Abs. 2 Nr. 11 UKlaG. **25**

Daneben bleibt es gem. Art. 77 DS-GVO der betroffenen Person unbenommen, die gem. Art. 57, 58 zuständige Aufsichtsbehörde einzuschalten, damit diese den Verantwortlichen auffordert, die von der betroffenen Person begehrten Informationen entweder dieser direkt oder der **26**

Aufsichtsbehörde zu erteilen. Falls die Aufsichtsbehörde die Auskunft erhält, hat die betroffene Person gem. Art. 15 DS-GVO einen Anspruch auf Auskunft gegen diese.

27   Die betroffene Person hat bei einer schuldhaften Verletzung von Art. 15 DS-GVO durch den Verantwortlichen auch einen Anspruch auf Schadensersatz gem. Art. 82 DS-GVO (→ Rn. 23).

3. Rechtsdurchsetzung

28   Die betroffene Person kann ihren Auskunftsanspruch aus Art. 15 DS-GVO ohne vorherige Anrufung der Aufsichtsbehörde durch Erhebung einer Auskunftsklage durchsetzen.

29   Die gerichtliche Zuständigkeit richtet sich nach den allgemein einschlägigen Vorschriften. Bei Klagen gegen Finanzbehörden oder deren Auftragsverarbeiter sowie bei Streitigkeiten über vom Steuergeheimnis umfasste Daten ist gem. § 32i AO der Finanzrechtsweg gegeben (näher Koenig/Pätz AO § 32i Rn. 1 ff.).

30   Fraglich ist, ob Zulässigkeit oder Begründetheit einer Auskunftsklage vom vorherigen Ablauf einer Frist abhängen. Dies war etwa für §§ 19, 34 BDSG aF nicht so. Zum Beispiel konnte der Betroffene bei § 34 BDSG aF ohne den Fristablauf abzuwarten sofort Klage erheben, lief dann aber Gefahr, bei sofortigem Anerkenntnis gem. § 93 ZPO mit den Kosten belastet zu werden (→ BDSG 2003 [aK] § 34 Rn. 23). Es spricht viel dafür, diese Grundsätze auch für Art. 15 beizubehalten, da die Fristangaben in Art. 12 Abs. 3 in Zusammenschau mit Art. 12 Abs. 4 DS-GVO eher so zu verstehen sind, als ob eine sofortige Klageerhebung möglich ist.

31   Wie auch schon bislang zu § 34 BDSG aF besteht die Möglichkeit, die Auskunft mit der Abgabe der eidesstattlichen Versicherung gem. §§ 259 Abs. 2, 260 Abs. 2 BGB analog zu verknüpfen (LG Ulm MMR 2005, 265; AG Düsseldorf BeckRS 2005, 06965; OLG Köln BeckRS 2018, 17378) (→ Rn. 31.1).

31.1   Die Höhe des **Streitwerts einer Auskunftsklage** bzw. des **Gegenstandswerts eines Auskunftsanspruchs** wurde bislang bezogen auf § 34 BDSG aF heterogen beurteilt, jedoch war als Grundlinie den Entscheidungen zu entnehmen, dass die Gerichte den Streitwert des Auskunftsbegehrens grundsätzlich eher niedrig angesetzt haben (vgl. OLG Köln BeckRS 2018, 1759: grundsätzlich 500 EUR; AG Leipzig BeckRS 2014, 14721: 500 EUR; LG Münster BeckRS 2013, 15505: 500 EUR; OLG Schleswig BeckRS 2009, 04241: 200 EUR pro Frage; AG Düsseldorf BeckRS 2009, 71123: 750 EUR; LG Kiel BeckRS 2009, 08785: Max. 2000 EUR; AG Düsseldorf BeckRS 2005, 06965: 200 EUR, Abgabe der eidesstattl. Versicherung: 100 EUR; Ausnahme, da auf § 23 Abs. 3 S. 2 HS. 2 RVG analog abstellend und 5.000 EUR annehmend LG München I BeckRS 2018, 47599 (bislang unveröffentlicht)). **Diese bisherige, an einem niedrigen Streitwert orientierte Linie zu § 34 BDSG aF lässt sich für Art. 15 DS-GVO nicht mehr aufrechterhalten.** Ausgangspunkt ist § 48 GKG bzw. § 52 GKG. Allerdings enthält § 48 GKG eine für Art. 15 DS-GVO nicht begründbare Wertbegrenzung, die – wendet man § 48 GKG an – nach hier vertretener Auffassung teleologisch zu reduzieren ist. **Nach hier vertretener Auffassung** ist daher der **Streitwert bzw. Gegenstandswert nach § 48 Abs. 2 GKG bzw. § 52 Abs. 1 GKG** anhand des wirtschaftlichen Interesses des Anspruchstellers zu bewerten und **nur dann, wenn nicht genügend tatsächliche Anhaltspunkte für eine Bewertung** vorliegen, auf **§ 52 Abs. 2 GKG analog** abzustellen; die **Rechtsanwaltsgebühren** sind dann gem. **§ 23 Abs. 1 S. 1 RVG** an dem nach §§ 48 Abs. 2, 52 Abs. 1, 2 GKG analog gefundenen Wert zu orientieren. Dieses Ergebnis begründet sich wie folgt: Zum einen ist die Bedeutung des Auskunftsrechts in der Praxis für die betroffene Person durch Einführung v. Art. 15 DS-GVO gegenüber § 34 BDSG gestiegen. Zum anderen ist kein Grund ersichtlich, wieso das Auskunftsrecht, das oftmals zur Durchsetzung weiterer materiell-rechtlicher Ansprüche vorgeschaltet ist, nicht am wirtschaftlichen Interesse der betroffenen Person an der Auskunft orientiert werden könnte. Außerdem steht eine Streitwertbegrenzung der Höhe nach, wie von § 48 Abs. 2 GKG vorgesehen, nach hier vertretener Auffassung im Widerspruch zu Art. 15 DS-GVO, da der von Art. 15 DS-GVO vermittelte Schutzumfang des allgemeinen Persönlichkeitsrechts keiner vermögensmäßigen Wertgrenze unterliegt. Dieses Ergebnis erscheint – gemessen an den Wertungen v. §§ 48, 52 Abs. 1 GKG bzw. § 52 Abs. 2 GKG analog – und vor dem Hintergrund des mit der Rechtsdurchsetzung v. Art. 15 DS-GVO verbundenen Aufwands, der typischerweise nicht unerheblich ist, sachgerecht und erlaubt dann, wenn nicht genügend tatsächliche Anhaltspunkte für eine Bewertung des wirtschaftlichen Interesses vorliegen, in Analogie zu § 52 Abs. 2 GKG den Streitwert bzw. Gegenstandswert auf 5.000 EUR zu bestimmen. Insoweit ist daher dem OLG Köln (BeckRS 2019, 21980) beizupflichten, das bzgl. Art. 15 DS-GVO in Analogie zu § 52 Abs. 2 GKG grundsätzlich v. einem Streitwert iHv 5.000 EUR auszugehen scheint, wenn keine anderen Gründe dafür sprechen, dass das wirtschaftliche Interesse des Klägers höher bzw. niedriger zu bewerten ist (vgl. auch LG Landau BeckRS 2019, 22099, das jedoch starr auf § 52 Abs. 2 GKG analog abzustellen scheint ohne vorrangig zu prüfen, wie hoch das wirtschaftliche Interesse des Klägers zu bewerten ist). Die Wertbestimmung gem. § 48 Abs. 2 GKG mit teleologischer Reduktion der Wertgrenze sowie § 52 Abs. 1, 2 GKG (analog) ist auch stringenter als die nach § 23 Abs. 3 S. 2 HS. 2 RVG analog (so aber LG München I BeckRS 2018, 47599), da letztere eine für Art. 15 DS-GVO ebenfalls nicht begründbare Wertbegrenzung auf 500.000 EUR enthält. **Zusammenfassend lässt sich festhalten: Ausgangspunkt ist die Streitwertbestimmung nach dem wirtschaftlichen Interesse des Anspruchstellers ohne Wertbegrenzung nach oben (§ 48 Abs. 2 S. 1 GKG mit teleologischer Reduktion des S. 2 sowie § 52 Abs. 1 GKG); im Zweifel beträgt der Streitwert 5.000 EUR nach § 52 Abs. 2 GKG analog** (vgl. OLG Köln VuR 2020, 314 ff. mAnm Riemer VuR 2020, 315; OLG Köln BeckRS 2019, 21980; LG München I BeckRS 2018, 47599; AG München BeckRS 2019, 23247; sogar auf 10.000 EUR für Daten von Wirtschaftsauskunfteien abstellend AG Ebersberg Beschl. v. 20.9.2017 – 5 C 837/16 (unveröffentlicht) und AG München Urt. v. 8.1.2019 – 283 C 244/18 (unveröffentlicht); hingegen auf nur 2.000 EUR OLG Stuttgart GRUR-RS 2021, 20480 Rn. 51, wobei Vorinstanz LG Ulm BeckRS 2020, 26932 8.000 EUR angenommen hat).

Wird eine aufgrund eines nach Art. 15 DS-GVO angestrengten Klageverfahrens gegebene Auskunft **31.2** erteilt und hat der Betroffene **Zweifel an ihrer Richtigkeit**, so ist zu unterscheiden (näher OLG Köln BeckRS 2019, 21980). Ist die Auskunft nicht ernst gemeint, von vornherein unglaubhaft oder unvollständig (zB keine Angaben zur Herkunft der Daten, zu dem Empfänger oder den Kategorien von Empfängern, an die die Daten weitergegeben wurden), so ist gegen den zur Auskunft Verurteilten ein **Zwangsgeld** festzusetzen (vgl. dazu auch LG Landau BeckRS 2019, 22099 (bislang unveröffentlicht)). Ist die Auskunft hingegen in formaler Hinsicht vollständig und hinreichend substantiiert, steht jedoch ihre inhaltliche Richtigkeit in Zweifel, ist die Abgabe der eidesstattlichen Versicherung nach **§§ 259, 260 BGB** das statthafte Mittel.

Praxis-Tipp für Anwälte zu § 34 BDSG aF (entnommen von Riemer ZD 2018, 268 (270)): Klage **31.3** auf Erteilung einer bestimmten Auskunft eingangs nicht beim Landgericht einreichen, um zu vermeiden, dass dort Verfahren unter Herabsetzung des Streitwerts an das Amtsgericht verwiesen wird. Klage stattdessen mit Hauptsacheanträgen von bis zu 5.000 EUR zunächst beim Amtsgericht erheben. Dann
- gem. § 264 Nr. 2 ZPO um Antrag auf Erteilung einer „vollständigen" Datenauskunft erweitern, deren Streitwert grundsätzlich analog § 52 Abs. 2 GKG (zur Analogie von § 52 Abs. 2 GKG in zivilrechtlichen Streitigkeiten vgl. Binz/Dornhöfer/Zimmermann/Dörndorfer, GKG, FamGKG, JVEG, 4. Aufl. 2019, GKG § 52 Rn. 1 sowie vgl. den Gleichlauf mit der für außergerichtlichen Abrechnungen geltenden Norm § 23 Abs. 3 S. 2 RVG) iHv 5.000 EUR festgesetzt werden könne und
- gem. § 281 ZPO Verweisung an das Landgericht beantragen mit dem Ziel, dass das Amtsgericht typischerweise an das Landgericht verweisen werde, von wo aus nur bei Willkür wieder zurückverwiesen werden könne (vgl. OLG Köln BeckRS 2017, 122074).

Praxis-Tipp für Anwälte zu Art. 15 DS-GVO: Aufgrund der vorstehend genannten Aspekte des **31.4** grundsätzlich höheren Streitwerts bei Art. 15 DS-GVO (vgl. → Rn. 31.1) erscheint es zweifelhaft, ob die vorstehend zu § 34 BDSG aF (vgl. → Rn. 31.3) empfohlene Taktik im Rahmen der DS-GVO noch sinnvoll ist. Zu bejahen ist dies nur, sofern und soweit das wirtschaftliche Interesse des Klägers nicht eindeutig bestimmt werden kann (dann analog § 52 Abs. 2 GKG: Streitwert iHv 5.000 EUR) oder klar unter 5.000 EUR zu bewerten ist.

B. Allgemeine Anspruchsvoraussetzungen

Ist der Anwendungsbereich eröffnet (→ Rn. 33) und wurde vom Betroffenen (→ Rn. 35) ein **32** Auskunftsverlangen (→ Rn. 44) beim Verantwortlichen (→ Rn. 40) geltend gemacht, so hat der Verantwortliche die Auskunft zu erteilen, es sei denn, es legt ein Grund für die Auskunftsverweigerung (→ Rn. 49) vor. Weitere Anspruchsvoraussetzungen existieren nicht.

I. Anwendungsbereich und Dispositivität

Im Anwendungsbereich der DS-GVO (vgl. Art 2 und 3) ist der Anwendungsbereich des Art. 15 **33** DS-GVO eröffnet. Art 15 DS-GVO gilt jedenfalls auch im Rahmen der **Zivilgerichtsbarkeit** (überzeugend unter Hinweis auf § 21a EGGVG insoweit Deutschmann ZD 2021, 414 (415)) und der **Finanzgerichtsbarkeit** (Deutschmann ZD 2021, 414 (418); aA BFH BeckRS 2019, 29322 Rn. 23) und wird als unmittelbar geltendes Unionsrecht nicht von den einschlägigen Verfahrensordnungen verdrängt.

Art. 15 DS-GVO kann nur iRd Öffnungsklauseln (→ Rn. 11 ff.) vom nationalen Gesetzgeber **34** eingeschränkt werden. Praktisch relevant ist die Möglichkeit, Art. 15 DS-GVO durch Betriebsvereinbarungen aufgrund v. Art. 88 DS-GVO in gewissem Maße einzuschränken (vgl. Wünschelbaum BB 2019, 2102 (2104 ff.); Wünschelbaum NZA 2020, 612 (615)). Andere Einschränkungen des Art. 15 DS-GVO außerhalb v. Öffnungsklauseln (zB durch Vereinbarung zwischen zwei Parteien) sind rechtlich nicht zulässig und daher in ihren Rechtsfolgen bezogen auf Art. 15 DS-GVO nichtig. Art 15 DS-GVO wird vom nationalen Gesetzgeber durch § 27 Abs. 2 BDSG (→ BDSG § 27 Rn. 42), § 28 Abs. 2 BDSG (→ BDSG § 28 Rn. 15 f.), § 29 Abs. 1 S. 2 BDSG (→ BDSG § 29 Rn. 13 f.) sowie § 34 BDSG (→ BDSG § 34 Rn. 16 ff.) konkretisiert bzw. eingeschränkt.

II. Die betroffene Person und deren Identifikation

35 Gem. Art. 15 ist die Auskunft nur der betroffenen Person zu erteilen. Diese ist in Art. 4 Nr. 1 definiert (→ BDSG § 4 Rn. 3 ff.). Wie auch schon bislang vertreten (zB → BDSG 2003 [aK] § 34 Rn. 26) dürfte das Recht aus Art. 15 nicht abtretbar oder vererbbar sein (ebenso OVG Lüneburg BeckRS 2019, 12970: Aufgrund der **Höchstpersönlichkeit** geht Art. 15 Abs. 1 DS-GVO **im Insolvenzverfahren nicht auf den Insolvenzverwalter** über, bestätigt durch BVerwG BeckRS 2010, 56828; ebenso BVerwG NVwZ 2021, 80 mAnm Brink/Krieger NVwZ 2021, 84 ff.). Allerdings kann der Betroffene eine Dritte Person mit der Ausübung **bevollmächtigen** oder mit der Rechtsausübung gem. Art. 80 beauftragen. Sofern nicht an die betroffene Person, sondern an Dritte beauskunftet werden soll, richtet sich die Auskunft nicht nach Art. 15 DS-GVO, sondern nach den Vorschriften über die Zulässigkeit einer Datenübertragung gem. Art. 5 ff. DS-GVO.

35.1 Fraglich ist, ob es einer Person möglich ist, über ihren Tod hinaus eine andere Person mit der Geltendmachung v. Ansprüchen aus Art. 15 DS-GVO zu bevollmächtigen. Praktisch relevant ist dies bezüglich der Frage, ob ein Betroffener noch zu Lebzeiten einen Dritten dazu bevollmächtigen kann, über Art. 15 DS-GVO eine Kopie der einschlägigen Krankenakte nach dem Ableben des Betroffenen zu erhalten (vgl. → Rn. 17.1). Nach der absolut herrschenden Meinung ist die Erteilung einer derartigen postmortalen Vollmacht nicht möglich, da die DS-GVO gem. Art. 4 Nr. 1 DS-GVO sich nur auf personenbezogene Daten einer „natürlichen Person" bezieht und laut Erwägungsgrund 27 die DS-GVO nicht für personenbezogene Daten Verstorbener gilt. (vgl. → Art. 4 Rn. 11; NK-DatenschutzR/Karg Art. 4 Rn. 39). Einsicht in die Krankenunterlagen Verstorbener ist daher nur über § 630g Abs. 3 BGB möglich (vgl. Ärztekammer Berlin bei → Rn. 17.1).

36 Auch Geschäftsunfähige und beschränkt Geschäftsfähige verfügen über das Auskunftsrecht aus Art. 15 DS-GVO, wie klar aus Art. 4 Nr. 1 DS-GVO in Zusammenschau mit Art. 12 Abs. 1 Hs. 2 DS-GVO. Beide Personengruppen müssen sich jedoch bei der Ausübung vertreten lassen (näher → Rn. 45).

37 Der Verantwortliche hat zu prüfen, ob es sich beim Auskunftsbegehrenden um die betroffene Person handelt, wie Art. 12 Abs. 6 DS-GVO festlegt, da Art. 15 DS-GVO nur die Auskunft an die betroffene Person erfasst. Bestehen Zweifel an der Identität der betroffenen Person, so können gem. Art. 12 Abs. 6 DS-GVO iVm Art. 11 DS-GVO weitere Informationen angefordert werden. Hierbei legt Erwägungsgrund 64 fest, dass der Verantwortliche „alle vertretbaren Mittel" nutzen soll, um die Identität der betroffenen Person zu überprüfen, insbesondere im „Rahmen von Online-Diensten und im Fall von Online-Kennungen".

38 Die Streitfrage zu § 34 BDSG aF, in welcher Weise die Identifikation der betroffenen Person zu erfolgen hat (hierzu → BDSG 2003 [aK] § 34 Rn. 28 ff.), ist daher auch weiterhin praktisch relevant. Seit der Änderung von § 18 PassG sowie § 20 PAuswG hat die früher streitige Frage, ob zu Identifikationszwecken Kopien von Ausweisen angefertigt werden dürfen, hingegen an Relevanz verloren (zu früherer Rechtslage → BDSG 2003 [aK] § 34 Rn. 28.2 f.).

39 Die zur Identifikation erhaltenen zusätzlichen Informationen über die betroffene Person darf der Verantwortliche **ausschließlich zum Zweck der Identifizierung** verwenden und hat sie nach Identifizierung unverzüglich zu löschen (ähnlich Guidelines des EDPB 01/2022 vom 18.1.2022 S. 25 f. in der öffentlichen Konsultationsversion). Der Zeitpunkt und das Verfahren der Identifizierung sollten jedoch dokumentiert werden, nicht zuletzt deswegen, um datenschutzkonformes Verhalten auch gegenüber der Aufsichtsbehörde nachweisen zu können.

III. Der Verantwortliche

1. Allgemeines

40 Verpflichtet wird gem. Art. 15 DS-GVO nur die in Art. 4 Nr. 7 DS-GVO legaldefinierte Stelle (→ Art. 4 Rn. 87 ff.). Bei der Auftragsverarbeitung gem. Art. 28 DS-GVO wird **der Auftraggeber, nicht der Auftragsverarbeiter von Art. 15 DS-GVO verpflichtet.** Bei gemeinsamer Verantwortung gem. Art. 26 DS-GVO trifft die Pflicht zur Auskunft alle Verantwortliche. Bei Social Media Plattformen ist dies typischerweise der im Impressum angegebene Plattformbetreiber.

Nutzer dieser Plattformen sind nur dann auskunftspflichtig, wenn sie Datenströme kontrollieren (vgl. Art. 29 Datenschutzgruppe Stellungnahmen 5/2009, 6 und 1/2010, 26 f.).
Derzeit nicht belegt. **41**

2. Grenzüberschreitende Sachverhalte

Die zum BDSG bisher relevante Streitfrage, welches Rechtsregime anwendbar ist, wurde jedenfalls zu Art. 15 DS-GVO nun zwar partiell beseitigt. Sie kann aber im Fall von durch nationale Gesetzgeber vorgenommene Konkretisierungen (dazu → Rn. 12). **42**
Derzeit nicht belegt. **43**

IV. Auskunftsverlangen

Art. 15 ist an ein Auskunftsverlangen der betroffenen Person geknüpft, wie sich klar aus dem Wortlaut des Art. 12 Abs. 3 DS-GVO ergibt. Von sich aus ist der Verantwortliche zur Auskunft nicht verpflichtet. Der Betroffene kann auch einen Dritten mit der Geltendmachung des Auskunftsverlangens bevollmächtigen, soweit dessen Vollmacht im Zeitpunkt des Auskunftsverlangens gegenüber dem Verantwortlichen nachgewiesen wird. **44**

Wie zu §§ 19, 34 BDSG aF festgestellt (→ BDSG 2003 [aK] § 34 Rn. 35 sowie → BDSG 2003 [aK] § 19 Rn. 41) ist das Auskunftsverlangen eine **geschäftsähnliche Handlung** dar und erfordert Geschäftsfähigkeit. Anders als zum BDSG aF kann Art. 15 von **beschränkt Geschäftsfähigen nicht analog § 107 BGB ausgeübt** werden, da mit der Ausübung gem. Art. 12 Abs. 5 DS-GVO ein rechtlicher Nachteil (Kostentragungspflicht) verbunden sein kann. **45**

1. Form

Das **Auskunftsverlangen** ist an **keine Form** geknüpft. Art. 15 Abs. 3 S. 3 DS-GVO legt jedoch fest, dass ein **elektronisches Auskunftsverlangen** dazu führt, dass die Auskunft in einem „gängigen elektronischen Format" zur Verfügung zu stellen ist, sofern sich aus den Umständen nichts anderes ergibt. Freilich wird sich in der Praxis zu zeigen haben, wann ein elektronisches Format „gängig" ist. **Aus Sicht des Verantwortlichen bedeutet dies** Folgendes: Erstens bleibt es grundsätzlich ihm überlassen, ob und auf welche Weise er Auskunftsanträge von Betroffenen kanalisiert. So kann der Verantwortliche zB auf seinem Internetauftritt ein Formular für Auskunftsanfragen bereithalten, muss dies aber nicht. Zweitens gilt etwas anderes, falls der Verantwortliche die Daten der betroffenen Person elektronisch verarbeiten sollte: In diesem Fall spricht die Auslegung des Art. 15 Abs. 3 S. 3 DS-GVO iVm Erwägungsgrund 59 S. 2 dafür, dass der Verantwortliche das Auskunftsverlangen der betroffenen Person **auch** auf rein elektronischem Wege ermöglichen muss, zB durch ein Online-Formular oder mittels einer eigenen E-Mailadresse (auskunftsverlangen@...) (→ Rn. 46.1 f.). Wendet sich der Betroffene eine hierfür nicht vorgesehene E-Mailadresse des Verantwortlichen oder etwa an einen nicht zuständigen Arbeitnehmer des Verantwortlichen, so ist fraglich, ob dies dann ein ordnungsgemäßes Auskunftsverlangen darstellt. Einer Ansicht zufolge (Guidelines des EDPB 01/2022 vom 18.1.2022 S. 22 in der öffentlichen Konsultationsversion) ist dies nicht der Fall, wenn für den Betroffenen „klar erkennbar" war, dass nur ein bestimmter Kommunikationskanal für Auskunftsanfragen vom Verantwortlichen vorgegeben wurde. Demgegenüber lässt sich auch mit guten Argumenten vertreten, dass ein derartiges, an eine unzuständige Stelle adressiertes Auskunftsbegehren zwar die Frist iSv Art. 12 Abs 3 S. 1 DS-GVO (→ Rn. 83) nicht anlaufen lässt, dies aber nichts an einem tatsächlich gestellten Auskunftsbegehren ändert mit der Folge, dass der Verantwortliche den Betroffenen entweder unverzüglich auf das nicht ordnungsgemäß gestellte Begehren hinzuweisen hat, sodass dieser ein neues Begehren an die zutreffende Empfangsadresse stellen kann, oder hausintern durch entsprechende Dienstanweisungen sicherzustellen hat, dass ein derartig „falsch" adressiertes Auskunftsbegehren unverzüglich an die hausintern zuständige Stelle weitergeleitet wird mit der Folge, dass ab dann die Auskunftsfrist zu laufen beginnt. **Nach hier vertretener Auffassung** ist die zuletzt genannten Meinung zu bevorzugen, da anderenfalls das Risiko bestünde, dass der keinen Datenschutzbeauftragten habende Verantwortliche für Auskunftsbegehren keine Empfangsadresse vorsieht und sich folglich gerade bei zeitkritischen Auskunftsanfragen hinter vermeintlich „falsch" gestellten Auskunftsbegehren verschanzt. **46**

Praxistipp: Ein „gängiges" elektronisches Format dürfte heutzutage in jedem Fall eine PDF-Datei sein, ebenso ein Dateiformat, dass von einem Produkt aus der weitverbreiteten Microsoft Office-Produktfamilie unterstützt wird, d.h. z. B. Word, Excel, Power-Point. **46.1**

46.2 **Praxistipp:** Die Rechtspraxis mancher Unternehmen, die elektronische Daten verarbeiten, gleichzeitig aber nur schriftliche bzw. postalische Auskunftsverlangen akzeptieren, muss angesichts von Erwägungsgrund 59 S. 2 sowie Art. 15 Abs. 3 S. 3 DS-GVO geändert werden.

2. Präzisierung des Auskunftsverlangens

47 Aus Erwägungsgrund 63 ergibt sich, dass der Verantwortliche dann, wenn er „eine große Menge von Informationen über die betroffene Person" verarbeitet, verlangen kann, „dass die betroffene Person präzisiert, auf welche Information oder welche Verarbeitungsvorgänge sich ihr Auskunftsersuchen bezieht, bevor er ihr Auskunft erteilt." Dies stellt im Ergebnis letztlich nichts anderes dar als die bereits in § 19 Abs. 1 S. 2 BDSG aF bzw. § 34 Abs. 1 S. 2 BDSG aF enthaltene Soll-Vorschrift. Allerdings sieht **§ 34 Abs. 4 BDSG** bei Auskunftsverlangen gegenüber **öffentlichen Stellen in bestimmten Fällen** eine **weitere Pflicht zur Konkretisierung** vor (dazu → BDSG § 34 Rn. 66 ff.). Auch nach Ansicht des EDPB hat es keinerlei Rechtsfolge für den Betroffenen, wenn er einer solchen Aufforderung des Verantwortlichen zur Präzisierung des Auskunftsverlangens nicht nachkommt (siehe Guidelines des EDPB 01/2022 vom 18.1.2022 S. 15 in der öffentlichen Konsultationsversion).

3. Rechtsmissbrauch durch die betroffene Person

48 Rechtsmissbräuchliche Anfragen können unter den Voraussetzungen des Art. 12 Abs. 5 S. 1 verweigert werden bzw. hierfür kann alternativ ein Entgelt vom Betroffenen verlangt werden (→ Rn. 48.1).

48.1 **Praxistipp:** Da der Verantwortliche aber den vollen Beweis des Rechtsmissbrauchs durch die betroffene Person führen muss (vgl. Art. 12 Abs. 5 S. 3), ist der Verantwortliche angesichts der erheblichen Sanktionen (→ Rn. 18) gut beraten, die Auskunft im Zweifel zu erteilen und im Nachgang vom Betroffenen lieber die Kosten hierfür erstattet zu verlangen, es sei denn, es liegt in der Praxis ein klar nachweisbarer Rechtsmissbrauchsfall vor.

V. Auskunftsverweigerung

49 Art. 15 sieht – anders als §§ 19, 34 BDSG aF – nicht vor, dass die Auskunft verweigert wird. Gleiches folgt aus Erwägungsgrund 63. Die **Auskunft** ist daher **gem. Art. 15 DS-GVO zwingend zu erteilen, es sei denn, mindestens eine der folgenden Ausnahmen liegt vor: Ausnahme 1:** Im Fall des Art. 12 Abs. 5 S. 2 lit. b DS-GVO – dh **Rechtsmissbrauch** – ist es dem Verantwortlichen erlaubt, das Auskunftsbegehren abzulehnen (vgl. zur im Beschluss des Europäischen Parlaments vom 12.3.2014 (7427/1/14, REV 1) noch nicht enthaltenen Ablehnungsmöglichkeit näher Bräutigam/Schmidt-Wudy CR 2015, 56 (58); **Rechtsmissbrauch liegt nicht vor beim Recht auf Datenkopie, insbesondere nicht im Arbeits- oder Dienstverhältnis** (näher → Rn. 85). **Ausnahme 2:** Im Fall des Art. 12 Abs. 2 S. 2 DS-GVO iVm Art. 11 Abs. 2 DS-GVO – dh **dem Verantwortlichen ist die Identifikation der betroffenen Person nicht möglich** – ist es dem Verantwortlichen erlaubt, das Auskunftsbegehren abzulehnen. **Ausnahme 3 (umstritten):** Im Fall von Abs. 4 analog – dh **entgegenstehenden Rechten und Freiheiten Dritter** – ist es dem Verantwortlichen erlaubt, das Auskunftsbegehren insoweit einzuschränken, zB durch Schwärzung von Informationen (vgl. Paal/Pauly/Paal Rn. 42). **Ausnahme 4 (außerhalb der DS-GVO): Verweigerung nach §§ 27 Abs. 2, 28 Abs. 2, 29 Abs. 1 S. 2, 34 BDSG möglich** (dazu → Rn. 12). Die Auskunftsverweigerung hat der Verantwortliche zu begründen (vgl. Erwägungsgrund 59 sowie → BDSG § 34 Rn. 47). Folglich liegt also beispielsweise **kein Verweigerungsgrund** vor, sofern die betroffene Person über die Auskunft bereits verfügt (so aber rechtsirrig FG München BeckRS 2021, 27783).

C. Inhalt der Auskunft (Abs. 1)

I. Bestätigung über verarbeitete Daten und Auskunft über diese (Abs. 1 Hs. 1, 2)

50 Art. 15 Abs. 1 Hs. 1, 2 DS-GVO enthält zunächst einen Anspruch der betroffenen Person gegen den Verantwortlichen, ihm zu bestätigen, ob ihn betreffende personenbezogene Daten verarbeitet werden. Hieraus folgt, dass Art. 15 DS-GVO – wie auch §§ 19, 34 BDSG aF (→ BDSG 2003 [aK] § 34 Rn. 14 sowie → BDSG 2003 [aK] § 19 Rn. 18) – einen Anspruch auf **Negativauskunft** (zu Art. 15 Abs. 2 DS-GVO auch → Rn. 81) gewährt, denn werden keine

Daten verarbeitet, so ist auch dies zu bestätigen (vgl. wie hier auch AG Lehrte Beschluss v. 3.2.2021 – 9 C 139/20 (veröffentlicht unter www.datenschutz.eu); Bräutigam/Schmidt-Wudy CR 2015, 56 (58); Paal/Pauly/Paal Rn. 19; Gola/Franck Rn. 5; der hier vertretenen Auffassung folgend auch Guidelines des EDPB 01/2022 vom 18.1.2022 S. 11 in der öffentlichen Konsultationsversion). Die in der Praxis bestehenden Abgrenzungsprobleme der Negativauskunft v. der **unberechtigten Auskunftsverweigerung** sind auf der Ebene der Beweiswürdigung zu lösen.

Verarbeitet der Verantwortliche personenbezogene Daten der betroffenen Person, so hat die betroffene Person gem. Art. 15 Abs. 1 Hs. 2 DS-GVO ein Recht auf Auskunft über diese personenbezogenen Daten. Erwägungsgrund 60 betont hierbei insbesondere die Auskunft über Gesundheitsdaten, also „Daten in Patientenakten, die Informationen wie bspw. Diagnosen, Untersuchungsergebnisse, Befunde der behandelnden Ärzte und Angaben zu Behandlungen oder Eingriffen enthalten". **51**

Der **Detaillierungsgrad der mitzuteilen Informationen ist äußerst umstritten und ebenso praxisrelevant.** Denn selbst wenn alle v. Art. 15 Abs. 1 DS-GVO aufgezählten Informationen mitgeteilt werden, so ist fraglich, wie viele Informationen tatsächlich zu beauskunften sind. Plastisch wird dies an folgendem Beispiel: Bereits aus dem Wortlaut von Abs. 1 muss zwingend abgeleitet werden, dass eine Krankenversicherung einem auskunftsbegehrenden Versicherungsnehmer gem. Abs. 1 jedenfalls seine „Stammdaten", dh Name, Geburtsdatum, Kontaktdaten, Gesundheitsdaten, ärztliche Abrechnungen, ärztliche Gutachten mitteilen muss. Fraglich ist jedoch, ob auch (interne) Vermerke der Versicherung über den Versicherungsnehmer, interne Gutachten, interne Stellungnahmen, zurückliegende Korrespondenzen oder das Prämienkonto zum Versicherungstarif mitzuteilen sind. Diese mit erheblicher Praxisrelevanz verbundene Frage gipfelt schließlich darin, ob Art. 15 DS-GVO, insbesondere auch das Recht auf Datenkopie gem. Art. 15 Abs. 3 DS-GVO (dazu näher → Rn. 86 ff.) erlaubt, den Prozessgegner „auszuforschen", ähnlich der aus dem US-amerikanischen Recht bekannten „**pretrial discovery**" (vgl. Riemer ZD 2019, 413 (414); Riemer DSB 2019, 223 ff. sowie näher → Rn. 52.1 ff. **52**

Riemer (ZD 2019, 413 (414)) vertritt die Ansicht, dass Art. 15 DS-GVO nicht eingeschränkt sei und folglich die Auskunft über „alles" umfasse, in dem personenbezogene Daten der betroffenen Person enthalten seien, insbesondere also auch vergangene Korrespondenz v. Parteien, interne Aktenvermerke zur betroffenen Person, interne Stellungnahmen usw. Derselben Ansicht ist das **OLG Köln** (BeckRS 2019, 16261), wenn es entscheidet, dass sich der Begriff „personenbezogene Daten" gem. Art. 15 Abs. 1 DS-GVO nicht auf die Stammdaten begrenze, sondern sich vielmehr auch auf elektronisch gespeicherte Vermerke zu mit dem Kunden geführten Telefonaten und sonstigen Gesprächen erstrecke. Ergänzend hat das **AG Bonn** (BeckRS 2020, 19548) entschieden, dass auch Kontoauszugsinformationen einer Bank von Art. 15 DS-GVO umfasst sind. Demgegenüber vertritt das **LG Köln** (ZD 2019, 413) eine gegenteilige Ansicht, wenn es meint, dass sich Art. 15 Abs. 1 DS-GVO nicht auf sämtliche internen Vorgänge oder Schriftwechsel, die der betroffenen Person bereits bekannt seien, beziehe, da Art. 15 DS-GVO nicht der vereinfachten Buchführung diene, sondern sicherstellen solle, dass der Betroffene Umfang und Inhalt der gespeicherten Daten beurteilen könne. Folgerichtig ist **Riemer** (ZD 2019, 413 (414)) der Ansicht, dass Art. 15 DS-GVO einem Betroffenen anlasslos und auch bei bloßer Neugierde innerhalb der Grenzen v. § 826 BGB und weit umfassender als §§ 630g, 810 BGB, § 202 VVG oder § 29 VwVfG das Recht auf Zugang zu Informationen über seine Person sichere, die der betroffenen Person eine mit dem US-amerikanischen Recht vergleichbare „pretrial discovery" ermögliche, was angesichts der unmittelbaren Geltung der DS-GVO als Unionsrecht hinzunehmen sei, selbst wenn hierdurch die im deutschen Zivilprozess geltenden Darlegungs- und Beweisregeln ausgehebelt würden. Der **BGH** (BeckRS 2021, 16831) hat nach einer am Wortlaut des Art. 4 Nr. 1 DS-GVO orientierten Auslegung entschieden, dass Art. 15 DS-GVO nicht teleologisch zu reduzieren oder einschränkend auszulegen sei, sondern alle Informationen, die sich auf eine identifizierte oder identifizierbare natürliche Person beziehen, umfasse. Der Anspruch gem. Art. 15 DS-GVO sei nach dem BGH nicht auf sensible oder private Informationen beschränkt, sondern **umfasse potenziell alle Arten von Informationen sowohl objektiver als auch subjektiver Natur in Form von Stellungnahmen oder Beurteilungen, wenn die Information aufgrund ihres Inhalts, ihres Zwecks oder ihrer Auswirkungen mit einer bestimmten Person verknüpft sei.** Demzufolge ist nach dem BGH ein Prämienkonto einer Person bei einer Versicherung ebenso von Art. 15 DS-GVO umfasst wie Daten des Versicherungsscheins und interne Vermerke sowie Kommunikation des Versicherungsunternehmens. Auf dieser Linie des BGH liegt auch die Entscheidung des **OLG München** (BeckRS 2021, 29747). **52.1**

Nach hier vertretener Auffassung ist hinsichtlich des zu beauskunftenden Detaillierungsgrads zu unterscheiden. In **zeitlicher Hinsicht** sind, wie bereits in früheren Fassungen dieses Kommentars ausgeführt, **nur Daten zu beauskunften, die tatsächlich vorhanden sind.** Zwar äußert sich Art. 15 DS-GVO nicht hinsichtlich der in der EuGH-Entscheidung „**Rijkeboer**" (EuGH EuZW 2009, 546 – Rijkeboer) **52.2**

aufgeworfenen Problematik, wonach der datenschutzrechtliche Auskunftsanspruch nicht nur die aktuell beim Verantwortlichen vorhandenen Daten umfasse, sondern auch solche aus der Vergangenheit mit der damit verbundenen Problematik, dass der Verantwortliche Daten ohne zeitliche Vorgabe speichern muss, um diese später beauskunften zu können. Meines Erachtens kann das Schweigen der DS-GVO zu dieser Problematik nur so verstanden werden, dass es keinen durch „Rijkeboer" begründeten Auskunftsanspruch über „vergangene", dh **berechtigterweise** tatsächlich nicht mehr beim Verantwortlichen vorhandene Daten mehr geben soll. Für die Praxis bedeutet dies erfreulicherweise, dass Verantwortliche keine Vergangenheitsauskünfte vorhalten bzw. erteilen müssen (dieser Ansicht folgend: Guidelines des EDPB 01/2022 vom 18.1.2022 S. 17 in der öffentlichen Konsultationsversion; demgegenüber aA Gola/Franck Rn. 8: „Rijkeboer"-Grundsätze würden weiterhin gelten; ebenso Simitis/Hornung/Spieker gen. Döhmann/Dix Rn. 45 sowie Kühling/Buchner/Bäcker DS-GVO Art. 15 Rn. 21). Die Gegenansichten, welche die Rijkeboer-Grundsätze weiter anwenden wollen, setzen sich jedoch nicht mit den konkreten praktischen Schwierigkeiten des Rijkeboer-Urteils auseinander und begründen nicht, wieso – trotz umfangreicher Arbeiten des Normgebers – die Fortgeltung der Rijkeboer-Grundsätze in den Gesetzesmaterialien nirgends Erwähnung findet. Nicht zielführend, da für den Verantwortlichen nicht praxistauglich und auch zu missbrauchsanfällig ist insoweit auch die Ansicht von Kühling/Buchner/Bäcker DS-GVO Art. 15 Rn. 21, die eine Weitergeltung der der Rijkeboer-Grundsätze annimmt und hierbei die Festlegung des Zeitraums, für den eine Vergangenheitsauskunft erteilt werden muss, dem Verantwortlichen überlässt. **Es versteht sich jedoch von selbst, dass sich der Verantwortliche einem Auskunftsbegehren nicht dadurch entziehen kann, dass er Daten löscht** (ebenso Kühling/Buchner/Bäcker Art. 15 Rn. 8a). Es ist auch nicht von der Hand zu weisen, dass die hier vertretene Auffassung in der Praxis freilich ein gewisses Missbrauchspotential birgt. Allerdings sollten die für den Verantwortlichen zu erwartenden Sanktionen, der eine Datenlöschung vornimmt, um sich einem Auskunftsbegehren zu entziehen, hinreichend generalpräventiv wirken. **In inhaltlicher Hinsicht** ist grundsätzlich Riemer (ZD 2019, 413 (414) vgl. → Rn. 52.1) **sowie dem OLG Köln** (BeckRS 2019, 16261) und dem **BGH** (BeckRS 2021, 16831) **zu folgen** und dem LG Köln (ZD 2019, 413) zu widersprechen. Für eine v. LG Köln vorgenommene Einschränkung, dass Art. 15 DS-GVO der betroffenen Person bereits bekannte Schriftwechsel nicht umfasse, bieten weder der Wortlaut noch der Telos v. Art. 15 DS-GVO einen Anhaltspunkt, sodass **Art. 15 DS-GVO auch dann zu erfüllen ist, wenn der Betroffene bereits über die gem. Art. 15 DS-GVO geforderten Informationen verfügt** (ebenso BGH BeckRS 2021, 16831; AG Bonn BeckRS 2020, 19548). Ebenso erscheint die von Poschenrieder (DStR 2020, 21 (23)) getroffene Unterscheidung zwischen Auskunft und Akteneinsicht praxisfremd und DS-GVO-widrig, da der zu einer bestimmten Person angelegte Aktenvorgang immanent personenbezogene Daten enthält, weswegen das **FG Saarland** (DStRE 2019, 1226 ff.) **richtigerweise** insoweit ein **Akteneinsichtsrecht in die Steuerakte** gewährt hat (aA FG Baden-Württemberg BeckRS 2021, 23844, das rechtsirrig einen Akteneinsichtsanspruch in Verwaltungs- und Steuerakten gem. Art. 15 DS-GVO verneint und sich zur Begründung fälschlicherweise auf das Urteil des BVerwG (BVerwG NVwZ 2021, 80 mAnm Brink/Krieger NVwZ 2021, 84 ff.) beruft, weil das BVerwG einen Anspruch aus Art. 15 DS-GVO auf Auszug aus dem Steuerkonto gerade nicht generell verneinte, sondern nur deswegen, weil der Anspruchsteller Insolvenzverwalter war, der das höchstpersönliche Recht aus Art. 15 DS-GVO nicht ausüben kann, vgl. näher → Rn. 35). Solange interne Vermerke oder Schriftwechsel mit dem Betroffenen unter den Anwendungsbereich der DS-GVO fallen (nicht also zB nichtautomatisierte Verarbeitungen außerhalb eines Dateisystems), sind sie zu beauskunften, selbst wenn sie der betroffenen Person bereits bekannt sind (vgl. AG Bonn BeckRS 2020, 19548, wonach Kontoauszugsunterlagen v. einer Bank auch dann zu beauskunften sind, wenn der Auskunftssteller diese möglicherweise schon über einen Online-Banking-Zugang erhalten haben könnte). Hiergegen spricht auch nicht das Transparenzprinzip gem. Art. 12 Abs. 1 DS-GVO, da es letztlich die betroffene Person in der Hand hat (vgl. näher → Rn. 52.3), die inhaltliche Reichweite der zu beauskunftenden Informationen zu bestimmen. **Dogmatisch inakzeptabel sind Einschränkungen der inhaltlichen Reichweite v. Art 15 DS-GVO d. Rechtsmissbrauchserwägungen oder Beweislastverteilungen der ZPO** (ebenso BGH BeckRS 2021, 16831). **Insofern ist der Ansicht** (vgl. Lembke NJW 2020, 1841 (1845); Schulte/Welge NZA 2019, 1110 (1114)) **zu widersprechen,** die Art. 15 DS-GVO wegen der Verfolgung „sachfremder" Zwecke einschränken will, sofern der Auskunftssteller Verhandlungsdruck aufbauen möchte zwecks Erzielung einer hohen Abfindung im Arbeitsverhältnis. Liegt nachgewiesenermaßen Rechtsmissbrauch (vgl. → Rn. 48) vor, so kann die Auskunft insgesamt verweigert werden – dogmatisch fehl geht jedoch der Versuch, Art. 15 DS-GVO aufgrund innerer Motive des Anspruchsstellers teleologisch zu reduzieren. Folglich ist die Auskunft auch dann inhaltlich unbeschränkt zu erteilen, wenn sie als „Verhandlungsmasse" für Vergleichsverhandlungen dient – zumal der Verantwortliche einen eventuellen Schwärzungsaufwand nach hier vertretener Auffassung durch Abschluss eines NDA vermeiden kann (vgl. → Rn. 99.3). Art. 15 DS-GVO erlaubt aufgrund v. Art. 23 DS-GVO (→ Art. 23 Rn. 1 ff.) Ausnahmen, sodass bestimmte nationale Normen in engem Rahmen die inhaltliche Reichweite v. Art. 15 DS-GVO beschränken können (vgl. näher die bereits gefundenen Ergebnisse bei → Rn. 8 ff.). Auf den ersten Blick erscheint es daher vertretbar, anzunehmen, dass aufgrund der Ausnahmen in Art. 23 Abs. 1 lit. e, f DS-GVO sowie j DS-GVO die zivilprozessual abgestufte Darlegungs- und Beweislastverteilung der ZPO trotz Art. 15 DS-GVO weitergilt, sodass Art. 15 DS-GVO gerade keine „pretrial discovery" ermöglicht (dazu Riemer DSB 2019, 223 ff.; Riemer ZD 2019, 413 (414)). Die bislang ergangenen Entscheidungen (vgl. OLG Köln BeckRS 2019, 16261 sowie LAG BW NZA-RR 2019, 242) tendieren aber klar in die andere Richtung und unterstützen die Ansicht, dass Art. 15 DS-GVO einem Kläger erlaubt, ihn betreffende Daten zur Vorbereitung eines Gerichtsverfahrens vom Beklagten herauszuverlangen. Bis zu einem im Einklang mit Art. 23 Abs. 1 DS-GVO erfolgenden Handeln des Gesetzgebers vermittelt Art. 15 DS-GVO daher einem Anspruchsteller ein scharfes Schwert, um Beweismittel für einen Gerichtsprozess beim Gegner zu sammeln u. das gerichtliche Bestreiten v. Tatsachen mit Nichtwissen (§ 138 Abs. 4 ZPO) wirksam zu unterbinden. Um jedoch Art. 15 DS-GVO im Rahmen einer Interessenabwägung sowohl für den Kläger – damit nicht mit für ihn unnützen Informationen überhäuft wird und damit gegen die v. Art. 12 Abs. 1 DS-GVO geforderte Transparenz (→ Rn. 83) verstoßen würde – als auch den Beklagten – der bei einer fehlenden Eingrenzung der gewünschten Informationen Gefahr läuft, unvertretbaren Aufwand mit dem „Zusammensuchen" der mitzuteilenden Informationen zu haben – **in der Praxis handhabbar** zu gestalten, ist nach **hier vertretener Auffassung eine abgestufte Vorgehensweise zwingend erforderlich** (vgl. → Rn. 52.3).

Praxistipp: Angesichts des aufgezeigten Detaillierungsgrads v. Art. 15 DS-GVO (→ Rn. 52.2) ist es **52.3** dem Verantwortlichen dringend anzuraten, abgestuft vorzugehen, um einerseits keine unvollständige Auskunft zu liefern und andererseits die betroffene Person entgegen Art. 12 Abs. 1 DS-GVO (→ Rn. 85) nicht mit unerwünschten Informationen zu „überfluten". **Im ersten Schritt** sollte der Verantwortliche nach Zugang des Auskunftsverlangens unverzüglich, jedenfalls aber im Rahmen der Frist (vgl. → Rn. 83) die sog. „Basisdaten" sowie die übrigen v. Art. 15 Abs. 1 DS-GVO umfassten Informationen übermitteln. Als **zweiten Schritt** sollte der Verantwortliche **gleichzeitig** mit dieser ersten Übermittlung die betroffene Person auffordern, mitzuteilen, welcher inhaltliche Detaillierungsgrad der Informationen gewünscht wird, um zu erfahren, ob und welche Informationen gewünscht werden, also zB ob und welche internen Vermerke, Schriftwechsel, Vertragsdokumente, E-Mails, Gesundheitsdaten zu beauskunften sind. Fordert der Verantwortliche den Betroffenen insoweit auf, ist dem Betroffenen nach **hier vertretener Ansicht** verwehrt, sich auf eine inhaltlich unzureichende Auskunft zu berufen, solange er sein Auskunftsverlangen nicht präzisiert. Anderes gilt nur dann, wenn der Betroffene bereits im Auskunftsbegehren darlegt, dass er „sämtliche Korrespondenz, Schriftwechsel, E-Mails und Aktenvorgänge" erhalten möchte. Dieses Ergebnis steht im Einklang mit Erwägungsgrund 63 sowie den vorstehend gefundenen Grundsätzen (vgl. → Rn. 47) und erlaubt ein in der **Praxis handhabbares Verfahren,** zumal sich die Frist für die Auskunft gem. Art. 12 Abs. 3 DS-GVO (→ Art. 12 Rn. 36 f.) in bestimmten Ausnahmefällen verlängern lässt.

II. Auskunft über weitere Informationen (Abs. 1 Hs. 2)

Zusätzlich zu den vom Verantwortlichen verarbeiteten Daten der betroffenen Person hat der **53** Verantwortliche die im Hs. 2 aufgelisteten weiteren Informationen der betroffenen Person zu beauskunften. Die Informationen gem. lit. a–h sind **kumulativ** zu beauskunften.

1. Verarbeitungszwecke

Die betroffene Person hat ein Recht auf Auskunft über die Zwecke der Datenverarbeitung. **54** Dies dient der Überprüfung der in Art. 5 Abs. 2 lit. b festgelegten Zweckbindung (so schon Bräutigam/Schmidt-Wudy CR 2015, 56 (60)). Allerdings verlangten § 19 Abs. 1 S. 1 Nr. 3 BDSG aF sowie § 34 Abs. 1 S. 1 Nr. 3 BDSG aF nur eine Auskunft über den Zweck der Speicherung, wohingegen Art. 15 viel umfassender eine Auskunft über den Zweck der Verarbeitung erfordert. Anders als noch im Beschluss des Europäischen Parlaments v. 12.3.2014 sind die Verarbeitungszwecke nicht mehr zu jeder Kategorie personenbezogener Daten zu beauskunften (vgl. Bräutigam/Schmidt-Wudy CR 2015, 56 (60)), was eine administrative Erleichterung der Verantwortlichen darstellt.

Derzeit nicht belegt. **55**

2. Kategorien verarbeiteter Daten

Der Verantwortliche hat der betroffenen Person auch die die Kategorien der ihn betreffenden **56** und verarbeiteten personenbezogenen Daten mitzuteilen. Durch diese Pflicht hat der Verantwortliche der betroffenen Person nunmehr nicht nur die ihn betreffenden Daten mitzuteilen, sondern auch das „Umfeld", in dem die Daten verarbeitet werden. Der Hintergrund hierfür ist, dass „neutral" erscheinende Daten der betroffenen Person (zB Name) in einem bestimmten Kontext (zB Speicherung in Datei mit Kategorie „Schuldner") eine bestimmte Aussage implizieren (zu § 34 BDSG aF bisher → BDSG 2003 [aK] § 34 Rn. 46).

57 Derzeit nicht belegt.

3. Empfänger oder Kategorien von Empfängern

58 Zum Begriff der **Empfänger** (vgl. → Art. 14 Rn. 51). Wie auch in § 34 Abs. 1 S. 1 Nr. 2 BDSG aF(→ BDSG 2003 [aK] § 34 Rn. 47) sowie § 19 Abs. 1 S. 1 Nr. 2 BDSG (→ BDSG 2003 [aK] § 19 Rn. 33) und auch Art. 12 lit. a RL 95/46/EG findet sich zwischen dem Begriff „Empfänger" und den Begriffen „Kategorien von Empfängern" ein „oder". Es ist daher – wie auch zum BDSG aF – fraglich, ob das „oder" eine Tatbestandsalternativität impliziert oder als „und" zu verstehen ist (zum identischen Auslegungsproblem in § 34 BDSG 2003 aF und den jeweiligen Argumentationen vgl. → BDSG 2003 [aK] § 34 Rn. 47). Paal/Pauly/Paal DS-GVO Art. 15 Rn. 26 nehmen ein „Wahlrecht" des Verantwortlichen an, dh der Verantwortliche kann selbst entscheiden, ob er konkrete Empfänger oder abstrakt Kategorien von Empfängern beauskunftet. Gola DS-GVO/Franck DS-GVO Art. 15 Rn. 12 meinen, es bestünde eine Alternativität, wobei im Interesse umfassender Transparenz stets eine genaue Angabe erfolgen solle, sofern konkrete Empfänger feststünden. Kühling/Buchner/Bäcker DS-GVO Art. 15 Rn. 16 meinen, es bestünde kein Wahlrecht, sondern es seien stets die konkreten Empfänger zu beauskunften, die Kategorien von Empfängern hingegen nur dann, wenn die betroffene Person dies verlange. Taeger/Gabel/Mester DS-GVO Art. 15 Rn. 7 meinen, die Auskunftspflicht umfasse stets die konkreten Empfänger, da nur so die betroffene Person die Möglichkeit erhalte, sich direkt an diese zu wenden. **Rechtsvergleichend** ist von Interesse, dass der Oberste Gerichtshof der Republik Österreich am 18.2.2021 (OGH GZ 6Ob159/20f, abrufbar über www.ris.bka.gv.at) dem EuGH die Frage zur Vorabentscheidung vorgelegt hat, ob ein **Wahlrecht** besteht und, falls ja, ob der Verantwortliche oder der Betroffene das Wahlrecht ausüben darf. Die Wortlautauslegung überlässt dem Verantwortlichen die Auswahl, ob er die Empfänger oder die Kategorien von Empfängern beauskunftet. Erwägungsgrund 63 scheint eher die Ansicht zu stützen, dass in jedem Fall die „Empfänger" zu beauskunften sind und die Kategorien von Empfängern fakultativ beauskunftet werden können. Der Sinn und Zweck der Vorschrift scheint eher die Ansicht zu stützen, dass das Wahlrecht nur dem Betroffenen zusteht, denn ansonsten könnte sich der Verantwortliche der Auskunft über konkrete Empfänger dadurch entziehen, dass er nur Kategorien von Empfängern mitteilt (so OGH GZ 6Ob159/20f, abrufbar über www.ris.bka.gv.at). **Bis zur EuGH-Entscheidung** erscheint es sachgerecht, in jedem Fall eine Pflicht zur Auskunft über konkrete Empfänger, eine solche hinsichtlich der Kategorien von Empfängern aber nur dann anzunehmen, wenn die betroffene Person die Beauskunftung von „Kategorien von Empfängern" verlangt **und** Daten mehrfach weitergegeben worden sind oder werden sollen, da nur dann „Kategorien von Empfängern" vorliegen. Zur Problematik, ob und wie lange Speicherpflichten zur Erfüllung der Auskunftspflicht vor dem Hintergrund der „Rijkeboer" Entscheidung des EuGH bestehen vgl. Bräutigam/Schmidt-Wudy CR 2015, 56 (62) sowie → Rn. 52.2. Bejaht man die Auskunftspflicht über **konkrete Empfänger,** so ist auch deren **ladungsfähige Anschrift** mitzuteilen. Zu § 34 BDSG aF (vgl. → BDSG 2003 [aK] § 34 Rn. 47) wurde die Auffassung vertreten, dass die Auskunft über die Empfänger von Daten bei einem **Cloud-Anbieter** die **Auskunft über die Standorte der Datenverarbeitung** umfasse (40. Tätigkeitsbericht LfD H, LT-Drs. 18/5409, 239). Im Rahmen des Art. 15 Abs. 1 DS-GVO wird diese Ansicht, dass der Standort der Datenverarbeitung zu beauskunften sei, bislang nicht vertreten. Vor dem Hintergrund, dass gem. Art. 32 DS-GVO sowohl Auftragsverarbeiter als auch der Verantwortliche (vgl. Kühling/Buchner/Jandt DS-GVO Art. 32 Rn. 4) zu technischen und organisatorischen Sicherungsmaßnahmen verpflichtet sind, wozu auch der Standort der Datenverarbeitung zählt (vgl. Hartung, Münchner Anwaltshandbuch IT-Recht, 4. Aufl. 2021, Teil 11.4.2 Rn. 67), erscheint es jedenfalls nicht unvertretbar, anzunehmen, dass auch im Rahmen des Art. 15 Abs. 1 lit. c DS-GVO der Standort der Datenverarbeitung zu beauskunften ist.

59 Der „insbesondere" Halbsatz soll hierbei richtigerweise nur klarstellen (vgl. auch Paal/Pauly/Paal Rn. 26), dass selbstverständlich auch Personen in Drittländern ebenso wie internationale Organisationen (zum Begriff Art. 4 Nr. 26 → Art. 4 Rn. 179 f.) als Datenempfänger in Betracht kommen.

60 Der Verantwortliche muss jedoch nur die Empfänger nennen, nicht auch deren Empfänger. Der Wortlaut ist insoweit zwar nicht eindeutig. Für dieses Auslegungsergebnis sprechen jedoch der Sinn und Zweck sowie die praktische Handhabbarkeit der Vorschrift.

61 Wie lit. c ausführt, kommt es sich nicht darauf an, ob die Daten bereits weitergegeben worden sind. Vielmehr sind auch solche Empfänger bzw. Kategorien von Empfängern zu beauskunften, denen gegenüber Daten der betroffenen Person noch offengelegt werden. Freilich sind hierbei in der Praxis erhebliche Schwierigkeiten verbunden. Wie soll ein Verantwortlicher wissen, wem gegenüber er die Daten der betroffenen Person letztlich noch weitergeben gibt? Richtigerweise wird man dabei auf die **ex ante Sicht des Verantwortlichen zum Zeitpunkt des Auskunftsbegehrens** abzustellen haben. Lit. c ist nur dann erfüllt, wenn der Verantwortliche zu diesem Zeitpunkt schon weiß, dass und wem gegenüber er Daten der betroffenen Person noch offenlegen wird.

Wie bereits andernorts (Paal/Pauly/Paal Art. 13 Rn. 18) festgestellt, stößt die Mitteilung eines Empfängers auf praktische Schwierigkeiten, falls die personenbezogenen Daten der betroffenen Person über das Internet frei zugänglich veröffentlicht worden sind (zB im Rahmen einer Publikation auf einem Blog). Obwohl lit. c grundsätzlich verlangt, dass die betroffene Person die Empfänger kontaktieren und um Löschung der Daten ersuchen kann, mithin also konkrete Kontaktinformationen mitzuteilen sind, wird dies in derartigen Internetfällen praktisch nicht möglich sein. Folglich wird sich der Verantwortliche in derartigen Fällen darauf beschränken können, mitzuteilen, welche IP-Adressen die Daten der betroffenen Person abgerufen haben, sofern die IP-Adressen noch vom Verantwortlichen gespeichert sind. 62

4. Geplante Speicherdauer bzw. Kriterien zu deren Festlegung

Verglichen mit §§ 19, 34 BDSG aF sowie Art. 12 RL 95/46/EG ist das Erfordernis, der betroffenen Person eine geplante Speicherdauer mitzuteilen. Anders als im Beschluss des Europäischen Parlaments v. 12.4.2014 (dort Erwägungsgrund 48 zur „Speicherdauer") findet sich in den Erwägungsgründen zur DS-GVO kein expliziter Hinweis auf den Grund dieser Vorschrift, gleichzeitig wurde in der DS-GVO diese Vorschrift im Vergleich zum Beschluss des Europäischen Parlaments entschärft. War damals noch gefordert, in jedem Fall die Speicherdauer mitzuteilen und war das Ausweichen auf die Kriterien zu deren Bestimmbarkeit nur im Fall der Unmöglichkeit zulässig, so findet sich in lit. c nun der explizite Hinweis auf die Möglichkeit sowohl bei der Speicherdauer als auch bei den Kriterien für deren Bestimmbarkeit. Gleichwohl ist die Vorschrift für die Praxis nicht glücklich, da Praktiker wissen, wie schwierig mitunter die Feststellung von fixen Speicherfristen sein kann. Gerade deswegen wurde im Gesetzgebungsprozess auch versucht, auf die Angabe von Speicherfristen zu verzichten oder zumindest die Angabe einer geschätzten Dauer zu ermöglichen (näher Bräutigam/Schmidt-Wudy CR 2015, 56 (61)). 63

Es bleibt unklar, ob hinsichtlich der Möglichkeit auf die objektive oder subjektive Unmöglichkeit abzustellen ist. Vorzugswürdig ist die **subjektive Möglichkeit** entscheidend, da es sich um eine auf den konkret Verpflichteten bezogene Informationspflicht handelt (so schon Bräutigam/Schmidt-Wudy CR 2015, 56 (61)). 64

Der Verantwortliche muss zunächst eine konkrete Speicherdauer ermitteln. Ist ihm dies nicht möglich (zB bei einem Dauerschuldverhältnis mit unbestimmter Laufzeit), hat der Verantwortliche die Kriterien für die Festlegung der Speicherdauer mitzuteilen (zB Speicherung für die Dauer eines bestehenden Vertragsverhältnisses und danach aufgrund von § 147 AO). In der Praxis werden jedoch Beweisschwierigkeiten bestehen, wann eine Auskunft „nicht möglich" ist. Der Verantwortliche sollte daher zunächst stets versuchen, die konkrete Speicherdauer zu ermitteln. 65

Derzeit nicht belegt. 66

5. Hinweis auf Betroffenenrechte

Neu im Vergleich zu §§ 19, 34 BDSG aF sowie Art. 12 RL 95/46/EG ist der Hinweis auf die Betroffenenrechte in lit. e. Anders als zB in Art. 13 Abs. 2 lit. b DS-GVO oder Art. 14 Abs. 2 lit. c DS-GVO findet sich in Art. 15 Abs. 1 lit. e DS-GVO **keine Pflicht zum Hinweis auf das Recht auf Datenübertragbarkeit**. Es ist unklar, ob dies ein Versehen des Gesetzgebers oder eine bewusste Entscheidung ist. Da der **Wortlaut** jedoch **eindeutig** ist, sollte **nach hier vertretener Auffassung** zu Gunsten des Verpflichteten **keine Pflicht zum Hinweis auf das Recht auf Datenübertragbarkeit** angenommen werden (aA Paal/Pauly/Paal Rn. 28: Auskunft über alle Rechte erforderlich; keine Aussage treffend Gola/Franck Rn. 12; Simitis/Hornung/Spieker gen. Döhmann/Dix Rn. 23: Nach den Umständen des Einzelfalls könne es geboten sein, den Betroffenen auch auf das Recht auf Datenübertragbarkeit sowie das das Recht auf Widerruf einer Einwilligung hinzuweisen; Taeger/Gabel/Mester Rn. 10: „es spreche wenig dagegen, das Recht auf Datenübertragbarkeit aufzunehmen"). 67

Es ist zu hoffen, dass mit dieser Vorschrift für die Praxis keine unzumutbaren Aufwände statuiert werden. Dafür spricht, dass der Verantwortliche sich im Vorfeld von Datenverarbeitungen über einschlägige Betroffenenrechte ohnehin informieren muss, sodass die Auskunft hierüber leicht möglich sein müsste. 68

DS-GVO Artikel 15   Kapitel III. Rechte der betroffenen Person

69   Zu diskutieren ist, ob die Information über ein Recht nur erfolgen muss, wenn der betroffenen Person ein solches im Zeitpunkt des Auskunftsbegehrens zusteht. Richtigerweise ist das zu bejahen. Dafür spricht schon der Wortlaut von lit. e („oder"). Auch bekräftigt dies der Sinn und Zweck des Hinweises auf das Beschwerderecht in Art. 12 Abs. 4 DS-GVO (dazu → Art. 12 Rn. 40 ff.), der zu großen Teilen überflüssig wäre, wenn nach Art. 15 Abs. 1 lit. e DS-GVO in jeder Auskunft schon ein Hinweis auf das Beschwerderecht erfolgen müsste.

70   Derzeit nicht belegt.

6. Beschwerderecht

71   Gemäß lit. f hat der Verantwortliche der betroffenen Person über das Beschwerderecht gem. Art. 57 DS-GVO Auskunft zu erteilen (vgl. Paal/Pauly/Paal Rn. 29). Anders als noch im Beschluss des Europäischen Parlaments beinhaltet lit. f keine Pflicht mehr, die Kontaktdaten der Aufsichtsbehörden anzugeben. Dies ist auch sinnvoll, da lit. f ansonsten in Verbindung mit Art 77 DS-GVO erhebliche Probleme verursachen könnte, weil der Verantwortliche eine – stets aktuelle – Liste an Kontaktdaten aller möglicherweise zuständigen Aufsichtsbehörden pflegen müsste (vgl. Bräutigam/Schmidt-Wudy CR 2015, 56 (61)).

72-73   Derzeit nicht belegt.

7. Datenherkunft

74   Anders als §§ 19, 34 BDSG aF verlangt Art. 15 Abs. 1 lit. g DS-GVO stets die Auskunft über „alle verfügbaren Informationen über die Herkunft" der Daten. Einzige Voraussetzung für die Pflicht zur Auskunft über die Herkunft der Daten ist, dass diese Daten nicht beim Betroffenen erhoben wurden.

75   Der Verantwortliche ist durch lit. g nicht verpflichtet, die gebotenen Informationen über die Herkunft der Daten zu speichern. Deine derartige Pflicht ginge zu weit und würde letztlich auf die Anwendung der „Rijkeboer-Grundsätze" hinauslaufen, die nach hier vertretener Ansicht abzulehnen sind (dazu EuGH EuZW 2009, 546 – Rijkeboer, → Rn. 52.2; NK-DatenschutzR/Dix Art. 15 Rn. 24). Außerdem verlangt auch der Wortlaut von lit g lediglich eine Mitteilung der „verfügbaren" Informationen.

8. Automatisierte Entscheidungsfindung, Tragweite der Verarbeitung und Wirkung

76   Mit der etwas unklaren Regelung (Bräutigam/Schmidt-Wudy CR 2015, 56 (62)) wollte der Gesetzgeber das Auskunftsrecht für von Art. 22 erfasste Tatbestände regeln, wie in Erwägungsgrund 63 näher ausgeführt. An anderer Stelle wurde bereits ausgeführt, dass die früheren Regelungen in § 34 Abs. 2 und 4 BDSG aF als zulässige Konkretisierungen von lit. h angesehen werden können (vgl. zum BDSG aF insoweit Roßnagel BT-Ausschuss-Drs. 18(24)94, 6).

77   Findet ein Verfahren nach Art. 22 statt, so ist dies im Rahmen des lit. h zu beauskunften. Wie lit. h explizit anordnet („zumindest in diesem Fällen") sind dann der betroffenen Person „aussagekräftige Informationen über die involvierte Logik sowie die Tragweite und die angestrebten Auswirkungen einer derartigen Verarbeitung" für diese zu beauskunften. Das „zumindest" legt nahe, dass eine derartige Auskunftspflicht nur in den Fällen des Art. 22 besteht, in sonstigen, nicht unter Art. 22 subsumierbaren Fällen, jedoch nicht besteht, freiwillig aber möglich bleibt.

78   Gleichwohl lassen die Tatbestandsmerkmale zu lit. h erhebliche Auslegungsspielräume zu (vgl. schon Bräutigam/Schmidt-Wudy CR 2015, 57 (62)). So ist unklar, ab welcher Qualität eine Information „aussagekräftig" ist, wer das maßgebliche Beurteilungssubjekt ist (die betroffene Person oder der Verantwortliche oder ein verständiger Dritter?) und ob die „involvierte Logik" auch die Beauskunftung der Berechnungsformel zum Gegenstand hat (→ Rn. 78.1 ff.).

78.1   Wie bereits andernorts festgestellt (Bräutigam/Schmidt-Wudy CR 2015, 57 (62)) wird der im E-Commerce klassische Fall einer aufgrund einer Einwilligung des Kunden durch den Internethändler vorgenommenen offenen Bonitätsprüfung zur Ermittlung der Zahlungsarten (Vorauskasse oder Rechnung) unter lit. h zu subsumieren sein, sodass ein Internethändler seinem Kunden die von lit. h umfassten Informationen mitzuteilen hat.

78.2   Hinsichtlich der Sichtweise wird es richtigerweise auf die objektivierte Sicht der betroffenen Person ankommen, dh es ist zu untersuchen, ob die vermittelte Information aus der Sicht eines objektiven Dritten, der die Kenntnisse und Fähigkeiten der betroffenen Person hat, „aussagekräftig" ist.

78.3   In Bezug auf die Reichweite der Information über die „involvierte Logik" bleibt abzuwarten, ob die vom BGH noch zum BDSG aF gebilligte Geheimhaltung der **Score-Formel** (vgl. BGH ZD 2014, 306)

unter der DS-GVO haltbar bleibt. Ohne Kenntnis der Score-Formel ist es der betroffenen Person nämlich kaum möglich, Fehler bei der Berechnung des Score-Wertes aufzudecken und zu korrigieren (vgl. Hammersen/Eisenried ZD 2014, 342 (345)); Bräutigam/Schmidt-Wudy CR 2015, 57 (62); aA Rühlicke, Recht als Infrastruktur für Innovation, 2018, 9 (27), der dieses Ergebnis mit dem Schutz der Daten v. Vergleichspersonen begründet, deren personenbezogene Daten für die konkrete Berechnung des Scores der betroffenen Person verwendet wurden; v. Lewinski/Pohl ZD 2018, 17 (23), die davon ausgehen, dass der Scorewert nicht mitzuteilen sei, was aber überzeugend von Rühlicke Recht als Infrastruktur für Innovation, 2018, 9 (32) widerlegt wird). Andererseits kann die unbeschränkte Offenlegung der Score-Formel das Geschäftsmodell von Auskunfteien beeinträchtigen (Bräutigam/Schmidt-Wudy CR 2015, 57 (62)). Aufgrund der **analogen Anwendung von Abs. 4 und der darin angeordneten Abwägung von Grundrechten und -freiheiten** wird man jedoch die vom BGH gebilligte strikte Geheimhaltung der Scoreformel nicht mehr aufrechterhalten können, wenn deren Kenntnis für die betroffene Person notwendig ist, um fehlerhafte Berechnungen festzustellen und korrigieren zu lassen. Vielmehr wird es auf den Einzelfall ankommen, sodass in bestimmten Fällen sowohl die Scoreformel als auch deren zugrundeliegende Parameter durchaus Gegenstand einer Auskunft sein können. Wie von Rühlicke (Recht als Infrastruktur für Innovation, 2018, 9 (29)) überzeugend dargelegt wurde, hat der Verantwortliche – sofern man im Einzelfall einen Anspruch auf Mitteilung der Score-Formel bejaht – nicht nur die aktuell gespeicherten Score-Werte mitzuteilen, sondern auch solche Score-Werte, die zwar noch nicht gespeichert sind, jedoch jederzeit systemseitig bzw. auf Knopfdruck berechnet werden können, da nur so ein Informationsgleichgewicht zwischen der betroffenen Person und Dritten besteht, welche die berechenbaren Scores von der Auskunftei ebenfalls erhalten können.

An den vorstehend gefundenen Ergebnissen hat sich auch durch das Inkrafttreten des GeschGehG nichts geändert, da Art. 15 DS-GVO grundsätzlich das Erlangen eines Geschäftsgeheimnisses nach § 3 Abs. 2 GeschGehG gestattet, sofern nach der hier geforderten analogen Anwendung von Abs. 4 bei einer Interessenabwägung das Auskunftsrecht dem Geheimhaltungsinteresse vorgeht (vgl. dazu auch → Rn. 95 ff.). Im Übrigen kann ein Geschäftsgeheimnis selbst dann, wenn eine Interessenabwägung ergeben sollte, dass das Geheimhaltungsinteresse dem Auskunftsinteresse vorgeht, nicht als Grund zur Verweigerung der Auskunft verwendet werden, wenn das betreffende Geschäftsgeheimnis in der Auskunft geschwärzt werden kann, weil die Schwärzung im Vergleich zum Anspruchsausschluss das mildere Mittel ist. Wählt man anstatt dem Schwärzen den hier vorgeschlagenen Weg einer Vertraulichkeitsverpflichtungserklärung (NDA, vgl. → Rn. 99.3) kann der Verantwortliche auch den mit der Schwärzung verbundenen Aufwand vermeiden. **78.4**

Praxistipp: Nutzt der Verantwortliche für Handlungen nach Art. 22 DS-GVO Dienstleister (Beispiel: E-Commerce-Händler beauftragt Zahlungsdienstleister), so sollte der Verantwortliche unbedingt darauf achten, dass die Dienstleister entsprechende vertragliche Garantien abgeben, sodass der Verantwortliche seinen Pflichten aus lit. h vollumfänglich nachkommen kann. **79**

Derzeit nicht belegt. **80**

D. Unterrichtung über geeignete Garantien iSd Art. 46 (Abs. 2)

Abs. 2 legt – neu im Vergleich zu §§ 19, 34 BDSG aF – fest, dass der Betroffene bei Datenübermittlungen an Drittstaaten oder an internationale Organisationen (zum Begriff Art. 4 Nr. 26 DS-GVO, vgl. → Art. 4 Rn. 179) das Recht hat, im Zusammenhang mit der Übermittlung über geeignete Garantien gem. Art. 46 DS-GVO (→ Art. 46 Rn. 1 ff.) informiert zu werden. Fraglich ist hierbei, ob der Verantwortliche von sich, d.h. ohne Zutun der betroffenen Person, diesen im Zusammenhang mit einer derartigen Übermittlung zu informieren hat. Hiergegen spricht jedoch der Wortlaut der Vorschrift, der ein „Recht" der betroffenen Person, jedoch keine Pflicht des Verantwortlichen ohne Aufforderung statuiert. Verlangt jedoch der Betroffene die Auskunft, ob ein Datentransfer in Drittstaaten erfolgt, so hat der Verantwortliche diesbezüglich die Pflicht zur Auskunft nach Art. 15 Abs. 2 DS-GVO, selbst wenn kein Drittstaatentransfer erfolgt (sog. Negativauskunft → Rn. 50; aA AG Wiesbaden BeckRS 2021, 15788 das eine Pflicht zur Negativauskunft rechtsirrig verneint). **81**

Eine Mitteilung über einen Angemessenheitsbeschluss der Kommission nach Art. 45 DS-GVO ist von Abs. 2 ausweislich des Wortlauts nicht umfasst (Paal/Pauly/Paal Rn. 32). **82**

E. Das Recht auf Datenkopie, Form, Frist, Leistungsort sowie Kosten (Abs. 3)

I. Frist, Form sowie Leistungsort von Auskunft und Datenkopie

Zur **Frist** ist zwar in Art. 15 DS-GVO direkt keine Frist zur Erteilung der Auskunft (Abs. 1), Unterrichtung (Abs. 2) sowie Datenkopie (Abs. 3) vorgesehen. Allerdings bestimmt Art. 12 Abs. 3, **83** dass die v. Art. 15 DS-GVO geschuldeten Informationen **„unverzüglich"**, „in jedem Fall aber **innerhalb eines Monats nach Eingang des Antrags"** zu erteilen sind und nur in besonderen Ausnahmefällen auf eine **Maximalfrist von drei Monaten** verlängert werden können. Damit wurde ein bisher zum BDSG aF relevanter Streit zur Dauer der Frist entschieden (dazu → BDSG 2003 [aK] § 34 Rn. 104 ff oder → BDSG 2003 [aK] § 19 Rn. 52). Für die Auskunft und die Datenkopie ist **keine bestimmte Form** vorgeschrieben, wie auch aus Art. 12 Abs. 1 S. 2, 3 vorgesehen. Die Auskunft – nicht aber die Datenkopie nach Abs. 3 – kann ausweislich des Art. 12 Abs. 1 S. 3 auch mündlich erfolgen, solange die Identität der betroffenen Person festgestellt werden kann. Allerdings ist in Art. 15 Abs. 3 S. 3 DS-GVO festgelegt, dass eine Auskunft und/oder eine Datenkopie in einem gängigen elektronischen Format **elektronisch zu erteilen** ist, falls der Betroffene seinen Antrag auf Erteilung einer Auskunft/Datenkopie **in elektronischer Form** gestellt hat, sofern sich aus den Umständen des Einzelfalls nichts anderes ergibt. Wie in Art. 12 allgemein festgelegt, hat die Auskunft in „präziser, transparenter, verständlicher und leicht zugänglicher Form in einer klaren und einfachen Sprache" zu erfolgen (vgl. näher → Art. 12 Rn. 11 ff.).

83.1 Das v. Art. 15 Abs. 3 S. 3 DS-GVO geforderte „gängige elektronische Format" ist streng v. Art. 20 DS-GVO zu unterscheiden. Es ist daher nicht erforderlich, dass der Betroffene die zur Verfügung gestellte Auskunftsdatei bzw. Datenkopie auf seinem Rechner subjektiv öffnen kann. Vielmehr genügt es, wenn der Verantwortliche ein objektiv in den gängigen Verkehrskreisen übliches Datenformat wählt – im Zweifel PDF, Word, Excel.

83.2 Fraglich kann sein, wie zu verfahren ist, wenn der Betroffene eine **Datenkopie** nach Abs. 3 verlangt, die entsprechenden **Rohdaten** beim Verantwortlichen jedoch nur in einem Datenformat vorliegen, das nur auf beim Verantwortlichen vorhandener **Individualsoftware** gelesen werden kann. Beispielsweise können umfangreiche Datensätze über den Betroffenen in einer für den Verantwortlichen individuell programmierten Datenbank enthalten sein, deren Rohdatensätze von keinem gängigen Standardsoftwareprogramm dargestellt werden können, sondern nur durch die beim Verantwortlichen vorhandene Individualsoftware am Bildschirm lesbar gemacht werden können. Wie ausgeführt (vgl. → Rn. 85), schuldet der Verantwortliche iRd Abs. 3 nur eine Kopie der bei ihm vorhandenen Rohdaten. Es trifft ihn daher keine Pflicht, diese Rohdaten für den Betroffenen lesbar oder weiterverarbeitbar aufzubereiten, sondern allenfalls eine Pflicht, übersandte Rohdaten auf Nachfrage des Betroffenen zu erklären (vgl. → Rn. 85). Der Betroffene ist in diesem speziellen Fall dann darauf verwiesen, sein Recht auf Datenkopie dadurch geltend zu machen, dass er den Erhalt von Ausdrucken der innerhalb der Individualsoftware am Bildschirm lesbaren Rohdaten verlangt. Technisch ist ein solcher Datenausdruck für den Verantwortlichen zumutbar.

83.3 Handelt es sich um besonders schützenswerte Daten, die beauskunftet werden oder wird eine Vielzahl an Daten beauskunftet, sollte aus Gründen der Datensicherheit vom Verantwortlichen stets geprüft werden ob die beauskunfteten Daten verschlüsselt werden oder auf einem per Einschreiben versendeten USB-Stick verschickt werden (so etwa Guidelines des EDPB 01/2022 vom 18.1.2022 S. 18 in der öffentlichen Konsultationsversion).

84 Der **Leistungsort der Auskunft sowie der Datenkopie** ist grundsätzlich der **Wohnort des Anspruchstellers,** dh es liegt eine **Schickschuld** vor, was sich aus dem Wortlaut v. Art. 12 Abs. 1 S. 1 DS-GVO („übermitteln") sowie Art. 15 Abs. 3 S. 1 DS-GVO „stellt zur Verfügung" ergibt (ebenso Riemer DSB 2019, 223 ff.). In Erwägungsgrund 63 wird eine zusätzliche Möglichkeit der Auskunft bzw. Datenkopie angesprochen, nämlich der **Fernzugriff des Betroffenen auf ein sicheres System,** in dem die personenbezogenen Daten direkt abrufbar sind (vgl. Paal/Pauly/Paal Rn. 38). Dieser in Erwägungsgrund 63 angesprochene Fernzugriff ersetzt aber **nur dann** die Übersendung der Auskunft bzw. der Datenkopie im Wege der Schickschuld per Post oder auf elektronischem Wege, **wenn der Anspruchsteller hiermit einverstanden ist.** Es ist daher ausgeschlossen, dass der Verantwortliche sich gegen den Willen des Anspruchstellers darauf zurückzieht, die angeforderten Daten nur über einen Fernzugriff zur Verfügung zu stellen, da der Fernzugriff gerade für in IT-Sachverhalten unerfahrene Personen zu Hürden führen kann und damit die praktische Relevanz v. Art. 15 DS-GVO durch den Verantwortlichen unzulässig beschränkt werden könnte.

II. Das Recht auf Datenkopie (Abs. 3)

85 Inhalt und Reichweite sowie dogmatische Einordnung des **Rechts auf eine Datenkopie (Abs. 3)** sind **in Rechtsprechung und Literatur hochumstritten** (zum Ganzen näher Leibold ZD-Aktuell 2021, 05313). Einer **extensiven Ansicht** zufolge sind der betroffenen Person vom Verantwortlichen sämtliche von ihm oder in seinem Auftrag gespeicherten und/oder verarbeiteten personenbezogenen Daten in der bei ihm vorliegenden **Rohfassung** – hierin liegt der Unterschied zu Art. 20 DS-GVO – als Kopie zu übermitteln, da Abs. 3 S. 1 einen eigenständigen Anspruch

auf Datenkopie vermittelt (so Kremer CR 2018, 560 (563 f.); Gola/Franck Rn. 28; Härting CR 2019, 219 (221); Kühling/Buchner/Bäcker Rn. 40; NK-DatenschutzR/Dix Rn. 28; König CR 2019, 295 ff.; Riemer ZD 2019, 413 (414); Riemer DSB 2019, 223; Korch/Chatard NZA 2020, 893 (895); Koreng NJW 2021, 2692 (2693)). Zwar sei der Verantwortliche nicht verpflichtet, die übermittelten Rohdaten aufzubereiten, damit diese von der betroffenen Person verwendet werden können, allerdings sei der Verantwortliche auf Nachfrage der betroffenen Person verpflichtet, die Kopie zu erläutern, sodass sie ein verständiger Dritter nachvollziehen könne (NK-DatenschutzR/ Dix Art. 15 Rn. 28). Dieser extensiven Ansicht zufolge sind daher zB einem **Arbeitnehmer** alle elektronisch verarbeiteten Arbeitszeitnachweise, Entgeltunterlagen, Lohnkonten sowie den Arbeitnehmer betreffenden E-Mails zu übermitteln, sofern und soweit (i) keine Rechte Dritter nach Abs. 4 betroffen sind (in diesem Fall kann der Anspruch nicht abgelehnt werden, sondern es hat eine Schwärzung zu erfolgen, vgl. → Rn. 98) und (ii) keine Einschränkung nach § 34 Abs. 1 BDSG vorliegt. Gleiches gilt für alle den Anspruchsteller betreffenden geschäftliche Unterlagen einer **Bank** (vgl. AG Bonn BeckRS 2020, 19548) oder einer **Versicherung,** die dem Betroffenen nicht nur sämtliche über ihn vorliegenden (internen) Gutachten (zB über seine Krankheit) mitzuteilen hätten, sondern auch sämtliche Schriftwechsel mit dem Betroffenen, selbst wenn dieser dem Betroffenen bereits vorliege (vgl. näher für das Auskunftsrecht nach Abs. 1 → Rn. 52 sowie → Rn. 52.1 ff.). Nach der **restriktiven Gegenansicht** (Dausend ZD 2019, 103 (106 f.); Paal/Pauly/Paal Rn. 33; Wybitul/Neu/Strauch ZD 2018, 202 (203); Wybitul/Brams NZA 2019, 672 (676)) regelt Abs. 3 S. 1 lediglich eine besondere Form der Auskunft, weswegen der Informationsgehalt von Abs. 3 S. 1 nicht weitergehen könne als der v. Abs. 1, sodass durch Abs. 3 S. 1 lediglich die von Art. 15 Abs. 1 umfassten Daten als Kopie und damit als „Annex" zur Auskunft mitzuteilen seien. Dieser Gegenansicht scheint bislang auch das **BayLDA** zu folgen (vgl. TB des BayLDA 2017/2018 v. 22.3.2019, 46 f.). Auch in der **Rechtsprechung** herrscht **noch keine Einigkeit,** obgleich die **obergerichtliche Rechtsprechung zur extensiven Ansicht neigt.** Zwar kann für das Recht auf Datenkopie gem. Abs. 3 die Entscheidung des **OLG Köln** (BeckRS 2019, 16261 Rn. 56 ff.) nicht direkt fruchtbar gemacht werden, da diese nur die inhaltliche Reichweite des Auskunftsrechts nach Art. 15 Abs. 1 DS-GVO betrifft (vgl. OLG Köln BeckRS 2019, 16261 Rn. 68), jedoch tendiert das OLG Köln in seiner Argumentation klar in Richtung der **extensiven Ansicht** (für die restriktive Ansicht jedoch LG Köln (ZD 2020, 413 mkritAnm Riemer). Befürworter der restriktiven Ansicht verweisen auf die Entscheidung des EuGH aus dem Jahr 2014 (ZD 2014, 515), wonach das Auskunftsrecht kein Recht auf Datenkopie umfasse, wobei jedoch übersehen wird, dass diese Entscheidung noch zur RL 95/46/EG erging und damit für die DS-GVO unanwendbar ist. Des Weiteren vertritt auch das **OVG Münster** (BeckRS 2021, 13156 Rn. 73 ff.) ebenfalls klar die **extensive Ansicht.** Das **LAG BW** (NZA-RR 2019, 242 Rn. 162 ff.; dazu Fühlrott NZA-RR 2019, 251 ff.; Schulte/Welge NZA 2019, 1110 ff.) vertritt die **extensive Ansicht,** wenn es einem Arbeitnehmer ein Recht auf Übersendung einer Kopie von Ermittlungsakten gewährt, die ein ArbG oder ein von diesem Beauftragter gegen den ArbN im Rahmen einer Compliance-Untersuchung führt. **Die gegen das Urteil des LAG BW eingelegte Revision vor dem BAG wurde zurückgenommen** (https://www.bundesarbeitsgericht.de/presse/mitteilung-zum-verfahren-5-azr-66-19-auskunft-ueber-die-zur-person-gespeicherten-daten-soweit-sie-sich-nicht-aus-der-personalakte-ergeben-und-deren-herkunft/), sodass das **Urteil des LAG BW rechtskräftig** ist. Das **ArbG Düsseldorf** vertritt ebenfalls die **extensive Ansicht** (vgl. ArbG Düsseldorf NZA-RR 2020, 409). Das **BAG** (BeckRS 2021, 11575) hat **offengelassen,** ob ein AN die Zusendung v. Kopien aller ihn betreffenden E-Mails gem. Art. 15 Abs. 3 DS-GVO begehren könne, da die Klage unzulässig sei, weil der v. Kläger streitig gemachte Streitgegenstand gem. § 253 Abs. 2 Nr. 2 ZPO zu unbestimmt sei, weil der Kläger nur die abstrakte Nennung v. Kategorien v. E-Mails, von denen er eine Kopie verlangte, nannte (zB E-Mails v. oder an die dienstliche E-Mailadresse des Klägers sowie solcher, in denen der Kläger namentlich erwähnt ist), weil dann im Rahmen des Vollstreckungsverfahrens unklar bleibe, welche E-Mails in Kopie herauszugeben seien. **Das BAG** empfahl daher die vorherige Geltendmachung einer Stufenklage gem. § 254 ZPO, um zu konkretisieren, welche E-Mails herausverlangt werden BeckRS 2021, 11575). Im Kern läuft die Ansicht des BAG praktisch darauf hinaus, dass ein AN, um mit der Klage nach Art. 15 Abs. 3 DS-GVO in der Leistungsklage durchzudringen, alle E-Mails, deren Kopie er begehrt, einzeln zu benennen hat (Absender, Empfänger, Datum, Uhrzeit). Das **OLG München** (BeckRS 2021, 29747 Rn. 20) hat sich klar der **extensiven Ansicht** angeschlossen, wobei **das OLG München** – anders als das BAG (ZD BeckRS 2021, 11575) – keinerlei Konkretisierung oder gar Erhebung einer Stufenklage gem. § 254 ZPO zur Durchsetzung v. Art. 15 Abs. 3 DS-GVO verlangt. **Stattdessen hat das OLG München – unter Hinweis auf den BGH** (BeckRS 2021, 16831 Rn. 31) **entschieden,** dass im Hinblick auf eine Bestimmtheit des Klageantrags nach § 253 Abs. 2 Nr. 2 ZPO keine Bedenken bestünden, wenn der Kläger beantragt, ihm Kopien der v. der Beklagten verarbeiteten personenbezogenen Daten des Klägers betreffend die Datenkategorien Telefonnotizen, Aktenvermerke, Gesprächsprotokolle, E-Mails, Briefe und Zeichnungsunterlagen für einen bestimmten Zeitraum (hier: mehr als 20 Jahre!) zu überlassen (OLG München BeckRS 2021, 29747 Rn. 13). Nach dem OLG München sei es nämlich für einen Kläger im Regelfall nicht ersichtlich, welche Unterlagen sich bei dem Auskunftsverpflichteten befänden, weswegen eine Konkretisierung der einzelnen herauszugebenden Schriftstücke nicht möglich sei und ein derartiger Antrag sei dahingehend bestimmt genug, dass durch den Beklagten sämtliche Dokumente betreffend den Kläger, welche sich im Besitz des Beklagten befänden, als Kopie herauszugeben seien (OLG München BeckRS 2021, 29747 Rn. 13). Das OLG München folgt somit prozessual dem **BGH** (BGH BeckRS 2021, 16831 Rn. 31), der bei der Durchsetzung von Art. 15 DS-GVO im Hinblick auf die Bestimmtheit des Klagebegehrens nach § 253 Abs. 2 Nr. 2 ZPO – anders als das BAG – kein Problem sieht. Demgegenüber hat sich das **OLG Stuttgart** (OLG Stuttgart, GRUR-RS 2021, 20480 Rn. 45) in einer zivilrechtlichen Auskunftssache gegen ein Versicherungsunternehmen für die **restriktive Ansicht** ausgesprochen mit dem Argument, dass ein über Art. 15 Abs. 1 DS-GVO hinausgehendes Mehr an Informationen für die Beurteilung der Rechtmäßigkeit einer Datenverarbeitung nicht erforderlich sei; gleicher Ansicht ist auch das LAG Niedersachsen (BeckRS 2021, 32008), wenn es, der restriktiven Ansicht folgend, meint, dass sich der Datenkopieanspruch allein auf die von Art. 15 Abs. 1 DS-GVO umfassten Daten beziehe. **Nach hier vertretener Ansicht sprechen (aktuell noch) die besseren Gründe für die extensive Ansicht.** Gegen die extensive Ansicht spricht nicht, dass hierdurch mittelbar eine dem deutschen Zivilprozessrecht fremde „pretrial discovery" eingeführt wird (vgl. → Rn. 52.2), da der Betroffene mittels des Anspruchs auf Datenkopie zur gerichtlichen Durchsetzung erforderliche Informationen v. Beklagten einfordern kann und den Beklagten wirksam am Bestreiten v. Tatsachen mit Nichtwissen (§ 138 Abs. 4 ZPO) hindern kann, da der deutsche Gesetzgeber die ZPO bislang nicht im Rahmen von Art. 23 Abs. 1 DS-GVO dergestalt angepasst hat, dass der Anspruch aus Art. 15 Abs. 3 DS-GVO zulässigerweise eingeschränkt wird. **Nach hier vertretener Auffassung** ist **bis zu einer Entscheidung des** vom **österreichischen BVwG** angerufenen **EuGH** (vgl. Verfahren **C-487/21**) die Geltendmachung des Rechts auf Datenkopie von den Motiven des Antragstellers unabhängig zu betrachten. **Fehl geht daher eine Auffassung, die das Auskunftsrecht nach Abs. 1 bzw. das Recht auf Datenkopie nach Abs. 3 bei sachfremden Motiven einschränken will** (vgl. Lembke NJW 2020, 1841 (1845); in diese Richtung auch Hirschfeld/Gerhold ZIP 2021, 394 (400)). Fehl geht daher ebenfalls die Auffassung, die bei dem Recht auf Datenkopie eine „exzessive" Geltendmachung annimmt, wenn tausende von E-Mails zu beauskunften sind (so Korch/Chatard NZG 2020, 893 (897); ähnlich wohl auch Hirschfeld/Gerhold ZIP 2021, 394 (401)). Denn zum einen ist Art. 15 DS-GVO die Einschränkung durch subjektive Motive des Anspruchstellers fremd. **Allenfalls in begründeten Fällen des Rechtsmissbrauchs** (vgl. → Rn. 48) **kann Art. 15 DS-GVO eingeschränkt werden.** Rechtsmissbrauch kann aber nur in ganz besonderen, eng begrenzen Ausnahmefällen vorliegen. **Keinesfalls liegt Rechtsmissbrauch und/oder eine exzessive Ausübung v. Rechten vor bei der Ausübung v. Art. 15 DS-GVO mit der Folge v. Konsequenzen, die typischerweise bei der Ausübung v. Art. 15 DS-GVO eintreten.** Letztlich fehl geht auch die Ansicht, wonach Informationen, die als **Organ einer juristischen Person** handelnde natürliche Person betreffen, keine personenbezogenen Daten seien und damit nicht in den Anwendungsbereich v. Art. 15 DS-GVO fielen, da diese Informationen sich auf die vom Organ vertretene juristische Person beziehen würden (so Hirschfeld/Gerhold ZIP 2021, 394 (400)). So betreffen E-Mails, die eine Person als Organ schreibt, zwar die vertretene juristische Person, in datenschutzrechtlicher Hinsicht sind sie dennoch der als Organ handelnden natürlichen Person zuzurechnen (vgl. Paal/Pauly/Ernst Art. 4 Rn. 4). Typischerweise eintretende Konsequenzen des Auskunftsrechts gem. Abs. 1 bzw. des Recht auf Datenkopie sind ua je nach Art, Dauer und Intensität der Beziehung zwischen Auskunftssteller und Verantwortlichem ganz erhebliche Datenmengen, die zu beauskunften bzw. in Kopie zu übersenden sind. Aus diesem Grund kann die Ausübung von Art. 15 DS-GVO mit der Folge, dass tausende während eines Arbeits- bzw. Dienstverhältnisses angefallene E-Mails mitzuteilen sind, kein Rechtsmissbrauch sein (ebenso LAG BW NZA-RR 2019, 242). Kein Gegenargument ist auch der erhebliche Aufwand, der damit verbunden sein kann, E-Mails zu sichten und zu schwärzen, zumal nach hier vertretener Auffassung ein Ausweg aus diesem Dilemma für den Verantwortlichen besteht (vgl. → Rn. 99.3).

86 Es wird aufgrund des Wortlauts in Art. 15 Abs. 3 S. 1 DS-GVO („stellt ... zur Verfügung") vertreten, dass die kostenfreie Erstkopie (zur Unterscheidung zwischen kostenfreier Erstkopie und kostenpflichtiger „weiterer Kopie" vgl. → Rn. 93) automatisch mit dem Auskunftsbegehren gemäß Art. 15 Abs. 1 DS-GVO mitzuteilen ist, sodass kein separater Antrag auf Übermittlung einer Erstkopie, sondern ein solcher nur für den Erhalt einer Zweitkopie erforderlich sei (vgl. HK-DS-GVO/Specht Art. 15 Rn. 18; Gola/Franck Art. 15 Rn. 27; NK-DatenschutzR/Dix Art. 15 Rn. 29; Ehmann/Selmayr/Ehmann Art. 15 Rn. 25). **Richtigerweise** ist der betroffenen Person eine **Datenkopie** nur **auf Antrag** zur Verfügung zu stellen (ebenso Kühling/Buchner/Bäcker Art. 15 Rn. 44). Der Verantwortliche hat daher das Auskunftsbegehren der betroffenen Person analog §§ 133, 157 BGB auszulegen und sich erforderlichenfalls durch Nachfrage beim Betroffenen zu versichern, ob er eine Auskunft gem. Abs. 1, eine Datenkopie gem. Abs. 3 oder beides erhalten möchte (rechtsirrig daher FG München BeckRS 2021, 27783, das den klägerischen Anspruch nur auf Art. 15 Abs. 1 DS-GVO beschränkt hat, die Erweiterung auf Art. 15 Abs. 3 DS-GVO fälschlicherweise abgelehnt hat und Art. 15 Abs. 1 DS-GVO rechtsirrig verneint hat). Dieses Ergebnis begründet sich wie folgt: So ist im Wortlaut v. Art. 15 Abs. 3 DS-GVO von einem „Antrag" der betroffenen Person die Rede. Dies ergibt in Zusammenschau mit dem Transparenzprinzip aus Art. 12 Abs. 1 S. 1 DS-GVO (vgl. → Art. 12 Rn. 14), dass der Betroffene den Auskunftsinhalt in der Hand hat, um zu vermeiden, dass ihm bei jeder Auskunft reflexartig auch eine Datenkopie überlassen werden muss, die er möglicherweise gar nicht möchte. Darüber hinaus spricht der Vergleich der Kostenpflichtigkeit einer „weiteren Datenkopie" iSv Art. 15 Abs. 3 S. 2 DS-GVO mit der kostenfreien Auskunft (vgl. → Rn. 92) dafür, die Auskunft nach Abs. 1 v. der Kopie nach Abs. 3 zu unterscheiden. Denn wenn man der Gegenansicht folgt, dann hätte der Betroffene keine Möglichkeit, eine nach Art. 12 Abs. 5 DS-GVO grundsätzlich stets kostenfreie Zweitauskunft zu verlangen, da mit dem zweiten Auskunftsverlangen reflexartig eine Datenkopie mitzuteilen wäre, die uU nach Art. 15 Abs. 3 S. 2 DS-GVO kostenpflichtig ist.

Zur **Form** der Datenkopie vgl. → Rn. 83. 87

Derzeit nicht belegt. 88

III. Benachteiligungsverbot und Dokumentation durch den Verantwortlichen

Es versteht sich von selbst, dass der Betroffene aufgrund der Wahrnehmung seiner Rechte v. 89 der verantwortlichen Stelle nicht benachteiligt werden darf. So darf zB eine Auskunftei die betroffene Person nicht in ihrer Bonität abwerten, weil eine Selbstauskunft verlangt wurde. Dies folgt unmittelbar aus dem Sinn und Zweck der Betroffenenrechte und dem Zweckbindungsgrundsatz aus Art. 5 Abs. 1 lit. b DS-GVO (dazu → Art. 5 Rn. 12 ff.).

Um rechtmäßiges Verhalten gegenüber der Aufsichtsbehörde nachweisen zu können, sollte 90 der Verantwortliche stets dokumentieren, dass ein Betroffener Auskunft verlangt hat und ob bzw. wie die Auskunft erteilt wurde. Diese Dokumentation unterliegt selbstverständlich auch dem Zweckbindungsgrundsatz gem. Art. 5 Abs. 1 lit. b DS-GVO (dazu → Art. 5 Rn. 12 ff.).

Derzeit nicht belegt. 91

IV. Kosten der Auskunft und Datenkopie (Abs. 3 sowie Art. 12 Abs. 5)

Art. 12 Abs. 5 S. 1 regelt, dass die **Auskunft grundsätzlich unentgeltlich** erfolgt. Ein **Entgelt** 92 kann für die Auskunft **nur ausnahmsweise** in den in Art. 12 Abs. 5 S. 2 DS-GVO genannten Fällen, die vom Verantwortlichen gem. Art. 12 Abs. 5 S. 3 DS-GVO nachzuweisen sind, erhoben werden. Bezogen auf die frühere Vorschrift des § 19 BDSG aF ist dies kein Novum, bezogen auf die frühere Vorschrift § 34 BDSG aF jedoch schon, da in § 34 Abs. 8 S. 2 BDSG aF (dazu → BDSG 2003 [aK] § 34 Rn. 108 ff.) eine für Auskunfteien geltende und schon damals schwer begründbare Sonderregelung enthalten war, die vorsah, dass eine Auskunft von diesen nur einmal jährlich unentgeltlich erlangt werden konnte.

Kostenfrei sind daher auch sämtliche Aufsichtsarbeiten und Prüfgutachten von Staatsexamensklausuren 92.1 in Kopie mitzuteilen (vgl. OVG Münster BeckRS 2021, 13156).

Anders als die – außerhalb von offenkundig unbegründeten oder exzessiven Anträgen – stets 93 unentgeltliche Auskunft ist bei der Datenkopie gem. Art. 15 Abs. 3 DS-GVO zu unterscheiden: Die **erste Kopie** ist stets **unentgeltlich**. Jede **weitere Kopie** ist gem. Art. 15 Abs. 3 S. 2 DS-GVO **entgeltlich**, wobei das Entgelt angemessen sein muss und auf Grundlage der Verwaltungskosten zu bestimmen ist. Gemeinkosten müssen daher außer Betracht bleiben. Zur Entscheidung, wann eine kostenpflichtige „weitere Kopie" iSv Abs. 2 S. 2 vorliegt, werden mehrere Auffassungen vertreten. Eine Ansicht (Kühling/Buchner/Bäcker Art. 15 Rn. 45; NK-DatenschutzR/Dix Art. 15 Rn. 29) meint, dass eine „weitere Kopie" nur dann vorliege, wenn die Zweitkopie inhaltlich im Wesentlichen der Erstkopie entspreche, weil sich der Datenbestand zwischen beiden

Kopien nicht wesentlich verändert habe. Gegen diese Ansicht spricht jedoch die damit verbundene Rechtsunsicherheit, denn weder für den Anspruchsteller noch den Verantwortlichen ist erkennbar, wann zwischen beiden Kopien eine wesentliche Veränderung stattgefunden haben soll. Eine andere Ansicht (Gola/Franck Art. 15 Rn. 32) unterscheidet die kostenpflichtige Zweitkopie von der kostenfreien Erstkopie in zeitlicher Hinsicht: Liege zwischen beiden Kopien ein angemessener Zeitabstand, so sei die Zweitkopie mit der kostenfreien Erstkopie gleichzusetzen. Nach Auffassung des EDPB (Guidelines des EDPB 01/2022 vom 18.1.2022 S. 13 ff. in der öffentlichen Konsultationsversion) sind das neue und alte Auskunftsverlangen zeitlich und inhaltlich zu prüfen und bei einer Unterscheidung in mindestens einem Aspekt liege ein neues Auskunftsverlangen vor, das kostenfrei zu erteilen sei. Nach **hier vertretener Ansicht** sollte sowohl für den Betroffenen als auch für den Verantwortlichen vor Beantragung der Datenkopie erkennbar sein, ob ein Entgelt für eine „weitere Kopie" geschuldet wird. Aus diesem Grund scheidet ein Abstellen auf einen wesentlichen Unterschied zwischen Erst- und Zweitkopie aus, da ein wesentlicher Unterschied zwischen Erstkopie und Zweitkopie im Zeitpunkt der Antragstellung noch nicht festgestellt werden kann und überdies oftmals kaum eindeutig feststellbar sein wird, ob der Unterschied zwischen beiden Kopien „wesentlich" ist. Folglich ist die Ansicht zu bevorzugen, die auf einen zeitlichen Abstand zwischen beiden Kopien abstellt. Anders als Gola/Franck (Gola/Franck Art. 15 Rn. 32), sollte der zeitliche Abstand aber nicht abstrakt, sondern im Sinne der Rechtssicherheit konkret vorgegeben werden. Der Vergleich mit Art. 12 Abs. 3 S. 1 und 2 DS-GVO verdeutlicht, dass der Normgeber der DS-GVO davon ausgegangen ist, dass eine Datenkopie nur in begründeten Ausnahmefällen innerhalb von drei Monaten ab Eingang des Antrags beim Verantwortlichen erteilt werden darf. Der Normgeber geht also davon aus, dass der Betroffene maximal drei Monate zuwarten muss, bis er eine Kopie seiner Daten erhält. Verwendet man diesen Dreimonatszeitraum sowie den Zugangszeitpunkt der Erstkopie beim Betroffenen als Unterscheidungskriterium zwischen der kostenfreien Erstkopie und der kostenpflichtigen „weiteren Kopie", so ergibt sich, dass ein Betroffener, wenn er innerhalb von drei Monaten ab Zugang der ersten Kopie eine kostenpflichtige „weitere" Kopie anfordert und außerhalb dieses Dreimonatszeitraums keine „weitere Kopie", sondern eine neue (kostenfreie) Erstkopie. Gegen dieses gefundene Ergebnis spricht auch nicht Art. 12 Abs. 5 S. 2 DS-GVO, da ein Dreimonatszeitraum nach hier vertretener Auffassung keine „häufige Wiederholung" darstellt. Allenfalls in Ausnahmefällen, in denen sich die außerhalb der Dreimonatsfrist angeforderten Datenkopien inhaltlich nicht unterscheiden kann bei weiteren hinzutretenden und schwerwiegenden Indizien von einem exzessiven Antrag ausgegangen werden.

94   Derzeit nicht belegt.

F. Keine Beeinträchtigung von Drittinteressen (Abs. 4)

95   Abs. 4 nahm bis zur Berichtigung der DS-GVO im Mai 2018 (Abl. L 127 v. 23.5.2018) auf „Absatz 1b" Bezug. Dies war ein Redaktionsversehen, denn gemeint war schon von Anfang an Abs. 3 (ebenso Paal/Pauly/Paal Rn. 40). Durch die Berichtigung (vgl. Abl. L 127 v. 23.5.2018) wurde dieser offensichtliche Fehler korrigiert.

96   Inhaltlich bestimmt Abs. 4, dass das Recht auf Erhalt einer Kopie gem. Abs. 3 die Rechte und Freiheiten anderer Personen nicht beeinträchtigen darf. „Andere Personen" sind dabei alle Personen außer dem Betroffenen, dh auch der Verantwortliche und der Auftragsverarbeiter, denn anderenfalls hätte der Normgeber den Begriff „Dritte" anstatt „anderer Personen" verwendet (ebenso Guidelines des EDPB 01/2022 vom 18.1.2022 S. 50 in der öffentlichen Konsultationsversion). Zur weiteren Auslegung ist Erwägungsgrund 63 heranzuziehen. Dessen S. 5 stellt klar, dass das Auskunftsrecht die Rechte und Freiheiten anderer Personen, etwa Geschäftsgeheimnisse oder Rechte des geistigen Eigentums und insbesondere das Urheberrecht an Software, nicht beeinträchtigen darf. Weil im darauffolgenden S. 6 festgelegt ist, dass dies jedoch nicht dazu führen dürfe, dass der betroffenen Person die Auskunft verweigert wird, sieht Erwägungsgrund 63 eine umfassende **Abwägung mit den Grundrechten und Grundfreiheiten** Dritter vor (Paal/Pauly/Paal Rn. 41 sprechen nur von einer „Grundrechtsabwägung"). Wie diese freilich in der Praxis auszusehen hat bzw. ab welcher Intensität von einer „Beeinträchtigung" ausgegangen werden kann, wird von Abs. 4 nicht bestimmt. Insofern verbleibt bis zu einer gerichtlichen bzw. behördlichen Klärung erhebliche Rechtsunsicherheit. Das EDPB hat zur Durchführung der Abwägung eine Hilfestellung veröffentlicht (Guidelines des EDPB 01/2022 vom 18.1.2022 S. 50 f. in der öffentlichen Konsultationsversion). In Bezug auf Berufsverschwiegenheitspflichten jedenfalls sieht § 29 Abs. 1 S. 2 BDSG (→ BDSG § 29 Rn. 9) den Ausschluss v. Art. 15 DS-GVO vor (vgl. dazu auch Tätigkeitsbericht BayLDA, 2019, S. 27, wonach der gegnerische Rechtsanwalt wg. § 29 Abs. 1 S. 2 BDSG iVm § 43a Abs. 2 BRAO nur dann zur Auskunft verpflichtet sei, wenn offenkundige Tatsachen

oder nicht Geheimhaltungsbedürftiges gefordert werde). Abs. 4 ist **nur einschlägig, wenn durch die Auskunft tatsächlich eine Beeinträchtigung der Drittinteressen vorliegen wird, eine bloße Befürchtung genügt nicht** (ebenso Guidelines des EDPB 01/2022 vom 18.1.2022 S. 50 in der öffentlichen Konsultationsversion).

Da die S. 5 und 6 v. Erwägungsgrund 63 die Prüfung, ob Drittinteressen beeinträchtigt werden, nicht auf das Recht auf Erhalt einer Kopie gem. Abs. 3 beschränken, sondern sich auf das Auskunftsrecht generell beziehen, liegen **nach hier vertretener Auffassung** in Bezug auf die übrigen Fälle des Art. 15 sowohl eine planwidrige Regelungslücke als auch eine mit Abs. 3 vergleichbare Interessenlage vor (vgl. zur Analogie im Unionsrecht zB EuGH BeckEuRS 1975, 46967). Folglich ist **Abs. 4 analog auf Art. 15 Abs. 1 und Abs. 2 anzuwenden** (aA Paal/Pauly/Paal Rn. 41, die Abs. 4 direkt anwenden, wohl auch NK-DatenschutzR/Dix Rn. 34; wiederum aA HK-DS-GVO/Specht Rn. 22, die ein Redaktionsversehen des Normgebers annehmen). Zwar ist diese Analogie nicht unproblematisch, da hierdurch in der Praxis die Gefahr besteht, dass das Auskunftsrecht durch eine zu restriktiv vorgenommene Abwägung beeinträchtigt werden kann. Demgegenüber wäre die Alternative – keine Abwägung und stets unbeschränkte Auskunftserteilung – in evidentem Widerspruch mit den Rechten Dritter (vgl. Spindler DB 2016, 937 (944)). Eine analoge Anwendung ist der direkten Anwendung vorzuziehen, da der Wortlaut eine direkte Anwendung nicht hergibt. Der betroffenen Person bleibt es bei einer falsch vorgenommen Interessensabwägung unbenommen, hiergegen rechtlich vorzugehen (→ Rn. 99). Außerdem dürften die mit einer Verletzung von Art. 15 DS-GVO verbundenen, teils erheblichen Konsequenzen (→ Rn. 20) den Verantwortlichen in der Praxis davon abhalten, die Auskunft von vornherein zu restriktiv zu erteilen.

Werden durch die Auskunft Rechte oder Freiheiten Dritter beeinträchtigt, so hat der Verantwortliche die betroffenen Informationen aus der Auskunft **zu entfernen oder zu schwärzen oder nach hier vertretener Auffassung eine entsprechende vertragsstrafenbewehrte Vertraulichkeitsverpflichtungserklärung (NDA) mit dem Betroffenen abzuschließen (vgl. → Rn. 99.3). Unzulässig wäre es, die Auskunft insgesamt zu verweigern, da die Rechte und Freiheiten Dritter ausweislich von Erwägungsgrund 63 S. 6 nicht dazu führen dürfen, dass der betroffenen Person jegliche Auskunft verweigert wird.** Die (partielle) Auskunftsverweigerung hat der Verantwortliche zu begründen (vgl. Erwägungsgrund 59 sowie → BDSG § 34 Rn. 47).

Ist die betroffene Person der Ansicht, dass Informationen zu Unrecht geschwärzt wurden bzw. nicht erteilt worden sind, so kann sie hiergegen rechtlich vorgehen (→ Rn. 25). Die mit einer Verletzung von Art. 15 verbundenen, teils erheblichen Konsequenzen (→ Rn. 20) dürften in der Praxis den Verantwortlichen davon abhalten (→ Rn. 99.1 ff.).

Der Grund, wieso der Normgeber Abs. 4 dem Wortlaut nach nur auf Abs. 3 S. 1 bezogen hat, liegt höchstwahrscheinlich darin, dass sich Abs. 1 und Abs. 2 auf den ersten Blick nur auf Daten der betroffenen Person beziehen, deren Beauskunftung doch eigentlich nicht mit Rechten und Freiheiten Dritter in Konflikt geraten dürfte. Bei genauerer Betrachtungsweise erweist sich dies jedoch als Trugschluss, da zB die „involvierte Logik" gem. Abs. 1 lit. h Geschäftsgeheimnisse einer Auskunftei beeinträchtigen kann.

In der Praxis ist die Vorgehensweise für den Verantwortlichen bis zu einem ausführenden nationalen Gesetz mit erheblicher Rechtsunsicherheit verbunden. Möchte der **Verantwortliche den sichersten Weg** gehen, so wird er Folgendes tun: Er wird sich zunächst mit der betroffenen Person abstimmen, um festzustellen, ob diese eine Kopie der Daten gem. Abs. 3 S. 1 wünscht (vgl. auch → Rn. 86). Ist eine Kopie der Daten gem. Abs. 3 S. 1 gewünscht, so bleibt dem Verantwortlichen nichts anderes übrig als die von Abs. 3 S. 1 umfasste Datenkopie daraufhin zu untersuchen, dass dort weder Betriebs- noch Geschäftsgeheimnisse, noch andere Personen betreffende personenbezogene Daten enthalten sind und durch die Datenkopie auch keine sonstigen Rechte Dritter (zB gewerbliche Schutzrechte) verletzt werden. Sind derartige Informationen enthalten, gibt es zwei Möglichkeiten. **Im Regelfall** – das wird in anderen Kommentaren zu Abs. 4 auch so empfohlen (vgl. NK-DatenschutzR/Dix Art. 15 Rn. 33) – hat der Verantwortliche die geschützten Informationen vor der Auskunft bzw. Datenkopie **zu entfernen oder zu schwärzen.** Es liegt auf der Hand, dass diese Prüfung einen ganz erheblichen Aufwand verursachen kann, für den der Verantwortliche abseits von Art. 12 Abs. 5 S. 2 DS-GVO keine Kostenerstattung fordern kann. Folgerichtig wird der Anspruch auf Datenkopie daher oftmals in arbeitsrechtlichen Auseinandersetzungen dazu verwendet, um Druck auf den Arbeitgeber aufzubauen und die Vergleichsbereitschaft zu erhöhen, was nach richtiger Auffassung jedoch kein Rechtsmissbrauch ist (vgl. umfassend dazu → Rn. 52.2). **Nach hier vertretener Auffassung gibt es aus diesem Dilemma einen Ausweg ohne den Auskunftsanspruch oder das Recht auf Datenkopie dogmatisch inakzeptabel durch teleologische Erwägungen einzuschränken (vgl. näher** → Rn. 99.3).

99.3   **Praxistipp:** Da bei dem Anspruch auf Datenkopie unter Umständen tausende von E-Mails zu beauskunften sind, die neben Geschäftsgeheimnissen auch personenbezogene Daten Dritter berühren, kann sich der Verantwortliche nach hier vertretener Auffassung v. seiner Pflicht zur Prüfung und Schwärzung jeder E-Mail wie folgt entlasten: Der Verantwortliche schließt mit dem Auskunftssteller eine **vertragsstrafenbewehrte Vertraulichkeitsverpflichtungserklärung (NDA)** ab, die vorsieht, dass der Auskunftssteller die Datenkopie weitgehend ungeschwärzt bzw. nicht vollständig geschwärzt erhält, sofern und soweit er sich zur vertragsstrafenbewehrten absoluten Vertraulichkeit im Hinblick auf die in Art. 15 Abs. 4 DS-GVO genannten Rechte verpflichtet. Der Verantwortliche vermeidet so Aufwand durch das Durchsehen und Schwärzen tausender E-Mails. Der betroffene Auskunftssteller erhält das, was er möchte – seine Datenkopie. **Verwenden kann der Auskunftssteller die Kopie (zB als Beweismittel in einem Prozess) nur, wenn dies keine Rechte Dritter nach Abs. 4 beeinträchtigt,** was dazu führen kann, dass der Auskunftssteller seinerseits die Dokumente schwärzen muss bevor er sie in einem Gerichtsverfahren verwendet, will er nicht eine Verletzung der DS-GVO sowie sonstiger Rechte (zB GeschGehG) riskieren. Die datenschutzrechtliche Rechtfertigung dafür, dass Daten von anderen Betroffenen an den Auskunftssteller übermittelt werden, liegt im Schutz durch das NDA und nach hier vertretener Auffassung in Art. 6 Abs. 1 lit. f DS-GVO (berechtigte Interessen). **Die von dieser Datenübermittlung grundsätzlich ausgelösten Informationspflichten gem. Art. 13 und 14 DS-GVO bestehen nach hier vertretener Auffassung nicht.** Der Auskunftssteller hat keine Informationspflicht gegenüber all denjenigen Betroffenen, deren personenbezogene Daten in seiner Datenkopie mit enthalten sind, da sich der Auskunftssteller auf die Ausnahme in Art. 14 Abs. 5 lit. b DS-GVO berufen kann (→ Art. 14 Rn. 99.19). Der Verantwortliche, der die Datenkopie zur Verfügung stellt, hat die Betroffenen, deren personenbezogene Daten in der Datenkopie mitenthalten sind, nicht nach Art. 13 DS-GVO zu informieren, da die Ausnahme gem. § 32 Abs. 1 Nr. 4 BDSG greift (vgl. → BDSG § 32 Rn. 44), weil eine derartige Informationspflicht gem. Art. 13 DS-GVO die Ausübung von Art. 15 DS-GVO nach hier vertretener Auffassung beeinträchtigen würde. Nach hier vertretener Auffassung liegt in der durch das Vertragsstrafenbewährte NDA abgesicherte Weitergabe der Datenkopie auch kein Verstoß gegen das GeschGehG vor. Denn die in der Praxis gängigen Vertraulichkeitsvereinbarungen sehen typischerweise vor, dass eine Weitergabe von vertraulichen Informationen an Dritte (zB Berater) möglich ist, wenn diese Empfänger zur Vertraulichkeit verpflichtet werden. Anderenfalls wäre es in der betrieblichen Praxis undenkbar, Berater einzusetzen oder Leistungen outzusourcen. Wenn aber eine Vertraulichkeitsverpflichtung dieser Dritten eine Informationsweitergabe legitimiert iSd § 4 Abs. 2 Nr. 2, 3 GeschGehG, dann muss dies erst recht für einen Anspruchsteller gem. Art. 15 Abs. 3 DS-GVO gelten.

Abschnitt 3. Berichtigung und Löschung

Artikel 16 Recht auf Berichtigung

[1]**Die betroffene Person hat das Recht, von dem Verantwortlichen unverzüglich die Berichtigung sie betreffender unrichtiger personenbezogener Daten zu verlangen.** [2]**Unter Berücksichtigung der Zwecke der Verarbeitung hat die betroffene Person das Recht, die Vervollständigung unvollständiger personenbezogener Daten – auch mittels einer ergänzenden Erklärung – zu verlangen.**

Überblick

Hält der Verantwortliche unrichtige personenbezogene Daten vor, sind diese auf Verlangen der betroffenen Person zu berichtigen. Dieses Betroffenenrecht ist die subjektive Kehrseite der ohnehin bestehenden objektiven Pflicht eines jeden Verantwortlichen, die Richtigkeit der bei ihm vorhandenen personenbezogenen Daten zu gewährleisten. Etwas anderes kann sich nur dort ergeben, wo ein berechtigtes und überwiegendes Interesse einer Berichtigung entgegensteht.

Übersicht

	Rn.		Rn.
A. Allgemeines; Betroffenenrechte – ein Überblick	1	III. Datenschutzniveau	8
		IV. Verhältnis zum nationalen Recht	12
I. Betroffener als Bezugssubjekt	2	V. Auslegung der Betroffenenrechte	15
II. Subjektive Rechte und objektive Pflichten	6	VI. Die betroffene Person	20

	Rn.
VII. Verantwortlicher	26
VIII. Rechtsschutz	32
B. Anspruch auf Berichtigung und Vervollständigung	**35**
I. Allgemeines und Anwendungsbereich	35
1. Genese	37

	Rn.
2. Auslegung	38
3. Vergleich mit dem BDSG aF	42
II. Tatbestand	43
1. Verlangen der betroffenen Person	44
2. Berichtigung unrichtiger Daten (S. 1)	47
3. Vervollständigung von Daten	57
III. Rechtsfolge und Sanktionierung	61

A. Allgemeines; Betroffenenrechte – ein Überblick

Im dritten Kapitel sind die Rechte der betroffenen Person geregelt. Hierzu zählen neben dem Auskunftsrecht nach Art. 15 das Recht auf Berichtigung und Löschung nach den Art. 16 und 17 sowie das Recht auf Einschränkung der Verarbeitung nach Art. 18 und das Recht auf Datenübertragbarkeit nach Art. 20. **1**

I. Betroffener als Bezugssubjekt

Die Betroffenenrechte zählen (mittlerweile) zu den klassischen Instrumenten des (Selbst-)Datenschutzes. So unverzichtbar diese Instrumente unzweifelhaft sind, hinreichend im Sinne eines effektiven Datenschutzes sind sie nicht. Zutreffend wird eingewandt, dass mit den Betroffenenrechten allein Verstöße und Fehler eher nachvollzogen und ggf. korrigiert werden können; eine präventive Wirkung wird man den Betroffenenrechten per se nur begrenzt zuschreiben können. Erst eine effektive und konsequente Wahrnehmung durch die Betroffenen kann auch dazu führen, dass die Verantwortlichen ihre Prozesse von vornherein so organisieren, dass es zu Verstößen und Fehlern möglichst gar nicht erst kommt. Um den Herausforderungen des Datenschutzrechts angesichts von Big-Data, Persuasive Computing, Nudging ua in Zeiten einer zunehmend geführten Post-Privacy-Debatte effektiv begegnen zu können, sind weitere Instrumente und Ansätze aber fraglos unverzichtbar (vgl. Härting/Schneider CR 2015, 819 (823 ff.)). **2**

Nicht geringzuschätzen sind dennoch Aussage und Haltung, die hinter den Betroffenenrechten aufscheinen: Personenbezogene Daten stehen dem Grunde nach allein der betroffenen Person zu; sie sind nicht freie Verfügungsmasse Dritter. Dies leitet sich bereits aus Art. 8 EU-Grundrechtecharta ab (s. hierzu auch EUGH NJW 2014, 2257 – Google Spain/AEPD) und wird durch die Etablierung konkreter subjektiver Rechte auf Verordnungsebene bestärkt. **3**

Die Fortentwicklung der hier – und auch bereits in der EG-DSRL – angelegten Betroffenenrechte (Art. 12 EG-DSRL) war und ist zentrales Anliegen des Verordnungsgebers (vgl. Erwägungsgrund 11). Der Verordnungsgeber will die Rechtsstellung der betroffenen Personen im Datenschutzrecht betonen und weiter stärken. Die Anerkennung der Herrschaft des Einzelnen über seine Daten ist dabei nur zum Teil (bloßes) politisches Postulat (vgl. zur Post-Privacy-Debatte Gusy FS Peine 2016, 423 (432 ff.)). Im Wesentlichen ist sie auch die Zuerkennung einer nach wie vor unverzichtbaren Rechtsstellung zur effektiven Durchsetzung des Persönlichkeitsrechts des Betroffenen. In Verbindung mit Kontrolle und Ahndung von Verstößen durch die Aufsichtsbehörden dienen die Betroffenenrechte letztlich nur so dann auch in präventiver Hinsicht. **4**

Gleichzeitig wird der betroffenen Person durch diese Rechtsstellung auch die (Mit-)Verantwortung für die eigenen Daten angetragen, zugemutet und zugetraut. Datenschutz ist nicht nur eine öffentliche Aufgabe. Effektiver Datenschutz setzt Eigenverantwortung voraus (Worms/Gusy DuD 2012, 92). Gerade angesichts komplexer technischer Zusammenhänge und den neuen Herausforderungen des Datenschutzrechts ist der Einzelne unverzichtbar, um als datenschutzrechtliche Instanz seine Herrschaftsposition aktiv einzufordern und zu behaupten (vorausgesetzt, man hält diese Herrschaft nicht für eine bloße Fiktion, s. wiederum grundlegend zur Post-Privacy-Debatte Gusy FS Peine 2016, 423 (432 ff.)). **5**

II. Subjektive Rechte und objektive Pflichten

Die Verantwortung für personenbezogene Daten obliegt den betroffenen Personen freilich nicht allein. Dies verdeutlicht bereits die Bezeichnung der verarbeitenden Stellen als „Verantwortliche". Die subjektiven Rechte des dritten Kapitels sind insofern Ausdruck der objektiven Pflichten der Verantwortlichen (insbesondere hinsichtlich der Rechtmäßigkeit der Verarbeitung nach Art. 6). In besonderer Weise gilt dies für die Rechte auf Löschung, Berichtigung oder Sperrung von Daten. Liegt nach Art. 26 ein Fall gemeinsamer Verantwortlichkeit vor, sind grundsätzlich alle Verantwortlichen nebeneinander von den Pflichten aus Art. 17 adressiert (Art. 26 Abs. 3). In einer **6**

Abgrenzungsvereinbarung können die Verantwortlichen untereinander regeln, wer die Verpflichtungen gegenüber der betroffenen Person erfüllt (BeckOK IT-Recht/Steinrötter Rn. 7).

7   Wird die Speicherung von personenbezogenen Daten unzulässig oder war die Speicherung von Beginn an unzulässig, so ist die Verpflichtung zur Löschung oder Sperrung – jedenfalls grundsätzlich – objektiv zwingend (vgl. Art. 17 Abs. 1 2. Teilsatz). Erlangt der Verantwortliche bspw. unabhängig von Hinweisen der betroffenen Person Kenntnis von der Unrichtigkeit der bei ihm vorhandenen personenbezogenen Daten, so ist der Verantwortliche regelmäßig dazu verpflichtet, die Datenbestände zu korrigieren oder zu löschen. Nur wenn eine solche objektive Pflicht besteht, rechtfertigt sich, dass nach Art. 83 Abs. 5 lit. a Verstöße gegen diese aus den Art. 5, 6, 7 und 9 bußgeldbewährt sind. Über Art. 83 Abs. 5 lit. b sind außerdem Verstöße gegen die Betroffenenrechte bußgeldbewährt. Im Übrigen deutet auch die Pflicht des Verantwortlichen zur regelmäßigen Überprüfung seiner datenschutzrelevanten Tätigkeiten darauf hin, dass eine objektive Pflicht zur Löschung, Berichtigung usw. besteht (Art. 5 Abs. 1 lit. d; Plath/Plath Art. 5 Rn. 12 f.).

III. Datenschutzniveau

8   Den Normgebungsprozess hat gerade in Deutschland stets die Debatte darüber begleitet, ob das bisherige nationale „Datenschutzniveau" mit der Verordnung in Frage gestellt, aufrechterhalten oder gar angehoben wird (Dehmel/Hullen ZD 2013, 147 (147 f.); Härting/Schneider CR 2015, 819; Hornung ZD 2012, 99 (102 f.)). Diese Debatte war erkennbar von nationalen Vorstellungen und (Rechts-)Traditionen geprägt.

9   Gerade auch bei der Bestimmung der Reichweite der Betroffenenrechte ist zu erkennen, dass die Verordnung zwar durchaus etwas paradigmatisch Neues ist, sie aber gleichzeitig kompromisshaft ausgestaltet ist. In der EU bestehen bis heute in den einzelnen Mitgliedstaaten divergierende Datenschutzkonzepte, -traditionen und infolgedessen ein insgesamt unterschiedliches Datenschutzniveau. Während bspw. in Skandinavien Transparenz und Informationsfreiheit eine besondere Betonung erfahren, gilt dies in Deutschland eher für das Allgemeine Persönlichkeitsrecht (BVerfGE 65, 1 = NJW 1984, 419 – Volkszählung, in der Post-Privacy-Debatte wird die Betonung des Rechts auf informationelle Selbstbestimmung als „typisch deutsch" bezeichnet). Auf der europäischen Ebene kumulieren diese Traditionen und Vorstellungen und bringen so ganz unterschiedliche Ideen wie die Transparenz (Informationsfreiheit) einerseits und den Datenschutz andererseits hervor. Das Spannungsverhältnis, welches zwangsläufig entsteht, muss wiederum aufgelöst werden, was zu dem Erfordernis führt, Interessen zu einem Ausgleich zu bringen. In Folge dessen sind auch die Betroffenenrechte in der Verordnung kompromisshaft ausgestaltet.

10 Es wurde so auch nicht dasjenige 1:1 nachvollzogen, was bspw. im deutschen Datenschutzrecht vorzufinden war. Die Betroffenenrechte des dritten Kapitels gehen zum Teil über das hinaus, was das BDSG aF vorgesehen hatte (bspw. ist der Minderjährigenschutz nach Art. 17 Abs. 1 lit. b und lit. f zu nennen). Zum Teil wird sich durch Auslegung der Vorschriften zeigen müssen, ob diese im Vergleich zum nationalen Recht weniger weit reichen (bspw. Non-liquet-Situationen bei der Einschränkung der Verarbeitung, vgl. dazu auch → Art. 18 Rn. 33 ff.; Auslegung von Öffnungsklauseln → Art. 17 Rn. 44 ff.). Insgesamt wird sich EU-weit neben den normativen Angleichungsprozessen zeigen müssen, ob es auch gelingen kann, die Verwaltungspraxis anzugleichen.

11 Die Wertungen des Verordnungsgebers sind auch im Falle der Absenkung des Schutzniveaus grundsätzlich hinzunehmen (BVerfGE 37, 271 = NJW 1974, 1697 – Solange 1; BVerfGE 73, 339 = NJW 1987, 577 – Solange 2). Lediglich dort, wo Öffnungsklauseln weitergehende Betroffenenrechte ermöglichen oder verfassungsrechtlich eine abweichende Wertung zu verlangen ist, hat der nationale Gesetzgeber die Möglichkeit – oder gar die Pflicht –, weitergehende Rechte der betroffenen Person festzulegen.

IV. Verhältnis zum nationalen Recht

12 Die Vorschriften des dritten Kapitels ersetzen die Betroffenenrechte nach dem nationalen Recht (§§ 19 ff., 33 ff. BDSG aF). Rudimente dieser Rechtsnormen bleiben nur dort erhalten, wo die DS-GVO Öffnungsklauseln vorsieht (insbesondere Art. 17 Abs. 1 lit. e, Abs. 3 lit. b).

13 Die Neufassung des BDSG ist am 25.5.2018 in Kraft getreten und ersetzt fortan das BDSG aF (BGBl. 2017 I, 2097 (2132)). Die Betroffenenrechte gelten nach der DS-GVO unmittelbar, sodass es einer eigenständigen Normierung dieser im nationalen Recht nicht mehr bedarf und sogar unzulässig wäre. Die diesbezüglichen Regelungen im BDSG sehen noch punktuelle Beschränkungen der Betroffenenrechte im Rahmen der einschlägigen Öffnungsklauseln der DS-GVO vor (Greve NvWZ 2017, 737(739)).

Der nationale Gesetzgeber hat zum einen von der Öffnungsklausel des Art. 23 durch die §§ 32– 36 BDSG Gebrauch gemacht, wobei die Einschränkung auf Grund spezieller Voraussetzungen direkt an die Betroffenenrechte selbst anknüpft (Gola/Gola Art. 23 Rn. 15; Simitis/Hornung/ Spiecker/Dix Rn. 19). Des Weiteren können Beschränkungen an besondere Erhebungssituationen geknüpft sein. Von der Öffnungsklausel des Art. 89 hat der nationale Gesetzgeber durch die §§ 27, 28 BDSG Gebrauch gemacht und lässt dadurch Beschränkungen der Betroffenenrechte auf Grund von wissenschaftlichen und historischen Forschungszwecken oder zu statistischen Zwecken sowie wegen im öffentlichen Interesse liegenden Archivzwecken zu (Gola/Pötters Art. 89 Rn. 14 ff.; Simitis/Hornung/Spiecker/Dix Rn. 19). 14

V. Auslegung der Betroffenenrechte

Rechtlich geschützte Belange der Transparenz, Informationsfreiheit sowie des Schutzes von Kommunikationsvorgängen sind bei Abwägungsentscheidungen des Verordnungsgebers ebenso berücksichtigt worden wie das Grundrecht auf Datenschutz (vgl. Erwägungsgrund 1, 2 und 4; s. auch EUGH NJW 2014, 2257 – Google Spain/AEPD; vgl. auch Art. 85). 15

Wo Auslegungsmöglichkeiten und -bedarfe bestehen, sind wiederum Leitgedanken des Verordnungsgebers zu berücksichtigen, wie sie sich nicht zuletzt auch aus den umfangreichen Erwägungsgründen ableiten lassen. 16

Insgesamt ist festzustellen, dass sich die Verordnung Abwägungsprozessen gegenüber offen zeigt. Dies ergibt sich zum einen aus dem risikobasierten Ansatz der Verordnung selbst (Veil ZD 2015, 347 (347)). Zum anderen ist dies indiziell auch daran zu erkennen, dass die Begriffe „Risiko" und „angemessen" zu den prägenden Begriffen der Verordnung zählen (Veil ZD 2015, 347 (348)), der hier im Einzelnen die Anzahl der Begriffe in der Verordnung aufzeigt; krit. zu der Abwägungsoffenheit der Verordnung hingegen bspw. Buchholtz AÖR 2015, 121 (133 ff., 142 ff.) mwN). 17

Diese Abwägungsoffenheit hat auch in Bestimmungen des dritten Kapitels Eingang gefunden (vgl. Art. 17 Abs. 1 lit. c „vorrangigen berechtigten Gründen", Art. 17 Abs. 2 „angemessene Maßnahmen", Art. 17 Abs. 3 „soweit die Bearbeitung erforderlich ist", Art. 19 S. 1 „unverhältnismäßigem Aufwand". 18

Für die Mitgliedstaaten besteht die Möglichkeit, entsprechend den Vorgaben des Art. 23 die Betroffenenrechte einzuschränken (dazu bereits → Rn. 14). Auch diese Möglichkeit steht ausdrücklich unter dem Vorbehalt der Angemessenheit (s. auch Erwägungsgrund 73). Ähnliches gilt für Beschränkungsmöglichkeiten nach Art. 85, der sich vor allem mit dem Spannungsverhältnis von Transparenz, Informationsfreiheit und Datenschutz befasst (vgl. zu diesem Spannungsverhältnis etwa Gusy FS Peine 2016, 423; s. auch zur Debatte über das Verhältnis von KUrhG und DS-GVO angesichts von Art. 85 etwa OLG Köln BeckRS 2018, 12712). Die nationalen Beschränkungsmöglichkeiten gem. §§ 32–36 BDSG, welche Art. 23 zugrunde liegen, müssen sich folglich auch an den Anforderungen messen lassen, dass sie den Wesensgehalt der Grundrechte und Grundfreiheiten achten und in einer demokratischen Gesellschaft eine notwendige und verhältnismäßige Maßnahme darstellen, also angemessen sind (Sydow/Peuker Art. 23 Rn. 37 ff.). 19

VI. Die betroffene Person

Die betroffene Person steht im Zentrum des dritten Kapitels. Sie tritt als Antragstellerin auf. Die Betroffenenrechte beziehen sich allein auf ihre Daten. Ein Dritter kann grundsätzlich nicht als Sachwalter einer betroffenen Person für sich selbst die Betroffenenrechte des Dritten geltend machen, so wie er ohne spezielle Erlaubnis auch nicht über dessen Daten verfügen kann. 20

Die **Identität** von betroffener Person und Antragsteller kann im Einzelfall unklar und strittig sein. In diesem Fall hat eine Identifizierung der Person zu erfolgen. Der Verantwortliche ist befugt, zusätzliche Informationen von dem Antragsteller zu fordern, die zur Bestätigung der Identität erforderlich sind (Art. 12 Abs. 6). Die Vorlage von Ausweisdokumenten als Fotokopie ist bspw. ein taugliches Instrument der Identitätsprüfung, jedenfalls wenn und soweit es etwa um die Übermittlung von Daten an eine bekannte Adresse geht (Art. 12 Abs. 6; Härting DS-GVO-HdB Rn. 657). Wenn eine Auskunft oder Datenübermittlung allerdings an eine andere Adresse erfolgen soll, sind die Darlegungs- bzw. Sicherungsanforderungen höher anzusetzen (vgl. Bergt CRonline-Blog 24.3.2015 http://www.cr-online.de/blog/2015/03/24/datenleck-bei-auskunftei-infoscore-grosses-geschrei-und-wie-man-betroffene-fuer-die-selbstauskunft-korrekt-identifiziert/; zuletzt abgerufen am 30.11.2021). Um zu gewährleisten, dass der Identitätsnachweis nicht zur Entwertung des Betroffenenrechts führt, ist von dem Verantwortlichen ein Weg zu suchen, bei dem die betroffene Person niedrigschwellig ihre Betroffenenrechte durchsetzen kann. Dabei wird es sicher nicht darum gehen können, einen Beweis im Sinne des verwaltungsverfahrensrechtlichen Beweis- 21 rechts für die Identität zu verlangen (vgl. wohl anders Bergt CRonline-Blog 24.3.2015 http://www.cr-online.de/blog/2015/03/24/datenleck-bei-auskunftei-infoscore-grosses-geschrei-und-wie-man-betroffene-fuer-die-selbstauskunft-korrekt-identifiziert/; zuletzt abgerufen am 30.11.2021). Das Maß an Nachweis der Identität hängt nicht zuletzt auch von dem konkreten Betroffenenrecht und seiner Durchsetzung ab.

22   Die Identitätsprüfung dient zum einen dem Schutz der betroffenen Person vor Herausgabe ihrer Daten an unbefugte Dritte. Zum anderen bedeutet die Identitätsfeststellung immer auch eine erneute Datenverarbeitung. Nach Erwägungsgrund 64 ist eine solche Datenverarbeitung zulässig. Sie dient einem legitimen Zweck. Die Datenverarbeitung zur Identitätsfeststellung legitimiert allerdings nur zur Erhebung der Daten und nicht zu deren Speicherung und Vorhaltung (Erwägungsgrund 64 S. 2; Härting DS-GVO-HdB Rn. 660).

23   Eine Identitätsfeststellung ist für den Verantwortlichen unnötig und daher untunlich, wenn er nach Art. 11 Abs. 2 Betroffenenrechten gar nicht ausgesetzt sein kann.

24   Dies ist immer dann der Fall, wenn der Verantwortliche zwar personenbezogene Daten verarbeitet hat, eine Zuordnung zu einer Person für den Verantwortlichen aber nicht (mehr) möglich ist. In diesem Fall soll der Verantwortliche nicht dazu verpflichtet sein, zusätzliche Informationen weiter vorzuhalten, um die personelle Zuordnung gewährleisten zu können (Härting DS-GVO-HdB Rn. 659). Die Nachweispflicht für die Unmöglichkeit der Zuordnung trifft den Verantwortlichen.

25   Die Vorschrift ist nicht so zu verstehen, dass Bezüge zu einem relativen Konzept der Personenbezogenheit zu erkennen wären (zu den unterschiedlichen Konzepten etwa Herbst NJW 2016, 902; Schantz NJW 2016, 1841 (1843)). An dieser Stelle wird lediglich anerkannt, dass es Konstellationen geben kann, in denen entweder ein unverhältnismäßig hoher Aufwand erforderlich wäre, um eine Re-Personalisierung von Daten durchzuführen oder dies sogar unmöglich ist. Die Verantwortlichen würden bei einer dennoch bestehenden Verpflichtung nach dem dritten Kapitel eher dazu übergehen, weitere Daten vorzuhalten, um ggf. bestehenden rechtlichen Verpflichtungen zu genügen. Dies würde dem Grundsatz der Datensparsamkeit (vgl. Art. 5 Abs. 1 lit. c) zuwiderlaufen.

VII. Verantwortlicher

26   Verantwortlicher im Sinne der Betroffenenrechte ist nach Art. 4 Nr. 7 jede natürliche oder juristische Person, Behörde, Einrichtung oder andere Stelle, die allein oder gemeinsam mit anderen über die Zwecke und Mittel der Verarbeitung von personenbezogenen Daten entscheidet.

27   Von den Betroffenenrechten erfasst sind dementsprechend sowohl öffentliche als auch nichtöffentliche Stellen. Eine Unterscheidung der Betroffenenrechte, je nachdem gegen wen sie sich richtet (öffentliche Stellen oder private), wie sie sich etwa im BDSG aF fand (§§ 20 und 35 BDSG aF), ist in der Verordnung nicht vorgesehen.

28   Die Unterscheidung zwischen privaten und öffentlichen Stellen besteht in der DS-GVO lediglich partiell in einzelnen Vorschriften der Betroffenenrechte (vgl. etwa Art. 17 Abs. 1 lit. e, Abs. 3 lit. b), ist ansonsten aber im Vergleich zur alten Rechtslage vom Verordnungsgeber nicht aufgegriffen worden. Der nationale Gesetzgeber hat im BDSG partiell an der Unterscheidung festgehalten (vgl. etwa §§ 58 f. BDSG).

29   Entsprechend Erwägungsgrund 57 hat der Verantwortliche die Anträge der betroffenen Personen zu bearbeiten. Es bietet sich an, dass die verantwortliche Stelle Routinen für den Umgang mit Anfragen und Anträgen betroffener Personen entwickelt. Eine Befassung verweigern darf der Verantwortliche nach Art. 12 Abs. 5 lit. b nur, wenn die Anträge rechtsmissbräuchlich gestellt werden.

30   Dies ist möglicherweise dann der Fall, wenn Anträge erkennbar allein aus querulatorischen Gründen gestellt werden (Härting DS-GVO-HdB Rn. 665). Nur in diesen Fällen darf der Verantwortliche alternativ auch ein Entgelt erheben, was sonst ausgeschlossen ist (Art. 12 Abs. 5 lit. b).

31   Den Verantwortlichen trifft die Nachweispflicht für ein rechtsmissbräuchliches Verhalten, was die Anwendung des Art. 12 Abs. 5 in der Praxis erheblich einschränken dürfte. Darüber hinaus soll der Verantwortliche „den Antrag der betroffenen Person unverzüglich, spätestens aber innerhalb eines Monats" beantworten und ggf. begründen, warum er den Antrag ablehnt (Erwägungsgrund 59, s. auch Art. 12 Abs. 4).

VIII. Rechtsschutz

32   Kommt ein Verantwortlicher dem Antrag einer betroffenen Person nicht nach, so ist zu unterscheiden: Handelt es sich bei dem Verantwortlichen um ein privates Unternehmen, so steht dem Betroffenen der ordentliche Rechtsweg zu.

33 Handelt es sich bei dem Verantwortlichen um eine Behörde oder eine sonstige öffentliche Stelle, so ist in der Ablehnung eines Antrags ein Verwaltungsakt zu sehen. Zwar ist das Begehren auf die Vornahme einer bestimmten Handlung, nämlich die Auskunft, Berichtigung oder die Löschung von Daten, gerichtet. Jedoch ist in Fällen der Versagungsgegenklage nicht die Allgemeine Leistungsklage statthaft. Im Sinne des actus-contrarius-Gedankens ist die begehrte Handlung, wie die Ablehnung selbst, als Verwaltungsakt zu qualifizieren und es ist bei dem zuständigen Verwaltungsgericht Verpflichtungsklage zu erheben (Gola/Schomerus BDSG aF § 20 Rn. 40; anders: Gola/Reif Rn. 25; so wohl auch VG München Beschl. v. 10.8.2021 – M 13 E 21.2521, BeckRS 2021, 23254 Rn. 61; aA VGH Mannheim Urt. v. 10.3.2020 – 1 S 397/19, BeckRS 2020, 5020).

34 Zusätzlich steht den betroffenen Personen nach Art. 77 Abs. 1 die Möglichkeit des Beschwerdeverfahrens offen. Schaltet eine betroffene Person die Aufsichtsbehörde ein, so wird sie von der Behörde über den weiteren Verlauf der Angelegenheit unterrichtet. Lehnt die Aufsichtsbehörde ein Einschreiten ab, so steht der betroffenen Person auch hiergegen verwaltungsgerichtlicher Rechtsschutz zu (Härting DS-GVO-HdB Rn. 63 f.; BeckOK IT-Recht/Steinrötter Rn. 20).

B. Anspruch auf Berichtigung und Vervollständigung

I. Allgemeines und Anwendungsbereich

35 Art. 16 regelt das Recht des Betroffenen auf Berichtigung bzw. Vervollständigung seiner personenbezogenen Daten. Seine Entsprechung findet diese Vorschrift in Art. 12 lit. b Var. 1 der EG-DSRL.

36 Im deutschen Recht waren die Berichtigungsansprüche von den Löschungsansprüchen, anders als in der Verordnung, nicht in getrennten Normen geregelt. Sie fanden sich gemeinsam in den §§ 20 Abs. 1, 35 Abs. 1 BDSG aF normiert. Das deutsche Recht enthält jedoch Normen, welche neben dem allgemeinen Berichtigungsanspruch nach Art. 16 zur Anwendung kommen. Obwohl auch Sozialdaten grundsätzlich dem Anwendungsbereich der DS-GVO unterfallen, legt § 84 Abs. 2 SGB X ergänzende Regelungen für die Behandlung sog „non-liquet"-Fälle fest. Personenbezogene Daten, welche bei der Verhütung, Ermittlung, Aufdeckung oder Verfolgung von Straftaten oder Ordnungswidrigkeiten durch die zuständige Behörde erhoben werden, fallen gem. Art. 2 Abs. 2 lit. d nicht unter den Anwendungsbereich der DS-GVO (vgl. hierzu Krüger/Resch/Vogelsang jM 2021, 310 (310)). Die neuen Regelungen im Teil 3 des BDSG ersetzen diesbezüglich die entsprechenden Regelungen in den Polizeigesetzen und gewähren eigene Betroffenenrechte (§ 58 BDSG) und Pflichten der Verantwortlichen (§ 75 BDSG). Auch das BKAG wurde 2017 modifiziert und ergänzt im Abschnitt 9 das BDSG im Hinblick auf den Aufgabenbereich des Bundeskriminalamtes (Gola/Reif Rn. 8). Neben Art. 16 besteht mit Art. 83 Abs. 2 BetrVG ein spezieller arbeitsrechtlicher Berichtigungsanspruch, der über den sachlichen Anwendungsbereich der DS-GVO hinausgeht, indem dieser auch Personaldaten erfasst, die nicht in automatisierter Form oder für die Speicherung in einem Datensystem verarbeitet werden. Für den Fall, dass Personaldaten betroffen sind, die dennoch dem Anwendungsbereich der DS-GVO unterfallen, stellt Art. 88 die einschlägige Öffnungsklausel dar. Der Berichtigungsanspruch des Art. 83 BetrVG geht auch inhaltlich über den des Art. 16 hinaus, indem dieser auch Personalbeurteilungen umfasst, welche zum Großteil schon mangels Tatsacheneigenschaft nicht von Art. 16 umfasst sind (vgl. dazu ausführlich Gola/Reif Rn. 9).

1. Genese

37 Der ursprüngliche Kommissionsentwurf des Berichtigungsanspruchs wurde vom Europäischen Parlament bestätigt (vgl. Legislative Entschließung des Europäischen Parlaments v. 12.3.2014, COM (2012)0011 – C7-0025/2012 – 2012/0011 (COD), Art. 16). In jener Fassung der Vorschrift war beim Recht auf Vervollständigung von personenbezogenen Daten der Bezug zum Zweck der Verarbeitung noch nicht enthalten. Dieser ist erst auf Vorschlag des Rates in die Verordnung übernommen worden. Auf Anmerkung des Rates hin ist auch klargestellt worden, dass Bezugspunkt der Ansprüche aus Art. 16 nur Daten der betroffenen Person sind. Im Normgebungsverfahren wurden außerdem sprachliche Änderungen vorgenommen. Hierzu zählt etwa die Ersetzung des Begriffs „ohne ungebührliche Verzögerung" durch den Terminus „unverzüglich". Außerdem wurde der Begriff der „unzutreffenden personenbezogenen Daten" durch den Begriff „unrichtige Daten" ersetzt (insoweit krit., aber wohl noch zur Entwurfsfassung Plath/Kamlah Rn. 6).

2. Auslegung

38 Für die Auslegung des Anspruchs auf Berichtigung und Vervollständigung sind vor allem die Erwägungsgründe 65 und 156 von Bedeutung. In Erwägungsgrund 65 heißt es, dass die betroffene Person ein Recht auf Berichtigung haben soll, „wenn die Speicherung ihrer Daten gegen diese Verordnung oder gegen das Unionsrecht oder das Recht der Mitgliedstaaten, dem der Verantwortliche unterliegt, verstößt." Durch diese Formulierung wird klargestellt, dass es den Ansprüchen nach Art. 16 und Art. 17 in erster Linie darum geht, Rechtsverstöße zu beseitigen.

39 Erwägungsgrund 156 sieht vor, dass es den Mitgliedstaaten erlaubt sein soll, unter bestimmten Bedingungen und vorbehaltlich geeigneter Garantien für die betroffenen Personen Präzisierungen und Ausnahmen ua für das Recht auf Berichtigung personenbezogener Daten zu im öffentlichen Interesse liegenden Archivzwecken, zu wissenschaftlichen oder historischen Forschungszwecken oder zu statistischen Zwecken vorzusehen. Der Verordnungsgeber hat davon Gebrauch gemacht und Einschränkungsmöglichkeiten in Art. 89 Abs. 2 und Abs. 3 geregelt.

40 Zielrichtung von Art. 16 ist demnach die Herstellung eines rechtskonformen Zustands (Art. 5 Abs. 1 lit. a, d). Der Berichtigungs- und Vervollständigungsanspruch ist, so wie der Löschungsanspruch auch, der Struktur nach also eher mit einem (ggf. öffentlich-rechtlichen) Folgenbeseitigungsanspruch vergleichbar. Die Wiederherstellung oder auch erstmalige Herstellung eines rechtskonformen Zustands wird wahlweise über das Instrument der Berichtigung (unter Umständen auch über eine Gegendarstellung), der Vervollständigung oder der Löschung bzw. Sperrung von personenbezogenen Daten herbeigeführt. Welches dieser Instrumente zum Einsatz gelangt, ist abhängig von Fragen der Zweck- und Verhältnismäßigkeit sowie des materiellen Rechts. Welches Instrument ist tauglich? Welches ist in Abwägung der berechtigten Interessen das schonendste Instrument? Welchen Zweck erfüllt die Datenverarbeitung? Vor diesem Hintergrund sind durchaus auch Konstellationen denkbar, in denen unrichtige Daten auf Verlangen des Betroffenen zu löschen sind. Das ist jedenfalls dort geboten, wo eine Berichtigung nicht möglich und dem Verantwortlichen nicht zumutbar ist. Sind bspw. einer Person zuzuordnende Analysedaten fehlerhaft und kann oder soll eine Wiederholung der Analyse nicht erfolgen, ist eine Löschung dieser unrichtigen Daten statthaft. Auch angesichts unabsehbarer künftiger Verstetigungen und Vertiefungen der Nutzung unrichtiger Daten, ist die Löschung unter Umständen eine effektive Möglichkeit des Schutzes der betroffenen Person.

41 Wenn also zum Teil davon die Rede ist, dass Art. 16 in erster Linie seinen Zweck darin findet, das Gebot der Datenrichtigkeit mit Leben zu füllen (s. etwa Paal/Pauly/Paal Rn. 4 f.; Albrecht/Jotzo Das neue DatenschutzR 86), so greift dies eher zu kurz. Betrachtet man die normativ festgelegten Grenzen der Rechte aus Art. 16 (vgl. Art. 89), so wird deutlich, dass auch unrichtige Daten bestehen bleiben können, wenn die Rechtsordnung dies billigt (vgl. zum Melderecht VGH Mannheim BeckRS 2020, 5020). Wie auch Erwägungsgrund 156 zeigt, kann ein anerkanntes und überwiegendes Interesse an der Dokumentation unrichtiger Daten bestehen; und zwar sowohl auf Seiten des Verantwortlichen wie auch auf Seiten der betroffenen Person. In diesen Fällen wird dem Anliegen von Transparenz, dem Schutz von Kommunikationsvorgängen oder der Wissenschaftsfreiheit der Vorrang vor dem Gebot der Datenrichtigkeit eingeräumt. Damit ist der Zweck des Berichtigungsanspruchs eher die Herstellung eines (datenschutz-)rechtskonformen Zustands (Art. 5 Abs. 1 lit. a, d).

3. Vergleich mit dem BDSG aF

42 Vergleicht man den Anspruch auf Berichtigung und Vervollständigung nach Art. 16 mit den deutschen „Vorgänger-Vorschriften" der §§ 20 Abs. 1 und 35 Abs. 1 BDSG aF, so fällt auf, dass eine systematische bzw. jedenfalls normative Trennung dieser Rechte von den Löschungsrechten stattgefunden hat. Während der Anspruch auf Vervollständigung iRd §§ 20 Abs. 1 und 35 Abs. 1 BDSG aF allgemein anerkannt, aber nicht ausdrücklich formuliert war, findet sich ein solcher Anspruch nun ausdrücklich in Art. 16 Abs. 2 (über die Anerkennung des Vervollständigungsanspruchs → BDSG aF § 20 Rn. 19; Simitis/Mallmann BDSG aF § 20 Rn. 12 und Gola/Schomerus BDSG aF § 20 Rn. 6; anders sah dies noch Paal/Pauly/Paal Rn. 22 aF, der hier offensichtlich die Auffassung vertrat, dass die Vervollständigungspflicht zuvor nicht von den §§ 20 Abs. 1, 35 Abs. 1 BDSG aF umfasst gewesen ist). Zum Verhältnis der Regelungen zu den Betroffenenrechten in der DS-GVO und im neuen BDSG → Rn. 12 ff.

II. Tatbestand

43 Die betroffene Person (→ Art. 4 Rn. 28 ff.) hat gegen den Verantwortlichen (→ Art. 4 Rn. 87 ff.) einen Anspruch auf Berichtigung unrichtiger, sie betreffender Daten (S. 1). Unter

bestimmten Voraussetzungen hat die betroffene Person weiterhin die Möglichkeit, vom Verantwortlichen zu verlangen, dass unvollständige Daten vervollständigt werden (S. 2).

1. Verlangen der betroffenen Person

Die Betroffenenrechte des dritten Kapitels sind ausdrücklich davon abhängig, dass die betroffene **44** Person diese Rechte gegenüber dem Verantwortlichen auch geltend macht. Insofern kann von einer Art Antragserfordernis gesprochen werden (vgl. so zur Identität des Antragstellers nur Paal/ Pauly/Paal Art. 16 Rn. 6, Art. 17 Rn. 13, Art. 18 Rn. 5, Art. 19 Rn. 5). Die betroffene Person hat dem Verantwortlichen insofern mitzuteilen, welche bei ihm gespeicherten und sie betreffenden Daten aus welchen Gründen unrichtig oder unvollständig sein sollen (vgl. Plath/Kamlah Rn. 5).

Die (objektive) Pflicht zur Vervollständigung oder Berichtigung besteht unter den in Art. 16 **45** formulierten Tatbestandsvoraussetzungen indes grundsätzlich unabhängig von der Geltendmachung durch die betroffene Person. Erforderlich ist die Kenntnis des Verantwortlichen von der Unrichtigkeit bzw. Unvollständigkeit der Daten. Wie der Verantwortliche diese Kenntnis erlangt, ist zweitrangig. In diesen Fällen wird sich aus der Verordnung eine regelmäßig bestehende objektive Pflicht zum Handeln ableiten lassen (→ Rn. 6 f.).

Von der betroffenen Person ist nicht zu verlangen, in ihrem Begehren auf Berichtigung ein **46** besonderes Interesse an der Berichtigung darzulegen. Ein solches Interesse liegt prima facie vor und folgt bereits aus dem Allgemeinen Persönlichkeitsrecht der betroffenen Person (→ BDSG aF § 20 Rn. 12 ff. mwN; vgl. auch BeckOK Informations- und MedienR/Gersdorf GG Art. 2 Rn. 82 f.). Unterstützt werden kann der Betroffen demnach bei der Erstellung seiner Anträge auch durch automatisierte technische Verfahren. Denkbar wäre es, dass Dienstleister dem Betroffenen mittels Softwareassistenten einen automatischen Abgleich seiner Daten mit Datenbanken des Verantwortlichen ermöglichen. Dieser Abgleich könnte dann ggf. in einen automatisch generierten Antrag an den Verantwortlichen münden (vgl. Heinemann/Straub DuD 2019, 7 (11); Aretz DuD 2019, 13 (14)).

2. Berichtigung unrichtiger Daten (S. 1)

Der Betroffene hat das Recht auf Berichtigung unrichtiger Daten zu seiner Person. **47**

Personenbezogene Daten sind Einzelangaben über persönliche oder sachliche Verhältnisse **48** (→ Art. 4 Rn. 1 ff.). Dies umfasst ua auch Angaben in Behördenakten (zB Personalakten), soweit diese der DS-GVO unterliegen (vgl. Simitis/Hornung/Spiecker/Dix Rn. 8). Unternehmensbezogene Daten fallen hingegen nicht in den Anwendungsbereich des Art. 16 (Kühling/Buchner/ Klar Art. 4 Nr. 1 Rn. 4).

Unrichtig sind personenbezogene Daten in jedem Fall dann, wenn sie mit der Realität nicht **49** übereinstimmen (Gola/Reif Rn. 11; Sydow/Peuker Rn. 7; BeckOK IT-Recht/Steinrötter Rn. 8; BVerwGE 120, 188 = BVerwG NVwZ 2004, 626 ff.; s. auch Simitis/Hornung/Spiecker/Dix Rn. 11 f., der darauf hinweist, dass die Unrichtigkeit der Daten im Zusammenhang mit dem Verarbeitungskontext und -zweck im Zeitpunkt der Erhebung zu beurteilen ist).

Der Berichtigungsanspruch soll sich ausdrücklich nur auf die Daten beziehen, die zu der **50** betroffenen Person vorhanden sind. Dieser Passus ist erst im Laufe des Normgebungsprozesses auf Hinweis des Rates eingefügt worden (vgl. Rats-Dok. Nr. 9565/15, Art. 16). Klargestellt wird damit, dass der Betroffene nur die Berichtigung der ihn betreffenden Daten verlangen kann. Unrichtige Daten Dritter sind von dem Verantwortlichen unter Umständen allerdings dennoch zu löschen, wenn der Verantwortliche über den Antrag eines Dritten Kenntnis von der Unrichtigkeit von Daten erlangt (→ Rn. 40). Ist unklar, ob Daten unrichtig sind, besteht zunächst keine Pflicht zur Berichtigung, aber möglicherweise eine Pflicht des Verantwortlichen, den Sachverhalt aufzuklären und die betroffene Person auf die mögliche Unrichtigkeit hinzuweisen (Gola/Reif Rn. 6).

Können unrichtige Daten des Antragstellers nur im Zusammenhang mit Daten Dritter, deren **51** Richtigkeit nicht in Rede steht, berichtigt werden, so ist von dem Verantwortlichen das Berichtigungsinteresse mit seinem Interesse an dem Erhalt der Daten Dritter sowie den Interessen des Dritten abzuwägen. Im Regelfall wird hier ein entsprechender Vermerk über die Unrichtigkeit oder Ähnliches eine sachgerechte Alternative zur Berichtigung sein (siehe hierzu auch BeckOK IT-Recht/Steinrötter Rn. 9). Ohnehin dürfte ein solcher Fall in der Praxis selten vorkommen.

Zentraler Begriff des Berichtigungsanspruchs ist die **Unrichtigkeit.** Unrichtige personenbezo- **52** gene Daten sind zu berichtigen. Für die Frage nach der Unrichtigkeit ist es unerheblich, ob dem Verantwortlichen ein Verschulden vorzuwerfen ist. Auf den Umfang oder die Ursache der Unrichtigkeit kommt es grundsätzlich ebenfalls nicht an (Sydow/Peuker Rn. 8; BeckOK IT-

Recht/Steinrötter Rn. 8; vgl. auch Simitis/Hornung/Spiecker/Dix Rn. 11), denn nahezu jeder Fehler ist zu berichtigen. Ausgenommen sind allenfalls einfache grammatikalische oder orthografische Fehler, welche ihrerseits keinen eigenen Aussagegehalt haben. Diese Ausnahmen sind allerdings restriktiv zu handhaben. Begründungsbedürftig ist die Aufrechterhaltung eines Fehlers und nicht seine Berichtigung. Selbst wenn also bestimmten Daten – wie dem Namen – eine bloße Ordnungsfunktion zukommt, sind diese im Falle der Unrichtigkeit grundsätzlich zu korrigieren. Auch auf den Zeitpunkt der Unrichtigkeit, also auf die Frage, ob die Daten von Beginn an unrichtig waren oder dies erst später wurden, kommt es grundsätzlich nicht an (vgl. Art. 5 Abs. 1 lit. d; Gola/Reif Rn. 11; auf die Ausnahmen hinweisend Simitis/Hornung/Spiecker/Dix Rn. 16).

53 Probleme wirft die Frage auf, ob von dem Verantwortlichen abgegebene **Werturteile** einer Berichtigungspflicht unterliegen (anders: Gola/Reif Rn. 10). Nach zutreffender Auffassung ist zu unterscheiden:

54 Werturteile von **Privaten** sind grundsätzlich schon wegen des Schutzes der Meinungsfreiheit aus dem Anwendungsbereich der Berichtigungspflicht ausgenommen, soweit sie keine Tatsachenbestandteile enthalten (für Private → BDSG aF § 35 Rn. 9 ff.; für öffentliche Stellen s. Simitis/Mallmann BDSG aF § 20 Rn. 17). Bei Schätzungen (BeckOK IT-Recht/Steinrötter Rn. 8) ist zu differenzieren: Werden Schätzungen auf Basis fachlicher Grundlagen (wie etwa bei Prognosen) getroffen, können diese durchaus richtig oder falsch sein, wenn die zutreffend aufgestellt werden. Dabei ist es unerheblich, ob sich die Schätzung ggf. im nachhinein als treffend erwiesen hat. „Schätzungen" im Sinne fachlicher Aussagen können durchaus mit den Instrumenten der Kenntnis und Erkenntnis als Angaben über Tatsachen bewertet und entsprechend zum Gegenstand von Berichtigungs- oder Löschungsbegehren gemacht werden. Wo „Schätzungen" Ausdruck eines persönlichen Dafürhaltens sind, können wiederum Werturteile vorliegen.

55 **Öffentliche Stellen** können sich hingegen anders als Private nicht auf die Meinungsfreiheit berufen. Ein Grund für den Schutz entsprechender Werturteile ist daher für öffentliche Stellen an sich nicht zu erkennen. Öffentlichen Stellen ist es weiterhin grundsätzlich versagt, Werturteile über Personen zu treffen. Nur dort, wo Werturteile auf einer Ermächtigungsgrundlage beruhen, ist auch eine Berichtigung über Art. 16 ausgeschlossen. In diesem Fall ist die Abgabe des Werturteils aber auch rechtmäßig (vgl. grundsätzlich zur Thematik Simitis/Hornung/Spiecker/Dix Rn. 14).

56 Da im Mittelpunkt des Berichtigungsanspruchs die Frage nach einem rechtswidrigen bzw. rechtmäßigen Zustand steht, der durch eine Berichtigung beseitigt bzw. hergestellt werden kann, sind Werturteile nur dann nach Art. 16 zu berichten, wenn die Berichtigung eines rechtswidrigen Werturteils auch möglich und geboten ist (vgl. Art. 83 BetrVG). Führt ein Werturteil bspw. zu einem unzutreffenden Eindruck, welcher sich auch im Rahmen einer Berichtigung nur schwerlich beseitigen lässt, oder können Aussagen und Informationen über eine Person durch Werturteile in einer bestimmten Weise missinterpretiert werden, so kommt eine Löschung dieses Werturteils vorrangig in Betracht. Dies gilt insbesondere auch, wenn das Werturteil auf Grundlage einer unrichtigen Datenlage getroffen wurde und diese Datenlage nachträglich nicht mehr korrigierbar ist (bspw. wenn eine Untersuchung zu falschen Ergebnissen führte, nun aber nicht mehr wiederholt werden kann). Mitunter kann jedoch auch eine Berichtigung – im Sinne einer Ergänzung oder Klarstellung – sachgerechter sein. Darüber entscheidet ein Abwägungsvorgang (ausführlich hierzu → BDSG aF § 20 Rn. 21 ff. mwN). Die Korrektur ist, wie auch die Vervollständigung, zu dokumentieren. Folgt dies nicht aus Spezialgesetzen (§ 630f BGB, Kühling/Buchner/Herbst Rn. 41 f.), kann diese Obliegenheit Art. 30 entnommen werden. Denn die Vervollständigung oder Korrektur von Daten ist selbst eine Datenverarbeitung, die nachgehalten und dokumentiert werden muss.

3. Vervollständigung von Daten

57 Nach zutreffender Auffassung war auch schon unter Geltung der §§ 20 Abs. 1, 35 Abs. 1 BDSG aF davon auszugehen, dass die Unvollständigkeit von Datenbeständen ihrer Unrichtigkeit gleichstehen kann. Dies galt insbesondere für die Fälle, in denen die Unvollständigkeit letztlich dasselbe Risikopotential aufweist wie die Unrichtigkeit von Daten. Auch unvollständige Datensätze sind nämlich dazu geeignet, unter bestimmten Voraussetzungen ein verzerrtes und damit einseitiges und unzutreffendes Bild der betroffenen Person zu zeichnen. Wenn ein solches Risiko besteht, ist dieser Zustand datenschutzrechtlich grundsätzlich rechtswidrig und damit zu korrigieren. Das gilt in besonderer Weise für sog Schätzdaten. Wird der Eindruck erweckt, derartige Informationen seien einer bestimmten Person tatsächlich zuzuordnen, obwohl dies nur auf einer Schätzung oder Annahme beruht, so sind schon aus Gründen der Datenrichtigkeit und -vollständigkeit die

Unsicherheiten zu dokumentieren. Fehlt eine solche Dokumentation, kann diese ggf. über das Recht auf Vervollständigung beansprucht werden (Gola/Reif Rn. 16; Simitis/Hornung/Spiecker/Dix Rn. 15).

Durch den Verweis auf die Verarbeitungszwecke, die zur Beurteilung der Vervollständigungspflicht herangezogen werden, weist der Verordnungsgeber zu Recht darauf hin, dass nicht jede Unvollständigkeit von Datensätzen eine Vervollständigungspflicht auslöst. Der Vollständigkeitsbegriff muss einen konkreten Bezugspunkt haben. Datensätze sind – zum Glück – niemals vollständig. Der **Begriff der Vollständigkeit** in Art. 16 ist insofern **relativ** und nicht absolut zu verstehen. Relativ muss die Vollständigkeit also insofern gewährleistet sein, dass sich diese auf die Zwecke der Verarbeitung bezieht. Dabei ist das Risikopotential vermeintlich unvollständiger Datensätze mit in die Betrachtung der Relation einzubeziehen. Zu fragen ist im Einzelfall also danach, zu welchem Zweck die Daten erhoben und weiter vorgehalten werden und welches Risiko die vermeintliche Unvollständigkeit für den Betroffenen birgt. 58

Entscheidend wird für die **Risikobetrachtung** sein, welcher Personenkreis Zugriff auf die Datenbestände hat und welcher Aussagegehalt mit dem Datensatz verbunden ist. Besteht demnach das Risiko, dass ein unzutreffendes Bild von der betroffenen Person gezeichnet wird, oder aber können die ursprünglichen Zwecke, zu denen die betroffene Person bereit war, die personenbezogenen Daten mitzuteilen, durch die Unvollständigkeit des Datensatzes nicht erfüllt werden, so sind die Daten iSv Art. 16 S. 2 als unvollständig anzusehen. Wenn also bspw. wichtige Adressinformationen bei einem Paketzustelldienst fehlen, so können Pakete möglicherweise nicht zugestellt werden und die betroffene Person hat einen Anspruch darauf, dass ihre Adressdaten vervollständigt werden. Nur auf diese Weise kann der Zweck der Datenverarbeitung erfüllt werden (Paal/Pauly/Paal Rn. 18). 59

Insbesondere im öffentlichen Bereich sind über betroffene Personen häufig komplexe und umfangreiche Datenbestände vorhanden. So ist denkbar, dass die betroffene Person ein berechtigtes Interesse daran hat, dass Informationen etwa zu eingeleiteten Strafverfahren oder Bußgeldverfahren gegen sie um Informationen über den Ausgang der Verfahren ergänzt werden, wenn die Verfahren bspw. eingestellt wurden. Auch bestimmte ursprünglich möglicherweise rechtmäßig erhobene Verdächtigungen gegen eine betroffene Person müssen unter Umständen im Nachhinein durch Ergänzungen vervollständigt werden, damit ein ausgewogenes und „richtiges" Bild des Betroffenen entsteht. Auch hier ist aber stets im Einzelfall abzuwägen, ob angesichts des potentiellen Risikos für die betroffene Person auf der einen und des Zwecks der Verarbeitung auf der anderen Seite eine Vervollständigungspflicht tatsächlich besteht. 60

III. Rechtsfolge und Sanktionierung

Liegt eine **Unrichtigkeit** vor (zu Fällen des „non liquet" und zu Fragen von Darlegungs- und Beweislast (→ Art. 18 Rn. 35), so sind die personenbezogenen Daten unverzüglich zu berichten. Bei unvollständigen Daten ist eine Vervollständigung vorzunehmen. Berichtigt werden Daten dadurch, dass sie mit der Wirklichkeit in Übereinstimmung gebracht werden. Die Berichtigung kann durch Änderung, Löschung, Fortschreibung oder Bezugnahme geschehen (→ BDSG aF § 20 Rn. 13 ff.; VGH Kassel NJW 1993, 3011; BVerwGE 11, 181; Kühling/Buchner/Herbst Rn. 18). 61

Ähnliches gilt für die **Vervollständigung.** Die Vervollständigung hat, so heißt es in Art. 16 S. 2 ausdrücklich, ggf. auch durch eine ergänzende Erklärung zu erfolgen. Der Verantwortliche hat hier sicherzustellen, dass auf angemessene Weise der erkannte rechtswidrige Zustand beseitigt wird. Er hat geeignete Maßnahmen hierfür zu ergreifen. Die Vervollständigung erfolgt grundsätzlich durch Hinzunahme der fehlenden Daten. Auch hier kann die Vervollständigung durch Löschung von Daten oder durch Abgabe von Zusätzen, Vermerken oder Erklärungen vorgenommen werden. Die Berichtigung und Vervollständigung hat **unverzüglich** zu erfolgen. Zwar bezieht sich der Begriff der Unverzüglichkeit zunächst nur auf den Berichtigungsanspruch. Richtigerweise wird er aber auch auf den Vervollständigungsanspruch zu übertragen sein (Paal/Pauly/Paal Rn. 20; Simitis/Hornung/Spiecker/Dix Rn. 18; BeckOK IT-Recht/Steinrötter Rn. 15). Dies ergibt sich bereits daraus, dass der Zweck des Anspruchs aus Art. 16 in beiden Fällen die gleiche Zielrichtung hat. 62

Die Beseitigung eines rechtswidrigen Zustands hat bei Kenntnis des Verantwortlichen sofort zu erfolgen. Auch die Genese des Art. 16 und insbesondere des Vervollständigungsanspruchs zeigt, dass der Vervollständigungsanspruch letztlich eher zu Klarstellungszwecken eigenständig geregelt worden ist. Er wäre – wie auch zuvor – wohl in den Berichtigungsanspruch hineinzulesen gewesen. 63

64 Unverzüglich iSv § 121 Abs. 1 S. 1 BGB bedeutet, dass der Verantwortliche ohne schuldhaftes Zögern die Berichtigung oder Vervollständigung vorzunehmen hat (so im Einzelnen auch Gola/Reif Rn. 18). Dass hier auf die nationale Begriffsbestimmung zurückgegriffen werden kann, wird dadurch untermauert, dass eine ähnliche Begrifflichkeit zunächst in Art. 16 selbst verankert gewesen ist und erst im Laufe des Gesetzgebungsverfahrens durch den Begriff der Unverzüglichkeit ersetzt worden ist. Die allgemeine Frist zur Bearbeitung von Anträgen aus Art. 12 Abs. 3 wird durch den Begriff der Unverzüglichkeit verdrängt. Hätte der Gesetzgeber die Frist aus Art. 12 Abs. 3 beibehalten wollen, so hätte er auf eine zeitliche Bestimmung in Art. 16 verzichtet (s. auch Simitis/Hornung/Spiecker/Dix Rn. 17). Die Unverzüglichkeit ist dabei grundsätzlich einzelfallabhängig zu bestimmen und zwar anhand der konkreten Verarbeitung sowie des damit verbundenen Berichtigungsaufwandes (vgl. Paal/Pauly/Paal Rn. 17, der eine grundsätzliche Regelzeit für die Berichtigung oder Vervollständigung von bis zu 14 Tagen annimmt; vgl. auch BeckOK IT-Recht/Steinrötter Rn. 12).

65 Die verantwortliche Stelle hat Empfängern, denen personenbezogene Daten offengelegt wurden, jede Korrektur oder Vervollständigung von Daten nach den Maßgaben des Art. 19 mitzuteilen. Außerdem unterrichtet sie betroffene Person auf ihr Verlangen hin, wer die Daten empfangen hat (Gola/Reif Rn. 20).

66 Nach Art. 83 Abs. 5 lit. b können Verstöße gegen die Pflicht zur Korrektur bzw. Vervollständigung mit einer Geldbuße von bis zu 20.000.000 EUR oder im Fall eines Unternehmens von bis zu 4 % seines gesamten weltweit erzielten Jahresumsatzes des vorangegangenen Geschäftsjahrs sanktioniert werden. Außerdem steht der betroffenen Person nach Art. 82 ggf. ein spezieller Schadensersatzanspruch zu (Gola/Reif Rn. 23 f.; BeckOK IT-Recht/Steinrötter Rn. 20).

Artikel 17 Recht auf Löschung („Recht auf Vergessenwerden")

(1) Die betroffene Person hat das Recht, von dem Verantwortlichen zu verlangen, dass sie betreffende personenbezogene Daten unverzüglich gelöscht werden, und der Verantwortliche ist verpflichtet, personenbezogene Daten unverzüglich zu löschen, sofern einer der folgenden Gründe zutrifft:
 a) Die personenbezogenen Daten sind für die Zwecke, für die sie erhoben oder auf sonstige Weise verarbeitet wurden, nicht mehr notwendig.
 b) Die betroffene Person widerruft ihre Einwilligung, auf die sich die Verarbeitung gemäß Artikel 6 Absatz 1 Buchstabe a oder Artikel 9 Absatz 2 Buchstabe a stützte, und es fehlt an einer anderweitigen Rechtsgrundlage für die Verarbeitung.
 c) Die betroffene Person legt gemäß Artikel 21 Absatz 1 Widerspruch gegen die Verarbeitung ein und es liegen keine vorrangigen berechtigten Gründe für die Verarbeitung vor, oder die betroffene Person legt gemäß Artikel 21 Absatz 2 Widerspruch gegen die Verarbeitung ein.
 d) Die personenbezogenen Daten wurden unrechtmäßig verarbeitet.
 e) Die Löschung der personenbezogenen Daten ist zur Erfüllung einer rechtlichen Verpflichtung nach dem Unionsrecht oder dem Recht der Mitgliedstaaten erforderlich, dem der Verantwortliche unterliegt.
 f) Die personenbezogenen Daten wurden in Bezug auf angebotene Dienste der Informationsgesellschaft gemäß Artikel 8 Absatz 1 erhoben.

(2) Hat der Verantwortliche die personenbezogenen Daten öffentlich gemacht und ist er gemäß Absatz 1 zu deren Löschung verpflichtet, so trifft er unter Berücksichtigung der verfügbaren Technologie und der Implementierungskosten angemessene Maßnahmen, auch technischer Art, um für die Datenverarbeitung Verantwortliche, die die personenbezogenen Daten verarbeiten, darüber zu informieren, dass eine betroffene Person von ihnen die Löschung aller Links zu diesen personenbezogenen Daten oder von Kopien oder Replikationen dieser personenbezogenen Daten verlangt hat.

(3) Die Absätze 1 und 2 gelten nicht, soweit die Verarbeitung erforderlich ist
 a) zur Ausübung des Rechts auf freie Meinungsäußerung und Information;
 b) zur Erfüllung einer rechtlichen Verpflichtung, die die Verarbeitung nach dem Recht der Union oder der Mitgliedstaaten, dem der Verantwortliche unterliegt, erfordert, oder zur Wahrnehmung einer Aufgabe, die im öffentlichen Interesse liegt oder in Ausübung öffentlicher Gewalt erfolgt, die dem Verantwortlichen übertragen wurde;
 c) aus Gründen des öffentlichen Interesses im Bereich der öffentlichen Gesundheit gemäß Artikel 9 Absatz 2 Buchstaben h und i sowie Artikel 9 Absatz 3;

d) für im öffentlichen Interesse liegende Archivzwecke, wissenschaftliche oder historische Forschungszwecke oder für statistische Zwecke gemäß Artikel 89 Absatz 1, soweit das in Absatz 1 genannte Recht voraussichtlich die Verwirklichung der Ziele dieser Verarbeitung unmöglich macht oder ernsthaft beeinträchtigt, oder
e) zur Geltendmachung, Ausübung oder Verteidigung von Rechtsansprüchen.

Überblick

Das Recht auf Löschung personenbezogener Daten zählt zu den klassischen Instrumenten des Selbst-Datenschutzes. Die Vorschrift überführt in Abs. 1 dieses überkommene Recht aus der Datenschutz-RL in die Verordnung. In Abs. 2 ist das „Recht auf Vergessenwerden" geregelt. Die Vorschrift verpflichtet den Verantwortlichen zur Information Dritter, denen personenbezogene Daten zur Verfügung gestellt wurden. Nicht zuletzt angesichts der Verwendung einiger unbestimmter Rechtsbegriffe gerade in Abs. 2 wird sich in der Praxis zeigen müssen, ob die Vorschrift weiterreichenden Datenschutz gewährleistet, als er bis zum 24.5.2018 durch die Datenschutz-RL und das BDSG aF gewährt wurde (§§ 20, 35 BDSG aF).

Übersicht

	Rn.		Rn.
A. Allgemeines	1	II. „Recht auf Vergessenwerden" (Abs. 2)	58
I. Genese	4	1. Tatbestand	69
II. Auslegung	9	2. Rechtsfolge	72
III. Vergleich mit dem BDSG aF	16	3. Geltendmachung	77a
IV. Verhältnis zum BDSG	19	III. Einschränkung der Betroffenenrechte (Abs. 3)	78
V. Allgemeine Anforderungen der Betroffenenrechte	20	1. Meinungs- und Informationsfreiheit (lit. a)	81
B. Tatbestand	21	2. Rechtliche Verpflichtung (lit. b)	83
I. Anspruch auf Löschung	22	3. Öffentliche Gesundheit (lit. c)	85
1. Zweckfortfall (lit. a)	25	4. Öffentliche Zwecke (lit. d)	86
2. Widerruf der Einwilligung (lit. b)	30	5. Verteidigung von Rechtsansprüchen (lit. e)	87
3. Widerspruch gegen die Verarbeitung (lit. c)	37	C. Dokumentation und Nachweispflichten	88
4. Rechtswidrige Verarbeitung (lit. d)	43	I. Rechte der Betroffenen Person	89
5. Erforderlichkeit zur Erfüllung einer rechtlichen Verpflichtung (lit. e)	44	1. Subjektives Recht auf Löschnachweis?	89
6. Personenbezogene Daten von Minderjährigen (lit. f)	50	2. Nachweis- und Dokumentationspflicht	90
7. Rechtsfolge: Unverzügliche Löschung	54	II. Recht der Aufsichtsbehörde	92

A. Allgemeines

Keine andere Vorschrift der Verordnung vermittelt neben ihrer rechtlichen Regelungswirkung 1 eine so deutlich erkennbare politische Aussage. Diese formuliert die Norm bereits plakativ in ihrer Überschrift. Sie enthält neben der themenbezogenen Überschrift (Recht auf Löschung) als einzige Vorschrift der Verordnung einen Klammerzusatz („Recht auf Vergessenwerden").

Dabei ist die heutige Fassung der Überschrift keineswegs im Laufe des Normgebungsprozesses 2 unverändert geblieben (vgl. KOM (2012) 11 endg., 58: Recht auf Vergessenwerden und auf Löschung; Legislative Entschließung des Europäischen Parlaments v. 12.3.2014, COM (2012)0011 – C7-0025/2012 – 2012/0011 (COD), 141: Recht auf Löschung; Rats-Dok. Nr. 9565/15, 100: Recht auf Löschung und auf „Vergessenwerden"). So kann ihre heutige Formulierung als bewusste Positionierung des Normgebers inmitten der Debatten über Post-Privacy, ständiger und umfassender Datenverfügbarkeit und Transparenz verstanden werden. Wo das digital abrufbare Bild einer Person zum Teil wichtiger wird als das reale und wo dieses Bild nicht allein und im Laufe der Zeit sogar immer weniger von der betroffenen Person selbst bestimmt wird, will das Recht auf Löschung und Vergessenwerden der betroffenen Person das **Bestimmungsrecht** jedenfalls ein Stück weit zurückgeben.

Ob der regulative Inhalt der Norm den politischen Anspruch trägt, ist zumindest zweifelhaft 3 (krit. auch Hornung ZD 2012, 99 (103)). Zumindest in vielen Punkten kommt Art. 17 als gewöhnlicher Löschungsanspruch daher (Schantz NJW 2016, 1841 (1845); Kühling/Martini EuZW 2016, 448 (450); Roßnagel/Nebel/Richter ZD 2015, 455 (458)). Abs. 1 formuliert letztlich ein tradiertes Löschungsrecht. Ob das Informationsrecht aus Abs. 2 dem prominent formulierten Anspruch der Norm gerecht wird, wird sich angesichts der Vielzahl unbestimmter Rechtsbegriffe erst in der Rechtsanwendung zeigen. Dies gilt nicht zuletzt auch vor dem Hintergrund der aktuellen Rechtsprechung des BVerfG, in der ein grundsätzlich bestehender Vorrang des Persönlichkeitsrechts in Abwägungsverfahren nach Abs. 2 abgelehnt wird (BVerfG NJW 2020, 314 – Recht auf Vergessen II; BVerfG NJW 2020, 300 – Recht auf Vergessen I).

I. Genese

4   Abs. 1 regelt das Recht auf Löschung. Neben den entsprechenden Vorschriften im nationalen Recht (§§ 20, 35 BDSG aF) existierte auch bisher im europäischen Recht ein Anspruch auf Löschung personenbezogener Daten in Art. 12 lit. b Datenschutz-RL.

5   Das Löschungsrecht im Kanon der Betroffenenrechte kann als Element des klassischen Selbst-Datenschutzes bezeichnet werden (→ Art. 16 Rn. 5; Plath/Kamlah Rn. 7).

6   Einen innovativen Schub erlangte die Debatte über die Tragweite von datenschutzrechtlichen Löschungsrechten durch die Entscheidung des EuGH in Sachen **„Google Spain"** (EUGH NJW 2014, 2257 – Google Spain/AEPD). Im Nachgang zu dieser Entscheidung fand eine intensive Auseinandersetzung zu dem Löschungsanspruch aus Art. 12 lit. b iVm Art. 6 Abs. 1 lit. c Datenschutz-RL statt (Holznagel/Hartmann MMR 2016, 228; Nolte NJW 2014, 2238; Buchholtz AöR 140 (2015), 121; s. dazu auch die Stellungnahme der ZEIT – abrufbar unter http://www.zeit.de/digital/datenschutz/2014-05/eugh-urteilt-ueber-recht-auf-vergessenwerden – und der WELT – abrufbar unter https://www.welt.de/wirtschaft/webwelt/article127950637/Dieses-Urteil-ist-der-Albtraum-fuer-Google.html – (beide Beiträge zuletzt abgerufen am 30.11.2021)). Die Umsetzung der Entscheidung des EuGH „Google Spain" findet sich im Wesentlichen in Abs. 2 wieder.

7   Die Vorschrift wurde im Normgebungsverfahren in allen Absätzen mehrfach geändert. Im Vergleich zu der Entwurfsfassung der Kommission wurden neue Ausnahmen zur Löschungspflicht etabliert (Abs. 1 lit. e und lit. f). Während Art. 17 Abs. 1 lit. b im Kommissionsentwurf noch die Löschung vorsah, wenn die betroffene Person Widerspruch eingelegt hat, ist nach Abs. 1 lit. c Alt. 1 zusätzlich erforderlich, dass der Verantwortliche keine vorrangigen berechtigten Gründe für die weitere Verarbeitung geltend machen kann. In Abs. 3 wurde eine weitere Ausnahme vom Löschungsanspruch aufgenommen (Abs. 3 lit. e). Außerdem wurde Abs. 3 lit. b im Vergleich zum Kommissionsentwurf (hier noch Abs. 3 lit. d) modifiziert (KOM (2012) 11 endg., 59).

8   Von einiger Tragweite dürften auch tatbestandliche Änderungen in Abs. 2 sein. Während der Kommissionsentwurf hier noch vorgesehen hatte, dass „alle vertretbaren Schritte" vom Verantwortlichen zu unternehmen seien, um der Löschungs- bzw. Mitteilungspflicht nach Abs. 2 zu genügen, reichen nunmehr nach Abs. 2 alle „angemessenen Maßnahmen" (KOM (2012) 11 endg., 59). Diese Entspannung der tatbestandlichen Anforderung an die Verpflichtung aus Abs. 2 geht nicht zuletzt auf weitreichende Kritik an der Praxistauglichkeit der Vorschrift zurück (Buchholtz AöR 140 (2015), 121 (137); Paal/Pauly/Paal Rn. 3).

II. Auslegung

9   Maßgeblich für die Interpretation der Vorschrift sind im Wesentlichen die Erwägungsgründe 65, 66, 153 und 156. Die Erwägungsgründe 32 und 69 sind partiell im Kontext der Einwilligung (Erwägungsgrund 32) und des Widerspruchsrechts (Erwägungsgrund 69) von Bedeutung.

10 Die in Erwägungsgrund 156 vorgesehene Möglichkeit der Mitgliedstaaten, für bestimmte Zwecke (Archivzwecke, wissenschaftliche oder historische Forschungszwecke oder statistische Zwecke) Ausnahmen vorzusehen, hat der Normgeber in Abs. 3 lit. d umgesetzt.

11 Eine Einschränkung zugunsten von Meinungs- und Informationsfreiheit kann über Art. 85 durch die Mitgliedstaaten stattfinden (Erwägungsgrund 153), soweit dies nicht bereits in Abs. 3 lit. a vorgesehen ist. Soweit hier im Bereich des Medienprivilegs keine Vollharmonisierung besteht, sind Abwägungsprozesse im Kontext widerstreitender Interessen vor allem nach Abs. 2 vor dem Hintergrund deutscher Grundrechte, ansonsten nach den Maßgaben der GRCh zu führen (BVerfG NJW 2020, 314 Rn. 39 ff. – Recht auf Vergessen II; BVerfG NJW 2020, 300 Rn. 12 ff. – Recht auf Vergessen I).

12 Ähnlich wie es schon Art. 12 lit. b Datenschutz-RL vorsah, verdeutlichen auch die Erwägungsgründe 65 und 66, dass es Art. 17 in erster Linie darum geht, einen Löschungsanspruch dort zu etablieren, wo ein Verarbeitungsprozess stattfindet, der nicht mit den Bestimmungen der Verordnung in Einklang steht. Insofern geht es der Norm in Abs. 1 um die (Wieder-)Herstellung rechtmäßiger Zustände (→ Art. 16 Rn. 40).

Dem Informationsanspruch nach Abs. 2 wiederum geht es in erster Linie darum, in Zeiten 13
unkontrollierter Verbreitung von personenbezogenen Daten im Netz, den Einzelnen vor dem
endgültigen und vollständigen Verlust seiner Daten zu schützen und ihm die Möglichkeit zu
erhalten, das von ihm in der Öffentlichkeit bestehende Bild mitgestalten und mitprägen zu können.
Insofern geht es weniger um ein bloßes „Vergessen" als um den Erhalt von Selbstbestimmung
und aktiver Gestaltungsmöglichkeiten. So steht hinter der Norm die Erkenntnis, dass es Kernbestandteil des Allgemeinen Persönlichkeitsrechts und damit auch der Würde des Einzelnen ist, die
Verfügbarkeit und Gestaltbarkeit des eigenen Selbstbildes nicht in wesentlichen Fragen dauerhaft
und endgültig Dritten überlassen zu müssen. Dies gilt auch und gerade dann, wenn der Betroffene
sich der hierfür erforderlichen Daten zu irgendeinem Zeitpunkt freiwillig begeben hat.

Dabei ist der Vorwurf nicht unberechtigt, dass die Umsetzung eines solchen Anspruchs technische Voraussetzungen habe, die mitunter aktuell nicht vorliegen, oder der Anspruch schon strukturell mit der Idee und den (heutigen) Bedingungen des Internets kaum kompatibel sei (Buchholtz
AöR 140 (2015), 121 (137); Paal/Pauly/Paal Rn. 3; zu den technischen und rechtlichen Problemen bei der Umsetzung der Löschpflichten s. Keppeler/Berning ZD 2017, 314; NK-DatenschutzR/Dix Rn. 21). Das bedeutet aber nicht, dass technische Voraussetzungen nicht hergestellt
und Bedingungen nicht verändert werden könnten. 14

Über die Ausnahmebestimmungen des Abs. 3 und die Löschungsvoraussetzungen des Abs. 1 15
wird ersichtlich, dass das Bestehen eines Löschungsanspruchs letztlich durch eine umfassende
Abwägung der widerstreitenden Interessen feststellbar ist. Die Vorschrift fordert diese Abwägung
zum Teil explizit ein (vgl. Art. 17 Abs. 3 lit. a). Zum Teil wird diese im Rahmen der Auslegung
unbestimmter Rechtsbegriffe stattfinden (vgl. Paal/Pauly/Paal Rn. 40).

III. Vergleich mit dem BDSG aF

Mit der Geltung der DS-GVO seit dem 25.5.2018 trat zeitgleich auch das neue BDSG in 16
Kraft und löste das alte BDSG ab, das noch der Umsetzung der durch Art. 94 Abs. 1 DS-GVO
aufgehobenen DSRL diente (Art. 8 Abs. 1 DSAnpUG-EU). Im BDSG aF fand Art. 17 Abs. 1
seine Entsprechung in § 20 Abs. 2 BDSG aF für öffentliche Stellen und in § 35 Abs. 2 BDSG aF
für nicht-öffentliche Stellen. Im BDSG aF bestand neben der objektiven Pflicht zur Datenrichtigkeit auch das subjektive Recht, diese Richtigkeit einzufordern (§ 6 Abs. 1 BDSG aF; vgl. auch
→ BDSG aF § 20 Rn. 2 ff.; → BDSG aF § 35 Rn. 1 ff.).

Genau wie Abs. 1 lit. a begründeten § 20 Abs. 2 Nr. 2 BDSG aF und § 35 Abs. 2 S. 2 Nr. 3 17
BDSG aF (für letzteren galt dies jedenfalls, sofern die Daten zu eigenen Zwecken verarbeitet
wurden) ein Löschungsrecht, wenn der Zweck der Verarbeitung weggefallen war. Darüber hinaus
bestand auch im BDSG aF ein Löschungsanspruch, wenn die Verarbeitung der personenbezogenen
Daten rechtswidrig bzw. die Speicherung dieser Daten unzulässig gewesen war (Abs. 1 lit. d, so
auch §§ 20 Abs. 2 Nr. 1, 35 Abs. 2 S. 2 Nr. 1 BDSG aF). Abs. 1 lit. a–c betreffen den Fall, dass
eine ursprünglich rechtmäßige Datenverarbeitung rechtswidrig wird bzw. geworden ist. Diese
Konstellationen wurde von § 20 Abs. 2 Nr. 1 bzw. § 35 Abs. 2 S. 2 Nr. 2 BDSG aF behandelt (→
BDSG aF § 20 Rn. 18 ff.; → BDSG aF § 35 Rn. 34 ff.; zu Unterschieden s. Kodde ZD 2013,
115 (116)). Eine dem Abs. 1 lit. e und f entsprechende Regelung existierte zumindest in den
Löschungsrechten selbst nicht ausdrücklich.

Dem Informationsanspruch aus Art. 17 Abs. 2 entsprachen im nationalen Recht partiell die 18
§§ 20 Abs. 8, 35 Abs. 7 BDSG aF, wobei die Vorschriften des nationalen Rechts Informationsrechte nur bezüglich derjenigen Stellen vorsahen, denen die maßgeblichen Daten übermittelt
wurden. Abs. 2 hingegen verpflichtet zur Information im Kontext der Veröffentlichung von Daten.
Damit geht die Vorschrift über die Informationspflichten nach dem BDSG aF hinaus. Wie auch
Abs. 2 sahen die nationalen Regelungen Einschränkungen der Informationspflicht im Wesentlichen in Fällen der Unmöglichkeit oder Unzumutbarkeit vor (vgl. für das nationale Recht →
BDSG § 20 Rn. 79 f.).

IV. Verhältnis zum BDSG

Auf nationaler Ebene wird das Recht auf Löschung nach Art. 17 auf Grundlage des Art. 23 19
Abs. 2 durch § 35 BDSG eingeschränkt (→ BDSG 2018 § 35 Rn. 1). Der deutsche Gesetzgeber
wollte das Recht auf Löschung zunächst denkbar weit einschränken (Entwurf der Bundesregierung
eines Gesetzes zur Anpassung des Datenschutzrechts an die Verordnung (EU) 2016/679 und zur
Umsetzung der Richtlinie (EU) 2016/680 v. 2.2.2017, DSAnpUG-EU, BR-Drs. 110/17, 106).
So sollte eine Löschung nach § 35 Abs. 1 DSAnpUG-EU unterbleiben, wenn „eine Löschung
wegen der besonderen Art der Speicherung nicht oder nur mit unverhältnismäßig hohem Aufwand

möglich" ist. Die Bundesregierung wollte hierdurch ausdrücklich gem. Art. 23 Abs. 2 lit. c einen verhältnismäßigen Aufwand für die Verantwortlichen herstellen. „Der vertretbare Aufwand für den Verantwortlichen bemisst sich nach dem jeweiligen Stand der Technik und erfasst insbesondere nicht oder nur mit unverhältnismäßig hohem Aufwand veränderbare oder löschbare Datenspeicher." (Entwurf DSAnpUG-EU, BR-Drs. 110/17, 106). Diese Erläuterung dürfte kaum dazu führen, dass der unbestimmte Rechtsbegriff des „unverhältnismäßigen Aufwands" deutliche Konturen bekäme. Die Unsicherheiten in Bezug auf eine effektive Durchsetzbarkeit im Bereich des Rechts auf Vergessenwerden in Art. 17 Abs. 2 sollten durch den deutschen Gesetzgeber so bereits in den Bereich des allgemeinen Löschungsanspruchs hineinformuliert werden.

19a Im weiteren Verlauf des Gesetzgebungsverfahrens wurde die ursprünglich in § 35 Abs. 1 DSAnpUG-EU enthaltene weitreichende Einschränkung des Löschungsrechts abgeschwächt. Zum einen wurde der Anwendungsbereich des § 35 BDSG auf Fälle nicht automatisierter Datenverarbeitung beschränkt. Zum anderen besteht das Recht zur Löschung nur noch dann nicht, wenn sowohl die Löschung „wegen der besonderen Art der Speicherung nicht oder nur mit unverhältnismäßig hohem Aufwand möglich" ist als auch „das Interesse der betroffenen Person an der Löschung als gering anzusehen" ist (zur Genese des § 35 Abs. 1 S. 1 BDSG → BDSG 2018 § 35 Rn. 8). Demgegenüber ist während des Gesetzgebungsverfahrens unverändert geblieben, dass im Falle des S. 1 an die Stelle der Löschung die Einschränkung der Verarbeitung tritt (§ 35 Abs. 1 S. 2 BDSG). Eine Rückausnahme besteht für die Fälle unrechtmäßiger Datenverarbeitung (§ 35 Abs. 1 S. 3 BDSG). Ausweislich der Gesetzesmaterialien sieht § 35 Abs. 2 S. 1 BDSG „eine Beschränkung zur Wahrung schutzwürdiger Interessen der betroffenen Person vor (Artikel 23 Absatz 1 Buchstabe i der Verordnung (EU) 2016/679). Die Ausnahme entspricht § 20 Absatz 3 Nummer 2 und § 35 Absatz 3 Nummer 2 BDSG a. F." (Entwurf DSAnpUG-EU, BR-Drs. 110/17, 106).

V. Allgemeine Anforderungen der Betroffenenrechte

20 Den Betroffenenrechten gemein sind bestimmte tatbestandliche Voraussetzungen und verfahrensrechtliche Vorgaben. Diese werden übergeordnet bei Art. 16 kommentiert. Zu den Beteiligten des Anspruchs (betroffene Person und Verantwortlicher) → Art. 16 Rn. 20 ff. bzw. → Art. 16 Rn. 23 ff. Zu den Verfahrensvorgaben, wie die Unentgeltlichkeit, das Antragserfordernis, Ablehnungsmöglichkeiten usw. → Art. 16 Rn. 20 ff. und → Art. 16 Rn. 29 ff. Zu Fragen des Rechtsschutzes ist auf → Art. 16 Rn. 32 ff. zu verweisen. In Art. 18 werden außerdem Fragen der Darlegungslast und des „non liquet" erörtert (→ Art. 18 Rn. 35 ff.)

B. Tatbestand

21 Die Vorschrift ist in drei Absätze unterteilt. Abs. 1 regelt den Anspruch der betroffenen Personen auf Löschung personenbezogener Daten. Abs. 2 verleiht dem von der Rechtsprechung entwickelten „Recht auf Vergessenwerden" eine normative Umsetzung in Form eines Informationsrechts (EUGH NJW 2014, 2257 – Google Spain/AEPD; Paal/Pauly/Paal Rn. 8). In Abs. 3 finden sich Einschränkungen des Anwendungsbereichs der Vorschrift zu Gunsten vorrangiger Rechte bzw. berechtigter Interessen.

I. Anspruch auf Löschung

22 Abs. 1 formuliert ausdrücklich ein subjektives Recht der betroffenen Person gegenüber dem Verantwortlichen auf Löschung sie betreffender personenbezogener Daten. Dieser Anspruch steht im Zentrum des Selbst-Datenschutzes und verteidigt und bekräftigt die Annahme, dass die Herrschaft über die eigenen Daten grundsätzlich der betroffenen Person zusteht (→ Art. 16 Rn. 4 f.).

23 Abs. 1 ist als subjektives Recht formuliert. Mit dem subjektiven Recht korrespondiert die objektive Pflicht zur Löschung entsprechender Daten bei Kenntnis von der Rechtswidrigkeit des bestehenden Zustands (→ Art. 16 Rn. 6 f.; zu dem Begriff des Verantwortlichen s. außerdem die Ausführungen bei → Art. 16 Rn. 23 ff.). Die Löschpflicht kann also bereits antragsunabhängig entstehen. Zu beachten ist dabei, dass der Verantwortliche jedenfalls in den Fällen, in denen entweder der betroffenen Person ein Wahlrecht zwischen Löschung, Ergänzung oder Berichtigung zusteht oder einer Löschung entgegenstehende Interessen ersichtlich sind, vor der Löschung Aufklärung zu leisten ist und erkennbare Interessen zu berücksichtigen sind (vgl. NK-DatenschutzR/Dix Rn. 6). Während der Entscheidungsfindung hat der Verantwortliche die Verarbeitung der Daten zeitweise einzuschränken (Kühling/Buchner/Herbst Art. 17 Rn. 14).

24 Abs. 1 nennt insgesamt sechs Fallgruppen, bei deren Vorliegen das Löschungsrecht besteht. Unter den lit. a–c werden Fälle geregelt, in denen eine ursprünglich rechtmäßige Datenverarbeitung rechtswidrig geworden ist, etwa durch Zweckfortfall, durch Widerruf der Einwilligung oder durch Widerspruch gegen die Verarbeitung. Unter lit. d wird ein Löschungsanspruch zuerkannt, wenn die Verarbeitung personenbezogener Daten von Anfang an unrechtmäßig gewesen ist. Abs. 1 lit. e enthält eine Öffnungsklausel zu Gunsten des Unionsrechts oder zu Gunsten des Rechts der Mitgliedstaaten, die unter bestimmten Voraussetzungen ein Löschungsrecht nach dieser Vorschrift „auslösen" können. Die eigenständige Bedeutung des unter lit. f geregelten Falls der Verarbeitung personenbezogener Daten von Minderjährigen nach Art. 8 der Verordnung ist umstritten (vgl. Paal/Pauly/Paal Rn. 28 f.; Härting DS-GVO-HdB Rn. 697 f. geht davon aus, dass diese Fallgruppe keine eigenständige Bedeutung hat, da die denkbaren Fälle bereits durch lit. c bzw. b umfasst seien; auch Gola/Nolte/Werkmeister Rn. 32 gehen von lediglich klarstellendem Charakter der Norm aus).

1. Zweckfortfall (lit. a)

Die betroffene Person hat das Recht, von dem Verantwortlichen die Löschung der sie betreffen- 25
den personenbezogenen Daten zu verlangen, soweit der Zweck, für welchen die Daten erhoben worden sind, nicht mehr besteht bzw. die Verarbeitung der Daten für diesen Zweck nicht mehr erforderlich ist.

Die Vorschrift rekurriert damit auf die Art. 5 und Art. 6. Nach Art. 5 Abs. 1 lit. b dürfen 26
personenbezogene Daten nur für festgelegte, eindeutige und legitime Zwecke erhoben werden. Soweit daher in Abs. 1 lit. a von Zwecken die Rede ist, sind hierunter zuvor **festgelegte, eindeutige und legitime Zwecke** zu verstehen. Werden diese Zwecke durch den Prozess der Datenverarbeitung erreicht oder fallen die Zwecke auf andere Weise fort, so sind die Daten zu löschen. Diese Daten sind auch dann, partiell, zu löschen, wenn ein Teil der Daten für den benannten Zweck nicht mehr erforderlich ist. Wann ein Zweckfortfall anzunehmen ist, kann nicht abstrakt bestimmt werden, sondern muss für den konkreten Einzelfall geprüft werden (Kühling/Buchner/Herbst Rn. 17). Praxisrelevante Szenarien bilden insbesondere das Ende von Kundenbeziehungen oder Beschäftigungsverhältnissen (Leeb/Lorenz ZD 2018, 573 (574); Worms NJW 2018, 3218 (3219)).

Die **Anspruchsvoraussetzungen hat** grundsätzlich die **betroffene Person darzulegen,** 27
wobei sich Abweichungen können sich aus dem jeweiligen materiellen Recht ergeben können. Im Rahmen sekundärer Darlegungslasten kann es hingegen Aufgabe des Verantwortlichen sein, aufzuzeigen, warum für die von ihm ausgegebenen, eindeutigen und legitimen Zwecke eine weitere Verarbeitung personenbezogener Daten notwendig sein soll. Insofern reicht auf Seiten der betroffenen Person das Bestreiten oder Infragestellen dieser Voraussetzungen oftmals zunächst aus. Nur in Fällen rechtsmissbräuchlichen (bspw. querulatorischen) Verhaltens oder einfacherer weiterer Erkenntnismöglichkeiten der betroffenen Person mag die Substantiierungspflicht der betroffenen Person strenger verstanden werden.

Anwendbar ist Abs. 1 lit. a nur dann, wenn die Daten zunächst rechtmäßig erhoben worden 28
sind. Es muss also iSv Art. 5 Abs. 1 lit. b zunächst einen festgelegten, eindeutigen und legitimen Zweck für die Datenverarbeitung gegeben haben. Durch die Ausgabe dieses Zweckes entsteht für den Verantwortlichen eine Zweckbindung. Diese Zweckbindung kann nur unter bestimmten Voraussetzungen gelockert sein. Hierzu bestimmt Art. 5 Abs. 1 lit. b, dass ein Zweckaustausch stattfinden kann, soweit „eine Weiterverarbeitung für im öffentlichen Interesse liegende Archivzwecke, für wissenschaftliche oder historische Forschungszwecke oder für statistische Zwecke" über Art. 89 Abs. 1 möglich ist. Darüber hinaus kommt eine Verarbeitung zu einem anderen Zweck als zu demjenigen, zu dem die personenbezogenen Daten erhoben wurden, auch nach Maßgabe des Art. 6 Abs. 4 in Betracht.

Von besonderer Relevanz ist dies für öffentliche Stellen (hierzu → BDSG aF § 20 Rn. 39 ff.; 29
Simitis/Mallmann BDSG aF § 20 Rn. 42; VGH Mannheim NJW 1987, 2763; VGH Kassel NVwZ-RR 1994, 652). Bei öffentlichen Stellen wird die Rechtmäßigkeit der Datenerhebung durch den Umfang der öffentlichen Aufgaben bestimmt. Insofern können sich für öffentliche Stellen unter Umständen weitreichendere Zweckübergänge ergeben als für private Verantwortliche (→ BDSG aF § 20 Rn. 37 ff.).

2. Widerruf der Einwilligung (lit. b)

Ferner steht der betroffenen Person nach Abs. 1 lit. b ein Löschungsanspruch zu, wenn sie ihre 30
Einwilligung, auf die sich die Verarbeitung nach Art. 6 Abs. 1 lit. a oder Art. 9 Abs. 2 lit. a stützte, widerruft und es an einer anderweitigen Rechtsgrundlage für die Verarbeitung fehlt. Der Umfang

der Löschungspflicht hängt dabei davon ab, ob der Widerruf der Einwilligung nur für die Zukunft (ex nunc) oder auch für die Vergangenheit (ex tunc) wirken soll (NK-DatenschutzR/Dix Rn. 12).

31 In zeitlicher Hinsicht fallen Widerruf und Begründung des Löschungsanspruchs zusammen. In dem Moment der Wirksamkeit des Widerrufs der Einwilligung entsteht der Löschungsanspruch für die betroffene Person.

32 Die betroffene Person muss ursprünglich eine wirksame Einwilligung nach Art. 6 Abs. 1 lit. a oder Art. 9 Abs. 2 lit. a abgegeben haben. Liegt keine wirksame Einwilligung vor, so besteht ein Löschungsanspruch nach Abs. 1 lit. d. Bei Streitigkeiten über die Wirksamkeit einer Einwilligung bietet es sich für die betroffene Person an, die Einwilligung zusätzlich zu widerrufen, um sodann auf Grundlage von Abs. 1 lit. d sowie andernfalls über Abs. 1 lit. b eine Löschung zu erreichen. Besteht zwischen der betroffenen Person und dem Verantwortlichen Uneinigkeit darüber, ob überhaupt eine Einwilligung abgegeben worden ist, so liegt die Darlegungs- bzw. Beweislast grundsätzlich nach Art. 7 Abs. 1 bei dem Verantwortlichen.

33 Weder das nationale Recht noch die Verordnung stellen ganz umfassend konkrete Anforderungen an die Erteilung einer Einwilligung (vgl. nur Art. 7 und § 51 BDSG). Infolge dessen ist daraus abgeleitet auch umstritten, ob besondere Anforderungen an die **Art und die Form des Widerrufs** einer Einwilligung zu stellen sind, wenn diese nicht ausdrücklich normativ verlangt werden (hierzu etwa → BDSG aF § 4a Rn. 58 ff.; Simitis/Simitis BDSG aF § 4a Rn. 96; Plath/Plath BDSG aF § 4a Rn. 72; Plath/Plath Art. 7 Rn. 10 ff.). Der Widerruf kann nach Art. 7 Abs. 3 S. 1 jederzeit erfolgen. Aus Art. 7 Abs. 3 S. 4 folgt weiter, dass an den Widerruf keine strengeren Anforderungen gestellt werden dürfen als an die Einwilligung. Daraus lässt sich nicht zwingend der Rückschluss ziehen, dass an den Widerruf nicht dieselben Anforderungen gestellt werden dürfen wie an die Einwilligung (so für das BDSG Simitis/Simitis BDSG aF § 4a Rn. 96). Maßgeblich sind danach aber jedenfalls die formellen Anforderungen an die Einwilligung selbst, um den Maßstab für Anforderungen an deren Widerruf zu bestimmen.

34 In Erwägungsgrund 32 heißt es, dass die Einwilligung durch eine eindeutige bestätigende Handlung erfolgen soll, mit der freiwillig, für den konkreten Fall, in informierter Weise und unmissverständlich bekundet wird, dass die betroffene Person mit der Verarbeitung der sie betreffenden personenbezogenen Daten einverstanden ist, etwa in Form einer schriftlichen Erklärung, die auch elektronisch erfolgen kann, oder einer mündlichen Erklärung. Anders als das nationale Recht dies in § 4a BDSG aF vorsah, bedarf es für die Einwilligung daher keiner höchstpersönlichen, schriftlichen oder in elektronischer Form abgegebenen Erklärung. Eine **mündliche Erklärung** reicht aus.

35 Dies gilt in entsprechender Weise dann auch für den Widerruf. Der Widerruf muss allerdings **eindeutig und unmissverständlich** sein. Infolgedessen kann schon in dem Löschungsantrag selbst dann ein Widerruf zu erkennen sein, wenn in dem Löschungsantrag klar wird, dass die erteilte Einwilligung widerrufen werden soll. Der Begriff „Widerruf" muss freilich nicht explizit in der Erklärung enthalten sein.

36 Wird die Einwilligung widerrufen, kann die weitere Verarbeitung personenbezogener Daten dennoch zulässig sein. Die Vorschrift verweist hierzu auf die Zulässigkeit der Verarbeitung nach anderweitigen Rechtsvorschriften. Ob eine derartige Vorschrift besteht, richtet sich nach den Vorschriften der Art. 6 Abs. 1 lit. b–f und Art. 9 Abs. 2 lit. b–j, Abs. 3.

3. Widerspruch gegen die Verarbeitung (lit. c)

37 Nach Abs. 1 lit. c hat die betroffene Person einen Löschungsanspruch, wenn sie gem. Art. 21 Abs. 1 gegen die Verarbeitung Widerspruch einlegt und es keine vorrangigen berechtigten Gründe für die Verarbeitung gibt oder aber die betroffene Person nach Art. 21 Abs. 2 gegen die Verarbeitung Widerspruch einlegt.

38 Auch diese Variante des Abs. 1 setzt voraus, dass eine zunächst rechtmäßige Datenverarbeitung stattgefunden hat. Das Widerspruchsrecht nach Art. 21 Abs. 1 bezieht sich auf Vorgänge der Verarbeitung personenbezogener Daten nach Art. 6 Abs. 1 lit. e oder f. Umfasst von diesem Löschungsanspruch sind dementsprechend Daten, die zur Verarbeitung für die Wahrnehmung einer Aufgabe erforderlich sind, die im öffentlichen Interesse liegt oder in Ausübung öffentlicher Gewalt erfolgt (lit. e) oder die für die Verarbeitung zur Wahrung der berechtigten Interessen des Verantwortlichen oder eines Dritten erforderlich sind (lit. f).

39 Entscheidend bei diesen Varianten ist, dass die Verarbeitung von Daten im Moment der ersten Verarbeitung erforderlich war oder erforderlich erscheinen durfte. Der Begriff der **Erforderlichkeit** setzt eine Abwägung der widerstreitenden Interessen voraus (Plath/Plath Art. 6 Rn. 23). Die Prämissen und bestimmenden Parameter einer solchen Abwägung können sich im Laufe der Zeit

verändern. Infolgedessen kann die ursprünglich rechtmäßige Datenverarbeitung iSv Art. 6 Abs. 1 lit. e oder lit. f im Laufe der Zeit auf Grundlage von sich verändernden Umständen rechtswidrig werden. Dies kann etwa deshalb der Fall sein, weil besondere Umstände, die in der Person des Betroffenen begründet sind, nicht richtig erkannt oder berücksichtigt wurden oder sich im Nachhinein ergeben haben. Die wirtschaftliche, familiäre oder soziale Situation des betroffenen Person kann möglicherweise Anlass dazu geben, den ursprünglichen datenschutzrechtlichen Abwägungsvorgang unter veränderten oder später bekanntgewordenen Gegebenheiten neu anzustellen. Für diese Fälle verlangt Erwägungsgrund 69 auch für den Bereich der öffentlichen Aufgabenerfüllung, dass ein Widerspruchsrecht bestehen muss. Dies wird durch Art. 21 Abs. 1 umgesetzt. Kann die betroffene Person demnach geltend machen, dass besondere Umstände vorliegen, die eine zunächst an sich rechtmäßige Datenverarbeitung iSv Art. 6 Abs. 1 lit. e oder lit. f unangemessen erscheinen lassen, steht der betroffenen Person ein Widerspruchsrecht und im Ergebnis ein Löschungsanspruch zu.

Im Rahmen der Darlegung durch die betroffene Person muss deutlich werden, welche **40** Umstände zum Zeitpunkt der ursprünglichen Datenverarbeitung nicht erkannt wurden oder neu eingetreten sind und eine Änderung des Abwägungsvorgangs erforderlich machen (vgl. Art. 21; Plath/Kamlah Art. 21 Rn. 5). In den Fällen des Art. 21 Abs. 1 hat der Verantwortliche nach Darlegung der Umstände die Möglichkeit, geltend zu machen, dass seine Interessen, die eine Datenverarbeitung rechtfertigen, dennoch überwiegen. Dies verdeutlicht, dass es Aufgabe einer Prüfung nach dieser Vorschrift ist, einen Vorgang der Interessenabwägung zu einem der ursprünglichen Datenverarbeitung nachgelagerten Zeitpunkt erneut durchzuführen. Solange noch nicht feststeht, ob die berechtigten Gründe des Verantwortlichen gegenüber denen der betroffenen Person überwiegen, ist nach Art. 18 Abs. 1 lit. d die Verarbeitung einzuschränken.

Findet eine Datenverarbeitung zum Zwecke der **Direktwerbung** auf Grundlage von Art. 21 **41** Abs. 2 statt, so genügt der Widerspruch gegen die Verarbeitung, um einen Löschungsanspruch zu begründen. Die Interessen des Verantwortlichen werden hier nicht in eine Abwägung berücksichtigt. Der Normgeber ist der Auffassung, dass im Falle der Direktwerbung die Interessen des Verantwortlichen hinter den Interessen des Betroffenen zurückstehen müssen und die betroffene Person daher zu jeder Zeit die Möglichkeit hat, durch einfachen Widerspruch eine Löschung zu erreichen (Art. 21; Plath/Kamlah Art. 21 Rn. 10).

Zum Teil wird ein Wertungswiderspruch darin gesehen, dass ein Widerspruch nach Art. 21 Abs. 2 sowohl die Rechtsfolge des Abs. 1 lit. b als auch die des Art. 21 Abs. 3 auslösen kann. Während der Verantwortliche nach Abs. 1 lit. b zur Löschung verpflichtet ist, bestimmt Art. 21 Abs. 3, dass personenbezogene Daten nicht mehr für Zwecke der Direktwerbung verarbeitet werden dürfen (Kühling/Buchner/Herbst Rn. 27). Zweck des Art. 21 Abs. 2 sei es, dass die betroffene Person sich gegen unerwünschte Direktwerbung wehren können. Sie solle aber nicht die gesamte Datenverarbeitung – sofern sie rechtmäßig ist – unterbinden können. Aus diesem Grund gehe der Löschungsanspruch über das eigentliche Ziel der Widerspruchsregelung nach Art. 21 Abs. 2 hinaus, was aber wegen des Wortlauts des Abs. 1 lit. c, der eindeutig einen Löschungsanspruch begründe, nicht zu einer anderen Auslegung führen könne (Kühling/Buchner/Herbst Rn. 27).

Nach Art. 13 Abs. 2 lit. b, Art. 14 Abs. 2 lit. c muss der Verantwortliche die betroffene Person **42** über das ihr zustehende Widerspruchsrecht informieren. Wird eine solche Information unterlassen, ist die Verarbeitung von vornherein rechtswidrig und ein Löschungsanspruch besteht über Abs. 1 lit. d.

4. Rechtswidrige Verarbeitung (lit. d)

Geradewegs ein Gebot der Selbstverständlichkeit ist das Recht auf Löschung personenbezogener **43** Daten für den Fall, dass diese von vornherein rechtswidrig verarbeitet worden sind. Dies gilt zum einen für Verstöße gegen die DS-GVO oder sonstiges bereichsspezifisches Unionsrecht (vgl. NK-DatenschutzR/Dix Rn. 14). Zum anderen öffnet sich Abs. 1 lit. d über die implizite Inbezugnahme von Art. 6 (und damit der Löschungsanspruch insgesamt), auch für Vorgaben des nationalen Rechts. Nach Art. 6 Abs. 2 und 3 haben die nationalen Gesetzgeber die Möglichkeit, Verarbeitungstatbestände des Art. 6 Abs. 1 lit. c und e näher auszugestalten (→ Art. 6 Rn. 55 ff.). Dies ermächtigt die Mitgliedstaaten nicht zur Schaffung neuer Löschungsansprüche. Die Ermächtigung bezieht sich auf Vorgaben zur Rechtmäßigkeit einer Datenverarbeitung.

Anders als es der Wortlaut des deutschen Text der DS-GVO („…wurden unrechtmäßig verarbeitet") nahe legt, folgt bereits aus allgemeinen verfahrensrechtlichen Gründen, dass es bei der Beurteilung der Rechtmäßigkeit der Datenverarbeitung auf den Zeitpunkt des Löschungsverlan- **43a** gens bzw. der Prüfung der Löschungspflicht ankommt. Eine ursprünglich rechtswidrige Datenverarbeitung, die nachträglich rechtmäßig geworden ist, begründet keinen Anspruch nach Abs. 1 lit. d (NK-DatenschutzR/Dix Rn. 15).

5. Erforderlichkeit zur Erfüllung einer rechtlichen Verpflichtung (lit. e)

44   Unglücklich verfasst ist Abs. 1 lit. e. Offensichtlich orientiert an der Formulierung aus Art. 6 Abs. 1 lit. c, wurde diese Fallvariante des Löschungsanspruchs erst nachträglich im Normgebungsverfahren eingefügt. Sie sieht ein Löschungsrecht für die betroffene Person vor, wenn die Löschung zur Erfüllung einer rechtlichen Verpflichtung nach dem Unionsrecht oder dem Recht der Mitgliedstaaten erforderlich ist, dem der Verantwortliche unterliegt. Diese Formulierung wirft Fragen auf.

45   Versteht man diese Vorschrift besonders eng, bestünde die Gefahr, dass für diese Variante letztlich kaum ein Anwendungsbereich verbliebe. Es wären schwerlich Fälle denkbar, in denen auf Grundlage va nationalen Rechts die Löschung von Daten erforderlich sein soll, um eine rechtliche Pflicht zu erfüllen, ohne dass eine Löschung selbst verlangt wird. Zum Teil wird in diesem Zusammenhang vertreten, bei lit. e handele es sich um eine sog. unechte Öffnungsklausel, die nicht zur Etablierung von Löschungspflichten ermächtige, sondern lediglich auf bereits im nationalen Recht bestehende rechtliche Verpflichtungen oder auf nachträglich begründete rechtliche Verpflichtungen Bezug nehme. Diese seien über Art. 6 Abs. 2, Abs. 3 durch die Mitgliedstaaten festgelegt und dürften dabei nicht selbst einen Löschungsanspruch statuieren, weil Abs. 1 lit. e verlange, dass die Löschung nicht selbst die unmittelbare Verpflichtung sein könne, sondern die Löschung nur die Folge einer anderweitigen Verpflichtung zu sein habe (Kühling/Martini DS-GVO 58). Unklar ist, ob diese Auffassung zu einem umfassenden Verbot der Statuierung eigener, weiterer Löschungsrechte durch den Mitgliedstaat führen soll. Zum Teil wird entgegengesetzt angenommen, Abs. 1 lit. e stelle eine echte Öffnungsklausel dar, die es den Mitgliedstaaten umfangreich ermögliche, durch das nationale Recht über die in Abs. 1 bereits vorhandenen Löschungspflichten hinaus weitere zu begründen (Härting DS-GVO-HdB Rn. 696; wohl auch Gola/Nolte/Werkmeister Rn. 26f.; einschränkend NK-DatenschutzR/Dix Rn. 16). Zur Begründung dieser Auffassung wird auf bereichsspezifische Löschungspflichten außerhalb des Kerndatenschutzrechts verwiesen (vgl. dazu Gola/Nolte/Werkmeister Rn. 26). Die §§ 95 Abs. 3 S. 1 TKG, 96 Abs. 1 S. 3 TKG, 113b Abs. 8 TKG stellen bspw. originäre bereichsbezogene Löschungspflichten dar. Gleiches gilt für die polizeilichen Löschungspflichten aus den Polizeigesetzen der Länder, zB § 32 Abs. 2 PolG NRW. In § 98 Abs. 1 UrhG (Gola/Nolte/Werkmeister Rn. 26) findet sich ebenso ein Anspruch auf Löschung.

46   Gegen eine sehr enge Auslegung von lit. e spricht, dass für die Öffnungsklausel letztlich kein Anwendungsbereich mehr verbliebe. Es ist kaum vorstellbar, dass es eine rechtliche Verpflichtung geben soll, die in ihrer Folge die Löschung von personenbezogenen Daten erforderlich macht, aber nicht selbst eine Löschungspflicht formuliert. Wenn der Anwendungsbereich durch ein solches Verständnis nicht vollständig wegbräche, so würde er jedenfalls auf ein Mindestmaß beschränkt werden. Dies ist nicht kompatibel mit dem geäußerten Willen des Verordnungsgebers bzw. mit der nach außen kommunizierten Tragweite dieser Variante. So wurde ausdrücklich im Zuge der Aufnahme dieser Variante von Seiten des deutschen Justizministeriums mitgeteilt, man habe hier für öffentliche Stellen eine weitreichende Öffnungsklausel etablieren können (vgl. die Äußerung des Justizministers Maas, abrufbar unter http://blogs.deutschlandfunk.de/berlinbruessel/2014/12/04/eu-datenschutz-kommt-voran/ (letzter Abruf am 30.7.2019)).

47   Gegen eine sehr weite Auslegung der Befugnis aus lit. e sprechen zumindest der Wortlaut der Vorschrift und eine systematische Betrachtung. So ist einer engen Auffassung zuzugeben, dass es dem Wortlaut der Vorschrift nach den nationalen Gesetzgebern nicht ermöglicht werden soll, beliebig viele und in eigener Verantwortung festgelegte zusätzliche originär datenschutzrechtlich motivierte Löschungsrechte und -pflichten zu begründen. Hinzu kommt, dass insbesondere die Ausgestaltung der Betroffenenrechte das Ergebnis eines Abwägungsprozesses war (→ Art. 16 Rn. 15 ff.). Das Interesse an der Dokumentation von Informationen, an Transparenz und Verfügbarkeit von Daten auf der einen und die Persönlichkeitsrechte des Betroffenen auf der anderen Seite sind auch im Rahmen der Löschungsrechte bereits abgewogen worden. Dem würde es widersprechen, wenn über Abs. 1 lit. e den nationalen Gesetzgebern eine umfassende Öffnungsklausel in die Hand gegeben würde, beliebig viele eigene Löschungsansprüche zu regeln. Dass jedenfalls weitere originär datenschutzrechtlich motivierte Löschungsrechte nicht vom Mitgliedstaat geschaffen werden sollen, zeigt auch Folgendes: Entgegen der Ankündigung der Bundesregierung von allen Öffnungsmöglichkeiten Gebrauch machen zu wollen, wird auf lit. e gar nicht

eingegangen (vgl. Regierungsentwurf eines Gesetzes zur Anpassung des Datenschutzrechts an die Verordnung (EU) 2016/679 und zur Umsetzung der Richtlinie (EU) 2016/680 v. 2.2.2017, BR-Drs. 110/17, 106 f.). Hinzu kommt noch, dass über lit. d Daten bereits zu löschen sind, wenn die Datenverarbeitung rechtswidrig war. Gleiches gilt, wenn der legitimierende Zweck weggefallen ist (vgl. lit. a). Bereichsspezifische Löschungsbefugnisse, etwa nach TKG oder UrhG, setzen allerdings gerade hier an. Löschungsrechte leiten sich dann aber möglicherweise bereits in gleichem Umfang aus Art. 17 auch für diese Bereiche ab. Eine Doppelnormierung von Löschungsverpflichtungen in Verordnung und mitgliedstaatlichen Normwerken wäre unzulässig (→ Rn. 48).

Es ist also zu fragen, wann nach den nationalen Rechtsvorschriften eine Verpflichtung begründet **48** wird, die eine Löschung erforderlich macht. Unzweifelhaft dürfte sich eine solche Verpflichtung für all diejenigen Fälle ableiten lassen, in denen ein Löschungsanspruch verfassungsunmittelbar besteht, aber von der Verordnung selbst nicht erfasst ist. In diesen Fällen ist eine einfach-gesetzliche **Löschungspflicht,** anders als dies zum Teil vertreten wird, gerade **nicht Selbstzweck,** sondern Ausdruck verfassungsrechtlicher Bindung an das Allgemeine Persönlichkeitsrecht (anders insofern bspw. für § 35 Abs. 2 Nr. 2: Kühling/Martini DS-GVO 58). So besteht für besonders sensible Daten über die mittelbare Drittwirkung von Grundrechten unter Umständen auch im Privatrecht und damit gegenüber privaten Stellen die Verpflichtung, unrichtige Daten zu löschen. Das kann sich vor allem im nicht voll harmonisierten Bereich ergeben, der die Anwendung nationalen Rechts gerade zulässt (BVerfG NJW 2020, 314 – Recht auf Vergessen II; BVerfG NJW 2020, 300 – Recht auf Vergessen I). Diese Verpflichtung zur Löschung ist damit nicht a priori einfach-gesetzlich begründet, sondern basiert auf einer dahinterliegenden übergeordneten Pflichtenstellung (→ BDSG aF § 20 Rn. 3 mwN; Simitis/Mallmann BDSG aF § 20 Rn. 37; auch VGH München BeckRS 2011, 30477, Rn. 9), die „nur" einfach-gesetzlich umgesetzt ist. Für öffentliche Stellen ergibt sich eine solche Bindung in besonderer Weise. Die Bindung der öffentlichen Stellen an verfassungsrechtliche Pflichten ist unmittelbar und umfassend (Art. 1 Abs. 3 GG). Zunächst ist damit festzuhalten, dass über Abs. 1 lit. e der nationale Gesetzgeber dort die Befugnis hat, eigene Löschungspflichten zu benennen, wo er verfassungsrechtliche Vorgaben nachvollzieht. Für öffentliche Stellen dürfte die Befugnis der nationalen Gesetzgeber möglicherweise noch weiter gehen. Die konkrete Konturierung und Ausformulierung des Inhalts des Allgemeinen Persönlichkeitsrechts ergibt sich für öffentliche Stellen nicht nur aus der Verfassung selbst, sondern auch aus einschlägigen einfach-rechtlichen Vorgaben. Der Gesetzgeber ist jenseits des verfassungsrechtlich Zwingenden befugt, gegenüber „seinen" Stellen zu konkretisieren, was unter dem Allgemeinen Persönlichkeitsrecht verstanden werden soll. Diese Befugnis zur Ausgestaltung des Allgemeinen Persönlichkeitsrechts gegenüber den öffentlichen Stellen besteht gegenüber Privaten gerade nicht. Die Bindung an die Vorgaben der Verfassung folgt für Private nur mittelbar über die Drittwirkung der Grundrechte. In Übereinstimmung mit dem Willen des Verordnungsgebers, der hier offenkundig eine weite Öffnungsklausel für die Löschungspflichten der öffentlichen Stellen schaffen wollte, könnte hier also angenommen werden, dass die nationalen Gesetzgeber für öffentliche Stellen eine weitreichende Befugnis haben, Löschungspflichten zu schaffen. Eine Differenzierung zwischen öffentlichen und privaten Stellen wäre mit dem Anliegen des Verordnungsgebers sowie mit dem Wortlaut und der Zielrichtung der Vorschrift kompatibel. Freilich dürften die genannten Fälle weitgehend bereits von Art. 17 umfasst sein und eine verfassungsrechtlich erforderliche Ergänzung dürfte nur selten erforderlich und damit zulässig sein.

Aus denselben Erwägungen heraus ist eine Befugnis der Mitgliedstaaten zur Schaffung oder **49** Erhaltung von Löschungsvorgaben dort anzunehmen, wo es sich um **bereichsspezifische Vorschriften** handelt, die nicht primär bzw. ausschließlich dem Datenschutz dienen und Öffnungsmöglichkeiten für nationales Recht in Anspruch nehmen (keine Vollharmonisierung, bspw. Art. 85). Betrachtet man die in diesem Kontext diskutierten Normen, so ist der Befund unterschiedlich eindeutig. Im Kontext des TKG besteht bspw. eine fristgebundene (§ 113b Abs. 8 TKG) Pflicht zur Löschung von Verkehrsdaten. Hierbei handelt es sich um eine Pflicht zur Löschung von personenbezogenen Daten. Nach § 113b Abs. 1 TKG müssen Verkehrsdaten für eine definierte Frist gespeichert werden. Dass diese anschließend zu löschen sind, ist verfassungsrechtlich zwingend und folgt bereits aus lit. a oder lit. d. Auch die Anwendbarkeit des Medienprivilegs aus Art. 85 ist für die Verkehrsdaten zweifelhaft. Es ist daher in Frage zu stellen, ob § 113b Abs. 1 TKG als bloße Klarstellung oder Normwiederholung erhalten bleiben kann. Soweit Löschungsregelungen zwar auch, aber nicht in erster Linie, datenschutzrechtlich motivierte Pflichten des Betroffenen aufgreifen oder Bereichsausnahmen (Art. 85) in Anspruch nehmen, ist die Zulässigkeit als bereichsbezogene Regelung hingegen einfacher zu bejahen. So umfassen diese Löschungsrechte mitunter nicht nur personenbezogene Daten. Ansprüche, wie etwa § 98 UrhG, gehen weiter und sind auf eine vollständige Beseitigung des rechtswidrigen Zustands gerichtet.

6. Personenbezogene Daten von Minderjährigen (lit. f)

50 Ausweislich des Erwägungsgrunds 38 verdienen Kinder bei ihren personenbezogenen Daten besonderen Schutz, weil sich Kinder der betreffenden Risiken, Folgen und Garantien und ihrer Rechte bei der Verarbeitung personenbezogener Daten möglicherweise weniger bewusst sind. Vor diesem Hintergrund normiert Abs. 1 lit. f, dass bei einer Datenerhebung nach Art. 8 Abs. 1 personenbezogene Daten ebenfalls zu löschen sind. Auf dieses Löschungsrecht sind Kinder, denen Dienste der Informationsgesellschaft direkt angeboten werden, in einer altersangemessenen Sprache hinzuweisen (Art. 12 Abs. 1 S. 1 und Art. 13 Abs. 2 lit. b). Abs. 1 lit. f regelt den Fall, dass ein Kind wirksam in die Datenverarbeitung nach Art. 6 Abs. 1 lit. a eingewilligt hat. Wäre die Einwilligung unwirksam, so folgte ein Löschungsrecht bereits aus Abs. 1 lit. b. Für das Bestehen des Löschungsrechts ist maßgeblich, dass die Einwilligung als Kind erteilt wurde. Ob die betroffene Person in dem Zeitpunkt, in dem sie ihr Löschungsrecht geltend macht, noch Kind oder mittlerweile erwachsen geworden ist, ist daher nicht von Belang (vgl. Erwägungsgrund 65). Zum Teil wird bestritten, dass diese Variante des Löschungsanspruchs einen eigenständigen Bedeutungsgehalt hat (Härting DS-GVO-HdB Rn. 697 f.; Gola/Nolte/Werkmeister Rn. 32; im Ergebnis aA Kühling/Buchner/Herbst Rn. 35; vgl. auch Paal/Pauly/Paal Rn. 28 f.). Dies wird damit begründet, dass, sofern die Einwilligung nicht unwirksam ist und deshalb ein Löschungsanspruch bereits aus Abs. 1 lit. d folgt, alle übrigen Fälle bereits über Abs. 1 lit. b abgedeckt seien, da in dem Löschungsbegehren einer minderjährigen Person stets auch der Widerruf einer einmal erteilten Einwilligung zu erkennen sei (Härting DS-GVO-HdB Rn. 698; vgl. auch Paal/Pauly/Paal Rn. 28).

51 Richtigerweise ist zu unterscheiden: Erkennt man tatsächlich in jedem Löschungsbegehren einen Widerruf, so mag man die Auffassung einnehmen, dass Abs. 1 lit. f letztlich kein eigenständiger Anwendungsbereich verbleibt. Dabei muss aber darauf hingewiesen werden, dass es nach wie vor nicht abschließend klar ist, ob tatsächlich in jedem Löschungsbegehren auch ein Widerruf zu erkennen ist. Zwar bedarf es für die wirksame Abgabe eines Widerrufs keiner besonderen Form (→ Rn. 33). Ein Widerruf kann dementsprechend auch mündlich abgegeben werden. Ein Widerruf muss aber zumindest eindeutig und unzweifelhaft sein.

52 Ob in jedem Löschungsbegehren daher ein Widerruf zu erkennen ist, ist zumindest zweifelhaft. Es mag durchaus Fälle geben, in denen zwar das Löschungsbegehren hinreichend klar zum Ausdruck gebracht wird, die Tragweite eines möglichen Widerrufs hingegen nicht in gleicher Weise deutlich wird.

53 Insofern ist es vernünftig, dass der Verordnungsgeber über Abs. 1 lit. f auch die Fallvariante geregelt hat, dass ein Minderjähriger die Löschung personenbezogener Daten verlangt, die er im Rahmen einer Einwilligung herausgegeben hat. Hierdurch hat der Verordnungsgeber klar zum Ausdruck gebracht, dass er Minderjährige besonders schützen will. Für die Minderjährigen kommt es gerade nicht auf die Frage an, ob der Widerruf an eine bestimmte Form gebunden ist oder in einer bestimmten Art und Weise zu erteilen ist. Ein Verantwortlicher würde mit diesem Einwand nicht durchdringen. Entscheidend ist allein, dass der Minderjährige ein Löschungsbegehren vorbringt. Der Vorschrift ist insofern ein Mehrwert gegenüber den anderen Varianten abzugewinnen. Hinzu kommt, dass der Verantwortliche nicht die Möglichkeit hat, die Rechtmäßigkeit der Datenverarbeitung auf eine andere Rechtsgrundlage zu stellen (Albrecht/Jotzo Das neue DatenschutzR S. 86; Kühling/Buchner/Herbst Rn. 35; NK-DatenschutzR/Dix Rn. 19).

7. Rechtsfolge: Unverzügliche Löschung

54 Liegen die Voraussetzungen von Abs. 1 vor, so hat der Verantwortliche die personenbezogenen Daten unverzüglich zu löschen. Unterschiedliche Kategorien von Daten mit differierenden Löschungsfristen und Eingriffsintensitäten in das Persönlichkeitsrecht erfordern konzeptionelle Lösungen, um Transparenz-, Datensicherheits- und Datenschutzvoraussetzungen der DSGVO zu erfüllen (Keppeler/Berning ZD 2017 314; zu den Löschfristen verschiedener Datenkategorien Paal/Pauly/Paal Rn. 29 ff.). Das gilt umso mehr in Zeiten von Corona: Auf sensible Daten wird im Zuge von Home-Office Tätigkeiten von außerhalb des Unternehmens zugegriffen und Gesundheitsdaten werden zum Schutz vor Corona gespeichert. In der Praxis sind arbeitsvertragliche Verweisungen auf Richtlinien oder Betriebsvereinbarungen als Löschkonzept verbreitet (zur Rechtmäßigkeit dynamischer arbeitsvertraglicher Verweisungen: BAG BeckRS 2010, 68687 Rn. 28; LAG München BeckRS 2019, 38196 Rn. 32; Straube/Rasche Korruptionsbekämpfung/ Straube C. Rn. 101 f.).

55 Maßgeblich zur Bestimmung des Begriffs der Löschung ist der erwünschte Erfolg. Gleichgültig ist, auf welche Art und Weise dieser Erfolg im Einzelnen herbeigeführt wird. Alle technischen

Möglichkeiten können herangezogen werden, um die **Unbrauchbarmachung** (das BDSG aF sprach von Unkenntlichmachen, § 3 Abs. 4 Nr. 5 BDSG aF) zu erreichen. Auf eine nur **theoretische Möglichkeit der Rekonstruktion** von Daten kommt es nicht an (Paal/Pauly/Paal Rn. 30; BeckOK IT-Recht/Steinrötter Rn. 19; ähnlich Kühling/Buchner/Herbst Rn. 37, nach dem es niemandem ohne unverhältnismäßigen Aufwand möglich sein darf, die Informationen wahrzunehmen). Entscheidend ist, dass weder der Verantwortliche noch der Dritte auf vorhandene Daten zugreifen und diese auslesen oder verarbeiten können (vgl. zur Art und Weise der Löschung NK-DatenschutzR/Dix Rn. 5; Leeb/Lorenz ZD 2018, 573 (575 ff.)). Die Anforderungen sind dabei freilich nicht statisch, sondern richten sich nach dem technisch Möglichen (vgl. NK-DatenschutzR/Dix Rn. 5). Sofern die personenbezogenen Daten auf mehreren Datenträgern gespeichert wurden, bezieht sich die Löschungspflicht außerdem auf sämtliche Datenträger. Dementsprechend sind auch etwaige Sicherungskopien zu löschen (Kühling/Buchner/Herbst Rn. 42).

55a Auch das De-Listing stellt ein Unbrauchbarmachen der personenbezogenen Daten im Sinne des Verlinkungszwecks und somit auch ein Löschen iSd Art. 17 Abs. 1 dar → Rn. 77a. Dieses ist jedoch – anspruchsseitig – auf europäische Seiten einer Suchmaschine begrenzt → Rn. 67c.

56 Welche Maßnahmen von dem Verantwortlichen verlangt werden können, richtet sich danach, in welcher Form die Daten vorhanden sind und welcher Aufwand erforderlich ist, um eine möglichst umfassende Vernichtung zu erreichen. Besondere Erschwernisse für eine effektive Vernichtung, die auf die Art und Weise der Ablegung bzw. Verarbeitung der Daten durch den Verantwortlichen zurückzuführen sind, gehen grundsätzlich zu Lasten des Verantwortlichen.

56a Auch lediglich oder überwiegend aus technischen Gründen notwendige weitere Speicherungen, namentlich bei Blockchain-Anwendungen, können der Notwendigkeit einer Unbrauchbarmachung nicht entgegenstehen. Die Blockchain-Technologie ist somit im Rahmen der Verarbeitung personenbezogener Daten mit Art. 17 DSGVO nicht vereinbar, da ihrem Wesen nach keine Daten aus der Blockchain gelöscht werden können bzw. sollen (vgl. BeckOK IT-Recht/Steinrötter Rn. 13, 21 mwN).

57 Durch den Begriff der Unverzüglichkeit wird die vorgesehene Bearbeitungsfrist von Anträgen nach Art. 12 Abs. 4 verdrängt (vgl. hierzu BeckOK IT-Recht/Steinrötter Rn. 20). Unverzüglich bedeutet iSv § 121 BGB, dass der Verantwortliche ohne schuldhaftes Zögern die personenbezogenen Daten zu löschen hat. Der Rückgriff auf die Begriffsbestimmung des § 121 BGB rechtfertigt sich durch den systematischen Zusammenhang zu Art. 16 und die Begriffsgeschichte (→ Art. 16 Rn. 64).

57a Das Recht auf Löschung iSd Art. 17 Abs. 1 trifft eine abschließende Regelung. Deliktische Ansprüche sind grundsätzlich gesperrt. Für sich anbahnende rechtswidrige Datenspeicherungen kommt ein vorbeugender Unterlassungsanspruch analog § 1004 BGB in Betracht (Gola Rn. 57).

II. „Recht auf Vergessenwerden" (Abs. 2)

58 Das „Recht auf Vergessenwerden" wird im Wesentlichen über die Ergänzungen des Löschungsrechts durch ein Informationsrecht nach Abs. 2 der Vorschrift umgesetzt. Abs. 1 statuiert ein vergleichsweise herkömmliches Löschungsrecht, wie es auch bisher dem Unionsrecht und im nationalen Recht bekannt war (vgl. Hennemann, Medienrecht im Medienumbruch, 2016, 245 (248)).

59 Der Verantwortliche ist über Abs. 2 verpflichtet, unter Berücksichtigung der verfügbaren Technologie und der Implementierungskosten angemessene Maßnahmen, auch technischer Art, zu ergreifen, um für die Datenverarbeitung Verantwortliche, die die personenbezogenen Daten verarbeiten, darüber zu informieren, dass ein Löschungsantrag vorliegt.

60 Diese Informationspflicht besteht, wenn der Verantwortliche die personenbezogenen Daten öffentlich gemacht hat und nach Abs. 1 zur Löschung verpflichtet ist. Im Laufe des Normgebungsverfahrens hat sich der Wortlaut von Abs. 2 mehrfach geändert (vgl. va die Legislative Entschließung des Europäischen Parlaments v. 12.3.2014, COM (2012)0011 – C7-0025/2012 – 2012/0011 (COD), 143 und Rats-Dok. Nr. 9565/15, 101).

60a Ob die betroffene Person gegenüber dem Verantwortlichen beantragt haben muss, dass er Maßnahmen nach Abs. 2 ergreift, geht aus dem Wortlaut der Vorschrift nicht ausdrücklich hervor. Gleichwohl bezieht sich die Informationspflicht des Verantwortlichen darauf, „dass die betroffene Person von ihnen [gemeint sind die für die Datenverarbeitung Verantwortlichen iSd Abs. 2] die Löschung [...] verlangt hat." Insofern unterstellt die Regelung, dass die betroffene Person dem Verantwortlichen gegenüber zum Ausdruck gebracht hat, dass sie auch die Löschung durch andere Verantwortliche begehrt. Dieses Verlangen entspricht einem **Antrag** (Kühling/Buchner/Herbst Rn. 52; Hennemann, Medienrecht im Medienumbruch, 2016, 245 (250); Paal/Pauly/Paal

Rn. 34). Denn wenn die betroffene Person vom Verantwortlichen verlangt, dass auch andere Verantwortliche ihre personenbezogenen Daten löschen, so kann dies im Verhältnis zwischen betroffener Person und Verantwortlichem nur bedeuten, dass dieser Maßnahmen nach Abs. 2 ergreifen soll. Der Antrag unterliegt aber keiner bestimmten Form und kann auch konkludent gestellt werden (Kühling/Buchner/Herbst Rn. 52).

61 Die praktische Umsetzbarkeit eines Rechts auf Vergessenwerden wurde und wird vielfach in Frage gestellt (Buchholtz AöR 140 (2015), 121 (137); Paal/Pauly/Paal Rn. 3).

62 Bereits aus Erwägungsgrund 66 wird deutlich, dass das Recht auf Vergessenwerden auf einen angenommenen Missstand reagieren soll. Über die normale Löschung hinaus soll über die Informationsverpflichtung aus Abs. 2 „dem Recht auf Vergessenwerden im Netz mehr Geltung" verschafft werden. Abs. 2 bezieht sich damit ausweislich dieses Erwägungsgrundes auf ein „Netzphänomen". Es betrifft va (aber nicht nur) soziale Netzwerke und Suchmaschinenbetreiber (Gierschmann ZD 2016, 51 (54); Jaspers DuD 2012, 571 (572)).

63 Rechtspolitisch geht es dieser Vorschrift darum, das Bestimmungsrecht über die eigenen Daten und damit das **Bestimmungsrecht über das eigene Bild in der Öffentlichkeit** zumindest zum Teil der betroffenen Person zurück zu geben (→ Art. 16 Rn. 2 ff.). Zu ihrem Bestimmungsrecht gehört es freilich auch, dass betroffene Personen ihre Daten Dritten überhaupt erst zur Verfügung stellen. Dies wird durch Abs. 2 nicht grundsätzlich in Abrede gestellt. Eine einmal erfolgte Herausgabe von Daten rechtfertigt allerdings nicht gleichsam die Verarbeitung und Nutzung dieser Daten für alle Zeit und in jeder Form.

64 Zwar gibt es kein „Verfallsdatum" für personenbezogene Daten (Schantz NJW 2016, 1841 (1845)). Die Verordnung will aber, dass das (Weiter-)Verarbeitungsinteresse auf den Prüfstand gestellt wird und eine erneute Abwägung der Interessen angestellt werden kann (→ Art. 16 Rn. 15 ff.). Das Ergebnis des Abwägungsprozesses zwischen den Nutzungsinteressen auf der einen Seite und den Möglichkeiten, im Sinne des Persönlichkeitsschutzes über das veröffentlichte Bild selbst mitzuentscheiden, auf der anderen Seite, wird wesentlich auch durch zeitliche Faktoren bestimmt. Das öffentliche Nutzungsinteresse oder gar ein privates Nutzungsinteresse an Daten kann im Laufe der Zeit hinter die Interessen der betroffenen Person zurücktreten und damit einen Löschungsanspruch bzw. ein Recht der betroffenen Person begründen, sich von der Vergangenheit unbelastet öffentlich darstellen zu können.

65 Zuzugeben ist, dass die Überschreibung der Vorschrift als „Recht auf Vergessenwerden" jedenfalls zum Teil überzogen scheint. Das „Recht auf Vergessenwerden" basiert iW auf der EuGH-Entscheidung **„Google Spain"** (EUGH NJW 2014, 2257 – Google Spain/AEPD). Diese Entscheidung zeichnet sich u durch zwei innovative Aussagen aus.

66 Entgegen der Auffassung des Generalanwalts vertritt das Gericht die Auffassung, dass ein Suchmaschinenbetreiber für die von ihm indexierten Informationen insoweit verantwortlich ist, dass er diese Daten selbst verarbeitet und veröffentlicht. Damit treffen den Suchmaschinenbetreiber eigenständige Verpflichtungen auch im Sinne der Betroffenenrechte (vgl. EUGH NJW 2014, 2257 (2259) – Google Spain/AEPD).

67 Unter dieser Prämisse (einer Verantwortlichkeit für Datenverarbeitungsprozesse) bestand auch nach dem nationalen Recht bereits ein Löschungsanspruch (auch über die Datenschutz-RL, s. Art. 12 lit. b Datenschutz-RL), ohne dass es einer eigenständigen Normierung eines „Rechts auf Vergessenwerden" bedurft hätte. Die Löschungspflicht des Suchmaschinenbetreibers (bzw die Einschränkung der Indexierbarkeit, da durch ein Erschweren der Auffindbarkeit von Datensätzen das Recht auf Löschung zumindest indirekt verwirklicht werden könnte, s. auch NK-DatenschutzR/Dix Rn. 21.) begründet der EuGH im Wesentlichen auch damit, dass das Interesse an der Dokumentation und die möglichen geschäftlichen Interessen eines Suchmaschinenbetreibers hinter den Interessen der betroffenen Person zurückstehen müssen, wenn durch Zeitablauf oder auf sonstige Weise den Interessen der betroffenen Person trotz ursprünglich rechtmäßiger Datenverarbeitung (durch einen Dritten) höheres Gewicht beizumessen ist als den Interessen des Suchmaschinenbetreibers (EUGH NJW 2014, 2257 – Google Spain/AEPD).

67a Im Rahmen der Löschungspflicht eines Suchmaschinenbetreibers bedarf es mithin grundsätzlich eines „angemessenen Ausgleichs" zwischen den Grundrechten der betroffenen Person und den berechtigten Interessen des Suchmaschinenbetreibers bzw. des Inhalteanbieters. Maßgeblich sind dabei im Kontext des vollharmonisierten Rechts die Grundrechte der GRCh und im Übrigen diejenigen des Grundgesetzes (BVerfG NJW 2020, 314 (Ls. 1) – Recht auf Vergessen II). Dabei sind unterschiedliche Konstellationen denkbar. Der Betroffene wird sich stets auf seine privaten und sozialen Grundrechte berufen können (Art. 2 Abs. 1, 1 Abs. 1, 12, 14 bzw. Art. 7, 8 GRCh). Verlangt der Betroffene die Löschung bzw. Unterlassung (De-Listing) gegenüber dem Suchmaschinenbetreiber, so kann letzterer jedenfalls seine unternehmerischen Freiheiten in Bezug nehmen

(Art. 12, 14 GG bzw. Art. 16 GRCh). Die rechtlich geschützten Interessen des Inhalteanbieters können sich hingegen aus dem Medienprivileg bzw. der Meinungsfreiheit ableiten (Art. 5 GG bzw. Art. 11 GRCh) und sind damit besonders geschützt. Dieser Schutz leitet sich bei Ansprüchen gegen den Anbieter unmittelbar aus den Normwerken ab oder bei Ansprüchen gegen den Suchmaschinenbetreiber mittelbar über die Drittwirkung der Grundrechte bzw. im vollharmonisierten Bereich über den gebotenen Abwägungsvorgang (BVerfG NJW 2020, 314 Rn. 97 – Recht auf Vergessen II; BVerfG NJW 2020, 300 Rn. 75 – Recht auf Vergessen I).

67b Das BVerfG und mit ihm der BGH stellen in ihren jüngsten Entscheidungen fest, dass sich die rechtlichen Interessen, soweit sich diese aus dem GG und der GRCh ableiten, in einem umfassenden Abwägungsvorgang gegenüberstehen. Danach bestehe grundsätzlich kein Verhältnis von Vorrang und Nachrang; weder zugunsten des Suchmaschinenbetreibers (BGH 27.7.2020 – VI ZR 405/18, becklink 2016999) noch zugunsten des Betroffenen (BVerfG NJW 2020, 314 Rn. 141 – Recht auf Vergessen II; vgl. hierzu aber EUGH NJW 2014, 2257 Rn. 53, 66 – Google Spain/AEPD). Das BVerfG vertritt insoweit die Auffassung, dass die Annahme des EuGH, es bestehe ein Vorrang des Rechts auf Datenschutz bzw. des Schutzes der Privatsphäre gegenüber dem Informationsinteresse der Internet-Nutzer und den unternehmerischen Interessen des Suchmaschinenbetreibers, könne nicht generalisierend, sondern nur auf den konkreten Fall bezogen zu verstehen sein (vgl. EUGH NJW 2014, 2257 – Google Spain/AEPD; EuGH ZUM 2019, 813 (820 ff.); OLG Frankfurt GRUR 2018, 1283; LG Frankfurt ZD 2019, 410; sowie zur vergleichbaren alten Rechtslage BGH DuD 2018, 449; BVerfG NJW 2020, 314 Rn. 141 – Recht auf Vergessen II). Die Begründung des BVerfG für dieses Verständnis des EuGH fällt allerdings knapp aus. Das ist besonders bedauerlich, da das BVerfG zu meinen scheint, dass der EuGH in den konkreten Konstellationen über Fragen der Meinungs- und Pressefreiheit nicht zu befinden gehabt hätte und sich der Vorrang also auf diese Rechtspositionen nicht bezogen habe könne. Dies steht in einem gewissen Spannungsverhältnis zu der Annahme des BVerfG, dass die Meinungs- und Pressefreiheit der Informationsanbieter durch die drohende Sperrung mittelbar stets betroffen sei (BVerfG NJW 2020, 314 Rn. 114 ff. – Recht auf Vergessen II). Eine Vorlage an den EuGH zur Klärung dieser Frage wäre jedenfalls hilfreich gewesen (so auch Kühling NJW 2020, 275 (278 f.)). Unbeantwortet bleibt nun die Frage, wie zu verfahren ist, wenn sich die benannten berechtigten Interessen gleichwertig und gleichgewichtig gegenüberstehen, es aber gerade keine Zweifelsregel gibt. Immerhin verweist das BVerfG selbst auf solche Regeln die wesentlich das Gericht selbst herausgearbeitet hat (BVerfG NJW 2020, 314 Rn. 82 – Recht auf Vergessen II). Derartige Regelaussagen präjudizieren auch nicht das Ergebnis einer Abwägung, sondern ermöglichen erforderliche Entscheidungen in nicht eindeutigen Fällen. Insofern wären Hinweise auch des EuGH zu einer Zweifelsregel wichtig für die praktische Umsetzung von Abwägungsvorgängen Das gilt umso mehr, weil es durchaus regelmäßig vorkommen wird, dass weder der Suchmaschinenbetreiber noch der Websitebetreiber nachweisen können, ob die betreffenden Informationen bspw. korrekt sind usw. Auch der Antragsteller wird meist nur die Unrichtigkeit von Informationen behaupten können, ohne dass ihm Beweismittel zur Verfügung stehen. Es spricht also Vieles dafür, dass es eine tragfähige Zweifelsregel braucht (möglicherweise kann Klarheit aus dem Vorlageverfahren BGH NJW 2020, 3444 ff. erwachsen). Nicht gesagt ist damit, dass die Zweifelsregelung immer gleich formuliert ist. Sie kann durchaus im Regelfall zulasten des Verantwortlichen und ausnahmsweise zulasten des Antragstellers lauten. Letzteres könnte bspw. durch das materielle Recht vermittelt im Zuständigkeitsbereich öffentlicher Stellen anzunehmen, sein (vgl. für das Melderecht etwa VGH Mannheim BeckRS 2020, 5020).

67c In Bezug auf die Suchmaschinenbetreiber müssen deren unternehmerische Interessen nach Auffassung des EuGH im Zweifel eher zurückstehen. Ein daraufhin erfolgtes De-Listing betrifft nicht zwingend und in voller Tragweite auch die Informationsanbieter. Es kann durchaus technische Möglichkeiten geben, die Berichterstattung sachbezogen weiter zu finden und damit auch weiter zu verbreiten. So könnten in der Folge die streitigen Daten zwar nicht mehr durch Eingabe des Namens der betroffenen Person, weiterhin aber mithilfe einer Suche nach sachlichen Stichworten auffindbar sind (Spiecker gen. Döhmann CMLR 2015, 1033 (1052)). Das weitere Auffinden sensibler und konkret personenbezogener Daten unmittelbar durch die Eingabe des Namens der betroffenen Person sollte richtigerweise nur dort in Betracht gezogen werden, wo die personenbezogenen Daten in einem so engen und untrennbaren Verhältnis zur Information selber stehen, dass ohne Auffinden der Daten bei Eingabe des Namens das Informationsinteresse vollends zurückstehen müsste.

67d In die Abwägung der widerstreitenden Interessen sind verschiedene Aspekte einzustellen wie die Rechtmäßigkeit der ursprünglichen Veröffentlichung, die Frage nach dem Verhalten und dem Willen des Betroffenen, das Gewicht des öffentlichen Informationsinteressens, welches auch durch den Umstand gesteigert sein kann, dass es sich bei dem Betroffenen um eine Person des öffentlichen Lebens handelt. Auch kann das jeweilige materielle Fachrecht Impulse für einen Abwägungsvorgang bieten. Im Zuge der Bemessung des Informationsinteresses ist außerdem der zeitliche Abstand zum entsprechenden Ereignis von besonderer Bedeutung (BVerfG NJW 2020, 314 Rn. 131 ff. – Recht auf Vergessen II; BVerfG NJW 2020, 300 Rn. 120 ff. – Recht auf Vergessen I). So kann beispielsweise ein grundsätzlich für die Öffentlichkeit relevanter Mord nach 37 Jahren dem Persönlichkeitsinteresse in der Abwägung unterliegen. Welche Informationen ein besonderes Informationsinteresse vorweisen und wie lange dieses das Persönlichkeitsinteresse überwiegt, liegt jedoch nicht in einseitiger Verfügung des Betroffenen (BVerfG NJW 2020, 300 Rn. 107 – Recht auf Vergessen I).

67e Die Löschungspflicht des Informationsvermittlers entsteht erst mit der **Aufforderung des Nutzers** Verlinkungen zu löschen (Gomille RD 2019 86 (87)). Bis zum Aufforderungszeitpunkt besteht zwar schon eine Datenverarbeitung, diese kann jedoch auf Art. 6 I f gestützt werden (Heinzke GRUR 2019 396 (396)). Denn der Suchmaschinenbetreiber hat weder Kenntnis noch Kontrolle über die von ihm gespeicherten und weitergeleiteten Informationen (EuGH GRUR 2010 445; BGH ZUM 2010 580 Rn. 39 – Vorschaubilder). Eine Löschung vor Geltendmachung wäre demnach nur durch eine umfassende Kontrolle aller verlinkten Inhalte möglich, was schon aus Kapazitätsgründen unmöglich ist oder zu einer unverhältnismäßigen Einschränkung der Informationsfreiheit führen würde. Für den Zeitpunkt der Aufforderung zur Löschung spricht zudem der Rechtsgedanke des Art. 14 RL 2000/31/EG (Gomille RD 2019 86 (87)) sowie der Grundsatz des Selbstdatenschutzes (→ Rn. 5; → Art. 16 Rn. 5).

67f Räumlich limitiert wird der Löschungsanspruch im Rahmen des De-Listings durch europäische Grenzen: Es ist also kein weltweites Löschen erforderlich (EuGH Urt. v. 24.9.2019 – C-507/17 Rn. 54 ff.). Um dennoch einen effektiven Schutz innerhalb der EU zu gewährleisten, sind Suchmaschinen dazu verpflichtet, die nicht EU-Versionen der Suchmaschinen für Bürger der europäischen Mitgliedsstaaten zu sperren – sogenanntes **Geoblocking** (EuGH NJW 2019, 3499 Rn. 43; vgl. auch BeckOK IT-Recht/Steinrötter Rn. 19). Nach Auffassung des EuGH verbiete das EU-Recht aber auch keine nationalen Regelungen, die eine weltweite Löschungspflicht begründen (EuGH NJW 2019, 3499 Rn. 60).

68 Die Informationspflicht nach Abs. 2 ergänzt den Löschungsanspruch mithin durch ein Informationsrecht. Das Informationsrecht soll Dritten, die durch reguläre Nutzung der veröffentlichten Daten diese Daten selbst verarbeiten, die Verpflichtung auferlegen, in eigener Verantwortung zu prüfen, ob die Voraussetzungen des Abs. 1 gegeben sind und daher auch dort eine Löschung der Daten erforderlich sein kann. Eine ausdrückliche Geltendmachung des Anspruchs auf Löschung gegenüber diesen Dritten ist nicht erforderlich. Dies folgt zum einen daraus, dass der Anspruch auf Löschung lediglich die subjektive Kehrseite der objektiven Verpflichtung zur Löschung ist (→ Art. 16 Rn. 6, einschränkend hierzu → Rn. 23). Zum anderen wird man in dem Begehren auf Löschung der Informationen bei dem Verantwortlichen regelmäßig auch das Begehren erkennen können, dass auch bei Dritten diese Informationen ggf. zu löschen sind. Bestehen Unklarheiten über die Reichweite des Begehrens, so ist dies durch Nachfragen bei der betroffenen Person zu klären. Von der betroffenen Person ist hingegen nachzuhalten, ob die Löschungspflicht durch die Dritten erfüllt worden ist. Abs. 2 verpflichtet den Verantwortlichen nicht dazu sicherzustellen, dass Dritte ihre Löschungspflichten auch tatsächlich erfüllen. Allerdings muss er ggf. gem. Art. 12 Abs. 5 S. 1 der betroffenen Person die notwendigen Auskünfte erteilen. So hat der Verantwortliche der betroffenen Person die Ausübung ihrer Rechte gem. der Art. 15–22 zu erleichtern (Kühling/Buchner/Herbst Rn. 64). Zwar bezieht sich dieser Anspruch auf die Kontrolle der Pflichten, die der in Anspruch genommene Verantwortliche zu erfüllen hat. Gleichwohl können die zu diesem Zweck erteilten Auskünfte auch für die Geltendmachung von Ansprüchen gegen Dritte hilfreich sein (vgl. Kühling/Buchner/Herbst Rn. 64; NK-DatenschutzR/Dix Rn. 28).

1. Tatbestand

69 Die Informationspflicht für den Verantwortlichen besteht, wenn er Informationen öffentlich gemacht hat und nach Abs. 1 zur Löschung verpflichtet ist.

70 Maßgeblich ist zunächst, ob der Verantwortliche die personenbezogenen Daten öffentlich gemacht hat. Ein **Öffentlichmachen** liegt immer dann vor, wenn Daten einem unbestimmten Personenkreis zur Verfügung gestellt werden (Plath/Kamlah Rn. 15; Paal/Pauly/Paal Rn. 33; Härting DS-GVO-HdB Rn. 723). Vor dem Hintergrund der Entscheidung des EuGH „Google Spain" (EUGH NJW 2014, 2257 – Google Spain/AEPD), dass ein Suchmaschinenbetreiber selbst personenbezogene Daten verarbeitet, indem Netzinhalte gesichtet, systematisiert, und indexiert werden, wird man anzunehmen haben, dass die Suchmaschinenbetreiber die, möglicherweise bereits anderweitig veröffentlichten, personenbezogenen Daten erneut veröffentlichen. Die indexierten Inhalte werden durch Inbezugnahme verbreitet und einem unbestimmten Personenkreis zur Verfügung gestellt.

Inwieweit eine Veröffentlichung auch bei sozialen Netzwerken anzunehmen ist, ist streitig (hierzu etwa Jaspers DuD 2012, 571 (572 f.); vgl. auch BeckOK IT-Recht/Steinrötter Rn. 26). Richtigerweise wird dies von den konkreten Umständen abhängen. Im Regelfall stellen die Betreiber der sozialen Netzwerke die Plattformen zur Verfügung, damit Dritte die Angebote der Plattform – und damit ggf. auch die Möglichkeit der Veröffentlichung – für sich nutzen können. Wenn Betreiber sozialer Netzwerke die Veröffentlichung personenbezogener Daten auf ihrer Plattform ausdrücklich billigen oder erkennbar keine Kontrollmechanismen zur Verhütung einer solchen Veröffentlichung ergreifen, wird den Betreibern eine Mitverantwortung für die Veröffentlichung personenbezogener Daten einzuräumen sein und es ist jedenfalls dem Grunde nach möglich, dass auch diese iSv Abs. 2 verpflichtet sind. Für die Verarbeitung personenbezogener Daten auf sozialen Plattformen sind Betreiber und Nutzer grundsätzlich nebeneinander verantwortlich (EuGH EuZW 2018, 534). **71**

2. Rechtsfolge

Der Verantwortliche hat angemessene Maßnahmen, auch technischer Art, zu ergreifen, um für die Datenverarbeitung Verantwortliche, die die personenbezogenen Daten verarbeiten, über den Löschungsantrag zu informieren (vgl. NK-DatenschutzR/Dix Rn. 27). Dies hat er unter Berücksichtigung der verfügbaren Technologie und der Implementierungskosten zu tun. Die heutige Fassung des Abs. 2 ist im Verhältnis zu dem Kommissionsentwurf entschärft worden (→ Rn. 8). **72**

Dabei stellt sich zunächst die Frage, wer über das Löschungsbegehren der betroffenen Person zu unterrichten ist. **Andere Verantwortliche iSv Abs. 2** können nur diejenigen sein, die selbstständige Verarbeitungsprozesse hinsichtlich der in Rede stehenden personenbezogenen Daten vornehmen (so auch Kühling/Buchner/Herbst Rn. 54). Dabei sind nicht nur Dritte zu informieren, die unmittelbar durch die Veröffentlichung des nach Abs. 2 Verantwortlichen Kenntnis erlangt haben, sondern auch diejenigen, die nur mittelbar durch diese Veröffentlichung von den personenbezogenen Daten erfahren haben (vgl. Kühling/Buchner/Herbst Rn. 54; NK-DatenschutzR/Dix Rn. 26). Eine Auslegung dahingehend, dass nur Dritte, denen die personenbezogenen Daten unmittelbar von dem nach Abs. 2 Verantwortlichen offengelegt wurden, von diesem informiert werden müssen, ließe sich weder mit dem Wortlaut begründen, noch wäre sie mit der Zielsetzung des Abs. 2, ein Vergessenwerden zu ermöglichen, vereinbar. **73**

Dabei liegt es auf der Hand, dass es für den Verantwortlichen mitunter äußerst schwer sein wird, zu ermitteln, wer die veröffentlichten Daten weiterverarbeitet hat. Dies liegt im Wesen der Veröffentlichung begründet. Die Kaskade unbestimmter Rechtsbegriffe in Abs. 2 verlangt auch hier im Ergebnis eine **Abwägung der Interessen** der betroffenen Person auf der einen Seite mit dem erforderlichen Aufwand für den Verantwortlichen auf der anderen Seite. **74**

Die Darlegungsverantwortung für die **Unzumutbarkeit** weitergehender Maßnahmen liegt bei dem Verantwortlichen. Nur er kann im Ergebnis beurteilen, warum ihm bestimmte Maßnahmen nicht zumutbar sein sollen. Soweit es um automatisierte Verfahren geht, dürfte von den Verantwortlichen mehr verlangt werden können, da hier regelmäßig technische Lösungen zur Verfügung stehen (so auch Paal/Pauly/Paal Rn. 36; vgl. auch BeckOK IT-Recht/Steinrötter Rn. 28). Des Weiteren ist im Einzelnen zu ermitteln, wie viele potentielle Dritte über ein bestimmtes Identifikationsinstrument ermittelt werden können. Je mehr potentielle Verantwortliche iSv Abs. 1 durch ein bestimmtes technisches Verfahren ermittelt werden können, desto höher sind die Anforderungen zu stellen, die es erlauben, den Verantwortlichen von der Informationspflicht nach Abs. 2 zu entbinden. **75**

Unerheblich dürfte dabei sein, dass sich potentiell Verantwortliche außerhalb des Geltungsbereichs der Verordnung befinden (so auch Kühling/Buchner/Herbst Rn. 54; NK-DatenschutzR/Dix Rn. 26; BeckOK IT-Recht/Steinrötter Rn. 27). Anspruchsgegner ist der Verantwortliche nach Abs. 1. Dieser Verantwortliche muss sich im **Geltungsbereich der Verordnung** befinden. Solange diese Voraussetzung erfüllt ist, ist gleichgültig, wo sich weitere potentiell Verantwortliche befinden. Dieser Aspekt kann allenfalls für die Frage nach der Angemessenheit von Maßnahmen gegen den Verantwortlichen relevant sein. Die Informationsverpflichtung selbst richtet sich aber gerade nicht an Dritte, sondern an den Verantwortlichen (so auch Paal/Pauly/Paal Rn. 32; vgl. die Auseinandersetzung zur territorialen Geltung des Löschungsanspruchs nach „Google Spain" Holznagel/Hartmann MMR 2016, 228 (230); Buchholtz AöR 140 (2015), 121 (142)). **76**

77 Dem Europäischen Datenschutzausschuss obliegt es weiterhin, durch die Bereitstellung von Leitlinien, Empfehlungen und bewährten Verfahren die Löschung der Links und Kopien oder Replikationen durch Dritte iSv Abs. 2 einer einheitlichen Anwendung der Verordnung zuzuführen (Art. 70 Abs. 1 lit. d).

3. Geltendmachung

77a Ziel des Anspruchs auf Vergessenwerden ist vor allem, dass ein Suchergebnis bei Eingabe eines bestimmten Suchbegriffs nicht mehr erscheint – sog. De-Listing. Folglich richtet sich das Begehren des Betroffenen auf Unterlassung einer erneuten Anzeige des Ergebnisses. Der Wortlaut des Art. 17 deutet zwar nicht auf einen Unterlassungs-, sondern nur auf einen Löschungsanspruch hin. Im Ergebnis aber wird Vergleichbares geschaffen (OLG Frankfurt GRUR 2018 2183 (1285)). Dass derartiges De-Listing von der Vorschrift umfasst sein soll, ergibt sich auch aus dem Umstand, dass die maßgebliche EuGH-Entscheidung „Google Spain" für die Konzeption der Vorschrift von erheblicher Bedeutung war (vgl. Ehemann/Selmayr Rn. 4 ff.). Es wäre auch sinnwidrig, den Begriff der Löschung an dieser Stelle zu eng zu verstehen. Andernfalls könnte der Suchmaschinenbetreiber die Daten löschen und anschließend wieder neu erstellen und aktivieren. Das Unterlassen muss also zwecksentsprechend von der Löschung umfasst sein (andere Auffassung WD 7 – 3000 – 116/18, 7). Der Anspruch auf Löschung, Unterlassung bzw. De-Listing ergibt sich demnach vor allem im vollharmonisierten Bereich aus Art. 17 und darüber hinaus dort, wo das deutsche Recht maßgeblich ist, über §§ 823, 1004 BGB (BVerfG NJW 2020, 300 Rn. 74 – Recht auf Vergessen I). Die Überprüfung von Entscheidungen deutscher Gerichte durch das BVerfG findet im Bereich nicht voll harmonisierten Rechts ohnehin am Maßstab deutscher Grundrechte und im Übrigen über Art. 23 Abs. 1 GG am Maßstab der GRCh statt (BVerfG NJW 2020, 314 (Ls. 1) – Recht auf Vergessen II; BVerfG NJW 2020, 300 (Ls. 1) – Recht auf Vergessen I).

77b Eine Grenze des Löschungsanspruchs nach Art. 17 besteht dort, wo eine Verknüpfung von Daten oder Informationen noch nicht erstellt wurde, etwa weil sie noch gar nicht bestehen. Mangels rechtswidriger Verarbeitung von Daten liegen die Voraussetzungen des Art. 17 nicht vor. Der Anspruch liegt außerhalb des Anwendungsbereichs der DS-GVO (HK-DS-GVO Rn. 78). Demnach bleibt ein Rückgriff auf den vorbeugenden Unterlassungsanspruch aus § 1004 BGB analog in Verbindung mit allgemeinen Persönlichkeitsrecht aus Art. 1 Abs. 1, 2 Abs. 1 GG möglich, wenn sich die rechtswidrige Datenverarbeitung hinreichend konkret anbahnt (Gola Rn. 57, vgl. auch Jauernig, BGB Kommentar, 17. Auflage 2018, § 1004 Rn. 67).

III. Einschränkung der Betroffenenrechte (Abs. 3)

78 Nach Abs. 3 besteht weder ein Löschungsanspruch nach Abs. 1 noch eine Informationspflicht nach Abs. 2, soweit die Verarbeitung aus den nachfolgend aufgezählten Gründen erforderlich ist. Greift einer der Ausnahmetatbestände, soll eine weitere Verarbeitung der personenbezogenen Daten rechtmäßig sein (Erwägungsgrund 65).

79 Wie die Verordnung selbst ist auch das Löschungsrecht abwägend angelegt (→ Art. 16 Rn. 17). Der Begriff der Erforderlichkeit schafft hier Raum für eine entsprechende **Abwägungsentscheidung im Einzelfall.** Die kollidierenden Interessen der betroffenen Person auf der einen Seite und des Verantwortlichen bzw. öffentliche Interessen auf der anderen Seite sind gegeneinander abzuwägen (Klickermann MMR 2018, 209 (209); BVerfG NJW 2020, 314 Rn. 141 – Recht auf Vergessen II (→ Rn. 67a). Zum Teil wird die Frage erörtert, ob in Fällen der fehlenden Eindeutigkeit eines bestehenden Anspruchs der betroffenen Person zugemutet werden kann, zunächst, zumal im einstweiligen Rechtsschutzverfahren, diese Aspekte, soweit zumutbar, klären zu lassen (BGH NJW 2020, 3444 Rn. 39). Nur auf den ersten Blick mag das plausibel wirken. Zu berücksichtigen ist aber, dass es sich bei den Betroffenenrechten um originäre und grundrechtlich abgesicherte Rechtspositionen gegenüber dem Verantwortlichen handelt. Nicht die betroffene Person, sondern der Verantwortliche, wozu auch der Suchmaschinenbetreiber zählt, ist daher grundsätzlich in der Pflicht, seine Aktivitäten mit und Bezugnahmen auf fremde(n) Daten zu rechtfertigen. Kann er das nicht, muss er die Aktivitäten grundsätzlich unterlassen. Dabei können der betroffenen Person durchaus eigene Obliegenheiten zukommen. Auch sekundäre Darlegungslasten können begründet werden, wo die betroffene Person über hilfreiche Informationen zur Klärung verfügt. Die betroffene Person aber in ein separates, kostenintensives gerichtliches Verfahren gegen einen Dritten zu verweisen, dürfte weder erforderlich noch statthaft sein. Der betroffenen Person würde die Durchsetzung ihrer Rechte erschwert, was den Anliegen des Art. 17 zuwiderlaufen dürfte.

80 Dabei ist es grundsätzlich auch denkbar, dass der aus einer von Anfang an unrechtmäßigen Verarbeitung personenbezogener Daten resultierende Löschungsanspruch nach Abs. 1 lit. d über

Abs. 3 ausgeschlossen wird. Belange, die eine Verarbeitung von Anfang an unrechtmäßig erhobener Daten zulässig machen bzw. einen Löschungsanspruch ausschließen, müssen dabei erheblich sein. Besteht allerdings ein Verstoß gegen Art. 9 Abs. 1, ist die Anwendbarkeit von Abs. 3 von vornherein ausgeschlossen.

1. Meinungs- und Informationsfreiheit (lit. a)

Die Belange der Informationsfreiheit und der Meinungsfreiheit sind gegenüber dem Allgemeinen Persönlichkeitsrecht im Einzelfall abzuwägen (so auch Kühling/Buchner/Herbst Rn. 73; BVerfG NJW 2020, 314 Rn. 138 ff. – Recht auf Vergessen II). Dabei stellt die Norm keine konkreten Abwägungskriterien zur Verfügung (kritisch dazu Masing VerfBlog 2014/8/14). Deshalb bietet sich eine Orientierung an der zentralen Abwägungsklausel des Art. 6 Abs. 1 S. 1 lit. f an (OLG Frankfurt GRUR 2018 1283 (1286); LG Frankfurt ZD 2019, 410 (412)). In diesem Zusammenhang sind die vom EuGH festgelegten Kriterien zum „Recht auf Vergessen" nicht schematisch, sondern unter besonderer Berücksichtigung des Einzelfalls anzuwenden (OLG Frankfurt GRUR 2018, 1283 (1283). Die Vorschrift lässt zudem offen, wessen Rechte abzuwägen sind. Hier können auch Rechte Dritter betroffen sein (Piltz K&R 2016, 629 (633); Worms NJW 2018, 3218 (3219); BVerfG NJW 2020, 314 Rn. 141 – Recht auf Vergessen II (→ Art. 17 Rn. 67a); vgl. auch Engel RDi 2021, 49 (50)); BeckOK IT-Recht/Steinrötter Rn. 32). 81

Der Ausnahmetatbestand des Abs. 3 lit. a dürfte eine hohe praktische Relevanz haben. Gerade bei öffentlichen Stellen finden sich zahlreiche personenbezogene Daten, die potentiell Bestandteil amtlicher Informationen sein können und nach den Informationsfreiheitsgesetzen grundsätzlich herauszugeben sind. 81a

Nach dem deutschen Recht ist es jedoch grundsätzlich so, dass personenbezogene Daten von einem Herausgabeanspruch nach den Informationsfreiheitsrechten ausgenommen sind (vgl. § 5 IFG; § 9 IFG). Nur unter bestimmten Bedingungen sind auch diese Daten allgemein zugänglich zu machen (vgl. § 6 BlnIFG, NK-DatenschutzR/Dix Rn. 31). Dies gilt auch für europarechtlich implementierte Herausgabeansprüche (vgl. Art. 4 Abs. 2 S. 1 lit. f Umweltinformationsrichtlinie bzw. § 9 Abs. 1 S. 1 Nr. 1 UIG). Insofern wird der Konflikt, der ggf. über Abs. 3 lit. a ausgetragen werden müsste, im Bereich des Informationsfreiheitsrechts bereits weitestgehend über das nationale Recht entschärft (vgl. Art. 85). Was bleibt ist im Wesentlichen die Kollision mit der Meinungsfreiheit (vgl. hierzu BeckOK IT-Recht/Steinrötter Rn. 32). Es muss im Einzelfall entschieden werden, ob die Belange der Meinungsfreiheit die Belange des Persönlichkeitsschutzes überwiegen und daher ein Löschungsanspruch ausnahmsweise nicht zuerkannt werden kann. 82

2. Rechtliche Verpflichtung (lit. b)

Nach Abs. 3 lit. b gelten die Abs. 1 und 2 ferner nicht, wenn die Verarbeitung personenbezogener Daten zur Erfüllung einer rechtlichen Verpflichtung durchgeführt wird, die die Verarbeitung nach dem Recht der Union oder der Mitgliedstaaten erfordert. Weiterhin bestehen die Betroffenenrechte nicht, wenn die Verarbeitung zur Wahrnehmung einer Aufgabe erfolgt, die im öffentlichen Interesse liegt oder in Ausübung öffentlicher Gewalt erfolgt, die dem Verantwortlichen übertragen wurde. Damit findet sich in Abs. 3 lit. b eine **Öffnungsmöglichkeit** zu Gunsten der nationalen Gesetzgeber, Löschungsansprüche auszuschließen. Dabei bestimmen sich die Anforderungen an die Schaffung etwaiger Rechtsgrundlagen nach Art. 6 Abs. 2 und 3. Der deutsche Gesetzgeber hat den Ausnahmetatbestand des § 35 Abs. 3 auf die Öffnungsklausel des Abs. 3 lit. b gestützt (→ BDSG 2018 § 35 Rn. 37). 83

Zwingend für das Vorliegen dieses Ausnahmetatbestands ist zunächst, dass die weitere Verarbeitung, trotz ihrer möglicherweise bestehenden Unrechtmäßigkeit (Abs. 1 lit. d), auf Grundlage des Unionsrechts oder des nationalen Rechts in Erfüllung einer rechtlichen Verpflichtung durchgeführt wird. Offenbar bezieht sich Abs. 3 lit. b Alt. 1 auf Art. 6 Abs. 1 lit. c bzw. Alt. 2 auf Art. 6 Abs. 1 lit. e. Der Ausnahmetatbestand ist dieser Vorschrift nachgebildet worden (vgl. Erwägungsgrund 10, 45). Hinsichtlich der weiteren Voraussetzungen dieser Ausnahmevorschrift wird daher auf die Kommentierung des Art. 6 verwiesen. 84

3. Öffentliche Gesundheit (lit. c)

Nach Abs. 3 lit. c gelten die Abs. 1 und 2 nicht, soweit die Verarbeitung aus Gründen des öffentlichen Interesses im Bereich der öffentlichen Gesundheit nach Art. 9 Abs. 2 lit. h und lit. i sowie Art. 9 Abs. 3 erforderlich ist. Die Formulierung „aus Gründen des öffentlichen Interesses im Bereich der öffentlichen Gesundheit" beruht dabei offenbar auf einem Redaktionsversehen, 85 da auch auf Art. 9 Abs. 2 lit. h und Art. 9 Abs. 3 Bezug genommen wird, die andere Fälle der Gesundheitsversorgung betreffen. Die Löschungspflichten sollen demnach in allen drei Fallkonstellationen ausgeschlossen sein (vgl. NK-DatenschutzR/Dix Rn. 33). Die Erforderlichkeit der Verarbeitung zu den in Rede stehenden Zwecken kann sich außerdem aus dem Recht eines Mitgliedstaats ergeben. In diesem Zusammenhang ist zu beachten, dass der deutsche Gesetzgeber mit § 22 Abs. 1 Nr. 1 lit. b und c BDSG eine Rechtsgrundlage für die Verarbeitung entsprechender Daten geschaffen hat.

4. Öffentliche Zwecke (lit. d)

86   Eine Ausnahme zu den Betroffenenrechten nach Abs. 1 und Abs. 2 sieht Abs. 3 lit. d vor, soweit die Verarbeitung personenbezogener Daten für im öffentlichen Interesse liegende Archivzwecke, wissenschaftliche oder historische Forschungszwecke oder für statistische Zwecke nach Art. 89 Abs. 1 erforderlich ist und insoweit das Löschungsrecht voraussichtlich die Verwirklichung dieser Ziele unmöglich machen oder ernsthaft beeinträchtigen würde (vgl. hierzu NK-DatenschutzR/Dix Rn. 34). Inwiefern die Löschung personenbezogener Daten zu einer Beeinträchtigung von Archivzwecken oder von Forschungsangelegenheiten führen würde, muss im Einzelfall im Rahmen einer Prognose („voraussichtlich") ermittelt werden (vgl. Plath/Kamlah Rn. 19; Kühling/Buchner/Herbst Rn. 82). Möglicherweise ist eine Einschränkung des Nutzerkreises oder eine Pseudonymisierung der Daten bereits ausreichend (NK-DatenschutzR/Dix Rn. 35).

5. Verteidigung von Rechtsansprüchen (lit. e)

87   Soweit die Verarbeitung personenbezogener Daten zur Geltendmachung, Ausübung oder Verteidigung von Rechtsansprüchen erforderlich ist, soll ein Löschungsanspruch ebenso nicht bestehen. Dieser Vorschrift geht es darum, zu verhindern, dass die betroffene Person die Löschung ihrer Daten betreibt, um dem Dritten die Rechtsverfolgung zu erschweren oder unmöglich zu machen. Insbesondere während laufender Verfahren oder vor dem Hintergrund absehbarer Verfahren gegen die betroffene Person selbst dürfte ein Löschungsanspruch gegen den Verantwortlichen, der diese Ansprüche geltend machen will, ausgeschlossen sein (Plath/Kamlah Rn. 20, s. auch NK-DatenschutzR/Dix Rn. 37; vgl. ferner Krüger/Resch/Vogelsang jM 2021, 310 (313 f.)). Inwieweit der Verantwortliche die Daten bei einem „nur" absehbaren Verfahren vorhalten darf, ist durch eine Interessenabwägung nach Art. 6 Abs. 1 lit. f zu ermitteln, bei der die Wahrscheinlichkeit der Geltendmachung von Rechtsansprüchen oder deren Gewicht dem mit der anhaltenden Speicherung verbundenen Eingriff in die Grundrechte der betroffenen Person gegenübergestellt werden (vgl. NK-DatenschutzR/Dix Rn. 38; BeckOK IT-Recht/Steinrötter Rn. 36).

C. Dokumentation und Nachweispflichten

88   Ohne begleitende Dokumentation sind Löschpflichten kaum kontrollierbar; zumal für die betroffene Person im Rahmen der Betroffenenrechte. Ein adäquates Instrument der Kontrolle durch die betroffene Person könnten Nachweis- und Dokumentationspflichten der verantwortlichen Stelle sein. Diese Pflichten können aber, wenn sie allzu streng verstanden werden, neue und vertiefende Prozesse der Datenverarbeitung begründen. Der eigentliche Löschungszweck könnte dadurch im schlechtesten Fall sogar konterkariert werden. Die DS-GVO löst das Spannungsfeld zwischen Dokumentation und effektiver Löschung durch strukturelle Nachweispflichten der verantwortlichen Stelle statt über subjektive Nachweisrechte der betroffenen Person (vgl. Art. 5 Abs. 2). Dadurch entstehen zum Teil Divergenzen und zum Teil Verschränkungen in der Intensität und Durchsetzbarkeit von Kontrollmöglichkeiten der betroffenen Person einerseits und der Aufsichtsbehörden andererseits.

I. Rechte der Betroffenen Person

1. Subjektives Recht auf Löschnachweis?

89   Art. 15 gibt der betroffenen Person ein Auskunftsrecht hinsichtlich des „Ob" und „Wie" der Verarbeitung seiner Daten (Paal/Pauly/Paal Art. 15 Rn. 19). Löscht der Verantwortliche die Daten, so verarbeitet er sie nicht (vgl. Art. 4 Nr. 2). Löschvorgänge erzeugen somit selbst ggf. Auskunftsrechte der betroffenen Person. Art. 15 umfasst auch die Negativauskunft (vgl. → Art. 15 Rn. 50; Kühling/Buchner/Bäcker Art. 15 Rn. 7; Ehmann/Selmayr/Ehemann Art. 15 Rn. 13), dass keine personenbezogenen Daten (mehr) verarbeitet werden. Dies kann auch das Ergebnis einer erfolgreichen

Datenlöschung sein. Ein bestimmter Löschungsnachweis, welcher der betroffenen Person konkret zugeordnet werden kann, würde seinerseits personenbezogene Daten enthalten und ist daher grundsätzlich zu vermeiden. So kann die betroffene Person ein berechtigtes Interesse gerade daran haben, dass ihre Daten mit einem bestimmen Vorgang oder einer bestimmten verantwortlichen Stelle überhaupt nicht mehr in Verbindung gebracht werden kann. Diesem Anliegen würde eine, wenn auch begrenzte, fortgesetzte Verarbeitung der personenbezogenen Daten widersprechen. Die betroffene Person hat also im Zweifel keinen Anspruch auf konkreten Nachweis der Löschung.

2. Nachweis- und Dokumentationspflicht

Die verantwortliche Stelle kann mit der Abgabe einer eidesstattlichen Versicherung iSd §§ 259 Abs. 2, 260 Abs. 2 BGB (HK-DS-GVO/Specht Art. 15 Rn. 27) die Löschung glaubhaft machen. Auch eine pseudonymisierte oder anonymisierte Speicherung von log-files zum (abstrakten) Nachweis von Löschungen ohne oder unter Aufhebung des Personenbezug(s) kann im eigenen Interesse der verantwortlichen Stelle liegen, um ihren Nachweispflichten zu genügen. Hintergrund ist folgender: Im Streitfall würden die Nachweisanforderungen des Art. 5 Abs. 2 die verantwortliche Stelle treffen. Diese Anforderungen sind objektive Ausgestaltung der Obliegenheiten der verantwortlichen Stellen und statuieren kein subjektiv-öffentliches Recht der betroffenen Person (vgl. Ehmann/Selmayr/Heberlein Art. 5 Rn. 1; Kühling/Buchner/Herbst Art. 5 Rn. 1 f.; Hunzinger, Das Löschen im Datenschutzrecht, 2018, 200; HK-DS-GVO/Reimer Art. 5 Rn. 54). Die Rechenschaftspflicht des Art. 5 Abs. 2 entfaltet jedoch Wirkung zugunsten der betroffenen Person etwa im Zuge einer gerichtlichen Auseinandersetzung, indem sie eine Beweislastumkehr für den Nachweis der Löschung greift (Gola/Pötters Art. 5 Rn. 34). Dadurch wird der Beweisnot der betroffenen Person hinsichtlich interner Prozesse der verantwortlichen Stelle Rechnung getragen. 90

Da diese Verschiebung der Beweislast aber an die objektiven Pflichten des Art. 5 Abs. 2 anknüpft, begründet sie wiederum keinen Anspruch auf Nachweis einer konkreten personenbezogenen Löschung. Es genügt vielmehr, dass die verantwortliche Stelle nachweisen kann, dass generell ordnungsgemäß auf Antrag gelöscht wird. Gelingt ihr dies, würde sich die Darlegungslast auf die betroffene Person verschieben, die Anhaltspunkte dafür zu liefern hätte, warum in ihrem Fall nicht von einer ordnungsgemäßen Löschung ausgegangen werden kann. 91

II. Recht der Aufsichtsbehörde

Die Ausgestaltung der Rechenschaftspflicht des Art. 5 Abs. 2 – als Grundlage der Ermöglichung von Kontrollen datenschutzrechtlicher Verarbeitungsvorgänge – weist die zuständige Kontrollbehörde als „Gläubigerin" aus. Die entsprechende Kontrollermächtigung sieht Art. 58 Abs. 1 lit. a vor (Kühling/Buchner/Herbst Art. 5 Rn. 79). Dieses Recht ermöglicht es der Aufsichtsbehörde, datenschutzkonforme Löschvorgänge zu fordern, zu kontrollieren und ggf. Sanktionsverfahren einzuleiten. Die betroffene Person hat also mittelbar auch die Möglichkeit, anlassbezogen über die zuständigen Behörden die Einhaltung der Löschpflichten überprüfen zu lassen. 92

Artikel 18 Recht auf Einschränkung der Verarbeitung

(1) **Die betroffene Person hat das Recht, von dem Verantwortlichen die Einschränkung der Verarbeitung zu verlangen, wenn eine der folgenden Voraussetzungen gegeben ist:**
a) **die Richtigkeit der personenbezogenen Daten von der betroffenen Person bestritten wird, und zwar für eine Dauer, die es dem Verantwortlichen ermöglicht, die Richtigkeit der personenbezogenen Daten zu überprüfen,**
b) **die Verarbeitung unrechtmäßig ist und die betroffene Person die Löschung der personenbezogenen Daten ablehnt und stattdessen die Einschränkung der Nutzung der personenbezogenen Daten verlangt;**
c) **der Verantwortliche die personenbezogenen Daten für die Zwecke der Verarbeitung nicht länger benötigt, die betroffene Person sie jedoch zur Geltendmachung, Ausübung oder Verteidigung von Rechtsansprüchen benötigt, oder**
d) **die betroffene Person Widerspruch gegen die Verarbeitung gemäß Artikel 21 Absatz 1 eingelegt hat, solange noch nicht feststeht, ob die berechtigten Gründe des Verantwortlichen gegenüber denen der betroffenen Person überwiegen.**

(2) **Wurde die Verarbeitung gemäß Absatz 1 eingeschränkt, so dürfen diese personenbezogenen Daten – von ihrer Speicherung abgesehen – nur mit Einwilligung der betrof-**

fenen Person oder zur Geltendmachung, Ausübung oder Verteidigung von Rechtsansprüchen oder zum Schutz der Rechte einer anderen natürlichen oder juristischen Person oder aus Gründen eines wichtigen öffentlichen Interesses der Union oder eines Mitgliedstaats verarbeitet werden.

(3) Eine betroffene Person, die eine Einschränkung der Verarbeitung gemäß Absatz 1 erwirkt hat, wird von dem Verantwortlichen unterrichtet, bevor die Einschränkung aufgehoben wird.

Überblick

Das Recht auf Einschränkung der Verarbeitung erhält seinen Bedeutungsgehalt in erster Linie aus einer Inbezugnahme der übrigen Betroffenenrechte aus Art. 16 und 17. Wo eine Löschung oder Berichtigung zunächst nicht möglich oder nicht sinnvoll ist, tritt die Einschränkung der Verarbeitung als vorübergehende Sicherung der Betroffenenrechte an deren Stelle. Nur dort, wo die betroffene Person eine Einschränkung statt einer Löschung ausdrücklich fordert, kann auch eine dauerhafte Einschränkung der Verarbeitung an die Stelle einer Löschung personenbezogener Daten treten.

Übersicht

	Rn.		Rn.
A. Allgemeines	1	I. Anspruch auf Einschränkung der Verarbeitung	26
I. Genese	4	1. Bestreiten der Richtigkeit (lit. a)	29
II. Auslegung	12	2. Unrechtmäßige Verarbeitung (lit. b)	38
III. Vergleich mit dem BDSG aF/BDSG	17	3. Besonderes Interesse der betroffenen Person (lit. c)	40
IV. Allgemeine Anforderungen der Betroffenenrechte	24	4. Widerspruch (lit. d)	42
		II. Rechtsfolge (Abs. 2)	46
B. Tatbestand	25	III. Informationspflicht (Abs. 3)	51

A. Allgemeines

1 Die Vorschrift regelt das Recht auf Einschränkung der Verarbeitung und ergänzt die Betroffenenrechte aus Art. 16 und 17. Die Vorschrift findet vor allem dort Anwendung, wo eine Löschung personenbezogener Daten nach Art. 17 oder eine Berichtigung bzw. Vervollständigung solcher Daten nach Art. 16 (noch) nicht möglich oder untunlich ist. Auch regelt sie die Frage, wie mit den Betroffenenrechten umzugehen ist, soweit die tatbestandlichen Voraussetzungen zwischen den Beteiligten streitig sind bzw. deren Vorliegen überprüft werden muss.

2 Im Zentrum der Vorschrift steht die Abwägung der Interessen der betroffenen Person an einer zumindest vorübergehenden Unbrauchbarmachung ihrer Daten auf der einen und den Interessen des Verantwortlichen bzw. den allgemeinen berechtigten Interessen Dritter an der fortgesetzten Nutzung auf der anderen Seite.

3 In Abs. 1 der Vorschrift findet sich in insgesamt vier Varianten unter den lit. a–d das Recht auf Einschränkung der Verarbeitung personenbezogener Daten. In Abs. 2 wird der betroffenen Person garantiert, dass ohne ihre Einwilligung eine weitere Verarbeitung nicht stattfindet, soweit das Recht aus Abs. 1 greift. In Abs. 3 findet sich schließlich ein Informationsrecht der betroffenen Person für den Fall, dass der Verantwortliche die Einschränkung der Verarbeitung wieder aufhebt.

I. Genese

4 Zunächst fand sich die Vorschrift im Kommissionsentwurf als Bestandteil des Rechts auf Löschung in Art. 17 (Kom (2012) 11 endg., 58 f.). Auch in der weiteren Beratung durch das Europäische Parlament wurde das Recht auf Einschränkung normativ diesem Anspruch zugeordnet und fand sich dort in den Abs. 4–6. Erst auf Initiative des Rates hin wurde das Recht auf Einschränkung der Verarbeitung in einer eigenen Vorschrift geregelt (Art. 17a, Rats-Dok. Nr. 9565/15, 102 f.).

5 Das Recht auf Einschränkung der Verarbeitung im Falle des Bestreitens der Richtigkeit nach Abs. 1 lit. a fand sich zunächst in Art. 17 Abs. 4 des Kommissionsentwurfs und später in Art. 17a Abs. 1. Diese Fallvariante ist in der Sache im Normgebungsverfahren weitgehend unverändert geblieben.

Recht auf Einschränkung der Verarbeitung **Artikel 18 DS-GVO**

Das Recht auf Einschränkung der Verarbeitung für den Fall, dass die Voraussetzungen eines 6
Löschungsanspruchs gegeben sind, die betroffene Person aber eine Einschränkung der Verarbeitung
verlangt (Abs. 1 lit. b), ist ebenso weitgehend unverändert geblieben. Diese Variante fand sich
bereits in Art. 17 Abs. 4 lit. c des Kommissionsentwurfs (Kom (2012) 11 endg., 59 f.). Hier wurden
lediglich kleinere begriffliche Änderungen vorgenommen (vgl. dazu finale Version von Abs. 1
lit. b).

Was sich heute als Recht auf Einschränkung der Verarbeitung nach Abs. 1 lit. c für den Fall 7
findet, dass die Nichtlöschung der Daten ausdrücklich im Interesse der betroffenen Person und
gerade nicht im Interesse der verantwortlichen Stelle liegt, wurde im Laufe des Normgebungsverfahrens dahingehend sprachlich abgeändert, dass zunächst noch von „Beweiszwecken" die Rede
war, welche zugunsten der betroffenen Person anzuführen waren. Nunmehr ist von der Notwendigkeit der „Geltendmachung, Ausübung oder Verteidigung von Rechtsansprüchen" die Rede.
Die Vorgängerfassung hierzu fand sich unter Art. 17 Abs. 4 lit. b (vgl. Kom (2012) 11 endg., 59).

Erst durch Initiative des Rates wurde in Angleichung zu Art. 17 Abs. 1 lit. c die Fallvariante 8
des Art. 18 Abs. 1 lit. d aufgenommen, welcher der betroffenen Person ein Recht auf Einschränkung der Verarbeitung zubilligt, solange die Abwägung iSd Art. 21 Abs. 1 der Verordnung noch
nicht abgeschlossen ist.

Abs. 2 dieser Vorschrift findet ihren Vorgänger im Normgebungsverfahren in Art. 17 Abs. 5 9
des Kommissionsentwurfs bzw. in Art. 17a Abs. 3 des Ratsentwurfs (Kom (2012) 11 endg., 59
und Rats-Dok. Nr. 9565/15, 102).

Abs. 3 wurde im Laufe des Normgebungsverfahrens lediglich an wenigen Stellen sprachlich 10
abgeändert. Er fand sich zunächst in Art. 17 Abs. 6 des Kommissionsentwurfs und anschließend
in Art. 17a Abs. 4 des Ratsentwurfs (Kom (2012) 11 endg., 59 und Rats-Dok. Nr. 9565/15,
103). In diesem Zusammenhang wurde bspw. der Begriff der „Beschränkung" in den Begriff der
„Einschränkung" abgeändert.

In Art. 12 lit. b DSRL wurde das heutige Recht auf Einschränkung der Verarbeitung noch als 11
Recht auf Sperrung bezeichnet und entsprach damit sprachlich eher der Formulierung des nationalen Rechts bspw. in § 35 Abs. 4 BDSG aF. Das Recht auf Sperrung iSd EG-DSRL wird durch
das Recht auf Einschränkung der Verarbeitung im Rahmen der Verordnung deutlich konkretisiert
und näher ausgestaltet.

II. Auslegung

Das Recht auf Einschränkung der Verarbeitung findet sich in den Erwägungsgründen 67 und 12
156 erwähnt. Nach Erwägungsgrund 156 soll es den Mitgliedsstaaten möglich sein, für dort
näher genannte Zwecke (Archivzwecke, wissenschaftliche oder historische Forschungszwecke oder
statistische Zwecke) Ausnahmen ua zum Recht auf Einschränkung der Verarbeitung vorzusehen.
Für Art. 17 ist dies ausdrücklich in der Norm selbst vorgesehen (Art. 17 Abs. 3, → Art. 17
Rn. 86). Für das Recht auf Einschränkung der Verarbeitung ist eine Einschränkung über die
Öffnungsklausel des Art. 89 Abs. 2, 3 möglich, die der Gesetzgeber in § 27 Abs. 2 und § 28 Abs. 4
BDSG in das nationale Recht umgesetzt hat (Gola/Gola Rn. 8; Simitis/Hornung/Spiecker/Dix
Rn. 17). Nach Art. 85 ist auch dieser Aspekt des Datenschutzrechts mit Maßgaben der Informationsfreiheit und der Meinungsfreiheit in Einklang zu bringen.

So ist die Vorschrift, wie die Betroffenenrechte und die Verordnung insgesamt (→ Art. 16 13
Rn. 17 f.) abwägend angelegt. Erst durch Abwägung der sich gegenüberstehenden Interessen ist
für den Einzelfall zu ermitteln, ob der betroffenen Person ein Recht auf Löschung, Berichtigung
oder Einschränkung der Verarbeitung zusteht. Anders als der Berichtigungsanspruch oder das
Löschungsrecht geht es Art. 18 dabei regelmäßig nicht darum, einen endgültigen, sondern einen
vorläufigen Erfolg herzustellen (Abs. 1 lit. a, c und d). Lediglich beim Vorliegen der Tatbestandsalternative Abs. 1 lit. b ist eine Einschränkung der Verarbeitung auch als dauerhafter Zustand für
den Fall möglich, dass die betroffene Person ausdrücklich eine Einschränkung statt einer Löschung
ihrer Daten verlangt (Sydow/Peuker Rn. 9).

In Erwägungsgrund 67 werden Methoden zur Beschränkung der Verarbeitung genannt. Eine 14
Beschränkung der Verarbeitung kann hiernach in der vorübergehenden Übertragung der Daten
auf ein anderes Verarbeitungssystem, in der Sperrung oder in der Entfernung von veröffentlichten
Daten bestehen.

Ausdrücklich heißt es in Erwägungsgrund 67, dass in automatisierten Dateisystemen die Einschränkung der Verarbeitung grundsätzlich durch technische Mittel erfolgen soll. Sichergestellt 15
werden soll hierdurch, dass die personenbezogenen Daten „in keiner Weise weiter verarbeitet

werden und nicht verändert werden können". Hierbei soll auf die Beschränkung in dem System unmissverständlich hingewiesen werden.

16   Anliegen der Vorschrift ist es nach alledem, einen bestimmten Erfolg, den Ausschluss der weiteren Verwendung, herbeizuführen. Wie die Art. 16 und 17 der Verordnung auch, ist es für die Auslegung des Begriffs der Einschränkung der Verarbeitung von maßgeblicher Bedeutung, dass die gewählten Mittel geeignet sind, im Ergebnis effektiv die weitere Verwendung auszuschließen.

III. Vergleich mit dem BDSG aF/BDSG

17   Anders als die §§ 20 Abs. 3–7 und 35 Abs. 4 Nr. 4 BDSG aF ist Art. 18 Abs. 1 ausdrücklich als subjektives Recht auf Einschränkung der Verarbeitung formuliert. Die objektive Pflicht der Verantwortlichen zur Einschränkung der Verarbeitung ergibt sich wie bei Art. 16 und Art. 17 zwar im Ergebnis ebenso (→ Art. 16 Rn. 6 f.).

18   Diese objektive Dimension der Betroffenenrechte ist jedoch im Kontext des Art. 18 nur eingeschränkt relevant. Während Art. 16 und Art. 17 grundsätzlich von einer objektiv feststellbaren und festgestellten Unrichtigkeit oder Rechtswidrigkeit eines bestimmten Zustandes ausgehen, wird für das Recht auf Einschränkung der Verarbeitung maßgeblich eine Initiative der betroffenen Person sein. So kann der Verantwortliche aus eigenen Erkenntnisquellen heraus zumeist nicht erschließen, ob die Richtigkeit vorhandener Daten bestritten ist, die betroffene Person eine Löschung nicht wünscht und eine Einschränkung bevorzugt, die betroffene Person Widerspruch gegen die Verarbeitung eingelegt hat oder die Dokumentation der Daten aus Gründen der Rechtsdurchsetzung benötigt. Eine aktive Ansprache durch die betroffene Person ist häufig Voraussetzung dafür, dass die Pflicht des Verantwortlichen aus Art. 18 überhaupt erst begründet wird. Dies unterscheidet das Recht auf Einschränkung der Verarbeitung von den übrigen Betroffenenrechten, die bereits Aktivitäten des Verantwortlichen verlangen, wenn er aus eigenen Quellen erfahren hat oder in Erfahrung bringen kann, dass bei ihm vorhandene Daten unrichtig oder sonst rechtswidrig verarbeitet werden. Man spricht bezüglich Art. 18 daher auch von einem Initiativrecht (Gola/Gola Rn. 2).

19   Während das deutsche Datenschutzrecht bisher von dem Begriff der „Sperrung" von Daten sprach, verwendet Art. 18 den Begriff der Einschränkung der Verarbeitung. Der begriffliche Unterschied ist praktisch nicht bedeutsam (Plath/Kamlah Rn. 1). Aus Erwägungsgrund 67 lässt sich ablesen, dass das Recht auf Einschränkung der Verarbeitung ebenso wie das bisherige Recht auf Sperrung nach nationalem Recht im Ergebnis auf die (zeitweise) Unbrauchbarmachung von Daten gerichtet ist, ohne dass diese gelöscht werden.

20   § 20 Abs. 5 BDSG aF sah noch vor, dass eine Sperrung auch dann in Betracht kommen sollte, wenn eine Löschung nur mit unverhältnismäßig hohem Aufwand möglich war. Eine solche Fallvariante für das Recht auf Einschränkung der Verarbeitung wird nunmehr nicht genannt. Der Kommissionsentwurf sah eine solche Variante noch in Art. 17 Abs. 4 lit. d vor (Kom (2012) 11 endg., 59 f.). Diese wurde – ebenso wie der Anspruch auf Einschränkung der Verarbeitung nach rechtskräftiger Entscheidung eines Gerichts oder einer Regulierungsbehörde – im Ergebnis nicht aufgenommen.

21   Des Weiteren werden in der Vorschrift keine besonderen Anforderungen an Daten aus automatisierten Verfahren gestellt. Auch dies steht im Gegensatz zum bisherigen nationalen Recht (so zB → BDSG § 35 Rn. 73 mwN). Eine Unterscheidung findet sich jedoch in Erwägungsgrund 67 und dürfte für die Art und Weise der Einschränkung der Verarbeitung weiterhin von Bedeutung sein. Ebenso beantwortet Erwägungsgrund 67 die Frage, ob auf die Einschränkung der Verarbeitung insbesondere bei veröffentlichten Daten hingewiesen werden darf. Diese Frage war unter Geltung des nationalen Datenschutzrechts umstritten (vgl. Plath/Kamlah Rn. 9 mit Verweis auf Plath/Kamlah BDSG aF Rn. 40 ff.). Richtigerweise wird man bezüglich Art. 18 davon ausgehen müssen, dass ein solcher Hinweis dann gegeben werden darf, wenn er nicht zur Preisgabe der Daten selbst führt und der Hinweis im Einzelfall erforderlich ist (Plath/Kamlah Rn. 9). In diesem Punkt geht die Verordnung über dasjenige hinaus, was in § 35 Abs. 4 lit. a BDSG aF im nationalen Datenschutzrecht vorgesehen war. Nach § 20 Abs. 4 und § 35 Abs. 4 BDSG aF war eine Sperrung der Daten ausdrücklich auch für den Fall vorgesehen, dass die Richtigkeit der Daten zwar bestritten wird, sich im Ergebnis aber die Richtigkeit oder die Unrichtigkeit der Daten nicht feststellen lässt. Eine ausdrückliche Regelung zu den Fällen des sog. „non liquet" ist in der Verordnung nicht vorgesehen (→ Rn. 33 ff.). Eine ausdrückliche Regelung findet sich nur außerhalb des Anwendungsbereichs der DS-GVO in § 58 Abs. 1 S. 3, 4 BDSG, welcher die JI-RL (RL (EU) 2016/680) umsetzt (→ BDSG § 58 Rn. 37 ff.).

Nicht unproblematisch sieht § 35 Abs. 2 S. 1 BDSG vor, dass ergänzend zu Art. 18 Abs. 1 lit. 22
b und c eine Löschung von Daten nach Art. 17 Abs. 1 lit. a und b auch dann unterbleiben soll,
wenn der Verantwortliche „Grund zu der Annahme hat, dass durch die Löschung schutzwürdige
Interessen der betroffenen Person beeinträchtigt würden." Die Bundesregierung berief sich iRd
Gesetzgebungsverfahrens hierfür auf Art. 23 Abs. 2 lit. h und damit auf den Schutz von Interessen
der betroffenen Person. Insofern mag eine Abweichung von den Vorgaben der Verordnung zuzulassen sein, wenn und soweit tatsächlich Interessen der betroffenen Person antizipiert werden können
und der Verantwortliche erkennt, dass eine Löschung nicht sachgerecht ist. Gleichwohl enthält
§ 35 Abs. 2 S. 2 BDSG die Einschränkung, dass eine Unterrichtung darüber, dass allein eine
Beschränkung und keine Löschung erfolgen wird, nur stattfinden muss, „sofern sich die Unterrichtung nicht als unmöglich erweist oder einen unverhältnismäßigen Aufwand erfordern würde".
Dass eine Unterrichtung nicht stattfinden kann, wenn diese unmöglich ist, ist selbstverständlich.
Wann eine Unterrichtung der betroffenen Person unverhältnismäßig sein soll, erschließt sich
hingegen nicht. Regelmäßig wird eine Einschränkung der Verarbeitung nur in Betracht kommen,
wenn die Initiative von der betroffenen Person ausgegangen und diese etwa die Unrichtigkeit
oder Rechtswidrigkeit einer Datenverarbeitung geltend gemacht hat. Wie in diesen Fällen die
Kontaktaufnahme zu der Person unverhältnismäßig sein soll, ist fraglich. Gleichzeitig könnte eine
Löschung dauerhaft wegen angeblicher Interessen der betroffenen Person unterbleiben, ohne dass
die betroffene Person diese Interessen selbst bestätigt hätte. Auf diese Weise wäre nicht sichergestellt, dass die betroffene Person letztlich darüber zu befinden hat, ob ihre Interessen einer Löschung
wirklich entgegenstehen. Der Verzicht auf eine Löschung darf aber richtigerweise grundsätzlich
nur vorübergehend sein.

Ohnehin stellt sich die Frage, ob – wie es die Bundesregierung meint – überhaupt die Notwen- 23
digkeit für eine solche Regelung besteht. Richtig ist, dass eine Pflicht zu Löschung nach Art. 17
Abs. 1 objektiv besteht und nicht von einem Antrag abhängt. Wenn der Verantwortliche allerdings
zu der Auffassung gelangt, die unrichtigen Daten seien im Interesse der betroffenen Person möglicherweise nicht zu löschen, so dürfte sich eine allgemeine Pflicht zur Mitteilung dieser Umstände
an die betroffene Person aus der Zusammenschau der Betroffenenrechte und deren Konzeption
ableiten lassen. Der Verantwortliche begeht keinen Fehler, wenn er zunächst die Datenverarbeitung
beschränkt, um weitere Aufklärung zu leisten. Sollte aber eine aussagekräftige Reaktion der betroffenen Person ausbleiben, muss die Löschung der Daten erfolgen. Es ist nicht die Aufgabe des
Verantwortlichen nach eigenem Dafürhalten als Sachwalter der betroffenen Person dauerhaft über
das Schicksal unrichtiger Daten zu entscheiden. In diesen Fällen muss es bei der Pflicht nach
Art. 17 Abs. 1 bleiben oder jedenfalls Rücksprache mit der betroffenen Person zu halten.

IV. Allgemeine Anforderungen der Betroffenenrechte

Hinsichtlich allgemeiner Voraussetzungen, die für alle Betroffenenrechte gelten, ist auf die 24
Kommentierung in Art. 16 zu verweisen. Dies gilt insbesondere für die Begriffe des „Verantwortlichen" und „der betroffenen Person" (→ Art. 16 Rn. 20 ff. bzw. → Art. 16 Rn. 23 ff.). Zu den
Verfahrensvorgaben, zu Fragen der Unentgeltlichkeit, zum Antragserfordernis und zu etwaigen
Ablehnungsmöglichkeiten des Antrags s. wiederum → Art. 16 Rn. 20 ff. und → Art. 16 Rn. 29 ff.
Auch zu Fragen des möglichen Rechtsschutzes ist auf → Art. 16 Rn. 32 ff. zu verweisen. Hinweise
zu Sanktionsmöglichkeiten finden sich bei → Art. 16 Rn. 66.

B. Tatbestand

Die Vorschrift ist in drei Absätze unterteilt. Abs. 1 regelt vier Fallvarianten, bei deren Vorliegen 25
das Recht auf Einschränkung der Verarbeitung besteht. In Abs. 2 wird grundsätzlich klargestellt,
dass im Fall des Vorliegens der Voraussetzungen nach Abs. 1 – von der Speicherung abgesehen –
nur mit Einwilligung der betroffenen Person oder bei Vorliegen eines weiteren Ausnahmetatbestandes des Abs. 2 die vorhandenen personenbezogenen Daten verarbeitet werden dürfen. In Abs. 3
ist der Anspruch der betroffenen Person geregelt, über die Aufhebung der Einschränkung vorab
informiert zu werden.

I. Anspruch auf Einschränkung der Verarbeitung

Abs. 1 regelt das Recht auf Einschränkung der Verarbeitung. Die Vorschrift sieht insgesamt 26
vier Fallvarianten vor.

Die Fallvarianten unterscheiden sich dadurch, dass in denjenigen der lit. a und d eine Einschrän- 27
kung der Verarbeitung stattfindet, damit in der Zwischenzeit eine Abwägungsentscheidung getrof-

fen werden kann, welche die Interessen der betroffenen Person einerseits und die Interessen des Verantwortlichen andererseits berücksichtigt.

28 Bei den Fallvarianten der lit. b und c wiederum findet eine Einschränkung der Verarbeitung statt, obgleich die Voraussetzungen der Löschung nach Art. 17 Abs. 1 vorliegen und die Löschung damit grundsätzlich beansprucht werden kann und möglicherweise sogar für den Verantwortlichen verpflichtend durchzuführen wäre. Dass hier im Einzelfall statt der Löschung eine Einschränkung der Verarbeitung vorgenommen wird, basiert folgerichtig allein auf berechtigten Interessen der betroffenen Person und nicht etwa des Verantwortlichen. Dessen Interessen sind bereits über Art. 17 berücksichtigt, dessen Voraussetzungen dem Grunde nach vorliegen müssen, um überhaupt den Anwendungsbereich des Art. 18 Abs. 1 lit. b und c zu eröffnen.

1. Bestreiten der Richtigkeit (lit. a)

29 Bestreitet die betroffene Person die Richtigkeit ihrer bei dem Verantwortlichen gespeicherten personenbezogenen Daten, wird solange, wie es für den Verantwortlichen nötig ist, die Richtigkeit der personenbezogenen Daten zu überprüfen, die Verarbeitung der Daten eingeschränkt. Wie lang der Zeitraum der Überprüfung bemessen sein kann, ist einzelfallabhängig und bestimmt sich nach Art und Umfang der in Rede stehenden Daten sowie den Überprüfungsmöglichkeiten des Verantwortlichen und den Reaktionen der betroffenen Person. Die in Art. 12 Abs. 3 bezeichnete Monatsfrist ist zumindest grundsätzlich einzuhalten (vgl. Kühling/Buchner/Herbst Rn. 12; Simitis/Hornung/Spiecker/Dix Rn. 4). Auch die (möglicherweise negativen) Folgen einer Löschung oder Berichtigung sind bei der zulässigen Dauer einer vorübergehenden Einschränkung zu berücksichtigen.

30 Das Bestreiten der Richtigkeit setzt voraus, dass die betroffene Person sich an den Verantwortlichen wendet und erkennbar zum Ausdruck bringt, dass die bei dem Verantwortlichen zu der betroffenen Person gespeicherten Daten für unrichtig gehalten werden. Dies genügt zunächst, um die Pflicht zur Einschränkung der Verarbeitung über Abs. 1 lit. a auszulösen. Etwas anderes mag sich ergeben, wenn für den Verantwortlichen überhaupt nicht erkennbar wird, welche Daten gemeint sind oder welche natürliche Person betroffen ist, denn dieser muss grundsätzlich den Umfang der Einschränkung überblicken können. Neben dem Bestreiten ist der Betroffene grundsätzlich nicht dazu verpflichtet, die Daten auch inhaltlich richtig zu stellen (Sydow/Peuker Rn. 10; aA VG Stade NVwZ 2019, 251; zum ausnahmsweisen Übergang der Darlegungs- und Beweislast auf die betroffene Person → BDSG 2018 § 58 Rn. 38; vgl. auch BeckOK IT-Recht/Steinrötter Rn. 6).

31 Für die betroffene Person ist es aber durchaus sinnvoll, bereits mit dem Hinweis auf die Unrichtigkeit darzulegen, aus welchen Gründen von der Unrichtigkeit der Daten ausgegangen wird. Immerhin beginnt mit Geltendmachung der Unrichtigkeit die Prüfphase für den Verantwortlichen hinsichtlich der Richtigkeit der bei ihm gespeicherten personenbezogenen Daten. Kommt der Verantwortliche zu dem Ergebnis, dass die vorhandenen Daten korrekt sind, wird die Einschränkung der Verarbeitung aufgehoben.

32 Nur unter den Voraussetzungen des Art. 12 besteht die Möglichkeit des Verantwortlichen, offensichtlich rechtsmissbräuchliches Vorbringen zu übergehen.

33 Für den Verantwortlichen stellt sich sodann die Frage, in sog. Non-liquet-Situationen zu erfolgen hat, wenn also der Verantwortliche nicht in der Lage ist, die Richtigkeit oder Unrichtigkeit der Daten bzw. die Rechtmäßigkeit oder Unrechtmäßigkeit der Verarbeitung (Abs. 1 lit. b) aufzuklären. Nach dem Grundsatz der vermuteten Rechtswidrigkeit einer Datenverarbeitung ist für das Vorliegen einer ausnahmsweise rechtmäßigen Verarbeitung grundsätzlich der Verantwortliche darlegungspflichtig (Kühling/Buchner/Herbst Rn. 13; Hornung ZD 2012, 99 (101); aA VG Stade NVwZ 2019, 251; VGH Mannheim BeckRS 2020, 5020).

34 Ist für den Verantwortlichen die Richtigkeit oder Unrichtigkeit der Daten letztlich nicht feststellbar, so findet auch der Art. 18 Abs. 1 lit. a, der seinem Wesen nach auf die Herstellung eines vorübergehenden Zustands abzielt (→ Rn. 13), keine Anwendung, da sich dieser auf den Zeitraum der Überprüfung durch den Verantwortlichen beschränkt. Kommt eine Überprüfung aber zu keinem Ergebnis, sodass es zu einer endlosen Ausdehnung des eigentlich begrenzten Zeitraumes käme, soll es – außer die betroffene Person verlangt dies ausdrücklich – nicht bei einer bloßen Beschränkung bleiben (Kühling/Buchner/Herbst Rn. 13; Paal/Pauly/Paal Rn. 16 f.; zumindest im Ergebnis übereinstimmend Gola/Gola Rn. 13).

35 Die Nicht-Erweislichkeit der Richtigkeit führt weiterhin zu einem Verstoß gegen den Grundsatz der Datenrichtigkeit aus Art. 5 Abs. 1 lit. d, welcher wiederum eine ergänzende Voraussetzung für die Zulässigkeit einer Datenverarbeitung darstellt (vgl. dazu ausführlich Kühling/Buchner/

Herbst Rn. 13). Die Nicht-Erweislichkeit der Richtigkeit von Daten führt folglich mangels Rechtsgrundlage regelmäßig zur Unrechtmäßigkeit der Datenverarbeitung (Gola/Gola Rn. 13; aA für diesen Fall VG Stade NVwZ 2019, 251). Daraus resultiert wiederum grundsätzlich ein Löschungs- bzw. Berichtigungsanspruch der betroffenen Person, nicht jedoch ein Anspruch auf Einschränkung der Verarbeitung nach Art. 18 Abs. 1 lit. a (BeckOK IT-Recht/Steinrötter Rn. 8; aA Sydow/Peuker Rn. 12; anders im Anwendungsbereich der JI-RL, → BDSG § 58 Rn. 38). Dies beschreibt einen Regel-Ausnahme-Grundsatz. Regelmäßig liegt danach die Darlegungslast bei dem Verantwortlichen, sodass Löschung oder Berichtigung auch dann verlangt werden kann, wenn die Richtigkeit der Daten nicht erweislich ist. Für diese Regel spricht auch die Regelung des § 58 Abs. 1 S. 3 BDSG, der für einen spezifischen Bereich der Verarbeitung von Daten nach Art. 1 Abs. 1 RL (EU) 2016/680 vorschreibt: „Wenn die Richtigkeit oder Unrichtigkeit der Daten nicht festgestellt werden kann, tritt an die Stelle der Berichtigung eine Einschränkung der Verarbeitung". Da es hier offenbar um bereichsspezifische Ausdehnungen der Befugnisse des Verantwortlichen im Bereich der Verhütung, Ermittlung, Aufdeckung, Verfolgung oder Ahndung von Straftaten oder Ordnungswidrigkeiten gehen soll und der Deutsche Gesetzgeber eine eigenwillig anspruchsvolle Haltung gegenüber den Betroffenen zum Ausdruck bringt (BT-Drs 18/11325, 114), zeigt der Verzicht auf eine solche Regelung in Art. 16 ff., dass hier zugunsten der betroffenen Person anderes gelten soll. Würde die Nichterweislichkeit der Richtigkeit von Daten zu einer bloßen Weiterverwendungserlaubnis führen, hätte der Deutsche Gesetzgeber keinen abweichenden Regelungsbedarf erkannt.

Da hier letztlich nach Überlegungen der Beweis- bzw. Darlegungslast entschieden wird, kann 36 anderes gelten, wenn allein der Betroffene über relevante Beweismittel verfügt und die Darlegungslast daher ausnahmsweise bei ihm liegt (vgl. → BDSG § 58 Rn. 38; unzutreffend insoweit VG Stade NVwZ 2019, 251). In diesem Fall könnte nämlich die betroffene Person durch einfaches Bestreiten eine Non-liquet-Situation provozieren und eine Löschung oder Berichtigung erreichen, die ihm an sich gar nicht zustünde. Dies gilt selbstverständlich unter der Voraussetzung, dass der Verantwortliche plausibel machen kann, dass von der Richtigkeit oder Rechtmäßigkeit der Daten(-Verarbeitung) auszugehen ist. Eine weitere Ausnahme im Sinne des oben genannten Grundsatzes kann bestehen, wenn über das materielle Recht die nicht erweisliche Richtigkeit zugunsten des Verantwortlichen und damit zugunsten einer Weiterverwendung der Daten gehen soll (vgl. VGH Mannheim BeckRS 2020 für das Melderecht). Ob also ausnahmsweise eine Nicht-Erweislichkeit zulasten der betroffenen Person gehen kann, ist im Einzelfall zu ermitteln und zu begründen.

Grundsätzlich hat der Verantwortliche die Pflicht, die Richtigkeit der Daten unverzüglich zu 37 überprüfen (Art. 12). Angesichts der fortgesetzten Einschränkung der Verarbeitung bei Nichtbestätigung der Richtigkeit ist von dem Verantwortlichen allerdings nur zu verlangen, dass die vorhandenen Anhaltspunkte für die Richtigkeit oder Unrichtigkeit innerhalb dieser Frist abschließend abgewogen werden müssen (aA wohl Simitis/Hornung/Spiecker/Dix Rn. 5). Im Sinne der fortgesetzten Einschränkung ist dies nicht gleichbedeutend mit dem Ende des Überprüfungsverfahrens.

2. Unrechtmäßige Verarbeitung (lit. b)

Ist die Verarbeitung iSv Art. 17 Abs. 1 lit. d unrechtmäßig (→ Art. 17 Rn. 43), kann die 38 betroffene Person statt der Löschung die Einschränkung der Nutzung verlangen.

Das Interesse der betroffenen Person an der Einschränkung der Nutzung der Daten in Abgren- 39 zung zur Löschung wird sich häufig daraus ergeben, dass es der betroffenen Person darauf ankommt, das Vorhandensein der in Rede stehenden Daten bei dem Verantwortlichen bzw. deren rechtswidrige Verarbeitung (später) nachweisen zu können. Die Interessenlage der betroffenen Person ist daher ähnlich zu der Fallvariante des Abs. 1 lit. c (so auch Simitis/Hornung/Spiecker/Dix Rn. 6; aA wohl BeckOK IT-Recht/Steinrötter Rn. 9). Fraglich bleibt, wie der Betroffene die notwendige Kenntnis über die unrechtmäßige Verarbeitung und die Löschungsabsicht des Verantwortlichen erlangen kann, um einen entsprechenden Antrag auf Einschränkung der Verarbeitung zu stellen und einer Löschung zuvor zu kommen. Zumindest aus dem Wortlaut des Art. 17 ergibt sich keine entsprechende Informationspflicht des Verantwortlichen, sodass nur das Auskunftsrecht aus Art. 15 als Möglichkeit zur Kenntniserlangung bestehen würde (Gola/Gola Rn. 17). Dies könnte jedoch zu rechtlich nicht erwünschten Löschungen führen, die letztend das Recht der betroffenen Person aus Art. 18 Abs. 1 lit. b vereiteln würden, sodass zumindest in Fällen, in denen es unklar ist, ob ein Bedarf der Daten für die Durchsetzung von Rechtsansprüchen besteht, eine entsprechende Information seitens der Verantwortlichen an die betroffene Person angezeigt ist. Eine dahingehende Pflicht resultiert zwar nicht aus dem Wortlaut des Art. 17, wohl aber aus der allgemeinen Pflicht der Verantwortlichen aus Art. 12 Abs. 2 S. 1, die Durchsetzung der Betroffenenrechte, also auch das Recht auf Einschränkung der Verarbeitung, zu erleichtern (Kühling/Buchner/Herbst Rn. 17, Art. 17 Rn. 10, 14; Simitis/Hornung/Spiecker/Dix Rn. 7). Ein entsprechendes Problem stellt sich, wenn die Unrechtmäßigkeit der Verarbeitung aus dem Widerruf der Einwilligung resultiert. Hier ist zu hinterfragen, ob eine Pflicht des Verantwortlichen dahingehend besteht, dass dieser nachfragen muss, ob statt der Löschung eine eingeschränkte Verarbeitung vorgenommen werden soll (Sydow/Peuker Rn. 14; BeckOK IT-Recht/Steinrötter Rn. 9; dagegen Gola/Gola Rn. 17).

3. Besonderes Interesse der betroffenen Person (lit. c)

40   Nach Abs. 1 lit. c besteht ein Recht auf Einschränkung der Verarbeitung, wenn zwar der Verantwortliche die personenbezogenen Daten nicht mehr für eigene Zwecke beansprucht, die betroffene Person diese Daten jedoch zur Geltendmachung, Ausübung oder Verteidigung von Rechtsansprüchen benötigt. Dieser Tatbestand bezieht sich somit auf den Löschungsanspruch der betroffenen Person aus Art. 17 Abs. 1 lit. a (→ Art. 17 Rn. 25 ff.).

41   Zunächst hieß es in dem Kommissionsentwurf noch, dass die Daten zu Beweiszwecken benötigt werden (→ Rn. 7). Nunmehr ist die Fallvariante weiter gefasst worden. Jedwede Geltendmachung, Ausübung oder Verteidigung von Rechtsansprüchen genügt, damit der betroffenen Person ein Interesse an dem Erhalt der in Rede stehenden Daten zugebilligt wird. Wenn die Daten für die Durchsetzung von Rechtsansprüchen bereits benötigt werden oder es mit Sicherheit zu diesem Bedarf kommen wird, ist die Voraussetzung des Art. 18 Abs. 1 lit. c mithin erfüllt. Ist es dagegen unsicher, ob es zu einem Bedarf der Daten für die entsprechenden Zwecke kommen wird, reicht eine abstrakte Möglichkeit grundsätzlich nicht aus. Vielmehr wird eine Abwägung zwischen der Wahrscheinlichkeit eines bevorstehenden Rechtsstreits und den betroffenen Interessen vorzunehmen sein, ob ein Bedarf der Daten für die Durchsetzung der Rechtsansprüche, mit Blick auf die Bedeutung für die betroffene Person, hinreichend wahrscheinlich erscheint (Kühling/Buchner/Herbst Rn. 22 f.; BeckOK IT-Recht/Steinrötter Rn. 10; Paal/Pauly/Paal Rn. 18). Das Einschränkungsrecht endet mit rechtskräftiger Entscheidung über den in Rede stehenden Anspruch (Sydow/Peuker Rn. 15; Gola/Gola Rn. 18).

4. Widerspruch (lit. d)

42   Abs. 1 lit. d korrespondiert mit Art. 17 Abs. 1 lit. c.

43   Hat die betroffene Person nach Art. 21 Abs. 1 Widerspruch gegen die Verarbeitung personenbezogener Daten erhoben, so steht dem Verantwortlichen die Möglichkeit zu, die Rechtmäßigkeit des Anliegens der betroffenen Person im Rahmen einer Interessenabwägung zu überprüfen. Für die Dauer des Verfahrens wird die Verarbeitung der Daten eingeschränkt.

44   Stellt sich bei dieser Interessenabwägung heraus, dass die berechtigten Interessen des Verantwortlichen gegenüber den Interessen der betroffenen Person überwiegen, so wird die Einschränkung aufgehoben. Anderenfalls hat die betroffene Person das Recht, nach Art. 17 Abs. 1 lit. c die Löschung der Daten zu verlangen.

45   Im Bereich der Direktwerbung nach Art. 21 Abs. 2 findet eine Interessenabwägung nicht statt. Insofern kann die betroffene Person unmittelbar die Löschung der personenbezogenen Daten nach Art. 17 Abs. 1 lit. c verlangen. Über die Fallvarianten Abs. 1 lit. b und c hat die betroffene Person die Möglichkeit, statt der Löschung ggf. die Beschränkung der Verarbeitung zu verlangen.

II. Rechtsfolge (Abs. 2)

46   Liegen die Voraussetzungen des Abs. 1 vor, so ist die Verarbeitung der personenbezogenen Daten einzuschränken. Dass es hier keine abschließende Liste von Maßnahmen gibt, wie eine solche Einschränkung durchzuführen ist, lässt sich bereits aus Art. 4 Nr. 3 erkennen.

47   Eine Einschränkung der Verarbeitung soll vorliegen, wenn personenbezogene Daten in der Weise markiert sind, dass ihre künftige Verarbeitung eingeschränkt ist. Diese „Definition" hilft in der Sache kaum weiter. In Verbindung mit Erwägungsgrund 67 wird allerdings klar, dass es der Verordnung nicht darauf ankommt, bestimmte Maßnahmen verbindlich vorzugeben. Entscheidend kommt es auf den Erfolg an. Die Daten sind in einer Weise manuell oder technisch zu markieren, dass eine weitere Verarbeitung der Daten gegen den Willen der betroffenen Person nicht möglich ist. Die Tauglichkeit der Maßnahmen ist wesentlich.

48   In Erwägungsgrund 67 sind beispielhaft bestimmte Möglichkeiten der Beschränkung aufgeführt. Für veröffentlichte Daten im Netz können personenbezogene Daten vorübergehend von einer

Webseite entfernt werden. Im Bereich automatisierter Datensysteme ist die Einschränkung durch technische Mittel vorzunehmen.

Von der Einschränkung der weiteren Verarbeitung ist die fortgesetzte Speicherung ausgenommen. Dies unterscheidet die Einschränkung der Verarbeitung von der Löschung nach Art. 17. Die betroffene Person kann weiterhin geltend machen, dass sie mit der weiteren Verarbeitung einverstanden ist und sie insofern dem Verantwortlichen eine Einwilligung erteilt. 49

Weiterhin wird über Abs. 2 eine über die Fallvarianten des Abs. 1 hinausgehende zusätzliche Interessenabwägung ermöglicht, um so Ausnahmen von der eingeschränkten Verarbeitung zuzulassen. So kann auch gegen die Interessen der betroffenen Person zur Geltendmachung, Ausübung oder Verteidigung von Rechtsansprüchen oder zum Schutz der Rechte einer anderen natürlichen oder juristischen Person oder aus Gründen eines wichtigen öffentlichen Interesses der Union oder eines Mitgliedsstaats eine weitere Datenverarbeitung der eingeschränkten Daten vorgenommen werden. Eine solche Möglichkeit ist mitunter dort praktisch interessant, wo der Verantwortliche gegen die betroffene Person berechtigte Rechtsansprüche durchsetzen will und hierzu auf vorhandene Daten zugreifen muss. Dies darf die betroffene Person nicht einseitig durch Geltendmachung von Betroffenenrechten verhindern können (→ Art. 17 Rn. 22). 50

Im Gegensatz zum bisherigen deutschen Recht (§ 35 Abs. 4a BDSG aF), muss bei einem Vorliegen der Tatbestandsvoraussetzungen nach Abs. 2 Alt. 2, 3 und 4 (Verarbeitung der Daten zu den dort genannten Zwecken) auch der Grund der Einschränkung (also die Markierung iSd Art. 4 Nr. 3) mitübermittelt werden (→ Art. 19 Rn. 7). Ansonsten könnten die Daten möglicherweise zu Zwecken weiterverarbeitet werden, die von Abs. 2 nicht gedeckt sind (Simitis/Hornung/Spiecker/Dix Rn. 14). 50a

III. Informationspflicht (Abs. 3)

Bevor die Einschränkung der Verarbeitung durch den Verantwortlichen wieder aufgehoben wird, ist die betroffene Person hierüber zu informieren. Dies ermöglicht der betroffenen Person Rechtsschutz zu erlangen (→ Art. 16 Rn. 32 ff.; vgl. auch Gola/Gola Rn. 25). Ausdrücklich erstreckt sich diese Informationspflicht nur auf Abs. 1 und somit auf die völlige Aufhebung der Einschränkung der Verarbeitung. Für die betroffene Person kann die Weiterverarbeitung der Daten nach Abs. 2 jedoch genauso belastend sein, wie die völlige Aufhebung der Einschränkung, sodass auch in diesem Fall das Bedürfnis bestehen kann, frühzeitig Rechtsschutz in Anspruch zu nehmen. Unter diesem Gesichtspunkt wird zum Teil von einer Analogie zu Abs. 3 ausgegangen, um trotz des eindeutigen Wortlautes eine Informationspflicht mit Blick auf Abs. 2 zu fordern (Sydow/Peuker Rn. 30; zurückhaltender Kühling/Buchner/Herbst Rn. 44; aA BeckOK IT-Recht/Steinrötter Rn. 16; Paal/Pauly/Paal Rn. 21). 51

Artikel 19 Mitteilungspflicht im Zusammenhang mit der Berichtigung oder Löschung personenbezogener Daten oder der Einschränkung der Verarbeitung

¹Der Verantwortliche teilt allen Empfängern, denen personenbezogenen Daten offengelegt wurden, jede Berichtigung oder Löschung der personenbezogenen Daten oder eine Einschränkung der Verarbeitung nach Artikel 16, Artikel 17 Absatz 1 und Artikel 18 mit, es sei denn, dies erweist sich als unmöglich oder ist mit einem unverhältnismäßigen Aufwand verbunden. ²Der Verantwortliche unterrichtet die betroffene Person über diese Empfänger, wenn die betroffene Person dies verlangt.

Überblick

Durch die Mitteilungspflicht des Verantwortlichen nach dieser Vorschrift werden die Betroffenenrechte aus Art. 16, 17 Abs. 1 und 18 ergänzt. Die Mitteilungspflicht führt zu einer effektiven Durchsetzung der Rechte auf Berichtigung, Löschung oder Einschränkung der Verarbeitung. Mitzuteilen ist die (erfolgreiche) Geltendmachung der Rechte durch die betroffene Person. Adressaten der Mitteilung sind die Empfänger der in Rede stehenden Daten. Empfänger sind – in Abgrenzung zu Verantwortlichem und betroffener Person – Dritte, denen gegenüber die Daten offengelegt wurden. S. 2 der Vorschrift statuiert die Pflicht des Verantwortlichen, die betroffene Person (falls von ihr verlangt) über die Empfänger, denen die personenbezogenen Daten offengelegt wurden, zu unterrichten.

A. Allgemeines

1 Die Mitteilungspflicht des Verantwortlichen über die Ausübung von Betroffenenrechten ist bereits im bisherigen deutschen Datenschutzrecht vorgesehen gewesen und hat zum Ziel, die Effektivität und Reichweite der Betroffenenrechte zu fördern. Im Regelfall weiß nur der Verantwortliche, wem er die in Rede stehenden Daten übermittelt hat. Die Vorschrift erspart es der betroffenen Person, zunächst über das Auskunftsrecht nach Art. 15 Informationen über die Empfänger der unrichtigen oder rechtswidrig verarbeiteten Daten zu erlangen, um diese dann selbst zur Korrektur oder Löschung aufzufordern. In Zeiten fluider und zunehmend automatisierter Datenströme ist die Mitteilungspflicht nach dieser Vorschrift für die effektive Durchsetzung des Datenschutzes wichtig. Für die Verantwortlichen bedeutet diese Pflicht, dass sie im Rahmen ihrer Dokumentation nachzuhalten haben, wer die Empfänger der Daten sind. Weiterhin sind von ihnen Routinen zu entwickeln, die eine effektive Mitteilung an die Empfänger sicherstellen.

I. Genese

2 Seine in weiten Teilen wortgleiche Entsprechung findet die Vorschrift in Art. 12 lit. c EG-DSRL. Danach war sicherzustellen, „dass jede Berichtigung, Löschung oder Sperrung (...) den Dritten, denen die Daten übermittelt wurden, mitgeteilt wird, sofern sich dies nicht als unmöglich erweist oder kein unverhältnismäßiger Aufwand damit verbunden ist". Lediglich die Unterrichtungspflicht nach S. 2 der Vorschrift ist im Vergleich zu Art. 12 lit. c EG-DSRL neu aufgenommen worden.

3 Das Vorhaben der Etablierung einer Mitteilungspflicht bestand bereits durch die Kommission, die diese Pflicht in ihren Entwurf aufnahm. Dort war in Art. 13 eine Mitteilungspflicht vorgesehen, wie sie bereits aus Art. 12 lit. c EG-DSRL bekannt war. Durch das Europäische Parlament wurde diese Mitteilungspflicht ergänzt bezüglich der Pflicht zur Unterrichtung der betroffenen Person hinsichtlich der Empfänger der Daten. Im Zuge der Neusystematisierung der Betroffenenrechte wurde Art. 13 durch den Rat unter Art. 17b einsortiert. In diesem Zusammenhang wurde konsequenterweise auch die Einschränkung der Verarbeitung ausdrücklich in die Mitteilungspflicht aufgenommen. Dies geht darauf zurück, dass – ebenfalls auf Initiative des Rates hin – das Recht auf Einschränkung der Verarbeitung erstmals in einer eigenen Vorschrift (Art. 17a) statuiert werden sollte (s. hierzu → Art. 18 Rn. 4).

4 Der Wortlaut der Vorschrift wurde im weiteren Verlauf in einigen Punkten angepasst oder geändert. Bspw. wurde der zunächst favorisierte Begriff der „Weitergabe" personenbezogener Daten durch den Begriff der „Offenlegung" ersetzt. Außerdem wurde zunächst die Unterrichtungspflicht nach S. 2 gestrichen, in der Abschlussversion allerdings wieder aufgenommen.

II. Auslegung

5 In Erwägungsgrund 159 ist der Begriff der Offenlegung als Fall der Veröffentlichung beschrieben. Der Normgeber hat bezogen auf die Vorschrift zur Mitteilungspflicht selbst sonst keinen eigenen Erwägungsgrund aufgenommen. Die strukturelle Nähe zu den Betroffenenrechten aus Art. 16, 17 und 18 führt jedoch dazu, dass auch die Mitteilungspflicht in ihrer Auslegung wesentlich durch die im Zusammenhang mit den genannten Betroffenenrechten maßgeblichen Erwägungsgründe bestimmt ist (s. hierzu iE → Art. 16 Rn. 15 ff.; → Art. 17 Rn. 9 ff.; → Art. 18 Rn. 12 ff.).

6 Ziel der Vorschrift ist es, die Betroffenenrechte der Art. 16 ff. dadurch zu stärken, dass auch in denjenigen Fällen, in denen die relevanten personenbezogenen Daten an Dritte weitergegeben worden sind, die Löschung, Berichtigung oder Einschränkung der Verarbeitung bei den Dritten durchgesetzt werden kann. Die Vorschrift verdeutlicht erneut, dass es unabhängig von der Intervention der betroffenen Person eine eigene objektive Pflicht des Verantwortlichen gibt, unrichtige Daten zu berichtigen und ggf. zu löschen bzw. seine Löschungspflichten nach Art. 17 Abs. 1 zu erfüllen (→ Art. 16 Rn. 7). So sind die Empfänger personenbezogener Daten zumeist nicht selbst durch die betroffene Person mit der Geltendmachung von Berichtigungsansprüchen, Löschungsansprüchen oder Ansprüchen auf Einschränkung der Verarbeitung konfrontiert. Im Falle der Kenntnis der Unrichtigkeit von Daten oder des Vorliegens von Löschungsrechten durch den Dritten ist es Aufgabe der Empfänger, in eigener Verantwortung zu prüfen, ob eine Löschungspflicht bzw. Berichtigungspflicht besteht. Sollte der jeweils Verantwortliche unsicher sein, ob die betroffene Person von ihrem Betroffenenrecht Gebrauch machen will, etwa weil Anhaltspunkte dafür vorliegen, dass eine Dokumentation unrichtiger Daten im Interesse der betroffenen Person liegen kann, so ist dies mit der betroffenen Person zu klären. Eine Untätigkeit der Empfänger rechtfertigt sich hingegen in den seltensten Fällen.

Partiell anders dürfte sich die Situation im Verhältnis zu dem Recht auf Einschränkung der **7** Verarbeitung nach Art. 18 darstellen. Das Recht auf Einschränkung der Verarbeitung setzt, im Vergleich zu den Betroffenenrechten aus Art. 16 und Art. 17, regelmäßig einen konkreten Austausch zwischen betroffener Person und Verantwortlichem voraus. So geht es zumeist darum, dass den Interessen der betroffenen Person dadurch besser Rechnung getragen werden kann, dass gerade keine Löschung oder Korrektur erfolgt (→ Art. 18 Rn. 28). Wird ein Empfänger von Daten darüber in Kenntnis gesetzt, dass die weitere Verarbeitung personenbezogener Daten bei ihm eingeschränkt wurde, so lässt es sich meist vorläufig rechtfertigen, dass auch der Empfänger lediglich eine Einschränkung der Verarbeitung vornimmt und gerade keine Löschung oder Berichtigung von Daten durchführt, obgleich dies grundsätzlich seiner objektiven Verpflichtung entsprechen kann. Die Einzelheiten hat der Empfänger ggf. aber mit der betroffenen Person zu klären, da Art. 18 letztlich immer eine Einzelfallprüfung der Interessen der betroffenen Person oder der konkreten Umstände voraussetzt (→ Art. 18 Rn. 39). So kann im Verhältnis der betroffenen Person zu dem Verantwortlichen durchaus eine andere Interessenlage bestehen als dem Dritten gegenüber (→ Art. 18 Rn. 50a). Die Daten wären dann bei dem Einen in ihrer Verarbeitung zu beschränken und bei dem Anderen zu löschen oder zu korrigieren.

Vor diesem Hintergrund ist S. 2 dieser Vorschrift eine wesentliche Funktion zuzuschreiben. **8** Die Pflicht zur Information der betroffenen Person über die Empfänger dient insbesondere auch dazu, dass die betroffene Person über das weitere Schicksal ihrer Daten mit dem jeweiligen Empfänger eine Klärung herbeiführen kann. Letztlich empfiehlt es sich für den Verantwortlichen stets, zunächst mit der betroffenen Person in Kontakt zu treten und dessen Interessenlage zu klären. Nur so kann der Verantwortliche sicherstellen, dass die Löschung oder Berichtigung oder Beschränkung der Verarbeitung dem wahren Willen und dem Interesse der betroffenen Person entspricht.

III. Vergleich mit dem BDSG aF

Eine der Vorschrift entsprechende „Nachberichtspflicht" war bereits in § 20 Abs. 8 BDSG aF **9** und in § 35 Abs. 7 BDSG aF vorgesehen. Die Vorschriften weichen von der Formulierung der Verordnung nur in unwesentlichen Teilen ab (Begriff der „Offenlegung" statt des Begriffs der „Weitergabe"). Nach nationalem Recht bestand eine Ausnahme zur Mitteilungspflicht etwa dann, wenn die Mitteilung unverhältnismäßig war oder berechtigte Interessen der betroffenen Person der Mitteilung entgegenstanden. Letztgenannter Grund ist in die Verordnung nicht aufgenommen worden. Im Ergebnis ist das allerdings unschädlich, weil eine Mitteilungspflicht nicht prinzipiell dazu führt, dass eine Berichtigung oder Löschung erfolgen muss. Zwar besteht eine objektive Pflicht des Verantwortlichen auf Berichtigung oder Löschung von personenbezogenen Daten unter den Voraussetzungen der Art. 16 und Art. 17. Dabei hat der Verantwortliche von sich aus aber zu berücksichtigen, dass möglicherweise Rechte bzw. Interessen der betroffenen Person selbst einer Löschung oder Berichtigung entgegenstehen können. Ist dies der Fall, so ist die Geltendmachung der Betroffenenrechte mit der betroffenen Person abzustimmen (vgl. dazu → Art. 18 Rn. 39). Anders ist zu entscheiden, wenn die Mitteilung selbst bereits dem Interesse des Betroffenen widerspricht und die Empfänger die Daten nicht zu ihrer eigenen Aufgabenwahrnehmung benötigen. In derartigen Konstellationen dürfte im Ergebnis keine Mitteilungspflicht des Verantwortlichen nach Art. 19 bestehen (so etwa über eine teleologische Reduktion Sydow/Peuker Rn. 6; über Maßgaben der Verhältnismäßigkeit löst es Gola/Gola Rn. 13; aA Simitis/Hornung/ Spiecker/Dix Rn. 14, der einen bewussten Verzicht auf eine Ausnahme annimmt). Durch die Information der betroffenen Person über die Empfänger ist diese auch in der Lage, mit dem jeweiligen Empfänger diese Umstände zu klären.

Die Aufnahme der Unmöglichkeit als Ausschlussgrund in die Vorschrift – in Abweichung zu **10** den Vorschriften des BDSG – dürfte ebenso im Ergebnis unerheblich sein. Ist eine Mitteilung unmöglich, so ist sie zwingend auch unverhältnismäßig. Unmögliches kann von dem Verantwortlichen nicht verlangt werden. Eine Rechtspflicht muss erfüllbar sein.

Den §§ 20 Abs. 8 und 35 Abs. 7 BDSG aF unbekannt ist die Unterrichtungspflicht nach S. 2 **11** der Vorschrift.

IV. Allgemeine Anforderungen der Betroffenenrechte

Zu den Begriffen des Verantwortlichen und der betroffenen Person → Art. 16 Rn. 20 ff. Zu **12** Einzelheiten hinsichtlich der Unentgeltlichkeit, zum Antragserfordernis, zu Ablehnungsgründen und zur Identifizierung der betroffenen Person → Art. 16 Rn. 29 ff. Zu Rechtsschutzfragen wird auf → Art. 16 Rn. 33 ff. verwiesen. Bezüglich etwaiger Sanktionen wird verwiesen auf → Art. 16 Rn. 66.

B. Tatbestand

13 Die Vorschrift sieht in S. 1 die Pflicht des Verantwortlichen vor, allen Empfängern, denen personenbezogene Daten offengelegt wurden, jede Berichtigung oder Löschung der personenbezogenen Daten sowie Einschränkungen der Verarbeitung nach Art. 16, 17 Abs. 1 und 18 mitzuteilen. Eine Ausnahme hierzu besteht nur dann, wenn die Mitteilung unmöglich oder unverhältnismäßig ist. Dabei liegt eine Unverhältnismäßigkeit nicht vor, wenn eine Mitteilung schwierig ist, weil der Verantwortliche die Empfänger nicht hinreichend dokumentiert hat. Der Verantwortliche hat von vornherein zu berücksichtigen, dass Mitteilungen zu erfolgen haben, und seine Abläufe daraufhin auszurichten und anzupassen (privacy by design).

14 In S. 2 der Vorschrift wird das Recht der betroffenen Person geregelt, von dem Verantwortlichen über die Empfänger unterrichtet zu werden, soweit dies von der betroffenen Person verlangt wird. So erlangt die betroffene Person Kenntnis über die Verarbeitung der Daten durch den Verantwortlichen und kann Kontakt zu den Empfängern aufnehmen, um ggf. abweichende Rechte geltend zu machen.

14a Im speziellen Fall der **Veröffentlichung** personenbezogener Daten der betroffenen Personen wird Art. 19 von der Regelung des Art. 17 Abs. 2 verdrängt (→ Art. 17 Rn. 69). Art. 19 S. 1 verweist entsprechend nur auf Art. 17 Abs. 1 (Simitis/Hornung/Spiecker/Dix Rn. 5).

I. Mitteilungspflicht

15 Liegen die tatbestandlichen Voraussetzungen der Betroffenenrechte aus Art. 16, 17 Abs. 1 oder 18 vor und ist eine entsprechende Löschung, Berichtigung oder Einschränkung der Verarbeitung bei dem Verantwortlichen erfolgt, so trifft ihn eine zeitnahe Mitteilungspflicht (Form- oder Fristerfordernisse enthält Art. 19 nicht; vgl. hierzu BeckOK IT-Recht/Steinrötter Rn. 7; für die Annahme einer Unverzüglichkeit iSv § 121 Abs. 1 BGB siehe jedoch Spindler/Schuster/Laue Rn. 5). Diese Mitteilungspflicht besteht gegenüber den Empfängern der Daten und dient dazu, die Betroffenenrechte, welche nicht nur gegen die Verantwortlichen, sondern eben auch gegen die Empfänger bestehen, diesen gegenüber durchzusetzen. Auf diese Weise wird grundsätzlich die Rechtsposition des Betroffenen gestärkt (zur ausnahmsweisen Nachteilhaftigkeit siehe → Rn. 9) und dem rechtlichen Interesse der Empfänger entsprochen, nicht mit unrichtigen Daten zu arbeiten (Gola/Gola Rn. 4; Paal/Pauly/Paal Rn. 3). Ein Defizit der Regelung besteht jedoch darin, dass der Verantwortliche nicht verpflichtet ist, die Stelle von der Löschung, Berichtigung oder Einschränkung der Verarbeitung zu informieren, von der die unrichtigen Daten ursprünglich stammen (im Unterschied dazu s. Art. 16 Abs. 5 JI-RL). Es obliegt demnach der betroffenen Person selbst, geltend zu machen, dass die Löschung, Berichtigung oder Einschränkung der Verarbeitung der unrichtigen Daten bei dem Verantwortlichen erfolgt, welcher diese in die Welt gesetzt hat (Simitis/Hornung/Spiecker/Dix Rn. 9).

15a Hieß es in der vorherigen Fassung der Vorschrift noch, dass die Mitteilungspflicht sich auf alle Empfänger erstreckt, denen personenbezogene Daten weitergegeben wurden, ist nun das „Offenlegen" der Daten gegenüber den Empfängern entscheidend. Der Begriff der **„Offenlegung"** dürfte in seinem Bedeutungsgehalt dabei nicht hinter dem Begriff der „Weitergabe", der auch in den Vorschriften des BDSG aF verwendet wurde, zurückbleiben, sondern umfassender sein. Der Begriff der „Offenlegung" wird nach Art. 4 Nr. 2 als Oberbegriff der Übermittlung, Verarbeitung oder Bereitstellung verstanden. Während der Begriff der Weitergabe eine aktive Handlung des Verantwortlichen insinuiert (vgl. Plath/Schreiber BDSG aF § 3 Rn. 44; Simitis/Dammann BDSG aF § 3 Rn. 145 ff.), ermöglicht die Offenlegung auch die Aneignung der Daten bzw. ihre Inempfangnahme auf sonstige Weise. Bestätigt wird diese Einschätzung durch Erwägungsgrund 159. Dieser spricht von einer Offenlegung als Form der Veröffentlichung. In Verbindung mit der Begriffsdefinition aus Art. 4 Nr. 2 ergibt sich hieraus, dass der Begriff der „Offenlegung" tendenziell weit zu verstehen ist. Er erfasst alle aktiven und passiven Formen der Zurverfügungstellung von Daten (zu einzelnen Fallgruppen der Offenlegung vgl. Gola/Gola Rn. 5 ff.). Der Wortlaut des Art. 19 („[...] Empfängern, denen personenbezogene Daten offengelegt wurden, [...]") lässt durch seinen Sprachgebrauch darauf schließen, dass die Daten nicht zwingend durch den Verantwortlichen offengelegt wurden, sondern eine passive Offenlegung genügt. Richtigerweise kann jedoch nicht an eine Offenlegung durch Dritte angeknüpft werden.

Es bedarf eines zurechenbaren Beitrags des Verantwortlichen an der Offenlegung. Dies ergibt sich schon aus dem Sinn des Art. 19, der die Offenlegung der in Rede stehenden Daten mit der korrespondierenden Mitteilungspflicht verknüpft und auf diese Weise die Pflicht sinnvoll eingrenzt und an die rechtliche Stellung des Verantwortlichen anknüpft (vgl. dazu ausf. Kühling/Buchner/Herbst Rn. 7, 10; BeckOK IT-Recht/Steinrötter Rn. 5).

In der Rechtsfolge trifft den Verantwortlichen die Pflicht zur Mitteilung, soweit eine solche nicht mit unverhältnismäßigem Aufwand verbunden oder gar unmöglich ist. Der Verantwortliche hat im Einzelfall darzulegen, dass und warum es ihm unmöglich ist oder für ihn einen unverhältnismäßigen Aufwand bedeuten würde, seiner Mitteilungspflicht nachzukommen. Denkbar ist ein solcher Fall, wenn die Empfänger der Daten, insbesondere im Fall der Veröffentlichung von Daten, tatsächlich aufgrund der auf dem Markt zur Verfügung stehenden technischen Möglichkeiten nicht ermittelt werden können. Es ist auch denkbar, dass in Abwägung der Interessen der betroffenen Person ein unverhältnismäßiger finanzieller Aufwand zur Unverhältnismäßigkeit führen kann. Dabei ist aber zu berücksichtigen, dass der Verantwortliche von vornherein dazu angehalten ist, seine Abläufe so zu organisieren, dass die Empfänger dokumentiert werden müssen und grundsätzlich auch zu ermitteln sein müssen (Privacy by design, Art. 25). Letztlich ist im Rahmen einer Abwägung der erforderliche Aufwand mit der Bedeutung der Daten, deren Umfang und dem Interesse des Betroffenen gegenüberzustellen (Kühling/Buchner/Herbst Rn. 9; BeckOK IT-Recht/Steinrötter Rn. 8). Hierbei kann auch die Frage nach dem Verschulden, also in wessen Verantwortungsbereich das Vorliegen des Löschungs- bzw. Berichtigungsanspruchs fällt, zu berücksichtigen sein (Sydow/Peuker Rn. 11; BeckOK IT-Recht/Steinrötter Rn. 8).

II. Unterrichtungspflicht

Nach S. 2 der Vorschrift kann die betroffene Person von dem Verantwortlichen verlangen, über die Empfänger, denen der Verantwortliche die personenbezogenen Daten offengelegt hat, unterrichtet zu werden. Die Formulierung der Vorschrift lässt erkennen, dass eine aktive Geltendmachung dieses Rechts durch die betroffene Person erforderlich ist (BeckOK IT-Recht/Steinrötter Rn. 10). Die Unterrichtungspflicht entsteht also nicht als objektive Verpflichtung des Verantwortlichen. Die betroffene Person muss zumindest verständlich zum Ausdruck bringen, dass sie eine Unterrichtung wünscht. Von der betroffenen Person ist hingegen nicht zu erwarten, dass sie das Verlangen explizit als solches auf Unterrichtung bezeichnet. Aus den Äußerungen der betroffenen Person muss sich lediglich schließen lassen, dass der betroffene Person ein Interesse an der Unterrichtung hat (→ Art. 16 Rn. 46). Im Zweifel, also wenn Unklarheiten bzgl. des Begehrens vorliegen, ist es Aufgabe des Verantwortlichen, bei der betroffenen Person Erkundigungen darüber einzuholen, ob eine Unterrichtung begehrt wird. Anders gilt, wenn keine Anhaltspunkte für ein entsprechendes Begehren vorhanden sind (vgl. BeckOK IT-Recht/Steinrötter Rn. 10). Durch die Unterrichtung wird die betroffene Person in die Lage versetzt, Datenverarbeitungsvorgänge des Verantwortlichen nachzuvollziehen und ggf. mit den Empfängern in Kontakt zu treten, um besondere Interessen anzubringen und ggf. auch weitere Rechte der Art. 16 ff. geltend zu machen.

Artikel 20 Recht auf Datenübertragbarkeit

(1) Die betroffene Person hat das Recht, die sie betreffenden personenbezogenen Daten, die sie einem Verantwortlichen bereitgestellt hat, in einem strukturierten, gängigen und maschinenlesbaren Format zu erhalten, und sie hat das Recht, diese Daten einem anderen Verantwortlichen ohne Behinderung durch den Verantwortlichen, dem die personenbezogenen Daten bereitgestellt wurden, zu übermitteln, sofern
  a) die Verarbeitung auf einer Einwilligung gemäß Artikel 6 Absatz 1 Buchstabe a oder Artikel 9 Absatz 2 Buchstabe a oder auf einem Vertrag gemäß Artikel 6 Absatz 1 Buchstabe b beruht und
  b) die Verarbeitung mithilfe automatisierter Verfahren erfolgt.

  (2) Bei der Ausübung ihres Rechts auf Datenübertragbarkeit gemäß Absatz 1 hat die betroffene Person das Recht, zu erwirken, dass die personenbezogenen Daten direkt von einem Verantwortlichen einem anderen Verantwortlichen übermittelt werden, soweit dies technisch machbar ist.

  (3) ¹Die Ausübung des Rechts nach Absatz 1 des vorliegenden Artikels lässt Artikel 17 unberührt. ²Dieses Recht gilt nicht für eine Verarbeitung, die für die Wahrnehmung

einer Aufgabe erforderlich ist, die im öffentlichen Interesse liegt oder in Ausübung öffentlicher Gewalt erfolgt, die dem Verantwortlichen übertragen wurde.

(4) Das Recht gemäß Absatz 1 darf die Rechte und Freiheiten anderer Personen nicht beeinträchtigen.

Überblick

Das verbreitet sog. Recht auf Datenportabilität (→ Rn. 5) ist für den Datenschutz eine wettbewerbliche Innovation (→ Rn. 7 ff.) und zugleich ein wettbewerbsrechtlicher Fremdkörper im Datenschutzrecht (→ Rn. 9 ff.). Innerhalb seines beschränkten Anwendungsbereichs (→ Rn. 16 ff.) findet sich ein Bündel von Pflichten, Ansprüchen und Rechten (→ Rn. 49 ff.). Das „Recht auf Datenportabilität" muss vom Betroffenen aktiv geltend gemacht werden (→ Rn. 60 ff.) und unterliegt einer Reihe von Beschränkungen (→ Rn. 87 ff.), besteht aber parallel zu anderen datenschutzrechtlichen Betroffenenrechten (→ Rn. 112 ff.). Ein mitgliedstaatlicher Umsetzungsspielraum besteht nicht (→ Rn. 118 ff.).

Übersicht

	Rn.		Rn.
A. Allgemeines	1	**E. Geltendmachung**	60
I. Vorläufer und Entstehung	2	**F. Erfüllung des Anspruchs auf Datenportabilität**	65
II. Begriff	5	I. Umfang	66
III. Systematische Einordnung	6	II. Interoperabilität (Abs. 1 S. 1; Erwägungsgrund 68 S. 1)	68
1. Atypische Datenschutzvorschrift	7	1. Strukturiertheit	70
2. Wettbewerbsnorm	9	2. Maschinenlesbarkeit	74
3. Norm des Daten- und Informationsrechts	15	3. Gängiges Format	76
B. Beschränkter Anwendungsbereich	16	III. Behinderungsverbot bei Übertragung an Dritte (Abs. 1 Var. 2)	79
I. Keine Anwendung auf anonyme Datenverarbeitungen	17	IV. Frist	81
II. Keine Anwendung auf Verarbeitungen im öffentlichen Interesse und bei Ausübung öffentlicher Gewalt (Abs. 3 S. 2 Var. 1 und 2)	19	V. Datenschutzrechtlicher Erlaubnistatbestand	82
		VI. Unentgeltlichkeit (Art. 12 Abs. 5 S. 1)	84
III. Keine Anwendung auf Verarbeitungen zur Erfüllung einer rechtlichen Verpflichtung (Erwägungsgrund 68 S. 6)?	22	VII. Keine Beratungspflicht	86
IV. Weite Anwendbarkeit im nicht-öffentlichen Bereich	24	**G. Grenzen der Datenportabilitätsansprüche**	87
C. Vom Datenportabilitätsanspruch umfasste Daten (Abs. 1)	28	I. Vorbehalt technischer Machbarkeit bei Direktübermittlung (Abs. 2 aE)	88
I. Automatisierte Verarbeitung	29	II. Wirtschaftliche Unzumutbarkeit	91
II. Den Betroffenen betreffende Daten	30	III. Keine Beeinträchtigung der Rechte anderer Personen (Abs. 4)	92
III. Verarbeitung aufgrund Einwilligung oder Vertrags	33	1. Datenschutz Dritter	94
IV. Bereitstellung durch Betroffenen	37	2. Geschäftsgeheimnisse	99
D. Pflichten, Ansprüche und Rechte im Zusammenhang mit Datenportabilität	49	3. Immaterialgüter Dritter	105
		IV. Abdingbarkeit	109
I. Pflicht zur Informierung des Betroffenen	50	V. Weigerungsrecht bei missbräuchlicher Geltendmachung (Art. 12 Abs. 5 S. 2)	110
II. Keine Pflicht zur (proaktiven) Speicherung	52	**H. Verhältnis zu anderen Betroffenenrechten**	112
III. Keine technisch-organisatorische Pflicht für interne Formate	53	I. Vorrang spezieller Regelungen	112a
IV. Anspruch, Daten zu erhalten (Abs. 1 Var. 1)	54	II. Paralleler Auskunftsanspruch	113
V. Anspruch auf Direktübermittlung (Abs. 2)	55	III. Paralleler Löschungsanspruch (Abs. 3 S. 1)	115
VI. Recht auf „digitalen Auszug"	59	IV. Datenportabilität nach anderen Rechtsakten	115a
		I. Ausgestaltungs- und Konkretisierungsspielraum	118

A. Allgemeines

Die Datenportabilität ist eine der wenigen **wirklichen Neuerungen** in der DS-GVO (so auch 1 Paal/Pauly/Paal Rn. 28; SJTK/Rudolph Rn. 9), deren praktische Auswirkungen freilich noch nicht abschließend eingeschätzt werden können (→ Rn. 1.1).

Zusammen mit dem Recht auf Vergessenwerden (Art. 17) ist es auch ein **politkommunikatives** 1.1 **Schmiermittel** im Normsetzungsprozess gewesen (vgl. das „Sonnenbankverbot für Minderjährige" im letztlich gescheiterten Umweltgesetzbuch; dazu Scheidler GewA 2010, 182 ff.), um das größtenteils unanschauliche Recht der DS-GVO außerhalb der Fachöffentlichkeit greifbar zu machen. Erkennbar wird dies auch an **populären Bezeichnungen wie „Datenrucksack"**.

I. Vorläufer und Entstehung

Einen Anspruch auf die Rückgabe der eigenen Daten und eine Datenportabilität ist in den 2 vergangenen Jahren immer wieder diskutiert worden (siehe hierzu die Darstellung bei Kratz InTeR 2019, 26 (27 ff.)) und war auch schon Teil früherer (rechts-)politischer Initiativen. Als eine Vorform kann das rechtspolitisch diskutierte „Nutzerkonto" (§ 13 Abs. 4 TMG-E, BT-Drs. 17/6765, 5) gelten. Die **datenschutzrechtliche Ahnenreihe** geht auf die abwehrrechtlichen Ansprüche des Datenschutzrechts (insbesondere Berichtigung, Löschung, Sperrung) zurück. Über den Anspruch auf Auskunft (→ Rn. 113) hinaus, der inzwischen auch Möglichkeiten eines **„elektronischen Datenauszugs"** (Art. 15 Abs. 3 S. 2) und des „Fernzugangs zu einem sicheren System" (Erwägungsgrund 63 S. 4) kennt, was früher als „Datenbrief" propagiert worden war (vgl. Miller The Atlantic 220 (1967), 53 (55); Simitis NJW 1971, 673 (681 f.); https://www.ccc.de/datenbrief), enthält er eine positive, verfügende Komponente (Jülicher/Röttgen/v. Schönfeld ZD 2016, 358 (360 f.)) (→ Rn. 2.1).

Auch andere informationsrechtliche „Herausgabeansprüche" zielen auf der Mikro- wie auf der Makro- 2.1 ebene auf die Verringerungen informationeller Machtasymmetrien (s. auch → Rn. 10): Als eine ursprünglich analoge, heute auch elektronische (§ 50 Abs. 4 BRAO, auch § 44 Abs. 4 PAO; § 66 Abs. 4 StBerG) Verwandte der Datenportabilität kann auch die Pflicht zur Herausgabe der verpflichtend anzulegenden **Handakte des Rechtsanwaltes** und anderer Berufsträger angesehen werden. Hier müssen ebenfalls auf Verlangen Informationen über des und über den betroffenen Mandanten herausgegeben werden (§ 50 Abs. 2 BRAO, § 17 BORA; s. auch § 44 Abs. 2 PAO; § 66 Abs. 2 StBerG; § 13 Abs. 4 BOStB). Die Verweigerung der Herausgabe ist dabei nur unter engen Voraussetzungen möglich, insbesondere können im Vergleich zur Datenportabilität nach DS-GVO auch Urheberrechte nur sehr begrenzt entgegengehalten werden, da der Anspruch nicht nur auf vom Mandanten bereitgestellte Daten beschränkt ist (im Einzelnen v. Lewinski Berufsrecht der Rechtsanwälte, Patentanwälte und Steuerberater, 5. Aufl. 2022, Kap. 5 Rn. 25 ff.). – Es sind auch (Rück-)Bezüge zur **Rufnummernübertragbarkeit** im Telekommunikationsrecht hergestellt worden (Holoubek/Potacs/Eberhard, Öffentliches Wirtschaftsrecht, Bd. 1, 4. Aufl. 2019, 303 (348)).

Daneben finden sich auch **zivilrechtliche (Begründungs-)Ansätze** für eine Portabilität per- 3 sonenbezogener Daten, etwa als schuldrechtliche Ansprüche bei Beendigung eines Schuldverhältnisses auf Rückgabe der Daten (Albrecht/Jotzo Das neue DatenschutzR 88; rechtspolitisch Faust DJT 2016, A40 f. (A57)) oder das allgemeine Prinzip von Treu und Glauben (Schaffland/Wiltfang/Schaffland/Holthaus Überblick zur DS-GVO (Ziff. 190), Rn. 28 Abs. 2). Insgesamt mag sich in der Zukunft eine (heute noch nicht bestehende; → Rn. 8) allgemeine Kategorie von **„Dateneigentum"** bilden, was dogmatisch allerdings noch sehr im Nebel des Ungefähren liegt (→ Rn. 15).

Der direkte **Vorläufer** des heutigen Art. 20 findet sich im Kommissionsvorschlag von 2012 4 (damals Art. 18 DS-GVO(KOM)), der vom Europäischen Parlament zunächst gestrichen, vom Rat dann aber wieder eingefügt wurde. Mittlerweile kann Art. 20 als Teil eines umfassenderen Rechtsgefüges um Datenportabilität auf europäischer Ebene betrachtet werden (ausführlich → Rn. 115a ff.).

Partielle **Regelungen zu vergleichbaren Konstellationen** sind aus dem europäischen Ausland 4.1 bekannt. So kennt Art. 567 al. 2 Luxemburger Code de commerce seit 2013 eine Vindikation im Insolvenzfall, die auch Daten umfasst, soweit diese zu separieren sind; eine Vorschrift, die die Insolvenz des Geschäftspartners oder des Cloud-Anbieters adressiert (Conseil d'Etat Luxembourg, Gutachten No 49.937 v. 12.3.2013).

Eine **verwandte Regelung**, allerdings mit einer anderen Zielrichtung, enthält Art. 23 „Convention 4.2 on Cybersecurity and Personal Data Protection" der Afrikanischen Union (AU) von 2014. Danach haben Verarbeiter von personenbezogenen Daten eine „Nachhaltigkeitsverpflichtung" („Sustainability Obligation"), wonach (personenbezogene) Daten format- und systemgenerationsunabhängig verfügbar und verwendbar sein müssen.

4.3 Ein ähnliches Konzept, dann aber auf technischer und Protokollebene, hat der Erfinder des World Wide Web, Tim Berners-Lee, vorgeschlagen. In der **"Solid" (Social Linked Data)** genannten Architektur sollen die „Pods" (Personal Online Data Stores) gespeicherten Daten des jeweiligen Nutzers unter seiner Kontrolle bleiben und dementsprechend auch mit ihm mitwandern können (https://solidproject.org/).

II. Begriff

5 Allerdings ist „Datenübertragbarkeit" bzw. „Datenportabilität" oder auch „Datenmigration" (GSSV/Veil, Art. 20 Vor Rn. 1) **begrifflich unscharf.** Die Norm spricht von einem „Recht auf Datenübertragbarkeit", die Praxis in sprachlicher Angleichung an die englische Fassung von einem „Recht auf Datenportabilität". Juristisch ist dies in zweifacher Weise unpräzise und daher eher ein Sammelbegriff und (rechts-)politisches Schlagwort (→ Rn. 1.1). Denn zum einen erschöpft sich Art. 20 nicht im Anordnen und Herstellen eines Zustands der Datenübertragbarkeit, sondern begründet einen Anspruch auf Datenübertragung oder (anglisiert) Datenportierung (Hennemann PinG 2017, 5 (5)). Und zum anderen begründet es nicht ein (umfassendes) „Recht", sondern beinhaltet ein Bündel von Rechten, Pflichten und Ansprüchen (→ Rn. 49 ff.).

III. Systematische Einordnung

6 Art. 20 **changiert zwischen Datenschutz- und Wettbewerbsrecht.** Vom europäischen Gesetzgeber ist die Norm bewusst an die Schnittstelle zwischen Wettbewerbs- (→ Rn. 9 ff.) und Datenschutzrecht (→ Rn. 7 ff.) gesetzt worden (vgl. Albrecht CR 2016, 88 (93)). Diese konzeptionelle Stellung führt verschiedentlich zu Auslegungs- und Anwendungsschwierigkeiten. Obgleich es sich gegenwärtig noch in keines dieser beiden überkommenen Rechtsgebiete recht einpassen will, ist es vielleicht doch eine Frühform eines kommenden Datenmarkt- und Datenwirtschaftsrechts (→ Rn. 15).

1. Atypische Datenschutzvorschrift

7 Normtechnisch und aus Datenschutzrechtsperspektive handelt es sich bei dem Recht auf Datenübertragbarkeit um einen **modifizierten Auskunftsanspruch,** nämlich hinsichtlich des Formats („strukturiertes, gängiges und maschinenlesbares Format") und eingeschränkt auf Vertrags- und Einwilligungskonstellationen sowie vom Betroffenen bereitgestellte Daten und mit einem speziellen Auskunftsmodus (vorsichtiger SJTK/Rudolph Rn. 23).

8 Durch Art. 20 wird allerdings **kein eigentumsartiges dingliches Recht an Daten** begründet (Klug RDV 2011, 129 (133); Schätzle PinG 2016, 71 (75); Schweitzer GRUR 2019, 569 (574)). Ein Datengüterrecht gibt es (bislang noch) nicht (→ Rn. 15). Wohl aber wird partiell die **Dispositionsbefugnis des Betroffenen** verrechtlicht und gestärkt. Dogmatisch freilich knüpft die Regelung nicht (dinglich) an den personenbezogenen Daten als solchen an, sondern begründet (nur) eine (schuldrechtliche) Verfügungspflicht des Verantwortlichen.

2. Wettbewerbsnorm

9 Erkennbar und gewollt hat Art. 20 auch eine Verwandtschaft und **Nähe zum Verbraucher- und Wettbewerbsrecht,** was im Vorfeld des DS-GVO zu rechtspolitischen Diskussionen geführt hat (Dehmel/Hullen ZD 2013, 147 (153); Jaspers DuD 2012, 571 (574); Roßnagel/Kroschwald ZD 2014, 495 (498); Richter DuD 2012, 576 (578); Schätzle PinG 2016, 71 (74 f.); Härting BB 2012, 459 (465); anders wohl Brüggemann K&R 2018, 1 (3): „sachfremde Erwägungen") (→ Rn. 9.1).

9.1 Gestützt werden kann die Datenportabilität auch auf die (europarechtliche) **passive Dienstleistungsfreiheit,** die strukturelle Freiheit nämlich, sich innerhalb des Binnenmarkts seinen Anbieter von Dienstleistungen aussuchen zu können (in diese Richtung auch Richter DuD 2012, 576 (578)). Zwar besteht diese Freiheit natürlich auch unabhängig von einem Anspruch auf Datenübertragbarkeit, sie ist aber möglicherweise ohne eine solche Rechtsposition in einem Maße erschwert, dass sie nicht effektiv wahrgenommen werden kann.

10 Tatsächlich versucht die Europäische Kommission den **Portabilitätsgedanken im Daten- und Wettbewerbsrecht** auch außerhalb des Datenschutzrechts zu verankern (→ Rn. 116 f.).

11 Die Regelung des Art. 20 zielt indirekt auf die **Beseitigung von Netzeffekten,** insbesondere die des Lock in-Effekts (Hornung ZD 2012, 99 (103); Schweitzer GRUR 2019, 569 (574);

Elfering Unlocking the Right to Data Portability, 2019, 19 f.; ausdrücklich unter Bezugnahme auf den Lock in-Effekt der erste Evaluationsbericht der Europäischen Kommission zur DS-GVO (COM(2020) 264 final v. 24.6.2020, 10; allgemein zu den Möglichkeiten der Beseitigung von Netzwerkeffekten durch Interoperabilität Hoffmann/Otero Demystifying the role of data interoperability in the access and sharing debate, Max Planck Institute for Innovation and Competition Research Paper 20-16, 13 ff.); skeptisch STJK/Rudolph Rn. 26; historisch betrachtet zielte Datenportabilität wohl auf die Förderung andersartiger und nicht gleichartige Dienste (Nachweise bei Kratz InTeR 2019, 26 (28); differenzierend zwischen sozialen Netzwerken und personalisierten Suchmaschinen Skobel PinG 2018, 160 (161 f.)). Dieser besteht darin, dass der größte Diensteanbieter als das größte Netzwerk eben wegen seiner Größe am attraktivsten ist. Durch die Datenportabilität erhält der Nutzer nicht nur seinen gesamten Datensatz, sondern er kann ihn auch zu einem neuen Anbieter mitnehmen (s. aber auch Busch IWRZ 2018, 147 (151) zum Interesse eines Plattformnutzers an der Portabilität seiner „Reputationsdaten", die als Drittdaten nicht von Art. 20 umfasst werden).

Dies verstärkt den Wettbewerb zwischen den Dienstanbietern, weil es Wettbewerbern erleichtert wird, auch etablierte Unternehmen im Geschäft mit personenbezogenen Daten (personalisierte Suche, Soziale Netzwerke) herauszufordern (Europäisches Parlament, Entschließung v. 6.7.2011 (2011/2025(INI), Ziff. 16 mit Fn. 10; Roßnagel/Richter/Nebel ZD 2013, 103 (107)). Dadurch kann eine **wettbewerblich ungut verfestigte Stellung dominierender Anbieter** angegriffen werden (zum Gedanken des Missbrauchs einer marktbeherrschenden Stellung nach Art. 102 AEUV Elfering, Unlocking the Right to Data Portability, 2019, 55 f. → Rn. 12.1). **12**

Auch wenn es auf den ersten Blick paradox klingt, ist eine Mehrzahl datenstarker Dienstanbietern aus Sicht des Datenschutzes sogar erstrebenswert. Denn wenn es mehrere Anbieter gibt, also der Markt (wieder) funktioniert, dann kann **Datenschutz zu einem Unterscheidungsmerkmal im Wettbewerb** werden. Denn unterstellt, Datenschutz wäre den Nutzern wichtig, werden sich dann auch Anbieter finden, die diese Nachfrage befriedigen. Ob sich insbesondere im Hinblick auf die Nutzung der Datenportabilität eine solche Nachfragesituation ergeben wird, scheint bisher kaum absehbar (so Richter PinG 2017, 231). Neue Dienste, die die Möglichkeiten der Datenportabilität nutzen (dazu GSSV/Veil, Art. 20 Rn. 6), können hierbei einen zusätzlichen Service darstellen, durch die Zusammenführung von Daten aber auch neue Risiken schaffen. **12.1**

Eine eigentumsgrundrechtlich problematische pauschale **Entwertung der Kundendatenschätze** bei den Verantwortlichen durch die Einführung der Datenportabilität wird dadurch vermieden, dass und weil Konkurrenten nicht umfassend und unmittelbar auf die Daten zugreifen können (in diese Richtung aber Dehmel/Hullen ZD 2013, 147 (153)), sondern es lediglich der einzelne Betroffene in der Hand hat, seine Daten abzuziehen (skeptisch Kratz InTeR 2019, 26 (30 f.), der auf die faktische Entwicklung der Einwilligung verweist). **13**

Im konkreten Verhältnis zwischen Wettbewerbsrecht und Datenschutzrecht zeichnen sich freilich **Abgrenzungsschwierigkeiten** ab: Denn Art. 20 kennt als gesetzestechnisch datenschutzrechtliche Norm keine wettbewerbsrechtlichen Schwellenwerte, sodass die Vorschrift auch als „überschießendes Wettbewerbsrecht" bezeichnet werden kann (Hennemann PinG 2017, 5 (6); instruktiv hierzu Kratz InTeR 2019, 26 (29 f.) mit der Differenzierung zwischen „substitutiven und komplementären" Diensten). Und auf Ebene der Aufsichtsbehörden ergibt sich eine Konkurrenz zu den Wettbewerbs- und Kartellbehörden (allgemein hierzu Kieck PinG 2017, 67 ff.; BKartA BeckRS 2019, 4895): Zum einen wächst die Zuständigkeit der Datenschutzbehörden mit dem Art. 20 in das Wettbewerbsrecht hinüber, zum anderen erweitert sich die Aufgabe der Kartellämter immer mehr auch hin zum Verbraucherschutz (v. Lewinski/Herrmann PinG 2017, 209; vgl. auch § 25 S. 2 GWB; zur verbraucherschützenden Funktion des Art. 20 s. Forgó/Helfrich/Schneider/Conrad/Hausen, Betrieblicher Datenschutz, 2017, § 3 Rn. 29). Die genaue Grenzziehung ist hier noch nicht absehbar. **14**

3. Norm des Daten- und Informationsrechts

Auch kann man die Datenportabilität als Zwischenschritt auf dem Weg zu einer Interoperabilität von Internet-Diensten einschließlich der Kommunikations- und Messenger-Diensten (Pałka Seton Hall Law Review 2021, 1193 (1228 ff.); Ganten/de la Vera F.A.Z. v. 9.11.2020, 18) oder der „Datenmobilität" (Richter DuD 2012, 576 (578); Picht IIC 2020, 940 (952)) lesen, die in der politischen Kommunikation bisweilen zu einer „Daten-Souveränität" hochgejazzt wird. In diesem größeren Kontext geht es um die Frage der **Kompatibilität in und Interoperabilität von logischen Räumen** (Hill/Schliesky/v. Lewinski, Die Vermessung des virtuellen Raums, 2012, 177 (190)) und überhaupt um ein kommendes Datenmarkt- und Datenwirtschaftsrecht. **15**

B. Beschränkter Anwendungsbereich

16 Der Anwendungsbereich des Art. 20 ist auf den der DS-GVO insgesamt beschränkt (Art. 2; Art. 3; Art. 99). Dieser Allgemeinplatz ist nicht so trivial, wie es scheint, weil Art. 20 als **wettbewerbsrechtlicher Fremdkörper** (→ Rn. 9 ff.) nicht ohne Weiteres in das datenschutzrechtliche Feld hineinpasst.

I. Keine Anwendung auf anonyme Datenverarbeitungen

17 Nicht anwendbar sind die Regelungen auf anonyme Datenverarbeitungen, weil das Datenschutzrecht grundsätzlich **nur auf personenbezogene Datenverarbeitungen anwendbar** ist (Art. 2 Abs. 1) und der Art. 20 aufgrund der systematischen Verortung im Datenschutzrecht den insofern beschränkten Anwendungsbereich der DS-GVO teilt. Dies führt zu dem kontraintuitiven Ergebnis, dass bei datenschlichten Anbietern, die ihre Nutzer nicht identifizieren (können), der Anspruch auf Datenportabilität nach Art. 20 nicht besteht (zu parallelen Portabilitätsansprüchen außerhalb des Datenschutzrechts → Rn. 116 f.). Auf pseudonyme Datenbestände dagegen sind die Regelungen anwendbar (→ Rn. 31).

18 Ebenfalls keine Anwendung findet Art. 20 auf Daten, die erst noch mit und zu personenbezogenen Daten verknüpft werden müssen (Werkmeister/Brandt CR 2016, 233 (237); am Beispiel des Kredit-Scorings v. Lewinski/Pohl ZD 2018, 17 (22 f.)). Zwar mögen dies Daten mit Bezug auf eine identifizierbare Person iSd Art. 4 Nr. 1 sein (**lediglich personenbeziehbare Daten**). Gleichwohl schiene es datenschutzrechtlich merkwürdig – wenngleich nicht ohne jede wettbewerbliche Logik –, einen Personenbezug erst herstellen zu müssen, um einen datenschutzrechtlichen Anspruch zu erfüllen.

II. Keine Anwendung auf Verarbeitungen im öffentlichen Interesse und bei Ausübung öffentlicher Gewalt (Abs. 3 S. 2 Var. 1 und 2)

19 Die Begriffe „öffentliches Interesse" und „Ausübung öffentlicher Gewalt" finden sich bereits im **Erlaubnistatbestand des Art. 6 Abs. 1 lit. e**. Eine abweichende Interpretation dieses Merkmals an dieser Stelle liegt fern. Wird die Verarbeitung also auf diese Norm gestützt, entfällt das Recht auf Datenübertragbarkeit.

20 In der Praxis werden vom Anspruch auf Datenübertragbarkeit damit **Behörden weitestgehend ausgenommen** sein (Gola/Piltz Rn. 5).

21 Auch wenn **nicht-öffentliche Stellen im öffentlichen Interesse Daten verarbeiten** und in Einzelfällen öffentliche Gewalt ausüben, findet die Datenportabilität keine Anwendung (zum Beispiel der Forschung Chassang/Southerington/Tzortzatou/Boeckhout/Slokenbergaua EDPL 2018, 296 (304 f.)).

III. Keine Anwendung auf Verarbeitungen zur Erfüllung einer rechtlichen Verpflichtung (Erwägungsgrund 68 S. 6)?

22 In Erwägungsgrund 68 S. 6 ist bestimmt, dass die Ansprüche auf Datenportabilität nicht geltend gemacht werden können, wenn die Verarbeitung „zur Erfüllung einer rechtlichen Verpflichtung" erfolgt. Angelehnt scheint diese Formulierung an die Verarbeitungsgrundlage des Art. 6 Abs. 1 lit. c. Abhängig davon, wie man das einleitende „daher" in diesem Satz, welches sich auf die „öffentlichen Aufgaben" in Erwägungsgrund 68 S. 5 bezieht, interpretiert, kann man hierin eine weitere Ausnahme vom Anwendungsbereich sehen (vgl. Paal/Pauly/Paal Rn. 24). Der Vergleich mit dem Wortlaut des insoweit eindeutigen Art. 17 Abs. 3 lit. b spricht allerdings dagegen. Teils wird ein **Redaktionsversehen** angenommen, da sich in Art. 20 keine Entsprechung zu Erwägungsgrund 68 findet (Kühling/Buchner/Herbst Rn. 15).

23 Die praktische Bedeutung dieses **Interpretationsspielraums** ist freilich gering, weil nur wenige Daten, die der Betroffene selbst bereitstellt, dann aufgrund einer rechtlichen Verpflichtung verarbeitet werden müssen. Solche rechtlichen Verpflichtungen können aus Gesetz sowie auch aus Rechtsverordnungen, kommunalen Satzungen und Tarifverträgen (s. auch Art. 6 Abs. 1 lit. c) folgen. Denkbar wäre eine Einschlägigkeit der Ausnahme bei den besonderen Meldepflichten für Beherbergungsstätten aus §§ 29, 30 BMG und im Rahmen arbeitsrechtlicher Meldepflichten wie zB aus § 16 MiLoG. Vertreten wird ferner, dass hierunter auch die gesetzlichen Verpflichtungen der Hersteller im Bereich der automatischen Notrufsysteme fallen (sog. „eCall", Schätzle PinG 2017, 71 (74)).

IV. Weite Anwendbarkeit im nicht-öffentlichen Bereich

Auch wenn die Regelung politisch offensichtlich auf die marktstarken Sozialen Netzwerke, allen voran Facebook, gerichtet war (vgl. Härting BB 2012, 459 (465)), besteht **keine tatbestandliche Einschränkung auf Soziale Netzwerke,** Dienste der Informationsgesellschaft (Art. 4 Nr. 25) oder gar nur bestimmte Unternehmen – auch nicht faktisch wie beim NetzDG. Ebenfalls besteht trotz der Verwandtschaft zum Kartellrecht (→ Rn. 9 ff.) **keine Beschränkung des Anwendungsbereichs auf marktmächtige Unternehmen,** denn Art. 20 DS-GVO dient auch der Kontrolle über die eigenen Daten (Paal ZWeR 2020, 215 (224 f.)). 24

Vielmehr adressiert die Datenportabilität **grundsätzlich alle Verantwortlichen,** soweit ihre Verarbeitung der DS-GVO unterfällt. Eine Anwendbarkeit (umfassende Aufzählung bei Hennemann PinG 2017, 5 (5)) besteht deshalb auch für Finanzdienstleister, Leasingverträge (Schätzle PinG 2016, 71 (73)), Online-Handel, Anbieter von Apps und Internet-Diensten, Smart Home-Anbieter (Roßnagel/v. Lewinski, My home is my castle – Selbstbestimmtes Leben, 2021 (iE)) und Anbieter von Wearables wie Fitness-Armbändern (Jülicher/Röttgen/v. Schönfeld ZD 2016, 358 (361); Benedikt RDV 2017, 189). Vertreten wird auch die Anwendbarkeit auf Sensordaten, die durch Geräte von Pharmaherstellern erfasst werden (Drexl NZKart 2017, 339 (344)). 25

Nicht anwendbar sind die Regelungen dagegen bei einem Arbeitgeberwechsel (skeptisch auch Gola EuZW 2012, 332 (334); aA Wybitul/Rauer ZD 2016, 160 (162); Auernhammer/Schürmann Rn. 14; SJTK/Rudolph Rn. 45), es sie denn, das **Personalinformationssystem** würde auf der Einwilligung (→ Rn. 33 ff.) beruhen (Artikel-29-Datenschutzgruppe WP 242 rev.01, 8 f.) und es ginge nur um vom Betroffenen bereitgestellte Daten, sodass eine Anwendung bei Vorliegen der sonstigen Kriterien jedenfalls nicht pauschal auszuschließen ist (umfassend Piltz RDV 2018, 3). Eine einschränkende Modifikation des Art. 20 DS-GVO durch mitgliedstaatliches Recht gibt es jedenfalls in Deutschland bisher nicht, insbesondere enthält § 26 BDSG keine speziellere Regelung hinsichtlich des Beschäftigtendatenschutzes. 26

Keine Anwendung finden die Ansprüche auf Datenportabilität auf Verantwortliche, die keine direkte Vertragsbeziehung oÄ mit dem Betroffenen haben (so auch Auernhammer/Schürmann, Rn. 11). So etwa kann Art. 20 nicht gegenüber **Auskunfteien und Datenanalyseunternehmen** geltend gemacht werden. Teils wird ein solcher Anspruch jedoch bejaht, wenn die Weitergabe auf Grundlage der Einwilligung erfolgte, weil eine Einwilligung auch drittwirkend erklärt werden könnte (so Brüggemann K&R 2018 1 (1); aA v. Lewinski/Pohl ZD 2018, 17 (23)). Dem ist zudem entgegenzuhalten, dass es hier zumindest an einer „Bereitstellung durch den Betroffenen" fehlen dürfte (→ Rn. 37 f.), wenn es nicht sogar je nach Art der Speicherung schon an einem Personenbezug fehlt (→ Rn. 18). 27

C. Vom Datenportabilitätsanspruch umfasste Daten (Abs. 1)

Die Ansprüche auf Datenportabilität stehen unter **vier Voraussetzungen,** die **kumulativ** vorliegen müssen: automatisierte Verarbeitung (→ Rn. 29) personenbezogene Daten des Betroffenen (→ Rn. 30 ff.), die dieser aufgrund Einwilligung bzw. Vertrags (→ Rn. 33 ff.) bereitgestellt hat (→ Rn. 37 ff.). 28

I. Automatisierte Verarbeitung

Zunächst muss die Datenverarbeitung automatisiert erfolgen (Elfering, Unlocking the Right to Data Portability, 2019, 25 lässt eine teilautomatisierte Verarbeitung genügen). Im Gegenschluss unterfällt nicht-automatisierte Verarbeitung in Dateisystemen dem Art. 20 nicht (s. auch Art. 2 Abs. 1 DS-GVO); insbesondere **Papierakten** sind nicht umfasst. Ratio ist, dass es sonst einen regelmäßig unverhältnismäßigen Aufwand erfordern würde, einen maschinenlesbaren Auszug der Daten zu erstellen, die nicht schon von vornherein in Maschinen verarbeitet werden. 29

II. Den Betroffenen betreffende Daten

Umfasst von dem Recht auf Datenportabilität sind **nur personenbezogene Daten des Anspruchstellers.** 30

Anonymisierte Daten sind nicht personenbezogen (und fallen auch schon nicht in den Anwendungsbereich der DS-GVO; so deshalb auch Artikel-29-Datenschutzgruppe WP 242 rev.01, 9 f.) (→ Rn. 17). **Pseudonymisierte Daten** dagegen können auf einen Betroffenen bezogen werden (dazu → Rn. 18), auch wenn insoweit dessen (bürgerlicher) Name oder seine volle Identität nicht bekannt sind. 31

32   Umfasst sind auch **Daten mit Doppelbezug,** wie sich aus der (ua) diese Konstellation adressierenden Vorschrift des Abs. 4 ergibt (→ Rn. 96). Die europäische Datenschutzaufsicht spricht sich dezidiert für einen Einschluss von Daten mit Doppelbezug aus (Artikel 29-Datenschutzgruppe WP 242, 9 f.; zustimmend Elfering, Unlocking the Right to Data Portability, 2019, 26; aA wohl SJTK/Rudolph Rn. 41). Wann aber personenbezogene Daten einen Doppelbezug haben und ab wann sie als (reine) Drittdaten gelten, ist weder allgemein noch speziell für Soziale Netzwerke geklärt (Ideen zur Umsetzung des Art. 20 im Rahmen der Tätigkeit sozialer Netzwerke bei Durmus RDV 2018, 80 (83)). Bislang haben weder die Datenschutzrechtswissenschaft noch die Rechtsprechung hierfür eine Lösung gefunden (v. Lewinski, Die Matrix des Datenschutzes, 2014, 84), die darüber hinausgeht, abwägungshaft den Schwerpunkt maßgeblich sein lassen (Simitis/Dammann BDSG aF § 3 Rn. 41 ff. mwN).

III. Verarbeitung aufgrund Einwilligung oder Vertrags

33   Damit Art. 20 anwendbar ist, muss eine der beiden in der Norm **abschließend aufgezählten** Rechtsgrundlagen für die Datenverarbeitung zugrunde liegen, nämlich entweder eine Einwilligung (Art. 6 Abs. 1 lit. a), ggf. auch in die Verarbeitung sensitiver Daten (Art. 9 Abs. 2 lit. a), oder ein Vertrag (Art. 6 Abs. 1 lit. b).

34   Auch wenn die Regelung des Art. 20 ganz vornehmlich auf den nicht-öffentlichen Bereich zielt (→ Rn. 24 ff.), sind in diesem Kontext ebenso ein **öffentlichrechtlicher Vertrag** oder die **Einwilligung gegenüber einer Behörde** denkbar.

35   Weil eine Einwilligung oder ein Vertrag vorliegt, also jedenfalls eine rechtsgeschäftliche Erklärung des Betroffenen, wird dessen **Identifizierung** (vgl. Art. 12 Abs. 6) keine wesentlichen Schwierigkeiten darstellen. Dabei ist zu berücksichtigen, dass die Identifizierung nicht notwendigerweise mit einer De-Pseudonymisierung einhergehen muss (→ Rn. 31).

36   Bei **unwirksamer Einwilligung** soll der Anspruch auf Datenportabilität entfallen (Gola/Piltz Rn. 16). Konsequenterweise würde das dann auch für den Fall der **Anfechtung** gelten. Dem steht allerdings entgegen, dass das europäische Datenschutzrecht den Betroffenen die Ausübung von Rechten gerade erleichtern will (vgl. Art. 12 Abs. 2) und dass die Verarbeitung personenbezogener Daten überhaupt nach Treu und Glauben erfolgen soll (vgl. Art. 5 Abs. 1 Nr. 1). Möglicherweise wird man sich hier bis zu einer höchstrichterlichen Klärung mit einzelfallbezogenen Wertungen behelfen müssen.

IV. Bereitstellung durch Betroffenen

37   Das **problematischste und umstrittenste Tatbestandsmerkmal** des Art. 20 ist die „Bereitstellung der Daten durch den Betroffenen" (Meinungsstand bei Westphal/Wichtermann ZD 2019, 191 (191 ff.)). Durch die fortschreitende Regelungstätigkeit des (europäischen) Gesetzgebers im Bereich der Datenportabilität findet dieses Tatbestandsmerkmal sich indessen in immer mehr Rechtsakten (→ Rn. 115a ff.), wobei unklar ist, ob der Bedeutungsgehalt stets derselbe ist.

38   Eine Konkretisierung hierzu enthält die DS-GVO nicht. Zwar wird **„Bereitstellung" in Art. 4 Abs. 2** als datenschutzrechtlicher Begriff definiert (und auf dieser Grundlage auch weit verstanden (Plath/Kamlah Rn. 6)). Allerdings ist zu bedenken, dass sich die dortige Definition auf die Verarbeitung durch Verantwortliche und nicht (wie hier) auf die des Betroffenen bezieht (so auch Krause PinG 2018, 239 (241)). Dass die Definition des Art. 4 Abs. 2 nicht passt, sieht man etwa daran, dass Art. 20 auch auf Konstellationen anwendbar ist, in denen der Betroffene seine Einwilligung in die Verarbeitung seiner Daten gegeben hat, die bei einem Dritten liegen und die er deshalb nicht übertragend bereitgestellt hat (vgl. Jülicher/Röttgen/v. Schönfeld ZD 2016, 358 (359)).

39   Im Schrifttum werden unterschiedliche Auslegungen vertreten: Manche stellen auf eine **„aktive und wissentliche Handlung"** ab (zB Gola/Piltz Rn. 14), andere setzen die Bereitstellung mit den **Fällen des Art. 13** gleich (Hennemann PinG 2017, 5 (6 f.); tendenziell auch Krause PinG 2018, 239 (241)), sodass Art. 20 in den Fällen, in denen die Daten nicht beim Betroffenen erhoben worden sind (Art. 14) adressiert, keine Anwendung findet.

40   Die europäische Datenschutzaufsicht spricht sich für eine **negative Definition** der „Bereitstellung durch den Betroffenen" aus und will lediglich **„inferred data" und „derived data" ausschließen** (Artikel 29-Datenschutzgruppe WP 242 rev.01, 10 f.; dazu kritisch Strubel ZD 2017, 355 (357 ff.)). Für eine weite Auslegung wird der Sinn und Zweck der Regelung angeführt, einen Anbieterwechsel auch unter tatsächlich funktioneller Weiterführung bspw. eines Trainingsaccounts für Fitnessanbieter durchführen zu können (Brüggemann K&R 2018, 1 (2); Elfering, Unlocking the Right to Data Portability, 2019, 27 f.).

Unstreitig jedenfalls handelt es sich um eine „Bereitstellung der Daten durch den Betroffenen", wenn der Betroffene sie bei einem Dienst eingegeben hat, etwa in Anmeldemasken oder **Online-Formulare**. In vielen Fällen wird dies kongruent mit den sog. **Stammdaten** sein. 41

Bei **Bestelldaten** (dagegen Plath/Kamlah Rn. 6), etwa bei Käufen bei einem Versandhändler, kommt es auf die Umstände des Einzelfalls an, ebenso hinsichtlich der Aufstellung gehörter Musik oder geschauter Filme in **Streaming-Portalen** (für eine „Bereitstellung" Artikel 29-Datenschutzgruppe WP 242 rev.01, 5). 42

Auch **Inhaltsdaten** des Betroffenen sind häufig von diesem „bereitgestellt", etwa in Cloud-Diensten (LNK Das neue DatenschutzR BDSG § 4 Rn. 62) und als E-Mails (zum Doppelbezug von Daten → Rn. 94; zur Spezialität des Telekommunikationsdatenschutzes → Art. 95 Rn. 1 ff.). Bei einem weiten Verständnis von „Bereitstellung" muss man auch **Kontodaten** und damit die ganze Bankbeziehung als von Art. 20 erfasst ansehen (Jülicher/Röttgen/v. Schönfeld ZD 2016, 358 (361)), wofür aber Spezialregelungen bestehen (→ Rn. 112a.1). 43

Da dem Normgeber insbesondere **Soziale Netzwerke** wie Facebook vor Augen gestanden hatten, ist davon auszugehen, dass von der Regelung die dort typischerweise vorhandenen Daten (**Profil, Kontakte, geteilte Inhalte**) umfasst sind (Knyrim/Haidinger, Datenschutz-Grundverordnung, 2016, 125 (134); Durmus RDV 2018, 80 (84); Krause PinG 2018, 239 (240)). Allerdings ist durch die dort ebenfalls typische Verknüpfung von Daten mehrerer Personen (Likes, Kontakte, geteilte Inhalte usw.) regelmäßig ein Drittbezug (→ Rn. 94) vorhanden, der nach Abs. 4 Ansprüche nach Art. 20 nicht beeinträchtigen soll (→ Rn. 92; Jülicher/Röttgen/v. Schönfeld ZD 2016, 358 (361)). 44

Offen bleibt, ob auch Daten erfasst sind, die in der **Interaktion mit dem Dienst des Verantwortlichen** entstanden sind. Die Artikel 29-Datenschutzgruppe (Guidelines to the right to data portability (Working Paper 242) v. 5.4.2017, 9 f.) versteht dies weit und sieht auch durch Interaktion mit dem Verantwortlichen oder durch die Beobachtung durch den Verantwortlichen generierte Daten als „vom Betroffenen bereitgestellt". Dies würde etwa Rohdaten beim Smart Metering (Artikel 29-Datenschutzgruppe WP 242 rev.01, 10) und Daten aus Connected Cars und anderen smarten Geräten umfassen (Elfering, Unlocking the Right to Data Portability, 2019, 28). Dies gerät allerdings spätestens dort an eine Grenze, wo die Handlungen eines Betroffenen nur einen geringgewichteten Parameter in einem komplexen Algorithmus darstellen (im Kontext der Forschung Chassang/Southerington/Tzortzatou/Boeckhout/Slokenbergaua EDPL 2018, 296 (303)). 45

Nicht umfasst sind technische Einstellungen von Diensten und Apps (**„Preferences", „Settings"**) (Plath/Kamlah Rn. 7; zweifelnd auch Gierschmann ZD 2016, 51 (54)) sowie Passwörter, Entgeltdaten und biometrische Daten (so noch explizit Artikel 29-Datenschutzgruppe, Guidelines to the right to data portability (Working Paper 242) v. 13.12.2016, 14; nicht jedoch in der Version v. 5.4.2017). 46

Jedenfalls und auch nach Ansicht der Aufsichtsbehörden **ausgeschlossen sind abgeleitete Daten** (→ Rn. 40), die dann nicht unter das Recht auf Datenportabilität fallen (Artikel 29-Datenschutzgruppe WP 242 rev.01, 10). Dies sind etwa Kreditscores und Profiling-Daten. 47

Keinesfalls unter Art. 20 fallen von Dritten bereitgestellte oder übermittelte Daten (**Drittdaten**), weil nicht vom Betroffenen bereitgestellt (aA unter Bezug auf die Effektivität des Anspruchs Nebel ZD-aktuell 2019, 04380). Solche Drittdaten sind etwa Bewertungen und Rezensionen Dritter (dazu Spindler DB 2016, 937 (945)). 48

D. Pflichten, Ansprüche und Rechte im Zusammenhang mit Datenportabilität

Das Recht auf Datenportabilität (zu dessen begrifflicher Unschärfe → Rn. 5) ist nicht ein einheitliches „Recht", sondern ein ganzes Bündel von Pflichten, Ansprüchen und (zusammenfassend) dann auch ein Recht (im institutionellen Sinne). Art. 20 gibt dem Betroffenen unmittelbar einen **modifizierten Auskunftsanspruch in zwei Varianten**, nämlich einen Anspruch auf Erhalt der Daten und einen Anspruch auf Direktübermittlung an einen vom Betroffenen benannten anderen Verantwortlichen. Akzessorisch ist die **Pflicht zur Formatierung der Daten**. Das Behinderungsverbot („Recht (…) ohne Behinderung", Abs. 1 Var. 2) ist kein Recht im technischen Sinne, sondern bestenfalls ein negatorischer Anspruch, eigentlich aber nur ein flankierendes Behinderungsverbot (→ Rn. 79 ff.). Im Ergebnis richten sich die Anspruchsvarianten des Art. 20 auf ein **Recht auf „digitalen Auszug"**. Vorausgehen muss dem eine **Informierung des Betroffenen**. 49

I. Pflicht zur Informierung des Betroffenen

50 Ausgehend von der umfassenden und grundsätzlichen **Transparenzpflicht des europäisierten Datenschutzrechts** ist dem Recht auf Datenportabilität eine Pflicht des Verantwortlichen vorgeschaltet, den Betroffenen über sein Recht auf Datenportabilität zu informieren (Art. 13 Abs. 2 lit. b, ggf. auch Art. 14 Abs. 2 lit. c; zur Anwendbarkeit des Art. 20 auf Fälle des Art. 14 → Rn. 39).

51 Es gelten hierfür zunächst die **allgemeinen Maßstäbe und Vorgaben.** Dies schließt die Unterrichtung über das Bestehen des Rechts auf Datenübertragbarkeit ein (Art. 13 Abs. 2 lit. b). Bei einer Datenerhebung bei der betroffenen Person iSd Art. 13 hat die Informierung grundsätzlich spätestens zum Zeitpunkt der Erhebung zu erfolgen. Erfolgt die Datenerfassung nicht beim Betroffenen, richtet sich der Zeitpunkt nach der differenzierten Regelung des Art. 14 Abs. 3 (zur Aufteilung der Informierung zwischen Erst- und Zweitverarbeiter v. Lewinski/Pohl ZD 2018, 17 (22); zur Anwendbarkeit des Art. 14 im Kontext des Art. 20 → Rn. 39), muss aber nach einem Monat erfolgen (lit. a) (→ Rn. 51.1).

51.1 Es gilt als **Gute Praxis,** wenn die Informierung auch die Struktur von komplexen Datenbeständen einschließt (Artikel 29-Datenschutzgruppe WP 242 rev.01, 8) und insbesondere vor dem Schließen eines Accounts über den Anspruch auf Datenportabilität noch einmal gesondert informiert wird (Artikel 29-Datenschutzgruppe WP 242 rev.01, 13).

II. Keine Pflicht zur (proaktiven) Speicherung

52 Die Datenportabilität führt nicht zu zusätzlichen und speziell auf diese bezogenen **Speicherpflichten des Verantwortlichen.** Es müssen nur die Daten portiert werden, die beim Verantwortlichen (noch) vorhanden sind. Welche dies sind, bestimmt sich nach Vorschriften außerhalb des Art. 20. Anders herum kann die Möglichkeit, dass dieser zu einem späteren Zeitpunkt einen Anspruch nach Art. 20 geltend macht, nicht einem Löschungsanspruch des Betroffenen entgegengehalten werden (Artikel 29-Datenschutzgruppe WP 242 rev.01, 7).

III. Keine technisch-organisatorische Pflicht für interne Formate

53 Art. 20 enthält **keine technisch-organisatorische Vorgabe** hinsichtlich des Formats, das der Verantwortliche innerhalb seiner Datenverarbeitung verwendet. Geschuldet wird eine bestimmte Formatierung erst bei der Erfüllung des Anspruchs nach Art. 20 (→ Rn. 68 ff.). Die **Vorgaben für das Format sind deshalb akzessorisch** zum eigentlichen Anspruch auf Datenportabilität; nur im Falle der Geltendmachung eines entsprechenden Anspruchs und erst anlässlich dessen Erfüllung muss eine entsprechende (Um)Formatierung vorgenommen werden. Aus der Natur des Rechts auf Datenübertragbarkeit als individueller Anspruch (→ Rn. 49) folgt, dass die **Interoperabilität immer erst auf Verlangen** und damit situativ hergestellt werden muss. So müssen die Daten nicht schon im Hinblick auf eine künftige Datenübertragung aufbereitet und mit Metadaten versehen werden (Artikel 29-Datenschutzgruppe, Guidelines to the right to data portability (Working Paper 242) v. 13.12.2016, 14; wohl auch Artikel 29-Datenschutzgruppe WP 242 rev.01, 18). Es besteht deshalb auch keine Pflicht zum Bereitstellen und Bereithalten einer dauerhaften Schnittstelle, auch wenn die Europäische Kommission das offenbar anders sieht (Datenschutz als Grundpfeiler der Teilhabe der Bürgerinnen und Bürger und des Ansatzes der EU für den digitalen Wandel – zwei Jahre Anwendung der Datenschutz-Grundverordnung, COM(2020) 264 final v. 24.6.2020, 10 f.).

IV. Anspruch, Daten zu erhalten (Abs. 1 Var. 1)

54 Diese erste Variante der Datenportabilität nach Art. 20 bezieht sich zunächst darauf, die Daten für die eigene Verwendung auf eigenen Datenträgern oder informationstechnischen Systemen zu speichern. Umgangssprachlich geht es um ein **„Zurückholen"** (Jülicher/Röttgen/v. Schönfeld ZD 2016, 358 (361); Elfering, Unlocking the Right to Data Portability, 2019, 20 f. spricht von „indirect portability"), informationsrechtlich handelt es sich um einen Herausgabeanspruch (vgl. Piltz K&R 2016, 629 (634), vollstreckungsrechtlich ist § 883 ZPO gleichwohl nicht anwendbar (Deusch/Eggendorfer K&R 2020, 105 (110)), datenschutzrechtlich ist es ein modifizierter Auskunftsanspruch (→ Rn. 49, → Rn. 54.1).

54.1 Rechtstechnisch liegt hier (schon deshalb) **keine Übermittlung** vor (aA Piltz K&R 2016, 629 (634 Fn. 27); Gola/Piltz Rn. 10), weil der Betroffene in Bezug auf die ihn betreffenden Daten nicht dem Datenschutzrecht unterfällt; vielmehr findet eine datenschutzrechtsneutrale Übertragung der Daten statt.

V. Anspruch auf Direktübermittlung (Abs. 2)

Wenn es der Betroffene verlangt, werden die Daten nicht erst an ihn übertragen, sondern müssen **55** direkt an einen Dritten übermittelt werden. Hintergrund dieser Regelung ist die Vorstellung, dass die betroffene Person von einem Datendienst (personalisierte Suchmaschine, Soziales Netzwerk, Bildernetzwerk) zu einem anderen umzieht. Fachsprachlich wird dies „user mediated transmission" genannt (so Artikel 29-Datenschutzgruppe, Guidelines to the right to data portability (Working Paper 242) v. 13.12.2016, 5, nicht aber in der Version v. 5.4.2017), umgangssprachlich geht es um ein **„Verschieben" der Daten** (Jülicher/Röttgen/v. Schönfeld ZD 2016, 358 (361)) (→ Rn. 55.1).

Bei der praktischen Umsetzung stellt sich die Frage, ob die Regelung des Abs. 2 nur von **Push** oder **55.1** auch von **Pull** ausgeht. Der Wortlaut der Norm spricht (lediglich) für eine Pflicht, die Daten zu übermitteln (Push). Die öffentliche Bereitstellung von APIs (Application Programming Interfaces) als Möglichkeit eines Pull-Zugriffs wird aber jedenfalls als Gute Praxis bewertet (Artikel 29-Datenschutzgruppe WP 242 rev.01, 15 ff.). Dies wird durch einen Blick auf die Regelung des Auskunftsrechts bestätigt. Für dieses ist in Erwägungsgrund 63 S. 4 ein **Fernzugang** explizit angesprochen, allerdings nicht als ein Recht auf Abrufbarkeit formuliert (Plath/Kamlah Art. 15 Rn. 18). Eine Downloadmöglichkeit scheint jedoch für die Umsetzung naheliegend und wird von großen Anbietern wie zB im Rahmen der „Eine Kopie deiner Facebook-Daten herunterladen"-Funktion oder durch den Google-Dienst „dataliberation.org" angeboten.

Die Übermittlung unter den Voraussetzungen des Art. 20 Abs. 2 wird teilweise als hinreichender **56** **datenschutzrechtlicher Erlaubnistatbestand** angesehen; weitere Rechtsgrundlagen für die Übermittlung an den anderen Diensteanbieter – einen Dritten – müssten dann nicht vorliegen (Artikel 29-Datenschutzgruppe WP 242 rev.01, 5 f.). Zudem wird man das Geltendmachen des Rechts auf Datenportabilität stets auch als **Einwilligung** iSd Art. 6 Abs. 1 lit. a auslegen oder sich auf die **Erforderlichkeit, eine rechtliche Verpflichtung zu erfüllen** (Art. 6 Abs. 1 lit. c), stützen können.

Allerdings besteht **keine korrespondierende Pflicht** des Dritten, **die Datensätze von Wett- 57 bewerbern anzunehmen** (Erwägungsgrund 68 S. 7; aA Gola/Piltz Rn. 27 mit Bezug auf „erwirken"; zur Sinnhaftigkeit einer Import-Verpflichtung Gerl/Pohl in Stiftung Datenschutz, Practical Implementation of the Right to Data Portability, 2017, 204 (206 f.), http://t1p.de/z6pu). Zwar ist es aus einer ökonomischen Perspektive grundsätzlich folgerichtig, hier keine Regelung vorzusehen, weil der entgegennehmende Anbieter regelmäßig ein wirtschaftliches Interesse haben wird, für neue Kunden attraktiv zu sein (so auch Skobel PinG 2018, 160 (163)). Allerdings bedeutet das Programmieren und Pflegen entsprechender Schnittstellen auch einen mehr oder minder großen Aufwand, der für kleine und kleinste Konkurrenten nicht getrieben wird. Insoweit liegt der Regelung eine ökonomische Logik zugrunde, die vor allem gegen mittlere und vor allem große und dominante Anbieter gerichtet ist. Diese Logik ist freilich auf der Format- und Diensteebene innovationsfeindlich, weil sich die kleineren Anbieter an den Formaten des oder der großen orientieren werden, um deren Nutzer bei sich aufnehmen zu können (s. dazu auch Gängigkeit des Formats → Rn. 76 ff.).

Ausdrücklich besteht keine Pflicht zu einer allgemeinen Vernetzung der Anbieter untereinander **58** (Simitis/Dix BDSG aF § 34 Rn. 105 Fn. 293 mit Verweis auf Hornung) und damit **keine Pflicht zur Interkonnektion,** wie sie im Telekommunikationsbereich vorgesehen ist.

VI. Recht auf „digitalen Auszug"

Ohne dass dies rechtstechnisch als solches formuliert wäre, sind die Regelungen des Art. 20 **59** darauf gerichtet, ein Recht auf „digitalen Auszug" oder das „Recht auf digitalen Zweitwohnsitz" zu gewähren, im Englischen spricht man von **„Exit Management".** Dass es sich nicht um einen „digitalen Umzug" handelt, wird daran erkennbar, dass auch nach Geltendmachen eines Anspruchs nach Art. 20 die Daten einstweilen und nach wie vor beim ursprünglich Verantwortlichen gespeichert bleiben. Abgeschlossen wäre ein „digitaler Umzug" erst, wenn und soweit ein Lösungsanspruch (Art. 17 Abs. 1) besteht. – Diese Regelung wird als **nutzergerecht** angesehen, weil ein „digitaler Umzug" zu einem anderen Anbieter üblicherweise erst nach einer Probephase und Erprobung stattfindet (Paal/Pauly/Paal Rn. 4; Kipker/Voskamp DuD 2012, 737 (740)).

E. Geltendmachung

Die Datenportabilität ist im technischen Sinne kein Recht, sondern ein Bündel von Ansprüchen **60** usw. (→ Rn. 49). Solche (gesetzlichen) Ansprüche bedürfen der **aktiven Geltendmachung.**

61 **Anspruchsgegner** ist der Verantwortliche, unabhängig davon, ob öffentliche oder nichtöffentliche Stelle, obwohl Art. 20 Abs. 3 S. 2 viele und typische Verarbeitungen von öffentlichen Stellen ausnimmt (→ Rn. 19 ff.). Kein tauglicher Anspruchsgegner ist ein Auftragsverarbeiter.

62 Die Geltendmachung bedarf **keiner Begründung.** Es ist kein berechtigtes und gar rechtliches Interesse erforderlich. Auch ist **keine Form** vorgeschrieben. Grenzen ergeben sich (nur) bei missbräuchlicher Geltendmachung (Abs. 5 S. 2; Rn. 110 f.)

63 Zudem kennt die Geltendmachung von Ansprüchen auf Datenportierung **keine Frist.** Auch eine Verwirkung ist nur schwerlich vorstellbar; sie käme nur dann in Frage, wenn die Daten bewusst über eine lange Zeit nicht genutzt wurden und darüber veraltet sind. Auch nach Vertragsende kann der Anspruch noch geltend gemacht werden (so auch Netter AJ Contrat 2019, 416 (419 f.); aA Westphal/Wichtermann ZD 2019, 191 (193 f.)), muss (und kann) aber nur soweit erfüllt werden, wie entsprechende Daten noch beim Verantwortlichen vorhanden sind.

64 Anders als nach allgemeinem Zivilrecht sollen Verantwortliche **auf das Geltendmachen eines Datenübertragungsanspruchs reagieren** müssen, auch wenn er nicht erfüllt wird oder nicht erfüllt werden muss (Artikel 29-Datenschutzgruppe WP 242 rev.01, 14 f.). Dies mag mit der Pflicht des Verantwortlichen nach Art. 12 Abs. 2, den Betroffenen die Ausübung ihrer Rechte zu erleichtern, begründet werden. Dann aber kann diese Pflicht zur Beantwortung eines Verlangens jedenfalls aber nur diejenigen Verantwortlichen treffen, zu denen der Betroffene bereits eine Vertrags- oder Einwilligungsbeziehung (Rn. 33 ff.) hat.

F. Erfüllung des Anspruchs auf Datenportabilität

65 Die **Effektivität einer Datenportierung** ist vom Format abhängig. Die Regelung des Art. 20 adressiert deshalb richtigerweise auch den Modus der Erfüllung des Anspruchs auf Datenübertragung.

I. Umfang

66 Der Nutzwert für den Betroffenen und den Verantwortlichen, der die Daten dann erhalten soll, wächst zweifellos mit den Verknüpfungen und Ableitungen, die der ursprüngliche Verantwortliche aus den Daten gewonnen hat. Hier kommt es darauf an, wie weit man den Begriff der **„vom Betroffenen bereitgestellten Daten"** versteht (→ Rn. 37 ff.) und wie eng den Begriff der **Drittdaten** (→ Rn. 32, → Rn. 66.1).

66.1 Die Artikel 29-Datenschutzgruppe regt an, dass Portierungen technisch so gestaltet werden, dass die Betroffenen die **umzuziehenden Daten auswählen** können und dass eine **Einwilligung betroffener Dritter eingeholt** werden kann (Artikel 29-Datenschutzgruppe WP 242 rev.01, 12).

67 Wie weit die zu portierenden Daten auch noch **Metadaten** enthalten müssen, ergibt sich aus dem Normtext nicht unmittelbar. Metadaten beschreiben andere Datensätze näher und ermöglichen bspw. deren Ermittlung, die Aufnahme in Verzeichnisse und deren Nutzung (so Art. 3 Nr. 6 RL 2007/2/EG). Eine ausdrückliche Pflicht besteht jedenfalls nicht. Je gängiger (→ Rn. 76 ff.) ein Exportformat ist, desto weniger wichtig werden Metadaten für den Betroffenen und seinen „Datenumzug" sein.

II. Interoperabilität (Abs. 1 S. 1; Erwägungsgrund 68 S. 1)

68 Getragen wird das Konzept der Datenportabilität von dem Gedanken der Interoperabilität. Die Interoperabilität wird in Abs. 1 S. 1 nicht erwähnt, lediglich in Erwägungsgrund 68 S. 1. Teilweise ist dies als eigenständige (und zusätzliche) Anforderung interpretiert. In systematischer Hinsicht und enger am Wortlaut scheint es vorzugswürdig, **Interoperabilität als Oberbegriff der Formatvorgaben oder als Ziel der Regelung** (Artikel 29-Datenschutzgruppe WP 242 rev.01, 17) zu verstehen; andere verstehen den **Stand der Technik** (Plath/Kamlah Rn. 8) oder eine „Verkehrsfähigkeit" (Sperlich DuD 2017, 377) als Oberbegriff (→ Rn. 68.1).

68.1 Datenschutzpolitisch war angeführt worden, dass die vereinheitlichte Formatierung der personenbezogenen Daten zu **zusätzlichen Datenschutzrisiken** führe (Leucker PinG 2015, 195 (198)). Das ist sicherlich nicht von der Hand zu weisen, auch wenn „data protection by obscurity" nicht als nachhaltiges Konzept gilt. Der Normgeber hat eine wettbewerbsfördernde und den „digitalen Auszug" erleichternde Stoßrichtung der Norm gewollt und sich insoweit für die gegenwärtige Gestaltung entschieden.

69 Mit Interoperabilität ist **nicht Kompatibilität** gemeint (Artikel 29-Datenschutzgruppe WP 242 rev.01, 17). Auch die Formulierung eines „weiterverwendbaren Formats" (Art. 18 Abs. 1 DS-

GVO-Komm) hatte sich im Normsetzungsverfahren nicht durchgesetzt (Hennemann PinG 2017, 5 (6)). Das Unionsrecht definiert den Begriff der Interoperabilität dabei bereits in der Computerprogramm-Richtlinie (RL 2009/24/EG, Erwägungsgrund 10). Die Definition ist jedoch sehr allgemein gehalten und setzt die Fähigkeit zum Austausch von Informationen und deren wechselseitige Verwendung voraus. Insbesondere setzt sie sich mit der allgemeinen Kompatibilität von Hard- und Software auseinander und nicht mehr mit der spezielleren Frage kompatibler Formate, sodass für den konkreten Fall hier wohl keine näheren Erkenntnisse aus der Norm abgeleitet werden können (so auch Gerl/Pohl in Stiftung Datenschutz, Practical Implementation of the Right to Data Portability, 2017, 204 (211), http://t1p.de/z6pu). Sie ist vielmehr ein Anhaltspunkt dafür, dass es die eine Definition von Interoperabilität nicht gibt, sondern je nach Anwendungsfeld verschiedene Definitionen bedeutsam sein können (so Hoffmann/Otero Demystifying the role of data interoperability in the access and sharing debate, Max Planck Institute for Innovation and Competition Research Paper 20-16, 7 ff., die S. 11 f. dann auf syntaktische und semantische Interoperabilität als zwei zentrale Elemente aller Definitionen abheben) Eine weitere Definition der Interoperabilität findet sich in Art. 3 Nr. 7 INSPIRE-RL 2007/2/EG. Hiernach verlangt Interoperabilität die Kombinierbarkeit und Interaktion von und mit Daten ohne wiederholtes manuelles Eingreifen unter Beibehaltung kohärenter Ergebnisse und mit Erhöhung des Zusatznutzens der Datensätze und Datendienste. Diese Definition scheint sachlich mehr Ähnlichkeiten zur DS-GVO aufzuweisen; sie fordert eine höchstmögliche Weiterverwendbarkeit zum Zwecke der Portabilität, ohne vollständige Kompatibilität grundsätzlich zu gewährleisten (→ Rn. 69.1). Auch das BGB enthält neuerdings eine Definition der Interoperabilität. § 327e Abs. 2 S. 4 BGB beschreibt Interoperabilität als die Fähigkeit eines digitalen Produkts (d.h. eines digitalen Inhaltes oder einer digitalen Dienstleistung, § 327 Abs. 1 S. 1 BGB), mit anderer Hardware oder Software als derjenigen, mit der digitale Produkte derselben Art in der Regel genutzt werden, zu funktionieren. Diese Definition beruht auf Art. 2 Nr. 12 RL 2019/770/EU. Insgesamt scheint es, als seien die verschiedenen Definitionen von Interoperabilität auf europäischer Ebene nicht recht aufeinander abgestimmt.

Die Ausgestaltung der Vorgabe der Interoperabilität ist durch Verhaltensregeln möglich (Art. 40 Abs. 2 lit. f). Ideengeber kann hier der **Europäische Interoperabilitätsrahmen** (englisch: European Interoperability Framework; Abk. EIF) sein, der allerdings vornehmlich auf den Bereich des E-Governments gerichtet ist. **69.1**

1. Strukturiertheit

Als erstes Element der Interoperabilität nennt Art. 20 Abs. 1 S. 1 die Strukturiertheit. Gemeint ist die **Anordnung der Informationen** (Gola/Piltz Rn. 20). Die Artikel 29-Datenschutzgruppe interpretiert dies als die Forderung nach einem „high level of abstraction" (Artikel 29-Datenschutzgruppe WP 242 rev.01, 17). **70**

Kritisiert wird teils, dass die Strukturiertheit an sich aus **Perspektive des Verarbeiters** gegeben sein mag, die herausgegebenen Daten aber für die Weiterverwendung durch den Betroffenen völlig unbrauchbar sein könnten (Bräutigam/Schmidt-Wudy CR 2015, 56 (60)), womit dem Recht auf Herausgabe der Daten jegliche praktische Funktionsfähigkeit genommen würde. **71**

Vor allem die **Offenheit eines Standards** kann hier zuweilen der Strukturiertheit zuwiderlaufen. **72**

Jedenfalls wird die Strukturiertheit **kontextabhängig** und auch **sektorspezifisch** zu beantworten sein (so wohl auch Durmus RDV 2018, 81 (82)). Einzelfragen hierzu bleiben bisweilen noch offen. Hier besteht erkennbar eine Wechselwirkung zwischen den Anforderungen an die Strukturiertheit einerseits und die Gängigkeit andererseits (in diese Richtung auch Kipker/Voskamp DuD 2012, 737 (740)) (→ Rn. 73.1 ff.). **73**

Beispielhaft für strukturierte Datenformate werden Datenbankformate wie **XML** und **SQLite** angeführt (hierzu ausführlich Deusch/Eggendorfer K&R 2020, 105 (106 f.)) sowie **Excel-Dateien.** Facebook bspw. nutzt für den Datenexport **JavaScript Object Notation (JSON)** (c't 4/2020, 18 (19)). **73.1**

In bestimmten Zusammenhängen können auch **Ordnerstrukturen** (Franck, RDV 2016, 111 (117 Fn. 51)) eine Interoperabilität sichern. **73.2**

Strittig diskutiert wird die Verwendung von **HTML** und **TXT**-Dateien, da diese Formate nicht eine bestimmte Strukturierung vorgeben (aA für TXT wohl Gola/Piltz Rn. 21). Die Zulässigkeit von kommaseparierten Listen (**CSV**) wird aber grundsätzlich bejaht (Franck, RDV 2016, 111 (117 Fn. 51)), sodass dann TXT- ebenso wie HTML-Dateien je nach Umsetzung durchaus das Kriterium der Strukturiertheit erfüllen können. **73.3**

2. Maschinenlesbarkeit

74 Für die Maschinenlesbarkeit enthält die DS-GVO keine eigenständige Definition. Andere Normen des deutschen Bundesrechts verlangen dafür die **automatisierte Auslesbarkeit und Verarbeitbarkeit durch Software** (s. bspw. § 12 Abs. 1 EGovG), im Landesrecht finden sich teilweise ausführlichere Anforderungen (zB § 10 Abs. 5 HmbTransparenzG; TransparenzG RLP).

75 Zu weitgehend wäre es aber, die rein technische **Möglichkeit einer maschinellen Extraktion der Daten** als Maßstab zu nehmen. Das Dokument sollte zur weiteren Brauchbarkeit nicht nur theoretisch dafür geeignet, sondern zu diesem Zwecke konzeptioniert und bestimmt sein. Letztendlich wäre das Merkmal ansonsten überflüssig, da mit dem Fortschreiten der technischen Möglichkeiten auch heute schon eine Vielzahl von Formaten Maschinen grundsätzlich zugänglich ist. Einen Anhaltspunkt gibt hier auch die § 3 Nr. 5 DNG zugrundeliegende Idee, welcher eben gerade nicht die praktische Maschinenlesbarkeit, sondern die leichte Erkennbarkeit, Identifizierbarkeit und Extraktion von Informationen verlangt, was vor allem auf für die Maschinenlesbarkeit explizit bestimmte Formate zutreffen dürfte (→ Rn. 75.1).

75.1 Ein **Papierausdruck** ist nicht maschinenlesbar, ebenso wenig dessen Repräsentation als Datei (insbesondere **PDFs**). So unterscheidet bspw. § 2 ERVV explizit zwischen elektronischen Daten in PDF oder TIFF-Format (Abs. 1) und strukturierten, maschinenlesbaren XML-Dateien (Abs. 3). Zum Teil wird allerdings angenommen, dass auch eine OCR-Lesbarkeit genügen könnte (Hennemann PinG 2017, 5 (7)), sodass auch ein scanbarer Papierausdruck nicht grundsätzlich ausscheiden würde. So spricht man auch beim Personalausweis trotz der optischen Texterkennung von einem „maschinenlesbaren Bereich", wobei darauf abgestellt wird, dass das Dokument zum Zwecke der Maschinenlesbarkeit konzeptioniert wurde (dazu International Civil Aviation Organization, Machine Readable Travel Documents Doc 9303, 7. Aufl. 2015). Aufzählungen aus anderen Rechtsbereichen erwähnen die Papierform jedenfalls allgemein nicht als maschinenlesbar (s. bspw. http://www.opendata.sachsen.de/HLF/8_Maschinenlesbare_Dateiformate.pdf, abgerufen am 8.4.2018).

3. Gängiges Format

76 Weiter muss es sich bei dem Format um ein gängiges handeln. Dies bezieht sich auf **Praktiken und Gegebenheiten auf dem Markt** (Piltz K&R 2016, 629 (634)). Es kann durchaus mehrere gängige Formate geben (Schätzle PinG 2016, 71 (74)). Das von einem marktstarken oder gar marktmächtigen Anbieter verwendete Format wird allerdings nicht allein deshalb schon gängig sein (so auch Durmus RDV 2018, 80 (82); SJTK/Rudolph Rn. 72). Dafür spricht auch Erwägungsgrund 63, der eine Pflicht zur Übernahme technisch kompatibler System explizit verneint. Wenn aber – was dann indirekt auf der Marktmacht beruht – dieses Format von anderen Diensteanbietern akzeptiert wird, wird man von einem gängigen Format sprechen müssen. Datenschutzrechtlich hat insoweit die Marktmacht außer Betracht zu bleiben, kann aber kartellrechtlich durchaus adressiert werden. Teils wird beim Merkmal der Gängigkeit auch die Verbreitung der Software-Lösung unter Verbrauchern thematisiert (Brüggemann K&R 2018, 1 (3)).

77 Zu hohen Kosten lizensierbare **proprietäre Formate** sind nicht gängig (Artikel 29-Datenschutzgruppe, Guidelines to the right to data portability (WP 242) v. 5.4.2017, 17). **Offene Formate** sind nicht per se gängig, weil hierfür auch eine allgemeine Verbreitung erforderlich ist (→ Rn. 77.1 f.).

77.1 Rohdaten (zB **CSV**) sind ein gängiges Format, bei E-Mails gilt dies für **MSG-** und **EML-**Dateien, allgemein **XML** (Franck RDV 2016, 111 (117 Fn. 51)). Die Artikel 29-Datenschutzgruppe schlägt den Rückgriff auf offene Formate wie bspw. XML, JSON, CSV unter Zufügung von möglichst genauen Metadaten dort vor, wo in einem bestimmten Kontext oder in einer bestimmten Branche kein gängiges Format erkennbar ist (WP 242) v. 5.4.2017, 18).

77.2 Auch **Office-Formate** (insbesondere Excel (Gola/Piltz Rn. 21) und PDF/A (Hennemann, PinG 2017, 5 (7)) sind gängig, möglicherweise aber nicht in jeder Hinsicht und in jedem Kontext strukturiert (→ Rn. 70 ff.).

78 Allerdings gibt es bei proprietären oder neuartigen Diensten ggf. (noch) kein gängiges Format. Insoweit läuft die Datenportabilität leer. So gibt es für die Verantwortlichen **keine Pflicht, interoperable Formate zu entwickeln** und zu nutzen; die DS-GVO belässt es insoweit bei einer rechtspolitischen Aufforderung (vgl. Erwägungsgrund 68; Kühling/Buchner/Herbst Rn. 21) (→ Rn. 78.1).

78.1 Die großen US-amerikanischen Anbieter von Internetdiensten haben das **„Data Transfer Project"** (https://datatransferproject.dev/) initiiert, das aber noch keine praktische Wirkung entfaltet hat. Vergleichbar aber auch im **Kfz-Bereich** hat sich etwa für die elektronische Fahrzeugdiagnose erst mit der Zeit ein interoperables Format herausgebildet (vgl. Mittler/Zwissler BB 2017, 3 (13) mit Verweis auf LG Frankfurt a. M. BeckRS 2016, 9417).

III. Behinderungsverbot bei Übertragung an Dritte (Abs. 1 Var. 2)

Anders als es die Formulierung nahelegt, handelt es sich beim Behinderungsverbot nicht um einen zu Abs. 1 Var. 1 gleichrangigen Anspruch, sondern um einen **bloßen Hilfsanspruch** (in diese Richtung auch Plath/Kamlah Rn. 9; „zweite Stufe", Piltz K&R 2016, 629 (634)). 79

Das Behinderungsverbot bezieht sich in der Sache auf die Weitergabe an einen Dritten. Dies schließt **DRM-Maßnahmen** und das Geltendmachen von **Datenbankschutz** aus, ebenso **mutwillige Verzögerung, Kosten** (→ Rn. 84 f.) und sonstige Bedingungen (→ Rn. 80.1 f.). 80

Natürlich darf auch der **Betroffene** selber die Übermittlung nicht erschweren oder gar unmöglich machen (Schätzle PinG 2016, 71 (74)). Wenn die Schwierigkeiten in der Internetbandbreite liegen – in der Praxis wohl vornehmlich beim Betroffenen –, dann soll es Gute Praxis sein, die Daten auf einem anderen Wege, etwa einem physischen Datenträger, an der Betroffenen zu übertragen (Artikel 29-Datenschutzgruppe WP 242 rev.01, 14). 80.1

Auch ist zu bedenken, dass der **geplante Empfänger** keine Pflicht hat, die Daten entgegenzunehmen (→ Rn. 57); er darf also die Übertragung im Rahmen seiner Privatautonomie nach Belieben behindern und braucht hierfür keine zusätzliche rechtliche Rechtfertigung (so wie hier auch Klink-Straub/Straub ZD 2018, 459 (462); für einen Verstoß gegen die Privatautonomie in Form eines Kontrahierungszwangs auch Brüggemann K&R 2018, 1 (5); aA insoweit Gola/Piltz Rn. 12: „triftige Gründe"). 80.2

IV. Frist

Für die Erfüllung des Anspruchs nach Art. 20 gilt die **allgemeine Frist des Art. 12.** Sie kann nach den allgemeinen Vorschriften bei technischer Komplexität auf maximal drei Monate verlängert werden (Art. 12 Abs. 3 S. 2) (→ Rn. 81.1). 81

Die Europäische Kommission hat in ihrem ersten Evaluationsbericht zur DS-GVO (COM(2020) 264 final v. 24.6.2020, 10 f.) den Standpunkt vertreten, Art. 20 ermögliche eine „**Datenübertragbarkeit in Echtzeit**", was derzeit nur mangels noch fehlender technischer Schnittstellen nicht in Anspruch genommen werde. Eine derartige Interpretation der Norm scheitert allerdings an der Fristenregelung in Art. 12 Abs. 3 DS-GVO (Schweizer GRUR 2019, 569 (574); abl. auch Kerber ZD 2021, 544 (547), der auf den vorgeschlagenen Digital Markets Act verweist; aA offenbar WP 242 Rev. 01, 14 (engl. Fassung)). 81.1

V. Datenschutzrechtlicher Erlaubnistatbestand

Weder ist die **(Um)Formatierung** bzw. **Konvertierung** in ein portables Format ein neuer Verarbeitungszweck, der eines datenschutzrechtlichen Erlaubnistatbestands bedürfte (Artikel 29-Datenschutzgruppe WP 242 rev.01, 17 f.), noch ist es die **Übertragung der Daten an den Betroffenen**. 82

Allerdings wird bei **Daten mit Doppelbezug** teilweise und für diese ein datenschutzrechtlicher Erlaubnistatbestand gefordert. Tatsächlich handelt es sich aus der Perspektive des Verantwortlichen bei der Datenportierung um eine Übermittlung, auch wenn es aus Sicht des Betroffenen um privat-familiäre Daten iSd Art. 2 Abs. 2 lit. c handelt (diese Perspektiven vermischend Brüggemann K&R 2018, 1 (4)). Dies ist aus einem anderen Grund noch ungenau: Denn nach Art. 20 Abs. 4 schließt bei Beeinträchtigung von Rechten und Freiheiten Dritter, zu denen die datenschutzrechtliche wie auch jede andere persönlichkeitsrechtliche Betroffenheit zählt, den Anspruch bereits aus (→ Rn. 92 ff.). 83

VI. Unentgeltlichkeit (Art. 12 Abs. 5 S. 1)

Grundsätzlich führt das Geltendmachen eines Anspruchs nach Art. 20 – **wie auch bei anderen Betroffenenrechten** – nicht zu einem Entgeltanspruch des Verantwortlichen (Art. 12 Abs. 5 S. 1). 84

Lediglich bei der **missbräuchlichen Inanspruchnahme der Betroffenenrechte** (→ Rn. 110) kann eine ein angemessenes Entgelt verlangt werden (Art. 12 Abs. 5 S. 2 lit. a). Dabei dürfen aber die Kosten zur Umstellung eines Datenverarbeitungssystems oder die tatsächlich wohl vernachlässigbaren Übertragungskosten keine Rolle spielen (Artikel 29-Datenschutzgruppe WP 242 rev.01, 15). 85

VII. Keine Beratungspflicht

86 Es wird **teilweise als Gute Praxis angesehen,** dass der Verantwortliche den Betroffenen berät, wie die portierten Daten datensicher aufbewahrt werden können (Artikel 29-Datenschutzgruppe WP 242 rev.01, 19 f.). Sicherlich ist das Datensicherheitsniveau bei einem Privatanwender in aller Regel geringer als bei einem professionellen Anbieter. Allerdings gehören die „heimgeholten Daten" in keinem Fall mehr zum Pflichtenkreis des Verantwortlichen (→ Rn. 86.1).

86.1 In vielen Fällen wird ein solcher Ratschlag als **nachlaufende (Neben-)Leistung** eingeordnet werden, sodass der Verantwortliche für dessen Richtigkeit vertraglich oder staatshaftungsrechtlich einstehen muss. In der Praxis wird man in den meisten Fällen deshalb von einer Datensicherheitsberatung abraten müssen. Auch kann eine Warnung vor den Risiken von daheim gespeicherten Daten von übelmeinenden Aufsichtsbehörden, Verbraucherschutzverbänden oder Konkurrenten als „erhebliche Beeinträchtigung" des Rechts aus Art. 20 Abs. 1 Var. 2 betrachtet werden, was dann zu weiteren rechtlichen Kosten und Lästigkeiten führt.

G. Grenzen der Datenportabilitätsansprüche

87 Die Erfüllung von Ansprüchen auf Datenportierung kann **im Einzelfall** beschränkt oder ausgeschlossen sein.

I. Vorbehalt technischer Machbarkeit bei Direktübermittlung (Abs. 2 aE)

88 Der wenig konkrete Rechtsbegriff der technischen Machbarkeit wird durch Erwägungsgrund 68 insofern konkretisiert, als dass vom Empfänger der übermittelten Daten zumindest keine Einrichtung von technisch kompatiblen Systemen verlangt werden kann. Dementsprechend wird der Vorbehalt technischer Machbarkeit bei **Speziallösungen** regelmäßig schon früh greifen, zumal der Verantwortliche kein Entgelt erhält (Plath/Kamlah Rn. 10). Unterschiedliche Formate, insbesondere die Verwendung eines nicht gängigen Formats beim empfangenden Verantwortlichen oder das Fehlen eines gängigen Formats im betroffenen Bereich können hier dann technische Hindernisse darstellen. Andersherum wird man aber bei **gängigen Formaten** (→ Rn. 76 ff.) und bei **Übertragungen über das Internet** allgemein von einer technischen Machbarkeit ausgehen können.

89 Neben objektiven Maßstäben sind dabei auch subjektive Maßstäbe abhängig von der **Größe und (technischen) Leistungsfähigkeit des Verantwortlichen** anzulegen (LNK Das neue DatenschutzR § 4 Rn. 65). Dazu zählt im Einzelfall ggf. eine fehlende Bandbreite. Der Umfang der Mitwirkung des Verantwortlichen muss insgesamt verhältnismäßig sein (Kühling/Buchner/Herbst Rn. 27) und ist im Hinblick auf die durch die technikunabhängige Ausgestaltung entstehende Vielzahl von unterschiedlichen Konstellationen im Einzelfall zu prüfen.

90 Aus Betroffenenschutzgründen müssen die Anforderungen an den Verantwortlichen nicht besonders hochgeschraubt werden. Denn auch bei einem Entfallen des Anspruchs auf Direktübermittlung besteht **jedenfalls ein Anspruch des Betroffenen auf Bereitstellung der Daten nach Abs. 1** (Plath/Kamlah Rn. 10).

II. Wirtschaftliche Unzumutbarkeit

91 Die wirtschaftliche Unzumutbarkeit, etwa bei hohen Kosten, ist im Wortlaut nicht angelegt, aber jedenfalls ist eine **allgemeine Billigkeitsgrenze** anzunehmen.

III. Keine Beeinträchtigung der Rechte anderer Personen (Abs. 4)

92 Abs. 4 enthielt in der deutschen Sprachfassung **ursprünglich** einen **Verweisfehler,** indem auf Abs. 2, nicht – wie in anderen Sprachfassungen – auf Abs. 1 Bezug genommen wird (Paal/Pauly/Paal Rn. 25; Gola/Piltz Rn. 32–35). Dies ist nun berichtigt (ber. ABl. 2018 Nr. L 127 S. 2).

93 Art. 20 Abs. 4 spricht allgemein von „Rechten und Freiheiten anderer Personen", was Erwägungsgrund 68 S. 8 für den Datenschutz anderer Betroffener wiederholt. Die Erwähnung in den Erwägungsgründen ist aber nicht in einem exklusiven Sinne zu verstehen, sodass iRd Abs. 4 nicht nur Datenschutzrechte Dritter, sondern grundsätzlich **jedes vom europäischen Primärrecht geschützte Individualinteresse** zu berücksichtigen ist (dem Verantwortlichen eine Berufung auf seine Rechte versagend Elfering, Unlocking the Right to Data Portability, 2019, 29).

1. Datenschutz Dritter

Mit „anderer Person" sind vor allem betroffene Personen gemeint, also **dritte natürliche** 94
Personen. Diese Konstellation ist im Zusammenhang mit Sozialen Netzwerken (zum vernetzten Fahrzeug Klink-Straub/Straub ZD 2018, 459 (462)) und den dort vorhandenen Daten mit Doppel- und Drittbezug (→ Rn. 32 ff.) besonders relevant (→ Rn. 94.1).

In vielen Fällen, vor allem bei Sozialen Netzwerken, kann ein Dritt- und Doppelbezug von Daten (→ **94.1**
Rn. 32 ff.) einem Anspruch auf Datenportabilität entgegenstehen. Hierfür ist vorgeschlagen worden, diese Daten von den dem Art. 20 unterfallenden **mit Hilfe von Algorithmen** zu trennen (Jülicher/Röttgen/v. Schönfeld ZD 2016, 358 (362); technische Bedenken insb. bei Fließtexten Deusch/Eggendorfer K&R 2020, 105 (107)). Abgesehen von der technischen Machbarkeit – immerhin geht es um Wertungsentscheidungen (→ Rn. 32) – besteht jedenfalls de lege lata kein Anspruch des Verantwortlichen, die bei ihm gespeicherten Daten in dieser Art und Weise aufzubereiten. Womöglich aber bietet das Konzept der „**Sticky Policies**", wonach die Datenschutzpräferenzen im Zusammenhang mit den entsprechenden Daten gespeichert und dann auch portiert würden.

Nicht unter den Abs. 4 fallen **Datenschutzrechte Dritter gegenüber der Portierung** 95
begehrenden Person, da diese regelmäßig privat und familiär handelt (vgl. Artikel 29-Datenschutzgruppe WP 242 rev.01, 11) und deshalb nicht in den Anwendungsbereich des Datenschutzrechts fällt (zu dieser Dreieckskonstellation → Rn. 83). Teils wird davon ausgegangen, dass durch den das Recht auf Portabilität geltendmachenden Betroffenen insbesondere auch das Recht auf den Schutz personenbezogener Daten aus Art. 8 Abs. 1 GRCh Dritter zu achten ist (Kühling/Buchner/Herbst Rn. 18). Jedenfalls können allgemeine Persönlichkeitsrechtspositionen auch jenseits des eigentlichen Datenschutzrechts zwischen dem die Portierung Begehrenden und betroffenen Dritten relevant werden.

Möglicherweise aber können Dritte gegenüber dem portierungsverpflichteten Verantwortlichen 96
ein „Recht auf Nicht-Portierung" haben (**Übermittlungs-Sperrung**). Dogmatisch wäre dies als eine „Einschränkung der Verarbeitung" iSd Art. 18, die sich nach Art. 4 Nr. 2 auch auf die Übermittlung beziehen kann.

In der (Aufsichts-)Praxis wird man regelmäßig dann keine Beeinträchtigung von Rechten 97
Dritter annehmen, wenn die Daten **beim neuen Anbieter für dieselben Zwecke verarbeitet** werden (Artikel 29-Datenschutzgruppe WP 242 rev.01, 11).

Jedenfalls verringert sich die Datenportabilität in dem Maße, in dem „Rechte und Freiheiten 98
anderer Personen entgegenstehen". Je stärker der Datenschutz der betroffenen Dritten ist, desto mehr läuft das Recht auf Datenportabilität ins Leere (Schätzle PinG 2016, 71 (74)). Eine einseitig **datenschutzrechtliche Auslegung lässt den wettbewerblichen Ansatz ins Leere laufen** (Schantz NJW 2016, 1841 (1845)). Dies ist aber mangels einer entgegenstehenden ausdrücklichen gesetzlichen Anordnung bei systematischer Betrachtung die Konsequenz daraus, dass diese Regelung des Art. 20 in das Datenschutzrecht (und eben nicht das Wettbewerbsrechts) aufgenommen worden ist.

Vereinzelt wird in Zusammenhang mit den Rechten Dritter auf **ungeklärte Haftungsfragen** 98a
für den Verantwortlichen hingewiesen, der sich zwischen Verantwortung für die Rechtsverletzungen gegenüber Dritten und den bei unberechtigter Verweigerung drohenden Haftung (Art. 82 Abs. 1) und Sanktionen (Art. 83 Abs. 5 lit. b) in einer „Zwickmühle" befinde (dazu Brüggemann K&R 2018, 1 (4 f.)).

2. Geschäftsgeheimnisse

Geschäftsgeheimnisse sind solche Informationen, die Kreisen, welche üblicherweise mit solchen 99
Informationen umgehen, **nicht allgemein bekannt oder ohne Weiteres zugänglich** sind (Art. 2 Nr. 1 lit. a RL (EU) 2016/943), gerade aufgrund der Tatsache, dass sie geheim sind, einen kommerziellen Wert haben (Art. 2 Nr. 1 lit. b RL (EU) 2016/943) und durch entsprechende Geheimhaltungsmaßnahmen des rechtmäßigen Inhabers der Information geschützt werden (Art. 2 Nr. 1 lit. c RL (EU) 2016/943).

Bei den in einem engen Sinne vom Betroffenen aktiv bereitgestellten Daten handelt es sich von 100
vornherein nicht um Geschäftsgeheimnisse. Allerdings können in der Struktur der zu portierenden Daten, insbesondere ihren **Metadaten** (→ Rn. 67), unter Umständen Geschäftsgeheimnisse mitübertragen werden (Jasper DuD 2012, 571 (573), ansonsten dort aber zu einer Entwurfsfassung der DS-GVO). Bei einem weiten Verständnis des Tatbestandsmerkmals der „Bereitstellung", die dann etwa auch **Interaktionsdaten** umfasst (→ Rn. 45), kann ebenfalls leicht(er) auf geheimgehaltene Unternehmensstrukturen usw. geschlossen werden. Je weiter die Auslegung des Tatbe-

standsmerkmals „Bereitstellung" ist, desto weiter überlappt sich die Datenportabilität mit dem Bereich potentieller Betriebs- und Geschäftsgeheimnisse.

101 Das genaue **Verhältnis vom Geschäftsgeheimnisschutz zum Datenschutz** findet sich aber weder in der Trade-Secret-RL (EU) 2016/943 noch in der DS-GVO geregelt. Die in Art. 2 der RL (EU) 2016/943 aufgelisteten Ausnahmen scheinen nicht einschlägig. Die Annahme, dass die Datenportabilität ein Recht zur Offenlegung gegenüber der Öffentlichkeit im öffentlichen Interesse sei (Art. 1 Abs. 2 lit. b RL (EU) 2016/943), würde wohl jedes der Tatbestandmerkmale überdehnen. Auch eine Berufung auf die Ausnahme des Art. 1 Abs. 2 lit. a RL (EU) 2016/943 für die Informationsfreiheit wird dem individuellen Charakter der Datenportierung nur an den Betroffenen (bzw. einen von diesem benannten anderen Verarbeiter) nicht gerecht. Denkbar wäre aber die Annahme, dass es sich um einen rechtmäßigen Erwerb iSd Art. 3 Abs. 2 der RL handelt, wenn man Art. 20 als eine Erlaubnis der Nutzung oder Offenlegung durch Unionsrecht betrachtet. Auch hier scheint aber wiederum die Individualität des Anspruchs gegenüber dem Betroffenen dieser Annahme zu widersprechen. Der Erwerb durch einen Wettbewerber ist gerade nicht vorgesehen.

102 Aus der DS-GVO lässt sich der Stellenwert des Geschäftsgeheimnisschutzes ebenfalls nicht eindeutig ablesen. Es ist schon fraglich, ob „andere Person" iSd Abs. 4 auch den Verantwortlichen selbst meint. Erwägungsgrund 68 deutet zunächst nur in die Richtung des (Dritt-)Betroffenen. Zudem ist zu berücksichtigen, dass der „Verantwortliche" in der DS-GVO ansonsten ausdrücklich als solcher benannt wird. Allerdings lässt der Wortlaut des Art. 20 Abs. 4 ein weites Verständnis durchaus zu, das dann den **Verantwortlichen als „andere Person"** begreift (für ein umfassendes Verständnis Gola/Piltz Rn. 36; aA SJTK/Rudolph Rn. 109).

103 Jedenfalls berücksichtigt die DS-GVO den **Schutz von sonstigen Rechten** (einschließlich der „unternehmerischen Freiheit") schon durch Erwägungsgrund 4 S. 2. Der Datenschutz geht anderen Rechten nicht pauschal vor (dazu Plath/Kamlah Rn. 15).

104 So liegt einstweilen eine **Anlehnung an verwandte Regelungen in der DS-GVO** nahe. So wird hinsichtlich des **Auskunftsrechts** die Wahrung von Geschäftsgeheimnissen in Erwägungsgrund 63 ausdrücklich genannt. Zumindest sei der Geheimnisschutz in eine Gesamtabwägung einzubeziehen (Gola/Franck Art. 15 Rn. 26). Zum ähnlich gelagerten Problem der **Informationspflichten über die involvierte Logik bei der automatisierten Entscheidungsfindung** (Art. 13 Abs. 2 lit. f) wird dagegen vertreten, dass sich das ungeregelte Spannungsverhältnis zwischen Rechten des Betroffenen und Geschäftsgeheimnissen nur über eine mitgliedstaatliche Regelung nach Art. 23 aufzulösen sei (Kühling/Martini/Bäcker Art. 13 Rn. 54), was für den nicht-öffentlichen Bereich freilich nur wenig praktikabel ist.

3. Immaterialgüter Dritter

105 Dagegen ist die Frage, ob einem Anspruch auf Datenportierung auch Immaterialgüterrechte entgegenstehen können, **weitgehend theoretisch**. Die im Ratsentwurf v. 11.6.2015 (dort Art. 18 Abs. 2aa) noch explizit erwähnten „Rechte am geistigen Eigentum" finden sich im geltenden Art. 20 deshalb nicht (mehr).

106 An den von Art. 20 erfassten Daten als solchen können keine Immaterialgüterrechte bestehen; nach wie vor sind **personenbezogene Daten nicht verdinglicht** (→ Rn. 8).

107 Das **Software-Urheberrecht** ist ebenfalls nicht einschlägig. (Software)Schnittstellen nach § 69e UrhG und Art. 6 RL 2009/24/EG sind ebenfalls nicht betroffen, weil nur Vorgaben für das Datenformat gemacht werden.

108 Und im rechtlichen Sinne werden die zu portierenden Daten keine Datenbank darstellen, sondern nur (quantitativ unwesentlichen) Datenbankinhalt (Art. 3 Abs. 2 RL 96/9/EG), der insoweit vom **Schutz des Datenbankherstellers** nicht umfasst ist (Art. 3 Abs. 2 DatenbankRL 96/9/EG; vgl. im deutschen Recht §§ 87a ff. UrhG; einen Konflikt nicht ausschließend Elfering, Unlocking the Right to Data Portability, 2019, 43 ff.).

IV. Abdingbarkeit

109 Nicht durch den Wortlaut des Art. 20 geklärt ist, ob die Möglichkeit besteht, entgegenstehende Vereinbarungen zwischen Verantwortlichem und Betroffenem zu treffen. Die **Vertragsfreiheit** spricht dafür, die (auch) **wettbewerbsermöglichende Zielrichtung** der Regelung dagegen. Jedenfalls aber besteht die allgemeine wettbewerbsrechtliche Grenze für **Behinderungswettbewerb** (Schätzle PinG 2016, 71 (73)). Zudem wird man in den Regelungen des Art. 20 eine Einschränkung der Gestaltung von AGB sehen können (Roßnagel VuR 2015, 361 (362)).

V. Weigerungsrecht bei missbräuchlicher Geltendmachung (Art. 12 Abs. 5 S. 2)

Wie auch bei anderen Betroffenenrechten kann der Verantwortliche (alternativ zur Entgeltlichkeit, → Rn. 84 f.) die Erfüllung der Ansprüche auf Datenportabilität verweigern, wenn diese unbegründet und vor allem exzessiv geltend gemacht werden (Art. 12 Abs. 5 S. 2 lit. b). Allerdings wird die **Schwelle für einen Missbrauch hier recht hoch** liegen, zielt die Vorschrift doch auf eine Digitalisierung der Datenportabilität. Jedenfalls aber wenn die Systeme, über die die Daten portiert werden, systematisch oder mutwillig überlastet werden, ist die Grenze des Missbrauchs erreicht. **110**

Das bloße **wiederholte Geltendmachen** als solches wird nicht als missbräuchlich erachtet (vgl. Artikel 29-Datenschutzgruppe WP 242 rev.01, 12), bei einer bereitgestellten Schnittstelle (→ Rn. 54) wohl auch nicht die **dauerhafte Geltendmachung.** Missbräuchlich können dagegen „unfair practice(s)" oder **Verletzung von Immaterialgütern** (Artikel 29-Datenschutzgruppe WP 242 rev.01, 12). Die bloße **Gefährdung eines Geschäftsmodells** dagegen soll keine missbräuchliche Geltendmachung sein (Artikel 29-Datenschutzgruppe WP 242 rev.01, 12) (→ Rn. 111.1). **111**

Als ein erstes Beispiel der Erprobung der Grenzen einer Gefährdung eines Geschäftsmodells – wohl aber noch im wesentlichen unter Geltung des alten Rechts – kann die **OpenSCHUFA-Bewegung** angesehen werden. Durch massenhafte Auskunftsanfragen sollen die Berechnungsmethoden der SCHUFA rekonstruiert werden (dazu c't 6/2018, 16 ff.). Das neue Recht auf Datenportabilität könnte hier weitere ähnliche Bewegungen hervorrufen. **111.1**

H. Verhältnis zu anderen Betroffenenrechten

Die Rechte auf Datenportabilität stehen grundsätzlich in **Realkonkurrenz** zu anderen datenschutzrechtlichen Rechten und Ansprüchen (Plath/Kamlah Rn. 13). **112**

I. Vorrang spezieller Regelungen

Allerdings sind die Vorgaben der spezialgesetzlichen Normen nach Ansicht der Artikel 29-Datenschutzgruppe zu berücksichtigen (Artikel 29-Datenschutzgruppe WP 242 rev.01, 7). Hierfür ist zunächst das Vorliegen einer **Normenkollision** zu prüfen. Die Normen (→ Rn. 112a.1 ff.) unterscheiden sich häufig in ihrer Zielrichtung und im Umfang erheblich von der Ausgestaltung in Art. 20 DS-GVO. So wird bspw. darauf hingewiesen, dass sich die zu übertragenden Datenbestände und Objekte unterscheiden und häufig auch – anders als bei Art. 20 DS-GVO – ein Anspruch nur bei Kündigung entstehe. Bei Inkongruenz der Tatbestandsvoraussetzungen aber können fachrechtliche Ansprüche dem Art. 20 DS-GVO nicht als spezielle Norm vorgehen (vgl. Brüggemann K&R 2018, 1 (2)). **112a**

So kommt die Artikel 29-Datenschutzgruppe bezüglich Anfragen zu Kontodaten zu Zwecken der **Zahlungsdienste-RL 2007/64/EG** zu der Einschätzung, dass diese Informationen nach den Vorgaben der Richtlinie und nicht der DS-GVO zur Verfügung zu stellen seien (Artikel 29-Datenschutzgruppe WP 242 rev.01, Fn. 15). Ähnlich stellt es sich mit den Ansprüchen nach §§ 20 ff. ZKG dar, die auf der **Zahlungskonten-RL 2014/92/EU** basiert. **112a.1**

Andere Normen wie **§ 59 Abs. 5 TKG 2021** (bislang § 46 Abs. 3 TKG) haben eine **ähnliche wettbewerbliche Stoßrichtung** (Ehmann/Selmayr/Selmayr/Ehmann Einf. Rn. 64), gerade in Bezug auf einen Anbieterwechsel: Allerdings geht es im Telekommunikationsrecht nicht lediglich um die Herausgabe eines Datums („Ihre Telefonnummer lautet …") an sich, sondern um deren funktionelle Übertragung. Auch wird die funktionale Weiternutzung von Art. 20 DS-GVO gerade nicht adressiert (anders wohl Brüggemann K&R 2018, 1 (2)), und Art. 20 DS-GVO gilt in zeitlicher Hinsicht nicht nur zum Ende eines Vertragsverhältnisses. Das genaue Verhältnis der beiden Normen ist freilich noch ungeklärt. Teils wird ein **Nebeneinander der Regelungen** befürwortet, sodass bei Anwendung des 49 Abs. 5 TKG 2021 die datenschutzrechtlichen Aspekte durch die telekommunikationsrechtlichen Regulierungsbehörden in deren Verfahren zu berücksichtigen wären (Ehmann/Selmayr/Klabunde/Selmayr Art. 95 Rn. 21). **112a.2**

Eine **entfernt(er) verwandter Regelung** ist **§ 20a EnWG** (so Brüggemann K&R 2018, 1 (1)). Neben der Erleichterung des Anbieterwechsels als solchem für den Verbraucher verlangt diese Norm für einen solchen Wechsel auch einen **umfassenden Austausch von Daten und Informationen** zwischen den Anbietern (s. im Einzelnen BT-Drs. 17/6072, 76). Ein Anspruch des Betroffenen zum Erhalt dieser Daten, der Art. 20 DS-GVO entsprechen würde, ist jedoch nicht angeordnet. **112a.3**

II. Paralleler Auskunftsanspruch

113 Wie das Auskunftsrecht zielt die Datenportabilität auf die **Ermöglichung von Kontrolle über die ihn betreffenden Daten des Betroffenen**. Allerdings richtet sich das Auskunftsrecht auf die Kontrolle der Verarbeitung bei Verantwortlichen, während das „Recht auf Datenportabilität" auf die Kontrolle über die Daten selbst (in Form des informationstechnischen Zugriffs) gerichtet ist (so auch Netter AJ Contrat 2019, 416 (419); tabellarischer Überblick über die Unterschiede bei Chassang/Southerington/Tzortzatou/Boeckhout/Slokenbergaua EDPL 2018, 296 (298 f.)).

114 Auch der Auskunftsanspruch (Art. 15) kann durch die **Bereitstellung der Daten in digitaler Form** erfüllt werden (zur Abgrenzung OVG NRW CR 2021, 591 (596); Schätzle PinG 2016, 71 (74)). Allerdings ist nach Art. 15 Abs. 3 nur ein gängiges, nicht auch ein strukturiertes und maschinenlesbares Format vorgeschrieben (→ Rn. 76 ff.). Die Ratio hierhinter ist, dass die beauskunfteten Daten menschenverständlich sein müssen, die portierten Daten dagegen maschinenverständlich.

III. Paralleler Löschungsanspruch (Abs. 3 S. 1)

115 Die Möglichkeit der Datenportierung lässt den **Löschungsanspruch unberührt** (Abs. 3 S. 1). Zugleich besteht aber auch keine Löschungspflicht beim Verantwortlichen, wenn ein Anspruch auf Datenportabilität geltend gemacht wird, sodass Daten, die für Vertrags- und/oder Abrechnungszwecke noch benötigt werden, nicht gelöscht werden müssen (Paal/Pauly/Paal Rn. 23). Es handelt sich eben nicht um ein Recht auf Umzug der Daten (→ Rn. 59).

IV. Datenportabilität nach anderen Rechtsakten

115a Mittlerweile hat sich um die Frage der Datenportabilität eine **rege Regulierungstätigkeit** entfaltet, die Art. 20 nunmehr als Teil eines größeren Konzepts erscheinen lässt. Übergreifend lässt sich festhalten, dass die EU Nutzern zwar entsprechende Übertragungsrechte geben will, für alle weiteren Details jedoch abseits bestimmter „Gatekeeper" (→ Rn. 117b) einen Selbstregulierungsansatz (sog. „Governance"-Regulierung) verfolgt, der von sich aus zu Wettbewerbern führen soll. Auffällig ist, dass der umstrittene Begriff der „Bereitstellung" (→ Rn. 37 ff.) von Daten über Art. 20 hinaus nun auch in weiteren Rechtsakten Verwendung findet (→ Rn. 116, → Rn. 117b).

115b Auf der technischen Ebene ist Voraussetzung für eine erfolgreiche Portierung von Daten zwischen Anbietern zunächst die **Interoperabilität** der entsprechenden Dienste bzw. ihrer technischen Schnittstellen und APIs (zu den Begriffen Gülker InTeR 2021, 27 (27 ff.); → Rn. 68 ff.). Die Förderung von Interoperabilität zwischen Computerprogrammen überhaupt ist ein Anliegen, das bereits in der **Computerprogramm-RL 2009/24/EG** angesichts der Erwägungsgründe 10 und 15 dieser Richtlinie verfolgt wird und damit die Basis für weitergehende Portabilitätsregelungen bildet.

116 Art. 16 Abs. 2 der Richtlinie 2019/770/EU über bestimmte vertragsrechtliche Aspekte der Bereitstellung digitaler Inhalte und digitaler Dienstleistungen (**Digitale-Inhalte-RL**) verweist für den Fall der Vertragsbeendigung zunächst auf die DS-GVO und damit auch auf den hiesigen Art. 20 DS-GVO und darin geregelte Datenportabilität bezüglich personenbezogener Daten. Art. 16 Abs. 4 iVm Abs. 3 RL 2019/770/EU geht aber darüber hinaus und verlangt Datenportabilität in maschinenlesbarer Form – allerdings nur für den Fall der Vertragsbeendigung – auch für die nicht-personenbezogenen Daten, die vom Verbraucher bei der Nutzung „bereitgestellt oder erstellt" (zur Bereitstellung → Rn. 37 ff.) wurden. Die Regelung wurde in § 327p Abs. 3 BGB mit Wirkung zum 1.1.2022 unter bewusster Anlehnung an den Wortlaut des Art. 20 DS-GVO umgesetzt (BT-Drs. 19/27653, 74). Vom Verbraucher „bereitgestellte" oder „erstellte" Daten werden aber typischerweise ohnehin einen Personenbezug aufweisen, sodass der praktische Anwendungsbereich der Norm gering ausfallen wird. Aufgrund der ausdrücklichen Bezugnahme des Art. 16 Abs. 4 der RL 2019/770/EU (bzw. § 327p Abs. 3 BGB) auf nicht-personenbezogene Daten steht die Norm in einem Exklusivitätsverhältnis zu Art. 20, dh eine parallele Anwendbarkeit beider Normen auf denselben Datensatz ist nicht möglich.

117 Ebenfalls bereits in Kraft ist die **Portabilitätsverordnung** (EU) 2017/1128 des Europäischen Parlaments und des Rates vom 14.6.2017 „zur grenzüberschreitenden Portabilität von Online-Inhaltediensten im Binnenmarkt" (s. dazu auch Ranke/Glöckler MMR 2017, 378 (379)). Die dort geregelte Portabilität ist aber nicht vom Ziel der Datenübertragung zwischen Anbietern getragen, sondern zielt darauf ab, sogenanntes **„Geoblocking"** zu unterbinden, bei dem Gedanken des einheitlichen EU-Binnenmarkts zuwider Nutzern bei temporären Aufenthalten außerhalb ihres Wohnsitzlandes Zugriffe auf Dienste nur wegen der Länderzugehörigkeit der IP-Kennung vorenthalten werden (s. Art. 3 Abs. 1 VO (EU 2017/1128). Auch in Art. 6 Abs. 1 lit. a und b der **Free Flow of Data-VO (EU) 2018/1807**, bei der es um den Verkehr **nicht-personenbezogener Daten** im Binnenmarkt geht, wird die Interoperabilität kurz erwähnt. Die Regelung schreibt diese aber nicht vor, sondern enthält im Sinne des Governance-Ansatzes eine von der Kommission geförderte Anregung zur Selbstregulierung der Einzelheiten durch die Unternehmen der Branche. Ihr Anwendungsbereich ist jedoch nicht auf die Vertragsbeendigung von Verbraucherverträgen über digitale Inhalte beschränkt und damit größer als der von § 327p Abs. 3 BGB (→ Rn. 116).

117a Im Rahmen der europäischen Datenstrategie (COM(2020) 66 final) hat die Kommission zwei weitere den Portabilitätsrahmen flankierende Rechtsakte vorgeschlagen, den **Data Governance Act** (COM(2020) 767 final) und den Digital Markets Act (COM(2020) 842 final). Ersterer soll sogenannte **Datenmittler** einführen (s. Erwägungsgrund 22 Data-Governance-Act-KommE; kritisch zu den Details ihrer Konzeption Hartl/Ludin MMR 2021, 534 (537)). Diese sollen die Übertragung von Daten – sowohl personenbezogenen als auch nicht personenbezogenen Daten, s. Erwägungsgrund 23 Data-Governance-Act-KommE – zwischen Anbietern vereinfachen, um der Entstehung von Datensilos bei einzelnen großen Unternehmen vorzubeugen (Erwägungsgrund 22 S. 3 Data-Governance-Act-KommE). Um die Interoperabilität und damit die Portabilität zu fördern, soll diesen Datenmittlern nach Art. 11 Nr. 4 Data-Governance-Act-KommE die Umwandlung von Daten zwischen verschiedenen Formaten erlaubt sein. Wie schon der Titel des Verordnungsentwurfs verdeutlicht, wird die Nutzung solcher Datenmittler aber bloß als Governance-Maßnahme angeboten, ist also nicht verpflichtend.

117a.1 Konzeptionell unterscheiden sich die nach dem Data Governance Act vorgesehenen Datenmittler, soweit sie personenbezogene Daten speichern, von den in § 26 TTDSG als rein nationale deutsche Lösung vorgesehenen **Personal Information Management Services (PIMS)** dadurch, dass die PIMS lediglich erteilte Einwilligungen verwalten, die Datenmittler nach dem Vorschlag des Data Governance Acts dagegen die Daten selbst. Die noch im Verfahren befindliche **ePrivacyVO** enthält zu dieser Frage jedenfalls in der vom Rat beschlossenen Fassung (Ratsdokument 6087/21 v. 10.2.2021) überhaupt keine Regelungen.

117b Der **Entwurf eines Digital Markets Act** geht noch weiter. In einem formellen Rechtsakt soll die Kommission bestimmte Plattformanbieter als „**Gatekeeper**" definieren können, die umfassenden Pflichten nach Art. 5 und Art. 6 des Vorschlags unterliegen sollen. Zu diesen Pflichten gehört nach Art. 6 Abs. 1 lit. h Digital-Markets-Act-KommE eine „effektive Übertragbarkeit der Daten" nicht nur im Sinne eines manuell angestoßenen einmaligen „Takeouts", sondern als „**permanenter Echtzeitzugang**", dh als **API** (ausdrücklich Erwägungsgrund 54). Damit dürfte ebenso wie mit Art. 6 Abs. 1 lit. i Digital-Markets-Act-KommE, der unter Übernahme der – problematischen – Terminologie von Art. 20 DS-GVO ua den Zugang zu „bereitgestellt[en]" Daten (→ Rn. 37 ff.) erfasst, die Überwindung von Lock In-Effekten bezweckt sein (vgl. auch Erwägungsgrund 54 und Erwägungsgrund 55 des Vorschlags). Mit der Verpflichtung zur Echtzeitbereitstellung verfolgt die Kommission ihre entsprechende Interpretation von Art. 20 DS-GVO (→ Rn. 15) weiter. Indessen enthält auch der Vorschlag für den Digital Markets Act keine Verpflichtung, in der API auch einen **Schreibzugriff** vorzusehen, sodass Datenportabilität weiterhin eine Einbahnstraße bleiben und das von E-Mail- und Telefondiensten bekannte Interoperabilitätsniveau (Pałka Seton Hall Law Review 2021, 1193 (1228 ff.)) nicht erreicht werden wird.

Den auf europäischer Ebene geplanten Regelungen vorgreifend und vorauseilend sind im deutschen Recht durch die **10. GWB-Novelle** bereits datenzugangsbezogene Bestimmungen eingefügt worden, insbesondere in § 19 Abs. 2 Nr. 4 GWB und § 20 Abs. 1a GWB (dazu Gerpott/Mikolas CR 2021, 137 ff.).

I. Ausgestaltungs- und Konkretisierungsspielraum

118 Art. 20 bietet allgemein **keinen Umsetzungsspielraum für die Mitgliedstaaten.** Allenfalls kann für den Bereich öffentlicher Archive von den Vorgaben abgewichen werden (Art. 89 Abs. 3), ebenso für den journalistisch-redaktionellen sowie den literarisch-künstlerischen Bereich (Art. 85). Ausgeschlossen ist eine Abweichung für wissenschaftliche Forschungszwecke; Art. 20 findet sich nicht in den derogierbaren Rechten des Art. 89 Abs. 2 (hierzu Chassang/Southerington/Tzortzatou/Boeckhout/Slokenbergaua EDPL 2018, 296 (300 f.)). Die Abweichungsmöglichkeit nach Art. 23 mag ebenfalls in einzelnen Konstellationen relevant werden, wenngleich der öffentliche Bereich ja ohnehin weitgehend ausgenommen ist (→ Rn. 19 ff.).

119 Das **BDSG** enthält insoweit keine entsprechende Norm. Lediglich in § 28 Abs. 4 BDSG ist im Kontext des Archivwesens das Recht auf Datenportabilität unter den dort niedergelegten Voraussetzungen ausgeschlossen (GSSV/Veil Vor. Art. 20 Rn. 143). Im Gesetzgebungsverfahren war darüber hinaus auch eine Gleichführung der auf Art. 23 gegründeten Beschränkungen des Auskunfts- und des Datenübertragbarkeitsrechts für den öffentlichen Bereich angeregt worden (BR-Drs. 110/1/1, 4 f.).

120 **Konkretisierungsbedarf** kann aber hinsichtlich der Festlegung des Formats gesehen werden, vor allem weil interoperable Formate gefördert werden sollen (Erwägungsgrund 68 S. 2 und 7). Die noch in Art. 15 Abs. 3 DS-GVO(KOM) enthaltene Möglichkeit delegierter Rechtsetzung durch die Europäische Kommission ist im Laufe des Normsetzungsverfahrens entfallen. Klarheit kann hier durch Selbstregulierung erreicht werden oder durch Vorgaben des Europäischen Datenschutzausschusses. Eine rechtliche Pflicht auf Verarbeiter- oder Aufsichtsbehördenseite zur Entwicklung von Standardformaten gibt es ausdrücklich nicht (LNK Das neue DatenschutzR BDSG § 4 Rn. 67). Die Entwicklung von einheitlichen Standards auch im Digitalbereich zur Förderung des Binnenmarktes stellt aber ein zentrales Ziel der Kommission dar (s. Europäische Kommission, COM(2016) 176 final; Europäische Kommission, COM(2020) 264 final, 10 f.).

Abschnitt 4. Widerspruchsrecht und automatisierte Entscheidungsfindung im Einzelfall

Artikel 21 Widerspruchsrecht

(1) ¹Die betroffene Person hat das Recht, aus Gründen, die sich aus ihrer besonderen Situation ergeben, jederzeit gegen die Verarbeitung sie betreffender personenbezogener Daten, die aufgrund von Artikel 6 Absatz 1 Buchstaben e oder f erfolgt, Widerspruch einzulegen; dies gilt auch für ein auf diese Bestimmungen gestütztes Profiling. ²Der Verantwortliche verarbeitet die personenbezogenen Daten nicht mehr, es sei denn, er kann zwingende schutzwürdige Gründe für die Verarbeitung nachweisen, die die Interessen, Rechte und Freiheiten der betroffenen Person überwiegen, oder die Verarbeitung dient der Geltendmachung, Ausübung oder Verteidigung von Rechtsansprüchen.

(2) Werden personenbezogene Daten verarbeitet, um Direktwerbung zu betreiben, so hat die betroffene Person das Recht, jederzeit Widerspruch gegen die Verarbeitung sie betreffender personenbezogener Daten zum Zwecke derartiger Werbung einzulegen; dies gilt auch für das Profiling, soweit es mit solcher Direktwerbung in Verbindung steht.

(3) Widerspricht die betroffene Person der Verarbeitung für Zwecke der Direktwerbung, so werden die personenbezogenen Daten nicht mehr für diese Zwecke verarbeitet.

(4) Die betroffene Person muss spätestens zum Zeitpunkt der ersten Kommunikation mit ihr ausdrücklich auf das in den Absätzen 1 und 2 genannte Recht hingewiesen werden; dieser Hinweis hat in einer verständlichen und von anderen Informationen getrennten Form zu erfolgen.

(5) Im Zusammenhang mit der Nutzung von Diensten der Informationsgesellschaft kann die betroffene Person ungeachtet der Richtlinie 2002/58/EG ihr Widerspruchsrecht mittels automatisierter Verfahren ausüben, bei denen technische Spezifikationen verwendet werden.

(6) Die betroffene Person hat das Recht, aus Gründen, die sich aus ihrer besonderen Situation ergeben, gegen die sie betreffende Verarbeitung sie betreffender personenbezogener Daten, die zu wissenschaftlichen oder historischen Forschungszwecken oder zu statistischen Zwecken gemäß Artikel 89 Absatz 1 erfolgt, Widerspruch einzulegen, es sei denn, die Verarbeitung ist zur Erfüllung einer im öffentlichen Interesse liegenden Aufgabe erforderlich.

Überblick

Erläutert werden zunächst Zweck und Systematik des Art. 21 DS-GVO (A., → Rn. 1), ehe eine Erläuterung der nationalen Besonderheiten erfolgt (B., → Rn. 34 ff.).

Widerspruchsrecht **Artikel 21 DS-GVO**

Übersicht

	Rn.		Rn.
A. Zweck und Systematik	1	IV. Abs. 4	24
I. Abs. 1	6	V. Abs. 5	28
II. Abs. 2	20	VI. Abs. 6	30
III. Abs. 3	23	**B. Nationale Besonderheiten**	34

A. Zweck und Systematik

Art. 21 bildet das aus Art. 14 Richtlinie 95/46/EG bekannte Widerspruchsrecht fort und schafft 1 ein (weiteres) Betroffenenrecht. Der Tatbestand ist gedanklich in mehrfacher Hinsicht in Subtatbestände zu trennen. Während Abs. 1 allgemein gefasst ist, betreffen die Abs. 2 und 3 Fragen der Direktwerbung. Abs. 4 soll sicherstellen, dass der Betroffene über das Widerspruchsrecht informiert ist. Abs. 5 fördert Privacy Enhancing Technologies (PETs) bzw. Privacy by Design im Internet und soll dem Betroffenen derart die Wahrnehmung des Widerspruchsrechts erleichtern. Abs. 6 betrifft die Auswirkungen des Widerspruchs auf Datenverarbeitungen, die zu wissenschaftlichen und vergleichbaren Zwecken nach Art. 89 durchgeführt werden. Die Voraussetzungen der Subtatbestände sind unterschiedlich gefasst; insbesondere ist in Abs. 1 eine Interessenabwägung vorgesehen, die in den anderen Absätzen so nicht vorgesehen ist.

Der Tatbestand betrifft Datenverarbeitungen, die als solche rechtmäßig sind. Es geht also nicht 2 darum, dem Betroffenen ein (weiteres) Instrument gegen rechtswidrige Verarbeitungen in die Hand zu geben, sondern vielmehr darum, eine (bisher) rechtmäßige Verarbeitung nach dem Willen des Betroffenen ggf. zu beenden (vgl. jedoch OLG Köln Urt. v. 14.11.2019 – I-15 U 126/19 Rn. 146 (juris), das einen Widerspruch „erst recht" auch bei rechtswidriger Datenverarbeitung zulässt). Praktisch relevant ist die Norm insb. bei Widersprüchen gegen (zulässige) Einträge in Kreditauskunfteien, anlässlich derer regelmäßig zwischen den Interessen des Betroffenen und denen Dritter (die darin liegen, die Bonität eines potentiellen Vertragspartners rasch evaluieren zu können) zu bewerten sind (vgl. dazu etwa LG Frankfurt ZD 2019, 467; OLG Karlsruhe ZD 2021, 376; Krämer NJW 2018, 347; Weichert ZD 2021, 554). Wird eine Verarbeitung nach (wirksamem) Widerspruch weiter fortgesetzt, macht sie dies ab dann zur rechtswidrigen, gegen die sich der Betroffene dann mit den Mitteln der Art. 77 ff. zur Wehr setzen kann. Die personenbezogenen Daten des Betroffenen sind mit Umsetzung des Widerspruchs zu löschen (Art. 17 Abs. 1 lit. c; Paal/Pauly/Martini Rn. 33). Das Widerspruchsrecht hat damit sowohl verfahrens- wie materiellrechtliche Züge. Neben dem Verfahrensrecht auf Erhebung des Widerspruchs besteht ein materiellerechtlicher Anspruch darauf, dass der Verantwortliche in Zukunft die Daten nicht mehr verarbeitet, also ein Unterlassungsanspruch, wodurch die Verarbeitung in Zukunft mit Wirkung ex nunc unterbunden werden kann (VG Regensburg ZD 2020, 601–605 mAnm Halder/Walker ZD 2020, 605 f.). Entsprechend wichtig ist es, die Datenverarbeitungssysteme auch im Hinblick auf eine zügige Reaktion auf die Widerspruchsmöglichkeit zu gestalten (Härting/Gössling/Dimov ITRB 2017, 169 (170); Keppeler/Berning ZD 2017, 314 (315 ff.)).

Voraussetzung für die Ausübung des Widerspruchs ist zunächst, dass die Datenverarbeitung auf 3 Grundlage von Art. 6 Abs. 1 lit. e („die Verarbeitung ist für die Wahrnehmung einer Aufgabe erforderlich, die im öffentlichen Interesse liegt oder in Ausübung öffentlicher Gewalt erfolgt, die dem Verantwortlichen übertragen wurde") oder f („die Verarbeitung ist zur Wahrung der berechtigten Interessen des Verantwortlichen oder eines Dritten erforderlich, sofern nicht die Interessen oder Grundrechte und Grundfreiheiten der betroffenen Person, die den Schutz personenbezogener Daten erfordern, überwiegen, insbesondere dann, wenn es sich bei der betroffenen Person um ein Kind handelt") stattfindet oder Direktwerbezwecken dient oder zu wissenschaftlichen oder historischen Forschungszwecken oder zu statistischen Zwecken gem. Art. 89 Abs. 1 erfolgt.

Art. 21 betrifft daher insbesondere nicht Fälle einer widerrufenen datenschutzrechtlichen Ein- 4 willigung, weil diese eine Rechtsgrundlage nach Art. 6 Abs. 1 Buchstabe a darstellt. Bildet die Einwilligung die Rechtsgrundlage für die Zulässigkeit der Verarbeitung, sind die Umstände des Widerrufs in Art. 7 Abs. 3 geregelt. Dort wird insbesondere auch klargestellt, dass ein Widerruf die Rechtmäßigkeit der bis dahin erfolgten Datenverarbeitungen nicht mit ex-tunc-Wirkung aufhebt.

Der Widerspruch ist grundsätzlich kostenfrei (Art. 12 Abs. 5). Er kann grundsätzlich auch 5 (unter Umständen sogar mehrfach) wiederholt werden, wobei jedoch das Schikaneverbot des

Art. 12 Abs. 5 S. 2 zu beachten ist. Will der Verantwortliche sich auf dieses berufen, so stellt ihn dies jedoch vor erhebliche beweisrechtliche Hürden, weil der „Nachweis für den offenkundig (!) unbegründeten oder exzessiven Charakter des Antrags zu erbringen" ist (Art. 12. Abs. 5 S. 3). Das Widerspruchsrecht muss gegenüber dem Verantwortlichen, nicht einem Auftragsverarbeiter geltend gemacht werden (Paal/Pauly/Martini Rn. 18) und kann sich auch nur auf bestimmte Verarbeitungszwecke beziehen (DWWS Rn. 9).

I. Abs. 1

6   Abs. 1 schafft in jenen Fällen, in denen die Datenverarbeitung ohne Einwilligung des Betroffenen zulässig ist, weil sie im öffentlichen Interesse erforderlich ist oder weil die Interessen des Verantwortlichen oder eines Dritten die des Betroffenen überwiegen, ein Widerspruchsrecht, mit dem der Betroffene sich gegen die „Voreinstellung" der Zulässigkeit der Verarbeitung wehren kann.

7   Ergebnis des Widerspruchs ist eine Interessenabwägung, eine „einheitliche Gesamtabwägung der widerstreitenden Grundrechte, die alle nach den Umständen des Streitfalles aufgeworfenen Einzelaspekte berücksichtigt" (OLG Hamm GRUR-RS 2021, 20244). In deren Folge ist eine dreistufige Prüfung erforderlich. Bis zum Abschluss dieser Prüfung hat der Betroffene gem. Art. 18 Abs. 1 lit. d das Recht, die Einschränkung der Verarbeitung zu verlangen.

8   Voraussetzung des Widerspruchs ist, erstens, zunächst, dass das Widerspruchsrecht auf Gründen fußt, die sich aus der besonderen Situation des Betroffenen ergeben. Dafür verlangt das LG Hamburg zum Beispiel das Vorliegen einer „atypische[n] Situation etwa rechtlicher, wirtschaftlicher, ethischer, sozialer, gesellschaftlicher und/oder familiärer Natur" (LG Hamburg ZD 2021, 216 Rn. 16). Die Gründe dürfen sich daher nicht nur aus der Verarbeitungssituation als solche ergeben, sondern müssen in der Person des Betroffenen begründet sein (arg: „ihrer" besonderen Situation, SJTK/Atzert Rn. 23). Dabei reicht es nicht aus, dass der Betroffene die Verarbeitung schlicht nicht wünscht (BGH Az. VI ZR 476/18 Rn. 30 f.; Ehmann/Selmayr/Kamann/Braun Rn. 20; HK-DS-GVO/Helfrich Rn. 61; Paal/Pauly/Martini Rn. 30; Veil NJW 2018, 3337 (3341); Roßnagel ZD 2020, 88 (91)). Es ist hierbei jedoch kein zu strenger Maßstab anzulegen (NK-DatenschutzR/Caspar Rn. 7; Taeger/Gabel/Munz Rn. 15 ff.; Wolff/Kosmider ZD 2021, 13). Das LG Frankfurt a. M. sah einen besonderen Grund beispielsweise bereits darin gegeben, dass der Kläger aufgrund der Weitergabe von Daten über seine Restschuldbefreiung Schwierigkeiten bei der Wohnungssuche und Aufnahme einer selbständigen Tätigkeit hatte. (LG Frankfurt a. M. NZI 2019, 342; kritisch: Heyer NZI 2019, 342). Teilweise wird allerdings sogar das Vorliegen einer Gefahr für Leben, Eigentum oä gefordert (Böller/Wurlitzer ZD 2020, 572; Gola/Schulz Rn. 9). Das Vorliegen einer besonderen Situation hat die betroffene Person zu behaupten und qualifiziert darzulegen (Ehmann/Selmayr/Kamann/Braun Rn. 35).

9   Zweitens ist zu fragen, ob der Verantwortliche zwingende schutzwürdige Gründe für die Verarbeitung hat, die er nachzuweisen hat.

10   Ein „non liquet" geht daher zulasten des Verantwortlichen. Dies gilt, obwohl EG 69 nur von einer Darlegungspflicht ausgeht (Erwägungsgrund 69 S. 2: „Der für die Verarbeitung Verantwortliche sollte **darlegen** müssen, dass seine zwingenden berechtigten Interessen Vorrang vor den Interessen oder Grundrechten und Grundfreiheiten der betroffenen Person haben.") kraft Wortlauts (arg.: „nachweisen") und Telos der Norm (Auer-Reinsdorff/Conrad IT-R-HdB § 34 Rn. 647).

11   Da die Interessen des Verantwortlichen „zwingend" schutzwürdig sein müssen, sind die Anforderungen einer entgegen Widerspruchs weiterhin fortgesetzten Datenverarbeitung noch höher als dies in den Fällen des Art. 6 Abs. 1 lit. e (wo nur verlangt wird, dass die Verarbeitung „für die Wahrnehmung einer Aufgabe erforderlich (ist), die im öffentlichen Interesse liegt oder in Ausübung öffentlicher Gewalt erfolgt, die dem Verantwortlichen übertragen wurde") und lit. f, wo es im Grundsatz ausreicht, dass die Verarbeitung „zur Wahrung der berechtigten Interessen des Verantwortlichen oder eines Dritten erforderlich (ist)" der Fall ist. Das ist nur konsequent, soll doch mit Art. 21 ein Instrument gegen eine an sich zulässige Datenverarbeitung geschaffen werden, das stumpf wäre, wenn dieses schon bei (einfach) schutzwürdigen Interessen des Betroffenen nicht mehr griffe.

12   Nicht zwingend sind die schutzwürdigen Interessen des Verantwortlichen jedenfalls dann, wenn der Verzicht auf die Datenverarbeitung nur eine Unannehmlichkeit oder (geringfügige) Mehrkosten oder Umsatzverluste für den Verantwortlichen mit sich bringen würde. Zwingend sind Gründe, wenn der Verantwortliche seine (legitimen) Ziele nur durch die Verarbeitung erreichen kann (Paal/Pauly/Martini Rn. 39) oder wenn er im Fall eines erfolgreichen Widerspruchs seine gesetzli-

chen oder vertraglichen Pflichten gegenüber Dritten nicht mehr erfüllen könnte (Taeger/Gabel/Munz Rn. 25).

Schließlich ist selbst bei Vorliegen von zwingend schutzwürdigen Gründen des Verantwortlichen, drittens, eine (weitere) Abwägung zu treffen, ob die Interessen, Rechte und Freiheiten der betroffenen Person überwiegen. Die Erwägungen dieses Abwägungsprozesses sind zu dokumentieren. **13**

In der Judikatur wird das Nichtbestehen eines Widerspruchsrechts etwa dann angenommen, wenn anlässlich der Prüfung eines Kreditantrags Auffälligkeiten wie etwa die Angabe einer falschen Kontoverbindung auftreten. Die trotz Widerspruchs fortgesetzte Datenverarbeitung dient der Wahrung der berechtigten Interessen anderer Kreditinstitute, die selbst dann zu berücksichtigen sind, wenn das Verfahren gegen den Betroffenen nach § 153a stopp eingestellt wurde (OLG Karlsruhe ZD 2021, 376). **13a**

Hingegen bedarf es in Fällen, in denen die Datenverarbeitung der Geltendmachung, Ausübung oder Verteidigung von Rechtsansprüchen dient, keiner Prüfung, ob die Verarbeitung aus zwingenden schutzwürdigen Interessen erforderlich ist; hier ist vielmehr per se von einer weiteren Zulässigkeit der Verarbeitung auszugehen. Die Verarbeitung im letztgenannten Fall muss auch nur dienlich und nicht erforderlich sein, sodass der Argumentationsbereich für den Verantwortlichen hier weiter ist (andere Ansicht: Ehmann/Selmayr/Kamann/Braun Rn. 29, wonach es keinen qualitativen Unterschied geben solle, da sich ein solcher nicht in den anderen Sprachfassungen des Art. 21 Abs. 1 S. 2 DS-GVO wiederfinde). Unter den Rechtsansprüchen, derethalben die Verarbeitung dienlich sein muss, sind aus teleologischen Gründen nicht die auf die Verarbeitung selbst zu verstehen, sodass ein Argument, die Verarbeitung diene der Begründung der Zulässigkeit der weiteren Verarbeitung trotz Widerspruchs nach Art. 21 nicht durchschlagen wird. **14**

Da die Formulierung denkbar weit gefasst ist, ist eine behauptete Relevanz der Daten für eine gerichtliche Auseinandersetzung nicht erforderlich. Erfasst sind daher auch das (mögliche) Geltendmachen, Ausüben oder Verteidigen gegen außergerichtliche Ansprüche. nicht nur gegen den Betroffenen selbst, sondern auch gegenüber Dritten (Ehmann/Selmayr/Kamann/Braun Rn. 28). Ist der Widerspruch erfolgreich, dürfen die personenbezogenen Daten, soweit sie vom Widerspruch erfasst sind, nicht mehr verarbeitet werden. Gemäß Art. 17 Abs. 1 lit. c ist der Verantwortliche dazu verpflichtet, diese Daten zu löschen. **15**

Kein Widerspruchsrecht nach Art. 21 besteht in den anderen Fällen der Zulässigkeit nach Art. 6 (lit. a–d). **16**

Kein Widerspruchsrecht nach Art. 21 besteht daher zunächst in Fällen der informierten Einwilligung (Art. 6 lit. a). Aber auch in Fällen, in denen die Verarbeitung aus vertraglichen Gründen erforderlich ist (Art. 6 lit. b), in denen eine rechtliche Verpflichtung zur Verarbeitung besteht (Art. 6 lit. c) und in jenen, in denen lebenswichtige Interessen betroffen sind (Art. 6 lit. d), gibt es kein Widerspruchsrecht. Das ist folgerichtig, weil der Normgeber in diesen Fällen davon ausgehen muss, dass eine Interessenabwägung, würde sie durchgeführt, stets zugunsten der weiteren Zulässigkeit der Verarbeitung trotz Widerspruchs ausginge. **17**

Klarstellend merkt Abs. 1 an, dass das Widerspruchsrecht auch bei Fällen greift, in denen die Verarbeitung Zwecken des Profilings dient. Dieses betrifft (Art. 4 Nr. 4), weit gefasst, „jede Art der automatisierten Verarbeitung personenbezogener Daten, die darin besteht, dass diese personenbezogenen Daten verwendet werden, um bestimmte persönliche Aspekte, die sich auf eine natürliche Person beziehen, zu bewerten, insbesondere um Aspekte bezüglich Arbeitsleistung, wirtschaftliche Lage, Gesundheit, persönliche Vorlieben, Interessen, Zuverlässigkeit, Verhalten, Aufenthaltsort oder Ortswechsel dieser natürlichen Person zu analysieren oder vorherzusagen". **18**

Da Profiling durch Private selten eine Aufgabe sein dürfte, die „für die Wahrnehmung einer Aufgabe erforderlich (ist), die im öffentlichen Interesse liegt oder in Ausübung öffentlicher Gewalt erfolgt, die dem Verantwortlichen übertragen wurde" (Art. 6 lit. e) und Fälle, in denen Profiling auf Grundlage einer Einwilligung erfolgt, nicht einschlägig sind, werden hier in der Praxis insbesondere jene Fälle erfasst werden, in denen ein Profil für Geschäftszwecke von Auskunfteien, Bonitätsprüfungsanbietern, Werbeverbünden und ähnliche Zusammenhänge dient, mit der Begründung, dies sei zur Wahrung berechtigter eigener oder fremder Interessen erforderlich. Im Ergebnis wird hier ein „Opt-Out" gegen derartiges Profiling geschaffen. **19**

II. Abs. 2

Abs. 2 befasst sich mit dem spezielleren Sachverhalt der Direktwerbung. Hier ist, anders als bei Abs. 1 keine Interessensabwägung vorgesehen. Die an sich zulässige Verarbeitung für Zwecke der Direktwerbung wird somit durch den Widerspruch eo ipso unzulässig. Dies gilt auch für Profiling, **20** das mit Direktwerbung in Verbindung steht. Ebenfalls ist bei dem Widerspruch gegen das Direktmarketing auch gerade keine Begründung des Betroffenen erforderlich (Tavanti RDV 2016, 295 (302)). Jedoch muss sich die Widerspruchserklärung an die an der Verarbeitung beteiligten Verantwortlichen richten (Ehmann/Selmayr/Kamann/Braun Rn. 47).

21   Damit werden Geschäftszwecke der Direktwerbung und des Profilings für Direktwerbung strenger behandelt als solche sonstiger Datenverarbeitungen und sonstigen Profilings. Dies gilt, obwohl EG 47 anmerkt: „Die Verarbeitung personenbezogener Daten zum Zwecke der Direktwerbung kann als eine einem berechtigten Interesse dienende Verarbeitung betrachtet werden." und lässt sich wohl nur damit begründen, dass Direktwerbung als besonders belästigend empfunden werden kann. Aus diesem Grund sieht sich EG 70 (unnötigerweise) auch veranlasst, nochmals klarzustellen, dass die betroffene Person in Fällen der Direktwerbung jederzeit und unentgeltlich Widerspruch erheben können müsse. Ein e-contrario Schluss, dass ein Widerspruch in anderen Fällen nicht jederzeit und/oder unentgeltlich erfolgen dürfe, greift wegen Art. 12 Abs. 5 nicht.

22   Direktwerbung wird weder in der DS-GVO noch in der Richtlinie 95/46/EG abschließend definiert (zum Begriff s. Ehmann/Selmayr/Kamann/Braun Rn. 47, die insbesondere auf den unmittelbaren Kontakt zwischen Werbenden und Adressaten abstellen, sowie HK-DS-GVO/Helfrich Rn. 77, die auch die Verwendung personalisierter Preise als Spielart des Direktmarketings verstehen). Jedenfalls erforderlich ist eine direkte Ansprache zu kommerziellen Zwecken (Paal/Pauly/Martini Rn. 48a; aA DWWS Rn. 15). Erfasst ist eine Verletzung der Privatsphäre durch unerbetene Nachrichten, insbesondere durch automatische Anrufsysteme, Faxgeräte und elektronische Post, einschließlich SMS (RL 2002/58/EG, Erwägungsgrund 40).

III. Abs. 3

23   Abs. 3 stellt klar, dass nach Widerspruch gegen die Verarbeitung zu Zwecken der Direktwerbung, die Daten für diese Zwecke nicht mehr für diese Zwecke verarbeitet werden dürfen. Rechtsfolge des Widerspruchs gegen die Verarbeitung zu Zwecken der Direktwerbung ist daher nicht zwingend das Erfordernis der Löschung der Daten, vielmehr dürfen diese weiterhin verarbeitet werden, wenn sie auch noch zu anderen Zwecken verarbeitet werden (Ehmann/Selmayr/Kamann/Braun Rn. 55). Auslegungsprobleme werden hier insbesondere dann entstehen, wenn sich der Widerspruch ausdrücklich nur gegen die Verarbeitung zu Zwecken der Direktwerbung richtet, aber auch gegen sonstige Datenverarbeitungen nach Abs. 1 richten könnte. In diesen Fällen ist auf den (vermutlichen) Willen des Betroffenen abzustellen.

IV. Abs. 4

24   Abs. 4 stellt sicher, dass der Betroffene sein Widerspruchsrecht ausüben kann, indem er darum weiß. Deswegen werden dem Verantwortlichen Informationspflichten auferlegt. Die Informationen müssen ausdrücklich (nicht zwingend aber schriftlich), verständlich und abgetrennt von weiteren Informationen erfolgen. Dies muss gem. Abs. 4 „spätestens zum Zeitpunkt der ersten Kommunikation" mit dem Betroffenen geschehen. Es kann sich aber auch im Hinblick auf die vernünftige Erwartungshaltung des Betroffenen als vorteilhaft herausstellen, diesen so früh wie möglich zu informieren, zB direkt bei der Datenerhebung (Tavanti RDV 2016, 295 (302)) Zwar verpflichten auch die Art. 13 und 14 den Verantwortlichen zur Information über das Widerspruchsrecht, dies allerdings nur wenn die Information für eine faire und transparente Verarbeitung erforderlich ist. Werden die Daten nicht direkt beim Betroffenen erhoben, kann außerdem die Belehrung über das Widerspruchsrecht gem. Art. 14 Abs. 5 in bestimmten Fällen ganz entfallen. Die Informationsverpflichtung nach Art. 21 Abs. 4 besteht hingegen unabhängig von diesen Voraussetzungen. Wird die Informationspflicht verletzt, macht dies zwar noch nicht die Datenverarbeitung insgesamt unrechtmäßig, die Aufsichtsbehörde kann jedoch eine Geldbuße verhängen (Art. 83 Abs. 5 lit. b).

25   Da der Telos der Norm darauf gerichtet ist, eine bestmögliche Information des Betroffenen über seine datenschutzrechtlichen Rechte zu erreichen, ist das Kriterium „abgetrennt" so zu verstehen, dass die Belehrung in einer alle Betroffenenrechte erfassenden datenschutzrechtlichen Belehrung („Privacy Policy") zu erfolgen hat. Daneben werden auch unterschiedliche Gestaltungserfordernisse wie eine größere Schrift oder Fettdruck vertreten (Paal/Pauly/Martini Rn. 18; SJTK/Atzert Rn. 89).

26   Das Kriterium der Verständlichkeit verlangt in der Regel ein Vorhalten der Information in der Sprache, in der sich der Verantwortliche an den Betroffenen wendet, ein Sprachwechsel, etwa in Form des Vorhaltens der Informationen nur auf Englisch wird den Anforderungen nicht ohne Weiteres genügen. Des Weiteren verlangt Verständlichkeit eine angemessene Kürze der Belehrung.

Hingewiesen werden muss auf das Widerspruchsrecht im Allgemeinen (Abs. 1) und auf das gegen Direktwerbung (Abs. 2) im Besonderen, nicht jedoch auf ein solches in Fällen des Abs. 6 (HK-DS-GVO/Helfrich Rn. 107; Kühling/Buchner/Herbst Rn. 40; aA Gantschacher/Jelinek/Schmidl/Spanberger/Suda, DSGVO, 2016, 233), was sich damit erklären mag, dass dieser sekundäre Nutzungszusammenhang bei der ersten Kommunikation mit dem Betroffenen in der Regel noch nicht bekannt ist. Auch in diesen Fällen besteht jedoch weiterhin die Informationspflicht nach den Art. 13 und 14. **27**

V. Abs. 5

Abs. 5 ist im Zusammenhang insbesondere mit Art. 25 zu lesen und soll es der betroffenen Person erleichtern, einen Widerspruch mithilfe technischer Mittel „by default" vorzunehmen. Er erlaubt es betroffenen Personen mithilfe von „automatisierten Verfahren" Verarbeitungen im Zusammenhang mit der Nutzung von Diensten der Informationsgesellschaft zu widersprechen. Das steht in einem Spannungsverhältnis mit dem Grundsatz, dass der Widerspruch in Fällen des Abs. 1. „aus Gründen, die sich aus der besonderen Situation" des Betroffenen ergeben, zu erfolgen hat und mag ein weiteres Argument dafür sein, dass an diese (besonderen) Gründe keine hohen Ansprüche zu stellen sind. **28**

Die Norm steht im Einklang mit den die Verordnung durchziehenden Bemühungen einer Verbesserung der datenschutzrechtlichen Position des Betroffenen durch Technik. Es werden allerdings keine konkreten technischen Verfahren für die Ausübung des Widerspruchs normiert. Daher könnte es in diesem Zusammenhang fraglich sein, ob auch bereits voreingestellte technische Standards wie die do-not-track-Funktion mancher Browser von dieser Vorschrift erfasst sein sollen (bejahend: SJTK/Atzert Rn. 103). Hieran kann allerdings Zweifel bestehen, da der Widerspruch laut Wortlaut „eingelegt" (Abs. 2) oder „ausgeübt" (Abs. 5) werden soll und somit eine aktive und bewusste Handlung erfordert (Tavanti RDV 2016, 295(302)), die nicht vorliegt, wenn stillschweigend und unter Umständen unbewusst eine Voreinstellung nur übernommen wird. **29**

Die Ausübung von Betroffenenrechten, insbesondere des Widerspruchsrechts, mithilfe automatisierter Verfahren ist auch im Entwurf zum Data Governance Act (Kapitel III des Kommissionsentwurfs, COM(2020) 767 final) vorgesehen. Diese sogenannten Personal Information Management-Systeme (PIMS) müssen gemäß dem Data Governance Act Entwurf der Aufsichtsbehörde gemeldet werden und eine Reihe an Voraussetzungen erfüllen, die den Schutz personenbezogener Daten garantieren sollen. Etwaige technische Standards sind auch hier nicht vorgesehen, sodass die praktische Umsetzung auch dieser Bestimmung weiterhin fraglich ist. Hier werden sich in Zukunft wohl auch Abgrenzungsfragen zwischen DS-GVO und Data Governance Act stellen, die nicht ohne Weiteres mit den allgemeinen Regen (Spezialität? Lex posterior?) aufzulösen sein werden. **29a**

uch das am 0.12.2021 in Kraft getretene Telekommunikation-Telemedien-Datenschutz-Gesetz (TTDSG), sieht die Verwendung von PIMS vor, beschränkt sich allerdings nur auf die Einwilligung in Cookies. Gemäß § 26 Abs. 2 können durch Rechtsverordnung genauere technische und organisatorische Maßnahmen festgelegt werden. Insbesondere kann bestimmt werden, inwiefern PIMS von Browsern und Anbietern von Telemedien berücksichtigt werden müssen. Inwieweit sich diese Standards auch für die Ausübung von Betroffenenrechten etablieren werden, bleibt abzuwarten. **29b**

Trotz seiner insoweit unglücklichen systematischen Stellung erfasst Abs. 5 auch Fälle des Widerspruchs gegen Verarbeitungen nach Abs. 6 (Paal/Pauly/Martini Rn. 75). **29c**

VI. Abs. 6

Abs. 6 regelt das Widerspruchsrecht einer betroffenen Person bei der Verarbeitung sie betreffender personenbezogener Daten, die zu wissenschaftlichen oder historischen Forschungszwecken oder zu statistischen Zwecken verarbeitet werden. **30**

Anders als bei Abs. 1 ist hier eine differenzierte Interessenabwägung nicht vorgesehen, sondern die Verarbeitung nach Widerspruch stets einzustellen, es sei denn, die Verarbeitung ist zur Erfüllung einer im öffentlichen Interesse liegenden Aufgabe erforderlich. Anders als nach Abs. 1 muss der Verantwortliche die Erforderlichkeit der Aufgabe nur glaubhaft machen, nicht nachweisen (Paal/Pauly/Martini Rn. 60; NK-DatenschutzR/Caspar Rn. 69). Überdies ist keine differenzierte Interessenabwägung zwischen öffentlichen Interessen, Interessen des Verantwortlichen und jenen des Betroffenen vorgesehen (aA Ehmann/Selmayr/Kamann/Braun Rn. 65). Dies erzeugt, insbesondere im Bereich medizinischer Forschung, die nicht zwingend zur Erfüllung einer Aufgabe im öffentlichen Interesse erforderlich ist, erhebliche Folgeprobleme, weil die Forschungsergebnisse durch (Unterschiede in der) Ausübung des Widerrufsrechts verfälscht werden können. Wegen des **31** klaren Wortlauts wird man gleichwohl die in Abs. 1 vorgesehen Interessenabwägung in Abs. 6 nicht hineinlesen können und auch eine Analogie nicht ohne Weiteres bejahen. Praktisch bedeutet dies eine (weitere) Erschwerung nicht einwilligungsbasierter (Sekundär-)Nutzung medizinischer Daten zu Forschungszwecken. Jedoch könnte im Wegfall der Interessensabwägung und des Erfordernisses der zwingenden schutzwürdigen Gründe auf Seiten des Verantwortlichen auch eine Privilegierung der Datenverarbeitung zu Forschungszwecken gesehen werden, jedenfalls für solche Forschungsvorhaben, die zur Erfüllung einer im öffentlichen Interesse liegenden Aufgabe erforderlich sind (Golla/Hofmann/Bäcker DuD 2018, 89 (96)). Freilich lässt sich die damit entscheidende Frage kaum beantworten, welches Forschungsvorhaben zur Erfüllung einer im öffentlichen Recht liegenden Aufgabe **erforderlich** ist. Forschung ist häufig sinnvoll oder nützlich, erforderlich ist sie, gerade im Bereich zweckfreier Grundlagenforschung, wohl (sehr) selten.

32 Gleichzeitig besteht hier jedoch die Problematik, dass der Betroffene mangels Hinweises auf sein Widerspruchsrecht von dieser Möglichkeit gar keine Kenntnis erlangt. Denn auf das Widerspruchsrecht gem. Abs. 6 muss nach Abs. 4 nichthingewiesen werden und auch Art. 14 Abs. 5 lit. b sieht eine weitreichende Ausnahme für Forschungszwecke vor. Auch ist zu beachten, dass für das Widerspruchsrecht in Fällen des Art. 89 weitere Beschränkungen im Unionsrecht und im mitgliedsstaatlichen Recht vorgesehen werden, wenn die Ausübung des Widerspruchsrechts die Verwirklichung der spezifischen Zwecke unmöglich machen oder ernsthaft beeinträchtigen und solche Ausnahmen für die Erfüllung dieser Zwecke notwendig sind (Art. 89 Abs. 2; § 27 Abs. 2 BDSG). Hiernach ist wiederum nicht erforderlich, dass der Forschungs- oder Statistikzweck im öffentlichen Interesse liegen muss, sodass auch Verarbeitungen zu privaten Forschungs- oder Statistikzwecken trotz eingelegten Widerspruchs möglich bleiben können (Ehmann/Selmayr/Kamann/Braun Rn. 67).

33 Dadurch entsteht eine Situation, in der Forschung durch mögliche Widersprüche sich abstrakten Validitätsgefährdungen ausgesetzt sehen kann, während gleichzeitig die Betroffenen ihr Widerspruchsrecht in der Regel mangels Kenntnis über Verarbeitung und Bestehen des Rechts nicht ausüben können.

B. Nationale Besonderheiten

34 Das Widerspruchsrecht kann durch die Mitgliedsstaaten in den Grenzen des Art. 23 eingeschränkt werden. Dies soll im Datenschutz-Anpassungs- und Umsetzungsgesetz EU (BGBl. I 2097) durch § 36 erfolgen, der lautet: „Das Recht auf Widerspruch gem. Art. 21 Abs. 1 der Verordnung (EU) 2016/679 gegenüber einer öffentlichen Stelle besteht nicht, soweit an der Verarbeitung ein zwingendes öffentliches Interesse besteht, das die Interessen der betroffenen Person überwiegt, oder eine Rechtsvorschrift zur Verarbeitung verpflichtet."

35 Relevanz könnte diese Einschränkung insbesondere in Fällen des Profiling durch öffentliche Stellen im zwingenden öffentlichen Interesse erlangen, sofern diese dem Anwendungsbereich der DSG-VO unterfallen.

36 Daneben wird das Widerspruchsrecht durch § 27 Abs. 2 und § 28 Abs. 4 Datenschutz-Anpassungs- und -Umsetzungsgesetz EU (BGBl. I 2097) eingeschränkt. Hier wird (richtigerweise) die europarechtliche Problematik entschärft, indem das Widerspruchsrecht insoweit beschränkt wird, als dieses voraussichtlich die Verwirklichung der Forschungs- oder Statistikzwecke unmöglich machen oder ernsthaft beeinträchtigen und die Beschränkung für die Erfüllung der Forschungs- oder Statistikzwecke notwendig ist (krit. zur Umsetzung und Reichweite der Beschränkungen: Johannes/Richter, die die Regelungen in §§ 27 und 28 teilweise sogar für verordnungswidrig halten: DuD 2017, 300 (303 ff.)). Anders als § 27 Abs. 1 BDSG 2018 gilt die Beschränkung der Betroffenenrechte (Art. 15, 16, 18 und 21) für alle Kategorien von personenbezogenen Daten und nicht nur für die besonderen Kategorien personenbezogener Daten (Wolff/Brink/Schlösser-Rost § 27 Rn. 42f; Golla/Hofmann/Bäcker DuD 2018, 89 (94)).

Artikel 22 Automatisierte Entscheidungen im Einzelfall einschließlich Profiling

(1) Die betroffene Person hat das Recht, nicht einer ausschließlich auf einer automatisierten Verarbeitung – einschließlich Profiling – beruhenden Entscheidung unterworfen zu werden, die ihr gegenüber rechtliche Wirkung entfaltet oder sie in ähnlicher Weise erheblich beeinträchtigt.

(2) Absatz 1 gilt nicht, wenn die Entscheidung
a) für den Abschluss oder die Erfüllung eines Vertrags zwischen der betroffenen Person und dem Verantwortlichen erforderlich ist,
b) aufgrund von Rechtsvorschriften der Union oder der Mitgliedstaaten, denen der Verantwortliche unterliegt, zulässig ist und diese Rechtsvorschriften angemessene Maßnahmen zur Wahrung der Rechte und Freiheiten sowie der berechtigten Interessen der betroffenen Person enthalten oder
c) mit ausdrücklicher Einwilligung der betroffenen Person erfolgt.

(3) In den in Absatz 2 Buchstaben a und c genannten Fällen trifft der Verantwortliche angemessene Maßnahmen, um die Rechte und Freiheiten sowie die berechtigten Interessen der betroffenen Person zu wahren, wozu mindestens das Recht auf Erwirkung des Eingreifens einer Person seitens des Verantwortlichen, auf Darlegung des eigenen Standpunkts und auf Anfechtung der Entscheidung gehört.

(4) Entscheidungen nach Absatz 2 dürfen nicht auf besonderen Kategorien personenbezogener Daten nach Artikel 9 Absatz 1 beruhen, sofern nicht Artikel 9 Absatz 2 Buchstabe a oder g gilt und angemessene Maßnahmen zum Schutz der Rechte und Freiheiten sowie der berechtigten Interessen der betroffenen Person getroffen wurden.

Überblick

Art. 22 enthält eine die automatisierte Einzelentscheidung beschränkende Regelung. Hierdurch werden ausschließlich automatisiert getroffene Entscheidungen (→ Rn. 5 ff.), die eine rechtliche Wirkung (→ Rn. 28 ff.) oder ähnlich erhebliche Beeinträchtigung (→ Rn. 37 ff.) mit sich bringen, untersagt bzw. sind nur unter den Voraussetzungen des Abs. 2 (→ Rn. 45 ff.) gestattet. Zudem werden angemessene Maßnahmen zur Wahrung der schutzwürdigen Interessen des Betroffenen vorgeschrieben (→ Rn. 46 ff.). Spezifisch strenge Regelungen enthält Abs. 4 für sensitive Daten iSd Art. 9 (→ Rn. 58 ff.). Wie weit ein mitgliedstaatlicher Ausgestaltungs- und Konkretisierungsspielraum besteht, ist umstritten (→ Rn. 62 ff.).

Übersicht

	Rn.		Rn.
A. Allgemeines	1	IV. Kein Widerspruch (Art. 21 Abs. 1)	45a
B. Automatisierte Einzelentscheidung	5	D. Wahrung der schutzwürdigen Interessen (Abs. 3 und Abs. 2 lit. b)	46
I. Profiling ua Bewertungen persönlicher Merkmale	7	I. Dazwischentreten eines Menschen (Var. 1)	48
1. Persönliche Merkmale	9		
2. Bewertung	12	II. Darlegen des eigenen Standpunkts (Var. 2)	49
II. Unterworfensein unter eine (Einzel-)Entscheidung	14	III. Anfechtung der Entscheidung (Var. 3)	50
III. Ausschließlichkeit der automatisierten Entscheidung (Abs. 1)	21	IV. Sonstige Maßnahmen zur Wahrung der Betroffeneninteressen	54
1. Einsatz von Computerprogrammen	22	1. Verfahrensmäßige Berücksichtigung von atypischen Fällen	54a
2. Kein Dazwischentreten eines Menschen	23		
IV. Erheblichkeit der Entscheidung	26	2. Mitteilung der Tatsache einer automatisierten Einzelentscheidung (Art. 13 Abs. 2 lit. f, Art. 14 Abs. 2 lit. g)	55
1. Rechtliche Wirkung als Rechtsfolge	28		
2. Erhebliche Beeinträchtigung in ähnlicher Weise	37	3. Mitteilung der wesentlichen Gründe auf Verlangen (Art. 15 Abs. 1 lit. h)	57
C. Gestattungstatbestände (Abs. 2)	42	E. Beschränkung bei besonderen Kategorien personenbezogener Daten (Abs. 4)	58
I. Erforderlichkeit für Vertragsabschluss oder -erfüllung (lit. a)	43		
II. Gestattung durch unionale oder mitgliedstaatliche Norm (lit. b)	44	F. Mitgliedstaatlicher Ausgestaltungs- und Konkretisierungsspielraum	62
III. Einwilligung (lit. c)	45		

A. Allgemeines

Inhaltlich bedeutet Art. 22 **keine grundlegende Änderung zu ihren Vorgängernormen**, 1 also Art. 15 RL 95/46/EG und zum früheren § 6a BDSG aF (Roßnagel/Nebel/Richter ZD 2013, 103 (108); Roßnagel VuR 2015, 361 (362); mit Einschränkungen auch Dovas digma 2017, 98

(103); ein etwas weitergehendes Verständnis bei Lorentz, Profiling, 2020, 259 f.). Ähnliche Regelungen zur automatisierten Einzelentscheidung enthält auch Art. 11 JI-RL für ihren Anwendungsbereich. DS-GVO und JI-RL verwenden beide den **neuen Rechtsbegriff „Profiling"** (→ Rn. 7).

1.1 Eine andere Art der Regelung, die sich von den datenschutzrechtlichen Regelungsvorbildern löst, wird für den Bereich der Künstlichen Intelligenz derzeit diskutiert und ist von der Europäischen Kommission bereits in einen Legislativvorschlag gegossen worden (Kommission, Proposal for a Regulation laying down harmonised rules on artificial intelligence (Artificial Intelligence Act) v. 21.4.2021 COM(2021) 206 final). Dieser Entwurf einer **EU-KI-Verordnung** folgt stärker als das Datenschutzrecht einem risikobasierten Ansatz, indem es KI-Anwendungen in Risikoklassen einteilt und sie entsprechend streng bzw. auch weniger streng reguliert.

1.2 Die EU-KI-VO hat in ihrer gegenwärtigen Entwurfsgestalt durchaus **Berührungspunkte** mit den datenschutzrechtlichen Regeln zur automatisierten Einzelentscheidung, auf der faktischen Ebene wohl auch **Überschneidungen** (perspektivisch zur Regulierung von KI über Art. 22 DS-GVO hinaus Hacker NJW 2020, 2142 (2144); Ebers/Hoch/Rosenkranz/Ruschemeier/Steinrötter RDi 2021, 528; Ebert/Spiecker gen. Döhmann NVwZ 2021, 1188; aus diskriminierungsrechtlicher Sicht Sesing/Tschech MMR 2022, 24 (28 ff.)). Die Regelungen unterscheiden sich auf der tatbestandlichen Ebene dadurch, dass Art. 22 DS-GVO auf die Verarbeitung personenbezogener Daten abstellt (→ Rn. 9 ff.), während die KI-Regulierung auf den Einsatz von KI-Systemen fokussiert und einen risikoabgestuften Ansatz verfolgt. In der Praxis werden auf ein KI-System, das auf personenbezogenen Daten aufsetzt, beide Regelungen nebeneinander anwendbar sein, wenn der Normgeber nicht beide Regelungsregimes noch miteinander koordiniert. Die für Art. 22 notwendige Komplexität werden typische KI-Verfahren meist erreichen (→ Rn. 12 ff.). Die im gegenwärtigen Entwurf der EU-KI-VO vorgesehene starke Einbindung privater Standardisierungsgremien hat allerdings die Kritik mangelnder demokratischer Legitimation nach sich gezogen (Ebers RDi 2021, 588 (594 f.)).

2 Mit der Regelung des Art. 22 soll die ungeprüfte **Unterwerfung des Individuums unter die Entscheidung der Maschine verhindert** werden (zu den Risiken s. bspw. Bayamlioglu EDPL 2018, 433 (435 f.); Kroker PinG 2020, 255 (256) sieht zumeist nicht die Menschenwürde als berührt an bei automatisierten Entscheidungen). Sie hat hier, dem Anwendungsbereich der DS-GVO entsprechend (→ Art. 2 Rn. 1; aA Sée RFDA 2019, 830 ff. unter Rückgriff auf die französische „Modellvorschrift" von 1978, nur das Verhältnis der natürlichen Person (Betroffener) zum Verarbeiter personenbezogener Daten (Verantwortlicher) im Blick, adressiert aber durchaus eine allgemeine Frage der Informationsgesellschaft (Djeffal ZaöRV 2020, 847 (857 f.); der der Regelung eine Ausstrahlungswirkung auf Technikerstellung attestiert; weiterführend eine Wesensverwandtschaft mit Art. 25 betonend Djeffal DuD 2021, 529 (530 ff.), wobei die Forderung, KI schon in der Herstellungsphase zu regulieren, um deren „Wertungen" zu steuern, durchaus schon vorher erhoben wurde, s. Martini JZ 2017, 1017 (1019)); auch CNIL, Comment permettre à l'homme de garder la main, 2017, S. 46; ausführlich Bayamlioglu EDPL 2018, 433 (435 ff.) zu informationellen Machtasymmetrien aufgrund von Unvorhersehbarkeit/Undurchschaubarkeit, erkenntnistheoretischer Fehler und Diskriminierungen). Menschen sollen nicht zum „bloßen Objekt" von Entscheidungen des Computers werden (v. Lewinski, Telemedicus, Überwachung und Recht, 2014, 1 (16); vgl. zur Situation von Dilemma-Entscheidungen Kroker PinG 2020, 255 (257)), sondern ein informationelles „Recht auf faires Verfahren" haben (Simitis/Scholz BDSG aF § 6a Rn. 3; für die Rechtsprechung des EGMR zur „decisional privacy" als Maßstab van der Sloot IDPL 2017, 190 (201)). Was im Datenschutzrecht herkömmlicherweise in die Interessenabwägung oder die Erforderlichkeitsprüfung hineingelesen wird, ist durch Art. 22 für einen Teilbereich ausdrücklich geregelt (→ Rn. 2.1).

2.1 Die dogmatische Frage, ob Art. 22 Verfahren der automatisierten Einzelentscheidungen **grundsätzlich verbietet und nur ausnahmsweise erlaubt** (Kühling/Martini DS-GVO 60; zu § 6a BDSG aF: Simitis/Scholz BDSG aF § 6a Rn. 1; Brühann/Zerdick CR 1996, 429 (433); in diese Richtung wies auch die Begründung zum geänderten Vorschlag für die EG-Datenschutzrichtlinie: „Verboten ist die strikte Anwendung der von dem System erzielten Ergebnisse (…)", zit. nach Dammann/Simitis, EG-Datenschutzrichtlinie, 1997, 216) oder **lediglich einschränkende Voraussetzungen für ihre grundsätzlich erlaubte Nutzung** beschreibt (Dammann/Simitis DSRL Art. 15 Anm. 1; Plath/Kamlah BDSG aF § 6a Rn. 18), ist umstritten (Überblick über die Positionen bei Clifford/Ausloos Yearbook of European Law 2018, S. 130 (174 ff.)). Der Wortlaut des Art. 22 spricht gegen ein grundsätzliches Verbot (Hawath EDPL 2021, 161 (164); vgl. Ehmann/Helfrich DSRL Art. 15 Rn. 6), der § 6a Abs. 1 S. 1 BDSG aF als vormaliges mitgliedstaatliches Umsetzungsgesetz eher dafür. Rechtspolitisch war von Seiten der Datenschützer ein grundsätzliches Verbot der Profilbildung gefordert worden (vgl. etwa Konferenz der Datenschutzbeauftragten des

Bundes und der Länder, Ein modernes Datenschutzrecht für das 21. Jahrhundert, 18.3.2010, 11 f. (Ziff. 2.2.3.); der frz. Gesetzgeber hält auch weiterhin an einem grundsätzlichen Verbot fest in Art. 10 Loi informatique et liberté; für Art. 22 DS-VGO iE aber ablehnend Sée RFDA 2019, 830 ff.). In systematischer Hinsicht ließe sich noch anführen, dass das technikneutrale Datenschutzrecht gerade **kein grundsätzliches Verbot von Technik und Verfahren** (mit bloßem Erlaubnisvorbehalt) kennt, sondern regelungstechnisch fast ausschließlich beim einzelnen Verarbeitungsschritt ansetzt.

Ferner ist missverständlich, dass die Norm von einem „Recht" des Betroffenen spricht. Die Norm gewährt kein „Recht", sondern stellt zusätzliche Bedingungen auf (Hawath EDPL 2021, 161 (164 f.)). Als verfahrensbezogene Vorschrift (→ Rn. 3) begründet Art. 22 aber **keinen unmittelbaren Anspruch (auf Unterlassung)** (v. Lewinski/Rützel DSB 2018, 253 (253)). 2.2

Für sog. automatisierte Einzelentscheidungen, einschließlich der auf Profiling basierenden, wählt die DS-GVO dabei nicht den einzelnen Verarbeitungsschritt als Ansatzpunkt der Regelung, sondern den der darauf basierenden Entscheidung („ausschließlich auf einer automatisierten Verarbeitung – einschließlich Profiling – beruhenden Entscheidung"). Insoweit handelt es sich bei Art. 22 im Regelungskontext der DS-GVO um eine **flankierende Verfahrensvorschrift zu den eigentlichen datenschutzrechtlichen Erlaubnistatbeständen** iSd Art. 6. „Automatisierte Verarbeitungen", auf denen dann „Entscheidungen" beruhen, werden insoweit (nur) indirekt geregelt, als der Verarbeiter an diesen aus praktischer Sicht ohne die „Entscheidung" kein Interesse mehr haben wird. Teils wird sogar von einer direkten Anwendung der Regelungen des Art. 22 auch schon auf die Profilbildung selbst ausgegangen (so wohl Albrecht/Jotzo Das neue DatenschutzR § 3 Rn. 6 (66)) (→ Rn. 3.1). 3

Art. 22 macht, anders als etwa Erwägungsgrund 71 S. 6 DS-GVO oder in § 31 Abs. 1 BDSG für das „Scoring", keine Vorgabe zu den **Anforderungen an den Algorithmus,** mittels dessen das Profiling erfolgt (ebenso HessLDSB, 45. TB, 2016, 90 f.). Auf Vorgaben wie die „Zugrundelegung eines wissenschaftlich anerkannten mathematisch-statistischen Verfahrens" (vgl. § 31 Abs. 1 Nr. 2 BDSG) verzichtet Art. 22, weil auf das Dazwischentreten eines Menschen oder andere Schutzmechanismen zugunsten des Betroffenen abgestellt wird (→ Rn. 23 ff.). 3.1

Art. 22 betrifft also nur das Verfahren der automatisierten Einzelentscheidung, trifft aber keine Aussage über die konkrete Verarbeitung der der Entscheidung zugrundeliegenden Daten, enthält also **keinen Erlaubnistatbestand** iSd Art. 6 (zu den Erlaubnistatbeständen beim (Kredit-)Scoring v. Lewinski/Pohl ZD 2018, 17 ff.). Ein danach jeweils erforderlicher Erlaubnistatbestand muss sich aus einer Einwilligung, dem allgemeinen Datenschutzrecht oder einem bereichsspezifischen Fachgesetz ergeben. Dies stellt Erwägungsgrund 72 S. 1 klar. 4

B. Automatisierte Einzelentscheidung

Regelungsgegenstand des Art. 22 sind „ausschließlich auf automatisierter Verarbeitung beruhende Entscheidungen", kurz: automatisierte Einzelentscheidungen, im Englischen auch „Automated Decision-Making" (ADM) genannt. Sie sind das Produkt (Output) von algorithmischen Systemen (Überblick über Stand und Verbreitung von ADM in Deutschland bei AlgorithmWatch Atlas of Automation – Automated decision-making and participation in Germany, 1. Aufl. 2019). 5

Art. 22 gilt sowohl für den **öffentlichen wie auch den nicht-öffentlichen Bereich** (aus Schweizer Sicht kritisch hierzu Roth digma 2017, 104 (105)). Diese grundsätzliche Gleichbehandlung ist hinsichtlich der Rechtsbindung im öffentlichen Bereich und der Privatautonomie im nicht-öffentlichen nicht unproblematisch (→ Rn. 6.1). 6

Da **Computer keine Subjektfähigkeit** besitzen, können sie nicht Normadressat sein (anders wohl aber Koch ITRB 2015, 13 (15, 17), der ein Herauslösen von DV-Prozessen aus dem Kontrollbereich von Programmierern, Geschäftsführern und Kontrollorganen sieht und deswegen, soweit Entscheidungen mittels ausschließlich automatisierter Entscheidungsprozessen getroffen werden, eine „proaktiv handelnde Maschine" annimmt). Rechtspolitisch wird eine solche rechtliche Verselbständigung von Maschinen und algorithmischen Systemen zu „elektronischen Personen" mit Rechtsfähigkeit jedoch bereits diskutiert. Zum Schwur kommt es bei der Frage, ob man Computern vor dem Hintergrund von KI immer noch nur Werkzeugqualität zubilligen möchte (so Bull Der Staat 2019, 57 (68)) oder darüber hinausgehen will (so Lorse NVwZ 2021, 1657 (1659)). 6.1

I. Profiling ua Bewertungen persönlicher Merkmale

Art. 22 verwendet nicht (mehr) den Begriff der „einzelnen Aspekte der Person" (vgl. Art. 15 Abs. 1 RL 95/46/EG) oder des „Persönlichkeitsmerkmals" (§ 6a BDSG aF). Stattdessen geht die 7

Regelung vom Begriff „Profiling" sowie einem nicht (weiter) benannten Oberbegriff, der das Profiling „einschließen" soll, aus. Der **Begriff des „Profiling"** (dazu Golla PinG 2014, 61 (62); Weichert ZD 2013, 251 (255)) ist nicht ohne Weiteres aus sich selbst heraus verständlich (umfassend Zahariev PinG 2017, 73), er hat eine bewegte Geschichte hinter sich (ausführlich Lorentz, Profiling, 2020, 81 ff.; übersichtlich zur Begriffsentwicklung im Unionsrecht GSSV/Veil, Kommentar Datenschutz-Grundverordnung, 2017, Art. 22 Rn. 54). Zum Teil wird vertreten, dass es sich beim Profiling noch um einen Vorprozess zur Erfassung der Datenbasis vor der eigentlichen Entscheidungsfindung handelt (vgl. aus dem bisherigen Schrifttum Simitis/Scholz BDSG aF § 6a Rn. 22; wohl auch Piltz K&R 2016, 629 (635) und Sesing MMR 2021, 288 (289), der von der Möglichkeit von Profiling jenseits von Art. 22 ausgeht). Aus diesem Grund wird von manchen die terminologische Zusammenfassung des eigentlichen Profiling mit der daran anschließenden automatisierten Einzelfallentscheidung kritisiert (Kühling/Buchner/Buchner Rn. 4; Lorentz, Profiling, 2020, 73) mit der Folge, dass Art. 22 nicht etwa die Datenerhebungs- und nachfolgende Verarbeitungsphasen erfasse, sondern lediglich die abschließende automatisierte Einzelfallentscheidung selbst (Lorentz, Profiling, 2020, 78 f. und 156; implizit Sesing MMR 2021, 288 (289)). Andere verwenden den Begriff des „Profilings" für eine Entscheidungsfindung im Anschluss an eine als „Profilbildung" bezeichnete Verarbeitung der Datenbasis als Entscheidungsgrundlage (Roßnagel/Nebel/Richter ZD 2013, 103 (108); Glatzner DuD 2020, 312 (312 f.)), was möglicherweise der Intention des Verordnungsgebers entspricht. Die **Legaldefinition** in Art. 4 Nr. 4 bleibt insoweit unergiebig (zu ihr umfassend Lorentz, Profiling, 2020, 95 ff.), weil sie eben diesen auch vom „Profiling" im engeren Sinne nicht zwangsläufig umfassten bewertenden Schritt miteinschließt; eine Auswahl zu Werbezwecken kann als Profiling iSd Art. 4 Nr. 4 verstanden werden, ohne jedoch rechtliche oder erhebliche Wirkung iSd Art. 22 zu entfalten (allg. zu den Risiken, auch des Profilings, unabhängig von einer automatisierten Entscheidung, umfassend Gräf EDPL 2017, 441; für eine (eingeschränkte) strafrechtliche Sanktionierung von Persönlichkeitsprofilbildungen in Bereicherungs- und Schädigungsabsicht de lege ferenda deshalb Golla, Die Straf- und Bußgeldtatbestände der Datenschutzgesetze, 2015, S. 243 f.; zum Predictive Policing als Profiling Vogel PinG 2020, 156 (160) und Hofmann, Predictive Policing, 2020, 228 f.).

8 In **Anlehnung an die bisherige Regelung des Art. 15 RL 95/46/EG** sollte, da Profiling ohnehin nur ein Unterbegriff ist, als Regelungsgegenstand des Art. 22 die „Bewertung persönlicher Merkmale" verstanden werden.

1. Persönliche Merkmale

9 Für die Auslegung des Art. 22 ist deshalb von dem **Verständnis** der Vorgängervorschrift auszugehen. Art. 15 Abs. 1 RL 95/46/EG enthielt eine Aufzählung von inneren und äußeren Aspekten einer Person. Eine ähnliche, jedoch deutlich umfangreichere Aufzählung findet sich jetzt in Erwägungsgrund 71 S. 2. Anknüpfungspunkt der Regelung ist deshalb die **Bewertung von persönlichen Merkmalen in ihrem Zusammenspiel**. Die Formulierung „Bewertung von (…) persönlichen Aspekten" greift auch Erwägungsgrund 71 S. 1 ausdrücklich auf.

10 Keine persönlichen Merkmale sind **Identitätsmerkmale** wie der Fingerabdruck und andere biometrische Merkmale (Gola/Schomerus BDSG aF § 6a Rn. 8; BT-Drs. 14/4329, 37), wenn es sich um einen bloßen und dann nicht bewertenden Identifizierungskontext handelt.

11 Ebenfalls keine persönlichen Merkmale im Sinne des Profiling sind (äußere) Parameter (**Sachverhaltsmerkmale**), etwa die Entfernung des Wohnorts vom Arbeitsplatz (Gola/Schomerus BDSG aF § 6a Rn. 8; wohl aber etwa die Umzugsfrequenz), die statistische Verteilung von Ziffern in Kassenbüchern und Belegen (sog. Chi-Quadrat-Test, der insbesondere in der Finanzverwaltung zur Anwendung kommt; vgl. FG RhPf EFG 2012, 10 (11); allgemein Freitag BB 2014, 1693 ff.) oder der Kontostand (so aber Simitis/Scholz BDSG aF § 6a Rn. 24; anders freilich die Kontenbewegungen). Auch die Bewertung von Internetseiten durch Suchmaschinen (Ranking) ist keine Bewertung von Persönlichkeitsmerkmalen, auch wenn dabei personenbezogene Daten verarbeitet werden. Letztlich kommt es bei solchen **Mustererkennungen** – wie stets im Datenschutzrecht – auf den Verarbeitungskontext an, ob es sich um ein Sachverhaltsmerkmal oder persönliche Merkmale handelt.

2. Bewertung

12 Wegen der Streichung der Aufzählung der Merkmale im Normtext des Art. 22 (gegenüber Art. 15 Abs. 1 RL 95/46/EG und den ursprünglichen Entwürfen von Kommission und Parlament) wird teilweise sogar eine Erweiterung des Anwendungsbereiches auf jede automatisierte Entscheidung angenommen (Dammann ZD 2016, 307 (312)). Im Hinblick auf die Aufzählung in Erwä-

gungsgrund 71 S. 2, in der Legaldefinition des Profiling in Art. 4 Nr. 4 und in Anknüpfung an Art. 15 RL 95/46/EG (dazu ausführlich Kühling/Buchner/Buchner Rn. 18) kann dies jedoch nicht überzeugen. Vielmehr ist davon auszugehen, dass Verfahren der automatisierten Einzelentscheidung eine **gewisse Komplexität** implizieren (Dammann/Simitis DSRL Art. 15 Rn. 4; Gola/Schomerus BDSG aF § 6a Rn. 9; aA Taeger/Gabel/Mackenthun BDSG aF § 6a Rn. 17; die Frage nach der Abgrenzbarkeit aufwerfend Kroker PinG 2020, 255 (256)).

Ein **(zu) weites Verständnis** würde praktisch dazu führen, dass letztendlich triviale Wenn/Dann-Entscheidungen wie Abhebungen am Geldausgabeautomaten, automatisierte Genehmigungen von Kreditkartenverfügungen (was selbst US-Präsidenten treffen kann, vgl. FAZ v. 20.10.2014, S. 9) oder automatisierten Guthabenabgleich zur Ausführung von Überweisungs-, Scheck- oder Lastschriftaufträgen (Ausschlussbeispiele in BT-Drs. 14/4329, 37, zu § 6a BDSG aF) vom Verbot der automatisierten Einzelfallentscheidung umfasst wären. Dies erscheint **wenig sachgerecht**. 13

Auf der anderen Seite werden Verfahren der sog. „**künstlichen Intelligenz**" (KI), sofern sie persönliche Merkmale (→ Rn. 9 ff.) verarbeiten, die erforderliche Komplexität in aller Regel erreichen, wenn sie wie das maschinelle Lernen auf Methoden beruhen, die das Nachvollziehen der vom Algorithmus getroffenen Entscheidung für Menschen unmöglich macht („**Blackbox**"-Effekt, s. Martini, Blackbox Algorithmus, 2019, 42 ff.; zum gegenwärtigen Stand der Forschung zum Öffnen der Blackbox (sog. „explainable AI") Höhne DuD 2021, 453). In diesem Fall wird der von Art. 22 bezweckte Schutz vor der Unterwerfung unter die Maschine (→ Rn. 2) tangiert, weshalb auch **kein zu enges Verständnis** angelegt werden darf. Nicht von Art. 22 oder überhaupt von der DS-GVO erfasst wird das Training solcher selbstlernender Algorithmen mit synthetischen und damit anonymen Daten, wobei allerdings der vorgeschaltete Prozess der Synthetisierung eine Anonymisierung und damit eine Verarbeitung personenbezogener Daten im Anwendungsbereich der DS-GVO darstellen kann (Raji DuD 2021, 303 (306 ff.); allgemein zur Anonymisierung als Verarbeitung Roßnagel ZD 2021, 188 (189)). Zu den Plänen der EU für eine eigenständige KI-Regulierung → Rn. 1.1 f. 13a

II. Unterworfensein unter eine (Einzel-)Entscheidung

Art. 22 setzt zudem voraus, dass eine Entscheidung getroffen wird. Es muss also ein **gestaltender Akt** mit in gewisser Weise abschließender Wirkung vorliegen. Die Entscheidung, um die es geht, muss rechtlich einer (natürlichen oder juristischen) Person zuzurechnen sein. Gottesurteile, Entscheidungen des Schicksals oder des Zufalls sind keine Entscheidungen iSd Art. 22. 14

Die Entscheidung muss sich auf einen oder mehrere **Einzelfälle** beziehen. Es kommt also darauf an, dass die Entscheidung gegenüber Individuen getroffen wird. Abstrakte Regelungen (Rechtsverordnungen, Satzungen, Allgemeinverfügungen) und strategische (Unternehmens)Entscheidungen fallen nicht hierunter. Zur Abgrenzung kann auf die Kategorien verwiesen werden, nach denen im öffentlichen Recht der Verwaltungsakt von der Norm abgegrenzt wird (vgl. § 35 VwVfG). Hat die Entscheidung einen konkret-individuellen Inhalt, ist es eine Einzelentscheidung, ist sie abstrakt-generell, fällt sie nicht unter Art. 22. Abgrenzungsschwierigkeiten ergeben sich freilich, wie auch beim Verwaltungsakt, bei konkret-generellen sowie abstrakt-individuellen Entscheidungen. 15

Eine **automatisierte Vorauswahl** soll keine automatisierte Einzelentscheidung sein (BT-Drs. 14/4329, 37; für die Ausnahme des sog. Forum internum eines Unternehmens Abel ZD 2018, 304 (306)). Das überzeugt allerdings nicht, wenn und soweit durch eine solche Auswahl Personen endgültig „nicht ausgewählt" werden (negative Vorauswahl; Simitis/Scholz BDSG aF § 6a Rn. 16). Wohl aber ist das **bloße Vorstrukturieren** von zB Bewerberdaten zu einer Rangliste keine automatisierte Entscheidung, wenn eine Auswahl aus der gesamten Liste möglich bleibt (Gola/Schomerus BDSG aF § 6a Rn. 5; basierend darauf, dass es sich nicht um eine Vorhersage zukünftigen Verhaltens handele, Bohnen, BDSG Novellen 2009/2010, 2011, 96) (→ Rn. 16.1 f.). Auch Bewerber mit einer ungünstigen Bewertung müssen zwar nicht doch noch ein Auswahlgespräch angeboten bekommen (LfDI NRW 23. Datenschutz- und Informationsbericht 2017, S. 62 = NRW LT-Vorl. 16/4992 = Vorl. 17/5; zusammenfassend Gola RDV 2018, 25 (27)), wohl aber muss ggf. ein Mensch abschließend die Entscheidung noch einmal ansehen (→ Rn. 23). 16

Ein Anwendungsfall hierfür sind **E-Recruiting-Systeme**. Wenn dabei eine automatische Ablehnung erfolgt, lediglich weil ein bestimmter Punktwert nicht erreicht wird, ist dies ein Fall von Art. 22. Wenn allerdings eine automatische Ablehnung erfolgt, weil bestimmte vorausgesetzte Qualifikationen oder formale Voraussetzungen nicht vorliegen, fehlt es bereits an einem „Profiling". Zudem sei im speziellen Kontext des Arbeitnehmerdatenschutzes die Erforderlichkeit eines solchen Verfahrens nach § 26 Abs. 1 S. 1 BDSG besonders zu prüfen (Gola, RDV 2018, 25 (27); so zu § 32 BDSG aF LfDI NRW, 23. Datenschutz- 16.1

und Informationsbericht 2017, S. 63 = NRW LT-Vorl. 16/4992 = Vorl. 17/5), ersatzweise ggf. im Rahmen enger Grenzen (LfDI NRW, 23. Datenschutz- und Informationsbericht 2017, S. 64 f. = NRW LT-Vorl. 16/4992 = Vorl. 17/5) auf Basis einer Einwilligung zu arbeiten.

16.2 Keine automatisierte Einzelentscheidung stellt das bloße Einholen einer Bonitätsauskunft als Entscheidungsgrundlage dar (OLG Frankfurt a. M. ZD 2016, 137 (138); aA wohl VG Wiesbaden DuD 2022, 58 (50 ff.)). Ebenfalls keine unmittelbare Entscheidung von Kunden und Geschäftspartnern von Banken usw stellen **Risikomesssysteme** nach § 10 Abs. 2 S. 2 und 3 KWG dar. Eine andere Beurteilung ist freilich geboten, wenn deren Ergebnisse personenbezogen Eingang in ein auch ansonsten automatisiertes Einzelentscheidungsverfahren etwa über die Kreditvergabe fänden (Piltz/Krohm PinG 2013, 56 (60); vgl hierzu auch die Vorlage an den EuGH durch das VG Wiesbaden Beschl. 1.10.2021 – 6 K 226/21.WI).

17 Typische „Entscheidungen" iSd Art. 22 sind die Auswertung vergangener Suchanfragen zur Sortierung von Suchergebnissen, das Auswerten früherer (eigener und ähnlicher fremder) Einkäufe für Werbung (Predictive Behavioral Targeting), Produktempfehlungen und Sonderangebote – wenn es freilich auch meist am weiteren Merkmal der Erheblichkeit der Entscheidung fehlen wird. Auch automatisierte Prüfungen an Schulen und Hochschulen (dazu Kalberg DVBl 2009, 21 (22 f.)) können hier genannt werden; der Einsatz KI-gesteuerter Prüflingsüberwachung („Proctoring") macht allerdings noch keine „Entscheidung" im Sinne von Art. 22 DS-GVO, wirft dafür aber verfassungsrechtliche Probleme auf (Rachut/Besner MMR 2021, 851 (854 ff.)). Ein typisches Instrument der Bewertung sind **Scoring-Verfahren** (zur Berechnung von Scorewerten → BDSG aF § 28b Rn. 28 ff.; s. auch Maute/Mackenrodt/Rühlicke, Recht als Infrastruktur für Innovation, 2019, 33 f.).

18 Fraglich ist auch, ob das bloße **Nachvollziehen einer vorab vertraglich oder gesetzlich festgelegten Entscheidung** als eine Entscheidung iSd Art. 22 verstanden werden kann. Dies wird teilweise, wie auch schon bei Art. 15 Abs. 1 der RL 95/46/EG, mit Blick auf den Wortlaut verneint, der von „unterwerfen" spricht (Gola/Schomerus BDSG aF § 6a Rn. 3). Dies besitzt bei vertraglichen Vereinbarungen durchaus Plausibilität (Taeger/Gabel/Mackenthun BDSG aF § 6a Rn. 8) (→ Rn. 18.1).

18.1 Diese Konstellation wird mit **Smart Contracts,** wie sie etwa die Blockchain-Technik möglich macht, relevant.

19 **Suchmaschinenergebnissen** ist man nicht unterworfen, da die Nutzung von Suchmaschinen auf der Entscheidung des betroffenen Nutzers beruht (vgl. Golla PinG 2014, 61 (65)). Dem steht nicht entgegen, dass die Art oder Reihenfolge der Ausgabe in Suchmaschinen (Persönlichkeits-)Rechte verletzen kann (BGH NJW 2013, 2348 ff. – Google Autocomplete), weil dies nicht den Nutzer, sondern denjenigen betrifft, auf den sich die Ergebnisse beziehen.

20 **Smart Home-**Technik ist schon vom Anwendungsbereich des Art. 22 nicht erfasst, wenn sie auf einfachen Wenn/Dann-Bedingungen (→ Rn. 13) beruht („Schließe das Heizungsventil, wenn das Fenster zum Lüften geöffnet wird.") und das System unter der Kontrolle des Betroffenen selbst steht. Wenn allerdings selbstlernende algorithmische Systeme unter der Kontrolle eines Verantwortlichen sich auf Verhaltensweisen und Präferenzen der Hausbewohner einstellen, kann es sich um eine automatisierte Einzelentscheidung handeln („Wer außerplanmäßig im Winter daheim bleibt, der scheint erkältet zu sein und dem drehe ich die Raumtemperatur hoch und lasse ein Erkältungsbad ein."). Allerdings ist man diesen Entscheidungen nicht „unterworfen", jedenfalls solange der Bewohner die Entscheidung des Smart Home-Systems durch Knopfdruck oä jederzeit überspielen kann; womöglich greift hier auch (im wahrsten Sinne des Wortes) die „Haushaltsausnahme" des Art. 2 Abs. 2 lit. c DS-GVO).

III. Ausschließlichkeit der automatisierten Entscheidung (Abs. 1)

21 Art. 22 Abs. 1 setzt voraus, dass die jeweilige Entscheidung „ausschließlich" auf einer automatisierten Bewertung beruht. Nur wenn ausschließlich eine Datenverarbeitung verwendet (→ Rn. 6.1) und **keine andere Entscheidungshilfe** genutzt wird, liegt eine ausschließliche automatisierte Bewertung vor. Vor allem darf zur Anwendbarkeit der Norm, wie zB der Art. 22 Abs. 3 und wortgleich Erwägungsgrund 71 („Eingreifen einer Person") deutlich machen, keine eigenständige menschliche Entscheidung dazwischentreten (→ Rn. 23; rechtspolitisch für unbefriedigend hält dies Glatzner DuD 2020, 312 (313)).

1. Einsatz von Computerprogrammen

22 Art. 22 betrifft nur automatisierte Entscheidungen, setzt also den Einsatz von **Computern** (Datenverarbeitungsanlagen) voraus (vgl. Art. 4 Nr. 2). Entscheidungen (nur) aufgrund von nichtautomatisierten Dateien, etwa Zettelkästen, händisch verarbeiteten Lochkarten oder verschachtelten Ablagesystemen, fallen nicht unter Art. 22. Auch ein Programmablaufplan oder andere Ablaufdiagramme (Algorithmen im engeren Sinne) werden nicht von Art. 22 erfasst; zwar sind sie „Software auf Papier", allerdings können sie nur Schritt für Schritt durch einen Menschen abgearbeitet werden, sodass eine menschliche Plausibilitätskontrolle stattfindet, also gerade keine Unterwerfung unter eine Maschinenentscheidung (→ Rn. 2) vorliegt.

2. Kein Dazwischentreten eines Menschen

Die Bewertung von Persönlichkeitsmerkmalen wurde von § 6a BDSG aF ausdrücklich insbesondere dann als kritisch eingestuft, wenn die (konkrete) Entscheidung nicht noch von einem Menschen überprüft wird (vgl. nun Art. 22 Abs. 3 Var. 1). Dabei geht es nicht um die Zurechnung der Entscheidung an sich; eine solche würde auch ohne abschließende Überprüfung der konkreten Entscheidung bestehen und denjenigen treffen, der eine Software einsetzt bzw. die relevanten Parameter setzt (Maurer/Waldhoff, Allgemeines Verwaltungsrecht, 20. Aufl. 2020, § 18 Rn. 6 f. mwN für den Verwaltungsbereich). Es geht darum, dass die konkrete Entscheidung noch einmal von einem Menschen überprüft und in eine eigene Entscheidung übersetzt wird, also um eine **spezifische Richtigkeits- und Plausibilitätskontrolle** (→ Rn. 23.1 f.). 23

Nicht übersehen werden darf, dass das Dazwischentreten von Menschen zwar der Richtigkeitskontrolle und damit dem Datenschutz dient, gleichzeitig aber auf einer **anderen Ebene eine Persönlichkeitsrechtsgefährdung** bedeutet, denn nun gelangen personenbezogene Daten aus der technischen Sphäre in die soziale. Hier müssen flankierend technisch-organisatorische Sicherungsmaßnahmen ergriffen werden, die ggf. über die bloße und ohnehin vorgeschriebene Weisungsabhängigkeit (Art. 29) hinausgehen. 23.1

Das Dazwischentreten eines Menschen (in Gestalt des Ingenieurs) ist bei **lernenden Systemen** (in der sog. Trainingsphase) Teil der immanenten Verbesserung des Systems. Allerdings ist dann das Ziel dieses Dazwischentreten nicht die Wahrung der schutzwürdigen Interessen des Betroffenen, sondern zur Verbesserung des Systems. Denn insoweit dient die Mensch-Maschine-Interaktion nicht der „inhaltlichen Bewertung" einer konkreten Entscheidung iSd § 6a Abs. 1 S. 2, sondern der Verbesserung des Systems insgesamt. 23.2

Der französische Gesetzgeber fordert über unionale Vorgaben hinausgehend in Art. 10 Loi informatique et liberté allgemein von der Verwaltung, dass sie „ihre" **Algorithmen und deren Weiterentwicklung beherrscht**. 23.3

Die Überprüfung der (Vor)Entscheidung des Computers durch einen Menschen setzt voraus, dass dieser hierzu fachlich in der Lage ist. Dies setzt eine gewisse **Qualifikation** voraus. Es ist dabei allerdings nicht gefordert, dass die Person die Einzelheiten des Programms oder gar deren Algorithmus kennt (Gola/Schomerus BDSG aF § 6a Rn. 6); für eine Plausibilitätsprüfung wäre dies vielleicht sogar kontraproduktiv. Erforderlich ist aber stets eine entsprechende **Medienkompetenz** (Golla PinG 2014, 61 (64)), zumal Menschen inhärent psychologischen Schwächen bei der Beurteilung von algorithmischen Vorschlägen unterliegen (ausf. Steinbach Regulierung algorithmenbasierter Entscheidungen, 2021, 127 ff.). Nicht ausreichend ist es angesichts des heutigen Wortlauts der Norm, dass überhaupt ein Mensch „bloß einen Blick auf die Computer-Entscheidung wirft" (aA noch Wolber CR 2003, 623 (625); wie hier Steinbach Regulierung algorithmenbasierter Entscheidungen, 2021, 132). 24

Das Dazwischentreten durch den Menschen muss möglich sein, nachdem die Algorithmen ihre Arbeit getan haben. Am Anfang der Entscheidungsfindung oder irgendwo „in the loop" einen Menschen vorzusehen, reicht nicht. Allerdings muss der Mensch nicht am Ende des gesamten Datenverarbeitungsprozesses stehen, wohl aber **nach den entscheidenden Entscheidungsschritten**. 24a

Eine ausschließlich automatisierte Entscheidung wird zudem nicht allein durch die Überprüfung durch einen Menschen ausgeschlossen, sondern der überprüfende Mensch muss auch einen **Entscheidungsspielraum** haben, die Computer-Entscheidung zu ändern (so auch Artikel-29-Datenschutzgruppe WP 251 rev.01, 10; Lorentz, Profiling, 2020, 262 f.). Dass die Beteiligung eines Menschen nicht schlechthin den Anwendungsbereich des Art. 22 ausschließt, kann zudem aus dem Normwortlaut abgeleitet werden, der nur verlangt, dass die Grundlage der Entscheidung („beruhen") durch eine automatisierte Verarbeitung entstanden ist (Malgieri/Comandé IDPL 2017, 243 (251)). Erschöpft sich die Rolle des Menschen darin, eine bestimmte Bewertung des Computers in eine ablehnende Sachentscheidung zu übersetzen (sog. „Cut-off"; Plath/Kamlah BDSG aF § 6a Rn. 13), ist er nicht „dazwischengetreten", da die Möglichkeit eines Eingreifens zu verlangen ist. Dass er allerdings seinerseits an Vorgaben gebunden ist, ist unschädlich, solange diese nicht fest mit der automatisierten Einzelbewertung verknüpft sind (→ Rn. 25.1). 25

DS-GVO Artikel 22 — Kapitel III. Rechte der betroffenen Person

25.1 Mangels einschlägiger Rechtsprechung sind die **Anforderungen an den Entscheidungsspielraum** noch nicht geklärt. Angesicht der in Gestalt des Art. 22 bestehenden grundsätzlichen gesetzlichen Anerkennung von automatisierten Einzelentscheidungen wird man hieran nicht allzu hohe Ansprüche stellen dürfen (Fallgruppen noch zu § 6a BDSG aF bei Golla PinG 2014, 61 (63 f.)). So wird man es letztlich genügen lassen müssen, dass sich die Überprüfung wie dann auch die Möglichkeit zu einer abweichenden Entscheidung auf das Herausfiltern von unplausiblen Entscheidungen verengen darf und beschränken kann. In der Literatur ist vorgeschlagen worden, die Anforderungen an den Entscheidungsspielraum anhand des Anwendungskontextes zu beurteilen (Steinbach Regulierung algorithmenbasierter Entscheidungen, 2021, 132 f.).

25.2 Abweichend legt § 30 Abs. 2 S. 1 BDSG für den **Bereich der Verbraucherkredite** Unterrichtungspflichten auch schon dann fest, wenn eine Entscheidung zwar nicht ausschließlich automatisiert, aber (auch) auf Basis einer Bonitätsauskunft erfolgt. Bei einer automatisierten Ablehnung aufgrund einer Bonitätsauskunft ist von einem Nebeneinander der Regelungen von Art. 22 und § 30 BDSG auszugehen (→ BDSG § 30 Rn. 23).

IV. Erheblichkeit der Entscheidung

26 Art. 22 erfasst nur profiling- bzw. personenmerkmalsgestützte automatisierte Einzelentscheidungen, die entweder für den Betroffenen eine rechtliche Wirkung haben oder ihn in ähnlicher Weise erheblich beeinträchtigen. Beide Tatbestandsalternativen sind **unscharf**. Hinsichtlich der ersten Tatbestandsvariante ist fraglich, ob mit „rechtlicher Wirkung" nur eine Rechtsfolge oder auch eine sonstige rechtliche Folge (→ Rn. 28 ff.) gemeint ist. Ersteres würde die Veränderung des rechtlichen Status des Betroffenen bedeuten, zweiteres auch eine faktische Veränderung, die rechtliche Erheblichkeit besitzt, ohne allerdings zugleich schon eine „erhebliche Beeinträchtigung" im Sinne der zweiten Tatbestandsvariante (→ Rn. 37) darzustellen. Bei der zweiten Tatbestandsvariante ist die Erheblichkeit der (faktischen) Beeinträchtigung ein durch Wertung auszufüllender Rechtsbegriff.

27 Kein Fall einer erheblichen Entscheidung iSd Art. 22 sind bloß vorbereitende Entscheidungen, die ja nur **VorEntscheidungen** sind (→ Rn. 16). Hier kann ebenfalls ein Blick auf die Dogmatik des Verwaltungsaktes hilfreich sein, der ja nur dann vorliegt, wenn er eine Wirkung nach außen hat (§ 35 S. 1 VwVfG).

1. Rechtliche Wirkung als Rechtsfolge

28 Da in der durchnormierten Welt von heute praktisch jede faktische Entscheidung auch eine zumindest **mittelbare rechtliche Auswirkung** hat, würde eine weite Auslegung von „rechtlicher Wirkung" die Tatbestandsvariante der „erhebliche Beeinträchtigung" leerlaufen lassen (abzulehnen daher der Ansatz von Malgieri/Comandé IDPL 2017, 243 (252), die jede Grundrechtseinschränkung im weiteren Sinne genügen lassen wollen). Insoweit ist eine einschränkende Auslegung auf „Rechtsfolge" geboten, die zusätzlich durch das Tatbestandsmerkmal „entfalten" abgestützt werden kann.

29 Unstreitig sind von Art. 22 jedenfalls alle Entscheidungen umfasst, die eine Rechtsfolge nach sich ziehen. Infrage kommt hierfür zunächst einmal **einseitiges hoheitliches und einseitiges rechtsgeschäftliches Handeln.** Mit dem weiteren Vordringen von **Legal Tech-**Anwendungen (instruktiv zum Begriff Hähnichen/Schrader/Weiler/Wischmeyer JuS 2020, 625 (625 ff.)) wird auch die Konstellation praktisch, dass man sich – etwa in Form einer Schiedsabrede – der verbindlichen Entscheidung durch ein algorithmisches System unterwirft (insbesondere Online-Streitentscheidung).

30 Das sind im öffentlichen Bereich **Verwaltungsakte,** insbesondere Eingriffsentscheidungen und verweigerte Leistungsentscheidungen (vgl. die Beispiele bei Artikel-29-Datenschutzgruppe WP 251 rev.01, 10), etwa auf Grundlage von §/Art. 35a (L)VwVfG (hierzu aus staatshaftungsrechtlicher Sicht Roth-Isigkeit AöR 145 (2020), 324 (331 ff.)). Zu denken ist an die Gewährung staatlicher Leistungen (BT-Drs. 14/4329, 37) oder an Zuschätzungen im Abgabenrecht (vgl. FG RhPf EFG 2012, 10 (11), dort aber ohne unmittelbaren Bezug zu § 6a BDSG aF oder Art. 22 DS-GVO). Bei der Entstehung der Vorgängervorschrift, des Art. 15 der RL 95/46/EG, spielte etwa die automatisierte Ablehnung von Asylanträgen eine Rolle (Hoeren VuR 2009, 363 (363)). In Betracht kommen auch die Feststellung von Rechtsverhältnissen (feststellender VA) und – jedoch kaum praktisch – die Kündigung von öffentlich-rechtlichen Verträgen (Taeger/Gabel/Mackenthun BDSG aF § 6a Rn. 11). Praktische Relevanz könnte in Zukunft auch zunehmend das automatisierte Verwaltungsverfahren im Steuerverfahren, in welchem mit § 155 Abs. 4 AO auch vollautomatisierte Bearbeitungen möglich sind (umfassend zu den Änderungen Braun Binder NVwZ 2016,

342 ff.), und im E-Government insgesamt erlangen. Auch staatliche „Social Scores" verbunden mit automatisierten Einzelentscheidungen stellen global betrachtet keine unrealistische Zukunftsvision mehr dar (→ Art. 87 Rn. 9).

Aus dem Bereich des Privatrechts ist an einseitige (gestaltende) Rechtsgeschäfte zu denken, **31** praktisch vor allem an die **Kündigung von Verträgen** einschließlich der von Arbeitsverträgen (dazu Groß/Gressel NZA 2016, 990 (993)) sowie arbeitsrechtliche Personaleinstellungs- und -beurteilungsentscheidungen (dazu Joos NZA 2020, 1216 (1218)).

Keine unmittelbare (privatrechtliche) Rechtsfolge hat das automatisierte Beantragen eines **32** Mahnbescheids oder das schematische Erheben von Räumungsklagen (in den USA „Robo-Signing" genannt). Denn hier tritt die rechtliche Folge nur und erst kraft (öffentlichen) **Prozessrechts** ein.

Wie sich aus dem Vergleich mit Art. 11 JI-RL ergibt, sind auch stattgebende und damit also **33** begünstigende Rechtsfolgen „Rechtsfolge" (Auernhammer/Herbst Rn. 14). Dies ist vor allem mit Blick auf nur teilweise stattgebende Entscheidungen sachgerecht (zustimmend SJTK/Atzert Rn. 46). Allerdings ist mit Blick auf den (deutschen) Wortlaut („in ähnlicher Weise (…) beeinträchtigt", Abs. 1; die frz. Sprachfassung wählt den neutraleren Begriff „concerner"; offen dagegen „affect" in der engl. Sprachfassung) zu bedenken, dass Art. 22 offensichtlich **nur nachteilige automatisierte Einzelentscheidungen** im Blick hat (zustimmend Kumkar/Roth-Isigkeit JZ 2020, 277 (279); tendenziell auch Brecht/Steinbrück/Wagner PinG 2018, 10 (13); zu kurz gedacht daher Lorentz, Profiling, 2020, 264).

Allgemein anerkannt ist, dass die Zusendung von **Direktwerbung** keine Rechtsfolge ist, ebenso **34** wenig die Nicht-Zusendung (Gola/Schomerus BDSG aF § 6a Rn. 10; Roßnagel/Richter/Nebel ZD 2013, 103 (108); zur Frage der erheblichen Beeinträchtigung durch Direktwerbung → Rn. 41). Auch die Auswahl des Werbeinhalts, wie sie auf den Werbeflächen auf Internetseite im Rahmen der sog. „Real Time Bidding" zur Anwendung kommt, ist kein Fall des Art. 22.

In streng rechtstechnischem Sinne haben der Nicht-Abschluss wie der Abschluss – genauer: **35** das Angebot zum Abschluss – eines Vertrages zu bestimmten Konditionen „rechtliche Wirkungen"; beide fallen aber nicht unter Art. 22, weil diese Wirkungen sich nicht „entfalten" (engl.: „producing legal effects"), sondern eben gerade ausbleiben (zustimmend Kumkar/Roth-Isigkeit JZ 2020, 277 (280); undifferenziert hier die Artikel 29-Datenschutzgruppe WP 251 rev.01, 10). Deshalb ist die **Zusendung von Waren nur gegen Vorkasse** statt gegen Rechnung kein Fall der „Entfaltung rechtlicher Wirkung" iSd Art. 22. Gleiches gilt dann auch für das **(Nicht)Gewähren von Kredit** (vgl. LG Karlsruhe RDV 2020, 99) **oder Rabatt** (so aber die belgische Aufsichtsbehörde CPVP, Gutachten n°35/212 vom 21.11.2012 Rn. 80; zu individuellen Preisen s. insgesamt Linderkamp ZD 2020, 506 ff.), außer ein Unternehmen unterläge aus Gründen des Kartellrechts oder als Grundversorger bestimmten Gleichbehandlungspflichten (→ Rn. 39).

Durch diese am Wortlaut orientierten Auslegung, die zudem im Einklang mit der deutschen **36** Zivilrechtsdogmatik steht, tun sich **keine unangemessenen Schutzlücken** auf, da faktische Folgen bei erheblicher Beeinträchtigung den „rechtlichen Wirkungen" gleichgestellt werden (→ Rn. 37 ff.). Vielmehr wäre es andersherum mit der Privatautonomie des Verantwortlichen nicht zu vereinbaren, wenn man die (auch automatisierte) Ausübung der Vertragsfreiheit schematisch als „rechtliche Wirkung" einordnen würde (vgl. Roth digma 2017, 104 (108)).

2. Erhebliche Beeinträchtigung in ähnlicher Weise

Faktische Folgen einer (automatisierten) Entscheidung sind zum einen **Realakte und tatsäch- 37 liche Handlungen** einschließlich des Unterlassens (→ Rn. 35 f.). So ist etwa das Zusenden von Werbung eine faktische Folge einer Entscheidung (zu personalisierter [auch politischer] Online-Werbung Lorentz, Profiling, 2020, 265 ff.), ebenso die Zuteilung und vor allem die Nichtzuteilung von Spenderorganen (vgl. § 12 Abs. 3 TPG) (Dammann/Simitis DSRL Art. 15 Anm. 4). Daneben und in der rechtspolitischen Diskussion besonders relevant ist der **Nicht-Abschluss eines Vertrags** oder die **Beschränkung auf bestimmte Zahlungswege** insbesondere im Online-Handel (Born ZD 2015, 66 (69)) eine solche faktische Folge. Deshalb ist in den Fällen, in denen eine Entscheidung nicht zu einer Rechtsfolge, sondern nur zu einer faktischen Folge (einschließlich einer bloßen „rechtlichen Folge"; → Rn. 28) führt, zu prüfen, ob der Betroffene in ähnlicher Weise wie bei einer rechtlichen Entscheidung erheblich beeinträchtigt wird.

Dabei ist jede für den Betroffenen irgendwie **negativ fühlbare Entscheidung** eine Beein- **38** trächtigung. Die Erheblichkeit der Beeinträchtigung **bestimmt sich nach objektiven Kriterien,** denn Art. 22 ist – wie das gesamte Datenschutzrecht – keine Antidiskriminierungsvorschrift (vgl. aber Erwägungsgrund 71 S. 6 und 7; ferner v. Lewinski, Die Matrix des Datenschutzes, 2014, S. 46;

Steinbach Regulierung algorithmenbasierter Entscheidungen, 2021, 224 ff, die herausarbeitet, dass der Würdeschutz im Vordergrund steht), sondern regelt als Norm des Technikrechts „nur" Datenverarbeitungsverfahren. Womöglich kann man hinsichtlich der Erheblichkeit der Entscheidung die aus dem Zusammenhang des Art. 1 GG bekannte „Objekt-Formel" von Günter Dürig fruchtbar machen (so v. Lewinski/de Barros Fritz/Biermeier, Bestehende und künftige Regelungen des Einsatzes von Algorithmen im HR-Bereich, 2019, 25 f.; zu Recht weist Marsch (Marsch, Das europäische Datenschutzrecht, 2018, 93) auf den Menschenwürdegehalt des Art. 22 hin; auch Gemini DÖV 2020, 172 (176); abl. bezüglich der Heranziehung der Objektformel dagegen Steinbach Regulierung algorithmenbasierter Entscheidungen, 2021, 190 ff.).

39 Das **Verweigern von Vorzugskonditionen** bei einem Vertrag kann keine erhebliche Beeinträchtigung sein (→ Rn. 35; rechtspolitische Kritik bei Glatzner DuD 2020, 312 (314)). Überhaupt ist nicht jede Ablehnung einer Geschäftsbeziehung oder Nichtverlängerung eines Kredits (undifferenziert aber Gola/Schomerus BDSG aF § 6a Rn. 11; Simitis/Scholz BDSG aF § 6a Rn. 27) eine erhebliche Beeinträchtigung.

39a Erwägungsgrund 71 S. 1 nennt demgegenüber ausdrücklich die automatisierte Ablehnung eines Kreditvertrages als ein Beispiel. Es kommt bei der **Verweigerung eines Vertragsschlusses** aber darauf an, ob die fragliche Leistung auf dem Markt und selbst zu deutlich ungünstigeren Bedingungen nicht zu bekommen ist; nur dann wird man von einer erheblichen Beeinträchtigung sprechen können. Diese Konstellation wird vornehmlich im Bereich der **Versorgungsunternehmen** (vgl. Plath/Kamlah BDSG aF § 6a Rn. 8) und bei **(Quasi-) Monopolisten** bestehen. – Für Inkassodienstleister, die für Verbraucher tätig werden, schreibt § 13b Abs. 2 S. 2 RDG ab dem 1.10.2021 vor, dass über die Tatsache einer automatisierten Ablehnung von Inkassodienstleistungen zu informieren ist. Die Bundesregierung antwortete auf Bedenken des Bundesrats bezüglich Art. 22, dass die Norm allenfalls auf die vorgelagerte Entscheidungsfindung des Inkassodienstleisters Anwendung finden könne und dann die Ausnahmen in Art. 22 Abs. 2 zu beachten seien (BT-Drs. 19/27673, 65). Damit ist über die Erheblichkeit allerdings nichts ausgesagt, wiewohl sie bei den meist geringwertigen Forderungen, die von den betroffenen sogenannten **„Legal Tech"**-Anbietern eingetrieben werden, kaum vorliegen dürfte.

40 Entscheidend kommt es jedenfalls darauf an, ob in der faktischen Folge eine vergleichbare erhebliche Beeinträchtigung wie in einer rechtlichen Wirkung liegt. Hier ist auf die **Umstände des Einzelfalles,** die alternative Verfügbarkeit eines Gutes und die Sozialadäquanz einer Beeinträchtigung zu schauen. Die Erheblichkeit wird teils auf solche Fälle beschränkt, in denen die wirtschaftliche oder persönliche Entfaltung des Betroffenen nachhaltig gestört wird (Kühling/Buchner/Buchner Rn. 26; die Artikel 29-Datenschutzgruppe spricht von „trivialen Folgen" in WP 251 rev.01, S. 10).

41 In keinem Fall ist **Direktwerbung** eine erhebliche Beeinträchtigung, soweit sie sich an die wettbewerbsrechtlichen Vorschriften zum Belästigungsschutz (vor allem § 7 UWG) hält (v. Lewinski/Rützel DSB 2018, 253 (254); so auch Abel ZD 2018, 304 (306); vgl. auch die Begründung zum (geänderten) Vorschlag der EG-Datenschutzrichtlinie, zit. bei Dammann/Simitis EG-Datenschutzrichtlinie, 1997, 216; v. Lewinski RDV 2003, 121 (128); iE ebenso Simitis/Scholz BDSG aF § 6a Rn. 28; offengelassen bei SJTK/Atzert Rn. 59; aA dagegen womöglich Artikel 29-Datenschutzgruppe WP 251 rev.01, 11: relevant sein sollen die „Aufdringlichkeit" der Profilbildung, Erwartungen der Betroffenen, die Art und Weise der Werbungslieferung sowie die Verletzlichkeit der Betroffenen). Keine Rolle für die Erheblichkeit spielt die inhaltliche Suggestivkraft und das Manipulationspotential der Werbeaussage; dies ist keine Frage des Datenschutzrechts, sondern des Verbraucherschutz- und Lauterkeitsrechts.

C. Gestattungstatbestände (Abs. 2)

42 Automatisierte Einzelentscheidungen, die eine rechtliche Folge haben oder den Betroffenen erheblich beeinträchtigen, sind nicht etwa ausnahmslos verboten, sondern nach Abs. 2 sogar **in weitem Umfang gestattet.** Das Gesetz kennt drei alternative Gestattungstatbestände: entweder im Falle der Erforderlichkeit für die Vertragserfüllung (lit. a), aufgrund gesetzlicher Gestattung bei gleichzeitiger Schutzmaßnahmen zugunsten des Betroffenen (lit. b) oder aufgrund einer Einwilligung des Betroffenen (lit. c). Für lit. a und lit. c gilt gem. Abs. 3 wie für lit. b der Vorbehalt der Schaffung geeigneter Garantien (→ Rn. 46 ff.).

I. Erforderlichkeit für Vertragsabschluss oder -erfüllung (lit. a)

43 Automatisierte Einzelentscheidungen sind zulässig, wenn sie für den Abschluss oder die Erfüllung eines Vertrages zwischen dem Betroffenen und dem Verantwortlichen erforderlich sind. Es kommt also darauf an, ob Abschluss oder Erfüllung des Vertrages auch dann möglich wären, wenn eine Überprüfung durch eine natürliche Person stattfindet (für eine enge Auslegung des Begriffs ebenso Artikel 29-Datenschutzgruppe WP 251 rev.01, 12; weiter dagegen der geforderte unmittelbare Zusammenhang mit dem Vertragszweck bei Kühling/Buchner/Buchner Rn. 30). Der Erlaubnistatbestand ist also insbesondere für **massenhafte oder zeitkritische Verträge** relevant (Auernhammer/Herbst Rn. 19). Die Ausnahme ist damit insgesamt im Vergleich zu Art. 15 RL 95/46/EG deutlich weiter gefasst, der nur auf die Stattgabe des Begehrens des Betroffenen abstellte.

II. Gestattung durch unionale oder mitgliedstaatliche Norm (lit. b)

Art. 22 Abs. 2. lit. b ermöglicht über die Regelungen der lit. a und lit. c hinaus die weitere Gestattung von automatisierten Einzelfallentscheidungen durch Unionsrecht (**Primärrecht, Sekundärrecht, Tertiärrechtsakte**) und mitgliedstaatliches Recht. Erwägungsgrund 41 stellt insoweit klar, dass dem nicht nur **Parlamentsgesetze** (Gesetze im formellen Sinne), sondern darüber hinaus auch andere in den Verfassungen der Mitgliedstaaten vorgesehene Konkretisierungen (**untergesetzliches Recht, Gewohnheitsrecht**) genügen können (→ Rn. 44.1). **44**

Eine solche mitgliedstaatliche Norm ist etwa der § 37 BDSG nF, der automatisierte Einzelentscheidungen in speziellen Konstellationen für (Kranken)Versicherungen zulässt (→ Rn. 62). **44.1**

III. Einwilligung (lit. c)

Obwohl Art. 22 als „Recht" formuliert ist, handelt es sich, wie schon bei § 6a BDSG aF, um (objektives) Technikrecht (→ Rn. 38) bzw. einen **Verbotstatbestand** (→ Rn. 2.1). In diesem Zusammenhang war umstritten, ob die begrenzenden Voraussetzungen für automatisierte Einzelentscheidungen **abdingbar** sind (→ BDSG aF § 6a Rn. 49). Diese dogmatische Frage ist für die Praxis nun gegenstandslos, weil Art. 22 Abs. 2 lit. c jetzt ausdrücklich die Möglichkeit der Einwilligung vorsieht. **45**

IV. Kein Widerspruch (Art. 21 Abs. 1)

Gegen ein auf Art. 6 Abs. 1 lit. e oder lit f gestütztes Profiling steht dem Betroffenen der Widerspruch zu (Art. 21 Abs. 1 S. 1 Hs. 2). Allerdings stellt ein solcher **kein absolutes Verarbeitungshindernis** dar, sondern kann bei Vorliegen zwingender überwiegender Gründe überwunden werden (Art. 21 Abs. 1 S. 2). **45a**

D. Wahrung der schutzwürdigen Interessen (Abs. 3 und Abs. 2 lit. b)

Nach Art. 22 müssen angemessene Maßnahmen zur Wahrung der Rechte, Freiheiten und Interessen des Betroffenen vorgesehen sein. Im Ergebnis ist dies für alle Fälle des Abs. 2 gefordert, wie sich aus der Zusammenschau von Abs. 2 lit. b, Abs. 3 und Abs. 4 (für den Fall des Art. 9) ergibt. Der Sinn hinter dieser etwas **unübersichtlichen Regelungsart** besteht darin, dass im Fall des Abs. 2 lit. b die Rechtsvorschrift die Maßnahme anordnen muss und im Falle des Abs. 3 und des Abs. 4 der Verantwortliche hier eine Auswahlmöglichkeit hat. Ein weiterer Unterschied besteht darin, dass iRd Abs. 3 immer mindestens der Anspruch auf das Dazwischentreten einer natürlichen Person sowie die Möglichkeit, mit seinem eigenen Standpunkt gehört zu werden vorgesehen sein muss, während der Normgeber iRd Abs. 2 lit. b auch teilweise oder ausschließlich andere geeignete Maßnahmen vorsehen kann (→ Rn. 46.1). **46**

Das Gesetz enthält hier eine **redaktionelle Ungenauigkeit,** denn es weicht von seiner sonst verwendeten **Terminologie** ab und verwendet das eigentlich der verantwortlichen Stelle zugeschriebene Wort „berechtigt" statt „schutzwürdig". **46.1**

Inhaltlich enthält Art. 22 Abs. 2 lit. b **keine abschließenden Vorgaben.** Mindestens sind nach Abs. 3 ein Recht auf Erwirkung des Eingreifens einer natürlichen Person, die Möglichkeit der Darlegung des eigenen Standpunktes sowie die Möglichkeit einer Anfechtung der Entscheidung vorzusehen. Dies scheint auch hinsichtlich des Art. 22 Abs. 2 lit. b angemessen (so auch Kühling/Martini DS-GVO 65), auch wenn dort nicht explizit auf Abs. 3 verwiesen wird. Hinzu treten nach Erwägungsgrund 71 S. 4 – neben der Wiederholung obiger Maßnahmen – noch die **spezifische Unterrichtung** des Betroffenen und die Erläuterungen der nach entsprechender Bewertung getroffener Entscheidung (zutreffend bejahen Kumkar/Roth-Isigkeit JZ 2020, 277 (280 ff.) unter Umständen das Vorliegen einer angemessenen Maßnahme, auch wenn es – mangels Verankerung im verfügenden Teil – keine Mindestmaßnahme ist). **47**

I. Dazwischentreten eines Menschen (Var. 1)

48 Die Interessen des Betroffenen sollen dadurch gewahrt werden können, dass die automatisierte Entscheidung noch einmal von einem Menschen überprüft wird, also die Möglichkeit einer **spezifischen Richtigkeits- und Plausibilitätskontrolle** besteht. Perspektivisch scheint ein Wandel weg von einer Gewährleistung des menschlichen Dazwischentretens bei jeder automatisierten Entscheidung hin zu einer kollektiven/abstrakten Supervision denkbar (so CNIL, Comment permettre à l'homme de garder la main, 2017, S. 52). – Für die Maßstäbe an das Dazwischentreten eines Menschen im Detail kann im Wesentlichen auf obige Ausführungen (→ Rn. 23 ff.) verwiesen werden.

II. Darlegen des eigenen Standpunkts (Var. 2)

49 Art. 22 Abs. 3 nennt ferner als **Möglichkeit** der Interessenwahrung, dass der Betroffene seinen **Standpunkt geltend machen** kann. Im Kontext des Verwaltungsrechts kann dies über das Anhörungserfordernis des § 28 Abs. 1 (L)VwVfG realisiert werden (Martini/Nink NVwZ 2017, 681(682); aus Schweizer Perspektive deshalb gegen eine Übernahme von datenschutzrechtlichen Anhörungs- und Informationsrechten Roth digma 2017, 104 (105)). In der Praxis ist die kundgemachte Bereitschaft des Verarbeiters, besondere Umstände einzelfallbezogen zu berücksichtigen, die meistgenutzte Möglichkeit, automatisierte Einzelentscheidungen für die Betroffenen zu kompensieren (Gola/Schomerus BDSG aF § 6a Rn. 14b). Praktisch wird hierfür ein Freitextfeld in Online-Formularen genügen (Guckelberger VVDStRL 78 (2019), 235 (267); kritisch Kroker PinG 2020, 255 (256), da der Betroffene eine tatsächliche Kenntnisnahme nicht nachvollziehen könne). Wird der Betroffene auf diese Möglichkeit nicht hingewiesen, ist sie möglicherweise nicht „geeignet" iSd Art. 22 Abs. 2 lit. b (so im Ergebnis auch Taeger/Gabel/Mackenthun BDSG aF § 6a Rn. 24) (→ Rn. 49.1 f.).

49.1 Es ist allerdings nicht erforderlich, dass dem Betroffenen hierfür die Möglichkeit einer persönlichen Vorsprache gewährt wird. In der Praxis genügt deshalb die Angabe einer postalischen oder elektronischen Adresse (vgl. Schaffland/Wiltfang BDSG aF § 6a Rn. 7). Selbstverständlich muss der Standpunkt des Betroffenen auch **tatsächlich zur Kenntnis genommen** werden und die Entscheidung abänderbar sein bzw. überprüft werden. Eine solche Einrichtung mag die Schlichtungsstelle der SCHUFA sein, die seit 2010 als eine Form privat organisierter Alternative Dispute Resolution (ADR, zunehmend auch verstanden als Appropriate Dispute Resolution) Betroffenen die Möglichkeit bietet, ihre Interessen geltend zu machen (FAZ v. 22.8.2015, 24).

49.2 Nicht vom Gesetz gefordert, aber unternehmerisch und verwaltungsverfahrensmäßig ebenfalls sinnvoll, ist es, bei der Überprüfung nicht auf den **Zeitpunkt** der ursprünglichen Entscheidung, sondern auf den der Überprüfung abzustellen (Schaffland/Wiltfang BDSG aF § 6a Rn. 7).

III. Anfechtung der Entscheidung (Var. 3)

50 Der Begriff „Anfechtung" ist nicht etwa iSd deutschen Zivilrechts (§§ 119 ff. BGB) oder Verwaltungsprozessrechts (Anfechtungsklage, § 42 Abs. 1 VwGO) zu verstehen, sondern **autonom europarechtlich auszulegen.** Außerhalb des Art. 22 findet der Begriff freilich in der DS-GVO keine weitere Verwendung (Erwägungsgrund 143 meint eine andere Konstellation). Teilweise wird ohne weitere Ausführungen von einem Quasi-Unterlassungsanspruch (Plath/Kamlah Rn. 4) ausgegangen. Richtigerweise ist das Anfechtungsrecht als **Anspruch auf Überprüfung der Entscheidung** zu verstehen (Kühling/Martini DS-GVO 65; in diese Richtung auch Kumkar/Roth-Isigkeit JZ 2020, 277 (284 f.), die als Ergebnis der Anfechtung eine menschliche Entscheidung sehen und damit die Rechte des Abs. 3 als einheitliches System begreifen).

51 Im Verwaltungsrecht ist hier an den **Widerspruch** (§ 68 VwGO) zu denken, durch den ja nicht nur die Rechtmäßigkeit einer Entscheidung, sondern auch deren Zweckmäßigkeit und insoweit auch der Weg ihres Zustandekommens überprüft werden kann (so auch verstanden in der Entscheidung des frz. Conseil Constitutionnel vom 12.6.2018 zum DS-Anpassungsgesetz, n°2018-765 DC; kritisch insgesamt aber CNIL, Gutachten n° 2017-299 vom 30.11.2017, S. 28). Wo kein Widerspruchsverfahren (mehr) vorgesehen ist (§ 68 Abs. 1 S. 2 vor Nr. 1 VwGO), kann an dessen Stelle die **Fachaufsichtsbeschwerde** treten, die jedenfalls einen Bescheidungsanspruch enthält.

52 Im zivilrechtlichen Kontext gibt es vergleichbare Institute nicht. Hier wird es in Weiterentwicklung der bisherigen Rechtslage angemessen sein, wenn über die Möglichkeit für den Betroffenen, seinen Standpunkt deutlich zu machen (→ Rn. 49), hinaus die **Pflicht besteht, die Entscheidung zu überprüfen bzw. zu überdenken.**

Automatisierte Entscheidungen im Einzelfall einschließlich Profiling **Artikel 22 DS-GVO**

Teilweise können auch die bestehenden **datenschutzrechtlichen Betroffenenrechte** als Möglichkeit der „Anfechtung" verstanden werden. Dies gilt ausdrücklich für das **Widerspruchsrecht** (Art. 21), die **Beschwerde bei der Aufsichtsbehörde** (Art. 77 Abs. 1) sowie ggf. noch die **spezifische Unterrichtung** des Betroffenen und die **Erläuterungen der Entscheidung** (Erwägungsgrund 71 S. 4; → Rn. 47). Wenn man auch den **gerichtlichen Rechtsbehelf** (Art. 79) hierzu zählen wollte, würde dies allerdings die „Anfechtung" ihres selbständigen Gehalts entkleiden. Nicht dagegen ein Mittel der „Anfechtung" ist jedenfalls das Recht auf Einschränkung der Verarbeitung (Art. 18), da es sich gegen die Verarbeitung, nicht aber gegen die Entscheidung richten. 53

IV. Sonstige Maßnahmen zur Wahrung der Betroffeneninteressen

In Erwägungsgrund 71 S. 6 finden sich ergänzend diverse Maßnahmen im Hinblick auf den Datenverarbeitungs- und Bewertungsprozess unter dem Oberbegriff „faire und transparente Verarbeitung", die geeignete mathematische und statistische Verfahren (zu den Anforderungen an diese GSSV/Veil, Kommentar Datenschutz-Grundverordnung, 2017, Art. 22 Rn. 102) sowie technische und organisatorische Maßnahmen zur Fehlerfindung und -korrektur einschließen (Artikel 29-Datenschutzgruppe WP 251 rev.01, 16; allg. Übersicht zu Maßnahmen zur Sicherstellung der Datenqualität, Datensicherung und Nichtdiskriminierung bei GSSV/Veil, Kommentar Datenschutz-Grundverordnung, 2017, Art. 22 Vor Rn. 103 ff.) (→ Rn. 54.1 f.). 54

Die Einrichtung von automatisierten Einzelentscheidungsverfahren als solchen ist zudem einer **Datenschutz-Folgenabschätzung** nach Art. 35 Abs. 3 lit. a zu unterziehen, wenn persönliche Aspekte systematisch und umfassend bewertet werden. Werden solche Verfahren so eingesetzt, dass sie mitbestimmungsrechtlich „Einrichtungen zur Leistungsüberwachung oder Bewertung" darstellen, haben die Mitarbeitervertretungen nach § 87 Abs. 1 Nr. 6 BetrVG, § 75 Abs. 3 Nr. 17 BPersVG bei deren Einführung ein **Mitbestimmungsrecht** (vgl. Gola/Schulz Rn. 34). 54.1

Nach Auffassung der Artikel 29-Datenschutzgruppe (Artikel 29-Datenschutzgruppe, Guidelines on Data Protection Officers („DPOs"), (Working Paper 243) v. 13.12.2016, S. 8 f. und 21) soll die systematische Erfassung von Betroffenen wie ua beim Profiling stets zur Pflicht, einen (betrieblichen bzw. behördlichen) **Datenschutzbeauftragten** zu bestellen, führen. 54.2

Als weitere Maßnahmen sind vorgeschlagen worden ein **Register von algorithmischen Entscheidungssystemen** (AlgorithmWatch Atlas of Automation – Automated decision-making and participation in Germany, 1. Aufl. 2019, 11). 54.3

1. Verfahrensmäßige Berücksichtigung von atypischen Fällen

Nach § 155 Abs. 4 AO (idF des Gesetzes v. 18.7.2016, BGBl. I S. 1679; vgl. auch (weitergehend) Beirat Verwaltungsverfahrensrecht beim BMI NVwZ 2015, 1114 (1115)) ist der **Wunsch nach einer nicht-automatisierten Bearbeitung** zu berücksichtigen. Diese Maßgeblichkeit des Willens des Betroffenen kann dahingehend verallgemeinert werden, dass der Eintrag in ein Freitextfeld zum Anlass für eine nicht-automatisierte Bearbeitung genommen wird (§ 150 Abs. 7 AO). Ob nun subjektiv gefühlt oder objektiv indiziert – eine verfahrensmäßige Vorkehrung gegen eine rechnergestützte Pauschalierung und Typisierung dient dem Schutz schutzwürdiger Interessen. Kreativ ist der in diesen Kontext passende Ansatz, den Grundsatz der Datenrichtigkeit aus Art. 5 Abs. 1 lit. d auf das Training selbstlernender Algorithmen gewissermaßen „vorzuverlegen" und in ihm eine Forderung nach möglichst korrekter Wirklichkeitsabbildung zu erblicken (Stevens CR 2020, 73 (74); ebenso und überhaupt bei selbstlernenden Algorithmen einen stärkeren Rückgriff auf die Prinzipien des Art. 5 DS-GVO iRd Art. 22 vorschlagend Hawath EDPL 2021, 161 (168 ff.)). 54a

2. Mitteilung der Tatsache einer automatisierten Einzelentscheidung (Art. 13 Abs. 2 lit. f, Art. 14 Abs. 2 lit. g)

Die Mitteilung darüber, dass eine Entscheidung das Ergebnis einer automatisierten Einzelentscheidung gewesen ist, soll den **Betroffenen in die Lage versetzen,** sich mit der Tatsache, dass die ihn betreffende Entscheidung „aus der Maschine kam", auseinanderzusetzen und seine schutzwürdigen Interessen wahrzunehmen (vgl. auch § 18 Abs. 3 MStV und § 13b Abs. 2 S. 2 RDG; kritisch zur nachträglichen Mitteilung Rochfeld Dalloz IP/IT 2018, 474 (479)). Ebenfalls mitzuteilen sind bei Vorliegen einer solchen Entscheidung aussagekräftige Gründe über die involvierte Logik, die angestrebten Auswirkungen und die Tragweite der Verarbeitung (Art. 13 Abs. 2 lit. f Hs. 2, Art. 14 Abs. 2 lit. g Hs. 2 (s. wortgleich auch Art. 15 Abs. 1 lit. h Hs. 2; → Rn. 57); 55

hierin eine Innovationsbremse sehend Kroker PinG 2020, 255 (256)). Unterbleibt die Mitteilung bei einem Verwaltungsakt, scheint die Fehlerfolge zweifelhaft (zumindest wohl kein von § 45 Abs. 1 Nr. 3 VwVfG derogierendes Regime annehmend Roth-Isigkeit DÖV 2020, 1018 ff.; anders das französische Recht, das in Art. 10 n° 2 Loi informatique et liberté die Nichtigkeitsfolge anordnet). Weder die JI-RL noch das BDSG enthalten vergleichbare Vorschriften. Vertreten wird jedoch, dass im Anwendungsbereich der JI-RL wegen der besonderen Grundrechtssensibilität und dem Recht auf Eingreifen durch den Verantwortlichen gem. Art. 11 Abs. 1 JI-RL entsprechendes zu gelten habe (Vogel PinG 2020, 156 (160)).

56 Die Mitteilung kann kurz und muss **laienverständlich** sein (Artikel 29-Datenschutzgruppe WP 251 rev.01, 14). Es gelten die umfangreichen Transparenz- und Verständlichkeitsvorgaben des Art. 12 (→ Art. 12 Rn. 9 ff.). Dieses Transparenzerfordernis (zu einem Transparenzmodell, das eine wirksame Anfechtung der Entscheidung erlaubt s. instruktiv Bayamlıoğlu EDPL 2018, 433 (438 ff.)) wird teils als Argument gegen eine Mitteilungspflicht bezüglich der Scoring-Formeln selbst im Rahmen des Anspruchs auf Information über die involvierte Logik angeführt, da eine solche kaum laienverständlich sei (Auernhammer/Eßer Art. 13 Rn. 48; daher für einen Kampf gegen die „Algorithmic Illiteracy" Temme EDPL 2017, 473 (476); für Quell- und Maschinencode ablehnend auch Strassemeyer K&R 2020, 176 (179); für eine Mitteilung von Fehleinschätzungswahrscheinlichkeiten bei auch für Experten undurchsichtigen Systemen auf Basis maschinellen Lernens Sesing MMR 2021, 288 (291 f.)). Kritisch zu betrachten ist diese Argumentation sicher im Hinblick auf die grundsätzlich betroffenenfreundliche Funktion der Transparenzvorschriften (s. zum Umfang der Informationspflicht auch → Art. 15 Rn. 76 ff.; für eine restriktive Auslegung des Umfangs – anders als für den Anwendungsbereich Strassemeyer K&R 2020, 176 (180)). Es bestehen **keine strengen Formerfordernisse** (Art. 12 Abs. 1 S. 2 und 3, Abs. 3 S. 4). Auch weiterhin ist nach Treu und Glauben geboten, für die Mitteilung eine Kommunikationsform zu wählen, die entweder – wie das Zusenden eines Briefs – allgemein üblich ist oder die der Betroffene selbst gewählt hat (zB die Beantwortung einer Anfrage per Email auf demselben Wege; zu alternativen Darstellungsformen s. Strassemeyer K&R 2020, 176 (180 ff.)). Die mündliche Mitteilung wird im Umkehrschluss aus Art. 12 Abs. 1 S. 3 für grundsätzlich unzulässig gehalten (Kühling/Buchner/Bäcker Art. 12 Rn. 16), sofern der Betroffene eine solche nicht speziell anfordert.

3. Mitteilung der wesentlichen Gründe auf Verlangen (Art. 15 Abs. 1 lit. h)

57 Im Rahmen des Auskunftsanspruchs sind die Tatsache der automatisierten Entscheidungsfindung sowie aussagekräftige Informationen zur involvierten Logik und Tragweite der getroffenen Entscheidung mitzuteilen (**Explainability;** → Art. 15 Rn. 76 ff.; zur Anwendbarkeit bei SCHUFA-Scoring Maute/Mackenrodt/Rühlicke, Recht als Infrastruktur für Innovation, 2019, 33 ff.; eine individuellere, auf die Wirkweise der Logik im Einzelfall des Betroffenen zugeschnittene Mitteilung verlangt Art. 10 des frz. Loi informatique et liberté bei VA; hierzu Rochfeld Dalloz IP/IT 2018, 474 (479); zum Zusammenspiel von VwVfG und DS-GVO bei der Begründung von VA s. Roth-Isigkeit DÖV 2020, 1018 (1024 ff.); zum Streit, ob bloß über die abstrakte Funktionsweise der Logik oder auch über die Gründe für die Entscheidung im Einzelfall zu informieren ist, ausführlich Dimitrova EDPL 2020, 211 (212 ff.); gegen ein solches „**Right to Explanation**" Wachter/Mittelstadt/Floridi IDPL 7 (2017), 76 (79 ff.); Sesing MMR 2021, 288 (292); zu den technischen Möglichkeiten, Entscheidungen selbstlernender Algorithmen nachzuvollziehen („explainable AI") Höhne DuD 2021, 453; der italienische Kassationsgerichtshof hält bei nicht im Einzelfall erklärbaren Algorithmen offenbar die wirksame Erteilung einer Einwilligung für ausgeschlossen, vgl. Bincoletto EDPL 2021, 248 (252)). Für dieses Auskunftsbegehren ist **keine Form** vorgeschrieben. Der Betroffene kann jeden üblichen (Brief) oder vom Verantwortlichen eröffneten Kommunikationskanal nutzen. Eine **Frist** sieht das Gesetz für das Verlangen nicht vor. Allerdings ist zu erwägen, das Verlangen nach Eintritt der Regelverjährung von drei Jahren (§ 195 BGB, § 199 Abs. 1 BGB) nach Treu und Glauben für verwirkt anzusehen. Letztlich wird man dies aber nur mit Blick auf das jeweilige Rechtsverhältnis beurteilen können. Wie schon bei der Frage des „Ob" (→ Rn. 55) soll auch die von Art. 15 Abs. 1 lit. h geregelte Frage des „Wie" im Rahmen der JI-RL trotz fehlender Vorschrift zu beauskunften sein (Vogel PinG 2020, 156 (160)).

E. Beschränkung bei besonderen Kategorien personenbezogener Daten (Abs. 4)

58 Anders als die allgemeine Regelung des Art. 22 (→ Rn. 2.1) wird Abs. 4 als **grundsätzliches Verbot** für automatisierte Entscheidungen auf Grundlage besonderer Kategorien personenbezogener Daten iSd Art. 9 Abs. 1 verstanden (s. Kühling/Buchner/Buchner Rn. 44). Diese unterfallen damit auch nicht den Ausnahmen des Abs. 2.

Im Ergebnis wird dies allerdings durch die beiden in Abs. 4 enthaltenen **Rückausnahmen** 59 vom grundsätzlichen Gebot relativiert. So ist nach Art. 22 Abs. 4 iVm Art. 9 Abs. 2 lit. a eine automatisierte Entscheidung dann möglich, wenn die Datengrundlage mit Einwilligung des Betroffenen erhoben wurde und zusätzlich die automatisierte Entscheidung selbst auf eine der Ausnahmen des Abs. 2 gestützt werden kann. Im Gegensatz zu Art. 11 Abs. 3 JI-RL spricht Art. 20 Abs. 4 kein explizites Diskriminierungsverbot in Anknüpfung an besondere personenbezogene Daten aus (s. aber zumindest Erwägungsgrund 71 S. 6).

Nach Art. 22 Abs. 4 iVm Art. 9 Abs. 2 lit. g sind automatisierte Einzelentscheidungen aufgrund 60 sensitiver Daten bei Erfüllung der sonstigen dort aufgeführten Voraussetzungen auch dann gestattet, wenn die Verarbeitung wegen **erheblichen öffentlichen Interesses** erforderlich ist und für die Entscheidung selbst wiederum eine der Ausnahmen des Abs. 2 einschlägig ist. Da solche erheblichen öffentlichen Interessen mit der Gefahr für absolut geschützte Rechtsgüter sowie der Effizienz der privaten Krankenversicherung bestehen würden (dazu Thüsing RDV 2018, 14 (17 f.); zu öffentlichen Interessen an Kreditinformationssystemen s. v. Lewinski/Pohl ZD 2018, 17 (18 f.)), wird auf dieser Grundlage teils die Regelung des § 37 Abs. 1 Nr. 2 BDSG für die automatisierte Einzelentscheidung in der PKV für europarechtlich zulässig erachtet (→ Rn. 62).

Auch und erst recht bei automatisierten Einzelentscheidungen auf der Grundlage sensitiver 61 Daten sind **geeignete Garantien** zum Schutz der Rechte und Freiheiten des Betroffenen zu schaffen (→ Rn. 46 ff.; zu solchen Garantien am Beispiel der automatisierten Einzelentscheidung in der PKV s. Thüsing RDV 2018, 14 (18)).

F. Mitgliedstaatlicher Ausgestaltungs- und Konkretisierungsspielraum

Der Spielraum für mitgliedstaatliches Recht ist **beschränkt.** Ausdrücklich können nach § 22 62 Abs. 2 lit. b wegen im mitgliedstaatlichen Recht niedergelegten „angemessenen Maßnahmen zur Wahrung der Rechte und Freiheiten sowie der berechtigten Interessen der betroffenen Personen" automatisierte Einzelentscheidungen erlaubt sein (→ Rn. 44). Darüber hinaus können auch mitgliedstaatliche Regelungen nach Art. 23 Abs. 1 die Anforderungen an automatisierte Einzelentscheidungsverfahren modifizieren, ebenso aufgrund von Art. 85 DS-GVO im Medienbereich (zB § 18 Abs. 3, § 93 MStV).

Im Zuge der Anpassung des deutschen Datenschutzrechts an die DS-GVO und die JI-RL ist 63 mit **§ 37 BDSG** eine Bereichsausnahme (so Schmidl/Tannen DB 2017, 1633 (1640)) und deutsche mitgliedstaatliche Nachfolgeregelung des § 6a BDSG aF geschaffen worden, **allerdings nur für die (Kranken)Versicherungen.** Im Hinblick auf die abschließende Regelung in der DS-GVO scheint die Eröffnung eines diesbezüglichen Regelungsspielraums jedoch zweifelhaft, weshalb teilweise eine Nichtregelung favorisiert worden ist (Kühling/Martini DS-GVO, 1. Aufl. 2016, 340 f. (440 ff.)). Andere bejahen im Vergleich mit der bisherigen Regelung und bezugnehmend auf die großen Parallelen der DS-GVO zur Altregelung die europarechtliche Konformität der bisherigen Regelung (umfassend Thüsing RDV 2018, 14).

Ebenfalls nicht frei von jedem Zweifel an der Europarechtskonformität ist **§ 31 BDSG,** der 64 insoweit die Regelung des § 28b BDSG aF fortsetzt. Die bloße Feststellung, die bisherigen Regelungen hätten „eine überragende Bedeutung" und müssten deshalb übernommen werden (BT-Drs. 18/11325, 101) ersetzt nicht die Notwendigkeit einer Öffnungsklausel. Die verschiedenen Vorschläge hierzu sind nicht alle überzeugend (Abel ZD 2018, 103 (104 ff.); aA Kühling NJW 2017, 1985 (1988), der davon ausgeht, es handle sich nicht um eine datenschutzrechtliche Vorschrift). Das VG Wiesbaden hält § 31 BDSG für europarechtswidrig und hat die Frage dem EuGH vorgelegt (VG Wiesbaden ZD 2022, 121 (Rn. 37 ff.)). Einzelheiten unter → BDSG § 31 Rn. 6.

§ 35a VwVfG ist – entgegen der Ansicht des Bundesdatenschutzgesetzgebers (BT-Drs. 18/ 65 11325, 106; Roth-Isigkeit DÖV 2020, 1018 (1022 f.); unklar Kumkar/Roth-Isigkeit JZ 2020, 277 (280) – keine nationale Rechtsvorschrift iSd Art. 22 Abs. lit. b, sondern soll vielmehr Zweifeln entgegentreten, ob ein automatisierter Verwaltungsakt mit Prinzipien des Verwaltungsverfahrensrechts vereinbar ist (kritisch zu dieser überflüssigen Klarstellung Stegmüller NVwZ 2018, 353). Den Vorgaben des Art. 22 Abs. 2 lit. b (→ Rn. 44) genügt er jedenfalls nicht (Kühling/Buchner/ Buchner Rn. 48a); **§ 88 Abs. 5 AO** sieht hingegen die Errichtung eines Risikomanagementsystems als Begleitmaßnahme zum entsprechenden § 155 Abs. 4 AO vor.

Wenn weder das BDSG noch das bereichsspezifische Datenschutzrecht noch das Fachrecht 66 Regelungen weder zur Automatisierten Einzelentscheidung noch zum Profiling noch zum Scoring treffen, dann sind diese Verfahren erlaubt. Dies ist Ausfluss der Berufsausübungsfreiheit (Art. 12

GG bzw. Art. 16 GRCh) und betrifft vor allem das Erstellen von **Profilen für Direktwerbezwecke.** Teilt man die Ansicht, dass Art. 22 zwischen der Durchführung von Profiling und der anschließenden automatisierten Einzelfallentscheidung unterscheidet und nur letztere weitergehenden Anforderungen unterwirft (→ Rn. 7), folgt dies schon aus dem fehlenden Charakter der Zusendung von Direktwerbung als rechtserhebliche Entscheidung (→ Rn. 34). Jedenfalls kann darin nicht mehr als eine Belästigung erblickt werden, deren Regelung Aufgabe nicht des Datenschutz-, sondern des Lauterkeitsrechts ist (→ Rn. 41). Auch mit Blick auf die in Erwägungsgrund 70 angelegte Widerspruchslösung ist daher festzuhalten, dass für die Zulässigkeit von Direktwerbung lediglich die allgemeinen datenschutzrechtlichen Regeln, insbesondere Art. 6 Abs. 1 UAbs. 1 lit. f DS-GVO, gelten (Rüpke/v. Lewinski/Eckardt, Datenschutzrecht, 2018, § 16 Rn. 57 ff.).

66.1 Ob die kommende ePrivacyVO Regeln für das Profiling zu Werbezwecken im Internet (sog. „**Tracking**") enthalten wird, bleibt abzuwarten; der deutsche Gesetzgeber hat mit § 26 TTDSG lediglich eine prozedurale Regelung erlassen, die die Verwaltung datenschutzrechtlicher Einwilligungen erleichtern soll, aber über die Zulässigkeit des Profilings an sich keine Maßgaben enthält und daher mit Art. 22 auch nicht in Konflikt gerät.

Abschnitt 5. Beschränkungen

Artikel 23 Beschränkungen

(1) **Durch Rechtsvorschriften der Union oder der Mitgliedstaaten, denen der Verantwortliche oder der Auftragsverarbeiter unterliegt, können die Pflichten und Rechte gemäß den Artikeln 12 bis 22 und Artikel 34 sowie Artikel 5, insofern dessen Bestimmungen den in den Artikeln 12 bis 22 vorgesehenen Rechten und Pflichten entsprechen, im Wege von Gesetzgebungsmaßnahmen beschränkt werden, sofern eine solche Beschränkung den Wesensgehalt der Grundrechte und Grundfreiheiten achtet und in einer demokratischen Gesellschaft eine notwendige und verhältnismäßige Maßnahme darstellt, die Folgendes sicherstellt:**
a) **die nationale Sicherheit;**
b) **die Landesverteidigung;**
c) **die öffentliche Sicherheit;**
d) **die Verhütung, Ermittlung, Aufdeckung oder Verfolgung von Straftaten oder die Strafvollstreckung, einschließlich des Schutzes vor und der Abwehr von Gefahren für die öffentliche Sicherheit;**
e) **den Schutz sonstiger wichtiger Ziele des allgemeinen öffentlichen Interesses der Union oder eines Mitgliedstaats, insbesondere eines wichtigen wirtschaftlichen oder finanziellen Interesses der Union oder eines Mitgliedstaats, etwa im Währungs-, Haushalts- und Steuerbereich sowie im Bereich der öffentlichen Gesundheit und der sozialen Sicherheit;**
f) **den Schutz der Unabhängigkeit der Justiz und den Schutz von Gerichtsverfahren;**
g) **die Verhütung, Aufdeckung, Ermittlung und Verfolgung von Verstößen gegen die berufsständischen Regeln reglementierter Berufe;**
h) **Kontroll-, Überwachungs- und Ordnungsfunktionen, die dauernd oder zeitweise mit der Ausübung öffentlicher Gewalt für die unter den Buchstaben a bis e und g genannten Zwecke verbunden sind;**
i) **den Schutz der betroffenen Person oder der Rechte und Freiheiten anderer Personen;**
j) **die Durchsetzung zivilrechtlicher Ansprüche.**
(2) **Jede Gesetzgebungsmaßnahme im Sinne des Absatzes 1 muss insbesondere gegebenenfalls spezifische Vorschriften enthalten zumindest in Bezug auf**
a) **die Zwecke der Verarbeitung oder die Verarbeitungskategorien,**
b) **die Kategorien personenbezogener Daten,**
c) **den Umfang der vorgenommenen Beschränkungen,**
d) **die Garantien gegen Missbrauch oder unrechtmäßigen Zugang oder unrechtmäßige Übermittlung;**
e) **die Angaben zu dem Verantwortlichen oder den Kategorien von Verantwortlichen,**
f) **die jeweiligen Speicherfristen sowie die geltenden Garantien unter Berücksichtigung von Art, Umfang und Zwecken der Verarbeitung oder der Verarbeitungskategorien,**

g) die Risiken für die Rechte und Freiheiten der betroffenen Personen und
h) das Recht der betroffenen Personen auf Unterrichtung über die Beschränkung, sofern dies nicht dem Zweck der Beschränkung abträglich ist.

Überblick

Art. 23 ermächtigt die Union und die Mitgliedstaaten, die in Kap. 3 Abschn. 1–4 sowie in Art. 34 enthaltenen (Informations-)Pflichten und Rechte durch formelles Gesetz einzuschränken. Die genannten Rechte und Pflichten ergeben sich aus dem Transparenzgebot, dem fundamentale Bedeutung für den grundrechtlichen Datenschutz zukommt. Dennoch sollen diese Rechte für besondere öffentliche Belange, insbesondere im Bereich der Sicherheit und Gefahrenabwehr, unter bestimmten Voraussetzungen einschränkbar sein. Die Regelungen zur Beschränkung sind daher streng. Die Norm stellt in Abs. 1 auf die Wesensgehaltsgarantie für Grundrechte und Grundfreiheiten sowie auf den Grundsatz der Verhältnismäßigkeit ab und enthält einen abschließenden Katalog von zehn alternativen Zielen, zu deren Sicherstellung eine Beschränkung zulässig ist. Die Mindestanforderungen an den Inhalt der gesetzlichen Beschränkungen zeigt Abs. 2 auf. Es werden hohe Anforderungen an die Bestimmtheit und Klarheit gestellt. Weiter sind die Rechte der betroffenen Person besonders geschützt, indem die betroffenen Daten einem weitgehenden Schutz unterliegen und nicht frei innerhalb der öffentlichen Hand kursieren dürfen. Die aufgeführten acht inhaltlichen Voraussetzungen müssen kumulativ vorliegen. Die Aufzählung ist jedoch nicht abschließend. Weitere Inhaltsanforderungen können hinzukommen.

Übersicht

	Rn.		Rn.
A. Allgemeines	1	finanziellen Interesses der Union oder eines Mitgliedstaates, etwa im Währungs-, Haushalts- oder Steuerbereich sowie im Bereich der öffentlichen Gesundheit und der sozialen Sicherheit	34
I. Überblick	1		
II. Historische Aspekte	2		
III. Normzweck	4		
IV. Grundrechtsbindung	5	6. Schutz der Unabhängigkeit der Justiz und Schutz von Gerichtsverfahren	40
B. Art. 23 Abs. 1	6		
I. Rechte und Pflichten	7	7. Verhütung, Aufdeckung, Ermittlung und Verfolgung von Verstößen gegen die berufsständischen Regeln reglementierter Berufe	43
II. Beschränkung durch Gesetz	11		
III. Achtung des Wesensgehalts der Grundrechte und Grundfreiheiten	15		
IV. Notwendigkeit und Verhältnismäßigkeit der Einschränkung	17	8. Kontroll-, Überwachungs- und Ordnungsfunktionen, die dauernd oder zeitweise mit der Ausübung öffentlicher Gewalt für die unter den Buchstaben a–e und g genannten Zwecke verbunden sind	47
V. Sicherstellung eines oder mehrerer der in a–j genannten öffentlichen Ziele	20		
1. Nationale Sicherheit	22		
2. Landesverteidigung	25	9. Schutz der betroffenen Person oder der Rechte und Freiheiten anderer Personen	49
3. Öffentliche Sicherheit	28		
4. Verhütung, Ermittlung, Aufdeckung oder Verfolgung von Straftaten oder die Strafvollstreckung, einschließlich des Schutzes vor und der Abwehr von Gefahren für die öffentliche Sicherheit	30	10. Durchsetzung zivilrechtlicher Ansprüche	52
		C. Art. 23 Abs. 2	53
		I. Gemeinsamkeiten	53
5. Schutz sonstiger wichtiger Ziele des allgemeinen öffentlichen Interesses der Union oder eines Mitgliedstaates, insbesondere eines wichtigen wirtschaftlichen oder		II. Klarheit einerseits und Kompensation andererseits	56
		III. Die Anforderungen im Einzelnen	61

A. Allgemeines

I. Überblick

Art. 23 gestattet es, die von der Verordnung gewährten Betroffenenrechte (oder Individualrechte) durch Rechtsvorschriften sowohl **der Mitgliedstaaten als auch der Union** einzuschränken. Die Ausweitung dieser Recht ist nicht Thema der Norm (Paal/Pauly/Paal Rn. 1). Zugleich stellt Art. 23 diese Befugnis unter formelle und materielle Anforderungen. Art. 23 bildet somit eine der zahlreichen Öffnungsklauseln der DS-GVO, die den Mitgliedstaaten Regelungsspielräume im allgemeinen Datenschutzrecht, insbesondere im öffentlichen Raum, ermöglichen (vgl. Kühling/ Buchner/Bäcker Rn. 1; Paal/Pauly/Paal Rn. 2). Zu Art. 13 DSRL aF hat der EuGH ausdrücklich festgestellt, dass die Norm den Mitgliedstaaten die Möglichkeit eröffnet, eine oder mehrere der in dieser Bestimmung aufgezählten Ausnahmen in ihr nationales Recht umzusetzen, dass die Mitgliedstaaten dazu aber in keiner Weise gezwungen sind (EuGH ZID 2014, Rn. 37). Dies gilt für Art. 23 uneingeschränkt weiter (Kühling/Buchner/Bäcker Rn. 2).

1.1 Das **BDSG enthält** in § 32 Abs. 1, 33 Abs. 1, 34 Abs. 1, 35 Abs. 1 S. 1, § 36 Normen, die von der Ermächtigung Gebrauch machen.

II. Historische Aspekte

2 Die detaillierten Regelungen des Art. 23 gehen auf ein **langes Ringen** um die Einzelheiten der Vorschrift zurück. Der Entwurf der Kommission zu Art. 23 blieb noch hinter den beschlossenen Anforderungen zurück. Das Parlament fügte in seinem Entwurf die Wesensgehaltsgarantie hinzu und erweiterte die Inhaltsanforderungen des Abs. 2 in stärkere Weise als sie heute gelten. Schließlich einigten sich Rat, Parlament und Kommission auf die vorliegende Fassung (s. dazu Paal/ Pauly/Paal Rn. 8).

3 Art 23 geht auf **Art. 13 DSRL** (aufgehoben mWv 25.5.2018 durch Art. 94 Abs. 1) zurück. Im Vergleich zu Art. 13 enthält Art. 23 einerseits einen weiter gefassten Katalog, erhöht aber andererseits die allgemeinen Anforderungen an die Beschränkung. Die Vorschrift der alten Datenschutzrichtlinie erwähnt die Wesensgehaltsgarantie und den Verhältnismäßigkeitsgrundsatz nicht und enthält eine geringere Anzahl von Zielen. Ein Katalog von Mindestanforderungen fehlt (Kühling/Buchner/Bäcker Rn. 4).

III. Normzweck

4 Der Normzweck besteht darin, die von Art. 23 aufgeführten Bereiche, die vor allem staatlichen Aufgaben umschreiben, **zu privilegieren.** Ihre Erfüllung rechtfertigt es, die Betroffenenrechte stärker zurückzudrängen als andere Tätigkeitsbereiche. Die Zurückdrängung soll dabei nicht grenzenlos möglich sein (vgl. Paal/Pauly/Paal Rn. 2).

IV. Grundrechtsbindung

5 Macht der **Unionsgesetzgeber** von der Ermächtigung des Art. 23 Gebrauch, ist er über die Anforderung des Art. 23 auch an die europäischen Grundrechte gebunden. Macht der deutsche Gesetzgeber oder Normgeber von der Ermächtigung des Art. 23 DS-GVO Gebrauch, ist er materiell-rechtlich sowohl an die europäischen Grundrechte als auch die Grundrechte des GG gebunden (Kühling/Buchner/Bäcker Rn. 7). Zu den prozessualen Besonderheiten bei der Verfassungsbeschwerde → Rn. 5.1.

5.1 Nach den **Grundsätzen des Bundesverfassungsgerichts** (BVerfG Beschl. v. 6.11.2019 – 1 BvR 16/ 13 – Recht auf Vergessen I und BVerfG Beschl. v. 6.11.2019 – 1 BvR 276/17 – Recht auf Vergessen II) wäre eine Verfassungsbeschwerde, die sich gegen eine Vorschrift richtet, die von der Ermächtigung von Art. 23 Gebrauch macht, wohl zunächst an den Grundrechten des Grundgesetzes zu messen, da davon auszugehen ist, dass der Verordnungsgeber mit Art. 23 Grundrechtsvielfalt zulässt. Darüber hinaus dürfte aber im Falle des Art. 23 auch ein vom Verfassungsgericht grundsätzlich zugelassener Sonderfall vorliegen, in dem darüber hinaus auch eine Grundrechtsbindung an die europäischen Grundrechte anzunehmen ist, da der Art. 8 GRCh durch seine ausdrückliche Normierung und die Hinzufügung der Betroffenenrechte in Art. 8 GRCh über das Recht auf informationelle Selbstbestimmung in Art. 2 Abs. 1, Art. 1 Abs. 1 GG spezifisch hinausgeht und daher die Besonderheiten des europäischen Grundrechtsschutzes eine ergänzende grundrechtliche Prüfung verlangen dürften.

B. Art. 23 Abs. 1

6 Art. 23 Abs. 1 gibt der Union und den Mitgliedstaaten das Recht, für die dort genannten öffentlichen Zwecke Ausnahmen von Betroffenenrechten einzuführen oder beizubehalten (s. auch Schanz NJW 2016, 1841 (1842)). Die Voraussetzungen, unter denen die Union oder der nationale Gesetzgeber Rechte und Pflichten beschränken kann, sind **im Überblick** die Folgenden:
• Rechte und Pflichten aufgrund Art. 12–22 (Kap. 3), Art. 34 und Art. 5, soweit die dort geregelten Grundsätze der Datenverarbeitung den in Art. 12–22 vorgesehenen Rechten und Pflichten entsprechen;

- Einschränkung durch Rechtsnorm;
- Achtung des Wesensgehalts der Grundrechte und Grundfreiheiten;
- Notwendigkeit und Verhältnismäßigkeit der Einschränkung;
- Sicherstellung eines oder mehrerer der in a–j genannten öffentlichen Ziele;
- Beachtung der in Abs. 2 niedergelegten vielfältigen Schranken zu Sicherstellung der Bestimmtheit und Klarheit der Einschränkung bzw. der Kompensation der Einschränkung.

I. Rechte und Pflichten

Art. 23 nennt als **Rechte und Pflichten, auf die sich die Ausnahmen beziehen,** die in Art. 12–22 verankerten Rechte der betroffenen Person und Informationspflichten der Verantwortlichen (Art. 4 Nr. 7) und Auftragsverarbeiter (Art. 4 Nr. 8), sowie Art. 34 und Art. 5. Betroffen sind demnach die Pflicht zur transparenten Information (Datenschutzerklärung) gem. Art. 12, die konkreten Informationspflichten des jeweiligen Betroffenen gem. Art. 13 und Art. 14, das Auskunftsrechte gem. Art. 15, die Rechte auf Berichtigung, Löschung und eingeschränkter Verarbeitung mitsamt der darauf bezogenen Mitteilungspflicht gem. Art. 16–19, das Recht auf Datenübertragbarkeit gem. Art. 20 sowie das Widerspruchsrecht und das Verbot einer ausschließlich automatisierten Verarbeitung in bestimmten Fällen.

Die konkreten Vorschriften, die die Rechte gewähren, enthalten **konkrete Einschränkungen,** die anders als bei Art. 23 nicht an bestimmte Ziele gebunden sind (s. etwa Art. 13 Abs. 4, Art. 14 Abs. 4, Abs. 5). Die Beschränkungsmöglichkeiten des Art. 23 **gehen darüber hinaus** und sind anderer Natur, da sie sich primär nicht aus dem jeweiligen Recht heraus erklären, sondern den in Art. 23 genannten Verarbeitungszwecken geschuldet sind. Beide Beschränkungsmöglichkeiten stehen **nebeneinander.**

Darüber hinaus wird mit Art. 34 das Recht auf Benachrichtigung der von einer Verletzung des Schutzes personenbezogener Daten betroffenen Person einbezogen. Dieses Recht ist zwar nicht, wie alle anderen Rechte, in Kapitel III niedergelegt, aber strukturell gleich in seiner Wirkung für den Betroffenen.

Weiter wird **Art. 5,** der Grundsätze für die Verarbeitung personenbezogener Daten enthält, teilweise einbezogen, und zwar in Bezug auf die Datenschutzprinzipien, die von den Art. 12–22 und Art. 34 konkretisiert werden. Der hiermit verbundene Verweis dient der Vermeidung von inneren Spannungen, da sich die Vorgaben aus den Art. 12–22 in ihrem Wesensgehalt mit den Grundsätzen nach Art. 5 überschneiden (Paal/Pauly/Paal Rn. 3). Die Betroffenenrechte sind gerade als Ausfluss und Konkretisierung der Grundsätze anzusehen, sodass der Verweis auf Art. 5 verdeutlicht, dass es um eine Erweiterung des Gestaltungsspielraums der Union und der Mitgliedstaaten geht.

Die **Datenschutzprinzipien des Art. 5 DS-GVO,** die betroffen werden, sind das **Transparenzgebot** gem. Art. 5 Abs. 1 lit. a, ggf. das Gebot der **Speicherbegrenzung** gem. Art. 5 Abs. 1 lit. e, der Grundsatz der **Verarbeitung nach Treu und Glauben** (Art. 5 Abs. 1 lit. a), sowie die **Rechenschaftspflicht** gem. Art. 5 Abs. 2, sofern sie sich auf Art. 5 Abs. 1 lit. a und lit. e beziehen (ähnlich Paal/Pauly/Paal Rn. 3). Nicht relativiert dürften demgegenüber die Zweckbindung und der Grundsatz der Datenminimierung (Art. 5 Abs. 1 lit. b und c), das Gebot der Richtigkeit gem. Art. 5 Abs. 1 lit. d, das Pseudonymisierungsgebot gem. Art. 5 Abs. 1 lit. e und die Gebote der Integrität und Vertraulichkeit gem. Art. 5 Abs. 1 lit. f.

Sofern durch Rechtsvorschriften die Betroffenenrechte eingeschränkt werden, werden damit korrespondierend die Pflichten des Verantwortlichen reduziert (Kühling/Buchner/Bäcker Rn. 9).

II. Beschränkung durch Gesetz

Durch **Rechtsvorschriften** der Union oder der Mitgliedstaaten können die Pflichten des Verantwortlichen oder des Auftragsverarbeiters sowie die Rechte der Betroffenen im Wege von Gesetzgebungsmaßnahmen beschränkt werden. Der Erlass beschränkender Rechtsvorschriften ist dadurch den legislativen Staatsorganen vorbehalten (Paal/Pauly/Paal Rn. 15). Eine erhebliche Konkretisierung enthält Erwägungsgrund 41, in dem es heißt: „Wenn in dieser Verordnung auf eine Rechtsgrundlage oder eine Gesetzgebungsmaßnahme Bezug genommen wird, erfordert dies nicht notwendigerweise einen von einem Parlament angenommenen Gesetzgebungsakt; davon unberührt bleiben Anforderungen gem. der Verfassungsordnung des betreffenden Mitgliedstaats. Die entsprechende Rechtsgrundlage oder Gesetzgebungsmaßnahme sollte jedoch klar und präzise sein und ihre Anwendung sollte für die Rechtsunterworfenen gem. der Rechtsprechung des Gerichtshofs der Europäischen Union (im Folgenden „Gerichtshof") und des Europäischen Gerichtshofs für Menschenrechte vorhersehbar sein."

11.1 Die Merkmale „**durch Rechtsvorschriften**" und „**im Wege von Gesetzgebungsmaßnahmen**" enthalten demnach eine Dopplung.

12 Art. 23 Abs. 1 fordert folglich kein **nationales formelles Gesetz** (Kühling/Buchner/Bäcker Rn. 35) und auch nicht notwendigerweise ein von den Unionsorganen erlassenen Gesetzgebungsakt (Paal/Pauly/Paal Rn. 15). Das Unionsrecht fordert nur eine Rechtsnorm. Die Norm kann schon vor Erlass der DS-GVO existent gewesen sein (Kühling/Buchner/Bäcker Rn. 36). Aus Gründen der Rechtssicherheit und Vorhersehbarkeit ist unionsrechtlich ein Außenrechtssatz, der amtlich veröffentlicht sein muss, zu fordern (Kühling/Buchner/Bäcker Rn. 35). Verwaltungsvorschriften genügen ebenso wenig (Paal/Pauly/Paal Rn. 15) wie privatrechtliche Regelungswerke (Kühling/Buchner/Bäcker Rn. 36). Weiter muss die Norm zumindest klar und präzise sowie für die Adressaten vorhersehbar sein (Erwägungsgrund 41; Paal/Pauly/Paal Rn. 15).

13 Ansonsten verweist das Unionsrecht nach Erwägungsgrund 41 hinsichtlich der Anforderungen **ergänzend auf das nationale Recht**. Daher ist der deutsche Vorbehalt des Gesetzes mitsamt der Wesentlichkeitstheorie zu beachten, was aber nichts daran ändert, dass die konkrete Einschränkung in einer Verordnung oder Satzungen enthalten sein kann, sofern eine ausreichende gesetzliche Ermächtigungsgrundlage besteht (ungenau daher Paal/Pauly/Paal Rn. 15a).

14 Durch die Rechtsnormen können die Rechte beschränkt werden. **Beschränkungen** sind **Einschränkung**, d.h. Beschneidungen der Rechte, die ohne den Art. 23 nicht möglich wären. Art. 23 ermöglich der Union oder den Mitgliedstaaten die Betroffenenrechte stärker einzuschränken als es ohne die Existenz von Art. 23 möglich wäre. Die Ausführlichkeit dieser Norm spricht dafür, dass die Einschränkung durchaus weit gehen kann, dann aber die Schrankenvoraussetzungen des Abs. 2 auch wirklich erfüllen muss.

III. Achtung des Wesensgehalts der Grundrechte und Grundfreiheiten

15 Nach Art. 23 Abs. 1 muss die Beschränkung den **Wesensgehalt der Grundrechte und Grundfreiheiten** achten. Der Normtext nimmt unausgesprochen Bezug auf Art. 52 Abs. 1 GRCh. Fraglich ist, was mit **Grundrechten und Grundfreiheiten** gemeint ist. Zu den hiermit in Bezug genommenen Grundrechten zählen sowohl die GRCh als auch die EMRK sowie die vom EuGH entwickelten ungeschriebenen Grundrechte und allg. Grundsätze (Paal/Pauly/Paal Rn. 13). Erfasst ist daher zunächst das Grundrecht auf Datenschutz gem. Art. 8 Abs. 2 S. 1, darüber hinaus aber wohl auch die Rechte iSv Art. 8 Abs. 2 S. 2 GRCh, nach denen jede Person Auskunft über die sie betreffenden erhobenen Daten erhalten und die Berichtigung der Daten erwirken kann. Dies liegt nahe, weil sich Art. 52 GRCh auch auf diese bezieht.

15.1 Vom Sinn her, wird man Art. 23 aber nicht darauf beschränken können. Auch wenn die sonstigen Betroffenenrechte nicht unmittelbar in Art. 8 GRCh genannt sind, ist Art. 23 Abs. 1 so zu verstehen, dass nicht nur der Wesensgehalt des Rechts auf Datenschutz iSv Art. 8 Abs. 2 S. 1 GRCh zu achten ist, sondern auch der **Wesensgehaltsschutz jedes einzelnen Betroffenenrechts**. Insofern liegt eine parallele Behandlung der in Art. 8 Abs. 2 S. 2 GRCh und der dort nicht genannten Betroffenenrechte iSv Art. 12–22 nahe. Der Passus wiederholt daher Art. 52 GRCh nicht nur (so aber Paal/Pauly/Paal Rn. 14), sondern erweitert ihn zunächst vom Anwendungsbereich.

16 Inhaltlich wird der **Wesensgehaltsschutz** des Art. 23 wohl nicht über Art. 52 GRCh hinausgehen (Paal/Pauly/Paal Rn. 14; ähnlich auch Kühling/Buchner/Bäcker, Rn. 56). Nahe liegt ein absolutes Verständnis im Sinne eines unantastbaren Kernbereichs und nicht ein relatives Verständnis, nach der ein Parallelität zur Verhältnismäßigkeitsprüfung bestünde (Calliess/Ruffert/Kingreen GRCh Art. 52 Rn. 64). Der Wesensgehaltsschutz verlangt danach, dass der **unantastbare Kernbestand** der Grundrechte und Grundfreiheiten sowie der Betroffenenrechte geachtet wird. Zum Wesensgehalt eines Rechtes gehören diejenigen seiner Bestandteile, die dafür Sorge tragen, dass sich dieses Recht hinreichend durchsetzt und seine Grundidentität wahrt.

IV. Notwendigkeit und Verhältnismäßigkeit der Einschränkung

17 Weiter muss die Beschränkung über die Wahrung der Wesensgehaltsgarantie hinaus auch gem. Art. 23 Abs. 1 eine in einer demokratischen Gesellschaft **notwendige** und **verhältnismäßige Maßnahme** darstellen. Insoweit wird auch Art. 52 GRCh sinngemäß, aber nicht wörtlich, in Bezug genommen. Beschränkungen sind somit nur dann und nur in dem Umfang zulässig, wie sie der Sicherstellung der aufgeführten Rechtsgüter dienen, ansonsten sind sie nicht **notwendig**. Der Begriff der Notwendigkeit ist daher weitgehend gleich mit dem Merkmal der Geeignetheit nach deutschem Verständnis.

Beschränkungen **Artikel 23 DS-GVO**

Die einschränkenden Maßnahmen müssen weiter sowohl das **mildeste Mittel** als auch **ange-** 18
messen sein, um die im Einzelnen aufgeführten Ziele zu erreichen und zu sichern, ansonsten sind sie nicht verhältnismäßig. Es ist somit für jede gesetzliche Einschränkung der Datenschutzrechte und -verpflichtungen eine **eigenständige Abwägung** zwischen den Betroffenenrechten einerseits und dem jeweils verfolgten öffentlichen Zweck aus dem Katalog des Art. 23 Abs. 1 a–j andererseits vorzunehmen. Die Abwägung muss dabei auf die jeweils konkrete Situation bezogen sein (Paal/Pauly/Paal Rn. 9).

Art. 23 Abs. 1 nimmt Bezug auf eine **demokratische Gesellschaft**. Demokratisch meint 19
sowohl im Verfahren der staatlichen Willensbildung „demokratisch" (dh auf den Willen des Volkes zurückgehend) als auch in den Werten „demokratisch" (dh freiheitlich, die Individualität, die Meinungsfreiheit und die Minderheit respektierend) – nach deutschem Verständnis demnach eigentlich rechtsstaatlich. Da von einer solchen im Rahmen der EU auszugehen ist, wirkt dieser Zusatz deklaratorisch. Das Merkmal geht auf Art. 9 Abs. 2 des Übereinkommens Nr. 108 des Europarats zurück (Paal/Pauly/Paal Rn. 11).

V. Sicherstellung eines oder mehrerer der in a–j genannten öffentlichen Ziele

Die öffentlichen Ziele und damit die zu schützenden Rechtsgüter werden in a–j **abschließend** 20
aufgezählt (Kühling/Buchner/Bäcker Rn. 11; Paal/Pauly/Paal Rn. 16). Der Katalog von Art. 23 Abs. 1 ist so umfangreich, dass die Betroffenenrechte in erheblicher Weise durch Rechtsvorschriften eingegrenzt werden können und im Ergebnis die eingrenzende Wirkung der Aufzählung begrenzt ist (Kühling/Buchner/Bäcker Rn. 11). Als materielle Grenze bleibt insbesondere das Gebot der Notwendigkeit und das Gebot der Verhältnismäßigkeit. Die Ziele in Art. 23 Abs. 1 werden von der Verordnung selbst als gewichtig qualifiziert.

Dem **Verordnungsgeber** war es **offenbar wichtig**, die Besonderheiten der staatlichen Interessen, die 20.1
über weite Teile die Ziele des Art. 23 tragen, ausreichend zu berücksichtigen. Die Weite der Einschränkungsmöglichkeit war offensichtlich gewollt und kann daher nicht ohne weiteres einschränkend ausgelegt werden. Auffallend sind ferner die **weiten Überschneidungsbereiche** der einzelnen Ziele (vgl. Kühling/Buchner/Bäcker Rn. 11), die so zu erklären sind, dass der Verordnungsgeber bewusst einen Bereich abdecken wollte und zur Sicherheit Überschneidungen zuließ, um auf diese Weise Lücken zu vermeiden.

Die DS-GVO nimmt in **Art. 6 Abs. 4** als zulässige Ziele einer Zweckänderung auf die Ziele des 20.2
Art. 23 Abs. 1 Bezug. Auf diese Weise verdeutlicht der Verordnungsgeber, dass er die Ziele in Art. 23 für gewichtig hält.

Die aufgeführten Gründe können nur die Betroffenenrechte und Art. 34 einschränken und nicht für 20.3
eine Einschränkung **anderer sich aus der VO ergebenden Rechte und Pflichten** herangezogen werden (Paal/Pauly/Paal Rn. 16).

Die jeweilige Datenverarbeitung muss das jeweilige Ziel **sicherstellen.** Das ist dann der Fall, 21
wenn die Wahrnehmung der Betroffenenrechte das jeweilige Ziel beeinträchtigen kann. Das Ziel muss nicht in Gefahr oder bedroht sein. Es genügt, wenn die Erfüllung des Ziels in nicht unerheblicher Weise durch die Beachtung des jeweiligen Betroffenenrechte beeinträchtigt sein kann.

Die **Datenverarbeitung,** auf die sich das Betroffenenrecht bezieht und die durch die Einschränkung 21.1
erleichtert werden soll, muss dabei nicht zwingend **selbst dem Zweck dienen.** Vielmehr muss nur die Beeinträchtigung dem in Art. 23 genannten Ziel dienen. Das Ziel muss durch die Beschränkung gefördert werden. In aller Regel dürften allerdings die Fälle zusammenfallen, sodass die Datenverarbeitung, die durch die Einschränkung der Betroffenenrechte gefördert wird, zugleich dem Ziel des Art. 23 Abs. 1 dient (vgl. Kühling/Buchner/Bäcker Rn. 23 bezogen auf Art. 23 lit. e).

1. Nationale Sicherheit

Nationale Sicherheit meint die Sicherheit des Staates selbst, also **seinen Bestand,** dh seine 22
territoriale, rechtliche und faktische Integrität (vgl. auch GHN/Schill/Krenn EUV Art. 4 Rn. 42; Kühling/Buchner/Bäcker Rn. 15). Der Begriff der nationalen Sicherheit ist dabei verwandt mit dem Begriff der öffentlichen Sicherheit und der Verteidigung, ohne identisch zu sein.

Der Begriff der nationalen Sicherheit wird in der **Verordnung wiederholt verwendet** (Erwägungs- 22.1
grund 16, Erwägungsgrund 104, Art. 45 Abs. 2). Die JIRL zum Datenschutz (RL (EU) 2016/680 des europäischen Parlaments und des Rates v. 27.4.2016 zum Schutz natürlicher Personen bei der Verarbeitung personenbezogener Daten durch die zuständigen Behörden zum Zwecke der Verhütung, Ermittlung, Aufdeckung oder Verfolgung von Straftaten oder der Strafvollstreckung sowie zum freien Datenverkehr und zur Aufhebung des Rahmenbeschlusses 2008/977/JI des Rates) verwendet ihn öfter (Erwägungsgrund 14,

Erwägungsgrund 44, Erwägungsgrund 62, Erwägungsgrund 67, Art. 13 Abs. 3, Art. 15 Abs. 1, Art. 16 Abs. 4, Art. 36 Abs. 2).

23 In **Art. 4 Abs. 2 S. 2 EUV** wird die nationale Sicherheit als ein Bereich genannt, der weiterhin in die alleinige Verantwortung der einzelnen Mitgliedstaaten fällt. Es ist davon auszugehen, dass der Begriff im identischen Sinne gemeint ist. Art. 23 geht ersichtlich davon aus, dass es Fallgestaltungen geben kann, in denen die DS-GVO trotz Art. 4 Abs. 2 S. 2 EUV zur Anwendung kommen kann, obwohl die Datenverarbeitung der nationalen Sicherheit dient. Sofern man unterschiedliche Zweckbestimmungen und evtl. bestehende Regelungszusammenhänge berücksichtigt, ist dies nicht undenkbar (vgl. Kühling/Buchner/Bäcker Rn. 13). So greift lit. a etwa bei beschränkenden Maßnahmen, die zwar der nationalen Sicherheit dienen, die aber nicht unmittelbar die Datenverarbeitung iRd der Tätigkeit für die nationale Sicherheit regeln (Paal/Pauly/Paal Rn. 18).

24 Die Beschränkung iSv Art. 23 muss die **nationale Sicherheit sicherstellen.** Damit ist nicht gemeint, dass eine Beschränkung der Betroffenenrecht nur dann möglich ist, wenn eine Gefährdung der nationalen Sicherheit voraussetzt. Vielmehr muss die Verarbeitung der Gewährleistung der nationalen Sicherheit dienen. Dies wird man bei einer Verarbeitung der Behörden, die die Aufgabenstellung der nationalen Sicherheit haben, dh Bundeswehr und Nachrichtendienste und teilweise der Polizei, grundsätzlich annehmen können (vgl. auch Kühling/Buchner/Bäcker Rn. 15). Weiter kann auch die Verarbeitung von Privaten erfasst werden, wenn diese für die nationale Sicherheit relevant wird.

2. Landesverteidigung

25 Die Landesverteidigung meint die Abwehr militärische Gefahren, dh Angriffe von außen, die staatsgetragen sind. Objekt eines Angriffs ist der Staat in seiner räumlichen Ausdehnung (Kühling/Buchner/Bäcker Rn. 17; Paal/Pauly/Paal Rn. 19).

25.1 Der Begriff der Landesverteidigung wird in der Verordnung außer bei Art. 23 zweimal verwendet (Erwägungsgrund 104, Art. 45 Abs. 2 (verkürzt als „Verteidigung")). Auch die JIRL verwendet ihn sehr viel seltener als den der nationalen Sicherheit (Erwägungsgrund 67, Art. 36 Abs. 2).

26 Eine Verarbeitung von personenbezogenen Daten, die der Landesverteidigung dient, dient in aller Regel zugleich auch der nationalen Sicherheit, sodass zu lit. a **weitgehend eine Übereinstimmung** vorliegen dürfte. Die ausdrückliche Erwähnung als lit. b verdeutlicht, dass der Begriff im Zweifel weit auszulegen ist. Es dürfte der gesamte Verteidigungsbereich gemeint sein, mitsamt Kooperationsformen mit anderen Staaten und Organisationen, also auch die Bündnisverteidigung (Kühling/Buchner/Bäcker Rn. 17; Paal/Pauly/Paal Rn. 19).

27 Auch bei lit. b muss die Beschränkung iSv Art. 23 der **Sicherstellung des Zwecks,** dh der Landesverteidigung dienen. Dies wird man bei einer Verarbeitung der Behörden, die die Aufgabenstellung der Landesverteidigung haben, dh der Streitkräfte und der Bundeswehrverwaltung, annehmen können. Weiter kann auch die Verarbeitung von Privaten erfasst werden, wenn diese für die Landesverteidigung relevant wird.

3. Öffentliche Sicherheit

28 Der Begriff der **öffentlichen Sicherheit** ist in der Datenschutzverordnung sehr geläufig (Erwägungsgrund 19, Erwägungsgrund 50, Erwägungsgrund 73, Erwägungsgrund 104, Art. 2 Abs. 2, Art. 45) und ist wie die anderen Begriffe auch unionsrechtlich auszulegen (Paal/Pauly/Paal Rn. 21). Dabei dürften die Unterschiede zum deutschen Recht überschaubar sein. Auch unionsrechtlich dürfte damit der **Rechtsgüterschutz und der Rechtsnormenschutz gemeint** sein, d.h. ähnlich wie im deutschen Rechtskreis die Unverletzlichkeit der objektiven Rechtsordnung, der subjektiven Rechte und Rechtsgüter des Einzelnen wie insbesondere Leben, körperliche Unversehrtheit und Freiheit, sowie der Einrichtungen und Veranstaltungen des Staates und sonstiger Träger der Hoheitsgewalt. Bagatellfälle dürften ausscheiden (ebenso Kühling/Buchner/Bäcker Rn. 19; Paal/Pauly/Paal Rn. 21). Der Erwägungsgrund 73 nennt als Beispiele den Schutz von Menschenleben insbesondere bei Naturkatastrophen oder bei vom Menschen verursachten Katastrophen.

29 In Art. 23 Abs. 1 kommt der Begriff der öffentlichen Sicherheit auch in lit. d vor. Von der **Systematik** her ist davon auszugehen, dass die DS-GVO in lit. c einerseits und in lit. d andererseits **zwei getrennte Bereiche** bezeichnen will. Dies liegt auch deswegen nahe, weil die JI-RL nicht jede Verarbeitung zum Zwecke der öffentlichen Sicherheit erfasst, sondern nur eine solche, die mit den ebenfalls in Art. 2 Abs. 1 lit. d DS-GVO genannten Zwecken der Verhütung, Ermittlung,

Aufdeckung oder Verfolgung von Straftaten oder der Strafvollstreckung eng zusammenhängt („einschließlich"). Die öffentliche Sicherheit bei lit. c muss daher anders als die bei lit. d nicht mit der Verhütung, Ermittlung, Aufdeckung oder Verfolgung von Straftaten oder der Strafvollstreckung zusammenhängen.

Da lit. d zugleich den Anwendungsbereich der JI-RL umschreibt, bestimmt sich der Anwendungsbereich von Art. 23 Abs. 1 lit. c wesentlich durch die **Abgrenzung der DS-GVO und der Richtlinie.** Dabei ist diese Abgrenzung bei Art. 23 ersichtlich nur von akademischem Interesse, da die Rechtsfolgen von lit. c und lit. d gleich sind. 29.1

Geht man davon aus, unter die JI-RL allen die Verarbeitung zur Zwecke der öffentlichen Sicherheit von solchen Behörden, die auch die Möglichkeit der Strafverfolgung besitzen, ist Art. 23 insbesondere für die Sonderpolizeibehörden, d.h. den **Ordnungsbehörden,** relevant und nicht primär für Polizei- und Justizbehörden. Beispiele für derartige Sicherheitsaufgaben wären die Gefahrenbekämpfung durch die Baubehörden, Gewerbebehörden, Bekämpfung von Bränden, Umweltkatastrophen, Notarzteinsätze durch die Feuerwehren und Katastrophenschutzbehörden. 29.2

Weiter greift die JI-RL nur bei einer Verarbeitung durch Behörden. Für **private und juristischen Personen,** Einrichtungen oder anderen Stellen als Verantwortliche (Art. 4 Nr. 7) können die Mitgliedstaaten Transparenzrechte der Betroffenen aus Gründen der öffentlichen Sicherheit unter den Voraussetzungen des Art. 23 Abs. 1 lit. c beschränken. 29.3

4. Verhütung, Ermittlung, Aufdeckung oder Verfolgung von Straftaten oder die Strafvollstreckung, einschließlich des Schutzes vor und der Abwehr von Gefahren für die öffentliche Sicherheit

Nach Art. 21 Abs. 1 lit. d sind Beschränkungen zulässig zur Sicherstellung der Verhütung, Ermittlung, Aufdeckung oder Verfolgung von Straftaten oder der Strafvollstreckung, einschließlich des Schutzes vor und der Abwehr von Gefahren für die öffentliche Sicherheit. Dies ist der Bereich, für deren Verarbeitung **gem. Art. 2 Abs. 2 lit. d die DS-GVO nicht anwendbar ist.** Insofern ist auf die JI-RL zu verweisen. Sie geht der DS-GVO für diese Verarbeitung vor (Erwägungsgrund 19). 30

Die DS-GVO geht mit Art. 23 aber ersichtlich davon aus, dass es Verarbeitungskonstellationen geben kann, bei denen die DS-GVO trotz des Vorrangs der JI-RL Datenschutz-Richtlinie zur Anwendung kommen kann. Es dürfte nicht ausgeschlossen sein, dass Zwecke, die eigentlich von der Richtlinie erfasst werden, auch bei Verarbeitungen, die unter die DS-GVO fallen, zumindest als untergeordneter Zweck oder in einem anderen Regelungszusammenhang relevant werden können (vgl. Kühling/Buchner/Bäcker Rn. 13). Sicher gilt dies vor allem bei Einschränkungen der Betroffenenrechte zu den genannten Zwecken bei der Datenverarbeitung durch private und juristische Personen, Einrichtungen und Stellen, da für diese die Richtlinie nicht greift. 31

Denkbar wäre eine Anwendung der Verordnung auch in den Fällen, in denen Daten, die unter der Geltung der Verordnung erhoben werden, **zu Zwecken weitergegeben werden,** für die die Richtlinie selbst greift. Der EuGH hat aber entschieden, dass schon die Übermittlung selbst den Anwendungsbereich der DS-GVO unterfiele (EuGH Urt. v. 30.5.2006 – C-317/04 ua Rn. 56 – Parlament gegen Rat und Kommission). Dies ist sachlich zwar angreifbar, da sich die Zweckänderung aus nach dem Regelungswerk beurteilen muss, unter dessen Geltungsanspruch die Daten erhoben wurden (zutreffend Kühling/Buchner/Bäcker Rn. 14), allerdings entspricht es ausweislich Erwägungsgrund 34 dem Willen des europäischen Gesetzgebers, sodass das Ergebnis hinzunehmen und insoweit keine Einschränkungsmöglichkeit nach Art. 23 gegeben ist. 32

Die ausdrückliche Aufnahme dieser Zwecke, für die es keinen großen Anwendungsbereich geben kann, verdeutlicht erneut, dass der Verordnungsgeber drum bemüht war, den Anwendungsbereich des Art. 23 Abs. 1 möglichst weit zu fassen. Erkennbar soll es innerhalb der in der Norm genannten Zwecke sowie im Verhältnis der Zwecksetzungen untereinander nicht zu Lücken im Anwendungsbereich kommen. 33

5. Schutz sonstiger wichtiger Ziele des allgemeinen öffentlichen Interesses der Union oder eines Mitgliedstaates, insbesondere eines wichtigen wirtschaftlichen oder finanziellen Interesses der Union oder eines Mitgliedstaates, etwa im Währungs-, Haushalts- oder Steuerbereich sowie im Bereich der öffentlichen Gesundheit und der sozialen Sicherheit

Nach Art. 21 Abs. 1 lit. e ist die Beschränkung zulässig zur Sicherstellung eines sonstigen wichtigen Ziels des allgemeinen öffentlichen Interesses der Union oder eines Mitgliedstaates. Mit dem Begriff „Ziel" sind ersichtlich die Zwecke gemeint, die in Art. 21 Abs. 1 aufgeführt sind 34 und deren Sicherung die Beschränkung dient. **Sonstige Ziele** meint die Ziele, die nicht schon in Art. 21 Abs. 1 lit. a–d genannt sind. **Wichtig** ist ein Ziel, das nach der Wertvorstellung der Union ein gewisses Gewicht besitzt. Die dadurch bewirkte Einschränkung dürfte nicht weiter gehen als die, die über den Grundsatz der Verhältnismäßigkeit sowieso vorgeschrieben ist (Kühling/Buchner/Bäcker Rn. 22).

34.1 Auch wenn sich das „sonstige" sich vor allem auf die vorausgehenden Aufzählungen beziehen dürfte, wird man systematisch auch die Aufzählungen der Art. 23 Abs. 1 lit. f–lit. j zur Konkretisierung der „sonstigen Ziele" bei lit. e heranziehen können.

35 Bei dem Ziel muss es sich um die Konkretisierung des **allgemeinen öffentlichen Interesses** der Union oder eines Mitgliedstaates handeln. Allgemein dürfte als Synonym für die Allgemeinheit betreffend gemeint sein und dürfte der Sache nach den Begriff des öffentlichen Interesses nicht wirklich erweitern. Unter das allgemeine öffentliche Interesse fallen **sämtliche Gemeinwohlsinteressen** der Union und der Mitgliedstaaten selbst. Wichtige Ziele des allgemeinen öffentlichen Interesses der Union und eines Mitgliedstaates sind daher sämtliche wichtige Gemeinwohlziele, wobei die Frage des Gewichts von der Union und den Mitgliedstaaten weitgehend selbst bewertet werden kann.

36 Art. 23 Abs. 1 lit. e **konkretisiert die Ziele** des allgemeinen öffentlichen Interesses **in nicht abschließender Weise** („insbesondere"). Die wichtigen Ziele des allgemeinen öffentlichen Interesses können gem. Art. 23 Abs. 1 lit. e wirtschaftlich oder finanziell sein, oder im Bereich der öffentlichen Sicherheit oder der sozialen Sicherheit liegen.

36.1 Sprachlich ist nicht ganz klar, ob sich die Konkretisierung des Währungs-, Haushalts- und Steuerbereichs auf die „finanziellen Interessen" oder „auf wirtschaftliche oder finanzielle Interessen" bezieht. Die erste Variante liegt inhaltlich näher. **Wirtschaftliche Interessen** sind Interessen, die nicht nur die Wirtschaftskraft der Union und des Mitgliedstaates selbst betreffen, sondern die Wirtschaft insgesamt innerhalb der Union und den Mitgliedstaaten, dh auch die Privatwirtschaft. **Finanzielle Interessen** der Union oder der Mitgliedstaaten meint die Haushaltskraft. **Öffentliche Gesundheit** meint die gesamte Fürsorge des Staates für den Gesundheitsbereich. Die **soziale Sicherheit** erfasst die Sozialversicherungssysteme mitsamt der Hilfeleistungen des Staates.

37 Es reicht **jedes wichtige Gemeinwohlziel,** das in seinem Gewicht den Art. 23 Abs. 1 lit. a–d oder der Aufzählung in Art. 23 Abs. 1 lit. e gleichkommt. Die Variante bildet eine Generalklausel, die für staatliche Interessen die Betroffenenrechte weitgehend relativiert (Paal/Pauly/Paal Rn. 31a). Der Erwägungsgrund 73 führt als Ziele für die Einschränkung u.a. das Führen öffentlicher Register aus Gründen des allgemeinen öffentlichen Interesses auf. Ferner wird die Weiterverarbeitung von archivierten personenbezogenen Daten zur Bereitstellung spezifischer Informationen im Zusammenhang mit dem politischen Verhalten unter ehemaligen totalitären Regimen aufgeführt. Ebenso wird die humanitäre Hilfe genannt.

38 Bei lit. e ist anders als bei lit a–d nicht nur das Ziel selbst genannt, sondern der **Schutz des Ziels.** Die Beschränkung muss daher der Sicherstellung des Schutzes des wichtigen Interesses dienen. Man wird nicht davon ausgehen können, dass die abweichende Formulierung unbedeutend ist. Die Sicherstellung des Ziels ist bei lit. e daher schutzbezogener, dh die Verarbeitung muss nicht nur dem Ziel als solchen dienen, sondern dessen Schutz. Es ist daher nicht ausreichend, dass die Verarbeitung sich auf den Gegenstand selbst bezieht, sondern der Gegenstand muss zumindest abstrakt beeinträchtigt werden.

39 Art. 23 lit. e bildet einen **sehr breiten Tatbestand** und gibt der Union und der Mitgliedstaaten eine weiten Gestaltungsspielraum. Art. 23 Abs. 1 lit. e findet auf Gefährdungen praktisch aller existenznotwendigen Bereiche des öffentlichen Lebens Anwendung und eröffnet damit wiederum eine weite Palette der Beschränkungen der Schutzrechte.

6. Schutz der Unabhängigkeit der Justiz und Schutz von Gerichtsverfahren

40 Nach Art. 23 Abs. 1 lit. f ist eine Beschränkung möglich, die den Schutz der **Unabhängigkeit der Justiz** und den **Schutz von Gerichtsverfahren** sicherstellt. Auch wenn dies im Text nicht ausdrücklich aufgeführt ist, kann dieses Ziel von der Union als auch von Mitgliedstaaten in Anspruch genommen werden.

41 **Justiz** meint die Gerichtsorganisation als Institut. **Unabhängigkeit** meint die Freiheit vor jeglicher Einflussnahme der Gerichte, insbesondere seitens des Gesetzgebers, des Normgebers oder der Verwaltung. Unzulässig sind insbesondere Weisungen für die richterliche Tätigkeit. Die Unabhängigkeit der Justiz ist ein tragender Gesichtspunkt für einen Rechtsstaat und für das Gewaltenteilungsprinzip. **Gerichtsverfahren** sind konkrete Verfahren der dritten Gewalt bzw. der Gerichte, allerdings nur bezogen auf deren Rechtsprechungsfunktion, nicht aber die Verwaltungsverfahren innerhalb der Justiz (Paal/Pauly/Paal Rn. 32). Während die Variante 1 mit der Unabhängigkeit der Justiz eher einen institutionellen Blickwinkel einnimmt, nimmt Variante 2 eine prozessuale Sicht ein und schützt die konkreten Vorgänge. Die Einschränkung zum Schutz von Strafverfahren dürfte, sofern die Anwendung der DS-GVO überhaupt vorliegt, von Art. 1 lit. d als lex specialis erfasst werden (so zurecht Kühling/Buchner/Bäcker Rn. 25; Paal/Pauly/Paal Rn. 33).

Wie bei lit. e genügt nicht die Sicherstellung der Unabhängigkeit der Justiz und der Gerichtsverfahren, sondern die **Sicherstellung des Schutzes** dieser beiden Institutionen. Auch hier ist wie bei lit. e eine gesteigerte schützende Funktion der betreffenden Verarbeitung notwendig. Anzeichen dafür, dass Gefahren für die Unabhängigkeit der Justiz oder der Gerichtsverfahren vorliegen, sind nicht erforderlich. 41.1

Die Beschränkung der Betroffenenrechte ist daher möglich, sofern dies die Unabhängigkeit der Gerichte oder einzelne Gerichtsverfahren schützen soll. Dies ist der Fall, wenn die Wahrnehmung der Betroffenenrechte zu einer **unzulässigen Beeinflussung** führen könnten. 42

7. Verhütung, Aufdeckung, Ermittlung und Verfolgung von Verstößen gegen die berufsständischen Regeln reglementierter Berufe

Art. 23 Abs. 1 lit. g schützt die Vermeidung von, die Ermittlung wegen und die Sanktionen auf die **Verletzungen von Berufsregelungen.** Mit dem Begriff berufsständische Regelungen sind die berufsspezifischen Regelungen der einzelnen Berufe gemeint. Geht es um die Verletzung von Berufsrecht, sind sämtliche Datenverarbeitungen, die der Sicherstellung der präventiven oder repressiven Reaktion auf drohende oder tatsächliche Verletzungen eintreten, ausreichender Grund für die Beschränkung der Betroffenenrechte. 43

Berufsständische Regelungen meint Regeln, die sich auf einen Berufsstand beziehen. Mit Berufsstand ist dabei eine Gruppe von Menschen mit einem einheitlichen Berufsbild gemeint. Reglementierte Berufe meint rechtlich in besonderer Weise ausgearbeitete Berufsbilder. 44

Zum Begriffsverständnis kann auf Art. 3 Abs. 1 lit. b RL 2005/36/EG (**Berufsanerkennungsrichtlinie**) zurückgegriffen werden. Erforderlich ist danach, dass die Aufnahme oder Ausübung der beruflichen Tätigkeit an bestimmte Berufsqualifikationen gebunden wird (zutreffend Kühling/Buchner/Bäcker Rn. 26). 44.1

Auch wenn der Begriff berufsständig so verstanden werden könnte, dass die Regelungen von den jeweiligen Berufsständen selbst kommen müssen, dh im Rahmen der beruflichen Selbstverwaltung erlassen wurden, wird man den Begriff nicht so eng verstehen können (Kühling/Buchner/Bäcker Rn. 26). Berufsständische Regelungen sind demnach alle **berufsspezifischen Anforderungen,** die für einen Beruf erlassen werden, gleich ob sie vom Staat kommen oder von der mittelbaren Selbstverwaltung der jeweiligen berufsständischen Organe. Die Normen können den Zugang zu solchen Berufen oder die entsprechende Ausübung dieser Berufe regeln. 45

Ein **Verstoß** ist eine Verletzung. **Verhütung** meint die Verhinderung einer Verletzung. Die **Aufdeckung** meint die Bekanntgabe, dass eine Verletzung stattgefunden hat. Mit dem Begriff der **Ermittlung** ist die sachliche Aufklärung und mit **Verfolgung** die personelle Aufklärung von Verstößen gemeint. Erfasst werden von lit. g die Ziele der präventiven Verhütung sowie der repressiven Verfolgung von Verstößen, wobei für die Strafverfolgung wiederum d lex specialis sein dürfte (Kühling/Buchner/Bäcker Rn. 27). Vom Sinn her liegt die Annahme nahe, dass die Funktionen von Trägern der öffentlichen Gewalt wahrgenommen werden müssen (Kühling/Buchner/Bäcker Rn. 28). 46

8. Kontroll-, Überwachungs- und Ordnungsfunktionen, die dauernd oder zeitweise mit der Ausübung öffentlicher Gewalt für die unter den Buchstaben a–e und g genannten Zwecke verbunden sind

Art. 23 Abs. 1 lit. h erstreckt die Beschränkungsmöglichkeiten im Bereich der Ausübung öffentlicher Gewalt nicht auf die in Art. 23 Abs. 1 lit. a–e und lit. g genannten Zwecke, sondern erstreckt sie auch auf „Kontroll-, Überwachungs- und Ordnungsfunktionen". Die Regelung dürfte deklaratorischer Natur sein (Kühling/Buchner/Bäcker Rn. 28; Paal/Pauly/Paal Rn. 39). Mit dieser etwas ungewöhnlichen Formulierung dürfte **jede Form der Kontrolle, der Überwachung und der Ordnung** der Ausübung von Hoheitsgewalt gemeint sein. 47

47.1 Nicht ganz klar ist, ob lit. h die gesamte Tätigkeit von Behörden zu den Zwecken von lit. a–e sowie lit. g **bündelt.** Das wäre dann der Fall, wenn die Kontroll-, Überwachungs- und Ordnungsfunktionen alle denkbaren Formen der Ausübung von öffentlicher Gewalt erfassen sollte, was bei einem weiten Verständnis der Ordnungsfunktion möglich wäre. Nach dem Normtext treten Kontroll-, Überwachungs- und Ordnungsfunktionen aber neben die Funktion, die in der „normalen" Ausübung öffentlicher Gewalt liegt. Die reguläre Aufgabenerfüllung der öffentlichen Gewalt wird also **nicht von lit. h erfasst.**

47.2 Kontrolle meint die verwaltungsinterne Kontrolle, dh Überprüfung. Die **reine Öffentlichkeitskontrolle** wird man nicht darunter fassen können. Überwachung ist ein Ausschnitt der Kontrolle und meint die Kontrolle während der Ausübung der zu kontrollierenden Tätigkeit. Ordnung meint die Vorgaben, die eine sachgerechte Aufgabenerfüllung im Voraus erfüllen soll.

48 Nicht erfasst werden Kontroll-, Überwachungs- und Ordnungsfunktionen, sofern es um den **Schutz der Unabhängigkeit der Justiz und den Schutz von Gerichtsverfahren** geht. Dies liegt nicht daran, dass die Kontrollfunktion in diesem Bereich keine Beschränkungen der Betroffenenrechte rechtfertigen können, sondern dass die Verordnung davon ausgeht, dass es in diesem Bereich keine Kontroll-, Überwachungs- oder Ordnungsfunktion geben kann, weil diese selbst ihrerseits schon die Unabhängigkeit der Justiz unter den Schutz von Gerichtsverfahren beeinträchtigen würde.

9. Schutz der betroffenen Person oder der Rechte und Freiheiten anderer Personen

49 Nach Art. 23 Abs. 1 lit. i ist die Beschränkung von Individualgrundrechten möglich, wenn dies dem **Schutz der betroffenen Person selbst oder die Rechte und Freiheit anderer Personen** sicherstellen soll. Eine betroffene Person ist eine Person, deren Daten verarbeitet werden (Art. 4 Nr. 1), während andere Personen Dritte sind, die nicht als Dritte bezeichnet werden können, weil dieser Begriff in der DS-GVO spezifisch belegt ist (Art. 4 Nr. 10). Beide Gruppen lassen sich trennen. Unter den Schutz anderer Personen kann auch der Verantwortliche fallen (Paal/Pauly/Paal Rn. 42).

50 Da die betroffene Person ihre eigenen Rechte am besten selbst schützen kann, ist bei der ersten Variante primär nicht der Fall gemeint, dass man zum Schutz der betroffenen Person deren eigenen Rechte einschränkt, die von ihrem Antrag abhängen (ebenso Kühling/Buchner/Bäcker Rn. 30). Völlig ausgeschlossen ist die Situation aber nicht, da etwa in medizinischen Fällen oder in Betreuungsfällen Aspekte des Schutzes der Person vor sich selbst hinzukommen können (vgl. dazu mit weiterem Nachweis Kühling/Buchner/Bäcker Rn. 30; Paal/Pauly/Paal Rn. 41). Dennoch ist hier vor allem der Fall gemeint, dass es um Pflichten geht, die nicht antragsabhängig sind und die Einschränkung dieser Pflicht den Interessen des Betroffenen dienen kann (Kühling/Buchner/Bäcker Rn. 31). So kann etwa eine Löschungspflicht aus Gründen des Betroffenen beschränkt werden, etwa um eine Kontrolle weiterhin zu ermöglichen.

51 Die **zweite Variante (Rechte und Freiheit anderer Personen)** meint den Fall, dass die Beschränkung der Verarbeitung irgendwelche Rechte oder Freiheiten eines Dritten berühren, ohne dass es um dessen personenbezogenen Daten geht, bzw. diese zwar betroffen sind, im Vergleich zu den Rechten und Freiheiten aber nur in untergeordnetem Maße. Die Fallgruppe ist extrem weit. Beispiele wären etwa die Wahrung von Betriebsgeheimnissen, grundrechtliche Interessen oder auch Rechte und Ansprüche (Paal/Pauly/Paal Rn. 42).

51.1 Die Sicherstellung muss auch bei lit. i – wie schon bei lit. e und f – dem Schutz der betroffenen Person oder der Rechte und Freiheiten anderer Personen **dienen.** Es bedarf nicht nur der Verfolgung des Ziels als solchen, sondern einer gesteigerten schützenden Funktion der Verarbeitung. Bei der betroffenen Person genügt die Betroffenheit der Person als solche, während bei anderen Personen deren Rechte und Freiheiten betroffen sein müssen. Dieser Unterschied erklärt sich daraus, dass bei der betroffenen Person in der Definition die Betroffen des Datenschutzgrundrechts mit enthalten ist.

10. Durchsetzung zivilrechtlicher Ansprüche

52 Nach Art. 23 Abs. 1 lit. j ist eine Beschränkung der Betroffenenrechte Rechte möglich, wenn diese Beschränkung die **Durchsetzung ziviler Ansprüche** sicherstellen soll. Diese Fallgruppe ist lex specialis zu lit. i, da die Durchsetzung ziviler Ansprüche eine Fallgruppe der Sicherstellung der Rechte und Freiheit anderer Personen darstellt. Die Mitgliedstaaten haben danach die Möglichkeit, den Datenschutz des Betroffenen zum Schutz der Gläubiger zu beschränken. Erfasst ist auch und gerade das Zwangsvollstreckungsrecht (Paal/Pauly/Paal Rn. 43). Der Sache nach ist eine Einschränkung der Betroffenenrechte damit möglich, wenn dies der Realisierung zivilrechtlicher Ansprüche dienen soll. In einem demokratischen Staat gehört die Durchsetzung von Rechtsansprüchen auch mittels Zwangsvollstreckung zu den Grundfesten der rechtsstaatlichen Verfassung. Seine Einhaltung ist sicherzustellen.

52.1 Ansprüche meint **ein Recht oder eine Forderung** gegen eine andere Person. **Zivilrechtlich** meint die Ansprüche mit einer nicht öffentlich-rechtlichen Anspruchsgrundlage. Diese bestehen in der Regel zwischen Privatrechtsobjekten, ferner aber auch bei einem (oder mehreren) öffentlich-rechtlichen Rechtsträger, sofern dieser zivilrechtlich handelt. Die Durchsetzung meint die Realisierung.

C. Art. 23 Abs. 2

I. Gemeinsamkeiten

53 Art. 23 Abs. 2 stellt die Einschränkungsmöglichkeit, die Art. 23 Abs. 1 gewährt, unter bestimmte Voraussetzungen. Die Beschränkungsmöglichkeit zu den in Art. 23 lit. a–j genannten Zielen ist **zweifach eingeschränkt**. Abs. 1 enthält die materiellen Beschränkungen des Wesensgehaltschutzes und der Verhältnismäßigkeit. Art. 23 Abs. 2 verlangt darüber hinaus noch spezifische datenschutzrelevante Anforderungen, die die Beschränkungsmöglichkeit ihrerseits einschränken.

54 Die spezifischen datenschutzrechtlichen Anforderungen von Art. 23 Abs. 2 lit. a–h sind durch die Regelung zu erfüllen, die die Beschränkung der Individualgrundrechte iSv Art. 23 Abs. 1 bewirken. Durch den Bezug „i.S.v. Abs. 1" und die Verwendung des Begriffs der „Gesetzgebungsmaßnahme" wird deutlich, dass die Verordnung davon ausgeht, dass die inhaltlichen Anforderungen von Art. 23 Abs. 2 **in der gleichen Rechtsvorschrift** enthalten sind wie die Beschränkung selbst.

54.1 Die Anforderungen an die Beschränkungsmöglichkeit in der gleichen Rechtsvorschrift verlangt eine **systematische Nähe** der datenschutzrechtlichen Garantien von Art. 23 Abs. 2 einerseits und Beschränkung andererseits. Die Garantieerfüllung einerseits und die Beschränkung andererseits müssen nicht zwingend in einer Norm stehen, die betreffenden Normen müssen aber systematisch ersichtlich eng zusammenhängen.

55 Die Vorschriften, die in der Gesetzgebungsmaßnahme enthalten sind, müssen spezifisch sein. Spezifisch meint konkret auf den Fall der Beschränkung bezogen. Eine Beschränkung der Betroffenenrechte lässt sich somit nicht auf Generalklauseln stützen, da sich diese ihrem Wortlaut nach nicht spezifisch auf diese Rechte beziehen (Kühling/Buchner/Bäcker Rn. 42).

II. Klarheit einerseits und Kompensation andererseits

56 Die Beschränkungsregeln des Art. 23 Abs. 2 lassen sich in zwei Gruppen ordnen. Die eine Gruppe stellt Anforderungen darauf, dass die Beschränkungsregelung in ihrem Gegenstand und ihrer Reichweite präzise umschrieben sein muss. Die zweite Gruppe stellt darauf ab, dass kompensatorische Schutzregelungen enthalten sind (Kühling/Buchner/Bäcker Rn. 40). Zu der ersten Gruppe gehören insbesondere die Anforderung gem. Art. 23 Abs. 2 lit. c, lit. a und lit. b.

57 Der Anforderungskatalog in Abs. 2 ist vergleichsweise umfangreich. Die Anforderungen setzen den Beschränkungsbefugnissen des nationalen bzw. unionalen Gesetzgebers Grenzen. Sie sind als Schutzmaßnahmen für die Betroffenen zu verstehen. Mit dem Begriff „jeder" verdeutlicht Art. 23 Abs. 2, dass die Anforderungen ausnahmslos gelten. Die Anforderung von Art. 23 Abs. 2 lit. a–h sind **nicht abschließend,** wie die Begriffe „zumindest" ebenso wie der Begriff „insbesondere" verdeutlicht.

57.1 Die Nebeneinanderstellung der Begriffe „insbesondere" einerseits und „zumindest" andererseits erscheint eine unglückliche Wiederholung.

58 Die Norm enthält zwei in sich spannungsvolle Grundausrichtungen. Einerseits will die Norm strikt zu befolgenden Vorgaben aufstellen. Dies erklärt sich aus ihrer Zielrichtung, aus dem Umfang und dem Inhalt der Anforderungen, aus ihrem Charakter als Mindestanforderungen sowie aus dem Umstand, dass diese Anforderungen kumulativ zu erbringen sind (Paal/Pauly/Paal Rn. 44). Andererseits wird die Striktheit der Norm erheblich relativiert, indem die Anforderungen „gegebenenfalls" zu erfüllen sind. Auch die Anforderungen der Niederlegung in der gleichen Norm weist auf die Bedeutung der Kriterien des Art. 23 Abs. 2 hin. Dazu steht die Aufweichung **im konträren Widerspruch,** die mit dem Begriff **„gegebenenfalls"** eingeführt wird.

59 Gegebenenfalls meint, dass diese zusätzlichen Anforderungen zu erfüllen sind, wenn die Gegebenheiten es zulassen. d.h. Diese Anforderungen sind also abhängig von dem Kontext, in dem die Einschränkung steht. Die zusätzlichen Anforderungen sind zu erfüllen, wenn sie von den sachlichen Umständen des Einzelfalls geboten oder sachlich angemessen sind. Mit dem Begriff

„gegebenenfalls" verdeutlicht die Norm, dass nicht ausnahmslos die Garantien erfüllt sein müssen. Das „gegebenenfalls" reduziert den Normanspruch in weitgehender Weise und baut eine innere Spannung der Norm auf.

60 Der Begriff „gegebenenfalls" ist im **Lichte der Verhältnismäßigkeit** und der Wesensgehaltsgarantie einzuschränken. Je weitergehender das jeweilige Betroffenenrecht eingeschränkt wird umso stärker ist die Gegebenheit, um die Schranken des Abs. 2 zu beachten. Auch wird man das „gegebenenfalls" immer auf jede einzelne Schranke des Abs. 2 beziehen müssen. Es dient daher dazu, „irrelevante Angaben" im Hinblick auf die konkrete Regelungssituation herauszunehmen (Paal/Pauly/Paal Rn. 44). Zulässig ist wohl auch der Verzicht dann, wenn anders der Schutz des Ziels von Abs. 2 nicht erreicht werden kann. Nicht zulässig dürfte aber sein, eine Beschränkung von sämtlichen Schranken des Abs. 2 freizustellen.

III. Die Anforderungen im Einzelnen

61 **Begriff der Kategorie:** Art. 23 Abs. 2 kennt bei lit. a, lit. b, lit. e und lit. f den Begriff der Kategorie. Es ist davon auszugehen, dass der Begriff in den jeweiligen Nummern den gleichen Inhalt meint. Als Kategorie ist eine nach allgemeinen Kriterien zusammengefasste Untergruppe zu verstehen:

62 Nach **Art. 23 Abs. 2 lit. a** muss die Norm, die die Betroffenenrechte beschränkt, die Zwecke der Verarbeitung oder die Verarbeitungskategorie angeben. Der Zweck dieser Vorgabe liegt darin, eine **hinreichende Bestimmtheit** der einschränkenden Norm zu erreichen. Art. 23 Abs. 2 lit. a bewirkt, dass sich die Beschränkung auf die konkrete Datenverarbeitung beziehen muss und daher klar ist, dass es sich um eine Beschränkungsregelung für Datenverarbeitung handelt. Die Betroffenenrechte sollen nicht unter Rückgriff auf Generalklauseln einschränkbar sein. Dies Anforderung **konkretisiert** das Merkmal der „**spezifischen Vorschrift**" (→ Rn. 54). Dem Normgeber soll hinreichend deutlich sein, dass es um die Einschränkung der Individualrechte in einem konkreten Fall geht. Der konkrete Fall wird bei lit. a durch die Angabe der Zwecke oder der Verarbeitungskategorien bestimmt.

62.1 Der **Zweck** ist iSd Zweckbindungsgrundsatzes zu verstehen. Gemeint ist also das Ziel und der Grund der Verarbeitung. Unter Verarbeitungskategorien sind typisierte Gruppen von Verarbeitungsverfahren bzw. -vorgängen zu verstehen.

63 Nach **Art. 23 Abs. 2 lit. b** muss die Norm die **Kategorien personenbezogener Daten** bestimmen. Der Zweck der Norm ist der Gleiche wie bei lit. a. Zum Begriff der Kategorie → Rn. 61. Hinsichtlich der Kategorien personenbezogener Daten können die in Art. 9 geregelten besonderen Kategorien Orientierung bieten.

64 Nach **Art. 23 Abs. 2 lit. c** muss die Norm den **Umfang der vorgenommenen** Beschränkungen darstellen. Es muss daher in der Regel normiert sein, welches Betroffenenrecht tangiert wird und inwieweit es abweichend von der jeweiligen Grundnorm der Art. 12–22 und Art. 34 nicht ausgeübt werden kann oder beachtet werden muss. Es muss klar sein, wo die Grenzen der zulässigen Einschränkung liegen.

65 Nach Art. 23 Abs. 2 lit. d sind **Garantien gegen Missbrauch** oder unrechtmäßigen Zugang oder unrechtmäßige Übermittlung vorzusehen. Im Gegensatz zu den Anforderungen von lit. a–c geht es nicht mehr um die Konkretisierung des Bestimmtheitsgebots der einschränkenden Norm, sondern um Kompensationsmechanismen für die Einschränkung. Die Kompensationen sind in unterschiedlicher Form vorgesehen. Durch die Anforderungen in Form von Garantien sollen der Missbrauch der Beschränkungen, die Abs. 1 ermöglicht, erschwert werden. Bei lit. d um die Erschwernis des Missbrauchs der durch Art. 23 ermöglichten Sonderrecht. lit. d meint Anforderungen, die unzulässigen Tätigkeiten zumindest erschweren. Es geht um Schutzvorkehrungen gegen rechtswidrige Weiterverarbeitung der Daten durch Missbrauch, rechtswidrigen Zugang und unrechtmäßige Übermittlung. Auf diese Weise soll sachlich das gesteigerte Risiko, das durch die Einschränkungsmöglichkeiten der Betroffenenrecht entstanden ist, wieder teilweise reduziert werden (Kühling/Buchner/Bäcker Rn. 52). Der Verlust an Kontrollmöglichkeiten durch die betroffene Person soll teilweise ausgeglichen werden.

66 Missbrauch meint die rechtswidrige Verwendung, wobei der Rechtswidrigkeit ein gewisses Gewicht zukommen muss. Dafür dürfte in der Regel Vorsatz oder zumindest grobe Fahrlässigkeit erforderlich sein. Unrechtmäßiger Zugang ist ein Zugriff auf die personenbezogenen Daten ohne Zugriffsrechte. Übermittlung ist als Weitergabe zu verstehen. Garantie meint sachlich Schutzvorkehrungen. Diese können in den in Art. 32 geregelten technischen und organisatorischen Maßnahmen liegen oder aber in sonstigen Kontrollinstanzen erfüllt werden.

Beispiele geeigneter Schutzvorkehrungen sind etwa präventive Vorabkontrolle durch eine neutrale Stelle, **66.1**
Dokumentationspflichten, Zugriffsprotokolle, gesteigerte aufsichtliche Kontrolle, Hinweispflicht auf die
Schranken der Beschränkungsbefugnisse und Pseudonymisierung von Daten (s. auch Kühling/Buchner/
Bäcker Rn. 52).

Nach Art. 23 Abs. 2 lit. e soll der Verantwortliche oder die Kategorie von Verantwortlichen **67**
angegeben werden. Dies dient der Information des Betroffenen. Auf diese Weise kann er erstens
den Umfang der Beschränkung im konkreten Fall besser abschätzen und kann zweitens ersehen,
an wen er sich halten muss, wenn er mit Beschränkungen nicht einverstanden ist. Zum Begriff
der Kategorie → Rn. 61. Mögliche Kategorien wären etwa bestimmte Berufsgruppen als Verantwortliche,
Berufe mit besonderen Rechten und Pflichten sowie bestimmte Arten von Behörden.

Art. 23 Abs. 2 lit. f bezieht sich vor allem auf den Fall, dass die **Löschungspflichten** aus **68**
Art. 17 eingeschränkt werden, etwa durch die Beschränkung der Rechte oder Pflichten zur Aufbewahrung.
Die Norm dient als lex specials zu lit. b dazu, den Umfang der Beschränkung zu
begrenzen. Wenn der Normgeber den Grundsatz der Speicherbegrenzung (Art. 5 Abs. 1 lit. e)
relativieren darf, so muss er jedenfalls die Speicherdauer spezifizieren sowie Garantien unter
Berücksichtigung von Art, Umfang und Zwecken der Verarbeitung oder der Verarbeitungskategorien
vorschreiben. Speicherfrist ist der **Zeitraum** der zulässigen Speicherung.

Der Passus der „geltenden Garantien unter Berücksichtigung von Art, Umfang und Zwecken **69**
der Verarbeitung oder der Verarbeitungskategorien" ist schwer verständlich, da er erstens sehr weit
gefasst ist und zweitens die Frage aufgeworfen wird, weshalb die Garantien anzugeben sind, wenn
sie sowieso schon gelten. Der Begriff der **Geltung** ist in dem Sinne von „zu beachten" zu
verstehen. Weil sie in der spezifischen Vorschrift niedergelegt sind, gelten sie. Die Weite des Passus
wiederum erklärt sich aus ihrem Charakter als Auffangtatbestand. Der Verweis auf die konkreten
Zwecke verdeutlicht, dass es um spezifische Garantien gehen soll.

Die Garantien umfassen zwei Arten von Vorgaben. Die erste Vorgabe besteht in der Angabe **70**
des verbleibenden Umfangs des Betroffenenrechts, das übrig bleibt, wenn man die vorgenommene
Beschränkung berücksichtigt. Dies ist der Gedanke, den der Verordnungsgeber auch mit der ersten
Variante verfolgt, indem er die Angabe des (verbleibenden) Speicherfrist fordert (→ Rn. 68). Der
verbleibende Rest des Betroffenenrechts muss nicht einmal positiv festgestellt werden. „Garantie"
ist dann im Sinne des reduzierten Betroffenheitsrechts gemeint. Weiter meint Garantie aber auch
alle sonstigen Schutzvorkehrungen, die zur Wahrung der Rechte betroffener Person geboten sind
und zusätzlich zum eigentlichen Betroffenenrecht hinzukommen. Garantie ist dann iSv Schutzvorkehrungen
gemeint (Kühling/Buchner/Bäcker Rn. 50). Es kann sich hierbei insbesondere um
prozessuale Vorkehrungen handeln, wie etwa Vorgaben zum besonders hohen Standard der Datensicherheit
oder der frühzeitigen Anonymisierung (vgl. Kühling/Buchner/Bäcker Rn. 55).

Gemäß Art. 21 Abs. 2 lit. g sind die Risiken für die Rechte und Freiheiten der betroffenen **71**
Personen anzugeben. Mit dieser Pflicht werden zwei Ziele verfolgt. Zum einen dient sie, ebenso
wie lit. f, der Information der Betroffenen. Er soll den Umfang der Beschränkung seiner Betroffenenrechte
abschätzen können. Weiter zwingt die Vorgabe den Normgeber mittelbar zu einer
Evaluierung der Risiken, welche die Beschränkungsregeln für die Rechte des Betroffenen begründen
(Kühling/Buchner/Bäcker Rn. 49). Nur mit einer vorausgehenden Evaluierung kann der
Normgeber die Risiken seriös angeben. Der beschränkende Gesetzgeber wird durch lit. g verpflichtet,
die Intensität des Eingriffs in (Grund-)Rechte im Einzelnen abzuschätzen und entsprechend
in der begrenzenden Regelung zu berücksichtigen.

Art. 21 Abs. 2 lit. h verlangt, dass in der spezifischen Vorschrift das Recht der betroffenen **72**
Personen auf Unterrichtung über die Beschränkung konkretisiert wird, sofern dies nicht dem
Zweck der Beschränkung abträglich ist. Gemeint ist damit zunächst, dass die Betroffenen das
Recht auf Information haben. Dieses Recht ist in der spezifischen Norm näher auszugestalten.
Dazu gehört etwa die Bestimmung des Zeitpunkts der Information. Diese muss gewählt werden,
dass die betroffene Person noch Vorkehrungen zur Begrenzung von Risiken für ihre Rechte
treffen kann. Das Informationsrecht steht unter der Bedingung, dass es dem Zweck der Beschränkung
nicht abträglich ist. Abträglich meint hinderlich und bildet eine ausgesprochen niederschwellige
und leicht zu erfüllende Schranke. Da alle Schrankenregelungen des Art. 23 Abs. 2 unter dem
Vorbehalt des „gegebenenfalls" stehen (→ Rn. 59), ist die zusätzliche hinzukommende Schranke
des Abträglich seins als eine noch leichter zu erfüllenden Vorbehalt als das „gegebenenfalls" zu
verstehen.

Kapitel IV. Verantwortlicher und Auftragsverarbeiter

Abschnitt 1. Allgemeine Pflichten

Artikel 24 Verantwortung des für die Verarbeitung Verantwortlichen

(1) ¹Der Verantwortliche setzt unter Berücksichtigung der Art, des Umfangs, der Umstände und der Zwecke der Verarbeitung sowie der unterschiedlichen Eintrittswahrscheinlichkeit und Schwere der Risiken für die Rechte und Freiheiten natürlicher Personen geeignete technische und organisatorische Maßnahmen um, um sicherzustellen und den Nachweis dafür erbringen zu können, dass die Verarbeitung gemäß dieser Verordnung erfolgt. ²Diese Maßnahmen werden erforderlichenfalls überprüft und aktualisiert.

(2) Sofern dies in einem angemessenen Verhältnis zu den Verarbeitungstätigkeiten steht, müssen die Maßnahmen gemäß Absatz 1 die Anwendung geeigneter Datenschutzvorkehrungen durch den Verantwortlichen umfassen.

(3) Die Einhaltung der genehmigten Verhaltensregeln gemäß Artikel 40 oder eines genehmigten Zertifizierungsverfahrens gemäß Artikel 42 kann als Gesichtspunkt herangezogen werden, um die Erfüllung der Pflichten des Verantwortlichen nachzuweisen.

Überblick

Als Generalnorm weist Art. 24 dem Verantwortlichen, also der Stelle, die allein oder gemeinsam mit anderen über die Zwecke und Mittel der Verarbeitung von personenbezogenen Daten entscheidet (Art. 4 Nr. 7) den datenschutzrechtlichen Pflichtenkreis zu. Er tut dies für jedwede Verarbeitung, die durch den Verantwortlichen, in seinem Namen oder für ihn erfolgt. Der Verantwortliche muss nicht nur geeignete und wirksame Maßnahmen zur Einhaltung der sich aus der DS-GVO ergebenden Pflichten treffen, er muss auch nachweisen können, dass die Einhaltung dieser Pflichten sichergestellt ist. Abs. 1 verpflichtet den Verantwortlichen unter Berücksichtigung eines risikobasierten Ansatzes zu den entsprechenden technischen und organisatorischen Maßnahmen (→ Rn. 11). Nach Abs. 2 muss der Verantwortliche bereits präventiv tätig werden, also geeignete Datenschutzvorkehrungen treffen, um die Anforderungen des Abs. 1 zu erfüllen, sofern dies in einem angemessenen Verhältnis zu den Verarbeitungstätigkeiten steht (→ Rn. 25). Abs. 3 setzt schließlich das Konzept regulierter Selbstregulierung im Datenschutzrecht um und sieht die Möglichkeit vor, den Nachweis der Pflichterfüllung eines Verantwortlichen unter Heranziehung von genehmigten Verhaltensregeln und Zertifizierungsverfahren zu erbringen (→ Rn. 31). Diese eigeninitiierten Verfahren sind jedenfalls ein „Gesichtspunkt" bei der Überprüfung des Verantwortlichen. Die in Art. 24 angelegten Pflichten werden insbesondere durch die Vorschriften der Art. 25, 32 und 35 weiter konkretisiert.

Übersicht

	Rn.		Rn.
A. Allgemeines	1	D. Datenschutzvorkehrungen (Abs. 2)	25
B. Inhalt der Verpflichtung (Abs. 1 S. 1)	7	E. Maßnahmen regulierter Selbstregulierung (Abs. 3)	32
I. Adressat	7		
II. Inhalt	11		
C. Erneute Prüfung und Aktualisierung (Abs. 1 S. 2)	22	F. Rechtsfolgen	37

A. Allgemeines

1 Der Wortlaut des Art. 24 wurde im Rahmen des Gesetzgebungsverfahrens mehrfach verändert.
2 Im Entwurf der Kommission waren deutlich konkretere Pflichten enthalten, als dies in der finalen Fassung der Fall ist. Der Kommissionsentwurf sah durch Verweisungen konkrete beispielhafte Maßnahmen vor, die der Verantwortliche „insbesondere" zu ergreifen hat. Dazu sollten

neben Dokumentationspflichten (Art. 22 Abs. 2 DS-GVO-E(KOM)) auch angemessene Überwachungspflichten durch interne oder externe Prüfer hinsichtlich der Wirksamkeit der ergriffenen Maßnahmen (Art. 22 Abs. 3 S. 2 DS-GVO-E(KOM)) gehören.

Im Entwurf des Europäischen Parlaments wurde dann die Forderung nach „technische(n) und 3 organisatorische(n) Strategien" und Maßnahmen eingeführt. Dabei sollten solche Maßnahmen eine besondere Berücksichtigung finden, welche die autonome Wahl betroffener Personen in besonderer Weise respektieren (Art. 22 Abs. 1a DS-GVO-E(EP)). Gestrichen wurde dagegen die Befugnis der Kommission zum Erlass delegierter Rechtsakte, deren Aufgabe es sein sollte, gebotene Maßnahmen nach Abs. 1 und das Auditverfahren nach Abs. 3 zu konkretisieren.

Die Ratsfassung stärkte durch Einfügung des heutigen Abs. 3 das Konzept der regulierten 4 Selbstregulierung und strich die detaillierten Regelungen des Parlamentsentwurfs zur Nachweispflicht.

Im Trilog wurde weitgehend die Ratsfassung übernommen. Lediglich in Abs. 1 wurde durch 5 Aufnahme des S. 2 die Pflicht zur Überprüfung und Aktualisierung der ergriffenen Maßnahmen eingeführt.

In Art. 19 der RL (EU) 2016/680 zum Datenschutz bei der Verarbeitung personenbezogener 6 Daten durch Strafverfolgungs- und Gefahrenabwehrbehörden findet Art. 24 hinsichtlich der Abs. 1 und 2 eine deckungsgleiche Entsprechung.

B. Inhalt der Verpflichtung (Abs. 1 S. 1)

I. Adressat

Nach Art. 4 Nr. 7 Hs. 1 ist Verantwortlicher, wer allein oder gemeinsam mit anderen über die 7 Zwecke und Mittel der Verarbeitung personenbezogener Daten entscheidet (→ Art. 4 Rn. 87). Neben natürlichen oder juristischen Personen können auch Behörden, Einrichtungen oder jede andere Stelle Verantwortlicher sein.

Keine Anwendung findet Art. 24 Abs. 1 auf den Hersteller von Verarbeitungstechnologien (so 8 auch Taeger/Gabel/Lang Rn. 21; Paal/Pauly/Martini Rn. 18) und auf Auftragsverarbeiter (vgl. jedoch zur Verarbeitungssicherheit Art. 32 Abs. 1 → Art. 32 Rn. 4).

Auch wenn Art. 24 Abs 1 nicht unmittelbar für Auftragsverarbeiter gilt, darf der Verantwortliche 9-10 aber nur mit solchen Auftragsverarbeitern zusammenarbeiten, die hinreichende Garantien für eine ordnungsgemäße Verarbeitung bieten (→ Art. 28 Rn. 33). Bestimmt ein Auftragsverarbeiter entgegen der Konzeption der Auftragsverarbeitung die Zwecke und Mittel der Verarbeitung selbst, gilt er selbst als Verantwortlicher (→ Art. 28 Rn. 76).

II. Inhalt

Abs. 1 S. 1 verlangt vom Verantwortlichen die **Umsetzung geeigneter technischer und** 11 **organisatorischer Maßnahmen.** Das Begriffspaar fand bereits in Art. 17 Abs. 1 DSRL und § 9 BDSG aF Verwendung und wird in der DS-GVO in verschiedenen Vorschriften verwendet (zB in Art. 5 Abs. 1 lit. f, Art. 25, Art. 28 Abs. 1, Art. 32 Abs. 1, Art. 89 Abs. 1).

Wie schon bei § 9 BDSG aF werden vom Begriff der Maßnahme alle Handlungen erfasst, die 12 in geeigneter Weise dem Ziel dienen, das auferlegte Ergebnis einer Datenschutzkonformität zu erzielen (→ BDSG aF § 9 Rn. 68). Dies bedeutet, dass der Verantwortliche das Ziel der **datenschutzrechtlichen Rechtmäßigkeit** seines Handelns anstreben und für sein Erreichen einstehen muss.

Darüber hinaus muss er auch „den **Nachweis** dafür (...) erbringen", dass er alles Erforderliche 13 unternommen hat, das Ziel auch zu erreichen (vgl. Abs. 1 S. 1). Diese Nachweispflicht wird etwa durch Art. 30 (Gebot zur Führung eines **Verzeichnisses aller Verarbeitungstätigkeiten** (vgl. dazu Erwägungsgrund 82 S. 1) konkretisiert. Die Nachweispflicht korrespondiert mit der Befugnis der AB, Auskunft über die Rechtmäßigkeit jeder einzelnen Datenverarbeitung zu verlangen (Art. 58 Abs. 1 lit. a) und soll die Beweislage verbessern, da eine Prüfung, ob Daten rechtmäßig verarbeitet werden, bisher oft daran scheiterte, dass die Verantwortlichen keine ausreichende Dokumentation vorhielten (Albrecht/Jotzo Das neue DatenschutzR Teil 2 Rn. 19).

Technische und organisatorische Maßnahmen sind alle notwendigen Maßnahmen, um die 14 Beachtung des Datenschutzes und der Datensicherheit bei der Erhebung, Verarbeitung und Nutzung personenbezogener Daten und den dazu betriebenen Verfahren sicherzustellen → BDSG aF § 9 Rn. 68.

Die Unterscheidung von technischen und organisatorischen Maßnahmen ist keineswegs trenn- 15 scharf. Zu den technischen Maßnahmen zählt man eher solche, die sich auf den Datenverarbeitungsvorgang selbst erstrecken (Zugriffskontrolle, Weitergabekontrolle, Verschlüsselung). Organisatorische Maßnahmen beziehen sich auf den äußeren Ablauf bei der Datenverarbeitung (Protokollierung, Schulungen der Mitarbeiter, Vieraugenprinzip). Beispielhaft führt Erwägungsgrund 78 S. 3 dazu aus: „Solche Maßnahmen könnten unter anderem darin bestehen, dass die Verarbeitung personenbezogener Daten minimiert wird, personenbezogene Daten so schnell wie möglich pseudonymisiert werden, Transparenz in Bezug auf die Funktionen und die Verarbeitung personenbezogener Daten hergestellt wird, der betroffenen Person ermöglicht wird, die Verarbeitung personenbezogener Daten zu überwachen, und der Verantwortliche in die Lage versetzt wird, Sicherheitsfunktionen zu schaffen und zu verbessern."

16-17 Mindeststandards oder verbindliche Aufzählungen von technisch und organisatorischen Maßnahmen gibt es nicht. Eine Orientierungshilfe kann aber zB das von der Konferenz der unabhängigen Datenschutzbehörden des Bundes und der Länder verabschiedete Standard-Datenschutz-Modell sein.

18 Ausdruck der Verantwortlichkeit ist der Umstand, dass der Verantwortliche Adressat der Informationspflichten und Betroffenenrechte (Art. 13 ff.) ist, dass er gegenüber dem Betroffenen für die Rechtskonformität haftet (Art. 82) und selbst den Sanktionsregelungen (Art. 83 f.) unterworfen ist.

19 Art. 24 Abs. 1 S. 1 nennt sieben unbestimmte Rechtsbegriffe als Faktoren, die der Verantwortliche bei der Umsetzung geeigneter Maßnahmen zur Sicherung der Verarbeitung berücksichtigen muss. Genannt werden Art, Umfang, Umstände und Zwecke der Verarbeitung sowie die unterschiedliche Eintrittswahrscheinlichkeit und Schwere der Risiken für die Rechte und Freiheiten natürlicher Personen. In Erwägungsgrund 76 S. 1 heißt es dazu: „Eintrittswahrscheinlichkeit und Schwere des Risikos für die Rechte und Freiheiten der betroffenen Person sollten in Bezug auf die Art, den Umfang, die Umstände und die Zwecke der Verarbeitung bestimmt werden. Das Risiko sollte anhand einer objektiven Bewertung beurteilt werden, bei der festgestellt wird, ob die Datenverarbeitung ein Risiko oder ein hohes Risiko birgt."

20-21 Art. 24 Abs. 1 steht damit unter dem Grundsatz der Erforderlichkeit bzw. Verhältnismäßigkeit, denn nach dem Wortlaut sind nur „geeignete" Maßnahmen geschuldet. Ob eine oder mehrere Maßnahmen die festgestellten Risiken begrenzen können und damit geeignet sind, beurteilt sich immer anhand des Einzelfalls und hängt maßgeblich von den Umständen der jeweiligen Verarbeitung ab. In der Regel werden einzelne Maßnahmen nicht ausriechen, sondern es wird eines umfassenden Datenschutzmanagements bedürfen. Ein solches kann bspw. an den Grundsätzen über Compliance Management Systeme (zB nach IDW PS 980) angelehnt werden, sollte aber hinsichtlich Art und Umfang die Größe, Situation und Risikogeneigtheit des Verantwortlichen und der Verarbeitungen berücksichtigen.

C. Erneute Prüfung und Aktualisierung (Abs. 1 S. 2)

22 Der im Trilog eingefügte S. 2 verlangt eine Überprüfung und Aktualisierung der Maßnahmen nach Abs. 1 S. 1. Es ist also nicht ausreichend, dass einmalig Maßnahmen ergriffen und nachgewiesen werden, sondern diese Maßnahmen müssen überprüft und wenn nötig aktualisiert werden. Dieser Prozess von Prüfung und Nachbesserung endet nie. Die Verpflichtung trifft allein den Verantwortlichen. Dass neben dem Verantwortlichen hier auch der Datenschutzbeauftragte oder die Datenschutzaufsichtsbehörde angesprochen sein könnte, ist aus dem Normzusammenhang nicht ableitbar. Der Verantwortliche ist alleiniger Adressat des Abs. 1 S. 1 und damit auch des S. 2, der eine Überprüfung und Aktualisierung der nach S. 1 getroffenen Maßnahmen verlangt und insoweit keine abweichende Beurteilung zulässt.

23 Unklar ist, in welchen Abständen der Verantwortliche seine Maßnahmen überprüfen und aktualisieren, also nachbessern muss. Der Parlamentsentwurf sah insofern noch eine Überprüfung mindestens alle zwei Jahre vor. Im Trilog wurde diese Frist jedoch durch das unbestimmte „erforderlichenfalls" ersetzt. Es muss für den Verantwortlichen also einen Anlass zur Überprüfung und Aktualisierung geben. Ein solcher Anlass kann in geänderten Rahmenbedingungen der Risikobewertung liegen oder wenn Vorfälle – auch bei anderen Verantwortlichen – zeigen, dass die ergriffenen Maßnahmen nicht ausreichend sind. Der Verantwortliche kann natürliche solche Anlässe nur feststellen, wenn er die ergriffenen Maßnahmen, zB im Rahmen eines Datenschutzmanagements, einer regelmäßigen und systematischen Überprüfung unterzieht, auch wenn die Norm keinen bestimmten oder regelmäßigen Prüfrhythmus vorsieht (so auch GSSV/Veil Art. 24 Rn. 67). Es ist also zumindest eine periodische (Stichproben-)Kontrolle erforderlich (Gola/Piltz Rn. 49).

24 Überprüft und aktualisiert der Verantwortliche seine Maßnahmen nicht, liegt darin ein eigenständiger Verstoß gegen die DS-GVO (Paal/Pauly/Martini Rn. 38), der mit einem Bußgeld geahndet wird.

D. Datenschutzvorkehrungen (Abs. 2)

Nach Abs. 2 muss der Verantwortliche bereits präventiv tätig werden, also **geeignete Datenschutzvorkehrungen** treffen, um die Anforderungen des Abs. 1 zu erfüllen. Dies muss er aber nur insoweit, wie es in Anbetracht der Verarbeitungstätigkeiten **angemessen** ist. Damit findet das Verhältnismäßigkeitsprinzip auf die Pflichten des Verantwortlichen Anwendung – was ihn einerseits entlastet, andererseits aber ob seiner Unbestimmtheit vor nahezu unlösbare Anwendungsprobleme stellt. Zudem ist die Bezugsgröße – die Verarbeitungstätigkeit – problematisch: Richtigerweise würde eine Datenschutzbestimmung nicht auf den Verarbeitungsverantwortlichen und seine Wirtschaftlichkeitsbetrachtungen, sondern vielmehr auf das Gefährdungspotential für den oder die Betroffenen abstellen. Dies tut die Vorschrift jedoch gerade nicht. Sie ist insoweit rein deklaratorisch und hat neben Abs. 1 keinen eigenen Regelungsgehalt (aA Paal/Pauly/Martini Rn. 39).

Der Terminus „Datenschutzvorkehrungen" wird ausschließlich in Art. 24 Abs. 2 genutzt und in der DS-GVO nicht an anderer Stelle definiert. Es handelt sich hier um eine wohl unscharfe Übersetzung des Verordnungstextes, der in der englischen Fassung in Art. 24 Abs. 2 DS-GVO den Begriff „data protection policies", also Datenschutzrichtlinien, enthält. „Vorkehrungen" sind an dieser Stelle also als Standards oder Regelwerke zu verstehen.

Bei der Bewertung der Angemessenheit iSd Abs. 2 finden, obwohl sich dies nicht unmittelbar aus dem Wortlaut ergibt, neben den risikobasierten Parametern des Abs. 1 auch der Stand der Technik und Implementierungskosten Berücksichtigung. Sowohl der Stand der Technik als auch die Implementierungskosten stellen sachimmanente Grenzen der Angemessenheit dar und konkretisieren das primärrechtliche Verhältnismäßigkeitsprinzip.

E. Maßnahmen regulierter Selbstregulierung (Abs. 3)

Abs. 3 setzt das **Konzept regulierter Selbstregulierung** im Datenschutzrecht um und sieht die Möglichkeit vor, den Nachweis der Pflichterfüllung eines Verantwortlichen unter Heranziehung von genehmigten Verhaltensregeln (Art. 40) und Zertifizierungsverfahren (Art. 42) zu erbringen (vgl. Martini NVwZ-Extra 2016, 1 (7 ff.). Diese eigeninitiierten Verfahren sind jedenfalls ein „Gesichtspunkt" bei der Überprüfung des Verantwortlichen. Die Einhaltung genehmigter Verhaltensregeln oder genehmigter Zertifizierungsverfahren stellt jedoch lediglich einen Baustein für den Nachweis dar, dass die Vorgaben der DS-GVO eingehalten werden. Die Dokumentation allein führt nicht direkt und zwingend zum Nachweis.

Als Generalnorm bedarf Art. 24 der Konkretisierung. Dies soll auch mithilfe des EDSA geschehen, der durch Leitlinien, Empfehlungen und bewährte Verfahren eine einheitliche Anwendung des Art. 24 sicherstellt (vgl. Art. 70 Abs. 1 lit. e).

F. Rechtsfolgen

Den AB kommt die Aufgabe zu, die Anwendung des Art. 24 durch die Verantwortlichen zu überwachen und seine Geltung durchzusetzen (vgl. Art. 57 Abs. 1 lit. a). Dazu erteilen sie dem Verantwortlichen Weisungen (vgl. Art. 58 Abs. 2 lit. d), deren Befolgung die AB jedoch nicht durch Verhängung einer Geldbuße sicherstellen kann, da Art. 24 nicht in den Katalogen des Art. 83 Abs. 4 und 5 aufgeführt wird. Mangels Öffnungsklausel ist auch **keine speziellere nationale Regelung zulässig** (vgl. Paal/Pauly/Martini Rn. 49).

Dem Betroffenen gegenüber haftet der Verantwortliche für die Einhaltung des Art. 24 gem. Art. 82 Abs. 1 und 2 S. 1 unbegrenzt, sowohl für **materielle wie auch immaterielle Schäden**. Eine Exkulpation ist nur nach Abs. 3 durch den Nachweis fehlender Verantwortlichkeit für den Schaden möglich.

Artikel 25 Datenschutz durch Technikgestaltung und durch datenschutzfreundliche Voreinstellungen

(1) Unter Berücksichtigung des Stands der Technik, der Implementierungskosten und der Art, des Umfangs, der Umstände und der Zwecke der Verarbeitung sowie der unterschiedlichen Eintrittswahrscheinlichkeit und Schwere der mit der Verarbeitung verbundenen Risiken für die Rechte und Freiheiten natürlicher Personen trifft der Verantwortliche sowohl zum Zeitpunkt der Festlegung der Mittel für die Verarbeitung als auch zum Zeitpunkt der eigentlichen Verarbeitung geeignete technische und organisatorische Maßnahmen – wie z. B. Pseudonymisierung –, die dafür ausgelegt sind, die

Datenschutzgrundsätze wie etwa Datenminimierung wirksam umzusetzen und die notwendigen Garantien in die Verarbeitung aufzunehmen, um den Anforderungen dieser Verordnung zu genügen und die Rechte der betroffenen Personen zu schützen.

(2) ¹Der Verantwortliche trifft geeignete technische und organisatorische Maßnahmen, die sicherstellen, dass durch Voreinstellung nur personenbezogene Daten, deren Verarbeitung für den jeweiligen bestimmten Verarbeitungszweck erforderlich ist, verarbeitet werden. ²Diese Verpflichtung gilt für die Menge der erhobenen personenbezogenen Daten, den Umfang ihrer Verarbeitung, ihre Speicherfrist und ihre Zugänglichkeit. ³Solche Maßnahmen müssen insbesondere sicherstellen, dass personenbezogene Daten durch Voreinstellungen nicht ohne Eingreifen der Person einer unbestimmten Zahl von natürlichen Personen zugänglich gemacht werden.

(3) Ein genehmigtes Zertifizierungsverfahren gemäß Artikel 42 kann als Faktor herangezogen werden, um die Erfüllung der in den Absätzen 1 und 2 des vorliegenden Artikels genannten Anforderungen nachzuweisen.

Überblick

Der Art. 25 regelt den Datenschutz durch Technik und datenschutzfreundliche Voreinstellungen. Dies ist eine Regelung, die bereits lange bevor es auch nur zur Erhebung konkreter Daten kommt den Schutz dieser Daten durch Voreinstellungen und Gestaltung der Technik vorsieht. Abs. 1 verpflichtet den Verantwortlichen letztlich auch in Abwägung von Kosten und Nutzen dazu, geeignete technische und organisatorische Maßnahmen zu treffen, sowohl um der Verordnung als auch den betroffenen Personen zu genügen. Dies wird auch als Datenschutz „by Design" bezeichnet. Der Datenschutz soll schon in der Konzeptionsphase berücksichtigt werden. Abs. 2 verpflichtet den Verantwortlichen durch Voreinstellungen das Prinzip der Erforderlichkeit umzusetzen. Dies wird als Datenschutz „by Default" bezeichnet. Abs. 3 gibt die Grundlage für eine Zertifizierung nach einem genehmigten Zertifizierungsverfahren um die Erfüllung der in den Abs. 1 und 2 geforderten Anforderungen nachzuweisen. Der Gesetzestext enthält den Fehler der doppelten Verwendung des Wortes „trifft" in Abs. 1, der hier aus Gründen der Authentizität beibehalten wurde.

A. Allgemeines

I. Entstehungsgeschichte der Norm

1 Nach bald vierjähriger Verhandlung haben sich der Europäische Rat, das Europäische Parlament und die Europäische Kommission am 15.12.2015 über den Inhalt der DS-GVO geeinigt. Schon im Entwurf waren Regelungen zum Datenschutz durch Technik und Datenschutz durch Voreinstellungen vorgesehen; allerdings unterschieden sich die Entwürfe von Parlament, Kommission und Rat, sodass diese erst durch die Konsolidierung der Norm dem heutigen Wortlaut nahezu entsprach (Paal/Pauly/Martini Rn. 16 ff.). Durch die ABl. L 127 vom 23.5.2018 wurde die Vorschrift geändert. Im Abs. 2 S. 1 wurde das Wort „grundsätzlich" gestrichen.

II. Bisherige Rechtslage

2 Eine Vorgängervorschrift auf europäischer Ebene ist in den Regelungen der Datenschutzrichtlinie 95/46/EG von 1995(DSRL) zu sehen; dort konkret im Art. 17 Abs. 1 (Paal/Pauly/Martini Rn. 16).

3 Im nationalen Recht finden sich die Regelungen ua im BDSG und dort insbesondere in der Anlage zu § 9 BDSG wieder.

B. Allgemeine Anspruchsvoraussetzungen

I. Datenschutz durch Technik, „data protection by design" (Abs. 1)

4 Im Abs. 1 wird der Verantwortliche verpflichtet geeignete technische und organisatorische Maßnahmen umzusetzen. Dabei wird die Möglichkeit der Abwägung eröffnet. Die Norm gibt die Möglichkeit Umstände wie den Stand der Technik, die Implementierungskosten und auch Risiken für die Rechte und Freiheiten natürlicher Personen mit in die Abwägung bei der Wahl der Maßnahmen einzubeziehen.

Datenschutz durch Technikgestaltung und Vorkehrungen **Artikel 25 DS-GVO**

Die Prinzipien des Datenschutzes durch Technikgestaltung und datenschutzfreundlichen Vor- 4a
einstellungen geben die Anforderungen an die Gestaltung und den Betrieb von Verfahren vor.
Damit soll der für die Datenverarbeitung Verantwortliche verpflichtet werden frühzeitig, also
bereits im Entwurf des Verfahrens die Voraussetzungen dafür zu schaffen, dass die Anforderungen
eingehalten werden.

Genannt wird exemplarisch eine Maßnahme wie die Pseudonymisierung; gesetzestechnisch 5
insoweit beachtlich, als dass ein solches Einzelbeispiel im Gesetzestext eher die Ausnahme ist.

Der Begriff der technischen und organisatorischen Maßnahmen ist im geltenden § 9 BDSG 6
definiert, sodass diese Definitionen zur Auslegung mit übernommen werden könnten.

In den Erwägungsgründen 75–78 finden sich die Überlegungen zu den Risiken für die Rechte 7
und Freiheiten natürlicher Personen die aus einer Verarbeitung personenbezogener Daten hervorgehen können. Insbesondere, wenn diese Risiken zu physischen, materiellen oder immateriellen
Schäden führen. Die Risiken sollen danach anhand einer objektiven Bewertung beurteilt werden,
bei der festgestellt wird, ob die Datenverarbeitung ein Risiko oder ein hohes Risiko birgt (Erwägungsgrund 76).

II. Datenschutz durch Voreinstellung, „data protection by default" (Abs. 2)

Durch Abs. 2 wird der Verantwortliche verpflichtet durch geeignete technische und organisato- 8
rische Maßnahmen sicherzustellen, dass durch Voreinstellung im technischen Verfahren nur die
personenbezogenen Daten verarbeitet werden, deren Verarbeitung für den jeweiligen bestimmten
Verarbeitungszweck erforderlich sind (von dem Bussche/Zeiter/Brombach Der Betrieb 2016,
1359). Die bisherige „weichere" Formulierung, die durch die Verwendung des Wortes „grundsätzlich" mehr Ausnahmen gestattete, ist einer Formulierung gewichen, die keine Ausnahmen mehr
zulässt.

Dies entspricht dem im nationalen Recht verankerten Grundsatz der Erforderlichkeit, der alle 9
datenschutzrechtlichen Regelungen prägt.

Die Verpflichtung die Voreinstellungen dementsprechend auszurichten gilt für die Frage der 10
Menge der erhobenen personenbezogenen Daten, den Umfang ihrer Verarbeitung, ihre Speicherfrist und ihre Zugänglichkeit.

Die Erwägungsgründe konkretisieren diese Maßnahmen (Erwägungsgrund 78). Danach könn- 11
ten solche Maßnahmen ua darin bestehen, dass die Verarbeitung personenbezogener Daten minimiert wird und personenbezogene Daten so schnell wie möglich pseudonymisiert werden. Weiter
sieht der Erwägungsgrund 78 vor, dass Transparenz in Bezug auf die Funktionen und die Verarbeitung personenbezogener Daten hergestellt wird und es der betroffenen Person ermöglicht wird
die Verarbeitung personenbezogener Daten zu überwachen. Der Verantwortliche ist danach in
der Rolle Sicherheitsfunktionen zu schaffen und zu verbessern.

Für die Praxis bedeutet dies ua, dass die Grundsätze und die Rechtmäßigkeit der Verarbeitung 11a
personenbezogener Daten beachtet werden müssen. Ausgerichtet an die Art. 5 und 6 DS-GVO
sind entsprechende Maßnahmen zu ergreifen. So müssen zB Löschfristen festgelegt werden, die
Zweckbindung der personenbezogenen Daten beachtet werden und die Integrität und Vertraulichkeit gewahrt werden. In der Praxis wird dies am leichtesten dadurch erreicht werden, dass sowohl
ein Datenschutzmanagementsystem als auch ein IT-Sicherheitsmanagement aufgesetzt werden.

Die technischen und organisatorischen Maßnahmen, die den Rahmen für die Voreinstellung 12
der Verarbeitung geben sollen insbesondere sicherstellen, dass personenbezogene Daten nicht einer
unbestimmten Zahl von natürlichen Personen zugänglich gemacht werden.

Der Erwägungsgrund 78 stellt klar, dass den Grundsätzen des Datenschutzes durch Technik und 13
durch datenschutzfreundliche Voreinstellungen auch bei öffentlichen Ausschreibungen Rechnung
getragen werden sollte.

III. Genehmigtes Zertifizierungsverfahren (Abs. 3)

Der Abs. 3 verweist auf den Art. 42, der zwar noch kein konkretes Verfahren zur Zertifizierung 14
benennt, aber die Grundlage für ein Zertifizierungsverfahren darstellt (Paal/Pauly/Martini
Rn. 53).

Die Erfüllung der in den Abs. 1 und 2 genannten Anforderungen kann durch ein genehmigtes 15
Zertifizierungsverfahren nachgewiesen werden. Die Verwendung des Wortes „Faktor" ist in diesem
Zusammenhang ungewöhnlich, zumal in Art. 24 Abs. 3 das Wort „Gesichtspunkt" im gleichen
Sinnzusammenhang verwendet wird (Paal/Pauly/Martini Rn. 53).

Artikel 26 Gemeinsam Verantwortliche

(1) ¹Legen zwei oder mehr Verantwortliche gemeinsam die Zwecke der und die Mittel zur Verarbeitung fest, so sind sie gemeinsam Verantwortliche. ²Sie legen in einer Vereinbarung in transparenter Form fest, wer von ihnen welche Verpflichtung gemäß dieser Verordnung erfüllt, insbesondere was die Wahrnehmung der Rechte der betroffenen Person angeht, und wer welchen Informationspflichten gemäß den Artikeln 13 und 14 nachkommt, sofern und soweit die jeweiligen Aufgaben der Verantwortlichen nicht durch Rechtsvorschriften der Union oder der Mitgliedstaaten, denen die Verantwortlichen unterliegen, festgelegt sind. ³In der Vereinbarung kann eine Anlaufstelle für die betroffenen Personen angegeben werden.

(2) ¹Die Vereinbarung gemäß Absatz 1 muss die jeweiligen tatsächlichen Funktionen und Beziehungen der gemeinsam Verantwortlichen gegenüber betroffenen Personen gebührend widerspiegeln. ²Das wesentliche der Vereinbarung wird der betroffenen Person zur Verfügung gestellt.

(3) Ungeachtet der Einzelheiten der Vereinbarung gemäß Absatz 1 kann die betroffene Person ihre Rechte im Rahmen dieser Verordnung bei und gegenüber jedem einzelnen der Verantwortlichen geltend machen.

Überblick

Die gemeinsame Verantwortung ist einer der Grundmodi der modernen Datenökonomie. Legen zwei oder mehr Verantwortliche gemeinsam die Zwecke der und die Mittel zur Verarbeitung fest, so sind sie gemäß Art. 26 Abs. 1 S. 1 gemeinsam Verantwortliche. Diese Rechtsfigur wird als „joint controllership" bezeichnet (vgl. EDPB, Guidelines 07/2020 on the concepts of controller and processor in the GDPR, v 2.0, S. 3 und Rn. 50 ff.). Es handelt sich dabei um eine gemeinsame Kontrolle von Datenverarbeitungsprozessen durch mehrere Personen, die dadurch geprägt ist, dass beide jeweils eigene Zwecke – oder einen gemeinsamen Zweck – verfolgen (→ Rn. 23 ff.). Gemeinsame Kontrolle bedeutet keine gleichberechtigte sowie gleichmäßige Verantwortung, sondern die Parteien können in die Zweck-/Mittelentscheidung unterschiedlich stark und in unterschiedlicher Weise eingebunden sein (vgl. EuGH EuZW 2018, 534 (537) Rn. 43 – Wirtschaftsakademie Schleswig-Holstein). Daraus folgt aber nicht, dass bei komplexen, phasenweisen Verarbeitungsvorgangsketten jedes Element der gemeinsamen Verantwortung unterliegt (EuGH Az. C-40/17 Rn 74 – Fashion ID).

Das Konzept der gemeinsamen Verantwortung ermöglicht es, kooperative und pluralistische Zusammenarbeitsmodelle zu implementieren, wie sie für die moderne Informationsgesellschaft von zentraler Bedeutung sind. Diese Möglichkeit besteht beim hierarchischen Modell der Auftragsverarbeitung nicht, da hier dem Auftragsverarbeiter die Verfolgung eigener, über die Auftragserfüllung hinausgehender Zwecke mit den personenbezogenen Daten verwehrt wird. Dies gibt vielfältigen Raum für die Gestaltungen der Kooperation sowie der Arbeitsteilung. Bei der gemeinsamen Kontrolle disponieren die Beteiligten darüber, wer welche Aufgaben bei der Datenverarbeitung wahrnimmt, sofern diese Aufteilung nicht bereits gesetzlich festgelegt ist. Auf der Rechtsfolgenseite bedeutet die gemeinsame Verantwortung, dass jeden Beteiligten die in der DS-GVO festgelegten Pflichten eines Verantwortlichen treffen. Die Begründung einer gemeinsamen Verantwortlichkeit hat für die involvierten Unternehmen bspw. die Erstellung einer komplexeren Datenschutz-Folgenabschätzung nach Art. 35 und erhöhte Compliance-Anforderungen zur Folge (Dovas ZD 2016, 512 (514); Kurzpapier Nr. 16 der unabhängigen Datenschutzbehörden des Bundes und der Länder, S. 4, abrufbar unter: https://www.datenschutzzentrum.de/uploads/dsgvo/kurzpapiere/DSK_KPNr_16_Gemeinsame-Verantwortliche.pdf).

Übersicht

	Rn.		Rn.
A. Sinn und Zweck der Norm	1	I. Zwei oder mehr Verantwortliche	16
B. Entstehungsgeschichte	5	II. Abgrenzung vom Auftragsverarbeiter	18
I. Unionsebene	5	III. Gemeinsame Festlegung der Zwecke	24
II. Vergleich mit der bisherigen deutschen Rechtslage	13	IV. Gemeinsame Festlegung der Mittel der Verarbeitung	35
C. Die Voraussetzungen gemeinsamer Verantwortung, Abs. 1 S. 1	16	V. Begründung und Beendung gemeinsamer Verantwortung	43

	Rn.		Rn.
D. Spezifische Rechtsfolgen gemeinsamer Verantwortung	49	I. Konzernsachverhalte	64
I. Transparente Festlegungen	50	II. Arbeitsteilige Verarbeitung in der Digitalwirtschaft: B2B und Peer-to-Peer	66
1. Rechtsformvorgaben	50		
2. Inhalt der vereinbarten Verantwortungsteilung: Eingeschränkte Dispositionsfreiheit	52	III. Internetplattformen: Social Media und Kommunikationsdienste	73
3. Wahrheit und Konkretheit	54	IV. Verarbeitung bei Berufsgeheimnisträgern	76
II. Information des Betroffenen und Unterstützung der Wahrnehmung von Rechten	56	V. Digitale Gesundheitsanwendungen und andere Verarbeitungsvorgänge im Gesundheitswesen	78
E. Einzelfälle	64		

A. Sinn und Zweck der Norm

Das Bedürfnis, dass eine gemeinsame und insbesondere auch arbeitsteilige Wahrnehmung der Verantwortung zu keiner Verschlechterung des Datenschutzstandards führen, erfüllt Art. 26 mit einem **klaren Pflichtenprogramm.** Zum Schutz der betroffenen Personen müssen klare Verantwortungsbereiche bestehen und diese auch nachvollziehbar, dh von außen ohne weiteres erkennbar und verifizierbar sein. Dazu muss die Vereinbarung zwischen den Verantwortlichen transparent sein. Der betroffenen Person ist ihr wesentlicher Inhalt mitzuteilen. Zudem wird durch die klare Aufgabenzuweisung in der Vereinbarung das Verhältnis der an der Verarbeitung Beteiligten geklärt. Das in Art. 26 normierte Pflichtenprogramm ist jedoch nicht abschließend, sondern die gemeinsame Verantwortlichkeit erstreckt sich auf die Einhaltung sämtlicher Regeln der DS-GVO während des gesamten Prozesses der gemeinsamen Datenverarbeitung (EDPD, Guidelines 07/2020, Rn. 164). 1

Art. 26 ist kein gesonderter Erlaubnistatbestand. Zwar wurde mitunter wird in der Literatur zum Datenschutzrecht eine Anlehnung an öffentlich-rechtliche Figuren gesucht und generell eine Unterscheidung zwischen Aufgaben- und Befugnisnormen verfolgt. Während Aufgabennormen lediglich zur Beschreibung eines Aufgabenbereiches dienen, stellen nur Befugnisnormen eine Ermächtigung zum Eingriff in die Rechte Privater dar (Tettinger/Erbguth/Mann, Besonderes Verwaltungsrecht, 10. Auflage 2009, § 13 Rn. 422 (438); zur Unterscheidung zwischen Aufgabenzuweisungen und Befugnis vgl. auch HSV VerwR § 14 Rn. 52). Aber dies beruht auf der Fehlkonstruktion des Datenschutzrechts als Quasihoheitsrecht im Horizontalverhältnis (Veil NVwZ 2018, 686; Bull, Sinn und Unsinn des Datenschutzes, 2015, 55 ff.; D'Avis/Thomas Giesen CR 2019, 24). Art. 26 bezweckt den Schutz der von der Datenverarbeitung betroffenen Person eine Zuteilung von klaren Verantwortungsbereichen (so auch NK-DatenschutzR/Petri Rn. 1; in diesem Sinne auch Söbbing ITRB 2020, 218 (218 f.), der auf die „Gefahr der Verantwortungsdiffusion" bei der Datenverarbeitung durch mehrere Personen hinweist). Dem begegnet Art. 26 in der Weise, dass Abs. 1 das Innenverhältnis zwischen den gemeinsam Verantwortlichen mit den dazugehörigen Pflichten festlegt. Die Abs. 2 und 3 konkretisieren unterdessen das Außenverhältnis zwischen den gemeinsam Verantwortlichen und der betroffenen Person (NK-DatenschutzR/Petri Rn. 5 f.). 2

Allerdings ist auch unabhängig davon Art. 26 keine Rechtsgrundlage für die Begründung einer gemeinsamen Verantwortung (Kurzpapier Nr. 16 der unabhängigen Datenschutzbehörden des Bundes und der Länder, S. 1, abrufbar unter: https://www.datenschutzzentrum.de/uploads/dsgvo/kurzpapiere/DSK_KPNr_16_Gemeinsame-Verantwortliche.pdf). Für die Verarbeitung durch gemeinsame Verantwortliche ist entweder eine Einwilligung des Betroffenen oder eine andere Rechtsgrundlage erforderlich (Deinert/Welti, StichwortKommentar Behindertenrecht, 2. Aufl. 2018, Datenschutz Rn. 3; Veil NJW 2018, 3337 ff.; Reif RDV 2019, 30 (31)), die sich typischer Weise aus Art. 6 Abs. 1 DS-GVO ergibt (Gola/Schulz Art. 6 Rn. 1; Albrecht/Jotzo Das neue DatenschutzR 69; ausführlich zum sog. Verbotsprinzip der Datenverarbeitung Spiecker gen. Döhmann GRUR 2019, 341 (345); Paal/Pauly/Frenzel Art. 6 Rn. 1; Kühling/Buchner/Buchner/Petri Art. 6 Rn. 11; Beckers ZWE 2019, 297 (299 f.); kritisch zum Begriff des „Verbots mit Erlaubnisvorbehalt" Roßnagel NJW 2019, 1 ff.; Masing NJW 2012, 2305 (2307)). Der Europäische Datenschutzausschuss führt in seinen Leitlinien aus, dass die gemeinsam Verantwortlichen für unterschiedliche Datenverarbeitungen zwar unterschiedliche Rechtsgrundlagen heranziehen könnten, es jedoch zu empfehlen sei, wenn, wo möglich, dieselbe Rechtsgrundlage für die Verarbeitung zu einem bestimmten Zweck genutzt wird. (EDPB, Guidelines 07/2020, Rn 166 mit Fn. 73). Der EuGH hat in seiner Entscheidung zum „Gefällt mir"-Button von Facebook offengelassen, ob bei der Einbindung eines Social Plugins eine Einwilligung der von der Datenverarbeitung 3 betroffenen Person iSd Art. 6 Abs. 1 UAbs. 1 lit. a notwendig sei oder ob auch ein berechtigtes Interesse nach Art. 6 Abs. 1 UAbs. 1 lit. f genüge (EuGH BeckRS 2019, 15831 Rn. 90 – Fashion ID; Lang DSB 2019, 206 (208); Solmecke BB 2019, 1995 (2001); Spittka/Mantz NJW 2019, 2742 (2744); Kollmar NVwZ 2019, 1740 (1742)). Jedenfalls ist dann, wenn eine Einwilligung erforderlich ist, der Betreiber einer Webseite, der sich für die Einbindung eines Social Plugins auf seiner Webseite entscheide und damit den Datenverarbeitungsvorgang initiiert, diese Einwilligung von der betroffenen Person vor Beginn der Datenerhebung einzuholen (EuGH BeckRS 2019, 15831 Rn. 102 – Fashion ID; Moos/Rothkegel MMR 2019, 584 (587); Spittka/Mantz NJW 2019, 2742 (2744)). Daneben bleibe aber der Anbieter des Social Plugins selbst verpflichtet, eine Einwilligung für seine weiteren eigenen Datenverarbeitungsvorgänge einzuholen (Moos/Rothkegel MMR 2019, 584 (587); Solmecke BB 2019, 1995 (2001)). Ob zukünftig eine Gesamteinwilligung vom Betreiber der Webseite für sämtliche eigene Datenverarbeitungsvorgänge und die des Plugin-Anbieters vom Webseitenbesucher bei Erstkontakt mit der Webseite eingeholt werden kann, bleibt fragwürdig (Sattler GRUR 2019, 1023 (1025); für die Einholung einer Gesamteinwilligung durch Facebook: Müller-Peltzer/Selz PinG 2019, 251 (252); Kremer CR 2019, 676 (679)). Jedenfalls sind aber bei einer Einwilligung die Anforderungen aus der EuGH Entscheidung zum Setzen von Cookies zu beachten, wonach eine „aktive" Einwilligung des Internetnutzers erforderlich sei (EuGH MMR 2019, 732 (735) Rn. 52 – Planet 49; zur Auswirkung des Urteils auf die deutsche Rechtslage: Mitterer/Wiedemann/Thress BB 2020, 3 (10); Koglin DSB 2020, 2 (3); zur Übertragbarkeit der EuGH-Rechtsprechung in seiner Entscheidung zum „Gefällt mir"-Button auf weitere Trackingmechanismen (bspw. Cookies): Spittka/Mantz NJW 2019, 2742 (2745)). Zur Problemlösung wird teilweise auf die sog. „Zwei-Klick"-Lösung verwiesen (Rater/Rammo K&R 2019, 682 (683). Sollte nach der anstehenden Entscheidung des OLG Düsseldorf auch ein berechtigtes Interesse ausreichen, dann müsste dieses bei jedem der gemeinsam Verantwortlichen für die von der gemeinsamen Verantwortlichkeit umfassten Datenverarbeitungsvorgänge vorliegen (EuGH BeckRS 2019, 15831 Rn. 96 f. – Fashion ID; Spittka/Manz NJW 2019, 2742 (2744)). Eine wechselseitige Zurechnung des berechtigten Interesses eines gemeinsam Verantwortlichen sei für den anderen Verantwortlichen nicht möglich, dieser müsse nun über ein eigenes berechtigtes Interesse verfügen (Hansloser ZD 2019, 455 (460); Moos/Rothkegel MMR 2019, 584 (586); Solmecke BB 2019, 1995 (2001)).

4 Ob auch für die Datenübertragung zwischen den gemeinsam Verantwortlichen eine gesonderte Rechtsgrundlage erforderlich ist, wird derzeit intensiv diskutiert (dazu eingehend → Rn. 59; Kremer CR 2019, 225 (231); Quiel PinG 2018, 30 (35); Gola/Piltz Rn. 8). Golland interpretiert die EuGH- Entscheidung „Fashion-ID" (EuGH = BeckRS 2019, 15831 Rn. 96 f.) als eine Absage an eine Privilegierung für den Datenaustausch zwischen den gemeinsam Verantwortlichen (Golland K&R 2019, 533 (534); zur Auswirkung auf die Praxis: Gierschmann ZD 2020, 69 (71)).

B. Entstehungsgeschichte

I. Unionsebene

5 In der EU-Datenschutzrichtlinie 95/46/EG wurde Joint Control lediglich in einem Nebensatz (Art. 2 lit. d) genannt und damit, gerade in Deutschland, verbreitet als Option ignoriert. Die Möglichkeit war also vorgesehen, konkrete Vorgaben zur Ausgestaltung fehlten jedoch. Die Praxis der Mitgliedstaaten unterschied sich daher stark. Während in Deutschland diese Rechtsfigur im Datenschutzrecht unter dem Regime des BDSG aF ein Schattendasein führte, beanspruchte sie in anderen Mitgliedsstaaten, wie zB in Großbritannien, mehr Geltung (Dehmel ZD 2020, 62 (63); Koglin DSB 2020, 2; Jungkind/Ruthemeyer/Eickmeier Der Konzern 2019, 289; Poll Datenschutz in und durch Unternehmensgruppen im europäischen Datenschutzrecht, 2018, 108; Hamann/Wegmann BB 2019, 1347; Gierschmann ZD 2020, 69; siehe nähere Einzelheiten zur alten Rechtslage → Rn. 13 f.).

6 In der DS-GVO wird Joint Control nunmehr ein eigener Artikel gewidmet. Der europäische Gesetzgeber will durch die Neuregelung vor allem eine klare Zuteilung der Verantwortlichkeiten erzielen, womit aber zugleich der zunehmend komplexeren Realität von informationstechnischen Vorgängen Rechnung getragen wird (Albrecht/Jotzo Das neue DatenschutzR 61). Das soll dem Schutz der Rechte und Freiheiten der betroffenen Personen dienen und Rechtssicherheit bezüglich Verantwortung und Haftung gewährleisten (vgl. Erwägungsgrund 79). Ebenso hielt der Europäische Datenschutzbeauftragte (EDSB) es für erforderlich, die Verantwortlichkeiten für den Fall festzulegen, dass eine Datenverarbeitung gemeinsam durch mehrere erfolgt. Dabei verdeutlichte er, dass eine solche Regelung erforderlich sei, um die Rechte der betroffenen Person zu stärken

(Stellungnahme des ESDB zum Datenschutzreformpaket vom 7.3.2012, 2012/C 192/05 Rn. 183). So werden mit der Neuregelung konkrete Vorgaben zur Zulässigkeit und Ausgestaltung einer Joint-Control-Vereinbarung aufgestellt.

Im Vergleich zum Vorschlag der Kommission vom 25.1.2012 wurde die Vorschrift im weiteren 7 Verlauf des Gesetzgebungsverfahrens noch detaillierter und die Vorgaben konkreter. So fehlten dem Kommissionsvorschlag im Wesentlichen die Vorgaben, welche sich nun in Art. 26 Abs. 2, 3 finden. Diese enthalten insbesondere Vorschriften zum Schutz der betroffenen Person.

Das Europäische Parlament nahm in seiner legislativen Entschließung vom 12.3.2014 die Ver- 8 pflichtung in Abs. 2 auf, in der Vereinbarung die tatsächlichen Funktionen und Beziehungen gebührend widerzuspiegeln Für den Fall unklarer Verantwortlichkeiten wurde eine gesamtschuldnerische Haftung festgelegt. Zudem wurde die Pflicht aufgenommen, der betroffenen Person den wesentlichen Inhalt der Vereinbarung zur Verfügung zu stellen.

In der Fassung des Rates vom 15.6.2015 fanden sich substantielle Änderungen. Es wurde eine 9 Legaldefinition für „gemeinsam für die Verarbeitung Verantwortlichen" aufgenommen. Außerdem nahm der Rat den Verweis auf die Informationspflichten auf sowie die diesbezügliche Öffnungsklausel für die Mitgliedstaaten. Weiter wurde festgelegt, dass die Vereinbarung zwischen den Verantwortlichen in transparenter Form zu erfolgen hat. Ferner wurden sie verpflichtet, eine einzige Anlaufstelle zu benennen. Statt der gesamtschuldnerischen Haftung hat der Rat festgelegt, dass die betroffene Person ihre Rechte bei und gegenüber jedem Verantwortlichen geltend machen kann. Wurde die betroffene Person in transparenter und eindeutiger Form darüber informiert wurde, welcher der gemeinsam für die Verarbeitung Verantwortlichen zuständig ist, sollte ein Ausschlusstatbestand die Geltendmachung auf den benannten Verantwortlichen beschränken.

Die gefundene Endfassung orientiert sich weitestgehend an der Fassung des Rates. Die als 10 zwingend vorgeschlagene Festlegung einer Anlaufstelle für den Betroffenen wurde zu einer fakultativen Möglichkeit umgewandelt. Der vorgesehene Ausschlusstatbestand wurde gestrichen, sodass die betroffene Person nun immer ihre Rechte bei und gegenüber jedem Verantwortlichen geltend machen kann.

In der DS-GVO wird dem Modell der Joint Control und dem Schutz der betroffenen Person 11 bei Anwendung dieses Instituts vom europäischen Gesetzgeber somit ganz bewusst eine prominentere Rolle zugewiesen als bislang (in diesem Sinne Voigt CR 2017, 428 (431); Gierschmann ZD 2020, 69). Die Änderungen im Gesetzgebungsverfahren dienen insbesondere der Erhöhung des Schutzniveaus.

Die Endfassung wurde am 4.5.2016 im Amtsblatt der Europäischen Union veröffentlicht (ABl. 12 L 119/1) und gilt laut Art. 99 Abs. 2 seit dem 25.5.2018. Die amtlich veröffentliche Textfassung der DS-GVO wurde am 19.4.2018 durch das Corrigendum des Europäischen Rats (8088/18) überarbeitet. Dabei wurde die ursprüngliche Überschrift des Art. 26 „Gemeinsam für die Verarbeitung Verantwortliche" in „Gemeinsam Verantwortliche" abgeändert (Berichtigung, 8088/18, Anhang, 52). Insoweit handelt es sich nur um eine sprachliche Textkorrektur ohne weitere inhaltliche Auswirkungen auf den zuvor verabschiedeten Verordnungstext dieser Norm.

II. Vergleich mit der bisherigen deutschen Rechtslage

Bisher ist Joint Control im deutschen Datenschutzrecht nicht ausdrücklich vorgesehen. Wegen 13 der fehlenden Manifestation im BDSG wird der Einsatz der Joint Control zum Teil kritisch bewertet und die Möglichkeit ihres Einsatzes sogar angezweifelt (Schulz, BB 2011, 2552 (2555); Neumann, DuD 2011, 343 (344 f.)). Hierzu mag die öffentlich-rechtliche und damit an hierarchischen Verantwortungsmodellen orientierte ursprüngliche Grundkonzeption des deutschen Datenschutzverständnisses beigetragen haben. Gemeinsame Kontrolle wurde in Deutschland daher wenig oder fast nie angenommen (Gierschmann ZD 2020, 69; Strauß/Schreiner DSB 2019, 96). Andere EU-Staaten gehen demgegenüber umgekehrt sogar davon aus, dass gegenüber einer Auftragsverarbeitung im Zweifel gemeinsame Kontrolle vorliegt (→ BDSG 2003 [aK] § 11 Rn. 64 mwN).

Teilweise wurde dem Wortlaut der „verantwortlichen Stelle" von § 3 Abs. 7 BDSG aF mit der 14 dazugehörigen Definition eine Singularität der Verantwortlichkeit entnommen, die eine gemeinsame Verantwortlichkeit ausschließe (zur Problematik der Interpretation des Wortlauts Simitis/Dammann BDSG § 3 Rn. 226; Härting/Gössling NJW 2018, 2523 (2524)). Tatsächlich ist dem BDSG kein Verbot gemeinsamer Kontrolle zu entnehmen (dazu grundlegend → BDSG 2003 [aK] § 11 Rn. 65; ferner Simitis/Dammann BDSG § 3 Rn. 226; Plath/Schreiber BDSG § 3 Rn. 69). Dem stehe bereits die vollharmonisierende Wirkung von Art. 2 lit. d der EU-Datenschutzrichtlinie entgegen (→ BDSG 2003 [aK] § 11 Rn. 65).

15 Die ausdrückliche gesetzliche Anerkennung und stärkere Konturierung der Rechtsfigur von Joint Control beendet den Streit um ihre Zulässigkeit und beseitigt diverse Unklarheiten bezüglich der Ausgestaltung einer solchen Vereinbarung. Auf europäischer Ebene wird eine weitgehende Vereinheitlichung geschaffen. Trotz der (nur fakultativen) Öffnungsklausel in Art. 26 (→ Rn. 48 f.) dürfte die Neuregelung insgesamt zu mehr Rechtsklarheit und Rechtssicherheit führen. Insbesondere die Rechte der betroffenen Personen werden durch die eindeutigen Vorschriften gestärkt. Eindeutigere Vorgaben und ein empfindliches Bußgeld nach Art. 83 Abs. 4 lit. a wirken einer Umgehung datenschutzrechtlicher Grundsätze entgegen.

C. Die Voraussetzungen gemeinsamer Verantwortung, Abs. 1 S. 1

I. Zwei oder mehr Verantwortliche

16 Normadressaten für eine gemeinsame Kontrolle nach Art. 26 Abs. 1 S. 1 sind zwei oder mehr Verantwortliche. Für die Begründung einer gemeinsamen Verantwortlichkeit wurde damit die Mindestanzahl von zwei Verantwortlichen festgesetzt. Ursprünglich sah der Kommissionsentwurf vom 25.1.2012 in Art. 24 keine zahlenmäßige Untergrenze vor, da er nur davon sprach, dass ein für die Verarbeitung Verantwortlicher die Zwecke, Bedingungen und Mittel der Verarbeitung personenbezogener Daten gemeinsam mit anderen Personen festlegt. Die hieraus resultierenden Unsicherheiten bei der Rechtsanwendung, ob eine gemeinsame Kontrolle erst ab drei Personen oder schon ab zwei Personen vorliegt wurden durch die Fassung des Rates vom 15.6.2015 dank der heute geltenden Definition des gemeinsam Verantwortlichen und der so festgelegten Mindestanzahl von zwei Personen beseitigt. Die kooperative und pluralistische Zusammenarbeit von mehreren Verantwortlichen ist nicht auf zwei Verantwortliche oder nach oben hin begrenzt (Gola/Piltz Rn. 4; Jungkind/Ruthemeyer/Eickmeier Der Konzern 2019, 289).

17 Bei der Auslegung des Begriffes des gemeinsam Verantwortlichen ist auf die Legaldefinition des Art. 4 Nr. 7 Hs. 1 zurückzugreifen. Verantwortlicher ist danach, wer als „natürliche oder juristische Person, Behörde, Einrichtung oder andere Stelle, die allein oder gemeinsam mit anderen über die Zwecke und Mittel der Verarbeitung von personenbezogenen Daten entscheidet" (→ Art. 4 Rn. 87 ff.). Nach Monreal ist bei der Bestimmung des Begriffs des gemeinsam Verantwortlichen iSv Art. 26 Abs. 1 S. 1 ein Rückgriff auf die Legaldefinition zulässig, obwohl ein Vergleich und eine Wortlautauslegung der beiden Rechtsbegriffe des gemeinsam Verantwortlichen in Art. 26 Abs. 1 S. 1 mit dem des gemeinsam Verantwortlichen aus Art. 4 Nr. 7 Hs. 1 ein anderes Ergebnis nahelegen könnten (Monreal CR 2019, 797 (798 f.)). Während die deutsche Sprachfassung in den beiden Normen beim gemeinsam Verantwortlichen die Verben „festlegen" und „entscheiden" verwendet, spricht die englische Fassung einheitlich von „controllers jointly determine" (Art. 26) und von „controller (...) which (...) jointly with others, determines" (siehe hierzu Monreal CR 2019, 797 (799)). Auch die französische und die spanische Sprachfassung sehen keine sprachliche Differenzierung vor, da sie einheitlich die Verben „déterminer" (franz.) und „determinar" (span.) in beiden Artikeln verwenden. Hartung und Martini sehen in Art. 26 Abs. 1 S. 1 eine inhaltliche Wiederholung der Legaldefinition aus Art. 4 Nr. 7 Hs. 1 (Kühling/Buchner/Hartung Rn. 11; Paal/Pauly/Martini Rn. 19). Dem ist zuzustimmen, denn beide Normen drehen sich um die Zusammenarbeit von mehreren Personen (Thole ZIP 2018, 1001 (1004)) und die Verwendung unterschiedlicher Verben in der deutschen Sprachfassung ist übersetzungsbedingt (Monreal CR 2019, 797 (799)). Der EuGH legt den Begriff des Verantwortlichen weit aus und begründet dies mit Schutzzwecken zugunsten der von der Datenverarbeitung betroffenen Person (EuGH EuZW 2014, 541 (543) – Google Spain und Google). Auch der europäische Datenschutzausschuss geht in seinen Leitlinien davon aus, dass der Begriff des „Verantwortlichen" Ausgangspunkt für die Bestimmung einer Joint Controllership ist EDPB, „Guidelines 07/2020 on the concepts of controller and processor in the GDPR", S. 18 Rn. 50, abrufbar unter https://edpb.europa.eu/system/files/2021-07/eppb_guidelines_202007_controllerprocessor_final_en.pdf). Ausschlaggebendes Merkmal für die Einordnung des am Datenverarbeitungsprozess Beteiligten als Verantwortlicher ist nach der Wortauslegung der Definition aufgrund des Wortes „entscheidet" die Entscheidungsbefugnis über die Mittel und Zwecke der Datenverarbeitung (ebenso: Gierschmann ZD 2020, 69 (70)). Dem Verantwortlichen kommt nach der Definition des Art. 4 Nr. 7 Hs. 1 die Entscheidungsmacht über die Datenverarbeitung zu („decisive influence", EDPB, „Guidelines 07/2020 on the concepts of controller and processor in the GDPR", S. 19 Rn. 54, abrufbar unter https://edpb.europa.eu/system/files/2021-07/eppb_guidelines_202007_controllerprocessor_final_en.pdf). Im Rahmen des Datenverarbeitungsprozesses nimmt der Verantwortliche eine „grundlegende Rolle" ein (Generalanwalt Mengozzi beim EuGH BeckRS 2018, 646 Rn. 63), ihm obliegt die Entscheidung über das „Ob" und das „Wie" der Datenverarbeitung (in diesem Sinne MSA DatenschutzR/Moos/Cornelius 241; Kremer CR 2019, 225 (227); Kollmar NVwZ 2019, 1740 (1741)). Deshalb hat das AG Mannheim eine Wohnungseigentümergemeinschaft als Verwalter jeweils als Verantwortliche eingeordnet, da beiden eine Entscheidungskompetenz zukomme, indem sie über das „Wie" und „Warum" der Datenverarbeitung entscheiden (AG Mannheim NZM 2020, 70 (71)). Bei einer Datenverarbeitung im Wege qualifizierter elektronischer Signatur durch Unternehmer und qualifizierte Vertrauensdienstanbieter soll dagegen eine gemeinsame Verantwortlichkeit nur dann in Betracht kommen, sofern der Unternehmer Möglichkeit zur Beeinflussung der Datenverarbeitung zum Zwecke der Identifikationsdurchführung hat (Voigt/Herrmann/Danz NJW 2020, 2991 (2994 f.)).

II. Abgrenzung vom Auftragsverarbeiter

Der (gemeinsam) Verantwortliche ist vom Auftragsverarbeiter abzugrenzen, dem nur die Ausführung der getroffenen Entscheidungen obliegt. Nach der Rechtsprechung stellt die Tätigkeit des Auftragsverarbeiters „eine datenverarbeitende Hilfsfunktion" dar (AG Mannheim NZM 2020, 70 (72)). Besonders bei arbeitsteiligen mehrstufigen Datenverarbeitungsprozessen bereitet die Abgrenzung erhebliche Probleme (vgl. Golland K&R 2018, 433; NK-DatenschutzR/Petri Rn. 13). Trotzdem ist die Einordnung in die eine oder andere Kategorie zwingend vorzunehmen, weil beide Akteure einem unterschiedlichen Pflichtenprogramm unterliegen (zur Zuordnung der jeweiligen Kategorie in Konzernen Hörl ITRB 2019, 118 (119)). Wie der „Verantwortliche" ist auch der „Auftragsverarbeiter" legal definiert. Auftragsverarbeiter im Sinne der Verordnung ist gem. Art. 4 Nr. 8 „eine natürliche oder juristische Person, Behörde, Einrichtung oder andere Stelle, die personenbezogene Daten im Auftrag des Verantwortlichen verarbeitet" (→ Art. 4 Rn. 94 ff.). Das Tätigwerden des Auftragsverarbeiters ist durch die Weisungsgebundenheit gegenüber dem Verantwortlichen sehr stark geprägt, da er die Daten nur dem Willen des Verantwortlichen entsprechend verarbeiten darf (nähere Einzelheiten zur Weisungsgebundenheit → Art. 28 Rn. 18 f.). Lediglich bei der Auswahl der technischen und organisatorischen Mittel, den sog. „non-essential means" (vgl. EDPB Guidelines 07/2020 Rn. 40 ff.), ist bei der Auftragsverarbeitung eine Delegation vom Verantwortlichen an den Auftragsverarbeiter möglich, der dann bspw. über die jeweilige für den Datenverarbeitungsprozess einzusetzende Hard- oder Software entscheidet (→ Art. 28 Rn. 18; EDPB, Guidelines 07/2020, Rn. 40); Kramer CR 2019, 225 (229)).

Nach der Rechtsprechung des EuGH hängt die Einstufung als Verantwortlicher oder als Auftragsverarbeiter stets von den Umständen des Einzelfalls ab (EuGH EuZW 2018, 534 (537) Rn. 43 – Wirtschaftsakademie Schleswig-Holstein) und ist anhand des Kriteriums der **Entscheidungsbefugnis** über Zwecke und Mittel der Verarbeitung von personenbezogenen Daten zu beurteilen. Hierbei kommt es darauf an, inwieweit der Beteiligte eine konkrete Einwirkungsmöglichkeit auf den Datenverarbeitungsprozess hat, ob er also aktiv den Vorgang mitgestalten kann (Hacker MMR 2018, 779 (780)) und Verantwortung für die Verarbeitung trägt (EDPB, Guidelines 07/2020, Rn. 52: „actual influence). Der EuGH sieht denjenigen als Verantwortlichen an, der aus Eigeninteresse die Datenverarbeitung beeinflusst (EuGH NZA 2018, 991 (996) Rn. 68 – Zeugen Jehovas; in dem Sinne: Ziegenhorn/Fokken ZD 2019, 194 (196): „Daten zu eigenen Zwecken verarbeitet").

Es bedarf dabei **keiner gleichrangigen Einflussnahme** auf die Entscheidungsfindung, sodass der tatsächliche Beitrag zu einer Entscheidung unterschiedlich ausgestaltet sein kann (Gierschmann ZD 2020, 69 (71); Monreal CR 2019, 797 (804)). Wenn der Verantwortliche an der Entscheidung über die Zwecke und Mittel mitwirkt, ist dafür laut dem EuGH auch „keine schriftliche Anleitung oder Anweisung" notwendig (EuGH NZA 2018, 991 (995) Rn. 67 – Zeugen Jehovas). Einige Autoren kritisieren die weite Auslegung des Merkmals der Entscheidungsbefugnis durch den EuGH („niedrige Messlatte für eine gemeinsame Verantwortlichkeit: Lee/Cross MMR 2019, 559 (561); „ergebnisgetriebene Entscheidung des EuGH": Kartheuser/Nabulsi MMR 2018, 717 (719); „Verrenkungen des EuGH": ZD 2018, 357 (362)) und beanstanden eine uferlose Ausweitung der gemeinsamen Verantwortlichkeit (Kremer CR 2019, 676 (688); Moos/Rothkegel MMR 2018, 591 (597); Schulz ZD 2018, 357 (364): fordert relevante Einflussrechte für Art. 26). Nach Golland erwachse aus der Rechtsprechung des EuGH eine „Vielzahl von Micro-Joint-Controllerships" (Golland K&R 2019, 533 (536)). Nach Niemann/Kevekordes wandelt sich insofern die Bedeutung des Art. 26 als Ausnahmeregelung (Niemann/Kevekordes CR 2020, 179 (183); dem EuGH zustimmend dagegen Monreal CR 2019, 797 (803); Petri EuZW 2018, 897 (903); differenzierend Scheja FS Taeger, S. 413 (414 ff.)).

DS-GVO Artikel 26   Kapitel IV. Verantwortlicher und Auftragsverarbeiter

21   Nicht allein entscheidend ist, wie eine vertragliche Regelung die Tätigkeit der am Datenverarbeitungsvorgang Beteiligten beschreibt (EDPB, Guidelines 07/2020, Rn. 52); Ziegenhorn/Fokken ZD 2019, 194 (196)). Deshalb betrachtet das AG Mannheim die zwischen einer Wohnungseigentümergemeinschaft und ihrem Verwalter als gemeinsam Verantwortliche abgeschlossene Vereinbarung, die den Namen „Auftragsverarbeitungsvertrag" trug und inhaltlich auch den Voraussetzungen aus Art. 28 entsprach, als unschädlich (AG Mannheim NZM 2020, 70 (72)). Maßgebend ist vielmehr, wie sich die vertraglich gewollten und praktizierten Rechtsverhältnisse in der Realität darstellen. Es kommt also auf den „tatsächlichen Einfluss" der Beteiligten auf den Datenverarbeitungsvorgang an (Generalanwalt Mengozzi beim EuGH Schlussantrag BeckRS 2018, 646 Rn. 70; ebenfalls auf die „tatsächlichen Gegebenheiten" abstellend: AG Mannheim NZM 2020, 70 (72)). Da Art. 26 ein Pflichtenprogramm an die tatsächlichen Umstände einer gemeinsamen Verantwortlichkeit knüpft und keine Rechtsgrundlage für die Begründung einer solchen darstellt (zum Normcharakter von Art. 26 → Rn. 2), kann die Verwendung vertraglicher „Single-Control-Clauses" nicht ohne Weiteres zu einer Vermeidung der gemeinsamen Verantwortlichkeit führen (Golland K&R 2019, 533). Allerdings hat die Bezeichnung in einer Vereinbarung als „Verantwortlicher" oder „an der Festlegung Beteiligter" indizielle Wirkung (in diesem Sinne Lehmann/Rettig VersR 2020, 464 (466): „allenfalls ein Anhaltspunkt, nicht aber ein entscheidender Gesichtspunkt"; Schreiber ZD 2019, 55 (58): „nicht irrelevant")." Bei der Vertragsgestaltung über Datenverarbeitungen ist aufgrund der Komplexität sowie der Vielzahl von Datenverarbeitungsvorgängen die nötige Sorgfalt walten zu lassen, da ansonsten weit gefasste Regelungen zu der Begründung einer gemeinsamen Verantwortung von zwei voneinander unabhängigen Verantwortlichen führen können (Dovas ZD 2016, 512 (516); in diesem Sinne: Gierschmann ZD 2020, 69 (71)).

22   Ein Leitfaden für die Abgrenzung des Auftragsverarbeiters vom Verantwortlichen wurde am 7.11.2019 vom Europäischen Datenschutzbeauftragten veröffentlicht („EDPS Guidelines on the concepts of controller, processor and joint controllership under Regulation (EU) 2018/1725", 34 f., abrufbar unter: https://edps.europa.eu/sites/edp/files/publication/19-11-07_edps_guidelines_on_controller_processor_and_jc_reg_2018_1725_en.pdf).

23   Der Europäische Datenschutzausschuss veröffentlichte am 7.7.2021 Leitlinien, die bei der Abgrenzung helfen (EDPB, „Guidelines 07/2020 on the concepts of controller and processor in the GDPR", abrufbar unter https://edpb.europa.eu/system/files/2021-07/eppb_guidelines_202007_controllerprocessor_final_en.pdf). Diese Leitlinien ersetzten die Stellungnahme 1/2010 zu den Begriffen „für die Verarbeitung Verantwortlicher" und „Auftragsverarbeiter", WP 169 der Artikel 29-Datenschutzgruppe (EDPB, „Guidelines 07/2020 on the concepts of controller and processor in the GDPR", S. 7 f. Rn. 4, abrufbar unter https://edpb.europa.eu/system/files/2021-07/eppb_guidelines_202007_controllerprocessor_final_en.pdf.

III. Gemeinsame Festlegung der Zwecke

24   Art. 26 Abs. 1 S. 1 setzt weiterhin voraus, dass die Festlegung der Zwecke und Mittel zur Verarbeitung gemeinsam erfolgt. Die Gemeinsamkeit der Festlegung ist daher maßgeblich um den Anwendungsbereich für Joint Control zu bestimmen. Das Kriterium der Gemeinsamkeit dient auch der Abgrenzung zur Auftragsverarbeitung nach Art. 28 und zum Handeln von zwei unabhängig voneinander tätigen Verantwortlichen (in diesem Sinne: Kartheuser/Nabulsi MMR 2018, 717).

25   Schon die Artikel 29-Datenschutzgruppe nahm zunächst eine differenzierte Perspektive zum **Begriff der Gemeinsamkeit** ein: Eine Variante der Gemeinsamkeit ist demnach, dass alle beteiligten Verantwortlichen die Entscheidungen über Datenverarbeitungen zusammen und gleichermaßen treffen. Die „Gemeinsamkeit" könne jedoch auch im Sinne von „nicht alleine" ausgelegt werden. Die zulässigen Formen der Beteiligung an gemeinsamen Entscheidungen seien daher vielfältig (Stellungnahme 1/2010 zu den Begriffen „für die Verarbeitung Verantwortlicher" und „Auftragsverarbeiter", WP 169, 22 f.). Dieses Verständnis wurde von dem Europäischen Datenschutzausschuss in seinen Leitlinien bestätigt (EDPB, Guidelines 07/2020, Rn. 51). Es ist davon auszugehen, dass der europäische Gesetzgeber dieses zur alten EUDatenschutzrichtlinie entwickelte Verständnis auch bei Erlass der DS-GVO zugrunde gelegt hat. Somit kann für die Begriffsbestimmung auf die obigen Ausführungen zum alten Recht zurückgegriffen werden. Dafür streitet auch ein Blick auf Art. 4 Nr. 7, der „alleine oder gemeinsam" als Gegensätze nennt, also ebenfalls von vielfältigen Beteiligungsformen ausgeht, denen lediglich gemein ist, dass nicht ein Verantwortlicher „allein" handelt. Das einzig entscheidende Kriterium ist somit, ob mehr als eine Person über die Zwecke und Mittel entscheidet. Denkbar sei nach Ansicht des EDSA zum einen das

Treffen einer gemeinsamen Entscheidung („common decision") als auch eine gemeinsame Beteiligung durch konvergierende Entscheidungen („converging decisions"), die derart untrennbar miteinander verknüpft seien, dass eine Datenverarbeitung ohne Beteiligung beider Parteien im gewünschten Sinne nicht möglich wäre (EDPB, Guidelines 07/2020, Rn. 54 ff.). Das Konzept der gemeinsamen Verantwortlichkeit durch konvergierende Entscheidungen sei der EuGH-Rechtsprechung zur gemeinsamen Verantwortlichkeit zu entnehmen.

26 Einen Sonderfall, der nur sehr vorsichtig auf andere Konstellationen übertragbar ist, bildet EuGH C-25/17 Zeugen Jehovas, wonach gemeinsame Verantwortlichkeit nicht voraussetzt, dass jeder der „Verantwortlichen" Zugang zu den betreffenden personenbezogenen Daten habe" (EuGH NZA 2018, 991 (996 Rn. 69) – Zeugen Jehovas; EuGH EuZW 2018, 534 (537 Rn. 38) – Wirtschaftsakademie Schleswig-Holstein). Diese Formulierung lädt leicht zu Missverständnissen ein. Ein Beteiligter, der **dauerhaft** rechtlich und faktisch keinen Zugang zu personenbezogenen Daten hat, kann kein Verantwortlicher sein. Die in die gegenteilige Richtung weisenden Passagen gründen wohl auf der Annahme, dass der Zugang vermittelt über die innere Organisation sehr wohl bestand bzw. es der Organisation gerade darauf ankam, dass die einzelnen die Daten verarbeiteten (EuGH Az. C-25/17: zur Verarbeitung „ermuntert"; zutreffend eine Parallel zum Zweckveranlasser zieht Scheja FS Taeger, 2020, S. 413, 425).

27 Die Bejahung des Merkmals der Gemeinsamkeit erfordert, dass mehrere Personen die Zweck-/Mittelentscheidung miteinander fällen und nicht eigenständig (Kremer CR 2019, 225 (226); Jung/Hansch ZD 2019, 143 (144); Lezzi/Oberlin ZD 2018, 398 (400 f.); zur Begriffsdefinition von „Zweck" und „Mittel" vgl. Söbbing ITRB 2020, 218 (220)). Dafür kann es nach der Judikatur des EuGH genügen, wenn ein Verantwortlicher einen anderen Verantwortlichen zur Verarbeitung ermuntert (EuGH NZA 2018, 991 (996) Rn. 72 – Zeugen Jehovas). Ebenso soll die Annahme einer Joint Controllership voraussetzen, dass die Beteiligten die Entscheidung zeitlich zusammenhängend und nicht nacheinander treffen (Specht-Riemenschneider/Schneider MMR 2019, 503 (504)). Ohne gemeinsame Entscheidung ist von einem Handeln von mehreren Alleinverantwortlichen auszugehen.

28 Es besteht bei der gemeinsamen Kontrolle, anders als bei der Auftragsverarbeitung, gerade keine hierarchische Aufteilung der Verantwortung und der Zwecksetzung zwischen Auftraggeber und Auftragnehmer und keine Beschränkung einer der beiden auf die Datenverarbeitung. Vielmehr verfolgen beide oder alle Parteien **eigene Zwecke** mit der Verarbeitung personenbezogener Daten (zustimmend Jung/Hansch ZD 2019, 143 (145); Niemann/Kevekordes CR 2020, 179 (183)). Laut dem Europäischen Datenschutzausschuss sollen unterschiedliche Typologien für die gemeinsame Kontrolle betrachtet werden – ein Mindestmaß an Flexibilität sei erforderlich, um der wachsenden Komplexität der tatsächlichen Umstände im Bereich der Datenverarbeitung gerecht zu werden. Dafür müsse auch die Intensität berücksichtigt werden, mit der die Verarbeiter personenbezogener Daten zusammenwirken (EDPB, Guidelines 07/2020, Rn. 168).

29 Gemeinsame Kontrolle unterliegt mithin keinem schematischem Konzept, sondern die Verantwortungsbeiträge sind anhand des Einzelfalls mittels eines ganzheitliches Ansatzes zu betrachten (Rothkegel/Strassemeyer Cri 2019, 161 (166)). Die Beteiligten müssen in Bezug auf die Daten nicht gleichrangig zusammenarbeiten (Monreal CR 2019, 797 (804)), sodass auch eine „hierarchische Eingruppierung" der Beteiligten, wie bspw. bei Konzerngesellschaften, der Bewertung der Gemeinsamkeit nicht entgegenharren (Ebner/Schmidt CCZ 2020, 84 (85); weitere Erläuterungen zu den Konzernsachverhalten → Rn. 59). Die Beteiligung an der Festlegung muss nicht symmetrisch oder der Einfluss der beteiligten Parteien auf die gemeinsame Entscheidung gleich groß sein (NK-DatenschutzR/Petri/Simitis Rn. 14; Taeger/Gabel/Lang Rn. 19; Kartheuser/Nabulsi MMR 2018, 717 (718)), denn es gibt wie dargestellt nur ein Kriterium: die Mehrzahl der Festlegenden. Aber um davon sprechen zu können, dass eine Partei „die Zwecke der und die Mittel zur Verarbeitung" festlegt, ist jedenfalls zu fordern, dass sie selbst ihre eigenen Zwecke verfolgt. Diese Zwecke müssen innerhalb der gemeinsamen Kontrolle auch verfolgt werden können – sie müssen also tatsächlich maßgebend sein.

30 Nach dem EuGH (EuZW 2018, 534 (537) Rn. 43 – Wirtschaftsakademie Schleswig-Holstein) ist der Betreiber einer Facebook-Fanpage zusammen mit Facebook gemeinsam verantwortlich für die Verarbeitung personenbezogener Daten der Besucher der Fanpage, da keine gleichwertige Verantwortlichkeit beider vorausgesetzt werde, sondern auch die Mitwirkung an der Datenverarbeitung in verschiedenen Phasen und in unterschiedlichem Ausmaß genüge. Unter Heranziehung der Legaldefinition des früheren Art. 2 lit. b der RL 95/46/EG (dem heute entsprechenden Art. 4 Nr. 2 DS-GVO) hat der EuGH in seinem jüngsten Urteil seine vorangegangene Rechtsprechung dahingehend konkretisiert, dass eine Datenverarbeitung „aus einem oder mehreren Vorgängen bestehen kann, von denen jeder eine der verschiedenen Phasen betrifft" (EuGH BeckRS 2019,

15831 Rn. 72 f. – Fashion ID). Der EuGH grenzt dann die Verantwortlichkeit ein auf den Vorgang, für den die Beteiligten eine gemeinsame Entscheidung über die Zwecke und Mittel treffen (EuGH = BeckRS 2019, 15831 Rn. 85 – Fashion ID). Zukünftig sind die einzelnen Vorgänge, wie zB das Erheben, das Erfassen, die Organisation der Daten etc, einzeln für die Verantwortlichkeitszuteilung zu bewerten.

31 Die gemeinsame Kontrolle gilt also **nicht für die gesamte Dauer der Datenverarbeitung** ununterbrochen, sondern sie ist auf den Vorgang beschränkt, für den die Akteure tatsächlich gemeinsam eine Entscheidung fällen und auf den sie auch Einfluss nehmen. Der Betreiber einer Webseite, der einen „Gefällt mir"-Button von Facebook als Plugin auf seiner Webseite einbindet, sei nur für die Phase des Erhebens und der Übermittlung personenbezogener Daten der Webseitenbesucher gemeinsam mit Facebook verantwortlich, weil der Betreiber durch die Einbindung erst die Verarbeitung ermöglicht habe (EuGH BeckRS 2019, 15831 Rn. 78, 80 – Fashion ID). Für nachfolgende Vorgänge, wie etwa eine Speicherung, Verwendung oder Verknüpfung der Daten zu beworbenen Produkten mit Daten von Facebook-Mitgliedern, ist der Webseitenbetreiber nicht mehr mitverantwortlich, weil er darauf nicht mehr einen entscheidenden Einfluss nimmt (EuGH BeckRS 2019, 15831 Rn. 68, 74 – Fashion ID; zustimmend: Moos K&R 2020, 569 (570)).

32 Aufgrund der bisherigen EuGH Rechtsprechung lassen einige Autoren für die Begründung von Joint Control „eine geringfügige Einwirkung auf die Datenverarbeitung" ausreichen (Lezzi/Oberlin ZD 2018, 398 (400)). Demgegenüber sehen andere eine reine Mitursächlichkeit für die Datenverarbeitung als nicht ausreichend an (Hessel/Leffer CR 2020, 139 (141); Kipker/Bruns CR 2020, 210 (214); Paal/Pauly/Martini Rn. 19 mwN). Denn die Joint Controllership beruht auf einem bewussten und gewollten Miteinander anstatt auf einer losen oder gar zufälligen Zusammenarbeit (Kühling/Buchner/Hartung Rn. 12; in dem Sinne: SJTK/Kremer Rn. 53). Verändert bspw. ein Verantwortlicher nachträglich einen Datenverarbeitungsvorgang nach einer bloßen Mitteilung von anonymisierten Auswertungen von Datenverarbeitungsprozessen eines weiteren Akteurs, führe dies mangels Zweck-/Mitteleinwirkung nicht zur Gemeinsamkeit (Hacker MMR 2018, 779 (780)). Dementsprechend führt eine getrennte Dateneinspeisung von zwei Verantwortlichen in ein System solange nicht zu einer Begründung einer gemeinsamen Verantwortlichkeit, sofern der eine Verantwortliche den anderen nicht zur Datenverarbeitung veranlasst oder beide zusammen eine Entscheidung über die Mittel sowie Zwecke der Datenverarbeitung treffen (Jung/Hansch ZD 2019, 143 (144)). Die am Datenverarbeitungsvorgang Beteiligten bleiben bis dahin einzeln verantwortlich. Gleiches gilt für das Handeln in Form einer Kette mit einem Datenaustausch, wenn Zwecke und/oder Mittel der Verarbeitung ebenfalls nicht miteinander abgestimmt werden (EDPB, Guidelines 07/2020, Rn 72; Söbbing ITRB 2020, 218 (220 f.)).

33 Was den Zweck anbelangt, ist die einzige Vorgabe, dass jeder Verantwortliche mit der Datenverarbeitung einen eigenen Zweck verfolgt. Dies kann auch ein gemeinsamer Zweck mit einem oder mehreren anderen Verantwortlichen sein. Ebenso spricht man von gemeinsamer Kontrolle, wenn die Verantwortlichen zwar unterschiedliche Zwecke verfolgen (so auch Jung/Hansch ZD 2019, 143 (144); Gierschmann ZD 2020, 69 (71); Schreiber ZD 2019, 55 (56)), die Verfolgung der Zwecke aber gemeinsam erfolgt (beispielsweise verwendet eine Partei die Daten für ein Rabattsystem, die andere für einen Zahlungsdienst). Der Generalanwalt Bobek legt in der Rechtssache „Fashion ID" ein „höheres Abstraktionsniveau" bei der Bestimmung der verfolgten Zwecke zu Grunde (Generalanwalt Bobek beim EuGH Schlussantrag BeckRS 2018, 32835 Rn. 66). Danach werden bei der Einbindung des „Gefällt mir"-Buttons von Facebook als Plugin auf einer Webseite, vom Webseitenbetreiber Werbezwecke und von Facebook kommerzielle Zwecke durch Erlangung von Nutzerdaten verfolgt (Generalanwalt Bobek beim EuGH Schlussantrag BeckRS 2018, 32835 Rn. 67 f., 105). Diese Zwecke seien zwar nicht identisch, bilden aber eine Einheit und ergänzen sich daher gegenseitig (Generalanwalt Bobek beim EuGH Schlussantrag BeckRS 2018, 32835 Rn. 105).

34 In der Literatur wurde eine abstrakte Zweckbestimmung kritisiert, weil es keine scharfe Trennung mehr zwischen gemeinsamer sowie alleiniger Kontrolle erlaube. Denn es komme vermehrt zu eigenständigen Zweckentscheidungen, weil diese jeder nur für sich autonom treffe (Kremer CR 2019, 225 (227)). Der EuGH ist der Sichtweise des Generalanwalts am EuGH insoweit gefolgt, als er das Streben nach eigenen wirtschaftlichen Zwecken ausreichen lässt, wenn der von der einen Partei verfolgte wirtschaftliche Vorteil quasi „die Gegenleistung für" den von der anderen Partei „gebotenen Vorteil" bildet (EuGH BeckRS 2019, 15831 Rn. 80 – Fashion ID). Die Literatur hält die Verfolgung von wirtschaftlichen Zwecken, die nicht miteinander kongruent seien, für kritisch (Golland K&R 2019, 533 (535); Kremer CR 2019, 225 (227); Lee/Cross MMR 2019, 559 (561)). Denn nach der Sichtweise des EuGH reiche ein wechselseitiges wirtschaftliches voneinander profitieren (Golland K&R 2019, 533 (535); Hansloser ZD 2019, 455 (459)). Hiermit werde jede Erlangung eines wirtschaftlichen Vorteils als Gegenleistung für den Erhalt von personenbezogenen Daten der gemeinsamen Kontrolle unterworfen, obwohl hier Facebook der Hauptprofiteur der Gegenleistung sei (Moos/Rothkegel MMR 2019, 579 (586); Sattler GRUR 2019, 1023 (1024)). Problematisch sei die Entscheidung des EuGH für nicht kommerzielle Webseitenbetreiber, wie bspw. Wohlfahrtsverbände, gemeinnützige Sportvereine etc, die mit der Einbindung eines Social Plugins nur ideelle Zwecke verfolgen (Lee/Cross MMR 2019, 559 (562)). Da hier kein wirtschaftlicher Bedingungszusammenhang der verfolgten Zwecke angenommen werden könne, führe diese Fallgruppe nicht zur Begründung einer gemeinsamen Verantwortlichkeit (dieses Ergebnis bejahend Golland K&R 2019, 533 (535); für Lee/Cross MMR 2019, 559 (562) aus Gefährdungsgesichtspunkten ein unbilliges Ergebnis). Betrachtet man die Entscheidung des EuGH in der Rechtssache Zeugen Jehovas, in der eine Religionsgemeinschaft mit ihren als Verkündiger tätigen Mitgliedern bei der Verfolgung von religiösen Zwecken als gemeinsam Verantwortliche eingestuft wurde (EuGH NZA 2018, 991 (995) Rn. 39, 75 – Zeugen Jehovas), dann könne auch bei dem hier in Rede stehenden Fall eines nicht kommerziellen Webseitenbetreibers eine gemeinsame Verantwortung mit dem Anbieter eines Social Plugins angenommen werden (Golland K&R 2019, 533 (535)).

IV. Gemeinsame Festlegung der Mittel der Verarbeitung

Neben der Entscheidung über den Zweck der Datenverarbeitung ist für die Begründung der gemeinsamen Kontrolle auch eine Entscheidung über die Mittel der Verarbeitung erforderlich. Ob eine gemeinsame Verantwortlichkeit auch entsteht, wenn die Akteure nur über den Zweck entscheiden, aber nicht die Mittel festlegen, wurde lange intensiv diskutiert (zum Ganzen Kartheuser/Nabulsi MMR 2018, 717 (719)). Die Artikel 29-Datenschutzgruppe hielt eine gemeinsame Festlegung von Zwecke und Mitteln nicht für notwendig, sondern ließ eine Entscheidung entweder über die Zwecke oder über „wesentliche Elemente der Mittel" aus Gründen einer flexiblen Praktikabilität genügen (Stellungnahme 1/2010 der Artikel 29-Datenschutzgruppe zu den Begriffen „für die Verarbeitung Verantwortlicher" und „Auftragsverarbeiter", WP 169, 23). Danach könne die Beteiligung an den zu treffenden Entscheidungen unterschiedlich sein, so dass auch eine Teilentscheidung genüge (Artikel 29-Datenschutzgruppe, Stellungnahme 1/2010 zu den Begriffen „für die Verarbeitung Verantwortlicher" und „Auftragsverarbeiter", WP169, 23). Demgegenüber halten die unabhängigen Datenschutzbehörden des Bundes und der Länder eine Entscheidung der gemeinsam Verantwortlichen sowohl über die Zwecke und der Mittel der Verarbeitung für notwendig, da nur so eine Bestimmung bei der Begründung der gemeinsamen Kontrolle gegeben sein kann (Kurzpapier Nr. 16 der unabhängigen Datenschutzbehörden des Bundes und der Länder, Gemeinsam für die Verarbeitung Verantwortliche, S. 2, abrufbar unter: https://www.datenschutzzentrum.de/uploads/dsgvo/kurzpapiere/DSK_KPNr_16_Gemeinsame-Verantwortliche.pdf). Dabei ist es aus ihrer Sicht möglich, wenn ein Akteur eine Entscheidung über die Zwecke sowie Mittel der Verarbeitung trifft und der andere Akteur sich dann der Entscheidung nur noch anschließt (Kurzpapier Nr. 16 der unabhängigen Datenschutzbehörden des Bundes und der Länder, Gemeinsam für die Verarbeitung Verantwortliche, 3, abrufbar unter: https://www.datenschutzzentrum.de/uploads/dsgvo/kurzpapiere/DSK_KPNr_16_Gemeinsame-Verantwortliche.pdf). Die Literatur (Gola/Piltz Rn. 3) geht zunächst auf den Wortlaut ein, der von „Zwecke der und die Mittel zur Verarbeitung" spricht, zieht daraus aber unterschiedliche Schlussfolgerungen. Einige sehen in dem Wort „und" eine kumulative Bedingung für eine gemeinsame Verantwortlichkeit (Jungkind/Ruthemeyer/Eickmeier Der Konzern 2019, 289 (290); Kartheuser/Nabulsi MMR 2018, 717 (720); Gola/Piltz Rn. 3; NK-DatenschutzR/Petri Rn. 12; Söbbing ITRB 2020, 218 (221)). Zur Begründung dieser Ansicht wird auf Erwägungsgrund 79 hingewiesen, der ebenfalls eine gemeinsame Festlegung von „Verarbeitungszwecke und -mittel" vorsieht. Dieser Ansicht scheint sich der Generalanwalt Bobek anzuschließen, da er für einen konkreten Verarbeitungsvorgang einen „Beitrag zu der Entscheidung über dessen Zwecke und Mittel" für eine gemeinsame Verantwortlichkeit für notwendig erachtet (Generalanwalt Bobek beim EuGH Schlussantrag BeckRS 2018, 32835 Rn. 101). Die Aussagen des Europäischen Beauftragten für Datenschutz sind nicht eindeutig. Er weist lediglich auf das Recht bzw. die Chance hin, Zweck und Mittel bestimmen zu können und dies auch zu tun. Ob diese Festlegung eine gemeinsame sein muss, ist nicht erkennbar („EDPS Guidelines on the concepts of controller, processor and joint controllership under Regulation (EU) 2018/1725", 23, abrufbar unter: https://edps.europa.eu/sites/edp/files/publication/19-11-07_edps_guidelines_on_controller_processor_and_jc_reg_2018_1725_en.pdf).

36 Andere halten es trotz des Wortlauts für ausreichend, wenn nur einer der Verantwortlichen über die Mittel entscheidet (Plath/Plath Rn. 8). Sie sehen in einer konsequenten Wortlautauslegung Schutzlücken für die von der Datenbearbeitung betroffenen Person, da sie dann nicht in den Genuss der Rechte von Abs. 2 S. 2 und Abs. 3 kommt. Dem ist jedoch die hohe Bußgeldandrohung des Art. 83 Abs. 4 für die gemeinsam Verantwortlichen entgegenzuhalten, der eine alternative Wortlautauslegung nicht rechtfertige (Kartheuser/Nabulsi MMR 2018, 717 (720)). Im Übrigen sei die von der Verarbeitung betroffene Person auch nicht schutzlos gestellt, da die Haftung nach Art. 82 Abs. 4 auch für getrennt handelnde Verantwortliche gelte.

37 Diese Diskussion wurde mit der Leitlinie des Europäischen Datenschutzausschusses weiter geführt und auf eine neue Ebene behoben. Demnach ist eine gemeinsame Entscheidung bezüglich der Zwecke **und** Mittel erforderlich, um Joint Controllership zu begründen („joint participation needs to include the determination of purposes on the one hand and the determination of means on the other hand", EDPB, Guidelines 07/2020, Rn. 53).

38 Die gemeinsame Kontrolle ist ebenso vielfältigen Ausgestaltungsmöglichkeiten im Hinblick auf die Mittel zugänglich. Wie bei der gemeinsamen Festlegung der Zwecke kann eine gemeinsame Festlegung der Mittel auf unterschiedliche Phasen beschränkt sein oder im Ausmaß der Beteiligung verschieden sein. Das Grundmodell dürfte sein, dass es sich um einen einheitlichen Datenverarbeitungsvorgang auf einer einheitlichen physikalischen oder jedenfalls virtuellen Infrastruktur handelt, beispielsweise in einer einheitlichen Datenbank. Genauso kann die gemeinsame Kontrolle aber, was in der Praxis häufiger der Fall sein dürfte, auf ihrerseits komplexere Verarbeitungsstrukturen mit internen Schnittstellen bezogen sein. Problematisch ist beispielsweise die Frage der gemeinsamen Verantwortung, sofern die Verantwortlichen für ihre Angebote die Plattform eines anderen Verantwortlichen nutzen (so etwa bei der Veröffentlichung von Inhalten auf Social-Media-Plattformen) – grundsätzlich müsste hier eine gemeinsame Verantwortlichkeit ausscheiden, sofern kein rechtlicher oder tatsächlicher Einfluss auf die Zwecke und Mittel der Datenerhebung besteht (Ehmann/Selmayr/Bertermann Rn. 9).

39 Schon das Eigentum an der physikalischen Infrastruktur ist für die Kontrolle irrelevant (zustimmend Lehmann/Rettig VersR 2020, 464 (465)). Daher kommt es bei der gemeinsamen Kontrolle nicht darauf an, in wessen **Eigentum** oder **körperlicher Sachherrschaft** die Infrastruktur steht. Es steht gemeinsamer Kontrolle nicht entgegen, wenn die gesamte Infrastruktur in der körperlichen Sachherrschaft eines der beiden Verantwortlichen steht oder wenn bei einer komplexeren IT aus mehreren Komponenten die körperliche Sachherrschaft an einer Komponente bei einem Verantwortlichen und an einer anderen Komponente bei einem anderen Verantwortlichen liegt.

40 Schwieriger zu beurteilen ist, ob auch die Funktionsherrschaft an den Einzelkomponenten aufgeteilt sein darf. Dies ist schon mit Blick auf den Wortlaut zu bejahen, denn dieser verlangt lediglich die gemeinsame „Festlegung" und nicht die gemeinsame Ausübung der Kontrolle über die Mittel, solange und soweit ein hinreichendes Maß an wechselseitiger Steuerungsmacht besteht. Dafür dürfte es ausreichen, die wechselseitige Steuerungsmacht vertraglich (schuldrechtlich) zu vereinbaren; eine gleichsam dingliche unmittelbare Beteiligung an der Funktionsherrschaft verlangt die DS-GVO nicht.

41 Somit besteht ein sehr hohes Ausmaß an Flexibilität bei der Ausgestaltung der Governance einer gemeinsamen Verantwortung. Denkbar, aber nicht erforderlich, ist die Bildung gemeinsamer Gremien, welche die Verantwortung kollektiv ausüben. Gleichfalls ist es möglich, einem der Verantwortlichen die tatsächliche Durchführung zu übertragen, wobei dem anderen Verantwortlichen nur die erforderlichen tatsächlichen Zweckfestlegungs- und Kontrollrechte eingeräumt sind. Es wird daher für ausreichend erachtet, wenn nur einer der beteiligten Verantwortlichen gegenüber dem Betroffenen in Erscheinung tritt und der andere Verantwortliche im Hintergrund verbleibt (Lezzi/Oberlin ZD 2018, 398 (400); laut Gierschmann müsse der Dritten vermittelte Eindruck jedoch bei der Prüfung einer gemeinsamen Verantwortung beachtet werden (s. ZD 2020, 69 (72)).

42 Entsprechend vielgestaltig sind die zivilrechtlichen Grundbeziehungen, die gemeinsame Kontrolle begründen können. Dazu gehören sämtliche schuldrechtlichen Dauerbeziehungen, in denen die Parteien – wie so häufig – über einen gemeinsamen Austauschzweck verbunden sind, zugleich aber einen jeweils eigenen Zweck verfolgen.

V. Begründung und Beendung gemeinsamer Verantwortung

43 Bei der **Begründung von gemeinsamer Verantwortung** sind zwei Varianten zu unterscheiden: Gemeinsame Verantwortung kann zum einen anfänglich, dh bei der Erhebung begründet werden, zum anderen nachträglich. In beiden Fällen gelten keine prinzipiellen Besonderheiten und es gibt insbesondere keine Privilegierung (Mester DuD 2019, 167; Monreal ZD 2014, 611

(616)). Am einfachsten ist der Grundfall, dass bereits bei der Datenerhebung eine gemeinsame Kontrolle begründet wird. In diesem Fall ist eine Übermittlung oder Zugriffseinräumung keine Weitergabe, sondern durch die ursprüngliche Erhebung und ihre Rechtfertigung legitimiert. Hierfür bietet es sich an, eine Einwilligung in die gemeinsame Kontrolle einzuholen. Aber auch ohne eine diesbezügliche Einholung kann die anfängliche oder nachträgliche Begründung nachträglicher Kontrolle gerechtfertigt sein. Erhöhte Anforderungen an die Gemeinsamkeit der Zwecke werden häufig bestehen, wenn die Begründung gemeinsamer Verantwortung nicht durch eine Einwilligung (Art. 6 Abs. 1 lit. a) gerechtfertigt ist, sondern durch eigene Vertragszwecke (Art. 6 Abs. 1 lit. b) oder durch die Wahrung berechtigter Interessen (Art. 6 Abs. 1 lit. f). Eigene Vertragszwecke rechtfertigen eine gemeinsame Verantwortung nur, wenn sämtliche Verantwortlichen Vertragspartner sind. Eine bloße Erfüllungsgehilfeneigenschaft einer weiteren Partei als des primären Vertragspartners reicht nicht. Demgegenüber könnte Vertragspartei iSd Art. 6 Abs. 1 lit. f bei Vertragsnetzen auch eine weitere Partei sein, die notwendig und mit vertraglicher Schutzwirkung zur Erfüllung des Primärvertrages eingeschaltet wird, beispielsweise eine Empfängerbank bei der Ausführung eines Zahlungsauftrages.

Art. 6 Abs. 1 lit. b ermöglicht die Datenverarbeitung um Verträge zu erfüllen oder vorvertragliche Maßnahmen durchzuführen, wobei die Datenverarbeitung jeweils „erforderlich" sein muss. Welche Art von Datenverarbeitung iRd Art. 6 Abs. 1 lit. b zulässig ist und welche Anforderungen an die „Erforderlichkeit" zu stellen sind, ist strittig. Im Hinblick auf die Erforderlichkeit bietet der Erwägungsgrund Nr. 39 eine erste Richtschnur, indem Datenverarbeitungen „zumutbar" sein müssen (Heinzke/Engel CD 2020, 189 (191)). Zutreffend knüpft die sog. Vertragsfreiheitstheorie an die vertraglichen Vereinbarungen der Vertragsparteien an – die in vertragsrechtlich geprägten Grenzen – frei darüber entscheiden könnten, ob die Verarbeitung nach ihrem Willen erforderlich sei (Bock CR 2020, 173 (175)). Die entgegengesetzte Ansicht (sog. Kernvertragstheorie) bricht das in Frage stehende Schuldverhältnis auf seinen wesentlichen Kern herunter (Kühling/Buchner/Hartung Rn. 40). Erforderlich sind nur Verarbeitungen, die der seiner Erfüllung dienen. Alles was darüber hinausgeht, lasse sich nicht auf Art. 6 Abs. 1 lit. b als Rechtsgrundlage stützen (Engeler ZD 2018, 55 (57); zu den jeweiligen Vor- und Nachteilen der Theorien vgl. Bock CR 2020, 173 (175)). Die DSK hat sich der Kernvertragstheorie angeschlossen (Protokoll zur 96. Konferenz der unabhängigen Datenschutzaufsichtsbehörden des Bundes und der Länder am 7. und 8. November 2018 in Münster, 9, abrufbar unter: https://www.datenschutzkonferenz-online.de/media/pr/20181107_pr_muenster.pdf). Der Europäische Beauftragte für Datenschutz wählt in den sog. „Guidelines 2/2019 on the processing of personal data under Article 6(1)(b) GDPR in the context of the provision of online services to data subjects" einen zweistufigen vermittelnden Prüfungsansatz (abrufbar unter: https://edpb.europa.eu/sites/edpb/files/consultation/edpb_draft_guidelines-art_6-1-b-final_public_consultation_version_en.pdf; zusammenfassend: Engeler Ping 2019, 149 ff.; Bock CD 2020, 173 (174); Dünkel Ping 2020, 40 (43))). Er erachtet eine Präzisierung des „core of service" bzw. der „objective purpose" gleichermaßen für erforderlich, sieht hierfür jedoch den Vertrag als Grundlage an (Bock CR 2020, 173 (174); Heinzke/Engeler CD 2020, 189 (192); aA Engeler, der die Guidelines als Anerkennung der Vertragskerntheorie interpretiert: Ping 2019, 149). Die Bewertung der Erforderlichkeit wiederum dürfe nicht einseitig aus Sicht des Datenverarbeiters erfolgen, sondern habe auch die Perspektive eines „durchschnittlichen Datensubjekts" zu beachten. Sofern die Möglichkeit zur Durchführung weniger einschneidender Maßnahmen bestünde oder der Vertrag auch ohne die in Frage stehende Datenverarbeitung erfüllt werden könnte, sei die Verarbeitung nicht erforderlich (Guidelines 2/2019 on the processing of personal data under Article 6(1)(b) GDPR in the context of the provision of online services to data subjects, Rn. 24 ff., abrufbar unter: https://edpb.europa.eu/sites/edpb/files/consultation/edpb_draft_guidelines-art_6-1-b-final_public_consultation_version_en.pdf). In der Rechtsprechung vertritt das VG Mainz zutreffend die Ansicht, dass die Bewertung der „Erforderlichkeit" nicht zu streng gehandhabt werden dürfe. Dass der Vertrag ohne Verarbeitung nicht durchgeführt werden kann, wird nicht gefordert. Die Verarbeitung muss nur „objektiv sinnvoll" sein (VG Mainz ZD 2020, 376 (377)).

Die nachträgliche Begründung gemeinsamer Kontrolle ist demgegenüber eine „Offenlegung durch Übermittlung", wenn dabei Daten physikalisch übertragen werden, oder „eine andere Form der Bereitstellung" iSd Art. 4 Nr. 2, mithin eine Verarbeitung. Sie ist eigenständig an den Rechtfertigungsgründen des Art. 6 zu prüfen. Zugleich kann es sich um eine Zweckänderung iSd Art. 6 Abs. 4 handeln, die den dort geregelten besonderen Anforderungen unterliegt.

Ein Vorgang der Datenübertragung innerhalb des Kontrollbereichs einer gemeinsamen Verantwortung ist demgegenüber keine Übermittlung, sondern lediglich eine (Um-)Speicherung iSd

Art. 4 Nr. 2, die das Selbstbestimmungsrecht der betroffenen Person in der Regel weniger empfindlich berührt als eine Übermittlung.

47 Demgegenüber kann eine weitere Nutzung vorhandener Daten für neue Verarbeitungsschritte in alleiniger Kontrolle eines der Verantwortlichen ebenfalls zu einer „Beendigung" der gemeinsamen Kontrolle innerhalb eines Phasenmodells führen.

48 Hiervon zu unterscheiden sind die Folgen einer gänzlichen **Beendigung gemeinsamer Verantwortlichkeit. Sie** ist bei Joint-Control-Arrangements eines der wichtigsten Verhandlungsthemen, weil solche Endschaftsregelungen wesentlich den Geschäftswert beispielsweise von Kundenbasen oder anderen Datenbeständen bestimmen. Da vertragliche Kooperationen typischerweise auf endliche Zeit bestehen, sind Endschaftsregelungen ein geschäftsimmanentes, erforderliches Element. Zulässig im Rahmen des Geschäftsimmanenten sind sowohl Regelungen, wonach ein Verantwortlicher die personenbezogenen Daten übernimmt, sowie aufteilende Regelungen, wonach beide Verantwortliche die Daten jeweils für die Weiterverfolgung ihrer Zwecke übernehmen.

D. Spezifische Rechtsfolgen gemeinsamer Verantwortung

49 Das Vorliegen einer gemeinsamen Verantwortlichkeit zieht als Rechtsfolge den Abschluss einer transparenten Form gem. Art. 26 Abs. 1 S. 2 nach sich und ist nicht als deren Voraussetzung zu betrachten (hierzu Paal/Pauly/Martini Rn. 22). Art. 26 schreibt damit den Verantwortlichen nicht nur vor, dass sie eine Vereinbarung schließen müssen (Paal/Pauly/Martini Rn. 22). Auch Inhalt und Form der Vereinbarung unterliegen bestimmten Anforderungen. Sowohl das Fehlen einer Vereinbarung als auch die Nichterfüllung dieser Anforderungen ist gemäß Art. 83 Abs. 4 lit. a bußgeldbewehrt, führen aber nicht zur einer Nichtigkeit der gemeinsamen Verantwortung (Kurzpapier Nr. 16 der unabhängigen Datenschutzbehörden des Bundes und der Länder, S. 4, abrufbar unter: https://www.datenschutzzentrum.de/uploads/dsgvo/kurzpapiere/DSK_KPNr_16_Gemeinsame-Verantwortliche.pdf).

I. Transparente Festlegungen

1. Rechtsformvorgaben

50 Gemäß Art. 26 Abs. 1 S. 2 müssen die Verantwortlichen „in transparenter Form" festlegen, wer von ihnen welche Verpflichtung gemäß der Verordnung erfüllt, insbesondere was die Wahrnehmung der Rechte der betroffenen Person angeht, und wer welchen Pflichten gemäß den Art. 13 und 14 nachkommt. Damit werden die Transparenzanforderungen aus Art. 12–14 sachbereichsspezifisch auf die Binnenregelungen erweitert. Angesichts der Meldepflicht aus Art. 33 wird den gemeinsam Verantwortlichen auch empfohlen, in der Vereinbarung aus Art. 26 Abs. 1 S. 2 festzulegen, wer konkret von den Verantwortlichen der Meldepflicht nachkommen solle (Taeger RDV 2020, 3 (6); Paal/Pauly/Martini Art. 33 Rn. 14; Gierschmann ZD 2020, 69 (72)).

51 Art. 26 Abs. 1 S. 2 enthält keine ausdrückliche Vorgabe an die Form der Vereinbarung (so auch das AG Mannheim NZM 2020, 70 (72)). Aufgrund der Transparenzpflicht und des drohenden Bußgeldes aus Art. 83 Abs. 4 lit. a ist es empfehlenswert, die Vereinbarung schriftlich oder elektronisch zu fixieren (Kühling/Buchner/Hartung Rn. 20). Auch der Europäische Datenschutzausschuss empfiehlt zum Zwecke der Rechtssicherheit, und um Transparenz und Verantwortung zu zeigen, den Abschluss eines Vertrages bzw. einem nach EU-Recht oder dem Recht der Mitgliedsstaaten sonstigen verbindlichen Rechtsakt (EDPB, Guidelines 07/2020, Rn. 173). Die Zurverfügungstellungspflicht an den Betroffenen aus Art. 26 Abs. 2 S. 2 auch unter dem Gesichtspunkt der Beweisbarkeit der Vereinbarung (Paal/Pauly/Martini Rn. 25) setzt ohnehin eine Bereitstellung des Inhalts mit der Möglichkeit einer dauerhaften Fixierung und damit gerade keine mündliche Überlieferung voraus (so auch Heckmann/Heckmann/Scheurer, jurisPK-Internetrecht, 6. Aufl. 2019, Kap. 9 Rn. 213). Ausreichend ist, wenn die Information auf der Webseite abgerufen werden kann (Paal/Pauly/Martini Rn. 35; Heckmann/Heckmann/Scheurer, jurisPK-Internetrecht, 6. Aufl. 2019, Kap. 9 Rn. 213 mwN; Kreyßing Ping 2020, 145 (146)). Die **Anforderung einer transparenten Form** bedeutet allerdings im Kontext des Art. 26 nicht, dass eine durchschnittliche Person in der Lage sein muss, den Inhalt der Vereinbarung zu verstehen. Ein Rückgriff auf den 58. Erwägungsgrund, der für Transparenz verlangt, dass eine „Information präzise, leicht zugänglich und verständlich sowie in klarer und einfacher Sprache abgefasst ist und gegebenenfalls zusätzlich visuelle Elemente verwendet werden", geht hier fehl. Vielmehr ist Transparenz adressatenspezifisch auszulegen (zustimmend Schreiber ZD 2019, 55 (56) und Kreyßing Ping 2020, 145 (146)

die auf den Empfängerhorizont der Vertragsparteien abstellen). Bei der Betroffeneninformation der Art. 12–14 gelten insoweit deutlich höhere Anforderungen der Allgemeinverständlichkeit, während bei Art. 26 Abs. 1 S. 2 Transparenz im Sinne der Eindeutigkeit und Nachvollziehbarkeit, aber nicht der Alltagsverständlichkeit zu verstehen ist. Die Vereinbarung ist nicht an die betroffen Personen gerichtet – folglich muss sie auch nicht so abgefasst sein, dass die Betroffenen sie verstehen können (anderer Meinung Paal/Pauly/Martini Rn. 25; Plath/Plath Rn. 12; Gola/Piltz Rn. 13; Söbbing ITRB 2020, 218 (221)). Der Landesbeauftragte für Datenschutz und Informationsfreiheit Baden-Württemberg hat einen Mustervertrag veröffentlicht (Stand 22.5.2019, abrufbar unter: https://www.baden-wuerttemberg.datenschutz.de/mehr-licht-gemeinsame-verantwortlichkeit-sinnvoll-gestalten/).

2. Inhalt der vereinbarten Verantwortungsteilung: Eingeschränkte Dispositionsfreiheit

Die Beteiligten müssen wissen, welche datenschutzrechtlichen Pflichten von wem zu erfüllen sind. Art. 13 und 14 betreffen Informationspflichten des Verantwortlichen gegenüber der betroffenen Person. Die Verteilung dieser Pflichten steht somit grundsätzlich zur Disposition der an der Joint Control beteiligten Personen. Zudem führt die **Verantwortungsverteilung** auf mehrere nicht dazu, dass die Beteiligten von den Anforderungen an die Rechtmäßigkeit einer Datenerhebung entbunden werden – es ist nichtsdestotrotz eine Ermächtigungsgrundlage erforderlich (Kühling/Buchner/Hartung Rn. 27). 52

Eine Ausnahme zu dieser Dispositionsfreiheit sieht die Vorschrift vor, sofern und soweit die jeweiligen Aufgaben der Verantwortlichen durch Rechtsvorschriften der Union oder der Mitgliedstaaten, denen die Verantwortlichen unterliegen, festgelegt sind. In diesem Fall müssen sich die Verantwortlichen an die konkret einschlägigen Vorgaben halten. Entscheiden sich die Mitgliedstaaten, von dieser Öffnungsklausel Gebrauch zu machen und die Aufgaben der Verantwortlichen zu regeln, obliegt ihnen ein erheblicher Gestaltungsspielraum (Kühling/Martini DS-GVO 77). Eine Vereinheitlichung der europäischen Rechtsordnungen wird daher in dieser Hinsicht voraussichtlich nicht entstehen. Allerdings ist die Öffnungsklausel fakultativ. Aus Zeitgründen werden der europäische und die nationalen Gesetzgeber daher zunächst nur dort Maßnahmen treffen, wo zwingender Regelungsbedarf besteht (Kühling/Martini DS-GVO 77 f.). 53

3. Wahrheit und Konkretheit

Art. 26 Abs. 2 S. 1 bestimmt, dass die Vereinbarung die jeweiligen tatsächlichen Funktionen und Beziehungen der gemeinsam Verantwortlichen gegenüber betroffenen Personen gebührend widerspiegeln muss. Durch diese Vorgabe wird sichergestellt, dass die Vereinbarung wahrheitsgemäß (Paal/Pauly/Martini Rn. 30; Söbbing ITRB 2020, 218 (221)) und inhaltlich hinreichend konkret ausgestaltet wird (zustimmend: Specht-Riemenschneider/Schneider MMR 2019, 503 (506)). Die Verantwortlichen können sich nicht an allgemeine Formulierungen halten, sondern müssen die tatsächlichen Gegebenheiten und Einwirkungsmöglichkeiten der Beteiligten detailliert darstellen (Brink DSB 2020, 43 (44)). Unklare Verantwortlichkeiten oder gar eine Verschleierung der Verantwortlichkeiten wird dadurch vermieden. Keiner der gemeinsam Verantwortlichen solle später behaupten können, er wisse nicht, was der andere mache und es fehle den Beteiligten an Einwirkungsmöglichkeiten (hierzu Brink DSB 2020, 43 (44)). Allerdings hält es das AG Mannheim hinsichtlich des Inhalts einer datenschutzrechtlichen Vereinbarung nach Art. 26 zwischen einer Wohnungseigentümergemeinschaft und dem Verwalter für zulässig, wenn diese zugleich den Inhalt einer Vereinbarung, wie in Art. 28, enthält (AG Mannheim NZM 2020, 70 (72)). Für die Wohnungseigentümergemeinschaft stelle eine solche Vereinbarung, die gleichzeitig den Anforderungen von Art. 26 und Art. 28 entspreche, ein vertraglich festgelegtes „Mehr" und damit einen Vorteil dar. 54

Unerlässlich für eine Joint-Control-Vereinbarung ist eine detaillierte spezifische Erfassung der tatsächlichen logistischen Infrastruktur (dh der Anwendungsprogramme, ihrer Schnittstellen und der ihnen zu Grunde liegenden physikalischen Infrastrukturen). 55

II. Information des Betroffenen und Unterstützung der Wahrnehmung von Rechten

Der betroffenen Person muss die Wahrnehmung ihrer Rechte ermöglicht werden. So kann in der Vereinbarung gemäß Art. 26 Abs. 1 S. 3 eine Anlaufstelle für die betroffenen Personen angegeben werden. Dadurch soll es für die betroffene Person einfacher werden, ihre Rechte auch tatsächlich wahrzunehmen. Bei der Anlaufstelle handelt es sich um ein „Serviceangebot", die die 56 betroffene Person aber wegen Abs. 3 nicht dazu verpflichtet, die ihm zustehenden Rechte dort geltend zu machen (Paal/Pauly/Martini Rn. 29; Specht-Riemenschneider/Schneider MMR 2019, 503 (506); Spindler/Schuster/Nink Rn. 18). Auch die Pflicht zur klaren Festsetzung der internen Strukturen erleichtert es dem Betroffenen, seine Rechte wirksam durchzusetzen.

57 Zudem wird der betroffenen Person das Wesentliche der Vereinbarung gem. Art. 26 Abs. 2 S. 2 zur Verfügung gestellt. „Zur Verfügung stellen" verlangt keine besondere Form, sodass es den Anforderungen genügen dürfte, die Informationen auf einer für die Öffentlichkeit bestimmten Webseite bereitzustellen (vgl. Erwägungsgrund 58 der VO (EU) 2016/679). Die vorgeschlagene entsprechende Anwendung von Art. 12 Abs. 1 S. 2 wirkt sich im Ergebnis im Hinblick auf die Zulässigkeit der Zurverfügungstellung auf einer Website jedoch nicht aus (SJTK/Kremer Rn. 73). Die Frage, ob die Bereitstellung der Informationen erst auf Antrag des Betroffenen erfolgen muss, war bislang ungeklärt (Gola/Piltz Rn. 22; Kühling/Buchner/Hartung Rn. 26; ablehnend: Specht-Riemenschneider/Schneider MMR 2019, 503 (506)). Der Europäische Datenschutzausschuss schließt aus der Abwesenheit von Formulierungen wie „auf Anfrage" (Art. 30 Abs. 4) oder „Veröffentlichung in geeigneter Weise" (Art. 40 Abs. 11), dass den gemeinsam Verantwortlichen freisteht zu entscheiden, wie sie die der Verpflichtung aus Art. 26 Abs. 2 S. 2 effektiv nachkommen. Er empfiehlt jedoch, dass sichergestellt ist, dass dies einheitlich geschieht (EDPB, Guidelines 07/2020, Rn. 181). Was der wesentliche Inhalt der Vereinbarung ist, bestimmt sich nach dem Schutzzweck von Art. 26 Abs. 2 S. 2, nämlich der betroffenen Person die Wahrnehmung ihrer Rechte nach der DS-GVO zu ermöglichen (vgl. Art. 26 Abs. 1; in dem Sinne: Kreyßing Ping 2020, 145 (146)). Dadurch soll verhindert werden, dass der betroffenen Person beispielsweise ein Recht auf Einsicht in die kommerziellen Daten einer Vereinbarung zusteht, die für die Wahrnehmung ihrer Rechte irrelevant sind (Plath/Plath Rn. 7). Die Transparenz im Sinne von Adressatengerechtigkeit (Erwägungsgrund 58), wie sie für die Art. 12–14 gilt, ist hier – anders als in der Vereinbarung selbst (→ Rn. 46) – im Sinne von Laien- und Alltagsverständlichkeit zu verstehen. Der betroffenen Person sind die Elemente der Vereinbarung zur Verfügung zu stellen, die sie für die Ausübung ihrer Rechte gemäß Art. 12–22 benötigt. Dazu dürfte wesentlich ein Grundverständnis über mindestens folgende Elemente gehören:
- die Beteiligten, ihr Sitz bzw. ihre Niederlassung;
- die Zwecke, die die Verantwortlichen jeweils verfolgen;
- die Datenbestände, die verwaltet werden, und gegebenenfalls ihre örtliche Stellung;
- die Governance der gemeinsamen Verantwortung;
- die Endschaftsregelungen.

58 Dazu gehört weiterhin („mindestens") die Information, welcher Beteiligte welchen Informationspflichten gemäß Art. 13, 14 nachkommt. Die Angabe dieser Informationen sowie, wo vorhanden, die Angabe der Anlaufstelle für die betroffenen Personen, empfiehlt auch der Europäische Datenschutzausschuss (EDPB, Guidelines 07/2020, Rn. 180). Schadensersatzansprüche gehören nicht zu den „Rechten der betroffenen Person" im Sinne von Art. 26, da sie nicht in dem entsprechend benannten Kapitel III aufgeführt, sondern stattdessen in Art. 82 geregelt sind.

59 Abs. 3 legt fest, dass die betroffene Person ihre Rechte im Rahmen der Verordnung ungeachtet der Einzelheiten der Vereinbarung bei und gegenüber jedem einzelnen der Verantwortlichen geltend machen kann. Die interne Aufgabenverteilung, die dennoch zulässig ist, lässt das Außenverhältnis der Verantwortlichen zu der betroffenen Person folglich unberührt. Diese Regelung dient in besonderem Maße dem Schutz der betroffenen Personen, da sie sich nicht mit den Einzelheiten der Vereinbarung auseinandersetzen müssen, sondern gegenüber allen Verantwortlichen ihre Rechte wahrnehmen können. Das gilt jedenfalls für die „Rechte der betroffenen Person" im Sinne von Kapitel III.

60 Liegt faktisch eine gemeinsame Verantwortlichkeit iSv Art. 26 Abs. 1 S. 1 vor, kommen aber die Beteiligten ihren Pflichten nicht nach, dann kann die Aufsichtsbehörde die Einhaltung der Vorgaben des Art. 26 mit Untersuchungs- und Abhilfebefugnissen nach Art. 58 durchsetzen (NK-DatenschutzR/Petri Rn. 31). Als Maßnahmen der Aufsichtsbehörde kommen zB die Erteilung einer Verwarnung, die Anordnung der Löschung von personenbezogenen Daten, die Anordnung einer vorübergehenden oder endgültigen Beschränkung der Verarbeitung in Betracht (NK-DatenschutzR/Petri Rn. 31; Faust/Spittka/Wybitul ZD 2016, 120 (123)). Es stellt sich dann aber die Frage, gegen wen von den gemeinsam Verantwortlichen sich eine solche Maßnahme richtet. Adressat könnten zum einen alle gemeinsam Beteiligten oder die einzelnen gemeinsam Verantwortlichen sein (Siehe hierzu: Kranenberg ITRB 2019, 229; Lösungsansätze bei Schneider ZD 2020, 179 (181 ff.)). Wer und in welchem Umfang datenschutzrechtlich zur Verantwortung gezogen werden kann, richtet sich nach dem Recht der Mitgliedstaaten, denn die DS-GVO selbst gibt hierzu keine Auskunft (Schreiber ZD 2019, 55 (58 f.); Kranenberg ITRB 2019, 229). Laut dem Europäischen Datenschutzausschuss können sich aufsichtsbehördliche Maßnahmen an jeden gemeinsam Verantwortlichen richten und die Aufsichtsbehörde ist nicht an etwaige vertragliche Regelungen zwischen den gemeinsam Verantwortlichen gebunden (EDPB, Guidelines 07/2020, Rn 191). Wie die Behörde ihre Entscheidung trifft, wird jedoch nicht näher erläutert.

Bei der Anwendung der Befugnisse des Art. 58 ist deshalb auf das deutsche Verwaltungsrechtsverfahrensrecht und das Verwaltungsvollstreckungsrecht zurückzugreifen (Paal/Pauly/Körffer Art. 58 Rn. 31). Nach § 40 VwVfG steht der Aufsichtsbehörde zunächst ein Entschließungsermessen zu, ob überhaupt von einer Befugnis nach Art. 58 Abs. 1–3 Gebrauch gemacht wird (vgl. SBS/Sachs VwVfG § 40 Rn. 46). In einem zweiten Schritt ist im Rahmen des Auswahlermessens der Aufsichtsbehörde zu prüfen, von welchen den ihr zustehenden Befugnissen Gebrauch gemacht wird und gegen wen (BVerwG NJW 2020, 414 (417) Rn. 29 ff. – Datenschutzrechtliche Deaktivierungsanordnung gegen Facebook-Fanpagebetreiber; Schreiber ZD 2019, 55 (59); SBS/Sachs VwVfG § 40 Rn. 46). Kann sich die Maßnahme der Aufsichtsbehörde bei einer gemeinsamen Verantwortlichkeit gegen mehrere Adressaten richten, dann gilt das Gebot einer effektiven und wirkungsvollen Gefahrenabwehr (BVerwG NJW 2020, 414 (417) Rn. 31). Maßgebend ist, wer von den datenschutzrechtlich Verantwortlichen einen datenschutzkonformen Zustand am schnellsten und wirksamsten wiederherstellen kann (BVerwG NJW 2020, 414 (417) Rn. 30; weitere Kriterien für die Störerauswahl: Schreiber ZD 2019, 55 (59); zu möglichen Störergruppen im Rahmen der DS-GVO: Kranenberg ITRB 2019, 229 (231); vgl. auch Halder, der eine Vorgehen gegen beide Verantwortliche für erforderlich hält, sofern das Vorgehen gegen einen Verantwortlichen nicht zur Aufhebung der Rechtswidrigkeit der Verarbeitung seitens des anderen Verantwortlichen führt: jurisPR-ITR 10/2020 Anm. 5, 1 (4)). Deshalb konnte die Aufsichtsbehörde von einem Fanpagebetreiber anstelle von Facebook die Deaktivierung seines Nutzeraccounts auf der Plattform verlangen, weil es ein verhältnismäßiges Mittel zur Unterbindung der potenziellen Datenschutzrechtsverstöße darstellte (BVerwG NJW 2020, 414 (418) Rn. 32) und eine Heranziehung von Facebook als Adressat mit erheblichen tatsächlichen und rechtlichen Unsicherheiten verbunden gewesen wäre (Redaktion beck-aktuell becklink 2014108). Nach Ansicht der Aufsichtsbehörden sei derzeit eine datenschutzkonforme Betreibung der Fanpages durch den Accountinhaber nicht möglich, so dass gegen sie als mitverantwortliche Störer bis auf Weiteres aufsichtsbehördliche Anordnungen ergehen können, auch wenn sie keine tatsächliche Einwirkungsmöglichkeit auf die Plattform haben (Brink DSB 2020, 43 f.; Bayerisches Landesamt für Datenschutzaufsicht, 9. Tätigkeitsbericht 2019, 29, abrufbar unter: https://www.lda.bayern.de/media/baylda_report_09.pdf). **61**

Für den Betroffenen gilt, dass er keinen Anspruch auf Durchsetzung einer bestimmten Maßnahme seitens der Aufsichtsbehörde hat. Eine Ausnahme ist laut Rechtsprechung des VG Ansbach jedoch möglich, sofern das Ermessen der Aufsichtsbehörde auf null reduziert ist (VG Ansbach ZD 2020, 217 (218 f.)). **62**

Für Schadensersatzansprüche enthält Art. 82 Abs. 4 eine differenzierende Regelung, die neben einer angelegten gesamtschuldnerischen Haftung (Paal/Pauly/Martini Rn. 33) dem Verantwortlichen unter hohen Voraussetzungen (Art. 82 Abs. 3) auch einen individuellen Entlastungsbeweis ermöglicht. Leistet ein Verantwortlicher Schadensersatz an den Anspruchsberechtigten nach Art. 82 Abs. 4 wegen materieller und/oder immaterieller Schäden (Zum Ersatz von immateriellen Schäden nach Art. 82 Abs. 1: Kohn ZD 2019, 498 (501); Wybitul NJW 2019, 3265 ff.; zur Auslegung des Schadensbegriffs in Art. 82 vgl. Bleckat RDV 2020, 11 ff.), dann erfolgt nach Art. 82 Abs. 5 der Regress im Innenverhältnis zwischen den gemeinsam Verantwortlichen entsprechend den in Abs. 2 festgelegten Bedingungen ihrem Anteil an der Verantwortung für die Schäden. Folglich gilt für den Gesamtschuldnerinnenausgleich der gemeinsam Verantwortlichen nicht die in § 426 Abs. 1 S. 1 BGB angelegte subsidiäre Kopfteilregelung (Grages CR 2020, 232 (233); Paal MMR 2020, 14 (18)). Der Vereinbarung aus Abs. 2 S. 1 sowie die in ihr enthaltene Erfassung der Funktionen und verwendeten technischen Infrastruktur (→ Rn. 50 f.) kommt eine erhebliche Beweiskraft für den Grad der Verantwortung zu (Kollmar NVwZ 2019, 1740 (1742); GSSV/Veil Art. 82 Rn. 69; Paal/Pauly/Martini Rn. 5; Spindler/Schuster/Nink Rn. 20). Sollten entgegen der Vorgaben des Abs. 2 S. 1 nicht alle tatsächlichen Umstände erfasst worden sein, die die Verantwortungsverteilung und damit den Schadensersatz gegenüber dem Betroffenen berühren, dann besteht eine Beweislastumkehr (Paal/Pauly/Martini Rn. 5). Den Gemeinsam Verantwortlichen steht es frei, Haftungsbegrenzungsvereinbarungen für einen späteren Innenausgleich abzuschließen (Plath/Becker Art. 82 Rn. 7; Grages CR 2020, 232 (236)), im Außenverhältnis bleiben sie aber der betroffenen Person gegenüber uneingeschränkt verantwortlich; Schreiber ZD 2019, 55 (58); differenzierend Scheja FS Taeger, 2020, S. 413). **63**

E. Einzelfälle

I. Konzernsachverhalte

64 Als Anwendungsfall für gemeinsame Kontrolle sind rasch die **Konzernsachverhalte** genannt worden. Hier stoßen die datenschutzrechtliche Ausrichtung der Pflichtenstellung auf die juristische Person und die ökonomische Realität des arbeitsteiligen Wirtschaftens im Konzern aufeinander (Paal/Pauly/Martini Rn. 2). Dabei kann die gemeinsame Kontrolle die bisher häufig verwendete, aber nicht immer passende Rechtsform der Auftragsverarbeitung ersetzen (dazu eingehend Kremer CR 2019, 225 (228); Härting/Gößling NJW 2018, 2523 (2524); Ebner/Schmidt CCZ 2020, 84 (85); Nickel ZD 2021, 140). Als Anwendungsfall für eine gemeinsame Verantwortlichkeit wird die Datenverarbeitung von sämtlichen Beschäftigten eines Konzerns durch eine, bei einer Tochtergesellschaft eingerichteten, zentralen HR-Abteilung angesehen, wenn sie nicht nur die Mittel, sondern auch gemeinsam mit den anderen konzernzugehörigen Unternehmen die Zwecke für die Verarbeitung bestimmt (Tschöpe/Grimm, Arbeitsrecht Handbuch, 11. Aufl. 2019, Teil 6 Kap. F Rn. 20, 281; HKMSW Deutsche Tochter/Hilber Kap. D Rn. 45; Hamann/Wegmann BB 2019, 1347 (1348); Lezzi/Oberlin ZD 2018, 398 (403)). Demgegenüber soll bei einer Arbeitnehmerüberlassung (ANÜ) für die Datenverarbeitung der Leiharbeitnehmerdaten zwischen einem Konzern (Entleiher) und dem Verleiher (externes Personaldienstleistungsunternehmen) keine gemeinsame Verantwortlichkeit vorliegen, weil Entleiher und Verleiher eigene Zwecke verfolgen (Jungkind/Ruthemeyer/Eickmeier Der Konzern 2019, 289 (291 f.); aA Öztürk DuD 2019, 143 (146 f.); Schemmel DSB 2018, 202 (203), der die „Durchführung der ANÜ" als übergeordneten gemeinsamen Zweck ansieht).

65 Die konzerninterne Datenverarbeitung kann also je nach Ausgestaltung des Einzelfalls entweder als Auftragsverarbeitung nach Art. 28 oder als Joint Control nach Art. 26 oder als Datenübermittlung zwischen der Mutter- und Tochtergesellschaft bzw. zwischen zwei Tochtergesellschaften als zwei voneinander unabhängige Verantwortliche erfolgen (Lehmann/Rettig VersR 2020, 464 (466); Rath/Heins/Éles CR 2019, 500 (501); Lezzi/Oberlin ZD 2018, 398 (400 f.); Kurzpapier Nr. 16 der unabhängigen Datenschutzbehörden des Bundes und der Länder, 2, abrufbar unter: https://www.datenschutzzentrum.de/uploads/dsgvo/kurzpapiere/DSK_KPNr_16_Gemeinsame-Verantwortliche.pdf). Die mitunter sehr schwierige Einordnung komplexer Datenverarbeitungsstrukturen in einem Konzern in die passende Fallgestaltung ist für die am Datenverarbeitungsprozess beteiligten Akteure essentiell, damit sie den jeweiligen datenschutzrechtlichen Verpflichtungen gerecht werden (Rath/Heins/Éles CR 2019, 500 (502); Hörl ITRB 2019, 118 (119); Jung/Hansch ZD 2019, 143). Hierfür sind zuerst die einzelnen Datenverarbeitungsprozesse zu analysieren, weil durch eine funktionelle Betrachtung eine Fehlinterpretation der Verantwortlichkeiten vermieden wird (Rath/Heins/Éles CR 2019, 500 (501); von dem Bussche/Voigt Konzerndatenschutz Teil 3 Kap. 5 Rn. 15; Kühling/Buchner/Hartung Rn. 14). Ein Datenverarbeitungsvorgang lässt es nur zu, dass das beteiligte Konzernunternehmen entweder die Rolle des alleinigen Verantwortlichen, des gemeinsam Verantwortlichen oder des Auftragsverarbeiters einnimmt (Hörl ITRB 2019, 118 (119); zur begrenzten Möglichkeit der Einnahme einer Doppelfunktion → Art. 28 Rn. 18). Bilden Konzerngesellschaften, zB bei der Nutzung von „shared-services", eine Joint Control, dann bedarf es für den konzerninternen Datenaustausch einer gesonderten Rechtsgrundlage (Jungkind/Ruthemeyer/Eickmeier Der Konzern 2019, 289 (294); Uwer ZHR 2019, 154 (159)). Art. 26 selbst stellt keine Rechtsgrundlage dar, weshalb sich die Zulässigkeit des konzerninternen Datentransfers nach Art. 6 DS-GVO richtet (Siehe zum Normcharakter von Art. 26 → Rn. 2). Denn für den Austausch von Datenströmen innerhalb eines Konzerns existiert kein Konzernprivileg (Tschöpe/Grimm, Arbeitsrecht Handbuch, 11. Aufl. 2019, Teil 6 Kap. F Rn. 280; Grimm/Göbel jM 2018, 278 (285); Voigt CR 2017, 428; Ebner/Schmidt CCZ 2020, 84 (86)). Einige Autoren sehen aber in Erwägungsgrund 48 S. 1 zumindest ein „kleines Konzernprivileg" (teilweise auch „unselbständiges Konzernprivileg" oder „Konzernprivileg light" genannt, siehe zu den verschiedenen sprachlichen Formulierungen Pfrang PinG 2019, 159 (161) Fn. 30), da für die Datenübermittlung zu internen Verwaltungszwecken ein berechtigtes Interesse iSv Art. 6 Abs. 1 lit. f bestehe (Jungkind/Ruthemeyer/Eickmeier Der Konzern 2019, 289 (294); Voigt CR 2017, 428 (429); Bierekoven ITRB 2017, 282 (284); im Ergebnis auch Wehmeyer PinG 2020, 125 (131), der jedoch pauschale Annahmen eines berechtigten Interesses ablehnt).

II. Arbeitsteilige Verarbeitung in der Digitalwirtschaft: B2B und Peer-to-Peer

66 Wichtiger noch dürfte die gemeinsame Kontrolle für **neue Geschäftsmodelle in der digitalen Welt** sein, die häufig die Grenzen einzelner Unternehmen überschreiten, beispielsweise, wenn

Banken und FinTech-Unternehmen bei Finanz- und Zahlungsdienstleistungen zusammenarbeiten oder Telekommunikationsunternehmen Inhalte vertreiben. In all diesen Bereichen der hoch arbeitsteiligen Wertschöpfung der digitalen Wirtschaft dürfte eine gemeinsame Kontrolle mehr und mehr das Standardinstrument sein.

Viel diskutiert wird (neben anderen Fragen, wie die nach der Rechtsgrundlage) beispielsweise, ob die offenen Internetstandards zum Aufspielen von Bannerwerbung (**Real-Time-Bidding**) gemeinsame Kontrolle begründen (Herbrich/Niekrenz CRi 2021, 129 ff.); allgemein Rauer/Ettig ZD 2021, 18, ICO, Update report into adtech and real time bidding, 20.6.2019; Hansch ZD 2020, 435; Veale/Borgessus, Adtech and Real-Tiem Bidding under Europeän Data Protection Law). Dies hat nunmehr in dem IAB-Fall die belgische Datenschutzaufsicht entschieden. **67**

Bei **künstlicher Intelligenz** stellt sich nicht nur die Frage der Verantwortlichkeit überhaupt, sondern auch die der gemeinsamen Verantwortung in Abgrenzung zur Auftragsverarbeitung (Kremer FS Taeger, 2020, S. 251 ff.). **68**

Momentan wird auch in dem Bereich des **Blockchains**, einem Register, welches nach einer Peer-to-Peer-Verbindung funktioniert und dem Transfer von virtuellen Währungen, wie bspw. Bitcoin, dient, intensiv die gemeinsame Verantwortlichkeit für die teilnehmenden Nutzer diskutiert (Bechtholf/Vogt ZD 2018, 66 (69); Schrey/Thalhofer NJW 2018, 1431 (1434 f.); Erbguth/Fasching ZD 2017, 560 (564)). Der sachliche Anwendungsbereich der DS-GVO ist nach Art. 2 Abs. 1 für die Nutzung der Blockchain als „Distributed Ledger Technologie" (Pesch/Sillaber CRi 2017, 166 (167); Sassenberg/Faber, Rechtshandbuch Industrie 4.0 und Internet of Things, 2. Aufl. 2020, § 14 Rn. 2; Bundesamt für Sicherheit in der Informationstechnik, Blockchain sicher gestalten, Konzepte, Anforderungen, Bewertungen, 2019, S. 21, abrufbar unter: https://www.bsi.bund.de/SharedDocs/Downloads/DE/BSI/Krypto/Blockchain_Analyse.pdf?__blob=publicationFile&v=5) eröffnet, da die vorgenommenen Transaktionen personenbezogene Daten beinhalten (Janicki/Saive ZD 2019, 251 (252); Köhler/Müller-Boysen ZNER 2018, 203 (208); Krupar/Strassemeyer K&R 2018, 746 (747 f.); zwischen „offen" und „geschlossenen" Blockchains differenzieren: Lupu CR 2019, 631 (633 f.); Hecht MittBayNot 2020, 314 (318)). Zwar werden bei den Transaktionen durch die Verwendung von Hashwerten nur pseudonymisierte Daten und keine Klarnamen verwendet (Erbguth MMR 2019, 654 (659); Bechtholf/Vogt ZD 2018, 66 (68)), nach der Legaldefinition des Art. 4 Nr. 1 reicht für einen Personenbezug aber die Identifizierbarkeit, zB unter Zuhilfenahme von Analysetools, aus (Janicki/Saive ZD 2019, 251 (252); Köhler/Müller-Boysen ZNER 2018, 203 (207); Bechtholf/Vogt ZD 2018, 66 (69); Krupar/Strassemeyer K&R 2018, 746 (748); zur Identifizierbarkeit allgemein → Art. 4 Rn. 14 ff.). Anders liege der Fall, wenn die verwendete Pseudonymisierungstechnik (zu den verschiedenen Möglichkeiten der Pseudonymisierung siehe die Stellungnahme 5/2014 der Artikel 29-Datenschutzgruppe zu Anonymisierungstechniken, WP 216, 24 f.)) keinen Rückschluss mehr auf die den Hashwerten zugrundeliegenden personenbezogenen Informationen zulasse (Erbguth MMR 2019, 654 (659 f.)) oder der Aufwand zur Identifizierung unverhältnismäßig ist (so die Entscheidung des EuGH zu „dynamischen" IP-Adressen: EuGH EuZW 2016, 909 (911) Rn. 46 – Breyer). **69**

Ist der Anwendungsbereich eröffnet, dann hängt die Zuweisung von Verantwortlichkeiten sowohl von der Ausgestaltung des Blockchains (öffentlich oder privat) als auch von der Rolle innerhalb des Netzwerks ab (Janicki/Saive ZD 2019, 251 (252 ff.); Darstellung der Funktionsweise von Blockchains und Smart Contracts bei Saive CR 2018, 186 f. und Schrey/Thalhofer NJW 2017, 1431 f.; zur Unterscheidung zwischen öffentlichen oder privaten Blockchains vgl. Hoffer/Mirtchev NZKart 2019, 239 (240 f.)). Söbbing sieht als Teilnehmer iSv Art. 26 Verantwortliche an (Söbbing ITRB 2020, 218 (220)). Teilweise wird hierzu angenommen, dass eine gemeinsame Verantwortlichkeit in öffentlichen Netzwerken ausscheide, weil es an der Einflussnahme der teilnehmenden Rechner („Nodes") fehle (Krupar/Strassemeyer K&R 2018, 746 (749); Martini/Weinzierl NVwZ 2017, 1251 (1253 f.); nach anderer Ansicht liegt jedenfalls dann eine gemeinsame Verantwortlichkeit bei einer getroffenen Absprache zwischen den Nodes vor, wenn sich nicht nur den Entscheidungen der anderen Teilnehmer angeschlossen wird: Janicki/Saive ZD 2019, 251 (253); Kremer CR 2019, 225 (234)). Für eine gemeinsam getroffene Absprache soll ein Beitritt als konkludente Willensbekundung der Nodes ausreichen, wenn sie mit ihrem Beitritt nicht nur isoliert eigene Interessen, sondern einen qualifizierten gemeinsamen Zweck, zB die bessere Nachvollziehbarkeit von Lieferketten im Lebensmittelsektor, verfolgen (Kipker/Bruns CR 2020, 210 (215)). Jedenfalls mit der Festlegung von AGB (zum Vertragsschluss mittels AGB in der Blockchain: Köhler/Müller-Boysen ZNER 2018, 203 (204 f.)) als Zugangsvoraussetzung für die Teilnahme an dem Netzwerk und der Zustimmung zu diesen durch die Nodes dürften zukünftig die Anforderungen an die gemeinsame Verantwortlichkeit erfüllt sein (so jedenfalls Janicki/Saive ZD 2019, 251 (255); Schrey/Thalhofer NJW 2017, 1431 (1434)). Bei der Ausgestaltung der AGB **70** ist aber die Inhaltskontrolle nach § 307 Abs. 1 BGB im Blick zu behalten, da der Nutzer durch die Bedingungen für eine gemeinsame Verantwortlichkeit nicht einer Überforderung unterzogen werden dürfe (siehe hierzu Wagner ZD 2018, 307 (311); auf die eingeschränkte Möglichkeit von Haftungsbeschränkungen hinweisend: Sassenberg/Faber/Rein Rechtshandbuch Industrie 4.0 und Internet of Things, 2. Aufl. 2020, § 14 Rn. 109).

71 In der Internetwirtschaft ist allerdings der generelle Steuerungsanspruch der DS-GVO schon durch E-Privacy-Richtlinie 2002/58/EG beeinträchtigt, zu der Art. 95 wenig Klarstellung bringt (weitere Erläuterungen zum Verhältnis der DS-GVO zur E-Privacy-RL bei Schramm/Shvets MMR 2019, 228 (229)) Künftig wird neben weiteren Legislativmaßnahmen der Union wie beispielsweise der Digital Services Act auch die E-Privacy-VO, Ersatz der E-Privacy-RL, großen Einfluss auf die digitale Wirtschaft haben. Der von der Kommission am 10.1.2017 veröffentlichte „Vorschlag für eine Verordnung des Europäischen Parlaments und des Rates über die Achtung des Privatlebens und den Schutz personenbezogener Daten in der elektronischen Kommunikation und zur Aufhebung der Richtlinie 2002/58/EG" (COM(2017) 10 final) war der Start für das sich bis heute hinziehende Gesetzgebungsverfahren. Die finnische EU-Ratspräsidentschaft veröffentlichte am 22.2.2019 einen überarbeiteten Entwurf (COD (2017) 0003; 6771/19), der Gegenstand weiterer Diskussionen war, sich aber bei den Mitgliedstaaten nicht durchsetzen konnte (Mitterer/Wiedemann/Thress BB 2020, 3 (5 f.)). Die Bestimmungen der zukünftigen E-Privacy-VO sollen die DS-GVO spezifizieren und ergänzen, wobei die DS-GVO aufgrund der Spezialität der E-Privacy-Verordnung als „Auffangtatbestand" fungieren wird (Heckmann/Heckmann/Scheurer, jurisPK-Internetrecht, 6. Aufl. 2019, Kap. 9 Rn. 632; Europäische Kommission, Vorschlag für eine Verordnung des Europäischen Parlaments und des Rates über die Achtung des Privatlebens und den Schutz personenbezogener Daten in der elektronischen Kommunikation und zur Aufhebung der Richtlinie 2002/58/EG" (COM(2017) 10 final, 3).

72 Absehbar ist, dass sich der sachliche Anwendungsbereich der E-Privacy-Verordnung gegenüber der jetzigen Richtlinie erweitern wird (Wehling InTer 2019, 160 (161); zur geplanten Anwendung auch auf sog. Anbieter von „over-the-top"-Diensten Spiecker gen. Döhmann/Bretthauer/Jandt, Dokumentation zum Datenschutz, Kap. E 6.0 Rn. 30). Ferner ist zu erwarten, dass die E-Privacy-VO nicht nur neue Anforderungen für die Auftragsdatenverarbeitung nach Art. 28 DS-GVO, sondern auch an die gemeinsam Verantwortlichen bringen wird (vgl. Forgó/Helfrich/Schneider/Conrad/Dovas, Betrieblicher Datenschutz, 3. Auflage 2019, Teil IX Kap. 2. Rn. 5). Denn die bis dato existierenden Entwürfe zur E-Privacy-VO enthalten enge Vorgaben an die Datenverarbeitung elektronischer Kommunikationsdaten (Heun/Assion BB 2018, 579 (583)), die dann zukünftig auch vom Verantwortlichen zu befolgen sind. Nachdem der letzte Entwurf am 22.11.2019 endgültig abgelehnt wurde, ist im Rahmen der deutschen Übernahme der Ratspräsidentschaft am 6.7.2020 ein neuer Diskussionsentwurf veröffentlicht worden (Presidency discussion paper v.6.7.2020 – 2017/0003(COD), abrufbar unter: https://data.consilium.europa.eu/doc/document/ST-9243-2020-INIT/en/pdf). Das Diskussionspapier bezieht sich auf die Regelungen der Art. 6 – Art. 6d. Er bezweckt, Einigkeit bezüglich der Verarbeitung von elektronischen Kommunikationsdaten herbeizuführen. Zuletzt einigte sich der Rat unter der portugiesischen Ratspräsidentschaft am 10.2.2021 auf eine Verhandlungsposition mit dem Europäischen Parlament (https://www.consilium.europa.eu/de/press/press-releases/2021/02/10/confidentiality-of-electronic-communications-council-agrees-its-position-on-eprivacy-rules/). Der neue Entwurf sieht im ergänzten Art. 8 lit. d) eine Bezugnahme auf die Artt. 26, 28 DSGVO vor (Mandate for negotiations with EP v. 10.02.2021 – 2017/0003(COD), abrufbar unter https://data.consilium.europa.eu/doc/document/ST-6087-2021-INIT/en/pdf).

III. Internetplattformen: Social Media und Kommunikationsdienste

73 Nachdem der EuGH entschieden hat, dass Nutzer von Social-Media-Plattformen mit der Plattform gemeinsam Verantwortlicher jedenfalls in Bezug auf bestimmte Daten und bestimmte Phasen der Verarbeitung (dazu EuGH Az. C-40/17 Rn. 74 – Fashin ID; EDPB, Guidelines 07/2020, Rn. 42 ff.) sind (EuGH EuZW 2018, 534 ff. – Wirtschaftsakademie Schleswig-Holstein), stellt sich übergreifend die Frage, ob Plattformbetreiber und Nutzern gemeinsam verantwortlich sind (in diese Richtung Brink DSB 2020, 43 ff.; LfDI Baden-Württemberg, Unsere Freiheiten: Daten nützen – Daten schützen, Wesentliche Anforderungen an die behördliche Nutzung „Sozialer Netzwerke", 2020, 5 und 8, abrufbar unter: https://www.baden-wuerttemberg.datenschutz.de/wp-content/uploads/2020/02/Wesentliche-Anforderungen-an-die-beh%C3%B6rdliche-Nutzung-Sozialer-Netzwerke.pdf), ebenso der Landesbeauftragte für den Datenschutz und die Informationsfreiheit in Rheinland-Pfalz (Handlungsrahmen für die Nutzung von „Social Media" durch Öffentliche Stellen, 6.3.2020, 6, abrufbar unter: https://www.datenschutz.rlp.de/fileadmin/lfdi/Dokumente/Handlungsrahmen_Soziale_Medien_20200306.pdf). Die Nutzung sozialer Netzwerke durch Behörden im Rahmen ihrer Tätigkeiten führe zur Entstehung von Nutzungsdaten, die der Plattformbetreiber verarbeite und so eine Mitverantwortung entstehen lasse (LfDI Baden-Württemberg, Pressemitteilung v. 6.2.2020, LfDI stellt wesentliche Anforderungen an die behördliche Nutzung „Sozialer Netzwerke" klar, abrufbar unter: https://www.baden-wuerttemberg.datenschutz.de/wp-content/uploads/2020/02/PM-Anforderung-an-beh%C3%B6rdliche-Nutzung-Sozialer-Netzwerke.pdf).

Die nach dem Rückzug des LfDI von Twitter (LfDI Baden-Württemberg, 35. Tätigkeitsbericht **74** 2019, 42 ff., abrufbar unter: https://www.baden-wuerttemberg.datenschutz.de/wp-content/uploads/2020/01/35.-T%C3%A4tigkeitsbericht-f%C3%BCr-den-Datenschutz-Web.pdf) entbrannte Frage, ob die bloße Plattformnutzung zur gemeinsamen Verantwortung zwischen den Nutzern und den Plattformbetreibern (zB Facebook, Instagram, Twitter, XING, YouTube) führt, wird derzeit unterschiedlich beurteilt (Piltz DSB 2020, 30). Legt man die Entscheidung des EuGH zu Grunde, dann macht „der bloße Umstand der Nutzung eines sozialen Netzwerks einen Facebook-Nutzer nicht für die von diesem Netzwerk vorgenommene Verarbeitung personenbezogener Daten mitverantwortlich" (EuGH EuZW 2018, 534 (536) Rn. 35 – Wirtschaftsakademie Schleswig-Holstein). Damit führt die Erstellung eines Nutzerkontos bei den sozialen Netzwerken nicht zur Begründung einer gemeinsamen Verantwortung, eine solche Sichtweise wäre auch zu weitgehend (zu dem gleichen Ergebnis kommend Sönke ZD 2018, 357 (364)). Erst wenn der Nutzer auf einen Datenverarbeitungsvorgang aktiv einwirkt, im Fanpagefall des EuGH durch die Vornahme einer Parametrierung (EuGH EuZW 2018, 534 (536 f.) Rn. 36 – Wirtschaftsakademie Schleswig-Holstein), und zusammen mit dem Plattformbetreiber gemeinsame übergeordnete Zwecke verfolgt, indem der von der einen Partei verfolgte wirtschaftliche Vorteil quasi „die Gegenleistung für" den von der anderen Partei „gebotenen Vorteil" bildet (EuGH BeckRS 2019, 15831 Rn. 80 – Fashion ID; dann ist von einer gemeinsamen Verantwortlichkeit auszugehen (Piltz DSB 2020, 30 f.). Damit stellt die private Nutzung und behördliche Nutzung von sozialen Plattformen keine gemeinsame Verantwortlichkeit dar. Bei der gewerblichen Nutzung ist hingegen eine genaue Betrachtung des Nutzerverhaltens vorzunehmen. Als Auslegungshilfe sollten auch die Nutzungsbedingungen der Plattformbetreiber herangezogen werden (vgl. Schläger/Thode/Venzke-Caprarese, Handbuch Datenschutz und IT-Sicherheit, 1. Aufl. 2018, Teil E, 2. Soziale Netzwerke, Rn. 174). Nehmen zB Instagram-Nutzer eine Umwandlung ihrer Mitgliedsprofile in ein Unternehmensprofil vor und verfügen somit damit über die Nutzungsmöglichkeit des Tools „Instagram-Insights", welches einer weiteren Informationserlangung über die Aktivitäten ihrer Abonnenten dient (siehe hierzu die Erläuterung von Instagram zum Tool „Instagram-Insights", abrufbar unter: https://help.instagram.com/788388387972460), dann wird eine Erhebung und Übermittlung personenbezogener Daten der Abonnementen des Unternehmens ermöglicht (Kremer CR 2019, 676 (682); vgl. auch Schwenke ITRB 2020, 92 (93) ohne ausdrückliche Bezugnahme auf die „Instagram-Insights"). Für diesen Fall ist eine gemeinsame Verantwortlichkeit zwischen Instagram und dem Unternehmen anzunehmen. Anders liegt der Fall, wenn keine Umwandlung des Profils erfolgt, da dann kein Rückgriff auf das Analysetool möglich ist. Zu prüfen ist für den Nutzer bei der Anmeldung auf sozialen Plattformen immer, ob eine aktive Einstellung zur Verarbeitung von Daten von Dritten erfolgt (Piltz DSB 2020, 30 (31); Wagner ZD 2018, 307 (309); Gesmann-Nuissl InTeR 2018, 140 (142)).

Demgegenüber führt die Nutzung von **Kommunikationsdiensten,** wie zB WhatsApp, nicht **75** zur Begründung einer gemeinsamen Verantwortung, da der Nutzer nicht an der Auswertung der übermittelten Daten beteiligt ist, weil diese allein durch den Kommunikationsdienst in eigener Verantwortung erfolge (Hessel/Leffer CR 2020, 139 (141); Unabhängiges Datenschutzzentrum Saarland, Pressemitteilung v. 16.1.2020, Einsatz von WhatsApp durch saarländische Kommunen, abrufbar unter: https://www.datenschutz.saarland.de/fileadmin/user_upload/uds/PM/2020/PM_WhatsApp.pdf). Zudem fehlte es an einem gemeinsamen Zweck, da es dem Nutzer ausschließlich auf die Versendung von Textnachrichten sowie der Durchführung von Telefongesprächen ankomme, während es WhatsApp um die Sammlung von Metadaten gehe, die bspw. an andere Facebook-Unternehmen übertragen werden, um deren Dienste zu verbessern (Jung/Hansch ZD 2019, 143 (145); siehe auch die Nutzungsbedingungen von WhatsApp zur Zusammenarbeit mit anderen Facebook-Unternehmen, abrufbar unter: https://www.whatsapp.com/legal/#privacy-policy-how-we-work-with-other-facebook-companies).

IV. Verarbeitung bei Berufsgeheimnisträgern

76 An der gemeinsamen Zweckverfolgung in Bezug auf die Verarbeitung fehlt es etwa bei der bei der Inanspruchnahme einer fremden Fachleistung eines **Berufsgeheimnisträgers** (zB Ärzte, Steuerberater, Rechtsanwälte). Die berufstypische Tätigkeit des Berufsgeheimnisträgers ist weder eine Auftragsverarbeitung (Berg ZIP 2019, 247 (251); DSK, Kurzpapier Nr. 13: Auftragsverarbeitung, Art. 28 DS-GVO, 4 Anhang B, abrufbar unter: https://www.datenschutzkonferenz-online.de/media/kp/dsk_kpnr_13.pdf) noch eine gemeinsame Verantwortlichkeit (aA Härting DB 2020, 490 (492); im Hinblick auf die Auftragsverarbeitung durch Steuerberater s. die Zusammenfassung des Meinungsstreits bei Lauck ZD-aktuell 2020, 06965), sondern eine alleinige Verantwortlichkeit (Kramer/Schmidt ZD 2020, 194 (196); Seiter DuD 2019, 127 (133))). Voraussetzung einer gemeinsamen Entscheidung ist das Disponieren der Beteiligten darüber, wer welche Aufgaben bei der Datenverarbeitung wahrnimmt (kritisch zum Verständnis der Entscheidung als übereinstimmende Willenserklärungen aus Schutzzweckgesichtspunkten und deshalb nur Beiträge zur Verwirklichung der gemeinsamen Verarbeitung als ausreichend erachtend: Monreal CR 2019, 797 (803 f.)). Für das Vorliegen eines Willensmoments spricht auch die Sichtweise der Aufsichtsbehörden, die für eine gemeinsame Entscheidung ein „gegenseitiges akzeptieren" fordern (Kurzpapier Nr. 16 der unabhängigen Datenschutzbehörden des Bundes und der Länder, Gemeinsam für die Verarbeitung Verantwortliche, 3, abrufbar unter: https://www.datenschutzkonferenz-online.de/media/kp/dsk_kpnr_16.pdf).

77 Einer gemeinsamen Willensbildung zwischen einem Auftraggeber und einem Berufsgeheimnisträger stehen dessen Berufspflichten entgegen (Kramer/Schmidt ZD 2020, 194 (196)), da sie unabhängig, eigenverantwortlich und weisungsfrei handeln (s. zu den Berufspflichten eines Steuerberaters § 57 Abs. 1 StBerG). Deshalb kann der Auffassung, die eine gemeinsame Zweck- und Mittelfestlegung zwischen Berufsgeheimnisträgern und deren Mandanten unter allgemeinen Verweis auf die EuGH-Rechtsprechung annimmt (Härting DB 2020, 490 (492); Härting ITRB 2018, 167 (168)), nicht gefolgt werden, da die Berufsgeheimnisträger sonst ihre „nötige Dispositions- und Entscheidungsmacht" bei ihrer Berufsausübung nicht sicherstellen können (Zikesch/Kramer ZD 2015, 565 (569)) und aufgrund der Vorgaben aus Art. 26 Abs. 2 S. 2 DS-GVO Mandatsverhältnisse offengelegt werden müssten (Kramer/Schmidt ZD 2020, 194 (196)). Folglich ist in der Beauftragung eines Berufsgeheimnisträgers nur ein Austausch von Daten in Form einer Kette zwischen einem Verantwortlichen an einen anderen Verantwortlichen zu sehen (Kramer/Schmidt ZD 2020, 194 (196); zur Möglichkeit des Handelns in Form einer Kette). Diesem Ergebnis widerspricht auch nicht der Wortlaut der neugefassten Vorschrift des § 11 Abs. 2 S. 2 StBerG, die den Steuerberater bei Verarbeitung sämtlicher personenbezogener Daten seiner Mandanten als Verantwortlichen gem. Art. 4 Nr. 7 DS-GVO einstuft. Der Verweis auf Art. 4 Nr. 7 DS-GVO, der auch eine gemeinsame Verantwortlichkeit beinhalten kann, ist primär der Klarstellung, dass es sich bei der Beauftragung eines Steuerberaters nicht um eine Auftragsverarbeitung iSv Art. 28 DS-GVO handelt, geschuldet (s. hierzu die Gesetzesbegründung des § 11 Abs. 2 S. 1 StBerG in BT-Drs. 19/14909, 59; s. zur Rolle des Steuerberaters bei Lohnabrechnungen → Art. 28 Rn. 18).

V. Digitale Gesundheitsanwendungen und andere Verarbeitungsvorgänge im Gesundheitswesen

78 Die Abgrenzung zwischen gemeinsamer Verantwortlichkeit, Auftragsverarbeitung und einer Mehrzahl von Verantwortlichen ist besonders im Gesundheitswesen relevant.

79 Für die **digitale Infrastruktur** des **e-Rezepts** und der **elektronischen Patientenakte** hat der Gesetzgeber in § 307 SGB V eine autonome Regelung der Verantwortlichkeiten versucht und die zentrale IT-Betreiberin gematik weitgehend von der Verantwortung freigezeichnet und so die europäisch näherliegende gemeinsame Verantwortlichkeit vermieden (kritisch Prütting/Friederich/Winter/Wolk GesR 2020, 756 (758)). Konsequenz sind häufige Verantwortungswechsel während der Nutzungs- und Verantwortungsphasen (Kircher ZGMR 2021, 353 (355)) und eine nur durch rechtliche Fiktion erklärbare Stellung der gesetzlichen Krankenkassen als Verantwortlicher mit der gematik als ihres Auftragsverarbeiters (§ 341 Abs. V S. 1 SGB V).

80 **KI-Anwendungen im Gesundheitswesen** entwickeln sich in die Richtung offener KI-Systeme: Hier sollte der Augenmerk darauf gerichtet werden, die „offenen", leistungserbringerübergreifenden Komponenten ohne Personenbezug auszugestalten; andernfalls liegt gemeinsame Verantwortlichkeit vor (Lachenmann, FS Taeger, 2020, S. 271, 278 ff.), die allerdings insbesondere unter dem Gesichtspunkt der ärztlichen Schweigepflicht an schwer überwindbare Grenzen stößt.

81 Bei **klinischen Prüfungen** schließt ein Auftraggeber (Sponsor) einen Vertrag mit Prüfzentren. Ob in solchen Fällen eine gemeinsame Verantwortlichkeit entsteht, hängt von den Umständen

des Einzelfalles ab (EPDB, Guidelines 07/2020, Rn. 68); bei einer strikten Protokollunterworfenheit des Prüfzentrums soll auch eine Auftragsverarbeitung in Betracht kommen (EPDB, Guidelines 07/2020, Rn. 68; Hiller PharmR 2020, 589). Allerdings erlangt der Sponsor oft nur pseudonomyisierte Datensätze, sodass er die Betroffenenrechte nicht ohne das Prüfzentrum wahren kann.

Artikel 27 Vertreter von nicht in der Union niedergelassenen Verantwortlichen oder Auftragsverarbeitern

(1) In den Fällen gemäß Artikel 3 Absatz 2 benennt der Verantwortliche oder der Auftragsverarbeiter schriftlich einen Vertreter in der Union.

(2) Die Pflicht gemäß Absatz 1 des vorliegenden Artikels gilt nicht für
a) eine Verarbeitung, die gelegentlich erfolgt, nicht die umfangreiche Verarbeitung besonderer Datenkategorien im Sinne des Artikels 9 Absatz 1 oder die umfangreiche Verarbeitung von personenbezogenen Daten über strafrechtliche Verurteilungen und Straftaten im Sinne des Artikels 10 einschließt und unter Berücksichtigung der Art, der Umstände, des Umfangs und der Zwecke der Verarbeitung voraussichtlich nicht zu einem Risiko für die Rechte und Freiheiten natürlicher Personen führt, oder
b) Behörden oder öffentliche Stellen.

(3) Der Vertreter muss in einem der Mitgliedstaaten niedergelassen sein, in denen die betroffenen Personen, deren personenbezogene Daten im Zusammenhang mit den ihnen angebotenen Waren oder Dienstleistungen verarbeitet werden oder deren Verhalten beobachtet wird, sich befinden.

(4) Der Vertreter wird durch den Verantwortlichen oder den Auftragsverarbeiter beauftragt, zusätzlich zu diesem oder an seiner Stelle insbesondere für Aufsichtsbehörden und betroffene Personen bei sämtlichen Fragen im Zusammenhang mit der Verarbeitung zur Gewährleistung der Einhaltung dieser Verordnung als Anlaufstelle zu dienen.

(5) Die Benennung eines Vertreters durch den Verantwortlichen oder den Auftragsverarbeiter erfolgt unbeschadet etwaiger rechtlicher Schritte gegen den Verantwortlichen oder den Auftragsverarbeiter selbst.

Überblick

Der Unionsvertreter tritt als Verpflichtungs- und Vollstreckungssubjekt vor Ort neben den unionsfremden Verantwortlichen und Auftragsverarbeiter.

A. Unionsvertreter als Verpflichteter vor Ort

Die Verarbeitung personenbezogener Daten durch unionsfremde Verantwortliche und Auftragsverarbeiter ohne Unionsniederlassung birgt erhebliche Durchsetzungsrisiken in sich – für die Aufsichtsbehörden bei der Ausübung ihrer Befugnisse und für die betroffenen Personen bei der Geltendmachung ihrer gesetzlichen Unterlassungs-, Leistungs- und Schadensersatzansprüche. Der Unionsgesetzgeber hat diese Schutzlücke aufgerissen, indem er die Verarbeitung durch unionsfremde Verantwortliche – bis hin zur Fernüberwachung des Verhaltens in der Union durch Verantwortliche außerhalb der Union nach Art. 3 Abs. 2 lit. b (→ Art. 3 Rn. 37) – und Auftragsverarbeiter einschränkungslos zulässt und unionsfremde und unionsansässige Verantwortliche und Auftragsverarbeiter vorbehaltlos gleichstellt. Um diese sehr praxisrelevante Grundrechtsverkürzung gegenüber den betroffenen Personen ansatzweise zu kompensieren, verpflichtet Art. 27 unionsfremde natürliche und juristische Personen des Privatrechts, auf deren nicht nur gelegentliche Verarbeitungstätigkeiten die DS-GVO nach Art. 3 Abs. 2 anwendbar ist, zur Bestellung eines Unionsvertreters als greifbares Verpflichtungs- und Vollstreckungssubjekt in der Union. Entsprechend besteht die persönliche Verpflichtung des Unionsvertreters in dem Umfang, wie es ein effektiver Grundrechtsschutz gegenüber unionsfremden Verantwortlichen und Auftragsverarbeitern erfordert. Die persönliche Verpflichtung und auch Haftung des Unionsvertreters hebt der Europäische Datenschutzausschuss in seiner Richtlinie 3/2018 (Version 2.1 v. 12.11.2019, 27 f.) hervor: So sollen die Aufsichtsbehörden Abhilfemaßnahmen nach Art. 58 Abs. 2, Geldbußen nach Art. 83 und strafrechtliche Sanktionen nach Art. 84, die dem unionsfremden Verantwortlichen oder Auftragsverarbeiter auferlegt werden, gegen den Unionsvertreter richten können – indirekte

Verpflichtung und Haftung („… address corrective measures or administrative fines and penalties imposed on the controller or processor not established in the Union to the representative …"). Hinzu tritt die direkte Verpflichtung und Haftung des Unionsvertreters für die Verletzung seiner gesetzlichen Pflichten zur Führung eines vollständigen und richtigen Verfahrensverzeichnisses und zur Mitwirkung bei behördlichen Untersuchungen („The possibility to hold a representative directly liable is however limited to its direct obligations referred to in articles 30 and 58(1) of the GDPR(.)"). Die indirekte oder direkte Verpflichtung und Haftung des Unionsvertreters entpflichtet oder enthaftet den vertretenen Verantwortlichen oder Auftragsverarbeiter nicht („The GDPR does not establish a substituitve liability of the representative in place of the controller or processor …").

B. Rechtsstellung des Unionsvertreters

2   Die Rechtsstellung des Unionsvertreters ergibt sich zwingend aus der DS-GVO; sie ist nicht dispositiv. Gewillkürte Beschränkungen der Bestellung sind im Außenverhältnis unbeachtlich. Das gilt selbst dann, wenn der unionsfremde Verantwortliche die angestrebten Beschränkungen öffentlich macht, bspw. in seinen Datenschutzbestimmungen.

3   Die DS-GVO zieht die Rechtsstellung des Unionsvertreters vor die Klammer und definiert das Rollenbild in Art. 27, in der Legaldefinition des Art. 4 Nr. 17 und in Erwägungsgrund 80, ohne den Vertreter in den einschlägigen Anspruchsnormen dann erneut neben dem Verantwortlichen und Auftragsverarbeiter zu erwähnen. Dies fördert die Lesbarkeit und trägt dem Ausnahmecharakter unionsfremder Verantwortlicher und Auftragsverarbeiter Rechnung.

4   Der Text der DS-GVO zeichnet allerdings ein widersprüchliches Bild von der Rechtsstellung des Unionsvertreters. Die Quellen und der Normzweck sind aufschlussreicher.

I. Übersetzungsfehler „Anlaufstelle"

5   Der englische Originalwortlaut des Abs. 4 weist dem Unionsvertreter die Rolle des Adressaten zur Gewährleistung der Einhaltung der DS-GVO zu („to be addressed (…) on all issues related to processing, for the purposes of ensuring compliance with this Regulation"). Diese Bestimmung hatte die irische Ratspräsidentschaft eingeführt, um dem Wunsch verschiedener Regierungen nachzukommen, den Pflichtenkanon des Unionsvertreters genauer zu bestimmen (Ratsdok. 8004/13 v. 27.3.2013). Dem folgt bspw. die wertungsfreie französische Übersetzung: „adresser (…) pour toutes les questions relatives au traitement, aux fins d'assurer le respect du présent règlement". Die deutsche Übersetzung führt hingegen – in einem Akt freier Rechtsschöpfung – den Begriff „Anlaufstelle" ein. Dieser Übersetzungsfehler ist geeignet, den falschen Eindruck zu erwecken, bei dem Unionsvertreter handele es sich einen bloßen Kummerkasten oder strengstenfalls um einen Empfangsboten des unionsfremden Verantwortlichen oder Auftragsverarbeiters. Ein solcher deutscher Sonderweg wird keinen Bestand haben.

II. Pflichtenvertretung nach der Legaldefinition

6   Nach der Legaldefinition des Art. 4 Ziff. 17 vertritt der Unionsvertreter die unionsfremden Verantwortlichen oder Auftragsverarbeiter „in Bezug auf die ihnen jeweils nach dieser Verordnung obliegenden Pflichten". Hier besteht ein Gleichklang mit dem englischen Originalwortlaut („represents the controller or processor with regard to their respective obligations under this Regulation").

III. Rechtliche Schritte gegen den Unionsvertreter

7   Abs. 5 formt das Konzept des Pflichtenvertreters näher aus: Rechtliche Schritte sollen sich primär gegen den Unionsvertreter richten, wobei die unionsfremden Verantwortlichen oder Auftragsverarbeiter durch seine Bestellung nicht enthaftet werden, sondern neben dem Unionsvertreter selbst in Anspruch genommen werden können.

8   Erwägungsgrund 80 S. 6 stellt entsprechend klar, dass der Unionsvertreter bei Verstößen des Verantwortlichen oder Auftragsverarbeiters Durchsetzungsverfahren unterworfen ist. Gemeint sind sämtliche Abweichungen des unionsfremden Verantwortlichen oder Auftragsverarbeiters von den Vorschriften der DS-GVO, wie der englische Originalwortlaut mit dem treffenden Begriff „non-compliance" klarstellt.

IV. Katalogpflichten des Unionsvertreters

Allein mit Blick auf Art. 27, die Legaldefinition in Art. 4 Nr. 17 und die Motive aus Erwägungsgrund 80 läge der Befund nahe, der Unionsvertreter trete kraft Bestellung neben die unionsfremden Verantwortlichen bzw. Auftragsverarbeiter in deren Pflichtenstellung persönlich und vollumfänglich ein. Bei unionsfremden Verantwortlichen oder Auftragsverarbeitern wäre der Unionsvertreter in sämtliche Bestimmungen der DS-GVO, die den Aufsichtsbehörden öffentlich-rechtliche Befugnisse zuweisen oder den betroffenen Personen zivilrechtliche Unterlassungs-, Leistungs- und Schadensersatzansprüche gewähren, als weiterer Normadressat hinzuzulesen. Bedenken ergeben sich jedoch aus Art. 30, 31 und Art. 58 Abs. 1 lit. a, wo der Unionsvertreter ausdrücklich zum Führen des Verarbeitungsverzeichnisses, zur Zusammenarbeit mit den Aufsichtsbehörden im Allgemeinen und zur Auskunft im Besonderen verpflichtet wird. Dies könnte als abschließender Pflichtenkatalog des Unionsvertreters zu verstehen sein. Im Umkehrschluss könnte der Unionsvertreter die betroffenen Personen mit Auskunftsansprüchen nach Art. 15 oder mit Berichtigungs- und Löschungsansprüchen nach Art. 16 f. an den Verantwortlichen im Drittstaat verweisen werden. Dies widerspräche dem Grundsatz aus Art. 27 Abs. 4, dass der Unionsvertreter Adressat bzw. „Anlaufstelle" für sämtliche Fragen bzw. Aspekte („issues") der Verarbeitung durch den unionsfremden Verantwortlichen ist. Auch der umfassende Pflichtenbeitritt des Unionsvertreters nach der Legaldefinition in Art. 4 Nr. 17 lässt sich mit einer punktuellen Pflichtenzuweisung in Art. 30, 31 und Art. 58 Abs. 1 lit. a nicht in Einklang bringen.

V. Normzweck: effektiver Grundrechtsschutz vor Ort

Richtigerweise besteht die persönliche Verpflichtung des Unionsvertreters in dem Umfang, wie es ein effektiver Grundrechtsschutz gegenüber unionsfremden Verantwortlichen und Auftragsverarbeitern erfordert. Droht der betroffenen Person eine faktische Grundrechtsverkürzung durch die fehlende Niederlassung des Verantwortlichen oder Auftragsverarbeiters in der Union, springt der Unionsvertreter persönlich als zusätzliches Verpflichtungs- und Vollstreckungssubjekt in die Bresche.

1. Leistungsansprüche gegen den Unionsvertreter

Der Unionsvertreter übernimmt kraft Bestellung im gesetzlich zwingenden Umfang die Erfüllung der Leistungsansprüche der betroffenen Personen, dh die Auskunftsansprüche aus Art. 15, die Berichtigungsansprüche aus Art. 16, die Löschungsansprüche aus Art. 17, den Anspruch auf eingeschränkte Verarbeitung nach Art. 18 und den Anspruch auf Datenübertragung nach Art. 20 – Datenportabilität. Die betroffenen Personen müssen sich hier nicht auf einen unionsfremden Schuldner bzw. Beklagten verweisen lassen.

2. Keine Unterlassungsansprüche gegen den Unionsvertreter

Die betroffenen Personen werden durch eine rechtswidrige Datenverarbeitung gleichermaßen beeinträchtigt, ganz gleich ob der Verantwortliche bzw. Auftragsverarbeiter eine Niederlassung in der Union hat oder nicht. Entsprechend steht der Unionsvertreter nicht für die Rechtmäßigkeit der Verarbeitung ein und kann nicht auf Unterlassung in Anspruch genommen werden.

3. Schadensersatzansprüche gegen den Unionsvertreter

Erfüllt der Unionsvertreter die Leistungsansprüche aus den Art. 15–20 nicht, verspätet oder mangelhaft, haftet er der betroffenen Person persönlich auf das materielle und immaterielle Interesse nach Art. 82. Den Unionsvertreter trifft ein Übernahmeverschulden, wenn er das Bestellungsangebot annimmt, ohne die technisch-organisatorischen Maßnahmen getroffen zu haben, um die Leistungsansprüche auch effektiv persönlich erfüllen zu können.

4. Befugnisse gegenüber dem Unionsvertreter

Die Aufsichtsbehörden können nach Art. 58 Abs. 1 lit. a die Bereitstellung aller zur Erfüllung ihrer Aufgaben erforderlichen Informationen vom Unionsvertreter verlangen. Die übrigen Untersuchungsbefugnisse aus Art. 58 Abs. 1 beziehen sich hingegen auf die Verarbeitung als solche und können nicht beim Unionsvertreter ersatzweise durchgeführt werden. Anders verhält es sich bei den Anordnungen nach Abs. 2, die auch gegenüber dem Unionsvertreter getroffen werden können, bspw. die Benachrichtigung der betroffenen Personen iSd Art. 33 nach Art. 58 Abs. 2 lit. e

5. Vertretung in Zivil- und Verwaltungsverfahren

15   Der Unionsvertreter ist darüber hinaus Vertreter des Verantwortlichen bzw. Auftragsverarbeiters; sein Wort gilt für alle Aspekte („issues") der Verarbeitung in der Union nach § 164 Abs. 1 BGB für und gegen den Verantwortlichen bzw. Auftragsverarbeiters. In zivil- und verwaltungsgerichtlichen Verfahren gegen den Verantwortlichen bzw. Auftragsverarbeiter kann nach § 171 ZPO, § 7 VwZG bzw. § 56 Abs. 2 VwGO an den Unionsvertreter zugestellt werden.

Artikel 28 Auftragsverarbeiter

(1) Erfolgt eine Verarbeitung im Auftrag eines Verantwortlichen, so arbeitet dieser nur mit Auftragsverarbeitern, die hinreichend Garantien dafür bieten, dass geeignete technische und organisatorische Maßnahmen so durchgeführt werden, dass die Verarbeitung im Einklang mit den Anforderungen dieser Verordnung erfolgt und den Schutz der Rechte der betroffenen Person gewährleistet.

(2) ¹Der Auftragsverarbeiter nimmt keinen weiteren Auftragsverarbeiter ohne vorherige gesonderte oder allgemeine schriftliche Genehmigung des Verantwortlichen in Anspruch. ²Im Fall einer allgemeinen schriftlichen Genehmigung informiert der Auftragsverarbeiter den Verantwortlichen immer über jede beabsichtigte Änderung in Bezug auf die Hinzuziehung oder die Ersetzung anderer Auftragsverarbeiter, wodurch der Verantwortliche die Möglichkeit erhält, gegen derartige Änderungen Einspruch zu erheben.

(3) ¹Die Verarbeitung durch einen Auftragsverarbeiter erfolgt auf der Grundlage eines Vertrags oder eines anderen Rechtsinstruments nach dem Unionsrecht oder dem Recht der Mitgliedstaaten, der bzw. das den Auftragsverarbeiter in Bezug auf den Verantwortlichen bindet und in dem Gegenstand und Dauer der Verarbeitung, Art und Zweck der Verarbeitung, die Art der personenbezogenen Daten, die Kategorien betroffener Personen und die Pflichten und Rechte des Verantwortlichen festgelegt sind. ²Dieser Vertrag bzw. dieses andere Rechtsinstrument sieht insbesondere vor, dass der Auftragsverarbeiter

a) die personenbezogenen Daten nur auf dokumentierte Weisung des Verantwortlichen – auch in Bezug auf die Übermittlung personenbezogener Daten an ein Drittland oder eine internationale Organisation – verarbeitet, sofern er nicht durch das Recht der Union oder der Mitgliedstaaten, dem der Auftragsverarbeiter unterliegt, hierzu verpflichtet ist; in einem solchen Fall teilt der Auftragsverarbeiter dem Verantwortlichen diese rechtlichen Anforderungen vor der Verarbeitung mit, sofern das betreffende Recht eine solche Mitteilung nicht wegen eines wichtigen öffentlichen Interesses verbietet;

b) gewährleistet, dass sich die zur Verarbeitung der personenbezogenen Daten befugten Personen zur Vertraulichkeit verpflichtet haben oder einer angemessenen gesetzlichen Verschwiegenheitspflicht unterliegen;

c) alle gemäß Artikel 32 erforderlichen Maßnahmen ergreift;

d) die in den Absätzen 2 und 4 genannten Bedingungen für die Inanspruchnahme der Dienste eines weiteren Auftragsverarbeiters einhält;

e) angesichts der Art der Verarbeitung den Verantwortlichen nach Möglichkeit mit geeigneten technischen und organisatorischen Maßnahmen dabei unterstützt, seiner Pflicht zur Beantwortung von Anträgen auf Wahrnehmung der in Kapitel III genannten Rechte der betroffenen Person nachzukommen;

f) unter Berücksichtigung der Art der Verarbeitung und der ihm zur Verfügung stehenden Informationen den Verantwortlichen bei der Einhaltung der in den Artikeln 32 bis 36 genannten Pflichten unterstützt;

g) nach Abschluss der Erbringung der Verarbeitungsleistungen alle personenbezogenen Daten nach Wahl des Verantwortlichen entweder löscht oder zurückgibt und die vorhandenen Kopien löscht, sofern nicht nach dem Unionsrecht oder dem Recht der Mitgliedstaaten eine Verpflichtung zur Speicherung der personenbezogenen Daten besteht;

h) dem Verantwortlichen alle erforderlichen Informationen zum Nachweis der Einhaltung der in diesem Artikel niedergelegten Pflichten zur Verfügung stellt und Überprüfungen – einschließlich Inspektionen –, die vom Verantwortlichen oder einem anderen von diesem beauftragten Prüfer durchgeführt werden, ermöglicht und dazu beiträgt. ³Mit Blick auf Unterabsatz 1 Buchstabe h informiert der Auftragsverarbeiter den Verantwortlichen unverzüglich, falls er der Auffassung ist, dass eine Weisung gegen diese Verordnung oder gegen andere Datenschutzbestimmungen der Union oder der Mitgliedstaaten verstößt.

(4) ¹Nimmt der Auftragsverarbeiter die Dienste eines weiteren Auftragsverarbeiters in Anspruch, um bestimmte Verarbeitungstätigkeiten im Namen des Verantwortlichen auszuführen, so werden diesem weiteren Auftragsverarbeiter im Wege eines Vertrags oder eines anderen Rechtsinstruments nach dem Unionsrecht oder dem Recht des betreffenden Mitgliedstaats dieselben Datenschutzpflichten auferlegt, die in dem Vertrag oder anderen Rechtsinstrument zwischen dem Verantwortlichen und dem Auftragsverarbeiter gemäß Absatz 3 festgelegt sind, wobei insbesondere hinreichende Garantien dafür geboten werden muss, dass die geeigneten technischen und organisatorischen Maßnahmen so durchgeführt werden, dass die Verarbeitung entsprechend den Anforderungen dieser Verordnung erfolgt. ²Kommt der weitere Auftragsverarbeiter seinen Datenschutzpflichten nicht nach, so haftet der erste Auftragsverarbeiter gegenüber dem Verantwortlichen für die Einhaltung der Pflichten jenes anderen Auftragsverarbeiters.

(5) Die Einhaltung genehmigter Verhaltensregeln gemäß Artikel 40 oder eines genehmigten Zertifizierungsverfahrens gemäß Artikel 42 durch einen Auftragsverarbeiter kann als Faktor herangezogen werden, um hinreichende Garantien im Sinne der Absätze 1 und 4 des vorliegenden Artikels nachzuweisen.

(6) Unbeschadet eines individuellen Vertrags zwischen dem Verantwortlichen und dem Auftragsverarbeiter kann der Vertrag oder das andere Rechtsinstrument im Sinne der Absätze 3 und 4 des vorliegenden Artikels ganz oder teilweise auf den in den Absätzen 7 und 8 des vorliegenden Artikels genannten Standardvertragsklauseln beruhen, auch wenn diese Bestandteil einer dem Verantwortlichen oder dem Auftragsverarbeiter gemäß den Artikeln 42 und 43 erteilten Zertifizierung sind.

(7) Die Kommission kann im Einklang mit dem Prüfverfahren gemäß Artikel 93 Absatz 2 Standardvertragsklauseln zur Regelung der in den Absätzen 3 und 4 des vorliegenden Artikels genannten Fragen festlegen.

(8) Eine Aufsichtsbehörde kann im Einklang mit dem Kohärenzverfahren gemäß Artikel 63 Standardvertragsklauseln zur Regelung der in den Absätzen 3 und 4 des vorliegenden Artikels genannten Fragen festlegen.

(9) Der Vertrag oder das andere Rechtsinstrument im Sinne der Absätze 3 und 4 ist schriftlich abzufassen, was auch in einem elektronischen Format erfolgen kann.

(10) Unbeschadet der Artikel 82, 83 und 84 gilt ein Auftragsverarbeiter, der unter Verstoß gegen diese Verordnung die Zwecke und Mittel der Verarbeitung bestimmt, in Bezug auf diese Verarbeitung als Verantwortlicher.

Überblick

In Art. 28 werden die Voraussetzungen für eine Auftragsverarbeitung detailliert geregelt. Der **Begriff der Auftragsverarbeitung selbst wird bereits in Art. 4 Nr. 8 legal definiert als die** Verarbeitung von personenbezogenen Daten durch eine natürliche oder juristische Person, Behörde, Einrichtung oder andere Stelle im Auftrag des Verantwortlichen. Kennzeichnend ist die Unterordnung der Verarbeitung personenbezogener Daten unter die Zwecke des Auftraggebers (→ BDSG 2003 (aK) § 11 Rn. 36), woraus sich die Verarbeitungseinheit (Albrecht/Jotzo Das neue DatenschutzR 97) rechtfertigt, von der die DS-GVO ausgeht. Dies schließt es allerdings nicht aus, dass der Auftragsverarbeiter aus aggregierten, nicht mehr personenbezogenen Informationen der Datenbestände eigene Zwecke verfolgt. Mit Art. 28 wird erstmals eine einheitliche europäische Regelung mit unmittelbarer Wirkung geschaffen. Ziel ist ein einheitlicher europäischer Datenschutzstandard. Dieser erleichtert es Unternehmen, grenzüberschreitend tätig zu werden und vereinheitlicht das Schutzniveau für von der Datenverarbeitung betroffene Personen.

DS-GVO Artikel 28 Kapitel IV. Verantwortlicher und Auftragsverarbeiter

Übersicht

	Rn.		Rn.
A. Sinn und Zweck der Norm	1	2. Verarbeitung nur auf dokumentierte Weisung des Verantwortlichen (Art. 28 Abs. 3 S. 2 lit. a)	58
B. Verhältnis zum bisherigen und geltenden Recht	4	3. Vertraulichkeitsverpflichtung (Art. 28 Abs. 3 S. 2 lit. b)	63
C. Entstehungsgeschichte der Vorschrift	8	4. Datensicherheit, Art. 28 Abs. 3 S. 2 lit. c	68
D. Im Einzelnen	16	5. Unterauftragnehmer, Art. 28 Abs. 3 S. 2 lit. d	72
I. Begriff der Auftragsverarbeitung	16	6. Unterstützung des Verantwortlichen bei der Beantwortung von Anträgen, Art. 28 Abs. 3 S. 2 lit. e	73
1. Maßgebend: Verarbeitung in Unterordnung unter die Verarbeitungszwecke des Verantwortlichen	18	7. Unterstützung des Verantwortlichen bei den Pflichten aus Art. 32–36, Art. 28 Abs. 3 S. 2 lit. f	75
2. Maßgebend: Tatsächliche Verhältnisse, nicht Vertragsbezeichnung	22	8. Umgang mit den personenbezogenen Daten nach Abschluss der Erbringung der Verarbeitungsleistungen, Art. 28 Abs. 3 S. 2 lit. g	78
3. Abgrenzung zu gemeinsamer Verantwortung (Joint Control)	22a		
4. Obsolete Diskussion zur Funktionsübertragung	23		
5. Einzelfälle	24b	9. Zurverfügungstellung von Informationen und Ermöglichung von Überprüfungen, Art. 28 Abs. 3 S. 2 lit. h	81
6. Rechtsfolgen einer Auftragsüberschreitung	28g		
II. „Privilegierung" der Datenweitergabe	29	VII. Hinweispflicht, Art. 28 Abs. 3 S. 3	85
III. Hinreichende Garantien, Art. 28 Abs. 1	33	VIII. Verhaltensregeln und Zertifizierungen als Nachweis für hinreichende Garantien, Art. 28 Abs. 5	90
IV. Einsatz von Unterauftragnehmern, Art. 28 Abs. 2, 4	37	IX. Standardvertragsklauseln, Art. 28 Abs. 6–8	95
V. Vertrag oder anderes Rechtsinstrument als Handlungsform	46	X. Form, Art. 28 Abs. 9	100
VI. Inhaltliche Anforderungen an den Vertrag oder das andere Rechtsinstrument	50	XI. Ausnahmsweise Verantwortlichkeit des Auftragsverarbeiters bei Aufgabenexzess, Art. 28 Abs. 10	104
1. Gegenstand, Dauer, Art und Zweck der Verarbeitung; Art der personenbezogenen Daten; Kategorien betroffener Personen; Pflichten und Rechte des Verantwortlichen, Art. 28 Abs. 3 S. 1	51	XII. Grenzüberschreitende Auftragsverarbeitung	106
		1. Auftragnehmer im Ausland	106
		2. Auftraggeber im Ausland	111
		3. Zuständige Behörde	113

A. Sinn und Zweck der Norm

1 Die Datenverarbeitung ist für den Verantwortlichen (vgl. Art. 4 Nr. 7 Hs. 1) zumeist komplex und aufwändig. Daher besteht häufig ein Interesse daran, die Datenverarbeitung auszulagern. Dies unter zugleich erleichterten und sachbereichsspezifisch erschwerten Voraussetzungen zu ermöglichen, ist Zweck der Art. 28 ff. Sie enthalten zudem eine Legalentscheidung für die Zulässigkeit von Auftragsverarbeitungen, und Art. 4 Nr. 10 regelt klar, dass der Auftragsverarbeiter kein Dritter im Sinne einer Übermittlung ist. Die verantwortliche Stelle kann im Wege eines Auftrags die Datenverarbeitung übertragen. Dieser arbeitsteilige Prozess ermöglicht eine effiziente Verteilung der Aufgaben zwischen dem Verantwortlichen als Auftraggeber und dem Auftragsverarbeiter (vgl. Art. 4 Nr. 8) als Auftragnehmer (vgl. BeckOK DatenschutzR/Spoerr BDSG § 11 Überblick). Der Verantwortliche muss die Verarbeitung nicht selbst durchführen, behält aber durch die Weisungsgebundenheit des Auftragnehmers trotzdem die Hoheit über den Vorgang.

2 Mit der Übermittlung von Daten gehen auch Risiken für den Betroffenen einher. Daher knüpft Art. 28 die Zulässigkeit der Auftragsverarbeitung an strenge Voraussetzungen. Eine zentrale Anforderung ist die klare Zuteilung von Verantwortlichkeiten. Sie ist eine Bedingung dafür, dass der Datenschutz auch in der Praxis seine Wirkung entfalten kann (EPDB, Guidelines 07/2020 v 2.0, Rn. 94; Erwägungsgrund 79). Daher ist eine vertragliche Bezeichnung als „Auftragsverarbeiter" oder als „Verantwortlicher" nicht ausreichend, die Zuordnung muss auch tatsächlich gelebt werden (EPDB, Guidelines 07/2020 v 2.0, Rn. 12; Härting ITRB 2018, 167 (168); Wagner, ZD 2018, 307 (310)).

3 Gleichzeitig soll eine Auftragsverarbeitung aufgrund ihrer wirtschaftlichen und auch datenschutzbezogenen Vorteile nicht unmöglich gemacht werden. Art. 28 zielt daher darauf ab, die

B. Verhältnis zum bisherigen und geltenden Recht

§ 11 BDSG aF regelte die Auftragsverarbeitung auf nationaler Ebene. Er war die Zentralnorm 4
für die arbeitsteilige Erledigung von Datenverarbeitungsaufgaben (vgl. BeckOK DatenschutzR/
Spoerr BDSG 2003 (aK) § 11 Überblick). Zu intertemporalen Fragestellungen (→ BDSG 2003
(aK) § 11 Rn. 104).

Kennzeichnend für das deutsche Recht war insbesondere die Privilegierung der Auftragsverar- 5
beitung gemäß § 3 Abs. 4 S. 2 Nr. 3 iVm § 3 Abs. 8 S. 3 BDSG aF. Danach wurde die Weitergabe
und Bekanntgabe von Daten innerhalb einer Auftragsverarbeitung nicht als Übermittlung angesehen. Damit unterlag der Datenaustausch in diesem Verhältnis nicht dem Vorbehalt des § 4 Abs. 1
BDSG aF und wurde so erleichtert (vgl. BeckOK DatenschutzR/Spoerr BDSG 2003 (aK) § 11
Überblick). Angesichts der hohen Anforderungen an die Zulässigkeit einer Auftragsverarbeitung
ist das folgerichtig.

Im Vergleich zur bisherigen europäischen Regelung in Art. 17 der Datenschutz-Richtlinie 95/ 6
46/EG stellt Art. 28 einen wesentlichen Fortschritt im Hinblick auf die Regelungsdichte und
-harmonisierung dar. Einzelne Öffnungsklauseln gestehen den nationalen Gesetzgebern jedoch
weiterhin Spielräume zu, auf welche im Folgenden jeweils eingegangen wird. Zudem lassen Art. 28
Abs. 7, 8 Raum für eine Weiterentwicklung der Norm auf europäischer Ebene durch die Festlegung von Standardvertragsklauseln durch die Kommission sowie die Aufsichtsbehörden.

Am 25.5.2018 wurde das bisherige BDSG durch eine vollständig überarbeitete und bereits 7
verkündete (BGBl. I 2017, 2097) Neufassung abgelöst, die Teil des Gesetzes zur Anpassung des
Datenschutzrechts an die Verordnung (EU) 2016/679 und zur Umsetzung der Richtlinie (EU)
2016/680 (Datenschutz-Anpassungs- und -Umsetzungsgesetz EU – DSAnpUG-EU) ist. Darin
ist zwar mit § 62 BDSG eine Regelung speziell zur Auftragsverarbeitung enthalten, diese darf
jedoch nicht mit Art. 28 verwechselt oder gleichgesetzt werden, denn es handelt sich dabei nicht
um eine – ohnehin EU-rechtlich nicht zulässige – Wiederholung von Art. 28, sondern um die
Umsetzung von Art. 22 JI-RL (Richtlinie (EU) 2016/680) in deutsches Recht. DS-GVO und
JI-RL schließen sich in ihren Anwendungsbereichen gegenseitig aus (→ BDSG § 62 Rn. 3 ff.).
Allerdings hat der deutsche Gesetzgeber mit § 62 BDSG den Art. 22 JI-RL nicht „blind" umge-
setzt, sondern sich zusätzlich sowohl an Art. 28 DS-GVO als auch dem bis dahin gültigen § 11
BDSG orientiert.

C. Entstehungsgeschichte der Vorschrift

Das Gesetzgebungsverfahren wurde durch den Verordnungsvorschlag der Kommission vom 8
25.1.2012 eingeleitet. Dieser erfuhr im Laufe der Verhandlungen zahlreiche Änderungen. Inhaltlich umstritten waren dabei jedoch nur wenige Punkte. Die Änderungen betrafen vor allem
technische Fragen.

Der Abs. 1 selbst hat im Laufe des Verfahrens jedoch kaum Änderungen erfahren. Inhaltlich 9
fand sich die Regelung bereits im Kommissionsvorschlag und wurde lediglich umformuliert. Die
heutigen Abs. 2 und 4 gehen insbesondere auf die Fassung des Rates vom 15.6.2015 zurück. Er
widmete der Einschaltung von Unterauftragnehmern nicht nur einen eigenen Absatz, sondern
stellte auch die Anforderungen auf.

Die Öffnungsklausel für die Mitgliedstaaten in Abs. 3 („anderes Rechtsinstrument nach dem 10
Recht der Mitgliedstaaten") wurde vom Rat eingefügt. Der festgelegte Mindestinhalt des Vertrages
bzw. des anderen Rechtsinstruments ist ein Gemeinschaftsprodukt von Kommission, Parlament
und Rat.

Bemerkenswert ist, dass das Parlament in seiner ersten Lesung am 12.3.2014 als Nachweis für 11
hinreichende Garantien iSv Abs. 1 die Einhaltung von Verhaltenskodizes oder Zertifizierungsverfahren aufgenommen hat. Anders als die Kommission sah das Parlament hier wohl die Notwendigkeit, in den immer komplexer werdenden Vorgängen ein Mittel zur Vereinfachung zu schaffen.
Mit Abs. 5 hat diese Ergänzung des Parlaments Eingang in die endgültige Fassung gefunden.

In Art. 26 Abs. 5 des Kommissionsentwurfes war eine Befugnis der Kommission zum Erlass 12
von delegierten Rechtsakten vorgesehen. Diese Vorschrift war Gegenstand zahlreicher Änderungs-
anträge (Simitis/Petri BDSG § 11 Rn. 104). Das Parlament hat die Vorschrift aus dem Vorschlag
der Kommission gestrichen und auch der Rat hat sie nicht wiederaufgenommen, sodass eine
derartige Kompetenz nun nicht existiert. Eine Befugnis zum Erlass delegierter Rechtsakte hätte

wesentliche Ausgestaltungsentscheidungen auf die Kommission oder Komitologieverfahren verlagert. Die Entscheidung des Parlaments basiert auf dem Ziel, solche Regelungen direkt durch den Gesetzgeber zu treffen, hat aber den Nachteil, dass die Ausgestaltungsentscheidungen nun dem Behördenvollzug überlassen werden. Eine Verordnungsermächtigung liefe dem erforderlichen Schutzniveau mit Blick auf den Vorbehalt des Gesetzes zuwider. Die grundrechtliche Relevanz betont besonders Erwägungsgrund 1, der darauf hinweist, dass der Schutz natürlicher Personen bei der Verarbeitung personenbezogener Daten ein Grundrecht ist, kodifiziert in Art. 8 Abs. 1 der Charta der Grundrechte der Europäischen Union sowie in Art. 16 Abs. 1 AEUV.

13 Die heutigen Abs. 6–8 zu Standardvertragsklauseln haben erst mit der Fassung des Rates Eingang in das Gesetzgebungsverfahren gefunden und sind seitdem unverändert geblieben.

14 Das Schriftformerfordernis des Abs. 9 wurde ebenfalls erst vom Rat eingefügt. Im Vorschlag der Kommission war lediglich von einer Dokumentation die Rede, was vom Parlament noch so gebilligt wurde.

15 Der heutige Abs. 10, der die Verantwortlichkeit des Auftragsverarbeiters regelt, war bereits im Kommissionsvorschlag angelegt. Er erfuhr im Laufe des Gesetzgebungsverfahrens lediglich geringfügige Änderungen und Konkretisierungen.

D. Im Einzelnen

I. Begriff der Auftragsverarbeitung

16 Art. 28 selbst definiert den Begriff der Auftragsverarbeitung nicht näher. Er legt lediglich die Anforderungen fest, die an diese Art der arbeitsteiligen Datenverarbeitung gestellt werden. Eine Legaldefinition des Auftragsverarbeiters hingegen enthält Art. 4 Nr. 8. Danach ist ein Auftragsverarbeiter eine natürliche oder juristische Person, Behörde, Einrichtung oder andere Stelle, die personenbezogene Daten im Auftrag des Verantwortlichen verarbeitet (→ Art. 4 Rn. 94 ff.). Diese Definition entspricht derjenigen aus Art. 2 lit. e der Richtlinie 95/46/EG. Der Kreis der möglichen Verarbeiter ist damit sehr weit gefasst. Demgegenüber ist ein „Verantwortlicher" nach der Legaldefinition des Art. 4 Nr. 7 Hs. 1 „die natürliche oder juristische Person, Behörde, Einrichtung oder andere Stelle, die allein oder gemeinsam mit anderen über die Zwecke und Mittel der Verarbeitung von personenbezogenen Daten entscheidet" (→ Art. 4 Rn. 87 ff.). Der Begriff „Verarbeitung" bezeichnet nach der Legaldefinition von Art. 4 Abs. 2 jeden mit oder ohne Hilfe automatisierter Verfahren ausgeführten Vorgang oder jede solche Vorgangsreihe im Zusammenhang mit personenbezogenen Daten wie das Erheben, das Erfassen, die Organisation, das Ordnen, die Speicherung, die Anpassung oder Veränderung, das Auslesen, das Abfragen, die Verwendung, die Offenlegung durch Übermittlung, Verbreitung oder eine andere Form der Bereitstellung, den Abgleich oder die Verknüpfung, die Einschränkung, das Löschen oder die Vernichtung.

17 Der EDSA benennt für die Einstufung als Auftragsverarbeiter zwei wesentliche Kriterien: Demnach komme es darauf an, dass die Organisation in Bezug auf den Verantwortlichen **rechtlich eigenständig** sei und dass die Verarbeitung **nur in dessen Auftrag** erfolge EPDB, Guidelines 07/2020 v 2.0, Rn. 76, ähnlich schon Stellungnahme 1/2010 der Artikel 29-Datenschutzgruppe zu den Begriffen „für die Verarbeitung Verantwortlicher" und „Auftragsverarbeiter", WP 169, 30). Die rechtliche Eigenständigkeit grenzt ihn von Personen ab, die in die Organisationsstrukturen des Verantwortlichen eingebunden sind. Wesentlicher Auslegungsgesichtspunkt für die Abgrenzung von Verantwortlichem und Auftragsverarbeiter ist der Verantwortlichkeitsgrundsatz in **Art. 5 Abs. 2** (EPDB, Guidelines 7/2020, Rn. 6 ff.).

1. Maßgebend: Verarbeitung in Unterordnung unter die Verarbeitungszwecke des Verantwortlichen

18 Dass die Verarbeitung allein im Auftrag des Verantwortlichen erfolgt, wird vor allem durch die **Weisungsgebundenheit** des Auftragnehmers zum Ausdruck gebracht. Der Auftragsverarbeiter hat die Daten zwar in seinem Machtbereich, er darf sie jedoch nur dem Willen des Verantwortlichen entsprechend verarbeiten. Denn nach der Rechtsprechung obliegt es dem Verantwortlich über das „Wie" und „Warum" der Datenverarbeitung zu entscheiden, die Tätigkeit des Auftragsverarbeiters stellt hingegen „eine datenverarbeitende Hilfsfunktion" dar (AG Mannheim NZM 2020, 70 (71 f.); Arens spricht von einem „verlängerten Arm des Verantwortlichen"; ZIP 2020, 1644 (1645)). Damit wird deutlich, dass es letztlich weniger um die Unterworfenheit des Auftragsverarbeiters geht, sondern darum, dass er keine über den Verarbeitungsauftrag hinausgehenden eigenen Interessen an den personenbezogenen Daten hat (grundlegend EPDB, Guidelines 07/2020 v 2.0, Rn. 80 ff.; EuGH NZA 2018, 991 (996) Rn. 68 – Zeugen Jehovas).

Auftragsverarbeiter **Artikel 28 DS-GVO**

Selbstverständlich ist es bei einer Auftragsverarbeitung erlaubt, die Entscheidung über die technischen und organisatorischen Mittel vom Verantwortlichen an den Auftragsverarbeiter zu delegieren, bspw. welche Hard- oder Software für die Datenverarbeitung genutzt wird (EPDB, Guidelines 07/2020 v 2.0, Rn. 97 ua; so schon Stellungnahme 1/2010 der Artikel 29-Datenschutzgruppe zu den Begriffen „für die Verarbeitung Verantwortlicher" und „Auftragsverarbeiter", WP 169, 17). Dem Auftragsverarbeiter obliegt dann „die technisch-infrastrukturelle Umsetzung des Verarbeitungsvorgangs" (Paal ZD 2020, 119 (122)). Der EDSA grenzt dies nun ua nach der Unterscheidung von wesentlichen und unwesentlichen Mitteln ab (Guidelines 7/2020 Rn. 41) und weist zu Recht darauf hin, dass auch standardisierte IT-Dienstleistungen wie Cloud Services Auftragsverarbeitung sein können (EPDB, Guidelines 07/2020 v 2.0, Rn. 30). 18a

Es spielt keine Rolle, in wessen Eigentum die physikalische Infrastruktur steht (→ Art. 26 Rn. 19), mit der der Auftragsverarbeiter die Datenverarbeitung durchführt, ob also die Hard- oder Software dem Dienstleister oder dem Auftraggeber gehört (Lehmann/Rettig VersR 2020, 464 (465)). 18b

Die Annahme einer Doppelfunktion als Auftragsverarbeiter und Verantwortlicher hinsichtlich bestimmter Verarbeitungen möglich, so lange es sich im Rahmen der Bewertung von spezifischen Daten- und Vorgangsreihen nicht um einen einheitlichen Vorgang handelt, der eine Zerlegung der Datenverarbeitung in verschiedene rechtlich eigenständige Teile ausschließt (BayVGH BeckRS 2018, 25018; VG Bayreuth ZD 2018, 382 f.; EPDB, Guidelines 07/2020 v 2.0, Rn. 43, früher Stellungnahme 1/2010 der Artikel 29-Datenschutzgruppe zu den Begriffen „für die Verarbeitung Verantwortlicher" und „Auftragsverarbeiter", WP 169, 30). Eine Aufsplittung ist hingegen nicht möglich, wenn mehrere Datenverarbeitungsvorgänge derart zusammengefasst sind, dass sie einen gemeinsamen, übergreifenden Zweck dienen (vgl. Schreiber ZD 2019, 55; Kühling/Buchner/Hartung Art. 30 Rn. 14). Zulässig ist aber das Hinzufügen einfacher Algorithmen zum Verarbeitungsvorgang, die vom Auftraggeber klar definiert werden müssen (→ BDSG 2003 (aK) § 11 Rn. 38; zustimmend BayVGH BeckRS 2018, 25018). Die Auftragsverarbeitung gilt allerdings nur für personenbezogene Daten. Soweit der **Auftragsverarbeiter über aggregierte und anonymisierte Informationen,** dh eigene Datenbestände ohne Personenbezug verfügt, bzw. algorithmisch aus den verarbeiteten Daten ohne Nutzung des Personenbezuges gewinnt, kann er diese unter dem Gesichtspunkt des Datenschutzrechts für eigene Zwecke nutzen (LG Frankfurt a. M. ZD 2018, 90 (91)). Eigene Entscheidungsbefugnisse stehen ihm im Hinblick auf die personenbezogenen Daten nur soweit zu, wie sie im Auftragsverhältnis festgelegt sind. 18c

Verfolgt der Auftragnehmer hingegen eigene Interessen unmittelbar an den personenbezogenen Daten, scheidet eine Auftragsverarbeitung aus. Es widerspräche dem weisungsgebundenen Charakter der Auftragsverarbeitung, wenn der Auftragnehmer die Daten entsprechend seiner selbst gesetzten Zwecke verarbeitet. Die Verarbeitung hat ausschließlich dem Interesse des Verantwortlichen folgend stattzufinden (aA Gola/Schumerus/Gola et al. BDSG aF § 11 Rn. 7a; Plath/Plath BDSG aF § 11 Rn. 24). Freilich hat der Auftragnehmer in der Regel zumindest ein finanzielles Eigeninteresse an der Durchführung des Auftrags. Dieses auf Vertragserfüllung gerichtete Interesse schließt die Auftragsverarbeitung jedoch nicht aus, da mit jedem Vertrag zwangsläufig auch Eigeninteressen verfolgt werden. Bereits zu § 28 BDSG aF hat die Rechtsprechung entschieden, dass es der Datenerhebung nicht entgegenstehe, wenn ein Betreiber einer Internet-Suchmaschine mit dieser als Werbeplattform auch Werbeeinnahmen als Nebenfolge erwirtschafte (BGH CR 2018, 657 (662)). Die Grenze wird erst dann überschritten, wenn sich das Eigeninteresse auf die Daten in ihrem Personenbezug selbst bezieht (→ BDSG 2003 (aK) § 11 Rn. 44). 19

Im Einzelfall ist daher stets zu prüfen, bei wem der Schwerpunkt des Verarbeitungsinteresses liegt (Petri ZD 2015, 305 (306); LG Stuttgart Urt. v. 13.8.1998 – 17 O 329/98). Nach der Rechtsprechung des Landgerichts Oldenburg ist eine Auftragsverarbeitung nicht schon dadurch ausgeschlossen, dass der Auftragnehmer ein über das in der Regel gegebene finanzielle Interesse an der Durchführung des Auftrags hinausgehendes Eigeninteresse hat, solange die Datenverarbeitung nicht der eigentliche Zweck der Tätigkeit sei, sondern die Geschäftstätigkeit lediglich unterstütze (LG Oldenburg Urt. v. 16.9.2013 – 5 O 2544/12; Taeger/Gabel/Taeger, 2. Aufl. 2013, BDSG § 28 Rn. 31). 20

Unerlässliche Voraussetzung ist, dass überhaupt eine **Verarbeitung** personenbezogener Daten vorliegt. Die Legaldefinition des Art. 4 Nr. 8 für den Auftragsverarbeiter impliziert mit dem Wort „verarbeitet" einen Vorgang im Zusammenhang mit personenbezogenen Daten (MSA DatenschutzR/Moos/Cornelius 239 f. EPDB, Guidelines 07/2020 v 2.0, Rn. 83 f). Keine Auftragsverarbeitung sind daher Hilfstätigkeiten, die nur bei Gelegenheit Zugang zu personenbezogenen Daten ermöglichen, ohne dass dies für die Hilfstätigkeit nötig oder sinnvoll ist. Die bloße Zugriffsmöglichkeit reicht nicht. Folglich ist ein Reinigungsdienstleister in einem Büro kein Auftragsverarbei- 21

Spoerr

ter, auch wenn das Reinigungspersonal einen Blick auf Bildschirme oder Papierakten werfen könnte. Ebenso wenig ist ein IT-Dienstleister, der Wartungsarbeiten an Servern vornimmt, zwangsläufig ein Auftragsverarbeiter (so auch EPDB, Guidelines 7/2020, Rn. 81; vgl. auch, teilw. anders, Schmidt/Freund ZD 2017, 14 (17); Taeger/Gabel/Lang Rn. 18 NK-DatenschutzR/Petri Rn. 23; Schreiber ZD 2019, 55 (56); Conrad DuD 2019, 134 (135)). Auch die von manchem unter dem BDSG noch als Auftragsverarbeitung eingeordnete Vernichtung von Papierakten dürfte keine Verarbeitung personenbezogener Daten sein, sondern lediglich die Vernichtung des Trägers. Gleiches gilt für Serverhosting und für die Bereitstellung elektronischer Kommunikationsdienste.

2. Maßgebend: Tatsächliche Verhältnisse, nicht Vertragsbezeichnung

22 Gegenstand der Bewertung nach den geschilderten Grundsätzen sind die tatsächlichen Verhältnisse (EPDB, Guidelines 07/2020 v 2.0, Rn. 12; VG Bayreuth ZD 2018, 382; Gerlach CR 2020, 165 (167); ebenfalls auf die „tatsächlichen Gegebenheiten" abstellend: AG Mannheim NZM 2020, 70 (72)). Eher zu Missverständnissen ein lädt die Formulierung, es zähle auch der subjektiv vermittelnde Eindruck auf die vom Datenverarbeitungsvorgang betroffenen Personen und die Erwartungshaltung aufgrund der Außendarstellung (BayVGH BeckRS 2018, 25018). Es ist jedenfalls nicht ausschlaggebend, welche vertraglichen Bezeichnungen die Parteien verwenden (AG Mannheim NZM 2020, 70 (72) OLG Naumburg WRP 2020, 110 (113) Rn. 58). Allerdings sind die tatsächlichen Verhältnisse auch durch die tatsächlichen Absprachen der Parteien geprägt; daher sind diese Absprachen auch heranzuziehen (Lezzi/Oberlin ZD 2018, 398 (400); Menke Ping 2020, 162 (164)). Daher sind Formulierungen in dem Auftragsverarbeitungsvertrag, vor allem bei der Festlegung der Mittel und Zwecke, sehr sorgfältig zu wählen, da sie sonst für den Auftragsverarbeiter eine Gefahr für die Begründung einer gemeinsamen Verantwortlichkeit darstellen können (MSA DatenschutzR/Moos/Cornelius 243 f.; Dovas ZD 2016, 512 (516)). Hinsichtlich der tatsächlichen Verhältnisse in Abgrenzung zur gemeinsamen Verantwortlichkeit kommt es darauf an, ob beim Auftragsverarbeitungsvertrag der Auftraggeber dem Auftragsverarbeiter überhaupt Weisungen erteilen dürfe und ob eine Kontroll- sowie Einflussmöglichkeit für die vom Auftragsverarbeiter durchgeführten Datenverarbeitungsvorgänge besteht (Lehmann/Rettig VersR 2020, 464 (467); Gerlach, CR 2020, 165 (167); Dochow MedR 2020, 348 (356 f.)).

3. Abgrenzung zu gemeinsamer Verantwortung (Joint Control)

22a Die DS-GVO hat das Phänomen gemeinsamer Kontrolle zweier Verantwortlicher explizit verankert (Art. 26; zum früheren Recht schon Stellungnahme 1/2010 der Artikel 29-Datenschutzgruppe zu den Begriffen „für die Verarbeitung Verantwortlicher" und „Auftragsverarbeiter", WP 169, 22). Bei gemeinsamer Verantwortung entscheidet nicht eine Person alleine über die Zwecke und Mittel der Verarbeitung und es gibt keine hierarchische Struktur, wie sie die Auftragsverarbeitung kennzeichnet (grundlegend BDSG 2003 (aK) § 11 Rn. 62). Die an der Verarbeitung Teilnehmenden können jeweils eigene Zwecke – oder einen gemeinsamen Zweck – verfolgen (→ Art. 26 Rn. 23 ff.). Gemeinsame Kontrolle bedeutet keine gleichberechtigte sowie gleichmäßige Verantwortung, sondern die Parteien können in die Zweck-/Mittelentscheidung unterschiedlich stark und in unterschiedlicher Weise eingebunden sein (vgl. EuGH EuZW 2018, 534 (537) Rn. 43 – Wirtschaftsakademie Schleswig-Holstein). Bei komplexen, gestuften Verarbeitungsvorgängen sind die einzelnen Vorgänge, wie zB das Erheben, das Erfassen, die Organisation der Daten etc, einzeln für die Verantwortlichkeitszuteilung und damit in Abgrenzung zur Auftragsdatenverarbeitung zu bewerten (→ Art. 26 → Art. 26 Rn. 18).

4. Obsolete Diskussion zur Funktionsübertragung

23 Die Diskussion zum BDSG aF grenzte das Konstrukt der „Funktionsübertragung" von der Auftragsdatenverarbeitung ab. Bei der Funktionsübertragung wird dem Auftragnehmer nicht nur die Datenverarbeitung als solche, sondern auch die ihr zugrundeliegende Aufgabe übertragen (Plath/Plath BDSG § 11 Rn. 27; Kramer/Schmidt ZD 2020, 194). Das Verhältnis von Auftragsverarbeitung und Funktionsübertragung war zum BDSG umstritten (vertiefend → BDSG 2003 (aK) § 11 Rn. 53 f.).

24 Unter der DS-GVO bedarf es insoweit keines eigenständigen Begriffes. Eine eigenen Interessen verpflichtete Verarbeitung persönlicher Daten ist zwingend mit der Stellung als Verantwortlicher verbunden. Mit einer Auftragsverarbeitung ist dies unvereinbar. Allerdings können unterschiedliche Vorgänge unterschiedlich zuzuordnen sein, sodass ein und dieselbe Rechtsperson einzelne Verar-

beitungsvorgänge als Verantwortliche, andere als Auftragsverarbeiter ausführen kann. Dies ist allerdings nur im Falle einer klaren Unterscheid- und Trennbarkeit möglich.

Durch dieses Verständnis entfällt für die datenschutzrechtliche Beurteilung die komplizierte und mit Rechtsunsicherheit behaftete Abgrenzung. Allerdings können die Sachgründe, die hinter der Rechtsfigur der Funktionsübertragung stehen, für die Zulässigkeit einer Auslagerung von Vorgängen etwa nach Verfassungs- und Verwaltungsrecht nach wie vor eine große Rolle spielen (→ BDSG 2003 (aK) § 11 Rn. 7 ff.). Noch weniger als § 11 BDSG aF hat Art. 28 irgendeine Legitimationswirkung im Hinblick auf organisatorische oder ablaufbezogene Verschiebungen in oder von der öffentlichen Verwaltung. Hier bleibt es bei den Anforderungen aus dem jeweils anwendbaren Verfassungs- und Verwaltungsrecht. **24a**

5. Einzelfälle

a) **Externe IT-Dienstleistungen.** IT-Dienstleistungen bilden einen Schwerpunkt typischer Auftragsverarbeitung. Allerdings ist nicht jede IT-Dienstleistung auch eine Auftragsverarbeitung. Eine Auftragsverarbeitung setzt voraus, dass der Auftragnehmer überhaupt Daten verarbeitet. Dabei fehlt es beispielsweise typischer Weise bei der Wartung von IT-Anlagen und beim Server-Housing, soweit keine regelhaften Zugriffe auf personenbezogene Daten möglich oder vorgesehen sind. Auf irreguläre Zugriffe ist nicht abzustellen. Ihnen zu begegnen, obliegt dem Verantwortlichen nach Art. 32 DS-GVO (EDSA Guidelines 7/2020 Rn. 81). **24b**

Demgegenüber sind **Cloud-Dienstleistungen** (dazu EPDB, Guidelines 07/2020 v 2.0, Rn. 30; Jotzo, Der Schutz personenbezogener Daten in der Cloud, 2. Aufl. 2020, Auer-Reinsdorff/Conrad IT-R-HdB/Conrad/Licht/Redeker/Strittmatter § 22 Rn. 1 ff.; Uwer ZHR 2019, 154 (160); Kramer DSB 2018, 54; Hofmann ZD-Aktuell 2017, 05488; Roßnagel ZD 2020, 296 (301)) und **Software as a Service-**Dienstleistungen (s. nur Heydn MMR 2020, 435; zu den Begrifflichkeiten Tezel ZD-Aktuell 2016, 05026) (**SaaS**) typischer Weise Auftragsverarbeitungen. Dass der Verantwortliche hier nur geringe räumliche Einwirkungsmöglichkeiten hat, ändert hieran nichts, solange der Verarbeiter die personenbezogenen Daten nicht für eigene Zwecke verarbeitet (vgl. auch, teilweise mit anderen Akzentsetzungen MSA DatenschutzR/Moos/Cornelius 244; Koreng/Lachenmann DatenschutzR-FormHdB G.VI. Anm. 7; Wagner ZD 2018, 307 (310); Hofmann ZD-Aktuell 2017, 05488). Soweit die Cloud- oder SaaS-Nutzung mit einer eigenen Nutzung der personenbezogenen Daten für die Zwecke des Anbieters verbunden ist, wird eher von einer gemeinsamen Verantwortlichkeit nach Art. 26 auszugehen sein (Härting ITRB 2018, 167 (168); Hofmann ZD-Aktuell 2017, 05488; Jotzo, Der Schutz personenbezogener Daten in der Cloud, 2. Aufl. 2020, Rn. 155), was allerdings wiederum nicht gilt, wenn die eigene Nutzung des Anbieters erst auf aggregierter oder anonymisierter Ebene und nicht mehr beim Personenbezug ansetzt (→ Rn. 18c). **24c**

Soweit bei Cloud- oder SaaS-Dienstleistungen lediglich Rechnerkapazität ohne echte Zugriffsmöglichkeit auf den Informationsgehalt der Daten zur Verfügung gestellt wird, ist eine offene Frage, ob überhaupt eine Verarbeitung durch den Dienstleister vorliegt (zur Abgrenzung etwa Spindler/Schuster/Nink Rn. 8 f.; für Kommunikationsinhalte bei Telekommunikationsdienstleistern EPDB, Guidelines 07/2020 v 2.0, Rn. 27). Dies dürfte jedenfalls dann zu verneinen sein, wenn der Dienstleister weder („nach allgemeinem Ermessen wahrscheinlich", Erwägungsgrund 26) Zugriff auf den Informationsgehalt der Daten hat noch Funktionsherrschaft am eigentlichen Verarbeitungsvorgang; dann fehlt es bereits an einer Übermittlung an den Dienstleister, da die Daten für ihn nicht personenbezogen sind (näher Jotzo, Der Schutz personenbezogener Daten in der Cloud, 2. Aufl. 2020 Rn. 100 f.; s. auch → Art. 4 Rn. 18). **24d**

b) **Plattformen und Social Media.** Bei Plattformen und Social Media ergeben sich wichtige Themen aus der Verantwortungsteilung zwischen Nutzer und Plattform und aus der plattformtypischen akzessorischen Nutzung von Daten oder aus diesen Daten gewonnenen Informationen für eigene oder dritte Zwecke. **24e**

In seiner Entscheidung zur gemeinsamen Verantwortlichkeit von Facebook und des Betreibers einer Facebook-Fanpage für die Verarbeitung personenbezogener Daten weist der EuGH darauf hin, dass der Begriff des Verantwortlichen weit auszulegen ist und zu prüfen ist, inwieweit der Betreiber der Fanpage tatsächlich einen Beitrag bei der in Rede stehenden Datenverarbeitung leistet (EuGH EuZW 2018, 534 (536 f.) Rn. 28 – Wirtschaftsakademie Schleswig-Holstein). Die Inanspruchnahme der Funktion Facebook Insight durch den Betreiber einer Facebook-Fanpage führt nicht dazu, dass Facebook als Auftragsverarbeiter eingestuft werden kann, da das soziale Netzwerk weiterhin über die Zwecke und Mittel der Verarbeitung entscheidet (EuGH EuZW 2018, 534 (536) Rn. 30 – Wirtschaftsakademie Schleswig-Holstein; Härting/Gössling NJW 2018, **24f**

2523 (2524)). Auch die Übermittlung gehashter E-Mail-Adressen von einem Betreiber eines Online-Shops an ein soziales Netzwerk zu Zwecken der zielgerichteten Werbung soll keine Auftragsverarbeitung sein, weil Facebook einen weitreichenden Entscheidungsspielraum bei der Verarbeitung der personenbezogenen Daten hinsichtlich der konkret zu bewerbenden Person hat (VG Bayreuth ZD 2018, 382).

24g Gegenstand der Diskussion war beispielsweise auch **Online-Handelsplätze;** nach einer Entscheidung des OLG Naumburg (WRP 2020, 110 (113) Rn. 58) liegt bei Datenverarbeitungen durch „Amazon Marketplace" für Apotheker keine Auftragsverarbeitung vor. Hier kommt es allerdings auf die Ausgestaltung im Einzelnen an.

24h **c) Kommunikationsdienstleistungen.** Telekommunikative Vermittlungsleistungen sind typischer Weise keine Auftragsverarbeitung, weil Telekommunikationsdienstleister nicht auf die Inhalte zugreifen dürfen (EPDB, Guidelines 07/2020 v 2.0, Rn. 27). Bei Social Media können die Grenzen aufgelöst sein; dann liegt aber eher gemeinsame Kontrolle nahe. Call-Center-Dienste werden in der typischen Ausgestaltung als Auftragsverarbeitung eingeordnet (EDSA Guidelines 7/2020 Rn. 81).

25 **d) Freie Berufe.** Eine Auftragsverarbeitung ist hingegen abzulehnen bei der Inanspruchnahme einer berufstypischen Dienstleistung von Berufsgeheimnisträgern (zB Rechtsanwälte, Ärzte, Steuerberatern etc), da deren unabhängiger Status eine Weisungsgebundenheit per se ausschließt (Kleemann FR 2019, 71 (72); Schmidt DSB 2018, 182; Kurzpapier Nr. 13 der unabhängigen Datenschutzbehörden des Bundes und der Länder, Anhang B, 4, abrufbar unter: https://www.datenschutzzentrum.de/uploads/dsgvo/kurzpapier/DSK_KPNr_13_Auftragsverarbeitung.pdf) und diese folglich Verantwortlicher sind (vorsichtiger auf die Natur des konkreten Auftrages abstellend EPDB, Guidelines 7/2020, Rn. 38). In Abgrenzung dazu ist die Erbringung typischer IT-Dienstleistungen durch WP-Gesellschaften, etwa bei forensischen Untersuchungen, eine Auftragsverarbeitung.

25.1 Bei Steuerberatern war die Lohn- und Finanzbuchhaltung Gegenstand von Diskussionen. Ein Teil der Literatur (Lauck ZD-Aktuell 2020, 06965; HK-DS-GVO Art. 4 Rn. 125) und die Aufsichtsbehörden in Baden-Württemberg, Nordrhein-Westfalen sowie Hessen (LfDI Baden-Württemberg ZD-Aktuell 2019, 06402; Bock Einordnung der Nebentätigkeiten des Steuerberaters. Stellungnahme des LDI NRW, abrufbar unter: https://www.ds123.de/2018/07/24/einordnung-der-nebentaetigkeiten-des-steuerberaters-stellungnnahme-ldi-nrw/; HBDI, 42. Tätigkeitsbericht 2013, 235 ff., abrufbar unter: https://datenschutz.hessen.de/sites/datenschutz.hessen.de/files/content-downloads/2013_42_TB.pdf) geht davon aus, dass im Gegensatz zur klassischen steuerberatenden Tätigkeit, bspw. der Erstellung von Steuererklärungen, die eigenverantwortlich erfolge, solle die Lohnbuchhaltung eine Auftragsdatenverarbeitung iSv Art. 28 ist (Tussing/Leibold ZD-Aktuell 2019, 06588). Denn die Lohnbuchhaltung durch Steuerberater sei ebenso als Hilfstätigkeit einzuordnen, wie die Lohn- und Gehaltsabrechnung durch Rechenzentren (Gola RDV 2019, 73 (75) zu letzteren auch EDSA Guidelines 7/2020 Rn. 38; DSK Kurzpapier Nr. 13: Auftragsverarbeitung, Art. 28 DS-GVO, 4 Anhang A, abrufbar unter: https://www.datenschutzkonferenz-online.de/media/kp/dsk_kpnr_13.pdf). Außerdem komme den Steuerberatern bei der Gehaltsabrechnung keine eigene Entscheidungskompetenz zu, weil nur korrekte Berechnungen erforderlich seien (Tamm/Tonner/Brönneke/Polenz Verbraucherrecht, 3. Aufl. 2020, § 4a Rn. 145; Gallus KÖSDI 2019, 21083 (21084)). Bei der laufenden Lohnbuchhaltung handle es sich um rein mechanische Verarbeitungsvorgänge (LfDI BW, Steuerberater und Lohnbuchhaltung, abrufbar unter: https://www.baden-wuerttemberg.datenschutz.de/steuerberater-und-lohnbuchhaltung/), die keine Dienste höherer Art seien und deshalb nicht nur den Steuerberatern vorbehalten, sondern auch von anderen Berufsgruppen ausgeübt werden können (BGH NJW-RR 2019, 1459 (1461)). Nach einer anderen Auffassung stellt die Lohnbuchhaltung durch Steuerberater eine Auftragsverarbeitung dar (Härting DB 2020, 490 (491); Kramer/Schmidt ZD 2020, 194 (198); DStV Stbg 2019, 341; BayLDA 8. Tätigkeitsbericht 2017/2018, 63, abrufbar unter: https://www.lda.bayern.de/media/baylda_report_08.pdf; so auch das ULD, sofern die Lohnbuchhaltung mit einer Beratungsleistung einhergeht: Tätigkeitsbericht 2019, 94, abrufbar unter: https://www.datenschutzzentrum.de/tb/tb37/uld-37-taetigkeitsbericht-2019.pdf). Aufgrund ihrer beruflichen Stellung arbeiten Steuerberater gem. § 57 Abs. 1 StBerG eigenverantwortlich, weshalb sie eigenständige Entscheidungen treffen müssen (Schmidt DSB 2018, 182; Kramer/Schmidt ZD 2020, 194 (197 f.)). Zudem unterscheide sich die Lohnbuchhaltung durch Steuerberater jedoch von der von gewerblichen Dienstleistern, indem Steuerberater nach §§ 57 StBerG, 203 StGB einer berufsrechtlichen Verschwiegenheitspflicht (Schmidt DSB 2018, 182 (183)) unterliegen. In der Lohnabrechnung durch Steuerberater sei auch nicht nur ein mechanischer Vorgang zu erblicken, da es sich in der Praxis um zum Teil komplexe Vorgänge handle, die eine Beauftragung eines Steuerberaters notwendig erscheinen lassen (Härting DB 2020, 490). Oftmals hingen die Abrechnungen auch mit der steuerlichen Beratung (zB Ermittlung der korrekten Stundenvergütung, Einhaltung des gesetzlichen Mindestlohns, Anwendung von Tarifverträgen, Beachtung arbeitsvertraglicher Absprachen) zusammen (Laue/Kremer/

Kremer Neues DatenschutzR § 5 Rn. 11; DStV Stbg 2019, 341; ULD Tätigkeitsbericht 2019, 94, abrufbar unter: https://www.datenschutzzentrum.de/tb/tb37/uld-37-taetigkeitsbericht-2019.pdf). Selbst wenn es nur um die Durchführung von reinen Berechnungen (zB Eintragung von Bruttolohn und Lohnzahlungszeitraum, Kürzung um Freibeträge, Berücksichtigung von Familienstand, Kinderzahl und Steuerklasse) gehe (Tamm/Tonner/Brönneke/Polenz, Verbraucherrecht, 3. Aufl. 2020, § 4a Rn. 145), müssten diese Angaben vom Mandanten durch den Steuerberater geprüft werden. Einer weisungsgebundenen Auftragsverarbeitung stünden somit die Berufspflichten des Steuerberaters entgegen (Gallus KÖSDI 2019, 21083 (21084); Kleemann/Kader DStR 2018, 1091 (1095); Schmidt DSB 2018, 182 (183)). Mit der Änderung von § 11 Abs. 2 S. 1, 2 StBerG hat sich der Gesetzgeber der letztgenannten Auffassung angeschlossen und klargestellt, dass die Verarbeitung personenbezogener Daten durch Steuerberater unter Beachtung der für sie geltenden Berufspflichten weisungsfrei und als Verantwortliche gem. Art. 4 Nr. 7 erfolgt (Beyme Stbg 2020, 87 f.; BayLDA, Auslegungshilfe: Muss mit Steuerberaterinnen und Steuerberatern ein Vertrag zur Auftragsverarbeitung nach der DS-GVO geschlossen werden?, 1, abrufbar unter: https://www.lda.bayern.de/media/veroeffentlichungen/FAQ_Steuerberater_keine_ADV.pdf; Kramer/Schmidt ZD 2020, 194 (199 f.)). Laut der Gesetzesbegründung gehört die Leistung der Lohnbuchführung durch Steuerberater ausdrücklich zur weisungsfreien Tätigkeit (BT-Drs. 19/14909, 59).

26 IT-Dienstleistungen in Konzernen werden häufig als Auftragsverarbeitung erbracht (→ Art. 26 Rn. 59, Nickel ZD 2021, 140).

27 Neue Fragen werden sich bei künstlicher Intelligenz stellen, die allerdings mit den üblichen Grundsätzen zu beantworten sind. Maßgebend ist, ob der KI-Verarbeiter eigene Zwecke mit dem Personenbezug verfolgt – dann ist er Verantwortlicher, entweder Dritter oder gemeinsam Verantwortlicher – oder ob er die KI allein im Interesse und für Zwecke des Auftraggebers einsetzt – dann ist er Auftragsverarbeiter (vgl. Kremer, FS Taeger, 2020, S. 251).

28 Andererseits handelt es sich um eine Auftragsverarbeitung iSv Art. 28, wenn ein Berufsgeheimnisträger zur Durchführung seiner Tätigkeit die Dienstleistung einen Dritten als Hilfstätigkeit in Anspruch nimmt (bspw. eines Übersetzungsbüros), da der Dritte als ausführender Arm für den Auftraggeber anzusehen ist (Reinhardt, Adoptionsvermittlungsgesetz, 1. Aufl. 2012, AdVermiG § 9d Rn. 4). Bei solchen Unterstützungsprozessen sind aber sowohl Verantwortlicher als auch Auftragsverarbeiter verpflichtet, die IT-Sicherheit zu gewährleisten. Letztendlich muss der Auftraggeber in der Lage sein, die Einhaltung der Datenschutzstandards durch den Auftragsverarbeiter kontrollieren zu können (NK-DatenschutzR/Petri Rn. 20; weitere Erläuterungen zur Gewährleistung des Datenschutzes →Rn. 34 ff.). Relevant wird dies insbesondere beim grenzüberschreitenden Cloud-Computing (eingehend erläutert in der Orientierungshilfe – Cloud Computing der Arbeitskreise Technik und Medien, der Konferenz der Datenschutzbeauftragten des Bundes und der Länder sowie der Arbeitsgruppe Internationaler Datenverkehr des Düsseldorfer Kreises, Version 2.0, Stand 9.10.2014, 5 ff., online abrufbar unter: https://www.datenschutzkonferenz-online.de/media/oh/20141009_oh_cloud_computing.pdf; hinsichtlich der Problematiken vgl. auch Taeger/Gabel/Lang Rn. 23).

28a e) Forderungsinkasso, Finanzierungsleasing, Bank- und Zahlungsdienstleistungen. Ein Leasinggeber kann bei einem Sale-and-lease-back-Vertrag über Datenträger mit personenbezogenen Daten je nach vertraglicher Ausgestaltung entweder ein Auftragsverarbeiter oder ein gemeinsam Verantwortlicher (Breyer K&R 2019, 636 (638)). Entscheidend ist vielmehr, ob der Leasinggeber auf die Zweck-/Mittelentscheidung des Leasingnehmers als Verantwortlichem einwirkt oder schon gänzlich durch den Leasingvertrag vom Zugriff auf die personenbezogenen Daten ausgeschlossen ist (Breyer K&R 2019, 636 (637)). In Abgrenzung zur gemeinsamen Verantwortung darf der Leasinggeber nur ein finanzielles Eigeninteresse im Hinblick auf die Zahlung der Leasingraten und nicht an den personenbezogenen Daten selbst haben (Breyer K&R 2019, 636 (638); Einzelheiten zum Eigeninteresse → Rn. 18a).

28b Nach der Rechtsprechung des Verwaltungsgerichts Mainz scheidet eine Auftragsverarbeitung bei der Übermittlung von Daten im Rahmen einer Forderungsabtretung eines Tierarztes an ein Inkassobüro mangels Weisungsgebundenheit aus, weil die Abtretung auf einer freien Entscheidung des Zessionars beruht und der Zedent keinen Einfluss auf die nach seinem Vorstellungsbild gewünschten mit der Abtretung einhergehenden datenschutzrechtlichen Veränderungen hat (VG Mainz BeckRS 2020, 539 Rn. 22). Nach der Forderungsabtretung tritt das Inkassobüro ebenfalls als Verantwortlicher iSv Art. 4 Nr. 7 DS-GVO, da er gegenüber dem Tierhalter weisungsfrei in eigenem Namen mit eigener Rechnung auftritt und dem Zedenten keine Weisungsbefugnisse bei der Geltendmachung der Forderung zustehen (VG Mainz BeckRS 2020, 539 Rn. 23). Dies steht zwar im Einklang mit der Sichtweise der unabhängigen Datenschutzbehörden des Bundes und der Länder, welche eine Auftragsverarbeitung bei der Inanspruchnahme fremder Fachleistungen bei einem eigenständig Verantwortlichen, wozu bspw. die Einbeziehung eines Inkassobüros mit Forderungsübertragung gehört, ablehnen (DSK Kurzpapier Nr. 13: Auftragsverarbeitung, Art. 28 DS-GVO, 4, abrufbar unter: https://www.datenschutzkonferenz-online.de/media/kp/dsk_kpnr_ 13.pdf; Lisner DSB 2020, 128 (130)). Aber es widerspricht dem Trennungsprinzip des deutschen Zivilrechts: Welche Stellung der Abtretungsempfänger hat, ergibt sich nicht aus dem Wesen der Abtretung, sondern aus dem Kausalgeschäft.

28c Banken und Zahlungsdienstleister verarbeiten die ihnen vom Kunden überlassenen personenbezogenen Daten zu eigenen Zwecken; beispielsweise Überweisungen sind keine Auftragsverarbeitung (EPDB, Guidelines 7/2020 v 2.0, Rn. 38).

28d f) **Wohnungseigentumsverwalter und Nebenkostenabrechnungen.** Die Rechtsprechung ordnete eine Wohnungseigentümergemeinschaft und einen Verwalter als gemeinsam Verantwortliche ein, da der Verwalter über die Verarbeitung personenbezogener Daten der Wohnungseigentümergemeinschaft und evtl. Mieter entscheide und mit der eigenständigen Wahrnehmung des „Datenschutzmanagements" seine Tätigkeit über eine „datenverarbeitende Hilfsfunktion" für die Gemeinschaft hinausgehe (AG Mannheim NZM 2020, 70 (71 f.); Heydrich NZM 2020, 74 (75)). Mieten jedoch der Verwalter bzw. die Wohnungseigentümergemeinschaft Funkheizkostenverteiler an und beauftragen zur Erstellung einer Heizkostenabrechnung ein Ableseunternehmen, dann ist hierin nur eine datenverarbeitende Hilfsfunktion iSv Art. 28 zu sehen, zumal das Ableseunternehmen kein eigenes Interesse an den Daten habe (vgl. LG Frankfurt a. M. Urt. v. 3.5. 2019 – 2-16 S 163/18; AG Mannheim NZM 2020, 70 (71); Lammel WuM 2020, 15 (17); Flatow NZM 2020, 623, (625)).

28e g) **Rechnungs- und Schadensbearbeitung.** Bei einer Verarbeitung von personenbezogenen Daten des Unfallgegners durch ein von der Haftpflichtversicherung beauftragtes Unternehmen zur Schadensermittlung liegt eine Auftragsverarbeitung vor, weil es sich bei der Datenverarbeitung um eine reine Unterstützungsfunktion handelt und der Haftpflichtversicherung als Auftraggeberin weiterhin die Entscheidung hinsichtlich der Schadenregulierung sowie der zur Verfügung gestellten Daten obliegt (LG Frankfurt a. M. ZD 2018, 90 (91); LG Oldenburg Urt. v. 16.9.2013 – 5 O 2544/12; so auch die Einordnung des BKartA im Hinblick auf die Prüfung von Kranken-, und Versicherungsanträgen durch außerhalb der Versicherung stehende Dienstleister: BKartA ZD 2020, 115).

28f Auch die von einem Benutzer einer Dashcam als Verantwortlichem iSv Art. 4 Nr. 7 an einen Dritten zum Zwecke der Schadensabwicklung zur Verfügung gestellte Aufzeichnung eines Verkehrsunfalles, die mittels der Dashcam hergestellt wurde, stellt eine Auftragsverarbeitung nach Art. 28 dar (dazu Nugel jurisPR-VerkR 20/2018 Anm. 1; zur Verwertbarkeit von Dashcam-Aufnahmen als Beweismittel im Unfallhaftpflichtprozess BGHZ 218, 348 = NJW 2018, 2883).

6. Rechtsfolgen einer Auftragsüberschreitung

28g Überschreitet der Auftragsverarbeiter die ihm zugewiesenen Kompetenzen und macht sich selbst zum Herrn der Verarbeitung, indem er zB die Daten des Auftraggebers unter Verstoß gegen die DS-GVO für eigene Zwecke oder Zwecke Dritter verwendet, wird er für diese Verarbeitung selbst zum Verantwortlichen und ihn treffen die entsprechenden Pflichten und gegebenenfalls auch eine Haftung (→ Rn. 104 f.; Kurzpapier Nr. 13 der unabhängigen Datenschutzbehörden des Bundes und der Länder, 3, abrufbar unter: https://www.datenschutzzentrum.de/uploads/dsgvo/ kurzpapiere/DSK_KPNr_13_Auftragsverarbeitung.pdf; SJTK/Kremer Rn. 44 f.; für die Konstellation der Datenverarbeitung durch den Beauftragten zum Zwecke der Beweissicherung vgl. Möllenkamp/Ohrtmann ZD 2019, 445 (448)). Er ist dann als (gemeinsam, vgl. Art. 26) Verantwortlicher einzustufen.

II. „Privilegierung" der Datenweitergabe

29 Im deutschen Datenschutzrecht existierte bislang mit § 3 Abs. 8 S. 3 BDSG aF eine Privilegierung der Auftragsverarbeitung (→ Rn. 5), die die Richtlinie 95/46/EG nicht kannte. Danach war die Weitergabe personenbezogener Daten vom Auftraggeber an den Auftragsverarbeiter keine Übermittlung iSd § 3 Abs. 4 S. 2 Nr. 3 BDSG aF, da der Auftragnehmer nicht als Dritter eingestuft wurde (→ BDSG 2003 (aK) § 3 Rn. 69; § 11 Rn. 4; Schmidt/Freund ZD 2017, 14). Der europäische Gesetzgeber ist nun – mit Einschränkungen – der deutschen Linie gefolgt. Der Auftragsverarbeiter ist nicht Dritter iSv Art. 4 Nr. 10. Die früher in § 3 Abs. 4 S. 2 Nr. 3 BDSG aF geregelte Übermittlung ist nun ein Unterfall der in Art. 4 Nr. 2 geregelten Offenlegung (siehe hierzu Fußnote 21 bei Ziegenhorn/Fokken ZD 2019, 194 (197); Schmidt/Freund ZD 2017, 14). Der Datenaustausch zwischen dem Auftragsverarbeiter und dem Auftraggeber ist keine Offenlegung im Wege der Übermittlung iSv Art. 4 Nr. 2 und nicht als solche rechtfertigungsbedürftig (Albrecht/Jotzo Das neue DatenschutzR Teil 5 Rn. 22).

Auch in anderen Rechtsordnungen, beispielsweise in Kanada nach dem „Personal Information **29a** Protection and Electronic Documents Act" (PIPEDA), wird diskutiert, ob die Übermittlung an den Auftragsverarbeiter kategorial von der Controller/Controller-Weitergabe zu unterscheiden ist. PIPEDA sieht zur Datenverarbeitung in Principle 1 der Anlage 1 ua vor, dass eine Organisation für die personenbezogenen Daten verantwortlich ist, einschließlich der Informationen „that has been transferred to a third party for processing". Die von der kanadischen Bundesdatenschutzbehörde (Office of the Privacy Commissioner of Canada – „OPC") im Jahr 2009 erlassenen Richtlinien für die grenzüberschreitende Verarbeitung personenbezogener Daten (Office of the Privacy Commissioner of Canada, Guidelines for processing personal data across borders, abrufbar unter: https://www.priv.gc.ca/media/1992/gl_dab_090127_e.pdf) konkretisieren den Begriff „transfer" und führen hierzu aus: „‚Transfer' is a use by the organization. It is not to be confused with a disclosure." Im Jahr 2019 beschäftigte sich das OPC erneut mit der Problematik. Es wurde festgestellt, dass die ursprüngliche Einschätzung nach eigener Einschätzung nicht korrekt sei (s. OCP, Consultation on transfers for processing – Reframed discussion document, abrufbar unter: https://www.priv.gc.ca/en/about-the-opc/what-we-do/consultations/completed-consultations/consultation-on-transfers-for-processing/), für weitere Erkenntnisse jedoch Stellungnahmen von Interessenträgern/Beteiligten eingeholt. Nach Abschluss des Verfahrens stellte das OCP fest, es werde an den Richtlinien aus dem Jahre 2009 nunmehr weiterhin festhalten (OCP, Commissioner concludes consultation on transfers for processing, abrufbar unter: https://www.priv.gc.ca/en/opc-news/news-and-announcements/2019/an_190923/). Damit schließt Kanada jedenfalls bislang für eine Datenübertragung vom Controller an den Auftragsverarbeiter eine „Offenlegung" (wie bei der Übermittlung an andere Controller) aus, weil diese eine Verschiebung der Kontrolle über die Daten erfordere, bei der ein Dritter faktisch die Daten im eigenen Interesse kontrolliert (David Young, Transfers for processing under PIPEDA: a transfer is a use, not a disclosure, abrufbar unter: http://davidyounglaw.ca/compliance-bulletins/transfers-for-processing-under-pipeda-a-transfer-is-a-use-not-a-disclosure/). Demgegenüber verbleibt bei der Auftragsdatenverarbeitung die Verantwortlichkeit über die Daten sowie die Rechte an ihnen beim Auftraggeber, der Auftragnehmer verwendet lediglich die Daten. Wie im deutschen Recht ist also der Datenaustausch zwischen Auftraggeber und Auftragsdatenverarbeiter privilegiert, weil es für die Weitergabe der Daten keiner Einwilligung der von der Datenverarbeitung betroffenen Person bedarf (vgl. David Young, Transfers for processing under PIPEDA: a transfer is a use, not a disclosure, abrufbar unter: http://davidyounglaw.ca/compliance-bulletins/transfers-for-processing-under-pipeda-a-transfer-is-a-use-not-a-disclosure/).

Dass es für die in Art. 28 geregelte Auftragsdatenverarbeitung keiner weiteren Rechtfertigung **29b** bedarf, wird zum Teil auch damit begründet, dass für den Betroffenen im Rahmen der Auftragserteilung des Verantwortlichen an den Auftragsverarbeiter ein angemessenes Schutzniveau bestehe und Datenschutzpflichten in der DS-GVO sowohl für den Verantwortlichen als auch für den Auftragsverarbeiter kodifiziert wurden, die eine weitere Erlaubnisnorm für den Datentransfer aus Schutzzwecken überflüssig machen (Schmitz/v. Dall'Armi ZD 2016, 427 (429); in diesem Sinne: Blasek ZD 2020, 376 (378 f.)). Zu weitgehend dürfte die Auffassung sein, die Datenverarbeitung als solche sei damit gleichsam voraussetzungslos zulässig (Paal/Pauly/Martini Rn. 8a; Plath/Plath Rn. 3; Ammann CR 2020, 295 (301)). Eine ausführlichere Darstellung zum Streitstand findet sich bei von Holleben/Knaut CR 2017, 300 ff. und Kroh/Müller-Pelze RDV 2016, 307 ff.

Diese „Privilegierung" entspricht dem Zweck der Auftragsverarbeitung im Sinne der Effizienz **30** einen Auftragnehmer einzusetzen (Albrecht/Jotzo Das neue DatenschutzR Teil 5 Rn. 22; Paal/Pauly/Martini Rn. 10; Plath/Plath Rn. 6). Dies ändert nichts daran, dass es sich bei der Weitergabe an einen Auftragsverarbeiter um einen **Verarbeitungsvorgang** handelt, der – wenn auch mit weit geringerer Intensität als eine Übermittlung an einen Dritten – der Rechtfertigung bedarf (aA Kühling/Buchner/Hartung Rn. 23; Britz VersR 2020, 1219 (1221); Golland ZD 2020, 397 (400)).

Dies bedeutet, dass auch für die Weitergabe an den Auftragsverarbeiter eine Rechtfertigung **31** nach Art. 6 erforderlich ist. Die Weitergabe der Daten durch den Verantwortlichen an einen Auftragsverarbeiter wird jedoch regelmäßig aufgrund der Interessenabwägung nach Art. 6 Abs. 1 lit. f zulässig sein (zur Auslegung der Normvorschrift anhand der Charta der Grundrechte s. Kühling/Buchner/Petri/Buchner Rn. 141 mit Verweis auf BVerfG NJW 2020, 314 (322)). Große praktische Auswirkungen hat die Einschränkung der Privilegierung damit grundsätzlich nicht. In Zukunft muss jedoch – nicht anders als für jedwede Verarbeitungsvorgänge durch den Verantwortlichen selbst – für jeden Verarbeitungsvorgang bejaht werden, dass die Weitergabe der Daten tatsächlich zulässig ist.

31a Darin liegt aber keine größere Hürde an die Auftragsverarbeitung wie bei einer internen Verarbeitung, was auch als zumeist positiv ausfallende Interessenabwägung formuliert worden ist. Durch diese formale Hürde kann sichergestellt werden, dass Daten nur übermittelt werden, sofern dies auch wirklich erforderlich ist. Der Schutz des Betroffenen wird somit im Vergleich zur alten Rechtslage ausgeweitet. Da die neuen Hürden für den Verantwortlichen und den Auftragnehmer faktisch kaum Auswirkungen haben werden, kann auch nicht davon die Rede sein, dass ihre Rechte zu sehr beschnitten werden und der gerechte Ausgleich nicht mehr gewahrt ist. Da regelmäßig eine Rechtfertigung für die Weitergabe besteht, wird der europäische Gesetzgeber auch dem Prinzip der praktischen Konkordanz gerecht.

32 Neben dem Weg über Art. 6 Abs. 1 werden auch noch andere Lösungswege vorgeschlagen (vgl. Härting ITRB 2016, 137 (138 f.)). Zum einen könnte man Art. 28 und Art. 29 als eigenständige Befugnisnormen ansehen, beim Vorliegen derer Voraussetzungen die Datenübertragung an den Auftragsverarbeiter rechtmäßig ist (Schmidt/Freund ZD 2017, 14 (15 f.); von Holleben/Knaut CR 2017, 30 ff.). Näher am Konzept der DS-GVO und zutreffend ist es, die Auftragsverarbeitung für den Verantwortlichen als einheitlichen Vorgang der Datenverarbeitung gem. Art. 4 Nr. 2 anzusehen, für den die Prüfung der Rechtmäßigkeit nach Art. 6 Abs. 1 dann ebenfalls einheitlich zu erfolgen hat (Härting ITRB 2016, 137 (138); Krohn/Müller-Peltzer RDV 2016, 307 (310 f.)), die Auftragsverarbeitung ist Teil der Verarbeitung iSd Art. 6 Abs. 1, für die eine Rechtmäßigkeitsprüfung gefordert ist. Es ist nicht ersichtlich, dass der Begriff der Verarbeitung in den Art. 28 und in Art. 6 eine unterschiedliche Bedeutung haben sollte. Insbesondere wird der Begriff der Verarbeitung in Art. 4 Nr. 2 legal definiert, sodass er im Rahmen der Verordnung stets dieselbe Bedeutung hat. Spricht nun Art. 28 Abs. 1 von einer Verarbeitung, ist diese folglich auch eine Verarbeitung iSv Art. 6 Abs. 1, für die eine Rechtfertigung erforderlich ist.

32.1 Öffentlich-rechtlich können zusätzliche Voraussetzungen für die Einschaltung Dritter bei Verarbeitungsvorgängen gelten (zur automatisierten Verwaltungsakte § 35a VwVfG, dazu Stegmüller NVwZ 2018, 353, ausführlich (→ BDSG 2018 § 62 Rn. 11, → BDSG § 62 Rn. 20 ff.).

III. Hinreichende Garantien, Art. 28 Abs. 1

33 Gemäß Art. 28 Abs. 1 darf der Verantwortliche nur mit Auftragsverarbeitern zusammenarbeiten, die hinreichenden Garantien (zur Problematik des Begriffes „Garantie" s. Kühling/Buchner/Hartung Rn. 56) für eine ordnungsgemäße Verarbeitung bieten. Laut Erwägungsgrund 81 sind Anknüpfungspunkt für die hinreichenden Garantien beim Auftragsverarbeiter Fachwissen, Zuverlässigkeit, Ressourcen und die Sicherheit der Verarbeitung. Es muss sichergestellt sein, dass die Vorgaben der Verordnung eingehalten werden und dass der Schutz der Rechte der betroffenen Person gewährleistet ist. Das dazu vorgesehene Mittel sind „geeignete technische und organisatorische Maßnahmen". Hier geht es zum einen um die Auswahlverantwortung des Verantwortlichen, zum anderen auch um die Weisung und Überwachung von Art und Weise (Sander PinG 2017, 251; systematisch Müthlein RDV 2016, 74 (75)) und der Prüfung des Auftragsverarbeitungsvertrags (Arens ZIP 2020, 1644 (1648). Dass die technischen und organisatorischen Maßnahmen nicht nur Ausdruck der Auswahlverantwortung des Verantwortlichen sind, sondern auch sein Weisungsrecht bezüglich der Art und Weise der Datenverarbeitung gegenüber dem Auftragnehmer verkörpern, betonen Sander PinG 2017, 251; von Holleben/Knaut CR 2017, 301 f.

34 Der für die Verarbeitung Verantwortliche muss den Auftragsverarbeiter also sorgfältig auswählen. Eine ähnliche Regelung fand sich bereits in § 11 Abs. 2 S. 1 BDSG aF, der wiederum auf Art. 17 Abs. 2 RL 95/46/EG zurückging. Auch dort wurde besonders auf die Eignung der vom Auftragnehmer getroffenen technischen und organisatorischen Maßnahmen abgestellt. In Art. 28 Abs. 1 wird darüber hinaus besonders betont, dass der Schutz der Rechte der betroffenen Person gewährleistet werden muss. Dies ist vor allem klarstellender Natur und keine echte Neuerung, da auch die Regelungen im BDSG aF und in der Richtlinie 95/46/EG den Schutz der betroffenen Person bezweckten.

35 Anders als § 11 Abs. 2 S. 4 BDSG aF und Art. 17 Abs. 2 Richtlinie 95/46/EG sieht Art. 28 Abs. 1 keine ausdrückliche Pflicht des Verantwortlichen vor, sich fortlaufend von der Einhaltung dieser Maßnahmen zu überzeugen. Dennoch bezieht sich Art. 28 ebenfalls auf den gesamten Zeitraum der Auftragsverarbeitung. Es wäre widersinnig, wenn der Verantwortliche beim Umgang mit derart sensiblen Daten nicht dazu angehalten wäre, dauerhaft zu überprüfen, dass mit diesen Daten ordnungsgemäß umgegangen wird. Eine solche Freizeichnung würde dem Schutzanliegen widersprechen. Dies lässt sich auch anhand des Wortlauts der Vorschrift („arbeitet (...) nur mit") herleiten, denn die gemeinsame Arbeit umfasst den kompletten Verarbeitungszeitraum (Paal/Pauly/Martini Rn. 21; ebenso Plath/Plath Rn. 8 und Kühling/Buchner/Hartung Rn. 60). Allerdings bedeutet dies selbstverständlich keine Pflicht zu ununterbrochener Überprüfung (im Hinblick auf „Prüfungsturnusse" vgl. Taeger/Gabel/Lutz/Gabel Rn. 32). Nach der Rechtsprechung sei ein vertraglicher Vorbehalt eines Kontrollrechts ausreichend; im Übrigen führt auch eine Vernachlässigung von Überprüfungs- und Dokumentationspflichten durch den Verantwortlichen nicht zur Unwirksamkeit der Auftragsdatenverarbeitung (LG Frankfurt a. M. ZD 2018, 90 (91)). Für die Folgen bei Zweifeln gilt das jeweilige Recht für den Auftrag, mithin also bei privaten Verträgen das Vertragsrecht des Bürgerlichen Rechts und des Handelsrechts. Art. 28 wirkt, soweit Auslegungsspielräume bestehen, beispielsweise bei den gesetzlichen Voraussetzungen einer außerordentlichen Kündigung, auf das private Vertragsrecht ein.

Als Nachweis für hinreichende Garantien kann gem. Art. 28 Abs. 5 die Einhaltung genehmigter **36** Verhaltensregeln oder eines genehmigten Zertifizierungsverfahrens durch den Auftragsverarbeiter herangezogen werden (→ Rn. 90 ff.).

IV. Einsatz von Unterauftragnehmern, Art. 28 Abs. 2, 4

Grundsätzlich gilt für den Auftragsverarbeiter das Prinzip eigenhändiger Leistungserbringung. **37** Der Auftragnehmer darf daher nicht privatautonom Dritte mit der Datenverarbeitung beauftragen. Art. 28 Abs. 2 eröffnet ihm jedoch unter bestimmten Voraussetzungen die Möglichkeit, seinerseits Auftragsverarbeiter in Anspruch zu nehmen. Bei Art. 28 Abs. 2, 4 handelt es sich um eine sachbereichsspezifische Beschränkung der das Zivilrecht prägenden freien Auswahl von Erfüllungsgehilfen (§ 278 BGB).

Die Beschränkungen gelten nur, wenn die Unterstützungsleistungen des Dritten ihrerseits Auf- **38** tragsverarbeitungen sind. Sonstige Unterstützungs- und Hilfstätigkeiten sind nicht erfasst. Die DS-GVO gilt – anders als § 11 BDSG aF (siehe dessen Abs. 5) – nicht für die Prüfung und Wartung von Datenverarbeitungsprozessen (aA Schmidt/Freund ZD 2017, 14 (16 f.); Schuster/Grützmacher, IT-Recht, 1. Aufl. 2020, Rn. 39 f.). Die Datenschutzkonferenz lehnt eine Auftragsverarbeitung bei technischen Wartungen ab, bei der nur die technische Infrastruktur gepflegt werde, ohne auf die personenbezogenen Daten einzuwirken (Kurzpapier Nr. 13 der unabhängigen Datenschutzbehörden des Bundes und der Länder, 3 f., abrufbar unter: https://www.datenschutzzentrum.de/uploads/dsgvo/kurzpapiere/DSK_KPNr_13_Auftragsverarbeitung.pdf; Breyer K&R 2019, 636 (638); Zu den Folgen einer Einwirkung auf die personenbezogenen Daten während der IT-Wartung → Rn. 21). Zu den Abgrenzungsschwierigkeiten von Auftragsverarbeitung und der beiläufigen Kenntnisnahme bei Wartungstätigkeiten s. Kühling/Buchner/Hartung Rn. 54.

Die Weiterübertragung des Auftrags oder auch von Teilen desselben ist von einer vorherigen **39** „Genehmigung" des Verantwortlichen abhängig, die jedoch als „Einwilligung" nach § 183 Abs. 1 BGB im Sinne einer **vorherigen Zustimmung** zu verstehen ist. Diese muss immer **schriftlich** erfolgen (so auch Paal/Pauly/Martini Rn. 62), denn anders als in Art. 28 Abs. 9 ist die elektronische Form an dieser Stelle nicht ausreichend (aA DSK Kurzpapier Nr. 13 Auftragsverarbeitung, Art. 28 DS-GVO, 3, abrufbar unter: https://www.lda.bayern.de/media/dsk_kpnr_13_auftragsverarbeitung.pdf). Die erhöhten Anforderungen ziehen ihre Rechtfertigung aus den besonderen Risiken, die eine Unterbeauftragung sowohl für den Verantwortlichen als auch für die betroffene Person mit sich bringt. Insbesondere für die allgemeine Genehmigung erfüllt das Schriftformerfordernis eine besondere Warnfunktion (aA Kühling/Buchner/Hartung Rn. 97).

Die Genehmigung kann entweder **gesondert** erteilt werden, also unter konkreter Nennung **40** des für den Einzelfall gestatteten Unterauftragsverarbeiters, oder aber in **allgemeiner Weise,** bei der dem Auftragnehmer nur gewisse Vorgaben für seine Auswahl gemacht werden. In letzterem Fall hat der Auftragsverarbeiter den Verantwortlichen immer über jede beabsichtigte Änderung in Bezug auf die Hinzuziehung oder die Ersetzung anderer Auftragsverarbeiter informieren. So ist gewährleistet, dass der Verantwortliche nachvollziehen kann, wer welche Daten verarbeitet. Außerdem wird ihm die Möglichkeit eingeräumt, gegen derartige Änderungen Einspruch zu erheben.

An dieser Stelle ist der Wortlaut der Verordnung allerdings etwas unpräzise, weshalb es umstritten **41** ist, wie weit das Recht zum Einspruch tatsächlich reicht. Teilweise wird verlangt, dass dem Verantwortlichen nur eine eingeschränkte Einspruchsbefugnis zusteht, von der er nur Gebrauch machen dürfe, wenn zB jemand beauftragt werden soll, der nicht unter die vereinbarten Auswahlkriterien fällt oder keinen ausreichenden Schutz der zu verarbeitenden Daten gewährleisten kann (Plath/Plath Rn. 11; Wybitul/Tinnefeld/Krätschmer, EU-Datenschutz-Grundverordnung, 1. Aufl. 2017, Rn. 40). Dagegen spricht aber, dass Art. 28 Abs. 2 S. 2 gerade keine Einschränkung des Einspruchsrechts bereithält (ebenso ohne Einschränkung von einem Einspruchsrecht sprechend: DSK Kurzpapier Nr. 13 Auftragsverarbeitung, Art. 28 DS-GVO, 3, abrufbar unter: https://www.lda.bayern.de/media/dsk_kpnr_13_auftragsverarbeitung.pdf). Zudem ist es der ursprüngliche Auftraggeber, der die ganze Zeit über für die Verarbeitung verantwortlich bleibt. Ihm muss daher stets die letzte Entscheidungsbefugnis zustehen (zustimmend Brüggemann/Voigt/Reuter NZBau 2019, 226 (230)). Daran soll auch die Erteilung einer allgemeinen Genehmigung zur Eingehung von Unterauftragsverhältnissen nichts ändern; ansonsten würde davon wohl nie Gebrauch gemacht werden. Vielmehr soll Auftraggeber und Auftragnehmer die Möglichkeit gegeben werden, zu Beginn der Zusammenarbeit lediglich allgemeine Vorgaben zu treffen, die erst zu einem späteren Zeitpunkt konkretisiert werden. Nach richtiger Ansicht gilt daher das Recht zum Widerspruch ohne Einschränkung, sodass die Entscheidungsgewalt beim Verantwortlichen bleibt. Er kann daher nach dem gesetzlichen Konzept und **vertraglichen** freiem Ermessen jede Beauftragung eines Unterauftragsverarbeiters untersagen. Dies gewährleistet seine Hoheit über die Datenverarbeitung und ist damit eine typische Ausprägung des Konstrukts der Auftragsverarbeitung. Ungeachtet dessen können die Parteien allerdings eine Beschränkung des Einspruchsrechts vereinbaren (so auch Brüggemann/Voigt/Reuter NZBau 2019, 226 (230); Kühling/Buchner/Hartung Rn. 88; differenzierend Müthlein RDV 2016, 82 f.).

42 Derzeit nicht belegt.

43 Schließlich müssen bei der Einschaltung von Unterauftragnehmern die Vorgaben des Art. 28 Abs. 4 beachtet werden. Dem Unterauftragnehmer müssen demnach dieselben Datenschutzpflichten auferlegt werden, die zwischen dem Verantwortlichen und dem Auftragsverarbeiter gem. Art. 28 Abs. 3 bestehen. Dies geschieht durch einen Vertrag oder ein anderes Rechtsinstrument nach dem Recht der Union oder dem Recht der Mitgliedstaaten (→ Rn. 46 ff.). Auch der Unterauftragnehmer muss hinreichende Garantien dafür bieten, dass die geeigneten technischen und organisatorischen Maßnahmen so durchgeführt werden, dass die Verarbeitung entsprechend den Anforderungen der Verordnung erfolgt. Als Nachweis hierfür kann gem. Art. 28 Abs. 5 wiederum die Einhaltung genehmigter Verhaltensregeln oder eines genehmigten Zertifizierungsverfahrens durch den Auftragsverarbeiter herangezogen werden (→ Rn. 90 ff.).

44 Kommt der Unterauftragnehmer seinen Datenschutzpflichten nicht nach, haftet gem. Art. 28 Abs. 4 S. 2 allein der erste Auftragsverarbeiter gegenüber dem Verantwortlichen. Das gilt auch beim Vorliegen einer Kette von Unterauftragnehmern (Paal MMR 2020, 14 (15 f.); NK-DatenschutzR/Petri Rn. 85). Ein Durchgriff des Verantwortlichen auf die Unterauftragnehmer ist nicht möglich. Im Außenverhältnis haften jedoch auch Unterauftragnehmer nach Maßgabe von Art. 82 (Paal/Pauly/Martini Rn. 66; ausführlich dazu v. Holleben/Knaut CR 2017, 302). Die verschuldensunabhängige Haftung des Art. 28 Abs. 4 S. 2 ist auf das Außenverhältnis nicht übertragbar, sodass sich der Auftragsverarbeiter gegenüber dem Geschädigten nach Art. 82 Abs. 2 S. 2, Abs. 3 exkulpieren kann (Paal MMR 2020, 14 (16)). Ansonsten haften der Verantwortliche, der Auftragsverarbeiter und sämtliche Unterauftragnehmer als weitere Auftragsverarbeiter dem Geschädigten gem. Art. 82 Abs. 4 als Gesamtschuldner (NK-DatenschutzR/Petri Rn. 85; Paal MMR 2020, 14 (18)).

45 Eine nationale Regelung zum Einsatz von Unterauftragnehmern fand sich früher im deutschen Recht nur bedingt (vgl. § 11 Abs. 2 S. 2 Nr. 6 BDSG aF). Die Norm enthielt lediglich die Vorgabe, dass der Vertrag zwischen Verantwortlichem und Auftragnehmer eine etwaige Berechtigung für den Einsatz von Unterauftragnehmern zu enthalten hat. Konkrete Vorgaben für den Einsatz von Unterauftragnehmern sind im BDSG nicht zu finden. Allerdings war auch hier bisher anerkannt, dass der Auftragnehmer dafür Sorge zu tragen hat, dass der Unterauftragnehmer die Bestimmungen des zwischen Auftraggeber und Auftragnehmer Vereinbarten einhält (Plath/Plath BDSG § 11 Rn. 106; zur Forderung eines „Durchgriffsprüfrechts" des Verantwortlichen gegenüber dem Unterauftragnehmer vgl. Taeger/Gabel/Gabel/Lutz Rn. 67). Die Vereinbarung mit dem Unterauftragnehmer musste also ebenfalls den Anforderungen von § 11 BDSG aF genügen (→ BDSG 2003 (aK) § 11 Rn. 106).

V. Vertrag oder anderes Rechtsinstrument als Handlungsform

46 Art. 28 Abs. 3 betrifft das rechtliche Verhältnis zwischen Auftraggeber und Auftragnehmer. Die Verarbeitung kann auf der Grundlage eines Vertrages durchgeführt werden. Nach der Rechtsprechung ist für das Verarbeiten personenbezogener Daten im Auftrag des Verantwortlichen kein Auftragsverhältnis iSv § 662 BGB zwischen dem Verantwortlichen und dem Auftragsverarbeiter notwendig (VG Bayreuth ZD 2018, 382; dem zustimmend Seiter DuD 2019, 127). Die vertragliche Regelung der weisungsgebundenen Tätigkeit müsse nur schriftlich oder elektronisch erfolgen.

Dabei können individuelle Regelungen als auch die von der EU-Kommission sowie von den zuständigen Aufsichtsbehörden formulierten Standardvertragsklauseln verwendet werden, vgl. Art. 28 Abs. 6 (Kurzpapier Nr. 13 der unabhängigen Datenschutzbehörden des Bundes und der Länder, S. 2, abrufbar unter: https://www.datenschutzzentrum.de/uploads/dsgvo/kurzpapiere/DSK_KPNr_13_Auftragsverarbeitung.pdf).

46a Daneben kann die Verarbeitung aber auch auf einem anderen Rechtsinstrument nach dem Recht der Union oder dem Recht der Mitgliedstaaten basieren. Dies ist eine Öffnungsklausel für mitgliedstaatliche Regelungen. Statt der Vertragsform können die Mitgliedstaaten eine andere Gestaltungsform für die Rechtsbeziehungen zwischen Verantwortlichem und Auftragsverarbeiter vorsehen. Dies wird der Befugnis der Mitgliedstaaten gerecht, ihre rechtlichen Handlungsinstrumente selbst und autonom zu regeln (Kühling/Martini DS-GVO 79). Als Beispiel für das andere Rechtsinstrument wird in Abgrenzung zum Vertrag eine einseitig bindende Verpflichtung des Auftragnehmers aufgeführt (Härting ITRB 2016, 137 (139)); dem zustimmend: Kühling/Buchner/Hartung Rn. 63). Im nationalen Recht finden sich solche Anordnungen der Auftragsverarbeitung vor allem bei staatlichen Registern und im Verwaltungsrecht, etwa durch Beleihungen (Simitis/Petri BDSG § 11 Rn. 15).

47 Die Formulierung von Art. 28 Abs. 3 macht aber deutlich, dass dieses andere Rechtsinstrument inhaltlich dieselben Voraussetzungen erfüllen muss wie ein zwischen den Parteien geschlossener Vertrag. Den Mitgliedstaaten steht also keine inhaltliche Regelungsbefugnis zu. Sie können vielmehr nur das Instrument ausgestalten. Die Mindestanforderungen an die Auftragsverarbeitung legt allein die DS-GVO fest. Sehr treffend wird hierzu von einem Spielraum bezüglich der instrumentellen „Wie" gesprochen, während ein solcher bezüglich des inhaltlichen „Ob" verneint wird (Kühling/Martini DS-GVO 80). Die Öffnungsklausel hat somit eine sehr begrenzte Reichweite und dient nur dazu, der Diversität der mitgliedstaatlichen Handlungsinstrumente gerecht zu werden. Das BDSG macht von der Öffnungsklausel keinen Gebrauch.

48 Im Hinblick auf die unter der Rechtslage von § 11 BDSG aF abgeschlossenen Verträge stellt sich die Frage, ob diese uneingeschränkt weiterhin gelten. Die nunmehr in Art. 28 Abs. 3 festgelegten Mindestanforderungen sind nicht kongruent mit denen des § 11 Abs. 2 S. 2 Nr. 1–10 BDSG aF, überschneiden sich jedoch größtenteils (weitere Einzelheiten hierzu → Rn. 50 ff.; Plath/Plath Rn. 25 f.; Kühling/Buchner/Hartung Rn. 83). Eine Übergangsregelung, wie solche Altverträge zu behandeln sind (Kühling/Buchner/Hartung Rn. 84), oder eine Bestandschutzregelung sieht die DS-GVO nicht vor (NK-DatenschutzR/Petri Rn. 95). Es ist auch nicht davon auszugehen, dass die Altverträge automatisch mit Inkrafttreten der DS-GVO hinfällig sind; sie können sogar unter bestimmten Bedingungen weiterverwendet werden (Gürtler ZD 2019, 51 (54)). Empfehlenswert ist es daher zunächst, bestehende Altverträge einzeln dahingehend zu überprüfen, inwieweit sie der DS-GVO entsprechen (Ehmann/Selmayr/Bertermann Rn. 32; Plath/Plath Rn. 25; ausführliche Gegenüberstellung der alten mit der neuen Rechtslage einschließlich Handlungsanweisungen bei Gürtler ZD 2019, 51 ff.). Keinen Einfluss auf die Fortgeltung von Verträgen haben sprachliche Bezeichnungen der Akteure, bspw. Auftragsdatenverarbeiter anstatt Auftragsverarbeiter (Plath/Plath Rn. 27). Ergeben sich aber nach einer Prüfung Lücken in der bisherigen vertraglichen Regelung (Beispiele hierzu im NK-DatenschutzR/Petri Rn. 96), dann ist zunächst eine ergänzende Vertragsauslegung gem. § 157 BGB vorzunehmen. Diese ist bei einer nachträglichen Änderung der Gesetzeslage vorrangig gegenüber einer Vertragsanpassung nach § 313 BGB (BeckOK BGB/Lorenz BGB § 313 Rn. 55). Voraussetzung für eine ergänzende Vertragsauslegung ist das Vorliegen eines wirksamen Vertrages (kein Dissens, keine Willensmängel) sowie das Bestehen einer Regelungslücke, also einer planwidrigen Unvollständigkeit in den Bestimmungen des Vertrages (BGHZ 9, 273 (277) = NJW 1953, 937; BGHZ 90, 69 (73) = NJW 1984, 1177 (1178); BGH NJW-RR 1990, 817 (818)). Eine solche ist gegeben, „wenn der Vertrag eine Bestimmung vermissen lässt, die erforderlich ist, um den ihm zugrundeliegenden Regelungsplan der Parteien zu verwirklichen, mithin ohne Vervollständigung des Vertrags eine angemessene, interessengerechte Lösung nicht zu erzielen ist" (BGH NJW 2018, 2469 (2470)). Maßgebend zur Schließung der Regelungslücke ist dann der hypothetische Parteiwille (Palandt/Ellenberger, BGB, 79. Aufl. 2020, BGB § 157 Rn. 7), weshalb es darauf ankommt, welche Regelung die Parteien getroffen hätten, wenn sie den offen gebliebenen Punkt bedacht hätten (BGHZ 9, 273 (277 f.) = NJW 1953, 937). Allerdings darf eine ergänzende Vertragsauslegung keine (wesentliche) „Erweiterung des Vertragsgegenstandes" zur Folge haben (BGHZ 40, 91 (103) = NJW 1963, 2071 (2075); Palandt/Ellenberger, BGB, 79. Aufl. 2020, BGB § 157 Rn. 9), sondern muss sich im vertraglich „gesteckten Rahmen" bewegen (BGH NJW 1982, 2190 (2191)).

49 Scheidet eine ergänzende Vertragsauslegung durch Nichtvorliegen der Voraussetzungen aus, dann ist eine Vertragsanpassung über die Grundsätze der Störung der Geschäftsgrundlage gem.

DS-GVO Artikel 28 Kapitel IV. Verantwortlicher und Auftragsverarbeiter

§ 313 Abs. 1 und 3 BGB in Betracht zu ziehen. Wurde allerdings der Vertrag kurz vor Inkrafttreten der DS-GVO abgeschlossen, dann ist eine Vertragsanpassung nach Geschäftsgrundlagegrundsätzen fragwürdig (ablehnend Malatidis ITRB 2019, 96 (97); Plath/Plath Rn. 27a), weil eine Änderung bereits vorhersehbar war (vgl. BGH NJW 2002, 3695 (3698), nicht abgedruckt in BGHZ 152, 114). Daneben steht es den Parteien jedoch frei, je nach Ausgestaltung des Altvertrags sowie dessen Laufzeit, eine Ergänzungsvereinbarung oder einen neuen Vertrag abzuschließen (Ehmann/Selmayr/Bertermann Rn. 32; Gürtler ZD 2019, 51; Malatidis ITRB 2019, 96 (98)). Darüber hinaus wird derzeit diskutiert, ob den Vertragsparteien ein außerordentliches Kündigungsrecht in Anbetracht des Altvertrags aufgrund der Gesetzesänderung zusteht (ablehnend Malatidis ITRB 2019, 96 (98)). Dies ist nur dann diskutabel, wenn die ergänzende Vertragsauslegung nicht weiterhilft und eine Geschäftsgrundlagenanpassung durch Vertragsergänzung scheitert. Für den Zeitraum, die die Parteien zur Anpassung lückenhafter Altverträge an die Vorgaben der DS-GVO benötigen, sehen die Aufsichtsbehörden von der Verhängung aufsichtsrechtlicher Sanktionen ab (Bayerisches Landesamt für Datenschutzaufsicht, 8. Tätigkeitsbericht 2017/2018, 41, abrufbar unter: https://www.lda.bayern.de/media/baylda_report_08.pdf). Nach Auffassung des Bayerischen Landesamts für Datenschutzaufsicht gelte der Sanktionsverzicht nur für die Zeitspanne, in der die Parteien tatsächlich einigungsbereit seien und für die betroffenen Daten kein Nachteil entstehe. Zudem müsse es sich um einen vertretbaren Zeitraum handeln, der allerdings nicht näher vom Bayerischen Landesamt für Datenschutzaufsicht bestimmt wurde (Piltz DSB 2019, 165) und damit eine Frage des Einzelfalls bleibt.

VI. Inhaltliche Anforderungen an den Vertrag oder das andere Rechtsinstrument

50 Art. 28 Abs. 3 normiert die inhaltlichen Mindestanforderungen an den Vertrag zwischen Verantwortlichem und Auftragsverarbeiter bzw. an das andere Rechtsinstrument (siehe EPDB, Guidelines 07/2020 v 2.0, Rn. 111 ff.). Die Aufzählung ist nicht abschließend („insbesondere"), sodass es den Parteien freisteht, weitere Pflichten zu vereinbaren. Eine ähnliche Regelung existierte mit § 11 Abs. 2 S. 2 BDSG aF. Es kann daher weitestgehend auf die bereits dazu bekannten Grundsätze zurückgegriffen werden. Soweit sich Änderungen ergeben haben, werden sie im Folgenden angesprochen (vertiefend Conrad/Seiter RDV 2021, 186).

1. Gegenstand, Dauer, Art und Zweck der Verarbeitung; Art der personenbezogenen Daten; Kategorien betroffener Personen; Pflichten und Rechte des Verantwortlichen, Art. 28 Abs. 3 S. 1

51 Der Gegenstand der Verarbeitung muss genau festgelegt werden. Von wesentlicher Bedeutung ist, dass der Vertrag konkret-situationsbezogen ausformuliert ist und sich nicht auf gesetzeswiederholende sachverhaltsferne Standardklauseln bezieht (EPDB, Guidelines 07/2020 v 2.0, Rn. 112): Zu § 11 BDSG aF wurde dazu das Erfordernis aufgestellt, dass die vom Beauftragten vorzunehmende Datenverarbeitung stets einem bestimmten Auftrag zugeordnet werden kann (Simitis/Petri BDSG § 11 Rn. 66). Dies lässt sich auch auf die DS-GVO übertragen.

52 Zudem ist die Dauer zu bestimmen. Wie schon im früheren deutschen Recht anerkannt (Simitis/Petri BDSG § 11 Rn. 66), ist auch hier davon auszugehen, dass Verträge mit unbefristeter Laufzeit nicht ausgeschlossen sind, sofern eine Beendigungsmöglichkeit durch ordentliche Kündigung vorgesehen ist. Bei IT-Outsourcing-Verträgen, die einem Dauerschuldverhältnis nahekommen, besteht für beide Vertragsparteien zudem die Möglichkeit, von der Kündigung aus wichtigem Grund nach § 314 BGB Gebrauch zu machen (Heydn CR 2018, 621 (623)). Nach der Rechtsprechung beträgt die Frist, innerhalb derer gem. § 314 Abs. 3 BGB die außerordentliche Kündigung zu erklären ist, maximal 2 Monate (OLG Köln CR 2018, 631 (Ls.); nähere Erläuterungen zur Fristberechnung bei Elteste ITRB 2019, 85 ff.).

53 Art und Zweck der Verarbeitung müssen festgelegt werden, genau wie die Art der personenbezogenen Daten, Kategorien betroffener Personen und die Pflichten und Rechte des Verantwortlichen. Es sind jeweils konkrete Einzelangaben erforderlich (EDSA Guidelines 7/2020 Rn. 111 ff.).

54 Mit der Art der Verarbeitung sind ihre Modalitäten gemeint, wie sie in Art. 4 Nr. 2 aufgezählt sind. Darunter fallen beispielsweise das Erheben, die Organisation, die Anpassung, die Verbreitung oder auch die Vernichtung der Daten.

55 Mit dem Zweck ist die Intention der Verarbeitung gemeint, wobei konkrete Angaben hier besonders wichtig sind, da durch dessen Eingrenzung die Zweckbindung nach Art. 5 Abs. 1 lit. b, Art. 6 Abs. 4 begründet wird (Paal/Pauly/Martini Rn. 31; vgl. Erwägungsgrund Nr. 39: „eindeutig und rechtmäßig").

Die Art der personenbezogenen Daten muss „in the most detailed manner as possible" benannt werden (EBDP, Guidelines 7/2020, Rn. 111). Der Begriff findet sich auch in Art. 6 Abs. 4 lit. c, der wiederum Bezug auf Art. 9 und Art. 10 nimmt. Bei Art. 9 handelt es sich um besondere Kategorien personenbezogener Daten, beispielsweise bezüglich der Rasse, religiöser Anschauung oder der sexuellen Orientierung, während sich Art. 10 mit Daten über strafrechtliche Verurteilungen und Straftaten befasst. Beides sind sehr sensible Datenkategorien, die auch besonderen grundrechtlichen Schutz genießen. Als Art der Daten kommen zum Beispiel Mitarbeiter- oder Kundendaten in Betracht (Gola/Schumerus/Gola et al. BDSG § 11 Rn. 18a). Hier sind Überschneidungen der Festlegung der Kategorien betroffener Personen denkbar (in diesem Sinne auch Plath/Plath Rn. 21). 56

Zudem sind die Pflichten und Rechte des Verantwortlichen festzulegen. Dies soll den Parteien die Rechtsfolgen ihrer Vereinbarung deutlich machen. Es geht darum, die abstrakten Vorgaben der Verordnung auf den Einzelfall anzupassen und entsprechend festzulegen (Paal/Pauly/Martini Rn. 34). Aufgrund vertraglicher Leistungssicherungspflichten nach § 241 Abs. 1 BGB sei bei Auftragsverarbeitungen, die die Überlassung von hochwertiger Software zum Gegenstand haben, zu beachten, dass ein Anspruch des Verantwortlichen auf Aktualisierung der Software wegen Gesetzesänderungen bestehe (Raue CR 2018, 277). Maßgebend sei jedoch der konkrete Vertragsinhalt, die eine Abbedingung der Aktualisierungspflicht beinhalten könne (Raue CR 2018, 277 (283)). 57

2. Verarbeitung nur auf dokumentierte Weisung des Verantwortlichen (Art. 28 Abs. 3 S. 2 lit. a)

Es entspricht dem Charakter der Auftragsverarbeitung, dass der Auftragnehmer an die Weisungen des Verantwortlichen gebunden ist und nur auf deren Grundlage tätig wird. Dies ist in Art. 29 geregelt. Art. 28 Abs. 3 S. 2 lit. a sieht vor, dass dies zudem vertraglich festgehalten wird. Der Vertrag muss vorschreiben, dass der Auftragsverarbeiter die personenbezogenen Daten nur auf dokumentierte Weisung des Verantwortlichen verarbeitet. Dies stellt keine Formvorschrift dar, sondern legt dem Auftragsverarbeiter die Pflicht auf, die Weisung zu dokumentieren (Paal/Pauly/Martini Rn. 38). Die Weisung selbst unterliegt keiner besonderen Form. 58

Auch wie, bzw. durch wen (zum Streit, ob die Dokumentation durch den Auftragsverarbeiter, den Verantwortlichen oder ggf. durch beide erfolgen kann s. Schuster/Grützmacher/Freund, IT-Recht, 1. Aufl. 2020, Rn. 81 mwN) die Dokumentation zu erfolgen hat, legt der Gesetzgeber nicht näher fest. Jedoch spricht der Wortlaut („Dokumentation") dafür, dass eine schriftliche oder auch elektronische Fixierung erforderlich ist. Bezüglich der genauen Ausgestaltung dieser Fixierung hat der Auftragsverarbeiter einen Ermessensspielraum. Ziele einer Dokumentation sind Beweisbarkeit und Nachvollziehbarkeit. Bei der Wahl des Mittels der Dokumentation sollte sich der Auftragsverarbeiter an diesen Zwecken orientieren und ein Medium wählen, das dieses sicherstellt. Aufgrund der Haftungsprivilegierung in Art. 82 Abs. 2 S. 2 ist eine Dokumentation der Weisung besonders wichtig, weil sie Aussagen zu Verantwortungsteilen trifft und damit eine Überprüfung ermöglicht, ob sich der Auftragsverarbeiter an die Weisungen gehalten hat (Grages CR 2020, 232 (236)). 59

Eine Ausnahme zum Prinzip der Verarbeitung nur auf dokumentierte Weisung des Verantwortlichen ist für den Fall vorgesehen, dass der Auftragsverarbeiter durch das Recht der Union oder das Recht der Mitgliedstaates, dem er unterliegt, zur Verarbeitung verpflichtet ist. Er verarbeitet dann unabhängig von einer Weisung. In diesem Fall muss er dem Verantwortlichen diese rechtlichen Anforderungen jedoch vor der Verarbeitung mitteilen. So wird sichergestellt, dass der Verantwortliche über die Verarbeitungsprozesse in Kenntnis ist, selbst wenn er sie nicht beeinflussen kann. Eine Mitteilung ist nicht erforderlich, wenn das betreffende Recht eine Mitteilung wegen eines wichtigen öffentlichen Interesses verbietet. Eine solche Ausnahme kennt das BDSG nicht. 60

Die beschriebene Öffnungsklausel, nach der Mitgliedstaaten eine Datenverarbeitungspflicht unabhängig von einer Weisung des Verantwortlichen konstituieren können, ist eine bemerkenswerte Ausnahme vom Grundprinzip der Auftragsverarbeitung, nach dem stets der Verantwortliche die Verarbeitung in den Händen hält. 61

Sie reicht inhaltlich jedoch nicht so weit, wie es auf den ersten Blick scheint. Der offene Wortlaut darf nicht missverstanden werden. Angesichts der differenzierten Ausgestaltung mitgliedstaatlicher Verarbeitungsbefugnisse ist eine restriktive Auslegung geboten. Daher handelt es sich um eine unechte Öffnungsklausel. Solche verweisen auf eine andere in der Verordnung bestehende Öffnungsklausel und ermächtigen nicht zu einem selbständigen mitgliedstaatlichen Handeln (Kühling/Martini DS-GVO 11). Art. 28 Abs. 3 S. 2 lit. a setzt also eine anderweitige Öffnungsklausel 62 voraus, wobei insbesondere Art. 6 Abs. 1 S. 1 lit. c, Abs. 2, Abs. 3 in Betracht kommt. Anderenfalls könnten die Mitgliedstaaten dessen spezifische Anforderungen unterlaufen (ausführlich Kühling/ Martini DS-GVO 11).

3. Vertraulichkeitsverpflichtung (Art. 28 Abs. 3 S. 2 lit. b)

63   Nach Art. 28 Abs. 3 S. 2 lit. b muss der Auftragsverarbeiter gewährleisten, dass sich die zur Verarbeitung der personenbezogenen Daten befugten Personen zur Vertraulichkeit verpflichten oder einer angemessenen gesetzlichen Verschwiegenheitspflicht unterliegen. Inhaltlich verlangt die Vorschrift das früher in § 5 BDSG aF gesetzlich geregelte Datengeheimnis von Mitarbeitern nun rechtsgeschäftlich sicherzustellen. Es soll sichergestellt werden, dass personenbezogene Daten nicht unbefugt verarbeitet werden. Dies ist als allgemeiner Grundsatz für die Verarbeitung personenbezogener Daten in Art. 5 Abs. 1 lit. f festgelegt und wird auch in Erwägungsgrund 39 festgehalten. Dieses allgemeine Erfordernis der Vertraulichkeit wird in Art. 28 Abs. 3 S. 2 lit. b auf den Spezialfall der Auftragsverarbeitung übertragen und entsprechend konkretisiert. Die Vorschrift will zum Schutz der betroffenen Personen die Weitergabe der Daten an Unbefugte verhindern. Die internen Strukturen des Auftragsverarbeiters müssen daher Vertraulichkeit gewährleisten.

64   Zur Vertraulichkeit zu verpflichten haben sich alle Personen, die im Zusammenhang mit ihrer Tätigkeit Kenntnis von den personenbezogenen Daten erhalten können. Auf die Art der Tätigkeit kommt es dabei nicht an. Der Schutzzweck gebietet es, dass all diese Personen sich zur Vertraulichkeit verpflichten, unabhängig von ihrem Aufgabenbereich oder der Intensität der Berührung mit den personenbezogenen Daten. Eine unmittelbare Vertraulichkeitsverabredung zwischen dem Verantwortlichem und den Mitarbeitern des Auftragsverarbeitenden soll nach teilweise vertretener Ansicht jedoch nicht erforderlich sein (vgl. Taeger/Gabel/Lutz/Gabel Rn. 48).

65   Zur Form der Verpflichtung stellt die Vorschrift keine besonderen Anforderungen auf. Die Verpflichtung ist daher formlos möglich. Eine schriftliche Festhaltung oder Textform ist jedoch aus Beweisgesichtspunkten empfehlenswert.

66   Während § 5 BDSG aF lediglich davon sprach, dass die Personen auf das Datengeheimnis zu verpflichten sind, spricht Art. 28 Abs. 3 S. 2 lit. b davon, dass die betroffenen Personen sich verpflichten müssen. Zur deutschen Regelung galt angesichts dieser Formulierung daher, dass die Verpflichtung einseitig durch die verantwortliche Stelle erfolgt und keinen vertraglichen Charakter hat. Die Formulierung in der DS-GVO spricht jedoch davon, dass die betroffenen Personen sich verpflichten. Dies legt es nahe, dass eine einseitige Auferlegung der Vertraulichkeitsverpflichtung durch den Auftragsverarbeiter nicht ausreicht, sondern sogar eine gesonderte Pflichtenunterwerfung erforderlich sei. Dies würde wohl aber den Wortlaut überdehnen, denn eine vertragliche Verpflichtung kann sich beispielsweise auch aus arbeitsvertraglichen, ungeschriebenen Nebenpflichten, gegebenenfalls konkretisiert durch arbeitsvertragliche Weisungen, ergeben. Ob diese Verpflichtung einseitig auferlegt wird oder durch einen Vertrag festgehalten wird, ist für den Schutzzweck der Norm – den Schutz personenbezogener Daten – wenig relevant, solange Rechtsklarheit besteht. Folgt man dem Wortlaut, scheint nach deutschem Recht innerhalb des Arbeitsverhältnisses keine Mitwirkung der entsprechenden Personen und schon gar keine gesonderte vertragliche Schweigepflichtunterwerfung erforderlich zu sein. Etwas gänzlich anderes gilt allerdings bei anderen Personen als Arbeitnehmern. Hier besteht keine rechtlich gesicherte Direktionsbefugnis des Verantwortlichen, sodass hier in aller Regel ausdrückliche vertragliche Regelungen erforderlich sind. Die von § 5 BDSG aF abweichende Formulierung dürfte damit vor allem in den weniger eindeutigen Fällen zu einer Formalisierung der best practice führen.

67   Eine Verpflichtung zur Vertraulichkeit ist nicht erforderlich, wenn die Personen, die mit den personenbezogenen Daten in Berührung kommen, bereits einer gesetzlichen Verschwiegenheitspflicht unterliegen, soweit diese nicht wiederum ihrerseits eine Verpflichtung voraussetzt. Der Personenkreis, der in Deutschland einer solchen gesetzlichen Verschwiegenheitsverpflichtung unterliegt, ergibt sich insbesondere aus § 203 StGB und aus berufsrechtlichen Regelungen (im öffentlichen Sektor (→ BDSG 2018 § 62 Rn. 48). Zu den gesetzlichen Pflichten gehören auch Pflichten, die auf gesetzlicher Grundlage verordnungs- oder satzungsrechtlich wirksam festgelegt sind. Demgegenüber reichen private Regelungswerke wie Verhaltensregeln oder Vereinsrecht nicht. Eine Strafbewehrung ist nicht erforderlich. Demgegenüber dürfte ein wirksamer Sanktions- und Überwachungsmechanismus unerlässlich sein, da es sich sonst nicht um eine „angemessene" Pflicht iSd DS-GVO handelt.

4. Datensicherheit, Art. 28 Abs. 3 S. 2 lit. c

Zudem muss der Vertrag oder das andere Rechtsinstrument vorsehen, dass der Auftragsverarbei- 68
ter alle gem. Art. 32 erforderlichen Maßnahmen ergreift. Diese Vorschrift sieht vor, dass angemessene technische und organisatorische Schutzmaßnahmen getroffen werden. Diese Maßnahmen sollen die personenbezogenen Daten vor Angriffen Unbefugter von außen schützen und allgemeine Sicherheitsrisiken abschirmen (Paal/Pauly/Martini Art. 32 Rn. 44). Da sich die Daten im Machtbereich des Auftragsverarbeiters befinden, ist es unerlässlich, dass neben dem Verantwortlichen auch ihn die Pflicht zur Vornahme entsprechender Schutzmaßnahmen trifft.

Im deutschen Recht galt hierfür § 11 Abs. 2 S. 2 Nr. 3 BDSG aF, der auf § 9 BDSG aF verwies. 69
Danach sind die technischen und organisatorischen Maßnahmen zu treffen, die erforderlich sind, um die Ausführung der Vorschriften des BDSG zu gewährleisten. Diese Norm ist sehr allgemein gehalten. Daher reichte eine bloße Wiedergabe der Inhalte von § 9 BDSG aF nicht aus, um den Anforderungen an die Inhalte des zu schließenden Vertrages gerecht zu werden (→ BDSG 2003 (aK) § 11 Rn. 102).

Art. 32 konkretisiert die zu treffenden Maßnahmen nunmehr und listet einige von ihnen auf. 70
Für die Auswahl ist ein breites Ermessen eingeräumt, das risikobasiert (ebenso: Cervenka/Schwarz SchiedsVZ 2020, 78 (83)) auszuüben ist. Je höher sich die Risiken für die betroffene Person darstellen, desto konkreter muss das dahingehende Vorgehen (beispielsweise bei technisch-organisatorischen Maßnahmen) erfolgen (Kühling/Buchner/Hartung Rn. 81).

Damit dürfte gegenüber der in der Vergangenheit oft eher formelhaften Wiederholung der 71
Inhalte des § 9 BDSG aF eine stärker am Einzelfall orientierte Maßnahmenfestlegung üblich werden, im Regelfall auch erforderlich sein (zu Penetrationstests Deusch/Eggendorfer K&R 2018, 223; Beispiele für detaillierte Festlegungen finden sich ua in der Orientierungshilfe zur Auftragsverarbeitung vom BayLfD, 18, abrufbar unter: https://www.datenschutz-bayern.de/technik/orient/oh_auftragsverarbeitung.pdf; eine Konkretisierungsverpflichtung ablehnend, zumindest aber für sachgerecht erachtend: Schuster/Grützmacher/Freund, IT-Recht, 1. Aufl. 2020, Rn. 92 f.). Über Änderungen der technischen und organisatorischen Maßnahmen sollte der Verantwortliche informiert werden und sich vertraglich entsprechend absichern (Bayerischer Landesbeauftragte für den Datenschutz, Auftragsverarbeitung Orientierungshilfe, 18, abrufbar unter: https://www.datenschutz-bayern.de/technik/orient/oh_auftragsverarbeitung.pdf). Eine eindeutige und präzise Formulierung wird auch im Hinblick auf Erörterungen mit der Aufsichtsbehörde im Falle von Datenschutzverletzungen für sachdienlich erachtet (Wybitul NJW 2020, 2577 (2580)).

Typischerweise werden die Vorschläge oft vom Auftragnehmer herrühren, der als unmittelbar 71a
Ausführender sachnäher ist, und dies wird dann vom Verantwortlichen geprüft und durch eigene Vorstellungen ergänzt. Die in Art. 32 aufgeführten Maßnahmen sind, wie der Wortlaut („unter anderem") zeigt, nicht abschließend. Somit reicht eine schlichte Wiedergabe von Art. 32 künftig in keinem Fall aus. Der Maßnahmenkatalog muss in Zukunft individuell festgelegt und gegebenenfalls angepasst werden. Durch die detaillierte Regelung in Art. 32 werden der Praxis lediglich Denkanstöße gegeben.

5. Unterauftragnehmer, Art. 28 Abs. 3 S. 2 lit. d

Es muss sichergestellt werden, dass die Vorgaben zum Einsatz von Unterauftragnehmern einge- 72
halten werden (dazu EPDB, Guidelines 07/2020 v 2.0, Rn. 150 ff.). Der Auftragnehmer verpflichtet sich, die Vorgaben von Art. 28 Abs. 2, 4 zu beachten. Somit ist deren Befolgung auch vertraglich abgesichert und die geltenden Beschränkungen werden dem Beteiligten noch einmal vor Augen geführt. Im deutschen Recht war in § 11 Abs. 2 S. 2 Nr. 6 BDSG aF lediglich festgelegt, dass der Vertrag eine etwaige Berechtigung zur Begründung von Auftragsverhältnissen enthalten muss. Durch die Aufnahme von genauen Vorgaben wird die Regelung zwar dichter, aber inhaltliche Neuerungen sind angesichts der übereinstimmenden, bereits zum deutschen Recht entwickelten Grundsätze überschaubar.

6. Unterstützung des Verantwortlichen bei der Beantwortung von Anträgen, Art. 28 Abs. 3 S. 2 lit. e

Der Vertrag bzw. das andere Rechtsinstrument muss eine Verpflichtung des Auftragnehmers 73
enthalten, den Verantwortlichen nach Möglichkeit mit geeigneten technischen und organisatorischen Maßnahmen dabei zu unterstützen, seiner Pflicht zur Beantwortung von Anträgen auf Wahrnehmung der in Kapitel III genannten Rechte der betroffenen Person nachzukommen. Konkret geht es dabei um die in Art. 12–22 festgelegten Rechte der betroffenen Person. Diese

DS-GVO Artikel 28 Kapitel IV. Verantwortlicher und Auftragsverarbeiter

beinhalten beispielsweise das Auskunftsrecht nach Art. 15 und das Recht auf Löschung von personenbezogenen Daten („Recht auf Vergessenwerden") gem. Art. 17.

74 Der Wortlaut der Norm („nach Möglichkeit") stellt klar, dass dem Auftragnehmer diese Pflichten nur im Rahmen des Zumutbaren auferlegt werden dürfen. Hierbei kommt es auf die Besonderheiten des jeweiligen Datenverarbeitungsauftrages an. Ihm darf nichts Unmögliches abverlangt werden. Die Reichweite der Pflicht bestimmt sich nach dem Einzelfall unter Berücksichtigung der Art der Verarbeitung. Eine allumfassende Pflicht zur Unterstützung besteht daher nicht. Anderenfalls würden die eigentlich den Verantwortlichen treffenden Pflichten nach Art. 12–22 zu Pflichten des Auftragnehmers. Bei der Bestimmung der Reichweite der Unterstützungspflicht ist immer die grundsätzliche Verteilung der Verantwortlichkeiten in den Blick zu nehmen. Die den Verantwortlichen treffenden Pflichten dürfen nicht zu sehr auf den Auftragsverarbeiter umgelagert werden. Es muss sich stets um eine reine Unterstützungspflicht mit begrenzter Reichweite handeln.

7. Unterstützung des Verantwortlichen bei den Pflichten aus Art. 32–36, Art. 28 Abs. 3 S. 2 lit. f

75 Der Auftragnehmer muss sich in dem Vertrag bzw. durch das andere Rechtsinstrument dazu verpflichten, den Verantwortlichen bei der Einhaltung der in den Art. 32–36 genannten Pflichten zu unterstützen. Bei der Bestimmung der Reichweite dieser Pflicht sind die Art der Verarbeitung und die dem Auftragnehmer zur Verfügung stehenden Informationen zu berücksichtigen. Auch Art. 28 Abs. 3 S. 2 lit. c nimmt Bezug auf Art. 32. Der Sicherheit der Verarbeitung wird folglich eine besondere Bedeutung zugewiesen. Anders als bei Art. 28 Abs. 3 S. 2 lit. c muss der Auftragnehmer die Maßnahmen hier aber nicht selbst treffen, sondern den Verantwortlichen lediglich dabei unterstützen.

76 Die in den Art. 32–36 aufgeführten Pflichten des Verantwortlichen betreffen die **Sicherheit** personenbezogener Daten. Dabei geht es insbesondere um die Meldung von Verletzungen des Schutzes personenbezogener Daten sowie die Durchführung von Datenschutz-Folgeabschätzungen. Die Pflicht des Auftragsverarbeiters zur **Unterstützung** des Verantwortlichen bei den **Datenschutz-Folgenabschätzungen** nach Art. 35 und 36 stellt sich aus deutscher Perspektive als neue Pflicht dar (Koós/Englisch ZD 2014, 276 (281 f.)). Eine entsprechende Unterstützungspflicht ist erforderlich, weil der Verantwortliche die Verarbeitung gerade nicht selbst durchführt. Er kennt folglich auch nicht alle relevanten Fakten und ist daher auf die Hilfe seines Auftragnehmers angewiesen. Er kann seinen datenschutzrechtlichen Pflichten nur dann nachkommen, wenn der Auftragsverarbeiter ihm alle relevanten Informationen zur Verfügung stellt. Da unter anderem in diesem Punkt die Anforderungen an den Inhalt von Verträgen über Auftragsvereinbarungen nicht deckungsgleich mit den bisherigen Anforderungen sind, stellt sich die allgemeine Frage nach der Fortgeltung von bestehenden Verträgen (dazu ausführlich Kühling/Buchner/Hartung Rn. 84).

77 Wie bei Art. 28 Abs. 3 S. 2 lit. e gilt auch hier, dass diese Pflicht nicht uneingeschränkt besteht. Ihre Reichweite bestimmt sich zum einen wiederum nach der Art der Verarbeitung. Zum anderen bestimmt sie sich nach den dem Auftragnehmer zur Verfügung stehenden Informationen. Letzteres ist eher klarstellender Natur, da es schon denklogisch ausgeschlossen ist, dass der Auftragnehmer den Verantwortlichen mit Informationen versorgt, die ihm selbst nicht zur Verfügung stehen. Diese Klarstellung soll schlicht sicherstellen, dass dem Auftragnehmer nichts Unmögliches abverlangt wird, und dass die begrenzte Reichweite der Unterstützungspflicht den Parteien vor Augen geführt wird. Hier wiederum wird eine Rolle spielen, dass das spezifische Gefüge von Auftragsverarbeitungen, insbesondere das Kompetenz- und Wissensgefälle, sehr unterschiedlich ausgestaltet sein kann.

8. Umgang mit den personenbezogenen Daten nach Abschluss der Erbringung der Verarbeitungsleistungen, Art. 28 Abs. 3 S. 2 lit. g

78 Der Vertrag bzw. das andere Rechtsinstrument muss Regelungen zum Umgang mit den Daten nach Beendigung des Auftragsverhältnisses vorsehen. Nach Abschluss der Erbringung der Verarbeitungsleistungen muss der Auftragnehmer gem. Art. 28 Abs. 3 S. 2 lit. g nach Wahl des Verantwortlichen die personenbezogenen Daten entweder löschen oder zurückgegeben. Dies ist in besonderem Maße Ausfluss der grundrechtlichen Vorgaben an die Auftragsverarbeitung. Die Übermittlung von Daten ist für den Betroffenen immer mit einem Risiko verbunden. Liegen die Voraussetzungen für eine Auftragsverarbeitung vor, lässt sich der entsprechende Eingriff rechtfertigen. Wenn aber das Auftragsverhältnis nicht mehr besteht, gibt es auch keine Rechtfertigung mehr dafür, dass die Daten sich noch beim Auftragsverarbeiter befinden. In engen Grenzen strikt verstandene Erforderlichkeit anders gelten dürfen nur, wenn und soweit der Auftragsverarbeiter die ihm vom

Auftraggeber übermittelten personenbezogenen Daten nach Beendigung der Auftragsverarbeitung zu Beweissicherungszwecken, insbesondere als Nachweis für ein hergestelltes mangelfreies Werk als Grundlage für den Anspruch auf Abnahme gem. § 640 Abs. 1 S. 1 BGB sowie Vergütung nach § 631 Abs. 1 BGB (BeckOK BGB/Voit, 51. Ed. 1.2.2019, BGB § 640 Rn. 2), benötigt (Möllenkamp/Ohrtmann ZD 2019, 445 (447 f.). Gerade bei einem bevorstehenden Zivilprozess kann eine Löschanweisung des Auftraggebers missachtet werden, wenn, in Anlehnung an die Rechtsprechung des BGH zur Verwertbarkeit der von einer Dashcam gefertigten Aufnahmen (BGHZ 218, 348 = NJW 2018, 2883 – Verwertbarkeit von „Dashcam-Aufzeichnungen"), eine Erforderlichkeit für die Datenerhebung bestehe, diese anlassbezogen erfolge und dabei Datenschutzmechanismen ergriffen werden (vgl. BGHZ 218, 348 (359) Rn. 25 = NJW 2018, 2883 (2885) – Verwertbarkeit von „Dashcam-Aufzeichnungen"). Um diesen höchstrichterlichen Vorgaben gerecht zu werden, schlagen Möllenkamp/Ohrtmann zB die Hinterlegung der streitgegenständlichen Daten in verschlüsselter Form bei einer „Trusted Third Party" als Sicherungsmaßnahme vor (Möllenkamp/Ohrtmann ZD 2019, 445 (449)).

An der am 4.5.2016 im Amtsblatt der Europäischen Union veröffentlichten Norm überraschte vor allem, dass sie von Rückgabe oder Löschung sprach. § 11 Abs. 2 S. 2 Nr. 10 BDSG aF sprach dagegen von Rückgabe und Löschung. Beide Vorschriften sollten sicherstellen, dass beim Auftragnehmer keinerlei Daten verbleiben (→ BDSG 2003 (aK) § 11 Rn. 111). Dafür stritt auch ein Blick in die englische und französische Fassung der Verordnung, in der die Rede davon ist, dass etwaige Kopien zu löschen sind. Dieser Zusatz fehlte in der deutschen Fassung, wobei es sich vermutlich um einen Übersetzungs- oder Redaktionsfehler handelte. Das Corrigendum des Europäischen Rats (8088/18) nahm am 19.4.2018 eine Überarbeitung der Norm vor und glich sie der englischen sowie französischen Textfassung der Verordnung an. Nunmehr sind alle personenbezogenen Daten entweder zu löschen oder zurückzugeben und die vorhandenen Kopien zu löschen (Berichtigung, 8088/18, Anhang, 52). Daher ist die Norm so zu verstehen, dass keinerlei Daten beim Auftragnehmer verbleiben dürfen. Ob dies durch eine Rückgabe, Löschung oder beides erreicht werden kann, zeigt sich im Einzelfall und muss dann entsprechend durchgeführt werden (aA Schuster/Grützmacher/Freund, IT-Recht, 1. Aufl. 2020, Rn. 107). Dem Sinn und Zweck der Norm folgend ist das „oder" zwischen Löschen und Zurückgeben damit als „oder bzw. und" zu lesen. 79

Eine Ausnahme ist für den Fall vorgesehen, dass nach dem Unionsrecht oder dem Recht der Mitgliedstaaten eine Verpflichtung zur Speicherung der Daten besteht. Auch hierbei haben die Mitgliedstaaten eine unbeschränkte Befugnis, eigenständige Regelungen zu treffen. Ähnlich wie bei der Öffnungsklausel von Art. 28 Abs. 3 S. 2 lit. a ist auch hier eine Öffnungsklausel nach einer anderen Vorschrift erforderlich. Dies ist insbesondere Art. 6 Abs. 2 und Art. 3. Dafür spricht, dass anderenfalls das differenzierte System mitgliedstaatlicher Verarbeitungsbefugnisse de facto ausgeschaltet werden könnte (Kühling/Martini DS-GVO 83; Paal/Pauly/Martini Rn. 51). 80

9. Zurverfügungstellung von Informationen und Ermöglichung von Überprüfungen, Art. 28 Abs. 3 S. 2 lit. h

Den Auftragsverarbeiter trifft über die Unterstützungspflichten von Art. 28 Abs. 3 S. 2 lit. e und f hinaus auch eine Informationspflicht gegenüber dem Verantwortlichen zum Nachweis der Einhaltung der in Art. 28 festgelegten Vorgaben (eine Übersicht über mögliche Nachweise findet sich bei Taeger/Gabel/Gabel/Lutz Rn. 56). In komplexen Vorgängen wie der Auftragsverarbeitung ist der Auftraggeber in besonderem Maße auf die Unterstützung des Auftragnehmers angewiesen. Anderenfalls verliert er den Überblick über die Datenverarbeitung und kann nur noch begrenzt nachvollziehen, ob er seinen gesetzlichen Pflichten auch tatsächlich nachkommt. Indem der Auftragnehmer ihm in diesem Zusammenhang alle relevanten Informationen zur Verfügung stellt, kann der Verantwortliche überprüfen und nachweisen, ob er seine Pflichten aus Art. 28 erfüllt. Die Norm ist daher Ausprägung einer besonderen Treuepflicht des Auftragnehmers gegenüber seinem Auftraggeber (Paal/Pauly/Martini Rn. 52). 81

Entsprechend muss der Auftragnehmer Überprüfungen, die vom Verantwortlichen oder einem anderen von diesem beauftragten Prüfer durchgeführt werden, ermöglichen und dazu beitragen. Er muss die Überprüfung durch den Verantwortlichen folglich nicht nur dulden, sondern sogar aktiv an der eigenen Kontrolle mitwirken. Auch dies ist Ausdruck der besonderen Treuepflicht und eine Folge der Komplexität der Auftragsverarbeitung. Ohne Mitwirkung des Auftragnehmers wären Untersuchungen nämlich nur schwer durchzuführen, da allein er den Überblick über die von ihm verarbeiteten Daten hat. 82

83 Die Informationspflicht und die Mitwirkungspflicht bei Untersuchungen müssen im Vertrag bzw. in dem anderen Rechtsinstrument ausdrücklich festgelegt werden. Dabei besteht ein Ausgestaltungsspielraum. Dies gilt insbesondere für die Inspektionen. Deren Eignung und Ausgestaltung ist jeweils sehr unterschiedlich, sodass es keine allgemeingültige Vorgabe gibt, dass regelmäßig Ortsbesichtigungen stattfinden müssen. Künftig dürften Verträge, die keinerlei Besichtigungs- und Nachschaupflichten des Auftraggebers vorsehen, den Anforderungen nicht mehr genügen. Angesichts etwaig anfallender Kosten für die Besichtigungen sollen die Häufigkeit sowie die Art und Weise der Durchführung der Kontrollen in dem Vertrag zur Auftragsdatenverarbeitung festgelegt werden (Völkel PinG 2018, 189 (194)).

84 Ausdrücklich erwähnt sind nunmehr die Vorortkontrollen, die für das BDSG nur aus den Gesetzesmaterialien abgeleitet wurden (→ BDSG 2003 (aK) § 11 Rn. 116). Zum Teil wird in dieser Erwähnung von Inspektionen im Gesetzestext keine Verpflichtung zur Durchführung gesehen, da es sich nur um eine beispielhafte Aufzählung für eine Überprüfung handele (Fromageau/Bäuerle/Werkmeister PinG 2018, 216 (217 f.)). Demnach könne eine effektive Kontrolle auch durch die Vorlage von Audit-Reports anstelle von Vor-Ort-Prüfungen ermöglicht werden (Fromageau/Bäuerle/Werkmeister PinG 2018, 216 (220)). Im Bereich des Sozialrechts wird bei der Beauftragung von Dienstleistern zur Verarbeitung von personenbezogenen Daten der Versicherten den gesetzlichen Krankenversicherungen als Verantwortlichen empfohlen, sich neben der Durchsicht der Dokumentationsunterlagen auch Vor-Ort-Kontrollen durch Dritte vorzubehalten (Völkel PinG 2018, 189 (194)). Im Hinblick auf IT-Outsourcing-Datenverarbeitungsvorgänge wird darauf hingewiesen, dass die Wahrnehmung von Vor-Ort-Kontrollen bei großen Rechenzentren mit der Gefahr der Erhöhung von Verarbeitungsrisiken verbunden sei, sodass eine Kontrolle durch Dritte auch in diesen Fällen praxisgerecht wäre (Schuster/Grützmacher/Freund, IT-Recht, 1. Aufl. 2020, Rn. 113 f.). Weiterhin gilt, dass der ordnungsrechtliche Rahmen hier dem Verantwortlichen eine breite Konkretisierungs- und Ausgestaltungsverantwortung zuweist. Intensität und Mittel der Kontrollen müssen auf die jeweilige Konstellation hin angemessen konkretisiert werden. Maßgebende Parameter sind das Gefährdungspotential für die Betroffenen, der Umfang der Auftragsverarbeitung, die Innovationsgeschwindigkeit und die Sensibilität der verarbeiteten Daten, insbesondere aber auch das Kompetenzgefälle der am Auftrag beteiligten Rechtsträger. Drittkontrollen wie Auditierungen und Zertifizierungen sind ein ganz wesentlicher zusätzlicher Parameter (Richter ZD 2020, 84); bei genehmigten Verhaltensregelungen oder genehmigten Zertifizierungsverfahren ist sogar eine vollständige Substitution der Eigenkontrolle möglich (→ Rn. 90 ff.).

VII. Hinweispflicht, Art. 28 Abs. 3 S. 3

85 In einem engen Zusammenhang mit den Unterstützungs- und Informationspflichten des Auftragnehmers steht die Hinweispflicht aus Art. 28 Abs. 3 S. 3. Der Auftragsverarbeiter hat den Verantwortlichen unverzüglich zu informieren, falls er der Auffassung ist, dass eine Weisung rechtswidrig ist.

86 Die Informationspflicht bezieht sich nach dem Wortlaut („mit Blick auf") nur auf Art. 28 Abs. 3 S. 2 lit. h. Diese komplizierte Formulierung ist so zu verstehen, dass der Gesetzgeber die Pflicht aus Art. 28 Abs. 3 S. 3 als Unterfall der eher allgemein gehaltenen Informationspflicht aus Art. 28 Abs. 3 S. 2 lit. h ansieht (so auch Paal/Pauly/Martini Rn. 55). Allein anhand dieses Zusammenhangs lässt sich auch die systematische Stellung der Norm erklären. Grundsätzlich steht die Norm nämlich in einem besonders engen Zusammenhang mit Art. 29, der die Weisungsgebundenheit des Auftragnehmers normiert. Danach dürfen Daten nur auf Weisung des Verantwortlichen verarbeitet werden. Gesetzessystematisch wäre es passender gewesen, das Vorgehen bei einer rechtswidrigen Weisung in dieser Norm festzulegen. Diesen eleganteren Weg wählte bisher auch der deutsche Gesetzgeber in § 11 Abs. 3 BDSG aF. Jedenfalls wäre zumindest ein Verweis auf Art. 29 wünschenswert gewesen, um das Zusammenspiel deutlich zu machen.

87 Die Information hat unverzüglich zu erfolgen. Nach dem deutschen Rechtsverständnis bedeutet unverzüglich gemäß § 121 Abs. 1 S. 1 BGB „ohne schuldhaftes Zögern". Es spricht nichts dagegen, dieses Verständnis auch bei der Auslegung der Verordnung zu Grunde zu legen. Der Auftragnehmer soll die Mitteilung seiner Vermutung nicht unbegründet hinauszögern.

88 Entsprechend dem Wortlaut der Norm kommt es allein auf die Auffassung des Auftragnehmers an. Er muss die Weisung subjektiv für rechtswidrig halten. Auf die objektive Rechtswidrigkeit kommt es nicht an. Damit ist er, wie auch unter der bisherigen deutschen Rechtslage, grundsätzlich nicht dazu verpflichtet, eine Rechtmäßigkeitsprüfung durchzuführen (Simitis/Petri BDSG § 11 Rn. 91; Kühling/Buchner/Hartung Rn. 79). Wegen der Verteilung der Verantwortlichkeiten obliegt dies dem Verantwortlichen. Eine andere Frage ist, ob im Einzelfall eine Prüfpflicht besteht,

die vertraglich ausdrücklich oder als Nebenpflicht geregelt ist. Zweifel an der Rechtmäßigkeit dürften allenfalls dann die Informationspflicht nach Art. 28 Abs. 3 S. 3 auslösen, wenn sie so ernsthaft sind, dass der Auftragnehmer keine ernsthaften Anhaltspunkte mehr dafür hat, dass die Weisung rechtmäßig ist. Demgegenüber dürfte es zu weit gehen, wenn die gesetzliche Hinweispflicht angenommen wird, sobald Zweifel an der Rechtmäßigkeit der Weisung begründet sind (vgl. Simitis/Petri BDSG § 11 Rn. 91; aA Paal/Pauly/Martini Rn. 56). Auch wenn diese Einschränkung der Hinweispflicht nicht nur zu Lasten des Auftraggebers (der sich vertraglich durch weitergehende Hinweispflichten sichern kann), sondern im Ergebnis auch zu Lasten der betroffenen Person geht, darf eine objektive Tendenz bei der Auslegung nicht so weit gehen, dass den Auftragnehmer eine generelle Untersuchungspflicht trifft, sodass bei jedem fahrlässigen Verkennen der Rechtswidrigkeit ein Verstoß vorläge. Ein so extensives Verständnis ist vom Wortlaut der Norm nicht mehr gedeckt. Es muss konkrete Anhaltspunkte für die Rechtswidrigkeit geben, denen keine ernstlichen Anhaltspunkte für die Rechtmäßigkeit der Weisung gegenüberstehen.

Die Rechtsfolgen eines erfolgten Hinweises auf die Rechtswidrigkeit normiert die Verordnung **89** nicht. Es bleibt unklar, wie Meinungsverschiedenheiten zwischen Verantwortlichem und Auftragnehmer aufzulösen sind. Es wäre wünschenswert, dass ein etwaiger Konflikt einvernehmlich gelöst und die Frage der Rechtmäßigkeit gemeinsam geklärt werden kann. Sollte eine Beilegung des Konflikts nicht gelingen, so folgt aus der Stellung der Personen, dass die Weisung des Verantwortlichen sich grundsätzlich durchsetzt (→ BDSG 2018 § 29 Rn. 1 ff.). Teilweise wird darauf abgestellt, dass der Auftragsverarbeiter auf die Weisung des Verantwortlichen vertrauen darf, sofern keine offenkundige Rechtsverletzung gegeben ist und erhebliche Verletzungen gegen die Persönlichkeitsrechte der betroffenen Personen drohen (Ehmann/Selmayr/Bertermann Rn. 26). Der Auftragsverarbeiter dürfte in diesem Fall durch Art. 82 Abs. 2 S. 2 von der Schadensersatzhaftung befreit sein, was allerdings den Auftragnehmer nicht von einer eigenen bußgeldrechtlichen Verantwortung freizeichnet. Diese bußgeldrechtliche Verantwortung dürfte allerdings bei einer Weisungsbefolgung regelmäßig hinter der Bußgeldhaftung des Verantwortlichen zurücktreten (vgl. auch Jotzo, Der Schutz personenbezogener Daten in der Cloud, 2. Aufl. 2020, Rn. 179, der in diesen Fällen von der Unverhältnismäßigkeit der Bußgeldverhängung ausgeht). Maßnahmen der Aufsichtsbehörde gemäß Art. 58 Abs. 2 gegenüber dem Auftragsverarbeiter blieben unberührt (Jotzo, Der Schutz personenbezogener Daten in der Cloud, 2. Aufl. 2020, Rn. 179).

VIII. Verhaltensregeln und Zertifizierungen als Nachweis für hinreichende Garantien, Art. 28 Abs. 5

Gemäß Art. 28 Abs. 5 kann die Einhaltung genehmigter Verhaltensregeln oder eines genehmig- **90** ten Zertifizierungsverfahrens durch einen Auftragsverarbeiter als Faktor herangezogen werden, um hinreichende Garantien iSv Art. 28 Abs. 1 und 4 nachzuweisen. Die Verhaltensregeln sind in Art. 40 festgelegt und die Zertifizierung ist in Art. 42 geregelt.

Die Vorschrift ist neu. Eine vergleichbare Vorschrift existiert weder im BDSG noch in der **91** Richtlinie 95/46/EG. Selbst der Kommissionsvorschlag sah eine vergleichbare Regelung nicht vor. Sie wurde durch die legislative Entschließung des Parlaments vom 12.3.2014 in das Gesetzgebungsverfahren eingebracht und hat in dieser Form auch Eingang in die Verordnung gefunden.

Die Auswahl eines geeigneten Auftragsverarbeiters kann für den Verantwortlichen mit großen **92** Schwierigkeiten verbunden sein. Angesichts der Komplexität von Datenverarbeitungsvorgängen ist es nicht leicht ersichtlich, ob ein Auftragsverarbeiter bzw. ein Unterauftragnehmer gem. Art. 28 Abs. 1 und 4 hinreichende Garantien dafür bieten kann, dass geeignete technische und organisatorische Maßnahmen so durchgeführt werden, dass die Verarbeitung im Einklang mit der Verordnung erfolgt und den Schutz der Rechte der betroffenen Person gewährleistet. Dem Auftraggeber fehlt unter Umständen schlicht das Know-how, um dies sachgerecht bewerten zu können. Das kann einer der Gründe sein, der ihn überhaupt erst dazu bewegt, die Datenverarbeitung auslagern zu wollen. Art. 28 Abs. 5 wurde eingefügt, um ihm diese Auswahl zu erleichtern. Ihm soll der Nachweis erleichtert werden, dass er seinen Auswahlpflichten gerecht geworden ist und nur mit geeigneten Auftragsverarbeitern zusammenarbeitet (siehe auch Erwägungsgrund 81). Die Vorschrift dient damit der Entlastung des Auftraggebers (auf die Stärkung der Eigenverantwortlichkeit der Auftragsverarbeiter abstellend: Jotzo, Der Schutz personenbezogener Daten in der Cloud, 2. Aufl. 2020, Rn. 237). Das Bundeskartellamt hat für das Vergaberecht hinsichtlich der Verarbeitung von Versicherungsdaten die angeführten Gesichtspunkte entsprechend vertreten: Da der Auftraggeber regelmäßig keinen Einblick in die Arbeitsabläufe beim Verarbeiter und dessen Organisation erhält, sei es – auch angesichts der hohen Schutzbedürftigkeit von sozialrechtlichen

Daten – angemessen, eine Zertifizierung, und damit eine objektive Kontrolle, zu verlangen (BKartA BeckRS 2019, 19883 Rn. 42).

93 Zu beachten ist jedoch, dass der Einhaltung genehmigter Verhaltensregeln oder eines genehmigten Zertifizierungsverfahrens nur eine beschränkte Nachweiswirkung zukommt (so auch Richter ZD 2020, 84 (86): „Garantiefunktion nicht per se"). Sie ist ein Faktor des Nachweises, ersetzt die materielle Eigenverantwortung des Verantwortlichen nach Art. 28 aber nicht (eine Entlastungsfunktion gleichermaßen ablehnend: Paal MMR 2020, 14 (18)). Als Faktor des Nachweises erlaubt sie aber, einzelne Kontroll- und Nachweiselemente teilweise oder im Regelfall auch ganz zu substituieren. Eine tendenziell stärkere Nachweiswirkung als die Einhaltung genehmigter Verhaltensregeln dürften Zertifizierungen haben, weil sie auf eine umfassende Fremdkontrolle gerichtet sind.

94 Die erwähnte Indizwirkung ist zwar widerlegbar, wird in der Praxis aber in jedem Fall zu Vereinfachungen und gerade bei Auftragsverarbeitungen in Massenverfahren durch große Auftragsverarbeiter für weniger ressourcenstarke Verantwortliche zu einer erheblichen Verbesserung des realen Schutzniveaus führen; Paal spricht insofern auch von einer Stärkung der Haftungsprävention (Paal MMR 2020, 14 (18)). Derzeit können Auftragsverarbeiter in Deutschland noch nicht von einem Zertifizierungsverfahren profitieren, weil es keine dem Art. 42 Abs. 5 entsprechenden Zertifikate gibt (ausführlich hierzu Richter ZD 2020, 84 ff.; Grosskopf/Momsen CCZ 2018, 98 (100 f.)). Auf dem Weg zur Entwicklung eines Zertifizierungsstandards hat der EDSA am 4.6.2019 seine Leitlinien zur Akkreditierung von Zertifizierungsstellen verabschiedet (EDPB, Guidelines 4/2018 on the accreditation of certification bodies under Article 43 of the General Data Protection Regulation (2016/679), abrufbar unter: https://edpb.europa.eu/sites/edpb/files/files/file1/edpb_guidelines_201804_v3.0_accreditationcertificationbodies_annex1_en.pdf).

IX. Standardvertragsklauseln, Art. 28 Abs. 6–8

95 Der Vertrag oder das andere Rechtsinstrument für das Verhältnis zwischen Verantwortlichem und Auftragsverarbeiter bzw. letzterem und Unterauftragnehmern kann gem. Art. 28 Abs. 6 ganz oder zum Teil auf Standardvertragsklauseln beruhen. Eine individuelle Vereinbarung kann durch sie ersetzt werden (siehe auch Erwägungsgrund 81). Solche Standardvertragsklauseln können gem. Art. 28 Abs. 7 zum einen von der Kommission im Einklang mit dem Prüfverfahren festgelegt werden. Zum anderen können sie gem. Art. 28 Abs. 8 auch von einer Aufsichtsbehörde im Einklang mit dem Kohärenzverfahren nach Art. 63 festgelegt werden. Von dieser Möglichkeit hat die dänische Aufsichtsbehörde Gebrauch gemacht, als sie dem Europäischen Datenschutzausschuss (EDSA) einen Entwurf für Standardvertragsklauseln vorgelegt hat (Etteldorf MMR-Aktuell 2020, 425978). Der EDSA hat am 9.7.2019 zu dem Entwurf eine eigene Stellungnahme mit Änderungsvorschlägen abgeben (EDSA, Opinion 14/2019 on the draft Standard Contractual Clauses submitted by the DK SA (Article 28(8) GDPR), 1 ff., abrufbar unter: https://edpb.europa.eu/sites/edpb/files/files/file1/edpb_opinion_201914_dk_scc_en.pdf). Am 11.12.2019 hat der EDSA den finalen Entwurf (abrufbar unter: https://edpb.europa.eu/sites/edpb/files/files/file2/dk_sa_standard_contractual_clauses_january_2020_en.pdf), deren Änderungen zuvor von der dänischen Aufsichtsbehörde akzeptiert wurden, in sein Entscheidungsregister mit aufgenommen (EDSA, EDPB News, First standard contractual clauses for contracts between controllers and processors (art. 28 GDPR) at the initiative of DK SA published in EDPB register, abrufbar unter: https://edpb.europa.eu/news/news/2019/first-standard-contractual-clauses-contracts-between-controllers-and-processor s-art_de). Zukünftig werden die Standardvertragsklauseln zur Auftragsverarbeitung der dänischen Datenschutzbehörde als Orientierung dienen (Etteldorf MMR-Aktuell 2020, 425978), bei Bedarf können sie aber auch abgeändert oder erweitert werden (Müller-Peltzer/Selz PinG 2020, 77 (81)). Ausweislich einer Mitteilung der Kommission an das Europäische Parlament und den Rat ist die Entwicklung von Standardvertragsklauseln durch die Kommission zudem in Arbeit (Europäische Kommission, Datenschutz als Grundpfeiler der Teilhabe der Bürgerinnen und Bürger und des Ansatzes der EU für den digitalen Wandel – zwei Jahre Anwendung der Datenschutzgrundverordnung, 13, 20 abrufbar unter: https://ec.europa.eu/transparency/regdoc/rep/1/2020/DE/COM-2020-264-F1-DE-MAIN-PART-1.PDF).

96 Bezugspunkt der Standardvertragsklauseln sind die von Art. 28 Abs. 3 und 4 aufgeworfenen Fragen. Es geht also um die inhaltlichen Voraussetzungen, die der Vertrag oder das andere Rechtsinstrument erfüllen muss. Die Rechte und Pflichten der Parteien können also durch die Übernahme entsprechender Klauseln festgelegt werden.

97 Die Vorteile solcher Standardvertragsklauseln sind vordergründig. Die Vereinbarung einer Auftragsverarbeitung ist mit einem hohen Aufwand verbunden. Einen entsprechenden Vertrag bzw.

ein anderes Rechtsinstrument zu erstellen ist aufwändig und kann dementsprechend hohe Kosten verursachen. Wenn die Parteien mit Standardvertragsklauseln arbeiten, kann ihnen dieser Aufwand zum Teil oder sogar ganz erspart bleiben. Somit können die Standardvertragsklauseln Arbeitsabläufe optimieren und dienen so einem effektiveren Wirtschaften der an der Auftragsverarbeitung beteiligten Personen. Allerdings steht dem auch der gewichtige Nachteil gegenüber, dass Standardvertragsklauseln aus sich heraus nicht für eine Konkretisierung und Individualisierung geeignet sind, es sei denn, sie werden sehr stark bereichsspezifisch definiert. Am ehesten zukunftsfähig sind Standardvertragsklauseln, wenn sie stark den Charakter eines auszufüllenden Formulars (template) haben und sachbereichsspezifisch differenziert sind.

Teilweise wird angenommen, dass die derzeit verwendeten Standardvertragsklauseln von Aufsichtsbehörden in Deutschland in ihrer bestehenden Form nicht ausreichend seien (Kühling/Buchner/Hartung Rn. 92). Es müsse zunächst ein mit dem Kohärenzverfahren nach Art. 63 korrespondierende Abstimmung durchgeführt werden, damit die Standardvertragsklauseln europaweite Bindungswirkung und Gültigkeit erlangen (Müthlein RDV 2016, 74 (85); ähnlich Ehmann/Selmayr/Bertermann Rn. 27). **98**

Uneingeschränkt ist die **freie Wahl** der Vertragsparteien, ob sie die Standardvertragsklauseln ganz oder zum Teil übernehmen. Ihre Flexibilität wird also nicht eingeschränkt. **99**

X. Form, Art. 28 Abs. 9

Gemäß Art. 28 Abs. 9 ist der Vertrag oder das andere Rechtsinstrument schriftlich abzufassen. Der Gesetzgeber stellt klar, dass dies auch in einem elektronischen Format erfolgen kann (zum Formerfordernis: LG Frankfurt a. M. GRUR-RS 2020, 24557 Rn. 36, Conrad/Seiter RDV 2021, 186 (186 f.)). Dieses Formerfordernis gilt ausdrücklich sowohl für das Verhältnis zwischen Verantwortlichem und Auftragnehmer als auch bei der Einschaltung von Unterauftragnehmern durch letzteren. **100**

Umstritten war bislang die Frage, ob ein Formverstoß zur Nichtigkeit der Vereinbarung führt (→ BDSG 2003 (aK) § 11 Rn. 90 f.). Der Wortlaut des europäischen Rechts ist nunmehr weniger eindeutig: In Art. 17 Abs. 4 der Richtlinie 95/46/EG ist die Rede davon, dass die Dokumentation der Vereinbarung zum Zwecke der Beweissicherung schriftlich oder in einer anderen Form zu erfolgen hat. Die Form wurde nicht genau festgelegt – ausreichend ist irgendeine Form. Es ging dem Gesetzgeber nur darum, die Beweisführung zu erleichtern. Eine konstitutive Wirkung sollte der Formvorschrift der Richtlinie angesichts ihres eindeutigen Wortlauts nicht zukommen. Alleiniges Ziel war die Beweissicherung. In der DS-GVO hat der europäische Gesetzgeber diese Formulierung aus der Richtlinie nicht übernommen. Dies lässt darauf schließen, dass es ihm nicht mehr nur um die Beweissicherung geht. Anderenfalls hätte der Gesetzgeber dies erneut hervorgehoben. **101**

Dies ergibt sich auch aus einem Vergleich mit der Formulierung in Art. 28 Abs. 3 S. 2 lit. a. Dort ist davon die Rede, dass der Auftragsverarbeiter die Weisung zu dokumentieren hat. Eine bestimmte Form ist dafür nicht vorgesehen, es geht nur um die Beweissicherung (→ Rn. 59). Indem der Gesetzgeber in Art. 28 Abs. 9 bewusst eine andere Formulierung gewählt hat, zeigt er, dass es ihm nicht nur um die Beweissicherung gehen kann. So war auch in Art. 26 Abs. 3 der legislativen Entschließung des Parlaments vom 12.3.2014 noch vorgesehen, dass sowohl die Weisungen als auch die Pflichten des Auftragsverarbeiters zu dokumentieren sind. Von einer bestimmten Form war nicht die Rede. Dies wurde durch die Fassung des Rates vom 15.6.2015 geändert und hat so nun auch Eingang in die Verordnung gefunden. Insbesondere diese Änderung im Gesetzgebungsverfahren macht deutlich, dass der Gesetzgeber der Dokumentation ganz bewusst eine prominentere Rolle zugewiesen hat, sodass der Form nunmehr konstitutive Wirkung zukommen muss. Dies spricht dafür, dass ein Formverstoß zur Nichtigkeit der Vereinbarung führt. Dagegen spricht indessen, dass dies dem Schutz der betroffenen Personen nicht dienlich ist, weil die Rechtsfolgen der Art. 28 ff. nicht gelten würden. **102**

Die Form, schriftlich wie elektronisch, dient somit der Dokumentation, Beweissicherung und auch Authentizitätssicherungszwecken. Daraus ergibt sich, dass die elektronische Form bestimmte Anforderungen erfüllen muss. Sie muss die Authentizität des Dokuments belegen können. Dies erfordert aber keine elektronische Signatur (aM Vorauflage und Paal/Pauly/Martini Rn. 75; wie hier Kühling/Buchner/Hartung Rn. 96, der keine Form iSd § 126a BGB für erforderlich hält; ebenso Ehmann/Selmayr/Bertermann Rn. 9). In § 11 Abs. 2 S. 2 BDSG aF war auch bislang die Schriftform vorgeschrieben. Gemäß § 126a BGB ist in diesem Fall auch die elektronische Form zulässig. Die EU-Kommission verlangt keine elektronische Signatur für den Auftragsverarbeitungsvertrag (Seiler jurisPR-BKR 4/2020 Anm. 1) und sieht automatisierte Vertragsprozesse grundsätzlich als rechtmäßig an (Europäische Kommission, Parlamentarische Anfrage 27.8.2018, abrufbar **103**

unter: https://www.europarl.europa.eu/doceo/document/E-8-2018-003163-ASW_EN.html?re
direct,%20zuletzt%20abgerufen%20am%2014.04.2020.). Die elektronische Signatur sei nur eines
von mehreren Mitteln, um die ihr innewohnenden Schlussfolgerungen zu beweisen. Damit entscheiden die Vertragsparteien, wie sie das Vorliegen eines Auftragsverarbeitungsvertrages dokumentieren und nachweisen, bspw. ob unterschriebene Vertragstexte eingescannt werden, einschließlich der Ablage des dazugehörigen E-Mail-Verkehrs, oder ob eine elektronische Signatur verwendet wird (Bayerisches Landesamt für Datenschutzaufsicht, FAQ zur DS-GVO: Welche Formerfordernisse bestehen für den Abschluss eines Auftragsverarbeitungsvertrages nach Art. 28 Abs. 9 DS-GVO?, abrufbar unter: https://www.lda.bayern.de/media/FAQ_ADV_Formerfordernis.pdf).

XI. Ausnahmsweise Verantwortlichkeit des Auftragsverarbeiters bei Aufgabenexzess, Art. 28 Abs. 10

104 Der Auftragsverarbeiter ist nicht dazu berechtigt, Zwecke und Mittel der Verarbeitung zu bestimmen. Reißt er die Verarbeitung insoweit dennoch an sich, so gilt er in Bezug auf diese Verarbeitung gem. Art. 28 Abs. 10 als Verantwortlicher. Es geht um Fälle, in denen der Auftragsverarbeiter in rechtswidriger Weise seine Befugnisse überschreitet, obwohl die Entscheidungsgewalt beim Verantwortlichen liegt (weitere Erläuterungen zur Entscheidungsgewalt des Verantwortlichen bei Jung/Hansch ZD 2019, 143 (147)). Insoweit kann man auch von einem Aufgaben-, oder Funktionsexzess sprechen (Paal/Pauly/Martini Rn. 77; Britz VersR 2020, 1219 (1225)), der dann die Zurechnung des Verhaltens des Auftragsverarbeiters bei dem Verantwortlichen entfallen lässt (Jung/Hansch ZD 2019, 143 (146)). Eine etwaige Haftung nach Art. 82, 83 und 84 bleibt davon unberührt. In der Rechtsfolge wird der Auftragsverarbeiter aufgrund seines Exzesses wie ein Verantwortlicher behandelt. Er verliert damit seinen haftungsprivilegierten Status. Ihn treffen alle in der Verordnung festgelegten Pflichten eines Verantwortlichen (wobei nach Jotzo der Auftraggeber trotz Exzesses gleichermaßen verantwortlich bleibt, vgl. Jotzo, Der Schutz personenbezogener Daten in der Cloud, 2. Aufl. 2020, Rn. 146). Die Vorschrift zum Aufgabenexzess ist aufgrund seines Ausnahmecharakters eng auszulegen (Dieterle ZD 2020, 135 (138)).

105 Im deutschen Recht gab es bislang keine ausdrückliche Regelung für diesen Fall. Es ist jedoch anerkannt, dass der Auftragnehmer zu einem selbständigen Verarbeiter und zu einer verantwortlichen Stelle wird, wenn er bei der Verarbeitung seinen Auftrag überschreitet oder die Daten zu sonstigen Zwecken verarbeitet. Er selbst haftete dann dem Betroffenen gegenüber nach § 7 BDSG aF (→ BDSG 2003 (aK) § 7 Rn. 41; Gola/Schumerus/Gola et al. BDSG § 11 Rn. 26; Simitis/Simitis BDSG § 7 Rn. 11). Aus deutscher Perspektive stellt die Vorschrift daher lediglich eine Klarstellung dar. Es wird ausdrücklich festgelegt, dass den Auftragsverarbeiter für den Fall des Auftragsexzesses alle Pflichten eines Verantwortlichen treffen (zu den zivilrechtlichen Folgen LG Frankfurt a.M. RDV 2018, 119).

XII. Grenzüberschreitende Auftragsverarbeitung

1. Auftragnehmer im Ausland

106 **a) BDSG.** Bei einer Auftragsverarbeitung in Drittstaaten, bei der sich also der Auftragnehmer außerhalb der Europäischen Union bzw. des EWR befindet (zu dem Beispielsfall der Nutzung von Tochtergesellschaften als Auftragsverarbeiter vgl. Golland NJW 2020, 2593 (2595)), lag nach dem BDSG aF ein Übermitteln vor, § 3 Abs. 8 S. 3. Damit griff die Privilegierung der Auftragsverarbeitung in diesem Fall nicht. Nach damaliger deutscher Rechtslage bestand also eine Unterscheidung, die dazu führte, dass es privilegierte und nicht privilegierte Fälle der Auftragsverarbeitung gab.

107 Für letzteren Fall, also der Übermittlung an einen Drittstaat, galten die Standardvertragsklauseln der Kommission vom Februar 2010. Diese erfüllten die Anforderungen des § 11 BDSG aF aber nur zum Teil (Gola/Schumerus/Gola et al. BDSG § 11 Rn. 16). Besonders umstritten war daher die Frage, ob dessen Inhalte zusätzlich umgesetzt werden müssen, ob die Norm auch in dieser Konstellation (analog) anwendbar sei (→ BDSG 2003 (aK) § 11 Rn. 143 ff.).

108 **b) DS-GVO.** Mit der DS-GVO ist diese Unterscheidung zwischen privilegierter und nicht privilegierter Auftragsverarbeitung hinfällig (→ Rn. 29 ff.), denn Art. 28 ist auch anwendbar, wenn die Verarbeitung außerhalb der Union erfolgt (vgl. Art. 3 Abs. 1). Dafür spricht neben der fehlenden territorialen Beschränkung in Art. 28 und Art. 4 Nr. 7–10 ebenfalls, dass es eine Vielzahl an Regelungen in der DS-GVO gibt, die explizit Auftragnehmer in Drittländern vorsehen, so etwa Art. 46 Abs. 2 lit. e und f sowie Art. 46 Abs. 3 lit. a (Müthlein RDV 2016, 74 (83)). Für die Übermittlung innerhalb der EU und an einen Drittstaat gelten nun somit im Ausgangspunkt die gleichen Anforderungen. Es bedarf in beiden Fällen einer Rechtfertigung für die Übermittlung, welche sich nach Art. 6 richtet; für Deutschland gelten gem. § 1 Abs. 7 BDSG der EWR und die Schweiz als der EU gleichgestellt.

Für die Übermittlung an Drittländer sind jedoch darüber hinaus die Vorschriften der Art. 44 ff. zu beachten. Art. 45 und 46 regeln, unter welchen Voraussetzungen eine solche Datenübermittlung zulässig ist. Durch die nunmehr erfolgte gesetzliche Normierung werden die Anforderungen europaweit einheitlich geklärt. So wird der im deutschen Recht strittige Punkt, welche Anforderungen sich für die Rechtfertigung ergeben, relativiert. Das schon bisher genannte Kriterium des angemessenen Schutzniveaus im Drittland (→ BDSG 2003 (aK) § 11 Rn. 147 f.) wurde nun mit Art. 45 Abs. 1 ins Gesetz aufgenommen. Art. 46 erlaubt zudem die Übermittlung vorbehaltlich geeigneter Garantien (vgl. von Holleben/Knaut CR 2017, 305) wie beispielsweise Standardvertragsklauseln, die von der Kommission im Prüfverfahren nach Art. 93 Abs. 2 erlassen werden (Art. 46 Abs. 2c). Über die Gültigkeit des Beschlusses 2010/87 über Standardvertragsklauseln für die Übermittlung personenbezogener Daten an Auftragsverarbeiter in Drittländern hatte der EuGH nunmehr in der Rechtssache DPC/Facebook Ireland Ltd. und Schrems („Schrems II") zu entscheiden. Der EuGH erklärte den Beschluss mit europäischen Anforderungen übereinstimmend (EuGH GRUR-RS 2020, 16082 Rn. 149; Gola/Klug NJW 2020, 2774 (2778)). Ausdrücklich hervorgehoben wurden jedoch Pflichten des Datenempfängers und des Datenexporteurs im Hinblick auf die Datenübermittlung. So bedeute die Datenübermittlung auf Grundlage der Standardvertragsklauseln (vom EuGH Standarddatenschutzklauseln genannt) nicht zwangsweise deren Rechtmäßigkeit (EuGH GRUR-RS 2020, 16082, Rn. 126, 133; „kein „Freifahrschein": Gesmann-Nuissl InTeR 2020, 154 (156)). Vielmehr müssten Datenexporteur (Verantwortlicher) und Datenempfänger (Auftragsverarbeiter) vor einer Datenübermittlung feststellen, ob die Anforderungen an ein angemessenes Datenschutzniveau gewährleistet seien (EuGH GRUR-RS 2020, 16082 Rn. 134; Seiler jurisPR-BKR 8/2020 Anm. 1) und ggf. bei Feststellung eines unangemessenen Schutzniveaus zusätzliche Schutzmechanismen ergreifen (EuGH GRUR-RS 2020, 16082 Rn. 126; Heinzke GRUR-Prax 2020, 436 (437 f.); Thieme/Wegmann BB 2020, 1922 (1924)). Bei der Bewertung käme es darauf an, dass „geeignete Garantien … (,) durchsetzbare Rechte sowie wirksame Rechtsbehelfe" vorhanden sind (EuGH GRUR-RS 2020, 16082 Rn. 91, 103). Bei ausländischen Behörden ist zu beachten, dass sie mangels Vertragspartner-Eigenschaft an Standardvertragsklauseln nicht gebunden sind (EuGH GRUR-RS 2020, 16082 Rn. 125 f.). Könne das Schutzniveau nicht durch zusätzliche Schutzmaßnahmen sichergestellt werden, müsse die Übermittlung ausgesetzt oder beendet werden (EuGH GRUR-RS 2020, 16082 Rn. 135). Büttel fasst das Ergebnis der Entscheidung zutreffend mit dem Satz zusammen, dass „der Weg über die Standardvertragsklauseln (zwar) grundsätzlich zulässig (ist), aber nicht in jedem Fall auch dessen Ziel" (Büttel jurisPR-ITR 16/2020 Anm. 4). Kritisch wird zudem vermerkt, dass der EuGH nicht konkretisiert habe, was er unter „zusätzlichen Maßnahmen" verstehe, sodass insofern Rechtsunsicherheit (Bartsch/Berg IR 2020, 260 (261)) herrsche (vgl. Moos/Rothkegel ZD 2020, 511 (526) mit Beispielen wie Vertragsstrafen oder der vertraglichen Verpflichtung, „behördliche Anfragen bis zur Rechtsmittelerschöpfung zu bekämpfen"); Seiler jurisPR-BKR 8/2020 Anm. 1 und Schreiber GRUR-Prax 2020, 379 weisen auf die Möglichkeit zur Datenverschlüsselung hin). Die EDSA wiederum zählt als Beispiele „rechtliche, technische oder organisatorische" Maßnahmen auf (EDSA, Frequently Asked Questions on the judgment of the Court of Justice of the European Union in Case C-311/18 – Data Protection Commissioner v Facebook Ireland Ltd and Maximillian Schrems, 5, abrufbar unter: https://edpb.europa.eu/sites/edpb/files/files/file1/20200724_edpb_faqoncjeuc31118_en.pdf). Bemerkt wird auch, dass Datenexporteuren die Bewertung fremder Rechtssysteme zugemutet wird (Heinzke GRUR-Prax 2020, 436 (438)). In Zukunft wird das Urteil erhebliche Folgewirkung haben: Sowohl Datenexporteur als auch Datenempfänger werden ihre Datenverarbeitungsvorgänge kritisch überprüfen müssen (Schreiber GRUR-Prax 2020, 379; Thieme/Wegmann BB 2020, 1922 (1926); Seeger/Karuth Newsdienst Compliance 2020, 330035). Auf die Notwendigkeit einer Überprüfung der Rechtmäßigkeit der Datenübermittlung an im Rahmen der Covid-19-Pandemie häufig eingesetzte Datenaustauschplattformen weist Czeszak hin (ZD-Aktuell 2020, 07250). Aufgrund der Notwendigkeit einer Einzelfallüberprüfung sind auch erhebliche Mehraufwände in Unternehmen vorhersehbar (Hoeren MMR 2020, 597 (608)). Die Aussage, eine Datenübermittlung auf Grundlage von Standardvertragsklauseln sei nunmehr rechtlich unmöglich, ist jedoch zu eng (Jungkind/Raspé/Schramm NZG 2020, 1056 (1057)).

Die Neuregelung und die damit verbundene Vereinheitlichung dienen der Rechtsklarheit. Durch die klar aufgestellten, zusätzlichen Anforderungen an die Übermittlung an einen Drittstaat

109

110

werden bisher strittige Punkte ausgeräumt und ein angemessenes Schutzniveau für den Betroffenen sichergestellt.

2. Auftraggeber im Ausland

111   Befindet sich der Auftraggeber im Ausland, stellte sich bisher die komplexe Frage, welches Recht für die Verarbeitung anwendbar sei. Es herrschte die Meinung, dass das materielle Recht des Verantwortlichen auf die Beurteilung der Zulässigkeit der Verarbeitung anwendbar sein sollte. Diese Frage stellt sich nun, zumindest im Geltungsbereich der DS-GVO, nicht mehr. Sofern sich der Auftragsverarbeiter und der Verantwortliche innerhalb des Geltungsbereichs der Verordnung befinden, gilt diese. Lediglich in den Fällen, in denen die Mitgliedstaaten von den Öffnungsklauseln Gebrauch gemacht haben, können sich Unterschiede ergeben. Sollte diese Situation auftreten, erscheint es angemessen, auf die bisherige Regel zurückzugreifen – es wäre also das nationale Recht des Verantwortlichen maßgeblich (so auch Kühling/Buchner/Hartung Rn. 108). Die Öffnungsklauseln betreffen jedoch häufig nur Modalitäten, sodass den Mitgliedstaaten kein Spielraum für die Regelung der inhaltlichen Aspekte obliegt. Für die Anforderungen an die Auftragsverarbeitung gilt also Art. 28 einheitlich.

112   Sofern der Verantwortliche nicht innerhalb des Geltungsbereichs der DS-GVO agiert, sich also in einem Drittland befindet, galt bisher gemäß § 1 Abs. 5 S. 2 BDSG aF das deutsche Recht, sofern es sich um einen deutschen Auftragnehmer handelte. Nun greift über Art. 3 Abs. 1 („Diese Verordnung findet Anwendung auf die Verarbeitung personenbezogener Daten, soweit diese im Rahmen der Tätigkeiten einer Niederlassung eines Verantwortlichen oder eines Auftragsverarbeiters in der Union erfolgt, unabhängig davon, ob die Verarbeitung in der Union stattfindet.") bzw. Abs. 2 (in den in lit. a und b) genannten Fällen, auch wenn Auftraggeber und Auftragnehmer ihren Sitz nicht innerhalb der Europäischen Union haben (Koós/Englisch ZD 2014, 276 (278)) die DS-GVO. Einige Stimmen in der Literatur lehnen eine Anwendbarkeit der DS-GVO auf den sich im EU-Ausland befindlichen Verantwortlichen und den sich in der EU befindlichen Auftragsverarbeiter ohne materiellen Bezug in diesen Fällen aus gesetzessystematischen Gründen im Hinblick auf Art. 3 Abs. 1 und 2 DS-GVO ab und sehen darin eine grenzenlose Ausdehnung des Geltungsbereichs der DS-GVO (Fromageau/Bäuerle/Werkmeister PinG 2018, 216 (217)). Der EuGH erläuterte die Verantwortlichkeit der sich in einem Drittstaat befindlichen Muttergesellschaft eines sozialen Netzwerks und deren Tochtergesellschaften mit Niederlassungen innerhalb der Europäischen Union ausführlich anhand seiner jüngst ergangenen Entscheidung zu Facebook (EuGH EuZW 2018, 534 f.).

112a   Hinsichtlich des Austritts Großbritanniens aus der Europäischen Union zum 31.1.2020 gilt nach den Art. 126 und Art. 127 Austrittsabkommen (Abl. 2019 C 384 I, 59 f.) bis Ende des Jahres das Unionsrecht fort (Botta CR 2020, 82 (88); Theusner/Dachlauer DSB 2020, 14 (15); Kunnert ZD 2020, 391 (392)). Während des Übergangszeitraums wird Großbritannien weiterhin als Mitgliedstaat und nicht als Drittland betrachtet, weshalb die DS-GVO mit ihren Vorgaben für Datenverarbeitungen dort Anwendung findet (Neuber PinG 2019, 49 (50); Spiecker gen. Döhmann/Bretthauer, Dokumentation zum Datenschutz, 2019, Kap. G 2.4.83). Folglich sind die Übermittlungen personenbezogener Daten nach Großbritannien weiterhin wie bisher möglich (DSK, Informationen zu Datenübermittlungen aus Deutschland in das Vereinigte Königreich Großbritannien und Nordirland ab dem 30.3.2019, abrufbar unter: https://www.baden-wuerttemberg.datenschutz.de/wp-content/uploads/2019/03/Brexit-Positionspapier.pdf). Der Übergangszeitraum kann nach Art. 132 Abs. 1 Austrittsabkommen einmalig um ein oder zwei Jahre verlängert werden. Wie sich die Rechtslage nach Ablauf des Übergangszeitraums entwickelt, ist bis dato unklar (Botta CR 2020, 82 (88)). Zumindest den während der Übergangsphase durchgeführten Auftragsdatenverarbeitungen wird zukünftig weiterhin nach Art. 71 Abs. 1 Austrittsabkommen unter den dortigen Voraussetzungen Schutz unter der DS-GVO gewährt (Theusner/Dachlauer DSB 2020, 14 (15)). Allerdings sieht Art. 71 Abs. 2 Austrittsabkommen für den Fall des Erlasses eines Angemessenheitsbeschlusses durch die Europäische Kommission vor, dass dann die Regelungen des Austrittsabkommens entfallen. Ob Großbritannien nach Ablauf der Übergangsphase und bis zu einem Erlass eines Angemessenheitsbeschlusses als Drittland einzustufen ist und damit den Regelungen des Kap. V DS-GVO unterliegt, wird derzeit unterschiedlich bewertet. Nach der Auffassung des Landesbeauftragten für den Datenschutz und die Informationsfreiheit Rheinland-Pfalz (LfDI) sowie einem Teil der Literatur erlangt Großbritannien den Status als Drittland, sodass dann die Vorschriften aus Kap. V DS-GVO zur Anwendung gelangen (LfDI Rheinland-Pfalz, Brexit, abrufbar unter: https://www.datenschutz.rlp.de/de/themenfelder-themen/brexit/; Piltz DSB 2019, 55; Mitterer/Wiedemann/Zwissler BB 2019, 3). Ein anderer Teil der Literatur stuft Großbritannien zwar ebenfalls als Drittland ein, aber die Regelungen der Art. 44 ff. sollen theologisch reduziert und folglich nicht angewendet werden (Theusner/Dachlauer DSB 2020, 14 (16); Theusner/Joachim/Meier/Meister K&R 2020, 403 (407)).

3. Zuständige Behörde

Grundsätzlich bestimmt sich die zuständige Aufsichtsbehörde nach Art. 55. Handelt es sich um 113 eine grenzüberschreitende Verarbeitung gem. Art. 4 Nr. 23, wird eine der betroffenen Aufsichtsbehörden als zuständige federführende Aufsichtsbehörde bestimmt. Die federführende Aufsichtsbehörde ist gem. Art. 56 Abs. 1 „die Aufsichtsbehörde der Hauptniederlassung oder der einzigen Niederlassung des Verantwortlichen oder des Auftragsverarbeiters". Sie muss gem. Art. 60 mit der anderen betroffenen Aufsichtsbehörde im Einklang mit diesem Artikel zusammenarbeiten. Die Artikel 29-Datenschutzgruppe hat hierfür am 13.12.2016 und am 5.4.2017 Richtlinien beschlossen (Leitlinien für die Bestimmung der federführenden Aufsichtsbehörde eines Verantwortlichen oder Auftragsverarbeiters, WP 244 rev. 01). Die Bestimmung der federführenden Aufsichtsbehörde kann Probleme verursachen, sofern Auftragnehmer und Auftraggeber ihre Niederlassungen in unterschiedlichen Mitgliedstaaten haben. Uneinigkeiten darüber müssen über eine eindeutige Abgrenzung der Verantwortungsbereiche zwischen Auftraggeber und Auftragnehmer gelöst werden (Paal/Pauly/Körffer Art. 56 Rn. 2; aA Kühling/Buchner/Dix Art. 56 Rn. 7, der grundsätzlich auf die Aufsichtsbehörde des Mitgliedstaats abstellt, in dem der Verantwortliche seinen Hauptsitz oder seine einzige Niederlassung hat). Nimmt ein Auftragsverarbeiter Aufgaben für eine Vielzahl von Verantwortlichen, verstreut innerhalb der Europäischen Union, wahr, dann ist diejenige Aufsichtsbehörde für den Auftragsverarbeiter zuständig, die die Hauptverantwortung für den betreffenden Verantwortlichen hätte (Artikel 29-Datenschutzgruppe, Leitlinien für die Bestimmung der federführenden Aufsichtsbehörde eines Verantwortlichen oder Auftragsverarbeiters, WP 244 rev. 01, 10). Das führt faktisch zu einer komplexen Überwachung des Auftragsverarbeiters durch mehrere Aufsichtsbehörden.

Artikel 29 Verarbeitung unter der Aufsicht des Verantwortlichen oder des Auftragsverarbeiters

Der Auftragsverarbeiter und jede dem Verantwortlichen oder dem Auftragsverarbeiter unterstellte Person, die Zugang zu personenbezogenen Daten hat, dürfen diese Daten ausschließlich auf Weisung des Verantwortlichen verarbeiten, es sei denn, dass sie nach dem Unionsrecht oder dem Recht der Mitgliedstaaten zur Verarbeitung verpflichtet sind.

Überblick

Das Verhältnis zwischen Verantwortlichem und Auftragsverarbeiter ist zumeist privatrechtlich. In Einzelfällen kann es allerdings nach nationalem Recht – in Deutschland etwa bei Verwaltungstätigkeiten – auch öffentlich-rechtlich sein. Im Regelfall der privatwirtschaftlichen Auftragsverarbeitung ist Art. 29 eine **öffentlich-rechtliche Rahmennorm** für **privatrechtliche Verträge.** Art. 29 verankert ein vertragliches Wesenselement der Auftragsdatenverarbeitung ordnungsrechtlich, **zusätzlich** zu der **vertraglichen** Sicherung **und Ausgestaltung.** Damit wird auch ordnungsrechtlich sichergestellt, dass der Auftragsverarbeiter die Weisungen des Verantwortlichen einhält. Dies gilt für den Auftragsverarbeiter und jede dem Verantwortlichen oder dem Auftragsverarbeiter unterstellte Person. Diese Weisungsgebundenheit ist ein zentrales Element der Auftragsverarbeitung und fand sich auch schon in § 11 Abs. 3 S. 1 BDSG aF, sodass größtenteils auch auf die dazu entwickelten Grundsätze zurückgegriffen werden kann. Sie stellt **zusammen mit der Bindung der Bestimmung des Auftraggebers über die in Art. 28 Abs. 3 S. 1 definierten Parameter** sicher, dass allein der Verantwortliche die Datenverarbeitung in den Händen hält: Primär durch das Rechtsinstrument (in der Regel den Vertrag) nach Art. 28 Abs. 3 S. 1, und erst ergänzend durch seine nachfolgenden Weisungen, legt der Verantwortliche das „Ob" und das „Wie" der Verarbeitung fest. Eine Ausnahme von der Weisungsgebundenheit gilt nur, wenn nach dem Recht der Union oder dem Recht der Mitgliedstaaten eine Pflicht zur Verarbeitung besteht.

Die Norm hängt eng mit Art. 28 zusammen. So besteht nach Art. 28 Abs. 3 S. 3 eine Pflicht des Auftragsverarbeiters, den Verantwortlichen zu informieren, falls er eine Weisung für rechtswidrig hält.

DS-GVO Artikel 29

Übersicht

	Rn.		Rn.
A. Sinn und Zweck der Norm; Verhältnis zum Vertrag und zum Grundgeschäft: Art. 29 als ausgestaltungsoffenes Ordnungsrecht	1	II. Weisungsgebundener Personenkreis	10
		III. Begriff der Weisung	14
		IV. Form der Weisung	15
B. Entstehungsgeschichte der Vorschrift ...	5	V. Folgen einer rechtswidrigen Weisung; Zweifel an der Rechtmäßigkeit	17
C. Aktuelle Rechtslage (EU und national)	6		
D. Die Regelung im Einzelnen	8	E. Verstöße gegen Weisungen	24
I. Weisungsbereich und weisungsfreier Bereich	8	F. Öffnungsklausel des Art. 29 Hs. 2	27

A. Sinn und Zweck der Norm; Verhältnis zum Vertrag und zum Grundgeschäft: Art. 29 als ausgestaltungsoffenes Ordnungsrecht

1   Durch die Weisungsgebundenheit wird die Zweckbindung, die primär durch den Vertrag oder das sonstige Rechtsinstrument sichergestellt werden muss, ergänzend durch eine ordnungsrechtliche Flankierung der vertraglichen Direktionsbefugnis des Verantwortlichen gewährleistet. Fraglich ist, wie Art. 29 auf Verträge einwirkt. Eine Sichtweise wäre es, Art. 29 als zwingendes Vertragsstatut zu verstehen, aus dem ein eigenständiges privatrechtliches Weisungsrecht des Verantwortlichen folgt. Dies entspricht aber nicht dem Wortlaut. Er spricht eher dafür, dass der Umfang und die Rechtsfolgen eines Weisungsrechts privatvertraglich zu regeln sind (Art. 28 Abs. 3 S. 2 lit. a), und der Verantwortliche unmittelbar auf Art. 29 zurückgreifen kann, um an den vertraglichen Ausgestaltungsregelungen vorbei Weisungen zu erteilen.

2   Art. 29 sichert zum einen den Verantwortlichen selbst ab, denn so wird ausgeschlossen, dass er haftet, wenn der Auftragsverarbeiter unter Missachtung der Weisungen gegen datenschutzrechtliche Vorgaben verstößt, insbesondere unter Überschreitung der Vorgaben, die aus dem Verhältnis zwischen Verantwortlichem und betroffener Person folgen. Könnten andere Personen als der Verantwortliche über die Verarbeitung disponieren, so hätte er keine hinreichende Kontrolle mehr über den Datenfluss. Er könnte somit seine gegenüber der betroffenen Person bestehenden Pflichten nicht erfüllen, da er schlicht nicht wüsste, was mit den Daten passiert. Der Verantwortliche kann seinen Pflichten aus Kapitel IV nur nachkommen, wenn er genau weiß, was mit den Daten geschieht (siehe auch Paal/Pauly/Martini Art. 28 Rn. 5).

3   Vor allem dient Art. 29 dem Schutz der betroffenen Person. Es soll durch eine eigenständige ordnungsrechtliche Pflicht sichergestellt werden, dass nur der Verantwortliche über die Verarbeitung disponieren kann. Ziel ist es, eine eigenmächtige Verwendung der personenbezogenen Daten durch den Auftragsverarbeiter und andere Personen, die mit den Daten in Berührung kommen, zu vermeiden (dem zustimmend Conrad DuD 2019, 134 (135)). Dadurch soll transparent sein, was zu welchem Zeitpunkt mit den Daten passiert. Eine unkontrollierte und unkontrollierbare Weitergabe und Verwendung der Daten wird so verhindert.

4   Fraglich ist, ob auch der Auftragsverarbeiter in gewisser Weise abgesichert wird, wenn er sich an die rechtmäßigen Weisungen seines Auftraggebers hält, indem für ihn nur ein reduziertes Haftungsrisiko besteht (→ Rn. 17 ff.). Einigen Stimmen in der Literatur zufolge diene Art. 29 auch dem Schutz des Auftragsverarbeiters, denn weisungskonformes Handeln verhindere, dass der Auftragsverarbeiter die Position des Auftraggebers einnehme (zu den Folgen der Verantwortlichkeit des Auftragsverarbeiters bei Aufgabenexzess → Art. 28 Rn. 104 f.; Caumanns RDV 2018, 55 (56); Kühling/Buchner/Hartung Rn. 6). Die Haftung für Datenschutzverstöße treffe dann den Verantwortlichen und nicht den Auftragsverarbeiter, solange er der Weisung entsprechend tätig werde und die Vorgaben der DS-GVO einhalte (vgl. Art. 82 Abs. 2 S. 2).

B. Entstehungsgeschichte der Vorschrift

5   Die heutige Fassung von Art. 29 entspricht inhaltlich dem Vorschlag der Kommission (siehe Art. 27 des Vorschlags vom 25.1.2012). Dieser wurde so vom Europäischen Parlament in seiner legislativen Entschließung vom 12.3.2014 übernommen. Auch der Rat hat in seiner Fassung vom 15.6.2015 keine Änderungen vorgenommen. Es wurden lediglich redaktionelle Änderungen vorgenommen und die Formulierung der Vorschrift teilweise geändert. Über die Weisungsgebundenheit als zentrales Element der Auftragsverarbeitung gab es also im Gesetzgebungsverfahren keine Kontroverse.

C. Aktuelle Rechtslage (EU und national)

Eine dem Art. 29 entsprechende Vorschrift findet sich auf europarechtlicher Ebene bereits in Art. 16 der Richtlinie 95/46/EG. Auch danach dürfen personenbezogene Daten nur auf Weisung des Verantwortlichen verarbeitet werden, es sei denn, es bestehen gesetzliche Verpflichtungen. Auch der Kreis der Adressaten dieser Weisungsgebundenheit entspricht der Neuregelung. Eine entsprechende innerstaatliche Regelung befand sich noch in § 11 Abs. 3 S. 1 BDSG aF. Dort hieß es allerdings lediglich, dass der Auftragnehmer die Daten nur im Rahmen der Weisungen des Auftraggebers erheben, nutzen oder verarbeiten darf. Auf die dem Auftragsverarbeiter oder dem Verantwortlichen unterstellten Personen wurde kein Bezug genommen. Die Frage, ob die deutsche Vorschrift ein Umsetzungsdefizit enthielt, kann künftig dahinstehen. Die Rechtsfolgen einer rechtswidrigen Weisung waren ebenfalls in § 11 Abs. 3 BDSG aF geregelt. Dessen S. 2 sah eine Hinweispflicht des Auftragnehmers vor, sofern er die Weisung für rechtswidrig hielt. Eine solche Pflicht legt ihm auch der europäische Gesetzgeber auf, ordnet sie aber nicht in Art. 29 selbst an, sondern in Art. 28 Abs. 3 S. 3. **6**

Bei den Rechtsfolgen von Verstößen gegen Weisungen gibt es im Vergleich zur bisherigen deutschen Rechtslage einige Neuerungen. Seit Inkrafttreten der DSGVO sowie des BDSG am 25.5.2018 gibt es im Rahmen des Anwendungsbereichs der DSGVO keine eigene deutsche Regelung mehr. **7**

D. Die Regelung im Einzelnen

I. Weisungsbereich und weisungsfreier Bereich

Ein Missverständnis wäre es, Art. 29 so auszulegen, als schlösse er einen weisungsfreien Bereich der Auftragsverarbeitung aus. Die Weisungsbindung ist im Wesentlichen auf die in Art. 28 Abs. 3 S. 1 benannten Parameter gerichtet, also die Zwecke der Verarbeitung, die relevanten Verarbeitungsschritte und die Verwendung der personenbezogenen Daten (so auch Plath/Plath Rn. 7). Jenseits dieser Essentialia ist es mit Art. 28, 29 vereinbar, wenn der Auftragsverarbeiter Spielräume eigenverantwortlicher Auftragserfüllung hat (aA Gola/Klug Rn. 1; Paal/Pauly/Martini Rn. 11). **8**

Auf abgeleitete, aggregierte und nicht mehr personenbezogene Daten erstreckt sich die Weisungsunterworfenheit nicht. Welche Rechte und Pflichten hier bestehen, ist freier privatautonomer Gestaltung zugänglich. Die ordnungsrechtlichen Vorgaben beziehen sich lediglich auf die personenbezogenen Daten. **9**

II. Weisungsgebundener Personenkreis

Den Weisungen des Verantwortlichen sind alle Auftragsverarbeiter unterworfen. Zum Begriff des Verantwortlichen (→ Art. 4 Rn. 87 ff.; → Art. 26 Rn. 13 d ff.) und des Auftragsverarbeiters (→ Art. 4 Rn. 94 ff.; → Art. 28 Rn. 16 ff.). **10**

Ebenso gilt die Weisungsgebundenheit für die dem Auftragsverarbeiter und die dem Verantwortlichen **unterstellten** Personen, die **Zugang** zu den personenbezogenen Daten haben. Zugang ist ein rein tatsächliches Konzept. Eine aufgabenbezogene Zugangsmöglichkeit reicht nicht aus (GSSV/Kramer Rn. 15), sondern die faktische Zugriffsmöglichkeit ist maßgebend (Taeger/Gabel/Lutz/Gabel Art. 29 Rn. 5; Schmitt/Resch jM 2020, 134 (139); Plath/Plath Rn. 4). Ein rechtliche Beziehungen verweisendes Konzept ist das der Unterstellung. Der Grundfall sind **Arbeitnehmer** des Auftragsverarbeiters oder des Verantwortlichen, die der arbeitsrechtlichen Direktionsbefugnis unterliegen. Aber auch Beschäftigte, die nicht der Direktionsbefugnis unterliegen, können „unterstellt" sein (so auch Schmitt/Resch jM 2020, 134 (139)). Maßgebend ist jedoch, dass sie in Bezug auf den Datenzugang und Datenzugriff der effektiven Kontrolle des Auftragsverarbeiters (oder Verantwortlichen) unterliegen. Die Kontrollmöglichkeit muss zu jeder Zeit bestehen (Poll, Datenschutz in und durch Unternehmensgruppen im europäischen Datenschutzrecht, 2018, 83; Der Landesbeauftragte für den Datenschutz Baden-Württemberg, Auftragsverarbeitung nach DS-GVO, 5, abrufbar unter: https://www.baden-wuerttemberg.datenschutz.de/wp-content/uploads/2018/06/Auftragsdatenverarbeitung-DS-GVO.pdf). Dies kann auch bei selbstständig Tätigen im Wege der Einbindung, bspw. durch einen Werkvertrag (GSSV/Kramer Rn. 12), der Fall sein. Als weitere Beispiele werden Berater und Leiharbeitnehmer angeführt (Auernhammer/Kramer Rn. 7). Hierbei ist dann allerdings zu prüfen, ob es sich bei der eingebundenen Person noch um eine unterstellte Person handelt. Denn charakteristisch für den Werkvertrag ist die geschuldete Schaffung eines Werkes und nicht nur der Austausch von Leistungen (MüKoBGB/Busche BGB§ 631 Rn. 1). So wurde bereits zu § 11 Abs. 3 S. 1 BDSG aF **11** vertreten, dass den selbstständig Tätigen aufgrund ihrer wirtschaftlich eigenständigen und unabhängigen Arbeitsweise (MüKoBGB/Busche BGB § 631 Rn. 19) die Weisung fremd sei (nähere Darstellung hierzu Cebulla PinG 2015, 259 (261)). Dem ist aber entgegenzuhalten, dass Selbstständige gerade aufgrund ihrer Leistungsfähigkeit in arbeitsteilige Datenverarbeitungsvorgänge im Rahmen von kurzfristigen, aber auch längerfristigen Projekten eingeschaltet werden (BeckOK DatenschutzR/Spoerr, 26. Ed. 1.8.2018, BDSG 2003 [aK] § 11 Rn. 47; Conrad DuD 2019, 134). Voraussetzung ist lediglich, dass die Datenverarbeitung nicht durch andere Handlungen des Beauftragten überlagert sein darf (BeckOK DatenschutzR/Spoerr, 26. Ed. 1.8.2018, BDSG 2003 [aK] § 11 Rn. 48). Auch dürfen mit ihrer Einschaltung mittels eines Werkvertrages nicht die expliziten Anforderungen der Auftragsverarbeitung nach Art. 28, bspw. durch eine Scheinselbstständigkeit, umgangen werden (Koreng/Lachenmann DatenschutzR-FormHdB Kap. C. VII. 5. Rn. 3; Kühling/Buchner/Hartung Rn. 14). Ob ein solcher Fall vorliegt, ist anhand der Umstände des Einzelfalls, der Art der auszuführenden Tätigkeit und des Vertragsinhalts zu beurteilen. Vorgaben zu Anwesenheitszeiten sowie zum Arbeitsort durch den Verantwortlichen bzw. den Auftragsverarbeiter oder die Nutzung betrieblicher Infrastruktur durch den Selbständigen sprechen für eine Weisungsgebundenheit, da eine Kontrollmöglichkeit des Weisungsgebers besteht (Conrad DuD 2019, 134 (135)). Liegt eine Umgehung von Art. 28 vor, dann handelt es sich bei der „unterstellten Person" um einen weiteren Auftragnehmer (Kühling/Buchner/Hartung Rn. 14). Ferner ist auch eine organisatorische Eingliederung in den Geschäftsbetrieb nicht nötig (ähnlich Paal/Pauly/Martini Rn. 15; Auernhammer/Kramer Rn. 7). Die unabhängigen Datenschutzbehörden des Bundes und der Länder sehen ein „Innenverhältnis" als Voraussetzung für eine Weisungsgebundenheit an, die rechtliche oder tatsächliche Ausgestaltung des Verhältnisses wird hierbei aber nicht weiter erläutert (DSK, Kurzpapier Nr. 13 der unabhängigen Datenschutzbehörden des Bundes und der Länder, 1, abrufbar unter: https://www.datenschutzzentrum.de/uploads/dsgvo/kurzpapiere/DSK_KPNr_13_Auftragsverarbeitung.pdf). Sie fordern nur, dass eine weite Auslegung des Begriffes der „unterstellten Person" vorgenommen wird und beziehen bspw. auch ehrenamtliche Personen mit in die Norm ein (DSK, Kurzpapier Nr. 19 der unabhängigen Datenschutzbehörden des Bundes und der Länder, 2, abrufbar unter: https://www.datenschutzzentrum.de/uploads/dsgvo/kurzpapiere/DSK_KPNr_19_Verpflichtung-Beschaeftigte.pdf). Damit muss das „Innenverhältnis" nicht auf einer Vergütung der Tätigkeit beruhen. Daher zählen auch Praktikanten, Studierende und Referendare bei der Absolvierung ihrer praktischen Tätigkeit zu dem Kreis der „unterstellten Personen" (Schmitt/Resch jM 2020, 134 (139)). Adressaten der Norm sind also neben dem Auftragsverarbeiter alle von ihm eingeschalteten Personen, die dessen Steuerung unterliegen und die faktische Zugriffsmöglichkeit haben.

12 Die angewiesenen Personen müssen jedoch ihrerseits gesetzlich oder vertraglich, beispielsweise iSd Art. 28 Abs. 3, zur Verschwiegenheit verpflichtet sein (Gola/Klug Rn. 2; Plath/Plath Rn. 4). Ein Teil der Literatur fordert aus Schutzzwecken zugunsten der von der Datenverarbeitung betroffenen Person die Verpflichtung zur Verschwiegenheit auch auf die dem Verantwortlichen unterstellten Personen auszudehnen (Ehmann/Selmayr/Bertermann Rn. 6; Plath/Plath Rn. 4).

13 Nach Hartung (Kühling/Buchner/Hartung Rn. 11) ist Art. 29 so zu verstehen, dass er im Falle von Widersprüchen zwischen der Weisung eines Verantwortlichen und der eines Auftragsverarbeiters an einen diesem Unterstellten der Weisung des Verantwortlichen einen Vorrang einräumt.

III. Begriff der Weisung

14 Der Begriff der Weisung ist untechnisch zu verstehen. Es muss sich also nicht notwendig um eine einseitige Anordnung handeln. Vielmehr fallen unter den Begriff der Weisung alle Pflichten, die dem Auftragsverarbeiter bezüglich des Datenumgangs und der darauf bezogenen technischen und organisatorischen Maßnahmen auferlegt werden (Simitis/Petri BDSG § 11 Rn. 86). Für die Annahme einer Weisung ist ihr anordnender Charakter maßgeblich, sodass ein bloßes Dulden durch den Verantwortlichen nicht ausreicht (Paal/Pauly/Martini Rn. 18; NK-DatenschutzR/Petri Rn. 14; Schmitt/Resch jM 2020, 134 (141)). Nach der Rechtsprechung sei das Handeln des Auftragnehmers ohne eigenen Wertungs- und Entscheidungsspielraum maßgeblich, ohne dass dabei die Weisung über einen Auftragscharakter im Sinne des BGB verfügen müsse (VG Bayreuth ZD 2018, 382). Der Begriff der Weisung legt zunächst nahe, dass es nur um Anordnungen im Einzelfall geht. Erfasst sind darüber hinaus aber auch solche generellen Pflichten, die im Auftrag zwischen Verantwortlichem und Auftragsverarbeiter festgelegt wurden (Simitis/Petri BDSG § 11 Rn. 86). Die dem Verantwortlichen nach Art. 24 Abs. 1 für die Verarbeitung obliegende Risikobewertung kann je nach Sachlage zur Verhängung einer sofortigen Einzelfallweisung führen, da bspw. im Falle eines Datenlecks die Risiken für die Betroffenen schnell minimiert werden müssen

(MSA DatenschutzR/Moos/Cornelius 249). Neben einer Einzelfallweisung kommen für eine Weisung zB auch Betriebsvereinbarungen, allgemeine Dienstanweisungen, Prozessbeschreibungen (zB aus dem Qualitätsmanagement), Ablaufpläne, Dokumentationen und Handbücher in Betracht (DSK, Kurzpapier Nr. 19 der unabhängigen Datenschutzbehörden des Bundes und der Länder, 2, abrufbar unter: https://www.datenschutzzentrum.de/uploads/dsgvo/kurzpapiere/DSK_KPNr_19_Verpflichtung-Beschaeftigte.pdf). Die vom Auftraggeber erteilten Weisungen müssen jedoch inhaltlich hinreichend konkret sein, damit sie ihre legitimierende Wirkung entfalten können (Gola/Schomerus/Gola/Klug/Körffer, BDSG, 12. Aufl. 2015, BDSG § 11 Rn. 24). Dies schließt allerdings auslegungsbedürftige, allgemeine (Auernhammer/Kramer Rn. 15) Weisungen nicht aus. Bei Unklarheiten muss der Auftragsverarbeiter nachfragen.

IV. Form der Weisung

Eine besondere Form für die Weisung sieht Art. 29 nicht vor. Art. 28 Abs. 3 S. 2 lit. a schreibt jedoch vor, dass der Vertrag zwischen Auftraggeber und Auftragnehmer letzteren dazu verpflichtet, die Verarbeitung nur auf dokumentierte Weisung des Verantwortlichen vorzunehmen. Dies könnte dafürsprechen, dass die Weisung zumindest in Textform ergehen muss. Jedoch verkennt eine solche Auslegung, dass in Art. 28 Abs. 3 S. 2 gerade nur die Pflichten des Auftragsverarbeiters festgelegt werden. Es wird daher schlicht die Dokumentationspflicht des Auftragsverarbeiters normiert, nicht aber ein Schrift- oder Textformerfordernis für die Weisung selbst (Paal/Pauly/Martini Rn. 19). Daher können die Weisungen grundsätzlich in jeder Form erteilt werden, auch mündlich (Ehmann/Selmayr/Bertermann Rn. 4; Auernhammer/Kramer Rn. 16). Erfolgt also nur eine mündliche Weisung ohne Dokumentation, ist der Weisung trotzdem Folge zu leisten (SJTK/Kremer Rn. 12). Aufgrund der Beweisbarkeit sollten sie aber zumindest textlich fixiert werden (empfehlenswert bspw. bei Weisungen eines Apothekeninhabers als Verantwortlicher; Kieser/Buckstegge AZ 2018, Nr. 11, 6 (7)), denn eine fehlende Nachweisbarkeit der Dokumentation könne auch haftungsrechtliche Folgen haben (siehe hierzu SJTK/Kremer Rn. 12). Die Dokumentation der Weisung ermöglicht im Hinblick auf die Haftungsprivilegierung in Art. 82 Abs. 2 S. 2 eine Überprüfung, ob sich der Auftragsverarbeiter an die Weisungen gehalten hat (→ Art. 28 Rn. 59; Grages CR 2020, 232 (236)). **15**

Dies gilt jedoch nur für Weisungen, die im Einzelfall nach Begründung des Auftragsverhältnisses erteilt werden (Plath/Plath, 2. Aufl. 2016, BDSG § 11 Rn. 97). Für alle Pflichten, die schon im Vertrag zwischen Auftraggeber und Auftragnehmer selbst festgelegt werden, ist hingegen das Schriftformerfordernis des Art. 28 Abs. 9 zu beachten. **16**

V. Folgen einer rechtswidrigen Weisung; Zweifel an der Rechtmäßigkeit

Fraglich ist, welche Rechte und Pflichten des Auftragsverarbeiters bestehen, wenn an ihn eine rechtswidrige Weisung erteilt wird. Zu unterscheiden ist hier zunächst die Situation, dass der Auftragsverarbeiter tatsächlich konkrete Zweifel an der Rechtmäßigkeit der Weisung hegt, und der Fall der verdeckten Rechtswidrigkeit, die er eben nicht positiv erkennt. **17**

Zunächst besteht aber für den Auftragsverarbeiter keine Rechtspflicht zur Überprüfung der Weisung auf deren Rechtswidrigkeit hin (→ Art. 28 Rn. 88, ferner GSSV/Kramer Rn. 24). Grundsätzlich dürfe er sich auf die Erteilung einer rechtmäßigen Weisung verlassen (Plath/Plath Rn. 15). Im Übrigen sieht auch der Pflichtenkatalog des Art. 28 keine generelle Untersuchungspflicht für den Auftragsverarbeiter vor und wäre angesichts der damit verbundenen Konsequenz einer Haftung bei fahrlässigem Nichterkennen einer rechtswidrigen Weisung unverhältnismäßig (nähere Einzelheiten → Art. 28 Rn. 88). Nur ausnahmsweise könne eine Untersuchungspflicht bestehen, wenn der Auftragsverarbeiter über vertiefte Kenntnisse, bspw. im Bereich der Datenträgervernichtung, verfüge und deshalb die Rechtswidrigkeit einer Weisung erkennen könnte (GSSV/Kramer Rn. 24). Kühling verweist auf Praktikabilitätsprobleme, die eine Rechtmäßigkeitsüberprüfung durch den Auftragsverarbeiter nach sich ziehen (Kühling/Buchner/Hartung Rn. 18). Damit besteht auch keine Nachforschungspflicht für den Auftragsverarbeiter. Plath hält hingegen beim Vorliegen evidenter Umstände für eine rechtswidrige Weisung eine Nachforschung für geboten (Plath/Plath Rn. 15). Nur für den Fall der offenen (möglichen) Rechtswidrigkeit normiert Art. 28 Abs. 3 S. 3 eine Informationspflicht des Auftragsverarbeiters gegenüber dem Verantwortlichen. Er regelt jedoch nicht die Folgen einer Abweichung von der Anweisung, also die Frage der Bindungswirkung einer möglicherweise rechtswidrigen Weisung. Gerade dieses Schweigen der Verordnung zu dieser Frage kann gegen ein Ablehnungsrecht und damit für eine Bindungswirkung angeführt werden (Gola/Schomerus/Gola/Klug/Körffer BDSG § 11 Rn. 25). Zudem ist nach der DS-GVO grundsätzlich nur der Auftraggeber für die Verarbeitung verantwortlich. Seiner **18** übergeordneten Stellung und der damit verbundenen Haftung entspricht es, dass seine Weisungen grundsätzlich befolgt werden.

19 Dementsprechend könnte ein Ablehnungsrecht des Auftragsverarbeiters aber zumindest in denjenigen Fällen bestehen, in denen ihn ebenfalls ein Haftungsrisiko trifft (ebenso Taeger/Gabel/Lutz/Gabel Rn. 13). Im Falle einer Haftung auf Sekundärebene erscheint eine Bindungswirkung auf Primärebene nicht zumutbar (Paal/Pauly/Martini Rn. 20a). Das Ordnungsrecht kann hier auf das Pflichtengefüge aus den zumeist zivilrechtlichen Auftragsverarbeitungsverträgen einwirken und beispielsweise zu einem Leistungsverweigerungsrecht aus § 275 BGB oder § 242 BGB führen.

20 Aus Art. 82 Abs. 2 S. 2 haftet der Auftragsverarbeiter nur, wenn er rechtmäßige Anweisungen nicht beachtet oder ihnen zuwiderhandelt. Maßgeblich ist an dieser Stelle, ob „rechtmäßig erteilt" in Art. 82 Abs. 2 S. 2 Var. 2 die materielle Vereinbarkeit insbesondere mit der DS-GVO meint oder aber nur, dass die Weisung sich formell im Rahmen des Weisungsrechts aus einem rechtmäßigen Auftragsverhältnis nach Art. 28 bewegt. Nur im ersten Fall trifft den Auftragsverarbeiter eine Haftung aus Art. 82 Abs. 2 S. 2, wenn er materiell rechtswidrig handelt. Für die zweite Möglichkeit spricht aber, dass dem Auftragsverarbeiter sonst doch wieder das Risiko der Rechtmäßigkeit der Verarbeitung insgesamt auferlegt wird. Dieses soll nach der Differenzierung des Art. 82 Abs. 2 sowie der Gesamtkonzeption der DS-GVO jedoch der Auftraggeber tragen (Paal/Pauly/Martini Rn. 21). Da der Auftragsverarbeiter demnach grundsätzlich für die Ausführung materiell rechtswidriger Weisungen nicht haftet, erscheint auch eine Bindungswirkung insoweit nicht unzumutbar. Etwas anderes gilt für evident rechtswidriges Handeln oder Weisungen, bei deren Ausführung der Auftragsverarbeiter vorsätzlich ordnungswidrig oder gar strafbar handeln würde. Dem zustimmend Martini, der die Bindungswirkung bei einer offensichtlich inhaltlich rechtswidrigen Weisung für obsolet hält, jedoch dann eine Mitteilung an den Verantwortlichen für notwendig erachtet (Paal/Pauly/Martini Rn. 22).

21 In denjenigen Fällen, in denen ausnahmsweise ein Ablehnungsrecht besteht, stellt sich die Frage, ob damit darüber hinaus eine Ablehnungspflicht einhergeht. Eine solche kann zudem nur dann zur Diskussion stehen, wenn der Auftragsverarbeiter im Falle ernstlicher, überwiegender Zweifel seiner Informationspflicht aus Art. 28 Abs. 3 S. 3 nachgekommen ist, der Verantwortliche aber nicht reagiert hat. Hier ist nach Verantwortungssphären zu differenzieren: bei einer Rechtswidrigkeit in der Sphäre des Auftragsverarbeiters sprechen die besseren Gründe dafür, dass er die Weisung ablehnen muss. Bei einer Rechtswidrigkeit in der Sphäre des Verantwortlichen dürfte eine Ablehnungspflicht nur in extremen Fällen bestehen. Schließlich soll nach dem gesetzlichen Regelungskonzept die Weisung des Verantwortlichen grundsätzlich bindend sein (aA Paal, der darauf hinweist, dass bei einer rechtswidrigen Weisung der Auftragsverarbeiter „die Anweisung keinesfalls mehr befolgen (darf)", sofern die Rechtswidrigkeit erkannt wird, vgl. MMR 2020, 14 (15)).

22 Im Übrigen ist fraglich, welche Konsequenzen sich für den Auftragsverarbeiter aus der Befolgung einer verdeckt rechtswidrigen Weisung ergeben, wenn er also keine Zweifel an der Rechtmäßigkeit gehegt hat (für den umgekehrten Fall der irrtümlich angenommenen Rechtswidrigkeit vgl. Paal MMR 2020, 14 (15)).

23 Eine Ablehnungspflicht ist aufgrund der Verantwortungsverteilung durch den Gesetzgeber auch hier nur in evidenten Fällen denkbar, wenn sich also die Rechtswidrigkeit der Weisung geradezu hätte aufdrängen müssen. In diesen Fällen kommt auch eine Haftung aus Art. 82 Abs. 2 S. 2 in Betracht (Plath/Becker Art. 82 Rn. 6).

E. Verstöße gegen Weisungen

24 Bei einem Verstoß gegen Weisungen des Verantwortlichen muss dieser zunächst mit vertragsrechtlichen Mitteln darauf hinwirken, dass die Pflicht des Art. 29 zukünftig eingehalten wird. Das gleiche gilt auch für den Auftragsverarbeiter, wenn die ihm unterstellten Personen gegen die Weisungen des Verantwortlichen verstoßen (Paal/Pauly/Martini Rn. 24). Unzutreffend und nicht vom zugegeben zu Mißverständnissen einladenden Wortlaut des Art. 29 gefordert ist die Auffassung eines Teils in der Literatur (Kühling/Buchner/Hartung Rn. 10), wonach für den Verantwortlichen die Möglichkeit besteht, direkt auf die dem Auftragsverarbeiter unterstellten Personen einzuwirken, obwohl zwischen ihnen keine vertragliche Beziehung besteht (ablehnend Taeger/Gabel/Lutz/Gabel Rn. 10; Plath/Plath Rn. 3; allgemein zur Problematik kollidierender Weisungs- und Direktionsrechte: Spindler/Schuster/Nink Rn. 8). In solchen Fällen ist ein Handeln entlang der Vertragskette erforderlich und der jeweilige Auftraggeber muss die Zusammenarbeit je nach Ausgestaltung durch Rücknahme des Auftrags, Kündigung oder Rücktritt beenden (Simitis/Petri BDSG § 11 Rn. 88). Dies ist bei besonders schwerwiegenden oder wiederholten Verstößen gegen Art. 29 der gangbare Weg.

Den Auftragsverarbeiter trifft gegebenenfalls eine Haftung nach Art. 82 Abs. 2 S. 2, sofern **25** er unter Nichtbeachtung der rechtmäßig erteilten Anweisungen des für die Datenverarbeitung Verantwortlichen oder gegen diese Anweisungen gehandelt hat. Diese Haftung besteht gegenüber der Person, der durch diese Verletzung von Art. 29 ein Schaden entstanden ist (Art. 82 Abs. 1). Kann der Auftragsverarbeiter nachweisen, dass er in keinerlei Hinsicht für den Umstand, durch den der Schaden eingetreten ist, verantwortlich ist, so ist er gemäß Art. 82 Abs. 3 von der Haftung befreit. Eine entsprechende Haftungsregelung gab es im BDSG bisher nicht. Zudem wurde mit Art. 83 Abs. 4 lit. a auch ein Bußgeldtatbestand geschaffen.

Bestimmt der Auftragsverarbeiter unter Verstoß gegen die Verordnung die Zwecke und Mittel **26** der Verarbeitung, so wird er gemäß Art. 28 Abs. 10 wie ein Verantwortlicher behandelt. Setzt er sich also über die Weisung seines Auftraggebers hinweg, so treffen ihn selbst die datenschutzrechtlichen Pflichten eines Verantwortlichen und gegebenenfalls auch eine entsprechende Haftung (→ Art. 28 Rn. 104 f.).

F. Öffnungsklausel des Art. 29 Hs. 2

Die Ausnahmeregelung des Art. 29 Hs. 2 stellt eine Öffnungsklausel für Regelungen durch die **27** Mitgliedstaaten dar. Danach ist für die Verarbeitung keine Weisung des Verantwortlichen erforderlich, wenn nach dem Recht der Mitgliedstaaten eine Pflicht zur Verarbeitung besteht. Damit wird eine Ausnahme von der Weisungsgebundenheit des Auftragsverarbeiters und den ihm und dem Verantwortlichen unterstellten Personen normiert. Die Pflicht zur Verarbeitung folgt dann unmittelbar aus der innerstaatlichen gesetzlichen Regelung, unabhängig von einer entsprechenden Weisung. Eine solche Ausnahme war im BDSG bisher nicht vorgesehen.

Letztendlich handelt es sich bei Art. 29 Hs. 2 um eine unechte Öffnungsklausel, die an das **28** Vorliegen einer anderen Öffnungsklausel in der Verordnung geknüpft ist und den Mitgliedstaaten daher nur eingeschränkte Regelungsbefugnisse zugesteht (→ Art. 28 Rn. 60 ff.; in diesem Sinne Möllenkamp/Ohrtmann ZD 2019, 445 (447)).

Als innerstaatliche gesetzliche Regelungen, die eine Verpflichtung zur Datenverarbeitung hervorrufen können, kommen zunächst solche in Betracht, denen aufgrund ihrer Rechtsnatur eine **29** Pflicht zur Befolgung innewohnt. Auf nationaler Ebene ist vor allem an behördliche und strafprozessuale Eingriffsbefugnisse oder Zwangsmaßnahmen zu denken, da ihnen ein zwingender Charakter immanent ist (zum Begriff der strafprozessualen Zwangsmaßnahmen: Park, Durchsuchung und Beschlagnahme, 4. Aufl. 2018, Grundlagen § 1 Rn. 23). Im Regelfall werden behördliche Eingriffsbefugnisse in Verfahren, die sich gegen die verantwortliche Stelle richten, nicht ohne Weiteres so auszulegen sein, dass sich aus ihnen eine Ermächtigung iSd Art. 29 Hs. 2 ergibt. Zudem folgt aus dem Gebot der Verhältnismäßigkeit, dass vorrangig die verantwortliche Stelle heranzuziehen ist.

In den Fällen des § 94 Abs. 2 StPO, in denen ein Auftragsverarbeiter nach einer richterlichen **30** Beschlagnahmeanordnung die Daten den Ermittlungsbehörden übergibt, ist die Herausgabe durch Übermittlung an die Strafverfolgungsbehörden als eine Verarbeitung iSd Art. 4 Nr. 2 DS-GVO einzustufen (GSSV/Kramer Rn. 19). Die Beschlagnahme als Ausdruck unmittelbaren Zwangs (LG Lübeck WM 2011, 199 (200)) ist damit unstreitig eine innerstaatliche gesetzliche Regelung mit einer Pflicht zur Datenverarbeitung. Die §§ 94, 95 StPO sind Eingriffsbefugnisse, die sich gegen Dritte richten. In der Praxis kann die Staatsanwaltschaft zunächst aber auch in Auskunftsersuchen an den Auftragsverarbeiter über die sich in seinem Gewahrsam befindlichen Daten richten (Meyer-Goßner/Schmitt, StPO, 62. Aufl. 2019, § 161 Rn. 2). Häufiger Anwendungsfall ist ein staatsanwaltschaftliches Herausgabebegehren an Banken über Daten von Kontoinhabern (BVerfG NJW 2009, 1405; Löwe-Rosenberg/Menges, StPO, 26. Aufl. 2014, § 94 Rn. 67). Das schriftliche Auskunftsersuchen der Staatsanwaltschaft ist durch die allgemeine Ermittlungsbefugnis des § 161 Abs. 1 S. 1 StPO legitimiert (Löwe-Rosenberg/Erb, StPO, 26. Aufl. 2007, § 161 Rn. 13; MüKoStPO/Kölbel StPO § 161 Rn. 27) und gilt als „eine formlose Art der Zeugenvernehmung" (Meyer-Goßner/Schmitt, StPO, 62. Aufl. 2019, § 161 Rn. 2), welche von einer förmlichen Vernehmung nach § 161a StPO abzugrenzen ist. In dem Herausgabeersuchen wird oft auch in Betracht kommende Zwangsmaßnahmen, wie bspw. Durchsuchung, Beschlagnahme und Herausgabeverlangen, explizit hingewiesen (Löwe-Rosenberg/Erb, StPO, 26. Aufl. 2007, § 161 Rn. 13; MüKoStPO/Kölbel StPO § 161 Rn. 27 mwN). Es ist streitig, ob in einem staatsanwaltlichen Auskunftsersuchen mit Herausgabeverlangen nach § 95 StPO (vgl. KK-StPO/Griesbaum, 8. Aufl. 2019, StPO § 161 Rn. 8) eine verbindliche Anordnung liegt. Damit wäre der Auftragsdatenverarbeiter zur Herausgabe verpflichtet (vgl. Meyer-Goßner/Schmitt, StPO, 62. Aufl. 2019, § 95 Rn. 3a, 4).

31 Die tradierte Ansicht sieht in dem nur formlosen staatsanwaltschaftlichen Auskunftsersuchen nach § 161 Abs. 1 S. 1 StPO keine Verpflichtung ihr nachzukommen, sodass eine Datenübermittlung „freiwillig" erfolge (Löwe-Rosenberg/Erb, StPO, 26. Aufl. 2007, § 161 Rn. 13; SK-StPO/Wohlers/Deiters, 5. Aufl. 2016, § 161 Rn. 22 f.). Zutreffend gegenüber dieser im Hinblick auf die strafprozessuale Durchsetzung gerichteten herrschenden Meinung ist es, für den Bereich des allgemeinen Datenschutzrechts (anders als bei Berufsgeheimnissen) in einer Erfüllung eines hinreichend bestimmten und ersichtlich rechtmäßigen staatsanwaltlichen Herausgabeverlangen eine Pflicht zur Datenverarbeitung aufgrund nationaler Regelung anzunehmen (Kopp/Pfisterer CCZ 2015, 98 (100)). Dass es erst strafprozessual über eine gerichtliche Beschlagnahmeanordnung durchsetzbar ist, ändert daran nichts. Dies ist der strafprozessuale Durchsetzungsweg zum Zwang und nicht die Voraussetzung einer behördlichen verbindlichen Anordnung. Das steht aber unter der Prämisse, dass das Ersuchen klar und eindeutig ist, sowie keine Rechtsfehler aufweist. Das Auskunftsersuchen ist nicht ausreichend, wenn es sich um „ins Blaue hinein" gehende Ersuchen handelt (LG Frankfurt a. M. NJW 1954, 688 (691)).

Artikel 30 Verzeichnis von Verarbeitungstätigkeiten

(1) ¹Jeder Verantwortliche und gegebenenfalls sein Vertreter führen ein Verzeichnis aller Verarbeitungstätigkeiten, die ihrer Zuständigkeit unterliegen. ²Dieses Verzeichnis enthält sämtliche folgenden Angaben:
a) den Namen und die Kontaktdaten des Verantwortlichen und gegebenenfalls des gemeinsam mit ihm Verantwortlichen, des Vertreters des Verantwortlichen sowie eines etwaigen Datenschutzbeauftragten;
b) die Zwecke der Verarbeitung;
c) eine Beschreibung der Kategorien betroffener Personen und der Kategorien personenbezogener Daten;
d) die Kategorien von Empfängern, gegenüber denen die personenbezogenen Daten offengelegt worden sind oder noch offengelegt werden, einschließlich Empfänger in Drittländern oder internationalen Organisationen;
e) gegebenenfalls Übermittlungen von personenbezogenen Daten an ein Drittland oder an eine internationale Organisation, einschließlich der Angabe des betreffenden Drittlands oder der betreffenden internationalen Organisation, sowie bei den in Artikel 49 Absatz 1 Unterabsatz 2 genannten Datenübermittlungen die Dokumentierung geeigneter Garantien;
f) wenn möglich, die vorgesehenen Fristen für die Löschung der verschiedenen Datenkategorien;
g) wenn möglich, eine allgemeine Beschreibung der technischen und organisatorischen Maßnahmen gemäß Artikel 32 Absatz 1.

(2) Jeder Auftragsverarbeiter und gegebenenfalls sein Vertreter führen ein Verzeichnis zu allen Kategorien von im Auftrag eines Verantwortlichen durchgeführten Tätigkeiten der Verarbeitung, die Folgendes enthält:
a) den Namen und die Kontaktdaten des Auftragsverarbeiters oder der Auftragsverarbeiter und jedes Verantwortlichen, in dessen Auftrag der Auftragsverarbeiter tätig ist, sowie gegebenenfalls des Vertreters des Verantwortlichen oder des Auftragsverarbeiters und eines etwaigen Datenschutzbeauftragten;
b) die Kategorien von Verarbeitungen, die im Auftrag jedes Verantwortlichen durchgeführt werden;
c) gegebenenfalls Übermittlungen von personenbezogenen Daten an ein Drittland oder an eine internationale Organisation, einschließlich der Angabe des betreffenden Drittlands oder der betreffenden internationalen Organisation, sowie bei den in Artikel 49 Absatz 1 Unterabsatz 2 genannten Datenübermittlungen die Dokumentierung geeigneter Garantien;
d) wenn möglich, eine allgemeine Beschreibung der technischen und organisatorischen Maßnahmen gemäß Artikel 32 Absatz 1.

(3) Das in den Absätzen 1 und 2 genannte Verzeichnis ist schriftlich zu führen, was auch in einem elektronischen Format erfolgen kann.

(4) Der Verantwortliche oder der Auftragsverarbeiter sowie gegebenenfalls der Vertreter des Verantwortlichen oder des Auftragsverarbeiters stellen der Aufsichtsbehörde das Verzeichnis auf Anfrage zur Verfügung.

(5) Die in den Absätzen 1 und 2 genannten Pflichten gelten nicht für Unternehmen oder Einrichtungen, die weniger als 250 Mitarbeiter beschäftigen, es sei denn, die von ihnen vorgenommene Verarbeitung birgt ein Risiko für die Rechte und Freiheiten der betroffenen Personen, die Verarbeitung erfolgt nicht nur gelegentlich oder es erfolgt eine Verarbeitung besonderer Datenkategorien gemäß Artikel 9 Absatz 1 bzw. die Verarbeitung von personenbezogenen Daten über strafrechtliche Verurteilungen und Straftaten im Sinne des Artikels 10.

Überblick

Art. 30 verpflichtet Verantwortliche (Abs. 1) und in ähnlicher Weise Auftragsverarbeiter (Abs. 2) sowie ihre Vertreter dazu, ein schriftliches (Abs. 3) Verzeichnis aller Verarbeitungstätigkeiten zu führen. Abs. 4 verpflichtet sie zudem, das Verzeichnis der Aufsichtsbehörde auf deren Anfrage zur Verfügung zu stellen. Das dient nach dem Erwägungsgrund 82 dem Nachweis der Einhaltung der DS-GVO. Folglich wird das Verzeichnis von Verarbeitungstätigkeiten in erster Linie zur Vorlage bei den zuständigen Aufsichtsbehörden verwendet und nicht zur Auskunft für den Betroffenen (Kazemi ZAP 2018, 471 (472)). Daneben kann das Verarbeitungsverzeichnis als Anknüpfungspunkt für eine nach Art. 35 erforderliche Datenschutz-Folgenabschätzung herangezogen werden (Gossen/Schramm ZD 2017, 7 (11); Lubba CCZ 2019, 240 (241)). Vom Anwendungsbereich von Art. 30 sind Unternehmen mit weniger als 250 Mitarbeitern ausgenommen, außer wenn die Verarbeitung ein Risiko für die Betroffenen darstellt, nicht nur gelegentlich erfolgt oder bestimmte besondere Daten betrifft (Abs. 5).

Übersicht

	Rn.		Rn.
A. Entstehungsgeschichte	1	III. Schriftlichkeit, Abs. 3	12
B. Zentrale Begriffe	2	IV. Vorlage auf Anfrage, Abs. 4	13
I. „Verantwortlicher"	2	V. KMU-Ausnahme und Gegenausnahmen, Abs. 5	14
II. „Auftragsverarbeiter"	3	1. Risiko für die Rechte und Freiheiten der betroffenen Personen	18
III. „Vertreter"	4		
IV. „Verzeichnis"	5	2. Nicht nur gelegentliche Datenverarbeitung	24
V. „Verarbeitungstätigkeiten"	6		
VI. „Aufsichtsbehörde"	7	3. Besondere Datenkategorien oder Daten mit strafrechtlichem Bezug	25
C. Inhalt	8		
I. Pflicht des Verantwortlichen, Abs. 1	8	D. Verhältnis zum bisherigen und geltenden Recht	27
II. Pflicht des Auftragsverarbeiters, Abs. 2	11		

A. Entstehungsgeschichte

Der Vorschlag der Kommission enthielt eine Ausnahme von den Dokumentationspflichten für natürliche Personen, die personenbezogene Daten ohne eigenwirtschaftliches Interesse verarbeiten (dort Art. 28 Abs. 4 lit. b). Schon das Europäische Parlament wandte sich am 12.3.2014 dagegen; die Anforderungen an die Dokumentation sollten abstrakt formuliert sein. Sie sollte alle Informationen enthalten, die notwendig sind, um die Anforderungen der Verordnung zu erfüllen. Um nach inzwischen längeren Verhandlungen einen Konsens im Rat zu erzielen, übermittelte der Vorsitz schließlich am 11.6.2015 einen Vorschlag, welcher der aktuellen Fassung beinahe vollständig entspricht. Die Ausnahme für private Datenverarbeiter ohne wirtschaftliches Interesse entfiel dabei ebenso wie die ursprünglich geplante Ermächtigung der Kommission, durch eigene Rechtsakte Anforderungen an den Dokumentationsinhalt zu stellen (Art. 28 Abs. 5) und Standardvorlagen für die Verzeichnisse vorzulegen (Art. 28 Abs. 6). **1**

B. Zentrale Begriffe

I. „Verantwortlicher"

Der Begriff des Verantwortlichen ist in Art. 4 Nr. 7 Hs. 1 legaldefiniert als „die natürliche oder juristische Person, Behörde, Einrichtung oder andere Stelle, die allein oder gemeinsam mit anderen **2**

DS-GVO Artikel 30   Kapitel IV. Verantwortlicher und Auftragsverarbeiter

über die Zwecke und Mittel der Verarbeitung von personenbezogenen Daten entscheidet" (→ Art. 4 Rn. 87 ff.).

II. „Auftragsverarbeiter"

3   Wie schon der Begriff des Verantwortlichen ist auch der des Auftragsverarbeiters in Art. 4 der Verordnung legaldefiniert. Auftragsverarbeiter im Sinne der Verordnung ist gemäß Nr. 8 „eine natürliche oder juristische Person, Behörde, Einrichtung oder andere Stelle, die personenbezogene Daten im Auftrag des Verantwortlichen verarbeitet" (→ Art. 4 Rn. 94 ff.).

III. „Vertreter"

4   Art. 4 Nr. 17 definiert ebenfalls den Begriff des „Vertreters": Dabei handelt es sich um „eine in der Union niedergelassene natürliche oder juristische Person, die von dem Verantwortlichen oder Auftragsverarbeiter schriftlich gemäß Art. 27 bestellt wurde und den Verantwortlichen oder Auftragsverarbeiter in Bezug auf die ihnen jeweils nach dieser Verordnung obliegenden Pflichten vertritt" (Art. 4 Nr. 17). Ein bloßes Vertretungsverhältnis nach nationalem Recht, wie etwa in §§ 164 ff. BGB, genügt nicht. Für die Voraussetzungen einer Bestellung im Übrigen → Art. 27 Rn. 1 ff.

IV. „Verzeichnis"

5   Der Begriff des Verzeichnisses ist in der DS-GVO nicht legal definiert. Sein Inhalt ergibt sich jedoch im Wesentlichen aus dem Sinn und Zweck von Art. 30. Dieser soll der Aufsichtsbehörde im Bedarfsfall den Zugriff auf Informationen ermöglichen, die ihr bisher nach Art. 18 f. der Richtlinie 95/46/EG (§§ 4d, 4e BDSG aF) zu melden waren, und so die Kontrolle über die Einhaltung der Verordnung ermöglichen (Erwägungsgrund 82). Bei dem Verzeichnis handelt es sich daher um eine Aufstellung der in Abs. 1 lit. a–g beziehungsweise Abs. 2 lit. a–d genannten Informationen und Angaben, die so detailliert, systematisiert und geordnet ist, dass sie eine Überprüfung ermöglicht, ob der Verzeichnisersteller seinen Pflichten nachgekommen ist.

V. „Verarbeitungstätigkeiten"

6   Die DS-GVO verwendet an verschiedenen Stellen den Begriff der „Verarbeitungstätigkeiten", enthält aber keine Begriffsbestimmung (ausführlich hierzu NK-DatenschutzR/Petri Rn. 16; zum Begriffsverständnis der DSK („Geschäftsprozess auf geeignetem Abstraktionsniveau") s. Hinweise zum Verzeichnis von Verarbeitungstätigkeiten, Art. 30 DS-GVO, 1, abrufbar unter: https://www.datenschutzkonferenz-online.de/media/ah/201802_ah_verzeichnis_verarbeitungstaetigkeiten.pdf). Wirft man einen Blick in die anderen amtlichen Sprachfassungen, so wird deutlich, dass der Begriff der Verarbeitung konnex zu dem übersetzten Wort „Aktivitäten" bzw. „Tätigkeiten" ist. So bezieht sich die englische Fassung auf „processing activities", die französische Fassung auf „activités de traitement" und die spanische Fassung auf "actividades de tratamiento". Allerdings bringt auch der Rückgriff auf die anderen Sprachfassungen kein Licht ins Dunkel, was genau unter dem Begriff der „Verarbeitungstätigkeiten" zu verstehen ist (so auch Kühling/Buchner/Hartung Rn. 15). Bei einer Aufsplittung des Begriffes in „Verarbeitung" und „Tätigkeiten" kann zunächst für die Erläuterung des Begriffes der „Verarbeitung" Art. 4 herangezogen werden. Nach der Legaldefinition in Art. 4 Nr. 2 umfasst der Begriff der Verarbeitung „jeden mit oder ohne Hilfe automatisierter Verfahren ausgeführten Vorgang oder jede solche Vorgangsreihe im Zusammenhang mit personenbezogenen Daten". Beispiele sind „das Erheben, das Erfassen, die Organisation, das Ordnen, die Speicherung, die Anpassung oder Veränderung, das Auslesen, das Abfragen, die Verwendung, die Offenlegung durch Übermittlung, Verbreitung oder eine andere Form der Bereitstellung, den Abgleich oder die Verknüpfung, die Einschränkung, das Löschen oder die Vernichtung". Der Zusatz „Tätigkeiten" führt zu keiner inhaltlichen Abweichung (so auch im Ergebnis von dem Bussche/Voigt/Egle/Zeller, Konzerndatenschutz, 2. Aufl. 2019, Teil 2, Kap. 4 Rn. 7; Ehmann/Selmayr/Bertermann Rn. 7; NK-DatenschutzR/Petri Rn. 16; aA MSA DatenschutzR/Gardyan-Eisenlohr/Cornelius 416; Kühling/Buchner/Hartung Rn. 14). Nach der Rechtsprechung ist es für die Datenverarbeitung unerheblich, mittels welcher Technik sie erfolgt, also automatisch oder manuell (EuGH NZA 2018, 991 (994) Rn. 53 – Zeugen Jehovas; VG Wiesbaden Beschl. v. 15.1.2019 – 22 K 4755/17.WI.PV). Allerdings sind wegen einer zu uferlosen Ausweitung entgegen dem Wortlaut der Legaldefinition unter „jeden (…) Vorgang" nicht sämtliche Tätigkeiten zu verstehen, die dann in dem Verzeichnis zu erfassen sind (Wächter, Datenschutz Unternehmen,

5. Aufl. 2017, B Datenschutzkontrolle 363). Dieses Verständnis ist zu kleinteilig (wohl auch Ehmann/Selmayr/Bertermann Rn. 8) und vor allem bei komplexen Verästelungen von Datenmengen, bspw. bei Chatbots (zu diesen ausführlich Lorenz K&R 2019, 1 (2)), nicht sachgerecht (s. auch Taeger/Gabel/Schultze-Melling Rn. 22 mit dem Hinweis zum Vorteil der Verhinderung von Redundanzen). Denn der DS-GVO liegt ein technologieneutrales sowie technikunabhängiges Verständnis zu Grunde (Erwägungsgrund 15; Paal/Pauly/Ernst Art. 2 Rn. 5), weshalb schon nicht zwischen einem einzelnen Vorgang und mehreren Vorgängen oder gar zwischen den jeweiligen Datenverarbeitungsphasen zu trennen ist (in diesem Sinne NK-DatenschutzR/Roßnagel Art. 4 Nr. 2 Rn. 11; Kühling/Buchner/Herbst Art. 4 Nr. 2 Rn. 15). Stattdessen erlaubt eine Verarbeitung die Bündelung sogar mehrerer Vorgangsreihen, wenn sie zu einem gemeinsamen Zweck verbunden sind (vgl. Kremer CR 2019, 225 (226)), wie bereits Art. 35 Abs. 1 S. 2 zeigt, oder wenn sie sehr ähnliche Datenarten betreffen (Paal/Pauly/Martini Art. 35 Rn. 21; Ehmann/Selmayr/Bertermann Rn. 8). Unter Zweck wird das Streben nach einer bestimmten Zielrichtung verstanden, mithin die der Datenverarbeitung zugrundeliegenden Motivation (Schreiber ZD 2019, 55 (56)). Gemeinsam ist der Zweck, wenn die Vorgangsreihen nach den gleichen einheitlichen Vorgaben verarbeitet werden (vgl. Koreng/Lachenmann DatenschutzR-FormHdB G. V. Rn. 7). Das Verzeichnis über die Verarbeitungstätigkeiten steht auch im engen Kontext zur Abschaffung der Meldepflicht (nähere Einzelheiten zur früheren Meldepflicht) und dem damit laut dem Erwägungsgrund 89 verfolgten Bürokratieabbau (Kühling/Buchner/Hartung Rn. 15; MSA DatenschutzR/Gardyan-Eisenlohr/Cornelius 416; Ehmann/Selmayr/Bertermann Rn. 8). Laut der Verordnung sind daher nur solche Verarbeitungstätigkeiten für das nach dieser Vorschrift geforderte Verzeichnis relevant, die sich „stattdessen vorrangig mit denjenigen Arten von Verarbeitungsvorgängen befassen, die aufgrund ihrer Art, ihres Umfangs, ihrer Umstände und ihrer Zwecke wahrscheinlich ein hohes Risiko für die Rechte und Freiheiten natürlicher Personen mit sich bringen" (Erwägungsgrund 89). Das wird auch durch den Wortlaut von Erwägungsgrund 82 gestützt, der dem Verzeichnis innewohnenden Kontrollfunktion nur die „betreffenden Verarbeitungsvorgänge" zu Grunde legt und keinesfalls von „allen Verarbeitungsvorgängen" spricht.

VI. „Aufsichtsbehörde"

Eine Aufsichtsbehörde definiert die DS-GVO als „eine oder mehrere unabhängige Behörden, die für die Überwachung der Anwendung dieser Verordnung zuständig sind, damit die Grundrechte und Grundfreiheiten natürlicher Personen bei der Verarbeitung geschützt werden und der freie Verkehr personenbezogener Daten in der Union erleichtert wird" (Art. 51 Abs. 1 iVm Art. 4 Nr. 21). In Deutschland sind und bleiben dies die Bundes- und Landesdatenschutzbeauftragten (vgl. § 8 ff., 40 BDSG nF, Landesdatenschutzgesetze). 7

C. Inhalt

I. Pflicht des Verantwortlichen, Abs. 1

Art. 30 Abs. 1 verpflichtet den Verantwortlichen für jede Verarbeitung gesondert zum Führen eines Verzeichnisses. Bei Unternehmen obliegt die Pflicht zur Führung des Verzeichnisses als allererstes der Unternehmensleitung (Theobald/Kühling/Bartsch, Energierecht, Loseblatt, 230. Datenschutz in Energieversorgungsunternehmen Rn. 24), welche die Aufgabe an den Datenschutzbeauftragten oder andere qualifizierten Personen weiter delegieren kann (Licht ITRB 2017, 65 (66); Mareck AA 2018, 29 (30); Wächter, Datenschutz im Unternehmen, 5. Auflage 2017, Rn. 354). Bei Verantwortlichkeit mehrerer ist eine Pflichtenverweisung auf nur einen nach Art. 26 Abs. 1 möglich (Auernhammer/Brüggemann Rn. 4). Ob auch der Betriebsrat eines Unternehmens selbst ein Verarbeitungsverzeichnis führen muss, hängt davon ab, ob er als Verantwortlicher iSd Art. 4 Nr. 7 einzustufen ist (Brink/Joos NZA 2019, 1395 (1398); Lücke NZA 2019, 658 (659)). Vor dem Inkrafttreten der DS-GVO wurde der Betriebsrat als Teil der verantwortlichen Stelle eingeordnet, da er nicht in § 2 Abs. 4 BDSG aF aufgelistet war (siehe zur Einordnung des Betriebsrats unter BDSG aF: Staben ZfA 2020, 287 (291); Jung/Hansch ZD 2019, 143 (146 f.); Maschmann NZA 2020, 1207 f.). Seit der neuen Rechtslage wird die Rolle des Betriebsrats unterschiedlich von den Aufsichtsbehörden (zur unterschiedlichen Auffassung der Aufsichtsbehörden: Kranig/Wybitul ZD 2019, 1 (2); für eine Verantwortlichkeit des Betriebsrats: LfDI Baden-Württemberg, 34. Datenschutz-Tätigkeitsbericht des Landesbeauftragten für den Datenschutz und die Informationsfreiheit Baden-Württemberg, 2018, 37 f., abrufbar unter: https://www.baden-wuerttemberg.datenschutz.de/wp-content/uploads/2019/02/LfDI-34.-Datenschutz-T%C3%A4t 8 igkeitsbericht-Internet.pdf; Thüringer Landesbeauftragter für den Datenschutz und die Informationsfreiheit, 1. Tätigkeitsbericht zum Datenschutz nach der DS-GVO 2018, 66, abrufbar unter: https://www.tlfdi.de/mam/tlfdi/datenschutz/taetigkeitsbericht/1._tatigkeitsbericht_2018_zum_datenschutz_nach_der_ds-gvo.pdf), der Rechtsprechung (Verantwortlichkeit bejahend: LAG Sachsen-Anhalt NZA-RR 2019, 256 (259); LAG Mecklenburg-Vorpommern BeckRS 2019, 15783 Rn. 17; ablehnend LAG Hessen NZA-RR 2019, 196 (198); LAG Niedersachsen NZA-RR 2019, 92 (93); offenlassend: BAG BB 2019, 2810 (2815); zur Interpretation der BAG-Rechtsprechung Maschmann NZA 2020, 1207 (1211)) und der Literatur (für eine eigene Verantwortlichkeit des Betriebsrats: Gola/Gola Art. 4 Rn. 56; Taeger/Gabel/Arning/Rothkegel Art. 4 Rn. 167; Kurzböck/Weinbeck BB 2020, 500 ff.; Staben ZfA 2020, 287 ff.; Kort ZD 2017, 319 (323); Maschmann NZA 2020, 1207 (1209); Staben ZfA 2020, 287 (291 ff.); aA: Kühling/Buchner/Hartung Art. 4 Nr. 7 Rn. 11; Schröder Datenschutzrecht für die Praxis, 3. Aufl. 2019, 98; Pötters/Hansen ArbRAktuell 2020, 193 ff.; Lücke NZA 2019, 658 (661); Schmidt/Rossow DSB 2019, 4 (5); Stück ZD 2019, 256 (259)) beantwortet. Einer eigenen Verantwortlichkeit des Betriebsrats wird entgegengehalten, dass einer eigenen Zweck-/Mittelentscheidung die Vorgaben des BetrVG entgegenstehen (Kranig/Wybitul ZD 2019, 1 f.; Schmidt/Rossow DSB 2019, 4 (5); vgl. hierzu die Kritik bei Maschmann NZA 2020, 1207 (1209 f.); Staben ZfA 2020, 287 (294 f.)). Auch seien die aus einer datenschutzrechtlichen Verantwortlichkeit resultierenden Rechtsfolgen mit dem ehrenamtlichen Charakter der Tätigkeit (§ 37 Abs. 1 BetrVG) unvereinbar (Kurzböck/Weinbeck BB 2020, 500 (502)). Bis zur abschließenden Klärung der Frage der Verantwortlichkeit des Betriebsrats durch die nationalen Gerichte und dem EuGH empfehlen einige Autoren den Abschluss einer Betriebsvereinbarung, in der festgelegt wird, dass der Betriebsrat kein Verantwortlicher iSd Art. 4 Nr. 7 ist, er aber den Arbeitgeber bei der Erfüllung von Verpflichtungen aus Art. 30 unterstützt (Kurzböck/Weinbeck BB 2020, 500 (503); Pötters/Hansen ArbRAktuell 2020, 193 (195 f.)). Ein anderer Teil der Literatur verlangt vom Betriebsrat das Führen eines eigenen Verarbeitungsverzeichnisses, wenn er selbst Datenverarbeitungen (zB eigene Beurteilungen zu personellen Einzelmaßnahmen) vornimmt und diese nicht Teil des Verarbeitungsverzeichnisses des Arbeitgebers sind (Schmidt/Rossow DSB 2019, 4 (5)).

8a Behörden ist es im Rahmen der Behördenorganisation zulässig, die Aufgabe der Führung des Verarbeitungsverzeichnisses, welche verwaltender Natur ist, an einen Beamten zu übertragen (VG Schleswig BeckRS 2020, 5201 Rn. 19 f.). Die Behörde trifft trotz der Delegation aber eine Letztverantwortung, da sie allein die Verfügungsgewalt über die Datenerhebung sowie Zugriffsrechte innehat (VG Schleswig BeckRS 2020, 5201, Rn. 18 f.; Taeger/Gabel/Arning/Rothkegel Art. 4 Rn. 189; Dieterle ZD 2020, 135 (138)). Die Verpflichtung aus Art. 30 Abs. 1 trifft nicht nur den Alleinverantwortlichen, sondern auch den gemeinsam Verantwortlichen iSd Art. 26 Abs. 1. Die Festlegung als (gemeinsam) Verantwortlicher ist zwingend erforderlich, da die nach Art. 30 Abs. 1 Verpflichteten die Pflicht zur Führung eines Verzeichnisses mit einem detaillierteren Umfang trifft im Vergleich zum Auftragsverarbeiter nach Abs. 2 (AG Mannheim NZM 2020, 70 (73)). Für die notwendige Einordnung in den jeweiligen Pflichtenkreis kommt es auf die tatsächlichen Gegebenheiten an, die gewählte vertragliche Bezeichnung der Parteien ist irrelevant und eine Falschbezeichnung auch unschädlich (AG Mannheim NZM 2020, 70 (72); nähere Details zur Abgrenzung zwischen Verantwortlichem und Auftragsverarbeiter → Art. 26 Rn. 21 f.). Beim Bestehen einer Joint Control nach Art. 26 Abs. 1 S. 1 ist es trotz des Wortlauts des Abs. 1 „jeder Verantwortliche" nicht zwingend erforderlich, dass jeder von ihnen ein eigenes Verzeichnis führt (MSA DatenschutzR/Gardyan-Eisenlohr/Cornelius 414; Paal/Pauly/Martini Rn. 5a). Hierbei hält es die Rechtsprechung sogar für zulässig, wenn bei einer zwischen einer Wohnungseigentümergemeinschaft und einem Verwalter bestehenden gemeinsamen Verantwortlichkeit der amtierende Verwalter gegen eine Sondervergütung die Führung eines Verzeichnisses der Verarbeitungstätigkeiten übernimmt (AG Mannheim NZM 2020, 70 (74); kritisch zur Gewährung einer Sondervergütung für den Verwalter bei der Übernahme von datenschutzrechtlichen Verpflichtungen: NJW-Spezial 2020, 34 (35); aA Heydrich NZM 2020, 74 (75), der eine moderate Vergütung für angemessen hält). Der Verpflichtung zur Führung des Verzeichnisses wird Genüge getan, wenn bei der Begründung der gemeinsamen Verantwortlichkeit im Rahmen der Vereinbarung zwischen den Verantwortlichen kodifiziert wird, wer von beiden das Verzeichnis führt (Bitkom eV, Das Verarbeitungsverzeichnis, 2017, 11, abrufbar unter: https://www.bitkom.org/sites/default/files/file/import/180529-LF-Verarbeitungsverzeichnis-online.pdf; Paal/Pauly/Martini Rn. 5a; GSSV/Assion Rn. 33) und zudem sichergestellt ist, dass der andere Verantwortliche permanente Zugriffsmöglichkeit hat (MSA DatenschutzR/Gardyan-Eisenlohr/Cornelius 414). Eine Kodifikation der Joint Controllership im Verzeichnis sei wegen Art. 30 Abs. 1 S. 2 lit. d allerdings dann notwendig, wenn von einem gemeinsam Verantwortlichen an den anderen Verantwortlichen eine Datenübermittlung erfolge und dieser dann als Empfänger gem. Art. 4 Nr. 9 und nicht als Dritter iSv Art. 4 Nr. 10 klassifiziert werde (Kremer CR 2019, 225 (232)). Innerhalb eines Konzerns bleibt jede rechtlich eigenständige Tochtergesellschaft zur Führung eines Verzeichnisses verpflichtet, so dass die Aufgabe nicht von der Muttergesellschaft übernommen werden kann (Hamann BB 2017, 1090 (1093); zum fehlenden Konzernprivileg Hörl ITRB 2019, 118 (119)). Allerdings ist es innerhalb von Konzernen zulässig, wenn die Tochtergesellschaft ein von der Muttergesellschaft hergestelltes Verzeichnis in Form eines Stammdokumentes verwendet und sich zu eigen macht (so auch Bussche/Voigt/Egle/Zeller, Konzerndatenschutz, 2. Aufl. 2019, Teil 2, Kap. 4 Rn. 22; Licht ITRB 2017, 65 (69); Auer-Reinsdorff/Conrad IT-R-HdB /Conrad § 34 Rn. 516). Liegt kein Änderungsbedarf seitens der Tochtergesellschaft vor, muss sie trotzdem jederzeit Zugriff auf das Stammdokument der Muttergesellschaft haben, da die Tochtergesellschaft selbst Verpflichtete des Art. 30 Abs. 1 S. 1 und bei Anfrage der Aufsichtsbehörde nach Art. 30 Abs. 4 sogar vorlagepflichtig ist (Bussche/Voigt/Egle/Zeller, Konzerndatenschutz, 2. Aufl. 2019, Teil 2, Kap. 4 Rn. 22).

Das Verzeichnis muss den unter lit. a–g angegebenen Inhalt haben. Hinsichtlich des Umfangs der Darstellung des Inhalts ist keine Vorgabe in der DS-GVO vorhanden (Rohrlich ZAP 2018, 1125 (1131); Datenschutzkonferenz, Kurzpapier Nr. 1 der unabhängigen Datenschutzbehörden des Bundes und der Länder, Verzeichnis von Verarbeitungstätigkeiten – Art. 30 DS-GVO, 2, abrufbar unter: https://www.datenschutzzentrum.de/uploads/dsgvo/kurzpapiere/DSK_KPNr_1_Verzeichnis_Verarbeitungstaetigkeiten.pdf). Eine allgemeine Dokumentierung ist allerdings ausreichend, da der Verarbeitungsvorgang nur „auf geeignetem Abstraktionsniveau" (Datenschutzkonferenz, Hinweise zum Verzeichnis von Verarbeitungstätigkeiten, Art. 30 DS-GVO, 1, abrufbar unter: https://www.datenschutzzentrum.de/uploads/dsgvo/Hinweise-zum-Verzeichnis-von-Verarbeitungstaetigkeiten.pdf) und nicht zu kleinteilig geschildert werden soll (Ehmann/Selmayr/Bertermann Rn. 8; GSSV/Assion Rn. 32). Empfehlenswert ist es, auf das von der Datenschutzkonferenz bereitgestellte Muster-Formular für das vom Verantwortlichen anzufertigende Verzeichnis zurückzugreifen (https://www.datenschutzzentrum.de/uploads/dsgvo/Muster-Verarbeitungsverzeichnis-Verantwortlicher.pdf). Der Wortlaut des zu dokumentierenden Inhalts ist diesbezüglich so konkret und verständlich, dass sich die Kommentierung auf einige bemerkenswerte Details beschränkt.

Die Pflicht zur Nennung des Zwecks beruht auf den Grundsätzen der Datenverarbeitung, wie sie Art. 5 regelt. Insbesondere der Zweckbindungsgrundsatz (Art. 5 Abs. 1 lit. b), der in zahlreichen weiteren Einzelvorschriften seinen Ausdruck findet, macht den Verarbeitungszweck zum zentralen Rechtmäßigkeitskriterium. Hier ist für den Rechtsanwender also besondere Sorgfalt geboten, da eine unzureichende Beziehung von verarbeiteten Daten und Verarbeitungszweck vielfältige Rechtsfolgen nach sich zieht (→ Art. 5 Rn. 12 ff.). Die Datenschutzkonferenz weist darauf hin, dass die angebenden Zwecke eine vorläufige Rechtmäßigkeitseinschätzung seitens der Aufsichtsbehörde ermöglichen müssen (Datenschutzkonferenz, Hinweise zum Verzeichnis von Verarbeitungstätigkeiten, Art. 30 DS-GVO, 5, abrufbar unter: https://www.datenschutzzentrum.de/uploads/dsgvo/Hinweise-zum-Verzeichnis-von-Verarbeitungstaetigkeiten.pdf). Die Pflicht zur Zwecknennung dient zudem der Datenminimierung nach Art. 5 Abs. 1 lit. c, denn der Verarbeiter vergegenwärtigt sich so den Zweck und erhebt nicht bloß Daten sicherheitshalber oder „ins Blaue hinein" (vgl. Paal/Pauly/Martini Rn. 8; s. Hansen-Oest, Datenschutzbeauftragte, 41.4: „Risikoanalyse" durch den Verantwortlichen). Besonders in Unternehmen kommt es zu einer Vielzahl von Datenerhebungen, die systematisch ermittelt und sodann aufgelistet werden müssen (Hamann BB 2017, 1090 (1092 f.)). Dazu gehören auch die in einem Unternehmen während der Covid-19-Pandemie anfallenden neuen Datenverarbeitungsvorgänge, zB Aufzeichnungen über die Anzahl von Mitarbeitern im „Homeoffice" oder von Besuchern im Unternehmen sowie das Ausfüllen von Fragebögen zu möglichen Kontaktpersonen von infizierten Mitarbeitern oder Verdachtspersonen (Lachenmann DSB 2020, 84 ff.; Seiler jurisPR-BKR 4/2020 Anm. 1). Für diese Datenverarbeitungsvorgänge empfiehlt sich sogar das Anlegen eines separaten Verzeichnisses, damit die dort enthaltenen personenbezogenen Daten sofort gelöscht werden können, sobald sie nicht mehr für die benannten Zwecke benötigt werden (Lachenmann DSB 2020, 84 (86); Datenschutzkonferenz, Entschließung der Konferenz der unabhängigen Datenschutzaufsichtsbehörden des Bundes und der Länder – 3.4.2020, 2, abrufbar unter: https://www.datenschutzkonferenz-online.de/media/en/Entschlie%C3%9Fung%20Pandemie%2003_04_2020_final.pdf).

Der Möglichkeitsvorbehalt in Art. 30 Abs. 1 lit. f und g verwirrt auf den ersten Blick, weil nicht klar ist, wann es unmöglich wäre, diese Angaben zu machen (so auch Ehmann/Selmayr/Bertermann Rn. 15, welcher der Einschränkung „soweit möglich" in der Praxis keine Bedeutung beimisst). Ein Vergleich mit der französischen Fassung („dans la mesure du possible") legt jedoch nahe, dass es weniger um das „Ob" als um das „Wie viel" bzw. „Wie genau" der Angaben geht (zust. Plath/Plath Rn. 7; Paal/Pauly/Martini Rn. 19).

10a Weiterhin ist unklar, ob und in welchen Zeitabständen das Verarbeitungsverzeichnis zu aktualisieren ist. Die Gesetzgebungshistorie offenbart, dass das Europäische Parlament in der ersten Lesung am 12.3.2014 im Rahmen des Art. 28 Abs. 1 eine regelmäßige Aktualisierung favorisierte. Dieser Vorschlag fand in der endgültigen Fassung der heutigen DS-GVO keinen Niederschlag. Insoweit könnte man zu dem Ergebnis kommen, dass eine zyklische Aktualisierung nicht notwendig sei (dazu ausführlich Kühling/Buchner/Hartung Rn. 31). Das wird jedoch nicht dem Sinn und Zweck dieser Vorschrift gerecht, da das Verzeichnis nach Erwägungsgrund 82 dem Nachweis der Einhaltung der DS-GVO dient (NK-DatenschutzR/Petri Rn. 15; Dury/Kerz/Dury, Datenschutz in Luxemburg, 1. Aufl. 2019, Kap. 7.3.). Das korrespondiert zudem mit der Funktion des Verzeichnisses als Grundlage für die Überprüfung der Rechenschaftspflicht des Verantwortlichen aus Art. 5 Abs. 2 (Paal/Pauly/Martini Rn. 5b). Dementsprechend ist zumindest von einer Aktualisierungsobliegenheit für den Verantwortlichen auszugehen. Einige Autoren sprechen in diesem Zusammenhang sogar von einer Aktualisierungspflicht (Kühling/Buchner/Hartung Rn. 31; Paal/Pauly/Martini Rn. 5b; Taeger/Gabel/Schultze-Melling Rn. 7). Diese stehe zwar nicht ausdrücklich in der DS-GVO, ergebe sich aber aus dem Zusammenhang. Da das Verzeichnis der Kontrolle einer rechtmäßigen Datenverarbeitung dienen solle, gelinge dies nur bei einer Abbildung von sämtlichen und damit auch aktuellen Verarbeitungstätigkeiten (Dury/Kerz/Dury, Datenschutz in Luxemburg, 1. Aufl. 2019, Kap. 7.3.). Denn nur so könne die Aufsichtsbehörde anhand des Verzeichnisses eine „erste Rechtmäßigkeitsüberprüfung vornehmen" (Kurzpapier Nr. 1 der unabhängigen Datenschutzbehörden des Bundes und der Länder, Verzeichnis von Verarbeitungstätigkeiten – Art. 30 DS-GVO, 2, abrufbar unter: https://www.datenschutzzentrum.de/uploads/dsgvo/kurzpapiere/DSK_KPNr_1_Verzeichnis_Verarbeitungstaetigkeiten.pdf). Das hat aber nicht zur Folge, dass das Verzeichnis täglich zu prüfen und zu aktualisieren ist. Der Turnus muss angemessen sein (Bitkom eV, Das Verarbeitungsverzeichnis, 2017, 11, abrufbar unter https://www.bitkom.org/sites/default/files/file/import/180529-LF-Verarbeitungsverzeichnis-online.pdf; NK-DatenschutzR/Petri Rn. 15). Als ausreichend wird ein Zeitintervall von einem Jahr erachtet (Dury/Kerz/Kerz, Datenschutz in Luxemburg, 1. Aufl. 2019, Kap. 7.1.; Mareck AA 2018, 29 (31); Bitkom eV, Das Verarbeitungsverzeichnis, 2017, 11, abrufbar unter https://www.bitkom.org/sites/default/files/file/import/180529-LF-Verarbeitungsverzeichnis-online.pdf). Von diesem Turnus ist aber abzuweichen, wenn bspw. Gesetzesänderungen (Bitkom eV, Das Verarbeitungsverzeichnis, 2017, 11, abrufbar unter https://www.bitkom.org/sites/default/files/file/import/180529-LF-Verarbeitungsverzeichnis-online.pdf) oder Veränderungen bei laufenden Datenverarbeitungstätigkeiten erfolgen oder neue hinzukommen (Kühling/Buchner/Hartung Rn. 31). Dann ist zeitnah eine Aktualisierung vorzunehmen (NK-DatenschutzR/Petri Rn. 15). Dabei sind nicht nur die Änderungen einzufügen, sondern auch zeitlich veraltete Verarbeitungstätigkeiten zu entfernen (Bussche/Voigt/Egle/Zeller, Konzerndatenschutz, 2. Aufl. 2019, Teil 2, Kap. 4 Rn. 39). Die Überarbeitung des Verarbeitungsverzeichnisses sollte mithilfe von Log-Dateien erfolgen, damit bei Bedarf, zB. aufgrund einer Anfrage der Aufsichtsbehörde, auf ein veraltetes Verzeichnis zurückgegriffen werden kann und Änderungen nachvollzogen werden können (Schmidt NJW 2018, 1448 (1450)). Die Datenschutzkonferenz schlägt als Frist für die Speicherung der Änderungsdokumentation eine Zeitspanne von einem Jahr vor (Datenschutzkonferenz, Hinweise zum Verzeichnis von Verarbeitungstätigkeiten, Art. 30 DS-GVO, 3, abrufbar unter: https://www.datenschutzzentrum.de/uploads/dsgvo/Hinweise-zum-Verzeichnis-von-Verarbeitungstaetigkeiten.pdf).

10b Art. 30 Abs. 1 S. 1 lit. e sieht das Erfordernis vor, im Verarbeitungsverzeichnis über die Übermittlung personenbezogener Daten an Drittländern aufzuklären. Sofern in der Praxis im Verarbeitungsverzeichnis auf das EU-US Privacy Shield Abkommen hingewiesen wird, ist aufgrund der Entscheidung des EuGH vom 16.7.2020 über die Ungültigkeit des Abkommens eine Anpassung der Verarbeitungsverzeichnisse erforderlich (Golland NJW 2020, 2593 (2596); auf die Anpassungsnotwendigkeit bei Bank-, und Wertpapiergeschäften hinweisend: Seiler jurisPR-BKR 8/2020 Anm. 1).

II. Pflicht des Auftragsverarbeiters, Abs. 2

11 Der Auftragsverarbeiter ist nach Art. 30 Abs. 2 ebenfalls zur Führung eines Verzeichnisses verpflichtet. Dabei handelt es sich um eine eigenständige Pflicht, die nicht entfällt, wenn der Verantwortliche seiner Pflicht aus Abs. 1 genügt (insofern missverständlich: Erwägungsgrund 82). Auch dem Auftragsverarbeiter droht gem. Art. 83 Abs. 4 lit. a bei Verletzung seiner Pflicht ein Bußgeld. Das Verzeichnis des Auftragsverarbeiters muss jedoch nicht denselben inhaltlichen

Umfang aufweisen wie das des Verantwortlichen (Schmitz/v. Dall'Armi ZD 2016, 427 (432); AG Mannheim NZM 2020, 70 (73)), da er auf dessen Weisung hin handelt (Art. 29). Beispielsweise muss der Auftragsverarbeiter nicht die Kategorien von Empfängern, gegenüber denen die personenbezogenen Daten offengelegt wurden oder noch offengelegt werden, im Verzeichnis aufführen. Die Auftragsverarbeitung im Massengeschäft (beispielsweise bei Hosting-Anbietern) wird durch die Pflicht zur Führung eines Verzeichnisses vor einen hohen administrativen Aufwand gestellt, sodass sich Bertermann dafür ausspricht, diese Pflicht unter einen Möglichkeitsvorbehalt zu stellen (Ehmann/Selmayr/Bertermann Rn. 17). Der Wortlaut der Norm ist im Übrigen ebenfalls selbsterklärend. Erfolgt durch den Auftragsverarbeiter neben der auftragsbezogenen Verarbeitung auch eine für eigene Zwecke (zB Verarbeitung von Personaldaten der Mitarbeiter des eigenen Unternehmens), dann ist der Auftragsverarbeiter zur Führung eines weiteren Verzeichnisses als Verantwortlicher verpflichtet (Hamann BB 2017, 1090 (1093); eine derartige Konstellation erscheint insbesondere bei Konzernen und Unternehmen möglich s. Taeger/Gabel/Schultze-Melling Rn. 20).

III. Schriftlichkeit, Abs. 3

Der Schriftlichkeit kann der Verpflichtete auch durch das Führen eines Verzeichnisses in elektronischem Format genügen, bspw. in Form einer Excel-Tabelle (Eusani DS 2019, 18 (19); zum Muster einer solchen Tabelle siehe Deutscher Anwaltsverein, DAV-Musterverzeichnis der Verarbeitungstätigkeiten (xls) nach Art. 30 DS-GVO, abrufbar unter: https://anwaltsblatt.anwaltverein.de/de/anwaeltinnen-und-anwaelte/berufsrecht/dsgvo-jede-kanzlei-muss-handeln). Die Verwendung einer qualifizierten elektronischen Signatur iSd § 126a Abs. 1 BGB ist nicht erforderlich (so auch Kühling/Buchner/Hartung Rn. 32; Paal/Pauly/Martini Rn. 24). Ob der Verpflichtete das Verarbeitungsverzeichnis handschriftlich oder elektronisch unter Verwendung von speziellen IT-Tools, die sich vor allem für umfangreiche Datenverarbeitungsprozesse anbieten (Lubba CCZ 2019, 240 (241), anfertigt, bleibt dem Verpflichteten überlassen. Bei einem elektronisch angelegten Verzeichnis sollte für eine erleichterte Zusammenarbeit mit der Aufsichtsbehörde nach Abs. 4 die Möglichkeit der Exportierung mittels eines Standardformats (zB PDF, Excel) bestehen (SJTK/Mühlein Rn. 80; Spindler/Schuster/Laue Rn. 16). Nach Artikel-29-Datenschutzgruppe hat die Abfassung des Verzeichnisses zur Erleichterung der Kommunikation mit der Aufsichtsbehörde in der jeweiligen Amtssprache der betreffenden Aufsichtsbehörde zu erfolgen (Leitlinien in Bezug auf Datenschutzbeauftragte („DSB"), WP 243 rev.01, 12). Befindet sich die betreffende Aufsichtsbehörde in Deutschland, so ist das Verzeichnis in deutscher Sprache schriftlich oder elektronisch zu führen, vgl. § 23 Abs. 1 VwVfG (Datenschutzkonferenz, Hinweise zum Verzeichnis von Verarbeitungstätigkeiten, Art. 30 DS-GVO, 3, abrufbar unter: https://www.datenschutzzentrum.de/uploads/dsgvo/Hinweise-zum-Verzeichnis-von-Verarbeitungstaetigkeiten.pdf). Nach anderer Auffassung bestehe keine Verpflichtung zur Führung des Verzeichnisses in deutscher Sprache (GSSV/Assion Rn. 52; Franck RDV 2018, 157 (159); Stolz, Vertragsformulare Premium, 13.8.6.3, Rn. 2). Aus Praktikabilitätsgründen könne dies vor allem den grenzüberschreitend tätigen Unternehmen nicht aufgebürdet werden, da sie aus Gründen der Einheitlichkeit die englische Sprache bevorzugen. Jedenfalls könnte die Aufsichtsbehörde unverzüglich eine Übersetzung verlangen, vgl. § 23 Abs. 2 S. 1 VwVfG (zum Ganzen Niklas GmbHR 2018, 460 (466); Datenschutzkonferenz, Hinweise zum Verzeichnis von Verarbeitungstätigkeiten, Art. 30 DS-GVO, 3, abrufbar unter: https://www.datenschutzzentrum.de/uploads/dsgvo/Hinweise-zum-Verzeichnis-von-Verarbeitungstaetigkeiten.pdf). Es genügt eine einfache Übersetzung, eine beglaubigte Übersetzung ist nicht erforderlich (BeckOK VwVfG/Heßhaus VwVfG § 23 Rn. 14; SBS/Schmitz VwVfG § 23 Rn. 49). Kommt der Verpflichtete dem nicht nach, kann die Behörde auf Kosten des Beteiligten selbst eine Übersetzung beschaffen, vgl. § 23 Abs. 2 S. 3 VwVfG (Franck RDV 2018, 157 (159).

IV. Vorlage auf Anfrage, Abs. 4

Stellt die Behörde eine entsprechende Anfrage, muss der Verpflichtete ihr das Verzeichnis zur Verfügung stellen. Hierbei handelt es sich letztlich um einen separat geregelten Sonderfall der in Art. 31 geregelten Verpflichtung. Auf Anfrage bedeutet, dass die Verpflichteten nicht allzeit auf die Aufgabenerfüllung hinwirken müssen und so gleichsam anstelle der Aufsichtsbehörde tätig werden (→ Art. 31 Rn. 13). Eine proaktive Vorlagepflicht besteht damit für die Verpflichteten nicht (Kühling/Buchner/Hartung Rn. 33; Plath/Plath Rn. 11), sondern nur eine Zusammenarbeitspflicht als spezielle Ausprägung von Art. 31 (Auernhammer/Brüggemann Rn. 20; Paal/Pauly/Martini Rn. 25). Das zur Verfügung stellen des Verarbeitungsverzeichnisses kann je nach Ausgestaltung der anlassunabhängigen (Spindler/Schuster Laue Rn. 18) Anfrage zB durch Einsichtnahme vor Ort, postalischer oder elektronischer Übersendung sowie durch Erteilung einer Zugangsberechtigung zu einem Datenraum oder zur verwendeten Software erfolgen (NK-DatenschutzR/ Petri Rn. 41; Taeger/Gabel/Schultze-Melling Rn. 27). Im Gegensatz zur früheren nationalen Rechtslage (§ 4g Abs. 2 BDSG aF) trifft die Pflicht zur Verfügbarmachung den jeweiligen Verpflichteten selbst und nicht mehr den vom Unternehmen beauftragten Datenschutzbeauftragten (Volkmer/Kaiser PinG 2017, 153 (154)). Kommen die Verpflichteten der Vorlage auf Anfrage oder der ordnungsgemäßen Führung des Verarbeitungsverzeichnisses (zum Mindestinhalt → Rn. 10 ff.) nicht nach, dann ist der Verstoß gem. Art. 83 Abs. 4 lit. a bußgeldbewehrt.

V. KMU-Ausnahme und Gegenausnahmen, Abs. 5

14 Die Dokumentationspflichten gelten grundsätzlich nicht für Unternehmen (vgl. Art. 4 Nr. 18) oder Einrichtungen (Auffangtatbestand), die weniger als 250 Mitarbeiter beschäftigen. Diese Ausnahme soll kleinste, kleine und mittlere Unternehmen entlasten bzw. eine Belastung von vornherein verhindern (Erwägungsgrund 13). Allerdings bestehen Zweifel daran, dass die Befreiung auch in der Realität zu einer Entlastung der KMU führt (Ehmann/Selmayr/Bertermann Rn. 6; Hamann, BB 2017, 1090 (1093 f.); Karstedt-Meierrieks EuZW 2019, 617 (618)). Der Wunsch nach vereinfachte Verarbeitungsverzeichnissen für KMUs ist der Kommission bekannt. Sie erklärte, sie werden prüfen, ob Änderungen erforderlichen seien und bezog sich dabei KMUs, bei denen die Verarbeitung personenbezogener Daten kein Kerngeschäft darstellt (Europäische Kommission, Mitteilung der Kommission an das europäische Parlament und den Rat, Datenschutz als Grundpfeiler der Teilhabe der Bürgerinnen und Bürger und des Ansatzes der EU für den digitalen Wandel – zwei Jahre Anwendung der Datenschutzgrundverordnung, 19, 20, abrufbar unter: https://eur-lex.europa.eu/legal-content/DE/TXT/PDF/?uri=CELEX:52020DC0264&from=EN).

15 Bei der Berechnung der (allein maßgeblichen, vgl. Paal/Pauly/Martini Rn. 26) Mitarbeiterzahl bietet es sich an, die in Anhang I zur Empfehlung 2003/361/EG niedergelegte Methode anzuwenden (dort insbesondere Art. 5 ff.). Dafür sprechen schon die Einheit der europäischen Rechtsordnung sowie die Einheitlichkeit ihrer Anwendung. Darüber hinaus wird so dem Sinn und Zweck der Verordnung entsprochen – diese orientiert sich bereits hinsichtlich der Definition von Kleinst-, kleinen und mittleren Unternehmen an der Empfehlung (Erwägungsgrund 13). Über die unmittelbare Geltung der Verordnung entsteht letztlich eine Rechtspflicht zur Anwendung der dort geregelten Berechnungsmethode, der Unverbindlichkeit von Empfehlungen (zuletzt EuGH NVwZ 2017, 301 (302 Rn. 34)) und Erwägungsgründen zum Trotz. Würde man von der Empfehlung abweichen, so wäre auf datenschutzrechtliche Prinzipien abzustellen und mangels Konzerndimensionalität stärker auf den jeweiligen Rechtsträger (bzw. dessen Mitarbeiterzahl) oder sogar auf die jeweilige Organisationseinheit (Paal/Pauly/Martini Rn. 28). Bei unternehmensweit konsolidierten Datenverarbeitungsvorgängen, etwa bei einer gemeinsamen Kontrolle, müsste hingegen ein breiterer Bezugsrahmen verwendet werden.

16 Die Ausnahme von der Dokumentationspflicht kennt drei Gegenausnahmen, die ebenso in Abs. 5 geregelt sind. Auch Unternehmen unterhalb der Schwelle von 250 Mitarbeitern müssen ein Verarbeitungsverzeichnis führen, wenn die von ihnen vorgenommene Verarbeitung
• ein Risiko für die Rechte und Freiheiten der betroffenen Personen birgt,
• nicht nur gelegentlich erfolgt oder
• besondere Datenkategorien gemäß Art. 9 Abs. 1 oder personenbezogene Daten über strafrechtliche Verurteilungen und Straftaten iSv Art. 10 betreffen.

17 Das Vorliegen einer einzigen Gegenausnahme führt zum Wegfall der Privilegierung. Dies ist nach Berichtigung der vormals unklaren deutschen Formulierung nunmehr durch die Trennung der Gegenausnahmen durch die Konjunktion „oder" unzweifelhaft (so auch Löschhorn/Fuhrmann NZG 2019, 161 (165)).

1. Risiko für die Rechte und Freiheiten der betroffenen Personen

18 Für den Betroffenen riskante Verarbeitungsvorgänge müssen auch Unternehmen und Einrichtungen mit weniger als 250 Mitarbeitern in einem Verzeichnis dokumentieren. Der Zweck dieser Regelung ist nachvollziehbar, jedoch bleibt der Wortlaut vage.

19 Der Begriff der „Rechte und Freiheiten" ist weit zu verstehen. Der Betroffene soll vor jedem „physischen, materiellen oder immateriellen Schaden" geschützt sein (Erwägungsgrund 75). Anstatt konkrete Schutzgüter zu nennen, geht der EU-Gesetzgeber hier vom Outcome aus, das er vermeiden will und vermischt dabei die Frage der betroffenen Rechte und der Risikohöhe.

Der Betroffene sei geschädigt, wenn er Opfer von Straftaten wie Betrug oder Verleumdung wird, aber auch durch (bloße) Rufschädigung oder (zT nicht einmal zivilrechtlich verbotene) Diskriminierung. Rechte und Freiheiten sind durch jeden erheblichen wirtschaftlichen oder gesellschaftlichen Nachteil bedroht. Schon die reine Aufhebung der Pseudonymisierung oder der Verlust der Vertraulichkeit von eigentlich vertraulichen Daten berge Risiken für Rechte und Freiheiten, ebenso die „Bewertung persönlicher Aspekte" wie Vorlieben, Interessen, Aufenthaltsort oder wirtschaftliche Lage (Erwägungsgrund 75, siehe auch die weiteren zahlreichen Beispiele). Damit ist fast jede nützliche Datenverarbeitung rechts- und freiheitsrelevant. Da die Pflichten und/oder Verbote der Verordnung jedoch an mehr anknüpfen als an das reine Betroffen-Sein von Rechten und Freiheiten, ist diese Regelung an sich nicht problematisch. Entscheidend sind daher die Fragen nach der maßgeblichen Risikoschwelle und den konkret risikoreichen Verarbeitungstätigkeiten.

Fraglich ist, ob jedes beliebige Risiko genügt. Die Gegenausnahme ist als solche eng auszulegen. **20** Erforderlich ist daher ein in irgendeiner Form gesteigertes Risiko, welches über das allgegenwärtige Grundrisiko (vgl. Paal/Pauly/Martini Rn. 32) hinausgeht. Gleichzeitig folgt aus der beredten Auslassung einer Qualifizierung des Risikos, dass kein „hohes" Risiko iSv Art. 34 Abs. 1, 35 Abs. 1 vorliegen muss (vgl. auch die Differenzierung im Erwägungsgrund 76). Ein solches liegt nach dem Erwägungsgrund 91 unter anderem vor, wenn dem Betroffenen durch die Datenverarbeitung die Ausübung seiner Rechte erschwert wird. Trotz des Wortlauts ist dies kein Zirkelschluss, denn mit „Rechten" sind hier nicht die allgemeinen „Rechte und Freiheiten", sondern die Rechte nach Art. 15 ff. gemeint, die dem von einer Datenverarbeitung Betroffenen gerade in dieser Eigenschaft zukommen, zB die Rechte auf Auskunft, Berichtigung und Löschung. Für weitere Erläuterung des hohen Risikos (→ Art. 35 Rn. 1 ff.).

Art. 30 Abs. 5 fordert also ein Risiko, das höher liegt als das Risiko, das bei jeder Verarbeitung **21** personenbezogener Daten besteht, begnügt sich aber mit einer Risikoschwelle unterhalb der Höhe, die eine Datenschutz-Folgenabschätzung (Art. 35 Abs. 1) und gegebenenfalls eine Benachrichtigung (Art. 34 Abs. 1) notwendig macht (im Ergebnis ebenso NK-DatenschutzR/Petri Rn. 44). Martini nennt als Beispiel die Videoüberwachung (Paal/Pauly/Martini Art. 35 Rn. 32; zustimmend FHS Betr. Datenschutz-HdB Kap. 2 Rn. 36).

Der Wortlaut von Art. 30 Abs. 5 gibt schließlich auch keinen Aufschluss darüber, welche **22** Verarbeitungstätigkeiten ein solches Risiko für Rechte und Freiheiten bergen. Mögliche Anknüpfungspunkte sind nach den 74. und 89. Erwägungsgründen Art, Umfang (vgl. auch Erwägungsgrund 91), Umstände und Zwecke einer Datenverarbeitung.

Die Art nach riskant kann insbesondere der Einsatz neuer Technologien oder neuartiger Methoden **23** sein (vgl. Erwägungsgrund 89). Ein nach dem Erwägungsgrund 75 zu berücksichtigender Zweck ist etwa die „Bewertung persönlicher Aspekte" zur Erstellung von Profilen, zB zum Einkaufsverhalten oder zur Kredit- und Miet(un)würdigkeit. Zu den Umständen der Verarbeitung zählt insbesondere die sensible Natur der Daten. Einige Datenkategorien sind bereits durch die dritte Gegenausnahme als so relevant für den Betroffenen eingestuft, dass ihre Verarbeitung stets eine Dokumentation erfordert. Von Art. 9 Abs. 1 und Art. 10 nicht erfasste Daten, insbesondere über die wirtschaftliche Lage des Betroffenen, können jedoch ebenfalls sehr sensibel sein, sodass ihre Verarbeitung Risiken (etwa der Diskriminierung) birgt. Häufig wird in diesen Fällen – wie eben gezeigt – schon der Zweck der Verarbeitung ein Risiko im Sinne von Art. 30 Abs. 5 begründen. Das ist jedoch nicht immer der Fall, wie etwa das Beispiel der Haus- bzw. Stadionverbotsdateien zeigt, denn einem Hausverbot muss weder eine Straftat vorausgehen noch dient die Datei der Verhaltensprognose. Die Daten dienen jedoch dazu, eine Person von einem Vertrag auszuschließen, was bereits Art. 27 Abs. 1, 2 lit. d VO 45/2001/EG als (damals: „besonderes") Risiko erkannte (mit Folge der Vorabkontrolle durch den Europäischen Datenschutzbeauftragten).

2. Nicht nur gelegentliche Datenverarbeitung

Eine Erläuterung des Begriffs der Gelegentlichkeit sucht man in der DS-GVO vergebens. Die **24** Literatur ist sich uneinig, ob gelegentlich „rein temporal" zu verstehen ist (ablehnend: FHS Betr. Datenschutz-HdB Kap. 2 Rn. 34, 36; zustimmend: NK-DatenschutzR/Petri Rn. 45). Mit Blick auf Art. 28 Abs. 4 lit. b des Kommissionsvorschlags kann eine Datenverarbeitung jedenfalls dann nicht mehr als gelegentlich gelten, wenn sie die Haupttätigkeit des betroffenen Unternehmens darstellt. Auch eine vorhersehbar regelmäßig wiederkehrende Verarbeitung kann nicht als gelegentlich eingeordnet werden. Dazu gehören etwa die Verarbeitung im Rahmen von Kundenmanagement, Buchhaltung und Personalmanagement. Dagegen erfolgt die Verarbeitung gelegentlich, wenn sie lediglich eine Hilfstätigkeit zur Erreichung eines anderen Ziels darstellt und weder regelmäßig noch in vorhersehbarer Weise notwendig wird (siehe auch Kühling/Buchner/Hartung Art. 27 Rn. 8).

3. Besondere Datenkategorien oder Daten mit strafrechtlichem Bezug

25 Die letzte Gegenausnahme betrifft zunächst die besonderen Datenkategorien gemäß Art. 9 Abs. 1. Der umfasst personenbezogene Daten, „aus denen die rassische und ethnische Herkunft, politische Meinungen, religiöse oder weltanschauliche Überzeugungen oder die Gewerkschaftszugehörigkeit hervorgehen" sowie genetische Daten, biometrische Daten zur eindeutigen Identifizierung einer natürlichen Person, Gesundheitsdaten und Daten zu Sexualleben und sexueller Orientierung (für Einzelheiten → Art. 9 Rn. 1 ff.). Diese Regelung führt insbesondere für Unternehmen und Einrichtungen im politischen und medizinischen Bereich zu einer größenunabhängigen Verzeichnisführungspflicht.

26 Außerdem von der Gegenausnahme umfasst sind personenbezogene Daten über strafrechtliche Verurteilungen und Straftaten im Sinne von Art. 10. Die Verarbeitung sämtlicher Daten, die Art. 10 unterfallen, führt zum Eingreifen der Gegenausnahme. Von Art. 30 Abs. 5 umfasst sind insbesondere Daten über Sicherungsmaßregeln – sie sind zwar nicht dort, dafür aber in Art. 10 explizit genannt, und sind somit „personenbezogene Daten (...) im Sinne von Art. 10". Der Schutzzweck der Gegenausnahme, die bei besonders sensiblen Daten ein entsprechend erhöhtes Schutzniveau garantieren will, gebietet es, den Verweis auf Art. 10 umfassend zu verstehen. Entsprechend wird der Verweis in Art. 35 Abs. 3 lit. b im Erwägungsgrund 91 auch auf Sicherungsmaßregeln bezogen (für nähere Erläuterungen → Art. 10 Rn. 1 ff.).

D. Verhältnis zum bisherigen und geltenden Recht

27 Nach Art. 18 f. der Richtlinie 95/46/EG und national §§ 4d, 4e BDSG aF musste die (automatisierte) Verarbeitung personenbezogener Daten bei den Aufsichtsbehörden vorab gemeldet werden. Diese führten dann ein Melderegister. Die die verantwortliche Stelle treffende Meldepflicht aus § 4d Abs. 1 BDSG aF entfiel aber nach Abs. 2 bei der Bestellung eines Beauftragten für den Datenschutz, welcher dann als „Substitut zur Aufsichtsbehörde" (Taeger/Gabel/Scheja, 2. Aufl. 2013, BDSG § 4d Rn. 5) fungierte. Trotz der Befreiung von der Meldepflicht blieb die verantwortliche Stelle nach § 4g Abs. 2 Satz 1 BDSG aF zur Führung einer internen Verarbeitungsübersicht (zur Unterscheidung zwischen internem und öffentlichem Verfahrensverzeichnis → Rn. 33) verpflichtet, die in der Praxis jedoch von dem Beauftragten für Datenschutz erstellt und gepflegt wurde (Simitis/Petri BDSG§ 4d Rn. 3; Taeger/Gabel/Scheja, 2. Aufl. 2013, BDSG § 4g Rn. 25). Das BVerwG hat festgestellt, dass die Meldepflicht eines Jägers für Tierbeobachtungskameras nach § 4d BDSG aF mit Inkrafttreten des neuen BDSG seit dem 25.5.2018 obsolet sei und das neue BDSG keine Regelung hierzu enthalte (BVerwG ZD 2018, 379; zur Meldepflicht beim Einsatz von Wildbeobachtungskameras unter dem BDSG aF OVG Saarlouis BeckRS 2017, 126722; Kiefer jM 2018, 163 ff.). Ob nunmehr von den Jägern die nach Art. 30 DS-GVO erforderliche Erstellung eines Verzeichnisses gefordert werden kann, dürfte bezweifelt werden. Denn die unbemerkte eventuelle Erfassung von Personen in einem Wald mit einem dafür geltenden allgemeinen Betretungsverbot durch die Kameras, die allein der Tierbeobachtung für die Jagd dienen, kann mangels Bestimmbarkeit des erfassten Personenkreises nicht als Datenverarbeitung von personenbezogenen Daten angesehen werden. Schließlich gehe es hier primär um die Aufnahme von Wildtieren und nicht von Waldbesuchern, zB um die Einhaltung eines Betretungsverbots zu überwachen (Dienstbühl CR 2019, 359 (361)). Selbst wenn Personen trotz eines Betretungsverbots zufällig erfasst werden, sprechen zumindest auch der finanzielle und technische Aufwand für den Jäger gegen eine Identifizierbarkeit, vgl. Erwägungsgrund 26 (zur Identifizierbarkeit → Art. 4 Rn. 14 ff.). Zudem komme das Bestehen einer Gegenausnahme nach Art. 30 Abs. 5 bei der neu geschaffenen Dokumentationspflicht für den Jäger in Betracht (Wagner jurisPR-ITR 6/2019 Anm. 3). Denn die zufällige Kameraaufnahme von Personen im Rahmen einer Wildtierbeobachtung ist allenfalls eine gelegentliche Datenverarbeitung (Dienstbühl CR 2019, 359 (364)), da die Daten über Personen nur sporadisch erhoben werden (vgl. Licht ITRB 2017, 65 (67)) und mithin auch keine Haupttätigkeit des Jägers darstellen (zum Begriff „gelegentlich" → Rn. 28). Zu Meldungen auf eigene Initiative hin sind Verantwortliche und Auftragsverarbeiter nunmehr nur noch bei Verletzungen des Datenschutzes verpflichtet (Art. 33). Die Informationen, die nach der alten Datenschutzrichtlinie zu melden waren, sind nunmehr geordnet vorzuhalten, sodass sie auf Anfrage der Aufsichtsbehörde zur Verfügung gestellt werden können. Diese Umstellung soll gleichzeitig bürokratischen Aufwand verringern und einen wirksameren Datenschutz gewährleisten (Erwägungsgrund 89).

Die dokumentationspflichtigen Daten sind im Wesentlichen die ehemals meldepflichtigen. Hinzugekommen sind Name und Kontaktdaten eines etwaigen gemeinsam Verantwortlichen, eines etwaigen Datenschutzbeauftragten und gegebenenfalls vorgesehene Löschungsfristen. 28

Eine wesentliche Neuerung ist, dass den Auftragsverarbeiter (und seinen etwaigen Vertreter) nach Art. 30 Abs. 2 eine eigene Dokumentationspflicht trifft. Art. 18 der Richtlinie 95/46/EG verpflichtete nur den Verantwortlichen. Die ehemals in § 4g Abs. 2 BDSG aF vorgesehene Unterscheidung zwischen einem internen und öffentlichen Verfahrensverzeichnis existiert nicht mehr. Art. 30 verzichtet auf eine solche Differenzierung und etablierte nur ein internes Verzeichnis zur Vorlage bei den Aufsichtsbehörden (Volkmer/Kaiser PinG 2017, 153 (154); Gossen/Schramm ZD 2017, 7 (8 f.)). Damit rückte der Gesetzgeber auch von der sich früher aus dem öffentlichen Verfahrensverzeichnis ergebenden Herausgabepflicht ab (Paal/Pauly/Martini Rn. 4), die auf Antrag nach § 4g Abs. 2 S. 2 BDSG aF jedermann zur Informationserlangung berechtigte (zu näheren Einzelheiten des früher bestehenden Informationsanspruchs Simitis/Simitis BDSG § 4g Rn. 75 ff.). 29

Art. 30 enthält keine Öffnungsklausel für die Mitgliedstaaten, sodass für eine nationale Regelung in diesem Bereich kein Raum bleibt (ebenso SJTK/Müthlein Rn. 2). Die am nationalen Recht seit dem 25.5.2018 in Kraft getretene Vorschrift des § 70 BDSG beruht auf einer Umsetzung von Art. 24 der Richtlinie (EU) 2016/680. Die DS-GVO und JI-RL schließen sich in ihren Anwendungsbereichen gegenseitig aus. Die Regelung des § 70 BDSG, welche ebenfalls das Führen eines Verzeichnisses von Verarbeitungstätigkeiten für den Verantwortlichen und Auftragsverarbeiter vorsieht, ist der Regelung des Art. 30 inhaltlich sehr ähnlich (Kühling/Buchner/Schwichtenberg BDSG § 70 Rn. 3; eine Gegenüberstellung findet sich bei Johannes ZD-aktuell 2018, 06100), stellt aber nur eine Ergänzung und keine Umsetzung zu Art. 30 dar (BeckOK DatenschutzR/Jungkind BDSG § 70 Einl.). Nach der Gesetzesbegründung bildet § 70 Abs. 4 BDSG mit den Vorschriften der §§ 69 und 76 Abs. 5 BDSG eine Einheit, die „dem Bundesbeauftragten ein umfassendes Bild über die beim Verantwortlichen durchgeführten Datenverarbeitungen" ermöglichen soll (BT-Drs. 18/11325, 118). Die in der Gesetzesbegründung erwähnte Vorschrift des § 70 Abs. 3 für die Einsicht in das Verzeichnis ist als Redaktionsversehen zu werten, da Abs. 3 nur Formanforderungen bzgl. des Verzeichnisses enthält und erst Abs. 4 dem Bundesbeauftragten eine Einsichtnahme ermöglicht. 30

Artikel 31 Zusammenarbeit mit der Aufsichtsbehörde

Der Verantwortliche und der Auftragsverarbeiter und gegebenenfalls deren Vertreter arbeiten auf Anfrage mit der Aufsichtsbehörde bei der Erfüllung ihrer Aufgaben zusammen.

Überblick

Art. 31 ist im Grundkonzept unklar. Die Norm lässt sich einerseits als Auffangtatbestand lesen, der die zentrale Befugnisnorm, Art. 58, und spezielle Verpflichtungsnormen, etwa Art. 28 und 30, ergänzt. Andererseits spricht aber viel dafür, dass Art. 31 die bestehenden aufsichtsrechtlichen Eingriffsbefugnisse und Zuständigkeiten um eine Norm ergänzt, die es dem Auftragsverarbeiter erlaubt, ihn vielleicht sogar verpflichtet, unmittelbar mit der Aufsichtsbehörde zusammenzuarbeiten. In dieser Lesart erweitert Art. 31 das Aufsichtsrechtsverhältnis in personeller Hinsicht. Ein drittes Verständnis sieht Art. 31 als Rechtfertigungsnorm, die die direkte Kooperation des Auftragsverarbeiters im Verhältnis zum Verantwortlichen rechtfertigt, um eine Auffangnorm, die den Verantwortlichen, den Auftragsverarbeiter und ihre Vertreter dazu verpflichtet, der Aufsichtsbehörde bei der Erfüllung ihrer Aufgaben zuzuarbeiten (so noch die Formulierung des Kommissionsvorschlags). Erwägungsgrund 82 spricht von einer Verpflichtung des Auftragsverarbeiters, die dem Nachweis der Einhaltung der DS-GVO dienen soll.

Übersicht

	Rn.		Rn.
A. Allgemeines; Entstehungsgeschichte	1	V. „Aufgaben"	8
B. Zentrale Begriffe	4	C. Inhalt	9
I. „Der Verantwortliche"	4	I. Pflichtcharakter	9
II. „der Auftragsverarbeiter"	5	II. Inhalt und Schranken	11
III. „deren Vertreter"	6	D. Verhältnis zum bisherigen und geltenden Recht	20
IV. „Aufsichtsbehörde"	7		

A. Allgemeines; Entstehungsgeschichte

1 Die Vorschrift war ursprünglich deutlich konkreter. Art. 29 des ursprünglichen Kommissionsvorschlags vom 25.1.2012 lautete:

1.1 „Der für die Verarbeitung Verantwortliche, der Auftragsverarbeiter sowie der etwaige Vertreter des für die Verarbeitung Verantwortlichen arbeiten der Aufsichtsbehörde auf Verlangen zu, um ihr die Erfüllung ihrer Pflichten zu erleichtern, indem sie dieser insbesondere die in Artikel 53 Absatz 2 Buchstabe a genannten Informationen übermitteln und ihr den in Artikel 53 Absatz 2 Buchstabe b genannten Zugang gewähren.

1.2 Auf von der Aufsichtsbehörde im Rahmen der Ausübung ihrer Befugnisse erteilte Anordnungen gem. Art. 53 Abs. 2 antworten der für die Verarbeitung Verantwortliche und der Auftragsverarbeiter der Aufsichtsbehörde binnen einer von der Aufsichtsbehörde zu setzenden angemessenen Frist. Die Antwort muss auch eine Beschreibung der im Anschluss an die Bemerkungen der Aufsichtsbehörde getroffenen Maßnahmen und der damit erzielten Ergebnisse beinhalten."

2 Für einige Zeit blieb diese Fassung unkommentiert: Weder der Europäische Datenschutzbeauftragte (am 7.3.2012 und am 19.11.2015) noch der Europäische Wirtschafts- und Sozialausschuss (am 23.5.2012) oder der Ausschuss der Regionen (am 10.10.2012) äußerten sich zu der Vorschrift. Auch das Europäische Parlament hatte bei der ersten Lesung (am 12.3.2014) lediglich einen redaktionellen Änderungswunsch vorzubringen: das „etwaig" nach vorne zu ziehen, sodass es auch den Auftragsverarbeiter erfasse.

3 Erst in den Trilogen erhielt die Vorschrift ihre aktuelle minimalistische Form mit lediglich kleinen sprachlichen Abweichungen. Der Vorschlag des Ratsvorsitzes vom 28.1.2016 für Art. 29 lautete: „Der für die Verarbeitung Verantwortliche und der Auftragsverarbeiter und der etwaige Vertreter des für die Verarbeitung Verantwortlichen oder des Auftragsverarbeiters arbeiten auf Verlangen mit der Aufsichtsbehörde bei der Erfüllung ihrer Aufgaben zusammen." Am 12.2.2016 erfolgte die politische Einigung auf den Vorschlag; mit dem in erster Lesung angenommenen Standpunkt des Rates vom 14.4.2016 erhielt die bisherige Art. 29 die Nr. 31 und seine aktuelle Fassung.

B. Zentrale Begriffe

I. „Der Verantwortliche"

4 Der Begriff des Verantwortlichen ist in Art. 4 Nr. 7 Hs. 1 legal definiert als „die natürliche oder juristische Person, Behörde, Einrichtung oder andere Stelle, die allein oder gemeinsam mit anderen über die Zwecke und Mittel der Verarbeitung von personenbezogenen Daten entscheidet". Zu den Einzelheiten (→ Art. 4 Rn. 87 ff.).

II. „der Auftragsverarbeiter"

5 Wie schon der Begriff des Verantwortlichen ist auch der des Auftragsverarbeiters in Art. 4 Nr. 8 der Verordnung legal definiert. Auftragsverarbeiter ist danach „eine natürliche oder juristische Person, Behörde, Einrichtung oder andere Stelle, die personenbezogene Daten im Auftrag des Verantwortlichen verarbeitet". Für nähere Erläuterungen (→ Art. 4 Rn. 94 ff.).

III. „deren Vertreter"

6 Auch, was ein „Vertreter" ist, verrät Art. 4 Nr. 17 der Verordnung, nämlich „eine in der Union niedergelassene natürliche oder juristische Person, die von dem Verantwortlichen oder Auftragsverarbeiter schriftlich gemäß Art. 27 bestellt wurde und den Verantwortlichen oder Auftragsverarbeiter in Bezug auf die ihnen jeweils nach dieser Verordnung obliegenden Pflichten vertritt". Ein bloßes Vertretungsverhältnis nach nationalem Recht, etwa §§ 164 ff. BGB, genügt nicht. Für die Voraussetzungen einer Bestellung (→ Art. 27 Rn. 1 ff.).

IV. „Aufsichtsbehörde"

7 Eine Aufsichtsbehörde definiert die Verordnung als „eine oder mehrere unabhängige Behörden, die für die Überwachung der Anwendung dieser Verordnung zuständig sind, damit die Grundrechte und Grundfreiheiten natürlicher Personen bei der Verarbeitung geschützt werden und der freie Verkehr personenbezogener Daten in der Union erleichtert wird" (Art. 51 Abs. 1

iVm Art. 4 Nr. 21). In Deutschland sind und bleiben dies die **Bundes- und Landesdatenschutzbeauftragten** (vgl. § 22 BDSG aF bzw. §§ 8 ff., 40 BDSG nF, Landesdatenschutzgesetze). Umfasst sind alle örtlich (Art. 4 Nr. 22 lit. a) oder anderweitig (lit. b und c) zuständigen Aufsichtsbehörden, aber **nicht alle** Aufsichtsbehörden (anders Paal/Pauly/Martini Rn. 15). Art. 31 soll nicht die Zuständigkeitsordnung verändern.

V. „Aufgaben"

Aus dem deutschen Wortlaut von Art. 31 wird nicht unmittelbar deutlich, um wessen Aufgaben es eigentlich geht. Die grammatikalische Ambivalenz des deutschen „ihrer" lässt sich aber durch einen Blick in die englische Fassung der Verordnung auflösen. Danach meint Art. 31 die Aufgaben der Aufsichtsbehörde („shall cooperate [...] with the supervisory authority in the performance of its tasks."; zust. Plath/Plath Rn. 3). Diese nennen allgemein Art. 51 Abs. 1 und 2 (Überwachung der – einheitlichen – Anwendung der Verordnung) und konkret Art. 57. Genauer werden sie in der dortigen Kommentierung erläutert. 8

C. Inhalt

I. Pflichtcharakter

Der Wortlaut von Art. 31 gibt nicht unmittelbar Auskunft über seine Rechtsverbindlichkeit. Weder werden Verantwortliche, Auftragsverarbeiter und ihre Vertreter **ausdrücklich** zur Zusammenarbeit mit der Aufsichtsbehörde „verpflichtet", noch wird die Zusammenarbeit explizit als fakultativ bezeichnet. Der Begriff der „Anfrage" („request", „demande") ist für sich genommen ebenfalls nicht eindeutig. Allerdings lässt letztlich der gewählte Modus des Indikativs („arbeiten (...) zusammen") den Schluss zu, dass Art. 31 die Zusammenarbeit verpflichtend vorschreibt (so ebenfalls, wenn auch ohne Begründung Härting ITRB 2016, 137 (138); Brink ZD 2020, 59; Taeger/Gabel/Schultze-Melling Rn. 1). Diesen Schluss stützt ein Blick in Erwägungsgrund 82 der Verordnung (dort S. 2): „Jeder Verantwortliche und jeder Auftragsverarbeiter sollte verpflichtet sein, mit der Aufsichtsbehörde zusammen zu arbeiten". Eine Kooperationspflicht wird teilweise auch aus der Systematik der Gesetzesnorm abgeleitet, da Art. 31 im vierten Kapitel der DS-GVO stünde, welches Pflichten von Verantwortlichen und Auftragsverarbeitern behandle (Auernhammer/Kieck Rn. 6). Die nationalen Aufsichtsbehörden sprechen in ihrer Evaluierung der DS-GVO von einer Zusammenarbeitsverpflichtung bei Art. 31 (Datenschutzkonferenz, Erfahrungsbericht der unabhängigen Datenschutzaufsichtsbehörden des Bundes und der Länder zur Anwendung der DS-GVO, November 2019, 19, abrufbar unter: https://www.datenschutzkonferenz-online.de/media/dskb/20191213_erfahrungsbericht_zur_anwendung_der_ds-gvo.pdf). Nach Hartung verkörpert Art. 31 keine allgemeine Kooperationspflicht und führt zur Begründung die Gesetzgebungsgeschichte unter Verweis auf den Entwurf der Kommission heran (Kühling/Buchner/Hartung Rn. 8). Nach anderer Auffassung hat die Frage, ob Art. 31 eine Zusammenarbeitspflicht oder Zusammenarbeitsobliegenheit verkörpert, für die Praxis kaum Auswirkungen, da die Adressaten aus eigenem Interesse mit den Aufsichtsbehörden kooperieren (Taeger/Gabel/Schultze-Melling Rn. 5). 9

Die Bejahung des Pflichtcharakters hat eine wichtige Konsequenz: Enthält Art. 31 eine der „Pflichten der Verantwortlichen und der Auftragsverarbeiter", ist ihre Verletzung gem. Art. 83 Abs. 4 lit. a bußgeldbewehrt (Plath/Plath Rn. 5, 11; Kühling/Buchner/Hartung Rn. 5). Nach Ansicht der nationalen Aufsichtsbehörden ist ein Verstoß gegen die Zusammenarbeitspflicht, wenn zB einem Auskunftsverlangen nicht nachgekommen wird, sanktionierbar (Datenschutzkonferenz, Erfahrungsbericht der unabhängigen Datenschutzaufsichtsbehörden des Bundes und der Länder zur Anwendung der DS-GVO, November 2019, 19, abrufbar unter: https://www.datenschutzkonferenz-online.de/media/dskb/20191213_erfahrungsbericht_zur_anwendung_der_ds-gvo.pdf)). Ob die erforderliche Normenbestimmtheit für einen Bußgeldtatbestand gewahrt ist, kann bezweifelt werden (so auch Wenzel/Wybitul ZD 2019, 290 (291 f.)). Als Folge wird eine restriktive Normenanwendung vertreten (Auernhammer/Kieck Rn. 17). Einer allgemeinen nicht näher umgrenzten Pflicht, mit einer Behörde zu kooperieren, dürfte das auch bei Blanketten eventuell sachbereichsspezifisch gemindertem Mindestmaß an Determinierung des Bußgeldbewehrten nicht mehr hinreichend ermöglichen. Nach Martini zieht die Zusammenarbeitspflicht neben einer möglichen Sanktionierung auch weitere Folgen, wie etwa veränderte Anforderungen an die Darlegungslast für die Aufsichtsbehörde, nach sich (Paal/Pauly/Martini Rn. 14a, 36 ff.; Kühling/Buchner/Hartung Rn. 18). 10

II. Inhalt und Schranken

11 Verantwortliche, Auftragsverarbeiter und ihre Vertreter sind zur **Zusammenarbeit mit der Aufsichtsbehörde bei der Erfüllung ihrer Aufgaben** verpflichtet. Damit ist Art. 31 wesentlich abstrakter ausgestaltet als in der ursprünglich vorgeschlagenen Fassung. Sowohl die dort genannten Beispiele der Informationsübermittlung und der Zugangsgewährung als auch die konkret geregelte Beantwortungspflicht sind den Trilogen zum Opfer gefallen. Insoweit könnte der Schluss gezogen werden, dass die Zusammenarbeit bewusst offen gestaltet wurde. Dennoch kennt Art. 31 auch in seiner endgültigen Form Grenzen:

12 Die Pflicht zur Zusammenarbeit erstreckt sich schon nach dem Wortlaut („ihrer") nur auf Tätigkeiten, die der Erfüllung der Aufgaben der Aufsichtsbehörde dienen (so auch Plath/Plath Rn. 7; Spindler/Schuster/Nink Rn. 1). Dabei hat die Aufsichtsbehörde einen gewissen Beurteilungsspielraum, schließlich ist sie für die Aufgabenerfüllung zuständig (Art. 55 Abs. 1). Die vom Verpflichteten geforderten Tätigkeiten müssen jedoch zumindest einen fassbaren Bezug zu den in Art. 51 Abs. 1, 57 genannten Aufgaben aufweisen. Angesichts der Regelung in Art. 57 Abs. 1 lit. v, der „jede sonstige Aufgabe im Zusammenhang mit dem Schutz personenbezogener Daten" zur Aufgabe der Aufsichtsbehörde erklärt, ist es zweifelhaft, ob diese theoretische Grenze auch praktische Wirksamkeit entfalten wird. Der Begriff des „Dienens" kann jedoch nicht so weit ausgelegt werden, dass die Aufsichtsbehörden Anfragen nur zur Arbeitserleichterung stellen. Eine Anfrage ist nur zulässig, wenn sie zur Aufgabenerfüllung erforderlich ist (zust. Paal/Pauly/Martini Rn. 19, 30a). Folglich sind Anfragen „ins Blaue hinein" ebenso wie solche, die nur der Ausforschung dienen, unzulässig (Paal/Pauly/Martini Rn. 30b; Plath/Plath Rn. 7). Zur Begründung wird die Analogie zum europäischen Kartellverfahrensrecht gebildet (Paal/Pauly/Martini Rn. 30b), da dort ein Auskunftsverlangen der Europäischen Kommission nach Art. 18 Abs. 1 VO (EG) Nr. 1/2003 des Rates zur Durchführung der in den Art. 81 und 82 des Vertrages niedergelegten Wettbewerbsregeln ein Ausforschen (sog. „fishing expeditions") verbietet (EuG NZKart 2013, 119 Rn. 67 – Nexans; Immenga/Mestmäcker/Hennig, Wettbewerbsrecht, 6. Aufl. 2019, VO 1/2003 Art. 18 Rn. 9; Bechtold/Bosch/Brinker, EU-Kartellrecht, 3. Aufl. 2014, VO 1/2003 Art. 18 Rn. 5). Das Verbot des Ausforschens für (grenzüberschreitende) Auskunftsersuchen hat auch im Bereich des europäischen Steuerrechts Einzug gehalten (Talaska/Esteves Gomes Stbg 2017, 167 (174); Fischer jurisPR-SteuerR 29/2018 Anm. 1). Insoweit divergiert das bisherige Auskunftsersuchen der Aufsichtsbehörde nach § 38 Abs. 3 S. 1 BDSG aF von der heutigen Anfrage nach Art. 31. Das Auskunftsbegehren des § 38 Abs. 3 S. 1 BDSG aF konnte anlasslos erfolgen (→ BDSG 2003 [aK] § 38 Rn. 56; NK-ArbR/Gola/Schulz, 1. Aufl. 2016, BDSG 2003 § 38 Rn. 4; BT-Drs. 14/4329, 45). Außerdem stellte die Auskunftspflicht nach § 38 Abs. 3 S. 1 BDSG aF bereits einen Verwaltungsakt dar (→ BDSG 2003 [aK] § 38 Rn. 56; Simitis/Petri BDSG § 38 Rn. 54) und diente der Erfüllung der Kontrollbefugnis der Aufsichtsbehörde nach § 38 Abs. 1 S. 1 BDSG aF (SächsOVG ZD 2014, 48 (49)). Demgegenüber ist Art. 31 anders auszulegen, da diese Vorschrift immer im Zusammenspiel mit Art. 58 zu sehen ist (→ Art. 58 Rn. 4; SJTK/Dietze Art. 31 Rn. 22; Wenzel/Wybitul ZD 2019, 290 (291)). Während die Untersuchungsbefugnisse des Art. 58 Abs. 1 DS-GVO aufgrund ihres Regelungsgehalts Verwaltungsakte iSd § 35 VwVfG sein können (zur Ausgestaltung des Auskunftsverlangens nach Art. 58 Abs. 1 als Verwaltungsakt: VG Mainz RDV 2019, 263 (266); Wenzel/Wybitul ZD 2019, 290 (292); Gola/Nguyen Art. 58 Rn. 26), verfügt eine Anfrage nach Art. 31 nicht über eine Verwaltungsaktqualität (→ Rn. 14). Demgegenüber ist es für Art. 58 Abs. 1 DS-GVO wohl einhellige Meinung, dass die Untersuchungsbefugnisse unter Beachtung des Verhältnismäßigkeitsgrundsatzes auch anlasslos eingesetzt werden können (→ Art. 58 Rn. 2; Behr/Tannen CCZ 2020, 120 (121); stellvertretend für alle Taeger/Gabel/Grittmann Art. 58 Rn. 9 mwN), um eine effektive Aufgabenerfüllung im Wege der Informationsbeschaffung durch die Aufsichtsbehörde zu gewährleisten (vgl. BayVGH BeckRS 2018, 28722; SJTK/Kugelmann/Buchmann Art. 58 Rn. 56; Gola/Nguyen Art. 58 Rn. 4). Die hierfür in der Praxis versandten Fragenbögen (auch „Umfrage", „Fragebogen", „Prüfkatalog", „Informationsersuchen" genannt: Herbrich DSB 2020, 20) dürfen aber keine willkürlich gestellten Fragen enthalten (so jedenfalls VG Mainz RDV 2019, 263 (266)) und sollten den Schwerpunkt der Untersuchung den Betroffenen transparent darstellen (Lachenmann/Leibold ZD-Aktuell 2019, 06419).

13 Auch berechtigte Interessen des Adressaten, wie bspw. das Interesse an der Wahrung von Geschäftsgeheimnissen, können die Kooperationspflicht begrenzen (Kühling/Buchner/Hartung Rn. 14). Die Verpflichtung zur Kooperation wird damit nicht vollständig aufgehoben, obwohl die Brisanz einer auf Geschäftsgeheimnisse gerichteten Anfrage erkannt wird (Paal/Pauly/Martini Rn. 21; Ehmann/Selmayr/Raum Rn. 8). In solchen Fällen ist aber zum Schutz der Preisgabe des

Geschäftsgeheimnisses vor Dritten bspw. eine „Schwärzung" von angeforderten Unterlagen erlaubt (Paal/Pauly/Martini Rn. 21; NK-DatenschutzR/Polenz Rn. 5).

13a Die Pflicht ist zudem konkret bedingt: Die Verpflichteten müssen nicht allzeit auf die Aufgabenerfüllung hinwirken und so gleichsam anstelle der Aufsichtsbehörde tätig werden (in diesem Sinne auch Kühling/Buchner/Hartung Rn. 7: „kein proaktives Handeln"). Daraus soll folgen, dass die Pflicht nur die Tätigkeit in Einzelfällen umfasst, nämlich wenn die Aufsichtsbehörde eine entsprechende Anfrage an die Verpflichteten richtet. Die Anfrage aktualisiert (zust. Plath/Plath Rn. 7) die in Art. 31 geregelte Pflicht und konkretisiert sie nicht nur zeitlich, sondern auch inhaltlich auf den Einzelfall, indem die Aufsichtsbehörde von den Verpflichteten ein bestimmtes Handeln verlangt. Inwieweit den Verpflichteten Zeit für die Zusammenarbeit mit der Aufsichtsbehörde bleibt, ist unklar. Der Gesetzeswortlaut enthält im Gegensatz zum ursprünglichen Kommissionsvorschlag v. 25.1.2012 (Art. 29 Abs. 2 → Rn. 1.2) keine Fristvorgabe für die Befolgung von Anfragen (Taeger/Gabel/Schultze-Melling Rn. 2; Paal/Pauly/Martini Rn. 7). Erfordert die Zusammenarbeit bspw. die Beantwortung von Fragen, sollte den Verpflichteten hierfür eine angemessene Zeit eingeräumt werden (Paal/Pauly/Martini Rn. 28; Ehmann/Selmayr/Raum Rn. 8). Ob eine Frist angemessen ist, ist stets eine Frage des Einzelfalls und hängt von dem Umfang der Anfrage ab (vgl. BeckOK GewO/Meßerschmidt, 49. Ed. 1.6.2019, GewO § 29 Rn. 13.1). Ist die Frist aus der Sicht des Verpflichteten zu kurz bemessen, dann ist die Gewährung einer Fristverlängerung bei der Aufsichtsbehörde zu bewirken (Herbrich DSB 2020, 20 (21)).

14 Ihrer Rechtsnatur nach handelt es sich bei der Anfrage jedoch nicht um einen Verwaltungsakt (Kühling/Buchner/Hartung Rn. 9), weshalb die Anfrage auch nicht mit einer Anfechtungsklage angegriffen werden kann (zur Problematik Gola/Klug Rn. 5). Demgegenüber sind die Untersuchungsbefugnisse des Art. 58 Abs. 1 oftmals als Verwaltungsakte ausgestaltet (Gola/Nguyen Art. 58 Rn. 26; NK-DatenschutzR/Polenz Art. 58 Rn. 7), auch wenn dies im Ermessen der Behörde steht (VG Mainz RDV 2019, 263 (266)). Art. 58 Abs. 1 lit. e enthält mit dem Wort „anzuweisen" die Befugnis, die geforderte Auskunftserteilung als Verwaltungsakt auszugestalten (VG Mainz RDV 2019, 263 (266)). Ob die von einer Aufsichtsbehörde geforderte Zusammenarbeit eine Anfrage nach Art. 31 darstellt, oder es sich um ein Vorgehen mittels eines Verwaltungsaktes nach Art. 58 handelt, muss durch Auslegung ermittelt werden (Herbrich DSB 2020, 20; Zur Auswirkung der Abgrenzung zwischen Art. 31 und Art. 58 auf das Bußgeldverfahren → Rn. 19). Maßgebend ist, ob die Aufsichtsbehörde eine verbindliche Anordnung treffen will (Herbrich DSB 2020, 20 (21); NK-DatenschutzR/Polenz Art. 58 Rn. 7). In der vom Thüringer Landesbeauftragten für den Datenschutz und die Informationsfreiheit (TLfDI) an Unternehmen in Thüringen versendeten Umfrage zur Nutzung von Analyse-Tools (bspw. Google Analytics) wurde ausdrücklich auf den nicht verpflichtenden Charakter des Schreibens hingewiesen (TLfDI, Umfrage Überprüfung Websites von Thüringer Unternehmen: Einwilligung bei Einsatz Analysetools, 2, abrufbar unter: https://www.itb-recht.de/images/artikel/tlfdi-umfrage-google-analytics.pdf). Begehrt die Aufsichtsbehörde eine Auskunftserteilung mittels eines versendeten Fragebogens, dann sprechen die Nennung einer Rechtsgrundlage, eine Zwangsgeldandrohung und die Beifügung einer Rechtsmittelbelehrung für die Ausgestaltung als Verwaltungsakt (VG Mainz RDV 2019, 263 (266); Herbrich DSB 2020, 20; in diesem Sinne auch Oehler MedR 2019, 457 (460 f.). Die Aufsichtsbehörde muss also in ihrer Anfrage festlegen, welche Zusammenarbeit sie von den Verpflichteten verlangt. Erst dann bestünde die Möglichkeit, die Anfrage im Wege einer allgemeinen Feststellungsklage nach § 43 Abs. 1 VwGO gerichtlich überprüfen zu lassen (GSSV/Kramer Rn. 13). Des Weiteren soll ein Verstoß gegen Art. 31 nicht zu einem Rechtsverlust führen, denn sonst wären Verantwortliche und Auftragsverarbeiter mittelbar doch zur Zusammenarbeit auf eigene Initiative verpflichtet (zust. Paal/Pauly/Martini Rn. 35). Die Aufsichtsbehörde kann dann jedoch ihre Entscheidung auf die vorhandenen Informationen und eine vernünftige Schätzung des Ergebnisses der unbefolgten Anfrage stützen (ähnlich Paal/Pauly/Martini Rn. 37 ff.; Kühling/Buchner/Hartung Rn. 18; Gola/Klug Rn. 3). Die Verweigerung der Zusammenarbeit mit der Aufsichtsbehörde kann aber auch ein Bußgeld für den Verpflichteten gem. Art. 83 Abs. 4 lit. a nach sich ziehen (→ Rn. 10; Spittka RDV 2019, 167; hierzu kritisch: Wenzel/Wybitul ZD 2019, 290 (291 f.)), woraus sich die Zulässigkeit der Feststellungsklage ergibt. Bei der Festsetzung der Geldbuße sind die Kriterien des Zumessungskataloges des Art 83. Abs. 2 S. 2 zu berücksichtigen. Dabei darf das im Katalog niedergelegte Kriterium des Umfangs der Zusammenarbeit mit der Aufsichtsbehörde (Art. 83 Abs. 2 S. 2 lit. f) nicht zu Lasten des Bußgeldempfängers erneut herangezogen werden. Die Leitlinien zu Artikel 29-Datenschutzgruppe sehen für die Verhängung von Geldbußen vor, dass eine im Gesetz auf Tatbestandsebene vorgeschriebene Zusammenarbeit nicht besonders zu berücksichtigen ist. Dies wäre unangemessen (Artikel 29-Datenschutzgruppe, Leitlinien für die Anwendung und Festsetzung von Geldbußen im Sinne der Verordnung (EU) 2016/679, WP 253, 15).

Auf nationaler Ebene würde eine erneute Berücksichtigung von Tatbestandsmerkmalen auf Zumessungsebene dem im Straf- und Ordnungswidrigkeitenrecht geltenden Doppelverwertungsverbot widersprechen (zur Vertiefung siehe BeckOK StGB/Heintschel-Heinegg StGB § 46 Rn. 127 ff.). Kommt es in der Folge zu einer Entdeckung eines Verstoßes gegen andere Datenschutzvorschriften, zB Verstoß gegen die nach Art. 32 DS-GVO vorgeschriebene Datensicherheit (nähere Einzelheiten zum verhängten Bußgeld im Fall des Chatportals „Knuddels": Landesbeauftragter für den Datenschutz und die Informationsfreiheit Baden-Württemberg, Pressemitteilung v. 22.11.2018, abrufbar unter: https://www.baden-wuerttemberg.datenschutz.de/lfdi-badenwuerttemberg-verhaengt-sein-erstes-bussgeld-in-deutschland-nach-der-ds-gvo/), dann könnte nach Auffassung von Wenzel/Wybitul im Rahmen eines Bußgeldverfahrens wegen des Verstoßes die „mangelnde Kooperationsbereitschaft" bei der Bemessung der Höhe bußgeldschärfend berücksichtigt werden (Wenzel/Wybitul ZD 2019, 290 (292)). Dies gilt nicht uneingeschränkt. Mit Art. 83 Abs. 2 S. 2 lit. f findet der Umfang der Zusammenarbeit des Verpflichteten mit der Aufsichtsbehörde, um dem Verstoß abzuhelfen und seine möglichen nachteiligen Auswirkungen zu mindern, bei der Bußgeldbemessung besondere Berücksichtigung. Nach der Auslegung des Wortlauts dieser Vorschrift bezieht sich die Zusammenarbeit zunächst auf die Abhilfe des Verstoßes und nicht auf dessen Entdeckung. Eine initiative Offenlegung („self disclosure") ist aber ebenfalls ein Minderungsfaktor. Die Kooperation ist allerdings nicht mathematisch-schematisch zu würdigen (zutreffend daher der Hinweis auf die „konstruktive Zusammenarbeit mit dem Unternehmen" in der Praxis der baden-württembergischen Aufsicht, Brink ZD 2019, 141). Dazu gehört zB die Beantwortung von schriftlich gestellten Fragen der Aufsichtsbehörde (Ehmann/Selmayr/Raum Rn. 8). Nach Auffassung des Bayerischen Landesamtes für Datenschutzaufsicht wird die unzutreffende oder unvollständige Beantwortung eines Auskunftsersuchens bußgelderhöhend berücksichtigt (BayLDA, EU-Datenschutz-Grundverordnung (DS-GVO), Das BayLDA auf dem Weg zur Umsetzung der Verordnung, VII Sanktionen nach der DS-GVO, abrufbar unter: https://www.lda.bayern.de/media/baylda_ds_gvo_7_sanctions.pdf), was wegen des Doppelverwertungsverbots nur im Hinblick auf andere Verstöße als solche gegen Art. 31 DS-GVO richtig ist. Im europäischen Wettbewerbsrecht gesteht Erwägungsgrund 23 der VO (EG) Nr. 1/2003 den Unternehmen bei einem Auskunftsverlangen der Kommission zu, dass sie nicht gezwungen werden können, eine Zuwiderhandlung einzugestehen. Sie sind aber verpflichtet, Fragen nach Tatsachen zu beantworten und Unterlagen vorzulegen, auch wenn die betreffenden Auskünfte dazu verwendet werden können, den Beweis einer Zuwiderhandlung durch die betreffenden oder anderen Unternehmen zu erbringen. Die Selbstbelastungsfreiheit wird im Kartellrecht auf ein „Geständnisverweigerungsrecht" reduziert, was jedenfalls bei juristischen Personen auch im Datenschutzrecht zutreffen dürfte (Immenga/Mestmäcker/Hennig, EU-Wettbewerbsrecht, 5. Aufl. 2012, VO 1/2003 Vorbem. Art. 17–22 Rn. 25 ff.; kritisch zur EuGH-Rechtsprechung Brink → Art. 33 Rn. 41). Inwieweit die kartellrechtliche Eingrenzung der Selbstbelastungsfreiheit auch für das Datenschutzrecht übertragbar ist, muss allerdings durch die Rechtsprechung und durch die noch zu entwerfenden Leitlinien des Europäischen Datenschutzausschusses geklärt werden (zur Verbindlichkeit der Leitlinien Brink ZD 2019, 141 (142)). Aus dem Geständnisverweigerungsrecht ergeben sich Grenzen für Fragen, die beantwortet werden müssen bzw. deren Nichtbeantwortung sanktionserhöhend berücksichtigt werden kann (vgl. Plath/Plath Rn. 10; NK-DatenschutzR/Polenz Rn. 5; GSSV/Kramer Rn. 10; Gola/Klug Rn. 2).

14a Da eine Kooperation Einfluss auf das Bußgeldverfahren hat (→ Rn. 14; Schürmann DSB 2019, 160 (162); Oehler MedR 2019, 457(463)), empfiehlt es sich für eine zügige sowie effektive Bearbeitung von Anfragen der Aufsichtsbehörde, vorab bei dem Verpflichteten einen Datenschutzbeauftragten zu bestellen, dem die behördliche Kommunikation obliegt (Gola/Klug Rn. 4; Franck DSB 2019, 181 (182)). Um die Zusammenarbeit mit der Aufsichtsbehörde zu erleichtern und Haftungsrisiken zu minimieren, sollten auch die verantwortlichen Mitarbeiter des jeweiligen Verpflichteten zum Umgang mit der Aufsichtsbehörde geschult und Notfallpläne aufgestellt werden (Taeger/Gabel/Schultze-Melling Rn. 6; vgl. Niklas GmbHR 2018, 460 (465)). Daneben sollte für den Fall von Anfragen der Aufsichtsbehörde an den Auftragsverarbeiter im Vertrag über die Auftragsverarbeitung nach Art. 28 Abs. 3 (→ Art. 28 Rn. 50 ff.) festgelegt werden, dass dem Verantwortlichen dieser behördliche Vorgang unverzüglich mitgeteilt wird (Jahn DSB 2019, 131 (133)). Der Verantwortliche könnte so zum einen die Zusammenarbeit des Auftragsverarbeiters mit der Aufsichtsbehörde erleichtern, zum anderen aber selbst schnell Kenntnis über einen eventuellen Datenschutzverstoß bei der Auftragsverarbeitung erlangen und eigene Vorkehrungen treffen. Der Verantwortliche ist daher stets auf die Informationen des Auftragsverarbeiters angewiesen (s. auch zur Meldepflicht nach Art. 33 Abs. 2 des Auftragsverarbeiters gegenüber dem Verantwortlichen: Paal ZD 2020, 119 (122)).

14b Weiterhin stellt sich die Frage, ob die Aufsichtsbehörde bei der Verweigerung der Kooperation neben einem Bußgeld gem. Art. 83 Abs. 4 lit. a auch Zwangsmaßnahmen zur Durchsetzung der sich aus Art. 31 ergebenden Zusammenarbeitspflicht ergreifen kann. Es ist anerkannt, dass Geldbußen und Zwangsmaßnahmen nebeneinander anwendbar sind, weil beide eine unterschiedliche Regelungsgehalt aufweisen (Schwarze, Europäisches Verwaltungsrecht, 2. Aufl. 2005, 364). Die Geldbuße dient der Ahndung für eine vergangene Zuwiderhandlung, während Zwangsmaßnahmen nicht mehr ergriffen werden dürfen, sobald die Zuwiderhandlung beendet ist und keine Wiederholungsgefahr besteht (MüKoEuWettbR/Schneider/Engelsing, 2. Aufl. 2015, VO Nr. 1/2003 Art. 23 Rn. 35; Schwarze, Europäisches Verwaltungsrecht, 2. Aufl. 2005, 364). Allerdings ist in der DS-GVO keine behördliche Einzelfallanordnung zur Durchsetzung der Kooperationspflicht enthalten (Paal/Pauly/Martini Rn. 34a; Voigt/von dem Bussche, EU-Datenschutz-Grundverordnung (DSGVO), 2008, 3.2.3.2). Das BDSG sieht für die in § 68 BDSG geregelte Kooperationspflicht ebenfalls keine Vollstreckungsanordnung vor, ermöglicht aber bei einer Verletzung der Zusammenarbeitspflicht eine Beanstandung durch den BfDI nach § 16 Abs. 2 BDSG (Gola/Heckmann/Heckmann, 13. Aufl. 2019, BDSG § 68 Rn. 4; Paal/Pauly/Körffer BDSG § 16 Rn. 3). Die Aufsichtsbehörde kann sich des nationalen Verwaltungs-Vollstreckungsgesetzes (VwVG) dann bedienen, wenn wie zB in Art. 58 Abs. 4 DS-GVO für die dort geregelten Befugnisse, es durch eine Verweisung auf das nationale Verfahren ausdrücklich vorgesehen ist (vgl. Paal/Pauly/Martini Rn. 34b).

15 Fraglich ist, ob die im Kommissionsvorschlag noch explizit genannten Beispiele von der Zusammenarbeitspflicht umfasst sind. Art. 29 Abs. 1 des Entwurfs sieht vor, dass Verantwortliche, Auftragsverarbeiter und etwaige Vertreter der Aufsichtsbehörde „zuarbeiten", ihr „insbesondere die in Art. 53 Ab. 2 lit. a genannten Informationen übermitteln und ihr den in Art. 53 Abs. 2 lit. b genannten Zugang gewähren." Dabei handelt es sich um Informationen, die zur Erfüllung der Aufgaben der Aufsichtsbehörde notwendig sind. Art. 53 Abs. 2 lit. a des Vorschlags sollte (in Fortsetzung von Art. 28 Abs. 3 erster Gedankenstrich der Richtlinie 95/46/EG) die Befugnis zum Zugriff auf diese Informationen regeln. Der „Zugang" nach Art. 53 Abs. 2 lit. b bezieht sich auf „Geschäftsräume einschließlich aller Datenverarbeitungsanlagen und -geräte". Nach dem Vorschlag sollte der Aufsichtsbehörde diese Zugangsbefugnis zukommen, sofern Grund zu der Annahme besteht, dass in diesen Räumen verordnungswidrige Tätigkeiten ausgeführt werden, sofern dies im Einklang mit Unions- und nationalem Recht steht. Strittig ist, ob die Nachforschungen auch ohne konkreten Anlass erfolgen dürfen (wohl zust. Kühling/Buchner/Hartung Rn. 11; abl. aus rechtsstaatlichen Gründen Paal/Pauly/Martini Rn. 30b).

16 Die Rechtstechnik des Vorschlags verwundert. Er sieht die Regelung, dass die Verpflichteten der Aufsichtsbehörde die zu ihrer Aufgabenerfüllung erforderlichen Informationen überlassen müssen, doppelt vor: einmal als Pflicht zur Übermittlung auf Anfrage, einmal als Befugnis der Aufsichtsbehörde, die Informationen zu verlangen (vgl. Paal/Pauly/Martini Rn. 3). Auch der Zugang ist einmal als Gewährungspflicht und einmal als Verlangensbefugnis geregelt.

17 Die Befugnisse der Aufsichtsbehörde sind im Wesentlichen auch in der finalen Fassung der Verordnung enthalten (inzwischen Art. 58 Abs. 1 lit. a–e und f). Lediglich der Grund für die Zugangsbefugnis wurde nicht unionsrechtlich festgeschrieben. Demnach bestehen die Pflichten des vorgeschlagenen Art. 29 Abs. 1 bereits in Gestalt der Befugnisse fort. Es besteht folglich keine Notwendigkeit, sie zusätzlich auf Art. 31 zu stützen. Sie wurden dort zu Recht entfernt, um eine unnötige Doppelung zu vermeiden.

18 Auch die in Erwägungsgrund 82 genannte Pflicht von Verantwortlichen, Auftragsverarbeitern und ihren Vertretern, der Aufsichtsbehörde das Verzeichnis über Verarbeitungstätigkeiten vorzulegen, ist separat in Art. 30 Abs. 4 geregelt und somit von Art. 31 nicht umfasst (aA Plath/Plath Rn. 8; Art. 30 Abs. 4 als lex specialis hervorhebend: Auernhammer/Kieck Rn. 13).

19 **Im Ergebnis** handelt es sich daher bei Art. 31 um eine **Auffangnorm,** die Verantwortlichen, Auftragsverarbeitern und ihren Vertretern eine Zusammenarbeit auch in den – wenigen – Fällen abverlangt, die Art. 58 nicht umfasst. Damit ist die Aufzählung der Befugnisse in Art. 58 nicht enumerativ, denn über Art. 31 iVm Art. 57 Abs. 1 lit. v kann jedwede Materie, die mit dem Schutz personenbezogener Daten zusammenhängt, eine Zusammenarbeitspflicht auslösen. Im Einzelfall kann es für den betroffenen Verantwortlichen schwierig sein, zu erkennen, ob die geforderte Zusammenarbeit auf Art. 31 oder auch auf Art. 58 beruht (zur Problematik: NK-DatenschutzR/Polenz Rn. 7). Die Bewertung, ob die Aufsichtsbehörde sich auf Art. 31 oder Art. 58 beruft, hat insbesondere bei einem Auskunftsverlangen eine große Auswirkung. Derzeit kann eine Auskunftsverweigerung nur nach Art. 83 Abs. 4 lit. a iVm Art. 31 geahndet werden (zum Bußgeldverfahren → Rn. 14). Denn Art. 83 Abs. 5 lit. e sanktioniert nicht die Verweigerung einer begehrten Informationsbereitstellung nach Art. 58 Abs. 1 lit. a (hierzu auch Spittka RDV 2019, 167). Als

Konsequenz fordert die Datenschutzkonferenz in ihrer Evaluierung der DS-GVO eine Änderung von Art. 83 Abs. 5 lit. e (Datenschutzkonferenz, Erfahrungsbericht der unabhängigen Datenschutzaufsichtsbehörden des Bundes und der Länder zur Anwendung der DS-GVO, November 2019, 19, abrufbar unter: https://www.datenschutzkonferenz-online.de/media/dskb/20191213_erfahrungsbericht_zur_anwendung_der_ds-gvo.pdf). Daneben ist die Einschätzung der Rechtsqualität der Anfrage notwendig für die Bestimmung des einschlägigen Rechtsschutzes (nähere Erläuterungen zur Rechtsqualität einer Anfrage nach Art. 31 sowie zum Rechtsschutz → Rn. 14; zur Rechtslage bei aufsichtsbehördlichen Maßnahmen nach Art. 58 eingehend Gola/Nguyen Art. 58 Rn. 26; NK-DatenschutzR/Polenz Art. 58 Rn. 7, 70). Zusätzlich dürfte der hiesigen Norm eine umfassende Rechtfertigungswirkung zu Gunsten des Auftragsverarbeiters gegenüber dem Verantwortlichen zukommen.

D. Verhältnis zum bisherigen und geltenden Recht

20 Weder die Datenschutzrichtlinie 95/46/EG noch das BDSG kannten bisher eine allgemeine Pflicht zur Zusammenarbeit mit der Aufsichtsbehörde (ebenso: Taeger/Gabel/Schultze-Melling Rn. 3). Lediglich die im ursprünglichen Vorschlag enthaltenen besonderen Kooperationspflichten zur Übermittlung der zur Aufgabenerfüllung erforderlichen Informationen sowie zur Gewährung von Zugang zu Geschäftsräumen, die sich in der finalen Version nur noch in Form von Befugnissen wiederfanden, waren in § 38 Abs. 3, 4 BDSG aF geregelt. Bisher betrafen sie jedoch nur den Verantwortlichen (→ BDSG 2003 [aK] § 38 Rn. 55) – sowohl Art. 31 als auch Art. 58 richten sich dagegen nunmehr auch an den Auftragsverarbeiter.

21 Die Neufassung des BDSG (BGBl I 2017, 2097) enthält angesichts des Wiederholungsverbots und der unmittelbaren Geltung der DSGVO richtigerweise keine Parallelvorschrift zu Art. 31. Allerdings enthält bereits § 26 Abs. 2 VwVfG eine allgemeine Kooperationspflicht der Beteiligten im Verwaltungsverfahren (vgl. Paal/Pauly/Martini Rn. 14a), die auch in Datenschutzangelegenheiten gilt, aber anders als Art. 31 nicht die dort ebenfalls verankerte Legitimationswirkung hat (vgl. Kranenberg ITRB 2020, 139 (140). Die im nationalen Recht existierende Vorschrift des § 68 BDSG, die eine Zusammenarbeit des Verantwortlichen mit dem Bundesbeauftragten bei der Erfüllung seiner Aufgaben vorsieht, dient lediglich der Umsetzung von Art. 26 der Richtlinie (EU) 2016/680. Die DS-GVO und JI-RL schließen sich in ihren Anwendungsbereichen gegenseitig aus. Laut der Gesetzesbegründung zu § 68 BDSG stellt diese Vorschrift lediglich eine Zusammenfassung der sich bereits „aus anderen Vorschriften ergebenden Kooperationsverpflichtungen und Kooperationsbeziehungen zwischen Verantwortlichem und […] dem Bundesbeauftragten zusammen" (BT-Drs. 18/11325, 117). Im Unterschied zu Art. 31 bezieht sich § 68 BDSG nur auf den Verantwortlichen und nicht auch auf den Auftragsverarbeiter (Kühling/Buchner/Schwichtenberg BDSG § 68 Rn. 1). Zudem ist für eine Kooperation keine Anfrage des Bundesbeauftragten erforderlich und es fehlt an einer Bußgeldandrohung bei Verstößen gegen die Kooperationsverpflichtung (Paal/Pauly/Paal BDSG § 68 Rn. 4). Insoweit stellt sich die Frage, ob § 68 BDSG tatsächlich auch inhaltlich weiter gefasst ist als Art. 31 und dem Verantwortlichen durch den Verzicht auf eine Anfrage eine generelle Mitwirkungspflicht abverlangt (Kühling/Buchner/Schwichtenberg BDSG § 68 Rn. 2; Auernhammer/Kieck BDSG § 68 Rn. 11). Einige Autoren bürden dem Verantwortlichen deshalb eine „Initiativpflicht" auf (Schaffland/Wiltfang/Schaffland/Holthaus BDSG § 68 Rn. 1). Der Wortlaut der Regelung des § 68 BDSG allein ist allerdings nicht entscheidend. Als Auslegungshilfe ist deswegen die Gesetzesbegründung zu § 68 BDSG heranzuziehen, die jedenfalls nur eine Umsetzung von Art. 26 der Richtlinie (EU) 2016/680 statuiert, welche eine Zusammenarbeitspflicht erst auf Anfrage vorsieht. Folglich kann dem Verantwortlichen kein Handeln von sich aus ohne Anfrage abverlangt werden (zum Ganzen Kühling/Buchner/Schwichtenberg BDSG § 68 Rn. 2 f.), sodass die nationale Regelung inhaltlich nicht weiter gefasst ist als die sich aus Art. 31 ergebende Zusammenarbeitspflicht.

Abschnitt 2. Sicherheit personenbezogener Daten

Artikel 32 Sicherheit der Verarbeitung

(1) Unter Berücksichtigung des Stands der Technik, der Implementierungskosten und der Art, des Umfangs, der Umstände und der Zwecke der Verarbeitung sowie der

unterschiedlichen Eintrittswahrscheinlichkeit und Schwere des Risikos für die Rechte und Freiheiten natürlicher Personen treffen der Verantwortliche und der Auftragsverarbeiter geeignete technische und organisatorische Maßnahmen, um ein dem Risiko angemessenes Schutzniveau zu gewährleisten; diese Maßnahmen schließen gegebenenfalls unter anderem Folgendes ein:
a) die Pseudonymisierung und Verschlüsselung personenbezogener Daten;
b) die Fähigkeit, die Vertraulichkeit, Integrität, Verfügbarkeit und Belastbarkeit der Systeme und Dienste im Zusammenhang mit der Verarbeitung auf Dauer sicherzustellen;
c) die Fähigkeit, die Verfügbarkeit der personenbezogenen Daten und den Zugang zu ihnen bei einem physischen oder technischen Zwischenfall rasch wiederherzustellen;
d) ein Verfahren zur regelmäßigen Überprüfung, Bewertung und Evaluierung der Wirksamkeit der technischen und organisatorischen Maßnahmen zur Gewährleistung der Sicherheit der Verarbeitung.

(2) Bei der Beurteilung des angemessenen Schutzniveaus sind insbesondere die Risiken zu berücksichtigen, die mit der Verarbeitung verbunden sind, insbesondere durch – ob unbeabsichtigt oder unrechtmäßig – Vernichtung, Verlust, Veränderung oder unbefugte Offenlegung von beziehungsweise unbefugten Zugang zu personenbezogenen Daten, die übermittelt, gespeichert oder auf andere Weise verarbeitet wurden.

(3) Die Einhaltung genehmigter Verhaltensregeln gemäß Artikel 40 oder eines genehmigten Zertifizierungsverfahrens gemäß Artikel 42 kann als Faktor herangezogen werden, um die Erfüllung der in Absatz 1 des vorliegenden Artikels genannten Anforderungen nachzuweisen.

(4) Der Verantwortliche und der Auftragsverarbeiter unternehmen Schritte, um sicherzustellen, dass ihnen unterstellte natürliche Personen, die Zugang zu personenbezogenen Daten haben, diese nur auf Anweisung des Verantwortlichen verarbeiten, es sei denn, sie sind nach dem Recht der Union oder der Mitgliedstaaten zur Verarbeitung verpflichtet.

Überblick

Als zentrales Prinzip des Datenschutzes wurde mit Art. 32 auch die Datensicherheit normiert. Dabei haben der Verantwortliche und der Auftragsverarbeiter unter Berücksichtigung des Stands der Technik, der Implementierungskosten und der Art, des Umfangs der Umstände und der Zwecke der Datenverarbeitung geeignete technische und organisatorische Maßnahmen umzusetzen. Dabei sind jedoch auch die unterschiedliche Eintrittswahrscheinlichkeit und die Schwere des Risikos für die persönlichen Rechte und Freiheiten natürlicher Personen zu beachten. Bestimmte Maßnahmen wie Pseudonymisierung, Verschlüsselung, Verfügbarkeit der Systeme usw. werden beispielhaft benannt. Die Angemessenheit des Schutzniveaus richtet sich an den Risiken aus. Auch in dieser Norm (Abs. 3) wird ein genehmigtes Zertifizierungsverfahren als Faktor für die Erfüllung der in Abs. 1 genannten Anforderungen angesehen. Der Verantwortliche und der Auftragsverarbeiter haben sicherzustellen, dass ihnen unterstellte natürliche Personen die personenbezogenen Daten nur auf Anweisung des Verantwortlichen verarbeiten. Zwischen den Vorschriften Art. 32 und Art. 25 besteht eine gewisse Regelungsnähe. Beide sehen die geeigneten technischen und organisatorischen Maßnahmen als zentralen Regelungsgehalt an.

A. Allgemeines

I. Entstehungsgeschichte der Norm

Nach bald vierjähriger Verhandlung haben sich der Europäische Rat, das Europäische Parlament 1 und die Europäische Kommission am 15.12.2015 über den Inhalt der DS-GVO geeinigt. Schon im Entwurf waren Regelungen zum Datenschutz durch Technik und Datenschutz durch Voreinstellungen vorgesehen. In seiner Entstehung hat der Art. 32 zwar einige Wandlungen erlebt, aber keine umwälzenden (Paal/Pauly/Martini Rn. 18 ff.). Durch Abl. L 127 vom 23.5.2018 wurde der Abs. 1 verändert, es wurde das Wort „gegebenenfalls" eingefügt.

DS-GVO Artikel 32   Kapitel IV. Verantwortlicher und Auftragsverarbeiter

II. Bisherige Rechtslage

2   Eine Vorgängervorschrift auf europäischer Ebene ist in den Regelungen der Datenschutzrichtlinie 95/46/EG von 1995 (DSRL) zu sehen; dort im Art. 17 Abs. 1 und 2 (Paal/Pauly/Martini Rn. 21).

3   Im nationalen Recht finden sich die Regelungen ua im BDSG und dort insbesondere in § 9 und der Anlage zu § 9 BDSG wieder.

B. Allgemeine Anspruchsvoraussetzungen

I. Datensicherheit durch geeignete technische und organisatorische Maßnahmen (Abs. 1)

4   Datensicherheit ist die Summe der Maßnahmen, die zur Sicherstellung eines ordnungsgemäßen Ablaufs der Datenverarbeitung ebenso erforderlich sind wie die Sicherung von Hard- und Software sowie der Schutz der Daten vor Verlust, Schädigung und Missbrauch (Gola/Pötters/Wronka, Handbuch Arbeitnehmerdatenschutz, 7. Aufl. 2016, Rn. 462).

5   Anders als im BDSG spricht Art. 32 von folgenden Maßnahmen:
- Pseudonymisierung und Verschlüsselung personenbezogener Daten,
- Fähigkeit, Vertraulichkeit, Integrität, Verfügbarkeit und Belastbarkeit der Systeme und Dienste im Zusammenhang mit der Verarbeitung auf Dauer sicherzustellen,
- die Fähigkeit, die Verfügbarkeit der personenbezogenen Daten und den Zugang zu ihnen bei einem physischen oder technischen Zwischenfall rasch wieder herzustellen,
- ein Verfahren zur regelmäßigen Überprüfung, Bewertung und Evaluierung der Wirksamkeit der technischen und organisatorischen Maßnahmen zur Gewährleistung der Sicherheit der Verarbeitung.

6   Die Wortwahl des Gesetzestextes ist in vielen Formulierungen zwar anders als noch im BDSG, gleichwohl werden die zu § 9 BDSG und zur Anlage zu § 9 BDSG entwickelten Grundsätze und Überlegungen heranzuziehen sein, stellt man auf Sinn und Zweck der Vorschriften ab. Allerdings hat sich durch die Gesetzesänderung, die die Formulierung „gegebenenfalls" vor die Aufzählung stellt, eine Relativierung ergeben.

7   Die Auswahl der geeigneten technischen und organisatorischen Maßnahmen hat die Balance zwischen dem Schutzniveau, das dem Stand der Technik entspricht und dem Risiko zu finden. Dies entspricht einem sog. relativen Ansatz, letztlich ist es stetig ein ins Verhältnis setzen von Schutzaufwand und Risiko.

8   Ausdrücklich im Gesetz wird der Stand der Technik wie auch die Implementierungskosten genannt; der Begriff „Stand der Technik" stellt an den Verantwortlichen wie auch den Auftragsverarbeiter Anforderungen, denen nachzukommen ist; zumal das Gesetz auch deutlich vom Datenschutz durch Technik spricht.

9   Die Implementierungskosten sind als relevante Größe genannt, allerdings werden mit wirtschaftlichen Argumenten keine unzureichenden Schutzmaßnahmen zu rechtfertigen sein (Plath/Plath Rn. 3).

II. Beurteilung des angemessenen Schutzniveaus (Abs. 2)

10   Für die Beurteilung des angemessenen Schutzniveaus kommt es darauf an, insbesondere die Risiken zu berücksichtigen, die mit der Verarbeitung verbunden sind. Sei es insbesondere durch Vernichtung, Verlust, Veränderung oder unbefugte Offenlegung von personenbezogenen Daten, die übermittelt, gespeichert oder auf andere Weise verarbeitet wurden. Dabei ist unbeachtlich, ob dies unabsichtlich oder unrechtmäßig, oder durch unbefugte Offenlegung geschah. In den Erwägungsgründen (Erwägungsgrund 75, 76) wird dazu ausgeführt, dass Risiken für die Rechte und Freiheiten natürlicher Personenaus einer Verarbeitung personenbezogener Daten hervorgehen können, die zu physischen, materiellen oder immateriellen Schäden führen können. Die Eintrittswahrscheinlichkeit und Schwere des Risikos für die Rechte und Freiheiten der betroffenen Person sollten in Bezug auf die Art, den Umfang, die Umstände und die Zwecke der Verarbeitung bestimmt werden. „Das Risiko sollte anhand einer objektiven Bewertung beurteilt werden, bei der festgestellt wird, ob die Datenverarbeitung ein Risiko oder ein hohes Risiko birgt." (Erwägungsgrund 76).

III. Genehmigte Zertifizierung (Abs. 3)

Der Abs. 3 verweist auf den Art. 42, der zwar noch kein konkretes Verfahren zur Zertifizierung benennt, aber die Grundlage für ein Zertifizierungsverfahren darstellt (Paal/Pauly/Martini Rn. 53). Der „Europäische Datenschussausschuss" (EDSA) nimmt gem. Art. 42 DS-GVO alle Zertifizierungsverfahren sowie Datenschutzsiegel und Datenschutzprüfzeichen in ein Register auf und macht es öffentlich zugänglich. 11

In den Erwägungsgründen heißt es hierzu: „ (…) die Einhaltung dieser Verordnung zu verbessern, sollte angeregt werden, dass Zertifizierungsverfahren wie Datenschutzsiegel und -prüfzeichen eingeführt werden (…)" (Erwägungsgrund 100). 12

Die Erfüllung der in den Abs. 1 und 2 genannten Anforderungen kann durch ein genehmigtes Zertifizierungsverfahren nachgewiesen werden. Die Verwendung des Wortes „Faktor" ist in diesem Zusammenhang ungewöhnlich, zumal in Art. 24 Abs. 3 das Wort „Gesichtspunkt" im gleichen Sinnzusammenhang verwendet wird (Paal/Pauly/Martini Rn. 53). 13

IV. Verarbeitung von personenbezogenen Daten durch unterstellte Personen (Abs. 4)

Der Abs. 4 regelt, dass der Verantwortliche ebenso wie der Auftragsverarbeiter sicherzustellen hat, dass ihnen unterstellte natürliche Personen, die Zugang zu personenbezogenen Daten haben, diese nur auf Anweisung des Verantwortlichen verarbeiten. Nach dem Wortlaut bleibt die Verantwortung beim Verantwortlichen, selbst wenn er sich eines Auftragsverarbeiters bedient. Um diese Verantwortung dann auch wahrnehmen zu können, müssen bei der Vereinbarung mit einem Auftragsverarbeiter die entsprechenden und notwendigen vertraglichen Voraussetzungen geschaffen werden, die es dem Verantwortlichen dann auch letztlich ermöglichen die Anweisung direkt an die dem Auftragsverarbeiter unterstellten natürlichen Personen zu geben. 14

Ausgenommen davon sind Verpflichtungen zur Verarbeitung aufgrund des Rechts der Union oder der Mitgliedstaaten (Paal/Pauly/Martini Rn. 71). 15

Artikel 33 Meldung von Verletzungen des Schutzes personenbezogener Daten an die Aufsichtsbehörde

(1) ¹Im Falle einer Verletzung des Schutzes personenbezogener Daten meldet der Verantwortliche unverzüglich und möglichst binnen 72 Stunden, nachdem ihm die Verletzung bekannt wurde, diese der gemäß Artikel 55 zuständigen Aufsichtsbehörde, es sei denn, dass die Verletzung des Schutzes personenbezogener Daten voraussichtlich nicht zu einem Risiko für die Rechte und Freiheiten natürlicher Personen führt. ²Erfolgt die Meldung an die Aufsichtsbehörde nicht binnen 72 Stunden, so ist ihr eine Begründung für die Verzögerung beizufügen.

(2) Wenn dem Auftragsverarbeiter eine Verletzung des Schutzes personenbezogener Daten bekannt wird, meldet er diese dem Verantwortlichen unverzüglich.

(3) Die Meldung gemäß Absatz 1 enthält zumindest folgende Informationen:
a) eine Beschreibung der Art der Verletzung des Schutzes personenbezogener Daten, soweit möglich mit Angabe der Kategorien und der ungefähren Zahl der betroffenen Personen, der betroffenen Kategorien und der ungefähren Zahl der betroffenen personenbezogenen Datensätze;
b) den Namen und die Kontaktdaten des Datenschutzbeauftragten oder einer sonstigen Anlaufstelle für weitere Informationen;
c) eine Beschreibung der wahrscheinlichen Folgen der Verletzung des Schutzes personenbezogener Daten;
d) eine Beschreibung der von dem Verantwortlichen ergriffenen oder vorgeschlagenen Maßnahmen zur Behebung der Verletzung des Schutzes personenbezogener Daten und gegebenenfalls Maßnahmen zur Abmilderung ihrer möglichen nachteiligen Auswirkungen.

(4) Wenn und soweit die Informationen nicht zur gleichen Zeit bereitgestellt werden können, kann der Verantwortliche diese Informationen ohne unangemessene weitere Verzögerung schrittweise zur Verfügung stellen.

(5) ¹Der Verantwortliche dokumentiert Verletzungen des Schutzes personenbezogener Daten einschließlich aller im Zusammenhang mit der Verletzung des Schutzes personenbezogener Daten stehenden Fakten, von deren Auswirkungen und der ergriffenen

DS-GVO Artikel 33   Kapitel IV. Verantwortlicher und Auftragsverarbeiter

Abhilfemaßnahmen. ²Diese Dokumentation muss der Aufsichtsbehörde die Überprüfung der Einhaltung der Bestimmungen dieses Artikels ermöglichen.

Überblick

Art. 33 belegt den Verantwortlichen mit einer fristgebundenen Meldepflicht gegenüber der AB, wenn er von einer Datenschutzverletzung erfährt (Abs. 1). Nur für den Fall, dass die Datenschutzverletzung nicht zu einem Risiko für die Rechte und Freiheiten natürlicher Personen führte, wird die Meldepflicht zurückgenommen (risikobasierter Ansatz). Im Rahmen von Auftragsverarbeitungen statuiert Abs. 2 eine eigenständige Pflicht des Auftragsverarbeiters, den Verantwortlichen über ihm bekannt gewordene Datenschutzverletzungen zu informieren. Abs. 3 legt den Umfang der Meldung an die AB fest, der Verantwortliche muss auch über noch laufende Sachverhalte schrittweise unterrichten (Abs. 4). Übergreifend trifft den Verantwortlichen zudem eine Dokumentationspflicht hinsichtlich Umfang und Auswirkungen der Datenschutzverletzung sowie zu den ergriffenen Abhilfemaßnahmen (Abs. 5).

Übersicht

	Rn.		Rn.
A. Allgemeines	1	B. Die Regelungen im Einzelnen	22
I. Normgeschichte	9	I. Abs. 1	25
II. Sinn und Zweck	10	1. Meldepflicht (S. 1)	25
III. Vergleich mit dem bisher geltenden BDSG	11	2. Einschränkung der Meldepflicht (S. 1)	34
IV. Einbettung in die GVO	12	3. Selbstbelastungsfreiheit	39
V. Einschränkung durch den nationalen Gesetzgeber	14	4. S. 2	43
VI. Normkonkurrenzen	16	II. Abs. 2	46
1. Normkonkurrenzen mit Regelungen innerhalb der DS-GVO	17	III. Abs. 3	50
2. Normkonkurrenzen mit nationalem Recht	18	IV. Abs. 4	59
VII. Rechtsdurchsetzung und Sanktionen	19	V. Abs. 5	62
1. Rechtsfolgen für den Verantwortlichen bei Zuwiderhandlung	19	C. Zukünftige Entwicklung (EDSA/EuGH)	69
2. Rechte der betroffenen Person	21	I. Empfehlungen des EDSA	69
		II. EuGH Entscheidungen	71

A. Allgemeines

1   Aus der Verarbeitung personenbezogener Daten können Risiken hervorgehen, die zu physischen, materiellen oder immateriellen Schäden führen (Erwägungsgrund 75). Zu nennen sind hier etwa die Gefahren von Diskriminierung, von Identitätsdiebstahl oder -betrug oder von unmittelbar finanziellen Verlusten. Zu denken ist auch an eine Rufschädigung oder andere erhebliche wirtschaftliche oder gesellschaftliche Nachteile, die aus einer Datenschutzverletzung resultieren können.

2   Art. 33 ist Teil des Pflichtenregimes des Verantwortlichen (vgl. Art. 24) und konkretisiert die allgemeine Kooperationspflicht des Verantwortlichen mit der AB (Art. 31). Sie steht in engem Zusammenhang mit der Informationspflicht gegenüber dem Betroffenen in Art. 34. Art. 33 befasst sich mit der Situation, dass das primäre Anliegen der DS-GVO, es erst gar nicht zu solchen Verletzungen kommen zu lassen, nicht erfüllt werden konnte und es zu der Rechtsverletzung mit den dargestellten möglichen Folgen gekommen ist. Voraussetzung der Meldepflicht ist demnach eine **eingetretene und als solche erkannte Verletzung** von Normen der DS-GVO. Für diesen Fall erlegen Art. 33 und 34 dem Verantwortlichen verschiedene Pflichten auf: der AB die Verletzung zu melden (Art. 33) sowie dem Betroffenen über diese Verletzung zu informieren (Art. 34). Damit wird die Verletzung für diesen offenkundig; dies dient neben der reinen Information zugleich der Schadensminimierung, ggf. auch der Sanktionierung des Verantwortlichen.

3   Die in Art. 33 zur Pflicht erhobene Meldung eines Datenschutzverstoßes setzt die AB über die Gefahr für den Betroffenen (vgl. Erwägungsgrund 75) in Kenntnis und liefert der Behörde so die Grundlage für eine Entscheidung über den Einsatz ihrer Befugnisse nach Art. 58.

4   Die Meldepflicht dient zum einen der Minimierung der negativen Auswirkungen von Datenschutzverletzungen, gleichzeitig leistet sie so einen vorbeugenden Schutz der informationellen Selbstbestimmung des Betroffenen (vgl. dazu auch Paal ZD 2020, 119). Wegen der Offenlegungs-

pflicht und der daran geknüpften negativen Folgen für den Verantwortlichen setzen Art. 33 und 34 für diesen Anreize zur Vermeidung künftiger Verletzungen, auch mit Die Blick auf eine negative Publizitätswirkung zu meldender Verstöße (Paal/Pauly/Martini Rn. 11).

Soweit es dem Verantwortlichen möglich ist, hat er die Meldung binnen **72 Stunden** nach 5 Bekanntwerden der Verletzung an die AB zu richten (Abs. 1 S. 1). Der **Mindestinhalt** der Meldung bestimmt sich nach Abs. 3. Den Verantwortlichen trifft dabei eine weitergehende Pflicht, ggf. schon vor Abschluss der Verletzungssituation Teilinformationen hierüber schrittweise an die AB zu geben (Abs. 4).

Um überprüfen zu können, ob der Verantwortliche seiner Meldepflicht nachgekommen ist, 6 verpflichtet ihn **Abs.** 5 zu einer **umfassenden Dokumentation** etwaiger Verletzungen des Schutzes personenbezogener Daten, auf welche die AB im Nachhinein zugreifen kann.

Die Meldepflicht entfällt ausnahmsweise dann, wenn „die Verletzung (…) voraussichtlich nicht 7 zu einem Risiko für die Rechte und Freiheiten natürlicher Personen führt" (Abs. 1 S. 1 Hs. 2). Dies ist Ausdruck in der DS-GVO teilweise angelegten **risikobasierten Ansatzes** (vgl. Veil ZD 2015, 347; Schröder ZD 2019, 503; ausführlicher dazu Paal/Pauly/Martini Rn. 3), der dem Verantwortlichen immer nur dann Pflichten auferlegt, wenn dies dem Schutzziel der Verordnung auch tatsächlich nützt. Dem Verantwortlichen wird also nur dann den Aufwand der Meldung aufgebürdet, wenn ein Schadenseintritt beim Betroffenen möglich erscheint. Lässt sich dies der Voraussicht nach ausschließen, entfällt die Pflicht.

Die Anzahl der Meldungen an die Aufsichtsbehörden hat sich – besonders in Deutschland – 8 massiv erhöht. In einigen Behörden wurde eine Verzehnfachung, in einzelnen sogar noch höhere Zahlen gemeldet (Das LDA-Bayern spricht von einer Explosion der Meldezahlen, https://www.lda.bayern.de/media/baylda_report_08.pdf); die Meldezahlen sind nach wie vor auf hohem Niveau (https://www.lda.bayern.de/media/pm/pm2021_07.pdf; https://www.baden-wuerttemberg.datenschutz.de/wp-content/uploads/2021/02/LfDI-BW_36_Ta%CC%88tigkeitsbericht_2020_WEB.pdf). Vergleichbare Zahlen gibt es bei den anderen europäischen Aufsichtsbehörden allerdings nicht.

I. Normgeschichte

Die im Kommissions-Entwurf vorgesehene zweistufigen Konzeption der Melde- und Benach- 9 richtigungspflichten fand zwar die Zustimmung im EU-Parlament, wurde aber vom Rat durch einen risikobasierten Ansatz in Frage gestellt, der sich auch im Trilog durchsetzte. Ähnlich wurde die von der Kommission vorgesehene Meldefrist von 24 Stunden im Trilog auf eine Pflicht zur unverzüglichen Meldung möglichst innerhalb von 72 Stunden modifiziert (NK-DatenschutzR/Dix Art. 33 Rn. 2 f.).

II. Sinn und Zweck

Die in Art. 33 zur Pflicht erhobene Meldung eines Datenschutzverstoßes setzt die AB über 10 eine solche Gefahr in Kenntnis und gibt ihr so eine notwendige Grundlage für die Entscheidung über den Einsatz ihrer Befugnisse nach Art. 58. Die Meldepflicht dient also zum einen der Minimierung der negativen Auswirkungen von Datenschutzverletzungen durch Publizität gegenüber der AB (und dem Betroffenen, vgl. Art. 34). Gleichzeitig gewährt die Vorschrift so vorbeugenden Schutz der informationellen Selbstbestimmung des Betroffenen, indem sie Anreize zur Vermeidung zukünftiger Verletzungen beim Verantwortlichen setzt. Art. 33 dient – gemeinsam mit Art. 34 – dem Schutz der Rechte Betroffener bei Datenschutzverletzungen. Die Meldung gegenüber der AB ermöglicht es dieser – vergleichbar mit der Meldung an den Betroffenen nach Art. 34 – über Maßnahmen zur Eindämmung und zur Ahndung der Rechtsverletzung zu entscheiden (vgl. Erwägungsgrund 87 S. 3). Dies hat auch präventiven Charakter und gleicht Informationsasymmetrien aus (vgl. Paal/Pauly/Martini Rn. 10 f.).

III. Vergleich mit dem bisher geltenden BDSG

Anders als § 42a BDSG greift die Meldepflicht des Art. 33 nicht erst bei der unrechtmäßigen 11 Übermittlung oder sonstigen unrechtmäßigen Kenntniserlangung Dritter in Bezug auf besonders sensitive Daten (vgl. § 3 Abs. 9 BDSG) oder solche Daten, die einem Berufsgeheimnis unterliegen bzw. bei Daten zu Bank- oder Kreditkartenkonten. Die Meldepflicht des Art. 33 geht deutlich darüber hinaus (Gierschmann ZD 2015, 51 (53)), indem sie alle Datenarten unabhängig von der Zuordnung zu einer bestimmten Kategorie schützt. Dadurch liegt die Anzahl der Meldefälle nach Art. 33 wesentlich höher als nach § 42a BDSG. Wie häufig die Meldepflicht ausnahmsweise wieder entfällt, wenn „die Verletzung (...) voraussichtlich nicht zu einem Risiko für die Rechte und Freiheiten natürlicher Personen führt" (Abs. 1 S. 1 Hs. 2), lässt sich nur schwer abschätzen. Erste Erfahrungen deuten darauf hin, dass Verantwortliche eher selten einen Risikoausschluss annehmen und lieber „vorsorglich" eine Meldung abgeben – was mit Blick auf die Reaktionsmöglichkeiten der AB nicht ganz ohne Risiko ist.

IV. Einbettung in die GVO

12 Art. 33 ist Teil eines übergreifenden Pflichtenregimes des Verantwortlichen und konkretisiert die allgemeine Kooperationspflicht des Verantwortlichen mit der AB (vgl. Art. 31). Sie steht in engem Zusammenhang mit der Informationspflicht gegenüber dem Betroffenen nach Art. 34. Anders als nach Art. 58 Abs. 1 tritt hier der Verantwortliche an die AB heran.

13 Nach Art. 70 Abs. 1 S. 2 lit. g gibt der **EDSA** Empfehlungen für den praktischen Vollzug des Art. 33; als auslegungsbedürftige Norm mit zahlreichen unbestimmten Rechtsbegriffen ist die Norm auf Konkretisierungen durch den der EDSA geradezu angewiesen (noch liegt dazu nur ein veraltetes Papier der Art. 29-Gruppe vor, https://www.baden-wuerttemberg.datenschutz.de/wp-content/uploads/2019/03/Leitlinien-f%C3%BCr-die-Meldung-von-Verletzungen-des-Schutzes-personenbezogener-Daten-.pdf). Die AB geben bislang je eigene Hinweise auf ihren Meldeportalen (vgl. etwa https://www.baden-wuerttemberg.datenschutz.de/datenpanne-melden/). Die Vorschrift kann darüber hinaus auch Gegenstand von Verhaltensregelungen der Verbände nach Art. 40 Abs. 2 lit. i sein (vgl. dazu Paal/Pauly/Martini Rn. 6a).

V. Einschränkung durch den nationalen Gesetzgeber

14 Nationaler Regelungsspielraum hinsichtlich Art. 33 entfällt mangels Öffnungsklausel.

15 Allerdings hat der Bundesgesetzgeber mit § 43 Abs. 4 BDSG eine Einschränkung der Bußgeldpflicht von Meldeverstößen vorgesehen: Eine Meldung nach Art. 33 DS-GVO darf in einem Verfahren nach dem Gesetz über Ordnungswidrigkeiten gegen den Meldepflichtigen nur mit seiner Zustimmung verwendet werden. Angesichts des klaren Widerspruchs dieser Regelung zur Rechtsprechung des EuGH (vgl. → Rn. 39 ff.) und zum Erwägungsgrund 87 bestehen erhebliche Zweifel an der Anwendbarkeit des § 43 Abs. 4 BDSG; eine Prüfung der Vorschrift durch den EuGH steht nach wie vor aus, die AB verfahren in der Anwendung unterschiedlich (vgl. https://www.baden-wuerttemberg.datenschutz.de/lfdi-baden-wuerttemberg-verhaengt-sein-erstes-bussgeld-in-deutschland-nach-der-ds-gvo/)

VI. Normkonkurrenzen

16 Normkonkurrenzen können innerhalb der DS-GVO, aber auch mit nationalem Recht bestehen.

1. Normkonkurrenzen mit Regelungen innerhalb der DS-GVO

17 Art. 33 tritt neben Art. 34 mit der Information an den Betroffenen. Eine Konkurrenz besteht insoweit nicht, auch nicht zu Art. 58: Ihre Befugnisse nutzt die AB unabhängig davon, ob sie vom Verantwortlichen, dem Betroffenen, anderen Behörden oder Dritten vom Datenschutzverstoß in Kenntnis gesetzt wurde.

2. Normkonkurrenzen mit nationalem Recht

18 Konkurrenz zu Meldepflichten nach dem IT-Sicherheitsgesetz gegenüber dem Bundesamt für Sicherheit in der Informationstechnik (BSI, vgl. § 8 b Abs. 1 BSIG) bestehen nicht. Diese nationalen Meldepflichten verfolgen eine andere Zielrichtung als die DS-GVO, nämlich den Schutz kritischer Infrastrukturen, also der zentralen Infrastrukturressourcen der Netzwirtschaft (Energie, Informationstechnik und Telekommunikation, Transport und Verkehr, Gesundheit, Wasser, Ernährung sowie Finanz- und Versicherungswesen). Diese Meldepflicht und diejenige nach Art. 33 stehen daher nebeneinander.

VII. Rechtsdurchsetzung und Sanktionen

1. Rechtsfolgen für den Verantwortlichen bei Zuwiderhandlung

Unterlässt der Verantwortliche die nach Art. 33 gebotenen Meldung an die AB, so kann diese 19 den Verstoß gegen Abs. 1 gem. Art. 83 Abs. 4 lit. a mit einer **Geldbuße** ahnden (dazu Faust/Spittka/Wybitul ZD 2016, 120). Art. 83 Abs. 4 lit. a verweist pauschal und ohne Differenzierung auf Art. 33, sodass auch der Auftragsverarbeiter bei unterlassener Meldung an den Verantwortlichen nach Abs. 2 bußgeldpflichtig wird. Als Verstoß des Verantwortlichen ist auch eine unvollständige Meldung nach Abs. 3, eine unterlassene Teilmeldung nach Abs. 4 und eine fehlende oder unvollständige Dokumentation nach Abs. 5 zu werten.

Als Fremdkörper erweist sich bei diesen Pflichtverstößen die vom Auftragsverarbeiter unterlassene 20 Meldung an den Verantwortlichen. Hier ergeben sich nicht nur Nachweisprobleme, soweit die Meldepflicht zwischen zwei privaten Rechtssubjekten besteht, sondern eine vertragliche Pflicht wird zum Anknüpfungstatbestand für eine hoheitliche Sanktion.

2. Rechte der betroffenen Person

Die Rechte des Betroffenen bestimmen sich zunächst nach Art. 34; darüber hinaus stehen ihm 21 die allgemeinen Auskunftsrechte (vgl. Art. 15 Abs. 1, vgl. insbesondere Art. 15 Abs. 1 lit. c) auch hinsichtlich vorgefallener Datenschutzverletzungen zu. Ggf. kann sich mit Blick auf die Datenschutzverletzung und ihre näheren Umstände auch ein Widerspruchsrecht des Betroffenen (Art. 21) ergeben, sofern sich für ihn durch die erkannte Datenschutzverletzung beim Verantwortlichen eine „besondere Situation" (etwa mit Blick auf die Sensibilität der verarbeiteten Daten oder die Zuverlässigkeit des Verantwortlichen) ergibt.

B. Die Regelungen im Einzelnen

Abs. 1 S. 1 belegt den Verantwortlichen mit einer fristgebundenen Meldepflicht gegenüber der 22 AB, wenn er von einer Datenschutzverletzung erfährt. Nur für den Fall, dass die Datenschutzverletzung nicht zu einem Risiko für die Rechte und Freiheiten natürlicher Personen führte, wird die Meldepflicht vom Gesetzgeber zurückgenommen (risikobasierter Ansatz). Abs. 1 S. 2 ergänzt diese Pflicht um eine Begründungsanforderung für den Fall der späten Meldung.

Im Rahmen von Auftragsverarbeitungen statuiert Abs. 2 eine eigenständige Pflicht des Auftrags- 23 verarbeiters, den Verantwortlichen über ihm bekannt gewordene Datenschutzverletzungen zu informieren.

Abs. 3 legt den Umfang der Meldung an die AB fest; der Verantwortliche muss auch über noch 24 laufende Sachverhalte schrittweise unterrichten (Abs. 4). Übergreifend trifft den Verantwortlichen zudem eine Dokumentationspflicht hinsichtlich Umfang und Auswirkungen der Datenschutzverletzung sowie zu den ergriffenen Abhilfemaßnahmen (Abs. 5).

I. Abs. 1

1. Meldepflicht (S. 1)

Voraussetzung der Meldepflicht ist eine **eingetretene und als solche erkannte Verletzung** 25 des Schutzes personenbezogener Daten. Eine „Verletzung des Schutzes personenbezogener Daten" liegt vor, wenn „eine Verletzung der Sicherheit, die, ob unbeabsichtigt oder unrechtmäßig, zur Vernichtung, zum Verlust, zur Veränderung, oder zur unbefugten Offenlegung von beziehungsweise zum unbefugten Zugang zu personenbezogenen Daten führt, die übermittelt, gespeichert oder auf sonstige Weise verarbeitet wurden" (Art. 4 Nr. 12; vgl. dazu Becker, ZD 2020, 175 f.).

Art. 33 greift demnach bei jeder Verletzung des Schutzes personenbezogener Daten. Schutzvor- 26 schrift ist dabei nicht nur die DS-GVO, sondern jede Vorschrift des Unionsrechts zum Datenschutz. Soweit die Mitgliedstaaten auf der Grundlage von Öffnungsklauseln der DS-GVO (vgl. etwa Art. 6 Abs. 2) nationale datenschutzrechtliche Normen erlassen, erstreckt sich die Meldepflicht darauf nur, wenn diese Vorschriften ein bereits im Unionsrecht hinreichend präzise niedergelegtes Normprogramm ausfüllen (vgl. Erwägungsgrund 8).

Es genügt eine objektive Schutzverletzung, auf ein Verschulden des Verantwortlichen (oder 27 seines Auftragsverarbeiters) kommt es danach nicht an, sondern nur auf den eingetretenen Verletzungserfolg selbst (vgl. Becker, ZD 2020, 176).

28   Der Verantwortliche muss nicht nur eigene, sondern auch Verletzungen des Auftragsverarbeiters oder Dritter (Art. 4 Nr. 10) der AB melden (zur Informationspflicht des Auftragsverarbeiters vgl. Abs. 2).

29   Ob der Verantwortliche die Datenschutzverletzung als solche erkennt und einstuft, ist iRd Art. 33 ebenfalls unbeachtlich. Logischerweise wird er seiner Pflicht nach Art. 33 erst gewahr, wenn er die Schutzverletzung als solche erkennt; die Meldepflicht setzt allerdings bereits mit dem Eintritt der objektiven Schutzverletzung ein. Lediglich die Meldefrist knüpft an den Zeitpunkt der Kenntnisnahme des Verantwortlichen an. Ein fahrlässiges Übersehen einer Schutzverletzung durch den Verantwortlichen ist ggf. bei der Verhängung einer Sanktion (Art. 83 Abs. 2 S. 1 lit. b) zu berücksichtigen.

30   Die Meldepflicht besteht gegenüber der zuständigen AB nach Art. 55.

31   Die Meldung nach Art. 33 bedarf keiner bestimmten Form (Umkehrschluss aus Art. 12 Abs. 1 S. 2). Das Dokumentationsgebot des Abs. 5 unterwirft nicht auch die Meldung selbst der Schriftform. Angesichts des Umfangs der Meldepflicht ist jedem Verantwortlichen allerdings anzuraten, die gebotene Mitteilung (auch) schriftlich an die AB zu richten. Dabei können von den AB bereitgestellte Meldeportale genutzt werden (vgl. etwa https://www.baden-wuerttemberg.datenschutz.de/datenpanne-melden/)

32   Soweit es dem Verantwortlichen möglich ist, hat er die Meldung binnen **72 Stunden** nach Bekanntwerden der Verletzung an diese AB zu richten (Abs. 1 S. 1; vgl. dazu Piltz/Pradel ZD 2019, 152). Teilkenntnisse sind schrittweise zu melden (Abs. 4).

33   Der Verantwortliche muss die Verletzung „unverzüglich und möglichst binnen 72 Stunden" anzeigen. Die Meldepflicht setzt in dem Zeitpunkt ein, in dem die Verletzung dem Verantwortlichen „bekannt wurde". Sodann hat er die Meldung „unverzüglich" abzugeben, was (nach deutschen zivilrechtlichen Maßstäben gem. § 121 Abs. 1 BGB) „ohne schuldhaftes Zögern" bedeutet. Dabei sind auch „die Art und Schwere der Verletzung des Schutzes personenbezogener Daten sowie deren Folgen und nachteilige Auswirkungen für die betroffene Person" einzubeziehen (vgl. Erwägungsgrund 87 S. 2). Auch hier soll der EDSA Orientierung geben (Art. 70 Abs. 1 lit. g), was er jedoch bislang nicht tat.

2. Einschränkung der Meldepflicht (S. 1)

34   Die Meldepflicht entfällt, wenn „die Verletzung (...) voraussichtlich nicht zu einem Risiko für die Rechte und Freiheiten natürlicher Personen führt" (Abs. 1 S. 1 Hs. 2) – dies ist Ausdruck des **risikobasierten Ansatzes** der DS-GVO (vgl. Veil ZD 2015, 347) und soll dem Verantwortlichen nur dann den Aufwand der Meldung aufbürden, wenn ein Schadenseintritt beim Betroffenen möglich erscheint.

35   Unter Risiko ist die erhöhte Eintrittswahrscheinlichkeit eines drohenden Schadensereignisses zu verstehen. Ein Risiko für die Rechte und Freiheiten natürlicher Personen besteht, wenn ihnen Diskriminierung, Identitätsdiebstahl oder -betrug, finanzielle Verluste, unbefugte Aufhebung der Pseudonymisierung, Rufschädigung, Verlust der Vertraulichkeit von dem Berufsgeheimnis unterliegenden Daten oder andere erhebliche wirtschaftliche oder gesellschaftliche Nachteile drohen (vgl. Erwägungsgrund 85).

36   Das Ausmaß des Schadens ist für Art. 33 zunächst nicht relevant. Ein besonders hoher Schaden muss allerdings im Zusammenhang mit der Frage berücksichtigt werden, ob eine hinreichende Eintrittswahrscheinlichkeit anzunehmen ist. Je höher der anzunehmende Schaden (vgl. Erwägungsgrund 85 S. 1), desto geringere Anforderungen sind an die Wahrscheinlichkeit des Schadenseintritts zu stellen.

37   Der Ausnahmetatbestand des Abs. 1 S. 1 Hs. 1 greift dann, wenn die Datenschutzverletzung „voraussichtlich" zu einem Risiko für die Rechte und Freiheiten des Betroffenen führt. Demnach bedarf es einer Prognose zu den Folgen des Datenschutzverstoßes; diese stellt (zunächst) der Verantwortliche selbst. Sie ist im Nachhinein von der AB überprüfbar und ggf. durch deren Einschätzung zu ersetzen. Auch dies kann zu Sanktionen der AB führen.

38   Eine Prognose beruht auf einer in der Regel noch nicht abschließend festgestellten Tatsachengrundlage und hat das Ziel, eine Fortentwicklung des Ist-Zustandes vorherzusagen. Prognosen sind notwendig mit Unsicherheiten verbunden und treten nicht zwingend ein. Geht eine Prognose nachträglich fehl – hat sich also das Risiko einer Datenschutzverletzung tatsächlich nachteilig auf die Rechte und Freiheiten des Betroffenen ausgewirkt, obwohl der Verantwortliche dies nicht vorhergesehen hat – so ist es nicht die Unrichtigkeit der Prognose selbst, welche die Frage nach einer Sanktionierung des Verantwortlichen aufwirft; vielmehr ist zu prüfen, ob die Annahmen des Verantwortlichen über die Tatsachenlage, die hierzu angestellten rechtlichen Überlegungen

und die Annahmen zur weiteren Fortentwicklung nachvollziehbar und plausibel waren oder nicht. Hier ist insbesondere zu prüfen, ob der Verantwortliche alle maßgeblichen Umstände nach seinen Fähigkeiten ermittelt, vollständig einbezogen sowie zutreffend und nachvollziehbar (vgl. Abs. 5) bewertet hat.

3. Selbstbelastungsfreiheit

Die Meldung nach Art. 33 kann in der Sache auch als Selbstanzeige gewertet werden. Der Verantwortliche informiert die zuständige AB, die auch zur Sanktionierung seines Verhaltens berufen ist (vgl. Art. 58 Abs. 2 lit. i; zur Doppelrolle der AB vgl. Becker, ZD 2020, 178), über einen ihr zuvor nicht notwendig bekannten Sachverhalt, der nicht unerhebliche, ggf. nach Art. 83 sanktionierbare Datenschutzverletzungen umfasst. Dies stellt Erwägungsgrund 87 unmissverständlich klar: „Die entsprechende Meldung kann zu einem Tätigwerden der Aufsichtsbehörde im Einklang mit ihren in dieser Verordnung festgelegten Aufgaben und Befugnissen führen". 39

Damit steht die Meldepflicht in Konflikt zur verfassungsrechtlich garantierten Selbstbelastungsfreiheit („nemo tenetur, se ipsum accusare") des Verantwortlichen, die dem Recht auf ein faires Verfahren (Art. 47 Abs. 2 GRCh) zugeordnet ist. Dieser Aspekt war in § 42a S. 6 noch explizit und zugunsten der verantwortlichen Stelle geregelt worden (→ BDSG § 42a Rn. 1 ff.), der europarechtlich fragwürdige → Rn. 15 § 43 Abs. 4 BDSG knüpft hieran an. 40

Der EuGH sieht die Selbstbelastungsfreiheit jedoch dann nicht als verletzt an, wenn für den Meldepflichtigen lediglich eine Pflicht zur Beantwortung rein tatsächlicher Fragen besteht. Die Grenze zur Selbstbelastung sei erst dann überschritten, wenn der Meldepflichtige gegenüber der AB eine Zuwiderhandlung eingestehen müsste (vgl. EuGH BeckRS 2004, 71022 Rn. 18 ff., Rn. 35). Der EuGH reduziert damit in problematischer Weise die Selbstbelastungsfreiheit auf ein „Geständnisverweigerungsrecht" (Immenga/Mestmäcker/Burrichter/Henninger, Wettbewerbsrecht, 5. Aufl. 2012, VO 1/2003 Vorbemerkungen zu Art. 17–22 Rn. 38). Dies übersieht, dass niemand zu seiner eigenen Verurteilung beitragen muss, auch nicht durch bloßen Sachverhaltsvortrag. 41

Im Ergebnis kann die Meldepflicht nach Art. 33 daher nur von Bestand sein, wenn zugleich im Umfang der Meldetätigkeit ein Verwertungsverbot für Straf-, Ordnungswidrigkeiten- und Berufsrechtsverfahren angenommen wird (vgl. mit Blick auf Art. 6 EMRK Schmitz, Handbuch Multimedia-Recht, Werkstand: 57. EL September 2021, Rn. 432 ff.; zur besonderen Problematik der Meldepflicht von Mitarbeitenden bei IT-Sicherheits- und Datenschutzvorfällen vgl. Müllmann/Volkamer, ZD 2021, 8). Hier gilt es die weitere Rechtsentwicklung, insbesondere die Rechtsprechung des EuGH zu beobachten. 42

4. S. 2

Kommt der Verantwortliche seiner Meldepflicht nicht innerhalb der Regelfrist von 72 Stunden nach, muss er die zeitliche Verzögerung gem. S. 2 begründen. Damit soll für die AB nachvollziehbar sein, warum der Verantwortliche die Meldung nicht rechtzeitig absetzte. 43

Die Vorgabe der 72 Stunden-Regelfrist darf der Verantwortliche nur überschreiten, wenn ihm eine Meldung unmöglich war. Auch Teilinformationen sind schrittweise unverzüglich zu melden (vgl. Abs. 4), auch hierfür gilt die Regelfrist bis an die Grenze der Unmöglichkeit. Genau dies hat der Verantwortliche gem. S. 2 gegenüber der AB darzulegen (Erwägungsgrund 85). 44

Auch eine nicht rechtzeitige Meldung kann aufsichtsbehördliche Maßnahmen nach sich ziehen (Verwarnung nach Art. 58 Abs. 2 lit. b, Bußgeld nach Art. 83 Abs. 4 lit. a). 45

II. Abs. 2

Abs. 2 erweitert die Meldepflichten um eine Informationspflicht des Auftragsverarbeiters gegenüber dem Verantwortlichen. Problematisch daran ist, dass es sich streng genommen nicht um eine behördliche Melde-, sondern eine vertragliche Informationspflicht handelt, die schon aus Gründen der nur eingeschränkten Nachvollziehbarkeit des Geschehensablaufs zwischen zwei privaten Stellen nur bedingt durch die AB prüf- und sanktionierbar sein wird. 46

IRv Auftragsverarbeitungsverhältnissen (vgl. Art. 28) trifft den Auftragsverarbeiter bei Datenschutzverstößen zwar keine Meldepflicht gegenüber der AB, aber eine Informationspflicht gegenüber dem Verantwortlichen. Ihm gegenüber trifft den Auftragsverarbeiter auch die Pflicht, den Verantwortlichen bei dessen Pflichterfüllung nach Art. 33 zu unterstützen (vgl. Art. 28 Abs. 3 UAbs. 1 S. 2 lit. f). 47

DS-GVO Artikel 33 Kapitel IV. Verantwortlicher und Auftragsverarbeiter

48   Auch hier gilt, dass die Benachrichtigung „unverzüglich" erfolgen muss. Für diese Informationspflicht setzt die DS-GVO jedoch keine Regelfrist wie Abs. 1. Auch hier sollte der EDSA daher Leitlinien entwickeln (Art. 70 Abs. 1 lit. g).

49   Den inhaltlichen Vorgaben der Meldepflicht des Verantwortlichen nach Abs. 3 muss die Information des Auftragsverarbeiters an den Verantwortlichen nicht genügen (vgl. Abs. 3: „gemäß Absatz 1"). Die DS-GVO unterwirft den Auftragsverarbeiter also nicht den gleichen Anforderungen wie den Verantwortlichen. Zwar wertet die GVO die Stellung des Auftragsverarbeiters auf, dennoch bleibt er verlängerter Arm des Verantwortlichen als „Herren der Daten". Den Auftragsverarbeiter trifft „nur" eine Unterstützungspflicht (vgl. Art. 28 Abs. 3 UAbs. 1 lit. f), die allerdings selbstständig sanktionierbar ist (Art. 83 Abs. 4 lit. a).

III. Abs. 3

50   Der **Mindestinhalt** der Meldung bestimmt sich nach Abs. 3. Je nach den Besonderheiten des Einzelfalles kann es naheliegen, dass der Verantwortliche über diesen Mindestinhalt hinausgeht und der AB weitergehende Meldungen macht. Der Verantwortliche muss dies sogar tun, wenn dies für die AB zur vollständigen Beurteilung des Datenschutzverstoßes und zur Entscheidung über ihr weiteres Tätigwerden (Schadensminimierung/Sanktionierung, str.) erforderlich ist. Bei freiwilligen Angaben wird er zu berücksichtigen haben, dass auch überschießende Angaben Grundlagen einer Sanktionierung des Verantwortlichen durch die AB sein können.

51   Die Angaben umfassen solche zur Analyse und Risikobewertung der Datenschutzverletzung (lit. a) – auch vor dem Hintergrund der bereits ergriffenen Maßnahmen des Verantwortlichen (lit. d) – zur weiteren Sachverhaltsermittlung durch die AB (lit. b) sowie zur Folgenanalyse (lit. c; vgl. Kaufmann ZD 2012, 358 (359)). Die Pflichtangaben der Abs. 3 lit. c und lit. d sind gem. Art. 34 Abs. 2 auch bei der Benachrichtigung des Betroffenen zu machen.

52   Die Meldung gem. Abs. 1 enthält nach lit. a zumindest die Beschreibung der Art der Verletzung des Schutzes personenbezogener Daten". Mögliche Arten der Verletzung des Schutzes personenbezogener Daten (vgl. die Legaldefinition in Art. 4 Nr. 12) sind Vernichtung, Verlust, Veränderung und unbefugte Offenlegung personenbezogener Daten.

53   Während dieser Meldungsinhalt nach lit. a zwingend ist, fordert die DS-GVO die weiteren Angaben zu Kategorien und der ungefähren Zahl der betroffenen Personen" nur „soweit möglich". Dies hat jedoch offensichtlich keine beschränkende Wirkung, denn „Möglichkeitsvorbehalte" sind als Hinweis auf die Leistungsfähigkeit des Verantwortlichen eine reine Selbstverständlichkeit. Gleiches gilt hinsichtlich „der betroffenen Kategorien und der ungefähren Zahl der betroffenen personenbezogenen Datensätze".

54   Zu dieser Beschreibung gehört auch die Darstellung der vor der Verletzung getroffenen technischen Schutz- sowie organisatorischen Maßnahmen (Erwägungsgrund 87). Ohne diese Darstellung kann die AB in der Regel nicht nachvollziehen, ob und in welchem Umfang eine Verletzung des Schutzes personenbezogener Daten aufgetreten ist und wann und in welchem Umfang betroffene Personen umgehend zu unterrichten sind. Hierfür spricht auch Erwägungsgrund 88, der hinsichtlich der Leitlinien und Empfehlungen des EDSA anordnet, diese sollten bei der detaillierten Regelung des Formats und der Verfahren für die Meldung von Verletzungen des Schutzes personenbezogener Daten die Umstände der Verletzung hinreichend berücksichtigen, bspw. ob personenbezogene Daten durch geeignete technische Sicherheitsvorkehrungen geschützt waren, welche die Wahrscheinlichkeit eines Identitätsbetrugs oder anderer Formen des Datenmissbrauchs wirksam verringern.

55   Die Meldung gem. Abs. 1 enthält nach lit. b zumindest „den Namen und die Kontaktdaten des Datenschutzbeauftragten". Dies gibt der AB die Möglichkeit, Angaben des Verantwortlichen mit dem sach- und fachkundigen Datenschutzbeauftragten zu erörtern, ggf. weitere Sachverhaltsfeststellungen zu treffen und zielgenaue Maßnahmen zur Schadensminimierung zu ergreifen.

56   Benötigt die AB nach der Meldung gem. Art. 33 weitergehende Angaben, so kann sie ergänzende Informationen beim Verantwortlichen einholen. Mit der Verpflichtung zur Angabe von Namen und Kontaktdaten des Datenschutzbeauftragten (vgl. Art. 37) oder einer sonstigen betrieblichen Anlaufstelle kanalisiert die DS-GVO diese Informationslinie. Dies ist insoweit nicht unproblematisch, als der Verantwortliche es vorziehen kann, sich selbst sämtliche Kontakte mit der AB vorzubehalten und die nachgeordneten hausinternen Stellen entsprechend anzuweisen.

57   Die Meldung gem. Abs. 1 enthält nach lit. c zumindest eine Beschreibung der wahrscheinlichen Folgen der Verletzung des Schutzes personenbezogener Daten. Damit die AB die nächsten erforderlichen Schritte schnell und treffsicher einschätzen kann, obliegt dem Verantwortliche nach lit. c die Pflicht, die wahrscheinlichen Folgen des Datenschutzverstoßes so genau wie ihm möglich zu

beschreiben. Hierbei geht es nicht um wirtschaftliche oder organisatorische Folgen der Verletzung, sondern um solche für die Persönlichkeitsentfaltung natürlicher Personen (vgl. Art. 1 Abs. 1 und 2).

Die Meldung enthält nach lit. d zumindest eine Beschreibung ergriffener oder vorgeschlagener 58 Maßnahmen. Die AB muss in der Lage sein zu beurteilen, ob zur Schadensabwehr oder -minimierung weitere Maßnahmen geboten sind. Deshalb muss der Verantwortliche beschreiben, welche Maßnahmen er bereits ergriffen hat oder noch vorschlägt, um die eingetretene Verletzung zu beseitigen oder in ihren Auswirkungen abzumildern. Die AB ergreift sodann geeignete Abhilfemaßnahmen gem. Art. 58 Abs. 2 lit. d und f.

IV. Abs. 4

Den Verantwortlichen trifft eine Pflicht zur zeitnahen und umfassenden Meldung an die AB. 59 Er muss alle ihm vorliegenden Informationen nach Abs. 3 an die AB weiterreichen, auch wenn diese noch nicht vollständig sind. Schnelligkeit geht hier vor Richtigkeit und Vollständigkeit (vgl. auch Erwägungsgrund 85 S. 2). Ggf. muss er auch schon vor Abschluss der Verletzungssituation Teilinformationen an die AB zu geben (Abs. 4). Allerdings haben Maßnahmen zur Schadensminimierung Vorrang: Die Meldung an die AB darf nicht dazu führen, dass vermeidbare Schäden beim Betroffenen eintreten.

Abs. 4 trägt der Notfallsituation des Art. 33 Rechnung: Wenn der Verantwortliche eine Daten- 60 schutzverletzung feststellt, entsteht regelmäßig ein erheblicher Zeitdruck, während zugleich ein vollständiger Überblick über den Sachverhalt noch fehlen wird. In dieser Situation bestimmt Abs. 4 (in sprachlich wenig geglückter Form, „kann"), dass der Verantwortliche auch schon Teilinformationen an die AB weiterzugeben hat. Dies bedeutet eine Vorabmeldpflicht im Sinne einer „Erstbenachrichtigung" der AB auch bei noch nicht vollständigem Lagebild des Verantwortlichen, er muss die bereits vorhandenen Informationen jeweils unverzüglich schrittweise zur Verfügung zu stellen.

Zweck der Vorschrift ist es, das Risiko für die Rechte und Freiheiten natürlicher Personen zu 61 minimieren – und daher wird dem Verantwortlichen zugemutet, sobald er eine Datenschutzverletzung festgestellt hat, die ihm vorliegenden Information ohne Rücksicht auf einen später erwarteten besseren Informationsstand unverzüglich der AB zuzuleiten. Dies erhöht das Risiko für den Verantwortlichen, durch unvollständige und ggf. fehlerhafte Pflichtangaben gegenüber der AB, die sich später sogar als überflüssig erweisen können, in den Fokus der AB zu geraten und ggf. sanktioniert zu werden.

V. Abs. 5

Um überprüfen zu können, ob der Verantwortliche seiner Meldepflicht nachgekommen ist, 62 verpflichtet ihn Abs. 5 zu einer **umfassenden Dokumentation** etwaiger Verletzungen des Schutzes personenbezogener Daten, auf welche die AB zugreifen kann.

Die Meldepflicht des Abs. 1 wird also ergänzt um eine Dokumentationspflicht. Sie bezieht sich 63 auf die Datenschutzverletzung selbst, deren Auswirkungen und die ergriffenen Abwehrmaßnahmen. Die Dokumentationspflicht hat die Funktion, die Einhaltung der Meldepflicht durch den Verantwortlichen für die AB kontrollierbar zu machen (vgl. Abs. 5 S. 2). Sie konkretisiert den in Art. 5 Abs. 2 niedergelegten „Grundsatz der Rechenschaftspflicht".

Für die aufsichtsbehördliche Kontrolle kommt der Dokumentation Bedeutung in den folgen- 64 den Fällen zu: Hat der Verantwortliche eine Meldung nach Abs. 1 an die AB abgegeben, dient sie der Überprüfung der Richtigkeit und Vollständigkeit der Meldung, der möglichen Folgen für die Betroffenen und der Notwendigkeit ergänzender Maßnahmen der Schadensbegrenzung.

Hat der Verantwortliche von einer Meldung nach Abs. 1 S. 1 abgesehen, weil er kein hinrei- 65 chendes „Risiko für die Rechte und Freiheiten natürlicher Personen" (Abs. 1 S. 1 Hs. 2) angenommen hat, so kann die AB diese wertende Entscheidung des Verantwortlichen mithilfe der Dokumentation nachvollziehen und ggf. bewerten.

Ins Leere greift die Vorschrift, wenn der Verantwortliche zwar das Vorliegen einer Datenschutz- 66 verletzung prüfte, im Ergebnis jedoch zu Unrecht verwarf. Dann wird er rechtsirrig auch keine Dokumentation nach Abs. 5 angelegt haben. Hier ist die AB dann auf eigene Sachverhaltsermittlungen verwiesen.

Die Dokumentationspflicht des Abs. 5 umfasst alle nach Abs. 3 lit. a, c und d an die AB zu 67 meldenden Informationen und deren Grundlagen (die regelmäßig nicht der AB gemeldet werden). Dies ergibt sich aus dem Zweck der Vorschrift, die Einhaltung der Meldepflicht überprüfbar zu machen und kommt im Normtext „alle (…) im Zusammenhang mit der Verletzung des Schutzes personenbezogener Daten stehenden Fakten" hinreichend klar zum Ausdruck. Auch die „ergriffenen Abhilfemaßnahmen" sind letztlich auch im eigenen Interesse des Verantwortlichen umfassend darzustellen.

68 Aus Art. 33 ergibt sich jedoch nicht die Pflicht, die Dokumentation der AB unaufgefordert zuzuleiten (Marschall DuD 2015, 183 (186)). Der Verantwortliche muss sie lediglich vorhalten, um sie der AB auf Anfrage unverzüglich übermitteln oder vorlegen zu können.

C. Zukünftige Entwicklung (EDSA/ EuGH)

I. Empfehlungen des EDSA

69 Der EDSA hat die Aufgabe, Leitlinien, Empfehlungen und bewährte Verfahren für die Feststellung von Verletzungen des Schutzes personenbezogener Daten und die Festlegung der Unverzüglichkeit iSd Abs. 1 und 2, und zu den spezifischen Umständen, unter denen der Verantwortliche oder der Auftragsverarbeiter die Verletzung des Schutzes personenbezogener Daten zu melden hat, bereitzustellen (Art. 70 Abs. 1 lit. g). Das hat er bislang nicht getan. Gem. Erwägungsgrund 88 sollen bei der detaillierten Regelung des Formats und der Verfahren für die Meldung von Verletzungen des Schutzes personenbezogener Daten die Umstände der Verletzung hinreichend berücksichtigt werden, bspw. ob personenbezogene Daten durch geeignete technische Sicherheitsvorkehrungen geschützt waren, welche die Wahrscheinlichkeit eines Identitätsbetrugs oder anderer Formen des Datenmissbrauchs wirksam verringern. Überdies sollten solche Regeln und Verfahren den berechtigten Interessen der Strafverfolgungsbehörden in Fällen Rechnung tragen, in denen die Untersuchung der Umstände einer Verletzung des Schutzes personenbezogener Daten durch eine frühzeitige Offenlegung in unnötiger Weise behindert würde.

70 Derzeit nicht belegt.

II. EuGH Entscheidungen

71-73 Derzeit nicht belegt.

Artikel 34 Benachrichtigung der von einer Verletzung des Schutzes personenbezogener Daten betroffenen Person

(1) Hat die Verletzung des Schutzes personenbezogener Daten voraussichtlich ein hohes Risiko für die persönlichen Rechte und Freiheiten natürlicher Personen zur Folge, so benachrichtigt der Verantwortliche die betroffene Person unverzüglich von der Verletzung.

(2) Die in Absatz 1 genannte Benachrichtigung der betroffenen Person beschreibt in klarer und einfacher Sprache die Art der Verletzung des Schutzes personenbezogener Daten und enthält zumindest die in Artikel 33 Absatz 3 Buchstaben b, c und d genannten Informationen und Maßnahmen.

(3) Die Benachrichtigung der betroffenen Person gemäß Absatz 1 ist nicht erforderlich, wenn eine der folgenden Bedingungen erfüllt ist:
a) der Verantwortliche geeignete technische und organisatorische Sicherheitsvorkehrungen getroffen hat und diese Vorkehrungen auf die von der Verletzung betroffenen personenbezogenen Daten angewandt wurden, insbesondere solche, durch die die personenbezogenen Daten für alle Personen, die nicht zum Zugang zu den personenbezogenen Daten befugt sind, unzugänglich gemacht werden, etwa durch Verschlüsselung;
b) der Verantwortliche durch nachfolgende Maßnahmen sichergestellt hat, dass das hohe Risiko für die Rechte und Freiheiten der betroffenen Personen gemäß Absatz 1 aller Wahrscheinlichkeit nach nicht mehr besteht;
c) dies mit einem unverhältnismäßigen Aufwand verbunden wäre. In diesem Fall hat stattdessen eine öffentliche Bekanntmachung oder eine ähnliche Maßnahme zu erfolgen, durch die die betroffenen Personen vergleichbar wirksam informiert werden.

(4) Wenn der Verantwortliche die betroffene Person nicht bereits über die Verletzung des Schutzes personenbezogener Daten benachrichtigt hat, kann die Aufsichtsbehörde unter Berücksichtigung der Wahrscheinlichkeit, mit der die Verletzung des Schutzes personenbezogener Daten zu einem hohen Risiko führt, von dem Verantwortlichen

verlangen, dies nachzuholen, oder sie kann mit einem Beschluss feststellen, dass bestimmte der in Absatz 3 genannten Voraussetzungen erfüllt sind.

Überblick

Art. 34 stellt neben die Meldepflicht des Art. 33 eine Benachrichtigungspflicht des Verantwortlichen gegenüber den durch die Datenschutzverletzung Betroffenen. Dies versetzt die Betroffenen in die Lage, den angerichteten oder drohenden Schaden zu ermessen und das eigene Verhalten darauf einzustellen (vgl. Erwägungsgrund 86 S. 1). Abs. 1 ordnet eine entsprechende Informationspflicht an, falls die Verletzung des Schutzes personenbezogener Daten voraussichtlich ein hohes Risiko für die persönlichen Rechte und Freiheiten natürlicher Personen zur Folge hat. Abs. 2 bestimmt Art und Umfang dieser Informationspflicht. Eine Benachrichtigung unterbleibt nach Abs. 3, wenn der Verantwortliche durch vorherige (Abs. 3 lit. a) oder nachträgliche Maßnahmen (Abs. 3 lit. b) eine Risikominimierung erreichte bzw. der Benachrichtigungsaufwand unangemessen hoch wäre. In diesem Fall kann statt der persönlichen Benachrichtigung eine öffentliche Bekanntmachung erfolgen (Abs. 3 lit. c). Die AB kann eine Benachrichtigung des Betroffenen nachholen oder feststellen, dass diese nicht erforderlich ist (Abs. 4).

Übersicht

	Rn.		Rn.
A. Allgemeines	1	2. Rechte der betroffenen Person	18
I. Normgeschichte	1	**B. Die Regelungen im Einzelnen**	**19**
II. Sinn und Zweck	2	I. Benachrichtigungspflicht des Verantwortlichen (Abs. 1)	22
III. Vergleich mit dem bisher geltenden BDSG	5		
IV. Einbettung in die DS-GVO	9	II. Art und Weise der Benachrichtigung (Abs. 2)	30
V. Einschränkung durch den nationalen Gesetzgeber	10	III. Ausnahmen von der Benachrichtigungspflicht (Abs. 3)	37
VI. Normkonkurrenzen	12	IV. Handlungsoptionen der Aufsichtsbehörde (Abs. 4)	45
1. Normkonkurrenzen mit Regelungen innerhalb der DS-GVO	13		
2. Normkonkurrenzen mit Regelungen außerhalb der DS-GVO im Unionsrecht	15	**C. Zukünftige Entwicklung (EDSA/EuGH)**	**48**
3. Normkonkurrenzen mit nationalem Recht	16	I. EDSA	48
VII. Rechtsdurchsetzung und Sanktionen	17	II. EuGH Entscheidungen	50
1. Rechtsfolgen für den Verantwortlichen bei Zuwiderhandlung	17	III. Ausblick	52

A. Allgemeines

I. Normgeschichte

Im Gesetzgebungsverfahren hat die Benachrichtigungspflicht verschiedene Änderungen durchlaufen, so wurde der risikobasierte Ansatz des Abs. 1 erst spät eingebracht (Vorschlag der Europäischen Kommission v. 25.2.2012 (KOM(2012) 11), Art. 32 Abs. 1 DSGVO-E; näher dazu NK-DatenschutzR/Dix Art. 34 Rn. 2). 1

II. Sinn und Zweck

Art. 34 stellt neben die Meldepflicht des Art. 33 eine **Benachrichtigungspflicht des Verantwortlichen** gegenüber den durch die Datenschutzverletzung Betroffenen. Dies versetzt die Betroffenen in die Lage, den angerichteten oder drohenden Schaden zu ermessen und das eigene Verhalten darauf einzustellen (vgl. Erwägungsgrund 86 S. 1), etwa durch Schadensbegrenzung, weitere Aufklärung unter Einsatz der Betroffenenrechte (Art. 12 ff.) oder Forderung von Schadenersatz (Art. 82). Art. 34 dient damit primär präventiven Zwecken (vgl. dazu NK-DatenschutzR/Dix Art. 34 Rn. 1), schließt aber weitere, auch kompensatorische Zwecksetzungen mit ein (zu eng insoweit Paal/Pauly/Martini Art. 34 Rn. 17). 2

Zwar begründen Art. 33 und 34 „als Komplementäre zusammen ein informatorisches Sicherungsregime" (Pauly/Paal/Martini Rn. 3), dennoch ist auffällig, dass die Pflichten des Art. 34 deutlich hinter denen des Art. 33 zurückbleiben. Offenbar traut der Normgeber der AB eine größere Durchsetzungskraft zu als den Betroffenen. 3

4 Art. 34 dient unmittelbar dem **Schutz der Rechte und Freiheiten des Betroffenen** (vgl. Marschall DuD 2015, 183 (186)); darin unterscheidet er sich von Art. 33, der dieses Schutzziel zwar mittelbar teilt, aber darüber hinaus auch der Bewährung der Rechtsordnung dient. Art. 34 dient primär der Risikoabwehr und der Schadensminimierung. Die Benachrichtigungspflicht des Art. 34 hilft dem Betroffenen auch dabei, über das Erheben von Haftungsansprüchen zu entscheiden (Art. 82 Abs. 1), kann aber für den Fall der fehlerhaften Unterlassung der Benachrichtigung auch ihrerseits Haftungsansprüche nach Art. 82 Abs. 1 auslösen, soweit hierdurch ein materieller oder immaterieller Schaden entstand oder erweitert wurde (vgl. Erwägungsgrund 86 S. 4). Zudem kann die AB im Rahmen ihrer Aufgaben (vgl. Art. 57 Abs. 1 lit. a) das Unterlassen der Benachrichtigung des Betroffenen mit einer Geldbuße ahnden (Art. 83 Abs. 4 lit. a iVm Art. 83 Abs. 2).

III. Vergleich mit dem bisher geltenden BDSG

5 Bisher ist die Pflicht zur Benachrichtigung des Betroffenen bei Datenschutzverstößen in § 42a BDSG geregelt, der jedoch deutlich restriktiver ausgestaltet ist (→ BDSG § 42a Rn. 1 ff.). Er bezieht sich ausschließlich auf die unrechtmäßige Kenntnisnahme Dritter von bestimmten Kategorien personenbezogener Daten (besondere personenbezogene Daten; personenbezogene Daten aus einem Berufsgeheimnis; personenbezogene Daten, die sich auf strafbare Handlungen oder Ordnungswidrigkeiten beziehen; personenbezogene Daten zu Bank- oder Kreditkartenkonten). Eine Vielzahl personenbezogener Daten bleiben daher bei der Informationspflicht des § 42a BDSG von vornherein ausgeklammert. Diese Pflicht wurde auch nur ausgelöst, wenn schwerwiegende Beeinträchtigungen für die Rechte und schutzwürdigen Interessen des Betroffenen drohten.

6 Auch nach § 42a BDSG konnte die unverzügliche Benachrichtigung nach § 42a S. 2 BDSG so lange unterbleiben, bis Datensicherungsmaßnahmen getroffen wurden (→ BDSG § 42a Rn. 1 ff.) – dies machte allerdings anders als Art. 34 Abs. 3 lit. a bzw. lit. b die unverzüglich nachfolgende Benachrichtigung des Betroffenen nicht entbehrlich (§ 42a S. 2 BDSG).

7 Materiell-inhaltlich sind beide gesetzlichen Benachrichtigungspflichten durchaus vergleichbar. Bislang musste der Verantwortliche die Art der unrechtmäßigen Kenntniserlangung darlegen und Empfehlungen für Maßnahmen zur Minderung der nachteiligen Folgen abgeben. Jetzt ist er neben der Beschreibung der **Art der Verletzung** und der **Maßnahmen** (Abs. 2 iVm Art. 33 Abs. 3 lit. d) auch zur Beschreibung der wahrscheinlichen **Folgen der Verletzung** verpflichtet (Abs. 2 iVm Art. 33 Abs. 3 lit. c).

8 Wesentlich ist demgegenüber eine andere Abweichung: Das **Informationsverwendungsverbot** der Benachrichtigung in Strafverfahren und Verfahren nach dem OWiG nach § 42a S. 6 BDSG findet sich in Art. 34 nicht mehr wieder. Ob sich dies durch eine mögliche nationale Regelung (vgl. Art. 23 Abs. 1 lit. d und i) kompensieren ließe, ist zweifelhaft. Jedenfalls ist hinsichtlich der insoweit bedeutsameren Meldeverpflichtung aus Art. 33 keine entsprechende Öffnungsklausel vorgesehen.

IV. Einbettung in die DS-GVO

9 Als Komplementäre begründen Art. 33 und 34 zusammen ein „informatorisches Sicherungsregime" (Pauly/Paal/Martini Rn. 3). Dabei bleiben die Pflichten des Art. 34 deutlich hinter denen des Art. 33 zurück. Auch hinsichtlich des maßgeblichen Risikogrades unterscheiden sich Art. 33 und 34 erheblich.

V. Einschränkung durch den nationalen Gesetzgeber

10 Die Pflichten aus Art. 34 können durch die Öffnungsklausel des Art. 23 Abs. 1 zu bestimmten Zwecken angemessen beschränkt werden (vgl. zu fakultativen Öffnungsklauseln Kühling/Martini DS-GVO 69 f.). Die in Art. 23 Abs. 1 dem nationalen Gesetzgeber eingeräumte Befugnis, eigene abweichende Regelungen zu treffen, bezieht auch Abs. 4 mit ein. Solche nationalen Bestimmungen müssen nach Art. 23 Abs. 1 allerdings den Wesensgehalt der Grundrechte und Grundfreiheiten achten und in einer demokratischen Gesellschaft eine notwendige und verhältnismäßige Maßnahme darstellen, eines der Schutzziele der lit. a–j zu erreichen. Diese abweichende nationale Regelung muss zudem Schutzvorschriften nach Art. 23 Abs. 2 umfassen.

11 Allerdings hat der Bundesgesetzgeber mit § 43 Abs. 4 BDSG eine Einschränkung der Bußgeldpflicht von Meldeverstößen vorgesehen: Eine Benachrichtigung nach Art. 34 DS-GVO darf in einem Verfahren nach dem Gesetz über Ordnungswidrigkeiten gegen den Benachrichtigungspflichtigen nur mit seiner Zustimmung verwendet werden. Angesichts des klaren Widerspruchs dieser Regelung zur Rechtsprechung des EuGH (vgl. Art. 33 Rn. 39 ff.) und zum Erwägungsgrund 87 bestehen erhebliche Zweifel an der Europarechtskonformität und damit Anwendbarkeit des § 43 Abs. 4 BDSG.

VI. Normkonkurrenzen

Normkonkurrenzen können innerhalb der DS-GVO, aber auch mit nationalem Recht bestehen. **12**

1. Normkonkurrenzen mit Regelungen innerhalb der DS-GVO

Art. 33 tritt neben Art. 34 mit der Information an den Betroffenen. Eine Konkurrenz besteht **13** insoweit nicht, auch nicht zu Art. 58: Ihre Befugnisse nutzt die AB unabhängig davon, ob sie vom Verantwortlichen, dem Betroffenen, anderen Behörden oder Dritten vom Datenschutzverstoß in Kenntnis gesetzt wurde.

Eine mit Abs. 4 vergleichbare Anweisungsbefugnis der AB ergibt sich aus Art. 58 Abs. 2 lit. e, **14** der lediglich an eine vorausgegangene „Verletzung des Schutzes bezogener Daten" anknüpft. Dort fehlt allerdings die in Abs. 4 vorgegebene „Berücksichtigung der Wahrscheinlichkeit, mit der die Verletzung des Schutzes personenbezogener Daten zu einem hohen Risiko führt", was mit Wertungswidersprüchen einhergeht. Diese lassen sich sinnvoll nur auflösen, indem man Abs. 4 als lex specialis ansieht, der Art. 58 insoweit verdrängt.

2. Normkonkurrenzen mit Regelungen außerhalb der DS-GVO im Unionsrecht

Für elektronische Kommunikationsdienste in öffentlichen Kommunikationsnetzen in der Union **15** findet sich eine Sonderregelung in Art. 4 Abs. 3 UAbs. 2 RL (EG) 2002/58, die neben Art. 34 tritt (vgl. Art. 95; ausführlich dazu Paal/Pauly/Martini Art. 34 Rn. 11 ff.).

3. Normkonkurrenzen mit nationalem Recht

Konkurrenz zu Meldepflichten nach dem IT-Sicherheitsgesetz gegenüber dem Bundesamt für **16** Sicherheit in der Informationstechnik (BSI, vgl. § 8 b Abs. 1 BSIG) bestehen nicht. Diese nationalen Meldepflichten verfolgen eine andere Zielrichtung als die DS-GVO, nämlich den Schutz kritischer Infrastrukturen, also der zentralen Infrastrukturressourcen der Netzwirtschaft (Energie, Informationstechnik und Telekommunikation, Transport und Verkehr, Gesundheit, Wasser, Ernährung sowie Finanz- und Versicherungswesen). Diese Meldepflicht und die Benachrichtigungspflicht nach Art. 34 stehen daher nebeneinander.

VII. Rechtsdurchsetzung und Sanktionen

1. Rechtsfolgen für den Verantwortlichen bei Zuwiderhandlung

Unterlässt der Verantwortliche die nach Art. 34 gebotenen Benachrichtigung des Betroffenen, **17** so kann die AB den Verstoß gem. Art. 83 Abs. 4 lit. a mit einer Geldbuße ahnden (dazu Faust/Spittka/Wybitul ZD 2016, 120). Art. 83 Abs. 4 lit. a verweist pauschal und ohne Differenzierung auch auf Art. 34. Als Verstoß des Verantwortlichen ist auch eine unverständliche oder unvollständige Benachrichtigung zu werten.

2. Rechte der betroffenen Person

Neben den Rechten des Betroffenen aus Art. 34 stehen ihm die allgemeinen Auskunftsrechte **18** (vgl. Art. 15 Abs. 1, vgl. insbesondere Art. 15 Abs. 1 lit. c) auch hinsichtlich vorgefallener Datenschutzverletzungen zu. Ggf. kann sich mit Blick auf die Datenschutzverletzung und ihre näheren Umstände auch ein Widerspruchsrecht des Betroffenen (Art. 21) ergeben.

B. Die Regelungen im Einzelnen

Ausgangspunkt der Benachrichtigungspflicht ist eine **Verletzung des Schutzes personenbe-** **19** **zogener Daten,** die voraussichtlich zu einem **hohen Risiko** für die Rechte und Freiheiten des Betroffenen führt (Abs. 1). Mit diesem **risikobasierten Ansatz** (risk-based approach) hat sich die DS-GVO gegen eine vollständige Aufklärung des Betroffenen über eine Verletzung seiner Rechte und für eine Reduzierung der Pflichten des Verantwortlichen entschieden. Anders als bei der Meldepflicht gegenüber der AB fungiert die Risikoprognose nicht als Pflichtenbegrenzung, sondern als Pflichtenauslöser.

20   Erst ein voraussichtlich hohes Risiko für die persönlichen Rechte und Freiheiten natürlicher Personen löst die Benachrichtigungspflicht des Art. 34 aus, demgegenüber besteht die Meldepflicht an die AB nach Art. 33 bei jeder Datenschutzverletzung und entfällt ausnahmsweise nur dann, wenn voraussichtlich kein Risiko für die Rechte und Freiheiten des Betroffenen besteht. Ob ein hohes Risiko besteht, bestimmt sich nach den Umständen des Einzelfalles, nach (veralteter) Auffassung der Artikel 29-Datenschutzgruppe sind hier insbesondere die Art der Verletzung, die Natur, Sensibilität und der Umfang der betroffenen personenbezogenen Daten, der zur Identifizierung der Individuen notwendige Aufwand, die Schwere der Folgen für den Betroffenen sowie die speziellen Eigenschaften der Betroffenen heranzuziehen (Article 29 Data Protection Working Party, Guidelines on Personal data breach notification under Regulation 2016/679, wp250, 20 ff.).

21   Neben der unterschiedlichen Risikohöhe reguliert der Normgeber also auch jene Fälle grundsätzlich anders, bei denen der Verantwortliche aufgrund fehlender Sachverhaltskenntnisse zu einer Risikoprognose (noch) nicht in der Lage ist (vgl. Paal/Pauly/Martini Art. 34 Rn. 4) oder diese wegen unvollständiger Informationsbasis zunächst unzutreffend erstellt. Dies bedeutet im praktischen Ergebnis, dass Meldungen an die AB wesentlich häufiger sein werden als Benachrichtigungen Betroffener.

I. Benachrichtigungspflicht des Verantwortlichen (Abs. 1)

22   Abs. 1 bestimmt die Voraussetzungen, unter denen der Verantwortliche als Normadressat einer Benachrichtigungspflicht unterliegt und bestimmt Umfang und Modalitäten der Benachrichtigungspflicht, insbesondere in zeitlicher Hinsicht.

23   Normadressat bezüglich der Benachrichtigungspflicht ist der Verantwortliche, nicht aber auch der Auftragsverarbeiter (anders als bei Art. 33 Abs. 2). Letzteren können allenfalls vertragliche Pflichten zur Unterstützung des Verantwortlichen treffen (vgl. Art. 28 Abs. 3 UAbs. 1 S. 2 lit. f).

24   Die Benachrichtigungspflicht setzt eine „Verletzung des Schutzes personenbezogener Daten" voraus (vgl. Art. 4 Nr. 12). Auf ein Verschulden, selbst auf eine Mitverursachung durch den Verantwortlichen, kommt es danach nicht an.

25   Neben die Verletzung des Schutzes personenbezogener Daten muss „voraussichtlich ein hohes Risiko für die persönlichen Rechte und Freiheiten natürlicher Personen zur Folge" treten (vgl. dazu Art. 35 Abs. 1 S. 1). Ein mittleres, durchschnittliches, nicht erhöhtes Risiko genügt danach also nicht, um eine Benachrichtigungspflicht des Verantwortlichen auszulösen. Gleiches gilt für ein Risiko, das (noch) nicht näher bestimmt werden kann. In diesen Fällen verbleibt es häufig bei der Meldepflicht gegenüber der AB nach Art. 33 – diese kann jedoch den Betroffenen selbst benachrichtigen bzw. den Verantwortlichen anweisen, dies zu tun (Abs. 4, Art. 58 Abs. 2 lit. e).

26   Das von einer Datenschutzverletzung ausgehende Risiko ist dann hoch, wenn anzunehmen ist („voraussichtlich"), dass bei ungehindertem Geschehensablauf mit hoher Wahrscheinlichkeit ein Schaden für die Rechte und Freiheiten des/der Betroffenen eintritt. In diesem Fall kommt es auf einen besonders hohen drohenden Schadensumfang nicht an. Das in Art. 34 angesprochene Risiko ist allerdings auch dann hoch, wenn eine geringere Wahrscheinlichkeit in Bezug auf einen besonders hohen Schadensumfang besteht (s. hierzu Erwägungsgrund 75 S. 1). Auch dann ist zu benachrichtigen.

27   Mit Blick auf die Bestimmungen des Art. 35 ist von einem hohen Risiko auszugehen, wenn **besondere Kategorien personenbezogener Daten** iSv Art. 9 Abs. 1, personenbezogene Daten über **strafrechtliche Verurteilungen und Straftaten** (vgl. Art. 10) oder Daten aus **Profilings** sowie aus der **systematischen Überwachung öffentlich zugänglicher Bereiche** (vgl. Art. 35 Abs. 3) Gegenstand der Datenschutzverletzung waren.

28   Aus Abs. 2 lit. b, wonach eine Benachrichtigungspflicht entfällt, sofern kein hohes Risiko mehr besteht, nun aber zu schließen, dass in Fällen, in denen ein Risiko bereits in einen Schaden umgeschlagen und eine weitere Perpetuierung des Schadens nicht mehr möglich ist, eine Benachrichtigungspflicht entfällt (so aber Paal/Pauly/Martini Rn. 17; wie hier NK-DatenschutzR/Dix Art. 34 Rn. 15), geht erkennbar zu weit. Auch ein eingetretener Schaden kann in seinen Folgen minimiert werden. Zudem würde das Risiko einer Rechtseinbuße für den Betroffenen fortbestehen, wenn er vom Verantwortlichen über eine Datenschutzverletzung gar nicht informiert würde und er daher irrtümlich davon ausgeht, dass seine Daten weiter vertraulich sind.

29   Der Verantwortliche muss unverzüglich benachrichtigen, also ohne schuldhaftes Zögern. Dies setzt voraus, dass ihm die Datenschutzverletzung bekannt oder zumindest fahrlässig unbekannt war. Die Benachrichtigung hat nach Abs. 1 „unverzüglich" zu erfolgen, also nicht binnen gesetzli-

cher Frist, sondern „so rasch wie nach allg. Ermessen möglich, in enger Absprache mit der Aufsichtsbehörde und nach Maßgabe der von dieser oder von anderen zuständigen Behörden, wie bspw. Strafverfolgungsbehörden, erteilten Weisungen" (Erwägungsgrund 86). In besonderen Fällen können demnach auch ermittlungstaktische Gesichtspunkte der Behörden einer unmittelbaren Benachrichtigung entgegenstehen.

II. Art und Weise der Benachrichtigung (Abs. 2)

Hinsichtlich der Modalitäten der Benachrichtigung ergänzt Abs. 2 die allgemeine Vorschrift 30 des Art. 12 Abs. 1 zur Transparenzpflicht des Verantwortlichen. Adressaten der Benachrichtigung sind alle Personen, die von der Datenschutzverletzung betroffen sind. Sie sind individuell zu benachrichtigen (vgl. Art. 12 Abs. 1 S. 2 unter Verweis auf S. 1).

Anders als die Meldung an die AB ist sie allerdings in „klarer und einfacher Sprache" (Abs. 2) 31 abzufassen und hat in **präziser, transparenter und leicht zugänglicher Form** zu erfolgen. Sie darf daher nicht fachsprachlich, sondern muss **von jedermann gut verständlich** abgefasst sein. Damit spezifiziert Abs. 2 die Vorgabe des Art. 12 Abs. 1, „in präziser, transparenter, verständlicher und leicht zugänglicher Form" zu benachrichtigen (Art. 12 Abs. 1 S. 1 iVm Art. 34). Dies steht regelmäßig einer „Zweitverwendung" der Meldung an die AB nach Art. 33 im Rahmen der Benachrichtigung des Betroffenen entgegen. Die Benachrichtigung ist in der Sprache abzufassen, welche die betroffene Person versteht und in welcher der Verantwortliche bisher mit ihr kommuniziert hat (NK-DatenschutzR/Dix Art. 34 Rn. 8; Kühling/Buchner/Jandt Art. 34 Rn. 10).

Ziel dieser Maßgabe ist es, dem Betroffenen unmissverständlich klar zu machen, worin die 32 Verletzung seiner Rechte besteht (Abs. 2 Hs. 1) und deren wahrscheinliche Folgen abschätzen zu können (Abs. 2 Hs. 2 iVm Art. 33 Abs. 3 lit. c). Auf dieser Verständnisgrundlage (vgl. Marschall DuD 2015, 183 (188 f.)) kann der Betroffene einordnen, welche Maßnahmen zur Schadensbehebung oder -abmilderung der Verantwortliche ergriffen hat oder vorschlägt (Abs. 2 Hs. 2 iVm Art. 33 Abs. 3 lit. d) und daran sein eigenes Verhalten zur Schadensminimierung ausrichten.

Richtet sich die Benachrichtigung an Kinder, so ist dies besonders zu berücksichtigen (vgl. 33 Art. 12 Abs. 1 S. 1 Hs. 2).

Hinsichtlich der zu übermittelnden Informationen verweist Art. 34 auf Art. 33, er tut dies 34 allerdings in eingeschränktem Umfang: Der Verantwortliche muss iRd Benachrichtigung nach Art. 34 dem Betroffenen **keinen Gesamtüberblick** über den Datenschutzverstoß verschaffen (vgl. dazu Art. 33 Abs. 2 lit. a). Vielmehr erstreckt sich die Benachrichtigungspflicht gegenüber dem Betroffenen nur auf Art. 33 Abs. 3 lit. b, c und d (vgl. Abs. 2).

Die Benachrichtigung muss die **Art der Datenschutzverletzung** und die in Art. 33 Abs. 3 35 lit. b, c und d aufgeführten Informationen enthalten. Informationen zum Gesamtumfang der Datenschutzverletzung (vgl. Art. 33 Abs. 3 lit. a) sind ausschließlich für die AB gedacht. Soweit Erwägungsgrund 86 S. 3 den Verantwortlichen zum gebotenen Inhalt der Benachrichtigung des Betroffenen auf die AB ua öffentliche Stellen verweist, geht dies daher in bedenklicher Weise über die Bestimmungen des Art. 33 Abs. 2 hinaus.

Die Benachrichtigung ist für die Betroffenen unentgeltlich (vgl. den Verweis in Art. 12 Abs. 1 36 und 5 auf Art. 34).

III. Ausnahmen von der Benachrichtigungspflicht (Abs. 3)

Abs. 3 enthält über die besonders angehobene Risikoschwelle des Abs. 1 hinaus zahlreiche 37 **Ausnahmetatbestände,** die den Verantwortlichen von der Benachrichtigungspflicht befreien. Die Mitgliedstaaten können darüber hinaus weitere Ausnahmetatbestände schaffen (vgl. Art. 23 → Rn. 10). § 29 Abs. 1 S. 3 BDSG, der die Benachrichtigungspflicht bei Informationen aussetzt, welche „ihrem Wesen nach" geheim gehalten werden müssen, ist allerdings verordnungswidrig und damit unanwendbar (so auch NK-DatenschutzR/Dix Art. 34 Rn. 12).

Die Benachrichtigungspflicht des Abs. 1 entfällt, wenn einer von drei Ausnahmetatbeständen 38 erfüllt ist. Diese sind als Ausnahmen restriktiv zu interpretieren, die AB kann hierzu im Einzelfall einen konkretisierenden Beschluss fassen (vgl. Abs. 4 Alt. 2).

Hat der Verantwortliche geeignete technische und organisatorische Sicherheitsvorkehrungen 39 hinsichtlich der von der Datenschutzverletzung betroffenen Daten getroffen (lit. a), etwa im Wege der **Verschlüsselung,** so ist eine Benachrichtigung nicht erforderlich. Schutzgut der DS-GVO ist allerdings auch die Verfügbarkeit der Daten für den Betroffenen, deren Verlust zu schweren Beeinträchtigungen der Rechte und Freiheiten betroffener Personen führen kann. Hiergegen hilft eine wirksame Verschlüsselung natürlich nicht (vgl. NK-DatenschutzR/Dix Art. 34 Rn. 14).

40   Was geeignete technische und organisatorische Sicherheitsvorkehrungen sein können, bestimmt sich etwa nach Maßgabe von Art. 24 f. und Art. 32. Sie machen insbesondere personenbezogene Daten für nicht berechtigte Personen unzugänglich. Neben der Möglichkeit der Verschlüsselung kommen auch Maßnahmen der Pseudonymisierung (Art. 32 Abs. 1 lit. a) – trotz ihres deutlich geringeren Schutzniveaus – in Betracht.

41   Eine Benachrichtigungspflicht entfällt ferner, wenn „nachfolgende Maßnahmen" gem. lit. b nach der Datenschutzverletzung ergriffen wurden, die das hohe Risiko für die persönlichen Rechte und Freiheiten der Betroffenen aller Wahrscheinlichkeit nach beseitigten. Dies ist dann der Fall, wenn die Realisierung des Risikos nicht mehr überwiegend wahrscheinlich ist.

42   Schließlich entfällt eine Benachrichtigungspflicht, wenn die Benachrichtigung mit einem **unverhältnismäßigen Aufwand** (lit. c) verbunden wäre. An die Stelle der Benachrichtigung tritt dann allerdings die **öffentliche Bekanntmachung** der Datenschutzverletzung oder eine ähnlich wirksame Maßnahme.

43   Schon der drohende Schaden für den guten Ruf des Verantwortlichen wird dafür sorgen, dass von diesem Ausnahmetatbestand nur sehr zurückhaltend Gebrauch gemacht wird. Denn ein geringerer Aufwand wird mit einer deutlich höheren negativen Öffentlichkeitswirkung erkauft.

44   Unter öffentlicher Bekanntmachung ist die Verbreitung über amtliche Verkündungsblätter (wie den Bundesanzeiger, vgl. NK-DatenschutzR/Dix Art. 34 Rn. 17) oder Tageszeitungen zu verstehen (vgl. § 186 Abs. 2 ZPO, vgl. § 42a S. 5 BDSG aF). Als ähnlich wirksame Maßnahme kommt eine Veröffentlichung im Internet in Betracht, soweit zu erwarten ist, dass betroffene Personen diese dort auffinden werden.

IV. Handlungsoptionen der Aufsichtsbehörde (Abs. 4)

45   Benachrichtigt der Verantwortliche den Betroffenen nicht oder noch nicht, so eröffnet Abs. 4 der AB verschiedene Handlungsoptionen. So kann sie vom Verantwortlichen verlangen, die Benachrichtigung „nachzuholen". Im Wege der Ersatzvornahme den Betroffenen selbst zu unterrichten sieht Abs. 4 allerdings nicht ausdrücklich vor. Hierzu wäre die AB befugt, wenn sich der Betroffene an sie wendet und um Unterstützung ersucht (vgl. Art. 57 Abs. 1 lit. e, dem allerdings keine Befugnisnorm in Art. 58 entspricht).

46   Eine vergleichbare Anweisungsbefugnis der AB ergibt sich aus Art. 58 Abs. 2 lit. e, der lediglich an eine vorausgegangene „Verletzung des Schutzes bezogener Daten" anknüpft. Dort fehlt allerdings die in Abs. 4 vorgegebene „Berücksichtigung der Wahrscheinlichkeit, mit der die Verletzung des Schutzes personenbezogener Daten zu einem hohen Risiko führt", was mit Wertungswidersprüchen einhergeht. Diese lassen sich sinnvoll nur auflösen, indem man Abs. 4 als lex specialis ansieht, der Art. 58 insoweit verdrängt.

47   Als weitere Möglichkeit sieht Abs. 4 vor, dass die AB verbindlich feststellt, dass ein **Ausnahmegrund nach Abs. 3** vorliegt. Damit sichert sie den Verantwortlichen in seiner Entscheidung, den Betroffenen ausnahmsweise nicht zu benachrichtigen, ab. In der Praxis wird sich daher ein Verantwortlicher, der sich über die Verpflichtung zur Benachrichtigung nach Abs. 1 im konkreten Fall unsicher ist, an die AB mit dem Antrag wenden, einen solchen Beschluss nach Abs. 4 zu erlassen. Sind nach Prüfung der AB keine der Bedingungen des Abs. 3 erfüllt, wird die AB vom Verantwortlichen die Benachrichtigung verlangen.

C. Zukünftige Entwicklung (EDSA/EuGH)

I. EDSA

48   Nach Art. 70 Abs. 1 lit. h ist der EDSA berufen, Leitlinien und Empfehlungen zur Frage zu geben, wann ein hohes Risiko besteht, das eine Benachrichtigungspflicht nach Abs. 1 auslöst. Hier ist der EDSA bislang nicht tätig geworden. Die Frage der Benachrichtigung kann auch zum Gegenstand von Verhaltensregeln gem. Art. 40 Abs. 2 gemacht werden.

49   Derzeit nicht belegt.

II. EuGH Entscheidungen

50-51   Derzeit nicht belegt.

III. Ausblick

52   Schon § 42a BDSG stellte viele verantwortliche Stellen vor große Herausforderungen: Neben unterbliebenen Informationen waren vor allem überflüssige weil nicht die Katalogdaten des S. 1

betreffende Meldungen an die AB auffällig. Diese besondere Problematik entfällt mit der Neuregelung in Art. 34, wird allerdings durch die neue Schwierigkeit der Bestimmung eines „hohen Risikos" wieder aufgewogen. Unternehmen werden ihre Organisationsstruktur (Sicherung interner Berichtswege, Implementierung von Prozessen, Schaffen von Kapazitäten für Prognoseentscheidung) anzupassen haben (Wybitul/Schreibauer/Spittka, Handbuch DSGVO, 2017, Art. 34 Rn. 3).

Das Verständnis des Art. 34 werden Leitlinien, Empfehlungen und bewährte Verfahren des EDSA nach Art. 70 Abs. 1 lit. h (hoffentlich nun bald) erleichtern, auch bleibt hier auf die Orientierungsfunktion der Rechtsprechung des EuGH zu hoffen. **53**

Abschnitt 3. Datenschutz-Folgenabschätzung und vorherige Konsultation

Artikel 35 Datenschutz-Folgenabschätzung

(1) ¹Hat eine Form der Verarbeitung, insbesondere bei Verwendung neuer Technologien, aufgrund der Art, des Umfangs, der Umstände und der Zwecke der Verarbeitung voraussichtlich ein hohes Risiko für die Rechte und Freiheiten natürlicher Personen zur Folge, so führt der Verantwortliche vorab eine Abschätzung der Folgen der vorgesehenen Verarbeitungsvorgänge für den Schutz personenbezogener Daten durch. ²Für die Untersuchung mehrerer ähnlicher Verarbeitungsvorgänge mit ähnlich hohen Risiken kann eine einzige Abschätzung vorgenommen werden.

(2) Der Verantwortliche holt bei der Durchführung einer Datenschutz-Folgenabschätzung den Rat des Datenschutzbeauftragten, sofern ein solcher benannt wurde, ein.

(3) Eine Datenschutz-Folgenabschätzung gemäß Absatz 1 ist insbesondere in folgenden Fällen erforderlich:
a) systematische und umfassende Bewertung persönlicher Aspekte natürlicher Personen, die sich auf automatisierte Verarbeitung einschließlich Profiling gründet und die ihrerseits als Grundlage für Entscheidungen dient, die Rechtswirkung gegenüber natürlichen Personen entfalten oder diese in ähnlich erheblicher Weise beeinträchtigen;
b) umfangreiche Verarbeitung besonderer Kategorien von personenbezogenen Daten gemäß Artikel 9 Absatz 1 oder von personenbezogenen Daten über strafrechtliche Verurteilungen und Straftaten gemäß Artikel 10 oder
c) systematische umfangreiche Überwachung öffentlich zugänglicher Bereiche.

(4) ¹Die Aufsichtsbehörde erstellt eine Liste der Verarbeitungsvorgänge, für die gemäß Absatz 1 eine Datenschutz-Folgenabschätzung durchzuführen ist, und veröffentlicht diese. ²Die Aufsichtsbehörde übermittelt diese Listen dem in Artikel 68 genannten Ausschuss.

(5) ¹Die Aufsichtsbehörde kann des Weiteren eine Liste der Arten von Verarbeitungsvorgängen erstellen und veröffentlichen, für die keine Datenschutz-Folgenabschätzung erforderlich ist. ²Die Aufsichtsbehörde übermittelt diese Listen dem Ausschuss.

(6) Vor Festlegung der in den Absätzen 4 und 5 genannten Listen wendet die zuständige Aufsichtsbehörde das Kohärenzverfahren gemäß Artikel 63 an, wenn solche Listen Verarbeitungstätigkeiten umfassen, die mit dem Angebot von Waren oder Dienstleistungen für betroffene Personen oder der Beobachtung des Verhaltens dieser Personen in mehreren Mitgliedstaaten im Zusammenhang stehen oder die den freien Verkehr personenbezogener Daten innerhalb der Union erheblich beeinträchtigen könnten.

(7) Die Folgenabschätzung enthält zumindest Folgendes:
a) eine systematische Beschreibung der geplanten Verarbeitungsvorgänge und der Zwecke der Verarbeitung, gegebenenfalls einschließlich der von dem Verantwortlichen verfolgten berechtigten Interessen;
b) eine Bewertung der Notwendigkeit und Verhältnismäßigkeit der Verarbeitungsvorgänge in Bezug auf den Zweck;
c) eine Bewertung der Risiken für die Rechte und Freiheiten der betroffenen Personen gemäß Absatz 1 und

DS-GVO Artikel 35 Kapitel IV. Verantwortlicher und Auftragsverarbeiter

d) die zur Bewältigung der Risiken geplanten Abhilfemaßnahmen, einschließlich Garantien, Sicherheitsvorkehrungen und Verfahren, durch die der Schutz personenbezogener Daten sichergestellt und der Nachweis dafür erbracht wird, dass diese Verordnung eingehalten wird, wobei den Rechten und berechtigten Interessen der betroffenen Personen und sonstiger Betroffener Rechnung getragen wird.

(8) Die Einhaltung genehmigter Verhaltensregeln gemäß Artikel 40 durch die zuständigen Verantwortlichen oder die zuständigen Auftragsverarbeiter ist bei der Beurteilung der Auswirkungen der von diesen durchgeführten Verarbeitungsvorgänge, insbesondere für die Zwecke einer Datenschutz-Folgenabschätzung, gebührend zu berücksichtigen.

(9) Der Verantwortliche holt gegebenenfalls den Standpunkt der betroffenen Personen oder ihrer Vertreter zu der beabsichtigten Verarbeitung unbeschadet des Schutzes gewerblicher oder öffentlicher Interessen oder der Sicherheit der Verarbeitungsvorgänge ein.

(10) Falls die Verarbeitung gemäß Artikel 6 Absatz 1 Buchstabe c oder e auf einer Rechtsgrundlage im Unionsrecht oder im Recht des Mitgliedstaats, dem der Verantwortliche unterliegt, beruht und falls diese Rechtsvorschriften den konkreten Verarbeitungsvorgang oder die konkreten Verarbeitungsvorgänge regeln und bereits im Rahmen der allgemeinen Folgenabschätzung im Zusammenhang mit dem Erlass dieser Rechtsgrundlage eine Datenschutz-Folgenabschätzung erfolgte, gelten die Absätze 1 bis 7 nur, wenn es nach dem Ermessen der Mitgliedstaaten erforderlich ist, vor den betreffenden Verarbeitungstätigkeiten eine solche Folgenabschätzung durchzuführen.

(11) Erforderlichenfalls führt der Verantwortliche eine Überprüfung durch, um zu bewerten, ob die Verarbeitung gemäß der Datenschutz-Folgenabschätzung durchgeführt wird; dies gilt zumindest, wenn hinsichtlich des mit den Verarbeitungsvorgängen verbundenen Risikos Änderungen eingetreten sind.

Überblick

Art. 35 beschreibt die Datenschutz-Folgenabschätzung, die der Verantwortliche für seine Verarbeitung vorab durchführen muss, sofern damit voraussichtlich ein hohes Risiko für die Rechte und Freiheiten natürlicher Personen verbunden ist. Es handelt sich um ein neues Instrument der DS-GVO, das an die Vorabkontrolle des Art. 20 der Richtlinie 95/46/EG erinnert und zu denjenigen Verfahren gehört, mit denen die nunmehr abgeschaffte Meldepflicht bei Verarbeitungen personenbezogener Daten ersetzt werden soll (Erwägungsgrund 89). Die Datenschutz-Folgenabschätzung („Data Protection Impact Assessment") folgt dem im angelsächsischen Raum gebräuchlichen „Privacy Impact Assessment", das beispielsweise über viele Jahre von der britischen Datenschutzaufsichtsbehörde ICO („Information Commissioner's Office") durchgeführt wurde, unterscheidet sich jedoch in seiner Ausführung. Ziel der Datenschutz-Folgenabschätzung ist Bewertung des mit der Verarbeitung verbundenen Risikos für die Rechte und Freiheiten natürlicher Personen als Grundlage für eine Vereinbarkeit der Verarbeitung mit der DS-GVO und insbesondere eine Eindämmung des festgestellten Risikos mit Hilfe geeigneter Abhilfemaßnahmen (Erwägungsgrund 90). Bei dieser Risikobewertung müssen nicht nur Risiken bezüglich der Informationssicherheit in den Blick genommen werden, sondern es gehören beispielsweise auch etwaige gesellschaftliche oder wirtschaftliche Nachteile für die betroffenen Personen zu den möglichen Schäden, die zusammen mit ihrer Eintrittswahrscheinlichkeit zu betrachten sind. Damit schließt die Datenschutz-Folgenabschätzung an die auch bei weniger hohem Risiko notwendigen Anforderungen an, sicherzustellen und nachweisen zu können, dass die Verarbeitung gemäß der DS-GVO erfolgt (Art. 5 Abs. 2, → Art. 5 Rn. 37 sowie Art. 24, → Art. 24 Rn. 12). Zuständig für die Durchführung ist der Verantwortliche (Abs. 1, → Rn. 10); der Rat des Datenschutzbeauftragten ist einzuholen (Abs. 2, → Rn. 22). Kriterien für die Entscheidung zu einer Datenschutz-Folgenabschätzung werden durch Abs. 1 (→ Rn. 18), Abs. 3 (→ Rn. 25) und Listen der Aufsichtsbehörden nach Abs. 4–5 (→ Rn. 31, → Rn. 35) vorgegeben. Die Elemente der Folgenabschätzung werden in Abs. 7 beschrieben (→ Rn. 40). Im Fall eines Verstoßes bezüglich der Pflichten der Verantwortlichen und der Auftragsverarbeiter gemäß Art. 35 können Geldbußen von bis zu 10.000.000 EUR oder im Fall eines Unternehmens von bis zu 2 % seines gesamten weltweit erzielten Jahresumsatzes des vorangegangenen Geschäftsjahrs verhängt werden (→ Art. 83 Rn. 47f).

Übersicht

	Rn.		Rn.
A. Allgemeines	1	V. Negativliste („Nicht-nötig-Liste", „35.5-Liste", Abs. 5)	35
I. Entstehungsgeschichte der Norm	1	VI. Kohärenz der Listen (Abs. 6)	38
II. Frühere Rechtslage	7	VII. Inhalt der Folgenabschätzung (Abs. 7)	40
B. Regelungsgehalt im Einzelnen	10	VIII. Genehmigte Verhaltensregeln (Abs. 8)	57
I. Verpflichtung des Verantwortlichen und Risiko (Abs. 1)	10	IX. Einholen weiterer Standpunkte (Abs. 9)	60
II. Rat des Datenschutzbeauftragten (Abs. 2)	22	X. Ausnahmen im öffentlichen Bereich (Abs. 10)	64
III. Erforderlichkeit der Folgenabschätzung (Abs. 3)	25	XI. Überprüfung (Abs. 11)	69
		XII. Sanktionen	75
IV. Positivliste („Muss-Liste", „35.4-Liste", Abs. 4)	31	XIII. Leitlinien und Hilfsmittel	77
		XIV. Bezüge im nationalen Recht	79

A. Allgemeines

I. Entstehungsgeschichte der Norm

Bei der Datenschutz-Folgenabschätzung handelt es sich um ein **neues Instrument der DS-GVO**. Eine konkrete Vorgängerregelung findet sich daher nicht in der Datenschutz-Richtlinie 95/46/EG (DSRL). Zwar beschrieb die Vorabkontrolle nach Art. 20 DSRL bereits eine vorherige Prüfpflicht bei spezifischen Risiken, jedoch auf abstraktem Niveau. Die Umsetzung dieser Regelung zur Vorabkontrolle (englische Fassung des Art. 20 DSRL: „prior consultation") ist in den Mitgliedstaaten daher auch nicht einheitlich erfolgt. Der Regelungsgehalt des Art. 20 DSRL unterschied sich auch von Art. 36 DS-GVO, der nunmehr mit „Vorherige Konsultation" (Englisch: „prior consultation") betitelt ist → Art. 36 Rn. 1. Die grundlegende Zielsetzung, nämlich vor Beginn der Verarbeitung die notwendige Abschätzung eines Risikos, um die geeigneten Abhilfemaßnahmen zu treffen und der Verantwortung für die Verarbeitung nachkommen zu können, ist identisch, doch das Konzept wird mit den Regelungen in der DS-GVO weiter gefasst und detaillierter ausgeformt. 1

Verwandt ist die Datenschutz-Folgenabschätzung mit der Technikfolgen-Abschätzung, die in Deutschland beispielsweise vielfach im Forschungsbereich eine Rolle spielt sowie seit 1990 als Aufgabe bezüglich der Bewertung neuer Technologien bei dem Büro für Technikfolgen-Abschätzung beim Deutschen Bundestag (TAB) bearbeitet wird. „Privacy Impact Assessments (PIA)" gehören darüber hinaus im angelsächsischen Raum zu anerkannten Instrumenten einer Vorprüfung der Verarbeitung. In Europa hatten die Datenschutzaufsichtsbehörden aus Großbritannien (Information Commissioner's Office (ICO)) sowie Frankreich (Commission Nationale de l'Informatique et des Libertés (CNIL)) ihre jeweilige Methodik eines PIA veröffentlicht und entsprechend Folgenabschätzungen durchgeführt. Mit der Einführung der Datenschutz-Folgenabschätzung in der DS-GVO wird allerdings kein PIA, sondern ein „Data Protection Impact Assessment (DPIA)" gefordert. Schon dieser begriffliche Unterschied verdeutlicht, dass es sich um einen neuen, europaweit einheitlich zu interpretierenden Ansatz handeln soll. 2

Die korrespondierende Regelung zur Datenschutz-Folgenabschätzung in der RL (EU) 2016/680 zum Schutz natürlicher Personen bei der Verarbeitung personenbezogener Daten zum Zwecke der Verhütung, Ermittlung, Aufdeckung oder Verfolgung von Straftaten oder der Strafvollstreckung sowie zum freien Datenverkehr (JI-RL) besteht lediglich aus zwei Absätzen, Art. 27 JI-RL. § 67 BDSG 2018 zur Umsetzung dieser Norm greift wiederum Teile aus Art. 35 DS-GVO auf (→ BDSG 2018 § 67 Rn. 1). 3

Die Grundlagen des Instruments der Datenschutz-Folgenabschätzung waren bereits im Entwurf der Kommission zur DS-GVO enthalten. Art. 33 DS-GVO-E(KOM) umfasste sieben Absätze, darunter die grundlegenden Regelungen, die Regelung zum Einholen anderer Meinungen (ähnlich nun in Art. 35 Abs. 9, → Rn. 60) sowie die optionale Öffnungsklausel (genauer: Spezifikationsklausel) mit der Ausnahmemöglichkeit für den öffentlichen Bereich (Art. 35 Abs. 10, → Rn. 64). Die letzten beiden Absätze (Art. 33 Abs. 6 und 7 DS-GVO-E(KOM)) wiesen der Kommission Regelungsermächtigungen für die Datenschutz-Folgenabschätzung zu; diese wurden in den Verhandlungen mit Parlament und Rat gestrichen. 4

5 Während Art. 33 Abs. 3 DS-GVO-E(KOM) lediglich eine kurze Darstellung der Bestandteile einer Folgenabschätzung vorsah, wie dies in Art. 27 Abs. 2 JI-RL seinen Niederschlag gefunden hat, beschrieb der Parlaments-Entwurf einen weiten Katalog von zu beschreibenden Elementen, einschließlich Löschfristen, Empfängern und Hinweisen auf die Umsetzung der Anforderungen zu Datenschutz durch Technikgestaltung und datenschutzfreundliche Voreinstellungen (nun in Art. 25, → Art. 25 Rn. 1). Art. 35 Abs. 7 enthält eine gekürzte Fassung dieses Regelungsvorschlags (→ Rn. 40). Das explizit im Parlaments-Entwurf geforderte Einbeziehen des Auftragsverarbeiters wurde nicht aufgegriffen; der Verantwortliche muss aber im Rahmen seiner Verantwortung ohnehin alle nötigen Informationen für die Datenschutz-Folgenabschätzung heranziehen. Aufgenommen wurde die Verdeutlichung, dass eine Abschätzung bei ähnlichen Verarbeitungsvorgängen mit ähnlichen Risiken ausreichend ist (Art. 35 Abs. 1 S. 2, → Rn. 14).

6 Die Ratsfassung brachte zusätzlich die Listen der Aufsichtsbehörden ein, in denen Verarbeitungen mit verpflichtender oder nicht erforderlicher Datenschutz-Folgenabschätzung normiert werden (Art. 35 Abs. 4–6, → Rn. 31, → Rn. 35, → Rn. 38). Zudem stammt die Regelung, dass der Verantwortlich den Rat des Datenschutzbeauftragten einholen muss (Art. 35 Abs. 2, → Rn. 22), aus dem Ratsentwurf.

II. Frühere Rechtslage

7 Zwar gibt es im deutschen Recht keine explizite Vorgängerregelung zu Art. 35, jedoch ist die Verpflichtung, die erforderlichen technischen und organisatorischen Maßnahmen zu treffen, um die datenschutzrechtlichen Anforderungen zu gewährleisten, nicht neu. Dies war insbesondere der Regelungsinhalt von § 9 BDSG aF („Technische und organisatorische Maßnahmen" mit Anlage), der auch auf ein angemessenes Verhältnis zu dem angestrebten Schutzzweck abstellte.

8 Die der Datenschutz-Folgenabschätzung ähnliche Vorabkontrolle war bisher in § 4d Abs. 5 BDSG aF normiert, der Anforderungen an die Meldepflicht von Verfahren automatisierter Verarbeitungen enthielt. Solche Verfahren waren vor ihrer Inbetriebnahme gegenüber der zuständigen Aufsichtsbehörde zu melden (§ 4d Abs. 1 BDSG aF), sofern keine Ausnahmetatbestände griffen (§ 4d Abs. 2 und 3 BDSG aF). § 4d Abs. 5 BDSG aF bezog sich auf automatisierte Verarbeitungen mit „besondere(n) Risiken für die Rechte und Freiheiten der Betroffenen", für die eine Vorabkontrolle durchzuführen war. Dies betraf insbesondere solche automatisierten Verarbeitungen, in denen besondere Arten personenbezogener Daten (§ 3 Abs. 9 BDSG aF) verarbeitet werden sollten oder die dazu bestimmt waren, die Persönlichkeit des Betroffenen zu bewerten. Ausnahmen von der Vorabkontrolle auch in diesen Fällen waren vorgesehen bei einer gesetzlichen Verpflichtung, bei einer Einwilligung oder bei Erforderlichkeit für ein rechtsgeschäftliches oder rechtsgeschäftsähnliches Schuldverhältnis. Der Kanon der Fälle für eine Datenschutz-Folgenabschätzung wird nunmehr in Art. 35 DS-GVO deutlich erweitert (→ Rn. 18, → Rn. 25ff, → Rn. 30).

9 Die Durchführung der Vorabkontrolle lag nach § 4d Abs. 6 BDSG aF in der Zuständigkeit des betrieblichen Datenschutzbeauftragten, der sich in Zweifelsfällen an die Datenschutzaufsichtsbehörde wenden konnte. Im Unterschied zur früheren Rechtslage führt nach Art. 35 Abs. 1 der Verantwortliche die Datenschutz-Folgenabschätzung durch (→ Rn. 10) und holt in dem Verfahren nach Art. 35 Abs. 7 (→ Rn. 40) den Rat des benannten Datenschutzbeauftragten ein, sofern vorhanden (→ Rn. 22).

B. Regelungsgehalt im Einzelnen

I. Verpflichtung des Verantwortlichen und Risiko (Abs. 1)

10 Adressat der Datenschutz-Folgenabschätzung ist der Verantwortliche (siehe auch Erwägungsgrund 84 sowie Erwägungsgrund 90). Art. 35 Abs. 1 bestimmt, dass der Verantwortliche in allen Fällen, in denen die Verarbeitung voraussichtlich ein hohes Risiko für die Rechte und Freiheiten natürlicher Personen zur Folge hat, eine Datenschutz-Folgenabschätzung durchführt. Auftragsverarbeiter und Hersteller sind demnach nicht für die Datenschutz-Folgenabschätzung zuständig. Allerdings verfügen sie über Informationen, die für die Datenschutz-Folgenabschätzung relevant sein können. Es obliegt dem Verantwortlichen, sich die notwendigen Informationen zu beschaffen und beispielsweise konkret bei Auftragsverarbeitern oder Herstellern anzufordern. Die Zuarbeiten eines Auftragsverarbeiters werden die Verarbeitung, das Risiko und etwaige Abhilfemaßnahmen zum Bereich der bei ihm und durch ihn stattfindenden Verarbeitung beinhalten. Es wäre zudem sinnvoll, wenn diese die nötigen Informationen im Rahmen ihrer Dokumentation, bestenfalls bereits mit dem Hinweis auf geeignete oder erforderliche Abhilfemaßnahmen in Bezug auf die Risiken der Verarbeitung, proaktiv zur Verfügung stellten.

Für die Durchführung der Datenschutz-Folgenabschätzung kann sich der Verantwortliche **11** Dienstleister bedienen. Unterstützung erhält der Verantwortliche durch den Datenschutzbeauftragten, der auf Anfrage berät und die Datenschutz-Folgenabschätzung überwachen kann (Art. 35 Abs. 2, Art. 39 Abs. 1 lit. c, → Art. 39 Rn. 9). Insbesondere führt der Datenschutzbeauftragte – anders als bei der Vorabkontrolle nach § 4d Abs. 5 und 6 BDSG aF – nicht selbst die Datenschutz-Folgenabschätzung durch (→ Rn. 22).

Um festzustellen, ob der Fall eines voraussichtlich hohen Risikos vorliegt, ist vorab eine Beschäf- **12** tigung mit der Datenverarbeitung – Art. 35 Abs. 1 nennt Art, Umfang, Umstände und Zwecke der Verarbeitung – und dem sich daraus ergebenden Risiko notwendig. Es ist eine Schwellwertanalyse – gewissermaßen eine rudimentäre Datenschutz-Folgenabschätzung – erforderlich, um zu klären, ob voraussichtlich ein hohes Risiko vorliegt und in dem Fall eine vollständige Folgenabschätzung durchzuführen ist.

Das Erfordernis der Risikobetrachtung ergibt sich bereits aus der Rechenschaftspflicht des **13** Verantwortlichen aus Art. 5 Abs. 2 (→ Art. 5 Rn. 37), aus Art. 24 („Verantwortung des für die Verarbeitung Verantwortlichen", → Art. 24 Rn. 11) sowie den Art. 25 („Datenschutz durch Technikgestaltung und durch datenschutzfreundliche Voreinstellungen", → Art. 25 Rn. 4) und Art. 32 („Sicherheit der Verarbeitung", → Art. 32 Rn. 7). In jedem Fall – auch wenn voraussichtlich kein hohes Risiko vorliegt – ist es nötig, dass geeignete technische und organisatorische Maßnahmen umgesetzt werden, um sicherzustellen und den Nachweis dafür erbringen zu können, dass die Verarbeitung die Anforderungen der DS-GVO erfüllt. Dies bedeutet insbesondere, dass die Datenschutz-Grundsätze wirksam umgesetzt und die Rechte der betroffenen Personen geschützt werden (Art. 25 Abs. 1, → Art. 25 Rn. 4) und ein dem Risiko angemessenes Schutzniveau gewährleistet wird (Art. 32 Abs. 1, → Art. 32 Rn. 10). Insgesamt sollte das Durchführen einer Datenschutz-Folgenabschätzung nicht als aufwendiges Übel, sondern eher als notwendige Basis zur professionellen und rechtskonformen Verarbeitung personenbezogener Daten aufgefasst werden. Auch im Fall der Einschätzung, dass es sich nicht um ein hohes Risiko handelt, sind die möglichen Auswirkungen für die Rechte und Freiheiten natürlicher Personen zu bestimmen und die geeigneten Maßnahmen zum Eindämmen des Risikos zu treffen.

Wann ein hohes Risiko für die Rechte und Freiheiten natürlicher Personen vorliegt, definiert **14** die DS-GVO nicht. Das traditionelle Risikoverständnis aus der Informationssicherheit reicht hier deswegen nicht aus, weil dort nicht die Rechte und Freiheiten natürlicher Personen im Mittelpunkt stehen, sondern das informationstechnische System mit seinem Betreiber. Die Formulierung „Rechte und Freiheiten", so auch in Art. 52 Abs. 1 Grundrechte-Charta, ist im Sinne der europäischen Individualgrundrechte zu interpretieren. Ein Risiko im Sinne der DS-GVO lässt sich definieren als „das Bestehen der Möglichkeit des Eintritts eines Ereignisses, das selbst einen Schaden (einschließlich ungerechtfertigter Beeinträchtigung von Rechen und Freiheiten natürlicher Personen) darstellt oder das zu einem weiteren Schaden für eine oder mehrere natürliche Personen führen kann" (DSK: Kurzpapier Nr. 18 – Risiko für die Rechte und Freiheiten natürlicher Personen, 2018).

Erwägungsgrund 75 betont, dass die Risiken für die Rechte und Freiheiten natürlicher Personen **15** aus einer Verarbeitung hervorgehen können, die „zu einem physischen, materiellen oder immateriellen Schaden führen könnte", und zählt detailliert mögliche Folgen auf. Dazu gehören Diskriminierung, finanzieller Verlust, Rufschädigung oder andere wirtschaftliche oder gesellschaftliche Nachteile, die unter anderem dadurch entstehen können, wenn die betroffenen Personen daran gehindert werden, ihre personenbezogenen Daten zu kontrollieren. Aus diesen Beispielen folgt, dass sich die Sicht der Datenschutz-Folgenabschätzung keineswegs auf etwaige Risiken der Informationssicherheit beschränken darf.

In diesem Zusammenhang sei angemerkt, dass der Schadensbegriff, wie er im Zivilrecht über- **16** wiegend verstanden wird, nicht vollständig das Konzept der Risikobetrachtung der DS-GVO abbildet: Wie in Erwägungsgrund 94 dargelegt, können neben der „Schädigung" auch „Beeinträchtigungen der persönlichen Rechte und Freiheiten" aus der Verarbeitung hervorgehen. So können auch unrechtmäßige Verarbeitungstätigkeiten selbst Beeinträchtigungen des Grundrechts auf Datenschutz und damit ein Schadensereignis darstellen (vgl. DSK: Kurzpapier Nr. 18 – Risiko für die Rechte und Freiheiten natürlicher Personen, 2018). Auch ein solches Risiko ist demnach bei der Datenschutz-Folgenabschätzung zu betrachten.

Erwägungsgrund 76 verdeutlicht, dass das Risiko zwei Dimensionen hat: zum einen die Schwere **17** des möglichen Schadens und zum anderen die Eintrittswahrscheinlichkeit des Ereignisses, das zum Schaden führt. Die Formulierungen in der DS-GVO sprechen zumeist etwas missverständlich von der „Eintrittswahrscheinlichkeit und Schwere des Risikos", woraus objektiv zu bewerten sei, ob die Datenverarbeitung ein Risiko oder ein hohes Risiko birgt. Klarer wird es, wenn man Schwere

DS-GVO Artikel 35

und Eintrittswahrscheinlich bezüglich des möglichen Schadens evaluiert, aus dem sich dann das Risiko ergibt. Sowohl Eintrittswahrscheinlichkeit als auch Schwere des Schadens muss der Verantwortliche in Bezug auf die Art, den Umgang, die Umstände und die Zwecke der Verarbeitung ermittelt werden. In diesem Zusammenhang verweist Erwägungsgrund 77 auf Anleitungen, die – beispielsweise in Form der Leitlinien des Ausschusses – bereitgestellt werden können.

18 Art. 35 Abs. 1 führt als einen typischen Fall für voraussichtlich ein hohes Risiko „insbesondere bei Verwendung neuer Technologien" auf. Dies wird weitergehend in Erwägungsgrund 89 erläutert, wonach darunter sowohl der Einsatz „neuer Technologien" als auch solche, die „neuartig" sind und für die eine aktuelle Datenschutz-Folgenabschätzung fehlt, verstanden werden sollen.

19 Die Datenschutz-Folgenabschätzung ist vor Beginn der Verarbeitung durchzuführen. Dies bedeutet, dass für Verarbeitungen, die vor der Geltung der DS-GVO begonnen haben, keine Möglichkeit zu einer Folgenabschätzung im Vorfeld besteht. Daraus darf aber nicht gefolgert werden, dass die wirksame Eindämmung des Risikos unterbleiben und auf einen Nachweis der Erfüllung der Anforderungen der DS-GVO verzichtet werden darf. Ohnehin muss spätestens dann, wenn sich das mit der Verarbeitung verbundene Risiko ändert, eine Datenschutz-Folgenabschätzung durchgeführt werden. Dies betrifft selbstverständlich auch Altverfahren.

20 Weitere Kategorien zur Durchführung einer Datenschutz-Folgenabschätzung finden sich in Art. 35 Abs. 3 sowie in Erwägungsgrund 91. Zudem geben die Leitlinien zur Datenschutz-Folgenabschätzung der Artikel 29-Datenschutzgruppe („Leitlinien zur Datenschutz-Folgenabschätzung (DSFA) und Beantwortung der Frage, ob eine Verarbeitung im Sinne der Verordnung 2016/679 ‚wahrscheinlich ein hohes Risiko mit sich bringt'", WP 248 Rev. 01) neun Kriterien vor, die vom Verantwortlichen herangezogen werden können, um die Schwellwertanalyse durchzuführen (siehe → Rn. 30). Diese Leitlinien der Artikel 29-Datenschutzgruppe wurden vom Europäischen Datenschutzausschuss bei seiner ersten Plenarsitzung bestätigt und sind damit anwendbar.

21 Art. 35 Abs. 1 S. 2 erlaubt eine einzige Datenschutz-Folgenabschätzung für die Untersuchung von ähnlichen Verarbeitungsvorgängen mit ähnlich hohen Risiken. Das kann insbesondere dann vernünftig und zweckmäßig sein, wenn mehrere Verantwortliche gemeinsame Anwendungen oder Verarbeitungsumgebungen wollen (Erwägungsgrund 92).

II. Rat des Datenschutzbeauftragten (Abs. 2)

22 Sofern ein Datenschutzbeauftragter benannt wurde, muss der Verantwortliche den Rat bei der Durchführung einer Datenschutz-Folgenabschätzung einholen (Art. 35 Abs. 2). Der Verantwortliche kann sich nicht darauf verlassen, dass der Datenschutzbeauftragte von der Datenschutz-Folgenabschätzung Kenntnis erhalten hat und selbst aktiv wird, sondern muss ihn anfragen. Die Aufgaben des Datenschutzbeauftragten umfassen die Beratung im Zusammenhang mit der Datenschutz-Folgenabschätzung und die Überwachung ihrer Durchführung (Art. 39 Abs. 1 lit. c).

23 Der Verantwortliche sollte die Einbindung des Datenschutzbeauftragten schriftlich dokumentieren, um nachweisen zu können, dass der Rat eingeholt wurde. Zudem sollte er schriftlich darlegen, inwieweit der Rat in die verschiedenen Teile der Datenschutz-Folgenabschätzung eingeflossen ist. Soweit dem Rat des Datenschutzbeauftragten nicht gefolgt wurde, empfiehlt es sich, dass der Verantwortliche dies unter Angabe der Gründe dokumentiert.

24 Auch der Datenschutzbeauftragte wird zum Beleg, dass er seine Pflichten korrekt erfüllt hat, dokumentieren, wie er in die Datenschutz-Folgenabschätzung eingebunden wurde. Diese Dokumentation kann auch im Fall der vorherigen Konsultation nach Art. 36 relevant sein, wenn der Verantwortliche die Kontaktdaten des Datenschutzbeauftragten an die Aufsichtsbehörde gibt und dieser für Nachfragen bereitsteht (→ Art. 36 Rn. 23).

III. Erforderlichkeit der Folgenabschätzung (Abs. 3)

25 Nachdem in Art. 35 Abs. 1 die Kriterien für eine verpflichtende Durchführung einer Datenschutz-Folgenabschätzung recht abstrakt genannt wurden, zählt Art. 35 Abs. 3 drei Fallgruppen auf, in denen eine Erforderlichkeit bejaht wird. Die Aufzählung ist nicht abschließend; auch die zusätzlichen Darlegungen in mehreren Erwägungsgründen (Erwägungsgrund 75, Erwägungsgrund 91) sind nicht so zu verstehen, dass ein nicht bereits in der DS-GVO explizit angesprochener Sachverhalt von der Pflicht zur Durchführung einer Datenschutz-Folgenabschätzung ausgenommen wird, wenn eben voraussichtlich ein hohes Risiko vorliegt.

26 Die erste Fallgruppe betrifft eine „systematische und umfassende Bewertung persönlicher Aspekte natürlicher Personen" auf Basis einer automatisierten Verarbeitung wie Profiling, aus der Entscheidungen resultieren, Art. 35 Abs. 3 lit. a. Dies umfasst beispielsweise Scoring und automatisierte Einzelentscheidungen (siehe Art. 22, → Art. 22 Rn. 1).

Datenschutz-Folgenabschätzung **Artikel 35 DS-GVO**

In der zweiten Fallgruppe, für die eine Datenschutz-Folgenabschätzung erforderlich ist, geht 27
es um eine umfangreiche Verarbeitung sensibler personenbezogener Daten, Art. 35 Abs. 3 lit. b
sowie Erwägungsgrund 75. Dazu gehören die besonderen Kategorien gemäß Art. 9 Abs. 1 (→
Art. 9 Rn. 1) und die personenbezogenen Daten über strafrechtliche Verurteilungen und Straftaten
gemäß Art. 10 (→ Art. 10 Rn. 1).

Die dritte Fallgruppe beschreibt die „systematische umfangreiche Überwachung öffentlich 28
zugänglicher Bereiche", Art. 35 Abs. 3 lit. c. Dazu können Video- oder Tonüberwachungen im
öffentlichen Raum gehören. Auch der Einsatz von Sensoren, die ihre Umgebung beobachten,
kann in diese Kategorie fallen.

Die Begriffe „systematisch", „umfassend" und „umfangreich" sind nicht in der DS-GVO 29
definiert und bedürfen der Auslegung. Lediglich Erwägungsgrund 91 grenzt als „nicht umfangreich" ab, wenn die Verarbeitung beispielsweise durch einen einzelnen Arzt oder Rechtsanwalt
erfolgt, und folgert, dass in diesen Fällen eine Datenschutz-Folgenabschätzung nicht zwingend
ist. Damit soll also Art. 35 Abs. 3 lit. b nicht adressiert sein, auch wenn es sich um sensible
personenbezogene Daten handelt. Dennoch kann wegen eines voraussichtlich hohen Risikos
für die Rechte und Freiheiten natürlicher Personen auch in diesen Fällen eine Datenschutz-
Folgenabschätzung geboten sein, Art. 35 Abs. 1.

In den 2017 veröffentlichen Leitlinien der Artikel 29-Datenschutzgruppe werden neun Krite- 30
rien genannt, die der Verantwortliche zur Prüfung heranziehen kann, ob voraussichtlich ein hohes
Risiko besteht (WP 248 Rev. 01, 2017, 10 ff.). Erfüllt ein Verarbeitungsvorgang mindestens zwei
dieser Kriterien, ist eine Datenschutz-Folgenabschätzung in den meisten Fällen verpflichtend.
In einigen Fällen kann bereits ein Kriterium ausschlaggebend für die Pflicht zur Datenschutz-
Folgenabschätzung sein. Die Kriterien ergeben sich aus der DS-GVO und lauten:
1. Bewerten oder Einstufen;
2. Automatisierte Entscheidungsfindung mit Rechtswirkung oder ähnlich bedeutsamer Wirkung;
3. Systematische Überwachung;
4. Vertrauliche Daten oder höchstpersönliche Daten;
5. Datenverarbeitung in großem Umfang;
6. Abgleichen oder Zusammenführen von Datensätzen;
7. Daten zu schutzbedürftigen Betroffenen;
8. Innovative Nutzung oder Anwendung neuer technologischer oder organisatorischer Lösungen;
9. Fälle, in denen die Verarbeitung an sich die betroffenen Personen an der Ausübung eines
   Rechts oder der Nutzung einer Dienstleistung bzw. Durchführung eines Vertrags hindert.

IV. Positivliste („Muss-Liste", „35.4-Liste", Abs. 4)

Als verpflichtende Aufgabe (Art. 57 Abs. 1 lit. k, → Art. 57 Rn. 23) muss die Aufsichtsbehörde 31
eine Positivliste von Verarbeitungsvorgängen erstellen, für die eine Datenschutz-Folgenabschätzung erforderlich ist (Art. 35 Abs. 4). Teilweise wird auch die deskriptive Bezeichnung „Muss-
Liste" oder der nicht immer eindeutig definierte Begriff „Blacklist" verwendet. Diese Positivliste
enthält diejenigen Verarbeitungsvorgänge, die nach Auffassung der Aufsichtsbehörde voraussichtlich mit einem hohen Risiko für die Rechte und Freiheiten natürlicher Personen verbunden sind.

Ziel einer solchen Positivliste ist die Klarstellung darüber, wann Datenschutz-Folgenabschätzun- 32
gen durchgeführt werden müssen. Davon unabhängig ergeben sich wesentliche Kategorien von
Verarbeitungsvorgängen, für die eine Datenschutz-Folgenabschätzung durchzuführen ist, aus der
DS-GVO selbst (insbesondere Art. 35 Abs. 3 und Erwägungsgrund 91) sowie aus den Leitlinien
der Artikel 29-Datenschutzgruppe. Es ist zu bedenken, dass diese Listen – sofern sie sich nicht
auf demselben Abstraktionsniveau wie die DS-GVO bewegen – nicht abschließend sein können
(Paal/Pauly/Martini Rn. 36), da durch technischen Fortschritt oder besondere Konstellationen
ein hohes Risiko auch bei Verarbeitungsvorgängen entstehen kann, die nicht aufgelistet sind.

Die Aufsichtsbehörde veröffentlicht die Liste und übermittelt sie dem Europäischen Daten- 33
schutzausschuss (Art. 68, → Art. 68 Rn. 1). Die ersten Listen standen dem Europäischen Datenschutzausschuss ab dem Datum der Geltung der DS-GVO zur Verfügung; mittlerweile liegen dem
Ausschuss von jeder Aufsichtsbehörde die Listen nach Art. 35 Abs. 4 vor. Soweit die Bedingungen
für das Kohärenzverfahren erfüllt sind, wird dieses durchgeführt (Art. 35 Abs. 6, → Rn. 38).
Dem Europäischen Datenschutzausschuss kommt die Aufgabe zu, für eine möglichst einheitlichen
Anwendung der DS-GVO zu sorgen; dies betrifft auch die Datenschutz-Folgenabschätzungen
einschließlich solcher Positivlisten (Art. 70 Abs. 1 lit. e). Die gemeinsame Liste der Bundesbeauftragten für den Datenschutz und die Informationsfreiheit sowie der Aufsichtsbehörden der Länder
wurde im Sommer 2018 dem Europäischen Datenschutzausschuss übermittelt, der am 25.9.2018

mit einer Stellungnahme reagiert hat, in der um gewisse Klarstellungen ersucht wurde („Stellungnahme 5/2018 zu der von den zuständigen Aufsichtsbehörden Deutschlands entworfenen Liste der Verarbeitungsvorgänge, für die eine Datenschutz-Folgenabschätzung durchzuführen ist (Artikel 35 Absatz 4 DSGVO)", Art. 35 Abs. 6, → Rn. 38). Zusätzlich zu Listen nach Art. 35 Abs. 4 für den nichtöffentlichen Bereich haben einige Aufsichtsbehörden spezifische Listen für den öffentlichen Bereich erstellt und veröffentlicht, die mangels grenzüberschreitender Relevanz keiner weiteren Abstimmung unter den Aufsichtsbehörden bedürfen.

34 Die Aufsichtsbehörden aktualisieren die Positivlisten, wenn dies erforderlich wird, und halten die aktuellen Listen zum Abruf bereit. Eine Änderung der Liste kann sich beispielsweise durch ein Ergänzen neuer Verarbeitungsvorgänge erfolgen, bei denen ein hohes Risiko angenommen wird. Auch können Streichungen vorgenommen werden, wenn eine Neubewertung des Risikos nicht mehr zur Einschätzung „hoch" kommt. Die Listen sind zudem an die Aussagen des Europäischen Datenschutzausschusses anzupassen. Im Sinne der Rechtssicherheit werden diese Listen einer Versionierung zu unterziehen sein, sodass auch alte Versionen mit Kennzeichnung ihres Gültigkeitszeitraums weiterhin verfügbar sein müssen, um auch im Nachhinein feststellen zu können, ob für bestimmte Verarbeitungsvorgänge zu einem definierten Datum eine Datenschutz-Folgenabschätzung durchzuführen war.

V. Negativliste („Nicht-nötig-Liste", „35.5-Liste", Abs. 5)

35 Während die Positivliste nach Art. 35 Abs. 4 (→ Rn. 31) verpflichtend ist, ist die Erstellung und Veröffentlichung einer Negativliste, dh einer Liste solcher Arten von Verarbeitungsvorgängen, für die keine Datenschutz-Folgenabschätzung durchgeführt werden muss, optional (Art. 35 Abs. 5, → Art. 57 Rn. 24). Weitere Bezeichnungen sind „Nicht-nötig-Liste" oder – möglicherweise missverständlich – „Whitelist". Auch diese Liste wird dem Europäischen Datenschutzausschuss übermittelt.

36 Es leuchtet unmittelbar ein, dass Positivlisten mit Verarbeitungsvorgängen, in denen eine Datenschutz-Folgenabschätzung erforderlich ist, hilfreich sind. Jedoch gilt dies nicht in gleicher Weise für die Negativlisten: Denn es ist fraglich, ob generell bestimmten Arten von Verarbeitungsvorgängen ein mögliches hohes Risiko abzusprechen ist. Selbst wenn einige Verarbeitungen nicht mit einem voraussichtlich hohen Risiko einhergehen, wäre es nicht sinnvoll, diese generell auszunehmen, sondern der Verantwortliche muss ohnehin im Rahmen seiner Rechenschaftspflicht (Art. 24) und der weiteren Anforderungen (insbesondere Art. 25, Art. 32) die Prüfung und Einschätzung des Risikos für die konkreten Verarbeitungsvorgänge vornehmen. Erstellt eine Aufsichtsbehörde eine solche Negativliste, muss auf die genaue Beschreibung der Verarbeitungsvorgänge geachtet werden, damit der Verantwortliche nicht Gefahr läuft, die Einträge misszuverstehen und damit trotz eines voraussichtlich hohen Risikos die Durchführung der Datenschutz-Folgenabschätzung und womöglich auch das Treffen der notwendigen Abhilfemaßnahmen unterlässt. Keinesfalls sind allgemeine Verweise wie „Verarbeitungsvorgänge, die allgemein verbreitet sind", zielführend, um diese von einer Datenschutz-Folgenabschätzung auszunehmen. Allerdings wird es bei verbreiteten Verfahren vermutlich einfach sein, bereits durchgeführte Datenschutz-Folgenabschätzungen anderer Verantwortlicher oder von Herstellern zugelieferte Muster für die eigenen Bedürfnisse anzupassen. Mehrere Mitgliedstaaten haben Listen nach Art. 35 Abs. 5 veröffentlicht (zB Frankreich, Österreich, Spanien und die Tschechische Republik. Auf diesen Listen für die nicht nötigen Datenschutz-Folgenabschätzungen befinden sich beispielsweise solche Verarbeitungsvorgänge, die erforderlich sind, um gesetzliche Aufgaben zu erfüllen (vgl. Artikel 29-Datenschutzgruppe: WP 248 Rev. 01, 15). Dies ist verwandt mit der Regelung in Abs. 10 (→ Rn. 64) für den öffentlichen Sektor. Jedoch darf daraus nicht gefolgert werden, dass automatisch keine hohen Risiken bezüglich solcher Verarbeitungsvorgänge existierten, zumal die konkrete Realisierung der Datenverarbeitung einschließlich der konkret geplanten Abhilfemaßnahmen pro Einsatz beim Verantwortlichen verschieden ausfallen kann und dies entsprechend in der Datenschutz-Folgenabschätzung zu berücksichtigen wäre.

37 Erwägungsgrund 91 beschreibt eine Kategorie, für die eine Datenschutz-Folgenabschätzung nicht zwingend vorgeschrieben sein soll: „Die Verarbeitung personenbezogener Daten sollte nicht als umfangreich gelten, wenn die Verarbeitung personenbezogene Daten von Patienten oder von Mandanten betrifft und durch einen einzelnen Arzt, sonstigen Angehörigen eines Gesundheitsberufes oder Rechtsanwalt erfolgt." Martini vermutet in dieser Ausnahme erfolgreiche Lobbyarbeit der genannten Berufsgruppen und nimmt an, dass diese Beispiele in die Negativliste gehören (Paal/Pauly/Martini Rn. 38). Dies ist jedoch nicht zwangsläufig der Fall; es folgt aus dem Erwägungsgrund 91 lediglich, dass solche Verarbeitungen nicht auf der Positivliste (Art. 35 Abs. 4,

→ Rn. 31) enthalten sein sollen und dass das Kriterium „umfangreich" verneint wird. Hinzu kommt das Argument, dass vielfach die personenbezogenen Daten nicht nur von einer einzelnen Person verarbeitet werden, zB in Arztpraxen oder Rechtsanwaltskanzleien. Auch wäre das Einbinden von Auftragsverarbeitern, zB in einer Cloud, von der genannten Konstellation nicht umfasst. In solchen Fällen muss man stattdessen aufgrund der Sensibilität der Daten davon ausgehen, dass vielfach eine Datenschutz-Folgenabschätzung durchzuführen ist.

VI. Kohärenz der Listen (Abs. 6)

38 Zur einheitlichen Anwendung der DS-GVO in der Union dient das Kohärenzverfahren (Art. 63, → Art. 63 Rn. 1), das vor Festlegung der Positiv- und Negativlisten nach Abs. 4 (→ Rn. 23) bzw. Abs. 5 (→ Rn. 27) von der zuständigen Aufsichtsbehörde durchzuführen ist, wenn die Listen Verarbeitungstätigkeiten enthalten, die mit dem Angebot von Waren oder Dienstleistungen für die betroffenen Personen oder der Beobachtung des Verhaltens dieser Personen in mehreren Mitgliedstaaten im Zusammenhang stehen oder die den freien Verkehr personenbezogener Daten innerhalb der Union erheblich beeinträchtigen können (Art. 35 Abs. 6).

39 In der Regel beschreiben die Listen abstrakte Verarbeitungstätigkeiten, statt auf konkrete Einzelkonstellationen einzugehen. Aus diesem Grund ist es bei Verarbeitungen im nichtöffentlichen Bereich der Regelfall, dass die Verarbeitungstätigkeiten mit betroffenen Personen in mehreren Mitgliedstaaten im Zusammenhang stehen können. Zum Beginn der Geltung der DS-GVO am 25.5.2018 war es naturgemäß noch nicht möglich, dass die einzelnen Listen abgestimmt werden. Einzelne Listen waren bereits Anfang 2018 vorgelegt worden. Auf die abgestimmte Liste der unabhängigen Datenschutzbehörden des Bundes und der Länder für den nichtöffentlichen Bereich reagierte der Europäische Datenschutzausschuss mit der Stellungnahme 5/2018 v. 25.9.2018: Der Ausschuss mahnte insbesondere an, dass ein Hinweis auf den nicht abschließenden Charakter der Liste anzubringen sei, und verlangte Ergänzungen oder Umformulierungen in Bezug auf biometrische und genetische Daten, auf Standortdaten und auf über Dritte eingeholte Daten. Weitere Änderungen wurden bezüglich der Kriterien der Weiterverarbeitung, der Überwachung am Arbeitsplatz sowie der Auslesemöglichkeit von persönlichen Elektronikgeräten gefordert. Die deutschen Listen wurden entsprechend überarbeitet und werden von den Aufsichtsbehörden zur Verfügung gestellt.

VII. Inhalt der Folgenabschätzung (Abs. 7)

40 Art. 35 unterlässt es, genaue Formvorschriften zur Durchführung der Datenschutz-Folgenabschätzung zu regeln, jedoch listet Abs. 7 vier Elemente auf, die die Folgenabschätzung zumindest enthält. Diese Elemente finden sich wieder in den verschiedenen Phasen einer Datenschutz-Folgenabschätzung (DSK: Kurzpapier Nr. 5 – Datenschutz-Folgenabschätzung, 2017; Forum Privatheit, White Paper Datenschutz-Folgenabschätzung, 2016–2019). Dabei ist zu berücksichtigen, dass die eigentliche Datenschutz-Folgenabschätzung mit einem Bericht endet und sich dann im Erfolgsfall, dh wenn Verarbeitung darf bei Implementierung geeigneter Abhilfemaßnahmen stattfinden darf, die Phasen für Umsetzung und Überprüfung anschließen. Insgesamt ergibt sich ein Zyklus aus vier Phasen:
1. Vorbereitungsphase mit Prüfplanung, Beschreibung der Verarbeitungsvorgänge (Art. 35 Abs. 7 lit. a sowie Bewertung der Verhältnismäßigkeit bezüglich des Zwecks (Art. 35 Abs. 7 lit. b),
2. Durchführungsphase mit Risikobeurteilung (Art. 35 Abs. 7 lit. c) sowie Auswahl geeigneter Abhilfemaßnahmen (Art. 35 Abs. 7 lit. d), dann Zusammenfassung der Ergebnisse im Bericht über die Datenschutz-Folgenabschätzung, anschließend
3. Umsetzungsphase und
4. Überprüfungsphase.

41 In der Praxis wird im ersten Schritt der Vorbereitungsphase das Team für die Durchführung der Datenschutz-Folgenabschätzung zusammengestellt sowie eine Planung für deren Ablauf erarbeitet werden. Es folgt die Beschreibung des Evaluierungsgegenstands (in internationalen Audits als „Target of evaluation" bekannt), bei der die betrachteten Verarbeitungsvorgänge von anderen Prozessen abzugrenzen sind. Sowohl die geplanten Verarbeitungsvorgänge einschließlich der jeweiligen Datenflüsse als auch die Zwecke der Verarbeitung müssen systematisch beschrieben werden (Art. 35 Abs. 7 lit. a). Dies umfasst die vom Verantwortlichen verfolgten berechtigten Interessen (siehe auch Art. 6 Abs. 1 lit. f zur Rechtmäßigkeit der Verarbeitung, → Art. 6 Rn. 45).

42 Zur Vorbereitungsphase gehört ebenfalls die Identifikation von Akteuren und betroffenen Personen, da dies bei der Feststellung von Risiken und beim Einholen der Standpunkte nach Art. 35 Abs. 9 eine Rolle spielt und rechtzeitig in die Planung einzubeziehen ist (→ Rn. 60).

43 Die Bewertung der Notwendigkeit und Verhältnismäßigkeit der Verarbeitungsvorgänge in Bezug auf den Zweck erfolgt im nächsten Schritt dieser Phase, Art. 35 Abs. 7 lit. b. Hier ist zu analysieren, inwieweit die Verarbeitungsvorgänge erforderlich und die mit ihnen verbundenen Eingriffe in die Rechte und Freiheiten verhältnismäßig sind (siehe Erwägungsgründe 4 sowie 50), da dies für die Rechtmäßigkeit entscheidend ist. Beispielsweise muss hier die Möglichkeit milderer Mittel, dh alternativer Verarbeitungsvorgänge mit weniger Eingriffsintensität, geprüft werden. Dies kann zB durch eine Beschränkung der zu verarbeitenden personenbezogenen Daten, durch Änderung der beteiligten Akteure oder durch Modifikation der eingesetzten Technologien und Prozesse geschehen. Dabei ist stets das Gesamtsystem in den Blick zu nehmen, da die einzelnen Komponenten (Daten, Akteure, Technologien, Prozesse) Wechselwirkungen aufweisen. Sofern die Notwendigkeit und Verhältnismäßigkeit der Verarbeitungsvorgänge nicht bejaht werden kann und mildere Mittel zur Verfügung stehen, muss das Verfahren entsprechend angepasst werden. Die Datenschutz-Folgenabschätzung würde in diesem Fall abgebrochen oder adaptiert werden.

44 Auch sollten schon in dieser Phase die maßgeblichen Rechtsgrundlagen identifiziert und dokumentiert werden, da sie für die zu erfüllenden Anforderungen relevant sind.

45 Nach der Vorbereitungsphase folgt die Durchführungsphase, in der die Risikobewertung in den Fokus genommen wird. Diese Phase beinhaltet sowohl eine Bewertung der Risiken für die Rechte und Freiheiten der betroffenen Personen (Art. 35 Abs. 7 lit. c als auch die Auswahl geeigneter Abhilfemaßnahmen (Art. 35 Abs. 7 lit. d).

46 Zunächst ist erforderlich, die Risikoquellen zu identifizieren, aus denen sich ein Schaden für die Rechte und Freiheiten natürlicher Personen ergeben könnte. Dazu gehören sowohl Quellen, die im Bereich der Verarbeitung, beispielsweise beim Verantwortlichen oder einem Auftragsverarbeiter, angesiedelt sind, als auch Drittwirkungen wie Angreifer von außen, Naturkatastrophen oder Hardwaredefekte. Dabei ist zu berücksichtigen, dass sich Schäden (einschließlich Beeinträchtigungen) nicht nur aus fremdverursachten oder auch eigenverantworteten Abweichungen von der geplanten Verarbeitung ergeben können, sondern auch aus der geplanten Verarbeitung selbst. Für etwaige Angreifer können die möglichen oder vermuteten Ressourcen, Kenntnisse und Motive eine Rolle spielen, weil diese sowohl für den Schaden als auch für die Eintrittswahrscheinlichkeit relevant sind. Um die für das Risiko relevanten Bedrohungen zu identifizieren, kommen verschiedene Ansätze infrage: Beispielsweise kann man strukturiert anhand der Gewährleistungsziele des Standard-Datenschutzmodells (Konferenz der unabhängigen Datenschutzaufsichtsbehörden des Bundes und der Länder: Das Standard-Datenschutzmodell – Eine Methode zur Datenschutzberatung und -prüfung auf der Basis einheitlicher Gewährleistungsziele, Version 2.0b, 2020) prüfen, wodurch diese Ziele gefährdet sein können. Mit Fokus auf die Perspektive der IT-Sicherheit liegen beispielsweise in dem BSI-Standard 200-3 zum IT-Grundschutz Gefährdungslisten vor, mit denen sich ein Teil der Risikoidentifikation abdecken lässt. Bewährt hat sich sowohl im Bereich der IT-Sicherheit als auch für die Datenschutz-Folgenabschätzung die Szenario-Technik, in der man – am besten im Team und unter Einbeziehen von Wissen aus den Fachverfahren – die möglichen Vorfälle plastisch durchdenkt, diskutiert und dokumentiert (zB per Tabelle, s. Martin/Friedewald/Schiering/Mester/Hallinan/Jensen, Die Datenschutz-Folgenabschätzung nach Art. 35 DSGVO – Ein Handbuch für die Praxis, Fraunhofer Verlag, 2020, 44f).

47 Es folgt anschließend die Bewertung des Risikos. Neben den Risikoquellen und ihren Ressourcen, Kenntnissen und Motiven müssen hierbei etwaige Angriffsziele, der Schutzbedarf und der mögliche physische, materielle oder immaterielle Schaden bestimmt werden. Aus der Eintrittswahrscheinlichkeit und Schwere der Schäden resultiert das Risiko, das in Bezug auf die Art, den Umfang, die Umstände und die Zwecke der Verarbeitung zu bewerten ist (Erwägungsgrund 75). Während die Verantwortlichen schon im Regime der DSRL aus der Notwendigkeit, die geeigneten technischen und organisatorischen Maßnahmen primär im Sinne der Informationssicherheit zu treffen, mit Risikobetrachtungen und einer entsprechenden Dokumentation hatten arbeiten müssen (Art. 17 DSRL, § 9 BDSG aF), ist der Fokus auf die Rechte und Freiheiten natürlicher Personen neu und verdient besondere Beachtung.

48 Nach Art. 35 Abs. 7 lit. d gilt es nun, die geeigneten Abhilfemaßnahmen auszuwählen, mit denen das Risiko behandelt und eingedämmt werden kann. Hierfür müssen die zur Bewältigung der Risiken geplanten Abhilfemaßnahmen zusammengetragen werden. Diese Abhilfemaßnahmen sind zumeist technisch-organisatorischer Art (genannt werden „Garantien, Sicherheitsvorkehrungen und Verfahren" zum Schutz personenbezogener Daten), aber es könnten auch juristische Maßnahmen wie das Schließen von Verträgen umfasst sein. Ziel der Eindämmung der Risiken ist das Sicherstellen des Schutzes personenbezogener Daten und der Nachweis dafür, dass die DS-GVO eingehalten wird. Da gemäß Art. 35 Abs. 7 lit. d den Rechten und berechtigten Interessen der betroffenen Personen und sonstiger Betroffener Rechnung zu tragen ist, muss der Verantwortli-

che bei der Auswahl der Abhilfemaßnahmen abwägen. Da die Datenschutz-Folgenabschätzung von einem hohen Risiko für die Rechte und Freiheiten natürlicher Personen ausgeht, darf jedoch der Schutz der betroffenen Personen nicht leichtfertig den Rechten und berechtigten Interessen sonstiger Betroffener untergeordnet werden.

In diesem Zusammenhang sind auch die Restrisiken festzustellen, dh diejenigen Risiken, die 49 trotz der geplanten Abhilfemaßnahmen nicht eingedämmt werden können. Das Vorlegen einer Restrisikoanalyse ist auch in der Informationssicherheit übliche Praxis.

Die Datenschutz-Folgenabschätzung ist zu dokumentieren, da andernfalls der Verantwortliche 50 nicht den Nachweis für die Einhaltung der DS-GVO erbringen kann. Die DS-GVO verlangt keine Veröffentlichung des Berichts, aber im Sinne der Transparenz gegenüber betroffenen Personen können und sollten die wesentlichen Teile des Folgenabschätzungsberichts publiziert oder zumindest für Interessierte bereitgehalten werden. Hierbei ist zu gewährleisten, dass nicht sicherheitsrelevante Informationen (wie Zugangsdaten) herausgegeben werden, die für Angreifer nutzbar wären und damit das Risiko für die Verarbeitung erhöhen würden.

Mit dem Bericht zur Datenschutz-Folgenabschätzung, der auf Anfrage oder im Fall der vorherigen Konsultation nach Art. 36 der Aufsichtsbehörde vorzulegen wäre, endet die Datenschutz-Folgenabschätzung nach Art. 35. An dieser Stelle muss der Verantwortliche festgelegt haben, ob die Verarbeitung stattfinden kann und wenn ja, mit welchen Abhilfemaßnahmen das Risiko eingedämmt wird. Allerdings – so ist die Datenschutz-Folgenabschätzung konzipiert – handelt es sich um die Folgenabschätzung im Vorfeld der Verarbeitung. Für die Praxis ist daher auch die folgende Umsetzungsphase, die beispielsweise auch für Art. 32 und Art. 25 Relevanz entfaltet, interessant.

In der Umsetzungsphase müssen die ausgewählten Abhilfemaßnahmen implementiert und in 52 ihrer Wirksamkeit durch umfassende Tests überprüft werden. Möglicherweise wird man hierbei feststellen, dass bestimmte Annahmen der Datenschutz-Folgenabschätzung über die Abhilfemaßnahmen und ihre Wirksamkeit nicht korrekt waren. In solchen Fällen ist es notwendig, erneut in die Datenschutz-Folgenabschätzung zu springen und die neuen Erkenntnisse einzubringen, zB für die Auswahl alternativer Abhilfemaßnahmen.

Auch in dieser Phase kann es vorkommen, dass weitere Restrisiken identifiziert werden. Diese 53 müssen dann wiederum bei der Restrisikoanalyse ergänzt werden. Sollte nach Einschätzung des Verantwortlichen trotz der Abhilfemaßnahmen weiterhin ein hohes Risiko für die Rechte und Freiheiten natürlicher Personen bestehen, muss er nach Art. 36 die Aufsichtsbehörde konsultieren.

Auch die Umsetzung der Abhilfemaßnahmen sowie der Test ihrer Wirksamkeit sind als Nachweis 54 über die Einhaltung der DS-GVO zu dokumentieren. Stellt sich heraus, dass die Abhilfemaßnahmen wirksam sind, das Risiko ausreichend eingedämmt ist und das Restrisiko beherrscht wird, kann auf dieser Basis der Verantwortliche die Freigabe der Verarbeitungsvorgänge erteilen.

Schließlich folgt nach dem Durchlauf der Datenschutz-Folgenabschätzung mit der Vorbereitungsphase, der Durchführungsphase und der sich anschließenden Umsetzungsphase die Überprüfungsphase. In dieser Phase findet die Überprüfung der Datenschutz-Folgenabschätzung statt, dh im Sinne eines Datenschutzmanagements wird auf sich verändernde Bedingungen (zB neue rechtliche Anforderungen, gemeldete Datenschutzvorfälle, IT-Sicherheitsrisiken, Änderungen bei den Akteuren) geachtet und dies in Bezug auf die Entwicklung des Risikos gesetzt. Dies betrifft auch Prüfmaßnahmen der Wirksamkeit über die Zeit, insbesondere die Überprüfung, ob die Realität der Verarbeitung und der umgesetzten Maßnahmen noch mit der Dokumentation und Bewertung der Datenschutz-Folgenabschätzung übereinstimmt, Abs. 11 (→ Rn. 69). Dies lässt sich auch durch unabhängige Dritte in einem Audit bestätigen. Ebenso könnte sich der Verantwortliche um eine Zertifizierung nach Art. 42 bemühen (→ Art. 42 Rn. 1). Es handelt sich also bei den vier dargestellten Phasen nicht um einen einmaligen Durchlauf, sondern um einen iterativ sich wiederholenden Prozess. Dies ermöglicht eine aktuelle Fortschreibung der Datenschutz-Folgenabschätzung.

Die von den deutschen Aufsichtsbehörden empfohlene Methode des Standard-Datenschutzmodells kann man sich in allen Phasen zunutze machen → Rn. 77 (Forum Privatheit: White Paper Datenschutz-Folgenabschätzung, 2016–2019; Martin/Friedewald/Schiering/Mester/Hallinan/Jensen, Die Datenschutz-Folgenabschätzung nach Art. 35 DSGVO – Ein Handbuch für die Praxis, Fraunhofer Verlag, 2020). Der Verantwortliche sollte die Datenschutz-Folgenabschätzung in sein Datenschutzmanagement integrieren (siehe auch Art. 35 Abs. 11, → Rn. 69).

VIII. Genehmigte Verhaltensregeln (Abs. 8)

Art. 35 Abs. 8 hebt die Einhaltung genehmigter Verhaltensregeln gemäß Art. 40 (→ Art. 40 57 Rn. 5) heraus, die demnach bei der Beurteilung der Auswirkungen der Verarbeitungsvorgänge

DS-GVO Artikel 35 Kapitel IV. Verantwortlicher und Auftragsverarbeiter

gebührend zu berücksichtigen ist. Dies soll insbesondere für die Datenschutz-Folgenabschätzung gelten, jedoch werden mit dieser Regelung auch die anderen Anforderungen der Beurteilung von Auswirkungen und damit auch der Risikobewertung innerhalb der DS-GVO adressiert. Dazu gehören Art. 24, Art. 28 und Art. 32, in denen die genehmigten Verhaltensregeln unmittelbar erwähnt werden (Art. 24 Abs. 3, Art. 28 Abs. 5, Art. 32 Abs. 3), aber es wäre anzunehmen gewesen, dass sich diese Vorschrift auch auf Art. 25 („Datenschutz durch Technikgestaltung und durch datenschutzfreundliche Voreinstellungen") erstreckt, wo lediglich auf genehmigte Zertifizierungsverfahren verwiesen wird.

58 Nun wird von den genehmigten Verhaltensregeln in Art. 40 nicht zwingend verlangt, dass sie Aussagen zu Risiken und Maßnahmen treffen; dies ist vielmehr optional (Art. 40 Abs. 2 lit. h). Damit ist auch der Beitrag der genehmigten Verhaltensregeln zur Datenschutz-Folgenabschätzung nicht verallgemeinerbar, sondern muss im Einzelfall geprüft werden. Dies mag mit der Formulierung „gebührend zu berücksichtigen" gemeint sein. Soweit die genehmigten Verhaltensregeln einen Beitrag zur Datenschutz-Folgenabschätzung der jeweiligen Verantwortlichen leisten können, sollte dies präzise dokumentiert sein und herausgestellt werden, auf welche Risiken sich die Maßnahmen beschränken und wo davon ausgegangen werden muss, dass der Verantwortliche eigene Anpassungen und ergänzende Maßnahmen vornimmt.

59 Ein Automatismus, dass das Einhalten genehmigter Verhaltensregeln vom Verantwortlichen bereits die ausreichende Eindämmung des Risikos garantiert, ist nicht gegeben.

IX. Einholen weiterer Standpunkte (Abs. 9)

60 Zusätzlich zu dem Rat des benannten Datenschutzbeauftragten (Art. 35 Abs. 2, → Rn. 22) können weitere Standpunkte zu der beabsichtigten Verarbeitung in die Datenschutz-Folgenabschätzung einfließen. Es handelt sich also um ein partizipatives Element in der Datenschutz-Folgenabschätzung, das einerseits einen breiteren Blick auf die Risiken und mögliche Abhilfemaßnahmen ermöglichen soll, andererseits vom Verantwortlichen aber auch nutzbar ist, um etwaiger Kritik frühzeitig zu begegnen und damit die Akzeptanz der Verarbeitung zu fördern.

61 Der Verantwortliche ist zuständig dafür, „gegebenenfalls" den Standpunkt der betroffenen Personen oder ihrer Vertreter einzuholen. Dies können beispielsweise Betriebs- und Personalräte, Gewerkschaften, Verbraucherschutzverbände oder Gruppierungen der Zivilgesellschaft sein. Sofern nicht durch andere gesetzliche Normen eine Beteiligungspflicht besteht, wie dies im Mitbestimmungsverfahren der Fall sein kann, bleibt es dem Verantwortlichen überlassen, sich um die Standpunkte betroffener Personen zu kümmern. Neben der Beteiligung von Betroffenenvertretern sind auch andere Umsetzungen dieser Regelung denkbar, beispielsweise durch Zusendung von Umfragen an die Kunden des Verantwortlichen (Artikel 29-Datenschutzgruppe, WP 248 Rev. 01, 2017, 18).

62 Das Einbeziehen der betroffenen Personen oder ihrer Vertreter hat den Vorteil, dass die Betroffenensicht präsent ist und so Risiken besser ermittelt werden können, für die der Verantwortliche und möglicherweise auch der benannte Datenschutzbeauftragte betriebsblind sind. In diesem Zusammenhang ist insbesondere an das in Erwägungsgrund 75 genannte Risiko einer Diskriminierung – beispielsweise bei Angehörigen einer marginalisierten Gruppe – zu denken. Ebenso ist diese Partizipation hilfreich für die Diskussion von Schutzmaßnahmen. Die Kenntnisnahme und Behandlung verschiedener Standpunkte im Rahmen der Datenschutz-Folgenabschätzung kann zudem Ängsten entgegenwirken und die Akzeptanz bei den betroffenen Personen verbessern.

63 Das Einbeziehen Dritter verpflichtet den Verantwortlichen nicht dazu, ihnen alle vorhandenen Informationen zu der Verarbeitung bereitzustellen. Gewiss ist ein Mindestumfang an Informationen notwendig, da anderenfalls kein sachlich fundierter Standpunkt eingeholt werden kann. Jedoch wird die Herausgabe von Informationen an Dritte spätestens dann an Grenzen stoßen, wenn der Verantwortliche Bedenken bezüglich des Schutzes gewerblicher oder öffentlicher Interessen oder bezüglich des Sicherheitsbedarfs hat. Möglicherweise können aber auch in solchen Fällen noch Teile der Informationen, zB nach Schwärzung sensibler Bereiche, übermittelt werden.

X. Ausnahmen im öffentlichen Bereich (Abs. 10)

64 Art. 35 Abs. 10 sieht eine Ausnahme von der Regel vor, dass der Verantwortliche bei voraussichtlich hohem Risiko eine Datenschutz-Folgenabschätzung durchführen muss: Für den Fall, dass die Verarbeitung auf einer Rechtsgrundlage (Art. 6 Abs. 1 lit. c oder e) beruht, die die konkreten Verarbeitungsvorgänge regelt und für die bereits im Zusammenhang mit ihrem Erlass eine entsprechende Datenschutz-Folgenabschätzung durchgeführt wurde (siehe auch Erwägungsgrund 93), gelten die Absätze 1 bis 7 nur, soweit dies nach dem Ermessen der Mitgliedstaaten erforderlich

ist. Dies bedeutet, dass vorab eine vollständige Datenschutz-Folgenabschätzung in solchen Fällen nur dann durchgeführt werden muss, wenn der Mitgliedstaat von der Spezifikationsklausel Gebrauch macht.

Es ist aber nicht so, dass ohne Nutzung der Spezifikationsklausel der öffentliche Sektor, in dem 65 eine Verarbeitung auf Basis von Rechtsgrundlagen gemäß Art. 6 Abs. 1 lit. c oder e die Regel ist, in jedem Fall von der Datenschutz-Folgenabschätzung ausgenommen wäre. Das kann nur für solche Fälle gelten, in denen eine solche Rechtsgrundlage den konkreten Verarbeitungsvorgang oder die konkreten Verarbeitungsvorgänge regelt und dies auch im Fokus der durchgeführten Datenschutz-Folgenabschätzung stand. Doch auch im Fall von techniknahen Rechtsgrundlagen wird dies nicht zwangsläufig gegeben sein; heute kommt dies nur in Ausnahmefällen vor.

Zudem ist die Sinnhaftigkeit der in Art. 35 Abs. 10 geregelten Ausnahme zweifelhaft: Selbst 66 wenn eine – zu begrüßende – umfangreiche Folgenabschätzung bei der Gesetzgebung einschließlich einer Datenschutz-Folgenabschätzung durchgeführt wurde, können in der realen Verarbeitung zusätzliche Risiken in Abhängigkeit von Anwendungskontext, gewählten Plattformen, Auftragsverarbeitern oder Schnittstellen entstehen, die eine eigene Datenschutz-Folgenabschätzung rechtfertigen.

Auch sind von der Ausnahme lediglich die Abs. 1–7 betroffen, dh Art. 35 Abs. 8 (Berücksichti- 67 gung von genehmigten Verhaltensregeln), Art. 35 Abs. 9 (ggf. Einholen des Standpunkts der betroffenen Personen oder ihrer Vertreter) sowie Art. 35 Abs. 11 (erforderlichenfalls Durchführung einer Überprüfung) sind nicht umfasst und müssen daher in jedem Fall ernst genommen werden.

Dennoch ist eine Datenschutz-Folgenabschätzung bei der Gesetzgebung – ebenso wie die 68 vorherige Konsultation gemäß Art. 36 Abs. 4 (→ Art. 36 Rn. 27) – im Rahmen der Möglichkeiten sinnvoll: Der Verantwortliche kann die im Gegensatz zu einem konkreten Einsatzszenario bei der Verarbeitung durch den Verantwortlichen abstrahierte Rechtsgrundlagen-Datenschutz-Folgenabschätzung als Ausgangsbasis für seine praxisnahe Datenschutz-Folgenabschätzung verwenden und diese konkretisieren, zB durch Ergänzung spezifischer Maßnahmen, die die Einsatzbedingungen vor Ort berücksichtigen. Dies spart Ressourcen und bietet die Möglichkeit von vergleichbaren Datenschutz-Folgenabschätzungen der Verantwortlichen, die auf derselben Rechtsgrundlage personenbezogene Daten verarbeiten.

XI. Überprüfung (Abs. 11)

Art. 35 Abs. 11 adressiert das ständige Datenschutzmanagement beim Verantwortlichen: Der 69 Verantwortliche muss nicht nur einmalig die Datenschutz-Folgenabschätzung durchführen, sondern auch überprüfen, ob die Verarbeitung entsprechend durchgeführt wird.

Dies hat „erforderlichenfalls" zu geschehen. Die DS-GVO definiert dies nicht genau, doch 70 nennt als Beispiel, wenn Änderungen hinsichtlich des mit den Verarbeitungsvorgängen verbundenen Risikos eingetreten sind. Der Verantwortliche muss also mögliche Änderungen beim Risiko im Blick haben – dies geschieht üblicherweise über ein Datenschutzmanagementsystem – und zeitnah reagieren.

Bereits aus Art. 24 folgt, dass der Verantwortliche den Umgang mit dem Risiko nicht als 71 Momentaufnahme, sondern als ständigen Prozess begreifen muss. So besagt Art. 24 Abs. 1 S. 2, dass die umgesetzten technischen und organisatorischen Maßnahmen erforderlichenfalls überprüft und aktualisiert werden müssen (Art. 24 Abs. 1, → Art. 24 Rn. 22).

Auch wenn weder in Art. 24 noch in Art. 35 exakte Zeitvorgaben enthalten sind, sollte nicht 72 nur bei aufgefallenen Änderungen oder etwaigen Vorfällen (zB Art. 33, → Art. 33 Rn. 1), sondern zusätzlich in regelmäßigen Abständen eine Überprüfung stattfinden. Bei diesen Prüfintervallen sollte der Verantwortliche nicht hinter den Anforderungen aus der Informationssicherheit (zB den jährlichen Überprüfungsaudits beim IT-Grundschutz des Bundesamts für Sicherheit in der Informationstechnik) zurückbleiben.

Wie schon bei der Datenschutz-Folgenabschätzung muss der Verantwortliche aktiv werden, dh 73 im Fall einer geänderten Datenverarbeitung oder neuer Erkenntnisse zum Risiko eine Überprüfung durchführen. Es bietet sich an, dies durch einen erneuten Durchlauf der Datenschutz-Folgenabschätzung umzusetzen, dh auf Basis der erfolgten Datenschutz-Folgenabschätzung die notwendigen Aktualisierungen vorzunehmen.

Bei einer guten Dokumentation der vorherigen Datenschutz-Folgenabschätzung sollte es 74 zumeist mit geringem Aufwand möglich sein, die Änderungen einzuarbeiten und die Folgenabschätzung entsprechend fortzuschreiben. Allerdings ist nicht ausgeschlossen, dass die Ergebnisse der Datenschutz-Folgenabschätzung es erfordern, die technischen und organisatorischen Maßnahmen anzupassen oder andere Maßnahmen zu treffen, oder dass im Einzelfall sogar eine vorherige

Konsultation (→ Art. 36 Rn. 1) notwendig wird. Jedes neue Durchlaufen der Datenschutz-Folgenabschätzung oder anderweitige Überprüfen und Bewerten der Verarbeitung ist wiederum zu dokumentieren.

XII. Sanktionen

75 Art. 83 Abs. 4 lit. a sieht vor, dass bei Verstößen in Bezug auf die Pflichten der Verantwortlichen gemäß Art. 35 die Aufsichtsbehörde Geldbußen von bis zu 10.000.000 € oder im Fall eines Unternehmens von bis zu 2 % seines gesamten weltweit erzielten Jahresumsatzes des vorangegangenen Geschäftsjahrs verhängen kann, je nachdem, welcher der Beträge höher ist (→ Art. 83 Rn. 52).

76 Zu den Pflichten der Verantwortlichen gehört das korrekte und vollständige Durchführen der Datenschutz-Folgenabschätzung bei voraussichtlich hohem Risiko der Verarbeitung (Art. 35 Abs. 1, → Rn. 10) sowie in den in Art. 35 Abs. 3 (→ Rn. 25) genannten oder auf der Positivliste gem. Art. 35 Abs. 4 (→ Rn. 31) enthaltenden Fällen, sofern nicht eine Ausnahme wie in Art. 35 Abs. 10 (→ Rn. 64) greift; das Einbeziehen des benannten Datenschutzbeauftragten (Art. 35 Abs. 2, → Rn. 22); das vollständige Berücksichtigen der in Art. 35 Abs. 7 genannten Elemente einer Datenschutz-Folgenabschätzung (→ Rn. 40) sowie erforderlichenfalls – zumindest bei Änderungen des Risikos – das Durchführen einer Überprüfung (Art. 35 Abs. 11, → Rn. 69). Weniger strikte Anforderungen sind zudem enthalten in Art. 35 Abs. 8 (gebührende Berücksichtigung von genehmigten Verhaltensregeln für die Zwecke der Datenschutz-Folgenabschätzung, → Rn. 57) und Art. 35 Abs. 9 (gegebenenfalls das Einholen des Standpunktes der betroffenen Personen oder ihrer Vertreter zu der beabsichtigten Verarbeitung, → Rn. 60). Bekannt wurde ein Bußgeld der schwedischen Datenschutzaufsichtsbehörde aus 2019 gegenüber einer Schule, die Gesichtserkennungstechnik einsetzte, um die Teilnahme der Schülerinnen und Schüler zu erfassen, ohne eine Datenschutz-Folgenabschätzung durchgeführt zu haben. Hierin sah die Aufsichtsbehörde einen Verstoß gegen Art. 5 Abs. 1 lit. c, Art. 9, Art. 35 und Art. 36 DS-GVO. In den Jahren seit 2019 haben die Aufsichtsbehörden der europäischen Mitgliedstaaten mehrfach Bußgelder verhängt, in denen (auch) Verstöße nach Art. 35 DS-GVO oder Art. 36 DS-GVO festgestellt wurden, doch spielen diese Regelungen in aufsichtsbehördlichen Bußgeldverfahren eine untergeordnete Rolle.

XIII. Leitlinien und Hilfsmittel

77 Neben der Veröffentlichung der Listen nach Art. 35 Abs. 4 und 5 ist zu erwarten, dass künftig weitere unterstützende Materialien in Form von Dokumenten oder Software-Tools bereitgestellt werden. Dazu gehören bereits vor Geltung der DS-GVO die Ausarbeitungen der Artikel 29-Datenschutzgruppe (Artikel 29-Datenschutzgruppe: Leitlinien zur Datenschutz-Folgenabschätzung (DSFA) und Beantwortung der Frage, ob eine Verarbeitung iSd VO 2016/679 „wahrscheinlich ein hohes Risiko mit sich bringt", WP 248 Rev. 01, 17/DE, angenommen am 4.4.2017, zuletzt überarbeitet und angenommen am 4.10.2017) als Orientierung für die Verantwortlichen sowie als Grundlage für kommende Leitlinien des Europäischen Datenschutzausschusses. Ein White Paper aus dem Forum Privatheit, das in der ersten Fassung im April 2016 vorgelegt wurde, ist mittlerweile in mehreren Auflagen aktualisiert worden (Forum Privatheit und selbstbestimmtes Leben in der Digitalen Welt: White Paper Datenschutz-Folgenabschätzung – Ein Werkzeug für einen besseren Datenschutz, 2016–2019). Die Methodik des Standard-Datenschutzmodells, die seit November 2019 mit der Version 2.0 angepasst an die DS-GVO vorliegt, bietet eine Systematik für eine Strukturierung einer Datenschutz-Folgenabschätzung von der Risikobeurteilung bis zur Auswahl der Abhilfemaßnahmen (Konferenz der unabhängigen Datenschutzaufsichtsbehörden des Bundes und der Länder: Das Standard-Datenschutzmodell – Eine Methode zur Datenschutzberatung und -prüfung auf der Basis einheitlicher Gewährleistungsziele, Version 2.0b, 2020). Sowohl das White Paper aus dem Forum Privatheit als auch das Standard-Datenschutzmodell waren Grundlage für ein Praxis-Handbuch, das mit Fördermitteln des Bundesministeriums für Bildung und Forschung entstand und kostenlos im Download zur Verfügung steht (Martin/Friedewald/Schiering/Mester/Hallinan/Jensen, Die Datenschutz-Folgenabschätzung nach Art. 35 DS-GVO – Ein Handbuch für die Praxis, Fraunhofer Verlag, 2020).

78 Bei der Datenschutz-Folgenabschätzung bietet sich eine Tool-Unterstützung für die Durchführung und Dokumentation an. Solche Tools können dazu beitragen, das Wissen über die Datenschutz-Folgenabschätzung zu verbreiten, die Methodik zu standardisieren und damit zu einer höheren Vergleichbarkeit zu kommen sowie Plausibilitätschecks vorzunehmen. Ab Ende 2017 wurden erste Tools für die Datenschutz-Folgenabschätzung vorgestellt, ua eine Open-Source-

Software der französischen Aufsichtsbehörde CNIL. Mittlerweile sind mehrere Tools von verschiedenen Anbietern verfügbar. Auch Datenschutzberatungsfirmen nutzen Selbst- oder Fremdentwicklungen, um ein gleichartiges und strukturiertes Vorgehen zu gewährleisten. Wichtig ist auch bei Tool-Unterstützung ein ausreichendes Wissen über die geplanten oder spezifisch mit der Technologie zusammenhängenden Verarbeitungsvorgänge, um daraus das Risiko ableiten und bewerten zu können.

XIV. Bezüge im nationalen Recht

§ 67 BDSG 2018 setzt die Anforderungen an die Datenschutz-Folgenabschätzung aus Art. 27 JI-RL um (→ BDSG 2018 § 67 Rn. 1). Dabei werden auch Teile des Art. 35 DS-GVO aufgenommen. **79**

§ 38 Abs. 1 S. 2 BDSG 2018 erweitert die Regelung zur Benennung von Datenschutzbeauftragten nichtöffentlicher Stellen: Während nach § 38 Abs. 1 S. 1 BDSG 2018 Verantwortliche und Auftragsverarbeiter dann einen Datenschutzbeauftragten benennen müssen, soweit sie in der Regel mindestens zwanzig Personen (in der vor dem 26.11.2019 geltenden Fassung: mindestens zehn Personen) ständig mit der automatisierten Verarbeitung personenbezogener Daten beschäftigt, fordert S. 2 eine solche Benennung auch unabhängig von der Anzahl der mit der Verarbeitung beschäftigten Personen, wenn Verarbeitungen vorgenommen werden, die einer Datenschutz-Folgenabschätzung nach Art. 35 DS-GVO unterliegen. Insbesondere betrifft dies solche Verarbeitungen, die auf der Positivliste nach Art. 35 Abs. 4 DS-GVO (→ Rn. 31) vermerkt sind. **80**

Artikel 36 Vorherige Konsultation

(1) Der Verantwortliche konsultiert vor der Verarbeitung die Aufsichtsbehörde, wenn aus einer Datenschutz-Folgenabschätzung gemäß Artikel 35 hervorgeht, dass die Verarbeitung ein hohes Risiko zur Folge hätte, sofern der Verantwortliche keine Maßnahmen zur Eindämmung des Risikos trifft.

(2) ¹Falls die Aufsichtsbehörde der Auffassung ist, dass die geplante Verarbeitung gemäß Absatz 1 nicht im Einklang mit dieser Verordnung stünde, insbesondere weil der Verantwortliche das Risiko nicht ausreichend ermittelt oder nicht ausreichend eingedämmt hat, unterbreitet sie dem Verantwortlichen und gegebenenfalls dem Auftragsverarbeiter innerhalb eines Zeitraums von bis zu acht Wochen nach Erhalt des Ersuchens um Konsultation entsprechende schriftliche Empfehlungen und kann ihre in Artikel 58 genannten Befugnisse ausüben. ²Diese Frist kann unter Berücksichtigung der Komplexität der geplanten Verarbeitung um sechs Wochen verlängert werden. ³Die Aufsichtsbehörde unterrichtet den Verantwortlichen oder gegebenenfalls den Auftragsverarbeiter über eine solche Fristverlängerung innerhalb eines Monats nach Eingang des Antrags auf Konsultation zusammen mit den Gründen für die Verzögerung. ⁴Diese Fristen können ausgesetzt werden, bis die Aufsichtsbehörde die für die Zwecke der Konsultation angeforderten Informationen erhalten hat.

(3) Der Verantwortliche stellt der Aufsichtsbehörde bei einer Konsultation gemäß Absatz 1 folgende Informationen zur Verfügung:
a) gegebenenfalls Angaben zu den jeweiligen Zuständigkeiten des Verantwortlichen, der gemeinsam Verantwortlichen und der an der Verarbeitung beteiligten Auftragsverarbeiter, insbesondere bei einer Verarbeitung innerhalb einer Gruppe von Unternehmen;
b) die Zwecke und die Mittel der beabsichtigten Verarbeitung;
c) die zum Schutz der Rechte und Freiheiten der betroffenen Personen gemäß dieser Verordnung vorgesehenen Maßnahmen und Garantien;
d) gegebenenfalls die Kontaktdaten des Datenschutzbeauftragten;
e) die Datenschutz-Folgenabschätzung gemäß Artikel 35 und
f) alle sonstigen von der Aufsichtsbehörde angeforderten Informationen.

(4) Die Mitgliedstaaten konsultieren die Aufsichtsbehörde bei der Ausarbeitung eines Vorschlags für von einem nationalen Parlament zu erlassende Gesetzgebungsmaßnahmen oder von auf solchen Gesetzgebungsmaßnahmen basierenden Regelungsmaßnahmen, die die Verarbeitung betreffen.

(5) Ungeachtet des Absatzes 1 können Verantwortliche durch das Recht der Mitgliedstaaten verpflichtet werden, bei der Verarbeitung zur Erfüllung einer im öffentlichen

Interesse liegenden Aufgabe, einschließlich der Verarbeitung zu Zwecken der sozialen Sicherheit und der öffentlichen Gesundheit, die Aufsichtsbehörde zu konsultieren und deren vorherige Genehmigung einzuholen.

Überblick

Art. 36 regelt die vorherige Konsultation der Aufsichtsbehörde. Konzeptionell unterscheidet Art. 36 zwischen dem Beratungsersuchen auf Antrag des Verantwortlichen in Bezug auf eine geplante Verarbeitung im Nachgang zu einer Datenschutz-Folgenabschätzung nach Art. 35 (Art. 36 Abs. 1–3, → Rn. 7 ff., und Abs. 5, → Rn. 34) und der Konsultation durch die Mitgliedstaaten im Rahmen einer Gesetzgebung mit Datenschutzrelevanz (Abs. 4, → Rn. 27). Ziel der vorherigen Konsultation ist Ersuchen der Aufsichtsbehörde um Rat zu den geplanten Verarbeitungsvorgängen, um zu gewährleisten, dass die Verarbeitung im Einklang mit der DS-GVO steht. Sofern die Aufsichtsbehörde angesichts eines Beratungsersuchens auf Antrag des Verantwortlichen (Abs. 1–3 und Abs. 5) zur Auffassung gelangt, dass die Verarbeitung nicht die Anforderungen der DS-GVO erfüllt und insbesondere der Verantwortliche das Risiko für die Rechte und Freiheiten natürlicher Personen nicht ausreichend ermittelt und nicht ausreichend eingedämmt hat, unterbreitet sich ihre schriftlichen Empfehlungen dem Verantwortlichen und ggf. dem Auftragsverarbeiter. Zusätzlich kann die Aufsichtsbehörde gem. ihren Aufgaben und Befugnissen – einschließlich der Untersagung von Verarbeitungsvorgängen – eingreifen. Abs. 5 sieht eine Öffnungsklausel (genauer: Spezifikationsklausel) vor, dass der Mitgliedstaat Verantwortliche bei einer Verarbeitung zur Erfüllung einer im öffentlichen Interesse liegenden Aufgabe verpflichten kann, vorab die Aufsichtsbehörde zu konsultieren und deren Genehmigung einzuholen. Bei Verstößen in Bezug auf die Pflichten der Verantwortlichen und der Auftragsverarbeiter gem. Art. 36 sind Geldbußen von bis zu 10.000.000 EUR oder im Fall eines Unternehmens von bis zu 2 % seines gesamten weltweit erzielten Jahresumsatzes des vorangegangenen Geschäftsjahrs möglich.

Übersicht

	Rn.		Rn.
A. Allgemeines	1	II. Beschreibung des Verfahrens und Nennung von Fristen (Abs. 2)	14
I. Entstehungsgeschichte der Norm	1	III. Bereitzustellende Informationen (Abs. 3)	19
II. Frühere Rechtslage	6	IV. Einbeziehung der Aufsichtsbehörde bei der Gesetzgebung (Abs. 4)	27
B. Regelungsgehalt im Einzelnen	7	V. Spezifikationsklausel (Abs. 5)	34
I. Rechtspflicht zur Konsultation (Abs. 1)	7	VI. Sanktionen	40

A. Allgemeines

I. Entstehungsgeschichte der Norm

1 Die vorherige Konsultation (Englisch: „prior consultation") war bereits in Art. 20 der Richtlinie 95/46/EG (DSRL) unter dem Begriff „Vorabkontrolle" eingeführt worden, um im Fall von „spezifische(n) Risiken für die Rechte und Freiheiten der Personen" eine Prüfung der Verarbeitung vor ihrem Beginn zu erreichen, Art. 20 Abs. 1 DSRL. Es war vorgesehen, dass diese Vorabprüfung durch den Verantwortlichen oder durch den Datenschutzbeauftragten durchgeführt wurde, der im Zweifelsfall die Aufsichtsbehörde zu konsultieren hatte (Art. 20 Abs. 2 DSRL). Die Vorabkontrolle der DSRL ist eher mit der Datenschutz-Folgenabschätzung nach Art. 35, nämlich der eigentlichen Durchführung der Prüfung, verwandt (→ Art. 35 Rn. 1) als mit der Konsultation der Aufsichtsbehörde, da diese nur für den Fall einschlägig ist, dass aus Sicht des Verantwortlichen das festgestellte Risiko nicht ausreichend eingedämmt werden kann.

2 Die Entwurfsfassung der Kommission enthielt als neue Version der Vorabkontrolle mit Art. 34 DS-GVO-E(KOM) eine Regelung „Vorherige Genehmigung und vorherige Zuratziehung". Art. 34 Abs. 1 DS-GVO-E(KOM) sah vor, dass der Verantwortliche oder der Auftragsverarbeiter eine Genehmigung der Aufsichtsbehörde einzuholen hatte. Diese Regelung war weder im Parlaments- noch im Ratsentwurf enthalten und ist auch nicht Bestandteil der DS-GVO geworden. Ebenso gestrichen wurden die Abs. 8 und 9 mit Ermächtigungsgrundlagen für die Kommission für delegierte Rechtsakte bzw. Standardvorlagen. In Art. 34 Abs. 4 DS-GVO-E(KOM) war eine Liste der Aufsichtsbehörde von Verarbeitungsvorgängen für eine vorherige Konsultation vorgesehen, für die bei grenzüberschreitenden Verarbeitungen gem. Art. 34 Abs. 5 DS-GVO-E(KOM) das Kohärenzverfahren Anwendung finden sollte. Auch diese beiden Abs. wurden nicht Bestandteil der endgültigen Version des Art. 36 DS-GVO; allerdings wurde die Idee solcher Listen in ähnlichen Vorschriften als Art. 35 Abs. 4 und 6 DS-GVO aufgenommen.

Die Fassung des Europäischen Parlaments lehnte sich an das Konzept in der DSRL an, nach **3** dem zunächst der Datenschutzbeauftragte, der vom Verantwortlichen benannt wurde, zu Rate zu ziehen ist. Demnach wäre die Aufsichtsbehörde nur dann gefragt, wenn kein Datenschutzbeauftragter benannt ist. Die Idee der Liste für verpflichtende Konsultationen wurde aufgenommen, aber in die Hand des Europäischen Datenschutzausschusses statt der Aufsichtsbehörde gelegt. Derartige Listen sind nunmehr in Art. 36 DS-GVO aber nicht mehr vorgesehen, wohl aber in Art. 35 Abs. 4–6 DS-GVO (→ Art. 35 Rn. 31 ff.).

Die Ratsfassung zeichnete sich insbesondere durch eine ausführliche Auflistung der Informationen aus, die der Verantwortliche bei einer Konsultation der Aufsichtsbehörde zur Verfügung zu stellen hatte. Dieser Text wurde zu Art. 36 Abs. 3 DS-GVO. Auch Art. 36 Abs. 5 DS-GVO mit der Spezifikationsklausel, nach der eine Verpflichtung zur Konsultation im Bereich der sozialen Sicherheit und der öffentlichen Gesundheit von den Mitgliedstaaten normiert werden kann, stammt aus der Fassung des Rats. **4**

In der RL (EU) 2016/680 zum Schutz natürlicher Personen bei der Verarbeitung personenbezogener Daten zum Zwecke der Verhütung, Ermittlung, Aufdeckung oder Verfolgung von Straftaten oder der Strafvollstreckung sowie zum freien Datenverkehr (JI-RL) regelt Art. 28 JI-RL die vorherige Konsultation der Aufsichtsbehörde. Art. 28 Abs. 1 lit. a JI-RL entspricht Art. 36 Abs. 1 DS-GVO. Art. 28 Abs. 1 lit. b JI-RL hat keine Entsprechung in der Regelung des DS-GVO zur vorherigen Konsultation; hier wird vielmehr auf die Voraussetzungen für eine Datenschutz-Folgenabschätzung nach Art. 35 Abs. 1 S. 1 DS-GVO referenziert: wenn die Form der Verarbeitung ein hohes Risiko für die Rechte und Freiheiten der betroffenen Personen zur Folge hat. Es ist konsequent, auf die Formulierung „voraussichtlich" beim hohen Risiko zu verzichten, weil für eine vorherige Konsultation bereits das hohe Risiko Voraussetzung ist. Art. 28 Abs. 2 JI-RL setzt Art. 36 Abs. 4 DS-GVO um. Bei Art. 28 Abs. 3 JI-RL wird die Liste der Verarbeitungsvorgänge mit verpflichtender vorheriger Konsultation aufgegriffen, die auch im Kommissionsentwurf zu Art. 36 DS-GVO enthalten war. Auch die Übermittlung der notwendigen Informationen an die Aufsichtsbehörde nach Art. 28 Abs. 4 JI-RL stammt aus dem Kommissionsentwurf, ohne die konkreteren Regelungen aus der Ratsfassung mit aufzunehmen. Schließlich korrespondiert Art. 28 Abs. 5 JI-RL mit Art. 36 Abs. 2 DS-GVO, dh das Verfahren der vorherigen Konsultation wird unter Nennung von Fristen beschrieben. Art. 28 JI-RL wird durch § 69 BDSG2018 („Anhörung der oder des Bundesbeauftragten") umgesetzt (→ BDSG 2018 § 69 Rn. 1). **5**

II. Frühere Rechtslage

§ 4d Abs. 5 und 6 BDSG aF stellten die Vorabkontrolle nach dem Bundesdatenschutzgesetz **6** dar, die aber durch eine Prüfung charakterisiert wird, für die der Datenschutzbeauftragte zuständig ist. Die Aufsichtsbehörde spielt lediglich in § 4d Abs. 6 BDSG eine Rolle, denn der Datenschutzbeauftragte kann sich in Zweifelsfällen, dh wenn seine eigene Prüfung die Rechtskonformität – insbesondere in Bezug auf das Eindämmen der Risiken für die Rechte und Freiheiten der Betroffenen – nicht klar bestätigt, an die Aufsichtsbehörde wenden. Im Vergleich zu der früheren Rechtslage konkretisiert Art. 36 DS-GVO das Verfahren und die Rechtsfolgen.

B. Regelungsgehalt im Einzelnen

I. Rechtspflicht zur Konsultation (Abs. 1)

Die vorherige Konsultation erinnert begrifflich an die Vorabkontrolle aus Art. 20 DSRL; jedoch **7** ist die Konsultation durch den Verantwortlichen nach Abs. 1 auf besonders schwierige Fälle beschränkt: wenn ein hohes Risiko besteht, das sich nach Ansicht des Verantwortlichen nicht ausreichend eindämmen lässt.

Nach dem Wortlaut des Abs. 1 könnte man zu dem Schluss kommen, dass praktisch immer **8** nach Durchführung einer Datenschutz-Folgenabschätzung nach Art. 35 der Verantwortliche die Aufsichtsbehörde vor der Verarbeitung konsultieren muss. Denn sollte trotz eines festgestellten hohen Risikos der Verantwortliche keinerlei Maßnahmen zur Eindämmung des Risikos treffen, bleibt selbstverständlich das hohe Risiko bestehen.

So ist es aber nicht gemeint, wie auch Erwägungsgrund 94 verdeutlicht: Es geht vielmehr **9** darum, dass der Verantwortliche auf Basis einer durchgeführten Datenschutz-Folgenabschätzung zur Auffassung gelangt, dass das verbleibende Risiko trotz getroffener Maßnahmen zu hoch ist und sich nicht durch Mittel eindämmen lässt, die zu den verfügbaren Technologien (im Sinne der Gesamtheit verfügbarer technischer und organisatorischer Maßnahmen) gehören und deren Implementierungskosten vertretbar sind. Anders ausgedrückt: Der Verantwortliche erkennt ein hohes Risiko der geplanten Verarbeitung, das dabei nach eigener Einschätzung angesichts des aktuellen Stands der Technik oder angesichts unvertretbarer Implementierungskosten nicht eingedämmt wird oder werden kann. In dieser Situation ersucht er die Aufsichtsbehörde um Rat, bevor er die Verarbeitung aufnimmt.

10   Die Aufsichtsbehörde hat die Aufgabe (Art. 57 Abs. 1 lit. l, → Art. 57 Rn. 25) und Befugnis (Art. 58 Abs. 3 lit. a, → Art. 58 Rn. 34), gem. dem Verfahren der vorherigen Konsultation nach Art. 36 den Verantwortlichen zu beraten.

11   Wie genau diese Beratung aussieht, wird vom Einzelfall abhängig sein. Wichtige Bestandteile sind die Überprüfung der Aufsichtsbehörde zur Ermittlung des Risikos und zur Eindämmung des festgestellten Risikos. So könnte der Verantwortliche fälschlicherweise ein hohes Risiko annehmen oder Faktoren bei der Risikoabschätzung übersehen haben. Auch könnte der Verantwortliche die angenommenen Beschränkungen bei der Eindämmung des Risikos in Bezug auf Verfügbarkeit von Technologien (im Sinne der Gesamtheit der technischen und organisatorischen Maßnahmen) und auf Implementierungskosten falsch eingeschätzt haben. Die Aufsichtsbehörde wird keinen vollständigen Marktüberblick haben können, aber bei der Konsultation kann das Wissen hilfreich sein, das sie im Rahmen ihrer Aufgabe, maßgebliche Entwicklungen der Informations- und Kommunikationstechnologie zu verfolgen, aufbaut (Art. 57 Abs. 1 lit. i, → Art. 57 Rn. 20).

12   Zuständig für das Beratungsersuchen ist der Verantwortliche: Er stellt bei der zuständigen Aufsichtsbehörde einen Antrag auf vorherige Konsultation und bringt die erforderlichen Informationen bei (Abs. 3). Sofern ein Datenschutzbeauftragter benannt ist, übernimmt dieser die Tätigkeit als Anlaufstelle für die Aufsichtsbehörde im Rahmen der vorherigen Konsultation (Art. 39 Abs. 1 lit. e, → Art. 39 Rn. 12).

13   Bisher wird das Instrument der vorherigen Konsultation nach Abs. 1–3 eher selten genutzt. Dies ist auch nicht überraschend, weil es erst auf Initiative des Verantwortlichen beginnt. Sofern die Aufsichtsbehörde der Auffassung des Verantwortlichen folgt, dass hohe Risiken mit der Verarbeitung verbunden sind, die sich nicht ausreichend eindämmen lassen, wird die Verarbeitung nicht wie beabsichtigt beginnen dürfen – eine solche Aussage von offizieller Stelle werden Anbieter von Produkten und Dienstleistungen nach Möglichkeit vermeiden wollen. Der Hintergrund der Anfrage des Verantwortlichen wird daher üblicherweise sein, dass er auf konstruktive Hilfe der Aufsichtsbehörde hofft, um über geeignete Maßnahmen zur Eindämmung des Risikos informiert zu werden oder um aufgrund der rechtlichen Argumentation der Aufsichtsbehörde zur Einschätzung zu gelangen, dass das verbleibende Risiko vertretbar ist. Möglicherweise wird das Instrument der vorherigen Konsultation aber auch von Verantwortlichen verwendet, die die Auffassung der Aufsichtsbehörde innerhalb der in Abs. 2 vorgesehenen Fristen einholen wollen, um zeitnah Rechtsklarheit für die eigene Verarbeitung zu gewinnen oder um die Aussagen der Aufsichtsbehörde gegen die Verarbeitung anderer ins Feld zu führen.

II. Beschreibung des Verfahrens und Nennung von Fristen (Abs. 2)

14   Abs. 2 definiert die Fristen in dem Verfahren der vorherigen Konsultation: Nach Erhalt des Ersuchens um Konsultation antwortet die Aufsichtsbehörde innerhalb von acht Wochen nach Erhalt mit schriftlichen Empfehlungen, sofern sie der Auffassung ist, dass die geplante Verarbeitung nicht im Einklang mit der DS-GVO steht. Diese Empfehlungen unterbreitet sie dem Verantwortlichen und ggf. dem Auftragsverarbeiter. Bei komplexen Verarbeitungen kann die Frist um sechs Wochen verlängert werden, sodass die Aufsichtsbehörde die schriftlichen Empfehlungen nach insgesamt 14 Wochen unterbreiten muss. Im Fall der Fristverlängerung muss die Aufsichtsbehörde dem Verantwortlichen oder ggf. dem Auftragsverarbeiter dies unter Angabe der Gründe innerhalb eines Monats mitteilen.

15   Sollte die Aufsichtsbehörde noch nicht alle für die Zwecke der Konsultation angeforderten Informationen (Abs. 3 lit. f) erhalten haben, können die Fristen ausgesetzt werden. Zwar regelt Abs. 2 nicht die genaue Kommunikation der Aufsichtsbehörde, doch wäre bei der Nachforderung der zusätzlich notwendigen Informationen eine Benachrichtigung des Verantwortlichen über eine Fristverlängerung oder Fristaussetzung geboten.

16   Abs. 2 S. 1 stellt neben die schriftlichen Empfehlungen die Möglichkeit der Aufsichtsbehörde, die in Art. 58 genannten Befugnisse auszuüben. Dazu gehört insbesondere die Befugnis, eine Beschränkung der Verarbeitung, einschließlich eines Verbots, zu verhängen (Art. 58 Abs. 2 lit. f,

Vorherige Konsultation **Artikel 36 DS-GVO**

→ Art. 58 Rn. 27). Die besondere Erwähnung der Befugnisse in Art. 58 dient der Klarstellung, dass die Reaktion der Aufsichtsbehörde sich nicht auf das Unterbreiten schriftlicher Empfehlungen begrenzen muss. Allerdings ist diese Formulierung nicht so zu verstehen, dass der Gebrauch dieser Befugnisse nur innerhalb der in Abs. 2 genannten Fristen möglich ist.

Nach Abs. 2 muss die Aufsichtsbehörde dann schriftliche Empfehlungen unterbreiten, wenn 17 nach ihrer Auffassung die geplante Verarbeitung nicht im Einklang mit der DS-GVO steht. Im Umkehrschluss folgt daraus, dass für den Fall, dass nach ihrer Auffassung die geplante Verarbeitung doch im Einklang mit der DS-GVO steht, keine inhaltliche Äußerung verlangt wird. Der Erwägungsgrund 94 erwähnt sogar explizit die Möglichkeit, dass die Aufsichtsbehörde nicht in der vorgegebenen Frist reagiert. Das Ausbleiben jeglicher Kommunikation der Aufsichtsbehörde würde allerdings den Verantwortlichen in eine unbefriedigende Lage versetzen: Er kann – auch nach Zeitablauf der Fristen – nicht eindeutig schließen, dass die Aufsichtsbehörde die Konsultation mit einem positiven Ergebnis abgeschlossen hat. Da es sich um einen Antrag des Verantwortlichen auf Konsultation handelt, muss die Aufsichtsbehörde ihn über das Ergebnis der Bearbeitung informieren. Dies ist umso wichtiger, als der Antrag des Verantwortlichen in der Annahme geschah, dass das Risiko nicht ausreichend eingedämmt sein könnte.

Die schriftlichen Empfehlungen der Aufsichtsbehörde sollten die Ergebnisse der Konsultation 18 enthalten. Dazu können Darlegungen gehören, wie das Risiko zu ermitteln ist und inwieweit und auf welche Weise es sich ausreichend eindämmen lässt, bspw. mit Hilfe weiterer Schutzmaßnahmen für die Rechte und Freiheiten natürlicher Personen, die der Verantwortliche noch nicht in Betracht gezogen hatte. Zusätzlich zu den Empfehlungen können aufsichtsbehördliche Maßnahmen, wie die Beschränkung oder Untersagung von Verarbeitungsvorgängen, geboten sein. Diese können auch Auflagen (Erwägungsgrund 95) umfassen, die sich an den Verantwortlichen oder an etwaige Auftragsverarbeiter richten.

III. Bereitzustellende Informationen (Abs. 3)

Abs. 3 regelt, welche Informationen der Verantwortliche der Aufsichtsbehörde bei einer vorherigen Konsultation zur Verfügung stellt. Ziel ist es, der Aufsichtsbehörde alle für die Konsultation notwendigen Informationen zu geben, damit ihr eine fundierte Stellungnahme möglich ist.

Sofern der Verantwortliche nicht eigenständig die Verarbeitung vornimmt, umfassen diese 20 Informationen Angaben zu den Zuständigkeiten des Verantwortlichen, der gemeinsam Verantwortlichen und der an der Verarbeitung beteiligten Auftragsverarbeiter (Abs. 3 lit. a). Dies ist insbesondere bei einer Verarbeitung innerhalb einer Gruppe von Unternehmen relevant.

Weiterhin müssen die Zwecke und die Mittel der beabsichtigten Verarbeitung genannt werden 21 (Abs. 3 lit. b). Die Formulierung „Zwecke und Mittel der Verarbeitung" findet sich an vielen Stellen in der DS-GVO, unter anderem bei der Definition des „Verantwortlichen", der über die Zwecke und Mittel der Verarbeitung entscheidet (Art. 4 Abs. 1 Nr. 7, → Art. 4 Rn. 87), und knüpft an Regelungen der DSRL an. Konkret wird für die Aufsichtsbehörden für die Konsultation eine Dokumentation des geplanten technisch-organisatorischen Systems in ausreichender Detaillierung erforderlich sind, die bspw. Datenflussdiagramme, Datenbankschemata und Beschreibungen zu Hardware, Software, Netzarchitektur oder Schnittstellen beinhalten kann.

Zudem sind die vorgesehenen Maßnahmen und Garantien zum Schutz der Rechte und Freiheiten 22 der betroffenen Personen darzulegen (Abs. 3 lit. c). Diese Maßnahmen und Garantien ergeben sich aus der vorher durchgeführten Datenschutz-Folgenabschätzung (Art. 35 Abs. 7 lit. d, → Art. 35 Rn. 48).

Sofern ein Datenschutzbeauftragter benannt wurde, sind die Kontaktdaten zu übermitteln 23 (Abs. 3 lit. d). Dies ermöglicht der Aufsichtsbehörde eine direkte Kontaktaufnahme zu dem Datenschutzbeauftragten, der bereits beratend in der vorher durchgeführten Datenschutz-Folgenabschätzung beteiligt war. Gemäß den in Art. 39 Abs. 1 lit. e beschriebenen Aufgaben obliegt es dem Datenschutzbeauftragten, als Anlaufstelle für die Aufsichtsbehörde im Zusammenhang mit der vorherigen Konsultation tätig zu werden (→ Art. 39 Rn. 12).

Die Dokumentation der Datenschutz-Folgenabschätzung gem. Art. 35 ist ebenfalls zu übergeben (Abs. 3 lit. e). Dies resultiert unmittelbar aus Abs. 1, da das Ergebnis der Datenschutz-Folgenabschätzung Auslöser für die vorherige Konsultation war. Sofern der Verantwortliche gem. Art. 35 Abs. 10 auf die konkrete Datenschutz-Folgenabschätzung verzichten konnte, weil die der Verarbeitung zugrundeliegende Rechtsvorschrift die konkreten Verarbeitungsvorgänge regelt und bei Erlass der Rechtsvorschrift eine Datenschutz-Folgenabschätzung erfolgte, muss der Verantwortliche jene Informationen sowie die Beschreibung der geplanten technisch-organisatorischen Umsetzung beibringen.

25 Abs. 3 lit. f ermöglicht es der Aufsichtsbehörde, zusätzliche Informationen anzufordern, die vom Verantwortlichen beizubringen sind. Je nach Einzelfall können dies unterschiedliche Informationen sein, bspw. Verträge oder Programmcode.

26 Art und Umfang des zusätzlich angeforderten Materials müssen sich an der Erforderlichkeit für die Zwecke der Konsultation orientieren. Da die Frist, in der die Aufsichtsbehörde schriftliche Empfehlungen abgeben muss, nach Abs. 2 S. 4 ausgesetzt werden kann, solange sie die erforderlichen Informationen noch nicht erhalten hat, würde sich durch fortgesetztes Anfordern von Informationen durch die Aufsichtsbehörde die Bearbeitungsdauer ausdehnen. Daher ist es im Interesse des Verantwortlichen, alles Wesentliche für die vorherige Konsultation von Anfang an, ggf. unter Einbindung der Auftragsverarbeiter, zur Verfügung zu stellen. Problematisch sowohl für eine Datenschutz-Folgenabschätzung als auch für eine vorherige Konsultation ist der gar nicht so seltene Fall, dass dem Verantwortlichen selbst die erforderlichen Informationen nicht vorliegen, um das Risiko bestimmen und die Maßnahmen ermitteln zu können. In einer solchen Situation mangelnder Prüffähigkeit kann die Aufsichtsbehörde möglicherweise die Konsultation nicht abschließen, solange diese Informationen fehlen.

IV. Einbeziehung der Aufsichtsbehörde bei der Gesetzgebung (Abs. 4)

27 Abs. 4 regelt eine andere Art der Konsultation als Abs. 1–3, die vom Verantwortlichen ausgeht und eine konkret geplante Verarbeitung in den Mittelpunkt stellt. Diese Vorschrift schreibt vor, dass der Mitgliedstaat die Aufsichtsbehörde bei jedem Gesetzgebungsvorschlag konsultiert, der die Verarbeitung personenbezogener Daten betrifft und von einem nationalen Parlament zu erlassen ist oder auf einer solchen Gesetzgebung basiert (zur Befugnis der Aufsichtsbehörde: Art. 58 Abs. 3 lit. b, → Art. 58 Rn. 35).

28 Die nationalen Parlamente in Deutschland sind der Bundestag sowie die sechzehn Landesparlamente als gesetzgebende Organe sowie der Bundesrat mit der Aufgabe der Mitwirkung an der Gesetzgebung. Auf solchen Gesetzgebungsmaßnahmen basierende Regelungsmaßnahmen betreffen insbesondere Verordnungen, die aufgrund gesetzlicher Verordnungsermächtigung bspw. von Bundes- oder Landesministerien erlassen werden können.

29 Erwägungsgrund 96 beschreibt die Notwendigkeit der Konsultation der Aufsichtsbehörde auch während der Ausarbeitung von Gesetzes- oder Regelungsvorschriften, in denen eine Verarbeitung personenbezogener Daten vorgesehen ist: Damit soll die Vereinbarkeit der geplanten Verarbeitung mit der DS-GVO sichergestellt und das mit der Verarbeitung für die betroffene Person verbundene Risiko eingedämmt werden.

30 Diese verpflichtende Konsultation korrespondiert mit den Aufgaben der Aufsichtsbehörde, wie sie in Art. 57 Abs. 1 lit. c (→ Art. 57 Rn. 10) niedergelegt sind: Jede Aufsichtsbehörde muss in ihrem Hoheitsgebiet das nationale Parlament, die Regierung und andere Einrichtungen und Gremien über legislative und administrative Maßnahmen zum Schutz der Rechte und Freiheiten natürlicher Personen in Bezug auf die Verarbeitung beraten. Es ist keine Genehmigung vorgesehen, sondern lediglich eine Beratung auf Anforderung der gesetz- und verordnungsgebenden Organe auf Bundes- und Landesebene.

31 Diese umfassende Anforderung der beratenden Einbindung der Aufsichtsbehörde bei jeder datenschutzrechtlich relevanten Vorschrift ist neu, denn in der Zeit vor Geltung der DS-GVO wurden Aufsichtsbehörden nicht immer in Bezug auf die Gesetzgebung konsultiert. Auch nach Geltung der DS-GVO ist zu konstatieren, dass es bisher in der Praxis an einer umfassenden Umsetzung dieser Regelung mangelt.

32 Während für die Konsultation nach Abs. 1 der Aufsichtsbehörde enge Fristen gesetzt sind, ist dies für die Konsultation im Gesetzgebungsbereich nicht der Fall. Auch ist keine Sanktionierung für den Fall vorgesehen, dass die Aufsichtsbehörde nicht im Gesetzgebungsprozess angefragt wird. Eine Garantie, dass der Rat der Aufsichtsbehörde im Konsultationsverfahren berücksichtigt oder befolgt wird, gibt es nicht.

33 Auch ohne Anfrage des Mitgliedstaats hat die Aufsichtsbehörde gem. Art. 58 Abs. 3 lit. b (→ Art. 58 Rn. 35) die Befugnis, Stellungnahmen im Gesetzgebungsbereich an das nationale Parlament, an die Regierung, im Einklang mit dem Recht des Mitgliedstaats an sonstige Einrichtungen und Stellen sowie an die Öffentlichkeit zu richten.

V. Spezifikationsklausel (Abs. 5)

34 Abs. 5 enthält eine optionale Öffnungsklausel (genauer: Spezifikationsklausel): Durch das Recht der Mitgliedstaaten können Verantwortliche, die eine Verarbeitung einer im öffentlichen Interesse liegenden Aufgabe vornehmen, verpflichtet werden, die Aufsichtsbehörde zu konsultieren und

Vorherige Konsultation **Artikel 36 DS-GVO**

deren vorherige Genehmigung einzuholen. Die Befugnis der Aufsichtsbehörde dazu ergibt sich aus Art. 58 Abs. 3 lit. c (→ Art. 58 Rn. 36).

Im Fall einer solchen vom Mitgliedstaat festzulegenden Verpflichtung hängt die Konsultation 35 nicht von einer gesonderten Prüfung des Risikos und der Maßnahmen der Verarbeitung ab, wie dies Abs. 1 für sonstige Verarbeitungen beschreibt, um eine Konsultation zu beginnen. Den Verantwortlichen treffen jedoch die üblichen Pflichten, um sicherzustellen und den Nachweis dafür erbringen zu können, dass die Verarbeitung gem. der DS-GVO erfolgt (Art. 24) und die weiteren Anforderungen an die Dokumentation und die Gestaltung der Systeme umgesetzt sind (Art. 25, Art. 30, Art. 32 und Art. 35).

Unabhängig von einer möglicherweise konkretisierenden mitgliedstaatlichen Rechtsnorm auf 36 Basis von Abs. 5 führt bei einem voraussichtlich hohen Risiko für Rechte und Freiheiten natürlicher Personen der Verantwortliche eine Datenschutz-Folgenabschätzung durch, wenn nicht die Ausnahme nach Art. 35 Abs. 10 greift (→ Art. 35 Rn. 64). Dafür wäre erforderlich, dass die Rechtsvorschrift, auf der die Verarbeitung der im öffentlichen Interesse liegenden Aufgabe beruht, den konkreten Verarbeitungsvorgang oder die konkreten Verarbeitungsvorgänge regelt und bereits im Rahmen der allgemeinen Folgenabschätzung im Zusammenhang mit dem Erlass der Rechtsgrundlage eine Datenschutz-Folgenabschätzung erfolgte. Sofern in diesem Fall das Recht des Mitgliedstaats keine vorherige konkrete Datenschutz-Folgenabschätzung fordert, könnte die Durchführung unterbleiben.

Allerdings muss der Verantwortliche der Aufsichtsbehörde nach Abs. 3 lit. e die Informationen 37 über die Datenschutz-Folgenabschätzung gem. Art. 35 zur Verfügung stellen. Falls tatsächlich einer der Ausnahmefälle nach Art. 35 Abs. 10 (→ Art. 35 Rn. 64) vorläge, müsste diese Anforderung so verstanden werden, dass der Verantwortliche die Informationen aus der Datenschutz-Folgenabschätzung im Zusammenhang mit dem Erlass der Rechtsgrundlage zuliefert. Dies sollte ergänzt werden um Informationen zu der geplanten technisch-organisatorischen Umsetzung der Rechtsgrundlage (→ Art. 35 Rn. 66), damit die Aufsichtsbehörde ihre Aufgabe auch erfüllen kann.

Die Verarbeitung zur Erfüllung einer im öffentlichen Interesse liegenden Aufgabe umfasst gem. 38 Abs. 5 die Verarbeitung zu Zwecken der sozialen Sicherheit und der Gesundheit. Die DS-GVO stellt damit heraus, dass dieser Bereich der Daseinsvorsorge als sensibel und risikoreich gelten kann. Dies wird dadurch betont, dass Abs. 5 als von den Mitgliedstaaten nutzbare Spezifikationsklausel nicht nur eine Konsultation und damit eine Stellungnahme der Aufsichtsbehörde beschreibt, sondern zusätzlich eine vorherige Genehmigung der Aufsichtsbehörde fordert.

Das Erfordernis der vorherigen Genehmigung der Aufsichtsbehörde führt dazu, dass ohne 39 diese Genehmigung die Verarbeitung nicht stattfinden dürfte. In der Praxis der Verarbeitung zur Erfüllung der im öffentlichen Interesse liegenden Aufgabe können daraus Probleme resultieren, bspw. wenn die Aufsichtsbehörde zeitlich zu knapp eingebunden wurde und die Konsultation noch nicht zum geplanten Beginn der Verarbeitung abgeschlossen hat oder wenn gefundene Mängel nicht rechtzeitig behoben wurden. Hier ist abzuwägen, welche Risiken für die Rechte und Freiheiten natürlicher Personen bestehen, wenn die geplante Verarbeitung verzögert startet oder gar nicht erfolgen kann, zB beim verspäteten oder unterbliebenen Auszahlen staatlicher Hilfen. Die Aufsichtsbehörde kann in solchen Fällen Genehmigungen unter Vorbehalt oder mit Auflagen erteilen. Auch kann die Aufsichtsbehörde eine erteilte Genehmigung widerrufen oder von den Befugnissen zur Prüfung oder zur Beschränkung der Verarbeitung Gebrauch machen.

VI. Sanktionen

Art. 83 Abs. 4 lit. a sieht vor, dass bei Verstößen in Bezug auf die Pflichten der Verantwortlichen 40 gem. Art. 36 die Aufsichtsbehörde Geldbußen von bis zu 10.000.000 EUR oder im Fall eines Unternehmens von bis zu 2 % seines gesamten weltweit erzielten Jahresumsatzes des vorangegangenen Geschäftsjahrs verhängen kann, je nachdem, welcher der Beträge höher ist (→ Art. 83 Rn. 52).

Die Pflichten der Verantwortlichen umfassen das Ersuchen der Aufsichtsbehörde um Konsulta- 41 tion vor Beginn der Verarbeitungstätigkeiten mit hohem Risiko, das nicht eingedämmt wird oder werden kann (Abs. 1); das Beibringen der nötigen Informationen für die Konsultation (Abs. 3) sowie im Fall einer mitgliedstaatlichen Konsultationspflicht und des vorherigen Einholens einer Genehmigung der Verstoß dagegen (Abs. 5, sofern von dieser Spezifikationsklausel Gebrauch gemacht wird). Die schwedische Datenschutzaufsichtsbehörde begründete einen Bußgeldbescheid gegenüber einer Schule, die Gesichtserkennungstechnik einsetzte, um die Teilnahme der Schülerinnen und Schüler zu erfassen, ohne eine Datenschutz-Folgenabschätzung durchgeführt zu haben, ua mit dem Unterlassen einer vorherigen Konsultation nach Art. 36 DS-GVO.

42 Eine Pflicht eines Auftragsverarbeiters mit speziellem Fokus auf der vorherigen Konsultation ergibt sich aus Erwägungsgrund 95, der besagt, dass er den Verantwortlichen auf Anfrage bei der Gewährleistung der Einhaltung der sich aus der vorherigen Konsultation der Aufsichtsbehörde ergebenden Auflagen unterstützen muss.

43 Sanktionsmöglichkeiten gegen Mitgliedstaaten, die in Gesetzgebungsprozessen mit Datenschutzrelevanz die Aufsichtsbehörde entgegen Abs. 4 nicht konsultieren, ergeben sich nicht aus der DS-GVO.

Abschnitt 4. Datenschutzbeauftragter

Artikel 37 Benennung eines Datenschutzbeauftragten

(1) Der Verantwortliche und der Auftragsverarbeiter benennen auf jeden Fall einen Datenschutzbeauftragten, wenn
a) die Verarbeitung von einer Behörde oder öffentlichen Stelle durchgeführt wird, mit Ausnahme von Gerichten, soweit sie im Rahmen ihrer justiziellen Tätigkeit handeln,
b) die Kerntätigkeit des Verantwortlichen oder des Auftragsverarbeiters in der Durchführung von Verarbeitungsvorgängen besteht, welche aufgrund ihrer Art, ihres Umfangs und/oder ihrer Zwecke eine umfangreiche regelmäßige und systematische Überwachung von betroffenen Personen erforderlich machen, oder
c) die Kerntätigkeit des Verantwortlichen oder des Auftragsverarbeiters in der umfangreichen Verarbeitung besonderer Kategorien von Daten gemäß Artikel 9 oder von personenbezogenen Daten über strafrechtliche Verurteilungen und Straftaten gemäß Artikel 10 besteht.

(2) Eine Unternehmensgruppe darf einen gemeinsamen Datenschutzbeauftragten ernennen, sofern von jeder Niederlassung aus der Datenschutzbeauftragte leicht erreicht werden kann.

(3) Falls es sich bei dem Verantwortlichen oder dem Auftragsverarbeiter um eine Behörde oder öffentliche Stelle handelt, kann für mehrere solcher Behörden oder Stellen unter Berücksichtigung ihrer Organisationsstruktur und ihrer Größe ein gemeinsamer Datenschutzbeauftragter benannt werden.

(4) ¹In anderen als den in Absatz 1 genannten Fällen können der Verantwortliche oder der Auftragsverarbeiter oder Verbände und andere Vereinigungen, die Kategorien von Verantwortlichen oder Auftragsverarbeitern vertreten, einen Datenschutzbeauftragten benennen; falls dies nach dem Recht der Union oder der Mitgliedstaaten vorgeschrieben ist, müssen sie einen solchen benennen. ²Der Datenschutzbeauftragte kann für derartige Verbände und andere Vereinigungen, die Verantwortliche oder Auftragsverarbeiter vertreten, handeln.

(5) Der Datenschutzbeauftragte wird auf der Grundlage seiner beruflichen Qualifikation und insbesondere des Fachwissens benannt, das er auf dem Gebiet des Datenschutzrechts und der Datenschutzpraxis besitzt, sowie auf der Grundlage seiner Fähigkeit zur Erfüllung der in Artikel 39 genannten Aufgaben.

(6) Der Datenschutzbeauftragte kann Beschäftigter des Verantwortlichen oder des Auftragsverarbeiters sein oder seine Aufgaben auf der Grundlage eines Dienstleistungsvertrags erfüllen.

(7) Der Verantwortliche oder der Auftragsverarbeiter veröffentlicht die Kontaktdaten des Datenschutzbeauftragten und teilt diese Daten der Aufsichtsbehörde mit.

Überblick

Art. 37 regelt mehrere Aspekte der Benennung eines Datenschutzbeauftragten. Abs. 1 begründet – bei Vorliegen bestimmter Voraussetzungen – die Verpflichtung sowohl des Verantwortlichen als auch des Auftragsverarbeiters zur Benennung eines Datenschutzbeauftragten (→ Rn. 11). Von großer praktischer Bedeutung in Deutschland ist die Öffnungsklausel in Abs. 4, die abweichende Anforderungen an die Benennung von Datenschutzbeauftragten im nationalen Recht zulässt (→ Rn. 35). Ausdrücklich wird in Abs. 2 die Möglichkeit verankert, einen Gruppen- bzw.

Benennung eines Datenschutzbeauftragten **Artikel 37 DS-GVO**

Konzernbeauftragten zu benennen (→ Rn. 40). Art. 37 macht auch Vorgaben zu den notwendigen Qualifikationen des Datenschutzbeauftragten vor allem bezüglich seines Fachwissens (→ Rn. 57). Abs. 6 bestimmt, dass interne und externe Datenschutzbeauftragte möglich sind (→ Rn. 70). Abs. 7 schließlich legt eine Veröffentlichungspflicht der Kontaktdaten des Datenschutzbeauftragten fest (→ Rn. 24).

Übersicht

	Rn.		Rn.
A. Allgemeines	1	2. Andere Mitgliedstaaten	38
I. Zweck der Vorschrift	1	C. Gemeinsamer Datenschutzbeauftragter	40
II. Die Institution des Datenschutzbeauftragten	3	I. Unternehmensgruppe	41
III. Verhältnis zu anderen Vorschriften der DS-GVO	5	II. Behörden und andere öffentliche Stellen	45
B. Pflicht zur Benennung eines Datenschutzbeauftragten	11	D. Freiwillige Benennung eines Datenschutzbeauftragten	47
I. Behörden und öffentliche Stellen	12	E. Benennungsvoraussetzungen	56
II. Kerntätigkeiten nicht öffentlicher Stellen	17	I. Fachliche Qualifikationen	57
1. Kerntätigkeit	18	II. Fähigkeit zur Erfüllung der Aufgaben	63
2. Umfangreiche regelmäßige und systematische Überwachung	25	III. Juristische oder natürliche Person	65
3. Umfangreiche Verarbeitung besonders sensibler Daten oder von Daten über strafrechtliche Verurteilungen	32	F. Interner oder externer Datenschutzbeauftragter	70
		I. Interner Datenschutzbeauftragte	71
III. Benennungspflichten nach nationalem Recht	35	II. Externer Datenschutzbeauftragte	76
1. Deutschland	36	G. Verlautbarung der Kontaktdaten	79
		H. Rechtsfolge bei Verstößen	83

A. Allgemeines

I. Zweck der Vorschrift

Der betriebliche Datenschutzbeauftragte ist ein Instrument der regulierten **Selbstkontrolle** 1 des Verantwortlichen bzw. Auftragsverarbeiters und dient damit der bürokratischen Entlastung öffentlicher Kontrollstellen (Taeger/Gabel/Scheja Rn. 2; NK-DatenschutzR/Drewes Art. 38 Rn. 2). Diesen Zweck verdeutlicht auch Erwägungsgrund 97 S. 1, wonach der Verantwortliche bzw. Auftragsverarbeiter bei der Überwachung der internen Einhaltung der DS-GVO bei risikoreichen Verarbeitungen gezielt von einer weiteren Person unterstützt werden soll, die über Fachwissen auf dem Gebiet des Datenschutzrechts und der Datenschutzverfahren verfügt.

Sichergestellt wird die Selbstkontrolle durch die Pflichtenkataloge in Art. 37 und Art. 38 2 (Pflichten der verarbeitenden Stelle) sowie Art. 39 (Pflichten des Datenschutzbeauftragten). Dem Datenschutzbeauftragten kommt die Funktion zu, unabhängig Informations-, Kooperations- sowie Überwachungstätigkeiten auszuüben ohne intern aber Entscheidungsgewalt über die Datenverarbeitung und die Schutzmaßnahmen selbst zu haben (MSA DatenschutzR/Schefzig Kap. 11 Rn. 51).

II. Die Institution des Datenschutzbeauftragten

Der Datenschutzbeauftragte war früher mehr oder weniger ein Spezifikum des deutschen 3 Datenschutzrechts, das den allermeisten anderen Rechtsordnungen fremd war. Art. 18 Abs. 2 RL 95/46/EG bot den EU-Mitgliedstaaten zwar die Möglichkeit, als Ersatz für die allgemeine Meldepflicht die Benennung eines Datenschutzbeauftragten vorzusehen, wovon die meisten Mitgliedstaaten auch Gebrauch gemacht hatten. Allerdings war dies jeweils optional. Nur in Deutschland bestand seit 1977 (BGBl. I 1977, 201) – bei Vorliegen bestimmter Voraussetzungen – eine Verpflichtung zur Benennung eines Datenschutzbeauftragten.

Diese Pflicht zur Benennung eines Datenschutzbeauftragten ist nun auch in Abs. 1 europäisch 4 kohärent aufgenommen worden. Weil diese verpflichtende Benennung unter den Mitgliedstaaten nicht unumstritten war, ist sie das Ergebnis eines Kompromisses: Die Voraussetzungen für das Eingreifen der Benennungspflicht sind (jedenfalls im Bereich der Privatwirtschaft) recht hoch

DS-GVO Artikel 37 Kapitel IV. Verantwortlicher und Auftragsverarbeiter

angesetzt; dafür wurde den Mitgliedstaaten kraft einer Öffnungsklausel in Abs. 4 S. 1 Hs. 2 die Möglichkeit eingeräumt, im nationalen Recht abweichende (strengere) Benennungsvoraussetzungen vorzusehen. Hiervon hat der deutsche Gesetzgeber bereits Gebrauch gemacht (→ Rn. 36).

III. Verhältnis zu anderen Vorschriften der DS-GVO

5   Ist ein Datenschutzbeauftragter benannt, sind in der Datenschutzerklärung (Art. 13 und Art. 14) dessen Kontaktdaten bekannt zu geben. Die Angabe einer E-Mailadresse oder Telefonnummer und einer Postanschrift ist ausreichend (WP 243 rev.01, Ziff. 2.6 iVm WP 260 rev.01, Ziff. 40; Art. 14 Abs. 1 lit. b → Art. 14 Rn. 40).

6   Die gleichen Angaben sind auch im Verzeichnis der Verarbeitungstätigkeiten gem. Art. 30 Abs. 1 lit. a; Abs. 2 lit. a und bei der Meldung von Datenschutzverletzungen an die Aufsichtsbehörde gem. Art. 33 Abs. 3 lit. b (→ Art. 33 Rn. 55) bereitzustellen.

7   Bei der Konzeption verbindlicher interner Datenschutzvorschriften (BCR) iSd Art. 46 Abs. 2 lit b iVm Art. 47 Abs. 1 sind gem. Art. 47 Abs. 2 lit. h dezidertere Angaben zu machen. Darzulegen ist die interne Aufgabenzuteilung des Datenschutzbeauftragen. Nach der Artikel-29-Datenscutzgruppe soll in den BCR eine kurze Beschreibung der internen Struktur, der Rolle, der Position und der Aufgaben der benannten Datenschutzbeauftragten und anderer, mit der Einhaltung der DS-GVO betrauter Personen, erfolgen. Dies erfordert zwangsläufig auch eine konkrete Abgrenzung zwischen dem weisungsfreien Datenschutzbeauftragten und den für Datenschutz intern verantwortlichen Personen (→ Art. 47 Rn. 51; → Rn. 48).

8   Art. 35 Abs. 2 normiert als einzige Vorschrift in der DS-GVO explizit die Inanspruchnahme des Datenschutzbeauftragten durch den Verantwortlichen bzw. Auftragsverarbeiter. Hiernach ist die verarbeitende Stelle verpflichtet den Datenschutzbeauftragten bei der Durchführung einer Datenschutz-Folgenabschätzung einzubinden. Dies stellt zum einen eine Konkretisierung des Art. 38 Abs. 1 dar (Einbindung). Zugleich ist speziell in Art. 39 Abs. 1 lit. c normiert, dass der Datenschutzbeauftragte – was sich ohnehin aus Art. 35 Abs. 2 iVm Art. 39 Abs. 1 lit. b ergäbe – zu Unterstützungsleistungen in diesem Rahmen verpflichtet ist.

9   Die Aufsichtsbehörde ist dem Datenschutzbeauftragten gegenüber zur Zusammenarbeit verpflichtet; dies umfasst insbesondere die Beantwortung von Anfragen nach Art. 57 Abs. 3, wenn die Anfrage zumindest durch einen internen Datenschutzbeauftragten oder bei externen mandatsbezogenen erfolgt (→ Art. 57 Rn. 45; → Rn. 51).

10 Art. 83 Abs. 4 lit. a setzt das Maximalbußgeld im Falle eines Verstoßes gegen die Art. 37–39 auf 10.000.000 EUR oder im Falle eines Unternehmens auf bis zu 2 % des weltweiten Umsatzes fest (→ Rn. 83; → Art. 83 Rn. 8 ff.). Eine Sanktionierung von Verstößen des Datenschutzbeauftragten, zB bei Verletzung seiner Pflichten oder Fehlberatung, kennt die DS-GVO nicht (→ Art. 39 Rn. 27).

B. Pflicht zur Benennung eines Datenschutzbeauftragten

11 Nach Abs. 1 besteht eine Verpflichtung zur Benennung eines Datenschutzbeauftragten, wenn alternativ eine der folgenden Voraussetzungen vorliegt:
- es handelt sich um eine „öffentliche Stelle", dh die Verarbeitung wird von einer **Behörde** durchgeführt (lit. a);
- die **Kerntätigkeit** besteht in Verarbeitungsvorgängen, die eine **umfangreiche, regelmäßige** und **systematische Überwachung** betroffener Personen erforderlich macht (lit. b); oder
- die Kerntätigkeit besteht in einer umfangreichen Verarbeitung **besonders sensibler** personenbezogener **Daten** (lit. c).

I. Behörden und öffentliche Stellen

12 Für Behörden und öffentliche Stellen kann eine Qualifizierung und Einordnung ihrer Verarbeitungstätigkeiten dahinstehen: sie trifft faktisch eine unbedingte Pflicht zur Benennung eines Datenschutzbeauftragten.

13 Von der **unbedingten Bestellpflicht** besteht formell gesehen, zumindest auf europäischer Ebene, eine Ausnahme für Gerichte, soweit sie personenbezogene Daten „im Rahmen ihrer justiziellen Tätigkeit" verarbeiten. Der Begriff der Gerichte ist extensiv auszulegen (vgl. Erwägungsgrund 97 S. 1, der auch unabhängige Justizbehörden aufzählt; so auch Kühling/Buchner/Bergt Rn. 16). Die ausgenommene Verarbeitungshandlung hängt im konkreten von der jeweiligen Gerichtsbarkeit ab. Vielfach betrifft dies Verarbeitungen im Rahmen der Rechtsprechung, um die justizielle Unabhängigkeit zu wahren (ausführlich dazu mit extensiver Auslegung Kühling/Buch-

ner/Bergt Rn. 16; aA (restriktiv auslegend) Ehmann/Selmayr/Heberlein Rn. 21). Da öffentliche Stellen allerdings auch anderweitig personenbezogene Daten verarbeiten (zB im Rahmen der Justizverwaltung und Personalverwaltung), verbleibt es faktisch bei einer absoluten Bestellpflicht. Art. 39 Abs. 1 lit. a Hs. 2 stellt daher letztlich nur klar, dass sich der Aufgabenbereich des Datenschutzbeauftragten in Art. 39 Abs. 1 von Gesetzes wegen nicht auf diesen Teilbereich erstreckt. Eine dienstvertragliche Ausdehnung hierauf ist allerdings möglich (Abs. 6 S. 1 → Art. 38 Rn. 32).

In Deutschland wird dieses Ergebnis ebenfalls durch § 7 Abs. 1 S. 2 verdeutlicht, der anders als **14** Abs. 1 lit. a nicht die Bestellpflicht ausschließt – die wie aufgezeigt, letztlich sowieso ausgelöst wird – sondern konsequent den gesetzlichen Aufgabenbereich des Datenschutzbeauftragten beschränkt (ähnlich Niklas/Faas NZA 2017, 1091 (1091 f.); → BDSG § 7 Rn. 8).

Die DS-GVO enthält keine Definition der Begriffe „Behörde" oder „öffentliche" Stelle. Es **15** erscheint sinnvoll, für die Abgrenzung zum Privatsektor auf das jeweilige nationale Recht des Mitgliedstaats abzustellen (so auch WP 243 rev.01, Ziff. 2.1.1; Ehmann/Selmayr/Heberlein Rn. 19; Kühling/Buchner/Bergt Rn. 16; aA Feiler/Forgó Art. 38 Rn. 2). Ob auch Private, auf die eine öffentlich-rechtliche Aufgabe übertragen worden ist, unter die Begrifflichkeit der öffentlichen Stelle fallen (so etwa Taeger/Gabel/Scheja Rn. 11 ff. in Anlehnung an Erwägungsgrund 45), erscheint zweifelhaft. So offenbart die Systematik des Gesetzes, bei Vergleich mit Art. 55 Abs. 2, dass private Stellen nicht als eine Öffentliche behandelt werden, selbst wenn ihnen eine öffentliche Aufgabe übertragen worden ist (ähnlich auch Ehmann/Selmayr/Heberlein Rn. 20).

Im nationalen Recht hat der deutsche Gesetzgeber die öffentlichen Stellen umfassend in § 2 **16** Abs. 1 und Abs. 2 definiert (→ BDSG § 2 Rn. 7).

II. Kerntätigkeiten nicht öffentlicher Stellen

Die Bestellpflicht für den privaten Sektor wird ausgelöst, wenn die Kernverarbeitungstätigkeiten **17** der verarbeitenden Stelle, entweder (kumulativ) eine umfangreiche, regelmäßige und systematische Beobachtung betroffener Personen erforderlich machen oder diese sich auf umfangreiche Verarbeitungen besonderer Kategorien von Daten gem. Art. 9 oder auf personenbezogene Daten über strafrechtliche Verurteilungen und Straftaten gem. Art. 10 erstreckt. Insgesamt regeln lit. b und lit. c daher drei Fallvarianten, die jeweils an die Kerntätigkeit anknüpfen.

1. Kerntätigkeit

Art. 37 definiert den Begriff der Kerntätigkeit nicht. Nach Erwägungsgrund 97 bezieht sich **18** eine Verarbeitung auf die Kerntätigkeit eines Verantwortlichen, wenn diese seine Haupttätigkeiten und nicht eine Nebentätigkeit betreffen. Maßgeblich darf hier deshalb wohl auf den **Geschäftsgegenstand** des Unternehmens abgestellt werden (Kühling/Buchner/Bergt Rn. 19; Forgó/Helfrich/Schneider Betr. Datenschutz-HdB/Haag Teil II Kap. 3 Rn. 8 f.; Ehmann/Selmayr/Heberlein Rn. 25; Klug ZD 2016, 315 (316); Niklas/Faas NZA 2017, 1091 (1092)).

Dies bedeutet aber auch, dass im Regelfall die Verarbeitung von Daten über eigene Mitarbeiter **19** im Rahmen von Art. 37 außer Betracht zu bleiben hat, weil die Personaldatenverarbeitung typischerweise nur ein Unterstützungsprozess ist und deshalb nicht die Haupttätigkeit eines Unternehmens ausmacht (WP 243 rev.01, Ziff. 2.1.2; Ehmann/Selmayr/Heberlein Rn. 26). Gleiches gilt auch für die eigene Buchhaltung (NK-DatenschutzR/Drewes Rn. 17). Tätigkeiten, die umfasst sind, müssen daher selbst die Haupttätigkeit abbilden oder zumindest damit unmittelbar in einer Form verknüpft sein, dass sie ein Grundbestandteil der Haupttätigkeit sind.

Ansichten, nach denen auch Tätigkeiten umfasst sind, wenn sie allein für die Umsetzung der **20** Unternehmensstrategie entscheidend sind und dabei nicht bloße routinemäßige Verwaltungsaufgaben darstellen (Jaspers/Reif RDV 2016, 61 (62); Franzen EuZA 2017, 313 (338); Kahlert/Licht ITRB 2016, 178 (179); Paal/Pauly/Paal Rn. 8), gehen indes zu weit. Die Intention des Gesetzgebers (vgl. Erwägungsgrund 97) spricht gegen ein maßgebliches Abstellen auf die Unternehmensstrategie. Die Unternehmensstrategie umfasst schon die Planung und damit zukünftige, nur mögliche Tätigkeiten. Die Kerntätigkeit setzt jedoch voraus, dass eine gewisse Dauer, Bedeutung und Nachhaltigkeit der Tätigkeit vorliegt, die eine Abgrenzung zu Nebentätigkeiten zulässt (Klug ZD 2016, 315 (316), will zB den Umsatz mit heranziehen). Das Abstellen auf die Unternehmensstrategie erlaubt eine solche Konturierung nicht in ausreichendem Maße.

Unklar bleibt indes, ob nach **einzelnen Geschäftsfeldern** zu differenzieren ist oder die verar- **21** beitende Stelle als Gesamtes zu betrachten ist (kritisch Gierschmann ZD 2016, 51 (52)). Viel spricht dafür, dass mit Haupttätigkeit mehrere Geschäftsfelder gemeint sein können, solange sie eine gewisse Signifikanz aufweisen (Kühling/Buchner/Bergt Rn. 19; aA Marschall/Müller ZD

DS-GVO Artikel 37 Kapitel IV. Verantwortlicher und Auftragsverarbeiter

2016, 415 (417)). Hierfür sprechen zum einen die anderen Sprachfassungen, die durchweg den Plural verwenden („core activities"; „les activités de base") sowie die Grundkonzeption als eine vom risikobasierten Ansatz geleitete Norm. Zudem erscheint es realitätsfern, einem Unternehmen ausschließlich eine einzige Kerntätigkeit zuzuschreiben.

22 Angesichts der Gefahr von Geldbußen (→ Rn. 83) und der Konturlosigkeit des Begriffs ist es bedauerlich, dass im Rahmen des Gesetzgebungsverfahrens die ursprüngliche Möglichkeit, (klarstellende) delegierte Rechtsakte durch die Kommission zu erlassen, gestrichen wurde (Plath/ von dem Bussche Rn. 17; Kühling/Buchner/Bergt Rn. 22).

23 Es besteht keine Parallelität der Benennungspflicht bei **Auftragsverarbeitern und Verantwortlichen**. Die Kerntätigkeit einer verarbeitenden Stelle schlägt somit nicht zwingend auf eine weitere Stelle, die überschneidende Daten verarbeitet oder an der Verarbeitung beteiligt ist, durch (WP 243 rev.01 Ziff. 2.2; wohl auch GSSV/Mayer Rn. 46). Inwieweit eine Kerntätigkeit vorliegt, ist für jeden Auftragsverarbeiter und/oder Verantwortlichen gesondert zu bewerten. Gleiches gilt auch bei gemeinsamen Verantwortlichen iSv Art. 4 Nr. 7 Var. 2 iVm Art. 26 Abs. 1.

24 So kann ein Verantwortlicher mit kleiner Internetpräsenz zB die Dienste eines darauf spezialisierten Webanalysedienstes als Auftragsverarbeiter in Anspruch nehmen. Der Auftragsverarbeiter unterfällt in diesen Fällen regelmäßig Abs. 1 lit. b (→ Rn. 31), dem Verantwortlichen kann dies indes, sofern er selbst nicht die Voraussetzungen erfüllt, nicht automatisch zugerechnet werden (so auch WP 243 rev.01 Ziff. 2.2).

2. Umfangreiche regelmäßige und systematische Überwachung

25 Die Kerntätigkeit muss in der Durchführung von Verarbeitungsvorgängen bestehen, die aufgrund ihrer Art, ihres Umfangs und/oder ihrer Zwecke eine umfangreiche, regelmäßige und systematische Überwachung erforderlich machen. Letzteres muss kumulativ erfolgen und gerade nicht alternativ (so aber HK-DS-GVO/Helfrich Rn. 60). Sowohl der deutsche Wortlaut („und"), erst recht aber der englische Wortlaut zeigen dies auf („regular and systematic monitoring (...) on a large scale"). Die Beurteilungskriterien „Art, Umfang und Zweck" können dagegen alternativ herangezogen werden („und/oder"). Entsprechend sind Umfang, Regelmäßigkeit und Systematik in einer Gesamtschau zu beurteilen (Klug ZD 315, (316)).

26 Maßgeblich bei der Bewertung ist, dass Verarbeitungshandlungen Abs. 1 lit. b schon dann unterfallen, wenn für die Kerntätigkeit eine **Überwachung erforderlich** ist. Eine tatsächlich erfolgte umfangreiche, regelmäßige und systematische Beobachtung reicht deshalb allein nicht aus. Dies offenbart das Merkmal der Erforderlichkeit und dessen grammatikalischer Bezugspunkt. Noch deutlicher zeigt dies Erwägungsgrund 97 S. 1 auf („dessen Kerntätigkeit in Verarbeitungsvorgängen besteht (...) die erfordern"/„those core activities consist of processing operations that require (...) monitoring"). Bei systematischer Betrachtung legt auch ein Vergleich mit Abs. 1 lit. c dies Ergebnis nahe. Anknüpfungspunkt der Benennungspflicht ist daher, ob die Kerntätigkeit typischerweise eine regelmäßige, systematische und umfangreiche Überwachung mit sich bringt.

27 Wie das Merkmal der Überwachung auszulegen ist lässt die DS-GVO ebenfalls offen. Ein Hinweis, welche Verarbeitungen eine „umfangreiche, regelmäßige und systematische Überwachung" betroffener Personen mit sich bringen, lässt sich Art. 35 Abs. 3 lit. c entnehmen (Art. 35 Abs. 3 lit. c → Art. 35 Rn. 28). Diese Regelung etabliert das Erfordernis einer Datenschutzfolgenabschätzung ua „bei systematischer umfangreicher Überwachung öffentlich zugänglicher Bereiche". Paradebeispiel hierfür dürften deshalb entsprechend gestaltete Videoüberwachungen sein. Weil es sich hierbei aber – wie oben dargestellt – um die Kerntätigkeit des Unternehmens handeln muss, fallen die typischen Videoüberwachungen in Ladenlokalen für Zwecke der Durchsetzung des Hausrechts und der Verhinderung und Aufklärung von Diebstählen ebenso wenig hierunter wie entsprechende Überwachungseinrichtungen, die nur Mitarbeiter betreffen (so wohl auch Niklas/Faas NZA 2017, 1091 (1092); aA wohl Taeger/Gabel/Scheja Rn. 31; ebenso wohl Ehmann/Selmayr/Heberlein Rn. 25).

28 Der Vergleich mit anderen Sprachfassungen verdeutlicht daneben, dass „**Überwachung**" im Sinne des ebenfalls in Art. 3 Abs. 2 lit. a verwendeten „**Beobachten**" zu verstehen ist („monitoring of data subjects" und „monitoring of their behaviour"; „suivi régulier" und „suivi du comportement de ces personnes") (Ehmann/Selmayr/Heberlein Rn. 23; aA Uecker ZD 2019, 67 (69)). Erwägungsgrund 24 S. 2 definiert die Beobachtung als Handlung, die die Internetaktivitäten der betroffenen Person nachvollziehen lässt einschließlich der Profilbildung als Grundlage für Entscheidungen und die Analyse oder Vorhersage von Vorlieben oder Verhaltensweisen.

29 **Regelmäßigkeit** liegt vor, wenn die Überwachung fortlaufend oder periodisch stattfindet (WP 243 rev.01 Ziff. 2.1.4). **Systematisch** ist die Überwachung, wenn sie einem organisierten

oder methodischen Ansatz folgt oder Teil einer umfassenden Strategie oder eines Datenerfassungsplans ist (WP 243 rev.01 Ziff. 2.1.4). **Umfangreich** sind Verarbeitungen, wenn sie viele Personen oder große Mengen an personenbezogenen Daten betreffen. Die Artikel 29-Datenschutzgruppe empfiehlt, hierfür – angelehnt an Erwägungsgrund 91 folgende Parameter heranzuziehen:
- die Zahl der betroffenen Personen als absolute Anzahl oder als Anteil der Bevölkerung,
- Datenvolumen,
- Dauer oder Permanenz,
- Geografische Ausdehnung.

Folgende Tätigkeiten können daher als Musterbeispiele für eine umfangreiche, regelmäßige und 30 systematische Überwachung in Betracht kommen:
- die Profilbildung von betroffenen Benutzern, unabhängig, ob im Internet oder analog,
- die Videoüberwachung/das -monitoring,
- das GPS-Tracking.

Daneben gilt es allerdings immer zu beachten, dass die Kerntätigkeit der verarbeitenden Stelle in 31 den oben genannten Formen der Überwachung liegen muss. Dies ist liegt bei folgenden Branchen nahe:
- Auskunfteien,
- Apps deren Kernfunktionalität die Analyse von Standortdaten erfordert (zB Fitness-, Hiking-, Navigationsapps mit Profilbildung etc),
- Detekteien,
- Bewachungsunternehmen,
- Personal- oder Partnervermittlungen, zielgruppenorientierte Online-Werbevermarkter.

3. Umfangreiche Verarbeitung besonders sensibler Daten oder von Daten über strafrechtliche Verurteilungen

Eine Bestellpflicht wird zudem ausgelöst durch eine (als Kerntätigkeit vorgenommene) umfang- 32 reiche Verarbeitung von:
- besonderen Kategorien personenbezogener Daten gem. Art. 9 (ausführlich dazu → Art. 9 Rn. 28 ff.); oder
- personenbezogenen Daten über strafrechtliche Verurteilungen gem. Art. 10 (ausführlich dazu → Art. 10 Rn. 1 ff.).

Wann eine Kerntätigkeit sowie eine umfangreiche Verarbeitung vorliegen, bestimmt sich entspre- 32a chend der zu lit. b genannten Kriterien (Abs. 1 lit. b → Rn. 18 ff.). Im Unterschied zu lit. b ist die Benennung eines Datenschutzbeauftragten allerdings erst verpflichtend, wenn die Verarbeitung der genannten Kategorien von Daten „umfangreich" erfolgt. Dies wird bei einem systematischen Vergleich deutlich, indem lit. c auf das Merkmal der Erforderlichkeit verzichtet (Abs. 1 lit. b, dazu → Rn. 26).

Dies ist regelmäßig der Fall bei: 33
- Altersheimen,
- Anbieter von erotischem Zubehör im online Handel,
- Auskunfteien,
- Arztpraxen und Krankenhäusern,
- anderen Gesundheitsdienstleistern (Apotheken, Ernährungsberater; Hospize; Fitnessdienstleister),
- ggf. Stellen, die Studien durchführen (wie zB klinische Studien, Meinungsforschungsinstitute),
- Gewerkschaften,
- Krankenversicherungen,
- Rechtsanwaltskanzleien, sofern die Kerntätigkeit auf Daten iSv Art. 10 gerichtet sind.

Einzelne Rechtsanwälte oder Ärzte sind hiervon allerdings nicht umfasst. Dies macht ein Vergleich 34 mit Erwägungsgrund 91 deutlich, wonach keine umfangreiche Verarbeitung vorliegen soll, wenn ein Einzelner diese Tätigkeit ausübt. Auch wenn Erwägungsgrund 91 sich primär auf Art. 35 bezieht, ist oben bereits die Vergleichbarkeit herausgestellt worden. Zudem würde jede andere Interpretation zu einem Systembruch der DS-GVO führen (ebenso Kühling/Buchner/Bergt Art. 37 Rn. 21; Ehmann/Selmayr/Heberlein Rn. 27; aA Taeger/Gabel/Scheja Rn. 38).

III. Benennungspflichten nach nationalem Recht

Abs. 4 S. 1 Hs. 2 enthält eine Öffnungsklausel, die es den Mitgliedstaaten ermöglicht, im 35 nationalen Recht auch in anderen als den in Abs. 1 genannten Fällen eine Pflicht zur Benennung eines Datenschutzbeauftragten vorzusehen.

1. Deutschland

36 Hiervon hat der deutsche Gesetzgeber Gebrauch gemacht: Das am 12.5.2017 durch Zustimmung des Bundesrates verabschiedete Gesetz zur Anpassung des Datenschutzrechts an die VO (EU) 2016/679 und zur Umsetzung der RL (EU) 2016/680 (Datenschutz-Anpassungs- und -Umsetzungsgesetz EU – DSAnpUG-EU) ist am 30.6.2017 im Bundesgesetzblatt bekanntgemacht worden und zeitgleich mit der DS-GVO am 25.5.2018 in Kraft getreten (→ BGBl. I 2097). Gemäß § 38 Abs. 1 des BDSG sollen der Verantwortliche und der Auftragsverarbeiter ergänzend zu Abs. 1 einen Datenschutzbeauftragten benennen, wenn eine der folgenden Voraussetzungen vorliegt:

- sie beschäftigen in der Regel **mindestens 20 Personen** ständig mit der automatisierten Verarbeitung personenbezogener Daten;
- sie nehmen Verarbeitungen vor, die einer **Datenschutzfolgenabschätzung** nach Art. 35 DS-GVO unterliegen; oder
- sie verarbeiten personenbezogene Daten **geschäftsmäßig** zum Zweck der Übermittlung, der anonymisierten Übermittlung oder für Zwecke der Markt- oder Meinungsforschung.

37 Im Ergebnis gelten in Deutschland deshalb – zusätzlich zu den Anforderungen nach Art. 37 – die früher schon gem. § 4f BDSG aF anwendbaren Voraussetzungen für die Benennung von Datenschutzbeauftragten durch nicht-öffentliche Stellen auch seit Inkrafttreten der DS-GVO fort (→ Art. 38 Rn. 2). Weitergehende zusätzliche Regelungen zur Benennung von Datenschutzbeauftragten durch öffentliche Stellen enthalten §§ 5–7 BDSG. Diese entsprechen ebenfalls weitestgehend den ehemals in §§ 4f, 4g BDSG aF enthaltenen Regelungen – einschließlich Sonderregelungen zur Stellung und zu den Aufgaben des behördlichen Datenschutzbeauftragten.

2. Andere Mitgliedstaaten

38 Zusätzliche Benennungspflichten haben bisher nur folgende Mitgliedstaaten im nationalen Recht festgeschrieben:

- **Belgien:** Eine zusätzliche Pflicht zur Benennung eines Datenschutzbeauftragten besteht, wenn (a) eine private Stelle personenbezogene Daten im Auftrag einer öffentlichen Stelle verarbeitet oder die öffentliche Stelle personenbezogene Daten im Rahmen der Polizeidienste an diese private Stelle übermittelt (Art. 21 Data Protection Act) oder (b) eine für Archivierungszwecke im öffentlichen Interesse, für wissenschaftliche oder historische Forschungszwecke oder statistische Zwecke erforderlich ist (Art. 190 Data Protection Act).
- **Finnland:** Einige wenige nationale Spezialgesetze sehen eine obligatorische Benennung vor. Beispielsweise müssen alle Funktionseinheiten des Gesundheits- und Sozialwesens sowie die Apotheken einen Datenschutzbeauftragten nach dem Gesetz über elektronische Vorschriften 2007/61 (Laki sähköisestä lääkemääräyksestä) benennen.
- **Luxemburg:** In Abhängigkeit von Art, Umfang, Kontext und Zweck der Verarbeitung sowie den Risiken für die Rechte und Freiheiten der betroffenen Personen ist im Rahmen der Verarbeitung personenbezogener Daten für wissenschaftliche oder historische Forschungszwecke oder statistische Zwecke (Art. 65 S. 1 Nr. 1) und im Falle einer Verarbeitung iSd Art. 9 Abs. 2 lit. j (Art. 64) die Benennung eines Datenschutzbeauftragten verpflichtend. Wird von einer Benennung abgesehen, ist die Entscheidung begründet zu dokumentieren (Art. 65 S. 2).
- **Polen:** Auf nationaler Ebene liegt ein bisher nicht beschlossener Entwurf vor. Dieser listet konkrete Institutionen auf (Stellen des öffentlichen Finanzsektors; Forschungseinrichtungen; die Nationale Bank Polens), die zur Benennung eines Datenschutzbeauftragten verpflichtet sind (Art. 9 Gesetz über den Schutz personenbezogener Daten – Druck Nr. 2410).
- **Rumänien:** Die Benennung eines Datenschutzbeauftragten ist obligatorisch, wenn der Verantwortliche eine nationale Identifikationsnummer (CNP) verarbeitet und diese Verarbeitung auf Art. 6 Abs. 1 lit. f stützt. Dies gilt unabhängig davon, ob diese in einem Dokument, Formular oder gesondert verarbeitet wird (Art. 4 Abs. 2 lit. b Gesetz Nr. 190/2018). Gleiches gilt, wenn die Verarbeitung für die Wahrnehmung einer Aufgabe im öffentlichen Interesse (Art. 6 Abs. 1 lit. e Var. 1 und Art. 9 lit. g Var. 1) erfolgt (Art. 6 lit. b Gesetz Nr. 190/2018).

39 Eine ähnlich extensive Benennungspflicht wie in Deutschland sieht bisher kein anderer Mitgliedstaat vor, wie die Aufstellung verdeutlicht.

C. Gemeinsamer Datenschutzbeauftragter

40 Sowohl Behörden und anderen öffentlichen Stellen (Abs. 3) als auch Unternehmensgruppen (Abs. 2) ist es gestattet, einen gemeinsamen Datenschutzbeauftragten für mehrere Stellen/Niederlassungen zu benennen.

I. Unternehmensgruppe

Im Fall der Unternehmensgruppe wird diese Möglichkeit dann relevant, wenn für mehrere 41
Gruppenunternehmen (die die DS-GVO als „Niederlassung" bezeichnet) eine Benennungspflicht greift. In der Praxis ist die Benennung eines gemeinsamen Datenschutzbeauftragten durch mehrere Gruppenunternehmen in der Form des so genannten **Konzerndatenschutzbeauftragten** üblich. Der Vorteil begründet sich in der einheitlichen und konzernweiten Themenbehandlung und Implementierung von organisatorischen Maßnahmen. Im Hinblick auf diejenigen Niederlassungen, bei denen der Datenschutzbeauftragte nicht beschäftigt ist, fungiert er dann freilich als externer Datenschutzbeauftragter. Dies musste bisher allerdings in komplizierter und administrativ aufwändiger Form durch eine Vielzahl von Einzelbenennungen erfolgen. Nunmehr kann die Benennung gemeinsam erfolgen, indem die beteiligten Niederlassungen aufgeführt werden (Kühling/Buchner/Bergt Rn. 27; Gola/Klug Rn. 17; Paal/Pauly/Paal Rn. 10; Roßnagel DS-GVO-HdB/Maier/Ossoinig 210; Gierschmann ZD 2016, 51 (52); Marschall/Müller ZD 2016, 415 (416)).

Voraussetzung für die Zulässigkeit eines Gruppen- bzw. Konzerndatenschutzbeauftragten ist die 42
„leichte Erreichbarkeit" von jeder Niederlassung aus. Das lässt sich im Regelfall hinreichend über die üblichen Fernkommunikationsmittel (Telefon, E-Mail, Videokonferenz, etc) sicherstellen (ebenso Wybitul/v. Gierke BB 2017, 181 (183); Thode CR 2016, 714 (717); wohl auch DSK Kurzpapier Nr. 12, 2).

Stimmen, die darüber hinaus eine gewisse örtliche Erreichbarkeit fordern (so etwa Kühling/ 43
Buchner/Bergt Rn. 28), ist zu widersprechen. Weder bietet der Wortlaut der DS-GVO hierfür einen Anhaltspunkt – es wird nur von „Erreichbarkeit" gesprochen. Noch erscheint dies nach Sinn und Zweck geboten. Die Erfüllung der Aufgaben nach Art. 39 verlangen dies zumindest nicht in dem geforderten Umfang, dass An- und Abreise sowie die Wahrnehmung des Termins innerhalb eines Arbeitstages gelingen müsste (so etwa Kühling/Buchner/Bergt Rn. 28; SJTK/Jasper/Reif Rn. 35). Vielfach ist es schon allein vom Schutzzweck besser, dass gerade länderübergreifend, die gleiche „Sparte" eines Konzerns betreut werden kann. Darüber hinaus offenbaren auch Art. 13 und Art. 14 das nur die „Kontaktaufnahme" möglich sein muss. In Zeiten einer digitalen, vernetzten Welt, wird ein Gespräch über Fernkommunikationsmittel zudem vollkommen ausreichend und ohnehin aus Effizienzgründen für den Kontaktierenden häufig selbst zielführender sein (DSK Kurzpapier Nr. 12, 2, fordert ebenfalls nur die Einrichtung von Fernkommunikationsmitteln).

„Erreichbarkeit" ist in Zusammenschau mit Abs. 5 aber so auszulegen, dass auf Seiten des 44
Datenschutzbeauftragten keine sprachliche Barriere besteht (WP 243 rev.01 Ziff. 2.3; an dieser Stelle auch zustimmend Kühling/Buchner/Bergt Rn. 29; Paal/Pauly/Paal Rn. 10b; Jaspers/Reif RDV 2016, 61 (62)). Erfüllt werden muss dies allerdings nicht allein durch eine einzelne Person. Vielmehr kann diese Anforderung auch durch den Einsatz von Hilfspersonen oder mehreren in einer juristischen Person zusammengeschlossenen natürlichen Personen erfüllt werden (so wohl auch Plath/von dem Bussche Rn. 36; Gola/Klug Rn. 17; Ehmann/Selmayr/Heberlein Rn. 30; zur Möglichkeit der Benennung einer juristischen Person → Rn. 65 ff.).

II. Behörden und andere öffentliche Stellen

Für Behörden und öffentliche Stellen muss die gemeinsame Benennung unter Berücksichtigung 45
der Organisationsstruktur und Größe erfolgen. Maßgeblich wird daher eine gewisse zusammenhängende Organisationsstruktur der öffentlichen Stelle oder des Bereiches sein (Plath/von dem Bussche Rn. 38; Ehmann/Selmayr/Heberlein Rn. 31, fordert zB eine gemeinsame „Trägerschaft").

Mangels näherer Konkretisierung scheint es gerechtfertigt, das Erfordernis der Erreichbarkeit 46
aus Abs. 2 und die in Abs. 5 gestellten Anforderungen an den Datenschutzbeauftragten bei der Eignung zu berücksichtigen. Entscheidend für die Eignung ist daher, ob die Größe oder Struktur der öffentlichen Stellen so angelegt sind, dass die in Art. 39 dargelegten Pflichten von einem Datenschutzbeauftragten gemeinsamen erfüllt werden können (Plath/von dem Bussche Rn. 38; Kühling/Buchner/Bergt Rn. 30).

D. Freiwillige Benennung eines Datenschutzbeauftragten

Den Verantwortlichen, Auftragsverarbeitern, Verbänden und anderen Vereinigungen bleibt es 47
gem. Abs. 4 S. 1 Hs. 1 unbenommen einen Datenschutzbeauftragten freiwillig zu benennen, wenn die Voraussetzungen des Abs. 1 (oder der anwendbaren nationalen Begleitgesetze) nicht vorliegen.

Die Entscheidung für eine freiwillige Benennung eines Datenschutzbeauftragten führt nach Ansicht der Aufsichtsbehörden zu einer vollständigen Anwendung der Art. 37–39 (WP 243 rev.01, Ziff. 2.1). Jedenfalls das Verbot der Abberufung im Zusammenhang mit der Erfüllung seiner Aufgaben kann aber schon teleologisch nicht vollumfänglich für einen freiwillig benannten Datenschutzbeauftragten gelten (so auch NK-DatenschutzR/Drewes Rn. 37; aA Kühling/Buchner/Bergt Rn. 26; Ehmann/Selmayr/Heberlein Rn. 11). Art. 38 Abs. 3 S. 2 Var. 1 muss zumindest insoweit modifiziert werden, dass ein Zurückkehren in den Status ohne Datenschutzbeauftragten möglich ist. Andernfalls unterwürfe sich die private Stelle mit der einmaligen Entscheidung unumkehrbar den Art. 37–39. Hierfür gib es jedoch weder ein Erfordernis, noch würde es die Attraktivität der freiwillige Benennung fördern, worin jedoch das Interesse des Gesetzgebers liegt. Dies bringt er schon durch die Schaffung der Norm zum Ausdruck. Auch der deutsche Gesetzgeber offenbart in der nationalen Umsetzung dieses Verständnis, indem § 6 Abs. 4 BDSG ausschließlich im Falle der obligatorischen Benennung anwendbar ist (§ 38 Abs. 2 Hs. 2 → BDSG § 38 Rn. 19). Sofern die Weisungsfreiheit daher gewahrt bleibt, kann eine Befristung der Benennungsdauer oder eine Abberufung nach angemessener Zeit erfolgen (Art. 38 Abs. 3 → Art. 38 Rn. 19).

48 Ist eine Einrichtung nicht verpflichtet und entscheidet sich die Stelle gegen die freiwillige Benennung eines Datenschutzbeauftragten, verbleibt ihr dennoch die Möglichkeit, datenschutzrechtlich relevanten Prüfungs-, Beratungs- und Überwachungsaufgaben an einen oder mehrere Beschäftigte zu delegieren. Empfehlenswert ist dann eine deutliche Abgrenzung zum gesetzlichen Datenschutzbeauftragten, sowohl im Innen- als auch im Außenverhältnis (WP 243 rev.01, Ziff. 2.1). Zum einen ist die Aufgabenbeschreibung, die Stellung und die Funktionsbezeichnung hinreichend konkret und unmissverständlich festzulegen. Zum anderen sollte für Betroffene und andere Beschäftigte erkennbar sein, dass derjenige eine weisungsabhängige Unterstützungsfunktion als Datenschutzberater, -manager, -experte oder -koordinator (Data Protection Advisor, Manager Expert or Coordinator) innehat und nicht Datenschutzbeauftragter iSd Art. 37 ff. ist (zur Einordnung der Begrifflichkeiten MSA DatenschutzR/Schefzig Kap. 11 Rn. 176 ff.; Schefzig DSRITB 2017, 43 (51)).

49 **Vorteile der Benennung** eines freiwilligen Datenschutzbeauftragten können in einer positiven Außendarstellung liegen (Taeger/Gabel/Scheja Rn. 55 – „Marketingzwecke") oder in einer Unterstützung des Rechenschaftsgrundsatzes (Art. 5 Abs. 2 → Art. 5 Rn. 37); des Weiteren in der Schaffung einer als neutraler Mittler auftretenden Anlaufstelle sowohl für Behörden, betroffene Personen, Beschäftigte oder Vertragspartner (WP 243 rev.01, Ziff. 1) sowie in der präventiven Vermeidung datenschutzrechtlicher Verstöße bzw. der positiven Berücksichtig der Benennung im Rahmen der Verhältnismäßigkeit einer Sanktionierung (Klug ZD 2016, 315 (317); Ehmann/Selmayr/Heberlein Rn. 35; Kühling/Buchner/Bergt Rn. 26).

50 Alle genannten Faktoren hängen freilich nicht allein an der Benennung oder Nichtbenennung, sondern sind insgesamt von der Qualität der gesamten **Datenschutzorganisation** abhängig (MSA DatenschutzR/Schefzig Kap. 11 Rn. 70). Die formelle Benennung eines Datenschutzbeauftragten führt nämlich nicht zur automatischen Einhaltung der datenschutzrechtlichen Vorgaben. Ebenso vorteilhaft kann daher vielfach der Aufbau einer dynamisch einsetzbaren Datenschutzexpertise sein, die durch Weisung der Geschäftsführung eingesetzt und nach Bedarf vergrößert oder verkleinert werden kann (vgl. MSA DatenschutzR/Schefzig Kap. 11 Rn. 70).

51 Ein explizit in der DS-GVO festgeschriebener Vorteil der Benennung eines Datenschutzbeauftragten ist der Anspruch auf unentgeltliche Beratung durch die zuständige Aufsichtsbehörde (Art. 57 Abs. 3; SJTK/Jaspers/Reif Rn. 122). Auch wenn die Norm die Unentgeltlichkeit nur „gegebenenfalls" vorsieht, ist dies als Regelfall anzunehmen im Falle einer Anfrage durch einen internen Datenschutzbeauftragten. Entgeltlichkeit kann dagegen vorliegen, wenn ein externer Datenschutzbeauftragter eine allgemeine Anfrage stellt, die er für eine Vielzahl seiner Auftraggeber zB in Mustern verwertet (ähnlich Nguyen ZD 2015, 265 (269); Kühling/Buchner/Boehm Art. 57 Rn. 26; strenger Ehmann/Selmayr/Selmayr Art. 57 Rn. 23, der die Gebührenfreiheit nur bei Anrufung durch die Aufsichtsbehörde gegeben sieht; ebenso NK-DatenschutzR/Polenz Art. 57 Rn. 54).

52 Sprachlich missglückt erscheint Abs. 4 S. 2 iVm Abs. 4 S. 1 Hs. 1 Var. 3 (ähnliche Kritik auch bei Kühling/Buchner/Bergt Rn. 31; NK-DatenschutzR/Drewes Rn. 38; SJTK/Jaspers/Reif Rn. 42). Dieser, erst innerhalb der Trilogverhandlungen entstandene Zusatz (vgl. Kühling/Buchner/Bergt Rn. 13), ergibt ohne weitergehende Auslegung nur wenig Sinn. So können gem. Abs. 4 S. 1 Hs. 1 Var. 3 **Verbände und andere Vereinigungen,** die Kategorien von Verantwortlichen oder Auftragsverarbeitern vertreten, ebenfalls freiwillig einen Datenschutzbeauftragten bestellen. Dass sie in dem Moment, in dem sie als Verantwortlicher oder Auftragsverarbeiter auftreten, unter Abs. 4 S. 1 Hs. 1 Var. 1 bzw. Var. 2 fallen, erscheint offensichtlich (Paal/Pauly/Paal Rn. 12;

Kühling/Buchner/Bergt Rn. 31; SJTK/Jaspers/Reif Rn. 42; Taeger/Gabel/Scheja Rn. 56), so dass der Regelungsgehalt darüber hinaus gehen müsste, sollte die Vorschrift nicht inhaltsleer sein (einen primär politischen Charakter darin sehend: Taeger/Gabel/Scheja Rn. 56).

Zumeist wird die Vorschrift dahingehend ausgelegt, dass Verbände einen Datenschutzbeauftragten benennen können, der dann zugleich von Mitgliedern der Verbände intern genutzt werden kann, soweit sie selbst keine Benennungspflicht nach Abs. 1 oder dem nationalen Datenschutzrecht treffen (Ehmann/Selmayr/Heberlein Rn. 36; SJTK/Jaspers/Reif Rn. 42). Dass es ihnen frei steht, denselben Datenschutzbeauftragten zu benennen, erscheint eine Selbstverständlichkeit. Nicht vom Sinn und Zweck gedeckt scheint, dass die Verbände, ohne die explizite Zustimmung des jeweiligen Mitglieds, einen übergeordneten Datenschutzbeauftragten benennen, der automatisch für alle Mitglieder als Datenschutzbeauftragter fungiert. Andernfalls wären Mitglieder dahingehend benachteiligt, dass ihnen die Entscheidung über eine fakultative Benennung abgeschnitten würde. Auch die gemeinsame Benennung in Form eines Verbandsdatenschutzbeauftragten in Analogie zum Konzerndatenschutzbeauftragten erscheint vom Wortlaut nicht gedeckt (Kühling/Buchner/Bergt Rn. 31). Gemeint sein wird deshalb wohl, dass Verbände ihren Mitgliedern – nach deren Wunsch – einen Datenschutzbeauftragten zur Verfügung stellen können (ähnlich Ehmann/Selmayr/Heberlein Rn. 36).

Auch Abs. 4 S. 2 ist dem Wortlaut nach undeutlich. Hiernach kann der Datenschutzbeauftragte die Verbände nach außen vertreten. Eine Handlungsvollmacht im Sinne des deutschen Zivilrechts kann hieraus nicht abgeleitet werden. Dies wäre mit dem allgemeinen Konstrukt des Datenschutzbeauftragten und seinem Verhältnis zur ihn benennende Stelle und den Aufsichtsbehörden nicht vereinbar.

Letztlich dürfte daher nur weitergehend erfasst sein, dass Mitglieder bei konkreten Anfragen oder der Kontaktierung durch Aufsichtsbehörden auf den durch einen Verband benannten Datenschutzbeauftragten in Form von Art. 39 Abs. 2 lit. d und lit. e zurückgreifen können sowie in anderen Fragen seine Beratungsleistung Anspruch nehmen können (Ehmann/Selmayr/Heberlein Rn. 36; SJTK/Jaspers/Reif Rn. 42).

E. Benennungsvoraussetzungen

Abs. 5 normiert strenggenommen drei Anforderungen an die Person des Datenschutzbeauftragten:
- Er muss eine hinreichende **berufliche Qualifikation** und
- insbesondere **Fachwissen** im Datenschutzrecht und der Datenschutzpraxis aufweisen und
- er muss die **Fähigkeit** zur Erfüllung seiner in Art. 39 normierten Aufgaben besitzen.

I. Fachliche Qualifikationen

Zwischen den Merkmalen berufliche Qualifikation und Fachwissen kann keine trennscharfe Linie gezogen werden – beide können sich gegenseitig bedingen, müssen es aber nicht zwingend. Bei der Prüfung der Geeignetheit eines Datenschutzbeauftragten sind die Merkmale zunächst gesondert zu betrachten. Dies offenbart auch der Wortlaut deutlich, wonach eine Benennung auf Grundlage der beruflichen **Qualifikation und** insbesondere des **Fachwissens** im Datenschutzrecht und der -praxis zu erfolgen hat. Erforderlich ist daher eine Trias rechtlicher, technischer und (betriebs-)organisatorischer Kenntnisse um als qualifiziert zu gelten (SJTK/Jaspers/Reif Rn. 43; Gola/Klug Rn. 18).

Gemäß Erwägungsgrund 97 sollte sich das erforderliche Niveau des Fachwissens hierbei insbesondere nach den durchgeführten Datenverarbeitungsvorgängen und dem erforderlichen Schutz für die von dem Verantwortlichen oder dem Auftragsverarbeiter verarbeiteten personenbezogenen Daten richten. Mit anderen Worten: je schutzbedürftiger die Daten oder je intensiver die Verarbeitungen, desto höher ist das von dem Datenschutzbeauftragten zu verlangende Maß an Fachwissen und beruflicher Qualifikation.

In Ermangelung harter Kriterien (wie zB bestimmter Berufsausbildungszeugnisse), steht es grundsätzlich Jedermann frei, die Position als Datenschutzbeauftragter auszuführen (Plath/von dem Busche Rn. 49). Keinesfalls ist per se als berufliche Qualifikation bspw. das Ablegen juristischer Examina oder gar ein Doppelstudium mit Informatik zu verlangen (so teilweise aber Forgó/Helfrich/Schneider Betr. Datenschutz-HdB/Haag Teil II Kap. 3 Rn. 43). Eine solche Anforderung ergibt sich weder aus Abs. 5 Hs. 1 noch aus Erwägungsgrund 97. Im Gegenteil kann aus Erwägungsgrund 97 S. 3 geschlussfolgert werden, dass ein abgeschlossenes Informatikstudium und / oder der Status eines Volljuristen nur in Abhängigkeit von der Komplexität der technischen und rechtlichen Anforderungen auch in Bezug auf die Verkettung verschiedener Niederlassungen in unterschiedlichen Rechtsordnungen erforderlich bzw. empfehlenswert sein kann (Kühling/Buchner/Bergt Rn. 34; Plath/von dem Busche Rn. 48; Niklas/Faas NZA 2017, 1091 (1093)). Die Differenzierung anhand des Anforderungsprofils der verarbeitenden Stelle entspricht auch der Konzeption der Art. 37–39 gemäß dem risikobasierten Ansatz. Ungeachtet dessen wird sich aus der beruflichen Qualifikation häufig eine gewisse Geeignetheit in Bereichen der drei Sektoren (rechtlicher, technischer und (betriebs-)organisatorischer Kenntnisse) ergeben (ähnlich auch Taeger/Gabel/Scheja Rn. 62). Ebenfalls kann die berufliche Qualifikation zu hinreichendem Wissen in einer speziellen Fachbranche führen. Vielfach führt die berufliche Qualifikation allerdings selbst noch nicht zu den weiteren, explizit datenschutzbezogenen Kompetenzanforderungen.

60-61 Um ein hinreichendes **datenschutzrechtliches Fachwissen** zu besitzen, muss die Person sämtliche Datenschutzvorschriften kennen, die für die Verarbeitungen der jeweiligen Stelle relevant sind, und diese anwenden können. Soweit für den Verantwortlichen bereichsspezifische Datenschutzvorschriften gelten, muss sich das notwendige Fachwissen des Datenschutzbeauftragten auch auf solche Regelungen erstrecken (WP 243 rev.01 Ziff. 2.5). Fehlt es hieran, sollte jedenfalls eine fundierte Fortbildung im Bereich der maßgeblichen datenschutzrechtlichen Fragen nachgewiesen werden können. Vielfach erfordert dies fortlaufende Schulungen, um neuartige Technologien und veränderte Gesetzesanforderungen zu überblicken. Gemäß Art. 38 Abs. 2 Hs. 2 Var. 4 ist ab Benennung des Datenschutzbeauftragten der Verantwortliche oder Auftragsverarbeiter verpflichtet, hierfür erforderliche Ressourcen bereit zu stellen – häufig wird dieses in regelmäßigen Fortbildungen münden (WP 243 rev.01 Ziff. 3.2; Art. 39 Rn. 3.2). Worauf sich das **Fachwissen auf dem Gebiet der Datenschutzpraxis** genau erstrecken muss, ist in der Verordnung nicht weiter festgelegt. Der Gegenstand der Fachkunde leitet sich deshalb aus den in Art. 39 DS-GVO bestimmten Aufgaben des Datenschutzbeauftragten ab. Diese bestehen im Wesentlichen darin, den Verantwortlichen bzw. den Auftragsverarbeiter zur Einhaltung der Datenschutzpflichten zu beraten, deren Einhaltung zu überwachen und zu kontrollieren und die Beschäftigten zu unterrichten. Dies legt auch Erwägungsgrund 97 S. 1 nahe, der ähnlich wie andere Sprachfassungen in Abs. 5 („data protection (...) practices"; „pratiques en matière de protection des données") von Kenntnis in den „durchgeführten Datenschutzvorgängen" anstelle von Datenschutzpraxis spricht. Fachwissen im Sinne von Abs. 5 erfordert deshalb vor allem Kenntnisse in Fragen der Datenverarbeitungstechniken und der Datensicherheit.

62 Als Zeitpunkt für das Vorliegen aller erforderlichen Fähigkeiten wird zumeist der Beginn der Benennung gefordert. Dies ergäbe sich aus dem Wortlaut und einem systematischen Vergleich mit Art. 38 Abs. 2 Hs. 2 Var. 3, der die „Erhaltung" des Fachwissens erst ab Benennung erfordere (so etwa Marschall/Müller ZD 2016, 415 (420); Ehmann/Selmayr/Heberlein Rn. 38; Kühling/Buchner/Bergt Rn. 33; Plath/von dem Bussche Rn. 55, der allerdings fachkundiges Hilfspersonal zurechnen will). Dies ist mit Hinblick auf einen Konzerndatenschutzbeauftragten oder sehr große verarbeitende Stellen allerdings überzogen. Insbesondere das für den konkreten Konzern erforderliche bereichsspezifische Fachwissen kann zum Teil erst nach einer vertieften Prüfung und Aufdeckung aller datenschutzrechtlich relevanten Bereiche erlangt werden (vgl. MSA DatenschutzR/Schefzig Kap. 11 Rn. 93). Daher ist es ausreichend, wenn bei Benennung angemessene, dem Umfang und den Anforderungen entsprechende Fachexpertise vorliegt, diese aber erst vollumfänglich nach einer gewissen Übergangszeit vorliegen muss (MSA DatenschutzR/Schefzig Kap. 11 Rn. 93, der eine „Einarbeitungsphase von einigen Monaten" für zulässig hält).

II. Fähigkeit zur Erfüllung der Aufgaben

63 Mit der über das entsprechende Fachwissen hinausgehenden Fähigkeit zur Erfüllung der in Art. 39 genannten Aufgaben wird maßgeblich auf die hierfür notwendige Unabhängigkeit abgezielt, wie sie auch schon nach Art. 18 Abs. 2 und Erwägungsgrund 49 DSRL verlangt war. Erwägungsgrund 97 S. 4 DS-GVO spezifiziert die Anforderungen dahingehend, dass derartige Datenschutzbeauftragte unabhängig davon, ob es sich bei ihnen um Beschäftigte des Verantwortlichen handelt oder nicht, ihre Pflichten und Aufgaben **in vollständiger Unabhängigkeit** ausüben können sollten.

64 Es erscheint freilich nicht sachgerecht, für den Datenschutzbeauftragten denselben Unabhängigkeitsgrad zu verlangen, wie es der EuGH für die staatlichen Kontrollstellen tut (EuGH MMR 2010, 352). Es ist grundsätzlich zu konstatieren, dass schon aufgrund des Umstandes, dass ein interner Datenschutzbeauftragter als abhängig Beschäftigter arbeitsvertraglichen Bindungen unterliegt, per se ein gewisser Interessengegensatz besteht, der der Stellung als Selbstkontrollorgan immanent ist (Giesen CR 2007, 202 (207 f.)). Im Falle eines internen Datenschutzbeauftragten bildet seine Tätigkeit ja gerade den Inhalt des Arbeitsvertrages mit dem Verantwortlichen bzw. dem Auftragsverarbeiter. Das Erfordernis der Zuverlässigkeit darf in dieser Hinsicht deshalb auch nicht überinterpretiert werden, zumal die Kontrolle der Datenverarbeitung durch den Datenschutzbeauftragten die Aufsicht durch die (unabhängigen) staatlichen Kontrollstellen ja auch unberührt lässt.

III. Juristische oder natürliche Person

Wie schon im Rahmen des § 4f BDSG aF (dazu Knopp DuD 2015, 98) ist auch im Rahmen des Art. 37 die Frage stark umstritten, ob anstelle einer natürlichen auch eine juristische Person als Datenschutzbeauftragter benannt werden kann. **65**

Zumindest in der deutschen Fassung lässt der Wortlaut dies offen (Kühling/Buchner/Bergt Rn. 36; Paal/Pauly/Paal Rn. 15; SJTK/Jaspers/Reif Rn. 49). Teilweise wird angeführt, die Benennung eines Datenschutzbeauftragten müsse sich auf eine natürliche Person beschränken, da eine juristische Person weder berufliche Qualifikationen noch fachliche Expertise aufweisen könne (so NK-DatenschutzR/Drewes Rn. 49; offenlassend aber in der Qualifikation ein Indiz für die Beschränkung auf eine natürliche Person sehend Kühling/Buchner/Bergt Rn. 36; ebenso Paal/Pauly/Paal Rn. 15). Andere Vertreter (Ehmann/Selmayr/Heberlein Rn. 43; nunmehr auch HK-DS-GVO /Helfrich Rn. 118), verweisen auf die englische Sprachfassung und die Differenzierung zwischen „his or her" bzw. „he or she" (Art. 39 Abs. 2; Art. 38 Abs. 2, Abs. 3 S. 2). Dies ließe erkennen, dass eine juristische Person nicht umfasst sein könne. **66**

Anzuerkennen ist, dass die englische Sprachfassung diese Auslegung nahe legt. Verkannt wird hierbei allerdings, dass auch das sekundäre Europarecht keiner Sprachfassung einen Vorrang einräumt (Calliess/Ruffert/Wegener EUV Art. 19 Rn. 12; Hofmann/Johannes ZD 2017, 221 (221 f.)) und die englische, die einzige aller 24 Fassungen ist, die diesen Schluss zuließe. Alle anderen Sprachfassungen differenzieren nicht und nutzen ausschließlich die maskuline Formulierung (Französisch: Le délégué à la protection des données; Italienisch: Il responsabile della protezione dei dati; Niederländisch: De functionaris voor gegevensbescherming; Spanisch: El delegado de protección de datos; etc). Zielführender ist deshalb, hier bei der Auslegung auf den Telos der Vorschrift bzw. in diesem Fall der Institution des Datenschutzbeauftragten abzustellen (allgemein hierzu → Rn. 1 f.). **67**

Weder die Bedingung, dass der Datenschutzbeauftragte bestimmte Qualifikationen und Fachwissen aufweisen muss, noch die Aufgabenzuweisung in Art. 39 schließen juristische Person aus (Taeger/Gabel/Scheja Rn. 77 f.). Qualifikation und Expertise können besonders gebündelt in der juristischen Person enthalten sein (so auch Baumgartner/Hansch ZD 2019, 99 (102), die aus diesem Grund die Beauftragung eines externen Datenschutzbeauftragten für empfehlenswert halten). Dies ist auch innerhalb anderer Gesetze anerkannt (vgl. §§ 27 ff. WiPrO; § 19 ASiG; § 18 Abs. 1, 3 Nr. 1 DeMailG oder § 3 Abs. 2 RöV). Gleiches gilt auch für die Aufgaben, die erst recht durch eine juristische Person im erforderlichen Umfang erbracht werden können. Darüber hinaus ist innerhalb des Dienstvertrages, auf dessen Basis die Benennung erfolgt, durch konkrete Regelungen eine ordnungsgemäße Organisation sowie die Vermeidung von Interessenkonflikten sicherzustellen. Daher ist die Benennung eines Primärverantwortlichen empfehlenswert (so auch WP 243 rev.01 Ziff. 2.5). Zu Rechtsunsicherheit kommt es daher weder bei der beauftragenden Stelle, der betroffenen Person noch bei den Aufsichtsbehörden. Besonders bei größeren Unternehmen kann eine juristische Person ein Maximum der fachlichen Anforderungen gewährleisten. **68**

Der Telos der Regelung legt es nahe, eine juristische Person mit Beschäftigten, die die in Abs. 5 geforderten Anforderungen aufweisen, als Datenschutzbeauftragten benennen zu können (so auch WP 243 rev.01 Ziff. 2.5; Gola/Klug Rn. 15; SJTK/Jaspers/Reif Rn. 49; Schantz/Wolff DatenschutzR/Wolff Rn. 905; MSA DatenschutzR/Schefzig Kap. 11 Rn. 101; Taeger/Gabel/Scheja Rn. 77 ff.; Kramer DSB 2017, 193 (194); wohl auch Plath/von dem Bussche Rn. 56; ebenso Bittner RDV 2014, 183 (186); aA LNK Das neue DatenschutzR § 6 Rn. 18 mit Verweis auf die Systematik). Der Sinn und Zweck besteht ja in der Schaffung einer quantitativ sowie qualitativ ausgereiften Selbstkontrolle. Dies lässt sich durch eine größere Organisation mit verschiedenen Know-How-Trägern besser gewährleisten, als durch eine natürliche Einzelperson. Richtig ist freilich, dass die für eine juristische Personen im Rahmen der Beauftragung Handelnden, selbst die Mindestanforderung aus Abs. 5 erfüllen müssen (WP 243 rev.01 Ziff. 2.5). **69**

F. Interner oder externer Datenschutzbeauftragter

Nach Abs. 6 besteht ausdrücklich die Wahlmöglichkeit, entweder einen Beschäftigten – als so genannten „internen Datenschutzbeauftragten" – oder einen Dienstleister – als so genannten **70**

„externen Datenschutzbeauftragten" zu bestellen. Dies entspricht in Deutschland bereits heute der üblichen Praxis. Sofern der Datenschutzbeauftragte kein Beschäftigter ist, muss nach Abs. 6 ein entsprechender Dienstleistungsvertrag zwischen dem Verantwortlichen bzw. dem Auftragsverarbeiter einerseits und dem Datenschutzbeauftragten andererseits über die Erbringung der Tätigkeit abgeschlossen werden (ein entsprechendes Muster findet sich zB bei Moos DatenschutzR/Henkel § 2 Datenschutz- und Datennutzungsverträge).

I. Interner Datenschutzbeauftrage

71   Grundsätzlich ist es möglich, jeden Beschäftigten als Datenschutzbeauftragten zu benennen, sofern er die in Abs. 5 genannten Anforderungen erfüllt. Vielfach wird freilich das notwendige datenschutzrechtliche Fachwissen nicht oder nicht ausreichend vorhanden sein. Obwohl Art. 38 Abs. 2 die benennende Stelle ausschließlich zur Unterstützung bei der Erhaltung des Fachwissens verpflichtet, wird es der Stelle nur durch vorherige Schulungen möglich sein, der Person das Fachwissen im Zeitpunkt der Benennung zu verschaffen (Taeger/Gabel/Scheja Rn. 69). Dabei sind besonders die konkreten Anforderungen und die Komplexität zu berücksichtigen, der der Beschäftigte ausgesetzt sein wird. Eine einfache Zertifizierung durch eine unabhängige Datenschutzorganisation darf nicht als Gütesigel verstanden werden, wonach der Teilnehmende nunmehr ausreichend Expertise sowohl auf Wissens- aber insbesondere auf Praxisebene im geforderten Umfang mitbringt.

72   Darüber hinaus ist sicherzustellen – unter Berücksichtigung des Umfangs und der Komplexität – dem Beschäftigten arbeitsvertraglich ausreichend Zeit einzuräumen, seine in Art. 39 aufgelisteten Aufgaben zu erfüllen (zur arbeitsrechtlichen Stellung Jaspers/Reif RDV 2012, 78 (81)). Besonders bei möglicher Konsultation durch eine Aufsichtsbehörde erfordert dies eine flexible Prioritätenverschiebung, die bestenfalls schon vertraglich zugebilligt wird.

73   Letztlich sollte hinsichtlich beider Anforderungen immer eine detaillierte einzelfallbasierte, vorausgehende Beurteilung sowie eine nachfolgende Evaluierung erfolgen. Bestehen Zweifel oder können die Anforderungen nicht gewährleistet werden, gilt es im Einklang mit Art. 38 Abs. 2, die Ressourcen, Zeit und Hilfspersonal ggf. zu erweitern.

74   Zudem muss sichergestellt werden, dass trotz Beschäftigungsverhältnis die Weisungsfreiheit im Bereich der Tätigkeit als Datenschutzbeauftragter eingehalten wird, insbesondere gegenüber allen Vorgesetzten des „normalen" Beschäftigungsverhältnisses. Dies erfordert bei einem Teilzeit-Datenschutzbeauftragten, der daneben anderweitige weisungsgebundene Aufgaben der verarbeitenden Stelle erfüllt, ggf. eine genaue Ausgestaltung von Abläufen und ausreichende Flexibilität.

75   Besteht ein Betriebsrat, kann die Benennung eines Datenschutzbeauftragten unter Umständen beteiligungspflichtig sein (ausführlich dazu Taeger/Gabel/Scheja Rn. 74). Wird eine externe Benennung vorgenommen, so fehlt es hier bereits an der Mitarbeitereigenschaft, sodass keine Mitbestimmungspflicht eintreten kann (BAG NZA 1994, 1049 (1051 Ziff. II.2.b)). Erfolgt die Benennung indes intern und ist davon auch die Einstellung oder Versetzung des Beschäftigten betroffen, ist dies grundsätzlich Mitbestimmungspflichtig (BAG NZA 1994, 1049).

II. Externer Datenschutzbeauftrage

76   Die Einschaltung eines externen Datenschutzbeauftragten berührt in Deutschland auch steuer- und berufsrechtliche Fragen.

77   Der externe Datenschutzbeauftragter ist als selbständiger und nicht Freiberufler zu betrachten (noch zum BDSG 1990 vgl. BFH DStRE 2003, 1159 (1161 f.); bestätigend zum BDSG aF FG München ZD 2018, 194 Rn. 25). Die Erweiterung des Aufgabenbereichs des Datenschutzbeauftragten nach Art. 39 Abs. 1, lässt die Argumentation des BFH unberührt.

78   Weiterhin darf der Datenschutzbeauftragte keine rechtsberatende Tätigkeit iSv § 1 Abs. 1 RBerG ausüben. Hiernach erbringt Rechtsberatung, wer die Besorgung fremder Rechtsangelegenheiten, einschließlich der Rechtsberatung und der Einziehung fremder oder zu Einziehungszwecken abgetretener Forderungen, durchführt. Wäre die Tätigkeit als Datenschutzbeauftragter deshalb als Rechtsberatung iSd § 1 Abs. 1 RBerG zu qualifizieren, wäre für die in Deutschland ausübende Person eine zusätzliche Erlaubnis der jeweils zuständigen Behörde erforderlich. Für den internen Datenschutzbeauftragten gilt dies nicht, da er keine „fremden Rechtsangelegenheiten" durchführt. Auch der externe Datenschutzbeauftragte kann richtigerweise nicht unter § 1 Abs. 1 RBerG subsumiert werden, da seine Funktion eine Vielzahl an Schnittstellen vereint und einen ganz eigenen Berufszweig darstellt (so auch FG München ZD 2018, 194). Das Gesetz schreibt ihm letztlich die Reihenfolge der Abarbeitung seiner Aufgaben vor (Art. 39 Abs. 2), die jeweilige Stelle kann ihn nicht mit der Bearbeitung von konkreten Aufgaben beauftragen (Art. 38 Abs. 3

S. 1) und ihm kommt mehr eine Überwachungs- als einfache Beratungsfunktion zu (Art. 39 Abs. 1 lit. b).

G. Verlautbarung der Kontaktdaten

Der Verantwortliche bzw. der Auftragsverarbeiter muss die Kontaktdaten des Datenschutzbeauftragten 79
- veröffentlichen und
- der zuständigen Aufsichtsbehörde mitteilen.

Die **Veröffentlichung** sollte standardmäßig in dem Internetauftritt der jeweiligen Stelle erfolgen. 80 Die Kontaktdaten sind grundsätzlich in die Datenschutzinformationen nach Art. 13 bzw. Art. 14 aufzunehmen. Der Name des Datenschutzbeauftragten ist dabei nicht zwingend anzugeben (Kühling/Buchner/Bergt Rn. 38; Ehmann/Selmayr/Heberlein Rn. 45; Paal/Pauly/Paal Rn. 17). Dies ergibt sich aus einem systematischen Vergleich mit den Informationsanforderungen in Bezug auf den Verantwortlichen und den Datenschutzbeauftragten. Für den Verantwortlichen sind jeweils „Namen und Kontaktdaten", für den Datenschutzbeauftragten nur die „Kontaktdaten" zu nennen (Art. 13; Art. 14). An anderer Stelle verlangt das Gesetz dagegen explizit die Nennung des Namens auch für den Datenschutzbeauftragten (etwa Art. 30 Abs. 1 lit. a; Art. 33 Abs. 2 lit. b anders dagegen wiederum Art. 36 Abs. 3 lit. d; ähnlich Taeger/Gabel/Scheja Rn. 85; Kühling/Buchner/Bergt Rn. 38, der bei vorheriger Konsultation durch die Aufsichtsbehörden nach Art. 36 Abs. 3 lit. d offenbar entgegen des Wortlauts auch die Angaben des Namens fordert).

Ausreichend dürfte es daher sein, die Informationen, unter denen er kontaktiert werden kann, 81 wie zB postalische Anschrift und E-Mail-Adresse oder Telefonnummer anzugeben (WP 243 rev.01, Ziff. 2.6 iVm WP 260 rev.01, Ziff. 40; aA Taeger/Gabel/Scheja Rn. 83 der offenbar immer eine Telefonnummer für Dringlichkeitsfälle fordert; wobei die E-Mailadresse gleiches gewährt). Ob zwischen Telefonnummer oder E-Mailadresse gewählt wird, sollte sich grundsätzlich nach dem Verarbeitungsmarkt richten. Findet die Verarbeitung zB im Onlinemarkt statt, erscheint die E-Mailadresse weit marktadäquater als eine Telefonnummer. Genau entgegengesetztes gilt selbstverständlich, wenn zB eine Telefonbefragung oder Ähnliches erfolgt.

Nichts anderes verlangt auch Abs. 7 bei der **Mitteilung an die Aufsichtsbehörde,** sodass 82 ebenfalls die Kontaktdaten anzugeben sind (Kühling/Buchner/Bergt Rn. 38; Taeger/Gabel/Scheja Rn. 85; aA Gola/Klug Rn. 19; WP 243 rev.01 Ziff. 2.6). Die Mitteilung hat wohl pauschal und anlasslos zu erfolgen. Nicht ausreichend wäre es deshalb, die Kontaktdaten erst auf Anfrage mitzuteilen.

H. Rechtsfolge bei Verstößen

Ein Verstoß gegen Art. 37 kann gem. Art. 83 Abs. 4 lit. a mit einem Bußgeld von bis zu 83 10.000.000 Euro oder im Falle eines Unternehmens von bis zu 2 % des weltweit erzielten Jahresumsatzes des vergangenen Geschäftsjahres geahndet werden (zur Diskussion des Unternehmensbegriffs Spittka DSRITB 2018, 117; Grünwald/Hackl ZD 2017, 556). Dies gilt ebenso für Verstöße gegen weitergehende mitgliedstaatliche Pflichten, die auf Grundlage der Öffnungsklausel in Abs. 4 S. 1 Hs. 2 bestehen (Kühling/Buchner/Bergt Rn. 50). Umfasst ist sowohl die fehlerhafte als auch die unterlassene Benennung. Fehlerhaft ist eine Benennung, wenn der benannte Datenschutzbeauftragte nicht die erforderlichen Fähigkeiten aufweist (Abs. 5 → Rn. 57), im Falle eines Konzerndatenschutzbeauftragten keine leichte Erreichbarkeit gewährleistet ist (Abs. 3 → Rn. 42 f.) oder die Kontaktdaten nicht im Umfang von Abs. 7 mitgeteilt werden (Abs. 7 → Rn. 79). Eine pflichtwidrige Unterlassung erfordert, dass eine Pflicht zur Benennung nach Abs. 1 oder Abs. 4 S. 1 Hs. 2 in Verbindung mit mitgliedstaatlichem Recht besteht und ein Datenschutzbeauftragter nicht beauftragt worden ist.

Darüber hinaus ist für die Geschäftsleitung beachtlich, dass das Unterlassen oder die Fehlerhafte 84 Benennung auch die Sorgfaltspflichten aus §§ 91, 93 AktG und § 43 GmbHG verletzen kann (Plath/von dem Busche Rn. 67).

Artikel 38 Stellung des Datenschutzbeauftragten

(1) Der Verantwortliche und der Auftragsverarbeiter stellen sicher, dass der Datenschutzbeauftragte ordnungsgemäß und frühzeitig in alle mit dem Schutz personenbezogener Daten zusammenhängenden Fragen eingebunden wird.

(2) Der Verantwortliche und der Auftragsverarbeiter unterstützen den Datenschutzbeauftragten bei der Erfüllung seiner Aufgaben gemäß Artikel 39, indem sie die für die Erfüllung dieser Aufgaben erforderlichen Ressourcen und den Zugang zu personenbezogenen Daten und Verarbeitungsvorgängen sowie die zur Erhaltung seines Fachwissens erforderlichen Ressourcen zur Verfügung stellen.

(3) ¹Der Verantwortliche und der Auftragsverarbeiter stellen sicher, dass der Datenschutzbeauftragte bei der Erfüllung seiner Aufgaben keine Anweisungen bezüglich der Ausübung dieser Aufgaben erhält. ²Der Datenschutzbeauftragte darf von dem Verantwortlichen oder dem Auftragsverarbeiter wegen der Erfüllung seiner Aufgaben nicht abberufen oder benachteiligt werden. ³Der Datenschutzbeauftragte berichtet unmittelbar der höchsten Managementebene des Verantwortlichen oder des Auftragsverarbeiters.

(4) Betroffene Personen können den Datenschutzbeauftragten zu allen mit der Verarbeitung ihrer personenbezogenen Daten und mit der Wahrnehmung ihrer Rechte gemäß dieser Verordnung im Zusammenhang stehenden Fragen zu Rate ziehen.

(5) Der Datenschutzbeauftragte ist nach dem Recht der Union oder der Mitgliedstaaten bei der Erfüllung seiner Aufgaben an die Wahrung der Geheimhaltung oder der Vertraulichkeit gebunden.

(6) ¹Der Datenschutzbeauftragte kann andere Aufgaben und Pflichten wahrnehmen. ²Der Verantwortliche oder der Auftragsverarbeiter stellt sicher, dass derartige Aufgaben und Pflichten nicht zu einem Interessenkonflikt führen.

Überblick

Art. 38 regelt mehrere Aspekte der Stellung des Datenschutzbeauftragten innerhalb der ihn benennenden Stelle (Verantwortlicher oder Auftragsverarbeiter). Abs. 1 regelt seine Einbindung in alle im Zusammenhang mit dem Schutz personenbezogener Daten entstehenden Fragen (→ Rn. 3). Die den Verantwortlichen bzw. den Auftragsverarbeiter treffenden Unterstützungspflichten sind in Abs. 2 geregelt (→ Rn. 7). Ausdrücklich werden in Abs. 3 die Weisungsfreiheit (→ Rn. 16), das Abberufungs- und Benachteiligungsverbot (→ Rn. 21) und das Berichtsrecht des Datenschutzbeauftragten (→ Rn. 24) geregelt. Abs. 4 normiert die Stellung des Datenschutzbeauftragten als Ansprechpartner für betroffene Personen (→ Rn. 27). Abs. 5 bestimmt, dass der Datenschutzbeauftragte der Vertraulichkeit und Geheimhaltung unterliegt (→ Rn. 29) und enthält darüber hinaus eine Öffnungsklausel für die Mitgliedstaaten, diesen Bereich eigenständig auszugestalten (→ Rn. 31). Abs. 6 schließlich regelt, dass neben den in Art. 39 normierten Pflichten, der Datenschutzbeauftragte zusätzliche Aufgaben übernehmen kann, die Grenzen hierfür aber im Verbot von Interessenkonflikten liegen (→ Rn. 32).

Übersicht

	Rn.		Rn.
A. Zweck der Vorschrift	1	I. Abberufungs- und Benachteiligungsverbot nach DS-GVO	21
B. Die Einbindung des Datenschutzbeauftragten	2	II. Ergänzender Abberufungsschutz nach nationalem Recht	23
C. Unterstützungspflicht	7	F. Direktes Berichtsrecht	24
D. Weisungsfreiheit	16	G. Ansprechpartner	27
I. Bereich der Weisungsfreiheit	17	H. Geheimhaltung und Vertraulichkeit	29
II. Inhalt und Umfang der Weisungsfreiheit	18	I. Wahrnehmung anderer Aufgaben und Interessenkonflikte	32
E. Abberufungs- und Benachteiligungsverbot	21	J. Rechtsfolge bei Verstößen	38

A. Zweck der Vorschrift

1 Art. 38 gestaltet die Sonderstellung des Datenschutzbeauftragten innerhalb der privaten bzw. öffentlichen Stelle genauer aus. Obwohl er als Teil der verarbeitenden Stelle zu betrachten ist und ggf. sogar in einem Anstellungsverhältnis stehen kann, ist er frei von Weisungen (vgl. Abs. 3 S. 1; → Art. 37 Rn. 48). Damit kein Ungleichgewicht entsteht, das den Datenschutzbeauftragten

arbeitsrechtlich benachteiligen oder ihn am Nachkommen seiner in Art. 39 normierten Pflichten hindern würde, normiert Art. 38 die konkreten Pflichten für die jeweilige Stelle. Dadurch soll sichergestellt werden, dass das übergeordnete Ziel – **Selbstkontrolle** – tatsächlich realisiert werden kann. Art. 37 normiert das „ob" (→ Art. 37 Rn. 11 ff.), wohingegen Art. 38 das „wie" auf Seiten der verarbeitenden Stelle ausformuliert. Benennt eine Stelle einen Datenschutzbeauftragten freiwillig nach Art. 37 Abs. 4 S. 1 Hs. 1, gilt für sie Art. 38 vollumfänglich (bzgl. der Einschränkungen → Art. 37 Rn. 47).

B. Die Einbindung des Datenschutzbeauftragten

Der Verantwortliche bzw. der Auftragsverarbeiter hat sicherzustellen, dass der Datenschutzbeauftragte ordnungsgemäß und frühzeitig in alle, mit dem Schutz personenbezogener Daten zusammenhängenden Fragen eingebunden wird. Der Datenschutzbeauftragte könnte andernfalls nicht seinem Beratungs- und Überwachungsauftrag (Art. 39 Abs. 1) ordnungsgemäß nachkommen. 2

Eine **ordnungsgemäße Einbindung** setzt voraus, dass der Datenschutzbeauftragte umfassend über alle geplanten Verfahren zur Verarbeitung personenbezogener Daten informiert wird (ebenso Ehmann/Selmayr/Heberlein Rn. 7; SJTK/Jaspers/Reif Rn. 7 „Er steht nicht in der Holschuld"). Auch bei bestehenden Verarbeitungsvorgängen und datenschutzrechtlich relevanten Veränderungen oder neuen Risiken ist er zu informieren. Umfasst ist indes nicht jede einzelne Verarbeitung (Schefzig DSRITB 2017, 43 (49); NK-DatenschutzR/Drewes Rn. 8; aA Kühling/Buchner/Bergt Rn. 16). Vielmehr erfordert die ordnungsgemäße Einbindung eine generelle Kenntnis von den Verarbeitungsverfahren, also Kenntnis auf einer Makroebene, wie dies zB auch im Rahmen eines Verzeichnisses von Verarbeitungstätigkeiten nach Art. 30 abgebildet wird. Systematisch offenbart auch ein Vergleich mit Abs. 2, dass dem Datenschutzbeauftragten lediglich die Möglichkeit der Kenntnisnahme eingeräumt werden muss („Zugang zu personenbezogenen Daten und Verarbeitungsvorgängen (…) zur Verfügung stellen"). 3

Frühzeitig bedeutet, dass seine Einbindung – im Hinblick auf die Einführung neuer oder die Änderung bestehender Verarbeitungen – in einem Zeitpunkt vor Go-Live zu erfolgen hat, also in einem Stadium in dem er noch einen Standpunkt einbringen und seine Beratungsfunktion (→ Art. 39 Rn. 4) wahrnehmen kann. Entscheidend ist, dass der Datenschutzbeauftragte noch auf die geplante Verarbeitungshandlung einwirken bzw. eine Einschätzung abgegeben kann. Seine Meinung ist ausreichend zu berücksichtigen. Widerspricht der Verantwortliche bzw. Auftragsverarbeiter dem Rat oder der Einschätzung, empfiehlt es sich bereits aus Rechenschaftsgründen (Art. 5 Abs. 2 → Art. 5 Rn. 37), die Gründe detailliert zu dokumentieren (WP 243 rev.01 Ziff. 3.1). Andernfalls wird eine Haftungsentlastung sowohl nach Art. 82 als auch nach Art. 83 kaum gelingen, wenn sich später herausstellen sollte, dass die Bedenken des Datenschutzbeauftragten berechtigt waren. 4

Empfehlenswert kann es darüber hinaus sein, den Datenschutzbeauftragten bereits im **Prozess der Entscheidungsfindung** in Bezug auf die Einführung neuer Verarbeitungstätigkeiten mit einzubeziehen (ähnlich WP 243 rev.01 Ziff. 3.1; Gola/Klug Rn. 3; Schefzig DSRITB 2017, 43 (49); LNK Das neue DatenschutzR § 6 Rn. 28). Dies geht generell über die notwendige Informationserteilung hinaus, kann aber auch im wirtschaftlichen Interesse der verarbeitenden Stelle geboten sein (MSA DatenschutzR/Schefzig Kap. 11 Rn. 114). Andernfalls können nachgeschaltete Prozessänderungen zu erheblichen Verzögerungen und finanziellen Mehraufwendungen führen (SJTK/Jaspers/Reif Rn. 7; dies sogar als obligatorisch betrachtend Kühling/Buchner/Bergt Rn. 14). 5

Eine spezifische Einbindungsverpflichtung des Verantwortlichen findet sich in Art. 35 Abs. 2. Danach holt der Verantwortliche bei der Durchführung einer **Datenschutz-Folgenabschätzung** den Rat des Datenschutzbeauftragten ein, sofern ein solcher benannt wurde. Um dies in der Praxis zu gewährleisten, bietet es sich an, Prozessschritte und Verantwortlichkeiten hierfür in einer Richtlinie zu definieren, die allen Beschäftigten zur Verfügung gestellt wird (WP 243 rev. 01 Ziff. 3.1; NK-DatenschutzR/Drewes Art. Rn. 11). 5a

Die Verpflichtung zur ordnungsgemäßen Einbindung nach Abs. 1 überschneidet sich etwas mit der Pflicht, dem Datenschutzbeauftragten die benötigten Ressourcen und den Zugang zu personenbezogenen Daten und zu Verarbeitungsvorgängen nach Abs. 2 zu gewähren. Die ordnungsgemäße Einbindung meint grundsätzlich aber vermehrt die Integration in kommunikative Prozesse und die Datenschutzorganisation. Hierunter fällt zB auch der Zugang zu allen Beschäftigten, die mit den Datenverarbeitungen befasst sind und umgekehrt. Abs. 1 erfordert daher Zugang sowie Integration in die innerbetrieblichen Organisationseinheiten (so auch Paal/Pauly/Paal Rn. 4; vgl. hierzu Kühling/Buchner/Bergt Rn. 14, der keine scharfe Trennung vornimmt; WP 243 6 rev.01 Ziff. 3.2 verordnet dies sogar im Rahmen des Zugangs zu Ressourcen, was zweifelhaft erscheint).

C. Unterstützungspflicht

7   In einer abschließenden Aufzählung verpflichtet Abs. 2 den Verantwortlichen bzw. den Auftragsverarbeiter, dem Datenschutzbeauftragten im Rahmen einer Unterstützungspflicht Folgendes zur Verfügung zu stellen:
- notwendige **Ressourcen** für die Aufgabenerfüllung;
- **Zugang** zu personenbezogenen Daten und Verarbeitungsvorgängen; sowie
- die zu **Erhaltung des Fachwissens** erforderlichen Ressourcen.

8   Ressourcen für die Aufgabenerfüllung umfassen alle **notwendigen Mittel**, um die in Art. 39 benannten Pflichten (insbesondere Unterrichtung, Beratung, Überwachung, → Art. 39 Rn. 2 ff.) durch den Datenschutzbeauftragten effektiv und adäquat erfüllen zu können. Der Umfang der jeweiligen Mittel hängt maßgeblich von Komplexität und Risiko der Verarbeitungsvorgänge ab (MSA DatenschutzR/Schefzig Kap. 11 Rn. 116; Wybitul/v. Gierke BB 2017, 181 (184); WP 243 rev.01 Ziff. 3.2). Hierfür notwendige Ressourcen bestehen typischerweise in Hilfspersonal, externen Beratungskapazitäten bzw. Budgets hierfür, Räumlichkeiten und sonstigen Hilfsmitteln wie Fachliteratur, IT-Geräte, Software, etc.

9   Die **Räumlichkeiten** müssen in diesem Fall ermöglichen, dass der Datenschutzbeauftragte auch seine Geheimhaltungspflicht aus Abs. 5 einhalten kann (Taeger/Gabel/Scheja Rn. 36 f.). Entsprechend kann es erforderlich sein, zumindest vorübergehend ein abschließbares Einzelbüro zur Verfügung zu stellen. Das weitergehend eine dauerhafte Bereitstellung erforderlich ist erscheint zweifelhaft (so auch Taeger/Gabel/Scheja Rn. 37). Dennoch gebietet der Vertraulichkeitsgrundsatz (Abs. 5 → Rn. 28), dass der Datenschutzbeauftragte jederzeit vertraulich kontaktiert werden und seine Aufgabe geheim ausführen kann. Die zur Verfügung gestellten Räumlichkeiten sollten deshalb mindestens zwischenzeitlich ausschließlich vom Datenschutzbeauftragten genutzt werden können. Im Falle eines internen Datenschutzbeauftragten sind verschließbare Aufbewahrungsmöglichkeiten bereitzustellen, eine Sichtschutzfolie ist am Bildschirm anzubringen und verschlüsselte Kommunikationsmittel (bei Telefonaten ebenfalls in einer getrennten Räumlichkeit) sollten zumindest angeboten werden (weitergehend Taeger/Gabel/Scheja Rn. 39 ff, der die durch das LAG Schleswig-Holstein NZA-RR 2008, 187 entwickelten Grundsätze zum Betriebsrat, zumindest ab einer „bestimmten" Unternehmensgröße für übertragbar hält).

10 Bei extensiver Auslegung ist auch ausreichend **Zeit** unter die Bereitstellung notwendiger Mittel zu fassen. Besonders zu berücksichtigen ist diese Komponente bei dem internen (ggf. sogar teilzeitbeschäftigten) Datenschutzbeauftragten, dessen Freistellung von anderen Aufgaben in ausreichendem Umfang erfolgen muss (vgl. WP 243 rev.01 Ziff. 3.2; Paal/Pauly/Paal Rn. 6; MSA DatenschutzR/Schefzig Kap. 11 Rn. 120).

11 Wenn dem Datenschutzbeauftragten ein **Budget** für die Beschaffung von Ressourcen eingeräumt wird, empfiehlt es sich, dessen Höhe im Zeitverlauf zu evaluieren, um eine ausreichende Erfüllung von Abs. 2 sicherzustellen. Im Falle eines externen Datenschutzbeauftragten empfiehlt es sich, im Rahmen des Dienstvertrags detailliert aufzugliedern, welche Kosten dem externen Datenschutzbeauftragten gesondert zum Entgelt erstattet werden und welche davon bereits abgedeckt sind. Regelmäßig werden beispielsweise etwaige Dienstreisen gesondert abzurechnen sein, wobei hier zumindest konkrete Maximalstandards oder -kosten festgesetzt werden können (ebenso Kühling/Buchner/Bergt Rn. 21).

12 Auch **Hilfspersonal** ist hierunter zu fassen, wobei genau hier der Unterschied zu Abs. 1 liegt (so wohl auch DSK Kurzpapier Nr. 12, 3; aA wohl WP 243 rev.01 Ziff. 3.2). Die dogmatische richtige Einordnung kann für die Praxis letztlich dahinstehen, da Art. 38 vollumfänglich abzubilden ist. Ressourcen umfassen grundsätzlich jegliche Form von Unterstützungsmitteln worin auch Hilfspersonal oder-abteilungen zu sehen sind (Abs. 2). Die Einbindung umfasst dagegen den Zugang zu Informationen, im Zweifel nur durch die unmittelbar an der Verarbeitung Beteiligten gewährt werden kann (Abs. 1). Hilfspersonal kann sowohl internes Personal (Mitarbeiter) als auch externe Beratung umfassen (so auch Kühling/Buchner/Bergt Rn. 21; NK-DatenschutzR/Drewes Rn. 25). Der Umfang an Hilfspersonal kann insbesondere im Falle der gemeinsamen Benennung nach Art. 37 Abs. 2 oder Abs. 3 graduell ansteigen.

13 Von zentraler Bedeutung für die Aufgabenerfüllung ist der **Zugang zu Daten und Datenverarbeitungen.** Nur durch einen unbeschränkten Zugang, der dem Datenschutzbeauftragten erforderlichenfalls durch Systemadministratoren zu gewähren ist, kann er die Einhaltung der DS-GVO wirksam kontrollieren (Ehmann/Selmayr/Heberlein Rn. 10; Art. 39 Abs. 1 lit. b → Art. 39

Rn. 8). Umfasst ist davon zum einen ein physisch- räumliches Zutrittsrecht zu den EDV-Anlagen und allen anderen Bereichen in denen personenbezogene Daten verarbeitet werden. Nur so kann die Einhaltung der technischen und organisatorischen Maßnahmen nach Art. 32 umfassend kontrolliert werden. Zum anderen müssen die Verarbeitungsvorgänge selbst einsehbar sein. Soweit computertechnisch durchgeführt, bedingt dies den Zugang auf die Datenbanken oder die Software, mit der die Verarbeitung ausgeführt wird. Dieses weitreichende Zugriffs- und Kontrollrecht ist mit dem Sinn und Zweck des Schutzes personenbezogener Daten gerade deshalb vereinbar, da als Gegengewicht der Datenschutzbeauftragte gem. Abs. 5 zur Verschwiegenheit und Geheimhaltung verpflichtet ist (Taeger/Gabel/Scheja Rn. 46; Abs. 5 → Rn. 28).

Zur **Erhaltung des Fachwissens** dient neben Fachliteratur auch die Teilnahme an Fortbildungen. Diese Leistung ist nach dem Gesetzeswortlaut erst ab Benennung des Datenschutzbeauftragten zu erbringen („Erhaltung"). Dennoch kann es geboten sein, insbesondere wenn ein Beschäftigter des Verantwortlichen bzw. Auftragsverarbeiters benannt werden soll, bereits im Vorfeld für Fachkunde zu sorgen, um die Vorgaben aus Art. 37 Abs. 5 zu erfüllen (→ Art. 37 Abs. 5 Rn. 62). 14

Es können auch Weiterbildungen umfasst sein. Das gilt dann, wenn Komplexität oder Risiko der Verarbeitungen sich erhöhen, sodass für die Erfüllung der Aufgaben ein höheres Kenntnisniveau notwendig ist (aA Kühling/Buchner/Bergt Rn. 24). Dies ergibt sich aus einer Zusammenschau von Abs. 2 Var. 3 iVm Art. 37 Abs. 5. Hiernach ist gefordert, dass das Fachwissen insbesondere in Hinblick auf die Erfüllung der Aufgaben aus Art. 39 zu beurteilen ist. Daneben stellt Erwägungsgrund 97 S. 3 auf ein „Niveau" an Fachwissen ab, dass sich an der Komplexität („Datenverarbeitungsvorgänge") und dem Risiko („erforderlichen Schutz für die personenbezogenen Daten") bemisst. Nicht umfasst sind Weiterbildungen, die zur Erfüllung der Aufgaben nicht erforderlich sind. Hat ein Datenschutzbeauftragter indes anfänglich das erforderliche Niveau inne, obliegt es auch der verarbeitenden Stelle, bei erhöhter Komplexität das von Art. 37 Abs. 5 iVm Art. 39 geforderte Niveau zu erhalten bzw. fortlaufend zu erreichen. 15

D. Weisungsfreiheit

Gemäß Abs. 3 S. 1 ist sicherzustellen, dass der Datenschutzbeauftragte bei der Erfüllung seiner Aufgaben keine Anweisungen in Bezug auf die Ausübung seiner Aufgaben erhält. 16

I. Bereich der Weisungsfreiheit

Nach dem Verordnungswortlaut besteht die **Weisungsfreiheit** nicht absolut, sondern ist begrenzt auf die Ausübung der Aufgaben des Datenschutzbeauftragten. Das bedeutet zunächst, dass die Weisungsfreiheit funktionsbezogen ausgestaltet ist. Der Wahrnehmung der Dienstaufsicht bzw. des Direktionsrechts des Arbeitgebers steht die Weisungsfreiheit deshalb nicht generell entgegen, so lange diese sich nicht auf die Erfüllung der Aufgaben aus Art. 39 erstreckt (ebenso WP 243 rev.01 Ziff. 3.3; NK-DatenschutzR/Drewes Rn. 33; Ehmann/Selmayr/Heberlein Rn. 14). Durch das Verbot von Anweisungen bezüglich der Ausübung seiner Aufgaben dürfen dem Datenschutzbeauftragten nicht bestimmte Meinungen oder Ergebnisse seiner Prüfungs- und Kontrolltätigkeit vorgegeben werden (ebenso WP 243 rev.01 Ziff. 3.3). Der Datenschutzbeauftragte soll in seiner Beurteilung, vor allem im Hinblick auf die datenschutzrechtlichen und datensicherheitstechnischen Anforderungen und Maßnahmen, frei sein. Die Weisungsfreiheit erstreckt sich auch auf etwaiges Hilfspersonal des Datenschutzbeauftragten (ebenso Forgó/Helfrich/Schneider Betr. Datenschutz-HdB/Haag Teil II Kap. 3 Rn. 71; Ehmann/Selmayr/Heberlein Rn. 14; Kühling/Buchner/Bergt Rn. 26). Darüber hinausgehende Weisungs- oder Entscheidungskompetenzen stehen dem Datenschutzbeauftragten grundsätzlichen nicht zu (Taeger/Gabel/Scheja Rn. 62). Sollten ihm diese dienstvertraglich oder aufgrund von internen Richtlinien übertragen werden, liegt ein Interessenkonflikt nahe (Abs. 6 S. 2 → Rn. 32). 17

II. Inhalt und Umfang der Weisungsfreiheit

Die Regelung zur Weisungsfreiheit ist zudem im Lichte des Unabhängigkeitserfordernisses auszulegen, wie es ua explizit in Erwägungsgrund 97 verankert ist. Danach sollen Datenschutzbeauftragte ihre Pflichten und Aufgaben in vollständiger Unabhängigkeit ausüben können. Das gleichlautend in der RL 95/46/EG enthaltene Erfordernis der „**völligen Unabhängigkeit**" hat der EuGH zumindest in Bezug auf die staatlichen Datenschutzaufsichtsbehörden derart interpretiert, dass es jegliche Einflussnahme von außen, sei sie unmittelbar oder mittelbar, verbiete (EuGH MMR 2010, 352). Die Entscheidung ist zwar nicht 1:1 auf die Anforderungen an Unabhängigkeit und Weisungsfreiheit eines Datenschutzbeauftragten übertragbar, weil diese ja (etwa als Arbeitneh- 18 mer) Teil des Verantwortlichen bzw. des Auftragsverarbeiters sind und deshalb schon der Natur der Sache nach nicht dasselbe Maß an Unabhängigkeit gegeben sein kann, wie bei einer staatlichen Aufsichtsbehörde. Es ist aber zu konstatieren, dass das europarechtliche Unabhängigkeitserfordernis es dem Verantwortlichen bzw. dem Auftragsverarbeiter insgesamt untersagt, die Tätigkeit des Datenschutzbeauftragten inhaltlich zu beeinflussen. Die Weisungsfreiheit besteht deshalb im Hinblick auf die gesamte Tätigkeit des Datenschutzbeauftragten, wie sie ihm durch Art. 39 zugewiesen ist (ebenso WP 243 rev.01 Ziff. 3.3; NK-DatenschutzR/Drewes Rn. 32 f.; Ehmann/Selmayr/ Heberlein Rn. 14). Es bleibt allein dem Datenschutzbeauftragten selbst überlassen, ob, wann und wie er welche Initiativen im Rahmen der Datenschutzkontrolle ergreift. Ein Eingriff in seine Weisungsfreiheit, beispielsweise durch verbindliche Mitentscheidungs- oder Mitspracherechte, darf ebenfalls nicht erfolgen; es hat jedwede inhaltliche Beeinflussung seiner Tätigkeit zu unterbleiben.

19   Bereits eine Anweisung, bestimmte Bereiche nicht zu vernachlässigen, und die damit verbundene Aufforderung, sich der Kontrolle und Prüfung bestimmter Bereiche zuzuwenden, stellt eine Einflussnahme auf die Ausübung der Aufgaben des Datenschutzbeauftragten dar und ist nicht zulässig. Gleiches gilt auch für Prüfaufträge, da auch damit regelmäßig eine Beeinträchtigung der weisungsfreien Wahrnehmung seiner von ihm als vordringlich eingeschätzten Aufgaben einhergeht (ebenso WP 243 rev.01 Ziff. 3.3; NK-DatenschutzR/Drewes Rn. 32; Ehmann/Selmayr/Heberlein Rn. 13; Kühling/Buchner/Bergt Rn. 27). Gibt der Verantwortliche bzw. der Auftragsverarbeiter jedoch durch eine solche Anweisung zu erkennen, dass sie datenschutzrechtlichen Prüfungs- oder Handlungsbedarf in einem bestimmten Bereich sieht, würde es die Ordnungsmäßigkeit der Amtsführung ohnehin gebieten, dass der Datenschutzbeauftragte sich des Themas annimmt.

20   Der Weisungsfreiheit steht es allerdings nicht entgegen, dass der Verantwortliche bzw. der Auftragsverarbeiter die Amtsausübung des Datenschutzbeauftragten überwacht (BAG NJW 2007, 2507 (2508)). **Kontroll- und Überwachungsmaßnahmen** sind deshalb grundsätzlich erlaubt. Mit der Weisungsfreiheit des Datenschutzbeauftragten kollidieren deshalb zB auch nicht Auskunftsverlangen über seine Tätigkeit und Ansprüche auf Überlassung der von ihm erstellten Berichte und Unterlagen (ebenso Taeger/Gabel/Scheja Rn. 63).

E. Abberufungs- und Benachteiligungsverbot

I. Abberufungs- und Benachteiligungsverbot nach DS-GVO

21   Gemäß Abs. 3 S. 2 darf der Datenschutzbeauftragte wegen der Erfüllung seiner Aufgaben nicht abberufen oder benachteiligt werden. Aufgrund dieser Regelung ist jegliche Schlechterstellung wegen der Tätigkeit als Datenschutzbeauftragter verboten. Die Regelung schützt den Datenschutzbeauftragten zum Beispiel gegen eine Mehrbelastung durch die zusätzliche Aufgabe (BAG NJW 2007, 2507 (2509)) und dient zudem der Wahrung ihrer Weisungsfreiheit aus S. 1 (ähnlich WP 243 rev.01 Ziff. 3.4). Die Regelung gilt sowohl für den externen als auch für den internen Datenschutzbeauftragten. Besonders für letzteren wird so sichergestellt, dass seine Tätigkeit keine negativen Auswirkungen auf sein bestehendes Arbeitsverhältnis hat. Bereits die Androhung einer negativen Auswirkung verstößt gegen Abs. 3 S. 2. Auch ist eine nur mittelbare Benachteiligung, wie das Ausbleiben einer Beförderung, obwohl andere Beschäftigte mit gleichen Qualifikationen und Leistungen diese erhalten, untersagt (WP 243 rev.01 Ziff. 3.4).

22   Eine Mindestamtszeit, wie sie zum Teil noch in den Entwürfen des Parlaments (vier Jahre im Falle eines internen und zwei Jahre im Falle eines externen Datenschutzbeauftragten, vgl. 2012/0011 (COD); 7427/1/14, REV 1, Art. 35 Abs. 7) und der Kommission („für einen Zeitraum von mindestens zwei Jahren", vgl. KOM(2012) 11 endgültig, Art. 35 Abs. 7) enthalten waren, ist in die DS-GVO nicht übernommen worden. Daraus jedoch ein Verbot der Befristung abzuleiten, ginge zu weit (zustimmend Kühling/Buchner/Bergt Rn. 29; Marschall/Müller ZD 2016, 415 (416)). Umgekehrt kann iVm Abs. 3 S. 1 jedoch keine immer wieder aufeinanderfolgende Benennung für einen sehr kurzen Zeitraum erfolgen, da andernfalls die Weisungsfreiheit von vornherein nicht gewahrt wäre. In Übereinstimmung mit Bergt ist eine Mindestlaufzeit von zwei Jahren als angemessen zu betrachten, die in Einzelfällen indes von der jeweiligen Größe der verarbeitenden Stelle abhängig zu machen ist; ebenso eine einmalige Probezeit bei der erstmaligen Benennung (Kühling/Buchner/Bergt Rn. 29).

II. Ergänzender Abberufungsschutz nach nationalem Recht

23   Der deutsche Gesetzgeber hat das Abberufungsverbot nach Abs. 3 S. 2 DS-GVO noch durch eine nationale Regelung ergänzt. Das am 12.5.2017 durch Zustimmung des Bundesrates verab-

schiedete Gesetz zur Anpassung des Datenschutzrechts an die VO (EU) 2016/679 und zur Umsetzung der RL (EU) 2016/680 (Datenschutz-Anpassungs- und -Umsetzungsgesetz EU – DSAnpUG-EU) ist am 30.6.2017 im Bundesgesetzblatt bekanntgemacht worden und zeitgleich mit der DS-GVO am 25.5.2018 in Kraft getreten (BGBl. I 2097; → Rn. 1). Gemäß § 38 Abs. 2 iVm § 6 Abs. 4 BDSG ist die **Abberufung eines Datenschutzbeauftragten** (sofern die Benennung verpflichtend war), nur in entsprechender Anwendung von § 626 BGB zulässig. Die **Kündigung des Arbeitsverhältnisses** ist danach ebenfalls unzulässig, es sei denn, dass Tatsachen vorliegen, welche die öffentliche Stelle zur Kündigung aus wichtigem Grund ohne Einhaltung einer Kündigungsfrist berechtigen. Nach dem Ende der Tätigkeit als Datenschutzbeauftragte oder als Datenschutzbeauftragter ist die Kündigung des Arbeitsverhältnisses innerhalb eines Jahres unzulässig, es sei denn, dass der Verantwortliche oder Auftragsverarbeiter zur Kündigung aus wichtigem Grund ohne Einhaltung einer Kündigungsfrist berechtigt ist (ausführlich zum Abberufungsschutz nach nationalem Recht → BDSG § 38 Rn. 17 ff.).

F. Direktes Berichtsrecht

Gemäß Abs. 3 S. 3 berichtet der Datenschutzbeauftragte unmittelbar der höchsten Managementebene. 24

Der Datenschutzbeauftragte muss somit zwingend ein **direktes Berichtsrecht** an Geschäftsführung oder Vorstand haben. Die Zwischenschaltung weiterer Personen oder Abteilungen in diese Berichtslinie wäre nicht statthaft. Unzulässig wäre somit eine Gestaltung, in der der Datenschutzbeauftragte seine Berichte dem Leiter Recht vorlegen muss, der diese dann – nach eigenem Ermessen – an das Management weiterleitet. 25

Das Gebot der direkten Berichtslinie impliziert aber nicht zwingend auch eine direkte Unterstellung unter die höchste Managementebene. Der Datenschutzbeauftragte ist deshalb nicht notwendigerweise als „**Stabsstelle**" einzurichten; er darf rein organisatorisch einer anderen Abteilung im Unternehmen unter- bzw. zugeordnet sein, solange dadurch sein direktes Berichtsrecht nicht eingeschränkt wird (zustimmend Wybitul/Ettig/Bauswein, EU-Datenschutz-Grundverordnung, 1. Aufl. 2017, Rn. 24; aA Taeger/Gabel/Scheja Rn. 67). Ausreichend ist es daher, wenn der Datenschutzbeauftragte in den von ihm in eigener Verantwortung definierten Fällen einen Bericht direkt, also unverändert, an die Geschäftsführung oder den Vorstand übermitteln kann (enger Plath/von dem Bussche Rn. 14). 26

G. Ansprechpartner

Nach Abs. 4 dient der Datenschutzbeauftragte den **betroffenen Personen** für alle mit der Verarbeitung ihrer personenbezogenen Daten und mit der Wahrnehmung ihrer Rechte zusammenhängenden Fragen als Ansprechpartner, den sie **zu Rate ziehen** können. Diese Regelung steht im Zusammenhang mit dem Erfordernis, die Kontaktdaten des Datenschutzbeauftragten zu veröffentlichen (Art. 37 Abs. 7 → Art. 37 Rn. 79) sowie der Geheimhaltung und Vertraulichkeit (Abs. 5 → Rn. 29). Letzteres erfordert insbesondere, dass die Kommunikationsmittel bzw. -wege von der verarbeitenden Stelle so zur Verfügung gestellt werden, dass die Betroffenen ohne Kenntnis der verarbeitenden Stelle mit dem Datenschutzbeauftragten in Kontakt treten können (so auch Taeger/Gabel/Scheja Rn. 73; dazu schon Abs. 2 → Rn. 9 ff.). 27

Die Möglichkeit der Hinzuziehung des Datenschutzbeauftragten im Zusammenhang mit der Wahrnehmung der Rechte nach Kapitel III DS-GVO (Information, Auskunft, Berichtigung, Löschung, Einschränkung der Verarbeitung und Datenübertragbarkeit) bedeutet aber nicht, dass der Datenschutzbeauftragte Adressat entsprechender Anträge wäre und er dafür zuständig wäre, sie selbst zu bearbeiten. Verpflichteter ist und bleibt insoweit der Verantwortliche selbst (so auch NK-DatenschutzR/Drewes Rn. 44; Ehmann/Selmayr/Heberlein Rn. 18; wohl aA Taeger/Gabel/Scheja Rn. 73). Die Anrufung des Datenschutzbeauftragten durch die betroffenen Personen ist in diesem Zusammenhang optional und rein unterstützend ausgelegt. Deutlich wird dies schon durch die Nichtaufnahme einer solchen Pflicht in den Pflichtenkanon des Art. 39 und durch einen systematischen Vergleich mit Art. 39 Abs. 1 lit. e, der den Datenschutzbeauftragten verpflichtet, als Anlaufstelle für die Aufsichtsbehörden zu fungieren und entsprechende Anfragen zu beantworten. Tritt ein Betroffener jedoch an den Datenschutzbeauftragten heran, obliegt es ihm iVm Art. 39 Abs. 1 lit. a und lit. b, zumindest einem möglichen Verstoß intern nachzugehen und ggf. zur Vornahme konkreter Maßnahmen anzuraten (Kühling/Buchner/Bergt Rn. 36). Zugleich ist er iVm Art. 39 Abs. 1 lit. a zur Unterrichtung des Verantwortlichen bzw. Auftragsverarbeiters verpflichtet (NK-DatenschutzR/Drewes Rn. 45). 28

H. Geheimhaltung und Vertraulichkeit

29   Der Datenschutzbeauftragte ist bei der Erfüllung seiner Aufgaben nach Abs. 5 zur Wahrung von Geheimhaltung und Vertraulichkeit verpflichtet.

30   Die Verpflichtung zu Wahrung von Geheimhaltung und Vertraulichkeit steht im Zusammenhang mit dem Anrufungsrecht der Betroffenen nach Abs. 4 und soll gewährleisten, dass die betroffenen Personen hiervon Gebrauch machen können, ohne dass sie befürchten müssen, die von Ihnen gemachten Angaben könnten anderen (vor allem dem Verantwortlichen bzw. dem Auftragsverarbeiter) bekannt werden.

31   Die in S. 1 enthaltene Öffnungsklausel hat der deutsche Bundesgesetzgeber näher in § 6 Abs. 5 S. 2 BDSG dahingehend ausgestaltet, dass Verschwiegenheit über die Identität des Betroffenen und Umstände, die auf ihn schließen könnten, besteht. Dies gilt sowohl bei der Benennung durch eine öffentliche als auch durch eine private Stelle (→ BDSG § 38 Rn. 19).

I. Wahrnehmung anderer Aufgaben und Interessenkonflikte

32   Nach Abs. 6 S. 1 ist es nicht zwingend notwendig, die Tätigkeit des Datenschutzbeauftragten exklusiv auszuüben; die Übernahme auch anderer Tätigkeiten ist grundsätzlich möglich. Mit anderen Worten gestattet Abs. 6 S. 1 auch den Teilzeit-Datenschutzbeauftragten. Die sonstigen Tätigkeiten dürfen aber nach S. 2 keinen Interessenkonflikt mit sich bringen.

33   Ein unzulässiger **Interessenkonflikt** kann sich dabei zunächst schon aus der **Stellung der Person im Unternehmen** ergeben. Als Datenschutzbeauftragter können deshalb per se nicht Inhaber des jeweiligen Unternehmens oder Mitglieder der Geschäftsleitung bzw. des Vorstands benannt werden, weil sie originär für die Rechtmäßigkeit der Datenverarbeitung beim Verantwortlichen bzw. dem Auftragsverarbeiter verantwortlich sind und sich nicht wirksam selbst kontrollieren können.

34   Eine große Bedeutung kommt in der betrieblichen Praxis der Benennung **nebenamtlicher Datenschutzbeauftragter** zu. Außerhalb von Großunternehmen dürfte dies – wenn nicht die Benennung eines externen Datenschutzbeauftragten vorgezogen wird – der Regelfall sein. Tritt die Funktion des Datenschutzbeauftragten allerdings neben seine weitere, arbeitsvertraglich geschuldete Tätigkeit, können sich hieraus Interessenkonflikte ergeben, weswegen die erforderliche Zuverlässigkeit fehlen kann.

35   Ein **Interessenkonflikt** besteht, wenn der Datenschutzbeauftragte in erster Linie die Ergebnisse seiner eigenen Arbeit kontrollieren müsste (BAG CR 1994, 688; LAG Hamm DuD 2011, 739; Dzida/Kröpelin NZA 2011, 1018). Das kann vor allem dann der Fall sein, wenn die Person für die Datenschutzkonformität bestimmter Verarbeitungen intern verantwortlich ist, also selbst eigene Entscheidungskompetenzen im Hinblick auf Mittel und Zwecke der der Datenverarbeitung besitzt. Zur Vermeidung von Interessenkonflikten sollten deshalb keine Personen nebenamtlich als Datenschutzbeauftragte benannt werden, die von ihrer Stellung her innerhalb der verarbeitenden Stelle für die Datenverarbeitung verantwortlich sind. Naturgemäß darf auch ein hauptamtlich tätiger Datenschutzbeauftragter nicht selbst die Einhaltung der Datenschutzvorschriften für den Verantwortlichen bzw. den Auftragsverarbeiter verantworten. Dies betrifft wiederum in erster Linie den Vorstand, die Geschäftsführung bzw. Behördenleitung. Soweit jedoch eine Delegation entsprechender Entscheidungsbefugnisse auf eine nachgelagerte Unternehmenseben erfolgt ist, kann eine entsprechende Verantwortung auch bei nachgeordneten Beschäftigten bestehen. Dies ist der Fall, soweit ihr Verantwortungsbereich die Festlegung oder die Kontrolle von Zweck und Mittel einer Datenverarbeitung umfasst (WP 243 rev.01 Ziff. 3.5; Taeger/Gabel/Scheja Rn. 75; Kühling/Buchner/Bergt Rn. 40).

36   Ausscheiden dürfte daher regelmäßig eine Benennung des Personalleiters wegen der mit dieser Funktion typischerweise einhergehenden Verantwortung für den Umgang mit Beschäftigtendaten; des Leiters der IT-Abteilung wegen der damit typischerweise einhergehenden Verantwortung für die technisch organisatorischen Maßnahmen und seiner überordneten Administratorfunktion oder des Leiters der Marketingabteilung aufgrund der regelmäßig bestehenden Verantwortung für den Umgang mit Kundendaten (weiterführen vgl. WP 243 rev.01 Ziff. 3.5; ausführlich auch Kühling/Buchner/Bergt Rn. 40 ff.; Thode CR 2016, 714 (718); Imping CR 2017, 378 (386)). Als Datenschutzbeauftragte kommen beispielsweise Mitarbeiter der Innen- oder EDV-Revision, der Organisation oder der Sicherheitsbeauftragte in Betracht (Wybitul/Ettig/Bausewein, EU-Datenschutz-Grundverordnung, 1. Aufl. 2017, Rn. 31; im Ergebnis wohl zustimmend, aber kritisch Kühling/Buchner/Bergt Rn. 42; aA Taeger/Gabel/Scheja Rn. 75). Maßgeblich ist letztlich aber immer eine Einzelfallbetrachtung dahingehend, ob und in welchem Maße Entscheidungsbefugnisse über Zweck und

Mittel der Verarbeitung bestehen. Um Interessenkonflikte möglichst zu vermeiden, kann es ratsam sein, die strukturelle Organisation mit den jeweiligen Aufgaben und Kompetenzen innerhalb einer Richtlinie eindeutig festzulegen und mögliche Interessenkonflikte von vornherein zu regeln (WP 243 rev.01 Ziff. 3.5).

Ein die Zuverlässigkeit ausschließender Interessenkonflikt wird hingegen nicht durch die **Betriebsratsmitgliedschaft** des Datenschutzbeauftragten begründet (BAG NZA 2011, 1036 (1038); zustimmend Kühling/Buchner/Bergt Rn. 45, der die Benennung dennoch nicht für empfehlenswert hält; kritisch Ehmann/Selmayr/Heberlein Rn. 24, der aufgrund möglicher Risiken zur Zurückhaltung auffordert; ähnlich Kiesche AiB Extra August 2018, 13; gänzlich ablehnend NK-DatenschutzR/Drewes Rn. 55). Fraglich und Gegenstand eines Vorabentscheidungsverfahrens vor dem EuGH ist dies hingegen für das Amt des **Betriebsratsvorsitzenden** (BAG ZD 2021, 701; einen Interessenkonflikt vorinstanzlich verneinend LAG Sachsen ZD 2020, 163). 37

Auch bereits beratende **Rechtsanwälte** scheiden nicht generell als (externe) Datenschutzbeauftrage aus. Das ist etwa nicht der Fall, soweit innerhalb des Mandats keine Interessenkonflikte bestehen (Träger NJW-Spezial 2020, 446 (446)). Ein Interessenkonflikt kann jedenfalls dann verneint werden, wenn der Mandant in einem völlig anderen Rechtsgebiet oder zu nur allgemeinen Fragen des Datenschutzrechts (wie etwa durch Bereitstellung von Vertragsmustern oder Leitfäden) beraten wird (Träger NJW-Spezial 2020, 446 (446)). 37a

J. Rechtsfolge bei Verstößen

Ein Verstoß gegen Art. 38 kann gem. Abs. 4 lit. a mit einem Bußgeld von bis zu 10.000.000 EUR oder im Falle eines Unternehmens von bis zu 2 % des weltweit erzielten Jahresumsatzes des vergangenen Geschäftsjahres geahndet werden (zur Diskussion des Unternehmensbegriffs Spittka DSRITB 2018, 117; Grünwald/Hackl ZD 2017, 556). 38

Umfasst sind alle in Art. 38 genannten Pflichten des Verantwortlichen bzw. Auftragsverarbeiters: Die verspätete oder nicht ordnungsgemäße Einbindung (Abs. 1 → Rn. 2), die Versagung von Unterstützung nach Abs. 2 (→ Rn. 7), eine Erteilung von Weisungen oder das Fehlen organisatorischer Vorkehrungen, um Weisungen an den Datenschutzbeauftragten zu unterbinden (Abs. 3 S. 1 → Rn. 16), eine Abberufung oder Benachteiligung entgegen Abs. 3 S. 2 (→ Rn. 21), das Fehlen einer unmittelbaren Berichtslinie an die höchste Managementebene nach Abs. 3 S. 3 (→ Rn. 23), die fehlende Möglichkeit eines Betroffenen, nach Abs. 4 Kontakt mit dem Datenschutzbeauftragten aufzunehmen und von ihm so Rat zu erhalten (Abs. 4 → Rn. 27) oder das Vorliegen eines Interessenkonflikts entgegen Abs. 6 S. 2 (→ Rn. 32) können daher nach Art. 83 Abs. 4 lit. a sanktioniert werden. 39

Daneben ist die verarbeitende Stelle aufgrund von Abs. 5 verpflichtet, die vertrauliche und geheime Kommunikation zu ermöglichen, soweit die Ressourcen von ihr zur Verfügung gestellt werden. Verstößt der Datenschutzbeauftragte von seiner Seite aus gegen diese Pflicht richtet sich die Sanktionierung nach Art. 84 iVm § 203 Abs. 2a StGB (zu weiteren Haftungsmöglichkeiten → Art. 39 Rn. 38 ff.). 40

Im Rahmen zivilrechtlicher Schadensersatzansprüche nach Art. 82 ist der Verantwortliche bzw. Auftragsverarbeiter beweispflichtig. Im Falle eines der oben genannten Verstöße wird der Entlastungsbeweis, soweit keine detaillierte Dokumentation erstellt worden ist, vielfach nur schwerlich gelingen. 41

Artikel 39 Aufgaben des Datenschutzbeauftragten

(1) Dem Datenschutzbeauftragten obliegen zumindest folgende Aufgaben:
a) Unterrichtung und Beratung des Verantwortlichen oder des Auftragsverarbeiters und der Beschäftigten, die Verarbeitungen durchführen, hinsichtlich ihrer Pflichten nach dieser Verordnung sowie nach sonstigen Datenschutzvorschriften der Union bzw. der Mitgliedstaaten;
b) Überwachung der Einhaltung dieser Verordnung, anderer Datenschutzvorschriften der Union bzw. der Mitgliedstaaten sowie der Strategien des Verantwortlichen oder des Auftragsverarbeiters für den Schutz personenbezogener Daten einschließlich der Zuweisung von Zuständigkeiten, der Sensibilisierung und Schulung der an den Verarbeitungsvorgängen beteiligten Mitarbeiter und der diesbezüglichen Überprüfungen;

c) Beratung – auf Anfrage – im Zusammenhang mit der Datenschutz-Folgenabschätzung und Überwachung ihrer Durchführung gemäß Artikel 35;
d) Zusammenarbeit mit der Aufsichtsbehörde;
e) Tätigkeit als Anlaufstelle für die Aufsichtsbehörde in mit der Verarbeitung zusammenhängenden Fragen, einschließlich der vorherigen Konsultation gemäß Artikel 36, und gegebenenfalls Beratung zu allen sonstigen Fragen.

(2) Der Datenschutzbeauftragte trägt bei der Erfüllung seiner Aufgaben dem mit den Verarbeitungsvorgängen verbundenen Risiko gebührend Rechnung, wobei er die Art, den Umfang, die Umstände und die Zwecke der Verarbeitung berücksichtigt.

Überblick

Art. 39 legt die Aufgaben des Datenschutzbeauftragten fest und normiert den für seine Aufgabenwahrnehmung geltenden Sorgfaltsmaßstab. Nach Abs. 1 hat der Datenschutzbeauftragte folgende Aufgaben: (1.) Unterrichtung und Beratung des Verantwortlichen bzw. Auftragsverarbeiters und seiner Beschäftigten (→ Rn. 2); (2.) Überwachung der Datenschutz-Compliance (→ Rn. 8); (3.) Beratung zur Datenschutz-Folgenabschätzung (→ Rn. 17) und (4.) Anlaufstelle für und Zusammenarbeit mit der Aufsichtsbehörde (→ Rn. 20). Abs. 2 legt Parameter zur Bestimmung des Sorgfaltsmaßstabes für die Tätigkeit des Datenschutzbeauftragten fest (→ Rn. 23). Eine Haftungsregel für Verstöße durch den Datenschutzbeauftragten kennt die DS-GVO nicht (→ Rn. 27).

Übersicht

	Rn.		Rn.
A. Aufgaben des Datenschutzbeauftragten	1	B. Sorgfaltsmaßstab	23
		C. Rechtsfolge bei Verstößen	26
I. Unterrichtung und Beratung	2	I. Verstöße der verarbeitenden Stelle	26
II. Überwachung	8	II. Verstöße des Datenschutzbeauftragten	27
III. Mitwirkung an Datenschutz-Folgenabschätzung	17	1. Vertragliche Haftung	28
		2. Deliktisch (gegenüber Betroffenen)	34
IV. Kooperation mit Aufsichtsbehörde	20	3. Straf- und ordnungswidrigkeitenrechtliche Haftung	37

A. Aufgaben des Datenschutzbeauftragten

1   Abs. 1 normiert die Mindestaufgaben, die dem Datenschutzbeauftragten obliegen („unter anderem"). Er kann zusätzlich mit weiteren Aufgaben betraut werden (Art. 38 Abs. 6 → Art. 38 Rn. 32), sofern diese die Erfüllung seiner Aufgaben (→ Art. 37 Rn. 63) und die notwendigerweise zu gewährleistende Weisungsfreiheit (→ Art. 38 Rn. 16) nicht beeinträchtigen.

I. Unterrichtung und Beratung

2   Eine Hauptaufgabe des Datenschutzbeauftragten besteht darin, den Verantwortlichen bzw. den Auftragsverarbeiter und die jeweiligen Beschäftigten, die Verarbeitungen durchführen, hinsichtlich ihrer datenschutzrechtlichen Pflichten zu unterrichten und zu beraten. Dies umfasst die Aufklärung über jede **relevante Datenschutzvorschrift,** neue **Rechtsprechung** und **technologische Entwicklungen,** die insbesondere im Rahmen von Art. 25 bedeutend sind. Wie iVm Art. 38 Abs. 1 deutlich wird („in alle") erstreckt sich die Beratungs- und Unterrichtungspflicht sowohl auf die Kerntätigkeiten der verarbeitenden Stelle, als auch auf ihre Nebentätigkeiten (Ehmann/Selmayr/Heberlein Rn. 7).

3   Die **Unterrichtung** erfolgt dabei sinnvollerweise proaktiv (zustimmend NK-DatenschutzR/Drewes Rn. 7). Dies kann einerseits durch regelmäßige Schulungen des Datenschutzbeauftragten erfolgen. So kann er dafür sorgen, dass die mit der Verarbeitung personenbezogener Daten betrauten Beschäftigten hinreichende Kenntnisse über die gesetzlichen Datenschutzvorschriften haben. Andererseits kann dies durch die Ausgabe von reinem Informationsmaterial erfolgen, wie Fachliteratur, Kurzdarstellungen, passenden Empfehlungen der Aufsichtsbehörden oder Überblicke über neue datenschutzrelevante Technologien (ähnlich HK-DS-GVO/Helfrich Rn. 63), aufbereitet zB in Newslettern (dies vorschlagend etwa MSA DatenschutzR/Schefzig Kap. 11 Rn. 155). Denn nur wenn die Personen, die bei der Datenverarbeitung mitwirken über entsprechende datenschutz-

rechtliche Kenntnisse verfügen, ist es ihnen möglich, die gesetzlichen Vorgaben die an den Datenschutz gestellt werden, zu erfüllen.

Die Unterrichtung umfasst daneben auch die Pflicht zu anlassbezogenen Hinweisen, wenn dem 4 Datenschutzbeauftragten Missstände im Rahmen von Kontrollen, beim Zugriff auf Verarbeitungsverfahren oder im Nachgang einer Beanstandung durch Betroffene (Art. 38 Abs. 4) auffallen. Unterrichtet werden müssen auch Vorstand, Geschäftsführer oder Abteilungsleiter (zur direkten Berichtslinie Art. 38 Abs. 3 S. 3 → Art. 38 Rn. 24).

Die Durchführung von **Schulungen** durch den Datenschutzbeauftragten führt nicht, wie teil- 5 weise angenommen (Taeger/Gabel/Scheja Rn. 5), automatisch zu einem Interessenkonflikt iSv Art. 38 Abs. 6 (ebenso Ehmann/Selmayr/Heberlein Rn. 9 und 12; HK-DS-GVO/Helfrich Rn. 63; MSA DatenschutzR/Schefzig Kap. 11 Rn. 155). Dem Datenschutzbeauftragten ist in Abs. 1 lit. b nur auferlegt, die datenschutzrelevanten, internen Richtlinien und Vorgaben („Strategien") hinsichtlich der Schulung und Sensibilisierung zu überwachen. Das heißt ihm obliegt es zu prüfen, ob die Häufigkeit, die Auswahl der Kategorien von Beschäftigten, die Dauer, die Qualität des Schulenden und ähnliche abstrakte Kriterien angemessen sind (weitergehend dazu Abs. 1 lit. b → Rn. 10). Dies betrifft Schulungen der verarbeitenden Stelle im Rahmen ihrer Pflicht zur Ergreifung angemessener Datenschutzvorkehrungen nach Art. 24 Abs. 2. Diese sind notwendigerweise deckungsgleich mit den Schulungen durch den Datenschutzbeauftragten. Seine Unterrichtungspflicht aus Abs. 1 kann er deshalb unproblematisch proaktiv durch Schulungen erfüllen.

Die **Beratung** erfolgt typischerweise bedarfsorientiert und anlassabhängig; zB wenn der Daten- 6 schutzbeauftragte von den Beschäftigten in konkreten Fragen konsultiert wird. Abhängig vom Risiko des Verfahrens oder der einzelnen Verarbeitung für den Schutz der betroffenen Personen obliegt es dem Datenschutzbeauftragten, die Anfragen zu priorisieren (WP 243 rev.01 Ziff. 4.4; Abs. 2 → Rn. 23). Sowohl in der Risikobewertung als auch in der damit zusammenfallenden Priorisierung ist der Datenschutzbefragte vollkommen weisungsfrei, wie auch Art. 38 Abs. 3 S. 1 statuiert. Im Hinblick auf die Effizienz der Beratung ist besonders die „frühzeitige Einbindung" zu beachten (näher dazu Art. 38 Abs. 1 → Art. 38 Rn. 4).

Die Beratungsaufgabe erstreckt sich iVm Abs. 1 lit. c insbesondere auch auf die Durchführung 7 einer **Datenschutz-Folgenabschätzung,** sofern eine dahingehende Konsultierung erfolgt (Abs. 1 lit. c → Rn. 17). Die Unterrichtungspflicht umfasst wiederum den Hinweis darauf, wann eine Datenschutz-Folgenabschätzung durchzuführen ist und dass der Datenschutzbeauftragte hierbei beratend heranzuziehen ist.

II. Überwachung

Eine wichtige Aufgabe des Datenschutzbeauftragten stellt nach Abs. 1 lit. b die Überwachung 8 der Einhaltung der **gesetzlichen Datenschutzvorschriften** und der internen **Datenschutzrichtlinien** durch den Verantwortlichen bzw. den Auftragsverarbeiter dar. Die Überwachung der internen Datenschutzrichtlinien bzw. -vorgaben bezieht sich unter anderem explizit auf
• die Zuweisung von Zuständigkeiten;
• die Sensibilisierung und Schulung der an den Verarbeitungsvorgängen beteiligten Beschäftigten.
• die Überprüfung im Hinblick auf die Einhaltung der Verordnung.
Die Überwachungspflicht hat eine wichtige präventive Zielrichtung: sie soll verhindern, dass das 9 Recht auf informationelle Selbstbestimmung verletzende Datenverarbeitungen überhaupt erfolgen.

Die Aufgabenzuweisungen spiegeln zunächst die entsprechenden Verpflichtungen des Verant- 10 wortlichen bzw. des Auftragsverarbeiters wieder. Die Aufgaben des Datenschutzbeauftragten spezifizieren so indirekt die Verpflichtungen der verarbeitenden Stelle, die in Art. 24 nicht in dem Detaillierungsgrad enthalten sind. Mit anderen Worten, lässt sich Abs. 1 lit. b entnehmen, dass die verarbeitende Stelle als organisatorische Maßnahmen iSv Art. 24 Abs. 1 typischerweise Datenschutzstrategien (Datenschutzrichtlinien und andere interne Vorgaben) festzulegen hat, die zB die Zuständigkeiten für die Einhaltung der DS-GVO innerhalb des Unternehmens zuweisen, die Durchführung von Mitarbeiterschulungen oder die Vornahme von Kontrollprüfungen abstrakt regeln. Für die Einhaltung der datenschutzrechtlichen Vorschriften sowie für die Einleitung und Umsetzung der hierfür erforderlichen Maßnahmen verbleibt die verarbeitenden Stelle verantwortlich (Ehmann/Selmayr/Heberlein Rn. 10; WP 243 rev.01 Ziff. 4.1; HK-DS-GVO/Helfrich Rn. 72; Latwin ZD 2017, 411 (413); Jaspers/Reif DuD 2012, 78 (81)). Dies unterstreicht auch Erwägungsgrund 97 S. 1, wonach der Datenschutzbeauftragte den Verantwortlichen bzw. Auftragsverarbeiter bei der Einhaltung der Verpflichtungen und der Ergreifung hierfür erforderlicher Maßnahmen lediglich „unterstützen" soll (Englisch „assist"). Der Datenschutzbeauftragte nimmt somit gerade nicht die Rolle des „Datenschutz-Sachbearbeiters" des Verantwortlichen ein (Ziebarth NZA-RR 2020, 396 (397)).

11 Der deutsche Wortlaut sowie die Interpunktion von lit. b ist insgesamt misslungen (kritisch auch HK-DS-GVO/Helfrich Rn. 81). Vergleicht man andere Sprachfassungen (Englisch: „policies"; Französisch: „des règles internes") wird zum einen deutlich, dass Strategien insbesondere **interne Richtlinien und Vorgaben** zur Einhaltung und Umsetzung der DS-GVO meint (so auch Ehmann/Selmayr/Heberlein Rn. 11; MSA DatenschutzR/Schefzig Kap. 11 Rn. 160). Vergleicht man weiter die Interpunktion, sind „Zuweisungen, Sensibilisierungen, Schulungen und Überprüfungen" als exemplarische Aufzählung von möglichen, bereits erlassenen oder noch zu erlassenden internen Richtlinien bzw. Vorgaben zu verstehen. Das ergibt auch Sinn, weil der Datenschutzbeauftragte iVm Abs. 1 lit. a darauf hinwirken soll, dass entsprechende Richtlinien erlassen werden, dabei beraten kann und dessen Inhalt anschließend auch kontrollieren soll (HK-DS-GVO/Helfrich Rn. 78 ff.). Die Erstellung solcher Richtlinien darf jedoch nicht Teil seiner Aufgaben sein (Schefzig DSRITB 2017, 43 (45)).

12 Letztlich überprüft der Datenschutzbeauftragte, (1.) die Einhaltung von datenschutzrechtlichen Vorschriften bei einzelnen Verarbeitungsverfahren und (2.), ob und inwieweit durch internen Vorgaben und Richtlinien die Einhaltung der datenschutzrechtlich einschlägigen Bestimmungen präventiv („Zuweisung von Verantwortlichkeit, Sensibilisierung und Schulungen") als auch repressiv („Kontrollen") ausreichend sichergestellt wird. Eine eigene Entscheidungskompetenz kommt ihm insgesamt zu keinem Zeitpunkt zu (HK-DS-GVO/Helfrich Rn. 84; weiter dazu → Rn. 36, 39).

13 Um sicherzustellen, dass die datenschutzrechtlichen Vorgaben eingehalten werden, sollte der Datenschutzbeauftragte regelmäßige Kontrollen durchführen (ebenso Kühling/Buchner/Bergt Rn. 15). Einer Ankündigung solcher Kontrollen bedarf es nicht. Es empfiehlt sich, die Prüfungen und Ergebnisse zu dokumentieren (empfehlend auch Ehmann/Selmayr/Heberlein Rn. 8; GSSV/Kirchberg-Lennart Rn. 10). Dies kann vor allem bei Kontrollen durch die zuständigen Aufsichtsbehörden von Bedeutung sein – etwa um nachzuweisen, dass der Datenschutzbeauftragte seiner Arbeit ordnungsgemäß nachgegangen ist, aber auch um die jeweilige Stelle hinsichtlich der Einhaltung ihrer Verpflichtungen zu entlasten.

14 Die Pflichten aus Art. 39, einschließlich der Überwachung, erstrecken sich auch auf den **Betriebsrat** bzw. die **Mitarbeitervertretung** eines Unternehmens: Durch das Gesetz zur Förderung der Betriebsratswahlen und der Betriebsratsarbeit in einer digitalen Arbeitswelt („Betriebsrätemodernisierungsgesetz") ist zum 18.6.2021 ein neuer § 79a BetrVG geschaffen worden. Dieser besagt, der Arbeitgeber auch insoweit der für die Verarbeitung Verantwortliche im Sinne der datenschutzrechtlichen Vorschriften ist, wie der Betriebsrat zur Erfüllung der in seiner Zuständigkeit liegenden Aufgaben personenbezogene Daten verarbeitet. Durch die Regelung wird die in Art. 4 Nr. 7 Hs. 2 DS-GVO eröffnete Möglichkeit genutzt, den für die Datenverarbeitung Verantwortlichen im mitgliedstaatlichen Recht zu bestimmen. Die früher vertretene Rechtsansicht, wonach der Betriebsrat als eigener Verantwortlicher iSd Art. 4 Nr. 7 zu betrachten sei, ist seither obsolet (so seinerzeit zB Gola/Gola Art. 4 Rn. 56 f.; Brink, 34. Datenschutz-Tätigkeitsbericht, LfDI Baden-Württemberg 2018, 37 f.; aA schon vormals Kranig/Wybitul ZD 2019, 1; Schmidt/Rossow DSB 2019, 4; Franzen/Gallner/Oetker/Franzen, Kommentar zum europäischen Arbeitsrecht, 2017, Art. 4 Rn. 12a).

15 Zur Stellung des Datenschutzbeauftragten ergibt sich aus der Gesetzesbegründung, dass sich die Stellung und die Aufgaben des Datenschutzbeauftragten nach Art. 38, 39 DS-GVO richten würden somit auch gegenüber dem Betriebsrat als Teil der verantwortlichen Stelle bestünden (BT-Drs. 19/28899, 22). Es ist deshalb nicht möglich, dass der Betriebsrat einen eigenen Datenschutzbeauftragten benennt.

16 Eine gesonderte Regelung hat in § 79a S. 4 BetrVG die **Geheimhaltungspflicht** des Datenschutzbeauftragten erfahren. Die oder der Datenschutzbeauftragte ist danach gegenüber dem Arbeitgeber zur Verschwiegenheit verpflichtet über Informationen, die Rückschlüsse auf den Meinungsbildungsprozess des Betriebsrats zulassen. § 79a S. 5 BetrVG stellt darüber hinaus klar, dass die Verschwiegenheitspflicht nach § 6 Abs. 5 S. 2 sowie § 38 Abs. 2 BDSG auch im Hinblick auf das Verhältnis der oder des Datenschutzbeauftragten zum Arbeitgeber gilt.

III. Mitwirkung an Datenschutz-Folgenabschätzung

17 Auf Anfrage des Verantwortlichen hat der Datenschutzbeauftragte auch im Zusammenhang mit der Durchführung einer Datenschutz-Folgenabschätzung nach Art. 35 zu beraten. Diese Aufgabe

korrespondiert mit der Verpflichtung des Verantwortlichen, bei der Durchführung einer Datenschutz-Folgenabschätzung den Rat des Datenschutzbeauftragten einzuholen (Art. 35 Abs. 2).

Die Mitwirkung bezieht sich der Sache nach auf die Beratung des Verantwortlichen im Hinblick auf alle **Elemente der Datenschutz-Folgenabschätzung,** namentlich: 18
- der Prüfung der Rechtsgrundlage (zB Reichweite einer Einwilligung)
- der Identifikation von Risiken für Schutzziele des Datenschutzes (zB Rechtmäßigkeit der Datenverarbeitung, Datenqualität, Betroffenenrechte, Vertraulichkeit und Sicherheit der Datenverarbeitung);
- die Bewertung der Wahrscheinlichkeit einer Realisierung der Risiken;
- der Bestimmung berechtigter Interessen; und
- der Festlegung von Garantien und Maßnahmen zur Minimierung etwaiger Risiken.

Der **Umfang der Beratung** durch den Datenschutzbeauftragten ist nicht festgelegt. Hier besteht Spielraum zur Ausgestaltung. Mindestens muss der Datenschutzbeauftragte Ratschläge einbringen können. Der Verantwortliche kann bei dem Datenschutzbeauftragten aber auch Mitwirkungen bei den jeweiligen Prüfungen und Vorschläge für Bewertungen und Maßnahmen erfragen. Nach Abs. 1 lit. c darf die Beratung und Überwachung jedoch nicht dazu führen, dass der Datenschutzbeauftragte die Datenschutz-Folgenabschätzung eigenständig durchführt. Dies obliegt der verarbeitenden Stelle (vgl. Art. 35 Abs. 1 Hs. 2). 19

IV. Kooperation mit Aufsichtsbehörde

Schließlich obliegt es dem Datenschutzbeauftragten nach Abs. 1 lit. d und e, mit der Aufsichtsbehörde zusammenzuarbeiten und für diese als Anlaufstelle zu fungieren; das schließt explizit Verfahren der vorherigen Konsultation nach Art. 36 ein. 20

Der Datenschutzbeauftragte tritt als **Mittler** zwischen Aufsichtsbehörde und verarbeitender Stelle auf (WP 243 rev.01 Ziff. 4.3). Insgesamt steht er aber eher im Kreis der verarbeitenden Stelle (Specht/Mantz DatenschutzR-HdB/Mantz/Marosi Teil A § 3 Rn. 184; MSA DatenschutzR/Schefzig Kap. 11 Rn. 163). Das Bereithalten von erforderlichen Dokumenten und die Aufklärung hierüber, also das Handeln für die verarbeitende Stelle gegenüber der Aufsichtsbehörde, und das vertragliche Verhältnis zwischen den Parteien sprechen zumindest für diese Sichtweise. Der Aufsichtsbehörde dient er als möglichst effiziente Informationsquelle, indem so unmittelbar mit einer fachkundigen und mit der Organisationsstruktur vertrauten Person kommuniziert werden kann (Ehmann/Selmayr/Heberlein Rn. 17; WP 243 rev.01 Ziff. 4.3). 21

Der Datenschutzbeauftragte kann auch seinerseits die Aufsichtsbehörde konsultieren. Ohne vorherige Zustimmung der verarbeitenden Stelle darf durch die Anfrage jedoch kein Rückschluss auf die jeweilige Stelle möglich sein. Interpretationen, die aus Abs. 1 lit. e Var. 2 eine freie Entscheidungskompetenz für den Datenschutzbeauftragten über das nach außen hin gerichtete Auftreten ableiten (so etwa Ehmann/Selmayr/Heberlein Rn. 19; Paal/Pauly/Paal Rn. 8) oder diese zumindest bei einem schweren Verstoß für möglich halten (Kühling/Buchner/Bergt Rn. 19), gehen zu weit (MSA DatenschutzR/Schefzig Kap. 11 Rn. 164; Plath/von dem Bussche Rn. 11; Jaspers/Reif RDV 2016, 67; Schaffland/Wiltfang/Schaffland/Holthaus 58 f.). Eine eigene Entscheidungskompetenz kommt ihm nämlich an keiner Stelle im Gesetz zu (ausführlich → Rn. 36, 40). Darüber hinaus ist er an die Geheimhaltung und Vertraulichkeit auch gegenüber der Aufsichtsbehörde gebunden (Art. 38 Abs. 5 → Art. 38 Rn. 29). 22

B. Sorgfaltsmaßstab

In Abs. 2 ist der von dem Datenschutzbeauftragten bei der Erfüllung seiner Aufgaben zu beachtende Sorgfaltsmaßstab spezifiziert. Danach hat der Datenschutzbeauftragten vor allem Rechnung zu tragen: 23
- dem mit den Verarbeitungsvorgängen verbundenen Risiko; eingedenk
- der Art, des Umfangs und der Zwecke der Verarbeitung.

Diese Regelung ist Ausfluss des **risikobasierten Ansatzes,** der sich stellenweise in der DS-GVO findet. So zB 24
- Art. 24, der den risikobasierten Ansatz vor die Klammer aller Pflichten des Verantwortlichen zieht („geeignete technische und organisatorische Maßnahmen");
- Art. 32, der den Umfang und Aufwand der technisch organisatorischen Maßnahmen vom Risiko abhängig macht;
- Art. 27, Art. 30 und Art. 33, die Pflichten bei nichtvorliegen eines Risikos entfallen lassen und
- Art. 34–37, die bei einem bestimmten Risikograd eine Pflicht entstehen lassen.

25 Abs. 2 verpflichtet den Datenschutzbeauftragten, seine Tätigkeiten je nach Risiko für die Rechte und Freiheiten der betroffenen Personen zu priorisieren und ihnen unterschiedliche Bearbeitungszeiten zu widmen. Wird der Datenschutzbeauftragte beispielsweise bei einer Datenschutz-Folgenabschätzung herangezogen, die wegen einer umfangreichen Verarbeitung besonderer Kategorien personenbezogener Daten notwendig ist, wäre diese Aufgabe im Zweifel hoch zu gewichten. Hinsichtlich der Risikowertung ist er wie in allen anderen Aufgaben frei von Weisungen (Art. 38 Abs. 6 → Art. 38 Rn. 16). Die Priorisierung erfolgt daher ausschließlich aufgrund der Wertung des Datenschutzbeauftragten unter Berücksichtigung der Vorgaben in Abs. 2.

C. Rechtsfolge bei Verstößen

I. Verstöße der verarbeitenden Stelle

26 Für Verstöße der verarbeitenden Stelle gilt das bereits in Art. 37 und Art. 38 Gesagte (→ Art. 37 Rn. 83; → Art. 38 Rn. 39). Grundsätzlich hat die verarbeitende Stelle für eine DS-GVO-konforme Verarbeitung Sorge zu tragen. Dies wird sowohl durch die Art. 37–39, aber insbesondere Art. 24 Abs. 1 deutlich. Aus diesem Grund sind auch die Sanktionsnormen nur an den Verantwortlichen bzw. Auftragsverarbeiter adressiert (kritisch allerdings NK-DatenschutzR/Drewes Rn. 42, der eine Haftungsnorm für den Datenschutzbeauftragten, aufgrund praktischer Relevanz, in der DS-GVO begrüßen würde).

II. Verstöße des Datenschutzbeauftragten

27 Insgesamt ist das Risiko einer zivilrechtlichen Haftung durch den Datenschutzbeauftragten für eigene Pflichtverletzungen im Vergleich zur alten Rechtslage erhöht. Zwar bleibt der zivilrechtliche Haftungsmaßstab in Bezug auf den Datenschutzbeauftragten nach der DS-GVO unverändert. Allerdings erhöht sich mit der Qualität und Intensität der Überwachungspflichten des Datenschutzbeauftragten auch das Risiko für eine Pflichtverletzung (ersteres auch herausebend Kühling/Buchner/Bergt Art. 37 Rn. 53). Der Nachweis eines kausalen Schaden wird indes vielfach nur schwerlich gelingen (ebenso NK-DatenschutzR/Drewes Rn. 41; Eßer/Steffen CR 2018, 289 (291 f.)).

1. Vertragliche Haftung

28 Eine Haftung des Datenschutzbeauftragten im Innenverhältnis kann sich unter der DS-GVO wie bisher aus einer Schlechterfüllung seiner Überwachungs- oder Beratungsfunktion nach § 611 BGB iVm den §§ 280 ff. BGB ergeben (Paal/Pauly/Paal Rn. 12; Kühling/Buchner/Bergt Art. 37 Rn. 53; NK-DatenschutzR/Drewes Rn. 44 ff.; Plath/von dem Bussche Rn. 20). Ebenso kann der Datenschutzbeauftragte regresspflichtig sein, wenn der jeweiligen Stelle aufgrund seiner mangelhaften Aufgabenerfüllung Schäden entstanden sind (Ehmann/Selmayr/Heberlein Rn. 25).

29 Für den Datenschutzbeauftragten dürfte im Falle einer vertraglichen Haftung jedoch regelmäßig der Einwand des **Mitverschuldens** gem. § 254 BGB greifen, womit oftmals eine Teilhaftung der verarbeitenden Stelle aufgrund seiner diversen Verpflichtungen verbleibt, die unabhängig von der Benennung eines Datenschutzbeauftragten besteht (Kühling/Buchner/Bergt Rn. 22; Eßer/Steffen CR 2018, 289 (291 f.)).

30 Soweit es sich um einen internen Datenschutzbeauftragten handelt, gelten die Grundsätze des **innerbetrieblichen Schadensausgleichs** und es gilt die Beweislastumkehr des § 619a BGB, sodass dem internen Datenschutzbeauftragten bei leichter Fahrlässigkeit – wie bisher – ein Freistellungsanspruch zustehen kann (Paal/Pauly/Paal Rn. 12; Eßer/Steffen CR 2018, 289 (293 f.); NK-DatenschutzR/Drewes Rn. 45).

31 Eine Besonderheit besteht im Falle eines für eine öffentliche Stelle internen Datenschutzbeauftragten, der **Beamter** ist. Dieser haftet nach § 75 Abs. 1 BBG für vorsätzliche oder grob fahrlässige Pflichtverletzungen (NK-DatenschutzR/Drewes Rn. 46; zur Haftung des Beamten im Außenverhältnis → Rn. 36a).

32 **Externe Datenschutzbeauftragte** müssen hingegen zunächst weiterhin in vollem Umfang für Pflichtverletzungen aufkommen, es sei denn, es ist vertraglich ein anderer Haftungsmaßstab vereinbart. Gemäß Art. 37 Abs. 6 muss der externe Datenschutzbeauftragte seine Aufgaben nämlich auf Grundlage eines Dienstleistungsvertrages erfüllen. Die verarbeitende Stelle ist hierfür jedoch beweispflichtig. Der Datenschutzbeauftragte ist durch seine Weisungsfreiheit (Art. 38 Abs. 3 S. 1 → Art. 38 Rn. 26) und seine in Abs. 2 verortete Einschätzungsprärogative jedoch weitreichend frei in der Beurteilung.

Eine Haftung des Datenschutzbeauftragten ist gänzlich ausgeschlossen, wenn das Unternehmen **33** die von ihm empfohlenen Maßnahmen nicht umgesetzt hat (Lantwin ZD 2017, 411 (413)). Hierfür empfiehlt es sich aus Sicht des Datenschutzbeauftragten, Dokumentation über die Empfehlungen zu führen (ähnlich NK-DatenschutzR/Drewes Rn. 47).

2. Deliktisch (gegenüber Betroffenen)

Wie nach früherer Rechtslage kommt **im Außenverhältnis** weiterhin eine deliktische Haftung **34** des Datenschutzbeauftragten **gegenüber Betroffenen** aus § 823 Abs. 1 (Verletzung des Rechts auf informationelle Selbstbestimmung) oder nach § 823 Abs. 2 BGB iVm Abs. 1 in Betracht. Für die erforderliche Drittbezogenheit spricht, dass der Sinn und Zweck des Datenschutzbeauftragten und seiner Aufgabenzuweisung darin besteht, Verstöße gegenüber den Betroffenen auf Seiten der verarbeitenden Stelle entgegenzuwirken (ebenso NK-DatenschutzR/Drewes Rn. 51; Kühling/Buchner/Bergt Art. 37 Rn. 54). Art. 39 dient daher nach Zweck und Inhalt zumindest auch dem Schutz Einzelner oder einzelner Personenkreise gegen die Verletzung ihres Schutzes personenbezogener Daten aus Art. 8 GRCh. Dies bedeutet, dass unter engen Voraussetzungen eine Haftung gegenüber Betroffenen bei rechtswidrigem und schuldhaftem Verstoß des Datenschutzbeauftragten gegen die ihm obliegenden Aufgaben nach Abs. 1 DS-GVO denkbar ist (Kühling/Buchner/Bergt Art. 37 Rn. 54; Paal/Pauly/Paal Rn. 11).

Bei einer vorsätzlichen Verletzung der **Verschwiegenheitspflicht** oder einer **unerlaubten** **35** **Weitergabe** (falscher) Informationen ist auch ein Verstoß nach § 824 BGB oder § 826 BGB denkbar, ebenfalls im Einklang mit der früheren Rechtslage (Simitis/Simitis, 8. Aufl. 2014, BDSG § 4g Rn. 107).

Trotz des erweiterten Aufgabenspektrums dürfte eine deliktische Haftung des Datenschutzbe- **35a** auftragten weiterhin eher die Ausnahme darstellen (so auch Kühling/Buchner/Bergt Art. 37 Rn. 54; Eßer/Steffen CR 2018, 289 (292)). Letztlich wird es schon vielfach an einer nachweisbaren Verletzungshandlung des Datenschutzbeauftragten fehlen bzw. spätestens an der haftungsbegründenden Kausalität. Die interne Überwachungsfunktion des Datenschutzbeauftragten führt nämlich nicht zu einer Verlagerung der Verantwortung auf den Datenschutzbeauftragten, sodass der Verantwortliche bzw. Auftragsverarbeiter im Außenverhältnis weiterhin alleine für eine Gewährleistung der Einhaltung datenschutzrechtlicher Vorschriften einstehen muss (Ehmann/Selmayr/Heberlein Rn. 10; Eßer/Steffen CR 2018, 289 (291 f.)). Dies offenbart insbesondere Art. 24 Abs. 1 DS-GVO, der den Verantwortlichen zur Einhaltung der datenschutzrechtlichen Bestimmungen verpflichtet (WP 243 rev. 01 Ziff. 4.1 und Ziff. 5 Nr. 12). Eine deliktische Haftung des Datenschutzbeauftragten gegenüber einem Betroffenen lässt sich daher in der Praxis wohl nur erfolgreich begründen, wenn er die Verschwiegenheitspflicht verletzt oder unerlaubt personenbezogene Daten verarbeitet.

Weiterhin werden die Pflichten des Datenschutzbeauftragten gegenüber Betroffenen durch **36** Art. 38 Abs. 4 im Vergleich zu § 4f Abs. 5 S. 2 BDSG nicht erweitert. Folglich können Betroffen gegenüber dem Datenschutzbeauftragten weder Ansprüche aus den §§ 280 ff. BGB noch nach den Grundsätzen eines Vertrags mit Schutzwirkung zugunsten Dritter geltend machen (Kühling/Buchner/Bergt Art. 37 Rn. 52; Eßer/Steffen CR 2018, 289 (292 ff.)).

Eine Besonderheit besteht auch hier im Falle eines für eine **öffentliche Stelle** benannten **36a** internen Datenschutzbeauftragten. Gegenüber dem Betroffenen kann parallel zu § 823 Abs. 1 (Verletzung des Rechts auf informationelle Selbstbestimmung) bzw. § 823 Abs. 2 BGB iVm Abs. 1 (→ Rn. 34) ein **Amtshaftungsanspruch** aus § 839 BGB iVm Art. 34 GG ausgelöst werden (vgl. Taeger/Gabel/Grittmann BDSG § 12 Rn. 7, der den Datenschutzbeauftragten stets als Beamten im haftungsrechtlichen Sinne sieht und Paal/Pauly/Frenzel Art. 83 Rn. 27, der einen Amtshaftungsanspruch im Außenverhältnis grundsätzlich bejaht). Zu beachten gilt es allerdings, dass nicht der handelnde Beamte (im haftungsrechtlichen Sinne), sondern die jeweilige Anstellungskörperschaft Anspruchsgegner ist (vgl. MüKoBGB/Papier/Shirvani BGB § 839 Rn. 420).

3. Straf- und ordnungswidrigkeitenrechtliche Haftung

Eine Strafbarkeit durch **aktives Tun** ist denkbar gem. Art. 84 iVm § 203 Abs. 4 S. 1 StGB, **37** wenn der Datenschutzbeauftragte ein fremdes Geheimnis offenbart und die ihn benennende Stelle § 203 Abs. 1 oder Abs. 2 StGB unterfällt (Plath/von dem Bussche Rn. 18; NK-DatenschutzR/Drewes Rn. 57).

Teilweise wird des Weiteren angenommen, ein Datenschutzbeauftragter könne sich nunmehr **38** durch **Unterlassen** gem. § 13 StGB als Überwachungsgarant aufgrund der ihm obliegenden Überwachungspflichten strafbar machen (Wybitul ZD 2016, 203 (204 f.); Niklas/Faas NZA 2017

1091 (1096); wohl auch Paal/Pauly/Paal Rn. 12). Richtigerweise ist der Datenschutzbeauftragte trotz der Formulierung in Abs. 1 lit. b allerdings **nicht** als **Überwachungsgarant** zu qualifizieren (ebenso NK-DatenschutzR/Drewes Rn. 63; Specht/Mantz DatenschutzR-HdB/Krätschmer Teil A § 6 Rn. 11; HK-DS-GVO/Helfrich Rn. 72; Lantwin ArbRAktuell 2017, 508; GSSV/Mayer Art. 38 Rn. 72; ausführlich zum strafrechtlichen Verständnis Lackner/Kühl/Bosch StGB § 13 Rn. 11 ff.).

39 Die Befürworter einer Qualifizierung als Überwachungsgarant stützen sich vielfach auf eine Vergleichbarkeit mit dem Compliance-Beauftragten, der nach der Rechtsprechung Überwachungsgarant sein kann, wenn er „vom Unternehmen ausgehende Rechtsverstöße zu beanstanden und zu unterbinden hat" (BGH NJW 2009, 3173 (3175 Rn. 26)). Diese Voraussetzungen treffen auf einen Datenschutzbeauftragten indes gerade nicht zu. Während im Datenschutzbeauftragter Vorstand, Geschäftsführung, das leitende Management oder die Behördenleitung (nur) auf datenschutzrechtliche Missstände hinweisen und Empfehlungen aussprechen kann, um diese zu beheben, treffen allein die Datenschutzverantwortlichen die endgültige Entscheidung und können sich dabei auch über Empfehlungen des Datenschutzbeauftragten hinwegsetzen (so auch Specht/Mantz DatenschutzR-HdB/Krätschmer Teil A § 6 Rn. 11). Darin unterscheidet sich die Stellung innerhalb der verarbeitenden Stelle grundlegend von der eines Compliance-Officers, der Straftaten von Unternehmensangehörigen verhindern soll und bei der Aufdeckung von Gesetzesverletzungen autonom vorgehen darf (Renz/Frankenberger ZD 2015, 158 (160)). Selbst wenn man, entgegen der hier vertretenen Ansicht (Abs. 1 → Rn. 21), eine Beanstandungsmöglichkeit gegenüber der zuständigen Aufsichtsbehörde anerkennen will, ist darin noch keine Unterbindungsmöglichkeit des eigentlichen Verstoßes zu erkennen.

40 Es würde gerade die notwendige Unabhängigkeit des Datenschutzbeauftragten unterminieren, wenn ihm die Kompetenz zukäme, Datenschutzverstöße zu unterbinden, weil dies naturgemäß eine Entscheidungskompetenz über die Datenverarbeitung voraussetzt, die einem Datenschutzbeauftragten gerade nicht zukommen darf (→ Art. 38 Rn. 36). Die DS-GVO normiert an zahlreichen Stellen, dass die verarbeitenden Stelle für die Einhaltung der Vorgaben verantwortlich bleibt (DSK Kurzpapier Nr. 12, 4). Sowohl Art. 35 Abs. 2 als auch Art. 38 heben dies deutlich hervor. Daneben legt auch Art. 24 Abs. 1 diese Schlussfolgerung nahe (vgl. WP 243 rev.01 Ziff. 4.1 und Ziff. 5 Nr. 12). Die mangelnde Entscheidungskompetenz mit der ein Datenschutzbeauftragter ausgestattet ist, steht einer Garantenstellung deshalb entgegen.

41 Den Datenschutzbeauftragten trifft auch **keine vergleichbare Verantwortung wie einen Gewässer-, Immissions- oder Strahlenschutzbeauftragten** (so aber Niklas/Faas NZA 2017, 1091 (1096); ablehnend auch NK-DatenschutzR/Drewes Rn. 64). Für solcherlei Beauftragte hatte der BGH zwar eine strafrechtliche Verantwortlichkeit als Überwachungsgarant bejaht (BGH NJW 2009, 3173 (3174 Rn. 24)). Allerdings setzt eine solche Einordnung als Überwachungsgaranten voraus, dass ihnen betriebsinterne Leitungs-, Entscheidungs- oder Anordnungsbefugnisse zukommen, die nicht auf ihrer Stellung als Beauftragte beruhen (OLG NJW 1987, 2753 (2756); Landmann/Rohmer UmweltR/Hünnekens WHG § 65 Rn. 30; BeckOK UmweltR/Schwertner BImSchG § 54 Rn. 16). Die Stellung als Überwachungsgarant folgt also gerade nicht reflexartig aus der Stellung als Beauftragter. Das bedeutet, auch der Datenschutzbeauftragte wäre nur dann Überwachungsgarant, wenn auch ihm anderweitige, betriebsinterne Entscheidungsbefugnisse über die Datenverarbeitung zukämen. Weil dies allerdings direkt zu einem Interessenkonflikt nach Art. 38 Abs. 6 führen würde (Art. 38 Abs. 6 → Art. 38 Rn. 32), können diese Voraussetzungen bei einem Datenschutzbeauftragten im Grunde nicht vorliegen. Dem Datenschutzbeauftragten kommt keinerlei Weisungsbefugnis – mit Ausnahme der ihm zur Erfüllung seiner Aufgaben unterstützend zugewiesenen Mitarbeiter – zu, sodass er auch keine Erfolgsverantwortung bezüglich der Datenverarbeitung trägt (Kühling/Buchner/Bergt Rn. 22; Ehmann/Selmayr/Heberlein Art. 38 Rn. 14; NK-DatenschutzR/Drewes Rn. 66).

Abschnitt 5. Verhaltensregeln und Zertifizierung

Artikel 40 Verhaltensregeln

(1) **Die Mitgliedstaaten, die Aufsichtsbehörden, der Ausschuss und die Kommission fördern die Ausarbeitung von Verhaltensregeln, die nach Maßgabe der Besonderheiten der einzelnen Verarbeitungsbereiche und der besonderen Bedürfnisse von Kleinstunter-**

nehmen sowie kleinen und mittleren Unternehmen zur ordnungsgemäßen Anwendung dieser Verordnung beitragen sollen.

(2) Verbände und andere Vereinigungen, die Kategorien von Verantwortlichen oder Auftragsverarbeitern vertreten, können Verhaltensregeln ausarbeiten oder ändern oder erweitern, mit denen die Anwendung dieser Verordnung beispielsweise zu dem Folgenden präzisiert wird:
a) faire und transparente Verarbeitung;
b) die berechtigten Interessen des Verantwortlichen in bestimmten Zusammenhängen;
c) Erhebung personenbezogener Daten;
d) Pseudonymisierung personenbezogener Daten;
e) Unterrichtung der Öffentlichkeit und der betroffenen Personen;
f) Ausübung der Rechte betroffener Personen;
g) Unterrichtung und Schutz von Kindern und Art und Weise, in der die Einwilligung des Trägers der elterlichen Verantwortung für das Kind einzuholen ist;
h) die Maßnahmen und Verfahren gemäß den Artikeln 24 und 25 und die Maßnahmen für die Sicherheit der Verarbeitung gemäß Artikel 32;
i) die Meldung von Verletzungen des Schutzes personenbezogener Daten an Aufsichtsbehörden und die Benachrichtigung der betroffenen Person von solchen Verletzungen des Schutzes personenbezogener Daten;
j) die Übermittlung personenbezogener Daten an Drittländer oder an internationale Organisationen oder
k) außergerichtliche Verfahren und sonstige Streitbeilegungsverfahren zur Beilegung von Streitigkeiten zwischen Verantwortlichen und betroffenen Personen im Zusammenhang mit der Verarbeitung, unbeschadet der Rechte betroffener Personen gemäß den Artikeln 77 und 79.

(3) ¹Zusätzlich zur Einhaltung durch die unter diese Verordnung fallenden Verantwortlichen oder Auftragsverarbeiter können Verhaltensregeln, die gemäß Absatz 5 des vorliegenden Artikels genehmigt wurden und gemäß Absatz 9 des vorliegenden Artikels allgemeine Gültigkeit besitzen, auch von Verantwortlichen oder Auftragsverarbeitern, die gemäß Artikel 3 nicht unter diese Verordnung fallen, eingehalten werden, um geeignete Garantien im Rahmen der Übermittlung personenbezogener Daten an Drittländer oder internationale Organisationen nach Maßgabe des Artikels 46 Absatz 2 Buchstabe e zu bieten. ²Diese Verantwortlichen oder Auftragsverarbeiter gehen mittels vertraglicher oder sonstiger rechtlich bindender Instrumente die verbindliche und durchsetzbare Verpflichtung ein, die geeigneten Garantien anzuwenden, auch im Hinblick auf die Rechte der betroffenen Personen.

(4) Die Verhaltensregeln gemäß Absatz 2 des vorliegenden Artikels müssen Verfahren vorsehen, die es der in Artikel 41 Absatz 1 genannten Stelle ermöglichen, die obligatorische Überwachung der Einhaltung ihrer Bestimmungen durch die Verantwortlichen oder die Auftragsverarbeiter, die sich zur Anwendung der Verhaltensregeln verpflichten, vorzunehmen, unbeschadet der Aufgaben und Befugnisse der Aufsichtsbehörde, die nach Artikel 55 oder 56 zuständig ist.

(5) ¹Verbände und andere Vereinigungen gemäß Absatz 2 des vorliegenden Artikels, die beabsichtigen, Verhaltensregeln auszuarbeiten oder bestehende Verhaltensregeln zu ändern oder zu erweitern, legen den Entwurf der Verhaltensregeln bzw. den Entwurf zu deren Änderung oder Erweiterung der Aufsichtsbehörde vor, die nach Artikel 55 zuständig ist. ²Die Aufsichtsbehörde gibt eine Stellungnahme darüber ab, ob der Entwurf der Verhaltensregeln bzw. der Entwurf zu deren Änderung oder Erweiterung mit dieser Verordnung vereinbar ist und genehmigt diesen Entwurf der Verhaltensregeln bzw. den Entwurf zu deren Änderung oder Erweiterung, wenn sie der Auffassung ist, dass er ausreichende geeignete Garantien bietet.

(6) Wird durch die Stellungnahme nach Absatz 5 der Entwurf der Verhaltensregeln bzw. der Entwurf zu deren Änderung oder Erweiterung genehmigt und beziehen sich die betreffenden Verhaltensregeln nicht auf Verarbeitungstätigkeiten in mehreren Mitgliedstaaten, so nimmt die Aufsichtsbehörde die Verhaltensregeln in ein Verzeichnis auf und veröffentlicht sie.

(7) Bezieht sich der Entwurf der Verhaltensregeln auf Verarbeitungstätigkeiten in mehreren Mitgliedstaaten, so legt die nach Artikel 55 zuständige Aufsichtsbehörde – bevor sie den Entwurf der Verhaltensregeln bzw. den Entwurf zu deren Änderung oder

Erweiterung genehmigt – ihn nach dem Verfahren gemäß Artikel 63 dem Ausschuss vor, der zu der Frage Stellung nimmt, ob der Entwurf der Verhaltensregeln bzw. der Entwurf zu deren Änderung oder Erweiterung mit dieser Verordnung vereinbar ist oder – im Fall nach Absatz 3 dieses Artikels – geeignete Garantien vorsieht.

(8) Wird durch die Stellungnahme nach Absatz 7 bestätigt, dass der Entwurf der Verhaltensregeln bzw. der Entwurf zu deren Änderung oder Erweiterung mit dieser Verordnung vereinbar ist oder – im Fall nach Absatz 3 – geeignete Garantien vorsieht, so übermittelt der Ausschuss seine Stellungnahme der Kommission.

(9) ¹Die Kommission kann im Wege von Durchführungsrechtsakten beschließen, dass die ihr gemäß Absatz 8 übermittelten genehmigten Verhaltensregeln bzw. deren genehmigte Änderung oder Erweiterung allgemeine Gültigkeit in der Union besitzen. ²Diese Durchführungsrechtsakte werden gemäß dem Prüfverfahren nach Artikel 93 Absatz 2 erlassen.

(10) Die Kommission trägt dafür Sorge, dass die genehmigten Verhaltensregeln, denen gemäß Absatz 9 allgemeine Gültigkeit zuerkannt wurde, in geeigneter Weise veröffentlicht werden.

(11) Der Ausschuss nimmt alle genehmigten Verhaltensregeln bzw. deren genehmigte Änderungen oder Erweiterungen in ein Register auf und veröffentlicht sie in geeigneter Weise.

Überblick

Mit Verhaltensregeln können Verbände und Vereinigungen, die bestimmte Kategorien von Verantwortlichen oder Auftragsverarbeitern vertreten, die Verordnung mit ihren teils unbestimmten und ungenauen Regelungen präzisieren. Dies soll die Rechtsanwendung erleichtern und zu mehr Rechtssicherheit führen. Insbesondere können genehmigte Verhaltensregeln in bestimmten Fällen als Gesichtspunkt herangezogen werden, um die Erfüllung datenschutzrechtlicher Pflichten und die Vereinbarkeit mit der Verordnung nachzuweisen. Solche Nachweiserleichterungen gelten zB für die Erfüllung der Pflichten des Verantwortlichen (Art. 24 Abs. 3). Hingegen bilden Verhaltensregeln keine eigenständige Rechtsgrundlage für eine Datenverarbeitung. Die Einhaltung genehmigter Verhaltensregeln führt daher nicht automatisch dazu, dass eine Datenverarbeitung mit den Anforderungen der Verordnung als vereinbar anzusehen ist. Bevor Verhaltensregeln genehmigt werden, prüfen die zuständigen Aufsichtsbehörden den vorgelegten Entwurf auf Vereinbarkeit mit der Verordnung. Bei länderübergreifenden Datenverarbeitungsvorgängen wird zudem vom Europäischen Datenschutzausschuss (EDSA) eine Stellungnahme im Kohärenzverfahren (Art. 63 ff.) eingeholt. Die Kommission kann im Wege von Durchführungsrechtsakten die Allgemeingültigkeit von länderübergreifenden Verhaltensregeln erklären.

Übersicht

	Rn.		Rn.
A. Allgemeines	1	IV. Inhaltliche Mindestanforderungen	14
I. Entstehungsgeschichte	1	V. Geeignete Garantien	17
II. Normzweck	3	D. Genehmigungsverfahren	17a
III. Normsystematik	5	I. Nationale Datenverarbeitungsprozesse	18
IV. Verhältnis zur Zertifizierung	6	II. Länderübergreifende Datenverarbeitungs-	
B. Förderpflicht staatlicher Stellen	7	prozesse	22
C. Anwendungsbereich	9	E. Rechts- und Bindungswirkungen	25
I. Vorlageberechtigte Stellen	9	I. Verhaltensregeln	26
II. Zustandekommen von Verhaltensregeln	12	II. Genehmigung	31
III. Sachlicher Regelungsgehalt	13	III. Allgemeingültigkeitserklärung	32

A. Allgemeines

I. Entstehungsgeschichte

1 Bei Verhaltensregeln handelt es sich um ein bereits bekanntes Instrument der Selbstregulierung. Nach § 38a BDSG aF konnten Berufsverbände ua Vereinigungen Verhaltensregeln entwerfen und sie der zuständigen Aufsichtsbehörde zur Prüfung vorlegen. Die Vorschrift diente der Umsetzung von Art. 27 RL 95/46/EG. Die Verhaltensregeln nach § 38a BDSG aF haben sich in der Praxis allerdings nicht bewährt: In Deutschland wurden mit den Verhaltensregeln der Versicherungswirtschaft und dem GeoBusiness Code of Conduct erst zwei Verhaltensregeln von der Aufsichtsbehörde genehmigt (Plath/v. Braunmühl/Wittmann Rn. 1). § 38a BDSG wurde durch Art. 8 Datenschutz-Anpassungs- und Umsetzungsgesetz EU vom 30.6.2017 mit Wirkung zum 25.5.2018 aufgehoben (BGBl. I 2097).

Trotz dieser verhaltenen Bilanz hat der Europäische Gesetzgeber an dem Institut der Verhaltensregeln festgehalten. Diese waren schon im ersten Verordnungsentwurf der EU-Kommission v. 25.1.2012 (KOM(2012) 11 endg.) in Art. 38 DS-GVO-E vorgesehen. Im Laufe des Gesetzgebungsverfahrens haben sowohl das EU-Parlament mit legislativer Entschließung v. 12.3.2014 (P7_TA(2014)0212) als auch der Europäische Rat mit allgemeiner Ausrichtung v. 11.6.2015 (Ratsdokument 9565/15) zum Kommissionsentwurf Stellung genommen, woraufhin der Kommissionsentwurf noch zahlreiche Änderungen erfahren hat (vgl. v. Braunmühl PinG 2015, 231 ff.). Insbesondere wurde der Beispielkatalog in Abs. 2 erweitert und das Anerkennungsverfahren für Verhaltensregeln in Abs. 5 verbindlicher gestaltet; im Kommissionsentwurf war noch vorgesehen, dass eine Aufsichtsbehörde über die Vereinbarkeit einer vorgelegten Verhaltensregel mit der Verordnung Stellung nehmen „kann". Ferner wurde die Registerpflicht für genehmigte Verhaltensregeln durch den EDSA nach Abs. 11 und das Akkreditierungsverfahren nach Art. 41 für private Kontrolleinrichtungen eingeführt (v. Braunmühl PinG 2015, 231 (232)). Insgesamt wird mit der Verordnung das Instrument der Verhaltensregeln ausgeweitet und detailliert geregelt. Die Berichtigung durch ABl. L 127 v. 23.5.2018 betrifft eine rein sprachliche Korrektur. 2

Am 4.6.2019 hat der EDSA Leitlinien über Verhaltensregeln und Überwachungsstellen gemäß der DS-GVO (in der endgültigen Fassung 2.0 abrufbar unter https://edpb.europa.eu/sites/edpb/files/files/file1/edpb_guidelines_201901_v2.0_codesofconduct_de.pdf; im Folgenden „Leitlinien über Verhaltensregeln") veröffentlicht, die eine praktische Orientierungshilfe und Unterstützung im Rahmen des Verfahrens und der Regeln für die Einreichung, Genehmigung und Veröffentlichung von Verhaltensregeln auf nationaler und europäischer Ebene bieten sollen (Leitlinien über Verhaltensregeln Nr. 1.1 Rn. 3). Zudem bezweckt der EDSA mit ihnen, den zuständigen Aufsichtsbehörden, dem EDSA und der Kommission einen klaren Verfahrensrahmen abzustecken, um eine einheitliche Prüfung von Verhaltensregeln sowie eine Straffung des Prozederes zu gewährleisten (so ausdrücklich in den Leitlinien über Verhaltensregeln Nr. 1.1 Rn. 4). Zu beachten ist, dass dem EDSA zufolge sämtliche bislang genehmigte Verhaltensregeln unter Berücksichtigung der Art. 40, 41 und des in den Leitlinien niedergelegten Verfahrens einer erneuten Genehmigung bedürfen (Leitlinien über Verhaltensregeln Nr. 1.1 Rn. 6). Das Bestreben, durch praktische Handreichungen die Schaffung von und den Umgang mit Verhaltensregeln transparenter und reibungsloser zu gestalten, ist zu begrüßen. Die Leitlinien sind jedoch nicht durchweg eindeutig formuliert und stellen teils hohe Begründungsanforderungen an die vorlageberechtigten Stellen. Insofern ist ein besonnener Umgang mit den Leitlinien erforderlich, um Verhaltensregeln tatsächlich effektiv zu fördern und gegenteilige Effekte zu vermeiden. 2a

Am 7.7.2021 hat der EDSA zudem ergänzende Leitlinien für Verhaltensregeln als Instrumente für Datentransfers an Drittstaaten und internationale Organisationen veröffentlicht (Guidelines 04/2021 on codes of conduct as tools for transfers abrufbar unter https://edpb.europa.eu/system/files/2021-07/edpb_guidelinescodesconducttransfers_publicconsultation_en.pdf; im Folgenden „Guidelines on Codes of Conduct as Tools for Transfers"). Ziel dieser ergänzenden Leitlinien ist es ua, die Anwendbarkeit von Abs. 3 zu spezifizieren und praktische Hinweise zu Inhalt, Verfahren und Anforderungen an solche Verhaltensregeln zu geben. 2b

II. Normzweck

Nach Abs. 2 sollen Verhaltensregeln die Anwendung der Verordnung „präzisieren". Das Bedürfnis für eine solche **Präzisierung** ergibt sich daraus, dass die Verordnung an vielen Stellen unbestimmt ist und Generalklauseln enthält. Verhaltensregeln können als Auslegungshilfen herangezogen werden und dienen damit der Erhöhung von Rechtssicherheit (Paal/Pauly/Paal/Kumkar Rn. 3). 3

Daraus folgt aber auch, dass Verhaltensregeln **keine Rechtsgrundlage** für die Verarbeitung personenbezogener Daten sind (LDI NRW ZD-Aktuell 2019, 06606; Laue/Kremer Neues DatenschutzR § 8 Rn. 7). Verhaltensregeln zielen vielmehr darauf ab, eine wirksame Anwendung der Verordnung zu erleichtern. Dabei ist nach Erwägungsgrund 98 den Besonderheiten der in bestimmten Sektoren erfolgenden Verarbeitungen und den besonderen Bedürfnissen der Kleinst- 4 unternehmen sowie der kleinen und mittleren Unternehmen Rechnung zu tragen. Rechtsgrundlage für eine Datenverarbeitung bleibt aber die Verordnung.

III. Normsystematik

5 Art. 40 regelt in insgesamt elf Absätzen Einzelheiten zum persönlichen und sachlichen Anwendungsbereich von Verhaltensregeln und dem Genehmigungsverfahren. Abs. 1 enthält für bestimmte staatliche Stellen eine Pflicht, die Ausarbeitung von Verhaltensregeln zu fördern. Die vorlageberechtigten Institutionen werden in Abs. 2 genannt. Zudem werden dort in einem nicht abschließenden Katalog die möglichen Regelungsbereiche für Verhaltensregeln konkretisiert. Nach Abs. 3 können Verhaltensregeln unter bestimmten Voraussetzungen eine Garantie iRd Übermittlung personenbezogener Daten an Drittländer oder internationale Organisationen bieten. Abs. 4 bestimmt, dass Verhaltensregeln Verfahren vorsehen müssen, mit denen eine akkreditierte Stelle die Einhaltung der Verhaltensregeln durch die Verantwortlichen oder Auftragsverarbeiter überwachen kann. Das Genehmigungsverfahren für Verhaltensregeln, die Datenverarbeitungsprozesse in einem einzigen Mitgliedstaat betreffen, regeln die Abs. 5 und 6. Beziehen sich die Verhaltensregeln auf eine Datenverarbeitung in mehreren Mitgliedstaaten, richtet sich das Genehmigungsverfahren nach den Abs. 7–9. Nach Abs. 10 und 11 müssen bestimmte Verhaltensregeln veröffentlicht und in ein Register aufgenommen werden.

IV. Verhältnis zur Zertifizierung

6 Neben Art. 40 ist auch die in Art. 42 enthaltene Zertifizierung ein Instrument der Selbstregulierung, das zur Konkretisierung der Verordnung beiträgt (Laue/Kremer Neues DatenschutzR § 8 Rn. 1). Beide Instrumente können nebeneinander angewendet werden. Verhaltensregeln sollen dabei primär den Umgang mit einzelnen Datenverarbeitungsbereichen erleichtern und zielen zB auf eine bestimmte Branche, ein bestimmtes Produkt oder eine Vielzahl an Datenverarbeitungsvorgängen ab. Zertifizierungsverfahren dienen zusammen mit Datenschutzsiegeln und -prüfzeichen hingegen dem Nachweis, dass die Verordnung von Verantwortlichen und Auftragsverarbeitern bei konkreten Datenverarbeitungsvorgängen eingehalten wird (Plath/v. Braunmühl/Wittmann Rn. 8). Dies ist in der Regel mit einer zeit- und kostenverursachenden Kontrolle der Maßnahme vor Ort verbunden (Knyrim, Datenschutz-Grundverordnung, 2016, 248; von dem Bussche/Voigt Konzerndatenschutz/Hullen Kap. 8 Rn. 3).

B. Förderpflicht staatlicher Stellen

7 Die Mitgliedstaaten, die Aufsichtsbehörden, der EDSA und die Kommission sollen nach Abs. 1 die Ausarbeitung von Verhaltensregeln fördern und damit zur ordnungsgemäßen Anwendung der Verordnung beitragen. Ergänzt wird die Vorschrift durch Art. 57 Abs. 1 lit. m, wonach die Förderpflicht speziell der Aufsichtsbehörden nochmals geregelt ist. Wie weit die Förderpflicht der genannten Stellen reicht und welche Maßnahmen die Stellen konkret ergreifen müssen, um den Anforderungen nach Abs. 1 gerecht zu werden, wird von der Verordnung nicht näher konkretisiert. Der Begriff der Förderung enthält jedoch ein **aktives Element**, sodass sich die Tätigkeit der Stellen richtigerweise nicht auf eine reine Genehmigungstätigkeit beschränken lässt (so auch Spindler ZD 2016, 407; Plath/v. Braunmühl/Wittmann Rn. 9; Gola/Lepperhoff Rn. 7; Paal/Pauly/Paal/Kumkar Rn. 5). Zudem sollen nach Erwägungsgrund 98 Verbände oder andere Vereinigungen „ermutigt" werden, Verhaltensregeln auszuarbeiten, um eine wirksame Anwendung der Verordnung zu erleichtern, was ebenfalls auf eine aktive Förderpflicht hindeutet (in diese Richtung Taeger/Gabel/Grittmann Art. 57 Rn. 25, demzufolge Erwägungsgrund 98 zumindest „proaktives Handeln der Aufsichtsbehörde" nahelegt).

8 Bei der Ausarbeitung von Verhaltensregeln sind nach Abs. 1 die Besonderheiten der einzelnen Verarbeitungsbereiche und die besonderen Bedürfnisse von Kleinstunternehmen sowie kleinen und mittleren Unternehmen zu berücksichtigen. Dies wird bereits in Erwägungsgrund 98 festgestellt. Die Regelung zielt darauf ab, dass die **gebiets- und branchenspezifischen Besonderheiten** bei der Konkretisierung der Verordnung berücksichtigt werden (Laue/Kremer Neues DatenschutzR § 8 Rn. 6; Paal/Pauly/Paal/Kumkar Rn. 6). Die ausdrückliche Auflistung von Kleinstunternehmen sowie kleinen und mittleren Unternehmen bedeutet nicht, dass größere Unternehmen nicht auch für einzelne Verarbeitungsbereiche Verhaltensregeln ausarbeiten könnten, da selbstverständlich auch insoweit ein berechtigtes Interesse an einer ordnungsgemäßen Anwendung der Verordnung besteht (Spindler ZD 2016, 407 (408)).

C. Anwendungsbereich

I. Vorlageberechtigte Stellen

In persönlicher Hinsicht ermächtigt die Verordnung **Verbände ua Vereinigungen,** Verhaltensregeln auszuarbeiten, zu ändern oder zu erweitern. Der Verband oder die Vereinigung muss dabei Kategorien von Verantwortlichen oder Auftragsverarbeitern vertreten. Abweichend von der bisherigen Rechtslage werden nun ausdrücklich Auftragsverarbeiter vom persönlichen Anwendungsbereich erfasst (Laue/Kremer Neues DatenschutzR § 8 Rn. 5). Vorlageberechtigte Stellen können insbesondere Berufsverbände von Freiberuflern (wie Rechtsanwälte, Ärzte oder Steuerberater), Industrie- und Handelskammern, Innungen und sonstige hoheitliche Zwangsverbände sein (Laue/Kremer Neues DatenschutzR § 8 Rn. 5). Die vertretenen Gruppen müssen stets durch ein gewisses Maß an Homogenität miteinander verbunden sein, dh es müssen Gemeinsamkeiten im Hinblick auf die Bereiche der Datenverarbeitung bestehen (Paal/Pauly/Paal/Kumkar Rn. 11). 9

Die Leitlinien über Verhaltensregeln verwenden den Terminus Repräsentativität (Leitlinien über Verhaltensregeln Nr. 5.2 Rn. 22). Dem EDSA zufolge speist sich dieses Merkmal aus zwei Komponenten. Zum einen aus der Anzahl bzw. dem Anteil der potentiell den Verhaltensregeln unterliegenden Mitglieder der jeweiligen Verantwortlichen oder Auftragsverarbeiter in dem betreffenden Sektor und zum anderen aus der Erfahrung der repräsentierenden Stelle in Bezug auf den Sektor und die von den Verhaltensregeln abgedeckten Verarbeitungstätigkeiten. Das erste Kriterium entspricht der bereits im Rahmen des Homogenitätserfordernisses bekannten Voraussetzung, wonach von einem typischen (zumindest partiellen) Gleichlauf der Datenverarbeitung nur dann gesprochen werden kann, wenn sich eine zusammengehörige, zahlenmäßig fassbare Gruppierung – auch innerhalb eines bestimmten Sektors – ausmachen lässt, die eine gewisse Schnittmenge hinsichtlich ihrer üblichen datenverarbeitenden Tätigkeit aufweist. 9a

Zum zweiten Kriterium der „Erfahrung" führt der EDSA aus, vorlageberechtigte Stellen müssten gegenüber der Aufsichtsbehörde den Nachweis erbringen, dass sie in der Lage sind, die Bedürfnisse ihrer Mitglieder zu verstehen und die Verarbeitungstätigkeit oder den Verarbeitungsbereich, auf den sich die Verhaltensregeln beziehen sollen, klar zu definieren (Leitlinien über Verhaltensregeln Nr. 5.2 Rn. 22). Eine derartige Nachweispflicht kennt der Normtext der DS-GVO nicht. Er spricht in Abs. 2 lediglich von (nicht näher umrissenen) Vereinigungen, die Kategorien von Verantwortlichen oder Auftragsverarbeitern „vertreten". Sollte das Verlangen nach „Erfahrung" insoweit der Überlegung geschuldet sein, eine interessengerechte „Vertretung" in jenem Sinne könne nur stattfinden, wenn die betreffende Vereinigung über einen bestimmten Wissensstand hinsichtlich eines konkreten Sektors verfügt, wäre hiergegen nichts einzuwenden. Wäre unter „Erfahrung" jedoch Routine infolge langfristig geübter Praxis in einer Branche zu verstehen, würde dies Vereinigungen, die neu auf einem Gebiet sind, benachteiligen. Ihnen würde die Möglichkeit genommen, mit Hilfe der Schaffung von Verhaltensregeln Risiken durch datenschutzrechtliche Verstöße von Beginn ihrer Tätigkeit an zu minimieren. Dies ist weder im Wortlaut der Vorschrift angelegt noch entspricht es deren Sinn und Zweck. 9b

Andere Verbände und Vereinigungen, die weder Verantwortliche noch Auftragsverarbeiter vertreten, sind nicht zur Vorlage berechtigt. Dies gilt etwa für Verbraucherschutz- und Datenschutzverbände (Paal/Pauly/Paal/Kumkar Rn. 9). Ob rein **konzern- und unternehmensgruppenintern** wirkende Regelungen zur Datenübermittlung in Drittstaaten (sog. Binding Corporate Rules) vorlagefähig sind, war nach alter Rechtslage umstritten (Simitis/Petri BDSG § 38a Rn. 12). Unter der Verordnung dürfte die Vorlageberechtigung in solchen Fällen eindeutig zu bejahen sein, da Abs. 2 lit. j Präzisierungen zur Übermittlung personenbezogener Daten an Drittländer oder an internationale Organisationen ausdrücklich in den sachlichen Anwendungsbereich von Verhaltensregeln einbezieht. Zudem erscheint es nicht angezeigt, konzerninterne Regelungen von vornherein aus dem Anwendungsbereich von Art. 40 auszunehmen, da einzelne Gesellschaften einer Unternehmensgruppe oder eines Konzerns durchaus Verantwortliche bzw. Auftragsverarbeiter sein können und sie sich durch eine (Mutter-)Gesellschaft als Vereinigung iSv Abs. 2 vertreten lassen können (Kühling/Buchner/Bergt/Pesch Rn. 13; zurückhaltender Ehmann/Selmayr/Schweinoch Rn. 28 am Ende, der zwar grundsätzlich konzerninterne Verhaltensregeln für zulässig erachtet, aber eine kritische einzelfallabhängige Prüfung anmahnt, ob der jeweilige Konzern überhaupt die erforderliche Repräsentativität besitzt; aA Herfurth/Engel ZD 2017, 367 ff.; Gola/Lepperhoff Rn. 9; Paal/Pauly/Paal/Kumkar Rn. 9). 10

Ferner fehlt auch **Behörden und sonstigen staatlichen Stellen** die Vorlageberechtigung. Dies ergibt sich zwar nicht ausdrücklich aus der Verordnung, folgt aber mittelbar aus Abs. 4 iVm Art. 41 Abs. 6. Nach Abs. 4 müssen Verhaltensregeln Verfahren vorsehen, die einer akkreditierten 11

Stelle die Überwachung der Einhaltung der Verhaltensregeln ermöglicht. Die Überwachung genehmigter Verhaltensregeln durch akkreditierte Stellen gilt nach Art. 41 Abs. 6 aber gerade nicht für die Verarbeitung durch Behörden oder öffentliche Stellen, sodass Verhaltensregeln im öffentlichen Bereich ausscheiden (vgl. Spindler ZD 2016, 407 (408); Ehmann/Selmayr/Schweinoch Rn. 29; aA Leitlinien über Verhaltensregeln Nr. 5.6 Rn. 26, Nr. 15 Rn. 88; Gola/Lepperhoff Rn. 8; Paal/Pauly/Paal/Kumkar Rn. 9).

II. Zustandekommen von Verhaltensregeln

12   Die vorlageberechtigen Stellen „können" Verhaltensregeln ausarbeiten. Ihnen steht es somit frei, ob und auf welche Weise sie Verhaltensregeln ausarbeiten wollen. Ein konkretes **Verfahren** sieht die Verordnung nicht vor. Nach Erwägungsgrund 99 sollten die vorlageberechtigten Stellen bei der Ausarbeitung der Verhaltensregeln jedoch die maßgeblichen Interessenträger und „möglichst" die betroffenen Personen konsultieren und deren Stellungnahmen berücksichtigen. Hieran dürften die Verbände und Vereinigungen schon ein ureigenes Interesse haben, um die Legitimation und Akzeptanz der Verhaltensregeln bei ihren Mitgliedern zu stärken. Der EDSA versucht, der Konsultation einen verbindlicheren Charakter zu verleihen, indem er verlangt, der einzureichende Regelentwurf müsse Informationen über Art und Umfang der Konsultation enthalten bzw. die Gründe erläutern, wenn eine Erörterung mit den maßgeblichen Interessenträgern nicht möglich gewesen ist (Leitlinien über Verhaltensregeln Nr. 5.8 Rn. 28). Dennoch handelt es sich um eine bloße Konsultations**empfehlung;** gesetzliche Verbindlichkeit im Sinne einer gerichtlichen Durchsetzbarkeit kommt Erwägungsgrund 99 nicht zu (Simitis/Roßnagel Rn. 37).

III. Sachlicher Regelungsgehalt

13   Inhaltlich können Verbände und Vereinigungen Verhaltensregeln für den **gesamten Bereich der Verordnung** erstellen (Spindler ZD 2016, 407 (408)). Dabei müssen freilich nicht sämtliche Vorgaben der Verordnung konkretisiert werden. Abs. 2 enthält insoweit einen (nicht abschließenden) **Katalog** mit elf Anwendungsbereichen, die durch Verhaltensregeln präzisiert werden können. Von besonderer praktischer Bedeutung ist dabei Abs. 2 lit. h, womit sich insbesondere die technischen und organisatorischen Maßnahmen bei der Datenverarbeitung durch Verhaltensregeln präzisieren lassen (Paal/Pauly/Paal/Kumkar Rn. 14). Bislang waren die technischen und organisatorischen Mindestanforderungen nicht immer leicht für Unternehmen zu identifizieren (Kraska ZD 2016, 153 (154)). Diese Unklarheiten können durch Verhaltensregeln beseitigt werden. Ebenso ist es möglich, mit Hilfe von Verhaltensregeln die berechtigten Interessen des Verantwortlichen iSv Art. 6 Abs. 1 lit. f zu präzisieren, wobei die im Einzelfall vorzunehmende Abwägung aber nicht abbedungen werden kann (VG Wiesbaden NJW 2021, 713 (714)). Eine weitere praxisrelevante Anwendungsmöglichkeit ist die gemeinsame Stammdatenverwaltung im Konzern. So werden beispielsweise im „Code of Conduct" des Gesamtverbands der Deutschen Versicherungswirtschaft (GDV) die Anforderungen an eine konzernweite Verarbeitung der Stammdaten von Antragsteller, Versicherten und weiterer Personen konkretisiert (Art. 9 CoC des GDV abrufbar unter https://www.gdv.de/resource/blob/23938/c391b1dd04b41448fdb99918ce6d03bf/download-code-of-conduct-data.pdf). Die Möglichkeit, durch genehmigte Verhaltensregeln konzernweite Datenverarbeitungen rechtssicher zu gestalten, ist für Unternehmen insbesondere vor dem Hintergrund interessant, dass auch unter der DS-GVO kein echtes datenschutzrechtliches Konzernprivileg existiert (→ Art. 6 Rn. 49). Die Verhaltensregeln der deutschen Wirtschaftsauskunfteien konzentrieren sich auf Prüf- und Löschfristen von personenbezogenen Daten (abrufbar unter https://www.datenschutzkonferenz-online.de/media/vr/20180525_vr_pruef_loesch_fristen.pdf).

IV. Inhaltliche Mindestanforderungen

14   Eine verpflichtende inhaltliche Vorgabe an Verhaltensregeln macht Abs. 4. Hiernach müssen Verhaltensregeln ein Verfahren vorsehen, das es der Akkreditierungsstelle ermöglicht, die Überprüfung von Verhaltensregeln zu überwachen (→ Art. 41 Rn. 1 ff.). Zudem müssen die Verhaltensregeln zumindest in Grundzügen regeln, welche Kontrollrechte der akkreditierten Überwachungsstelle (→ Art. 41 Rn. 1) gegenüber den Verantwortlichen und Auftragsverarbeitern zustehen sollen (Reifert ZD 2019, 305 (307)). Der EDSA nennt hier exemplarisch Pflichten zur regelmäßigen Prüfung und Berichterstattung, klare und transparente Beschwerde- und Streitbeilegungsverfahren, konkrete Sanktionen und Abhilfemaßnahmen bei Verstößen gegen die Verhaltensregeln sowie Richtlinien zur Meldung von Verletzungen ihrer Bestimmungen (Leitlinien über Verhaltensregeln Nr. 6.5 Rn. 40). Dem EDSA zufolge müssen Inhaber von Verhaltensregeln im Rahmen

des Genehmigungsverfahrens begründen und nachweisen, wieso ihre jeweiligen Vorschläge für die konkrete Überwachung angemessen und im Einsatz durchführbar sind (Leitlinien über Verhaltensregeln Nr. 6.5 Rn. 41). Unter angemessenen Verfahren versteht der EDSA all jene, die sich durch Klarheit, Geeignetheit, Realisierbarkeit, Effizienz und Prüfbarkeit auszeichnen. Offen bleibt, wie entsprechende Nachweise geführt werden können und welchen (Überzeugungs-)Anforderungen sie genügen müssen. Mit Blick auf die gesetzliche Entscheidung in Art. 58, die Aufsichtsbehörden mit bestimmten Befugnissen auszustatten, sollten alle dort enumerativ genannten Kontrollmechanismen als angemessen gelten, sofern sie in Verhaltensregelwerke übernommen werden; eines weiteren Nachweises bedarf es dann nicht.

Im Rahmen von § 38a BDSG aF war umstritten, ob durch die Verhaltensregeln ein höheres **15** Datenschutzniveau gewährleistet werden muss (Auernhammer, 5. Aufl. 2017, BDSG § 38a Rn. 26; Simitis/Petri BDSG 2003 § 38a Rn. 16). Von den Datenschutzbehörden wurde ein datenschutzrechtlicher oder branchenbezogener Mehrwert gefordert, der über die gesetzlichen Regelungen hinausgeht (vgl. Orientierungshilfe der Datenschutzaufsichtsbehörden für den Umgang mit Verhaltensregeln nach § 38a BDSG, S. 6 abrufbar unter https://www.lda.bayern.de/media/oh_selbstregulierung.pdf). Ein solcher Mehrwert ist mit Blick auf Abs. 2, der deutlich macht, dass Verhaltensregeln bestimmte Regelungsbereiche „präzisieren" sollen, auch unter Geltung der DS-GVO zu fordern. Eine bloße Wiedergabe des Gesetzestextes trägt zu einer solchen Präzisierung gerade nicht bei (Gola/Lepperhoff Art. 40 Rn. 13; Kader DSRITB 2019, 329 (337); aA Laue/Kremer Neues DatenschutzR § 8 Rn. 7). In diesem Sinne führen die Leitlinien des EDSA aus, dass Verhaltensregeln darauf abzielen sollten, auf spezifische, praktische und präzise Art festzuschreiben, wie die DS-GVO anzuwenden ist (Leitlinien über Verhaltensregeln Nr. 6.3 Rn. 37). Exemplarisch werden die Verwendung branchen- bzw. sektortypischen Vokabulars und die Angabe von Fallszenarien oder Beispielen für bewährte, aber auch inakzeptable Verfahren genannt.

Darüber hinaus sind dem EDSA zufolge die vorlegenden Stellen verpflichtet, den mit den **15a** Verhaltensregeln verfolgten Nutzen bzw. Mehrwert klar herauszustellen, indem sie die „Notwendigkeit" der Ausarbeitung jener Regeln für die Deckung eines besonderen Bedarfs ihres Sektors – womit die Behandlung einer (branchen-)typischen datenschutzrechtlichen Verarbeitungsproblematik gemeint ist – nachweisen (Leitlinien über Verhaltensregeln Nr. 6.1 Rn. 33). „Notwendigkeit" darf hier aber nicht im Sinne einer unbedingten Erforderlichkeit von Verhaltensregeln verstanden werden. In der englischen Fassung der Leitlinien ist von „demonstrate a need for the establishment of the code" (Guidelines 1/2019 on Codes of Conduct and Monitoring Bodies under Regulation 2016/679 angenommen am 4.6.20219 abrufbar unter https://edpb.europa.eu/sites/default/files/files/file1/edpb_guidelines_201901_v2.0_codesofconduct_en.pdf; im Folgenden „Guidelines on Codes of Conduct" sub 6.1 point 33) die Rede, also von einem „Bedürfnis" an der Ausarbeitung derartiger Regeln. Diese Wortwahl wird dem in Erwägungsgrund 98 enthaltenen Kerngedanken eher gerecht, wonach Verhaltensregeln kein in engen Grenzen geduldetes Phänomen sind, sondern vielmehr ein wünschenswertes Instrumentarium. Auch an den zu erbringenden Nachweis dürfen keine überhöhten Anforderungen gestellt werden. Der englische Text, der verlangt, dass die zu behebenden Probleme der spezifischen Datenverarbeitung dargelegt bzw. veranschaulicht werden („demonstrate", Guidelines on Codes of Conduct sub 6.1 point 33), bringt dies besser zum Ausdruck als die deutsche Fassung.

Die Verhaltensregeln dürfen der Verordnung nicht evident widersprechen (VG Wiesbaden NZI **16** 2021, 844 (845)). Zudem darf das Schutzniveau der Verordnung keinesfalls unterschritten werden. Umgekehrt muss der datenschutzrechtliche Mehrwert nicht in einer Erhöhung des Schutzniveaus liegen, sondern kann auch in einer von Abs. 2 explizit geforderten Präzisierung und Konkretisierung liegen (Paal/Pauly/Paal/Kumkar Rn. 15; Bergt CR 2016, 670 (672)).

V. Geeignete Garantien

Verhaltensregeln müssen weiterhin ausreichende Garantien iSv Abs. 5 S. 2 zum Inhalt haben. **17** Die Aufsichtsbehörden sind in angemessener Weise zufriedenzustellen, dass das ausgearbeitete Regelwerk geeignete und wirksame Gewährleistungen enthält, die zur Eindämmung der mit der Datenverarbeitung verbundenen Risiken beitragen können (Leitlinien über Verhaltensregeln Nr. 6.4 Rn. 39). Die Behörden verfügen insofern über einen gewissen Beurteilungsspielraum (vgl. Abs. 5 S. 2, der die Entwurfsgenehmigung daran knüpft, dass die Aufsichtsbehörde der **Auffassung** ist, dass geeignete Garantien geboten werden). Verhaltensregeln können zudem nach Abs. 3 geeignete Garantien für eine Datenübermittlung an Drittländer oder internationale Organisationen nach Maßgabe von Art. 46 Abs. 2 lit. e bieten (zu Verhaltensregeln bei Datentransfers iSv Abs. 3 vgl. Guidelines on Codes of Conduct as Tools for Transfers). Voraussetzung ist, dass die Verhaltensregeln von der zuständigen Aufsichtsbehörde genehmigt wurden und die Kommission eine Allgemeingültigkeitserklärung nach Abs. 9 abgegeben hat. Die Vorschrift richtet sich an Verantwortliche und Auftragsverarbeiter, die nicht in den Anwendungsbereich der Verordnung fallen. Um den Anforderungen von Abs. 3 gerecht zu werden, müssen sie sich den genehmigten und allgemeingültigen Verhaltensregeln unterwerfen und zusätzlich eine rechtsverbindliche und durchsetzbare Verpflichtung eingehen, die geeigneten Garantien anzuwenden.

D. Genehmigungsverfahren

17a Dem EDSA zufolge soll das Genehmigungsverfahren nicht als Möglichkeit dienen, mit der zuständigen Aufsichtsbehörde über die Bestimmungen der vorgelegten Verhaltensregeln zu beraten. Insbesondere sei weitere Diskussion mit den eingabeberechtigten Stellen zu speziellen inhaltlichen Bestimmungen des Entwurfs zu unterlassen und die Kommunikation auf Rückfragen zu Klarstellungszwecken zu beschränken (Leitlinien über Verhaltensregeln Nr. 9 Rn. 58). Der EDSA verfolgt hierbei offensichtlich verfahrensstraffende Motive. Angesichts des Förderungsgebots des Abs. 1 erscheint aber zumindest im Falle einzelner weniger auf Bedenken stoßender Punkte eines im Übrigen genehmigungsfähigen Entwurfs eine problemorientierte Rücksprache geboten. Unter praktischen Gesichtspunkten wird den entwurfsvorlegenden Stellen empfohlen, eine zentrale bzw. spezielle Anlaufstelle für die zuständige Aufsichtsbehörde zu schaffen, um etwaige Rückfragen schnell, effizient und kompetent zu beantworten.

I. Nationale Datenverarbeitungsprozesse

18 Beziehen sich Verhaltensregeln ausschließlich auf Datenverarbeitungsprozesse, die sich in nur einem Mitgliedsstaat auswirken, so richtet sich das Genehmigungsverfahren nach Abs. 5 und Abs. 6. Maßgeblich für eine nationale Datenverarbeitung ist dabei der Ort, an dem der Datenverarbeitungsprozess stattfindet. Ob und inwieweit Personen aus anderen Mitgliedsstaaten durch den Datenverarbeitungsprozess betroffen werden, ist für die Einordnung als nationale Verarbeitungstätigkeit nicht entscheidend (Bergt CR 2016, 670 (674)). Zur Unterscheidung zwischen nationalen und transnationalen Verhaltensregeln vgl. auch den detaillierteren Anhang 1 der Leitlinien über Verhaltensregeln, der in der Sache allerdings nichts anderes besagt.

19 Nach Abs. 5 S. 1 legen die vorlageberechtigten Stellen der nach Art. 55 zuständigen Aufsichtsbehörde zunächst einen **Entwurf** über die ausgearbeiteten, veränderten oder erweiterten Verhaltensregeln in elektronischer oder in Papierform (Leitlinien über Verhaltensregeln Nr. 7.1 Rn. 42) vor. Dieser muss eine klare und knappe Begründung über den Zweck der Verhaltensregeln, ihren Anwendungsbereich und ihren Beitrag zur wirksamen Anwendung der DS-GVO enthalten (Leitlinien über Verhaltensregeln Nr. 5.1 Rn. 20). Sind für die Prüfung von Verhaltensregeln mehrere nationale Aufsichtsbehörden zuständig, ist nach dem deutschen Lösungsansatz weiterhin auf den Sitz der datenverarbeitenden Stelle abzustellen (Bergt CR 2016, 670 (674); Gola/Lepperhoff Rn. 24). Die Aufsichtsbehörde prüft sodann, nachdem sie den Inhabern gegenüber den Eingang der Vorlage bestätigt sowie die Einhaltung der Zulässigkeitskriterien festgestellt hat, die Vereinbarkeit der Verhaltensregeln mit der Verordnung und gibt über das Ergebnis der Prüfung eine **Stellungnahme** ab. Ist die Prüfung positiv ausgefallen, **genehmigt** die Aufsichtsbehörde den vorgelegten Entwurf. Wird der Entwurf der Verhaltensregeln mangels Einhaltung der Zulässigkeitskriterien nicht angenommen, erhalten die Vorlegenden eine schriftliche, begründete Antwort der zuständigen Aufsichtsbehörde (Leitlinien über Verhaltensregeln Nr. 7.2 Rn. 43). Das Verfahren endet an dieser Stelle und die Inhaber müssen dem EDSA zufolge einen „neuen Entwurf" vorlegen. Mit einem „neuen Entwurf" müssen allerdings nicht vollständig andersartige Verhaltensregeln eingereicht werden. Da die Leitlinien im Rahmen der materiellen Prüfung die Möglichkeit einer Aktualisierung der Eingabe vorsehen (Leitlinien über Verhaltensregeln Nr. 7.3 Rn. 46), muss diese erst recht im Rahmen der Zulässigkeit bestehen. Bestätigung findet dieser Schluss im englischen Text, in dem von einer „new submission" (Guidelines on Codes of Conduct sub 7.2 point 43), also einer erneuten „Einreichung" und nicht von einer Neufassung die Rede ist.

20 Die Verordnung ist beim Anknüpfungspunkt der Genehmigung unpräzise und irreführend. Nach dem Wortlaut soll die Genehmigung erteilt werden, wenn die Verhaltensregeln aus Sicht der Behörde „geeignete Garantien" bieten. Anders als die Stellungnahme, die sich explizit auf die Vereinbarkeit mit der Verordnung bezieht, knüpft die Genehmigung an das Vorliegen geeigneter Garantien an. Dies würde bei strenger Wortlautauslegung dazu führen, dass der Gegenstand von Stellungnahme und Genehmigung ein anderer ist, nämlich einerseits die Vereinbarkeit mit der Verordnung (Stellungnahme) und andererseits das Vorliegen geeigneter Garantien (Genehmigung).

Verhaltensregeln **Artikel 40 DS-GVO**

Eine solche Unterscheidung erscheint jedoch nicht plausibel und dürfte im Ergebnis abzulehnen sein. Hierfür sprechen insbesondere systematische Erwägungen. Bei der Genehmigung länderübergreifender Verhaltensregeln differenziert Abs. 7 und Abs. 8 zwischen der Vereinbarkeit mit der Verordnung und dem Vorliegen geeigneter Garantien iSv Abs. 3. Es ist nicht ersichtlich, warum dies für nationale Verhaltensregeln anders sein sollte.

Die Aufsichtsbehörde nimmt genehmigte Verhaltensregeln schließlich in ein **Verzeichnis** auf und **veröffentlicht** sie (Abs. 6). 21

II. Länderübergreifende Datenverarbeitungsprozesse

Beziehen sich Verhaltensregeln auf Datenverarbeitungsprozesse, die sich in mehreren Mitgliedsstaaten auswirken, so richtet sich das Genehmigungsverfahren nach den Abs. 7–10. Zunächst legen die vorlageberechtigten Stellen den **Entwurf** über die ausgearbeiteten, veränderten oder erweiterten Verhaltensregeln der nach Art. 55 zuständigen Aufsichtsbehörde vor. Hinsichtlich der formalen Anforderungen wird insofern auf die Ausführungen in → Rn. 14 verwiesen; die transnationalen Verhaltensregeln sollten sowohl in der Sprache der zuständigen Aufsichtsbehörde als auch mit Rücksicht auf die Arbeitssprache des EDSA (Art. 23 Geschäftsordnung des EDSA) auf Englisch eingereicht werden (Leitlinien über Verhaltensregeln Nr. 5.10 Rn. 30). Die zuständige Aufsichtsbehörde benachrichtigt umgehend alle anderen Aufsichtsbehörden über die Vorlage der Verhaltensregeln und stellt die wichtigsten Einzelheiten zur Verfügung, um die Erkennung und Bezugnahme zu erleichtern (Leitlinien über Verhaltensregeln Nr. 8.1 Rn. 48). Wird der Entwurf für zulässig befunden, ersucht die Aufsichtsbehörde die anderen Behörden um freiwillige Unterstützung durch maximal zwei Nebenprüfer bei der inhaltlichen Kontrolle der vorgelegten Verhaltensregeln (Leitlinien über Verhaltensregeln Nr. 8.3 Rn. 51). 22

Anders als bei nationalen Datenverarbeitungsprozessen darf die Aufsichtsbehörde den vorgelegten Entwurf nach erfolgter Prüfung weder ohne weiteres genehmigen noch eigenständig zurückweisen (Bergt CR 2016, 670 (674); Reifert ZD 2019, 305 (309)). Ist eine Genehmigung des Entwurfs beabsichtigt, leitet die zuständige Aufsichtsbehörde den Entwurf zunächst an alle betroffenen Aufsichtsbehörden weiter, denen eine 30-tägige Reaktionszeit eingeräumt wird (Leitlinien über Verhaltensregeln Nr. 8.5 Rn. 54). In dieser Phase können die betroffenen Aufsichtsbehörden ua die EDSA-Untergruppe konsultieren (zum Ablauf solcher Konsultationen vgl. Dokument des EDSA über das Verfahren für den Ablauf informeller „Sitzungen zu Verhaltensregeln", angenommen am 10.11.2021, abrufbar unter https://edpb.europa.eu/sites/default/files/files/file1/edpb_documentprocedurecodesconductsessions_de.pdf). Im Anschluss legt die Aufsichtsbehörde ihren **Beschlussentwurf** nach Art. 64 Abs. 1 S. 2 dem EDSA iRd **Kohärenzverfahrens** vor. Der EDSA entscheidet dann darüber, ob der Beschlussentwurf der Aufsichtsbehörde rechtmäßig ist. Hält der EDSA den Beschlussentwurf der Aufsichtsbehörde für rechtswidrig, so kann die Aufsichtsbehörde nach Art. 64 Abs. 8 dem Vorsitz des EDSA innerhalb von zwei Wochen nach Eingang der Stellungnahme **mitteilen,** dass sie beabsichtigt, der Stellungnahme des EDSA insgesamt oder teilweise nicht zu folgen. Daraufhin erlässt der EDSA nach Art. 65 Abs. 1 lit. c einen **verbindlichen Beschluss,** an den die Aufsichtsbehörde gebunden ist. Bestätigt der EDSA hingegen, dass die vorgelegten Verhaltensregeln rechtmäßig und mit der Verordnung vereinbar sind bzw. ausreichend Garantien vorsehen, so **übermittelt** er seine Stellungnahme der Kommission (Abs. 8) und die Aufsichtsbehörde **genehmigt** die vorgelegten Verhaltensregeln. Am 19.5.2021 bestätigte der EDSA, dass sowohl die transnationalen Verhaltensregeln für Anbieter von EU-Cloud-Diensten (EU Data Protection Code of Conduct for Cloud Service Providers; vorgelegt von der belgischen Aufsichtsbehörde abrufbar unter https://edpb.europa.eu/system/files/2021-05/edpb_opinion_202116_eucloudcode_en.pdf) und die transnationalen Verhaltensregeln für EU-Anbieter von Cloud-Infrastrukturen (Code of Conduct of CISPE; vorgelegt von der französischen Aufsichtsbehörde abrufbar unter https://edpb.europa.eu/system/files/2021-05/edpb_opinion_202117_cispecode_en_0.pdf) rechtmäßig und mit der Verordnung vereinbar sind. 22a

Nach Abs. 9 „kann" die Kommission beschließen, dass die ihr übermittelten und genehmigten Verhaltensregeln allgemeine Gültigkeit in der Union besitzen, dh es liegt im Ermessen der Kommission, eine solche **Allgemeingültigkeitserklärung** abzugeben. Der Beschluss erfolgt im Wege von Durchführungsrechtsakten, die nach dem in Art. 93 Abs. 2 vorgesehenen Prüfverfahren erlassen werden. Die Kommission muss die Verhaltensregeln mit allgemeiner Gültigkeit in geeigneter Weise **veröffentlichen** (Abs. 10). Denn da die Verhaltensregeln durch die Allgemeingültigkeitserklärung gegenüber jedermann wirken, müssen sie auch für jeden einsehbar sein (Reifert ZD 2019, 305 (310)). Daher hat die Veröffentlichung wohl auch mehrsprachig zu erfolgen (Paal/Pauly/Paal/Kumkar Rn. 29). 23

Jungkind

24 Der EDSA nimmt alle genehmigten Verhaltensregeln in ein **Register** auf und **veröffentlicht** sie ebenfalls in geeigneter Weise (Abs. 11).

E. Rechts- und Bindungswirkungen

25 Die Verordnung knüpft an Verhaltensregeln (→ Rn. 26 ff.), die aufsichtsbehördliche Genehmigung (→ Rn. 31) und die Allgemeingültigkeitserklärung (→ Rn. 32 ff.) unterschiedliche Rechts- und Bindungswirkungen.

I. Verhaltensregeln

26 In **persönlicher Hinsicht** können sich jedenfalls solche Verantwortliche und Auftragsverarbeiter auf Verhaltensregeln berufen, die von ihrem Verband oder ihrer Vereinigung ausgearbeitet und von den Aufsichtsbehörden genehmigt wurden. Die Genehmigung der Aufsichtsbehörden führt indes nicht zu einer unmittelbaren Bindung des Verbands- oder Vereinigungsmitglieder. Vielmehr obliegt es den vorlageberechtigten Stellen selbst, die (verbands- und vereinigungsinterne) Verbindlichkeit über ihre Satzungsgewalt sicherzustellen (Laue/Kremer Neues DatenschutzR § 8 Rn. 19).

27 Verantwortliche und Auftragsverarbeiter, die der vorlageberechtigten Stelle nicht angehören, können sich hingegen nicht auf die Verhaltensregeln berufen (aA Laue/Kremer Neues Datenschutz R § 8 Rn. 23). Zwar fordert die Verordnung lediglich die „Einhaltung" der Verhaltensregeln und nicht ausdrücklich, dass sich Verantwortliche oder Auftragsverarbeiter genehmigten Verhaltensregeln unterwerfen müssen. Gleichwohl ist zu beachten, dass die Genehmigung der Aufsichtsbehörden sich eben doch auf Verhaltensregeln von Verbänden und Vereinigungen bezieht, die nach Abs. 2 S. 1 Kategorien von Verantwortlichen oder Auftragsverarbeitern „vertreten". Die Verordnung geht somit im Ausgangspunkt selber von einem Vertretungserfordernis aus. Hieran fehlt es aber gerade, wenn ein Verantwortlicher oder Auftragsverarbeiter nicht Mitglied der Stelle ist, welche die Verhaltensregeln ausgearbeitet hat.

28 In **sachlicher Hinsicht** führt die Einhaltung von Verhaltensregeln nicht automatisch dazu, dass eine Datenverarbeitung den Anforderungen der Verordnung gerecht wird (vgl. OLG Schleswig NZI 2021, 794 (798), noch nicht rechtskräftig (BGH VI ZR 225/21 – anhängig)). In einigen Fällen „können" genehmigte Verhaltensregeln aber als Gesichtspunkt herangezogen werden, um die Erfüllung datenschutzrechtlicher Pflichten und die Vereinbarkeit mit der Verordnung nachzuweisen. Solche Nachweiserleichterungen gelten zB für die Erfüllung der Pflichten des Verantwortlichen (Art. 24 Abs. 3), den Nachweis hinreichender Garantien bei der Auftragsdatenverarbeitung (Art. 28 Abs. 5) und den Nachweis angemessener Datensicherheitsmaßnahmen (Art. 32 Abs. 3).

29 Bei der Beurteilung der Auswirkungen der Verarbeitungsvorgänge, insbesondere iRd Datenschutz-Folgenabschätzung (Art. 35 Abs. 8), „ist" die Einhaltung genehmigter Verhaltensregeln durch die zuständigen Verantwortlichen oder Auftragsverarbeiter zu berücksichtigen.

30 Zudem werden genehmigte Verhaltensregeln nach Art. 83 Abs. 2 lit. j bei der Bemessung von Bußgeldern „gebührend berücksichtigt". Im Umkehrschluss bedeutet das aber auch, dass eine Datenverarbeitung selbst unter Beachtung aufsichtsbehördlich genehmigter Verhaltensregeln bußgeldbewehrt sein kann. Vor diesem Hintergrund sind Verhaltensregeln nicht dazu geeignet, etwaige Rechtsunsicherheiten im Zusammenhang mit Datenverarbeitungsvorgängen restlos zu beseitigen.

II. Genehmigung

31 In der Literatur wird die aufsichtsbehördliche Genehmigung nach Abs. 5 überwiegend richtigerweise als **feststellender Verwaltungsakt** eingeordnet mit dem Inhalt, dass die Verhaltensregeln mit der Verordnung vereinbar sind bzw. geeignete Garantien iSv Abs. 3 enthalten (Ehmann/Selmayr/Schweinoch Rn. 41; Bergt CR 2016, 670 (676); aA Wolff ZD 2017, 151 (152)). Nach dem Grundsatz der Selbstbindung der Verwaltung ist jedenfalls die genehmigende Aufsichtsbehörde an die Verhaltensregeln gebunden; des Weiteren solche Aufsichtsbehörden, die der Verhaltensregel zugestimmt haben (Bergt CR 2016, 670 (676)). Bindung meint in diesem Kontext, dass die Aufsichtsbehörde bei einer Überprüfung des Datenverarbeitungsvorgangs nicht von ihrer Entscheidung abweichen darf, dh sie darf die Datenverarbeitung später nicht als rechtswidrig verwerfen (Reifert ZD 2019, 305 (307)). Für Gerichte besteht eine entsprechende Bindungswirkung grundsätzlich nicht (Spindler ZD 2016, 407 (412)). Zur Möglichkeit von Nebenbestimmungen, Widerruf und Rücknahme s. Kühling/Buchner/Bergt/Pesch Rn. 34 ff.

III. Allgemeingültigkeitserklärung

Die Rechtsfolgen der Allgemeingültigkeitserklärung nach Abs. 9 werden in der Verordnung nicht ausdrücklich geregelt und die Meinungen in der Literatur hierzu gehen weit auseinander, wobei iW drei verschiedene Ansichten auszumachen sind. Nach zutreffender Ansicht hat die Allgemeingültigkeitserklärung **normative Wirkung,** dh sie ist allgemeinverbindlich und wirkt für und gegenüber jedermann (Reifert ZD 2019, 305 (309); Wolff ZD 2017, 151 (153); Martini NVwZ-Extra 6/2016, 1 (11)). Abzustellen ist insoweit auf die Rechtsnatur der Allgemeingültigkeitserklärung, die nach Abs. 8 in Form eines Durchführungsrechtsaktes durch die Kommission ergeht. Durchführungsrechtsakte sind in Art. 291 AEUV geregelt und ermöglichen es der Kommission, rechtssetzend tätig zu werden (GHN/Nettesheim AEUV Art. 291 Rn. 19). Sie zielen darauf ab, einheitliche Bedingungen für die Durchführung der verbindlichen Rechtsakte der Union herzustellen. Solche „einheitlichen Bedingungen" können aber nur dann hergestellt werden, wenn sie unionsweit verbindlich sind. Das erfordert konkret, dass an die Allgemeingültigkeitserklärung nicht nur die Stellen und deren Mitglieder gebunden sind, die sich den Verhaltensregeln unterworfen haben. Vielmehr können nur dann einheitliche Bedingungen iSv Art. 291 AEUV hergestellt werden, wenn an die Allgemeingültigkeitserklärung darüber hinaus auch Gerichte, Behörden und alle anderen Verantwortlichen gebunden sind, die in den Anwendungsbereich der Verhaltensregel fallen. Zuständig für die gerichtliche Überprüfung der Durchführungsrechtsakte ist der EuGH (Bergt CR 2016, 670 (677)). Kommt es in einem Verfahren vor einem nationalen Gericht auf die Wirksamkeit der Allgemeingültigkeitserklärung an, sind neben dem letztinstanzlichen Gericht (vgl. Art. 267 Abs. 3 AEUV) auch die übrigen Instanzgerichte verpflichtet, diese Frage dem EuGH vorzulegen, wenn sie in ihrer Entscheidung von der Unwirksamkeit der Kommissionsentscheidung ausgehen wollen (Reifert ZD 2019, 305 (309 f.)).

Nach einer anderen Ansicht soll die Allgemeingültigkeitserklärung eine vergleichbare Wirkung wie die **Genehmigung** einer Verhaltensregel nach Abs. 5 entfalten mit dem Unterschied, dass die für allgemeingültig erklärten Verhaltensregeln unionsweite Gültigkeit haben und sich ihre Gültigkeit nicht nur auf einen Mitgliedstaat beschränkt (Bergt CR 2016, 670 (676); Ehmann/Selmayr/Schweinoch Rn. 48). Eine solche europaweite Genehmigung wird damit begründet, dass die Verhaltensregeln nach dem Wortlaut von Abs. 9 „allgemeine Gültigkeit" besitzen und keine „allgemeine Verbindlichkeit". Dies überzeugt nicht. Für die Rechtswirkungen der Allgemeingültigkeitserklärung ist weniger auf den Wortlaut von Abs. 9 abzustellen, als vielmehr auf die Wirkungen des Durchführungsrechtsaktes. Der Durchführungsrechtsakt wirkt nach Art. 291 AEUV umfassend und geht über die Wirkungen einer bloßen Genehmigung hinaus. Hinzu kommt, dass Gegenstand der Allgemeingültigkeitserklärung nur solche Verhaltensregeln sind, die vorher das Kohärenzverfahren durchlaufen haben. Durch die nach Abs. 7 erforderliche Stellungnahme des EDSA haben solche Verhaltensregeln aber ohnehin schon unionsweite Gültigkeit (Plath/v. Braunmühl/Wittmann Rn. 22, 24). Eine zusätzliche Beteiligung der Kommission wäre an dieser Stelle daher überflüssig.

Ferner wird vertreten, dass es sich bei der Allgemeingültigkeitserklärung um eine „**widerlegbare Konformitätsvermutung**" handele (Plath/v. Braunmühl/Wittmann Rn. 23). Hiernach soll die Allgemeingültigkeitserklärung für und gegen Unternehmen gelten, die sich den Verhaltensregeln unterworfen haben. Setzen sie die Verhaltensregeln um, werde zu ihren Gunsten widerlegbar vermutet, dass die Datenverarbeitung mit der Verordnung vereinbar sei. Die Rechtsfolgen reichen nach dieser Ansicht also weiter als bei der Genehmigung, da für allgemeingültig erklärte Verhaltensregeln nicht nur als Interpretationshilfen für Aufsichtsbehörden fungieren, sondern darüber hinaus die Vereinbarkeit der Datenverarbeitung mit der Verordnung (widerlegbar) vermutet wird. Allerdings lässt sich auch mit dieser Ansicht nicht vereinbaren, dass die Allgemeingültigkeitserklärung im Wege eines Durchführungsrechtsaktes erfolgt und Art. 291 AEUV dafür streitet, dass der Allgemeingültigkeitserklärung normativer Charakter zukommt.

Artikel 41 Überwachung der genehmigten Verhaltensregeln

(1) Unbeschadet der Aufgaben und Befugnisse der zuständigen Aufsichtsbehörde gemäß den Artikeln 57 und 58 kann die Überwachung der Einhaltung von Verhaltensregeln gemäß Artikel 40 von einer Stelle durchgeführt werden, die über das geeignete Fachwissen hinsichtlich des Gegenstands der Verhaltensregeln verfügt und die von der zuständigen Aufsichtsbehörde zu diesem Zweck akkreditiert wurde.

(2) Eine Stelle gemäß Absatz 1 kann zum Zwecke der Überwachung der Einhaltung von Verhaltensregeln akkreditiert werden, wenn sie
a) ihre Unabhängigkeit und ihr Fachwissen hinsichtlich des Gegenstands der Verhaltensregeln zur Zufriedenheit der zuständigen Aufsichtsbehörde nachgewiesen hat;
b) Verfahren festgelegt hat, die es ihr ermöglichen, zu bewerten, ob Verantwortliche und Auftragsverarbeiter die Verhaltensregeln anwenden können, die Einhaltung der Verhaltensregeln durch die Verantwortlichen und Auftragsverarbeiter zu überwachen und die Anwendung der Verhaltensregeln regelmäßig zu überprüfen;
c) Verfahren und Strukturen festgelegt hat, mit denen sie Beschwerden über Verletzungen der Verhaltensregeln oder über die Art und Weise, in der die Verhaltensregeln von dem Verantwortlichen oder dem Auftragsverarbeiter angewendet werden oder wurden, nachgeht und diese Verfahren und Strukturen für betroffene Personen und die Öffentlichkeit transparent macht, und
d) zur Zufriedenheit der zuständigen Aufsichtsbehörde nachgewiesen hat, dass ihre Aufgaben und Pflichten nicht zu einem Interessenkonflikt führen.

(3) Die zuständige Aufsichtsbehörde übermittelt den Entwurf der Anforderungen an die Akkreditierung einer Stelle nach Absatz 1 gemäß dem Kohärenzverfahren nach Artikel 63 an den Ausschuss.

(4) [1]Unbeschadet der Aufgaben und Befugnisse der zuständigen Aufsichtsbehörde und der Bestimmungen des Kapitels VIII ergreift eine Stelle gemäß Absatz 1 vorbehaltlich geeigneter Garantien im Falle einer Verletzung der Verhaltensregeln durch einen Verantwortlichen oder einen Auftragsverarbeiter geeignete Maßnahmen, einschließlich eines vorläufigen oder endgültigen Ausschlusses des Verantwortlichen oder Auftragsverarbeiters von den Verhaltensregeln. [2]Sie unterrichtet die zuständige Aufsichtsbehörde über solche Maßnahmen und deren Begründung.

(5) Die zuständige Aufsichtsbehörde widerruft die Akkreditierung einer Stelle gemäß Absatz 1, wenn die Anforderungen an ihre Akkreditierung nicht oder nicht mehr erfüllt sind oder wenn die Stelle Maßnahmen ergreift, die nicht mit dieser Verordnung vereinbar sind.

(6) Dieser Artikel gilt nicht für die Verarbeitung durch Behörden oder öffentliche Stellen.

Überblick

Für die Überwachung der Einhaltung von genehmigten Verhaltensregeln können Aufsichtsbehörden nach Art. 41 Stellen akkreditieren, die über das geeignete Fachwissen hinsichtlich des Gegenstands der Verhaltensregeln verfügen. Solche sog. Überwachungsstellen sind mit weitreichenden Befugnissen ausgestattet, wozu auch der mögliche Ausschluss eines Verantwortlichen bzw. Auftragsverarbeiters von den Verhaltensregeln zählt. Mit der Kontrolle der Verhaltensregeln können Überwachungsstellen zu einer effizienten Durchsetzung der Verordnung beitragen und Aufsichtsbehörden und Gerichte entlasten.

A. Allgemeines

1 Unbeschadet der Befugnisse der Aufsichtsbehörden kann die Überwachung der Einhaltung genehmigter Verhaltensregeln von einer externen oder auch internen (so ausdrücklich Nr. 11 Rn. 60 der Leitlinien über Verhaltensregeln und Überwachungsstellen gem. DS-GVO des Europäischen Datenschutzausschusses (EDSA) in der endgültigen Fassung 2.0 abrufbar unter https://edpb.europa.eu/sites/edpb/files/files/file1/edpb_guidelines_201901_v2.0_codesofconduct_de.pdf; im Folgenden „Leitlinien über Verhaltensregeln") privaten Stelle durchgeführt werden (sog. Überwachungsstelle, vgl. Art. 83 Abs. 4 lit. c), sofern sie über das geeignete Fachwissen hinsichtlich des Gegenstands der Verhaltensregeln verfügt und von der zuständigen Aufsichtsbehörde akkreditiert wurde. Während Verhaltensregeln ein Instrument der Selbstregulierung sind, handelt es sich bei den Überwachungsstellen um ein Instrument der freiwilligen Selbstkontrolle. Im ersten Verordnungsentwurf der Kommission waren Überwachungsstellen noch nicht vorgesehen. Erst mit dem Entwurf des Europäischen Rates ist die Überwachungsmöglichkeit durch akkreditierte Stellen in das Gesetzgebungsverfahren eingeführt worden, wobei der Entwurf beinahe vollständig in die finale Fassung der Verordnung übernommen wurde (Paal/Pauly/Paal/Kumkar

Rn. 3). Die Änderungen durch ABl. L 127 v. 23.5.2018 betreffen nur sprachliche Berichtigungen (Corrigendum des Rats v. 19.4.2018, 8088/18).

Instrumente der freiwilligen Selbstkontrolle sind in anderen Rechtsbereichen bekannt und bewährt. Vor allem im Bereich des Jugendmedienschutzes existieren auf Grundlage von § 19 JMStV mehrere etablierte Einrichtungen der Freiwilligen Selbstkontrolle (Plath/v. Braunmühl/ Wittmann Rn. 2; BeckOK JMStV/Liesching § 19 Rn. 11 ff.). Im Datenschutzrecht spielen solche Mechanismen auf deutscher wie europäischer Ebene bisher eine eher untergeordnete Rolle (Martini NVwZ-Extra 6/2016, 1 (10)). Durch die Verordnung wird die freiwillige Selbstkontrolle durch unabhängige, private Stellen aufgewertet und ihr insgesamt eine größere Bedeutung beigemessen. Dies zeigt sich ua daran, dass nach Art. 40 Abs. 4 die Schaffung eines Verfahrens zur Überwachung von Verhaltensregeln durch akkreditierte Stellen eine zwingende inhaltliche Anforderung an die Ausarbeitung von Verhaltensregeln ist. 2

Überwachungsstellen können einen Beitrag zur effektiven Durchsetzung der Verordnung leisten und Aufsichtsbehörden und Gerichte entlasten (Bergt CR 2016, 670 (672); Plath/v. Braunmühl/ Wittmann Rn. 2). Zwar bleibt es dabei, dass Verantwortliche und Auftragsverarbeiter auch mit der Einschaltung von Überwachungsstellen weiterhin der behördlichen Aufsicht unterliegen (Paal/ Pauly/Paal/Kumkar Rn. 17). Gleichwohl werden private Kontrollstellen als wichtiger Anreiz zur Selbstregulierung angesehen, da Unternehmen bei einer vorgelagerten Kontrolle von Überwachungsstellen in der Regel darauf vertrauen können, dass sich Aufsichtsbehörden nicht zusätzlich durch hoheitliche Maßnahmen in die Überwachung einschalten und Überwachungsstellen insoweit eine gewisse Filterfunktion haben (Laue/Kremer Neues DatenschutzR § 8 Rn. 15; Plath/v. Braunmühl/Wittmann Rn. 1; Bergt CR 2016, 670 (673)). 3

Der EDSA stellt in seinen Leitlinien die Anforderung auf, dass Verhaltensregeln, um genehmigungsfähig zu sein, mindestens eine Überwachungsstelle iSd Abs. 1 benennen müssen (Leitlinien über Verhaltensregeln Nr. 11 Rn. 60; dagegen Kader DSRITB 2019, 329 (337), der sich zur Reduzierung des personellen und finanziellen Aufwandes für die Überwachung durch staatliche Stellen ausspricht). Dies geht über den Wortlaut des Abs. 1, wonach die Überwachung durch die dort genannten Stellen ausgeübt werden „kann", hinaus und ist in dieser Absolutheit unzutreffend. Gleichwohl mag die Einrichtung einer solchen privaten Überwachungsstelle in vielen Fällen den Interessen der Unternehmen entsprechen und zur Erreichung der Ziele eines Code of Conduct geboten sein. 3a

B. Anwendungsbereich

In persönlicher Hinsicht überwacht die akkreditierte Stelle nur diejenigen Verantwortlichen und Auftragsverarbeiter, die sich zur Einhaltung der Verhaltensregeln verpflichtet haben (Bergt CR 2016, 670 (673)). Behörden und öffentliche Stellen sind nach Abs. 6 vom persönlichen Anwendungsbereich ausgenommen und unterliegen nicht der Überwachung durch eine akkreditierte Stelle. Die amtliche Überschrift von Art. 41 stellt darüber hinaus klar, dass sich die Kontrolle durch Überwachungsstellen in sachlicher Hinsicht auf bereits genehmigte Verhaltensregeln beschränkt (→ Art. 40 Rn. 1 ff.). 4

C. Akkreditierung

I. Zuständigkeit

Die Akkreditierung ist zentrale Voraussetzung dafür, dass die Überwachung genehmigter Verhaltensregeln durch eine private Stelle durchgeführt werden kann. Zuständig für die Akkreditierung ist nach Abs. 1 die zuständige Aufsichtsbehörde. Sie „kann" eine Überwachungsstelle nach Abs. 2 akkreditieren, wenn die dort genannten vier Voraussetzungen (kumulativ) vorliegen. Ob die Erteilung der Akkreditierung im Ermessen der Behörde steht oder ob es sich um eine gebundene Entscheidung handelt, ist trotz des insoweit klaren Wortlauts umstritten (für ein Ermessen Gola/ Lepperhoff Rn. 14; aA Ehmann/Selmayr/Schweinoch Rn. 25; Paal/Pauly/Paal/Kumkar Rn. 6). Da Überwachungsstellen durch ihre Kontrolle die Aufsichtsbehörden entlasten, dürften Aufsichtsbehörden ein ureigenes Interesse an einer Akkreditierung haben, sodass die Überwachung der Verhaltensregeln durch eine akkreditierte Stelle in der Praxis zum Regelfall werden dürfte. Ebenfalls umstritten ist die Frage, ob die Zuständigkeit für die Überwachung der Verhaltensregeln ausschließlich bei der akkreditierten Stelle oder auch bei der Aufsichtsbehörde liegt. Der Ansicht, dass Aufsichtsbehörden nach der Verordnung nicht befugt seien, die Einhaltung von Verhaltensregeln zu überwachen (Ehmann/Selmayr/Schweinoch Rn. 18; Paal/Pauly/Paal/Kumkar Rn. 5), ist 5 nicht zu folgen. Zwar trifft es zu, dass weder Art. 41 noch Art. 57 f. ausdrücklich die Zuständigkeit der Aufsichtsbehörden für die Überwachung von Verhaltensregeln erwähnen. Gleichwohl sollen Verhaltensregeln der Anwendung der Verordnung lediglich präzisieren und keine eigene Rechtsgrundlage für die Datenverarbeitung darstellen. Aufsichtsbehörden werden jedenfalls dann die Einhaltung von Verhaltensregeln überprüfen, wenn eine Verhaltensregel dazu dienen soll, die Erfüllung der Pflichten nach der Verordnung nachzuweisen. Spätestens hier kommt es somit zu einer inzidenten Überprüfung der Verhaltensregeln durch die Aufsichtsbehörde.

II. Voraussetzungen

6   Um akkreditiert zu werden, muss die Überwachungsstelle die in Abs. 2 genannten Voraussetzungen erfüllen, und zwar kumulativ („und" in Abs. 2 lit. c). Die Datenschutzkonferenz (DSK) hat am 23.9.2020 aktualisierte „Anforderungen zur Akkreditierung einer Überwachungsstelle für Verhaltensregeln nach Art. 41 DS-GVO iVm Art. 57 Abs. 1 lit. p 1. Alt DS-GVO" veröffentlicht (abrufbar unter https://www.datenschutzkonferenz-online.de/media/ah/20201021_ah_anforderungen_akkreditierung_coc_%C3%BCberwachungsstelle_de.pdf). Diese beinhalten die Anpassungen an die Stellungnahme des EDSA vom 25.5.2020 zum ursprünglichen Entwurf des DSK Papiers (abrufbar unter https://edpb.europa.eu/sites/default/files/files/file1/edpb_opinion_202010_de_requirementsmonitoringbodies_en.pdf). Weitere Anhaltspunkte und Kriterien können sich darüber hinaus aus den Stellungnahmen des EDSA zu Entwürfen anderer Aufsichtsbehörden über die Akkreditierungsanforderungen ergeben (siehe zum Beispiel die Stellungnahme 24/2021 zum Entwurf der slowakischen Datenschutzaufsichtsbehörde vom 20.7.2021, abrufbar unter https://edpb.europa.eu/system/files/2021-07/edpb_24-2021_opinion_accreditation_requirements_of_monitoring_bodies_sk_sa_en.pdf).

7   Nach Abs. 2 lit. a muss die Stelle ihre Unabhängigkeit und ihr Fachwissen hinsichtlich des Gegenstands der Verhaltensregeln gegenüber der Aufsichtsbehörde nachweisen. **Unabhängigkeit** meint, dass die zu akkreditierende Stelle weisungsfrei agieren kann und keinem Einfluss der Verantwortlichen und Auftragsverarbeitern ausgesetzt ist. Damit ist insbesondere eine vertragliche Verflechtung zwischen Überwachungsstelle und Verantwortlichen bzw. Auftragsverarbeitern ausgeschlossen, die etwa externe datenschutzrechtliche Beratungsleistungen zum Gegenstand hat. Es dürfte allerdings zu weit gehen, schon dann an der Unabhängigkeit zu zweifeln, wenn eine solche Beratungsleistung irgendwann in der Vergangenheit erfolgte (so wohl auch Paal/Pauly/Paal/Kumkar Rn. 7, die betonen, dass „aktuell" keine Beratungs- und Unterstützungsleistungen vorliegen dürfen). Die Überwachungsstellen müssen allerdings fortlaufend Gefährdungen, die sich aus ihren Tätigkeiten oder Beziehungen ergeben, ermitteln (Leitlinien über Verhaltensregeln Nr. 12.1 Rn. 66). Für die erforderliche finanzielle und personelle Unabhängigkeit muss die Überwachungsstelle schließlich die nötigen finanziellen Mittel und Mitarbeiter haben, um ihren Aufgaben nachkommen zu können (Spindler ZD 2016, 407 (408)). Der EDSA führt insoweit aus, dass eine – in der Praxis allerdings wohl nur selten zu findende – vollkommene Budget- und Personalhoheit der überwachenden Stelle die Unabhängigkeit verbürgt (Leitlinien über Verhaltensregeln Nr. 12.1 Rn. 67). Entscheiden sich Inhaber von Verhaltensregeln für eine interne Überwachungsstelle (zB Ad-hoc-Ausschüsse oder gesonderte unabhängige Abteilungen beim Inhaber), so sollten deren Mitarbeiter und Führungskräfte in ihrer Rechenschaftspflicht und Funktion von anderen Bereichen der Organisation getrennt sein. Die Freiheit von Weisungen versteht sich von selbst (Leitlinien über Verhaltensregeln Nr. 12.1 Rn. 65).

7a   Das **Fachwissen** kann die Überwachungsstelle nachweisen, wenn sie sowohl die einschlägigen Verhaltensregeln kennt als auch die datenschutzrechtlichen Bestimmungen, deren Präzisierung die Verhaltensregeln bezwecken. Als Nachweis können Ausbildungszeugnisse der Mitarbeiter (Plath/v. Braunmühl/Wittmann Rn. 4) oder die Durchführung regelmäßiger fachbezogener Schulungen dienen (so auch die Leitlinien über Verhaltensregeln Nr. 12.3 Rn. 69). Das Fachwissen muss sich dabei auf den Gegenstand der Verhaltensregeln beziehen. Dies erfordert, dass die Überwachungsstelle zB mit der Branche vertraut ist, in der die vorlageberechtigte Stelle tätig ist, oder den betroffenen Datenverarbeitungsvorgang kennt, der mit den Verhaltensregeln präzisiert werden soll (Laue/Kremer Neues DatenschutzR § 8 Rn. 16). Da der Nachweis „zur Zufriedenheit" der Aufsichtsbehörde erbracht werden muss, dürfte ihr ein gewisser Beurteilungsspielraum zustehen (so auch Paal/Pauly/Paal/Kumkar Rn. 7).

8   Nach Abs. 2 lit. b muss die Überwachungsstelle zudem ein Verfahren festgelegt haben, wonach sie die Anwendung der Verhaltensregeln durch die Verantwortlichen bzw. Auftragsverarbeiter bewerten, regelmäßig überprüfen und die Einhaltung überwachen kann. Das festgelegte Verfahren nach Abs. 2 enthält damit zwei unterschiedliche Dimensionen. Die **Bewertung**, ob die Verhal-

tensregeln von ihren Adressaten tatsächlich eingehalten werden, ist zukunftsgerichtet und kann nur aus der ex-ante Sicht erfolgen. Die Überwachungsstelle kann hierfür bspw. eine Selbstverpflichtungserklärung des jeweiligen Unternehmens einholen und sich die Einhaltung der Verhaltensregeln zusichern lassen (Plath/v. Braunmühl/Wittmann Rn. 5). Die **Überprüfung** und **Überwachung** der Verhaltensregeln knüpfen hingegen an aktuelle und vergangene (Datenverarbeitungs-)Vorgänge an. Denkbare Festlegungen schließen hier insbesondere effektive und transparente Beschwerdeverfahren für Betroffene ein (Plath/v. Braunmühl/Wittmann Rn. 5). Daneben sollten in den Verhaltensregeln Kontrollrechte der Überwachungsstelle gegenüber den betreffenden Verantwortlichen und Auftragsverarbeitern festgelegt werden (→ Art. 40 Rn. 14). In den Leitlinien über Verhaltensregeln werden als effektive Überwachungsstrukturen beispielsweise stichprobenartige oder unangekündigte Revisionen, jährliche Prüfungen, regelmäßige Berichterstattungen und der Einsatz von Fragebögen genannt (Leitlinien über Verhaltensregeln Nr. 12.4 Rn. 72).

Ferner muss die Überwachungsstelle nach Abs. 2 lit. c **Verfahren und Strukturen** festgelegt haben, mit denen sie Beschwerden über Verletzungen der Verhaltensregeln oder fehlerhafte oder unzureichende Anwendungen durch die Verantwortlichen bzw. Auftragsverarbeiter nachgeht. Dabei sind die Verfahren und Strukturen für die Betroffenen und die Öffentlichkeit transparent zu machen. Es ist somit zentral, dass Betroffene und die Öffentlichkeit im Allgemeinen über die bestehenden Beschwerdemöglichkeiten informiert werden, da sich vor allem durch Kenntnis der Verfahren und Strukturen die erforderliche Transparenz erzielen lässt (so auch die Forderung der Leitlinien über Verhaltensregeln Nr. 12.5 Rn. 74; vgl. zudem Paal/Pauly/Paal/Kumkar Rn. 9). In der Regel dürfte sich vor allem eine Veröffentlichung im Internet anbieten (Spindler ZD 2016, 407 (409)). Hat die Überwachungsstelle Maßnahmen gegenüber einem den Verhaltensregeln unterliegenden Mitglied ergriffen, weil es gegen die Vorschriften verstoßen hat, ist die zuständige Aufsichtsbehörde zu unterrichten, Abs. 4 S. 2 (hierauf weist der EDSA nachdrücklich hin, Leitlinien über Verhaltensregeln Nr. 12.6 Rn. 78).   9

Schließlich muss die Überwachungsstelle den Nachweis erbringen, dass ihre Aufgaben und Pflichten zu **keinem Interessenkonflikt** führen (etwa rechtlicher, wirtschaftlicher oder ideeller Art), wobei insoweit Überschneidungen mit dem Unabhängigkeitsnachweis bestehen (dies wird insbesondere anhand von Nr. 12.2 Rn. 68 der Leitlinien über Verhaltensregeln deutlich, da im Rahmen des Interessenkonflikts dieselben Kriterien herangezogen werden wie bei der Beurteilung des Unabhängigkeitskriteriums in Nr. 12.1 Rn. 63 ff.) und die Aufsichtsbehörde auch hier einen gewissen Beurteilungsspielraum haben dürfte (Paal/Pauly/Paal/Kumkar Rn. 10).   10

III. Verfahren

Das Verfahren für die Akkreditierung ist in Abs. 3 geregelt. Hiernach hat die zuständige Aufsichtsbehörde zunächst die Anforderungen an die Akkreditierung aufzustellen und ihren Entwurf sodann an den EDSA zu übermitteln, der im Kohärenzverfahren nach Art. 64 Abs. 1 S. 2 lit. c eine Stellungnahme abgibt. Beabsichtigt die Aufsichtsbehörde, der Stellungnahme nicht zu folgen, kann sie dies innerhalb von zwei Wochen nach Eingang der Stellungnahme dem Vorsitz des EDSA mitteilen und auf diese Weise einen verbindlichen Beschluss nach Art. 65 herbeiführen (→ Art. 40 Rn. 22a).   11

IV. Widerruf

Die Akkreditierung wird grundsätzlich unbefristet erteilt (Paal/Pauly/Paal/Kumkar Rn. 20). Nach Abs. 5 hat die zuständige Aufsichtsbehörde die Akkreditierung der Überwachungsstelle aber unter bestimmten Voraussetzungen zu widerrufen, wobei die Verordnung zwei unterschiedliche Anknüpfungspunkte für den Widerruf nennt. Der Widerruf hat erstens zu erfolgen, wenn die Anforderungen an die Akkreditierung nicht oder nicht mehr erfüllt sind. Abzustellen ist insoweit darauf, ob die Überwachungsstelle die Anforderungen an die Akkreditierung nach Abs. 2 noch erfüllt (Paal/Pauly/Paal/Kumkar Rn. 19). Zweitens hat die zuständige Aufsichtsbehörde die Akkreditierung zu widerrufen, wenn die Überwachungsstelle Maßnahmen ergreift, die nicht mit der Verordnung vereinbar sind. Insoweit kommt es darauf an, ob die Überwachungsstelle ihre Kompetenzen nach Abs. 4 überschreitet.   12

Der Widerruf der Akkreditierung einer Überwachungsstelle kann seinerseits zum Widerruf der Verhaltensregel führen, wenn die erforderliche Überwachung nicht mehr besteht (so auch die Leitlinien über Verhaltensregeln Nr. 14 Rn. 86). Im Hinblick auf die sich etwaig ergebenden massiven Konsequenzen sollte daher nach Möglichkeit ein Widerruf erst dann erfolgen, wenn die zuständige Aufsichtsbehörde der Überwachungsstelle die Gelegenheit gegeben hat, innerhalb eines   12a gewissen Zeitrahmens den Problemen abzuhelfen oder zumindest Verbesserungen vorzunehmen (dies schlagen auch die Leitlinien über Verhaltensregeln in Nr. 14 Rn. 87 vor).

D. Befugnisse der akkreditierten Stelle

13 Die Befugnisse der Überwachungsstelle sind in Abs. 4 geregelt. Hiernach hat sie bei einer Verletzung der Verhaltensregeln „geeignete Maßnahmen" zu ergreifen. Die Verordnung nennt an dieser Stelle beispielhaft einen vorläufigen oder endgültigen Ausschluss des Verantwortlichen bzw. Auftragsverarbeiters von den Verhaltensregeln, womit der Verordnungsgeber deutlich macht, dass die Befugnisse der Überwachungsstelle weitreichend sind. Die Überwachungsstelle muss ihre Maßnahmen begründen und die zuständige Aufsichtsbehörde entsprechend unterrichten (Abs. 4 S. 2).

14 Verantwortliche bzw. Auftragsverarbeiter können Maßnahmen der Überwachungsstelle abwenden, indem sie die Einhaltung der Verhaltensregeln durch geeignete Garantien sicherstellen. Solche Garantien können im Nachweis bestimmter Sicherheitsvorkehrungen (Paal/Pauly/Paal/Kumkar Rn. 15) oder in der Form von begründeten und verbindlichen Zusicherungen durch den Verantwortlichen bzw. Auftragsverarbeiter, dass das beanstandete Verhalten umgehend eingestellt wird und sich nicht wiederholt, bestehen.

15 Die Unterrichtungspflicht der Überwachungsstelle gegenüber der Aufsichtsbehörde nach Abs. 4 S. 2 gilt nur für einseitige Maßnahmen. Denkbar ist aber auch der Fall, dass es erst gar nicht zu einseitigen Maßnahmen kommt, sondern dass sich die Überwachungsstelle einvernehmlich mit einem Verantwortlichen bzw. Auftragsverarbeiter über die Beilegung eines bestimmten Vorfalls einigt. In diesem Fall dürfte eine Unterrichtungspflicht der Überwachungsstelle nicht bestehen (Bergt CR 2016, 670 (673); Koreng/Lachenmann DatenschutzR-FormHdB/Bergt/Bertermann C. IV. 2. Rn. 18).

16 Sollte eine Überwachungsbehörde ihre Kompetenzen nach Abs. 4 überschreiten, so droht ihr neben dem Widerruf der Akkreditierung (→ Rn. 12) die Verhängung eines Bußgeldes (vgl. Art. 83 Abs. 4 lit. c).

Artikel 42 Zertifizierung

(1) ¹Die Mitgliedstaaten, die Aufsichtsbehörden, der Ausschuss und die Kommission fördern insbesondere auf Unionsebene die Einführung von datenschutzspezifischen Zertifizierungsverfahren sowie von Datenschutzsiegeln und -prüfzeichen, die dazu dienen, nachzuweisen, dass diese Verordnung bei Verarbeitungsvorgängen von Verantwortlichen oder Auftragsverarbeitern eingehalten wird. ²Den besonderen Bedürfnissen von Kleinstunternehmen sowie kleinen und mittleren Unternehmen wird Rechnung getragen.

(2) ¹Zusätzlich zur Einhaltung durch die unter diese Verordnung fallenden Verantwortlichen oder Auftragsverarbeiter können auch datenschutzspezifische Zertifizierungsverfahren, Siegel oder Prüfzeichen, die gemäß Absatz 5 des vorliegenden Artikels genehmigt worden sind, vorgesehen werden, um nachzuweisen, dass die Verantwortlichen oder Auftragsverarbeiter, die gemäß Artikel 3 nicht unter diese Verordnung fallen, im Rahmen der Übermittlung personenbezogener Daten an Drittländer oder internationale Organisationen nach Maßgabe von Artikel 46 Absatz 2 Buchstabe f geeignete Garantien bieten. ²Diese Verantwortlichen oder Auftragsverarbeiter gehen mittels vertraglicher oder sonstiger rechtlich bindender Instrumente die verbindliche und durchsetzbare Verpflichtung ein, diese geeigneten Garantien anzuwenden, auch im Hinblick auf die Rechte der betroffenen Personen.

(3) Die Zertifizierung muss freiwillig und über ein transparentes Verfahren zugänglich sein.

(4) Eine Zertifizierung gemäß diesem Artikel mindert nicht die Verantwortung des Verantwortlichen oder des Auftragsverarbeiters für die Einhaltung dieser Verordnung und berührt nicht die Aufgaben und Befugnisse der Aufsichtsbehörden, die gemäß Artikel 55 oder 56 zuständig sind.

(5) ¹Eine Zertifizierung nach diesem Artikel wird durch die Zertifizierungsstellen nach Artikel 43 oder durch die zuständige Aufsichtsbehörde anhand der von dieser zuständigen Aufsichtsbehörde gemäß Artikel 58 Absatz 3 oder – gemäß Artikel 63 – durch den Ausschuss genehmigten Kriterien erteilt. ²Werden die Kriterien vom Ausschuss genehmigt, kann dies zu einer gemeinsamen Zertifizierung, dem Europäischen Datenschutzsiegel, führen.

(6) Der Verantwortliche oder der Auftragsverarbeiter, der die von ihm durchgeführte Verarbeitung dem Zertifizierungsverfahren unterwirft, stellt der Zertifizierungsstelle nach Artikel 43 oder gegebenenfalls der zuständigen Aufsichtsbehörde alle für die Durchführung des Zertifizierungsverfahrens erforderlichen Informationen zur Verfügung und gewährt ihr den in diesem Zusammenhang erforderlichen Zugang zu seinen Verarbeitungstätigkeiten.

(7) ¹Die Zertifizierung wird einem Verantwortlichen oder einem Auftragsverarbeiter für eine Höchstdauer von drei Jahren erteilt und kann unter denselben Bedingungen verlängert werden, sofern die einschlägigen Kriterien weiterhin erfüllt werden. ²Die Zertifizierung wird gegebenenfalls durch die Zertifizierungsstellen nach Artikel 43 oder durch die zuständige Aufsichtsbehörde widerrufen, wenn die Kriterien für die Zertifizierung nicht oder nicht mehr erfüllt werden.

(8) Der Ausschuss nimmt alle Zertifizierungsverfahren und Datenschutzsiegel und -prüfzeichen in ein Register auf und veröffentlicht sie in geeigneter Weise.

Überblick

Die Vorschrift enthält Regelungen zur Zertifizierung.

Übersicht

	Rn.		Rn.
A. Allgemeines	1	II. Zertifizierung von Verantwortlichen und Auftragsverarbeitern außerhalb des Anwendungsbereichs der DS-GVO (Abs. 2)	36
I. Sinn und Zweck	1		
II. Verhältnis zur Richtlinie 95/46/EG und zum BDSG	4	III. Freiwilligkeit und Transparenz des Verfahrens (Abs. 3)	40
III. Systematik	9		
IV. Sanktionierung	13	IV. Keine Einschränkung der Verantwortung des Verantwortlichen und des Auftragsverarbeiters (Abs. 4)	44
V. Entstehungsgeschichte	15		
VI. Abgrenzung zu den Verhaltensregeln	17	V. Zertifizierung (Abs. 5)	46
B. Einzelerläuterung der Regelungen	21	VI. Pflicht zur Bereitstellung von Informationen und Zugang (Abs. 6)	56
I. Förderauftrag, Begrifflichkeiten und Zertifizierungsgegenstand (Abs. 1)	22		
1. Förderauftrag (Abs. 1)	22	VII. Befristung der Zertifizierung (Abs. 7)	61
2. Begrifflichkeiten	27	VIII. Veröffentlichung der Zertifizierungsverfahren (Abs. 8)	70
3. Zertifizierungsgegenstand	31		

A. Allgemeines

I. Sinn und Zweck

Um die Transparenz zu erhöhen und die Einhaltung dieser Verordnung zu verbessern, sollte **1** angeregt werden, dass Zertifizierungsverfahren sowie Datenschutzsiegel und -prüfzeichen eingeführt werden, die den betroffenen Personen einen raschen Überblick über das Datenschutzniveau einschlägiger Produkte und Dienstleistungen ermöglichen (Erwägungsgrund 100).

Die DS-GVO sieht in verschiedenen Regelungen vor, dass der Erfüllungsnachweis der Anforde- **2** rungen der entsprechenden Regelungen durch Zertifizierungen erbracht werden kann. Art. 42 regelt die Anforderungen und die Ausgestaltung dieser Zertifizierungen. Ein konkretes Zertifizierungsverfahren wird durch Art. 42 nicht vorgegeben (Plath/v. Braunmühl/Wittmann Rn. 2).

Die Bezugnahme in verschiedenen Regelungen auf die Zertifizierung macht wiederum deut- **3** lich, dass es nicht die universale Zertifizierung gibt. Dementsprechend regelt Art. 42 auch (nur) die Eckpunkte einer Zertifizierung, während sich die inhaltlichen Anforderungen aus den jeweiligen Regelungen, die einen Nachweis durch Zertifizierung vorsehen, ergeben muss.

II. Verhältnis zur Richtlinie 95/46/EG und zum BDSG

Die Datenschutzrichtlinie 95/46/EG enthält keine Regelung zu Zertifizierungen oder Ver- **4** gleichbarem. § 9a BDSG aF und § 78c SGBX aF sahen im nationalen Recht eine Zertifizierung vor. Dem in § 9a BDSG formulierten Ziel, weitere Regelungen zu Zertifizierungen zu erlassen, kam der deutsche Gesetzgeber seit dem Jahr 2001 nicht nach.

5　§ 9a BDSG enthielt in gewisser Weise eine Vorgängerregelung zu Art. 42. § 9a BDSG aF regelte unter der gesetzlichen Überschrift Datenschutzaudit die Möglichkeit, „Datenschutzkonzepte" und „technische Einrichtungen" prüfen und bewerten zu lassen. Als Vorgaben regelte § 9a S. 1 BDSG aF, dass diese Prüfung und Bewertung „durch unabhängige und zugelassene Gutachter" erfolgen müsse und das Ergebnis der Prüfung zu veröffentlichen sei. § 9a S. 2 BDSG aF sah sodann vor, dass die näheren Anforderungen an die Prüfung und Bewertung, das Verfahren sowie die Auswahl und Zulassung der Gutachter werden durch ein besonderes Gesetz geregelt. Obgleich in den ersten Entwürfen zur sog. BDSG-Novelle II in den Jahren 2008/2009 ein Entwurf enthalten war, kam es nicht zu einem solchen Gesetz. Bis zum Anwendungsbeginn der DS-GVO ist ein solches ebenfalls nicht mehr zu erwarten.

6　In den Landesdatenschutzgesetzen gab es ebenfalls Regelungen, die jedoch den begrenzten Anwendungsbereich der Landesdatenschutzgesetze teilten (einen Überblick hierüber gibt Gola/Schomerus BDSG § 9a Rn. 3 ff.).

7　In der Praxis haben sich verschiedene Zertifizierungen herausgebildet (Überblick bei Richter RDV 2017, 64 ff.). Ihre Anerkennung war gesetzlich nicht geregelt.

8　In anderen Staaten gibt es ebenfalls Datenschutz-Zertifizierungen (beispielsweise in Frankreich (https://www.cnil.fr/en/all-you-should-know-about-privacy-seals (letzter Abruf: 17.10.2021)) oder Großbritannien (https://ico.org.uk/about-the-ico/ico-and-stakeholder-consultations/privacy-seals-draft-framework-criteria/ (letzter Abruf: 17.10.2021)). Darüber hinaus gibt es eine Anzahl von deutschen Datenschutzsiegeln (eine vollständige Liste von Datenschutz-Zertifizierungen gibt es bei der Stiftung Datenschutz https://stiftungdatenschutz.org/fileadmin/Redaktion/PDF/Zertifizierungsuebersicht/SDS-Zertifizierungsuebersicht_02_2017.pdf (letzter Abruf: 17.10.2021); Kühling/Buchner/Bergt Rn. 5).

III. Systematik

9　Eine Zertifizierung führt nicht zu einer Reduktion der Pflichten und Verantwortlichkeiten des Verantwortlichen oder des Auftragsverarbeiters nach der DS-GVO (Art. 42 Abs. 4). Wie sich aus dem Zusammenspiel des Art. 42 und der ihn in Bezug nehmenden Regelungen (s. nachfolgend) ergibt, soll die Zertifizierung dem Verantwortlichen bzw. dem Auftragsverarbeiter aber den Nachweis der Einhaltung von Pflichten nach der DS-GVO erleichtern. Gleichzeitig soll eine Zertifizierung – wie sich aus Erwägungsgrund 100 (→ Rn. 1 ff.) ergibt – betroffenen Personen einen raschen Überblick über das Datenschutzniveau einschlägiger Produkte und Dienstleistungen ermöglichen.

10　Art. 42 und 43 bilden eine Einheit zur Regelung der Zertifizierung. Während Art. 42 die inhaltlichen Anforderungen an eine Zertifizierung enthält, regelt Art. 43 die Akkreditierung von Zertifizierungsstellen.

11　Auf die Regelungen nach Art. 42, 43 wird durch Art. 24 Abs. 3 (Verantwortung des für die Verarbeitung Verantwortlichen), Art. 25 Abs. 3 (Datenschutz durch Technikgestaltung und durch datenschutzfreundliche Voreinstellungen), Art. 28 Abs. 3 (Auftragsverarbeiter), Art. 32 Abs. 3 (Sicherheit der Verarbeitung) Art. 46 Abs. 2 lit. f (Datenübermittlung vorbehaltlich geeigneter Garantien) sowie im Rahmen der Zuständigkeiten und Aufgaben der Aufsichtsbehörden (Art. 57, 58) und des Europäischen Datenschutzausschusses (Art. 64) Bezug genommen.

12　Auch bei der Bemessung eines Bußgelds ist nach Art. 83 Abs. 2 lit. j eine Einhaltung von genehmigten Zertifizierungsverfahren zu berücksichtigen. Die Berücksichtigung darf aber nur begünstigend erfolgen (wohl ebenso Plath/v. Braunmühl/Wittmann Rn. 17; → Rn. 41).

IV. Sanktionierung

13　Art. 83 Abs. 4 lit. b sanktioniert die Verletzung der Pflichten der Zertifizierungsstelle gem. den Art. 42 und 43. Adressat der Sanktion ist also die in Art. 43 geregelte Zertifizierungsstelle.

14　Die Sanktion des Verantwortlichen oder Auftragsverarbeiters, welcher sich zum Nachweis seiner Pflichten auf eine Zertifizierung berufen hat, ohne dass diese vorliegt, bestimmt sich nach der entsprechenden Norm, deren Einhaltung durch die Zertifizierung nachgewiesen werden sollte.

V. Entstehungsgeschichte

15　Im **Gesetzgebungsverfahren** wurden hinsichtlich der Durchführung von Zertifizierungen unterschiedliche Ansätze verfolgt (vgl. Kühling/Buchner/Bergt Rn. 1 ff.). Der erste Entwurf der Europäischen Kommission enthielt allgemeine Bezugnahmen auf Zertifizierungen und keine Aussage zum rechtlichen Charakter der Zertifizierungen und der konkreten Anforderungen an die

Zertifizierungsstellen. Der finalen Fassung lag schließlich ein **ko-regulatorischer** Ansatz zugrunde (Plath/v. Braunmühl/Wittmann Rn. 3).

In Art. 42 findet sich das insoweit, dass nur von gewissen staatlichen Stellen genehmigte Kriterien für eine Zertifizierung nach Art. 42 herangezogen werden dürfen (Plath/v. Braunmühl/ Wittmann Rn. 3). Auch dürfen solche Zertifizierungen nur von der Aufsichtsbehörde, die für den Verantwortlichen bzw. den Auftragsverarbeiter zuständig ist, oder von einer nach den Voraussetzungen des Art. 43 akkreditierten privaten Stelle durchgeführt werden (Plath/v. Braunmühl/ Wittmann Rn. 3). 16

VI. Abgrenzung zu den Verhaltensregeln

Während Verhaltensregeln insbesondere der Konkretisierung der Vorgaben der DS-GVO für einen bestimmten Kontext dienen, dienen Zertifizierungen nach der DSGVO dem Nachweis der Einhaltung der Vorgaben der DS-GVO (vgl. Kühling/Buchner/Bergt Rn. 1). Auch unterliegt die Einhaltung einer Verhaltenskontrolle keiner Kontrolle durch einen Dritten, während dies gerade der Kern einer Zertifizierung ist. 17

Zertifizierungen sind allerdings anders als Verhaltensregeln (Art. 40, 41) nach der DS-GVO nicht im Rahmen der Datenschutz-Folgenabschätzung von Bedeutung. Dies bedeutet allerdings keineswegs, dass Zertifizierungen im Rahmen der Datenschutz-Folgenabschätzung unbeachtlich sind (vgl. Kühling/Buchner/Bergt Rn. 2). 18

Für das Verständnis einer Zertifizierung nach der DS-GVO ist auch zu sehen, dass Zertifizierungen nicht die Rechtssicherheit von Verhaltensregeln bieten (können). Anderes mag gelten, wenn eine Zertifizierung wiederum auf einer Verhaltensregel beruht. Denn die Verhaltensregeln dienen der Konkretisierung der DS-GVO und können von der Kommission sogar für allgemeingültig erklärt werden. Gleichwohl sind Zertifizierungen bei der Verhängung von Sanktionen nach Art. 83 zu beachten; aber eben auch nur zu beachten. Eine Zertifizierung schließt eine Sanktionierung nicht kraft Gesetzes aus (ebenso: Kühling/Buchner/Bergt Rn. 2.) 19

Das **Verhältnis zwischen Zertifizierung und Verhaltensregeln nach Art. 40** ist als komplementär zu bewerten (Plath/v. Braunmühl/Wittmann Rn. 5 iVm Art. 40 Rn. 8). Die Instrumente schließen sich weder ihrer Funktion nach, noch in der praktischen Anwendung gegenseitig aus. Insbesondere kommen Zertifizierungen auch zum Nachweis der Einhaltung der von Verhaltensregeln vorgegebenen oder konkretisierten Anforderungen der DS-GVO in Betracht (vgl. Plath/v. Braunmühl/Wittmann Rn. 5 iVm Art. 40 Rn. 8). In der unternehmerischen Praxis wird die Wahl in den ersten Jahren der DS-GVO vor allem davon geprägt sein, welches der beiden Instrumente für den jeweiligen Verarbeitungsvorgang zur Verfügung steht. Stehen beide zur Alternative spricht rechtlich nichts gegen die aus Sicht der unternehmerischen Praxis ressourcenschonendste Alternative (vgl. Plath/v. Braunmühl/Wittmann Art. 40 Rn. 8). 20

B. Einzelerläuterung der Regelungen

Die Zertifizierung erfährt weder durch den Definitionskatalog in Art. 4 noch durch die Erwägungsgründe (so Ziffer I) eine weitergehende Ausgestaltung. 21

I. Förderauftrag, Begrifflichkeiten und Zertifizierungsgegenstand (Abs. 1)

1. Förderauftrag (Abs. 1)

Abs. 1 des Art. 42 formuliert den Auftrag an die Mitgliedstaaten, die Aufsichtsbehörden, den Europäischen Datenschutzausschuss und die Kommission, die Einführung von datenschutzspezifischen Zertifizierungsverfahren sowie von Datenschutzsiegeln und -prüfzeichen zu fördern. Der formulierte Auftrag ist jedoch wenig spezifisch. Ein klagbarer Anspruch wird sich aus dieser Regelung nicht ergeben. 22

Nach Abs. 1 S. 2 ist den besonderen Bedürfnissen von Kleinstunternehmen sowie kleinen und mittleren Unternehmen Rechnung zu tragen. Nach Erwägungsgrund 13 ist für die Definition des Begriffs „Kleinstunternehmen sowie kleine und mittlere Unternehmen" Art. 2 des Anhangs zur Empfehlung 2003/361/EG der Kommission maßgebend Empfehlung der Kommission v. 6.5.2003 betreffend die Definition der Kleinstunternehmen sowie der kleinen und mittleren Unternehmen (C (2003) 1422; ABl. L 124, 36). 23

Klargestellt wird durch Art. 42 Abs. 1, dass Zertifizierungen dazu dienen, Verantwortlichen und Auftragsverarbeitern die Einhaltung der Vorgaben dieser Verordnung bei Verarbeitungsvorgängen nachzuweisen. Obgleich nur bestimmte Normen der DS-GVO (→ Rn. 11) die Möglichkeit einer 24

Zertifizierung in Bezug nehmen, ist dadurch nicht ausgeschlossen, dass auch die Einhaltung anderer Vorgaben der DS-GVO durch Zertifizierungen nachgewiesen werden. Allerdings ist der Anwendungsbereich dadurch zu begrenzt, dass Hersteller und Anbieter nicht erfasst sind (NK-DatenschutzR/Scholz Rn. 19), obgleich gerade diese – vor allem als Vertriebsargument und unter Marketingaspekten – an einer Zertifizierung ein großes Interesse haben könnten (vgl. Auernhammer/Hornung Rn. 9).

25 Hieraus ergibt sich nicht, dass Zertifizierungen generell – also auch über die Regelungen hinaus, die Art. 42 in Bezug nehmen – zum Nachweis der Einhaltung der DS-GVO dienen können. Andererseits ist dies durch Art. 42 auch nicht ausgeschlossen, weshalb auch weitere Bereiche einer Zertifizierung zugänglich sind (ebenso: Kranig/Sachs/Gierschmann, Datenschutz-Compliance nach der DS-GVO, 2017, 159).

26 Die EU-Kommission hat durch Art. 43 Abs. 8 die Befugnis mittels delegierter Rechtsakte nach Art. 92 die Anforderungen, die für die in Art. 42 Abs. 1 genannten datenschutzspezifischen Zertifizierungsverfahren zu berücksichtigen sind, festzulegen.

2. Begrifflichkeiten

27 Abs. 1 verwendet die Begriffe Zertifizierungsverfahren sowie Datenschutzsiegel und Datenschutzprüfzeichen, die dem Nachweis der Einhaltung der Vorgaben der DS-GVO dienen. Obgleich in der gesetzlichen Überschrift zu Art. 42 verwendet, wird der Begriff „Zertifizierung" in Abs. 1 nicht verwendet.

28 Die Abs. 2–5 verwenden hingegen den Begriff „Zertifizierung". Bei systematischer Betrachtung wird dieser – auch im Gleichlauf mit der gesetzlichen Überschrift zu Art. 42 – als Oberbegriff verwendet (ebenso Duisberg ZD 2018, 53). Insbesondere aus Abs. 2 ergibt sich dies. Denn dieser nimmt für Zertifizierungsverfahren, Siegel oder Prüfzeichen einheitlich Abs. 5 in Bezug („datenschutzspezifische Zertifizierungsverfahren, Datenschutzsiegeln oder Datenschutzprüfzeichen, die gem. Abs. 5 des vorliegenden Artikels genehmigt worden sind") und Abs. 5 spricht nur von „Zertifizierung". Auch regeln die Abs. 3–5 unter dem Begriff „Zertifizierung" Inhalte, die gleichermaßen für Zertifizierungsverfahren, Datenschutzsiegel und Datenschutzprüfzeichen gelten müssen (ebenso Gola/Lepperhoff Rn. 1 ff.).

29 Zu sehen ist allerdings auch, dass der Begriff Zertifizierungsverfahren, das Vorgehen bei einer Zertifizierung beschreibt, und Zertifizierung den tatsächlichen Vorgang bzw. die Tätigkeit beschreibt, während die Begriffe Datenschutzsiegel und Datenschutzprüfzeichen eher das Ergebnis bzw. den Nachweis der erfolgreichen Zertifizierung darstellen.

30 Eine Legaldefinition der vorgenannten Begriffe enthält die DS-GVO indes nicht.

3. Zertifizierungsgegenstand

31 Als **Zertifizierungsgegenstand** werden „Verarbeitungsvorgänge" von Verantwortlichen und Auftragsverarbeitern genannt (Abs. 1). Der Begriff Verarbeitung ist in Art. 4 Nr. 2 normiert. Der Zertifizierungsgegenstand ist nach Art. 42 schon ausweislich des Wortlauts nicht auf eine Verarbeitung beschränkt, sondern nimmt Verarbeitungsvorgänge in Bezug (ebenso: Maier/Pawloska/Lins/Sunyaev ZD 2020, 445,446). Das lässt sich als Bündel von Verarbeitungen verstehen (Kühling/Buchner/Bergt Rn. 3; im Ergebnis wohl ebenso Plath/v. Braunmühl/Wittmann Rn. 7). Der Europäische Datenschutzausschuss (EDSA) geht in seinen Leitlinien zur Zertifizierung (Guidelines 1/2018 on certification and identifying certification criteria in accordance with Articles 42 and 43 of the Regulation Version 3.0, 2019) hierauf ein und gibt eine Hilfestellung (Maier/Pawloska/Lins/Sunyaev ZD 2020, 445 (446)). Der EDSA stellt darauf ab, dass bei Datenverarbeitungsvorgängen drei Komponenten zu berücksichtigen sind: Erstens die verarbeiteten personenbezogenen Daten, zweitens die technischen Systeme, die genutzt werden um diese personenbezogenen Daten zu verarbeiten und drittens Verfahren und Prozesse, die mit diesen Datenverarbeitung Vorgehen in Verbindung stehen. Der EDSA stellt darauf ab, dass jede dieser drei Komponenten bei der Zertifizierung des Verarbeitungsvorgangs den Zertifizierungskriterien unterworfen sein muss, wenngleich die Gewichtung der jeweiligen Komponente mit Blick auf den spezifischen Zertifizierungsgegenstand unterschiedlich sein kann (Guidelines 1/2018 on certification and identifying certification criteria in accordance with Articles 42 and 43 of the Regulation Version 3.0, 2019, Rn. 53; Maier/Pawloska/Lins/Sunyaev ZD 2020, 445, (446)). Die deutsche Datenschutzkonferenz beschreibt in ihrem Dokument „Anforderungen an datenschutzrechtliche Zertifizierungsprogramme", Version 1.8 (16.04.2021), aus ihrer Sicht die – so in Nr. 1.1 dieses Dokument zum Ziel dieses Dokuments - Mindestanforderung an die Zertifizierungskriterien, die ergänzend zu den Vorgaben der DIN EN ISO/IEC 17967 von allen Zertifizierungsprogrammen erfüllt sein

müssen (https://www.datenschutzkonferenz-online.de/media/ah/DSK_Anwendungshinweis_Zertifizierungskriterien.pdf (letzter Abruf: 17.10.2021)). Das Dokument erlangt mit Blick auf Art. 42 Abs. 5 und die – auch aufgrund des föderalen Systems – bestehenden 18 Datenschutzaufsichtsbehörden in Deutschland seine Bedeutung vor allem auch dadurch, dass es – so in Nr 1.1 dieses Dokument - den deutschen Datenschutzaufsichtsbehörden bei der Bewertung von Zertifizierungsprogrammen als einheitliche Bewertungsgrundlage dienen und Programmeignern sowie Zertifizierungsstellen bei der Erstellung ihrer Dokumente als Orientierung helfen sollen.

Dementsprechend lassen sich auch ein gesamtes Produkt oder eine gesamte Leistung zertifizieren (ebenso: Gola/Lepperhoff Rn. 1 ff.; aA NK-DatenschutzR/Scholz Rn. 21). Dieses Verständnis entspricht auch der Zielsetzung, wie sie in Erwägungsgrund 100 zum Ausdruck kommt, wonach durch Zertifizierungen auch eine bessere datenschutzrechtliche Einschätzungsmöglichkeit von Produkten und Dienstleistungen durch Betroffene angestrebt wird (im Ergebnis ebenso: Gola/Lepperhoff Rn. 1 ff.). Zertifizierungen von Personen (beispielsweise des Datenschutzbeauftragten nach Art. 37 ff.) und von Datenschutz in das Managementsystem soll hingegen keine Zertifizierungsgegenstände sein können (Maier/Pawloska/Lins/Sunyaev ZD 2020, 445 (446) unter Verweis auf DAkkS, Merkblatt zur Akkreditierungsverfahren im Datenschutz vom 13.3.2020). Solche Zertifikate können beispielsweise gemäß den ISO/IEC-Vorgaben (beispielsweise ISO/IEC 17024 für Personzertifizierungen und ISO/IEC 17021 für Datenschutz eines Managementsystems) unberührt durch die Vorgaben der DS-GVO weiterhin vergeben werden, wenngleich eine Konformität mit den Anfordern der DS-GVO hierdurch nicht im Sinne einer Zertifizierung nach Art. 42 nachgewiesen werden kann (Maier/Pawloska/Lins/Sunyaev ZD 2020, 445 (446)). Auf die Zertifizierung nach der IS O/I ECE 27701 stellt keine Zertifizierungen nach Art. 42 da, da diese ein Datenschutzmanagementsystem einer Organisation betrachtet nicht aber Verarbeitungsvorgänge (Maier/Pawloska/Lins/Sunyaev ZD 2020, 445 (446)). 32

Ein Verstoß gegen die Vorgaben der DS-GVO bzw. deren Einhaltung wird der Systematik der DS-GVO nach an der jeweiligen Verarbeitung personenbezogener Daten und nicht an einem Produkt bzw. einer Leistung festgemacht. Dementsprechend ist es systematisch konsequent, dass Art. 42 auf Verarbeitungsvorgänge abstellt (im Ergebnis ebenso: Gola/Lepperhoff Rn. 1 ff.). 33

Den Gegenstand und den Umfang der Zertifizierung bestimmt der Verantwortliche bzw. der Auftragsverarbeiter (vgl. Abs. 3). Damit ist insbesondere auch die Zertifizierung von Teilen eines Produkts oder einer Leistung möglich. In der Praxis setzt diese theoretische Möglichkeit natürlich voraus, dass entsprechende Zertifizierungen tatsächlich von der Zertifizierungsstelle angeboten werden. Im Kontext einer „Teil-Zertifizierung" und deren werblichen Nutzung sind allerdings die Vorgaben des Gesetzes gegen den Unlauteren Wettbewerb (UWG) zu beachten; insbesondere die Irreführungsverbote. 34

Nicht Gegenstand der Zertifizierung sind Organisationen oder Personen (vgl. Ehmann/Selmayr/Will Rn. 15). 35

II. Zertifizierung von Verantwortlichen und Auftragsverarbeitern außerhalb des Anwendungsbereichs der DS-GVO (Abs. 2)

Abs. 2 regelt eine neue („Zusätzlich (...)") und auch grundlegend andere Konstellation als Abs. 1: Während Abs. 1 die Zertifizierung in Bezug auf Verarbeitungsvorgänge durch Verantwortliche und Auftragsverarbeiter, die in den Anwendungsbereich der DS-GVO fallen (Art. 3), regelt, sieht Abs. 2 eine Zertifizierung für Verantwortliche und Auftragsverarbeiter vor, die nicht in den Anwendungsbereich der DS-GVO fallen („die gemäß Artikel 3 nicht unter diese Verordnung fallen"). 36

Ziel und Gegenstand der Zertifizierung nach Abs. 2 ist der Nachweis, dass die Empfänger personenbezogener Daten bei einer Übermittlung personenbezogener Daten in ein Drittland nach Maßgabe von Art. 46 Abs. 2 lit. f. geeignete Garantien bieten. Es soll damit der Nachweis erbracht werden können, dass diese Empfänger, die mittels vertraglicher oder sonstiger rechtlich bindender Instrumente der verbindliche und durchsetzbare Verpflichtung eingegangen sind, geeignete Garantien iSv Art. 46 Abs. 2 lit. f. (s. Abs. 2 S. 2) umgesetzt haben (vgl. Ehmann/Selmayr/Will Rn. 19). 37

Dementsprechend ist auch hinsichtlich der Kriterien für Zertifizierungen zwischen einerseits der Anwendung auf freie europäische Sachverhalte und andererseits Zertifizierungen, die nach Abs. 2 Datenexporte in Drittländer rechtfertigen sollen, zu unterscheiden. Aus Abs. 2 S. 1 ergibt sich, dass sich ein Zertifizierungsverfahren dann ausdrücklich auf die Rechtfertigung von Datenexporten ausgelegt sein muss, wenn es hierzu genutzt werden soll („können (...) vorgesehen werden"; Kühling/Buchner/Bergt Rn. 14). 38

39 Für Zertifizierungen nach Abs. 2 gelten dieselben Anforderungen nach Art. 42 wie für die Zertifizierungen nach Abs. 1. Insbesondere gilt Abs. 5

III. Freiwilligkeit und Transparenz des Verfahrens (Abs. 3)

40 Abs. 3 konstatiert zwei Vorgaben: Die Freiwilligkeit der Zertifizierung und die Transparenz der Zertifizierung.

41 Zunächst wird klargestellt, dass kein Verantwortlicher und kein Auftragsverarbeiter verpflichtet ist, sich einer Zertifizierung zu unterziehen. Es ist damit ausgeschlossen, eine Zertifizierung durch nationales oder durch europäisches Recht als Verpflichtung anzuordnen. Darin erschöpft sich aber der Grundsatz der Freiwilligkeit nicht. Die Zertifizierung darf auch nicht mittelbar zur Verpflichtung gemacht werden. Sie darf also insbesondere nicht mittelbar im Rahmen der Bewertung nach Art. 5 oder Art. 35, 36 zur Pflicht gemacht werden. Auch dürfen Sanktionen oder eine (zivilrechtliche) Haftung nicht allein daran geknüpft werden, dass eine (angebotene) Zertifizierung nicht vorgenommen wurde; aus der Nicht-Zertifizierung darf sich auch nicht eine (faktische) Strafschärfung im Rahmen der Anwendung des Art. 83 Abs. 2 lit. j ergeben. Sie dürfen auch nicht mittels standardmäßiger Forderung im Rahmen von Ausschreibungsbedingungen der öffentlichen Auftraggeber (faktisch) standardmäßig vorgeschrieben werden (Kühling/Buchner/Bergt Rn. 10; aA scheinbar Gola/Lepperhoff Rn. 19).

42 Abs. 3 ordnet auch die Zugänglichkeit der Zertifizierung „über ein transparentes Verfahren" an. Abs. 3 geht damit explizit über die sich aus Art. 43 Abs. 6, 42 Abs. 5 ergebende Transparenz der Kriterien, welche der Zertifizierung zugrunde gelegt werden, hinaus. Auch mit Blick auf Abs. 1 S. 2 (Berücksichtigung von KMU) ergibt sich jedenfalls, dass inhaltliche Verständlichkeit des Ablaufs der Zertifizierung gegeben sein muss (ebenso Kühling/Buchner/Bergt Rn. 11). Darüber hinaus müssen auch die Anforderungen, Kosten, Zuständigkeiten und Verfahrensabläufe für interessierte Verantwortliche und Auftragsverarbeiter nachvollziehbar und verständlich sein (NK-DatenschutzR/Scholz Rn. 31).

43 Hieraus abzuleiten, dass sich die Rechtsprache per se verbiete (so aber Kühling/Buchner/Bergt Rn. 11), schießt über das Ziel hinaus. Denn die Rechtsprache kann genauso eindeutig oder zweideutig sein wie technische Begriffe oder sonstige Beschreibungen.

IV. Keine Einschränkung der Verantwortung des Verantwortlichen und des Auftragsverarbeiters (Abs. 4)

44 Abs. 4 stellt klar, dass eine erfolgreiche Zertifizierung keinen „Persilschein" darstellt. Der Verantwortliche und der Auftragsverarbeiter sind demnach trotz Zertifizierung auch in Bezug auf den Zertifizierungsgegenstand voll verantwortlich. Auch ist klargestellt, dass die Aufsichtsbehörde durch eine Zertifizierung nicht generell in einem Vorgehen begrenzt ist. Umstritten ist allerdings, ob bei einer Zertifizierung durch die Aufsichtsbehörde eine Selbstbindung der Aufsichtsbehörde entsteht (so wohl Auernhammer/Hornung Rn. 27; Spindler ZD 2016, 407 (412); aA NK-DatenschutzR/Scholz Rn. 34). Gegen die Selbstbindung kann angeführt werden, dass Beurteilt die Aufsichtsbehörde eine später als rechtswidrig erkannte Zertifizierung nach Abs. 7 S. 2 widerrufen muss (NK-DatenschutzR/Scholz Rn. 34). Eine Selbstbindung könnte sich auch faktisch als „Wettbewerbsvorteil" der Aufsichtsbehörden gegenüber anderen Zertifizierungsstellen auswirken.

45 Dies irritiert möglicherweise auf den ersten Blick, wenn man davon ausgeht, dass die Kriterien, welche einer Zertifizierung zugrunde liegen, gerade die Übereinstimmung eines Verarbeitungsvorgangs mit der DS-GVO bewerten sollen, und das Zertifikat die Übereinstimmung mit der DS-GVO bescheinigt (vgl. auch oben zum Unterschied zwischen Zertifizierung und Verhaltensregel). Verständlich wird die Regelung in Abs. 4, wenn zunächst berücksichtigt wird, dass ein Zertifikat nur eine Momentaufnahme ist und nur für diesen Zeitpunkt die Übereinstimmung feststellt. Ein später Verstoß würde anderenfalls nicht angreifbar sein, wenn die Zertifizierung eine andere Wirkung hätte.

V. Zertifizierung (Abs. 5)

46 Die Kernaussage von Abs. 5 ist, dass eine Zertifizierung nur nach Maßgabe der genehmigten Kriterien erteilt werden darf. Die Einhaltung dieser genehmigten Kriterien muss nach dem transparenten Verfahren zur Zertifizierung geprüft und festgestellt werden (Abs. 5 S. 1 iVm Abs. 3).

47 Aus Abs. 5 S. 1 ergibt sich, dass eine Zertifizierung nur durch eine Zertifizierungsstelle iSv Art. 43 oder die zuständige Aufsichtsbehörde erteilt werden darf. Die zuständige Aufsichtsbehörde ist damit per se Zertifizierungsstelle.

Der Aufsichtsbehörde kommt dadurch die Mehrfachrolle als Aufsichtsbehörde nach Art. 57, **48**
58, Zertifizierungsstelle nach Art. 42 und Akkreditierungsstelle nach Art. 43 zu. Lepperhoff weist
darauf hin, dass hierdurch Potential für Interessenskonflikte besteht, und dass der Düsseldorfer
Kreis die Rollentrennung zwischen Akkreditierung und Zertifizierung gefordert hatte (Düsseldorfer Kreis, Modelle zur Vergabe von Prüfzertifikaten, die im Wege der Selbstregulierung entwickelt und durchgeführt werden, Beschl. v. 25./26.2.2014; Gola/Lepperhoff Rn. 8).

Aus Art. 57 Abs. 1 lit. n–q und Art. 58 Abs. 3 lit. f lässt sich aber ableiten, dass die Zertifizierung **49**
keine Pflichtaufgabe der Aufsichtsbehörde ist (Kühling/Buchner/Bergt Rn. 12). Es besteht also
nicht automatisch auch ein klagbarer Anspruch gegen die zuständige Aufsichtsbehörde, eine
genehmigte Zertifizierung selbst durchzuführen. Es steht im Ermessen der zuständigen Aufsichtsbehörde, ob sie eine Zertifizierung anbietet (Kühling/Buchner/Bergt Rn. 12). Wenn sie sich allerdings eine Aufsichtsbehörde dazu entschieden hat, die Zertifizierung anzubieten, dann hat sie kein
Ermessen mehr, ob sie diese Leistung nur gegenüber dem einen oder nur gegenüber dem anderen
Verantwortlichen bzw. Auftragsverarbeiter erbringt (Kühling/Buchner/Bergt Rn. 12).

Abs. 5 S. 1, S. 2 regeln darüber hinaus, dass für die Genehmigung der Kriterien einer Zertifizierung **50**
die zuständige Aufsichtsbehörde oder der Europäische Datenschutzausschuss zuständig ist.
Ein Ermessen in Bezug auf die Durchführung eines Verfahrens zur Genehmigung von Kriterien
einer Zertifizierung steht diesen beiden Stellen nicht zu. Werden die Kriterien durch den Europäischen Datenschutzausschuss genehmigt, führt dies zum sog. Europäischen Datenschutzsiegel.

Dem Wortlaut ist zu entnehmen, dass es dem Ermessen des Europäischen Datenschutzausschus- **51**
ses obliegt, ob und ggf. in welcher konkreten Ausgestaltung Kriterien für ein Europäisches Datenschutzsiegel genehmigt werden (Paal/Pauly/Paal Rn. 14). Die mögliche Einführung scheint auf
positive Ressonanz zu stoßen (Paal/Pauly/Paal Rn. 14; vgl. etwas Koós/Englisch ZD 2014, 276
(282)).

Während die für den Verantwortlichen bzw. Auftragsverarbeiter zuständige Aufsichtsbehörde **52**
nur anhand der von ihr selbst oder durch den Europäischen Datenschutz genehmigten Kriterien
zertifizieren kann, ist eine Zertifizierungstelle iSv Art. 43 nicht hierauf beschränkt. Gerade im
deutschen föderalen System mit Zuständigkeiten in den jeweiligen Bundesländern könnte sich
das „kleinteilig" auswirken; allerdings haben die deutschen Aufsichtsbehörden gerade in solchen
Konstellationen Augenmaß bewiesen, sodass die Praxis abzuwarten sein wird.

In Bezug auf die Genehmigung von Kriterien ist Abs. 1 S. 2 zu berücksichtigen, wonach den **53**
besonderen Bedürfnissen von Kleinstunternehmen sowie kleinen und mittleren Unternehmen
Rechnung zu tragen ist. Kriterien und Verfahren müssen daher so ausgestaltet sein, dass Zertifizierungen auch von kleinen und mittleren Unternehmen in der Praxis genutzt werden können
(Kühling/Buchner/Bergt Rn. 13; Plath/v. Braunmühl/Wittmann Rn. 8; Gola/Lepperhoff
Rn. 26). Dies schließt aber nicht aus, dass Zertifizierungen entsprechend der Unternehmensgröße
(und der damit möglicherweise einhergehenden Komplexität) skaliert sind.

Bei der Genehmigung der Kriterien und der Festlegung des Verfahrens ist auch zu berücksichti- **54**
gen, dass der Verantwortliche und der Auftragsverarbeiter nur die erforderlichen Informationen
erteilen und nur den erforderlichen Zugang zu den Verarbeitungsvorgängen gewähren muss
(Abs. 6). Es muss also bereits bei der Festlegung der Kriterien und des Verfahrens eine Beschränkung auf das Erforderliche erfolgen.

Voraussetzung für eine Akkreditierung der Zertifizierungsstelle ist nach Art. 43 Abs. 2 lit. b, **55**
dass sie sich verpflichtet, die genehmigten Kriterien nach Art. 42 Abs. 5 einzuhalten.

VI. Pflicht zur Bereitstellung von Informationen und Zugang (Abs. 6)

Generell ist es – auch ohne die Regelung in Abs. 6 – eine Obliegenheit des „Zertifizierungswil- **56**
ligen", alle Informationen zur Verfügung zu stellen und Zugang zu gewähren. Die Konsequenz
der Verweigerung ist das Unterlassen der Zertifizierung.

Abs. 6 verpflichtet den „Zertifizierungswilligen" dazu, Informationen zur Verfügung zu stellen **57**
und Zugang zu gewähren. Damit wird die Steuerung und Beschränkung des Zertifizierungsverfahrens durch den „Zertifizierungswilligen" begrenzt. Von der Vorlage- und Zugangsgewährungspflicht kann er sich nun nur durch die Rücknahme seines Zertifizierungsantrags bzw. -auftrags
befreien. Nicht erfasst sind hingegen Auftragnehmer, welche durch den „Zertifizierungswilligen"
im Rahmen der zu zertifizierenden Verarbeitungsvorgänge eingesetzt werden (vgl. Gola/Lepperhoff Rn. 16). Der Mitwirkung in dem durch Abs. 6 geforderten Maß muss sich der „Zertifizierungswillige" vertraglich sichern.

Indirekt ergibt sich hieraus, dass die Art. 42, 43 nicht zwingend von einer Prüfung vor Ort im **58**
Rahmen der Zertifizierung ausgehen (Gola/Lepperhoff Rn. 15), sondern dies in Abhängigkeit
vom Zertifizierungsgegenstand zu entscheiden ist.

59 Andererseits begrenzt Abs. 6 auch die Pflichten. Denn erfasst sind nur die erforderlichen Informationen und nur der erforderliche Zugang. Das muss objektiv ausgehend von Zertifizierungsgegenstand und den Kriterien sowie gegebenenfalls dem Verfahren und nicht subjektiv durch die Zertifizierungsstelle oder die zertifizierende Aufsichtsbehörde bestimmt werden (ebenso NK-DatenschutzR/Scholz Rn. 41). Gleichwohl ist natürlich auslegungsbedürftig, was erforderlich ist. Unter dem Vorbehalt der Erforderlichkeit steht sowohl das Ob als auch der Umfang der Bereitstellung bzw. des Zugangs. Auch Betriebs- und Geschäftsgeheimnisse sowie vertragliche Geheimhaltungspflichten können der Mitwirkungspflicht Grenzen setzen (vgl. NK-DatenschutzR/Scholz Rn. 41).

60 Der Verstoß gegen die Pflicht nach Abs. 6 ist gem. Art. 83 Abs. 4 lit. a bußgeldbewehrt.

VII. Befristung der Zertifizierung (Abs. 7)

61 Abs. 7 S. 1 regelt die Befristung der Zertifizierung auf 3 Jahre. Ein längere Gültigkeit ist durch Abs. 7 ausgeschlossen; eine kürze Gültigkeit ist jedoch möglich (Kühling/Buchner/Bergt Rn. 21).

62 Über die Gültigkeitsdauer entscheidet die Zertifizierungsstelle nach Art. 43 Abs. 1 (Paal/Pauly/Paal Rn. 17). Eine kürzere Gültigkeitsdauer der Zertifizierung kann insbesondere in Verarbeitungsbereichen in Betracht gezogen werden, in denen bei Erteilung der Zertifizierung relevante Veränderungen in Bezug auf das Verarbeitungsverfahren oder den Verarbeitungsumfang generell oder im konkreten Fall zu erwarten sind (Paal/Pauly/Paal Rn. 17). Der Wortlaut lässt offen, ob die Zertifizierung generell nur für einen kürzeren Zeitraum erteilt wird oder nur im konkreten Zertifizierungsfall der nach der Zertifizierung mögliche Zeitraum von 3 Jahren nicht ausgeschöpft wird. Jedenfalls letzteres sollte nur unter erhöhten Begründungserfordernissen in Betracht kommen.

63 Gleichzeitig wird klargestellt, dass die Zertifizierung verlängert werden kann, wenn die Voraussetzungen für die Erteilung weiterhin erfüllt sind. Das bedeutet, dass sie nach Ablauf dieser Frist endet, ohne dass es eines weiteren Aktes bedarf (vgl. nachfolgend zu Abs. 7 S. 2), wenn der Verantwortliche oder der Auftragsverarbeiter nicht rechtzeitig die erneute Zertifizierung beantragen. Die Formulierung „unter denselben Bedingungen" in Abs. 7 S. 1 erfordert nicht eine Vollprüfung für die Verlängerung (so Gola/Lepperhoff Rn. 18), sondern fordert lediglich die Einhaltung der für die Zertifizierung erforderlichen Rahmenbedingungen.

64 S. 2 des Abs. 7 regelt demnach Konstellationen des Wegfalls der Voraussetzungen der Zertifizierung während der dreijährigen Gültigkeit der Zertifizierung (Albrecht/Jotzo Das neue DatenschutzR Teil 5 Rn. 30; vgl. Roßnagel ZD 2016, 407 (409)).

65 Wenngleich in der deutschen Textfassung der Begriff Widerruf verwendet wird, ist dieser nicht iSd Terminologie des Verwaltungsverfahrensgesetzes (VwVfG) zu verstehen (ebenso NK-DatenschutzR/Scholz Rn. 45). Dementsprechend handelt es sich auch weder um eine Rechtsgrund- noch um eine Rechtsfolgenverweisung auf die Regelung des VwVfG.

66 Die Voraussetzungen für einen Widerruf der Zertifizierung sind in Abs. 7 S. 2 abschließend genannt: Die Voraussetzungen für die Zertifizierung lagen zu keinem Zeitpunkt vor („nicht (…) erfüllt"), aber die Zertifizierung erfolgte gleichwohl (Abs. 7 S. 2 Alt. 1). Die Voraussetzungen der Zertifizierung lagen im Zeitpunkt der Zertifizierung vor, sind aber danach entfallen („nicht mehr erfüllt"; Abs. 7 S. 2 Alt. 2).

67 In Bezug auf die Entscheidung über den Widerruf besteht kein Ermessen („wird"); er hat zu erfolgen, wenn die Voraussetzungen nicht gegeben sind. Daran ändert auch die Formulierung „gegebenenfalls" in der deutschen Textfassung nichts. Denn diese bringt nur zum Ausdruck, dass diese Regelung greift, wenn sie anwendbar ist (englische Textfassung: „where applicable").

68 Dass die Zertifizierungstelle und die zuständige Aufsichtsbehörde die jeweils durch sie selbst erfolgte Zertifizierung widerrufen können, liegt nach dem Wortlaut auf der Hand. Unklar ist nach dem Wortlaut jedoch, ob die zuständige Aufsichtsbehörde eine durch die Zertifizierungsstelle erteilte Zertifizierung widerrufen kann (so scheinbar Albrecht/Jotzo Das neue DatenschutzR Teil 5 Rn. 30 unter Berufung auf die Befugnisse der Aufsichtsbehörden nach Art. 58 Abs. lit. h) und umgekehrt. Art. 58 lit. h, wonach die Aufsichtsbehörde die Zertifizierungsstelle anweisen kann, eine erteilte Zertifizierung zu widerrufen, spricht dafür, dass die Aufsichtsbehörde diesen Weg gehen muss und nicht schlicht eine durch die Zertifizierungsstelle erteilte Zertifizierung selbst widerrufen kann (ebenso NK-DatenschutzR/Scholz Rn. 44). Scholz nimmt ein „Selbsteintrittsrecht" (Durchgriff auf die Zertifizierung) an, wenn die Weisung nicht durchsetzbar ist (NK-DatenschutzR/Scholz Rn. 44). Hierfür findet sich jedoch im Gesetz keine Stütze. Zu beachten ist dabei auch, dass eine Zertifizierung durch eine Zertifizierungsstelle auch im Übrigen keine „Sperrwirkung" hat, wie sich aus Art. 42, 43 und 83 ergibt. Das Kurzpapier 9 „Zertifizierung

nach Art. 42 DS-GVO" der unabhängigen Datenschutzbehörden des Bundes und der Länder (Datenschutzkonferenz – DSK) vom 17.12.2018 klärt diese Frage nicht (https://www.datenschutzkonferenz-online.de/media/kp/dsk_kpnr_9.pdf (zuletzt abgerufen: 14.8.2020)).

Mit der Berichtigung durch Abl. L 127 vom 23.5.2018 wurden die Formulierungen „einschlägigen Kriterien weiterhin" und „wenn die Kriterien für" anstatt der Formulierungen „einschlägigen Voraussetzungen weiterhin" und „wenn die Voraussetzungen für" eingefügt. **69**

VIII. Veröffentlichung der Zertifizierungsverfahren (Abs. 8)

Der Europäische Datenschutzausschuss nimmt alle Zertifizierungsverfahren, Datenschutzsiegel **70** und -prüfzeichen in ein Register auf und veröffentlicht diese in geeigneter Weise. Die Regelung erfasst die durch Zertifizierungsstellen und Aufsichtsbehörden angebotenen Zertifizierungsverfahren, nicht aber die Ergebnisse durchgeführter Zertifizierungen.

Artikel 43 Zertifizierungsstellen

(1) ¹Unbeschadet der Aufgaben und Befugnisse der zuständigen Aufsichtsbehörde gemäß den Artikeln 57 und 58 erteilen oder verlängern Zertifizierungsstellen, die über das geeignete Fachwissen hinsichtlich des Datenschutzes verfügen, nach Unterrichtung der Aufsichtsbehörde – damit diese erforderlichenfalls von ihren Befugnissen gemäß Artikel 58 Absatz 2 Buchstabe h Gebrauch machen kann – die Zertifizierung. ²Die Mitgliedstaaten stellen sicher, dass diese Zertifizierungsstellen von einer oder beiden der folgenden Stellen akkreditiert werden:
a) der gemäß Artikel 55 oder 56 zuständigen Aufsichtsbehörde;
b) der nationalen Akkreditierungsstelle, die gemäß der Verordnung (EG) Nr. 765/2008 des Europäischen Parlaments und des Rates im Einklang mit EN-ISO/IEC 17065/2012 und mit den zusätzlichen von der gemäß Artikel 55 oder 56 zuständigen Aufsichtsbehörde festgelegten Anforderungen benannt wurde.

(2) Zertifizierungsstellen nach Absatz 1 dürfen nur dann gemäß dem genannten Absatz akkreditiert werden, wenn sie
a) ihre Unabhängigkeit und ihr Fachwissen hinsichtlich des Gegenstands der Zertifizierung zur Zufriedenheit der zuständigen Aufsichtsbehörde nachgewiesen haben;
b) sich verpflichtet haben, die Kriterien nach Artikel 42 Absatz 5, die von der gemäß Artikel 55 oder 56 zuständigen Aufsichtsbehörde oder – gemäß Artikel 63 – von dem Ausschuss genehmigt wurden, einzuhalten;
c) Verfahren für die Erteilung, die regelmäßige Überprüfung und den Widerruf der Datenschutzzertifizierung sowie der Datenschutzsiegel und -prüfzeichen festgelegt haben;
d) Verfahren und Strukturen festgelegt haben, mit denen sie Beschwerden über Verletzungen der Zertifizierung oder die Art und Weise, in der die Zertifizierung von dem Verantwortlichen oder dem Auftragsverarbeiter umgesetzt wird oder wurde, nachgehen und diese Verfahren und Strukturen für betroffene Personen und die Öffentlichkeit transparent machen, und
e) zur Zufriedenheit der zuständigen Aufsichtsbehörde nachgewiesen haben, dass ihre Aufgaben und Pflichten nicht zu einem Interessenkonflikt führen.

(3) ¹Die Akkreditierung von Zertifizierungsstellen nach den Absätzen 1 und 2 erfolgt anhand der Anforderungen, die von der gemäß Artikel 55 oder 56 zuständigen Aufsichtsbehörde oder – gemäß Artikel 63 – von dem Ausschuss genehmigt wurden. ²Im Fall einer Akkreditierung nach Absatz 1 Buchstabe b des vorliegenden Artikels ergänzen diese Anforderungen diejenigen, die in der Verordnung (EG) Nr. 765/2008 und in den technischen Vorschriften, in denen die Methoden und Verfahren der Zertifizierungsstellen beschrieben werden, vorgesehen sind.

(4) ¹Die Zertifizierungsstellen nach Absatz 1 sind unbeschadet der Verantwortung, die der Verantwortliche oder der Auftragsverarbeiter für die Einhaltung dieser Verordnung hat, für die angemessene Bewertung, die der Zertifizierung oder dem Widerruf einer Zertifizierung zugrunde liegt, verantwortlich. ²Die Akkreditierung wird für eine Höchstdauer von fünf Jahren erteilt und kann unter denselben Bedingungen verlängert werden, sofern die Zertifizierungsstelle die Anforderungen dieses Artikels erfüllt.

(5) Die Zertifizierungsstellen nach Absatz 1 teilen den zuständigen Aufsichtsbehörden die Gründe für die Erteilung oder den Widerruf der beantragten Zertifizierung mit.

(6) ¹Die Anforderungen nach Absatz 3 des vorliegenden Artikels und die Kriterien nach Artikel 42 Absatz 5 werden von der Aufsichtsbehörde in leicht zugänglicher Form veröffentlicht. ²Die Aufsichtsbehörden übermitteln diese Anforderungen und Kriterien auch dem Ausschuss.

(7) Unbeschadet des Kapitels VIII widerruft die zuständige Aufsichtsbehörde oder die nationale Akkreditierungsstelle die Akkreditierung einer Zertifizierungsstelle nach Absatz 1, wenn die Voraussetzungen für die Akkreditierung nicht oder nicht mehr erfüllt sind oder wenn eine Zertifizierungsstelle Maßnahmen ergreift, die nicht mit dieser Verordnung vereinbar sind.

(8) Der Kommission wird die Befugnis übertragen, gemäß Artikel 92 delegierte Rechtsakte zu erlassen, um die Anforderungen festzulegen, die für die in Artikel 42 Absatz 1 genannten datenschutzspezifischen Zertifizierungsverfahren zu berücksichtigen sind.

(9) ¹Die Kommission kann Durchführungsrechtsakte erlassen, mit denen technische Standards für Zertifizierungsverfahren und Datenschutzsiegel und -prüfzeichen sowie Mechanismen zur Förderung und Anerkennung dieser Zertifizierungsverfahren und Datenschutzsiegel und -prüfzeichen festgelegt werden. ²Diese Durchführungsrechtsakte werden gemäß dem in Artikel 93 Absatz 2 genannten Prüfverfahren erlassen.

Überblick

Die Vorschrift enthält Regelungen zu Zertifizierungsstellen.

Übersicht

	Rn.		Rn.
A. Allgemeines	1	IV. Verantwortung der Akkreditierungsstelle und Befristung der Akkreditierung (Abs. 4)	26
B. Regelungsgehalt	3	V. Mitteilung über Erteilung und Widerruf von Zertifizierungen (Abs. 5)	28
I. Tätigkeit und Akkreditierungspflicht (Abs. 1)	6		
1. Tätigkeit der Zertifizierungsstelle (Abs. 1 S. 1)	8	VI. Transparenz der Kriterien der Zertifizierung und der Akkreditierung (Abs. 6)	30
2. Akkreditierungspflicht (Abs. 1 S. 2)	13	VII. Widerruf der Akkreditierung der Zertifizierungsstelle (Abs. 7)	34
II. Anforderungskatalog der Akkreditierung (Abs. 2)	16	VIII. Delegierte Rechtsakte (Abs. 8)	39
III. Akkreditierung (Abs. 3)	21	IX. Durchführungsrechtsakte (Abs. 9)	40

A. Allgemeines

1 Art. 42, 43 bilden eine Einheit zur Regelung des Zertifizierungsverfahrens. Während Art. 42 primär die Erteilung der Zertifizierung regelt, regelt Art. 43 primär die Anforderungen an die Zertifizierungsstelle. Eine isolierte Betrachtung des einen oder anderen Artikels verbietet sich jedoch, da sie nur in ihrer Gesamtheit verständlich sind. Beispielsweise enthält Art. 43 Abs. 6 sowohl Vorgaben für den Gegenstand des Art. 43 als auch des Art. 42.

2 Es wird auf die Ausführungen zu Sinn und Zweck, Verhältnis zum BDSG, Sanktionierung und Entstehungsgeschichte bei Art. 42 Bezug genommen.

B. Regelungsgehalt

3 Abs. 1 legt die Aufgabe der Zertifizierungsstelle in Form der Zertifizierung nach Art. 42 fest. Abs. 2, 3, 4 S. 2, 6 und 7 befassen sich mit der Akkreditierung von Zertifizierungsstellen. Abs. 4 S. 1 und Abs. 5 sowie in gewisser Weise auch Abs. 1 befassen sich mit der Tätigkeit der Zertifizierungsstelle.

4 Für das Verständnis des Art. 43 ist wichtig, dass Zertifizierungen durch die zuständige Aufsichtsbehörde und Zertifizierungsstellen erfolgen dürfen. Welche Anforderungen an Zertifizierungsstellen zu stellen sind, regelt Art. 43.

Der zuständigen Aufsichtsbehörde können iRd Art. 42, 43 zwei Funktionen zukommen: 5
Durchführung von Zertifizierungen nach Art. 42 und Akkreditierung von Zertifizierungsstellen
nach Art. 43.

I. Tätigkeit und Akkreditierungspflicht (Abs. 1)

In Abs. 1 sind zwei Regelungen enthalten, die im Interesse der Transparenz besser auf zwei 6
Absätze verteilt worden wären: die grundlegende Tätigkeit der Zertifizierungsstelle (Abs. 1 S. 1)
und die Akkreditierung als Voraussetzung für diese Tätigkeit (Abs. 1 S. 2).

Abs. 1 regelt einleitend, dass die Befugnisse der Aufsichtsbehörden nach Art. 57, 58 durch eine 7
Zertifizierung nach Art. 42, 43 grundsätzlich nicht eingeschränkt sind. Gleichwohl ergibt sich eine
Bindungswirkung der Aufsichtsbehörde, wenn die von ihr genehmigten Kriterien nachweislich
eingehalten worden sind.

1. Tätigkeit der Zertifizierungsstelle (Abs. 1 S. 1)

Dem Wortlaut nach stellt Abs. 1 S. 1 klar, dass die Zertifizierungsstelle die Zertifizierung erteilt. 8
Diese Kompetenz ergibt sich bereits aus Art. 42, sodass dies nicht die wichtigste Aussage des Abs. 1
S. 1 ist. Abs. 1 S. 1 konstatiert zwei Grundanforderungen – eine in Bezug auf die Zertifizierungsstelle und eine in Bezug auf das Verfahren.

a) Zertifizierungsstelle. Grundvoraussetzung für die Tätigkeit als Zertifizierungsstelle ist nach 9
Abs. 1 S. 1, dass diese „über das geeignete Fachwissen hinsichtlich des Datenschutzes verfügt".
Aus dem Gesamtkontext ergibt sich, dass damit über die allgemeine Kompetenz im Datenschutz
hinaus die Kompetenz für die konkrete Zertifizierung erforderlich ist (vgl. auch Abs. 2 lit. 2).

b) Zertifizierungsverfahren. Daneben legt Abs. 1 S. 1 in Bezug auf das Verfahren fest, dass 10
eine Zertifizierung durch die Zertifizierungsstelle erst nach Unterrichtung der Aufsichtsbehörde
erfolgen darf.

Ausweislich der Regelung dient diese Unterrichtung nicht nur der reinen Information sondern 11
dazu, der Aufsichtsbehörde ein Tätigwerden nach Art. 58 Abs. 2 lit. h zu ermöglichen. Art. 58
Abs. 2 lit. h gestattet der Aufsichtsbehörde, „eine Zertifizierung zu widerrufen oder die Zertifizierungsstelle anzuweisen, eine gem. den Art. 42 und 43 erteilte Zertifizierung zu widerrufen, oder
die Zertifizierungsstelle anzuweisen, keine Zertifizierung zu erteilen, wenn die Voraussetzungen
für die Zertifizierung nicht oder nicht mehr erfüllt werden". Daraus ergibt sich auch, dass die
Unterrichtung so rechtzeitig vor der Erteilung der Zertifizierung erfolgen muss, dass die Aufsichtsbehörde ihre Befugnisse noch wahrnehmen darf. In der Praxis liegt nahe, dass entweder im
Verfahren oder durch eine transparent zu machende Klärung mit der Aufsichtsbehörde ein Zeitraum festgelegt wird.

Während die Regelung über die Zertifizierung in Art. 42 von der „zuständigen Aufsichtsbe- 12
hörde" spricht, geschieht dies in Art. 43 Abs. 1 S. 1 nicht. Der Kontext zu Art. 42 sowie der Sinn
und Zweck dieser Regelung legen nahe, dass die Unterrichtung an die für den zu Zertifizierenden
zuständige Aufsichtsbehörde erfolgen muss.

2. Akkreditierungspflicht (Abs. 1 S. 2)

Aus Abs. 1 S. 2 ergibt sich, dass eine Akkreditierung der Zertifizierungsstelle erforderlich ist 13
und durch wen diese vorgenommen werden kann.

Dem nationalen Gesetzgeber ist es nach Abs. 1 S. 2 frei gestellt, ob er beide Akkreditierungsstel- 14
len vorschreibt. Er muss jedenfalls eine der beiden genannten vorschreiben.

Die Aufgaben einer nationalen Akkreditierungsstelle gem. der Verordnung (EG) Nr. 765/2008 15
werden in Deutschland von der „Deutschen Akkreditierungsstelle (DAkkS)" übernommen (Gola/
Lepperhoff Rn. 5).

II. Anforderungskatalog der Akkreditierung (Abs. 2)

Die Anforderungen, die als Voraussetzung für eine Akkreditierung an die Zertifizierungsstelle 16
zu stellen sind, ergeben sich aus Abs. 2. Es handelt sich dabei um eine abschließende Benennung
der Kriterien (aA: Ehmann/Selmayr/Will Art. 42 Rn. 5, der von „Mindestanforderungen" ausgeht. Unklar: Paal/Pauly/Paal Rn. 8 („Abs. 2 führt die Voraussetzungen auf, die eine Stelle zwingend vorweisen muss, um zum Zwecke der Überwachung der Einhaltung von Verhaltensregeln
akkreditiert werden zu können.")).

17 Dem Wortlaut ist nicht zu entnehmen, dass es sich nur um Mindestanforderungen handeln soll, welche durch die Akkreditierungsstelle erweitert werden könnten. Auch Abs. 3 nimmt diesen Anforderungskatalog in Bezug, ohne Erweiterungen zuzulassen. Selbstredend sind auch keine Abstriche von den Anforderungen möglich.

18 Anforderungen sind einerseits organisatorische, welche die Zertifizierungsstelle zu schaffen hat (Abs. 2 lit. b, c und d), und andererseits „persönliche", welche in Bezug auf die Zertifizierungsstelle gegeben sein müssen (Abs. 2 lit. a und e).

19 Der Wortlaut des Abs. 2 („zur Zufriedenheit") spricht dafür, dass ein Beurteilungsspielraum (nur) in Bezug auf die „persönlichen" Anforderungen (Abs. 2 lit. a und e) zusteht. Das bedeutet aber nicht, dass in Bezug auf die organisatorischen Kriterien irgendetwas genügt, sondern nur, dass die Anforderungen durch die Akkreditierungsstelle in Bezug auf diese Voraussetzungen voll überprüfbar sind.

20 Dem Wortlaut der Regelung nach muss dies zur Zufriedenheit „der zuständigen Aufsichtsbehörde" nachgewiesen sein. Ein Nachweis gegenüber der weiteren, in Abs. 1 S. 2 vorgesehenen Akkreditierungsstelle würde demnach nicht genügen. Das würde eine Aufteilung des Akkreditierungsverfahrens bedeuten. Falls der nationale Gesetzgeber von seiner Möglichkeit nach Abs. 1 S. 2 Gebrauch gemacht hat, die zuständige Aufsichtsbehörde nicht zur Akkreditierungsstelle zu machen, so würde dies dennoch deren Einbindung nach Abs. 2 erzwingen. Es ist daher nahe liegend, die Akkreditierungsstelle in Abs. 2 in Bezug zu nehmen, wie sie nach Abs. 1 S. 2 festgelegt ist.

III. Akkreditierung (Abs. 3)

21 Die Akkreditierung wird durch die in Abs. 1 S. 2 geregelte Akkreditierungsstelle nach Kriterien vorgenommen, deren Festlegung Abs. 3 regelt. Mit der Berichtigung durch Abl. L 127 vom 23.5.2018 wurde die Formulierung „anhand der Anforderungen, die" anstatt der Formulierung „anhand der Kriterien, die" eingefügt. Die deutschen Datenschutzaufsichtsbehörden sprechen im Kurzpapier 9 (dort S. 2) „Zertifizierung nach Art. 42 DS-GVO" der unabhängigen Datenschutzbehörden des Bundes und der Länder (Datenschutzkonferenz – DSK) vom 17.12.2018 klärt die Frage nicht (https://www.datenschutzkonferenz-online.de/media/kp/dsk_kpnr_9.pdf (zuletzt abgerufen: 17.10.2021)) an, dass eine einvernehmliche Entscheidung der Akkreditierungsstelle (siehe § 39 BDSG) und der Aufsichtsbehörden in einem eigens dafür eingerichteten Ausschuss Voraussetzung für die Akkreditierung einer Zertifizierungsstelle sei sowie erst danach und nach der Erteilung der Befugnis durch die zuständige Aufsichtsbehörde, die Zertifizierungsstelle tätig werden könne.

22 Aus Abs. 3 ergibt sich, dass die – von der Akkreditierungsstelle anzuwendenden – Kriterien von der gem. Art. 55 oder 56 zuständigen Aufsichtsbehörde oder – gem. Art. 63 – von dem Europäischen Datenschutzausschuss genehmigt worden sein müssen. Die unabhängigen Datenschutzbehörden des Bundes und der Länder (Datenschutzkonferenz – DSK) haben mit Stand vom 28.8.2020 in der Version 1.0 „Anforderungen zur Akkreditierung gemäß Art. 43 Abs. 3 DS-GVO iVm DIN EN ISO/IEC 17065" veröffentlicht, weisen aber darauf hin, dass es sich um eine vorläufige Fassung handle, da die Stellungnahme des Europäischen Datenschutzausschusses (vgl. Art. 64 Abs. 1 lit. c DS-GVO) noch ausstehe (https://www.ldi.nrw.de/mainmenu_Aktuelles/ Inhalt/Anforderungen-zur-Akkreditierung-gemaess-Art_-43-Abs_-3-Datenschutz-Grundverordnung/DIN17065-Ergaenzungen-full-V10_20180828-final_V3_DSK.pdf (zuletzt abgefragt: 17.10.2021)).

23 Die Kriterien, die aufgestellt werden dürfen, sind aber nicht frei wählbar, sondern ergeben sich aus dem durch Abs. 2 gesteckten Rahmen.

24 Wird die Akkreditierung durch eine nationale Akkreditierungsstelle iSv Abs. 1 S. 2 lit. b wahrgenommen, gelten die Kriterien nach Abs. 3 S. 1 neben den Kriterien, die in der Verordnung (EG) Nr. 765/2008 und in den technischen Vorschriften, in denen die Methoden und Verfahren der Zertifizierungsstellen beschrieben werden, vorgesehen sind.

25 Aus Abs. 3 ergibt sich ein Anspruch einer Zertifizierungsstelle auf Akkreditierung, wenn sie die Voraussetzungen hierfür erfüllt und die entsprechenden Nachweise erbringt (Kühling/Buchner/Bergt Rn. 13).

IV. Verantwortung der Akkreditierungsstelle und Befristung der Akkreditierung (Abs. 4)

26 Abs. 4 S. 1 enthält zwei Klarstellungen in Bezug auf die Verantwortung der Zertifizierungsstelle: Die Zertifizierungsstelle ist für die angemessene Bewertung der Voraussetzungen der Erteilung und des Widerrufs einer Zertifizierung verantwortlich. Indirekt ist damit aber auch klargestellt,

dass die Zertifizierungsstelle nicht für die Einhaltung der Vorgaben der DS-GVO – auch nicht derjenigen, auf die sich die Zertifizierung bezieht – verantwortlich ist. Die Bezugnahme auf die Angemessenheit trägt dem Umstand in der Praxis Rechnung, dass bei solchen Bewertungen ein gewisser Spielraum bestehen muss.

Die Akkreditierung ist auf fünf Jahre befristet und kann verlängert werden (Abs. 4 S. 2). 27

V. Mitteilung über Erteilung und Widerruf von Zertifizierungen (Abs. 5)

Zur Sicherstellung der Aufsichtsfunktion der Aufsichtsbehörden sieht Abs. 5 die Verpflichtung 28 der Zertifizierungsstelle vor, die Gründe für die Erteilung und den Widerruf einer Zertifizierung der zuständigen Aufsichtsbehörde (und nicht der Akkreditierungsstelle, vgl. Abs. 1 S. 2) mitzuteilen.

Für die Zertifizierungsstelle ergibt sich damit im Zusammenspiel mit Abs. 1 S. 1 eine mehrstufige Mitteilungspflicht: 29
- vor Erteilung einer Zertifizierung (Abs. 1 S. 1): Unterrichtung der Aufsichtsbehörde, damit die Aufsichtsbehörde erforderlichenfalls von den Befugnissen nach Art. 58 Abs. 2 lit. h Gebrauch machen kann
- nach Erteilung der Zertifizierung (Abs. 5): Mitteilung der Gründe für die Erteilung an die Aufsichtsbehörde
- nach Widerruf einer Zertifizierung (Abs. 5): Mitteilung der Gründe für den Widerruf an die Aufsichtsbehörde

VI. Transparenz der Kriterien der Zertifizierung und der Akkreditierung (Abs. 6)

Die Aufsichtsbehörden sind nach Abs. 6 S. 1 verpflichtet, sowohl die Kriterien zur Erteilung 30 einer Zertifizierung durch eine Zertifizierungsstelle (Art. 42 Abs. 5) als auch die Kriterien zur Akkreditierung einer Zertifizierungsstelle durch eine Akkreditierungsstelle (Abs. 3) zu veröffentlichen. Abs. 6 S. 1 legt als Anforderungen an die Art der Veröffentlichung den Maßstab der leichten Zugänglichkeit fest.

Nach Abs. 6 S. 2 haben die Aufsichtsbehörden die vorgenannten Kriterien auch dem Europäischen Datenschutzausschuss zu übermitteln. 31

Der Europäische Datenschutzausschuss hat nach Abs. 6 S. 3 alle Zertifizierungsverfahren und 32 Datenschutzsiegel in ein Register aufzunehmen und sie in geeigneter Weise zu veröffentlichen. Nicht erfasst von dieser Pflicht sind die in Abs. 6 S. 1 angesprochenen und ihm nach Abs. 6 S. 2 übermittelten Kriterien.

Mit der Berichtigung durch Abl. L 127 vom 23.5.2018 wurde der S. 3 des Abs. 6 („Der 33 Ausschuss nimmt alle Zertifizierungsverfahren und Datenschutzsiegel in ein Register auf und veröffentlicht sie in geeigneter Weise.") gestrichen. Der Gesetzgeber hat damit den bereits in der vorgehenden Kommentierung als gesetzgeberischen Versehen bezeichneten Fehler korrigiert.

VII. Widerruf der Akkreditierung der Zertifizierungsstelle (Abs. 7)

Abs. 7 regelt (analog zu Art. 42 Abs. 7 S. 2) Konstellationen des Wegfalls der Voraussetzungen 34 der Akkreditierung während der dreijährigen Gültigkeit der Zertifizierung. Den Fall der nicht fortgesetzten Aufrechterteilung nach Ablauf der befristeten Akkreditierung regelt Abs. 4 S. 2.

Wenngleich in der deutschen Textfassung der Begriff „Widerruf" verwendet wird, ist dieser 35 nicht im Sinne der Terminologie des Verwaltungsverfahrensgesetzes (VwVfG) zu verstehen. Dementsprechend handelt es sich auch weder um eine Rechtsgrund- noch um eine Rechtsfolgenverweisung auf die Regelung des VwVfG.

Die Voraussetzungen für einen Widerruf der Akkreditierung einer Zertifizierung sind in Abs. 7 36 abschließend genannt: Die Voraussetzungen für die Akkreditierung lagen zu keinem Zeitpunkt vor („nicht (…) erfüllt"), aber die Akkreditierung erfolgte gleichwohl (Abs. 7 Hs. 1 Alt. 1). Die Voraussetzungen der Akkreditierung lagen im Zeitpunkt der Akkreditierung vor, sind aber danach entfallen („nicht mehr erfüllt") (Abs. 7 Hs. 1 Alt. 2). Die Zertifizierungsstelle ergreift Maßnahmen, die nicht mit der DS-GVO vereinbar sind (Abs. 7 Hs. 2).

In Bezug auf die Entscheidung über den Widerruf besteht kein Ermessen („widerruft"); er hat 37 zu erfolgen, wenn die Voraussetzungen nicht gegeben sind.

Dass die Akkreditierungsstelle nach Abs. 1 S. 2 lit. b und die zuständige Aufsichtsbehörde die 38 jeweils durch sie selbst erfolgte Akkreditierung widerrufen können, liegt nach dem Wortlaut auf der Hand. Unklar ist nach dem Wortlaut jedoch, ob die Akkreditierungsstelle eine durch die zuständige Aufsichtsbehörde erteilte Zertifizierung widerrufen kann und umgekehrt.

VIII. Delegierte Rechtsakte (Abs. 8)

39 Die EU-Kommission hat durch Abs. 8 die Befugnis mittels sog. delegierter Rechtsakte nach Art. 92 die Anforderungen, die für die in Art. 42 Abs. 1 genannten datenschutzspezifischen Zertifizierungsverfahren zu berücksichtigen sind, festzulegen. Durch die Bezugnahme auf Abs. 1 des Art. 42 ist die Befugnis inhaltlich auf die allgemeine Förderpflicht nach Art. 42 Abs. 1 beschränkt und umfasst nicht die Ausgestaltung der Zertifizierung und der Akkreditierung.

IX. Durchführungsrechtsakte (Abs. 9)

40 Abs. 9 ermächtigt die EU-Kommission dazu, sog. Durchführungsrechtsakte zu erlassen. Inhaltlich beziehen sich diese auf technische Standards für Zertifizierungsverfahren und Datenschutzsiegel und -prüfzeichen sowie auf Mechanismen zur Förderung und Anerkennung dieser Zertifizierungsverfahren und Datenschutzsiegel und -prüfzeichen. Diese Durchführungsrechtsakte sind gem. dem in Art. 93 Abs. 2 genannten Prüfverfahren zu erlassen.

Kapitel V. Übermittlungen personenbezogener Daten an Drittländer oder an internationale Organisationen

Artikel 44 Allgemeine Grundsätze der Datenübermittlung

¹Jedwede Übermittlung personenbezogener Daten, die bereits verarbeitet werden oder nach ihrer Übermittlung an ein Drittland oder eine internationale Organisation verarbeitet werden sollen, ist nur zulässig, wenn der Verantwortliche und der Auftragsverarbeiter die in diesem Kapitel niedergelegten Bedingungen einhalten und auch die sonstigen Bestimmungen dieser Verordnung eingehalten werden; dies gilt auch für die etwaige Weiterübermittlung personenbezogener Daten aus dem betreffenden Drittland oder der betreffenden internationalen Organisation an ein anderes Drittland oder eine andere internationale Organisation. ²Alle Bestimmungen dieses Kapitels sind anzuwenden, um sicherzustellen, dass das durch diese Verordnung gewährleistete Schutzniveau für natürliche Personen nicht untergraben wird.

Überblick

Mit Art. 44 beginnt das fünfte Kapitel der Datenschutz-Grundverordnung, welches Regelungen zur Übermittlung personenbezogener Daten aus der EU bzw. dem EWR (→ Rn. 24) in Drittländer oder an internationale Organisationen trifft, die sich sowohl an Verantwortliche als auch an Auftragsverarbeiter richten. Art. 44 enthält drei Regelungselemente. In S. 1 Fall 1 werden die Voraussetzungen der Zulässigkeit einer Übermittlung (→ Rn. 14 ff.) an ein Drittland (→ Rn. 23 ff.) bzw. an eine internationale Organisationen (→ Rn. 27) definiert. Danach müssen zusätzlich zu den sonstigen Bestimmungen der Verordnung (→ Rn. 47 f.) auch die besonderen Bedingungen des Kap. V eingehalten werden (→ Rn. 39 ff.). In S. 1 Fall 2 wird geregelt, dass diese Voraussetzungen auch für etwaige Weiterübermittlungen (→ Rn. 17 ff.) gelten. S. 2 gibt eine allgemeine Auslegungsregel für die Vorschriften des Kap. V vor (→ Rn. 45).

Wenn auch mit Kap. V die Durchsetzung eines effektiven Datenschutzrechts im internationalen Rechtsverkehr erheblich gestärkt wurde (→ Rn. 11), hat diese nach wie vor Grenzen (→ Rn. 4 ff.). Darüber hinaus gibt es trotz des im Vergleich zur Datenschutz-RL wesentlich höheren Detaillierungsgrads der Regelungen weiterhin Klärungsbedarf zB bezüglich der Auslegung des Begriffs der Datenübermittlung (→ Rn. 14 ff.) und bezüglich des Verhältnisses von Kap. V zu Art. 3 (→ Rn. 34 ff.).

Übersicht

	Rn.		Rn.
A. Allgemeines	1	3. Internationale Organisation	27
I. Bedeutung und Zweck	1	IV. Ausnahmen	28
II. Effektive Rechtsdurchsetzung	3	1. Spezialvorschriften	29
III. Systematik	7	2. Haushaltsprivileg	30
IV. Entstehungsgeschichte	10	3. Internationale Verträge	31
V. Weitere Vorschriften	12	**C. Räumlicher Anwendungsbereich**	33
B. Sachlicher Anwendungsbereich	13	I. Abschließende Regelung des Art. 3	33
I. Datenübermittlung	14	II. Verhältnis zwischen Kap. V und Art. 3	34
II. Weiterübermittlung	17	**D. Voraussetzungen für die Datenübermittlung**	38
III. Drittland oder internationale Organisation	20	I. Bedingungen des Kap. V	39
1. Empfänger	21	II. Auslegungsregel des S. 2	45
2. Drittland	23	III. Einhaltung der sonstigen Bestimmungen der DS-GVO	47

DS-GVO Artikel 44   Kapitel V. Übermittlung personenbezogener Daten an Drittländer

A. Allgemeines

I. Bedeutung und Zweck

1   Der ständige Austausch von Daten ist heute aus unserer Gesellschaft nicht mehr wegzudenken (Erwägungsgrund 101 S. 1). Neben der globalen Vernetzung von Handels- und Geschäftspartnern, der Tendenz von Unternehmen zur Auslagerung von IT-Dienstleistungen oder ganzen Geschäftsprozessen (sog. Outsourcing) und der Förderung der internationalen Zusammenarbeit spielt auch Cloud-Computing eine zunehmende Rolle und zwar nicht nur für Unternehmen, sondern auch in anderen Lebensbereichen wie Vereinen und Schulen. Die **Relevanz des Kap. V** nimmt daher in der Praxis weiterhin zu.

2   Mit Art. 44 beginnt das fünfte Kap. der Datenschutz-Grundverordnung, welches Regelungen zur Übermittlung personenbezogener Daten aus der EU bzw. dem EWR (→ Rn. 24) in Drittländer (→ Rn. 23 ff.) oder an internationale Organisationen (→ Rn. 27) trifft, die sich sowohl an Verantwortliche (Art. 4 Nr. 7) als auch – anders als noch unter der Datenschutz-RL – an Auftragsverarbeiter (Art. 4 Nr. 8) richten. Sie sind ein Versuch des EU-Gesetzgebers, das **hohe Datenschutzniveau über die Unionsgrenzen hinaus aufrechtzuerhalten** (Erwägungsgründe 6 und 101). Dies ist kein leichtes Unterfangen. Denn wenn auch das Grundrecht auf informationelle Selbstbestimmung untrennbar mit einer Person verbunden ist, sind es die personenbezogenen Daten nicht. Damit unterscheidet sich dieses Grundrecht von anderen Grundrechten, wie etwa der Handlungsfreiheit oder körperlichen Unversehrtheit, die nicht von der Person losgelöst werden können (Albrecht, https://www.janalbrecht.eu/2018/02/2018-01-16-strenge-regeln-fuer-datentransfers-in-drittstaaten/#header). Der Aufenthaltsort von Daten kann sich jederzeit ändern. Daten können sogar an mehreren Orten gleichzeitig sein. Umso schwieriger ist es, diese bzw. die Person hinter den Daten zu schützen. Zugleich soll eine unangemessene Beeinträchtigung des internationalen Datenverkehrs vermieden werden, um die Wettbewerbsfähigkeit der EU-Unternehmen aufrechterhalten und die Allgemeinheit an den Vorzügen der Digitalisierung teilhaben lassen zu können.

II. Effektive Rechtsdurchsetzung

3   Zur Aufrechterhaltung des Datenschutzniveaus gehört eine effektive Rechtsdurchsetzung. Eine solche verspricht ua **Art. 83 Abs. 5 lit. c,** der einen Verstoß gegen Art. 44–49 mit einem Bußgeld bewehrt. Sofern die Datenübermittlung von einem Verantwortlichen oder Auftragsverarbeiter in der EU/im EWR (→ Rn. 24) veranlasst wird, kann die zuständige Aufsichtsbehörde neben der Ausübung der gängigen Befugnisse nach Art. 58 außerdem die Aussetzung der Übermittlung gem. **Art. 58 Abs. 2 lit. j** anordnen, bis der rechtmäßige Zustand hergestellt ist, so dass das Risiko weiterer Datenschutzverstöße durch den Empfänger (→ Rn. 21) eingedämmt wird. Darüber hinaus eröffnet **Art. 82** der betroffenen Person die Geltendmachung von Schadensersatzansprüchen.

4   Die Effektivität der Rechtsdurchsetzung kommt bei einem Datenschutzverstoß durch einen Verantwortlichen oder Auftragsverarbeiter im Drittland oder durch einen solchen einer internationalen Organisation jedoch insbesondere dann an ihre Grenzen, wenn die betroffene Person die Datenübermittlung, zB durch einen Online-Kauf, selbst ausgelöst hat (→ Rn. 16), da es in diesen Fällen **keinen in der EU ansässigen Verantwortlichen oder Auftragsverarbeiter** gibt, der aufgrund eines Auswahl- oder Überwachungsverschuldens (Kühling/Buchner/Schröder Rn. 24) oder aufgrund von Haftungsregelungen gem. Art. 47 Abs. 2 lit. f belangt werden könnte. Dies betrifft die Fälle des Anwendungsbereichs von Art. 3 Abs. 2 (→ Art. 3 Rn. 46). Gemäß den Leitlinien des Europäischen Datenschutzausschusses (EDSA) 05/2021 (Guidelines 05/2021 on the Interplay between the application of Article 3 and the provisions on international transfers as per Chapter V of the GDPR – adopted on 18 November 2021), die zur öffentlichen Konsultation freigegeben, also ggf. noch nicht final sind, ist in diesen Fällen Kap. V nicht anwendbar, da es sich nicht um eine Datenübermittlung iSd Art. 44 handele (Guidelines 05/2021 Rn. 12) (→ Rn. 14 ff.).

5   Hat der Erst-Empfänger der Daten (→ Rn. 21) seinen Sitz außerhalb der EU-/EWR-Grenzen (→ Rn. 24), unterliegt er der drittländischen Rechtsordnung. Diese kann den Datenschutzgrundsätzen der DS-GVO zuwiderlaufen, wodurch sich der Empfänger in einem **Konflikt der Rechtsordnungen** wiederfindet und, egal wie er sich verhält, eine der Rechtsordnungen verletzen wird. Die EU-Aufsichtsbehörden haben zudem nur sehr begrenzte Möglichkeiten der Rechtsverfolgung auf **fremdem Staatsgebiet,** wenn es etwa um die Durchsetzung von Betroffenenrechten gehen

Allgemeine Grundsätze der Datenübermittlung   **Artikel 44 DS-GVO**

würde. Beide Faktoren können eine effektive Einhaltung bzw. Durchsetzung des Datenschutzrechts hemmen.

Diese Hemmnisse können abgebaut werden, indem die gem. → **Art. 50** Rn. 1 **vorgesehenen** 6 **Maßnahmen** getroffen, insbesondere internationale Amtshilfeabkommen geschlossen werden. Bis dahin ist die Ausübung von Befugnissen der Staatsgewalt, wie Ermittlungen und Vollstreckungen, auf fremdem Staatsgebiet aufgrund der Hoheitsrechte nicht erlaubt. Erwägungsgrund 116 beschreibt die tatsächlichen Hürden einer effektiven Rechtsdurchsetzung. Die EU-Kommission hat in ihrer Mitteilung zum „Austausch und Schutz personenbezogener Daten in einer globalisierten Welt" (COM(2017) 7 final v. 10.1.2017, 13 ff.) formuliert, wie sie diese Hürden langfristig überwinden möchte.

III. Systematik

Im Kontext der Vorschriften des Kap. V enthält Art. 44 **allgemeine Grundsätze,** die Maßstab 7 für die Rechtmäßigkeit jeder Datenübermittlung in ein Drittland oder an eine internationale Organisation sind und bei der Anwendung jeder Vorschrift des Kap. V Berücksichtigung finden müssen.

Im Gesamtkontext der DS-GVO gesehen ergänzt Kap. V das in Kap. II normierte Verbot mit 8 Erlaubnisvorbehalt für die Datenübermittlung in Drittländer und an internationale Organisationen und dehnt es darüber hinaus auf die Einhaltung sämtlicher Vorschriften der DS-GVO aus. Gemäß S. 1 ist eine Datenübermittlung in ein Drittland oder an eine internationale Organisation nur dann zulässig, wenn alle „sonstigen Bestimmungen dieser Verordnung" (1. Prüfungsstufe) und kumulativ dazu die in Kap. V niedergelegten Bedingungen (2. Prüfungsstufe) eingehalten werden (auch **Zwei-Stufen-Prüfung** genannt, → Rn. 38).

Hinsichtlich der Stellung der DS-GVO im Gesamtgefüge europarechtlicher Rechtsnormen ist 9 der Grundsatz des **Vorrangs des Primärrechts** vor dem Sekundärrecht zu beachten. Maßstab ist insbesondere die **Grundrechtecharta (GRCh).** In seinem auch unter dem Namen „Schrems II" bekannten Urteil vom 16.7.2020 legte der EuGH insbesondere das Recht auf Achtung des Privatlebens (Art. 7 GRCh), das Recht zum Schutz personenbezogener Daten (Art. 8 GRCh) sowie das Recht auf einen wirksamen Rechtsbehelf und ein unparteiisches Gericht (Art. 47 GRCh) als Maßstab zugrunde (EuGH NJW 2020, 2613 Rn. 149, 199). Bei der Datenübermittlung in Drittländer oder an internationale Organisationen entfalten diese Grundrechte eine **mittelbare Drittwirkung** gegenüber Verantwortlichen und Auftragsverarbeitern, da auch sie aufgrund des in den genannten Grundrechten immanenten Bestimmtheitsgrundsatzes „klare und präzise Regeln für die Tragweite und die Anwendung einer Maßnahme vorsehen und Mindestanforderungen aufstellen müssen" (EuGH EuZW 2015, 881 (887)), wenn sie vertragliche Regelungen auf der Basis der Kap. V-Instrumente treffen (Kühling/Buchner/Schröder Rn. 13).

IV. Entstehungsgeschichte

Die Vorschriften zur Übermittlung personenbezogener Daten in Drittländer waren vor der 10 Geltung der DS-GVO in **Art. 25** (Angemessenheitserklärungen für EU-Drittstaaten) und **Art. 26** (Ausnahmen sowie Übermittlungen basierend auf vertraglichem Schutz) **Datenschutz-RL** geregelt, die in Deutschland in den **§§ 4b und 4c BDSG aF** umgesetzt waren. Art. 25 Abs. 1 Datenschutz-RL enthielt den Grundsatz, dass es für die Zulässigkeit der Datenübermittlung erforderlich ist, dass im Drittland ein angemessenes Datenschutzniveau gewährleistet ist. Die weiteren Fragen der Angemessenheit, insbesondere die Möglichkeiten der Feststellung einer Angemessenheit durch die Kommission, waren in den weiteren Absätzen des Art. 25 Datenschutz-RL geregelt. Art. 26 Datenschutz-RL enthielt eine Reihe von Tatbeständen, die ausnahmsweise eine Übermittlung in ein Drittland ohne angemessenes Datenschutzniveau möglich machten, sowie Regelungen zu den Instrumenten des Drittlandtransfers, etwa zu den Standardvertragsklauseln.

Mit der DS-GVO haben sich **Umfang und Detaillierungsgrad** der Regelungen zu Drittland- 11 übermittlungen vergrößert, was die Anwendung einfacher und klarer macht und die Durchsetzung eines effektiven Datenschutzrechts im internationalen Rechtsverkehr erheblich stärkt (Albrecht CR 2016, 88 (94ff.)). Aus zwei Artikeln in der Datenschutz-RL sind sieben Artikel in der DS-GVO (Art. 44–50) geworden. Die Erfahrungen der letzten zwanzig Jahre und die Fortentwicklungen in der Praxis hatten gezeigt, dass detailliertere Regelungen erforderlich sind. Vieles von dem, was im Drittlandtransfer im Rahmen der durch die Arbeitspapiere der damaligen Artikel 29-Datenschutzgruppe geschaffenen (Verfahrens-)Leitlinien bereits praktiziert wurde, ist nun in die Verordnung gegossen worden. Zusätzlich sind die neuen Regelungsansätze der Verordnung, wie etwa Verhaltensregeln und Zertifizierungen, auch für den Drittlandtransfer aufgegriffen und nutzbar gemacht worden. Des Weiteren sind nun auch Regelungen zu Übermittlungen an internationale Organisationen sowie Regelungen zu Weiterübermittlungen personenbezogener Daten innerhalb des Drittlandes oder der internationalen Organisation bzw. aus diesen in ein anderes Drittland oder an eine andere internationale Organisation getroffen worden.

V. Weitere Vorschriften

12   Weitere Vorschriften in Bezug auf Datenübermittlungen in Drittländer oder an internationale Organisationen befinden sich – abgesehen von den Vorschriften, die den Regelungsbereich des Kap. V betreffen, wie etwa Art. 40 Abs. 2 lit. j, Art. 40 Abs. 3 und Art. 42 Abs. 2 – noch an einigen anderen Stellen der DS-GVO. Verantwortlichen bzw. Auftragsverarbeitern obliegen zB zusätzliche Transparenz- und Dokumentationspflichten. Betroffene Personen müssen gem. **Art. 13 Abs. 1 lit. f** bzw. **Art. 14 Abs. 1 lit. f** ggf. über die Absicht des Verantwortlichen, die personenbezogenen Daten an ein Drittland oder eine internationale Organisation zu übermitteln sowie zu der jeweils einschlägigen Grundlage der Drittlandübermittlung iSd Kap. V unterrichtet werden. **Art. 15 Abs. 1 lit. c** enthält die Vorgabe, dass im Rahmen der Betroffenenauskunft auch die Empfänger (→ Rn. 21) im Drittland bzw. die internationale Organisation genannt werden müssen. Gemäß **Art. 30 Abs. 1 lit. d und e** bzw. gem. **Art. 30 Abs. 2 lit. c** sind bestimmte drittlandbezogene Angaben im Rahmen des Verzeichnisses von Verarbeitungstätigkeiten von dem Verantwortlichen bzw. dem Auftragsverarbeiter zu machen. Gemäß **Art. 28 Abs. 3 lit. a** muss im Auftragsverarbeitungsvertrag festgeschrieben sein, dass personenbezogene Daten auch in Bezug auf Drittlandübermittlungen nur auf dokumentierte Weisung des Verantwortlichen verarbeitet werden dürfen. Darüber hinaus sind in **Art. 70 Abs. 1 lit. o und v, Art. 70 und Art. 97 Abs. 2 lit. a** Aufgaben des Europäischen Datenschutzausschusses bzw. der EU-Kommission im Zusammenhang mit Drittlandübermittlungen geregelt. Gem. **Art. 85 Abs. 2** dürfen Mitgliedstaaten zur Gewährleistung der Meinungsäußerung und Informationsfreiheit von den Vorgaben des Kap. V abweichende Reglungen treffen.

B. Sachlicher Anwendungsbereich

13   Art. 44 enthält eine Reihe von Begriffen, die für das Verständnis der Norm bzw. des Kap. V vor dem Hintergrund des neuen Regelungswerks der DS-GVO erläuterungsbedürftig sind. Dabei ist zu berücksichtigen, dass bisher bekannte **Begriffe**, nach der neuen Rechtslage ggf. **neu zu bewerten** und herkömmliche Begriffsverständnisse etwa nach dem BDSG aF nicht ohne Weiteres weiter anwendbar sind.

I. Datenübermittlung

14   Der Begriff der Übermittlung ist als solcher in der DS-GVO nicht definiert. Zwar findet er in den in Art. 4 Abs. 2 aufgezählten Beispielen von Verarbeitungen Erwähnung, allerdings nur in der deutschen Fassung und dort im Zusammenhang mit dem Begriff der „Offenlegung". In der englischen Fassung der DS-GVO und auch der JI-RL werden unterschiedliche Begriffe für die Datenübermittlung innerhalb der EU („transmission", „transmit") und für die Datenübermittlung **aus der EU heraus („transfer")** verwendet. Dies deutet darauf hin, dass der Verordnungsgeber eine eigene Kategorie der Verarbeitung im Bereich des Drittlandtransfers schaffen wollte, die sich in Kap. V niederschlägt. Im Ergebnis handelt es sich bei der Datenübermittlung im englischen Sinne von „transfer" um einen sonstigen **„Vorgang im Zusammenhang mit personenbezogenen Daten"** gem. Art. 4 Abs. 2 und stellt daher eine Form der Datenverarbeitung dar.

15   Wenn sich der Begriff der Übermittlung auch auf solche Übermittlungen beschränkt, die aus der EU/dem EWR (→ Rn. 24) herausführen, so sind hinsichtlich der **Art der Übermittlung** keine Grenzen gesetzt. Dies wird deutlich durch S. 1 der besagt, dass **„jedwede"** Übermittlung den dort genannten Anforderungen genügen muss. Die Verwendung des legaldefinierten Begriffs des Empfängers (Art. 4 Abs. 9, → Rn. 21) in Erwägungsgrund 101 deutet darauf hin, dass es sich bei der Übermittlung um eine Form der **Offenlegung** im Drittland handelt (so auch Paal/Pauly/Pauly Rn. 4). Dies ist ein sehr weiter Begriff. Eine Datenübermittlung im Sinne einer Offenlegung kann also zB in der Weitergabe, aber auch bereits in der Zugänglichmachung oder Abrufbarkeit von Daten aus dem Drittland vorliegen (Kühling/Buchner/Schröder Rn. 16, Paal/Pauly/Pauly Rn. 5, Ehmann/Selmayr/Zerdick Rn. 7, EuGH ZD 2014, 350 Rn. 38 – Google Spain und Google, EuGH EuZW 2010, 939 – Volker und Markus Schecke und Eifert; aA Taeger/Gabel/Gabel Rn. 11; vgl. auch EuGH EuZW 2004, 245 – Lindqvist-Entscheidung). Es genügt auch ein Speichern von Daten auf Servern, die im Drittland belegen sind sowie eine sonstige Bereitstellung

Allgemeine Grundsätze der Datenübermittlung   **Artikel 44 DS-GVO**

von Daten gegenüber Empfängern im Drittland oder solchen einer internationalen Organisation. Diese weite Auslegung ist zwar streitig (vgl. Ehmann/Selmayr/Zerdick Rn. 7 mwN), aber konsequent mit Blick auf den Sinn und Zweck von S. 2 (→ Rn. 45). Denn sobald Zugriffsrechte eingeräumt sind, kann jederzeit Zugriff genommen und können somit Daten verarbeitet werden. Dadurch besteht ein latentes Risiko, dass eine unzulässige Übermittlung personenbezogener Daten stattfinden könnte, sofern keine rechtlichen Grundlagen iSd Kap. V gegeben sind. Dies entspricht nicht dem in der DS-GVO verankerten Schutzgedanken bzw. droht, diesen zu untergraben.

Um eine Übermittlung iSd Art. 44 handelt es sich gem. den EDSA-Leitlinien 05/2021 (Guidelines 05/2021 on the Interplay between the application of Article 3 and the provisions on international transfers as per Chapter V of the GDPR – adopted on 18 November 2021) dann **nicht**, wenn die Daten direkt durch die sich in der EU/im EWR (→ Rn. 24) befindende natürliche, iSd Art. 4 Nr. 1 **„betroffene", Person** („data subject") gegenüber einem Empfänger (→ Rn. 21) im Drittland offengelegt oder anders zur Verfügung gestellt werden. Gemäß dem EDSA liegt nur dann eine Datenübermittlung iSd Art. 44 vor, wenn der Datenexporteur Verantwortlicher oder Auftragsverarbeiter ist (Guidelines 05/2021 Rn. 7). Der EDSA weist im genannten Leitlinienpapier darauf hin, dass die betroffene Person kein Verantwortlicher oder Auftragsverarbeiter ist und bezieht sich dabei auf seine Guidelines 07/2020 on the concepts of controller and processor in the GDPR (Guidelines 05/2021 Rn. 11 f.). Die Vorschriften des Kap. V finden bei diesem Datentransfer also keine Anwendung. Die betroffene Person ist jedoch nicht schutzlos. Der Datenempfänger muss die Anforderungen der DS-GVO gem. Art. 3 Abs. 2 einhalten (sog. Marktortprinzip, vgl. dazu Paal/Pauly/Ernst Art. 3 Rn. 13 ff.) sowie gem. Art. 27 einen Vertreter in der EU benennen. Zu beachten ist, dass sich die EDSA-Leitlinien 05/2021 bis voraussichtlich Ende Januar 2022 in der öffentlichen Konsultation befinden und danach vom EDSA noch angepasst werden können.

16

II. Weiterübermittlung

Die Regelung in S. 1 Fall 2 sieht für die Weiterübermittlung der Daten **dieselben Zulässigkeitsvoraussetzungen** vor, wie für die (Erst-)Übermittlung in das Drittland bzw. an die internationale Organisation. Dadurch soll das Schutzniveau für Daten, die aus der EU/dem EWR (→ Rn. 24) stammen (dh Daten von Personen, die sich in der EU/im EWR befinden) oder für deren Verarbeitung die DS-GVO zuvor direkte Anwendung gefunden hat, über die EU/EWR-Grenzen hinweg aufrechterhalten bleiben. Dieses Schutzniveau bleibt an den Daten haften und kann nicht abbedungen werden (Paal/Pauly/Pauly Rn. 4), unabhängig davon, wo sie sich befinden und wer sie verarbeitet.

17

Dies gilt nicht nur für die erste Weiterübermittlung, sondern für **sämtliche Weiterübermittlungen** die folgen. Da jede weitere Weiterübermittlung unter dem Vorbehalt der Einhaltung der Vorschriften der DS-GVO steht, ist auch S. 1 Fall 1, der für „jedwede" Übermittlung an ein Drittland bzw. eine internationale Organisation die genannten Zulässigkeitsvoraussetzungen vorsieht, erneut zu erfüllen. In Erwägungsgrund 101 wird zudem darauf verwiesen, dass das Schutzniveau auch im Falle von Weiterübermittlungen nicht untergraben werden darf (vgl. S. 2). Dies bedeutet für den Rechtsanwender, dass im Rahmen der Schaffung geeigneter Garantien auch daran gedacht werden muss, Regelungen in Bezug auf Weiterübermittlungen zu treffen, soweit diese geplant sind. Gem. den Leitlinien WP 254/rev.01 v. 28.11.2017, S. 7, der Art.-29-Gruppe ist der ursprüngliche Empfänger von aus der EU übermittelten Daten „verpflichtet sicherzustellen, dass ohne Vorliegen eines Angemessenheitsbeschlusses geeignete Garantien für die Weiterleitung der Daten gegeben sind."

18

Die Formulierung in S. 1 Fall 2 ist dahingehend missverständlich, dass auf Weiterübermittlungen aus dem betreffenden Drittland oder der betreffenden internationalen Organisation an ein anderes Drittland oder eine andere internationale Organisation Bezug genommen wird. Erfasst werden aber nicht nur Weiterübermittlungen an weitere Drittländer, sondern auch Weiterübermittlungen **innerhalb des Drittlandes,** wie auch Erwägungsgrund 101 S. 4 klarstellt.

19

III. Drittland oder internationale Organisation

Entsprechend der Überschrift zu Kap. V kommen die Vorschriften der Art. 44–50 zur Anwendung für die Übermittlungen personenbezogener Daten an Drittländer oder an internationale Organisationen. Mit der Lektüre der Art. 46–49 wird klar, dass mit der Formulierung „an ein Drittland" neben dem Staat oder seiner Regierung auch alle anderen **datenverarbeitenden Stellen** in diesem Staat gemeint sind.

20

1. Empfänger

21 Dies wird auch durch Erwägungsgrund 101 S. 3 deutlich, der auf Übermittlungen an Verantwortliche, Auftragsverarbeiter oder andere Empfänger in Drittländern oder solchen bei einer internationalen Organisation verweist. Demnach kann auf den **Empfänger-Begriff des Art. 4 Abs. 9** (→ Art. 4 Rn. 100 ff.) zurückgegriffen werden, wonach Empfänger jede natürliche oder juristische Person, Behörde, Einrichtung oder andere Stelle ist, welcher personenbezogene Daten offengelegt werden. Auch Stellen ohne eigene Rechtspersönlichkeit, zB Zweigniederlassungen, Repräsentanzen, Büros von Verantwortlichen oder Auftragsverarbeitern, können Empfänger sein. Der Formulierung liegt also ein weites Verständnis zugrunde. Dass die Übermittlung zwingend an einen „Dritten" zu erfolgen hat, wie dies in § 3 Abs. 4 BDSG aF vorgesehen war, ist daher keine Voraussetzung mehr.

22 Erwägungsgrund 48 stellt klar, dass die Vorschriften des Kap. V auch auf **Konzerne und Unternehmensgruppen** Anwendung finden. Denn auch bei der Übermittlung innerhalb des Konzerns handelt es sich um eine Offenlegung gegenüber einem Empfänger iSv Art. 4 Nr. 9 (→ Rn. 21). Insoweit gibt es also auch unter der DS-GVO keine Privilegierung. Unternehmensgruppen und Gruppen von Unternehmen, die eine gemeinsame Wirtschaftstätigkeit ausüben, steht aber zur Schaffung geeigneter Garantien iSd Kap. V insbesondere das Instrument der verbindlichen internen Datenschutzvorschriften (sog. Binding Corporate Rules) zur Verfügung – nun ausdrücklich geregelt in Art. 46 Abs. 2 lit. b iVm Art. 47.

2. Drittland

23 Das Drittland wird in der DS-GVO nicht definiert. Im europarechtlichen Kontext ist von einem Drittland in Abgrenzung zum Gemeinschaftsgebiet bzw. Mitgliedstaat die Rede. Bei einem Drittland handelt es sich demnach grundsätzlich um ein Land, das **nicht Mitglied der EU,** also nicht Vertragspartner des EU-Vertrags ist.

24 Eine Ausnahme bilden die drei **EWR-Staaten** (Island, Liechtenstein, Norwegen). Diese hatten ihre nationalen Gesetze bereits an die Datenschutz-RL angepasst, sodass für Übermittlungen in diese Länder keine zusätzlichen Anforderungen galten, sondern den Übermittlungen in andere EU-Mitgliedstaaten gleichgestellt waren (§ 4b Abs. 1 Nr. 2 BDSG aF). Mit dem Beschluss Nr. 154/2018 des Gemeinsamen EWR-Ausschusses vom 6.7.2018 (ABl. 2018 L 183, 23), die DS-GVO in das EWR-Abkommen aufzunehmen, erlangte nun anstelle der Datenschutz-RL die DS-GVO Geltung. Der Beschluss trat in den drei EWR-Ländern am 20.7.2018 in Kraft.

25 Um Missverständnissen vorzubeugen sei erwähnt, dass die **Schweiz** zwar den EFTA-Staaten, jedoch **nicht** dem EWR angehört und der Beschluss des Gemeinsamen EWR-Ausschusses daher nicht für die Schweiz gilt. In § 1 Abs. 6 S. 1 BDSG wurde daher mit dem Gesetz v. 20.11.2019 (BGBl. I 1626) richtigerweise die Schweiz in der Aufzählung gestrichen. Die Schweiz ist ein Drittland iSv Art. 44 ff. Datenübermittlungen können weiterhin auf der Grundlage des auch mit Geltung der DS-GVO weiter bestehenden Angemessenheitsbeschlusses der EU-Kommission für die Schweiz erfolgen (Art. 45 Abs. 9, → Art. 45 Rn. 55).

26 **Der lange anhaltende Schwebezustand in der Brexit-Frage ist beendet. Das** Vereinigte Königreich Großbritannien und Nordirland hatte **zum 31.1.2020 die EU verlassen.** Während **einer Übergangsphase** galt das Land aufgrund vertraglicher Regelungen zwischen der EU und dem Vereinigten Königreich dennoch zunächst nicht als Drittland iSd Kap. V (siehe Art. **126, Art. 127 und Art.** 132 **Abkommen über den Austritt des Vereinigten Königreichs Großbritannien und Nordirland aus der Europäischen Union und der Europäischen Atomgemeinschaft (Mitteilung des Rates 2019/C 384 I/01 v.** 12.11.2019)). Kurz vor Ende der mehrmals verlängerten Übergangsphase hat die EU-Kommission **am** 28.6.2021 Angemessenheitsbeschlüsse gem. Art. 45 DS-GVO (→ **Art.** 45 Rn. 55, → Art. 45 Rn. 58) bzw. Art. 36 JI-RL erlassen. In diesen attestiert sie dem Land ein angemessenes Datenschutzniveau, sodass **Datenübermittlungen** dorthin keiner besonderen Genehmigung **und** keiner geeigneten Garantie iSd Art. 46 DS-GVO bzw. Art. 37 JI-RL bedürfen.

3. Internationale Organisation

27 Eine internationale Organisation ist gem. der Legaldefinition des **Art. 4 Nr. 26** eine völkerrechtliche Organisation und ihre nachgeordneten Stellen oder jede sonstige Einrichtung, die durch eine zwischen zwei oder mehr Ländern geschlossene Übereinkunft oder auf der Grundlage einer solchen Übereinkunft geschaffen wurde. Dies sind zB die UN, die OECD sowie internationale humanitäre Organisationen (Erwägungsgrund 112).

IV. Ausnahmen

Der sachliche Anwendungsbereich des Art. 44 und damit des Kap. V insgesamt ist dann nicht eröffnet, wenn er gesetzlich ausgeschlossen ist (Art. 2 Abs. 2–4; → Art. 2 Rn. 6 ff.) oder das vorrangige Primärrecht gilt. **28**

1. Spezialvorschriften

Spezialvorschriften gelten zB für die folgenden vom sachlichen Anwendungsbereich der DS-GVO ausgeschlossenen Bereiche: **29**
- Für die Verarbeitung personenbezogener Daten durch die Organe, Einrichtungen, Ämter oder Agenturen der EU gilt die VO (EU) 2018/1725 des Europäischen Parlaments und des Rates v. 23.10.2018 (ABl. 2018 L 295, 39).

Die VO (EG) Nr. 45/2001 des Europäischen Parlaments und des Rates v. 18.12.2000 zum Schutz natürlicher Personen bei der Verarbeitung personenbezogener Daten durch die Organe und Einrichtungen der Gemeinschaft und zum freien Datenverkehr (ABl. 2001 L 008, 1) wurde Ende 2018 von der VO (EU) 2018/1725 des Europäischen Parlaments und des Rates v. 23.10.2018 zum Schutz natürlicher Personen bei der Verarbeitung personenbezogener Daten durch die Organe, Einrichtungen und sonstigen Stellen der Union, zum freien Datenverkehr und zur Aufhebung der VO (EG) Nr. 45/2001 und des Beschlusses Nr. 1247/2002/EG (ABl. 2018 L 295, 39) abgelöst. **29.1**

- Für die Verarbeitung personenbezogener Daten durch die zuständigen Behörden zum Zwecke der Verhütung, Ermittlung, Aufdeckung oder Verfolgung von Straftaten oder der Strafvollstreckung, einschließlich des Schutzes vor und der Abwehr von Gefahren für die öffentliche Sicherheit gelten Kap. V der JI-RL sowie § 1 Abs. 7, §§ 78–81 BDSG.
- Im Rahmen der Gemeinsamen Außen- und Sicherheitspolitik werden Regelungen gem. Art. 39 EUV durch einstimmigen Beschluss des Rates der EU für den Schutz natürlicher Personen bei der Verarbeitung personenbezogener Daten durch die Mitgliedstaaten erlassen.

2. Haushaltsprivileg

Im Rahmen des Haushaltsprivilegs nach Art. 2 Abs. 2 lit. c sind auch Datenübermittlungen in Drittländer oder an internationale Organisationen vom Anwendungsbereich der DS-GVO ausgeschlossen. Der Schutz der Privatsphäre erfolgt im persönlichen und familiären Bereich vor allem durch das Zivil- und Strafrecht (→ Art. 2 Rn. 12). **30**

3. Internationale Verträge

Kap. V DS-GVO findet keine Anwendung auf Datenübermittlungen in Drittländer oder an internationale Organisationen, die auf der Grundlage **völkerrechtlicher Abkommen zwischen der EU und Drittländern** erfolgen. Völkerrechtliche Abkommen gehen als Primärrecht dem Sekundärrecht – also auch der DS-GVO – vor (Erwägungsgrund 102 S. 1, Art. 216 Abs. 2 AEUV). Ein Beispiel sind Abkommen zwischen einem Drittland und der EU über die Verwendung von Fluggastdatensätzen und deren Übermittlung an das Drittland. Diese Abkommen müssen sich hinsichtlich ihrer Rechtmäßigkeit jedoch an anderem Primärrecht messen lassen, wie etwa an Art. 7 f. GRCh (Gutachten 1/15 EuGH ZD 2018, 23 Rn. 125 f.). **31**

Abkommen zwischen einem **Mitgliedstaat der EU und einem Drittland** genießen diesen Vorrang nicht (Erwägungsgrund 102 S. 2), da sie kein Primärrecht sind. Sie können jedoch ggf. als geeignete Garantien gem. Art. 46 Abs. 2 lit. a angesehen werden, sofern sie entsprechende Regelungen enthalten. Abkommen, die von den Mitgliedstaaten vor dem 24.5.2016 abgeschlossen wurden, bleiben unter den Voraussetzungen des Art. 96 zunächst in Kraft. **32**

C. Räumlicher Anwendungsbereich

I. Abschließende Regelung des Art. 3

Der räumliche Anwendungsbereich der DS-GVO ist in **Art. 3 abschließend** normiert (→ Art. 3 Rn. 1 ff.). Das heißt, dass auch Kap. V nur dann anwendbar ist, wenn der räumliche Anwendungsbereich nach Art. 3 eröffnet ist. Hält sich zB ein EU-Bürger in einem Drittland auf und legt dort einem Verantwortlichen oder Auftragsverarbeiter seine personenbezogenen Daten offen, zB durch Abschluss eines Mietvertrages, findet Kap. V schon deshalb keine Anwendung, weil der räumliche Anwendungsbereich gem. Art. 3 nicht eröffnet ist. **33**

II. Verhältnis zwischen Kap. V und Art. 3

34   Wenn der räumliche Anwendungsbereich eröffnet ist und ein Drittlandsbezug bei der Datenverarbeitung besteht, lässt bei **manchen Fallgestaltungen** die Frage nach der Anwendbarkeit der Vorschriften des Kap. V juristischen Auslegungsspielraum und war daher lange streitig. Dies gilt vor allem für den Fall, dass die betroffene Person die Daten selbst, also direkt, an einem Empfänger außerhalb der EU/dem EWR preisgibt (Beispiel Online-Shopping), und für den Fall, dass ein Mitarbeiter eines in der EU ansässigen Unternehmens auf einer Dienstreise in einem Drittland über sein Firmennotebook personenbezogene Daten abruft, die auf der Firmendatenbank gespeichert sind.

35   Der Wortlaut des S. 1, wonach „**jedwede Übermittlung**" (→ Rn. 14 ff.) der Daten aus der EU/dem EWR an einen Empfänger (→ Rn. 21) im Drittland bzw. an eine internationale Organisation den Anwendungsbereich eröffnet, deutet auf ein sehr weites Begriffsverständnis hin. Auch der Grundsatz des S. 2, wonach alle Bestimmungen des Kap. V anzuwenden sind, um sicherzustellen, dass das durch die DS-GVO gewährleistete **Schutzniveau für natürliche Personen nicht untergraben** wird (→ Rn. 45), legt das Ziel eines größtmöglichen Schutzes für betroffene Personen nahe. Mithilfe des Instrumentariums des Kap. V kann der Schutz für die betroffene Person über den durch die vorangehenden Kap. gewährleisteten Schutz hinaus erweitert werden. Denn mit der Schaffung geeigneter Garantien (Art. 46 ff.) wird eine größere Transparenz für betroffene Personen hinsichtlich der Datenverarbeitung beim Empfänger hergestellt. Darüber hinaus muss sich der Empfänger zunächst selbst intensiver mit seinen Datenverarbeitungsvorgängen auseinandersetzen und kann Datenschutzlücken schließen, die im Zuge dessen offenbar werden. Und schließlich findet durch die Aufsichtsbehörden bzw. Zertifizierungs- oder Überwachungsstellen eine (Vorab-)Prüfung statt (→ Rn. 35.1). Durch diese Kontrolle kann von einem höheren Schutzniveau ausgegangen werden als ohne sie. Auch die Einhaltung und Durchsetzung der Vorschriften im Drittland bzw. bei einer internationalen Organisation kann mithilfe des Instrumentariums des Kap. V noch effektiver sichergestellt werden.

35.1   Für Empfänger, die die personenbezogenen Daten direkt von einer natürlichen Person erhalten, kommen als geeignete Garantien letztlich nur die nach Art. 46 Abs. 2 lit. b, lit. e und lit. f in Betracht, falls nicht ein Angemessenheitsbeschluss nach Art. 45 vorliegt. Inwiefern in den Fällen des Art. 3 Abs. 2 auch Standarddatenschutzklauseln Verwendung finden können, scheint darüber hinaus zumindest prüfungswürdig.

36   Dieser Argumentationslinie hat der EDSA nun eine klare, anderslautende Position entgegengesetzt und Kap. V in den in → Rn. 34 genannten Fällen für nicht anwendbar erklärt. Nachdem die EDSA-Leitlinien v. 12.11.2019 zum räumlichen Anwendungsbereich nach Art. 3 (Guidelines 3/2018) zwar zahlreiche Beispielsfälle mit Drittlandbezug enthielten, jedoch keine Aussage zum Verhältnis des Art. 3 zu Kap. V trafen, schließt der EDSA diese Lücke nun mit den kürzlich veröffentlichten Guidelines 05/2021 on the Interplay between the application of Article 3 and the provisions on international transfers as per Chapter V of the GDPR. In den beiden in → Rn. 34 genannten Fällen liegt nach Ansicht des EDSA keine Übermittlung iSd Art. 44 vor, da es sich in beiden Fällen bei der den Transfer auslösenden Person („**exporter**") nicht um einen eigenständigen **Verantwortlichen oder Auftragsverarbeiter** handele (Guidelines 05/2021 Rn. 12, 14 f.). Hierzu ausführlicher unter → Rn. 16. Die Guidelines 05/2021 befinden sich bis voraussichtlich Ende Januar 2022 in der Konsultationsphase und können danach noch abgeändert werden.

37   Eine **Schutzlücke** entstehe laut dem EDSA nicht. Im Falle des Online-Shoppings sei die betroffene Person aufgrund Art. 3 Abs. 2 hinreichend geschützt, da der Anbieter die Vorschriften der DS-GVO bereits aufgrund des Marktortprinzips einhalten müsse. Darüber hinaus muss der Anbieter gem. Art. 27 einen Vertreter in der EU benennen. Im Falle der Dienstreise muss der Arbeitgeber über Art. 3 Abs. 1 die Vorschriften der DS-GVO einhalten – auch in dem Fall, dass seine Mitarbeiter aus einem Drittland auf personenbezogene Firmendaten zugreifen. Damit sei das größtmögliche Schutzniveau jeweils bereits gegeben.

D. Voraussetzungen für die Datenübermittlung

38   Nur wenn die Bestimmungen des Kap. V und die sonstigen Voraussetzungen der DS-GVO eingehalten werden, ist die Übermittlung gem. S. 1 zulässig (**Zwei-Stufen-Prüfung,** → Rn. 8). Die Datenschutzkonferenz der unabhängigen Datenschutzbehörden des Bundes und der Länder (DSK) hat in einem ihrer ersten Kurzpapiere (Kurzpapier Nr. 4 – Datenübermittlung in Drittländer) die wichtigsten Hinweise zur Anwendung des Kap. V veröffentlicht.

Allgemeine Grundsätze der Datenübermittlung   Artikel 44 DS-GVO

I. Bedingungen des Kap. V

Die Erlaubnisgründe für die Datenübermittlung (→ Rn. 14 ff.) in ein Drittland (→ Rn. 23 ff.) **39**
oder an eine internationale Organisation (→ Rn. 27) sind abschließend in Kap. V geregelt. Sie
orientieren sich an dem bekannten **abgestuften Regel-Ausnahme-Prinzip** der Datenschutz-
RL. Den Basisfall bildet demnach Art. 45 Abs. 1 S. 1, der eine Übermittlung in ein Drittland
oder an eine internationale Organisation ausdrücklich erlaubt, wenn die EU-Kommission
beschlossen hat, dass das Drittland, ein Gebiet oder mehrere spezifische Sektoren in diesem Drittland oder die betreffende internationale Organisation ein angemessenes Schutzniveau bietet (→
Art. 45 Rn. 1 ff.). Gemäß Art. 45 Abs. 3 wird der **Angemessenheitsbeschluss der EU-Kommission** in Form eines Durchführungsrechtsaktes erlassen (→ Art. 45 Rn. 37).

Wenn ein solcher Beschluss nicht vorliegt, darf nur übermittelt werden, sofern der Verantwortli- **40**
che oder der Auftragsverarbeiter **geeignete Garantien** vorgesehen hat (Art. 46 Abs. 1). Zusätzlich
müssen den betroffenen Personen durchsetzbare Rechte und wirksame Rechtsbehelfe zur Verfügung stehen.

Ohne dass es einer **besonderen Genehmigung** durch die Aufsichtsbehörde bedarf, können **41**
geeignete Garantien gem. Art. 46 Abs. 2 bestehen
- in einem rechtlich bindenden und durchsetzbaren Dokument zwischen den Behörden oder öffentlichen Stellen (Art. 46 Abs. 2 lit. a, → Art. 46 Rn. 20 ff.),
- in verbindlichen internen Datenschutzvorschriften gem. Art. 47 (Art. 46 Abs. 2 lit. b, → Art. 46 Rn. 23),
- in Standarddatenschutzklauseln, die von der EU-Kommission erlassen wurden (Art. 46 Abs. 2 lit. c, → Art. 46 Rn. 24 ff.),
- in von einer Aufsichtsbehörde angenommenen Standarddatenschutzklauseln, die von der EU-Kommission genehmigt wurden (Art. 46 Abs. 2 lit. d, → Art. 46 Rn. 46 ff.),
- in genehmigten Verhaltensregeln gem. Art. 40 (Art. 46 Abs. 2 lit. e, → Art. 46 Rn. 49 ff.) oder
- in einem genehmigten Zertifizierungsverfahren gem. Art. 42 (Art. 46 Abs. 2 lit. f, → Art. 46 Rn. 55 ff.).

Vorbehaltlich der **Genehmigung** der zuständigen Aufsichtsbehörde können geeignete Garantien **42**
auch in Form von vereinbarten Vertragsklauseln (Art. 46 Abs. 3 lit. a, → Art. 46 Rn. 62 f.) oder
Bestimmungen bestehen, die in Verwaltungsvereinbarungen aufzunehmen sind (Art. 46 Abs. 3 lit.
b, → Art. 46 Rn. 66 f.).

Sofern weder ein Angemessenheitsbeschluss vorliegt noch geeignete Garantien bestehen, dürfen **43**
Übermittlungen nur unter den Bedingungen der **Ausnahmetatbestände** des Art. 49 erfolgen
(→ Art. 49 Rn. 1 ff.). Für die Übermittlung oder Offenlegung personenbezogener Daten aufgrund eines **Gerichtsurteils oder einer verwaltungsbehördlichen Entscheidung** eines Drittlands gelten die besonderen Anforderungen des Art. 48 (→ Art. 48 Rn. 1 ff.).

Da mit dem Wegfall **der rechtlichen Grundlage** für die Datenübermittlung diese, sofern **44**
nicht unmittelbar eine Alternative zur Verfügung steht, rechtswidrig wird und eine Unterbrechung
der Übermittlungen ein enormes Betriebsrisiko für Unternehmen, Behörden usw. birgt, sollten
diese die aktuellen rechtlichen Entwicklungen zu Transferinstrumenten immer im Auge behalten.
Dies gilt insbesondere dann, wenn die Übermittlung auf einen Angemessenheitsbeschluss der EU-
Kommission gestützt wird, da der Verantwortliche oder der Auftragsverarbeiter auf dessen Bestand
keinen Einfluss hat. Der Beschluss kann nicht nur durch die EU-Kommission selbst widerrufen,
geändert oder ausgesetzt werden (Art. 45 Abs. 5, → Rn. 44.1), sondern auch vom EuGH für
ungültig erklärt werden (→ Rn. 44.2). Die Entwicklungen des Datenschutzrechts im jeweiligen
Drittland können im Übrigen auch Auswirkungen auf die Wirksamkeit der geeigneten Garantien
haben.

Die EU-Kommission unterzog zB ihre Angemessenheitsentscheidung 2016/1250 v. 12.7.2016 in Bezug **44.1**
auf den EN-U.S. Datenschutzschild einer jährlichen Überprüfung. Auch nach der dritten Überprüfung
gab es noch Kritikpunkte hinsichtlich der Umsetzung in den USA. Die EU-Kommission hielt in ihrem
Bericht v. 23.10.2019 (https://ec.europa.eu/info/law/law-topic/data-protection/international-dimension-
data-protection/eu-us-data-transfers_en) ausdrücklich fest, dass sie die Entwicklungen des US-amerikanischen Datenschutzrechts weiterhin beobachten werde. Den Angemessenheitsbeschluss erhielt sie jedoch
aufrecht.

Der EuGH hatte in Bezug auf die USA die Angemessenheitsentscheidung 2000/520/EG der EU- **44.2**
Kommission v. 26.7.2000 mit Urt. v. 6.10.2015 (EuGH NJW 2015, 3151, sog. Safe-Harbor-Urteil oder
„Schrems I") und zuletzt die Angemessenheitsentscheidung 2016/1250 der EU-Kommission v. 12.7.2016
mit Urt. v. 16.7.2020 (EuGH NJW 2020, 2613, sog. „Schrems II"-Urteil) für ungültig erklärt.

II. Auslegungsregel des S. 2

45 Gemäß S. 2 sind alle Bestimmungen des Kap. V anzuwenden, um sicherzustellen, dass das durch die Verordnung gewährleistete Schutzniveau für natürliche Personen nicht untergraben wird. Der Regelungsgehalt dieses Satzes im Vergleich zu S. 1 ist nicht auf den ersten Blick klar. Nach dem Sinn und Zweck soll dieser Grundsatz **eventuelle Schutzlücken schließen.** Dies kann zB bei Einzelfragen der Ausgestaltung der Übermittlungsmechanismen ausschlaggebend sein oder ähnlich einer Angemessenheitsprüfung im engeren Sinne dazu führen, dass ein Übermittlungsmechanismus am Gesamtmaßstab der DS-GVO gemessen wird.

46 Da sich S. 2 außerdem nicht nur auf den tatsächlichen Vorgang der Datenübermittlung bezieht, sondern auf „alle Bedingungen dieses Kapitels", richtet er sich auch an die EU-Kommission und die Aufsichtsbehörden im Rahmen der Anwendung von Art. 50, wonach sie Maßnahmen in Bezug auf Drittländer und internationale Organisationen zu treffen haben, die auf eine **effektive Rechtsdurchsetzung** gerichtet sind. Ziel muss also sein, solche Maßnahmen zu treffen, die sicherstellen, dass das Schutzniveau der DS-GVO auch bei der Rechtsdurchsetzung aufrechterhalten bleibt bzw. zumindest nicht untergraben wird. Zu den möglichen Maßnahmen ausführlich → Art. 50 Rn. 1 ff.

III. Einhaltung der sonstigen Bestimmungen der DS-GVO

47 S. 1 macht die Einhaltung der DS-GVO zur Voraussetzung für Übermittlungen (→ Rn. 14) an ein Drittland (→ Rn. 23) oder eine internationale Organisation (→ Rn. 27). Die Wichtigkeit dieser Voraussetzung wird mit S. 4 des Erwägungsgrunds 101 untermauert, wonach die Zulässigkeit der Datenübermittlung von der **„strikten Einhaltung"** der Verordnung abhängig gemacht wird.

48 Die Prüfung auf der ersten Stufe beschränkt sich somit nicht mehr nur – wie unter Geltung der Datenschutz-RL – auf das Vorliegen der rechtlichen Grundlage gem. Art. 6 ff., sondern umfasst zB auch die Einhaltung der Grundprinzipien des Art. 5 und die technischen und organisatorischen Anforderungen gem. Art. 25 und Art. 32. Nach dem Sinn und Zweck der Vorschrift, dürfte die Einhaltung aller **„sonstigen Bestimmungen"** jedoch nicht so weit zu verstehen sein, dass auch solche Anforderungen zu erfüllen sind, die mit der Datenübermittlung selbst nicht unmittelbar etwas zu tun haben, wie etwa die Bestellung eines Datenschutzbeauftragten nach Art. 37. Da Art. 3 den räumlichen Anwendungsbereich abschließend regelt, kann dieser nicht sozusagen „durch die Hintertür" durch Art. 44 erweitert werden (Paal/Pauly/Pauly Rn. 17). Die Wortwahl in Erwägungsgrund 101 lässt zudem darauf schließen, dass es dem Verordnungsgeber an dieser Stelle lediglich auf den eigentlichen Prozess der grenzüberschreitenden Datenübermittlung ankam (Paal/Pauly/Pauly Rn. 15).

Artikel 45 Datenübermittlung auf der Grundlage eines Angemessenheitsbeschlusses

(1) ¹**Eine Übermittlung personenbezogener Daten an ein Drittland oder eine internationale Organisation darf vorgenommen werden, wenn die Kommission beschlossen hat, dass das betreffende Drittland, ein Gebiet oder ein oder mehrere spezifische Sektoren in diesem Drittland oder die betreffende internationale Organisation ein angemessenes Schutzniveau bietet.** ²**Eine solche Datenübermittlung bedarf keiner besonderen Genehmigung.**

(2) **Bei der Prüfung der Angemessenheit des gebotenen Schutzniveaus berücksichtigt die Kommission insbesondere das Folgende:**
a) **die Rechtsstaatlichkeit, die Achtung der Menschenrechte und Grundfreiheiten, die in dem betreffenden Land bzw. bei der betreffenden internationalen Organisation geltenden einschlägigen Rechtsvorschriften sowohl allgemeiner als auch sektoraler Art – auch in Bezug auf öffentliche Sicherheit, Verteidigung, nationale Sicherheit und Strafrecht sowie Zugang der Behörden zu personenbezogenen Daten – sowie die Anwendung dieser Rechtsvorschriften, Datenschutzvorschriften, Berufsregeln und Sicherheitsvorschriften einschließlich der Vorschriften für die Weiterübermittlung personenbezogener Daten an ein anderes Drittland bzw. eine andere internationale Organisation, die Rechtsprechung sowie wirksame und durchsetzbare Rechte der betroffenen Person und wirksame verwaltungsrechtliche und gerichtliche Rechtsbehelfe für betroffene Personen, deren personenbezogene Daten übermittelt werden,**

Datenübermittlung auf Grundlage eines Angemessenheitsbeschl. **Artikel 45 DS-GVO**

b) die Existenz und die wirksame Funktionsweise einer oder mehrerer unabhängiger Aufsichtsbehörden in dem betreffenden Drittland oder denen eine internationale Organisation untersteht und die für die Einhaltung und Durchsetzung der Datenschutzvorschriften, einschließlich angemessener Durchsetzungsbefugnisse, für die Unterstützung und Beratung der betroffenen Personen bei der Ausübung ihrer Rechte und für die Zusammenarbeit mit den Aufsichtsbehörden der Mitgliedstaaten zuständig sind, und

c) die von dem betreffenden Drittland bzw. der betreffenden internationalen Organisation eingegangenen internationalen Verpflichtungen oder andere Verpflichtungen, die sich aus rechtsverbindlichen Übereinkünften oder Instrumenten sowie aus der Teilnahme des Drittlands oder der internationalen Organisation an multilateralen oder regionalen Systemen insbesondere in Bezug auf den Schutz personenbezogener Daten ergeben.

(3) ¹Nach der Beurteilung der Angemessenheit des Schutzniveaus kann die Kommission im Wege eines Durchführungsrechtsaktes beschließen, dass ein Drittland, ein Gebiet oder ein oder mehrere spezifische Sektoren in einem Drittland oder eine internationale Organisation ein angemessenes Schutzniveau im Sinne des Absatzes 2 des vorliegenden Artikels bieten. ²In dem Durchführungsrechtsakt ist ein Mechanismus für eine regelmäßige Überprüfung, die mindestens alle vier Jahre erfolgt, vorzusehen, bei der allen maßgeblichen Entwicklungen in dem Drittland oder bei der internationalen Organisation Rechnung getragen wird. ³Im Durchführungsrechtsakt werden der territoriale und der sektorale Anwendungsbereich sowie gegebenenfalls die in Absatz 2 Buchstabe b des vorliegenden Artikels genannte Aufsichtsbehörde bzw. genannten Aufsichtsbehörden angegeben. ⁴Der Durchführungsrechtsakt wird gemäß dem in Artikel 93 Absatz 2 genannten Prüfverfahren erlassen.

(4) Die Kommission überwacht fortlaufend die Entwicklungen in Drittländern und bei internationalen Organisationen, die die Wirkungsweise der nach Absatz 3 des vorliegenden Artikels erlassenen Beschlüsse und der nach Artikel 25 Absatz 6 der Richtlinie 95/46/EG erlassenen Feststellungen beeinträchtigen könnten.

(5) ¹Die Kommission widerruft, ändert oder setzt die in Absatz 3 des vorliegenden Artikels genannten Beschlüsse im Wege von Durchführungsrechtsakten aus, soweit dies nötig ist und ohne rückwirkende Kraft, soweit entsprechende Informationen – insbesondere im Anschluss an die in Absatz 3 des vorliegenden Artikels genannte Überprüfung – dahingehend vorliegen, dass ein Drittland, ein Gebiet oder ein oder mehrere spezifischer Sektor in einem Drittland oder eine internationale Organisation kein angemessenes Schutzniveau im Sinne des Absatzes 2 des vorliegenden Artikels mehr gewährleistet. ²Diese Durchführungsrechtsakte werden gemäß dem Prüfverfahren nach Artikel 93 Absatz 2 erlassen. In hinreichend begründeten Fällen äußerster Dringlichkeit erlässt die Kommission gemäß dem in Artikel 93 Absatz 3 genannten Verfahren sofort geltende Durchführungsrechtsakte.

(6) Die Kommission nimmt Beratungen mit dem betreffenden Drittland bzw. der betreffenden internationalen Organisation auf, um Abhilfe für die Situation zu schaffen, die zu dem gemäß Absatz 5 erlassenen Beschluss geführt hat.

(7) Übermittlungen personenbezogener Daten an das betreffende Drittland, das Gebiet oder einen oder mehrere spezifische Sektoren in diesem Drittland oder an die betreffende internationale Organisation gemäß den Artikeln 46 bis 49 werden durch einen Beschluss nach Absatz 5 des vorliegenden Artikels nicht berührt.

(8) Die Kommission veröffentlicht im *Amtsblatt der Europäischen Union* und auf ihrer Website eine Liste aller Drittländer beziehungsweise Gebiete und spezifischen Sektoren in einem Drittland und aller internationalen Organisationen, für die sie durch Beschluss festgestellt hat, dass sie ein angemessenes Schutzniveau gewährleisten bzw. nicht mehr gewährleisten.

(9) Von der Kommission auf der Grundlage von Artikel 25 Absatz 6 der Richtlinie 95/46/EG erlassene Feststellungen bleiben so lange in Kraft, bis sie durch einen nach dem Prüfverfahren gemäß den Absätzen 3 oder 5 des vorliegenden Artikels erlassenen Beschluss der Kommission geändert, ersetzt oder aufgehoben werden.

DS-GVO Artikel 45 Kapitel V. Übermittlung personenbezogener Daten an Drittländer

Überblick

Art. 45 trifft Regelungen über eines der wichtigsten Transferinstrumente für Datenübermittlungen in Drittländer oder an internationale Organisationen – den Angemessenheitsbeschluss der EU-Kommission. Abs. 1 regelt die Allgemeingültigkeit eines Angemessenheitsbeschlusses im Rahmen seines jeweiligen Anwendungsbereichs (→ Rn. 1). Abs. 2 normiert die Kriterien anhand derer die EU-Kommission das Schutzniveau zu messen hat (→ Rn. 18 ff.). Kommt sie zu dem Schluss, dass das Schutzniveau in diesem Sinne angemessen ist (→ Rn. 15 ff.), erlässt sie einen entsprechenden Beschluss. Abs. 3 führt Näheres zu Verfahren, Form und Inhalt des Beschlusses aus (→ Rn. 35 ff.). In Abs. 4 ist die Pflicht der EU-Kommission beschrieben, nach Erlass eines Angemessenheitsbeschlusses die Entwicklungen im betreffenden Drittland oder bei der internationalen Organisation fortlaufend zu überwachen (→ Rn. 43 f.). In dem Fall, dass die einst festgestellte Angemessenheit des Schutzniveaus nicht mehr gewährleistet ist, kann die EU-Kommission den Beschluss gem. Abs. 5 widerrufen, ändern oder aussetzen (→ Rn. 48 ff.). Für einen solchen Fall ist gem. Abs. 6 vorgesehen, dass die EU-Kommission Beratungen mit dem betreffenden Drittland oder der internationalen Organisation aufnimmt (→ Rn. 52). Abs. 7 statuiert, dass die Wirksamkeit anderer Transferinstrumente durch einen Widerruf, eine Änderung oder Aussetzung nicht beeinträchtigt wird (→ Rn. 7). Abs. 8 normiert die Veröffentlichungspflicht der EU-Kommission über die gem. Art. 45 erlassenen Beschlüsse (→ Rn. 53). Die vor Geltung der DS-GVO erlassenen Feststellungen bleiben gem. Abs. 9 zunächst in Kraft (→ Rn. 45). Im letzten Abschnitt der Kommentierung zu diesem Artikel befindet sich eine Auflistung der von der EU-Kommission erlassenen Angemessenheitsfeststellungen (→ Rn. 53 ff.).

Übersicht

	Rn.		Rn.
A. Allgemeines	1	III. Inhalt	38
I. Bedeutung und Zweck	1	**E. Rolle der EU-Kommission nach Erlass eines Angemessenheitsbeschlusses**	40
II. Systematik	6		
III. Entstehungsgeschichte	9		
IV. Effektive Rechtsdurchsetzung	11	I. Regelmäßige Überprüfungen	40
B. Sachlicher Anwendungsbereich	15	II. Fortlaufende Überwachung	43
I. Gebiet oder spezifischer Sektor	16	III. Angemessenheitsfeststellungen gem. Datenschutz-RL	45
II. Angemessenheit des Schutzniveaus	18		
1. Wirksame Rechtsordnung und Gerichtsbarkeit	24	IV. Widerruf, Abänderung oder Aussetzung eines Beschlusses	48
2. Unabhängige Datenschutzaufsicht	28	**F. Bereits erlassene Angemessenheitsbeschlüsse**	53
3. Internationale Verpflichtungen	31		
III. Ausnahmen	32	I. Liste der Angemessenheitsbeschlüsse	53
C. Räumlicher Anwendungsbereich	33	1. Europa	55
D. Formelle Erfordernisse für den Erlass eines Angemessenheitsbeschlusses	35	2. Amerika	56
		3. Asien und Ozeanien	57
		II. Bestimmte Angemessenheitsbeschlüsse	58
I. Zuständigkeit	35	1. Vereinigtes Königreich Großbritannien und Nordirland	58
II. Verfahren und Form	37	2. Vereinigte Staaten von Amerika (USA)	59

A. Allgemeines

I. Bedeutung und Zweck

1 Art. 45 beschreibt den ersten Erlaubnisgrund in Kap. V für Übermittlungen personenbezogener Daten in Drittländer oder an internationale Organisationen auf der zweiten Stufe der Zulässigkeitsprüfung (→ Art. 44 Rn. 8). Angemessenheitsbeschlüsse iSd Art. 45 bieten eine **umfassende Legitimation** für Datenübermittlungen, da sie sich auf ganze Länder, Gebiete oder ein oder mehrere spezifische Sektoren in einem Drittland oder internationale Organisationen beziehen. Ein Angemessenheitsbeschluss entfaltet unmittelbare Wirkung, dh Datenübermittlungen dorthin bedürfen keiner besonderen aufsichtsbehördlichen Genehmigung (Art. 45 Abs. 1 S. 2, Erwägungsgrund 103 S. 2). Für die aus der EU/dem EWR übermittelnden Stellen ist er dadurch ein sehr komfortables Transferinstrument.

Datenübermittlung auf Grundlage eines Angemessenheitsbeschl. **Artikel 45 DS-GVO**

Ein Angemessenheitsbeschluss bietet **Vorteile für alle Beteiligten** und könnte daher als Idealzustand bezeichnet werden. Er attestiert einem großen Empfängerkreis außerhalb der EU/des EWR (→ Art. 44 Rn. 24) ein angemessenes Schutzniveau. Das entsprechende Drittland selbst wird zu einem attraktiveren Wirtschaftsstandort. Die Verantwortlichen im Drittland können bei Vertragspartnern, Kunden und Bürgern aus dem In- und Ausland damit werben, personenbezogene Daten Schutz auf einem mit der EU vergleichbaren Niveau zu bieten. Dass die DS-GVO ein hohes Schutzniveau beansprucht, dürfte sich inzwischen bei allen großen Handelspartnerländern der EU-Mitgliedstaaten herumgesprochen haben. Kunden und Bürger freuen sich über die Wahrung ihrer Rechte und können beruhigter ihre personenbezogenen Daten preisgeben. 2

Ein Angemessenheitsbeschluss nach Art. 45 ermöglicht nicht nur einen freien Datenverkehr mit möglichst wenig Bürokratie für die übermittelnden Stellen, sondern stellt auch eine einheitliche Beurteilung des Datenschutzniveaus sicher und sorgt somit für eine **homogenere Rechtsanwendung** und mehr Rechtssicherheit. Die Beurteilung erfolgt anhand des vorgegebenen umfassenden Kriterienkatalogs des Art. 45 aus einer Hand durch die EU-Kommission und nicht mehr durch verschiedene europäische Aufsichtsbehörden. 3

Eine weitere positive Wirkung zeigt sich bereits auf dem Weg zu einem Angemessenheitsbeschluss. Denn die EU-Kommission stößt im Rahmen der Verhandlungen mit dem Drittland die Ausräumung eventuell bestehender datenschutzrechtlicher Defizite an bzw. bewegt zumindest dazu, sich intensiver mit dem Thema Datenschutz zu befassen. Auch wenn es letztlich nicht zu einem Angemessenheitsbeschluss kommen sollte, kann die Thematisierung bestimmter Werte als ein Beitrag zur **Verbesserung der Wahrung der Menschenrechte** im jeweiligen Drittland betrachtet werden. Darüber hinaus erhält die EU-Kommission im Rahmen der Prüfverfahren, die einige Monate bis Jahre dauern, tiefere Einblicke in ein anderes Datenschutzrecht und kann mithilfe dieser Wissenserweiterung einen Nutzen zB auch für die Fortentwicklung von EU-Gesetzen oder für weitere Beziehungen zu dem entsprechenden Drittland ziehen. 4

Neben all den Vorteilen haben die Verantwortlichen auch schon einen Nachteil zu spüren bekommen: Es liegt nicht in ihrem Machtbereich, einen Angemessenheitsbeschluss aufrechtzuerhalten. Er kann nicht nur **durch die EU-Kommission widerrufen, geändert oder ausgesetzt** werden (→ Rn. 48), wenn zB die geänderte Rechtslage im Drittland dies erforderlich macht, sondern auch **durch den EuGH für ungültig** erklärt werden, wie in Bezug auf die USA inzwischen zweimal geschehen, nämlich im Jahr 2015 (EuGH NJW 2015, 3151, sog. Safe-Harbor-Entscheidung oder Schrems-Urteil) und am 16.7.2020 (EuGH NJW 2020, 2613, sog. Schrems II-Urteil). Wenn sich negative Entwicklungen abzeichnen, können Verantwortliche die Möglichkeit nutzen, auf andere Transferinstrumente auszuweichen, um einem plötzlichen Wegfall der Rechtsgrundlage und der Gefahr der abrupten Unzulässigkeit der Datenübermittlung zu entgehen (→ Art. 44 Rn. 8). Eine kontinuierliche Beobachtung der Rechtslage zum jeweiligen Drittland ist generell angezeigt, da sich rechtliche Veränderungen im Drittland auch auf die Wirksamkeit anderer Transferinstrumente auswirken können. 5

II. Systematik

Die **Transferinstrumente des Kap. V gelten unabhängig** voneinander. Das Bestehen eines Angemessenheitsbeschlusses geht nicht mit einem Verbot anheim, ein anderes Transferinstrument zu wählen. Auch kann ein Verantwortlicher verschiedene Datenübermittlungen auf verschiedene Transferinstrumente stützen. Das für die jeweilige Datenübermittlung verwendete Transferinstrument muss allerdings vor der Datenübermittlung feststehen und kommuniziert werden – nach außen zB im Rahmen der Transparenzpflicht nach Art. 13 DS-GVO und nach innen zB im Rahmen eines Konzerndatenschutzvertrages. 6

Auch ein **Widerruf, eine Änderung oder eine Aussetzung** eines Angemessenheitsbeschlusses haben grundsätzlich keine Auswirkungen auf die Wirksamkeit anderer Transferinstrumente, also auf die Zulässigkeit von Übermittlungen personenbezogener Daten, die auf der Grundlage von Art. 46, 47 oder 49 erfolgen (Art. 45 Abs. 7). Es sei denn, dass sich die Gründe für die Entscheidung auch direkt auf diese Transferinstrumente auswirken. 7

Ein **Pendant** zu Art. 45 für die Verarbeitung personenbezogener Daten durch die zuständigen Behörden zum Zwecke der Verhütung, Ermittlung, Aufdeckung oder Verfolgung von Straftaten oder der Strafvollstreckung, einschließlich des Schutzes vor und der Abwehr von Gefahren für die öffentliche Sicherheit, findet sich in **Art. 36 JI-RL**. Diese Vorschrift ist im Wesentlichen inhaltsgleich und wird durch § 78 Abs. 1 Nr. 2, Abs. 2 BDSG ergänzt. 8

III. Entstehungsgeschichte

9 Art. 45 statuiert, was der EuGH im sog. **Schrems**-Urteil an Voraussetzungen an einen Angemessenheitsbeschluss, welcher damals auf der Grundlage der Vorläufer-Norm Art. 25 Abs. 6 Datenschutz-RL gefasst wurde, gestellt hat (EuGH NJW 2015, 3151). Prägend waren darüber hinaus auch die **Snowden**-Enthüllungen zu US-Überwachungsprogrammen wie PRISM.

10 Die Inhalte des Art. 45 waren Gegenstand intensiver Verhandlungen zwischen den drei gesetzgebenden Organen der Europäischen Union, also zwischen der Europäischen Kommission, dem Rat der Europäischen Union und dem Europäischen Parlament. Der Mechanismus zur regelmäßigen Evaluierung der Angemessenheitsbeschlüsse kam erst im Rahmen des **Trilogs** hinzu. Die Forderung des Europäischen Parlaments nach einem Vetorecht für Entscheidungen der EU-Kommission wurde nicht aufgenommen. Darüber hinaus entfiel die in Art. 25 Abs. 4 Datenschutz-RL niedergelegte Möglichkeit der Kommission festzustellen, dass ein Drittland ausdrücklich kein angemessenes Schutzniveau hat. Von dieser Möglichkeit hatte die Kommission ohnehin bis dahin keinen Gebrauch gemacht.

IV. Effektive Rechtsdurchsetzung

11 Die **Aufsichtsbehörden** der Mitgliedstaaten sind grundsätzlich an die Angemessenheitsbeschlüsse der EU-Kommission gebunden (Art. 288 Abs. 1, Abs. 4 AEUV). Sie haben jedoch, zB im Rahmen einer Beschwerde einer betroffenen Person, die Möglichkeit bzw. sogar Pflicht, im **Einzelfall** die **Aussetzung** konkreter Datenübermittlungen gem. Art. 58 Abs. 2 lit. j anzuordnen, wenn der Schutz der Grundrechte der betroffenen Person dies erfordert (zB gem. Art. 7 oder Art. 8 GRCh). Der Verantwortliche kann gegen die ihm gegenüber erlassene Anordnung klagen (Art. 78). In Deutschland sind hierfür die **Verwaltungsgerichte** zuständig. Liegt nach der Ansicht der Aufsichtsbehörde kein Datenschutzverstoß vor, dh geht die Aufsichtsbehörde davon aus, dass das grundsätzlich von der EU-Kommission festgestellte angemessene Schutzniveau im konkret zu prüfenden Fall nicht beeinträchtigt wurde oder wird und die Rechte der betroffenen Person hinreichend gewahrt sind, kann die betroffene Person – bei gegenteiliger Auffassung – ebenfalls gerichtlich gegen diese Entscheidung vorgehen (Art. 78).

12 Die EU-**Kommission** ist über eine Anordnung der Aussetzung unverzüglich **in Kenntnis zu setzen**. Diese Pflicht ist künftig in den neuen Angemessenheitsbeschlüssen festgeschrieben und war zB auch bereits im EU-U.S.-Datenschutzschild enthalten. Die übrigen unter der Datenschutz-RL erlassenen Angemessenheitsfeststellungen wurden mit dem Durchführungsbeschluss B (EU) 2016/2295 der EU-Kommission v. 16.12.2016 dahingehend geändert (→ Rn. 54).

13 Ein Eingreifen im Einzelfall stellt nicht die Rechtmäßigkeit eines Angemessenheitsbeschlusses als Ganzes in Frage. Hat die Aufsichtsbehörde jedoch **generelle Bedenken** gegen die Rechtmäßigkeit, kann sie den Angemessenheitsbeschluss gem. Art. 58 Abs. 5 vor dem zuständigen nationalen Gericht aufgrund einer Beschwerde oder auch von Amts wegen überprüfen lassen. In Deutschland ist dies gem. § 21 Abs. 3 BDSG das **Bundesverwaltungsgericht**. Sollte das Gericht die Bedenken teilen, setzt es das Verfahren aus und leitet gem. Art. 267 Abs. 1 AEUV ein **Vorabentscheidungsverfahren** vor dem EuGH ein (→ Rn. 13.1).

13.1 Ein Beispiel für die Beschreitung dieses Weges stellt das sog. Schrems II-Verfahren dar, in welchem die irische Datenschutzaufsichtsbehörde aufgrund einer Beschwerde von Max Schrems gegen Facebook Ireland beim irischen High Court einen Antrag auf Ersuchen einer Vorabentscheidung durch den EuGH – in diesem Fall hinsichtlich der Wirksamkeit der Standardvertragsklauseln der EU-Kommission – gestellt hatte, welchem das irische Gericht folgte (EuGH BeckRS 2019, 32163).

14 Betroffene Personen oder Verantwortliche können auch direkt im Wege einer **Nichtigkeitsklage** nach Art. 263 Abs. 4 Alt. 3 AEUV gegen den Angemessenheitsbeschluss der EU-Kommission bzw. gegen dessen Widerruf, Änderung oder Aussetzung vorgehen, da sie der Rechtsakt unmittelbar, dh ohne weitere Durchführungsmaßnahme, betrifft.

B. Sachlicher Anwendungsbereich

15 Art. 45 ist sachlich anwendbar auf Angemessenheitsbeschlüsse, die von der EU-Kommission erlassen werden oder wurden (→ Rn. 35 ff.) und in welchen sie ein angemessenes Schutzniveau (→ Rn. 18 ff.) für ein Drittland (→ Art. 44 Rn. 23), ein Gebiet oder einen oder mehrere spezifische Sektoren (→ Rn. 16 f.) in diesem Drittland oder für eine internationale Organisation (→ Art. 44 Rn. 27) feststellt oder festgestellt hat (Art. 45 Abs. 1 S. 1). Liegt ein solcher Beschluss

vor, bedarf die Übermittlung (→ Art. 44 Rn. 14 ff.) personenbezogener Daten dorthin keiner besonderen Genehmigung (Art. 45 Abs. 1 S. 2).

I. Gebiet oder spezifischer Sektor

In Art. 45 Abs. 1 S. 1 ist nun ausdrücklich gesetzlich geregelt, dass auch für Gebiete oder spezifische Sektoren ein Angemessenheitsbeschluss erlassen werden kann. Eine Legaldefinition bietet die DS-GVO zwar nicht, aber gemeinhin wird unter einem **Gebiet** ein einzelner territorialer Bereich innerhalb eines Drittlandes (zB ein Bundesland oder ein Bundesstaat) verstanden und unter **Sektor** eine Branche oder ein Tätigkeitsfeld, welche eigenen gesetzlichen Regelungen unterworfen ist (ua Kühling/Buchner/Schröder Rn. 6). Erwägungsgrund 104 S. 2 konkretisiert, dass der Anwendungsbereich für einen partiellen Angemessenheitsbeschluss klar anhand **objektiver Kriterien** zu begrenzen ist, wie etwa anhand bestimmter Verarbeitungsvorgänge oder anhand des Anwendungsbereichs anwendbarer Rechtsnormen und geltender Rechtsvorschriften in dem Drittland. 16

Partielle Angemessenheitsfeststellungen wurden bereits unter dem Rechtsregime der Datenschutz-RL erlassen. Eine solche lag etwa dem Beschluss zum **EU-U.S.-Datenschutzschild** zugrunde (→ Rn. 56) und galt demnach nur für Unternehmen, die eine dem Abkommen entsprechende Zertifizierung erworben hatten. Dieser Angemessenheitsbeschluss in Bezug auf die USA wurde am 16.7.2020 vom EuGH für ungültig erklärt (→ Rn. 59). 17

Auch die Angemessenheitsentscheidung zu **Kanada** (→ Rn. 56) gilt nur partiell, nämlich für die Unternehmen, die dem kanadischen **Personal Information Protection and Electronic Documents Act** unterliegen. Hiervon sind alle Organisationen umfasst, die im Rahmen einer kommerziellen Tätigkeit personenbezogene Daten verarbeiten. 17a

Im Angemessenheitsbeschluss zu **Israel** (→ Rn. 57) sind die territoriale und sektorale Begrenzung sogar kombiniert. Der sachliche Anwendungsbereich ist auf automatisierte Verarbeitungen begrenzt. Der örtliche Anwendungsbereich beschränkt sich auf den Staat Israel im Sinne des Völkerrechts und gilt daher nicht für die Golanhöhen, den Gazastreifen und das Westjordanland einschließlich Ost-Jerusalem. Mögliche Kandidaten für weitere partielle Angemessenheitsbeschlüsse werden bei Paal/Pauly (Paal/Pauly Rn. 3) vorgestellt. 17b

II. Angemessenheit des Schutzniveaus

Voraussetzung für den Erlass eines Angemessenheitsbeschlusses ist, dass das Drittland oder die internationale Organisation ein angemessenes Schutzniveau aufweist. Der Begriff der Angemessenheit wurde bereits in den Art. 25 f. Datenschutz-RL verwendet. Der EuGH entwickelte ihn dahingehend weiter, dass das Schutzniveau des Drittlandes bzw. der internationalen Organisation im Vergleich zu dem in der EU „**der Sache nach gleichwertig**" sein muss. Die „Mittel, auf die das Drittland insoweit zurückgreift, um ein solches Schutzniveau zu gewährleisten" können sich aber von denen in der EU verwendeten Mitteln unterscheiden (EuGH NJW 2015, 3151 Rn. 73 f.). 18

Diesen Gedanken übernahm der EU-Gesetzgeber in den Erwägungsgrund 104 S. 3. Welche **Kriterien** für eine Gleichwertigkeit ausschlaggebend sind, konkretisierte er in Art. 45 Abs. 2 (→ Rn. 24 ff.). Die dort genannten Aspekte beziehen sich vor allem auf die Rechtsordnung, insbesondere die Rechte der betroffenen Personen und die Pflichten der verarbeitenden Stellen sowie auf die Mittel zur Sicherstellung ihrer wirksamen Anwendung und Durchsetzung. 19

Die genannten Aspekte sind nicht abschließend zu verstehen („**insbesondere**") und von der EU-Kommission lediglich zu „**berücksichtigen**". Diese hat also einen gewissen Spielraum bei ihrer Einschätzung, der bei den vielen verschiedenen Rechtssystemen auch erforderlich sein dürfte. Der Spielraum wird aber durch die in der Charta der Grundrechte der EU verankerten datenschutzrechtlichen Grundrechte (zB Art. 7, 8 und 47 GRCh) sowie durch die Grundsätze der DS-GVO begrenzt. Die Gesamteinschätzung muss einer möglichen Überprüfung durch den EuGH standhalten. 20

Die ehemalige Artikel 29-Datenschutzgruppe hatte zur Frage der Angemessenheit ausgeführt, dass das System eines Drittlandes oder einer internationalen Organisation folgende inhaltliche, verfahrensrechtliche und durchsetzungsbezogene **Datenschutzgrundsätze** vorsehen muss (WP 254/rev.01 „Referenzgrundlage für Angemessenheit" angenommen am 28.11.2017, zuletzt überarbeitet und angenommen am 6.2.2018, 5 f.): 21

Bestehen grundlegender Datenschutzbegriffe und/oder -grundsätze
Verarbeitung von Daten auf rechtmäßige, faire und legitime Weise
Grundsatz der Zweckbindung

Grundsatz der Datenqualität und der Verhältnismäßigkeit
Grundsatz der Datenspeicherung (gemeint ist die Speicherbegrenzung)
Grundsatz der Sicherheit und der Vertraulichkeit
Grundsatz der Transparenz
Recht auf Auskunft und Berichtigung oder Löschung personenbezogener Daten sowie Recht auf Widerspruch
Einschränkungen bei der Weiterleitung von Daten

22 Das Arbeitspapier WP 254/rev.01 enthält **weitere Grundsätze** für bestimmte Arten der Datenverarbeitung.

23 Der EuGH hat darüber hinaus **konkrete Beispiele** genannt, die sich auf die Beurteilung der Angemessenheit auswirken (EuGH NJW 2015, 3151 Rn. 91 ff.).

1. Wirksame Rechtsordnung und Gerichtsbarkeit

24 Die gem. Art. 45 Abs. 2 lit. a von der EU-Kommission zu berücksichtigenden **Kriterien** betreffen eine wirksame Rechtsordnung und Gerichtsbarkeit. Konkret muss unter anderem eine Analyse und Bewertung im Hinblick auf Rechtsstaatlichkeit, Achtung der Menschenrechte und Grundfreiheiten und auf Rechtsvorschriften, insbesondere bezüglich wirksamer und durchsetzbarer Rechte der betroffenen Personen, Weiterübermittlungen innerhalb des Landes oder an ein Drittland oder auch bezüglich Eingriffen in das Persönlichkeitsrecht erfolgen. Weitere Aspekte sind die Anwendung der Rechtsvorschriften in der Praxis sowie eine gut funktionierende Rechtsprechung und wirksame verwaltungsrechtliche und gerichtliche Rechtsbehelfe für betroffene Personen.

25 Im Rahmen der Betrachtung der Rechtsvorschriften sind insbesondere solche aus dem Bereich der öffentlichen Sicherheit, der Verteidigung, der nationalen Sicherheit und des Strafrechts sowie der **Zugang der Behörden zu personenbezogenen Daten** von Bedeutung, wie in Art. 45 Abs. 2 lit. a explizit benannt. Dies verdeutlicht, dass nicht nur Schutzbedarf im Rahmen der Datenverarbeitung im Lebensalltag zB durch Unternehmen oder etwa kommunale Behörden besteht, bei denen der Verantwortliche oder Auftragsverarbeiter bekannt ist oder zumindest vermutet werden kann, sondern vor allem auch um Datenverarbeitungen, von denen die betroffenen Personen im Regelfall gar nichts erfahren. Diese Anforderung könnte auf die Snowden-Enthüllungen zurückgehen.

26 Die ehemalige **Artikel 29-Datenschutzgruppe** hatte **vier Garantien** herausgearbeitet, die in Bezug auf den Zugang der Behörden zu personenbezogenen Daten, zB zur Wahrung der nationalen Sicherheit, oder zum Zwecke der Rechtsdurchsetzung, eingehalten werden müssen (WP 254/rev.01, 9):
Die Verarbeitung sollte auf der Grundlage von klaren, präzisen und zugänglichen Vorschriften erfolgen (Rechtsgrundlage).
Die Erforderlichkeit und Verhältnismäßigkeit in Bezug auf die berechtigten Ziele müssen nachgewiesen werden.
Die Verarbeitung muss einer unabhängigen Aufsicht unterliegen.
Den betroffenen Personen müssen wirksame Rechtsbehelfe zur Verfügung stehen.

26a Diese Garantien sind in einem weiteren Arbeitspapier der ehemaligen Artikel 29-Datenschutzgruppe näher erläutert (WP 237, Arbeitsunterlage 01/2016 über die Rechtfertigung von Eingriffen in die Grundrechte auf Schutz der Privatsphäre und Datenschutz durch Überwachungsmaßnahmen bei der Übermittlung personenbezogener Daten (wesentliche europäische Garantien), angenommen am 13.4.2016).

27 Gemäß Art. 45 Abs. 2 lit. a muss die Kommission bei ihrer Prüfung der Angemessenheit des Schutzniveaus ua auch das Bestehen verwaltungsrechtlicher und gerichtlicher Rechtsbehelfe berücksichtigen. Seit dem sog. Schrems II-Urteil des EuGH (→ Rn. 5, → 59 ff.) ist klar, dass es sich vor dem Hintergrund von Art. 47 GRCh bei dieser Anforderung um ein Muss handelt. Der EuGH führte in der genannten Entscheidung aus, dass zB ein Ombudsmechanismus, wie er im Angemessenheitsbeschluss zum EU-U.S.-Datenschutzschild eingerichtet war, keinen Rechtsweg zu einem Organ eröffnet, der betroffenen Personen Garantien bietet, die denen nach Art. 47 GRCh der Sache nach gleichwertig sind (EuGH NJW 2020, 2613 Rn. 197). Mit diesem Mechanismus konnte daher der Mangel des gegenständlichen US-amerikanischen Rechts, welches keinen **effektiven Rechtsschutz** für EU-Bürger vorsieht, nicht geheilt werden.

Datenübermittlung auf Grundlage eines Angemessenheitsbeschl. **Artikel 45 DS-GVO**

2. Unabhängige Datenschutzaufsicht

Zweites Kernelement für die Feststellung der Angemessenheit des Schutzniveaus ist gem. Art. 45 Abs. 2 lit. b eine unabhängige Datenschutzaufsicht. Die reine Existenz einer Aufsichtsbehörde ist nicht ausreichend. Sie muss mit entsprechenden **Ermittlungs- und Sanktionsbefugnissen** ausgestattet sein, die abschreckende Wirkung haben und die für die Durchsetzung des Datenschutzrechts erforderlich sind. 28

Darüber hinaus muss sie **völlig weisungsfrei** handeln können. Dies setzt voraus, dass die Behörde organisatorisch, also hinsichtlich Entscheidungsgewalt, Personal und Haushalt, so aufgestellt ist, dass sie in völliger Unabhängigkeit handeln kann und zB auf eigene Initiative oder aufgrund von Beschwerden Untersuchungen durchführen kann sowie mit Aufsichtsbehörden der EU-Mitgliedstaaten kooperiert (Erwägungsgrund 104 S. 4; Art. 8 Abs. 3 GRCh; vgl. Art. 52 Abs. 2; WP254/rev.01, 7 f.). 29

Derzeit nicht belegt. 30

3. Internationale Verpflichtungen

Bei der Prüfung der Angemessenheit sind auch internationale und andere Verpflichtungen zu berücksichtigen, die sich aus **rechtsverbindlichen Übereinkünften** oder Instrumenten sowie aus der Teilnahme des Drittlands oder der internationalen Organisation an **multilateralen oder regionalen Systemen** ergeben (Art. 45 Abs. 2 lit. c), einschließlich der Umsetzung dieser Verpflichtungen (Erwägungsgrund 105 S. 1). Insbesondere der Beitritt zum Übereinkommen zum Schutz des Menschen bei der automatischen Verarbeitung personenbezogener Daten v. 28.1.1982 (SEV Nr. 108 und Zusatzprotokoll Nr. 109) sollte positive Berücksichtigung finden (Erwägungsgrund 105 S. 2). Negativ ins Gewicht fallen könnten internationale Verpflichtungen, die weitreichende Datenübermittlungen in weitere Länder zum Gegenstand haben. 31

III. Ausnahmen

Der sachliche Anwendungsbereich des Art. 45 bzw. des Kap. V insgesamt ist dann nicht eröffnet, wenn er gesetzlich ausgeschlossen ist (Art. 2 Abs. 2–4) oder das vorrangige Primärrecht gilt (→ Art. 44 Rn. 28). 32

C. Räumlicher Anwendungsbereich

Die Angemessenheitsbeschlüsse der EU-Kommission gelten unmittelbar in allen **Mitgliedstaaten** (Art. 288 Abs. 4 AEUV). Darüber hinaus kann der Gemeinsame EWR-Ausschuss beschließen, dass ein von der EU-Kommission gem. Art. 45 erlassener Angemessenheitsbeschluss in das **EWR-Abkommen** aufgenommen wird, sodass dieser auch Geltung in Island, Liechtenstein und Norwegen erlangt. 33

Allgemein zur Frage des räumlichen Anwendungsbereichs in Bezug auf die Normen des Kap. V → Art. 44 Rn. 33 ff. 34

D. Formelle Erfordernisse für den Erlass eines Angemessenheitsbeschlusses

I. Zuständigkeit

Nur die **EU-Kommission** ist befugt, einen Angemessenheitsbeschluss zu erlassen (Art. 45 Abs. 1 S. 1). Die EU-Mitgliedstaaten werden bei der Entscheidung insoweit beteiligt, dass die EU-Kommission den Europäischen Datenschutzausschuss (EDSA) konsultieren muss (Erwägungsgrund 105 S. 3, Art. 70 Abs. 1 lit. s) (→ Rn. 35.1). 35

Die explizite Einbeziehung des **Europäischen Datenschutzbeauftragten (EDSB)**, wie es noch in Art. 28 Abs. 2 VO (EG) Nr. 45/2001 des Europäischen Parlaments und des Rates v. 18.12.2000 zum Schutz natürlicher Personen bei der Verarbeitung personenbezogener Daten durch die Organe und Einrichtungen der Gemeinschaft und zum freien Datenverkehr (ABl. 2001 L 008, 1) vorgesehen war, ist nun ausdrücklich ausgeschlossen gem. Art. 42 Abs. 1 iVm Abs. 4 VO (EU) 2018/1725 des Europäischen Parlaments und des Rates v. 23.10.2018 zum Schutz natürlicher Personen bei der Verarbeitung personenbezogener Daten durch die Organe, Einrichtungen und sonstigen Stellen der Union, zum freien Datenverkehr und zur Aufhebung der VO (EG) Nr. 45/2001 und des Beschlusses Nr. 1247/2002/EG (ABl. 2018 L 295, 39), die die erstgenannte Verordnung Ende 2018 abgelöst hatte. Dies ist insofern konsequent, da der EDSB als Teil des EDSA bereits beteiligt ist. 35.1

Beck

36 Die Mitgliedstaaten bzw. ihre Aufsichtsbehörden können der EU-Kommission **Vorschläge** unterbreiten, welches Drittland oder welche internationale Organisation aus ihrer Sicht für eine Angemessenheitsentscheidung in Betracht kommt. Die EU-Kommission hat in ihrer Mitteilung an das Europäische Parlament und den Rat zum Austausch und Schutz personenbezogener Daten in einer globalisierten Welt v. 10.1.2017 **vier Kriterien** veröffentlicht, die sie bei ihrer Auswahl zugrunde legt (COM (2017) 7 final, 9):

der Umfang der (tatsächlichen oder potenziellen) Handelsbeziehungen der EU zu dem jeweiligen Drittland, einschließlich der Frage, ob ein Freihandelsabkommen besteht oder entsprechende Verhandlungen im Gange sind,

der Umfang der Übermittlung personenbezogener Daten aus der EU in das Drittland, der die geografischen und/oder kulturellen Bindungen widerspiegelt,

die Vorreiterrolle des Drittlandes im Bereich des Schutzes der Privatsphäre und des Datenschutzes, die als Modell für andere Länder in der Region dienen könnte, und

die allgemeinen politischen Beziehungen zu dem Drittland, insbesondere in Bezug auf die Förderung gemeinsamer Werte und Ziele auf internationaler Ebene.

II. Verfahren und Form

37 Wenn die EU-Kommission eine Auswahlentscheidung getroffen hat, beginnt die Phase der umfassenden Prüfung und Bewertung gem. den in Art. 45 Abs. 2 genannten Aspekten (→ Rn. 18 ff., → Rn. 24 ff.), ob in dem Drittland bzw. der internationalen Organisation ein angemessenes Schutzniveau besteht. Diese Phase dauert Monate oder auch mehr als ein Jahr. Sie umfasst auch die Konsultation des Europäischen Datenschutzausschusses (Erwägungsgrund 105 S. 3), an dessen Stellungnahme gem. Art. 70 Abs. 1 lit. s die EU-Kommission jedoch nicht gebunden ist. Hält die EU-Kommission im Ergebnis das Schutzniveau für angemessen, kann sie dies gem. Art. 45 Abs. 3 S. 1 im Wege eines **Durchführungsaktes** iSv Art. 291 Abs. 2 AEUV beschließen. Dieser wird gem. Art. 45 Abs. 3 S. 4, Art. 93 Abs. 2 iVm Art. 5 VO (EU) Nr. 182/2011 im sog. Komitologieverfahren erlassen. Hat die EU-Kommission als Kollegium den Angemessenheitsbeschluss förmlich angenommen, tritt dieser mit Bekanntmachung in Kraft. Die Organe der Mitgliedstaaten sind unmittelbar an ihn gebunden (Art. 288 Abs. 4 AEUV).

III. Inhalt

38 Abgesehen von der Feststellung, dass das Drittland bzw. die internationale Organisation ein angemessenes datenschutzrechtliches Schutzniveau hat (→ Rn. 18 ff.), muss der Beschluss die folgenden weiteren **Mindestinformationen** enthalten, die sich aus Art. 45 Abs. 3 S. 2 und S. 3 ergeben:

• Information zum territorialen und sektoralen Anwendungsbereich (→ Rn. 16)
• Benennung der zuständigen Aufsichtsbehörde(n), soweit vorhanden (→ Rn. 28 ff.)
• Beschreibung des Mechanismus für eine regelmäßige Überprüfung (→ Rn. 40 ff.)

38.1 Ein erstes Beispiel für die Beschreibung eines **Überprüfungsmechanismus** liefert die Angemessenheitsfeststellung zu Japan, welche die erste ist, die die EU-Kommission unter Geltung der DS-GVO getroffen hat (Durchführungsbeschluss (EU) 2019/419 v. 23.1.2019). Dort wird in den Rn. 180–183 ausgeführt, welche Aspekte die Überprüfung umfasst, wie häufig sie stattfindet (zunächst nach zwei Jahren), wie die Überprüfung durchgeführt wird, also zB insbesondere durch Zulieferung von Informationen durch die japanische Aufsichtsbehörde, und dass die EU-Kommission einen öffentlichen Bericht erstellt, der dem Europäischen Parlament und dem Rat vorgelegt wird.

39 Ausführliche **Ausführungen zum Rechtsrahmen und zum Schutzniveau** des Drittlandes stellen nicht nur die Grundlage für die von der EU-Kommission getroffene Entscheidung, sondern auch für die folgenden Überprüfungen dar und sind darüber hinaus für jeden Leser, der mehr über die datenschutzrechtlichen Gegebenheiten im Drittland erfahren möchte, sehr informativ. Die EU-Kommission hatte entsprechende Informationen sowohl bereits im Durchführungsbeschluss zum EU-U.S.-Datenschutzschild, als auch zu Japan, dem eigentlichen Beschlusstext vorangestellt bzw. als Annexe angehängt.

E. Rolle der EU-Kommission nach Erlass eines Angemessenheitsbeschlusses

I. Regelmäßige Überprüfungen

Bei der regelmäßigen Überprüfung, ob die Angemessenheit des Schutzniveaus noch gegeben 40 ist, ist allen **maßgeblichen Entwicklungen** in dem Drittland oder bei der internationalen Organisation Rechnung zu tragen (Art. 45 Abs. 3 S. 2, Erwägungsgrund 106 S. 3). Sie sollte in **Konsultation** mit dem betreffenden Drittland oder der betreffenden internationalen Organisation erfolgen.

Die **Standpunkte und Feststellungen** des Europäischen Parlaments und des Rates sowie der 41 anderen **einschlägigen Stellen** und Quellen, der Aufsichtsbehörden der EU-Mitgliedstaaten oder derjenigen des Drittlandes, sind dabei zu berücksichtigen (Erwägungsgrund 106 S. 4). Dem Europäischen Datenschutzausschuss sind zu diesem Zweck alle Unterlagen, die für die Beurteilung erforderlich sind, zur Verfügung zu stellen (Art. 70 Abs. 1 lit. s).

Die Überprüfung eines Angemessenheitsbeschlusses findet **spätestens alle vier Jahre** statt. Im 42 Beschluss selbst kann eine kürzere Überprüfungsfrist vorgesehen sein, wie zB in dem inzwischen vom EuGH für ungültig erklärten (→ Rn. 5) Beschluss zum EU-U.S.-Datenschutzschild (jährliche Überprüfung, → Rn. 56) oder zu Japan (erstmalige Überprüfung bereits nach zwei Jahren, → Rn. 57). Eine Überprüfung vor Ablauf der jeweils vorgesehenen Frist ist ebenfalls möglich, wenn zB Änderungen im Rechtsrahmen dies nahelegen.

II. Fortlaufende Überwachung

Neben den regelmäßigen Überprüfungen ist die EU-Kommission auch zu einer **fortlaufenden** 43 **Überwachung der Entwicklungen** im Drittland bzw. bei der internationalen Organisation verpflichtet, die die Wirkungsweise des jeweiligen Beschlusses beeinträchtigen könnten (Art. 45 Abs. 4). Diese Monitoringpflicht soll dazu dienen, mögliche Beeinträchtigungen, die sich vielleicht auch erst anbahnen, schnell zu erkennen und ggf. zu prüfen, mithilfe welchen Vorgehens – zB Gespräche mit den nationalen Behörden und Gesetzgebern – der Angemessenheitsbeschluss vielleicht doch weiter Bestand haben kann. Die Überwachung kann als Vorstufe zur umfassenderen Überprüfung betrachtet werden.

Um rechtzeitig auf Veränderungen im Rechtsrahmen oder in der tatsächlichen Praxis aufmerk- 44 sam zu werden, ist die EU-Kommission auf die **Zulieferung von Informationen** durch die zuständigen Behörden im Drittland angewiesen, die sie von diesen auch erwartet (Durchführungsbeschluss B (EU) 2019/419 Rn. 177). Darüber hinaus können die Aufsichtsbehörden der Mitgliedstaaten die EU-Kommission in Kenntnis setzen, wenn über Beschwerden Defizite bekannt werden. Auch für die Überwachung gilt, dass die Standpunkte und Feststellungen des Europäischen Parlaments und des Rates sowie der anderen einschlägigen Stellen und Quellen zu berücksichtigen sind (→ Rn. 41).

III. Angemessenheitsfeststellungen gem. Datenschutz-RL

Die gem. **Art. 25 Abs. 6 Datenschutz-RL** erlassenen Angemessenheitsfeststellungen **gelten** 45 gem. Art. 45 Abs. 9 **weiter**, bis sie durch einen gem. Art. 45 erlassenen Beschluss geändert, ersetzt oder aufgehoben wurden. Die EU-Kommission ist gem. Erwägungsgrund 106 S. 1 Hs. 2 und S. 5 angehalten, die Wirkungsweise dieser Angemessenheitsfeststellungen zu **überwachen** und innerhalb einer angemessenen Frist zu **überprüfen** und zu bewerten sowie dem Europäischen Datenschutzausschuss (EDSA), dem Europäischen Parlament und dem Rat über alle maßgeblichen Feststellungen Bericht zu erstatten. Im Rahmen der gem. Art. 97 Abs. 1, Abs. 2 lit. a alle vier Jahre stattfindenden Bewertung und Überprüfung der Anwendung und der Wirkungsweise des Kap. V prüft die EU-Kommission auch die gem. Art. 25 Abs. 6 Datenschutz-RL erlassenen Feststellungen und erstattet dem Europäischen Parlament und dem Rat spätestens dann Bericht.

Auslegungsbedürftig scheint in Erwägungsgrund 106 S. 5 die Bezugnahme auf die **VO (EU)** 46 **Nr. 182/2011** des Europäischen Parlaments und des Rates v. 16.2.2011 zur Festlegung der allgemeinen Regeln und Grundsätze, nach denen die Mitgliedstaaten die Wahrnehmung der Durchführungsbefugnisse durch die EU-Kommission kontrollieren. Voraussichtlich ist gemeint, dass die **Berichterstattung** an den EDSA in der **Art und Weise** erfolgen soll, wie sie in den in der VO (EU) Nr. 182/2011 genannten Verfahren beschrieben ist. Es ist unwahrscheinlich, dass gemeint war, dass der EDSA den in der genannten Verordnung bezeichneten Ausschuss (Art. 3 Abs. 2 VO (EU) Nr. 182/2011) ersetzen soll, da die beiden Ausschüsse unterschiedliche Funktionen haben und sich ihre Zusammensetzung unterscheidet.

47   Derzeit nicht belegt.

IV. Widerruf, Abänderung oder Aussetzung eines Beschlusses

48   Die EU-Kommission kann einen Angemessenheitsbeschluss nicht nur erlassen, sondern diesen – etwa als Ergebnis einer Überprüfung (→ Rn. 40 ff.) – auch selbst **widerrufen, ändern oder aussetzen (Art. 45 Abs. 5)** und somit möglicherweise einer Befassung der Gerichte mit dem Angemessenheitsbeschluss zuvorkommen (→ Rn. 11 ff.). Diese Möglichkeit besteht auch für die unter der Datenschutz-RL erlassenen Angemessenheitsfeststellungen (Art. 45 Abs. 9). An einen Widerruf, die Änderung oder Aussetzung eines Beschlusses sind ebenfalls materielle und formelle Voraussetzungen geknüpft.

49   **Materielle Voraussetzung** ist, dass Informationen vorliegen, dass kein angemessenes Schutzniveau mehr gewährleistet ist. Ein Widerruf, eine Änderung oder Aussetzung des Beschlusses darf vom **Umfang** her auch nur insoweit erfolgen, wie es „nötig ist" (in der englischen Fassung: „to the extent necessary"). Demnach kann es je nach dem Ausmaß der Beeinträchtigung durch die rechtlichen oder tatsächlichen Veränderungen möglich sein, dass andere Teile des Angemessenheitsbeschlusses fortgelten. Die EU-Kommission hat auch insoweit **Gestaltungsspielraum**, als sie entscheiden kann, ob sie den Angemessenheitsbeschluss oder Teile dessen zunächst nur aussetzt, ihn ändert oder ihn vollständig widerruft, wobei die letzte Variante die einschneidendste ist.

50   Hinsichtlich des **Verfahrens** und der **Form** ist zu beachten, dass der Widerrufs-, Änderungs- oder Aussetzungsbeschluss ebenfalls in Form eines Durchführungsakts (Art. 45 Abs. 5 S. 2) erfolgt und dieser in hinreichend begründeten Fällen äußerster Dringlichkeit ggf. mit sofortiger Geltungswirkung erlassen werden kann (Dringlichkeitsverfahren, Art. 45 Abs. 5 S. 3).

51   Die **Rechtsfolge** ist, dass dieser Angemessenheitsbeschluss oder der Teil dessen, auf den sich der Widerrufs-, Änderungs- oder Aussetzungsbeschluss bezieht, nicht mehr als rechtliche Grundlage für Datenübermittlungen in das entsprechende Drittland oder die entsprechende internationale Organisation genutzt werden kann. Sollen Daten weiterhin dorthin übermittelt werden, sind andere Transferinstrumente heranzuziehen (→ Rn. 6 f.). Dies kann dazu führen, dass der Verantwortliche die Datenübermittlung zeitweise aussetzen muss, wenn nicht rechtzeitig Vorkehrungen für alternative Transferinstrumente für einen nahtlosen Übergang getroffen wurden. Der Widerruf, die Änderung und die Aussetzung wirken nur für künftige Datenübermittlungen. Alle Übermittlungen, die bis dahin erfolgten, werden hierdurch nicht rückwirkend unrechtmäßig.

52   Liegt ein Beschluss nach Art. 45 Abs. 5 vor, nimmt die EU-Kommission **Beratungen** mit dem betreffenden Drittland bzw. der betreffenden internationalen Organisation auf, um diesem bzw. dieser frühzeitig die Gründe zu nennen (Erwägungsgrund 107 S. 4) und Abhilfe für die Situation zu schaffen (Art. 45 Abs. 6).

F. Bereits erlassene Angemessenheitsbeschlüsse

I. Liste der Angemessenheitsbeschlüsse

53   Gemäß Art. 45 Abs. 8 muss die EU-Kommission im **Amtsblatt der Europäischen Union und auf Ihrer Website** alle gem. Art. 45 Abs. 3 oder Abs. 5 erlassenen Beschlüsse veröffentlichen, in denen sie feststellt, dass ein angemessenes Schutzniveau bzw. nicht mehr gewährleistet wird. Nachfolgend sind die bisher erlassenen Angemessenheitsbeschlüsse aufgelistet. Die Auflistung erhebt keinen Anspruch auf Richtigkeit und Vollständigkeit, da die Angemessenheitsfeststellungen einer regelmäßigen Überprüfung durch die Kommission unterliegen und jederzeit widerrufen, geändert oder ausgesetzt werden können. Darüber hinaus kann der EuGH die Feststellungen für ungültig erklären. Es können auch neue Angemessenheitsfeststellungen hinzukommen. Derzeit befindet sich die Kommission etwa im Prüfverfahren mit Südkorea.

54   Die bis zum Jahr 2013 erlassenen Angemessenheitsfeststellungen enthielten eine Einschränkung der Befugnisse der Datenschutzaufsichtsbehörden. Diese wurde vom EuGH im Jahr 2015 für ungültig erklärt (EuGH NJW 2015, 3151; auch Schrems-Urteil oder Safe-Harbor-Entscheidung genannt). Mit ihrem **Durchführungsbeschluss B (EU) 2016/2295 v. 16.12.2016** (ABl. Nr. L 344, 83) **korrigierte** die EU-Kommission dies in allen bis dahin erlassenen Feststellungen.

1. Europa

55   Für die Länder des geographischen Europas wurden bisher die folgenden Angemessenheitsfeststellungen erlassen:

Datenübermittlung auf Grundlage eines Angemessenheitsbeschl. **Artikel 45 DS-GVO**

Andorra: Beschluss der Kommission 2010/625/EU v. 19.10.2010, ABl. 2010 L 277, 27, geändert durch den Durchführungsbeschluss (EU) 2016/2295 der Kommission v. 16.12.2016, ABl. 2016 L 344, 83
Färöer: Beschluss der Kommission 2010/146/EU v. 5.3.2010, ABl. 2010 L 58, 17, geändert durch den Durchführungsbeschluss (EU) 2016/2295 der Kommission v. 16.12.2016, ABl. 2016 L 344, 83
Guernsey: Entscheidung der Kommission 2003/821/EG v. 21.11.2003, ABl. 2003 L 308, 28, geändert durch den Durchführungsbeschluss (EU) 2016/2295 der Kommission v. 16.12.2016, ABl. 2016 L 344, 83
Insel Man: Entscheidung der Kommission 2004/411/EG v. 28.4.2004, ABl. 2004 L 141, 51, geändert durch den Durchführungsbeschluss (EU) 2016/2295 der Kommission v. 16.12.2016, ABl. 2016 L 344, 83
Jersey: Entscheidung der Kommission 2008/393/EG v. 8.5.2008, ABl. 2008 L 138, 21, geändert durch den Durchführungsbeschluss (EU) 2016/2295 der Kommission v. 16.12.2016, ABl. 2016 L 344, 83
Schweiz: Entscheidung der Kommission 2000/518/EG v. 26.7.2000, ABl. 2000 L 215, 1, geändert durch den Durchführungsbeschluss (EU) 2016/2295 der Kommission v. 16.12.2016, ABl. 2016 L 344, 83
Vereinigtes Königreich: Durchführungsbeschluss der Kommission v. 28.6.2021, C(2021) 4800 final

2. Amerika

Angemessenheitsfeststellungen für die Länder Nord-, Süd- und Mittelamerikas bestehen wie folgt: 56
Argentinien: Entscheidung der Kommission 2003/490/EG v. 30.6.2003, ABl. 2003 L 168, 19, geändert durch den Durchführungsbeschluss (EU) 2016/2295 der Kommission v. 16.12.2016, ABl. 2016 L 344, 83
Kanada: Entscheidung der Kommission 2002/2/EG v. 20.12.2001, ABl. 2002 L 2, 13 (partieller Angemessenheitsbeschluss), geändert durch den Durchführungsbeschluss (EU) 2016/2295 der Kommission v. 16.12.2016, ABl. 2016 L 344, 83
Uruguay: Durchführungsbeschluss der Kommission 2012/484/EU v. 21.8.2012, ABl. 2012 L 227, 11, geändert durch den Durchführungsbeschluss (EU) 2016/2295 der Kommission v. 16.12.2016, ABl. 2016 L 344, 83
Für die **USA** besteht eine Angemessenheitsfeststellung nicht mehr (sog. EU-U.S.-Datenschutzschild). Der Durchführungsbeschluss der Kommission (EU) 2016/1250 v. 12.7.2016, ABl. 2016 L 207, 1 wurde am 16.7.2020 vom EuGH im sog. Schrems II-Urteil (→ Rn. 5) für **ungültig** erklärt.

3. Asien und Ozeanien

Für Länder im geographischen Asien und Ozeanien gibt es die nachfolgenden Angemessenheitsfeststellungen: 57
Israel: Beschluss der Kommission 2011/61/EU, ABl. 2011 L 27, 39 (partieller Angemessenheitsbeschluss), geändert durch den Durchführungsbeschluss (EU) 2016/2295 der Kommission v. 16.12.2016, ABl. 2016 L 344, 83
Japan: Durchführungsbeschluss der Kommission (EU) 2019/419 v. 23.1.2019, ABl. 2019 L 76, 1
Neuseeland: Durchführungsbeschluss der Kommission 2013/65/EU v. 19.12.2012, ABl. 2013 L 28, 12, geändert durch den Durchführungsbeschluss (EU) 2016/2295 der Kommission v. 16.12.2016, ABl. 2016 L 344, 83

II. Bestimmte Angemessenheitsbeschlüsse

1. Vereinigtes Königreich Großbritannien und Nordirland

Nachdem der Austritt des Vereinigten Königreichs Großbritannien und Nordirland aus der EU zum 31.1.2020 vollzogen war, befand sich das Land in einer Übergangsphase, die gem. dem Abkommen über seinen Austritt aus der Europäischen Union und der Europäischen Atomgemeinschaft (Mitteilung des Rates 2019/C 384 I/01 v. 12.11.2019, ABl. 2019/C 384 I/1) zunächst am 31.12.2020 enden sollte, letztlich aber bis zum 30.6.2021 verlängert wurde (→ Art. 44 Rn. 26). 58

Der Übergangszeitraum verschaffte der EU-Kommission Zeit, die Angemessenheit des Datenschutzniveaus in diesem Land zu prüfen. Ihren positiven Beschluss fasste sie am 28.6.2021 (→ Rn. 55).

2. Vereinigte Staaten von Amerika (USA)

59 In der **Vergangenheit** konnten Datentransfers von europäischen Unternehmen in die USA zunächst auf Grundlage der sogenannten **Safe Harbor**-Vereinbarung aus dem Jahr 2000 erfolgen. Der EuGH erklärte allerdings in seinem Urteil vom 6.10.2015 (EuGH NJW 2015, 3151, sog. Safe Harbor-Entscheidung oder „Schrems I") die zugehörige Entscheidung der EU-Kommission, in der diese den USA ein angemessenes Schutzniveau für übermittelte personenbezogene Daten attestiert hatte, für ungültig.

60 Mit der Entscheidung der EU-Kommission vom 12.7.2016 über den sog. EU-U.S.-Datenschutzschild (Englisch: **Privacy Shield**) stand seit dem 1.8.2016 eine neue Grundlage für Datenübermittlungen in die USA zur Verfügung (2016/1250/EU). Der Datenschutzschild konnte nicht für alle Übermittlungen personenbezogener Daten in die USA herangezogen werden, sondern bot eine Grundlage nur für Übermittlungen an solche US-Unternehmen, die eine gültige Zertifizierung gemäß dem Datenschutzschild besaßen. Da die Entscheidungen der EU-Kommission bindend sind, konnte der Datenschutzschild trotz der von den Datenschutzaufsichtsbehörden geäußerten Kritik als wirksame Grundlage genutzt werden, um personenbezogene Daten aus der EU an solche US-Unternehmen zu transferieren, die sich gemäß dem Datenschutzschild zertifiziert hatten. Das US-Handelsministerium führte die offizielle Liste der US-Unternehmen, die eine entsprechende Zertifizierung erworben hatten.

61 Mit seinem Urteil vom 16.7.2020 hat der EuGH den EU-U.S.-Datenschutzschild mit sofortiger Wirkung für **ungültig** erklärt (EuGH NJW 2020, 2613). Das bedeutet, dass dieser nicht mehr als Grundlage für Datenübermittlungen in die USA verwendet werden kann. Aktuell gibt es also keine gültige Angemessenheitsentscheidung der EU-Kommission in Bezug auf die USA. Verantwortliche und Auftragsverarbeiter müssen auf andere Transferinstrumente des Kap. V zurückgreifen. Stehen keine anderen Transferinstrumente zur Verfügung und kann auch kein Ausnahmetatbestand des Art. 49 herangezogen werden, muss die Datenübermittlung ausgesetzt werden. Bereits übermittelte Daten sind zurückzufordern bzw. zu vernichten. Eine Übergangsfrist gibt es nicht.

Artikel 46 Datenübermittlung vorbehaltlich geeigneter Garantien

(1) Falls kein Beschluss nach Artikel 45 Absatz 3 vorliegt, darf ein Verantwortlicher oder ein Auftragsverarbeiter personenbezogene Daten an ein Drittland oder eine internationale Organisation nur übermitteln, sofern der Verantwortliche oder der Auftragsverarbeiter geeignete Garantien vorgesehen hat und sofern den betroffenen Personen durchsetzbare Rechte und wirksame Rechtsbehelfe zur Verfügung stehen.

(2) Die in Absatz 1 genannten geeigneten Garantien können, ohne dass hierzu eine besondere Genehmigung einer Aufsichtsbehörde erforderlich wäre, bestehen in
a) einem rechtlich bindenden und durchsetzbaren Dokument zwischen den Behörden oder öffentlichen Stellen,
b) verbindlichen internen Datenschutzvorschriften gemäß Artikel 47,
c) Standarddatenschutzklauseln, die von der Kommission gemäß dem Prüfverfahren nach Artikel 93 Absatz 2 erlassen werden,
d) von einer Aufsichtsbehörde angenommenen Standarddatenschutzklauseln, die von der Kommission gemäß dem Prüfverfahren nach Artikel 93 Absatz 2 genehmigt wurden,
e) genehmigten Verhaltensregeln gemäß Artikel 40 zusammen mit rechtsverbindlichen und durchsetzbaren Verpflichtungen des Verantwortlichen oder des Auftragsverarbeiters in dem Drittland zur Anwendung der geeigneten Garantien, einschließlich in Bezug auf die Rechte der betroffenen Personen, oder
f) einem genehmigten Zertifizierungsmechanismus gemäß Artikel 42 zusammen mit rechtsverbindlichen und durchsetzbaren Verpflichtungen des Verantwortlichen oder des Auftragsverarbeiters in dem Drittland zur Anwendung der geeigneten Garantien, einschließlich in Bezug auf die Rechte der betroffenen Personen.

(3) Vorbehaltlich der Genehmigung durch die zuständige Aufsichtsbehörde können die geeigneten Garantien gemäß Absatz 1 auch insbesondere bestehen in
a) Vertragsklauseln, die zwischen dem Verantwortlichen oder dem Auftragsverarbeiter und dem Verantwortlichen, dem Auftragsverarbeiter oder dem Empfänger der personenbezogenen Daten im Drittland oder der internationalen Organisation vereinbart wurden, oder
b) Bestimmungen, die in Verwaltungsvereinbarungen zwischen Behörden oder öffentlichen Stellen aufzunehmen sind und durchsetzbare und wirksame Rechte für die betroffenen Personen einschließen.

(4) Die Aufsichtsbehörde wendet das Kohärenzverfahren nach Artikel 63 an, wenn ein Fall gemäß Absatz 3 des vorliegenden Artikels vorliegt.

(5) ¹Von einem Mitgliedstaat oder einer Aufsichtsbehörde auf der Grundlage von Artikel 26 Absatz 2 der Richtlinie 95/46/EG erteilte Genehmigungen bleiben so lange gültig, bis sie erforderlichenfalls von dieser Aufsichtsbehörde geändert, ersetzt oder aufgehoben werden. ²Von der Kommission auf der Grundlage von Artikel 26 Absatz 4 der Richtlinie 95/46/EG erlassene Feststellungen bleiben so lange in Kraft, bis sie erforderlichenfalls mit einem nach Absatz 2 des vorliegenden Artikels erlassenen Beschluss der Kommission geändert, ersetzt oder aufgehoben werden.

Überblick

Für die überwiegende Zahl von Drittländern liegt derzeit noch kein Angemessenheitsbeschluss nach Art. 45 vor. Aufgrund der hohen Anforderungen an einen solchen Beschluss und des damit verbundenen Aufwands ist auch perspektivisch nicht damit zu rechnen, dass derlei Beschlüsse der Normalfall sein werden. Für die Übermittlung von personenbezogenen Daten in Drittstaaten, für die kein Angemessenheitsbeschluss nach Art. 45 vorliegt, stellt daher die DS-GVO in Art. 46 eine Reihe von Alternativen zur Verfügung, die sog. geeignete Garantien darstellen und einen Transfer von Daten auch in solche Drittstaaten ermöglichen, die kein angemessenes Schutzniveau bieten. Neu ist, dass sich die Vorschrift nicht nur an Verantwortliche, sondern auch an Auftragsverarbeiter richtet. Damit ist es ab dem 25.5.2018 auch für Auftragsverarbeiter möglich, selbst direkt für geeignete Garantien zu sorgen. Umständliche Vertragskonstruktionen zwischen verantwortlicher Stelle, Auftragsverarbeiter und Unterauftragnehmer in einem Drittstaat, wie sie unter dem BDSG erforderlich waren, können damit entfallen. Seitdem mit dem Durchführungsbeschluss der Europäischen Kommission (EU) 2021/914 vom 4.6.2021 die entsprechenden Standarddatenschutzklauseln auch für Auftragsverarbeiter zur Verfügung stehen, können letztere von dieser in Art. 46 Abs. 1 angelegten Erleichterung auch praktisch profitieren.

Übersicht

	Rn.		Rn.
A. Gesetzeszweck und allgemeine Anforderungen	1	5. Genehmigte Verhaltensregeln (Abs. 2 lit. e)	49
B. Allgemeines zur Rolle vertraglicher Garantien bei Übermittlungen in Drittländer	11	6. Genehmigte Zertifizierungsmechanismen (Abs. 2 lit. f)	55
C. Geeignete Garantien ohne Bedarf an besonderer Genehmigung (Abs. 2)	17	D. Geeignete Garantien unter Vorbehalt aufsichtsbehördlicher Genehmigung (Abs. 3)	59
I. Keine besondere Genehmigung erforderlich	17	I. Allgemeines	59
II. Geeignete Garantien	20	II. Vertragsklauseln (Abs. 3 lit. a)	62
1. Rechtlich bindendes und durchsetzbares Dokument zwischen Behörden oder öffentlichen Stellen (Abs. 2 lit. a)	20	III. Verwaltungsvereinbarungen (Abs. 3 lit. b)	66
2. Verbindliche interne Datenschutzvorschriften gem. Art. 47 (Abs. 2 lit. b)	23	E. Fortbestand von unter der DSRL erteilten Genehmigungen und der Standardvertragsklauseln der Kommission	68
3. Standarddatenschutzklauseln der Kommission (Abs. 2 lit. c)	24	I. Fortdauer von Genehmigungen nach Art. 26 Abs. 2 DSRL	69
4. Standarddatenschutzklauseln von Aufsichtsbehörden (Abs. 2 lit. d)	46	F. Befugnisse der Aufsichtsbehörden in Fällen des Art. 46	74

DS-GVO Artikel 46   Kapitel V. Übermittlung personenbezogener Daten an Drittländer

A. Gesetzeszweck und allgemeine Anforderungen

1   Art. 46 erlaubt die Übermittlung personenbezogener Daten an ein Drittland oder an eine internationale Organisation, wenn kein Angemessenheitsbeschluss der Kommission nach Art. 45 vorliegt, sofern der Verantwortliche oder Auftragsverarbeiter sog. **geeignete Garantien** vorsieht und sofern den betroffenen Personen **durchsetzbare Rechte** und **wirksame Rechtsbehelfe** zur Verfügung gestellt werden (Art. 46 Abs. 1). Die Vorschrift trägt damit zusammen mit den anderen Rechtsvorschriften des V. Kapitels dazu bei, den für die globalisierte Wirtschaft notwendigen Austausch personenbezogener Daten mit Drittländern zu ermöglichen, ohne dass das durch Unionsrecht gewährleistete Datenschutzniveau infolge der Übermittlung der Daten nach außerhalb der Europäischen Union untergraben wird (Art. 44).

2   Den in Art. 46 geregelten sog. geeigneten Garantien kommt hierbei für die Praxis eine sehr **wichtige Funktion** zu. Denn für die meisten Drittländer und auch internationalen Organisationen existiert kein Angemessenheitsbeschluss der Kommission nach Art. 45. Damit wären Übermittlungen personenbezogener Daten aus der Union dorthin – abgesehen von den eng auszulegenden Ausnahmetatbeständen nach Art. 49 – nicht möglich. Um einen solchen Zustand zu verhindern und gleichzeitig die personenbezogenen Daten, wie von Art. 44 gefordert, hinreichend zu schützen, stellt Art. 46 mehrere Arten von Instrumenten zur Verfügung, mit denen die Übermittlungen flankiert werden können.

2a   Mit dem Begriff „geeignete Garantien" sind gem. Erwägungsgrund 108 Vorkehrungen gemeint, mit denen sichergestellt wird, dass die Datenschutzvorschriften „auf eine der Verarbeitung innerhalb der Union angemessene Art und Weise beachtet werden". Diesen Maßstab hat der EuGH in seinem „Schrems-II-Urteil" (EuGH GRUR-RS 2020, 16082) konkretisiert und klargestellt, dass für die betroffenen Personen bei Übermittlungen auf Basis von Garantieinstrumenten iSv Art. 46 dasselbe Schutzniveau gewährleistet sein muss wie bei Übermittlungen auf Grundlage eines Angemessenheitsbeschlusses nach Art 45; namentlich muss in beiden Fällen ein **Schutzniveau** gewährleistet sein, das **mit dem in der Europäischen Union gewährleisteten der Sache nach gleichwertig** ist (EuGH GRUR-RS 2020, 16082 Rn. 96, 105). Dies ergibt sich aus Art. 44, wonach das in der Europäischen Union bestehende Schutzniveau nicht untergraben werden darf, wenn personenbezogene Daten in ein Drittland übermittelt werden (EuGH GRUR-RS 2020, 16082 Rn. 92). Sofern ein gleichwertiges Schutzniveau nicht schon durch die Anwendung eines der Art. 46 genannten Garantieinstrumente selbst erreicht werden kann, muss der Datenexporteur hierfür **zusätzliche Maßnahmen** ergreifen (EuGH GRUR-RS 2020, 16082 Rn. 133; vgl. dazu auch → Rn. 2f).

2b   Die Garantien müssen gemäß Erwägungsgrund 108 insbesondere die Einhaltung der allgemeinen **Grundsätze der Verarbeitung** personenbezogener Daten gewährleisten. Gemeint sind mithin insbesondere die Datenschutzgrundsätze iSv Art. 5 DS-GVO. In Erwägungsgrund 108 wird zudem der (durch die DS-GVO neu geschaffene) Grundsatz des Datenschutzes durch Technik und datenschutzfreundliche Voreinstellungen erwähnt. Insgesamt können die Garantien nur dann als „geeignet" angesehen werden und somit die Übermittlung legitimieren, wenn sie alle wesentlichen Elemente des in der Europäischen Union geltenden Schutzes beinhalten (Artikel 29-Datenschutzgruppe Artikel 29-Datenschutzgruppe WP 12, 18; → Rn. 13) und dadurch, ggf. ergänzt um zusätzliche Maßnahmen (→ Rn. 2d), einen mit dem in der Europäischen Union garantierten Schutzniveau in der Sache gleichwertigen Schutz gewährleisten (→ Rn. 2a).

2c   Der EuGH hat klargestellt, dass insbesondere die Standarddatenschutzklauseln der Kommission für sich alleine nicht immer ausreichen, um ein gleichwertiges Datenschutzniveau sicherzustellen (EuGH GRUR-RS 2020, 16082 Rn 128). Vielmehr ist vom Datenexporteur stets auch zu prüfen, ob die **Rechtslage im Empfängerland** es dem Datenimporteur überhaupt ermöglicht, die – etwa in der Form der Standarddatenschutzklauseln – eingegangenen vertraglichen Verpflichtungen wie etwa die, die empfangenen Daten ausschließlich nach Weisung des Exporteurs zu verarbeiten, auch einzuhalten. Dies gilt insbesondere im Hinblick auf den Gesichtspunkt möglicher Datenzugriffe durch Behörden im Drittstaat. Denn vertragliche Garantien wie die Standarddatenschutzklauseln, die zwischen Datenexporteur und Datenimporteur vereinbart werden, entfalten naturgemäß keine Bindungswirkung gegenüber Behörden (EuGH GRUR-RS 2020, 16082 Rn 132). Diese – an sich nicht überraschende – Klarstellung durch den EuGH kann man in ihrer Bedeutung kaum überschätzen. Sie stellt die Anwender vor massive Herausforderungen, denn nunmehr ist klargestellt, dass Datenexporteure sich nicht darauf beschränken können, eines der Instrumente nach Art. 46 abzuschließen und „in die Schublade zu legen". Vielmehr müssen sie sich explizit mit der Rechtslage und Praxis im Drittland auseinandersetzen, was gerade für kleinere Unternehmen bisweilen im Einzelfall nur schwer leistbar ist (→ Rn. 2n). Man wird im Übrigen diese Aussage des EuGH auch für die anderen Garantieinstrumente iSv Art. 46 anwenden müssen, da sämtliche dieser Instrumente vertraglichen oder vertragsähnlichen Charakter haben und somit drittstaatliche Behörden nicht binden können.

Kommt der Datenimporteur einer aus dem Recht des Drittlands folgenden rechtlichen Verpflichtung nach – etwa zur Offenlegung der Daten an eine dortige Behörde – verstößt er damit gegen die von ihm vertraglich zum Einsatz gebrachten Standarddatenschutzklauseln, sofern die betreffende aus dem Drittlandsrecht folgende rechtliche Verpflichtung über das Maß hinausgeht, das **in einer demokratischen Gesellschaft** zur Gewährleistung ua der Sicherheit des Staates, der Landesverteidigung und der öffentlichen Sicherheit **erforderlich** ist (EuGH GRUR-RS 2020, 16082 Rn 141). Datenzugriffe drittstaatlicher Behörden sind mithin aus Sicht des europäischen Rechts nur dann als akzeptabel zu bewerten, wenn sie diese Schwelle nicht überschreiten. Fallen die übermittelten Daten in den Anwendungsbereich eines Gesetzes eines Drittlands, das dortigen Behörden Datenzugriffe jenseits dieser Schwelle ermöglicht (nachfolgend: „**problematisches Gesetz**"), besteht für die übermittelten Daten kein gleichwertiges Schutzniveau wie das durch europäisches Recht gewährleistete (vgl. dazu → Rn. 15), sodass die Übermittlung unter Verwendung von Garantien nach Art. 46 unzulässig ist, es sei denn, der Datenexporteur vermag es mit Hilfe **zusätzlicher Maßnahmen**, die Datenzugriffe auszuschließen oder auf ein Maß einzuschränken, das die oben genannte Schwelle wahrt (→ Rn. 2n; → Rn. 3a ff.). Was die USA angeht, so hat sich der EuGH im Schrems-II-Urteil mit den Zugriffsmöglichkeiten von US-Behörden auf der Grundlage der US-Rechtsakte FISA 702 und Executive Order 12.333 befasst und festgestellt, dass diese über das nach europäischem Recht akzeptable Maß hinausgehen und den Grundsatz der Verhältnismäßigkeit verletzen (EUGH GRUR-RS 2020, 16082 Rn. 180; zu den praktischen Konsequenzen → Rn. 2j).

2d

Es stellt sich die Frage, ob eine Übermittlung (sofern keine „zusätzliche Maßnahmen" ergriffen werden können) schon dann unzulässig ist, wenn die zu übermittelnden Daten bei abstrakter Betrachtung in den Anwendungsbereich eines „problematischen Gesetzes" eines Drittlands fallen, oder aber ob – wie einige Stimmen in der Diskussion fordern – insoweit eine wie auch immer zu bestimmende „**Wahrscheinlichkeit**" von Zugriffen drittländischer Behörden auf Grundlage des entsprechenden Gesetzes eine Rolle spielen kann. Dem letztgenannten Ansatz ist jedoch zu widersprechen. Zum einen lässt sich dem Schrems-II-Urteil des EuGH nichts entnehmen, was für eine wie auch immer geartete Betrachtung der „Wahrscheinlichkeit" von Datenzugriffen spricht. Zum anderen dürfte auch kaum valide abschätzbar sein, wie wahrscheinlich ein tatsächlicher Zugriff etwa eines Nachrichtendienstes auf Grundlage eines Rechtsrahmens, der solche Zugriffe grundsätzlich ermöglicht, bezogen auf eine bestimmte Übermittlung tatsächlich ist. Auch wird man kaum seriös sagen können, dass bestimmte Datenkategorien etwa für Nachrichtendienste oder Sicherheitsbehörden von vornherein „uninteressant" wären und somit insoweit ein Zugriff insoweit wenig wahrscheinlich wäre. Die Praktiken und teilweise auch die in verschiedenen Ländern bestehenden rechtlichen Rahmen insbesondere im nachrichtendienstlichen Bereich ermöglichen häufig einen breiten Zugriff auf Daten – so etwa im Falle der US-Rechtsakte FISA 702 und Executive Order 12.333, die (so wörtlich der EuGH im Schrems-II-Urteil; EuGH Urt. v. 16.7.2020 – C-311/18 Rn. 183) die „Sammelerhebung" relativ großer Mengen personenbezogener Daten ermöglichen und insoweit nicht nach Arten oder Kategorien von Daten unterscheiden.

2e

Auch der Europäische Datenschutzausschuss (EDSA) hat der Berücksichtigung der „Wahrscheinlichkeit" von Datenzugriffen für den Fall, dass die übermittelten Daten abstrakt betrachtet in den Anwendungsbereich eines „problematischen Gesetzes" (→ Rn. 2d) fallen, in seinem Papier „Recommendations 2020/1" (→ Rn. 2n) eine Absage erteilt (vgl. Rn. 47 des oben genannten EDSA-Papiers). Einzig ist der EDSA bereit, den sog. **praktischen Erfahrungen** des Datenimporteures mit „problematischen Zugriffen" eine gewisse Bedeutung bei der Bewertung des Schutzniveaus beim Datenempfänger zukommen zu lassen. Fallen die übermittelten Daten dem Grunde nach – dh abstrakt – unter ein „problematisches Gesetz", ohne dass es jedoch in der Vergangenheit tatsächlich Zugriffe der Behörden auf Basis dieses Gesetzes beim konkreten Datenimporteur gegeben hat, soll dieser Umstand zumindest berücksichtigt werden können – allerdings gelten hierfür laut EDSA hohe Hürden: Nach Auffassung des EDSA sind die „praktischen Erfahrungen" des betreffenden Datenimporteurs für sich alleine gesehen niemals ein hinreichender Grund, um eine andernfalls unzulässige Übermittlung doch noch als zulässig betrachten zu können. Dies sei vielmehr nur dann der Fall, wenn weitere objektive und nachprüfbare Gesichtspunkte hinzukommen, die den verlässlichen Schluss erlauben, dass es bei Datenempfängern vergleichbarer Art und bezogen auf Übermittlungen vergleichbarer Art in der Praxis keine Zugriffe auf Basis des „problematischen Gesetzes" gibt (EDSA-Recommendations 1/2020, Rn. 47). Nach Auffassung des EDSA vermag daher die „praktische Erfahrung" des Datenimporteurs – etwa dahingehend, dass er noch

2f

nie Adressat eines Datenherausgabeersuchens einer Behörde auf der Grundlage eines „problematischen Gesetzes" war – nur dann relevant zu sein, wenn sich bei einer Gesamtbetrachtung mit an Sicherheit grenzender Wahrscheinlichkeit die Aussage treffen lässt, dass das (dem Buchstaben nach anwendbare) „problematische Gesetz" auf Daten der in Rede stehenden Art und bei vergleichbaren Akteuren in der Praxis nicht angewendet wird. Ein wichtiger Faktor bei dieser Betrachtung sind auch die Erfahrungen mit der Anwendung des betreffenden Gesetzes bei Akteuren, die mit dem Datenimporteur vergleichbar sind, etwa derselben Branche angehören und ähnliche Verarbeitungen wie die in Rede stehende Verarbeitung durchführen (EDSA-Recommendations 1/2020, Rn. 47).

2g Darüber hinaus ist dem Schrems-II-Urteil des EuGH zu entnehmen, dass der Datenexporteur auch prüfen muss, ob für betroffene Personen, auf deren Daten drittstaatliche Behörden Zugriff nehmen, **Rechtsbehelfe** zur Überprüfung solcher Zugriffe zur Verfügung stehen (EuGH GRUR-RS 2020, 16082 Rn 186 ff.). Diese Anforderung ergibt sich aus Art. 47 GRCh. Für den Fall von Datenzugriffsmöglichkeiten von US-Nachrichtendiensten auf Grundlage der sog. **Section 702 FISA** (dh der rechtlichen Grundlage ua der US-nachrichtendienstlichen Auslandsaufklärungsprogramme PRISM und UPSTREAM) sowie von **Executive Order 12.333** hat der EuGH im Schrems-II-Urteil festgestellt, dass so genannten Nicht-US-Personen keine gerichtlichen Rechtsschutzmöglichkeiten gegenüber den US-amerikanischen Behörden zustehen (EuGH GRUR-RS 2020, 16082 Rn 181, 182, 192); auch der sog. Ombudspersonmechanismus, der im EU-U.S. Privacy Shield vorgesehen war, wurde vom EuGH nicht als ausreichender Rechtsschutzmechanismus gemessen am Maßstab des Art. 47 GHCh angesehen (EuGH GRUR-RS 2020, 16082 Rn 197).

2h Aus dem Schrems-II-Urteil ergibt sich, dass sich der Datenexporteur sowohl vor dem Transfer als auch während des Verbleibs der Daten im Drittstaats aktiv und umfassend mit der **Rechtslage im Drittstaat** auseinandersetzen muss, in den er personenbezogene Daten übermitteln will (EuGH GRUR-RS 2020, 16082 Rn 142 f.). Der Datenexporteur erfüllt somit die datenschutzrechtlichen Anforderungen bei einer Übermittlung in einen Drittstaat, für den kein Angemessenheitsbeschluss der Kommission nach Art. 45 besteht, nicht schon allein dadurch, dass er eines der Garantieinstrumente nach Art. 46 zum Einsatz bringt. Kann der Datenimporteur in diesem Sinne aus Gründen der Rechtslage oder Praxis im Empfängerland die Verpflichtungen aus dem angewendeten Garantieinstrument – etwa den Standarddatenschutzklauseln – nicht einhalten, so bleibt ihm nur die Möglichkeit zu prüfen, ob er **zusätzliche Maßnahmen** ergreifen kann, die geeignet sind, diesen Mangel an Schutz zu kompensieren (EuGH GRUR-RS 2020, 16082 Rn 133 f.). Gelingt dies nicht, ist die Übermittlung unzulässig und muss unterbleiben bzw die Daten müssen zurückgeschickt oder zerstört werden (EuGH GRUR-RS 2020, 16082 Rn 135, 143). Es wird aber in einigen Übermittlungsszenarien nicht gelingen, zusätzliche Maßnahmen zu finden, die effektiv sind und somit die Übermittlung doch noch „retten" könnten (→ Rn. 3a ff.).

2i Was die Übermittlung personenbezogener Daten in die **USA** auf der Grundlage von Garantieinstrumenten im Sinne von Art. 46 angeht, wird man aus den Ausführungen des EuGH im Schrems-II-Urteil den Schluss ziehen müssen, dass, soweit die Daten Gegenstand von Datenzugriffen auf der Grundlage des dortigen rechtlichen Rahmens zur Auslandsaufklärung gemäß **FISA Section 702** und/oder gemäß **Executive Order 12.333** werden können, aufgrund ebendieser Datenzugriffsmöglichkeiten sowie auch aufgrund des Fehlens von Rechtsschutzmöglichkeiten für betroffene Personen gegen derartige Zugriffe (→ Rn. 2g) kein angemessenes Schutzniveau gewährleistet ist, sofern solche Zugriffe nicht durch irgendwelche von Datenexporteur (ggf. gemeinsam mit dem Datenimporteur) ergriffene „zusätzliche Maßnahmen" (vgl. EuGH GRUR-RS 2020, 16082 Rn 133) effektiv ausgeschlossen oder auf ein mit der EU-Grundrechtecharta vereinbares Maß (→ Rn. 2d) eingeschränkt werden können.

2j In der Konsequenz dürfen personenbezogene Daten nicht schon alleine auf der Grundlage von Garantie-Instrumenten nach Art. 46 in die **USA** übermittelt werden, sondern allenfalls wenn ein mit der EU vergleichbares Schutzniveau mit Hilfe von **zusätzlichen Maßnahmen** gewährleistet werden kann (vgl. EuGH GRUR-RS 2020, 16082 Rn 133; EDSA, FAQ, Fragen 5 und 6) – sofern die Daten unter den Anwendungsbereich von FISA Section 702 und/oder Executive Order 12.333 fallen können und somit zum Gegenstand von Datenzugriffen nach diesen Rechtsakten werden können. Dementsprechend hat auch die Datenschutzkonferenz – also die Arbeitsgruppe der Datenschutzaufsichtsbehörden von Bund und Ländern – betont, dass Standarddatenschutzklauseln für sich gesehen nicht ausreichend sind, um die **Übermittlung personenbezogener Daten in die USA** legitimieren zu können (DSK, Pressemitteilung vom 28.7.2020, dort Nr. 2 – https://www.datenschutzkonferenz-online.de/pressemitteilungen.html).

| Datenübermittlung vorbehaltlich geeigneter Garantien | **Artikel 46 DS-GVO** |

Für Übermittlungen in **andere Drittstaaten** als die USA gelten dieselben Maßstäbe. Anders **2k** als für die Datenzugriffsmöglichkeiten von US-Nachrichtendiensten (→ Rn. 2d; → Rn. 2g) gibt es für andere Drittstaaten bislang keine vergleichbaren Aussagen des EuGH. Jedoch ist jeder Datenexporteur verpflichtet, die Rechtslage im jeweiligen Drittstaat zu überprüfen, insbesondere im Hinblick auf Datenzugriffsmöglichkeiten dortiger Behörden und auf Rechtsschutzmöglichkeiten betroffener Personen gegen solche Zugriffe (→ Rn. 2c).

Der EuGH hat hiermit Datenexporteuren, die personenbezogene Daten in einen Drittstaat **2l** übermitteln möchten, einen **erheblichen Prüfungsaufwand** auferlegt. Sie müssen sich mit der Rechtslage im Drittstaat laufend aktiv beschäftigen und hierbei vor allem die dortigen Regelungen und Praxis zu behördlichen Datenzugriffen prüfen und dahingehend bewerten, ob diese die o.g. Anforderungen der EU-Grundrechtecharta wahren. Für die Praxis bedeutet dies, dass vor allem vor einer Übermittlung personenbezogener Daten in Staaten, bei denen – etwa aufgrund von seriöser Presseberichterstattung – Anhaltspunkte dafür bestehen, dass Grundrechte und Rechtsstaatlichkeit möglicherweise nicht in einem mit der EU gleichwertigen Umfang gewährleistet sind, eine besonders sorgfältige Prüfung geboten ist, sofern eine Übermittlung personenbezogener Daten dorthin in Erwägung gezogen wird.

So gesehen könnte das Schrems-II-Urteil des EuGH einen **Trend zur Rückholung** von **2m** Datenverarbeitungsprozessen aus Drittstaaten in die Europäische Union einleiten verbunden mit der Umstellung von Geschäftsprozessen sowohl bei datenschutzrechtlich Verantwortlichen als auch bei den Anbietern von Verarbeitungsdienstleistungen, etwa von Servern und Speicherplatz. Denn aufgrund der hohen Anforderungen, die sich gemäß dem Schrems-II-Urteil aus der DS-GVO an die Übermittlung personenbezogener Daten in Drittländer ergeben, wird es für eine Reihe von Übermittlungs-Szenarien schlicht nicht mehr möglich sein, personenbezogene Daten in datenschutzkonformer Weise in bestimmte Drittländer zu übermitteln – außer in den (vergleichsweise wenigen) Fällen, in denen die Übermittlung auf eine Ausnahme nach Art. 49 gestützt werden kann. Dies gilt gerade auch für die überaus praxisrelevanten Übermittlungen in die USA, insbesondere an **Cloud-Service-Provider** (→ Rn. 3a). So gesehen hat das Schrems-II-Urteil des EuGH durchaus das Potential, hinsichtlich der Praxis der Übermittlungen in Drittländer eine Zeitenwende einzuläuten.

Der Europäische Datenschutzausschuss (EDSA) hat in einem grundlegenden Papier („Recom- **2n** mendations 01/2020 on measures that supplement transfer tools to ensure compliance with the EU level of protection of personal data", Version 2.0 vom 18.6.2021, abrufbar unter https://edpb.europa.eu/our-work-tools/our-documents/recommendations/recommendations-012020-measures-supplement-transfer_en) praktische Hinweise dazu erteilt, wie Datenexporteure die **Rechtslage und Praxis von Drittländern zu überprüfen** haben. Der EDSA gliedert diese Prüfung in **sechs Schritte** (vgl. dazu Rn. 8–68 des EDSA-Papiers): Sie sollte mit einer Bestandsaufnahme der Übermittlungen und der dafür genutzten bzw. beabsichtigten Übermittlungsinstrumente im Sinne des V. Kapitels der DS-GVO beginnen. Daran schließt sich die Überprüfung der Rechtsvorschriften und Praktiken im Drittland an. In den Blick zu nehmen ist nicht die gesamte Rechtsordnung des Drittlandes, sondern (nur) diejenigen Rechtsvorschriften und Praktiken, die sich auf die zu übermittelnden Daten auswirken könnten. Dennoch wird der Prüfungsumfang in aller Regel ganz erheblich sein: Typischerweise müssen mindestens diejenigen Gesetze und Praktiken des Drittlands in den Blick genommen werden, die die Aufgaben und Befugnisse von **Strafverfolgungs- und Sicherheitsbehörden** und von **Nachrichtendiensten** regeln. Bei Übermittlungen an Empfänger in **regulierten Sektoren** (etwa Banken, Finanzdienstleister) müssen auch sektorenspezifische Gesetze und Regulierungen betrachtet werden, die den Aufsichtsbehörden im betreffenden Sektor unter Umständen den Zugang zu den übermittelten Daten (etwa im Rahmen einer aufsichtlichen Untersuchung) eröffnen können. Jeder Datenexporteur muss somit bei einer Übermittlung auf Basis von geeigneten Garantien nach Art. 46 prüfen, ob die Rechtsvorschriften und Praktiken des Drittlandes den Datenimporteur an der Einhaltung seiner Pflichten aus dem Garantieinstrument hindern würden (dazu, wann dies im Falle behördlicher Datenzugriffe der Fall ist, vgl. → Rn. 2d). Ist das der Fall, muss die Übermittlung unterbleiben, es sei denn, es gelingt, mittels „zusätzlicher Maßnahmen" (→ Rn. 3c) diese Auswirkungen (etwa die nach EU-Recht nicht zulässige Datenoffenlegung) zu verhindern.

Die **hohen Anforderungen,** die sich gemäß des Schrems-II-Urteils aus der DS-GVO für die **3** Übermittlung personenbezogener Daten in Drittländer ergeben, stellen die Anwender vor bisweilen enorme Herausforderungen. Gerade kleine und mittlere Unternehmen dürften oft nicht über die notwendigen (juristischen) Ressourcen verfügen, um Rechtslage und Praktiken im Drittland zu überprüfen und so die von ihnen gesetzlich geforderte Einschätzung der Zulässigkeit der

DS-GVO Artikel 46   Kapitel V. Übermittlung personenbezogener Daten an Drittländer

Übermittlung treffen zu können. Hier wäre wünschenswert, dass etwa Branchen- oder Fachverbände für die Unternehmen und andere Akteure Hilfestellungen leisten.

3a   Der EDSA hat sich im Papier „Recommendations 1/2020" (→ Rn. 2n) bemüht, die Konsequenzen des Schrems-II-Urteils des EuGH für typische und praxisrelevante Fallgruppen von Datenübermittlungen darzustellen. Diese Aussagen richten sich an die Anwender in der Praxis. Unternehmen und andere Akteure sollten sich darauf einstellen, dass die Aufsichtsbehörden diese Aussagen in ihrer Aufsichtspraxis zu Grunde legen. Dies bedeutet in der Konsequenz, dass damit zu rechnen ist, dass die Aufsichtsbehörden Übermittlungen in den Szenarien, die gemäß dem o.g. Papier als unzulässig eingestuft werden, letztlich untersagen werden, sofern der Datenexporteur die Übermittlung nicht selbst beendet.

3b   Für die Praxis besonders relevant ist Fallgruppe 6 des Recommendations 1/2020-Papiers des EDSA. Hierbei handelt es sich um Übermittlungen an Provider von Cloud-Diensten, bei denen der Dienstleister zur Erbringung seiner Leistung zumindest zeitweilig Zugang zu den Daten in unverschlüsselter Form benötigt. Wenn der Anbieter unter ein Gesetz eines Drittlands fällt, das den dortigen Behörden Zugang zu den Daten in einem Umfang ermöglicht, der über das nach europäischem Recht als zulässig geltende Maß hinausgeht (dazu vgl. → Rn. 2d), ist die Übermittlung unzulässig. Die als „zusätzliche Maßnahme" grundsätzlich in Betracht kommende Verschlüsselung (→ Rn. 3c) scheidet in diesem Szenario – bei dem der Cloud-Provider Zugriff auf zumindest zeitweilig unverschlüsselte Daten benötigt – nach dem derzeitigen Stand der Technik aus. Dies dürfte in Fällen von Software as a Service die Regel sein.

3c   Letztlich sieht der EDSA in seinem Recommendations 1/2020-Papier nur die **Verschlüsselung** sowie die **Pseudonymisierung** als Maßnahmen an, die im Falle von Übermittlungen von Daten, die unter ein „problematisches Gesetz" (→ Rn. 2d) eines Drittlands fallen, es vermögen, die Auswirkungen des „problematischen Gesetzes" effektiv zu verhindern, wobei an die Verschlüsselung bzw. die Pseudonymisierung bestimmte, im og Papier näher dargestellte Anforderungen zu stellen sind (vgl. EDSA-Recommendations 1/2020, Rn. 84, 85). Mithin können – und auch dies nur bei Einhaltung bestimmter Anforderungen - nur die Verschlüsselung sowie die Pseudonymisierung aus Sicht der Aufsichtsbehörden **hinreichende „zusätzliche Maßnahmen"** sein, mit denen in solchen Fällen die Übermittlung doch noch auf Garantieinstrumente nach Art. 46 (ergänzt um die genannten „zusätzlichen Maßnahmen) gestützt werden kann (vgl. dazu die Use Cases 1 und 2 des og Papiers des EDSA). Jedoch ist es nicht in allen Übermittlungsszenarien möglich, etwa eine effektive Verschlüsselung zum Einsatz zu bringen; so kommt das etwa bei Software as a Service aufgrund der Art der Dienste, die der Datenimporteur im Drittland erbringen soll, in aller Regel nicht in Betracht (→ Rn. 3b).

4   Unter der Geltung des BDSG aF war es gem. § 4c Abs. 2 S. 1 BDSG aF stets der Verantwortliche, der Garantien zum Schutz der Daten bei Übermittlungen in einen „unsicheren Drittstaat" erbringen musste. Unter der Geltung der DS-GVO kann gemäß dem Wortlaut von Art. 46 Abs. 1 hingegen auch ein **Auftragsverarbeiter** als Übermittler fungieren und kann somit geeignete Garantien erbringen. Damit sind bspw. auch Standarddatenschutzklauseln iSv Abs. 2 lit. c oder d für Übermittlungen durch Auftragsverarbeiter denkbar, was unter der Geltung der DSRL gemeinhin verneint wurde. Konsequenterweise hat die Europäische Kommission nunmehr auch Standarddatenschutzklauseln für Drittlandsübermittlungen durch Auftragsverarbeiter zur Verfügung gestellt – hierbei handelt es sich um die Module 3 und 4 der Standarddatenschutzklauseln des Durchführungsbeschlusses 2021/914 der Kommission vom 4.6.2021 (→ Rn. 36 ff.).

5   Bei der Anwendung von Art. 46 ist der in den Art. 2 und 3 geregelte **Anwendungsbereich der DS-GVO** zu beachten, insbesondere Art. 2 Abs. 2. Danach findet die DS-GVO ua keine Anwendung auf Datenverarbeitungen iRv Tätigkeiten, die nicht in den Anwendungsbereich des Unionsrechts fallen, etwa Tätigkeiten im Bereich der **nationalen Sicherheit** (Erwägungsgrund 16). Ferner gilt die DS-GVO nicht für Datenverarbeitungen durch Mitgliedstaaten iRd gemeinsamen Außen- und Sicherheitspolitik. Gleiches gilt für Datenverarbeitungen durch zuständige Behörden zum Zweck der Verhütung, Ermittlung, Aufdeckung und Verfolgung von Straftaten oder zur Strafvollstreckung sowie zur Gefahrenabwehr.

6   Ähnliche Einschränkungen ihres Anwendungsbereichs enthielt die EG-DSRL in ihrem Art. 3. Reichweite und Bedeutung dieser Einschränkungen waren jedoch immer wieder Gegenstand von **Missverständnissen,** insbesondere hinsichtlich Übermittlungen personenbezogener Daten an Behörden von Drittländern. Wie zuvor schon die Artikel 29-Datenschutzgruppe hat nun auch der EuGH in dankenswerter Klarheit darauf hingewiesen, dass die Einschränkungen des Anwendungsbereichs in Art. 3 DSRL nur Fälle der nationalen Sicherheit **der EU-Mitgliedstaaten** betreffen, nicht jedoch Datenverarbeitungen zu Zwecken der nationalen Sicherheit von **Drittländern** (EuGH GRUR-RS 2020, 16082 Rn 86 ff.). Somit gilt etwa bei Übermittlungen, die

Zwecken der nationalen Sicherheit von Drittländern dienen, grundsätzlich der allgemeine europäische Datenschutzrechtsrahmen, mithin die DS-GVO (Artikel 29-Datenschutzgruppe WP 228 Nr. 4.4.1). Somit ist die DS-GVO anzuwenden, wenn ein Unternehmen personenbezogene Daten aus der Europäischen Union an Strafverfolgungsbehörden (zB) in den USA übermittelt (Artikel 29-Datenschutzgruppe WP 228 Nr. 4.4.1).

Zusätzlich zur Erbringung geeigneter Garantien müssen den Betroffenen gem. Abs. 1 **durchsetzbare Rechte** und **wirksame Rechtsbehelfe** eingeräumt werden. 7

Derzeit nicht belegt. 8

Auch die gem. Abs. 1 den betroffenen Personen einzuräumenden **durchsetzbaren Rechte** haben sich an den in der DS-GVO enthaltenen Rechten zu orientieren. Den Betroffenen sind mithin mindestens Rechte auf Auskunft, Berichtigung, Löschung, Einschränkung der Verarbeitung sowie auf Schadensersatz (vgl. Art. 82) einzuräumen (EuGH NJW 2020, 2613 Rn. 105; Artikel 29-Datenschutzgruppe WP 12, 19). Die Standarddatenschutzklauseln der Europäischen Kommission vom 4.6.2021 (→ Rn. 36) enthalten in Klausel 10 Regelungen zu den Rechten der betroffenen Personen ua auf Auskunft, Berichtigung und Löschung. 9

Zudem müssen den betroffenen Personen **Rechtsbehelfe** zur Verfügung gestellt werden, wozu gem. Erwägungsgrund 108 „wirksame verwaltungsrechtliche oder gerichtliche Rechtsbehelfe" sowie das Recht „zur Geltendmachung von Schadensersatzansprüchen in der Union oder in einem Drittland" gehören. Auch die Rechtsbehelfe für betroffene Personen müssen ein Schutzniveau haben, das dem in der EU garantierten Niveau gleichwertig ist (EuGH NJW 2020, 2613 Rn. 105, 186). In ihrer Gestaltung können die Möglichkeiten der Rechtsverfolgung dabei unterschiedlich sein. Zumindest dem Wortlaut des Erwägungsgrundes 108 zufolge kann es unter Umständen ausreichend sein, wenn die betroffene Person ihre Rechte (nur) im Drittland – zB vor einem dortigen Gericht – verfolgen kann. Dies kann allerdings nicht in jedem Einzelfall als ausreichend gelten, sondern allenfalls wenn im Drittland eine ähnlich effektive Rechtsverfolgung gewährleistet ist wie im Unionsgebiet. Hier ist durchaus die Kreativität der Vertragsparteien gefragt. In seiner Stellungnahme Nr. 4/2019 zum Entwurf einer Verwaltungsvereinbarung über die Übermittlung personenbezogener Daten zwischen Finanzaufsichtsbehörden im EWR und außerhalb des EWR (https://edpb.europa.eu/our-work-tools/our-documents/opinion-board-art-64/opinion-42019-draft-aa-between-eea-and-non-eea_en) hat es der Europäische Datenschutzausschuss etwa als ausreichend angesehen, wenn die betroffenen Personen ihre Rechte aus der Verwaltungsvereinbarung unter Umständen im Drittland geltend machen (müssen); Als flankierende Maßnahmen hat der EDSA in diesem Fall jedoch gefordert, dass die Betroffenenrechte auch im Rahmen eines außergerichtlichen Streitbeilegungs- oder Mediationsverfahrens verfolgt werden können, und dass zudem in bestimmten Fällen ein externer Aufsichtsmechanismus eingeschaltet werden muss. 10

Hinsichtlich der Rechtsbehelfe regeln die **Standarddatenschutzklauseln der Europäischen Kommission vom 4.6.2021** (→ Rn. 36) in ihrer Klausel 3, dass betroffene Personen als sog Drittbegünstigte eine Reihe der Klauseln gegenüber dem Datenexporteur und/oder dem Datenimporteur geltend machen und durchsetzen können. Die Durchsetzung kann gemäß Klausel 11 durch Beschwerde bei den Datenschutzbehörden in der EU oder vor Gericht (in der Regel gem. Klausel 18 ebenfalls in der EU) erfolgen. 10a

B. Allgemeines zur Rolle vertraglicher Garantien bei Übermittlungen in Drittländer

Den in den Abs. 2 und 3 abschließend aufgezählten Garantien ist gemeinsam, dass sie im Wege von – im weiteren Sinne – **vertraglichen oder vertragsähnlichen Vereinbarungen** durch die an der Datenübermittlung beteiligten Stellen erbracht werden – also „inter partes" (Kühling/Buchner/Schröder Rn. 10). Dies ist der entscheidende Unterschied zu dem in Art. 45 geregelten Fall; Dort wird der Schutz für die in das Drittland übermittelten Daten im Wesentlichen durch die im Drittland geltenden Rechtsvorschriften gewährleistet. 11

Bei auf geeignete Garantien nach Art. 46 gestützten Übermittlungen muss ein Schutz hergestellt werden, der den Mangel an ausreichenden gesetzlichen Datenschutzvorschriften **kompensiert**. Insgesamt muss dabei ein Schutzniveau gewährleistet werden, das mit Blick auf die Risiken für die Grundrechte und Grundfreiheiten der betroffenen Person (Art. 1 Abs. 2) mit dem in der EU bestehenden Schutz gleichwertig ist (EuGH NJW 2020, 2613 Rn. 105; → Rn. 2a). 12

Deshalb müssen vertragliche Lösungen die **wesentlichen Elemente** des in der Europäischen Union geltenden Schutzes enthalten (Artikel 29-Datenschutzgruppe WP 12, 18). Hierzu zählen unter der Geltung der DS-GVO zumindest folgende Elemente: 13

- die allgemeinen Verarbeitungsgrundsätze (Erwägungsgrund 108), mithin gem. Art. 5 DS-GVO Rechtmäßigkeit, Zweckbindung, Datenminimierung bzw. Erforderlichkeit, Datenrichtigkeit, Speicherbegrenzung, Integrität und Vertraulichkeit (zu den Verarbeitungsgrundsätzen unter der DSRL vgl. Artikel 29-Datenschutzgruppe WP 108, 6 f., 18);
- der durch die DS-GVO eingeführte Grundsatz des Datenschutzes durch Technik und durch datenschutzfreundliche Voreinstellungen (Erwägungsgrund 108);
- Beschränkungen von Profiling (vgl. Art. 22);
- Beschränkung von Weiterübermittlungen an andere Stellen, sofern letztere nicht vertraglich auf die Einhaltung derselben Datenschutzgrundsätze verpflichtet werden (vgl. Artikel 29-Datenschutzgruppe WP 12, 7, 18).

14 Zudem müssen den Betroffenen gem. ausdrücklicher Regelung in Abs. 1 **durchsetzbare Rechte sowie Rechtsbehelfe** eingeräumt werden (→ Rn. 9 f.). Dies war bereits unter der Geltung der DSRL anerkannt (Artikel 29-Datenschutzgruppe WP 12, 8, 19) und ist nun in Abs. 1 explizit geregelt.

15 Vertragliche Lösungen sind zwar dazu geeignet, den Datenempfänger im Drittland selbst zu verpflichten, die empfangenen Daten bei ihrer Verarbeitung zu schützen. Sie lösen jedoch nicht das Problem, dass möglicherweise Rechtsvorschriften des Drittlandes den Datenempfänger unter bestimmten Umständen zur **Offenlegung** personenbezogener Daten **gegenüber staatlichen Stellen** verpflichten. Vertragliche Vereinbarungen zwischen dem Datenübermittler und dem Datenempfänger vermögen es nicht, derartige Offenlegungen auszuschließen (EuGH NJW 2020, 2613 Rn. 123 ff.; Artikel 29-Datenschutzgruppe WP 12, 22; Kühling/Buchner/Schröder Rn. 15). Die EU-Grundrechtecharta regelt in ihrem Art. 52 die Grenzen, in denen Offenlegungen personenbezogener Daten an Behörden akzeptiert werden. Wenn personenbezogene Daten in Drittländer auf der Grundlage von Garantieinstrumenten iSv Art. 46 übermittelt werden, sind nach Aussage des EuGH im Schrems-II-Urteil nur solche Datenzugriffe drittstaatlicher Behörden akzeptabel, die das Maß einhalten, das **in einer demokratischen Gesellschaft** zur Gewährleistung ua der Sicherheit des Staates, der Landesverteidigung und der öffentlichen Sicherheit **erforderlich** ist (→ Rn. 2d). An einer anderen Stelle desselben Urteils misst der EuGH allerdings Datenzugriffe drittstaatlicher Behörden bei Übermittlungen, die auf Grundlage des EU-U.S. Privacy Shield (also eines Angemessenheitsbeschlusses der Kommission iSv Art. 45) durchgeführt werden, am Maßstab des Art. 52 GRCh (EuGH NJW 2020, 2613 Rn 174 ff.). Es wird im Urteil nicht explizit ausgesprochen, wie sich diese beiden Maßstäbe zueinander verhalten. Andererseits ist demselben Urteil zu entnehmen, dass das insgesamt zu gewährleistende Schutzniveau bei Übermittlungen auf Basis von Art. 45 und solchen auf Basis von Garantieinstrumenten iSv Art. 46 dasselbe ist, namentlich ein Schutz zu gewährleisten ist, der dem in der Europäischen Union garantierten Schutzniveau der Sache nach gleichwertig ist (EuGH NJW 2020, 2613 Rn 96 und Rn 105; → Rn. 2b). Man wird das Urteil daher wohl so verstehen müssen, dass sich die bereits genannten beiden Maßstäbe für Datenzugriffe drittstaatlicher Behörde in der Sache decken.

16 Ob dieser Mindeststandard bei Datenherausgabeersuchen oder Datenzugriffen staatlicher Stellen in einem „unsicheren Drittland" gewährleistet ist, ist vom Datenexporteur, ggf. unter Mitwirkung des Datenimporteurs zu überprüfen (EuGH NJW 2020, 2613 Rn. 134; → Rn. 2l).

C. Geeignete Garantien ohne Bedarf an besonderer Genehmigung (Abs. 2)

I. Keine besondere Genehmigung erforderlich

17 Den in Abs. 2 aufgezählten Garantien ist gemeinsam, dass die darauf gestützte Übermittlung bzw. Arten von Übermittlungen keiner gesonderten Genehmigung der Aufsichtsbehörde bedürfen.

18 Dies ist eine sehr **praxisrelevante Änderung** gegenüber der Rechtslage unter der DSRL. Hierdurch wird die Anwendung der in Abs. 2 genannten Garantien – jedenfalls in den meisten Mitgliedstaaten – gegenüber der DSRL deutlich vereinfacht. Zur Zeit der Geltung der DSRL stand in vielen Mitgliedstaaten die Übermittlung personenbezogener Daten in Drittstaaten ohne angemessenes Datenschutzniveau bei Verwendung einiger der in Abs. 2 genannten Garantien unter dem Vorbehalt der aufsichtsbehördlichen Genehmigung oder zumindest der Anzeige bei der Aufsichtsbehörde. Eine Genehmigung war zB in den meisten Mitgliedstaaten für Übermittlungen auf der Grundlage von **verbindlichen internen Datenschutzvorschriften** (Binding Corporate Rules) erforderlich (Filip ZD 2013 51 (53)). Gleiches galt in vielen Mitgliedstaaten auch für Übermittlungen auf Grundlage von EU-**Standardvertragsklauseln** iSv Art. 26 Abs. 4 RL 95/46/EG (Artikel 29-Datenschutzgruppe WP 226 Nr. I mit Rn. 4 = S. 2). Jedenfalls dürften es die

Unternehmen daher begrüßen, dass unter der DS-GVO Übermittlungen bei Verwendung der in Abs. 2 genannten Garantien keiner Genehmigung und auch keiner Anzeige bei der Aufsichtsbehörde (mehr) bedürfen.

Datenschutzpolitisch vertretbar erscheint der Verzicht auf eine aufsichtsbehördliche Genehmigung, jedenfalls bei den in Abs. 2 lit. b–f geregelten Garantien, (nur) deshalb, weil schon bei der Ausgestaltung der Garantien sichergestellt wird, dass sie den **Anforderungen an geeignete Garantien** (→ Rn. 2a; → Rn. 12 f.) genügen. Denn diese Garantien kommen nach bestimmten in der DS-GVO geregelten **Verfahren** zustande, im Rahmen derer eine inhaltliche Prüfung durch die Aufsichtsbehörden (in den Fällen nach Abs. 2 lit. b, d, e und f) oder die Europäische Kommission (im Fall des Abs. 2 lit. c) erfolgt. 19

II. Geeignete Garantien

1. Rechtlich bindendes und durchsetzbares Dokument zwischen Behörden oder öffentlichen Stellen (Abs. 2 lit. a)

Hierbei handelt es sich um ein durch die DS-GVO **neu eingeführtes Instrument,** mit dem die Anforderungen der Art. 44 ff. erfüllt werden können. Gegenüber allen anderen in Abs. 2 geregelten Garantien besteht die Besonderheit, dass beim Zustandekommen eines in Abs. 2 lit. a genannten Dokuments **keine Beteiligung der Aufsichtsbehörden oder der Europäischen Kommission** vorgesehen ist. Behörden ua öffentlichen Stellen der Mitgliedstaaten oder der Europäischen Union, die personenbezogene Daten aus der Union übermitteln möchten, genießen somit insoweit eine gewisse Vorzugsbehandlung. Hintergrund ist, dass von diesen Stellen aufgrund ihrer Bindung an Recht und Gesetz und insbesondere auch an die EU-Grundrechtcharta (vgl. Art. 51 EU-Grundrechtecharta) erwartet werden kann, dass sie die Grundrechte und Grundfreiheiten der Betroffenen einhalten. 20

Abs. 2 lit. a setzt ein „Dokument" voraus, das **rechtlich bindend und durchsetzbar** ist, ohne diesen Begriff näher zu erläutern. Die in Erwägungsgrund 108 erwähnten „Verwaltungsvereinbarungen" und „gemeinsamen Absichtserklärungen" (engl.: memoranda of understanding) sind hiermit jedenfalls nicht gemeint, da diese in Abs. 3 lit. b gesondert aufgeführt sind. Der Anwendungsbereich der Vorschrift wirft daher Fragen auf, zumal problematisch sein kann, inwieweit Behörden und andere öffentliche Stellen im Einzelfall nach dem für sie geltenden (Verwaltungs-)Recht überhaupt die Möglichkeit haben, gegenüber einer anderen öffentlichen Stelle rechtsverbindliche Verpflichtungen einzugehen. Primär dürften hierzu nur Staaten in der Lage sein, etwa im Wege völkerrechtlicher Abkommen (Simitis/Hornung/Spiecker Art. 4 Rn. 26). Zudem kann gem. Art. 216 ff. AEUV auch die Europäische Union selbst in bestimmten Fällen bindende internationale Übereinkünfte abschließen. Fehlt es an einem rechtlich bindenden und durchsetzbaren Rechtsakt, kann allenfalls eine genehmigungspflichtige Übermittlung gem. Abs. 3 lit. b in Betracht kommen. Im Hinblick auf die Regelung in Abs. 1 liegt Rechtsverbindlichkeit und Durchsetzbarkeit iSv Abs. 2 lit. a nur vor, wenn die betroffenen Personen die Möglichkeit haben, die ihnen in dem Dokument zu gewährenden Rechte (→ Rn. 9) durchzusetzen. Ihnen muss das Dokument somit effektive **verwaltungsrechtliche oder gerichtliche Rechtsbehelfe** sowie das Recht auf **Schadensersatz** einräumen (Erwägungsgrund 108). Man wird insoweit zumindest grundsätzlich fordern müssen, dass sowohl verwaltungsrechtliche als auch gerichtliche Rechtsbehelfe eingeräumt werden. Bei „verwaltungsrechtlichen Rechtsbehelfen" handelt es sich um das Recht der Anrufung einer Datenschutzaufsichtsbehörde oder einer mit einem vergleichbaren Maß an Unabhängigkeit versehenen Behörde. Im Falle verbindlicher interner Datenschutzvorschriften (BCR) wird seit jeher verlangt, dass den betroffenen Personen sowohl das Recht zur Anrufung der Aufsichtsbehörden als auch das Recht zur Klage vor Gericht zu gewähren ist (→ Art. 47 Rn. 38). 21

Ausdrücklich nicht von der Vorschrift umfasst sind Verwaltungsvereinbarungen ohne rechtsverbindlichen Charakter. In solchen Fällen kann aber unter Umständen eine Übermittlung gem. Abs. 3 lit. b mit **Genehmigung** der Aufsichtsbehörde in Betracht kommen, sofern die dort geregelten Voraussetzungen erfüllt sind (→ Rn. 62 ff.; Erwägungsgrund 108). 22

Der Europäische Datenschutzausschuss hat in seinem Leitlinienpapier 2/2020 (Version 2.0 vom 15.12.2020) nähere Ausführungen zu den Anforderungen an Verwaltungsvereinbarungen im Sinne von Art. 46 Abs. 2 lit. a gemacht. 22a

2. Verbindliche interne Datenschutzvorschriften gem. Art. 47 (Abs. 2 lit. b)

Im Unterschied zur DSRL erkennt die DS-GVO nun **ausdrücklich** verbindliche interne Datenschutzvorschriften als Instrument zur Erfüllung der besonderen Anforderungen an Daten- 23 übermittlungen in Drittstaaten ohne angemessenes Datenschutzniveau an. Dieses Instrument ist seitens der Aufsichtsbehörden bereits vor vielen Jahren im Dialog mit der Wirtschaft entwickelt worden und erfreut sich in der Praxis inzwischen bemerkenswerter Beliebtheit. Die Anforderungen an verbindliche interne Datenschutzvorschriften sind detailliert in Art. 47 geregelt (→ Art. 47 Rn. 23 ff.; → Art. 47 Rn. 28 ff.; → Art. 47 Rn. 32 ff.).

3. Standarddatenschutzklauseln der Kommission (Abs. 2 lit. c)

24 Bereits unter der DSRL hatte die Kommission die Möglichkeit, sog. Standardvertragsklauseln zu erlassen, die als Garantien für die Übermittlung personenbezogener Daten in Drittstaaten verbindlich waren (Art. 26 Abs. 4 DSRL). Es handelt sich somit lediglich um eine begriffliche Änderung, wenn die DS-GVO nun von Standarddatenschutzklauseln spricht.

25 Standarddatenschutzklauseln müssen von der Kommission gemäß dem **Prüfverfahren** nach Art. 93 Abs. 2 iVm Art. 5 VO (EU) Nr. 182/2011 erlassen werden, mithin im Wege von sog. **Durchführungsrechtsakten** iSv Art. 291 AEUV. Durch dieses Verfahren ist nach der Vorstellung des Gesetzgebers gewährleistet, dass die Standarddatenschutzklauseln geeignete Garantien liefern. Der EuGH hatte in seinem Schrems-II-Urteil die vom Irish High Court vorgelegte Frage zu entscheiden, ob die Standarddatenschutzklauseln gemäß dem Kommissionsbeschluss 2010/87/EU möglicherweise deshalb keine geeigneten Garantien darstellen, weil sie – als ein rein vertragliches Instrument – keine Bindungswirkung gegenüber Behörden im Drittstaat zu entfalten vermögen. Der EuGH hat diese Frage verneint und die oben genannten Standarddatenschutzklauseln als gültig bestätigt, aber gleichzeitig betont, dass diese nicht für jeden denkbaren Übermittlungsfall schon alle zur Herstellung eines gleichwertigen Datenschutzniveaus erforderlichen Vereinbarungen und Maßnahmen enthalten, sondern in Abhängigkeit von der Rechtslage im Empfängerland insbesondere hinsichtlich von Datenzugriffen dortiger Behörden gegebenenfalls durch zusätzliche Maßnahmen ergänzt werden müssen (→ Rn. 2f.; EuGH NJW 2020, 2613 Rn. 132 ff.).

25a Solange der EuGH bestehende Standarddatenschutzklauseln **nicht für ungültig erklärt** hat, sind sie als von der Kommission erlassene Durchführungsrechtsakte für die Mitgliedstaaten und somit auch für die Datenschutzaufsichtsbehörden **verbindlich** (Art. 288 Abs. 4 AEUV). Jedoch muss den Aufsichtsbehörden eine Klagemöglichkeit zur gerichtlichen Überprüfung dieser Rechtsakte zustehen (EuGH NJW 2015, 3151 Rn. 57 und 65).

26 Unter der DSRL hatten Standardvertragsklauseln gem. Art. 26 Abs. 4 DSRL für Unternehmen eine überaus **hohe praktische Relevanz**. Dies dürfte auch für ihr Nachfolgeinstrument, die Standarddatenschutzklauseln iSv Abs. 2 lit. c und ggf. lit. d gelten. Neu gegenüber der DSRL ist, dass die Datenübermittlung bei Verwendung von Standarddatenschutzklauseln **keiner zusätzlichen Genehmigung** durch die Aufsichtsbehörde bedarf. Dies entsprach zwar in Deutschland bereits unter der DSRL der Praxis der Aufsichtsbehörden, in anderen Mitgliedstaaten war dies jedoch anders (Artikel 29-Datenschutzgruppe WP 226, 1 und Rn. 4).

27 Gerade kleinere und mittlere Unternehmen setzen Standarddatenschutzklauseln der Kommission häufig ein. Sie bieten für die Rechtsanwender erhebliche praktische Vorteile: So entfällt die Notwendigkeit, für die Übermittlung eine Genehmigung der Aufsichtsbehörde zu beantragen. Allerdings ist seit dem Urteil des EuGH in der Sache Schrems II (NJW 2020, 2613) klar, dass die Standarddatenschutzklauseln keine „einfache Lösung" (mehr) darstellen, denn sie bieten keinen Schutz vor Datenzugriffen durch Behörden des Drittlandes. Der EuGH hat deshalb betont, dass der Datenexporteur bei einer Übermittlung ins Drittland stets überprüfen muss, ob die dortige Rechtslage den Drittstaatsbehörden Datenzugriffe in einem Umfang ermöglicht, die den Datenimporteur an der Erfüllung seiner Verpflichtungen aus den Klauseln hindern (EuGH NJW 2020, 2613 Rn. 134 f.). Soweit dies nicht der Fall ist und auch nicht durch zusätzliche Garantien ein angemessenes Schutzniveau erreicht werden kann, ist die Übermittlung unzulässig und muss unterbleiben (→ Rn. 2d, → Rn. 2f).

28 Schwierigkeiten können entstehen, wenn die an der Datenübermittlung beteiligten Parteien **Änderungen am Text der Standarddatenschutzklauseln** vornehmen. Gemäß Erwägungsgrund 109 ist es möglich, die Standarddatenschutzklauseln auch in umfangreichere Vertragswerke einzubauen oder um zusätzliche Klauseln zu ergänzen, solange diese Klauseln weder mittelbar noch unmittelbar im Widerspruch zu den Standarddatenschutzklauseln stehen noch die Grundrechte und Grundfreiheiten der betroffenen Personen beschneiden. Diese Aussage entspricht einer Aussage der Artikel 29-Datenschutzgruppe aus dem Jahr 2014 (Artikel 29-Datenschutzgruppe WP 226, 2 Fn. 5).

29 Auch die deutschen Aufsichtsbehörden haben unter der DSRL darauf hingewiesen, dass jedenfalls solche Ergänzungen der Standardvertragsklauseln, die **rein geschäftlichen Inhalt** haben und

sich daher nicht auf die datenschutzrechtlichen Rechte und Pflichten der Vertragsparteien und der betroffenen Personen auswirken, nicht zu Genehmigungspflicht der Übermittlung führen. Auch Änderungen, die **eindeutig (nur) zu Gunsten der Betroffenen** wirken, führen nicht zur Genehmigungsbedürftigkeit (Positionspapier vom 28.3.2007, Nr. II.4, abrufbar unter https://www.lda.bayern.de/media/ag_international.pdf).

Generell gilt, dass Unternehmen **bei Abänderung der Standarddatenschutzklauseln Vorsicht** walten lassen sollten. Aus der aufsichtsbehördlichen Praxis ist bekannt, dass seitens der Vertragsparteien nicht selten Änderungen vorgenommen werden, die eindeutig zu einer Verschlechterung der Rechtsposition der Betroffenen und/oder des EU-Datenexporteurs führen. Dies geschieht entweder direkt im Text der Standardvertragsklauseln oder durch andere Vertragsbestandteile, die die an sich unveränderten Standardvertragsklauseln zum Nachteil der Betroffenen und/oder des EU-Datenexporteurs ändern. So sind Fälle bekannt, in denen etwa bei Standardvertragsklauseln für Auftragsdatenverarbeitung (Beschluss der Kommission Nr. 2010/87/EU v. 5.2.2010; → Rn. 34) das in der dortigen Klausel 5f vorgesehene **Auftragskontrollrecht des Exporteurs** dahingehend modifiziert wird, dass der Datenexporteur keine Vor-Ort-Kontrolle beim Datenimporteur durchführen, sondern ausschließlich die Vorlage von Datensicherheitszertifikaten verlangen darf. (Bayer. Landesamt für Datenschutzaufsicht, Tätigkeitsbericht 2011/2012, Nr. 12.2). Ebenfalls bisweilen anzutreffen sind **Änderungen der Klausel zur Unterauftragsvergabe** (Klausel 11) des Standardvertrags zur Auftragsdatenverarbeitung dahingehend, dass der Datenimporteur Unteraufträge ohne vorherige Zustimmung des Datenexporteurs erteilen können soll (vgl. Artikel 29-Datenschutzgruppe WP 196 Nr. 3.3.2). Diese Änderungen schwächen signifikant die Rechtsposition des Datenexporteurs und mittelbar auch der Betroffenen, sodass ein solcher Vertrag nicht mehr als mit den Standardvertragsklauseln zur Auftragsdatenverarbeitung gem. Kommissionsbeschluss 2010/87/EU im Einklang stehend angesehen werden kann. Folglich ist der Datenexport in diesem Fall nicht (mehr) nach Abs. 2 lit. c genehmigungsfrei, sondern stellt einen sog. Ad-hoc-Vertrag iSv Abs. 3 lit. a dar mit der Folge, dass die darauf gestützten Übermittlungen der vorherigen Genehmigung der Aufsichtsbehörde bedürfen. Im Zweifel sollte ein Unternehmen im Falle von Änderungen der Standardvertragsklauseln bzw. Standarddatenschutzklauseln Rücksprache mit der Aufsichtsbehörde nehmen. Andernfalls geht das Unternehmen das Risiko ein, genehmigungspflichtige Übermittlungen durchzuführen, ohne die Genehmigung der Aufsichtsbehörde eingeholt zu haben. **30-32**

Andererseits kann es in bestimmten Fällen sogar notwendig sein, die Standarddatenschutzklauseln um **zusätzliche Garantien** zu ergänzen, weil nur so (wenn überhaupt) ein **angemessenes Schutzniveau** für die betroffenen Personen erreicht werden kann. Dies kann je nach Einzelfall insbesondere bei Übermittlungen in bestimmte Drittländer aufgrund der Rechtslage im Empfängerland notwendig werden (→ Rn. 2f). Derartige Änderungen, die für die betroffenen Personen lediglich vorteilhaft sind, führen aber gemäß Erwägungsgrund 109 nicht dazu, dass die so ergänzten Klauseln ihren Charakter als Standarddatenschutzklauseln verlören, dh derartige Verbesserungen des Schutzniveaus führen nicht dazu, dass es sich um einen Ad-hoc-Vertrag iSv Abs. 3 lit. a handeln würde. Die Übermittlung bleibt im Falle solcher für die betroffenen Personen rein vorteilhafter Ergänzungen daher genehmigungsfrei. **33**

Bis vor kurzem existierten die folgenden **drei** durch die Europäische Kommission gem. Art. 26 Abs. 4 DSRL erlassenen **Standardvertragsklauseln,** die gem. Abs. 5 S. 2 zunächst auch unter der DS-GVO weiterhin gültig waren (→ Rn. 68): **34**
- Standardvertragsklauseln für die Übermittlung personenbezogener Daten in Drittländer gem. Entscheidung der Kommission 2001/497/EG v. 15.6.2001, ABl. 1995 181, 19 (sog. Set I)
- sog. Alternative Standardvertragsklauseln für die Übermittlung personenbezogener Daten in Drittländer gem. Entscheidung der Kommission 2004/915/EG v. 27.12.2004, ABl. 2004 L 285, 74 (sog. Set II)
- Standardvertragsklauseln für die Übermittlung personenbezogener Daten an Auftragsdatenverarbeiter in Drittländern gem. Beschluss der Kommission 2010/87/EU v. 5.2.2010, ABl. 2010 L 39, 5.

Die vorgenannten Standardvertragsklauseln Set I und Set II waren für Übermittlungen durch Verantwortliche an Empfänger vorgesehen, die die Daten ihrerseits als **Verantwortliche,** mithin zu eigenen Zwecken erhalten, während die Standardvertragsklauseln gem. Kommissionsbeschluss 2010/87/EU für Datentransfers durch Verantwortliche an Auftragsverarbeiter anwendbar waren. **35**

Hingegen gab es bis vor kurzem keine Standarddatenschutzklauseln für Übermittlungen durch Auftragsverarbeiter. Dies hat sich nunmehr durch den Durchführungsbeschluss (EU) 2021/914 der Kommission vom 4.6.2021 geändert. Darin stellt die Kommission **vier unterschiedliche Module** von Standarddatenschutzklauseln iSv Art. 46 Abs. 2 lit. c zur Verfügung, die vier Typen **36** von Übermittlungen abzudecken vermögen: Übermittlung von Verantwortlichem an Verantwortlichen (Controller to Controller; Modul 1), Übermittlung von Verantwortlichem an Auftragsverarbeiter (Controller to Processor; Modul 2), Übermittlung von Auftragsverarbeiter an Auftragsverarbeiter (Processor to Processor; Modul 3), und Übermittlung von Auftragsverarbeiter an Verantwortlichen (Processor to Controller; Modul 4). Datenexporteure und -importeure, die die Standarddatenschutzklauseln dieses Kommissionsbeschlusses nutzen wollen, müssen das für ihre jeweilige Situation passende Modul auswählen und können die nicht einschlägigen Module streichen. Auffällig ist, dass die Klauseln im Beschluss der Kommission – entgegen dem gesetzlichen Wortlaut in Art. 46 Abs. 2 lit. c – nicht als Standard**datenschutz**klauseln, sondern als Standard**vertrags**klauseln bezeichnet werden. Damit wird ihr Charakter als Klauseln iSv Art. 46 Abs. 2 lit. c sicherlich nicht in Frage gestellt. Die Bezeichnung der Kommission mag dem Umstand geschuldet sein, dass die konkreten Klauseln des Kommissionsbeschlusses 2021/914 augenscheinlich zivilrechtlich tatsächlich als Vertrag konzipiert sind, der zwischen einem oder mehreren „Datenexporteuren" und einem oder mehreren davon zu unterscheidenden „Datenimporteuren" (vgl. die Begriffe in Erwägungsgrund 3) abzuschließen ist. Der im Gesetz verwendete Begriff „Standarddatenschutzklauseln" ist demgegenüber breiter und lässt auch die Möglichkeit der Verabschiedung von Klauseln offen, die nicht den Charakter eines Vertrags haben. Mit Blick darauf, dass jedenfalls bis zum Redaktionsschluss der Begriff „Übermittlung an ein Drittland" iSv Kap. V DS-GVO als nicht abschließend geklärt gelten muss, ist es in der Tat denkbar, dass es auch Übermittlungsszenarien gibt, bei denen die nach Art. 46 Abs. 2 lit. c benötigten Garantien nicht im Wege eines Vertrags im Rechtssinne erbracht werden können – aus welchen Gründen auch immer, etwa weil an der Übermittlung nicht zwei voneinander zu unterscheidende Rechtsträger beteiligt sind. Derartige Standarddatenschutzklauseln existieren indes bisher nicht und würden wohl voraussetzen, dass der Begriff „Übermittlung an ein Drittland" zunächst hinreichend geklärt ist. Der Europäische Datenschutzausschuss (EDSA) arbeitet derzeit an der Klärung dieses Begriffs – zumindest was die Positionierung der Datenschutzaufsichtsbehörden hierzu betrifft (vgl. das Protokoll der 54. Sitzung des EDSA vom 14.9.2021, TOP 2.1).

37 Insbesondere die nunmehr in Modul 3 (Processor to Processor) des o.g. Kommissionsbeschlusses enthaltenen Standardvertragsklauseln waren seitens der Wirtschaft seit langem vehement gefordert worden. Dieses Modul deckt die sehr praxisrelevante Konstellation ab, dass ein unter die DS-GVO fallender **Auftragsverarbeiter** in der Europäischen Union die Daten an einen oder mehrere (Unter-)Auftragsverarbeiter in Drittländern übermittelt. Datenexporteur und somit Erbringer der „geeigneten Garantien" iSv Art. 46 Abs. 2 lit. c in Gestalt der Standarddatenschutzklauseln ist in diesem Szenario (nur) der in der EU befindliche Auftragsverarbeiter.

38 Gemäß Erwägungsgrund 9 des Durchführungsbeschlusses 2021/914 erfüllen die neuen Standardvertragsklauseln für Übermittlungen „Controller to Processor" (Modul 2) sowie „Processor to Processor" (Modul 3) auch die Anforderungen an einen **Vertrag zur Auftragsverarbeitung iSv Art. 28(3)**. Dies ergibt sich auch daraus, dass der Durchführungsbeschluss 2021/914 nicht nur auf Art. 46 Abs. 2 lit. c, sondern gleichzeitig auch auf Art. 28 Abs. 7 gestützt wird, mithin die Klauseln – in ihren Modulen 2 und 3 – gleichzeitig Standardvertragsklauseln für Auftragsverarbeitung iSv Art. 28 Abs. 7 darstellen. Mithin müssen die Parteien in den beiden genannten Szenarien neben den Standarddatenschutzklauseln keine gesonderten Auftragsverarbeitungsverträge iSv Art. 28(3) abschließen. Diese Änderung gegenüber den „alten", aus der Zeit der DSRL stammenden Standardvertragsklauseln bringt für die Rechtsanwender eine sicherlich willkommene praktische Erleichterung.

39 Die neuen Standardvertragsklauseln können explizit auch von **mehr als zwei Parteien** gleichzeitig abgeschlossen werden (Erwägungsgrund 10 des Durchführungsbeschlusses 2021/914). Auch dies entspricht einem in der Praxis häufig geäußerten Bedürfnis. Allerdings darf dies nicht zu Lasten der Transparenz gehen; andernfalls droht für die Datenexporteure die Gefahr, dass sie den Überblick über ihre Datentransfers in Drittländer verlieren und somit insbesondere ihrer in Art. 13 Abs. 1 lit. f geregelten Pflicht zur Information der betroffenen Personen über die Datenempfänger sowie das für die jeweilige Übermittlung genutzte Garantieinstrument nicht nachkommen können. Sind mehr als zwei Vertragsparteien beteiligt, muss aus dem abgeschlossenen Vertrag stets klar hervorgehen, welche Vertragspartei(en) die Klauseln als Datenexporteur bzw. Datenimporteur bei der jeweiligen Übermittlung abschließen und in welcher Rolle (dh ob als Verantwortlicher oder als Auftragsverarbeiter) die jeweilige Partei dies tut. Das bedeutet: Jede Übermittlung muss (vgl. Anhang I, B) ua anhand ihres Zwecks, der Datenkategorien sowie der betroffenen Personen gesondert beschrieben werden, und für jede Übermittlung muss hervorgehen, wer Datenexporteur und wer Datenimporteur ist, und ob die jeweilige Vertragspartei hierbei als Verantwortlicher oder als Auftragsverarbeiter handelt (so auch explizit die „Erläuterung" zu Beginn der Anlage zu den

Standarddatenschutzklauseln auf S. L199/57 des Kommissionsbeschlusses 2021/914). „Wie" das sichergestellt wird, ist Sache der Vertragsparteien. Zwar ist nicht zwingend, dass für **jede Übermittlung** (gekennzeichnet ua durch Zweck, Datenkategorien und betroffene Personen) ein separater Anhang ausgefüllt wird, in dem die jeweils hieran beteiligten Datenexporteure und -importeure somit gesondert angegeben werden, jedoch kann sich dies häufig durchaus empfehlen, namentlich wenn die gebotene Transparenz andernfalls nicht hinreichend erreicht werden kann. Unklarheiten gehen zu Lasten der Datenexporteure, da diese es sind, gem. Art. 44 für jede ihrer Übermittlungen geeignete Garantien nachweisen müssen.

Die neuen Standarddatenschutzklauseln können gem Erwägungsgrund 7 S. 2 des Durchführungsbeschlusses (EU) 2021/914 nicht für Datenübermittlungen an Verantwortliche oder Auftragsverarbeiter angewendet werden, die nicht in der Europäischen Union niedergelassen sind, die jedoch bei der in Rede stehenden Verarbeitung auch selbst der DS-GVO unterliegen. Diese Fälle dürften in der Praxis durchaus nicht selten vorkommen – hierzu gehören insbesondere Übermittlungen an Verantwortliche, die mit der betreffenden Verarbeitung gem. Art. 3 Abs. 2 selbst **der DS-GVO unterfallen.** Dass die og Standarddatenschutzklauseln für Datenflüsse an solche Datenimporteure nicht anwendbar sein sollen, ist durchaus bemerkenswert. Ungeachtet dessen, dass bislang weder die Europäische Kommission noch die Aufsichtsbehörden eine Definition des Begriffs „Übermittlung an ein Drittland" iSv Art. 44 veröffentlicht haben, lässt sich dem Erwägungsgrund 7 S. 2 jedenfalls nicht entnehmen, dass die Kommission Übermittlungen an Empfänger, die unter Art. 3 fallen, von vornherein nicht als „Übermittlungen an ein Drittland" betrachtet. Letztlich ist das Gegenteil der Fall: Denn in der Zwischenzeit hat die Kommission angekündigt, für diese Arten von Übermittlungen gesonderte Standarddatenschutzklauseln zu planen (vgl. dazu das Protokoll der 54. Sitzung des Europäischen Datenschutzausschusses vom 14.9.2021, TOP 2; https://edpb.europa.eu/our-work-tools/our-documents/publication-type/minutes_de). Die Kommission betrachtet somit bestimmte Datenflüsse an Verantwortliche oder Auftragsverarbeiter, die unter die DS-GVO fallen, durchaus als „Übermittlungen an ein Drittland". Solange die von der Kommission angekündigten Klauseln für diesen Typus von Übermittlungen noch nicht zur Verfügung stehen, stehen für solche Übermittlungen keine Instrumente zur Verfügung, bei denen die Übermittlung ohne eine Genehmigung der Aufsichtsbehörde auskommt – mithin keine „geeigneten Garantien" iSv Art. 46 Abs. 2. Diskutieren könnte man, ob Binding Corporate Rules hierfür verwendet werden könnten; die Aufsichtsbehörden haben sich hierzu bislang hierzu nicht geäußert. Ob sich gegenwärtig hieraus für die Anwender Risiken ergeben, lässt sich schwer sagen – ihnen kann aktuell allenfalls empfohlen werden, etwaige Äußerungen der Aufsichtsbehörden zu dieser Frage zu beobachten.

Verantwortliche und Auftragsverarbeiter wiederum, die personenbezogene Daten **außerhalb des Unionsgebiets** verarbeiten und hierbei der DS-GVO unterfallen – insbesondere gem. Art. 3 Abs. 2 – und dann die Daten an einen Verantwortlichen oder Auftragsverarbeiter in ein (anderes) Drittland übermitteln, fallen dem Wortlaut nach als Datenexporteure unter Kapitel V DS-GVO. Auch solche Verantwortliche oder Auftragsverarbeiter können für derartige Übermittlungen die Standardvertragsklauseln des Durchführungsbeschlusses 2021/914 vom 4.6.2021 anwenden; dies besagt S. 3 des Erwägungsgrundes 7 des Durchführungsbeschlusses. Damit gibt die Europäische Kommission zu erkennen, dass sie die DS-GVO an dieser Stelle wortlautgetreu interpretiert und derartige Übermittlungen tatsächlich als Fall des Kapitels V DS-GVO betrachtet. Diese Position mag auf den ersten Blick überraschen, im Ergebnis verdient sie jedoch Zustimmung. Die gegenteilige Position – nämlich in solchen Fällen Kapitel V nicht anzuwenden – würde letztlich Verantwortliche und Auftragsverarbeiter, die unter die DS-GVO fallen, die Daten jedoch außerhalb des Unionsgebiets verarbeiten, ohne überzeugende Begründung von einem Teil der gesetzlichen Verpflichtungen freistellen, denen sie nach dem Gesetzeswortlaut unterfallen.

Erheblich detaillierter als in den früheren Standardvertragsklauseln fallen nun die Regelungen zu den Rechten und Pflichten der Vertragsparteien mit Blick auf die **Rechtslage des Empfängerlandes** sowie auf Zugang von Behörden des Empfängerlandes zu den übermittelten Daten aus. Dies ist letztlich eine Konsequenz der Schrems-II-Entscheidung des EuGH (dazu → Rn. 2a ff.). Diesem Thema widmen sich die Klauseln 14 und 15 der Standardvertragsklauseln. Klausel 14 a enthält ein differenziertes Programm an Prüf-, Benachrichtigungs- und Reaktionspflichten der Vertragsparteien. Demnach sichern die Parteien zu, keinen Grund zur Annahme zu haben, dass die Rechtsvorschriften und „Gepflogenheiten" im Drittland den Datenimporteur an der Einhaltung seiner Pflichten aus den Vertragsklauseln hindern können. Solche Hinderungsgründe können naturgemäß insbesondere (aber nicht nur) dann bestehen, wenn Rechtsvorschriften oder Gepflogenheiten im Empfängerland den dortigen Behörden **Zugang zu den Daten** ermöglichen. Geht ein solcher Zugriff über das hinaus, was in einer demokratischen Gesellschaft als notwendig und verhältnismäßig angesehen werden kann, um ein legitimes Ziel zu erreichen, ist er aus Sicht der Standarddatenschutzklauseln nicht akzeptabel (Klausel 14a S. 2 der Klauseln). Da Klausel 14a S. 1 eine Zusicherung der Vertragsparteien dahingehend enthält, keine Anhaltspunkte dafür zu haben, dass die Daten derartigen Zugriffen unterliegen können, läuft die Klausel darauf hinaus, dass die Parteien vor Abschluss des Vertrags die **Rechtslage und die Gepflogenheiten im Drittland überprüfen** müssen, insbesondere mit Blick auf Datenzugriffsbefugnisse der dortigen Behörden. Datenexporteur und -importeur müssen daher letztlich umfassend prüfen, welche Gesetze und Praktiken des Drittlands auf die zu übermittelnden Daten zur Anwendung kommen könnten. Hierunter können typischerweise insbesondere Rechtsvorschriften fallen, die Sicherheitsbehörden, Nachrichtendiensten, Polizei- oder Strafverfolgungsbehörden unter bestimmten Voraussetzungen Zugang zu personenbezogenen Daten eröffnen – ob direkt, etwa durch ein „Abhören" oder Abgreifen von Kommunikation, oder indirekt, etwa durch den Ausspruch einer Verpflichtung zur Datenherausgabe gegen den Datenimporteur oder einen Anbieter etwa von Speicherkapazität, bei dem die zu übermittelnden Daten gespeichert werden. Aber auch behördliche Zugriffsmöglichkeiten gegenüber Anbietern von Kommunikationsinfrastruktur, die für die Übermittlung der Daten verwendet wird, müssen betrachtet werden; im Falle von Übermittlungen in die USA etwa hat der EuGH im Schrems-II-Urteil berücksichtigt, dass US-Nachrichtendienste während der Übermittlung Zugriffe auf Basis der sog Executive Order 12.333 bei Betreibern von Kommunikationsinfrastruktur nehmen können (EuGH Urt. v. 16.7.2020 – C-311/18 Rn. 183 ff.).

43–45 Die Standardvertragsklauseln des Durchführungsbeschlusses 2021/914 können gemäß Art. 4 des Beschlusses am zwanzigsten Tag nach Beschlussveröffentlichung angewendet werden, mithin ab dem 27.6.2021. Für Verträge über Datenexporte, die vor dem 27.9.2021 abgeschlossen wurden, konnten noch die Standardvertragsklauseln der „alten" Kommissionsbeschlüsse 2001/497/EG bzw. 1021/87/EG abgeschlossen werden. Seit diesem Datum können mithin für Neuverträge nur noch die neuen Standardvertragsklauseln für Neuvertragsabschlüsse verwendet werden. In Fällen, in denen laufende Übermittlungen noch auf die alten Standardvertragsklauseln gestützt werden, kann dies noch längstens bis zum 27.12.2022 erfolgen; mit anderen Worten müssen solche Übermittlungen spätestens am 28.12.2022 auf die neuen Standardvertragsklauseln (oder ein anderes Übermittlungsinstrument nach Kapitel V) gestützt oder andernfalls zu diesem Zeitpunkt beendet werden.

4. Standarddatenschutzklauseln von Aufsichtsbehörden (Abs. 2 lit. d)

46 Als **Neuerung** gegenüber der DSRL besteht nun auch für die **Aufsichtsbehörden** die Möglichkeit, Standarddatenschutzklauseln anzunehmen (Abs. 2 lit. d). Allerdings ist zusätzlich noch die **Genehmigung** der Klauseln **durch die Europäische Kommission** erforderlich, die hierfür das Prüfverfahren nach Art. 93 Abs. 2 iVm Art. 5 VO (EU) Nr. 182/2011 anwenden muss, sodass auch diese Art von Standarddatenschutzklauseln im Wege von sog. Durchführungsrechtsakten iSv Art. 291 AEUV erlassen werden. Standarddatenschutzklauseln der Aufsichtsbehörden müssen selbstverständlich ebenfalls die in Abs. 1 geregelten inhaltlichen Anforderungen an geeignete Garantien erfüllen (→ Rn. 11 ff.).

47 Diese Neuerung eröffnet eine gewisse **Flexibilität** für die Aufsichtsbehörden, mit denen sie bei Bedarf spezifischen Übermittlungssachverhalten Rechnung tragen können. Allerdings bleibt abzuwarten, inwieweit die Aufsichtsbehörden von dieser Möglichkeit in der Praxis Gebrauch machen werden.

48 Das Gesetz enthält auf den ersten Blick widersprüchliche Aussagen zur Frage, ob für die Genehmigung von Standarddatenschutzklauseln iSv Abs. 2 lit. d in jedem Falle das Kohärenzverfahren gem. Art. 63 ff. durchzuführen ist. Abs. 4, der auf die Vorschriften zum Kohärenzverfahren verweist, ist nach seinem Wortlaut auf die in Abs. 3 geregelten Garantien anzuwenden, nicht jedoch auf die Garantien nach Abs. 2. Hingegen sieht Art. 64 Abs. 1 lit. d seinerseits die Durchführung eines Kohärenzverfahrens auch vor Erlass von Standarddatenschutzklauseln nach Abs. 2 lit. d vor. Auf den ersten Blick könnte dies so zu verstehen sein, dass ein **Kohärenzverfahren** nur durchzuführen ist, wenn eine Aufsichtsbehörde Standarddatenschutzklauseln nach Abs. 2 lit. d vorschlägt, die für Übermittlungen aus **mehreren Mitgliedstaaten** zur Anwendung kommen sollen. Zu bedenken ist jedoch, dass auch Standarddatenschutzklauseln nach Abs. 2 lit. d stets als Durchführungsrechtsakte iSv Art. 291 AEUV erlassen werden (→ Rn. 46). Als solche dienen sie gem. Art. 291 Abs. 1 AEUV der effektiven Durchsetzung der DS-GVO, mithin einer EU-Verordnung, und haben damit gem. Art. 288 S. 3 AEUV stets Wirkungen in allen Mitgliedstaaten. Das bedeutet, dass auch alle Standarddatenschutzklauseln nach der Genehmigung durch die Kommission in allen Mitgliedstaaten angewandt werden können (Simitis/Hornung/Spiecker Rn. 34).

Datenübermittlung vorbehaltlich geeigneter Garantien **Artikel 46 DS-GVO**

Die besseren Argumente sprechen vor diesem Hintergrund dafür, dass das Kohärenzverfahren bei allen Klauseln iSv Abs. 2 lit. d durchzuführen ist (so auch Simitis/Hornung/Spiecker Rn. 34).

5. Genehmigte Verhaltensregeln (Abs. 2 lit. e)

Ein unter der DS-GVO gänzlich **neuer Typus** von Garantien, auf die Datenübermittlungen in Drittstaaten ohne angemessenes Datenschutzniveau gestützt werden können, sind genehmigte Verhaltensregeln iSv Abs. 40. Dies gilt allerdings nur unter der zusätzlichen Voraussetzung, dass die Verhaltensregeln auch rechtsverbindliche und durchsetzbare Verpflichtungen des an der Übermittlung beteiligten Verantwortlichen oder Auftragsverarbeiters im Drittland zur Anwendung der Garantien enthalten, einschließlich der Rechte der betroffenen Personen (Abs. 2 lit. e iVm Art. 40 Abs. 3). Von ihrem Anwendungsbereich her sind genehmigte Verhaltensregeln (Condes of Conduct; nachfolgend: CoC) – ähnlich wie Verbindliche interne Datenschutzvorschriften iSv Abs. 2 lit. b iVm Art. 47 (BCR) – wohl lediglich zugeschnitten auf Datenübermittlungen zwischen Stellen, die an die (selben) Verhaltensregeln gebunden sind. Hierfür spricht, dass bei einer Anlehnung an die im Rahmen von BCR gestellten Anforderungen (→ Art. 47 Rn. 44 ff.) grundsätzlich auch bei CoC zu fordern sein wird, dass der jeweilige (in der EU niedergelassene) Datenexporteur weitgehend die Abhilfeverantwortung und Haftung bei Verstößen durch den (nicht in der EU niedergelassenen) Datenimporteur übernimmt. CoC als Garantieinstrument iSv Abs. 2 lit. e sind mithin für Übermittlungen „innerhalb" der Gruppe der an den CoC partizipierenden Stellen vorgesehen. Allerdings bleiben nähere Hinweise der Aufsichtsbehörden zum Anwendungsbereich dieses Instruments abzuwarten. 49

Die Vorschrift ergänzt die wichtige Funktion, die genehmigten Verhaltensregeln iSv Art. 40 im Gesamtgefüge der DS-GVO zuerkannt ist. Indem genehmigte Verhaltensregeln unter bestimmten Voraussetzungen auch Übermittlungen in Drittländer rechtfertigen können, wird international tätigen Unternehmen mehr Flexibilität im Hinblick auf die Erfüllung der spezifischen Anforderungen an Datenübermittlungen in unsichere Drittstaaten eröffnet. Dies gilt insbesondere vor dem Hintergrund, dass Verhaltensregeln nach Art. 40 ein Instrument der **Selbstregulierung** darstellen, wenn auch – durch das Erfordernis der aufsichtsbehördlichen Genehmigung (Art. 40 Abs. 5) – eine hoheitliche Kontrolle sichergestellt ist. 50

Die gesetzliche Regelung ist etwas unübersichtlich. Die Voraussetzungen, die genehmigte Verhaltensregeln erfüllen müssen, um geeignete Garantien für Übermittlungen in Drittstaaten liefern zu können, sind in Art. 47 Abs. 2 lit. e iVm Art. 40 Abs. 3 geregelt. Demnach gelten folgende Anforderungen: 51

- Die Verhaltensregeln müssen alle in Art. 40 geregelten Anforderungen erfüllen, mithin insbesondere die in Art. 40 Abs. 2 genannten **wesentlichen Datenschutzgrundsätze** enthalten sowie gem. Art. 40 Abs. 4 Verfahren zur Überwachung der Verhaltensregeln regeln;
- Sie müssen von der zuständigen Aufsichtsbehörde **genehmigt** worden sein (Abs. 40 Abs. 3 S. 1 iVm Abs. 5);
- Sie müssen von der Europäischen Kommission für **allgemein gültig** in der Europäischen Union erklärt worden sein (Art. 40 Abs. 3 iVm Abs. 9). Dies erfolgt durch einen Durchführungsrechtsakt der Kommission nach Art. 93 Abs. 2 iVm Art. 5 VO (EU) Nr. 182/2011. Gem. dem Wortlaut von Art. 40 Abs. 3 ist die Allgemeingültigerklärung wohl bereits dann erforderlich, wenn die Verhaltensregeln nur für Übermittlungen aus einem einzigen Mitgliedstaat „geeignete Garantien" iSv Art. 46 Abs. 2 lit. e darstellen sollen (Bergt CR 2016, 670 (671 f.));
- Die Verhaltensregeln müssen den betroffenen Personen durchsetzbare **Rechte** und wirksame **Rechtsbehelfe** gewähren; dies ergibt sich aus Abs. 1 (→ Rn. 9);
- Die an die Verhaltensregeln gebundenen Verantwortlichen oder Auftragsverarbeiter in Drittstaaten müssen **rechtsverbindliche und durchsetzbare Verpflichtungen** zur Befolgung der in den Verhaltensregeln enthaltenen Garantien eingehen, einschließlich zur Gewährung der Rechte betroffener Personen (Abs. 2 lit. e iVm Art. 40 Abs. 3 S. 2). Ähnlich wie bei Verbindlichen internen Datenschutzvorschriften iSv Art. 47 kann dies insbesondere durch das Eingehen vertraglicher Verpflichtungen durch die an die Verhaltensregeln gebundenen Stellen bewirkt werden.

Die letztgenannte Voraussetzung trägt dem Umstand Rechnung, dass die Verhaltensregeln und insbesondere die Betroffenenrechte auch gegenüber Verantwortlichen bzw. Auftragsverarbeitern **mit Sitz außerhalb der Europäischen Union** durchsetzbar sein müssen. Diese Voraussetzung wird auch etwa bei verbindlichen internen Datenschutzvorschriften iSv Abs. 2 lit. b iVm Art. 47 seit jeher gefordert (→ Art. 47 Rn. 29) und entspricht den zwingenden Anforderungen, die an 52

Lange/Filip 805

jede Art vertraglicher oder vertragsähnlicher Garantien bei Übermittlungen in Drittstaaten gestellt werden muss, um davon ausgehen zu können, dass die Betroffenen hinreichend geschützt sind.

53 Etwas unklar erscheint auf den ersten Blick, ob nur Verhaltensregeln, die von der Kommission für in der Europäischen Union **allgemein gültig** erklärt worden sind, als geeignete Garantien iSv Art. 46 Abs. 2 lit. e in Betracht kommen. Die gesetzliche Regelung ist etwas unübersichtlich, weil dies zwar einerseits in Art. 40 Abs. 3 ausdrücklich so geregelt zu sein scheint, andererseits aber in Art. 46 Abs. 2 lit. e nicht ausdrücklich angesprochen ist (Bergt CR 2016 670 (671); Spindler ZD 2016 407 (409 f.)). Im Ergebnis ist dies aber zu bejahen, da Art. 46 Abs. 2 lit. e insgesamt auf Art. 40 und somit auf dessen Abs. 9 verweist, und zudem Art. 40 Abs. 3 insoweit doch eindeutig fordert, dass die Verhaltensregeln einer Allgemeingültigerklärung bedürfen, um allgemeine Garantien iSv Art. 46 Abs. 2 lit. e zu bieten (Bergt CR 2016 670 (671 f.).

54 Der EDSA hat inzwischen **Hinweise** zu den Anforderungen an genehmigte Verhaltensregeln veröffentlicht, die geeignete Garantien iSv Abs. 2 lit. e für Datenübermittlungen in unsichere Drittstaaten bieten sollen (**Leitlinienpapier 04/2021** vom 14.7.2021; dieses war Gegenstand einer öffentlichen Konsultation bis zum 1.10.2021 und wird somit vermutlich noch in gewissem Umfang überarbeitet werden). Den Anwendern, die den Einsatz von CoC als geeignete Garantien iSv Abs. 4 lit. e in Erwägung ziehen, ist zu empfehlen, die Entwicklungen in diesem Bereich zu verfolgen.

6. Genehmigte Zertifizierungsmechanismen (Abs. 2 lit. f)

55 Ähnlich wie genehmigte Verhaltensregeln (→ Rn. 49 ff.) bieten auch genehmigte Zertifizierungsmechanismen iSv Art. 42 ein **neues Instrument**, das geeignete Garantien für Übermittlungen aus dem Geltungsbereich der DS-GVO darstellen kann. Für Unternehmen unter anderen Rechtsanwender wird damit die Palette an Möglichkeiten zur Erfüllung der spezifischen Anforderungen an Datenübermittlungen in unsichere Drittstaaten weiter vergrößert. Hinzuweisen ist auf die vom Europäischen Datenschutzausschuss bereits angenommenen **Leitlinien** zu den allgemeinen Anforderungen gem. Art. 42, 43 an Zertifizierungsmechanismen – Leitlinien Nr. 1/2018 zur Zertifizierung und zu Zertifizierungskriterien (https://edpb.europa.eu/our-work-tools/public-consultations/2018/guidelines-12018-certification-and-identifying_de) sowie Nr. 4/2018 zur Akkreditierung von Zertifizierungsstellen gem. Art. 43 (https://edpb.europa.eu/our-work-tools/our-documents/guidelines/guidelines-42018-accreditation-certification-bodies-under_en). Gegenstand von Zertifizierungsmechanismen können nach Ansicht des Europäischen Datenschutzausschusses lediglich Verarbeitungsverfahren oder Reihen von Verarbeitungsverfahren sein, nicht hingegen „Governance-Prozesse" im Sinne organisatorischer Maßnahmen als solche (EDSA-Leitlinien Nr. 1/2018, engl., 12). Daher werden Zertifizierungsmechanismen gegenüber etwa verbindlichen internen Datenschutzvorschriften iSv Abs. 2 lit. b oder genehmigten Verhaltensregeln iSv Abs. 2 lit. e einen spezifischen Anwendungsbereich dahingehend haben, dass sie nur ganz bestimmte Verarbeitungsverfahren abdecken, nicht jedoch potentiell sämtliche Verarbeitungen bei einem bestimmten Verantwortlichen oder Auftragsverarbeiter.

56 Ähnlich wie genehmigte Verhaltensregeln können genehmigte Zertifizierungsmechanismen iSv Art. 42 gleichzeitig auch als geeignete Garantien für Datenübermittlungen in unsichere Drittstaaten anerkannt werden, sofern die daran teilnehmenden Verantwortlichen und Auftragsverarbeiter in Drittländer **rechtsverbindliche und durchsetzbare Verpflichtungen** zur Befolgung der geeigneten Garantien einschließlich der Rechte betroffener Personen eingehen (Abs. 2 lit. f iVm Art. 42 Abs. 2). Dies ist somit unter folgenden kumulativen Voraussetzungen der Fall:
- Die Zertifizierungskriterien wurden von der zuständigen Aufsichtsbehörde genehmigt; Bei Bedarf muss diese das Kohärenzverfahren gem. Art. 63 durchführen (Art. 42 Abs. 5).
- Die jeweiligen Datenexporteure und -importeure wurden gem. den Zertifizierungskriterien durch die Zertifizierungsstellen nach Art. 43 oder durch die zuständige Aufsichtsbehörde zertifiziert (Art. 42 Abs. 5).
- Die Zertifizierungskriterien gewährleisten **geeignete Garantien** zum Schutz der personenbezogenen Daten. Hierfür müssen die Zertifizierungskriterien die Einhaltung der wesentlichen Garantien des europäischen Datenschutzrechts (→ Rn. 12 f.) gewährleisten.
- Die in Drittländern niedergelassenen Verantwortlichen und Auftragsverarbeiter sind rechtsverbindliche und durchsetzbare Verpflichtung zur Einhaltung der Garantien einschließlich der Betroffenenrechte eingegangen (Abs. 2 lit. f).

57 Die letztgenannte Voraussetzung ist die spezifische Anforderung mit Blick auf die Datenübermittlung in Drittländer. Denn nur wenn die Einhaltung der Zertifizierungskriterien und die Betroffenenrechte gerade auch gegenüber den in **Drittländern** niedergelassenen Verantwortlichen oder

Auftragsverarbeitern durchgesetzt werden können, wird das in den Drittländern fehlende angemessene Datenschutzniveau kompensiert. Die geforderte Verpflichtung kann, ähnlich wie bei verbindlichen internen Datenschutzvorschriften iSv Abs. 2 lit. b iVm Art. 47 (→ Art. 47 Rn. 24 f.), in erster Linie durch das Eingehen vertraglicher Verpflichtungen erzeugt werden.

Ähnlich wie für genehmigte Verhaltensregeln sind auch für genehmigte Zertifizierungsmechanismen Leitlinien der Aufsichtsbehörden und insbesondere des **Europäischen Datenschutzausschusses** zu erwarten und liegen zum Teil bereits vor (→ Rn. 55). Bis zum Redaktionsschluss lagen jedoch noch keine spezifischen Leitlinien zur näheren Klärung der spezifischen Anforderungen an Zertifizierungsmechanismen als Garantieinstrument für Datenübermittlungen in Drittländer gem. Art. 46 Abs. 2 lit. f vor. 58

D. Geeignete Garantien unter Vorbehalt aufsichtsbehördlicher Genehmigung (Abs. 3)

I. Allgemeines

Zusätzlich zu den in Abs. 2 abschließend aufgezählten Garantien, bei denen die Datenübermittlung keiner gesonderten Genehmigung der Aufsichtsbehörde bedarf, eröffnet das Gesetz in Abs. 3 die Möglichkeit, geeignete Garantien für Datenübermittlungen in unsichere Drittstaaten auch auf andere Weise zu erbringen. Allerdings bedarf die Datenübermittlung in den in Abs. 3 Fällen der **Genehmigung** durch die Aufsichtsbehörde. Hinsichtlich der Mittel, mit denen die Garantien erbracht werden können, ist der Gesetzeswortlaut in Abs. 3 ausdrücklich nicht abschließend und gewährt dadurch die für die Praxis notwendige Flexibilität. Allerdings zählt Abs. 3 insoweit zwei bestimmte Typen geeigneter Garantien ausdrücklich als Beispiele auf. 59

Für die Erteilung der erforderlichen Übermittlungsgenehmigung der Aufsichtsbehörde ist das **Kohärenzverfahren** durchzuführen (Abs. 4). Dies trägt dem Interesse an einer einheitlichen Anwendung der DS-GVO in der Europäischen Union Rechnung. Durch das Kohärenzverfahren wird sichergestellt, dass die von den einzelnen Aufsichtsbehörden in der Praxis aufgestellten Anforderungen an „geeignete Garantien" iSv Abs. 3 im Wesentlichen gleich sind. Ein erster praktischer Anwendungsfall findet sich in der Stellungnahme 4/2019 des Europäischen Datenschutzausschusses (EDSA) vom 12.2.2019 zu einer Verwaltungsvereinbarung iSv Abs. 3 lit. b über die Übermittlung personenbezogener Daten zwischen Finanzaufsichtsbehörden im Europäischen Wirtschaftsraum (EWR) und Finanzaufsichtsbehörden außerhalb des EWR (https://edpb.europa.eu/our-work-tools/our-documents/stanovisko-sboru-clanek-64/opinion-42019-draft-administrative_de). Der Entwurf dieser Verwaltungsvereinbarung war von der Europäischen Wertpapier- und Marktaufsichtsbehörde (ESMA) und der Internationalen Organisation der Wertpapieraufsichtsbehörden (IOSCO) an die Vorsitzende des EDSA übermittelt worden, woraufhin letztere den EDSA gem. Art. 64 Abs. 2 um eine Stellungnahme ersucht hat. 60

In inhaltlicher Hinsicht müssen geeignete Garantien iSv Abs. 3 wie alle anderen Arten geeigneter Garantien iSv Art. 46 alle **wesentlichen Datenschutzgrundsätze** der DS-GVO enthalten und den betroffenen Personen durchsetzbare Rechte und wirksame Rechtsbehelfe einräumen (Abs. 1; → Rn. 12 f.). 61

II. Vertragsklauseln (Abs. 3 lit. a)

Geeignete Garantien können gem. Abs. 3 lit. a durch Vertragsklauseln erbracht werden. Es handelt sich hierbei um Vertragsklauseln, die **nicht den Standarddatenschutzklauseln** iSv Abs. 2 lit. c oder d entsprechen. Solche Verträge werden gemeinhin als **Ad-hoc-Verträge** oder individuelle Datenexportverträge bezeichnet. Als Vertragsparteien kommen nach dem Gesetzeswortlaut auf der einen Seite, dh als Datenexporteur, ein Verantwortlicher oder ein Auftragsverarbeiter, auf der anderen Seite, dh als Datenimporteur, ein Verantwortlicher, ein Auftragsverarbeiter, ein (sonstiger) Datenempfänger oder eine internationale Organisation im Drittland in Betracht. Das Gesetz bietet somit hinsichtlich der Vertragsparteien größtmögliche Flexibilität. 62

Eine wichtige Neuerung gegenüber der DSRL besteht darin, dass auch ein **Auftragsverarbeiter** als Datenexporteur in Betracht kommt, womit etwa Vertragsklauseln iSv Abs. 3 lit. a grundsätzlich auch etwa zwischen einem in der EU niedergelassenen Auftragsverarbeiter und einem im Drittland niedergelassenen Unterauftragsverarbeiter denkbar sind. 63

Unter der Geltung der DSRL hatten Vertragsklauseln, die nicht den Standardvertragsklauseln der Kommission nach Art. 26 Abs. 4 entsprachen, gegenüber den Standardvertragsklauseln – soweit ersichtlich – in der Praxis eine **spürbar geringere Verbreitung**. Dies erklärt sich vor allem aus 64 der in solchen Fällen notwendigen Einzelprüfung der Übermittlung durch die Aufsichtsbehörde sowie daraus, dass die Erstellung derartiger Klauseln mit gewissem Aufwand verbunden ist. Denn bei der Formulierung der Vertragsklauseln muss sorgfältig darauf geachtet werden, dass alle **wesentlichen Datenschutzgarantien** der DS-GVO sowie für die betroffenen Personen durchsetzbare Rechte und wirksame Rechtsbehelfe eingeräumt werden (Abs. 1; → Rn. 7). Ein Absenken des Schutzniveaus für Betroffene ist somit auch in derartigen individuellen Datenexportverträgen nicht hinnehmbar. Individuell erstellte Klauseln in Datenexportverträgen, die verglichen mit den derzeit existierenden Standardvertragsklauseln (→ Rn. 34) Rechtspositionen der betroffenen Personen verschlechtern, werden von den Aufsichtsbehörden sehr kritisch gesehen. Derartige Abweichungen von den Standardvertragsklauseln werden nicht lediglich als genehmigungsbedürftig eingestuft (dies ist eine Selbstverständlichkeit, da es sich im Ergebnis um Ad-hoc-Verträge nach Abs. 3 lit. a handelt), vielmehr werden eindeutige Verschlechterungen darüber hinaus auch als **nicht genehmigungsfähig** nach Abs. 3 lit. a angesehen, sodass die Übermittlung auf einer solchen Basis insgesamt nicht zulässig ist.

65   Die Möglichkeit individuell formulierter Vertragsklauseln nach Abs. 3 lit. a bietet somit den Unternehmen grundsätzlich **Flexibilität** dahingehend, dass sie die Vertragsklauseln auf ihre spezifischen Bedürfnisse, etwa mit Blick auf Besonderheiten in einer bestimmten Branche anpassen können. Keinesfalls können individuelle Datenexportverträge jedoch dazu dienen, das Schutzniveau für die betroffenen Personen gegenüber dem etwa in den existierenden Standardvertragsklauseln der Kommission (→ Rn. 34) abzusenken.

III. Verwaltungsvereinbarungen (Abs. 3 lit. b)

66   Als weitere Möglichkeit zur Erbringung geeigneter Garantien nennt das Gesetz beispielhaft Bestimmungen in Verwaltungsvereinbarungen zwischen Behörden oder öffentlichen Stellen, die den betroffenen Personen **durchsetzbare und wirksame Rechte** einräumen. Der maßgebliche Unterschied zu dem in Abs. 2 lit. a geregelten Fall liegt darin, dass unter Abs. 3 b nur Verwaltungsvereinbarungen fallen, die nicht den Charakter eines rechtlich bindenden und durchsetzbaren Dokuments iSv Abs. 2 lit. a haben. Meist wird ein Dokument dieser Art als **Memorandum of Understanding** oder Absichtserklärung bezeichnet. Der scheinbare Widerspruch zwischen der fehlenden Bindungswirkung und Durchsetzbarkeit des Dokuments einerseits und der – dennoch erforderlichen – Durchsetzbarkeit der den betroffenen Personen eingeräumten Rechte erklärt sich daraus, dass zwar die Parteien der Vereinbarung die Vereinbarung nicht gegeneinander durchsetzen können, dass jedoch den Betroffenen aus der Vereinbarung durchsetzbare Rechte erwachsen müssen. Dies bedeutet, dass die betroffenen Personen effektiven Rechtsschutz genießen müssen, was wirksame verwaltungsrechtliche oder gerichtliche Rechtsbehelfe zur Geltendmachung ihrer Rechte sowie das Recht zur Geltendmachung von Schadensersatzansprüchen voraussetzt (Erwägungsgrund 108).

67   Der Gesetzeswortlaut besitzt eine beträchtliche Offenheit. Umso sorgfältiger müssen die Aufsichtsbehörden iRd Genehmigungsverfahrens überprüfen, ob das Dokument von den **Betroffenen** tatsächlich gegenüber den Parteien **durchgesetzt** werden kann, obwohl eine wechselseitige Durchsetzbarkeit des Dokuments durch die Parteien selbst nicht gegeben ist. Zu prüfen ist, ob die betroffenen Personen ihre Rechte durch verwaltungsrechtliche oder gerichtliche Rechtsbehelfe durchsetzen und Schadensersatzansprüche geltend machen können (Erwägungsgrund 108). Es wird zu beobachten sein, wie sich die Praxis zu diesem Typus von Garantien entwickeln und inwieweit es zu einer Präzisierung der Anforderungen insbesondere seitens der Aufsichtsbehörden kommen wird. Als Praxisbeispiel für die Anwendung von Abs. 3 lit. b sei auf den Entwurf zu einer Verwaltungsvereinbarung über die Übermittlung personenbezogener Daten zwischen Finanzaufsichtsbehörden im Europäischen Wirtschaftsraum (EWR) und außerhalb des EWR hingewiesen, zu dem der EDSA im Februar 2019 eine Stellungnahme gem. Art. 64 Abs. 2 abgegeben hat (→ Rn. 60). Der Europäische Datenschutzausschuss hat in seinem Leitlinienpapier 2/2020 nähere Ausführungen zu den Anforderungen an Verwaltungsvereinbarungen iSv Art. 46 Abs. 3 lit. b gemacht. Das Papier liegt bereits in der finalen Version vor (Version 2.0 vom 15.12.2020, abrufbar unter https://edpb.europa.eu/our-work-tools/our-documents/guidelines/guidelines-22020-articles-46-2-and-46-3-b-regulation_en).

E. Fortbestand von unter der DSRL erteilten Genehmigungen und der Standardvertragsklauseln der Kommission

68   Die Regelungen in Abs. 5 sind dem Umstand der Aufhebung der DSRL durch die DS-GVO geschuldet. Die Vorschrift regelt zwei zu unterscheidende Sachverhalte: zum einen die Fortdauer

von Genehmigungen für Datenübermittlungen, die durch Aufsichtsbehörden auf Grundlage von Art. 26 Abs. 2 DSRL erteilt wurden, zum anderen die Fortdauer der durch die Kommission auf Grundlage von Art. 26 Abs. 4 DSRL erlassenen Entscheidungen über Standardvertragsklauseln (→ Rn. 34). Die Anordnung des Fortbestands dieser Genehmigungen und Feststellungen ist im Interesse der Rechtssicherheit und des Fortbestands geboten und für die Praxis unerlässlich.

I. Fortdauer von Genehmigungen nach Art. 26 Abs. 2 DSRL

Unter der **DSRL** konnten die Aufsichtsbehörden Übermittlungen in Drittstaaten ohne angemessenes Datenschutzniveau gem. Art. 26 Abs. 2 DSRL genehmigen, wenn sog. ausreichende Garantien erbracht wurden, insbesondere durch Vertragsklauseln. Einige der nach dieser Vorschrift genehmigungsbedürftigen Typen von Übermittlungen fallen nunmehr unter Abs. 2 und bedürfen somit unter der DS-GVO ohnehin keiner behördlichen Genehmigung mehr. Dies gilt etwa für Übermittlungen auf Grundlage von Standarddatenschutzklauseln der Kommission (Abs. 2 lit. c) oder von verbindlichen internen Datenschutzvorschriften nach Art. 47 (Abs. 2 lit. d). Ungeachtet dessen stellt Abs. 5 klar, dass eine nach Art. 26 Abs. 2 DSRL erteilte Genehmigung der Übermittlung durch die Aufsichtsbehörde als solche weiterhin Bestand hat. In **Deutschland** galten auch schon unter der DSRL Übermittlungen auf Grundlage von **Standardvertragsklauseln** der Kommission (Art. 26 Abs. 4 DSRL) als genehmigungsfrei (→ Rn. 18), sodass sich durch die DS-GVO insoweit nichts geändert hatte. Diese sind inzwischen jedoch durch neue Standardvertragsklauseln abgelöst worden (zu letzteren → Rn. 36). 69

Darüber hinaus galten unter der DSRL bzw. dem BDSG in Deutschland Übermittlungen auf Grundlage von verbindlichen internen Datenschutzvorschriften (**BCR**) jedenfalls in einem **Teil der Bundesländer** als genehmigungsfrei (→ Rn. 18). Auch für diese Fälle ändert sich durch die DS-GVO nichts, denn der in Abs. 5 enthaltene Rechtsgedanke ist auch insoweit entsprechend anzuwenden, sodass auch solche Übermittlungen Bestandsschutz genießen und infolge der Anwendbarkeit der DS-GVO nicht neu rechtlich geregelt werden muss. Soweit unter der DSRL bzw. dem BDSG Übermittlungen auf Grundlage von BCR durch die Aufsichtsbehörden genehmigt wurden, bleiben diese Genehmigungen gem. Abs. 5 gültig. 70

Übermittlungen auf Grundlage von **Ad-hoc-Verträgen** (→ Rn. 62) bedürfen auch nach der DS-GVO wie bereits nach der DSRL (dort Art. 26 Abs. 2) der Genehmigung durch die Aufsichtsbehörde (Abs. 3 lit. a). Genehmigungen nach Art. 26 Abs. 2 DSRL bleiben gem. Abs. 5 in Kraft, so lange sie von der Behörde nicht geändert, ersetzt oder aufgehoben wurden. Die Fortgeltung ist für diese Fallgruppe schon deshalb von Belang, weil andernfalls der Fortbestand der Genehmigung fraglich wäre, weil bei diesen Altfällen naturgemäß kein Kohärenzverfahren durchgeführt wurde, wie es nunmehr gem. Abs. 4 für Übermittlungen auf Basis von Ad-hoc-Verträgen erforderlich ist. 71-73

F. Befugnisse der Aufsichtsbehörden in Fällen des Art. 46

Die in Art. 46 geregelten geeigneten Garantien bieten Unternehmen und anderen Rechtsanwendern grundsätzlich **Rechtssicherheit** im Hinblick auf die Erfüllung der Anforderungen an Übermittlungen personenbezogener Daten in Drittstaaten nach Kapitel V der DS-GVO. 74

Allerdings bieten auch die in Art. 46 geregelten Instrumente **keine völlige Sicherheit** dahingehend, dass eine Aussetzung oder ein Verbot der Übermittlung durch die Aufsichtsbehörde unter keinen Umständen in Betracht käme. Ein solches Ergebnis wäre mit dem gebotenen effektiven Schutz der Grundrechte auf Schutz des Privat- und Familienlebens sowie auf Schutz personenbezogener Daten (Art. 7, 8 EU-Grundrechtecharta) nicht zu vereinbaren. 75

Letzteres hat der EuGH in seinen Urteilen „Schrems" (EuGH EuR 2016, 76) und „Schrems II" (EuGH GRUR-RS 2020, 16082) deutlich in Erinnerung gerufen. Der EuGH hat betont, dass die Aufsichtsbehörden sogar bei einer Datenübermittlung in ein solches Drittland, für das die Kommission ein angemessenes Datenschutzniveau anerkannt hat, über ihre **vollen in Art. 28 Abs. 3 DSRL geregelten Befugnisse** verfügen (EuGH 6.10.2015 – C-362/14 Rn. 43, EuR 2016, 76). Insbesondere sind sie befugt, Beschwerden Betroffener dahingehend zu **überprüfen,** ob die Übermittlung zu einer Verletzung der Grundrechte Betroffener führt (EuGH 6.10.2015 – C-362/14 Rn. 64, EuR 2016, 76). 76

Dies war im Übrigen in den drei bestehenden **Kommissionsentscheidungen** zu den Standardvertragsklauseln (→ Rn. 34) jedenfalls dem Grunde nach auch so ausgesprochen, denn alle diese Entscheidungen erwähnten bereits in ihrer jeweiligen ursprünglichen Fassung die Möglichkeit der Aufsichtsbehörde zur **Aussetzung** einer Übermittlung im Einzelfall – wenn auch nur 77 bei Vorliegen bestimmter, in den Beschlüssen näher beschriebenen Voraussetzungen (Art. 4 des Kommissionsbeschlusses v. 5.2.2010 über Standardvertragsklauseln für die Übermittlung personenbezogener Daten an Auftragsdatenverarbeiter in Drittländern, ABl. 2010 L 39, 5; Art. 1 Nr. 2 der Kommissionsentscheidung 2004/915/EG v. 27.12.2004, ABl. EG 2004 L 285, 74; Art. 4 der Kommissionsentscheidung 2001/497/EG v. 15.6.2001, ABl. EG 1995 181, 19).

78 Allerdings sind Aufsichtsbehörden, solange ein Angemessenheitsbeschluss der Europäischen Kommission nach Art. 45 (etwa für ein bestimmtes Drittland) besteht, daran gehindert, Übermittlungen personenbezogener Daten, die unter den Anwendungsbereich des Angemessenheitsbeschlusses fallen, mit der Begründung auszusetzen, dass nach ihrer Auffassung für die Daten im Drittland kein angemessenes Schutzniveau gewährleistet sei; dies folgt aus der in Art 288 Abs. 4 AEUV geregelten Bindungswirkung von Angemessenheitsentscheidungen für die Mitgliedstaaten und deren Behörden, also auch die Datenschutzaufsichtsbehörden (EuGH GRUR-RS 2020, 16082 Rn 118f., 156). Hat eine Aufsichtsbehörde aber Zweifel an der Vereinbarkeit eines Angemessenheitsbeschlusses der Kommission iSv Art. 45 mit höherrangigem EU-Recht, muss sie nach nationalem Recht die Möglichkeit haben, Klage vor nationalen Gerichten zu erheben, damit auf diese Weise für den Fall, dass das Gericht die Zweifel der Behörde teilt, eine Vorabentscheidung des EuGH über die Gültigkeit des Angemessenheitsbeschlusses in die Wege geleitet werden kann (→ Rn. 81; EuGH GRUR-RS 2020, 16082 Rn 120; EuGH 6.10.2015 – C-362/14 Rn. 57 und 65, EuR 2016, 76).

79 Liegt **kein Angemessenheitsbeschluss der Europäischen Kommission** nach Art. 45 vor, so sind die Aufsichtsbehörden nach Aussage des EuGH sogar **verpflichtet,** eine **Übermittlung auszusetzen oder zu verbieten,** wenn sie nach entsprechender Prüfung zur Überzeugung gelangt, dass die Standarddatenschutzklauseln durch den Empfänger im Drittland nicht eingehalten werden oder nicht eingehalten werden können und auch durch zusätzliche Maßnahmen kein mit dem durch das europäische Recht gewährleisteten Schutzniveau gleichwertiger Schutz gewährleistet werden kann (EuGH GRUR-RS 2020, 16082 Rn. 121). Dies muss auch für die anderen Garantieinstrumente iSv Art. 46 gelten, da es sich auch hierbei wie bei den Standarddatenschutzklauseln um vertragliche bzw. zumindest vertragsähnliche Instrumente handelt.

80-81 Bestehen seitens der Aufsichtsbehörden grundsätzliche **Zweifel an der Rechtmäßigkeit einer Entscheidung der Europäischen Kommission nach Art. 45,** steht den deutschen Aufsichtsbehörden das Recht zu, dies vom **Bundesverwaltungsgericht** überprüfen zu lassen (§ 21 BDSG). Gelangt das Bundesverwaltungsgericht zu der Überzeugung, dass eine Kommissionsentscheidung, etwa betreffend Standarddatenschutzklauseln rechtswidrig ist, muss es die Sache gem. Art. 267 AEUV dem EuGH zur Entscheidung vorlegen, denn nur dieser besitzt die Kompetenz, Entscheidungen der Europäischen Kommission zu verwerfen (EuGH 6.10.2015 – C-362/14 Rn. 61, EuR 2016, 76).

Artikel 47 Verbindliche interne Datenschutzvorschriften

(1) Die zuständige Aufsichtsbehörde genehmigt gemäß dem Kohärenzverfahren nach Artikel 63 verbindliche interne Datenschutzvorschriften, sofern diese
a) rechtlich bindend sind, für alle betreffenden Mitglieder der Unternehmensgruppe oder einer Gruppe von Unternehmen, die eine gemeinsame Wirtschaftstätigkeit ausüben, gelten und von diesen Mitgliedern durchgesetzt werden, und dies auch für ihre Beschäftigten gilt,
b) den betroffenen Personen ausdrücklich durchsetzbare Rechte in Bezug auf die Verarbeitung ihrer personenbezogenen Daten übertragen und
c) die in Absatz 2 festgelegten Anforderungen erfüllen.

(2) Die verbindlichen internen Datenschutzvorschriften nach Absatz 1 enthalten mindestens folgende Angaben:
a) Struktur und Kontaktdaten der Unternehmensgruppe oder Gruppe von Unternehmen, die eine gemeinsame Wirtschaftstätigkeit ausüben, und jedes ihrer Mitglieder;
b) die betreffenden Datenübermittlungen oder Reihen von Datenübermittlungen einschließlich der betreffenden Arten personenbezogener Daten, Art und Zweck der Datenverarbeitung, Art der betroffenen Personen und das betreffende Drittland beziehungsweise die betreffenden Drittländer;
c) interne und externe Rechtsverbindlichkeit der betreffenden internen Datenschutzvorschriften;

d) die Anwendung der allgemeinen Datenschutzgrundsätze, insbesondere Zweckbindung, Datenminimierung, begrenzte Speicherfristen, Datenqualität, Datenschutz durch Technikgestaltung und durch datenschutzfreundliche Voreinstellungen, Rechtsgrundlage für die Verarbeitung, Verarbeitung besonderer Kategorien von personenbezogenen Daten, Maßnahmen zur Sicherstellung der Datensicherheit und Anforderungen für die Weiterübermittlung an nicht an diese internen Datenschutzvorschriften gebundene Stellen;
e) die Rechte der betroffenen Personen in Bezug auf die Verarbeitung und die diesen offenstehenden Mittel zur Wahrnehmung dieser Rechte einschließlich des Rechts, nicht einer ausschließlich auf einer automatisierten Verarbeitung – einschließlich Profiling – beruhenden Entscheidung nach Artikel 22 unterworfen zu werden sowie des in Artikel 79 niedergelegten Rechts auf Beschwerde bei der zuständigen Aufsichtsbehörde beziehungsweise auf Einlegung eines Rechtsbehelfs bei den zuständigen Gerichten der Mitgliedstaaten und im Falle einer Verletzung der verbindlichen internen Datenschutzvorschriften Wiedergutmachung und gegebenenfalls Schadenersatz zu erhalten;
f) die von dem in einem Mitgliedstaat niedergelassenen Verantwortlichen oder Auftragsverarbeiter übernommene Haftung für etwaige Verstöße eines nicht in der Union niedergelassenen betreffenden Mitglieds der Unternehmensgruppe gegen die verbindlichen internen Datenschutzvorschriften; der Verantwortliche oder der Auftragsverarbeiter ist nur dann teilweise oder vollständig von dieser Haftung befreit, wenn er nachweist, dass der Umstand, durch den der Schaden eingetreten ist, dem betreffenden Mitglied nicht zur Last gelegt werden kann;
g) die Art und Weise, wie die betroffenen Personen über die Bestimmungen der Artikel 13 und 14 hinaus über die verbindlichen internen Datenschutzvorschriften und insbesondere über die unter den Buchstaben d, e und f dieses Absatzes genannten Aspekte informiert werden;
h) die Aufgaben jedes gemäß Artikel 37 benannten Datenschutzbeauftragten oder jeder anderen Person oder Einrichtung, die mit der Überwachung der Einhaltung der verbindlichen internen Datenschutzvorschriften in der Unternehmensgruppe oder Gruppe von Unternehmen, die eine gemeinsame Wirtschaftstätigkeit ausüben, sowie mit der Überwachung der Schulungsmaßnahmen und dem Umgang mit Beschwerden befasst ist;
i) die Beschwerdeverfahren;
j) die innerhalb der Unternehmensgruppe oder Gruppe von Unternehmen, die eine gemeinsame Wirtschaftstätigkeit ausüben, bestehenden Verfahren zur Überprüfung der Einhaltung der verbindlichen internen Datenschutzvorschriften. Derartige Verfahren beinhalten Datenschutzüberprüfungen und Verfahren zur Gewährleistung von Abhilfemaßnahmen zum Schutz der Rechte der betroffenen Person. Die Ergebnisse derartiger Überprüfungen sollten der in Buchstabe h genannten Person oder Einrichtung sowie dem Verwaltungsrat des herrschenden Unternehmens einer Unternehmensgruppe oder der Gruppe von Unternehmen, die eine gemeinsame Wirtschaftstätigkeit ausüben, mitgeteilt werden und sollten der zuständigen Aufsichtsbehörde auf Anfrage zur Verfügung gestellt werden;
k) die Verfahren für die Meldung und Erfassung von Änderungen der Vorschriften und ihre Meldung an die Aufsichtsbehörde;
l) die Verfahren für die Zusammenarbeit mit der Aufsichtsbehörde, die die Befolgung der Vorschriften durch sämtliche Mitglieder der Unternehmensgruppe oder Gruppe von Unternehmen, die eine gemeinsame Wirtschaftstätigkeit ausüben, gewährleisten, insbesondere durch Offenlegung der Ergebnisse von Überprüfungen der unter Buchstabe j genannten Maßnahmen gegenüber der Aufsichtsbehörde;
m) die Meldeverfahren zur Unterrichtung der zuständigen Aufsichtsbehörde über jegliche für ein Mitglied der Unternehmensgruppe oder Gruppe von Unternehmen, die eine gemeinsame Wirtschaftstätigkeit ausüben, in einem Drittland geltenden rechtlichen Bestimmungen, die sich nachteilig auf die Garantien auswirken könnten, die die verbindlichen internen Datenschutzvorschriften bieten, und
n) geeignete Datenschutzschulungen für Personal mit ständigem oder regelmäßigem Zugang zu personenbezogenen Daten.

(3) ¹Die Kommission kann das Format und die Verfahren für den Informationsaustausch über verbindliche interne Datenschutzvorschriften im Sinne des vorliegenden

DS-GVO Artikel 47   Kapitel V. Übermittlung personenbezogener Daten an Drittländer

Artikels zwischen Verantwortlichen, Auftragsverarbeitern und Aufsichtsbehörden festlegen. ²Diese Durchführungsrechtsakte werden gemäß dem Prüfverfahren nach Artikel 93 Absatz 2 erlassen.

Überblick

Art. 47 enthält die näheren Anforderungen an verbindliche interne Datenschutzvorschriften iSv Art. 46 Abs. 2 lit. c. Dieses Instrument – meist als Binding Corporate Rules (BCR) bezeichnet – war in der Datenschutz-RL nicht ausdrücklich enthalten, allerdings bereits vor Jahren durch die Datenschutzaufsichtsbehörden entwickelt worden. Die Aufsichtsbehörden hatten in einer Reihe von Arbeitspapieren der Artikel 29-Datenschutzgruppe die Anforderungen an BCR detailliert geregelt und ein Kooperationsverfahren zur gemeinschaftlichen Prüfung von BCR-Entwürfen etabliert, das sich in der Praxis bewährt hat. BCR sind ein Instrument, das iW auf Unternehmensgruppen zugeschnitten ist, dh Gruppen, bei denen eine Gesellschaft die Befolgung der in den BCR enthaltenen Regelungen bei den anderen Gesellschaften durchsetzen kann. Es deckt nur Datentransfers zwischen den gruppenangehörigen Unternehmen ab, nicht jedoch zB Transfers an gruppenfremde Dienstleister. Zu unterscheiden ist zwischen „BCR für Verantwortliche", die Datentransfers durch Verantwortliche iSv Art. 4 Nr. 7 (an gruppenangehörige Verantwortliche oder Auftragsverarbeiter) regeln, und „BCR für Auftragsverarbeiter", die Datenflüsse innerhalb von Unternehmensgruppen abdecken, deren sämtliche Gruppenmitglieder als Auftragsverarbeiter iSv Art. 4 Nr. 8 für konzernfremde Auftraggeber agieren. Das Instrument erfreut sich in den letzten Jahren wachsender Beliebtheit. Das Gesetz übernimmt weitgehend die von der Artikel 29-Datenschutzgruppe entwickelten inhaltlichen Anforderungen an BCR und ergänzt diese durch einige Grundsätze, die durch die DS-GVO neu eingeführt wurden. Ausdrücklich geregelt ist, dass BCR selbst Gegenstand aufsichtsbehördlicher Genehmigung sind. Bei grenzüberschreitenden Fällen ist das Kohärenzverfahren anzuwenden. Dagegen bedürfen die einzelnen auf BCR gestützten Übermittlungen oder Übermittlungsarten – anders als in den meisten Mitgliedstaaten unter der Datenschutz-RL der Fall – keiner weiteren behördlichen Genehmigung. Dies bedeutet eine wichtige Verfahrensvereinfachung gegenüber der Situation unter der Datenschutz-RL. Wie auch die anderen Arten geeigneter Garantien iSv Art. 46 müssen BCR den betroffenen Personen durchsetzbare Rechte und wirksame Rechtsbehelfe einräumen. Die Haftung für Verstöße gegen die BCR durch gruppenangehörige Unternehmen mit Sitz außerhalb der Europäischen Union muss durch ein Gruppenmitglied mit Sitz in der Union übernommen werden (in der Praxis oft die Muttergesellschaft der Unternehmensgruppe). Alternative Haftungsmodelle werden seitens der Aufsichtsbehörden, wie schon bislang, voraussichtlich nur in besonderen Situationen akzeptiert und nur sofern die Betroffenen bei der Durchsetzung ihrer Rechte hierdurch nicht behindert werden.

Übersicht

	Rn.		Rn.
A. Allgemeines und Anwendungsbereich	1	III. Mutual recognition unter der DS-GVO?	20
I. Spezifischer Bedarf an verbindlichen internen Datenschutzvorschriften (Binding Corporate Rules/BCR)	1	**C. Voraussetzungen für die Genehmigung von BCR**	23
II. Entwicklung von BCR als Instrument für Datentransfers	6	I. Rechtliche Verbindlichkeit und praktische Durchsetzung (Abs. 1 lit. a)	23
III. BCR für Auftragsverarbeiter	11	II. Rechtliche Durchsetzbarkeit für die Betroffenen (Abs. 1 lit. b)	28
B. Genehmigungsverfahren	14	III. Inhaltliche Anforderungen an BCR (Art. 47 Abs. 2)	32
I. Genehmigung der BCR; Kohärenzverfahren	14	**D. Durchführungsrechtsakte der Kommission (Abs. 3)**	65
II. Keine (zusätzliche) Genehmigung der einzelnen Übermittlungen	17	**E. Befugnisse der Aufsichtsbehörden in den Fällen des Art. 47**	67

A. Allgemeines und Anwendungsbereich

I. Spezifischer Bedarf an verbindlichen internen Datenschutzvorschriften (Binding Corporate Rules/BCR)

Verbindliche interne Datenschutzvorschriften (in der englischen Sprachfassung: Binding Corporate Rules; nachfolgend: BCR) sind gem. Art. 46 Abs. 2 lit. b eine der Möglichkeiten, zur Erbringung geeigneter Garantien für die Übermittlung personenbezogener Daten in Drittländer, für die die Europäische Kommission keinen Angemessenheitsbeschluss nach Art. 45 Abs. 3 gefasst hat. Unter den in Art. 46 Abs. 2 aufgezählten Garantien stellen BCR insofern eine Besonderheit dar, als sie nur für Datenübermittlungen **innerhalb von Unternehmensgruppen** oder innerhalb von **Gruppen von Unternehmen** in Betracht kommen, die eine **gemeinsame Wirtschaftstätigkeit** ausüben. Der Begriff „Unternehmensgruppe" bezeichnet gem. der Legaldefinition in Art. 4 Nr. 19 eine Gruppe, die aus einem herrschenden und von diesem abhängigen Unternehmen besteht. Der Begriff ist nicht ganz deckungsgleich mit dem Konzernbegriff des § 18 AktG, der stattdessen maßgeblich auf die einheitliche Leitung mehrerer Unternehmen abstellt.

Die Aktivitäten von Unternehmen, die derselben Unternehmensgruppe iSv Art. 4 Nr. 19 angehören, sind häufig in vielfacher Weise miteinander verflochten und aufeinander bezogen. **Arbeitsteilung,** Zusammenarbeit bei der Umsetzung von Projekten oder **Konzentration** bestimmter Leistungen und Prozesse bei einzelnen Gesellschaften sind innerhalb von Unternehmensgruppen überaus häufig anzutreffen.

Vor diesem Hintergrund besteht innerhalb von Unternehmensgruppen häufig in erheblichem Umfang Bedarf, personenbezogene Daten an andere gruppenangehörige Gesellschaften zu übermitteln. Hierbei kann es sich entweder um Datenweitergaben zum Zweck **gruppeninterner Auftragsverarbeitung** oder aber um Datenweitergaben an Empfänger handeln, die die Daten als **Verantwortliche** erhalten sollen, dh die selbst über die Zwecke und Mittel der weiteren Verarbeitung entscheiden. Häufig ist bspw. in mehr oder minder großem Umfang die Zentralisierung der Personalverwaltung innerhalb einer Unternehmensgruppe gewünscht. Häufig anzutreffen ist auch das zentrale Hosting von Datenbanken, etwa der Personaldatenbank, bei einer der gruppenangehörigen Gesellschaften, die als Auftragsverarbeiter für die anderen Gesellschaften der Unternehmensgruppe agiert.

Gemäß Art. 27 Abs. 1 lit. a sowie Erwägungsgrund 110 steht das Instrument der BCR nicht nur für Unternehmensgruppen iSv Art. 4 Nr. 19 zur Verfügung, sondern darüber hinaus auch für „Gruppen von Unternehmen, die eine **gemeinsame Wirtschaftstätigkeit ausüben**" (soweit im folgenden Text von Unternehmensgruppen die Rede ist, sind hierunter – aus Gründen sprachlicher Knappheit – auch solche Gruppen gemeint). Es fragt sich aber, welche Gruppen von Unternehmen hierunter fallen können. Die gesetzliche Formulierung erscheint jedenfalls recht weit. Die Europäische Kommission hat hierzu in einer Mitteilung v. 10.1.2017 (COM(2017) 7 final) erklärt, dass es sich bei „Unternehmen, die eine gemeinsame Wirtschaftstätigkeit ausüben" etwa um Unternehmen aus dem Reisegewerbe handeln könne. Leider hat die Kommission dies nicht weiter präzisiert. Seitens der Datenschutzaufsichtsbehörden gab es bis zum Redaktionsschluss soweit ersichtlich keine spezifische Äußerung dazu, welche Fälle hierunter fallen können.

Unter der Geltung der Datenschutz-RL hatte sich die Artikel 29-Datenschutzgruppe dahingehend geäußert, dass BCR für lediglich **lose Zusammenschlüsse** von Unternehmen **nicht geeignet** seien (WP 74, Nr. 3.1: „Für lose Zusammenschlüsse sind verbindliche unternehmensinterne Vorschriften höchstwahrscheinlich kein geeignetes Instrument. Wegen der Verschiedenheit der Mitglieder und der großen Bandbreite der Verarbeitungstätigkeiten wäre es sehr schwierig (wenn nicht unmöglich), die in diesem Arbeitsdokument aufgeführten Anforderungen zu erfüllen."). Vermutlich werden die Aufsichtsbehörden auch unter der DS-GVO zunächst eine ähnliche, eher zurückhaltende Position vertreten. Jedoch haben die Aufsichtsbehörden bereits unter Geltung der Datenschutz-RL in einigen wenigen Fällen BCR bei Unternehmensgruppen anerkannt, die nicht den Begriff der Unternehmensgruppe iSv Art. 4 Nr. 19 erfüllen.

II. Entwicklung von BCR als Instrument für Datentransfers

Das Instrument der BCR trägt den **vielfältigen Bedarfen von Unternehmensgruppen iSv Art. 4 Nr. 19 (Konzernen)** an Übermittlungen personenbezogener Daten an Gruppenmitglieder in Drittstaaten ohne angemessenes Datenschutzniveau Rechnung. Bereits vor der Jahrtausendwende hatte die Wirtschaft darauf hingewiesen, dass aus ihrer Sicht die seinerzeit auf Grundlage der Datenschutz-RL zur Verfügung stehenden Instrumente zur Übermittlung personenbezogener

DS-GVO Artikel 47 Kapitel V. Übermittlung personenbezogener Daten an Drittländer

Daten in Drittstaaten der Situation von Unternehmensgruppen nur unzureichend Rechnung tragen. Angesichts der vielfältigen Formen von **Zusammenarbeit** und **Arbeitsteilung in grenzüberschreitend tätigen Unternehmensgruppen** übermitteln häufig zahlreiche Gesellschaften des Konzerns personenbezogene Daten etwa von Mitarbeitern oder Kunden aus der Europäischen Union für eine Vielzahl von Zwecken an Konzerngesellschaften, die außerhalb der Europäischen Union niedergelassen sind. Bei Verwendung von Standardvertragsklauseln iSv Art. 26 Abs. 4 Datenschutz-RL muss daher häufig eine Vielzahl einzelner Datenübermittlungsverträge zwischen den Gruppenmitgliedern mit Sitz in der EU und den Gruppenmitgliedern mit Sitz in unsicheren Drittstaaten abgeschlossen werden (Filip ZD 2013, 51 (51 f.)).

7   Es ist nachvollziehbar, dass einige Unternehmensgruppen an Stelle eines solchen unter Umständen sehr unübersichtlichen Geflechts an Einzelverträgen ein **einheitliches gruppeninternes datenschutzrechtliches Regelwerk** als Grundlage für gruppeninterne Datenübermittlungen in „unsichere Drittstaaten" vorziehen. Die Datenschutzaufsichtsbehörden zeigten sich diesem Anliegen gegenüber aufgeschlossen und traten in der Jahrtausendwende in einen Dialog mit der Wirtschaft ein, um Lösungsmöglichkeiten zu eruieren. Als Ergebnis veröffentlichte die Artikel 29-Datenschutzgruppe **im Jahr 2003** das Arbeitspapier (Working Paper/WP) Nr. 74, in dem sie BCR ausdrücklich als Instrument anerkannten, das bei konzerninternen Datentransfers in „unsichere Drittstaaten" zur Erfüllung der Anforderungen der sog. **zweiten Stufe** (früher Art. 25, 26 Datenschutz-RL bzw. §§ 4b, 4c BDSG; nun Art. 44 ff.) dienen kann. Zwar waren BCR **im Text der Datenschutz-RL nicht ausdrücklich erwähnt,** doch ermöglichte es der Wortlaut von Art. 26 Abs. 2 Datenschutz-RL, sog. ausreichende Garantien für Datentransfers in Drittstaaten ohne angemessenes Datenschutzniveau insbesondere durch Vertragsklauseln zu erbringen. Die erforderliche interne und externe Rechtsverbindlichkeit von Datenschutz-Regelwerken einer Unternehmensgruppe – mithin BCR – konnte daher insbesondere durch vertragliche Vereinbarungen unter den gruppenangehörigen Unternehmen hergestellt werden (WP 74, Nr. 3.3.2).

8   Bei alledem war und ist stets klar, dass BCR nur zur Erfüllung der Anforderungen der sog. **zweiten Stufe** des Datentransfers dienen, sodass für jede Übermittlung zusätzlich noch die Anforderungen der „ersten Stufe" zu erfüllen sind, mithin u.a. jeder Datentransfer einer Rechtsgrundlage auf der „ersten Stufe" (früher §§ 4 Abs. 1, 28 ff. BDSG; nunmehr Art. 6 ff.) bedarf bzw. im Falle von Auftragsverarbeitung auch die Anforderungen nach Art. 28 (früher Art. 17 Abs. 3 Datenschutz-RL bzw. § 11 BDSG) und auch alle weiteren einschlägigen Verarbeitungen einschlägigen Anforderungen der DS-GVO gelten. Dies ergibt sich aus Art. 44, wo festgelegt ist, dass für Übermittlungen personenbezogener Daten an Drittländer oder internationale Organisationen neben den Anforderungen des Kapitels V der DS-GVO auch die „sonstigen Bestimmungen" der DS-GVO zu erfüllen sind.

9   Anfangs wurden BCR als Instrument für Datentransfers entwickelt, bei denen die in der Europäischen Union niedergelassenen gruppenangehörigen Gesellschaften die Daten **als Verantwortliche** an außerhalb der Union ansässige Gruppenmitglieder transferieren. Dieser Typ wird als „BCR für Verantwortliche" (BCR-Controller/BCR-C) bezeichnet. BCR-C können jedoch gleichermaßen Datentransfers an Verantwortliche wie an Auftragsverarbeiter abdecken, in letztgenanntem Fall sind aber stets auch die Anforderungen des Art. 28 (bzw. früher § 11 BDSG) zu erfüllen, insbesondere ist im jeweiligen Auftragsverhältnis grundsätzlich noch ein Vertrag nach **Art 28 Abs. 3** abzuschließen.

10   In den Folgejahren hat die Artikel 29-Datenschutzgruppe die **Anforderungen** an BCR weiter **präzisiert** (WP 108, 153, 154 und 155). Zudem wurde in WP 133 ein Formular zur Verfügung gestellt, mit dem Unternehmensgruppen ihre BCR-Entwürfe bei den Datenschutzaufsichtsbehörden zur Anerkennung als ausreichende Garantien iSv Art. 26 Abs. 2 Datenschutz-RL einreichen konnten. Mit WP 107 wurde ein Kooperationsverfahren eingeführt, das die Aufsichtsbehörden der Mitgliedstaaten fortan anwendeten, um Entwürfe von BCR, die für Datentransfers aus mehreren Mitgliedstaaten vorgesehen waren, gemeinsam zu prüfen.

10a   Es sollte betont werden, dass BCR kein Weg sind, der es Unternehmen ermöglichen würde, in irgendeiner Weise die hohen Anforderungen der DS-GVO an Übermittlungen in Drittstaaten, wie sie der EuGH im **Schrems-II-Urteil** betont hat (→ Art. 46 Rn. 2a), herabzusetzen. Wie bei allen Übermittlungen auf Grundlage von Garantien iSv Art. 46 muss auch bei Übermittlungen, die auf BCR gestützt werden, ein mit dem in der Europäischen Union geltenden Schutzniveau gleichwertiger Schutz gewährleistet werden. Ist das aufgrund von Rechtsvorschriften oder Praktiken eines Drittlands im Einzelfall nicht möglich – etwa wegen des Umfangs der Datenzugriffsmöglichkeiten dortiger Behörden –, so ist die Übermittlung unzulässig und kann allenfalls dann noch stattfinden, wenn es gelingt, mit Hilfe zusätzlicher Maßnahmen die Auswirkungen der betreffenden

Rechtsvorschriften bzw. Praktiken des Drittlands auf die übermittelten Daten auszuschließen (→ Art. 46 Rn. 2c ff.; → Rn. 62).

III. BCR für Auftragsverarbeiter

Ende 2012 und Anfang 2013 veröffentlichte die Artikel 29-Datenschutzgruppe schließlich die **11** WP Nr. 195 und 204 sowie das Antragsformblatt (WP 195a) zu „BCR für Auftragsdatenverarbeiter" (nachfolgend: BCR-Processor/BCR-P). Darin wurde das Instrument der BCR **ausgedehnt** auf Unternehmensgruppen, deren Gruppenmitglieder personenbezogene Daten als Auftragsdatenverarbeiter für gruppenexterne Auftraggeber aus der EU verarbeiten und diese Verarbeitung jedenfalls zT in unsicheren Drittstaaten durchführen.

Hintergrund der Akzeptierung von BCR-P waren ua die sich am Markt rasant verbreitenden **12** Dienste des **Cloud Computing.** Viele solche Dienste werden durch Konzerne erbracht, die als professionelle Outsourcing-Dienstleister agieren. Jedenfalls bei den typischen Erscheinungsformen des Cloud Computing (software as a service, platform as a service, infrastructure as a service) sind die Datenverarbeitungstätigkeiten meist als **Auftrags(daten)verarbeitung** einzuordnen (WP 196, Nr. 1). Die anfänglich entwickelten BCR-C, auf die sich die WP 74, 107, 108 und 153–155 der Artikel 29-Datenschutzgruppe beziehen, waren auf Datentransfers durch Verantwortliche zugeschnitten und daher nicht unterschiedslos auf Datentransfers innerhalb derartiger „**Auftragsverarbeitungs-Konzerne**" übertragbar, bei denen die Daten unter mehreren Auftragsverarbeitern bzw. Unterauftragsverarbeitern innerhalb des Konzerns zirkulieren. Demgemäß unterschieden sich die in den WP 195 und 204 dargestellten Anforderungen an BCR-P in einigen Punkten von den Anforderungen an BCR-C.

Der Wortlaut von Art. 47 indessen unterscheidet nicht zwischen BCR-C und BCR-P. Auch **13** unter der Geltung der DS-GVO sind somit sowohl „BCR für Verantwortliche" als auch „BCR für Auftragsverarbeiter" möglich, und jedenfalls der Gesetzeswortlaut selbst stellt an beide Typen dieselben Anforderungen. Im Detail wird es aber auch weiterhin gewisse Unterschiede geben müssen, die den **unterschiedlichen Rollen** von Verantwortlichen und Auftragsverarbeitern geschuldet sind (→ Rn. 40; → Rn. 56; → Rn. 60).

B. Genehmigungsverfahren

I. Genehmigung der BCR; Kohärenzverfahren

Gemäß Art. 47 Abs. 1 sind BCR Gegenstand einer Genehmigung durch die zuständige Auf- **14** sichtsbehörde iSv Art. 55, 56, die hierbei das **Kohärenzverfahren** nach Art. 63 anzuwenden hat.

Ein **Kohärenzverfahren** setzt indessen voraus, dass auf der Basis der BCR Datentransfers **aus** **15** **mehr als nur einem Mitgliedstaat** vorgesehen sind. Dies geht zwar nicht aus dem Wortlaut von Art. 47 Abs. 1 hervor, es folgt jedoch daraus, dass ein Kohärenzverfahren gem. Art. 64 Abs. 4 voraussetzt, dass es mehrere betroffene Aufsichtsbehörden gibt. Dies ist aber nur dann der Fall, wenn eine grenzüberschreitende Verarbeitung iSv Art. 4 Nr. 23 vorliegt. Sofern eine BCR nur Datentransfers aus einem einzigen Mitgliedstaat abdecken soll (vgl. Art. 4 Nr. 23 lit. a) und auch keine erheblichen Auswirkungen auf Betroffene in anderen Mitgliedstaaten haben kann (vgl. Art. 4 Nr. 23 lit. b), ist kein Kohärenzverfahren durchzuführen. Das Genehmigungsverfahren wird dann allein von der nach Art. 55 zuständigen Aufsichtsbehörde durchgeführt.

Ist ein **Kohärenzverfahren** durchzuführen (→ Rn. 15), so ist gem. Art. 64 Abs. 1 lit. f eine **16** Stellungnahme des Europäischen Datenschutzausschusses herbeizuführen, sobald die federführende Aufsichtsbehörde die Genehmigung eines BCR-Entwurfs beabsichtigt. Federführende Aufsichtsbehörde ist in entsprechender Anwendung von Art. 56 Abs. 1 die Aufsichtsbehörde des Mitgliedstaats, in dem sich die Hauptniederlassung der Unternehmensgruppe befindet. Um eine „nur" entsprechende Anwendung von Art. 56 Abs. 1 handelt es sich deshalb, weil Art. 56 Abs. 1 seinem Wortlaut nach Datenverarbeitungen durch eine Mehrzahl von Niederlassungen ein und desselben Verantwortlichen oder Auftragsverarbeiters voraussetzt (vgl. Art. 4 Nr. 7 und 8); Durch BCR sollen indessen meist Datenexporte durch **eine Vielzahl einzelner Verantwortlicher bzw. (bei BCR-P) einzelner Auftragsverarbeiter** abgedeckt werden. Da das Gesetz aber in Art. 47 Abs. 1, 64 Abs. 1 lit. f für die Genehmigung von BCR ausdrücklich das Kohärenzverfahren vorsieht, kann kein Zweifel bestehen, dass sich die für das Kohärenzverfahren federführende Aufsichtsbehörde in entsprechender Anwendung der Kriterien aus Art. 56 Abs. 1 bestimmt. Es ist somit lediglich eine einzige Genehmigung der BCR durch die „für die BCR federführende" Aufsichtsbehörde erforderlich, dh keine Parallelgenehmigungen durch alle für die einzelnen an die BCR gebundenen

Datenexporteure der Unternehmensgruppe (vgl. das im Europäischen Datenschutzausschuss bestätigte WP263 rev.01 der Artikel 29-Datenschutzgruppe, Nr. 2.8, abrufbar unter https://edpb.europa.eu/our-work-tools/general-guidance/gdpr-guidelines-recommendations-best-practices_en).

II. Keine (zusätzliche) Genehmigung der einzelnen Übermittlungen

17 Gemäß Art. 46 Abs. 2 bedürfen Übermittlungen auf der Basis genehmigter BCR keiner weiteren aufsichtsbehördlichen Genehmigung. Dies ist eine **wichtige Neuerung** gegenüber der unter der Datenschutz-RL bestehenden Situation, die sich in dieser Frage durch Uneinheitlichkeit in den einzelnen EU-Mitgliedstaaten auszeichnete. Aus einer im Februar 2016 auf der Website der Artikel 29-Datenschutzgruppe (http://ec.europa.eu/justice/data-protection/international-transfers/files/table_nat_admin_req_en.pdf) veröffentlichten Übersicht ging hervor, dass unter der Datenschutz-RL in vielen EU-Mitgliedstaaten zusätzlich zu der „Anerkennung" der BCR als solchen noch eine gesonderte Genehmigung der auf der Grundlage von BCR beabsichtigten Datenübermittlungen durch die nationale Aufsichtsbehörde erforderlich war; Portugal gar erkannte BCR ausweislich der og Übersicht überhaupt nicht als valides Instrument für den Datentransfer in unsichere Drittstaaten an. Auch innerhalb Deutschlands stellte sich die Situation **unter der Datenschutz-RL** uneinheitlich dar: In der og Übersicht war für den Zuständigkeitsbereich von 10 der 17 deutschen Datenschutzaufsichtsbehörden lange Zeit, jedenfalls für BCR-C, die Notwendigkeit einer gesonderten Genehmigung der auf BCR gestützten Übermittlungen angegeben (Angaben zu BCR-P waren in der og Übersicht nicht enthalten). Grund für diese unterschiedliche Situation in den Mitgliedstaaten waren die auf Basis der Datenschutz-RL erlassenen unterschiedlichen nationalen Rechtsvorschriften. In Deutschland beruhte die uneinheitliche Handhabung auf der unterschiedlichen rechtsdogmatischen Einordnung von BCR durch die einzelnen Aufsichtsbehörden (vgl. Filip ZD 2013 51 (53)).

18 Das unter der Datenschutz-RL vielerorts bestehende zusätzliche **Genehmigungserfordernis** für die auf BCR basierenden Datenübermittlungen war seitens der Wirtschaft immer wieder **kritisiert** worden. Dieser Kritik war eine gewisse Berechtigung nicht abzusprechen, gerade auch in Deutschland, wo die uneinheitliche Handhabung nur eine Folge unterschiedlicher Rechtsauffassungen der Aufsichtsbehörden war. Allerdings sei auch angemerkt, dass es – soweit bekannt – seinerzeit auch nicht den Versuch seitens der Wirtschaft gegeben hat, diese Rechtsfrage einer gerichtlichen Klärung zuzuführen.

19 Die **DS-GVO** bringt durch den **Verzicht auf das Erfordernis einer zusätzlichen Genehmigung** der Übermittlungen eine **EU-weite Vereinheitlichung** und für einen Großteil der Mitgliedstaaten eine Vereinfachung der Anwendung von BCR.

III. Mutual recognition unter der DS-GVO?

20 Zu einer etwaigen Abstimmung von BCR zwischen den Aufsichtsbehörden vor Einleitung des Kohärenzverfahrens hat die DS-GVO keine konkreten Regelungen vorgesehen. Angesichts des Umfangs und der Komplexität erscheint es jedoch unrealistisch, dass BCR allein im Rahmen der engen Fristen des Kohärenzverfahrens unter den beteiligten Aufsichtsbehörden abgestimmt werden können. Vor diesem Hintergrund hat die Artikel 29-Datenschutzgruppe im April 2018 das WP 263 rev.01 verabschiedet, das vom ersten Plenum des Europäischen Datenschutzausschusses bestätigt wurde. Mit diesem Papier wurde das alte Papier WP 107 aktualisiert und an die Gegebenheiten unter der DS-GVO angepasst. Es wird jedoch weiter zu beobachten sein, wie sich die Praxis der BCR-**Genehmigungsverfahren** unter der DS-GVO entwickeln wird.

21 WP 263 rev.01 ist erkennbar von dem Bemühen geprägt, bewährte Elemente des unter der Datenschutz-RL von zuletzt 21 Mitgliedstaaten praktizierten Verfahrens der sog. gegenseitigen Anerkennung (**mutual recognition /MR;** Näheres bei Filip ZD 2013 51 (53 f.)) auch unter der DS-GVO zur Anwendung zu bringen. Der Entwurf einer BCR wurde gemäß dieses Verfahrens nur von der federführenden Behörde und zwei sog. Co-Prüfer-Behörden geprüft, und jedenfalls die anderen an MR teilnehmenden Aufsichtsbehörden verzichteten auf eine eigene Prüfung (http://ec.europa.eu/justice/data-protection/international-transfers/binding-corporate-rules/mutual_recognition/index_en.htm, Stand: 8.1.2017; Näheres bei Filip ZD 2013, 51 (53 f.)). Das Mutual-Recognition-Verfahren hatte die **Dauer der Anerkennungsverfahren merklich verkürzt**.

22 Mit WP 263 rev.01 hat der Europäische Datenschutzausschuss zwar deutlich gemacht, dass er an den bewährten Elementen des zuletzt praktizierte Mutual-Recognition-Verfahrens auch unter der Geltung der DS-GVO soweit möglich festhalten will. Sofern mehr als eine Aufsichtsbehörde

für einen BCR-Entwurf zuständig ist, findet jedoch gem. Art. 47 Abs. 1 auf die Genehmigung das Kohärenzverfahren nach Art. 63 Anwendung (→ Rn. 14 f.). Namentlich muss für jede BCR, die für Übermittlungen aus mehr als einem Mitgliedstaat gelten soll, gem. Art. 64 Abs. 1 lit. f DS-GVO eine Stellungnahme des Europäischen Datenschutzausschusses eingeholt werden. In der Konsequenz erzwingt die DS-GVO damit eine Abkehr von dem zuletzt unter der Datenschutz-RL praktizierten Mutual-Recognition-Verfahren hin zu einer vollen Prüfung des BCR-Entwurfs durch – potentiell – alle Aufsichtsbehörden. Weil die Aufsichtsbehörden aller Mitgliedstaaten bei der nach Art. 64 Abs. 1 lit. f DS-GVO erforderlichen Stellungnahme des Europäischen Datenschutzausschusses stimmberechtigt sind, dürfte zu erwarten sein, dass jedenfalls viele und potentiell alle Aufsichtsbehörden jede BCR grundsätzlich selbst prüfen. Das Kohärenzverfahren sieht selbst keinen Verzicht der weiteren betroffenen oder der übrigen im Europäischen Datenschutzausschuss vertretenen Aufsichtsbehörden auf die eigenständige Prüfung eines BCR-Entwurfs „zugunsten" der Prüfung durch die federführende Behörde vor.

Deshalb haben die Aufsichtsbehörden mit WP 263 rev.01 ein Verfahren entworfen, das dem **22a** alten Verfahren der gegenseitigen Anerkennung weitgehend nachgebildet und dem nach der DS-GVO vorgesehenen Kohärenzverfahren vorgelagert ist. Im sog. Kooperationsverfahren soll zunächst die für die BCR federführend zuständige Behörde identifiziert werden. Die Rolle dieser Aufsichtsbehörde besteht darin, als einziger Ansprechpartner für die Unternehmensgruppe, die an BCR arbeitet, zu dienen und den Prozess bis zu deren Genehmigung zu begleiten. Auch die Kriterien, nach denen die federführende Aufsichtsbehörde bestimmt wird, haben sich kaum geändert. Vorrangig ist der europäische Sitz der Zentrale der Unternehmensgruppe maßgeblich. Verfügt die Gruppe nicht über eine Zentrale in der EU, kann der Sitz des Unternehmensteils in der EU relevant sein, der mit dem Datenschutz beauftragt ist. Daneben können auch der Sitz des Unternehmensteils, der am besten geeignet ist, sich mit dem Verfahren der Genehmigung der BCR zu befassen und die BCR im Unternehmen durchzusetzen, der Ort, an dem die meisten Entscheidungen über Zweck und Mittel der Datenverarbeitung getroffen werden, oder der Mitgliedstaat, aus dem die meisten Übermittlungen nach außerhalb der EU/EWR erfolgen, bei der Auswahl der federführenden Aufsichtsbehörde relevant sein. Die Aufsichtsbehörden machen in ihrem Papier jedoch auch deutlich, dass diese Kriterien nicht zwingend sind und vor allem im Hinblick auf die kapazitäre Auslastung der Aufsichtsbehörden eine andere Aufsichtsbehörde als federführend bestimmt werden kann. Ist die federführende Aufsichtsbehörde nach Ablauf einer zweiwöchigen Frist bestimmt (WP 263 rev.01, 2.19), begleitet diese die Unternehmensgruppe dabei, einen ersten Entwurf entsprechend der Anforderungen der WP 256 rev.01 für BCR-C bzw. WP 257 rev.01 für BCR-P zu erstellen. Dieser wird dann von ihr weiteren Aufsichtsbehörden geprüft und gegebenenfalls innerhalb von einem Monat kommentiert. Sind alle max. drei bislang involvierten Aufsichtsbehörden der Ansicht, dass der Entwurf den Anforderungen genügt, erhalten nunmehr alle anderen im EDSA vertretenen Aufsichtsbehörden in einem weiteren informellen Schritt Gelegenheit, den „konsolidierten Entwurf" zu prüfen. Erst wenn dieses Verfahren zu einem Entwurf geführt hat, dem alle oder zumindest ein weit überwiegender Teil der im EDSA vertretenen Aufsichtsbehörden zustimmen, wird das eigentliche Kohärenzverfahren, wie es die DS-GVO vorsieht, durchgeführt, dh das Verfahren zur Einholung der Stellungnahme des EDSA förmlich eingeleitet.

C. Voraussetzungen für die Genehmigung von BCR

I. Rechtliche Verbindlichkeit und praktische Durchsetzung (Abs. 1 lit. a)

BCR müssen **„rechtlich bindend"** sein und für alle Mitglieder der Gruppe sowie auch für **23** deren Beschäftigte „gelten". Ferner müssen sie von den Mitgliedern „durchgesetzt" werden (Abs. 1 lit. a).

Die Erwägungsgründe der DS-GVO enthalten keine näheren Angaben dazu, wie diese Anfor- **24** derungen erfüllt werden können. Jedoch können die Aussagen herangezogen werden, die die Artikel 29-Datenschutzgruppe unter der Geltung der Datenschutz-RL in ihren einschlägigen **Arbeitspapieren** veröffentlicht hat. Bei Abs. 1 lit. a handelt es sich um ersichtlich um das bekannte Erfordernis der **Verbindlichkeit** der BCR gegenüber den **Mitgliedern der Unternehmensgruppe** und deren **Beschäftigten** (WP 153, Nr. 1.3; WP 74, Nr. 3.3.1.). Diese meist als **interne Verbindlichkeit** bezeichnete Anforderung (WP 74, Nr. 3.3.) erfordert zweierlei: zum einen die rechtliche Verbindlichkeit der BCR für die gruppenangehörigen Unternehmen sowie die Beschäftigten, zum anderen die praktische Verbindlichkeit dergestalt, dass sich die Unternehmen und Beschäftigten tatsächlich gehalten fühlen, die BCR zu befolgen (WP 74, Nr. 3.3.1). Diese Ziele

können grundsätzlich mit verschiedenen Mitteln erreicht werden. Die Artikel 29-Datenschutzgruppe nennt insoweit folgende nicht abschließend zu verstehenden Möglichkeiten (WP 108, Nr. 5.6):
- verbindliche unternehmensinterne oder vertragliche Regelungen, die gegenüber anderen Unternehmensteilen durchsetzbar sind;
- einseitige Erklärungen oder Verpflichtungen seitens des Mutterunternehmens, die für die übrigen Unternehmensteile verbindlich sind;
- die Aufnahme anderer Kontrollmaßnahmen, zB von in Gesetzesvorschriften enthaltenen Verpflichtungen, in einem festgelegten rechtlichen Rahmen; oder
- die Aufnahme der BCR in die allgemeinen Unternehmensgrundsätze mit entsprechenden Verhaltensregeln, Audits und Sanktionen zu ihrer Durchsetzung.

25   Diese Aussagen dürften auch unter der DS-GVO Gültigkeit beanspruchen. Allerdings sind nicht alle diese Möglichkeiten für jede BCR gleichermaßen geeignet. Namentlich vermögen es **einseitige Erklärungen** des Mutterunternehmens entgegen der Anforderung nach Abs. 1 lit. b nicht, in allen Mitgliedstaaten durchsetzbare Rechte für betroffene Personen zu gewähren. Daher sind einseitige Erklärungen letztlich nicht für Gruppenmitglieder aus allen Mitgliedstaaten zur Erfüllung dieser Anforderung geeignet (WP 74, Nr. 3.3.2.). Da eine umfassende Übersicht dazu, in welchen Mitgliedstaaten dies der Fall ist, soweit ersichtlich nicht vorliegt, dürfte es sich in der Praxis meist empfehlen, stattdessen von vornherein von einem der anderen og Instrumente Gebrauch zu machen. Ohnehin führt die weitere in Art. 47 Abs. 1 lit. b festgelegte Anforderung der Gewährung von **Drittbegünstigtenrechten** dazu, dass in vielen Fällen letztlich **vertragliche Vereinbarungen** zu den BCR zwischen den gruppenangehörigen Gesellschaften abgeschlossen werden müssen und somit die anderen og Möglichkeiten nicht ausreichend sind (→ Rn. 30).

26   Nach Abs. 1 lit. a ist ferner der Nachweis der rechtlichen Verbindlichkeit gegenüber den **Mitarbeitern** der Unternehmensgruppe gefordert. Für Verstöße von Mitarbeitern gegen die BCR müssen zudem **Sanktionen** drohen (vgl. WP 153, Nr. 1.2.; WP 108, Nr. 5.9.). Eine Möglichkeit besteht insoweit darin, in den Arbeitsverträgen auf die Verbindlichkeit der BCR und entsprechende Sanktionen für den Fall von Verstößen hinzuweisen. Alternativ ist es möglich, die Pflicht zur Befolgung der BCR in **Unternehmensrichtlinien** festzulegen. In diesem Fall müsste allerdings die Unternehmensgruppe nachweisen, dass diese Unternehmensrichtlinien für die Mitarbeiter rechtlich verbindlich sind; Dies kann zB der Fall sein, wenn in den Arbeitsverträgen auf die Unternehmensrichtlinien hingewiesen und die Verpflichtung zu deren Einhaltung einschließlich **Sanktionsandrohung** bei Nichteinhaltung ausgesprochen wird. Andere gleichwertige Lösungen können grundsätzlich ebenso akzeptiert werden.

27   Abs. 1 lit. a fordert darüber hinaus, dass die BCR von den Mitgliedern der Gruppe sowie den Beschäftigten auch „**durchgesetzt**" werden. Geht man davon aus, dass die DS-GVO die in den Arbeitspapieren der Artikel 29-Datenschutzgruppe aufgestellten Anforderungen aufgreift, muss die Unternehmensgruppe Gesichtspunkte darlegen, die es plausibel machen, dass sich die Unternehmensteile und die Beschäftigten auch rein tatsächlich zur Befolgung der BCR veranlasst ansehen (WP 74, Nr. 3.3.1). IE dürfte es sich hierbei um einige der in Abs. 2 näher beschriebenen Anforderungen handeln, namentlich um diejenigen, die dem Zweck dienen, die praktische Befolgung der BCR sicherzustellen. Hierzu zählen mindestens die in Abs. 2 lit. h, i, j und n aufgestellten Anforderungen (→ Rn. 51 ff.; → Rn. 55; → Rn. 56 f.).

II. Rechtliche Durchsetzbarkeit für die Betroffenen (Abs. 1 lit. b)

28   BCR müssen den betroffenen Personen **durchsetzbare Rechte** hinsichtlich der Verarbeitung ihrer Daten gewähren. Auch diese Anforderung ist – unter dem Begriff der Drittbegünstigung – bereits aus den Arbeitspapieren der Artikel 29-Datenschutzgruppe bekannt (WP 74, Nr. 3.3.2; WP 153, Nr. 1.3; WP 155, Nr. 9). Ohne die Einräumung durchsetzbarer Rechte für die Betroffenen würden BCR ihre Funktion verfehlen. Durchsetzbare Rechte sind notwendig, um das **Fehlen eines angemessenen Datenschutzniveaus** in den („unsicheren") Zielländern der Übermittlungen zu kompensieren, indem den betroffenen Personen die Möglichkeit eingeräumt wird, die Abstellung von Verstößen gegen die BCR (genauer: gegen solche Regelungen in den BCR, die von den Betroffenen durchsetzbar sind – sog. drittbegünstigende Regelungen) durch Beschwerde bei einer Aufsichtsbehörde in der EU sowie durch Klage vor einem Gericht in der EU durchsetzen zu können sowie im Falle eines erlittenen Schadens ggf. Schadensersatz in der EU einzuklagen.

29   Abs. 1 lit. b regelt selbst nicht, welche Mittel den Betroffenen zur Durchsetzung ihrer Rechte zur Verfügung stehen müssen. Dies ist vielmehr erst in Abs. 2 lit. e näher festgelegt (→ Rn. 39 ff.). Abs. 1 lit. b enthält somit lediglich die Aussage, dass die Betroffenenrechte seitens der Betroffenen

durchsetzbar sein müssen. Vor Anwendbarkeit der DS-GVO hatte die Artikel 29-Datenschutzgruppe dies so formuliert, dass den Betroffenen durch die BCR Rechte als **Drittbegünstigte** einzuräumen sind (WP 155, Nr. 9). Die Drittbegünstigung musste sich auf die Betroffenenrechte beziehen. Hierzu gehörten u.a. die Klauseln zu den Betroffenenrechten auf Auskunft, Berichtigung, Löschung, Sperrung und Widerspruch gegen die Verarbeitung, ferner aber auch auf die Klauseln zu den Datenschutzgrundsätzen wie Zweckbindung, Datenqualität und -verhältnismäßigkeit, Transparenz, Datensicherheit ua (vgl. WP 74, Nr. 3.3.2; WP 155, Nr. 9). Dies dürfte grundsätzlich auch künftig gelten, allerdings sind auch die durch die DS-GVO neu hinzugekommenen Datenschutzgrundsätze (→ Rn. 37) einzubeziehen. Die Aufsichtsbehörden prüfen im BCR-Anerkennungsverfahren, ob alle diese Elemente in den BCR als für die Betroffenen vor Gericht und durch Beschwerde bei der Datenschutzaufsichtsbehörde eines Mitgliedstaats durchsetzbar deklariert worden sind.

Für Unternehmensgruppe und Aufsichtsbehörde(n) stellt sich die Frage, **auf welchem Wege** 30 die demnach erforderliche **Drittbegünstigung** rechtlich erzeugt werden kann. Die DS-GVO selbst enthält dazu keine Aussagen. Die Aufsichtsbehörden haben sich unter der Geltung der Datenschutz-RL dahingehend geäußert, dass eine drittbegünstigende Wirkung in allen Mitgliedstaaten jedenfalls durch den Abschluss **vertraglicher Vereinbarungen** unter den gruppenangehörigen Unternehmen erzeugt werden kann (WP 74, Nr. 3.3.2). Neuere öffentliche Äußerungen der Aufsichtsbehörden sind bislang nicht bekannt, sodass davon ausgegangen werden kann, dass dies von den Behörden auch weiterhin so gesehen wird. Die deutschen Aufsichtsbehörden haben zwar auch erklärt, dass bei Anwendung deutschen Rechts Drittbegünstigung auch im Wege eines Garantievertrags in der Gestalt einer zugangs-, aber nicht annahmebedürftigen **Garantieerklärung** der haftenden gruppenangehörigen Unternehmen erzeugt werden kann (vgl. Filip ZD 2013, 51 (58)). Dies kann aber nur für Fälle gelten, in denen die Verantwortung zur Durchsetzung der BCR und die Haftung für Verstöße umfassend solchen Gruppenmitgliedern auferlegt ist, die selbst derartige Erklärungen abgeben, und nur unter der Voraussetzung, dass auf die Abgabe der Erklärung deutsches Zivilrecht anwendbar ist. Ob dies der Fall ist, wäre im Einzelfall zu prüfen. Da dies mit rechtlichen Unwägbarkeiten verbunden sein kann, dürfte es für die **Praxis** oft vorzugswürdig sein, vertragliche Vereinbarungen etwa in Gestalt eines **Mehrparteienvertrags** unter allen gruppenangehörigen Gesellschaften abzuschließen, um so den Nachweis zu erbringen, dass den Betroffenen durchsetzbare Rechte gegen alle haftenden und Umsetzungsverantwortung tragenden Gruppenmitglieder eingeräumt sind.

Für den Fall, dass in den BCR die **Haftung** für BCR-Verstöße und die Verantwortung für die 31 gruppenweite Befolgung der BCR bei einer bestimmten Gesellschaft (etwa der Muttergesellschaft) **zentralisiert** wird (→ Rn. 45), wäre eine Garantieerklärung ebendieser Gesellschaft (als Alternative zu einem Mehrparteienvertrag unter allen Gruppenmitgliedern, → Rn. 30) grundsätzlich ausreichend, wenn auf die Abgabe der Garantieerklärung eine Rechtsordnung anwendbar ist, die einer Garantieerklärung drittbegünstigende Wirkung zuerkennt; Die deutschen Aufsichtsbehörden haben dies für den Fall einer nach deutschem Zivilrecht abgegebenen Garantieerklärung bejaht (vgl. Filip ZD 2013, 51 (58)).

III. Inhaltliche Anforderungen an BCR (Art. 47 Abs. 2)

BCR müssen Angaben zur **Struktur** und Kontaktdaten der Unternehmensgruppe sowie jedes 32 Gruppenmitglieds selbst enthalten (Abs. 2 lit. a). Grund hierfür ist, dass klar sein muss, für welche Unternehmen die BCR Geltung beanspruchen. Dies muss zum einen für die Datenschutzaufsichtsbehörden eindeutig erkennbar sein, zum anderen aber auch für die Betroffenen. Denn die betroffenen Personen sind gem. Abs. 2 lit. g über die BCR zu informieren, damit sie wissen, für welche Verarbeitungen ihrer Daten durch welche Unternehmen die BCR gelten, sodass sie bei Bedarf die ihnen in den BCR eingeräumten Rechte durchsetzen können. Ferner muss jedoch auch für die an die BCR gebundenen **Unternehmen selbst** sowie ihre Mitarbeiter stets eindeutig sein, für welche Unternehmen die BCR gelten, denn nur so kann die praktische Wirksamkeit der BCR gewährleistet werden (vgl. Abs. 1 lit. a). Daher mussten schon unter der Geltung der Datenschutz-RL alle an die BCR gebundenen Unternehmen in den BCR bzw. einer Anlage aufgezählt werden (WP 108, Nr. 7.1; WP 153, Nr. 4.1). Neu ist nun, dass gem. Abs. 2 lit. a nicht nur alle Gruppenmitglieder als solche, sondern auch die Kontaktdaten jedes Mitglieds anzugeben sind.

Gemäß Abs. 2 lit. b sind in den BCR die davon erfassten **Datenübermittlungen** oder „Reihen 33 von Datenübermittlungen" einschließlich der Arten personenbezogener Daten, Art und Zweck der Datenverarbeitung, Art der betroffenen Personen sowie die betreffenden Drittländer zu nennen. Auch diese Anforderungen waren von der Artikel 29-Datenschutzgruppe bereits vor Inkrafttreten der DS-GVO aufgestellt worden (WP 153, Nr. 4.1 und 4.2 zu BCR-C; WP 195, Nr. 4.1 und 4.2 zu BCR-P) und dienen dazu, die Datenverarbeitungen, die von den BCR umfasst sind, von anderen Verarbeitungen **eindeutig abzugrenzen**.

34 Es obliegt der Unternehmensgruppe selbst, den Anwendungsbereich ihrer BCR im Hinblick auf den Kreis der Betroffenen sowie die abgedeckten Verarbeitungen festzulegen. Es gibt keinen Grund, einen solchen **Gestaltungsspielraum** nicht anzuerkennen, und die Artikel 29-Datenschutzgruppe hat dies auch entsprechend kommuniziert (WP 133, 7 Nr. 2; WP 195a, 3 Nr. 2). So kann zB eine Unternehmensgruppe Gründe dafür haben, lediglich die Übermittlungen personenbezogener Daten von **Beschäftigten** den BCR zu unterstellen, während etwa die Übermittlung von Kunden- und Lieferantendaten von den BCR nicht erfasst sein soll. Sofern dann in der Gruppe dennoch auch Daten der letztgenannten Datenkategorien aus der EU an Gruppenmitglieder in unsichere Drittländer übermittelt werden sollen, sind diese Übermittlungen auf eine andere Grundlage iSv Art. 45–49 zu stützen, etwa auf Standarddatenschutzklauseln nach Art. 46 Abs. 2 lit. c.

35 BCR müssen Angaben darüber enthalten, wie ihre **interne** (→ Rn. 24) und **externe Rechtsverbindlichkeit** (→ Rn. 26) gewährleistet werden soll (Abs. 2 lit. c). Bei der internen und externen Rechtsverbindlichkeit handelt es sich um die bereits in Abs. 1 lit. a und lit. b geregelten zwingenden Anforderungen. Abs. 2 lit. c besagt darüber hinaus, dass in den BCR selbst ausdrücklich anzugeben ist, wie die interne und externe Verbindlichkeit hergestellt werden. Dies dient dazu, den Datenschutzaufsichtsbehörden die Prüfung des Genehmigungsantrags im Hinblick auf die Erfüllung der in Abs. 1 lit. a und lit. b geregelten Anforderungen zu ermöglichen. Gleichzeitig wird dadurch auch die Gruppe selbst veranlasst, sich bewusst zu machen, wie die interne und externe Rechtsverbindlichkeit der BCR hergestellt werden kann. Das Gesetz erlegt der Unternehmensgruppe insoweit eine **Bringschuld** auf. Es ist mithin nicht Aufgabe der Aufsichtsbehörde, Vermutungen darüber anzustellen, auf welche Weise den BCR interne und externe Rechtsverbindlichkeit verliehen werden könnte, vielmehr muss dies in den BCR selbst plausibel dargestellt sein.

36 Vor Inkrafttreten der DS-GVO hatte die Artikel 29-Datenschutzgruppe (vgl. WP 153 und WP 195, jeweils Nr. 1.2 und 1.3) verlangt, dass die Angaben zur Herstellung der externen Rechtsverbindlichkeit sowohl im **Antragsformular** als auch in den **BCR selbst** aufgenommen werden müssen, während Angaben zur internen Rechtsverbindlichkeit nur in das Antragsformular aufzunehmen seien. Ob sich aufgrund von Abs. 2 lit. c für die Praxis signifikante Änderungen ergeben, sollte abgewartet werden. Angesichts des Gesetzeswortlauts ist es ratsam, in den BCR selbst auch die Mittel zur Herstellung interner Verbindlichkeit zumindest zu erwähnen. So könnte zB in den BCR angegeben werden, dass die interne Rechtsverbindlichkeit – gegenüber den Mitarbeitern – etwa durch explizite Verpflichtung in den Arbeitsverträgen hergestellt wird. In den entsprechenden Antragsunterlagen wäre dies näher plausibel zu machen, etwa indem die maßgeblichen Auszüge aus den Arbeitsverträgen der Aufsichtsbehörde vorgelegt und/oder zitiert werden.

37 BCR müssen gem. Abs. 2 lit. d die „**allgemeinen Datenschutzgrundsätze**" enthalten. Das Gesetz nennt hierzu „insbesondere" Zweckbindung, Datenminimierung, begrenzte Speicherfristen, Datenqualität, Datenschutz durch Technikgestaltung und durch datenschutzfreundliche Voreinstellungen, (das Erfordernis einer) Rechtsgrundlage für die Datenverarbeitung, Verarbeitung besonderer Datenkategorien, Maßnahmen zur Sicherstellung der Datensicherheit, sowie Anforderungen an die Weiterübermittlung an nicht BCR-gebundene Stellen. Es handelt sich hierbei um die zentralen in der DS-GVO enthaltenen Datenschutzgrundsätze. Dass diese in den BCR enthalten sein müssen, liegt auf der Hand. Denn der Sinn und Zweck der BCR gem. Art. 46 Abs. 2 lit. b besteht darin, „**geeignete Garantien**" zum Schutz der Daten zu liefern, die aus der EU heraus in ein „unsicheres" Drittland exportiert wurden. Die BCR sollen das Fehlen eines angemessenen Datenschutzniveaus iSv Art. 45 im Drittland ausgleichen. Neben den in Abs. 2 lit. d explizit aufgezählten Grundsätzen ist daher konsequenterweise auch der in Art. 5 Abs. 1 lit. e geregelte, dort als „Speicherbegrenzung" bezeichnete Grundsatz aufzunehmen. Dieser war bereits in der Datenschutz-RL enthalten (Art. 6 Abs. 1 lit. e RL 95/46/EG) und daher auch bisher in BCR gefordert worden, wenn auch die Speicherbegrenzung in den Arbeitspapieren der Artikel 29-Datenschutzgruppe inhaltlich zT unter den Begriff der Verhältnismäßigkeit gefasst wurde, wonach personenbezogene Daten nicht über einen längeren Zeitraum verarbeitet werden durften als für die Realisierung der Zwecke erforderlich, für die sie erhoben oder weiterverarbeitet wurden (WP 154, Nr. 4).

38 BCR müssen ferner gem. Abs. 2 lit. e Angaben über **die Rechte der Betroffenen** in Bezug auf die Verarbeitung ihrer Daten sowie über die den Betroffenen offenstehenden **Mittel zur**

Wahrnehmung ihrer Rechte enthalten. Anschließend zählt das Gesetz in nicht abschließender Weise („insbesondere") einige Rechte und Mittel zu Rechtsdurchsetzung aufgezählt, namentlich das Recht, nicht einer automatisierten Einzelfallentscheidung einschließlich Profiling unterworfen zu werden, ferner das Recht auf Beschwerde bei der zuständigen Aufsichtsbehörde und auf Rechtsbehelf bei den zuständigen Gerichten in den Mitgliedstaaten sowie das Recht auf Schadensersatz für den Fall einer Verletzung der BCR.

Da die in Abs. 2 lit. e enthaltene Aufzählung von Betroffenenrechten und Mitteln zu deren **39** Durchsetzung keinen abschließenden Charakter hat, stellt sich die Frage, welche **weiteren Rechte und Mittel zu deren Durchsetzung** den Betroffenen in BCR eingeräumt werden müssen. Hierbei ist daran zu erinnern, dass BCR wie alle anderen geeigneten Garantien iSv Art. 46 den Betroffenen iW dieselben Rechte einräumen müssen, die Betroffenen nach dem europäischen Datenschutzrecht – mithin nun nach der DS-GVO – zustehen (→ Art. 46 Rn. 9). Unter der Geltung der Datenschutz-RL hatte die Artikel 29-Datenschutzgruppe insoweit gefordert, dass in BCR-C den Betroffenen mindestens dieselben Rechte eingeräumt werden müssen, wie dies in den EU-**Standardvertragsklauseln** für Übermittlungen an Verantwortliche „Set I" (→ Art. 46 Rn. 34) der Fall ist (WP 74, Rn. 3.3.2 und dort Fn. 13, richtigerweise müsste es Fußn. 12 heißen, wie aus der englischen Fassung ersichtlich; ferner für BCR-C WP 155, Nr. 9; für BCR-P WP 204 Nr. 2.3.3.1). Dieser Ansatz überzeugt, da BCR in gleicher Weise wie die Standardvertragsklauseln (bzw. nunmehr unter der DS-GVO „Standarddatenschutzklauseln", Art. 46 Abs. 2 lit. c) geeignete Garantien iSv Art. 46 sind, sodass es wenig plausibel wäre, in BCR den Betroffenen weniger Rechte und Mittel zu deren Durchsetzung einzuräumen als in den Standarddatenschutzklauseln. Neben den Ansprüchen auf Auskunft, Berichtigung, Löschung, Sperrung und Einschränkung der Verarbeitung sowie dem Unterlassungsanspruch gegenüber automatisierten Einzelentscheidungen müssen daher auch die Regelungen zur Datensicherheit und Vertraulichkeit, zur Einschränkung von Weiterübermittlungen sowie die Datenschutzgrundsätzen (Zweckbindung, Datenqualität und Verhältnismäßigkeit, Rechtsgrundlage der Verarbeitung, Transparenz und einfacher Zugang zu den BCR) **drittbegünstigenden Charakter** haben und somit seitens der Betroffenen durchsetzbar sein (zu den Einzelheiten vgl. EDSA, WP 256 und WP 257, jeweils Nr. 1.3). Hinzukommen muss der mit der DS-GVO neu eingeführte Grundsatz „Datenschutz durch Technikgestaltung und durch datenschutzfreundliche Voreinstellungen".

Bei **BCR-P** müssen die Betroffenenrechte und die Mittel zu deren Durchsetzung einigen **40** **Besonderheiten** Rechnung tragen, die sich daraus ergeben, dass die an die BCR-P gebundenen Unternehmen hier Auftragsverarbeiter oder Unterauftragsverarbeiter sind. Der EDSA betont, dass bei BCR-P der Betroffene auch der Pflicht des Auftragsverarbeiters zur Einhaltung der **Anweisungen des Verantwortlichen** sowie der im Auftragsverarbeitungsvertrag festgelegten Maßnahmen zur Gewährleistung der Datensicherheit und Vertraulichkeit durchsetzen können muss. Gleiches gilt für die Pflicht der gruppenangehörigen Unternehmen zur **Zusammenarbeit mit dem Verantwortlichen** (WP 257, Nr. 1). Dies überzeugt, da es sich hierbei um wesentliche Pflichten eines Auftragsverarbeiters handelt, die daher für einen effektiven Schutz der Betroffenen von maßgeblicher Bedeutung sind.

Bei BCR-P ist hierbei zu unterscheiden (vgl. WP 257, Nr. 1.3): Verpflichtungen, die nach der **40a** DS-GVO **originäre eigene Verpflichtungen von Auftragsverarbeitern** sind, müssen unter von den betroffenen Personen direkt gegen die gruppenangehörigen Unternehmen durchgesetzt werden können – was daraus folgt, dass die Gruppenmitglieder Auftragsverarbeiter sind; hingegen können die anderen in den BCR-P enthaltenen drittbegünstigenden Pflichten von den Betroffenen gegen die Gruppenmitglieder nur bzw. erst dann durchgesetzt werden, wenn sie nicht gegen den (gruppenfremden) Verantwortlichen durchsetzbar sind, etwa weil dieser insolvent ist oder nicht mehr existiert.

In allen BCR sind den Betroffenen gem. Abs. 2 lit. e das Recht zur **Beschwerde** bei der **41** zuständigen Aufsichtsbehörde, auf Einlegung eines **Rechtsbehelfs** bei den zuständigen Gerichten in der Europäischen Union sowie auf **Schadensersatz** einzuräumen. Unter der Geltung der Datenschutz-RL hatte die Artikel 29-Datenschutzgruppe bei BCR-C ausdrücklich gefordert, dass dem Betroffenen ein **Wahlrecht** einzuräumen ist, den gerichtlichen Rechtsbehelf entweder am Gerichtsstand des in der EU ansässigen Datenexporteurs oder am Gerichtsstand des EU-Hauptniederlassung des haftenden gruppenangehörigen Unternehmens in der EU einzulegen (WP 74, Nr. 5.6; WP 154, Nr. 18 sowie, zu BCR-P vgl. WP 204 Nr. 4.7). Für den Fall, dass bei BCR-P kein Mitglied der Unternehmensgruppe in der EU niedergelassen ist, hatte die Artikel 29-Datenschutzgruppe gefordert, dass der Betroffene den Rechtsbehelf an seinem Wohnort einlegen kann (WP 204, Nr. 4.7). Diese Aussagen sind unter der DS-GVO aufgrund von Art. 79 Abs. 2 ergänzungsbedürftig, denn nach dieser Vorschrift kann der Betroffenen einen gerichtlichen

Rechtsbehelf im Mitgliedstaat der Niederlassung des Verantwortlichen bzw. des Auftragsverarbeiters einlegen oder aber im Mitgliedstaat, in dem der Betroffene seinen gewöhnlichen **Aufenthaltsort** hat. Das in den og Arbeitspapieren der Artikel 29-Datenschutzgruppe genannte Wahlrecht muss daher ergänzt werden um einen weiteren Gerichtsstand am Aufenthaltsort des Betroffenen (EDSA, WP 256 und WP 257, jeweils Nr. 1.3).

42 Die in Abs. 2 lit e aufgestellten Anforderungen sind im Zusammenhang mit Abs. lit. g zu verstehen, wonach die BCR Angaben darüber enthalten müssen, wie die Betroffenen über die BCR und dabei insbesondere über ihre Rechte iSv Abs. 2 lit. e **informiert** werden (→ Rn. 49 f.).

43 Das gem. Abs. 2 lit. e den Betroffenen einzuräumende Recht auf **Schadensersatz** ist ferner im Zusammenhang mit Abs. 2 lit. f zu verstehen. Danach müssen BCR die Haftungsübernahme eines Verantwortlichen bzw. (bei BCR-P) eines Auftragsverbeiters, der in einem **Mitgliedstaat** niedergelassen ist, für Verstöße durch die **außerhalb der Europäischen Union** niedergelassenen Gruppenmitglieder festlegen. Das Recht auf Schadensersatz ist gegen das haftende Gruppenmitglied geltend zu machen. Hinsichtlich des Gerichtsstands, in dem der Betroffene Schadensersatzansprüche geltend machen kann, hat der Betroffene ein Wahlrecht unter mehreren Gerichtsständen (→ Rn. 41).

44 Das Gesetz enthält keine Vorgaben dazu, **welches Gruppenmitglied** die Haftung für Verstöße durch außerhalb der Union niedergelassene gruppenangehörige Unternehmen übernehmen muss. Abs. 2 lit. f besagt aber ausdrücklich, dass das haftende Gruppenmitglied in der Union niedergelassen sein muss. Dies hatte die Artikel 29-Datenschutzgruppe bei BCR-C schon bislang gefordert (WP 74, Nr. 5.5.5.1; WP 155, Nr. 3). Bei BCR-P hingegen wurde seitens der Aufsichtsbehörden unter Umständen auch eine Haftungsübernahme durch die außerhalb der Union befindliche Hauptniederlassung der Unternehmensgruppe akzeptiert, namentlich sofern keines der Gruppenmitglieder in der EU niedergelassen war (WP 195, Rn. 1.5; WP 204, Nr. 4.6.2.1). Da Abs. 2 lit. f die Haftungsübernahme durch ein **in der Europäischen Union niedergelassenes** Mitglied der Gruppe verlangt, ist diese Gestaltung unter der DS-GVO nicht mehr möglich. Unternehmensgruppen, deren BCR eine solche Gestaltung enthielten und die vor Geltungsbeginn der DS-GVO genehmigt worden waren, müssen daher ihre Haftungsregelung in diesem Punkt an die DS-GVO anpassen, andernfalls stellen solche BCR unter der DS-GVO keine geeigneten Garantien iSv Art. 46 für Datenübermittlungen mehr dar.

45 Laut den Arbeitspapieren soll grundsätzlich eine zentrale Haftungsübernahme durch ein in der Union niedergelassenes Gruppenmitglied für Verstöße durch die in Drittländern niedergelassenen Gruppenmitglieder erfolgen (WP 256, Nr. 1.4; WP 257, Nr. 1.5). Nur für den Fall, dass der Unternehmensgruppe aufgrund von Besonderheiten, etwa ihrer besonderen Struktur, eine solche Zentralisierung der Haftung nicht möglich ist, könne eine **alternative Haftungsregelung** dergestalt akzeptiert werden, dass jeder Datenexporteur für Verstöße gegen die BCR durch den im Drittland ansässigen Datenimporteur haftet, an den er die Daten übermittelt hat (WP 256, Nr. 1.4; WP 257, Nr. 1.5).

46 Das oben genannte „alternative" Haftungsmodell wird von den Aufsichtsbehörden somit **nur bei besonderer Begründung** akzeptiert. Diese auf den ersten Blick streng erscheinende Auffassung wird plausibel, wenn man sich vor Augen führt, dass BCR auch in anderen maßgeblichen Gesichtspunkten über die in den bisherigen Standardvertragsklauseln der Kommission nach Art. 26 Abs. 4 Datenschutz-RL geregelten Anforderungen hinausgehen (etwa indem sie Regelungen zu Schulung und Audit erfordern etc.). BCR sind auf Unternehmensgruppen zugeschnitten, während die Standarddatenschutzklauseln grundsätzlich von jedem Datenexporteur verwendet werden können. Standardvertragsklauseln und BCR sind mithin unterschiedliche Instrumente, sodass eine „1:1-Übertragung" der in den Standarddatenschutzklauseln enthaltenen Regelungen auf BCR jedenfalls nicht zwingend ist. BCR enthalten eine Reihe von Anforderungen, die auf Unternehmensgruppen zugeschnitten sind und dazu dienen, die Befolgung der BCR in der Unternehmensgruppe sicherzustellen. Hierzu gehört insbesondere eine **zentrale Letztverantwortung** eines (jedenfalls bei BCR-C) **in der EU niedergelassenen** gruppenangehörigen Unternehmens für die Durchsetzung der BCR in der Unternehmensgruppe. Damit im Einklang steht es, auch die Haftung für BCR-Verstöße durch außerhalb der Union niedergelassene Gruppenmitglieder jedenfalls grundsätzlich bei diesem in der EU ansässigen Gruppenmitglied zu konzentrieren.

47 Die BCR müssen ferner regeln, dass die gem. Abs. 2 lit. f zu regelnde Haftungsübernahme durch den in der EU niedergelassenen Verantwortlichen bzw. Auftragsverarbeiter im Einzelfall nur dann ausgeschlossen ist, wenn er nachweist, dass der schadensbegründende Umstand dem betreffenden Gruppenmitglied **nicht zur Last gelegt** werden kann. Hierbei handelt es sich um eine Regelung der Beweislastumkehr.

Artikel 47 DS-GVO

Abs. 2 lit. g fordert in den BCR Angaben über die Art und Weise, wie die Betroffenen über **48** die BCR und insbesondere über die unter Abs. 2 lit. d–f genannten Aspekte **informiert** werden. Dadurch wird sichergestellt, dass die Unternehmensgruppe die Modalitäten der Information der Betroffenen über ihre Rechte und die zu deren Durchsetzung zur Verfügung stehenden Mittel **konkret festlegen** muss, und zwar in den BCR selbst. Dadurch wird es der Aufsichtsbehörde ermöglicht, im Genehmigungsverfahren zu prüfen, ob der vom Unternehmen vorgesehene Weg tatsächlich eine effektive Information der Betroffenen verspricht. Denn nur dann können diese ihre Rechte effektiv wahrnehmen.

Aus Abs. 2 lit. g lässt sich entnehmen, dass die unter den Abs. 2 lit. d, e und f genannten Inhalte **49** von **besonderer Bedeutung** für die Betroffenen sind, sodass die Betroffenen über diese Aspekte zwingend informiert werden müssen. Umgekehrt lässt sich daraus schließen, dass eine Information der Betroffenen über die übrigen Regelungen, die gem. Abs. 2 Bestandteil von BCR sein müssen, nicht zwingend ist. Die Betroffenen sind somit jedenfalls über die (in den BCR vorzusehenden) allgemeinen Datenschutzgrundsätze (Abs. 2 lit. d), die den Betroffenen zu gewährenden Rechte (Abs. 2 lit. e) sowie die Haftung der Gruppe für Verstöße gegen die BCR (Abs. 2 lit. f) zu informieren (EDSA, WP 256, Nr. 1.7; WP 257, Nr. 1.8).

Diese Zweiteilung der Inhalte von BCR danach, ob die betroffenen Personen über sie **zwin- 50 gend zu informieren** sind oder nur fakultativ, geht auf die aus der Zeit vor Inkrafttreten der DS-GVO veröffentlichten Arbeitspapieren der Artikel 29-Datenschutzgruppe zu BCR zurück, auch wenn nicht alle diesbezüglichen Aussage der Gruppe ganz eindeutig waren. (vgl. etwa WP 74, Nr. 5.7; WP 155, Nr. 5). Im Ergebnis ist über die in den BCR gewährten **Drittbegünstigtenrechte** vollständig, ungekürzt und in leicht auffindbarer Weise zu informieren (WP 256, Nr. 1.7 und WP 257, Nr. 1.8 nennen insoweit explizit die Unternehmenswebsite), während eine Information der betroffenen Personen über die **übrigen Inhalte** der BCR jedenfalls nicht zwingend ist und ggf. auch in der Form einer Zusammenfassung erfolgen kann. Durch die in Abs. 2 lit. g vorausgesetzte Informationspflicht wird, wie das Gesetz ausdrücklich betont, die in den Art. 13 und 14 der Grundverordnung geregelte Pflicht zur Information Betroffener bei der Erhebung ihrer Daten **erweitert** (WP 74, Nr. 5.7).

Die BCR müssen ferner Angaben über die Aufgaben des **Datenschutzbeauftragten** iSv **51** Art. 37 oder jeder anderen Person oder Einrichtung enthalten, die mit der Überwachung der Einhaltung der BCR sowie mit den Schulungsmaßnahmen und dem Umgang mit Beschwerden befasst ist (Abs. 2 lit. h). Dies setzt voraus, dass für die Unternehmensgruppe Personen oder Stellen benannt werden, denen diese Aufgaben zugewiesen werden. Hierbei kann es sich nach dem Gesetzeswortlaut um diejenige Person bzw. Personen handeln, die die Funktion eines **Datenschutzbeauftragten** nach Art. 37 der Verordnung innehaben; zwingend ist dies jedoch nicht. Hierbei müssen in den BCR auch die Struktur, Aufgaben und Zuständigkeiten des für die BCR-Compliance und die Schulungen zuständigen Mitarbeiterstabs näher beschrieben werden (WP 256, Nr. 2.4; WP 257, Nr. 2.4).

Eine wichtige Anforderung geht dahin, dass der für die Überwachung der Befolgung der BCR **52** zuständige Mitarbeiterstab die **Unterstützung der Unternehmensleitung** bei der Wahrnehmung dieser Aufgabe haben muss. Die Selbstverpflichtung als solche, dem Mitarbeiterstab diese Unterstützung zu gewähren, musste in den BCR bislang **ausdrücklich** ausgesprochen werden. Im Wortlaut von Abs. 2 lit. h findet sich diese Anforderung zwar nicht ausdrücklich, gleichwohl wird sie seitens der Aufsichtsbehörden auch unter der DS-GVO verlangt (WP 256 und WP 257, jeweils Nr. 2.4).

Sofern es in der Unternehmensgruppe einen oder mehrere **Datenschutzbeauftragte** iSv **53** Art. 37 gibt, ggf. auch einen gem. Art. 37 Abs. 2 für die gesamte Gruppe benannten, sind diese bereits kraft Gesetzes für die Überwachung der Einhaltung etwaiger BCR verantwortlich. Denn gem. Art. 39 Abs. 2 ist der Datenschutzbeauftragte auch für die Überwachung der Einhaltung etwaiger **Strategien** des Verantwortlichen oder Auftragsverarbeiters **zum Schutz personenbezogener Daten** sowie für die Sensibilisierung und Schulung der Mitarbeiter und diesbezügliche Überprüfungen zuständig. BCR sind ohne weiteres zu den in Art. 39 Abs. 2 erwähnten „Strategien" zu zählen.

Die Struktur des Stabes oder Netzwerks von Mitarbeitern, dem die in Abs. 2 lit. h genannten **54** Aufgaben zugewiesen werden, ist im Gesetz nicht näher definiert. Das Gesetz spricht insoweit von „Personen" oder „Stellen". Mithin muss es sich zwingend um eine natürliche Person handeln (vgl. WP 243, 12). Auch ist nach dem Gesetzeswortlaut nicht gefordert, dass die Personen bzw. Stellen Teil des Unternehmens sein müssen, sodass insoweit auch **externe Datenschutzbeauftragte** oder andere Externe in Betracht kommen. In praktischer Hinsicht dürfte aber klar sein, dass die in Abs. 2 lit. h genannte Überwachungsaufgabe in der Unternehmensgruppe aufgrund ihres Umfangs **nicht durch eine einzige Person** wahrgenommen werden kann. Die Struktur und die Berichterstattung innerhalb des entsprechenden Netzwerks bzw. Mitarbeiterstabes müssen in den BCR transparent beschrieben werden.

55 BCR müssen Angaben über die **Beschwerdeverfahren** enthalten (Abs. 2 lit. i). Hiermit sind die den Betroffenen einzuräumenden Beschwerdemöglichkeiten für Verstöße gegen die BCR gemeint. Hiernach ist in BCR den Betroffenen ausdrücklich ein Recht zur Beschwerde für den Fall von Verstößen gegen die BCR einzuräumen. Ferner muss eine **eindeutig zu bestimmende Abteilung bzw. Einheit** als zuständig für die Beschwerdebearbeitung festgelegt werden. Die mit der Bearbeitung befassten Personen müssen bei der Beschwerdebearbeitung über ein hinreichendes Maß an **Unabhängigkeit** verfügen. Eine diesbezügliche Verpflichtung ist ausdrücklich in den BCR auszusprechen (WP 256 und WP 257, jeweils Nr. 2.2). Darüber hinaus müssen die Betroffenen über die Modalitäten des Beschwerdeverfahrens informiert werden, dh darüber, wo und in welcher Form sie Beschwerde einlegen können, wie lange die Bearbeitung dauern wird und welche Folgen die Ablehnung oder Anerkennung einer Beschwerde hat sowie dass sie, falls Sie mit dem Ergebnis nicht zufrieden sind, sich an die Aufsichtsbehörde oder ein Gericht wenden können (WP 256 und WP 257, jeweils Nr. 2.2).

56 Bei **BCR-P** sind im Hinblick auf die Angaben zum Beschwerdeverfahren einige Besonderheiten zu beachten. Danach sind Beschwerden wegen möglicher Verstöße gegen BCR-P grundsätzlich an den (gruppenexternen) **Verantwortlichen** weiterzuleiten (WP 257, Nr. 2.2). Allerdings akzeptieren es die Aufsichtsbehörden, wenn der Verantwortliche und die an die BCR-P gebundene Unternehmensgruppe vereinbaren, dass solche Beschwerden von der **Unternehmensgruppe** bearbeitet werden. Die Aufsichtsbehörden haben zu Zeiten der Geltung der Datenschutz-RL hierzu verlangt, dass auch ohne eine solche Vereinbarung die Unternehmensgruppe sich in den BCR-P dazu verpflichten muss, Beschwerden jedenfalls dann selbst zu bearbeiten, wenn der gruppenexterne Auftraggeber faktisch oder rechtlich nicht mehr existiert oder zahlungsunfähig ist (WP 204, Nr. 4.3). Für den Fall, dass die an BCR-P gebundene Gruppe die Beschwerde bearbeitet, müssen die Betroffenen in gleicher Weise wie bei BCR-C über die Modalitäten des Beschwerdeverfahrens informiert werden (WP 204, Nr. 4.3; → Rn. 55). Auch wenn diese Anforderung anders als in den auf die Datenschutz-RL bezogenen Arbeitspapieren der Artikel 29-Datenschutzgruppe im einschlägigen Arbeitspapier des EDSA (WP 257) nicht explizit auftaucht, ist sie sachgerecht, und es dürfte zu erwarten sein, dass die Aufsichtsbehörden nach wie vor daran festhalten.

57 Vorzusehen sind in BCR zudem Verfahren zur Überprüfung ihrer Einhaltung (Abs. 2 lit. j). Diese üblicherweise als **Audit** bezeichneten Verfahren müssen Datenschutzüberprüfungen sowie spezifische Verfahren zur Gewährleistung von Abhilfe zum Schutz Betroffener vorsehen. Der Gesetzestext enthält zudem Vorgaben dazu, welchen Stellen in der Unternehmensgruppe die Audit-Ergebnisse zur Verfügung gestellt werden müssen. Auch der Aufsichtsbehörde sind die Ergebnisse zur Verfügung zu stellen.

58 Die Aufsichtsbehörden haben unter der Datenschutz-RL darauf hingewiesen, dass das Audit entweder **unternehmensinternen Einheiten** oder aber auch **externen Auditoren** anvertraut werden kann (WP 153, Nr. 14). Die Aufsichtsbehörden legen unter der Geltung der Datenschutz-RL jedoch Wert darauf, dass mit dem BCR-Audit nicht dieselben Personen betraut werden, die schon für die Überwachung der Einhaltung der BCR-Compliance „im Alltag" iSv Abs. 2 lit. h zuständig sind (→ Rn. 51 ff.). Vielmehr muss insoweit eine klare **funktionale Trennung** bestehen („keine Selbstkontrolle"). Dies stellte in der bisherigen BCR-Genehmigungspraxis gerade **deutsche Unternehmensgruppen** bisweilen vor Verständnisschwierigkeiten. Gerade für deutsche Unternehmen liegt oft der Gedanke nahe, die Aufgabe des BCR-Audits den Datenschutzbeauftragten zu übertragen. Dies wurde jedoch insbesondere von Aufsichtsbehörden außerhalb Deutschlands unter der Geltung der Datenschutz-RL in der Regel jedenfalls dann nicht akzeptiert, wenn den Datenschutzbeauftragten – wie in der Praxis oft der Fall – gleichzeitig auch die Aufgabe der Überwachung der Befolgung der BCR iSv Abs. 2 lit. h übertragen wird. Stattdessen forderten die Aufsichtsbehörden im Sinne des oben genannten Gebots der funktionalen Trennung etwa die Zuweisung der Aufgabe des BCR-Audits bspw. an die Konzern-**Revisionsabteilung**. Alternativ können auch **externe Auditoren** mit dem BCR-Audit betraut werden. Möglicherweise könnten die Aufsichtsbehörden ihre frühere Forderung nach funktioneller Trennung zwischen dem „Stab der Mitarbeiter, die mit der Überwachung der Einhaltung der BCR befasst sind" (→ Rn. 51 ff.) einerseits und der für das BCR-Audit zuständigen Stelle andererseits etwas lockern, da die DS-GVO selbst in Art. 39 Abs. 1 lit. b zu den Aufgaben des Datenschutzbeauftragten auch „Überprüfungen" (engl. „Audits") zählt. Das könnte ein Argument dafür sein, dass die Datenschutzbeauf-

tragten bzw. entsprechenden Funktionsträger gleichzeitig diejenigen sein können, die die BCR-Audits durchführen. Die Praxis der Aufsichtsbehörden zu dieser Frage wird zu beobachten sein.

In die BCR aufzunehmen sind auch Angaben über die Verfahren zur Meldung und Erfassung von **Änderungen der BCR** sowie über die Meldung solcher Änderungen an die Aufsichtsbehörde (Abs. 2 lit. k). Auch zu dieser Anforderung enthalten die Arbeitspapiere der Artikel 29-Datenschutzgruppe Details. Demnach ist in der Unternehmensgruppe eine Person zu benennen, die eine stets aktualisierte Liste der an die BCR gebundenen Unternehmen führt und alle Änderungen der BCR erfasst. Änderungen der BCR, die sich auf die Datenverarbeitungsbedingungen auswirken, sowie Änderungen der Liste der an die BCR gebundenen Unternehmen sind mindestens einmal im Jahr an die Aufsichtsbehörden mit einer kurzen Erläuterung der Änderungen zu melden (vgl. WP 256 und WP 257, jeweils Nr. 5.1). Nach dem Gesetzeswortlaut dürfte es ausreichen, wenn das Unternehmen diese Änderungen allein der für die Genehmigung der BCR federführenden Aufsichtsbehörde mitteilt. Letztere müsste die Information an die **weiteren betroffenen Aufsichtsbehörden** weiterreichen. Bei Änderungen, die sich signifikant auf die Datenverarbeitungsbedingungen auswirken – etwa Änderungen der verarbeiteten Datenkategorien oder der Kategorien Betroffener – kann im Einzelfall eine erneute Genehmigung erforderlich werden (WP 74, Nr. 4.2); Dies ist von der Aufsichtsbehörde im Einzelfall zu beurteilen. 59

Bei **BCR-P** ist darüber hinaus erforderlich, auch die **gruppenexternen Auftraggeber** über Änderungen der BCR zu benachrichtigen, um ihnen die Möglichkeit zum Widerspruch zu eröffnen (vgl. WP 257, Nr. 5.1). 60

Vorzusehen sind gem. Abs. 2 lit. l ferner Verfahren zur **Zusammenarbeit mit der Aufsichtsbehörde.** Neben der bereits unter Abs. 2 lit. j geregelten Pflicht zur Offenlegung der Ergebnisse von Audits an die Aufsichtsbehörden ist eine ausdrückliche Selbstverpflichtung dahingehend auszusprechen, dass die Gruppenmitglieder bei Untersuchungen mit den Aufsichtsbehörden zusammenarbeiten sowie Entscheidungen der Aufsichtsbehörden, die die Anwendung der BCR betreffen, nachkommen (WP 256 und WP 257, jeweils Nr. 3.1). Die Pflicht zur Zusammenarbeit soll den Umstand kompensieren, dass die Aufsichtsbehörden der EU-Mitgliedstaaten **keine unmittelbaren Einwirkungsmöglichkeiten** gegenüber den außerhalb der Union niedergelassenen Gruppenmitgliedern haben. 61

Die Unternehmensgruppe muss sich gem. Abs. 2 lit. m verpflichten, die zuständige Aufsichtsbehörde über alle etwaigen **in Drittländern bestehenden rechtlichen Bestimmungen** zu informieren, die sich nachteilig auf die in den BCR gegebenen Garantien auswirken könnten. Dabei geht es ua um Rechtsvorschriften, die staatlichen Stellen Zugang zu den personenbezogenen Daten eröffnen, etwa in Straf- oder Verwaltungsverfahren. Hiermit ist der Grundkonflikt angesprochen, der jeder Übermittlung personenbezogener Daten aus der Europäischen Union in ein Drittland zugrunde liegt, da die Rechtsvorschriften in Drittländern **staatlichen Stellen** möglicherweise **Zugang zu personenbezogenen Daten** in einem (ggf. deutlich) größeren Umfang eröffnen als dies in der Union zulässig ist (→ Art. 46 Rn. 15). Bereits die Artikel 29-Datenschutzgruppe hatte sich ausdrücklich dazu geäußert, welche Mindestgarantien zum Schutz personenbezogene Daten gegenüber staatlichen Zugriffen aufgrund der Europäischen Grundrechtecharta und der Europäischen Menschenrechtskonvention zu wahren sind (vgl. WP 228 und WP 237). Den Hintergrund hiervon bilden die in Art. 7 und 8 der EU-Grundrechtecharta geschützten Grundrechte auf Achtung des Privat- und Familienlebens und auf Schutz personenbezogener Daten. Die Grenzen, in denen staatliche Datenzugriffe bei Übermittlungen in Drittländer auf Grundlage von Standarddatenschutzklauseln gemäß den Aussagen des EuGH im Schrems-II-Urteil akzeptabel sind (→ Art. 46 Rn. 15), beanspruchen auch bei auf BCR gestützten Übermittlungen Geltung. Denn dem genannten Urteil lässt sich letztlich entnehmen, dass bei allen auf Garantien iSv Art. 46 gestützten Datenübermittlungen ein **mit dem in der EU gewährleisteten Schutz in der Sache gleichwertiges Schutzniveau** erreicht werden muss (EuGH GRUR-RS 2020, 16082 Rn 104 f.; → Art. 46 Rn. 2a; so auch EDSA, Frequently Asked Questions on the judgment of the Court of Justice of the European Union in Case C-311/18, dort Fragen 6 und 7, 9 und 10; abrufbar unter https://edpb.europa.eu/our-work-tools/our-documents/other/frequently-asked-questions-judgment-court-justice-european-union_en). 62

Selbst wenn eine Unternehmensgruppe somit genehmigte BCR hat, entbindet dies die der Gruppe angehörenden Datenexporteure nicht davon, für jede auf die BCR gestützte Übermittlung die **im Empfängerland bestehende Rechtslage und Praktiken** zu überprüfen. Zu prüfen ist, ob der jeweilige Datenimporteur hierdurch daran gehindert sein könnte, seine Verpflichtungen aus den BCR einzuhalten. Hierbei ist derselbe Prüfungsmaßstab anzulegen, den der Europäische Gerichtshof im Schrems-II-Urteil an Übermittlungen auf Grundlage der Standardvertragsklauseln bzw. Standarddatenschutzklauseln angelegt hat, denn wie bei diesen handelt es sich bei BCR um 62a ein vertragliches oder zumindest vertragsähnliches Instrument, das als solches naturgemäß keine Bindung gegenüber Behörden von Drittländern zu entfalten und daher Datenzugriffe dortiger Behörden nicht auszuschließen vermag (vgl. → Art. 46 Rn. 2c). Kommt der Datenexporteur zum Ergebnis, dass im Einzelfall kein mit dem EU-Schutzniveau gleichwertiger Schutz besteht, und lässt sich ein solcher auch nicht mit Hilfe zusätzlicher Maßnahmen erreichen (→ Art. 46 Rn. 3c), so ist die betreffende Übermittlung unzulässig und muss daher trotz genehmigter BCR unterbleiben.

63 Zwar dürfte es für Unternehmen nicht immer leicht sein zu beurteilen, ob Rechtsvorschriften eines Drittlandes, die sich auf die übermittelten Daten auswirken können, im Einzelfall dem nach europäischen Recht zu fordernden **Mindeststandard** (→ Rn. 62) noch gerecht werden. Dennoch folgt für aus Abs. 2 lit. m die Pflicht, „im Zweifel" solche Vorschriften – und nach dem Gesetzeswortlaut sogar alle Vorschriften, die den durch die BCR beabsichtigten Schutz gefährden können – der für den jeweiligen Datenexport örtlich zuständigen Datenschutzaufsichtsbehörde zu melden.

64 Schließlich regelt Abs. 2 lit. n die Pflicht, für die Mitarbeiter in der Unternehmensgruppe geeignete **Datenschutzschulungen** durchzuführen. Dies gilt jedenfalls für Mitarbeiter, die ständig oder regelmäßig Zugang zu personenbezogenen Daten haben. Die federführende Aufsichtsbehörde wird im Genehmigungsverfahren nähere Informationen über die Schulungen verlangen und einschlägige Unterlagen anfordern, etwa die Vorlage eines Schulungskonzepts sowie Angaben zur Häufigkeit und zu den Modalitäten der Schulungen (WP 256 und 257, jeweils Nr. 2.1).

D. Durchführungsrechtsakte der Kommission (Abs. 3)

65 Abs. 3 enthält eine Ermächtigung für die Europäische Kommission, das **Format und die Verfahren für den Informationsaustausch** über BCR zwischen den Verantwortlichen, Auftragsverarbeitern und Aufsichtsbehörden festzulegen. Die Kommission könnte somit etwa Fristen für die Einreichung von Unterlagen, die Sprache der einzureichenden Texte oder die Form der Einreichung der Unterlagen regeln. Die Ermächtigung der Kommission erstreckt sich nicht auf Festlegungen zu inhaltlichen Anforderungen an BCR, mithin kann die Kommission auf diesem Wege keine Anforderungen aufstellen, die über die in Abs. 1 und Abs. 2 geregelten hinausgehen oder diesen widersprechen.

66 Diese Festlegungen werden im Wege von **Durchführungsrechtsakten** nach Art. 93 Abs. 2 iVm Art. 5 der Verordnung (EU) Nr. 182/2011 getroffen. Gemäß Art. 5 VO (EU) Nr. 182/2011 werden die Durchführungsrechtsakte im sog. Prüfverfahren erlassen, bei dem ein Ausschuss aus Vertretern der Mitgliedstaaten zu beteiligen ist (vgl. Art. 3 Abs. 2 VO (EU) Nr./2011).

E. Befugnisse der Aufsichtsbehörden in den Fällen des Art. 47

67 Für Unternehmen, Betroffene und Aufsichtsbehörden stellt sich die Frage, inwieweit und unter welchen Voraussetzungen die Aufsichtsbehörde eine auf BCR gestützte **Datenübermittlung aussetzen** kann oder ggf. sogar muss, um die Grundrechte und Grundfreiheiten betroffener Personen und insbesondere deren Recht auf Schutz personenbezogener Daten (Art. 1 Abs. 2) zu schützen. Dem Urteil des EuGH in der Rechtssache Schrems II (EuGH GRUR-RS 2020, 16082) ist der Grundsatz zu entnehmen, dass die Aufsichtsbehörde eine Übermittlung in ein Drittland, die auf Garantien iSv Art. 46 gestützt wird, **aussetzen oder verbieten** muss, wenn im Drittstaat **kein** mit dem vom europäischen Recht gewährleisteten Schutzniveau **gleichwertiger Schutz** geboten ist, etwa im Hinblick auf Datenzugriffe drittstaatlicher Behörden (→ Rn. 62). Dieser Maßstab gilt somit für Übermittlungen, die auf BCR gestützt werden, gleichermaßen wie für Übermittlungen, für die andere Typen von geeigneten Garantien iSv Art. 46 als Grundlage verwendet werden (→ Art. 46 Rn. 2a; → Art. 46 Rn. 79).

Artikel 48 Nach dem Unionsrecht nicht zulässige Übermittlung oder Offenlegung

Jegliches Urteil eines Gerichts eines Drittlands und jegliche Entscheidung einer Verwaltungsbehörde eines Drittlands, mit denen von einem Verantwortlichen oder einem Auftragsverarbeiter die Übermittlung oder Offenlegung personenbezogener Daten verlangt wird, dürfen unbeschadet anderer Gründe für die Übermittlung gemäß diesem Kapitel jedenfalls nur dann anerkannt oder vollstreckbar werden, wenn sie auf eine in Kraft befindliche internationale Übereinkunft wie etwa ein Rechtshilfeabkommen

Nach dem Unionsrecht unzulässige Übermittlung oder Offenlegung **Artikel 48 DS-GVO**

zwischen dem ersuchenden Drittland und der Union oder einem Mitgliedstaat gestützt sind.

Überblick

Art. 48 regelt Sachverhalte, in denen nach dem Unionsrecht Übermittlungen von personenbezogenen Daten an Drittländer und die Offenlegung von personenbezogenen Daten gegenüber Drittländern nicht zulässig sind, sowie die Voraussetzungen, unter denen ein Urteil eines Gerichts eines Drittlands oder die Entscheidung einer Verwaltungsbehörde eines Drittlands, mit denen von einem Verantwortlichen oder Auftragsverarbeiter die Übermittlung oder Offenlegung personenbezogener Daten verlangt wird, anerkannt oder vollstreckbar werden dürfen.

Übersicht

	Rn.		Rn.
A. Allgemeines	1	D. Datenübermittlung ohne Rechtshilfeabkommen	19
B. Struktur des Art. 48	3		
C. Datenübermittlung im Falle eines Rechtshilfeabkommens	10	E. Datenübermittlung aufgrund anderer Befugnisnormen	20

A. Allgemeines

Eine Art. 48 entsprechende Vorschrift gab es bislang weder im deutschen Datenschutzrecht **1** noch in der EU-Datenschutzrichtlinie. Erstmals fand sich in Art. 42 des kommissionsinternen Entwurfs der DS-GVO v. 29.11.2011 (Version 56 abrufbar unter http://statewatch.org/news/2011/dec/eu-com-draft-dp-reg-inter-service-consultation.pdf) eine mit Art. 48 vergleichbare Regelung. Danach sollten Urteile oder Verwaltungsentscheidungen aus Drittländern entsprechend der jetzigen Regelung nur anerkannt und vollstreckt werden, wenn die Datenübermittlung auf ein internationales Übereinkommen gestützt werden konnte. Darüber hinaus war vorgesehen, dass der Verantwortliche oder der Auftragsverarbeiter unverzüglich die Aufsichtsbehörde über das Übermittlungsverlangen informiert und die Aufsichtsbehörde ein entsprechendes Rechtshilfeersuchen überprüft und ggf. genehmigt. Sofern die Vorgaben der DS-GVO eingehalten wurden, konnte eine Genehmigung erteilt werden. Außerdem sah Art. 42 vor, dass neben der zuständigen Aufsichtsbehörde im betroffenen Mitgliedstaat auch der Betroffene selbst über das Übermittlungsverlangen und eine erteilte Genehmigung informiert werden sollte. Die Regelung wurde nicht in den offiziellen Entwurf der Kommission v. 25.1.2012 (KOM(2012), 11 endg.) übernommen. Grund dafür könnte die Ausübung massiven Drucks vonseiten der USA gewesen sein (Albrecht CR 2016, 88 (95)).

Möglicherweise aufgrund des Bekanntwerdens direkter Einflussnahme durch die USA (Albrecht **2** CR 2016, 88 (95)) und der ersten Enthüllungen von Edward Snowden (Piltz K&R 2016, 777 (779)) gab es 2014 in Art. 43a des Parlamentsentwurfs (Beschluss des Europäischen Parlaments v. 12.3.2014 zu dem Vorschlag für eine Verordnung des Europäischen Parlaments und des Rates zum Schutz natürlicher Personen bei der Verarbeitung personenbezogener Daten und zum freien Datenverkehr (Datenschutz-Grundverordnung) (EP-PE_TC1-COD(2012)0011)) eine ähnlich weitgehende Vorschrift. Diese entsprach dem ursprünglichen Art. 42 und sah vor, dass ein Kohärenzverfahren zur Anwendung gebracht wird, wenn Personen anderer Mitgliedstaaten betroffen sind. Im Rahmen der Trilog-Verhandlungen wurde Art. 43a durch Art. 48 in der aktuellen Fassung ersetzt. Wesentliche Änderungen waren der Verzicht auf die Information der Aufsichtsbehörde und deren Genehmigung sowie auf die Informationspflicht gegenüber dem Betroffenen. Darüber hinaus wurde mit der Formulierung „unbeschadet anderer Gründe für die Übermittlung gemäß diesem Kapitel" klargestellt, dass Art. 45, 46, 47 und 49 weiterhin anwendbar bleiben.

B. Struktur des Art. 48

Art. 48 regelt – nach der amtlichen Überschrift – die nach dem Unionsrecht nicht zulässige **3** Übermittlung von personenbezogenen Daten an Drittländer und die nicht zulässige Offenlegung von personenbezogenen Daten gegenüber Drittländern. Die Vorschrift beschreibt – anders als die anderen Vorschriften des Kapitels V über Übermittlungen personenbezogener Daten an Drittländer oder an internationale Organisationen – nicht die Bedingungen und Voraussetzungen, unter denen für einen Verantwortlichen oder Auftragsverarbeiter bestimmte Übermittlungen zulässig sind, wie auf der Grundlage eines Angemessenheitsbeschlusses (Art. 45), vorbehaltlich geeigneter Garantien (Art. 46, 47) oder aufgrund einer Ausnahme für bestimmte Fälle (Art. 49). Es handelt sich für den Verantwortlichen oder Auftragsverarbeiter nicht um eine Befugnisnorm, kraft derer er eine Übermittlung oder Offenlegung vornehmen darf (Metz/Spittka ZD 2017, 361 (365); Ehmann/Selmayr/Zerdick Rn. 7; aA Gola/Klug Rn. 2; Kühling/Buchner/Schröder Rn. 12).

4 Vielmehr stellt die Vorschrift fest, unter welchen Voraussetzungen ein Urteil eines Gerichts eines Drittlands oder die Entscheidung einer Verwaltungsbehörde eines Drittlands, mit denen von einem Verantwortlichen oder Auftragsverarbeiter die Übermittlung oder Offenlegung personenbezogener Daten verlangt wird, anerkannt oder vollstreckbar werden dürfen. Die Vorschrift ist in dieser Form und an dieser Stelle neu – eine vergleichbare Vorschrift gab es in Art. 25 und Art. 26 der EU-Datenschutzrichtlinie nicht – und erscheint von der Gestaltung und Struktur als Fremdkörper im Gefüge der vorgenannten – in der Sache altbekannten – Vorschriften über die Datenübermittlung in Drittländern.

5 Gleichwohl regelt die Vorschrift nichts Außergewöhnliches: EU-ausländische Gerichtsurteile und Verwaltungsentscheidungen gegen einen EU-Verantwortlichen oder EU-Auftragsverarbeiter sind nur aufgrund einer aktuell rechtsgültigen internationalen Übereinkunft wie einem Rechtshilfeabkommen zwischen dem betreffenden Drittland und der Union bzw. einem Mitgliedstaat anzuerkennen oder gegen den Verantwortlichen oder Auftragsverarbeiter zu vollstrecken. Das gebietet schon die völkerrechtliche Begrenzung der Hoheitsgewalt des Drittstaats auf dessen Territorium.

6 Territoriale Souveränität und Gebietshoheit sind fundamentale völkerrechtliche Grundsätze. Die Staatsgewalt erstreckt sich nur auf das Hoheitsgebiet des jeweiligen Staates, dieser Staat kann also nicht in die Souveränität anderer Staaten eingreifen (Ipsen, Völkerrecht, 7. Aufl. 2018, § 55 Rn. 41). Die Vornahme von Hoheitsakten auf fremdem Staatsgebiet ist grundsätzlich verboten (Art. 2 Nr. 4 UN-Charta; Ipsen, Völkerrecht, 7. Aufl. 2018, § 55 Rn. 45 ff.). Erfasst werden alle Hoheitsakte, also auch Urteile oder Verwaltungsentscheidungen. Erlässt ein Drittstaat ein Urteil oder einen Verwaltungsakt gegen einen Verantwortlichen oder Auftragsverarbeiter innerhalb der EU, bedarf es zunächst der Anerkennung. Problematisch dürften in diesem Zusammenhang insbesondere Auskunftsverlangen von US-Behörden auf Grundlage des im März 2018 vom Kongress verabschiedeten CLOUD Act (Clarifying Lawful Overseas Use of Data Act) sein (zur Verabschiedung: Spies ZD-Aktuell 2018, 04291). Der CLOUD Act wurde vor dem Hintergrund des jahrelangen Rechtsstreits der US-Regierung mit Microsoft erlassen, um US-Behörden auch ohne Rechtshilfeabkommen Zugriff auf im Ausland gespeicherte Daten zu ermöglichen. (Rath/Spies CCZ 2018, 229; vgl. außerdem die gemeinsame Stellungnahme der Europäischen Datenschutzausschusses und des Europäischem Datenschutzbeauftragten an den LIBE-Ausschuss v. 10.7.2019 abrufbar unter https://edpb.europa.eu/sites/default/files/files/file1/edpb_edps_joint_response_us_cloudact_coverletter.pdf; s. auch das zugehörige Rechtsgutachten im Anhang abrufbar unter https://edpb.europa.eu/sites/default/files/files/file2/edpb_edps_joint_response_us_cloudact_annex.pdf). In diesem Spannungsfeld zwischen US-Sicherheitsinteressen und europäischem Datenschutzrecht mag für Unternehmen die Erfüllung der Anforderungen beider Rechtsordnungen nicht immer möglich sein (Gausling MMR 2018, 578 (581 f.); Lejeune ITRB 2018, 118 (121)). Ob Treuhandmodelle, welche die tatsächliche Verfügungsbefugnis von US-Unternehmen auf die Daten ausschließen, Abhilfe schaffen können, bleibt abzuwarten (Lejeune ITRB 2018, 118 (121); vgl. dazu die aktuellen Entwicklungen zur „souveränen Cloud" von T-Systems und Google Cloud sowie zu den neuen deutschen Microsoft Cloud-Rechenzentren).

7 Sofern es um die Anerkennung und Vollstreckbarkeit von Entscheidungen innerhalb von Mitgliedstaaten geht, sind die Regelungen in den Europäischen Verordnungen vorrangig (MüKoZPO/Gottwald VO (EU) 1215/2012 Art. 36 Rn. 4). In Zivil- und Handelssachen beispielsweise werden Entscheidungen von Mitgliedstaaten im Rahmen der Brüssel-Ia VO (VO (EU) 1215/2012; auch EuGVVO) nach Art. 36 Abs. 1 EuGVVO ohne zusätzliches Verfahren anerkannt und nach Art. 39 EuGVVO auch in anderen Mitgliedstaaten vollstreckbar, ohne dass es einer Vollstreckbarkeitserklärung bedarf. Allerdings bleiben Entscheidungen von Drittstaaten von Art. 36 ff. EuGVVO unberührt. Das nationale Prozessrecht findet Anwendung (MüKoZPO/Gottwald VO (EU) 1215/2012 Art. 36 Rn. 3).

8 Bei Entscheidungen aus Drittstaaten in Zivilsachen ist in Deutschland der Erlass eines Vollstreckungsurteils nach §§ 722, 723 ZPO Voraussetzung für die Vollstreckbarkeit. Dieses ergeht nur, wenn nach § 328 ZPO keine Versagungsgründe für die Anerkennung vorliegen. Bi- bzw. multilaterale Staatsverträge gehen § 328 ZPO grundsätzlich vor, wenn sie Regelungen zur Anerkennung und Vollstreckbarkeit treffen (Saenger, ZPO, 9. Aufl. 2021, ZPO § 328 Rn. 71).

Art. 48 sieht nun für Urteile und Verwaltungsentscheidungen von Drittstaaten im Bereich 9
der Offenlegung und Übermittlung personenbezogener Daten vor, dass diese auf internationale
Übereinkünfte wie Rechtshilfeabkommen gestützt sein müssen. Die in solchen Übereinkünften
enthaltenen Regelungen müssen also die Grundlage für die Anerkennung bilden. Nicht ausdrücklich
erwähnt, aber vorausgesetzt ist in Art. 48, dass es unter Umständen nicht genügt, dass eine
gültige internationale Übereinkunft wie ein Rechtshilfeabkommen existiert und der Drittstaat
einseitig darauf Bezug nimmt. Ist nach der Übereinkunft ein bestimmtes Verfahren vorgesehen,
muss dieses vollständig und erfolgreich durchlaufen werden. Das Gericht oder die Behörde des
Drittstaats muss beispielsweise die Rechtshilfe aufgrund des gültigen Rechtshilfeabkommens beantragen
und die ersuchte Union bzw. der ersuchte Staat muss die Rechtshilfe gewähren. Der Antrag
auf Rechtshilfe darf also weder abgelehnt werden noch unbeschieden bleiben.

C. Datenübermittlung im Falle eines Rechtshilfeabkommens

Liegt ein Rechtshilfeabkommen vor und ist die Rechtshilfe beantragt und bewilligt, sind die 10
Gerichtsurteile und Verwaltungsentscheidungen also anerkannt oder vollstreckbar, ist auch die
Übermittlung oder Offenlegung personenbezogener Daten zur Befolgung der darin enthaltenen
Anordnung für den verpflichteten Verantwortlichen oder Auftragsverarbeiter zulässig und rechtmäßig.

Als taugliche Rechtshilfeabkommen kommen zB die Haager Übereinkommen über die Beweis- 11
aufnahme im Ausland in Zivil- oder Handelssachen v. 18.3.1970 (BGBl. 1977 II 1472 ff.), über
den Zivilprozess v. 1.3.1954 (BGBl. 1958 II 577 ff.) und über die Zustellung gerichtlicher und
außergerichtlicher Schriftstücke im Ausland in Zivil- oder Handelssachen v. 15.11.1965 (BGBl.
1977 II 1453 ff.) in Betracht. Diese wurden jedoch nicht von allen Mitgliedstaaten unterzeichnet.
Weiterhin können Datenübermittlungen auch auf das zwischen der EU und den USA geschlossene
Abkommen über die Auslieferung und über die Rechtshilfe in Strafsachen v. 25.6.2003 (Beschluss
2009/820/GASP des Rates v. 23.10.2009 über den Abschluss im Namen der Europäischen Union
des Abkommens über Auslieferung zwischen der Europäischen Union und den Vereinigten Staaten
von Amerika und des Abkommens über Rechtshilfe zwischen der Europäischen Union und den
Vereinigten Staaten von Amerika, ABl. 2009 L 291, 40; Abkommenswortlaut: ABl. 2003 L 181,
27) oder das Rechtshilfeabkommen in Strafsachen der EU mit Japan v. 30.11.2009 (ABl. 2010 L
39, 20; ABl. 2010 L 343, 1) gestützt werden (Ehmann/Selmayr/Zerdick Rn. 7). Grundsätzlich
sehen diese Abkommen vor, dass im Rahmen der Rechtshilfe ein Austausch von Informationen
und Beweismitteln erfolgt. Dabei können auch personenbezogene Daten zwischen dem ersuchenden
und dem ersuchten Staat ausgetauscht werden. Während die Haager Übereinkommen ausdrücklich
keine Vorschriften zu personenbezogenen Daten enthalten, finden sich zB in Art. 13
des Rechtshilfeabkommens in Strafsachen zwischen der EU und Japan Regelungen (1) zur Weiterverwendung
der Daten für andere Zwecke ohne vorherige Genehmigung, (2) zur vertraulichen
Behandlung der Daten sowie (3) eine in Ausnahmefällen bestehende Unterrichtungspflicht bei
Verwendung der Daten.

Außerdem können auch Rechtshilfeabkommen der Mitgliedstaaten für die Anerkennung oder 12
Vollstreckung von Urteilen und sonstigen Entscheidungen herangezogen werden. Beispiele sind
das zwischen Deutschland und den USA geschlossene Abkommen über die Auslieferung und
über die Rechtshilfe in Strafsachen v. 14.10.2003 (BGBl. 2007 II 1620 ff.) sowie das deutsch-kanadische
Abkommen über die Rechtshilfe in Strafsachen v. 13.5.2002 (BGBl. 2004 II 962 ff.).
Dieses regelt in Art. 14, zu welchem Zweck personenbezogene Daten übermittelt werden dürfen,
wie sie dokumentiert und behandelt werden und wie sie vor dem Zugang Unbefugter geschützt
werden.

Die Befugnis (und Verpflichtung) zur Datenübermittlung folgt in diesem Fall nicht aus Art. 48 13
(aA Gola/Klug Rn. 2; Kühling/Buchner/Schröder Rn. 12), sondern aus dem jeweiligen Akt der
Rechtshilfe der Union oder des Mitgliedstaats, der für den Verantwortlichen oder Auftragsverarbeiter
verbindlich ist (Plath/von dem Bussche Rn. 1). Wird beispielsweise aufgrund des Rechtshilfeersuchens
eines Drittstaats durch die Staatsanwaltschaft eine Anordnung zur Sicherstellung von
Unterlagen (die personenbezogene Daten enthalten) erlassen, übermittelt der Verantwortliche
oder Auftragsverarbeiter die Daten aufgrund dieser Anordnung. Es ist daher nur folgerichtig, dass
sich auch die Befugnis dazu aus der Anordnung, also dem Akt der Rechtshilfe, und gerade nicht
aus Art. 48, der eben nur die Anerkennung und Vollstreckbarkeit von Entscheidungen regelt,
ergibt.

Art. 48 trifft keine Aussage zur Befugnis oder Verpflichtung der Union oder eines Mitgliedstaats, 14
solche Rechtshilfeabkommen abzuschließen oder zu nutzen. Art. 48 stellt auch keine weiteren

DS-GVO Artikel 48 Kapitel V. Übermittlung personenbezogener Daten an Drittländer

materiellen Anforderungen an die Voraussetzungen, unter denen die Union oder ein Mitgliedstaat Rechtshilfe gewähren kann, wenn damit die Übermittlung oder Offenlegung personenbezogener Daten verbunden ist. Insbesondere ist nach Art. 48 nicht erforderlich, dass die ersuchte Union oder der ersuchte Mitgliedstaat prüft, ob das Drittland ein angemessenes Schutzniveau bietet oder der Verantwortliche oder Auftragsverarbeiter geeignete Garantien vorgesehen hat (aA HK-DS-GVO/Towfigh/Ulrich Rn. 6).

15 Nichts anderes folgt aus Erwägungsgrund 102, da es sich bei Rechtshilfeabkommen nicht um internationale Abkommen „über die Übermittlung von personenbezogenen Daten" handelt. Als solche können nur Abkommen angesehen werden, die primär die Übermittlung personenbezogener Daten zum Gegenstand haben, nicht aber solche, bei denen die Übermittlung personenbezogener Daten in einzelnen Fällen Konsequenz der Gewährung von Rechtshilfe ist.

16 Die Zulässigkeit des Drittstaatentransfers liegt in der Verantwortung der nationalen Behörde, nicht in der Verantwortung des Verantwortlichen oder Auftragsverarbeiters. Dies ist auch konsequent, weil der Verantwortliche oder Auftragsverarbeiter einer bindenden Anordnung der nationalen Behörde nachkommt und die Daten rechtlich gesehen an diese und nicht an den Drittstaatenempfänger übermittelt.

17 Gleichwohl stellt sich in der Praxis die Frage, ob der Verantwortliche oder Auftragsverarbeiter die Daten rein tatsächlich an die nationale Behörde herausgeben muss oder dem Drittstaatenempfänger direkt übermitteln darf. Die Direktübermittlung spart unter Umständen nicht nur Zeit, sondern verhindert auch, dass die Daten dem Zugriff der nationalen Behörde und in deren Akten den Akteneinsichtsanträgen Dritter unterliegen. Insofern kann die Direktübermittlung im Interesse des Verantwortlichen oder Auftragsverarbeiters und der Betroffenen liegen. Nach hier vertretener Ansicht kann die Direktübermittlung zulässig und rechtmäßig sein, wenn sich der Verantwortliche oder Auftragsverarbeiter ausdrücklich auf das bewilligte Rechtshilfeersuchen beruft. Gleichwohl sollte er die Direktübermittlung mit der nationalen Behörde abstimmen.

18 In jedem Fall reicht die Befugnis zur Datenübermittlung aber nur so weit wie das bewilligte Rechtshilfeersuchen selbst. Nicht gerechtfertigt ist dadurch die Datenübermittlung an eine andere als die ersuchende Behörde oder in größerem Umfang oder anderem Zuschnitt als angeordnet.

D. Datenübermittlung ohne Rechtshilfeabkommen

19 Art. 48 kommt in zahlreichen Fällen nicht zur Anwendung, nämlich (1) wenn ein Rechtshilfeabkommen nicht vorliegt oder (2) es das betreffende Gerichtsurteil oder die betreffende Verwaltungsentscheidung nicht erfasst oder (3) vom Drittstaat keine Rechtshilfe beantragt wird oder (4) Rechtshilfe vom ersuchten Staat nicht bewilligt wird. In all diesen Fällen ist das Gerichtsurteil oder die Verwaltungsentscheidung nicht iSd Art. 48 anerkannt oder vollstreckbar. Folglich kann sich der aufgrund des Gerichtsurteils oder der Verwaltungsentscheidung zur Datenübermittlung oder -offenlegung Verpflichtete nicht auf eine Rechtspflicht oder Befugnis zur Datenübermittlung oder -offenlegung an den Drittstaat aufgrund dieses Gerichtsurteils oder dieser Verwaltungsentscheidung berufen. Nähme er die Datenübermittlung oder -offenlegung an den Drittstaat gleichwohl vor, wäre diese nach Art. 48 unzulässig und, wenn keine anderweitige Rechtfertigungsgrundlage verfügbar ist, sanktionierbar (vgl. Art. 83 Abs. 5 lit. c).

E. Datenübermittlung aufgrund anderer Befugnisnormen

20 Die Unzulässigkeit der Datenübermittlung oder -offenlegung nach Art. 48 bestimmt sich allerdings „unbeschadet anderer Gründe für die Übermittlung gemäß diesem Kapitel". Dies bedeutet, dass die in Kapitel V genannten Befugnisnormen für die Datenübermittlung oder -offenlegung auf der Grundlage eines Angemessenheitsbeschlusses (Art. 45), vorbehaltlich geeigneter Garantien (Art. 46, 47) oder aufgrund einer Ausnahme (Art. 49) anwendbar bleiben (dies ist allg. Meinung, vgl. Piltz K&R 2016, 777 (780); Gola/Klug Rn. 5; Plath/von dem Bussche Rn. 2; Paal/Pauly/Pauly Rn. 7; Kühling/Buchner/Schröder Rn. 22 f. (nur Art. 49)).

21 Im Zusammenhang mit Gerichts- und Verwaltungsverfahren in Drittstaaten heißt dies für den Verantwortlichen oder Auftragsverarbeiter, dass er die Datenübermittlung oder -offenlegung insbesondere auf Grundlage der nachfolgenden Befugnisnormen vornehmen kann: (1) mit ausdrücklicher Einwilligung des Betroffenen (Art. 49 Abs. 1 lit. a), (2) wenn die Übermittlung aus wichtigen Gründen des öffentlichen Interesses notwendig ist (Art. 49 Abs. 1 lit. d, so ausdrücklich Erwägungsgrund 115) oder (3) wenn die Übermittlung zur Geltendmachung, Ausübung oder Verteidigung von Rechtsansprüchen erforderlich ist (Art. 49 Abs. 1 lit. e). Die letztgenannte Ausnahme erfasst laut Erwägungsgrund 111 ausdrücklich gerichtliche Verfahren, außergerichtliche Verfahren oder Verfahren vor Regulierungsbehörden.

Die teilweise zu § 4c BDSG aF vertretene Auffassung, die dem Rechtshilfeabkommen innerhalb **22** seines Anwendungsbereichs Sperrwirkung zusprach, auch wenn die Behörde oder das Gericht des Drittstaats nicht den Weg des Rechtshilfeabkommens beschritt, ist damit überholt. Zur Erinnerung: Zu § 4c BDSG aF wurde teilweise vertreten, dass der Verantwortliche für die Zwecke staatsanwaltschaftlicher Ermittlungsverfahren im Drittstaat nicht zur (freiwilligen) Datenübermittlung aufgrund der Befugnisnormen des § 4c BDSG befugt sei. Die entsprechenden Rechtshilfeabkommen, insbesondere zwischen Deutschland und den USA (BGBl. 2007 II 1620 ff.), seien insoweit spezieller und abschließend. Das Bundesministerium für Justiz (BMJ, Schreiben v. 31.1.2007, veröffentlicht im Bericht des Berliner Beauftragten für Datenschutz und Informationsfreiheit zum 31.12.2007, Ziff. 10.3, 188 ff.) hielt eine direkte Übermittlung von personenbezogenen Daten an Behörden von Drittstaaten aufgrund der Vorrangigkeit der Rechtshilfe für unzulässig. Der Drittstaat müsse zunächst den offiziellen Rechtshilfeweg beschreiten, also ein konkretes Rechtshilfeersuchen beim BMJ stellen. Auf dieser Grundlage beauftrage das BMJ die Staatsanwaltschaft mit der Erhebung der begehrten Informationen beim Verantwortlichen. Dies bedeutete, dass ein Verantwortlicher ein Übermittlungsverlangen zunächst unter Verweis auf den Rechtshilfeweg zurückweisen sollte, auch wenn er die Informationen freiwillig bereitstellen wollte (vgl. Bericht des Berliner Beauftragten für Datenschutz und Informationsfreiheit zum 31.12.2008, Ziff. 12.2, 146 ff.). Dieser Auffassung steht nunmehr der ausdrückliche Wortlaut des Art. 48 entgegen. Durch den Zusatz „unbeschadet anderer Gründe für die Übermittlung gemäß diesem Kapitel" wird Verantwortlichen – unabhängig von einem offiziellen Rechtshilfeersuchen – ermöglicht, insbesondere auf der Grundlage des Art. 49 Abs. 1 lit. e freiwillig Daten in Drittstaaten zu übermitteln. Mit Art. 48 soll nämlich gerade nicht eine wirksame Verteidigung von Rechtsansprüchen in Verfahren in Drittstaaten ausgeschlossen werden (FHS Betr. Datenschutz-HdB Teil XIII Kap. 2 Rn. 35).

Darüber hinaus können andere internationale Übereinkünfte die Grundlage für die Übermittlung **23** oder Offenlegung personenbezogener Daten bilden (vgl. Erwägungsgrund 102; Kühling/ Buchner/Schröder Rn. 16). Zum Beispiel erlauben das Abkommen zwischen den Vereinigten Staaten von Amerika und der Europäischen Union über die Verwendung von Flugdatensätzen und deren Übermittlung an das United States Department of Homeland Security v. 14.12.2011 (ABl. 2012, L 215, 5) sowie das Abkommen zwischen der Europäischen Union und Australien über die Verarbeitung von Fluggastdatensätzen und deren Übermittlung durch die Fluggesellschaften an den Australian Customs and Border Protection Service v. 29.9.2011 (ABl. 2012, L 186, 4) die Datenübermittlung. Zwischen Kanada und der EU sollte ein vergleichbares Fluggastdatenabkommen geschlossen werden. In seinem Gutachten v. 26.7.2017 (EuGH, Opinion 1/15, BeckRS 2017, 123252) erklärte der EuGH jedoch, dass das Abkommen in seiner jetzigen Form nicht den Datenschutzanforderungen genüge, Grundrechte verletze und aus diesem Grund nicht geschlossen werden dürfe. Es bleibt abzuwarten, welche Auswirkungen sich daraus für die anderen Fluggastdatenabkommen ergeben. Diese beinhalten entsprechende Regelungen und könnten deswegen erneut überprüft werden (Priebe EuZW 2017, 762 (766)).

Nicht aus jedem Übereinkommen zum Datenschutz ergibt sich zwangsläufig eine solche **24** Ermächtigung. Beispielsweise enthält das als „Umbrella Agreement" bekannte Abkommen zwischen den Vereinigten Staaten von Amerika und der Europäischen Union über den Schutz personenbezogener Daten bei der Verhütung, Untersuchung, Aufdeckung und Verfolgung von Straftaten v. 2.6.2016 (ABl. 2016 L 336, 3) zahlreiche Regelungen zum Schutz von personenbezogenen Daten. Es regelt ua die Weiterübermittlung, das Recht des Betroffenen auf Zugang und Berichtigung, eine Benachrichtigungspflicht bei Datenschutzverstößen, die Dauer der Datenspeicherung und ein Klagerecht bei Datenschutzverstößen. Gemäß Art. 1 Abs. 3 enthält es aber selbst keine Ermächtigung zum Datentransfer, sodass es einer zusätzlichen Rechtsgrundlage bedarf (vgl. Smagon ZD 2016, 55 (56)).

Artikel 49 Ausnahmen für bestimmte Fälle

(1) ¹Falls weder ein Angemessenheitsbeschluss nach Artikel 45 Absatz 3 vorliegt noch geeignete Garantien nach Artikel 46, einschließlich verbindlicher interner Datenschutzvorschriften, bestehen, ist eine Übermittlung oder eine Reihe von Übermittlungen personenbezogener Daten an ein Drittland oder an eine internationale Organisation nur unter einer der folgenden Bedingungen zulässig:
a) die betroffene Person hat in die vorgeschlagene Datenübermittlung ausdrücklich eingewilligt, nachdem sie über die für sie bestehenden möglichen Risiken derartiger

Datenübermittlungen ohne Vorliegen eines Angemessenheitsbeschlusses und ohne geeignete Garantien unterrichtet wurde,
b) die Übermittlung ist für die Erfüllung eines Vertrags zwischen der betroffenen Person und dem Verantwortlichen oder zur Durchführung von vorvertraglichen Maßnahmen auf Antrag der betroffenen Person erforderlich,
c) die Übermittlung ist zum Abschluss oder zur Erfüllung eines im Interesse der betroffenen Person von dem Verantwortlichen mit einer anderen natürlichen oder juristischen Person geschlossenen Vertrags erforderlich,
d) die Übermittlung ist aus wichtigen Gründen des öffentlichen Interesses notwendig,
e) die Übermittlung ist zur Geltendmachung, Ausübung oder Verteidigung von Rechtsansprüchen erforderlich,
f) die Übermittlung ist zum Schutz lebenswichtiger Interessen der betroffenen Person oder anderer Personen erforderlich, sofern die betroffene Person aus physischen oder rechtlichen Gründen außerstande ist, ihre Einwilligung zu geben,
g) die Übermittlung erfolgt aus einem Register, das gemäß dem Recht der Union oder der Mitgliedstaaten zur Information der Öffentlichkeit bestimmt ist und entweder der gesamten Öffentlichkeit oder allen Personen, die ein berechtigtes Interesse nachweisen können, zur Einsichtnahme offensteht, aber nur soweit die im Recht der Union oder der Mitgliedstaaten festgelegten Voraussetzungen für die Einsichtnahme im Einzelfall gegeben sind.

²Falls die Übermittlung nicht auf eine Bestimmung der Artikel 45 oder 46 – einschließlich der verbindlichen internen Datenschutzvorschriften – gestützt werden könnte und keine der Ausnahmen für einen bestimmten Fall gemäß dem ersten Unterabsatz anwendbar ist, darf eine Übermittlung an ein Drittland oder eine internationale Organisation nur dann erfolgen, wenn die Übermittlung nicht wiederholt erfolgt, nur eine begrenzte Zahl von betroffenen Personen betrifft, für die Wahrung der zwingenden berechtigten Interessen des Verantwortlichen erforderlich ist, sofern die Interessen oder die Rechte und Freiheiten der betroffenen Person nicht überwiegen, und der Verantwortliche alle Umstände der Datenübermittlung beurteilt und auf der Grundlage dieser Beurteilung geeignete Garantien in Bezug auf den Schutz personenbezogener Daten vorgesehen hat. ³Der Verantwortliche setzt die Aufsichtsbehörde von der Übermittlung in Kenntnis. ⁴Der Verantwortliche unterrichtet die betroffene Person über die Übermittlung und seine zwingenden berechtigten Interessen; dies erfolgt zusätzlich zu den der betroffenen Person nach den Artikeln 13 und 14 mitgeteilten Informationen.

(2) ¹Datenübermittlungen gemäß Absatz 1 Unterabsatz 1 Buchstabe g dürfen nicht die Gesamtheit oder ganze Kategorien der im Register enthaltenen personenbezogenen Daten umfassen. ²Wenn das Register der Einsichtnahme durch Personen mit berechtigtem Interesse dient, darf die Übermittlung nur auf Anfrage dieser Personen oder nur dann erfolgen, wenn diese Personen die Adressaten der Übermittlung sind.

(3) Absatz 1 Unterabsatz 1 Buchstaben a, b und c und sowie Absatz 1 Unterabsatz 2 gelten nicht für Tätigkeiten, die Behörden in Ausübung ihrer hoheitlichen Befugnisse durchführen.

(4) Das öffentliche Interesse im Sinne des Absatzes 1 Unterabsatz 1 Buchstabe d muss im Unionsrecht oder im Recht des Mitgliedstaats, dem der Verantwortliche unterliegt, anerkannt sein.

(5) ¹Liegt kein Angemessenheitsbeschluss vor, so können im Unionsrecht oder im Recht der Mitgliedstaaten aus wichtigen Gründen des öffentlichen Interesses ausdrücklich Beschränkungen der Übermittlung bestimmter Kategorien von personenbezogenen Daten an Drittländer oder internationale Organisationen vorgesehen werden. ²Die Mitgliedstaaten teilen der Kommission derartige Bestimmungen mit.

(6) Der Verantwortliche oder der Auftragsverarbeiter erfasst die von ihm vorgenommene Beurteilung sowie die angemessenen Garantien im Sinne des Absatzes 1 Unterabsatz 2 des vorliegenden Artikels in der Dokumentation gemäß Artikel 30.

Überblick

Art. 49 ist, wie schon die Überschrift besagt, eine Vorschrift mit Ausnahmecharakter. Sie regelt mehrere Ausnahmetatbestände, die die Übermittlung personenbezogener Daten in ein Drittland erlauben, wenn für das Empfängerland weder ein angemessenes Datenschutzniveau nach Art. 45

Ausnahmen für bestimmte Fälle **Artikel 49 DS-GVO**

Abs. 3 anerkannt ist noch geeignete Garantien nach Art. 46 zum Schutz der Daten erbracht werden können. In diesen Fällen ist im Ergebnis ungewiss, inwieweit für die Daten nach ihrer Übermittlung Schutz besteht, etwa ob die in die in Art. 5 geregelten Grundsätze des europäischen Datenschutzrechts in irgendeiner Weise gelten. Es muss daher davon ausgegangen werden, dass die Daten nach ihrer Übermittlung nicht geschützt sind. Es besteht – wie Erwägungsgrund 16 betont – damit eine erhöhte Gefahr, dass betroffene Personen ihre durch die DS-GVO geregelten Rechte nach der Übermittlung nicht mehr wahrnehmen können. Die DS-GVO gibt somit in den durch Art. 49 geregelten Ausnahmefällen den Anspruch auf, Schutzstandards für die Daten nach ihrer Übermittlung in ein Drittland festzulegen. Damit räumt das Gesetz in den spezifischen Sachverhalten, die in Abs. 1 normiert sind, den Bedürfnissen nach ungehindertem Datenverkehr Vorrang gegenüber dem Schutz der personenbezogenen Daten ein. Es liegt auf der Hand, dass es sich dabei nur um ganz besondere Fälle handeln kann und daher die Ausnahmetatbestände nach Abs. 1 unbedingt eng ausgelegt werden müssen (EDSA-Leitlinien 2/2018, 4; so bereits zur DSRL WP 114, Nr. 1.2; WP 12, 26). Nur so kann verhindert werden, dass durch eine weite Inanspruchnahme dieser Ausnahmetatbestände und damit begründete Datenübermittlungen in Drittländer der durch die DS-GVO gewährte Schutz unterlaufen wird (vgl. Art. 44). Die in Abs. 1 UAbs. 1 normierten Ausnahmetatbestände entspricht in etwa der Vorgängerregelung in Art. 26 Abs. 1 DSRL, allerdings gibt es bei einigen Tatbeständen Änderungen im Detail. Zum Teil wurden die Tatbestände gegenüber den unmittelbaren Vorgängerregelungen etwas erweitert, es finden sich aber auch Einschränkungen. Hinzu gekommen ist in Abs. 1 UAbs. 2 ein neuer Tatbestand, der unter bestimmten, engen Voraussetzungen eine Übermittlung zur Wahrung zwingender berechtigter Interessen des Verantwortlichen erlaubt.

Übersicht

	Rn.		Rn.
A. Die Ausnahmetatbestände nach Abs. 1 UAbs. 1	1	**B. Übermittlung zur Wahrung zwingender berechtigter Interessen des Verantwortlichen erforderlich (Abs. 1 UAbs. 2)**	44
I. Allgemeines	1	I. Hintergrund	44
II. Besonders informierte, ausdrückliche Einwilligung der betroffenen Person	4	II. Subsidiarität	47
1. Besondere Informiertheit	6	III. Zwingendes berechtigtes Interesse des Verantwortlichen	48
2. Ausdrücklich	9	IV. Kein Überwiegen der Rechte und Freiheiten der betroffenen Person	50
3. Keine Formvorgaben	10	V. Keine wiederholte Übermittlung	51
4. Einwilligung häufig aus praktischen Gründen ungeeignet	11	VI. Begrenzte Zahl von Betroffenen	52
III. Vertrag oder vorvertragliche Maßnahmen mit dem Betroffenen	13	VII. „Geeignete Garantien" auf der Grundlage der Beurteilung aller Umstände der Übermittlung	53
IV. Im Interesse der betroffenen Person abgeschlossener Vertrag	20	VIII. Meldung bei der Aufsichtsbehörde	56
V. Übermittlung aus wichtigen Gründen des öffentlichen Interesses notwendig	26	IX. Unterrichtung der Betroffenen	58
VI. Geltendmachung, Ausübung oder Verteidigung von Rechtsansprüchen	30	X. Erfassung in der Dokumentation gem. Art. 30	59
VII. Schutz lebenswichtiger Interessen	37	**C. Beschränkungen aus wichtigen Gründen des öffentlichen Interesses (Abs. 5)**	60
VIII. Übermittlung aus einem Register	40	**D. Befugnisse der Aufsichtsbehörden in den Fällen von Art. 49**	63

A. Die Ausnahmetatbestände nach Abs. 1 UAbs. 1

I. Allgemeines

Allen Ausnahmetatbeständen nach Abs. 1 ist gemein, dass mangels eines angemessenen Datenschutzniveaus im Zielland sowie mangels „geeigneter Garantien" iSv Art. 46 davon ausgegangen werden muss, dass die Daten nach ihrer Übermittlung **nicht mehr** in einer Art und Weise **geschützt** sind, wie es im Geltungsbereich der DS-GVO der Fall wäre (EDSA-Leitlinien 2/2018, 4; WP 114, 8). Damit sind unter Umständen die in Art. 5 geregelten Datenschutzgrundsätze wie etwa die Zweckbindung oder die Integrität und Vertraulichkeit nach der Übermittlung nicht mehr gewahrt, und den betroffenen Personen stehen evtl. keine Rechte auf Auskunft, auf Berichtigung oder auf Löschung ihrer Daten zu. Eine Bedrohung für die Grundrechte und Grundfreiheiten 1

2   Bei der Anwendung aller in Art. 49 Abs. 1 geregelten Tatbestände ist daher darauf zu achten, dass diese **restriktiv interpretiert** werden müssen (so bereits WP 114, 8 zur Vorgängerregelung Art. 26 Abs. 1 DSRL, und jetzt die EDSA-Leitlinien 2/2018, 4). Alles andere würde – entgegen dem durch Art. 44 ausgegebenen Ziel – den durch die DS-GVO gewährleisteten Schutz unterlaufen, da Art. 49 letztlich keinerlei Anforderungen an den nach der Übermittlung geltenden Schutz stellt. Bemerkenswert ist indes eine dem Wortlaut des Erwägungsgrundes 111 zur DS-GVO zu entnehmende Zweiteilung der in Abs. 1 UAbs. 1 geregelten Ausnahmetatbestände: Demnach sollen die Tatbestände gem. Abs. 1 UAbs. 1 lit. b, c und e nur bei „**gelegentlich erfolgenden**" Übermittlungen zur Anwendung kommen können; Hingegen findet sich im Wortlaut des Erwägungsgrundes 111 keine solche Beschränkung für die Tatbestände gem. Abs. 1 UAbs. 1 lit. a, d, f und g. „Gelegentlich" ist eine Übermittlung nur dann, wenn sie nicht wiederholt oder im Rahmen einer Vielzahl ähnlicher Fälle erfolgt (so auch Simitis/Hornung/Spieker Rn. 7). Auch Übermittlungen, die routinemäßig, im Rahmen etablierter, gewöhnlicher Abläufe stattfinden, können nicht als „gelegentlich" gelten (EDSA-Leitlinien 2/2018, 5). Dass Erwägungsgrund 111 den Ausnahmetatbestand nach Abs. 1 UAbs. 1 lit. a (ausdrückliche Einwilligung) nicht explizit auf „gelegentliche" Übermittlungen beschränken will, dürfte als gesetzgeberische Wertung dahingehend zu verstehen sein, dass dem durch die Einwilligung manifestierte Willen und mithin der Autonomie der betroffenen Person Geltung verschafft werden soll, selbst wenn eine Vielzahl von Übermittlungen stattfindet. Bei den Ausnahmen nach Abs. 1 UAbs. 1 lit. d, f, und g hingegen dürfte das Fehlen einer ausdrücklichen Beschränkung auf „gelegentliche" Übermittlungen in Erwägungsgrund 111 dahingehend zu verstehen sein, dass der Gesetzgeber die betreffenden Übermittlungszwecke als so gewichtig ansieht, dass auch wiederholte, systematische Übermittlungen hierauf gestützt werden sollen. Dieser Ansatz des Gesetzgebers muss angesichts des Fehlens jeglicher Schutzvorkehrungen bei Übermittlungen auf Basis von Art. 49 DS-GVO indes kritisch gesehen werden. So haben die Aufsichtsbehörden betont, dass die Datenexporteure sich vor der Inspruchnahme jedes der Ausnahmetatbestände gem. Art. 49 vorrangig bemühen sollten, für die Übermittlung geeignete Garantien nach Art. 46 zum Einsatz zu bringen (EDSA-Leitlinien 2/2018, 4 (5)). Die Aufsichtsbehörden halten in der Tendenz bei allen Ausnahmetatbeständen gem. Art. 49 im Falle von Übermittlungen, die im Rahmen routinemäßiger Abläufe stattfinden oder auf Wiederholung angelegt sind, die Anwendung geeigneter Garantien nach Art. 46 für erforderlich, da andernfalls der durch die DS-GVO intendierte Schutz unterlaufen würde (EDSA-Leitlinien 2/2018, 5). Ein „freies" Zugreifen auf die Ausnahmetatbestände im Falle wiederholter, routinemäßiger Übermittlungen wird demnach jedenfalls von den Aufsichtsbehörden augenscheinlich grundsätzlich nicht akzeptiert (vgl. EDSA-Leitlinien 2/2018, 13 spezifisch zur Ausnameregelung gem. Art. 49 Abs. 1 UAbs. 1 lit. d). Ob dies nach Ansicht der Aufsichtsbehörden sogar für Übermittlungen auf Basis einer Einwilligung nach Art. 49 Abs. 1 UAbs. 1 lit. a gelten soll, ist im EDSA-Leitlinienpapier nicht eindeutig erkennbar (→ Rn. 11).

3   So unterschiedlich die in Abs. 1 geregelten Tatbestände sind, so ist ihnen doch gemeinsam, dass der Verzicht auf Vorgaben zum Schutz der Daten nach ihrer Übermittlung in ein Drittland deshalb vertretbar erscheint, weil die Tatbestände Fälle betreffen, in denen die **Risiken** für die betroffene Person **vergleichsweise gering** erscheinen oder aber in denen **anderen Interessen** ausnahmsweise **Vorrang** eingeräumt wird (WP 114, 8).

II. Besonders informierte, ausdrückliche Einwilligung der betroffenen Person

4   Abs. 1 UAbs. 1 lit. a erlaubt die Übermittlung in ein Drittland, wenn die betroffene Person ausdrücklich in die Übermittlung **eingewilligt** hat, nachdem sie über die für sie bestehenden möglichen Risiken ohne Vorliegen eines Angemessenheitsbeschlusses und ohne geeignete Garantien unterrichtet wurde.

5   Der Begriff der **Einwilligung** ist in Art. 4 Nr. 11 gesetzlich definiert. Zusätzlich zu diesen für alle Einwilligungen geltenden Voraussetzungen (→ Art. 4 Rn. 122 ff.) verlangt Abs. 1 UAbs. 1 lit. a noch zweierlei: Die betroffene Person muss über die für sie **möglicherweise bestehenden Risiken** derartiger Übermittlungen ohne Vorliegen eines Angemessenheitsbeschlusses und ohne geeignete Garantien unterrichtet worden sein, und sie muss ihre Einwilligung **ausdrücklich** abgegeben haben.

1. Besondere Informiertheit

Die betroffene Person muss über die **möglichen Risiken** derartiger Datenübermittlungen ohne Vorliegen eines Angemessenheitsbeschlusses und ohne geeignete Garantien unterrichtet worden sein. Der Gesetzgeber trägt mit dieser verschärften Informationspflicht den spezifischen Risiken Rechnung, die sich aus der Übermittlung an ein Drittland ohne angemessenes Datenschutzniveau ohne Ergreifung von Datenschutzgarantien ergeben. Die Betroffenen sollen sich darüber im Klaren sein, dass Ihre Daten nach der Übermittlung möglicherweise keinerlei Schutz mehr genießen. 6

Es handelt sich um eine **Konkretisierung** der Anforderungen an die bereits in Art. 4 Nr. 11 geforderte Informiertheit der Einwilligung (→ Art. 4 Rn. 128). An sich folgt bereits aus dem Erfordernis der Informiertheit, dass der Betroffene darüber zu unterrichten ist, an **welche Empfänger** seine Daten übermittelt werden (→ Art. 4 Rn. 129; so auch WP 259 rev.01, 16). Daraus folgt bei Übermittlungen in Drittländer, dass er auch darüber zu unterrichten ist, in **welche Länder** die Daten übermittelt und ggf. weiterübermittelt werden, da dies für den Betroffenen ein maßgebliches Kriterium dafür sein kann, ob er seine Einwilligung erteilen möchte. Handelt es sich um „unsichere" Drittstaaten (dh solche, für die keine Angemessenheitsentscheidung nach Art. 45 vorliegt), ist auch darüber zu informieren, dass im Zielland **kein** der Europäischen Union der Sache nach **gleichwertiges** (vgl. EuGH BeckRS 2015, 81250 Rn. 73 (74, 96) – Schrems) **Datenschutzniveau** besteht. 7

Zusätzlich müssen die betroffenen Personen bei der Einwilligung nach Abs. 1 UAbs. 1 lit. a über die aus der Übermittlung in ein „unsicheres" Drittland spezifisch resultierenden **Risiken** informiert werden. Die schon mit Blick auf die Informiertheit jeder Einwilligung erforderliche (→ Rn. 7) Information, dass die Daten in ein Drittland übermittelt werden, in dem kein mit der Europäischen Union gleichwertiges (vgl. EuGH Rs. C-362/14, Tz. 73, 74, 96 – Schrems) Schutzniveau existiert, reicht für sich nicht aus, um die Anforderungen von Abs. 1 UAbs. 1 lit. a zu erfüllen. Es ist vielmehr auch darüber zu informieren, dass die an der Übermittlung beteiligten Stellen auch **keine spezifischen Garantien** erbracht haben, um dieses Defizit auszugleichen. Da über die spezifischen Risiken im Drittland zu informieren ist, ist zB zusätzlich noch ein Hinweis darauf zu erteilen, dass im Zielland möglicherweise keine Datenschutzaufsichtsbehörde (EDSA-Leitlinien 2/2018, 9) oder gar kein Datenschutzrecht existiert und dort auch keine Garantien im Hinblick auf etwaige **Zugriffe staatlicher Stellen** bestehen (so auch Simitis/Hornung/Spieker Rn. 14). Jedoch würde es zu weit führen zu fordern, die Betroffenen auch über Einzelheiten der Rechtslage im Zielland zu informieren, etwa über Details der Gesetzgebung und Praxis im Bereich der Datenzugriffe dortiger Sicherheitsbehörden und/oder Nachrichtendienste. Dies würde den Gesetzeswortlaut überdehnen, der nur allgemein die Risiken erwähnt, die bei Übermittlungen in unsichere Drittländer (Mehrzahl!) bestehen. Diese Risiken bestehen aber ihrer Art nach grundsätzlich bei jeder Übermittlung in ein (beliebiges) „unsicheres Drittland". 8

2. Ausdrücklich

Nach Art. 4 Nr. 11 ist eine Einwilligung eine unmissverständlich abgegebene Willensbekundung in der Form einer Erklärung oder einer sonstigen eindeutigen bestätigenden Handlung. Für die Einwilligung nach Abs. 1 UAbs. 1 lit. a ist es darüber hinaus erforderlich, dass sie **ausdrücklich**" abgegeben wird. Angesichts dieser unterschiedlichen Wortwahl scheint der Gesetzgeber an Einwilligungen zu Übermittlungen in Drittländer höhere Anforderungen als an sonstige Einwilligungen zu stellen. Die Aufsichtsbehörden verstehen den Begriff „ausdrücklich" offenbar so, dass er nur die Einwilligung in der Form einer (Einwilligungs-)Erklärung umfasst, mit anderen Worten dass eine „sonstige eindeutige bestätigende Handlung" zwar die Anforderungen an eine „normale" Einwilligung iSv Art. 4 Nr. 11 erfüllt, nicht jedoch diejenigen an eine „ausdrückliche" Einwilligung iSv Art. 49 Abs. 1 lit. a (EDSA-Leitlinien 2/2018, 22). Darüber hinaus scheidet eine Gestaltung als **Opt-out** aus, da einem bloßen Nichtwidersprechen keine ausdrückliche Willensbekundung entnommen werden kann und daher ein Opt-out nicht einmal eine „eindeutige bestätigende Handlung" (also eine „normale" Einwilligung iSv Art. 4 Nr. 11) sein kann. Ein pauschales „Akzeptieren" von **Allgemeinen Geschäftsbedingungen** (AGB) kann jedenfalls in vielen Fällen nicht als eindeutige bestätigende Handlung und somit nicht als Einwilligung verstanden werden, da oft zweifelhaft sein wird, ob die betroffene Person die im AGB-Text untergebrachte („versteckte") Einwilligung überhaupt zur Kenntnis genommen hat (WP 259 rev.01, 19; aA Simitis/Hornung/Spieker Rn. 13). 9

3. Keine Formvorgaben

10   Abs. 1 UAbs. 1 lit. a sieht für die Einwilligung keine Formvorgaben vor. Damit ist, wie auch bei anderen datenschutzrechtlichen Einwilligungen, außer einer schriftlichen auch eine fernmündliche oder mündliche Einwilligung grundsätzlich möglich (vgl. Erwägungsgrund 32). Bei der Wahl der Form ist allerdings zu beachten, dass die Stelle, die von der Einwilligung Gebrauch macht, iZw **nachweisen** können muss, dass eine den og Anforderungen an die Informiertheit entsprechende Einwilligung erteilt wurde.

4. Einwilligung häufig aus praktischen Gründen ungeeignet

11   Die Artikel 29-Datenschutzgruppe hat zur Vorgängerregelung Art. 25 Abs. 1 lit. a DSRL betont, dass die Einwilligung schon aus praktischen Gründen in der Regel keine geeignete Grundlage für wiederholte, systematische oder routinemäßige Übermittlungen in unsichere Drittstaaten bietet, insbesondere bei Beschäftigtendaten (WP 114, 13). Einwilligungen, die im Beschäftigungsverhältnis eingeholt werden, begegnen zum einen sehr häufig Zweifeln an ihrer **Freiwilligkeit** (WP 114, Nr. 2.1). Ferner eignet sich eine Einwilligung auch wegen ihrer jederzeitigen **Widerruflichkeit** nicht für wiederholte, routinemäßige oder systematische Datenübermittlungen, da bei einer echten Freiwilligkeit immer damit zu rechnen ist, dass einzelne Mitarbeiter/Innen oder andere Betroffene keine Einwilligung erteilen bzw. diese **widerrufen** könnten (WP 114, Nr. 2.1). Für diese Personen müsste dann ein alternatives System zur Verfügung stehen. Schon aus diesen Gründen ist die Einwilligung **keine geeignete Grundlage** etwa für die **Zentralisierung der Personaldaten-Verwaltung** innerhalb einer Unternehmensgruppe (WP 114, Nr. 2.1). Gleiches dürfte in der Regel auch für viele Outsourcing-Dienste (auch solche des Cloud Computing) gelten, jedenfalls soweit Daten großer Teile oder gar der gesamten Belegschaft oder der Kunden eines Unternehmens in ein Drittland transferiert werden sollen. Andererseits wird man nicht pauschal sagen können, dass die Einwilligung iSv Art. 49 Abs. 1 UAbs. 1 lit. a als Grundlage für wiederholte oder routinemäßige Übermittlungen schlechthin ausscheidet. Dem Gesetzeswortlaut jedenfalls ist nicht zu entnehmen, dass dieser Ausnahmetatbestand nur für „gelegentliche" Übermittlungen anwendbar sein soll (→ Rn. 2). Anders als bei den anderen Ausnahmetatbeständen nach Art. 49 geht es bei der Einwilligung darum, der autonomen Entscheidung der betroffenen Person Geltung zu verschaffen. Trotz Fehlens von Schutzgewährleistungen für die Daten nach deren Übermittlung in ein Drittland ist es daher grundsätzlich möglich, auch wiederholte oder systematische Übermittlungen in ein Drittland auf eine ausdrückliche Einwilligung zu stützen, soweit alle Anforderungen an eine wirksame ausdrückliche Einwilligung gem. Art. 4 Nr. 11, Art. 7, 8, 49 erfüllt sind (→ Rn. 69).

12   Der Ausnahmetatbestand nach Abs. 1 UAbs. 1 lit. a ist nicht anwendbar auf Tätigkeiten, die Behörden in Ausübung ihrer hoheitlichen Befugnisse durchführen (Abs. 3).

III. Vertrag oder vorvertragliche Maßnahmen mit dem Betroffenen

13   Abs. 1 UAbs. 1 lit. b erlaubt die Übermittlung, wenn sie für die Erfüllung eines Vertrags zwischen der betroffenen Person und dem Verantwortlichen oder zur Durchführung von vorvertraglichen Maßnahmen auf Antrag der betroffenen Person erforderlich ist. Die betroffene Person ist in diesen Fällen **Vertragspartei** des Verantwortlichen, oder aber der Abschluss eines Vertrags zwischen der betroffenen Person und dem Verantwortlichen steht jedenfalls im Raum.

14   Dieser Tatbestand scheint zunächst recht weit zu sein. Seine Anwendung in der Praxis wird aber durch das Kriterium der **Erforderlichkeit** erheblich eingeschränkt. Zu fordern ist ein objektiv enger und erheblicher Zusammenhang zwischen der Übermittlung und dem Vertragszweck (EDSA-Leitlinien 2/2018, 10; vgl. zur Vorgängerregelung bereits WP 114, Nr. 2.1; WP 12, 26). Dennoch kann die Vorschrift auf viele alltägliche Sachverhalte angewendet werden, etwa die Buchung eines Flugtickets (WP 12, 26) oder eines Hotelzimmers (EDSA-Leitlinien 2/2018, 10) durch ein Reisebüro. Die Bedeutung der Vorschrift für die Praxis sollte daher **nicht unterschätzt** werden.

15   Schwieriger gestaltet sich die Anwendbarkeit der Vorschrift auf **Beschäftigtendaten**. Für Mitarbeiter vieler Unternehmen insbesondere in exportorientierten Branchen gehören Kontakte in Drittländer ohne angemessenes Datenschutzniveau zum Alltag, sodass zahlreiche Unternehmen dazu neigen könnten, Abs. 1 UAbs. 1 lit. b auf die Übermittlung von Mitarbeiterdaten etwa an Lieferanten oder Kunden in Drittländern zur Anwendung zu bringen. Dabei muss bedacht werden, dass die Anwendung von Ausnahmetatbeständen dazu führt, dass die übermittelten Daten an ihrem Zielort unter Umständen keinerlei Schutz unterliegen und der Betroffene damit die Herrschaft

| Ausnahmen für bestimmte Fälle | **Artikel 49 DS-GVO** |

über seine Daten vollständig verliert. Daher kommt eine Anwendung der Ausnahme im Beschäftigungsverhältnis nur dann in Betracht, wenn derartige Übermittlungen tatsächlich in dem **Arbeitsvertrag** zwischen Mitarbeiter und Unternehmen hinreichend deutlich angelegt sind, da nur dann die Übermittlung zur Erfüllung der Pflichten aus dem Arbeitsvertrag erforderlich ist. Dies ist etwa der Fall bei Mitarbeitern, die spezifisch für Einkaufs- oder Verkaufskontakte mit Drittländern zuständig sind, sofern dies aus dem Arbeitsvertrag hinreichend erkennbar ist (so auch EDSA-Leitlinien 2/2018, 11). Bei solchen Mitarbeitern lässt sich nicht nur die Übermittlung der erforderlichen Daten an einen Geschäftspartner im Drittland, sondern auch an ein Hotel oder eine Mietwagenfirma auf diese Ausnahmeregelung stützen. Sofern jedoch ein Beschäftigter einen Geschäftspartner (Lieferant, Abnehmer etc) im Drittland im Rahmen einer dauerhaften, längerfristigen Geschäftsbeziehung besucht, lässt sich die Ausnahmeregelung nach Ansicht der Aufsichtsbehörden nicht mehr in Anspruch nehmen, da die Übermittlungen dann keinen „gelegentlichen" Charakter mehr haben (EDSA-Leitlinien 2/2018, 11); In solchen Fällen sind stattdessen geeignete Garantien nach Art. 46 zu verwenden. Freilich besteht insoweit eine gewisse Unschärfe dahingehend, ab wann solche Übermittlungen keinen „gelegentlichen" Charakter mehr haben.

Ein sog. **Konzernbezug** des Arbeitsverhältnisses ist dann gegeben, wenn im Arbeitsvertrag auf 16 eine sog. **Matrixstruktur** hingewiesen wird (Gola/Schomerus BDSG § 4c Rn. 8), dh darauf, dass der Mitarbeiter je nach Aufgabe (auch) an Fachvorgesetzte aus Konzerngesellschaften außerhalb der EU berichten muss. Im Rahmen dieser Berichtsstrukturen können erforderliche Übermittlungen grundsätzlich auf Abs. 1 UAbs. 1 lit. b gestützt werden. Bei Mitarbeitern in internationalen Konzernen erschiene zudem auf den ersten Blick denkbar, die Ausnahmeregelung auf Übermittlungen im Rahmen der regelmäßigen Kommunikation zwischen den konzernangehörigen Einheiten bzw. Unternehmen anzuwenden, etwa zwecks Erstellung eines konzernweiten Kontaktdatenverzeichnisses. In diesem und ähnlichen Fällen wird indes häufig keine lediglich „gelegentliche" Übermittlung vorliegen, was aber laut Erwägungsgrund 111 gerade Voraussetzung für die Inanspruchnahme dieser Ausnahmeregelung sein soll. Im Ergebnis müssen daher sowohl wiederholten, gleichgelagerten Übermittlungen gerade auch innerhalb von Konzernen und Unternehmensgruppen statt auf diese Ausnahmeregelung auf sog. geeignete Garantien nach Art. 46 gestützt werden (so auch Simitis/Hornung/Spiecker Rn. 24).

Auch die umfassende oder partielle **Zentralisierung der Personaldatenverwaltung** in einer 17 Unternehmensgruppe nicht auf diese Ausnahme gestützt werden, da sie nicht im strengen Sinne „erforderlich" zur Durchführung des einzelnen Arbeitsverhältnisses ist und daher nicht mit dem Gebot der engen Auslegung der Ausnahmetatbestände nach Art. 49 im Einklang stünde (EDSA-Leitlinien 2/2018, 11).

Abs. 1 UAbs. 1 lit. b deckt auch Übermittlungen ab, die zur Durchführung **vorvertraglicher** 18 **Maßnahmen** erforderlich sind. Anders als die erste Tatbestandsalternative, die mit dem Vertrag ein hinreichend klares Anwendungskriterium besitzt, ist diese zweite Alternative weniger präzise. Als Korrektiv hierzu dient das zusätzliche Erfordernis, wonach die Übermittlung **nur auf Antrag** der betroffenen Person zulässig ist.

Der Ausnahmetatbestand nach Abs. 1 UAbs. 1 lit. b findet keine Anwendung auf Tätigkeiten, 19 die Behörden in Ausübung **hoheitlicher Befugnisse** durchführen (Abs. 3).

IV. Im Interesse der betroffenen Person abgeschlossener Vertrag

Die Übermittlung ist zulässig, wenn sie zum Abschluss oder zur Erfüllung eines **im Interesse** 20 **der betroffenen Person** von dem Verantwortlichen mit einer anderen natürlichen oder juristischen Person geschlossenen Vertrags erforderlich ist (Abs. 1 UAbs. 1 lit. c). Die Vorschrift entspricht inhaltlich der Vorgängerregelung des Art. 26 Abs. 1 lit. c DSRL.

Im Unterschied zu Abs. 1 UAbs. 1 lit. b ist die betroffene Person nicht Vertragspartei, vielmehr 21 geht es um einen vom Verantwortlichen mit einer anderen natürlichen oder juristischen Person geschlossenen Vertrag. Dieser muss jedoch im Interesse der betroffenen Person liegen. Um dem Ausnahmecharakter von Art. 49 (→ Rn. 2) Rechnung zu tragen, dürfen hierunter nur solche Verträge verstanden werden, die **eindeutig im Interesse des Betroffenen** liegen, insbesondere sog. Verträge zugunsten Dritter iSv § 328 BGB (Simitis/Hornung/Spieker Rn. 28). Dass der Vertrag auch Interessen des Verantwortlichen dient, ist zwar nicht ausgeschlossen, jedoch muss der Vertrag eindeutig auch dem Interesse der betroffenen Person dienen.

Ähnlich wie bei Abs. 1 UAbs. 1 lit. b ist ein **enger und erheblicher Zusammenhang** zwi- 22 schen den Interessen der betroffenen Person und den Zwecken des Vertrags zu fordern (EDSA-Leitlinien 2/2018, 12). Damit kann die Vorschrift nicht angewendet werden, wenn ein Arbeitgeber personenbezogene Daten seiner Mitarbeiter an einen Dienstleister transferieren will, der Aufgaben der **Gehaltszahlung ("Payroll")** erfüllt. Zwar haben die Mitarbeiter ein Interesse daran, die vertraglich vereinbarte Gehaltszahlung zu erhalten. Es ist jedoch nicht erforderlich, dass ihre Daten hierzu an einen Dienstleister übermittelt werden, denn der Arbeitgeber könnte die Auszahlung auch selbst vornehmen. Der Datentransfer an den Dienstleister dient stattdessen hauptsächlich der Erfüllung des zwischen Arbeitgeber und Dienstleister geschlossenen Dienstleistungsvertrags. Für die Mitarbeiter hat es keinen signifikanten Mehrwert, dass die Gehaltszahlung durch einen Dienstleister erfolgt (EDSA-Leitlinien 2/2018, 12; Simitis/Hornung/Spieker Rn. 29).

23 Ähnlich verhält es sich, wenn ein Unternehmen einen **Aktienoptionsplan** für bestimmte Mitarbeiter durch einen spezialisierten (Finanz-)Dienstleister in einem Drittland verwalten lässt. Zwar haben die betroffenen Mitarbeiter ein wirtschaftliches Interesse daran, entsprechende Leistungen zu erhalten; Hierfür ist es aber in der Regel nicht „erforderlich", Daten der Mitarbeiter in ein Drittland zu übermitteln. Es dürfte daher auch hier in der Regel an einem engen und erheblichen Zusammenhang zwischen dem Interesse der Betroffenen und dem Zweck des zwischen Arbeitgeber und Dienstleister geschlossenen Vertrags fehlen (WP 114, Nr. 2.3). Anders mag es sein, wenn der Arbeitgeber nachweist, dass eine andere Handhabung schlechthin nicht möglich ist. Zudem ist damit nicht gesagt, dass eine Übermittlung zu diesem Zweck nicht etwa auf andere Weise – etwa durch Einsatz geeigneter Garantien nach Art. 46 – datenschutzkonform gestaltet werden könnte (zustimmend Simitis/Hornung/Spieker Rn. 29).

24 Dennoch verbleibt für die Vorschrift ein durchaus erheblicher Anwendungsbereich, gerade in „Alltagsfällen" des internationalen Geschäftsverkehrs. In Betracht kommt ihre Anwendung etwa bei der Einschaltung einer **Korrespondenzbank** im internationalen Zahlungsverkehr, bei Zahlung mit Kreditkarte oder bei Weitergabe von Adressdaten an ein Transportunternehmen im **Versandhandel** (Simitis/Hornung/Spieker Rn. 28).

25 Der Ausnahmetatbestand nach Abs. 1 UAbs. 1 lit. b ist nicht anwendbar auf Tätigkeiten, die Behörden in Ausübung ihrer **hoheitlichen Befugnisse** durchführen (Abs. 3).

V. Übermittlung aus wichtigen Gründen des öffentlichen Interesses notwendig

26 Die Übermittlung kann auch zulässig sein, wenn sie aus wichtigen Gründen des öffentlichen Interesses notwendig ist (Abs. 1 UAbs. 1 lit d). Die Vorschrift entspricht der Vorgängerregelung des Art. 26 Abs. 1 lit. d, erste Alt. DSRL. Neu gegenüber der Vorgängerregelung ist allerdings, dass Abs. 4 nun ausdrücklich regelt, dass es sich um ein öffentliches Interesse handeln muss, das im **Unionsrecht** oder im **Recht des Mitgliedstaats,** dem der Verantwortliche unterliegt, anerkannt ist. Dies war indessen auch schon herrschende Sichtweise zur Vorgängerregelung (WP 114, Nr. 2.4).

27 Umfasst sind nur öffentliche Interessen, die „**wichtig**" sind. Dies betont zusätzlich den Ausnahmecharakter der Vorschrift. Gemeint sind nur öffentliche Interessen, die einem wichtigen Rechtsgut dienen (Paal/Pauly/Pauly Rn. 19). Als Beispiele nennt Erwägungsgrund 112 am Ende Übermittlungen an internationale humanitäre Organisationen zur Erfüllung von Aufgaben iSd Genfer Konventionen oder für Zwecke des humanitären Völkerrechts, das in bewaffneten Konflikten anwendbar ist; Für solche Fällen kommt zudem ggf. auch die Ausnahme nach Abs. 1 lit. f in Betracht (→ Rn. 39). Genannt werden in Erwägungsgrund 112 ferner der internationale Datenaustausch zwischen Wettbewerbs-, Steuer- oder Zollbehörden, zwischen Finanzaufsichtsbehörden oder zwischen Diensten, die für Angelegenheiten der sozialen Sicherheit oder für die öffentliche Gesundheit zuständig sind, bspw. im Falle der Umgebungsuntersuchung bei ansteckenden Krankheiten oder zur Verringerung und/oder Beseitigung des Dopings im Sport.

28 Eine Einschränkung des Anwendungsbereichs dieser Ausnahmevorschrift ergibt sich aufgrund von Art. 2 Abs. 2 lit. a, wonach die DS-GVO nicht anwendbar ist auf Datenverarbeitungen im Rahmen von Tätigkeiten, die nicht in den **Anwendungsbereich des Unionsrechts** fallen, etwa Tätigkeiten im Bereich der nationalen Sicherheit (Erwägungsgrund 16). Diese Beschränkung wird jedoch häufig missverstanden. Wie die Artikel 29-Datenschutzgruppe aufgezeigt hat (WP 228, Nr. 4.4.1), sind aufgrund dieser Beschränkung nur Verarbeitungen im Rahmen von Tätigkeiten im Bereich der nationalen Sicherheit **der Mitgliedstaaten** von der Anwendung der DS-GVO ausgenommen. Hingegen finden die DS-GVO und somit auch Abs. 1 UAbs. 1 lit. d Anwendung auf Übermittlungen personenbezogener Daten an Behörden eines Drittlands, die die Daten für Strafverfolgungszwecke oder Zwecke der nationalen Sicherheit **des Drittlands** anfordern (→ Art. 46 Rn. 6); Simitis/Hornung/Spieker Rn. 32). Für solche Übermittlungen ist daher grundsätzlich eine mögliche Rechtfertigung nach Abs. 1 UAbs. 1 lit. d zu prüfen. Keine Anwendung findet die Vorschrift ferner auf Übermittlungen, die in den Anwendungsbereich der JI-Richtlinie fallen, dh zu Zwecken der Verfolgung oder Verhütung von Straftaten. Dies gilt jedoch gem. Art. 2

Abs. 2 lit. d nur, soweit es sich um Übermittlungen durch die zuständigen Behörden handelt (so zu Recht Simitis/Hornung/Spieker Rn. 33).

Auffällig ist, dass in vielen der in Erwägungsgrund 112 genannten Beispielen auf beiden Seiten der Übermittlung **öffentliche Stellen** beteiligt sind oder doch zumindest Stellen, die eine öffentliche Aufgabe wahrnehmen. Dies könnte zu dem Schluss verleiten, dass die Vorschrift auf Übermittlungen durch **nicht-öffentliche Stellen** wie etwa Unternehmen – sofern sie keine öffentliche Aufgabe wahrnehmen – nicht anwendbar ist. Einer solch engen Interpretation steht allerdings der Wortlaut der Vorschrift entgegen. Die Vorschrift kann daher jedenfalls grundsätzlich auch auf einen Datentransfer durch eine nicht-öffentliche Stellen aus der EU an eine Behörde eines Drittlands anwendbar sein, wenn die Übermittlung aufgrund eines im Unionsrecht bzw. im Recht eines Mitgliedsstaates als wichtig anerkannten öffentlichen Interesses notwendig ist. Hierfür spricht auch Erwägungsgrund 115 S. 5, der die jedenfalls grundsätzliche Anwendbarkeit dieser Ausnahmeregelung auf Übermittlungen an Gerichte oder Verwaltungsbehörden in Drittländer ausdrücklich erwähnt, ohne auf Übermittlerseite zwischen öffentlichen und nichtöffentlichen Stellen zu unterscheiden. Allerdings ist eine einschränkende Auslegung der Ausnahmevorschrift zwingend geboten, um zu verhindern, dass ausländische Behörden und Gerichte die Herausgabe von Daten als Regelfall im Wege direkter Herausgabeverlagen an privaten Stellen in der EU durchzusetzen versuchen anstatt im Wege eines internationalen Rechtshilfeersuchens. Unklar ist indes, ob ein Vorrang internationaler Rechtshilfe vor einem Direktherausgabeverlangen nur in Fällen gelten soll, in denen mit den anfragenden Drittstaat eine internationale Übereinkunft (insbesondere ein Rechtshilfeabkommen) besteht, oder aber ganz generell. Die Art.-29-Gruppe hat im Jahr 2014 hierzu eine restriktive Auffassung vertreten. Demnach soll eine direkte Übermittlung durch eine private Stelle an Strafverfolgungs- oder Sicherheitsbehörden eines Drittlands nur in besonders dringenden Fällen („Fragen von Leben und Tod") und nur dann zulässig sein, wenn eine Direktübermittlung im nationalen Recht des Datenübermittlers oder in einem Rechtshilfabkommen vorgesehen ist (Artikel 29-Datenschutzgruppe, Brief v. 29.11.2014 an den Europarat betreffend Szenarien zum grenzüberschreitenden Zugang zu personenbezogenen Daten, abrufbar unter https://ec.europa.eu/justice/article-29/documentation/other-document/index_en.htm).

Auch der EDSA betont, dass die Ausnahme nur in Betracht kommt, wenn das Unionsrecht oder das Recht des Mitgliedstaats, dem der Verantwortliche unterliegt, bestimmte Übermittlungen an eine (insbesondere öffentliche) Stelle in ein Drittland vorsieht oder klar impliziert. Ob dies der Fall ist, ist anhand der maßgeblichen nationalen bzw. EU-Vorschriften zu beurteilen. Dass das wichtige Interesse „als solches", dh in einem abstrakten Sinne auch im EU-Recht oder im Recht des ersuchten Mitgliedstaates existiert (zB „Terrorismusbekämpfung" oder „Korruptionsbekämpfung"), genügt für sich gesehen jedenfalls nicht (EDSA-Leitlinien 2/2018, 12; Simitis/Hornung/Spieker DS-GVO Art. 49 Rn. 36). Besteht ein internationales Abkommen, das eine internationale Zusammenarbeit für einen bestimmten Zweck explizit vorsieht, kann dies zumindest ein Indiz dafür sein, dass diesem Zweck dienende Übermittlungen in Drittstaaten zulässig sein können, sofern die EU oder die Mitgliedstaaten Parteien dieses Abkommens sind (EDSA-Leitlinien 2/2018, 13). Auch bei Bestehen eines solchen Abkommens ist jedoch eine besonders kritische Prüfung dahingehend geboten, ob demnach Direktübermittlungen gerade auch durch private Stellen an Behörden in Drittstaaten vorgesehen sind oder aber lediglich Übermittlungen durch öffentliche Stellen.

VI. Geltendmachung, Ausübung oder Verteidigung von Rechtsansprüchen

Abs. 1 UAbs. 1 lit. e erlaubt die Übermittlung, wenn sie zur Geltendmachung, Ausübung oder Verteidigung von Rechtsansprüchen erforderlich ist. Die in der Vorgängerregelung Art. 26 Abs. 1 lit. d, zweite Alt. DSRL noch enthaltene Einschränkung, wonach es sich um eine Geltendmachung etc „**vor Gericht**" handeln musste, ist **entfallen.** Damit dürfte die umstrittene Frage, ob die Vorschrift auf Datentransfers aufgrund von US-amerikanischen **Pre-Trial-Discovery-**Anfragen anwendbar sein kann (zur Pre-Trial-Discovery Deutlmoser/Filip ZD Beilage 6/2012; Brisch/Laue RDV 2010, 1; Spies/Schröder MMR 2008, 275; Hanloser DuD 2008, 785), nunmehr zu bejahen sein (so auch Simitis/Hornung/Spieker Rn. 40). Die Pre-Trial-Discovery ist ein US-amerikanisches zivilprozessuales Instrument, das den Prozessparteien zwischen Klagerhebung und Hauptverhandlung in unter Umständen weitgehendem Umfang Anspruch auf Einsicht und Übermittlung von Beweismitteln wie etwa Unterlagen gewährt, die sich bei der Gegenseite befinden.

Bei der Pre-Trial-Discovery stellt sich die Frage nach der Zulässigkeit der Übermittlung an die eigenen Rechtsanwälte und diejenigen der Gegenseite, an die gegnerische Prozesspartei und/oder an das US-Gericht. Da die Anforderung von Unterlagen weitgehend in Eigenregie der Parteien

DS-GVO Artikel 49   Kapitel V. Übermittlung personenbezogener Daten an Drittländer

stattfindet, **verneinten deutsche Aufsichtsbehörden** bisweilen **die Anwendbarkeit** der og Vorgängerregelung, da es sich nicht um ein gerichtliches Verfahren handele (so wohl BlnBDI, JB 2007, Nr. 10.3), während die Artikel 29-Datenschutzgruppe den Ausnahmetatbestand auf Pre-Trial-Discovery wohl im Grundsatz für anwendbar hielt (WP 158, 15). Angesichts des Wegfalls der Einschränkung auf Verfahren „vor Gericht" dürfte die grundsätzliche Anwendbarkeit des neu gefassten Ausnahmetatbestands auf Pre-Trial-Discovery-Fälle nurmehr schwer zu bestreiten sein.

32   Einige Autoren hielten die Vorgängerregelung (Art. 26 Abs. 1 lit. d, zweite Alt. DSRL) auf Übermittlungen im Rahmen von Pre-Trial-Discovery nur dann für anwendbar, wenn die US-amerikanische Stelle die Daten im Wege eines wirksamen **Rechtshilfeersuchens** nach dem **Haager Übereinkommen** v. 18.3.1970 über die Beweisaufnahme im Ausland in Zivil- und Handelssachen angefordert hat (WP 114, Nr. 2.4; weniger eng WP 158, 15, 16). Für diese Ansicht fand sich jedoch schon unter der DSRL **keine Stütze im Gesetzeswortlaut,** was sich durch die DS-GVO nicht geändert hat. Vielmehr spricht auch Art. 48 dafür, dass Abs. 1 UAbs. 1 lit. e auf Pre-Trial-Dicovery grundsätzlich anwendbar sein kann. Denn Art. 48 verweist darauf, dass existierende Rechtshilfeabkommen zwischen dem ersuchenden Drittland und der Europäischen Union oder einem Mitgliedstaat keine Ausschlusswirkung gegenüber anderen in Kapitel V geregelten Rechtsgrundlagen entfalten. Zwar könnte man einwenden, dass der Wortlaut von Art. 48 („„Urteil" eines Gerichts eines Drittlands) für Pre-Trial-Discovery-Fälle nicht passt, da derartige Datenanforderungen eher Ähnlichkeit mit einem Beweisbeschluss haben. Anstelle einer solchen formalistischen Sichtweise erscheint es allerdings überzeugender, den Rechtsgedanken von Art. 48, wonach einem **Rechtshilfeabkommen keine Sperrwirkung** zukommt, auch auf Pre-Trial-Discovery anzuwenden.

33   Die Datenschutzaufsichtsbehörden haben zu Pre-Trial-Discovery aber betont, dass im Hinblick auf die zu übermittelnden Daten eine **strenge Erforderlichkeitsprüfung** durchzuführen ist (BlnBDI, Jahresbericht für 2007, Nr. 10.3; BayLDA, TB 2009/2010, Nr. 11.1; Deutlmoser/Filip ZD-Beilage 6/2012). Vor einer Übermittlung in die USA muss der Umfang des zu übermittelnden Datenbestands auf das unbedingt Erforderliche beschränkt werden. In der Praxis ist es üblich, Dokumenten- und Dateibestände mittels Stichwortsuche auf Relevanz (gemessen an dem in der Datenanforderung formulierten Beweisthema) zu prüfen. Deutsche Aufsichtsbehörden verlangen, dass im Anschluss daran noch eine manuelle Sichtung erfolgt, um den Bestand an zu übermittelnden Daten weiter zu reduzieren (BlnBDI, Jahresbericht für 2007, Nr. 10.3; BayLDA, TB 2009/2010, Nr. 11.1).

34   Zu prüfen ist ferner, ob in einem ersten Schritt die Übermittlung **pseudonymisierter Daten** in die USA ausreicht und personenbezogene Daten nur dann übermittelt werden, wenn die Daten anfordernde Stelle in den USA (zB gegnerische Partei) im Einzelfall die Notwendigkeit der De-Pseudonymisierung dargelegt hat (WP 158, 11; BayLDA, TB 2009/2010, Nr. 11.1). Dies mag in der Praxis unter Umständen schwierig sein, ist aber mit Blick auf den Erforderlichkeitsgrundsatz grundsätzlich geboten.

35   Auch für Datenübermittlungen im Rahmen von Verfahren vor **Schiedsgerichten** dürfte infolge des Wegfalls der Voraussetzung eines gerichtlichen Verfahrens nunmehr nicht mehr streitig sein, dass der (neu gefasste) Ausnahmetatbestand grundsätzlich Anwendung finden kann (Simitis/Hornung/Spieker Rn. 40; Kühling/Buchner/Schröder Rn. 30).

36   Da die Vorschrift kein gerichtliches Verfahren voraussetzt, kommt ihre Anwendung grundsätzlich auch bei Geltendmachung, Verteidigung oder Ausübung von Rechtsansprüchen in Verwaltungs- oder vergleichbaren Verfahren in Betracht. Auch Erwägungsgrund 111 erwähnt ausdrücklich ua Verfahren „vor Regulierungsbehörden". Umfasst sind etwa Übermittlungen, die dazu dienen, in einem behördlichen Verfahren im Drittland eine begünstigende behördliche Entscheidung herbeizuführen, zB eine Fusionsgenehmigung (EDSA-Leitlinien 2/2018, 13). Schwieriger zu beurteilen ist die Anwendung der Ausnahmevorschrift im Kontext behördlicher Ermittlungen in Drittländern. In solchen Fällen bezweckt ein übermittelndes Unternehmen häufig, den Verdacht eines Regelverstoßes im Drittland auszuräumen oder bei der behördlichen Untersuchung zu kooperieren, insbesondere um eine Sanktionsminderung oder -freistellung zu erreichen, etwa bei behördlichen Ermittlungen im Kartellrecht oder zur Bekämpfung von Korruption oder Insiderhandel. Eine Übermittlung zur Selbstverteidigung in solchen Verfahren mag im Einzelfall unter der Ausnahmevorschrift denkbar sein (EDSA-Leitlinien 2/2018, 13; aA wohl Simitis/Hornung/Spieker Rn. 42). Nicht ausreichend ist es jedoch, wenn die Übermittlung lediglich bezweckt, allgemeine „Kooperationsbereitschaft" zu zeigen und/oder Nachteile wegen „mangelnder Kooperationsbereitschaft" zu vermeiden (Simitis/Hornung/Spieker Rn. 42; EDSA-Leitlinien 2/2018, 14).

Ausnahmen für bestimmte Fälle **Artikel 49 DS-GVO**

Da die Ausnahmevorschrift ausdrücklich ein „Verfahren" voraussetzt, im Rahmen dessen es **36a** um „Rechtsansprüche" geht, kann sie nicht auf Übermittlung aus Anlass mehr oder minder formloser behördlicher Anfragen Anwendung finden. Umfasst sind vielmehr nur Übermittlungen im Rahmen eines rechtlich geregelten Verfahrens (EDSA-Leitlinien 2/2018, 14).

Als möglich erschien die Anwendung von Abs. 1 UAbs. 1 lit. e etwa auch bei der Bearbeitung **36b** von Beschwerden betroffener Personen durch Datenschutzbehörden in der EU auf der Grundlage des **EU-US Privacy Shield** (Durchführungsbeschluss (EU) 2016/1250 der Europäischen Kommission v. 12.7.2016). Sofern es zur Bearbeitung einer Beschwerde erforderlich war, bestimmte Daten des Beschwerdeführers durch das sog. informelle Gremium der EU-Datenschutzaufsichtsbehörden an **US-Behörden** (insbesondere Federal Trade Commission; US-Handelsministerium) zu übermitteln, denen aufsichtliche Befugnisse gegenüber den zertifizierten US-Unternehmen zustehen (vgl. Zusatzgrundsatz III.5.c.ii in Anhang 2 des Durchführungsbeschlusses (EU) 2016/1250 der Europäischen Kommission), konnte dies grundsätzlich auf Abs. 1 UAbs. 1 lit. e gestützt werden. Infolge der **Ungültigerklärung des EU-U.S. Privacy Shield** durch das sog Schrems-II-Urteil des Europäischen Gerichtshofs v. 16.7.2020 (EuGH GRUR-RS 2020, 16082 Nr. 5) hat sich diese Konstellation jedoch vorerst erledigt.

VII. Schutz lebenswichtiger Interessen

Die Übermittlung ist zulässig, wenn sie zum Schutz lebenswichtiger Interessen der betroffenen **37** Person oder anderer Personen erforderlich ist, sofern die betroffene Person aus physischen oder rechtlichen Gründen zur Erteilung der Einwilligung außerstande ist (Abs. 1 UAbs. 1 lit. f). Einschlägig sind nur **höchstrangige** Interessen, insbesondere körperliche Unversehrtheit und Leben (Erwägungsgrund 112).

Die Vorschrift ist einerseits weitergehend als die Vorgängerregelung des Art. 26 Abs. 1 lit. e **38** DSRL, die nur lebenswichtige Interessen der betroffenen Person selbst umfasste. Andererseits ist sie enger, da die Vorgängerregelung nicht die zusätzliche Voraussetzung enthielt, dass die betroffene Person **zur Erteilung der Einwilligung außerstande** sein muss. Durch diese zusätzliche Voraussetzung wird die **Privatautonomie** der betroffenen Person gestärkt (Paal/Pauly/Pauly Rn. 23). Damit erscheint es rechtspolitisch vertretbar, dass auch Übermittlungen zum Schutz lebenswichtiger Interessen anderer Personen vom Tatbestand umfasst sind.

Was praktische Fälle angeht, ist etwa an Situationen zu denken, in denen der Betroffene oder **39** eine andere Person sich in einem **lebensbedrohlichen Zustand** befindet und es zur Rettung erforderlich ist, Daten des Betroffenen etwa an die Ärzte im Drittland zu übermitteln. Ist der Betroffene bewusstlos und deshalb außerstande eine Einwilligung abzugeben, kann von Abs. 1 UAbs. 1 lit. f Gebrauch gemacht werden (WP 114, Nr. 2.5). Als Beispiele nennt Erwägungsgrund 112 aE Übermittlungen an internationale humanitäre Organisationen zur Erfüllung von Aufgaben iSd Genfer Konventionen oder für Zwecke des humanitären Völkerrechts in bewaffneten Konflikten. Gem. Erwägungsgrund 112 aE kann die Übermittlung in solchen Fällen auch auf die Ausnahme nach Abs. 1 lit. d gestützt werden (→ Rn. 27).

VIII. Übermittlung aus einem Register

Die in Abs. 1 UAbs. 1 lit. g geregelte Ausnahme umfasst die Übermittlung aus einem **Register,** **40** das nach Unionsrecht oder dem Recht der Mitgliedstaaten zur Information der Öffentlichkeit bestimmt ist und entweder der gesamten Öffentlichkeit oder allen Personen, die ein berechtigtes Interesse nachweisen können, zur Einsichtnahme offensteht. Zudem müssen die im Unionsrecht oder im Recht der Mitgliedstaaten festgelegten Voraussetzungen für die Einsichtnahme im Einzelfall erfüllt sein. Die Vorschrift entspricht inhaltlich der Vorgängerregelung Art. 26 Abs. 1 lit. f DSRL.

Erfasst sind sowohl Register, in die **jedermann** ohne Erfüllung weiterer Voraussetzungen **41** Einsicht nehmen kann – etwa das Handels- oder Vereinsregister – als auch solche, in die nur bei Vorliegen eines **berechtigten Interesses** Einsicht genommen werden kann, wie zB in Deutschland das Grundbuch (vgl. EDSA-Leitlinien 2/2018, 16).

Der Tatbestand ist insofern eine **Besonderheit,** als er anders als alle anderen Ausnahmetatbestände **42** nach Abs. 1 **keinerlei Beschränkung bezüglich der Übermittlungszwecke** enthält. Die Übermittlung lässt sich somit nicht aufgrund der mit ihr verfolgten Zwecks rechtfertigen, sondern allein deshalb, weil Daten, die zur Einsichtnahme durch andere zur Verfügung stehen, als verhältnismäßig geringfügig schutzbedürftig bewertet werden.

Da das Gesetz die Übermittlungszwecke nicht beschränkt, besteht eine gewisse Gefahr einer **43** übermäßigen Anwendung der Vorschrift. Der Gesetzgeber hat dieser Gefahr selbst vorgebeugt, indem Abs. 2 regelt, dass Übermittlungen **nicht die Gesamtheit** oder ganze Kategorien der im Register enthaltenen personenbezogene Daten umfassen dürfen. Ferner darf die Übermittlung, wenn das Register zur Einsichtnahme ein berechtigtes Interesse voraussetzt, nur auf Anfrage dieser Personen oder nur dann erfolgen, wenn diese Personen die Adressaten der Übermittlung sind (Erwägungsgrund 111 S. 4). Durch diese Einschränkungen soll verhindert werden, dass praktisch das gesamte Register übermittelt und/oder die in Registern enthaltenen Daten zu **anderen Zwecken** genutzt werden als zu dem Zweck, zu dem das Register eingerichtet ist (WP 114, Nr. 2.6).

B. Übermittlung zur Wahrung zwingender berechtigter Interessen des Verantwortlichen erforderlich (Abs. 1 UAbs. 2)

I. Hintergrund

44   Einen Ausnahmetatbestand, der keine Entsprechung in der DSRL hatte, enthält die DS-GVO in Abs. 1 UAbs. 2. Eine Übermittlung in ein Drittland oder an eine internationale Organisation ist danach zulässig, wenn sie für die Wahrung **zwingender berechtigter Interessen** des Verantwortlichen erforderlich ist, auf keine der in Abs. 1 UAbs. 1 geregelten Ausnahmen gestützt werden kann, nicht wiederholt erfolgt und nur eine begrenzte Zahl betroffener Personen betrifft, und sofern die Rechte und Freiheiten der betroffenen Person nicht überwiegen und der Verantwortliche alle Umstände der Übermittlung beurteilt und auf der Grundlage dieser Beurteilung „geeignete Garantien" zum Schutz der Daten vorsieht. Zudem muss der Verantwortliche die **Aufsichtsbehörde** und die **betroffenen Personen** über die Übermittlung informieren, letztere auch über seine zwingenden berechtigten Interessen.

45   Die **Fülle der kumulativ zu erfüllenden Voraussetzungen** bewirkt, dass der Anwendungsbereich der Vorschrift eng ist. Vor diesem Hintergrund stellt die Vorschrift gegenüber der DSRL letztlich keinen Paradigmenwechsel im Bereich der Übermittlung personenbezogener Daten in Drittländer dar.

46   Der Gesetzgeber eröffnet mit der neuen Ausnahme eine gewisse **Flexibilität** für Fälle, in denen ein unabweisbares Bedürfnis nach einer Übermittlung in ein „unsicheres" Drittland besteht, diese aber nicht bereits auf Abs. 1 UAbs. 1 gestützt werden kann. Die intendierte Flexibilität wird ermöglicht, indem die Art der mit der Übermittlung verfolgten Interessen nicht näher eingegrenzt wird.

II. Subsidiarität

47   Die Ausnahmevorschrift gem. Abs. 1 UAbs. 2 besitzt gem. Erwägungsgrund 113 die Funktion eines **Auffangtatbestands** für Fälle, in denen die Übermittlung nicht bereits auf eine der in Abs. 1 UAbs. 1 genannten Ausnahmen gestützt werden kann. Dies muss der Verantwortliche prüfen und im Rahmen der Rechenschaftspflicht gem. Art. 5 Abs. 2 nachweisen können (EDSA-Leitlinien 2/2018, 17). Hieran wird er auch selbst ein Interesse haben, da er für Abs. 1 UAbs. 2 zahlreiche zusätzliche Voraussetzungen erfüllen müsste (→ Rn. 48 ff.), die für Abs. 1 UAbs. 1 nicht gelten.

III. Zwingendes berechtigtes Interesse des Verantwortlichen

48   Das vom Verantwortlichen verfolgte Interesse wird zwar im Gesetz nicht näher umschrieben, allerdings kommen nur „zwingende", dh besonders gewichtige Interessen in Betracht. Mithin genügt **nicht jedes berechtigte Interesse** iSv Art. 6 Abs. 2 lit. f. In Erwägungsgrund 113 werden etwa im Kontext von wissenschaftlichen oder historischen Forschungszwecken legitime gesellschaftliche Erwartungen in Bezug auf einen Wissenszuwachs genannt. Bereits dieses gewählte Beispiel zeigt, dass es im Falle der Verfolgung geschäftlicher Interessen um Interessen gehen muss, die unter Berücksichtigung von Faktoren wie Branche, Marktstellung ua ganz besonders wichtig sind. Andererseits wird man einem Unternehmen auch einen **Spielraum** dahingehend zugestehen müssen, welche Interessen es als besonders bedeutsam bewertet. Ein solcher Spielraum ist auch vertretbar vor dem Hintergrund der zahlreichen zusätzlichen Anforderungen, die von der Vorschrift aufgestellt werden.

49   Die Übermittlung muss zur Erfüllung des zwingenden berechtigten Interesses erforderlich sein. Bloße Nützlichkeit genügt nicht, vielmehr muss ein **enger und spezifischer Zusammenhang** zwischen dem verfolgten Interesse und den zu übermittelnden Daten bestehen.

IV. Kein Überwiegen der Rechte und Freiheiten der betroffenen Person

Die Rechte und Freiheiten der von der Übermittlung betroffenen Person dürfen gegenüber 50 den mit der Übermittlung verfolgten zwingenden berechtigten Interessen des Verantwortlichen (→ Rn. 48) nicht überwiegen. Dem Verantwortlichen wird insoweit eine auf den Einzelfall bezogene **Interessenabwägung** abverlangt. Er darf den Blick nicht nur auf seine eigenen Interessen richten und darf er möglichen negativen Folgen für den Betroffenen nicht die Augen verschließen. Eine unzureichende Berücksichtigung der Interessen des Betroffenen birgt das Risiko, dass die Aufsichtsbehörde, der die Übermittlung anzuzeigen ist (→ Rn. 56), die Übermittlung aussetzen könnte. Durch die Anwendung von Garantien zu Schutz der Daten kann der Verantwortliche das Ergebnis der Interessenabwägung gegebenenfalls zu seinen Gunsten beeinflussen (→ Rn. 54). Insofern stehen die im Gesetzestext kumulativ verwendeten Merkmale „Interessenabwägung" und „geeignete Garantien" in einer Wechselwirkung und sind daher gemeinsam zu prüfen (EDSA-Leitlinien 2/2018, 18 ff.).

V. Keine wiederholte Übermittlung

Es darf sich nicht um eine Übermittlung mit wiederholtem Charakter handeln. Dies wirft die 51 Frage auf, ob hiermit lediglich eine Wiederholung in **zeitlicher Hinsicht** ausgeschlossen oder aber darüber hinaus auch die Anzahl der von der Übermittlung betroffenen Personen begrenzt werden soll. Bei einer wörtlichen Auslegung ist eine Begrenzung der Anzahl der Betroffenen (vgl. aber → Rn. 52) nicht zu fordern. Für diese Auslegung spricht auch, dass die Begrenzung der Anzahl der Betroffenen im Gesetz ohnehin als zusätzliche Voraussetzung geregelt ist (→ Rn. 52). Das Merkmal „keine wiederholte Übermittlung" besagt mithin nur, dass die Übermittlung einen **einmaligen Vorgang** darstellt. Daran fehlt es, wenn im Zeitpunkt der Übermittlung eine weitere ähnliche Übermittlung bereits avisiert ist.

VI. Begrenzte Zahl von Betroffenen

Die Übermittlung darf nur eine **begrenzte Zahl** von Personen betreffen. Es fragt sich, ob 52 hiermit eine zahlenmäßige Begrenzung gemeint ist. Ein solches Verständnis würde jedoch zu kaum überwindbaren Schwierigkeiten führen, da das Gesetz keine Anhaltspunkte dafür liefert, wo eine solche Grenze liegen könnte. Zwar könnte daran gedacht werden, die Grenze nicht absolut, sondern in Abhängigkeit von den Umständen der Übermittlung zu bestimmen, insbesondere anhand des Übermittlungszwecks. Auch dann verbliebe jedoch eine erhebliche Unsicherheit. Vorzugswürdig ist es daher, den Begriff so zu verstehen, dass die Gruppe der betroffenen Personen spätestens im Zeitpunkt der Übermittlung **bestimmt** ist, d. h. dass klar ist, wie viele Personen von der Übermittlung betroffen sind. Ein alleiniges Abstellen auf die Bestimmtheit der Anzahl erscheint allerdings nicht befriedigend, da dann auch die einmalige Übermittlung von Daten einer sehr hohen Anzahl Betroffener noch unter die Ausnahmevorschrift fiele. Ein solches Ergebnis stünde mit dem Ausnahmecharakter der Vorschrift (→ Rn. 2) kaum im Einklang. Vorzugswürdig erscheint es daher zu fordern, dass die **Anzahl** betroffener Personen zum einen **bestimmt** sein muss, und zum anderen **nicht exorbitant groß** sein darf, wobei letzteres insbesondere nach dem Übermittlungszweck zu beurteilen ist.

VII. „Geeignete Garantien" auf der Grundlage der Beurteilung aller Umstände der Übermittlung

Zusätzlich wird vom Verantwortlichen gefordert, alle Umstände der Übermittlung zu beurteilen 53 und auf dieser Grundlage „geeignete Garantien" zum Schutz der zu übermittelnden Daten vorzusehen. Der Begriff „geeignete Garantien" taucht bereits **in Art. 46** auf. Die Verwendung des Begriffs in Abs. 1 UAbs. 2 stellt wohl ein **Redaktionsversehen** dar, denn wenn bereits geeignete Garantien iSv Art. 46 erbracht werden, besteht kein Bedarf, einen der Ausnahmetatbestände nach Art. 49 anzuwenden. MaW können mit den in Abs. 1 UAbs. 2 erwähnte „geeigneten Garantien" nicht solche gemeint sein, die in Art. 46 aufgezählt sind, etwa Standarddatenschutzklauseln der Europäischen Kommission (Art. 46 Abs. 1 lit. c). Auch die englische Gesetzesfassung unterstützt dieses Verständnis; Dort werden die geeigneten Garantien iSv Art. 46 als „appropriate safeguards" bezeichnet, während in Art. 49 Abs. 1 UAbs. 2 der neue Begriff „suitable safeguards" verwendet wird.

Welcher Art die in Abs. 1 UAbs. 2 geforderten Garantien sein müssen, richtet sich ausweislich 54 des Gesetzeswortlauts nach allen Umständen der Übermittlung. Deren Beurteilung ist Aufgabe des Verantwortlichen. Dieser muss ua die Art der Daten, den Zweck und die Dauer der Verarbeitung, die Situation im Herkunftsland, im Drittland und in einem eventuellen Endbestimmungsland berücksichtigen (Erwägungsgrund 113). Unter Berücksichtigung dieser und weiterer Umstände muss er die **Risiken** für die Grundrechte und Grundfreiheiten der Betroffenen beurteilen und diese durch Garantien minimieren. Durch Garantien kann der Datenexporteur somit die nach Abs. 1 UAbs. 2 geforderte Interessenabwägung zu seinen Gunsten beeinflussen (→ Rn. 50). Mithin stehen die beiden Merkmale „Garantien" und „Interessenabwägung" in Abs. 1 UAbs. 2 zueinander in Wechselwirkung und sind daher gemeinsam zu prüfen (EDSA-Leitlinien 2/2018, 18 ff.). Der in Erwägungsgrund 113 enthaltene Hinweis auf das Ziel- und Endbestimmungsland lässt erkennen, dass sich der Verantwortliche auch mit der Frage möglicher **Zugriffe durch Behörden sämtlicher Länder** befassen muss, in die die Daten auf ihrem Weg zum Endbestimmungsland übermittelt werden. Je größer die Risiken für die Grundrechte und Grundfreiheiten der betroffenen Personen erscheinen, desto höhere Anforderungen sind an die zu leistenden Garantien zu stellen.

55   Als Garantien kommen Maßnahmen in Betracht, die in der DS-GVO selbst zum Schutz personenbezogener Daten angelegt sind, etwa zur Gewährleistung der in Art. 5 geregelten **Datenschutzgrundsätze** und der wesentlichen **Betroffenenrechte** aus Kap. 3. In Betracht kommt zB, dafür zu sorgen, dass die Daten alsbald nach der Übermittlung gelöscht werden, oder ein besonders strenges Zugriffskonzept anzuwenden (EDSA-Leitlinien 2/2018, 19, 20). Insbesondere an die Datensicherheit sind zudem anspruchsvolle Anforderungen zu stellen. Zu prüfen ist, ob die Daten in pseudonymisierter oder verschlüsselter Form übermittelt werden können (EDSA-Leitlinien 2/2018, 20). Aufgrund der ausdrücklichen Erwähnung der Situation im Ziel- und in einem eventuellen Endbestimmungsland muss der Verantwortliche ferner zumindest eine Regelung für den Fall etwaiger **Datenzugriffe durch öffentliche Stellen** dieser Länder vorsehen. Grundsätzlich muss der Verantwortliche vertraglich sicherstellen, dass er durch den Datenempfänger über derartige Zugriffe **informiert** wird, sofern dies für letzteren nicht im Einzelfall untersagt ist. Insgesamt müssen die in Abs. 1 UAbs. 2 genannten Garantien zwar nicht zwingend ein gleichwertiges Schutzniveau mit demjenigen der DS-GVO gewährleisten, jedoch müssen zumindest die wesentlichen Datenschutzgrundsätze und Betroffenenrechte gewahrt werden.

VIII. Meldung bei der Aufsichtsbehörde

56   Der Verantwortliche ist verpflichtet, die Übermittlung der zuständigen Aufsichtsbehörde zu melden. Dadurch wird er angehalten, **ernsthaft zu prüfen,** ob nach seiner Auffassung alle in Abs. 1 UA 2 geregelten Voraussetzungen erfüllt sind, denn er muss mit einer Überprüfung seitens der Aufsichtsbehörde rechnen. Zum anderen liefert die Meldung bei der Aufsichtsbehörde eine Art „doppelten Boden" im Interesse der von der Übermittlung Betroffenen.

57   Allerdings bewirkt die Meldung bei der Aufsichtsbehörde **nicht,** dass damit auch die **Verantwortung für die Rechtmäßigkeit der Übermittlung** auf diese überginge. Die Vorschrift sieht nämlich keine zwingende Reaktion der Aufsichtsbehörde vor. Sie regelt gerade nicht, dass die Behörde die Übermittlung freigeben oder gar genehmigen müsste. Sie will daher erkennbar nur erreichen, dass die Behörden überhaupt in die Lage versetzt werden, reagieren zu können. Um diese Wirkung überhaupt erzielen zu können muss wohl gefordert werden, dass die Meldung noch **vor der Übermittlung** der Daten erfolgt. Es ist zu erwarten, dass auch diese Voraussetzung bewirken wird, dass von der Übermittlungsvariante nach Abs. 1 UAbs. 2 nur **zurückhaltend** Gebrauch gemacht werden wird. Diese Vermutung scheint sich, jedenfalls soweit aus der aufsichtlichen Praxis bekannt, bislang auch zu bestätigen.

IX. Unterrichtung der Betroffenen

58   Der Verantwortliche muss die betroffene Person von der Übermittlung und von seinen zwingenden berechtigten Interessen unterrichten. Es handelt sich um eine **gesteigerte Informationspflicht,** die über die allgemeine Informationspflicht gem. Art. 13 und 14 hinausgeht. Durch die Unterrichtung wird der Betroffene in die Lage versetzt zu prüfen, ob er gegen die Übermittlung ggf. **Widerspruch** nach Art. 21 aufgrund seiner besonderen Situation erheben will. Da der Betroffene ausdrücklich auch über die zwingenden berechtigten Interessen des Verantwortlichen unterrichtet werden muss, wird ihm ermöglicht, die vom Verantwortlichen anzustellende Interessenabwägung (→ Rn. 50) zu überprüfen. Ferner wird ihm ermöglicht, ggf. eine Überprüfung durch die zuständige Aufsichtsbehörde anzuregen. All dies ist nur möglich, wenn der Betroffene von der Übermittlung erfährt, **bevor** diese stattgefunden hat.

X. Erfassung in der Dokumentation gem. Art. 30

Schließlich fordert Abs. 6, dass der Verantwortliche oder der Auftragsverarbeiter die von ihm nach Abs. 1 UAbs. 2 vorgenommene Beurteilung aller Umstände der Datenübermittlung sowie die von ihm erbrachten Garantien zum Schutz der Daten im **Verzeichnis der Verarbeitungstätigkeiten** iSv Art. 30 erfasst. Dadurch wird der Verpflichtung zur Beurteilung der Umstände der Übermittlung und des durch die Garantien erbrachten Schutzumfangs **zusätzliches Gewicht** verliehen. Denn zum einen wird der Verantwortliche so angehalten, die og Beurteilungen ernsthaft vorzunehmen, sich somit auf den Einzelfall bezogen mit den genannten Gesichtspunkten zu befassen. Zum anderen muss er seine Ergebnisse in einer für die Aufsichtsbehörde (Art. 30 Abs. 4) **nachvollziehbaren Weise** dokumentieren, sodass diese die Abwägung und die Eignung der vom Verantwortlichen erbrachten Garantien überprüfen kann. 59

C. Beschränkungen aus wichtigen Gründen des öffentlichen Interesses (Abs. 5)

Sofern kein Angemessenheitsbeschluss nach Art. 45 vorliegt, können sowohl im Unionsrecht als auch im Recht der Mitgliedstaaten aus wichtigen Gründen des öffentlichen Interesses ausdrücklich Beschränkungen der Übermittlung **bestimmter Kategorien** personenbezogener Daten an Drittländer oder internationale Organisationen vorgesehen werden. 60

Es handelt sich hierbei um eine **Neuregelung,** die keine Entsprechung in der DSRL hatte. Sie enthält eine Öffnungsklausel zugunsten des Gesetzgebers auf Unions- wie auf mitgliedstaatlicher Ebene, die dieser dazu nutzen kann, bestimmte **Kategorien** personenbezogener Daten in besonderer Weise zu schützen, sofern er dies aus einem wichtigen Grund des öffentlichen Interesses als geboten ansieht. 61

Das Gesetz enthält keine Vorgaben zu der Art der Daten, deren Übermittlung auf diese Weise eingeschränkt werden kann. Die Einschränkung muss **ausdrücklich** erfolgen, sodass es nicht in Betracht kommt, aus Rechtsvorschriften eine implizite Beschränkung entnehmen zu wollen. Da sich derartige Beschränkungen auf die Einheitlichkeit der Anwendung der DS-GVO auswirken, verpflichtet Abs. 5 die Mitgliedstaaten, die Kommission über solche Vorschriften zu informieren. 62

D. Befugnisse der Aufsichtsbehörden in den Fällen von Art. 49

Wie bei Art. 45, 46 und 47 stellt sich auch bei Übermittlungen, die auf eine der Ausnahmen des Art. 49 gestützt werden die Frage, **wie „rechtssicher"** die Übermittlung angesichts der im Zielland bestehenden Verhältnisse erfolgen kann. Aus der Perspektive der betroffenen Personen betrachtet lautet die Frage, unter welchen Voraussetzungen sie sich - ggf. unter Inanspruchnahme der Gerichte und/oder Datenschutzaufsichtsbehörden - gegen eine Übermittlung **zur Wehr setzen** können, um eine Verletzung ihrer Grundrechte und Grundfreiheiten (vgl. Art. 1 Abs. 2) zu verhindern oder zu unterbinden. Eine solche Verletzung kommt etwa durch Datenzugriffe staatlicher Stellen im Drittland in Betracht, aber auch durch Handlungen des Datenempfängers. So ist denkbar, dass der Datenempfänger in Ermangelung eines mit der Europäischen Union gleichwertigen gesetzlichen Schutzes im Drittland die Daten ohne jegliche gesetzliche Beschränkung an Dritte weiter übermittelt oder für gänzlich andere Zwecke verwendet. 63

Wie auch bei Art. 45, 46 oder 47 muss es der Aufsichtsbehörde und den zuständigen Gerichten jedenfalls grundsätzlich möglich sein, die **Aussetzung** einer auf Art. 49 gestützten Übermittlung durchzusetzen. Dies gebieten die Grundrechte auf Schutz der Privat- und Familienlebens sowie auf Schutz personenbezogener Daten (Art. 7, 8 EU-Grundrechtecharta). Der Rechtsprechung des EuGH (EuGH Rs. C-362/14, Tz 43, 58 – Schrems) lässt sich der allgemeine Grundsatz entnehmen, dass Aufsichtsbehörden bei jedweder Übermittlung personenbezogener Daten in ein Drittland befugt und verpflichtet sind, **Beschwerden** betroffener Personen zu überprüfen und dass sie über alle ihre in der DSRL – somit ab 27.5.2018 in der DS-GVO – geregelten Befugnisse verfügen, mithin grundsätzlich auch über die Befugnis zur **Aussetzung** der Übermittlung gem. Art. 58 Abs. 2 lit. j. 64

Es stellt sich die Frage, **unter welchen Voraussetzungen** eine auf Art. 49 gestützte Übermittlung ausgesetzt werden kann oder – aus der Sicht von Gerichten und Aufsichtsbehörden – ggf. sogar muss. Bedauerlicherweise finden sich in der Fachliteratur und -diskussion bislang nur wenig vertiefte Auseinandersetzungen mit dieser Frage. 65

Ein Unterschied zu den in den Art. 45 und 46 Abs. 2 lit. c geregelten Fällen liegt darin, dass bei Art. 49 die Übermittlung nicht auf einen Kommissionsbeschluss und somit nicht auf einen **Sekundärrechtsakt** der Union gestützt wird. Daher stellt sich bei der Aussetzung von Datenübermittlungen nach Art. 49 das Problem der **einheitlichen Anwendung des Gemeinschaftsrechts** 66 nicht im gleichen Maße wie bei Übermittlungen, die auf Art. 45 oder Abs. 46 Abs. 2 lit. c gestützt werden (→ Art. 46 Rn. 83).

67 Für die Beantwortung der Frage nach den Voraussetzungen für die Aussetzung einer Übermittlung ist es hilfreich sich zu vergegenwärtigen, dass sich die in Art. 49 geregelten Ausnahmeerlaubnisse in drei Gruppen einteilen lassen: Bei den in Abs. 1 lit. a, b, c und f (erste Alt.) geregelten Tatbeständen hat die betroffene Person zumindest mittelbar die Übermittlung der Daten **veranlasst** oder daran jedenfalls ein **starkes Interesse**. In den Fällen des Abs. 1 UAbs. 1 lit. d, e und f (zweite Alt.) sowie UAbs. 2 wird die Übermittlung in ein Drittland zugelassen, weil die damit wahrgenommenen Interessen **anderer Personen oder Stellen** für gewichtiger als das Interesse der betroffenen Person bewertet werden. In dem von Abs. 1 UAbs. 1 lit. g geregelten Fall schließlich werden die Daten als weniger schutzwürdig angesehen, weil sie jedenfalls in gewissem Umfang **öffentlich** zugänglich sind.

68 Bei der ersten Fallgruppe – etwa der Übermittlung auf Grundlage einer **Einwilligung** des Betroffenen oder zur Erfüllung eines von ihm eingegangenen Vertrags – würde die Aussetzung der Übermittlung in andere Interessen der betroffenen Person selbst eingreifen. Es ist daher abzuwägen zwischen dem Interesse des Betroffenen an der Übermittlung und seinen Grundrechten und Grundfreiheiten, die durch die Übermittlung gefährdet erscheinen. Dies setzt voraus, dass die im konkreten Einzelfall drohenden **Gefährdungen** so spezifisch und konkret wie möglich abgeschätzt werden.

69 Dem durch Erteilung einer (wirksamen) Einwilligung nach Abs. 1 lit. a **erklärten Willen des Betroffenen**, seine Daten übermitteln zu lassen, muss grundsätzlich **Vorrang** eingeräumt werden, da der Betroffene durch eine wirksam erteilte Einwilligung seine Grundrechte und Grundfreiheiten eigenverantwortlich wahrnimmt. Anders kann dies sein, wenn die Datenübermittlung zu einer Verletzung des Wesensgehalts von Grundrechten führt (zur Wesensgehaltsgarantie EuGH Rs. C-362/14, Tz. 94, 95 – Schrems; Bock/Engeler DVBl 2016, 593 ff.). Insgesamt ist zu wünschen, dass die fachliche Diskussion der schwierigen hier aufgeworfenen Fragen in der Folgezeit vertieft wird.

70 Hingegen ist bei den Ausnahmetatbeständen nach Art. 49 Abs. 1 lit. d, e, f (zweite Alt.) sowie lit. g und UAbs. 2 die Übermittlung nicht vom Betroffenen selbst veranlasst, sondern dient vielmehr primär den **Interessen anderer.** Hier hat somit eine Abwägung zwischen den Grundrechten und Grundfreiheiten des Betroffenen und den Interessen der jeweiligen Dritten stattzufinden. In aller Regel wird dabei den Grundrechten der betroffenen Person der **Vorrang** zukommen. Anders kann es evtl. im Einzelfall bei Abs. 1 lit. f (zweite Alt.) sein, dh wenn die Übermittlung zum Schutz lebenswichtiger Interessen anderer Personen erforderlich ist.

Artikel 50 Internationale Zusammenarbeit zum Schutz personenbezogener Daten

In Bezug auf Drittländer und internationale Organisationen treffen die Kommission und die Aufsichtsbehörden geeignete Maßnahmen zur
a) **Entwicklung von Mechanismen der internationalen Zusammenarbeit, durch die die wirksame Durchsetzung von Rechtsvorschriften zum Schutz personenbezogener Daten erleichtert wird,**
b) **gegenseitigen Leistung internationaler Amtshilfe bei der Durchsetzung von Rechtsvorschriften zum Schutz personenbezogener Daten, unter anderem durch Meldungen, Beschwerdeverweisungen, Amtshilfe bei Untersuchungen und Informationsaustausch, sofern geeignete Garantien für den Schutz personenbezogener Daten und anderer Grundrechte und Grundfreiheiten bestehen,**
c) **Einbindung maßgeblicher Interessenträger in Diskussionen und Tätigkeiten, die zum Ausbau der internationalen Zusammenarbeit bei der Durchsetzung von Rechtsvorschriften zum Schutz personenbezogener Daten dienen,**
d) **Förderung des Austauschs und der Dokumentation von Rechtsvorschriften und Praktiken zum Schutz personenbezogener Daten einschließlich Zuständigkeitskonflikten mit Drittländern.**

Überblick

Art. 50 regelt mehrere Bereiche der internationalen Zusammenarbeit zum Schutz personenbezogener Daten. Ziel aller Maßnahmen internationaler Zusammenarbeit in diesem Bereich ist die wirksame Durchsetzung datenschutzrechtlicher Vorschriften. Die Vorschrift, die keine unmittel-

Internationale Zusammenarbeit z. Schutz personenbezogener Daten **Artikel 50 DS-GVO**

bare Vorläuferregelung in der DSRL von 1995 hat, richtet sich an die Datenschutzaufsichtsbehörden iSv Art. 51 und an die Europäische Kommission. Durchaus bemerkenswert ist, dass die internationale Zusammenarbeit zum Schutz personenbezogener Daten ausdrücklich als Pflichtaufgabe von Europäischer Kommission und Aufsichtsbehörden festgelegt ist. Im Einzelnen regelt das Gesetz vier Bereiche der internationalen Zusammenarbeit, ohne jedoch die einzelnen Instrumente näher zu definieren, die Kommission und Aufsichtsbehörden in diesen Bereichen ergreifen können. Mit der Ausgestaltung als gesetzliche Pflichtaufgabe betont das Gesetz die große praktische Bedeutung der internationalen Zusammenarbeit mit dem Ziel der Rechtsdurchsetzung für einen wirksamen Datenschutz. Letztlich dient die Pflicht zur internationalen Zusammenarbeit dazu, die „strukturellen" Risiken in gewissem Umfang zu kompensieren, die bei jeder Übermittlung personenbezogener Daten in einen Drittstaat – insbesondere in einen Drittstaat ohne angemessenes Datenschutzniveau – für den Schutz der übermittelten personenbezogenen Daten bestehen. Gerade weil in Drittstaaten ohne angemessenes Datenschutzniveau iSv Art. 45 letztlich ungewiss ist, inwieweit ein Schutz personenbezogener Daten durch Rechtsvorschriften gewährleistet wird, ist es wichtig, aktiv mit staatlichen Stellen insbesondere aus diesen Ländern zusammenzuarbeiten, um auf die Durchsetzung von Datenschutzvorschriften hinzuwirken und so doch noch so weit wie möglich effektiven Schutz für personenbezogene Daten zu erreichen, die aus der Europäischen Union in das betreffende Drittland übermittelt wurden. Die internationale Zusammenarbeit dient unmittelbar der Rechtsdurchsetzung im Ausland. Dies kommt insbesondere betroffenen Personen zugute, deren Daten aus dem Geltungsbereich der DS-GVO in ein Drittland übermittelt werden. Sekundärer Effekt einer solchen Zusammenarbeit mag es zwar sein, dass einzelne Drittländer das politische Ziel ausgeben können, ihre Rechtsvorschriften und Rechtspraxis zum Schutz personenbezogener Daten den Anforderungen des europäischen Datenschutzrechts anzunähern. Dieser mögliche indirekte Effekt der Zusammenarbeit ist allerdings kein Regelungsgegenstand der DS-GVO, da es sich insoweit stets um eine politische Entscheidung des jeweiligen Drittlandes handelt. Das Gesetz legt fest, dass die Zusammenarbeit gem. dem Grundsatz der Gegenseitigkeit zu erfolgen hat und dass personenbezogene Daten im Rahmen der Zusammenarbeit durch geeignete Garantien nach Art. 46 geschützt werden müssen.

Übersicht

	Rn.		Rn.
A. Regelungsgehalt und Hintergrund	1	1. Mechanismen der internationalen Zusammenarbeit zur Rechtsdurchsetzung	7
B. Bereiche und Grundsätze der internationalen Zusammenarbeit zur Durchsetzung des Datenschutzrechts	4	2. Internationale Amtshilfe	10
		3. Austausch und Dokumentation von Rechtsvorschriften und Praktiken	15
I. Bereiche internationaler Zusammenarbeit	4	IV. Bestehende und geplante Zusammenarbeitsstrukturen in der Praxis	17
II. Grundsätze der internationalen Zusammenarbeit	6	1. Europarats-Übereinkommen Nr. 108	17
		2. Global Privacy Enforcement Network	20
III. Maßnahmen internationaler Zusammenarbeit	7	3. International Conference of Data Protection & Privacy Commissioners; Spring Conference	23

A. Regelungsgehalt und Hintergrund

Art. 50 enthält Regelungen zur **internationalen Zusammenarbeit** zum Schutz personenbezogener Daten. Adressaten der Regelung sind nach dem eindeutigen Wortlaut gleichermaßen die **Europäische Kommission** und die **Datenschutzaufsichtsbehörden.** Beide werden verpflichtet, bestimmte Maßnahmen der Zusammenarbeit in Bezug auf **Drittländer** und **internationale Organisationen** zu ergreifen, wobei zwischen Aufsichtsbehörden und Kommission kein Vorrangverhältnis bestimmt und auch nicht in sonstiger Weise differenziert wird. Damit sind sowohl Aufsichtsbehörden als auch Europäische Kommission dafür zuständig, die in Art. 50 beschriebenen Aktivitäten zu entfalten. Art. 50 befasst sich nur mit der internationalen Zusammenarbeit mit Drittländern und internationalen Organisationen. Im Gegensatz dazu wird die Zusammenarbeit zwischen den Aufsichtsbehörden der EU durch Kap. 7 der DS-GVO geregelt (Kühling/Buchner/Schröder Rn. 5). 1

Hintergrund der Regelung in Art. 50 sind die durch jede Übermittlung personenbezogener Daten aus der Europäischen Union in ein Drittland bewirkte **Erhöhung der Risiken** für die Grundrechte und Grundfreiheiten betroffener Personen, deren Schutz die DS-GVO gem. Art. 1 2

DS-GVO Artikel 50   Kapitel V. Übermittlung personenbezogener Daten an Drittländer

Abs. 2 bezweckt. Erwägungsgrund 116 erinnert daran, dass betroffene Personen, nachdem ihre Daten in ein Drittland übermittelt wurden, möglicherweise nicht mehr über dieselben Rechte wie innerhalb der Europäischen Union verfügen, und dass den europäischen Datenschutzaufsichtsbehörden außerhalb der Union keine Befugnisse zustehen, sie mithin Beschwerden in Drittländern grundsätzlich nicht nachgehen und dort keine Überprüfungen vornehmen können. Sofern sich Aufsichtsbehörden um Zusammenarbeit mit Drittländern bemühen, sind solchen Bemühungen häufig Grenzen gesetzt durch Faktoren wie etwa Ressourcenknappheit, unzureichende behördliche Befugnisse bei etwaigen „Partnerbehörden" und/oder inkohärente Rechtsvorschriften im Drittland (Erwägungsgrund 116). Somit ist sich der Gesetzgeber bewusst, dass eine Vielzahl von Unwägbarkeiten dazu führt, dass bei Übermittlungen in Drittländer in so gut wie allen Fällen mehr oder weniger große (Rest-)Risiken für die Grundrechte und Grundfreiheiten der Betroffenen bestehen.

3   Durch die Regelungen in Art. 50 soll nach dem erklärten Willen des Gesetzgebers **dieser spezifischen Problemlage entgegengewirkt** werden, indem die Zusammenarbeit mit Aufsichtsbehörden aus Drittländern sowie internationalen Organisationen gefördert wird (Erwägungsgrund 116).

B. Bereiche und Grundsätze der internationalen Zusammenarbeit zur Durchsetzung des Datenschutzrechts

I. Bereiche internationaler Zusammenarbeit

4   Das Gesetz umschreibt vier Bereiche internationaler Zusammenarbeit zum Schutz personenbezogener Daten:
- Entwicklung von Mechanismen der internationalen Zusammenarbeit, durch die die Durchsetzung datenschutzrechtlicher Vorschriften erleichtert wird (Art. 50 lit. a);
- gegenseitige internationale Amtshilfe zur Durchsetzung datenschutzrechtlicher Vorschriften, ua durch Meldungen, Verweisung von Beschwerden, Amtshilfe bei Untersuchungen und Informationsaustausch; dies steht unter dem Vorbehalt, dass geeignete Garantien zum Schutz personenbezogener Daten und andere Grundrechte und Grundfreiheiten vorliegen (Art. 50 lit. b);
- Einbindung maßgeblicher Interessenträger in Diskussionen und Tätigkeiten, die dem Ausbau der internationalen Zusammenarbeit zur Rechtsdurchsetzung dienen (Art. 50 lit. c);
- Förderung des Austauschs und der Dokumentation von Rechtsvorschriften und Praktiken zum Datenschutz einschl. Zuständigkeitskonflikten mit Drittländern (Art. 50 lit. d).

5   Die Europäische Kommission und die Datenschutzaufsichtsbehörden werden somit verpflichtet, in den vier Bereichen (→ Rn. 4) tätig zu werden, sodass es sich insoweit um **gesetzliche Pflichtaufgaben** handelt. Hinsichtlich der konkreten **Maßnahmen,** die in den vier Bereichen ergriffen werden können, macht das Gesetz keine näheren Vorgaben. Diesbezüglich haben Kommission und Aufsichtsbehörden daher einen Spielraum, den sie nach Gesichtspunkten der Erforderlichkeit und Effektivität nutzen können. Die Maßnahmen müssen jedoch nach dem Gesetzeswortlaut für einen oder mehrere der og vier Zwecke (→ Rn. 4) jedenfalls geeignet sein.

II. Grundsätze der internationalen Zusammenarbeit

6   Für alle Formen und Maßnahmen der Zusammenarbeit mit Behörden in Drittländern und mit internationalen Organisationen gilt gem. Erwägungsgrund 116 zum einen der **Grundsatz der Gegenseitigkeit,** zum anderen hat die Zusammenarbeit „gemäß dieser Verordnung" stattzufinden. Mit letztgenannter Voraussetzung ist klargestellt, dass Kommission und Aufsichtsbehörden auch im Rahmen der internationalen Zusammenarbeit personenbezogene Daten nur streng **nach den Maßgaben der DS-GVO** verarbeiten (insbesondere übermitteln) dürfen. Letzteres spielt insbesondere bei der internationalen Amtshilfe nach Art. 50 lit. b eine Rolle, wonach bei einer Verarbeitung personenbezogener Daten im Rahmen der Amtshilfe **geeignete Garantien** zum Schutz personenbezogener Daten geleistet werden müssen. Dies wird vor dem Hintergrund verständlich, dass Amtshilfeersuchen häufig konkrete Sachverhalte mit Bezug auf betroffene Personen iSv Art. 4 Nr. 1 zum Gegenstand haben und somit unter Umständen eine Übermittlung personenbezogener Daten insbesondere an Behörden in Drittländer erforderlich werden kann (→ Rn. 13).

III. Maßnahmen internationaler Zusammenarbeit

1. Mechanismen der internationalen Zusammenarbeit zur Rechtsdurchsetzung

Kommission und Aufsichtsbehörden sind verpflichtet, **Mechanismen der internationalen Zusammenarbeit** zur Erleichterung der **wirksamen Durchsetzung** datenschutzrechtlicher Vorschriften zu entwickeln. Zweck dieser Verpflichtung ist es, dass diese Mechanismen anschließend zur internationalen Rechtsdurchsetzung genutzt werden können. Die Art der zu entwickelnden „Mechanismen" ist im Gesetz nicht näher beschrieben, allerdings müssen die Maßnahmen dezidiert auf den Zweck ausgerichtet sein, die Durchsetzung datenschutzrechtlicher Vorschriften effektiv zu erleichtern. 7

Eine effektive Rechtsdurchsetzung ist ein **Kernelement** des europäischen Datenschutzrechts. Für den Geltungsbereich der DS-GVO wird diesem Erfordernis unter anderem durch die Pflicht zur Errichtung unabhängiger Datenschutzaufsichtsbehörden (Art. 51 Abs. 1) Rechnung getragen, die über eine Reihe von Befugnissen zur Rechtsdurchsetzung verfügen müssen (Art. 58). Die Überwachung der Vorschriften zum Schutz personenbezogener Daten durch eine unabhängige Stelle ist auch in Art. 8 Abs. 3 EU-Grundrechtecharta explizit vorgesehen. Bei den zu entwickelnden internationalen Mechanismen zur Rechtsdurchsetzung ist daher insbesondere an die Rechtsdurchsetzung durch **Behörden** von Drittländern zu denken. Hierbei kann es sich um Behörden handeln, die spezifisch für die Durchsetzung datenschutzrechtlicher Vorschriften zuständig sind, es kommen aber auch Behörden in Betracht, die einen breiteren Aufgabenbereich haben, sofern dazu auch die Durchsetzung von Vorschriften gehört, die datenschutzrechtlichen Charakter haben. 8

Neben der Rechtsdurchsetzung durch Aufsichtsbehörden kommt insoweit auch die Inanspruchnahme von **Gerichten** in Betracht. Für die Europäische Kommission und die Datenschutzaufsichtsbehörden als Adressaten der Regelung gem. Art. 50 lit. a dürfte es zwar möglicherweise näherliegen, an der Entwicklung von Mechanismen der **Zusammenarbeit mit Aufsichtsbehörden** mitzuwirken als an Mechanismen der Zusammenarbeit zur Durchsetzung von Datenschutzrechten vor **Gericht** in Drittländern. Art. 50 lit. a umfasst jedoch seinem Wortlaut nach auch letzteres, sodass sich Kommission und Aufsichtsbehörden auch dahingehend engagieren können, dass betroffenen Personen die Möglichkeit eingeräumt wird, Datenschutzrechte (etwa auf Auskunft, Berichtigung, Löschung, Schadensersatz) vor ausländischen Gerichten geltend zu machen. 9

2. Internationale Amtshilfe

Kommission und Aufsichtsbehörden müssen gem. Art. 50 lit. b Maßnahmen zur gegenseitigen Leistung internationaler **Amtshilfe** bei der Durchsetzung datenschutzrechtlicher Vorschriften ergreifen. Als Akte von Amtshilfe zählt das Gesetz in nicht abschließender Weise Meldungen, Verweisungen von Beschwerden, Amtshilfe bei Untersuchungen sowie Informationsaustausch. 10

Die Vorschrift greift Aussagen der **OECD-Empfehlung** zur grenzüberschreitenden Zusammenarbeit zur Durchsetzung des Datenschutzrechts v. 12.6.2007 auf. Darin wurde den Teilnehmerstaaten empfohlen, ihre für die Datenschutzaufsicht zuständigen Behörden zur Zusammenarbeit mit den Datenschutzaufsichtsbehörden anderer Staaten zu befähigen, insbesondere durch **Austausch von Informationen** und Unterstützung bei der **Beschaffung von Informationen** (Nr. 12 der OECD-Empfehlung v. 12.6.2007), mithin dazu, internationale Amtshilfe zu leisten. Den Teilnehmerstaaten wurde ferner empfohlen, bilaterale oder mehrseitige Vereinbarungen zur Durchsetzung des Datenschutzrechts abzuschließen. 11

Kommission und Aufsichtsbehörden werden mithin zur internationalen Amtshilfeleistung verpflichtet. Die rechtlichen Instrumente, auf deren Basis Amtshilfe geleistet wird, werden in Art. 50 nicht explizit genannt. Soweit im Rahmen der Amtshilfe personenbezogene Daten in Drittländer, etwa an dortige Behörden, übermittelt werden, sind jedenfalls die Anforderungen des Kap. 5 der DS-GVO einzuhalten. Als Übermittlungsinstrumente in Betracht kommen etwa Verwaltungsvereinbarungen zwischen Aufsichtsbehörden der Mitgliedstaaten und Aufsichtsbehörden anderer Staaten iSv Art. 46 Abs. 3 lit. b oder aber rechtlich bindende und durchsetzbare Dokumente iSv Art. 46 Abs. 2 lit. a (→ Rn. 13). 12

Soweit es im Rahmen der Amtshilfe erforderlich ist, auch personenbezogene Daten auszutauschen, wird die Amtshilfeleistung vom Gesetz ausdrücklich an die Bedingung geknüpft, dass geeignete Garantien für den Schutz personenbezogener Daten und der Grundrechte und Grundfreiheiten bestehen. Es muss davon ausgegangen werden, dass der Begriff der geeigneten Garantien in Art. 50 lit. b dieselbe Bedeutung hat wie in Art. 46. Man wird daher den Begriff so verstehen müssen, dass bei der Leistung von Amtshilfe geeignete Garantien iSv Art. 46 erbracht werden müssen, sofern personenbezogene Daten etwa eines Beschwerdeführers in ein Drittland (zB an eine 13 dortige für den Datenschutz zuständige Behörde) übermittelt werden sollen. Geeignete Garantien können etwa in Form eines rechtlich bindenden und durchsetzbaren Dokuments iSv Art. 46 Abs. 2 lit. a erbracht werden, etwa in Gestalt eines völkerrechtlichen Abkommens (→ Art. 46 Rn. 21). Fraglich ist, ob alternativ dazu etwa Bestimmungen in einer zwischen den beteiligten Behörden abgeschlossenen Verwaltungsvereinbarung iSv Art. 46 Abs. 3 lit. b, etwa in Form eines Memorandum of Understanding, als geeignete Garantien in Betracht kommen. In diesem Fall wäre für die Datenübermittlung nach dem Wortlaut von Art. 46 Abs. 3 die Genehmigung der Datenschutzaufsichtsbehörde erforderlich, was zu der auf den ersten Blick paradoxen Situation führen würde, dass die Datenschutzaufsichtsbehörde ihre eigene Datenübermittlung genehmigen müsste. Sofern allerdings die für das Genehmigungsverfahren zuständige Organisationseinheit von den übrigen Bereichen der Aufsichtsbehörde organisatorisch hinreichend getrennt ist und bei der Prüfung der Genehmigung unabhängig agieren kann, dürfte ein Vorgehen nach Art. 46 Abs. 3 lit. b möglich sein. Eine Reihe von Datenschutzaufsichtsbehörden von EU-Mitgliedstaaten haben zwar unter der Geltung der DSRL bereits Memoranda of Understanding zur Zusammenarbeit mit Aufsichtsbehörden von Drittstaaten abgeschlossen (siehe zB das auf der Website der U.S. Federal Trade Commission (U.S. FTC) veröffentlichte Memoranda of Understanding zwischen der U.S. FTC und der irischen Datenschutzbehörde (https://www.ftc.gov/news-events/press-releases/2013/06/ftc-signs-memorandum-understanding-irish-privacy-enforcement) oder das von der niederländischen Aufsichtsbehörde abgeschlossene Memoranda of Understanding mit der U.S. FTC aus dem Jahr 2015 (https://autoriteitpersoonsgegevens.nl/sites/default/files/atoms/files/mou_-_ftc-cbp_proposal_-_signing_location.pdf). Ob solche Vereinbarungen aus der Zeit der Geltung der DSRL allerdings auch die Anforderungen der DS-GVO an geeignete Garantien (Art. 46 Abs. 3 lit. b) erfüllen, dürfte fraglich sein. Den (ersten) Maßstab für die inhaltlichen Anforderungen an geeignete Garantien iSv Art. 46 Abs. 3 lit. b aus der Sicht der Aufsichtsbehörden hat der EDSA jedenfalls im Rahmen seiner Stellungnahme 4/2019 vom 12.2.2019 zu dem Entwurf einer Verwaltungsvereinbarung über die Übermittlung personenbezogener Daten zwischen Finanzaufsichtsbehörden im Europäischen Wirtschaftsraum (EWR) und Finanzaufsichtsbehörden außerhalb des EWR gesetzt (→ Art. 46 Rn. 60). Neben rechtlich verbindlichen Dokumenten iSv Art. 46 Abs. 2 lit. a sowie Verwaltungsvereinbarungen iSv Art. 46 Abs. 3 lit. b kommt als weitere Möglichkeit auch die Übermittlung auf Grundlage einer Angemessenheitsentscheidung der Kommission gem. Art. 45 in Betracht, selbst wenn Art. 50 lit. b dieses Instrument nicht ausdrücklich neben den geeigneten Garantien (iSv Art. 46) nennt. Allerdings kommen nur Angemessenheitsentscheidungen in Betracht, die gerade auch die Übermittlung zwischen Behörden umfassen. Ob die bislang existierenden Angemessenheitsentscheidungen solche Übermittlungen umfassen, ist im Einzelfall zu prüfen. Für den EU-U.S. Privacy Shield etwa ist dies jedenfalls nicht der Fall, da dieser nur Übermittlungen an entsprechend „zertifizierte" US-Unternehmen abdeckt (vgl. Kühling/Buchner/Schröder Art. 45 Rn. 41). 3. Einbindung von Interessenträgern

14 Datenschutzaufsichtsbehörden und Europäische Kommission müssen **maßgebliche Interessenträger** in Diskussionen und Tätigkeiten einbinden, die zum Ausbau der internationalen Zusammenarbeit bei der Durchsetzung datenschutzrechtlicher Vorschriften dienen (Art. 50 lit. c). Aus dem sehr offenen Gesetzeswortlaut wird nicht unmittelbar ersichtlich, um welche Art von Stellen es sich bei solchen Interessenträgern handeln kann. Die Vorschrift wird besser verständlich, wenn zum Vergleich die **OECD-Empfehlung v. 12.6.2007** betrachtet wird (Paal/Pauly/Pauly Rn. 5). Dort wird unter Nr. 21 die Einrichtung eines informellen Netzwerks aus Datenschutzaufsichtsbehörden und anderen „geeigneten Interessenträgern" angesprochen, das dazu dienen soll, die praktischen Aspekte der Zusammenarbeit zur Durchsetzung des Datenschutzrechts zu diskutieren, „best practices" zu den speziellen Herausforderungen grenzüberschreitender Fälle zu teilen, gemeinsame Prioritäten bei der Rechtsdurchsetzung zu definieren, Initiativen zur gemeinsamen Rechtsdurchsetzung und Sensibilisierungskampagnen zu unterstützen. Es geht mithin um den Austausch mit Akteuren, die sinnvolle Beiträge zur Verbesserung der grenzüberschreitenden Durchsetzung des Datenschutzrechts leisten können. Dies können etwa andere **staatliche Stellen** sein (zB Strafverfolgungs- oder Gefahrenabwehrbehörden), aber auch Akteure aus dem **privaten Sektor** wie zB Verbände, da diese durch (zB Verbands-)Regelwerke unter Umständen Absprachen mit zumindest einer gewissen faktischen Verbindlichkeit zu treffen in der Lage sind, die die grenzüberschreitende Durchsetzung des Datenschutzes fördern können.

3. Austausch und Dokumentation von Rechtsvorschriften und Praktiken

15 Schließlich haben Europäische Kommission und Aufsichtsbehörden die Aufgabe, den **Austausch und die Dokumentation von Rechtsvorschriften und Praktiken zum Datenschutz**

Internationale Zusammenarbeit z. Schutz personenbezogener Daten **Artikel 50 DS-GVO**

einschließlich der Dokumentation etwaiger **Zuständigkeitskonflikte** mit Drittländern zu fördern (Art. 5 lit. d). Auch diese Aufgabe ist bereits, zumindest partiell, in der og OECD-Empfehlung v. 12.6.2007 angesprochen. Unter Nr. 19 jener Empfehlung heißt es, dass die im jeweiligen Staat geltenden Rechtsvorschriften zum Schutz personenbezogener Daten den anderen teilnehmenden Staaten zur Verfügung gestellt werden sollten. Art. 50 lit. d betont nunmehr neben dem Austausch und der Dokumentation von Rechtsvorschriften auch die Notwendigkeit, Informationen über die Praktiken im Bereich des Datenschutzes zu dokumentieren und auszutauschen. Dies ist ein Hinweis darauf, dass es in der Praxis neben dem „reinen" Wortlaut datenschutzrechtlicher Vorschriften maßgeblich auf deren **Interpretation und praktische Anwendung** ankommt, und der Informationsaustausch daher auch diese Aspekte behandeln muss.

Vom Gesetz gesondert angesprochen werden **Zuständigkeitskonflikte.** Solche Konflikte können für die Effektivität der grenzüberschreitenden Rechtsdurchsetzung erhebliche Relevanz haben. Daher verpflichtet die Vorschrift Aufsichtsbehörden und Kommission dazu, etwaigen Zuständigkeitskonflikten besondere Beachtung zu schenken. Dies bedeutet, dass bei der grenzüberschreitenden Zusammenarbeit stets auch **gezielt** der Frage nachgegangen werden muss, ob Zuständigkeitskonflikte bestehen könnten, die einer effektiven grenzüberschreitenden Durchsetzung des Datenschutzes entgegenstehen. 16

IV. Bestehende und geplante Zusammenarbeitsstrukturen in der Praxis

1. Europarats-Übereinkommen Nr. 108

In der Praxis existieren seit mehreren Jahrzehnten Strukturen der internationalen Zusammenarbeit zum Schutz personenbezogener Daten, an denen auch Datenschutzaufsichtsbehörden der Mitgliedstaaten mitwirken. Zu nennen ist allen voran das **Europarats-Übereinkommen Nr. 108** zum Schutz des Menschen bei der automatischen Verarbeitung personenbezogener Daten v. 28.1.1981 einschließlich des Zusatzprotokolls v. 8.11.2001. Das Übereinkommen samt Zusatzprotokoll ist ein völkerrechtlicher Vertrag und steht auch Staaten offen, die nicht Mitglieder des Europarats sind. Es ist inzwischen von 50 Staaten unterzeichnet worden, darunter auch von allen Mitgliedstaaten der Europäischen Union. Das Übereinkommen ist das einzige **rechtsverbindliche** internationale Mehr-Parteien-Instrument zum Schutz personenbezogener Daten (vgl. Kommissionsmitteilung COM(2017) 7 final v. 10.1.2017 – „Exchanging and Protecting Personal Data in a Globalised World"). Im Jahr 2018 haben mehrere Mitgliedstaaten des Europarates ein Änderungsprotokoll zur Aktualisierung des Übereinkommens Nr. 108 unterzeichnet, das eine Reihe von Verbesserungen beim Schutzniveau beinhaltet. Zum Inkrafttreten ist jedoch noch die Ratifizierung durch alle Konventionsstaaten erforderlich. 17

Das Europarats-Übereinkommen Nr. 108 verpflichtet die Unterzeichnerstaaten auf **grundlegende Garantien** bei der automatisierten Verarbeitung personenbezogener Daten, darunter auf die Grundsätze der Rechtmäßigkeit, Zweckbindung, Erforderlichkeit und Verhältnismäßigkeit, Datenqualität und Datensicherheit bei der automatisierten Verarbeitung personenbezogener Daten. Daneben regelt es unter anderem Einschränkungen bei der Verarbeitung besonders sensibler personenbezogener Daten, Rechte der Betroffenen auf Auskunft, Berichtigung, Löschung und auf einen Rechtsbehelf zur Durchsetzung dieser Rechte, sowie Beschränkungen bei grenzüberschreitenden Datenübermittlungen. Art. 13 Nr. 3 lit. b des Übereinkommens verpflichtet die Vertragsstaaten zur **Amtshilfe** für Behörden der anderen Vertragsstaaten sowie zur Unterstützung betroffener Personen aus dem Ausland bei der Ausübung ihrer Rechte. Die Pflicht zur Amtshilfe umfasst auch **Vor-Ort-Überprüfungen** (Nr. 74 des erläuternden Berichts zum Übereinkommen, https://rm.coe.int/CoERMPublicCommonSearchServices/DisplayDCTMContent?documentId=09000016800ca434). Des Weiteren werden die Vertragsstaaten verpflichtet, eine oder mehrere Behörden festzulegen, die den anderen Vertragsstaaten bei Bedarf **Auskünfte** über Recht und Verwaltungspraxis im Bereich des Datenschutzes in dem betreffenden Staat erteilen (Art. 13 Nr. 2 lit. a und 3 des Übereinkommens). 18

Damit regelt das Europarats-Übereinkommen Nr. 108 grundlegende Pflichten zur **Zusammenarbeit** mit den Behörden der anderen Vertragsstaaten bei der Durchsetzung datenschutzrechtlicher Vorschriften. Insbesondere schafft es Verpflichtungen, die den in Art. 50 lit. b und lit. d geregelten Aufgaben (→ Rn. 10 ff.; → Rn. 15 f.) entsprechen, sodass die Datenschutzaufsichtsbehörden der EU-Mitgliedstaaten bereits infolge der Unterzeichnung des Übereinkommens durch den jeweiligen Mitgliedstaat verpflichtet sind, Aufgaben zu erfüllen, die unter Art. 50 lit. b und lit. d gefasst werden können. Dies ist jedenfalls dann der Fall, wenn die Datenschutzaufsichtsbehör- 19 den in ihrem Mitgliedstaat als zuständige Behörden iSv Art. 13 des Übereinkommens bestimmt worden sind (wovon wohl grundsätzlich ausgegangen werden kann).

2. Global Privacy Enforcement Network

20   Ein weiteres bestehendes Instrument internationaler Zusammenarbeit unter Datenschutzaufsichtsbehörden ist das sog. **Global Privacy Enforcement Network (GPEN).** Hierbei handelt es sich um ein Netzwerk, das der grenzüberschreitenden Durchsetzung datenschutzrechtlicher Vorschriften dient. Aktivitäten in diesem Netzwerk können damit grundsätzlich zugleich Aktivitäten zur Leistung internationaler Amtshilfe iSvArt. 50 lit. b darstellen. Das GPEN wurde im Jahr 2010 von der **OECD** ins Leben gerufen und beruht auf einer Empfehlung der OECD zur grenzüberschreitenden Zusammenarbeit zur Durchsetzung des Datenschutzrechts v. 12.6.2007. Inzwischen wirken Aufsichtsbehörden aus **über 40 Staaten** (OECD-Mitgliedstaaten sowie Nicht-Mitglieder) an diesem Netzwerk mit (https://privacyenforcement.net/), darunter auch Datenschutzaufsichtsbehörden aus den meisten EU-Mitgliedstaaten. Anders als das Europarats-Übereinkommen Nr. 108 begründet das GPEN allerdings keine rechtsverbindlichen Verpflichtungen der teilnehmenden Behörden, sondern hat **freiwilligen Charakter.**

21   Die Europäische Kommission hat in ihrer og **Mitteilung COM(2017) 7 final v. 10.1.2017** angekündigt, von ihrer in Art. 50 geregelten Befugnis in mehrerlei Hinsicht Gebrauch machen zu wollen. Danach sei zum einen der Beitritt der Europäischen Union zu solchen zum Europarats-Übereinkommen Nr. 108 einschl. Zusatzprotokoll beabsichtigt. Zum anderen will sich die Kommission dafür einsetzen, dass weitere Staaten dem Übereinkommen beitreten und sich damit auf die darin geregelten Datenschutzgrundsätze und die internationale Zusammenarbeit zu deren Durchsetzung verpflichten. Ferner will die Kommission in eine Zusammenarbeit mit dem **UN-Sonderberichterstatter für das Recht auf Privatleben** einzutreten. Bei letztgenanntem handelt es sich um eine neu geschaffene Funktion bei den Vereinten Nationen. Des Weiteren soll die Zusammenarbeit zum Schutz personenbezogener Daten zwischen der Europäischen Union und der **Asia Pacific Economic Cooperation (APEC)** ausgebaut werden. Dabei verfolgte die Kommission jedenfalls zum damaligen Zeitpunkt ausweislich ihrer vorgenannten Mitteilung augenscheinlich das Ziel, Konvergenz zwischen dem im Unionsrecht seit langem anerkannten und nunmehr in Art. 47 ausdrücklich geregelten Instrument der verbindlichen internen Datenschutzvorschriften (BCR) und den sog. **Cross-Border Privacy Rules (CBPR)** – einem von der APEC etablierten Datenschutzinstrument – herzustellen, namentlich hinsichtlich der Datenschutzstandards und der Antragsverfahren.

22   Im Bereich der Verstärkung der Zusammenarbeit zur Rechtsdurchsetzung gem. Art. 50 lit. b hat die Kommission in ihrer Mitteilung v. 10.1.2017 allgemein das Ziel formuliert, die Zusammenarbeit mit Datenschutz- und anderen Aufsichtsbehörden in Drittstaaten zu vertiefen. Zu diesem Zweck soll insbesondere das bereits erwähnte Global Privacy Enforcement Network (GPEN) genutzt werden. Konkret möchte die Kommission insbesondere Möglichkeiten prüfen, **Vereinbarungen zur gegenseitigen (Amts-)Hilfe** unter Datenschutzaufsichtsbehörden zum Zwecke der **Rechtsdurchsetzung** zu etablieren. Dabei solle die Möglichkeit geprüft werden, zu diesem Zweck ein **Rahmenabkommen** abzuschließen. Die Kommission weist hinsichtlich dieser Vorhaben ausdrücklich auf ihre in Art. 50 geregelte Zuständigkeit für derartige Aktivitäten hin (COM(2017) 7 final v. 10.1.2017, 12–13).

3. International Conference of Data Protection & Privacy Commissioners; Spring Conference

23   Seit 1979 treffen sich Datenschutzaufsichtsbehörden aus der ganzen Welt unter dem Dach der „**International Conference of Data Protection & Privacy Commissioners**" (International Conference); https://icdppc.org/). Sie hat aktuell 122 Mitglieder und veröffentlicht gemeinsame Resolutionen wie etwa zu globaler Zusammenarbeit der Aufsichtsbehörden bei der Durchsetzung von Datenschutzrechten. Sie hat unter anderem das **Global Cross Border Enforcement Cooperation Arrangement** initiiert, dass die grenzüberschreitende Zusammenarbeit der Datenschutz-Aufsichtsbehörden erleichtern soll (https://icdppc.org/participation-in-the-conference/global-cross-border-enforcement-cooperation-arrangement-list-of-participants/).

24   Die Datenschutzaufsichtsbehörden der EU-Mitgliedsstaaten und des Europarates haben mit der Frühjahrskonferenz (**Spring Conference**) ein ähnliches Format geschaffen. Diese hat sich in der Vergangenheit schwerpunktmäßig mit Themen der polizeilichen und justiziellen Zusammenarbeit beschäftigt und hat sich zB auch zum Europarats-Übereinkommen Nr. 108 geäußert (https://secure.edps.europa.eu/EDPSWEB/edps/Cooperation/Eurconference).

Kapitel VI. Unabhängige Aufsichtsbehörden

Abschnitt 1. Unabhängigkeit

Artikel 51 Aufsichtsbehörde

(1) Jeder Mitgliedstaat sieht vor, dass eine oder mehrere unabhängige Behörden für die Überwachung der Anwendung dieser Verordnung zuständig sind, damit die Grundrechte und Grundfreiheiten natürlicher Personen bei der Verarbeitung geschützt werden und der freie Verkehr personenbezogener Daten in der Union erleichtert wird (im Folgenden „Aufsichtsbehörde").

(2) ¹Jede Aufsichtsbehörde leistet einen Beitrag zur einheitlichen Anwendung dieser Verordnung in der gesamten Union. ²Zu diesem Zweck arbeiten die Aufsichtsbehörden untereinander sowie mit der Kommission gemäß Kapitel VII zusammen.

(3) Gibt es in einem Mitgliedstaat mehr als eine Aufsichtsbehörde, so bestimmt dieser Mitgliedstaat die Aufsichtsbehörde, die diese Behörden im Ausschuss vertritt, und führt ein Verfahren ein, mit dem sichergestellt wird, dass die anderen Behörden die Regeln für das Kohärenzverfahren nach Artikel 63 einhalten.

(4) Jeder Mitgliedstaat teilt der Kommission bis spätestens 25. Mai 2018 die Rechtsvorschriften, die er aufgrund dieses Kapitels erlässt, sowie unverzüglich alle folgenden Änderungen dieser Vorschriften mit.

Überblick

Art. 51 ist die einleitende Grundsatznorm für das gesamte Kap. VI der DS-GVO (→ Rn. 1). Das Kap. VI bedeutet einen nicht unerheblichen Eingriff in die Organisationsautonomie der Mitgliedstaaten, wobei sich die Art. 51–54 durch diverse Regelungsaufträge auszeichnen, die diesem Abschnitt eine begrenzt richtlinienartige Struktur verleihen (→ Rn. 4), was sich auch in der Notifizierungspflicht gem. Abs. 4 widerspiegelt (→ Rn. 10). Art. 51 Abs. 1 normiert eine Errichtungs- und Bestandsgarantie für unabhängige Aufsichtsbehörden der Mitgliedstaaten (→ Rn. 5). Daneben enthält dieser Absatz eine bipolare Zweckbestimmung der Aufsichtsbehörden, wobei aus der Gesamtverordnung ein nicht unproblematischer institutioneller Bias zugunsten von Datenschutzbelangen und zu Lasten der unter Umständen gegenläufigen Belange des freien Datenverkehrs nahegelegt wird (→ Rn. 6 f.). Art. 51 Abs. 2 und 3 ergänzen die Regelungen von Kap. VII über die europäische Zusammenarbeit der nationalen Aufsichtsbehörden (→ Rn. 7 f.).

A. Allgemeines

I. Normzweck und systematische Vorüberlegungen

Art. 51 ist die Grundsatznorm für beide Abschnitte des Kap. VI der DS-GVO. Dieses **1** Kapitel regelt die unabhängigen Aufsichtsbehörden auf der Ebene der Mitgliedstaaten. Dabei behandelt der Abschn. 1 mit der Unabhängigkeit der Aufsichtsbehörden ein bereits in den Art. 16 Abs. 2 S. 2 AEUV und Art. 8 Abs. 3 GRCh prominent verankertes organisatorisches Charakteristikum der Datenschutzaufsichtsbehörden (→ Art. 52 Rn. 6 ff.). Abschn. 2 legt Zuständigkeiten, Aufgaben und Befugnissen der Aufsichtsbehörden fest (→ Art. 55 Rn. 1 ff.). Wie bereits der ausdrückliche Verweis in Abs. 2 S. 2 zeigt, steht das Kapitel VI in einem sehr engen Verhältnis zum Kap. VII, das bei grenzüberschreitenden Sachverhalten die Zusammenarbeit der federführenden Aufsichtsbehörde (Art. 56) mit den anderen betroffenen mitgliedstaatlichen Aufsichtsbehörden sowie die einheitliche Anwendung der DS-GVO durch ein Kohärenzverfahren und die Errichtung eines europäischen Datenschutzausschusses absichert (→ Art. 60 Rn. 1 ff.).

II. Normgenese und Änderungen gegenüber der DSRL

Während die Zuständigkeitsverteilung zwischen verschiedenen mitgliedstaatlichen Aufsichtsbe- **2** hörden bei grenzüberschreitenden Sachverhalten, das Kohärenzverfahren und die Errichtung des europäischen Datenschutzausschusses **im Gesetzgebungsverfahren** ausgesprochen kontrovers diskutiert wurden (hierzu mwN Nguyen ZD 2015, 265 (265)), **war Abschn. 1 des Kap. VI nur in vergleichsweise geringem Umfang umstritten** und wurde nur im Detail ergänzt. Begründet wird dies mit primärrechtlichen Vorgaben in Art. 16 AEUV und Art. 8 Abs. 3 GRCh sowie der einschlägigen EuGH-Rechtsprechung seit dem Jahr 2010 (Nguyen ZD 2015, 265 (266)). Selbstverständlich ist dies angesichts der Ausgestaltungsbedürftigkeit der sehr offenen primärrechtlichen Vorgaben und der Legitimationsproblematik der unabhängigen Datenschutzaufsicht (→ Art. 52 Rn. 14, Rn. 20) allerdings nicht. In Art. 51 Abs. 1 wurden im Vergleich zur DSRL und trotz abweichender Vorstellungen im Parlament und im Rat die Zwecke der mitgliedstaatlichen Datenschutzaufsicht verdeutlicht (→ Rn. 6) sowie in Abs. 2 S. 2 auf Vorschlag des Rates ein Verweis auf das Kap. VII über die aufsichtsbehördliche Zusammenarbeit eingefügt (→ Rn. 8; zu weiteren Änderungen und Diskussionen im Gesetzgebungsverfahren bei anderen Normen des Abschn. 1 → Art. 52 Rn. 4.1 f.; → Art. 53 Rn. 3; → Art. 54 Rn. 1).

3 Schon der Umfang der Regelungen des Abschn. 1 und erst recht des gesamten Kapitels VI verdeutlicht die starke Ausdifferenzierung und größere Verbindlichkeit der unionsrechtlichen Vorgaben für die Organisation der mitgliedstaatlichen Aufsichtsbehörden im **Vergleich zur DSRL**, die sich in Art. 28 auf wenige und teilweise sogar nur optionale Strukturvorgaben etwa zu den Aufsichtsbefugnissen beschränkte (→ BDSG EUDatenschutzrichtlinie Rn. 136 ff.). Die Vorgabe der zwingenden Errichtung und völligen Unabhängigkeit mitgliedstaatlicher Aufsichtsbehörden fand sich im Grundsatz gleichlautend in Art. 28 Abs. 1 DSRL, wird aber durch die Art. 51–54 ungeachtet der Regelungsaufträge an die Mitgliedstaaten (→ Rn. 4) weit genauer ausgestaltet. Dabei ist der Einfluss der Rechtsprechung des EuGH zur unzureichenden Sicherstellung der Unabhängigkeit in verschiedenen Mitgliedstaaten unter Einschluss Deutschlands aus den Jahren seit 2010 deutlich erkennbar (→ Art. 52 Rn. 4, Rn. 14 f., Rn. 17) (→ Rn. 3.1).

3.1 Die deutsche Fassung der DS-GVO verwendet erfreulicherweise den terminologisch präzisen Begriff der „Aufsichtsbehörde". Die deutsche Fassung von Art. 28 DSRL nutzte noch die weniger klaren Begriffe der „Kontrollstelle" bzw. „öffentlichen Stelle". Andere Sprachfassungen hatten insoweit keinen Klarstellungsbedarf.

B. Die Pflicht zur Errichtung von Aufsichtsbehörden und die mitgliedstaatliche Organisationsautonomie

4 Die Vorgaben aus Kap. VI bedeuten prinzipiell einen erheblichen **Eingriff in die Organisationsautonomie der Mitgliedstaaten** (→ Rn. 4.1 f.). Gemildert wird dieser Eingriff partiell dadurch, dass die Errichtung von Datenschutzaufsichtsbehörden schon vor dem Erlass der DSRL in vielen Mitgliedstaaten erfolgte und heute weltweit zum Grundbestand der Datenschutzgesetzgebung gehört (Marsch, Das europäische Datenschutzgrundrecht, 2018, 238). Ferner enthält das Kapitel eine Reihe von **Regelungsaufträgen an die Mitgliedstaaten,** was vor allem auf Abschn. 1 über die Unabhängigkeit zutrifft, der sich damit der Regelungsstruktur einer Richtlinie annähert. Der Spielraum für eigenständige mitgliedstaatliche Organisationsentscheidungen ist angesichts diverser Detailvorgaben gleichwohl überschaubar (→ Art. 52 Rn. 1; → Art. 53 Rn. 1, Rn. 4 ff.; für die Bundesebene finden sich die entsprechenden Umsetzungsnormen in den §§ 8–16 BDSG nF; größere Spielräume bestehen lediglich bei der Regelung der innerstaatlichen Kooperation und Koordination der Aufsichtsbehörden, dazu § 18 BDSG nF (→ Rn. 9.1, → BDSG 2018 § 18 Rn. 1 ff.; vgl. auch SJTK/Kugelmann Rn. 5 ff.). Die intensiven Organisationsvorgaben sind wegen der großen Bedeutung einer effektiven behördlichen Datenschutzaufsicht für die Durchsetzung der materiellen Datenschutzstandards der DS-GVO im Grundsatz gerechtfertigt (vgl. Erwägungsgrund 117 S. 1; Nguyen ZD 2015, 265; Kröger/Pilniok/Spiecker gen. Döhmann, Unabhängiges Verwalten in der EU, 2016, 97 (97 f., 104 ff.)). Allerdings stellen sich bislang noch wenig beachtete Fragen insbesondere im Hinblick auf die Möglichkeiten der Mitgliedstaaten für eine auch organisationsrechtliche Absicherung praktischer Konkordanz zwischen Datenschutzbelangen und anderen, nicht minder bedeutsamen öffentlichen oder privaten Belangen, deren Abwägung die DS-GVO vielfach vorsieht oder nach Maßgabe nationaler Gesetzgebung zulässt (→ Rn. 4.1 f., → Art. 52 Rn. 20).

4.1 Die intensiven Vorgaben für die Organisation der Datenschutzaufsicht stehen in einem Spannungsverhältnis mit der durch Art. 291 Abs. 1 AEUV anerkannten **institutionellen Autonomie der Mitgliedstaaten** bei der Umsetzung materieller Vorgaben des Unionsrechts. Diese „Autonomie" existiert zwar nur im Rahmen unionsrechtlicher Vorgaben, die aber ihrerseits gerechtfertigt und insbesondere verhältnismäßig (Art. 5 Abs. 4 EUV) sein müssen (näher zu dieser allgemeinen Gesamtproblematik Kröger/Pilniok/St.

Augsberg, Unabhängiges Verwalten in der EU, 2016, 19 ff.; zur Ermächtigungsgrundlage des Art. 16 Abs. 2 UAbs. 1 AEUV für die weitreichenden Vorgaben Ehmann/Selmayr Rn. 5 f.).

Abweichend von Abschn. 1 gestaltet **Abschn. 2** die Zuständigkeiten, Aufgaben und Befugnisse, gerade auch im Vergleich zur DSRL (→ BDSG EUDatenschutzrichtlinie Rn. 137 ff.) und entgegen von Änderungsvorschlägen des Rates (s. Nguyen ZD 2015, 265 (269), **sehr detailliert und unmittelbar anwendbar** aus. Lediglich Art. 58 erteilt in Abs. 1 lit. f, Abs. 3 lit. b, c, Abs. 4–6 ergänzende Konkretisierungsaufträge in Bezug auf die Befugnisse und zwar insbesondere zum innerstaatlichen Aufsichtsverfahren (→ Art. 58 Rn. 1 ff.).

4.2

Abs. 1, der insoweit mit Art. 28 Abs. 1 DSRL übereinstimmt, **verpflichtet** die Mitgliedstaaten als Grundlage für alle weiteren Vorgaben des Abschnitts dazu, eine oder mehrere unabhängige **Aufsichtsbehörden zu errichten.** Die Norm verankert damit zugleich eine noch sehr abstrakte, aber für ihre institutionelle Unabhängigkeit gleichwohl bedeutsame **Bestandsgarantie** (→ Art. 52 Rn. 10), die in vergleichbarer Form in Art. 16 Abs. 2 S. 2 AEUV und Art. 8 Abs. 3 GRCh primärrechtlich abgesichert ist. Art. 51 Abs. 1 nimmt in seiner noch sehr zurückhaltenden Ausgestaltung dieser Primärrechtsnormen Rücksicht auf die Mitgliedstaaten (s. auch Erwägungsgrund 117 S. 2), indem er diesen freistellt, außer einer zentralen Lösung mit lediglich einer einzigen Aufsichtsbehörde auch eine **Variante mit mehreren Behörden zu wählen,** was insbesondere Deutschland mit seiner ausdifferenzierten Struktur von Landes- und Bundesaufsichtsbehörden entgegenkommt (knappe Übersicht über föderale und vor allem sektorale Differenzierung in Deutschland bei Sydow/Ziebarth Rn. 9 ff.; zu organisatorischen Mindestvorgaben, die die Mitgliedstaaten zu treffen haben SJTK/Römer Art. 54 Rn. 29 ff.). Diese Pluralität von Aufsichtsbehörden in Deutschland verursacht einen erheblichen Koordinierungsaufwand und führt für die Betroffenen ggf. zu unklaren Zuständigkeiten (Ehmann/Selmayr Rn. 19) oder sogar Rechtsschutzlücken (v. Lewinski NVwZ 2017, 1483). Davon unabhängig bedarf es einer Abgrenzung von Zuständigkeiten der Datenschutzbehörden und anderer, zB mit dem Verbraucherschutzrecht befasster Behörden (v. Lewinski/Herrmann PinG 2017, 209 ff., die für einen Vorrang der Datenschutzaufsicht plädieren; → Art. 52 Rn. 20). Sachgerecht erscheinen daher **Vorschläge zur Bündelung von Aufsichtskompetenzen** über bundesweit tätige private Datenverarbeiter, wie sie das vom Bundeswirtschaftsministerium eingesetzte Kommission Wettbewerb 4.0 (https://www.bmwi.de/Redaktion/DE/Publikationen/Wirtschaft/bericht-der-kommission-wettbewerbsrecht-4-0.html, S. 84 f.) und daran anknüpfend die Datenethikkommission (https://www.bmi.bund.de/SharedDocs/downloads/DE/publikationen/themen/it-digitalpolitik/gutachten-datenethikkommission.html, S. 103) entwickelt haben (hierzu und zu weiteren Reformvorschlägen Will DuD 2020, 369 ff.; Thiel ZD 2021, 179 ff.).

5

C. Zwecke der mitgliedstaatlichen Datenschutzaufsicht

Neben einer Errichtungs- und Bestandsgarantie umfasst Art. 51 Abs. 1 eine **bipolare Zweckbestimmung** für die mitgliedstaatlichen Aufsichtsbehörden (s. Ehmann/Selmayr Rn. 3; zurückhaltend Paal/Pauly/Körffer Rn. 4 f.: „Ziel ist allein die Durchsetzung der Freiheitsrechte"). Die Aufsichtsbehörden müssen nämlich errichtet werden, „damit **(einerseits) Grundrechte** und Grundfreiheiten natürlicher Personen bei der Verarbeitung geschützt werden und **(andererseits) der freie Verkehr personenbezogener Daten** in der Union erleichtert wird". Die Norm greift die keineswegs spannungsfreie zweipolige Finalität sowohl der Kompetenznorm des Art. 16 Abs. 2 AEUV (→ BDSG EUDatenschutzrichtlinie Rn. 35) als auch des Art. 1 (→ Art. 1 Rn. 1 ff.) auf, wie sie bereits in Art. 1 DSRL verankert wurde. Primärrechtlich ist eine solche Doppelfinalität angesichts der großen Ausgestaltungsspielräume des Unionsgesetzgebers nicht zwingend vorgegeben (Marsch, Das europäische Datenschutzgrundrecht, 2018, 316 ff.), aber durch Art. 16 Abs. 2 AEUV ermöglicht und zumindest nahegelegt. Weder aus Art. 51 Abs. 1 noch aus Art. 1 lässt sich dabei ein abstrakter Vorrang einer der beiden Zwecke ableiten (so auch Gola/Pötters Art. 1 Rn. 6). Diese grundsätzliche Gleichrangigkeit entspricht auch den primärrechtlichen Vorgaben, da sich beide Zwecke primärrechtlich ableiten lassen und das europäische Datenschutzgrundrecht primär als objektivrechtliche Garantie mit seiner ausgeprägten Ausgestaltungsspielraum des Unionsgesetzgebers zu verstehen ist (→ BDSG EUDatenschutzrichtlinie Rn. 29 ff.; Marsch, Das europäische Datenschutzgrundrecht, 2018, 316 ff.). Maßgeblich für den Ausgleich der Zwecksetzungen sind letztlich die materiell-rechtlichen Vorgaben der DS-GVO, die sich allerdings in großen Teilen durch erhebliche Konkretisierungsspielräume teils für die mitgliedstaatlichen Gesetzgebungsorgane, überwiegend – und keineswegs unproblematisch (→ Art. 52 Rn. 20) – aber für die mitgliedstaatlichen Aufsichtsbehörden und letztlich die Gerichte auszeichnen (Marsch, Das europäische

6

Datenschutzgrundrecht, 2018, 348 ff.; s. auch Paal/Pauly/Koerffer Rn. 5; Körber/Kühling/J.-P. Schneider, Regulierung – Wettbewerb – Innovation, 2017, 113 (125 ff.)) (→ Rn. 6.1).

6.1 Zum Verhältnis von Datenschutzaufsicht und Kartellaufsicht, welche nach dem Willen der Bundesregierung künftig stärker Ziele des Verbraucherschutzes im Internet und im digitalen Bereich übernehmen soll, Kieck PinG 2017, 67; s. ferner Körber/Kühling/J.-P. Schneider, Regulierung – Wettbewerb – Innovation, 2017, 113 (137 ff.).

7 Eine gewisse **Konkretisierung der Aufsichtszwecke** erfolgt durch die ausgedehnte Festlegung von Aufgaben und Befugnissen der mitgliedstaatlichen Aufsichtsbehörden in Art. 57 und 58. Beide Normen sind erkennbar auf den Schutz personenbezogener Daten fokussiert, während der Zweck des freien Datenverkehrs grundsätzlich nur indirekt über die materiell-rechtlichen Normen und die Generalklausel des Abs. 1 als gegenläufiger Belang in das Kalkül zu ziehen ist. Dies unterstreicht die Bedeutung des Abs. 1, der jedoch nur eine schwache Sicherung gegen einen **institutionellen Bias der Aufsichtsbehörden** für eine der beiden Aufsichtszwecke darstellt. Es ist daher keineswegs ausgeschlossen, dass Aufsichtsbehörden den Zweckdualismus zu Gunsten des grundrechtlich verankerten Datenschutzes auflösen, zumal die Unabhängigkeit nicht selten als „bedeutsam (…) vor allem aus grundrechtlicher Sicht" angesehen wird (so Ehmann/Selmayr Rn. 2; s. mit ähnlicher Tendenz SJTK/Kugelmann Rn. 24 f., 32). Organisationsrechtlich wird der erhebliche Ausgestaltungsspielraum durch das Unabhängigkeitspostulat zumindest nicht eingeschränkt und ist daher normativ nur schwach umhegt (→ Art. 52 Rn. 20). Ob die weitreichende Unabhängigkeit der Datenschutzbehörden wirklich Garant spezifisch für das geforderte „ausgewogene Verhältnis" von Datenschutz und Datenverkehrsfreiheit ist und nach dem Willen der rechtssetzenden und -anwendenden Akteure sein soll (so dezidiert Ehmann/Selmayr Rn. 3 sowie Art. 52 Rn. 14), erscheint daher sehr fraglich. Die DS-GVO scheint diesbezüglich vor allem auf die Regeln der Art. 60 ff. über die Zusammenarbeit der Behörden, das Kohärenzverfahren und den Datenschutzausschuss zu vertrauen (vgl. in diese Richtung auch NK-DatenschutzR/Polenz Rn. 14, demzufolge sich die Aufgabe der Erleichterung des freien Datenverkehrs „vor allem" in der Gewährleistung „einer einheitlichen Anwendung der DSGVO durch die Aufsichtsbehörden" zu erschöpfen scheint). Gegenläufige Belange haben aber auch im Rahmen der Art. 60 ff. keine organisationsrechtliche Absicherung jenseits der Klagerechte der für die Datenverarbeitung Verantwortlichen gefunden.

D. Europäische Inpflichtnahme der mitgliedstaatlichen Aufsichtsbehörden

8 Ein weiterer Regelungsgegenstand von Art. 51 ist die europäische Inpflichtnahme der mitgliedstaatlichen Aufsichtsbehörden. Dabei übernimmt Abs. 2 allerdings vorwiegend eine Scharnierfunktion, indem er zwar eingangs die **Verantwortung der Aufsichtsbehörden für eine einheitliche Anwendung der DS-GVO** in der gesamten Union herausstellt, sodann jedoch auf die wichtige prozedurale Absicherung dieser Verpflichtung in Kap. VII der Verordnung verweist (→ Rn. 8.1).

8.1 Abs. 2 ist erst auf Vorschlag des Rats in die Norm aufgenommen worden, hat aber angesichts der Art. 60 ff. primär klarstellende Funktion.

9 In diesen Kontext gehört auch die Regelung in Art. 51 Abs. 3, der im Anschluss an die in Abs. 1 den Mitgliedstaaten eröffnete Option, auch mehrere Aufsichtsbehörden zu errichten (→ Rn. 5), für diesen Fall mitgliedstaatliche Regeln zur Sicherstellung einer wirksamen und **möglichst reibungslosen Beteiligung dieser mehrpoligen nationalen Behördenstruktur am europäischen Kohärenzverfahren einfordert** (s. auch Erwägungsgrund 119). Konkret ist die Vertretung des Mitgliedstaats im europäischen Datenschutzausschuss (Art. 68 ff.) festzulegen. Im Übrigen kommt die Benennung einer zentralen Kontaktstelle für die Kommunikation mit der Kommission und den Aufsichtsbehörden der anderen Mitgliedstaaten in Betracht (s. auch Erwägungsgrund 119 S. 2). Die unionsrechtlichen Vorgaben beschränken sich auf einen Mindeststandard und einen bloßen Regelungsauftrag, wodurch sie die Organisationsautonomie der Mitgliedstaaten wahren (→ Rn. 4, Rn. 4.1, Rn. 9.1; ausführlich zum nationalen Abstimmungsmechanismus auch NK-DatenschutzR/Polenz Rn. 21, 23 f. und Kugelmann ZD 2020, 76 (79)).

9.1 Der Bundestag hat die Vorgaben der DS-GVO insbesondere zur notwendigen innerstaatlichen Kompetenzverteilung und zur Benennung einer zentralen Kontaktstelle mit dem Datenschutz-Anpassungs- und Umsetzungsgesetz EU am 27.4.2017 – BDSG nF – umgesetzt. Einschlägig sind v.a. die Vorschriften von Kapitel 5 (§§ 17–19, s. BT-Drs. 18/11325 (RegE) und die insoweit beanstandungslose Befassung des Innenausschusses, BT-Drs. 18/12084).

E. Mitgliedstaatliche Pflichten zur Notifizierung von „Umsetzungsrechtsakten"

Abs. 4 verpflichtet die Mitgliedstaaten, Rechtsvorschriften, die sie aufgrund der diversen Regelungsaufträge des Kap. VI erlassen werden, bis zum ersten Geltungstag der DS-GVO, dh dem 25.5.2018 (s. Art. 99), mitzuteilen. „Rechtsvorschriften" ist weit zu verstehen im Sinne aller abstrakt-generellen Rechtssätze, die nach nationalem Recht verbindlich sind (NK-DatenschutzR/ Polenz Rn. 25 f.). Diese Regelung spiegelt den angesprochenen „Richtliniencharakter" von Kapitel VI der Verordnung (→ Rn. 4) und vor allem von dessen Abschn. 1 wieder. Um der Kommission ihre Aufgabe als Hüterin des Unionsrechts zu erleichtern, werden die Mitgliedstaaten zudem verpflichtet, auch alle nachfolgenden Änderungen dieser „Umsetzungsrechtsakte" der Kommission mitzuteilen (→ Rn. 10.1). 10

Funktional vergleichbare Notifizierungspflichten für (sog. technische) Normsetzungsakte finden sich im Warenverkehrsrecht mit der VO 2015/1535. Ob die dazu ergangene Rechtsprechung des EuGH, die ggf. zur Unanwendbarkeit nicht notifizierter nat. Regelungen führt, auf Regelungen zur Umsetzung von Art. 51 ff. passt (dafür Ehmann/Selmayr Rn. 21), bedarf differenzierter Betrachtung. Denn anders als im Leitfall CIA Securities (BeckRS 2004, 74851) führt die Nichtanwendbarkeit nat. Regelungen im vorliegenden Fall nicht automatisch zu einem Freiheitsgewinn für Einzelne, sondern ggf. zur Dysfunktionalität des ausgestaltungsbedürftigen datenschutzrechtlichen Aufsichtssystems (skeptisch auch SJTK/Kugelmann Rn. 56). Lediglich auf Regelungen, die eindeutig die Unabhängigkeit der Aufsichtsbehörden beschneiden, passt die zitierte Rechtsprechung. 10.1

Artikel 52 Unabhängigkeit

(1) Jede Aufsichtsbehörde handelt bei der Erfüllung ihrer Aufgaben und bei der Ausübung ihrer Befugnisse gemäß dieser Verordnung völlig unabhängig.

(2) Das Mitglied oder die Mitglieder jeder Aufsichtsbehörde unterliegen bei der Erfüllung ihrer Aufgaben und der Ausübung ihrer Befugnisse gemäß dieser Verordnung weder direkter noch indirekter Beeinflussung von außen und ersuchen weder um Weisung noch nehmen sie Weisungen entgegen.

(3) Das Mitglied oder die Mitglieder der Aufsichtsbehörde sehen von allen mit den Aufgaben ihres Amtes nicht zu vereinbarenden Handlungen ab und üben während ihrer Amtszeit keine andere mit ihrem Amt nicht zu vereinbarende entgeltliche oder unentgeltliche Tätigkeit aus.

(4) Jeder Mitgliedstaat stellt sicher, dass jede Aufsichtsbehörde mit den personellen, technischen und finanziellen Ressourcen, Räumlichkeiten und Infrastrukturen ausgestattet wird, die sie benötigt, um ihre Aufgaben und Befugnisse auch im Rahmen der Amtshilfe, Zusammenarbeit und Mitwirkung im Ausschuss effektiv wahrnehmen zu können.

(5) Jeder Mitgliedstaat stellt sicher, dass jede Aufsichtsbehörde ihr eigenes Personal auswählt und hat, das ausschließlich der Leitung des Mitglieds oder der Mitglieder der betreffenden Aufsichtsbehörde untersteht.

(6) Jeder Mitgliedstaat stellt sicher, dass jede Aufsichtsbehörde einer Finanzkontrolle unterliegt, die ihre Unabhängigkeit nicht beeinträchtigt und dass sie über eigene, öffentliche, jährliche Haushaltspläne verfügt, die Teil des gesamten Staatshaushalts oder nationalen Haushalts sein können.

Überblick

Art. 52 ist die zentrale Norm des Abschn. 1 (→ Rn. 1). Die Unabhängigkeit der Aufsichtsbehörden ist von der richterlichen Unabhängigkeit zu unterscheiden (→ Rn. 8). Ferner sind die institutionelle, sachlich-funktionelle, persönliche und finanzielle Dimension der primärrechtlich nur allgemein geforderten Unabhängigkeit zu differenzieren (→ Rn. 9 ff.), bei deren Konkretisierung dem Unionsgesetzgeber ein erheblicher Ausgestaltungsspielraum zusteht (→ Rn. 14). Der weiteren Konturierung bedarf das Weisungs- und Beeinflussungsverbot zu Lasten der Regierung

DS-GVO Artikel 52

gem. Abs. 2 (→ Rn. 15 ff.), nicht zuletzt wegen der Auswirkungen auf die demokratische Legitimation der Aufsichtsbehörden (→ Rn. 19 f.). Die ebenfalls Abs. 2 zuzuordnende funktionelle Unabhängigkeit gegenüber den Aufsichtsadressaten steht in engem Zusammenhang mit den in Abs. 3 normierten Sicherungen der Unparteilichkeit (→ Rn. 21 ff.). Eine Facette der institutionellen Unabhängigkeit (→ Rn. 10) ist die in Abs. 5 gewährte Personalautonomie (→ Rn. 24). Nur sehr abstrakt geregelt ist in Abs. 4 die Pflicht zur aufgabenadäquaten Ressourcenausstattung sowie in Abs. 6 die Möglichkeit einer externen Finanzkontrolle (→ Rn. 25 f.).

Übersicht

	Rn.		Rn.
A. Allgemeines	1	I. Unabhängigkeit zwischen klarer Weisungsfreiheit und vagem Beeinflussungsverbot	15
I. Normzweck, Anwendungsbereich und systematische Vorüberlegungen	1	II. Konsequenzen für die demokratische Legitimation	19
II. Normgenese und Änderungen gegenüber der DSRL	4	**D. Funktionelle Unabhängigkeit und Sicherung der Unparteilichkeit**	21
B. Dimensionen und Ausgestaltungsbedürftigkeit der Unabhängigkeit	6	**E. Personalautonomie**	24
C. Völlige Unabhängigkeit mit Weisungsfreiheit und demokratische Legitimation	15	**F. Garantie hinreichender Ressourcen und unabhängigkeitsverträgliche Finanzkontrolle**	25

A. Allgemeines

I. Normzweck, Anwendungsbereich und systematische Vorüberlegungen

1 Art. 52 ist die zentrale Norm des Abschn. 1. Sie **gestaltet das abstrakte Unabhängigkeitspostulat** aus Art. 16 Abs. 2 S. 2 AEUV, Art. 8 Abs. 3 GRCh und Art. 51 Abs. 1 **näher aus**. Ergänzt wird die Norm durch Art. 53, der weitere Vorgaben zur persönlichen Unabhängigkeit trifft (→ Rn. 12; → Art. 53 Rn. 1, → Art. 53 Rn. 7 ff.), und Art. 54, der vor allem weitere Regelungsaufträge an die Mitgliedstaaten zur Detailausgestaltung der Unabhängigkeit erteilt. Im Vergleich zu Art. 53 und 54 **eröffnet Art. 52 nur wenige Gestaltungsspielräume für die Mitgliedstaaten** und entspricht insbesondere in seinen Abs. 1–3 dem Charakter einer unmittelbar geltenden Verordnung. Die Abs. 4–6 sind auf mitgliedstaatliche Umsetzung angelegt, statuieren aber anspruchsvolle Vorgaben für die Ausübung der verbleibenden Organisationsautonomie. In Bezug auf Abs. 3 ermächtigt Art. 54 Abs. 1 lit. f) die Mitgliedstaaten in Grenzen zur gesetzlichen Konkretisierung der Inkompatibilitätsregeln (→ Rn. 22). Im Fall von Verstößen der Mitgliedstaaten gegen Art. 52 ff. und bei unzureichender Umsetzung der Vorgaben können sich die Aufsichtsbehörden ggf. unmittelbar auf die DS-GVO berufen und gerichtlichen **Rechtsschutz** nachsuchen (dazu sehr akzentuiert Ehmann/Selmayr Rn. 28) (→ Rn. 1.1).

1.1 Die Definition der Aufsichtsbehörde in Art. 4 Nr. 21 verweist lediglich auf Art. 51 und belässt es bei einem abstrakten Unabhängigkeitspostulat.

2 Art. 52 **regelt vorrangig die Unabhängigkeit der** einzelnen **mitgliedstaatlichen Aufsichtsbehörden.** Er verpflichtet die Mitgliedstaaten aber in Abs. 4 auch zu einer hinreichenden Ausstattung ihrer jeweiligen Behörden, die diesen eine effektive Aufgabenwahrnehmung im Kohärenzverfahren und im **europäischen Datenschutzausschuss** ermöglichen (→ Rn. 25). Da der Datenschutzausschuss aus den Leitern der nationalen Behörden besteht (Art. 68 Abs. 3), wirken die Unabhängigkeitsgarantien des Art. 52 auch zugunsten dieses europäischen Organs (ebenso jetzt SJTK/Kugelmann Rn. 25 ff.). Art. 69 kann sich daher darauf beschränken, in Abs. 1 dessen Unabhängigkeit – nach dem Vorbild von Art. 51 Abs. 1 – abstrakt zu postulieren und in Abs. 2 die Weisungsfreiheit allein in Bezug auf die Kommission zu normieren (→ Art. 69 Rn. 1 ff.).

3 Soweit die DS-GVO auch **andere Unabhängigkeitspostulate** aufstellt, bedarf es kontextsensibler Analysen, inwieweit konkrete Ausgestaltungselemente aus Art. 52 entsprechend zur Anwendung kommen können. Angesichts der hohen Anforderungen des Art. 52 bedarf es dafür guter Gründe (→ Rn. 3.1 ff.).

3.1 Dies gilt etwa bei der **Bewertung des Datenschutzniveaus in Drittstaaten,** das nach Art. 45 Abs. 1 nicht mit dem der Europäischen Union identisch, sondern lediglich angemessen sein muss, was dann auch bei der Qualifizierung der wirksamen Funktionsweise der dortigen unabhängigen Datenschutzbehörden (Art. 45 Abs. 2 lit. b) als einem von mehreren maßgeblichen Faktoren der Gesamtbewertung zu berücksichtigen ist. Immerhin dürften sich insoweit aus Art. 52 Prüfungsgegenstände und gewisse Mindeststandards ableiten.

Auch bei den Unabhängigkeitspostulaten in Art. 41 Abs. 2 lit. a für **interne Datenschutzbeauftragte** 3.2 bzw. in Art. 43 Abs. 2 lit. a für **Zertifizierungsstellen** ist deren besonderer Kontext zu berücksichtigen. Die hohen Anforderungen des Art. 52 dürften auf diese privaten Einrichtungen daher ebenfalls nur mit angemessenen Abstufungen angewendet werden.

Demgegenüber unterwirft Art. 91 Abs. 2 die gegebenenfalls spezifischen Aufsichtsinstanzen über **Kir-** 3.3 **chen ua Religionsgemeinschaften** ausdrücklich den Anforderungen aus dem Kap. VI und damit auch des Art. 52.

Sehr unbestimmt sind die Vorgaben des Art. 85, der zugunsten insbesondere der journalistischen und 3.4 **medienbezogenen Datenverarbeitung** nicht näher definierte Abweichungen oder Ausnahmen vom Kap. VI im mitgliedstaatlichen Recht zulässt. Diese dürften sich primär auf die Befugnisse der Datenschutzbehörden nach Abschn. 2 des Kap. VI beziehen. Das medienrechtliche Staatsfernegebot spricht jedenfalls gegen Ausnahmen von der exekutiven Weisungsfreiheit. Gegen die Kritik an den Öffnungsklauseln in der DS-GVO insgesamt und speziell an Art. 85 Albrecht/Janson CR 2016, 500; zu Art. 85 ausf. Cornils, Das datenschutzrechtliche Medienprivileg unter Behördenaufsicht, 2018.

II. Normgenese und Änderungen gegenüber der DSRL

Wie der gesamte Abschn. 1 war auch Art. 52 **im Gesetzgebungsverfahren kaum umstritten** 4 (→ Art. 51 Rn. 2) und es kam nur zu wenigen Änderungen (→ Rn. 4.1). Dazu beigetragen hat die grundsätzliche primärrechtliche Absicherung des Unabhängigkeitspostulats und die inzwischen gefestigte Rechtsprechung des EuGH mit wichtigen Konkretisierungen dieses abstrakten Grundsatzes (→ Rn. 15, → Rn. 15.2 f., → Rn. 17), die schon von der Kommission bei der Formulierung des Art. 52 aufgenommen wurden (zum Hintergrund ausf. Ehmann/Selmayr Rn. 2 f.). Diese geringe rechtspolitische Aufmerksamkeit wird allerdings den primärrechtlichen Ausgestaltungsspielräumen (→ Rn. 14) und der stetig wachsenden – zumindest potentiellen – Steuerungsmacht der Aufsichtsbehörden in der Informationsgesellschaft und Datenökonomie nicht gerecht (→ Rn. 20).

Kleinere Änderungen im Gesetzgebungsverfahren gingen insbesondere auf den **Rat** zurück, der 4.1 zunächst durch Vorschläge zu Abs. 1 und 2 sicherstellte, dass aus der Unabhängigkeit keine Selbstermächtigungskompetenz abgeleitet wird, sondern die Aufsichtsbehörden auf die in der DS-GVO niedergelegten Befugnisse beschränkt bleiben. Daneben regte er die Ergänzung von Abs. 6 um dessen letzten Hs. an, mit dem ermöglicht wird, die eigenen Haushaltspläne der Aufsichtsbehörden als Teil des staatlichen Gesamthaushalts auszugestalten. Auf den **Trilog** ging eine Klarstellung in Abs. 5 zugunsten der Personalautonomie der Aufsichtsbehörden zurück.

Demgegenüber setzte sich das **Parlament nicht mit seiner Forderung durch,** dass die Finanzkon- 4.2 trolle gem. Abs. 6 zwingend (auch) parlamentarischer Natur sein muss.

Im **Vergleich zur DSRL** gestaltet Art. 52 das Unabhängigkeitspostulat erheblich detaillierter 5 aus, behält aber insbesondere die bereits in Art. 28 Abs. 1 UAbs. 2 DSRL formulierte, im Primärrecht nicht übernommene, **Qualifizierung als „völlige Unabhängigkeit"** in Abs. 1 bei.

B. Dimensionen und Ausgestaltungsbedürftigkeit der Unabhängigkeit

Durch Art. 28 Abs. 1 DSRL ist die Garantie einer „völlig unabhängigen" Datenschutzaufsicht 6 seit 1995 ein **Kernelement des europäischen Datenschutzrechts.** Für Deutschland war dies zumindest bis zum einschlägigen EuGH-Urteil von 2010 (→ Rn. 15, Rn. 15.2, → Rn. 19) eine wenig hinterfragte Beschränkung der nationalen Organisationsautonomie, war doch die deutsche Regelung eines der Vorbilder für die Regelung in der DSRL (Marsch, Das europäische Datenschutzgrundrecht, 2018, 238). Zudem hatte das BVerfG bereits in seinem Volkszählungsurteil die Bedeutung unabhängiger Datenschutzbehörden betont (BVerfGE 65, 1 (46) = NJW 1984, 419 (422 f.)), wenngleich es diese Ausgestaltung keineswegs zu einem Verfassungsgebot erhob (dies ist nicht unumstritten, umfassend zur Diskussion Zöllner, Der Datenschutzbeauftragte im Verfassungssystem, 1995, 174 ff.). **Seit dem Vertrag von Lissabon** ist **primärrechtlich vorgegeben,** dass die Datenschutzaufsicht „unabhängigen Behörden" (Art. 16 Abs. 2 S. 2 AEUV) bzw. einer „unabhängigen Stelle" (Art. 8 Abs. 3 GRCh) anzuvertrauen ist. Aus dem Verzicht auf die Festschreibung „völliger" Unabhängigkeit soll keine gegenüber der sekundärrechtlichen Verbürgung schwächere primärrechtliche Garantie folgen (ausf. Ehmann/Selmayr Rn. 13). Dem ist zuzustimmen, solange die gesetzgeberischen Ausgestaltungsspielräume (→ Rn. 14) beachtet werden.

7 Trotz dieser langen Tradition entwickelte sich seit 2010 eine **breite wissenschaftliche Diskussion,** nachdem der EuGH den Anwendungsbereich des Unabhängigkeitsgebots der Richtlinie auch auf die Aufsicht über die private Datenverarbeitung erstreckte und vor allem dessen inhaltliche Ansprüche an die „völlige Unabhängigkeit" stark betonte und konkretisierte (→ Rn. 15) – mit erheblichen Auswirkungen auf die mitgliedstaatliche Organisationsautonomie und die Sicherung eines hinreichenden demokratischen Legitimationsniveaus der Aufsichtsbehörden (→ Rn. 19). Diese Diskussion muss wegen der neuen Detailvorgaben des Art. 52 und vor allem wegen der gewachsenen Notwendigkeit der aufsichtsbehördlichen Konkretisierung der ausgesprochen vagen materiellen Vorgaben der DS-GVO bei wachsender Bedeutung des Datenschutzrechts für die Fortentwicklung der Informationsgesellschaft und Datenökonomie dringend fortgeführt und vertieft werden. Im Vorfeld der Verabschiedung des DS-GVO wurde hierauf bedauerlicherweise weitgehend verzichtet (→ Rn. 4, Rn. 19 f.).

8 Erschwert wird die Debatte durch erhebliche konzeptionelle Unsicherheiten. Grundlegend ist bislang die **Unterscheidung zwischen Unabhängigkeitspostulaten zugunsten der Judikative einerseits und der Exekutive andererseits.** Während es sich bei der richterlichen Unabhängigkeit um ein zumindest traditionell unumstrittenes Charakteristikum der Gewaltenteilung im Rechtsstaat handelt, wirft ein Unabhängigkeitspostulat zugunsten exekutiver Einheiten grundlegende Fragen nach deren demokratischer Legitimation und Kontrolle auf (zu diesen traditionellen Unterschieden Kröger/Pilniok/Terhechte, Unabhängiges Verwalten in der EU, 2016, 35 ff., der aber zu Recht auf wachsende Konvergenzen in den Unabhängigkeitsformen und Legitimationsbedarfen von Judikative und Exekutive hinweist). Zusätzliche Probleme entstehen, weil die **Zuordnung der unabhängigen Datenschutzaufsicht zu einer dieser beiden Staatsgewalten keineswegs unumstritten** ist, sondern teilweise von einer Staatsgewalt sui generis zwischen diesen beiden traditionellen Gewalten ausgegangen wird (allg. zu dieser Problematik Kröger/Pilniok/Kröger, Unabhängiges Verwalten in der EU, 2016, 4). Rechtsstaatliche Neutralität und Entscheidungsbefugnisse in multipolaren Konflikten sind allerdings kein Proprium der Judikative, sodass die Zuordnungsfrage nicht mit einer rein funktionalen Betrachtung beantwortet werden kann. Sachgerecht ist vielmehr eine organisationsrechtliche Perspektive. Aus dieser ist die **Datenschutzaufsicht** eindeutig **der Exekutive zuzuordnen,** da die DS-GVO die mitgliedstaatlichen Stellen in Art. 51 ff. als Aufsichtsbehörden qualifiziert und deren behördliches Handeln ausweislich Art. 78 davon klar getrennten gerichtlichen Rechtsbehelfen unterwirft (für eine Zuordnung zur Legislative und weiteren – teils radikalen – rechtspolitischen Überlegungen s. Auernhammer/v. Lewinski Rn. 34 ff.).

9 Auf einer zweiten Ebene sind **verschiedene Dimensionen der Unabhängigkeit von Exekutivorganen** zu unterscheiden. Wichtig ist, dass es zunächst nur um eine abstrakte Systematisierung geht, die es ermöglicht, Ausgestaltungsvarianten für verschiedene unabhängige Behörden etwa im Bereich des Datenschutzes oder der Wirtschaftsregulierung als kontextbezogen zu erkennen und zu bewerten. Verbreitet ist die Unterscheidung in eine institutionelle, funktionell-sachliche, persönliche und finanzielle Unabhängigkeitsdimension (hierzu allg. Kröger/Pilniok/Kröger, Unabhängiges Verwalten in der EU, 2016, 5; zur Umsetzung der einzelnen Ebenen im BDSG nF (BGBl. 2017 I 2097 (s. auch Datenschutz-Anpassungs- und -Umsetzungsgesetz EU des Bundes, s. BT-Drs. 18/11325) s. insbesondere § 10 (Unabhängigkeit, mit nur eingeschränkter Haushaltskontrolle durch Bundesrechnungshof), §§ 11–13 (ua Amtszeit, Rechte und Pflichten), § 15 (Pflicht zur Erstellung eines Tätigkeitsberichts), und § 20 (gerichtlicher Rechtsschutz).

10 Die **institutionelle Unabhängigkeit** erfasst die strukturelle Eigenständigkeit der Aufsichtsbehörden und deren grundlegende Bestandssicherung (Kröger/Pilniok/Kröger, Unabhängiges Verwalten in der EU, 2016, 5), wobei dieser Begriff gelegentlich auch in einem umfassenderen Sinne genutzt wird. Vorliegend ist die in Art. 51 und 52 verankerte – und abstrakt sogar primärrechtlich abgesicherte – Bestandsgarantie unabhängiger Aufsichtsbehörden einschlägig (→ Art. 51 Rn. 5). Ein zentraler Aspekt der institutionellen Unabhängigkeit ist die behördliche Personalhoheit insbesondere in Bezug auf die in Art. 52 Abs. 5 geregelte Auswahl und Leitung des eigenen Personals (→ Rn. 24). Man könnte der institutionellen Dimension auch die Garantie hinreichender Ressourcen zuordnen, dies wird aber wegen ihrer großen Relevanz zutreffend als vierte, finanzielle Unabhängigkeitsdimension verselbständigt (→ Rn. 13).

11 Als Kern **sachlicher Unabhängigkeit** wird die Freiheit von inhaltlichen Weisungen oder anderen inhaltlichen Einflussnahmen identifiziert (Kröger/Pilniok/Kröger, Unabhängiges Verwalten in der EU, 2016, 5). Insoweit ist zusätzlich danach zu unterscheiden, gegenüber welchen Stellen die jeweilige Behörde unabhängig agieren soll. Weitgehend unbestrittener Ausgangspunkt

Unabhängigkeit   Artikel 52 DS-GVO

ist die sogenannte funktionelle Unabhängigkeit gegenüber den beaufsichtigten Datenverarbeitern (→ Rn. 11.1). Im Zentrum der Debatte steht die Frage einer inneradministrativen Unabhängigkeit gegenüber anderen Behörden und namentlich der Gubernative (→ Rn. 11.2). Demgegenüber soll die „völlige Unabhängigkeit" der Aufsichtsbehörde diese zumindest nicht prinzipiell von einer Kontrolle durch das Parlament (→ Rn. 11.3) oder die Gerichte (→ Rn. 11.4) freistellen.

Auslöser der Unabhängigkeitspostulate im deutschen Datenschutzrecht war der Umstand, dass Datenschutzgefährdungen insbesondere mit staatlichen Datenverarbeitungsvorgängen in Verbindung gebracht wurden und die Datenschutzbehörden von Weisungen der insoweit nutzungsinteressierten Ministerien freigestellt werden mussten. Andernfalls wäre die rechtsstaatlich unverzichtbare Unparteilichkeit der Datenschutzaufsichtsbehörden strukturell kompromitiert. In ähnlicher Weise verlangt das europäische Regulierungsrecht eine dort als funktionell bezeichnete Unabhängigkeit der nationalen Regulierungsbehörden von den über besondere Marktmacht verfügenden Netzbetreibern, die vielfach im Staatseigentum stehen (hierzu etwa Fehling/Ruffert/Schneider, Regulierungsrecht, 2010, § 8 Rn. 82; s. aber für ein deutlich weiteres Begriffsverständnis SJTK/Kugelmann Rn. 20). Diese **funktionelle Unabhängigkeit gegenüber Beeinflussungen seitens der beaufsichtigten Datenverarbeitungsverantwortlichen** ist eine strukturelle Absicherung der eigenständig verankerten rechtsstaatlichen Unparteilichkeit (→ Rn. 21 f.). 11.1

Inneradministrative Unabhängigkeit bedeutet die **Freistellung von Weisungsbefugnissen übergeordneter Behörden und namentlich der Regierung.** In der deutschen Debatte wird insoweit der Begriff des „ministerialfreien Raums" genutzt (Kröger/Pilniok/Kröger, Unabhängiges Verwalten in der EU, 2016, 6). Die weitgehende, wenngleich nicht komplette Abschirmung gegenüber gubernativen Interventionen ist auch das Ziel der aktuellen EuGH-Rechtsprechung (→ Rn. 15, Rn. 15.2, → Rn. 17). Wie die rechtliche Entwicklung in Bezug auf die unabhängigen Regulierungsbehörden im Telekommunikationsbereich zeigt, sind insoweit vorbehaltlich höherrangiger Vorgaben sehr unterschiedliche Ausgestaltungsoptionen denkbar (Fehling/Ruffert/Schneider, Regulierungsrecht, 2010, § 8 Rn. 82 f.). Beachtlich ist hier auch die **Einbindung unabhängiger Behörden in einen europäischen Verwaltungsverbund** mit anderen unabhängigen Behörden, in dessen Rahmen eine Kontrolle der nationalen Maßnahmen aus einer europäischen Perspektive erfolgt. Solche Verbundstrukturen können einerseits als Legitimationsfaktor gelten, werfen aber auch Fragen bezüglich einer hinreichend transparenten Verantwortungszuweisung als Grundlage parlamentarischer und gerichtlicher Kontrollen auf (am Beispiel des telekommunikationsrechtlichen Regulierungsverbunds Kröger/Pilniok/Westermann, Unabhängiges Verwalten in der EU, 2016, 63 ff.; zu Datenschutznetzwerken von Lewinski ZG 2015, 229 (238)). Teilweise wird aus dem Unabhängigkeitspostulat auch eine „Vorrangwirkung" der Datenschutzaufsicht vor ebenfalls mit Datenschutzfragen betrauten Behörden zB im Bereich Verbraucherschutz abgeleitet (v. Lewinski/Herrmann PinG 2017, 209 (213 ff.)), was allerdings wegen der stetig wachsenden Bedeutung der Datenverarbeitung in der Digitalökonomie und für die Erreichung diverser öffentlicher Zwecke zumindest der erneuten Reflektion bedarf (→ Rn. 20). 11.2

Diese inneradministrative Unabhängigkeit ist keineswegs mit einer Beschränkung der **parlamentarischen Kontrolle und Rückbindung** gekoppelt. Im Gegenteil wird eine parlamentarische Rückbindung von unabhängigen Behörden als kompensierender Legitimationsfaktor zur Wahrung eines hinreichenden demokratischen Legitimationsniveaus gewertet oder sogar eingefordert (Schmidt-Aßmann/Dolde/Schneider ZHR-Beiheft 2005, 39 (64 ff.)). Davon geht auch der EuGH in seinen einschlägigen Urteilen aus (EuGH NJW 2010, 1265 Rn. 43–45 – dt. Kontrollstellen) und untersagt lediglich eine nachträgliche Sanktionierung der Amtsführung im Wege einer gesetzlichen Verkürzung laufender Amtszeiten (→ Art. 53 Rn. 9.1). Auch Erwägungsgrund 118 bestätigt diese Sichtweise. Maßgebliche Ansatzpunkte der Rückbindung können – iVm der Gerichtskontrolle (→ Rn. 11.4) – eine strengere Gesetzesbindung ohne behördliche Letztentscheidungsbefugnisse, eine Parlamentsbeteiligung bei der (Wieder-)Bestellung von Mitgliedern der Aufsichtsbehörden oder Kontrollrechte auf der Grundlage von Berichtspflichten der Aufsichtsbehörden gegenüber dem Parlament sein. Bei materiellen Vorgaben für die Tätigkeit der Aufsichtsbehörden müssen die mitgliedstaatlichen Gesetzgeber allerdings den Vorrang des einschlägigen Unionsrechts beachten, das etwa – von den Unabhängigkeitspostulaten gesonderte – Spielraumermächtigungen zugunsten der unabhängigen Aufsichtsbehörden enthalten kann (hierzu für den Bereich des Telekommunikationsrechts EuGH NVwZ 2010, 370 Rn. 53 ff.). 11.3

Ähnlich wie die Parlamentskontrolle ist die **Gerichtskontrolle** ein kompensierender Legitimationsfaktor für unabhängige Aufsichtsbehörden (vgl. EuGH NJW 2010, 1265 Rn. 42 – dt. Kontrollstellen; s. auch Erwägungsgrund 118) und ein traditioneller Baustein des europäischen Datenschutzrechts (Art. 28 Abs. 3 S. 2 DSRL; Art. 78 DS-GVO; jetzt auch § 20 BDSG nF). Eine etwaige Reduktion der gerichtlichen Kontrolldichte ist somit keine zwingende Konsequenz eines Unabhängigkeitspostulats, sondern beruht auf davon zu trennenden funktionalen Überlegungen des zuständigen Gesetzgebers. Spielraumermächtigungen zugunsten der Aufsichtsbehörden können sogar in Bezug auf unabhängige Behörden die Wahrung eines hinreichenden Legitimationsniveaus in Frage stellen (→ Rn. 20). Inwieweit die DS-GVO solche Spielrau- 11.4

mermächtigungen zugunsten der Aufsichtsbehörden auch im Verhältnis gegenüber den Gerichten enthält, ist noch nicht final ausgelotet. Viel spricht bislang für eine vollständige Kontrollbefugnis der Gerichte, was aber angesichts der vielen vagen materiellen Vorgaben nur vordergründig die Legitimationsfrage beantwortet und neue Koordinationsfragen zwischen „private enforcement" gem. Art. 79 und „public enforcement" über Art. 58, 78 aufwirft. Die Einheit der Verordnungsanwendung wäre danach letztlich durch den EuGH sicherzustellen, wozu dieser aber schon kapazitär nur sehr eingeschränkt in der Lage sein wird (Marsch, Das europäische Datenschutzgrundrecht, 2018, 246 f.).

11.5 Zu den Bestrebungen der Kommission, nun auch die mitgliedstaatlichen Wettbewerbsbehörden nach dem Vorbild der DS-GVO auf eine stärkere Unabhängigkeit zu verpflichten, König NZKArt 2017, 397; zu möglichen Konflikten zwischen Datenschutz- und Kartellaufsicht Kieck PinG 2017, 67.

12 **Persönliche Unabhängigkeit** schützt die Amtsträger der unabhängigen Behörde vor unzulässigen und mittelbar auf deren inhaltliche Amtsführung abzielenden Beeinträchtigungen ihres Beschäftigungsstatus (Kröger/Pilniok/Kröger, Unabhängiges Verwalten in der EU, 2016, 5; beachte die abw. Begriffsverwendung bei SJTK/Kugelmann Rn. 34 ff., bes. 36, wo unter pers. Unabhängigkeit auch die sachliche Unabhängigkeit (→ Rn. 11) verstanden wird). Diese Unabhängkeitsdimension wurde mit Art. 53 in Bezug auf die leitenden Mitglieder der Aufsichtsbehörden gesondert geregelt (→ Art. 53 Rn. 7 ff.), während die übrigen Bediensteten der Behörde hieran nur mediatisiert durch die erwähnte Personalhoheit der Behörde (→ Rn. 10, Rn. 24).

13 Da eine effektive Aufgabenerfüllung hinreichende Ressourcen voraussetzt, erlangt auch die Dimension der **finanziellen Unabhängigkeit** für die Behörden erhebliche Bedeutung. Sie könnte durch eigene Finanzierungsquellen, etwa die Möglichkeit zu einer eigenverantwortlichen Gebührenerhebung besonders gestärkt werden (Kröger/Pilniok/Kröger, Unabhängiges Verwalten in der EU, 2016, 5; § 14 Abs. 4 BDSG nF sieht vor, dass die Tätigkeiten des/der Bundesbeauftragten für die „betroffene Person" vorbehaltlich von Missbrauchsfällen unentgeltlich erfolgen, → BDSG 2018 § 14 Rn. 16). Art. 52 Abs. 4 und 6 überlässt die exakte Ausgestaltung dieser Dimension den Mitgliedstaaten, verpflichtet diese aber auf eine aufgabenadäquate Ausstattung und unabhängigkeitsverträgliche Finanzkontrolle (→ Rn. 26).

14 Die Ausführungen zu den vielfältigen Dimensionen verdeutlichen, dass das **Organisationskonzept der exekutiven Unabhängigkeit weit weniger konturiert** ist, als das der richterlichen Unabhängigkeit, wobei selbst dieses rechtsvergleichend eine erhebliche Variationsbreite aufweist. Deshalb sind auch die sehr abstrakt formulierten primärrechtlichen Unabhängigkeitspostulate in Art. 16 Abs. 2 S. 2 AEUV und Art. 8 Abs. 3 GRCh lediglich als Ausgestaltungsaufträge mit schwacher inhaltlicher Direktionskraft zu verstehen (Marsch, Das europäische Datenschutzgrundrecht, 2018, 237 ff.). Der Unionsgesetzgeber hat sich mit Art. 51–54 für eine sehr akzentuierte Form der exekutiven Unabhängigkeit entschieden, die keineswegs die primärrechtlich einzig denkbare Form darstellt. Dies gilt grundsätzlich und vorbehaltlich einer jeweiligen Detailanalyse auch, soweit der Gesetzgeber Elemente aus der einschlägigen Rechtsprechung des EuGH seit 2010 aufnimmt (aA offenbar NK-DatenschutzR/Polenz Rn. 3 f., der die gegenwärtige Rechtslage an der bisherigen EuGH-Rechtsprechung zur DSRL misst, nicht am Primärrecht). Die Urteile beruhen auf einer Auslegung des damals geltenden Datenschutzsekundärrechts und zitieren die primärrechtlichen Bestimmungen entweder gar nicht (EuGH NJW 2010, 1265 Rn. 18–30 – dt. Kontrollstellen) oder nur sehr unspezifisch (EuGH ZD 2012, 563 Rn. 36 – österr. Kontrollstellen; EuGH BeckRS 2014, 80685 Rn. 47 – ungar. Kontrollstelle).

C. Völlige Unabhängigkeit mit Weisungsfreiheit und demokratische Legitimation

I. Unabhängigkeit zwischen klarer Weisungsfreiheit und vagem Beeinflussungsverbot

15 **Für die DSRL** musste der EuGH die Weisungsfreiheit der mitgliedstaatlichen Aufsichtsbehörden im Verhältnis zu ihren Regierungen noch unter Rückgriff vor allem auf teleologische, aber auch systematisch vergleichende Betrachtungen zu Art. 44 Abs. 2 DSVO 45/2001 aus dem sehr abstrakten, zugleich jedoch betont anspruchsvollen Postulat der „völligen Unabhängigkeit" ableiten (EuGH NJW 2010, 1265 Rn. 18–30 – dt. Kontrollstellen; zu Details → Rn. 15.2). **Art. 52** übernimmt in Abs. 1 die Qualifizierung des Gebots der „völlig unabhängig(en)" Aufgabenerfüllung und **statuiert in Abs. 2 die Weisungsfreiheit nunmehr ausdrücklich und betont umfassend**. Es spricht dabei nichts für eine Abkehr des Unionsgesetzgebers von der Einschätzung des EuGH, dass die Weisungsfreiheit sich auf alle Bereiche der Datenschutzaufsicht erstreckt, also auf die staatliche ebenso wie auf die private Datenverarbeitung (EuGH NJW 2010, 1265 Rn. 31–37 – dt. Kontrollstellen).

Unabhängigkeit **Artikel 52 DS-GVO**

Während sich die Weisungsfreiheit nach Art. 51 Abs. 2 auf die **leitenden Mitglieder** (zum Begriff 15.1 näher → Art. 53 Rn. 2) der Aufsichtsbehörde beschränkt, schirmt Abs. 5 auch die **übrigen Bediensteten** der Behörde gegenüber externen Weisungen ab und unterstellt diese allein der internen Leitung.

Als **nach der DSRL unzulässig** hat der EuGH eine administrative oder gubernative Aufsicht über 15.2 die Kontrollstellen angesehen, ohne dies jedoch genauer zu spezifizieren. Insoweit muss die Kontrollstelle jedenfalls von Einzelweisungen freigestellt sein. Im Oktober 2012 hat der EuGH die Anforderungen an die Unabhängigkeit in einem Verfahren zur österreichischen Datenschutzkommission tendenziell noch verschärft (EuGH ZD 2012, 563 Rn. 42 ff.; hierzu Szydlo CMLR 50 (2013), 1809 ff.; ausf. zur Rechtsprechung und den Hintergründen Ehmann/Selmayr Rn. 7–11). So bewertete er die beamtenrechtliche Dienstaufsicht über das geschäftsführende Mitglied und das sonstige Personal der im Bundeskanzleramt eingegliederten österreichischen Datenschutzkommission trotz der ausdrücklich gesicherten Weisungsfreiheit und funktionellen Unabhängigkeit der Kommission als einen Verstoß gegen die Anforderungen der DSRL. Ebenso beanstandet wurde das zeitlich und inhaltlich unbeschränkte Unterrichtungsrecht des Bundeskanzlers. Auf ähnliche dienstaufsichtsrechtliche Strukturen in einigen LDSG weist zutreffend hin Gola/Nguyen Rn. 10; für die Zulässigkeit der Dienstaufsicht Auernhammer/v. Lewinski, 5. Aufl. 2017 Rn. 30 (allerdings wahrzunehmen durch die Parlamente); ähnlich auch NK-DatenschutzR/Polenz, Rn. 9; unklar Glauben DVBl 2017, 488; s. ferner zum Streitstand – selbst skeptisch – SJTK/Kugelmann Rn. 37.

Der EuGH hat aus der Garantie unabhängiger Datenschutzbehörden des Weiteren abgeleitet, dass diesen 15.3 ein **Prüfungs- und Klagerecht gegen Kommissionsbeschlüsse** über die Zulässigkeit der Datenverarbeitung in Drittstaaten gewährt werden muss, die Kommissionsbeschlüsse also keine umfassende Bindungskraft gegenüber den Aufsichtsbehörden entfalten, wenngleich allein dem Gerichtshof eine Verwerfungskompetenz zusteht (EuGH ZD 2015, 549 – Schrems Rn. 57, 52 f.; → BDSG EUDatenschutzrichtlinie Rn. 165). Das entsprechende Antragsrecht der/des Bundesdatenschutzbeauftragten ist nun in § 21 BDSG nF enthalten, dazu → BDSG 2018 § 21 Rn. 1.

Interpretationsbedürftig ist, welche gubernativen Einflussformen nach Art. 52 Abs. 2 genau 16 untersagt sind. Der **Begriff der Weisungen,** die von den Mitgliedern der Behörde weder ersucht noch entgegengenommen noch gar befolgt werden dürfen, wird in den Erwägungsgründen ebensowenig wie in den Begriffsbestimmungen des Art. 4 definiert. In anderen Normen der DS-GVO beziehen sich Weisungen auf das Verhältnis zwischen Datenverantwortlichen und Auftragsverarbeitern (Art. 28, 29) und können damit auch Weisungen Privater erfassen. In Art. 52 Abs. 2 sind Weisungen nur eine hervorgehobene Form „direkter (oder) indirekter Beeinflussung von außen". Die Norm statuiert damit zumindest **vordergründig** nicht nur ein formales Weisungsverbot, sondern ein **denkbar weites Beeinflussungsverbot,** was auch der inspirierenden Rechtsprechung des EuGH entspricht, wonach Unabhängigkeit in Bezug auf die Regierung „jede Anordnung und jede sonstige äußere Einflussnahme, sei sie unmittelbar oder mittelbar, durch die in Frage gestellt werden könnte, dass die (…) Kontrollstellen ihre Aufgabe (…) erfüllen", ausschließt (EuGH NJW 2010, 1265 Rn. 30 – dt. Kontrollstellen; zu Details des Urteils → Rn. 15.2). Die Norm bedarf allerdings einer **teleologischen Reduktion.** Jedenfalls kann eine Regierung nicht daran gehindert sein, in Verfahren vor der Aufsichtsbehörde ihre eigene Datenverarbeitung zu verteidigen oder Rechtsschutz gegen Anordnungen der Aufsichtsbehörde zu suchen. Die exakten Grenzziehungen jenseits der klar verbotenen formellen Weisungen dürften schwer zu ziehen sein. Als unionale Norm ist diese jedenfalls autonom und letztverbindlich durch den EuGH auszulegen. Von selbst versteht sich, dass Grundrechtsträger in Ausübung ihrer Meinungs-, Versammlungs- und sonstigen Freiheiten Kritik an der Arbeit der Datenschutzbehörden üben und diese dadurch beeinflussen dürfen (unbestr., s. Ehmann/Selmayr Rn. 18).

Bemerkenswert ist, dass der Unionsgesetzgeber im Anschluss an die Rechtsprechung (EuGH 17 NJW 2010, 1265 Rn. 44 – dt. Kontrollstellen) Einschränkungen der völligen **Unabhängigkeit gegenüber den nationalen Regierungen insoweit zulässt,** als die Regierungen durch das nationale „Umsetzungsrecht" gem. Art. 53 Abs. 1 und Erwägungsgrund 121 ausdrücklich an der Auswahl und Ernennung der leitenden Mitglieder der Aufsichtsbehörden und damit auch an einer von Art. 54 Abs. 1 lit. e ausdrücklich zugelassenen Wiederernennung maßgeblich beteiligt werden können (s. jetzt § 11 Abs. 1 BDSG nF, mit Möglichkeit einmaliger Wiederwahl nach Abs. 3 S. 2). Insbesondere die **mögliche Beteiligung an einer Wiederbestellung** kann Vorwirkungen auf die Amtsführung entfalten, die aber vom Gerichtshof vom Gesetzgeber als allzu mittelbar und abstrakt verstanden werden (ausführlich SJTK/Kugelmann Rn. 45 ff.; auf die Gefahren für die unabhängige Amtsführung bei zu kurzer Amtszeit bzw. fehlender Wiederbestellbarkeit weist allerdings hin NK-DatenschutzR/Polenz Art. 54 Rn. 9).

Die Unabhängigkeit der mitgliedstaatlichen Aufsichtsbehörden schirmt diese allerdings nicht 18 vor **Einflüssen** auf ihr Verwaltungshandeln im Rahmen der europäischen Zusammenarbeit (Art. 60–62) und vor allem **im europäischen Kohärenzverfahren** (Art. 63–67) ab. Die funktional Weisungen entsprechenden Beschlüsse des Europäischen Datenschutzausschusses gem. Art. 65 zur Streitbeilegung bei Divergenzen zwischen nationalen Aufsichtsbehörden werden nach allerdings nicht unbestrittener Auffassung wegen dessen Zusammensetzung aus Vertretern der unabhängigen Datenschutzbehörden als zulässige interne und nicht als von Art. 52 Abs. 2 untersagte externe Einflussnahme qualifiziert werden können (Paal/Pauly/Koerffer Rn. 4; unklar Koós ZD 2014, 9 (14)). Jedenfalls wäre eine einschränkende Ausgestaltung der Unabhängigkeit durch die DS-GVO selbst angesichts der Ausgestaltungsoffenheit des Primärrechts ohne weiteres zulässig. Abgewichen ist der Gesetzgeber wegen Bedenken in Bezug auf die Unabhängigkeit zudem von den Kommissionsplänen, die administrative Divergenzbereinigung zwischen den nationalen Aufsichtsbehörden letztlich der **Kommission** zu überantworten. Dies wäre einerseits angesichts der restriktiven Position gegenüber den nationalen Regierungen inkonsequent gewesen und wurde sogar als Verstoß gegen das primärrechtliche Unabhängigkeitsgebot eingestuft (Kahler RDV 2013, 69 (70); Ziebarth CR 2013, 60 (68)). Aber auch die im Trilog gefundene Lösung mit einer deutlich zurückgenommenen Kommissionsbeteiligung wird kritisiert (Paal/Pauly/Koerffer Rn. 5, NK-DatenschutzR/Polenz Rn. 4; die Einbeziehung der Kommission in die datenschutzrechtliche Aufsicht wegen deren Verpflichtung auf die „allgemeinen Interessen der Union" grundsätzlich verteidigend Ehmann/Selmayr Rn. 14). Tatsächlich dürfte diese jedoch den Ausgestaltungsspielraum des Gesetzgebers nicht überschreiten.

II. Konsequenzen für die demokratische Legitimation

19   Die im 2010 entschiedenen Vertragsverletzungsverfahren von Deutschland in Stellung gebrachten demokratischen Rechtsgrundsätze zur Verwaltungslegitimation überzeugten den EuGH nicht. Der **EuGH** stellt stattdessen auf **alternative demokratische Legitimationsmechanismen** wie parlamentarische Einflussnahmen durch gesetzliche Vorgaben, bei der Bestellung des Leitungspersonals und durch Berichtspflichten ab (EuGH NJW 2010, 1265 Rn. 39–46 – dt. Kontrollstellen). Außerdem verweist der EuGH auf die Absicherung der Gesetzesbindung durch gerichtliche Kontrollen (EuGH NJW 2010, 1265 Rn. 42). In der Literatur wird die Entscheidung kontrovers diskutiert (zustimmend etwa Petri/Tinnefeld MMR 2010, 157 ff.; Roßnagel EuZW 2010, 299 ff.; eher krit. hingegen zB Bull EuZW 2010, 488 ff.; Frenzel DÖV 2010, 925 (927 ff.); Spiecker gen. Döhmann JZ 2010, 787 ff.; Taeger K&R 2010, 330 ff.; s. auch Faßbender RDV 2009, 96 ff.; GA Mázak SchlA Rs. C-518/07 Rn. 3 – dt. Kontrollstellen; ferner Schantz/Wolff DatenschutzR Rn. 1004, die trotz gewisser Bedenken gegen die EuGH-Rechtsprechung keine Überschreitung der Integrationsgrenzen des Art. 23 GG annehmen). Nach der primärrechtlichen Absicherung der unabhängigen Datenschutzaufsicht im Vertrag von Lissabon und der Übernahme vieler vom Gerichtshof angesprochener Unabhängigkeits- und Legitimationsfaktoren in der DS-GVO dürften die Hürden für einen Rechtsprechungswandel sehr hoch liegen.

20   Gleichwohl **bedarf die Legitimationsproblematik gerade nach dem Erlass der DS-GVO einer erneuten Diskussion.** Die Aufgaben der Datenschutzbehörden sind erheblich angestiegen und zwar normativ, vor allem aber faktisch angesichts der geradezu exponentiell ansteigenden privaten und staatlichen Datenverarbeitung in der sich rasant entwickelnden Informationsgesellschaft und Datenökonomie. Auch das Internet der Dinge betrifft in großer Zahl Daten zumindest unter Anwendung moderner oder künftiger Analysekapazitäten bestimmbarer Personen. Gleichzeitig sind die Maßstäbe der DS-GVO für die Zulässigkeit gerade der privaten Datenverarbeitung kaum verwendungsspezifisch ausdifferenziert und die Mitgliedstaaten können in diesem Bereich, anders als unter dem Regime der DSRL und auch künftig noch im Hinblick auf die öffentliche Datenverarbeitung keine gesetzgeberische Auffangverantwortung durch konkretisierende Regelungen übernehmen. Stattdessen werden die Aufsichtsbehörden – und in letzter Konsequenz, aber schon wegen Dynamik der Entwicklung eher punktuell die Gerichte – mit der verwendungsspezifischen Konkretisierung der normativ kaum vorstrukturierten Interessenabwägung gem. Art. 6 Abs. 1 lit. f betraut. Der jetzt in Art. 51 Abs. 1 betonte Zieldualismus (→ Art. 51 Rn. 6) verschärft die Problematik. Dies droht die unabhängigen Aufsichtsbehörden sowohl kapazitär als auch legitimatorisch zu überfordern (zur Problematik einer Kombination exekutiver Unabhängigkeit mit großen Entscheidungsspielräumen im Datenschutzrecht s. auch von Lewinski ZG 2015, 229 (243 f.); ferner → Rn. 11.4; abw. Kröger/Pilniok/Spiecker gen. Döhmann, Unabhängiges Verwalten in der EU, 2016, 97 (117 f.), die sogar die unabhängigen Aufsichtsbehörden als besonders geeignet ansieht, die mit dem Recht auf Vergessen verbundenen multipolaren Abwägungsentscheidungen inklusive der Kommunikationsgrundrechte vorzunehmen). Die Unabhängigkeit der Aufsichtsbehörden müsste vor diesem Hintergrund keineswegs aufgegeben werden, eine abweichende Austarierung der Unabhängigkeitsdimensionen und -faktoren etwa nach dem Vorbild der mit

bedeutendem Regulierungsermessen ausgestatteten Regulierungsbehörden wäre aber ernsthaft in Betracht zu ziehen (vgl. hierzu näher Körber/Kühling/J.-P. Schneider, Regulierung – Wettbewerb – Innovation, 2017, 113 (128 ff., 138 ff.)). Dies gilt insbesondere für den im Regulierungs(planungs)recht üblichen multipolaren Interessenausgleich durch Beteiligung unterschiedlicher Fachbehörden (demgegenüber plädieren v. Lewinski/Herrmann (PinG 2017, 209 (213 ff.)) auch zur Wahrung der Unabhängigkeit für eine Abschirmung und eine Vorrangstellung der Datenschutzbehörden gegenüber anderen Fachbehörden und – insoweit überzeugend – insbesondere gegenüber Verbraucherschutzverbänden; insofern keinen Konflikt sieht hingegen NK-DatenschutzR/Polenz Art. 51 Rn. 8, dort auch zu einem eventuellen Zuständigkeitskonflikt mit der Stiftung Datenschutz).

D. Funktionelle Unabhängigkeit und Sicherung der Unparteilichkeit

Wie erwähnt, ist die sogenannte **funktionelle Unabhängigkeit** gegenüber den Datenverarbeitungsverantwortlichen einerseits und den von der Verarbeitung Betroffenen andererseits eine wichtige und seit langem bekannte Dimension der aufsichtsbehördlichen Unabhängigkeit (→ Rn. 11 → Rn. 11.1). Sie wird ebenfalls durch **Art. 52 Abs. 2** geregelt, da sich dessen Beeinflussungsverbot nicht allein auf gubernative Weisungen der Regierung bezieht, sondern auch auf Einflussnahmen seitens der Adressaten der Datenschutzaufsicht. 21

Art. 52 Abs. 3 steht hiermit in engem Zusammenhang und sichert die **Unparteilichkeit,** Integrität und Vertrauenswürdigkeit der leitenden Mitglieder der Aufsichtsbehörde durch ein Verbot der Ausübung von mit dem Amt unvereinbaren Handlungen und eine Inkompatibilitätsregelung. Die Norm entspricht dem für den Europäischen Datenschutzbeauftragten geltenden Art. 44 Abs. 3 der DSVO 45/2001 und ist sehr weit gefasst. Das zentrale Kriterium der Unvereinbarkeit mit dem Amt bzw. seinen Aufgaben ist ausgesprochen vage und kann zu erheblichen Abgrenzungsschwierigkeiten führen (tendenziell für eine Verdichtung zur zwingenden Hauptamtlichkeit Ehmann/Selmayr Rn. 20). Aus Art. 54 Abs. 1 lit. f lässt sich ablesen, dass die **Mitgliedstaaten** insoweit in „**Umsetzungsrechtsvorschriften**" zumindest in Grenzen rechtsstaatlich wünschenswerte Konkretisierungen vornehmen dürfen und auch Anforderungen an das Verhalten nach dem Amtsende festlegen sollen (→ Rn. 22.1 ff.). 22

Diskutiert wird in diesem Zusammenhang etwa die Frage, ob die in Deutschland vorgesehene **Kombination der Aufgaben der Datenschutzaufsicht mit denen als Beauftragter für Informationsfreiheit** gegen das Inkompatibilitätsverbot verstößt (krit. von Lewinski ZG 2015, 229 (241); verneinend hingegen Paal/Pauly/Koerffer Rn. 8). 22.1

Nach Traung CRI 2012, 33 (49), hätten zusätzlich die **Beziehungen zu Lobbygruppen** präziser geregelt werden sollen, etwa durch die Einführung eines Registers über Lobbykontakte oder eine Pflicht zur gleichmäßigen Anhörung. 22.2

Ein wichtiger Aspekt in diesem Zusammenhang sind auch **Instrumente der Korruptionsverhütung;** s. dazu § 13 Abs. 2 BDSG nF, der im Fall von Geschenken an den/die Bundesbeauftragte(n) Meldepflichten gegenüber dem BT-Präsidenten vorsieht (dazu BT-Drs. 18/11325, 86: „Konkretisierung der (…) mitgliedstaatlichen Regelungsspielräume"). 22.3

Als einen weiteren wichtigen Aspekt der Unparteilichkeit statuiert Art. 54 Abs. 2 den Grundsatz der **Vertraulichkeit** (→ Art. 54 Rn. 3). Unberührt bleiben schließlich verfahrensrechtliche **Regeln** zur Sicherung der Unparteilichkeit, die gem. Art. 58 Abs. 4 insbesondere auch **im allgemeinen Verwaltungsverfahrensrecht der Mitgliedstaaten** verankert sein dürfen. 23

E. Personalautonomie

Abs. 5 gewährt den Aufsichtsbehörden als Element ihrer institutionellen Unabhängigkeit (→ Rn. 10) **Personalautonomie** sowohl in Bezug auf die Auswahl als auch auf dessen Leitung, einschließlich der Entscheidungen über Disziplinarmaßnahmen und Beförderungen (so auch Ehmann/Selmayr Rn. 25). Während die Auswahl des Personals nach dieser Norm allein der Aufsichtsbehörde selbst zusteht, erwähnt Erwägungsgrund 121 nach dem Trilog als Alternative auch eine Personalauswahl nach durch mitgliedstaatliches Recht eingerichtete gesonderte unabhängige Stellen. Auch die Klärung dieser Unklarheit wird der Rechtsprechung obliegen. Überdies bezieht sich der mitgliedstaatliche Regelungsauftrag nach Art. 54 Abs. 1 lit. f nicht auf Personalauswahlverfahren, sondern nur auf Regeln zur Beendigung von Beschäftigungsverhältnissen, was aber angesichts des nationalen Sicherstellungsauftrags aus Abs. 5 unschädlich sein dürfte. Die **Auswahl der leitenden Mitglieder** der Aufsichtsbehörde bestimmt sich nicht nach Abs. 5, sondern ist in Art. 53 geregelt. 24

F. Garantie hinreichender Ressourcen und unabhängigkeitsverträgliche Finanzkontrolle

25 Abs. 4 verpflichtet die Mitgliedstaaten zur **aufgabenadäquaten Ressourcenausstattung**, namentlich in Bezug auf Personal, Technik und Finanzen, Räumlichkeiten und Infrastrukturen (zur Bedeutung der finanziellen Unabhängigkeitsdimension für die Aufsichtsbehörden Kröger/Pilniok/Spiecker gen. Döhmann, Unabhängiges Verwalten in der EU, 2016, 97 (108 f.)). Die Norm ergänzt die Regelung in Abs. 5 zur Personalautonomie und wird ihrerseits durch Abs. 6 ergänzt, der die Mitgliedstaaten dazu verpflichtet, für die Aufsichtsbehörden „eigene" Haushaltspläne aufzustellen, die jedoch trotzdem Teil des staatlichen Gesamthaushalts sein dürfen, und damit Teil der parlamentarischen Haushaltsgesetzgebung sind. Völlige Unabhängigkeit wird also nicht mit einer Haushaltsautonomie etwa durch eigene Gebührengestaltungskompetenzen der Aufsichtsbehörden verknüpft. Damit müssen die nationalen Haushaltsgesetzgeber den aufgabenadäquaten Ressourcenbedarf bestimmen und sind dabei auch nicht an Budgetanmeldungen der Aufsichtsbehörden gebunden. Die **Vorgaben der Verordnung sind hierzu sehr abstrakt** und legen allein fest, dass auch die effektive Wahrnehmung der Aufgaben in den europäischen Verbundverfahren und Verbundorganisation einzukalkulieren sind. Im Übrigen können sich aus den weiteren Bestimmungen der DS-GVO Hinweise auf Prioritäten ergeben. Auch weiterhin dürfte aber die allgemeine Ausstattungssituation der Behörden eines Mitgliedstaats zu berücksichtigen sein, zumal diese ebenfalls häufig mit der effektiven Durchführung von Unionsrecht betraut sein werden. Die Mindestausstattung dürfte aber nicht erst unterschritten werden, wenn die Durchführung des EU-Datenschutzrechts praktisch unmöglich gemacht wird. Abs. 4 bindet die nationale Haushaltsautonomie an die **strenge Fassung des Effektivitätsgrundsatzes.** Angesichts der schon bisher nicht üppigen Ausstattung vieler Aufsichtsbehörden (sehr anschaulich zur bisher defizitären Situation in manchen Mitgliedstaaten Ehmann/Selmayr Rn. 23 und Sydow/Ziebarth Rn. 38 ff.) und des Aufgabenzuwachses im Zusammenhang mit der DS-GVO kommen auf die Mitgliedstaaten erhebliche Belastungen und Änderungsnotwendigkeiten zu (für einen weiteren Aufwuchs auch des Haushalts der BfDI speziell wegen der neuen Aufgaben durch die DS-GVO Kühling/Buchner/Boehm Rn. 24; ausführlich zu einzelnen Finanzbedarfen NK-DatenschutzR/Polenz Rn. 15 ff.).

26 Art. 52 Abs. 6 klärt zudem, dass die völlige Unabhängigkeit auch nicht von einer externen **Finanzkontrolle** etwa durch die nationalen Rechnungshöfe befreit, solange dabei ihre Unabhängigkeit nicht beeinträchtigt wird (dazu jetzt § 10 Abs. 2 BDSG).

Artikel 53 Allgemeine Bedingungen für die Mitglieder der Aufsichtsbehörde

(1) Die Mitgliedstaaten sehen vor, dass jedes Mitglied ihrer Aufsichtsbehörden im Wege eines transparenten Verfahrens ernannt wird, und zwar
- vom Parlament,
- von der Regierung,
- vom Staatsoberhaupt oder
- von einer unabhängigen Stelle, die nach dem Recht des Mitgliedstaats mit der Ernennung betraut wird.

(2) Jedes Mitglied muss über die für die Erfüllung seiner Aufgaben und Ausübung seiner Befugnisse erforderliche Qualifikation, Erfahrung und Sachkunde insbesondere im Bereich des Schutzes personenbezogener Daten verfügen.

(3) Das Amt eines Mitglieds endet mit Ablauf der Amtszeit, mit seinem Rücktritt oder verpflichtender Versetzung in den Ruhestand gemäß dem Recht des betroffenen Mitgliedstaats.

(4) Ein Mitglied wird seines Amtes nur enthoben, wenn es eine schwere Verfehlung begangen hat oder die Voraussetzungen für die Wahrnehmung seiner Aufgaben nicht mehr erfüllt.

Überblick

Art. 53 regelt im Zusammenspiel mit Art. 54 Abs. 1 lit. b–f wichtige Elemente der persönlichen Unabhängigkeit der leitenden Mitglieder (→ Rn. 2) der Aufsichtsbehörde in Bezug auf deren legitimationsrelevante Auswahl und Ernennung (→ Rn. 4 f.), ihre erforderlichen Qualifikationen (→ Rn. 6) sowie ihr reguläres oder außerordentliches Amtsende (→ Rn. 7 ff.).

Allgemeine Bedingungen für die Mitglieder der Aufsichtsbehörde **Artikel 53 DS-GVO**

A. Allgemeines

Die Norm regelt wichtige **Elemente der persönlichen Unabhängigkeit** der leitenden Mitglieder der Aufsichtsbehörde, deren Auswahl und Ernennung sowie Qualifikationsanforderungen. Ihre Vorgaben werden durch Regelungsaufträge an die mitgliedstaatliche „Umsetzungsgesetzgebung" in Art. 54 Abs. 1 lit. b–f ergänzt.

Art. 53 bezieht sich allein auf die **Mitglieder einer Aufsichtsbehörde.** Dieser Rechtsbegriff wird weder in den Erwägungsgründen noch in den Begriffsbestimmungen des Art. 4 definiert. Aus Art. 52 Abs. 2, 3 und 5 lässt sich ablesen, dass die Mitgliedstaaten zwischen einer Ausgestaltung mit nur einem Mitglied oder mit mehreren Mitgliedern wählen können. Art. 52 Abs. 5 und Art. 54 Abs. 1 lit. f bzw. Abs. 2 ist zu entnehmen, dass zwischen den Mitgliedern der Aufsichtsbehörden und ihren Bediensteten bzw. ihrem damit wohl identischen Personal zu unterscheiden ist. Die besonderen Regeln über die Ernennung der Mitglieder durch höchste Staatsstellen in Abs. 1 und die Personalleitungskompetenz der Mitglieder sprechen dafür, nur der Behördenspitze den Mitgliedsstatus zuzusprechen (so jetzt auch SJTK/Römer Rn. 15). Je nachdem, ob der Mitgliedstaat sich für eine **monokratische oder eine kollegiale Ausgestaltung der Leitungsspitze** entscheidet, verfügt die Aufsichtsbehörde lediglich über ein Mitglied oder mehrere Mitglieder (ebenso Piltz K&R 2016, 777 (781)). Für Deutschland ist die monokratische Variante üblich (s. § 8 BDSG nF). Stellvertreter monokratischer Leitungsspitzen sind nicht selbst „Mitglied", müssen also nicht das Verfahren nach Art. 53 durchlaufen (mit weiteren Details SJTK/Römer Rn. 16).

Die Norm greift Anregungen aus der Rechtsprechung des EuGH auf (→ Rn. 4; → Art. 52 Rn. 17). Eine **Vorgängernorm in der DSRL gibt es nicht,** partiell ist die Norm durch Art. 42 DSVO 45/2001 inspiriert. Im **Gesetzgebungsverfahren** erfuhr sie verschiedene kleinere Änderungen. Insbesondere wurde in Abs. 1 der Kreis der zulässigen mitgliedstaatlichen Ernennungsorgane erweitert und die Transparenz des Auswahlverfahrens sichergestellt. Gestrichen wurde aus dem Kommissionsentwurf die Notwendigkeit eines gerichtlichen Amtsenthebungsverfahrens und eine Regelung zur kommissarischen Amtsfortführung (ausführlich NK-DatenschutzR/Polenz Rn. 2).

B. Absicherung von personeller Legitimation und Verfahrenstransparenz

Abs. 1 sichert die Transparenz des Auswahlverfahrens und eine hohe personelle Legitimation der Mitglieder. Während die **Transparenzanforderungen** nicht näher bestimmt werden, sondern gem. Art. 54 Abs. 1 lit. c der mitgliedstaatlichen „Umsetzungsgesetzgebung" überlassen bleiben (zur „Maßstabsfunktion" von Art. 42 Abs. 1 VO 45/2001 über die Ernennung des Europäischen Datenschutzbeauftragten Ehmann/Selmayr Rn. 5; für eine Orientierung an der Richterauswahl NK-DatenschutzR/Polenz Rn. 4; krit. zur 2018 erfolgten Wahl des BfDI Harmonies Recht und Politik 2019, 52), werden die **zulässigen nationalen Ernennungsorgane** abschließend aufgezählt. Den Mitgliedstaaten verbleibt allerdings die Wahl zwischen den aufgezählten höchsten Staatsorganen in Gestalt des Parlaments, der Regierung und des Staatsoberhaupts sowie einer speziellen, vom jeweiligen Mitgliedstaat betrauten unabhängigen Stelle zur Personalauswahl (unklar NK-DatenschutzR/Polenz Rn. 3, der sich wegen drohender politischer Parteilichkeit gegen eine Wahl durch die Parlamente ausspricht). Bemerkenswert ist angesichts der in Art. 52 Abs. 2 vorgesehenen Weisungsfreiheit die aus der EuGH-Rechtsprechung übernommene Zulässigkeit einer Ernennung durch die Regierung (→ Art. 52 Rn. 17). Aus einem im Trilog in Erwägungsgrund 121 eingefügten Zusatz lässt sich ferner ableiten, dass auch das Vorschlagsrecht zur Ernennung höchsten Staatsorganen vorbehalten sein soll.

Keine Vorgaben trifft Art. 53 zur Dauer der **Amtszeiten.** Art. 54 Abs. 1 lit. d enthält hierzu allerdings nur genauere Mindestanforderungen (→ Rn. 8) und Art. 54 Abs. 1 lit. e eröffnet den Mitgliedstaaten auch die Option, eine ggf. mehrfache **Wiederernennung** vorzusehen. Aus der Möglichkeit der Wiederernennung schließt NK-DatenschutzR/Polenz Art. 54 Rn. 8, dass eine lebenszeitige Ernennung ausscheide. Gemäß § 11 Abs. 3 S. 2 BDSG darf der/die Bundesbeauftragte für den Datenschutz einmal wiedergewählt werden. Die mit der Option einer Wiederernennung verbundenen Risiken für die unabhängige Amtsführung wurden bereits erwähnt (→ Art. 52 Rn. 17). Immerhin werden die Risiken dadurch gemindert, dass die Option der Wiederernennung gesetzlich geregelt sein muss (→ Art. 54 Rn. 2).

C. Absicherung von fachlicher Qualifikation

Abs. 2 sichert eine **hinreichende Qualifikation** und Erfahrung der Mitglieder als Voraussetzung einer ebenso unabhängigen wie effektiven Datenschutzaufsicht ab. Die genaue Ausformung der Anforderungen obliegt gem. Art. 54 Abs. 1 lit. b den nationalen Rechtsvorschriften. Der hierdurch eingeräumte **mitgliedstaatliche Ausgestaltungsspielraum** ist zwar sicher nicht grenzenlos (für Anhaltspunkte siehe auch die Beispiele bei NK-DatenschutzR/Polenz Rn. 6 f.) und die Mitgliedstaaten dürfen hierbei etwa nicht die in Art. 52 verankerten Unabhängigkeitspostulate unterlaufen (insoweit zutreffend Ehmann/Selmayr Rn. 9 f.). Zu weit geht es jedoch, entgegen Art. 45 Abs. 4 AEUV den Mitgliedstaaten zu verwehren, die eigene Staatsangehörigkeit als Ernennungsvoraussetzung vorzusehen (so aber Ehmann/Selmayr Rn. 10; SJTK/Römer Rn. 34). Zwar mag man in Anlehnung an ähnliche Formulierungen in Bezug auf die mitgliedstaatlichen Gerichte die nationalen Datenschutzaufsichtsbehörden als „funktionale, dezentrale Unionsbehörden" bezeichnen. Angesichts der intensiven Debatten im Gesetzgebungsverfahren über die angemessene Wahrung mitgliedstaatlicher Kompetenzen im Datenschutzaufsichtsverbund wäre es dennoch verfehlt, die Datenschutz-Aufsichtsbehörden als „heute nur noch formal gesehen nationale Behörden" einzustufen (so aber Ehmann/Selmayr Rn. 10). Ob hingegen das in § 11 Abs. 1 S. 3 BDSG vorgesehene starre Mindestalter von 35 Jahren für den Bundesbeauftragten zulässig eine (vermutete) Qualifikation absichert (so NK-DatenschutzR/Polenz Rn. 8 und Art. 54 Rn. 6) oder nicht doch eher eine unzulässige Altersdiskriminierung ist (dafür HK-DS-GVO/Ziebarth Rn. 39; SJTK/Römer Rn. 36), ist allerdings zweifelhaft (nach Paal/Pauly/Körffer BDSG § 11 Rn. 3 handelt es sich um eine zulässige „sonstige Voraussetzung für die Ernennung", ebenso → BDSG 2018 § 11 Rn. 2).

D. Absicherung persönlicher Unabhängigkeit

7 Zwar verlangt die DS-GVO zur Absicherung persönlicher Unabhängigkeit zumindest nicht ausdrücklich die **amtsangemessene Alimentierung der Mitglieder.** Indirekt lässt sich ein solches Gebot vermutlich aus Art. 52 Abs. 1 iVm Abs. 4 ableiten. Ausdrücklich geregelt sind in Abs. 3 und 4 hingegen wichtige andere Garantien in Bezug auf ein reguläres und ein außerordentliches **Amtszeitende.**

7.1 Hinzuweisen ist auch auf den Regelungsauftrag gem. Art. 54 Abs. 1 lit. f in Bezug auf die Beendigung von Beschäftigungsverhältnissen der **übrigen Bediensteten.**

8 Abs. 3 betrifft das **reguläre Amtszeitende** und sieht dafür mit dem Ablauf der Amtszeit, dem Rücktritt und der verpflichtenden Versetzung in den Ruhestand **drei Varianten** vor. Bereits Abs. 3 verweist auf weitere **Konkretisierungen im mitgliedstaatlichen Recht.** In Bezug auf die Festlegung von **Amtszeiten** ist letztlich maßgeblich der Regelungsauftrag aus Art. 54 Abs. 1 lit. d, da dieser zusätzliche unionsrechtliche Mindestvorgaben enthält. Danach muss die Amtszeit – vorbehaltlich von Sonderregeln für kollegial besetzte Behördenspitzen in der unmittelbaren Übergangszeit nach dem Inkrafttreten der DS-GVO im Mai 2016 – im Interesse einer hinreichenden Unabhängigkeit mindestens vier Jahre betragen. Ob sich die in § 12 Abs. 2 S. 6 BDSG enthaltene Verpflichtung eines Mitglieds, das Amt nach Ablauf der Amtszeit für maximal sechs Monate ggf. kommissarisch auszuüben, noch auf Abs. 3 (Regelung der Amtszeit) stützen kann, erscheint zweifelhaft; in Betracht käme auch Art. 54 Abs. 1 lit. f (Pflichten eines Mitglieds). Im Ergebnis wird die Norm aber zurecht – soweit ersichtlich: einhellig – für unionsrechtskonform befunden (ausführlich NK-DatenschutzR/Polenz Rn. 16). Aus systematischen Gründen bezieht sich die in Abs. 3 ebenfalls angesprochene verpflichtende Versetzung in den Ruhestand wegen Abs. 4 nur auf einen gesetzlich geregelten regulären Ruhestand etwa aus Altersgründen (wegen der möglichen Konflikte mit der Mindestamtszeit von vier Jahren für einen Verzicht auf eine Altersgrenze HK-DS-GVO/Ziebarth Rn. 26; der Bundesgesetzgeber hat auf eine entsprechende Ruhestandsregelung bewusst verzichtet, vgl. § 12 BDSG und BT-Drs. 18/11325, 85). Die in Abs. 3 genannten regulären Beendigungs**gründe** sind – mit Ausnahme des Amtsendes im Todesfall – abschließend (SJTK/Römer Rn. 39). Für das Beendigungs**verfahren** enthält Art. 54 Abs. 1 lit. f einen Regelungsauftrag.

9 Die in Abs. 4 geregelte **außerordentliche Amtsenthebung** bedeutet einen besonders schweren Eingriff in die Unabhängigkeit der Aufsichtsbehörde und ist daher nur restriktiv anzuwenden. Anlass einer Amtsenthebung können nur schwere Verfehlungen im Amt oder das objektiv nachweisbare Fehlen der Voraussetzungen für die korrekte Aufgabenwahrnehmung sein. In Abs. 4 fehlt der in Abs. 3 auf Vorschlag des Rates nachträglich eingefügte Hinweis auf das Recht der Mitgliedstaaten. Auch wird die Amtsenthebung in den Regelungsaufträgen des Art. 54 Abs. 1 nicht ausdrücklich angesprochen. Ohne konkretisierende Vorschriften jedenfalls zum Amtsenthebungsverfahren ist die Norm aber nicht vollzugsfähig, zumal die noch im Kommissionsentwurf enthaltene Zuständigkeitszuweisung an die Gerichte gestrichen wurde (s. auch Ehmann/Selmayr

Rn. 16). Deshalb ist Art. 54 Abs. 1 lit. f erweiternd dahin auszulegen, dass auch die Amtsenthebung zu den mitgliedstaatlichen „Regeln für die Beendigung des Beschäftigungsverhältnisses" zählen (vgl. dazu jetzt § 12 Abs. 2 S. 3 BDSG: Amtsenthebung durch den Bundespräsidenten auf „Vorschlag" des BT-Präsidenten; im Ergebnis wie hier, aber in direkter Anwendung von Art. 54 Abs. 1 lit. f SJTK/Römer Rn. 45; NK-DatenschutzR/Polenz Rn. 14 f. hält einen Rückgriff auf „allgemeine Grundsätze" für nötig/möglich und äußert Zweifel an der Unionsrechtskonformität von § 12 Abs. 2 S. 3 BDSG). Wie die Rechtsprechung des EuGH belegt, **verfügen die Mitgliedstaaten insoweit nicht über einen unbegrenzten Gestaltungsspielraum**, sondern müssen etwa abstrakt objektive Kriterien und Gründe für eine Amtsenthebung bestimmen (→ Rn. 9.1; abw. Ehmann/Selmayr Rn. 13–15, der die materiellen Amtsenthebungsgründe allein Art. 53 Abs. 4 und einem Quervergleich mit anderen unionsrechtlichen Abberufungsgründen zB für Kommissare oder die Präsidenten der Zentralbanken entnehmen will).

Im April 2014 hat der EuGH Ungarn in einem Vertragsverletzungsverfahren verurteilt. Dem Verfahren lag eine **Verfassungsreform in Ungarn** zugrunde, durch welche die Organisation der ungarischen Datenschutzbehörde grundsätzlich reformiert und zugleich die Amtszeit des amtierenden Datenschutzbeauftragten für beendet erklärt worden war. Der EuGH stellte zurecht fest, dass eine mögliche Beendigung der Amtszeit, die sich nicht auf im Voraus abstrakt festgelegte objektive Kriterien und Gründe stützt, die Unabhängigkeit selbst dann beeinträchtigt, wenn die Beendigung im Zuge einer grundlegenden Organisationsreform erfolgt; vielmehr muss die Dauer der Amtszeit in einem solchen Falle durch Übergangsregelungen gewährleistet werden (EuGH BeckRS 2014, 80685 Rn. 54 f., 61). Dementsprechend sind auch Änderungen des Qualifikationsprofils während der laufenden Amtszeit nicht geeignet, eine Abberufung nach Abs. 4 zu rechtfertigen (zutreffend SJTK/Römer Rn. 48). 9.1

Artikel 54 Errichtung der Aufsichtsbehörde

(1) Jeder Mitgliedstaat sieht durch Rechtsvorschriften Folgendes vor:
a) die Errichtung jeder Aufsichtsbehörde;
b) die erforderlichen Qualifikationen und sonstigen Voraussetzungen für die Ernennung zum Mitglied jeder Aufsichtsbehörde;
c) die Vorschriften und Verfahren für die Ernennung des Mitglieds oder der Mitglieder jeder Aufsichtsbehörde;
d) die Amtszeit des Mitglieds oder der Mitglieder jeder Aufsichtsbehörde von mindestens vier Jahren; dies gilt nicht für die erste Amtszeit nach 24. Mai 2016, die für einen Teil der Mitglieder kürzer sein kann, wenn eine zeitlich versetzte Ernennung zur Wahrung der Unabhängigkeit der Aufsichtsbehörde notwendig ist;
e) die Frage, ob und – wenn ja – wie oft das Mitglied oder die Mitglieder jeder Aufsichtsbehörde wiederernannt werden können;
f) die Bedingungen im Hinblick auf die Pflichten des Mitglieds oder der Mitglieder und der Bediensteten jeder Aufsichtsbehörde, die Verbote von Handlungen, beruflichen Tätigkeiten und Vergütungen während und nach der Amtszeit, die mit diesen Pflichten unvereinbar sind, und die Regeln für die Beendigung des Beschäftigungsverhältnisses.

(2) ¹Das Mitglied oder die Mitglieder und die Bediensteten jeder Aufsichtsbehörde sind gemäß dem Unionsrecht oder dem Recht der Mitgliedstaaten sowohl während ihrer Amts- beziehungsweise Dienstzeit als auch nach deren Beendigung verpflichtet, über alle vertraulichen Informationen, die ihnen bei der Wahrnehmung ihrer Aufgaben oder der Ausübung ihrer Befugnisse bekannt geworden sind, Verschwiegenheit zu wahren. ²Während dieser Amts- beziehungsweise Dienstzeit gilt diese Verschwiegenheitspflicht insbesondere für die von natürlichen Personen gemeldeten Verstößen gegen diese Verordnung.

Überblick

Art. 54 normiert in Abs. 1 verschiedene Regelungsaufträge an die Mitgliedstaaten (→ Rn. 2) und in Abs. 2 die Pflicht zur Verschwiegenheit (→ Rn. 3).

A. Allgemeines

1 Art. 54 normiert in Abs. 1 verschiedene Regelungsaufträge an die Mitgliedstaaten und in Abs. 2 die Pflicht zur Verschwiegenheit. Abs. 2, der die Regelung des Art. 28 Abs. 7 DSRL zum Umgang mit vertraulichen Informationen modifiziert aufnimmt, war im **Kommissionsentwurf** noch als eigenständiger Artikel formuliert. Weshalb der **Rat** für eine Integration in den jetzigen Art. 54, dessen Überschrift den zusätzlichen Regelungsgegenstand auch in keiner Weise andeutet, votiert hat, erschließt sich systematisch in keiner Weise (Ehmann/Selmayr Rn. 1: „wohl vor allem aus Gründen der Textökonomie"; SJTK/Römer Rn. 61 sieht in Abs. 2 eine besondere Ausformung der Pflichten der Mitglieder und Bediensteten iSv Abs. 1 lit. f). Der Bund ist den Regelungsaufträgen vor allem mit §§ 8–13 BDSG nachgekommen.

B. Mitgliedstaatliche Regelungsaufträge

2 Abs. 1 erteilt eine ganze Reihe von Regelungsaufträgen an die Mitgliedstaaten. Die Aufträge knüpfen an vorstehende Regelungen der Art. 51–53 an, ergänzen die dortigen Regelungen aber teilweise auch um zusätzliche Vorgaben und Konkretisierungen: lit. a bezieht sich auf die in Art. 51 vorgegebene Errichtung der Aufsichtsbehörde, während die Aufträge in lit. b–f sich mit verschiedenen Aspekten im Zusammenhang mit dem Status und der Amtsführung von Mitgliedern und Bediensteten der Behörden befassen. Die Regelungsaufträge sind durch „Rechtsvorschriften", also durch formelle oder materielle Gesetze zu erfüllen (SJTK/Römer Rn. 26). Im Einzelnen ist auf die Ausführungen zu den Art. 51–53 zu verweisen (für lit. a → Art. 51 Rn. 5; für lit. b → Art. 52 Rn. 1, Art. 53 Rn. 1, Rn. 6; für lit. c → Art. 52 Rn. 17, Art. 53 Rn. 1, Rn. 4; für lit. d → Art. 53 Rn. 5, Rn. 8, Rn. 9; für lit. e → Art. 52 Rn. 17, Art. 53 Rn. 5; für lit. f → Art. 52 Rn. 22, Rn. 24, Art. 53 Rn. 2, Rn. 8 f.; zu Zweifeln an der Auslegung der Übergangsvorschrift in Abs. 1 lit. d Hs. 2 s. HK-DS-GVO/Ziebarth Rn. 29 ff.).

C. Absicherung von Vertraulichkeit

3 Bei der Erfüllung ihrer Aufgaben erlangen die Mitglieder und Bediensteten Kenntnis von einer Vielzahl geschützter personenbezogener Daten von Betroffenen, aber auch vertrauliche Informationen über die datenverarbeitenden Unternehmen oder Behörden, die entweder aus ihrerseits geschützten personenbezogene Daten oder anderen Betriebs-, Geschäfts- oder Staatsgeheimnissen bestehen können. Ohne eine Absicherung von Vertraulichkeit wäre eine **vertrauensvolle Zusammenarbeit der Behörden mit den Aufsichtsadressaten** daher von vornherein gefährdet. Vertraulichkeit hat daher eine doppelte Ratio: Rechts- und Interessenschutz der Aufsichtsunterworfenen (grundrechtlich Art. 7, 8, 15, 16 GRC) sowie Effektivität der Aufsicht selbst, die andernfalls nicht oder nur unter erschwerten Bedingungen die erforderliche Kooperation aller Beteiligten erreichen könnte. Wie Art. 28 Abs. 7 DSRL sieht Abs. 2 daher eine Verpflichtung der Mitglieder und Bediensteten von Aufsichtsbehörden zur Verschwiegenheit vor, und zwar sowohl während ihrer Amtstätigkeit als auch nach deren Beendigung. Die konkreten Verschwiegenheitsverpflichtungen können sich aus dem Unionsrecht selbst ergeben (vgl. insbesondere Art. 339 AEUV, dazu und zur Übertragbarkeit der hierzu entwickelten Konkretisierungen Ehmann/Selmayr Rn. 13 f.) oder – dank der aufgrund von Änderungsvorschlägen von Parlament und Rat eingefügten Öffnungsklausel – aus dem mitgliedstaatlichen Recht (s. für den Bund die ausführliche Regelungen in § 13 Abs. 4, 5 BDSG, siehe dazu mit teils kritischer Einschätzung SJTK/Römer Rn. 64; zur strafrechtlichen Verantwortlichkeit nach § 353b StGB siehe NK-DatenschutzR/Polenz Rn. 20). Im Rahmen des Trilogs wurde noch klarstellend hinzugefügt, dass diese Verschwiegenheitspflicht insbesondere für Informationen aufgrund von Betroffenenbeschwerden über Datenschutzverstöße gilt (Abs. 2 S. 2).

Abschnitt 2. Zuständigkeit, Aufgaben und Befugnisse

Artikel 55 Zuständigkeit

(1) Jede Aufsichtsbehörde ist für die Erfüllung der Aufgaben und die Ausübung der Befugnisse, die ihr mit dieser Verordnung übertragen wurden, im Hoheitsgebiet ihres eigenen Mitgliedstaats zuständig.

Zuständigkeit   **Artikel 55 DS-GVO**

(2) ¹Erfolgt die Verarbeitung durch Behörden oder private Stellen auf der Grundlage von Artikel 6 Absatz 1 Buchstabe c oder e, so ist die Aufsichtsbehörde des betroffenen Mitgliedstaats zuständig. ²In diesem Fall findet Artikel 56 keine Anwendung.
(3) Die Aufsichtsbehörden sind nicht zuständig für die Aufsicht über die von Gerichten im Rahmen ihrer justiziellen Tätigkeit vorgenommenen Verarbeitungen.

Überblick

Die Aufsichtsbehörden sollen die Anwendung der DS-GVO überwachen und zu ihrer einheitlichen Anwendung beitragen (Erwägungsgrund 123). Gemäß Abs. 1 ist jede Aufsichtsbehörde grundsätzlich im Hoheitsgebiet ihres MS für die Erfüllung ihrer Aufgaben nach Art. 57 und die Ausübung ihrer Befugnisse nach Art. 58 zuständig (→ Rn. 4 ff.; Erwägungsgrund 122). Bei grenzüberschreitenden Datenverarbeitungen ist Art. 56 zu beachten (Erwägungsgrund 124). Eine Regelung der Zuständigkeiten der Aufsichtsbehörden in Deutschland erfolgt nicht durch die DS-GVO, sondern durch nationales Recht (Umsetzung des Art. 51, Erwägungsgrund 117 und 119). Für Datenverarbeitungen aufgrund einer rechtlichen Verpflichtung, zur Wahrnehmung einer Aufgabe im öffentlichen Interesse oder in Ausübung öffentlicher Gewalt ist gem. Abs. 2 allein die Aufsichtsbehörde des betroffenen MS zuständig (→ Rn. 10). Justizielle Kerntätigkeiten der Gerichte sind gem. Abs. 3 generell von der Zuständigkeit der Aufsichtsbehörden ausgenommen (→ Rn. 11).

A. Allgemeines

Art. 55 regelt die **örtliche Zuständigkeit** der Aufsichtsbehörden. Art. 28 Abs. 6 DSRL sah **1** nur eine mit Art. 55 Abs. 1 vergleichbare Regelung vor. Für die Zuständigkeitsabgrenzungen unter den deutschen Aufsichtsbehörden waren die Verwaltungsverfahrensgesetze der Länder heranzuziehen. Bei bundesländerübergreifenden Datenverarbeitungen eines Unternehmens bestand eine Übung der Aufsichtsbehörden in Deutschland, die Federführung der Aufsichtsbehörde am Hauptsitz des Unternehmens zu überlassen.

Die örtliche Zuständigkeit der Aufsichtsbehörde wird unter Berücksichtigung der Rechtsprechung des EuGH zur DSRL **weit** gefasst (Gola/Nguyen Rn. 5). Sie kann gem. Erwägungsgrund **2** 122 bereits begründet sein, wenn sich Datenverarbeitungen nur auf Personen im Hoheitsgebiet auswirken (→ Rn. 5) oder auf diese ausgerichtet sind (→ Rn. 7). Gleichzeitig bestand ein Ziel der Datenschutzreform darin, die Aufsichtsstrukturen für Unternehmen zu vereinfachen. Daher findet bei grenzüberschreitenden Datenverarbeitungen das One-Stop-Shop-Verfahren nach Art. 56 und Art. 60 Anwendung (→ Rn. 8). Ausgenommen hiervon sind Abs. 2 Datenverarbeitungen des öffentl. Bereichs (→ Rn. 10). Datenverarbeitungen der Gerichte im Rahmen ihrer justiziellen Kerntätigkeit unterfallen gem. Abs. 3 generell nicht der Zuständigkeit der Aufsichtsbehörden (→ Rn. 11).

Besteht eine Zuständigkeit gem. Art. 55, ist die jeweilige Aufsichtsbehörde verpflichtet, ihre **3 Aufgaben** gem. Art. 57 zu erfüllen. Hierfür kann sie auf ihre Befugnisse gem. Art. 58 zurückgreifen. Gemäß Erwägungsgrund 122 sind insbesondere Beschwerden betroffener Personen zu bearbeiten, Untersuchungen durchzuführen sowie die Öffentlichkeit über Risiken, Vorschriften, Garantien und Rechte im Zusammenhang mit der Verarbeitung personenbezogener Daten zu informieren.

B. Zuständigkeit einer Aufsichtsbehörde (Abs. 1)

I. Niederlassung

Gemäß **Erwägungsgrund** 122 S. 2 bestimmt sich die Zuständigkeit unter anderem danach, **4** ob Verarbeitungen im Rahmen der Tätigkeit einer **Niederlassung** im Hoheitsgebiet eines MS bzw. einer Aufsichtsbehörde durchgeführt werden. Was eine Niederlassung ausmacht, wird nicht legaldefiniert (→ Art. 4 Rn. 145). Lediglich Erwägungsgrund 22 S. 2 nennt als Merkmale einer Niederlassung die effektive und tatsächliche Ausübung einer Tätigkeit durch eine feste Einrichtung. Die Frage, ob eine Niederlassung im Hoheitsgebiet besteht, kann für die Entscheidung über das Bestehen einer Zuständigkeit gem. Abs. 1 aufgrund der weiteren Option allerdings weitgehend dahinstehen (→ Rn. 5 ff.).

Eichler   871

II. Auswirkungen

5   Gemäß Erwägungsgrund 122 S. 2 ist es alternativ ausreichend, wenn Verarbeitungstätigkeiten auf betroffene Personen in dem „Hoheitsgebiet", dh in dem Zuständigkeitsgebiet, einer Aufsichtsbehörde **Auswirkungen** haben. Hieran werden keine qualifizierten Anforderungen gestellt. Insbesondere müssen die Auswirkungen nicht erheblich sein. Insofern besteht eine Abweichung von der Bestimmung betroffener Aufsichtsbehörden (Art. 4 Ziff. 22 lit. b) sowie grenzüberschreitender Verarbeitungen (Art. 4 Ziff. 23 lit. b). Das Vorliegen grenzüberschreitender Verarbeitungen ist allerdings Voraussetzung für das Eingreifen der Abstimmungsmechanismen des One-Stop-Shops (Art. 56 Abs. 1, Art. 60). Bei wörtlicher Auslegung könnten im Falle von Auswirkungen, die die Schwelle der Erheblichkeit nicht überschreiten, verschiedene Aufsichtsbehörden parallel für inhaltlich gleichlautende Fragen zuständig sein. Dieses Szenario ist praktisch nur schwer vorstellbar. Es könnte theoretisch bspw. eintreten, wenn Personen in verschiedenen MS in einem noch nicht erheblichen Maß von einzelnen Beobachtungsmaßnahmen eines Online-Tracking-Anbieters betroffen sind, der in nur einem MS niedergelassen ist (Art. 4 Ziff. 23 lit. b). Für sog. lokale Fälle, für die zwar grundsätzlich die Zuständigkeit einer federführenden Aufsichtsbehörde besteht, die aber nur eine Niederlassung betreffen oder Personen nur eines MS erheblich beeinträchtigen, ist eine Regelung in Art. 56 Abs. 2 vorgesehen (→ Art. 56 Rn. 13 ff.).

6   Die Abgrenzung erheblicher von unerheblichen Auswirkungen wird allerdings schwer vorzunehmen sein (nach Gola/Nguyen Rn. 6 liegt ein Auswirken spätestens dann vor, wenn Daten von im Hoheitsgebiet ansässigen Personen verarbeitet werden oder diese potentiell Rechte aus der DS-GVO ableiten können). Kriterien für erhebliche Auswirkungen sollen gemäß Erwägungsgrund 124 S. 4 durch **Leitlinien des Europäischen Datenschutzausschusses** festgelegt werden. Dies erfolgte durch die „Leitlinien für die Bestimmung der federführenden Aufsichtsbehörde eines Verantwortlichen oder Auftragsverarbeiters" (Working paper 244 rev.01, Ziff. 1.1.1, abrufbar unter http://ec.europa.eu/newsroom/article29/item-detail.cfm?item_id=611235). Im Übrigen kann die Abgrenzung in gewissem Umfang dahinstehen, da es gem. Art. 57 Abs. 1 lit. g generell zu den Aufgaben der Aufsichtsbehörden gehört, mit anderen Aufsichtsbehörden zusammenzuarbeiten, um die einheitliche Anwendung und Durchsetzung der DS-GVO zu gewährleisten.

III. Ausrichtung

7   Eine Zuständigkeit iSd Art. 55 besteht gem. Erwägungsgrund 122 S. 2 auch dann, wenn der Verantwortliche oder Auftragsverarbeiter **keine Niederlassung in der EU** hat, seine Verarbeitungstätigkeiten jedoch auf Personen ausgerichtet sind, die ihren Wohnsitz im Hoheitsgebiet des MS bzw. der Aufsichtsbehörde haben. Eine **Ausrichtung** liegt jedenfalls dann vor, wenn die Datenverarbeitung dazu dient, Personen in dem Gebiet Waren oder Dienstleistungen anzubieten oder ihr Verhalten zu beobachten (vgl. Art. 3 Abs. 2, Erwägungsgrund 23 S. 3, wonach Faktoren wie die Verwendung einer Sprache oder Währung, die in einem oder mehreren MS gebräuchlich ist, in Verbindung mit der Möglichkeit, Waren und Dienstleistungen in dieser anderen Sprache zu bestellen, oder die Erwähnung von Kunden oder Nutzern, die sich in der Union befinden, darauf hindeuten, dass der Verantwortliche beabsichtigt, den Personen in der Union Waren oder Dienstleistungen anzubieten; EDSA Leitlinien 3/2018 zum räumlichen Anwendungsbereich der DSGVO, Version 2.0, abrufbar unter https://edpb.europa.eu/sites/default/files/files/file1/edpb_guidelines_3_2018_territorial_scope_after_consultation_de.pdf). Tatsächliche Auswirkungen werden nicht gefordert. Generell sollen sich betroffene Personen unkompliziert an die Aufsichtsbehörde vor Ort wenden können (vgl. Art. 77).

IV. Grenzüberschreitende Verarbeitungen

8   Bei grenzüberschreitenden Verarbeitungen (Art. 4 Ziff. 23; Working paper 244 rev.01, abrufbar unter http://ec.europa.eu/newsroom/article29/item-detail.cfm?item_id=611235) kommen die Vorgaben des Art. 56 zur Anwendung. Für diese Fälle gilt das One-Stop-Shop-Prinzip, welches eine der wesentlichen Innovationen der DS-GVO darstellt und eine Abstimmung der Aufsichtsbehörden gem. Art. 60 vorsieht. Eine Ausnahme hiervon besteht nach Abs. 2 (→ Rn. 10).

C. Zuständigkeitsverteilung in Deutschland

9   Die DS-GVO steht der Existenz mehr als einer Aufsichtsbehörde in einem MS nicht entgegen (vgl. Art. 51 Abs. 1, 3 sowie Erwägungsgrund 117 S. 2, 119). In Deutschland ergibt sich die Zuständigkeitsverteilung im föderalen System für nicht grenzüberschreitende Fälle aus **§ 40**

Abs. 1, 2 BDSG, für grenzüberschreitende Fälle aus § 19 BDSG. Die Zuständigkeit der oder des BfDI bestimmt sich nach § 9 BDSG sowie spezialgesetzlichen Regelungen, insbesondere § 115 Abs. 4 TKG.

D. Ausnahme von der Zuständigkeit einer federführenden Aufsichtsbehörde (Abs. 2)

Das Verfahren der Zusammenarbeit und Kohärenz gem. Art. 56, 60, 63 ff. findet **keine** Anwendung, wenn die in Frage stehende Verarbeitung durch Behörden oder private Stellen gem. Art. 6 Abs. 1 lit. c oder e erfolgt (zur Entstehungsgeschichte: Kühling/Buchner/Boehm Rn. 12 f.). Diese Ausnahmen betreffen somit Datenverarbeitungen zur Erfüllung von Rechtspflichten, denen der Verantwortliche unterliegt, zur Wahrnehmung von Aufgaben im öffentlichen Interesse oder in Ausübung öffentlicher Gewalt, die dem Verantwortlichen übertragen wurde. In diesen Fällen ist ausschließlich die Aufsichtsbehörde am Sitz der Behörde oder privaten Stelle zuständig (Erwägungsgrund 128), auch wenn eine grenzüberschreitende Datenverarbeitung vorliegt. Beschwert sich zB ein italienischer Kunde eines europaweit tätigen Berliner Online-Versandhändlers über die Verarbeitung von Kundendaten zur Erfüllung von Aufbewahrungs- und Speicherpflichten nach deutschem Handels- und Steuerrecht, dh gem. § 257 HGB, § 147 AO, ist ausschließlich die Berliner Aufsichtsbehörde zuständig. Das gilt auch, wenn sich die betroffene Person gem. Art. 77 an die Aufsichtsbehörde in dem MS ihres Aufenthaltsorts in Italien wendet. Dasselbe gilt, wenn sich dort ein italienischer Austauschstudent an einer Berliner Universität über die Verarbeitung seiner Prüfungsergebnisse beschwert (weitere Beispiele nennend: Gola/Nguyen/Stroh Rn. 15 f.). In diesem Fall findet zwar nicht das Verfahren der Zusammenarbeit und Kohärenz Anwendung. Für die beteiligten Aufsichtsbehörden gilt allerdings die allgemeine Pflicht zur Zusammenarbeit und insbesondere zur gegenseitigen Amtshilfe gem. Art. 57 Abs. 1 lit. g, was ggf. eine Übersetzung der Beschwerde und Weiterleitung an die zuständige Aufsichtsbehörde umfasst.

E. Ausnahmen für justizielle Tätigkeiten (Abs. 3)

Die Tätigkeiten der Gerichte, die in richterlicher Unabhängigkeit ausgeführt werden, sind von der Kontrolle durch die Aufsichtsbehörden ausgenommen (Paal/Pauly/Körffer Rn. 5). Gemäß Erwägungsgrund 20 soll sichergestellt sein, dass die Unabhängigkeit der Justiz bei der Ausübung ihrer **gerichtlichen Aufgaben** einschließlich ihrer Beschlussfassung unangetastet bleibt. Die Zuständigkeit der Aufsichtsbehörden ist in Fällen gegeben, in denen Gerichte in Verwaltungsangelegenheiten tätig werden, was auch den Bereich der Rechtspflege umfasst (Paal/Pauly/Körffer Rn. 5; Ehmann/Selmayr/Selmayr Rn. 14). Es wird vertreten, dass für Rechnungshöfe des Bundes und der Länder die Ausnahme entsprechend angewendet werden muss, soweit sie ihre Aufgaben in richterlicher Unabhängigkeit wahrnehmen (Paal/Pauly/Körffer Rn. 8; aA Ehmann/Selmayr/Selmayr Rn. 15).

Die entsprechende Tätigkeit von Gerichten ist jedenfalls grundsätzlich nicht vom Anwendungsbereich der DS-GVO ausgenommen (Erwägungsgrund 20; Ehmann/Selmayr/Selmayr Rn. 12 f.). Mit der Aufsicht im Justizsystem sollen gem. Erwägungsgrund 20 besondere Stellen betraut werden, die die Einhaltung der Vorschriften der DS-GVO sicherstellen, Richter und Staatsanwälte für ihre Pflichten aus der DS-GVO sensibilisieren und Beschwerden bearbeiten.

Artikel 56 Zuständigkeit der federführenden Aufsichtsbehörde

(1) Unbeschadet des Artikels 55 ist die Aufsichtsbehörde der Hauptniederlassung oder der einzigen Niederlassung des Verantwortlichen oder des Auftragsverarbeiters gemäß dem Verfahren nach Artikel 60 die zuständige federführende Aufsichtsbehörde für die von diesem Verantwortlichen oder diesem Auftragsverarbeiter durchgeführte grenzüberschreitende Verarbeitung.

(2) Abweichend von Absatz 1 ist jede Aufsichtsbehörde dafür zuständig, sich mit einer bei ihr eingereichten Beschwerde oder einem etwaigen Verstoß gegen diese Verordnung zu befassen, wenn der Gegenstand nur mit einer Niederlassung in ihrem Mitgliedstaat zusammenhängt oder betroffene Personen nur ihres Mitgliedstaats erheblich beeinträchtigt.

(3) ¹In den in Absatz 2 des vorliegenden Artikels genannten Fällen unterrichtet die Aufsichtsbehörde unverzüglich die federführende Aufsichtsbehörde über diese Angele-

genheit. ²Innerhalb einer Frist von drei Wochen nach der Unterrichtung entscheidet die federführende Aufsichtsbehörde, ob sie sich mit dem Fall gemäß dem Verfahren nach Artikel 60 befasst oder nicht, wobei sie berücksichtigt, ob der Verantwortliche oder der Auftragsverarbeiter in dem Mitgliedstaat, dessen Aufsichtsbehörde sie unterrichtet hat, eine Niederlassung hat oder nicht.

(4) ¹Entscheidet die federführende Aufsichtsbehörde, sich mit dem Fall zu befassen, so findet das Verfahren nach Artikel 60 Anwendung. ²Die Aufsichtsbehörde, die die federführende Aufsichtsbehörde unterrichtet hat, kann dieser einen Beschlussentwurf vorlegen. ³Die federführende Aufsichtsbehörde trägt diesem Entwurf bei der Ausarbeitung des Beschlussentwurfs nach Artikel 60 Absatz 3 weitestgehend Rechnung.

(5) Entscheidet die federführende Aufsichtsbehörde, sich mit dem Fall nicht selbst zu befassen, so befasst die Aufsichtsbehörde, die die federführende Aufsichtsbehörde unterrichtet hat, sich mit dem Fall gemäß den Artikeln 61 und 62.

(6) Die federführende Aufsichtsbehörde ist der einzige Ansprechpartner der Verantwortlichen oder der Auftragsverarbeiter für Fragen der von diesem Verantwortlichen oder diesem Auftragsverarbeiter durchgeführten grenzüberschreitenden Verarbeitung.

Überblick

Art. 56 enthält mit der Regelung der Zuständigkeitsverteilung bei grenzüberschreitenden Datenverarbeitungen (vgl. Art. 4 Nr. 23) eine zentrale Innovation der DS-GVO (Erwägungsgrund 124 und 36). Abs. 1 regelt durch Verweis auf Art. 60 die Grundsätze des Verfahrens der Zusammenarbeit, insbesondere der Federführung einer Aufsichtsbehörde (→ Rn. 3 ff.). Abs. 2 sieht eine Regelung für örtlich beschränkte Fälle vor (→ Rn. 13 ff.), Abs. 3–5 regeln das entsprechende Verfahren (→ Rn. 18 ff.). Abs. 4 sieht spezielle Verfahrensvorgaben für die Konstellation vor, dass die federführende Aufsichtsbehörde den örtlich beschränkten Fall an sich zieht (→ Rn. 20 f.). Abs. 6 regelt die Stellung der federführenden Aufsichtsbehörde als einzigem Ansprechpartner für Verantwortliche und Auftragsverarbeiter (→ Rn. 23).

Übersicht

	Rn.		Rn.
A. Allgemeines	1	III. Nationale Zuständigkeitsregelung	12
B. One-Stop-Shop-Verfahren (Abs. 1)	3	C. Örtliche Fälle (Abs. 2)	13
I. Grenzüberschreitende Verarbeitung	4	I. Abgrenzung von grenzüberschreitenden Verarbeitungen	14
1. Verarbeitungen in mehr als einem Mitgliedstaat	5	II. Regelungsgehalt	16
2. Erhebliche Auswirkungen	6	D. Verfahren bei örtlichen Fällen (Abs. 3–5)	18
II. Federführende Aufsichtsbehörde	7	I. Befassung durch die federführende Aufsichtsbehörde (Abs. 4)	20
1. Rolle der federführenden Aufsichtsbehörde	8	II. Befassung durch die örtliche Aufsichtsbehörde (Abs. 5)	22
2. Bestimmung der federführenden Aufsichtsbehörde	9	E. Einheitliche Anlaufstelle (Abs. 6)	23
3. Unterschiedliche Standpunkte hinsichtlich der Federführung	11		

A. Allgemeines

1   Die Vorschrift hat ausweislich der Regelung in Abs. 6 vor allem das **Ziel**, die Aufsichtsstrukturen für multinational agierende Unternehmen zu vereinfachen, indem eine federführende Aufsichtsbehörde (→ Rn. 7) als zentraler Ansprechpartner dient, obwohl grenzüberschreitende Verarbeitungen gem. Art. 4 Nr. 23 (→ Art. 4 Rn. 169, → Rn. 4) vorliegen (zum Hintergrund Kühling/Buchner/Dix Rn. 1 ff.). Dass sich demgegenüber auch betroffene Personen unkompliziert an die Aufsichtsbehörde vor Ort wenden können, wird nach Art. 77 Abs. 1 sowie Art. 55 Abs. 1 iVm Erwägungsgrund 122 S. 3, Art. 57 Abs. 1 lit. f gewährleistet.

2   Das **Verfahren der Zusammenarbeit** (→ Rn. 3) verortet bei europäisch-multinationalen Unternehmensstrukturen den Abstimmungsaufwand auf Seiten der Aufsichtsbehörden. Deren Zuständigkeit bestimmt sich zunächst nach den Kriterien des Art. 55 iVm Erwägungsgrund 122. Bei grenzüberschreitenden Verarbeitungen muss unter den gem. Art. 4 Nr. 22 betroffenen Auf-

Zuständigkeit der federführenden Aufsichtsbehörde **Artikel 56 DS-GVO**

sichtsbehörden (→ Art. 4 Rn. 167) die federführende Aufsichtsbehörde bestimmt und ein unter Umständen aufwendiges Kooperations- und Abstimmungsverfahren gem. Art. 60 durchgeführt werden. Kommt kein Konsens zustande, wird das Kohärenzverfahren gem. Art. 63 ff. eingeleitet, im Rahmen dessen der EDSA verbindliche Beschlüsse fasst (zur Unabhängigkeit der Aufsichtsbehörden Kühling/Buchner/Dix Rn. 4).

B. One-Stop-Shop-Verfahren (Abs. 1)

Das One-Stop-Shop- bzw. Verfahren der Zusammenarbeit findet nur für **grenzüberschrei- 3 tende Verarbeitungen** (→ Rn. 4) **innerhalb der EU** Anwendung (Gola/Gola Art. 4 Rn. 117). Die Datenverarbeitung muss gem. der Legaldefinition des Art. 4 Nr. 23 iRd Tätigkeit mind. einer in der EU gelegenen Niederlassung erfolgen. Unternehmen, die keine Niederlassung in der EU haben, können die Privilegierung des One-Stop-Shop-Verfahrens nicht in Anspruch nehmen (statt aller Kühling/Buchner/Dix Rn. 6). Sie müssen sich ggf. mit verschiedenen gem. Art. 55 zuständigen Aufsichtsbehörden auseinandersetzen. Verarbeitungen auf der Grundlage von Art. 6 Abs. 1 lit. c und e sind nach **Art. 55 Abs. 2** vom One-Stop-Shop-Verfahren generell ausgeschlossen (→ Art. 55 Rn. 10).

I. Grenzüberschreitende Verarbeitung

Für das One-Stop-Shop-Verfahren besteht als Bezugspunkt ausdrücklich eine bestimmte grenz- 4 überschreitende Datenverarbeitung (EDSA-Leitlinien/WP 244 rev.01, Nr. 1.1, http://ec.europa.eu/newsroom/article29/item-detail.cfm?item_id=611235). Die **grenzüberschreitende Geschäftstätigkeit** eines Unternehmens erfüllt für sich genommen diese Voraussetzung **nicht**. Vielmehr muss eine bestimmte Datenverarbeitung in Niederlassungen in mehr als einem MS erfolgen (→ Rn. 5). Alternativ kann – auch wenn nur eine einzige Niederlassung in der EU besteht – aufgrund erheblicher Auswirkungen einer bestimmten Datenverarbeitung auf betroffene Personen in mehr als einem MS ein grenzüberschreitender Bezug iSd Art. 4 Nr. 23 bestehen (→ Rn. 6).

1. Verarbeitungen in mehr als einem Mitgliedstaat

Eine grenzüberschreitende Verarbeitung iSd Art. 4 Nr. 23 lit. a ist eine Verarbeitung personen- 5 bezogener Daten, die im Rahmen der Tätigkeiten von **Niederlassungen** eines Verantwortlichen oder Auftragsverarbeiters in der EU **in mehr als einem MS** erfolgt. Vorausgesetzt werden somit Niederlassungen in mehr als einem MS. Zudem muss eine bestimmte Verarbeitung, wie bspw. das Versenden von Direktwerbung, im Rahmen der Tätigkeit von Niederlassungen in mehr als einem MS erfolgen. Nicht vorausgesetzt wird, dass personenbezogene Daten einer betroffenen Person in verschiedenen Niederlassungen verarbeitet werden (Gola/Nguyen Rn. 5).

2. Erhebliche Auswirkungen

Alternativ stellt es gem. Art. 4 Nr. 23 lit. b eine grenzüberschreitende Verarbeitung dar, wenn 6 eine Verarbeitung personenbezogener Daten iRd Tätigkeiten einer **einzelnen Niederlassung** eines Verantwortlichen oder eines Auftragsverarbeiters in der EU erfolgt, die jedoch **erhebliche Auswirkungen** auf betroffene Personen in mehr als einem MS hat oder haben kann. Auch wenn eine Verarbeitung nur durch eine einzige Niederlassung durchgeführt wird, können somit Auswirkungen bzw. potentielle Auswirkungen von einer spezifischen Qualität einen grenzüberschreitenden Bezug begründen (zu der Frage der Erheblichkeit von Auswirkungen: EDSA-Leitlinien/WP 244 rev.01, Nr. 1.1.1, http://ec.europa.eu/newsroom/article29/item-detail.cfm?item_id=611235).

II. Federführende Aufsichtsbehörde

Gemäß Abs. 1 ist die Aufsichtsbehörde am Sitz der Hauptniederlassung oder der einzigen 7 Niederlassung eines Verantwortlichen oder Auftragsverarbeiters in der EU die zuständige federführende Aufsichtsbehörde für von diesem durchgeführte **grenzüberschreitende Verarbeitungen** (→ Rn. 4). Auch Aufsichtsbehörden der Länder können diese Funktion wahrnehmen, wofür § 19 BDSG eine nationale Zuständigkeitsregelung vorsieht (→ Rn. 12). Für verschiedene Verarbeitungsaktivitäten können unterschiedliche Aufsichtsbehörden federführend zuständig sein (→ Rn. 9 f.; EDSA-Leitlinien/WP 244 rev.01, Nr. 2.1, mit Beispielen, http://ec.europa.eu/newsroom/article29/item-detail.cfm?item_id=611235). Dies kann der Fall sein, wenn ein multinationales Unternehmen für unterschiedliche Verarbeitungstätigkeiten die Entscheidungskompetenzen auf Niederlassungen in verschiedenen MS verteilt.

7.1 Es stellt sich die Frage, ob die Privilegierung des One-Stop-Shop-Verfahrens nach Art. 56, 60 ff. auch für **Unternehmensgruppen** (vgl. Art. 4 Nr. 19, Erwägungsgrund 37) zur Anwendung kommt. Gestützt auf Erwägungsgrund 36 S. 8 wird vertreten, dass die federführende Zuständigkeit einer Aufsichtsbehörde auch für Unternehmensgruppen bestehen kann (Ehmann/Selmayr/Selmayr Rn. 10; Schantz NJW 2016, 1841 (1846 f.)). Die EDSA-Leitlinien/WP 244 rev.01, Nr. 2.1.2, gehen lediglich von einer entsprechenden Anwendung aus: „Wird die Verarbeitung durch eine Unternehmensgruppe vorgenommen, die ihren Hauptsitz in der EU hat, wird davon ausgegangen, dass das für Fragen der Verarbeitung personenbezogener Daten zuständige Entscheidungszentrum die Niederlassung des Unternehmens mit allgemeiner Kontrolle ist; folglich wird letztere auch als die Hauptniederlassung der Gruppe betrachtet, falls die Zwecke und Mittel der Verarbeitung nicht von einer anderen Niederlassung festgelegt werden. Das Mutterhaus bzw. der operative Hauptsitz der Unternehmensgruppe in der EU **dürfte dabei als Hauptniederlassung gelten,** zumal dies dem Ort der Hauptverwaltung **entspräche.**" Die Gegenansicht verweist auf die eigene Rechtspersönlichkeit selbständiger Tochterunternehmen und die daraus resultierende eigene Verantwortlichkeit für Datenverarbeitungen (Gola/Nguyen Rn. 8 f.; Kühling/Buchner/Dix Rn. 6). Bei gemeinsamer Verantwortlichkeit gem. Art. 26 ist für die federführende Zuständigkeit maßgeblich, welcher der gemeinsam Verantwortlichen die Entscheidung über die Mittel und Zwecke der in Frage stehenden Datenverarbeitung trifft. Die Aufsichtsbehörden können sich zu Ermittlungszwecken an jeden der beteiligten Verantwortlichen wenden und sind nicht an Bestimmungen in Vereinbarungen gem. Art. 26 gebunden (EDSA-Leitlinien 07/2020 on the concepts of controller and processor in the GDPR, Rn. 191).

1. Rolle der federführenden Aufsichtsbehörde

8 Die federführende Aufsichtsbehörde nimmt eine **bedeutende Rolle** ein (→ Art. 60 Rn. 2). Sie kann gem. Art. 60 Abs. 6 **auch für die betroffenen Aufsichtsbehörden** (→ Art. 4 Rn. 167) bindende Beschlüsse erlassen (diese Regel bestätigend und auf die Ausnahmen gem. Abs. 2 und Art. 66 verweisend EuGH NJW 2021, 2495). Betroffene Aufsichtsbehörden sind zwar gemäß des Verfahrens über die Zusammenarbeit nach Art. 60 einzubinden, der federführenden Aufsichtsbehörde steht aber exklusiv das Vorschlagsrecht für einen Beschluss zu. Nur wenn betroffene Aufsichtsbehörden fristgerecht einen maßgeblichen und begründeten Einspruch gegen einen Beschlussentwurf einlegen, kann das Kohärenzverfahren gem. 65 Abs. 1 lit. a eingeleitet (→ Art. 65 Rn. 4) und die federführende Aufsichtsbehörde ggf. überstimmt werden (→ Art. 65 Rn. 11 ff.).

8.1 Zum Verhältnis einer nationalen Kartellbehörde zu einer federführenden Aufsichtsbehörde gem. DS-GVO hat das OLG Düsseldorf dem EuGH die folgenden Fragen vorgelegt (OLG Düsseldorf (1. Kartellsenat), Vorlagebeschluss vom 24.3.2021, GRUR-RS 2021, 8370): Ist es mit Art. 51 ff. vereinbar, wenn eine nationale Kartellbehörde eines Mitgliedstaats, wie das Bundeskartellamt, die nicht Aufsichtsbehörde iSd Art. 51 ff. ist und in deren Mitgliedstaat ein außerhalb der Europäischen Union ansässiges Unternehmen eine Niederlassung unterhält, die die in einem anderen Mitgliedstaat belegene Hauptniederlassung dieses Unternehmens, welcher die ausschließliche Verantwortung für die Verarbeitung personenbezogener Daten für das gesamte Gebiet der Europäischen Union obliegt, im Bereich Werbung, Kommunikation und Öffentlichkeitsarbeit unterstützt, für die kartellrechtliche Missbrauchsaufsicht einen Verstoß von Vertragsbedingungen der Hauptniederlassung zur Datenverarbeitung und von deren Durchführung gegen die DS-GVO feststellt und eine Verfügung zur Abstellung dieses Verstoßes erlässt? Wenn ja: Ist dies mit Art. 4 Abs. 3 EUV vereinbar, wenn gleichzeitig die federführende Aufsichtsbehörde im Mitgliedstaat der Hauptniederlassung iSd Art. 56 Abs. 1 deren Vertragsbedingungen zur Datenverarbeitung einem Untersuchungsverfahren unterzieht?

2. Bestimmung der federführenden Aufsichtsbehörde

9 Besteht nur eine **einzige Niederlassung** innerhalb der EU, bestimmt sich danach eindeutig die federführende Aufsichtsbehörde. Dies gilt auch dann, wenn weitere Niederlassungen außerhalb der EU bestehen. Besteht mehr als eine Niederlassung in der EU, ist die **Hauptniederlassung** (→ Art. 4 Rn. 145 ff.) zu bestimmen. Nach Art. 4 Nr. 16 lit. a soll sich diese grundsätzlich am Ort der Hauptverwaltung befinden.

10 Der Ort der Hauptverwaltung soll nicht maßgeblich sein, wenn die **Entscheidungen über die Zwecke und Mittel** der in Frage stehenden grenzüberschreitenden Datenverarbeitung (→ Rn. 4) in einer anderen Niederlassung in der EU getroffen werden und diese Niederlassung

Zuständigkeit der federführenden Aufsichtsbehörde   Artikel 56 DS-GVO

auch über die **Umsetzung** entscheidet (→ Rn. 7). Gemäß Erwägungsgrund 36 sollen objektive Kriterien für die Bestimmung herangezogen werden (→ Art. 4 Rn. 146; Schritte zur Ermittlung der federführenden Aufsichtsbehörde: EDSA-Leitlinien/WP 244 rev.01, Nr. 2, http://ec.europa.eu/newsroom/article29/item-detail.cfm?item_id=611235). Nicht ausschlaggebend soll sein, ob die Verarbeitung tatsächlich an diesem Ort ausgeführt wird. Entsprechend sollen das Vorhandensein und die Verwendung technischer Mittel und Verfahren oder Verarbeitungstätigkeiten für sich noch keine Hauptniederlassung begründen können.

Schwierigkeiten bei der Bestimmung der federführenden Aufsichtsbehörde können sich auch in laufenden Verfahren ergeben. So können sich Umstände ändern, insbesondere der Sitz der Hauptniederlassung verlegt werden. Hier stellt sich insbesondere die Frage, welcher Zeitpunkt und welche Kriterien für die Bestimmung der für die endgültige Entscheidung tatsächlich federführend zuständigen Aufsichtsbehörde maßgeblich sind. Dem EDSA wurde diese Frage von der schwedischen und der französischen Aufsichtsbehörde vorgelegt. In einer Stellungnahme gem. Art. 64 Abs. 2 gelangte dieser zu dem Schluss, „dass in einem Fall, in dem veränderte Umstände, die die Hauptniederlassung oder die einzige Niederlassung eines Verantwortlichen oder Auftragsverarbeiters betreffen, urkundlich nachgewiesen sind, die Zuständigkeit, als federführende Aufsichtsbehörde zu handeln, an eine andere Aufsichtsbehörde übergehen kann, solange die erste Aufsichtsbehörde keinen endgültigen Beschluss erlassen hat" (Stellungnahme 8/2019 zur Zuständigkeit einer Aufsichtsbehörde im Falle einer Veränderung von Umständen, die die Hauptniederlassung oder die einzige Niederlassung betrifft, v. 9.7.2019, https://edpb.europa.eu/sites/default/files/files/file1/edpb_opinion_201908_changeofmainorsingleestablishment_de.pdf). **10a**

3. Unterschiedliche Standpunkte hinsichtlich der Federführung

Bei unterschiedlichen Standpunkten unter den Aufsichtsbehörden hinsichtlich der Bestimmung einer Hauptniederlassung bzw. der Federführung kann gem. Art. 65 Abs. 1 lit. b das **Kohärenzverfahren** vor dem EDSA eingeleitet werden (→ Art. 65 Rn. 6). Zuvor werden in der Regel Ermittlungen hinsichtlich der bestimmenden Faktoren einer Hauptniederlassung gem. Art. 4 Nr. 16 in Verbindung mit Erwägungsgrund 36 durchgeführt werden müssen. Es liegt im eigenen Interesse der Verantwortlichen bzw. Auftragsverarbeiter, Hauptniederlassungen nicht nur zu bestimmen, sondern auch tatsächlich einzurichten, um von den Privilegien des One-Stop-Shop-Verfahrens Gebrauch machen zu können. Gleiches gilt für gemeinsam Verantwortliche. Sie haben es selbst in der Hand, sich OSS-tauglich aufzustellen (in diesem Sinne sind die EDSA-Leilinien/WP 244 re.01, Ziff. 2.1.3, zu verstehen, http://ec.europa.eu/newsroom/article29/item-detail.cfm?item_id=611235). Die Feststellung der Hauptniederlassung nach den tatsächlichen Gegebenheiten zur Bestimmung der Federführung obliegt den Aufsichtsbehörden. Diese werden Festlegungen der Verantwortlichen insbesondere in einer Vereinbarung nach Art. 26 für diese Prüfung zwar berücksichtigen, ohne selbstverständlich hieran gebunden zu sein (vgl. EDSA-Guidelines 07/2020 on the concepts of controller and processor in the GDPR, Rn. 191). **11**

Besteht unter den **deutschen Aufsichtsbehörden** kein Einvernehmen hinsichtlich der Federführung, findet gem. § 19 Abs. 1 S. 3 BDSG das Abstimmungsverfahren nach § 18 Abs. 2 BDSG statt (→ Rn. 12). **11.1**

III. Nationale Zuständigkeitsregelung

§ 19 BDSG trifft eine Regelung der **Zuständigkeitsverteilung** unter den deutschen Aufsichtsbehörden. Federführende Aufsichtsbehörde ist danach die Aufsichtsbehörde des Landes, in dem der Verantwortliche oder Auftragsverarbeiter seine Hauptniederlassung iSv Art. 4 Nr. 16 oder seine einzige Niederlassung in der EU hat. An diese Aufsichtsbehörde werden Beschwerden abgegeben, die bei anderen deutschen Aufsichtsbehörden eingereicht werden. Ist keine deutsche Aufsichtsbehörde federführend, wird die Beschwerde an die Aufsichtsbehörde des Landes abgegeben, in dem der Verantwortliche oder der Auftragsverarbeiter eine Niederlassung hat. Die empfangende Aufsichtsbehörde hat die Verpflichtungen gem. Art. 60 Abs. 7–9 und Art. 65 Abs. 6 zu erfüllen. **12**

C. Örtliche Fälle (Abs. 2)

Abs. 2 sieht eine spezielle Regelung für örtliche Fälle vor. Derartige Fälle liegen vor, wenn der Gegenstand einer Beschwerde oder ein Verstoß nur mit der Niederlassung eines Mitgliedstaats zusammenhängt oder betroffene Personen in nur einem Mitgliedstaat erheblich beeinträchtigt werden. Gemäß Erwägungsgrund 127 S. 1 findet die Ausnahmeregelung für örtliche Fälle keine **13**

Anwendung auf federführende Aufsichtsbehörden. Diese haben bei grenzüberschreitenden Verarbeitungen immer die Abstimmungsverfahren gem. Art. 60 ff. zu beachten.

I. Abgrenzung von grenzüberschreitenden Verarbeitungen

14 Abs. 2 regelt eine Ausweitung des One-Stop-Shop-Verfahrens auf örtliche, **nicht grenzüberschreitende Fälle**. Eine grenzüberschreitende Verarbeitung (→ Rn. 4) liegt nach Art. 4 Nr. 23 vor, wenn verschiedene Niederlassungen für bestimmte Zweckbestimmungen wenigstens eine gleichartige Verarbeitung verwenden (Gola/Gola Art. 4 Rn. 118) oder eine Datenverarbeitung erhebliche Auswirkungen auf betroffene Personen in mehr als einem MS hat oder haben kann. Beide Voraussetzungen sind bei örtlichen Fällen (→ Rn. 13) gerade nicht erfüllt. Insofern liegt formal keine grenzüberschreitende Verarbeitung vor (Paal/Pauly/Körffer Rn. 4; Ehmann/Selmayr/Selmayr Rn. 15; aA, die von einer grenzüberschreitenden Verarbeitungen ausgeht, Gola/Nguyen Rn. 19; Kühling/Buchner/Dix Rn. 9).

15 Nach Erwägungsgrund 127 S. 1 ist es für das Eingreifen des Abs. 2 ausreichend, wenn Niederlassungen in mehr als einem MS bestehen, der Gegenstand der spezifischen Verarbeitung allerdings nur einen MS und nur betroffene Personen in diesem MS betrifft (gerade keine grenzüberschreitende Datenverarbeitung). Als **Beispiel** wird die Verarbeitung von Mitarbeiterdaten im spezifischen Beschäftigungskontext eines MS genannt. Denkbar sind etwa auch der Einsatz spezifischer Werbemaßnahmen oder Zahlungsverfahren, für die keine verbindlichen Vorgaben der Hauptniederlassung bzw. Unternehmenszentrale bestehen (weitere Bsp. nennend: Gola/Nguyen Rn. 20 f.; Kühling/Buchner/Dix Rn. 10).

II. Regelungsgehalt

16 Der Regelungsgehalt des Abs. 2 besteht **nicht** in der Begründung der Zuständigkeit der Aufsichtsbehörde am Ort der Datenverarbeitung bzw. bei der die Beschwerde eingereicht wird (vgl. auch Paal/Pauly/Körffer Rn. 4). Vielmehr wird die Zuständigkeit bereits durch Art. 55 iVm Erwägungsgrund 122 begründet.

17 Art. 56 Abs. 3 und 4 sehen allerdings eine Beteiligung der quasi-federführenden Aufsichtsbehörde auch in örtlichen Fällen vor, in denen keine grenzüberschreitende Datenverarbeitung vorliegt (→ Rn. 14). Diese Aufsichtsbehörde erhält die Möglichkeit, die örtlichen Fälle federführend zu regeln. Durch die zentrale Meldungen an die Aufsichtsbehörde (am Ort der Hauptniederlassung bzw. der einzigen Niederlassung) wird gewährleistet, dass (doch) grenzüberschreitende Bezüge erkannt und wiederkehrende bzw. systematische Problemstellungen effektiv durch eine Aufsichtsbehörde geregelt werden können. Abs. 3 S. 2 am Ende und Abs. 4 S. 3 verdeutlichen allerdings auch die bedeutende Rolle der örtlichen Aufsichtsbehörde. Sie sprechen für eine Berücksichtigung der eigentlichen Zuständigkeit der örtlichen Aufsichtsbehörden in diesen Fällen und **zurückhaltende Anwendung** der Sonderregelung (Kühling/Buchner/Dix Rn. 12).

D. Verfahren bei örtlichen Fällen (Abs. 3–5)

18 Gemäß Abs. 3 S. 1 ist die federführende Aufsichtsbehörde unverzüglich zu **unterrichten**. Innerhalb von drei Wochen entscheidet diese gem. Abs. 3 S. 2, ob sie den Fall an sich zieht. Sie hat zu berücksichtigen, ob in dem MS der unterrichtenden Aufsichtsbehörde eine Niederlassung besteht. Denn in diesem Fall hat die örtliche Aufsichtsbehörde selbst die Möglichkeit, Beschlüsse durchzusetzen (Erwägungsgrund 127 S. 4).

19 Eine **Ausnahme von der dreiwöchigen Entscheidungsfrist** ist nicht geregelt. Eine angemessene Verlängerung sollte aber bei komplexen Angelegenheiten (vgl. Art. 64 Abs. 3 S. 3, Art. 65 Abs. 2 S. 2) in Absprache unter den beteiligten Aufsichtsbehörden möglich sein, soweit dadurch insbesondere keine Interessen betroffener Personen beeinträchtigt werden. Beispielsweise darf die Bearbeitung von Beschwerden nicht unbillig verzögert werden. Allerdings kann es aufwendig sein zu ermitteln, ob ein örtlicher Fall (→ Rn. 13) vorliegt, bspw. bei aufzuklärenden Datenschutzverstößen und mangelnder Kooperation der Verantwortlichen oder Auftragsverarbeiter.

I. Befassung durch die federführende Aufsichtsbehörde (Abs. 4)

20 Entscheidet die federführende Aufsichtsbehörde, den Fall an sich zu ziehen, wird ausdrücklich geregelt, dass das **Verfahren der Zusammenarbeit** gem. Art. 60 (→ Art. 60 Rn. 1 ff.) Anwendung findet. Dieser Regelung bedürfte es nicht, wenn es sich um grenzüberschreitende Datenverarbeitungen handeln würde (→ Rn. 4, → Rn. 14). Den betroffenen Aufsichtsbehörden ist unver-

züglich ein Beschlussentwurf vorzulegen. Ihren Standpunkten ist gebührend Rechnung zu tragen (Art. 60 Abs. 3 S. 2).

Bei örtlichen Fällen besteht die Besonderheit, dass die örtliche Aufsichtsbehörde der federführenden Aufsichtsbehörde einen Beschlussvorschlag unterbreiten kann. Diesem Vorschlag ist **weitestgehend Rechnung zu tragen**. Insbesondere in Abgrenzung zum Wortlaut des Art. 60 Abs. 3 S. 2, wonach den Standpunkten der betroffenen Aufsichtsbehörden im Verfahren der Zusammenarbeit nur gebührend Rechnung zu tragen ist, wird dem Vorschlag der örtlichen Aufsichtsbehörde hier ein stärkeres Gewicht eingeräumt. Zwar besteht umgekehrt auch keine Pflicht, den Vorschlag der örtlichen Aufsichtsbehörde vollständig zu übernehmen. Es werden allerdings gewichtige Gründe für ein Abweichen von dem Vorschlag zu fordern sein (Abweichungen nur mit „expliziter wie eingehender Begründung" zulassend Ehmann/Selmayr/Selmayr Rn. 19; ähnlich, „hohe Rechtfertigungslasten" Sydow/Peuker Rn. 32). Solche Gründe können etwa vorliegen, wenn Vorschläge verschiedener Aufsichtsbehörden in Einklang zu bringen sind. Legt eine der betroffenen Aufsichtsbehörden einen maßgeblichen und begründeten Einspruch gegen den Beschlussentwurf der federführenden Aufsichtsbehörde ein, dem diese sich nicht anschließt, ist gem. Art. 60 Abs. 4 das Kohärenzverfahren einzuleiten. 21

II. Befassung durch die örtliche Aufsichtsbehörde (Abs. 5)

Zieht die federführende Aufsichtsbehörde den Fall nicht an sich, befasst sich die örtliche Aufsichtsbehörde nach den allg. Vorgaben damit. Das Verfahren der **Zusammenarbeit** gem. Art. 60 ist **nicht** einzuleiten. Allerdings wird der örtliche Aufsichtsbehörde die Möglichkeit eingeräumt, Amtshilfe gem. Art. 61 (→ Art. 61 Rn. 1 ff.) in Anspruch zu nehmen sowie gemeinsame Maßnahmen gem. Art. 62 (→ Art. 62 Rn. 1 ff.) durchzuführen. Diese Regelung ist erforderlich, da formal keine grenzüberschreitende Datenverarbeitung vorliegt (→ Rn. 14; nicht davon ausgehend, dass sich ein Amtshilfeersuchen nach Art. 61 auf eine grenzüberschreitende Datenverarbeitung beziehen muss: → Art. 61 Rn. 5). 22

E. Einheitliche Anlaufstelle (Abs. 6)

Die einheitliche Anlaufstelle für Unternehmen bzw. das One-Stop-Shop-Verfahren war bereits einer der wesentlichen Aspekte des Kommissionsvorschlags (Schantz NJW 2016, 1841 (1846)). In Abs. 6 findet er seine ausdrückliche Regelung. Der Einfluss der betroffenen Aufsichtsbehörden gem. Art. 4 Nr. 22 ist gegenüber der federführenden Aufsichtsbehörde als einziger Ansprechpartnerin wesentlich geschmälert. Die Federführung bestimmt sich allerdings nicht allein nach dem Ort der Hauptverwaltung bzw. -niederlassung, sondern stets **bezüglich eines bestimmten Datenverarbeitungsvorgangs** (→ Rn. 7, → Rn. 9 f.). 23

Artikel 57 Aufgaben

(1) Unbeschadet anderer in dieser Verordnung dargelegter Aufgaben muss jede Aufsichtsbehörde in ihrem Hoheitsgebiet
a) die Anwendung dieser Verordnung überwachen und durchsetzen;
b) die Öffentlichkeit für die Risiken, Vorschriften, Garantien und Rechte im Zusammenhang mit der Verarbeitung sensibilisieren und sie darüber aufklären. Besondere Beachtung finden dabei spezifische Maßnahmen für Kinder;
c) im Einklang mit dem Recht des Mitgliedstaats das nationale Parlament, die Regierung und andere Einrichtungen und Gremien über legislative und administrative Maßnahmen zum Schutz der Rechte und Freiheiten natürlicher Personen in Bezug auf die Verarbeitung beraten;
d) die Verantwortlichen und die Auftragsverarbeiter für die ihnen aus dieser Verordnung entstehenden Pflichten sensibilisieren;
e) auf Anfrage jeder betroffenen Person Informationen über die Ausübung ihrer Rechte aufgrund dieser Verordnung zur Verfügung stellen und gegebenenfalls zu diesem Zweck mit den Aufsichtsbehörden in anderen Mitgliedstaaten zusammenarbeiten;
f) sich mit Beschwerden einer betroffenen Person oder Beschwerden einer Stelle, einer Organisation oder eines Verbandes gemäß Artikel 80 befassen, den Gegenstand der Beschwerde in angemessenem Umfang untersuchen und den Beschwerdeführer

innerhalb einer angemessenen Frist über den Fortgang und das Ergebnis der Untersuchung unterrichten, insbesondere, wenn eine weitere Untersuchung oder Koordinierung mit einer anderen Aufsichtsbehörde notwendig ist;
g) mit anderen Aufsichtsbehörden zusammenarbeiten, auch durch Informationsaustausch, und ihnen Amtshilfe leisten, um die einheitliche Anwendung und Durchsetzung dieser Verordnung zu gewährleisten;
h) Untersuchungen über die Anwendung dieser Verordnung durchführen, auch auf der Grundlage von Informationen einer anderen Aufsichtsbehörde oder einer anderen Behörde;
i) maßgebliche Entwicklungen verfolgen, soweit sie sich auf den Schutz personenbezogener Daten auswirken, insbesondere die Entwicklung der Informations- und Kommunikationstechnologie und der Geschäftspraktiken;
j) Standardvertragsklauseln im Sinne des Artikels 28 Absatz 8 und des Artikels 46 Absatz 2 Buchstabe d festlegen;
k) eine Liste der Verarbeitungsarten erstellen und führen, für die gemäß Artikel 35 Absatz 4 eine Datenschutz-Folgenabschätzung durchzuführen ist;
l) Beratung in Bezug auf die in Artikel 36 Absatz 2 genannten Verarbeitungsvorgänge leisten;
m) die Ausarbeitung von Verhaltensregeln gemäß Artikel 40 Absatz 1 fördern und zu diesen Verhaltensregeln, die ausreichende Garantien im Sinne des Artikels 40 Absatz 5 bieten müssen, Stellungnahmen abgeben und sie billigen;
n) die Einführung von Datenschutzzertifizierungsmechanismen und von Datenschutzsiegeln und -prüfzeichen nach Artikel 42 Absatz 1 anregen und Zertifizierungskriterien nach Artikel 42 Absatz 5 billigen;
o) gegebenenfalls die nach Artikel 42 Absatz 7 erteilten Zertifizierungen regelmäßig überprüfen;
p) die Anforderungen an die Akkreditierung einer Stelle für die Überwachung der Einhaltung der Verhaltensregeln gemäß Artikel 41 und einer Zertifizierungsstelle gemäß Artikel 43 abfassen und veröffentlichen;
q) die Akkreditierung einer Stelle für die Überwachung der Einhaltung der Verhaltensregeln gemäß Artikel 41 und einer Zertifizierungsstelle gemäß Artikel 43 vornehmen;
r) Vertragsklauseln und Bestimmungen im Sinne des Artikels 46 Absatz 3 genehmigen;
s) verbindliche interne Vorschriften gemäß Artikel 47 genehmigen;
t) Beiträge zur Tätigkeit des Ausschusses leisten;
u) interne Verzeichnisse über Verstöße gegen diese Verordnung und gemäß Artikel 58 Absatz 2 ergriffene Maßnahmen und
v) jede sonstige Aufgabe im Zusammenhang mit dem Schutz personenbezogener Daten erfüllen.

(2) Jede Aufsichtsbehörde erleichtert das Einreichen von in Absatz 1 Buchstabe f genannten Beschwerden durch Maßnahmen wie etwa die Bereitstellung eines Beschwerdeformulars, das auch elektronisch ausgefüllt werden kann, ohne dass andere Kommunikationsmittel ausgeschlossen werden.

(3) Die Erfüllung der Aufgaben jeder Aufsichtsbehörde ist für die betroffene Person und gegebenenfalls für den Datenschutzbeauftragten unentgeltlich.

(4) ¹Bei offenkundig unbegründeten oder – insbesondere im Fall von häufiger Wiederholung – exzessiven Anfragen kann die Aufsichtsbehörde eine angemessene Gebühr auf der Grundlage der Verwaltungskosten verlangen oder sich weigern, aufgrund der Anfrage tätig zu werden. ²In diesem Fall trägt die Aufsichtsbehörde die Beweislast für den offenkundig unbegründeten oder exzessiven Charakter der Anfrage.

Überblick

Art. 57 enthält eine detaillierte, wenn auch nicht abschließende Aufzählung der Aufgaben der Aufsichtsbehörden sowie weitere vereinheitlichende Vorgaben zur Aufgabenerfüllung. Ziel der Regelung ist die Schaffung eines gleichwertigen Datenschutzniveaus (Erwägungsgrund 129). Insofern korrespondiert die einheitliche Aufgabenzuweisung mit den Abstimmungsmechanismen unter den Aufsichtsbehörden bei grenzüberschreitenden Datenverarbeitungen gem. Art. 60 ff. (Erwägungsgrund 123). Abs. 1 sieht insgesamt 21 Pflichtaufgaben vor (→ Rn. 4 ff.), wobei eine Auffangklausel unter lit. v den nicht abschließenden Charakter der Vorschrift unterstreicht (→ Rn. 40). Hiernach ist auch jede sonstige Aufgabe zum Schutz personenbezogener Daten zu erfüllen. Gemäß Abs. 2 haben die Aufsichtsbehörden das Einreichen von Beschwerden (vgl. Art. 77) zu erleichtern, wobei die Einsatz eines elektronischen Beschwerdeformulars beispielhaft genannt wird (→ Rn. 41 ff.). Die Aufgabenerfüllung erfolgt grundsätzlich unentgeltlich gem. Abs. 3 (→ Rn. 44 f.). Hiervon sind Ausnahmen gem. Abs. 4 möglich (→ Rn. 46 ff.).

Übersicht

	Rn.		Rn.
A. Allgemeines	1	XIII. Förderung von Verhaltensregeln (lit. m)	26
B. Aufgaben der Aufsichtsbehörden (Abs. 1)	4	XIV. Datenschutzzertifizierungsmechanismen, -siegel und -prüfzeichen (lit. n)	27
I. Überwachung und Durchsetzung der Anwendung der DS-GVO (lit. a)	5	XV. Überprüfung erteilter Zertifizierungen (lit. o)	28
II. Aufklärung und Sensibilisierung der Öffentlichkeit (lit. b)	6	XVI. Abfassung und Veröffentlichung von Akkreditierungsanforderungen (lit. p)	30
III. Beratung hinsichtlich legislativer und administrativer Maßnahmen (lit. c)	9	XVII. Akkreditierung (lit. q)	32
IV. Sensibilisierung hinsichtlich der Pflichten nach der DS-GVO (lit. d)	12	XVIII. Genehmigung von Vertragsklauseln und Bestimmungen gem. Art. 46 Abs. 3 (lit. r)	33
V. Informationen für betroffene Personen (lit. e)	14	XIX. Genehmigung verbindlicher unternehmensinterner Vorschriften (lit. s)	35
VI. Beschwerden betroffener Personen (lit. f)	16	XX. Beiträge zur Tätigkeit des EDSA (lit. t)	36
VII. Zusammenarbeit mit anderen Aufsichtsbehörden (lit. g)	18	XXI. Interne Verzeichnisse über Verstöße und ergriffene Maßnahmen (lit. u)	38
VIII. Untersuchungen über die Anwendung der DS-GVO (lit. h)	19	XXII. Erfüllung sonstiger Aufgabe zum Schutz personenbezogener Daten (lit. v)	40
IX. Verfolgen maßgeblicher Entwicklungen (lit. i)	20	**C. Einreichen von Beschwerden (Abs. 2)**	41
X. Festlegung von Standardvertragsklauseln (lit. j)	21	**D. Unentgeltlichkeit (Abs. 3)**	44
XI. Führen einer Liste gem. Art. 35 Abs. 4 (lit. k)	23	**E. Offenkundig unbegründete und exzessive Anfragen (Abs. 4)**	46
XII. Vorherige Konsultation (lit. l)	25		

A. Allgemeines

Art. 57 enthält eine detaillierte, wenn auch nicht abschließende Aufzählung der Aufgaben der Aufsichtsbehörden. Der Detaillierungsgrad hat sich gegenüber der bisherigen Regelung in Art. 28 DSRL deutlich erhöht. Art. 57 lässt ausdrücklich sonstige Aufgabenzuweisungen in der DS-GVO unberührt (bspw. die Erstellung eines Tätigkeitsberichts nach Art. 59). Es handelt sich um **Pflichtaufgaben** der Aufsichtsbehörden. Daneben hat die oder der Bundesbeauftragte für den Datenschutz Aufgaben nach § 14 BDSG. Die Vorschrift dient allerdings vor allem der Umsetzung der RL (EU) 2016/680. Für die Aufsichtsbehörden der Länder sieht § 40 Abs. 6 S. 1 BDSG eine Beratungspflicht gegenüber Datenschutzbeauftragten nicht-öffentlicher Stellen vor (→ Rn. 13). Im Übrigen können landesrechtliche Regelungen bestehen (vgl. zB § 11 BlnDSG, der sich ebenfalls deutlich auf die Umsetzung der RL (EU) 2016/680 bezieht). 1

Ziel der detaillierten Regelung ist die Schaffung eines gleichwertigen Datenschutzniveaus innerhalb der EU durch einen **einheitlichen Vollzugsrahmen** (Erwägungsgrund 123, 129). Insofern korrespondieren Aufgabenzuweisungen mit den Abstimmungsmechanismen unter den Aufsichtsbehörden bei grenzüberschreitenden Datenverarbeitungen gem. Art. 56, 60 ff. Die generelle Pflicht zur Zusammenarbeit mit anderen Aufsichtsbehörden, um die einheitliche Anwendung und Durchsetzung der DS-GVO zu gewährleisten, ist in lit. g (→ Rn. 18) vorgesehen. Die Zuständigkeiten der Aufsichtsbehörden ergeben sich aus Art. 55 und 56. Maßnahmen mit Eingriffscharakter können nicht auf Art. 57 gestützt werden, sondern bedürfen einer Befugnis gem. Art. 58 (vgl. näher zum Hintergrund Ehmann/Selmayr/Selmayr Rn. 2). 2

Gemäß Art. 31 besteht korrespondierend für die Verantwortlichen und Auftragsverarbeiter die Pflicht, mit der Aufsichtsbehörde bei der Erfüllung ihrer Aufgaben zusammenzuarbeiten (ebenso im Ergebnis → Art. 31 Rn. 9). Diese allg. **Pflicht zur Zusammenarbeit** ist neu gegenüber den 3 bisherigen Vorgaben der DSRL und des BDSG aF (→ Art. 31 Rn. 20). Datenschutzbeauftragte haben gem. Art. 39 Abs. 1 lit. d sowie § 7 Abs. 1 S. 1 Nr. 4 BDSG mit der Aufsichtsbehörde zusammenzuarbeiten.

B. Aufgaben der Aufsichtsbehörden (Abs. 1)

4 Insgesamt sind 22 Aufgaben normiert, wobei die Vorschrift ausweislich der Auffangklausel lit. v (→ Rn. 40) nicht abschließend ist. Hiernach ist auch jede sonstige Aufgabe zum Schutz personenbezogener Daten zu erfüllen.

I. Überwachung und Durchsetzung der Anwendung der DS-GVO (lit. a)

5 Auch nach Art. 28 Abs. 1 S. 1 DSRL war vorgesehen, dass die sog. Kontrollstellen die Datenschutzvorschriften in ihrem Hoheitsgebiet zu überwachen haben. Dies war als Kontrollaufgabe der Aufsichtsbehörden in § 38 Abs. 1 S. 1 BDSG aF umgesetzt. Neu ist, dass ausdrücklich auch die **Durchsetzung** der Anwendung der DS-GVO als Aufgabe der Aufsichtsbehörden geregelt ist. Hintergrund ist ein lang beklagtes Vollzugsdefizit im Datenschutzbereich (Taeger/Gabel/Grittmann Rn. 5). Die Befugnis zur Durchführung von Durchsetzungsmaßnahmen kann nicht aus Art. 57 abgeleitet werden. Vielmehr ist hierfür Art. 58 heranzuziehen.

5.1 Aus **Erwägungsgrund 123** ergibt sich, dass die Aufsichtsbehörden die Anwendung der DS-GVO überwachen und zu ihrer **einheitlichen Anwendung in der EU** beitragen sollen. Insofern wird die Überwachungs- und Durchsetzungsaufgabe eng mit der Pflicht zur Zusammenarbeit gem. lit. g verknüpft (→ Rn. 18). Das Register für Entscheidungen von Aufsichtsbehörden und Gerichten zu Fragen, die im Rahmen des Kohärenzverfahrens behandelt werden, gibt einen Eindruck hinsichtlich der praktischen Entwicklungen in diesem Bereich (vgl. https://edpb.europa.eu/our-work-tools/consistency-findings/register-for-decisions_de).

II. Aufklärung und Sensibilisierung der Öffentlichkeit (lit. b)

6 Die Sensibilisierung der Öffentlichkeit ist nunmehr explizit als Aufgabe geregelt und gewinnt an Bedeutung. Die DS-GVO weist den Aufsichtsbehörden ausdrücklich die Aufgabe zu, die Öffentlichkeit für die **Risiken** im Zusammenhang mit Datenverarbeitung zu sensibilisieren und sie diesbzgl. aufzuklären. Art. 58 Abs. 3 lit. b (→ Art. 58 Rn. 35) sieht die entsprechende Befugnis der Aufsichtsbehörden vor, sich an die Öffentlichkeit zu wenden.

7 Besondere Beachtung sollen dabei spezielle Maßnahmen für Kinder finden. Hier kann an verschiedenen Initiativen zur Förderung von Medienkompetenz wie bspw. https://www.young-data.de/, das Jugendportal der Datenschutzaufsichtsbehörden des Bundes und der Länder sowie des Kantons Zürich, sowie https://data-kids.de//, das Jugendangebot der Berliner Beauftragten für Datenschutz und Informationsfreiheit, angeknüpft werden. Generell erscheint der Ansatz begrüßenswert, Angebote auf die jeweiligen Zielgruppen zuzuschneiden. Gemäß Erwägungsgrund 132 sollen spezifische Sensibilisierungsmaßnahmen etwa auch auf Verantwortliche und Auftragsverarbeiter, einschließlich Kleinstunternehmen sowie kleine und mittlere Unternehmen ausgerichtet sein. Außerdem sollen sich spezifische Angebote an natürliche Personen, insbesondere im Bildungsbereich, richten. Informationen für Lehrkräfte werden etwa unter https://www.data-kids.de/ bereitstellt.

8 Neben den Risiken soll die Öffentlichkeit aber auch über Vorschriften, Garantien und Rechte im Zusammenhang mit der Datenverarbeitung aufgeklärt werden. Auf Anfrage von betroffenen Personen sind diesen gem. lit e (→ Rn. 14) zudem konkrete Informationen über die Ausübung ihrer Rechte im jeweiligen Einzelfall zur Verfügung zu stellen. Dieser Ansatz der DS-GVO zielt darauf ab, die Öffentlichkeit bzw. betroffene Personen auch zum Selbst-Datenschutz zu befähigen.

III. Beratung hinsichtlich legislativer und administrativer Maßnahmen (lit. c)

9 Die Aufsichtsbehörden sollen das jeweilige Parlament, die Regierung und andere öffentliche Einrichtungen und Gremien zu gesetzgeberischen und verwaltungstechnischen Maßnahmen zum Schutz der Rechte und Freiheiten natürlicher Personen beraten. Der Wortlaut erfasst eine **allgemeine, präventive Beratung** der genannten Stellen darüber, welche Maßnahmen zur Förderung des Datenschutzniveaus getroffen werden sollten.

10 Bisher sah Art. 28 Abs. 2 DSRL das Recht der Aufsichtsbehörden vor, bei der Ausarbeitung von Rechtsverordnungen und Verwaltungsvorschriften bezüglich des Schutzes der Rechte und

Freiheiten von Personen bei der Verarbeitung personenbezogener Daten angehört zu werden. Aufgrund der Struktur der Vorschrift ist davon auszugehen, dass lit. c hieran anknüpfen und nicht etwa dahinter zurück bleiben soll (ebenso von einer deutlich verbesserten Situation der Aufsichtsbehörden ausgehend Kühling/Buchner/Boehm Rn. 16). Als Spezialfall ist in Art. 36 Abs. 4 vorgesehen, dass der nationale Gesetzgeber die Aufsichtsbehörden bei der Ausarbeitung von Gesetzgebungsmaßnahmen, die Datenverarbeitungen betreffen, zu konsultieren hat (Erwägungsgrund 96; → Art. 36 Rn. 27 ff.).

§ 14 Abs. 1 S. 1 Nr. 3 BDSG sieht als Aufgabe der oder des BfDI vor, den Bundestag, den **11** Bundesrat, die Bundesregierung sowie andere Einrichtungen und Gremien über legislative und administrative Maßnahmen zum Schutz der Rechte und Freiheiten natürlicher Personen in Bezug auf die Verarbeitung personenbezogener Daten zu beraten. Insofern wird der Wortlaut der DS-GVO iW wiederholt.

IV. Sensibilisierung hinsichtlich der Pflichten nach der DS-GVO (lit. d)

Während lit. b (→ Rn. 6 ff.) die Sensibilisierung der Öffentlichkeit im Allg. zum Gegenstand **12** hat, haben die Aufsichtsbehörden nach lit. d auch spezifisch auf Verantwortliche und Auftragsverarbeiter ausgerichtete Maßnahmen zu ergreifen. Diese sollen gem. Erwägungsgrund 132 auf die jeweiligen Zielgruppen, einschließlich Kleinstunternehmen sowie kleine und mittlere Unternehmen, ausgerichtet sein. Hierfür kommen bspw. wie bisher Orientierungs- oder andere Auslegungshilfen (vgl. etwa https://www.datenschutzkonferenz-online.de/, https://www.datenschutz-berlin.de/wirtschaft-und-verwaltung), aber auch spezifische Informationsveranstaltungen in Betracht.

Die Aufgabe korrespondiert mit den weiteren Pflichten der Aufsichtsbehörden zur Festlegung **13** von Standardvertragsklauseln (lit. j, → Rn. 21), zur Erstellung einer Liste der Verarbeitungsarten, für die eine Datenschutz-Folgenabschätzung durchzuführen ist (lit. k, → Rn. 23), und der Förderung von Verhaltensregeln (lit. m, → Rn. 26). Anders als nach §§ 38 Abs. 1 S. 2, 4g Abs. 1 S. 2 f. BDSG aF besteht nach der DS-GVO keine allg. Pflicht zur individuellen **Beratung** der Verantwortlichen und Auftragsverarbeiter bzw. der Datenschutzbeauftragten (Gola/Nguyen, 2. Aufl., Rn. 15). Nur für bestimmte risikobehaftete Datenverarbeitungen ist eine vorherige Konsultation gem. Art. 36 (lit. l, → Rn. 25) vorgesehen. Zwar deutet die ausdrückliche Regelung der Unentgeltlichkeit der Aufgabenerfüllung für die Datenschutzbeauftragen in Abs. 3 (→ Rn. 45) darauf hin, dass diese sich weiterhin zu Beratungszwecken an die Aufsichtsbehörde wenden können. **§ 40 Abs. 6 S. 1 BDSG** erklärt es zur ausdrücklichen Aufgabe der Aufsichtsbehörden der Länder, Datenschutzbeauftragte nicht-öffentlicher Stellen mit Rücksicht auf deren typische Bedürfnisse zu beraten und zu unterstützen. Eine entsprechende Aufgabe der oder des BfDI besteht nach § 14 BDSG nicht.

V. Informationen für betroffene Personen (lit. e)

Betroffene Personen sollen sich an jede beliebige Aufsichtsbehörde wenden können. Dies ergibt **14** sich bereits aus dem Rechtsgedanken des Art. 77 Abs. 1 (→ Art. 77 Rn. 9), der dies für das Einreichen von Beschwerden regelt. **Auf Anfrage** haben Aufsichtsbehörden jeder betroffenen Person Informationen über die Ausübung ihrer Datenschutzrechte zur Verfügung zu stellen. Dies betrifft insbesondere die konkreten Rechte der betroffenen Person nach Kapitel III der DS-GVO wie bspw. die Rechte auf Auskunft und auf Löschung. Diese Informationen können konkreter sein als die allg. Informationen zur Sensibilisierung der Öffentlichkeit nach lit. b (→ Rn. 6 ff.).

Aufsichtsbehörden haben mit den Aufsichtsbehörden anderer MS Kontakt aufzunehmen, **15** zusammenzuarbeiten und von diesen erforderliche Informationen einzuholen, wenn die Anfrage einer betroffenen Person es erfordert. Dies kann etwa der Fall sein, wenn eine Anfrage die Datenverarbeitung eines Verantwortlichen mit einer Niederlassung in einem anderen MS betrifft.

VI. Beschwerden betroffener Personen (lit. f)

Zu den grundlegenden Aufgaben der Aufsichtsbehörden gehört weiterhin die **Bearbeitung** **16** **von Beschwerden.** Entsprechend soll das Einreichen von Beschwerden gem. Abs. 2 erleichtert werden, etwa durch die Bereitstellung von Beschwerdeformularen (→ Rn. 41 ff.). Untersuchungen auf einer anderen Grundlage, wie bspw. Informationen anderer Behörden, werden gem. lit. h durchgeführt (→ Rn. 19).

Korrespondierend zum Beschwerderecht betroffener Personen gem. Art. 77 und Vertretungen **17** gem. Art. 80 werden allg. Rahmenbedingungen zum Umgang mit den Beschwerden geregelt. Aufsichtsbehörden haben den Gegenstand einer Beschwerde in angemessenem Umfang zu untersuchen. Die Prüfung hat mit aller gebotenen Sorgfalt zu erfolgen (zu Art. 28 DSRL: EuGH BeckRS 2015, 81250 Rn. 63). Die Untersuchungsbefugnisse ergeben sich aus Art. 58 Abs. 1. Über deren Einsatz sowie den Umfang der Untersuchung entscheidet die Aufsichtsbehörde nach **pflichtgemäßem Ermessen** entsprechend der Sachlage im Einzelfall. Der Beschwerdeführer ist innerhalb einer angemessenen Frist über den Fortgang und das Ergebnis der Untersuchung zu unterrichten. Dies wird konkretisiert durch Art. 78 Abs. 2, wonach die zuständige Aufsichtsbehörde innerhalb von drei Monaten über den Stand oder das Ergebnis der Beschwerde zu unterrichten, nicht allerdings den Fall in dieser Frist abzuschließen hat. Der Beschwerdeführer soll insbesondere unterrichtet werden, wenn eine weitere Untersuchung oder Koordinierung mit einer anderen Aufsichtsbehörde notwendig ist. Insofern nennt die Vorschrift beispielhaft, aber nicht abschließend Umstände, welche die Bearbeitungsdauer beeinflussen können.

VII. Zusammenarbeit mit anderen Aufsichtsbehörden (lit. g)

18   Es besteht eine generelle Pflicht zur Zusammenarbeit mit anderen Aufsichtsbehörden, insbesondere durch Informationsaustausch, und zur gegenseitigen Amtshilfe, um die einheitliche Anwendung und Durchsetzung der DS-GVO zu gewährleisten (Erwägungsgrund 123). Diese Ziel- und Strukturvorgabe wird bereits in Art. 51 Abs. 2 prinzipiell betont. Art. 60, 61, 62 konkretisiert die Pflicht zur Zusammenarbeit zwischen federführender und betroffenen Aufsichtsbehörden. Als weitere besondere Form der Zusammenarbeit nennt lit. t (→ Rn. 36 f.) die Pflicht, Beiträge zur Tätigkeit des Europäischen Datenschutzausschusses gem. Art. 70 zu leisten.

VIII. Untersuchungen über die Anwendung der DS-GVO (lit. h)

19   Neu ist die ausdrückliche Aufgabe, Untersuchungen über die Anwendung der DS-GVO durchzuführen. Die Abgrenzung zum Aufgabenbereich nach lit. a bleibt zunächst unklar. Lit. h muss als eigenständige, grundlegendere Untersuchungsaufgabe zum allg. Ist-Zustand der Anwendung der DS-GVO verstanden werden, korrespondierend mit lit. i (→ Rn. 20), wonach künftige Entwicklungen zu beobachten sind. Solche grundlegenden Untersuchungen erscheinen insbesondere sinnvoll, um die Überwachungsmaßnahmen nach lit. a (→ Rn. 5) angemessen priorisieren zu können. Zudem besteht die Möglichkeit, die Schwerpunkte der Öffentlichkeitsarbeit nach lit. b (→ Rn. 6 ff.) und lit. d (→ Rn. 12 f.) hieran auszurichten. Für Untersuchungen können etwa Informationen verschiedener Aufsichtsbehörden oder anderer Behörden ausgewertet werden. Insofern besteht hier die Abgrenzung von Untersuchungen aufgrund von Beschwerden betroffener Personen nach lit. f (→ Rn. 16 f.). Lit. h umfasst zum anderen auch konkrete Untersuchungen **von Amts wegen** ohne Vorliegen einer Beschwerde oÄ (Ehmann/Selmayr/Selmayr Rn. 9).

IX. Verfolgen maßgeblicher Entwicklungen (lit. i)

20   Die Aufsichtsbehörde haben nunmehr die ausdrückliche Aufgabe, datenschutzrelevante Entwicklungen zu verfolgen. Insbesondere ein aktueller Kenntnisstand über die Entwicklung der Informations- und Kommunikationstechnologien und bestimmter Geschäftspraktiken erscheint notwendig, um die übrigen Aufgaben insbesondere der Überwachung und Beratung adäquat wahrnehmen zu können. Die Aufsichtsbehörden benötigen hierfür allerdings eine entspr. Personal- und Sachmittelausstattung (Art. 52 Abs. 4, → Art. 52 Rn. 25).

X. Festlegung von Standardvertragsklauseln (lit. j)

21   Neu ist die **Möglichkeit,** allerdings nicht die Pflicht für Aufsichtsbehörden, Standardverträge für den Bereich der Auftragsverarbeitung gem. Art. 28 Abs. 8 (→ Art. 28 Rn. 95) zu veröffentlichen. Zudem können Standardvertragsklauseln als geeignete Garantien für die Datenübermittlung in Drittländer gem. Art. 46 Abs. 2 lit. d festgelegt werden (→ Art. 46 Rn. 46 ff.).

22   Für beides ist vorgegeben, ein **Kohärenzverfahren** vor dem EDSA gem. Art. 63, 64 Abs. 1 S. 2 lit. d durchzuführen. Es wird vertreten, dass dies nur grenzüberschreitende Datenverarbeitungen, dh Konstellationen betreffen soll, in denen Verarbeitungen in bzw. Übermittlungen aus mehreren MS stattfinden (Kühling/Buchner/Caspar Art. 64 Rn. 3; aA → Art. 46 Rn. 48; → Art. 64 Rn. 7). Der Harmonisierungsgedanke der DS-GVO spricht für eine generelle Anwendung des Kohärenzverfahrens.

XI. Führen einer Liste gem. Art. 35 Abs. 4 (lit. k)

Zu den Pflichtaufgaben der Aufsichtsbehörden gehört das Erstellen und Führen einer **Positiv-** 23
liste der Verarbeitungsvorgänge, für die gem. Art. 35 Abs. 1 eine Datenschutz-Folgenabschätzung durchzuführen ist (→ Art. 35 Rn. 31). Die Liste ist gem. Art. 35 Abs. 4 zu veröffentlichen und dem EDSA zu übermitteln (→ Art. 35 Rn. 33). Die deutschen Aufsichtsbehörden haben eine Liste veröffentlicht unter: https://www.datenschutzkonferenz-online.de/media/ah/20181017_ah_DSK_DSFA_Muss-Liste_Version_1.1_Deutsch.pdf. Die entsprechende Stellungnahme des EDSA ist abrufbar unter https://edpb.europa.eu/sites/edpb/files/files/file1/2018-09-25-opinion_2018_art_64_de_sas_dpia_list_de_0.pdf. Unter https://edpb.europa.eu/our-work-tools/our-documents/publication-type/opinion-board-art-64_en finden sich auch die Stellungnahmen zu den Listen der übrigen MS.

Das Führen einer **Negativliste** ist **keine Pflichtaufgabe** der Aufsichtsbehörden. Sie können 24
allerdings gem. Art. 35 Abs. 5 eine Liste der Arten von Verarbeitungsvorgängen erstellen und veröffentlichen, für die keine Datenschutz-Folgenabschätzung erforderlich ist (→ Art. 35 Rn. 35). Auch diese Listen sind dem EDSA zu übermitteln.

XII. Vorherige Konsultation (lit. l)

Aufsichtsbehörden haben in bestimmten Fällen gem. Art. 36 Abs. 2 (→ Art. 36 Rn. 1 ff.) 25
Beratungen in der Form einer vorherigen Konsultation durchzuführen. Die Datenschutzbeauftragten der Verantwortlichen agieren in diesen Fällen als Anlaufstelle für die Aufsichtsbehörden gem. Art. 39 Abs. 1 lit. e bzw. § 7 Abs. 1 S. 1 Nr. 5 BDSG. Wobei die gesetzliche Formulierung „Anlaufstelle" in diesem Zusammenhang missverständlich ist, da selbstverständlich der Verantwortliche die Aufsichtsbehörde konsultiert. In der Praxis sind die Datenschutzbeauftragten der Verantwortlichen wichtige Ansprechpartner.

XIII. Förderung von Verhaltensregeln (lit. m)

Aufsichtsbehörden fördern gem. Art. 40 Abs. 1 (→ Art. 40 Rn. 7) die Ausarbeitung von Ver- 26
haltensregeln. Worin das Fördern bestehen soll, wird nicht konkret geregelt. Ein pragmatischer Ansatz besteht in der Veröffentlichung von Checklisten für die Erstellung von Verhaltensregeln (vgl. etwa https://www.ldi.nrw.de/mainmenu_Datenschutz/submenu_Datenschutzrecht/Inhalt/Verhaltensregeln-_-Code-of-Coduct/Inhalt/Verhaltensregeln-und-Akkreditierung-von-Ueberwachungsstellen-nach-der-DS-GVO/Checkliste-Pruefung-CoC-Genehmigung-final-extern_20200831-_2_.pdf). Soll gem. Erwägungsgrund 98 die Ermutigung zur Ausarbeitung von Verhaltensregeln stattfinden, müssen Aufsichtsbehörden andererseits über die ausreichenden Ressourcen für diese zeit- und arbeitsaufwändigen Prozesse verfügen. Das Genehmigungsverfahren ist in Art. 40 Abs. 5–10 geregelt (→ Art. 40 Rn. 18 ff.). Verhaltensregeln, die Verarbeitungstätigkeiten in mehreren MS betreffen, sind gem. Art. 40 Abs. 7 dem EDSA vorzulegen. Es kommt das Kohärenzverfahren gem. Art. 64 Abs. 1 S. 2 lit. b zur Anwendung.

XIV. Datenschutzzertifizierungsmechanismen, -siegel und -prüfzeichen (lit. n)

Die Aufsichtsbehörden sollen ausdrücklich die Einführung von Datenschutzzertifizierungsme- 27
chanismen sowie von Datenschutzsiegeln und -prüfzeichen nach Art. 42 Abs. 1 anregen bzw. fördern. Sie haben dementsprechend Anforderungen an datenschutzrechtliche Zertifizierungsprogramme veröffentlicht, die eine erste Orientierung zu datenschutzrechtlichen Prüfkriterien, Prüfsystematiken und Prüfmethoden zur Anpassung und Anwendung der technischen Norm DIN EN ISO/IEC 17067 (Programmtyp 6) geben (abrufbar unter: https://www.datenschutzkonferenz-online.de/media/ah/DSK_Anwendungshinweis_Zertifizierungskriterien.pdf). Den Aufsichtsbehörden kommt in den Zertifizierungsverfahren, neben dem EDSA, unter anderem die zentrale Funktion zu, die Zertifizierungs- bzw. Prüfkriterien gem. Art. 42 Abs. 5, 58 Abs. 3 lit. f zu genehmigen (vgl. EDSA-Leitlinien 1/2018 für die Zertifizierung und Ermittlung von Zertifizierungskriterien nach den Artikeln 42 und 43 der Verordnung (EU) 2016/679 (Version 3.0 vom 4. Juni 2019, https://edpb.europa.eu/sites/default/files/files/file1/edpb_guidelines_201801_v3.0_certificationcriteria_annex2_de_0.pdf). Zudem sind sie gem. Art. 43 Abs. 1, 58 Abs. 3 lit. e, § 39 BDSG an der Akkreditierung der Zertifizierungsstellen beteiligt (vgl. Leitlinien 4/2018 zur Akkreditierung von Zertifizierungsstellen gem. Art. 43 der DS-GVO, Version 3.0 vom 4.6.2019, https://edpb.europa.eu/sites/default/files/files/file1/edpb_guidelines_201804_v3.0_accreditationcertificationbodies_annex1_de.pdf). Eine Grafik zum gesamten Akkreditierungspro-

zess ist abrufbar unter https://www.datenschutzkonferenz-online.de/media/oh/20190315_oh_akk_c.pdf.

XV. Überprüfung erteilter Zertifizierungen (lit. o)

28 Zertifizierungen werden gem. Art. 42 Abs. 5, 7 entweder durch akkreditierte Zertifizierungsstellen oder durch die zuständigen Aufsichtsbehörden für eine Höchstdauer von drei Jahren erteilt. Die Aufsichtsbehörden haben die erteilten Zertifizierungen innerhalb dieses Zeitraums **regelmäßig zu überprüfen.** Werden die Voraussetzungen der Zertifizierung nicht oder nicht mehr erfüllt, wird diese gem. Art. 42 Abs. 7 S. 2 **widerrufen.**

29 Aufgrund der zeitlichen Gültigkeitsbeschränkung ist eine ständige, anlasslose Überprüfung aller erteilten Zertifizierungen nicht erforderlich. Eine Überprüfung wird aber erfolgen müssen, wenn spezifische Beschwerden oder Hinweise bei der Aufsichtsbehörde eingehen oder schwerwiegende Mängel der im zertifizierten Verfahren eingesetzten Technologien bekannt werden (Paal/Pauly/Körffer Rn. 18).

XVI. Abfassung und Veröffentlichung von Akkreditierungsanforderungen (lit. p)

30 Die Aufsichtsbehörden erstellen Akkreditierungsanforderungen (der Wortlaut der Vorschrift wurde insofern durch das das Corrigendum aus Mai 2018 geändert, Abl. L 127 v. 23.5.2018). Zum einen sollen **Akkreditierungsanforderungen** Stellen betreffen, die die Einhaltung von Verhaltensregeln gem. Art. 40 überwachen. Zum anderen sind Anforderungen für die **Akkreditierung von Zertifizierungsstellen** gem. Art. 43 zu erstellen. Der Entwurf der Anforderungen soll gem. Art. 41 Abs. 3 im Rahmen des Kohärenzverfahrens nach Art. 64 Abs. 1 lit. c an den EDSA übermittelt werden (→ Art. 41 Rn. 11).

30.1 Ob eine Einbindung des EDSA gem. Art. 64 Abs. 1 lit. c generell stattfinden muss, erscheint fraglich (→ Art. 64 Rn. 6). Immerhin sieht Art. 43 Abs. 3 – insofern anders als Art. 41 Abs. 3 – alternativ auch eine Genehmigung der Akkreditierungsanforderungen allein durch die zuständige Aufsichtsbehörde vor. Der Harmonisierungsgedanke der DS-GVO spricht für eine generelle Einbindung des EDSA (eine Beteiligung des EDSA als konstitutiv betrachtend: Simitis/Hornung/Spiecker gen. Döhmann/Scholz Art. 43 Rn. 19; Kühling/Buchner/Bergt Art. 43 Rn. 6; Paal/Pauly/Paal Art. 43 Rn. 15 mwN). In der Praxis haben die MS ihre Akkreditierungsanforderungen dem Stellungnahmeverfahren nach Art. 64 unterzogen.

31 Die Anforderungen sind durch die Aufsichtsbehörde zu veröffentlichen. Dies erfolgt für die von den deutschen Aufsichtsbehörden erstellten Anforderungen zB unter https://www.datenschutzkonferenz-online.de/media/ah/20201021_ah_anforderungen_akkreditierung_coc_%C3%BCberwachungsstelle_de.pdf bzw. https://www.datenschutzkonferenz-online.de/media/ah/20201008_din17065_Ergaenzungen_deutsch_nach_opinion.pdf. Für die Akkreditierungsanforderungen an Zertifizierungsstellen ist in Art. 43 Abs. 6 explizit geregelt, dass dies in leicht zugänglicher Form zu erfolgen hat (Paal/Pauly/Paal Art. 43 Rn. 21). Diese Voraussetzung erfüllt die Internetveröffentlichung. Für einen Vergleich nationaler Akkreditierungsanforderungen nach Art. 43 Abs. 3 s. Maier-Reinhardt ZD-Aktuell 2021, 05169.

XVII. Akkreditierung (lit. q)

32 Aufsichtsbehörden erhalten die Funktion einer Akkreditierungsstelle. Zum einen werden gem. Art. 41 Abs. 1 Stellen für die Überwachung der Einhaltung von Verhaltensregeln gem. Art. 40 akkreditiert (→ Art. 41 Rn. 5). Zum anderen werden gem. Art. 43 Abs. 1 Zertifizierungsstellen akkreditiert (vgl. EDSA-Leitlinien 4/2018 zur Akkreditierung von Zertifizierungsstellen gem. Art. 43 DS-GVO). Letzteres kann gem. Art. 43 Abs. 1 S. 2 lit. b auch durch eine nationale Akkreditierungsstelle erfolgen (Paal/Pauly/Paal Art. 43 Rn. 7). Gemäß § 39 BDSG ist in Deutschland vorgesehen, dass die zuständige Aufsichtsbehörde auf der Grundlage einer Akkreditierung durch die Deutsche Akkreditierungsstelle (DAkkS) die Befugnis erteilt, als Zertifizierungsstelle tätig zu werden. Die Aufsichtsbehörden sind bei der Akkreditierung gem. §§ 2 Abs. 3 S. 2, 4 Abs. 3, 10 Abs. 1 S. 1 Nr. 3 AkkStelleG eingebunden. Eine Grafik zum Akkreditierungsprozess ist abrufbar unter https://www.datenschutzkonferenz-online.de/media/oh/20190315_oh_akk_c.pdf.

XVIII. Genehmigung von Vertragsklauseln und Bestimmungen gem. Art. 46 Abs. 3 (lit. r)

33 Um geeignete Garantien für Datenübermittlungen in Drittstaaten ohne angemessenes Datenschutzniveau zu erbringen, können Vertragsklauseln gem. Art. 46 Abs. 3 lit. a (→ Art. 46

Rn. 62 ff.) oder Verwaltungsvereinbarungen gem. Art. 46 Abs. 3 lit. b (→ Art. 46 Rn. 66 f.) verwendet werden. Diese bedürfen der Genehmigung durch die zuständige Aufsichtsbehörde.

Gem. Art. 46 Abs. 4 ist das Kohärenzverfahren vor dem EDSA durchzuführen (→ Art. 46 Rn. 60). Art. 64 Abs. 1 S. 2 lit. e bezieht sich zwar nur auf Art. 46 Abs. 3 lit. a. Es dürfte sich aber um ein Redaktionsversehen handeln (→ Art. 64 Rn. 6). **34**

XIX. Genehmigung verbindlicher unternehmensinterner Vorschriften (lit. s)

Die zuständige Aufsichtsbehörde kann gem. Art. 47 Abs. 1 verbindliche interne Datenschutzvorschriften für Gruppen von Unternehmen oder Unternehmensgruppen genehmigen. Diese dienen der Erbringung geeigneter Garantien für die Übermittlung personenbezogener Daten in Drittländer, für die kein Angemessenheitsbeschluss nach Art. 45 Abs. 3 besteht (→ Art. 47 Rn. 1). Es ist gem. Art. 64 Abs. 1 S. 2 lit. f das Kohärenzverfahren vor dem EDSA durchzuführen (→ Art. 47 Rn. 15, wonach dies auf Datentransfers aus mehr als einem MS bzw. mit Auswirkungen auf betroffene Personen in mehr als einem MS beschränkt ist). **35**

XX. Beiträge zur Tätigkeit des EDSA (lit. t)

Zu den zahlreichen Aufgaben des EDSA gem. Art. 70 Abs. 1 gehören insbesondere die Erstellung und Veröffentlichung von Stellungnahmen, Leitlinien, Empfehlungen und bewährten Verfahren (→ Art. 70 Rn. 1 f.). Es besteht ein erheblicher Abstimmungsbedarf. **36**

Die Aufsichtsbehörden sollen aktiv Beiträge zu der Erfüllung dieser Aufgaben leisten. Dies betrifft sowohl die Sitzungen des EDSA selbst als auch deren Vorbereitung insbesondere im Rahmen von Arbeitsgruppen (Expert Subgroups). Die Verpflichtung zur Mitarbeit ist unabhängig davon, ob die Aufsichtsbehörde selbst Mitglied des EDSA ist. Außerdem ist die Verpflichtung auch unabhängig davon, ob die Aufsichtsbehörde selbst den EDSA angerufen hat, etwa in den Verfahren nach Art. 60 Abs. 4, Art. 64 Abs. 1 oder Art. 66 Abs. 2. Um die geforderten Beiträge leisten zu können, müssen die Aufsichtsbehörden mit den angemessenen Sach- und Personalmitteln ausgestattet sein (Art. 52 Abs. 4). **37**

XXI. Interne Verzeichnisse über Verstöße und ergriffene Maßnahmen (lit. u)

Neu ist die Verpflichtung, ein Verzeichnis zu führen über bspw. im Rahmen der Überwachung nach lit. a (→ Rn. 5) oder Untersuchungen nach lit. h (→ Rn. 19) festgestellte **Datenschutzverstöße** und gem. Art. 58 Abs. 2 hiergegen ergriffenen Maßnahmen (zur bereits bisher geführten Fallsammlung der Aufsichtsbehörden vgl. Schönefeld/Thomé PinG 2017, 126 (128)). Die Erkenntnisse über die Arten der Verstöße und der getroffenen Maßnahmen können gem. Art. 59 S. 1 im Tätigkeitsbericht der Aufsichtsbehörde veröffentlicht werden (→ Art. 59 Rn. 4). **38**

Daneben haben die Verantwortlichen und Auftragsverarbeiter gem. Art. 37 Abs. 7 die **Kontaktdaten der Datenschutzbeauftragten** an die Aufsichtsbehörden zu melden. Auch diesbezüglich muss somit praktisch ein Verzeichnis geführt werden. Es fehlt allerdings eine explizite Regelung dieser Aufgabe. Eine Regelung wie in § 38 Abs. 2 BDSG aF, wonach die Aufsichtsbehörden ein Register der nach § 4d BDSG aF meldepflichtigen automatisierten Verarbeitungen zu führen hatten, besteht jedenfalls nicht mehr. **39**

XXII. Erfüllung sonstiger Aufgabe zum Schutz personenbezogener Daten (lit. v)

Der Aufgabenkatalog des Art. 57 Abs. 1 soll nicht abschließend sein. Dies wird durch die Auffangklausel verdeutlicht. Die sonstigen Aufgaben können jedenfalls nur solche zum Schutz personenbezogener Daten bzw. natürlicher Personen bei der Verarbeitung personenbezogener Daten sowie deren Grundrechte und Grundfreiheiten gem. Art. 1 Abs. 1, Abs. 2 sein. Allerdings erfüllt nicht jede Aktivität einer Aufsichtsbehörde die Anforderung, unmittelbar dem Schutz natürlicher Personen bei der Verarbeitung personenbezogener Daten zu dienen, wie bspw. das Führen von Verzeichnissen über die Kontaktdaten der Datenschutzbeauftragten (→ Rn. 39; zu der Frage, ob die Aufsichtsbehörden weitere Aufgaben übernehmen dürfen, die nicht im Zusammenhang mit dem Schutz personenbezogener Daten stehen, vgl. Gola/Nguyen Rn. 20). **40**

C. Einreichen von Beschwerden (Abs. 2)

Durch das Beschwerderecht bei der Aufsichtsbehörde gem. Art. 77 wird zu einem wesentlichen Anteil der **Grundrechtsschutz** für betroffene Personen gewährleistet. Über das Bestehen des **41**

DS-GVO Artikel 57 Kapitel VI. Unabhängige Aufsichtsbehörden

Beschwerderechts werden betroffene Personen ua durch Verantwortliche gem. Art. 12 Abs. 4 sowie Art. 13 Abs. 2 lit. d bzw. Art. 14 Abs. 2 lit. e unterrichtet. Die Aufsichtsbehörden haben die Aufgabe, sich grundsätzlich mit jeder Beschwerde zu beschäftigen, sie in angemessenem Umfang zu untersuchen und den Beschwerdeführer über Fortgang und Ergebnis der Untersuchung zu unterrichten (→ Rn. 16 f.).

42 Das Einreichen von Beschwerden soll erleichtert werden. Als **Bsp.** wird das zur Verfügung stellen eines **elektronischen Beschwerdeformulars** genannt. Dieses sollte in einer verständlichen und leicht zugänglichen Form, dh auch in gängigen Formaten bereitgestellt werden. Zudem soll eine klare und einfache Sprache verwendet werden. Entsprechende Anforderungen werden auch an die Informationen durch Verantwortliche gem. Art. 12 Abs. 1 gestellt. Denkbar ist auch für Aufsichtsbehörden die Verwendung von Bildsymbolen (vgl. Art. 12 Abs. 7), wenn es der Erleichterung des Einreichens von Beschwerden dient. Andere Kommunikations- und Informationsmittel sind explizit nicht ausgeschlossen und können auch ergänzend eingesetzt werden.

43 Die Verwendung von Beschwerdeformularen bietet sich an, da es der strukturierten Erhebung von Angaben dient, die für die Beschwerdebearbeitung erforderlich sind. Die Nennung des Namens des Beschwerdeführers sollte nicht verpflichtend sein. Vielmehr muss auch eine **anonyme Beschwerde** möglich sein. Es kann zur Vermeidung von Hemmnissen darauf hingewiesen werden, dass die Beschwerdebearbeitung grundsätzlich unentgeltlich erfolgt (→ Rn. 44).

D. Unentgeltlichkeit (Abs. 3)

44 Die Erfüllung der Aufgaben der Aufsichtsbehörden können von betroffenen Personen unentgeltlich in Anspruch genommen werden (Ausnahmen sind in Abs. 4 vorgesehen). Dies dient dem **aktiven Grundrechtsschutz** und insbesondere der Wahrnehmung der vorgesehenen Rechte wie dem Beschwerderecht. Insofern muss die Unentgeltlichkeit auch gegenüber Vertretungen iSd Art. 80 gelten (Paal/Pauly/Körffer Rn. 29).

45 Für **Datenschutzbeauftragte** ist die Aufgabenerfüllung der Aufsichtsbehörde ebenfalls unentgeltlich (aA unter Verweis auf die Formulierung „gegebenenfalls" Kühling/Buchner/Boehm Rn. 26; nach Gola/Nguyen Rn. 21 muss sich die Leistung direkt an die Datenschutzbeauftragten richten). Art. 39 Abs. 1 lit. e sowie § 40 Abs. 6 BDSG sehen insbesondere vor, dass sie sich zu Beratungszwecken an die Aufsichtsbehörde wenden können. Verantwortliche und Auftragsverarbeiter selbst sowie sonstige Stellen werden explizit nicht genannt. Ihnen gegenüber können Aufsichtsbehörden somit Entgelte für die Erfüllung ihrer Aufgaben erheben (Ehmann/Selmayr/Selmayr Rn. 22).

E. Offenkundig unbegründete und exzessive Anfragen (Abs. 4)

46 Es besteht eine **Ausnahme** von der Pflicht, grundsätzlich aufgrund von Anfragen tätig zu werden. Diese Ausnahme bezieht sich nach dem Wortlaut nicht ausschließlich auf Bürgeranfragen. Vielmehr können der Ausnahme alle Anfragen unterfallen, die grundsätzlich einer Pflicht aus dem Aufgabenkatalog des Abs. 1 (→ Rn. 4 ff.) unterfallen. Die Regelung hat den Zweck, die Arbeitsfähigkeit der Aufsichtsbehörden zu schützen unter dem Vorbehalt der Verhältnismäßigkeit.

47 Es bestehen zwei Fallgruppen. Zum einen können Anfragen aufgrund ihres **exzessiven Charakters** der Ausnahme unterfallen. Hier wird als Bsp. die häufige Wiederholung genannt. Dieses Merkmal ist leicht nachweisbar, was gem. S. 2 der Aufsichtsbehörde obliegt. Es muss sich allerdings ausdrücklich um Wiederholungen einer bestimmten Anfrage handeln. Das vergleichsweise häufige Stellen verschiedener Anfragen durch eine Person kann allein noch keine Rechtfertigung der Ausnahme darstellen.

48 Der zweite Ausnahmegrund der **offenkundigen Unbegründetheit** besteht aus zwei Elementen. Zum einen muss die Anfrage substanzlos sein, zum anderen muss sich dies aufdrängen. Eine nur mutmaßlich substanzlose Anfrage kann den Ausnahmetatbestand nicht erfüllen, vielmehr muss sich die Unbegründetheit aufdrängen.

49 Der Aufsichtsbehörde stehen bei Vorliegen der Voraussetzungen **zwei Möglichkeiten** zur Verfügung (für ein abgestuftes Verfahren Ehmann/Selmayr/Selmayr Rn. 23). Zum einen kann auf der Grundlage der Verwaltungskosten eine angemessene Gebühr verlangt werden. Auch wenn die Vorschrift keine Zuordnung vornimmt, wird diese Option nicht für unbegründete, sondern nur für exzessive Anfragen zur Anwendung kommen können. Zum anderen kann sich die Aufsichtsbehörde weigern, aufgrund der Anfrage tätig zu werden, was eher für Fälle offenkundig unbegründeter Anfragen geeignet erscheint.

50 Die **Beweislast** für das Vorliegen der Ausnahmevoraussetzungen liegt bei den Aufsichtsbehörden. Diese haben ein Interesse daran, die Arbeitsfähigkeit der Verwaltung zu bewahren, indem

insbesondere die Bearbeitung missbräuchlicher Anfragen verhindert werden kann. Von der Ausnahme darf selbstverständlich nur im Rahmen des pflichtgemäßen Ermessens und insbesondere unter Berücksichtigung der grundrechtlichen Bedeutung der Tätigkeit der Aufsichtsbehörden Gebrauch gemacht werden. Die Gründe für das Vorliegen eines der Ausnahmetatbestände und der Entscheidungsprozess müssen dokumentiert werden. Der oder dem Anfragenden müssen jedenfalls das Ergebnis der Entscheidung und die Grundlage mitgeteilt werden, auch wenn sich dies nicht unmittelbar aus dem Wortlaut ergibt (Paal/Pauli/Körffer Rn. 31).

Artikel 58 Befugnisse

(1) Jede Aufsichtsbehörde verfügt über sämtliche folgenden Untersuchungsbefugnisse, die es ihr gestatten,
a) den Verantwortlichen, den Auftragsverarbeiter und gegebenenfalls den Vertreter des Verantwortlichen oder des Auftragsverarbeiters anzuweisen, alle Informationen bereitzustellen, die für die Erfüllung ihrer Aufgaben erforderlich sind,
b) Untersuchungen in Form von Datenschutzüberprüfungen durchzuführen,
c) eine Überprüfung der nach Artikel 42 Absatz 7 erteilten Zertifizierungen durchzuführen,
d) den Verantwortlichen oder den Auftragsverarbeiter auf einen vermeintlichen Verstoß gegen diese Verordnung hinzuweisen,
e) von dem Verantwortlichen und dem Auftragsverarbeiter Zugang zu allen personenbezogenen Daten und Informationen, die zur Erfüllung ihrer Aufgaben notwendig sind, zu erhalten,
f) gemäß dem Verfahrensrecht der Union oder dem Verfahrensrecht des Mitgliedstaats Zugang zu den Räumlichkeiten, einschließlich aller Datenverarbeitungsanlagen und -geräte, des Verantwortlichen und des Auftragsverarbeiters zu erhalten.

(2) Jede Aufsichtsbehörde verfügt über sämtliche folgenden Abhilfebefugnisse, die es ihr gestatten,
a) einen Verantwortlichen oder einen Auftragsverarbeiter zu warnen, dass beabsichtigte Verarbeitungsvorgänge voraussichtlich gegen diese Verordnung verstoßen,
b) einen Verantwortlichen oder einen Auftragsverarbeiter zu verwarnen, wenn er mit Verarbeitungsvorgängen gegen diese Verordnung verstoßen hat,
c) den Verantwortlichen oder den Auftragsverarbeiter anzuweisen, den Anträgen der betroffenen Person auf Ausübung der ihr nach dieser Verordnung zustehenden Rechte zu entsprechen,
d) den Verantwortlichen oder den Auftragsverarbeiter anzuweisen, Verarbeitungsvorgänge gegebenenfalls auf bestimmte Weise und innerhalb eines bestimmten Zeitraums in Einklang mit dieser Verordnung zu bringen,
e) den Verantwortlichen anzuweisen, die von einer Verletzung des Schutzes personenbezogener Daten betroffene Person entsprechend zu benachrichtigen,
f) eine vorübergehende oder endgültige Beschränkung der Verarbeitung, einschließlich eines Verbots, zu verhängen,
g) die Berichtigung oder Löschung von personenbezogenen Daten oder die Einschränkung der Verarbeitung gemäß den Artikeln 16, 17 und 18 und die Unterrichtung der Empfänger, an die diese personenbezogenen Daten gemäß Artikel 17 Absatz 2 und Artikel 19 offengelegt wurden, über solche Maßnahmen anzuordnen,
h) eine Zertifizierung zu widerrufen oder die Zertifizierungsstelle anzuweisen, eine gemäß den Artikel 42 und 43 erteilte Zertifizierung zu widerrufen, oder die Zertifizierungsstelle anzuweisen, keine Zertifizierung zu erteilen, wenn die Voraussetzungen für die Zertifizierung nicht oder nicht mehr erfüllt werden,
i) eine Geldbuße gemäß Artikel 83 zu verhängen, zusätzlich zu oder anstelle von in diesem Absatz genannten Maßnahmen, je nach den Umständen des Einzelfalls,
j) die Aussetzung der Übermittlung von Daten an einen Empfänger in einem Drittland oder an eine internationale Organisation anzuordnen.

(3) Jede Aufsichtsbehörde verfügt über sämtliche folgenden Genehmigungsbefugnisse und beratenden Befugnisse, die es ihr gestatten,
a) gemäß dem Verfahren der vorherigen Konsultation nach Artikel 36 den Verantwortlichen zu beraten,

b) zu allen Fragen, die im Zusammenhang mit dem Schutz personenbezogener Daten stehen, von sich aus oder auf Anfrage Stellungnahmen an das nationale Parlament, die Regierung des Mitgliedstaats oder im Einklang mit dem Recht des Mitgliedstaats an sonstige Einrichtungen und Stellen sowie an die Öffentlichkeit zu richten,
c) die Verarbeitung gemäß Artikel 36 Absatz 5 zu genehmigen, falls im Recht des Mitgliedstaats eine derartige vorherige Genehmigung verlangt wird,
d) eine Stellungnahme abzugeben und Entwürfe von Verhaltensregeln gemäß Artikel 40 Absatz 5 zu billigen,
e) Zertifizierungsstellen gemäß Artikel 43 zu akkreditieren,
f) im Einklang mit Artikel 42 Absatz 5 Zertifizierungen zu erteilen und Kriterien für die Zertifizierung zu billigen,
g) Standarddatenschutzklauseln nach Artikel 28 Absatz 8 und Artikel 46 Absatz 2 Buchstabe d festzulegen,
h) Vertragsklauseln gemäß Artikel 46 Absatz 3 Buchstabe a zu genehmigen,
i) Verwaltungsvereinbarungen gemäß Artikel 46 Absatz 3 Buchstabe b zu genehmigen
j) verbindliche interne Vorschriften gemäß Artikel 47 zu genehmigen.

(4) Die Ausübung der der Aufsichtsbehörde gemäß diesem Artikel übertragenen Befugnisse erfolgt vorbehaltlich geeigneter Garantien einschließlich wirksamer gerichtlicher Rechtsbehelfe und ordnungsgemäßer Verfahren gemäß dem Unionsrecht und dem Recht des Mitgliedstaats im Einklang mit der Charta.

(5) Jeder Mitgliedstaat sieht durch Rechtsvorschriften vor, dass seine Aufsichtsbehörde befugt ist, Verstöße gegen diese Verordnung den Justizbehörden zur Kenntnis zu bringen und gegebenenfalls die Einleitung eines gerichtlichen Verfahrens zu betreiben oder sich sonst daran zu beteiligen, um die Bestimmungen dieser Verordnung durchzusetzen.

(6) ¹Jeder Mitgliedstaat kann durch Rechtsvorschriften vorsehen, dass seine Aufsichtsbehörde neben den in den Absätzen 1, 2 und 3 aufgeführten Befugnissen über zusätzliche Befugnisse verfügt. ²Die Ausübung dieser Befugnisse darf nicht die effektive Durchführung des Kapitels VII beeinträchtigen.

Überblick

Um die einheitliche Überwachung und Durchsetzung der DS-GVO sicherzustellen, haben die Aufsichtsbehörden in jedem MS dieselben Befugnisse (Erwägungsgrund 129). Diese sind unterteilt in Untersuchungsbefugnisse gem. Abs. 1 (→ Rn. 2 ff.), Abhilfe- und Sanktionsbefugnisse gem. Abs. 2 (→ Rn. 18 ff.) sowie Genehmigungs- und Beratungsbefugnisse gem. Abs. 3 (→ Rn. 34 ff.). Die Ausübung der Befugnisse richtet sich gem. Abs. 4 nach dem Verfahrensrecht der Union oder nationalem Recht (→ Rn. 43). Gem. Abs. 5 besteht die Befugnis, Justizbehörden über Verstöße gegen die DS-GVO zu unterrichten und Gerichtsverfahren anzustrengen (→ Rn. 44). Gem. Abs. 6 können nationale Regelungen weitere Befugnisse für die Aufsichtsbehörden vorsehen (→ Rn. 45).

Übersicht

	Rn.		Rn.
A. Allgemeines	1	III. Anweisung zur Durchsetzung von Betroffenenrechten (lit. c)	21
B. Untersuchungsbefugnisse (Abs. 1)	2	IV. Anweisung hinsichtlich der Durchführung von Verarbeitungsvorgängen (lit. d)	23
I. Bereitstellung von Informationen (lit. a)	5		
II. Datenschutzüberprüfungen (lit. b)	8	V. Anweisung der Benachrichtigung betroffener Personen (lit. e)	26
III. Überprüfung erteilter Zertifizierungen (lit. c)	10	VI. Beschränkung oder Verbot einer Verarbeitung (lit. f)	27
IV. Hinweis auf vermeintlichen Verstoß (lit. d)	11	VII. Anordnung der Berichtigung, Löschung oder Einschränkung der Verarbeitung (lit. g)	30
V. Zugang zu Informationen (lit. e)	13	VIII. Widerruf einer Zertifizierung oder Anweisung an die Zertifizierungsstelle (lit. h)	31
VI. Zugang zu Räumlichkeiten (lit. f)	15		
C. Abhilfebefugnisse (Abs. 2)	18	IX. Verhängung von Bußgeldern (lit. i)	32
I. Warnung (lit. a)	19	X. Aussetzung der Übermittlung an Drittländer oder internationale Organisationen (lit. j)	33
II. Verwarnung (lit. b)	20		

	Rn.		Rn.
D. Genehmigungs- und Beratungsbefugnisse (Abs. 3)	34	VII. Festlegung von Standarddatenschutzklauseln (lit. g)	40
I. Vorherige Konsultation (lit. a)	34	VIII. Genehmigung von Vertragsklauseln und Verwaltungsvereinbarungen gem. Art. 46 Abs. 3 (lit. h, i)	41
II. Abgabe von Stellungnahmen (lit. b)	35	IX. Genehmigung verbindlicher interner Vorschriften gem. Art. 46 (lit. j)	42
III. Genehmigungen gem. Art. 36 Abs. 5 (lit. c)	36	**E. Ausübung der Befugnisse (Abs. 4)**	43
IV. Genehmigungen von Verhaltensregeln gem. Art. 40 Abs. 5 (lit. d)	37	**F. Unterrichtung von Justizbehörden (Abs. 5)**	44
V. Akkreditierung von Zertifizierungsstellen (lit. e)	38	**G. Zusätzliche Befugnisse nach nationalem Recht (Abs. 6)**	45
VI. Erteilung von Zertifizierungen und Billigung von Zertifizierungskriterien (lit. f)	39		

A. Allgemeines

Die Ausstattung der Aufsichtsbehörden aller MS mit einheitlichen Befugnissen korrespondiert mit den einheitlichen Aufgabenzuweisungen gem. Art. 57 und dient gem. Erwägungsgrund 129 der **einheitlichen Überwachung und Durchsetzung** der DS-GVO. Hierin bestand ein Kernanliegen der Datenschutzreform (zum Hintergrund Albrecht/Jotzo Das neue DatenschutzR Kap. 7 Rn. 8, Kühling/Buchner/Boehm Art. 58 Rn. 9; Dieterich ZD 2016, 260 (263)). Im Sinne eines gleichmäßigen Datenschutzniveaus in der gesamten EU bzw. EWR sollen – neben einheitlichen Pflichten für Verantwortliche und Auftragsverarbeiter sowie Betroffenenrechten – auch gleichmäßige Kontrollen und gleichwertige Sanktionen in allen MS gewährleistet werden (Erwägungsgrund 13). 1

B. Untersuchungsbefugnisse (Abs. 1)

Die Untersuchungsbefugnisse dienen insbesondere der Überwachung der Einhaltung der DS-GVO. Sie können sowohl aufgrund von Beschwerden, Hinweisen oder sonstigen Erkenntnissen ausgeübt werden, als **auch anlasslos**. Denn aufsichtsbehördliche Untersuchungen können Sachverhalte zutage bringen, die sich der Wahrnehmung und Kenntnis selbst der betroffenen Personen bzw. der Öffentlichkeit entziehen. Daher muss im Sinne eines wirksamen Grundrechtsschutzes die Wahrnehmung der Untersuchungsbefugnisse von Amts wegen möglich sein (Ehmann/Selmayr/Selmayr Rn. 11; Gola/Nguyen, 2. Aufl., Rn. 5). 2

Die Untersuchungsbefugnisse entsprechen im Wesentlichen den zuvor geltenden Vorgaben nach Art. 28 Abs. 3 DSRL. Neu ist, dass die Befugnisse grundsätzlich auch gegenüber öffentlichen Stellen ausgeübt werden können. Ob bzw. in welchem Umfang sie gegenüber **Berufsgeheimnisträgern** angewendet werden können, kann gem. Art. 90 Abs. 1 vom nationalen Gesetzgeber im Rahmen des Notwendigen und Verhältnismäßigen geregelt werden (Ehmann/Selmayr/Ehmann/Kranig Art. 90 Rn. 8). § 29 Abs. 3 S. 1 BDSG schränkt die Untersuchungsbefugnisse nach lit. e und f gegenüber bestimmten Berufsgeheimnisträgern wie Ärzten und Rechtsanwälten sowie deren Auftragsverarbeitern ein (hierzu krit. Kühling/Buchner/Dix § 40 Rn. 15; Eichler/Nguyen, Informationsfreiheit und Informationsrecht, Jahrbuch 2017, S. 29 (42 f.)). 3

Verantwortliche und Auftragsverarbeiter haben gem. Art. 31 mit der Aufsichtsbehörde **zusammenzuarbeiten** (→ Art. 31 Rn. 9). Es handelt sich um eine mit den Befugnissen der Aufsichtsbehörden korrespondierende Pflicht, die eine effektive Aufsichtstätigkeit unterstützen soll. Ein Verstoß gegen diese Pflicht stellt gem. Art. 83 Abs. 4 lit. a einen Bußgeldtatbestand dar. 4

I. Bereitstellung von Informationen (lit. a)

Aufsichtsbehörden können gegenüber einem Verantwortlichen oder Auftragsverarbeiter anweisen, dass alle Informationen, die für die Erfüllung ihrer Aufgaben erforderlich sind, bereitzustellen sind. Die Art und Weise, wie Informationen bereitzustellen sind, ist nicht geregelt. Die Befugnis beschränkt sich aber jedenfalls nicht auf reine Auskünfte. Für die Erfüllung der Aufgaben der Aufsichtsbehörde erforderlich sein können auch Beschreibungen, Aufstellungen, Kopien, Screenshots oder Informationen in sonstigen Formaten (für eine funktionale Betrachtung, die gewährleistet, dass die Erfüllung der Aufgaben der Aufsichtsbehörde erleichtert und nicht erschwert wird, Ehmann/Selmayr/Selmayr Rn. 12; Gola/Nguyen, 2. Aufl., Rn. 6). Aufgrund des Verhältnismäßigkeitsgrundsatzes kann es im Einzelfall geboten sein, zunächst nur eine schlichte Auskunft und 5 in einem weiteren Schritt ggf. Kopien oÄ anzufordern. Die aufsichtsbehördlichen Aufgaben sind in Art. 57 Abs. 1 geregelt. Die Kernaufgabe gem. Art. 57 Abs. 1 lit. a besteht in der Überwachung und Durchsetzung der Anwendung der DS-GVO, was ebenfalls für ein weites Verständnis des Informationsanspruchs spricht. Informationen können jedenfalls nicht ausschließlich aus Anlass einer konkreten Beschwerde einer betroffenen Person iSd Art. 57 Abs. 1 lit. f eingeholt werden (→ Rn. 2).

5.1 Gemäß § 16 Abs. 4 Nr. 2 BDSG sind öffentlichen Stellen des Bundes verpflichtet, der oder dem BfDI alle Informationen, die für die Erfüllung ihrer oder seiner Aufgaben erforderlich sind, bereitzustellen. Nach § 40 Abs. 4 S. 1 BDSG haben nichtöffentliche Stellen sowie die mit deren Leitung beauftragten Personen der nach Landesrecht zuständigen Aufsichtsbehörde auf Verlangen die für die Erfüllung ihrer Aufgaben erforderlichen Auskünfte zu erteilen. Insofern handelt es sich um Wiederholungen unionsrechtlicher Vorgaben, die keinen eigenen Anwendungsbereich haben und unionsrechtlich kritisch zu beurteilen sind (Kühling/Buchner/Dix Art. 40 Rn. 12; generell zum Normwiederholungsverbot hinsichtlich der Aufgaben- und Befugnisnormen der DS-GVO: Ehmann/Selmayr/Selmayr Rn. 1).

6 **Verpflichtet** werden der Verantwortliche oder Auftragsverarbeiter bzw. ggf. deren Vertreter. Beschwerdeführende, Dritte oder andere Stellen werden nicht erfasst. Obwohl betriebliche bzw. behördliche Datenschutzbeauftragte gem. Art. 39 Abs. 1 lit. e eine Anlaufstelle für die Aufsichtsbehörde darstellen sollen, sind diese natürlich nicht selbst unmittelbar Verpflichtete.

7 Es kann ein **Auskunftsverweigerungsrecht** bestehen, da der nemo-tenetur-Grundsatz zur Anwendung kommt (mwN Gola/Nguyen, 2. Aufl., Rn. 8). In Betracht kommt dies allerdings nur, wenn sich das Informationsverlangen auf einen Sachverhalt bezieht, der straf- oder ordnungswidrigkeitenrechtlich relevant ist. Dass das Antworten auf die Anforderung der Aufsichtsbehörde selbst eine Straftat oder Ordnungswidrigkeit darstellen könnte, wird nicht erfasst (Paal/Pauly/Körffer Rn. 8). § 40 Abs. 4 S. 2 und 3 BDSG sehen (entsprechend § 38 Abs. 3 S. 2 und 3 BDSG aF) ein Auskunftsverweigerungsrecht und eine diesbezügliche Belehrungspflicht vor (vgl. iE hierzu Gola/Nguyen, 2. Aufl., Rn. 9).

II. Datenschutzüberprüfungen (lit. b)

8 Als Datenschutzüberprüfungen sind alle Maßnahmen der Aufsichtsbehörden zur Ermittlung von Datenschutzverstößen zu verstehen. Sie erlauben eine umfassende Überprüfung sämtlicher Verarbeitungsvorgänge bei einem Verantwortlichen oder Auftragsverarbeiter, die personenbezogene Daten betreffen (unter Verweis auf den in der englischen Fassung verwendeten treffenden Begriff „audits": Ehmann/Selmayr/Selmayr Rn. 13; Paal/Pauly/Körffer Rn. 10). Diese Untersuchungsbefugnis ist gem. ihres Wortlauts **weit** gefasst und wird von den Aufsichtsbehörden nach pflichtgemäßem Ermessen ausgeübt.

9 Bei den Überprüfungen können verschiedene Befugnisse wie etwa nach lit. a, d und e eingesetzt werden. Insbesondere können Kontrollen in den Geschäftsräumen des Verantwortlichen oder Auftragsverarbeiters gem. lit. f durchgeführt werden. Dies kann auch **anlasslos** erfolgen (→ Rn. 2; Ehmann/Selmayr/Selmayr Rn. 13; Paal/Pauly/Körffer Rn. 10).

III. Überprüfung erteilter Zertifizierungen (lit. c)

10 Zertifizierungen sollen unter der DS-GVO einen höheren Stellenwert erhalten. Um deren Vertrauenswürdigkeit und Reputation zu gewährleisten, besteht für Aufsichtsbehörden gem. Art. 57 Abs. 1 lit. o die Aufgabe, nach Art. 42 Abs. 7 erteilte Zertifizierungen regelmäßig zu überprüfen (→ Art. 57 Rn. 28). Werden die Voraussetzungen der Zertifizierung nicht oder nicht mehr erfüllt, kann die Aufsichtsbehörde gem. Abs. 2 lit. h die Zertifizierung widerrufen bzw. die Zertifizierungsstelle anweisen, die Zertifizierung zu widerrufen (→ Rn. 31; EDSA-Leitlinien 1/2018 für die Zertifizierung und Ermittlung von Zertifizierungskriterien nach den Artikeln 42 und 43 der Verordnung (EU) 2016/679 (Version 3.0 vom 4. Juni 2019), https://edpb.europa.eu/our-work-tools/our-documents/guidelines/guidelines-12018-certification-and-identifying_de).

IV. Hinweis auf vermeintlichen Verstoß (lit. d)

11 Die Formulierung „vermeintlicher Verstoß" ist **missverständlich.** Gemeint ist nicht ein widerlegter, sondern ein noch nicht abschließend festgestellter Verstoß. Da der Hinweis nur gegenüber dem Verantwortlichen oder Auftragsverarbeiter und nicht etwa gegenüber der Öffentlichkeit (zur Befugnis der Aufsichtsbehörde, sich an die Öffentlichkeit zu richten vgl. Abs. 3 lit. b) erfolgt, hätte es einer Eingriffsbefugnis nicht bedurft.

Es stellt in einem fairen Verfahren (Erwägungsgrund 129) eher eine Aufgabe (als eine Befugnis) 12
der Aufsichtsbehörde dar, Verantwortliche oder Auftragsverarbeiter auf Sachverhalte **hinzuweisen**,
von denen sie Kenntnis erlangt hat und die nach ihrer Auffassung einen Datenschutzverstoß
darstellen könnten. Praktisch erfolgt dies oft im Rahmen der Bearbeitung von Beschwerden und
Datenschutzüberprüfungen. Es besteht dann die Möglichkeit, den Sachverhalt aufzuklären und
ggf. den Verstoß abzustellen. Im Übrigen stehen der Aufsichtsbörde die Abhilfebefugnisse nach
Abs. 2 zur Verfügung.

V. Zugang zu Informationen (lit. e)

Der Aufsichtsbehörde ist Zugang sowohl zu personenbezogenen Daten als auch zu allen anderen 13
Informationen zu gewähren, die für die Erfüllung der Aufgaben gem. Art. 57 Abs. 1 erforderlich
sind. Praktisch bedeutet dies, dass die Aufsichtsbehörde Einsicht nehmen kann in alle relevanten
Unterlagen, Dokumentationen, Verzeichnisse, Datenbanken oder Ähnliches. Insofern sind bspw.
auch Betriebs- und Geschäftsgeheimnisse (Ehmann/Selmayr/Selmayr Rn. 16) sowie Dokumente
zur Sicherheit der Verarbeitung gem. Art. 32 vom Zugangsrecht erfasst (zu Berufsgeheimnisträgern
→ Rn. 3).

Das Zugangsrecht stellt eine wesentliche Säule der Untersuchungsmöglichkeiten der Aufsichts- 14
behörden dar und ist vor diesem Hintergrund bußgeldbewährt gem. Art. 83 Abs. 5 lit. e. Es steht
in engem Zusammenhang zur Kontrolle in den Geschäftsräumen gem. lit. f (→ Rn. 15) und
ermöglicht die persönliche Einsichtnahme etwa in Akten, Verfahren und Programme. Ein
Beschlagnahmerecht ist von der Befugnis nicht umfasst (Gola/Nguyen, 2. Aufl., Rn. 10). Nach
lit. a (→ Rn. 5) können allerdings Kopien, Screenshots oÄ angefordert werden, wenn es für die
Aufgabenerfüllung erforderlich ist. Die Grenze stellt auch für das Zugangsrecht der nemo-tenetur-
Grundsatz dar (→ Rn. 7).

VI. Zugang zu Räumlichkeiten (lit. f)

Es besteht ein **Zugangsrecht zu den Räumlichkeiten** einschließlich aller Datenverarbei- 15
tungsanlagen und -geräte des Verantwortlichen oder Auftragsverarbeiters. Das Zugangsrecht
schließt nach der sprachlichen Änderung durch das Corrigendum (Abl. L 127 v. 23.5.2018) Orte
wie Privatwohnungen nicht mehr ausdrücklich aus. Zuvor bezog sich die deutsche Fassung auf
„Geschäftsräume". Der Verhältnismäßigkeitsgrundsatz und der Vorbehalt des jeweiligen Verfahrensrechts beschränken das Zugangsrecht allerdings entsprechend. Der in Erwägungsgrund 129
erwähnten richterlichen Genehmigung bedarf es nach deutschem Recht nicht. Denn gem. § 40
Abs. 5 BDSG sind die von einer Aufsichtsbehörde mit der Überwachung der Einhaltung der
Vorschriften über den Datenschutz beauftragten Personen nur befugt, zur Erfüllung ihrer Aufgabe
Grundstücke und Geschäftsräume zu betreten und Zugang zu allen Datenverarbeitungsanlagen
und -geräten zu erhalten. Die Stelle ist insoweit zur Duldung verpflichtet. Die Vorschrift entspricht
im Wesentlichen § 38 Abs. 4 S. 1 und 4 BDSG aF. Die Beschränkung auf den Zeitraum während
der Betriebs- und Geschäftszeiten ist zwar im Wortlaut der Vorschrift entfallen. Sie ist jedoch von
der Aufsichtsbehörde iRd Verhältnismäßigkeitsprüfung zu berücksichtigen. Das Zugangsrecht stellt
wie lit. e eine zentrale Befugnis für die Aufgabenerfüllung der Aufsichtsbehörden dar und ist vor
diesem Hintergrund gem. Art. 83 Abs. 5 lit. e bußgeldbewährt.

Unangekündigte Prüfungen sind möglich. Es ist keine Pflicht zur Ankündigung vorgesehen 16
(zur Genese Kühling/Buchner/Boehm Rn. 19). Ein solches Vorgehen kann erforderlich sein,
wenn Anhaltspunkte dafür bestehen, dass andernfalls der Ermittlungserfolg gefährdet sein könnte.
In der Praxis kündigen Aufsichtsbehörden Kontrollen aber regelmäßig an. Dies erfolgt auch in dem
Interesse, die jeweiligen Ansprechpartner anzutreffen und den Sachverhalt effektiv aufzuklären.

Anhaltspunkte dafür, dass ein Verstoß gegen die DS-GVO vorliegt, sind **keine Voraussetzung** 17
für eine Kontrolle in den Räumlichkeiten (Paal/Pauly/Körffer Rn. 16; Gola/Nguyen, 2. Aufl.,
Rn. 13). Dies würde eine zu starke Verkürzung der Untersuchungsbefugnisse der Aufsichtsbehörden darstellen. Im Übrigen können von Verarbeitungsverfahren auch dann Risiken ausgehen,
wenn hierfür (noch) keine Anhaltspunkte bekannt sind. Zudem können Kontrollen auch dazu
dienen, die Zulässigkeit einer Verarbeitung festzustellen.

C. Abhilfebefugnisse (Abs. 2)

Abs. 2 sieht einen Maßnahmenkatalog vor. Die Aufsichtsbehörde entscheidet sich iRd pflichtge- 18
mäßen Ermessens für die geeignete Maßnahme oder Maßnahmen (zur kumulativen Anwendung
Kühling/Buchner/Boehm Rn. 20). Sie ist nicht verpflichtet, in jedem Fall im ersten Schritt die

„mildeste Maßnahme", die Warnung nach lit. a, anzuwenden, sondern entscheidet nach der Sachlage im Einzelfall (Ehmann/Selmayr/Selmayr Rn. 18; Gola/Nguyen, 2. Aufl., Rn. 17). Allerdings besteht die Pflicht, die geeigneten Maßnahmen zu erlassen, wenn ein Datenschutzverstoß festgestellt wurde. In einem solchen Fall sieht die DS-GVO nicht vor, es zB ausschließlich auf einer formlosen Zusicherung des Abstellens des Verstoßes beruhen zu lassen. Dies ergibt sich insbesondere aus der Aufgabe gem. Art. 57 Abs. 1 lit. a, die DS-GVO tatsächlich und nachhaltig durchzusetzen.

I. Warnung (lit. a)

19   Eine Warnung kann von der Aufsichtsbehörde gegenüber dem Verantwortlichen oder Auftragsverarbeiter ausgesprochen werden, wenn eine beabsichtigte, dh **zukünftige Verarbeitung** voraussichtlich gegen die DS-GVO verstoßen würde. Die Formulierung „voraussichtlich" ist in Abgrenzung zum Anwendungsbereich des Hinweises nach Abs. 1 lit. d (→ Rn. 11) so zu verstehen, dass auf der Grundlage einer (ggf. summarischen) Prüfung feststeht, dass im Falle der Durchführung der Verarbeitung ein Verstoß gegen die DS-GVO vorliegen würde. Der Verantwortliche oder Auftragsverarbeiter erhält die Möglichkeit, den Sachverhalt aufzuklären bzw. von der Verarbeitung abzusehen. Andernfalls wird die Aufsichtsbehörde prüfen, ob weitere Abhilfebefugnisse anzuwenden sind.

II. Verwarnung (lit. b)

20   Eine Verwarnung ist dem Wesen nach mit einer Beanstandung nach § 25 BDSG aF vergleichbar (Paal/Pauly/Körffer Rn. 18). Sie findet Anwendung, wenn eine Verarbeitung bereits stattfindet bzw. stattgefunden hat. Sie stellt insbesondere gegenüber den Befugnissen nach lit. d und lit. f, die bis zu einer Untersagung reichen, die deutlich mildere Maßnahme dar. Sie kann nur zur Anwendung kommen, wenn eine Abwägung der Gesamtumstände sie als ausreichend erscheinen lässt. Einzubeziehen ist insbesondere die Schwere des Eingriffs in die Rechte und Freiheiten der betroffenen Personen und ob die Kooperationsbereitschaft bzw. das sonstige Verhalten des Verantwortlichen oder Auftragsverarbeiters eine Wiederholungsgefahr nicht erwarten lassen. Nicht unberücksichtigt bleiben kann, wenn vor der Aufnahme der Datenverarbeitung bereits eine Warnung nach lit. a ausgesprochen, aber nicht beachtet wurde.

III. Anweisung zur Durchsetzung von Betroffenenrechten (lit. c)

21   Die Befugnis bezieht sich auf alle Rechte, die den betroffenen Personen nach der DS-GVO zustehen. Diese sind in Art. 12–22 geregelt. Voraussetzung ist, dass die betroffene Person selbst eines oder mehrere dieser Rechte gegenüber dem Verantwortlichen oder Auftragsverarbeiter geltend gemacht hat (hinsichtlich der Berichtigung, Löschung und Einschränkung der Verarbeitung besteht eine Spezialregelung in lit. g, → Rn. 30). Kommt dieser seiner Verpflichtung nicht oder nicht vollständig nach, kann die Aufsichtsbehörde eingeschaltet werden. Diese wird in der Regel den Verantwortlichen oder Auftragsverarbeiter zur Stellungnahme auffordern um zu prüfen, ob bspw. gem. Art. 12 Abs. 5 S. 2 lit. b eine berechtigte Weigerung vorliegt, aufgrund des Antrags tätig zu werden.

22   Liegt keine berechtigte Weigerung vor, kann gegenüber dem Verantwortlichen oder Auftragsverarbeiter im Wege eines verbindlichen VA angeordnet werden, dem Antrag der betroffenen Person zu entsprechen (zur Bußgeldbewehrung → Art. 83 Rn. 76 f.). Wird von der betroffenen Person bspw. ihr Auskunftsanspruch gem. Art. 15 geltend gemacht, ist es in der Regel ausreichend, wenn die Aufsichtsbehörde eine Bestätigung hinsichtlich der Erfüllung des Anspruchs, nicht aber den Inhalt der Auskunft zur Kenntnis erhält.

IV. Anweisung hinsichtlich der Durchführung von Verarbeitungsvorgängen (lit. d)

23   Es handelt sich um eine **grundlegende Anweisungsbefugnis.** Diese betrifft alle Verarbeitungsvorgänge und deren Vereinbarkeit mit den Vorgaben der DS-GVO. Dies kann bspw. die Behebung materiellrechtlicher, aber auch technischer oder organisatorischer Mängel umfassen. In § 38 Abs. 5 S. 1 BDSG aF war eine entsprechende Befugnis vorgesehen.

24   Die Anweisung setzt voraus, dass die Aufsichtsbehörde den Sachverhalt ausermittelt und einen Verstoß gegen die DS-GVO festgestellt hat. Ihr Anwendungsbereich ist auf Sachverhalte beschränkt, die überhaupt in Einklang mit der DS-GVO gebracht werden können. **Beispiele** sind,

die Vertraulichkeit eines bestimmten Systems oder die Verfügbarkeit eines bestimmten Dienstes sicherzustellen.

Die Anweisung erfolgt im Wege eines **Verwaltungsaktes** (zur Bußgeldbewehrung → Art. 83 Rn. 76 f.). Dieser muss dem Bestimmtheitsgrundsatz entsprechen. Somit muss eine bestimmte Maßnahme angeordnet werden. Für den Adressaten des VA muss die von der Aufsichtsbehörde getroffene Regelung so vollständig, klar und unzweideutig erkennbar sein, dass er sein Verhalten danach ausrichten kann (VG Ansbach ZD 2014, 590). Gleichzeitig muss ihm aufgrund des Verhältnismäßigkeitsgrundsatzes ein Entscheidungsspielraum verbleiben, wenn mehrere gleich geeignete Alternativen zur Verfügung stehen (mwN Gola/Nguyen, 2. Aufl., Rn. 19; Paal/Pauly/Körffer Rn. 21). 25

V. Anweisung der Benachrichtigung betroffener Personen (lit. e)

Gemäß Art. 34 Abs. 1 besteht für Verantwortliche die Pflicht zur Benachrichtigung betroffener Personen, wenn eine Verletzung des Schutzes deren personenbezogener Daten vorliegt und voraussichtlich ein hohes Risiko für ihre Rechte und Freiheiten besteht. Unterlässt der Verantwortliche dies, kann die Aufsichtsbehörde gem. Art. 34 Abs. 4 anordnen, dass die Benachrichtigung nachgeholt wird (zur Bußgeldbewehrung → Art. 83 Rn. 76 f.). Sie hat bei der Ermessensentscheidung die Wahrscheinlichkeit zu berücksichtigen, dass die Verletzung zu einem hohen Risiko führt. 26

VI. Beschränkung oder Verbot einer Verarbeitung (lit. f)

Die Aufsichtsbehörden haben die Befugnis, im Wege eines Verwaltungsakts Verarbeitungen zu beschränken oder vollständig zu verbieten (zur Frage, ob ein bußgeldbewehrter Tatbestand iSv Art. 83 Abs. 5 lit. e, Abs. 6 vorliegt, obwohl der Begriff Anweisung in lit. f nicht ausdrücklich verwendet wird: Ehmann/Selmayr/Selmayr Rn. 24). Zunächst muss festgestellt worden sein, dass eine Verarbeitung in bestimmten Teilen oder vollständig rechtswidrig ist. Die Aufsichtsbehörde hat im Wege des pflichtgemäßen Ermessens zu entscheiden, welche Maßnahme geeignet, erforderlich und verhältnismäßig ist. 27

Primär ist zu prüfen, ob eine **Einschränkung** – bspw. des Umfangs oder des Zeitraums einer Verarbeitung – ausreichend ist. So kann etwa die Beschränkung einer Videoüberwachung in einem Laden auf den Zeitraum, in dem keine Kundschaft und Beschäftigte anwesend sind, oder die Reduzierung eines Anmeldeformulars um ein unzulässiges Pflichtfeld ausreichend sein. Auch eine vorübergehende Einschränkung bspw. bis zur Implementierung angemessener technischorganisatorischer Maßnahmen ist möglich. 28

Ist dies nicht ausreichend, kommt eine **Untersagung der Verarbeitung** in Betracht (zur Frage, ob auch die Demontage von Verarbeitungsanlagen wie Videokameras angeordnet werden kann, Gola/Nguyen, 2. Aufl., Rn. 20). Aufgrund der schwerwiegenden Folgen einer Untersagung ist genau zu prüfen, ob gleich geeignete, weniger einschneidende Maßnahmen zur Verfügung stehen. Im Übrigen ist ebenso wie bei Anweisungen nach lit. d insbesondere der Bestimmtheitsgrundsatz zu beachten (→ Rn. 25). 29

VII. Anordnung der Berichtigung, Löschung oder Einschränkung der Verarbeitung (lit. g)

Die Anordnungsbefugnis ist gegenüber der Befugnis nach lit. c spezieller (für einen bußgeldbewehrten Tatbestand iSv Art. 83 Abs. 5 lit. e, Abs. 6, obwohl der Begriff Anweisung in lit. g nicht ausdrücklich verwendet wird, aber ein Verweis auf den in der englischen Version benutzen Begriff „order", Ehmann/Selmayr/Selmayr Rn. 25). Auch lit. c betrifft zwar Betroffenenrechte. Lit. g sieht allerdings für die Berichtigung nach Art. 16, die Löschung nach Art. 17 und die Einschränkung der Verarbeitung nach Art. 19 vor, dass ein Ausüben der Befugnis auch **ohne** einen vorherigen **Antrag der betroffenen Person** möglich ist. Die Aufsichtsbehörde kann zudem anordnen, dass die Empfänger, an die Daten übermittelt wurden, über die Maßnahmen zu unterrichten sind. Praktisch kann diese Befugnis etwa zur Anwendung kommen, wenn entsprechende Versäumnisse des Verantwortlichen bzw. Auftragsverarbeiters im Rahmen von anlasslosen Überprüfungen (→ Rn. 2) festgestellt werden. 30

VIII. Widerruf einer Zertifizierung oder Anweisung an die Zertifizierungsstelle (lit. h)

Aufsichtsbehörden haben gem. Art. 57 Abs. 1 lit. o die Aufgabe und gem. Art. 58 Abs. 1 lit. c die Befugnis, erteilte Zertifizierungen zu überprüfen. Gem. Art. 42 Abs. 6 ist eine Zertifizierung 31 zu widerrufen, wenn deren Voraussetzungen nicht oder nicht mehr erfüllt werden. Wurde die Zertifizierung durch eine Zertifizierungsstelle vorgenommen, ist diese auch für den Widerruf zuständig. Wird die Zertifizierungsstelle trotz Handlungsbedarfes nicht tätig, kann die Aufsichtsbehörde eine entsprechende Anweisung erlassen (für eine Bußgeldbewehrung Ehmann/Selmayr/Selmayr Rn. 26; EDSA-Leitlinien 1/2018 für die Zertifizierung und Ermittlung von Zertifizierungskriterien nach den Artikeln 42 und 43 der Verordnung (EU) 2016/679 (Version 3.0 vom 4. Juni 2019), https://edpb.europa.eu/our-work-tools/our-documents/guidelines/guidelines-12018-certification-and-identifying_de).

IX. Verhängung von Bußgeldern (lit. i)

32 Durch die DS-GVO wird den Aufsichtsbehörden in der gesamten EU einheitlich die Befugnis eingeräumt, Geldbußen gem. Art. 83 zu verhängen. Der gegenüber der bisherigen Rechtslage deutlich erhöhte Bußgeldrahmen betont den außerordentlichen Stellenwert dieser Befugnis. Es wird ausdrücklich geregelt, dass den Aufsichtsbehörden ein Ermessen zusteht, ob eine Geldbuße zusätzlich zu oder anstelle von Abhilfemaßnahmen nach Abs. 2 verhängt wird (zur Auswirkung der DS-GVO auf die Sanktionierungspraxis der Aufsichtsbehörden: Schönefeld/Thomé PinG 2017, 126).

X. Aussetzung der Übermittlung an Drittländer oder internationale Organisationen (lit. j)

33 Die Zulässigkeit der Übermittlung personenbezogener Daten an Drittländer oder an internationale Organisationen ist in Art. 44–49 geregelt. Wenn ein Drittland oder eine internationale Organisation ein angemessenes Schutzniveau nicht oder nicht mehr bietet, kann die Aufsichtsbehörde die Aussetzung der Datenübermittlung in das Drittland oder an die internationale Organisation anordnen. Diese Befugnis der Aufsichtsbehörden stellt eine direkte Reaktion auf das Schrems I-Urteil dar (EuGH ZD 2015, 549 Rn. 38 ff.). Die Formulierung „aussetzen" deutet im Gegensatz zum Verbot nach lit. f auf eine zeitlich beschränkte Maßnahme hin (zu der Frage, in welchem rechtlichen Verhältnis dieses Suspendierungsrecht der nationalen Aufsichtsbehörden zu den Angemessenheitsbeschlüssen und dem Recht der Kommission steht, Angemessenheitsbeschlüsse zu widerrufen, zu ändern oder auszusetzen, sowie unter Verweis auf die weiterreichenden Rechte der Kommission, nicht nur eine vorübergehende Regelung in Einzelfällen zu treffen: Ehmann/Selmayr/Selmayr Rn. 28). Im Übrigen sind die Grundsätze der Verhältnismäßigkeit und Bestimmtheit zu beachten (→ Rn. 25).

D. Genehmigungs- und Beratungsbefugnisse (Abs. 3)

I. Vorherige Konsultation (lit. a)

34 Wird in einer Datenschutz-Folgenabschätzung gem. Art. 35 festgestellt, dass eine Verarbeitung ein hohes Risiko zur Folge hätte und keine Eindämmungsmaßnahmen getroffen werden, **muss** der Verantwortliche gem. Art. 36 Abs. 1 die Beratung der Aufsichtsbehörde in Anspruch nehmen (→ Art. 36 Rn. 4 f.). Die Durchführung dieser Beratung gehört zu den Pflichten der Aufsichtsbehörde gem. Art. 57 Abs. 1 lit. l. Sie kann für den Verantwortlichen entgeltpflichtig sein (vgl. Art. 57 Abs. 3; Ehmann/Selmayr/Selmayr Rn. 31; Paal/Pauli/Körffer Rn. 28).

II. Abgabe von Stellungnahmen (lit. b)

35 Die Aufsichtsbehörde ist befugt, **von sich aus oder auf Anfrage** Stellungnahmen abzugeben. **Gegenstand** dieser Stellungnahmen können alle Fragen des Datenschutzes sein. **Adressaten** können das jeweilige Parlament oder die Regierung sein. Ein Bsp. ist in Art. 36 Abs. 4 geregelt (→ Art. 36 Rn. 27). Im Einklang mit dem nationalen Recht können auch andere Einrichtungen und Stellen sowie die Öffentlichkeit adressiert werden (zum Äußerungsrecht der Aufsichtsbehörden in Deutschland und zur Zulässigkeit von Warnhinweisen: Paal/Pauly/Körffer Rn. 29; Gola/Nguyen, 2. Aufl., Rn. 23; OVG Schleswig ZD 2014, 536; kritisch hinsichtlich der erforderlichen Bestimmtheit der Vorschrift: Born K&R 1/2021, 13 (16 f.)).

III. Genehmigungen gem. Art. 36 Abs. 5 (lit. c)

36 Gem. Art. 36 Abs. 5 können Verantwortliche aufgrund nationalen Rechts unabhängig von einer Risikoeinschätzung verpflichtet sein, die Aufsichtsbehörde zu konsultieren und deren Genehmigung einzuholen (→ Art. 36 Rn. 34). Dies kann Verarbeitungen zur Erfüllung von im öffentlichen Interesse liegenden Aufgaben, bspw. der sozialen Sicherheit oder der öffentlichen Gesundheit, betreffen.

IV. Genehmigungen von Verhaltensregeln gem. Art. 40 Abs. 5 (lit. d)

Aufsichtsbehörden geben zu den Ihnen vorgelegten Entwürfen von Verhaltensregeln Stellungnahmen ab. Ergibt die Prüfung die Vereinbarkeit mit der DS-GVO, werden die Verhaltensregeln genehmigt (→ Art. 40 Rn. 19; zum Verfahren bei länderübergreifenden Datenverarbeitungsprozessen → Art. 40 Rn. 22). Die entsprechende Aufgabe der Aufsichtsbehörde besteht nach Art. 57 Abs. 1 lit. m. 37

V. Akkreditierung von Zertifizierungsstellen (lit. e)

Aufsichtsbehörden erhalten die Funktion einer Akkreditierungsstelle. Gemäß Art. 43 Abs. 1, 57 Abs. 1 lit. q haben sie Zertifizierungsstellen zu akkreditieren (vgl. Leitlinien 4/2018 zur Akkreditierung von Zertifizierungsstellen gem. Art. 43 der DS-GVO, Version 3.0 vom 4.6.2019, https://edpb.europa.eu/our-work-tools/our-documents/guidelines/guidelines-42018-accreditation-certification-bodies-under_de). Gemäß Art. 43 Abs. 1 S. 2 lit. b kann dies auch durch oder gemeinsam mit der nationalen Akkreditierungsstelle erfolgen (→ Art. 43 Rn. 13 ff.; Paal/Pauli/Paal Art. 43 Rn. 7). Gemäß § 39 BDSG erteilt in Deutschland die zuständige Aufsichtsbehörde die Befugnis, als Zertifizierungsstelle tätig zu werden, auf der Grundlage der Akkreditierung durch die Deutsche Akkreditierungsstelle (DAkkS). Gemäß Art. 43 Abs. 7 kann die zuständige Aufsichtsbehörde oder die DAkkS eine Akkreditierung allerdings auch widerrufen. Eine Grafik zum Akkreditierungsprozess ist abrufbar unter https://www.datenschutzkonferenz-online.de/media/oh/20190315_oh_akk_c.pdf. 38

VI. Erteilung von Zertifizierungen und Billigung von Zertifizierungskriterien (lit. f)

Zertifizierungen können gem. Art. 42 Abs. 5 entweder durch eine Zertifizierungsstelle oder durch die zuständige Aufsichtsbehörde selbst erteilt werden (→ Art. 42 Rn. 46 ff.; EDSA-Leitlinien 1/2018 für die Zertifizierung und Ermittlung von Zertifizierungskriterien nach den Art. 42 und 43 der VO (EU) 2016/679, Version 3.0 vom 4.6.2019, https://edpb.europa.eu/sites/default/files/files/file1/edpb_guidelines_201801_v3.0_certificationcriteria_annex2_de_0.pdf). Für die Aufsichtsbehörden gehört die Erteilung von Zertifizierungen aber **nicht zu den Pflichtaufgaben.** Ihnen kommt allerdings in den Zertifizierungsverfahren, neben dem EDSA, die zentrale Funktion zu, die Zertifizierungskriterien gem. Art. 42 Abs. 5, 57 Abs. 1 lit. n zu genehmigen. Die deutschen Aufsichtsbehörden haben Anforderungen an datenschutzrechtliche Zertifizierungsprogramme veröffentlicht, die insb. eine erste Orientierung zu datenschutzrechtlichen Zertifizierungs- bzw. Prüfkriterien geben (abrufbar unter: https://www.datenschutzkonferenz-online.de/media/ah/DSK_Anwendungshinweis_Zertifizierungskriterien.pdf). 39

VII. Festlegung von Standarddatenschutzklauseln (lit. g)

Aufsichtsbehörden können Standardvertragsklauseln für den Bereich der Auftragsverarbeitung gem. Art. 28 Abs. 8 (→ Art. 28 Rn. 95; ein praktisches Beispiel der dänischen Aufsichtsbehörde https://edpb.europa.eu/sites/default/files/files/file2/dk_sa_standard_contractual_clauses_january_2020_en.pdf) veröffentlichen. Zudem können Standardvertragsklauseln als geeignete Garantien für die Datenübermittlung in Drittländer gem. Art. 46 Abs. 2 lit. d festgelegt werden (→ Art. 46 Rn. 46 ff.). Die entsprechende Aufgabe besteht für die Aufsichtsbehörden gem. Art. 57 Abs. 1 lit. j. 40

VIII. Genehmigung von Vertragsklauseln und Verwaltungsvereinbarungen gem. Art. 46 Abs. 3 (lit. h, i)

Um geeignete Garantien für Datenübermittlungen in unsichere Drittstaaten zu erbringen, können Vertragsklauseln gem. Art. 46 Abs. 3 lit. a (→ Art. 46 Rn. 62 ff.) oder Verwaltungsvereinbarungen gem. Art. 46 Abs. 3 lit. b (→ Art. 46 Rn. 66 f.) verwendet werden. Diese bedürfen der Genehmigung durch die Aufsichtsbehörde. Die entsprechende Aufgabe besteht für die Aufsichtsbehörden gem. Art. 57 Abs. 1 lit. r. 41

IX. Genehmigung verbindlicher interner Vorschriften gem. Art. 46 (lit. j)

42 Aufsichtsbehörden können gem. Art. 47 Abs. 1 verbindliche interne Datenschutzvorschriften für Gruppen von Unternehmen oder Unternehmensgruppen (→ Art. 47 Rn. 14 ff.) genehmigen. Die entsprechende Aufgabe besteht für die Aufsichtsbehörden gem. Art. 57 Abs. 1 lit. s.

E. Ausübung der Befugnisse (Abs. 4)

43 Abs. 4 sieht eine Rechtsstaatlichkeitsklausel vor (ausf. hierzu Ehmann/Selmayr/Selmayr Rn. 5 f.; Erwägungsgrund 129 S. 4 ff.). Die Ausübung der Befugnisse durch die Aufsichtsbehörde richtet sich nach dem Unionsrecht und nationalem Verfahrensrecht. Für die BfDI sieht § 16 Abs. 1 BDSG spezifische Vorgaben für die Ausübung der Befugnisse nach Abs. 2 lit. b–g, i und j vor. § 41 BDSG regelt die Anwendung der Vorschriften über Bußgeld- und Strafverfahren.

F. Unterrichtung von Justizbehörden (Abs. 5)

44 Der nationale Gesetzgeber hat in § 40 Abs. 3 S. 3 (entsprechend § 38 Abs. 1 S. 6 BDSG aF) vorgesehen, dass die Aufsichtsbehörde ua befugt ist, einen Datenschutzverstoß anderen für die Verfolgung oder Ahndung **zuständigen Stellen anzuzeigen.** Bei schwerwiegenden Verstößen darf sie die Gewerbeaufsichtsbehörde unterrichten. § 42 Abs. 3 S. 2 BDSG sieht die Befugnis für die Aufsichtsbehörden vor, bei Datenschutzverstößen einen **Strafantrag** zu stellen (entsprechend § 44 Abs. 2 aF). Die Aufsichtsbehörden sollen allerdings auch die Einleitung eines **gerichtlichen Verfahrens** betreiben oder sich sonst daran beteiligen können. § 41 Abs. 2 BDSG wird diesen Anforderungen nicht gerecht, denn eine direkte Beteiligung der Aufsichtsbehörden jedenfalls in Gerichtsverfahren über Bußgeldbescheide ist nicht vorgesehen (vgl. Schönefeld/Thomé PinG 2017, 126 (128); Gola/Nguyen, 2. Aufl., Rn. 29). Zwar sollen Verfahren durch die Staatsanwaltschaft nur noch mit Zustimmung der Aufsichtsbehörde, die den Bußgeldbescheid erlassen hat, eingestellt werden können. Wie bisher gehen die Aufgaben der Aufsichtsbehörde im Übrigen allerdings auf die Staatsanwaltschaft über. In einem Verwaltungsgerichtsprozess kann die Aufsichtsbehörde hingegen unmittelbar Beteiligte des Verfahrens sein. Der EuGH hat festgestellt, dass „die Vorschrift **unmittelbare Wirkung** hat, so dass eine nationale Aufsichtsbehörde sich auf sie berufen kann, um gegen Private eine Klage zu erheben oder ein entsprechendes Verfahren fortzuführen, auch wenn die Vorschrift in der Rechtsordnung des betreffenden Mitgliedstaats nicht speziell umgesetzt worden ist" und ua „dass die Ausübung der einer Aufsichtsbehörde eines MS, die nicht die federführende Aufsichtsbehörde ist, nach dieser Vorschrift zustehenden Befugnis zur Klageerhebung bei einer grenzüberschreitenden Verarbeitung personenbezogener Daten nicht voraussetzt, dass der für die grenzüberschreitende Verarbeitung personenbezogener Daten Verantwortliche oder der Auftragsverarbeiter, gegen den die Klage erhoben wird, im Hoheitsgebiet des Mitgliedstaats der fraglichen Aufsichtsbehörde eine Hauptniederlassung oder eine andere Niederlassung hat" (EuGH NJW 2021, 2495 mAnm Piltz NJW 2021, 2504).

G. Zusätzliche Befugnisse nach nationalem Recht (Abs. 6)

45 Die Befugnisse der oder des BfDI sind in § 16 BDSG geregelt. Gegenüber öffentlichen Stellen des Bundes bestehen im Wesentlichen eine Beanstandungsbefugnis und die Möglichkeit, eine Stellungnahme anzufordern. Des Weiteren bestehen gem. § 16 Abs. 4 BDSG Betretungs- und Informationsrechte.

46 § 40 Abs. 4–6 BDSG sehen Befugnisse der Aufsichtsbehörden der Länder vor. Insbesondere bestehen weiter die Auskunftsverpflichtung und der Auskunftsverweigerungsanspruch (vgl. § 38 Abs. 3 BDSG aF) sowie das Betretungsrecht (vgl. § 38 Abs. 4 BDSG aF). Es besteht die Möglichkeit zur Abberufung von Datenschutzbeauftragten (vgl. § 38 Abs. 5 S. 3 BDSG aF).

47 Gegen Bundesbehörden und sonstige öffentliche Stellen iSd § 2 Abs. 1 BDSG werden gemäß § 43 Abs. 3 BDSG keine Geldbußen verhängt. Insofern wurde von der Öffnungsklausel des Art. 83 Abs. 7 kein Gebrauch gemacht. Abweichende landesrechtliche Regelungen sind möglich (→ Art. 83 Rn. 79 ff.).

Artikel 59 Tätigkeitsbericht

¹Jede Aufsichtsbehörde erstellt einen Jahresbericht über ihre Tätigkeit, der eine Liste der Arten der gemeldeten Verstöße und der Arten der getroffenen Maßnahmen nach

Artikel 58 Absatz 2 enthalten kann. ²Diese Berichte werden dem nationalen Parlament, der Regierung und anderen nach dem Recht der Mitgliedstaaten bestimmten Behörden übermittelt. ³Sie werden der Öffentlichkeit, der Kommission und dem Ausschuss zugänglich gemacht.

Überblick

Art. 59 sieht die Verpflichtung für die Aufsichtsbehörden vor, jährlich einen Bericht über ihre Tätigkeit zu erstellen (→ Rn. 3). Dies war grundsätzlich bereits in Art. 28 Abs. 5 DSRL vorgesehen. S. 1 regelt mögliche Inhalte des Berichts (→ Rn. 4). S. 2 und 3 regeln den Adressatenkreis sowie die Veröffentlichung (→ Rn. 5 f.).

A. Allgemeines

In Art. 28 Abs. 5 DSRL war die Pflicht für Aufsichtsbehörden angelegt, regelmäßig über ihre Tätigkeit zu berichten. Tätigkeitsberichte werden in der Praxis genutzt, um über Prüfungsschwerpunkte, Entwicklungen, ergriffene Maßnahmen sowie Regelungsbedarf zu informieren. Sie richten sich sowohl an die Parlamente als auch an die Öffentlichkeit im Allgemeinen. **1**

Die DS-GVO sieht konkretere Vorgaben zum Berichtszeitraum (→ Rn. 3) und zu den möglichen Inhalten vor (→ Rn. 4). Des Weiteren werden die Adressaten und die Verbeitungsformen geregelt (→ Rn. 5 f.). § 15 BDSG sieht eine fast wortgleiche Regelung für die oder den BfDI vor, wobei der Adressatenkreis auf den Bundestag, den Bundesrat und die Bundesregierung angepasst ist. Die Landesdatenschutzgesetze dürfen ebenfalls keine Abweichung von der jährlichen Berichterstellung vorsehen. Der Europäische Datenschutzausschuss erstellt einen Jahresbericht gem. Art. 71 (→ Art. 71 Rn. 1 ff.). **2**

B. Jahresbericht (S. 1)

Der Wortlaut der Vorschrift sieht die Erstellung eines **jährlichen** Berichts vor. Zuvor war der Berichtszeitraum durch die DSRL nicht vorgegeben. Art. 28 Abs. 5 DSRL sah lediglich vor, dass regelmäßig ein Bericht vorzulegen war. Gem. § 26 Abs. 1 S. 1 BDSG aF hatte die bzw. der BfDI bspw. im zweijährigen Abstand einen Tätigkeitsbericht zu erstellen. **3**

Der Bericht soll **Transparenz** hinsichtlich der Tätigkeit der Aufsichtsbehörden gewährleisten. Insofern muss er einen Überblick über die Wahrnehmung der Aufgaben gem. Art. 57 enthalten. Insbesondere kann er genutzt werden, um die Öffentlichkeit über Risiken, Vorschriften, Garantien und Rechte zu informieren. Zudem können bspw. in Prüfungen und Beratungen gewonnene Erkenntnisse zum Informationsbedarf hinsichtlich der Pflichten von Verantwortlichen und Auftragsverarbeitern genutzt werden. Es kann sowohl über maßgebliche Entwicklungen in der Datenverarbeitung berichtet werden, bspw. über neue Geschäftspraktiken, als auch über die Wahrnehmung der Rechte der betroffenen Personen. Es ist die Möglichkeit, aber **keine Pflicht** vorgesehen, eine Liste der Arten der gemeldeten Verstöße sowie der getroffenen Maßnahmen nach Art. 58 Abs. 2 zu veröffentlichen (vgl. Art. 57 Abs. 1 lit. u). Diese Liste soll somit grundsätzlich abstrahierte, aber keine Einzelfallinformationen enthalten. Das bedeutet aber nicht, dass über dieses Abstraktionsniveau nicht hinausgegangen werden darf (aA offenbar Born K&R 1/2021, 13 (16)). Verantwortliche und Auftragsverarbeiter, insbesondere Adressaten aufsichtsbehördlicher Maßnahmen, können im Einzelfall auch namentlich genannt werden (Kühling/Buchner/Boehm Rn. 6). Vorliegen muss ein hinreichend gewichtiger und konkretisierter Anlass, mindestens ein begründeter Gefahrenverdacht, ein im Wesentlichen zutreffender bzw. vertretbar und sachgerecht gewürdigter Tatsachenkern sowie die Verhältnismäßigkeit der Äußerung (Gola/Nguyen Art. 58 Rn. 23). **4**

C. Adressaten (S. 2, 3)

Der Jahresbericht ist dem jeweiligen Parlament sowie der Regierung im Zuständigkeitsbereich der Aufsichtsbehörde zu **übermitteln.** Die Übersendung dient der Befassung mit dem Bericht. Durch nationales Recht kann zudem bestimmt werden, dass der Bericht weiteren Behörden zu übermitteln ist. § 15 BDSG macht von dieser Möglichkeit keinen Gebrauch, sondern sieht für den Tätigkeitsbericht der oder des BfDI eine Übermittlung an den Bundestag, den Bundesrat und die Bundesregierung vor. Auch Landesgesetze wie § 12 BlnDSG und § 30 NRWDSG sehen insofern keine Erweiterungen vor. **5**

6 Der Kommission und dem Europäischen Datenschutzausschuss muss der Bericht nicht übermittelt, sondern nur **zugänglich** gemacht werden. Auch der Öffentlichkeit ist der Bericht zugänglich zu machen. Hierfür ist es ausreichend, dass die Berichte sowohl bei der Aufsichtsbehörde erhältlich sind als auch auf der Internetseite (eine Internetveröffentlichung für ausreichen erachtend Kühling/Buchner/Boehm Rn. 8; ebenso, ergänzt durch eine Pressemitteilung oÄ, Ehmann/Selmayr/Selmayr Rn. 11) abgerufen werden können. Eine Übersetzung in die EU-Amtssprachen (wie vorgeschlagen von Ehmann/Selmayr/Selmayr Rn. 8) durch die Aufsichtsbehörden ist nicht vorgesehen und zur Schaffung eines Überblicks über die Fortentwicklung des europäischen Datenschutzrechts für die anderen Aufsichtsbehörden auch nicht erforderlich. Diese Funktion erfüllt etwa das Register des EDSA für Entscheidungen von Aufsichtsbehörden und Gerichten zu Fragen, die im Rahmen des Kohärenzverfahrens behandelt werden, aber auch weitere Register ua zu Verhaltensregeln sowie zu Zertifizierungsverfahren, Siegeln und Prüfzeichen (vgl. https://edpb.europa.eu/accountability-tools_en). Im Übrigen werden Entwicklungen, die insbesondere für Unternehmen in unterschiedlichen Mitgliedstaaten von Interesse sind, in dem Jahresbericht des Europäischen Datenschutzausschusses behandelt (→ Art. 71 Rn. 1 ff.). Natürlich ist es tatsächlich wünschenswert, dass der EDSA darin auch auf Tätigkeitsberichte nationaler Aufsichtsbehörden verweist (Ehmann/Selmayr/Selmayr Rn. 12) und diese bei Bedarf übersetzt.

Kapitel VII. Zusammenarbeit und Kohärenz

Abschnitt 1. Zusammenarbeit

Artikel 60 Zusammenarbeit zwischen der federführenden Aufsichtsbehörde und den anderen betroffenen Aufsichtsbehörden

(1) ¹Die federführende Aufsichtsbehörde arbeitet mit den anderen betroffenen Aufsichtsbehörden im Einklang mit diesem Artikel zusammen und bemüht sich dabei, einen Konsens zu erzielen. ²Die federführende Aufsichtsbehörde und die betroffenen Aufsichtsbehörden tauschen untereinander alle zweckdienlichen Informationen aus.

(2) Die federführende Aufsichtsbehörde kann jederzeit andere betroffene Aufsichtsbehörden um Amtshilfe gemäß Artikel 61 ersuchen und gemeinsame Maßnahmen gemäß Artikel 62 durchführen, insbesondere zur Durchführung von Untersuchungen oder zur Überwachung der Umsetzung einer Maßnahme in Bezug auf einen Verantwortlichen oder einen Auftragsverarbeiter, der in einem anderen Mitgliedstaat niedergelassen ist.

(3) ¹Die federführende Aufsichtsbehörde übermittelt den anderen betroffenen Aufsichtsbehörden unverzüglich die zweckdienlichen Informationen zu der Angelegenheit. ²Sie legt den anderen betroffenen Aufsichtsbehörden unverzüglich einen Beschlussentwurf zur Stellungnahme vor und trägt deren Standpunkten gebührend Rechnung.

(4) Legt eine der anderen betroffenen Aufsichtsbehörden innerhalb von vier Wochen, nachdem sie gemäß Absatz 3 des vorliegenden Artikels konsultiert wurde, gegen diesen Beschlussentwurf einen maßgeblichen und begründeten Einspruch ein und schließt sich die federführende Aufsichtsbehörde dem maßgeblichen und begründeten Einspruch nicht an oder ist der Ansicht, dass der Einspruch nicht maßgeblich oder nicht begründet ist, so leitet die federführende Aufsichtsbehörde das Kohärenzverfahren gemäß Artikel 63 für die Angelegenheit ein.

(5) ¹Beabsichtigt die federführende Aufsichtsbehörde, sich dem maßgeblichen und begründeten Einspruch anzuschließen, so legt sie den anderen betroffenen Aufsichtsbehörden einen überarbeiteten Beschlussentwurf zur Stellungnahme vor. ²Der überarbeitete Beschlussentwurf wird innerhalb von zwei Wochen dem Verfahren nach Absatz 4 unterzogen.

(6) Legt keine der anderen betroffenen Aufsichtsbehörden Einspruch gegen den Beschlussentwurf ein, der von der federführenden Aufsichtsbehörde innerhalb der in den Absätzen 4 und 5 festgelegten Frist vorgelegt wurde, so gelten die federführende Aufsichtsbehörde und die betroffenen Aufsichtsbehörden als mit dem Beschlussentwurf einverstanden und sind an ihn gebunden.

(7) ¹Die federführende Aufsichtsbehörde erlässt den Beschluss und teilt ihn der Hauptniederlassung oder der einzigen Niederlassung des Verantwortlichen oder gegebenenfalls des Auftragsverarbeiters mit und setzt die anderen betroffenen Aufsichtsbehörden und den Ausschuss von dem betreffenden Beschluss einschließlich einer Zusammenfassung der maßgeblichen Fakten und Gründe in Kenntnis. ²Die Aufsichtsbehörde, bei der eine Beschwerde eingereicht worden ist, unterrichtet den Beschwerdeführer über den Beschluss.

(8) Wird eine Beschwerde abgelehnt oder abgewiesen, so erlässt die Aufsichtsbehörde, bei der die Beschwerde eingereicht wurde, abweichend von Absatz 7 den Beschluss, teilt ihn dem Beschwerdeführer mit und setzt den Verantwortlichen in Kenntnis.

(9) ¹Sind sich die federführende Aufsichtsbehörde und die betreffenden Aufsichtsbehörden darüber einig, Teile der Beschwerde abzulehnen oder abzuweisen und bezüglich anderer Teile der Beschwerde tätig zu werden, so wird in dieser Angelegenheit für jeden dieser Teile ein eigener Beschluss erlassen. ²Die federführende Aufsichtsbehörde erlässt den Beschluss für den Teil, der das Tätigwerden in Bezug auf den Verantwortlichen betrifft, teilt ihn der Hauptniederlassung oder einzigen Niederlassung des Verantwortlichen oder des Auftragsverarbeiters im Hoheitsgebiet ihres Mitgliedstaats mit und setzt den Beschwerdeführer hiervon in Kenntnis, während die für den Beschwerdeführer

zuständige Aufsichtsbehörde den Beschluss für den Teil erlässt, der die Ablehnung oder Abweisung dieser Beschwerde betrifft, und ihn diesem Beschwerdeführer mitteilt und den Verantwortlichen oder den Auftragsverarbeiter hiervon in Kenntnis setzt.

(10) ¹Nach der Unterrichtung über den Beschluss der federführenden Aufsichtsbehörde gemäß den Absätzen 7 und 9 ergreift der Verantwortliche oder der Auftragsverarbeiter die erforderlichen Maßnahmen, um die Verarbeitungstätigkeiten all seiner Niederlassungen in der Union mit dem Beschluss in Einklang zu bringen. ²Der Verantwortliche oder der Auftragsverarbeiter teilt der federführenden Aufsichtsbehörde die Maßnahmen mit, die zur Einhaltung des Beschlusses ergriffen wurden; diese wiederum unterrichtet die anderen betroffenen Aufsichtsbehörden.

(11) Hat – in Ausnahmefällen – eine betroffene Aufsichtsbehörde Grund zu der Annahme, dass zum Schutz der Interessen betroffener Personen dringender Handlungsbedarf besteht, so kommt das Dringlichkeitsverfahren nach Artikel 66 zur Anwendung.

(12) Die federführende Aufsichtsbehörde und die anderen betroffenen Aufsichtsbehörden übermitteln einander die nach diesem Artikel geforderten Informationen auf elektronischem Wege unter Verwendung eines standardisierten Formats.

Überblick

Art. 60 regelt die Zusammenarbeit der Aufsichtsbehörden in One-Stop-Shop-Fällen. Das Verfahren untergliedert sich in drei Teile. Es beginnt mit der Untersuchung einer Angelegenheit, dh in erster Linie mit der Ermittlung des Sachverhalts durch die federführende Behörde (→ Rn. 8). Sind die den Verstoß begründenden Tatsachen ausermittelt, schließt sich das Verfahren der Entscheidungsfindung der Abs. 3–6 an (→ Rn. 9). Darin legt die federführende Behörde einen Beschlussentwurf vor, der unter den betroffenen Behörden abgestimmt wird. Kommt es zu keiner Einigung, wird das Kohärenzverfahren der Art. 63 ff. ausgelöst. Einigen sich die Aufsichtsbehörden, beginnt die Umsetzungsphase nach Abs. 7–10 (→ Rn. 12).

Übersicht

	Rn.		Rn.
A. Allgemeines	1	C. Entscheidungsfindung (Abs. 3–6)	9
B. Allgemeine Kooperationspflicht (Abs. 1 und 2)	4	D. Umsetzung der Entscheidung (Abs. 7–10)	15
I. Adressierte Behörden	4	E. Gerichtlicher Rechtsschutz	20
II. Inhalt der Kooperationspflicht	5	F. Dringlichkeitsverfahren (Abs. 11)	21
III. Zeitpunkt der Kooperationspflicht	8		

A. Allgemeines

1 Art. 60 verpflichtet die federführende und die betroffenen Aufsichtsbehörden zur Zusammenarbeit in **One-Stop-Shop**-Fällen. Primäres Ziel der Einführung des One-Stop-Shops war ursprünglich, dass sich grenzüberschreitend agierende Unternehmen innerhalb der EU nicht länger mit unterschiedlichen Aufsichtsbehörden auseinandersetzen müssen, die möglicherweise divergierende Vorgaben aus dem europäischen Datenschutzrecht ableiten (Nguyen ZD 2015, 265; Ehmann/Selmayr/Klabunde Rn. 17). Davon versprach sich die Kommission eine Entlastung der europäischen Wirtschaft in Milliardenhöhe (Mitteilung der Kommission v. 25.1.2012, KOM(2012)9, Ziff. 3). Später im Gesetzgebungsverfahren kam dazu der Gedanke, dass auch der Betroffene vor Ort eine zuständige Aufsichtsbehörde vorfinden sollte, die ihn bei der Wahrnehmung seiner Datenschutzrechte unterstützt (Albrecht/Jotzo Das neue DatenschutzR Teil 7 Rn. 12). Um beide Ziele in Einklang zu bringen, wurde mit dem One-Stop-Shop-Verfahren ein Mechanismus zur Zusammenarbeit von Aufsichtsbehörden aus unterschiedlichen Mitgliedstaaten zur aufsichtsrechtlichen Bearbeitung grenzüberschreitender Fälle iSd Art. 4 Abs. 23 geschaffen (Paal/Pauly/Körffer Rn. 2 ff.; Kühling/Buchner/Dix Rn. 3).

2 Die DS-GVO bestimmt in solchen Fällen eine federführende und mindestens eine betroffene Behörde (vgl. Art. 56). Dabei erhält die federführende Aufsichtsbehörde die **zentrale Rolle** im aufsichtsrechtlichen Verfahren. Sie kann die betroffenen Behörden nicht nur um Amtshilfe und gemeinsame Maßnahmen ersuchen (Abs. 2), sie koordiniert das gesamte aufsichtsrechtliche Ent-

Zusammenarbeit der federführenden Aufsichtsbehörde **Artikel 60 DS-GVO**

scheidungsverfahren (Abs. 3–9), entwirft Beschlussvorschläge und setzt diese gegenüber dem datenverarbeitenden Unternehmen durch (Abs. 10). Von anderen Aufsichtsbehörden kann sie erst im Kohärenzverfahren überstimmt werden. Die Rolle der betroffenen Behörden ist prinzipiell auf ihre Mitwirkung im Kohärenzverfahren beschränkt. Das heißt, sie können grundsätzlich keine direkten Maßnahmen gegen das jeweilige Unternehmen ergreifen. Ausnahmen sind Fälle mit lokalen Auswirkungen iSd Art. 56 Abs. 2 und solche in denen Dringlichkeitsmaßnahmen nach Art. 66 geboten sind (EuGH EuGH Urt. v. 15.6.2021 – C-645/19 Rn. 43 ff. – Facebook/Gegevensbeschermingsautoriteit = NJW 2021, 2495 ff. mAnm Piltz NJW 2021, 2504). Sollte das Unternehmen keine Niederlassung im Hoheitsgebiet der betroffenen Behörde unterhalten, kann die Maßnahme auch an die Hauptniederlassung gerichtet werden (EuGH Urt. v. 15.6.2021 – C-645/19 Rn. 84, 85 ff. – Facebook/Gegevensbeschermingsautoriteit). Wann eine Aufsichtsbehörde federführend bzw. betroffen ist, bestimmt sich nach Art. 4 Abs. 22 bzw. Art. 56 (Artikel 29-Datenschutzgruppe, Leitlinien für die Bestimmung der federführenden Aufsichtsbehörde eines Verantwortlichen oder Auftragsverarbeiters, WP 244 rev.01, v. 5.4.2017; Gola/Nguyen Art. 56 Rn. 10 ff.).

Noch ungeklärt ist das Verhältnis der Vorschrift zu Art. 64 Abs. 2 wonach unter anderem jede Aufsichts- **2.1** behörde beantragen kann, dass eine Angelegenheit mit allgemeiner Geltung oder mit Auswirkungen in mehr als einem Mitgliedstaat vom Europäischen Datenschutzausschuss geprüft wird. Damit könnte in Fällen von hoher Bedeutung das unter Umständen langwierige Verfahren zwischen den beteiligten Behörden abgekürzt und die dem Fall zugrundeliegenden Rechtsfragen direkt vor dem Ausschuss verhandelt werden. Mit Verweis auf Subsidiarität des Kohärenzverfahrens nach Erwägungsgrund. 138 S. 2 (→ Art. 63 Rn. 6; → Art. 64 Rn. 13) könnte jedoch eingewandt werden, dass das Verfahren nach Art. 60 Vorrang habe und nicht umgangen werden dürfe. Dies hätte aber zur Konsequenz, dass Art. 64 Abs. 2 keine Anwendung fände, sobald ein entsprechender Fall anhängig ist. Erstens spricht der klare Wortlaut der Vorschrift gegen eine entsprechende Sperrwirkung des Art. 60. Beim Erwägungsgrund 138 handelt es sich eher um eine Empfehlung als eine verbindliche Subsidiaritätsregelung (→ Art. 63 Rn. 6). Ohnehin kann der Ausschuss nach Art. 64 Abs. 2 nicht den konkreten Einzelfall entscheiden, sondern nur eine Stellungnahme zu der zugrundeliegenden Rechtsfrage abgeben, sodass sich die Frage der Subsidiarität nur mittelbar stellt. Zweitens ist bei Angelegenheiten von derartiger Relevanz eine direkte Befassung des Europäischen Datenschutzausschusses gerechtfertigt und aus verfahrensökonomischer Sicht geboten. Drittens spricht auch das Ziel der Harmonisierung des Aufsichtsvollzugs für eine direkte Befassungsmöglichkeit (→ Rn. 3; Kühling/Buchner/Caspar Art. 64 Rn. 20; Ehmann/Selmayr/Klabunde Art. 64 Rn. 4). Einer Überlastung des Ausschusses wird dadurch vorgebeugt, dass die Hürden nach Art. 64 Abs. 2 relativ hoch sind und der Ausschuss einen Antrag auf Befassung nach Art. 64 Abs. 2 ablehnen kann, wenn diese nicht vorliegen (→ Art. 64 Rn. 16; Gola/Eichler Art. 64 Rn. 5; aA Sydow/Schöndorf-Haubold Art. 64 Rn. 38). In jedem Fall anwendbar ist Art. 64 Abs. 2, wenn die federführende Behörde überhaupt keine Maßnahmen trifft, da dann kein Konkurrenzverhältnis zu Art. 60 ff. besteht.

Der One-Stop-Shop ist eine der wichtigsten **Innovationen** der DS-GVO (Reding ZD 2012, **3** 195 (196 f.); Albrecht/Jotzo Das neue DatenschutzR Teil 7 Rn. 12). Zwar enthielt schon die bisherige DSRL eine Verpflichtung zur Zusammenarbeit (vgl. Art. 28 Abs. 6 UAbs. 2 DSRL → BDSG EUDatenschutzrichtlinie Rn. 149 ff.). Dennoch wurden der Vollzug und die Auslegung des Datenschutzrechts durch die Aufsichtsbehörden vielerorts unterschiedlich gehandhabt (Albrecht/Jotzo Das neue DatenschutzR Teil 7 Rn. 2). Daher war es eines der wichtigsten Ziele der Datenschutzreform, nicht nur das materielle Recht anzugleichen, sondern auch für einen harmonisierten Vollzug des europäischen Datenschutzrechts zu sorgen (vgl. Gesetzesbegründung der Kommission KOM(2012)11, 2), sodass ausdifferenzierte Regelungen zur Zusammenarbeit vor der Befassung des Europäischen Datenschutzausschusses erforderlich wurden. Die Regelungen des One-Stop-Shops sind daher kaum mit den bisherigen Vorschriften der DSRL zu vergleichen (Paal/Pauly/Körffer Rn. 1).

Ob das Kooperationsverfahren den hohen Erwartungen des Gesetzgebers gerecht geworden ist, wurde **3.1** im Rahmen der Diskussionen um die erste Evaluierung der DS-GVO gem. Art. 97 DS-GVO vereinzelt in Zweifel gezogen. Dies liegt vor allem daran, dass in den ersten drei Jahren seit Wirksamwerden der DS-GVO kaum Beschlussentwürfe in Verfahren abgestimmt wurden, die Datenverarbeitungen global agierender Internetkonzerne zum Gegenstand haben (sehr pointiert zB der offene Brief der NRO NYOB v. 25.5.2020 abrufbar unter: noyb.eu/de). In diesem Zeitraum ist erst ein einziges Streitbeilegungsverfahren durchgeführt wurde (dazu: Weber/Dehnert ZD 2021, 63; Kienle ZD-Aktuell 2021, 05026). So wurde zB vom BfDI die Gründung einer europäischen Datenschutzagentur vorgeschlagen, der nach EU-Verwaltungsrecht gewichtige grenzüberschreitende Fälle übertragen werden können (Kipker ZD-Aktuell 2020, 04402). Allerdings schießt dieser Vorschlag weit über das Ziel hinaus. Die Vielzahl der bislang abgestimmten Beschlüsse im Verfahren nach Art. 60 gegen kleinere Unternehmen zeigen, dass das Verfahren grundsätzlich funktioniert. Völlig ausreichend wäre es, Art. 60 um einen Bestimmung zu ergänzen, die eine verbindliche Entscheidung des Ausschusses vorsieht, falls eine federführende Behörde – aus welchen Gründen auch immer – in einem bestimmten Zeitraum keinen Beschlussentwurf vorlegt (→ Rn. 9.2). Der Evaluierungsbericht der Kommission selbst benennt zwar die geschilderte Problematik im Ansatz schlägt aber keine konkreten Gesetzesänderungen vor (Mitteilung der KOM v. 24.6.2020 COM(2020) 264, 6).

B. Allgemeine Kooperationspflicht (Abs. 1 und 2)

I. Adressierte Behörden

4   Adressatinnen der Kooperationspflicht sind sowohl die federführende als auch die betroffene Aufsichtsbehörde iSd Art. 4 Abs. 22. Die federführende Behörde bestimmt sich nach Art. 56 (Art. 29-Datenschutzgruppe, Leitlinien für die Bestimmung der federführenden Aufsichtsbehörde eines Verantwortlichen oder Auftragsverarbeiters, WP 244 rev.01, v. 5.4.2017; Gola/Nguyen Art. 56 Rn. 10 ff.). Die Verpflichtung zur Zusammenarbeit gilt also nur dann, wenn eine **grenzüberschreitende Verarbeitung** iSd Art. 56 Abs. 1 iVm Art. 4 Abs. 23 und keine der in Art. 56 beschriebenen Ausnahmen vorliegt (Paal/Pauly/Körffer Rn. 2 ff.; Gola/Nguyen Art. 56 Rn. 10 ff.). In Mitgliedstaaten, die wie Deutschland über mehrere Aufsichtsbehörden verfügen, ist jede Aufsichtsbehörde Adressatin der Kooperationspflicht, soweit sie federführende oder betroffene Behörde ist (Ehmann/Selmayr/Klabunde Rn. 14; Kugelmann ZD 2020, 76 (77)). Daraus folgt im Umkehrschluss, dass Aufsichtsbehörden, auf welche weder die Kriterien der federführenden noch der betroffenen Aufsichtsbehörde zutreffen, nicht berechtigt sind, sich an dem Verfahren zu beteiligen. Sie können sich aber dann Gehör verschaffen, wenn die Angelegenheit in ein Streitbeilegungsverfahren vor dem EDSA nach Art. 63 mündet oder indem sie beantragen, dass die Angelegenheit gem. Art. 64 Abs. 2, 70 Abs. 1 lit. e vor dem EDSA verhandelt wird (→ Rn. 2.1). Diese Rollenverteilung gilt auch in Mitgliedstaaten mit mehreren Aufsichtsbehörden und kann nicht vom nationalen Gesetzgeber abweichend von der DS-GVO geregelt werden, da es erstens an einer Öffnungsklausel fehlt und zweitens die primärrechtlich verbürgte Unabhängigkeit der zuständigen Aufsichtsbehörden verletzt werden würde, wenn eine unzuständige dritte Behörde auf die Entscheidungsfindung Einfluss nehmen könnte (zur Rechtslage in Deutschland: Eichler/Nguyen, Informationsfreiheit und Informationsrecht, Jahrbuch 2017, 17 (23); aA → BDSG 2018 § 18 Rn. 2).

4.1   Keine Adressatin ist die Zentrale Anlaufstelle, die nach Erwägungsgrund 119 S. 2 von Mitgliedstaaten wie Deutschland eingerichtet werden sollte, die über mehrere Aufsichtsbehörden verfügen. Dies liegt daran, dass Erwägungsgrund 119 für diese ausschließlich eine Rolle im Rahmen des Kohärenzverfahrens vorsieht, da dort jeder Mitgliedstaat mit einer einheitlichen Stimme sprechen muss. Eine Einbindung der Zentralen Anlaufstelle in das Verfahren nach Art. 60 ist nicht nur von der DS-GVO nicht vorgesehen, sie ist auch kaum mit der Unabhängigkeit der Aufsichtsbehörden zu vereinbaren, die verletzt wäre, wenn sich ein Dritter in die Entscheidungsfindung der zuständigen Aufsichtsbehörden zwischenschaltete (vgl. auch Eichler/Nguyen, Informationsfreiheit und Informationsrecht, Jahrbuch 2017, 17 (23)). Soweit die Zentrale Anlaufstelle nach nationalem Recht eine Aufgabe im Rahmen des Verfahrens nach Art. 60 erhält, muss diese auf freiwillige Unterstützungsangebote an die zuständigen Aufsichtsbehörden beschränkt bleiben und darf nicht in die materielle Entscheidungsfindung eingreifen (zum BDSG vgl. BT-Drs. 18/11325 S. 89).

4.2   Auch wenn dazu keine rechtliche Verpflichtung besteht, stimmen sich die Aufsichtsbehörden des Bundes und der Länder in der Praxis bei ihrer Beteiligung in Kooperationsverfahren eng miteinander ab und streben im weiteren Verfahren einheitliche Äußerungen ab, um ihr Verhandlungsgewicht zu erhöhen (Kugelmann ZD 2020, 76). Hat der Verantwortliche nur eine Niederlassung in Deutschland, übernimmt die Aufsichtsbehörde des Bundeslands, in dem die Niederlassung gelegen ist, primär inhaltliche Verfahrenshandlungen. Bei mehreren Niederlassungen in Deutschland wird die innerdeutsche Federführung nach bestimmten Kriterien, wie zB Ort der Hauptniederlassung in Deutschland, Schwerpunkt der Datenverarbeitung etc, festgelegt (Weber/Dehnert ZD 2021, 63 (64) mit Verweis auf DSK-Beschluss v. 6./7.11.2019 zu TOP 26 b).

II. Inhalt der Kooperationspflicht

5   Abs. 1 S. 1 enthält eine **allgemeine Verpflichtung** zur Zusammenarbeit, die sich nicht auf die in Abs. 2–12 genannten Formen der Zusammenarbeit beschränkt (Kühling/Buchner/Dix Rn. 6). Die federführende Behörde wird besonders dazu verpflichtet, auf einen Konsens innerhalb der zuständigen Aufsichtsbehörden hinzuwirken. Neben der allgemeinen Kooperationspflicht nach

Zusammenarbeit der federführenden Aufsichtsbehörde **Artikel 60 DS-GVO**

Abs. 1 S. 1 werden die zuständigen Aufsichtsbehörden in S. 2 insbesondere verpflichtet, alle zweckdienlichen Informationen auszutauschen. Der Informationsaustausch stellt eine notwendige Vorbedingung zur Zusammenarbeit dar und muss gem. Abs. 12 auf elektronischem Wege unter Verwendung eines standardisierten Formats erfolgen. Dazu nutzen die Aufsichtsbehörden das Binnenmarkt-Informationssystem IMI (Internal Market Information System).

Die Kooperationspflicht gilt grundsätzlich für **alle Arten aufsichtsrechtlicher Verfahren.** 5a Art. 60 differenziert insbesondere nicht zwischen Verfahren, die aufgrund von Beschwerden nach Art. 77 und solchen die von Amts wegen eingeleitet wurden. Das heißt, wird eine Behörde mit einer grenzüberschreitenden Verarbeitung iSd Art. 4 Nr. 23 befasst, ist sie verpflichtet, ein Kooperationsverfahren einzuleiten. Das gilt auch dann, wenn unklar ist, ob die Datenverarbeitung bereits stattgefunden hat. Aus 58 Abs. 2 lit. a wird deutlich, dass es auch eine Aufgabe der Aufsichtsbehörden präventiv einzugreifen und zu ermitteln, ob eine geplante oder mutmaßliche Datenverarbeitung mit der DS-GVO konform ist. Die federführende Behörde ist verpflichtet, sich als solche zu identifizieren, Ermittlungen anzustellen und einen Beschlussentwurf zu verfassen. Als Herrin des Verfahrens kann sie zwar die Entscheidungen die Art und Weise der Ermittlungen nach pflichtgemäßem Ermessen selbst treffen und bestimmte Verfahren priorisieren. Letztlich muss sie aber die an sie herangetragenen Sachverhalte bearbeiten, auch wenn dies leicht zu einer problematischen Überlastung derjenigen Aufsichtsbehörden führen kann, in deren federführenden Zuständigkeit zB viele global agierender Internetkonzerne konzentriert sind. Sie hat dabei ihr nationales Verfahrensrecht anzuwenden, soweit dies mit der DS-GVO zu vereinbaren ist.

Umstritten ist in diesem Zusammenhang insbesondere wie mit nationalen Vorschriften zur **gütlichen** 5a.1 **Einigung** umzugehen ist, die zB im irischen Verfahrensrecht existieren. Dieses Rechtsinstitut ist nicht zu verwechseln mit der gütlichen Einigung nach Erwägungsgrund 131, die eine Vereinbarung zwischen Aufsichtsbehörde und Verantwortlichen darstellt. In manchen nationalen Prozessordnungen ist vielmehr vorgesehen, dass in Beschwerdeverfahren (unter Mitwirkung der Aufsichtsbehörde) der Versuch einer Einigung zwischen den Betroffenen und den Verantwortlichen unternommen wird. Die Aufsichtsbehörde kann nur dann das Verfahren weiter betreiben und einen Beschlussentwurf iSd Art. 60 vorlegen, wenn diese Einigung erfolglos ist. Eine solche Regelung ist jedoch nicht mit der DS-GVO zu vereinbaren, die bei grenzüberschreitenden Fällen stets einen Beschlussentwurf nach Art. 60 vorsieht. Da das Kooperationsverfahren auch von Amts wegen eingeleitet werden kann (→ Rn. 5), liegt es nicht in der Hand der Betroffenen bzw. der Verantwortlichen ein aufsichtsrechtliches Verfahren zu unterbinden. Im Ergebnis müssen derartige nationale Vorschriften europarechtskonform dergestalt ausgelegt werden, dass in grenzüberschreitenden Fällen unbeschadet des Ausgangs der gütlichen Einigung ein Beschlussentwurf vorgelegt wird. Dieser könnte dann zB beinhalten, dass aufgrund der gütlichen Einigung auf die Verhängung eines Bußgeldes verzichtet und eine Verwarnung erteilt wird. Im Ergebnis kann eine nationale Vorschrift jedenfalls nicht die Rechte der im Kooperationsverfahren beteiligten Behörden beschneiden.

Umstritten ist auch, ob sämtliche Meldungen von **grenzüberschreitenden Datenpannen** nach 5a.2 Art. 33 unter die Kooperationspflicht fallen oder ob diese erst dann greift, wenn auf Grundlage einer Meldung bestimmte förmliche Abhilfemaßnahmen nach Art. 58 Abs. 2 getroffen werden sollen. Hintergrund ist, dass nach Art. 33 den Aufsichtsbehörden schon relativ niedrigschwellige Datenpannen gemeldet werden müssen (→ Art. 33 Rn. 5). Da Art. 60 keine Ausnahme vorsieht, sind auch solche Verstöße Gegenstand der Kooperationspflicht, soweit eine grenzüberschreitende Verarbeitung iSd Art. 4 Nr. 23 vorliegt. Dies ist auch sinnvoll, da ohne diese Meldungen die federführende Behörde kaum beurteilen kann, ob es sich bei einer vermeintlich niederschwelligen Datenpanne tatsächlich um einen schwerwiegenden Verstoß handelt, zB weil er in mehreren Mitgliedstaaten gleichzeitig auftaucht. Im Ergebnis gilt die Kooperationspflicht für jedwede Datenpannen, die auf einer Verarbeitung beruhen, die iSd Art. 4 Nr. 23 lit. a im Rahmen der Tätigkeiten von mehreren Niederlassungen eines Unternehmens in verschiedenen Mitgliedstaaten erfolgt. Hat das meldende Unternehmen nur eine einzige Niederlassung in der EU, kommt es hingegen darauf an, ob die Datenpanne erhebliche Auswirkungen auf betroffene Personen in mehr als einem Mitgliedstaat hat (Art. 4 Nr. 23 lit. b).

Federführende und betroffene Aufsichtsbehörde können im Rahmen von Verfahren nach 6 Art. 60 **personenbezogene Daten** übermitteln, soweit dies für das konkrete Verfahren erforderlich ist. Ob Abs. 1 S. 2 dafür die Rechtsgrundlage darstellt, ist umstritten. Richtigerweise wird stattdessen Art. 6 Abs. 1 lit. e herangezogen (Kühling/Buchner/Dix Rn. 9). Da diese Vorschrift der Umsetzung durch mitgliedstaatliches oder Unionsrecht nach Art. 6 Abs. 2 bedarf, muss in Deutschland zusätzlich auf § 3 BDSG bzw. iVm § 40 Abs. 3 S. 1 BDSG abgestellt werden. Danach müssen die auszutauschenden personenbezogenen Daten für die Ausübung der Datenschutzaufsicht zweckdienlich und für die gemeinsame Bearbeitung des jeweiligen Vorgangs erforderlich sein. Dies gilt besonders für den Austausch von personenbezogenen Daten von Beschwerdeführern und Dritten. An dem Austausch teilnehmen dürfen lediglich die federführende und die betroffenen Behörden. Andere Aufsichtsbehörden können und sollten zwar im Rahmen der allgemeinen Verpflichtung zur Zusammenarbeit (vgl. Art. 57 Abs. 1 lit. g, Erwägungsgrund 123, S. 2) über die grundsätzliche Problematik des Falles informiert werden. Für die Übermittlung personenbezogener Daten an diese tragen die oben genannten Rechtsgrundlagen jedoch nicht. Dies gilt auch für diejenige Behörde, die die zentrale Anlaufstelle iSd Erwägungsgrund 119 stellt, soweit diese nicht als federführende oder betroffene Behörde an dem Verfahren beteiligt ist und ihr auch sonst keine Aufgabe zugewiesen wird, zu deren Erfüllung die Verarbeitung personenbezogener Daten erforderlich ist.

6.1 Problematisch ist in diesem Zusammenhang die Frage, ob die Aufsichtsbehörden auch befugt sind, im Rahmen des Verfahren der Zusammenarbeit **besondere Kategorien personenbezogener Daten** iSd Art. 9 Abs. 1 auszutauschen. Die einzig in Betracht kommende Ausnahme des Art. 9 Abs. 2 lit. g stellt hohe Anforderungen an eine Rechtsgrundlage. Insbesondere muss die Ermächtigungsnorm „spezifische Maßnahmen zur Wahrung der Grundrechte und Interessen der betroffenen Person" enthalten. Auch wenn man annimmt, dass zumindest die Verarbeitung der Daten des Betroffenen durch die Aufsichtsbehörde stets zur Wahrung seiner Grundrechte und Interessen erfolgt und daher eine spezifische Regelung entbehrlich ist, fehlt den eher rudimentären Regelungen der §§ 3 und 40 Abs. 3 S. 1 BDSG doch das nach Art. 9 Abs. 2 lit. g notwendige Tatbestandsmerkmal des „erheblichen öffentlichen Interesses". Lehnt man Art. 9 Abs. 2 lit. g iVm § 3 bzw. § 40 Abs. 3 S. 1 BDSG als Rechtsgrundlage ab, hätte dies für die Aufsichtsbehörden der Länder freilich die Konsequenz, dass eine Datenübermittlung nur mit Einwilligung der betroffenen Person zulässig wäre (Art. 9 Abs. 2 lit. a). Dieses Ergebnis wäre nicht ganz unproblematisch, da besondere Kategorien personenbezogener Daten wie zB Gesundheitsdaten oft im Rahmen von Abhängigkeits- oder besonderen Vertrauensverhältnissen verarbeitet werden, die die Betroffenen oftmals von Beschwerden absehen lassen. Daher sollten die Möglichkeiten der Aufsichtsbehörden, in diesem Bereich auch grenzüberschreitend von Amts wegen tätig zu werden, nicht unangemessen beschränkt werden. Zum Teil wurde mit Landesgesetzgebung auf diese Problematik reagiert und entsprechende Regelungen im Landesdatenschutzgesetz ergänzt (zB § 13 Abs. 6 S. 2 und 3 BlnDSG). Für die oder den BfDI besteht die Möglichkeit, gemäß § 22 Abs. 1 Nr. 2 lit. a BDSG sensitive Daten zu übermitteln, falls dies aus Gründen eines erheblichen öffentlichen Interesses zwingend erforderlich ist, obgleich auch hier eine bereichsspezifische Regelung vorzuziehen gewesen wäre.

6a In jedem Fall dürfen personenbezogene Daten nur dann übermittelt werden, soweit dies für die Bearbeitung des konkreten Falls erforderlich ist. Dies ist in der Regel der Fall, wenn die beschwerdeführende Person Betroffenenrechte nach Art. 15 ff. DS-GVO geltend macht. Kann ein Datenschutzverstoß auch zB ohne die Übermittlung der Daten der betroffenen Person durch die federführende Behörde aufgeklärt werden, darf diese die betroffene Behörde nicht standardmäßig übermitteln. Ob personenbezogene Daten erforderlich sind, kann am besten die federführende Behörde als Herrin des Ermittlungsverfahrens beurteilen. Gleichwohl hat die übermittelnde Behörde stets die Erforderlichkeit zu überprüfen und darf nicht blind jedweden Übermittlungsersuchen nachkommen.

7 Abs. 2 betont, dass die federführende Aufsichtsbehörde andere um **Amtshilfe und gemeinsame Maßnahmen** ersuchen kann. Es handelt sich insofern nur um eine Klarstellung, da grundsätzlich jede Aufsichtsbehörde auch außerhalb des One-Stop-Shop-Verfahrens von den Instrumenten nach Art. 61 und 62 Gebrauch machen kann (Paal/Pauly/Körffer Rn. 6; HK-DS-GVO/ Peuker Rn. 12). Diese Möglichkeit hat die federführende Aufsichtsbehörde „jederzeit", dh sie kann davon zu jedem Zeitpunkt der Ermittlungen aber auch zur Überwachung der Umsetzung von Maßnahmen Gebrauch machen, die sie zum Abschluss eines One-Stop-Shop-Verfahrens gem. Abs. 7 getroffen hat (Kühling/Buchner/Dix Rn. 10). Dies bietet sich insbesondere an, wenn die Maßnahmen in mehreren europäischen Niederlassungen eines Konzerns umgesetzt werden müssen.

III. Zeitpunkt der Kooperationspflicht

8 Die zur Verpflichtung zur Zusammenarbeit und insbesondere zum Informationsaustausch (Abs. 1 S. 2) beginnt nicht erst bei der gemeinsamen Entscheidungsfindung nach Abs. 3–6. Vielmehr ist der erste Informationsaustausch stets auf die Ermittlung der federführenden und betroffenen Behörden gerichtet. Außerdem setzt das Verfahren nach Abs. 3–6 voraus, dass der Sachverhalt bereits ausermittelt wurde und die wesentlichen Tatsachen (Paal/Pauly/Körffer Rn. 6) und die beteiligten Aufsichtsbehörden feststehen (Auernhammer/Lachmayer Rn. 15). Die **Ermittlung des Sachverhalts** ist zwar in erster Linie Aufgabe der federführenden Aufsichtsbehörde. Sie ist bereits in diesem Stadium nicht nur verpflichtet, die betroffenen Behörden zu informieren (Paal/Pauly/Körffer Rn. 7; Kühling/Buchner/Dix Rn. 8), sie muss auch von diesen spätestens bei Abschluss der Ermittlungen eine Stellungnahme einholen, damit sie diese in ihrem Beschlussentwurf gem. Abs. 3 S. 2 Hs. 2 berücksichtigen kann (→ Rn. 9). Zur Ermittlung des Sachverhalts kann sie sich darüber hinaus der Amtshilfe und der gemeinsamen Maßnahmen nach Art. 61 und 62 bedienen (→ Rn. 7). Sie ist aber nicht an diese formellen Instrumente gebunden, sondern kann auch informell andere Aufsichtsbehörden um Hilfe bitten und mit diesen Informationen austauschen (vgl. Erwägungsgrund 123). Allerdings kann auch die betroffene Behörde eine Ermittlungspflicht nach Art. 60 Abs. 1 DS-GVO treffen. Dies ist insbesondere dann der Fall, wenn das Verfahren auf einer Beschwerde nach Art. 77 DS-GVO bei der betroffenen Behörde beruht. Diese steht im direkten Dialog mit der beschwerdeführenden Person kann am besten feststellen, ob sie alle notwendigen Informationen beigebracht hat, die Verletzung eigener Rechte rügt und den Datenschutzverstoß hinreichend plausibel gemacht hat. Das gilt insbesondere wenn eine Verletzung der Betroffenenrechte gerügt wird, von einem Antrag der Betroffenen abhängig sind. Gleichwohl ist zu bedenken, dass das Kooperationsverfahren auch von Amts wegen ausgelöst werden kann (→ Rn. 5a). Hat die betroffene Behörde zB Anhaltspunkte für eine systematische grenzüberschreitende Verletzung der Betroffenenrechte, die sie von Amts wegen verfolgen möchte, ist das Verfahren nach Art. 60 auch unabhängig von einem Antrag bzw. Beschwerde einzuleiten.

Zu Beginn jeder Kooperation nach Art. 60 steht die Identifizierung der federführenden und betroffenen Behörden Weber/Dehnert ZD 2021, 63 (64). Der korrekten Identifizierung kommt eine entscheidende Bedeutung für das weitere Verfahren zu, da nur diese sich rechtmäßig am Verfahren beteiligen können (→ Rn. 4). Es handelt sich dabei um eine Pflicht, dh weder die betroffene noch die federführende Behörde hat ein Ermessen, ob sie einen grenzüberschreitenden Fall den anderen Behörden zur Kenntnis gibt (→ Rn. 5). Eine Verfahrenseinleitung hat also zwingend zu erfolgen, wenn die Voraussetzungen des Art. 4 Nr. 23 vorliegen (Paal/Pauly/Körffer Rn. 2). Ein gewisser Spielraum besteht lediglich bei der Auslegung des unbestimmten Rechtsbegriffs der erheblichen Auswirkungen des Art. 4 Abs. 23 lit. b (Gola/Nguyen Art. 56 Rn. 6). Dies ergibt sich aus Sinn und Zweck der Kooperationsregeln, die sicherstellen sollen, dass die involvierten Datenschutzbehörden über grenzüberschreitenden Datenschutzverletzungen gemeinsam befinden. Unterlässt es eine Behörde pflichtwidrig, ein Kooperationsverfahren einzuleiten, und entscheidet über eine grenzüberschreitende Angelegenheit alleine, so kann die Adressatin zumindest einen Formfehler rügen (→ Rn. 20). **8.1**

C. Entscheidungsfindung (Abs. 3–6)

Sind die Tatsachen ausermittelt, entwirft die federführende Aufsichtsbehörde einen **Beschlussentwurf,** welchen sie den betroffenen Aufsichtsbehörden **unverzüglich** mit allen zweckdienlichen Informationen vorlegt. Damit ist ein grundsätzlich zügiges Handeln gemeint, welches der Behörde allerdings einen gewissen Spielraum überlässt (Weber/Dehnert ZD 2021, 63 (64)). Kommt die federführende Behörde dieser Verpflichtung nicht nach, kann dies zur Einleitung eines Dringlichkeitsverfahrens führen (Abs. 11) und im EDSA nach Art. 64 Abs. 2 thematisiert werden (→ Rn. 2.1). Bereits bei dem Entwurf des Beschlussentwurfs trägt die federführende Aufsichtsbehörde gem. Abs. 3 S. 2 Hs. 2 den Standpunkten der betroffenen Aufsichtsbehörden gebührend Rechnung, dh die Vorschrift geht davon aus, dass bereits im Rahmen der gemeinsamen Ermittlung des Sachverhalts Stellungnahmen der anderen Aufsichtsbehörden eingeholt wurden (→ Rn. 8). Die Pflicht zur **gebührenden Berücksichtigung** bedeutet, dass sich die federführende Behörde mit den vorgetragenen Standpunkten und Argumenten auseinandersetzen muss, von diesen aber aus sachgerechten Gründen abweichen kann, wenn sie ihre Entscheidung überzeugend darlegen kann (HK-DS-GVO/Peuker Rn. 20; Kühling/Buchner/Dix Rn. 12). Eine weitergehende Verpflichtung ergibt sich aus Erwägungsgrund 130 nach dem die federführende Aufsichtsbehörde bei Maßnahmen, die rechtliche Wirkungen entfalten sollen, insbesondere bei der Verhängung von Geldbußen, den Standpunkt anderer Aufsichtsbehörden **weitestgehend** zu berücksichtigen hat. Das heißt sie kann nur aus zwingenden Gründen eine abweichende Entscheidung treffen (HK-DS-GVO/Peuker Rn. 20). **9**

Anders als im weiteren Verfahren gibt die DS-GVO keine genaue Frist vor, in welcher die federführende Behörde einen Beschlussentwurf vorzulegen hat. Dies ist problematisch, da so Verfahren auf unbestimmte Zeit verschleppt werden können. Den betroffenen Behörden bleibt lediglich die Möglichkeit, ein Dringlichkeitsverfahren nach Art. 66 einzuleiten (EuGH Urt. v. 15.6.2021 – C-645/19 Rn. 43 ff. – Facebook/Gegevensbeschermingsautoriteit → Rn. 21), welches aber an hohe Voraussetzungen geknüpft ist. Das ist auch möglich, wenn der Verantwortliche keine Niederlassung im Hoheitsgebiet der handelnden Behörde **9.1** unterhält (EuGH EuGH Urt. v. 15.6.2021 – C-645/19 Rn. 84, 85 ff. – Facebook/Gegevensbeschermingsautoriteit) allerdings ergeben sich dann schwierige Folgeproblem im Rahmen der Vollstreckung. Außerhalb des Dringlichkeitsverfahrens (Art. 66 Abs. 3) gibt es keine Möglichkeit, den EDSA direkt mit dem Einzelfall zu befassen. Art. 63, 65 Abs. 1 lit. a greift nur, wenn ein Einspruch gegen einen Beschlussentwurf zu keiner einvernehmlichen Lösung geführt hat (→ Rn. 11). Es bleibt lediglich die Möglichkeit, die zugrundeliegende abstrakte Verfahrens- oder Rechtsfrage nach Art. 64 Abs. 2 dem EDSA vorzulegen, damit dieser eine Stellungnahme abgibt (→ Rn. 2.1). Ignoriert die federführende Behörde die Stellungnahme besteht die Möglichkeit, dass der Europäische Datenschutzausschuss einen verbindlichen Beschluss gem. Art. 65 Abs. 1 lit. c erlässt (Gola/Eichler Rn. 13; Ehmann/Selmayr/Klabunde Art. 65 Rn. 11).

9.2 Um diese Problematik zu entschärfen, wäre es sinnvoll, Art. 60 um eine Vorschrift zu ergänzen, die eine verbindliche Entscheidung des EDSA vorsieht, falls die federführende Behörde innerhalb eines bestimmten Zeitraums keinen Beschlussentwurf vorlegt. Dadurch, dass nach über drei Jahren der Wirksamkeit der DS-GVO kaum Beschlussentwürfe in Verfahren gegen global agierenden Internetkonzerne vorliegen, wird das Problem immer deutlicher. Es beschädigt die Glaubwürdigkeit des Verfahrens immens und hat dazu geführt, dass über die Einrichtung einer europäischen Datenschutzagentur nachgedacht wird, der nach EU-Verwaltungsrecht gewichtige grenzüberschreitende Fälle übertragen werden sollen (Kipker ZD-Aktuell 2020, 04402).

10 Nach Übermittlung des Beschlussentwurfs können die betroffenen Aufsichtsbehörden innerhalb von **vier Wochen Einspruch** einlegen. Der Einspruch einer einzigen Aufsichtsbehörde genügt, damit sich die federführende Behörde mit diesem befassen muss. Der Einspruch muss „maßgeblich" und „begründet" sein. Der Gesetzgeber hat sich bewusst dafür entschieden, statt eines bestimmten Mindestquorums die genannten **formalen** Voraussetzungen festzulegen, um Missbrauch auszuschließen (Nguyen ZD 2015, 265 (267)). Art. 4 Abs. 24 enthält eine entsprechende Legaldefinition. Danach muss der Einspruch zumindest eine Stellungnahme der betroffenen Behörde enthalten, ob nach ihrer Auffassung ein Verstoß gegen die DS-GVO vorliegt oder ob die beabsichtigte Maßnahme gegen das Unternehmen im Einklang mit dieser Verordnung steht. Zusätzlich muss aus dem Einspruch die Tragweite der Risiken klar hervorgehen, die von dem Beschlussentwurf in Bezug auf die Grundrechte und Grundfreiheiten der betroffenen Personen und ggf. den freien Verkehr personenbezogener Daten in der Union ausgehen. Genauere Kriterien, wann ein Einspruch maßgeblich und begründet ist, hat der Europäische Datenschutzausschuss gemäß Erwägungsgrund 124 S. 4 im Rahmen einer Leitlinie niedergelegt (Guidelines 09/2020 on relevant and reasoned objection under Regulation 2016/679).

10.1 Dieser Maßstab wird zum Teil als streng kritisiert (Weber/Dehnert ZD 2021, 63 (65)) und hat bereits im ersten Streitbeilegungsverfahren dazu geführt, dass die meisten Einsprüche aus Zulässigkeitsgründen zurückgewiesen wurden (Beschluss 1/2020 zur Streitigkeit nach Art. 65 Abs. 1 lit. a der DS-GVO über den Beschlussentwurf der irischen Aufsichtsbehörde bezüglich der Twitter International Company). In der Tat ist es verwunderlich, warum die Guideline 9/2020 derart hohe Anforderungen bereithält, zumal der Ausschuss mit einem einzigen Streitbeilegungsverfahren innerhalb von drei Jahren wohl kaum überlastet sein dürfte. Jedenfalls ist es fraglich, ob der Europäische Datenschutzausschuss so seiner wichtigsten Aufgabe gerecht werden kann, für eine einheitliche Auslegung des Datenschutzrechts zu sorgen, wenn er solche Gelegenheiten ungenutzt lässt (bedauernd auch Kienle ZD-Aktuell 2021, 05026).

11 Schließt sich die federführende Aufsichtsbehörde dem Einspruch nicht an, wird gem. Abs. 4 das **Kohärenzverfahren** nach Art. 63, 65 Abs. 1 lit. a eingeleitet. Dasselbe gilt, wenn sie den Einspruch nicht für maßgeblich oder für nicht ausreichend begründet hält, sodass sich der Verfahrensverlauf bei einem formal fehlerhaften Einspruch nicht maßgeblich ändert. Allerdings kann eine gute Begründung dazu führen, dass das aufwendige Kohärenzverfahren vermieden wird (Kühling/Buchner/Dix Rn. 14). Für die Einleitung des Kohärenzverfahrens sieht die Vorschrift zwar keine ausdrückliche Frist vor. Um aber das an sich straffe Verfahren nicht unangemessen zu verzögern, sollte die federführende Behörde das Kohärenzverfahren zügig einleiten, wenn die Prüfung der Einsprüche der betroffenen Aufsichtsbehörden abgeschlossen ist. Sie kann und sollte aber vor der Einleitung des Kohärenzverfahrens durch Nachfragen und Kompromissvorschläge auf eine einvernehmliche Lösung hinwirken (vgl. Abs. 1 S. 1 Hs. 2). Dies gilt insbesondere für den Fall, dass mehrere betroffene Aufsichtsbehörden sich gegenseitig widersprechende Einsprüche einlegen (Paal/Pauly/Körffer Rn. 8).

12 Schließt sich die federführende Behörde dem Einspruch an, so beginnt gem. Abs. 5 eine **zweite Verfahrensrunde.** Dazu überarbeitet die federführende Behörde ihren Beschlussentwurf dementsprechend und leitet ihn den betroffenen Aufsichtsbehörden zu. Diese haben nunmehr die Möglichkeit, innerhalb einer Frist von nur **zwei Wochen** gegen den Entwurf Einspruch zu erheben, was dieselbe Rechtsfolge auslöst. Dem Wortlaut des Abs. 5 nach kann diese Verfahrensrunde beliebig oft wiederholt werden (Ehmann/Selmayr/Klabunde Rn. 10; Weber/Dehnert ZD 2021, 63 (65)). Da die Aufsichtsbehörden in erster Linie der Konsensfindung verpflichtet sind, kann es auch nach Sinn und Zweck der Vorschrift mehrere Runden geben, soweit keine Präklusionsgründe vorliegen (Gola/Eichler Rn. 17; Paal/Pauly/Körffer Rn. 8; aA Kühling/Buchner/Dix Rn. 17). Die vorgebrachten Argumente müssen sich also stets auf neue Aspekte des aktuellen Entwurfs beziehen, wo bei ein strenger Maßstab anzulegen ist (HK-DS-GVO/Peuker Rn. 25). Soweit die dadurch verlängerte Verfahrensdauer es notwendig erscheinen lässt, können auch zu diesem Verfahrensstadium einstweilige Maßnahmen nach Art. 66 getroffen werden (vgl. Abs. 11). Auch besteht die Möglichkeit, nach Art. 64 Abs. 2 eine Stellungnahme des Ausschusses einzuholen, falls die bei Angelegenheit von allgemeiner Geltung ist oder Auswirkungen in mehr als einem Mitgliedstaat hat (Gola/Eichler Rn. 17). Sind die wesentlichen Argumente jedoch ausgetauscht und ist ein Dissens nicht auszuräumen, sollte jedoch der Europäische Datenschutzausschuss befasst werden, um das Verfahren nicht unnötig in die Länge zu ziehen.

Legt hingegen keine Aufsichtsbehörde Einspruch ein, wird dies gem. Abs. 6 als Zustimmung **13** gewertet. Die betroffenen Aufsichtsbehörden sind dann an den Beschluss **gebunden.** Diese Vorschrift ist mit der Unabhängigkeit der Aufsichtsbehörden zu vereinbaren, da diese die Möglichkeit haben, zu widersprechen, sodass es sich in gewisser Weise um eine Selbstbindung handelt. Gegen ihren erklärten Willen können die Aufsichtsbehörden erst durch den Europäischen Datenschutzausschuss gebunden werden. Vor diesem Hintergrund besteht eine Bindungswirkung auch nicht gegenüber solchen Behörden, die nicht am One-Stop-Shop-Verfahren zu beteiligen waren (→ Rn. 13.1 f.).

Hat ein Mitgliedstaat wie Deutschland von der Möglichkeit nach Art. 51 Abs. 1 Gebrauch gemacht, **13.1** mehrere Aufsichtsbehörden einzurichten, tritt gem. Abs. 6 eine Bindungswirkung nur gegenüber denjenigen ein, die als federführende oder betroffene Behörde am Verfahren zu beteiligen waren. Mangels einer Öffnungsklausel kann der nationale Gesetzgeber die Bindungswirkung nicht auf andere als die nach den Kriterien der DS-GVO federführenden bzw. betroffenen Aufsichtsbehörden erstrecken (insofern fehlgehend: BT-Drs. 18/11325, 90). Dies würde zudem die primärrechtlich garantierte Unabhängigkeit der durch eine solche Regelung gebundenen Aufsichtsbehörden verletzen (Eichler/Nguyen, Informationsfreiheit und Informationsrecht, Jahrbuch 2017, 17 (23 ff.)).

Noch ungeklärt ist die Frage, ob die Bindungswirkung für solche Aufsichtsbehörden eintritt, bei denen **13.2** sich erst nach Abschluss des Verfahrens herausstellt, dass sie eigentlich hätten als betroffene Behörde an dem Verfahren beteiligt werden müssen. Gegen eine solche Bindungswirkung spricht, dass die unabhängigen Aufsichtsbehörden nicht verpflichtet werden sollten, ohne dass diese die Möglichkeit, hatten in dem Verfahren Einspruch einzulegen (→ Rn. 13). Auf der anderen Seite bestünde so die Möglichkeit, dass Aufsichtsbehörden der Bindungswirkung entgehen könnten, indem sie stets ihre Betroffenheit bestreiten bzw. sich bei den entsprechenden Verfahren nicht als betroffene Aufsichtsbehörde melden. Im Ergebnis wird es darauf ankommen, ob die der Betroffenheit zugrundeliegenden Tatsachen rechtzeitig bekannt waren. Sollte dies nicht der Fall sein, kann eine unabhängige Aufsichtsbehörde kaum gegen ihren Willen und ihr Wissen verpflichtet werden. Hat die Behörde dagegen schlichtweg versäumt, ihre Betroffenheit zu prüfen und zu erklären, muss ihr das zugerechnet werden, sodass die Bindungswirkung eintritt.

Da es sich bei dem Beschluss der federführenden Behörde um einen Akt des jeweiligen nationa- **14** len Rechts handelt, ist dieser für die betroffenen Aufsichtsbehörden in der Regel nicht gerichtlich überprüfbar. Rechtsbehelfe stehen lediglich dem adressierten Unternehmen aus nationalem Recht bzw. aus Art. 78 Abs. 3 zur Verfügung (vgl. auch Erwägungsgrund 143). Nicht geklärt ist, ob und unter welchen Voraussetzungen der Beschluss von den Aufsichtsbehörden wieder **zurückgenommen** werden kann (Gola/Eichler Rn. 18). Diese Frage kann jedenfalls nicht allein nach nationalem Recht beurteilt werden, da ansonsten die Beteiligungsrechte der betroffenen Behörden umgangen würden. Vielmehr müssen nach dem actus-contrarius-Gedanken bei einer Rücknahme bzw. einem Widerruf des Beschlusses sämtliche betroffene Behörden erneut beteiligt werden.

D. Umsetzung der Entscheidung (Abs. 7–10)

Auch bei der Umsetzung der gemeinsamen Entscheidungen spielt die federführende Behörde **15** gem. Abs. 7 S. 1 die wichtigste Rolle. Ihre Aufgabe ist es, den Beschluss zu erlassen und dem verarbeitenden Unternehmen zuzustellen. Dieses Verfahren richtet sich nach **nationalem Verfahrensrecht.** In Deutschland würde die zuständige Aufsichtsbehörde in der Regel einen Verwaltungsakt iSd § 35 VwVfG erlassen. Es sind allerdings die Mindestanforderungen des Erwägungsgrunds 129 zu beachten. Danach sollte der Beschluss schriftlich erlassen werden, klar, eindeutig und von der Behördenleitung oder einer bevollmächtigten Person unterschrieben sein. Des

DS-GVO Artikel 60 — Kapitel VII. Zusammenarbeit und Kohärenz

Weiteren sollte der Beschluss die ausstellende Behörde, das Datum, eine Begründung und eine Rechtsbehelfsbelehrung enthalten. Die federführende Behörde informiert außerdem alle betroffenen Behörden. Darüber hinaus geht ein Bericht an den Europäischen Datenschutzausschuss, der den Beschluss sowie eine Zusammenfassung der maßgeblichen Fakten und Gründe enthält.

16 Sollte das Verfahren auf einer Beschwerde nach Art. 77 beruhen, wird dieser gem. Abs. 7 S. 2 von der Behörde **unterrichtet,** bei der er sich beschwert hat. Dies gilt auch dann, wenn die beteiligten Aufsichtsbehörden zu der Auffassung gekommen sind, dass die Beschwerde unbegründet ist und kein Beschluss gegenüber Unternehmen getroffen wird (Abs. 8). In diesem Fall unterrichtet Beschwerdebehörde auch das verarbeitende Unternehmen. Dieser Kommunikationsweg stellt nicht nur einen Bruch mit dem One-Stop-Shop-Prinzip dar, er ist auch aufgrund sprachlicher Barrieren sehr unpraktisch. Es steht der Beschwerdebehörde jedoch frei, informell oder im Rahmen der Amtshilfe nach Art. 61 die federführende Behörde zu bitten, das Unternehmen zu informieren. Gibt es mehrere Beschwerdeführende in unterschiedlichen Mitgliedstaaten oder hat dieselbe betroffene Person in unterschiedlichen Mitgliedstaaten eine Beschwerde eingelegt, so sind die jeweiligen betroffenen Behörden für die Unterrichtung der betroffenen Person zuständig (Paal/Pauly/Körffer Rn. 10). Sollte die federführende Behörde die Angelegenheit von Amts wegen aufgegriffen haben, entfällt diese Pflicht.

17 Wie umfassend die Information **inhaltlich** erfolgen muss, ist umstritten. Teilweise wird davon ausgegangen, dass die oder der Betroffene eine Kopie des Beschlusses der federführenden Aufsichtsbehörde erhält. Dies lässt sich dem Wortlaut der Vorschrift allerdings nicht zwingend entnehmen. Vielmehr sollte auf Betriebs- und Geschäftsgeheimnisse des adressierten Unternehmens Rücksicht genommen werden (Paal/Pauly/Körffer Rn. 10), gerade wenn der Beschluss sicherheitsrelevante Informationen enthält. Auch aus Rechtsschutzgründen ist es nicht erforderlich, den Betroffenen eine Kopie zur Verfügung zu stellen, da sie zwar von der Aufsichtsbehörde informiert werden müssen (vgl. Art. 77 Abs. 2, Art. 78 Abs. 2), aber grundsätzlich nicht das Recht haben, den an das Unternehmen adressierten Beschluss anzufechten (aA Ehmann/Selmayr/Klabunde Rn. 18). Daher genügt es im Ergebnis, wenn die betroffene Person eine Zusammenfassung des Sachverhalts, der rechtlichen Würdigung und der getroffenen Maßnahme erhält (Kühling/Buchner/Dix Rn. 22).

18 Abs. 9 regelt die Verfahrensweise für den Fall, dass eine Beschwerde nur **zum Teil** erfolgreich war. Soweit aufgrund einer Beschwerde ein Beschluss gegen das Verarbeitende Unternehmen erlassen wird, ist dafür die federführende Behörde zuständig. Die Unterrichtung der Betroffenen über den teilweisen Erfolg der Beschwerden erfolgt durch diejenige Behörde, bei welcher sich die Betroffenen beschwert haben.

19 Abs. 10 verpflichtet in erster Linie das von dem Beschluss adressierte Unternehmen, alle erforderlichen Maßnahmen zu ergreifen und diesen in all seinen Niederlassungen innerhalb der EU umzusetzen. Diese Verpflichtung ist lediglich **deklaratorisch,** da datenverarbeitende Unternehmen stets verpflichtet sind, die Beschlüsse der zuständigen Aufsichtsbehörde umzusetzen (Paal/Pauly/Körffer Rn. 11; Kühling/Buchner/Dix Rn. 27). Bei dem Erlass des Beschlusses handelt es sich in der Regel um eine Ausübung einer **Abhilfebefugnis** nach Art. 58 Abs. 2 (→ Rn. 19.1). Dementsprechend kann bei Nichtbefolgung gem. Art. 83 Abs. 6 ein Bußgeld verhängt werden (aA HK-DS-GVO/Peuker Rn. 36). Das adressierte Unternehmen hat darüber hinaus die federführende Aufsichtsbehörde über die getroffenen Maßnahmen zu informieren. Diese informiert wiederum die betroffenen Aufsichtsbehörden (→ Rn. 19.1).

19.1 Ein Verfahren nach Art. 60, welches auf einer Beschwerde nach Art. 77 beruht, endet grundsätzlich mit einem Beschluss, der entweder eine Abhilfebefugnis nach Art. 58 Abs. 2 oder die Feststellung enthält, dass mit angemessenem Aufwand kein Datenschutzverstoß festgestellt werden konnte. Lediglich in Bagatellfällen, die ohnehin nicht für internationale Verfahren geeignet sind (vgl. Erwägungsgrund 135 S. 2), kann ein Verfahren auch ohne Abhilfemaßnahme abgeschlossen werden. Dies ergibt sich schon aus Art. 77 Abs. 2 und Art. 78 Abs. 2, nach welchem die betroffene Person einen einklagbaren Anspruch hat, dass die Behörde einen angemessenen Ermittlungsaufwand betreibt und sie über das Ergebnis des Verfahrens informiert (→ Art. 77 Rn. 13 ff.). Insbesondere die Untersuchungsbefugnisse nach Art. 58 Abs. 1 sind für einen Verfahrensabschluss ungeeignet, da diese ausschließlich dazu dienen, den Sachverhalt in tatsächlicher und rechtlicher Hinsicht zu ermitteln und aufzuklären (Ehmann/Selmayr/Selmayr Art. 58 Rn. 11; → Art. 58 Rn. 2) Dazu gehört auch die Hinweisbefugnis nach Art. 58 Abs. 1 lit. d, da diese bei einem nicht abschließend feststehenden Verstoß ausgeübt werden kann (Ehmann/Selmayr/Selmayr Art. 58 Rn. 15). Im Verfahren nach Art. 60 sind jedoch in der Regel keine Zwischenschritte abzustimmen, sondern lediglich das Ergebnis, da ansonsten dieses Verfahren überfrachtet werden würde. Die Ermittlungen sind in erster Linie Sache der federführenden Behörde. Sollten ihre Möglichkeiten nicht ausreichen, kann sie sich der Amtshilfe bedienen (→ Art. 61 Rn. 6).

E. Gerichtlicher Rechtschutz

Gerichtlich noch nicht geklärt ist, welche Rechtsfolgen eine fälschlicherweise unterbliebene 20 oder fehlerhaft durchgeführtes Abstimmungsverfahren nach Art. 60 für die gerichtliche Anfechtbarkeit des Rechtsaktes der federführenden Behörde gegenüber dem Adressaten hat. Da sich diese nach nationalem Recht richtet, ist diese für die betroffenen Behörden jedenfalls nicht unmittelbar angreifbar. Das adressierte Unternehmen hingegen könnte sehr wohl die im nationalen Recht zur Verfügung stehenden Rechtsbehelfe wahrnehmen und ggf. einen Formfehler rügen, wenn das Verfahren nach Art. 60 nicht korrekt durchgeführt wurde. In Deutschland wäre ein so zustande gekommener Verwaltungsakt nicht nichtig (§ 44 Abs. 3 Nr. 4 VwVfG). Er könnte durch die Nachholung des Kooperationsverfahrens nach Art. 60 gem. § 45 Abs. 1 Nr. 5 VwVfG **geheilt** werden. Diese kann allerdings gem. Art. 46 VwVfG unterbleiben, wenn offensichtlich ist, dass die Verletzung die Entscheidung in der Sache nicht beeinflusst hat. Verkennt allerdings die Erlassbehörde, dass eigentlich eine andere Behörde federführend und damit für den Erlass des Verwaltungsaktes zuständig ist, kann dies sogar zur **Nichtigkeit des Verwaltungsaktes** führen (vgl. § 44 Abs. 2 Nr. 3 VwVfG). Im Bußgeldverfahren existieren keine entsprechenden Vorschriften. Allerdings steht es der federführenden Behörde offen, dass Verfahren nachzuholen und einen formfehlerfreien neuen Bußgeldbescheid zu erlassen.

F. Dringlichkeitsverfahren (Abs. 11)

Für den Fall, dass im Laufe des Verfahrens zum Schutz der Interessen betroffener Personen 21 dringender Handlungsbedarf besteht, sieht Art. 60 Abs. 11 vor, dass eine betroffene Behörde ein Dringlichkeitsverfahren nach Art. 66 einleiten kann. Danach kann die betroffene Behörde nach Art. 66 Abs. 1 Maßnahmen auf eigenem Hoheitsgebiet treffen, was sich insbesondere dann anbietet, wenn das Unternehmen eine entsprechende Niederlassung unterhält, an die die betroffene Behörde eine Maßnahme adressieren könnte. Besteht eine Niederlassung im eigenen Hoheitsgebiet nicht, sind Dringlichkeitsmaßnahmen trotzdem möglich. In diesem Fall können diese an die Hauptniederlassung gerichtet werden (EuGH Urt. v. 15.6.2021 – C-645/19 Rn. 85ff. – Facebook/Gegevensbeschermingsautoriteit = NJW 2021, 2495ff. mAnm Piltz NJW 2021, 2504), wobei die betroffene Behörde dann regelmäßig im Rahmen der Vollstreckung auf Amtshilfe angewiesen ist. Auch in diesem Fall muss die Maßnahme auf das Hoheitsgebiet der betroffenen Behörde beschränkt werden. Ansonsten besteht nur nach Art. 66 Abs. 3 die Möglichkeit, den EDSA zu befassen. Allerdings sind die Voraussetzungen dafür sehr hoch (→ Art. 66 Rn. 7). Obwohl das Urteil in der Literatur mit einiger Euphorie aufgenommen wurde (vgl. zB Truiken IWRZ 2021, 226 (229); Blasek ZD 2021, 570 (579); Berg/Varga IR 2021, 208 (209); Gehrhold NVwZ 2021, 1125 (1135)) ist es aus den genannten Gründen im Ergebnis nicht geeignet, die Stellung der betroffenen Aufsichtsbehörden maßgeblich zu stärken. Hier hat es sogar der Gesetzgeber versäumt, eine **Befassungsmöglichkeit des EDSA** für diejenigen Fälle vorzusehen, in denen zwar kein akuter dringender Handlungsbedarf besteht, aber dennoch eine Befassung des EDSA geboten erscheint, zB weil die federführende Behörde über einen längeren Zeitraum untätig bleibt. Eine Befassung des EDSA ist derzeit nur auf dem Umweg über Art. 64 Abs. 2 möglich (→ Rn. 2.1).

Artikel 61 Gegenseitige Amtshilfe

(1) ¹Die Aufsichtsbehörden übermitteln einander maßgebliche Informationen und gewähren einander Amtshilfe, um diese Verordnung einheitlich durchzuführen und anzuwenden, und treffen Vorkehrungen für eine wirksame Zusammenarbeit. ²Die Amtshilfe bezieht sich insbesondere auf Auskunftsersuchen und aufsichtsbezogene Maßnahmen, beispielsweise Ersuchen um vorherige Genehmigungen und eine vorherige Konsultation, um Vornahme von Nachprüfungen und Untersuchungen.

(2) ¹Jede Aufsichtsbehörde ergreift alle geeigneten Maßnahmen, um einem Ersuchen einer anderen Aufsichtsbehörde unverzüglich und spätestens innerhalb eines Monats nach Eingang des Ersuchens nachzukommen. ²Dazu kann insbesondere auch die Übermittlung maßgeblicher Informationen über die Durchführung einer Untersuchung gehören.

(3) ¹Amtshilfeersuchen enthalten alle erforderlichen Informationen, einschließlich Zweck und Begründung des Ersuchens. ²Die übermittelten Informationen werden ausschließlich für den Zweck verwendet, für den sie angefordert wurden.

DS-GVO Artikel 61

(4) Die ersuchte Aufsichtsbehörde lehnt das Ersuchen nur ab, wenn
a) sie für den Gegenstand des Ersuchens oder für die Maßnahmen, die sie durchführen soll, nicht zuständig ist oder
b) ein Eingehen auf das Ersuchen gegen diese Verordnung verstoßen würde oder gegen das Unionsrecht oder das Recht der Mitgliedstaaten, dem die Aufsichtsbehörde, bei der das Ersuchen eingeht, unterliegt.

(5) ¹Die ersuchte Aufsichtsbehörde informiert die ersuchende Aufsichtsbehörde über die Ergebnisse oder gegebenenfalls über den Fortgang der Maßnahmen, die getroffen wurden, um dem Ersuchen nachzukommen. ²Die ersuchte Aufsichtsbehörde erläutert gemäß Absatz 4 die Gründe für die Ablehnung des Ersuchens.

(6) Die ersuchten Aufsichtsbehörden übermitteln die Informationen, um die von einer anderen Aufsichtsbehörde ersucht wurde, in der Regel auf elektronischem Wege unter Verwendung eines standardisierten Formats.

(7) ¹Ersuchte Aufsichtsbehörden verlangen für Maßnahmen, die sie aufgrund eines Amtshilfeersuchens getroffen haben, keine Gebühren. ²Die Aufsichtsbehörden können untereinander Regeln vereinbaren, um einander in Ausnahmefällen besondere aufgrund der Amtshilfe entstandene Ausgaben zu erstatten.

(8) ¹Erteilt eine ersuchte Aufsichtsbehörde nicht binnen eines Monats nach Eingang des Ersuchens einer anderen Aufsichtsbehörde die Informationen gemäß Absatz 5, so kann die ersuchende Aufsichtsbehörde eine einstweilige Maßnahme im Hoheitsgebiet ihres Mitgliedstaats gemäß Artikel 55 Absatz 1 ergreifen. ²In diesem Fall wird von einem dringenden Handlungsbedarf gemäß Artikel 66 Absatz 1 ausgegangen, der einen im Dringlichkeitsverfahren angenommenen verbindlichen Beschluss des Ausschuss gemäß Artikel 66 Absatz 2 erforderlich macht.

(9) ¹Die Kommission kann im Wege von Durchführungsrechtsakten Form und Verfahren der Amtshilfe nach diesem Artikel und die Ausgestaltung des elektronischen Informationsaustauschs zwischen den Aufsichtsbehörden sowie zwischen den Aufsichtsbehörden und dem Ausschuss, insbesondere das in Absatz 6 des vorliegenden Artikels genannte standardisierte Format, festlegen. ²Diese Durchführungsrechtsakte werden gemäß dem in Artikel 93 Absatz 2 genannten Prüfverfahren erlassen.

Überblick

Nach Art. 61 können Datenschutzbehörden andere europäische Aufsichtsbehörden um Amtshilfe ersuchen, um eine einheitliche Durchführung der DS-GVO zu gewährleisten (→ Rn. 4). Die ersuchte Behörde ist grundsätzlich verpflichtet, solchen Amtshilfeersuchen nachzukommen und die begehrten Maßnahmen durchzuführen bzw. die jeweiligen Informationen zu übermitteln (→ Rn. 7). Amtshilfeersuchen können nur unter engen Voraussetzungen abgelehnt werden (→ Rn. 11). Die anfallenden Kosten werden grundsätzlich der ersuchten Behörde nicht erstattet (→ Rn. 16).

A. Allgemeines

1   Die Amtshilfe ist neben der gemeinsamen Maßnahme nach Art. 62 eines von zwei konkreten Instrumenten, die die DS-GVO für die **Zusammenarbeit** der Aufsichtsbehörden vorsieht. Die Aufsichtsbehörden sind allerdings nicht auf diese Instrumente beschränkt (Kühling/Buchner/Dix Art. 60 Rn. 6), sondern auch darüber hinaus zum Informationsaustausch und zur Zusammenarbeit verpflichtet (vgl. Art. 57 Abs. 1 lit. g, Erwägungsgrund 123, S. 2). Von dem aufsichtsbehördlichen Verfahren nach Art. 60 unterscheidet sich die gemeinsame Maßnahme dadurch, dass ihre Ergreifung im Ermessen der jeweiligen Aufsichtsbehörde liegt. Ob eine Aufsichtsbehörde ein Amtshilfeersuchen stellt, richtet sich in erster Linie danach, ob die Maßnahme in dem jeweiligen Einzelfall als zweckdienlich erachtet wird.

2   Neben der eigentlichen Durchführung von Amtshilfeverfahren verpflichtet Abs. 1 S. 1 die Aufsichtsbehörden auch dazu, **Vorfeldmaßnahmen** zu treffen, die eine Bearbeitung von Amtshilfeersuchen ermöglichen sollen (Auernhammer/Lachmayer Rn. 3). Dazu gehört in erster Linie, die notwendigen Ressourcen bereitzuhalten, die insbesondere in entsprechend geschultem Personal, aber auch in der nötigen Infrastruktur bestehen, um auf Ersuchen innerhalb der vorgesehenen Fristen reagieren zu können (Gola/Eichler Rn. 3; HK-DS-GVO/Peuker Rn. 17 f.).

Bereits nach Art. 28 Abs. 6 UAbs. 2 der vorherigen DS-RL bestand eine allgemeine Verpflichtung zur Zusammenarbeit. Diese war allerdings wenig ausdifferenziert (→ BDSG EUDatenschutzrichtlinie Rn. 146). Anders als Art. 61 enthielt sie insbesondere keine **konkrete Verpflichtung zur Amtshilfe**. Art. 61 gilt unmittelbar, sodass nicht auf die allgemeinen Vorschriften zur Amtshilfe im Rahmen der europäischen Verwaltungszusammenarbeit (vgl. § 8a VwVfG) zurückgegriffen werden muss, um seine Anwendbarkeit zu begründen. 3

B. Anwendungsbereich (Abs. 1)

I. Adressierte Behörden

Grundsätzlich kann sich **jede europäische Datenschutzaufsichtsbehörde** sowohl der Amtshilfe bedienen als auch zu ihr verpflichtet werden. In Deutschland gilt dies auch für die Datenschutzbehörden der Länder, die unmittelbar durch die DS-GVO berechtigt und verpflichtet werden (Kühling/Buchner/Dix Rn. 6). In letzter Konsequenz bedeutet dies, dass sich auch die deutschen Aufsichtsbehörden untereinander der Amtshilfe nach Art. 61 DS-GVO bedienen können. Die in Erwägungsgrund 119 erwähnte Zentrale Anlaufstelle, die in Mitgliedstaaten mit mehreren Aufsichtsbehörden eingerichtet werden soll, ist hingegen keine Normadressatin. Ohnehin sieht Erwägungsgrund 119 für diese lediglich Aufgaben im Rahmen des Kohärenzverfahrens vor. Soweit sie dennoch im Rahmen von Amtshilfeersuchen Aufgaben übernehmen soll, müssen sich diese auf freiwillige Unterstützungsangebote an die zuständigen Aufsichtsbehörden beschränken, um die primärrechtlich garantierte Unabhängigkeit der Aufsichtsbehörden nicht zu verletzen (BT-Drs. 18/11325). Aus demselben Grund darf im nationalen Recht keine Rechtspflicht vorgesehen werden, einen gemeinsamer Standpunkt durch Aufsichtsbehörden zu bilden, für die die Kriterien der Amtshilfe nicht zutreffen (Eichler/Nguyen, Informationsfreiheit und Informationsrecht, Jahrbuch 2017, 17 (23); zur Parallelproblematik bei Art. 60 → Art. 60 Rn. 4). Außereuropäische Aufsichtsbehörden können sich nicht auf Art. 61 berufen. Für die internationale Zusammenarbeit gilt Art. 50. Die Amtshilfe ist ein typisches Instrument der federführenden Behörde (vgl. Art. 60 Abs. 2). Sie kann allerdings genauso von jeder anderen Aufsichtsbehörde in jedem Verfahrensstadium für die Erfüllung ihrer Aufgaben nach der DS-GVO genutzt werden (Auernhammer/Lachmayer Rn. 1). So kann auch umgekehrt die betroffene die federführende Behörde im Rahmen der Amtshilfe zB bitten, den Verantwortlichen bzw. der Auftragsverarbeiter gem. Art. 60 Abs. 8 DS-GVO zu unterrichten (→ Art. 60 Rn. 16). 4

II. Sachlicher Anwendungsbereich

Anders als iRv Art. 60 muss das Verfahren nicht unbedingt eine grenzüberschreitende Datenverarbeitung zum Gegenstand haben (Kühling/Buchner/Dix Rn. 7). Ziel ist vielmehr die einheitliche Durchführung der DS-GVO, sodass um Amtshilfe auch dann ersucht werden kann, wenn es darum geht, vergleichbare nationale Sachverhalte in verschiedenen Mitgliedstaaten gleich zu behandeln. Angesichts des hohen Aufwandes für die ersuchte Behörde sind die Aufsichtsbehörden aber angehalten, zunächst ihre eigenen Möglichkeiten und Befugnisse **auszuschöpfen**, bevor eine andere Behörde um Amtshilfe ersucht wird. Zudem sollte geprüft werden, ob die begehrte Maßnahme auch im Rahmen der allgemeinen Zusammenarbeit nach Art. 57 Abs. 1 lit. g, Erwägungsgrund 123 getroffen werden kann, bevor ein förmliches Amtshilfeverfahren eingeleitet wird. Abzugrenzen ist die formelle Amtshilfe nach Art. 61 (Mutual Assistance) in diesem Zusammenhang mit informellen Auskunftsersuchen zwischen den Aufsichtsbehörden (Voluntary Mutual Assistance). Letztere stellt ein Instrument der allgemeinen Zusammenarbeit nach Art. 57 Abs. 1 lit. g, Erwägungsgrund 123 dar und zieht keine unmittelbare Rechtsfolge nach sich, falls eine Behörde diesem nicht nachkommt. Bleiben aber solche Maßnahmen erfolglos, sollte die formelle Amtshilfe nach Art. 61 bemüht werden, die die ersuchte Behörde verpflichtet (→ Rn. 7 f.). 5

S. 2 nennt typische Anwendungsfälle, die aber **nicht abschließend** aufgezählt werden. Danach können die Aufsichtsbehörden sich insbesondere gegenseitig um Auskünfte ersuchen, was auch in der Praxis der bei weitem den häufigsten Fall einer Amtshilfe darstellt. Darüber hinaus kann die Amtshilfe bei aufsichtsbezogenen Maßnahmen bemüht werden, womit in erster Linie die Ausübung von Untersuchungs- und Abhilfe- als auch Genehmigungsbefugnissen in Betracht (Paal/Pauly/Körffer Rn. 3). Mit letzterer sind insbesondere Verfahren nach Art. 36 gemeint, welche vorsehen, dass die Aufsichtsbehörde vor besonders risikobehafteten Verarbeitungen konsultiert bzw. um eine Genehmigung ersucht wird, soweit dies das mitgliedstaatliche Recht vorsieht (→ Art. 36 Rn. 28). 6

Als weiteres Beispiel nennt S. 2 die Vornahme von Nachprüfungen und Untersuchungen, womit die Ausübung von Befugnissen nach Art. 58 Abs. 1 lit. b gemeint ist. Darüber hinaus sind weitere Fälle denkbar; zB sind die Aufsichtsbehörden auch im Rahmen von Beratungsaufgaben verpflichtet, ggf. mit anderen europäischen Aufsichtsbehörden zusammenzuarbeiten (vgl. Art. 57 Abs. 1 lit. e). Auch können Amtshilfeersuchen dazu dienen, die Hauptniederlassung eines Unternehmens zu ermitteln, um die federführende Behörde zu bestimmen (Gola/Eichler Rn. 4). Keine Anwendungsfälle sind hingegen die Verhängung von Bußgeldern und die zwangsweise Durchsetzung von Maßnahmen im Rahmen der Verwaltungsvollstreckung (Kühling/Buchner/Dix Rn. 10).

C. Verpflichtung zur fristgerechten Erledigung (Abs. 2)

7   Die ersuchte Aufsichtsbehörde soll die erforderlichen Maßnahmen gem. Abs. 2 **unverzüglich**, zumindest aber innerhalb eines Monats treffen. Bei der Auslegung des Begriffs „unverzüglich" wird zu berücksichtigen sein, welche Ressourcen der jeweiligen Aufsichtsbehörde zur Verfügung stehen und welche anderen – unter Umständen dringenderen – Aufgaben sie zum Zeitpunkt des Ersuchens nachzugehen hat. Die Monatsfrist darf jedoch grundsätzlich nicht überschritten werden. Dies gilt zumindest soweit es um Informationen geht, die der ersuchten Aufsichtsbehörde bereits vorliegen, wie sich aus S. 2 ableiten lässt. Müssen im Rahmen der Amtshilfeersuchens Auskünfte von Dritten eingeholt oder andere Maßnahmen an Dritte gerichtet werden, ist die Monatsfrist kaum zu halten, insbesondere wenn die ersuchten Maßnahmen mit Verwaltungszwang durchgesetzt werden müssen oder gegen sie Rechtsbehelfe statthaft sind (Paal/Pauly/Körffer Rn. 4). Die Frist **beginnt**, wenn bei der ersuchten Behörde alle nach Abs. 3 erforderlichen Informationen eingegangen sind (Gola/Eichler Rn. 6; Paal/Pauly/Körffer Rn. 5).

8   Wird die Monatsfrist nicht eingehalten, kann die ersuchende Behörde in ihrem Hoheitsgebiet ohne Weiteres **einstweilige Maßnahmen** nach Art. 66 treffen (Abs. 8). In der Folge fasst der Europäische Datenschutzausschuss einen verbindlichen Beschluss (ausf. dazu Kühling/Buchner/Dix Rn. 20 f.; Auernhammer/Lachmayer Rn. 11 f.). Darüber hinaus kann jede Aufsichtsbehörde, der Vorsitz des Europäischen Datenschutzausschusses und die Europäische Kommission gem. Art. 64 Abs. 2 eine Stellungnahme des Europäischen Datenschutzausschusses beantragen, wenn eine zuständige Aufsichtsbehörde den Verpflichtungen zur Amtshilfe gem. Art. 61 nicht nachkommt (→ Rn. 11).

D. Zweckbindung (Abs. 3)

9   Amtshilfeersuchen enthalten gem. Abs. 3 alle **erforderlichen** Informationen, einschließlich Zweck und Begründung des Ersuchens. Die Angabe des Zwecks hat nicht nur informativen Charakter, sondern bestimmt gleichzeitig den Umfang der zulässigen Verwendung der erhaltenen Informationen (vgl. S. 2). Teilweise wird diese **Zweckbindung** eng ausgelegt (Paal/Pauly/Körffer Rn. 6). Ein zu enges Verständnis hat jedoch die Konsequenz, dass die ausgetauschten Informationen nur für das konkrete Verfahren verwendet werden dürfen, innerhalb welchem der Informationsaustausch veranlasst wurde. Für eine weitere Auslegung spricht, dass der ersuchenden Behörde angesichts ihres gesetzlichen Auftrags, die Anwendung der DS-GVO zu überwachen und durchzusetzen (Art. 57 Abs. 1 lit. a), nicht zugemutet werden kann, sehenden Auges Anhaltspunkte für weitere Datenschutzverstöße zu ignorieren. Demnach kann der Zweck auch allgemein in der Ausübung der Datenschutzaufsicht gesehen werden (Gola/Eichler Rn. 8; Kühling/Buchner/Dix Rn. 12).

10 Das Zweckbindungsgebot gilt ausschließlich für die **ersuchende Behörde** (aA Paal/Pauly/Körffer Rn. 6; Kühling/Buchner/Dix Rn. 12), da S. 2 ausdrücklich von Informationen spricht, die „angefordert" wurden. Der ersuchten Behörde steht es frei, auf Grundlage der im Rahmen von Amtshilfeersuchen erhaltenen Informationen, eigene Ermittlungen von Amts wegen anzustellen. In diesem Fall gilt nichts anderes als bei entsprechenden Hinweisen aus der Bevölkerung oder der Presse. Ob Abs. 3 eine Rechtsgrundlage für die Übermittlung **personenbezogener Daten** darstellt, ist zweifelhaft. Jedenfalls kann insoweit auf Art. 6 Abs. 1 lit. e abgestellt werden (Kühling/Buchner/Dix Rn. 8). Da diese Vorschrift selbst keine eigenständige Rechtsgrundlage darstellt, sondern einer einfachgesetzlichen Ausformung bedarf, muss für die BfDI zusätzlich § 3 BDSG bzw. § 40 Abs. 3 S. 1 BDSG für die Aufsichtsbehörden der Ländern herangezogen werden (→ Art. 60 Rn. 6). Dies ist im Hinblick auf die Übermittlung nach Art. 9 Abs. 1 besonders geschützten Daten nicht unproblematisch (zur Parallelproblematik bei Art. 60 (→ Art. 60 Rn. 6.1).

E. Ablehnung der Amtshilfe (Abs. 4)

Ein Amtshilfeersuchen kann **ausschließlich** aus den in Abs. 4 genannten Gründen abgelehnt 11 werden. Ist zwischen den Beteiligten streitig, ob ein Fall des Abs. 4 vorliegt, kann eine Stellungnahme des Europäischen Datenschutzausschuss nach Art. 64 Abs. 2 eingeholt werden. Dasselbe gilt, falls eine Behörde ohne Begründung einem Amtshilfeersuchen nicht nachkommt (→ Rn. 8). Dies stellt ein Paradebeispiel einer Angelegenheit mit Auswirkungen in mehr als einem Mitgliedstaat iSd Art. 64 Abs. 2 dar. Ignoriert eine ersuchte Behörde die Stellungnahme des Europäischen Datenschutzausschusses, kann im Rahmen des Streitbeilegungsverfahrens nach Art. 65 Abs. 1 lit. c ein verbindlicher Beschluss gefasst werden (Gola/Eichler Art. 65 Rn. 6; Ehmann/Selmayr/Klabunde Art. 65 Rn. 11).

Ein Ablehnungsgrund besteht gem. Abs. 4 lit. a in der **Unzuständigkeit der ersuchten** 12 Behörde. Diese ergibt sich im Wesentlichen aus Art. 55 und liegt zB dann vor, wenn die ersuchte Behörde Maßnahmen außerhalb des Hoheitsgebiets ihres Mitgliedstaats treffen soll. Bei Mitgliedstaaten mit mehreren Aufsichtsbehörden muss bei Unzuständigkeit nach innerstaatlichem Recht an die zuständige Aufsichtsbehörde verwiesen werden. Ist hingegen die **ersuchende Behörde** für die Bearbeitung des zugrundeliegenden Falls nicht zuständig, liegt dagegen ein Fall von Abs. 4 lit. b vor, da ein Verstoß gegen Art. 55, 56 besteht (→ Rn. 12.1).

Beispiel: Ein Unternehmen unterhält eine einzige Niederlassung in Mitgliedstaat A. Das Unternehmen 12.1 ist allerdings ausschließlich auf dem Markt im Nachbarland B tätig und verarbeitet in diesem Zusammenhang Kundendaten. Die Aufsichtsbehörde in Mitgliedstaat B erhält eine Beschwerde nach Art. 77 DS-GVO. Da die Voraussetzungen der Art. 56 iVm Art. 4 Nr. 23 nicht erfüllt sind, kann die Aufsichtsbehörde in Mitgliedstaat B kein Verfahren nach Art. 60 einleiten. Da sie auch nach Art. 55 nicht zuständig ist, kann sie die Behörde in Mitgliedstaat A auch nicht im Verfahren nach Art. 61 um Amtshilfe ersuchen. Sie kann lediglich im Rahmen der allgemeinen Kooperations- und Zusammenarbeitspflichten (Art. 57 Abs. 1 lit. g, Erwägungsgrund 123) die Behörde in Mitgliedstaat A um die Bearbeitung des Falles bitten oder die betroffene Person auf ihre Unzuständigkeit und auf die Möglichkeit hinweisen, sich direkt in Mitgliedstaat A zu beschweren. Ob dies so intendiert war, ist zweifelhaft. Vielmehr ist hier von einer Regelungslücke auszugehen.

Gemäß Abs. 4 lit. b werden Amtshilfeersuchen abgelehnt, wenn sie gegen die DS-GVO oder 13 anderes europäisches oder **mitgliedstaatliches Recht verstoßen.** Wie bei jeglicher sonstigen Tätigkeit sind die Aufsichtsbehörden an das einschlägige EU-Recht gebunden, sodass dieser Hinweis insoweit lediglich deklaratorischer Natur sein kann. Mitgliedstaatliches Recht kann nach Abs. 4 lit. b ebenfalls eine Ablehnung begründen, da sich die Ausübung der Befugnisse der Aufsichtsbehörden gem. Art. 58 Abs. 4 auch nach nationalem Verfahrensrecht richtet und daher zwischen den Mitgliedstaaten variieren kann (Albrecht/Jotzo Das neue DatenschutzR Teil 7 Rn. 8). Dies betrifft insbesondere das Zugangsrecht zu Räumen nach Art. 58 Abs. 1 lit. f., für die in einigen Mitgliedstaaten besonders hohe verfahrensrechtliche Hürden bestehen (Erwägungsgrund 129 S. 6). Daher ist es denkbar, dass eine Behörde zB ein Amtshilfeersuchen ablehnt, was auf die Durchführung einer Betriebsprüfung gerichtet ist, da die verfahrensrechtlichen Voraussetzungen für eine Betretung nicht vorliegen. Mitgliedstaatliche Vorschriften, die eine Ablehnung begründen könnten, müssen aufgrund des europarechtlichen Effektivitätsgrundsatzes (GHN/Mayer EUV Art. 19 Rn. 57 f. mwN) stets so ausgelegt werden, dass sie die effektive Durchsetzung der DS-GVO nicht unangemessen beeinträchtigen (im Ergebnis Kühling/Buchner/Dix Rn. 13, 24). Aus diesem Grund enthält Abs. 4 lit. b auch keinen Freibrief für mitgliedstaatliche Gesetzgebung unbegrenzt weitere Ablehnungsgründe im nationalen Recht zu schaffen (Auerhammer/Lachmayer Rn. 1; Kühling/Buchner/Dix Rn. 13, 24).

Inwieweit § 5 VwVfG eine Verweigerung der Amtshilfe begründen kann, ist umstritten. Teil- 14 weise wird vertreten, Abs. 4 lit. b gestatte es, auf sämtliche Ablehnungsgründe des § 5 VwVfG zurückzugreifen (Roßnagel/Hoffmann DS-GVO-HdB Rn. 314). Dies ist allerdings nur teilweise zutreffend, da § 5 VwVfG auch fakultative Ablehnungsgründe enthält. Nach Abs. 4 lit. b hingegen darf eine Amtshilfe nur dann abgelehnt werden, wenn dies das mitgliedstaatliche Recht **verbietet.** Solche Verbote sind lediglich in § 5 Abs. 2 VwVfG enthalten. Danach darf eine Amtshilfe nicht geleistet werden, wenn die Hilfeleistung dem Wohl des Bundes oder eines Landes erhebliche Nachteile bereiten würde oder wenn die ersuchte Behörde rechtlich dazu nicht in der Lage ist. Auf die fakultativen Ablehnungsgründe des § 5 Abs. 3 VwVfG (hoher Aufwand, Gefährdung eigener Aufgaben) kann dagegen nicht zurückgegriffen werden (Kühling/Buchner/Dix Rn. 13, 24). Dies entspricht auch der Systematik der Amtshilferegelung der DS-GVO, da diese die Ablehnung der Amtshilfe auch sonst nicht in das Ermessen der ersuchten Behörde stellt.

F. Übermittlung der Ergebnisse (Abs. 5–6)

15 Wird dem Amtshilfeersuchen entsprochen, teilt die ersuchte der ersuchenden Behörde gem. Abs. 5 die Ergebnisse mit, andernfalls die Gründe der Ablehnung. Verzögert sich die Bearbeitung des Amtshilfeersuchens, unterrichtet die ersuchte Behörde in einer Zwischennachricht über den Fortgang der Bemühungen. Beides erfolgt gem. Abs. 6 auf elektronischem Wege unter Verwendung eines **standardisierten Formats** (ausf. dazu Kühling/Buchner/Dix Rn. 17). Dieses kann sowohl vom Europäischen Datenschutzausschuss im Rahmen seiner Kompetenz nach Art. 70 Abs. 1 S. 2 lit. e als auch von der Kommission nach Abs. 9 mit einer Durchführungsverordnung festgelegt werden. Da hier der Kern des Verfahrens der aufsichtsbehördlichen Zusammenarbeit betroffen ist, ist davon auszugehen, dass die Kommission erst dann von ihren Befugnissen Gebrauch macht, wenn sich die Aufsichtsbehörden nicht rechtzeitig auf ein Format einigen (Gola/Eichler Rn. 14; Kühling/Buchner/Dix Rn. 22; aA Auernhammer/Lachmayer Rn. 13). Dasselbe gilt für die Festlegung von Form und Verfahren der Amtshilfe und die Ausgestaltung des elektronischen Informationsaustauschs zwischen den Aufsichtsbehörden sowie zwischen den Aufsichtsbehörden und dem Europäischen Datenschutzausschuss. Da sich die Aufsichtsbehörden darauf geeinigt haben, dass Binnenmarkt-Informationssystem IMI (Internal Market Information System) zu nutzen, welches die Anforderungen des Abs. 6 erfüllt, ist ein Tätigwerden der Kommission entbehrlich.

G. Kosten (Abs. 7)

16 Die Amtshilfe ist grundsätzlich unentgeltlich zu leisten (Abs. 7). Zwischen den Aufsichtsbehörden können allerdings Vereinbarungen getroffen werden, wie in Ausnahmefällen besondere Ausgaben erstattet werden, die durch die Amtshilfe entstanden sind. Dies ist sowohl generell als auch für den **Einzelfall** möglich (Paal/Pauly/Körffer Rn. 8). Eine ad hoc Vereinbarung bietet sich insbesondere an, wenn besonders aufwendige Maßnahmen getroffen werden müssen (Auernhammer/Lachmayer Rn. 10) oder finanzkräftige Aufsichtsbehörden kleinere um Amtshilfe ersuchen, obgleich alle Behörden gem. Art. 52 Abs. 4 mit den notwendigen Ressourcen ausgestattet werden müssen, um auf derartige Ersuchen zu reagieren (vgl. auch Erwägungsgrund 120). Rechtstechnisch handelt es sich dabei um eine Behördenübereinkunft, die ihren Geltungsgrund im europäischen Sekundärrecht hat (Auernhammer/Lachmayer Rn. 10).

Artikel 62 Gemeinsame Maßnahmen der Aufsichtsbehörden

(1) Die Aufsichtsbehörden führen gegebenenfalls gemeinsame Maßnahmen einschließlich gemeinsamer Untersuchungen und gemeinsamer Durchsetzungsmaßnahmen durch, an denen Mitglieder oder Bedienstete der Aufsichtsbehörden anderer Mitgliedstaaten teilnehmen.

(2) [1]Verfügt der Verantwortliche oder der Auftragsverarbeiter über Niederlassungen in mehreren Mitgliedstaaten oder werden die Verarbeitungsvorgänge voraussichtlich auf eine bedeutende Zahl betroffener Personen in mehr als einem Mitgliedstaat erhebliche Auswirkungen haben, ist die Aufsichtsbehörde jedes dieser Mitgliedstaaten berechtigt, an den gemeinsamen Maßnahmen teilzunehmen. [2]Die gemäß Artikel 56 Absatz 1 oder Absatz 4 zuständige Aufsichtsbehörde lädt die Aufsichtsbehörde jedes dieser Mitgliedstaaten zur Teilnahme an den gemeinsamen Maßnahmen ein und antwortet unverzüglich auf das Ersuchen einer Aufsichtsbehörde um Teilnahme.

(3) [1]Eine Aufsichtsbehörde kann gemäß dem Recht des Mitgliedstaats und mit Genehmigung der unterstützenden Aufsichtsbehörde den an den gemeinsamen Maßnahmen beteiligten Mitgliedern oder Bediensteten der unterstützenden Aufsichtsbehörde Befugnisse einschließlich Untersuchungsbefugnisse übertragen oder, soweit dies nach dem Recht des Mitgliedstaats der einladenden Aufsichtsbehörde zulässig ist, den Mitgliedern oder Bediensteten der unterstützenden Aufsichtsbehörde gestatten, ihre Untersuchungsbefugnisse nach dem Recht des Mitgliedstaats der unterstützenden Aufsichtsbehörde auszuüben. [2]Diese Untersuchungsbefugnisse können nur unter der Leitung und in Gegenwart der Mitglieder oder Bediensteten der einladenden Aufsichtsbehörde ausgeübt werden. [3]Die Mitglieder oder Bediensteten der unterstützenden Aufsichtsbehörde unterliegen dem Recht des Mitgliedstaats der einladenden Aufsichtsbehörde.

(4) Sind gemäß Absatz 1 Bedienstete einer unterstützenden Aufsichtsbehörde in einem anderen Mitgliedstaat im Einsatz, so übernimmt der Mitgliedstaat der einladenden Aufsichtsbehörde nach Maßgabe des Rechts des Mitgliedstaats, in dessen Hoheitsgebiet der Einsatz erfolgt, die Verantwortung für ihr Handeln, einschließlich der Haftung für alle von ihnen bei ihrem Einsatz verursachten Schäden.

(5) ¹Der Mitgliedstaat, in dessen Hoheitsgebiet der Schaden verursacht wurde, ersetzt diesen Schaden so, wie er ihn ersetzen müsste, wenn seine eigenen Bediensteten ihn verursacht hätten. ²Der Mitgliedstaat der unterstützenden Aufsichtsbehörde, deren Bedienstete im Hoheitsgebiet eines anderen Mitgliedstaats einer Person Schaden zugefügt haben, erstattet diesem anderen Mitgliedstaat den Gesamtbetrag des Schadenersatzes, den dieser an die Berechtigten geleistet hat.

(6) Unbeschadet der Ausübung seiner Rechte gegenüber Dritten und mit Ausnahme des Absatzes 5 verzichtet jeder Mitgliedstaat in dem Fall des Absatzes 1 darauf, den in Absatz 4 genannten Betrag des erlittenen Schadens anderen Mitgliedstaaten gegenüber geltend zu machen.

(7) ¹Ist eine gemeinsame Maßnahme geplant und kommt eine Aufsichtsbehörde binnen eines Monats nicht der Verpflichtung nach Absatz 2 Satz 2 des vorliegenden Artikels nach, so können die anderen Aufsichtsbehörden eine einstweilige Maßnahme im Hoheitsgebiet ihres Mitgliedstaats gemäß Artikel 55 ergreifen. ²In diesem Fall wird von einem dringenden Handlungsbedarf gemäß Artikel 66 Absatz 1 ausgegangen, der eine im Dringlichkeitsverfahren angenommene Stellungnahme oder einen im Dringlichkeitsverfahren angenommenen verbindlichen Beschluss des Ausschusses gemäß Artikel 66 Absatz 2 erforderlich macht.

Überblick

Abs. 1 eröffnet den Aufsichtsbehörden die Möglichkeit, gemeinsame Maßnahmen auf allen Gebieten der Datenschutzaufsicht durchzuführen (→ Rn. 3). Abs. 2 enthält ein Teilnahmerecht und eine Einladungspflicht, die Anwendung finden, wenn die gemeinsamen Maßnahmen im Rahmen eines One-Stop-Shop-Verfahrens nach den Art. 56 und 60 durchgeführt werden (→ Rn. 6). Abs. 3 stellt besondere Bedingungen für den Fall auf, dass im Rahmen der gemeinsamen Maßnahme Untersuchungsbefugnisse nach Art. 58 Abs. 1 ausgeübt werden (→ Rn. 11). Wie mit ggf. verursachten Schäden und sonstigen Haftungsfällen umzugehen ist, regeln Abs. 4–6 (→ Rn. 14).

A. Allgemeines

Neben dem Verfahren nach Art. 60 und dem Amtshilfeersuchen nach Art. 61 ist die gemeinsame Maßnahme das dritte ausdrücklich normierte Instrument der Zusammenarbeit zwischen den europäischen Aufsichtsbehörden. Während bei Amtshilfeverfahren eine andere Behörde verpflichtet werden kann, eine Handlung auszuführen, sieht dieses Instrument vor, dass die anfragende Behörde die Maßnahme grundsätzlich selbst im Hoheitsgebiet ihres Mitgliedstaats in eigener Zuständigkeit durchführt (zu gemeinsamen Maßnahmen auf fremdem Hoheitsgebiet: Paal/Pauly/Körffer Rn. 5). Die iRd gemeinsamen Maßnahme eingeladene Behörde hat lediglich **unterstützende Funktion** und darf ihre Befugnisse nur in Gegenwart und unter Leitung derjenigen Behörde wahrnehmen, die die gemeinsame Maßnahme initialisiert hat (Abs. 3 S. 2). 1

Das Instrument der gemeinsamen Maßnahme wurde mit der DS-GVO neu in das Datenschutzrecht eingeführt und orientiert sich an ähnlichen Mechanismen auf dem Gebiet der **polizeilichen und justiziellen Kooperation** (Albrecht/Jotzo Das neue DatenschutzR Teil 7 Rn. 14; Auernhammer/Lachmayer Rn. 2). Bislang war die Zusammenarbeit zwischen den Aufsichtsbehörden in Art. 28 Abs. 6 UAbs. 2 DS-RL nur rudimentär geregelt (→ BDSG EUDatenschutzrichtlinie Rn. 146). Das Ziel der nunmehr wesentlich konkreteren Regelung besteht darin, zur Harmonisierung des Vollzugs des europäischen Datenschutzrechts beizutragen (Nguyen ZD 2015, 265). Das Instrument wurde schon bei seiner Einführung als praxisfern und formalistisch kritisiert, da eine Zusammenarbeit zwischen Aufsichtsbehörden außerhalb gemeinsamer Maßnahmen möglich ist und flexibler gestaltet werden kann (Kühling/Buchner/Dix Rn. 4). Tatsächlich spielen die gemeinsamen Maßnahmen in der Praxis bis heute (noch) kaum eine Rolle. 2

B. Anwendungsbereich (Abs. 1)

3 Die gemeinsame Maßnahme ist in erster Linie ein Instrument der federführenden Behörde iSd Abs. 1 im **One-Stop-Shop-Verfahren** nach Art. 60 (Albrecht/Jotzo Das neue DatenschutzR Teil 7 Rn. 14; Auernhammer/Lachmayer Rn. 5). Ihr Zweck ist daher insbesondere die gemeinsame Ausübung von Untersuchungsbefugnissen nach Art. 58 Abs. 1 sowie die gemeinsame Ergreifung von entsprechenden Durchsetzungsmaßnahmen. Letztere kommen insbesondere in Betracht, um im One-Stop-Shop-Verfahren abgestimmte Beschlüsse der Aufsichtsbehörden in verschiedenen Niederlassungen des Adressaten in mehreren Mitgliedstaaten durchzusetzen (Gola/Eichler Rn. 3; Auernhammer/Lachmayer Rn. 8).

4 Nach Abs. 1 sind aber gemeinsame Maßnahmen auch in **anderen Bereichen** nicht ausgeschlossen, wie zB zur Bearbeitung rein nationaler Fälle oder zur Erfüllung von Aufklärungs-, Bildungs- oder Beratungsaufgaben (Kühling/Buchner/Dix Rn. 1, 5; Auernhammer/Lachmayer Rn. 5; aA Ehmann/Selmayr/Klabunde Rn. 9). Anders als bei gemeinsamen Maßnahmen iRv One-Stop-Shop-Verfahren (→ Rn. 6) besteht aber in diesen Fällen kein Anspruch einzelner Behörden nach Abs. 2, an bestimmten Maßnahmen teilzunehmen.

5 Ob eine gemeinsame Maßnahme durchgeführt wird, steht – ähnlich wie die Amtshilfe nach Art. 61 (→ Art. 61 Rn. 1) – im **Ermessen der einladenden Behörde** (Paal/Pauly/Körffer Rn. 1; Kühling/Buchner/Dix Rn. 7). Auch die federführende Behörde im One-Stop-Shop-Verfahren ist nicht verpflichtet, stets eine solche durchzuführen. Vielmehr hängt es von den Umständen des Einzelfalls ab, ob eine gemeinsame Maßnahme zweckdienlich ist. Insbesondere sind die Aufsichtsbehörden nicht bei jedweder Ausübung von Untersuchungs- und Durchsetzungsbefugnissen verpflichtet, alle Aufsichtsbehörden einzuladen, die nach Abs. 2 teilnahmeberechtigt sind. Vielmehr kann eine gemeinsame Bearbeitung der genannten Aufgaben auch außerhalb des formellen Verfahrens des Art. 62 iRd allgemeinen Zusammenarbeit nach Art. 57 Abs. 1 lit. g durchgeführt werden (vgl. Erwägungsgrund 123; Kühling/Buchner/Dix Rn. 7). Entschließt sich eine Aufsichtsbehörde aber, eine gemeinsame Maßnahme zu initiieren, muss sie sämtliche Behörden einladen, für die die Voraussetzungen des Abs. 2 vorliegen (→ Rn. 7).

C. Teilnahmeberechtigung und Einladungspflicht (Abs. 2)

6 Abs. 2 regelt die Teilnahmeberechtigung und die Einladungsverpflichtung. Die Vorschrift gilt nur für gemeinsame Maßnahmen iRv One-Stop-Shop-Verfahren nach Art. 56 und 60. Sie ist damit nur anwendbar, wenn eine **grenzüberschreitende Datenverarbeitung** iSd Art. 4 Abs. 23 vorliegt, für die nach Art. 56 Abs. 1 eine federführende Behörde bestimmt wurde bzw. die lokale Aufsichtsbehörde zuständig ist, weil die federführende Behörde nicht von ihrem Eintrittsrecht nach Art. 56 Abs. 4 Gebrauch gemacht hat. Diese Behörde muss zudem den Entschluss gefasst haben, eine gemeinsame Maßnahme zu initiieren, was in ihr Ermessen gestellt ist (→ Rn. 5).

7 Zur Teilnahme berechtigt sind zum einen Aufsichtsbehörden, in deren Mitgliedstaat der Verantwortliche bzw. der Auftragsverarbeiter eine Niederlassung hat. Zum anderen sind jene **teilnahmeberechtigt,** in deren Mitgliedstaaten die Verarbeitungsvorgänge erhebliche Auswirkung auf eine bedeutende Zahl betroffener Personen haben. Damit sind nicht alle betroffenen Behörden iSd Legaldefinition des Art. 4 Abs. 22 teilnahmeberechtigt, da Art. 4 Abs. 22 lit. b nicht voraussetzt, dass eine bedeutende Zahl von Personen betroffen ist (Kühling/Buchner/Dix Rn. 7). Außerdem kann eine Teilnahmeberechtigung nicht allein daraus abgeleitet werden, dass bei einer Behörde eine Beschwerde eingereicht wurde (vgl. Art. 4 Abs. 22 lit. c; dazu krit. Auernhammer/Lachmayer Rn. 7).

8 Diese Beschränkung erklärt sich daraus, dass die federführende bzw. die zuständige lokale Behörde gem. Abs. 2 S. 2 verpflichtet ist, die teilnahmeberechtigten Aufsichtsbehörden einzuladen. Für die einladende Behörde ist kaum erkennbar, ob Aufsichtsbehörden entsprechende Beschwerden erhalten haben oder vereinzelt Personen in deren Mitgliedstaaten betroffen sind. Der einladenden Behörde steht es jedoch frei, weitere Behörden einzuladen, soweit ihr das zweckmäßig erscheint. Dies bietet sich insbesondere bei Behörden an, die entsprechende Beschwerden erhalten oder eine besondere **Expertise** auf dem jeweiligen Gebiet haben. Soll die eingeladene Behörde personenbezogene Daten verarbeiten, müssen die Voraussetzungen des Art. 6 Abs. 1 lit. e bzw. der entsprechenden nationalen Rechtsgrundlage vorliegen (→ Art. 60 Rn. 6).

9 Die Einladung muss spätestens **innerhalb eines Monats** ausgesprochen werden (vgl. Abs. 7). Die Frist beginnt, sobald eine gemeinsame Maßnahme geplant ist. Da die einladende Behörde entscheidet, ob eine gemeinsame Maßnahme durchgeführt wird, legt sie somit selbst den Fristbeginn fest. Ersuchen Behörden um eine Teilnahme, muss ihnen unverzüglich geantwortet werden

(Abs. 2 S. 2). Verstößt eine Behörde gegen die Einladungspflicht, so kann die nicht eingeladene Behörde gemäß Abs. 7 auf ihrem Hoheitsgebiet einstweilige Maßnahmen nach Art. 66 ergreifen (iE Kühling/Buchner/Dix Rn. 18 f.; Auernhammer/Lachmayer Rn. 23 f.). Dabei wird ein dringender Handlungsbedarf iSd Art. 66 Abs. 2 unterstellt, sodass zwingend der EDSA mit der Angelegenheit befasst wird und eine entsprechende Stellungnahme abgeben oder einen Beschluss fassen muss. Auch kann eine Stellungnahme des Europäischen Datenschutzausschuss nach Art. 64 Abs. 2 eingeholt werden. Ignoriert eine ersuchte Behörde die Stellungnahme des Europäischen Datenschutzausschusses nach Art. 64 Abs. 2, kann im Rahmen des Streitbeilegungsverfahrens nach Art. 65 Abs. 1 lit. c ein verbindlicher Beschluss gefasst werden (Gola/Eichler Art. 65 Rn. 6; Ehmann/Selmayr/Klabunde Art. 65 Rn. 11).

Eine Verpflichtung, der Einladung nachzukommen, besteht nicht (Paal/Pauly/Körffer Rn. 3; Kühling/Buchner/Dix Rn. 6). Abs. 7 spricht zwar von einer Verpflichtung, diese bezieht sich allerdings nur auf das Aussprechen einer Einladung nach Abs. 2 S. 2. Nach Erwägungsgrund 134 „sollte" eine Aufsichtsbehörde sich „gegebenenfalls" an gemeinsamen Maßnahmen beteiligen, sodass **keine Teilnahmepflicht** angenommen werden kann (Gola/Eichler Rn. 6; Auernhammer/Lachmayer Rn. 15). Dafür spricht auch der Vergleich mit der Vorschrift zur Amtshilfe des Art. 61, der ausdrücklich eine Verpflichtung vorsieht. 10

D. Ausübung von Befugnissen (Abs. 3)

Nach Abs. 3 können Mitglieder und Bedienstete der eingeladenen Behörde **aufsichtsrechtliche Befugnisse** nach Art. 58 innerhalb des Hoheitsgebietes des Mitgliedstats der einladenden Behörde wahrnehmen. Dabei können der unterstützenden Behörde zum einen gem. Abs. 3 S. 1 Var. 1 Befugnisse übertragen werden, die sonst von der einladenden Behörde alleine ausgeübt werden. Zum anderen kann der eingeladenen Behörde gemäß Abs. 3 S. 1 Var. 2 gestattet werden, ihre eigenen Befugnisse innerhalb des anderen Hoheitsgebiets auszuüben. Abs. 3 bezieht sich in erster Linie auf Untersuchungsbefugnisse nach Art. 58 Abs. 1. Dem Wortlaut der Abs. 3 S. 1 Var. 1 nach können aber auch andere Befugnisse wie Abhilfe-, Genehmigungs- oder Beratungsbefugnisse nach Art. 58 Abs. 2 und 3 übertragen werden. Eine extraterritoriale Ausübung anderer Befugnisse als Untersuchungsbefugnisse nach Abs. 3 S. 1 Var. 2 ist indes nicht zulässig (Kühling/Buchner/Dix Rn. 9). 11

Untersuchungsbefugnisse können nur unter der **Leitung und in Gegenwart** der Mitglieder oder Bediensteten der einladenden Aufsichtsbehörde ausgeübt werden (Abs. 3 S. 2). Obwohl der Wortlaut von S. 2 sich ausschließlich auf Untersuchungsbefugnisse nach Art. 58 Abs. 1 bezieht, ist davon auszugehen, dass dies für die Wahrnehmung jedweder Befugnisse gilt, die mit der Ausübung von Hoheitsgewalt verbunden sind, da damit die Verfahrenshoheit der einladenden Behörde garantiert werden soll (Kühling/Buchner/Dix Rn. 11). Dies ist insbesondere im Hinblick auf die demokratische Legitimation der jeweiligen Maßnahmen geboten (Auernhammer/Lachmayer Rn. 17). 12

Ob der unterstützenden Behörde Befugnisse übertragen werden oder ob es ihr gestattet wird, eigene Befugnisse auszuüben, hängt vom **Recht des Mitgliedstaats der einladenden Behörde** und von der Entscheidung der einladenden Behörde ab. Theoretisch wird damit die Möglichkeit des sog. Befugnis-Shoppings eröffnet, also eine Behörde einzuladen, die vergleichsweise weitreichende Befugnisse hat (Auernhammer/Lachmayer Rn. 11, 14; Kühling/Buchner/Dix Rn. 10). In der Praxis dürfte dies allerdings kaum eine Rolle spielen, da beide Behörden gem. Art. 58 Abs. 1 dieselben Befugnisse haben und das Recht desjenigen Mitgliedstats beachten müssen, in welchem die Maßnahme erfolgt (Abs. 3 S. 3). Steht zB nach dem Verfahrensrecht des einladenden Mitgliedstats das Betretungsrecht gem. Art. 58 Abs. 1 lit. f unter Richtervorbehalt (Erwägungsgrund 129 S. 5), ist daran auch die unterstützende Behörde gebunden. Damit wird die mit rechtsstaatlichen Bedenken verbundene Gefahr des Befugnis-Shoppings relativiert (vgl. Kühling/Buchner/Dix Rn. 12). 13

E. Haftung (Abs. 4–6)

In den Abs. 4–6 werden **Haftungsfragen** geregelt, insbesondere für den Fall, dass Mitglieder oder Bedienstete der unterstützenden Behörde einen Schaden verursachen (iE Auernhammer/Lachmayer Rn. 18 ff.; Kühling/Buchner/Dix Rn. 14 ff.; HK-DS-GVO/Peuker Rn. 27). In diesem Fall übernimmt der Mitgliedstaat der einladenden Behörde die Verantwortung (Abs. 4). Wird er von Dritten in Anspruch genommen, kann er sich aber den Betrag von dem Mitgliedstaat der unterstützenden Behörde erstatten lassen (Abs. 5). Andere Schäden können nicht gegenüber dem jeweils anderen Mitgliedstaat geltend gemacht werden (Abs. 6). 14

Abschnitt 2. Kohärenz

Artikel 63 Kohärenzverfahren

Um zur einheitlichen Anwendung dieser Verordnung in der gesamten Union beizutragen, arbeiten die Aufsichtsbehörden im Rahmen des in diesem Abschnitt beschriebenen Kohärenzverfahrens untereinander und gegebenenfalls mit der Kommission zusammen.

Überblick

Das Kohärenzverfahren stellt eine der zentralen Neuerungen der DS-GVO dar: Neben die Rechtsharmonisierung, welche die Ersetzung der Datenschutz-RL durch eine Verordnung mit sich bringt, soll eine Harmonisierung auch des Vollzugs treten (→ Rn. 1). Die im Gesetzgebungsverfahren besonders umstrittenen Regelungen über das Kohärenzverfahren (→ Rn. 3) bilden das Scharnier zwischen dem im Abschnitt 1 geregelten Verfahren der Zusammenarbeit zwischen einzelnen Aufsichtsbehörden und dem durch Abschn. 3 neu geschaffenen Europäischen Datenschutzausschuss (→ Rn. 4). Gelingt es den beteiligten Aufsichtsbehörden nicht, eine Einigung im Verfahren der Zusammenarbeit zu erzielen (→ Rn. 6) oder schließt sich eine Aufsichtsbehörde der für manche Entscheidungen obligatorisch einzuholenden Stellungnahme des Datenschutzausschusses (→ Rn. 12) nicht an, kann die Rechtsfrage nunmehr vom Datenschutzausschuss verbindlich entschieden werden (→ Rn. 13).

Übersicht

	Rn.		Rn.
A. Allgemeines	1	II. Beteiligte	8
I. Normzweck	1	1. Mitgliedstaatliche Aufsichtsbehörden	8
II. Entstehungsgeschichte	3	2. Europäischer Datenschutzausschuss	9
III. Systematische Stellung	4	3. Europäischer Datenschutzbeauftragter	10
IV. Offene Fragen und Bewertung	5	4. Kommission	11
B. Das Kohärenzverfahren im Überblick	6	III. Struktur	12
		1. Stellungnahmeverfahren (Art. 64)	12
I. Anwendungsbereich	6	2. Streitbeilegungsverfahren (Art. 65)	13
1. Weiche Subsidiarität	6	3. Dringlichkeitsverfahren (Art. 66)	15
2. Ausnahmen vom Anwendungsbereich	7	4. Durchführungsrechtsakte (Art. 67)	16
		C. Regelungsbedarf im BDSG	17

A. Allgemeines

I. Normzweck

1 Zentraler Ausgangspunkt des Gesetzgebungsverfahrens zum Erlass der DS-GVO war die Feststellung der Kommission, dass die Datenschutz-RL nicht zu der angestrebten Harmonisierung geführt hatte und das Ziel, den freien Verkehr personenbezogener Daten zu gewährleisten (Art. 1 Abs. 2 Datenschutz-RL), nur teilweise erreicht worden war (EU-Kommission, 4.11.2010, Gesamtkonzept für den Datenschutz in der EU, KOM(2010) 609, 11; 25.1.2012, Der Schutz der Privatsphäre in einer vernetzten Welt, KOM(2012) 9, 7 ff.). Von Beginn des Gesetzgebungsverfahrens zum Erlass der DS-GVO an war allen Beteiligten klar, dass das Ziel einer stärkeren Harmonisierung des Datenschutzrechts sich nicht auf eine gesetzgeberische Vereinheitlichung beschränken durfte (s. bereits EU-Kommission, 7.3.2007, Stand des Arbeitsprogramms für eine bessere Durchführung der Datenschutzrichtlinie, KOM(2007), 87, 11). Als fast ebenso bedeutsam wie die Rechtsharmonisierung, die mit der Ersetzung der Richtlinie durch eine Verordnung einhergeht, wurde daher die **Harmonisierung des Vollzugs** des Datenschutzrechts durch die mitgliedstaatlichen Aufsichtsbehörden angesehen (Nguyen ZD 2015, 265; Gola/Eichler Rn. 1; Kühling/Buchner/Caspar Rn. 2; zum Begriff der Kohärenz HK-DS-GVO/Schöndorf-Haubold Rn. 2).

1.1 Dabei zielt die Harmonisierung vor allem darauf ab, Rechtssicherheit für die Unternehmen und für die betroffenen Personen zu schaffen (Reding ZD 2012, 195 (196)). Zugleich galt es der realen Gefahr eines forum shopping vorzubeugen und zu verhindern, dass Unternehmen verstärkt ihre Hauptniederlassung in einen Mitgliedstaat verlagern, in dem der Durchsetzungsgrad des Datenschutzrechts eher gering ist (Paal/Pauly/Körffer, 1. Aufl. 2017, Vorb. Art. 60–76 Rn. 1), was wiederum ein race to the bottom befürchten lässt (vehement Caspar ZD 2012, 555 (556)).

Mit dem Kohärenzverfahren und dem Europäischen Datenschutzausschuss werden nunmehr im europäischen Datenschutzrecht erstmals rechtliche Instrumente verankert, die auch gegen Widerstände einzelner mitgliedstaatlicher Aufsichtsbehörden für eine Harmonisierung der Rechtsanwendung in der Breite sorgen können. Während der durch Art. 29 Datenschutz-RL geschaffenen Arbeitsgruppe der mitgliedstaatlichen Aufsichtsbehörden allein beratende Funktion zukam (→ EUDatenschutzrichtlinie Rn. 154), weshalb ihre Stellungnahmen als unverbindliches, wenngleich in seinem Einfluss nicht zu unterschätzendes soft law einzustufen waren, besitzt der durch die DS-GVO etablierte Europäische Datenschutzausschuss nunmehr verbindliche Entscheidungsbefugnisse. Diese wurden bisher aber kaum genutzt, was auch daran liegen mag, dass die unabhängigen Aufsichtsbehörden die Anrufung des Datenschutzausschusses über die verbindlich vorgesehenen Fälle hinaus scheuen (→ Rn. 2.1). 2

Nach der empirischen Studie von Barnard-Wills/Pauner Chulvi/De Hert Computer Law & Security Review 32 (2016), 587 (590), haben einige der mitgliedstaatlichen Aufsichtsbehörden Befürchtungen artikuliert, dass sich die Harmonisierung des Vollzugs zu Lasten eigener Ermessensspielräume auswirken werde, was gerade mit Blick auf rechtskulturell bedeutsame Bereiche wie das Aktenzugangs- und Informationsfreiheitsrecht als problematisch empfunden wird. 2.1

II. Entstehungsgeschichte

Obwohl sich die an der Gesetzgebung beteiligten Unionsorgane über das Ziel einer Harmonisierung des Rechtsvollzugs weitgehend einig waren, gehört der Abschnitt über das Kohärenzverfahren zu einem der Teile der DS-GVO, deren Gestalt sich im Laufe des Gesetzgebungsverfahrens **wesentlich verändert** hat. Zentrale Kritik am ursprünglichen Entwurf der Kommission war, dass der Kommission in Bezug auf den Vollzug der DS-GVO eine Befugnis zur Letztentscheidung im Wege von Durchführungsrechtsakten zukommen sollte. Dies wurde als Verstoß gegen die seit dem Inkrafttreten des Lissabonner Vertrags im primärrechtlich verankerte Unabhängigkeit der Aufsichtsbehörden angesehen (Caspar ZD 2012, 555 (556 f.); Kahler RDV 2013, 69 (70); Nguyen ZD 2015, 265 (268); Ziebarth CR 2013, 60 (68)) und stellte sich aus Sicht von Parlament und Rat wohl auch als eine unangemessene Stärkung der Kommission dar. Aus diesem Grund wurde ihre Letztentscheidungsbefugnis gestrichen und ihre Rolle im Kohärenzverfahren deutlich beschnitten, sodass sich diese nunmehr neben einer beratenden Funktion (Art. 68 Abs. 5 S. 1) iW auf die Befugnis reduziert, in bestimmten Fällen nach Art. 64 Abs. 2 eine Stellungnahme des EDSA herbeiführen zu können. Erwägungsgrund 135 S. 4 betont jedoch auch, dass die Vorschriften über das Kohärenzverfahren die Befugnisse der Kommission, die ihr aus anderen Rechtsakten, insbesondere den Verträgen, erwachsen, unberührt lassen (→ Rn. 3.1). 3

Im Vergleich zum Kommissionsentwurf konnte zudem der Anwendungsbereich des Kohärenzverfahrens deutlich stärker begrenzt werden. So wurde Art. 58 Abs. 1 iVm Abs. 2 lit. a des Entwurfs gestrichen, der eine obligatorische Befassung des Ausschusses in allen Fällen vorsah, in denen die Datenverarbeitung in einem Zusammenhang mit dem Angebot von Waren oder Dienstleistungen in mehreren Mitgliedstaaten steht. Dies dürfte damit zusammenhängen, dass auch das von der Kommission noch konsequent umgesetzte Modell eines one-stop-shop, also einer einzigen zuständigen Aufsichtsbehörde am Ort der Hauptniederlassung, durch ein Modell frühzeitiger Kooperation einer jeweils federführenden Aufsichtsbehörde mit den weiteren betroffenen Aufsichtsbehörden ergänzt wurde. 3.1

III. Systematische Stellung

Der vor allem das Kohärenzverfahren in den Art. 63–65 regelnde Abschnitt 2 bildet das Scharnier zwischen der in den Art. 60–62 geregelten Zusammenarbeit einzelner Aufsichtsbehörden (Abschnitt 1) und dem durch die Art. 68–76 geschaffenen Europäischen Datenschutzausschuss (Abschnitt 3). Es steht zugleich in einem engen Zusammenhang zu dem durch Art. 56 etablierten Modell einer im Sinne eines one-stop-shops zuständigen federführenden Aufsichtsbehörde. Insbesondere in Fällen, in denen im Rahmen der Zusammenarbeit von federführender Aufsichtsbehörde und weiteren betroffenen Aufsichtsbehörden (Art. 4 Nr. 22) nach Art. 60 kein Konsens gefunden werden konnte, kommt dem aus Vertretern der mitgliedstaatlichen Aufsichtsbehörden und dem Europäischen Datenschutzbeauftragten gebildeten Europäischen Datenschutzausschuss eine streit- 4 entscheidende Funktion zu. Darüber hinaus wird durch Art. 64 Abs. 1 das obligatorische Durchlaufen des Kohärenzverfahrens für bestimmte Entscheidungen angeordnet, die nicht einzelnen oder einigen wenigen Aufsichtsbehörden überlassen werden sollen. Von diesen obligatorisch im Kohärenzverfahren zu behandelnden Entscheidungen abgesehen, ging der Unionsgesetzgeber jedoch davon aus, dass eine Einigung möglichst im Rahmen der Zusammenarbeit nach Abschnitt 1 zu finden sei, das Kohärenzverfahren also nur subsidiär zur Anwendung kommen sollte (→ Rn. 6) (→ Rn. 4.1).

4.1 Ob die Vorschriften über das Kohärenzverfahren die Zusammenarbeit unter den Aufsichtsbehörden abschließend regeln (so Auernhammer/Rossi Rn. 8f., der ein Unterlaufen der Verfahrensregeln fürchtet), scheint angesichts der allgemeinen Kooperationspflicht in Art. 60 Abs. 1 eher zweifelhaft.

IV. Offene Fragen und Bewertung

5 Die mit dem Kohärenzverfahren einhergehende Zentralisierung und Europäisierung der Entscheidungsfindung wirft erneut und mit gesteigerter Dringlichkeit die Frage nach dem Verhältnis von Unabhängigkeit und **demokratischer Legitimation** auf (→ Art. 52 Rn. 20). Wenn die nationalen Aufsichtsbehörden als Mitglieder des mit Entscheidungsbefugnis und Rechtspersönlichkeit ausgestatteten Datenschutzausschusses handeln und in diesem teilweise geheim beraten und abstimmen (s. Art. 76 Abs. 1), dann sollte die aus der Bestellung durch die nationalen Parlamente, Regierungen, Staatsoberhäupter oder mit dieser Aufgabe betrauten unabhängigen Stellen fließende Legitimation durch einen genuin europäischen Legitimationsstrang ergänzt werden. Die bloße Verpflichtung des Datenschutzausschusses, jährlich einen Tätigkeitsbericht vorzulegen und diesen dem EU-Parlament, dem Rat und der Kommission zu übermitteln (Art. 71 Abs. 1), erscheint insoweit unzureichend. Gerade auch angesichts der geringen Steuerungskraft zentraler materieller Regelungen der DS-GVO besteht hier weiterer Diskussionsbedarf (→ Rn. 5.1).

5.1 Der Kommissionsentwurf hätte jedenfalls insoweit den Vorteil gehabt, dass das Letztentscheidungsrecht bei der einer Kontrolle durch das EU-Parlament unterworfenen Kommission gelegen hätte, die zudem in Form von Durchführungsrechtsakten hätte entscheiden sollen, wodurch auch die mitgliedstaatlichen Regierungen an der Entscheidungsfindung beteiligt worden wären.

B. Das Kohärenzverfahren im Überblick

I. Anwendungsbereich

1. Weiche Subsidiarität

6 In Erwägungsgrund 138 S. 2 bringt der Unionsgesetzgeber zum Ausdruck, dass – von der obligatorischen Befassung des Europäischen Datenschutzausschusses nach Art. 64 Abs. 1 abgesehen – das Kohärenzverfahren nur **subsidiär** zur Anwendung kommen solle und ein Konsens möglichst schon iRd Zusammenarbeit nach den Art. 60–62 gesucht und gefunden werden müsse. Die fakultative Befassung des Datenschutzausschusses nach Art. 64 Abs. 2 sowie die Streitbeilegung nach Art. 65 Abs. 1 lit. a sollen somit die Ausnahme bleiben (so LNK Das neue DatenschutzR § 10 Rn. 41). Ob dieser „Wunsch" des Unionsgesetzgebers (LNK Das neue DatenschutzR § 10 Rn. 41) in Erfüllung gehen wird, hängt letztlich vor allem davon ab, ob die Aufsichtsbehörden eher versuchen werden, die Befassung des Datenschutzausschusses zu vermeiden, oder ob sie bestrebt sein werden, umstrittene Fragen des Vollzugs möglichst schnell einer Klärung iRd Kohärenzverfahrens zuzuführen. Denn die im Erwägungsgrund 138 angedeutete Subsidiarität des Kohärenzverfahrens hat **keinen unmittelbaren normativen Niederschlag** gefunden. Sie ist jedoch bei der Auslegung von Art. 64 Abs. 2 und Art. 65 Abs. 1 lit. a zu berücksichtigen.

2. Ausnahmen vom Anwendungsbereich

7 Da das Kohärenzverfahren zum einen der Klärung von grundlegenden Fragen der grenzüberschreitenden Datenverarbeitung (Art. 64 Abs. 1 und 2), zum anderen der Streitschlichtung zwischen einer federführenden und weiteren betroffenen Aufsichtsbehörden (Art. 65 Abs. 1 lit. a) dient, findet es keine Anwendung in Fällen, in denen weder grenzüberschreitend Daten verarbeitet werden, noch es zu einem Dissens zwischen verschiedenen Aufsichtsbehörden kommen kann. Dies betrifft insbesondere die Datenverarbeitung durch öffentliche Stellen, da diese sich iW auf die Erlaubnisgründe des Art. 6 Abs. 1 lit. c und e stützt, für die nach Art. 55 Abs. 2 immer nur die Aufsichtsbehörde des betroffenen Mitgliedstaates zuständig ist, es also nicht zu divergierenden Ansichten mehrerer zuständiger Aufsichtsbehörden kommen kann (Kühling/Martini DS-GVO 242; Kühling/Buchner/Caspar Rn. 19). Gleiches gilt nach Art. 56 Abs. 2 für Fälle, in denen der Gegenstand einer Beschwerde oder eines Datenschutzrechtsverstoßes allein die Niederlassung in einem Mitgliedstaat betrifft oder nur Einwohner eines Mitgliedstaates betroffen sind, da auch in dieser Konstellation nur eine einzige Aufsichtsbehörde zuständig ist, sofern nicht die federführende Behörde ihr Selbstbefassungsrecht nach Art. 56 Abs. 3 ausübt (s. ausf. Kühling/Buchner/Caspar Rn. 24 ff.).

II. Beteiligte

1. Mitgliedstaatliche Aufsichtsbehörden

Zentrale Akteure des Kohärenzverfahrens gem. Art. 63 sind schon dem Wortlaut nach die mitgliedstaatlichen Aufsichtsbehörden. So übermittelt die jeweils zuständige mitgliedstaatliche Aufsichtsbehörde den Entwurf der in Art. 64 Abs. 1 genannten Beschlüsse an den Datenschutzausschuss. Darüber hinaus kann nach Art. 64 Abs. 2 jede Aufsichtsbehörde eine Stellungnahme des Ausschusses in Angelegenheiten mit allgemeiner Geltung oder mit Auswirkungen in mehr als einem Mitgliedstaat herbeiführen. Schließlich entscheidet der Datenschutzausschuss gem. Art. 65 Abs. 1 lit. a verbindlich, wenn eine federführende und (eine) weitere betroffene Aufsichtsbehörde(n) im Verfahren nach Art. 60 nicht zu einer Einigung gekommen sind (→ Rn. 8.1). **8**

Darüber hinaus normieren Art. 64 Abs. 4 und 5 für das Stellungnahmeverfahren Informationspflichten der Aufsichtsbehörden, die dem Ausschuss unverzüglich alle zweckdienlichen Informationen zu übermitteln haben, und eine Unterrichtungspflicht des Ausschusses, der bei ihm eingegangene Informationen an die Aufsichtsbehörden weiterleitet. Obwohl entsprechende Regelungen im Art. 65 fehlen, ist davon auszugehen, dass die Aufsichtsbehörden auch hier zur Übermittlung aller zweckdienlichen Informationen verpflichtet sind und der Ausschuss diese an alle Aufsichtsbehörden weiterleitet (Plath/Hullen Art. 65 Rn. 6). **8.1**

2. Europäischer Datenschutzausschuss

Im Gegensatz zu den mitgliedstaatlichen Aufsichtsbehörden wird der durch Abschnitt 3 (Art. 68–76) geschaffene Europäische Datenschutzausschuss, der aus dem Leiter einer Aufsichtsbehörde jedes Mitgliedstaates und dem Europäischen Datenschutzbeauftragten besteht, im Normtext des Art. 63 nicht erwähnt. Dies überrascht, da es der Ausschuss ist, der die Stellungnahmen nach Art. 64 beschließt und der durch Art. 65 zur Streitbeilegung im Wege eines verbindlichen Beschlusses ermächtigt wird. Zudem wird er durch Art. 68 Abs. 1 als Einrichtung der Union mit eigener Rechtspersönlichkeit und mit einem ständigen Sekretariat (Art. 75) geschaffen, stellt also auch insoweit und im Gegensatz zur Art.-29-Arbeitsgruppe mehr als nur ein bloß loses Forum der Aufsichtsbehörden dar. Rechtliche Folgen sind aus der fehlenden Nennung des Ausschusses in Art. 63 jedoch nicht abzuleiten. **9**

3. Europäischer Datenschutzbeauftragter

Auch der Europäische Datenschutzbeauftragte findet in Art. 63 keine Erwähnung, obwohl er Mitglied des Europäischen Datenschutzausschusses ist (Art. 68 Abs. 3). Anders als die Kommission ist er als grundsätzlich stimmberechtigtes Mitglied den mitgliedstaatlichen Aufsichtsbehörden gleichgestellt. Im Streitbeilegungsverfahren nach Art. 65 ist er allerdings nur stimmberechtigt, sofern sich der zu treffende Beschluss auf Grundsätze und Vorschriften bezieht, die für die Organe und Einrichtungen der Union gelten und zugleich den Grundsätzen und Vorschriften der DS-GVO entsprechen (Art. 68 Abs. 6). **10**

4. Kommission

Im Gegensatz zum Ausschuss wird die Kommission als am Kohärenzverfahren Beteiligte von Art. 63 explizit genannt. Nachdem ihre Rolle im Kohärenzverfahren im Laufe des Gesetzgebungsverfahrens bedeutend geschwächt und vor allem ihre Letztentscheidungsbefugnis gestrichen wurde (→ Rn. 3), kommt ihr iW eine beratende Rolle als nicht stimmberechtigtes Mitglied des Datenschutzausschusses zu (Art. 68 Abs. 5). Sie ist allerdings nach Art. 64 Abs. 2 berechtigt, den Ausschuss mit Angelegenheiten von allgemeiner Geltung oder mit Auswirkungen auf mehrere Mitgliedstaaten zu befassen und ihn damit zur Stellungnahme zu zwingen (→ Rn. 11.1 f.). **11**

DS-GVO Artikel 63   Kapitel VII. Zusammenarbeit und Kohärenz

11.1   Nicht zu unterschätzen ist zudem die Bedeutung der beratenden Mitgliedschaft für die Informationsgewinnung von Kommission und Ausschuss: So ist nicht nur der Vorsitz des Ausschusses verpflichtet, die Kommission über die Tätigkeiten des Ausschusses zu unterrichten (Art. 68 Abs. 5 S. 3), sondern die Kommission ist iRd Stellungnahmeverfahrens und des Streitbeilegungsverfahrens auch verpflichtet, nach Art. 64 Abs. 4 und 5 zweckdienliche Informationen zu übermitteln, und berechtigt, die von den Aufsichtsbehörden dem Ausschuss übermittelten Informationen zu erhalten (zur Geltung der Vorschrift im Streitbeilegungsverfahren → Rn. 8.1).

11.2   Darüber hinaus betont Erwägungsgrund 135 S. 4 auch, dass die Regelungen über das Kohärenzverfahren die Befugnisse der Kommission, die ihr aus anderen Rechtsakten zukommen, unberührt lassen. Dies dürfte vor allem die Befugnis der Kommission betreffen, gegebenenfalls Vertragsverletzungsverfahren nach Art. 258 AEUV einzuleiten, sollte es beim Vollzug der DS-GVO zu Verletzungen des Unionsrechts kommen. Angesichts der unionsrechtlich vorgegebenen Unabhängigkeit der mitgliedstaatlichen Aufsichtsbehörden erscheint es jedoch fraglich, ob das Vertragsverletzungsverfahren insoweit ein adäquates Instrument darstellt. Zweifelhaft ist daher auch, ob die sich aus den Vorschriften über das Kohärenzverfahren ergebenden Verpflichtungen der mitgliedstaatlichen Aufsichtsbehörden im Wege des Vertragsverletzungsverfahrens durchgesetzt werden können (dies bejahend Ehmann/Selmayr/Klabunde Art. 64 Rn. 20).

III. Struktur

1. Stellungnahmeverfahren (Art. 64)

12   Innerhalb des Stellungnahmeverfahrens nach Art. 64 ist zwischen der obligatorischen (Abs. 1) und der fakultativen (Abs. 2) Befassung des Datenschutzausschusses zu unterscheiden. Während die zuständige Aufsichtsbehörde vor bestimmten Entscheidungen von grenzüberschreitender Bedeutung, die in Abs. 1 – allerdings nicht abschließend – aufgeführt sind, eine Stellungnahme des Datenschutzausschusses einholen muss, eröffnet Abs. 2 allen Aufsichtsbehörden sowie dem Ausschussvorsitz und der Kommission das Recht, den Ausschuss mit Angelegenheiten von allgemeiner Geltung oder mit Auswirkungen in mehreren Mitgliedstaaten zu befassen, um auf diese Weise eine Stellungnahme des Ausschusses zu erhalten. Die obligatorischen Stellungnahmen nach Abs. 1 binden die zuständige Aufsichtsbehörde zwar nicht unmittelbar; sofern diese jedoch beabsichtigt, der Stellungnahme nicht zu folgen, ist das Streitbeilegungsverfahren nach Art. 65 durchzuführen (Abs. 7 und 8). Fakultative Stellungnahmen lösen diese Rechtsfolge zwar nicht aus, verdienen aber dennoch eine besondere Beachtung der Aufsichtsbehörden, da auch das Abweichen von einer Stellungnahme, die früher und ohne Bezug zu dem konkreten aufsichtsbehördlichen Verfahren ergangen ist, zur Einleitung eines Streitbeilegungsverfahrens durch eine andere betroffene Aufsichtsbehörde oder die Kommission führen kann.

2. Streitbeilegungsverfahren (Art. 65)

13   Das in Art. 65 geregelte Streitbeilegungsverfahren ist im Hinblick auf den Normzweck der Vollzugsharmonisierung das Kernstück des Kohärenzverfahrens. Denn durch Art. 65 Abs. 1 erhält der Datenschutzausschuss die Befugnis, verbindliche Beschlüsse zu erlassen, wenn sich eine federführende und eine betroffene Aufsichtsbehörde im Zusammenarbeitsverfahren nicht auf eine gemeinsame Linie einigen konnten (lit. a) oder wenn eine zuständige Aufsichtsbehörde von einer Stellungnahme des Ausschusses nach Art. 64 abweichen möchte bzw. eine gem. Art. 64 Abs. 1 obligatorische Stellungnahme gar nicht erst einholt (lit. c) (→ Rn. 13.1).

13.1   Darüber hinaus entscheidet der Ausschuss verbindlich über Zuständigkeitskonflikte zwischen Aufsichtsbehörden (lit. b).

14   Den endgültigen Beschluss gegenüber dem Verantwortlichen, dem Auftragsdatenverarbeiter oder der betroffenen Person erlässt dann zwar die federführende Aufsichtsbehörde oder die Behörde, bei der die Beschwerde eingereicht wurde; diese ist dabei jedoch an den im Streitbeilegungsverfahren getroffenen Beschluss des Ausschusses gebunden, der dem endgültigen Beschluss beizufügen ist (Abs. 6).

3. Dringlichkeitsverfahren (Art. 66)

15   Da die Zusammenarbeit zwischen federführender und betroffener Aufsichtsbehörde (Art. 60–62) wie auch das Kohärenzverfahren (Art. 63–65) trotz zum Teil kurzer Fristen die aufsichtsbehördlichen Verfahren deutlich verlängern, bedarf es in dringlichen Fällen einer Eilkompetenz, die sich für beide Fälle aus Art. 66 ergibt. Hiernach ist eine betroffene Aufsichtsbehörde befugt, einstweilige

Maßnahmen zu treffen, deren Geltung jedoch geographisch auf das Hoheitsgebiet der Aufsichtsbehörde und zeitlich auf drei Monate beschränkt ist (Abs. 1). Für Fälle der Untätigkeit einer zuständigen Aufsichtsbehörde sieht Abs. 3 ein Recht der anderen Aufsichtsbehörden vor, bei dringendem Handlungsbedarf den Ausschuss um eine Stellungnahme oder einen verbindlichen Beschluss im Eilverfahren nach Abs. 4 zu ersuchen.

4. Durchführungsrechtsakte (Art. 67)

Art. 67 ermächtigt schließlich die Kommission, den elektronischen Informationsaustausch zwischen den Aufsichtsbehörden, dem Ausschuss und der Kommission (→ Rn. 8.1, 11.1) im Wege von Durchführungsrechtsakten zu regeln und auszugestalten, um auf diese Weise die Zusammenarbeit der Aufsichtsbehörden nach Art. 60–62 sowie das Kohärenzverfahren zu effektivieren und zu beschleunigen. **16**

C. Regelungsbedarf im BDSG

Die Regelungen über das Kohärenzverfahren selbst zielen auf eine Vollzugsharmonisierung durch eine Zentralisierung der Letztentscheidung. Sie bedürfen daher keiner Umsetzung in nationales Recht oder einer Konkretisierung im selbigen (Kühling/Martini DS-GVO 241). **17**

Mitgliedstaaten, in denen es wie in Deutschland nicht eine einzige, sondern mehrere Aufsichtsbehörden gibt, sind jedoch verpflichtet, durch Regelungen im nationalen Recht sicherzustellen, dass die Pluralität der Aufsichtsbehörden die Effektivität des Kohärenzverfahrens nicht hindert (Art. 51 Abs. 3) und die Aufsichtsbehörden wirksam am Kohärenzverfahren beteiligt werden (Erwägungsgrund 119). Zugleich ist vom Mitgliedstaat eine Aufsichtsbehörde zu bestimmen, die als zentrale Anlaufstelle einer effektiven Zusammenarbeit mit den Aufsichtsbehörden anderer Mitgliedstaaten, dem Datenschutzausschuss und der Kommission im Rahmen des Kohärenzverfahrens fungiert. **18**

Das BDSG nF sieht daher ein Verfahren der Zusammenarbeit der Aufsichtsbehörden des Bundes und der Länder in § 18 vor, in dem jene Position gefunden werden soll, die dann vom deutschen Mitglied des Datenschutzausschusses vertreten werden soll. Die Funktion der zentralen Anlaufstelle übernimmt nach § 17 Abs. 1 S. 1 der BfDI, der zugleich auch der Vertreter Deutschlands im Datenschutzausschuss ist; der Bundesrat soll den Leiter einer Landesaufsichtsbehörde zum Stellvertreter bestimmen, der die Vertretung vor allem in Angelegenheiten übernimmt, die die Wahrnehmung einer Aufgabe betreffen, für die die Länder die alleinige Gesetzgebungskompetenz besitzen (§ 17 Abs. 1 S. 2 und Abs. 2). Nachdem der Bundesrat dieser Verpflichtung über mehr als drei Jahre nicht nachgekommen ist, weshalb zwischenzeitlich der hamburgische Datenschutzbeauftragte diese Funktion kommissarisch wahrnehmen musste (→ BDSG § 17 Rn. 10a), hat der Bundesrat am 25.6.2021 den Bayerischen Landesbeauftragten für den Datenschutz **Petri** als Stellvertreter gewählt. An der Sinnhaftigkeit, ausgerechnet den einzigen Leiter einer Landesaufsichtsbehörde zum Vertreter zu bestimmen, der allein für die Aufsicht über Landesbehörde, nicht aber auch für die Aufsicht über private Datenverarbeiter zuständig ist, mag man zweifeln. **19**

Artikel 64 Stellungnahme des Ausschusses

(1) ¹Der Ausschuss gibt eine Stellungnahme ab, wenn die zuständige Aufsichtsbehörde beabsichtigt, eine der nachstehenden Maßnahmen zu erlassen. ²Zu diesem Zweck übermittelt die zuständige Aufsichtsbehörde dem Ausschuss den Entwurf des Beschlusses, wenn dieser
a) der Annahme einer Liste der Verarbeitungsvorgänge dient, die der Anforderung einer Datenschutz-Folgenabschätzung gemäß Artikel 35 Absatz 4 unterliegen,
b) eine Angelegenheit gemäß Artikel 40 Absatz 7 und damit die Frage betrifft, ob ein Entwurf von Verhaltensregeln oder eine Änderung oder Ergänzung von Verhaltensregeln mit dieser Verordnung in Einklang steht,
c) der Billigung der Anforderungen an die Akkreditierung einer Stelle nach Artikel 41 Absatz 3, einer Zertifizierungsstelle nach Artikel 43 Absatz 3 oder der Kriterien für die Zertifizierung gemäß Artikel 42 Abs. 5 dient,
d) der Festlegung von Standard-Datenschutzklauseln gemäß Artikel 46 Absatz 2 Buchstabe d und Artikel 28 Absatz 8 dient,

e) der Genehmigung von Vertragsklauseln gemäß Artikels 46 Absatz 3 Buchstabe a dient, oder
f) der Annahme verbindlicher interner Vorschriften im Sinne von Artikel 47 dient.

(2) Jede Aufsichtsbehörde, der Vorsitz des Ausschuss oder die Kommission können beantragen, dass eine Angelegenheit mit allgemeiner Geltung oder mit Auswirkungen in mehr als einem Mitgliedstaat vom Ausschuss geprüft wird, um eine Stellungnahme zu erhalten, insbesondere wenn eine zuständige Aufsichtsbehörde den Verpflichtungen zur Amtshilfe gemäß Artikel 61 oder zu gemeinsamen Maßnahmen gemäß Artikel 62 nicht nachkommt.

(3) ¹In den in den Absätzen 1 und 2 genannten Fällen gibt der Ausschuss eine Stellungnahme zu der Angelegenheit ab, die ihm vorgelegt wurde, sofern er nicht bereits eine Stellungnahme zu derselben Angelegenheit abgegeben hat. ²Diese Stellungnahme wird binnen acht Wochen mit der einfachen Mehrheit der Mitglieder des Ausschusses angenommen. ³Diese Frist kann unter Berücksichtigung der Komplexität der Angelegenheit um weitere sechs Wochen verlängert werden. ⁴Was den in Absatz 1 genannten Beschlussentwurf angeht, der gemäß Absatz 5 den Mitgliedern des Ausschusses übermittelt wird, so wird angenommen, dass ein Mitglied, das innerhalb einer vom Vorsitz angegebenen angemessenen Frist keine Einwände erhoben hat, dem Beschlussentwurf zustimmt.

(4) Die Aufsichtsbehörden und die Kommission übermitteln unverzüglich dem Ausschuss auf elektronischem Wege unter Verwendung eines standardisierten Formats alle zweckdienlichen Informationen, einschließlich – je nach Fall – einer kurzen Darstellung des Sachverhalts, des Beschlussentwurfs, der Gründe, warum eine solche Maßnahme ergriffen werden muss, und der Standpunkte anderer betroffener Aufsichtsbehörden.

(5) Der Vorsitz des Ausschusses unterrichtet unverzüglich auf elektronischem Wege
a) unter Verwendung eines standardisierten Formats die Mitglieder des Ausschusses und die Kommission über alle zweckdienlichen Informationen, die ihm zugegangen sind. Soweit erforderlich stellt das Sekretariat des Ausschusses Übersetzungen der zweckdienlichen Informationen zur Verfügung und
b) je nach Fall die in den Absätzen 1 und 2 genannte Aufsichtsbehörde und die Kommission über die Stellungnahme und veröffentlicht sie.

(6) Die in Absatz 1 genannte zuständige Aufsichtsbehörde nimmt den in Absatz 1 genannten Beschlussentwurf nicht vor Ablauf der in Absatz 3 genannten Frist an.

(7) Die in Absatz 1 genannte zuständige Aufsichtsbehörde trägt der Stellungnahme des Ausschusses weitestgehend Rechnung und teilt dessen Vorsitz binnen zwei Wochen nach Eingang der Stellungnahme auf elektronischem Wege unter Verwendung eines standardisierten Formats mit, ob sie den Beschlussentwurf beibehalten oder ändern wird; gegebenenfalls übermittelt sie den geänderten Beschlussentwurf.

(8) Teilt die in Absatz 1 genannte zuständige Aufsichtsbehörde dem Vorsitz des Ausschusses innerhalb der Frist nach Absatz 7 des vorliegenden Artikels unter Angabe der maßgeblichen Gründe mit, dass sie beabsichtigt, der Stellungnahme des Ausschusses insgesamt oder teilweise nicht zu folgen, so gilt Artikel 65 Absatz 1.

Überblick

Art. 64 hat wie der gesamte Abschnitt über das Kohärenzverfahren eine Harmonisierung des Vollzugs zum Ziel (→ Rn. 1). Die Norm ist durch die Unterscheidung zwischen den obligatorisch einzuholenden und den nur fakultativ auf Antrag zu beschließenden Stellungnahmen des Datenschutzausschusses geprägt, die für eine angemessene Balance zwischen einem möglichst kohärenten, zugleich aber auch zügigen Vollzug sorgen soll (→ Rn. 2). Obligatorisch abzuwarten ist eine Stellungnahme im Wesentlichen, wenn eine zuständige Aufsichtsbehörde beabsichtigt, eine der in Abs. 1 genannten Maßnahmen zu ergreifen (→ Rn. 6). In diesen Fällen stellt das Kohärenzverfahren eine Rechtmäßigkeitsvoraussetzung der abschließenden Entscheidung der zuständigen Behörde dar (→ Rn. 8). Sofern die vorlegende Aufsichtsbehörde beabsichtigt, eine obligatorische Stellungnahme bei ihrer Abschlussentscheidung ganz oder teilweise nicht zu beachten, kann das Streitbeilegungsverfahren nach Art. 65 eingeleitet werden (→ Rn. 19). Über die Fälle der obligatorischen Stellungnahmen hinaus sind die Aufsichtsbehörden und die Kommission nach Abs. 2 berechtigt, den Ausschuss mit Angelegenheiten von allgemeiner Geltung oder mit Auswirkungen in mehreren Mitgliedstaaten zu befassen (→ Rn. 11) Diese fakultativen Stellungnahmen lösen jedoch nicht die Rechtsfolgen der Abs. 7 und 8 aus und stellen daher letztlich unverbindliches – wenngleich rechtstatsächlich mutmaßlich interpretationsleitendes – soft law dar (→ Rn. 19).

Übersicht

	Rn.		Rn.
A. Allgemeines	1	II. Fakultative Stellungnahme (Abs. 2)	11
I. Normzweck	1	1. Überblick	11
II. Unterscheidung zwischen obligatorischen und fakultativen Stellungnahmen	2	2. Antragsberechtigung	12
		3. Mögliche Antragsgegenstände	13
III. Entstehungsgeschichte	3	III. Verfahren (Abs. 3–6)	14
B. Regelungsinhalt	4	1. Verfahrenseinleitung und Informationsaustausch (Abs. 4, Abs. 5 lit. a)	14
I. Obligatorische Stellungnahme (Abs. 1)	4	2. Entscheidung über die Zulässigkeit (Abs. 3 S. 1)	16
1. Überblick	4	3. Beschlussverfahren (Abs. 3 S. 2–4, Abs. 5 lit. b)	18
2. Gegenstände	5	IV. Rechtliche Bedeutung der Stellungnahme (Abs. 7 und 8)	19
3. Obligatorische Stellungnahme als Rechtmäßigkeitsvoraussetzung	8		

A. Allgemeines

I. Normzweck

Das Stellungnahmeverfahren nach Art. 64 zielt auf einen möglichst **kohärenten Vollzug** der 1 DS-GVO durch die mitgliedstaatlichen Aufsichtsbehörden ab. Zu diesem Zweck beschließt der Europäische Datenschutzausschuss, der aus den Vertretern der mitgliedstaatlichen Aufsichtsbehörden und dem Europäischen Datenschutzbeauftragten gebildet wird (Art. 68 Abs. 3), Stellungnahmen, welche die Anwendung der DS-GVO harmonisieren sollen und im Fall der obligatorischen Stellungnahmen nach Abs. 1 von der zuständigen Aufsichtsbehörde grundsätzlich zu berücksichtigen sind (→ Rn. 19). Zugleich ist der Unionsgesetzgeber ersichtlich bestrebt, das Verfahren so auszugestalten, dass nicht nur ein kohärenter, sondern auch ein effektiver und vor allem zügiger Vollzug gewährleistet werden kann.

II. Unterscheidung zwischen obligatorischen und fakultativen Stellungnahmen

Prägend für Art. 64 ist die Unterscheidung zwischen den nach Abs. 1 obligatorisch von den 2 Aufsichtsbehörden einzuholenden Stellungnahmen und den nur auf Antrag einer Aufsichtsbehörde zu beschließenden fakultativen Stellungnahmen nach Abs. 2. Hier kommt das Bestreben des Unionsgesetzgebers zum Ausdruck, eine angemessene **Balance zwischen Kohärenz, Effektivität und Zügigkeit des Vollzugs** herzustellen. Während die in Abs. 1 genannten Entscheidungen in Bezug auf das Ziel der Vollzugsharmonisierung als so bedeutend eingeschätzt werden, dass sie zwingend einer vorherigen Stellungnahme des Ausschusses bedürfen, unterliegt es in allen anderen Angelegenheiten der Einschätzung der Aufsichtsbehörden und der Kommission, ob sie es im Sinne der Vollzugsharmonisierung für sinnvoll erachten, den Ausschuss durch einen Antrag zu befassen. Diese haben dabei jedoch die genannten gegenläufigen Ziele und die grundsätzliche Subsidiarität des Kohärenzverfahrens (→ Art. 63 Rn. 6) zu berücksichtigen, was sich in einer engen Auslegung der möglichen Antragsgegenstände widerspiegelt (→ Rn. 13). Dass jedoch bis Ende 2020 soweit ersichtlich nur in zwei Fällen eine fakultative Stellungnahme des Ausschusses beantragt wurde (Stellungnahme 5/2019 v. 12.3.2019 und Stellungnahme 8/2019 vom 9.7.2019), dürfte aber weniger auf die engen Voraussetzungen als vielmehr auf eine allgemeine Zurückhaltung der Aufsichtsbehörden zurückzuführen sein, den Ausschuss zu befassen.

III. Entstehungsgeschichte

Der Abschnitt über das Kohärenzverfahren war im Gesetzgebungsverfahren **in besonderer** 3 **Weise umstritten,** wobei Auslöser des Streits die Frage war, ob der Kommission oder dem Datenschutzausschuss die Letztentscheidungsbefugnis zukommen sollte (→ Art. 63 Rn. 3). In Bezug auf das Stellungnahmeverfahren ist darüber hinaus vor allem das Bemühen des Parlaments zu konstatieren, dessen Anwendungsbereich enger zu fassen, als dies im Entwurf der Kommission vorgesehen war.

3.1 Gestrichen wurden im Gesetzgebungsverfahren generalklauselartige Verpflichtungen zur Einholung von Stellungnahmen in Bezug auf „Verarbeitungstätigkeiten, die mit dem Angebot von Waren oder Dienstleistungen für betroffene Personen in mehreren Mitgliedstaaten oder mit der Beobachtung des Verhaltens dieser Personen im Zusammenhang stehen oder den freien Verkehr personenbezogener Daten in der Union wesentlich beeinträchtigen können" (Art. 58 Abs. 2 lit. a und b Kommissionsentwurf). Zugleich wurde der Anwendungsbereich des fakultativen Stellungnahmeverfahrens auf „Angelegenheiten mit allgemeiner Geltung" beschränkt. Diese Beschränkungen des Anwendungsbereichs sind im Zusammenhang mit der stärkeren Beteiligung der weiteren betroffenen Aufsichtsbehörden in one-stop-shop-Fällen zu sehen.

B. Regelungsinhalt

I. Obligatorische Stellungnahme (Abs. 1)

1. Überblick

4 Sofern die obligatorische Einholung einer Stellungnahme durch eine mitgliedstaatliche Aufsichtsbehörde in Abs. 1 oder an anderer Stelle in der DS-GVO (→ Rn. 6) angeordnet wird, stellt das Durchlaufen des Kohärenzverfahrens eine Rechtmäßigkeitsvoraussetzung der abschließenden Entscheidung der Aufsichtsbehörde dar (→ Rn. 8). Eine auf systematische Argumente gestützte Reduktion des Anwendungsbereichs auf Gegenstände grenzüberschreitender Datenverarbeitung ist dabei nicht vorzunehmen (→ Rn. 7). Die Stellungnahmen des Datenschutzausschusses binden die Aufsichtsbehörden zwar nicht unmittelbar; diese sind aber verpflichtet, dem Ausschuss ein beabsichtigtes Abweichen mitzuteilen, um so eine verbindliche Streitbeilegung nach Art. 65 zu ermöglichen (→ Rn. 19). Einstweilige Maßnahmen mit einer Geltungsdauer von höchstens drei Monaten können von den mitgliedstaatlichen Aufsichtsbehörden unter den Voraussetzungen des Art. 66 Abs. 1 dagegen getroffen werden, ohne dass zuvor ein Kohärenzverfahren durchlaufen werden muss (→ Art. 66 Rn. 4).

2. Gegenstände

5 Abs. 1 nennt jene aufsichtsbehördlichen Maßnahmen, die einer obligatorischen Stellungnahme des Ausschusses bedürfen. In diesen Fällen sind die Aufsichtsbehörden verpflichtet, dem Ausschuss den Entwurf ihres Beschlusses mitzuteilen und dessen Stellungnahme oder das Verstreichen der in Abs. 3 genannten Frist abzuwarten (Abs. 6). Die mitzuteilenden Maßnahmen betreffen zum einen grundsätzliche Fragen von allgemeiner Bedeutung (lit. a–c und lit. d Alt. 2), zum anderen Maßnahmen, welche die Übermittlung von Daten in Drittstaaten betreffen (lit. d Alt. 1 und lit. e–f) (vgl. Paal/Pauly/Körffer Rn. 1). Darüber hinaus ordnen Art. 35 Abs. 6 iVm Abs. 5 und Art. 46 Abs. 4 iVm Abs. 3 lit. b weitere Vorlagepflichten an; Art. 64 Abs. 1 ist somit nicht abschließend (so auch NK-DatenschutzR/Spiecker gen. Döhmann Rn. 9; anders Auernhammer/Rossi Rn. 4; Gola/Eichler Rn. 3).

6 Dem Ausschuss zur Stellungnahme vorzulegen sind somit die **Entwürfe folgender Maßnahmen** der Aufsichtsbehörden:
- die von ihnen nach Art. 35 Abs. 4 erstellte Liste jener Verarbeitungsvorgänge, für die nach Art. 35 Abs. 1 eine Datenschutz-Folgenabschätzung durchzuführen ist (Positiv-Liste), soweit die einschränkende Voraussetzung des Art. 35 Abs. 6 erfüllt ist (→ Art. 35 Rn. 23; aA HK-DS-GVO/Schöndorf-Haubold Rn. 15, die die Einschränkung des Art. 35 Abs. 6 für unanwendbar hält) (lit. a),
- die von ihnen nach Art. 35 Abs. 5 erstellte Liste jener Verarbeitungsvorgänge, für die nach Art. 35 Abs. 1 keine Datenschutz-Folgenabschätzung durchzuführen ist (Negativ-Liste), soweit die einschränkende Voraussetzung des Art. 35 Abs. 6 erfüllt ist (→ Art. 35 Rn. 23); die Tatsache, dass Art. 35 Abs. 5 in Art. 64 Abs. 1 nicht genannt wird, scheint ein Redaktionsversehen darzustellen (Paal/Pauly/Körffer Rn. 3), da sich Art. 35 Abs. 6 explizit sowohl auf die Positiv- als auch auf die Negativ-Listen bezieht (→ Art. 35 Rn. 23; aA Kühling/Buchner/Caspar Rn. 6 mit Fn. 3; eine Lösung über Art. 64 Abs. 2 schlägt HK-DS-GVO/Schöndorf-Haubold Rn. 16 vor, in der in diesen Fällen das Vorlageermessen auf Null reduziert); dieser Lösung folgt auch der Datenschutzausschuss. s. erstmals die Stellungnahmen 11/2019, 12/2019 und 13/2019 v. 10.7.2019, jeweils Rn. 1; des Weiteren Stellungnahme 7/2020 v. 22.4.2020, Rn. 1),
- Verhaltensregeln nach Art. 40, soweit diese auf Verarbeitungstätigkeiten in mehreren Mitgliedstaaten bezogen sind (Art. 40 Abs. 7) (lit. b),
- die Anforderungen an die Akkreditierung einer die Einhaltung der Verhaltensregeln nach Art. 40 überwachenden Stelle (Art. 41 Abs. 3) (lit. c Var. 1),

- die Genehmigung der Anforderungen an die Akkreditierung einer Zertifizierungsstelle (Art. 43 Abs. 3) (lit. c Var. 2); auch hier könnte jedoch ein Redaktionsversehen vorliegen, da Art. 43 Abs. 3 die Genehmigung der Kriterien entweder durch die zuständige Aufsichtsbehörde oder durch den Ausschuss vorsieht, also nicht von einer obligatorisch einzuholenden Stellungnahme auszugehen scheint, weshalb insoweit eine Reduktion des Wortlauts des Art. 64 Abs. 1 lit. c zu überlegen wäre,
- die Genehmigung der Kriterien für die Zertifizierung (Art. 42 Abs. 5) (lit. c Var. 3)
- die Festlegung von Standard-Datenschutzklauseln iRd Auftragsdatenverarbeitung (Art. 28 Abs. 8, → Art. 28 Rn. 112) (lit. d Alt. 2),
- die Festlegung von Standard-Datenschutzklauseln als geeignete Garantie im Rahmen der Übermittlung von Daten in Drittstaaten (Art. 46 Abs. 2 lit. d, → Art. 46 Rn. 46) (lit. d Alt. 1); diese Vorlagepflicht wird jedoch durch eine einschränkende Auslegung auf jene Fälle beschränkt, in denen auf der Grundlage der Standard-Datenschutzklauseln Daten aus mehreren Mitgliedstaaten übermittelt werden sollen, wofür als Argument die fehlende Inbezugnahme des Art. 46 Abs. 2 lit. d in dem die Vorlagepflicht regelnden Art. 46 Abs. 4 ins Feld geführt wird (→ Art. 46 Rn. 48),
- die Genehmigung von Vertragsklauseln als geeignete Garantie im Rahmen der Übermittlung von Daten in Drittstaaten (Art. 46 Abs. 3 lit. a, → Art. 46 Rn. 62) (lit. f),
- die Genehmigung von Bestimmungen in Verwaltungsvereinbarungen als geeignete Garantie im Rahmen der Übermittlung von Daten in Drittstaaten (Art. 46 Abs. 3 lit. b, → Art. 46 Rn. 66) und weitere unbenannte Garantien nach Art. 46 Abs. 3; auch wenn Art. 46 Abs. 3 lit. b und die unbenannten Garantien nach Art. 46 Abs. 3 in Art. 64 Abs. 1 nicht explizit genannt werden, spricht der Wortlaut des Art. 46 Abs. 4, der sich auf den gesamten Abs. 3 bezieht (→ Art. 46 Rn. 60), dafür, dass es sich insoweit in Art. 64 Abs. 1 um ein Redaktionsversehen handelt (so auch Kühling/Buchner/Caspar Rn. 6; aA Paal/Pauly/Körffer Rn. 3, die ein Redaktionsversehen in Art. 46 Abs. 4 annimmt),
- die Genehmigung verbindlicher interner Datenschutzvorschriften gem. Art. 47 (sog. Binding Corporate Rules, → Art. 47 Rn. 1), die nach Art. 46 Abs. 2 lit. b geeignete Garantien im Rahmen der Übermittlung von Daten in Drittstaaten darstellen (lit. f).

6.1 Die Praxis des Ausschusses war im ersten Jahr der Geltung der DS-GVO durch Beschlüsse nach Abs. 1 lit. a iVm Art. 35 Abs. 4 über Entwürfe für Positiv-Listen für erforderliche Datenschutz-Folgeabschätzungen geprägt. Hiernach spielten zahlenmäßig zunächst Beschlüsse nach Abs. 1 lit. c iVm Art. 41 Abs. 3 (Anforderungen für die Akkreditierung von Überwachungsstellen für genehmigte Verhaltensregeln) und iVm Art. 43 Abs. 3 (Anforderungen für Zertifizierungsstellen) die zentrale Rolle, bevor Beschlüsse über verbindliche interne Vorschriften nach Abs. 1 lit. f in den Vordergrund rückten (s. die Zusammenstellung aller bisherigen Stellungnahmen auf der Homepage des Ausschusses, abrufbar unter https://edpb.europa.eu/node/30).

7 In der Literatur wird unter Heranziehung systematischer Erwägungen eine Reduktion des Abs. 1 auf solche Maßnahmen vertreten, die grenzüberschreitende Datenverarbeitungsmaßnahmen zum Gegenstand haben (Paal/Pauly/Körffer Rn. 1; Kühling/Buchner/Caspar Rn. 5). Eine solche Auslegung findet im Gesetzeswortlaut selbst allerdings keine Stütze und ist daher abzulehnen (so im Ergebnis auch Schantz/Wolff DatenschutzR Rn. 1047).

7.1 Soweit die einschränkende Auslegung auf den Erwägungsgrund 135 gestützt wird, der in S. 2 die Anwendung des Kohärenzverfahrens insbesondere in Bezug auf solche Verarbeitungsvorgänge vorsieht, die erhebliche Auswirkungen für eine bedeutende Zahl betroffener Personen in mehreren Mitgliedstaaten haben, so ist dem entgegenzuhalten, dass insoweit Erwägungsgrund 135 in sich inkohärent ist, da er in S. 3 auf das fakultative Kohärenzverfahren verweist, ohne die in diesem – im Gegensatz zu Abs. 1 – explizit verankerte Beschränkung des Anwendungsbereichs aufzugreifen. Die Annahme eines ungeschriebenen Tatbestandsmerkmals verbietet sich jedoch schon aus Gründen der Rechtssicherheit, da es sich beim obligatorischen Stellungnahmeverfahren nach Art. 64 Abs. 1 um eine Rechtmäßigkeitsvoraussetzung für die Entscheidung der Aufsichtsbehörde handelt. Zudem dürfte es vielfach nicht möglich sein, ex ante zu beurteilen, ob eine Maßnahme sich auf grenzüberschreitende Datenverarbeitungen bezieht (vgl. in dieser Richtung → Art. 35 Rn. 24). Des Weiteren bezwecken die Vorschriften der DS-GVO gerade eine Harmonisierung des Datenschutzrechts sowie dessen Vollzugs und zwar unabhängig davon, ob es sich um grenzüberschreitende Datenverarbeitungsvorgänge handelt (so schon zur DSRL EuGH EuR 2004, 276 Rn. 42 f. – ORF). Schließlich ist der Rückgriff auf das Kriterium der grenzüberschreitenden Datenverarbeitung auch weitgehend überflüssig, da die wichtigen Verweisnormen des § 35 Abs. 6 und des § 40 Abs. 7 selbst Einschränkungen enthalten.

3. Obligatorische Stellungnahme als Rechtmäßigkeitsvoraussetzung

8   Legt eine Aufsichtsbehörde einen Beschlussentwurf nicht dem Datenschutzausschuss zur Stellungnahme vor, obwohl sie hierzu durch Art. 64 Abs. 1 oder eine der weiteren in → Rn. 6 genannten Vorschriften verpflichtet wird, so hat dies die Rechtswidrigkeit ihres Beschlusses zur Folge, sofern dieser überhaupt rechtliche Wirkungen entfalten soll. Diese bedeutsame Fehlerfolge ergibt sich bedauerlicherweise nicht unmittelbar aus dem Normtext selbst, sondern nur aus Erwägungsgrund 138 S. 1.

9   Problematisch erscheint die strikte Fehlerfolge in jenen Fällen, in denen die Pflicht zur Befassung des Datenschutzausschusses an unbestimmte Rechtsbegriffe mit prognostischem Anteil geknüpft wird. So verpflichtet Art. 35 Abs. 6 die zuständige Aufsichtsbehörde ua dann zur Vorlage der Liste von Verarbeitungsvorgängen, für die (k)eine Datenschutz-Folgenabschätzung vorzunehmen ist, wenn die Liste Verarbeitungstätigkeiten umfasst, „die den freien Verkehr personenbezogener Daten innerhalb der Union erheblich beeinträchtigen könnten." In dieser Hinsicht sollte den Aufsichtsbehörden ein gerichtlich nur eingeschränkt zu überprüfender Einschätzungsspielraum eingeräumt werden. Zugleich ist den Aufsichtsbehörden zu raten, den sicheren Weg zu wählen und die Liste iZw dem Datenschutzausschuss vorzulegen.

10 Ob eine Heilung der rechtswidrigen Maßnahme der Aufsichtsbehörde möglich ist, die bspw. dann eintreten könnte, wenn eine zu einem späteren Zeitpunkt erlassene Stellungnahme die rechtswidrige Maßnahme inhaltlich „bestätigt" (so LNK Das neue DatenschutzR § 10 Rn. 49 aE), erscheint durchaus überlegenswert, da das Harmonisierungsziel letztlich erreicht wurde und das obligatorische Stellungnahmeverfahren im Kern nicht die Interessen des für die Datenverarbeitung Verantwortlichen schützt.

II. Fakultative Stellungnahme (Abs. 2)

1. Überblick

11 In Abgrenzung zu den obligatorischen Stellungnahmen nach Abs. 1 regelt Abs. 2 ein fakultatives Stellungnahmeverfahren, das nur **auf Antrag** eines der genannten Antragsberechtigten (→ Rn. 12) durchzuführen ist. Sofern der Antrag jedoch nicht zurückgewiesen werden kann (bspw. weil eine Stellungnahme zu derselben Angelegenheit bereits abgegeben wurde), ist der Ausschuss verpflichtet, das Verfahren durchzuführen und eine Stellungnahme zu beschließen; er kann also nicht aus Opportunitätsgründen vom Beschluss einer Stellungnahme absehen (Abs. 3 S. 1; so auch HK-DS-GVO/Schöndorf-Haubold Rn. 38f). Die Stellungnahme nach Abs. 2 ist somit nur insoweit fakultativ, als sie keine Rechtmäßigkeitsvoraussetzung für beabsichtigte Maßnahmen der Aufsichtsbehörden darstellt. Zudem ist mit fakultativen Stellungnahmen im Gegensatz zu obligatorischen Stellungnahmen keine Berücksichtigungspflicht verbunden, da sich die Abs. 7 und 8 nur auf letztere beziehen (Paal/Pauly/Körffer Rn. 4; aA Kühling/Buchner/Caspar Rn. 10). Dennoch sind auch die fakultativen Stellungnahmen rechtstatsächlich nicht bedeutungslos, da bei einem Abweichen von einer fakultativen Stellungnahme die Einleitung eines Streitbeilegungsverfahrens durch eine andere betroffene Aufsichtsbehörde oder die Kommission droht (→ Rn. 20).

2. Antragsberechtigung

12 Antragsberechtigt ist nach dem Wortlaut des Abs. 2 zunächst **jede Aufsichtsbehörde**. Eine Beschränkung der Antragsberechtigung auf betroffene Aufsichtsbehörden iSd Art. 4 Nr. 22, wie sie Erwägungsgrund 135 S. 3 nahelegt, vermag den insoweit klaren Wortlaut nicht zu überspielen (so iE auch Gola/Eichler Rn. 4). Darüber hinaus kommt dem **Vorsitz des Datenschutzausschusses** sowie der **Kommission** die Antragsberechtigung zu. Das der Kommission hierdurch vom Gesetzgeber eingeräumte Recht, den Datenschutzausschuss zu befassen, verletzt die primärrechtlich garantierte Unabhängigkeit der Datenschutzaufsicht nicht (Auernhammer/Rossi Art. 63 Rn. 6; tendenziell aA Paal/Pauly/Körffer Art. 52 Rn. 5: „äußerst bedenklich"), sondern ist durch den Ausgestaltungsspielraum des Gesetzgebers gedeckt (→ Art. 52 Rn. 18).

3. Mögliche Antragsgegenstände

13 Antragsgegenstand können Angelegenheiten mit allgemeiner Geltung oder mit Auswirkungen in mehr als einem Mitgliedstaat sein. Die erste Alternative wird in der Literatur zum Teil als Grundsatzangelegenheit verstanden (Plath/Hullen Rn. 4), was sehr eng erscheint, aber auf das berechtigte Anliegen der für die Datenverarbeitung Verantwortlichen verweist, möglichst zügig

Stellungnahme des Ausschusses **Artikel 64 DS-GVO**

eine Entscheidung der Aufsichtsbehörde zu erhalten und nur dann eine Stellungnahme des Ausschusses abwarten zu müssen, wenn dies zum Zwecke der Vollzugsharmonisierung erforderlich ist. Daher ist bei der Auslegung des Abs. 2 der in Erwägungsgrund 138 S. 2 verankerte Grundsatz der Subsidiarität des Kohärenzverfahrens (→ Art. 63 Rn. 6) zu beachten (aA NK-DatenschutzR/ Spiecker gen. Döhmann Rn. 25). Als Angelegenheiten mit allgemeiner Geltung sind daher nur solche Verarbeitungstätigkeiten anzusehen, die eine große Anzahl von Personen aktuell betreffen oder in naher Zukunft betreffen werden (aA Gola/Eichler Rn. 4; NK-DatenschutzR/Spiecker gen. Döhmann Rn. 27; zurückhaltend auch Kühling/Buchner/Caspar Rn. 7). Das Vorliegen dieser Voraussetzung bzw. der Auswirkungen in mehr als einem Mitgliedstaat müssen im Antrag dargelegt werden, da ansonsten eine Zurückweisung des Antrags durch den Ausschuss droht (Paal/ Pauly/Körffer Rn. 4).

Im soweit ersichtlich zweiten Stellungnahmeverfahren nach Abs. 2 hat der Ausschuss die Frage, ob die **13.1** Zuständigkeit einer Aufsichtsbehörde fortdauert, wenn sich Umstände ändern, die für die Qualifikation als Hauptniederlassung oder als einzige Niederlassung relevant sind, als Angelegenheit mit allgemeiner Geltung betrachtet (s. Stellungnahme 8/2019 v. 9.7.2019, Rn. 5 ff.). Im ersten Stellungnahmeverfahren nach Abs. 2, das das Zusammenspiel der DSGVO und der E-Privacy-Richtlinie und hier insbesondere die Zuständigkeiten, Aufgaben und Befugnisse der Aufsichtsbehörden zum Gegenstand hatte (Stellungnahme 5/2019 v. 12.3.2019), hat sich der Ausschuss nicht zu den Voraussetzungen des Abs. 2 äußern müssen, da es sich ersichtlich um eine Frage mit Auswirkungen in allen Mitgliedstaaten handelte.

III. Verfahren (Abs. 3–6)

1. Verfahrenseinleitung und Informationsaustausch (Abs. 4, Abs. 5 lit. a)

Das Stellungnahmeverfahren wird im Fall des Abs. 1 durch die Vorlage eines Beschlussentwurfs **14** der zuständigen Aufsichtsbehörde eingeleitet, im Fall des Abs. 2 durch einen Antrag einer Aufsichtsbehörde, des Vorsitzes des Ausschusses oder der Kommission. In beiden Fällen übermitteln die vorlegende bzw. die antragstellende Stelle möglichst zugleich, jedenfalls aber zum nächstmöglichen Zeitpunkt („unverzüglich"), alle zweckdienlichen Informationen, die beispielhaft – also weder abschließend noch in Bezug auf einzelne Informationen verpflichtend – in Abs. 4 genannt sind (Paal/Pauly/Körffer Rn. 5). Die Übermittlung der Vorlage bzw. des Antrags erfolgt nach Art. 4 Nr. 1 lit. a Durchführungsbeschluss (EU) 2018/743 elektronisch über das Binnenmarktinformationssystem. In gleicher Weise werden die Informationen (erforderlichenfalls in einer vom Sekretariat des Ausschusses zur Verfügung gestellten Übersetzung) vom Vorsitz des Ausschusses an die Mitglieder des Ausschusses und die Kommission weitergeleitet (Abs. 5 lit. a) (Art. 4 Nr. 1 lit. c Durchführungsbeschluss (EU) 2018/743).

In den Fällen des Abs. 1 prüft das Sekretariat des Ausschusses nach Eingang der Vorlage sowie der **14.1** zweckdienlichen Unterlagen zunächst, ob diese vollständig sind und fordert gegebenenfalls ergänzende Unterlagen an (Art. 10 Abs. 1 S. 2 und 3 Geschäftsordnung). Erst wenn die Vollständigkeit vom Vorsitz und der vorlegenden Aufsichtsbehörde (gemeinsam) festgestellt wurde, erfolgt die Weiterleitung an die anderen Ausschussmitglieder nach Abs. 5 (Art. 10 Abs. 1 S. 5 Geschäftsordnung). Die Feststellung ist auch rechtlich erheblich, weil mit ihr die Fristen des Abs. 3 zu laufen beginnen sollen (→ Rn. 18.1).

Die in der Literatur erwogene Konsultation von Datenverarbeitern und Interessenverbänden (Plath/ **14.2** Hullen Rn. 2) erscheint angesichts der kurzen Fristen des Abs. 3 kaum durchführbar; im Fall des Abs. 1 erfolgt sie zweckmäßigerweise ohnehin bereits iRd Erarbeitung des Entscheidungsentwurfs durch die zuständige Aufsichtsbehörde. Dass dies die Datenverarbeiter und Interessenverbände aus anderen Mitgliedstaaten regelmäßig ausschließt, scheint unvermeidbar.

In Fällen der obligatorischen Stellungnahme nach Abs. 1 verpflichtet Abs. 6 die zuständige **15** Aufsichtsbehörde, den dem Ausschuss vorgelegten Beschlussentwurf nicht vor Ablauf der Entscheidungsfristen in Abs. 3 anzunehmen.

2. Entscheidung über die Zulässigkeit (Abs. 3 S. 1)

Aus Abs. 3 S. 1 lässt sich ableiten, dass der Stellungnahme in der Sache eine Entscheidung **16** über die Zulässigkeit der Vorlage bzw. des Antrags vorausgeht. Diese betrifft die Fragen, ob der **Voraussetzungen des Abs. 1 bzw. des Abs. 2 erfüllt** sind und ob der Ausschuss **nicht bereits eine Stellungnahme zu derselben Angelegenheit abgegeben** hat. Ob die Entscheidung über die Zulässigkeit vom Vorsitz oder vom Ausschuss selbst zu treffen ist, ergibt sich nicht aus der Norm. Eine erste Durchführung des Verfahrens nach Abs. 3 allein in Bezug auf die Frage der

Zulässigkeit scheidet aber in jedem Fall aus Gründen der anzustrebenden Verfahrensbeschleunigung aus (offen gelassen bei Paal/Pauly/Körffer Rn. 6). Art. 10 Abs. 3 und 4 der Geschäftsordnung des Ausschusses sehen vor, dass der Ausschuss umgehend innerhalb einer vom Vorsitz gesetzten Frist die Entscheidung treffen kann, keine Stellungnahme abzugeben, weil bereits eine Stellungnahme in derselben Angelegenheit vorliegt oder weil ein Antrag nach Abs. 2 nicht ausreichend begründet ist.

17 Zweifelhaft ist in diesem Zusammenhang jedoch, ob auch eine Vorlage nach Abs. 1 mit der Begründung zurückgewiesen werden kann, dass der Ausschuss bereits eine Stellungnahme zu derselben Angelegenheit abgegeben hat, wie es Art. 10 Abs. 4 der Geschäftsordnung vorsieht. Auch der Wortlaut des Abs. 3 S. 1 legt dies nahe, lässt aber offen, welche Rechtsfolgen mit einer solchen Zurückweisung verbunden sind. Hier scheint es sinnvoll, danach zu unterscheiden, ob die bereits erteilte Stellungnahme auch Gegenstand eines Streitbeilegungsbeschlusses geworden ist oder ob die zuständige Behörde im damaligen Verfahren der Stellungnahme weitestgehend Rechnung getragen hat und es daher nicht zu einem Streitbeilegungsverfahren gekommen ist. Im ersten Fall liegt ein verbindlicher Beschluss des Ausschusses vor, der auch von der vorlegenden Behörde zu beachten ist. Im zweiten Fall müssten letztlich auch bei einer Zurückweisung der Vorlage die Abs. 7 und 8 zur Anwendung kommen, da die nunmehr vorlegende Aufsichtsbehörde kaum an eine ursprünglich nicht verbindliche Stellungnahme gebunden sein kann. Dies bedeutet, dass mit der Zurückweisung des Antrags die Frist des Abs. 7 zu laufen beginnt, innerhalb derer die Aufsichtsbehörde mitzuteilen hat, ob sie beabsichtigt, der Stellungnahme zu folgen. Gleiches gilt für die ebenfalls nicht geregelte Konstellation, dass sich der Datenschutzausschuss im Streitbeilegungsverfahren nicht auf einen bindenden Beschluss einigen konnte (eine Regelung in der Geschäftsordnung für diesen Fall fordert Gola/Eichler Rn. 11).

3. Beschlussverfahren (Abs. 3 S. 2–4, Abs. 5 lit. b)

18 Die Beschlussfassung über die Stellung hat innerhalb einer Frist von acht Wochen zu erfolgen (Abs. 3 S. 2), die in komplexen Angelegenheiten um sechs Wochen verlängert werden kann (Abs. 3 S. 3). Die Entscheidung über die Verlängerung trifft nach Art. 10 Abs. 2 der Geschäftsordnung der Vorsitz von Amts wegen oder auf Antrag von einem Drittel der Ausschussmitglieder. Für die Annahme einer Stellungnahme ist grundsätzlich die Zustimmung der Mehrheit der Mitglieder, nicht eine bloße Mehrheit der abgegebenen Stimmen erforderlich (Abs. 3 S. 2). Anderes gilt nach Abs. 3 S. 4 für die nach Abs. 1 vorgelegten Beschlussentwürfe: Hier gilt als Zustimmung, wenn ein Ausschussmitglied innerhalb einer vom Vorsitz angegebenen angemessenen Frist keine Einwände erhebt. Die Stellungnahme ist schließlich der vorlegenden Aufsichtsbehörde bzw. der antragstellenden Aufsichtsbehörde oder Kommission nach Abs. 5 lit. b mitzuteilen; zudem ist sie zu veröffentlichen.

18.1 Wann die Frist von acht Wochen zu laufen beginnt, war in der Literatur zunächst umstritten. Während Gola/Eichler Rn. 8 f. eine reine Entscheidungsfrist annimmt, die erst dann zu laufen beginnt, wenn den Ausschussmitgliedern sämtliche zweckdienlichen Informationen vorliegen, scheint Kühling/Buchner/Caspar Rn. 12 f. davon auszugehen, dass eventuell erforderliche Sachverhaltsaufklärung innerhalb der Frist, notfalls unter Nutzung der Verlängerungsmöglichkeit, zu erfolgen hat. Für letzteres spricht neben dem anzuerkennenden Interesse der Datenverarbeiter, zügig eine Entscheidung zu erhalten, auch das Erfordernis einer rechtssicheren Bestimmung des Fristbeginns. Art. 10 Abs. 2 der Geschäftsordnung des Ausschusses hat die Frage nun im erstgenannten Sinne entschieden: Hiernach beginnt die Frist erst in dem Zeitpunkt zu laufen, in dem der Vorsitz und die zuständige Aufsichtsbehörde die Vollständigkeit des Antrags und der zweckdienlichen Unterlagen festgestellt haben (→ Rn. 14.1).

18.2 Zu einer Verkürzung der Fristen kommt es nach Art. 66 Abs. 2, wenn die betroffene Aufsichtsbehörde nach Art. 66 Abs. 1 eine einstweilige Maßnahme erlassen hat und hiernach mit der Begründung, es bedürfe dringend einer endgültigen Maßnahme, eine Stellungnahme des Ausschusses im Dringlichkeitsverfahren beantragt (→ Art. 66 Rn. 6).

18.3 Unklar ist, ob die Stellungnahmen nach Art. 64 auch in das nach Art. 70 Abs. 1 lit. y vom Datenschutzausschuss zu führende öffentlich einsehbare Register aufzunehmen sind. Gegen eine Verpflichtung, neben den Beschlüssen nach Art. 65 auch die Stellungnahmen nach Art. 64 aufzunehmen, spricht, dass in Art. 70 Abs. 1 lit. y von „Beschlüssen" die Rede ist. Angesichts der hohen rechtstatsächlichen Bedeutung, die den Stellungnahmen trotz ihres Charakters als soft law zukommen wird (→ Rn. 19), spricht vieles dafür, Art. 70 Abs. 1 lit. y entgegen des engen Wortlauts teleologisch weit auszulegen (so iE auch – allerdings ohne nähere Begründung – Gola/Eichler Rn. 5; vgl für die Weiteren Kühling/Buchner/Dix Art. 70 Rn. 15, der – ohne eine dahingehende Verpflichtung anzunehmen – für eine Aufnahme auch von Leitlinien und Empfehlungen des Ausschusses in das Register plädiert; aA NK-DatenschutzR/Spiecker gen. Döhmann Rn. 53).

IV. Rechtliche Bedeutung der Stellungnahme (Abs. 7 und 8)

Die **obligatorischen Stellungnahmen nach Abs. 1** sind zwar **nicht verbindlich,** lösen aber 19
die **Rechtsfolgen der Abs. 7 und 8** aus. Sofern die zuständige Aufsichtsbehörde der Stellungnahme weitestgehend Rechnung trägt, teilt sie dem Vorsitz des Ausschusses zwei Wochen nach Erhalt der Stellungnahme mit, ob sie ihren Beschlussentwurf beibehalten oder ändern wird, und übermittelt im letzteren Fall den geänderten Beschlussentwurf (Abs. 7). Beabsichtigt die Behörde dagegen, der Stellungnahme ganz oder teilweise nicht zu folgen, so teilt sie dies dem Vorsitz des Ausschusses innerhalb derselben Frist mit (Abs. 8). In diesem Fall kann von jeder betroffenen Aufsichtsbehörde oder der Kommission das Verfahren der Streitbeilegung eingeleitet werden (Art. 65 Abs. 1 lit. c). Kommt es hierzu nicht, steht es der zuständigen Aufsichtsbehörde frei, von der Stellungnahme abzuweichen (aA in Teilen Gola/Eichler Rn. 13, die jedenfalls ein Abweichen von den „Grundgedanken" der Stellungnahme für unzulässig hält). Die Gegenansicht, nach der zwingend ein verbindlicher Beschluss des Ausschusses im Streitbeilegungsverfahren herbeizuführen ist (so LNK Das neue DatenschutzR § 10 Rn. 51 aE), lässt sich mit dem Wortlaut des Art. 65 Abs. 1 lit. c S. 2 nicht vereinbaren, der die Vorlage an den Ausschuss explizit in das Ermessen der Aufsichtsbehörden und der Kommission stellt (so iE auch Paal/Pauly/Körffer Rn. 10). Offen lässt die Norm jedoch, wie lange die zuständige Aufsichtsbehörde abwarten muss, ob das Streitbeilegungsverfahren eingeleitet wird, bevor sie eine von der Stellungnahme abweichende Entscheidung erlässt. Dies sollte iSd Rechtssicherheit dringend in der Geschäftsordnung des Datenschutzausschusses geregelt werden.

Auf die **fakultativen Stellungnahmen nach Abs. 2** finden Abs. 7 und 8 dagegen keine 20
Anwendung, was sich zum einen aus dem Wortlaut des Abs. 7 und zum anderen daraus ergibt, dass der Abs. 2 auch dann zur Anwendung kommen kann, wenn keine mitgliedstaatliche Aufsichtsbehörde den Erlass einer Maßnahme beabsichtigt (aA Kühling/Buchner/Caspar Rn. 10). Im Gegensatz zu den obligatorischen Stellungnahmen sind die fakultativen nicht nur nicht verbindlich, sondern sie lösen auch **keine unmittelbaren Rechtsfolgen** aus. Sie stellen somit soft law dar, das jedoch vor allem deswegen eine gesteigerte Beachtung der mitgliedstaatlichen Aufsichtsbehörden verdient, weil auch das Abweichen einer Aufsichtsbehörde von einer bereits vor geraumer Zeit ergangenen fakultativen Stellungnahme dazu führen kann, dass von einer der in Art. 65 Abs. 1 lit c genannten Antragsberechtigten ein Streitbeilegungsverfahren eingeleitet wird (→ Art. 65 Rn. 8), welches in einen verbindlichen Beschluss des Datenschutzausschusses münden kann (von „latenter Verbindlichkeit" und „dirigierender Wirkung" sprechen daher Schantz/Wolff DatenschutzR Rn. 1060 f.).

Sowohl die obligatorischen als auch die fakultativen Stellungnahmen können weder Gegenstand einer 20.1
Nichtigkeitsklage nach Art. 263 AEUV sein, da es ihnen an Rechtsverbindlichkeit fehlt (aA Ehmann/Selmayr/Klabunde Rn. 18), noch können sie im Wege des Vorabentscheidungsverfahrens nach Art. 267 AEUV dem EuGH vorgelegt werden, da insoweit aus demselben Grund die notwendige Entscheidungserheblichkeit fehlt (so im Ergebnis auch Schantz/Wolff DatenschutzR Rn. 982).

Artikel 65 Streitbeilegung durch den Ausschuss

(1) Um die ordnungsgemäße und einheitliche Anwendung dieser Verordnung in Einzelfällen sicherzustellen, erlässt der Ausschuss in den folgenden Fällen einen verbindlichen Beschluss:
a) wenn eine betroffene Aufsichtsbehörde in einem Fall nach Artikel 60 Absatz 4 einen maßgeblichen und begründeten Einspruch gegen einen Beschlussentwurf der federführenden Behörde eingelegt hat und sich die federführende Behörde dem Einspruch nicht angeschlossen hat oder den Einspruch als nicht maßgeblich oder nicht begründet abgelehnt hat. Der verbindliche Beschluss betrifft alle Angelegenheiten, die Gegenstand des maßgeblichen und begründeten Einspruchs sind, insbesondere die Frage, ob ein Verstoß gegen diese Verordnung vorliegt;
b) wenn es widersprüchliche Standpunkte dazu gibt, welche der betroffenen Aufsichtsbehörden für die Hauptniederlassung zuständig ist,
c) wenn eine zuständige Aufsichtsbehörde in den in Artikel 64 Absatz 1 genannten Fällen keine Stellungnahme des Ausschusses einholt oder der Stellungnahme des Ausschusses gemäß Artikel 64 nicht folgt. In diesem Fall kann jede betroffene Aufsichtsbehörde oder die Kommission die Angelegenheit dem Ausschuss vorlegen.

(2) ¹Der in Absatz 1 genannte Beschluss wird innerhalb eines Monats nach der Befassung mit der Angelegenheit mit einer Mehrheit von zwei Dritteln der Mitglieder des Ausschusses angenommen. ²Diese Frist kann wegen der Komplexität der Angelegenheit um einen weiteren Monat verlängert werden. ³Der in Absatz 1 genannte Beschluss wird begründet und an die federführende Aufsichtsbehörde und alle betroffenen Aufsichtsbehörden übermittelt und ist für diese verbindlich.

(3) ¹War der Ausschuss nicht in der Lage, innerhalb der in Absatz 2 genannten Fristen einen Beschluss anzunehmen, so nimmt er seinen Beschluss innerhalb von zwei Wochen nach Ablauf des in Absatz 2 genannten zweiten Monats mit einfacher Mehrheit der Mitglieder des Ausschusses an. ²Bei Stimmengleichheit zwischen den Mitgliedern des Ausschusses gibt die Stimme des Vorsitzes den Ausschlag.

(4) Die betroffenen Aufsichtsbehörden nehmen vor Ablauf der in den Absätzen 2 und 3 genannten Fristen keinen Beschluss über die dem Ausschuss vorgelegte Angelegenheit an.

(5) ¹Der Vorsitz des Ausschusses unterrichtet die betroffenen Aufsichtsbehörden unverzüglich über den in Absatz 1 genannten Beschluss. ²Er setzt die Kommission hiervon in Kenntnis. ³Der Beschluss wird unverzüglich auf der Website des Ausschusses veröffentlicht, nachdem die Aufsichtsbehörde den in Absatz 6 genannten endgültigen Beschluss mitgeteilt hat.

(6) ¹Die federführende Aufsichtsbehörde oder gegebenenfalls die Aufsichtsbehörde, bei der die Beschwerde eingereicht wurde, trifft den endgültigen Beschluss auf der Grundlage des in Absatz 1 des vorliegenden Artikels genannten Beschlusses unverzüglich und spätestens einen Monat, nachdem der Europäische Datenschutzausschuss seinen Beschluss mitgeteilt hat. ²Die federführende Aufsichtsbehörde oder gegebenenfalls die Aufsichtsbehörde, bei der die Beschwerde eingereicht wurde, setzt den Ausschuss von dem Zeitpunkt, zu dem ihr endgültiger Beschluss dem Verantwortlichen oder dem Auftragsverarbeiter bzw. der betroffenen Person mitgeteilt wird, in Kenntnis. ³Der endgültige Beschluss der betroffenen Aufsichtsbehörden wird gemäß Artikel 60 Absätze 7, 8 und 9 angenommen. ⁴Im endgültigen Beschluss wird auf den in Absatz 1 genannten Beschluss verwiesen und festgelegt, dass der in Absatz 1 des vorliegenden Artikels genannte Beschluss gemäß Absatz 5 auf der Website des Ausschusses veröffentlicht wird. ⁵Dem endgültigen Beschluss wird der in Absatz 1 des vorliegenden Artikels genannte Beschluss beigefügt.

Überblick

Das Streitbeilegungsverfahren zielt auf eine Harmonisierung des Vollzugs durch eine Zentralisierung der Letztentscheidungsbefugnis in bestimmten Fällen beim Europäischen Datenschutzausschuss (→ Rn. 1). Dieser entscheidet durch verbindlichen Beschluss (→ Rn. 14), wenn sich ein Dissens im Verfahren der Zusammenarbeit zwischen federführender und betroffener Aufsichtsbehörde nicht beilegen lässt (→ Rn. 4), wenn unklar ist, welche Behörde als federführende Behörde zu agieren hat (→ Rn. 6) und wenn entgegen der Verpflichtung des Art. 64 Abs. 1 eine obligatorische Stellungnahme nicht eingeholt wurde oder eine Aufsichtsbehörde eine obligatorische oder fakultative Stellungnahme nicht beachtet oder beabsichtigt, dies nicht zu tun (→ Rn. 8). Während des potentiell zweiphasigen Verfahrens, das durch unterschiedliche Mehrheitserfordernisse geprägt ist, darf keine Entscheidung der Aufsichtsbehörde in der Sache ergehen (→ Rn. 9). Diese hat vielmehr ihrer Entscheidung den Beschluss des Ausschusses zu Grunde zu legen (→ Rn. 15). Während die betroffenen Aufsichtsbehörden den Beschluss mit der Nichtigkeitsklage gem. Art. 263 AEUV angreifen können (→ Rn. 16), ist hinsichtlich des Rechtsschutzes der Verantwortlichen und der Beschwerdeführer im Einzelfall zu prüfen, ob neben einer Klage gegen die aufsichtsbehördliche Entscheidung auch eine Nichtigkeitsklage in Betracht kommt (→ Rn. 17).

Übersicht

	Rn.		Rn.
A. Allgemeines	1	B. Regelungsinhalt	3
I. Normzweck	1	I. Anwendungsbereich (Abs. 1)	3
II. Entstehungsgeschichte	2	1. Dissens zwischen Aufsichtsbehörden im Zusammenarbeitsverfahren gem. Art. 60 Abs. 4 (lit. a)	4

	Rn.		Rn.
2. Zuständigkeitskonflikt zwischen Aufsichtsbehörden (lit. b)	6	III. Wirkung des Beschlusses	14
		1. Verbindlichkeit (Abs. 2 S. 3)	14
3. (Beabsichtigtes) Abweichen einer zuständigen Aufsichtsbehörde von einer Stellungnahme oder Nicht-Einholung einer obligatorischen Stellungnahme (lit. c)	8	2. Grundlage der endgültigen Entscheidung (Abs. 6)	15
		IV. Rechtsschutz	16
		1. Aufsichtsbehörden	16
		2. Verantwortliche und Beschwerdeführer	17
II. Verfahren (Abs. 2–5)	9	3. Kommission	18

A. Allgemeines

I. Normzweck

Die Einführung eines beim neugebildeten Europäischen Datenschutzausschuss (Art. 68 ff.) zentralisierten Streitbeilegungsverfahrens soll (wie das gesamte Kohärenzverfahren → Art. 63 Rn. 1) zu einer **Harmonisierung des Vollzugs**, also zu einer kohärenten Anwendung der DS-GVO führen. Insoweit handelt es sich bei Art. 65 um die zentrale Norm des Abschnitts, da durch sie erstmals die Letztentscheidungsbefugnis in Fragen des Vollzugs auf die EU-Ebene verlagert wird. Diese wird dem Datenschutzausschuss übertragen, der somit anders als seine Vorgängerin, die Artikel-29-Arbeitsgruppe, die über eine bloß beratende Funktion verfügte, die Befugnis zum Erlass bindender Entscheidungen besitzt. Die Streitbeilegungs- und Harmonisierungsfunktion nimmt der Ausschuss in drei Fallkonstellationen wahr, nämlich bei Streitigkeiten zwischen einer federführenden und weiteren betroffenen Aufsichtsbehörden, die im Verfahren der Zusammenarbeit nicht geklärt werden konnten (Abs. 1 lit. a), bei Zuständigkeitskonflikten zwischen Aufsichtsbehörden (Abs. 1 lit. b) und im Fall des (beabsichtigten) Abweichens einer zuständigen Aufsichtsbehörde von einer Stellungnahme des Datenschutzausschusses sowie des Unterlassens der Einholung einer obligatorischen Stellungnahme nach Art. 64 Abs. 1 (Abs. 1 lit. c). Erst Ende 2020 hat der Ausschuss erstmalig einen bindenden Streitbeilegungsbeschluss getroffen, dem eine Meinungsverschiedenheit zwischen der federführenden irischen Aufsichtsbehörde und weiteren zuständigen Aufsichtsbehörden zugrunde lag (Entscheidung 1/2020 v. 9.11.2020; hierzu Weber/Dehnert ZD 2021, 63). Ende Juli 2021 hat der Ausschuss einen zweiten bindenden Streitbeilegungsbeschluss erneut gegenüber der im konkreten Fall federführenden irischen Aufsichtsbehörde getroffen (s. bisher nur die Pressemitteilung des Ausschusses vom 28.7.2021, https://edpb.europa.eu/news/news/2021/edpb-adopts-art-65-decision-regarding-whatsapp-ireland_de).

II. Entstehungsgeschichte

Die Übertragung der Letztentscheidungsbefugnis an den Europäischen Datenschutzausschuss war eine der zentralen Änderungen, die Parlament und Rat gegenüber dem ursprünglichen Entwurf der Kommission durchgesetzt haben (→ Art. 63 Rn. 3). Die Regelung des Art. 65 über die Streitbeilegung durch den Ausschuss ersetzt insbesondere die Befugnisse der Kommission, eine von den Aufsichtsbehörden zu beachtende Stellungnahme zu erlassen (Art. 59 Kommissionsentwurf), die Aussetzung der Maßnahme zu verlangen (Art. 60 Kommissionsentwurf) und die Frage im Wege des Durchführungsrechtsakts verbindlich zu entscheiden (Art. 62 Abs. 1 lit. a Kommissionsentwurf) (ausf. zur Entstehungsgeschichte HK-DS-GVO/Schöndorf-Haubold Rn. 7 ff.).

B. Regelungsinhalt

I. Anwendungsbereich (Abs. 1)

Der Anwendungsbereich des Streitbeilegungsverfahrens wird durch die drei in Abs. 1 genannten Konstellationen abschließend bestimmt (Paal/Pauly/Körffer Rn. 2); ein darüber hinausgehendes Selbstbefassungsrecht des Ausschusses existiert nicht.

1. Dissens zwischen Aufsichtsbehörden im Zusammenarbeitsverfahren gem. Art. 60 Abs. 4 (lit. a)

Sind im Fall von grenzüberschreitender Datenverarbeitung nach Art. 55 mehrere Aufsichtsbehörden zuständig, so nimmt die Aufsichtsbehörde am Ort der Hauptniederlassung die Funktion der federführenden Behörde wahr (sog. one-stop-shop). Diese ist nach Art. 60 Abs. 1 gehalten,

DS-GVO Artikel 65 Kapitel VII. Zusammenarbeit und Kohärenz

im Rahmen des Zusammenarbeitsverfahrens einen Konsens mit den weiteren betroffenen Aufsichtsbehörden zu suchen (→ Art. 60 Rn. 5). Sofern jedoch eine der betroffenen Aufsichtsbehörden mit dem von der federführenden Behörde nach Art. 60 Abs. 3 S. 2 vorgelegten Beschlussentwurf nicht einverstanden ist, kann sie gegen diesen gem. Art. 60 Abs. 4 einen „maßgeblichen und begründeten Einspruch" (Art. 4 Nr. 24) einlegen. Schließt sich die federführende Behörde diesem Einspruch nicht an oder hält sie diesen für nicht maßgeblich oder nicht begründet, so legt sie die Angelegenheit dem Datenschutzausschuss zur Streitbeilegung und verbindlichen Entscheidung im Verfahren nach Art. 65 vor (→ Rn. 4.1).

4.1 Initiativberechtigt (und -verpflichtet) ist in diesen Fällen gem. Art. 60 Abs. 4 allein die federführende Behörde, was die vom Gesetzgeber mutmaßlich nicht bedachte Folge hat, dass bei einer Verletzung der Vorlagepflicht durch die federführende Behörde kein Streitbeilegungsverfahren durchgeführt werden kann (so mit ausführlicher Begründung HK-DS-GVO/Schöndorf-Haubold Rn. 16, die für einen solchen Fall auf die Möglichkeit des Vertragsverletzungsverfahrens verweist, dessen Durchführung sich angesichts der Unabhängigkeit der Aufsichtsbehörden und der damit korrespondierend begrenzten Einflussmöglichkeiten jedoch ebenfalls als nicht unproblematisch erweisen dürfte).

5 Da der Datenschutzausschuss im Fall des Abs. 1 lit. a einen Streit zwischen Aufsichtsbehörden entscheidet, der den Vollzug der DS-GVO in einem konkreten Fall betrifft, **beschränkt S. 2 dessen Entscheidungsbefugnis** auf die zwischen den Aufsichtsbehörden strittigen Fragen. Nur jene Punkte, die Gegenstand des Einspruchs nach Art. 60 Abs. 4 sind, können vom Ausschuss verbindlich entschieden werden. Der Verfahrensgegenstand wird somit bereits durch den Einspruch der betroffenen Aufsichtsbehörde konkretisiert und kann vom Ausschuss nicht erweitert werden (→ Rn. 5.1).

5.1 Schwierigkeiten wirft die Begrenzung des Streitgegenstandes auf, wenn die federführende Aufsichtsbehörde in der Sache nicht zum Einspruch Stellung genommen hat, da sie ihn für nicht maßgeblich oder nicht begründet hielt, der Ausschuss diese Einschätzung aber nicht teilt (hierzu und zum Folgenden ausführlich Paal/Pauly/Körffer Rn. 3). In diesem Fall stellt sich die Frage, ob der Ausschuss die Angelegenheit an die federführende Aufsichtsbehörde zurückverweisen und dieser so die Gelegenheit zur inhaltlichen Prüfung des Einspruchs geben sollte oder ob der Ausschuss aus Gründen der Verfahrensbeschleunigung das Streitbeilegungsverfahren nach Art. 65 durchführen sollte, ohne der federführenden Behörde eine Prüfung des Einspruchs in der Sache zu ermöglichen. Für Letzteres sprechen die besseren Argumente, da angesichts der ohnehin nicht zu vermeidenden Verfahrensverzögerung durch die Zusammenarbeit der Aufsichtsbehörden nach Art. 60 und der sich anschließenden Streitbeilegung nach Art. 65 eine weitere Verzögerung möglichst zu vermeiden ist und es die federführende Behörde letztlich selbst in der Hand hat, in Zweifelsfällen den Einspruch nicht als unzulässig zu verwerfen, sondern ihn in der Sache zu prüfen (aA Paal/Pauly/Körffer Rn. 3).

2. Zuständigkeitskonflikt zwischen Aufsichtsbehörden (lit. b)

6 Nach der missverständlich formulierten Regelung des Abs. 1 lit. b ist der Datenschutzausschuss auch für die verbindliche Entscheidung über Kompetenzkonflikte zwischen Aufsichtsbehörden zuständig, wenn diese widersprüchliche Standpunkte zur Frage vertreten, welche von ihnen für die Hauptniederlassung zuständig ist. Schwierigkeiten bereitet in diesen Fällen jedoch nicht die Auslegung der Zuständigkeitsregeln, sondern die **tatsächliche Feststellung,** welche der Niederlassungen als **Hauptniederlassung** iSd Art. 4 Nr. 16 anzusehen ist (Paal/Pauly/Körffer Rn. 4; Ehmann/Selmayr/Klabunde Rn. 9). Diese Klärung obliegt im Streitfall dem Ausschuss, da sich hieraus ergibt, welche der Aufsichtsbehörden als federführende Behörde nach Art. 56 Abs. 1 agiert. Dabei ist der Ausschuss anders als in den Fällen der lit. a und c nicht auf ein Tätigwerden auf Antrag (lit. c) oder anlässlich eines Einspruchs (lit. a) beschränkt, sondern kann auch von Amts wegen oder auf Anregung eines Mitglieds, einer Aufsichtsbehörde, der Kommission oder des für die konkrete Datenverarbeitung Verantwortlichen ein Streitbeilegungsverfahren durchführen (zu weit daher Plath/Hullen Rn. 5; anders auch HK-DS-GVO/Schöndorf-Haubold Rn. 26).

7 Ob sich die Streitbeilegungsbefugnis des Ausschusses auch auf die Fälle des **Art. 56 Abs. 2** erstrecken lässt, wonach jede Aufsichtsbehörde für die Datenverarbeitung in Niederlassungen in ihrem Mitgliedstaat zuständig bleibt, wenn die Datenverarbeitung nur die Niederlassungen in ihrem Mitgliedstaat betrifft oder nur betroffene Personen in ihrem Mitgliedstaat erheblich beeinträchtigt werden (so Paal/Pauly/Körffer Rn. 5), erscheint angesichts des engen Wortlauts des Abs. 1 lit. b zweifelhaft.

3. (Beabsichtigtes) Abweichen einer zuständigen Aufsichtsbehörde von einer Stellungnahme oder Nicht-Einholung einer obligatorischen Stellungnahme (lit. c)

Schließlich erlässt der Datenschutzausschuss eine verbindliche Entscheidung, wenn eine zuständige Aufsichtsbehörde nach Durchlaufen des in Art. 64 geregelten Stellungnahmeverfahrens erklärt, einer obligatorischen Stellungnahme nach Abs. 64 Abs. 1 nicht folgen zu wollen (Art. 64 Abs. 8), wenn sie einer bereits früher ergangenen obligatorischen oder fakultativen Stellungnahme nicht folgt (so auch Kühling/Buchner/Caspar Rn. 10; Ehmann/Selmayr/Klabunde Rn. 11 f.; Schantz/Wolff DatenschutzR Rn. 1050, 1053; aA Paal/Pauly/Körffer Rn. 6, die das Streitbeilegungsverfahren auf die Nichtbeachtung obligatorischer Stellungnahmen beschränkt; in diese Richtung wohl auch HK-DS-GVO/Schöndorf-Haubold Rn. 32) oder wenn sie es unterlassen hat, eine obligatorische Stellungnahme einzuholen. In allen drei Fällen kann der Ausschuss angesichts des klaren Wortlauts von Abs. 1 lit. c S. 2 jedoch nicht von Amts wegen tätig werden, sondern es bedarf eines **Antrags einer betroffenen Aufsichtsbehörde oder der Kommission** (→ Art. 64 Rn. 19; Auernhammer/Rossi Rn. 5; aA NK-DatenschutzR/Spiecker gen. Döhmann Rn. 18). 8

II. Verfahren (Abs. 2–5)

Aus der Einleitung eines Streitbeilegungsverfahrens folgt für die betroffenen Aufsichtsbehörden ein Verbot, vor Ablauf der in Abs. 2 und 3 genannten Entscheidungsfristen eine Entscheidung in der dem Ausschuss vorgelegten Angelegenheit zu treffen (Abs. 4). In den Fällen der beabsichtigten Nichtbeachtung einer obligatorischen Stellungnahme (Abs. 1 lit. c iVm Art. 68 Abs. 1 und 8) ist diese **Stillhaltepflicht** auf den Zeitraum zu erstrecken, in dem die betroffenen Aufsichtsbehörden oder die Kommission die Einleitung des Streitbeilegungsverfahrens prüfen und beantragen. Da hierfür keine gesonderte Frist normiert wurde, sollte dies in der Geschäftsordnung geregelt werden (→ Art. 64 Rn. 19). Einstweilige Maßnahmen mit einer Geltungsdauer von maximal drei Monaten können von der betroffenen Aufsichtsbehörde unter den Voraussetzungen des Art. 66 Abs. 1 auch während der Stillhaltefristen getroffen werden → Art. 66 Rn. 4). 9

Obwohl Art. 65 keine den Art. 64 Abs. 4 und 5 entsprechenden Regelungen enthält, sind die Aufsichtsbehörden und die Kommission auch iRd Streitbeilegungsverfahrens verpflichtet, dem Ausschuss **alle zweckdienlichen Informationen zu übermitteln,** die der Vorsitz des Ausschuss sodann an alle Ausschussmitglieder und die Kommission weiterleitet (Plath/Hullen Rn. 6; → Art. 64 Rn. 14). Dies erfolgt erst, nachdem der Vorsitz gemeinsam mit der zuständigen oder antragstellenden Aufsichtsbehörde bzw. der antragstellenden EU-Kommission die Vollständigkeit der Unterlagen festgestellt hat. Erst ab dem Zeitpunkt dieser Feststellung sollen nach Art. 11 Abs. 2 S. 4 und Abs. 3 S. 3 der Geschäftsordnung die **Fristen der Abs. 2 und 3 zu laufen** beginnen. Diese Regelung ist mit dem Wortlaut des Abs. 2, der von „Befassung des Ausschusses" spricht, und dem rechtsstaatlichen Ziel einer zügigen Verfahrensdurchführung nur schwer vereinbar. 10

Die Beschlussfassung durch den Ausschuss ist in **zwei mögliche Phasen** gegliedert, die durch unterschiedliche Mehrheitserfordernisse gekennzeichnet sind. In einer ersten Phase soll ein Beschluss innerhalb eines Monats ab der Befassung mit der Angelegenheit mit einer Mehrheit von zwei Dritteln der Mitglieder des Ausschusses (also nicht bloß der abgegebenen Stimmen) angenommen werden (Abs. 2 S. 1). Diese Phase kann bei besonderer Komplexität der Angelegenheit um einen weiteren Monat verlängert werden (Abs. 2 S. 2). Die Entscheidung über die Verlängerung trifft nach Art. 11 Abs. 4 S. 2 der Geschäftsordnung der Vorsitz von Amts wegen oder auf Antrag von einem Drittel der Ausschussmitglieder. Gelingt es dem Ausschuss nicht, innerhalb dieser Fristen einen Beschluss zu fassen, so hat er in einer zweiten Phase zwei Wochen Zeit, um nunmehr mit einfacher Mehrheit der Mitglieder einen Beschluss anzunehmen, wobei bei Stimmengleichheit die Stimme des Vorsitzenden den Ausschlag gibt (Abs. 3). Die Formulierung des Abs. 3, wonach die zweite Phase nur eröffnet wird, wenn der Ausschuss „nicht in der Lage" war, einen Beschluss anzunehmen, ist dabei so zu verstehen, dass der Ausschuss aus Zeitgründen oder aus Gründen der fehlenden 2/3-Mehrheit keinen Beschluss treffen konnte (so auch Plath/Hullen Rn. 10; Gola/Eichler Rn. 9). Bei einer engen Auslegung, welche die zweite Phase auf Fälle beschränkt, in denen es in der ersten Phase nicht zu einer Abstimmung gekommen ist, würden taktische Erwägungen viel Raum bekommen, die darauf abzielen, eine Abstimmung innerhalb der ersten Phase bewusst bzw. bewusst nicht herbeizuführen, um die Annahme eines Beschlusses in der zweiten Phase zu verhindern bzw. nicht zu gefährden (so aber – das Problem sehend, es aber für unvermeidbar erachtend – Kühling/Buchner/Caspar Rn. 14 f.) (→ Rn. 11.1). 11

DS-GVO Artikel 65

11.1 Zu einer Verkürzung der Fristen kommt es nach Art. 66 Abs. 2, wenn die betroffene Aufsichtsbehörde nach Art. 66 Abs. 1 eine einstweilige Maßnahme erlassen hat und hiernach mit der Begründung, es bedürfe dringend einer endgültigen Maßnahme, einen verbindlichen Beschluss des Ausschusses im Dringlichkeitsverfahren beantragt (→ Art. 66 Rn. 6).

11.2 Art. 11 Abs. 1 der Geschäftsordnung sieht unter Verweis auf das Grundrecht auf eine gute Verwaltung in Art. 41 GRC vor, dass der Ausschuss „sicherstellt", dass alle Personen, die durch die Entscheidung nach Art. 65 negativ betroffen sein könnten, **angehört** wurden. Der Formulierung entsprechend ist hier nur von einer Auffangverantwortung des Ausschusses auszugehen: Im Regelfall erfolgt die Anhörung bereits im Verfahren vor der jeweils zuständigen Aufsichtsbehörde, wofür sowohl die geographische Nähe als auch die kurzen Fristen des Kohärenzverfahrens sprechen. Die Aufsichtsbehörden sind daher in den Fällen des Art. 65 Abs. 1 lit. a verpflichtet, etwaige Stellungnahmen von Anhörungsberechtigten in komprimierter Form in ihre Anträge an den Ausschuss aufzunehmen (Art. 11 Abs. 2 Geschäftsordnung). Nur im Ausnahmefall, wenn eine Anhörung durch die nationale Aufsichtsbehörde unterblieben ist, ist den Anhörungsberechtigten vom Ausschuss die Möglichkeit zu geben, eine schriftliche Stellungnahme abzugeben.

12 Konnte der Ausschuss sich inhaltlich auf einen Beschluss einigen, so sind die betroffenen Aufsichtsbehörden vom Vorsitz des Ausschusses unverzüglich über den Beschluss zu unterrichten, worüber die Kommission in Kenntnis zu setzen ist (Abs. 5 S. 1 und 2). Der begründete Beschluss ist zudem an die federführende und alle betroffenen Aufsichtsbehörden zu übermitteln (so etwas redundant Abs. 2 S. 3). Sobald die federführende oder die betroffenen Aufsichtsbehörden auf der Grundlage des Beschlusses des Ausschusses ihre endgültige Entscheidung getroffen haben (Abs. 6, → Rn. 15), ist der Beschluss unverzüglich auf der Website des Ausschusses zu veröffentlichen (Abs. 5 S. 3). Zudem sind gem. Art. 70 Abs. 1 lit. y alle im Kohärenzverfahren gefassten Beschlüsse in das vom Datenschutzausschuss zu führenden öffentlich einsehbare Register einzustellen.

13 Keine Regelung erfährt durch Art. 65 dagegen die Konstellation, dass der Ausschuss sich nicht auf einen Beschluss einigen kann. Letztlich bleibt ihm dann allein die Möglichkeit, das Streitbeilegungsverfahren einzustellen. Die Klärung konkreter Streitfragen, wie sie den Verfahren nach Abs. 1 lit. a und b zu Grunde liegen, muss in diesen Fällen durch die Gerichte erfolgen, die von den für die Verarbeitung Verantwortlichen gegen Maßnahmen der Aufsichtsbehörden angerufen werden können. Für Streitbeilegungen nach Abs. 1 lit. c heißt die Verfahrenseinstellung, dass die Stellungnahme nach Art. 64 Abs. 1 zwar weiterhin in der Welt ist, sie von der betroffenen Aufsichtsbehörde aber mangels Verbindlichkeit nicht beachtet werden muss (Paal/Pauly/Körffer Rn. 10).

III. Wirkung des Beschlusses

1. Verbindlichkeit (Abs. 2 S. 3)

14 Der Beschluss des Ausschusses ist nach Abs. 2 S. 3 für die federführende und alle betroffenen Aufsichtsbehörden **verbindlich** (ausführlich Schantz/Wolff DatenschutzR Rn. 1054 f.). Diese Bindung erfasst auch jene deutschen Aufsichtsbehörden, die nicht durch ihren Leiter als Vertreter Deutschlands im Ausschuss an dessen Beratungen beteiligt waren (LNK Das neue DatenschutzR § 10 Rn. 54 aE) (→ Rn. 14.1).

14.1 Unklar ist, ob und unter welchen Voraussetzungen der Beschluss des Ausschusses die Aufsichtsbehörden zum Wiederaufgreifen bereits bestandskräftiger Entscheidungen zwingt. Dies könnte insbesondere in Fällen des Abs. 1 lit. c eine Rolle spielen, sofern die Aufsichtsbehörde von einer fakultativen – und sie somit nicht bindenden – Stellungnahme nach Art. 64 Abs. 2 abgewichen ist und daher auch keiner Stillhaltepflicht unterlag.

2. Grundlage der endgültigen Entscheidung (Abs. 6)

15 Der Beschluss des Ausschusses ist von der federführenden oder der **Aufsichtsbehörde,** die über eine Beschwerde zu entscheiden hat, **ihrer endgültigen Entscheidung zu Grunde zu legen,** die sie unverzüglich, spätestens aber innerhalb eines Monats zu treffen hat (Abs. 6 S. 1). Sie ist somit an die rechtlichen und tatsächlichen Feststellungen des Ausschusses gebunden. Folgerichtig ist in der endgültigen Entscheidung auf den Beschluss des Ausschusses zu verweisen und dieser der Entscheidung beizufügen (Abs. 6 S. 4 und 5). Dem Ausschuss ist der Zeitpunkt mitzuteilen, an dem die endgültige Entscheidung dem Verantwortlichen oder der betreffenden Person mitgeteilt wurde (Abs. 6 S. 2). In den Fällen des Abs. 1 lit. a gelten iÜ die Regeln des Art. 60 Abs. 7–9.

IV. Rechtsschutz

1. Aufsichtsbehörden

Die betroffenen Aufsichtsbehörden können als Adressaten des Beschlusses gegen diesen innerhalb von zwei Monaten nach dessen Übermittlung gem. **Art. 263 Abs. 4 AEUV Nichtigkeitsklage** vor dem EuG erheben (Erwägungsgrund 143, Albrecht/Jotzo Das neue DatenschutzR § 8 Rn. 18; aA Kienle/Wenzel ZD 2019, 107 (108 f.)). 16

2. Verantwortliche und Beschwerdeführer

Da sich die Beschlüsse des Ausschusses nicht unmittelbar an die Verantwortlichen oder die betroffenen Personen richten, sondern von den Aufsichtsbehörden ihren endgültigen Entscheidungen zu Grunde gelegt werden müssen, liegt es nahe, zunächst Rechtsschutz gegen die Entscheidungen der Aufsichtsbehörden **vor den nationalen Gerichten** zu suchen (so denn auch Roßnagel DS-GVO-HdB/Hofmann § 3 Rn. 290). Da diese jedoch den Beschluss des Datenschutzausschusses nicht für nichtig erklären dürfen, ist bei Zweifeln an dessen Rechtmäßigkeit ein **Vorabentscheidungsverfahren nach Art. 267 AEUV** durchzuführen (sa Erwägungsgrund 143). Ein solches Vorabentscheidungsverfahren ist nach der Rechtsprechung des EuGH allerdings unzulässig, wenn der Kläger des mitgliedstaatlichen Gerichtsverfahrens auch eine Nichtigkeitsklage hätte erheben können und diese offensichtlich zulässig gewesen wäre, da ansonsten die Klagefrist der Nichtigkeitsklage von zwei Monaten umgangen und der Eintritt der Bestandskraft verhindert werden könnte (Schoch/Schneider/Marsch Anh. § 40 Art. 267 AEUV Rn. 27 f.). Auf diese Rechtsprechung bezieht sich auch Erwägungsgrund 143, der zudem darauf hinweist, dass die Verantwortlichen und Beschwerdeführer **Nichtigkeitsklage** gegen die Beschlüsse des Ausschusses erheben können, sofern diese sie unmittelbar und individuell betreffen. Ob dies der Fall ist, muss im Einzelfall nach den allgemeinen Regeln des EU-Prozessrechts geklärt werden. Bis sich insoweit eine spezielle Rechtsprechung von EuGH und EuG zu den Beschlüssen des Datenschutzausschusses herausgebildet hat, erscheint es aus rechtsanwaltlicher Perspektive ratsam, sowohl den Beschluss des Ausschusses (im Wege der Nichtigkeitsklage) als auch die endgültige Entscheidung der Aufsichtsbehörde (regelmäßig im Wege der Anfechtungsklage) anzugreifen. 17

3. Kommission

Setzt eine Aufsichtsbehörde einen Beschluss des Datenausschusses nicht um, soll dies die Einleitung eines Vertragsverletzungsverfahrens durch die Kommission rechtfertigen (so Ehmann/Selmayr/Klabunde Rn. 19). Angesichts der unionsrechtlich abgesicherten Unabhängigkeit der Aufsichtsbehörden erscheint das Vertragsverletzungsverfahren jedoch nicht das adäquate Durchsetzungsinstrument zu sein (zum Parallelproblem der Durchsetzung der die Gerichte betreffenden Vorlagepflicht nach Art. 267 AEUV im Wege des Vertragsverletzungsverfahrens s. Schoch/Schneider/Marsch Anh. § 40 Art. 267 AEUV Rn. 68). 18

Artikel 66 Dringlichkeitsverfahren

(1) ¹Unter außergewöhnlichen Umständen kann eine betroffene Aufsichtsbehörde abweichend vom Kohärenzverfahren nach Artikel 63, 64 und 65 oder dem Verfahren nach Artikel 60 sofort einstweilige Maßnahmen mit festgelegter Geltungsdauer von höchstens drei Monaten treffen, die in ihrem Hoheitsgebiet rechtliche Wirkung entfalten sollen, wenn sie zu der Auffassung gelangt, dass dringender Handlungsbedarf besteht, um Rechte und Freiheiten von betroffenen Personen zu schützen. ²Die Aufsichtsbehörde setzt die anderen betroffenen Aufsichtsbehörden, den Ausschuss und die Kommission unverzüglich von diesen Maßnahmen und den Gründen für deren Erlass in Kenntnis.

(2) Hat eine Aufsichtsbehörde eine Maßnahme nach Absatz 1 ergriffen und ist sie der Auffassung, dass dringend endgültige Maßnahmen erlassen werden müssen, kann sie unter Angabe von Gründen im Dringlichkeitsverfahren um eine Stellungnahme oder einen verbindlichen Beschluss des Ausschusses ersuchen.

(3) Jede Aufsichtsbehörde kann unter Angabe von Gründen, auch für den dringenden Handlungsbedarf, im Dringlichkeitsverfahren um eine Stellungnahme oder gegebenen-

falls einen verbindlichen Beschluss des Ausschusses ersuchen, wenn eine zuständige Aufsichtsbehörde trotz dringenden Handlungsbedarfs keine geeignete Maßnahme getroffen hat, um die Rechte und Freiheiten von betroffenen Personen zu schützen.

(4) Abweichend von Artikel 64 Absatz 3 und Artikel 65 Absatz 2 wird eine Stellungnahme oder ein verbindlicher Beschluss im Dringlichkeitsverfahren nach den Absätzen 2 und 3 binnen zwei Wochen mit einfacher Mehrheit der Mitglieder des Ausschusses angenommen.

Überblick

Die sowohl im Verfahren der Zusammenarbeit nach Abschn. 1 als auch im Kohärenzverfahren zur Anwendung kommenden (→ Rn. 3) Regelungen über das Dringlichkeitsverfahren sollen die Effektivität der Datenschutzaufsicht in Eilfällen und das Ziel eines kohärenten Vollzugs in Einklang bringen (→ Rn. 1). Zu diesem Zweck ermächtigt Art. 66 Abs. 1 die betroffenen Aufsichtsbehörden zum Erlass von einstweiligen Maßnahmen, deren Geltung auf drei Monate und deren rechtliche Wirkung auf das Gebiet des betreffenden Mitgliedstaates zu beschränken ist (→ Rn. 4), ohne dass zuvor das Kohärenzverfahren durchlaufen werden muss. Im Anschluss können nach Abs. 2 endgültige Maßnahmen im Wege eines beschleunigten Kohärenzverfahrens nach Abs. 4 beschlossen werden (→ Rn. 6). Schließlich schafft Abs. 3 eine Untätigkeitsbeschwerde, durch die eine zuständige Aufsichtsbehörde in dringenden Fällen im beschleunigten Verfahren zum Ergreifen konkreter Maßnahmen gezwungen werden kann (→ Rn. 7).

A. Allgemeines

I. Normzweck

1   Da die Vollzugsharmonisierung, die Normzweck der Vorschriften über die Zusammenarbeit und des Kohärenzverfahrens ist (→ Art. 63 Rn. 1), die Verfahrensabläufe verlangsamt, ermächtigt Art. 66 die Aufsichtsbehörden, in dringlichen Fällen schnell einstweilige und notfalls auch endgültige Maßnahmen zu ergreifen. Während Abs. 1 für einstweilige Maßnahmen das Kohärenzziel hinter die **Effektivität der Datenschutzaufsicht** zurückstellt (dies und die Bedeutung des Dringlichkeitsverfahrens betont auch der EuGH NVwZ 2021, 1125 (1129)), hält Abs. 2 hinsichtlich endgültiger Maßnahmen das Bemühen um einen kohärenten Vollzug aufrecht und ermöglicht nur eine schnellere Entscheidungsfindung im Datenschutzausschuss (weniger differenziert Paal/Pauly/Körffer Rn. 1). Allein dem Ziel einer effektiven Datenschutzaufsicht dient schließlich Abs. 3, der für dringliche Fälle eine Untätigkeitsbeschwerde schafft, die von jeder Aufsichtsbehörde gegen eine zuständige Aufsichtsbehörde erhoben werden kann (unklar daher Gola/Eichler Rn. 4, die in der Norm eine Ausnahme vom Kohärenzprinzip sieht).

II. Entstehungsgeschichte

2   Da die Regelung nicht im Zusammenhang mit den Fragen um das Letztentscheidungsrecht steht, sondern iW darauf abzielt, eine effektive Datenschutzaufsicht auch in Eilfällen zu gewährleisten, blieb sie im Laufe des Gesetzgebungsverfahrens weitgehend unverändert (Paal/Pauly/Körffer Rn. 1).

B. Regelungsinhalt

I. Anwendungsbereich des Art. 66

3   Der Anwendungsbereich des Dringlichkeitsverfahrens ist nicht auf das **Kohärenzverfahren** beschränkt, sondern erfasst auch die **Zusammenarbeit von Aufsichtsbehörden** nach dem ersten Abschnitt des vorliegenden Kapitels (vgl. LNK Das neue DatenschutzR § 10 Rn. 47). Verweise auf das Dringlichkeitsverfahren nach Art. 66 finden sich dementsprechend in Art. 60 Abs. 11, Art. 61 Abs. 8 und Art. 62 Abs. 7. Die Verweisnormen unterscheiden sich insofern, als in den Fällen des Art. 61 Abs. 8 und Art. 62 Abs. 7 der nach Art. 66 Abs. 1 erforderliche dringende Handlungsbedarf gesetzlich fingiert wird (hierzu Gerhold NVwZ 2011, 1133 (1134), auch zu der wohl primär vor diesem Hintergrund zu verstehenden Entscheidung des EuGH NVwZ 2021, 1125 (1129) im konkreten Fall den Weg über Art. 61 Abs. 8 zu gehen).

Dringlichkeitsverfahren   **Artikel 66 DS-GVO**

II. Eilmaßnahmen

1. Einstweilige Maßnahmen (Abs. 1)

Nach Abs. 1 kann eine betroffene Aufsichtsbehörde selbst unter außergewöhnlichen Umständen **4** einstweilige Maßnahmen treffen, ohne zuvor das Kohärenzverfahren durchzuführen, wenn nach ihrer Einschätzung dringender Handlungsbedarf besteht, um Rechte und Freiheiten von betroffenen Personen zu schützen. Schon der Gesetzeswortlaut lässt deutlich erkennen, dass einstweilige Maßnahmen nur in **seltenen Ausnahmefällen** in Betracht kommen und allein dem Schutz der betroffenen Personen, nicht aber den Interessen der Verarbeiter dienen dürfen (so überzeugend unter Nennung von Beispielen Paal/Pauly/Körffer Rn. 2 f.; tendenziell aA Kühling/Buchner/Caspar Rn. 5; abwägend Auernhammer/Rossi Rn. 5 und 11). Zugleich räumt der Gesetzgeber der betroffenen Aufsichtsbehörde einen Einschätzungsspielraum ein („wenn sie zu der Auffassung gelangt"), der gerichtlich nur eingeschränkt überprüfbar ist.

Die einstweiligen Maßnahmen sind in ihrer Geltungsdauer auf höchstens **drei Monate** zu **5** beschränken und dürfen nur im **Hoheitsgebiet der betroffenen Aufsichtsbehörde** rechtliche Wirkung entfalten. Die anderen betroffenen Aufsichtsbehörden, der Ausschuss und die Kommission sind unter Mitteilung der Gründe unverzüglich vom Erlass der einstweiligen Maßnahme in Kenntnis zu setzen. Bedarf es nach Ansicht der Aufsichtsbehörde Maßnahmen über die beschränkte Geltungsdauer hinaus, so kann sie ein Ersuchen nach Abs. 2 stellen (LNK Das neue DatenschutzR § 10 Rn. 47; Plath/Hullen Rn. 1) (→ Rn. 5.1).

Eine dem Wortlaut nach naheliegende Beschränkung auf „einstweilige" Maßnahme wäre in vielen **5.1** Fällen mit dem gesetzgeberischen Ziel eines effektiven Schutzes der betroffenen Personen unvereinbar, weshalb der begrifflichen Verengung über die dargestellte zeitliche und geographische Begrenzung keine Bedeutung zukommt (s. Auernhammer/Rossi Rn. 6).

Der Hamburgische Beauftragte für Datenschutz und Informationsfreiheit (HmbBfDI) hat am 11.5.2021 **5.2** die soweit ersichtlich erste auf Art. 66 Abs. 1 gestützte Dringlichkeitsentscheidung getroffen, mit der er der Facebook Ireland Ltd. im Wege einer für sofort vollziehbar erklärten Untersagungsverfügung die Verarbeitung von personenbezogenen Daten von WhatsApp für einen Zeitraum von drei Monaten verboten hat, s. hierzu Blasek ZD-Aktuell 2021, 05210. Der im Anschluss vom HmbBfDI gestellte Antrag gem. Art. 66 Abs. 2 auf Erlass einer bindenden Entscheidung des Datenschutzausschusses wurde allerdings abgewiesen, → Rn. 6.1.

2. Endgültige Maßnahmen (Abs. 2 iVm Abs. 4)

Sofern eine Aufsichtsbehörde, die eine einstweilige Maßnahme nach Abs. 1 ergriffen hat, end- **6** gültige Maßnahmen für dringend geboten hält, kann sie den Ausschuss unter Angabe von Gründen ersuchen, im Dringlichkeitsverfahren über den Erlass einer Stellungnahme iSd Art. 64 oder eines verbindlichen Beschlusses iSd Art. 65 zu entscheiden. In diesem Fall verkürzen sich die Entscheidungsfristen jeweils auf einen Zeitraum von zwei Wochen und es bedarf auch im Streitbeilegungsverfahren nur einer einfachen, nicht der üblichen 2/3-Mehrheit (Abs. 4).

Der Hamburgische Beauftragte für Datenschutz und Informationsfreiheit (HmbBfDI) hat 7.6.2021 im **6.1** Anschluss an seine Dringlichkeitsentscheidung vom 11.5.2021 (→ Rn. 5.2) den Erlass einer bindenden Entscheidung durch den Datenschutzausschuss beantragt. Der Ausschuss hat diesen mit seiner Dringlichkeitsentscheidung Nr. 01/2021 vom 12.7.2021 abgelehnt. Er begründet dies zum einen damit, dass ihm die Beurteilung, ob Facebook gegen Regelungen der DSGVO verstößt, auf der Grundlage der ihm vorliegenden Informationen nicht möglich ist (Rn. 24–163). Darüber hinaus fehlt es nach Ansicht des Ausschusses an der für den Erlass einer bindenden Entscheidung nach Art. 66 Abs. 2 erforderlichen Dringlichkeit (Rn. 164–196). Diese könne nicht nach Art. 61 Abs. 8 vermutet werden, da der HmbBfDI nicht darlegen konnte, dass die federführende Behörde einem Informationsgesuch über das IMI nicht nachgekommen ist (hier wird die Nutzung des praktisch bedeutsamen Informationssystems auch normativ relevant, → Art. 67 Rn. 5). Eine konkrete Dringlichkeit konnte der Ausschuss im Fall auch deswegen nicht erkennen, weil er den Anwendungsbereich des Art. 66 Abs. 2 mit Blick darauf eng auslegt, dass es nur im Ausnahmefall zu der hier angeordneten Abweichung von den allgemeinen Kooperations- und Kohärenzverfahren kommen soll (Rn. 167, 182–196).

3. Untätigkeitsbeschwerde (Abs. 3 iVm Abs. 4)

Die in Abs. 3 geregelte Untätigkeitsbeschwerde ermöglicht es allen Aufsichtsbehörden, den **7** Ausschuss unter Angabe von Gründen um den Erlass einer Stellungnahme und gegebenenfalls eines verbindlichen Beschlusses im Dringlichkeitsverfahren nach Abs. 4 (→ Rn. 6) zu ersuchen, wenn eine zuständige Aufsichtsbehörde trotz dringenden Handlungsbedarfs keine geeigneten Maßnahmen zum Schutz der Rechte und Freiheiten von betroffenen Personen getroffen hat. Dabei steht die Wahl der tauglichen Maßnahmen im Ermessen des Ausschusses (Paal/Pauly/Körffer Rn. 10). Die Erzwingung des Tätigwerdens der Aufsichtsbehörde durch den Ausschuss kommt allerdings nur in Betracht, wenn die zuständige Behörde keinerlei Maßnahmen oder nur offensichtlich ungeeignete Maßnahmen getroffen hat und auch in der Zukunft nicht zu treffen gedenkt (Auernhammer/Rossi Rn. 8), wovon sich die ersuchende Behörde zunächst durch Nachfrage bei der zuständigen Behörde überzeugen sollte (Paal/Pauly/Körffer Rn. 10). Hat die zuständige Behörde bereits Maßnahmen ergriffen, die aber möglicherweise unzureichend sind, kommt ein Ersuchen nach Abs. 3 nicht in Betracht.

Artikel 67 Informationsaustausch

Die Kommission kann Durchführungsrechtsakte von allgemeiner Tragweite zur Festlegung der Ausgestaltung des elektronischen Informationsaustauschs zwischen den Aufsichtsbehörden sowie zwischen den Aufsichtsbehörden und dem Ausschuss, insbesondere des standardisierten Formats nach Artikel 64, erlassen.

Diese Durchführungsrechtsakte werden gemäß dem Prüfverfahren nach Artikel 93 Absatz 2 erlassen.

Überblick

Die Regelung ermächtigt die Kommission zum Erlass von abstrakt-generellen (→ Rn. 7) Durchführungsrechtsakten zur Regelung des Informationsaustauschs zwischen den Aufsichtsbehörden sowie zwischen den Aufsichtsbehörden und dem Europäischen Datenschutzausschuss. Sie zielt auf eine Erleichterung und Beschleunigung des Informationsaustauschs im Rahmen der Zusammenarbeit nach den Art. 60–62 sowie im Rahmen des Kohärenzverfahrens nach den Art. 63–65 ab (→ Rn. 2). Obwohl sich die rechtspolitische (→ Rn. 3) und primärrechtliche Kritik (→ Rn. 4) als nicht durchschlagend erweist, scheint fraglich, ob die Kommission von der Ermächtigung Gebrauch machen wird, zumal mit der Nutzung des bestehenden IMI-Systems zunächst eine praktikable Lösung gefunden wurde (→ Rn. 5). Geregelt werden darf entgegen des Wortlauts auch der Informationsaustausch zwischen der Kommission und dem Datenschutzausschuss (→ Rn. 6).

A. Allgemeines

I. Normgeschichte

1   Art. 67 stellt das Rudiment einer deutlich umfassenderen Regelung in Art. 62 des Kommissionsentwurfs (KOM(2012)11) dar. Unter der Überschrift „Durchführungsrechtsakte" enthielt dieser eine ganze Reihe von Ermächtigungen zum Erlass von Durchführungsrechtsakten durch die Kommission. Die Anzahl der Ermächtigungen zum Erlass von Durchführungsrechtsakten war jedoch im Gesetzgebungsverfahren auf grundsätzlichen Widerstand von Parlament und Rat getroffen. In Bezug auf das Kohärenzverfahren stieß die ursprünglich vorgesehene Beteiligung der Kommission an diesem sowie insbesondere deren Befugnis zur Letztentscheidung auf Kritik, da eine derart starke Stellung der Kommission mit der – seit dem Lissabonner Vertrag auch primärrechtlich verankerten – Unabhängigkeit der Datenschutzaufsicht nicht vereinbar sei (→ Art. 63 Rn. 3). In der Folge wurden im Laufe des Gesetzgebungsverfahrens die Ermächtigungen zum Erlass von Durchführungsrechtsakten zahlenmäßig deutlich reduziert und die Letztentscheidungsbefugnis der Kommission gestrichen. Auch in dem den Abschnitt über das Kohärenzverfahren beschließenden Art. 67 wurden im Verlaufe des Gesetzgebungsverfahrens vom Parlament und vom Rat sukzessive Ermächtigungen gestrichen, bis die Norm nur noch die Ermächtigung zur Regelung des Informationsaustauschs zwischen den Aufsichtsbehörden sowie zwischen den Aufsichtsbehörden und dem Europäischen Datenschutzausschuss enthielt. Im Trilogverfahren wurde insoweit konsequent die Überschrift geändert; aus systematischer Sicht wäre jedoch auch die Stellung der Norm zu überdenken gewesen, da sie sich nicht nur auf den Abschn. 2, sondern auch auf den Abschn. 1 über die Zusammenarbeit der Aufsichtsbehörden bezieht (aA NK-DatenschutzR/Spiecker gen. Döhmann Rn. 3).

II. Normzweck

Zweck der Norm ist es, die Verwaltungs- und Kommunikationsvorgänge zwischen den mitgliedstaatlichen Aufsichtsbehörden sowie den Aufsichtsbehörden und dem Europäischen Datenschutzausschuss zu erleichtern und dadurch zu beschleunigen. Angesichts der kurzen Fristen im Kohärenzverfahren (Art. 64 Abs. 3 S. 2, Abs. 4, Abs. 5, Abs. 7, Art. 65 Abs. 2, Abs. 3) und der ohnehin bestehenden Komplexität des Verfahrens ist dies auch dringend erforderlich (vgl. Paal/Pauly/Körffer Rn. 3; Plath/Hullen Rn. 1). 2

III. Kritik

1. Rechtspolitische Kritik

Die Ermächtigung der Kommission, die Ausgestaltung des elektronischen Informationsaustauschs zwischen den Aufsichtsbehörden sowie den Aufsichtsbehörden und dem Datenschutzausschuss im Wege eines Durchführungsrechtsakts zu regeln, ist zum einen als rechtspolitisch verfehlt kritisiert worden. Angesichts der nunmehr nur noch beratenden Rolle der Kommission im Datenschutzausschuss und der Streichung aller übrigen im Kommissionsentwurf vorgesehenen Ermächtigungen zum Erlass von Durchführungsrechtsakten wird eine Regelung des elektronischen Informationsaustauschs in der Geschäftsordnung des Europäischen Datenschutzausschusses als sachnäher bezeichnet (Paal/Pauly/Körffer Rn. 1; Kühling/Buchner/Caspar Rn. 3). Dieser Kritik ist jedoch entgegenzuhalten, dass der Europäische Datenschutzausschuss in seiner Geschäftsordnung allein die eigene Arbeitsweise regeln kann (Art. 72 Abs. 2), sodass die Vertreter der mitgliedstaatlichen Aufsichtsbehörden durch die Geschäftsordnung nur gebunden sind, soweit sie als Mitglieder des Datenschutzausschusses agieren. Im Wege der Geschäftsordnung können dagegen weder der Informationsaustausch zwischen mitgliedstaatlichen Aufsichtsbehörden und dem Datenschutzausschuss iRd Kohärenzverfahrens noch der Informationsaustausch zwischen mitgliedstaatlichen Aufsichtsbehörden iRd Zusammenarbeit nach Art. 60–62 geregelt werden. Die Aufsichtsbehörden und der Datenschutzausschuss können sich selbst somit nur im Wege des soft law auf eine einheitliche Ausgestaltung des elektronischen Informationsaustauschs verständigen. Rechtlich bindende Regelungen kann nur der europäische Gesetzgeber oder die von diesem zu Durchführungsrechtsakten ermächtigte Kommission treffen. 3

2. Vereinbarkeit mit der primärrechtlich verankerten Unabhängigkeit der Aufsichtsbehörden

Schwerer wiegen aber die in der Literatur unter Verweis auf die in Art. 16 Abs. 2 UAbs. 1 S. 2 AEUV und Art. 8 Abs. 3 GRCh verankerte Unabhängigkeit der Aufsichtsbehörden geäußerten Zweifel an der primärrechtlichen Zulässigkeit einer Regelung des elektronischen Informationsaustauschs im Wege eines Durchführungsrechtsakts (s. Paal/Pauly/Körffer Rn. 1; tendenziell auch Kühling/Buchner/Caspar Rn. 3). Angesichts der strengen Rechtsprechung des EuGH, nach der jegliche politische Einflussnahme der nationalen Regierungen auf die Aufsichtsbehörden mit der sekundärrechtlichen Vorgabe einer völligen Unabhängigkeit unvereinbar ist (→ BDSG EUDatenschutzrichtlinie Rn. 145), scheint es naheliegend, das Unabhängigkeitspostulat auch auf die Verfahrensgestaltung zu beziehen. Der EuGH hat jedoch immer auch betont, dass die Ausübung der aufsichtsbehördlichen Befugnisse in völliger Unabhängigkeit aus Gründen der demokratischen Legitimation nur deshalb akzeptabel sei, weil auch die Aufsichtsbehörden an das Gesetz gebunden sind und ihr Handeln an diesem Maßstab gerichtlich überprüft werden kann (EuGH NJW 2010, 1265 Rn. 42). Unzulässig sind somit Einzelweisungen, insbesondere der Gubernative, nicht aber abstrakt-generelle gesetzliche Vorgaben des parlamentarischen Gesetzgebers (s. in diese Richtung → BDSG EUDatenschutzrichtlinie Rn. 145.1). Da der Unionsgesetzgeber durch Art. 67 die Kommission nur zum Erlass von Durchführungsrechtsakten „von allgemeiner Tragweite" ermächtigt (dies betont zu Recht auch Auernhammer/Rossi Rn. 4), durch die zudem allein der elektronische Informationsaustausch näher geregelt werden darf, verletzt weder Art. 67 selbst noch ein auf dieser Grundlage ergangener Durchführungsrechtsakt die primärrechtlich verankerte Unabhängigkeit der Aufsichtsbehörden. 4

IV. Ausblick

Angesichts der rechtspolitischen und primärrechtlichen Kritik schien zunächst fraglich, ob die Kommission von ihrer Ermächtigung Gebrauch machen würde, den elektronischen Informations- 5 austausch zwischen den Aufsichtsbehörden sowie den Aufsichtsbehörden und dem Europäischen Datenschutzausschuss durch einen speziellen Durchführungsrechtsakt zu regeln. Praktisch geworden ist diese Frage jedoch bisher nicht. Denn um schnell arbeitsfähig zu werden, hat der Datenschutzausschuss in seiner ersten Sitzung beschlossen, das bereits bestehende und von der Kommission betriebene Binnenmarktinformationssystem (Internal Market Information System – IMI) zu nutzen (s. Kühling/Buchner/Dix Art. 60 Rn. 31; allgemein zum IMI Lottini European Public Law 20 (2014), 107, noch zur Vorgängerregelung J.-P. Schneider NVwZ 2011, 65 (68 ff.)). Die Kommission hat daher einen entsprechenden Beschluss über die Durchführung eines Pilotprojekts gem. Art. 4 IMI-Verordnung 1024/2012 erlassen (Durchführungsbeschluss (EU) 2018/743 v. 16.5.2018). Dieser sieht in Art. 4 über die Verwaltungszusammenarbeit zwischen den Aufsichtsbehörden, dem Ausschuss und der Kommission eine Reihe von Basisfunktionen vor, die das IMI für die Zwecke der Verfahren nach Art. 64–66 enthalten soll. Dass die tatsächliche Nutzung des IMI (→ Rn. 5) im Einzelfall auch normative Bedeutung haben kann, hat die bindende Dringlichkeitsentscheidung 01/2021 des Datenschutzausschuss vom 12.7.2021 Rn. 176 ff. gezeigt.

5.1 Eine Umfrage unter den mitgliedstaatlichen Datenschutzaufsichtsbehörden hat ergeben, dass sich zwar eine Mehrheit für die Einführung eines strukturierten Informationsaustauschsystems ausspricht, dass aber bei einigen Aufsichtsbehörden die Zweifel überwiegen, ob ein solches System wirklich substantielle Vorteile mit sich bringen würde; betont wird dabei insbesondere, dass ein strukturiertes System über ausreichend Flexibilität verfügen müsse (s. die empirische Studie von Barnard-Wills/Pauner Chulvi/De Hert Computer Law & Security Review 32 (2016), 587 (592 f.)).

B. Regelungsinhalt

I. Ermächtigung (Abs. 1)

1. Beteiligte des Informationsaustauschs

6 Die in Abs. 1 verankerte Ermächtigung der Kommission zum Erlass von Durchführungsrechtsakten betrifft die Ausgestaltung des elektronischen Informationsaustauschs zwischen den Aufsichtsbehörden (insbesondere iRd Zusammenarbeit nach Art. 60–62) sowie zwischen den Aufsichtsbehörden und dem Europäischen Datenschutzausschuss (insbesondere iRd Kohärenzverfahrens nach Art. 63–65). Die Kommission findet dagegen keine Erwähnung, obgleich sie iRd Kohärenzverfahrens sowohl als Informationsverpflichtete (Art. 64 Abs. 4) als auch als Empfängerin von Informationen (Art. 64 Abs. 5) in Erscheinung treten kann. Ob hierin tatsächlich eine bewusste Entscheidung des Unionsgesetzgebers zu erkennen und daher der Schluss zu ziehen ist, die Kommission sei am einheitlich ausgestalteten elektronischen Informationsaustausch nicht zu beteiligen (so Paal/Pauly/Körffer Rn. 2), scheint zweifelhaft. Für eine gesetzgeberische Ungenauigkeit spricht vor allem, dass gerade das in der Norm hervorgehobene standardisierte Format nach Art. 64 auch den Informationsaustausch zwischen Kommission und dem Datenschutzausschuss betrifft (s. Art. 64 Abs. 4 und 5; so jetzt auch Auernhammer/Rossi Rn. 3; aA NK-DatenschutzR/Spiecker gen. Döhmann Rn. 6, die hierin eine Sicherung der Unabhängigkeit des Ausschusses sieht).

2. Natur und Inhalt eines Durchführungsrechtsakts

7 Die Norm ermächtigt die Kommission zur Ausgestaltung des elektronischen Informationsaustauschs durch Durchführungsrechtsakte von allgemeiner Tragweite. Zulässig sind somit abstrakt-generelle Regelungen, nicht aber konkrete Einzelfallregelungen, zumal letztere die primärrechtlich verankerte Unabhängigkeit der Aufsichtsbehörden verletzen könnten (→ Rn. 4). Inhaltlich müssen die Regelungen den elektronischen Informationsaustausch betreffen, wobei sich Anhaltspunkte für die umfassten zweckdienlichen Informationen aus Art. 64 Abs. 4 ergeben. Regelungsziele können neben der Integrität und Vertraulichkeit der Daten vor allem auch die Nachvollziehbarkeit und Belegbarkeit des Zugangs von Daten bei fristgebundenen Verfahren sein (Paal/Pauly/Körffer Rn. 3).

II. Prüfverfahren (Abs. 2)

8 Abs. 2 verweist auf Art. 93 Abs. 2, der wiederum das Prüfverfahren nach Art. 5 VO 182/2011 (Komitologie-Verordnung) für anwendbar erklärt. Über den nach Art. 93 Abs. 1 zu bildenden Ausschuss, der an die Stelle des Ausschusses nach Art. 31 DSRL tritt, sind die Mitgliedstaaten somit am Erlass eines Durchführungsrechtsakts nach Art. 67 beteiligt und können diesen verhindern.

Abschnitt 3. Europäischer Datenschutzausschuss

Artikel 68 Europäischer Datenschutzausschuss

(1) Der Europäische Datenschutzausschuss (im Folgenden „Ausschuss") wird als Einrichtung der Union mit eigener Rechtspersönlichkeit eingerichtet.

(2) Der Ausschuss wird von seinem Vorsitz vertreten.

(3) Der Ausschuss besteht aus dem Leiter einer Aufsichtsbehörde jedes Mitgliedstaats und dem Europäischen Datenschutzbeauftragten oder ihren jeweiligen Vertretern.

(4) Ist in einem Mitgliedstaat mehr als eine Aufsichtsbehörde für die Überwachung der Anwendung der nach Maßgabe dieser Verordnung erlassenen Vorschriften zuständig, so wird im Einklang mit den Rechtsvorschriften dieses Mitgliedstaats ein gemeinsamer Vertreter benannt.

(5) [1]Die Kommission ist berechtigt, ohne Stimmrecht an den Tätigkeiten und Sitzungen des Ausschusses teilzunehmen. [2]Die Kommission benennt einen Vertreter. [3]Der Vorsitz des Ausschusses unterrichtet die Kommission über die Tätigkeiten des Ausschusses.

(6) In den in Artikel 65 genannten Fällen ist der Europäische Datenschutzbeauftragte nur bei Beschlüssen stimmberechtigt, die Grundsätze und Vorschriften betreffen, die für die Organe, Einrichtungen, Ämter und Agenturen der Union gelten und inhaltlich den Grundsätzen und Vorschriften dieser Verordnung entsprechen.

Überblick

Der Europäische Datenschutzausschuss (EDSA) ist die zentrale Institution für die einheitliche und kooperative Umsetzung der EU-DSGVO. Er knüpft zwar an die Art. 29-Datenschutzgruppe an, hat jedoch eine ungleich stärkere Position, wesentlich umfangreichere Aufgaben und eine gänzlich andere Stellung im Institutionengefüge. Der EDSA hat eine eigene Rechtspersönlichkeit (Abs. 1) und setzt sich aus den Leitern der Aufsichtsbehörden der Mitgliedstaaten und dem Europäischen Datenschutzbeauftragten zusammen, die aus ihrer Mitte den Vorsitzenden wählen (Abs. 2 und 3). Mitgliedstaaten mit mehreren Aufsichtsbehörden regeln die Vertretung im EDSA eigenständig, entsenden jedoch nur einen Vertreter. Die Kommission, früher Orientierungspunkt der Artikel-29-Datenschutzgruppe, büßt ihre starke Stellung ein und wird zum bloßen Beobachter herabgestuft. Der Europäische Datenschutzbeauftragte stellt zwar das Sekretariat des EDSA (vgl. Art. 75 Abs. 1), hat aber eine ansonsten nur reduzierte Position (Abs. 6).

A. Allgemeines

Der nach Art. 68 am 25.5.2018 eingerichtete EDSA hat die auf Grundlage des Art. 29 DSRL **1** eingerichtete Datenschutzgruppe abgelöst (Erwägungsgrund 139). Wie die Artikel-29-Datenschutzgruppe besteht er aus den Leitern der ABen der Mitgliedstaaten und dem EDSB. Für das mit aktuell 18 staatlichen Aufsichtsbehörden ausgestattete Deutschland sind die Vertretungsregelungen für den EDSA in § 17 Abs. 1 S. 1 BDSG festgelegt. Demnach ist grundsätzlicher gemeinsamer Vertreter der deutschen Aufsichtsbehörden die oder der Bundesbeauftragte. Bei Angelegenheiten, die die Länder betreffen, soll diese Aufgabe gem. § 17 Abs. 2 S. 1 BDSG auf die Leiterin oder den Leiter einer Aufsichtsbehörde der Länder als Stellvertreter iSv § 17 Abs. 1 S. 2 BDSG übertragen werden, um die innerdeutsche Kompetenzordnung abzubilden. Eine Wahl eines solchen Stellvertreters ist jedoch erst drei Jahre nach Geltung der DS-GVO erfolgt. Eine solche Verzögerung schwächt die Vertretung der im nicht-öffentlichen Bereich weitgehend sachlich zuständigen Aufsichtsbehörden der Länder auf europäischer Ebene und erschwert, dass deren aufsichtsbehördliche Erfahrungen unmittelbar in die Entscheidungsfindung des EDSA eingebracht werden. Die KOM ist kein Mitglied des EDSA, sondern hat nur ein Teilnahme- und Informationsrecht. Die Funktionen und die Aufgaben des EDSA gehen weit über diejenigen der Artikel-29-Datenschutzgruppe hinaus. Wie diese hat auch der EDSA eine Beratungsfunktion gegenüber der KOM; zur Förderung der einheitlichen Anwendung der DS-GVO (Erwägungsgrund 139) wird er jedoch eine weitaus stärkere Rolle einnehmen als bisher die Artikel-29-Datenschutzgruppe. In Fällen grenzüberschreitender Datenverarbeitung sowie in grundlegenden Angelegenheiten nach

DS-GVO Artikel 68

Art. 64 hat er verbindliche Entscheidungsbefugnisse. Zur Vereinheitlichung der Rechtsanwendung trägt er überdies durch Leitlinien, Empfehlungen und Definition von bewährten Verfahren bei. Insoweit gewährleistet er in normativer und prozeduraler Hinsicht Kohärenz.

I. Normgeschichte

2   Der Europäische Datenschutzausschuss (EDSA) ist die zentrale Institution für die einheitliche und kooperative Umsetzung der DS-GVO. Er knüpft zwar an die nach der DS-Richtlinie gebildete Artikel-29-Datenschutzgruppe an, löst diese jedoch ab (Erwägungsgrund 139) und hat eine ungleich stärkere Position, wesentlich umfangreichere Aufgaben und eine gänzlich andere Stellung im Institutionengefüge.

3   Dies zeigt sich insbesondere daran, dass der EDSA nicht mehr nur beratende Funktion hat, sondern mit einer eigenen Rechtspersönlichkeit ausgestattet ist (Abs. 1; vgl. auch Art. 1 Abs. 1 S. 1 der Rules of Procedure (RoP)). Seine gewachsene Bedeutung unterstreicht, dass er sich aus den Leitern der Aufsichtsbehörden der Mitgliedstaaten und dem Europäischen Datenschutzbeauftragten zusammensetzt.

II. Sinn und Zweck

4   Die DS-GVO verfolgt das Ziel, natürliche Personen bei der Verarbeitung personenbezogener Daten zu schützen und den freien Verkehr solcher Daten zu gewährleisten (Art. 1 Abs. 1). Dies kann im einheitlichen europäischen Rechtsraum nur gelingen, wenn ein einheitliches Rechtsverständnis von der DS-GVO (normative Kohärenz) hergestellt wird und ein darauf basierender einheitlicher Verwaltungsvollzug (prozedurale Kohärenz). Daher ist die Kooperation und die Koordination der ABen (Art. 60 ff.) ein zentrales Anliegen der DS-GVO. Hierbei kommt dem EDSA die bestimmende Rolle zu.

5   Der EDSA soll zur Förderung der einheitlichen Anwendung der DS-GVO beitragen (Erwägungsgrund 139), insbesondere durch Förderung der Zusammenarbeit der Aufsichtsbehörden in der Union. Darüber hinaus hat er eine Beratungsfunktion gegenüber der KOM, besonders im Hinblick auf das Schutzniveau in Drittländern oder internationalen Organisationen. In Fällen grenzüberschreitender Datenverarbeitung sowie in grundlegenden Angelegenheiten nach Art. 64 hat er verbindliche Entscheidungsbefugnisse. Zur Vereinheitlichung der Rechtsanwendung trägt er überdies durch Leitlinien, Empfehlungen und Definition von bewährten Verfahren bei (Art. 70 Abs. 1).

III. Vergleich mit dem bisher geltenden BDSG

6   Auf nationaler Ebene gab es bislang kein übergeordnetes Koordinationsgremium mit eigener Entscheidungsbefugnis. Zwar hatten sich die Aufsichtsbehörden nach § 38 BDSG in den Gremien Düsseldorfer Kreis (für die Aufsicht im nicht-öffentlichen Bereich) und der Datenschutzkonferenz der unabhängigen Aufsichtsbehörden des Bundes und der Länder (DSK) regelmäßig ausgetauscht und abgestimmt, jedoch galt hierbei das Prinzip des freiwilligen Zusammenschlusses und der Einstimmigkeit. Diese Gremien besaßen weder eine eigene Rechtspersönlichkeit noch anerkannte Zuständigkeiten. Jede deutsche AB und jeder staatliche Beauftragte für den Datenschutz konnte jederzeit diese Gremien verlassen und jede gemeinsame Beschlussfassung durch seine Gegenstimme verhindern. Im Vorfeld des ersten Geltungstages der DS-GVO, dem 25.5.2018, hatte die DSK jedoch mehrere auf deutscher Ebene einheitlich abgestimmte Kurzpapiere über einzelne Vorgaben der DS-GVO veröffentlicht, um bei Anwendung der neuen Rechtsordnung Orientierung zu geben und einen einheitlichen nationalen Vollzug zu erzielen.

IV. Vergleich mit bisherigen Gremien

7   Wie bereits dargestellt, war die bisherige Artikel-29-Datenschutzgruppe im Hinblick auf Rechtspersönlichkeit, Aufgaben und Befugnisse nicht mit dem EDSA vergleichbar. Dennoch wurden in den Arbeitsgremien der Artikel-29-Datenschutzgruppe bereits Vorarbeiten für die Tätigkeit des EDSA geleistet. So wurden bereits Guidelines und Working Paper über die europäische Auslegung von Vorgaben der DS-GVO durch die Artikel-29-Datenschutzgruppe erarbeitet. In seiner ersten Plenarsitzung am 25.5.2018 hat der EDSA im Rahmen des "Endorsement 1/2018" (abrufbar unter: https://edpb.europa.eu/sites/default/files/files/news/endorsement_of_wp29_documents_en_0.pdf) 16 von der Artikel-29-Datenschutzgruppe erstellte Dokumente unter Vorbehalt der Weiterentwicklung bestätigt. Insoweit hat das ehemals bestehende Fachgre-

mium bereits einen großen Beitrag zur normativen Kohärenz unter der Geltung der DS-GVO erstellt und die einheitliche Rechtsanwendung über den eigenen Fortbestand hinaus gefördert.

V. Vorrang des Unionsrechts

Eine nationale Regulierungsmöglichkeit der Aufgaben und Befugnisse des EDSA widerspräche dessen Zielsetzung, zur einheitlichen Anwendung der DS-GVO beizutragen. Lediglich die Bestimmungen über die Auswahl und ggf. Bindung der Vertreter der nationalen ABen bleibt den Mitgliedstaaten überlassen (vgl. Abs. 4). Für Deutschland sind diese, wie bereits dargestellt, in § 17 BDSG geregelt. 8

Der Vorrang des Unionsrechts gründet maßgeblich im Effektivitätsgebot und der Abgabe von mitgliedstaatlichen Kompetenzen auf die supranationale Ebene. Nur durch dieses Prinzip kann sichergestellt werden, dass die Regelungen auf europäischer Ebene auch tatsächliche Wirkung entfalten. 9

B. Regelungsinhalte

I. Einrichtung des Europäischen Datenschutzausschusses (Abs. 1)

Entsprechend den Empfehlungen der Artikel 29-Datenschutzgruppe („Propositions regarding the European Data Protection Board Internal Structure" v. 25.9.2015) und des Vorschlags des EP wird der EDSA als Einrichtung der Union mit **eigener Rechtspersönlichkeit** errichtet. Dies entspricht seiner verbindlichen Entscheidungskompetenz und seiner Unabhängigkeit. 10

Die Festlegung der eigenen Rechtspersönlichkeit bedeutet, dass der EDSA im eigenen Namen handelt, über eigene Organe verfügt und Beteiligter an Rechtsstreitigkeiten sein kann. 11

Im Gegensatz zum EDSA hat die deutsche Konferenz der unabhängigen Aufsichtsbehörden des Bundes und der Länder keine eigene Rechtspersönlichkeit inne. Nationale Kohärenzprozesse sind durch § 18 Abs. 1 und 2 BDSG vorgegeben und werden organisatorisch von der Zentralen Anlaufstelle (ZASt) koordiniert, die beim Bundesbeauftragten für den Datenschutz eingerichtet ist. 12

II. Vorsitz (Abs. 2)

Der EDSA wählt nach Art. 73 einen Vorsitzenden aus dem Kreis seiner Mitglieder. Dieser vertritt den EDSA nach außen und führt – unterstützt durch zwei Stellvertreter und ein Sekretariat (Art. 75) – die Geschäfte des EDSA. Aktuell hat Andrea Jelinek, die Leiterin der österreichischen Datenschutzbehörde, den Vorsitz inne. Stellvertretende Vorsitzende sind Ventsislav Karadjov, Vorsitzender der kroatischen Datenschutzagentur, und Aleid Wolfsen, der Vorsitzende der niederländischen Aufsichtsbehörde. 13

Die Aufgaben des Vorsitzes regelt Art. 74. Er beruft die Sitzungen des Ausschusses ein, erstellt die Tagesordnung und leitet sodann jede Sitzung des EDSA. Ferner stellt er die Kommunikation innerhalb und außerhalb des EDSA, insbesondere mit den AB und der KOM sicher und wacht über die rechtzeitige Ausführung der Aufgaben des Ausschusses, insbesondere der Aufgaben im Zusammenhang mit dem Kohärenzverfahren nach Art. 63 (vgl. Art. 74 Abs. 1 lit. c). Der EDSA legt die Aufteilung der Aufgaben zwischen dem Vorsitzenden und dessen Stellvertretern in seiner Geschäftsordnung per Beschluss fest (Art. 74 Abs. 2). 14

Der Vorsitz hat eine vergleichsweise starke Position inne, da ihm ein vertiefter Einblick in die Tätigkeiten des EDSA zukommt und er auch den EDSA öffentlichkeitswirksam nach außen auf öffentlichen Veranstaltungen repräsentiert. 15

III. Mitglieder (Abs. 3–6)

Mitglieder des EDSA sind die Leitungen der AB jedes Mitgliedstaats und der EDSB oder ihre jeweiligen Vertreter. Jeder Mitgliedstaat ist mit **einer Stimme** im EDSA vertreten. Das **Stimmrecht des EDSB** ist nach Abs. 6 allerdings auf dessen Wirkungskreis eingeschränkt. Dies ist ein Kompromiss zwischen der Position des EP, das sich für ein generelles Stimmrecht des EDSB ausgesprochen hatte und des Europäischen Rates, der angesichts der fehlenden umfassenden Zuständigkeit des EDSB für die vom EDSA zu entscheidenden Fragen keinen Grund für ein Stimmrecht des EDSB gesehen hatte (vgl. ER Dok. 14318/15, 7). 16

Mitgliedstaaten mit mehreren ABen müssen nach Abs. 4 einen **gemeinsamen Vertreter** benennen. Für die Vertretung der dt. ABen im EDSA wird durch § 17 BDSG eine Bestimmung 17

DS-GVO Artikel 69 Kapitel VII. Zusammenarbeit und Kohärenz

vorgenommen; darin ist der/die Bundesbeauftragte für den Datenschutz als gemeinsamer Vertreter vorgesehen.

18 In Betracht für diese Funktion kommt die Leitung jeder ABe eines Landes oder des Bundes. Für eine Vertretung durch die Leitung der ABe eines Landes spricht deren größere Sachnähe zur aufsichtsbehördlichen Tätigkeit in Bezug auf die im EDSA schwerpunktmäßig zu behandelnden Fragen der grenzüberschreitenden Datenverarbeitung durch nicht-öffentliche Stellen. In Deutschland ist die Aufsicht über nicht-öffentliche Stellen mit Ausnahme der Post- und Telekommunikationsdienste-Anbieter derzeit den ABen der Länder übertragen.

19 Mit Art. 68 vereinbar wäre auch eine gemeinsame Vertretung durch die Leitung der ABen des Bundes und eines Landes, da nach Abs. 3 jeder Mitgliedstaat zwei Vertreter – ein ständiges und ein stellvertretendes Mitglied – in den EDSA entsendet. An der Stimmverteilung – eine Stimme je Mitgliedstaat – ändert sich dadurch nichts.

20 Die **KOM** ist kein Mitglied des EDSA. Sie hat nach Abs. 5 das Recht, an den Tätigkeiten und Sitzungen des EDSA beratend und ohne Stimmrecht teilzunehmen (vgl. Erwägungsgrund 139). Dies setzt eine Information der KOM über die Tätigkeiten und Sitzungstermine des EDSA voraus, die der Vorsitz nach Abs. 5 S. 3 sicherzustellen hat. Diese im Vergleich zum Kommissionsvorschlag erheblich geschwächte Position der KOM im EDSA beruht auf Änderungen des Europäischen Rates, denen berechtigte Kritik an den im Verordnungsentwurf vorgesehenen Einflussmöglichkeiten der KOM vorausgegangen war. Mit Einrichtung des EDSA verliert die KOM weitgehend ihre Bedeutung für die Fortentwicklung des Datenschutzrechts in Europa, die ihr unter der Richtlinie 95/46/EG noch zugekommen war. Der Europäische Rat hatte die im Kommissionsentwurf zur GVO vorgesehenen Befugnisse der KOM zur näheren Ausgestaltung in Form von Durchführungsrechtsakten und delegierten Rechtsakten weitgehend gestrichen und damit der KOM eine nicht zentrale Rolle zugewiesen.

Artikel 69 Unabhängigkeit

(1) **Der Ausschuss handelt bei der Erfüllung seiner Aufgaben oder in Ausübung seiner Befugnisse gemäß den Artikeln 70 und 71 unabhängig.**

(2) **Unbeschadet der Ersuchen der Kommission gemäß Artikel 70 Absätze 1 und 2 ersucht der Ausschuss bei der Erfüllung seiner Aufgaben oder in Ausübung seiner Befugnisse weder um Weisung noch nimmt er Weisungen entgegen.**

Überblick

Damit der EDSA seiner Funktion, die einheitliche Anwendung dieser Verordnung sicherzustellen (Art. 70 Abs. 1) gerecht werden kann, garantiert ihm Abs. 1 die Unabhängigkeit in der Erfüllung seiner Aufgaben und der Ausübung seiner Befugnisse. Neben der inhaltlichen Weisungsfreiheit (vgl. Abs. 2) umfasst die Unabhängigkeit auch die Dimensionen der funktionsgerechten Ausstattung sowie des institutionenfreundlichen Verhaltens.

A. Allgemeines

1 Die Freiheit von Weisungen und bestimmenden Einflussnahmen ermöglicht bzw. erleichtert den ABen ihre Tätigkeit zum Schutz der individuellen Freiheit der Betroffenen als Grundrechtsträger. Dementsprechend findet sich diese Garantie für die ABen in Art. 52 Abs. 1 wieder.

2 Wie sich die Unabhängigkeit des EDSA zur Unabhängigkeit der AB der Mitgliedstaaten verhält, wird zu klären sein. Zwar sind die mitgliedstaatlichen ABen selbst unabhängig, insoweit kohärente und konsistente Entscheidungen des Ausschusses unter Heranziehung von Mehrheitsprinzipien getroffen werden, besteht jedoch eine neue Abhängigkeit der einzelnen ABen von eben diesen Mehrheitsentscheidungen.

I. Normgeschichte

3 Bereits die RL 95/46/EG (vgl. Art. 28 Abs. 1 UAbs. 2) garantierte den nationalen ABen die völlige Unabhängigkeit, zu deren unterschiedlichen Dimensionen sich der EuGH bereits geäußert hat (NJW 2010, 1265 ff.).

II. Sinn und Zweck

Der EDSA setzt sich zwar aus Mitgliedern zusammen, denen gem. Art. 52 Abs. 1 und 2 bereits   4
die Unabhängigkeit garantiert ist. In Anbetracht der Funktionen des EDSA lag es jedoch nahe, auch dieser mit eigener Rechtspersönlichkeit ausgestatteten Institution (vgl. Art. 68 Abs. 1), die weitreichende Beschlüsse mit Bindungswirkung für alle ABen der Mitgliedstaaten fassen kann (vgl. Art. 63 ff.), ebenfalls die Unabhängigkeit zuzusprechen. Die in Art. 28 der Richtlinie 95/46/EG vorgesehenen Kontrollstellen sind vom EuGH als „die Hüter dieser Grundrechte und Grundfreiheiten" und als ein „wesentliches Element des Schutzes der Personen bei der Verarbeitung personenbezogener Daten" (NJW 2010, 1265 (1266 ff.)) bezeichnet worden. Art. 69 bezieht nun den EDSA in diese wichtige Aufgabe mit ein und verleiht ihm die dafür notwendige Struktur einschließlich der Unabhängigkeit.

Dass Abs. 1 „nur" die Unabhängigkeit, nicht aber wie Art. 52 Abs. 1 die „völlige" Unabhängigkeit gewährleistet, ist offensichtlich ohne Belang.   5

Diese Unabhängigkeitsgarantie ist kein Selbstzweck. Sie wurde eingeführt, um die von den   6
Entscheidungen der Datenschutzstellen betroffenen Personen und Einrichtungen stärker zu schützen, und nicht, um diesen Kontrollstellen selbst oder ihren Bevollmächtigten eine besondere Stellung zu verleihen (EuGH NJW 2010, 1265 (1266 ff.)).

III. Vergleich mit dem bisher geltenden BDSG

Garantien der Unabhängigkeit der Amtsausübung fanden sich auch im BDSG (vgl. § 23 Abs. 4   7
S. 2) und den jeweiligen LDSG. Vorschriften zur Unabhängigkeit gemeinsamer Gremien der Datenschutzbeauftragten finden sich im BDSG nicht.

IV. Einbettung in die Unionsrechtsordnung

Bis dato gab es noch kein mit der Unabhängigkeit des EDSA vollumfänglich vergleichbares   8
Konstrukt. Nachdem der Datenschutz in Deutschland weitgehend als Annex-Kompetenz zu den einzelnen Sachkompetenzen interpretiert wird, steht die unabhängige Stellung des EDSA im Spannungsfeld zu der bisher weitgehend souverän ausgeübten Richtlinienkompetenz der Regierungsorgane der Mitgliedsstaaten. Mit der Etablierung der Unabhängigkeit der Datenschutzaufsichtsbehörden haben Regierungsorgane ihre Deutungshoheit in Bezug auf das Datenschutzrecht verloren. Dieser Umstand mag Ausgangspunkt einer Vielzahl der Diskussionen über die Auslegungen der Verordnung durch die verschiedenen Akteure im Rechtssystem sein.

V. Vorrang des Unionsrechts

Aufgrund des Vorrangs des Unionsrechts kann die dargestellte Unabhängigkeit nicht durch   9
mitgliedstaatliche Regelungen aufgehoben oder unterwandert werden. Entsprechende nationale Regelungen wären unionsrechtswidrig.

Der Vorrang des Unionsrechts umfasst auch die Regelungen des Art. 65 DS-GVO, nach denen   10
der EDSA verbindliche Entscheidungen treffen kann, durch die die konsistente Anwendung der DS-GVO sichergestellt wird.

VI. Normkonkurrenzen mit Regelungen innerhalb der DS-GVO

Art. 52 Abs. 1 gewährleistet die „völlige" Unabhängigkeit der ABen bei der Erfüllung ihrer   11
Aufgaben und bei der Ausübung ihrer Befugnisse gem. der DS-GVO. Ob die Vertreter der ABen im EDSA durch Weisungen der nationalen ABen mit absoluter Wirkung gebunden werden können, wird zu klären sein. Diese Frage stellt sich insbesondere für Mitgliedstaaten wie Deutschland, wo eine Mehrheit von ABen besteht (vgl. Art. 68 Abs. 4), die ggf. nach nationalem Recht den Vertreter im EDSA mit Aufträgen und Weisungen versehen können. So können die deutschen Aufsichtsbehörden gem. § 18 Abs. 1 und 2 BDSG gemeinsame Standpunkte bilden, an die der gemeinsame Vertreter und sein Stellvertreter gem. § 18 Abs. 3 S. 1 BDSG gebunden sind. Ohne derartige verbindliche Regelungen ist es föderativen Staaten wie Deutschland nicht möglich mit einheitlichen Standpunkten im EDSA ein eindeutiges vom nationalen System getragenes und das staatliche Gefüge widerspiegelndes Votum abzugeben. Die Herstellung von konsistenten Standpunkten auf europäischer Ebene fordert im vorhergehenden Schritt die Bildung von konsistenten nationalen Standpunkten.

B. Die Regelungen im Einzelnen

12 Art. 69 garantiert in Abs. 1 allgemein die Unabhängigkeit des EDSA und definiert in Abs. 2 das Verhältnis von KOM und EDSA mit Blick auf die Befugnis der KOM, den EDSA gem. Art. 70 Abs. 1 und 2 um Rat zu ersuchen.

I. Unabhängigkeit und Weisungsfreiheit (Abs. 1)

13 Zur Unabhängigkeit des EDSA beschränkt sich Art. 69 – neben einer grundsätzlichen Statuierung in Abs. 1 – darauf, dass der EDSA weder um **Weisungen** ersucht noch Weisungen entgegennimmt (Abs. 2). Gestützt wird diese Unabhängigkeit auch von der eigenen Rechtspersönlichkeit des EDSA in Art. 68 Abs. 1. In Bezug auf öffentliche Stellen bezeichnet der Begriff „Unabhängigkeit" in der Regel eine Stellung, in der gewährleistet ist, dass die betreffende Stelle völlig frei von Weisungen und Druck handeln kann (EuGH NJW 2010, 1265).

14 Unabhängigkeit bedeutet jedoch nicht Ungebundenheit. Trotz seiner Unabhängigkeit bleibt der EDSA an die Bestimmungen der GVO, das Europäische Verfassungsrecht und die darauf gestützten Entscheidungen des EuGH gebunden (EuGH NJW 2010, 1265 (1267)).

15 Neben dem marginalen Unterschied zur Unabhängigkeitsgarantie des Art. 52 Abs. 1 („völlig") besteht ein durchaus wesentlicher Unterschied zu Art. 52 Abs. 4: Art. 69 versäumt es, die aufgabengemäße Ausstattung des EDSA mit hinreichenden Personal- und Sachmitteln anzusprechen. Dies wäre mit Blick auf die umfangreichen Aufgaben des EDSA zu erwarten gewesen, lässt sich aber durch eine sachgerechte Interpretation des Umfangs und der Reichweite der Unabhängigkeitsgarantie des Abs. 1 auffangen.

16 Problematischer erscheint der Umstand, dass die Personalauswahl für den EDSA dadurch vorgegeben wird, dass das Sekretariat vom EDSB zur Verfügung gestellt wird. Diese wohl aus pragmatischen Gründen gewählte Konstruktion schwächt den Vorsitzenden des EDSA in unnötiger Weise; die kompensatorische Bestimmung in Art. 75 Abs. 2, wonach das Sekretariat seine Aufgaben ausschließlich auf Anweisung des Vorsitzes des Ausschusses ausführt, vermag die Nachteile fremdbestimmter Personalauswahl, -führung und -beförderung nicht auszugleichen. Insoweit kann die Unabhängigkeit des EDSA grundsätzlich infrage gestellt werden.

II. Verhältnis zur Kommission (Abs. 2)

17 Die **KOM** ist kein Mitglied des EDSA. Sie hat nach Art. 68 Abs. 5 das Recht, an den Tätigkeiten und Sitzungen des EDSA beratend und ohne Stimmrecht teilzunehmen (vgl. Erwägungsgrund 139). Dies setzt eine Information der KOM über die Tätigkeiten und Sitzungstermine des EDSA voraus, die der Vorsitz nach Abs. 5 S. 3 sicherzustellen hat. Mit Einrichtung des EDSA verliert die KOM weitgehend ihre Bedeutung für die Fortentwicklung des Datenschutzrechts in Europa, die ihr unter der Richtlinie 95/46/EG noch zugekommen war.

18 Damit hat die KOM **keine unmittelbaren Einflussmöglichkeiten** auf die Entscheidungen des EDSA. Mittelbar wirkt sie durch Themensetzung und Ersuchen um Rat: Nach Art. 70 Abs. 1 lit. b kann sie den EDSA um Beratung in allen Fragen des Datenschutzes in der Union ersuchen und für die Bearbeitung sogar eine Frist bestimmen (Abs. 2). Zudem kann sie nach Art. 64 Abs. 2 beantragen, dass eine Angelegenheit von allgemeiner oder mitgliedstaatenübergreifender Bedeutung durch den EDSA geprüft wird.

19 Diese Kommunikation mit dem EDSA bedarf jedoch der Einordnung vor dem Hintergrund der Unabhängigkeit des EDSA: Dieser alleine entscheidet über die Prioritäten seines Arbeitsprogramms. Auch Fristsetzungen der KOM nach Abs. 2 sind nicht mehr als unverbindliche Einschätzungen der KOM hinsichtlich der Bedeutsamkeit einer Thematik für die eigene Aufgabenerfüllung. Hierüber kann sich der EDSA jederzeit hinsichtlich Priorisierung, Umfang und Bearbeitungstiefe hinwegsetzen, wenn er zur Auffassung gelangt, andere Schwerpunkte setzen zu sollen. Er kann zwar Ersuchen der KOM nicht zurückzuweisen, ist aber dazu ermächtigt, deren Bedeutung eigenständig zu ermessen.

Artikel 70 Aufgaben des Ausschusses

(1) ¹Der Ausschuss stellt die einheitliche Anwendung dieser Verordnung sicher. ²Hierzu nimmt der Ausschuss von sich aus oder gegebenenfalls auf Ersuchen der Kommission insbesondere folgende Tätigkeiten wahr:

a) Überwachung und Sicherstellung der ordnungsgemäßen Anwendung dieser Verordnung in den in den Artikeln 64 und 65 genannten Fällen unbeschadet der Aufgaben der nationalen Aufsichtsbehörden;
b) Beratung der Kommission in allen Fragen, die im Zusammenhang mit dem Schutz personenbezogener Daten in der Union stehen, einschließlich etwaiger Vorschläge zur Änderung dieser Verordnung;
c) Beratung der Kommission über das Format und die Verfahren für den Austausch von Informationen zwischen den Verantwortlichen, den Auftragsverarbeitern und den Aufsichtsbehörden in Bezug auf verbindliche interne Datenschutzvorschriften;
d) Bereitstellung von Leitlinien, Empfehlungen und bewährten Verfahren zu Verfahren für die Löschung gemäß Artikel 17 Absatz 2 von Links zu personenbezogenen Daten oder Kopien oder Replikationen dieser Daten aus öffentlich zugänglichen Kommunikationsdiensten;
e) Prüfung – von sich aus, auf Antrag eines seiner Mitglieder oder auf Ersuchen der Kommission – von die Anwendung dieser Verordnung betreffenden Fragen und Bereitstellung von Leitlinien, Empfehlungen und bewährten Verfahren zwecks Sicherstellung einer einheitlichen Anwendung dieser Verordnung;
f) Bereitstellung von Leitlinien, Empfehlungen und bewährten Verfahren gemäß Buchstabe e des vorliegenden Absatzes zur näheren Bestimmung der Kriterien und Bedingungen für die auf Profiling beruhenden Entscheidungen gemäß Artikel 22 Absatz 2;
g) Bereitstellung von Leitlinien, Empfehlungen und bewährten Verfahren gemäß Buchstabe e des vorliegenden Absatzes für die Feststellung von Verletzungen des Schutzes personenbezogener Daten und die Festlegung der Unverzüglichkeit im Sinne des Artikels 33 Absätze 1 und 2, und zu den spezifischen Umständen, unter denen der Verantwortliche oder der Auftragsverarbeiter die Verletzung des Schutzes personenbezogener Daten zu melden hat;
h) Bereitstellung von Leitlinien, Empfehlungen und bewährten Verfahren gemäß Buchstabe e des vorliegenden Absatzes zu den Umständen, unter denen eine Verletzung des Schutzes personenbezogener Daten voraussichtlich ein hohes Risiko für die Rechte und Freiheiten natürlicher Personen im Sinne des Artikels 34 Absatz 1 zur Folge hat;
i) Bereitstellung von Leitlinien, Empfehlungen und bewährten Verfahren gemäß Buchstabe e des vorliegenden Absatzes zur näheren Bestimmung der in Artikel 47 aufgeführten Kriterien und Anforderungen für die Übermittlungen personenbezogener Daten, die auf verbindlichen internen Datenschutzvorschriften von Verantwortlichen oder Auftragsverarbeitern beruhen, und der dort aufgeführten weiteren erforderlichen Anforderungen zum Schutz personenbezogener Daten der betroffenen Personen;
j) Bereitstellung von Leitlinien, Empfehlungen und bewährten Verfahren gemäß Buchstabe e des vorliegenden Absatzes zur näheren Bestimmung der Kriterien und Bedingungen für die Übermittlungen personenbezogener Daten gemäß Artikel 49 Absatz 1;
k) Ausarbeitung von Leitlinien für die Aufsichtsbehörden in Bezug auf die Anwendung von Maßnahmen nach Artikel 58 Absätze 1, 2 und 3 und die Festsetzung von Geldbußen gemäß Artikel 83;
l) Überprüfung der praktischen Anwendung der Leitlinien, Empfehlungen und bewährten Verfahren;
m) Bereitstellung von Leitlinien, Empfehlungen und bewährten Verfahren gemäß Buchstabe e des vorliegenden Absatzes zur Festlegung gemeinsamer Verfahren für die von natürlichen Personen vorgenommene Meldung von Verstößen gegen diese Verordnung gemäß Artikel 54 Absatz 2;
n) Förderung der Ausarbeitung von Verhaltensregeln und der Einrichtung von datenschutzspezifischen Zertifizierungsverfahren sowie Datenschutzsiegeln und -prüfzeichen gemäß den Artikeln 40 und 42;
o) Genehmigung der Zertifizierungskriterien gemäß Artikel 42 Absatz 5 und Führung eines öffentlichen Registers der Zertifizierungsverfahren sowie von Datenschutzsiegeln und -prüfzeichen gemäß Artikel 42 Absatz 8 und der in Drittländern niedergelassenen zertifizierten Verantwortlichen oder Auftragsverarbeiter gemäß Artikel 42 Absatz 7;

p) Genehmigung der in Artikel 43 Absatz 3 genannten Anforderungen im Hinblick auf die Akkreditierung von Zertifizierungsstellen gemäß Artikel 43;
q) Abgabe einer Stellungnahme für die Kommission zu den Zertifizierungsanforderungen gemäß Artikel 43 Absatz 8;
r) Abgabe einer Stellungnahme für die Kommission zu den Bildsymbolen gemäß Artikel 12 Absatz 7;
s) Abgabe einer Stellungnahme für die Kommission zur Beurteilung der Angemessenheit des in einem Drittland oder einer internationalen Organisation gebotenen Schutzniveaus einschließlich zur Beurteilung der Frage, ob das Drittland, das Gebiet, ein oder mehrere spezifische Sektoren in diesem Drittland oder eine internationale Organisation kein angemessenes Schutzniveau mehr gewährleistet. Zu diesem Zweck gibt die Kommission dem Ausschuss alle erforderlichen Unterlagen, darunter den Schriftwechsel mit der Regierung des Drittlands, dem Gebiet oder spezifischen Sektor oder der internationalen Organisation;
t) Abgabe von Stellungnahmen im Kohärenzverfahren gemäß Artikel 64 Absatz 1 zu Beschlussentwürfen von Aufsichtsbehörden, zu Angelegenheiten, die nach Artikel 64 Absatz 2 vorgelegt wurden und um Erlass verbindlicher Beschlüsse gemäß Artikel 65, einschließlich der in Artikel 66 genannten Fälle;
u) Förderung der Zusammenarbeit und eines wirksamen bilateralen und multilateralen Austauschs von Informationen und bewährten Verfahren zwischen den Aufsichtsbehörden;
v) Förderung von Schulungsprogrammen und Erleichterung des Personalaustausches zwischen Aufsichtsbehörden sowie gegebenenfalls mit Aufsichtsbehörden von Drittländern oder mit internationalen Organisationen;
w) Förderung des Austausches von Fachwissen und von Dokumentationen über Datenschutzvorschriften und -praxis mit Datenschutzaufsichtsbehörden in aller Welt;
x) Abgabe von Stellungnahmen zu den auf Unionsebene erarbeiteten Verhaltensregeln gemäß Artikel 40 Absatz 9 und
y) Führung eines öffentlich zugänglichen elektronischen Registers der Beschlüsse der Aufsichtsbehörden und Gerichte in Bezug auf Fragen, die im Rahmen des Kohärenzverfahrens behandelt wurden.

(2) Die Kommission kann, wenn sie den Ausschuss um Rat ersucht, unter Berücksichtigung der Dringlichkeit des Sachverhalts eine Frist angeben.

(3) Der Ausschuss leitet seine Stellungnahmen, Leitlinien, Empfehlungen und bewährten Verfahren an die Kommission und an den in Artikel 93 genannten Ausschuss weiter und veröffentlicht sie.

(4) [1]Der Ausschuss konsultiert gegebenenfalls interessierte Kreise und gibt ihnen Gelegenheit, innerhalb einer angemessenen Frist Stellung zu nehmen. [2]Unbeschadet des Artikels 76 macht der Ausschuss die Ergebnisse der Konsultation der Öffentlichkeit zugänglich.

Überblick

Zur Erfüllung seiner Aufgabe, die einheitliche Anwendung dieser Verordnung sicherzustellen, nimmt der Ausschuss von sich aus oder gegebenenfalls auf Ersuchen der KOM Überwachungsaufgaben wahr, gibt Stellungnahmen ab, stellt Leitlinien, Empfehlungen und bewährten Verfahren bereit und akkreditiert bzw. überprüft Zertifizierungsstellen (Abs. 1). Die KOM kann dabei der von ihr erachteten Dringlichkeit einer Anfrage durch Setzung einer Frist Rechnung tragen (Abs. 2). Seine Stellungnahmen, Leitlinien, Empfehlungen und bewährten Verfahren veröffentlicht der EDSA und leitet sie der Kommission zu (Abs. 3). Zur Unterstützung seiner Arbeit kann er auch Konsultationen durchführen, deren Ergebnisse zu veröffentlichen sind (Abs. 4).

Übersicht

	Rn.		Rn.
A. Allgemeines	1	IV. Einbettung in die Unionsrechtsordnung	6
I. Normgeschichte	3		
II. Sinn und Zweck	4	B. Die Regelungen im Einzelnen	7
III. Vergleich mit der bisherigen Rechtsordnung	5	I. Tätigkeit des Europäischen Datenschutzausschusses (Abs. 1 S. 2)	8

Aufgaben des Ausschusses   **Artikel 70 DS-GVO**

	Rn.		Rn.
1. Überwachung und Sicherstellung der Anwendung der DS-GVO in den Fällen der Art. 64 und 65	10	6. Aufgaben mit Blick auf Zertifizierungen (lit. o und p)	19
2. Beratung der Kommission/ Abgabe von Stellungnahmen gegenüber der Kommission (lit. b und c, q–s)	11	7. Abgabe von Stellungnahmen im Kohärenzverfahren (lit. t)	20
3. Bereitstellung von Leitlinien, Empfehlungen und bewährten Verfahren (lit. d–k und m)	15	8. Förderung der Zusammenarbeit von Aufsichtsbehörden (lit. u–w)	21
4. Überprüfung der praktischen Anwendung der Normsetzungen (lit. l)	17	9. Abgabe von Stellungnahmen zu Verhaltensregeln (lit. x)	22
5. Förderung der Ausarbeitung von Verhaltensregeln (lit. n)	18	10. Register über Beschlüsse in Kohärenzverfahren (lit. y)	23
		II. Veröffentlichung der Stellungnahmen und Normsetzungen des EDSA (Abs. 3)	24
		III. Konsultation interessierter Kreise (Abs. 4)	25

A. Allgemeines

Art. 70 bestimmt die **Aufgaben** des EDSA, sein Abs. 1 S. 1 beschreibt seine Funktion: Er stellt **1** die einheitliche Anwendung der DS-GVO sicher. Die Aufgaben werden in Abs. 1 S. 2 lit. a–y näher spezifiziert. Dieser 25 Einzelaspekte umfassende Katalog ist nicht abschließend (vgl. „insbesondere"), sondern umschreibt das Minimalprogramm des EDSA. Das hieraus abzuleitende Abstimmungsbedürfnis unter den AB und im EDSA ist beeindruckend.

Die einheitliche Anwendung der DS-GVO stellt der EDSA insbesondere dadurch sicher, dass **2** er Leitlinien, Empfehlungen und bewährte Verfahren bereitstellt (vgl. bereits ER, Dok. 5419/1/16/REV1/ADD1(29)). Dabei fußt seine Kompetenz auf der Erfahrung seiner Mitglieder, der AB der Mitgliedstaaten (vgl. Art. 68 Abs. 3). Durch die Kooperation im EDSA transportieren die AB, die gem. Art. 57 Abs. 1 lit. a die Anwendung der Verordnung in den Mitgliedstaaten überwachen und durchsetzen, ihr Verständnis von der DS-GVO auf die europäische Ebene und bilden im EDSA die gemeinsame verbindliche Position zur DS-GVO hervor.

I. Normgeschichte

Aufgrund der Neueinrichtung des EDSA durch die DS-GVO existiert keine dem Art. 70 **3** DS-GVO entsprechende Vorgängernorm. Die Artikel-29-Datenschutzgruppe hatte aber bereits Leitlinien und Stellungnahmen der europäischen Aufsichtsbehörden erstellt, die mit dem Endorsement vom 25.5.2018 in der ersten Sitzung des EDSA soweit sie bereits die DS-GVO betrafen auch durch den EDSA bestätigt wurden (https://edpb.europa.eu/sites/default/files/files/news/endorsement_of_wp29_documents_en_0.pdf).

II. Sinn und Zweck

Die DS-GVO stellt zwar ein einheitliches Recht für Europa vor (vgl. Art. 1 Abs. 1), die verfolg- **4** ten Ziele des Grundrechtsschutzes (Art. 1 Abs. 2) und des freien Datenverkehrs (Art. 1 Abs. 3) sind jedoch nur erreichbar, wenn das einheitliche Recht auch gleichmäßig angewendet wird. Hierzu wurde der EDSA ins Leben gerufen (vgl. Abs. 1 S. 1), dessen Gesamtaufgabe im Folgenden näher konkretisiert wird – ohne dass seine Aufgabe damit umfassen oder gar abschließend beschrieben wäre.

III. Vergleich mit der bisherigen Rechtsordnung

Zwar ist der heutige EDSA in Hinblick auf Wirkung und Befugnisse nicht mit der früheren **5** Artikel-29-Datenschutzgruppe vergleichbar. Er hat jedoch 16 Guidelines und Working Paper über die europäische Auslegung von Vorgaben der DS-GVO der Artikel 29-Datenschutzgruppe in seiner ersten Plenarsitzung am 25.5.2018 im Rahmen des "Endorsement 1/2018" (abrufbar unter https://edpb.europa.eu/sites/edpb/files/files/news/endorsement_of_wp29_documents_en_0.pdf) unter Vorbehalt der Weiterentwicklung bestätigt.

IV. Einbettung in die Unionsrechtsordnung

In seiner Unabhängigkeit und seiner weitreichenden Kompetenz stellt der EDSA im Mehrebe- **6** nensystem als rechtliches Konstrukt grundsätzlich ein Novum dar, das die Vereinheitlichung der Auslegung und der Rechtsanwendung auf eine neue Stufe bringen soll.

B. Die Regelungen im Einzelnen

7 Das Aufgabenprogramm des EDSA ist in 25 Einzelaufzählungen näher spezifiziert.

I. Tätigkeit des Europäischen Datenschutzausschusses (Abs. 1 S. 2)

8 Der EDSA wird als unabhängiges Organ der EU (Art. 69) mit eigener Rechtspersönlichkeit (Art. 68 Abs. 1) grundsätzlich im Wege der Eigeninitiative tätig. Er ersucht bei der Erfüllung seiner Aufgaben oder in Ausübung seiner Befugnisse weder um Weisung noch nimmt er Weisungen entgegen (Art. 69 Abs. 2). Lediglich der KOM wird ein besonderes Zugangsrecht zum EDSA zugestanden (Art. 69 Abs. 2, Art. 70 Abs. 1 lit. b, Abs. 2).

9 Dies schließt zwar nicht aus, dass sich auch andere Stellen oder Personen unmittelbar an den EDSA wenden, etwa Mitgliedstaaten, nicht im EDSA vertretene ABen (vgl. Art. 68 Abs. 4), Verantwortliche, Datenverarbeiter, Betroffene oder Dritte. Ihre Position gegenüber dem EDSA ist jedoch nur diejenige eines Petenten (vgl. Art. 44 EU-Grundrechte-Charta bezüglich Eingaben ans Europäische Parlament), der nicht eigene Zugangsrechte wahrnimmt, sondern nur Bitten und Beschwerden vortragen kann und dabei keinen Anspruch auf eine bestimmte Rückäußerung des EDSA hat. Ein solcher Anspruch besteht nur gegenüber den mitgliedstaatlichen ABen (vgl. insbesondere Art. 57 Abs. 1 lit. e), die sich nach eigenem Ermessen (vgl. Art. 64 Abs. 2, Art. 65 Abs. 1 lit. c S. 2) oder zwingend nach Art. 64 Abs. 1 S. 2, Art. 60 Abs. 4) an den EDSA wendet ist.

1. Überwachung und Sicherstellung der Anwendung der DS-GVO in den Fällen der Art. 64 und 65

10 Lit. a benennt die Aufgaben des EDSA im **Kohärenzverfahren** (vgl. Art. 63 ff.). Intern können hier Standards und „best practice"-Ansätze erarbeitet werden.

2. Beratung der Kommission/ Abgabe von Stellungnahmen gegenüber der Kommission (lit. b und c, q–s)

11 Der EDSA berät die KOM auf deren Ersuchen, auch in Form der Abgabe von Stellungnahmen. Die Unabhängigkeit des EDSA schließt es auch, in solchen Ersuchen Aufträge oder gar Weisungen zu sehen (vgl. Art. 69 Abs. 2). Auch wenn die KOM insoweit durch Fristangabe (Abs. 2) auf eine nach eigener Einschätzung bestehende, besondere Dringlichkeit hinweisen darf, ergeben sich dadurch weder eine Bearbeitungs- noch eine Priorisierungspflicht des EDSA. Vielmehr ist er verpflichtet, im Rahmen seines selbstbestimmten Arbeitsprogramms die Ersuchen und Fristangaben der KOM zu berücksichtigen und nicht ohne wichtigen Grund zu übergehen.

12 Gegenstand der **Beratung** der KOM können sämtliche Fragen des Datenschutzes nach der DS-GVO oder des Unionsrechts sein einschließlich Vorschläge der KOM zur Änderung der DS-GVO (lit. b) oder Ersuchen der KOM, solche Vorschläge durch den EDSA zu entwickeln.

13 Nach lit. c kann die KOM um Beratung zum Informationsaustausch zwischen den Verantwortlichen, den Auftragsverarbeitern und den Aufsichtsbehörden in Bezug auf verbindliche interne Datenschutzvorschriften (vgl. Art. 47) ersuchen.

14 Lit. q–s regeln die Abgabe einer Stellungnahme des EDSA für die KOM beim Erlass **delegierter Rechtsakte.** Lit. q betrifft delegierter Rechtsakten der KOM zu Anforderungen für Zertifizierungsverfahren (Art. 43 Abs. 8). Nach lit. r gilt dies auch beim Erlass delegierter Rechtsakte durch die KOM zur Erstellung von Bildsymbolen nach Art. 12 Abs. 7. lit. s betrifft die Entscheidung der KOM über die Angemessenheit des Datenschutzniveaus in einem Drittland oder in einer internationalen Organisation (Art. 45).

3. Bereitstellung von Leitlinien, Empfehlungen und bewährten Verfahren (lit. d–k und m)

15 Der EDSA ist das zentrale Koordinierungsgremium hinsichtlich der einheitlichen Auslegung und Anwendung der DS-GVO. Die in vielen Bereichen richtlinienartige Natur der DS-GVO, ihr hoher Abstraktionsgrad und die zwangsläufig häufige Verwendung unbestimmter Rechtsbegriffe lassen die angestrebte Einheitlichkeit nur durch konkretisierende Vorgaben des EDSA erreichbar werden. Gelingen kann diese anspruchsvolle Aufgabe nur, wenn der EDSA aus eigenem Antrieb, auf Antrag eines seiner Mitglieder oder auf Ersuchen der Kommission prüfen kann, welche Fragen sich bei der Anwendung dieser Verordnung ergeben, diese untersucht und – in

Abstimmung mit ihren Mitgliedern – beantwortet. Seine Antwort gibt der EDSA durch die „Bereitstellung von Leitlinien, Empfehlungen und bewährten Verfahren" (vgl. lit. e). Neben dieser grundsätzlichen Beschreibung seiner Aufgabe benennen weitere acht Einzelbestimmungen (lit. d, f–k, m) diese Vorgehensweise zur Sicherstellung einer einheitlichen Anwendung dieser Verordnung im Wege der Normsetzung.

Leitlinien haben eher einen übergreifenden und umfassenden Charakter, während Empfehlungen eher einzelfallbezogen sind oder Einzelaspekte einer konkreten Problemstellung betreffen. Die bereits erlassenen Leitlinien und Empfehlungen sind auf der Internetpräsenz des EDSA abrufbar (siehe: https://edpb.europa.eu/our-work-tools/general-guidance/gdpr-guidelines-recommendations-best-practices_de). Bewährte Verfahren greifen demgegenüber „best practise"-Beispiele auf und stellen den prozeduralen Aspekt in den Vordergrund.

4. Überprüfung der praktischen Anwendung der Normsetzungen (lit. l)

Normsetzungen die das Ziel verfolgen, die Einheitlichkeit der Auslegung und Anwendung der DS-GVO herzustellen und zu sichern wären unvollständig, wenn nicht zugleich Instrumente bestünden, den Erfolg dieser Maßnahmen zu prüfen. Dies thematisiert lit. l hinsichtlich der unter Buchstaben e und f genannten Leitlinien, Empfehlungen und bewährten Verfahren, ohne dass diese Zuordnung abschließender Natur wäre. Der EDSA kann selbstverständlich auch jederzeit die praktische Anwendung anderer Normsetzungen durch die AB und die Verantwortlichen überprüfen.

5. Förderung der Ausarbeitung von Verhaltensregeln (lit. n)

Nach lit. n obliegt dem EDSA (vgl. auch Art. 40 Abs. 1) ebenso wie den Mitgliedstaaten, AB und der KOM die Förderung der Ausarbeitung von Verhaltensregeln und der Einrichtung von datenschutzspezifischen Zertifizierungsverfahren sowie Datenschutzsiegeln und -prüfzeichen gem. den Art. 40 und 42.

6. Aufgaben mit Blick auf Zertifizierungen (lit. o und p)

Neben der Förderung der Einrichtung von Zertifizierungsverfahren sowie Datenschutzsiegeln und -prüfzeichen (lit. n) nimmt der EDSA nimmt mit Blick auf Zertifizierungsverfahren weitere Aufgaben wahr. Er akkreditiert selbst gem. des Verfahrens nach Art. 63 Zertifizierungsstellen, führt ein Register der Zertifizierungsverfahren und Datenschutzsiegel nach Art. 43 Abs. 6 und präzisiert die in Art. 43 Abs. 3 genannten Anforderungen für die Akkreditierung von Zertifizierungsstellen nach Art. 42 (lit. p). Diese können auch im Kohärenzverfahren nach Art. 63 durch den EDSA genehmigt werden (Art. 43 Abs. 3). Soweit die KOM Zertifizierungsanforderungen im Wege delegierter Rechtsakte bestimmt, kann er sich mit einer Stellungnahme beteiligen (vgl. lit. q).

7. Abgabe von Stellungnahmen im Kohärenzverfahren (lit. t)

Lit. t stellt die nach Art. 64 und 65 in Betracht kommenden Handlungen und Maßnahmen des EDSA im Kohärenzverfahren dar.

8. Förderung der Zusammenarbeit von Aufsichtsbehörden (lit. u–w)

Nach lit. u–w **unterstützt** der EDSA die Zusammenarbeit der AB mit Blick auf den Austausch von Wissen und Personal sowie die Vernetzung in der EU, mit Drittländern, internationalen Organisationen und Datenschutzaufsichtsbehörden in aller Welt. Zusätzliches Ziel ist hierbei die Förderung weltweiter Datenschutzstandards.

9. Abgabe von Stellungnahmen zu Verhaltensregeln (lit. x)

Soweit die KOM nach Art. 40 Abs. 9 Verhaltensregeln für allgemein gültig erklärt kann der EDSA hierzu Stellungnahmen abgeben.

10. Register über Beschlüsse in Kohärenzverfahren (lit. y)

Der EDSA führt nach lit. y ein öffentlich zugängliches elektronisches Register über alle Beschlüsse der AB im Kohärenzverfahren sowie hierauf bezogene Gerichtsentscheidungen. Die

Vorschrift ergänzt die in Art. 65 Abs. 5 S. 2 vorgeschriebene Veröffentlichung der Beschlüsse des EDSA im Kohärenzverfahren.

II. Veröffentlichung der Stellungnahmen und Normsetzungen des EDSA (Abs. 3)

24 Stellungnahmen, Leitlinien, Empfehlungen und bewährte Verfahren des EDSA sind zu **veröffentlichen**. Dies unterstützt die Aufgabe des EDSA nach Abs. 1. Darüber hinaus informiert der EDSA die KOM sowie den zu deren Unterstützung nach Art. 93 einzurichtenden Ausschuss über diese Stellungnahmen und Normsetzungen.

III. Konsultation interessierter Kreise (Abs. 4)

25 Nach Abs. 4 kann der EDSA nach eigenem Ermessen interessierte Kreise konsultieren. Er gibt diesen Gelegenheit, innerhalb einer angemessenen Frist Stellung zu nehmen. Die Ergebnisse der Konsultationen werden unter Berücksichtigung von Art. 76 veröffentlicht.

Artikel 71 Berichterstattung

(1) ¹**Der Ausschuss erstellt einen Jahresbericht über den Schutz natürlicher Personen bei der Verarbeitung in der Union und gegebenenfalls in Drittländern und internationalen Organisationen.** ²**Der Bericht wird veröffentlicht und dem Europäischen Parlament, dem Rat und der Kommission übermittelt.**

(2) **Der Jahresbericht enthält eine Überprüfung der praktischen Anwendung der in Artikel 70 Absatz 1 Buchstabe l genannten Leitlinien, Empfehlungen und bewährten Verfahren sowie der in Artikel 65 genannten verbindlichen Beschlüsse.**

Überblick

Ziel des EDSA ist die „Förderung der einheitlichen Anwendung der DS-GVO (Erwägungsgrund 139). Dazu trägt eine regelmäßige jährliche Berichterstattung bei, die wesentliche Tätigkeiten und Ergebnisse des EDSA im Berichtszeitraum dokumentiert und veröffentlicht (Abs. 1). Teil dieses Berichts sind insbesondere die Ergebnisse der Überprüfung der praktischen Anwendung von Leitlinien, Empfehlungen und bewährten Verfahren gem. Art. 70 Abs. 1 Buchstabe l sowie der verbindlichen Beschlüsse nach Art. 65.

A. Allgemeines

1 Mit der Berichterstattung nach Art. 71 legt der EDSA Rechenschaft über seine Tätigkeit ab, sie ist zugleich Teil der Öffentlichkeitsarbeit des EDSA. Er fördert damit die einheitliche Anwendung der DS-GVO (vgl. Erwägungsgrund 139), nimmt jedoch auch internationale (außereuropäische) Datenschutzentwicklungen in den Blick und trägt so zur Fortentwicklung des Datenschutz(recht)es in der EU bei. Art. 35 der Geschäftsordnung ("Rules of Procedure" (RoP)) gibt weitere Vorgaben für die Berichterstattung vor. So soll der Bericht in englischer Sprache auf der Internetseite des EDSA veröffentlicht werden und die Zusammenfassung soll in allen offiziellen Sprachen der europäischen Union verfügbar sein.

2 Anknüpfend an den jährlichen Bericht der Artikel-29-Datenschutzgruppe nach Art. 30 Abs. 6 DSRL ist der Bericht des EDSA weniger ein Tätigkeitsbericht (vgl. zu den AB Art. 59) als ein „Statusbericht über den Datenschutz in der Union und in Drittländern" (Paal/Pauly Rn. 2).

I. Normgeschichte

3 Schon Art. 30 Abs. 6 DSRL sah für die Artikel-29-Datenschutzgruppe eine (offene) Berichtspflicht vor. Im Normsetzungsverfahren brachte das Europäische Parlament einen zweijährlichen Berichtszeitraum ins Gespräch, was sich jedoch nicht durchsetzen konnte (vgl. Kühling/Buchner/Dix Rn. 3).

II. Sinn und Zweck

4 Der Jahresbericht fördert die einheitliche Anwendung der DS-GVO (vgl. Erwägungsgrund 139) und trägt durch die Einbeziehung außereuropäischer Datenschutzentwicklungen zur Fortent-

wicklung des Datenschutzes in der EU bei. Seine Veröffentlichung macht die Arbeit des EDSA transparent und dient zugleich der Aufklärung der Öffentlichkeit über Chancen und Risiken der Verarbeitung personenbezogener Daten. Für die im Bericht erwähnten Institutionen kann die (ggf. erneute) Berichterstattung Anlass sein, zum Bericht und den dort getroffenen Feststellungen ihrerseits Stellung zu nehmen – entweder unmittelbar gegenüber dem EDSA, gegenüber den in Abs. 1 S. 2 genannten Institutionen oder auch öffentlich. Soweit der Bericht unmittelbar dem Europäischen Parlament, dem Rat und der Kommission übermittelt wird, hat er auch den Zweck, datenschutzpolitische Forderungen – seien sie inhaltlicher Natur oder auf die Verfahrensweisen oder die Ausstattungssituation des EDSA gerichtet – an die entscheidenden europäischen Gremien heranzutragen. Die Kommission kann darüber hinaus den Bericht des EDSA zum Anlass nehmen, ein Vertragsverletzungsverfahren gegen Mitgliedstaaten einzuleiten, denen eine unzureichende oder fehlerhafte Beachtung der DSGVO angelastet wird. Schließlich sind Berichtspflichten auch immer ein nach innen gerichtetes Instrument der Qualitätskontrolle (vgl. Kühling/Buchner/Dix Rn. 4): Das berichtende Organ kann sich seiner Aufgabenerfüllung und Effizienz versichern.

III. Vergleich mit dem bisher geltenden BDSG

Mit dem EDSA vergleichbare Institutionen existierten unter der Geltung des BDSG nicht. 5 Übergreifende Gremien wie die Konferenz der Datenschutzbeauftragten von Bund und Ländern oder der Düsseldorfer Kreis als Ausschuss der Aufsichtsbehörden von Bund und Ländern traf nach bis dato geltendem Recht keine Berichtspflicht.

IV. Einbettung in die Unionsrechtsordnung

Art. 71 ist Teil der Vorschriften zum EDSA (Kapitel VII Abschnitt 3). Dort sind die Struktur, 6 Aufgaben und Pflichten sowie die Verfahrensweisen des EDSA näher geregelt. Er knüpft in Abs. 2 inhaltlich an die Pflicht des EDSA in Art. 70 Abs. 3 an, seine Stellungnahmen, Leitlinien, Empfehlungen und bewährten Verfahren an die Kommission und an den in Art. 93 genannten Ausschuss weiterzuleiten und zu veröffentlichen. Beschlüsse des EDSA im Kohärenzverfahren nach Art. 65 sind bereits nach Art. 65 Abs. 5 S. 3 auf der Website des EDSA zu veröffentlichen.

Auch der Europäische Datenschutzbeauftragte erstellt einen Jahresbericht (vgl. Art. 48 VO (EG) 7 Nr. 45/2001).

B. Die Regelungen im Einzelnen

I. Abs. 1

Die regelmäßige jährliche Berichterstattung dokumentiert und veröffentlicht die wesentlichen 8 Tätigkeiten und Ergebnisse des EDSA im Berichtszeitraum. Der Jahresbericht umfasst dabei auch einen Überblick über den Datenschutz in der Union und in außereuropäischen Drittstaaten. Letzteres bietet sich insbesondere mit Blick auf internationale Datentransfers und deren Zulässigkeit (vgl. Art. 44 ff.) an. Diese internationale Ausrichtung des Berichts ist dabei nicht zwingend vorgegeben („gegebenenfalls"), sondern von EDSA anlassbezogen zu erstatten.

Neben seiner Veröffentlichung ist der Bericht unmittelbar dem Europäischen Parlament, dem 9 Rat und der Kommission zu übermitteln. Diese nehmen ihn zur Kenntnis und können – nach Maßgabe ihrer politischen Einschätzung – darauf reagieren oder ihn zum Anlass für eigene Maßnahmen machen. Die jährlichen Berichte des EDSA können auf dessen Internetpräsenz abgerufen werden (https://edpb.europa.eu/about-edpb/about-edpb/annual-reports_en).

Im Übrigen obliegt es dem EDSA, nach eigenem Ermessen (Gola/Nguyen Rn. 3) über Gegen- 10 stände und Umfang der Berichterstattung zu befinden. Er kann eigene Berichtsschwerpunkte entwickeln und ggf. über mehrere Jahresberichte hinweg verfolgen. Hier bietet es sich insbesondere auch an, die Rechtsprechung des EuGHs und ggf. nationaler Gerichte und ihre Auswirkungen auf die Tätigkeit des EDSA darzustellen.

Ob diese Berichterstattungspflicht zugleich eine Befugnis des EDSA umfasst, öffentliche oder 11 nicht-öffentliche Stellen im Bericht namentlich zu erwähnen und auf deren ggf. rechtswidrige Datenverarbeitungen hinzuweisen, ist zurückhaltend zu beurteilen (anders Gola/Nguyen Rn. 3 unter Hinweis auf hier nicht einschlägige nationale Rechtsprechung). Ohne ausdrückliche Ermächtigungsnorm sind Eingriffe des EDSA in die Geschäftsführung von Gewerbebetrieben oder deren öffentlichen Ruf zumindest problematisch.

12 Ein konkreter Berichtszeitpunkt ist von der GVO nicht genannt. Der EDSA veröffentlicht seine Berichte – anders als die oft verspätete Artikel-29-Datenschutzgruppe (vgl. Kühling/Buchner/ Dix Rn. 6) – in der Regel zum Anfang des Folgejahres.

II. Abs. 2

13 In Ergänzung der Berichterstattung der Vorläuferinstitution der Artikel-29-Datenschutzgruppe (vgl. Art. 30 Abs. 6 DSRL) kommt dem Bericht nach Abs. 2 auch die Funktion zu, die Ergebnisse der Überprüfung der Anwendung der Leitlinien und Empfehlungen des EDSA sowie der bewährten Verfahren gem. Art. 70 Abs. 1 Buchstabe l (der über Art. 70 Abs. 1 Buchst. e und f auf sämtliche Leitlinien, Empfehlungen und bewährte Verfahren verweist) und auch der verbindlichen Beschlüsse nach Art. 65. im Kohärenzverfahren darzustellen.

Artikel 72 Verfahrensweise

(1) Sofern in dieser Verordnung nichts anderes bestimmt ist, fasst der Ausschuss seine Beschlüsse mit einfacher Mehrheit seiner Mitglieder.

(2) Der Ausschuss gibt sich mit einer Mehrheit von zwei Dritteln seiner Mitglieder eine Geschäftsordnung und legt seine Arbeitsweise fest.

Überblick

Art. 72 trifft zwei Grundsatzentscheidungen zur Arbeit des EDSA: Der Ausschuss arbeitet grundsätzlich – also abgesehen von durch die Verordnung bestimmten Ausnahmen – nach dem Mehrheitsprinzip. Für Beschlüsse des EDSA ist also keine Einstimmigkeit erforderlich, es genügt die einfache Mehrheit der Stimmen der Mitglieder. Zum anderen bestimmt Abs. 2, dass der EDSA Geschäftsordnungsautonomie besitzt, also seine Verfahrensweise selbst per Geschäftsordnung regelt. Für die Beschlüsse zur Geschäftsordnung ordnet die Verordnung eine besondere Mehrheitsregel an (zwei Drittel der Mitgliederzahl).

A. Allgemeines

1 Da der Ausschuss grundsätzlich nach dem Mehrheitsprinzip arbeitet, ist für Beschlüsse des EDSA keine Einstimmigkeit erforderlich; es genügt vielmehr die einfache Mehrheit der Stimmen der Mitglieder. Zu diesen Mitgliedern zählen gem. Art. 68 Abs. 3 die Leiter der Aufsichtsbehörden jedes Mitgliedsstaats sowie der EDSB (mit eingeschränktem Stimmrecht (vgl. Art. 68 Abs. 6), nicht jedoch die Kommission (vgl. Art. 68 Abs. 3 und 5).

2 Diese Abstimmungsregel erleichtert die Arbeitsfähigkeit des EDSA in entscheidender Weise. Hierin liegt die Weichenstellung für schnelle und zahlreiche Beschlüsse des EDSA. Nicht sein „letztes" Mitglied bestimmt die Entscheidungen des EDSA, vielmehr kann eine Gruppe von Mitgliedern, die der Mehrheit der wahlberechtigten Mitglieder entspricht, die „Marschrichtung" und „Marschgeschwindigkeit" steuern. Dies macht auch dem EDSA ein Gremium, das zügig arbeiten und eine hohe Zahl an Einzelentscheidungen treffen kann (vgl. Albrecht CR 2016, 88 (96)).

2a Die für eine Streitbeilegung nach Art. 65 Abs. 2 S. 1 DS-GVO geforderte qualifizierte Mehrheit stellt sicher, dass umstrittene verbindliche Beschlüsse des EDSA dennoch von einer breiten Mehrheit des Ausschusses gestützt werden. Scheitert diese Mehrheitsfindung, so kann in einem zweiten Anlauf auch in diesen Fällen gem. Art. 65 Abs. 3 S. 1 DS-GVO mit einfacher Mehrheit entschieden werden. Um dennoch genügend Akzeptanz für die Entscheidungen des EDSA zu schaffen, sieht die DS-GVO das Kooperationsverfahren nach Art. 60 DS-GVO als vorrangiges Mittel an, um einen Konsens unter den Aufsichtsbehörden zu erzielen.

I. Normgeschichte

3 Ursprünglich hatte der erste Entwurf der KOM dieser selbst die Entscheidungskompetenz im Kohärenzverfahren zugeordnet. Im weiteren Beratungsverfahren wurde diese Position dem EDSA übertragen, die nun umgesetzten Regelungen gehen auf einen Vorschlag des Rates zurück (vgl. Kühling/Buchner/Dix Rn. 3). Aufgrund der teilweisen formellen oder materiellen Legitimationen der Mitglieder des EDSA wird durch die neue Regelung ein höherer Grad an Legitimität

	Artikel 72 DS-GVO
Verfahrensweise	

erreicht, als durch Entscheidungen der KOM. Durch das geforderte Mehrheitsverhältnis wird auch ein gewisser Grad an indirekter demokratischer Kontrolle gewährleistet.

Zuvor hatte Art. 29 der DSRL entsprechende Regelungen mit Blick auf die Artikel-29-Daten- **4** schutzgruppe vorgesehen; der Wirkbereich dieser Gruppe war mit den Aufgaben und Befugnissen des EDSA kaum vergleichbar, obwohl die Artikel-29-Datenschuzgruppe grundsätzlich aus denselben Mitgliedern bestand, wie der neue EDSA.

II. Sinn und Zweck

Der EDSA ist durch seine Befugnis, verbindliche Entscheidungen zur Auslegung der DS-GVO **5** zu treffen (vgl. Art. 70), die zentrale Institution des Vollzugs der DS-GVO. Die Vorschrift des Abs. 1 gibt dem EDSA die Möglichkeit, seine Entscheidungen zügig zu treffen und mit einer großen Zahl von zeitnahen Entscheidungen die Umsetzung der DS-GVO in den Mitgliedstaten effektiv zu steuern. Durch die zugeordnete Geschäftsordnungsautonomie, die freilich auf einen breiten Konsens im EDSA gestützt sein muss (zwei Drittel seiner Mitglieder gem. Abs. 2), hat es der EDSA selbst in der Hand, diese Schlüsselposition durch geeignete, jederzeit reformierbare interne Verfahrensweisen zu erhalten und auszubauen.

III. Einbettung in die Unionsrechtsordnung

Soweit die Mehrheitsfindung im EDSA daran anknüpft, dass für Entscheidungen der Organe **6** der EU nicht auf die Bevölkerungsgröße, Wirtschaftskraft oder Flächengröße der einzelnen Mitgliedstaaten abgestellt wird, sondern jedem Staat eine Stimme zukommt, teilen Mehrheitsentscheidungen im EDSA die legitimatorische Problematik anderer Entscheidungen von EU-Organen (vgl. Gola/Nguyen Rn. 2).

B. Die Regelungen im Einzelnen

I. Abs. 1

Da für Beschlüsse des EDSA die einfache Mehrheit der Stimmen seiner Mitglieder genügt, ist **7** der EDSA ein zügig arbeitendes, mit einer hohen Zahl an Einzelentscheidungen die Umsetzung der DS-GVO in den Mitgliedstaten effektiv steuerndes Gremium. Weder Sperrminoritäten noch gar Vetopositionen sind vorgesehen.

Noch agiler hätte der EDSA nur noch agieren können, wenn die DS-GVO das Mehrheitsprin- **8** zip nicht an die Zahl seiner gesetzlichen Mitglieder, sondern an diejenige der anwesenden Mitglieder im Ausschuss geknüpft hätte. Für eine solche Regelung bestand aber offensichtlich kein Anlass – wenn auch die englische Sprachfassung der DS-GVO „simple majority" andere Deutungen offenließe (dazu Gola/Nguyen Rn. 3).

Nur ausnahmsweise bestimmt die GVO andere Mehrheitsregeln im EDSA, eine Mehrheit von **9** zwei Dritteln seiner Mitglieder ist für die Streitbeilegung im Kohärenzverfahren (vgl. Art. 65 Abs. 2 S. 1) und für den Erlass seiner Geschäftsordnung (vgl. Abs. 2) vorgesehen. Alle anderen Entscheidungen des EDSA einschließlich der Wahl der/des Vorsitzenden sowie die Streitbeilegung im Kohärenzverfahren nach Scheitern einer Zwei-Drittel-Mehrheit (vgl. Art. 65 Abs. 3) trifft der EDSA mit einfacher Mehrheit. Dies gilt auch für alle Entscheidungen im Dringlichkeitsverfahren nach Art. 66.

II. Abs. 2

Abs. 2 ordnet dem EDSA die Geschäftsordnungsautonomie zu: Er selbst bestimmt über die **10** Einführung, Änderung und Abschaffung von Regeln zu den internen Arbeits- und Verfahrensweisen des EDSA. Hierfür benötigt der Ausschuss – in Abweichung von der Grundsatzregelung in Abs. 1 – freilich den breiten Konsens von zwei Dritteln seiner Mitglieder. Damit hat es der EDSA selbst in der Hand, seine Schlüsselposition hinsichtlich der Anwendung der DS-GVO in den Mitgliedsstaaten durch geeignete, jederzeit reformierbare interne Verfahrensweisen zu erhalten und auszubauen.

In der Geschäftsordnung kann etwa geregelt werden, wie die Aufgaben zwischen dem Vorsit- **11** zenden und seinen Stellvertretern aufgeteilt werden (Art. 74 Abs. 2), binnen welcher Fristen Tagesordnungspunkte und Sitzungsunterlagen einzureichen sind, auf welche Weise Protokoll geführt und genehmigt wird und wie das Procedere bei schriftlichen oder elektronischen Abstimmungsverfahren bestimmt ist.

12 Ein Abweichen vom Mehrheitsprinzip des Abs. 1 ist allerdings nicht im Rahmen eines Geschäftsordnungsbeschlusses möglich, sondern muss ausdrücklich in der GVO selbst bestimmt sein. Dies gilt auch für eine Regelung, wonach bei Stimmgleichheit die Stimme des Vorsitzes den Ausschlag gibt (Kühling/Buchner/Dix Rn. 5).

13 An seinem ersten Sitzungstag am 25.5.2018 hat sich der EDSA die erste Version einer Geschäftsordnung in Form der "Rules of Procedure (RoP)" (aktuelle Fassung abrufbar auf der Internetseite des EDSA unter: https://edpb.europa.eu/our-work-tools/our-documents/publication-type/rules-procedure_de) gegeben. Diese ist grundsätzlich insgesamt in sieben herkömmliche Abschnitte über Rechtsnatur, Aufgaben und Grundsätze des EDSA (Art. 1–3 RoP), die Zusammensetzung des Ausschusses (Art. 4–9 RoP), den Beschluss von Dokumenten und das Verfahren (Art. 10–13 RoP), das Sekretariat und die Organisation (Art. 14–17 RoP), Arbeitsmethoden eischließlich der Plenarsitzungen (Art. 18–30 RoP) und generelle Bestimmungen (Art. 31–36 RoP) und Schlussbestimmungen (Art. 38–39 RoP) gegliedert. Vergleichsweise neu ist der vor den Schlussbestimmungen eingefügte Art. 37 Geschäftsordnung, der gem. Art. 62 Verordnung (VO 2018/1725) zum Schutz natürlicher Personen bei der Verarbeitung personenbezogener Daten durch die Organe, Einrichtungen und sonstigen Stellen der Union, zum freien Datenverkehr eine Art weitgehend selbstständigen Ausschuss für die koordinierte Aufsicht durch den Europäischen Datenschutzbeauftragten und die nationalen Aufsichtsbehörden einrichtet. Dessen Selbstständigkeit zeigt sich in der eigenen Geschäftsordnung, die sich das Komitee nach Art. 37 Nr. 3 Geschäftsordnung gibt.

13a Ausdruck dieser Geschäftsordnungsautonomie des EDSA ist es etwa die Entscheidung über die Einrichtung von untergeordneten Arbeitsgremien. Die Artikel-29-Datenschutzgruppe sah in ihrer Geschäftsordnung die Einrichtung von Untergruppen vor, deren Aufgabe darin bestand, Stellungnahmen und Empfehlungen für der Artikel-29-Datenschutzgruppe zu erörtern und vorzubereiten sowie Fragen der Rechtsanwendung und Gestaltung von Datenverarbeitungsverfahren aufzugreifen und zur Entscheidung aufzubereiten. Hieran knüpft die Geschäftsordnung des EDSA an, da sie in Art. 25 RoP die Einrichtung von "Expert Subgroups" vorsieht. Das dem EDSA durch die GVO zahlreiche Aufgaben und Befugnisse zugeordnet werden, sollen die "Expert Subgroups" ihn bei seiner Aufgabenerfüllung unterstützen. Diese "Expert Subgroups" bestehen – wie bereits im Rahmen der Artikel 29-Datenschutzgruppe – aus Fachleuten der Aufsichtsbehörden der Mitgliedstaaten (vgl. Paal/Pauly Rn. 3), die durch Mitarbeiter des Europäischen Datenschutzbeauftragten und des Sekretariates ergänzt werden (s. Art. 25 Nr. 4 RoP).

14 Mit Blick auf die engen Beratungs- und Beschlussfassungsfristen im Kohärenzverfahren (vgl. Art. 64 f.) kann der EDSA gem. Art. 24 RoP im schriftlichen Umlaufverfahren entscheiden (so bereits die Geschäftsordnung der Artikel-29-Datenschutzgruppe vom 15.2.2010 in Art. 12 Abs. 1). Erforderlich für die Durchführung eines solchen schriftlichen Umlaufverfahrens ist wiederum ein einfacher Mehrheitsbeschluss des EDSA (s. Art. 24 Nr. 1 RoP). Diese Regelung gewährleistet die Flexibilität und Handlungsfähigkeit des EDSA.

Artikel 73 Vorsitz

(1) Der Ausschuss wählt aus dem Kreis seiner Mitglieder mit einfacher Mehrheit einen Vorsitzenden und zwei stellvertretende Vorsitzende.

(2) Die Amtszeit des Vorsitzenden und seiner beiden Stellvertreter beträgt fünf Jahre; ihre einmalige Wiederwahl ist zulässig.

Überblick

Art. 73 bestimmt Wahl, Vertretung und Amtszeit des/der Vorsitzenden des EDSA. Er kann mit einfacher Mehrheit gewählt werden, wählbar sind nur Mitglieder des EDSA. Das gleiche gilt für seine zwei Stellvertreter. Ihre Amtszeit beträgt fünf Jahre, die Wiederwahl ist einmal möglich.

A. Allgemeines

1 Art. 73 regelt mit Wahl und Amtszeit des Vorsitzes und der Stellvertreter zentrale Fragen der inneren Verfassung des EDSA. Damit sind zugleich wesentliche Weichen für die Arbeitsfähigkeit und den praktischen Einfluss des EDSA gestellt. Aktuell hat Andrea Jelinek, die Leiterin der österreichischen Datenschutzbehörde, den Vorsitz inne. Stellvertretende Vorsitzende sind Ventsislav

Karadjov, Vorsitzender der kroatischen Datenschutzagentur, und Aleid Wolfsen, der Vorsitzende der niederländischen Datenschutzbehörde.

Der EDSA ist als Institution mit eigener Rechtspersönlichkeit (Art. 68 Abs. 1) ausgestattet, es tritt durch seinen Vorsitz in Erscheinung. Damit ist der Vorsitz nicht nur „Sprachrohr der Datenschutzaufsichtsbehörden in Europa" (so verkürzend Gola/Nguyen Rn. 1), sondern Haupt der unabhängigen und zentralen europäischen Datenschutzinstitution. 2

Eine Wahl mit einfacher Mehrheit wird zu relativ unkomplizierten Wahlgängen führen, bei geschickt koordiniertem Vorgehen können gerade auch die kleineren Mitgliedstaaten hier Erfolge erzielen. 3

Nicht nur einen, sondern zwei Stellvertreter an die Seite des Vorsitzes zu stellen ermöglicht es drei mitgliedstaatlichen Aufsichtsbehörden bzw. dem EDSB, an entscheidender Stelle des EDSA mitzuwirken. Zudem wird auf diese Weise auch eine Aufteilung der nicht unerheblichen Arbeitslast ermöglicht. Schließlich leiten die Mitglieder des Vorsitzes jeweils noch ihre mitgliedstaatliche Aufsichtsbehörde. 4

Eine Amtszeit von fünf Jahren mit einmaliger Wiederwahlmöglichkeit eröffnet die Chance auf kontinuierliches Wirken im Vorsitz des EDSA. 5

I. Normgeschichte

Aufgrund des besonderen Einflusses des Vorsitzes auf Arbeitsweise und Ausrichtung des EDSA waren diese Bestimmungen im Laufe des Gesetzgebungsverfahrens besonders umstritten. Zunächst war von Seiten der Kommission versucht worden, dem EDSB eine besondere Rolle zuzuweisen, was jedoch von Parlament und Rat abgelehnt wurde. Das Anliegen des Europäischen Parlaments, die Stelle des Vorsitzes zu stärken und als Vollzeitstelle auszugestalten (vgl. dazu die Artikel-29-Datenschutzgruppe „Proposition regarding the European Data Protection Board Internal Structure" v. 25.9.2015), konnte sich im Trilog ebenfalls nicht durchsetzen (zur Entstehungsgeschichte Kühling/Buchner/Dix Rn. 3). Problematisch daran dürfte sein, dass die Aufgaben des Vorsitzes mit der gleichzeitigen Leitung einer Aufsichtsbehörde (vgl. Art. 68 Abs. 3) eher unvereinbar sind, da diese Arbeitslast und auch die damit einhergehenden zahlreichen Dienstreisen nur schwer zu bewältigen sind. 6

II. Sinn und Zweck

Art. 73 regelt zentrale Fragen der inneren Verfassung des EDSA, der damit selbst die Weichen für seine Arbeitsfähigkeit und seinen praktischen Einfluss stellt. 7

B. Die Regelungen im Einzelnen

I. Abs. 1

Nach Abs. 1 dürfen die Leitungsorgane des EDSA nur diesem selbst entstammen. Der Vorsitz und die zwei Stellvertreter müssen selbst demnach Mitglieder des EDSA iSd Art. 63 Abs. 3, also Leiter einer Aufsichtsbehörde eines Mitgliedstaats oder dessen Vertreter oder Vertreter des EDSB sein – nicht aber Vertreter der Kommission (vgl. Art. 68 Abs. 5). Dies sichert die Sachkunde des Vorsitzes, der über seine Funktion im Mitgliedstaat eng mit praktischen Fragen des Datenschutzes verbunden ist. Dass auch in dieser Doppelfunktion Rollenkonflikte auftreten können, liegt nahe – unlösbar werden diese Konflikte nicht sein (so auch Kühling/Buchner/Dix Rn. 4). 8

Diese Beschränkung des passiven Wahlrechts stärkt insbesondere auch die Stellung der Aufsichtsbehörden der Mitgliedstaaten, die an dieser Wahlentscheidung im doppelten Sinne beteiligt sind. Eine Bevorzugung des EDSB für den Vorsitz des EDSA ist – obwohl zunächst vorgeschlagen und diskutiert – gerade nicht vorgesehen. Im Gegenteil: Das nur beschränkte Stimmrecht des EDSB (vgl. Art. 68 Abs. 6) und die organisatorische Trennung von Sekretariat und EDSB (vgl. Art. 75 Abs. 2 und 3) sprechen gegen seine Wahl zum Vorsitzenden oder Stellvertreter (so auch Kühling/Buchner/Dix Rn. 5). 9

Eine Regelung über die Ausübung des Amtes in Vollzeit oder im Nebenamt ist wie oben dargestellt nicht in die DS-GVO aufgenommen worden. Da die Leitung einer mitgliedstaatlichen Aufsichtsbehörde selbst eine Vollzeitbeschäftigung darstellt, sind die Handlungsmöglichkeiten des Vorsitzenden faktisch eingeschränkt. Dies gilt insbesondere für personell schwach ausgestattete mitgliedstaatliche Aufsichtsbehörden (vgl. Gola/Nguyen Rn. 1). Zugleich wird der Einfluss seiner Stellvertreter, mit denen er sich die Aufgaben teilt (Art. 74 Abs. 2) sowie des Sekretariats (Art. 75) gestärkt. 10

11 Wie sich der Verlust der Stellung als Leiter einer mitgliedstaatlichen Aufsichtsbehörde auf die Position des Vorsitzes bzw. der Stellvertretung auswirkt, ist nicht ausdrücklich geregelt. Der Verknüpfung in Abs. 1 von Wählbarkeit und Amtsstellung im Mitgliedstaat legt eine Relevanz des Amtsverlustes auch für den Vorsitz nahe (so ausdrücklich Gola/Nguyen Rn. 3), birgt jedoch erhebliche Probleme hinsichtlich der Unabhängigkeit des EDSA gem. Art. 69.

12 Für die Wahl des Vorsitzes und der stellvertretenden Vorsitzenden ist die einfache Mehrheit ausreichend. Bezugsgröße der Mehrheitsbestimmung ist die gesetzliche Mitgliederzahl nach Art. 68 Abs. 3, nicht die Zahl der anwesenden Mitglieder beim Wahlakt (unzutreffend Gola/Nguyen Rn. 2). Die Wahlen von Vorsitz und Stellvertretern erfolgt grundsätzlich in getrennten Wahlgängen. Näheres, insbesondere zu dem Erfordernis der „geheimen" Wahlen, kann die Geschäftsordnung nach Art. 72 Abs. 2 bestimmen.

II. Abs. 2

13 Die Amtszeit des Vorsitzes und der Stellvertreter beträgt fünf, durch einmal zulässige Wiederwahl höchstens zehn Jahre (zur Amtszeit des EDSB vgl. Art. 42 Abs. 1 VO (EG) 45/2001). Dies erscheint angesichts Aufgaben und Bedeutung des EDSA (Art. 70) und seines Vorsitzes als sachgerecht und garantiert insbesondere eine gewisse Kontinuität.

14 Die Wiederwahlbeschränkung soll sicherstellen, dass der EDSA nur für einen begrenzten Zeitraum von denselben Vertretern derselben Mitgliedstaaten geleitet wird und fördert so die „Rotation nicht nur von Personen, sondern auch von Mitgliedstaaten" in besonderer Verantwortung (Paal/Pauly/Körffer Rn. 3). Dies ist zu begrüßen, da die Vorsitze auch wertvolle Einblicke, Eindrücke und Kontakte gewinnen, von denen die einzelnen mitgliedstaatlichen Behörden bei ihrer Aufgabenerfüllung profitieren können.

Artikel 74 Aufgaben des Vorsitzes

(1) Der Vorsitz hat folgende Aufgaben:
a) Einberufung der Sitzungen des Ausschusses und Erstellung der Tagesordnungen,
b) Übermittlung der Beschlüsse des Ausschusses nach Artikel 65 an die federführende Aufsichtsbehörde und die betroffenen Aufsichtsbehörden,
c) Sicherstellung einer rechtzeitigen Ausführung der Aufgaben des Ausschusses, insbesondere der Aufgaben im Zusammenhang mit dem Kohärenzverfahren nach Artikel 63.

(2) Der Ausschuss legt die Aufteilung der Aufgaben zwischen dem Vorsitzenden und dessen Stellvertretern in seiner Geschäftsordnung fest.

Überblick

Art. 74 umschreibt Aufgaben des Vorsitzes in nicht abschließender Weise. Hierzu zählen neben der Einberufung der Sitzungen des EDSA und der Erstellung seiner Tagesordnung die Übermittlung seiner Beschlüsse an die Aufsichtsbehörden und die Überwachung der Aufgabenerfüllung des EDSA (Abs. 1). Nicht genannt ist das „Königsrecht" des Vorsitzenden, nämlich die Sitzungen des EDSA zu leiten, das Wort zu erteilen und zu entziehen, Tagesordnungspunkte aufzurufen und zu schließen und Abstimmungen einzuleiten und durchzuführen. In allen seinen Handlungen unterliegt der Vorsitzende der Endentscheidung des Ausschusses selbst; er hat die Befugnis des Vorschlags und des ersten Zugriffs, niemals aber die Letztentscheidung. Nach außen kommt dem Vorsitzenden die Rolle des Sprechers des EDSA zu. Mittels Regelung in seiner Geschäftsordnung teilt der EDSA auch die Aufgaben zwischen Vorsitzendem und Stellvertretern auf (Abs. 2).

A. Allgemeines

1 Der Vorsitzende leitet und unterstützt den EDSA bei der Vorbereitung seiner Sitzungen und im Rahmen deren Durchführung. Er ist auch derjenige, der über die gelungene Kommunikation zwischen EDSA und den einzelnen Aufsichtsbehörden wacht und insgesamt die Aufgabenerfüllung des EDSA sicherstellt.

2 Nicht genannt ist das „Königsrecht" des Vorsitzenden, nämlich die Sitzungen des EDSA zu leiten, das Wort zu erteilen und zu entziehen, Tagesordnungspunkte aufzurufen und zu schließen und Abstimmungen einzuleiten und durchzuführen. In allen seinen Handlungen unterliegt der

Vorsitzende der Endentscheidung des Ausschusses selbst; er hat die Befugnis des Vorschlags und des ersten Zugriffs, niemals aber die Letztentscheidung. Diese verbleibt in allen inhaltlich bedeutsamen Angelegenheiten beim EDSA. Mit Blick auf die anderen Mitglieder des EDSA wird seine Rolle daher treffend als „primus inter pares" bezeichnet (Gola/Nguyen Rn. 1).

In der Außenvertretung des EDSA kommt dem Vorsitzenden ebenfalls eine (von der DS-GVO ungenannte) zentrale Rolle zu (vgl. Art. 68 Abs. 2). Er verkündet die Beschlüsse des EDSA gegenüber der Öffentlichkeit, er rechtfertigt und verteidigt sie auch gegenüber anderen EU-Organen und den Medien. Dazu kommt, dass der Vorsitzende den EDSA auch bei Konferenzen und anderen öffentlichkeitswirksamen Veranstaltungen repräsentiert, was auch für seinen Einfluss spricht. 3

Die Macht des Vorsitzenden ist auch durch die DS-GVO begrenzt: Er ist an die Geschäftsordnung, die sich der Ausschuss mit einer Mehrheit von zwei Dritteln seiner Mitglieder gibt (vgl. Art. 72 Abs. 2), gebunden. Und er kann die Aufgabenverteilung mit seinen Stellvertretern nicht selbst vornehmen, sondern ist dabei an die Festlegung des EDSA in der Geschäftsordnung gebunden. 4

Die Aufzählung in Abs. 1 ist nicht abschließend. Weitere Aufgaben und Befugnisse werden dem Vorsitzenden in der DS-GVO an verschiedenen Stellen (vgl. etwa Art. 68 Abs. 5 S. 3; Art. 65 Abs. 3 S. 2) zugewiesen. 5

Art. 74 weist dem Vorsitzenden die Rolle des Geschäftsführers des EDSA zu, er wacht über dessen Aufgabenerfüllung und ist zugleich dessen Kommunikationszentrum. Gleichzeitig begrenzt die Bestimmung aber auch die Macht des Vorsitzenden, dieser muss sich die Aufgaben mit seinen Stellvertretern aufteilen und unterliegt in seiner eigenen Tätigkeit der Beschlussfassung des EDSA. 6

B. Die Regelungen im Einzelnen

I. Abs. 1

Die administrativen Aufgaben des Vorsitzes sind in Abs. 1 lit. a und b benannt, mit ihnen nimmt er jedoch ganz erheblichen Einfluss auf den Erfolg der Arbeit des EDSA, auf seine Schwerpunktsetzungen und Effizienz. Mit der Einberufung von Sitzungen und insbesondere mit der vorbereitenden Erstellung von Tagesordnungen (lit. a) kommt ihm eine Gestaltungsmacht zu, die zwar – nach den Bestimmungen der noch zu erarbeitenden Geschäftsordnung des EDSA – vom Ausschuss wieder eingedämmt werden kann, faktisch jedoch regelmäßig den Gang und Verlauf der Beratungen bestimmen wird. So hat der Vorsitzende Einfluss auf die Häufigkeit von Sitzungen und kann über die Aufnahme und Platzierung von Tagesordnungspunkten thematische Prioritäten des EDSA setzen oder verhindern. 7

Die Einberufung des EDSA kann auch auf Initiative seiner Mitglieder erfolgen; dieses Beteiligungsrecht wird durch die Geschäftsordnung des EDSA (vgl. Art. 72 Abs. 2) näher ausgestaltet werden. Auch haben die übrigen Mitglieder (und die Kommission nach Maßgabe von Art. 68 Abs. 5; str., vgl. etwa Kühling/Buchner/Dix Rn. 5) darüber hinaus das Recht, Themen zur Tagesordnung des EDSA beim Vorsitzenden anzumelden oder in der Sitzung durch Beschluss des EDSA auf dessen Tagesordnung setzen zu lassen. Auch über die Reihenfolge der Tagesordnungspunkte entscheidet letztlich immer der Ausschuss, sei es auf Vorschlag des Vorsitzenden, sei es in der Sitzung auf Antrag eines jeden Mitglieds. Der Ausschuss kann auch darüber befinden, welche Verfahrensgegenstände er außerhalb der Sitzung im schriftlichen bzw. Umlaufverfahren erledigen möchte. Alleine durch die Vorhandstellung des Vorsitzenden kommt diesem ein besonderer Einfluss auf den Beratungsgang im EDSA zu. Dies gilt auch in Dringlichkeitsverfahren nach Art. 66. 8

Nach Abs. 1 lit. b sorgt der Vorsitzende für die Übermittlung der Beschlüsse des EDSA im Kohärenzverfahren nach Art. 65 an die federführende und die betroffenen Aufsichtsbehörden. Dies gilt auch für mit einfacher Mehrheit gefasste Beschlüsse gem. Art. 65 Abs. 3. Mit dieser Mitteilung der Beschlüsse an die federführende Aufsichtsbehörde beginnt die Monatsfrist nach Art. 65 Abs. 6 zu deren innerstaatlichen Umsetzung. Sie ist auch maßgeblich für etwaige Rechtsbehelfe der beteiligten Aufsichtsbehörden. 9

Nach Abs. 1 lit. c kommt dem Vorsitzenden auch die Aufgabe zu, für die rechtzeitige Ausführung der Aufgaben des EDSA – insbesondere im Kohärenzverfahren – Sorge zu tragen. Neben der fristgebundenen Tätigkeit des EDSA im Verfahren nach Art. 63 ff. (vgl. etwa Art. 64 Abs. 3, Art. 65 Abs. 2 und Art. 66 Abs. 4) kommen hier insbesondere Fristsetzungen der KOM bei Ersuchen um Rat oder Stellungnahme (vgl. Art. 70 Abs. 1 und 2) bzw. Stellungnahmen des EDSA zu aktuellen Fragestellungen in Betracht (vgl. Kühling/Buchner/Dix Rn. 5, 7). 10

II. Abs. 2

11 Die Aufgabenteilung zwischen Vorsitz und Vertretern wird in Abs. 2 geregelt. Danach bestimmt der Vorsitzende nicht selbst oder in Abstimmung mit seinen Stellvertretern über die interne Geschäftsverteilung. Diese Entscheidung wird vielmehr durch die Geschäftsordnung, die mit Zwei-Drittel-Mehrheit vom EDSA beschlossen wird (Art. 72 Abs. 2), getroffen. Relevante Vorschriften finden sich hierzu in Art. 7 der Geschäftsordnung.

12 Neben der typischen Vertretungsfunktion in Abwesenheit oder bei Verhinderung des Vorsitzenden kommt den Vertretern schon mit Blick auf die enorme Arbeitsbelastung des Vorsitzenden, der zugleich Leiter einer nationalen Aufsichtsbehörde bleibt, eine besondere Rolle zu. Ihnen wird – so steht zu erwarten – mit der Geschäftsordnung ein jeweils eigener Verantwortungsbereich zugewiesen werden, den sie eigenständig ausfüllen (so auch Gola/Nguyen Rn. 5). Auch über das Verfahren bei Unstimmigkeiten zwischen Vorsitzendem und Stellvertretern bestimmt die Geschäftsordnung in Art. 6 RoP.

Artikel 75 Sekretariat

(1) **Der Ausschuss wird von einem Sekretariat unterstützt, das von dem Europäischen Datenschutzbeauftragten bereitgestellt wird.**

(2) **Das Sekretariat führt seine Aufgaben ausschließlich auf Anweisung des Vorsitzes des Ausschusses aus.**

(3) **Das Personal des Europäischen Datenschutzbeauftragten, das an der Wahrnehmung der dem Ausschuss gemäß dieser Verordnung übertragenen Aufgaben beteiligt ist, unterliegt anderen Berichtspflichten als das Personal, das an der Wahrnehmung der dem Europäischen Datenschutzbeauftragten übertragenen Aufgaben beteiligt ist.**

(4) **Soweit angebracht, erstellen und veröffentlichen der Ausschuss und der Europäische Datenschutzbeauftragte eine Vereinbarung zur Anwendung des vorliegenden Artikels, in der die Bedingungen ihrer Zusammenarbeit festgelegt sind und die für das Personal des Europäischen Datenschutzbeauftragten gilt, das an der Wahrnehmung der dem Ausschuss gemäß dieser Verordnung übertragenen Aufgaben beteiligt ist.**

(5) **Das Sekretariat leistet dem Ausschuss analytische, administrative und logistische Unterstützung.**

(6) **Das Sekretariat ist insbesondere verantwortlich für**
a) **das Tagesgeschäft des Ausschusses,**
b) **die Kommunikation zwischen den Mitgliedern des Ausschusses, seinem Vorsitz und der Kommission,**
c) **die Kommunikation mit anderen Organen und mit der Öffentlichkeit,**
d) **den Rückgriff auf elektronische Mittel für die interne und die externe Kommunikation,**
e) **die Übersetzung sachdienlicher Informationen,**
f) **die Vor- und Nachbereitung der Sitzungen des Ausschusses,**
g) **die Vorbereitung, Abfassung und Veröffentlichung von Stellungnahmen, von Beschlüssen über die Beilegung von Streitigkeiten zwischen Aufsichtsbehörden und von sonstigen vom Ausschuss angenommenen Dokumenten.**

Überblick

Das Sekretariat hat nach Art. 75 eine unterstützende Funktion für den Ausschussvorsitzenden (Abs. 1, 2 und 5); insbesondere hat es Kommunikationsfunktionen und bereitet die Sitzungen des EDSA vor und nach (Abs. 6). Sein Personal rekrutiert sich aus dem Personalbestand des Europäischen Datenschutzbeauftragten, ist aber seiner Personalhoheit entzogen (Abs. 3). Über diese nicht ganz einfache und eingängige Konstruktion können EDSA und EDSB eine Vereinbarung schließen (Abs. 4).

Übersicht

	Rn.		Rn.
A. Allgemeines	1	II. Abs. 2	8
I. Normgeschichte	3	III. Abs. 3	11
II. Sinn und Zweck	5	IV. Abs. 4	13
B. Die Regelungen im Einzelnen	6	V. Abs. 5	15
I. Abs. 1	6	VI. Abs. 6	18

A. Allgemeines

Der breit angelegte Aufgabenbereich des EDSA (vgl. Art. 70), insbesondere seine auch termin- 1
lich anspruchsvollen Funktionen im Rahmen des Kohärenzverfahrens, legen es nahe, ihn und
seinen Vorsitzenden in besonderer Weise administrativ zu unterstützen (vgl. Stellungnahme der
Artikel-29 – Datenschutzgruppe v. 25.9.2015 „Propositions regarding the European Data Protection Board Internal Structure"). Dies gilt umso mehr, als der Vorsitzende als Leiter einer nationalen
Aufsichtsbehörde auf eine Teilzeitrolle beschränkt wird. Hierfür wurde das Sekretariat des EDSA
eingerichtet, das der Leitung des Vorsitzenden untersteht (Abs. 2).

Da der EDSA als Institution mit eigener Rechtspersönlichkeit errichtet wurde (Art. 68 Abs. 1), 2
hätte es nahe gelegen, ihn mit einem eigenen Haushalt (vgl. Kühling/Buchner/Dix Rn. 5) und
einer Eigenverwaltung auszustatten und so seine unabhängige Tätigkeit zu unterstützen. Die KOM
hatte jedoch den Plan, den EDSB zum Ausschuss-Vorsitzenden zu küren und hielt – auch nachdem
dieser Plan gescheitert war – an dessen Sonderrolle fest. Ergebnis dieses Prozesses ist nun die
durchaus problematische Unterstützung (vgl. Art. 29-Datenschutzgruppe WP 191 (25)) des EDSA
durch Personal des EDSB, das dessen Personalhoheit entzogen ist, aber ihm doch „irgendwie"
verbunden bleibt. Ein Vorteil dieser kompromisshaften Konstruktion ist nicht erkennbar (vgl. dazu
insgesamt Nguyen ZD 2015, 265 (268 f.)).

I. Normgeschichte

Die Artikel-29-Datenschutzgruppe war bis dato gem. Art. 29 Abs. 5 DS-RL durch ein Sekreta- 3
riat bei der KOM unterstützt worden. Dies kam angesichts der Unabhängigkeit des EDSA (Art. 69)
nicht länger in Frage. Es bleibt jedoch fraglich, ob die Angliederung beim Europäischen Datenschutzbeauftragten mit Blick auf die Unabhängigkeit unproblematisch ist. Um das Sekretariat
wirklich zum Sekretariat des Europäischen Datenschutzausschusses zu machen, ist es wichtig, dass
ein nachhaltiger Informationsaustausch gewährleistet bleibt und auch alle europäischen Aufsichtsbehörden im Austausch mit dem Sekretariat sind.

Die vom Parlament angeregte juristische Unterstützung des EDSA konnte sich nicht durchset- 4
zen (vgl. Kühling/Buchner/Dix Rn. 3); geblieben ist die „analytische" Aufgabe des Sekretariats
in Abs. 5.

II. Sinn und Zweck

Der EDSA und sein Vorsitzender bedürfen angesichts der zentralen Stellung des EDSA bei der 5
Auslegung und Fortbildung der DS-GVO der professionellen administrativen Unterstützung. Ob
dies durch die Konstruktion des Art. 75 gelingt, ist offen. Dem EDSA neben einer eigenen
Rechtspersönlichkeit (vgl. Art. 68) auch mit einem eigenen Haushalt und einer eigenen Verwaltung auszustatten, hätte näher gelegen (vgl. Kühling/Buchner/Dix Rn. 5).

B. Die Regelungen im Einzelnen

I. Abs. 1

Abs. 1 legt zunächst fest, dass der EDSA über ein Sekretariat verfügt, das ihm allerdings nicht 6
selbst zugeordnet, sondern vom EDSB „bereitgestellt" wird. Dies bedeutet zum einen, dass der
EDSA zur Erfüllung seiner weitreichenden Aufgaben auf das Personal eines Sekretariats zurückgreifen kann, das er aber zum anderen nicht selbst auswählt, sondern von dritter Seite, dem
EDSB, anfordert. Dieser stellt die personellen und sachlichen Mittel für das Sekretariat aus eigenen
Haushaltsmitteln zur Verfügung.

7   Damit kommt dem EDSB – ohne erkennbaren Grund – eine einflussreiche Rolle bei der Besetzung des Sekretariats des EDSA zu. Er wählt dessen Personal aus, stellt es ein und ordnet es – grundsätzlich wohl nach eigenem Gutdünken auf Zeit – an den EDSA ab. Der EDSA kann daher die Personalauswahl nicht nur nicht selbst steuern und durchführen, er wird auch zukünftige Personalbedarfe und die gesamte Personalentwicklung mit dem EDSB in irgendeiner Form abstimmen müssen. Das Personal des Sekretariats kommt zudem in eine Zwitterstellung: Eingestellt vom EDSB und perspektivisch nicht auf Dauer beim EDSA, sondern eher beim EDSB angesiedelt, wird es vor die Frage gestellt, wem es seine Loyalität (lieber und besser) schuldet. Diese Fremdbestimmung durch den EDPB steht im Spannungsfeld zu der durch Art. 69 DS-GVO gewährleisteten Unabhängigkeit des EDSA. Zwar kann dem mit Abordnungskonzepten und ähnlichen auf den Austausch gerichteten Mitteln entgegengewirkt werden, jedoch werden nicht alle Aufsichtsbehörden jederzeit die Mittel und Kapazitäten haben, um Mitarbeiter über diesen Weg ins Sekretariat zu entsenden.

II. Abs. 2

8   Abs. 2 stellt klar, dass das Sekretariat den Weisungen des Ausschussvorsitzenden unterliegt. Der unklaren Zuordnung des Personals geschuldet ist die Hinzufügung des Wortes „ausschließlich", das klarmachen soll, dass der EDSB keine Weisungsbefugnisse über die zum EDSA abgeordneten Beschäftigten behält. Ob damit sichergestellt wird, dass auch keine indirekte Einflussnahme auf die Arbeitsabläufe des Sekretariats stattfindet, welche die unabhängige Aufgabenerfüllung des EDSA gefährden könnte (vgl. Kühling/Buchner/Dix Rn. 6), bleibt abzuwarten.

9   Da das Personal des Sekretariats jedoch beim EDSB angesiedelt bleibt und nur auf Zeit dem EDSA aus Haushaltsmitteln des EDSB bereitgestellt wird, ist für jeden Mitarbeiter des Sekretariats klar, welche Institution über seine zukünftigen Entwicklungsmöglichkeiten entscheiden wird: der EDSB. Auch diese Tatsache spricht für eine Verstärkung des Personalkörpers durch Abordnungen aus den einzelnen mitgliedstaatlichen Aufsichtsbehörden. Diese bestehen nur mittelfristig und verhindern, dass in diesem Bereich eine zu große Abhängigkeit eintritt.

10   Ob nur der Vorsitzende oder auch seine Stellvertreter Personalverantwortung und Weisungsbefugnisse erhalten, bestimmt sich nach der Geschäftsordnung des EDSA (Art. 74 Abs. 2).

III. Abs. 3

11   Die Konstruktion einer Personalüberlassung vom EDSB an den EDSA (Abs. 1) macht die Trennung der Personalverwaltung beim EDSB notwendig (vgl. Kühling/Buchner/Dix Rn. 7). Soweit seine Beschäftigten im Sekretariat des EDSA tätig sind, unterstehen sie alleine dem Vorsitzenden des EDSA. Die Beschäftigten des Sekretariats des EDSA erstatten daher ausschließlich dem Ausschussvorsitzenden Bericht (vgl. Erwägungsgrund 140). Auch insofern sind sie also dem Geschäftsbereich des EDSB entzogen (vgl. dazu Art. 46 VO (EG) Nr. 45/2001) und gegenüber ihrer Anstellungsbehörde zur Verschwiegenheit hinsichtlich der Vorgänge im EDSA verpflichtet.

12   Der EDSA und der EDSB am 25.5.2018 ein gemeinsames Memorandum of Understanding (https://edpb.europa.eu/sites/edpb/files/files/file1/memorandum_of_understanding_signed_en.pdf), das bezüglich der Organisation (Diensträume, E-Mail-Adressen und Trennung der Dokumente) trennende Maßnahmen vorsieht (s. S. 4 des Memorandums). Auch die Berichtslinien und das Personal werden voneinander getrennt eingerichtet (S. 4 des Memorandums).

IV. Abs. 4

13   Die unglückliche Konstruktion einer Personalausleihe macht es erforderlich, nähere Regelungen zu den Personalfragen (Auswahl, Anforderung, Beurteilung, Beförderung, Disziplinarische Gewalt, Rückgabe an den EDSB) im Wege der Vereinbarung zwischen EDSA und EDSB zu treffen (vgl. Stellungnahe der Artikel 29-Datenschutzgruppe v. 25.9.2015 „Propositions regarding the European Data Protection Board Internal Structure"). Dabei wächst dem EDSB eine Verhandlungsmacht zu, die durch nichts zu rechtfertigen ist. Insbesondere verfügt der EDSB weder über Zuständigkeiten noch über Sachkompetenz für den Datenschutz im nichtöffentlichen Bereich. Die fiskalische Begründung, man habe keinen neuen Personalkörper der EU schaffen wollen (vgl. dazu Nguyen ZD 2015, 265 (268 f.)), vermag angesichts der Bedeutung des EDSA für den Datenschutz in Europa nicht einmal ansatzweise zu überzeugen. Auch wenn das am 25.5.2018 zwischen EDSB und EDSA unterzeichnete Memorandum of Understanding (https://edpb.europa.eu/sites/edpb/files/files/file1/memorandum_of_understanding_signed_en.pdf)

überwiegend zu begrüßende Maßnahmen enthält, vermag es nicht zu verhindern, dass der EDSB potentiell Einfluss auf die personelle Besetzung und das Budget nehmen kann.

Diese Unabhängigkeit des EDSA (Art. 69) wird durch die angeordnete Veröffentlichung dieser Vereinbarung unterstützt. **14**

V. Abs. 5

Abs. 5 erläutert die administrativen Aufgaben des Sekretariats, hierzu zählen auch analytische und logistische Unterstützung. Adressat der Dienstleistungen des Sekretariats ist der EDSA, Weisungsgeber dessen Vorsitzender (Abs. 2). **15**

Der Begriff analytische Unterstützung soll darauf hinweisen, dass der EDSA Bedarf nicht nur an technisch-kommunikativer Ausstattung hat, sondern auch an wissenschaftlich fundierter Unterstützung durch Personal mit Hochschulabschluss, das in der Lage ist, die Aufgaben des EDSA zu reflektieren, aufzuarbeiten und zu kritisieren. Funktional vergleichbar hiermit sind etwa die Einrichtungen der Wissenschaftlichen Dienste der deutschen Parlamente. In diesem Sinne weisen Abs. 6 lit. f und g auf die Aufgaben iRd Vor- und Nachbereitung der Ausschusssitzungen und die hierbei zentralen Stellungnahmen und Beschlüsse. Aktuell kann das Sekretariat den Ausschuss am nachhaltigsten in den Bereichen der Zusammenarbeit und der dahingehend bestehenden Verfahren unterstützen. Durch die Bereitstellung der Infrastrukturen erhält das Sekretariat teilweise Einblick in die Prozesse und kann mit der auf diese Weise gewonnenen Fachexpertise maßgeblich zur Verbesserung dieser Prozesse beitragen. **16**

Logistische Unterstützung zielt demgegenüber auf die Bereitstellung von Arbeitsmaterial, Sitzungsräumlichkeiten, Sachmittelausstattung und Mobilitätshilfen/Fahrdienste ab. **17**

VI. Abs. 6

Abs. 6 listet diese administrativ-logistischen und analytischen Aufgaben in lit. a–f beispielhaft, jedoch nicht abschließend auf. Neben dem Tagesgeschäft (lit. a) stehen die Kommunikation zwischen den Beteiligten (lit. b–e) und der Sitzungsdienst (lit. f und g) im Vordergrund. **18**

Dabei wird deutlich, dass dem Sekretariat nicht nur formell-administrative Aufgaben (Bereitstellung von Formatvorlagen, Übersetzung von sachdienlichen Informationen, Versand von Entwürfen, Bereitstellung von Kommunikationsmitteln), sondern auch inhaltliche Aufgaben zukommen (Recherche sachdienlicher Informationen, Vorbereitung von Stellungnahmen). **19**

Angesichts der Aufgabenumschreibung des Vorsitzes (vgl. Art. 74), die sehr formal angelegt ist (vgl. Art. 74 Abs. 1 lit. a und b) und nur in lit. c mit der „Sicherstellung einer rechtzeitigen Ausführung der Aufgaben des Ausschusses" gewisse Spielräume für inhaltlich-vorbereitende Tätigkeiten lässt, muss dies verwundern. Zu bedenken ist dabei, dass schon das Verhältnis von Vorsitz und Mitgliedern des EDSA (Art. 68 Abs. 3) keineswegs unproblematisch ist, soweit es um die Einflussnahme auf die Äußerungen des EDSA geht – und dass die Einrichtung eines Informations- und Machtzentrums im Sekretariat also ebenfalls politisch umstritten sein wird. Schließlich wurden alle relevanten Positionspapiere der Artikel-29-Datenschutzgruppe bislang ausschließlich durch ihre Mitglieder selbst entworfen und abstimmungsfertig vorbereitet (vgl. Paal/Pauly Rn. 3). Sollten das Sekretariat und der diesem vorstehende Vorsitzende den kooperativen, auf Konsensualität ausgerichteten Beratungs- und Entschließungsstil verändern und dominieren wollen, wäre dies Anlass für erhebliche Auseinandersetzungen innerhalb des EDSA. Eine Zentralisierung oder gar „Vereinheitlichung" der Arbeit des EDSA hätte nicht nur Folgen für die Position der unabhängigen Aufsichtsbehörden, sondern auch für die Praxisnähe der Fortentwicklung der DS-GVO insgesamt. Insoweit ist es auch kritisch zu sehen, wenn das Sekretariat selbst im Rahmen seiner Aufgabenerfüllung Art. 75 Abs. 5 lit. c DS-GVO bei Veranstaltungen nach außen hin auftritt und die Außendarstellung des Ausschusses übernimmt. **20**

Angesichts der tendenziell überfordernden Doppelrolle des Vorsitzenden als Leiter einer nationalen Aufsichtsbehörde und Organ des EDSA verschieben sich solche Machtfragen im Ergebnis zugunsten des professionell und permanent besetzten Sekretariats und seines leitenden Personals. Angesichts des nur schwer beherrschbaren Einflusses des EDSB auf Auswahl und Entwicklung des Sekretariatspersonals wird man diese Gesamtkonstruktion als unübersichtlich und im Ergebnis misslungen bezeichnen müssen. **21**

Artikel 76 Vertraulichkeit

(1) Die Beratungen des Ausschusses sind gemäß seiner Geschäftsordnung vertraulich, wenn der Ausschuss dies für erforderlich hält.

DS-GVO Artikel 76

(2) Der Zugang zu Dokumenten, die Mitgliedern des Ausschusses, Sachverständigen und Vertretern von Dritten vorgelegt werden, wird durch die Verordnung (EG) Nr. 1049/2001 des Europäischen Parlaments und des Rates geregelt.

Überblick

Art. 76 ordnet dem EDSA die Befugnis zu, selbst über die Vertraulichkeit seiner Beratungen zu bestimmen. Geboten ist dies, weil der EDSA nicht nur über die Auslegung der DS-GVO berät und entscheidet, also Rechtsfragen erörtert und hierüber beschließt, sondern weil er dies anhand konkreter Einzelfälle tut, die in vielfältiger Weise die Interessen Dritter berühren können. Über die Vertraulichkeit seiner Beratungen beschließt der EDSA durch Regelung in seiner Geschäftsordnung (vgl. Art. 72 Abs. 2). Nach Abs. 2 werden Dokumente, die dem EDSA oder seinen Mitgliedern von Dritten vorgelegt werden, der Verordnung (EG) Nr. 1049/2001 unterworfen und nach deren Maßgaben zugänglich gemacht.

A. Allgemeines

1 Der EDSA hat ein eigenes Interesse daran, Informationen über den Beratungsverlauf nicht öffentlich zugänglich zu halten, soweit dies seine Beratungen erschweren würde. Er hat die Pflicht, solche Informationen unzugänglich zu halten, die im Interesse Dritter – etwa aus Gründen des Datenschutzes oder des Schutzes von Betriebs- und Geschäftsgeheimnissen – oder im öffentlichen Interesse geheim zu halten sind. Dies regelt der EDSA in seiner Geschäftsordnung (vgl. Art. 72 Abs. 2; siehe konkret Art. 33 RoP).

2 Soweit der EDSA nicht eigene Informationen verarbeitet, sondern von Dritten informiert wird, schützt er deren Interesse an einer vertraulichen Behandlung dieser Informationen nach Maßgabe der Verordnung (EG) Nr. 1049/2001 des Europäischen Parlaments und des Rates v. 30.5.2001 über den Zugang der Öffentlichkeit zu Dokumenten des Europäischen Parlaments, des Rates und der KOM (ABl. L 145, 43).

I. Normgeschichte

3 Die Artikel-29-Datenschutzgruppe bewertete bisher die Gegenstände ihrer Beratungen als Berufsgeheimnis iSv Art. 339 AEUV. Nach Art. 11 ihrer Geschäftsordnung war daher Stillschweigen über die Debatten in der Datenschutzgruppe zu wahren. Dies bezog sich auch auf Sitzungsprotokolle und weitere Arbeitsunterlagen.

II. Sinn und Zweck

4 Da der EDSA nicht nur über die Auslegung der DS-GVO berät und entscheidet, also Rechtsfragen erörtert und hierüber beschließt, sondern weil er dies anhand konkreter Einzelfälle tut, die in vielfältiger Weise die Interessen Dritter berühren können, lag eine Bestimmung über die Vertraulichkeit seiner Beratungen nahe. Ob der Schutz der Beratungen nur der Wahrung der Interessen Dritter zu dienen bestimmt ist oder ob und inwieweit er diese Bestimmung auch zum Schutze institutioneller Eigeninteressen einsetzen darf, wird zu klären sein. Hierzu zählt etwa die Frage, ob der EDSA bei der Anhörung Dritter (vgl. Art. 70 Abs. 4) eine Vertraulichkeit von deren Äußerungen zusagen kann und darf (idS etwa Gola/Nguyen Rn. 1).

B. Die Regelungen im Einzelnen

I. Abs. 1

5 Der EDSA entscheidet selbst über die Vertraulichkeit seiner Beratungen durch Bestimmung in der Geschäftsordnung. Maßstab hierfür ist seine Einschätzung hinsichtlich der Erforderlichkeit der Vertraulichkeit. Bezugspunkt der Erforderlichkeit ist der Zweck der Vertraulichkeit, hier also die Erhaltung der Funktionsfähigkeit des EDSA. Wenn aus seiner Sicht seine Aufgabenerfüllung nur durch die Vertraulichkeit der Beratung gesichert werden kann, dann kann er den Gang dieser Beratungen vom Zugang durch die Öffentlichkeit ausschließen.

6 Zu den Beratungen zählen die einzelnen Äußerungen der Mitglieder des EDSA, nicht jedoch das Beratungsergebnis und das Abstimmungsverhalten der Mitglieder. Die vom EDSA erstellten Dokumente, also Stellungnahmen und Beschlüsse, sind bereits gem. Art. 64 Abs. 5 lit. b und Art. 65 Abs. 5 sowie Art. 70 Abs. 3 und 4 zu veröffentlichen (vgl. auch Art. 71 Abs. 1 S. 2).

Auch Beratungsunterlagen sind – vorbehaltlich der Regelung des Abs. 2 – nicht von den Beratungen iSv Abs. 1 umfasst. Anders ist dies jedoch bei Sitzungsprotokollen, soweit sie den Gang der Beratungen wiedergeben; auch zu ihnen kann die Geschäftsordnung Zugangsbeschränkungen vorsehen. 7

Der EDSA ist demnach keineswegs „frei" in seiner Entscheidung über die Zugänglichkeit seiner Beratungen. Vom Grundsatz her sind alle von ihm hervorgebrachten oder genutzten Informationen allgemein zugänglich, dies ergibt sich aus dem Transparenzgrundsatz gem. Art. 15 Abs. 1 und 3 AEUV sowie Art. 41 Abs. 2 der Grundrechtecharta (vgl. dazu zu den übrigen EU-Organen VO (EG) 1049/2001 über den Zugang der Öffentlichkeit zu Dokumenten des EP, des ER und der KOM; unzutreffend demgegenüber Kühling/Buchner/Dix Rn. 1 und 4, der von einem Grundsatz der Vertraulichkeit der Beratungen ausgeht). Diese Zugänglichkeit kann er jedoch – ausnahmsweise – begrenzen oder ausschließen, wenn und soweit dies für seine Funktionsfähigkeit geboten ist. Auch Art. 3 Abs. 5 der Geschäftsordnung geht vom Transparenzprinzip und damit von diesen Grundsätzen aus. 8

Wann dies der Fall ist, entscheidet der EDSA nach Maßgabe seiner Geschäftsordnung generell oder im Einzelfall. Die Formulierung in Abs. 1 deutet darauf hin, dass ihm dabei eine Einschätzungsprärogative zukommen soll (Gola/Nguyen Rn. 2 spricht etwas unscharf von „erheblichen Spielraum"). Grundsätzlich ist aber die Entscheidung des EDSA über die Verwehrung des Zugangs zu seinen Informationen gerichtlich überprüfbar, ggf. mit eingeschränktem richterlichen Prüfmaßstab. Eine rechtsgrundlos vorgenommene Zugangsverweigerung ist in jedem Falle rechtswidrig und aufzuheben. 9

In Art. 33 Geschäftsordnung hat der EDSA aktuell festgelegt, dass die Diskussionen im Plenum und in den Arbeitsgruppen vertraulich sind, soweit bestimmte Personen davon betroffen sind, sie den Kohärenzmechanismus betreffen oder wenn eine Einzelfallentscheidung des EDSA vorliegt, nach der vertraulich zu beraten ist. Eine solche Entscheidung ist im Bereich der internationalen Beziehungen oder der Gefährdung der Entscheidungsfindung durch den Ausschuss möglich, sofern kein überwiegendes öffentliches Interesse besteht. In den geschilderten Fällen werden auch keine Beobachter iSv Art. 8 der Geschäftsordnung zugelassen. Art. 76 DS-GVO stellt insofern sicher, dass auch Diskussionen laufende aufsichtsbehördliche Verfahren vertraulich durchgeführt werden können. Dies ist umso wichtiger, als auch in derartigen Verfahren konsistente Entscheidungen der Aufsichtsbehörden getroffen werden müssen. 9a

II. Abs. 2

Dokumente, die dem EDSA, seinen Mitgliedern oder Sachverständigen von Dritten – etwa Vertretern von Verbänden oder Interessengruppen – vorgelegt werden, sind nach Maßgabe der VO (EG) 1049/2001 über den Zugang der Öffentlichkeit zu Dokumenten des EP, des Rates und der KOM zugänglich. Nach dieser Verordnung haben jeder Unionsbürger und jede natürliche oder juristische Person mit (Wohn-)Sitz in einem Mitgliedstaat ein Recht auf Zugang zu Dokumenten der Organe der Union. Nach Art. 1 Abs. 2 VO (EG) 1049/2011 umfasst dieses Zugangsrecht nicht nur von den Organen selbst erstellte Dokumente, sondern auch solche, die bei ihm vorgelegt bzw. zugeleitet wurden und sich (noch) in seinem Besitz befinden. Dieser Zugang findet nach Art. 4 VO (EG) 1049/2001 seine Grenze im Schutz des öffentlichen Interesses an der Vertraulichkeit bestimmter Informationen, in der Privatsphäre des Einzelnen und im Schutz geschäftlicher Interessen sowie des geistigen Eigentums. Überwiegt demgegenüber das öffentliche Interesse am Informationszugang, so ist er dennoch zu eröffnen. 10

Das der EDSA nicht selbst ein Organ der EU ist, das unter die Verordnung (EG) Nr. 1049/2001 des Europäischen Parlaments und des Rates v. 30.5.2001 über den Zugang der Öffentlichkeit zu Dokumenten des EPs, des Rates und der KOM (ABl. L 145, 43) fällt – wohl aber unter Art. 15 Abs. 1 und 3 AEUV – erklärt Abs. 2 diese Verordnung für die Dokumente Dritter, die dem EDSA vorliegen, für anwendbar. der Anwendungsbereich der VO erfasst auch Dokumente, die sich im Besitz von Mitgliedstaaten befinden (vgl. Art. 5 VO). 11

Im Regelfall sind daher alle dem EDSA und seinen Mitgliedern von Dritten vorgelegten Dokumente zugänglich zu machen (vgl. Kühling/Buchner/Dix Rn. 6). Darüber hinaus sind nach Art. 11 und 12 der Verordnung (EG) Nr. 1049/2001 alle nach Art. 76 Abs. 2 vorgelegten Dokumente in ein öffentliches Register aufzunehmen. 12

Kapitel VIII. Rechtsbehelfe, Haftung und Sanktionen

Artikel 77 Recht auf Beschwerde bei einer Aufsichtsbehörde

(1) Jede betroffene Person hat unbeschadet eines anderweitigen verwaltungsrechtlichen oder gerichtlichen Rechtsbehelfs das Recht auf Beschwerde bei einer Aufsichtsbehörde, insbesondere in dem Mitgliedstaat ihres gewöhnlichen Aufenthaltsorts, ihres Arbeitsplatzes oder des Orts des mutmaßlichen Verstoßes, wenn die betroffene Person der Ansicht ist, dass die Verarbeitung der sie betreffenden personenbezogenen Daten gegen diese Verordnung verstößt.

(2) Die Aufsichtsbehörde, bei der die Beschwerde eingereicht wurde, unterrichtet den Beschwerdeführer über den Stand und die Ergebnisse der Beschwerde einschließlich der Möglichkeit eines gerichtlichen Rechtsbehelfs nach Artikel 78

Überblick

Die Vorschrift beinhaltet ein allgemeines Beschwerderecht für betroffene Personen. Art. 77 statuiert hierzu in seinem Abs. 1 das Beschwerderecht selbst (→ Rn. 1) und lässt dieses mit einer Befassungspflicht der Aufsichtsbehörde in Abs. 2 korrespondieren (→ Rn. 12). Ergänzt wird das Beschwerderecht zudem mit der Regelung zur Untätigkeitsklage nach Art. 78 Abs. 2, die das Beschwerderecht zu einem rechtlich auch durchsetzbaren Rechtsbehelf aufwertet. Historisch beinhaltete bereits die Vorgängerregelung ein vergleichbares Beschwerderecht. Art. 28 Abs. 4 der Richtlinie 95/46/EG gab hierzu jeder Person oder einem sie vertretenen Verband ein Eingaberecht gegenüber jeder Kontrollstelle zum Schutze ihrer Rechte und Freiheiten bei der Verarbeitung personenbezogender Daten. Systematisch lässt sich das Beschwerderecht am ehesten mit dem allgemeinen Petitionsrecht vergleichen. Es enthält über das Erfordernis einer wenn auch weit zu verstehenden Beschwerdebefugnis aber auch Züge eines isolierten Widerspruchsverfahrens, das unabhängig eines sich anschließenden Gerichtsverfahrens zugunsten eines Betroffenen besteht. Das Beschwerderecht erreicht damit zwei wesentliche Hauptzwecke: Zum einen bietet es einem Betroffenen einen unkompliziert zu erhebenden Rechtsbehelf, der die Rechtsdurchsetzung Betroffener entsprechend stärkt und vereinfacht. Zum anderen dürfte es aber auch zu einer verbesserten Kenntnislage der Aufsichtsbehörden führen. Ähnlich wie dies bereits in anderen Unionsrechtsbereichen üblich ist, werden die Unionsbürger nunmehr auch im Bereich des Datenschutzrechts als Beschleuniger und Durchsetzungshebel angesehen.

A. Beschwerderecht eines Betroffenen (Abs. 1)

1   Abs. 1 statuiert das eigentliche Beschwerderecht des Betroffenen und beinhaltet einige formelle wie auch inhaltliche Anforderungen. Das Beschwerderecht kann dabei als besonderes Petitionsrecht angesehen werden, das wegen der Betroffenheit einer Person aber auch Merkmale eines Widerspruchs enthält.

2   Da die DS-GVO in den Mitgliedstaaten unmittelbar gilt und anzuwenden ist und damit entsprechendes nationales Recht im Wege des Anwendungsvorranges verdrängt, wird sich bei der Rechtsanwendung auch die Frage nach einer ergänzenden Anwendung des nationalen Rechts stellen. Betrachtet man die inhaltliche Ausgestaltung des Art. 77 hinsichtlich des einzuhaltenden Verfahrens, erscheint dieser eher ausfüllungsbedürftige Mindestvorgaben zu enthalten. Einzelfragen zum Beschwerdeverfahren werden in der Praxis daher immer wieder unter Zuhilfenahme der nationalen Vorschriften gelöst werden. Insbesondere die allgemeinen verwaltungsrechtlichen Verfahrensvorschriften kommen hierzu in Betracht. Eine solche Anwendung ist mit dem Anwendungsvorrang der Datenschutz-Grundverordnung auch vereinbar, sofern die unionsrechtlichen Vorgaben eingehalten werden. Zu diesen gehören einerseits die geschriebenen und damit vorrangigen Anforderungen der DS-GVO, zum anderen aber auch die vom EuGH entwickelten Maßstäbe für die Umsetzung des Unionsrechts mittels nationaler Verfahrensregelungen. Zu diesen gehören immer die Grundsätze der Äquivalenz und der Effektivität (vgl. bereits EuGH NJW 1984, 2024 – Deutsche Milchkontor Rn. 22 f.). Bei der Umsetzung des europäischen Datenschutzrechts mittels nationaler Verfahrensvorschriften ist daher auf eine strikte Gleichbehandlung mit vergleichbaren nationalen Sachverhalten zu achten. Zudem hat die gesamte Rechtsanwendung so zu erfolgen, dass eine

Recht auf Beschwerde bei einer Aufsichtsbehörde **Artikel 77 DS-GVO**

Durchsetzung der europarechtlichen Vorgaben auch bei Anwendung nationaler Verfahrensregelungen immer im Vordergrund steht.

I. Betroffene Personen

Das Beschwerderecht steht allen betroffenen Personen zu, wenn diese der Ansicht sind, dass die 3
Verarbeitung der sie betreffenden personenbezogenen Daten gegen die Vorgaben der Datenschutz-Grundverordnung verstößt. Die Regelung knüpft damit unmittelbar an den Begriff der „betroffenen Person" an. Dieser wird in Art. 4 Ziffer 1 definiert. Danach wird eine aufgrund von personenbezogenen Daten identifizierbare natürliche Person als entsprechend betroffen eingeordnet. Das Beschwerderecht erfährt damit bereits eine wesentliche Einschränkung seines Anwendungsbereiches. So können nur natürliche Personen das Recht ausüben. Diese müssen zudem mit den streitgegenständlichen Datenverarbeitungen in einem unmittelbaren Zusammenhang stehen und gerade durch diese identifizierbar sein. Der europäische Gesetzgeber hat sich damit, anders als er dies etwa in weiten Teilen des Umweltrechts vorgesehen hat, gegen einen Jedermanns-Rechtsbehelf entschieden. Das Beschwerderecht dient damit vorrangig dem individuellen Rechtsschutz und nicht der objektiven Durchsetzung des europäischen Datenschutzrechts. Dennoch bleibt es einer Aufsichtsbehörde natürlich möglich, auch Beschwerden von nicht betroffenen Personen aufzugreifen und zum Anlass zu nehmen, ihre Befugnisse nach Art. 58 auszuüben.

Eine Ausweitung des Beschwerderechts auch auf Einrichtungen, Organisationen und Vereinigungen iSd Art. 80 Abs. 1 ist in Art. 80 Abs. 2 ausdrücklich angelegt. Die Entscheidung über die 4
Ausweitung des Kreises der Beschwerdeberechtigten ist dabei in die Hände der Mitgliedstaaten gelegt worden. Es bleibt abzuwarten, ob die Mitgliedstaaten von dieser Ausgestaltungsmöglichkeit Gebrauch machen werden. Rechtspolitisch erscheint es jedenfalls problematisch, dass gerade ein mögliches Verbandsbeschwerde- bzw. Klagerecht jeweils national geregelt werden soll. Da entsprechende Verbandsrechte mit erheblichen Auswirkungen gerade im wirtschaftlichen Bereich verbunden sein dürften, ist bei lebensnaher Betrachtung eher von einer Zurückhaltung der Mitgliedstaaten auszugehen. In Deutschland besteht mit der Neuregelung in § 2 Abs. 2 Nr. 11 UKlaG jedoch bereits ein entsprechendes Verbandsklagerecht (vgl. hierzu auch Halfmeier NJW 2016, 1126). Damit füllt der deutsche Gesetzgeber gegenwärtig die Ausgestaltungsmöglichkeit des Art. 80 Abs. 2 aus.

Nach Abs. 1 muss ein Beschwerdeführer der Ansicht sein, dass die Verarbeitung der personenbe- 5
zogenen Daten gegen die Datenschutz-Grundverordnung verstößt. Der Wortlaut erinnert dabei an die Anforderungen, wie sie die Klagebefugnis in § 42 Abs. 2 VwGO einfordert. Diese sind daher nicht zu streng zu interpretieren. Die Schilderung eines Sachverhaltes, der zumindest einen Rechtsverstoß zulasten des Beschwerdeführers nicht offenkundig ausschließt, sollte im Regelfall ausreichen. Weder ist eine rechtliche Prüfung noch eine vollständig abgeschlossene Sachverhaltsermittlung von einer betroffenen Person zu verlangen. Wie auch bei der Begründung der Klagebefugnis nach § 42 Abs. 2 VwGO genügt die Darlegung eines möglichen Rechtsverstoßes (Paal/Pauly/Körffer Rn. 3). Demnach muss die betroffene Person der Aufsichtsbehörde einen Sachverhalt vortragen, der einen Verstoß gegen die Rechte aus der Datenschutz-Grundverordnung zumindest möglich erscheinen lässt. Im Umkehrschluss darf ein solcher Verstoß demnach nicht von vornherein ausgeschlossen sein.

Einer besonderen Abgrenzung bedürfen zudem Fälle, in denen eine betroffene Person sich 6
bereits über die Datenverarbeitung als solche im Unklaren ist. So entspricht es der üblichen Lebenswirklichkeit, dass sich eine Person an eine Aufsichtsbehörde wendet, die lediglich den Verdacht einer unzulässigen Datenverarbeitung äußert. Hier ist eine klare Abgrenzung zum Auskunftsanspruch nach Art. 15 vorzunehmen. Möchte eine scheinbar betroffene Person lediglich wissen, ob überhaupt Daten über sie verarbeitet wurden, ist sie auf ihren Auskunftsanspruch zu verweisen (Paal/Pauly/Körffer Rn. 2). Zweifelt sie hingegen auch die Rechtmäßigkeit dieser Datenverarbeitung in nachvollziehbarer Art und Weise an, greift auch das Beschwerderecht nach Abs. 1. Der Tatsachenvortrag muss also zumindest Anhaltspunkte hinsichtlich eines Anfangsverdachts enthalten, der eine unzulässige Datenverarbeitung zumindest nicht ganz ausgeschlossen erscheinen lässt. Bloße Behauptungen ins Blaue hinein genügen diesem Erfordernis dabei nicht.

II. Formelle Anforderungen an die Beschwerde

Der Vorschrift sind keine ausdrücklichen Formerfordernisse für die Beschwerde einer betroffe- 7
nen Person zu entnehmen. Sie kann daher in jeder erdenklichen Art und Weise gegenüber der jeweiligen Aufsichtsbehörde ausgesprochen werden (Paal/Pauly/Körffer Rn. 3). Entscheidendes Kriterium dürfte dabei allein die Prüffähigkeit der Informationen sein. Der Aufsichtsbehörde muss

zumindest ermöglicht werden, den Sachverhalt aufzuklären und eine entsprechende Rechtsprüfung vorzunehmen. Dazu muss die Beschwerde ein Mindestmaß an Informationen enthalten. Zu verlangen sind daher zumindest Angaben über die betroffene Person selbst, den Verantwortlichen oder Auftragsverarbeiter sowie zumindest in Grundzügen Angaben über den tatsächlichen Verstoß (so auch: VG Mainz ZD 2021, 59). Wie Art. 57 Abs. 4 zeigt, kann die Aufsichtsbehörde sich gegenüber einer missbräuchlichen Inanspruchnahme verwehren oder Gebühren verlangen. Diesen Umstand sollte ein Beschwerdeführer ebenfalls berücksichtigen. Die Form der Beschwerde sollte daher nicht offenkundig auf eine solche missbräuchliche Inanspruchnahme schließen lassen. Dies dürfte insbesondere bei kursorischen Ausführungen naheliegen, die den Eindruck einer massenhaften Inanspruchnahme erwecken. IZw sind die Formerfordernisse dennoch niedrigschwellig anzusetzen und zugunsten des Beschwerdeführers zu handhaben.

8 Wie dem 141. Erwägungsgrund zu entnehmen ist, sollen die Aufsichtsbehörden zudem an einer Erleichterung der Beschwerdemöglichkeiten mitwirken. Der Unionsgesetzgeber zählt hierzu insbesondere die Bereitstellung eines Beschwerdeformulars, das auch elektronisch ausgefüllt werden kann. Klargestellt wird dabei jedoch, dass andere Kommunikationsmittel nicht ausgeschlossen werden dürfen. Gerade für die Mitgliedstaaten enthält dieser Ansatz eine wichtige Vorgabe. Möglichen Neuerungen der Verwaltungsverfahren, wie eine ausschließliche elektronische Kommunikation oder eine Verwendung von bestimmten Musterformularen, wird hier eine klare Grenze gezogen. Die formlose Beschwerde darf auch nicht zur Effizienzsteigerung bei den Verwaltungsverfahren zugunsten einer bestimmten Kommunikationsform eingeschränkt werden. Es bleibt hierbei abzuwarten, ob dieser Ansatz auch bei einer massenhaften Inanspruchnahme des Beschwerderechts aufrechterhalten werden kann.

III. Zuständige Aufsichtsbehörde

9 Wie der Formulierung des Abs. 1 zu entnehmen ist, kann sich der Beschwerdeführer an eine Aufsichtsbehörde seiner Wahl wenden. Die Aufzählung möglicher Aufsichtsbehörden im 141. Erwägungsgrund, wie der Aufenthaltsort, der Arbeitsplatz oder der Ort des Verstoßes, ist ausdrücklich nicht abschließend geregelt. Durch die Auswahl der betroffenen Person wird die angerufene Aufsichtsbehörde nach Art. 4 Ziffer 22 auch zur betroffenen Aufsichtsbehörde. Für den Beschwerdeführer bleibt sie während des Beschwerdeverfahrens alleinige Ansprechpartnerin (Paal/Pauly/Körffer Rn. 4). Ob das uferlose Wahlrecht über die zuständige Aufsichtsbehörde tatsächlich erforderlich war, darf rechtspolitisch bezweifelt werden. Im Regelfall wird es für eine betroffene Person bei lebensnaher Betrachtung Sinn machen, sich entweder an die Aufsichtsbehörde des eigenen Aufenthalts- bzw. Arbeitsortes oder an diejenige, die für den Verantwortlichen oder Auftragsverarbeiter zuständig ist, zu wenden. Eine Inanspruchnahme vollständig orts- und sachferner Aufsichtsbehörden dürfte in aller Regel keinen Vorteil bringen.

10 Wendet sich ein Beschwerdeführer an eine Aufsichtsbehörde, muss diese gegebenenfalls mit der für den Verantwortlichen oder den Auftragsverarbeiter zuständigen Aufsichtsbehörde kooperieren. Aufgaben und Befugnisse nach Art. 57 und 58 werden von der jeweils zuständigen Aufsichtsbehörde wahrgenommen. Sind solche demnach erforderlich und fallen betroffene und zuständige Aufsichtsbehörde auseinander, sind diese zur Zusammenarbeit gezwungen, die im Regelfall über die Zusammenarbeit nach Art. 60 oder die Amtshilfe nach Art. 61 erfolgen kann. Die vom Beschwerdeführer angerufene betroffene Aufsichtsbehörde bleibt für diesen dennoch alleiniger Ansprechpartner (zum Ganzen Paal/Pauly/Körffer Rn. 6).

11 Bisher entsprach es der Verwaltungspraxis, dass ein Verfahren auf die zuständige Behörde vollständig übertragen werden konnte. Zumindest für grenzüberschreitende Sachverhalte dürfte dies mit der klaren Regelung der Datenschutz-Grundverordnung nunmehr unvereinbar sein (Paal/Pauly/Körffer Rn. 7).

Ob dies auch für rein nationale Sachverhalte gilt, ist letztlich dem Behördenaufbau in Art. 51 zu entnehmen (gegen eine solche Verortung und damit für eine mögliche Verfahrensabgabe Paal/Pauly/Körffer Rn. 7). Nach Art. 51 Abs. 1 ist es den Mitgliedstaaten grundsätzlich freigestellt, ob sie eine oder mehrere Aufsichtsbehörden einrichten. Abs. 3 spricht zudem von mehreren Aufsichtsbehörden, die, in einem Mitgliedstaat existieren, und enthält für diesen Fall entsprechende Vorgaben für die Vertretung im Ausschuss und das Kohärenzverfahren. Demnach geht die Verordnung offenbar davon aus, dass es sowohl Mitgliedstaaten mit einer als auch mit mehreren Aufsichtsbehörden gibt und fasst mehrere nationale Aufsichtsbehörden daher begrifflich nicht zu einer einheitlichen Aufsichtsbehörde im jeweiligen Mitgliedstaat zusammen. Legt man den Wortlaut und diese Systematik zugrunde, so ist eine vollständige Verweisung von Verfahren auch im rein nationalen Bereich nicht mehr möglich. Abs. 1 gibt einer betroffenen Person ein Beschwerderecht bei der Aufsichtsbehörde ihrer Wahl. Dieser klare Wortlaut muss im Ergebnis auch bei rein innerstaatlichen Sachverhalten gelten. Diese Auslegung trägt zudem auch dem Grundgedanken des Abs. 1 Rechnung. Eine betroffene Person soll sich ohne größere Schwierigkeiten an eine Aufsichtsbehörde wenden können und diese dann als alleinige Ansprechpartnerin erhalten. Dieser Ansatz gilt im Ergebnis unabhängig davon, ob ein Sachverhalt einen grenzüberschreitenden Bezug aufweist.

B. Pflichten der Aufsichtsbehörde (Abs. 2)

Einen Pflichtenkatalog, wie die Aufsichtsbehörde mit der Beschwerde zu verfahren hat, enthält Art. 77 nicht. **12**

I. Geschriebene Pflichten/einklagbare Rechte

Dem Klagerecht in Art. 78 Abs. 2 ist zu entnehmen, dass eine betroffene Person zumindest die Befassung mit ihrer Beschwerde bzw. eine Mitteilung über den Stand des Verfahrens oder dessen Ergebnis einklagen kann. Auf der Seite der geschriebenen einklagbaren Rechte ist der Beschwerdeführer daher mit einem Petenten zu vergleichen, der sein Petitionsrecht durchsetzen möchte (vgl. Paal/Pauly/Körffer Rn. 5). **13**

II. Pflicht zur inhaltlichen Behandlung der Beschwerde

Neben der Frage der einklagbaren Rechtsposition des Beschwerdeführers ist auch zu beantworten, welche inhaltlichen Pflichten für die Aufsichtsbehörden bestehen. Ob die beschränkte subjektive Rechtsposition des Beschwerdeführers tatsächlich auch zu einem weiten Ermessensspielraum der Aufsichtsbehörden bei der inhaltlichen Behandlung der Beschwerden führt, ist zumindest nicht offensichtlich im Text der Verordnung und den Erwägungsgründen angelegt (für ein solches weites Verfahrensermessen Paal/Pauly/ Körffer Rn. 5). Der 141. Erwägungsgrund enthält zumindest in Grundzügen das Verfahrensprogramm für die Aufsichtsbehörde. Demnach habe diese eine Prüfung durchzuführen, die im Einzelfall angemessen ist. Darüber hinaus habe sie die betroffene Person über den Fortgang und die Ergebnisse des Verfahrens in einem angemessenen Zeitraum zu informieren. Dabei sei sie auch verpflichtet, bei umfangreichen Verfahren über etwaige Zwischenstände zu informieren. Im Ergebnis geht der Verordnungsgeber daher von einer sorgfältigen inhaltlichen Prüfung aus, die mit den genannten Informationspflichten einhergeht. Dies deckt sich nahezu mit den in Art. 78 Abs. 2 genannten einklagbaren Rechtspositionen. **14**

Auch der Europäische Gerichtshof geht von einer Pflicht zur sorgfältigen Prüfung aus. Für die Vorgängervorschrift, Art. 28 Abs. 4 RL 95/46/EG nahm er eine solche sorgfältige Prüfpflicht ausdrücklich an (EuGH NJW 2015, 3154). Dennoch sollte diese alleinige Prüfpflicht nicht ohne Weiteres auf die Auslegung des Art. 77 übertragen werden (idS Paal/Pauly/Körffer Rn. 5). Die einklagbaren Rechte einer betroffenen Person sind nicht zwingend mit dem Pflichtenprogramm einer Aufsichtsbehörde gleichzusetzen. Diese kann unabhängig von einer subjektiven und einklagbaren Rechtsposition eines Beschwerdeführers verpflichtet sein, von Amts wegen einem Rechtsverstoß zu begegnen. Selbst der Europäische Gerichtshof geht in seiner oben zitierten Entscheidung davon aus, dass eine Kontrollstelle, die von einer begründeten Eingabe ausgeht, von sich aus entsprechende Maßnahmen ergreift (EuGH NJW 2015, 3154 Rn. 65). Bereits dieser frühere Ansatz spricht daher gegen ein allzu weit gezogenes Verfahrensermessen. Dem steht auch die bisher ergangene nationale Rechtsprechung nicht entgegen (vgl. nur VGH München BeckRS 2008, 27521; VG Hannover Urt. v. 22.2.2010 – 10 A 3659/07). Die Entscheidungen befassen sich naturgemäß ausschließlich mit den subjektiven Rechtspostionen der Kläger, treffen aber keine Aussage über das Pflichtenprogramm einer Kontrollstelle (nunmehr Aufsichtsbehörde). Ferner spricht auch der unterschiedliche Wortlaut der Regelungen für ein beschränktes Verfahrensermessen. Die Vorgängerregelung in Art. 28 Abs. 4 RL 95/46/EG sah ein Eingaberecht vor. Rein sprachlich steht der Begriff der Eingabe tatsächlich in einem unmittelbaren Näheverhältnis zum Begriff der Petition. Der Begriff der Beschwerde geht hingegen über eine bloße Eingabe hinaus. Unter den Beschwerdebegriff fallen auch Rechtsbehelfe. Wie bereits oben erwähnt wurde, enthält die Beschwerde nach Art. 77 Elemente sowohl einer Petition als auch eines Widerspruches. Diese sprachliche Nuance sollte daher bei der Interpretation des aufsichtsbehördlichen Pflichtenprogramms nicht ausgeblendet werden. Auch der Unionsgesetzgeber geht offenbar von einer unmittelbaren Nähe von Beschwerde und Aufsichtsmaßnahmen aus. Im Erwägungsgrund 129 erwähnt er ausdrücklich, dass die Aufsichtsbehörden ihre Befugnisse insbesondere im Fall von Beschwerden natürlicher Personen ausüben werden. Auch dieser Punkt spricht für eine Beschränkung des **15**

Verfahrensermessens. Im Ergebnis ist davon auszugehen, dass eine Aufsichtsbehörde bei einer begründeten Beschwerde in aller Regel auch entsprechende Maßnahmen zu ergreifen hat. Stellt sie einen Verstoß gegen die Datenschutz-Grundverordnung fest, so hat sie auch entsprechende Maßnahmen zu ergreifen. Ihr Verfahrensermessen kann hier als intendiertes Ermessen angesehen werden, das atypischen Sachverhaltskonstellationen hinreichend Rechnung trägt. Einen ähnlichen Ansatz findet man hierzu in der jüngeren Rechtsprechung. Das VG Ansbach geht davon aus, dass zumindest ein Anspruch auf fehlerfreies Ermessen bestehe. Das OVG Hamburg scheint ebenfalls zwischen dem Pflichtenprogramm der Aufsichtsbehörde und den einklagbaren Rechtspositionen des Betroffenen zu unterscheiden (OVG Hamburg BeckRS 2019, 36126 Rn. 65). Das VG Wiesbaden geht von einem Einschreitermessen der Aufsichtsbehörde aus (VG WiesbadenBeckRS 2021, 17378 Rn. 31). Dieses Ermessen könne sich im Einzelfall auf Null reduzieren (VG Ansbach BeckRS 2019, 30069; kritisch hierzu: Will ZD 2020, 97 ff.). Dahingegen geht das SG Frankfurt (Oder) davon aus, dass grundsätzlich kein individueller Anspruch bestehe. Ähnlich bewertet dies das OVG Rheinland-Pfalz, das von einem petitionsähnlich ausgestalteten Recht ausgeht, das nur eingeschränkter richterlicher Kontrolle unterliege (OVG Rheinland-Pfalz ZD 2021, 446 (447)).

C. Verhältnis zu anderen Rechtsbehelfen/mögliche Praxisprobleme

16 Da das Beschwerdeverfahren neben anderen Rechtsbehelfen durchgeführt werden kann, stellen sich entsprechende Abgrenzungsfragen. Für die Praxis sollte zudem geklärt werden, wie im Einzelfall mit divergierenden Entscheidungen umgegangen wird.

I. Grundsatz

17 Das grundsätzliche Verhältnis des Beschwerdeverfahrens zu anderen Rechtsbehelfen ist bereits in Abs. 1 ausdrücklich verankert worden. Demnach hat eine betroffene Person ihr Beschwerderecht unbeschadet eines anderweitigen verwaltungsrechtlichen oder gerichtlichen Rechtsbehelfs. Diesen klaren Wortlaut zugrunde gelegt, löst sich das Abgrenzungsproblem nahezu auf. Generell besteht zwischen Beschwerdeverfahren und sämtlichen anderweitigen Rechtsbehelfen Parallelität. Zur Vermeidung etwaiger abweichender Entscheidungen wird bisher vor allem der enge Austausch der verschiedenen Stellen vorgeschlagen (Paal/Pauly/Körffer Rn. 9). Ob dies tatsächlich zu einer Vermeidung sich widersprechender Entscheidungen führen wird, bleibt abzuwarten. Nach dem klaren Wortlaut des Abs. 1 werden sich solche Entscheidungen jedenfalls auf Rechtsebene nicht vermeiden lassen.

II. Probleme bei konkurrierenden Gerichtsverfahren

18 Spezielle Probleme können vor allem bei parallel zum Beschwerdeverfahren laufenden Gerichtsverfahren entstehen. Neben einer Beschwerde nach Abs. 1 kann eine betroffene Person auch Klage nach Art. 79 erheben. Beide Verfahren können gerade im Falle schwieriger Tatsachen- bzw. Rechtsfragen naturgemäß unterschiedlich ausfallen. In einem gedachten Extremfall könnte eine betroffene Person etwa einen Verantwortlichen oder Auftragsverarbeiter nach Art. 79 verklagen und gleichzeitig Beschwerde erheben. Vor Gericht könnte sie dabei scheitern, während die Aufsichtsbehörde entsprechende Maßnahmen nach Art. 58 ergreifen würde. Der Verantwortliche müsste hierauf gegebenenfalls mit einer Klage nach Art. 78 reagieren. Zeitlich ist in einem mehrstufigen Instanzenzug dabei zudem denkbar, dass beide Klageverfahren im Ergebnis parallel laufen könnten (vgl. hierzu aber die Ausführungen zu Art. 81 → Art. 81 Rn. 1 ff.). Gerade in einem solchen Falle erscheint es nicht ganz fernliegend, dass die Gerichte mögliche Entscheidungen des jeweils anderen Gerichts abwarten werden oder zumindest eine inhaltliche Abstimmung versuchen werden. Dennoch bleibt es auch in diesem Zusammenhang bei selbstständig laufenden Verfahren. Eine Aussetzung sieht das geltende Verfahrensrecht weder für die Gerichte noch für die Aufsichtsbehörde vor. Die Gerichte müssten bei einer solchen Vorgehensweise zudem mit entsprechenden Verzögerungsrügen rechnen, während eine untätige Aufsichtsbehörde nach Art. 78 Abs. 2 verklagt werden kann. Zwar sind solche parallel laufenden Verfahren auch der bisherigen Rechtslage nicht fremd, dennoch führen sie in der Verfahrenspraxis zu enormen Rechtsunsicherheiten und einem gesteigerten Verfahrensaufwand. Rechtspolitisch wäre es daher wünschenswert gewesen, eine Verfahrensstraffung in das Rechtsschutzsystem aufzunehmen. Denkbar wären hierbei mögliche Verfahrensaussetzungen oder auch Zusammenführungen von Verfahren über den geltenden Art. 81 hinaus. Gerade die Seite der Verantwortlichen und Auftragsverarbeiter sieht sich hier dem Risiko ausgesetzt, mit mehreren Verfahren überzogen zu werden, die jeweils für sich ein Verfahrensrisiko mit sich bringen können. Zur Lösung dieser Problematik wird daher vorgeschlagen, dass die Aufsichtsbehörde bei ihrer Abhilfeentscheidung parallel laufende Verfahren entsprechend berücksichtigt. Verfahrensrechtlich könnte dies im Rahmen ihres Ermessens nach Art. 58 erfolgen. Dieser Ansatz ist für die Praxis grundsätzlich zu begrüßen. Die oben aufgezeigte Intendierung des Ermessens würde dem nicht entgegenstehen (→ Rn. 15). Laufende Parallelverfahren können hierbei als besondere Sachverhaltskonstellation angesehen werden, die ein Abweichen vom regelmäßigen Eingreifen der Aufsichtsbehörde zulässt.

III. Verhältnis zur wettbewerbsrechtlichen Abmahnung

In der Rechtspraxis stellt sich derzeit vermehrt die Frage, inwieweit datenschutzrechtliche Verstöße Gegenstand einer wettbewerbsrechtlichen Abmahnung sein können. Die Rechtsprechung ist in diesem Punkt eher uneinheitlich (für eine weiterhin bestehende Möglichkeit zur Abmahnung etwa: OLG Hamburg BeckRS 2018, 27136; LG Würzburg BeckRS 2018, 22735; dagegen: LG Bochum BeckRS 2018, 25219; LG Wiesbaden BeckRS 2018, 33343). Auch in der jüngeren Literatur zeigt sich kein einheitliches Bild (für einen Ausschluss einer wettbewerbsrechtlichen Abmahnung: Spittka GRUR-Prax 2019, 4 ff.; Baumgartner/Sitte ZD 2018, 555 ff.; hiergegen etwa: Wolff ZD 2018, 248 ff.). Die Systematik der datenschutzrechtlichen Vorgaben zum Rechtsschutz spricht eher dafür, dass diese ein – bis auf die ausdrücklich vorgesehenen Öffnungsmöglichkeiten – abgeschlossenes Rechtsschutzsystem enthalten (gegen diesen Ansatz: Schreiber/Schirmbacher GRUR-Prax 2021, 435). Die Art. 77–84 DS-GVO regeln umfassend die Durchsetzung der datenschutzrechtlichen Vorgaben. Vorgesehen ist ein differenziertes System des individuellen Rechtsschutzes, das durch Vorgaben zu Haftungs- und Sanktionsmöglichkeiten ergänzt wird. Eine Öffnungsklausel zugunsten weiterer rechtlicher Mittel, die nicht auf individuellen Rechtsschutz abzielen, findet sich lediglich in Art. 80 Abs. 2 DS-GVO. Es spricht daher viel dafür, dass der Gesetzgeber ein abschließendes Rechtsschutzregime schaffen wollte. **19**

Artikel 78 Recht auf wirksamen gerichtlichen Rechtsbehelf gegen eine Aufsichtsbehörde

(1) Jede natürliche oder juristische Person hat unbeschadet eines anderweitigen verwaltungsrechtlichen oder außergerichtlichen Rechtsbehelfs das Recht auf einen wirksamen gerichtlichen Rechtsbehelf gegen einen sie betreffenden rechtsverbindlichen Beschluss einer Aufsichtsbehörde.

(2) Jede betroffene Person hat unbeschadet eines anderweitigen verwaltungsrechtlichen oder außergerichtlichen Rechtbehelfs das Recht auf einen wirksamen gerichtlichen Rechtsbehelf, wenn die nach den Artikeln 55 und 56 zuständige Aufsichtsbehörde sich nicht mit einer Beschwerde befasst oder die betroffene Person nicht innerhalb von drei Monaten über den Stand oder das Ergebnis der gemäß Artikel 77 erhobenen Beschwerde in Kenntnis gesetzt hat.

(3) Für Verfahren gegen eine Aufsichtsbehörde sind die Gerichte des Mitgliedstaats zuständig, in dem die Aufsichtsbehörde ihren Sitz hat.

(4) Kommt es zu einem Verfahren gegen den Beschluss einer Aufsichtsbehörde, dem eine Stellungnahme oder ein Beschluss des Ausschusses im Rahmen des Kohärenzverfahrens vorangegangen ist, so leitet die Aufsichtsbehörde diese Stellungnahme oder diesen Beschluss dem Gericht zu.

Überblick

Die Vorschrift beinhaltet die grundlegenden Vorgaben für den gerichtlichen Rechtsschutz gegen die Aufsichtsbehörde. Ihr können zwei vollständig unabhängig voneinander bestehende Verfahren entnommen werden. Abs. 1 stellt dabei gewissermaßen die Grundnorm für den Rechtsschutz dar. Danach kann jeder Adressat Rechtsschutz gegen einen ihn betreffenden rechtsverbindlichen Beschluss einer Behörde erlangen (→ Rn. 1 ff.). Ein besonderes Klageverfahren beinhaltet hingegen Abs. 2. Die Regelung steht in unmittelbarem Zusammenhang mit dem Beschwerderecht in Art. 77 und stellt gewissermaßen dessen Ergänzung dar. Eine betroffene Person, die ihr Beschwerderecht entsprechend ausgeübt hat, kann sich über Abs. 2 gegen eine Untätigkeit der Aufsichtsbehörde zur Wehr setzen (→ Rn. 15 ff.). Die Norm enthält daher eine besondere Variante der Untätigkeitsklage, wie sie auch dem nationalen Prozessrecht bekannt ist. Wie sowohl

Abs. 1 als auch Abs. 2 klarstellen, bestehen die Klagemöglichkeiten unbeschadet weiterer verwaltungsgerichtlicher oder außergerichtlicher Rechtsbehelfe. Dem 143. Erwägungsgrund ist zudem zu entnehmen, dass die Verfahren im Einklang mit dem Verfahrensrecht der jeweiligen Mitgliedstaaten erfolgen sollen. Ein besonderes Problem bei der Rechtsanwendung stellt daher das Verhältnis zum nationalen Prozessrecht dar (→ Rn. 12 ff.). Abs. 3 beinhaltet für alle Verfahren gleichermaßen Vorgaben für die Zuständigkeit der Gerichte der Mitgliedstaaten für sämtliche Verfahren gegen eine Aufsichtsbehörde (→ Rn. 22 ff.). Der Besonderheit eines zuvor durchgeführten Kohärenzverfahrens trägt Abs. 4 Rechnung. Die Vorschrift enthält besondere Anforderungen für Prozesse, in denen ein Kohärenzverfahren vorausgegangen ist (→ Rn. 27).

Übersicht

	Rn.		Rn.
A. Rechtsbehelfe gegen einen Beschluss der Aufsichtsbehörde (Abs. 1)	1	II. Klagegegenstand	17
I. Verfahrensgegenstand	4	III. Klageziel	20
II. Verfahrensberechtigter	8	IV. Verhältnis zum nationalen Prozessrecht	21
III. Verhältnis zum nationalen Prozessrecht	12	**C. Zuständigkeit der Gerichte (Abs. 3)**	22
B. Rechtsbehelfe bei Untätigkeit einer Aufsichtsbehörde (Abs. 2)	15	**D. Besonderheiten bei zuvor durchgeführten Kohärenzverfahren (Abs. 4)**	27
I. Klageberechtigung	16	I. Pflicht zur Weiterleitung	28
		II. Bindungswirkung des Kohärenzbeschlusses	29

A. Rechtsbehelfe gegen einen Beschluss der Aufsichtsbehörde (Abs. 1)

1 Nach Art. 47 Abs. 1 der EU-Grundrechte-Charta hat jede Person, deren durch das Recht der Union garantierte Rechte oder Freiheiten verletzt worden sind, das Recht, einen wirksamen Rechtsbehelf bei einem Gericht einzulegen. Die Rechtsschutzgarantie entspricht weitgehend dem deutschen Art. 19 Abs. 4 GG und sichert einem Betroffenen den Zugang zu den Gerichten. Da die Aufsichtsbehörden im grundrechtsrelevanten Bereich agieren und die Unions-Grundrechte über Art. 51 Abs. 1 der Grundrechte-Charta entsprechend Anwendung finden, bedarf es auch bei der Umsetzung der Datenschutz-Grundverordnung einer entsprechenden Rechtsschutzgarantie. Ausdrücklich erkennt dieses Rechtsschutzerfordernis auch die Datenschutz-Grundverordnung selbst an. Nach Art. 58 Abs. 4 erfolgt die Ausübung der behördlichen Befugnisse „vorbehaltlich geeigneter Garantien einschließlich wirksamer gerichtlicher Rechtsbehelfe und ordnungsgemäßer Verfahren gem. dem Unionsrecht und dem Recht des Mitgliedstaates im Einklang mit der (Grundrechte-) Charta".

2 Den maßgeblichen Rechtsschutz gegen Maßnahmen der Aufsichtsbehörden enthält das Klagerecht aus Abs. 1. Soweit dieses etwaige Lücken lässt, lassen sich diese über das nationale Prozessrecht schließen. So wird in Abs. 1 ausdrücklich klargestellt, dass der Rechtsbehelf unbeschadet eines anderweitigen verwaltungsgerichtlichen oder außergerichtlichen Rechtsbehelfs besteht.

3 Der 143. Erwägungsgrund stellt zudem klar, dass Verfahren gegen die Aufsichtsbehörde im Einklang mit dem Verfahrensrecht der Mitgliedstaaten erfolgen. Für den Rechtsanwender bedeutet dies eine auch weiterhin mögliche Verfahrensweise nach den vertrauten Vorschriften des deutschen Verwaltungsprozessrechts. Hierbei sollte jedoch stets berücksichtigt werden, dass der Europäische Gerichtshof eine Anwendung der nationalen Verfahrensvorschriften stets im Lichte bestimmter Anforderungen einfordert (dazu sogleich → Rn. 13). Diese Grundsätze müssen in entsprechenden Verfahren daher stets berücksichtigt werden.

I. Verfahrensgegenstand

4 Verfahren nach Abs. 1 haben rechtsverbindliche Beschlüsse einer Aufsichtsbehörde zum Gegenstand. Zu denken sind hier zunächst an Beschlüsse iSd Art. 288 Abs. 4 AEUV. Dabei ist jedoch zu berücksichtigen, dass Beschlüsse nach dieser Norm immer Beschlüsse der Unionsorgane sind. Da es sich bei den Aufsichtsbehörden um nationale Einrichtungen handelt, kann der Begriff des Beschlusses daher allenfalls im übertragenen Sinne gesehen werden. Beschlüsse idS sind dabei vor allem mit den im deutschen Recht bekannten Verwaltungsakten vergleichbar (vgl. hierzu etwa: GHN AEUV Art. 288 Rn. 174 ff.). Sie richten sich, wie Art. 288 Abs. 4 AEUV ausführt, gegen bestimmte Adressaten und weisen eine in allen ihren Teilen bestehende Verbindlichkeit auf. Akte einer Aufsichtsbehörde, die auch nach deutschem Recht als Verwaltungsakte angesehen werden,

sind daher auch zulässige Verfahrensgegenstände Abs. 1 (Paal/Pauly/Körffer Rn. 3). Zu folgen ist dabei dem Ansatz in der Rechtsprechung, dass dies nur für solche Verfahren gilt, die vor dem Inkrafttreten der DSGVO abgeschlossen waren (VG Düsseldorf BeckRS 2021, 31372).

Der 143. Erwägungsgrund zählt darüber hinaus Handlungsformen einer Aufsichtsbehörde auf, **5** die als Beschlüsse iSd Abs. 1 angesehen werden sollen. Danach betrifft ein solcher Beschluss insbesondere „die Ausübung von Untersuchungs-, Abhilfe- und Genehmigungsbefugnissen durch die Aufsichtsbehörde oder die Ablehnung oder Abweisung von Beschwerden." Hingegen sollen rechtsunverbindliche Maßnahmen nicht erfasst werden. Der genannte Erwägungsgrund stellt ausdrücklich klar, dass „(d)as Recht auf einen wirksamen gerichtlichen Rechtsbehelf (…) jedoch nicht rechtlich nicht bindende Maßnahmen der Aufsichtsbehörde wie von ihr abgegebene Stellungnahmen oder Empfehlungen" umfasst. Den Ausführungen des Europäischen Gesetzgebers ist zu entnehmen, dass die Bestimmung des Klagegegenstandes sich vorrangig an dessen Rechtsverbindlichkeit auszurichten hat. Der 143. Erwägungsgrund stellt für die nicht dem Rechtsschutz zugänglichen Handlungsformen ausdrücklich auf deren Rechtsunverbindlichkeit ab. Zulässige Klagegegenstände können daher sämtliche rechtsverbindlichen Maßnahmen einer Aufsichtsbehörde sein. Unter rechtsverbindlich idS sollten nicht nur förmliche Akte verstanden werden, die einen regelnden Charakter besitzen, wie dies beim Verwaltungsakt etwa der Fall ist. Als rechtsverbindlich sind vielmehr sämtliche Handlungen anzusehen, die Auswirkungen auf die Rechte seines Adressaten haben können. Solche Auswirkungen sind auf allen Ebenen eines Verwaltungsverfahrens denkbar. So zählt der Erwägungsgrund auch sämtliche dieser Verfahrensstadien auf, indem er bei den Untersuchungsbefugnissen beginnt und die Aufzählung bei der Ablehnung von Beschwerden enden lässt. Klagegegenstand kann daher jede Maßnahme einer Aufsichtsbehörde sein, die Auswirkungen auf die Rechte der jeweiligen Adressaten haben kann (Paal/Pauly/Körffer Rn. 3). Hierbei werden vor allem Rechte aus der EU-Grundrechte-Charta und der Datenschutz-Grundverordnung in Betracht kommen. Denkbar sind darüber hinaus aber auch weitere subjektive Rechtspositionen, die dem Unionsrecht oder im Einzelfall auch dem nationalen Recht zu entnehmen sind. Orientiert werden kann sich bei der Bestimmung eines zulässigen Klagegegenstandes zudem an der Dogmatik, wie sie zu Art. 19 Abs. 4 GG entwickelt wurde (vgl. hierzu etwa BeckOK GG/ Enders GG Art. 19 Rn. 55 ff.).

Abs. 1 erfasst ausdrücklich lediglich Rechtsschutz gegen rechtsverbindliche Maßnahmen einer **6** Aufsichtsbehörde. Nicht erfasst werden hingegen Klagemöglichkeiten bei Untätigkeit der Aufsichtsbehörde oder bei Ablehnung von beantragten Beschlüssen. Bei letzterer Fallgruppe besteht Rechtsschutz über Abs. 1, soweit ein ablehnender Beschluss ergangen ist. Eine Klage auf Verpflichtung zum Erlass eines bestimmten Beschlusses wird dabei geführt, indem die Ablehnungsentscheidung angefochten wird (Paal/Pauly/Körffer Rn. 4). Eine solche isolierte Anfechtungsklage des Ablehnungsbescheides ist im deutschen Prozessrecht lediglich in wenigen Ausnahmekonstellationen anerkannt (vgl. hierzu etwa: BeckOK VwGO/Schmidt-Kötters VwGO § 42 Rn. 44 ff.). Im europäischen Prozessrecht stellt sie hingegen den Regelfall dar. Auch die Nichtigkeitsklage nach Art. 263 AEUV wird in einer eigentlich bestehenden Verpflichtungskonstellation herangezogen, indem eine Anfechtung des ablehnenden Beschlusses betrieben wird. Anders liegt der Fall hingegen bei einer echten Untätigkeit einer Aufsichtsbehörde. Eine Untätigkeitsklage, wie sie das deutsche Verfahrensrecht kennt, ist lediglich in Abs. 2 vorgesehen. Das Klagerecht beschränkt sich hier jedoch auf die Beschwerdefälle des Art. 77. Hinsichtlich einer behördlichen Untätigkeit enthält die Datenschutz-Grundverordnung daher keine abschließende Regelung. Da Abs. 1 die nationalen Rechtsschutzmöglichkeiten jedoch unberührt lässt, können diese herangezogen werden, um die Lücke zu schließen. So kann sich ein Betroffener im Wege der Verpflichtungsklage gegen eine Untätigkeit der Aufsichtsbehörde wenden, die in einem Unterlassen eines Verwaltungsaktes besteht. Wird eine Maßnahme begehrt, die ein schlichtes Verwaltungshandeln zum Gegenstand hat, greift die allgemeine Leistungsklage (Paal/Pauly/Körffer Rn. 4). Damit besteht mit der Zuhilfenahme der nationalen Verfahrensmöglichkeiten auch im Bereich der behördlichen Untätigkeit ein umfassender Rechtsschutz.

Das Klagerecht aus Abs. 1 kann auch gegen die Zurückweisung einer Beschwerde nach Art. 77 **7** herangezogen werden. Der 143. Erwägungsgrund benennt diese Klagemöglichkeit ausdrücklich, indem er die Ablehnung oder Abweisung von Beschwerden erwähnt. Eine solche Klage ist stets zur Untätigkeitsklage nach Abs. 2 abzugrenzen. Hat die Aufsichtsbehörde sich über den negativen Ausgang einer Beschwerde ausdrücklich gegenüber dem Beschwerdeführer geäußert, greift Abs. 1. Bleibt sie hingegen schlicht untätig, würde der Rechtsschutz über das Verfahren in Abs. 2 erfolgen. Problematisch werden hierbei Fälle einer informellen Verständigung einzuordnen sein, in denen ein Beschwerdeführer in nicht förmlicher Weise über den Verfahrensverlauf informiert wurde. In solchen Konstellationen wird stets eine Bewertung des Einzelfalles durchzuführen sein. Dabei dürfte es vor allem darauf ankommen, wie sicher die Ablehnung oder Abweisung einer Beschwerde bereits ist. Ob es sich bei einer solchen Ablehnung um einen Verwaltungsakt iSd deutschen Verwaltungsverfahrensrechts handelt, kann für das Bestehen des Klagerechts dahinstehen (vgl. hierzu die Darstellung bei Paal/Pauly/Körffer Rn. 5 unter Verweis auf die Rechtsprechung des VG Neustadt an der Weinstraße ZD 2016, 150). Da Abs. 1 ausdrücklich die Anfechtung eines Ablehnungsbescheides zulässt und dies, wie dargestellt wurde, auch dem üblichen europarechtlichen Verfahrenserfordernissen entspricht, liegt es nahe, eine Anfechtungsklage durchzuführen. Die Ablehnung oder Abweisung einer Beschwerde stellt einen rechtsverbindlichen Beschluss iSd Abs. 1 dar. Folgt man der oben beschriebenen Systematik dieser Norm, findet gegen einen solchen Ablehnungsbeschluss die Klage nach Abs. 1 Anwendung. Übertragen auf das deutsche Verfahrensrecht würde in dieser Konstellation eine isolierte Anfechtungsklage bzw. eine kombinierte Anfechtungs- und Verpflichtungsklage durchgeführt werden. Entgegen der zitierten Rechtsprechung des VG Neustadt an der Weinstraße dürfte es sich bei der Ablehnung einer Beschwerde nunmehr auch um einen Verwaltungsakt handeln. Wie bei den Ausführungen zu Art. 77 aufgezeigt wurde, beinhaltet das Beschwerderecht auch eine in gewissen Grenzen bestehende Handlungspflicht der Aufsichtsbehörden bzw. ein intendiertes Ermessen (→ Art. 77 Rn. 15). Damit steckt in jeder Ablehnung oder Abweisung einer Beschwerde immer auch eine regelnde Entscheidung über den Fortgang des weiteren Verfahrens. Mit dieser kann dann auch von der VA-Qualität einer solchen Entscheidung ausgegangen werden. Die der Entscheidung des VG Neustadt an der Weinstraße zugrundeliegenden Wertungen beziehen sich noch auf die Vorgängerregelungen der Datenschutz-Grundverordnung. Mit der Schaffung des nunmehr bestehenden Beschwerdeverfahrens in Art. 77 ist jedoch, wie beschrieben wurde, auch eine stärkere Rechtsverbindlichkeit des Beschwerdeverfahrens erreicht worden. Daher ist bei einer Ablehnungs- oder Abweisungsentscheidung von einem Verwaltungsakt auszugehen. Mit seiner Klage kann ein Beschwerdeführer dennoch kein bestimmtes behördliches Handeln erzwingen. Verlangt werden kann immer nur die ordnungsgemäße Ausübung des behördlichen Ermessens. Dabei ist der Aufsichtsbehörde einer weiter Einschätzungsspielraum zuzugestehen (vgl. VG Schwerin BeckRS 2021, 10038 Rn. 57). Eine Ermessensreduzierung auf Null kommt dabei allenfalls in wenigen Ausnahmekonstellationen in Betracht (Paal/Pauly/Körffer Rn. 5 mwN). Einen zu engen Ansatz verfolgen jedoch Entscheidungen, die jede inhaltliche Befassung mit der aufsichtsbehördlichen Entscheidung ablehnen und lediglich von einer Pflicht zur Befassung und anschließenden Unterrichtung ausgehen (OVG Koblenz ZD 2021, 446; FG Köln BeckRS 2021, 13378). Dieser Ansatz blendet aus, dass die Beschwerde bereits begrifflich eine Erweiterung zur Eingabe darstellt. Daher sollte die aufsichtsbehördliche Entscheidung zumindest hinsichtlich möglicher Ermessensfehler gerichtlich überprüfbar sein.

II. Verfahrensberechtigter

8 Der Kreis der Verfahrensberechtigten geht über den der Beschwerdeberechtigten in Art. 77 hinaus. Demnach können nach dem 143. Erwägungsgrund neben den natürlichen auch juristische Personen Klage gegen einen Beschluss der Aufsichtsbehörde erheben. Da zum Kreis aufsichtsbehördlicher Beschlüsse nach Art. 4 Nr. 7 und 8 auch Behörden zählen, sind auch diese befugt, gegen sie betreffende Beschlüsse der Aufsichtsbehörde Klagen nach Abs. 1 zu erheben (Paal/Pauly/Körffer Rn. 2).

9 Von einem Beschluss der Aufsichtsbehörde betroffen, sind zunächst alle Adressaten einer belastenden Entscheidung der Aufsichtsbehörde. Hierzu zählt zunächst die klassische Form der Eingriffsverwaltung. Gemeint sind dabei die Konstellationen, in denen die Aufsichtsbehörde gegenüber Verantwortlichen oder Auftragsverarbeitern von restriktiven Befugnissen Gebrauch macht. Eine Klage können diese aber auch dann erheben, wenn die Aufsichtsbehörde beantragte begünstigende Entscheidungen per Beschluss zurückweist (hierzu bereits → Rn. 6).

10 Klageberechtigt iSd Abs. 1 können aber auch alle von einer Genehmigung nachteilig betroffenen Dritten sein. Eine Drittanfechtung kann grundsätzlich auf den Begriff der Betroffenheit gestützt werden. Dem Europarecht ist eine Drittwirkung von Rechtsakten und Rechtsnormen von jeher bekannt (vgl. bereits zur Drittwirkung von Richtlinien EuGH, NVwZ 2004, 593 – Wells). So wird eine Drittanfechtung insbesondere bei der Nichtigkeitsklage nach Art. 263 AEUV explizit anerkannt (vgl. EuG BeckRS 9998, 155807 – Hamburger Hafen- und Lagerhaus Aktiengesellschaft). Zur Begründung der Drittbetroffenheit wird hierbei verlangt, dass es sich bei der rechtlichen Betroffenheit nicht lediglich um bloße Rechtsnachteile handelt (zum Begriff EuGH NVwZ 2004, 593 – Wells Rn. 57). Ein Drittbetroffener muss vielmehr unmittelbar in seinen eigenen rechtlichen Interessen berührt und unmittelbar und individuell betroffen sein. Ob hierbei auf die im deutschen Prozessrecht verankerte Klagebefugnis nach § 42 Abs. 2 VwGO zurückge-

griffen werden kann, ist derzeit nicht eindeutig zu beantworten (so etwa Paal/Pauly/Körffer Rn. 6). So liegt dem europäischen Prozessrecht, anders als dies im deutschen Recht der Fall ist, eine Interessenklage zugrunde, die gerade nicht an ein subjektives Recht anknüpft (vgl. vertiefend zu dieser Problematik: BeckOK VwGO/Schmidt-Kötters VwGO § 42 Rn. 165 ff.). Andererseits stellt der 143. Erwägungsgrund klar, dass der Rechtsschutz im Einklang mit dem Verfahrensrecht der Mitgliedstaaten erfolgen soll. Welche Form der Klagebefugnis sich hier am Ende durchsetzen wird, ist zumindest für die Rechtspraxis abschließend nur durch den Europäischen Gerichtshof zu beantworten. Folgt man dem ausdrücklichen Wortlaut des 143. Erwägungsgrundes, liegt eine Klagebefugnis iSd § 42 Abs. 2 VwGO näher.

Klagebefugt sind nach den Ausführungen des Unionsgesetzgebers ferner auch die Beschwerdeführer nach Art. 77, deren Beschwerde für sie nachteilig durch die Aufsichtsbehörde beschieden wurde (Paal/Pauly/Körffer Rn. 6; auch → Rn. 7). **11**

III. Verhältnis zum nationalen Prozessrecht

Das Verhältnis zum nationalen Prozessrecht ist von zwei Grundaussagen der Datenschutz-Grundverordnung geprägt: So bestehen die Rechtsbehelfe nach Abs. 1 und 2 einerseits unbeschadet weiterer verwaltungsrechtlicher sowie außergerichtlicher Rechtsbehelfe. Anderseits ist dem bereits genannten 143. Erwägungsgrund eine Integration in das nationale Prozessrecht zu entnehmen, wenn dieser von einem „Einklang mit dem Verfahrensrecht (des) Mitgliedstaates" ausgeht. Im Wortlaut angelegt ist daher sowohl eine verfahrensrechtliche Parallelität als auch eine Verbindung von europäischen und nationalen Verfahrensvorschriften. Für Letztere sind die Vorgaben der Datenschutz-Grundverordnung als ein verfahrensrechtlicher Mindeststandard anzusehen, der rechtstechnisch über die nationalen Verfahrensvorschriften umzusetzen ist. Legt man den Wortlaut des Erwägungsgrundes zugrunde, so spricht jedenfalls für den Regelfall vieles für diesen Ansatz. Praktisch dürften sich die meisten prozessualen Konstellationen ohnehin auch ohne die Vorgaben der Datenschutz-Grundverordnung bereits in das bestehende Rechtsschutzsystem der Verwaltungsgerichtsordnung einfügen. Daher kann der Rechtsanwender im nationalen Recht zunächst in einem ersten Auslegungsschritt auf die Vorgaben des innerstaatlichen Prozessrechts zurückgreifen. In einem zweiten Schritt ist sodann abzugleichen, ob diese Rechtsanwendung möglicherweise mit den Vorgaben des Art. 78 im Widerspruch steht. In diesem Falle wäre die Auslegung entsprechend europarechtskonform zu korrigieren. Sollte eine solche Auslegung am klaren Wortlaut des nationalen Rechts scheitern, setzt sich im Wege des Anwendungsvorranges im Ergebnis dann das europäische Recht durch (vgl. Callies/Ruffert AEUV Art. 1 Rn. 19 ff.). **12**

Wird Unionsrecht durch den nationalen Rechtsanwender vollzogen, hat der Europäische Gerichtshof zudem Anforderungen entwickelt, die einem solchen Vollzug zugrunde zu legen sind. Diese Anforderungen sind als allgemeine Grundsätze des Europarechts auch iRd Anwendung der Datenschutz-Grundverordnung zu berücksichtigen. Jede Auslegung der nationalen Verfahrensvorschriften hat sich daher auch an diesen Grundsätzen zu orientieren. Nach ständiger Rechtsprechung des Europäischen Gerichtshofs müssen sich die Mitgliedstaaten bei der Umsetzung des Unionsrechts mittels nationaler Verwaltungs- bzw. verwaltungsgerichtlicher Verfahren von den Grundsätzen der Äquivalenz sowie der Effektivität leiten lassen (vgl. nur EuGH NJW 1984, 2024 – Deutsche Milchkontor Rn. 22 f.; EuGH BeckRS 9998, 91840 – Alcan Deutschland; EuGH BeckEuRS 1990, 165310 – Tafelwein; EuGH EuZW 2004, 215 – Kühne & Heitz). Äquivalenz bedeutet hierbei die völlige Gleichbehandlung mit gleich gelagerten nationalen Sachverhalten. Da eine solche Gleichbehandlung leicht zu erkennen ist, dürfte dieser Grundsatz in der Rechtspraxis kaum Schwierigkeiten bereiten. Anders liegt dies beim stark auslegungs- und wertungsbedürftigen Grundsatz der Effektivität. Das Prinzip verlangt eine möglichst effektive Rechtsanwendung. Dabei sollen die Verfahrensvorschriften so ausgelegt werden, dass sie einen größtmöglich effektiven Vollzug gewährleisten. Betrachtet man hierbei die bisher vom Europäischen Gerichtshof entschiedenen Fälle, so kann dies iZw zur Unanwendbarkeit zentraler Verfahrensvorschriften führen. So lässt die Rechtsprechung über einen effektiven Vollzug im deutschen Recht etwa die im Recht bestehende Bestandskraft von Verwaltungsakten entfallen (vgl. EuGH EuZW 2004, 215 – Kühne & Heitz) oder modifiziert die Vorgaben für den einstweiligen Rechtsschutz (vgl. EuGH NVwZ 1991, 460 – Süderdithmarschen). Im Ergebnis führt dies für die Rechtspraxis zu der schwierigen Auslegungsfrage, ob eine Anwendung nationaler Verfahrensvorschriften im jeweiligen Einzelfall gegebenenfalls einem effektiven Vollzug der Datenschutz-Grundverordnung widerspricht. Prozessparteien werden dieses Argument in aller Regel heranziehen, um einen entsprechenden Verfahrensverlauf für sie zu begründen. Im Kern wird sich dieses Problem vor allem bei der Begründung der **13**

Klagebefugnis stellen, aber letztlich auch bei Fragen von Fristeinhaltung und Formerfordernissen stellen.

14 Bereits in den vorausgehenden Ausführungen wurde die Problematik der Klagebefugnis angesprochen (→ Rn. 10). Stützt man die Klagebefugnis auf § 42 Abs. 2 VwGO, so stellt sich auch hier die Frage nach der Effektivität einer solchen Rechtsanwendung. Mit den obigen Ausführungen darf das Erfordernis einer möglichen Rechtsverletzung nicht dazu führen, dass ein effektiver Vollzug der Datenschutz-Grundverordnung unmöglich gemacht wird. Hier hat über die Anwendung der Möglichkeitstheorie hinaus eine Gesamtwürdigung stattzufinden, die sich maßgeblich am Effektivitätsgrundsatz zu orientieren hat. Im Einzelfall kann dies zu einer Herabsetzung der prozessualen Anforderungen führen. Wie dies bereits in Teilen des Umweltrechts erfolgt ist (vgl. BVerwG NVwZ 2014, 64) wären die Begriffe des subjektiven Rechts bzw. der möglichen Rechtsbeeinträchtigung entsprechend weit auszulegen. Als äußerste Auslegungsgrenze kann sich dabei an den Grundsätzen der europarechtlichen Interessenklage orientiert werden (vgl. hierzu EuGH EuZW 2014, 22). Liegen sowohl die Voraussetzungen des § 42 Abs. 2 VwGO als auch die des Art. 263 Abs. 4 AEUV nicht vor, ist auch im Lichte des Effektivitätsgrundsatzes nicht vom Bestehen einer Klagebefugnis auszugehen.

B. Rechtsbehelfe bei Untätigkeit einer Aufsichtsbehörde (Abs. 2)

15 Mit Abs. 2 enthält die DS-GVO eine besondere Variante der Untätigkeitsklage. IW sind die verfahrensrechtlichen Anforderungen, von wenigen Abweichungen abgesehen, deckungsgleich mit denen in § 75 VwGO (Paal/Pauly/Körffer Rn. 10). Der Verordnungstext sieht zwei Verfahrensvarianten vor: In Variante 1 weigert sich die Aufsichtsbehörde, sich mit der Beschwerde zu befassen, während sie in der 2. Variante schlicht untätig bleibt. Den Fall der inhaltlichen Zurückweisung einer Beschwerde durch die Aufsichtsbehörde enthält Abs. 2 hingegen nicht. Wird die Beschwerde aus inhaltlichen Gründen zurückgewiesen, greift das Klagerecht aus Abs. 1 (→ Rn. 11).

I. Klageberechtigung

16 Eine besondere Klagebefugnis besteht nicht. Der Kläger muss lediglich eine Beschwerde iSd Art. 77 erhoben haben. Ob diese zulässigerweise erhoben wurde, spielt dabei lediglich für die 1. Variante eine Rolle. Gemeint sind dabei die Fälle, in denen die Aufsichtsbehörde die Beschwerde ohne eine inhaltliche Auseinandersetzung wegen Missbräuchlichkeit iSd Art. 57 Abs. 4 zurückweist. Gegen einen solchen Zurückweisungsbeschluss steht einem Beschwerdeführer das Klagerecht aus der 1. Variante zu (Paal/Pauly/Körffer Rn. 8). Nach den Vorgaben des Art. 57 Abs. 4 trägt die Aufsichtsbehörde in diesem Verfahren die Beweislast für die missbräuchliche Inanspruchnahme des Beschwerderechts. In der 2. Variante ist eine mögliche unzulässige Ausübung des Beschwerderechts hingegen vollkommen irrelevant. Die Klage stützt sich hier auf eine bloße Untätigkeit der Aufsichtsbehörde. Dieser ist es auch bei missbräuchlichen Beschwerden zuzumuten, innerhalb eines Zeitraums von drei Monaten die Beschwerde zurückzuweisen. Dies entspricht zudem auch der Wertung des Art. 57 Abs. 4. Die Aufsichtsbehörde trägt demnach die Beweislast für den offenkundig unbegründeten oder exzessiven Charakter der Anfrage. Sie hat daher im Rahmen eines Zurückweisungsbeschlusses auch die entsprechenden Gründe aufzuzeigen.

II. Klagegegenstand

17 Klagegegenstand ist allgemein eine Untätigkeit der nach Art. 55 und 56 zuständigen Aufsichtsbehörde. In welcher Form diese untätig sein kann, bilden die beiden Varianten ab.

18 Variante 1 stellt darauf ab, dass sich die Aufsichtsbehörde nicht mit der Beschwerde befasst. Da die bloße Untätigkeit bereits von der 2. Variante erfasst wird, muss dem Beschwerdeführer die Weigerung einer inhaltlichen Auseinandersetzung zur Kenntnis gelangt sein. Die Aufsichtsbehörde muss dabei zum Ausdruck gebracht haben, sich inhaltlich nicht mit der Beschwerde auseinanderzusetzen (Paal/Pauly/Körffer Rn. 8). Ob die Zurückweisung in einem förmlichen Beschluss erfolgt oder dem Beschwerdeführer anderweitig bekannt wird, ist dabei unerheblich. Bloße Vermutungen eines Beschwerdeführers reichen hingegen nicht aus. Besteht ein bloßer Verdacht der Verweigerung einer inhaltlichen Prüfung, ist der Beschwerdeführer auf das Klagerecht aus der 2. Variante verwiesen.

19 In der zweiten Variante wird eine bloße Untätigkeit der Aufsichtsbehörde verlangt. Der Beschwerdeführer wurde dabei von der Aufsichtsbehörde weder über den Verfahrensstand noch über den Verfahrensausgang informiert (vgl. SG Frankfurt (Oder) BeckRS 2019, 30859).

III. Klageziel

Das verfolgbare Klageziel beider Verfahrensvarianten ist auf ein Tätigwerden der jeweiligen 20
Aufsichtsbehörde gerichtet. Eine bestimmte Handlung der Aufsichtsbehörde kann hingegen nicht
eingeklagt werden. Dies ergibt sich bereits aus dem klaren Wortlaut des Abs. 2. In der Variante 1
knüpft das Klagerecht an ein fehlendes Befassen mit der Beschwerde an. Variante 2 stellt auf eine
fehlende Mitteilung über den Stand des Verfahrens oder dessen Ergebnis ab. Die Klage kann hier
denklogisch nicht mehr verfolgen, als ein Abstellen des behördlichen Fehlverhaltens, das ihr
zugrunde liegt. Da dieses allein in einem fehlenden Tätigwerden besteht, kann im Umkehrschluss
auch nur ein solches eingeklagt werden. Dies deckt sich zudem mit dem Charakter des Beschwerderechts
(→ Art. 77 Rn. 13 ff.). So läuft das Beschwerderecht auf eine bloße Befassungspflicht
der Aufsichtsbehörden hinaus. Dieser obliegt zwar auch eine gewisse Handlungspflicht im Rahmen
ihres Ermessens, einklagbar ist ein bestimmtes aufsichtsbehördliches Vorgehen jedoch nicht. Hier
ist das Beschwerderecht tatsächlich eher als besonderes Petitionsrecht anzusehen. Ein über die
bloße Befassung hinausgehender Rechtsschutz kann daher allenfalls über das parallel anzuwendende
nationale Prozessrecht erfolgen.

IV. Verhältnis zum nationalen Prozessrecht

Die Klagemöglichkeiten nach Abs. 2 bestehen unabhängig weiterer verwaltungsgerichtlicher 21
oder außergerichtlicher Rechtsbehelfe. Neben den hier beschriebenen Varianten von Untätigkeitsklagen
steht einem Beschwerdeführer auch das Instrumentarium des nationalen Prozessrechts zu.
In Betracht kommen hier vor allem die Untätigkeitsklage nach § 75 VwGO sowie auch die
allgemeine Leistungsklage. Für einen Rechtsschutzsuchenden wird es darauf ankommen, welcher
Rechtsbehelf ihn in der jeweiligen Fallkonstellation am schnellsten zu seinem Recht kommen
lässt. Einen Vorteil bietet die Untätigkeitsklage dann, wenn ein Fall des § 75 S. 2 2. Alt. VwGO
vorliegt. In dieser Konstellation ist eine Untätigkeitsklage bereits vor Ablauf der dreimonatigen
Frist möglich. Liegen besondere Gründe idS nicht vor, bleibt es sowohl bei Abs. 2 als auch bei
§ 75 VwGO bei einer dreimonatigen Frist. Andererseits ist bei einer Untätigkeitsklage jedoch zu
berücksichtigen, dass die Aufsichtsbehörde bei einem zureichenden Grund eine Aussetzung des
Verfahrens erreichen kann, um innerhalb einer gerichtlichen Frist dann entscheiden zu können.
Stützt sich ein Kläger auf die Untätigkeitsklage ist zudem zu beachten, dass dieser gegebenenfalls
zuvor ein Widerspruchsverfahren durchlaufen muss (zum Ganzen: Paal/Pauly/Körffer Rn. 10).

C. Zuständigkeit der Gerichte (Abs. 3)

Abs. 3 enthält eine gesetzgeberische Klarstellung über die Zuständigkeit der Gerichte bei Ver- 22
fahren gegen eine Aufsichtsbehörde. Demnach sind stets die Gerichte desjenigen Mitgliedstaates
zuständig, in dem die Aufsichtsbehörde ihren Sitz hat. Wie dem 143. Erwägungsgrund zu entnehmen
ist, sollen Verfahren gegen die Aufsichtsbehörden sowohl zuständigkeitshalber als auch prozedural
in und nach dem Verfahrensrecht ihres jeweiligen Mitgliedstaates erfolgen.

Da es Art. 51 Abs. 1 den Mitgliedstaaten belässt, eine oder mehrere Aufsichtsbehörden einzu- 23
richten, stellt sich die Frage nach der Zuständigkeit der Gerichte innerhalb eines Mitgliedstaates.
Hier kann man sich zunächst an den Aussagen im 143. Erwägungsgrund orientieren. Danach
werden die Klageverfahren im Einklang mit dem jeweiligen nationalen Prozessrecht durchgeführt.
Zu diesen Verfahrensvorschriften zählen auch die Regelungen über die Zuständigkeit. Innerstaatlich
ist die örtliche und sachliche Zuständigkeit daher nach den Vorgaben des jeweiligen Verwaltungsprozessrechts
zu bestimmen.

Um eine einheitliche Rechtsanwendung zwischen den Mitgliedstaaten aber auch innerhalb 24
der Mitgliedstaaten sicherzustellen, verweist der 143. Erwägungsgrund auf ein möglicherweise
durchzuführendes Vorabentscheidungsverfahren nach Art. 267 AEUV. Treten Auslegungsfragen in
einem laufenden Gerichtsverfahren auf, können die nationalen Gerichte das Verfahren aussetzen
und die strittigen Auslegungsfragen dem Europäischen Gerichtshof zur Klärung vorlegen. Handelt
es sich bei den nationalen Gerichtsverfahren um solche, deren Verfahrensausgang nicht mehr mit
Rechtsmitteln angegriffen werden kann, verdichtet sich das Vorlagerecht zu einer Vorlagepflicht
(vgl. Art. 267 Abs. 3 AEUV). In Einzelfällen hat der Europäische Gerichtshof darüber hinaus auch
eine Vorlagepflicht für die Vorinstanzen anerkannt (vgl. EuGH NJW 1988, 1451 – Foto-Frost).
Treten in einem Gerichtsverfahren gegen eine Aufsichtsbehörde daher entsprechende Auslegungsschwierigkeiten
auf, werden sowohl das Gericht als auch die Prozessbeteiligten die Voraussetzungen
für ein Vorabentscheidungsverfahren zu prüfen haben. Liegen die grundsätzlichen Voraussetzungen
einer Vorlage vor, lässt der Europäische Gerichtshof lediglich für einen engen Ausnahmebereich

ein Abweichen von der Vorlagepflicht zu (sog. „acte claire", vgl. BeckEuRS 1982, 97970 – C.I.L.F.I.T). Verweigert hingegen ein nationales Gericht eine Vorlage an den Europäischen Gerichtshof, können dies die Prozessparteien entsprechend rügen. Nach stRspr des Bundesverfassungsgerichts ist der Europäische Gerichtshof gesetzlicher Richter iSd Art. 101 Abs. 1 GG (vgl. BVerfG EuZW 2010, 828). Einem Gericht ist es bei Vorliegen der Voraussetzungen des Art. 267 AEUV daher verwehrt, den Prozessparteien diesen gesetzlichen Richter zu entziehen, indem es eine Auslegungsfrage nicht vorlegt.

25 Zuständigkeitsfragen ergeben sich zudem, wenn an einem Verfahren mehrere Aufsichtsbehörden beteiligt sind. In Betracht kommt dies vor allem in den Konstellationen, in denen eine federführende und eine oder mehrere betroffene Aufsichtsbehörden beteiligt sind. Wie in diesen Konstellationen zu verfahren ist, regelt Art. 60 in seinen Abs. 7 und 8. Danach erlässt die federführende Aufsichtsbehörde auch den Beschluss und teilt dies den anderen Beteiligten mit. Eine Klage gegen diesen Beschluss erfolgt dann beim für diese Aufsichtsbehörde zuständigen Gericht. Anders liegt dies bei einer negativ beschiedenen Beschwerde. Nach Art. 60 Abs. 8 erlässt in diesem Falle die Aufsichtsbehörde, bei der die Beschwerde eingereicht wurde, den Beschluss. In dieser Konstellation muss die Klage dann auch gegen diese Aufsichtsbehörde beim für sie zuständigen Gericht erhoben werden (Paal/Pauly/Körffer Rn. 14 f.).

26 Für Verfahren nach Abs. 2 ist die Klage bei dem für die untätige Aufsichtsbehörde zuständigen Gericht zu erheben (aA Paal/Pauly/Körffer Rn. 16, die eine Klage gegen die zuständige Aufsichtsbehörde verlangt). Eine Klageerhebung gegen die eigentlich zuständige Aufsichtsbehörde ist hingegen nicht erforderlich. Die Klage nach Abs. 2 knüpft allein an die jeweilige Variante der Untätigkeit an. Untätig kann dabei grundsätzlich auch jede eigentlich unzuständige Aufsichtsbehörde sein, da diese zumindest ihre Untätigkeit feststellen muss. Darüber hinaus kann sich ein Beschwerdeführer nach Art. 77 Abs. 1 ohnehin an jedwede Aufsichtsbehörde seiner Wahl wenden (→ Art. 77 Rn. 9), womit sich Zuständigkeitsfragen diesbezüglich in nur sehr begrenzten Fallkonstellationen überhaupt stellen werden. Ferner dürfte bei einem Rechtsmittel gegen eine bisher nicht mit der Beschwerde befassten Aufsichtsbehörde keine Untätigkeit iSd Abs. 2 vorliegen.

D. Besonderheiten bei zuvor durchgeführten Kohärenzverfahren (Abs. 4)

27 Abs. 4 regelt besondere Verfahrensfragen für den Fall eines vorausgegangenen Kohärenzverfahrens. Ausgangspunkt einer solchen Verfahrenskonstellation ist der Beschluss einer Aufsichtsbehörde. Diesem Beschluss liegt jedoch, anders als dies bei üblichen Verfahren der Fall ist, ein vorausgehender Beschluss des Ausschusses iRd Kohärenzverfahrens zugrunde. Abs. 4 enthält nun eine ausdrückliche Pflicht zur Weiterleitung dieses Beschlusses an das befasste Gericht. Über diese bloße Weiterleitungspflicht hinaus ist dem 143. Erwägungsgrund jedoch zu entnehmen, dass neben der rein formalen Weiterleitung auch eine mögliche Bindungswirkung des Kohärenzbeschlusses zu prüfen ist. Daneben stellen sich auch prozessuale Fragen, die bei Zweifeln über die Rechtmäßigkeit des zugrunde liegenden Kohärenzbeschlusses entstehen können. Der 143. Erwägungsgrund macht hierzu umfassende Ausführungen.

I. Pflicht zur Weiterleitung

28 Zunächst enthält Abs. 4 eine rein formale Pflicht zur Weiterleitung. Die Aufsichtsbehörde muss den ergangenen Kohärenzbeschluss an das Gericht weiterleiten. Damit soll sichergestellt werden, dass das Gericht zunächst Kenntnis über den Inhalt des Kohärenzbeschlusses erhält. Darüber hinaus stellt Abs. 4 aber auch die Bindungswirkung dieses Beschlusses sicher. Folgt man den Ausführungen des 143. Erwägungsgrundes, soll die Regelung aber auch die Zuständigkeitsverteilung zwischen dem Europäischen Gerichtshof und den nationalen Gerichten regeln. Rechtsschutz gegen einen Beschluss des Ausschusses im Kohärenzverfahren kann nur der Europäische Gerichtshof gewähren. Gegen einen solchen Beschluss müsste ein unmittelbar und individuell Betroffener Nichtigkeitsklage nach Art. 263 AEUV erheben. Hiervon zu trennen ist der Beschluss der Aufsichtsbehörde. Gegen diesen findet der beschriebene Rechtsbehelf vor den nationalen Gerichten Anwendung. Abs. 4 dient dazu, diesen zweistufigen Rechtsschutz zusammenzuführen. Der Beschluss im Kohärenzverfahren entwickelt damit eine Vorgreiflichkeit für das Verfahren gegen die Aufsichtsbehörde.

II. Bindungswirkung des Kohärenzbeschlusses

29 Liegt dem angegriffenen Beschluss einer Aufsichtsbehörde ein Beschluss im Kohärenzverfahren zugrunde, darf das nationale Gericht diesen grundsätzlich nicht selbst verwerfen (vgl. 143. Erwägungsgrund). Es muss vielmehr das Verfahren aussetzen und eine Gültigkeitsprüfung im Rahmen

eines Vorabentscheidungsverfahrens nach Art. 267 Abs. 1 lit. b AEUV durchführen. Allein dem Europäischen Gerichtshof steht hinsichtlich dieses Beschlusses die Verwerfungskompetenz zu. Dies entspricht der Kompetenzverteilung der europäischen Verträge. Der Beschluss des Ausschusses stellt einen Unionsrechtsakt dar. Als solcher obliegt es auch allein der Unionsgerichtsbarkeit, über seine Gültigkeit zu befinden.

Eine besondere prozessuale Schwierigkeit entsteht, wenn ein Kläger gegen den Beschluss einer **30** Aufsichtsbehörde vorgeht, den Kohärenzbeschluss jedoch nicht anficht. In dieser Konstellation kommt es darauf an, ob dieser Kläger auch eine Nichtigkeitsklage gegen den Kohärenzbeschluss hätte erheben können. Hier wird sich vor allem die Frage stellen, ob dieser Kläger klagebefugt iSd Art. 263 Abs. 4 AEUV gewesen wäre. Hat eine solche Klagemöglichkeit tatsächlich bestanden, blieb aber ungenutzt, ist die Durchführung des Vorabentscheidungsverfahrens durch das nationale Gericht unzulässig. Der Inhalt des Kohärenzbeschlusses ist also auch bei rechtlichen Zweifeln für das entscheidende Gericht verbindlich. Diese im 143. Erwägungsgrund aufgezeigte „Bestandskraft" des Kohärenzbeschlusses ist an die bereits in anderen Rechtsmaterien bekannte Rechtsprechung des Europäischen Gerichtshofs angelehnt (vgl. EuGH EuZW 1994, 250 – Textilwerke Deggendorf). Eine unterlassene Nichtigkeitsklage soll dabei nicht über ein späteres Vorabentscheidungsverfahren umgangen werden können. Geschützt wird über diesen Ansatz vor allem die Klagefrist des Art. 263 Abs. 6 AEUV und die damit einhergehende „Bestandskraft" der entsprechenden Beschlüsse.

Für Parteien eines möglichen späteren Rechtsstreites gegen eine Aufsichtsbehörde bedeutet **31** dies, eine deutlich erhöhte prozessuale Sorgfalt zu wahren. Bereits vor Erlass des eigentlichen Beschlusses der Aufsichtsbehörde muss sich eine Partei über die Durchführung und den Ausgang des Kohärenzverfahrens informieren. Erlangt sie entsprechende Kenntnis, muss sie sodann innerhalb der Frist des Art. 263 Abs. 6 AEUV prüfen, ob sie von der Entscheidung unmittelbar und individuell betroffen ist. Da die Bestimmung der Reichweite dieser unbestimmten Rechtsbegriffe ebenfalls mit erheblichen Auslegungsunsicherheiten verbunden ist (vgl. nur Streinz/Ehricke AEUV Art. 263 Rn. 57 ff.), dürfte es in der Rechtspraxis zu häufigen vorsorglich erhobenen Nichtigkeitsklagen gegen Beschlüsse im Kohärenzverfahren kommen. Dies wird sich jedoch nicht vermeiden lassen, wenn eine Partei ihre späteren Rechtsschutzmöglichkeiten erhalten möchte. Abhilfe könnte hier allenfalls eine Regelung des europäischen Gesetzgebers bringen, mit der derzeit nicht gerechnet werden kann.

Artikel 79 Recht auf wirksamen gerichtlichen Rechtsbehelf gegen Verantwortliche oder Auftragsverarbeiter

(1) Jede betroffene Person hat unbeschadet eines verfügbaren verwaltungsrechtlichen oder außergerichtlichen Rechtsbehelfs einschließlich des Rechts auf Beschwerde bei einer Aufsichtsbehörde gemäß Artikel 77 das Recht auf einen wirksamen gerichtlichen Rechtsbehelf, wenn sie der Ansicht ist, dass die ihr aufgrund dieser Verordnung zustehenden Rechte infolge einer nicht im Einklang mit dieser Verordnung stehenden Verarbeitung ihrer personenbezogenen Daten verletzt wurden.

(2) ¹Für Klagen gegen einen Verantwortlichen oder gegen einen Auftragsverarbeiter sind die Gerichte des Mitgliedstaats zuständig, in dem der Verantwortliche oder der Auftragsverarbeiter eine Niederlassung hat. ²Wahlweise können solche Klagen auch bei den Gerichten des Mitgliedstaats erhoben werden, in dem die betroffene Person ihren gewöhnlichen Aufenthaltsort hat, es sei denn, es handelt sich bei dem Verantwortlichen oder dem Auftragsverarbeiter um eine Behörde eines Mitgliedstaats, die in Ausübung ihrer hoheitlichen Befugnisse tätig geworden ist.

Überblick

Die Vorschrift bettet sich in das Rechtsschutzsystem der Datenschutz-Grundverordnung ein und ergänzt diese um einen unmittelbaren Rechtsbehelf gegen Verantwortliche und Auftragsverarbeiter. Bereits die Vorgängervorschrift sah einen ähnlichen gerichtlichen Rechtsbehelf vor. So sollten die Mitgliedstaaten nach Art. 22 RL/95/46/EG Regelungen schaffen, nach denen eine Person entsprechende Rechtsbehelfe einlegen kann. Die heutige Fassung des Art. 79 knüpft an diesen allgemeinen Grundsatz an und baut diesen zu einer eigenen, unmittelbar in den Mitgliedstaaten geltenden, Rechtsschutzgarantie aus. Damit ergänzt sie auch das Rechtsschutzinstrumentarium, das einer betroffenen Person über die Art. 77 und 78 bereits eingeräumt ist. So kann eine betroffene Person möglichen Rechtsverletzungen unter Zuhilfenahme der Aufsichtsbehörden begegnen, wobei über Art. 78 auch ein weiterführendes gerichtliches Vorgehen möglich ist. Daneben kann sie sich aber auch direkt gegen eine Rechtsverletzung zur Wehr setzen, indem sie die Klage nach Art. 79 erhebt. Die verschiedenen Rechtsbehelfe stehen dabei nicht in einem Alternativverhältnis, sondern können auch parallel erhoben werden. Im Einzelfällen kann dies dazu führen, dass derselbe Datenverarbeitungsvorgang in zwei parallel verlaufenen Verfahren thematisiert wird (→ Art. 81 Rn. 1). Art. 79 beinhaltet in seinem Abs. 1 zunächst die Garantie eines wirksamen Rechtsbehelfs gegen Verantwortliche und Auftragsverarbeiter (→ Rn. 1). Daneben werden auch die wichtigsten Voraussetzungen der Klage benannt (→ Rn. 3 ff.) und die Wirksamkeit der Klageverfahren geregelt (→ Rn. 9). Über seinen Abs. 2 regelt Art. 79 die wichtigsten Fragen zur Zuständigkeit der Gerichte. Dabei wird zwischen Klagen am Ort der Niederlassung von Verantwortlichen und Auftragsverarbeitern (→ Rn. 16) und solchen am Aufenthaltsort der betroffenen Person unterschieden (→ Rn. 17).

Übersicht

	Rn.		Rn.
A. Wirksamer Rechtsbehelf gegen Verantwortliche und Auftragsverarbeiter (Abs. 1)	1	1. Wirksamkeit des Rechtsbehelfs	10
		2. Gerichtlicher Rechtsbehelf	12
I. Betroffene Person	2	V. Verhältnis zum nationalen Prozessrecht	14
II. Klagebefugnis	3	B. Zuständigkeit der Gerichte (Abs. 2)	15
1. Datenverarbeitung erfolgte nicht im Einklang mit der Datenschutzgrundverordnung	4	I. Ort der Niederlassung (Abs. 2 S. 1)	16
2. Rechtsverletzung des Klägers	6	II. Aufenthaltsort (Abs. 2 S. 2)	17
III. Klagegegner	8	C. Umsetzung in das nationale Prozessrecht	20
IV. Wirksamer gerichtlicher Rechtsbehelf	9		

A. Wirksamer Rechtsbehelf gegen Verantwortliche und Auftragsverarbeiter (Abs. 1)

1   Abs. 1 enthält ein eigenes Klagerecht betroffener Personen gegen Verantwortliche und Auftragsverarbeiter. Die Ausgestaltung ist dabei allgemein gehalten. Die verfahrensrechtlichen Einzelheiten werden damit dem nationalen Prozessrecht zu entnehmen sein. Es ist davon auszugehen, dass der Unionsgesetzgeber diesen Umstand bei Schaffung des Rechtsschutzsystems der Datenschutz-Grundverordnung bereits mitgedacht hat und ihn gewissermaßen vorausgesetzt (vgl. Paal/Pauly/Martini Rn. 33). Für den nationalen Gesetzgeber verbleibt es dennoch bei der Pflicht, sein Rechtsschutzsystem hinsichtlich der Vereinbarkeit mit Art. 79 zu überprüfen. Auch bei der Rechtsanwendung in der Praxis wird sich stets die Frage nach einem vor allem effektiven Vollzug der Vorschriften der Datenschutz-Grundverordnung iRd nationalen Verfahrensvorschriften stellen (vgl. hierzu auch die Ausführungen → Art. 78 Rn. 13). Die Gerichte und Verwaltungen haben dabei über eine europarechtskonforme Auslegung sicherzustellen, dass vor allem die Grundsätze von Äquivalenz und Effektivität gewahrt werden.

I. Betroffene Person

2   Das Klagerecht des Art. 79 steht allen betroffenen Personen zu, wenn diese der Ansicht sind, dass die Verarbeitung der sie betreffenden personenbezogenen Daten gegen die Vorgaben der Datenschutz-Grundverordnung verstößt. Die Regelung knüpft damit wie Art. 77 Abs. 1 unmittelbar an den Begriff der „betroffenen Person" an. Dieser wird in Art. 4 Ziffer 1 definiert. Danach wird eine aufgrund von personenbezogenen Daten identifizierbare natürliche Person als entsprechend betroffen eingeordnet. Das Klagerecht erfährt damit bereits eine wesentliche Einschränkung seines Anwendungsbereiches. So kann es nur durch natürliche Personen ausgeübt werden. Diese müssen zudem mit den streitgegenständlichen Datenverarbeitungen in unmittelbaren Zusammenhang stehen und gerade durch diese identifizierbar sein. Der europäische Gesetzgeber hat sich damit, anders als er dies etwa in weiten Teilen des Umweltrechts vorgesehen hat, gegen einen Jedermanns-Rechtsbehelf entschieden. Die Klage nach Abs. 1 dient damit allein dem individuellen Rechtsschutz und nicht der objektiven Durchsetzung des europäischen Datenschutzrechts. Wie für das Beschwerderecht nach Art. 77 sieht Art. 80 Abs. 2 auch für das Klagerecht nach Abs. 1

die Möglichkeit für die Mitgliedstaaten vor, ein Verbandsklagerecht zu schaffen (vgl. hierzu auch die Ausführungen zu → Art. 77 Rn. 4).

II. Klagebefugnis

Das Klagerecht kann nach Abs. 1 jede betroffene Person ausüben, wenn sie der Ansicht ist, dass **3** ihre Rechte aus der Datenschutz-Grundverordnung infolge einer nicht mit dieser Verordnung im Einklang stehenden Verarbeitung ihrer personenbezogenen Daten verletzt wurden. Der Formulierung der Anforderungen an die Klagebefugnis kann eine klare Entscheidung des Verordnungsgebers zugunsten einer Klage entnommen werden, die die mögliche Verletzung eines subjektiven Rechts voraussetzt. Damit stellt Abs. 1 innerhalb des europäischen Rechtsschutzsystems eine gewisse Rarität dar. Üblicherweise liegt dem unionsrechtlichen Rechtsschutzsystem eher das Prinzip einer „qualifizierten Interessenklage" zugrunde (vgl. hierzu nur BeckOK VwGO/Schmidt-Kötters VwGO § 42 Rn. 167 ff.). Mit der nun gewählten Gesetzesformulierung ähneln die Anforderungen der Klagebefugnis denen des § 42 Abs. 2 VwGO (Paal/Pauly/Martini Rn. 18). Folgt man dem ausdrücklichen Wortlaut der Bestimmung, muss der Kläger „der Ansicht sein", in seinen Rechten aus der Datenschutz-Grundverordnung verletzt zu sein. Die Anforderungen stellen daher auf die subjektive Sicht des Klägers ab. Dieser muss also dem Gericht einen Sachverhalt aufzeigen, der eine Verarbeitung personenbezogener Daten entgegen den Bestimmungen der Datenschutz-Grundverordnung aufzeigt und zudem auf eine mögliche Verletzung seiner Rechte schließen lässt.

1. Datenverarbeitung erfolgte nicht im Einklang mit der Datenschutzgrundverordnung

Zunächst verlangt Abs. 1 einen Klägervortrag, der auf eine Verarbeitung personenbezogener **4** Daten schließen lässt, die nicht im Einklang mit der Datenschutz-Grundverordnung erfolgte. Wann ein solcher Rechtsverstoß gegeben ist, lässt Abs. 1 offen. Für die nähere Auslegung kann auf den 146. Erwägungsgrund zurückgegriffen werden. Auch der in Art. 82 geregelte Haftungs- und Schadensersatzanspruch stellt in seinem Abs. 1 auf einen „Verstoß gegen diese Verordnung" ab. In Abs. 2 wird auf eine „nicht dieser Verordnung entsprechende Verarbeitung" abgestellt. Die Formulierungen liegen derart eng beieinander, dass es naheliegt, auf die nähere Definition des genannten 146. Erwägungsgrundes zurückzugreifen (Paal/Pauly/Martini Rn. 19). Danach liegt ein Verstoß gegen die Datenschutz-Grundverordnung nicht nur dann vor, wenn gegen diese selbst verstoßen wurde. Erfasst werden auch delegierte Rechtsakte, Durchführungsrechtsakte sowie Rechtsvorschriften der Mitgliedstaaten zur Präzisierung von Bestimmungen der Datenschutz-Grundverordnung. Der Anwendungsbereich der Klage nach Abs. 1 reicht damit hinein ins nationale Recht. Wann dieses eine Präzisierung der Datenschutz-Grundverordnung darstellt, lässt sich nicht pauschal beantworten. Zu unterscheiden sind hier präzisierende Regelungen des nationalen Rechts, zulässige Abweichungen sowie reine Normwiederholungen. Letztere stellen bei einer Verordnung wie der Datenschutz-Grundverordnung grundsätzlich einen unzulässigen Umsetzungsakt dar (vgl. EuGH Urt. v. 10.10.1973 – Rs. 34/73 – Variola). Präzisierungen dürften hingegen sämtliche Regelungen darstellen, die Regelungsaufträge der Datenschutz-Grundverordnung umsetzen oder Regelungslücken ausfüllen oder ergänzen (Paal/Pauly/Martini Rn. 20). Beispielhaft für die letzte Gruppe sind vor allem notwendige Verfahrensvorschriften, die die DS-GVO voraussetzt, ohne sie selbst zu regeln oder ausdrücklich von den nationalen Gesetzgebern einzufordern.

Nicht mehr als Vorschriften der DS-GVO anzusehen sind zulässige Abweichungen oder origi- **5** näre nationale Datenschutzregelungen (einen praktischen Anwendungsfall thematisiert: VG Düsseldorf BeckRS 2019, 7968 Rn. 4 f.). Zulässige Abweichungen für die Mitgliedstaaten enthält die DS-GVO an mehreren Stellen (vgl. hierzu die Darstellung bei Schantz NJW 2016, 1841 (1842)). Der nationale Gesetzgeber ist hierbei befugt, eigene Schutzstandards zu schaffen und von den materiellen Vorgaben der Datenschutz-Grundverordnung abzuweichen. Besteht ein solcher echter eigener Regelungsspielraum, greift allein das nationale Rechtsschutzsystem (Paal/Pauly/Martini Rn. 20). Selbiges gilt naturgemäß für rein nationale Datenschutzvorschriften, die keinen Bezug zum europäischen Datenschutzrecht aufweisen. Eine Ausdehnung des Anwendungsbereiches auf alle nationalen Datenschutzregelungen aufgrund einer bloßen thematischen Nähe, wie sie vereinzelt vom Europäischen Gerichtshof für die Grundrechte-Charta erwogen wurde (vgl. EuGH EuZW 2013, 302 – Åkerberg Fransson), ist hingegen abzulehnen. Sie würde sowohl dem Prinzip der begrenzten Einzelermächtigung als auch dem klar in Art. 2 abgegrenzten sachlichen Anwendungsbereich widersprechen (vgl. hierzu auch: BVerfG NJW 2013, 1499 Rn. 91).

2. Rechtsverletzung des Klägers

6 Die Klagebefugnis des Abs. 1 setzt nicht nur einen rechtswidrigen Verarbeitungsvorgang voraus, sondern verlangt darüber hinaus auch eine Verletzung der „Rechte" der betroffenen Person. Da diese jedoch lediglich der Ansicht einer solchen Rechtsverletzung sein muss, genügt wie bei der Auslegung des § 42 Abs. 2 VwGO die bloße Möglichkeit einer solchen Rechtsverletzung. Die Anforderungen an den klägerischen Vortrag sind daher nicht zu überspannen und rechtsschutzfreundlich anzuwenden (vgl. hierzu: BeckOK VwGO/Schmidt-Kötters VwGO § 42 Rn. 172).

7 Ab wann in diesem Zusammenhang von einem subjektiven Recht auszugehen ist, bedarf der jeweiligen Auslegung im Einzelfall (vgl. zur Bestimmung des Begriffes im deutschen Recht etwa: BeckOK VwGO/Schmidt-Kötters VwGO § 42 Rn. 143 ff.). Die Anforderungen an den Begriff dürfen im Interesse eines effektiven Rechtsschutzes jedenfalls nicht hoch angelegt werden. Erfasst werden sämtliche Rechtspostionen innerhalb der Verordnung und der oben beschriebenen Rechtsakte (→ Rn. 4), die einen unmittelbaren Bezug zu den in Art. 1 Abs. 2 genannten Grundrechten und Grundfreiheiten aufweisen (Paal/Pauly/Martini Rn. 22). Im jeweiligen Einzelfall dürfte es daher darauf ankommen, ob eine Vorschrift einen solchen Bezug aufweist und damit zumindest auch den Interessen der betroffenen Person dienen soll. Besteht ein solcher subjektiver Interessenbezug, ist auch von einem Recht iSd Abs. 1 auszugehen.

III. Klagegegner

8 Die Klage nach Abs. 1 richtet sich nach ihrem Wortlaut in der Überschrift gegen Verantwortliche oder Auftragsverarbeiter. Die Definition dieses Kreises von Klagegegnern kann der Legaldefinition des Art. 4 Ziffer 7 und 8 entnommen werden. Da beide Begriffe umfassend angelegt sind und sämtliche Verantwortliche für eine relevante Datenverarbeitung erfassen sollen, ist auch der Rechtsschutz entsprechend umfassend angelegt. Damit ist es einer betroffenen Person europaweit möglich, lückenlosen Rechtsschutz gegenüber sämtlichen für eine Datenverarbeitung relevanten Stellen zu erlangen.

IV. Wirksamer gerichtlicher Rechtsbehelf

9 Abs. 1 verlangt einen wirksamen gerichtlichen Rechtsbehelf. Bei der Auslegung dieser Anforderung gilt es, sowohl den unbestimmten Begriff der Wirksamkeit zu bestimmen, als auch den des Gerichts zu definieren.

1. Wirksamkeit des Rechtsbehelfs

10 Die Wirksamkeit eines Rechtsbehelfs ähnelt dem Grundsatz des effektiven Rechtsschutzes in Art. 19 Abs. 4 GG. Dennoch gilt es, den Begriff unionsrechtsautonom zu bestimmen. Der Europäische Gerichtshof hat den Grundsatz eines effektiven Rechtsschutzes bereits frühzeitig als allgemeinen Rechtsgrundsatz des Unionsrechts anerkannt (vgl. nur EuGH Urt. v. 3.12.1992 – Rs. C-97/91). Primärrechtlich wird der Begriff in Art. 47 GR-Charta verwendet. Bei der Auslegung des gleichlautenden Abs. 1 kann daher auf die bestehenden Auslegungen zur Grundrechte-Charta zurückgegriffen werde. Demnach betrifft die Wirksamkeit eines Rechtsbehelfs zunächst den Zugang zu den Gerichten. Dieser darf nicht wesentlich erschwert werden, wie es etwa durch zu strenge Zulässigkeitsanforderungen möglich ist. Daneben muss sowohl Primär- als auch Sekundärrechtsschutz gewährleistet sein. Ein Rechtsschutzsuchender muss daher den Eingriff selbst abwenden und sekundär auf Ersatzansprüche zurückgreifen können. Ferner muss es ihm möglich sein, bei bestehender Dringlichkeit entsprechenden Eilrechtsschutz zu erlangen (EuGH BeckRS 9998, 96987 Rn. 23; OVG Münster ZD 2021, 449). Allgemein wird gefordert, dass die Rechtssache von den angerufenen Gerichten vollumfänglich geprüft wird und einem Kläger bei Erfolg ein entsprechend durchsetzbares Urteil verschafft. Einschränkungen von diesen Grundsätzen sind dabei lediglich in engen verfahrensrechtlichen Grenzen zulässig. Zu denken ist dabei an nicht vollziehbare Feststellungsurteile sowie im Einzelfall bestehende behördliche Beurteilungs- und Ermessensspielräume, die einer gerichtlichen Prüfung entzogen sind. (vgl. zum Ganzen Paal/Pauly/Martini Rn. 16).

11 Grundsätzlich zuzustimmen ist dem Ansatz, für die Wirksamkeit nach Abs. 1 auch einen vorbeugenden Rechtsschutz zuzulassen, um zumindest schweren, nicht anders abwendbaren Verletzungen des Persönlichkeitsrechts zu begegnen (Paal/Pauly/Martini Rn. 17). Im deutschen Recht sind entsprechende Rechtsbehelfe anerkannt, wenn ein qualifiziertes Rechtsschutzbedürfnis besteht (vgl. etwa BeckOK VwGO/Kuhla VwGO § 123 Rn. 43–47). Zumindest in den auch im nationalen Recht anerkannten Fallkonstellationen sollten iRd Gewährung „wirksamen" Rechtsschutzes vorbeugende Rechtsbehelfe zugelassen werden.

2. Gerichtlicher Rechtsbehelf

Über dessen Wirksamkeit hinaus muss der Rechtsschutz durch Gerichte der Mitgliedstaaten gewährleistet werden. Was unter einem Gericht idS zu verstehen ist, unterliegt ebenfalls einer unionsrechtsautonomen Auslegung. Der Europäische Gerichtshof hat für die Vorlageberechtigung nach Art. 267 AEUV hierzu bereits umfassende Ausführungen gemacht. Demnach muss es sich um einen Spruchkörper handeln, der auf gesetzlicher Grundlage ständig damit betraut ist, Rechtssachen unabhängig zu entscheiden (vgl. nur EuGH BeckRS 2004, 74747 Rn. 12). Dabei sind auch Spruchkörper als Gerichte anerkannt, die außerhalb der eigentlichen staatlichen Gerichtsbarkeit eingerichtet wurden (vgl. EuGH NJW 1982, 502 Rn. 17). Hingegen sind private Schiedsgerichte nicht dem Gerichtsbegriff zuzuordnen. Ihnen fehlt die Integration in die staatliche Sphäre. Darüber hinaus können Vertragsparteien, die sich einer Schiedsklausel unterwerfen, wählen, ob sie Streitfälle durch ein Schiedsgericht oder durch ein staatlichen Gerichten entscheiden lassen möchten (vgl. Calliess/Ruffert AEUV Art. 267 Rn. 20). Unter Gericht iSd Abs. 1 sind daher in Deutschland die ordentlichen Gerichte, die Gerichte der Fachgerichtsbarkeiten iSd Art. 95 Abs. 1 S. 1 GG sowie die fakultativen Bundesgerichte nach Art. 96 GG zu verstehen, soweit sie Rechtsprechung iSd Art. 92 GG ausüben. Hiervon abzugrenzen sind Angelegenheiten der Justizverwaltung. Bei diesen handeln die Gerichte als „gewöhnliche" Verwaltungsbehörde und üben keine Rechtsprechung aus (vgl. EuGH BeckRS 2004, 74140).

Soweit auch Kirchengerichte dem Gerichtsbegriff des Abs. 1 zugeordnet werden, ist diesem Ansatz grundsätzlich zuzustimmen (Paal/Pauly/Martini Rn. 15; Martini/Botta DÖV 2020, 1045). Im Lichte der oben beschriebenen Dogmatik dürften sie als Gerichte außerhalb der eigentlichen staatlichen Gerichtsbarkeit eingeordnet werden. Anders als bei privaten Schiedsgerichten können sich der Kirchgerichtsbarkeit Unterworfene nicht entscheiden, welchen Rechtsschutz sie für den Streitfall wählen. Die Kirchengerichtsbarkeit stellt eine Ausprägung des kirchlichen Selbstverwaltungsrechts nach Art. 140 GG iVm Art. 137 Abs. 3 WRV dar. Innerhalb der Anwendbarkeit des kirchlichen Selbstverwaltungsrechts ist dieser Rechtsweg für Rechtsuchende der einzige und abschließende Rechtsbehelf (zu neuen Entwicklungen vgl. BVerwG NVwZ 2016, 453). Damit ist die Konstellation mit der vom Europäischen Gerichtshof entschiedenen durchaus vergleichbar (EuGH NJW 1982, 502 Rn. 17). Darüber hinaus ist systematisch zu berücksichtigen, dass sowohl Art. 91 als auch Art. 17 AEUV den Kirchen und Religionsgemeinschaften eine anerkannte Sonderrolle zubilligt (vgl. auch Paal/Pauly/Martini Rn. 15). Innerhalb dieser Sonderstellung erscheint es angemessen, auch eine Klage bei der Kirchengerichtsbarkeit iSd Abs. 1 als zulässigen und ausreichenden Rechtsbehelf anzuerkennen. Dem steht auch nicht die fehlende Vollstreckbarkeit kirchengerichtlicher Entscheidungen entgegen (so Tinnefeld ZD 2020, 145). Auch Entscheidungen staatlicher Gerichte – etwa Feststellungs- oder Fortsetzungsfeststellungsklagen – sind nicht vollumfänglich vollstreckbar und gelten dennoch als effektive Rechtsschutzmöglichkeiten. Etwas anderes gilt jedoch für solche Prozessgegenstände, die bereits einer anderen Gerichtsbarkeit zugewiesen sind. Diese können nicht über den Datenschutz in die Kirchengerichtsbarkeit überführt werden (LAG Nürnberg BeckRS 2020, 15595).

V. Verhältnis zum nationalen Prozessrecht

Das Verhältnis zum nationalen Prozessrecht ist zum einen vom Anwendungsvorrang der Datenschutz-Grundverordnung geprägt, beruht aber zum anderen auch auf ein umfassend geregeltes nationales Prozessrecht. Dabei kann man davon sprechen, dass das Unionsrecht auf das nationale Rechtsschutzsystem aufsetzt (Paal/Pauly/Martini Rn. 33). Das in Abs. 1 enthaltene Klagerecht gilt unmittelbar im deutschen Recht und verschafft einer betroffenen Person einen entsprechenden Rechtsbehelf. Dennoch bedarf es für die Durchführung der Klageverfahren nach Abs. 1 auch einer umfassend ausgestalteten Verfahrensordnung. Da die Datenschutz-Grundverordnung keine eigenen Verfahrensvorschriften enthält, ist hierbei auf die nationalen Prozessordnungen zurückzugreifen. Für deren Ausgestaltung und Anwendung ist dabei wiederum die Wechselwirkung mit den europäischen Vorgaben zu berücksichtigen. So ist dem nationalen Gesetzgeber untersagt, die Regelungen des Abs. 1 im nationalen Recht zu wiederholen oder diesen zu widersprechen. Dem Rechtsanwender, insbesondere den Gerichten und Prozessbeteiligten, obliegt es, bei der Anwendung der nationalen Verfahrensvorschriften auf die Vereinbarkeit mit den Vorgaben der Datenschutz-Grundverordnung zu achten. Darüber hinaus greifen auch hier die Grundsätze der Äquivalenz und der Effektivität. Gerade letzterer wird dabei immer wieder zu Schwierigkeiten im Einzelfall führen. So hat ein Gericht potenziell bei jeder Anwendung der Verfahrensvorschriften zu prüfen, ob die jeweilige Anwendung mit einer effektiven Umsetzung der europarechtlichen Vorgaben im Einklang steht. Dies kann bei der Unbestimmtheit des Begriffes naturgemäß erhebliche Unsicherheiten bei der Verfahrensführung mit sich bringen (Exemplarisch für solche Auslegungsunsicherheiten: OLG Köln ZD 2021, 96).

B. Zuständigkeit der Gerichte (Abs. 2)

15 Abs. 2 enthält besondere Vorgaben für die Zuständigkeit der Gerichte. Die Vorschrift trägt insbesondere dem Umstand Rechnung, dass die Datenschutz-Grundverordnung auch den grenzüberschreitenden Rechtsschutz regelt. Dieser soll für betroffene Personen dabei durchaus erleichtert werden. So weist der 147. Erwägungsgrund darauf hin, dass die allgemeinen Vorschriften, wie etwa die Verordnung (EU) Nr. 1215/2012, der Anwendung der Normen der Datenschutz-Grundverordnung nicht entgegenstehen sollen. Besondere Hürden für den hier beschriebenen Rechtsschutz dürfen sich daher weder aus dem europäischen noch aus dem nationalen Prozessrecht ergeben. Zuständig kann nach den Vorgaben des Abs. 1 sowohl ein Gericht am Ort der Niederlassung eines Verantwortlichen oder Auftragsverarbeiters als auch am Aufenthaltsort der betroffenen Person sein.

I. Ort der Niederlassung (Abs. 2 S. 1)

16 Nach Abs. 2 S. 1 sind für Klagen gegen Verantwortliche und Auftragsverarbeiter zunächst diejenigen Gerichte zuständig, an denen diese ihre Niederlassung haben. Der Begriff der Niederlassung selbst wird in der Verordnung nicht definiert. Art. 4 Ziffer 16 bestimmt lediglich die rechtlichen Anforderungen an eine Hauptniederlassung. Im 22. Erwägungsgrund wird die Niederlassung wie folgt beschrieben: „Eine Niederlassung setzt die effektive und tatsächliche Ausübung einer Tätigkeit durch ortsfeste Einrichtungen voraus." Darüber hinaus komme es nicht auf die konkrete Rechtsform an. In der Rechtsprechung des Europäischen Gerichtshofes wurde der Niederlassungsbegriff bei der Bestimmung der Niederlassungsfreiheit umfassend bestimmt und entsprechend weit ausgelegt. Demnach umfasst die Niederlassungsfreiheit „die Aufnahme und Ausübung selbständiger Tätigkeiten jeder Art, die Gründung und Leitung von Unternehmen und die Errichtung von Agenturen, Zweigniederlassungen oder Tochtergesellschaften im Hoheitsgebiet jedes anderen Mitgliedstaats" (EuGH BeckRS 2004, 77557 Rn. 23). Auch die Richtlinie 95/46/EG kannte bereits den Begriff der Niederlassung. Im 19 Erwägungsgrund werden deren Anforderungen beschrieben: Danach setzt eine Niederlassung die effektive und tatsächliche Ausübung einer Tätigkeit mittels einer festen Einrichtung voraus. Das Vorliegen einer Niederlassung knüpft lediglich an das Vorliegen datenschutzrechtlich relevanter Handlungen an. Wesentliche Entscheidungsbefugnisse müssen bei ihr hingegen nicht verortet sein (vgl. OVG SchlH NJW 2013, 1977 Rn. 14). Damit deckt sich diese weite Auslegung auch mit den oben beschriebenen Anforderungen an eine Niederlassung iSd Niederlassungsfreiheit. Für die Anwendbarkeit des Abs. 2 S. 1 reicht es daher aus, wenn am Standort des angerufenen Gerichts datenschutzrechtlich relevante Vorgänge erfolgen.

II. Aufenthaltsort (Abs. 2 S. 2)

17 Neben einer Klage am Ort der Niederlassung eröffnet Abs. 2 S. 2 für betroffene Personen auch die Möglichkeit, an ihrem jeweiligen Aufenthaltsort Klage zu erheben. Die Regelung soll eine Erleichterung schaffen, indem sie gerade bei grenzüberschreitenden Sachverhalten Zugang zur vertrauten nationalen Justiz schafft.

18 Der Begriff des Aufenthaltsortes ist von seiner Formulierung denkbar weit gehalten und unterliegt damit einer gewissen Auslegungsunsicherheit (vgl. hierzu etwa die Darstellung bei Paal/Pauly/Martini Rn. 26 ff.). Eine mögliche Interpretation reicht von einem bloßen Kurzaufenthalt an einem Ort bis hin zum üblichen Wohnsitz einer Person. Um einen völlig variablen Rechtsschutz auszuschließen, wird man bei der Auslegung auf ein gewisses Dauerhaftigkeitskriterium nicht verzichten können. Unabhängig vom jeweils nationalen formalen Melderecht ist dabei eine wertende Betrachtung vorzunehmen, die auf die Dauer des Aufenthalts sowie die konkrete Beziehung der betroffenen Person zum Aufenthaltsort berücksichtigt (vgl. hierzu mit ähnlichem Ansatz Paal/Pauly/Martini Rn. 29 unter Verweis auf EuGH BeckRS 2004, 77333 Rn. 22). Für die Praxis bietet es sich an, bei einem bestehenden Wohnsitz von einer Vermutung zugunsten des Aufenthaltsortes auszugehen.

Nach der Rückausnahme des Abs. 2 S. 2 ist der Gerichtstand am Aufenthaltsort der betroffenen 19
Person dann unzulässig, wenn er sich gegen eine Behörde richtet, die in Ausübung ihrer hoheitlichen Befugnisse tätig geworden ist. Die Regelung soll sicherstellen, dass Behörden im hoheitlichen Kontext durch die eigenen Gerichte der jeweiligen Mitgliedstaaten kontrolliert werden. Damit sind im hoheitlichen Bereich die Mitgliedstaaten davor geschützt, einer fremden Gerichtsbarkeit unterworfen zu werden. Offengelassen ist in Abs. 2, in welchen Fällen eine Behörde hoheitlich tätig ist. Klar ausschließen kann man hier den Bereich außerhalb der eigentlichen Verwaltungstätigkeit. Dazu gehören etwa die fiskalischen Hilfsgeschäfte oder originär wirtschaftliche Tätigkeiten (Paal/Pauly/Martini Rn. 30). Ob jedoch auch die enge Auslegung zu Art. 51 Abs. 1 AEUV übernommen werden muss, darf bezweifelt werden. So ist es zwar durchaus denkbar, auch innerhalb der Verwaltungstätigkeit eine gewisse Abgrenzung vorzunehmen und zwischen einer engeren hoheitlichen und einer sonstigen Verwaltungstätigkeit zu unterscheiden (vgl. EuGH DNotZ 2011, 462). Dies würde jedoch im Kontext der Datenschutz-Grundverordnung zu weit gehen. Zum einen spricht für eine andere Auslegung bereits der unterschiedliche Wortlaut der Bereichsausnahme in Art. 51 Abs. 1 AEUV („Ausübung öffentlicher Gewalt"). Zum anderen spricht aber auch die Systematik gegen eine enge Auslegung. So beschränkt Art. 2 Abs. 2 lit. a den sachlichen Anwendungsbereich der Datenschutz-Grundverordnung auf den Anwendungsbereich des Unionsrechts. Im 14. Erwägungsgrund wird deutlich herausgestellt, dass Fragen der nationalen Sicherheit nicht zum sachlichen Anwendungsbereich zu zählen sind. Würde man hoheitlich in Abs. 2 auf den engeren hoheitlichen Bereich der Verwaltungstätigkeit beschränken, wäre dies fast deckungsgleich mit der Bereichsausnahme in Art. 2 Abs. 2 lit. a. Dann würde die Rückausnahme in Abs. 2 jedoch nahezu keinen Anwendungsbereich besitzen. Hoheitlich ist daher dahingehend auszulegen, dass die gesamte Verwaltungstätigkeit erfasst wird, soweit sie öffentlich-rechtlich erfolgt. Abstellen kann man dabei auf den Sonderrechtsgedanken. Danach liegt eine Verwaltungstätigkeit vor, wenn die Behörde von gesetzlich eingeräumten Sonderbefugnissen Gebrauch macht, die einem Privaten grundsätzlich verwehrt sind und die zumeist einem öffentlichen Zweck dienen (Paal/Pauly/Martini Rn. 30).

C. Umsetzung in das nationale Prozessrecht

Soweit die Datenschutz-Grundverordnung mithilfe des nationalen Prozessrechts angewendet 20
wird, werden dessen Regeln von den Vorgaben des Art. 79 überlagert. Die nationalen Verfahrensvorschriften finden dabei Anwendung, solange sie den Aussagen und Wertungen der Verordnung nicht widersprechen. Eine Sperrwirkung ihnen gegenüber entfaltet Art. 79 grundsätzlich nicht (LG Frankfurt a. M. ZD 2021, 46). Tritt hingegen ein rechtlicher Konflikt ein, setzt sich die Verordnung als unmittelbares anwendbares Recht im Wege des Anwendungsvorranges durch (LG Wuppertal BeckRS 2019, 13062 Rn. 53).

Abzugrenzen von den Fällen mit Bezug zur Datenschutz-Grundverordnung sind jedoch Konstellationen, in denen die Mitgliedstaaten echte Umsetzungsspielräume haben. Die Datenschutz-Grundverordnung enthält an einigen Stellen explizite Abweichungsmöglichkeiten oder Freiräume für die Mitgliedstaaten. Diese sind dabei zunächst von bloßen Regelungen zur Umsetzung oder Ausgestaltung der Datenschutz-Grundverordnung abzugrenzen (vgl. hierzu Paal/Pauly/Martini Rn. 20, der von Präzisierungen spricht). Liegt ein eigener Gestaltungsspielraum vor, so richtet sich auch der Rechtsschutz allein nach nationalem Recht (vgl. Paal/Pauly/Martini Rn. 20). In diesem Falle findet Art. 79 überhaupt keine Anwendung. Dies entspricht der allgemeinen Aufteilung der Anwendungsbereiche zwischen nationalem Recht und Unionsrecht, wie es aus dem Prinzip der begrenzten Einzelermächtigung resultiert (vgl. für eine exemplarische Abgrenzung der sachlichen Anwendungsbereiche im Bereich der Grundrechte BVerfG NJW 2010, 833 Rn. 184 ff.). So werden Regelungen, die innerhalb eines Umsetzungsspielraumes erlassen wurden, allein am Maßstab des nationalen Rechts beurteilt. 21

Artikel 80 Vertretung von betroffenen Personen

(1) Die betroffene Person hat das Recht, eine Einrichtung, Organisationen oder Vereinigung ohne Gewinnerzielungsabsicht, die ordnungsgemäß nach dem Recht eines Mitgliedstaats gegründet ist, deren satzungsmäßige Ziele im öffentlichem Interesse liegen und die im Bereich des Schutzes der Rechte und Freiheiten von betroffenen Personen in Bezug auf den Schutz ihrer personenbezogenen Daten tätig ist, zu beauftragen, in ihrem Namen eine Beschwerde einzureichen, in ihrem Namen die in den Artikeln

77, 78 und 79 genannten Rechte wahrzunehmen und das Recht auf Schadensersatz gemäß Artikel 82 in Anspruch zu nehmen, sofern dieses im Recht der Mitgliedstaaten vorgesehen ist.

(2) Die Mitgliedstaaten können vorsehen, dass jede der in Absatz 1 des vorliegenden Artikels genannten Einrichtungen, Organisationen oder Vereinigungen unabhängig von einem Auftrag der betroffenen Person in diesem Mitgliedstaat das Recht hat, bei der gemäß Artikel 77 zuständigen Aufsichtsbehörde eine Beschwerde einzulegen und die in den Artikeln 78 und 79 aufgeführten Rechte in Anspruch zu nehmen, wenn ihres Erachtens die Rechte einer betroffenen Person gemäß dieser Verordnung infolge einer Verarbeitung verletzt worden sind.

Überblick

Art. 80 vervollständigt die bereits in den Art. 77–79 normierten Instrumente der individuellen Durchsetzung der Betroffenenrechte durch die Verbandsbeschwerde und -klage und baut damit das bisherige datenschutzrechtliche Vollzugsdefizit ab (→ Rn. 1). Ziel ist die umfassende und effektive Gewährung nicht nur des Individualrechtsschutzes, sondern vor allem der praktischen Wirksamkeit der Grundverordnung auch durch Elemente des kollektiven Rechtsschutzes (→ Rn. 6). Betroffene erhalten über Art. 80 gegenüber den teilweise übermächtig erscheinenden verantwortlichen Stellen und Aufsichtsbehörden die Möglichkeit ihre Interessen durch Verbände vertreten zu lassen (→ Rn. 15). Ob das Ziel des Verordnungsgebers, den Umsetzungsdruck auf verantwortliche Stellen zu erhöhen und die Aufsichtsbehörden in ihrer Kontrolltätigkeit zu aktivieren, tatsächlich fruchtet, hängt allerdings maßgeblich von der nationalen Gesetzgebung ab (→ Rn. 19).

Übersicht

	Rn.		Rn.
A. Allgemeines	1	II. Übertragbare Rechte der Betroffenen	
I. Normengeschichte	3	(Abs. 1)	15
II. Zweck der Norm	6	III. Eigenes Klage- und Beschwerderecht	
B. Tatbestand des Art. 80	8	(Abs. 2)	17
I. Wahrnehmungsberechtigte Stellen		**C. Öffnungsklausel und nationales**	
(Abs. 1)	10	**Recht**	19

A. Allgemeines

1 Durch die Einrichtung der **Verbandsbeschwerde** und des **Verbandsklagerechts** hat der Verordnungsgeber auf das immer wieder festgestellte **Vollzugsdefizit** bei der Kontrolle, Um- und Durchsetzung datenschutzrechtlicher Vorgaben gerade bei den Aufsichtsbehörden reagiert (Gierschmann ZD 2016 51 (53); vgl. auch die mittelbar geäußerte Kritik des EuGH EuZW 2015, 881 (882 f.) Rn. 47, 53), was freilich an der unzureichenden personellen und materiellen Ausstattung der Kontrollbehörden liegt und lag (vgl. Entschließung der Konferenz der unabhängigen Datenschutzbehörden des Bundes und der Länder v. 25.5.2016, EU-Datenschutz-Grundverordnung erfordert zusätzliche Ressourcen für Datenschutzbehörden; Paal/Pauly/Frenzel Rn. 2). Durch Art. 80 erhalten betroffene Personen die Möglichkeit, die Durch- und Umsetzung ihrer durch die DS-GVO eingeräumten Rechte Dritten zu überlassen bzw. diese zu beauftragen, in ihrem Namen Beschwerde bei der zuständigen Aufsichtsbehörde oder einen gerichtlichen Rechtsbehelf einzulegen, sowie Schadensersatz geltend zu machen (142. ErwG). Damit erweitert Art. 80 das Durchsetzungsinstrumentarium um ein Element der kollektiven Rechtsdurchsetzung (NK-DatenschutzR/Boehm Rn. 2). Abs. 2 erlaubt die Wahrnehmung dieser Rechte – mit Ausnahme der Geltendmachung von Schadensersatz – durch die in Abs. 1 genannten Stellen auch ohne Beauftragung durch die Betroffenen.

2 Mit Art. 80 zollt der Verordnungsgeber – anders als die deutsche Rechtsprechung (OLG Düsseldorf ZUM-RD 2004, 236 (237) differenzierend bereits OLG Frankfurt a. M. GRUR 2005, 785 (786)) – dem Umstand Rechnung, dass ua durch die Ökonomisierung der Verarbeitung personenbezogener Daten das materielle Datenschutzrecht eine verbraucherschutzrechtliche Komponente innewohnt (vgl. Schantz NJW 2016 1841 (1844)). Die DS-GVO normiert daher neben den klassischen, staatlichen Sanktionsmechanismen des Datenschutzes der ersten und zweiten

I. Normengeschichte

Eine mit Art. 80 vergleichbare **Vorgängerregelung** in der DSRL existiert nicht (vgl. EuGH NJW 2019, 2755, 2756 Rn. 47 (Fashion ID/Verbraucherzentrale NRW); Generalanwalt beim EuGH Schlussantrag BeckRS 2018, 32835 Rn. 24). Zwar gab es vereinzelte nationale **Regulierungsbemühungen**, wie zB in Deutschland die Erweiterung des § 2 Abs. 2 **UKlaG**. Eine europaweite Normierung einer Verbandsbeschwerde und eines Verbandsklagrechts im Datenschutz war neben den in Art. 22 RL 95/46/EG vorgesehenen Individualklagerechten nicht vorgesehen (Kühling/Martini DS-GVO 271 f.). 3

Allerdings stand es den Mitgliedstaaten unter der Geltung der DSRL frei, **nationale Regelung** zu treffen, durch welche die Beachtung des Datenschutzrechts durch **Verbraucherschutzverbände** und vergleichbare Organisationen geltend gemacht werden konnten. Art. 24 DSRL lieferte dafür die entsprechenden normativen Spielraum. Art. 28 Abs. 4 sah zudem explizit vor, dass die Interessen Einzelner gegenüber den Aufsichtsbehörden durch Verbände wahrgenommen werden konnten. Der EuGH sah in diesen Regelungen eine Stärkung der **Sanktionsmechanismen** der DSRL. Mutmaßliche Verletzungen der Vorschriften zum Schutz personenbezogener Daten konnten so ebenfalls geahndet werden (EuGH NJW 2019, 2755, 2756 Rn. 51, 56 (Fashion ID/Verbraucherzentrale NRW)). 3a

Der **Kommissionsentwurf** sah in Art. 73 Abs. 3; Art. 76 Abs. 1 (2012/0011 (COD)) eine mit dem jetzigen materiellen Umfang **vergleichbare** Regelung der Verbandsbeschwerde und -klagerechts vor, soweit sich die dazu befugten Organisationen den Schutz der Rechte und Interessen der betroffenen Personen zum Ziel gesetzt haben (vgl. Paal/Pauly/Frenzel Rn. 3). Das europäische Parlament **führte** den Gedanken in seinem Entwurf **fort** und **baute diesen materiell aus.** So sollte es ausreichen, wenn die jeweiligen Organisationen im **öffentlichen Interesse** tätig wurden. Zudem konnten sie nach entsprechender Mandatierung auch das Recht auf Schadenersatz für Betroffene geltend machen (Art. 76 Abs. 1). 4

Maßgebliche Änderungen erfuhr die Regelung erst durch den **Rat.** Dieser sah die Verbandsbeschwerde und das Verbandsklagrecht gem. Art. 76 Abs. 2 des Entwurfs nämlich nicht mehr auf der Grundlage der DS-GVO vor, sondern machte sie von einer **entsprechenden nationalen Regelung abhängig.** Dadurch wurde die **Effektivität** dieses Instruments stark geschwächt und dieses Mittel der Rechtsdurchsetzung in das **Belieben** der Mitgliedstaaten gestellt. 5

II. Zweck der Norm

Durch Art. 80 soll der **kollektive Rechtsschutz** im Datenschutzrecht **ausgebaut** und **gestärkt** sowie das von Verbraucherschutzverbände monierte Vollzugsdefizit beseitigt werden. Erwarteter Nebeneffekt ist zudem, dass der **Umsetzungsdruck** gegenüber den Unternehmen weiter erhöht wird (Gierschmann ZD 2016, 51 (53); Albrecht/Jotzo Das neue DatenschutzR Teil 8 C. II Rn. 31). Zugleich erleichtert Art. 80 für die Betroffenen die Wahrnehmung ihrer Rechte (vgl. Schantz NJW 2016 1841 (1847)). Mit Art. 80 soll der spezifische Schutz der Interessen der Betroffenen gewährleistet werden. Dabei ist es bei der **Umsetzung** der Vorgaben des Art. 80 im nationalen Recht unerheblich, ob der DS-GVO eine wettbewerbsschützende Funktion zukommt. Maßgeblich ist lediglich, dass über Art. 80 die Durchsetzung **spezifischer Datenschutzrechte** unterstützt wird. Soweit dabei **auch** verbraucherschützende und wettbewerbsrechtliche Effekte entstehen, widersprechen diese Kollateralwirkungen nicht dem Gesamtzweck des Art. 1 Abs. 1 (so im Ergebnis LG Stuttgart ZD 2019, 366, 367 Rn. 21 allerdings ablehnend bezüglich der wettbewerbsrechtlichen Wirkung der DS-GVO). 6

Bedeutsam ist, dass Art. 80 lediglich die **Möglichkeit** des kollektiven Rechtsschutzes normiert. Durch die **Verlagerung** der konkreten Ausgestaltung des Rechts auf die nationale Ebene, gewährt der Verordnungsgeber einen gesetzlichen Spielraum. Art. 80 formuliert damit eine **Zielvorgabe,** die gegenüber den Mitgliedstaaten **keine Regelungsverpflichtung** enthält (vgl. Kühling/Martini DS-GVO 273). 7

B. Tatbestand des Art. 80

Abs. 1 räumt den Mitgliedstaaten die Freiheit ein, im **innerstaatlichen Recht** vorzusehen, dass betroffene Personen bestimmten Einrichtungen, Organisationen oder Vereinigung mit der 8

Durchsetzung ihrer Rechte beauftragen können. Dies schließt die Geltendmachung von **Schadenersatz** (→ Art. 82 Rn. 5) ein. Umstritten ist, ob Art. 80 eine Form der **Prozessstandschaft** (Schantz NJW 2016, 1841 (1847)) normiert, durch welche die aufgeführten Organisationen aufgrund **individueller** Beauftragung oder **Mandatierung** durch die betroffene Person, deren Rechte unmittelbar gegenüber der Aufsichtsbehörde (→ Art. 77 Rn. 1) und/oder vor Gericht (→ Art. 78 Rn. 6) sowie gegenüber der verantwortlichen Stelle (→ Art. 79 Rn. 1) wahrnehmen lassen können. Oder ob eine reine **Vertretungsbefugnis** vorgesehen ist, weil Art. 80 die Befugnis vorsieht, Rechte in **fremdem Namen** geltend zu machen. Art. 80 räume daher nur die Möglichkeit ein, betroffene Person bei der Geltendmachung ihrer Rechte zu vertreten. (Gola/Werkmeister Rn. 8).

8.1 Umfassend zur Frage der Geltendmachung des Rechts im eigenen oder fremden Namen in Form der Stellvertretung, Verbandsklage oder der Klage aus abgetretenem Recht sowie der Prozessführung auf der Grundlage fremder Rechte ZZPInt 2017, 225 (239 ff.).

9 Art 80 Abs. 2 eröffnet zudem den Raum für **nationale Regelungen,** dass die in Abs. 1 genannten Stellen die in den Art. 78 (→ Art. 79 Rn. 1) und Art. 79 (→ Art. 79 Rn. 1) aufgeführten Betroffenenrechte auch **ohne entsprechende Beauftragung** geltend machen können.

9a Die Klagebefugnis Dritter bei der Geltendmachung von Ansprüchen aus der Verletzung der Vorgaben der DS-GVO ergibt sich damit nicht aus den Bestimmungen des Art. 82 (→ Art. 82 Rn. 4) oder Art. 84 (→ Art. 84 Rn. 3.2), sondern **ausschließlich** aus Art. 80 (LG Stuttgart ZD 2019, 366 (367 Rn. 20), Paal/Pauly/Frenzel Art. 82 Rn. 7). Die Gegenauffassung, wonach **Dritte** auch Ansprüche aus Art. 82 geltend machen können, lässt sich insoweit nicht aufrecht erhalten, soweit darunter verstanden wird, dass die Geltendmachung des Anspruchs aufgrund der Verletzung von Datenschutzrechten **anderer** Personen verstanden wird (NK-DatenschutzR/Boehm Art. 82 Rn. 9). Anderenfalls wäre eine explizite **Normierung** der Klagebefugnis Dritter in der DS-GVO in der Form des Art. 80 nicht erforderlich gewesen (LG Stuttgart ZD 2019, 366 (367 Rn. 20)). Ein Rückgriff auf Art. 80 soll zudem ausgeschlossen sein, wenn die DS-GVO auf den entsprechenden Sachverhalt keine Anwendung findet (VG Wiesbaden ZD 2021, 451).

I. Wahrnehmungsberechtigte Stellen (Abs. 1)

10 Der Begriff der wahrnehmungsberechtigten Stellen ist zwar weit auszulegen (Jotzo ZZPInt 2017, 225 (235)) allerdings werden andere als von Art. 80 erfasste Akteure nicht aktivlegitimiert (Specht-Riemenschneider/Blankertz/Sierek/Schneider/Knapp/Henne MMR-Beil. 2021, 25 (43)). Berechtigt werden durch Art. 80 Abs. 1 unabhängig ihrer **Rechtsform** nur **juristische Personen.** Dies ergibt sich aus dem Wortlaut des Abs. 1, der „Einrichtungen", „Organisationen" und „Vereinigung" benennt und auf „satzungsmäßige Ziele" verweist. Insoweit müssen die aufgeführten Stellen zumindest eine **gewisse Teilrechtsfähigkeit** nach dem nationalen Recht besitzen (dazu → Rn. 12 f.). Mit der Teilrechtsfähigkeit geht auch die entsprechende **zivilprozessrechtliche Parteifähigkeit** einher, die für die Wahrnehmung der übertragenen Aufgabe durch die entsprechende Einrichtung zwingend ist (Jotzo ZZPInt 2017, 225 (235)).

11 Diese Stellen müssen zudem **ohne Gewinnerzielungsabsicht,** im **öffentlichen Interesse** und im Bereich des **Schutzes der Rechte und Freiheiten** von betroffenen Personen bezüglich des **Schutzes personenbezogener Daten** tätig sein. Aus dem Wortlaut und Zweck des Abs. 1 lässt sich entnehmen, dass die Wahrung datenschutzrechtlicher Vorgaben nicht der **alleinige Zweck** der Organisation sein muss. Allerdings muss zumindest die Tätigkeit von allgemeingesellschaftlichem Interesse und ein **Bezug zum Datenschutz** erkennen lassen. Ausgeschlossen sind Organisationen, die primär kommerzielle Interessen verfolgen.

11a Teilweise wird bestritten, dass Art. 80 DS-GVO sich auf Einrichtungen erstreckt, die nicht **exklusiv** im Bereich des Schutzes der Rechte und Freiheiten von betroffenen Personen in Bezug auf den Schutz personenbezogener Daten aktiv sind. Damit sollen Einrichtungen ausgeschlossen werden, die nicht ausschließlich als **Datenschützer** tätig werden, sondern sich primär dem Markt- und Verbraucherschutz widmen. Anderenfalls sei eine weitere Rechtszersplitterung zu befürchten. Zudem würden andere Interessen in die Geltendmachung von Datenschutzrechtsverstößen hineinspielen, der **klaren Trennung im primären und sekundären Unionsrecht** zwischen Verbraucherschutz und Datenschutz widerspräche (Spiegel DSRITB 2020, 381 (383)). Dem Wortlaut der Norm lässt sich eine derart enge Auslegung nicht entnehmen. Und auch dem Zweck der DS-GVO, Marktmechanismen zur Durchsetzung datenschutzrechtlicher Vorgaben zu instrumentalisieren, widerspricht diese Auffassung.

Vertretung von betroffenen Personen **Artikel 80 DS-GVO**

Zweifelsohne werden daher zu den von Art. 80 Abs. 1 erfassten Einrichtungen auch Verbraucher- und **11a.1** Konsumentenschutzvereine oder -verbände zählen. Auch Gewerkschaften, Sozialverbände oder bereichsspezifische Interessengruppen sind erfasst Art. 80 (vgl. Verfahren des österreichischen **Vereines für Konsumenteninformation** EuGH BeckRS 2016, 81598). Ebenso zählen dazu rechtfähige Personengesellschaften (OHG und KG) oder BGB-Außengesellschaften siehe Jotzo ZZPInt 2017, 225 (235f) mwN.

Nicht dazu gehören kommerziell agierende Rechtsdienstleister, Stiftungen oder ähnliche agierende **11a.2** Organisationen die zB über Schadensersatz-Sammelklagen gegen verantwortlichen Stellen gerichtlich vorgehen. Dies gilt auch für Abmahnvereine mit rein kommerziellen Interessen (Tribess ZD 2020, 440 (443)).

Zwar ist nach dem expliziten Wortlaut der Norm erforderlich, dass die wahrnehmungsberech- **11b** tigte Stelle nach dem Recht eines Mitgliedstaates gegründet worden ist. Dies beschränkt die Stelle allerdings nicht darauf, die entsprechenden Rechte auch zB gegenüber Kontrollstellen oder vor Gerichten anderer Mitgliedstaaten geltend zu machen (detailliert Jotzo ZZPInt 2017, 225 (236 f.)).

Unterschiedlich beurteilt wird, ob der **Betriebsrat** eine Institution iSd Abs. 1 sein kann. Denn **12** es ist gem. § 87 Abs. 1 Nr. 6 BetrVG „**auch**" Aufgabe des Betriebsrates, die Interessen der Betroffenen im Hinblick auf den Datenschutz zu gewährleisten (vgl. zur Videoüberwachung BAG NJW 2005 313 f.). Daher wird gefordert, auf betrieblicher Ebene für die Beschäftigtenvertretung ein arbeitsrechtliches Klagerecht gegen die Einführung datenschutzrechtlich unzulässiger **IKT-Verfahren** iRd Art. 80 vorzusehen. Denn Art. 80 hätte gerade den Zweck **individualrechtlichen Datenschutzkonflikten** unter Zuhilfenahme von **Dritten** zu lösen. Betriebsräte könnten dann für die **datenschutzrechtlichen Beschäftigtenrechte** eintreten (Schuler/Weichert, Die EU-DSGVO und die Zukunft des Beschäftigtendatenschutzes, 8.4.2016, http://www.netzwerk-datenschutzexpertise.de/dokument/beschäftigtendatenschutz, 21). Diese Auffassung hat insoweit Überzeugungskraft, da gerade im Beschäftigtenverhältnissen ein strukturelles Ungleichgewicht zwischen den Beschäftigten und dem Arbeitgeber oder Dienstherren existiert. Dieses könnte durch eine eigenständiges datenschutzrechtliches Klagerecht ausgeglichen werden.

Die Gegenauffassung lehnt die Einräumung eines Vertretungsrechts für die Betroffenen sowie **13** das damit einhergehende **eigenständige Beschwerde- und Klagerecht** iSd Abs. 2 für Personalvertretungen ab. Zum einen sei der Betriebsrat **nicht rechtsfähig** und damit **keine** Einrichtung, Organisation oder Vereinigung iSv Abs. 1 und habe auch **keine „Satzung"** die ihn auf die Verfolgung von individuellen Datenschutzrechten verpflichten würde. Wenn der Betriebsrat nicht zu den in Art. 80 befugten Organisationen gehöre, könne der deutsche Gesetzgeber diesem auch **kein Verbandsklagerecht** einräumen. Zudem sei die Einräumung eines solchen Rechts wegen des Grundsatzes der vertrauensvollen Zusammenarbeit zwischen Betriebsrat und Arbeitnehmer rechtspolitisch nicht wünschenswert (Kort ZD 2017, 3 (7)).

Letztere Ansicht kann **nicht überzeugen.** Denn zumindest im Hinblick auf die Durchsetzung **14** der **innerbetrieblichen Angelegenheiten und die Vertretung der Belegschaft** gegenüber dem Arbeitgeber hat der Betriebsrat Mitwirkungs- und Mitbestimmungsrechte, die er gegenüber vor Gericht **aktiv** geltend machen kann (BVerwG NVwZ 1993, 174 (175)). In diesem Rahmen obliegt ihm gem. § 87 BetrVG auch die Durchsetzung datenschutzrechtlicher Vorgaben mit dem Ziel des Datenschutzes und der Beachtung der Persönlichkeitsrechte der Beschäftigten wie ua auch § 75 Abs. 2 BetrVG deutlich macht.

Außerdem muss die wahrnehmungsberechtigte Stelle ohne **Gewinnerzielungsabsicht, im** **14a** **öffentlichen Interesse** und im Bereich des Schutzes der Rechte und Freiheiten von betroffenen Personen in Bezug auf den Schutz ihrer personenbezogenen Daten tätig sein.

Der Begriff der Gewinnerzielungsabsicht ist aus der DS-GVO und auf der Grundlage des **14b** europäischen Rechts auszulegen. Somit ist gewährleistet, dass die harmonisierende Wirkung der DS-GVO gewahrt und nicht das jeweils nationale Verständnis bei der Anwendung des Art. 80 maßgebend ist (Jotzo ZZPInt 2017, 225 (237)). Die Stelle muss damit eine Non-Profit Organisation sein, deren Geschäftsmodell sich nicht auf die Kommerzialisierung von Datenschutzansprüchen bezieht (Spittka GRUR-Prax 2019, 475 (477)). Dem steht allerdings nicht entgegen, dass die Stelle für die tatsächlich entstandenen Kosten für die Rechtsverfolgung Entgelte verlangt (Jotzo ZZPInt 2017, 225 (238)).

Zur Thematik der Kommerzialisierung von Schadensersatz und Grenzen des RDG im Rahmen des **14b.1** Art. 80 siehe Spittka GRUR-Prax 2019, 475 (477). Ausgeschlossen sind damit auch kommerzielle Mitbewerber Uebele GRUR 2019, 694 (696).

Zudem muss die Stelle im öffentlichen Interesse im Hinblick auf den Schutz personenbezogener **14c** Daten tätig sein. Damit soll verhindert werden, dass die Motivation des Tätigwerdens rein egoistischer Natur ist. Die Stelle muss im Kontext der Zwecksetzung der DSGVO **auch** altruistische

Ziele verfolgen. Das bedeutet allerdings nicht, dass sie exklusiv im Bereich des Datenschutzes aktiv sein muss verlangt (Jotzo ZZPInt 2017, 225 (238)).

II. Übertragbare Rechte der Betroffenen (Abs. 1)

15 Betroffenen können gem. Art. 80 Abs. 1 die genannten Organisationen die **Wahrnehmung** ihrer Rechte übertragen. Die insoweit sprachlich ungenaue deutsche Formulierung (Paal/Pauly/Frenzel Rn. 7) meint damit nicht die **Übertragung der Rechte** im engen Sinn, sondern lediglich die **Geltendmachung** derselben gegenüber den Aufsichtsbehörden und verantwortlichen Stellen.

16 In der Literatur wird diesbezüglich vertreten, dass im Wege eines Analogieschlusses aufgrund des Vorliegens einer **planungswidrigen Regelungslücke** über die in Absatz 1 explizit genannten Rechte auch die sonstigen Betroffenenrechte gemäß Art. 15 ff. auf eine andere Organisation übertragen werden können (dazu ausführlich Specht-Riemenschneider/Blankertz/Sierek/Schneider/Knapp/Henne MMR-Beil. 2021, 25 (43)).

III. Eigenes Klage- und Beschwerderecht (Abs. 2)

17 Das Recht zur Durchsetzung der Rechte aus der Verordnung im Wege der Verbandsbeschwerde oder -klage soll auch **unabhängig** von einer Beauftragung gem. Abs. 2 den in Abs. 1 genannten Stellen zustehen. Dieses Recht besteht allerdings **nicht** im Hinblick auf **Schadensersatzansprüche** Betroffener gem. Art. 82. Denn der in Art. 79 vorgesehene Anspruch dient dem individuellen und nicht dem kollektiven Rechtsschutz (→ Art. 79 Rn. 2). Dies ergibt sich zudem aus dem letzten Satz des Erwägungsgrund 142. Danach ist es den in Abs. 1 genannten Einrichtungen, Organisationen oder Verbänden **nicht gestattet**, ohne Beauftragung Schadensersatz zu verlangen.

18 Diese Ansicht ist allerdings umstritten. Unklar ist, ob § 8 Abs. 3 Nr. 3 UWG und § 3 Abs. 1 S. 1 Nr. 1 UKlaG im Lichte des Art. 80 DS-GVO eine Befugnis enthalten, Verstöße gegen die DS-GVO unabhängig von der konkreten Verletzung von Rechten einzelner betroffener Personen und ohne deren Auftrag im Wege einer Klage durch entsprechende Organisationen verfolgt werden können (vgl. BGH ZD 2020, 589 Rn. 17). Der BGH hat wegen der nicht eindeutigen Rechtslage diese Frage dem EuGH im Wege der Vorabentscheidung zur Auslegung vorgelegt (siehe den umfassende dokumentierten Meinungsstand BGH ZD 2020, 589 (591 Rn. 34)). Ebenso wird die Frage diskutiert, ob die DS-GVO den Mitgliedstaaten die Regelungskompetenz zugesteht, auf der Grundlage des Art. 80 DS-GVO auch Mitbewerbern Klagemöglichkeiten zu gewähren (Tribess ZD 2020, 440 (443)).

C. Öffnungsklausel und nationales Recht

19 Art. 80 beinhaltet eine **fakultative Öffnungsklausel** (Kühling/Martini DS-GVO 271). Das Erreichen des Regelungsziels hängt somit maßgeblich von der **gesetzgeberischen Aktivität** in den Mitgliedstaaten ab (→ Art. 82 Rn. 4). Die tatsächliche Wirksamkeit und Reichweite des Art. 80 steht im **proportionalen** Verhältnis zum nationalen Regulierungsniveau. Es ist daher zu befürchten, dass innerhalb Europas ein **Gefälle im Hinblick auf das Niveau** der Möglichkeit der Betroffenen, ihre Rechte wirksam durch entsprechende Organisationen vertreten zu lassen, entstehen wird.

20 In Deutschland findet sich eine zaghafte Umsetzung des Art. 80 bereits in § 2 Abs. 2 Nr. 11 UKlaG (Weidlich-Flatten ZRP 2014, 196). Bis zum Erlass diese Norm konnte nur über den **Umweg des AGB-Rechts** die Verletzung datenschutzrechtlicher Vorschriften durch Verbraucherschutzverbände verbraucherschutzrechtlich verfolgt werden (Auer-Reinsdorff/Conrad/Conrad, Handbuch IT- und Datenschutzrecht, 2016, § 34 Rn. 106). Durch die Ergänzung des § 2 UKlaG können Verbraucherschutzverbände nunmehr **direkt** die Verletzung datenschutzrechtlicher Vorschriften ahnden.

20.1 Ein Beispiel ist das Verfahren des Verbraucherzentrale Nordrhein-Westfalens gegen die Einbindung des Social-Plugin von Facebook (OLG Düsseldorf BeckRS 2017, 100309), welches allerdings unter der Geltung der DSRL entschieden werden musste. Der EuGH hat im Vorabentscheidungsverfahren die Vereinbarkeit der Verbandsklage nach nationalen Recht mit der DSRL festgestellt (EuGH NJW 2019, 2755 – Fashion ID/Verbraucherzentrale NRW).

21 Keine Umsetzung des Art. 80 wird in 8 Abs. 3 Nr. 2 **UWG** gesehen, da das Gesetz zur Anpassung des Datenschutzrechts an die Verordnung (BGBl. 2017 I 2097) keine Ausführungen enthält und die Ermächtigung in Art. 80 Abs. 2 als eine engere Normierung als § 8 Abs. 3 Nr. 2 UWG angesehen wird. Nach dieser Auffassung müsste zudem die klagende Einrichtung im Bereich des Schutzes der Rechte und Freiheiten

von betroffenen Personen in Bezug auf den Schutz ihrer personenbezogenen Daten tätig sein. Dies sei keine Voraussetzung in den von § 8 Abs. 3 Nr. 2 UWG erfassten Fallvarianten (LG Stuttgart ZD 2019, 366 (367)). Teilweise wird daraus die die Konsequenz gezogen, dass Verbraucherschutzverbänden keine Klagebefugnis zustehe (Spiegel DSRITB 2020, 381 (383)).

Artikel 81 Aussetzung des Verfahrens

(1) Erhält ein zuständiges Gericht in einem Mitgliedstaat Kenntnis von einem Verfahren zu demselben Gegenstand in Bezug auf die Verarbeitung durch denselben Verantwortlichen oder Auftragsverarbeiter, das vor einem Gericht in einem anderen Mitgliedstaat anhängig ist, so nimmt es mit diesem Gericht Kontakt auf, um sich zu vergewissern, dass ein solches Verfahren existiert.

(2) Ist ein Verfahren zu demselben Gegenstand in Bezug auf die Verarbeitung durch denselben Verantwortlichen oder Auftragsverarbeiter vor einem Gericht in einem anderen Mitgliedstaat anhängig, so kann jedes später angerufene zuständige Gericht das bei ihm anhängige Verfahren aussetzen.

(3) Sind diese Verfahren in erster Instanz anhängig, so kann sich jedes später angerufene Gericht auf Antrag einer Partei auch für unzuständig erklären, wenn das zuerst angerufene Gericht für die betreffenden Klagen zuständig ist und die Verbindung der Klagen nach seinem Recht zulässig ist.

Überblick

Die Vorschrift enthält materielle Verfahrensvorschriften, die den nationalen Prozessordnungen vorgehen. In erster Linie soll über Art. 81 eine gewisse Einheitlichkeit der Rechtsprechung erreicht werden. Über den bloßen Instanzenzug hinaus, der bei Auslegungsstreitigkeiten nach dem unionsrechtlichen Rechtsschutzsystem über Art. 267 AEUV stets beim Europäischen Gerichtshof endet, soll Art. 81 bereits für eine homogene Rechtsanwendung in den unteren Instanzen sorgen. Die Vorschrift ist dreistufig aufgebaut: In einem ersten Schritt obliegt dem mit einem entsprechenden Streitfall befassten Gericht zunächst eine Pflicht zur Kontaktaufnahme mit dem potenziell ebenfalls befassten Gericht eines anderen Mitgliedstaates (→ Rn. 4 ff.). Für die nationalen Gerichte enthält Abs. 1 daher eine zusätzliche und bisher unbekannte Verfahrenspflicht. Abs. 2 enthält sodann eine Möglichkeit zur Aussetzung des laufenden Verfahrens (→ Rn. 9). Sind die Voraussetzungen der Vorschrift erfüllt, kann das später angerufene Gericht in einem Parallelverfahren aussetzen und die Entscheidung des jeweils anderen Gerichts abwarten. Eine echte Zulässigkeitshürde für eine Klage enthält Abs. 3 (→ Rn. 11). Sind dessen Voraussetzungen erfüllt, kann sich das später angerufene Gericht auf Antrag einer Partei für unzuständig erklären. Für einen Kläger stellt dies damit eine erhebliche Rechtsschutzhürde dar.

A. Allgemeines und offene Fragen

Die Vorschrift schafft für einen nicht unerheblichen Anwendungsbereich eine Pflicht zur Zusammenarbeit der Instanzgerichte in den verschiedenen Mitgliedstaaten. Sie bettet sich damit in die Systematik der Datenschutz-Grundverordnung ein. So sollen die Art. 60 ff. eine umfassende Kohärenz für die Arbeit der Aufsichtsbehörden schaffen. Art. 81 setzt diesen Ansatz fort und verpflichtet mit auch die Judikative, wenn auch in einem wesentlich kleineren Umfang, zur Zusammenarbeit. Durch die Einbettung der Gerichte in einen solchen Gerichtsverbund und die damit einhergehenden Verfahrenshürden entsteht ein Spannungsverhältnis zum Grundsatz auf effektiven Rechtsschutz, wie er in Art. 47 Abs. 1 der Grundrechte-Charta niedergelegt ist (Paal/Pauly/Frenzel Rn. 2). Problematisch dürfte aber auch das Verhältnis zum Grundsatz der Unabhängigkeit der Gerichte sein, wie er in Art. 47 Abs. 2 Grundrechte-Charta und im Rechtsstaatsprinzip des Art. 2 EUV enthalten ist. Anders als dies bei den Aufsichtsbehörden der Fall ist, können Gerichte nicht ohne Weiteres zur Zusammenarbeit mit anderen Gerichten gezwungen werden. Die genannten Grundsätze mögen der Wirksamkeit des Art. 81 noch nicht entgegenstehen. Bei der Auslegung der Vorschrift und insbesondere der Verfahrensregelungen in den Abs. 2 und 3 sollte dennoch unter deren Berücksichtigung eine zurückhaltende Anwendung der Vorgaben erfolgen. 1

Auch rechtspolitisch darf bezweifelt werden, dass eine Homogenisierung der Rechtsprechung bereits innerhalb des Instanzenzuges sinnvoll ist. Bisher wird die Einheitlichkeit der Rechtspre- 2 chung, soweit man von einer solchen überhaupt sprechen sollte, über das Vorabentscheidungsverfahren nach Art. 267 AEUV erreicht. Letztlich schützt eine Ausdünnung der Rechtsprechung in den Instanzen nicht vor einer fehlerhaften Interpretation des Unionsrechts. Dieses wird letztverbindlich durch den Europäischen Gerichtshof ausgelegt. Eine gewisse Fülle an Interpretationsansätzen kann dabei sogar helfen, eine ausgewogene letztverbindliche Auslegung zu finden (Paal/Pauly/Frenzel Rn. 15).

3   Art. 81 regelt seinem Wortlaut nach allein das Verhältnis von Gerichten der jeweiligen Mitgliedstaaten zueinander. Offengelassen wird jedoch die Frage, wie bei Parallelverfahren innerhalb eines Mitgliedstaates zu verfahren ist. Art. 51 Abs. 1 lässt es den Mitgliedstaaten offen, ob diese eine oder mehrere Aufsichtsbehörden einrichten. Mögliche Parallelverfahren können daher auch innerhalb eines Mitgliedstaates vorliegen. Folgt man dem klaren Wortlaut des Art. 81, so ist die Vorschrift auf diese Konstellationen nicht anwendbar. In diesem Falle wäre daher allein nach den nationalen Prozessordnungen zu verfahren (vgl. hierzu auch Paal/Pauly/Frenzel Rn. 9).

B. Pflicht zur Kontaktaufnahme (Absatz1)

4   Abs. 1 enthält eine Verfahrenspflicht für das mit der Streitsache befasste Gericht. Dieses muss bei Kenntniserlangung eines Parallelverfahrens zu demselben Gegenstand in Bezug auf die Verarbeitung durch denselben Verantwortlichen oder Auftragsverarbeiter Kontakt zu diesem Gericht aufnehmen. Die Vorschrift lässt dabei mögliche Anforderungen an die Kenntniserlangung ebenso offen, wie eine Definition zu „demselben Gegenstand".

I. Kenntniserlangung durch das Gericht

5   Als Voraussetzung für die Pflicht zur Kontaktaufnahme wird lediglich die Kenntniserlangung eines Gerichts genannt. Der Formulierung nach stellt die Vorschrift daher auf reine Zufallserkenntnisse ab. Weder wird eine Erkundigungspflicht des Gerichts, etwa bei den Parteien, genannt; noch besteht erst recht keine Pflicht der Mitgliedstaaten zur Einrichtung eines möglichen Informationssystems zur Abgleichung anhängiger Verfahren. Stützt man die Zusammenarbeit der Gerichte jedoch auf eine Kenntniserlangung mittels bloßer Zufallserkenntnisse, dürfte die Norm in der Praxis weitgehend wirkungslos bleiben. Bei lebensnaher Betrachtung werden die Gerichte keine grenzüberschreitende Sachverhaltsaufklärung betreiben. Die Kenntniserlangung würde sich daher iW auf die Streitparteien und deren Prozesstaktik stützen. Diese hätten es folglich weitgehend in der Hand, über die Anwendung des Art. 81 zu entscheiden. Eine solche Rechtsanwendung dient jedoch weder der Verfahrenssicherheit, noch einer Vereinheitlichung der Rechtsprechung in den Instanzen. Hier gilt es folglich gesetzgeberisch nachzubessern, um die Kenntniserlangung durch die Gerichte auf eine handhabbare Grundlage zu stellen.

II. Bestimmung desselben Gegenstandes

6   Abs. 1 stellt auf denselben Gegenstand in Bezug auf die Datenverarbeitung durch einen Verantwortlichen oder einen Auftragsverarbeiter ab. Begrifflich decken sich bei dieser Formulierung in den jeweiligen Parallelverfahren der Datenverarbeitungsvorgang selbst und die Person des Verantwortlichen oder Auftragsverarbeiters. Der Begriff deckt sich daher nicht mit dem des Streitgegenstandes, sondern geht über diesen hinaus (Paal/Pauly/Frenzel Rn. 4). Offenbar enger definiert hingegen der Unionsgesetzgeber selbst den Auslegungsspielraum. So stellt der 144. Erwägungsgrund allein auf Verfahren gegen die Entscheidung einer Aufsichtsbehörde ab. Etwaige parallele Verfahren etwa nach Art. 79 wären daher nicht erfasst. Im Erwägungsgrund wird dabei auch der Begriff des verwandten Verfahrens verwendet und sogleich definiert. „(Danach gelten) Verfahren (...) als miteinander verwandt, wenn zwischen ihnen eine so enge Beziehung gegeben ist, dass eine gemeinsame Verhandlung und Entscheidung geboten erscheint, um zu vermeiden, dass in getrennten Verfahren einander widersprechende Entscheidungen ergehen."

7   In der Literatur wird aus dem eng gezogenen Anwendungsbereich im 144. Erwägungsgrund und aus der Funktionalität des Art. 81 geschlussfolgert, dass dessen Anwendung einen Gleichlauf der Verfahren voraussetzt (vgl. hierzu umfassend Paal/Pauly/Frenzel Rn. 5 ff.). Demnach verbleibe nur ein schmaler Anwendungsbereich auf Fälle aufsichtsbehördlicher Maßnahmen in unterschiedlichen Mitgliedstaaten, die die Datenverarbeitung eines Verantwortlichen zum Gegenstand haben (Paal/Pauly/Frenzel Rn. 7). Parallele Verfahren von betroffenen Personen gegen die Verantwortlichen nach Art. 79 oder parallel laufende Verfahren nach Art. 78 und Art. 79 werden nach dieser Auslegung vom Anwendungsbereich des Art. 81 nicht erfasst.

Der oben aufgezeigten Auslegung ist jedenfalls in ihrer Grundintention zuzustimmen. So stellt **8**
Art. 81 eine unzulängliche Norm dar, um wesentliche Beschränkungen der Rechtsschutzmöglichkeiten überzeugend zu tragen (Paal/Pauly/Frenzel Rn. 5). Dennoch sollte an dieser Stelle der klare Wortlaut im Abs. 1 nicht völlig ausgeblendet werden. Eine Begrenzung des Anwendungsbereiches der Vorschrift allein auf Verfahren gegen eine Aufsichtsbehörde ist dem Art. 81 in Gänze nicht zu entnehmen. Hier allein auf den Erwägungsgrund abzustellen, würde das Rangverhältnis zwischen Gesetzestext und Gesetzesbegründung auf den Kopf stellen. Der Umstand, dass der Unionsgesetzgeber Art. 81 offen formuliert hat, kann daher nicht ausgeblendet werden. Aber auch die Regelungsintention spricht eher für einen weiter gefassten Anwendungsbereich. So stellt der 144. Erwägungsgrund bei der Definition verwandter Verfahren darauf ab, dass vor allem sich widersprechende Entscheidungen vermieden werden sollen, wenn eine enge Beziehung zwischen den Verfahren besteht. Enge Beziehungen idS bestehen jedoch nicht nur bei parallelen Verfahren gegen Aufsichtsbehörden. Gerade in einer Konstellation von parallel laufenden Verfahren nach Art. 78 und Art. 79 können sich widersprechende Entscheidungen für einen Verantwortlichen oder Auftragsverarbeiter unzumutbar sein. Beispielhaft sei hier der Fall genannt, in welchem ein Verantwortlicher in einem Verfahren gegen die Aufsichtsbehörde obsiegt, während er im Verfahren nach Art. 79 unterliegt. Besonders in solchen Konstellationen erscheint es sinnvoll, von verwandten Verfahren iSd 144. Erwägungsgrundes auszugehen und die Verfahrensführung entsprechend den Vorgaben des Art. 81 zu gestalten. Daher sprechen sowohl der Wortlaut als auch der Regelungszweck gegen eine Verengung des Anwendungsbereiches auf parallele Verfahren gegen Aufsichtsbehörden in unterschiedlichen Mitgliedstaaten.

C. Aussetzung des Verfahrens (Abs. 2)

Die Aussetzungsmöglichkeit in Abs. 2 knüpft unmittelbar an die Voraussetzungen des Abs. 1 **9** an. Erlangt ein Gericht positive Kenntnis von parallelen Verfahren bezüglich desselben Gegenstandes gegen einen Verantwortlichen oder Auftragsverarbeiter, kann es das anhängige Verfahren aussetzen. Voraussetzung dabei ist jedoch, dass das aussetzende Gericht später mit der Sache befasst wurde. Dem 144. Erwägungsgrund sind über diese bloße spätere Befassung keine besonderen weiteren Anforderungen für die Aussetzung zu entnehmen. Die Aussetzung dient, wie bereits oben beschrieben wurde, einer gewissen Vereinheitlichung der Rechtsprechung Das aussetzende Gericht kann ein anhängiges Parallelverfahren abwarten, um eine Divergenz der Entscheidungen zu vermeiden. Es ist jedoch grundsätzlich an die Entscheidung des anderen Gerichts in keiner Weise gebunden. Anders, als dies bei den Aufsichtsbehörden der Fall ist, sieht die Datenschutz-Grundverordnung für die Gerichte kein Kohärenzverfahren vor. Ob das aussetzende Gericht daher der Rechtsprechung des anderen Gerichts folgt, ist allein ihm überlassen. Eine letztverbindliche Klärung wird sich daher trotz des Vereinheitlichungsgedankens nur über das Vorabentscheidungsverfahren nach Art. 267 AEUV erreichen lassen (Paal/Pauly/Frenzel Rn. 10).

Die Aussetzungsentscheidung steht entsprechend der Formulierung des Abs. 2 im Ermessen **10** des Gerichts. Bei seiner Ermessensbetätigung wird das Gericht zunächst maßgeblich den Willen der Prozessparteien zu berücksichtigen haben. Streben auch die Prozessbeteiligten eine Aussetzung ausdrücklich an oder beantragen diese gar förmlich, steht einer Aussetzung nichts entgegen. Anders liegt der Fall jedoch, wenn eine oder mehrere Parteien einer Aussetzung ausdrücklich widersprechen. In einer solchen Konstellation hat das Gericht die betroffenen Rechte gegen die Prozessökonomie abzuwägen (Paal/Pauly/Frenzel Rn. 11). Dabei wird gegen eine Aussetzung in aller Regel die Eigenständigkeit des Verfahrens sprechen. Das aussetzungswillige Gericht ist nach dem oben Gesagten inhaltlich nicht an die Entscheidung des anderen Gerichts gebunden. Es wird sich daher in der Regel nur schwer begründen lassen, aus welchem Grund heraus die Prozessökonomie den Rechten der Parteien überwiegen soll. Gerade im Hinblick auf eine zügige Entscheidung wird es bei Auslegungsschwierigkeiten in der Regel zielführender sein, den Europäischen Gerichtshof über Art. 267 AEUV mit der Sache zu befassen, statt zunächst die Entscheidung eines anderen Gerichts abzuwarten. Hat jedoch bereits das andere Gericht entsprechende Vorlagefragen an den Europäischen Gerichtshof gerichtet, kann eine Aussetzung als Erwägung der Prozessökonomie ausnahmsweise gegenüber den Rechten der Parteien überwiegen. In diesem Fall würde das Gericht über die Aussetzung nicht nur eine andere Entscheidung abwarten, sondern das Verfahren auch zugunsten einer letztverbindlichen Klärung unterbrechen. Diese Verfahrensweise dürfte ermessensfehlerfrei sein, solange nicht Besonderheiten des Falles eine zügige Entscheidung im Lichte des Art. 47 Abs. 1 der Grundrechte-Charta erfordern.

D. Erklärung der Unzuständigkeit (Abs. 3)

11 Eine echte Zulässigkeitshürde für eine erhobene Klage enthält die Regelung des Abs. 3. Die Regelung stellt daher den stärksten Eingriff in die bestehenden Rechtsschutzmöglichkeiten dar. Relativiert wird dieser Umstand jedoch durch die Anforderungen, die der Abs. 3 für eine Erklärung der Unzuständigkeit einfordert. So müssen beide Verfahren zunächst in erster Instanz anhängig sein. Darüber hinaus bedarf es auch des Antrages zumindest einer Prozesspartei. Weiterhin muss das zuerst angerufene Gericht auch für die Entscheidung über den Fall des sich für unzuständig erklärenden Gerichts zuständig sein. Ferner muss das jeweilige nationale Prozessrecht eine Verbindung beider Verfahren zulassen. Gerade dieser Punkt wird in der Praxis den Anwendungsbereich von Abs. 3 erheblich verengen. Darüber hinaus legt er den Anwendungsbereich des Abs. 3 in einem erheblichen Maß in die Hände der nationalen Gesetzgeber. Daher bedarf es auch keiner einschränkenden Auslegung des an sich weiten Wortlautes des Art. 81 (für eine solche Paal/Pauly/Frenzel Rn. 13).

12 Auch die in der Literatur angeführte „unvorstellbare" Zusammenführung mehrerer zivilgerichtlicher Auseinandersetzungen verschiedener betroffener Personen (so Paal/Pauly/Frenzel Rn. 13) trägt eine solche Einschränkung des Wortlautes nicht. Über das aufgezeigte Kriterium der verfahrensrechtlichen Zulässigkeit einer solchen Verfahrensverbindung hinaus bedarf es keiner weiteren prozessualen Hürde. Der Verbindung grenzüberschreitender Verfahren mit zumindest teilweise nicht identischen Parteien kann über eine Ausgestaltung der jeweiligen Prozessordnungen hinreichend Rechnung getragen werden. Gestalten die Mitgliedstaaten ihre jeweiligen Prozessordnungen jedoch zugunsten einer solchen Verbindung, ist nicht ersichtlich, warum diese über eine einschränkende Auslegung des Abs. 3 unmöglich gemacht werden sollte. Es obliegt daher der jeweiligen nationalen Gesetzgebung, eine Verbindung der aufgezeigten Verfahren zuzulassen. Der weite Wortlaut des Art. 81 steht einer solchen Ausgestaltung jedenfalls nicht entgegen.

Artikel 82 Haftung und Recht auf Schadenersatz

(1) Jede Person, der wegen eines Verstoßes gegen diese Verordnung ein materieller oder immaterieller Schaden entstanden ist, hat Anspruch auf Schadenersatz gegen den Verantwortlichen oder gegen den Auftragsverarbeiter.

(2) [1]Jeder an einer Verarbeitung beteiligte Verantwortliche haftet für den Schaden, der durch eine nicht dieser Verordnung entsprechende Verarbeitung verursacht wurde. [2]Ein Auftragsverarbeiter haftet für den durch eine Verarbeitung verursachten Schaden nur dann, wenn er seinen speziell den Auftragsverarbeitern auferlegten Pflichten aus dieser Verordnung nicht nachgekommen ist oder unter Nichtbeachtung der rechtmäßig erteilten Anweisungen des für die Datenverarbeitung Verantwortlichen oder gegen diese Anweisungen gehandelt hat.

(3) Der Verantwortliche oder der Auftragsverarbeiter wird von der Haftung gemäß Absatz 2 befreit, wenn er nachweist, dass er in keinerlei Hinsicht für den Umstand, durch den der Schaden eingetreten ist, verantwortlich ist.

(4) Ist mehr als ein Verantwortlicher oder mehr als ein Auftragsverarbeiter bzw. sowohl ein Verantwortlicher als auch ein Auftragsverarbeiter an derselben Verarbeitung beteiligt und sind sie gemäß den Absätzen 2 und 3 für einen durch die Verarbeitung verursachten Schaden verantwortlich, so haftet jeder Verantwortliche oder jeder Auftragsverarbeiter für den gesamten Schaden, damit ein wirksamer Schadensersatz für die betroffene Person sichergestellt ist.

(5) Hat ein Verantwortlicher oder Auftragsverarbeiter gemäß Absatz 4 vollständigen Schadenersatz für den erlittenen Schaden gezahlt, so ist dieser Verantwortliche oder Auftragsverarbeiter berechtigt, von den übrigen an derselben Verarbeitung beteiligten für die Datenverarbeitung Verantwortlichen oder Auftragsverarbeitern den Teil des Schadensersatzes zurückzufordern, der unter den in Absatz 2 festgelegten Bedingungen ihrem Anteil an der Verantwortung für den Schaden entspricht.

(6) Mit Gerichtsverfahren zur Inanspruchnahme des Rechts auf Schadenersatz sind die Gerichte zu befassen, die nach den in Artikel 79 Absatz 2 genannten Rechtsvorschriften des Mitgliedstaats zuständig sind.

Artikel 82 DS-GVO

Überblick

Art. 82 eröffnet einen eigenen deliktischen über die bisherigen Regelungen von Art. 23 Datenschutz-RL, § 7 BDSG deutlich hinausgehenden Schadensersatzanspruch. Zum Ausgleich materieller und immaterieller Schäden besteht eine Haftung mit Verschuldensvermutung, wobei der Verantwortliche nach Abs. 3 den Entlastungsbeweis führen kann. Der Betroffene erhält bei einem Verstoß gegen die DS-GVO nachträglich einen Ausgleich in Geld sowie Schmerzensgeld für immaterielle Schäden. Wegen der ausdrücklichen Erstreckung des Anspruchs auf die bei Datenschutzverstößen besonders relevanten immateriellen Schäden sowie der Möglichkeiten der Verbandsklage nach Art. 80 Abs. 1 und Musterfeststellungsklagen nach §§ 606 ff. ZPO ist eine Zunahme der zu § 7 und § 8 BDSG aF fast nicht vorkommenden Schadensersatzforderungen und -klagen zu erwarten. Der Schadensersatzanspruch ist eine der zentralen Sanktionen bei Verstößen gegen die DS-GVO.

Übersicht

	Rn.		Rn.
A. Allgemeines	1	**C. Rechtsfolge: Schadensersatz**	28
I. Zweck	1	I. Ersatz materieller Schäden	28
II. Normgeschichte	2	II. Ersatz immaterieller Schäden	31
III. Umsetzung durch den nationalen Gesetzgeber	4	**D. Personen**	37
		I. Anspruchsberechtigter	37
IV. Konkurrenzen und ergänzende Regelungen	8	II. Anspruchsverpflichteter (Abs. 2): Verantwortlicher, insbesondere Auftragsverarbeiter	39
B. Anspruchsvoraussetzungen	14		
I. Verstoß gegen die DS-GVO	14	**E. Gesamtschuldnerische Haftung (Abs. 4) und Innenausgleich (Abs. 5)**	44
II. Keine Exculpationsmöglichkeit (Abs. 3)	17	**F. Zuständiges Gericht (Abs. 6)**	46
III. Schaden	23	**G. Beweislast**	51
IV. Kausalität	26		

A. Allgemeines

I. Zweck

1 Der deliktische Schadensersatzanspruch gleicht nicht nur einen erlittenen Schaden aus, vielmehr erfüllt er darüber hinaus general-repressive und -präventive Zwecke: Die Haftung sanktioniert mittelbar Verstöße gegen die DS-GVO, beugt präventiv weiteren Verstößen vor, schreckt ab und schafft damit einen zusätzlichen Anreiz für Sicherungsmaßnahmen der Verantwortlichen → Rn. 1.1. Er ist im Zusammenhang mit dem Beschwerderecht der Art. 77 ff., dem Rechtsschutz nach Art. 79 ff. und den Sanktionen iSv Art. 83 f. zu sehen.

1.1 Die allgemeinen dem Schadensersatz immanenten Zwecke (BeckOK BGB/Schubert BGB § 249 Rn. 1, Jauernig/Teichmann BGB, 16. Aufl. 2015, Vorbemerkungen zu den §§ 249–253 Rn. 2 mit Verweis auf Wagner 66. DJT Bd. I A 20 f.) kommen zum Tragen: Der erlittene Vermögensschaden wird individuell ausgeglichen, der Verstoß gegen Datenschutzbestimmungen sanktioniert, präventiv wird weiteren Verstößen vorgebeugt, zudem wird ein Anreiz für Sicherungsmaßnahmen geschaffen. Der präventiven Wirkung des Schadensersatzes misst die Rechtsprechung (BGHZ 128, 1 (15 f.) = NJW 1995, 861; BGH NJW 1996, 984 (985)) gerade im Bereich der – hinter Art. 82 stehenden Persönlichkeitsverletzung – besondere Bedeutung zu. Unter präventiven Gesichtspunkten erwähnt das Bundesverfassungsgericht in der sog. Vorratsdatenspeicherungsentscheidung die verschuldensunabhängige Haftung als mögliches Instrument zur Erhöhung der Datensicherheit (BGH Urt. v. 2.3.2010 – 1 BvR 256/08, 1 BvR 263/08, 1 BvR 586/08 Rn. 221–223). Zudem hat im maßgeblichen Bereich der Sicherheits-, Straf- und Strafvollstreckungsbehörden die Datenverarbeitung nur eine unterstützende Bedeutung. Fehler im Rahmen der Datenverarbeitung können durch das staatliche Handeln selbst korrigiert werden, so dass materielle Schäden erst gar nicht entstehen (hierzu auch Plath/Becker Rn. 3).

1a Art. 82 gilt sowohl für den öffentlichen als auch den nichtöffentlichen Bereich und für automatisierte und nicht automatisierte Datenverarbeitung ohne Unterschiede. Das BDSG aF hatte zwei Schadensersatzansprüche vorgesehen und dabei eine doppelte Differenzierung vorgenommen: § 7 BDSG aF sah eine deliktische Haftung bei nichtautomatisierter Datenverarbeitung des öffentlichen

DS-GVO Artikel 82 Kapitel VIII. Rechtsbehelfe, Haftung und Sanktionen

sowie des nichtöffentlichen Bereichs vor, wobei das Verschulden vermutet wurde und der Ausgleich auf materielle Schäden begrenzt war. Für die automatisierte Datenverarbeitung allein von öffentlichen Stellen bestand daneben wegen des besonderen Gefahrenpotentials der Automatisierung die spezielle Gefährdungshaftung des § 8 BDSG aF, wobei das Haftungsrisiko auf maximal 130.000 EUR begrenzt war. Diese Regelungen werden durch Art. 82 DS-GVO und § 83 BDSG für den Bereich der Sicherheits-, Straf- und Strafvollstreckungsbehörden ersetzt.

1a.1 Im Bereich der Sicherheits-, Straf- und Strafvollstreckungsbehörden findet die DS-GVO keine Anwendung s. Art. 2 Abs. 2 lit. d DS-GVO. Daher gab Art. 56 Richtlinie zum Datenschutz in Strafsachen (RL (EU) 216/680) dem deutschen Gesetzgeber auf, einen Schadensersatzanspruch für materielle und immaterielle Schäden zu regeln, was insoweit in § 83 BDSG erfolgte.

II. Normgeschichte

2 Nach Art. 23 Abs. 2 Datenschutz-RL waren die Mitgliedstaaten zur Normierung eines Schadensersatzanspruchs bei rechtswidrigen Verarbeitungen und anderen Verstößen gegen die Datenschutz-RL verpflichtet. Art. 23 Datenschutz-RL ließ jedoch wesentliche Fragen, so nach dem maßgeblichen Schaden (fraglich immaterielle Schäden) und Anspruchsverpflichteten (fraglich Auftragsdatenverarbeiter), offen. Dem Schadensersatz kam bislang im Datenschutzrecht eine untergeordnete Funktion zu. Durch die nun erfolgten Ausweitungen ist eine Zunahme der Bedeutung zu erwarten.

3 Art. 82 ersetzt auch die bisherigen nationalen Regelungen des § 7 BDSG aF (deliktische Haftung bei nichtautomatisierter Datenverarbeitung des öffentlichen sowie des nichtöffentlichen Bereichs) und des § 8 BDSG aF (automatisierte Datenverarbeitung von öffentlichen Stellen; vgl. hierzu → Rn. 2).

III. Umsetzung durch den nationalen Gesetzgeber

4 Eine Umsetzung oder Konkretisierung ist nicht erforderlich, der Anspruch gilt direkt. Art. 82 ersetzt die ehemaligen Regelungen der Mitgliedstaaten zur Umsetzung von Art. 23 DS-RL, dh die deutschen Regelungen der §§ 7, 8 BDSG aF. Eine Ausgestaltung durch den nationalen Gesetzgeber ist nicht erforderlich, auch eine Beschränkung durch den nationalen Gesetzgeber ist nicht vorgesehen.

5 Hinsichtlich der Verbandsklage des Art. 80, mit der ein entsprechender Anspruch eingeklagt werden kann, ist eine Umsetzung durch den nationalen Gesetzgeber erforderlich; zur aktuellen Umsetzung → Art. 80 Rn. 20.

6-7 Für den Bereich der Sicherheits-, Straf- und Strafvollstreckungsbehörden hat der deutsche Gesetzgeber einen Schadensersatzanspruch für materielle und immaterielle Schäden in § 83 BDSG normiert.

IV. Konkurrenzen und ergänzende Regelungen

8 Neben dem deliktischen Schadensersatzanspruch nach Art. 82 stehen die allgemeinen Schadensersatzansprüche aus Vertrag, so § 280 BGB oder bei Vertragsabschluss § 311 Abs. 2 BGB, sowie die deliktischen nach § 823 Abs. 1 BGB (Verletzung des Persönlichkeitsrechts, Eingriff in den eingerichteten und ausgeübten Gewerbebetrieb), § 823 Abs. 2 BGB iVm der verletzten Norm der DS-GVO, §§ 824, 826, 831 BGB oder § 839 BGB iVm Art. 34 GG. Der Anspruch aus Art. 82 ist für den Betroffenen wegen der Verschuldensvermutung sowie des Ersatzes immaterieller Schäden in der Praxis vorteilhaft. Art. 82 ist keine ausschließliche Regelung (zu § 7 BDSG aF so BAG NJW 2015, 2749).

9 Daneben stehen Beseitigungs- und bei Wiederholungsgefahr die allgemeinen Unterlassungsansprüche gem. § 1004 BGB, bei einem Eingriff in das Persönlichkeitsrecht analog §§ 823 Abs. BGB § 823 Abs. 2, § 1004 BGB.

10 Art. 82 ist ein eigenständiger deliktischer Anspruch, der dem allgemeinen nationalen Haftungsregime des BGB unterliegt (so auch Kühling/Buchner/Bergt Rn. 65; aA NK-DatenschutzR/ Boehm Rn. 22, die vorrangig europarechtliche Regelungen und Rechtsprechung zur Anwendung bringen will). Zu berücksichtigen sind ergänzend insbesondere die Regelungen des Mitverschuldens nach § 254 BGB, des Sorgfaltsmaßstabs des § 276 BGB, der Verjährung nach §§ 195 ff. BGB, von Treu und Glauben § 242 BGB.

11 Dies gilt auch für Verzicht und Übertragbarkeit im Rahmen der Abtretung nach § 398 BGB oder in Folge eines Todesfalls nach § 1922 BGB. Auch wenn hinter dem Anspruch nach Art. 82

eine Persönlichkeitsverletzung stehen mag, so ist die Rechtsprechung des BGHs für Entschädigungen im Presserecht (BGH NJW 2014, 2871 = BGHZ 201,45) nicht zu übertragen. Eine Persönlichkeitsverletzung ist gerade nicht Anspruchsvoraussetzung, wegen der präventiven Wirkung (→ Rn. 1) kommt Art. 82 auch eine objektive Aufgabe zu, die für die Möglichkeit von Abtretung und Vererblichkeit sprechen. Ein Verzicht in Allgemeinen Geschäftsbedingungen wäre dagegen wegen des Abweichens von wesentlichen Grundgedanken der gesetzlichen Regelung des Art. 82 DS-GVO nach §§ 307 Abs. 2 Nr. 1, Abs. 1 BGB unwirksam (so auch Plath/Becker Rn. 11).

Verwaltungsrechtliche Vorgehen wie Beschwerde bei der Aufsichtsbehörde nach Art. 77, Klage gegen bindende Beschlüsse der Aufsichtsbehörden nach Art. 78 Abs. 1 oder die Klage bei Untätigkeit der Aufsichtsbehörden nach Art. 78 Abs. 2 sind alternative Rechtsbehelfe, die neben einem Schadensersatzanspruch stehen, aber keine Voraussetzung für einen solchen sind. **12**

Ob und inwieweit neben den Regelungen der DS-GVO noch wettbewerbliche Regelungen, insb. nach dem UWG oder UKlaG anwendbar sind, ist umstritten und nicht höchstrichterlich geklärt (dagegen LG Stuttgart Urt. v. 20.5.2019 – 35 O 68/18; Köher/Bornkamm/Feddersen, UWG, 38. Aufl. 2020/Köhler,§ 3a UWF Rn 1.40a; dafür OLG Hamburg ZD 2019, 33). **13**

B. Anspruchsvoraussetzungen

I. Verstoß gegen die DS-GVO

Der Kanon haftungsrelevanter Verletzungshandlungen ist weit: Es kommen materielle wie formelle Verstöße in Betracht. Voraussetzung ist nach Wortlaut und Zielrichtung zudem nicht ein Verstoß gegen in der DS-GVO geregelte Datenschutzbestimmungen. Es genügt vielmehr ein Verstoß gegen die Verordnung selbst (aA Gola/Pitz Rn. 4). Drittschutz der Norm ist nicht erforderlich (Kühling/Buchner/Bergt Rn. 23; Geissler/Ströbel NJW 2019, 3414, Wybitul/Haß/Albrecht NJW 2018, 113 (114)), eine Begrenzung erfolgt im Rahmen der Kausalität. Auch ist nicht allein auf die Datenverarbeitung abzustellen, sondern sämtliche Maßnahmen so auch Vorbereitungsmaßnahmen können einen entsprechenden Anspruch begründen (anders LG Bonn ZD 2021, 586, wonach die Verletzung von Informationsrechten nicht ausreichend sein soll). **14**

Nach den Erwägungsgründen soll (entgegen dem Wortlaut „gegen die Verordnung") auch ein Verstoß gegen die erlassenen delegierten Rechtsakte und Durchführungsrechtsakte sowie präzisierenden Rechtsvorschriften der Mitgliedstaaten (Erwägungsgrund 146, → Rn. 15.1) ausreichen. Zahlreiche nationale Vorschriften, die über die DS-GVO hinausgehen, werden als Präzisierung der Grundsätze des Art. 5 anzusehen sein, die dann die Haftung „nach der Verordnung" auslösen. **15**

Erwägungsgrund 146 S. 5: „Zu einer Verarbeitung, die mit der vorliegenden Verordnung nicht im Einklang steht, zählt auch eine Verarbeitung, die nicht nach Maßgabe der vorliegenden Verordnung erlassenen delegierten Rechtsakten und Durchführungsrechtsakten und Rechtsvorschriften der Mitgliedstaaten zur Präzisierung von Bestimmungen der vorliegenden Verordnung im Einklang steht." **15.1**

Als tatbestandsbegründender Umstand obliegt die Beweislast insoweit grundsätzlich dem Anspruchssteller. Die allgemeine Rechenschaftspflicht des Verantwortlichen nach Art. 5 Abs. 2 DS-GVO kann hier zu Erleichterungen führen. Es ist jedoch zu weit, wegen Art. 5 Abs. 2 DS-GVO bereits von einer Beweislastumkehr zu sprechen (so jedoch Geissler/Ströbe NJW 2019, 3145; Wybitul/Haß/Albrecht NJW 2018, 113 (114)). Der Anspruchsverpflichte hat zwar Rechenschaft bezogen auf die in Art. 5 Abs. 1 a–f genannten Pflichten abzugeben, dem Anspruchssteller hat unter Verwendung dieser dann den Verstoß gegen die DS-GVO zu beweisen. **16**

II. Keine Exculpationsmöglichkeit (Abs. 3)

Der Anspruchsverpflichtete wird von der Haftung befreit, wenn er in keinerlei Hinsicht für den schadensverursachenden Umstand verantwortlich ist. Verantwortung ist das Verschulden iSd deutschen Rechtsterminologie und nicht die datenschutzrechtliche Verantwortung → Rn. 17.2. Diese Verantwortung wird grundsätzlich vermutet → Rn. 17.1. **17**

In der Literatur wird auch vertreten, es handle sich nicht um eine Haftung wegen vermuteten Verschuldens, sondern um eine Gefährdungshaftung mit einem rechtsvernichtenden Einwand nach Abs. 3 (NK-DatenschutzR/Boehm Rn. 6). Eine Gefährdungshaftung setzt grundsätzlich ein erlaubtes Verhalten voraus, mit dem der Einstandspflichtige eine gewisse Gefährdung unvermeidlich herbeiführt. Es erscheint denkbar, die Datenverarbeitung als solchen Vorgang anzusehen. Typisch für die Gefährdungshaftung ist jedoch das Fehlen einer rechtswidrigen Handlung und die Verschuldensfreiheit. Art. 82 setzt jedoch gerade ein rechtswidriges Verhalten, nämlich den Verstoß gegen die Verordnung voraus, zudem ist der Zusammenhang **17.1** von Abs. 1 und Abs. 3 derart eng, dass die besseren Argumente dafür sprechen, Abs. 3 als Exculpation für ein in Abs. 1 vermutetes Verschulden anzusehen (im Ergebnis so auch Härting DS-GVO-HdB Rn. 234; Geissler/Ströbel NJW 2019, 3414). Für die Praxis hat diese Einordnung wenig Relevanz (Plath/Becker Art. 82 Rn. 5). Gegen die Annahme einer Gefährdungshaftung ÖOHG ZD 2020, 302).

17.2 Der Vergleich mit der englischen Formulierung „i fit proves that it is not in any way responsible for the event giving rise to the damage" zeigt ebenfalls auf, dass „verantwortlich" nicht im datenschutzrechtlichen Sinne zu verstehen ist (so auch Geisserl/Ströbel NJW 2019, 3415).

18 Der Anspruchsverpflichtete kann sich hiervon befreien, er trägt aber insoweit die Beweislast, dass er weder vorsätzlich gehandelt noch die maßgebliche Sorgfalt des § 276 BGB außer Acht gelassen hat (aA NK-DatenschutzR/Boehm Rn. 22 und Ehmann/Selmayr/Nemitz Rn. 14, die eine Anwendung des § 276 BGB ablehnt und den Verschuldensbegriff europarechtlich auslegen; wie hier unter anderem Gola/Pitz Rn. 18). Die konkreten Anforderungen für den Nachweis, dass die erforderliche Sorgfalt beachtet wurde, hängen von den Umständen des Einzelfalls ab. Der Anspruchsverpflichtete kann sich entlasten, indem er beweist, dass er die am Maßstab des Stands der Technik und im Verkehr, dh am allgemeinen Schutzinteresse orientierte erforderliche Sorgfalt iSv § 276 Abs 2 BGB angewendet hat. Hackerangriffe oder Datenlecks entlasten nur, wenn der Verantwortliche die übliche Sorgfalt zum Schutz der Daten angewendet hat (so auch Plath/Becker Rn. 5a). Zu berücksichtigen ist in diesem Fall, dass die DS-GVO nicht erfordert, alle theoretisch möglichen Schutzvorkehrungen vorzusehen (so auch Plath/Becker Rn. 5a).

19 Für die Praxis ist eine umfassende Dokumentation der Maßnahmen zur Sicherstellung des Datenschutzes empfehlenswert, und zwar über die allgemeine Rechenschaftspflicht des Verantwortlichen nach Art. 5 Abs. 2 DS-GVO hinaus. Zertifizierungen sind sinnvoll, sind jedoch auch nicht ausreichend.

20 Die Grundsätze des § 278 BGB und der Mitarbeiterhaftung gelten auch in diesem Zusammenhang. Eine Entlastung setzt daher auch voraus, dass die beteiligten Mitarbeiter keinerlei Verschulden trifft (Gola/Piltz Rn. 19). Inwieweit die Exculpationsregelungen des § 831 Abs. 1 S. 2 BGB ergänzend heranzuziehen sind, ist in der Literatur umstritten, durch die Rechtsprechung noch nicht geklärt. Für eine Anwendung spricht die Einordnung des Art. 82 als deliktischer Anspruch, der durch die allgemeinen Regelungen des Deliktsrechts ergänzt wird (Plath/Becker Rn. 5b, → Rn. 10), dagegen sprechen die datenschutzrechtlichen Sonderreglungen mit Organisationspflichten, die hierdurch ausgehebelt werden sowie der von Art. 82 beabsichtigte wirkungsvolle und umfassende Schadensersatz (so auch Ehmann/Selmayr/Nemitz Rn. 20; Wybitul/Haß/Albrecht NJW 2018, 113 (116)).

21 Auch ein Fehler des betrieblichen Datenschutzbeauftragten wird zuzurechnen sein. Zwar ist er grundsätzlich unabhängig iSv Art. 38 Abs. 3, jedoch kommt dem Datenschutzbeauftragten gerade im Interesse des Verantwortlichen die Aufgabe der Sicherstellung der datenschutzrechtlichen Regelungen zu. Eine Exculpation durch den Nachweis ordnungsgemäßer Auswahl des Datenschutzbeauftragten stünde zudem im Widerspruch mit dem Grundsatz des effektiven Schadensersatzes, den Art. 82 gewährleisten soll (vgl. Erwägungsgrund 146).

22 Neben der Exculpation ist auch ein Mitverschulden des Anspruchsberechtigten nach § 254 BGB zu berücksichtigen (→ Rn. 10; aA NK-DatenschutzR/Boehm Rn. 30, die eine Anwendung des § 254 BGB im Rahmen des europarechtlichen Schadensersatzanspruches ablehnt, aber die Rechtsprechung des EuGHs zur unionsrechtlichen Haftung gem. § 240 AEUV samt heranzieht und damit zu einem ähnlichen Ergebnis kommt).

III. Schaden

23 Es muss beim Anspruchsberechtigten ein Schaden entstanden sein. Ausdrücklich genügt auch ein immaterieller Schaden, wofür sich insbesondere der Ausschuss für bürgerliche Freiheiten, Justiz und Inneres in seiner Stellungnahme v. 16.1.2013 und die deutsche Delegation mit Stellungnahme v. 21.4.2015 eingesetzt hatten.

24 Der Begriff des Schadens soll nach dem Erwägungsgrund 146 S. 3 (→ Rn. 24.1) weit ausgelegt werden, sodass die Betroffenen einen wirksamen Ersatz bekommen. Die Erwägungsgründe nennen beispielhaft folgende Nichtvermögens- wie Vermögensschäden: Diskriminierung, Identitätsdiebstahl oder -betrug, Rufschädigung, Verlust der Vertraulichkeit von dem Berufsgeheimnis unterliegenden personenbezogenen Daten, unbefugte Aufhebung der Pseudonymisierung oder andere gesellschaftliche Nachteile, die an sich schon ein immaterieller Schaden sind, sich zudem zu einem materiellen Schaden verwirklichen können; des Weiteren finanzielle Verluste oder andere erhebliche wirtschaftliche Nachteile (jeweils Erwägungsgrund 75 und 85).

24.1 Erwägungsgrund 146 S. 3: „Der Begriff des Schadens sollte im Lichte der Rechtsprechung des Gerichtshofs weit auf eine Art und Weise ausgelegt werden, die den Zielen dieser Verordnung in vollem Umfang entspricht."

25 Der Schaden muss erlitten sein, dh entstanden und nicht nur befürchtet werden (vgl. Erwägungsgrund 146 S. 6 „erlittene" → Rn. 28.1; Paal/Pauly/Frenzel Art. 82 Rn. 10).

25a Ob eine Erheblichkeitsschwelle erreicht bzw. überschritten sein muss, ob der Datenverlust an sich oder ein ungutes Gefühl ein ausreichender Schaden ist und so genannte Bagatellschäden auszuschließen sind, ist umstritten (vgl. offen gelassen BVerfG NJW 2021, 1005; Kohn ZD 2019, 498 (501); Paal MMR 2020, 14 (16)).

25b Der OGH Österreich hat dem EuGH die Fragen zur Vorabentscheidung vorgelegt, ob der Eintritt eines Schadens beim Betroffenen eine Tatbestandsvoraussetzung ist oder eine Verletzung von Bestimmungen des DS-GVO ausreicht sowie ob eine gewisse Erheblichkeit (Konsequenz von zumindest einigem Gewicht über den hervorgerufenen Ärger hinausgehend) erforderlich ist (OGH Österreich ZD 2021, 631).

25c Die Erwägungsgründe, Ziel und Zweck des Art. 82 → Rn. 1 sprechen gegen ein ungeschriebenes Tatbestandsmerkmal der Erheblichkeit (hierzu LAG Nds BeckRS 2021, 32008 Rn. 196). Denn nach Erwägungsgrund 146 S. 3 → Rn. 24.1 soll der Schaden grundsätzlich weit auf eine Art und Weise ausgelegt werden, die den Zielen dieser Verordnung in vollem Umfang entspricht. Dies entspricht auch den Zielen des Art. 82 als Sanktion und Prävention → Rn. 1. Die Entscheidung des EuGH zum Vorlagebeschluss des OGH Österreich bleibt abzuwarten.

IV. Kausalität

26 Der Schaden muss kausal auf die Verletzungshandlung bzw. den Verstoß zurückzuführen sein (s. Wortlaut „wegen"; zur Kausalität in der haftungsrechtlichen Rechtsprechung der Unionsgerichte Paal/Pauly/Frenzel Rn. 11 mit Verweis auf Weitenberg, Der Begriff der Kausalität in der haftungsrechtlichen Rechtsprechung der Unionsgerichte, 2014 mwN; LAG BW ZD 2021, 436). Der Schaden muss daher auf den oben genannten Verstoß zurückzuführen sein, wobei eine Mitursächlichkeit genügt (Formel der conditio-sine-qua-non). Es genügt daher nicht, wenn der Schaden durch die Verarbeitung entstanden ist und es in deren Rahmen zu einem Rechtsverstoß gekommen ist (LAG Bln ZD 2021, 436 Rn. 85). Anders wäre es, wenn durch den Verstoß die gesamte Datenverarbeitung rechtswidrig wird (LAG BW ZD 2021, 436).

26a Bei der Auslegung europarechtlicher Regelungen wie dem Art. 82 ist jedoch darauf zu achten, dass eine effektive Anwendung des Europarechts gewährleistet wird (Äquivalenz- und Effektivitätsgrundsatz vgl. hierzu auch NK-DatenschutzR/Boehm Rn. 14), ggf. ist dabei auf die Rechtsprechung des EuGH zum Kartellschadensersatz zurückzugreifen (Wybitul/Haß/Albrecht NJW 2018, 113 (115)). Zur Einschränkung soll der Schaden jedoch für den Anspruchsverpflichteten vorhersehbar gewesen sein, ganz außergewöhnliche Folgen sollen damit ausgeschlossen werden (zur Rechtsprechung im Kartellrecht EuGH EuZW 2014, 586 Rn. 31; Weitenberg, Der Begriff der Kausalität im Unionsrecht, 2014). Ausgeschlossen sind damit völlig atypische und ungewöhnliche Verläufe NK-DatenschutzR/Boehm Rn. 14; Kühling/Buchner/Bergt Rn. 45).

27 Die Beweislast auch für diese Voraussetzung obliegt dem Anspruchsberechtigten, dies entspricht den allgemeinen deliktischen Voraussetzungen. Eine Beweislastumkehr ist der Norm ausdrücklich nur bezüglich des Gesichtspunkts des Verschuldens zu entnehmen.

C. Rechtsfolge: Schadensersatz

I. Ersatz materieller Schäden

28 Zu ersetzen sind die eingetretenen materiellen Schäden beim Betroffenen nach den allgemeinen zivilrechtlichen Regelungen der §§ 249 ff. BGB (hierzu ua BeckOK BGB/Flume BGB § 249 Rn. 83 ff.). Ein Mitverschulden des Betroffenen wird analog § 254 BGB bei der Bemessung der Schadensersatzhöhe zu berücksichtigen sein. Die betroffenen Personen sollen einen vollständigen und wirksamen Schadenersatz für den erlittenen Schaden erhalten, wobei nach den Erwägungsgründen eine weite Auszulegung vorgenommen werden soll (so Erwägungsgrund 146), der Schadensersatz muss daher mehr als symbolisch sein (so auch Kühling/Buchner/Bergt Rn. 17 f.). Dies kann auch iRd bisherigen deutschen Gerichtspraxis erfolgen und setzt nicht notwendig neue Maßstäbe voraus (so aber Kühling/Buchner/Bergt Rn. 18 und Plath/Becker Rn. 4).

28.1 Erwägungsrund 146 S. 6 „Die betroffenen Personen sollten einen vollständigen und wirksamen Schadenersatz für den erlittenen Schaden erhalten."

29-30	Der zu ersetzende Schaden muss kausal auf die Verletzung zurückzuführen sein (haftungsausfüllende Kausalität, vgl. ua Palandt/Heinrichs, Kommentar zum Bürgerlichen Gesetzbuch, 74. Aufl. 2015, BGB Vor § 249 Rn. 56).

II. Ersatz immaterieller Schäden

31	Für den immateriellen Schadensersatz gelten die iRv § 253 BGB entwickelten Grundsätze (hierzu ua BeckOK BGB/Flume BGB § 253 Rn. 1 ff.), die Ermittlung obliegt dem Gericht nach § 287 ZPO. Es können für die Bemessung die Kriterien des Art. 83 Abs. 2 herangezogen werden (so auch LAG Hamm BeckRS 2021, 21866), bspw. die Art, Schwere und Dauer des Verstoßes unter Berücksichtigung der Art, des Umfangs oder des Zwecks der betreffenden Verarbeitung, die betroffenen Kategorien personenbezogener Daten zur Ermittlung (vgl. auch BeckOK BGB/Spindler BGB § 253 Rn. 26). Zu berücksichtigen ist auch, dass die beabsichtigte abschreckende Wirkung nur durch für den Anspruchsverpflichtenden empfindliche Schmerzensgelder erreicht wird, insbesondere wenn eine Kommerzialisierung fehlt (hierzu auch Plath/Becker Rn. 4a). Ein genereller Ausschluss von Bagatellfällen ist damit nicht zu vereinbaren. Dies ist auch aus Art. 4 Abs. 3 EUV abzuleiten, wonach die Mitgliedstaaten Verstöße angemessen sanktionieren sollen (Wybitul/Haß/Albrecht NJW 2018, 113 (115)).
32	Auch die in der bisherigen deutschen Rechtsprechung für Schmerzensgeld geforderte Voraussetzung einer schwerwiegenden Persönlichkeitsverletzung verträgt sich nicht mit Art. 82. Sie ist weder vorgesehen noch von dessen Ziel und Entstehungsgeschichte gedeckt, der Anspruch ist hiervon grundsätzlich unabhängig. Die schwerwiegende Persönlichkeitsverletzung kann vor diesem Hintergrund auch nicht als untere Grenze einer Schmerzensgeldhöhe wieder eingelesen werden. Vielmehr ist der immaterielle Schaden umfassend zu ersetzen. Eine schwerwiegende Persönlichkeitsverletzung wird regelmäßig zu einem hohen Schmerzensgeld führen.
33	Auch eine Erheblichkeitsschwelle muss nicht erreicht bzw. überschritten werden (LAG Nds BeckRS 2021, 32008 Rn. 196). Nach Erwägungsgrund 146 S. 3 → Rn. 24.1 soll der Schaden weit auf eine Art und Weise ausgelegt werden, den den Zielen dieser Verordnung in vollem Umfang entspricht. Die Betroffenen sollen zudem nach Erwägungsgrund 146 S. 6 einen vollständigen und wirksamen Schadensersatzanspruch erhalten. Dem widerspäche es eine Erheblichkeit als ungeschriebene Voraussetzung für Schmerzensgeldansprüche zu fordern. Die Geringfügigkeit einer Beeinträchtigung wäre bei der Höhe des Schmerzensgeldes zu berücksichtigen. Zur Vorlage des ÖOGH (ZD 2020, 631 → Rn. 25).
34	Die künftige Rechtspraxis wird zeigen, ob Fallgruppen mit Pauschalbeträgen wie im Urheber- und Lizenzrecht gebildet werden. Dies würde vor allem auch eine außergerichtliche Inanspruchnahme erleichtern.
34.1	2013 hat die OECD in einer Studie (OECD (2013), "Exploring the Economics of Personal Data: A Survey of Methodologies for Measuring Monetary Value", OECD Digital Economy Papers, No. 220, OECD – http://dx.doi.org/10.1787/5k486qtxldmq-en) Marktpreise für verschiedene personenbezogene Daten ermittelt. Der Preis für die Daten zur Insolvenzauskunft eines Bürgers der Vereinigten Staaten beläuft sich auf ca. 26 Dollar, für eine unveröffentlichte Telefonnummer beträgt der Preis 10 Dollar. Diese Werte sind inzwischen überholt und für den europäischen Raum nur begrenzt tauglich.
35	Ein Mitverschulden des Betroffenen wird analog § 254 BGB bei der Bemessung der Schadensersatzhöhe zu berücksichtigen sein.
36	Derzeit nicht belegt.

D. Personen

I. Anspruchsberechtigter

37	Anspruchsberechtigt ist nach dem ausdrücklichen, umfassenden Wortlaut des Abs. 1 jede Person, der wegen eines Verstoßes gegen die DS-GVO ein Schaden entstanden ist, dh nicht nur die von einer Datenverarbeitung selbst betroffenen (NK-DatenschutzR/Boehm Rn. 6; Geissler/Ströbel NJW 20189, 3414; aA Plath/Becker Rn. 2; Gola/Pitz Rn. 10). Dies ergibt sich aus dem Rückschluss mit anderen Regelungen des DS-GVO, die gerade auf die „betroffene Person" abstellen. So können auch Arbeitnehmer eines betroffenen Arbeitgebers, die selbst finanzielle oder immaterielle Schäden erleiden, diese geltend machen. Sofern es um Schäden geht, die ein anderer als der von der Datenverarbeitung Verletzte geltend macht, ist besonderes Augenmerk auf die Kausalität zu legen (so auch Paal/Pauly/Frenzel Rn. 7).

Aufgrund von Gegenstand und Ziel der DS-GVO (Art. 1 Abs. 1: Schutz natürlicher Personen, **37a** Art. 1 Abs. 2: Schutz der Grundrechte und Grundfreiheiten natürlicher Personen) sind dies nur natürliche Personen (so auch Gola/Pitz Rn. 10; Kühling/Buchner/Bergt Rn. 13 f.).
Derzeit nicht belegt. **38**

II. Anspruchsverpflichteter (Abs. 2): Verantwortlicher, insbesondere Auftragsverarbeiter

Jeder an einer Verarbeitung beteiligte Verantwortliche haftet für den Schaden. Maßgeblich ist, **39** wem die jeweilige Verarbeitung zuzurechnen ist. Es genügt damit die Beteiligung am Verarbeitungsvorgang, nicht nötig ist die Zurechnung der schädigenden Handlung. Anspruchsgegner ist damit jedoch im Regelfall nicht der einzelne Mitarbeiter und der Datenschutzbeauftragte (so auch Kühling/Buchner/Bergt Rn. 2). Hintergrund ist das von der Verordnung bezweckte Ziel eines effektiven Schadensersatzes für den Betroffenen. Die Zurechnung ist beim eventuellen Innenausgleich zu berücksichtigen.

Anders als iRv § 7 BDSG, Art. 23 Datenschutz-RL kann auch ein Auftragsdatenverarbeiter – **40** für seinen Einwirkungs- bzw. Verantwortungsbereich → Rn. 41 – in Anspruch genommen werden (vgl. Abs. 2 S. 1). Der Auftragsverarbeiter ist nach Art. 28 Abs. 10 bereits grundsätzlich als verantwortlicher Verarbeiter anzusehen, wenn er die Zwecke und Mittel der Verarbeitung bestimmt. Art. 82 Abs. 1 stellt ihn in haftungsrechtlicher Sicht unabhängig von seiner Einwirkungsmöglichkeit über den Art. 28 Abs. 10 hinaus dem Verantwortlichen zunächst gleich, schränkt dies dann in Abs. 2 S. 2 ein.

Ein Auftragsverarbeiter haftet nach Abs. 2 S. 2 für den durch eine Verarbeitung verursachten **41** Schaden nur dann, wenn er den ihm speziell durch die DS-GVO zukommenden Pflichten für Auftragsverarbeiter, insbesondere Art. 28, nicht nachgekommen ist oder er gegen die Anweisungen des für die Datenverarbeitung Verantwortlichen gehandelt hat bzw. diese Anweisungen iSv Art. 28 Abs. 3, Art. 29 ignoriert hat. Voraussetzung für einen Anspruch gegen den Auftragsverarbeiter ist damit, dass dieser gegen explizit in der DS-GVO geregelte Auftragsverarbeiterpflichten verstoßen hat. Alternativ kann ein Verstoß gegen die vertraglichen Pflichten gegenüber dem Verantwortlichen haftungsauslösend sein, insbesondere bei einem Verstoß gegen rechtmäßige Weisungen des Verantwortlichen (hierzu ausführlich Kühling/Buchner/Bergt Rn. 36 ff.).

Das Providerprivileg in Art. 12 E-Commerce-RL (RL 2000/31/EG – Richtlinie über den **42** elektronischen Geschäftsverkehr) wird von der DS-GVO nicht überlagert (so ausdrücklich Erwägungsgrund 21). Access-Provider sind nach Art. 12 E-Commerce-RL generell von der Haftung freizustellen, Host-Provider nach Art. 14 unter anderem dann, wenn sie keine tatsächliche Kenntnis von der rechtswidrigen Tätigkeit oder Information haben und, in Bezug auf Schadensersatzansprüche, wenn sie sich auch keiner Tatsachen oder Umstände bewusst sind, aus denen die rechtswidrige Tätigkeit oder Information offensichtlich wird.

Erwägungsgrund 21: „Die vorliegende Verordnung berührt nicht die Anwendung der Richtlinie 2000/ **42.1** 31/EG des Europäischen Parlaments und des Rate und insbesondere die der Vorschriften der Artikel 12 bis 15 jener Richtlinie zur Verantwortlichkeit von Anbietern reiner Vermittlungsdienste. Die genannte Richtlinie soll dazu beitragen, dass der Binnenmarkt einwandfrei funktioniert, indem sie den freien Verkehr von Diensten der Informationsgesellschaft zwischen den Mitgliedstaaten sicherstellt."

Bei einer Übermittlung an Drittländer oder internationale Organisationen muss in den erforder- **43** lichen internen Datenschutzvorschriften nach Art. 47 Abs. 2 lit. f der in dem Mitgliedstaat niedergelassene Verantwortliche grundsätzlich die Haftung für Verstöße des nicht in der Union niedergelassenen Partners übernehmen. Der Verantwortliche kann sich von dieser Haftung nur dann exculpieren, wenn er nachweist, dass der Umstand, durch den der Schaden eingetreten ist, dem betreffenden Mitglied nicht zur Last gelegt werden kann.

E. Gesamtschuldnerische Haftung (Abs. 4) und Innenausgleich (Abs. 5)

Bei der Beteiligung von mehreren Verantwortlichen (inkl. Auftragsverarbeitern) an einer scha- **44** densverursachenden Verarbeitung haften diese als Gesamtschuldner iSv § 840 BGB. Es kann jeder auf den Ersatz des gesamten Schadens in Anspruch genommen werden. Der Anspruchsberechtigte kann nach den Gesichtspunkten der Solvenz und Vertrauen wählen, wen er in Anspruch nimmt. Bezweckt wird ein wirksamer, durchsetzbarer Schadensersatz für den Betroffenen (wie Abs. 4 selbst angibt). Abweichend zu den allgemeinen Regelungen des deutschen Zivilrechts soll nach dem Erwägungsgrund 146 (→ Rn. 45.1) eine teilweise Verurteilung erfolgen können, sofern mehrere Gesamtschuldner verklagt sind, und der volle Schadensersatz für den Anspruchsberechtigten sichergestellt ist. Hierdurch wird der Innenausgleich vorweggenommen.

45 Abs. 5 regelt den Innenausgleich zwischen den Gesamtschuldnern. Derjenige, der den Schaden im Außerverhältnis ersetzt hat, kann im Innenverhältnis von den übrigen Verantwortlichen (inkl. Auftragsverarbeitern) den jeweiligen Anteil des Schadenersatzes zurückfordern. Die Gesamtschuldner haften im Innenverhältnis damit nicht zu gleichen Teilen, sondern entsprechend ihres jeweiligen Verantwortungsbeitrags iSd Abs. 2. Eine Streitverkündung wird daher regelmäßig erfolgen (Kühling/Buchner/Bergt Rn. 62).

45.1 Erwägungsgrund 146: „Sind Verantwortliche oder Auftragsverarbeiter an derselben Verarbeitung beteiligt, so sollte jeder Verantwortliche oder Auftragsverarbeiter für den gesamten Schaden haftbar gemacht werden. Werden sie jedoch nach Maßgabe des Rechts der Mitgliedstaaten zu demselben Verfahren hinzugezogen, so können sie im Verhältnis zu der Verantwortung anteilmäßig haftbar gemacht werden, die jeder Verantwortliche oder Auftragsverarbeiter für den durch die Verarbeitung entstandenen Schaden zu tragen hat, sofern sichergestellt ist, dass die betroffene Person einen vollständigen und wirksamen Schadenersatz für den erlittenen Schaden erhält. Jeder Verantwortliche oder Auftragsverarbeiter, der den vollen Schadenersatz geleistet hat, kann anschließend ein Rückgriffsverfahren gegen andere an derselben Verarbeitung beteiligte Verantwortliche oder Auftragsverarbeiter anstrengen."

F. Zuständiges Gericht (Abs. 6)

46 Schadenersatzklagen sind vor den Gerichten zu erheben, die auch für Klagen gegen den Verantwortlichen und den Auftragsverarbeiter wegen des Verstoßes gegen die DS-GVO nach Art. 79 Abs. 2 zuständig sind. Es sollen im Interesse einer möglichst einheitlichen Entscheidung nicht verschiedene Gerichte mit den Klagen wegen der Datenschutzverstöße auf der einen und auf Schadensersatz auf der anderen Seite befasst werden.

47 Nach Art. 79 Abs. 2 können Klagen gegen einen Verantwortlichen oder gegen einen Auftragsverarbeiter vor den Gerichten des Mitgliedstaats erhoben werden, in dem der Verantwortliche oder der Auftragsverarbeiter seine Niederlassung hat. Der Anspruchsberechtigte kann alternativ auch bei den Gerichten seines Aufenthaltsortes klagen (Wahlrecht des Anspruchsberechtigten). Art. 79 Abs. 2 S. 2 aE sieht zwar eine Ausnahme für Klagen gegen Behörden bei hoheitlicher Datenverarbeitung vor, nach § 44 BDSG kann der Betroffene jedoch auch in diesem Fall vor dem Gericht des Ortes klagen, an dem er seinen gewöhnlichen Aufenthalt hat.

48 Die Schadensersatzansprüche sind vor den ordentlichen Gerichten geltend zu machen (vgl. § 40 Abs. 2 VwGO; Art. 34 S. 3 GG). Bei Ansprüchen gegen den Arbeitgeber sind nach § 2 Abs. 1 Nr. 3 lit. d ArbGG die Arbeitsgerichte zuständig, wenn der Arbeitgeber der verantwortliche Datenverarbeiter ist, gegen den ein Anspruch geltend gemacht werden soll.

49 Nach Art. 80 Abs. 2 kann eine Vertretung im gerichtlichen wie im außergerichtlichen Verfahren durch Verbände vom nationalen Gesetzgeber ermöglicht werden. Das Verbandsklagerecht ist grundsätzlich in Deutschland bereits mit dem Unterlassungsklagegesetz umgesetzt. Ob sich der nationale Gesetzgeber auch zur Umsetzung der Verbandsklage in diesem Rahmen entscheiden wird, bleibt abzuwarten. Musterfeststellungsklagen nach §§ 606 ff. ZPO könnten unter anderem für die Feststellung eines Datenschutzverstoßes Bedeutung erlangen.

50 Die Regelungen der Europäische Gerichtsstands- und Vollstreckungsverordnung (EuGVVO) werden insoweit von Art. 79 Abs. 2 verdrängt, die Regelungen der DS-GVO sind insoweit vorrangiges Recht.

50.1 Erwägungsgrund 147: „Soweit in dieser Verordnung spezifische Vorschriften über die Gerichtsbarkeit – insbesondere in Bezug auf Verfahren im Hinblick auf einen gerichtlichen Rechtsbehelf einschließlich Schadenersatz gegen einen Verantwortlichen oder Auftragsverarbeiter – enthalten sind, sollten die allgemeinen Vorschriften über die Gerichtsbarkeit, wie sie etwa in der Verordnung (EU) Nr. 1215/2012 des Europäischen Parlaments und des Rates enthalten sind, der Anwendung dieser spezifischen Vorschriften nicht entgegenstehen."

G. Beweislast

51 Die Darlegungs- und Beweislast für die haftungsbegründenden Voraussetzungen trägt nach allgemeinen zivilprozessualen Grundsätzen der Anspruchsberechtigte. Eine Beweislastumkehr ist in Abs. 3 ausdrücklich nur bezüglich des Gesichtspunkts des Verschuldens vorgesehen. Dem Verletzten obliegt es daher den Datenschutzverstoß, den Schaden und die Kausalität zu beweisen.

51a Die Art und Weise der Verarbeitung der personenbezogenen Daten ist jedoch für den Anspruchsberechtigten häufig schwer nachzuvollziehen. Den Informationspflichten der DS-GVO nach Art. 13 ff. und insbesondere das umfassende Auskunftsrecht nach Art. 15 DS-GVO kommt in diesem Zusammenhang zentrale Bedeutung für die Substantiierung zu: Der Betroffene erhält somit Einblick in die Datenverarbeitung und in die internen Prozesse des Verantwortlichen (Wybitul/Haß/Albrecht NJW 2018, 113 (116)).

Auch die allgemeine Rechenschaftspflicht des Verantwortlichen nach Art. 5 Abs. 2 DS-GVO führt für den Anspruchsteller zu erheblichen Erleichterungen. Es ist jedoch zu weit, wegen Art. 5 Abs. 2 DS-GVO bereits von einer allgemeinen, umfassenden Beweislastumkehr zu sprechen (so aber wohl Geissler/Ströbe NJW 2019, 3145; Wybitul/Haß/Albrecht NJW 2018, 117; wie hier OLG Stuttgart ZD 2021, 375). Der Anspruchsverpflichte hat zwar Rechenschaft bezogen auf die in Art. 5 Abs. 1 a–f genannten Pflichten abzugeben und nur insoweit obliegt ihm auch der Beweis. Die Beweislast für den Verstoß gegen die DS-GVO an sich bleibt jedoch beim Anspruchsberechtigten. **52**

Artikel 83 Allgemeine Bedingungen für die Verhängung von Geldbußen

(1) Jede Aufsichtsbehörde stellt sicher, dass die Verhängung von Geldbußen gemäß diesem Artikel für Verstöße gegen diese Verordnung gemäß den Absätzen 4, 5 und 6 in jedem Einzelfall wirksam, verhältnismäßig und abschreckend ist.

(2) ¹Geldbußen werden je nach den Umständen des Einzelfalls zusätzlich zu oder anstelle von Maßnahmen nach Artikel 58 Absatz 2 Buchstaben a bis h und i verhängt. ²Bei der Entscheidung über die Verhängung einer Geldbuße und über deren Betrag wird in jedem Einzelfall Folgendes gebührend berücksichtigt:
a) Art, Schwere und Dauer des Verstoßes unter Berücksichtigung der Art, des Umfangs oder des Zwecks der betreffenden Verarbeitung sowie der Zahl der von der Verarbeitung betroffenen Personen und des Ausmaßes des von ihnen erlittenen Schadens;
b) Vorsätzlichkeit oder Fahrlässigkeit des Verstoßes;
c) jegliche von dem Verantwortlichen oder dem Auftragsverarbeiter getroffenen Maßnahmen zur Minderung des den betroffenen Personen entstandenen Schadens;
d) Grad der Verantwortung des Verantwortlichen oder des Auftragsverarbeiters unter Berücksichtigung der von ihnen gemäß den Artikeln 25 und 32 getroffenen technischen und organisatorischen Maßnahmen;
e) etwaige einschlägige frühere Verstöße des Verantwortlichen oder des Auftragsverarbeiters;
f) Umfang der Zusammenarbeit mit der Aufsichtsbehörde, um dem Verstoß abzuhelfen und seine möglichen nachteiligen Auswirkungen zu mindern;
g) Kategorien personenbezogener Daten, die von dem Verstoß betroffen sind;
h) Art und Weise, wie der Verstoß der Aufsichtsbehörde bekannt wurde, insbesondere ob und gegebenenfalls in welchem Umfang der Verantwortliche oder der Auftragsverarbeiter den Verstoß mitgeteilt hat;
i) Einhaltung der nach Artikel 58 Absatz 2 früher gegen den für den betreffenden Verantwortlichen oder Auftragsverarbeiter in Bezug auf denselben Gegenstand angeordneten Maßnahmen, wenn solche Maßnahmen angeordnet wurden;
j) Einhaltung von genehmigten Verhaltensregeln nach Artikel 40 oder genehmigten Zertifizierungsverfahren nach Artikel 42 und
k) jegliche anderen erschwerenden oder mildernden Umstände im jeweiligen Fall, wie unmittelbar oder mittelbar durch den Verstoß erlangte finanzielle Vorteile oder vermiedene Verluste.

(3) Verstößt ein Verantwortlicher oder ein Auftragsverarbeiter bei gleichen oder miteinander verbundenen Verarbeitungsvorgängen vorsätzlich oder fahrlässig gegen mehrere Bestimmungen dieser Verordnung, so übersteigt der Gesamtbetrag der Geldbuße nicht den Betrag für den schwerwiegendsten Verstoß.

(4) Bei Verstößen gegen die folgenden Bestimmungen werden im Einklang mit Absatz 2 Geldbußen von bis zu 10 000 000 EUR oder im Fall eines Unternehmens von bis zu 2 % seines gesamten weltweit erzielten Jahresumsatzes des vorangegangenen Geschäftsjahrs verhängt, je nachdem, welcher der Beträge höher ist:
a) die Pflichten der Verantwortlichen und der Auftragsverarbeiter gemäß den Artikeln 8, 11, 25 bis 39, 42 und 43;
b) die Pflichten der Zertifizierungsstelle gemäß den Artikeln 42 und 43;
c) die Pflichten der Überwachungsstelle gemäß Artikel 41 Absatz 4.

(5) Bei Verstößen gegen die folgenden Bestimmungen werden im Einklang mit Absatz 2 Geldbußen von bis zu 20 000 000 EUR oder im Fall eines Unternehmens von bis zu 4 % seines gesamten weltweit erzielten Jahresumsatzes des vorangegangenen Geschäftsjahrs verhängt, je nachdem, welcher der Beträge höher ist:
a) die Grundsätze für die Verarbeitung, einschließlich der Bedingungen für die Einwilligung, gemäß den Artikeln 5, 6, 7 und 9;
b) die Rechte der betroffenen Person gemäß den Artikeln 12 bis 22;
c) die Übermittlung personenbezogener Daten an einen Empfänger in einem Drittland oder an eine internationale Organisation gemäß den Artikeln 44 bis 49;
d) alle Pflichten gemäß den Rechtsvorschriften der Mitgliedstaaten, die im Rahmen des Kapitels IX erlassen wurden;
e) Nichtbefolgung einer Anweisung oder einer vorübergehenden oder endgültigen Beschränkung oder Aussetzung der Datenübermittlung durch die Aufsichtsbehörde gemäß Artikel 58 Absatz 2 oder Nichtgewährung des Zugangs unter Verstoß gegen Artikel 58 Absatz 1.

(6) Bei Nichtbefolgung einer Anweisung der Aufsichtsbehörde gemäß Artikel 58 Absatz 2 werden im Einklang mit Absatz 2 des vorliegenden Artikels Geldbußen von bis zu 20 000 000 EUR oder im Fall eines Unternehmens von bis zu 4 % seines gesamten weltweit erzielten Jahresumsatzes des vorangegangenen Geschäftsjahrs verhängt, je nachdem, welcher der Beträge höher ist.

(7) Unbeschadet der Abhilfebefugnisse der Aufsichtsbehörden gemäß Artikel 58 Absatz 2 kann jeder Mitgliedstaat Vorschriften dafür festlegen, ob und in welchem Umfang gegen Behörden und öffentliche Stellen, die in dem betreffenden Mitgliedstaat niedergelassen sind, Geldbußen verhängt werden können.

(8) Die Ausübung der eigenen Befugnisse durch eine Aufsichtsbehörde gemäß diesem Artikel muss angemessenen Verfahrensgarantien gemäß dem Unionsrecht und dem Recht der Mitgliedstaaten, einschließlich wirksamer gerichtlicher Rechtsbehelfe und ordnungsgemäßer Verfahren, unterliegen.

(9) [1]Sieht die Rechtsordnung eines Mitgliedstaats keine Geldbußen vor, kann dieser Artikel so angewandt werden, dass die Geldbuße von der zuständigen Aufsichtsbehörde in die Wege geleitet und von den zuständigen nationalen Gerichten verhängt wird, wobei sicherzustellen ist, dass diese Rechtsbehelfe wirksam sind und die gleiche Wirkung wie die von Aufsichtsbehörden verhängten Geldbußen haben. [2]In jeden Fall müssen die verhängten Geldbußen wirksam, verhältnismäßig und abschreckend sein. [3]Die betreffenden Mitgliedstaaten teilen der Kommission bis zum 25. Mai 2018 die Rechtsvorschriften mit, die sie aufgrund dieses Absatzes erlassen, sowie unverzüglich alle späteren Änderungsgesetze oder Änderungen dieser Vorschriften.

Überblick

Zur Gewährleistung eines einheitlichen Datenschutzniveaus und einer effektiven Durchsetzung des Datenschutzrechts berechtigt Art. 83 die Aufsichtsbehörden Geldbußen unmittelbar auf dieser Rechtsgrundlage festzulegen. Zudem legt die Rechtsnorm einheitliche Standards für die Verhängung von Geldbußen gegenüber nicht-öffentlichen Stellen fest. Neben den Tatbeständen und dem jeweiligen Bußgeldrahmen (Abs. 4–6 → Rn. 52 ff.) werden Zumessungskriterien für die Verhängung der Geldbuße aufgestellt (Abs. 2 → Rn. 25 ff.). Für Geldbußen gegen Behörden und öffentliche Stellen wird über Abs. 7 eine nationale Öffnungsklausel eröffnet (→ Rn. 79).

Übersicht

	Rn.		Rn.
A. Allgemeines	1	4. Rechtswidrigkeit und Schuld	17
I. Normgeschichte und Hintergründe	1	III. Nationale Öffnungsklauseln und Abweichungsbefugnisse	19
II. Systemwechsel und Folgen von Geldbußen nach dem Unionsrecht	4	IV. Vergleich mit dem BDSG a. F.	21
1. Zulässigkeit europäischer Vorgaben	4	**B. Materielle Regelungen**	22
2. Gesetzlichkeitsprinzip und Bestimmtheitsgebot	5	I. Gebot der Sicherstellung von effektiven Geldbußen (Abs. 1)	22
3. Täter und Adressaten von Geldbußen nach der DS-GVO insbesondere bei Unternehmen	8	II. Verhängung von Geldbußen, Zumessungskriterien (Abs. 2)	25

Allgemeine Bedingungen für die Verhängung von Geldbußen **Artikel 83 DS-GVO**

	Rn.		Rn.
1. Allgemeines	25	Übermittlung an Drittstaaten und internationale Organisationen sowie Anweisungen der Aufsichtsbehörde (Abs. 5 und 6)	61
2. Einleitung, Absehen von Geldbußen (Abs. 2 S. 1)	26		
3. Einzelne Zumessungskriterien (Abs. 2 S. 2)	31	3. Nationale Öffnungsklausel für Geldbußen gegen Behörden und öffentliche Stellen (Abs. 7)	79
III. Zusammentreffen mehrerer Verstöße (Abs. 3)	46		
IV. Tatbestände und nationale Öffnungsklausel für Geldbußen gegen Behörden und öffentliche Stellen (Abs. 4–7)	47	V. Verfahren, Garantien und Rechtsbehelfe (Abs. 8)	82
		1. Allgemeines	82
1. Verstöße des Verantwortlichen, des Auftragsverarbeiters, der Zertifizierungsstelle oder der Überwachungsstelle gegen Pflichten (Abs. 4)	52	2. Verfahren zur Verhängung der Geldbußen bei den Aufsichtsbehörden	83
		VI. Mitgliedstaaten mit Rechtsordnungen ohne Geldbußen (Abs. 9)	86
2. Verstöße bei der Verarbeitung, gegen Rechte der betroffenen Person, bei der		**C. Nationale Gesetzgebung**	89

A. Allgemeines

I. Normgeschichte und Hintergründe

Bereits durch Art. 24 RL 95/46/EG wurden die Mitgliedstaaten verpflichtet, Sanktionen bei Verstößen gegen die Bestimmungen dieser Richtlinie einzuführen und die **Einhaltung von Datenschutzbestimmungen** zu gewährleisten. Hierbei wurden aber nur allgemeine und keine konkreten Vorgaben getroffen. Hinsichtlich der Umsetzung verblieb den Mitgliedstaaten ein Ermessensspielraum, insbesondere hinsichtlich der Einführung von Verwaltungssanktionen (→ BDSG a. F. EUDatenschutzrichtlinie Rn. 141). Zwar hatten alle Mitgliedstaaten Umsetzungsregelungen in ihrem Rechtssystem getroffen (in Deutschland: §§ 43, 44 BDSG a. F.). Da aber Ziele und detaillierte Anwendungskriterien in Art. 24 RL 95/46/EG nicht vorgegeben worden sind, kam es zu signifikanten Unterschieden in der Umsetzung (FRA Datenschutz in der Europäischen Union: Die Rolle der nationalen Datenschutzbehörden, 33)(→ Rn. 1.1). **1**

Die Unterschiede in der Umsetzung von Art. 24 RL 95/46/EG rühren aus den Verschiedenartigkeiten der nationalen Straf- und Verwaltungsrechtssysteme her und führen zB zu unterschiedlichen Behördenkompetenzen in den Mitgliedstaaten hinsichtlich der Verhängung von finanziellen Sanktionen (vgl. Übersicht zu den Sanktionsbefugnissen von Aufsichts- und Justizbehörden in den Mitgliedstaaten, FRA Datenschutz in der Europäischen Union: Die Rolle der nationalen Datenschutzbehörden, S. 36). In einigen Mitgliedstaaten waren die Aufsichtsbehörden nicht befugt, Geldbußen zu verhängen. Außerdem kam es bei der Durchsetzung von Sanktionen in den Mitgliedstaaten zu nationalen Unzulänglichkeiten (Näheres FRA Datenschutz in der Europäischen Union: die Rolle der nationalen Datenschutzbehörden, 45). **1.1**

Mit Blick auf die vorstehend genannten Defizite im Sanktionsbereich bei der Umsetzung der RL 95/46/EG und um ein unionsweites wirksames Schutzniveau bei der Verarbeitung von personenbezogenen Daten zu gewährleisten sowie Unterschiede im Binnenmarkt bei der Verfolgung von Datenschutzverstößen zu beseitigen, sieht die DS-GVO **gleichwertige Sanktionen** in allen Mitgliedstaaten vor (Erwägungsgrund 11 und 13 S. 1). Diese sollen im hohen Maße generalpräventiv abschreckend wirken und zur konsequenten Durchsetzung führen (Erwägungsgrund 148 und 152). Die Aufsichtsbehörden werden durch die DS-GVO unmittelbar berechtigt, Verwaltungssanktionen auf dieser Grundlage zu verhängen. **2**

Art. 83 war in der Entwurfsfassung der Kommission v. 25.1.2012 (2012/0011 (COD)), im Beschluss des Europäischen Parlaments v. 12.3.2014 (7427/1/14, REV 1) sowie schließlich dem Ergebnis der **Trilogparteien** v. 15.12.2015 (15039/15) jeweils als Art. 79 vorgesehen. Der gemeinsame Standpunkt des Rates v. 15.5.2015 (9565/15) sah zusätzlich zu Art. 79 einen Art. 79a vor. Soweit Änderungen oder Standpunkte der Trilogparteien für die Auslegung der Vorschrift relevant sind, wird an der entsprechenden Stelle in der Kommentierung darauf Bezug genommen (→ Rn. 3.1). **3**

Ein genauerer Überblick und Vergleich zu den jeweiligen Fassungen der Trilogparteien findet sich bei Paal/Pauly/Frenzel Rn. 3 ff. **3.1**

DS-GVO Artikel 83 Kapitel VIII. Rechtsbehelfe, Haftung und Sanktionen

II. Systemwechsel und Folgen von Geldbußen nach dem Unionsrecht

1. Zulässigkeit europäischer Vorgaben

4 Ausdrücklich haben die Mitgliedstaaten keine Strafgewalt an die EU übertragen. Dies bedeutet allerdings nicht, dass die EU in ihrem Kompetenzbereich auf den Einsatz von Sanktionen im Fall von Zuwiderhandlungen gegen gemeinschaftliche Bestimmungen verzichten könnte (Schwarze EuZW 2003, 261). Ein Mittel den Schutz personenbezogener Daten zu erreichen, ist die Zurverfügungstellung von wirksamen Sanktionsbefugnissen. Insofern beinhaltet Art. 16 Abs. 2 AEUV, obwohl dies nicht ausdrücklich vorgesehen ist, als Annex auch eine **Regelungskompetenz** der EU für Vorgaben zum Erlass von **Verwaltungssanktionen** wie Geldbußen (vgl. EuGH Urt 23.10.2997 – C-440/05 Rn. 71; Aksungur, Europäische Strafrechtsetzungskompetenzen, 2015, 114 mwN). Art. 83 regelt jedoch nur Geldbußen („administrative fines") und nicht auch andere Sanktionen (zum Begriff (andere) Sanktion → Art. 84 Rn. 3 und 3.1) (→ Rn. 4.1 f.).

4.1 Angesichts des Bußgeldniveaus und des damit einhergehenden strafrechtlichen Charakters ist diese Regelungskompetenz jedoch nicht unproblematisch. Die EU besitzt keine Kompetenz im Kriminalstrafrecht rechtsetzend tätig zu werden (Eisele JA 2000, 897). Mit Blick auf die parallele Problematik im Kartellrecht dürften deshalb zur DS-GVO Diskussionen um die Einordnung dieser Maßnahmen – als dem Kriminalstrafrecht bzw. dem Strafrecht iwS zugehörig oder um eine bloße punitive Verwaltungssanktionen handelnd – aufkommen sowie entsprechende Schlussfolgerungen zur Kompetenzermächtigung und daraus folgend abgeleitete Regelungsnotwendigkeiten (Problematik Verjährung) oder Anwendung von Rechtsgrundsätzen des Strafrechts gezogen werden (vgl. zur Parallelproblematik im Kartellrecht zB Eisele JA 2000 899; Schwarze WuW 2009, 8; Dannecker ZStW 1999, 257; Tiedemann ZStW 2004, 947; EuGH Urt v 11.7.2002 – C-210/00 Rn. 33 ff.). Befeuert werden dürfte eine solche Diskussion außerdem durch die Begriffsverwendung „verwaltungsrechtlicher Sanktionen" im Erwägungsgrund 150 S. 1. Hiernach sind Geldbußen bloß eine spezielle Form solcher verwaltungsrechtlichen Sanktionen (Kühling/Martini et al. DS-GVO und nationales Recht S. 248 und 250).

4.2 Die Geldbußen nach Art. 83 müssen jedoch zum **Strafrecht iwS** gerechnet werden. Nur so kann sichergestellt werden, dass Rechtsgrundsätze des Strafrechts und rechtsstaatliche Garantien des materiellen Strafverfahrensrecht Anwendung finden. Eine Zurechnung der Geldbußen nach Art. 83 zum Strafrecht iwS kann aus ihrer Funktion (Erwägungsgrund 148 „…zusätzlich zu geeigneten Maßnahmen…Sanktionen einschließlich Geldbußen verhängt werden) sowie Höhe und damit Schwere des Eingriffs hergeleitet werden (Abs. 1: „…wirksam, verhältnismäßig und abschreckend", die die Grenze der Wiedergutmachung eines Schadens deutlich überschreitet (vgl. Aksungur, Europäische Strafrechtsetzungskompetenzen, 2015, 99).

2. Gesetzlichkeitsprinzip und Bestimmtheitsgebot

5 Das aus Art. 7 EMRK und Art. 49 GRCh folgende Gesetzlichkeitsprinzip beinhaltet das Verbot strafbegründenden und strafschärfenden Gewohnheitsrechts, das Bestimmtheitsgebot, das Rückwirkungswirkungsverbot und das Analogieverbot. Der **Grundsatz der Bestimmtheit** von Gesetzen ist auch im Recht der EU fundamentaler Rechtssatz, der für Sanktionen ohne strafrechtlichen Charakter gilt (→ Rn. 4.1 f.) und Teil der gemeinsamen Verfassungstraditionen der Mitgliedstaaten ist (EuGH Urt v. 12.12.1996 C-74/95 Rn. 25). Sanktionen dürfen daher nur verhängt werden, wenn sie auf einer klaren und unzweideutigen Rechtsgrundlage beruhen und die abzuleitenden Rechtsfolgen vorhersehbar festgelegt werden (Art. 49 Abs. 1 ChGR; EuGH Urt v 25.9.1984 – 117/83 Rn. 11 – Könecke/Balm; EuGH Urt v. 22.2.1984 – 70/83 Rn. 11 – Kloppenburg; Dürig/Herzog/Scholz/Schmidt-Aßmann GG Art. 103 Abs. 2 Rn. 247). Der Grundsatz intendiert ebenfalls, dass die wesentlichen Entscheidungen zu den Sanktionen durch den Gesetzgeber getroffen werden müssen.

6 Bereits nach Veröffentlichung des Entwurfs der KOM wurde die **Ausgestaltung von einzelnen Sanktionstatbeständen** unter Verweis auf die mangelnde rechtsstaatliche Bestimmtheit kritisiert (BR-Drs. 52/1/12, 33 Rn. 83). Anders als im § 43 BDSG a. F., der tatbestandlich ebenfalls Verweisungen enthält, wird in Abs. 4 und 5 relativ pauschal auf die in einzelnen Tatbeständen auf die in der DS-GVO enthaltenen Pflichten verwiesen. Dies gilt insbesondere für die Verweisungen in Abs. 5 lit. a. Hierbei werden bspw. sämtliche Verarbeitungsgrundsätze aus Art. 5 in Bezug genommen. Diese unterliegen allerdings in den vielfältigen Verarbeitungssituationen einen erheblichen Interpretationsspielraum, sodass ein Verantwortlicher oder Auftragsverarbeiter bei dieser belastenden Regelung nicht rechtssicher vorhersehen kann, wann ein sanktionsbewehrter Verstoß vorliegt (zu dieser Anforderung vgl. EuGH Urt v 9.7.1981 Rs 169/80 Rn. 17). Dies ist nach den

vorliegenden Vorschriften bisher alleine von der Einschätzung der Aufsichtsbehörde abhängig, ohne dass weitere klarere Begrenzungen durch den Verordnungsgeber benannt wurden. Letztendlich kann jede der Aufsichtsbehörde nicht genehme Verarbeitung unter Art. 5 subsumiert werden und wäre damit einer signifikanten Geldbuße zugänglich (so auch Paal/Pauly/Frenzel Rn. 24). Die in der DS-GVO getroffenen Regelungen und verwendeten Begriffe weisen gegenüber den bisher im Bundesdatenschutzgesetz verwendeten **Blanketttatbeständen** (→ BDSG a. F. § 43 Rn. 2) somit einen noch weiteren Rahmen auf, die in großen Teilen keine klare und unzweideutige Rechtsgrundlage darstellt (hierzu EuGH Urt v 21.2.2006 – C-255/02 Rn. 93 – Halifax). Teilweise enthalten die verwiesenen Tatbestände zudem nationale Öffnungsklauseln (zB Abs. 4 lit. a iVm 8 Abs. 1 S. 2, Art. 12–22 iVm Art. 23), die zur weiteren Unübersichtlichkeit beitragen (→ Rn. 6.1).

Alleine in den Verarbeitungsfällen, in denen aufgrund der Ergebnisse einer Datenschutz-Folgeabschätzung eine Konsultation der Aufsichtsbehörde gem. Art. 36 Abs. 1 notwendig ist, kann bei Einbeziehung der Rechtsprechung des EuGHs zu unbestimmten Rechtsbegriffen (Urt. v. – 85/76, Slg 1979, 461 Rn. 134 – Hoffmann La Roche) von einer gewissen näheren Bestimmbarkeit der Verarbeitungsgrundsätze in Art. 5 für den konkreten Einzelfall ausgegangen werden. Allerdings ist hierbei zu berücksichtigen, dass bis zu einer einheitlichen mitgliedstaatlich bestätigten richterlich Rechtspraxis, was ein weiteres notwendiges Merkmal der Rechtsprechung des EuGHs ist, noch weitere Jahre vergehen dürften (in diese Richtung weisend auch Paal/Pauly/Frenzel Rn. 24, der in Verstößen gegen Art. 5 keinen Rechtsgrund für eine Ahndung sieht; Bergt DuD 2017, 560). 6.1

Problematisch ist ebenfalls die Obergrenze für Geldbußen bei Unternehmensgruppen. Das Gebot der Gesetzesbestimmtheit gilt auch für die **Strafandrohung,** die in einem vom Schuldprinzip geprägten Straftatsystem gerecht auf den Straftatbestand und das in ihm vertypte Unrecht abgestimmt sein muss (BVerfG NJW 1992, 2947, 2948). Die **Höhe der Geldbuße** wird bei Unternehmensgruppen nicht durch die in Abs. 4–6 genannten absoluten Werte begrenzt, sondern kann abhängig vom relativen Wert des (weltweiten) Jahresumsatz auch höher ausfallen („(…) je nachdem, welcher Wert höher ist"). Letzterer Wert muss erst im Einzelfall ermittelt werden, wobei die Methode der Ermittlung in der EU noch nicht geregelt ist (zum deutschen Modell vgl. → Rn. 31.1). Die Sanktionsobergrenze ist daher nur unvollständig vorhersehbar (BVerfG NJW 2002, 1779) und lässt Rechtsklarheit bei diesen empfindlichen Sanktionen vermissen (→ Rn. 7.1). 7

Die Relativität bei der Strafandrohung bei Unternehmensgruppen ist bedenklich, weil die Bedingungen für die Verhängung von Geldbußen durch die Aufsichtsbehörde bisher nicht hinreichend klar festgelegt sind und Unternehmen damit nicht anmessen gegen Willkür geschützt sind (hierzu EGMR Urt v. 20.1.1992 Series A/226 Rn. 75 – Andersson/Schweden). Eine Abhängigkeit zwischen Jahresumsatz eines Unternehmens und dem Tatvorwurf und damit Schwere der Tat bestehen ebenfalls nicht zwingend. Die in Abs. 2 genannten Zumessungskriterien geben einen gewissen Rahmen für das behördliche Ermessen zwar vor („gebührend berücksichtigen"). Allerdings kommt nicht allen Kriterien eine ermessensbeschränkende Wirkung zu. Letztendlich wird der EDA durch Leitlinien zur Festsetzung von Geldbußen weitere Klarheit und Konkretisierungen schaffen müssen (Art. 70 Abs. 1 lit. k), um hier verlässliche vorhersehbare Rechtsfolgen zu begründen. Allerdings ist unter dem Gesichtspunkt der Gewaltenteilung und des Demokratieprinzips dieser Weg der Konkretisierung nicht unkritisch zu betrachten. Der Verordnungsgeber hat sich einer ihm obliegenden Aufgabe – nämlich der hinreichenden Bestimmung eines unrechtsbezogenen Bußgeldrahmens – entledigt und dies den Datenschutzaufsichts- und damit Verfolgungsbehörden übertragen. 7.1

3. Täter und Adressaten von Geldbußen nach der DS-GVO insbesondere bei Unternehmen

Aus Abs. 3, der eine Regelung zur Kumulation von Verstößen trifft, ergibt sich, dass Geldbußen gegen den Verantwortlichen und den Auftragsverarbeiter gerichtet werden können. Herauszulesen ist dies auch aus Abs. 2 iVm Art. 58 Abs. 2, da Maßnahmen der Aufsichtsbehörde gegen Verantwortliche oder Auftragsverarbeiter zu richten sind. Deliktstaugliche **Täter** sind damit in jedem Fall **natürliche Personen** als Verantwortliche oder Auftragsverarbeiter (Art. 4 Nr. 7 und 8). Hinsichtlich der Verhängung von Geldbußen gegen **Behörden** ist Abs. 7 zu beachten (→ Rn. 79). **Juristische Personen** oder andere Einrichtungen oder Stellen, die ebenfalls Verantwortliche oder Auftragsverarbeiter sein können (Art. 4 Nr. 7 und 8) und als **Unternehmen** in Erscheinung treten, können aufgrund unionsrechtlicher Vorgaben ebenfalls Adressaten von Geldbußen sein (→ Rn. 9 ff.). Dies ergibt sich aus einer Zusammenschau von Abs. 4–6, Erwägungsgrund 150 sowie einem funktionellen Verständnis des Verantwortlichen in Art. 4 Nr. 7. Mit anderen Worten 8 führt dies zur Einführung von **Unternehmensgeldbußen** im Bereich des Datenschutzrechtes, was nachfolgend näher erläutert wird (→ Rn. 8.1).

8.1 Der Datenschutzbeauftragte eines Unternehmens ist nicht ein datenschutzrechtlicher Verantwortlicher oder Auftragsverarbeiter. Ihn trifft – sofern nichts anderes vertraglich vereinbart- keine Pflicht einen Verstoß zu beseitigen. Er haftet wegen fehlender Zurechenbarkeit nicht für Sanktionen. Der Schutzzweck von Art. 39 Abs. 1 lit b DS-GVO ist so gestaltet, dass nicht jeder Datenschutzverstoß verhindert werden soll. Deshalb können Bußgelder auch nicht an den Datenschutzbeauftragten „durchgereicht" werden (Steffen DuD 2018, 150; Lantwin ArbRAktuell 2017, S. 511; aA Niklas/Faas NZA 2017, S. 1096, die eine entscheidende Überwachungspflicht beim Datenschutzbeauftragten sehen und daher eine Garantenpflicht iSv § 13 StGB annehmen).

9 Das Unionsrecht weist gänzlich andere Strukturen der Ahndung von Verstößen gegenüber dem deutschen Bußgeldrecht auf, weil ein anderes Modell zugrunde gelegt wird. Dieser Unterschied ist historisch gewachsen, durch die Sicherung eines Systems unverfälschten Wettbewerbs bedingt (Faust/Spittka/Wybitul ZD 2016, 121) und im EU-Kartellrecht (Art. 101 und Art. 102 AEUV und VO (EG) 1/2003) und EU-Bankenrecht (Art. 132 und VO (EG) Nr. 2532/98) begründet worden. Im **Unionsrecht** wird die **Verhängung von Geldbußen gegen Unternehmen und Unternehmensvereinigungen** vorgesehen und nicht gegen einzelne Rechtsträger, weil es zur Sicherung des vorstehend genannten Zieles zweckmäßiger ist, am wettbewerbswidrigen Marktverhalten der wirtschaftlichen Einheit anzuknüpfen (Kersting WuW 2014, 1157). Es ist somit von einem **funktionalen Unternehmensbegriff** bzw. **einem Funktionsträgerprinzip** auszugehen und nicht wie im deutschen Recht vom Rechtsträgerprinzip gem. §§ 9, 30 OWiG (Calliess/Ruffert/Weiß AEUV Art. 101 Rn. 27; Monopolkommission BT-Drs. 18/7508, S. 11).

10 Ausfluss dieses **Funktionsträgerprinzips** ist es, dass der Unternehmensbegriff weit verstanden wird. Unter Unternehmen wird jede **wirtschaftliche Tätigkeit ausübende Einheit** unabhängig von ihrer Rechtsform, Anzahl der einzelnen zugehörigen Personen (natürlich oder juristisch) und Art. ihrer Finanzierung definiert (EuGH EuZW 2014, 714 Rn. 42–44 „Siemens Österreich"; EuGH NJW 1991, 2891 Rn. 21 – Höfner und Elser). Alleine dieser wirtschaftlichen Einheit wird die (materielle) Haftung für Sanktionen zugewiesen. Damit kommt es auf die Ausgestaltung der Rechtssubjekte in den nationalen Rechtsordnungen, ihre Rechtsformen und Haftungsregelungen gerade nicht an (vgl. Kersting WuW 2014,1156). Die Frage eigener Rechtspersönlichkeit spielt nur für das Verfahrensrecht, etwa bei der Zustellung des Bescheides oder der Vollstreckung eine Rolle (Calliess/Ruffert/Weiß AEUV Art. 101 Rn. 27).

11 Es findet keine Trennung zwischen Verstoß (Tatbestandsseite) und dem materiell-rechtlichen Haftungsadressaten (Rechtsfolgenseite) statt, sodass die **Haftung** dem gesamten Unternehmen zugewiesen und in Form von **Unternehmensgeldbußen** auferlegt wird. Dem klassischen deutschen Zurechnungsmodell über § 30 Abs. 1 OWiG und Anknüpfung an eine Handlung einer Leitungsperson wird europäisch eine Absage erteilt. Es genügt für die Verantwortlichkeit des Unternehmens alleine die rechtswidrige Handlung irgendeiner Person (ausgenommen Exzess), die berechtigt ist, für das Unternehmen tätig zu werden unabhängig von ihrer Funktion im Unternehmen (ebenso Entschließung vom 3.4.2019 der 97. DSK „Unternehmen haften für Datenschutzverstöße ihrer Beschäftigten"). Es werden somit sämtliche Bedienstete erfasst, die berechtigt sind für das Unternehmen zu handeln (KK-OWiG/Rogall OWiG § 30 Rn. 279; EuGH 7.6.1983 – 100/80 Rn. 97 – SA Musique Diffusion francaise/KOM). Es ist nicht einmal erforderlich, zu ermitteln, welcher konkrete Mitarbeiter gehandelt hat (Bergt DuD 2017, 556 mit Verweis auf EuGH ECLI:EU:C2003:473 Rn. 98 = BeckRS 2004, 76540). Insofern ist es im Abs. 3 konsequent, lediglich den Verantwortlichen und Auftragsverarbeiter zu benennen.

12 Zudem kann auch eine **Mehrheit von natürlichen oder juristischen Personen** eine wirtschaftliche Einheit bilden, selbst wenn einzelne Teile dieser Einheit nicht unternehmerisch am Markt tätig sind. **Durchgriffe** hinsichtlich der Zahlungslast von Geldbußen zwischen Gesellschaften kommen dann in Betracht, wenn eine Gesellschaft gegenüber der anderen weisungsbefugt ist, Koordinierungsfunktionen übernimmt oder einen tatsächlich bestimmenden Einfluss ausübt (EuGH Urt. v. 18.1.2017 – C-623/15 P – Toshiba/Kommission; EuGH Urt. v. 20.1.2011 – C-90/09 D Rn. 86 – Kautschukchemikalien-Sektor; EuG Urt. v. 27.9.2012 – T-343/06 Rn. 47 ff., insbesondere 52 – Niederländischer Straßenbaubitumarkt; EuGH Urt. v. 25.10.1983 – 107/82 Rn. 50; EuGH Urt. 10.9.2009 – C-97-08 P Rn. 60–66; weitere Hinweise bei Faust/Spittka/Wybitul ZD 2016, 121; EuZW 2017, 241 f.) (→ Rn. 12.1).

12.1 Hierbei bleibt die wirtschaftliche Einheit weiterhin für den Verstoß verantwortlich. Für die Bußgeldzahlungslast bedarf es aber der Benennung eines Adressaten, wobei mehrere Rechtsträger gesamtschuldnerisch in Anspruch genommen werden können. Zurechnungsprobleme zwischen Rechtsträgern des Unternehmens sowie im Falle der Rechtsnachfolge werden so vermieden (Dannecker NZWiSt 2016, 168). Verstöße gegen den Grundsatz bzw. der Unschuldsvermutung oder dem Grundsatz nulla poena sine lege liegen bei einer solchen Inanspruchnahme der wirtschaftlichen Einheit nicht vor. In Anspruch genommene Unternehmen wie die Muttergesellschaft werden nicht bebußt, sondern sie haften nur (vgl. EuGH Urt. v. 26.1.2017 – C-625/13 P Rn. 149 – Villeroy&Boch). In diesem Fällen erfordert die Haftungsnorm nicht in gleichem Maße eine lex scripta wie eine Strafnorm (ähnlich für das Kartellrecht Kersting WuW 2014, 1159).

Dieses vorstehend genannte **Funktionsträgerprinzip** soll in Art. 83 ebenfalls angewendet **13** werden. Der Erwägungsgrund 150 sieht vor, dass im Falle eines Unternehmens der Begriff des „Unternehmens" – abweichend von Art. 4 Nr. 18 – iSv Art. 101 und Art. 102 AEUV (→ Rn. 9 ff.) verstanden werden soll. Inzwischen haben die Datenschutzaufsichtsbehörden bekräftigt, dass unter „undertaking/Unternehmen" die wirtschaftliche Einheit zu verstehen ist ungeachtet der juristischen Personen, die diese formen, (Artikel 29-Datenschutzgruppe v. 3.10.2017, WP 253, 6) (→ Rn. 13.1 f.).

In der englischen Fassung wird in Abs. 4–6 der Begriff „undertaking" und nicht „enterprise" verwendet. **13.1** Dies könnte auf einen Übersetzungsfehler in der deutschen Fassung hindeuten. Allerdings korrespondiert auch bei Art. 101 Abs. 1 AEUV die deutsche Übersetzung „Vereinbarungen zwischen Unternehmen" mit dem englischen Teil „all agreement beetween undertakings". Insofern kann die Übersetzung mit „Unternehmen" beibehalten werden.

Die Textfassung der KOM v. 25.1.2012 (KOM (2012) 11 endgültig) knüpfte zwar in der Entwurfsfassung **13.2** zu Art. 79 Abs. 4, 5 und 6 an den Begriff „Unternehmen" bzw. in der englischen Fassung „enterprise" an. Allerdings war der Vorschlag zur Definition des Unternehmens bzw. enterprise in Art. 4 Nr. 15 des Vorschlags weiter gefasst und entsprach der vom EuGH gefundenen Definition eines „undertaking" (Uebele EZW 2018, 445). Entsprechendes gilt für den Entwurfsvorschlag des Europ. Parl. V. 12.3.2014 (7427/1/ 14, REV 1), der ebenfalls diese Begrifflichkeiten in Art. 79 Abs. 2a lit. c verwendete. Erst im Vorschlag des Rates v 15.6.2015 (9565/15) findet sich in Art. 79a Abs. 1 und 2 die Formulierung „(…) impose a fine (…), or in case of an undertaking (…) of is total worldwide annual turnover of the preceding financial year, on a controller, who intentionally or negligently does not (…)", wobei in 79a Abs. 2 zusätzlich auch der Auftragsverarbeiter einbezogen worden ist. Der Hinweis in dem Erwägungsgrund 150 auf Art. 101 und Art. 102 AEUV wurde dann vor Ende der Trilog-Verhandlungen aufgenommen (Faust/Spittka/Wybitul ZD 2016, 120).

Die im Englischen verwandte Formulierung mit „undertaking" bringt deutlicher zum Ausdruck, dass **13.3** das Funktionsträgerprinzip als europäisches Sanktionsmodell gegenüber wirtschaftlicher Betätigung Anwendung finden soll. Es wird gerade nicht zwischen Tatbestand und Rechtsfolge unterschieden, denn nur bei der Höhe der Geldbuße wird auf die Unternehmensgruppe abgestellt (nach deutschem Verständnis wäre dies die Rechtsfolge) wohingegen der Verstoß alleine von einem dieser Unternehmensgruppe zugehörigen Verantwortlichen oder Auftragsverarbeiter begangen sein muss (nach deutschem Verständnis wäre dies die Tatbestandsfüllung). Dogmatisch geht das europäische Recht somit einen anderen Weg, indem es zunächst von der Haftung eines Unternehmens (wirtschaftliche Einheit) ausgeht und die Verantwortung aus dem Grundsatz der persönlichen Verantwortlichkeit ableitet. Schutz wird der wirtschaftlichen Einheit dann vor der Haftung bei nicht zurechenbaren Zuwiderhandlungen gewährt (ähnlich für das Kartellrecht Monopolkommission BT-Drs. 18/7508, 20). Sprachliche Differenzierungen zwischen den verschiedenen Unternehmensbegriffen finden sich auch in anderen Sprachfassungen wie im Bulgarischen, Dänischen, Gälischen, Kroatischen und Slowenischen. Dabei wird auch bei diesen Sprachfassungen nicht auf den legaldefinierten Begriff des Unternehmens aus Art. 4 Nr. 18 zurückgegriffen (Uebele EuZW 2018, 443).

Die politisch gewollte **Übertragung des Funktionsträgerprinzips** auf das Datenschutzrechts **14** in Art. 83 wird als verständlich, aber rechtlich höchst **bedenklich beschrieben** (Dannecker NZWi 2016, 166). Es werden insbesondere systematische Erwägungen zur DS-GVO angeführt, die eher auf eine Anknüpfung am Rechtssubjekt und nicht an der Funktion schließen lassen. Eine datenschutzrechtliche Verantwortung bei pluralistischer Kontrolle für Datenverarbeitungsprozessen und damit ein funktionelles Verständnis des Begriffs „für die Verarbeitung Verantwortlichen" ist dem europäischen Recht jedoch nicht fremd (hierzu insbesondere Art. 29-Datenschutzgruppe WP 169, 12, 14; → BDSG a. F. Rn. 70; Monreal ZD 2014, 616). Im BDSG a. F. war dies zwar normativ weder beim Verantwortlichen noch im Bereich der Sanktionen abgebildet (→ BDSG a. F. § 11 Rn. 62 f.), wobei aber Zweifel an einer rechtmäßigen Umsetzung im deutschen Recht bestanden. Die in der DS-GVO vorgesehene Haftung der wirtschaftlichen Einheiten kann bei einer tatsächlichen Entscheidungsmöglichkeit eines verbundenen Unternehmens an den Verarbeitungsbegriff des Art. 4 Nr. 7 und damit am Gesetzeswortlaut angeknüpft werden („mit anderen über die Zwecke und Mittel (...) entscheidet"). Die Verhängung von Geldbußen gegenüber solchen tatsächlich einflussnehmenden Unternehmen ist somit letztendlich eine bloße folgerichtige unionsrechtliche Konsequenz, um die Rechte der betroffenen Personen zu wahren und gleiche Bedingungen auf dem wettbewerbsträchtigen Markt herzustellen (in diese Richtung weisend auch Cornelius NZWiSt 2016, 426, der auf die „datenschutzrechtliche Einheit" und damit beim Unternehmensverbund darauf abstellt, ob das „herrschende" Unternehmen die nachgeordneten Unternehmen auf die Einhaltung bestimmter datenschutzrechtlicher Prozeduren im Hinblick auf Zwecke und Mittel der Datenverarbeitung verpflichtet kann) (→ Rn. 14.1).

14.1 Systematisch wird gegen die Übertragung des Funktionsträgerprinzip Folgendes angeführt: In Art. 4 Nr. 7 wird auf den Begriff des Verantwortlichen abgestellt, der für die Einhaltung der Grundsätze für die Verarbeitung personenbezogener Daten verantwortlich ist (Art. 5 Abs. 2). Mithin bleibt der jeweilige Rechtsträger für die Einhaltung des Datenschutzrechtes verantwortlich, selbst wenn der Begriff der Unternehmensgruppe in anderen Zusammenhängen eine Rolle spielt und eine gemeinsame Verantwortlichkeit von mehreren Gesellschaften möglich ist (Faust/Spittka/Wybitul ZD 2016, 123; Spindler DB 2016, 947). Auch Anordnungen der Aufsichtsbehörden sollen gegen das jeweilige Unternehmen als für den für die Verarbeitung Verantwortlichen oder Auftragsverarbeiter gehen gem. Art. 58 Abs. 2; auf den Unternehmensbegriff nach Art. 101 und Art. 102 AEUV kommt es in diesem Zusammenhang gerade nicht an (Faust/Spittka/Wybitul ZD 2016, 123). Letzterem Argument ist allerdings entgegenzuhalten, dass Anordnungsbefugnisse eine andere Zielrichtung haben, nämlich die schnelle Beseitigung des Verstoßes. Für sanktionsrechtliche Fragestellung insbesondere der Haftung oder des Adressaten können Auslegungen hierzu nur bedingt herangezogen werden. Des Weiteren wird vorgetragen, dass sich die Begriffe des Unternehmens in Art. 4 Nr. 18 und Art. 83 nicht entsprechen und daher eine so schwerwiegende Maßnahme wie die Mithaftung von Unternehmensgesellschaften nicht auf einen unverbindlichen Erwägungsgrund gestützt werden könne. Die Unternehmensgruppe oder das Unternehmen seien kein Normadressat im Datenschutzrecht (Faust/Spittka/Wybitul ZD 2016, 123 f.; kritisch auch Dannecker NZWi 2016, 166; Cornelius NZWiSt 2016, 423 f.; Grünwald/Hackl ZD 2017, 558). Zudem sei es nicht sachgerecht eine **Konzernhaftung** anzunehmen, wenn es im Datenschutzrecht kein Konzernprivileg gebe (Gründwald/Hackl ZD 2017, 559). Hierbei werden allerdings zwei Aspekte des europäischen Verständnisses nicht einbezogen: Zum einen wird europarechtlich gerade keine logische nach deutschem Verständnis folgende Trennung zwischen Verstoß und Haftungsadressat vorausgesetzt. Insofern kann der in der englischen Version in Abs. 4–6 verwendete Begriff „case of an undertaking" als Ausdruck dieses Verständnisses betrachtet werden (→ Rn. 9 ff. und → Rn. 13.2). Ein anderes Verständnis würde dazu führen, dass die Mitgliedstaaten durch nationale Regelungen bei der Ausgestaltung der rechtlichen Organisation des datenschutzrechtlichen Verantwortlichen die Wirksamkeit des europäischen Rechts beim schärfsten Mittel entkräftigen könnten und die Sanktionsnormen umgangen werden könnten. Dies würde einer Vereinheitlichung, wirksamen Regeln sowie Sanktionen im Datenschutzrecht diametral entgegenlaufen. Zum anderen wird damit außeracht gelassen, dass bei Unternehmensgruppen häufig unternehmensweite Vorgaben zu den Verarbeitungsprozessen bestehen, sodass auch ein (tatsächlicher) Einfluss auf die Datenverarbeitungsprozesse und ein einheitliches Agieren auf dem europäischen Markt gegeben ist (ähnlich Uebele EuZW 2018, 444). Im Übrigen kann das fehlende Konzernprivileg im Datenschutzrecht nicht als Argument angeführt werden. Auch der kartellrechtliche Unternehmensbegriff sieht keinen Konnex dergestalt vor, dass zwingend ein „Ausgleich" durch ein Konzernprivileg vorzusehen ist (Uebele EuZW 2018, 444). Der funktionale Unternehmensbegriff führt zudem bei der **Rechtsnachfolge** zu Falllösungen mit (solventen) Haftungssubjekten (Uebele, EuZW 2018, 445).

14.2 Überblick über die Regelungen in den Mitgliedstaaten Pohle CRi 2018, 97 ff.

15 Im Rahmen zukünftiger Gerichtsentscheidungen wird daher davon auszugehen sein, dass der EuGH diese bereits in seiner Rechtsprechung in anderen Bereichen zum Ausdruck kommende europäische Dogmatik zur **Haftung von Unternehmen** (Funktionsträgerprinzip) übertragen wird. Dies wird zu einer im Interesse des Grundsatzes effet utile eingeforderten Sanktionierung nach Unionsstandard führen. Darüber hinaus wird hiermit eine Beschränkung der nationalen Dogmatik bei Geldbußen in dem wichtigen Querschnittbereich Datenschutzrecht einhergehen.

16 Eine Unterscheidung zwischen verschiedenen **Beteiligungsformen** (zB Anstiftung und Beihilfe) dürfte erst im Rahmen der Bemessung der Geldbuße bei der Würdigung der Schwere des Tatbeitrags eine Rolle spielen (→ Rn. 32), da mit Blick auf andere Rechtsgebiete im europäischen Recht ebenfalls wie im deutschen Recht von dem Einheitstätergedanken auszugehen sein wird (vgl. EuG Urt v. 8.7.2008 – T 99/04 Rn. 103 f. „AC Treuhand/KOM" → BDSG § 43 Rn. 6).

4. Rechtswidrigkeit und Schuld

Soweit einer der Tatbestände von Abs. 4–6 erfüllt ist, wird die **Rechtswidrigkeit** grundsätzlich indiziert. Ausnahmsweise kann das Verhalten gerechtfertigt sein, wenn von der Rechtsordnung anerkannte Rechtfertigungsgründe vorliegen, (zB strafrechtliche Rechtfertigungsgründe wie Notwehr und Notstand, wobei in der Praxis kaum Fälle denkbar sein dürften). 17

Als Reaktion auf eine in der Vergangenheit liegende Pflichtverletzung bei der Datenverarbeitung ist bei Verhängung von Geldbußen nach dieser Vorschrift ein vorsätzliches oder fahrlässiges Verhalten einer Person notwendig (**Schuldgrundsatz**), dass ggf. dem Unternehmen als eigenes zugerechnet wird (→ Rn. 11). Dies kommt bisher in der Vorschrift so nicht zum Ausdruck, da **Vorsatz und Fahrlässigkeit** nur als Zurechnungskriterium in Abs. 2 S. 2 lit. b ausdrücklich benannt werden. Das Schuldprinzip ist jedoch als Aspekt der Verhältnismäßigkeit in die Rechtsnorm hineinzulesen (Abs. 1). Da vorliegend Strafrecht iwS berührt ist (→ Rn. 4.2), sind das Gesetzlichkeitsprinzip und Schuldprinzip unabdingbare und immanente Bedingungen der in Rede stehenden Sanktionierung (ähnlich Pauly/Paal/Frenzel Rn. 14; nicht ganz eindeutig Härting Rn. 253, der Vorsatz und Fahrlässigkeit nur als Zumessungskriterien ansieht, gleichzeitig aber auf eine mögliche Verfassungswidrigkeit wegen des Verstoßes gegen das Schuldprinzip nach dt Recht verweist; bereits zu ähnlichen Diskussionen im Kartellrecht Tiedemann ZStW 2004, 948 mit Verweis auf den EuGH, der außerdem auch Rechtfertigungs- und Entschuldigungsgründe in diesem Bereich anerkannt hat). Aufgrund der Art der Zuwiderhandlungen und der Schwere der Sanktionen gilt die Unschuldsvermutung (vgl. hierzu EuGH Urt v. 8.7.1999 – C-199/92 Rn. 150). Dies folgt gleichfalls aus Art. 6 Abs. 2 EMRK und Art. 48 Abs. 1 GrCH (→ Rn. 18.1). 18

Sowohl der Grundsatz der Verhältnismäßigkeit als auch der Schuldgrundsatz verlangen im Ergebnis, dass die Geldbuße dem verwirklichten Unrecht und dem Täter angemessen ist. Die Verwendung von unterschiedlichen Terminologien im EU-Recht beruht auf dessen Eigenständigkeit und dem ständigen Bemühen, sich nicht mit der Verwendung bestimmter nationalstaatlich geprägter Rechtsbegriffe dem Verständnis eines oder mehrerer Mitgliedstaaten zu unterwerfen (Theurer Geldbußen im EU-Wettbewerbsrecht, 2009, 68). 18.1

III. Nationale Öffnungsklauseln und Abweichungsbefugnisse

Die Mitgliedstaaten können aufgrund der **Öffnungsklausel** in Abs. 7 in ihren nationalen Rechtsordnungen festlegen, ob sie Geldbußen gegen Behörden zulassen (→ Rn. 79 ff.). In Abs. 9 werden für Mitgliedstaaten, deren Rechtsordnungen keine administrative Geldbußen vorsehen (zB Estland und Dänemark → Rn. 86 ff.), alternative Wege der Regelung und insofern Abweichungsbefugnisse normiert. Für Deutschland ist letztere Regelung bedeutungslos. 19

Die Möglichkeit Geldbußen im nationalen Recht gegen **einzelne Mitarbeiter** von Unternehmen vorzusehen, wird strittig diskutiert. Während § 42 Abs. 1 Referentenentwurf zum BDSG idF zur 1. Ressortabstimmung einen solchen Tatbestand noch vorsah (→ Art. 84 Rn. 12), ist diese Möglichkeit im § 41 BDSG nicht mehr vorgesehen (vgl. hierzu BT-Drs. 18/11325, 38). Gegen eine solche Befugnis wird vor allem der Wortlaut des Abs. 3 angeführt. Diese Vorschrift verdeutliche, dass bei Verstößen von Verantwortlichen und Auftragsverarbeitern nicht an unterstellte Personen angeknüpft werde und daher der nationale Gesetzgeber diese Art von Sanktion ebenfalls nicht implementieren darf. Er ist alleine auf sonstige Sanktionen nach Art. 84 Abs. 1 beschränkt (Kühling/Martini et al. DS-GVO und nationales Recht S. 275 (280)). Etwas anderes gilt nur für die Bereiche, in denen der Verordnungsgeber nationale Öffnungsklauseln vorgesehen hat. Da diese Bereiche gerade nicht harmonisiert werden, ist insofern auch die Schaffung weiterer Bußgeldtatbestände gestützt auf Art. 84 Abs. 1 möglich (Kühling/Martini et al. DS-GVO und nationales Recht S. 480). 20

IV. Vergleich mit dem BDSG a. F.

Die DS-GVO sieht im Vergleich zum BDSG a. F. einen sehr viel **höheren Sanktionsrahmen** für Geldbußen vor (→ Rn. 7, 27, 52, 61). Die mit den unionsrechtlichen Vorgaben bedingte Einführung der **Möglichkeit der Verhängung von Geldbußen gegen Unternehmen** unabhängig von der Anknüpfung an die Handlung einer Leitungsperson gem. § 30 OWiG (→ Rn. 8 ff.) stellt eine bedeutende Zäsur für die Verhängung von datenschutzrechtlichen Sanktionen dar. Rechtssystematisch ist hiermit eine weitere Absage gegenüber dem deutschen Modell verbunden, das durch ein immer weiter fortschreitendes europäisches Modell von Verbandssanktion in vielfältigen Bereichen ersetzt wird. Durch die vielfältigen Verweisungen in den **Blankettatbe-** 21

ständen in Abs. 4–6 (→ Rn. 6) werden zudem die Sanktionsmöglichkeiten erheblich erweitert. Neu ist bspw. eine Sanktionierung bei einem Verstoß gegen die Pflicht zur Ergreifung geeigneter technisch-organisatorischer Maßnahmen (Art. 25 Abs. 1). Im BDSG a. F. war ein solcher Tatbestand nicht vorgesehen. Zusammengefasst werden sich Unternehmen daher perspektivisch auf härtere Sanktionen in diesem Bereich einstellen müssen. Dabei können sich bei der Zumessung der Geldbuße mildernd Nachweise über ausreichende technische und organisatorische Maßnahmen auswirken sowie über die Einhaltung genehmigter Zertifizierungen und Verhaltensregeln. Letztere Instrumente werden im Zuge von Datenschutz-Compliance aufgrund der Möglichkeit eine drastische Reduzierung von Geldbußen zu erreichen, daher an erheblicher Bedeutung gewinnen.

B. Materielle Regelungen

I. Gebot der Sicherstellung von effektiven Geldbußen (Abs. 1)

22 Gem. Abs. 1 müssen die Aufsichtsbehörden sicherstellen, dass die verhängten Geldbußen wirksam, verhältnismäßig und abschreckend sind (Mindesttrias). Mit der Berichtigung im Abl. L 127 v. 23.5.2018 wurde auch der fehlende Verweis auf Abs. 4 in der Aufzählung (früheres Redaktionsversehen in der deutschen Fassung) ergänzt. Damit Geldbußen gegen Unternehmen eine **abschreckende** Wirkung entfalten, ist deren tatsächliche wirtschaftliche Fähigkeit einzubeziehen und daran zu orientieren. Andernfalls könnten die dem Abschreckungsgebot innewohnenden generalpräventiven Zwecke nicht erreicht werden. IdS ist das Gebot von **wirksamen Geldbußen** zu verstehen. Außerdem muss ein tatsächlich funktionierender Verwaltungsvollzug installiert werden, der insbesondere einen entsprechenden Personalkörper der Behörden voraussetzt. Hier wird es vermutlich einer Aufstockung bedürfen, da die durch die DS-GVO bedingten vorgeschriebenen europäischen Abstimmungsverfahren mit entsprechenden zeitlichen Fristen bisher keine Berücksichtigung erfahren haben. Die Mindesttrias sind hingegen nicht dahingehend zu verstehen, dass in jedem Einzelfall eine Geldbuße von der Aufsichtsbehörde festgesetzt werden muss und das Legalitätsprinzip eingeführt werden sollte (→ Rn. 22.1).

22.1 Erste Hinweise wie effektive Geldbußen seitens der Aufsichtsbehörden in allen Mitgliedstaaten ausgestaltet werden sollen, enthält das WP 253 der Artikel 29-Datenschutzgruppe vom 3.10.2017 (abrufbar unter https://www.google.de/url?sa=t&rct=j&q=&esrc=s&source=web&cd=1&ved= 0ahUKEwjwnKa9353ZAhVF3SwKHU5bBRoQFggnMAA&url= https%3A%2F%2Fec.europa.eu%2Fnewsroom%2Fjust%2Fdocument.cfm%3Fdoc_id%3D47889&usg= AOvVaw0q2TGtSXjQfVwGs3usiHyl). Im Jahr 2019 haben deutsche Aufsichtsbehörden insgesamt 41 Bußgeldbescheide erlassen mit einer höchsten Einzelstrafe von 80.000 EUR in Baden-Württemberg für veröffentlichte Gesundheitsdaten im Internet (Handelsblatt vom 18.1.2019, abrufbar unter: https://www.handelsblatt.com/politik/deutschland/datenschutzgrundverordnung-behoerden-verhaengen-erste-bussgelder-wegen-verstoessen-gegen-dsgvo/23872806.html?ticket=ST-1303573-MqAJavFyPHu6BZHegTzQ-ap6).

23 Mit der Vorschrift werden die normativen Vorgaben des Primärrechts im Sekundärrecht abgebildet und die **Verhältnismäßigkeit** (Art. 52 Abs. 1 S. 2 GRCh) als Primat zur Beurteilung hoheitlichen Handelns unter dem Aspekt der Eignung oder Geeignetheit einer Maßnahme abgebildet (Paal/Pauly/Frenzel Rn. 6). Das Verhältnismäßigkeitsgebot wirkt begrenzend hinsichtlich des „ob" einer Geldbuße und der Höhe (zum Entschließungsermessen → Rn. 26 und → Rn. 26.1) (→ Rn. 23.1).

23.1 Mit dem Verhältnismäßigkeitsprinzip nicht vereinbar dürfte die Ansicht sein, dass ab einem Umsatz von zwei Milliarden Euro in der Regel pro Verstoß eine Geldbuße von mindestens 1 % des weltweiten Konzernvorjahresumsatzes erforderlich sei, um eine hinreichende abschreckende Wirkung sicherzustellen (Bergt DuD 2017, 559; aA Ehmann/Selmayr/Nemitz Rn. 39).

24 Derzeit nicht belegt.

II. Verhängung von Geldbußen, Zumessungskriterien (Abs. 2)

1. Allgemeines

25 Die Verhängung von Geldbußen soll in Europa nach einheitlichen Kriterien erfolgen. Der europäische Gesetzgeber hat daher in Abs. 2 Vorgaben dahingehend gemacht, wann Geldbußen verhängt werden können und wie die Zumessung erfolgen soll. Inzwischen wurde mit der Berichtigung im Abl. L 127 v. 23.5.2018 auch der Verweis richtiggestellt und der Buchstabe i durch den Buchstaben j ersetzt (früheres Redaktionsversehen in der deutschen Fassung).

2. Einleitung, Absehen von Geldbußen (Abs. 2 S. 1)

Art. 58 Abs. 2 lit. i weist die **Zuständigkeit** für die Verhängung von Geldbußen den Aufsichtsbehörden zu. Die Aufsichtsbehörden haben nach Abs. 2 S. 1 ein **intendiertes (Entschließungs-)Ermessen** dahingehend, ob sie anstelle oder zusätzlich von Maßnahmen nach Art. 58 Abs. 2 lit. a–h und j Geldbußen verhängen. Insbesondere bei einem **geringfügigen Verstoß** oder wenn die Geldbuße gegenüber einer natürlichen Person eine unverhältnismäßige Belastung auferlegen würde, kann im Wege des Ermessens von der Verhängung einer Geldbuße abgesehen werden und lediglich eine **Verwarnung** erteilt werden (Erwägungsgrund 148 S. 2). Europarechtlich sind bei der **Ermessensausübung** insbesondere der Gleichbehandlungsgrundsatz, das Verhältnismäßigkeitsprinzip und Schuldprinzip zu beachten (vgl. hierzu EuG Urt v 29.4.2004 – T-236/01 Rn. 309 – Tokai Carbon; EuG Urt. v. 8.7.2004 – T-67/00 Rn. 573 ff. – JFE Engineering) (→ Rn. 26.1). 26

Ob der Gesetzeswortlaut in Abs. 2 hinsichtlich des intendierten Entschließungsermessens nicht vielmehr als eine Verpflichtung zum Erlass von Geldbußen angesehen werden muss, ist umstritten („Geldbußen werden (…) zusätzlich zu oder anstelle (…) verhängt"). Gegen eine solch weitgehende Vorgabe spricht der Erwägungsgrund 150 S. 1, der lediglich ausführt, dass die „Aufsichtsbehörde befugt sein soll, Geldbußen zu verhängen", allerdings keine ausdrückliche Pflicht zur Festsetzung solcher festschreibt und die endgültige Textfassung „werden verhängt" (ebenso Paal/Pauly/Frenzel Rn. 10 ff.; Albrecht CR 2016, 96; Spindler DB 2016, 947; Grünwald/Hackl ZD 2017, 557; Eckhardt/Menz DuD 2018, 141; Golla CR 2018, 355; aA Bergt DuD 2017, 556 ff. mit Verweis auf Erwägungsgrund 148 S. 1 sowie dem Gesetzeswortlaut von Abs. 2 S. 1, der durch die Erwägungsgründe als Auslegungshilfen nicht abgeändert werden könne. Zudem verweist er auf die Ratsfassung -hier hieß es noch „kann"). Auch die Formulierung „nach den Umständen des Einzelfalls" spricht gegen die Einführung einer Verpflichtung. Die Datenschutzaufsichtsbehörden selbst sehen die Bußgeldverhängung als wichtig aber nicht verpflichtendes Mittel an, das in „appropriate circumstances" genutzt werden sollte (Artikel 29-Datenschutzgruppe v, 3.10.2017, WP 253, 7). 26.1

Rechtslage Österreich: Aus § 11 des Österreichischen Datenschutzgesetzes ergibt sich keine Pflicht in jedem Fall zuerst zu verwarnen, denn die Regelung schließt speziell die in Art. 58 Abs. 2 lit i ausdrücklich genannte Möglichkeit, zusätzlich zu einer anderen Maßnahme eine Geldbuße zu verhängen, nicht aus (Golla CR 2018, 355) 26.2

Hinsichtlich der **Höhe der Geldbuße** sind durch den weiten Bußgeldrahmen ebenfalls große Ermessensspielräume eröffnet worden (Auswahlermessen). Dies gilt insbesondere bei Unternehmen, da die Obergrenze der Geldbuße an die Umsätze des weltweit erzielten Jahresumsatzes gekoppelt werden. Bei Umsätzen weltweiter Konzerne von mehreren hundert Milliarden EUR liegt die Obergrenze damit im einstelligen Milliardenbereich. Nicht ohne Grund, wird das „Datenschutzrecht als neues Kartellrecht" (Maas DuD 2015, 580; vgl. auch Cornelius NZWiSt 2016, 421) bezeichnet. Anders als im Kartellrecht besteht aber im Datenschutzrecht nicht stets ein Zusammenhang zwischen dem Verstoß und dem Umsatz (zur Frage der Bestimmtheit → Rn. 7) (→ Rn. 27.1 f.). 27

Es ist es wenig verwunderlich, dass die Höhen der Geldbußen Gegenstand intensiver Diskussionen im Gesetzgebungsverfahren waren: Entwurf der KOM in Art. 79 Abs. 6 = bis zu 1 Mio EUR oder bei Unternehmen 2% des weltweiten Jahresumsatzes; Europ. Parl. in Art. 79 Abs. 2a lit. c = bis zu 100 Mio EUR oder bei Unternehmen 5% des weltweiten Jahresumsatzes; Rat in Art. 79a Abs. 3 = bis zu 1 Mio EUR oder bei Unternehmen 2% seines gesamten weltweiten Jahresumsatzes. 27.1

Soweit Unternehmen innerhalb eines Konzerns arbeitsteilig zusammen agieren als kooperative Vollfunktionsgemeinschaftsunternehmen wird der Umsatz aller dieser arbeitsteilig zusammenwirkenden Unternehmen als Maßstab der Bußgeldbemessung herangezogen (Keppler/Barning DStR 2018, 91; auch → Rn. 12 f.) 27.2

Die Verhängung einer Geldbuße setzt **Verschulden** voraus (→ Rn. 18). Andere nicht schuldhaft begangene Handlungen können zu verwaltungsrechtlichen Maßnahmen nach Art. 58 Abs. 2 lit. a–h und j führen, die kein zusätzliches bestrafendes Element beinhalten und die Erreichung eines rechtmäßigen Zustandes bezwecken. 28

Eine Sanktionierung muss unterbleiben, soweit **Verjährung** eingetreten ist. Je mehr Zeit vergeht, desto weniger notwendig ist eine Ahndung zur Wahrung des Ansehens der Rechtsordnung oder zu ihrer Wiederherstellung (KK-OWiG/Graf OWiG § 31 Rn. 5). Außerdem gebietet das 29

Prinzip der Rechtssicherheit, dass der Bürger nicht unbegrenzt mit abgeschlossenen Vorgängen belastet werden darf (vgl. Jarass/Pieroth GG Art. 20 Rn. 90). Leider ist in der DS-GVO keine Regelung zur Verjährung von Geldbußen getroffen worden. Eine Entscheidung über die Dauer eines noch ahndungswürdigen Zeitraumes alleine den Mitgliedstaaten im Rahmen der Regelung zu den Verfahrensgarantien zu überlassen (Abs. 8), ist kritisch zu bewerten. Dies führt zu einer unterschiedlichen Verfolgungsmöglichkeit der Tatbestände innerhalb der Union, was nicht durch die DS-GVO intendiert und bezweckt ist. Eine bloße Regelung der Verjährungsfrist in möglichen Bußgeldrichtlinien des EDSA (Art. 70 Abs. 1 lit. k) begegnet rechtsstaatlichen Bedenken, da es sich um eine wesentliche Entscheidung zur Rechtsordnung handelt, die der Gesetzgeber zu treffen hat. Der deutsche Gesetzgeber hat mit § 41 BDSG und Verweis in die OWiG-Vorschriften eine Verjährungsregelung getroffen. → BDSG § 41 → Rn. 25. Soweit ein **Dauerdelikt** vorliegt (→ Rn. 46), beginnt die Verjährung erst, wenn der rechtswidrige Zustand beendet wird (Göhler/Gürtler OWiG § 31 Rn. 10).

30 Derzeit nicht belegt.

3. Einzelne Zumessungskriterien (Abs. 2 S. 2)

31 Die bisher im nationalen Ordnungswidrigkeitenrecht entwickelten Kriterien zu § 17 Abs. 3 OWiG, die teilweise denen in der DS-GVO genannten Kriterien ähneln, können nicht einfach transferiert werden. Vielmehr müssen die in **Abs. 2 S. 2** genannten Kriterien an europäischen Maßstäben gemessen werden (Art. 58 Abs. 4). Insofern werden sich erst im Laufe der Zeit bei Praxisanwendung im EDA (Art. 70 Abs. 1 lit. k) genauere Konturen für die Zumessungskriterien ergeben. Im WP 253 der Artikel 29-Datenschutzgruppe vom 3.10.2017, 9 ff., die inzwischen vom EDA bestätigt worden sind, werden erste Hinweise zur Interpretation der Zumessungskriterien gegeben. Um eine weitere europäische Vereinheitlichung zu erreichen, böten es sich ähnlich wie im Kartellrecht an, Kriterien für die Ermittlung eines Grundbetrages zu bestimmen (zB Kriterien der Art, Schwere und Dauer, Vorsatz/Fahrlässigkeit und Kategorien von personenbezogenen Daten; hierzu weitere Überlegungen Grünwald/Hackl ZD 2017, 559 f.). Von diesem könnten dann Beträge abgezogen oder addiert werden, um weitere aufgezählte oder noch zu entwickelnde erschwerende oder mildernde Umstände (Abs. 2 S. 2 lit. k) zu berücksichtigen (zum deutschen Modell vgl. → Rn. 31.1; zu Gründen für die Bußgeldfestsetzung in 2019 auch Piltz/Häntschel, Datenschutz-Berater 2020, 22). Zu den einzelnen Kriterien:

31.1 Am 14.10.2019 hat die DSK ihr **Konzept zur Bußgeldzumessung** in Verfahren gegen Unternehmen verabschiedet (abrufbar unter https://www.datenschutzkonferenz-online.de/media/ah/20191016_bu%C3%9Fgeldkonzept.pdf; schematische Darstellung auch bei Pauly/Fischer, Datenschutz-Berater 2020, 9 ff.). Ausgenommen sind ausdrücklich Vereine und natürliche Personen außerhalb ihrer wirtschaftlichen Tätigkeit. Keine Anwendung findet das Modell auch auf grenzüberschreitende Fälle. Ein Vorentwurf wurde auch in der Taskforce Finings des EDA vorgestellt und dort mit Interesse zur Kenntnis genommen, da dieses Modell nach Auffassung der Datenschützer im Gegensatz zu anderen Modellen eine systematische, transparente und nachvollziehbare Bußgeldbemessung gewährleiste (Protokoll der 2. Zwischenkonferenz DSK v. 25.6.2019, abrufbar unter https://www.datenschutzkonferenz-online.de/media/pr/20190622_pr_mainz.pdf). Die Bußgeldzumessung erfolgt in fünf Schritten: Anknüpfungspunkt ist der weltweit erzielte Vorjahresumsatz, der für die Zuordnung zu einer der vier Größenklassen herangezogen wird. Aus einem dann gebildeten mittleren Jahresumsatz (abhängig von der Zuordnung der Größenklasse pauschal oder konkrete Berechnung) wird ein durchschnittlicher Tagessatz gebildet (Teilung durch 360 Tage), der dann in einem weiteren Schritt um einen von der Schwere der Tatumstände abhängigen Faktor multipliziert wird (materielle Verstöße nach Art. 83 Abs. 5 und 6 wiegen dabei schwerer). Im letzten Schritt können dann täterbezogene oder sonstige Umstände, die in den vorherigen Schritten noch nicht berücksichtigt worden sind, zu weiteren Anpassungen führen (zB lange Verfahrensdauer, drohende Zahlungsunfähigkeit des Unternehmens).

31.2 Bei dem vorstehend genannten Modell wird die **Verhältnismäßigkeit** (Art. 83 Abs. 1) und eine **tat- und schuldangemessene Bebußung** in Frage gestellt, da bei dieser Berechnung große Unternehmen selbst für kleinste Verstöße angesichts der sich ergebenden hohen Tagessätzen mit drastischen Bußgeldern belastet werden können (El-Auwad DSK: Konzept zur Berechnung von DSGVO-Bußgeldern veröffentlicht, abrufbar unter https://www.haerting.de/neuigkeit/dsk-konzept-zur-berechnung-von-dsgvo-bussgeldern-veroeffentlicht). In der Tat spielen Vorsatz und Fahrlässigkeit im deutschen Modell erst im Schritt eine Rolle, wobei sich allerdings im oben genannten Konzeptpapier hierzu bisher keine näheren Ausführungen finden (z. B. eine generelle Reduzierung um die Hälfte bei einem fahrlässigen Verhalten, wie es etwa § 17 Abs. 2 OWiG vorsieht, der nach § 41 Abs. 1 S. 2 BDSG keine Anwendung findet). Mit dem Modell soll eine vorherige Einpreisung einer möglichen Geldbuße bei umsatzstarken Unternehmen unterbunden werden. Allerdings ist fraglich, ob das konkret zu verhängende Bußgeld stets pauschal auf Grundlage des Unternehmensumsatzes bemessen werden darf oder ob nicht – ähnlich wie im Kartellrecht - ein „befangener Umsatz" bzw. **tatbezogene Umsatz** herangezogen werden muss, also der Umsatz der mit Produkten oder Leistungen erzielt wurde, deren Absatz durch den Verstoß begünstigt wurde bzw. die mit der Zuwiderhandlung im Zusammenhang stehen (so Wybitul, Datenschützer testen neues Bußgeldmodell, abrufbar unter https://www.lto.de/recht/hintergruende/h/datenschutzkonferenz-testet-neues-bussgeldmodell-unverhaeltnismaessig-hohe-bussgelder/ in Anlehnung an Nr. 3 der Leitlinien für die Bußgeldzumessung in Kartellordnungwidrigkeitenverfahren des Bundeskartellamtes, abrufbar unter https://www.bundeskartellamt.de/SharedDocs/Publikation/DE/Leitlinien/Bekanntmachung%20-%20Bu%C3%9Fgeldleitlinien-Juni%202013.pdf?__blob=publicationFile&v=5). Im Kartellrecht wird der tatbezogene Umsatz für die Berechnung des Gewinn- und Schadenspotentials herangezogen, um letztendlich nach Multiplizierung mit einem Faktor um die Ahndungsempfindlichkeit den konkreten Bemessungsspielraum der Behörde für die Zuwiderhandlung zu ermitteln. Dieser Bemessungsspielraum wird dann wiederum mit dem gesetzlichen Bußgeldrahmen abgeglichen und ggf. Beschränkungen vorgenommen. Zwar kann der tatbezogene Umsatz im Kartellrecht auch geschätzt werden bzw. ein hypothetischer Umsatz zu Grunde gelegt werden. Im Datenschutzrecht ist jedoch fraglich, ob die von den Datenschützern pauschal vorgenommene Einordnung in Größenklassen und die daraus vorgenommen Ermittlung des wirtschaftlichen Grundwertes tatsächlich eine Art tatbezogenen Umsatz schuldangemessen abbilden kann. Zwar dürfte anders als im Kartellrecht nicht nur auf den Output (Leistung/Produkte), sondern auf Verarbeitungen bzw. Verarbeitungsprozesse von Daten im Unternehmen abzustellen sein (Art. 1 Abs. 1, Art. 6 Abs. 1, und die Erteilung einer Auskunft an die betroffene Person ist kein Unternehmensprodukt im eigentlichen Sinne), sodass nicht von vornherein eine Pauschalisierung ausgeschlossen sein dürfte (mit Blick auf das Kartellrecht wäre das quasi ein geschätzter oder hypothetisch generierter Umsatz). Es ergeben sich aber folgende Problemkreise: Eine solche Pauschalisierung kann erst dann zum Zuge kommen, wenn ein tatbezogener Umsatz tatsächlich nicht genau ermittelbar ist. Dies dürfte jedenfalls bei Zuwiderhandlungen, die sich bei einigem Ermittlungswand genauer vom Umsatz her eingrenzen lassen (etwa bei Art. 83 Abs. 5 lit. c, weil sie das Auslandsgeschäft des Unternehmens betreffen und daher möglicherweise in den Tätigkeitsberichten des Unternehmens gesondert aufgeführt sind, vgl. § 285 Nr. 4 HGB), nicht der Fall sein. Außerdem gibt es Zuwiderhandlungen, die nicht im direkten Zusammenhang mit dem Umsatz des Unternehmens stehen (zB Verstöße gegen Rechte von betroffenen Personen; getätigte Aufwendungen hierfür können erst der Gewinn- und Verlustrechnung des Unternehmens vermutlich als Teil der allgemeine Verwaltungskosten entnommen werden) und ggf. auch nur Teilbereiche des Unternehmens betreffen. Auch wenn in solchen Fällen ein hypothetischer Umsatz ermittelt werden muss, ist fraglich, ob der von den Datenschützern vorgestellte Grundwert in solchen Fällen nicht zu einer Fehlermittlung führt, weil er entweder zu hoch oder zu niedrig bemessen ist.

Art, Schwere und Dauer von Verstößen (lit. a): Hinsichtlich der **Schwere** von Verstößen bietet sich die Einteilung in Kategorien an: Minder schwere, schwere und besonders schwere Verstöße. Abgrenzungskriterien sind dabei vor allem die Form der Verarbeitung (Art, Umfang und Zweck) und die Zahl der betroffenen Personen, die auch auf systematische Verstöße oder Mängel hinweisen kann (→ BDSG § 43 Rn. 71; Artikel 29-Datenschutzgruppe v. 3.10.2017, WP 253, 10). Hingegen wird der erlittene Schaden der betroffenen Personen sich häufig nicht konkret beziffern lassen. Allerdings kann die Art der Schäden – Anhaltspunkte können sich aus einer risikohaften Verarbeitung und aus dem Erwägungsgrund 75 geben – einbezogen werden (Artikel 29-Datenschutzgruppe v. 3.10.2017, WP 253, 11). **32**

Ebenfalls kann die **Dauer von Verstößen** (kurze, mittlere und lange Zeiträume) herangezogen werden. Auch die Anzahl der Pflichten, gegen die der Verantwortliche oder Auftragsverarbeiter verstoßen hat, kann herangezogen werden. Mögliche **Beteiligungsformen** und die dazugehörigen Tatbeiträge (zB Anstiftung und Beihilfe) können an dieser Stelle berücksichtigt werden (→ Rn. 16) (→ Rn. 33.1). **33**

Bei einer **Dauerordnungswidrigkeit** bezieht sich der Vorwurf sowohl auf die Herbeiführung als auch auf die Aufrechterhaltung des rechtswidrigen Zustands (Göhler/Gürtler OWiG Vor § 19 Rn. 17 zur Dauerordnungswidrigkeit; → BDSG a. F. § 43 Rn. 69). **33.1**

Vorsatz oder Fahrlässigkeit (lit. b): Vorsatz setzt Wissen und Wollen der Tatbestandsverwirklichung voraus. **Fahrlässigkeit** bedeutet die Verletzung der erforderlichen Sorgfaltspflicht trotz individueller Vorhersehbarkeit (Schlussantrag Generalanwalt Mayras v 29.10.1975 – Slg 1975, 1367 (1389) – General Motors). Eine konkrete Festlegung der Schuldform ist schon mit Blick auf die Verteidigungsmöglichkeiten notwendig. Die aus dem deutschen Recht bekannte Feindifferenzierung der verschiedenen Vorsatz- und Fahrlässigkeitsformen findet sich bisher in der europäischen Rechtsprechung nicht wieder. Abstufungen müssten jedenfalls unabhängig von den Begrif- **34**

DS-GVO Artikel 83   Kapitel VIII. Rechtsbehelfe, Haftung und Sanktionen

fen in den Rechtsordnungen der Mitgliedstaaten und möglicher Gesellschaftsstrukturen entwickelt werden. Die im Verkehr erforderliche Sorgfalt ist bei Unternehmen unter Berücksichtigung der Größe, der wirtschaftlichen Tätigkeiten und Datenverarbeitungsprozesse zu bestimmen. Dabei wird zu fordern sein, dass Unternehmen die europäische Entwicklung im Bereich des Datenschutzes verfolgen und ihren Geschäftsbetrieb so ausrichten, dass ein ordnungsgemäßer Betrieb gewährleistet wird (vgl. EuG Urt v 7.7.1994 – T- 43/92 Rn. 143 – Dunlop Slazenger) (→ Rn. 34.1 f.).

34.1   Die Verbotskenntnis und das Unrechtsbewusstsein dürften hingegen kein Bestandteil des Vorsatzes sein, sodass nicht jeder **Irrtum** zum Vorsatzausschluss führt (→ BDSG § 43 Rn. 67; EuG Urt v 27.7.2005 – T-49/02 ua Rn. 158 – Brasserie nationale; EuGH Urt v 8.11.1983 – Slg 1983, 3369 Rn. 45). Nur der Irrtum über Tatsachen hat vorsatzausschließende Wirkung.

34.2   Vorsatz dürfte bei folgenden Fallgestaltungen vorliegen: rechtswidrige Datenverarbeitungen, die ausdrücklich von der oberen Management-Ebene gebilligt worden sind, trotz des Hinweises des Datenschutzbeauftragten vorgenommen werden oder in Missachtung der geltenden internen Richtlinien vorgenommen werden; Verkauf von personenbezogenen Daten für Werbezwecke als Opt-in Daten, ohne weitere Kontrollen (Artikel 29-Datenschutzgruppe v. 3.10.2017, WP 253, 12).

35   **Maßnahmen zur Minderung des entstandenen Schadens bei betroffenen Personen: (lit. c):** Ein positives Nachtatverhalten und Schadenswiedergutmachung sollten bußgeldmindernd Berücksichtigung finden (so auch Artikel 29-Datenschutzgruppe v. 3.10.2017, WP 253,12).

36   **Grad der Verantwortung unter Berücksichtigung von gem. Art. 25 und 32 getroffen technisch-organisatorische Maßnahmen (lit. d):** Auf die Ausführungen bei Art. 25 und Art. 32 zu geeigneten Maßnahmen nach dem Stand der Technik wird Bezug genommen. **Compliance-Programme** sollten bei der Bußgeldfestsetzung dann positiv berücksichtigt werden, wenn sie bei einer ex ante Betrachtung als ausreichend angesehen werden konnten (Schwartmann/Weiß RDV 2016, 72). Indirekt würden damit auch wirksame Anreize zu einer rechtskonformen Datenverarbeitung gesetzt werden.

37   **Frühere einschlägige Verstöße (lit. e):** Frühere mit ähnlichem oder gleichem Unrechtsgehalt verwirklichte Verstöße sollten bußgelderhöhend berücksichtigt werden, da hiermit auf eine ausgeprägte Unrechtseinsicht des Täters geschlossen werden kann. Allerdings wird eine gewisse zeitliche Dimension hierbei zu berücksichtigen sein (verjährten Verstöße dürfen nicht doch indirekt geahndet werden). Bei zwischenzeitlichen Unternehmensübernahmen dürfte im Hinblick auf den Schuldgrundsatz der neue Mutterkonzern nicht als Wiederholungstäter behandelt werden.

38   **Umfang der Zusammenarbeit mit den Aufsichtsbehörden zur Abhilfe oder Minderung von nachteiligen Auswirkungen (lit. f):** Die aktive Zusammenarbeit mit der Aufsichtsbehörde soll bußgeldmindernd berücksichtigt werden, weil hierdurch die Arbeit der Aufsichtsbehörde erleichtert wird (vgl. auch Brink ZD 2019, 141). Hierzu gehören zB der **Hinweis,** dass die rechtswidrige Datenverarbeitung länger als von der Aufsichtsbehörde angenommen angedauert hat oder die **Lieferung von Beweismaterial.**

39   **Kategorien von personenbezogenen Daten (lit. g):** Rechtswidrige Verarbeitungen von besonderen Kategorien von personenbezogenen Daten (Art. 9 Abs. 1, Art. 10) weisen einen höheren Unrechtsgehalt auf. Bei diesen Datenarten ist ein besonders vorsichtiger Umgang geboten, da besonders sensible Informationen über die Person sich hieraus ableiten.

40   **Art und Weise des Bekanntwerdens des Verstoßes (lit. h):** Datenschutzverstöße, die der Verantwortliche gegenüber der Aufsichtsbehörde trotz Meldepflicht (Art. 33, 34 DS-GVO) nicht oder nicht richtig meldet, können nach Auffassung der Aufsichtsbehörden nachteilig berücksichtigt werden (Artikel 29-Datenschutzgruppe v. 3.10.2017, WP 253, 15). Europarechtlich ist diese Auffassung nicht unproblematisch, da sie gegen Art. 6 EMRK verstoßen könnte (dazu Eckhardt/Menz DuD 2018, 143). Das möglicherweise entstehende Spannungsverhältnis – Meldepflicht auf der einen und Verbot der Selbstbezichtigung auf der anderen Seite – hat der deutsche Gesetzgeber versucht, mit § 43 Abs. 4 BDSG aufzulösen (→ BDSG 2018 § 43 Rn. 22).

41   **Einhaltung von früheren angeordneten Maßnahmen nach Art. 58 Abs. 2 (lit. i):** (weiter Ausführungen folgen mit einer der nächsten Editionen)

42   **Einhaltung von genehmigten Verhaltens- oder Zertifizierungsverfahren nach Art. 40 und 42 (lit. j):** Soweit genehmigten Verfahren nach Art. 40 und 42 eingehalten werden und es trotzdem zu einem Verstoß kommt, sollte dies als Milderungsgrund angesehen werden.

43   **Sonstige erschwerende oder mildernde Umstände (lit. k):** Mildernd wirken sich zB berechtigte **Zweifel an der Rechtswidrigkeit** der Datenverarbeitung aus. Allerdings müssen sich Verantwortliche über die geltende Rechtslage zur Datenverarbeitung informieren. Soweit die Aufsichtsbehörde ausdrücklich festgestellt hat, dass sie den Sachverhalt rechtlich anders beurteilt, ist kein Raum für berechtigte Zweifel. **Aktive Behinderungsversuche** zur Aufklärung des Sachverhaltens durch die Aufsichtsbehörde wirken sich erschwerend aus. Eine bloße passive Verweigerungshaltung im Verwaltungs- oder Bußgeldverfahren kann hingegen nicht erschwerend berücksichtigt werden, weil insofern keine Pflicht zur Selbstbelastung besteht (nemo-tenetur-Grundsatz). Eine unterschiedliche steuerliche Behandlung der Geldbußen und Verteidigerkosten in den Mitgliedstaaten ist hingegen nicht bußgeldmindernd zu berücksichtigen (ähnlich im Kartellrecht Immenga/Mestmäcker/Dannecker/Biermann, Wettbewerbsrecht, 5. Aufl. 2012, VO 1/2003 Art. 23 Rn. 219). Gewinne, die aus dem Datenschutzverstoß gezogen worden sind, sollten als Zeichen gewertet werden, dass ein Bußgeld verhängt werden sollte (Artikel 29-Datenschutzgruppe v. 3.10.2017, WP 253, 16).

Nur bei Personen, die keine Unternehmen sind, soll bei der Festsetzung der Geldbuße die **44** **finanzielle Leistungsfähigkeit** berücksichtigt und das allgemeine Einkommensniveau im Mitgliedstaaten sowie die wirtschaftliche Lage des Täters Berücksichtigung finden. Allerdings ist aus Verhältnismäßigkeitsgründen auch bei Unternehmen darauf zu achten, dass der Sanktions- und Abschöpfungsgedanke nicht dadurch entwertet wird, dass das Unternehmen Insolvenz anmelden muss und die Geldbuße damit nicht mehr vollstreckt werden kann.

Derzeit nicht belegt. **45**

III. Zusammentreffen mehrerer Verstöße (Abs. 3)

Abs. 3 sieht eine Begrenzung der Höhe der Geldbuße bei Verstößen vor, die mehrere **gleiche** **46** **oder miteinander verbundene Verarbeitungsvorgänge** betreffen (Nichtkumulationsprinzip). In diesem Fall wird die Höhe des Gesamtbetrages der Geldbuße auf den gesetzlichen Höchstbetrag für den schwerwiegendsten Verstoß begrenzt. Die Regelung erinnert an § 19 Abs. 2 S. 1 OWiG, der bei Tateinheit und mehrfachen Gesetzesverletzungen eine Begrenzung auf die höchste Bußgeldandrohung vorsieht. Die Begrenzung der Geldbuße wird in der DS-GVO aus der Verklammerung der möglichen Verstöße über den automatisierten Verarbeitungsvorgang erreicht (Art. 4 Nr. 2). Ein ununterbrochener Verstoß gegen Vorgaben der DS-GVO oder eine Aufrechterhaltung eines solchen Verstoßes, die mindestens fahrlässig begangen werden muss, werden einem Geschehen und damit prozessualen Tat zugeordnet. In solchen Fällen besteht der Vorwurf in der Herbeiführung und Aufrechterhaltung des rechtswidrigen Zustandes (**Dauerdelikt**). Das Abstellen auf eine zeitliche Komponente ist in solchen Fällen gerade nicht notwendig (zu weitgehend daher Paal/Pauly/Frenzel Rn. 16).

IV. Tatbestände und nationale Öffnungsklausel für Geldbußen gegen Behörden und öffentliche Stellen (Abs. 4–7)

In den Abs. 4–6 wird ein umfangreicher Katalog an Tatbeständen festgelegt, bei denen eine **47** Sanktionierung in Betracht kommt (**eine tabellarische Fallsammlung im Internet zu bereits erlassenen Bußgeldern mit entsprechenden Verlinkungen findet sich unter http://enforcementtracker.com/**). Hierbei werden Verweisungen auf die in der DS-GVO festgelegten Pflichten für Verantwortliche und Auftragsverarbeiter, Zertifizierungs- sowie Überwachungsstellen vorgenommen. Des Weiteren können **Verstöße gegen die Grundsätze der Verarbeitung, die Rechte der betroffenen Person, bei Übermittlungen in Drittstaaten und internationale Organisationen sowie Anweisungen der Aufsichtsbehörde** sanktioniert werden. Je nach Art des Verstoßes sind unterschiedliche Bußgeldrahmen vorgesehen, wobei bei Unternehmen relative Obergrenzen bestehen (→ Rn. 52 und → Rn. 61; zu rechtsstaatlichen Bedenken → Rn. 7). Gestützt auf Abs. 7 können die Mitgliedstaaten nationale Vorschriften für die Verhängung von Geldbußen gegen Behörden und öffentliche Stellen erlassen (→ Rn. 79).

Für eine Sanktionierung nach den Abs. 4–6 bedarf es teilweise weiterer ausfüllender (prakti- **48** scher) Konkretisierungen durch die Aufsichtsbehörden (zB bei der Folgenabschätzung nach Art. 35 Abs. 4). Die **Bestimmtheit der Tatbestände** dürfte jedenfalls bis zum Erlass solcher Regelungen durch die Aufsichtsbehörde in Zweifel gezogen werden mit der Folge, dass die Adressaten von Bußgeldbescheiden sich erfolgreich gegen solche wehren können (→ Rn. 6 und → Rn. 6.1). Als ausschließlicher Rechtsgrund für eine Ahndung sollten solche ausfüllungsbedürftigen Regelungen dann nicht herangezogen werden, wenn sie Zweifeln hinsichtlich der Anforderungen an die Bestimmtheit einer Sanktionsnorm unterliegen (wie etwa Art. 5). Als Auslegungshilfen bei konkreter gefassten Tatbeständen können sie aber beigezogen werden. Ebenfalls wäre über den Umweg einer konkret auf den Einzelfall bezogenen Abhilfeanordnung und Nichterfüllung durch den verpflichteten Adressaten eine Sanktionierung gem. Abs. 5 lit. e oder Abs. 6 möglich (Paal/Pauly/Frenzel Rn. 24).

49 Trotz der umfangreichen Verweisungen in Abs. 4–6 bleibt außerdem festzustellen, dass nicht alle Verstöße gegen die DS-GVO sanktioniert werden und **Sanktionslücken** verbleiben. Es fehlen bspw. Regelungen zu möglichen Verstößen gegen Art. 10 (Kühling/Martini et al. DS-GVO und nationales Recht S. 277).

50 Hinsichtlich des Begriffs des „**Unternehmens**" (→ Rn. 8 ff.) und einer wirtschaftlichen Tätigkeit ausübenden Einheit (→ Rn. 10).

51 Derzeit nicht belegt.

1. Verstöße des Verantwortlichen, des Auftragsverarbeiters, der Zertifizierungsstelle oder der Überwachungsstelle gegen Pflichten (Abs. 4)

52 Abs. 4 erfasst **Pflichtverletzungen** des **Verantwortlichen** oder **Auftragsverarbeiters**. Darüber hinaus können auch Verstöße der **Zertifizierungs- und Überwachungsstellen** bei Verstößen geahndet werden. Der Rahmen für eine Geldbuße nach Abs. 4 beträgt bis zu 10 Mio EUR oder bei Unternehmen, soweit dieser Betrag höher sein sollte, bis zu 2% des gesamten weltweit erzielten Jahresumsatzes des vorausgegangenen Geschäftsjahres. Für diese Verstöße ist der Bußgeldrahmen im Vergleich zu Abs. 5 und 6 um die Hälfte geringer. Er zielt im Kern auf fehlerhafte Maßnahmen bei der Datenschutzorganisation und betrifft idS „eher administrative Pflichten" und damit einzelne Instrumente (Paal/Pauly/Frenzel Rn. 22; Spindler DB 2016, 946).

53 Hinsichtlich der in Betracht kommenden Pflichtverletzungen nach **Abs. 4 lit. a** wird zunächst auf die Einzelkommentierungen bei Art. 8, 11, 25–39, 42 und 43 Bezug genommen.

54 Derzeit nicht belegt.

55 Werden keine oder nur geringe datenschutzfreundliche Voreinstellungen zum Zeitpunkt der erstmaligen Inbetriebnahme durch den Anwender diesem gegenüber bereitgestellt, stellt dies in der Regel einen Verstoß gegen **Art. 25** dar (Keppeler/Berning DStR 2018, 93). Das Fehlen eines Auftragsverarbeitungsvertrages gem. Art. 28 Abs. 3 ist einfach nachweisbar und kann daher leicht eine Geldbuße nach sich ziehen. Das unverschlüsselte und unverfremdete (ungehashte) Speichern von Daten kann einen Verstoß gegen **Art. 32** darstellen (vgl. Brink ZD 2019, 141).

55.1 **Praxishinweis:** In Baden-Württemberg wurde 2018 eine Geldbuße iHv 20.000 EUR gegen einen Social-Media Anbieter wg. eines Verstoßes gegen die Datensicherheit gem. **Art. 32** und Veröffentlichung von ca. 330.000 Nutzerdaten mit E-Mail Adressen, Pseudonymen und Passwörtern im Internet nach einem Hackerangriff und anschließender umfangreicher Sicherungsmaßnahmen durch das Unternehmen zur Vermeidung von Wiederholungen verhängt (Brink ZD 2019, 141; Golland Datenschutz-Berater 2019, 13). Der Hamburgische LfD hat eine Geldbuße iHv 5.000 EUR gegen ein Beratungsunternehmen wg. eines fehlenden Auftragsdatenverarbeitungsvertrages mit einem spanischen Auftragnehmer nach **Art. 28 Abs. 3** erlassen (vgl. https://www.datenschutz-notizen.de/5-000-euro-bussgeld-wegen-fehlenden-auftragsverarbeitungsvertrags-der-vermeintliche-papiertiger-zeigt-seine-zaehne-0521946/). Die Berliner Datenschutzbeauftragte hat im November 2019 unter anderem wg. eines Verstoßes gegen Art. 25 ein Bußgeld iHv 14,5 Millionen EUR gegen eine Immobiliengesellschaft erlassen, weil ein Archivsystem genutzt wurde, dass keine Möglichkeit vorsah nicht mehr erforderliche Daten von Mietern zu entfernen (noch nicht rechtskräftig, vgl. https://www.datenschutz-berlin.de/fileadmin/user_upload/pdf/pressemitteilungen/2019/20191105-PM-Bussgeld_DW.pdf). Die englische Datenschutzbehörde ICO hat ein Bußgeld gegen die Hotelkette Mariott iHv 99 Millionen Pfund im Juli 2019 angekündigt, weil entsprechende Sicherungsmaßnahmen im Due Diligence verfahren nicht getroffen wurden, sodass es zu einem Data Breach kam (https://ico.org.uk/about-the-ico/news-and-events/news-and-blogs/2019/07/statement-intention-to-fine-marriott-international-inc-more-than-99-million-under-gdpr-for-data-breach/). Der LfD Rheinland-Pfalz hat gegen ein Krankenhaus ein Bußgeld iHv 105.000 EUR wg. mehrerer Verstöße im Zusammenhang mit Patientenverwechselung erlassen, die ein strukturelle technische und organisatorische Defizite offenbarten (Datenschutz-Berater 2020, 6). Der BfDI hat gegen ein Telekommunikationsunternehmen wegen eines Verstoßes gegen Art. 32 DS-GVO ein Bußgeld iHv 9,55 Mio EUR verhängt, da aufgrund nicht hinreichender technisch-organisatorischer Maßnahmen telefonische Auskünfte zu fremden Kundendaten möglich waren (Datenschutz-Berater 2020, 6)

56 Das Unterlassen von Meldungen nach **Art. 33 und 34** stellt eine **Dauerordnungswidrigkeit** dar → Rn. 33.1. Meldungen können nicht, nicht richtig, unvollständig oder nicht rechtzeitig vorgenommen werden. Für Letzteres ist auf den Zugang bei der Aufsichtsbehörde abzustellen. Zur Berechnung der Frist vgl. Piltz/Pradel ZD 2019, 152 ff. Die Meldepflicht entfällt in einigen Fällen (Art. 33 Abs. 1 → Art. 33 Rn. 34 und Art. 34 Abs. 3 → Art. 34 Rn. 36) mit der Folge, dass der Bußgeldtatbestand in diesen Fällen nicht erfüllt ist.

Allgemeine Bedingungen für die Verhängung von Geldbußen   **Artikel 83 DS-GVO**

Praxishinweis: Die niederländische Datenschutzaufsichtsbehörde hat gegen Uber eine Geldbuße iHv **56.1**
600.000 EUR erlassen, weil ein Datendiebstahl unter anderem mit Namen, E-Mail Adressen, Telefonnummern von ca. 174.000 Niederländern nicht innerhalb von 72 Stunden nach Entdeckung gemeldet wurde (der Datendiebstahl soll allerdings 2016 stattgefunden haben; DANA 2019, 45); Bußgeld iHv 20.000 EUR gegen ein Verkehrsbetrieb wegen Überschreitung der Frist von zwei Tagen zur Meldung einer Datenpanne (Ihwas NZWiSt 2021, 291); Bußgeld iHv 6.800 EUR gegen eine Rehaklinik aufgrund einer siebentägigen verspäteten Meldung eines Datenschutzpanne (Ihwas NZWiSt 2021, 291).

Soweit ein Unternehmen der Aufforderung der Datenschutzbehörde nicht nachkommt, einen **57**
betrieblichen Datenschutzbeauftragten zu bestellen **Art. 37** kann bei einem Kleinunternehmen ein Bußgeld iHv 10.000 EUR festgesetzt werden (Festsetzung gegen ein Telekommunikationsdienstleister durch die BfDI, vgl. Datenschutz-Berater 2020, 7).

Zur Sanktionsmöglichkeit bei Pflichtverstöße der **Zertifizierungsstelle** gem. Abs. 4 lit. b s. **58**
die Kommentierungen zu Art. 42 und Art. 43 (→ Art. 42 Rn. 1 ff., → Art. 43 Rn. 1 ff.).

Derzeit nicht belegt. **59**

Pflichtverletzungen der **Überwachungsstelle** nach Art. 41 Abs. 4 können nach **Abs. 4 lit. c** **60**
sanktioniert werden.

2. Verstöße bei der Verarbeitung, gegen Rechte der betroffenen Person, bei der Übermittlung an Drittstaaten und internationale Organisationen sowie Anweisungen der Aufsichtsbehörde (Abs. 5 und 6)

Abs. 5 erfasst Verstöße gegen **materielle Verarbeitungsregelungen** und **Rechte der betrof- 61
fenen Personen.** Der Rahmen für eine Geldbuße nach Abs. 5 und 6 beträgt bis zu 20 Mio EUR oder bei Unternehmen, soweit dieser Betrag höher sein sollte bis zu 4 % des gesamten weltweit erzielten Jahresumsatzes des vorausgegangenen Geschäftsjahres.

Bei Verstößen gegen die Grundsätze der **Verarbeitung und Bedingungen für die Einwilli- 62
gung** gem. **Abs. 5 lit. a** wird zunächst auf die entsprechenden Kommentierungen verwiesen (Art. 5, Art. 6, Art. 7 und Art. 9).

Praxishinweis: Die Berliner Datenschutzbeauftragte hat im November 2019 ua wegen eines Verstoßes **62.1**
gegen Art. 5 ein Bußgeld iHv 14,5 Millionen EUR gegen eine Immobiliengesellschaft erlassen, weil ein Archivsystem genutzt wurde, das keine Möglichkeit vorsah nicht mehr erforderliche Daten von Mietern zu entfernen (noch nicht rechtskräftig, vgl. https://www.datenschutz-berlin.de/fileadmin/user_upload/pdf/pressemitilungen/2019/20191105-PM-Bussgeld_DW.pdf). Der Datenschutzbeauftragte in Zypern hat im Oktober 2019 eine Geldbuße iHv 14.000 EUR gegen einen Arzt erlassen, der ohne Rechtsgrundlage Patientendaten auf Instagram veröffentlichte (https://cyprus-mail.com/2019/10/11/doctor-fined-e14000-for-violating-patient-data-on-instagram/); Bußgeld iHv. 50.000EUR gegen eine Online-Bank wg. Führen von Daten ehemaliger Kunden auf einer schwarzen Liste zu Zwecken der Geldwäscheprävention, unabhängig davon, ob diese tatsächlich der Geldwäsche verdächtig gewesen sind (Ihwas NZWiSt 2021, 291); Bußgeld iHv 150 EUR gegen eine Mitarbeiterin des Ordnungsamtes wegen einer Abfrage beim Einwohnermeldeamt ohne dienstlichen Anlass (Ihwas NZWiSt 2021, 291); Bußgeld gegen einen Polizisten iHv 500 EUR wegen Anfertigung eines Fotos einer Strafanzeige und Teilen des Fotos in einer WhatsApp-Gruppe (Ihwas NZWiSt 2021, 291).

Derzeit nicht belegt. **63–64**

Für Verstöße gegen Rechte der betroffenen Person gem. Art. 12–22, die nach **Abs. 5 lit. b** **65**
sanktioniert werden können, s. zunächst die Einzelkommentierungen und Hinweise (Art. 12, → Art. 13 Rn. 17 ff., → Art. 14 Rn. 17 ff., → Art. 15 Rn. 20 ff., Art. 16, Art. 17, Art. 18, Art. 19, Art. 20, Art. 21 und Art. 22). Bei den Transparenzpflichten nach Art. 13 und 14 soll hinsichtlich der Einleitung eines Bußgeldverfahrens einen Unterschied machen, ob nur die Nennung eines einzelnen Datums wie der Löschfrist vergessen wurde, oder die Informationen eklatante Mängel enthalten (DATENSCHUTZ-BERATER 2018, 85 (Nr. 4).

Praxishinweis: Die französische Aufsichtsbehörde (CNIL) hat gegen Google ein Bußgeld iHv 50 **65.1**
Millionen EUR unter anderem wegen eines Verstoßes gegen Transparenz- und Informationspflichten nach **Art. 12 und 13** festgestellt, da wesentliche Informationen auf verschiedene Dokumente verteilt und erst nach mehreren Schritten zugänglich gemacht worden sind. Der Nutzer somit das Ausmaß der Verarbeitung nicht vollständig erfassen könne. Zudem fehlten zB Informationen über die Speicherdauer. Ferner wurde festgestellt, dass die Einwilligung in personalisierte Anzeigen unzulänglich war und eine wirksame Einwilligung somit nicht vorlag (Brink ZD 2019, 142; Tambou EDPL 2019, 81 f); Bußgeld iHv 50.000 EUR gegen einen Dienstleister, der ein Auskunftsersuchen von deutschen Betroffenen in englischer Sprache

beantwortete (Verstoß gegen Grundsatz der Verständlichkeit) und Verschleierung der Verantwortlichkeit (Ihwas NZWiSt 2021, 292)

66   Bei Art. **12 Abs. 3** wird hinsichtlich der Zurverfügungstellung von Informationen u.a. auf den Begriff **„unverzüglich"** abgestellt. Hier spielt die Organisationspflicht nach Art. 12 Abs. 1 eine maßgebliche Rolle, da dies für die Beantwortung maßgeblich ist, wann der Verantwortliche schuldhaft verzögert hat (Eckhardt/Menz DuD 2018, 140, Ihwas NZWiSt 2021, 292; Art. 12 → Art. 12 Rn. 35).

67   Das Unterlassen einer Löschungspflicht, die sich aus **Art. 17** ergibt, stellt eine **Dauerordnungswidrigkeit** dar → Rn. 33.1.

68   Derzeit nicht belegt.

69   Hinsichtlich der Pflichtverletzung zu **Abs. 5 lit. c** wird zunächst auf die Einzelkommentierungen bei Art. 44–49 Bezug genommen.

70-71   Derzeit nicht belegt.

72   Für Pflichtverstöße nach **Abs. 5 lit. d** wird auf die entsprechende Kommentierung bei Art. 85–91 Bezug genommen.

73-75   Derzeit nicht belegt.

76   **Abs. 5 lit. e** sieht eine Sanktionierungsmöglichkeit bei der Nichtbefolgung einer vollstreckbaren Anweisung oder Beschränkung bzw. Aussetzung der Datenübermittlung durch die Aufsichtsbehörde gem. Art. 58 Abs. 2 und damit Anordnungen vor. Ferner kann auch bei der Nichtgewährung des Zugangs gegenüber der Aufsichtsbehörde nach Art. 58 Abs. 1 eine Geldbuße verhängt werden.

77   Der Tatbestand nach **Abs. 6** ist anwendbar bei Verstößen gegen **vollstreckbare Anweisungen** der Aufsichtsbehörde nach Art. 58 Abs. 2 (Paal/Pauly/Frenzel Rn. 25). Mit Blick auf Abs. 5 lit. e, der ausdrücklich einzeln benannt ist, ist damit auch eine Nichtbefolgung aller anderen erlassenen Anordnungen der Aufsichtsbehörde nach § 58 Abs. 2 sanktionierbar.

78   Derzeit nicht belegt.

3. Nationale Öffnungsklausel für Geldbußen gegen Behörden und öffentliche Stellen (Abs. 7)

79   Abs. 7 sieht hinsichtlich der Verhängung von **Geldbußen gegen Behörden und öffentliche Stellen** eine **nationale Öffnungsklausel** vor. Diese Regelung geht auf einen Vorschlag des Rates zurück, nachdem einige Mitgliedstaaten Bedenken gegen die Verhängung von Geldbußen gegen öffentliche Stellen geäußert hatten. Der Vorschlag der KOM und des Parlamentes sah eine solche nationale Regelungsbefugnis noch nicht vor, weil diese Institutionen einen umfassenden Regelungsansatz verfolgten, der öffentliche Stellen auch bei der Sanktionierung miteinbezog (Nguyen RDV 2014, 29) (→ Rn. 79.1).

79.1   Zugegebenermaßen sollten öffentliche Stellen den Vorgaben der DS-GVO jenseits rechtlicher Gebote tatsächlich unterworfen sein (Ehmann ZD 2015, 7). Hierfür ist die Möglichkeit der Verhängung von Geldbußen aber nicht einziges probates Mittel. Öffentliche Stellen und Behörden sind an das Rechtsstaatsprinzip gebunden und daher verpflichtet die Grundrechte von sich aus zu achten. Sie streben grundsätzlich zudem nicht nach Gewinn. Streitigkeiten zwischen der Datenschutzaufsichtsbehörde und der überprüften Behörde liegen häufig unterschiedliche mögliche Rechtsauslegungen zu Grunde, die durch Gerichte verbindlich entschieden werden können. Einer weiteren Sanktionierung in Form von Geldbußen bedarf in diesem Fall nicht. Zumal die Zahlung einer Geldbuße durch eine Behörde bloß die Verschiebung von Finanzmitteln innerhalb des öffentlichen Haushaltes bedeuten würde.

80   Die Regelung ist verfassungsrechtlich nicht bedenklich. Auch bisher ist nach deutschem Recht die Verhängung von **Geldbußen gegen juristische Personen des öffentlichen Rechts** nicht ausgeschlossen. Das Gewaltenteilungsprinzip, der Grundsatz der Gesetzmäßigkeit der Verwaltung stehen dem nicht entgegen (KK-OWiG/Rogall OWiG § 30 Rn. 35 f.). Der Grundsatz der Polizeifestigkeit von Hoheitsträgern greift lediglich bei der Gefahrenabwehr, schließt aber eine nachträgliche Sanktionierung nicht aus (Kühling/Martini DS-GVO 277).

81   Die nationale Regelungsbefugnis bezieht sich dabei auf die Zulassung der Verhängung von Geldbußen („ob") auf den Umfang („wie"). Der **deutsche Gesetzgeber** hat sich grundsätzlich gegen Geldbußen gegen Behörden und öffentliche Stellen ausgesprochen (§ 43 Abs. 3 BDSG, BT-Drs. 18/11325, 39). Im Fachrecht – möglicherweise bei Anpassungen im SGB – wird voraussichtlich im Einzelfall diese Regelungsbefugnis aber in Anspruch genommen werden (Abweichungen hier auch mit Blick auf § 1 Abs. 2 BDSG möglich) (→ Rn. 81.1).

Folgende Mitgliedstaaten haben ebenfalls keine Geldbußen gegen öffentliche Stellen vorgesehen: Österreich, Kroatien. In Polen ist die Geldbußehöhe bei öffentlichen Stellen beschränkt auf 23.000 € (Überblick über die Regelungen in den Mitgliedstaaten Pohle CRi 2018, 97). 81.1

V. Verfahren, Garantien und Rechtsbehelfe (Abs. 8)

1. Allgemeines

Nach Abs. 8 haben die Mitgliedstaaten angemessene **Verfahrensgarantien** gemäß dem Unionsrecht und dem nationalen Recht vorzusehen. Hierzu gehören die justiziellen Grundrechte nach der EMRK wie ein faires, öffentliches und innerhalb einer angemessenen Frist durchzuführendes Verfahren (Art. 6 Abs. 1 EMRK und Art. 47 Abs. 2 GRCh), ein wirksames Beschwerderecht sowie die Rechtsverteidigung (Art. 13 EMRK und Art. 47 Abs. 1 GRCh), die Unschuldsvermutung sowie das Verbot der Selbstbezichtigung (Art. 6 Abs. 2 EMRK und Art. 48 GRCh), die Grundsätze der Gesetzmäßigkeit und der Verhältnismäßigkeit (Art. 49 GRCh) sowie das Verbot der Doppelbestrafung gem. Art. 50 GRCh (Streinz, Europarecht, 10. Aufl. 2016, S. 290 Rn. 797; Dannecker NZWiSt 2016, 165). Diese Grundsätze gelten auch für juristische Personen (Streinz, Europarecht, 10. Aufl. 2016, S. 290 Rn. 804; Lorenzmeier ZIS 2008, 27). § 41 BDSG sieht insofern Verweisungen auf das OWiG und die StPO vor. Ebenfalls wird die Regelungsbefugnis zur § 43 Abs. 4 BDSG (Verwendung einer Meldung nach Art. 33 oder Benachrichtigung nach Art. 34 nur mit Zustimmung, BT-Drs. 18/11325, 38 und 18/12084, 9) auf Abs. 8 gestützt (→ Rn. 82.1f.). 82

Unionsgrundrechte werden trotz der grundsätzlich verbleibenden nationalen Verfahrensautonomie aufs nationale Verfahrensrecht erstreckt und sind unmittelbar anwendbar. Nationale Grundrechte können daneben kumulativ zum Einsatz kommen soweit der Vorrang, die Einheit und die Wirksamkeit von Unionsrecht nicht beeinträchtigt werden (zur Abgrenzungsproblematik Dannecker NZKart 2015, 26f.; Thym NVwZ 2013, 890; EuGH EuZW 2013, 306 Rn. 60). Die vorgesehenen Geldbußen sind als „strafrechtliche Anklage" iSv Art. 6 Abs. 1 EMRK zu behandeln, denn sie bezwecken eine Nachteilszufügung, die über eine Abschöpfung des rechtswidrig erlangten Vorteils hinausgeht mit strafenden Charakter und abschreckender Funktion (zu letzterem Kriterium vgl. EGMR Urt. v. 8.6.1976 – Nr. 5100/71 Rn. 85 – Engel/Niederlande). 82.1

Aufgrund der unterschiedlichen Rechtsordnungen der Mitgliedstaaten und darauf abgestimmte Verfahrensgarantien ist es nicht ausgeschlossen, dass es zur uneinheitlichen Verfolgung und Ahndung kommen kann. Es besteht die Möglichkeit über den EuGH im Wege von **Vorabentscheidungsverfahren (Art. 267 AEUV)** eine Entscheidung zur Vereinheitlichung zu erhalten, um so den Grundsätzen der Rechtsstaatlichkeit und Gleichheit in der EU zu genügen (EuGH 11.12.2007 – C 280/06 Rn. 19 ff. – ETI; Dannecker wistra 2004, 367). 82.2

2. Verfahren zur Verhängung der Geldbußen bei den Aufsichtsbehörden

Das europäische Sanktionsrecht und Art. 83 enthalten nur Fragmente des Verfahrensrechts. Der deutsche Gesetzgeber hat daher mit § 41 BDSG versucht, diese Lücke durch Verweise auf Bußgeld- und Strafnormen zu schließen (→ BDSG § 41 Rn. 3). Im Einzelfall besteht jedoch ein Anwendungsvorrang des Unionsrechts → BDSG § 41 Rn. 5 (zB bei der Frage der Sanktionierung von juristischen Personen → BDSG § 41 Rn. 11). 83

Überblick über die Regelungen in den Mitgliedstaaten Pohle CRi 2018, 97 ff. und Verfahrensregelungen 83.1

Derzeit nicht belegt. 84-85

VI. Mitgliedstaaten mit Rechtsordnungen ohne Geldbußen (Abs. 9)

Einige **nationalen Rechtsordnungen sehen keine administrativen Geldbußen** vor (zB Dänemark und Estland). Um hier keine Sanktionslücken entstehen zu lassen, sieht **Abs. 9 S. 1** einen alternativen Weg vor, wie in diesen Mitgliedstaaten verfahren werden kann. In jedem Fall ist sicherzustellen, dass die auf diesem Weg verhängten Geldbußen die gleiche Wirkung wie eine nach Art. 83 von einer Aufsichtsbehörde verhängten Geldbuße haben. Für Deutschland hat diese Regelung keine Bedeutung. 86

Abs. 9 S. 2 weist darauf hin, dass die vorstehend genannte nationale Abweichungsbefugnis von Art. 83 hinsichtlich der Zuständigkeit für die Verhängung der Sanktion nicht eine Erlaubnis 87 hinsichtlich des materiellen Sanktionsrahmens darstellt. Die verhängten Geldbußen müssen im Rahmen des Effektivitätsgebotes nach Abs. 1 (→ Rn. 22) wirksam, verhältnismäßig und abschreckend sein. Dies bedeutet, dass die Zumessungskriterien nach Abs. 2 (→ Rn. 25 ff.), die Kollisionsregelung in Abs. 3 (→ Rn. 46 ff.) und die Bußgeldrahmen je nach Verstoß nach Abs. 4–6 (→ Rn. 52 und → Rn. 61) zu beachten sind.

88 Abs. 9 S. 3 sieht vor, dass abweichende nationale Rechtsvorschriften zu Abs. 9 der KOM bis zum 25.5.2018 mitzuteilen sind. Entsprechendes gilt für spätere erlassende Änderungsvorschriften (→ Rn. 88.1).

88.1 In Dänemark werden Geldbußen durch die nationalen Gerichte als Strafe verhängt werden, wobei die Empfehlungen der Datenschutzaufsichtsbehörde berücksichtigt werden sollen. In Estland werden Geldbußen im Rahmen eines Vergehens durch die Aufsichtsbehörde verhängt (Erwägungsgrund 151).

C. Nationale Gesetzgebung

89 Unbestritten kann der nationale Gesetzgeber weitere Tatbestände zu Geldbußen dort schaffen, wo nationale Regelungsspielräume bestehen (zB im Beschäftigtendatenschutz). In solchen Bereichen wird von der DS-GVO keine Harmonisierung angestrebt und die zu **erlassenden nationalen Tatbestände** können als Teil verwaltungsrechtlicher Sanktionen auf die Regelungsbefugnis des Art. 84 Abs. 1 S. 1 gestützt werden (→ Art. 84 Rn. 4). Strittig ist hingegen, ob die Mitgliedstaaten darüber hinaus weitere Geldbußen gegen Privatrechtssubjekte implementieren dürfen (bejahend noch § 42 Abs. 1 BDSG-E idF zur 1. Ressortabstimmung; verneinend nunmehr im Gesetzentwurf zu § 41 BDSG, da ein solcher Tatbestand nicht mehr enthalten ist, BT-Drs. 18/11325, 38; gegen eine Implementierung auch Kühling/Martini DS-GVO 280 f. (480); → Art. 84 Rn. 12).

90 Im § 41 BDSG werden die Verfahrensvorschriften des OWiG und der StPO auf Verstöße nach Art. 83 erstreckt (→ Rn. 82 f.), soweit nicht ausnahmsweise die Nichtanwendung bestimmter Vorschriften angeordnet wird (zB § 17 OWiG, weil die Bußgeldhöhe bereits in der DS-GVO bestimmt wird; entsprechendes gilt für die Vorschriften über die Verwarnung). Neu ist hingegen, dass die Staatsanwaltschaft im Zwischenverfahren nur noch mit Zustimmung der Datenschutzaufsichtsbehörde das Verfahren einstellen kann (§ 41 Abs. 2 S. 3 BDSG; BT-Drs. 18/11325, 38). Hiermit wird der Unabhängigkeit der Aufsichtsbehörden Rechnung getragen. Darüber hinaus soll ab einer Geldbuße von über 100.000 EUR nicht mehr das Amtsgericht, sondern das Landgericht zuständig sein (§ 41 Abs. 1 S. 3 BDSG; vgl. Beschlussempfehlung BT-Innenausschuss, BT-Drs. 18/12084, 9) (→ Rn. 90.1).

90.1 § 41 BDSG wird hinsichtlich seiner pauschalen Verweisung auf den allgemeinen Teil des OWiG (zB §§ 10, 19, 20 OWiG, da eine Abänderung von Art. 83 nicht durch nationale Vorschriften möglich ist) als europarechtswidrig angesehen (Bergt DuD 2017, 558 f.).

Artikel 84 Sanktionen

(1) ¹Die Mitgliedstaaten legen die Vorschriften über andere Sanktionen für Verstöße gegen diese Verordnung – insbesondere für Verstöße, die keiner Geldbuße gemäß Artikel 83 unterliegen – fest und treffen alle zu deren Anwendung erforderlichen Maßnahmen. ²Diese Sanktionen müssen wirksam, verhältnismäßig und abschreckend sein.

(2) Jeder Mitgliedstaat teilt der Kommission bis zum 25. Mai 2018 die Rechtsvorschriften, die er aufgrund von Absatz 1 erlässt, sowie unverzüglich alle späteren Änderungen dieser Vorschriften mit.

Überblick

Neben den Geldbußen, die bereits durch Art. 83 geregelt werden, sieht Abs. 1 vor, dass die Mitgliedstaaten Vorschriften zu anderen Sanktionen für Verstöße gegen die DS-GVO erlassen. Diese sind gem. Abs. 2 gegenüber der Kommission mitzuteilen.

A. Allgemeines

1 Bereits Art. 24 RL 95/46/EG sah die **Einführung von Sanktionen** durch die Mitgliedstaaten vor (→ Art. 83 Rn. 1). Hierbei blieb es dem Umsetzungsermessen der Mitgliedstaaten überlassen, ob diese überhaupt derartige Verwaltungssanktionen einführten und ggf. welche Behörde sie mit deren Verhängung betrauten (→ BDSG EUDatenschutzrichtlinie Rn. 141). Im deutschen Recht wurden die Vorgaben von Art. 24 RL 95/46/EG im §§ 43, 44 BDSG aF umgesetzt.

Der Wortlaut von Art. 84 sieht verpflichtend vor, dass die Mitgliedstaaten **andere Sanktionen** neben den schon durch den europäischen Gesetzgeber geregelten Geldbußen in Art. 83 einführen („legen (...) fest"; ebenso Kühling/Martini DS-GVO 278). Verstöße, die nicht bereits durch Art. 83 mit einer Geldbuße sanktioniert werden können, können national mit weiteren Sanktionen belegt werden. Im Zusammenspiel von Art. 83 und 84 ergibt sich für den zu beurteilenden Verstoß damit eine **Kaskade** von Sanktionsmöglichkeiten: Verwarnung, Geldbuße sowie andere Sanktion insbesondere national vorgesehene Straftatbestände (Kühling/Martini DS-GVO 281). Strafrechtliche Sanktionen sind dabei als ultima ratio des Rechtsgüterschutzes anzusehen (Paal/Pauly/Frenzel Art. 4 Rn. 1). Der deutsche Gesetzgeber hat den eröffneten Spielraum mit § 42 BDSG genutzt (→ BDSG 2018 § 42 Rn. 5) (→ Rn. 2.1). 2

Abs. 1 S. 1 eröffnet den Mitgliedstaaten einen Spielraum zur konkreten Ausgestaltung hinsichtlich der Ausgestaltung der Tatbestände und der Art der Sanktion. In diesem Bereich drohen unterschiedliche Regelungen der Mitgliedstaaten. Der Verweis in Abs. 1 S. 2 zur wirksamen, abschreckenden und verhältnismäßigen Wirkung ist dabei nur bedingt hilfreich, denn dies unterliegt stets auch einer gesellschaftspolitischen Einschätzung. Insofern dürfte es hier zu unterschiedlichen Regelungen der Mitgliedstaaten kommen. Es wird in diesem Bereich kein einheitliches Recht geschaffen. 2.1

B. Materielle Regelungen

I. Nationaler Regelungsgegenstand (Abs. 1)

Abs. 1 S. 1 sieht vor, dass die Mitgliedstaaten **andere Sanktionen** für Verstöße gegen die Verordnung erlassen sollen und bisher nicht unter der Sanktionsandrohung gem. Art. 83 stehen. Hierunter fallen bspw. Verstöße gegen Vorschriften, die unter Nutzung der Öffnungsklauseln der DS-GVO von den Mitgliedstaaten formuliert werden (→ Rn. 4 und → Rn. 12). Art. 84 konkretisiert allerdings nicht, welche **Arten von Sanktionen** der europäische Gesetzgeber gemeint und den Mitgliedstaaten zur Regelungsbefugnis überlassen hat. Deutlich wird durch den eingeschobenen Hs. „insbesondere (...)" nur, dass der europäische Gesetzgeber die Geldbußen nach Art. 83 gesondert behandelt wissen möchte. Zusätzlich werden im Erwägungsgrund 149 S. 2 die Einziehung von Gewinnen als möglichen Regelungsgegenstand von anderen Sanktionen genannt. Außerdem können in jedem Fall Maßnahmen des Strafrechts ieS (Freiheitsentzug und Geldstrafen) unter „anderen Sanktionen" verstanden werden. Darüber hinaus fallen nach europäischem Verständnis neben Geldbußen aber auch, Zwangsgelder, Strafkautionen (vgl. Tiedemann NJW 1983, 2730 f.; daneben auch Verfall, Leistungsschlüsse, Versagung oder Aussetzung künftiger Vorteile, Zuschläge, Rückzahlungsverpflichtungen empfangener Leistungen vgl. Schwarze EUZW 2003, 261 ff.; EuGH 8.11.1990 – C-177/88 Rn. 27, EuGH 27.10.1992 – C-240/90 Rn. 12, 18 und 25; Aksungur, Europäische Strafrechtsetzungskompetenzen, 2015, 104; str. für Streitwerte vgl. Hornung/Städler CR 2012, 642; aA Kühling/Martini DS-GVO 281). Zivilrechtliche Maßnahmen sind allerdings nicht unter den europäischen Sanktionsbegriff einzuordnen (Bitter, Die Sanktion im Recht der Europäischen Union, 2011, 241 (243)). Abzugrenzen sind Sanktionen auch von ordnungsrechtlichen Maßnahmen nach Art. 58. Während es bei Art. 58 grundsätzlich um ein zukunftsorientiertes Handeln – nämlich die Abhilfe und Beseitigung des Regelverstoßes geht, sind Sanktionen als eine vergangenheitsorientierte Reaktion auf einen vom Adressaten begangenen und zu verantwortenden Regelverstoß zu verstehen. Unterlassungen, die zukunftsgerichtet sind, gehören nicht dazu (→ Rn. 3.1 f.). 3

Kritisch wird die uneinheitliche und verwirrende Ausdifferenzierung des Begriffs „Sanktionen" in Art. 83 und 84 gesehen. Zum einen werden verwaltungsrechtliche und strafrechtliche Sanktionen („criminal und administrative penalties" in Erwägungsgrund 150 S. 1 und 149 S. 1) in Abgrenzung zu den Geldbußen „administrative fines" in den Erwägungsgrund benannt, obwohl die Geldbußen grundsätzlich zu den verwaltungsrechtlichen Sanktionen gehören. Hieraus ergibt sich, dass Art. 84 neben strafrechtlichen, auch verwaltungsrechtlichen Sanktionen mit Ausnahme der Geldbußen einschließt (Kühling/Martini DS-GVO 278 f.). 3.1

Es wird debattiert, ob und inwieweit Datenschutzverletzungen nach dem **UWG abmahnfähig** sind: Hierfür wird angeführt, dass jedenfalls die mit der Abmahnung geltend gemachten Schadensersatzansprüche nach dem UWG als „andere Sanktion" unter Art. 84 DS-GVO begriffen werden können (Wolf ZD 2018, 252, OLG Hamburg GRUR 2019, 86 Rn. 36; Schreiber/Schirmbacher GRUR-Pray 2021, 436). Es könne jedenfalls nicht das Argument vorgetragen werden, dass die Regelungen zum Kapitel VIII der DS-GVO 3.2

abschließend seien und eine Verfolgung nach dem UWG schon aus diesem Grunde nicht zulässig sei (so aber Köhler/Dornkamm/Feddersen/Köhler, Gesetz gegen den unlauteren Wettbewerb, 36. Auflage 2018, UWG § 3a Rn. 1.40a; LG Wiesbaden BeckRS 2018, 33343). Auch der Generalanwalt hat sich in seinen Schlussanträge vom 19.12.2018 am EuGH in Sachen Fashion ID (BeckRS 2018, 32835) nicht zur wettbewerbsrechtlichen Abmahnbarkeit der DS-GVO geäußert (Diercks CR 2019, 96 Rn 7 mwN). Insgesamt ist dieser vorstehend genannten Auffassung entgegenzuhalten, dass es bei einer Zulassung von Mitbewerbern, Verbänden, Kammern etc parallel zu einer Konkurrenz des objektiven Datenschutzrechts durch diese Dritte und den Aufsichtsbehörden kommen würde (problematisch insbesondere bei einstweiligen Anordnungen, bei sich die Auffassung der Zivilgerichte ohne Berücksichtigung der Auffassung der Aufsichtsbehörde letztendlich durchsetzen würde, was zu Widersprüche zu dem von Art. 8 Abs. 3 GRCh im Blick gefassten Aufsichtsinstitut führen würde) und eine Rechtszersplitterung drohe würde (ebenso Köhler WRP 2018, 1274; Martini/Wagner/Wenzel VerwA 2018, 332). Dies widerspricht dem effet-util-Gedanken. Rechtlich besteht auch keine Lücke bei der Verfolgung, die einen Rückgriff auf zivilrechtliche Maßnahmen wie Abmahnungen notwendige erscheinen lassen. Wenn der europäische Gesetzgeber mit Art. 82 und 84 DS-GVO eine weitergehende Klagebefugnis Dritter hätte regeln wollen, dann hätte es der Regelung in Art. 80 Abs. 2 DS-GVO nicht bedurft (LG Stuttgart ZD 2019, 366, Rn. 20). Die Datenschutzaufsichtsbehörden sind bereits langjährig etablierte Verfolgungsbehörden. Abmahnungen hingegen sollen ein solch fehlendes Behördensystem jedoch gerade kompensieren. Der BGH hat mit Beschl. v. 28.5.2020 (BGH GRUR 2020, 896) nunmehr in einem Verfahren dem EuGH die Frage zur Vorabentscheidung vorgelegt, ob die in Kapitel VIII, insbesondere in Art. 80 Abs. 1 und 2 sowie Art. 84 Abs. 1 DSG-VO getroffenen Bestimmungen nationalen Regelungen entgegenstehen, die – neben den Eingriffsbefugnissen der zur Überwachung und Durchsetzung der Verordnung zuständigen Aufsichtsbehörden und den Rechtsschutzmöglichkeiten der betroffenen Personen – einerseits Mitbewerbern und andererseits nach dem nationalen Recht berechtigten Verbänden, Einrichtungen und Kammern die Befugnis einräumen, wegen Verstößen gegen die DS-GVO unabhängig von der Verletzung konkreter Rechte einzelner betroffener Personen und ohne Auftrag einer betroffenen Person gegen den Verletzer im Wege einer Klage vor den Zivilgerichten vorzugehen (vgl. https://www.bundesgerichtshof.de/SharedDocs/Pressemitteilungen/DE/2020/2020066.html;jsessionid= 3DBC718E82C5FB3489F2B643317F33D1.2_cid286?nn=10690868).

3.3   Im Übrigen haben Schadensersatzansprüche vor allem Ausgleichsfunktion. Rechtsakte der EU, in denen einen Strafschadensersatz anerkannt wird, existieren nicht und die Präventionsfunktion der Haftung ist nicht gleichbedeutend mit der Straffunktion (Wagner HWP/EuP 2009 Nr. 3; abrufbar unter http://hwb-eup2009.mpipriv.de/index.php/Strafschadensersatz). Die DS-GVO trennt anders als zB Art. 15 S. 2 RL 2000/43 (Anti-Diskriminierungs-RL) klar Sanktionen in der Art. 83 und Art. 84 DS-GVO von zivilrechtlichen Schadensersatzsprüchen in Art. 82 DSGVO. Für den Schadensersatz nach Art. 82 DS-GVO ist keine nationale Öffnungsklausel vorgesehen. Art. 82 DS-GVO regelt abschließend den Umfang des Anspruchs und begrenzt diesen unmissverständlich auf den materiellen oder immateriellen Schaden. Weitere Elemente eines „Strafschadensersatzes" können nicht auf Art. 84 DSGVO gestützt werden, da hiermit das Ziel der Vereinheitlichung und eines einheitlichen Maßstabes der DS-GVO im Bereich der zivilrechtlichen Haftung, an dem Verarbeitungen von Verantwortlichen bzw. Auftragsverarbeiter gemessen werden sollen, einer Rechtszersplitterung zugeführt werden würden (so auch Martini/Wagner/Wenzel VerwA 2018, S. 332).

4   Aus dem **Verhältnis von Art. 83 und Art. 84** ergibt sich, dass mit Art. 84 („,(...) andere Sanktionen") eine **beschränkte Sperrwirkung** zur Erweiterung von Tatbeständen für Geldbußen verbunden ist. Beschränkt deshalb, weil im Bereich von nationalen Öffnungsklauseln und Art. 83 Abs. 7 die Sperrwirkung nicht besteht und nationale Sanktionen in diesem Bereich erlassen werden können (so auch Erwägungsgrund 152).

5   Weiterhin lässt sich aus Abs. 1 S. 1 die **Regelungsverpflichtung** entnehmen, dass bei Verstößen gegen die Verordnung, die bisher durch keine Sanktion belegt sind, die Mitgliedstaaten andere Sanktionen treffen müssen. Hinsichtlich der Art und Weise verbleibt es jedoch bei einem weiteren Regelungsspielraum. Allerdings ordnet **Abs. 1 S. 2 Mindesttrias** für die Sanktionen an, nämlich dass diese wirksam, verhältnismäßig und abschreckend sein müssen (→ Art. 83 Rn. 22).

6   Bei der Verhängung von anderen Sanktionen ist das **Verbot der Doppelbestrafung** zu nach Art. 50 GRCh berücksichtigen (Erwägungsgrund 149 S. 3). Auch andere **verfahrensrechtliche Garantien** sind aufgrund europäischer Vorgaben der EMRG und GRCh nach dem nationalen Recht vorzusehen (→ Art. 83 Rn. 82).

7-8   Derzeit nicht belegt.

II. Mitteilungen an die Kommission (Abs. 2)

9   Die von den Mitgliedstaaten erlassenen Regelungen nach Abs. 1 sowie alle später erlassenen Regelungen sind gegenüber der Kommission anzuzeigen. Eine erstmalige Anzeige ist bis zum Zeitpunkt des Wirksamwerdens der DS-GVO – also dem 25.5.2018 – vorzunehmen.

Österreich hat in §§ 62, 63 Bundesgesetz zum Schutz natürlicher Personen bei der Verarbeitung personenbezogener Daten (Datenschutz – DSG) besondere Strafbestimmungen erlassen (vgl. https://www.heise.de/downloads/18/2/4/1/3/7/2/9/BGBLA_2017_I_120.pdfsig). Eine Übersicht zu anderen Mitgliedstaaten findet sich bei DataAgenda unter https://dataagenda.de/wp-content/uploads/2019/03/DataAgenda-Arbeitspapier-01_Art.-84-DS-GVO_nl.pdf. 10

C. Ausblick auf die nationale Gesetzgebung

Nationale Straftatbestände neben § 42 BDSG zu Datenverarbeitungen sind bereits vielfältig vorhanden (zB §§ 201 ff. StGB, 148 TKG, 85a SGB X etc). Geregelt ist außerdem der Verfall nach § 73 StGB. § 44 BDSG aF wurde am 25.5.2018 durch § 42 BDSG (BT-Drs. 18/11325, 38) abgelöst. Der deutsche Gesetzgeber hat mit § 42 BDSG Straftatbestände für besonders gewichtige Verletzungen des Schutzes personenbezogener Daten geschaffen, wobei § 42 Abs. 2 BDSG als Nachfolgevorschrift zu § 44 Abs. 1 BDSG aF anzusehen ist (zu den Tatbestandsmerkmalen auch → BDSG 2003 [aK] § 44 Rn. 5 ff. und → BDSG § 42 Rn. 42 ff.). § 42 Abs. 1 BDSG wurde hingegen neu geschaffen (→ BDSG § 42 Rn. 20 ff.). Zum Umgang mit unberechtigten Datenabrufen aus amtlichen Registern vgl. Dieterle ZD 2020, 135). 11

Im BDSG sind keine **Tatbestände für Geldbußen gegen Mitarbeiter von Unternehmen** aufgrund der Öffnungsklausel von Abs. 1 vorgesehen. Der Gesetzgeber geht somit davon aus, dass Art. 83 auch bei Verstößen von beschäftigten Personen im Unternehmen anwendbar ist. Mithin besteht keine Regelungskompetenz des nationalen Gesetzgebers (→ Art. 83 Rn. 20) (→ Rn. 12.1). 12

Anders lautete noch der § 42 Abs. 1 Referentenentwurf zum ABDSG-E idF zur 1. Ressortabstimmung, der gestützt auf Abs. 1 einen entsprechenden Tatbestand vorsah. Hierbei wurde darauf verwiesen, dass für Verstöße von Mitarbeitern ein solcher Tatbestand nicht existiere, weil Art. 83 sich nur an Verantwortliche und Auftragsverarbeiter richte. 12.1

Kapitel IX. Vorschriften für besondere Verarbeitungssituationen

Artikel 85 Verarbeitung und Freiheit der Meinungsäußerung und Informationsfreiheit

(1) Die Mitgliedstaaten bringen durch Rechtsvorschriften das Recht auf den Schutz personenbezogener Daten gemäß dieser Verordnung mit dem Recht auf freie Meinungsäußerung und Informationsfreiheit, einschließlich der Verarbeitung zu journalistischen Zwecken und zu wissenschaftlichen, künstlerischen oder literarischen Zwecken, in Einklang.

(2) Für die Verarbeitung, die zu journalistischen Zwecken oder zu wissenschaftlichen, künstlerischen oder literarischen Zwecken erfolgt, sehen die Mitgliedstaaten Abweichungen oder Ausnahmen von Kapitel II (Grundsätze), Kapitel III (Rechte der betroffenen Person), Kapitel IV (Verantwortlicher und Auftragsverarbeiter), Kapitel V (Übermittlung personenbezogener Daten an Drittländer oder an internationale Organisationen), Kapitel VI (Unabhängige Aufsichtsbehörden), Kapitel VII (Zusammenarbeit und Kohärenz) und Kapitel IX (Vorschriften für besondere Verarbeitungssituationen) vor, wenn dies erforderlich ist, um das Recht auf Schutz der personenbezogenen Daten mit der Freiheit der Meinungsäußerung und der Informationsfreiheit in Einklang zu bringen.

(3) Jeder Mitgliedstaat teilt der Kommission die Rechtsvorschriften, die er aufgrund von Absatz 2 erlassen hat, sowie unverzüglich alle späteren Änderungsgesetze oder Änderungen dieser Vorschriften mit.

Überblick

Art. 85 dient dem Ausgleich zwischen dem Recht auf Datenschutz und der Freiheit der Meinungsäußerung und der Informationsfreiheit bei Datenverarbeitungen, insbesondere zu journalistischen, künstlerischen, literarischen und wissenschaftlichen Zwecken. Damit stellt die Regelung die Schnittstelle der DS-GVO zu nationalen Regelungen dar, die solche Kommunikationsvorgänge regulieren, insbesondere den sog. „Medienprivilegien" in den Landesdatenschutzgesetzen und dem zivilrechtlichen Äußerungsrecht. Art. 85 Abs. 2 enthält eine Öffnungsklausel (→ Rn. 16, zum Umfang der Öffnungsklausel → Rn. 33) zur Privilegierung von Datenverarbeitungen zu journalistischen, künstlerischen, literarischen und wissenschaftlichen Zwecken (→ Rn. 17 ff.). Unklar ist, ob Art. 85 Abs. 1 daneben eine eigenständige Öffnungsklausel darstellt (→ Rn. 8); relevant ist insbesondere die Frage, ob neben den benannten auch weitere Verarbeitungszwecke privilegiert werden (→ Rn. 10). Zu den Derogationsvoraussetzungen → Rn. 13 und → Rn. 29. Art. 85 Abs. 3 enthält eine Notifizierungspflicht (→ Rn. 36). Im journalistischen Bereich derogieren die „Medienprivilegien" in den Landespresse- und Mediengesetzen auf Grundlage von Art. 85 Abs. 2 die Vorgaben der DS-GVO (→ Rn. 41), sodass der Persönlichkeitsschutz durch das zivilrechtliche Äußerungsrecht gewährleistet wird (→ Rn. 45). Auch für Datenverarbeitungen zu künstlerischen Zwecken sehen einige Landesdatenschutzgesetze Freistellungen vor (→ Rn. 46), sodass in diesen Fällen ebenfalls das Äußerungsrecht zur Anwendung kommt (→ Rn. 47). Unklar ist allerdings, ob das Äußerungsrecht auch anwendbar bleibt, wenn keine explizite Derogation der DS-GVO erfolgt ist, zB im Falle von künstlerischen oder weiteren, unbenannten Verarbeitungszwecken (→ Rn. 48, → Rn. 51). Zu Datenverarbeitungen für wissenschaftliche Zwecke → Rn. 52.

Übersicht

	Rn.		Rn.
A. Allgemeines	1	3. In-Einklang-Bringen des Rechts auf Datenschutz mit den Kommunikationsfreiheiten	13
I. Grundrechtliche Vorgaben	2		
II. Frühere Rechtslage	5	4. Umfang der Öffnungsklausel	15
B. Einzelkommentierung	7	II. Art. 85 Abs. 2	16
I. Art. 85 Abs. 1	7	1. Abs. 2 als Öffnungsklausel und Ausgestaltungsverpflichtung	16
1. Abs. 1 als eigenständige Öffnungsklausel?	8	2. Privilegierte Verarbeitungszwecke	17
2. Privilegierte Verarbeitungszwecke	10	3. Erforderlichkeit, um Grundrechte in Einklang zu bringen	29

	Rn.		Rn.
4. Umfang der Öffnungsklausel	33	II. Datenverarbeitungen zu künstlerischen Zwecken	46
III. Pflicht zur Mitteilung an die Kommission (Abs. 3)	36	III. Datenverarbeitungen zu „anderen" Zwecken nach Abs. 1	51
C. Nationales Recht	39		
I. Datenverarbeitungen zu journalistischen und literarischen Zwecken	41	IV. Datenverarbeitungen zu wissenschaftlichen Zwecken	52

A. Allgemeines

Das Recht auf Datenschutz ist in einen angemessenen Ausgleich mit den Kommunikationsfrei- 1
heiten und der Kunstfreiheit zu bringen. Dies gilt für so unterschiedliche Bereiche wie die Medienberichterstattung, andere publizistisch Tätige, Laienjournalismus ebenso wie für Schriftsteller und bildende Künstler. Diesem auch aus dem innerstaatlichen Recht bekannten Spannungsverhältnis trägt die Regelung des Art. 85 Rechnung.

I. Grundrechtliche Vorgaben

Der europäische Gesetzgeber hat Art. 85 geschaffen, da die **uneingeschränkte Anwendung** 2
der Regelungen der DS-GVO die Wahrnehmung von Kommunikationsinteressen in einem Maße einschränken würde, das **mit den grundrechtlichen Gewährleistungen der Kommunikationsfreiheiten** – sowohl innerhalb des journalistischen Bereichs als auch im Rahmen der Individualkommunikation sowie für künstlerische Zwecke – **unvereinbar** wäre (BeckOK Info-MedienR/Cornils Art. 85 Rn. 1, 7, 9 f., 76, 106; Benedikt/Kranig ZD 2019, 4 (5); Specht/Mantz DatenschutzR-HdB/Hennemann § 19 Rn. 2). Dies gilt insbesondere hinsichtlich der **Sanktions- und Durchsetzungsmechanismen.** Die DS-GVO sieht, wie im Datenschutzrecht üblich, einen zweispurigen Rechtsschutz vor: zum einen Rechtsbehelfe der betroffenen Person gegen den Datenverarbeiter (aus Art. 79, 82 DS-GVO) und zum anderen die Aufsicht durch die unabhängigen Datenschutzbehörden, die mit Untersuchungs- und Abhilfebefugnissen (Art. 51 ff. DS-GVO) sowie der Befugnis zur Verhängung von erheblichen Bußgeldern (Art. 83 DS-GVO) ausgestattet wurden. Diese Form der behördlichen Aufsicht wäre, wenn sie auch für die journalistische Arbeit gelten würde, mit der Vorstellung eines modernen, freiheitlichen Presserechts schwer vereinbar (so zu Recht Cornils, Das datenschutzrechtliche Medienprivileg unter Behördenaufsicht?, 2018, 22; Veil NVwZ 2018, 686 (689 f.)). Gleiches gilt für die durch Art. 5 Abs. 3 GG, Art. 10 EMRK, Art. 13 S. 1 GRCh garantierte Freiheit der Kunst (BGH GRUR 2010, 171 Rn. 13 – Esra). Insb. die erheblichen Bußgeldandrohungen könnten sog. **chilling effects** haben (BVerfG NJW 1999, 1322; BVerfG NJW-RR 2010, 470 Rn. 62; BGH GRUR 2010, 171 Rn. 13 f. – Esra mwN; LG Berlin ZUM 2014, 729 (732); im Fall von Persönlichkeitsrechtsverletzungen durch Medien OLG Hamburg ZUM 2009, 65 (68) und hierdurch zu Einschränkungen der Meinungs-, Presse- und Kunstfreiheit führen, wenn sie auch für die journalistische oder künstlerische Arbeit gelten würden. Auch die Betroffenenrechte in Art. 12 ff. DS-GVO wären in dieser Form mit der Gewährleistung der Kommunikationsfreiheiten schwerlich vereinbar. Vor allem die **Informationspflichten** des Art. 13 DS-GVO würden zB eine investigative journalistische Recherche unmöglich machen. Auch das Auskunftsrecht nach Art. 15 Abs. 1 lit. g DS-GVO würde den **journalistischen Quellenschutz** gefährden.

Überantwortet wird die Konfliktlösung durch Art. 85 den Mitgliedstaaten. Insofern strebt die 3
DS-GVO in diesem Bereich keine Vollharmonisierung an (EuGH GRUR 2019, 1317 Rn. 67 – Google/CNIL; Benecke/Wagner DVBl 2016, 600 (603); Kühling/Martini DS-GVO 293), wie auch Erwägungsgrund 153 S. 5 zum Ausdruck bringt, sondern verschiebt den Ausgleich der kollidierenden Interessen in die mitgliedstaatliche Regelungskompetenz. Die Mitgliedstaaten werden beauftragt, das Recht auf freie Meinungsäußerung, die Informationsfreiheit und die Kunstfreiheit in einen Ausgleich mit dem Datenschutz zu bringen.

Zu diesem Zweck eröffnet die Regelung den Mitgliedstaaten die Möglichkeit, von der DS- 4
GVO abweichende Regelungen zu erlassen. Dazu formuliert der Erwägungsgrund 153 ua: „Für die Verarbeitung personenbezogener Daten ausschließlich zu journalistischen Zwecken oder zu wissenschaftlichen, künstlerischen oder literarischen Zwecken sollten Abweichungen und Ausnahmen von bestimmten Vorschriften dieser Verordnung gelten, wenn dies erforderlich ist, um das Recht auf Schutz der personenbezogenen Daten mit dem Recht auf Freiheit der Meinungsäußerung und Informationsfreiheit, wie es in Art. 11 der Charta garantiert ist, in Einklang zu bringen. Dies sollte insbesondere für die Verarbeitung personenbezogener Daten im audiovisuellen Bereich

sowie in Nachrichten- und Pressearchiven gelten. Die Mitgliedstaaten sollten daher Gesetzgebungsmaßnahmen zur Regelung der Abweichungen und Ausnahmen erlassen, die zum Zwecke der Abwägung zwischen diesen Grundrechten notwendig sind."

II. Frühere Rechtslage

5 Nach **früherer Rechtslage** wurde die Konfliktlage zum einen durch Art. 9 DSRL und zum anderen im nationalen Recht durch § 57 RStV aF, § 41 Abs. 1 BDSG aF sowie die entsprechenden Regelungen in den Landespresse- und Mediengesetzen, aufgelöst, die Datenverarbeitungen durch Unternehmen und Hilfsunternehmen der Presse zu eigenen journalistisch-redaktionellen oder literarischen Zwecken weitgehend von den datenschutzrechtlichen Vorgaben ausnahmen. Art. 85 erweitert den Anwendungsbereich der Vorschrift gegenüber Art. 9 DSRL um drei Komponenten. Dem Recht auf Meinungsäußerungsfreiheit wird die Informationsfreiheit gleichberechtigt zugeordnet; auch die Verarbeitung von Daten zu wissenschaftlichen Zwecken kann durch die Mitgliedstaaten zugunsten dieser Rechte eingeschränkt werden; und Abs. 3 stellt klar, dass Einschränkungen nur aufgrund von Rechtsvorschriften erfolgen dürfen.

6 Zum anderen kam der **Subsidiaritätsklausel des § 1 Abs. 3 S. 1 BDSG aF** für Fallkonstellationen außerhalb des journalistischen Bereichs, zB im künstlerischen Kontext oder bei satirischer Werbung, die nicht unter die sog. „Medienprivilegien" fielen, eine nicht zu unterschätzende Bedeutung für die Auflösung der Kollision zwischen dem Datenschutzrecht und den Kommunikationsfreiheiten zu. Die frühere Rechtsprechung ging – explizit oder zumindest im Ergebnis – davon aus, dass für solche Konstellationen den äußerungsrechtlichen Regelungen des KUG bzw. des allgemeinen Persönlichkeitsrechts insoweit Vorrang vor den datenschutzrechtlichen Regelungen zukam (BAG NJW 2015, 2140 Rn. 16, 25 ff. – Einwilligung des Arbeitnehmers; BGH NJW 2015, 1450 – Hostess auf Eventportal; BGH NJW 2008, 3782 – Zerknitterte Zigarettenschachtel; BGH NJW 2009, 3576 – „Kannibale von Rotenburg"). Eine mit § 1 Abs. 3 BDSG aF vergleichbare Subsidiaritätsklausel enthält die DS-GVO hingegen nicht. Aufgrund der unmittelbaren Rechtsverbindlichkeit der DS-GVO (Art. 288 Abs. 2 AEUV) und ihres Anwendungsvorrangs können die nationalen Rechtvorschriften nur dann angewendet werden, wenn die DS-GVO den Mitgliedstaaten durch die Öffnungsklausel des Art. 85 die Befugnis zur Abweichung von ihren Regelungen eingeräumt hat.

B. Einzelkommentierung

I. Art. 85 Abs. 1

7 In Abs. 1 werden die Mitgliedstaaten beauftragt, das Recht auf den Schutz personenbezogener Daten aus Art. 8 Abs. 1 GRCh und die Rechte auf Meinungsäußerungsfreiheit und Informationsfreiheit aus Art. 11 Abs. 1 GRCh durch Rechtsvorschriften in Einklang zu bringen (Kühling/Martini DS-GVO 286).

1. Abs. 1 als eigenständige Öffnungsklausel?

8 Es ist bislang durch die Rechtsprechung **nicht geklärt,** ob **Art. 85 Abs. 1** eine **eigenständige Öffnungsklausel** darstellt, auf deren Grundlage die Mitgliedstaaten über den Anwendungsbereich des Abs. 2 hinausgehende Ausnahmen von den datenschutzrechtlichen Vorgaben vorsehen können (offen gelassen von BGH NJW 2021, 1311 Rn. 42 – Urlaubslotto). Während ein Teil des Schrifttums dies bejaht (GSSV/Schulz/Heilmann Rn. 7; BeckOK InfoMedienR/Cornils Rn. 20 ff.; Roßnagel/Hoidn § 4 Rn. 180; Nettesheim AfP 2019, 473 (474 f.); Lauber-Rönsberg AfP 2019, 373 (377); Lauber-Rönsberg, UFITA 2018, 398 (421 f.); Lauber-Rönsberg/Hartlaub NJW 2017, 1057 (1061 f.), geht die entgegengesetzte Ansicht davon aus, dass es sich bei Abs. 1 lediglich um einen programmatischen Auftrag ohne eigenständigen Regelungsgehalt handelt (so die Vorauflage BeckOK DatenschutzR/Stender-Vorwachs, Ed. 37 (2/2021), Rn. 8 ff.; Gola/Pötters Rn. 5; Kühling/Buchner/Buchner/Tinnefeld Rn. 12; Kühling/Martini DS-GVO 287 f.; Paal/Pauly/Pauly Rn. 4; Klein, Personenbilder im Spannungsfeld von Datenschutzgrundverordnung und Kunsturhebergesetz, 2017, 209; offen gelassen von HK-DS-GVO/Specht/Bienemann Rn. 9).

9 Es ist überzeugender, **Abs. 1 als eigenständige Öffnungsklausel** anzusehen (s. ausführlich Lauber-Rönsberg UFITA 2018, 398 (418 ff.)), die über die Öffnungsklausel des Abs. 2 hinaus, die als Mindestgarantie besonders schutzbedürftige Verarbeitungssituationen erfasst, den Mitgliedstaaten die Freistellung auch anderer Kommunikationsvorgänge von den datenschutzrechtlichen Vorgaben ermöglicht, aber ebenfalls unter dem Vorbehalt steht, dass dies erforderlich sein muss,

damit ein angemessener Ausgleich zwischen den betroffenen Grundrechtspositionen entsteht. Hierfür spricht zum einen die **Entstehungsgeschichte der Norm,** da die verschiedenen Vorschläge im Trilogverfahren zum Teil entweder eine dem Abs. 1 oder eine dem Abs. 2 entsprechende Formulierung enthielten. Somit sollte ursprünglich nach den Vorstellungen der Kommission bzw. des Parlaments jeder der beiden Absätze für sich allein genommen einen angemessenen Ausgleich zwischen dem Datenschutz und den Kommunikationsfreiheiten herstellen. Als Kompromisslösung wurden dann beide Absätze in die endgültige Regelung aufgenommen. Für eine Interpretation auch des Abs. 1 als Öffnungsklausel spricht zudem die Absicht des Europäischen Parlaments, das mit der weiten Fassung der Freistellung gerade klarstellen wollte, dass „alle Aspekte der Meinungsfreiheit erfasst werden, nicht nur die der Journalisten, Künstler oder Schriftsteller" (s. Ausschuss für bürgerliche Freiheiten, Justiz und Inneres, C7-0025/2012, 16.1.2013, Änderungsantrag 324, S. 212).

2. Privilegierte Verarbeitungszwecke

Art. 85 Abs. 1 gibt den Mitgliedstaaten auf, durch Rechtsvorschriften das Recht auf den Schutz 10
personenbezogener Daten gemäß dieser Verordnung mit dem Recht auf freie Meinungsäußerung und Informationsfreiheit, einschließlich der Verarbeitung zu journalistischen Zwecken und zu wissenschaftlichen, künstlerischen oder literarischen Zwecken, in Einklang zu bringen. Hierbei handelt es sich nicht lediglich um eine Ermächtigung, sondern auch um eine Verpflichtung (Nettesheim AfP 2019, 473 (478)). Die Regelung umfasst – ebenso wie Art. 2 – **Datenverarbeitungen zu journalistischen, wissenschaftlichen, künstlerischen oder literarischen Zwecken** (zu den benannten Verarbeitungszwecken unter → Rn. 17 ff.). Da die Aufzählung der privilegierten Zwecke in Abs. 1 aber **nicht abschließend** ist („insbesondere"), geht der Anwendungsbereich der Regelung aber noch darüber hinaus und ermöglicht auch die **Freistellung von Datenverarbeitungen zu anderen als den genannten Zwecken** (ebenso BeckOK InfoMedienR/Cornils, Rn. 32 f.; Nettesheim AfP 2019, 473 (474)). Allerdings bedeutet dies keinen Freibrief für die nationalen Gesetzgebungen, da Art. 85 Abs. 1 als übergeordnetes Ziel in jedem Fall voraussetzt, dass durch die nationalen Regelungen das Recht auf Datenschutz mit dem Recht auf freie Meinungsäußerung und Informationsfreiheit in Einklang gebracht wird. Zum anderen ist nicht jede Datenverarbeitung freistellungsfähig, nur weil sie einem kommunikativen Zweck dient. Vielmehr kommt es darauf an, ob eine Freistellung eines unbenannten, aber dennoch durch das Recht auf freie Meinungsäußerung und die Informationsfreiheit geschützten Datenverarbeitungszwecks das Recht auf Datenschutz in **verhältnismäßiger Weise** einschränkt (s auch BeckOK InfoMedienR/Cornils Rn. 44 ff., der den vier benannten Verarbeitungszwecken eine Leitbildfunktion beimisst und im Rahmen einer „Ähnlichkeitsbetrachtung" eine Gleichwertigkeit der anderen Verarbeitungszwecke mit den benannten Regelbeispielen hinsichtlich ihrer Schutzbedürftigkeit und -würdigkeit voraussetzt). Zudem bedeutet die Freistellung von den datenschutzrechtlichen Vorgaben nicht zugleich auch eine Erlaubnis der Datenverarbeitung. Um dem Auftrag gerecht zu werden, eine praktische Konkordanz zwischen den betroffenen Rechtsgütern herzustellen (→ Rn. 13), kommen in diesen Fällen vielmehr die Regelungen des zivilrechtlichen Äußerungsrechts zur Anwendung, nach denen dann im Einzelfall die Zulässigkeit der Datenverarbeitung zu beurteilen ist.

Bislang ist **unklar,** welche Beispiele als **privilegierungsfähige unbenannte Verarbeitungs-** 11
zwecke einzuordnen sind. In Betracht kommen nur Datenverarbeitungen, die in den Schutzbereich des Rechts der Meinungsfreiheit bzw. der Informationsfreiheit fallen, jedoch nicht als journalistisch, wissenschaftlich, künstlerisch oder literarisch einzuordnen sind. Die Relevanz der Öffnungsklausel des Abs. 1 hängt damit maßgeblich von der Auslegung der vier benannten freistellungsfähigen Datenverarbeitungszwecke ab – je umfassender zB der Begriff der journalistischen Tätigkeit auszulegen ist, desto weniger Bedarf besteht für eine Freistellung im Rahmen der unbenannten Verwertungszwecke. Nicht als journalistisch anzusehen (dazu → Rn. 21) sind wohl Veröffentlichungen durch Vereine und Unternehmen zum Zweck der **Werbung und Öffentlichkeitsarbeit** (zB der Selbstdarstellung dienende Imagefilme, Werbeanzeigen etc; anders können hingegen Vereinszeitschriften zu beurteilen sein), **parteipolitische Veröffentlichungen** (OVG Lüneburg MMR 2021, 593 Rn. 39 f.) und **private Kommunikation.** Auch solche Äußerungen können nach der Rechtsprechung jedoch grundsätzlich durch die Kommunikationsfreiheiten geschützt sein (so zB zu satirischer Werbung BGH NJW 2008, 3782 (3783) – Zerknitterte Zigarettenschachtel; EGMR NJW 2016, 781 (783) Rn. 45 – Ernst August von Hannover/Deutschland zu Art. 10 EMRK).

DS-GVO Artikel 85   Kapitel IX. Vorschriften für besondere Verarbeitungssituationen

12   **Keine journalistische Tätigkeit** erfüllen nach der Rechtsprechung auch die **Suchmaschinenbetreiber** (zu Art. 9 DSRL EuGH GRUR 2014, 895 Rn. 85 – Google Spain SL und Google/AEPD und Costeja González; BGH NJW 2020, 3436 Rn. 14). Zudem unterfallen Suchmaschinenbetreiber auch nicht dem Schutz durch die Meinungsäußerungsfreiheit (BVerfG NJW 2020, 314 Rn. 105 – Recht auf Vergessen II). Hier stellt sich allerdings die Frage, ob grundsätzlich auch eine Freistellung von Intermediären nach Art. 85 Abs. 1 DS-GVO in Betracht kommt, soweit dies erforderlich ist, um den Nutzern die Wahrnehmung der ihnen zustehenden Kommunikationsfreiheiten zu ermöglichen (grundsätzlich für möglich hält dies Nettesheim AfP 2019, 473 (475)). Relevant wird die Frage, ob ein Gleichlauf des für den Intermediär und für die Autoren geltenden Regelungsregimes erforderlich ist (befürwortend Michel ZUM 2018, 836 (842)), dann, wenn den Intermediär für die Datenverarbeitung eine (zumindest Mit-)Verantwortlichkeit nach Art. 4 Nr. 7 DS-GVO hinsichtlich der eingestellten Inhalte trifft. Hier wird genau zu prüfen sein, inwieweit eine Freistellung von den datenschutzrechtlichen Vorgaben tatsächlich erforderlich ist, damit die Intermediäre ihre meinungsbildungsfördernde Funktion wahrnehmen können (so bereits Lauber-Rönsberg AfP 2019, 373 (377)). Denn auch die DS-GVO beinhaltet Regelungen, um dem Schutz bestimmter Kommunikationsvorgänge durch die Meinungsfreiheit gerecht zu werden, zB die Berücksichtigung von Drittinteressen im Rahmen des Art. 6 Abs. 1 S. 1 lit. f DS-GVO und des Art. 17 Abs. 3 lit. a DS-GVO sowie durch die Einschränkung des Art. 14 Abs. 5 lit. b DS-GVO. Damit erscheint es durchaus möglich, dass der Schutz der Freiheit der Meinungsäußerung der Autoren nicht zwingend auch eine Freistellung der Intermediäre von den datenschutzrechtlichen Vorgaben erfordert, sondern durch entsprechende Regelungen innerhalb des Datenschutzrechts aufgefangen werden kann. Zudem ist es sinnvoll, dass Intermediäre zu der Einhaltung technisch-organisatorischer Maßnahmen verpflichtet sind. Im Falle der Anwendung gespaltener Rechtsregime mit der Folge, dass Intermediäre den datenschutzrechtlichen Vorgaben, Anbieter eigener Beiträge hingegen den äußerungsrechtlichen Vorgaben unterfallen, müssen allerdings Regelungen über die Ausgestaltung der gemeinsamen Verantwortlichkeit gem. Art. 26 DS-GVO getroffen werden.

3. In-Einklang-Bringen des Rechts auf Datenschutz mit den Kommunikationsfreiheiten

13   Art. 85 Abs. 1 gibt den Mitgliedstaaten auf, durch Rechtsvorschriften das **Recht auf den Schutz personenbezogener Daten gemäß der DS-GVO** mit dem **Recht auf freie Meinungsäußerung und Informationsfreiheit in Einklang zu bringen.** Hierbei geht es allein darum, ob eine **Derogation der datenschutzrechtlichen Vorgaben** des Unionsrechts **erforderlich** ist, weil diese **strukturell mit der Gewährleistung der Kommunikationsfreiheiten kollidieren,** zB hinsichtlich der behördlichen Durchsetzungsmechanismen (so → Rn. 2). Nicht primär im Fokus steht hingegen die Frage, unter welchen Voraussetzungen eine konkrete Datenverarbeitung materiell-rechtlich zulässig ist (BeckOK InfoMedienR/Cornils Rn. 60 ff.; HK-DS-GVO/Specht/Bienemann Rn. 7; unklar EuGH GRUR 2019, 760 Rn. 65–68 – Buivids sowie EuGH ZD 2021, 625 Rn. 121 – Latvijas Republikas Saeima). Diese Frage ist auf nachgelagerter Ebene zu beantworten und ergibt sich, je nachdem, ob eine Derogation erfolgt, aus den Vorgaben der Art. 6 ff. DS-GVO oder den äußerungsrechtlichen Regelungen. Allein der Umstand, dass ein Kommunikationsvorgang in den Gewährleistungsbereich der Kommunikationsfreiheiten fällt, begründet noch keine (Notwendigkeit zur) Beschränkung der datenschutzrechtlichen Vorgaben (EuGH ZD 2021, 625 Rn. 121 – Latvijas Republikas Saeima); vielmehr ist eine Abwägungsentscheidung vorzunehmen.

14   Die Abwägungsentscheidung, ob eine Derogation der datenschutzrechtlichen Vorgaben erforderlich ist, ist von den Mitgliedstaaten zu treffen (EuGH MMR 2009, 175 Rn. 54 – Satamedia). Beurteilungsmaßstab hierfür sind die Unionsgrundrechte der Art. 8 GRCh und Art. 11 GRCh, nicht die nationalen Grundrechte (Albrecht/Janson CR 2016, 500). Streitig ist hingegen, ob die nachfolgende Abwägung zwischen Persönlichkeitsschutz und Kommunikationsfreiheiten ebenfalls am Maßstab der Unionsgrundrechte oder am Maßstab der nationalen Grundrechte zu erfolgen hat (so BeckOK InfoMedienR/Cornils Rn. 63; Auernhammer/v. Lewinski Rn. 2; aA Ehmann/Selmayr/Schiedermair Rn. 9; Nettesheim AfP 2019, 473 (479); OLG Köln ZD 2018, 434 Rn. 7 zu Art. 85 Abs. 2). Für eine Kontrolle am Maßstab der nationalen Grundrechte spricht, dass den Mitgliedstaaten bei der Ausgestaltung von Art. 85 ein Umsetzungsspielraum zusteht, so dass es sich damit nicht um die Anwendung von vollständig determiniertem Unionsrecht handelt (BVerfG ZUM 2020, 58 Rn. 11 f., 39, 42, 49 ff., 74 – Recht auf Vergessen I).

4. Umfang der Öffnungsklausel

Abs. 1 bezieht die Derogationsbefugnis auf die gesamte DS-GVO, sodass sich, anders als im Rahmen von Abs. 2, nicht die Frage stellt, ob die Abweichungsbefugnis auch Kapitel VIII umfasst (zu Abs. 2 → Rn. 33). **15**

II. Art. 85 Abs. 2

1. Abs. 2 als Öffnungsklausel und Ausgestaltungsverpflichtung

Anders als im Fall des Abs. 1 besteht Einigkeit darüber, dass Abs. 2 eine Öffnungsklausel enthält und die Mitgliedstaaten dazu verpflichtet (Albrecht/Janson CR 2016, 500 (502); Auernhammer/v. Lewinski Rn. 21; Ehmann/Selmayr/Schiedermair Rn. 23; Gola/Pötters Rn. 14; HK-DS-GVO/Specht/Bienemann Rn. 10; NK-DatenschutzR/Dix Rn. 26), zum Schutz der Meinungs- und Informationsfreiheit sowie der Kunst- und Wissenschaftsfreiheit Abweichungen und Ausnahmen von den genannten Kapiteln der Verordnung zu erhalten bzw. zu schaffen, um das Recht auf Schutz der personenbezogenen Daten mit den Kommunikationsfreiheiten in Einklang zu bringen. **16**

2. Privilegierte Verarbeitungszwecke

Damit wurde der Anwendungsbereich der Regelung im Vergleich zu Art. 9 DSRL erweitert, der wissenschaftliche Verarbeitungszwecke noch nicht erwähnte. Zudem privilegierte die Richtlinie nur solche Verarbeitungen, die allein den genannten Zwecken diente. **Unklar** ist hingegen, ob Art. 85 Abs. 2 **auch Verarbeitungen** erfasst, **die außer den privilegierten auch anderen Zwecken dienen.** Erwägungsgrund 153 stellt ebenfalls auf Tätigkeiten ab, die „ausschließlich" zu journalistischen Zwecken erfolgen. Allerdings hat diese Einschränkung keinen Eingang in den Wortlaut des Artikels als regelnden Teil gefunden. Damit ist sie jedoch im Rahmen der Auslegung zu berücksichtigen (OVG Lüneburg MMR 2021, 593 Rn. 39; HK-DS-GVO/Specht/Bienemann Rn. 11; weiter wohl Auernhammer/v. Lewinski Rn. 11). In Fortsetzung der Rechtsprechung zu Art. 9 DSRL gilt allerdings auch weiterhin, dass eine zu dem publizistischen Zweck hinzutretende **Gewinnerzielungsabsicht** die Privilegierung nicht entfallen lässt (EuGH MMR 2009, 175 Rn. 59 – Satamedia). **17**

Die **privilegierten Verarbeitungszwecke** sind **weit auszulegen,** wie sich aus dem letzten Satz des Erwägungsgrund 153 ergibt, um der Bedeutung des Rechts auf freie Meinungsäußerung in einer demokratischen Gesellschaft Rechnung zu tragen. Allerdings muss bei jeder Zwecksetzung die **meinungsbildende Wirkung im Vordergrund** stehen. Ein Medien- und Wissenschaftsprivileg für wahllos ins Internet gestellte Daten kommt damit nicht in Betracht. **18**

Journalistische Zwecke. Das **Gebot der weiten Auslegung** des Begriffs ergibt sich sowohl aus Erwägungsgrund 153 als auch aus der Rechtsprechung des EuGH zu Art. 9 DSRL (EuGH MMR 2009, 175 Rn. 58 – Satamedia; EuGH GRUR 2019, 760 Rn. 51 – Buivids; s. auch Kühling/Buchner/Buchner/Tinnefeld Rn. 17; HK-DS-GVO/Specht/Bienemann Rn. 13). Da der Begriff **unionsrechtsautonom auszulegen** ist (BeckOK InfoMedienR/Cornils Rn. 50), kann die zu den früheren nationalen Regelungen ergangene Rechtsprechung der deutschen Gerichte nicht mehr herangezogen werden. **19**

Zu berücksichtigen ist insbesondere, dass die früheren deutschen Regelungen nicht nur „journalistische", sondern wie zB § 41 Abs. 1 BDSG aF „journalistisch-redaktionelle" Zwecke voraussetzten. Dies hatte zB zur Folge, dass das BVerwG Kunden-, Werks-, Partei- und Vereinspublikationen nur dann als privilegiert ansah, wenn die für die Publikationen zuständige Abteilung eine organisatorisch selbstständige, in sich geschlossene, gegenüber den sonstigen (betrieblichen) Stellen abgeschottete, in der redaktionellen Tätigkeit autonome Organisationseinheit war (BVerwG ZD 2016, 193 Rn. 4 f.). **19.1**

Nach der Rechtsprechung des EuGH ist vor allem das Ziel der Veröffentlichung maßgeblich. Es komme darauf an, ob die Veröffentlichung zum **Ziel** habe, **Informationen, Meinungen oder Ideen in der Öffentlichkeit zu verbreiten.** Allerdings hält auch der EuGH fest, dass nicht jegliche im Internet veröffentlichte Information unter den Begriff der journalistischen Tätigkeit falle (EuGH GRUR 2019, 760 Rn. 59 – Buivids). In der noch zu Art. 9 DSRL ergangenen Entscheidung, die die Veröffentlichung eines von einer Privatperson bei ihrer Aussage auf einem Polizeirevier angefertigten Videos auf YouTube betraf, das auch die involvierten Polizeibeamten zeigte, betonte der EuGH, dass weder der Umstand, dass die Veröffentlichung nicht von einem Berufsjournalisten stammte noch der Umstand, dass das Video auf YouTube veröffentlicht wurde, der Annahme entgegenstanden, dass die Veröffentlichung zu journalistischen Zwecken erfolgte **20**

(EuGH GRUR 2019, 760 Rn. 55 f. – Buivids). Ein solch weites Begriffsverständnis ist sachgerecht, um auch anderen von den Kommunikationsfreiheiten geschützten publizistischen Formen als der des redaktionell organisierten Journalismus, zB **Bloggern** und **Bürgerjournalismus,** gerecht zu werden, auch wenn die Abgrenzung gegenüber rein privat motivierten Meinungsäußerungen sowie Veröffentlichungen zu PR- und Werbezwecken hierdurch in Grenzfällen schwierig ist. So hat die österreichische Datenschutzbehörde in einer Entscheidung vom 13.8.2018 (Az.: DSB-D123.077/0003-DSB/2018) das Medienprivileg bei **Posts in einem Meinungsforum** bejaht.

21 **Nicht als journalistische Tätigkeit** anzusehen sind demgegenüber zB **Veröffentlichungen durch Vereine oder Unternehmen zwecks Öffentlichkeitsarbeit oder Werbung** (OLG Koblenz MMR 2021, 568 zu Artikeln auf einer Kanzlei-Homepage; offen gelassen für ein Preisausschreiben einer Zeitschrift durch BGH NJW 2021, 1311 Rn. 42 – Urlaubslotto) **sowie private Individualkommunikation.** Auch **Veröffentlichungen zu parteipolitischen Zwecken** sind keine journalistische Tätigkeit (OVG Lüneburg MMR 2021, 593 Rn. 39 f.); hier dürfte sich allerdings die Frage stellen, ob der **Anwendungsbereich des Art. 85 Abs. 1** als eigenständiger Öffnungsklausel eröffnet ist. Keine journalistischen Tätigkeiten verfolgen zudem **Suchmaschinenbetreiber** (zu Art. 9 DSRL EuGH GRUR 2014, 895 Rn. 85 – Google Spain SL und Google/AEPD und Costeja González; BVerfG NJW 2020, 314 Rn. 41 – Recht auf Vergessen II). Auch das **Betreiben eines (Ärzte)Bewertungsportals** stellt keine Datenverarbeitung zu journalistischen Zwecken dar, da es an einer eigenen meinungsbildenden Tätigkeit des Portalbetreibers fehlt, der sich die meinungsbildenden Beiträge Dritter auch zur Vermeidung einer eigenen Haftung gerade nicht zu eigen macht und damit lediglich „einen Hilfsdienst zur Verbreitung von Informationen" anbietet (OLG München MMR 2021, 738 Rn. 32 ff.; OLG Frankfurt GRUR 2020, 1106 Rn. 28; OLG Köln ZUM-RD 2020, 198 Rn. 40 ff.; zu § 41 BDSG aF so bereits BGH MMR 2009, 606 Rn. 21 – spickmich.de). In der Kommentarliteratur wird eine Privilegierung von Informationsintermediären aber grundsätzlich für möglich gehalten, wenn diese ein Mindestmaß an Bearbeitung leisten, zB eine Vorab- oder Nachkontrolle der Beiträge und damit ihre durch Art. 14 E-Commerce-Richtlinie privilegierte neutrale Rolle verlassen (HK-DS-GVO/Specht/Bienemann Rn. 13). In den Anwendungsbereich der Öffnungsklausel dürften zudem nur solche Datenverarbeitungen fallen, die bestimmte journalistische Mindeststandards berücksichtigen und insbesondere von dem Bemühen getragen sind, einen **Beitrag zur Information oder Meinungsbildung** zu leisten. Sogenannte Fake News etwa, die im digitalen Zeitalter eine rasante Verbreitung erfahren können, sind von der Privilegierung ausgeschlossen. Insoweit geht der Persönlichkeitsschutz vor.

22 Abzugrenzen sind die journalistischen Zwecken dienenden Datenverarbeitungen von solchen, die zwar für eine publizistische Tätigkeit erforderlich sind, aber nicht unmittelbar den Kommunikationsvorgang oder die Kommunikationsinhalte betreffen, zB Personal-, Lieferanten- und Kundendaten. Letztere werden nicht durch Art. 85 Abs. 2 erfasst. Aber auch hier sind Ausnahmen denkbar, wenn die Datenerhebung etwa von Reisekosten auf die Inhalte journalistischer Recherche schließen lässt (dazu auch: Ehmann/Selmayr/Schiedermair Rn. 24; Gola/Pötters Rn. 9).

23 **Wissenschaftliche Zwecke.** Wissenschaft umfasst sowohl die Forschung als auch die akademische Lehre (Jarass GRCh Art. 13 Rn. 7). Die Datenverarbeitung muss der Wissenschaft dienen. Daher sind etwa Darstellungen einer abgebildeten Person in einer Veröffentlichung erfasst, nicht aber die Anwesenheitsliste des Auditoriums einer juristischen Vortragsreihe oder die Daten der Abonnenten einer geologischen Fachzeitschrift. Allerdings sind die Grenzen des zweckentsprechenden Gebrauchs persönlicher Daten fließend.

24 Sowohl **Art. 85** als auch **Art. 89 Abs. 2** enthalten **Öffnungsklauseln für Datenverarbeitungen zu wissenschaftlichen Zwecken.** Art. 85 Abs. 2 eröffnet die Regelung von Abweichungen und Ausnahmen insofern von allen Bestimmungen der DS-GVO mit Ausnahme des Kapitels VIII; Art. 89 Abs. 2 erlaubt lediglich Ausnahmen von Rechten aus Art. 15, 16, 18 und 21 und normiert eine enge Verhältnismäßigkeitsregel. Es liegt also eindeutig ein **Spannungsverhältnis** zwischen den beiden Regelungen vor. Hintergrund ist wohl das lange Ringen im Gesetzgebungsprozess um Datenverarbeitungen zu Forschungszwecken. Von Beginn an musste mit dem Vorwurf umgegangen werden, Datenschutz behindere die gem. Art. 5 Abs. 3 GG geschützte Forschungsfreiheit (dazu schon Akademie für Politische Bildung Tutzing/Oldenhage, Datenschutz und Forschungsfreiheit, 1986, 11 f.; Taupitz MedR 2012, 423). Während also Art. 89 Abs. 2 im Fokus der Verhandlungen zum Ausgleich von Datenschutz einerseits und Wissenschaft und Forschung andererseits stand, hat die Privilegierung der Datenverarbeitung zu wissenschaftlichen Zwecken erst sehr spät Eingang in Art. 85 Abs. 2 gefunden. So sind die Privilegien für die Wissenschaft nunmehr an verschiedener Stelle in der Verordnung (auch in Art. 5 Abs. 1 lit. b und lit. e, Art. 14 Abs. 5 lit. b, Art. 17 Abs. 3 lit. d, Art. 9 Abs. 2 lit. j) geregelt.

Das Verhältnis von Art. 85 Abs. 2 und Art. 89 Abs. 2 ist streitig. Die normsystematisch überzeugendere Ansicht ist, dass der **Anwendungsbereich des Art. 85 Abs. 2 auf die Wissenschaftskommunikation, d.h. die Publikation von Forschungsergebnissen beschränkt** ist und Art. 89 die interne Datenverarbeitung zu Forschungszwecken regelt (GSSV/Heil/Schulz/Heilmann Rn. 50; NK-DatenschutzR/Dix Rn 19). Die beachtliche Argumentation der Gegenansicht verweist dagegen darauf, dass die Publikation von Forschungsergebnissen ein notwendiger Bestandteil des Forschungsprozesses ist und dass daher beide Regelungen nebeneinander anwendbar seien mit der Folge, dass die strikteren Derogationsvoraussetzungen des Art. 89 Abs. 2 aufgrund von Art. 85 Abs. 1 und Abs. 2 DS-GVO obsolet würden (Gola/Pötters Art. 89 Rn. 17; BeckOK InfoMedienR/Cornils Rn. 83 ff.; Kühling/Buchner/Buchner/Tinnefeld Art. 89 Rn. 24). Allerdings wird auch von denjenigen, die von einem weiteren Anwendungsbereich des Art. 85 Abs. 2 ausgehen, zum Teil angenommen, dass zumindest die von Art. 89 Abs. 1 verlangten „Bedingungen und Garantien" zu beachten sind, insbesondere die Möglichkeit der Pseudonymisierung von Daten (so die Vorauflage BeckOK/Stender-Vorwachs Rn. 29; Gola/Pötters Art. 89 Rn. 17; HK-DS-GVO/Specht/Bienemann Rn. 14).

Unklar ist auch der **personelle Anwendungsbereich** der Regelung. Datenverarbeitungen für wissenschaftliche Zwecke dürften vielfach durch öffentliche Stellen, zB Hochschulen, vorgenommen werden. Fraglich ist aber, ob diese Sachverhalte unter Art. 85 DS-GVO subsumiert werden können, da die **öffentliche Hand grundsätzlich nicht durch die Grundrechte der Meinungs- und Informationsfreiheit geschützt** wird; diese stellen primär Abwehrrechte gegen den Staat dar. Allerdings könnte für den Forschungsbereich hiergegen eingewandt werden, dass hier auch die Kommunikationsfreiheit der Forschenden selbst tangiert wird, wenn die datenschutzrechtlichen Vorgaben einer Veröffentlichung entgegenstehen.

Künstlerische und literarische Zwecke. Die Erwähnung künstlerischer Zwecke einer Datenverarbeitung in Abs. 1 beauftragt die Mitgliedstaaten, auch eine Abwägung zwischen Datenschutz und Freiheit der Kunst gem. Art. 13 GRCh vorzunehmen. Kunst ist dabei als freie schöpferische Gestaltung zu verstehen, in der Eindrücke, Erfahrungen und Erlebnisse des Künstlers durch das Medium einer bestimmten Formensprache zur unmittelbaren Anschauung gebracht werden (Jarass GrCh Art. 13 Rn. 5 mwN). Von dem Begriff der **literarischen Zweckbestimmung** werden sowohl belletristische Werke als auch Sachliteratur sowie Datenbestände von selbstständigen Buchautoren umfasst (s. schon: Gola/Schomerus BDSG aF § 41 Rn. 12). Insbesondere die fachbezogene Recherche ist oft auf die Auswertung personenbezogener Daten angewiesen.

Geschützt sind sowohl der **Werkbereich,** also die Erstellung des Kunstwerks, als auch der **Wirkbereich,** die Vermittlung der Kunst nach außen (Gola/Pötters Rn. 11; GSSV/Schulz/Heilmann Rn. 32; BeckOK InfoMedienR/Cornils Rn. 77). Erfasst wird somit auch die der Veröffentlichung eines Kunstwerkes **vorgelagerte Verarbeitung personenbezogener Daten.**

3. Erforderlichkeit, um Grundrechte in Einklang zu bringen

Die Derogationsbefugnis und -verpflichtung nach Art. 85 Abs. 2 besteht dann, wenn es erforderlich ist, Abweichungen oder Ausnahmen von den genannten Pflichten bei Datenverarbeitungen zu journalistischen, wissenschaftlichen, künstlerischen oder literarischen Zwecken vorzusehen, um das Recht auf Schutz der personenbezogenen Daten mit der Freiheit der Meinungsäußerung und der Informationsfreiheit in Einklang zu bringen. Ebenso wie iRv Abs. 1 (→ Rn. 13) geht es hier nicht darum, einzelfallbezogen die Rechtmäßigkeit einer Datenverarbeitung zu bewerten. Vielmehr ist der Fokus darauf gerichtet, in **generell-abstrakter Weise zu bewerten, ob Vorgaben der DS-GVO strukturell mit den Gewährleistungen der Kommunikationsfreiheiten kollidieren** (BeckOK InfoMedienR/Cornils Rn. 109; OLG Köln ZUM 2020, 536 Rn. 37 f.; aA die Vorkommentierung BeckOK DatenschutzR/Stender-Vorwachs, Ed. 37 (2/2021), Rn. 33; Kühling/Buchner/Buchner/Tinnefeld Rn. 2, 27, 31; unklar EuGH GRUR 2019, 760 Rn. 65-68 – Buivids sowie EuGH ZD 2021, 625 Rn. 121 – Latvijas Republikas Saeima).

Streitig ist allerdings, in welchem Umfang eine Freistellung über die nach alter und neuer Rechtslage bestehenden rudimentären Verpflichtung zur Gewährleistung der Datensicherheit und des Datengeheimnisses hinaus **erforderlich** ist, um eine Konkordanz mit den kollidierenden Rechtsgütern zu erreichen. So sah zB die Entschließung der DSK zur „Umsetzung der DS-GVO im Medienrecht" (9.11.2017, abrufbar unter https://www.datenschutzkonferenz-online.de/media/en/20171109_en_dsgvo_medienrecht.pdf) insbesondere die Transparenzrechte und Interventionsmöglichkeiten für betroffene Personen sowie Verfahrensgarantien über eine unabhängige Aufsicht als zwingende Vorgaben an. Allerdings ist äußerst fraglich, ob eine behördliche Aufsicht mit Untersuchungs- und Abhilfebefugnissen (Art. 51 ff. DS-GVO) sowie der Befugnis zur Verhän-

DS-GVO Artikel 85   Kapitel IX. Vorschriften für besondere Verarbeitungssituationen

gung von erheblichen Bußgeldern (Art. 83 DS-GVO) mit den Gewährleistungen der Pressefreiheit (dazu BeckOK InfoMedienR/Cornils Rn. 106) sowie der Kunstfreiheit vereinbar wäre. Gleiches gilt für die Transparenzvorgaben: Vor allem die Informationspflichten des Art. 13 DS-GVO würden zB eine investigative journalistische Recherche unmöglich machen. Auch das Auskunftsrecht nach Art. 15 Abs. 1 lit. g DS-GVO würde den journalistischen Quellenschutz gefährden. Insofern erscheint die Entscheidung der deutschen Gesetzgeber, durch „Medienprivilegien" (→ Rn. 41) die Anwendbarkeit der DS-GVO insgesamt – mit Ausnahme der Verpflichtung zur Gewährleistung der Datensicherheit und des Datengeheimnisses – auszuschließen, überzeugend, wenn durch andere Regelungen des nationalen Rechts, insbesondere das zivilrechtliche Äußerungsrecht, ein einzelfallbezogener Ausgleich zwischen dem Recht auf Datenschutz und den Kommunikationsfreiheiten hergestellt wird.

31   Die Beurteilung, ob eine Derogation der datenschutzrechtlichen Vorgaben erforderlich ist, ist am Maßstab der Unionsgrundrechte der Art. 8 GRCh und Art. 11 GRCh, nicht der nationalen Grundrechte zu treffen (Albrecht/Janson CR 2016, 500). Auch hierbei dürfte den Mitgliedstaaten trotz des unionsrechtsautonom auszulegenden Erforderlichkeitsmaßstabs ein Beurteilungsspielraum zustehen. Hierfür spricht, dass Erwägungsgrund 153 davon ausgeht, dass die Abweichungen oder Ausnahmen von Mitgliedstaat zu Mitgliedstaat unterschiedlich sein können.

32   Unklar ist allerdings auch im Rahmen des Abs. 2, ob die nachfolgende, zur Beurteilung einer Rechtsverletzung im konkreten Einzelfall erforderliche Abwägung zwischen Persönlichkeitsschutz und Kommunikationsfreiheiten ebenfalls am Maßstab der Unionsgrundrechte oder am Maßstab der nationalen Grundrechte zu erfolgen hat (so BeckOK InfoMedienR/Cornils Rn. 63; Auernhammer/v. Lewinski Rn. 2; aA die wohl hM: Ehmann/Selmayr/Schiedermair Rn. 9; Nettesheim AfP 2019 473 (479); OLG Köln ZD 2018, 434 Rn. 7).

4. Umfang der Öffnungsklausel

33   Abs. 2 eröffnet die Möglichkeit einzelstaatlicher Privilegierungen im Hinblick auf die Verbürgungen der Kapitel II-VII und IX. Vom Wortlaut der Norm nicht umfasst ist hingegen Kapitel VIII, Rechtsbehelfe, Haftung und Sanktionen.

34   Dies wirft die Frage auf, ob die nationalen Gesetzgeber durch Art. 85 Abs. 2 dazu ermächtigt werden, bei Datenverarbeitungen zu journalistischen, wissenschaftlichen oder künstlerischen Zwecken eine Freistellung von den in Kapitel VIII vorgesehenen Sanktionen, zB der Verhängung von Bußgeldern, der behördlichen Aufsicht sowie den gegen den Verantwortlichen gerichteten Ansprüchen wie dem Schadensersatzanspruch des Art. 82 DS-GVO vorzusehen. Dieser bislang ungeklärten Frage kommt auch für die deutsche Umsetzung große Relevanz zu, da einige landesrechtlichen Regelungen die Schadensersatzansprüche der betroffenen Person aus Art. 82 DS-GVO auf Verstöße gegen die wenigen nach der DS-GVO fortbestehenden Verpflichtungen aus Art. 5 Abs. 1 lit. f, 24, 32 DS-GVO sowie auf die Pflicht zur Wahrung des Datengeheimnisses beschränken (s. unter → Rn. 41). Daher stellt sich die Frage, ob diese Beschränkung mit Art. 85 Abs. 2 vereinbar ist und daher im Falle von Persönlichkeitsrechtsverletzungen durch eine journalistische Berichterstattung weiterhin die differenzierte deutsche Rechtsprechung zur Anwendung kommen kann, die zB Geldentschädigungsansprüche auf schwerwiegende Eingriffe in das Persönlichkeitsrecht beschränkt (BGH GRUR 2014, 693 Rn. 38). Es ist überzeugend, das Kapitel VIII als akzessorisch zu den anderen Kapiteln der DS-GVO anzusehen mit der Folge, dass die darin vorgesehenen Sanktionen und Rechtsbehelfe nur zur Anwendung kommen, wenn ein Verstoß gegen die DS-GVO oder gegen sie präzisierende Regelungen vorliegt. So besteht zB ein Schadensersatzanspruch nach Art. 82 DS-GVO nach dem Wortlaut der Regelung nur im Falle eines Verstoßes gegen die DS-GVO sowie gem. Erwägungsgrund 146 S. 5 gegen die Verordnung präzisierende mitgliedstaatliche Regelungen. Wenn die Vorgaben der DS-GVO insoweit auf Grundlage der Öffnungsklausel des Art. 85 DS-GVO derogiert werden, stellt das an ihre Stelle tretende nationale Recht allerdings keine die Verordnung präzisierenden mitgliedstaatlichen Regelungen dar, sondern bildet einen eigenständigen Regelungskomplex im „mitgliedstaatlichen Reservatsbereich des inhaltlichen Medien- und (allgemeinen) Äußerungsrechts" (Cornils, Das datenschutzrechtliche Medienprivileg unter Behördenaufsicht?, 2018, S. 29), in dem die EU gerade keine umfassende Regelungskompetenz besitzt (Ehmann/Selmayr/Schiedermair Rn. 9). Hieraus folgt, dass auch der Anwendungsbereich des Schadensersatzanspruchs aus Art. 82 DS-GVO entsprechend eingeschränkt wird. Die Hinweise in den „Medienprivilegien" auf den eingeschränkten Anwendungsbereich des Art. 82 DS-GVO bringen dies – letztlich nur deklaratorisch – zum Ausdruck. Daher kommt Art. 82 DS-GVO nicht zur Anwendung, wenn eine journalistische Berichterstattung das Recht am eigenen Bild verletzt. Vielmehr ergeben sich die zivilrechtlichen Sanktionen in diesem

Fall aus dem nationalen Recht (OLG Köln ZD 2021, 323 Rn. 40; Kühling/Buchner/Bergt Art. 82 Rn 24; Gola/Gola/Piltz Art. 82 Rn. 16; in Paal/Pauly/Frenzel Art. 82 Rn. 9; Lauber-Rönsberg UFITA 2018, 398 (416 f.)).

Sollte der EuGH entgegen der hier vertretenen Ansicht von einer Anwendbarkeit des Art. 82 DS-GVO **34.1** ausgehen, so ergäbe sich aber auch aus den Unionsgrundrechten die Notwendigkeit, die Auswirkungen etwaiger Sanktionen auf die Ausübung der Kommunikationsfreiheiten und der Kunstfreiheit gem. Art. 11 und Art. 13 GRCh sowie Art. 10 EMRK zu berücksichtigen (ebenso die Vorkommentierung BeckOK DatenschutzR/Stender-Vorwachs, Ed. 37 (2/2021), Rn. 24; Gola/Pötters Rn. 15). Dies hat auch die Ratspräsidentschaft in ihrem Kompromissvorschlag aus dem Jahr 2015 hinsichtlich der Formulierung des jetzigen Art. 85 DS-GVO zum Ausdruck gebracht, in dem sie darauf hinwies, dass die Meinungsfreiheit als ein Element bei der Festlegung der Sanktion einbezogen werden und dass der Verhältnismäßigkeitsgrundsatz insoweit im Rahmen des Kapitels VIII reflektiert werden müsse (Council of the European Union, Dok. v. 11.6.2015, Nr. 9788/15, S. 255 Rn. 627: „BE, DE, FR, IE and SE had requested to include also a reference to Chapter VIII. This was opposed to by COM. The Presidency points out that in case the freedom of expression prevails over the right to data protection, there will obviously no infringement to sanction. Where an infringement is found to have place, the interference with the freedom of expression will have to taken [sic!] into account as an element in the determination of the sanction. This application of the proportionality principle should be reflected in Chapter VIII." Siehe auch EuGH, Urt. v. 6.11.2003, C-101/01, EuZW 2004, 245, 247 Rn. 87 f. – Lindqvist). Auch der EuGH wäre demnach auf Grundlage der Kommunikationsfreiheiten und der Kunstfreiheit gem. Art. 11 und Art. 13 GRCh sowie Art. 10 EMRK dazu gehalten zu gewährleisten, dass Sanktionen keine „chilling effects" entfalten.

Auch in Bezug auf die anderen in Kapitel VIII geregelten Sanktionen und Rechtsbehelfe **35** sowie die aufsichtsbehördlichen Befugnisse gilt, dass sie die Anwendbarkeit der in der DS-GVO statuierten Pflichten voraussetzen. Damit schließt die Derogationsbefugnis der Mitgliedstaaten im Ergebnis auch die Regelungen des Kapitels VIII mit ein, soweit die Verpflichtungen aus der DS-GVO auf Grundlage von Art. 85 Abs. 2 durch mitgliedstaatliche Regelungen abbedungen wurden (ebenso bereits BeckOK InfoMedienR/Cornils Rn. 91 ff.; HK-DS-GVO/Specht/Bienemann Rn. 16; Lauber-Rönsberg UFITA 2018, 398 (416 f.); aA die Vorkommentierung BeckOK DatenschutzR/Stender-Vorwachs, Ed. 37 (2/2021), Rn. 15).

III. Pflicht zur Mitteilung an die Kommission (Abs. 3)

Die Mitgliedstaaten sind nach Abs. 3 verpflichtet, **Rechtsvorschriften nach Abs. 2** nach ihrer **36** Verabschiedung **der Kommission mitzuteilen.** Auch über spätere Änderungen ist unverzüglich zu informieren. Damit soll die Kommission Kenntnis über alle mitgliedstaatlichen Abweichungen und Ausnahmen iRd Abs. 2 erlangen. Unklar und sachlich nicht gerechtfertigt – insbesondere dann, wenn man Abs. 1 als eigenständige Öffnungsklausel ansieht – ist allerdings, warum die Regelung auf Abs. 2 beschränkt ist. Es spricht vieles dafür, dass dies einem **Redaktionsversehen** geschuldet ist (s auch BeckOK InfoMedienR/Cornils Rn. 25).

Die Mitteilungspflicht wurde, nachdem sie im ursprünglichen Kommissionsentwurf (KOM/2012/011 **36.1** endg in Art. 80 Abs. 2) enthalten war, erst am Ende der Verhandlungen (wieder) aufgenommen (in der finalen Kompromissfassung vom 15.12.2015 (Dok. 15039/15, S. 200). Abs. 3 entspricht im Wesentlichen der Formulierung des Kommissionsentwurfs, der allerdings nur den jetzigen Art. 85 Abs. 2 als Öffnungsklausel in Abs. 1 enthielt. Insofern bezog sich die Mitteilung im Kommissionsentwurf auf Abs. 1. Es ist zu vermuten, dass der Verweis angepasst wurde, als die weitere Öffnungsklausel des jetzigen Abs. 1 eingefügt wurde, und dass dabei nicht bedacht wurde, dass eine Erstreckung sowohl auf Abs. 1 als auch auf Abs. 2 sachgerecht gewesen wäre.

Mitteilungspflichtig sind nur solche Vorschriften, die die Vorgaben der DS-GVO derogieren, **37** nicht hingegen die Regelungen im nationalen Recht, wie das KUG oder das zivilrechtliche allgemeine Persönlichkeitsrecht, die die durch die Derogation entstandenen Lücken ausfüllen (BeckOK InfoMedienR/Cornils Rn. 112; Gola/Pötters Rn. 17).

Streitig ist auch, ob die Norm, wie Art. 88 Abs. 1 (dazu → DS-GVO Art. 88 Rn. 44), auch **38** bestehende Rechtsvorschriften umfasst (so Paal/Pauly/Pauly Rn. 14; NK-DatenschutzR/Dix Rn. 30; Benedikt/Kranig ZD 2019, 4 (5)). Hiergegen spricht der Wortlaut der Regelung (ebenso GSSV/Schulz/Heilmann Rn. 66). Daher kann auch die Mitteilungspflicht des Abs. 3 nicht auf mitgliedstaatliche Vorschriften erstreckt werden, die vor Inkrafttreten der DS-GVO am 24.5.2016 in Kraft getreten sind. Allerdings hat die Bundesregierung zum Teil auch Regelungen auf Grundlage von Art. 85 Abs. 3 DS-GVO notifiziert, die vor Inkrafttreten bzw. vor Anwendbarkeit der DS-GVO erlassen worden sind.

DS-GVO Artikel 85   Kapitel IX. Vorschriften für besondere Verarbeitungssituationen

C. Nationales Recht

39   Art. 85 eröffnet eine Schnittstelle der DS-GVO zu nationalen Regelungen, die solche Kommunikationsvorgänge regulieren, insbesondere den sog. „Medienprivilegien" in den Landesdatenschutzgesetzen und dem zivilrechtlichen Äußerungsrecht. Allerdings sind die Auswirkungen der durch die DS-GVO bewirkten Neuordnung des Datenschutzrechts auf das Äußerungsrecht noch nicht vollständig geklärt. Hierbei geht es einerseits um die Verzahnung von Unionsrecht und nationalem Recht, andererseits um das Zusammenspiel von Bundes- und Landesrecht an der Schnittstelle zwischen Bürgerlichem Recht und Öffentlichem Recht.

40   Art. 85 verpflichtet die Mitgliedstaaten, durch nationale Regelungen einen Einklang zwischen dem Recht auf Datenschutz und den Kommunikationsfreiheiten bzw. der Kunst- und Wissenschaftsfreiheit herzustellen, und nimmt damit bewusst in Kauf, dass in diesem Bereich keine Vollharmonisierung besteht, wie auch Erwägungsgrund 153 S. 5 zum Ausdruck bringt. Bei **grenzüberschreitenden Sachverhalten** stellt sich daher die Frage, welches nationale Recht Anwendung findet. Art. 3 trifft keine kollisionsrechtliche Regelung; vielmehr soll sich die räumliche Anwendbarkeit des nationalen Rechts entweder aus der Öffnungsklausel selbst ergeben oder nach Maßgabe der aufgrund der Öffnungsklausel erlassenen nationalen Regelung zu beurteilen sein, sofern diese eine Regelung zu ihrer räumlichen Anwendbarkeit trifft (Kühling/Buchner/Klar Art. 3 Rn. 107 f.). Erwägungsgrund 153 S. 5 gibt vor, dass das **Recht des Mitgliedstaats** angewendet werden soll, **dem der Verantwortliche unterliegt**. Dies wird wohl so auszulegen sein, dass **auch das Kollisionsrecht** des jeweiligen Mitgliedstaats Anwendung findet, da den Erwägungsgründen, die nicht Bestandteil des Normtexts selbst sind, keine Rechtswirkung zukommt, sie also das nationale Kollisionsrecht nicht derogieren können. Vielmehr sind sie nur Auslegungs- und Orientierungshilfen (Calliess/Ruffert/Wegener AEUV Art. 288 Rn. 16). Wenn also auf Grundlage von Art. 85 DS-GVO das mitgliedstaatliche Recht zur Anwendung kommt und das Datenschutzrecht einschlägig sein sollte, wäre die Frage des räumlichen Anwendungsbereichs des BDSG nach § 1 Abs. 4 BDSG zu beurteilen (HK-DS-GVO/Specht/Bienemann Rn. 18). Kommt dagegen das nationale Äußerungsrecht zur Anwendung, dann würde die Frage des anwendbaren Rechts somit aus deutscher Sicht durch das für unerlaubte Handlungen geltende anwendbare Kollisionsrecht des Art. 40 EGBGB bestimmt.

I. Datenverarbeitungen zu journalistischen und literarischen Zwecken

41   Bei Datenverarbeitungen zu journalistischen Zwecken verfolgt das deutsche Recht einen **zweistufigen Ansatz** (BeckOK InfoMedienR/Cornils Rn. 123: „Zwei-Stufen-Konzept"): Zum einen werden die **datenschutzrechtlichen Vorgaben** der DS-GVO – mit Ausnahme der Verpflichtung zur Gewährleistung von Datensicherheit und des Datengeheimnisses sowie Schadensersatzansprüchen bei Verstößen gegen diese Verpflichtungen – **durch die Landespresse- bzw. Mediengesetze derogiert.** Diese Regelungen, die zugunsten der journalistischen Tätigkeit Abweichungen von den datenschutzrechtlichen Regelungen vorsehen, werden häufig als „**Medienprivilegien**" bezeichnet. Anders als diese Bezeichnung suggeriert, handelt es sich um eine „jedenfalls im Grundsatz verfassungsrechtlich gebotene Immunisierung" (Cornils, Das datenschutzrechtliche Medienprivileg unter Behördenaufsicht?, 2018, 23; s. auch BVerwG ZD 2016, 193 Rn. 5; BGH GRUR 2010, 549 (552) Rn. 26 – Spiegel-Dossier). Die hierdurch entstandenen Regelungslücken werden durch das zivilrechtliche **Äußerungsrecht,** insbesondere **§§ 22 ff. KUG** und das **allgemeine Persönlichkeitsrecht, aufgefüllt.**

42   Im Zuge der Anpassung der Landesgesetze an die DS-GVO haben die Landesgesetzgeber die bestehenden „**Medienprivilegien**" zur Freistellung von Datenverarbeitungen zu journalistischen und literarischen Zwecken in den **Presse- bzw. Mediengesetzen** neu gefasst (§ 12 LPresseG BW; 11 BayPresseG und Art. 38 BayDSG; § 19 BlnDSG; § 16a BbgLPresseG und § 29 BbgDSG; § 5 Bremer Pressegesetz; § 11a PresseG Hmb iVm § 37 Medienstaatsvertrag HSH; § 10 Hessisches PresseG; § 18a LPresseG M-V und § 12 DSG-V; § 19 Niedersächsisches PresseG; § 12 LPresseG NRW; § 12 LMedienG R-P; § 11 Saarländisches MedienG; § 11a Sächsisches PresseG; § 10a LPresseG LSA; § 10 LPresseG S-H; § 11a Thüringer PresseG). Die umfassenden Freistellungen der Datenverarbeitungen im journalistischen Kontext von den Vorgaben der DS-GVO durch die Medienprivilegien in den Landesmedien- bzw. Landesdatenschutzgesetzen stehen auch der ergänzenden Heranziehung der Regelungen der DS-GVO in den Bereichen, in denen das zivilrechtliche Äußerungsrecht keine Regelungen enthält, zB zu Transparenz und den Betroffenenrechten, entgegen (so wohl Benedikt/Kranig ZD 2019, 4 (6). Die Freistellungen in den Pressegesetzen erfassen allerdings zT weiterhin nur Unternehmen der Presse und deren Hilfsunternehmen, obgleich die Ausgestaltungsverpflichtung des Art. 85 Abs. 2 DS-GVO aufgrund des weiten Ver-

ständnisses der journalistischen Tätigkeit nicht auf diesen Personenkreis beschränkt ist (→ Rn. 20). Auch diese Länder werden dem Ausgestaltungsauftrag aber gerecht, wenn sie an anderer Stelle, zB in den Landesdatenschutzgesetzen, zusätzlich eine allgemeine Freistellung von Datenverarbeitungen für journalistische Zwecke vorsehen (so zB Art. 38 Abs. 1 BayDSG; § 29 BbgDSG; § 25 ThürDSG). Andernfalls ist eine unionsrechtskonforme Auslegung erforderlich. Hingegen hat der Bundesgesetzgeber aus kompetenzrechtlichen Gründen keine § 41 Abs. 1 BDSG aF entsprechende Regelung erlassen, da seit der Föderalismusreform und dem Entfallen der Rahmengesetzgebungskompetenz für das Pressewesen nunmehr die Länder ausschließlich zuständig sind. Die Begründung zum RegE ging aber davon aus, dass auch weiterhin eine Freistellung von Datenverarbeitungen zu journalistischen Zwecken durch die Landesgesetzgeber erfolgen würde (DSAnpUG-EU, BR-Drs. 110/17, 73 f.).

Für den Bereich **des Rundfunks und der Telemedien** hatten die Länder mit § 57 Abs. 1 **43** RStV in der Fassung vor dem Inkrafttreten der 21. Rundfunkänderungsstaatsvertrages am 25.5.2018 eine Privilegierungsregelung geschaffen, die schon wegen des Verweises auf das BDSG aF einer Änderung bedurfte. Die nachfolgende Fassung des § 57 Abs. 1 RStV regelte sehr detailliert Ausnahmen von den Bestimmungen des DS-GVO. Mit dem 21. Rundfunkänderungsstaatsvertrag wurde die Vorschrift an die Vorgaben der DS-GVO angepasst. Es handelt sich um ein bundesweit geltendes Medienprivileg für die Telemedien des Rundfunks und der Presse. Für den öffentlichen und privaten Rundfunk wurde zudem die parallele Vorschrift des § 9c in den Rundfunkstaatsvertrag eingeführt. Seit dem 7.11.2020 ersetzt der Medienstaatsvertrag den Rundfunkstaatsvertrag. Das Medienprivileg wurde wortgleich in §§ 12 und 23 MStV übernommen.

Die durch die Derogation entstandenen Lücken im Persönlichkeitsschutz wurden nach früherer **44** Rechtslage durch das zivilrechtliche Äußerungsrecht, insbesondere §§ 22 ff. KUG und das allgemeine Persönlichkeitsrecht, gefüllt. Das bundesrechtliche Äußerungsrecht als „materielles Datenschutzrecht" gewährleistet in diesem Sinne einen Datenschutz außerhalb der Datenschutzgesetze (vgl dazu bereits Garstka JZ 1978, 507 (511)).

Auch wenn im zivilrechtlichen Äußerungsrecht auf Bundesebene bislang keine Anpassungen im **45** Zuge des Inkrafttretens der DS-GVO erfolgt sind, ist es überzeugend, dass **äußerungsrechtliche Regelungen, insbes. §§ 22 ff. KUG und das allgemeine Persönlichkeitsrecht, weiterhin anwendbar sind** (zum KUG BGH ZUM 2021, 59 Rn. 11; BGH ZUM 2021, 50 Rn. 15; OLG Köln ZUM-RD 2018, 549 Rn. 6; OLG Köln ZD 2019, 126 Rn. 12; offen gelassen im Kontext eines Preisausschreibens einer Zeitschrift allerdings von BGH NJW 2021, 1311 Rn. 42 – Urlaubslotto; s. zur Gegenansicht → Rn. 45.1 ff.). Es wäre sehr wünschenswert, wenn dies auch im Hinblick auf das **allgemeine Persönlichkeitsrecht** alsbald gerichtlich geklärt würde. Die gegenteiligen Stellungnahmen (Landesdatenschutzbeauftragter Brandenburg: Verarbeitung personenbezogener Daten bei Fotografien – Rechtliche Anforderungen unter der DS-GVO, S. 4, https://www.lda.brandenburg.de/sixcms/media.php/9/RechtlicheAnforderungenFotografie.pdf; Hamburg: Rechtliche Bewertung von Fotografien einer unüberschaubaren Anzahl von Menschen nach der DS-GVO außerhalb des Journalismus, S. 3 f., https://datenschutz-hamburg.de/assets/pdf/Vermerk_Fotografie_DSGVO.pdf; Ziebarth/Elsaß ZUM 2018, 578 (584); Benedikt/Kranig ZD 2019, 4 (5) verkennen, dass **zwischen dem verfassungsrechtlichen allgemeinen Persönlichkeitsrecht und seiner zivilrechtlichen Gewährleistung zu differenzieren** ist. Auch wenn die deutschen Grundrechte im Anwendungsbereich der DS-GVO durch die Unionsgrundrechte, insbesondere Art. 7 und Art. 8 GRCh, überlagert werden, wie die genannten Stellungnahmen der Datenschutzbeauftragten anführen, ändert dies nichts am Fortbestand des zivilrechtlichen allgemeinen Persönlichkeitsrechts. Allenfalls könnte die Geltung der Unionsgrundrechte zur Folge haben, dass das durch § 823 Abs. 1 BGB geschützte zivilrechtliche allgemeine Persönlichkeitsrecht seine verfassungsrechtliche Verankerung in diesem Kontext nunmehr nicht allein in Art. 2 Abs. 1 GG iVm Art. 1 Abs. 1 GG, sondern auch in Art. 7 und Art. 8 GRCh findet.

Zwar wird dem zum Teil im Schrifttum entgegengehalten, dass der Gesetzgeber es versäumt habe, **45.1** durch einen expliziten Regelungsakt die Fortgeltung der äußerungsrechtlichen Regelungen anzuordnen (Klein, Personenbilder im Spannungsfeld von Datenschutzgrundverordnung und Kunsturhebergesetz, 2017, 181 ff.). Dem ist zu widersprechen, da die DS-GVO durch die landesrechtlichen „Medienprivilegien" insoweit derogiert wurde. Damit ist es Sache des deutschen Äußerungsrechts, innerhalb dieser Regelungslücke den erforderlichen Interessenausgleich zwischen dem Persönlichkeitsschutz und den Kommunikationsinteressen vorzunehmen. Zudem ergibt sich aus Art. 85 DS-GVO kein Zitiergebot, so dass ein Verweis durch das die Öffnungsklausel ausfüllende nationale Recht auf die DS-GVO ggf. aus Gründen der Rechtsklarheit wünschenswert, aber nicht zwingend erforderlich ist.

45.2 Zum Zweiten wird darauf hingewiesen, dass die äußerungsrechtlichen Regelungen nicht nach Art. 85 Abs. 3 DS-GVO notifiziert worden seien. Unabhängig von der ungeklärten Frage, ob die Notifizierungspflicht für Altregelungen überhaupt gilt (→ Rn. 38), dürfte ihr aber zumindest keine konstitutive Wirkung zukommen (Benedikt/Kranig ZD 2019, 4 (5); Deutscher Bundestag, WD 3-3000-123/18, Die Öffnungsklausel des Art. 85 der Datenschutz-Grundverordnung, S. 4 f.), sodass dies nicht gegen die Anwendbarkeit der äußerungsrechtlichen Regelungen spricht.

45.3 Zum Dritten wird eingewandt, dass das KUG, soweit es um die Nutzung von Bildnissen für journalistischen Zwecke geht, schon mangels Gesetzgebungszuständigkeit des Bundes keine Spezifizierung des Art. 85 DS-GVO sein könne. Die Gesetzgebungskompetenz für den Bereich der Presse liege vielmehr ausschließlich bei den Ländern (Benedikt/Kranig ZD 2019, 4 (5)). Auch wenn dies natürlich grundsätzlich zutrifft, ist es überzeugender, den im Rahmen des Äußerungsrechts erfolgenden Interessenausgleich zwischen dem sich Äußernden und der betroffenen Person der konkurrierenden Bundeskompetenz des Art. 74 Abs. 1 S. 1 GG für das Bürgerliche Recht zuzuordnen (ebenso BeckOK InfoMedienR/Cornils Rn. 127; s. dazu auch Lauber-Rönsberg AfP 2019, 373 (379)).

45.4 Die DSK ist in ihrer Entschließung vom November 2017 zur „Umsetzung der DS-GVO im Medienrecht" (abrufbar unter https://www.datenschutzkonferenz-online.de/media/en/20171109_en_dsgvo_medienrecht.pdf), wie oben bereits dargestellt (→ Rn. 30), davon ausgegangen, dass eine breite Bereichsausnahme für journalistische Nutzungen den Vorgaben des Art. 85 Abs. 2 DS-GVO nicht genügt. Aus Art. 85 DS-GVO ergebe sich ein Regel-Ausnahme-Verhältnis, das zur Folge habe, „dass die Vorgaben der DS-GVO grundsätzlich auch auf sämtliche Verarbeitungen personenbezogener Daten zu grundrechtlich besonders geschützten journalistischen, wissenschaftlichen, künstlerischen oder literarischen Zwecken angewendet werden sollen". Es stehe nicht im Einklang mit dem Recht auf Schutz personenbezogener Daten, wenn die Grundsätze des Datenschutzes im Journalismus in weitem Umfang ausgeschlossen würden. Eine Regelung könne keinesfalls als notwendig iSd DS-GVO angesehen werden, wenn sie zum Zweck der Abwägung mit der Meinungs- und Informationsfreiheit die Transparenzrechte und Interventionsmöglichkeiten für betroffene Personen sowie Verfahrensgarantien über eine unabhängige Aufsicht missachte. Die gesetzlichen Anpassungen iSd Art. 85 DS-GVO müssten daher konkret und spezifisch – bezogen auf die jeweiligen Normen und Vorgaben der DS-GVO – Ausnahmen und Abweichungen regeln und diese begründen. Auch wenn das Äußerungsrecht für viele der derogierten Regelungen keine Entsprechung vorsieht, lässt sich aus dem Wortlaut und der Struktur des Art. 85 Abs. 2 aber kein Regel-Ausnahme-Verhältnis ablesen (ebenso OLG Köln ZUM-RD 2018, 549 (550)). Die von Art. 85 Abs. 2 ermöglichten Abweichungen und Ausnahmen setzen gerade eine generell-abstrakte Entscheidung darüber voraus, ob Vorgaben der DS-GVO strukturell mit den Gewährleistungen der Kommunikationsfreiheiten kollidieren (BeckOK InfoMedienR/Cornils Rn. 109). Eine Beurteilung im konkreten Einzelfall ist damit gerade nicht möglich, sondern der nachgelagerten Prüfung auf Grundlage des Äußerungsrechts vorbehalten. Damit ist auch eine Bereichsausnahme für journalistische Datenverarbeitungen sowie die pauschale Derogation ganzer Kapitel der DS-GVO möglich, soweit durch das die Lücken füllende nationale Äußerungsrecht insgesamt ein Einklang zwischen den betroffenen Rechtspositionen hergestellt wird.

II. Datenverarbeitungen zu künstlerischen Zwecken

46 Im Hinblick auf Datenverarbeitungen zu künstlerischen Zwecken folgen einige Bundesländer dem im Medienbereich etablierten zweispurigen Modell, indem sie parallel zu den „Medienprivilegien" Datenverarbeitungen für künstlerische Zwecke durch entsprechende **„Kunstprivilegien"** in den Landesdatenschutzgesetzen weitgehend von den datenschutzrechtlichen Vorgaben freistellen (§ 19 LDSG BW; Art. 38 BayDSG; § 19 BlnDSG; § 29 BbgDSG; § 12 HambDSG; § 12 DSG MV; § 19 DSG NRW; § 25 ThürDSG). Zur Frage der Gesetzgebungskompetenz der Länder, die das Risiko regional uneinheitlicher Regelungen mit sich bringt, s BeckOK InfoMedienR/Cornils Rn. 128 ff.; Lauber-Rönsberg UFITA 2018, 398 (428 f.).

47 Soweit eine solche **Derogation** der Regelungen der DS-GVO durch die Bundesländer erfolgt ist, kommt unproblematisch wiederum das **zivilrechtliche Äußerungsrecht, insbesondere §§ 22 ff. KUG und das allgemeine Persönlichkeitsrecht,** zur Anwendung, um die entstandenen Regelungslücken zu füllen.

48 **Unklar** ist allerdings die Rechtslage, wenn es an einer **expliziten Derogation fehlt** (s zum Folgenden bereits Lauber-Rönsberg AfP 2019, 373 (381)). In diesem Fall kommt es maßgeblich darauf an, ob den äußerungsrechtlichen Regelungen ein Derogationsgehalt zukommt, obgleich dies nicht explizit statuiert und obgleich die Regelungen beträchtlich älter als die DS-GVO sind. Zudem würde dies eine entsprechende **Gesetzgebungskompetenz** des Bundesgesetzgebers voraussetzen (dazu Lauber-Rönsberg AfP 2019, 373 (380 f.); BeckOK InfoMedienR/Cornils Rn. 128 ff. geht von einer alleinigen Derogationskompetenz der Bundesländer aus.) Die Anwendbarkeit des Äußerungsrechts wird zT in Ermangelung eines ausdrücklichen Umsetzungsgesetzes verneint (BeckOK InfoMedienR/Cornils Rn. 35; s. auch v. Strobl-Albeg in Wenzel, Das Recht der Wort- und Bildberichterstattung, 2018, Rn. 7.122 und 8.84). Begründet wird dies ua damit, dass zwischen der den Mitgliedstaaten durch Art. 85 DS-GVO ermöglichten Derogation der datenschutzrechtlichen Vorgaben und der Konfliktbewältigung durch das mitgliedstaatliche Äußerungsrecht zu differenzieren sei. Vorschriften des Persönlichkeitsschutzes, denen nach ihrem Schutzzweck, Regelungszusammenhang und ihrer tradierten Einordnung kein spezifisch datenschutzrechtlicher Charakter zukomme, seien als solche nicht schon Regelungen über „Abweichungen und Ausnahmen" iSd Art. 85 Abs. 2 DS-GVO, sondern aliud-Normen, die die Anwendbarkeit der DS-GVO nicht ohne Weiteres derogierten. Ein Derogationsgehalt komme äußerungsrechtlichen Vorschriften nur dann zu, wenn er hinreichend bestimmt ausformuliert sei, weil nur so die Reichweite der Derogation aus dem Gesetz erkennbar sei. Erforderlich sei daher eine „normenklare Derogationsregelung" (BeckOK InfoMedienR/Cornils Rn. 35, 123 f. mit beachtlichen Argumenten).

Gegen eine Einordnung der äußerungsrechtlichen Vorschrift als „aliud" zu den datenschutzrechtlichen Vorgaben spricht, dass das Äußerungsrecht das Datenschutzrecht nach früherer Rechtslage gem. § 1 Abs. 3 BDSG aF als speziellere Regelung verdrängte (→ Rn. 6). Diese Spezialität setzte gerade eine Kongruenz der Regelungssachverhalte von KUG und BDSG aF voraus. Wenn diese Regelungen in einem aliud-Verhältnis zueinander gestanden hätten, hätte keine Spezialität bzw. Subsidiarität bestehen können. **49**

Neben der Frage der Gesetzgebungskompetenz dürfte es daher entscheidend darauf ankommen, ob die äußerungsrechtlichen (Alt-)Regelungen aufgrund ihres abweichenden materiell-rechtlichen Regelungsgehalts die Vorgaben der DS-GVO auch ohne explizite Anordnung, also stillschweigend derogieren können. In formaler Hinsicht ist festzustellen, dass sich aus der DS-GVO grundsätzlich kein Zitiergebot ergibt, auch wenn es im Sinne der Rechtssicherheit und Rechtsklarheit durchaus wünschenswert wäre, dass die Normen der DS-GVO, von denen die nationale Regelung abweicht, explizit bezeichnet würden. Zu berücksichtigen ist auch der Umstand, dass es sich beim Äußerungsrecht um einen **historisch gewachsenen Regelungskomplex aus Gesetzes- und Richterrecht** handelt, der auch bereits der **Umsetzung von Art. 9 DSRL als Vorgängerregelung** des Art. 85 Abs. 2 DS-GVO diente, so dass insoweit **keine neue Rechtslage** geschaffen, sondern lediglich Kontinuität gewahrt wird. Wie **§ 23 Abs. 1 Nr. 4 KUG** belegt, sollten auch **speziell die Rechtmäßigkeitsvoraussetzungen der Verwendung von Persönlichkeitsmerkmalen im künstlerischen Kontext** geregelt werden. Insgesamt **spricht daher mehr dafür**, dass das zivilrechtliche Äußerungsrecht insoweit **auch ohne explizite Freistellung von den Vorgaben der DS-GVO im künstlerischen Kontext weiterhin gilt,** so dass ein Verweis durch das die Öffnungsklausel ausfüllende nationalen Recht auf die DS-GVO aus Gründen der Rechtsklarheit zwar höchst wünschenswert, aber nicht zwingend erforderlich ist. Allerdings stellt sich aufgrund der spärlichen Regelungsdichte und mangels expliziter Bezugnahme auf die DS-GVO die Frage, ob die Regelungen des Äußerungsrechts abschließend sind, ob sie also auch die Anwendung von Regelungen der DS-GVO „sperren", zu denen sie keine funktionale Entsprechung enthalten (s. dazu Lauber-Rönsberg UFITA 2018, 398 (428 f.). So wird im Schrifttum in der Tat ein Rückgriff auf die DS-GVO in Erwägung gezogen, da das KUG keine speziellen Regelungen zu Aufsichtsbehörden, Verantwortlichen und Auftragsverarbeitern enthält (Klein, Personenbilder im Spannungsfeld von Datenschutzgrundverordnung und Kunsturhebergesetz, 2017, 231). Zwar spricht der Umstand, dass das Äußerungsrecht nicht nur lange vor der DS-GVO, sondern auch lange vor den ersten nationalen Datenschutzgesetzen in Kraft getreten ist, dafür, dass es eine abschließende Regelung der Materie bezweckt. Um Rechtssicherheit zu schaffen – sowohl hinsichtlich des abschließenden Charakters des Äußerungsrechts als auch im Verhältnis zur DS-GVO –, ist eine **explizite Klarstellung durch den Gesetzgeber** auch angesichts der im Schrifttum geführten Diskussionen **dringend erforderlich**. **50**

III. Datenverarbeitungen zu „anderen" Zwecken nach Abs. 1

Ebenso unklar ist die Rechtslage in Bezug auf nicht als journalistisch einzuordnende und damit von den „Medienprivilegien" nicht erfasste Kommunikationsvorgänge wie eine zu PR-Zwecken erstellte Unternehmensbroschüre, eine Werbeanzeige, ein Vereins-Newsletter oder eine rein privat motivierte Meinungsäußerung in sozialen Netzwerken, die aber dennoch nach Abs. 1 freistellungsfähig sind, wenn diese Regelung als eigenständige Öffnungsklausel aufgefasst wird (so → Rn. 8), soweit dies erforderlich ist, um eine Konkordanz der kollidierenden Grundrechte herzustellen (→ Rn. 13). Auch hier stellt sich aber die Frage, ob die äußerungsrechtlichen Regelungen ohne explizite Derogationsnorm weiterhin Anwendung finden können, was wiederum voraussetzt, dass **51**

IV. Datenverarbeitungen zu wissenschaftlichen Zwecken

52 In Bezug auf die Wissenschaftskommunikation folgt die deutsche Gesetzgebung nicht dem im journalistischen Bereich etablierten zweispurigen Ansatz aus derogierenden und die Regelungslücken wieder auffüllenden materiell-rechtlichen Regelungen. Den „Medienprivilegien" vergleichbare „Wissenschaftsprivilegien" haben die deutschen Gesetzgeber nicht eingeführt. Vielmehr finden sich in den Datenschutzgesetzen spezielle Regelungen zu der Veröffentlichung von Forschungsergebnissen (s. § 27 Abs. 4 BDSG bzw. die entsprechenden Regelungen in den Landesdatenschutzgesetzen), die restriktiver sind als die Regelungen des Art. 6 Abs. 1, da eine Veröffentlichung personenbezogener Daten nur mit Einwilligung der betroffenen Person oder dann zulässig ist, wenn dies für die Darstellung von Forschungsergebnissen über Ereignisse der Zeitgeschichte unerlässlich ist.

52.1 Fordert man mit Stimmen im Schrifttum im Rahmen von Art. 85 Abs. 2 eine „normenklare Derogationsregelung" (so BeckOK InfoMedienR/Cornils Rn. 35 mit beachtlichen Argumenten), so stellt sich allerdings auch hier die Frage, ob § 27 Abs. 4 BDSG und die entsprechenden landesrechtlichen Regelungen den Anforderungen genügen.

53 Es spricht vieles dafür, die datenschutzrechtlichen Regelungen als speziell gegenüber den allgemeinen persönlichkeitsrechtlichen Regelungen des KUG und des allgemeinen Persönlichkeitsrechts anzusehen, so dass eine Subsidiarität gem. § 1 Abs. 2 BDSG nicht in Betracht kommt. Die äußerungsrechtlichen Regelungen enthalten gerade keine Vorgaben für den wissenschaftlichen Bereich. In der Kommentarliteratur zu § 23 Abs. 1 Nr. 4 KUG wird eine analoge Anwendung dieser Regelungen für wissenschaftliche Veröffentlichungen in Betracht gezogen. Angesichts der datenschutzrechtlichen Regelungen dürfte es aber bereits an der hierfür erforderlichen Regelungslücke fehlen.

Artikel 86 Verarbeitung und Zugang der Öffentlichkeit zu amtlichen Dokumenten

Personenbezogene Daten in amtlichen Dokumenten, die sich im Besitz einer Behörde oder einer öffentlichen Einrichtung oder einer privaten Einrichtung zur Erfüllung einer im öffentlichen Interesse liegenden Aufgabe befinden, können von der Behörde oder der Einrichtung gemäß dem Unionsrecht oder dem Recht des Mitgliedstaats, dem die Behörde oder Einrichtung unterliegt, offengelegt werden, um den Zugang der Öffentlichkeit zu amtlichen Dokumenten mit dem Recht auf Schutz personenbezogener Daten gemäß dieser Verordnung in Einklang zu bringen.

Überblick

Art. 86 hat keine Entsprechung in der Datenschutz-RL. Allerdings sah Erwägungsgrund 72 der Datenschutz-RL bereits vor, dass die Richtlinie bei ihrer Umsetzung die Berücksichtigung des Grundsatzes des öffentlichen Zugangs zu amtlichen Dokumenten zulässt. Damit überließ die Richtlinie die Abwägung zwischen dem Schutz personenbezogener Daten auf der einen Seite und dem Recht auf Zugang zu öffentlichen Dokumenten auf der anderen Seite den Mitgliedstaaten. Art. 86 ermöglicht den Mitgliedstaaten und auch der Union jetzt ausdrücklich die Offenlegung von amtlichen Dokumenten, die personenbezogene Daten enthalten.

1 Die DS-GVO enthält nunmehr in Kap. IX unter den Vorschriften für besondere Datenverarbeitungssituationen mit Art. 86 eine **ausdrückliche Regelung** für den Zugang zu amtlichen Dokumenten und verlangt – ebenso wie Art. 85 Abs. 1 – eine Abwägung mit dem Schutz personenbezogener Daten (zur Abgrenzung des Anwendungsbereichs der beiden Vorschriften Simitis/Hornung/Spiecker/Schnabel Rn. 4). Die Vorschrift statuiert dabei **kein eigenes Zugangsrecht,** sondern ermöglicht der Union und den Mitgliedstaaten lediglich die Schaffung oder Beibehaltung entsprechender Regelungen (vgl. auch Auernhammer/Eßer/Kramer/v. Lewinski/Schimanek Rn. 4; Däubler/Wedde/Weichert/Sommer Rn. 2; Ehmann/Selmayr Rn. 6). Art. 86 enthält – anders als Art. 85 Abs. 2 – auch **keine Freistellung** von den Vorgaben der DS-GVO, was bereits der Wortlaut „gemäß dieser Verordnung in Einklang zu bringen" deutlich macht (s. auch Erwägungsgrund 154 S. 4; ebenso Kühling/Buchner/Herbst Rn. 20; HK-DS-GVO/Specht/Bienemann Rn. 13).

Mit Art. 86 trägt die DS-GVO der Bedeutung des **Rechts auf Zugang zu öffentlichen** **1a** **Dokumenten** Rechnung, das als Grundrecht auf Zugang zu den Dokumenten der Organe, Einrichtungen und sonstigen Stellen der Union in **Art. 42 GRCh** verankert ist. Die primärrechtliche Regelung des **Art. 15 Abs. 3 AEUV** knüpft hieran an, sekundärrechtlich gestaltet die **Transparenz-VO** 1049/2001 den Zugang weiter aus (vgl. Verordnung 1049/2001 über den Zugang der Öffentlichkeit zu Dokumenten des Europäischen Parlaments, des Rates und der Kommission, ABl. 2001 L 145/43). Allerdings findet die DS-GVO gem. Art. 2 Abs. 3 auf Verarbeitungen durch die Organe, Einrichtungen, Ämter und Agenturen der Union keine Anwendung; hier gilt vielmehr die Verordnung 45/2001 (Verordnung 45/2001 zum Schutz natürlicher Personen bei der Verarbeitung personenbezogener Daten durch die Organe und Einrichtungen der Gemeinschaft und zum freien Datenverkehr, ABl. 2001 L 8/1), die aber nach Erwägungsgrund 17 der DS-GVO im Lichte der DS-GVO ausgelegt und angewendet werden soll.

Die Regelungen zum Dokumentenzugang haben ihre Grundlage im **Demokratieprinzip** (s. **1b** EuGH 13.7.2017 – 60/15 P Rn. 60 – Saint-Gobain Glass Deutschland/Kommission, BeckRS 2017, 116690; EuGH 21.7.2011 – C-506/08 – Suède Rn. 72 = BeckRS 2011, 81206) und dem daraus fließenden Transparenzgrundsatz (vgl. Jarass GRCh Art. 42 Rn. 1 ff.). Sie sollen dazu beitragen, dass die Entscheidungen in der Union „möglichst offen und möglichst bürgernah getroffen werden" (EuGH 21.7.2011 – C-506/08 – Suède Rn. 72 = BeckRS 2011, 81206). Die Verordnung 1049/2001 soll folglich der Öffentlichkeit ein größtmögliches Recht auf Zugang zu den Dokumenten der Organe gewähren (so ausdrücklich Art. 1 und Erwägungsgrund 4 der VO 1049/2001 ABl. 2001 L 145/43, sowie EuGH 21.7.2011 – C-506/08 – Suède Rn. 73 = BeckRS 2011, 81206). Ausnahmen von diesem Recht sind dementsprechend eng auszulegen (vgl. EuG 25.9.2018 – T-33/17 Rn. 32 – Amicus Therapeuticus/EMA; EuGH 13.7.2017 – 60/15 P Rn. 63 – Saint-Gobain Glass Deutschland/Kommission = BeckRS 2017, 116690; EuGH 21.7.2011 – C-506/08 Rn. 75 – Suède = BeckRS 2011, 81206). Mit der ausdrücklichen Aufnahme in die DS-GVO enthält das Recht auf Zugang zu amtlichen Dokumenten eine Aufwertung. Diese Aufwertung entspricht der allgemeinen Tendenz der Union, demokratische Strukturen auch auf der Unionsebene zu stärken. Die Abwägung zwischen dem auf Transparenz gerichteten Dokumentenzugangsrecht und dem auf Geheimhaltung zielenden Datenschutz ist aber ohne ein bestimmtes Präjudiz für die eine oder andere Grundrechtsposition vorzunehmen (vgl. hierzu auch EuGH 27.2.2014 – C-365/12 P Rn. 84 ff. – Kommission/EnBW = BeckRS 2014, 80475).

Art. 86 geht vom Kreis der Adressaten über Art. 42 GRCh, der ausschließlich die Union **2** und deren Organe und Stellen verpflichtet, hinaus und gibt sowohl der **Union** als auch den **Mitgliedstaaten** die **Möglichkeit,** bereits vorhandene **amtliche Dokumente zugänglich zu machen,** auch wenn diese personenbezogene Daten enthalten. Das mitgliedstaatliche Recht oder das Unionsrecht kann dementsprechend ein Recht auf Zugang zu den amtlichen Dokumenten vorsehen. Auch wenn Art. 86 keine ausdrückliche Ermächtigung an die Mitgliedstaaten zum Erlass entsprechender Gesetze formuliert, so statuiert er doch eine **Öffnungsklausel,** die den Mitgliedstaaten entsprechende Gesetzgebung erlaubt (so auch Paal/Pauly Rn. 1; Plath/Grages Rn. 4; Simitis/Hornung/Spiecker/Schnabel Rn. 1). Die Mitgliedstaaten sind jedoch nicht zur Schaffung einer Öffnungsklausel verpflichtet (s. auch Gola/Piltz Rn. 10; Simitis/Hornung/Spiecker/Schnabel Rn. 1; HK-DS-GVO/Specht/Bienemann Rn. 1 sprechen zutreffend von einer **fakultativen Öffnungsklausel**).

Der Zugang der Öffentlichkeit zu amtlichen Dokumenten kann nach der Verordnung als **3** **öffentliches Interesse** betrachtet werden (so ausdrücklich Erwägungsgrund 154. Die Offenlegung bildet dann eine rechtmäßige Verarbeitung iSd Art. 6 Abs. 1e. Nach Art. 6 Abs. 2, 3 können sowohl das Recht der Mitgliedstaaten als auch das Unionsrecht spezifische Bestimmungen einführen oder beibehalten, in denen die Bedingungen für die Rechtmäßigkeit einer Verarbeitung iSd Art. 6 Abs. 2e konkretisiert wird). Dementsprechend verlangt Art. 86 nicht zwingend einen Antrag auf Zugang, sondern gestattet auch eine von der Behörde veranlasste Offenlegung, sofern damit dem öffentlichen Interesse genügt wird (ebenso Plath/Grages Rn. 2).

Der Zugang zu amtlichen Dokumenten soll so weit wie möglich gewährt werden können (vgl. **4** auch Erwägungsgrund 154).

Die **Auslegung der Begrifflichkeiten** erfolgt eigenständig europarechtlich. Für die personen- **4a** bezogenen Daten gilt die Legaldefinition des Art. 4 Nr. 1 GVO. Parallel zu Art. 42 GRCh ist der Begriff der **„amtlichen Dokumente"** weit zu verstehen (vgl. etwa Jarass GRCh Art. 42 Rn. 6; Stern/Sachs/Schöbener, Europäische Grundrechte-Charta, 2016, GRCh Art. 42 Rn. 10). Deshalb werden **Dokumente in jeder Form** umfasst – insbesondere Dokumente auf Papier, in elektroni-

DS-GVO Artikel 86 Kapitel IX. Vorschriften für besondere Verarbeitungssituationen

scher Form sowie Ton- und Bildmaterialien (so für Art. 42 GRCh Jarass GRCh Art. 42 Rn. 6). Zur Orientierung kann auch die Legaldefinition des Dokuments aus Art. 3a der Transparenz-VO 1049/2001, ABl. 2001 L 145/43 herangezogen werden (ebenso Kühling/Buchner/Herbst Rn. 11). Art. 86 bezieht sich nicht nur auf amtliche Dokumente von Behörden im engeren Sinne, sondern auch auf die Dokumente sonstiger öffentlicher und auch privater Einrichtungen, sofern die betreffenden Dokumente zur Erfüllung einer im öffentlichen Interesse liegenden Aufgabe bei der privaten Einrichtung sind. Damit werden auch Konstellationen wie etwa die Beleihung einbezogen.

5   Enthalten die Dokumente, zu denen Zugang gewährt wird, personenbezogene Daten iSd Art. 4 Nr. 1, so muss zwischen dem Recht der Öffentlichkeit auf Zugang zu Dokumenten einerseits und dem Datenschutz andererseits abgewogen werden (auch die Verankerung des Rechts auf Dokumentenzugang im Transparenzgrundsatz und damit letztlich im Demokratieprinzip verschafft dem Recht keinen grundsätzlichen Vorrang vor anderen Rechte und ändert somit auch nichts an der Notwendigkeit der Abwägung des Rechts auf Dokumentenzugang mit dem Grundrecht auf den Schutz personenbezogener Daten, vgl. dazu Stern/Sachs/Schöbener GRCh Art. 42 Rn. 6). Die entsprechenden Vorschriften – auch des nationalen Rechts – sollen folglich **Abwägungsregelungen** vorsehen (s. Erwägungsgrund 154). Die DS-GVO gilt nur für die personenbezogenen Daten von Lebenden. Für die Verarbeitung personenbezogener Daten von Verstorbenen können die Mitgliedstaaten aber eigene Vorschriften vorsehen (vgl. Erwägungsgrund 27). Die **Kriterien für die Abwägung** zwischen dem Recht auf Dokumentenzugang und dem Schutz personenbezogener Daten werden einerseits durch das **Unionsrecht** nach der Maßgabe des Art. 42 GRCh und andererseits durch die **Mitgliedstaaten** unter Berücksichtigung ihrer verfassungsrechtlichen Vorgaben festgelegt. Der Abwägungsvorgang wird zunächst durch die Behörden der Union und die Behörden der Mitgliedstaaten vorgenommen. Er unterliegt – und an dieser Stelle unterscheidet sich die Regelung des Art. 86 grundlegend von der bisherigen Regelung durch die Datenschutz-Richtlinie – der **Kontrolle durch den EuGH,** der für die Auslegung der DS-GVO zuständig ist.

6   Dass es sich bei diesem **Abwägungsvorgang** um einen schwierigen Prozess handelt, zeigt die **bisherige Rechtsprechung** des EuG und des EuGH zur Abwägung zwischen dem Transparenzgrundsatz auf der einen und dem Datenschutz auf der anderen Seite (zur Frage der Speicherpflicht von personenbezogenen Daten durch die Mitgliedstaaten im Hinblick auf ihre datenschutzrechtlichen Auskunftspflichten s. EuGH 7.5.2009 – C-553/07 – College van burgemeester en wethouders van Rotterdam/Rijkeboer Rn. 30–70). So hat das EuG im Urteil **Bavarian Lager** eine Entscheidung der Kommission für nichtig erklärt, mit der die Kommission einen Antrag auf Zuleitung eines Protokolls über ein Treffen aus datenschutzrechtlichen Gründen abgelehnt hatte (vgl. EuG 8.11.2007 – T-194/04 – Bavarian Lager Co. Ltd./Kommission Rn. 120–158). Der EuGH hob die Entscheidung des EuG auf und bestätigte die Kommissionsentscheidung, mit der diese die Einsichtnahme aus datenschutzrechtlichen Gründen abgelehnt hatte (s. EuGH 29.6.2010 – C-28/08 – Bavarian Lager Co. Ltd./Kommission Rn. 41–81). Anders als das EuG orientierte sich der EuGH in seinem Urteil an den einschlägigen sekundärrechtlichen Vorschriften und distanzierte sich von der ausschließlichen Berufung auf Art. 8 EMRK durch das EuG (vgl. EuGH 29.6.2010 – C-28/08 – Bavarian Lager Co. Ltd./Kommission Rn. 58 f.). Die Rechtsprechung zeigt, dass in jedem Fall zunächst die jeweils einschlägige konkretisierenden Rechtsnormen heranzuziehen sind, bevor ein Rückgriff auf Grundrechte erfolgt. Dem Abwägungsgebot aus Art. 86 kann im Einzelfall auch dadurch Rechnung getragen werden, dass ein Dokument nur teilweise oder unter **Anonymisierung** bestimmter Daten zugänglich gemacht wird.

7   In Deutschland wird aus der Informationsfreiheit des Art. 5 Abs. 1 S. 1 Alt. 2 GG bisher überwiegend **kein verfassungsrechtlicher Anspruch** auf voraussetzungslosen Zugang zu Informationen abgeleitet. Das BVerfG hat in seinem Beschluss vom 20.6.2017 bestätigt, dass der Schutzbereich der Informationsfreiheit in dem Umfang eröffnet sei, in welchem der Gesetzgeber staatliche Vorgänge als Informationsquelle öffne. Darüber hinaus sei es nicht ausgeschlossen, dass in **besonderen Konstellationen aus dem Grundgesetz auch unmittelbare Informationszugangsrechte folgen können;** dies sei aber nicht Gegenstand des vorliegenden Verfahrens (BVerfG 20.6.2017 BeckRS 2017, 116390 Rn. 20).

8   Auf einfachgesetzlicher Ebene regelt § 5 IFG den Zugang zu amtlichen Informationen der Bundesbehörden, wenn die betreffenden Informationen personenbezogene Daten enthalten. § 5 Abs. 1 IFG sieht dabei ein Abwägungserfordernis zwischen dem Informationsinteresse des Antragstellers einerseits und dem Geheimhaltungsinteresse des Dritten andererseits sowie die Möglichkeit der Einwilligung des Dritten vor. § 5 Abs. 2–4 enthalten aus dem Verhältnismäßigkeitsgrundsatz abgeleitete Vorgaben für besondere Daten, je nach deren Schutzwürdigkeit (geringere Schutzwür-

digkeit bei Daten wie Name, Titel, Büroanschrift, erhöhte Schutzwürdigkeit bei Berufs- oder Amtsgeheimnissen). Dieses **abgestufte Konzept** entspricht den Vorgaben des Art. 86 (Simitis/Hornung/Spiecker/Schnabel Rn. 42 ff.). In den 13 Bundesländern, die über ein Informationsfreiheitsgesetz verfügen, werden ähnliche Regelungen zur Abwägung des Zugangsrechts mit dem Schutz personenbezogener Daten getroffen. Im Saarland verweist § 1 S. 1 SIFG auf die Regelungen des IFG.

Ob § 9 Abs. 1 S. 1 UIG, § 3 S. 1 Nr. 2 a, S. 2 VIG, die **presserechtlichen** und die **sonstigen** 9 im deutschen Recht geregelten **Auskunftsansprüche** im Einzelnen mit den Vorgaben des Art. 86 vereinbar sind, müssen Gesetzgeber und Gerichte überprüfen (erste Einschätzungen bei NK-DatenschutzR/Schnabel Rn. 47 ff.). Das abgestufte Regelungsmodell des **VIG** erscheint **grundsätzlich** als **konform mit Art. 86** (ebenso OVG NRW 23.7.2020 – 15 B 288/20 Rn. 85 ff.; BayVGH BeckRS 2020, 6798 Rn. 25; BayVGH 13.5.2020 – 5 CS 19.2150 Rn. 26; BayVGH 7.8.2020 – 5 CS 20.1302 Rn. 23; VG Berlin 26.8.2020 – 2 K 163.18 Rn. 26; Wolff LMuR 2020, 1 (8–10)). Die Vorschriften des VIG sind **im Lichte des Art. 86 auszulegen** (für § 3 S. 1 Nr. 2 lit. a VIG VG Aachen 17.6.2020 – 8 L 250/20 Rn. 44–45; Wolff LMuR 2020, 1, 8–10). Die Frage, ob die für § 40 LFGB vom BVerfG formulierten **verfassungsrechtlichen Vorgaben,** die etwa zur Einführung des § 40 Abs. 4 a LFGB mit einer Entfernungspflicht der Informationen im Internet nach Ablauf von 6 Monaten geführt haben (BVerfG NJW 2018, 2109), auf den Zugangsanspruch nach § 2 Abs. 1 VIG zu übertragen sind, ist bisher gerichtlich noch nicht abschließend geklärt (OVG RhPf BeckRS 2020, 187 Rn. 7; OVG Hamburg 14.10.2019 – 5 Bs 149/19 Rn. 11 ff.; VG Mainz BeckRS 2020, 8751 Rn. 18–27; VG Hamburg BeckRS 2019, 26348 Rn. 18 ff.). Sollte diese Frage zu bejahen sein, würden die entsprechenden verfassungsrechtlichen Vorgaben sich ebenfalls auf die Auslegung der § 3 S. 1 Nr. 2 lit. a, S. 2 iVm § 2 Abs. 1 VIG auswirken. Die interessante Frage, in welchem Verhältnis die verfassungsrechtlichen Vorgaben zu den unmittelbar aus Art. 86 abzuleitenden Vorgaben stehen, wird wesentlich bestimmt durch die im Kooperationsverhältnis stattfindende Rechtsprechung des BVerfG einerseits und des EuGH andererseits, die zuletzt durch den Beschluss des BVerfG vom 6.11.2019 (Recht auf Vergessen II) neu akzentuiert wurde, in dem das Verfassungsgericht erstmals die Grundrechte-Charta als Maßstab für unionsrechtlich determinierte Sachverhalte herangezogen hat (BVerfG NJW 2020, 314 (318 ff.)).

Artikel 87 Verarbeitung der nationalen Kennziffer

¹**Die Mitgliedstaaten können näher bestimmen, unter welchen spezifischen Bedingungen eine nationale Kennziffer oder andere Kennzeichen von allgemeiner Bedeutung Gegenstand einer Verarbeitung sein dürfen.** ²**In diesem Fall darf die nationale Kennziffer oder das andere Kennzeichen von allgemeiner Bedeutung nur unter Wahrung geeigneter Garantien für die Rechte und Freiheiten der betroffenen Person gemäß dieser Verordnung verwendet werden.**

Überblick

Personenkennzeichen (→ Rn. 1 ff.) haben sich in den unterschiedlichen Staaten (→ Rn. 13, → Rn. 16) und Kontexten (→ Rn. 6 ff.) aus unterschiedlichen Anlässen und auch oft nur sektoriell etabliert – oder teilweise auch gerade nicht. Diese unterschiedliche gesellschaftliche und geschichtliche Entwicklung in den Mitgliedstaaten will die DS-GVO nicht vereinheitlichen (S. 1; → Rn. 38 ff.), sondern beschränkt sich darauf, abhängig von dem Vorhandensein „einer nationalen Kennziffer oder eines Kennzeichens von allgemeiner Bedeutung" (im Folgenden: PKZ; → Rn. 24.1) allgemeine datenschutzrechtliche Anforderungen zu formulieren (S. 2 → Rn. 41 ff.). Art. 87 öffnet den Mitgliedstaaten damit den Weg für die Verwendung eines PKZ unter der Bedingung der „Wahrung geeigneter Garantien" (→ Rn. 42). In Deutschland wurde und wird bislang eine Reihe von Personenkennzeichen verwendet (→ Rn. 53c ff.), die aber jeweils keine „allgemeine Bedeutung" iSd Art. 87 (→ Rn. 53) haben, sodass die Vorschrift hierzulande lange keine konkrete Anwendung fand; dies ändert sich nun durch das RegMoG und die Einführung einer übergreifenden Identifikationsnummer (→ Rn. 12; → Rn. 53 ff.).

DS-GVO Artikel 87   Kapitel IX. Vorschriften für besondere Verarbeitungssituationen

Übersicht

	Rn.		Rn.
A. Personenkennzeichen	1	I. Nationale Kennziffer	26
I. Konzepte und Funktionen von Personenkennzeichen	3	II. Andere Kennzeichen von allgemeiner Bedeutung	27
II. Einsatzfelder von Personenkennzeichen	6	III. Sonstige Personenkennzeichen	29
		C. Begrenzter Anwendungsbereich der Regelung	34
III. Geschichte der Personenkennzeichen	9	**D. Rahmenregelung (S. 1)**	38
IV. Datenschutzrechtliche Gefahren der Personenkennzeichen	18	**E. Wahrung geeigneter Garantien (S. 2)**	41
1. Personenkennzeichen als personenbezogenes Datum	19	I. Begriff der „Wahrung geeigneter Garantien"	42
2. Personenkennzeichen als sensitives Datum	20	II. Maßstab für die Eignung von Garantien und Beispiele	43
3. Personenkennzeichen als Mittel zur Profilbildung und Teil einer kritischen Datenverarbeitungsinfrastruktur	22	**F. Ausgestaltungsbedarf und Ausgestaltungsspielraum in Deutschland**	53
B. Begriff der nationalen Kennziffer und des Kennzeichens von allgemeiner Bedeutung	24	I. Identifikationsnummer nach dem RegMoG bzw. IDNrG	53
		II. Sektorspezifische Kennzeichen	53c

A. Personenkennzeichen

1 Die durch Art. 87 geregelten „nationalen Kennziffern und andere Kennzeichen von allgemeiner Bedeutung" sind ein **Unterfall von Personenkennzeichen** allgemein (→ Rn. 29 ff.), die wiederum ihrerseits nur einen **Ausschnitt der allgemeinen Kennzeichen** darstellen. Alle diese Kennzeichen repräsentieren einen bestimmten Teil der Wirklichkeit durch ein (Kenn)Zeichen (→ Rn. 4), üblicherweise in Gestalt eines alphanummerischen Codes.

2 Das als solches bezeichnete „Kennzeichenrecht" freilich wird allgemein nur auf den Gewerblichen Rechtsschutz bezogen und umfasst dort Namen, Firmen ua Unternehmenskennzeichen, Marken und viele mehr. In einem weiteren und allgemeineren Sinne würde aber zu einem **Kennzeichenrecht in einem informationsrechtlichen Sinne** auch das Pass- und Personalausweisrecht gehören, ebenso wie das hier behandelte Recht der Personenkennzeichen.

I. Konzepte und Funktionen von Personenkennzeichen

3 Personenkennzeichen dienen zunächst der eindeutigen Identifizierung einer Person (vgl. EuGH DStRE 2013, 1190 Rn. 18). Denn während Personen aufgrund ihrer Verschiedenheit und Ähnlichkeit in unterschiedlichen Kontexten durchaus verwechselt werden können, ist dies innerhalb eines konsistenten Kennzeichen- und Kennzeichenzuordnungssystems nicht möglich (**Identifizierungsfunktion**) (→ Rn. 3.1).

3.1 Ein von der DS-GVO ausdrücklich angesprochener Aspekt ist die Aufbereitung geschichtlicher Quellen (Erwägungsgrund 158 S. 2), was auch eine **personenbezogene Referenzierung** einschließen kann. Sie sieht gerade die Referenzierung im Zusammenhang mit geschichtlicher Forschung und insbesondere Kriegs- und Menschheitsverbrechen als sinnvoll an (Erwägungsgrund 158 S. 3). Daneben werden genealogische Referenzsysteme (Hofkalender, der „Gotha") als wissenschaftliche Arbeitsmittel privilegiert, die sich allerdings im Wesentlichen auf inzwischen Verstorbene beziehen (Erwägungsgrund 160) und damit nicht in den Anwendungsbereich des Datenschutzrechts fallen.

4 Innerhalb eines Ordnungssystems steht ein Personenkennzeichen für eine Person, es erfüllt also eine **Repräsentationsfunktion.** Oft bildet das Personenkennzeichen die Person nicht zur Gänze ab, sondern nur in einem bestimmten, (nur) in einem spezifischen Kontext relevanten Zusammenhang. Insoweit wird eine Person dann zwar nicht „auf eine Nummer reduziert", sondern „durch die Nummer reduziert" auf einen bestimmten Aspekt (→ Rn. 4.1).

4.1 Personenkennzeichen können, wenn sie nur für einen bestimmten Aspekt oder nur ausgewählte Eigenschaften einer Person stehen, auch zur **Pseudonymisierung** genutzt werden, etwa in Form von statistischen Hilfsmerkmalen (vgl. § 10 Abs. 1 S. 3 BStatG).

Darauf aufbauend haben Kennzeichen eine **Ordnungsfunktion,** weil sich dank ihrer eine 5
bunte Vielheit von Erscheinungen in der Wirklichkeit in ein bürokratisches Raster einordnen lässt
(vgl. Steinmüller EDV und Recht 1970, 7 f.). Dabei geht es nicht nur um die Einordnung als
solche, sondern auch darum, ob etwas überhaupt Teil der Ordnung ist oder außerhalb steht.
Voraussetzung für den Einsatz einer Ordnungsnummer ist deshalb die Ordnung selbst, für die
Namens-, Nummern- bzw. Zeichenraum geschaffen sein muss (**logischer Raum,** hierzu Hill/
Schliesky/v. Lewinski, Die Vermessung des virtuellen Raums, 2012, 177 (179 f.) und Seckelmann/
v. Lewinski, Digitalisierte Verwaltung. Vernetztes E-Government, 2. Aufl. 2019, Kap. 3 Rn. 6 et
pass.).

II. Einsatzfelder von Personenkennzeichen

In vielen Lebens- und Wirtschaftskontexten ist die **eindeutige Identifizierung von Personen** 6
unerlässlich (→ Rn. 3), ebenso in der Eingriffs- wie in der Leistungsverwaltung. Das Gleichheits-
gebot fordert eine eindeutige Adressierung ebenso wie das Rechtsstaatprinzip. Diese staatliche
Pflicht mag sich in der Informationsgesellschaft zu einer staatlichen Gewährleistungspflicht für ein
Identitätsmanagement auswachsen (wie sie für Kinder etwa in Art. 24 Abs. 2 IPBPR angelegt ist).
Eine Pflicht, dies gerade durch Errichtung eines Systems von Personenkennziffern zu tun, besteht
allerdings nicht, da diese insoweit Mittel zum Zweck und nicht Zweck an sich sind (Seckelmann/
v. Lewinski, Digitalisierte Verwaltung. Vernetztes E-Government, 2. Aufl. 2019, Kap. 3 Rn. 25 f.).

Besonders im Zusammenhang von **zentralisierten und Massenverwaltungsverfahren** kom- 7
men freilich Personenkennziffern zum Einsatz. Wenn der Kommunikationskontext zu unpersön-
lich und die Verwechslungswahrscheinlichkeit zu hoch ist, werden überkommene Identifizierungsmerkmale (Name, Geburtsdatum, Geburtsort; → Rn. 33) durch eindeutigere Personenkennzeichen ersetzt (→ Rn. 7.1).

In der **bisherigen Verwaltungspraxis in Deutschland und der EU** kommen Personenkennzeichen 7.1
vor allem in Gestalt von Steuernummern (→ Rn. 54) und Sozialversicherungsnummern (→ Rn. 55) vor.
Auch Personalausweis- und Passnummern (→ Rn. 58) können als Personenkennzeichen verstanden werden
(Paal/Pauly/Pauly Rn. 2).

Auch sind Personenkennzeichen bei der **Verwaltungsautomatisierung und -digitalisierung** 8
hilfreich bis unabdingbar, weil sie eine (besser) maschinenlesbare Codierung der Betroffenen
ermöglicht. Datensätze können vereinfacht vernetzt, synchronisiert und abgeglichen werden, was
verwaltungsintern der Effizienzsteigerung dient, aber auch Servicevorteile für den Betroffene schaffen kann, da er Daten nur einmal übermitteln muss (Martini/Wagner/Wenzel, Rechtliche Grenzen
einer Personen- bzw. Unternehmenskennziffer in staatlichen Registern, 2017, 13: „Once Only-
Datennutzung").

Dies ist der Gegenstand des in Deutschland rechtspolitisch schon länger diskutierten **Registermoderni-** 8.1
sierungsgesetzes (→ Rn. 12).

III. Geschichte der Personenkennzeichen

Die Erfassung der Bevölkerung war ein langer Prozess im Rahmen der **Entwicklung moder-** 9
ner Staatlichkeit. Die Auflösung personaler und damit auch personal vermittelter Herrschaft des
Mittelalters brachte die Notwendigkeit mit sich, die persönliche Greifbarkeit durch eine bürokrati-
sche zu ersetzen. Über dezentrale Verfahren (Taufbücher, Steuer- und Konskriptionslisten, Hofkalender) entstanden mit dem Wachsen der Speicher- und Informationsverarbeitungsmöglichkeiten
des Staates schließlich zentrale Datenbestände (Arndt ua/v. Lewinski, Freiheit – Sicherheit –
Öffentlichkeit, 2009, 196 (201 ff.)). Sie wurden ursprünglich über den Namen der Personen
erschlossen, wegen deren Uneindeutigkeit, Verwechslungsgeneigtheit und auch Veränderbarkeit
(→ Rn. 33), vor allem aber zur maschinellen Verarbeitbarkeit (→ Rn. 8) wurden dann nach und
nach Personenkennzeichen eingeführt (→ Rn. 9.1 ff.).

In der **nationalsozialistischen Zeit** gab es Pläne für ein reichseinheitliches System von Personennum- 9.1
mern (ausführlich zur Volkszählung in der Zeit von 1933–1945 Wietog Volkszählung unter dem Nationalsozialismus, 2001). Eingeführt wurde 1939 aber nur eine (zentrale) Volkskartei, durch die das Reichsperso-
nalnummer ersetzt werden sollte, die aber wegen des nahenden Zusammenbruchs und des Kriegsendes über
Probeläufe im Jahr 1944 nicht mehr hinauskam (Aly/Roth, Restlose Erfassung, 2. Aufl. 2000, 54 ff., 132 ff.).
In dieser Volkskartei waren moderne Datenbanken bereits „vorgedacht" (Mühlbauer, Kontinuitäten und
Brüche in der Entwicklung des deutschen Einwohnermeldewesens, 1995, 87).

9.2 In der **DDR** war eine Personenkennziffer durch (nicht veröffentlichten) Beschluss des Ministerrates v. 15.10.1969 und v. 13.7.1971 eingeführt worden (Mühlbauer, Kontinuitäten und Brüche in der Entwicklung des deutschen Einwohnermeldewesens, 1995, 156–157; v. Lewinski FG Will, 2016, 576 (577); zu ihrer (sehr begrenzten) Weiterverwendung → Rn. 60).

10 In der **Bundesrepublik Deutschland** wurde zuerst in der Rentenversicherung seit 1964 ein „einheitliches Kennzeichen" eingeführt (vgl. BAnz. Nr. 37 v. 22.2.1964; Ruland/Klässer, Handbuch der gesetzlichen Rentenversicherung, 1990, Kap. 36 Rn. 1).

11 Die Diskussion um ein **bundeseinheitliches Personenkennzeichen** (grdl. BMI Personenkennzeichen, 1971; insgesamt Kirchberg ZRP 1977, 137 ff.; Bizer DuD 2004, 45 ff.; Weichert RDV 2002, 170 (172 f.)) als einheitliche Ordnungsnummer für alle Bürger begann im Anschluss an die Pläne der Bundesregierung für einen entsprechenden Rechnerverbund im Herbst 1968. Sie beeinflusste die Mikrozensus-Entscheidung des BVerfG (BVerfGE 27, 1 ff. – Mikrozensus) und ist vielleicht überhaupt der Ausgangspunkt für die deutsche Datenschutzdiskussion. Vorerst zu Grabe getragen wurde das (Bundes)Personenkennzeichen durch einen Beschluss des Rechtsausschusses des Bundestages von 1976 (zit. bei Kirchberg ZRP 1977, 137 (137); Mühlbauer, Kontinuitäten und Brüche in der Entwicklung des deutschen Einwohnermeldewesens, 1995, 100 ff.; Zelyk, Das einheitliche steuerliche Identifikationsmerkmal, 2012, 7 f.) (→ Rn. 11.1). Dementsprechend existierte bis 2021 **in Deutschland keine einheitliche nationale Kennziffer,** sondern verschiedene Personenkennzeichen für jeweils begrenzte Bereiche (Steuerwesen, Sozialversicherung, Ausweis- und Meldewesen, Wehr(ersatz)wesen; → Rn. 54 ff.).

11.1 **Auf Länderebene** wurden dann in der Folge aber teilweise Personenkennzeichen eingeführt (Bölsche, Überwachungsstaat, 1979, 83 f.; Steinmüller Kursbuch LVI (1979), 169 (189)), was durch die damalige Zuständigkeit der Landesgesetzgeber für das Meldewesen (im Rahmen des MRRG) bedingt war und befördert wurde.

12 2021 trat das Gesetz zur Einführung und Verwendung einer Identifikationsnummer in der öffentlichen Verwaltung und zur Änderung weiterer Gesetze (**Registermodernisierungsgesetz** – RegMoG) in Kraft (BGBl. 2021 I 591). Es erhält mit Art. 1 das **Identifikationsnummerngesetz (IDNrG)** und führt die bisherige Steuer-Identifikationsnummer nach § 139b AO (→ Rn. 54) nun **als übergreifendes Kennzeichen** für eine Vielzahl von Registern ein (Anlage zu § 1 IDNrG). Gemäß Art. 22 RegMoG tritt der größte Teil des IDNrG in Kraft, sobald das BMI im Bundesgesetzblatt bekannt gibt, dass die technischen Voraussetzungen für den Betrieb gegeben sind (zu Einzelheiten → Rn. 53 ff.).

13 In **anderen EU-Mitgliedstaaten** (Übersicht bei Mühlbauer, Kontinuitäten und Brüche in der Entwicklung des deutschen Einwohnermeldewesens, 1987, 187 ff.) bestehen Personenkennzeichen, etwa in Österreich (Kotschy DuD 2006, 201 (202); Sorge/Leicht ZRP 2020, 242 (243)), Frankreich (Insee-Code/NIR, dessen geplante Verknüpfung mit anderen staatlichen Datenbanken nach emotionalen Debatten 1978 zum französischen Datenschutzgesetz führte), Slowenien (Zadravec StAZ 2007, 171 (172 f.)) und Schweden („personnummer"). Am weitesten verbreitet und akzeptiert innerhalb der EU sind Personenkennzeichen in den skandinavischen Staaten und den Niederlanden. Traditionell skeptisch gegenüber Personenkennzeichen wie auch einem Einwohnermeldewesen überhaupt sind das inzwischen ausgetretene Großbritannien (vgl. Burkert DuD 1979, 126 (129)) und Irland, vielleicht auch als Ausweis eines weniger kontinentalen Privatheits- und Datenschutzverständnisses.

13a Schon **Art. 8 Abs. 7 RL 95/46/EG,** die **Vorgängerregelung** des Art. 87, kannte eine Regelung zu „nationalen Kennziffern und Kennzeichen von allgemeiner Bedeutung", die aber die Einführung und Ausgestaltung den Mitgliedstaaten überließ.

14 Aufgrund **europarechtlicher Vorgaben** sind in den Mitgliedstaaten **Personenkennzeichen von sektorieller Bedeutung** eingeführt worden. Für den Steuerbereich macht Art. 3 Abs. 2 lit. b ZinsRL 2002/48/EG eine Steueridentifikationsnummer (Tax Identification Number, TIN) in den Mitgliedstaaten obligatorisch. Art. 214 RL 2006/112/EG sieht die Vergabe individueller Mehrwertsteuer-Identifikationsnummern seitens der Mitgliedstaaten vor. Die Single Digital Gateway-VO (VO (EU) 2018/1724) legt den Einsatz von Personenkennzeichen jedenfalls nahe.

15 Auf der **Ebene der EU selbst** sind bisher keine (allgemeinen oder speziellen) Personenkennzeichen eingeführt worden.

15.1 Allerdings sind auf europäischer Ebene Überlegungen bekannt, die bestehenden **Grenz- und Reiseregister zusammenzusammenzuführen** bzw. einheitlich abfragen zu können (vgl. Zwischenbericht einer von der Europäischen Kommission eingesetzten „High-level expert group on information systems and interoperability" v. 21.12.2016 (Ares(2016)711035). Dadurch würden dann das Schengener Informationssystem (SIS), das Visa-Informationssystem (VIS), die Fingerabdruckdatenbank EURODAC, das Europäische Strafregister (ECRIS), das Europol-System und die Interpol-Datenbank für als verloren oder gestohlen gemeldete Ausweisdokumente sowie die geplanten EU-Reiseregister (zB das Ein-/Ausreisesystem (EES) und das Register zur Anmeldung geplanter Reisen (ETIAS)) zusammenwachsen. Nach Herkommen und Zielsetzung würde es sich nicht um ein „europäisches Einwohnerregister" handeln, und auch ein einheitliches Personenkennzeichen ist nicht geplant. Die geplante Vereinheitlichung der Abfragemöglichkeiten mittels eines „Universellen Nachrichtenformats" („Universal Message Format", UMF) aber würde es funktional zu einer Datenbank werden lassen, von der einem Personenkennzeichen entsprechende Gefährdungen ausgehen.

Die seit 2021 anlässlich der COVID19-Pandemie ausgestellten **COVID-Impfzertifikate** enthalten gem. Art. 5 Abs. 2 der VO (EU) 2021/953 in Verbindung mit Nr. 1 lit. k des Anhangs der Verordnung eine eindeutige Zertifikatkennung; dasselbe gilt für Test- und Genesungszertifikate. Diese ist auch in den QR-Codes dieser Zertifikate enthalten und dementsprechend einfach für jeden mit Zugriff auf den QR-Code auslesbar (c't 15/2021, 34 (35)). Nach Art. 10 Abs. 2 der VO (EU) 2021/953 dürfen die Daten der Zertifikate aber nur für deren Überprüfung im Rahmen der Infektionsschutzbestimmungen genutzt werden und weisen daher eine strenge sektorielle Bindung auf. Sie sind folglich nicht als Personenkennzeichen einzustufen. Ohnehin ist die Verordnung gem. ihrem Art. 17 VO (EU) 2021/953 bis zum 30.6.2022 befristet. **15.2**

Im Juni 2021 hat die EU-Kommission einen Verordnungsentwurf vorgelegt, der die **eIDAS-VO 910/ 2014 erweitern** soll (COM(2021) 281 final). Danach soll ein EU-weites System zur Nutzerauthentifizierung unter staatlicher Aufsicht entstehen, das die bekannten und bisher nicht regulierten privaten zentralen Authentifizierungsdienste wie zB von Facebook und Google (SWD(2021) 124 final Teil 1/3, Ziff. 1.1) durch eine sog. „**EUid-Brieftasche**" (Art. 3 Nr. 42 in der Fassung des Vorschlags) ersetzen soll. Es ist ausdrückliches Ziel des Vorschlags, den Anwendungsbereich der eIDAS-VO auf den Privatsektor zu erstrecken, da dort der größte Bedarf herrsche (COM(2021)281 final, 6); statt „Anmelden mit Facebook" sollen private Dienste also auch ein „Anmelden mit EUid-Brieftasche" ermöglichen können. Art. 11a Abs. 2 der eIDAS-VO in der vorgeschlagenen Fassung soll die Mitgliedsstaaten zur Ermöglichung der EUid-Brieftasche dazu verpflichten, in den Mindestdatensatz ihrer nationalen eID eine „eindeutige und dauerhafte Kennung" aufzunehmen. Deutschland hat (neben dem elektronischen Aufenthaltstitel und der eID-Karte für Unionsbürger/EWR-Angehörige) den neuen Personalausweis (nPA) als nationale eID an die EU notifiziert (ABl. [EU] C Nr. 423 v. 14.12.2020, 7), der bereits gem. § 5 Abs. 5 Nr. 2 iVm Abs 4 S. 2 Nr. 4 PAuswG eine eindeutige Seriennummer enthält. Diese hat bisher allerdings nicht im Rahmen der elektronischen Identifizierung nach § 18 Abs. 3 PAuswG übermittelt werden. Damit verbliebe es auch bei Annahme des Kommissionsvorschlags dabei, dass ein EU-Personenkennzeichen nicht direkt eingeführt würde, sondern lediglich die Verwendung nationaler Kennzeichen beschränkt auf den Bereich der eID vorgeschrieben und deren gegenseitige Anerkennung ermöglicht würde. Darüber hinaus soll die „EUid-Brieftasche" ähnlich einer analogen Brieftasche mit Plastikkarten zum Aufnehmen und Vorzeigen von weiteren Berechtigungsnachweisen neben dem Ausweisdokument unter dezentraler Kontrolle des Inhabers dienen (zur Konzeption dieser „**Self-Sovereign Identity**" **[SSI]** genannten Struktur Schaarschmidt/ Schallbruch/Schuck DuD 2022, 12 (12ff.); technischer Hintergrund bei Wölbert c't 1/2022, 144 (144ff.), der insb. darlegt, dass diese Struktur keineswegs nur mit einer Blockchain erreichbar wäre). Mit dem damit verbundenen Digitalisierungsschub verbinden sich erhebliche wirtschaftliche Erwartungen (vgl. nur Fiedler/Granc DuD 2022, 27; Liptak DuD 2022, 18; Kudra/Seegebart/Schwalm DuD 2022, 9). **15.3**

Personenkennzeichen sind keine Spezialität der EU und ihrer Mitgliedsstaaten. **Außerhalb der EU** sind als Beispiel für Personenkennzeichen etwa aus der Schweiz die Versichertennummer in der Alters- und Hinterbliebenenversicherung (AHV-(Versicherten-)Nummer; franz.: numéro de sécurité sociale, NSS; Art. 50c Bundesgesetz über die Alters- und Hinterlassenenversicherung (AHVG); dazu Kuratli, Die öffentliche Statistik im Recht, 2017, 112–114) zu nennen, die auch als allgemeine Sozialversicherungsnummer und aufgrund Gesetzes sogar außerhalb der Sozialversicherung verwendet werden kann (Art. 153c ff. AHVG). – In den USA wird die Sozialversicherungsnummer (Social Security Number (SSN) gem. 42 U.S.C. § 405(c)(2); dazu Hartleb BArbBl. 1979, Nr. 2, 15–20) allgemein zur Identifizierung verwendet. Deutlich weitergehende Ansätze werden bspw. in China in Verbindung von Kennziffern (so Martini/Wagner/Wenzel, Rechtliche Grenzen einer Personen- bzw. Unternehmenskennziffer in staatlichen Registern, 2017, 4) mit verhaltensbeurteilenden Scorewerten verfolgt; erste Umsetzungen in Zusammenarbeit mit der Wirtschaft werden unter dem Namen „Sesame Credit" bereits betrieben, die zu einem verpflichtenden Social Credit System weiterentwickelt werden sollen (dazu Wagner ZD 2020, 141 ff.). – In Indien besteht mit „Aadhaar" ein Personenkennzeichen als Ausgangspunkt für eine umfassende Erfassung, die auch biometrische Merkmale einschließt (dazu Kipker ZD 2018, 253 (253)). **16**

DS-GVO Artikel 87 Kapitel IX. Vorschriften für besondere Verarbeitungssituationen

17   **Menschenrechtlich** besteht ein Anspruch auf Registrierung und Namensgebung unmittelbar nach der Geburt (Art. 24 Abs. 2 IPBPR). Die Form der Registrierung wird in Art. 24 Abs. 2 IPBPR nicht näher bestimmt und als Ziel 16.9 Teil der UN Sustainable Developent Goals, die bis 2030 erreicht werden sollen. Ob dem Kind bei der Registrierung ein Personenkennzeichen zugeteilt wird, regelt die Norm nicht.

IV. Datenschutzrechtliche Gefahren der Personenkennzeichen

18   Personenkennzeichen waren vor allem in den 1970er und 1980er Jahren, als die **„Angst vor dem Computer"** ihren ersten Höhepunkt erlebt, zusammen mit dem Persönlichkeitsprofil der Gottseibeiuns des Datenschutzrechts. Dabei ist es freilich weniger das Personenkennzeichen als solches als die dahinterstehende Infrastruktur, die verbreitet als beunruhigend empfunden wurde und wird.

1. Personenkennzeichen als personenbezogenes Datum

19   Ausdrücklich erwähnt die DS-GVO „Kennnummern" (Art. 4 Nr. 1), „eindeutige Kennungen" (vgl. Erwägungsgrund 30 S. 2, Erwägungsgrund 64 S. 1) sowie „Nummern, Symbole (und) Kennzeichen, die einer natürlichen Person zugeordnet wurden" (Erwägungsgrund 35 S. 2). Sie sind ohne Weiteres und **grundsätzlich personenbezogen** (→ Art. 4 Rn. 16). Eine Ausnahme besteht nur dann und insoweit, wie durch ein Personenkennzeichen Anonymität hergestellt wird („Reduktion zu einer Nummer" im datenschutzfreundlichen Sinne).

2. Personenkennzeichen als sensitives Datum

20   Ein Personenkennzeichen als solches ist als „personenbezogenes Datum" datenschutzrechtlich unproblematisch, weil es gar keine oder jedenfalls regelmäßig keine unmittelbar persönlichkeitsrechtsrelevanten Informationen enthält (→ Rn. 4). Gleichwohl wurde es in der Vorgängervorschrift des Art. 8 Abs. 7 RL 95/46/EG in systematischer Hinsicht als sensitives Datum eingeordnet (Dammann/Simitis DSRL Art. 8 Rn. 32). Diese systematische Zuordnung gibt es in der DS-GVO nicht mehr, vielmehr steht Art. 87 nun im Zusammenhang mit den anderen Öffnungsklauseln (Art. 85 ff.). Die weitgehende Wortlautidentität zwischen Art. 8 Abs. 7 RL 95/46/EG und Art. 87 spricht aber gegen eine Änderung der Wertungen des Normgebers. Insoweit bleibt es mit Blick auf die Normgenese bei einer **Nähe zu den besonderen Kategorien personenbezogener Daten** (Art. 9).

21   Aus bestimmten Kontexten kann sich allerdings die Sensitivität eines Personenkennzeichens auch unmittelbar ergeben. So wäre eine **Straftäternummer** datenschutzrechtlich ausgesprochen heikel und ist deshalb besonders geregelt (vgl. Art. 10 S. 2) (→ Rn. 21.1).

21.1   Die Verwendung von Häftlingsnummern ist dabei auch in der (datenschutzrechtlich nicht relevanten) persönlichen Ansprache gegenüber den betroffenen Häftling **persönlichkeitsrechtlich problematisch.** So wurden KZ-Häftlingen kommunikativ auf die ihnen eintätowierte Nummer reduziert; auch die in Spandau inhaftierten NS-Kriegsverbrecher wurden nicht mit Namen, sondern nur mit ihrer Nummer angesprochen (s. Thieme, Das Deutsche Personenrecht, 2003, 124).

3. Personenkennzeichen als Mittel zur Profilbildung und Teil einer kritischen Datenverarbeitungsinfrastruktur

22   Ihre datenschutzrechtliche Regelungsbedürftigkeit ergibt sich daraus, dass durch Personenkennzeichen (ganz) unterschiedliche Datenbestände miteinander verknüpft werden können, was die **Zweckbindung von personenbezogenen Daten potentiell aufweicht** (zur Problematik der Zweckbindung der Steuer-ID Schaar ZD 2011, 49 f.; Zelyk, Das einheitliche steuerliche Identifikationsmerkmal, 2012, 129 ff.). So kann eine Gefahr des Einsatzes von Personenkennzeichen darin gesehen werden, dass hierdurch dann die **Erstellung von Personenprofilen erleichtert** wird. Vom Normgeber wird insbesondere die „Verknüpfung von (staatlichen) Dateisystemen" als Gefahr begriffen (vgl. Erwägungsgrund 31 S. 2). Explizit hebt die DS-GVO die Verknüpfungsmöglichkeit von Informationen aus Registern hervor (vgl. Erwägungsgrund 157 S. 1), wobei zugleich auch auf den gesellschaftlichen Nutzen solcher Verknüpfungen hingewiesen wird (Erwägungsgrund 157–160).

22.1   Diskutiert wird, ob auch eine mögliche missbräuchliche Zusammenführung von Daten in ein Persönlichkeitsprofil im RegMoG (→ Rn. 53a) hinreichend berücksichtigt wurde (Sorge/Leicht ZRP 2020, 242

(244)). Doch liegt die Einschätzung des Missbrauchspotentials in der **Einschätzungsprärogative des Gesetzgebers.**

Auf der **überindividuellen Ebene** geht die DS-GVO davon aus, dass die Verarbeitung der Daten einer großen Zahl von Personen risikogeneigt ist (vgl. Erwägungsgrund 91 S. 1). Insbesondere als risikoreich werden gemeinsame Anwendungen und Verarbeitungsplattformen eingeordnet (vgl. Erwägungsgrund 92). Dass dies allerdings stets zu einer **Vorabkontrolle** (Art. 35; → Rn. 47) oder **Vorheriger Konsultation** der Aufsichtsbehörde (Art. 36) führt, ist nicht ausdrücklich vorgegeben und deshalb von der konkreten Konstellation abhängig. Insgesamt ist das Datenschutzrecht aufgrund seiner auf das Individuum fokussierten Perspektive nicht geeignet, den gesamtgesellschaftlichen Gefahren von Personenkennzeichen effektiv zu begegnen (Seckelmann/v. Lewinski, Digitalisierte Verwaltung. Vernetztes E-Government, 2. Aufl. 2019, Kap. 3 Rn. 14 ff.). 23

B. Begriff der nationalen Kennziffer und des Kennzeichens von allgemeiner Bedeutung

Art. 87 regelt nicht „Personenkennzeichen" allgemein, sondern nur „nationale Kennziffern" und „andere Kennzeichen von allgemeiner Bedeutung". In der DS-GVO findet sich **keine Begriffsdefinition,** nicht einmal für nur einen dieser Begriffe. Auch die Vorläuferregelung des Art. 8 Abs. 7 RL 95/46/EG, die insoweit dieselbe Definition verwendet hat, enthielt keine Begriffsbestimmung. Aus dem Wortlaut des Art. 87 geht nicht einmal hervor, ob „nationale Kennziffer" (so die Überschrift) oder „Kennzeichen von allgemeiner Bedeutung" (Wortsinn) der Oberbegriff zum jeweils anderen Ausdruck ist (→ Rn. 24.1). 24

Im Folgenden wird als gemeinsamer Oberbegriff das **Akronym „PKZ"** verwendet, um ein Personenkennzeichen iSd Art. 87 zu bezeichnen. 24.1

Aus dem Regelungskontext der DS-GVO, die nur personenbezogene Daten regelt (Art. 2 Abs. 1), ergibt sich aber jedenfalls, dass eine PKZ einen **Personenbezug** haben muss (Paal/Pauly/Pauly Rn. 2). 25

Kennzeichen von Gegenständen sind kein Personenkennzeichen. Dies gilt etwa für Kraftfahrzeuge, Gebäude und Wohnungen, Wertpapieren usw. Auch **Kennzeichen von juristischen Personen** wie die Wirtschafts-Identifikationsnummer nach § 139c AO (→ Rn. 54) sind keine Personenkennzeichen iSd. Art. 87. Allerdings können solche Kennzeichen dadurch personenbezogen werden, dass sie in Bezug zu einer natürlichen Person gesetzt werden. Nach § 2 Abs. 2 GBO etwa sind Grundstücke im Grundbuch nach **ihrer Kennzeichnung im Liegenschaftskataster** zu bezeichnen, weshalb diese Kennzeichnung wegen der grundsätzlichen Einsichtnahmemöglichkeit in das Grundbuch bei berechtigtem Interesse nach § 12 Abs. 1 S. 1 GBO jedenfalls dann personenbezogen sein dürfte, wenn Eigentümer eine natürliche Person ist. Für **Hausnummern** dürfte das nur gelten, soweit sie aus dem Grundbuch ersichtlich sind (was nicht vorgeschrieben ist). Auch im **Zentralen Fahrzeugregister des Kraftfahrt-Bundesamtes** nach § 31 Abs. 2 StVG wird gem. § 33 StVG die Fahrzeug-Kennzeichnung zusammen mit den Halterdaten gespeichert. Handelsregisternummern für Einzelkaufleute sind personenbezogen (→ Rn. 54.3). 25.1

I. Nationale Kennziffer

Im Einklang mit dem Wortlaut wird „nationale Kennziffer" verbreitet als **ein vom Staat zugeteiltes allgemeines Personenkennzeichen** verstanden (Paal/Pauly/Pauly Rn. 2). Eine nationale Kennziffer liegt idealtypischerweise vor, wenn im Staat **nur ein einziges Personenkennzeichen** ausgegeben wird und dieses für **alle Identifizierungs-** (→ Rn. 3) **und Ordnungsaufgaben** (→ Rn. 5) verwendet wird. Auch der Wortlaut des Art. 87, der sowohl in der deutschen als auch in der englischen Sprachfassung von „einer" nationalen Kennziffer im Singular spricht, scheint nicht von mehreren parallelen nationalen Kennziffern auszugehen. Für eine **enge Auslegung des Begriffs** der „nationalen Kennziffer" spricht, dass hierdurch keine Schutzlücken entstehen, weil Personenkennzeichen, die nicht nationale Kennziffern sind, dann als „anderes Kennzeichen von allgemeiner Bedeutung" (→ Rn. 27 f.) eingeordnet werden können. 26

II. Andere Kennzeichen von allgemeiner Bedeutung

Sonstige Personenkennzeichen fallen dann unter Art. 87, wenn sie „von allgemeiner Bedeutung" sind. Die **Kriterien für die Allgemeinheit der Bedeutung** eines Kennzeichens nennt die DS-GVO nicht. 27

28 Ob ein Personenkennzeichen unter den Begriff des „anderen Kennzeichens von allgemeiner Bedeutung" fällt (so Plath/Grages Rn. 1 für die Krankenversicherungsnummer), hängt wegen der von Art. 87 explizit verlangten „allgemeinen Bedeutung" des Kennzeichens davon ab, ob es noch **in anderen Zusammenhängen verwendet** wird. Nun werden sich kaum allgemeingültige Kriterien für die Abgrenzung von Verarbeitungszusammenhängen finden lassen, und auch die Zahl von solchen Verarbeitungszusammenhängen, die für das Erreichen „allgemeiner Bedeutung" erforderlich ist, lässt sich nicht generell bestimmen. Dem Wortsinn von „allgemeine Bedeutung" kann man allerdings entnehmen, dass es sich nicht nur um einen anderen Zusammenhang handeln muss, sondern um zahlreiche. Auch müssen die Verwendungszusammenhänge eine Vielzahl von Lebensbereichen (Auernhammer/Herbst Rn. 4) erfassen, um „allgemein" zu sein.

28.1 Die **Identifikationsnummer nach dem RegMoG** (→ Rn. 12) dürfte angesichts der Einführung in viele, aber nicht alle deutschen Register ein **Kennzeichen von allgemeiner Bedeutung** sein (Wiss. Dienst des Bundestages, Ausarbeitung WD3-3000-196/20, 6 f.; v. Lewinski/Gülker DVBl. 2021, 633 (633)).

III. Sonstige Personenkennzeichen

29 Da Art. 87 wegen des Erfordernisses der „allgemeinen Bedeutung" (→ Rn. 27 f.) nicht jede Art von Personenkennzeichen erfasst, sondern nur einen näher beschriebenen Ausschnitt, gibt es **weitere Fällen von Personen-Nummerierungen,** die aber nicht den Anforderungen des Art. 87 S. 2 unterfallen. Für sie gelten dann aber ggf. spezielle Regelungen, jedenfalls aber das allgemeine Datenschutzrecht.

30 Aufgrund der separaten Regelung der PKZ in Art. 87 sind **genetische Daten** (Art. 4 Nr. 13; vgl. Dix DuD 1989, 235 ff.), **biometrische Daten** (Art. 4 Nr. 14), **Gesundheitsdaten** (Art. 4 Nr. 15) wie überhaupt die „besonderen Arten personenbezogener Daten" (Art. 9 Abs. 1) keine PKZ. Das schließt aber nicht aus, dass im Zusammenhang mit den genannten Datenarten auch eine PKZ zum Einsatz kommt oder dass diese Datenarten zugleich als Personenkennzeichen verwendet werden (vgl. Weichert RDV 2002, 170 (174 f.)). In den genannten Konstellationen gelten dann die jeweiligen Anforderungen parallel.

31 Keine allgemeinen Kennzeichen sind **Kundennummern von Unternehmen** oder **Mitgliedsnummern von Vereinen.** Denn hier werden Personenkennzeichen nicht allgemein, sondern nur in der jeweiligen (Vertrags)Beziehung verwendet. Nur in Ausnahmefällen könnten Kunden- und Mitgliedsnummern als ein „Kennzeichen von allgemeiner Bedeutung" angesehen werden, wenn sie nämlich über den eigentlichen Zweck und vor allem auch von Dritten verwendet werden (→ Rn. 31.1).

31.1 In diese Richtung etwa gehen Verfahren des **Single Sign-on,** bei denen man sich mit der Kennung verbreiteter Sozialer Netzwerke bei weiteren Online-Diensten anmelden kann (→ Rn. 15.3).

32 Ebenfalls kein allgemeines Kennzeichen sind **Tracking-Merkmale und Cookies,** wie sie im Internet erhoben werden und vor allem in der Werbewirtschaft Verwendung finden. – Erst wenn sie im Sinne einer übergreifenden Online-Identität allgemeine Verwendung fänden, könnte man von einem „allgemeinen Kennzeichen" sprechen (Auernhammer/Herbst Rn. 4).

33 Auf den ersten Blick zwar ein Kennzeichen von allgemeiner Bedeutung ist die **Kombination von Name, Geburtsdatum und Geburtsort,** wie sie herkömmlich und nach wie vor praktisch häufig verwendet wird, etwa in Formularen. Diese Kombination fällt aber nicht unter Art. 87, weil sie einer „nationalen Kennziffer" nicht gleichkommt (vgl. Paal/Pauly/Pauly Rn. 2), da sie wegen der Uneindeutigkeit dieser Merkmalskombination (zB Träger eines Allerweltsnamens aus Berlin) keine vergleichbare Identifizierungsfunktion (→ Rn. 3) hat.

C. Begrenzter Anwendungsbereich der Regelung

34 Art. 87 gilt nur im sachlichen Anwendungsbereich der Grundverordnung (Art. 2). Hiervon umfasst sind neben dem **Wirtschaftsbereich** vor allem die **Leistungs- und Abgabenverwaltung.**

35 Nicht erfasst ist von Art. 87 der **Bereich von Justiz und Polizei,** was sich daran zeigt, dass RL 2016/680/EU keine entsprechende Regelung enthält (vgl. Auernhammer/Herbst Rn. 3). Fahndungskennzeichen sind damit von Art. 87 und auch allgemein von der DS-GVO nicht erfasst.

36 Ebenfalls gilt die DS-GVO nach Art. 2 Abs. 2 lit. a nicht für die mitgliedstaatliche „nationale Sicherheit", also nicht für die **Nachrichtendienste.**

Auch nicht einschlägig ist Art. 87 für die **Streitkräfte**, was dann auch die **Wehrersatzverwal-** 37
tung vom europäischen Datenschutzrecht ausnimmt. So ist insbesondere das System der militärischen Erkennungsmarken (identification tags) nicht an S. 2 zu messen.

D. Rahmenregelung (S. 1)

Der rechtstechnische Kern von S. 1 ist die **Öffnung der DS-GVO für die Mitgliedstaaten**, 38
das Ob und Wie personenbezogener Verarbeitungen bezüglich einer PKZ zu bestimmen. Aufgrund des allgemeinen Regelungsansatzes der DS-GVO, das Recht der personenbezogenen Datenverarbeitung auf die europäische Ebene hochzuziehen, war es an dieser Stelle regelungstechnisch erforderlich, die Zuständigkeit ausdrücklich wieder an die Mitgliedstaaten zurückzuübertragen. Art. 87 stellt für sich genommen keine Rechtsgrundlage für die Übermittlung von mit einer PKZ verknüpften Daten dar (Martini/Wagner/Wenzel, Rechtliche Grenzen einer Personen- bzw. Unternehmenskennziffer in staatlichen Registern, 2017, 11).

Aus Art. 87 ergibt sich damit lediglich eine Regelungsmöglichkeit für die PKZ. Umgekehrt 39
folgt daraus zudem, dass europarechtlicherseits **keine Pflicht zur mitgliedstaatlichen Einführung** einer PKZ besteht (s. auch → Rn. 15.3).

Die Übertragung der Regelungsmöglichkeit und der Regelungszuständigkeit auf die Mitglied- 40
staaten bedeutet ferner indirekt auch den **Verzicht der EU auf eine Vollvereinheitlichung des Rechts der PKZ**, weil europarechtlicherseits zugelassen wird, dass die Mitgliedstaaten jeweils eigene PKZ-Systeme als logische Räume (→ Rn. 5) errichten.

E. Wahrung geeigneter Garantien (S. 2)

Im **Unterschied zu Art. 8 Abs. 7 RL 95/46/EG** (Dammann/Simitis DSRL Art. 8 Rn. 32) 41
fordert S. 2 konkret Garantien für die Rechte und Freiheiten der Betroffenen.

I. Begriff der „Wahrung geeigneter Garantien"

Dabei ist die **Formulierung** der „Wahrung der Garantie" in S. 2 in der deutschen Sprachfas- 42
sung **offensichtlich verunglückt**. So etwas wäre beim technischen Europarechtsdeutsch an sich lässlich, jedoch verengt der (deutsche) Wortlaut strenggenommen die Regelungsmöglichkeiten des mitgliedstaatlichen Gesetzgebers auf bestehende, „zu wahrende" Garantien, insbesondere etwa aus der DS-GVO. Die englische Sprachfassung stellt hingegen lediglich auf angemessene Schutzmaßnahmen („appropriate safeguards") für die Rechte und Freiheiten der betroffenen Person ab; der Aspekt der Wahrung taucht in der englischen Sprachfassung nicht auf. Ähnlich verhält es sich auch mit der spanischen Sprachfassung, wonach bei der Verwendung der PKZ angemessene Garantien („garantías adecuadas") existieren müssen. – Nach dem Vergleich mit anderen Sprachfassungen **umfasst** deshalb **„Wahrung" auch die „Schaffung"**.

II. Maßstab für die Eignung von Garantien und Beispiele

Allerdings findet die DS-GVO auf eine mitgliedstaatliche PKZ **nicht unmittelbar Anwen-** 43
dung, sondern sie enthält nur die Vorgabe mitgliedstaatlicher Garantien und ist zugleich der Maßstab für deren Geeignetheit.

Dieser Maßstab für „geeignete Garantien" ist allerdings reichlich unscharf (v. Lewinski, Europa-, 44
verfassungs- und datenschutzrechtliche Grundfragen des Registermodernisierungsgesetzes, Drucksache des Innenausschusses des Bundestags 19(4)667B, 2 f.). Jedenfalls bestimmt er sich nach der DS-GVO **autonom europarechtlich** (vgl. Wiss. Dienst des Bundestags, Ausarbeitung WD3-3000-196/20, 7). Dies ergibt sich schon unmittelbar aus dem Wortlaut des S. 2 („gemäß dieser Verordnung"). Methodisch mag sich eine Orientierung an den allgemeinen Grundsätzen des Art. 5 DS-GVO anbieten (Martini/Wagner/Wenzel, Rechtliche Grenzen einer Personen- bzw. Unternehmenskennziffer in staatlichen Registern, 2017, 7). Doch lassen sich nicht alle allgemeinen Grundsätze auf die PKZ als ein spezifisches personenbezogenes Datum ohne Weiteres anwenden.

So ist die **Zweckbindung** Grundgedanke des Datenschutzrechts (Art. 5 Abs. 1 lit. b). Dieser 45
kann allerdings nicht ohne weiteres auf die PKZ übertragen werden. Zwar steht die allgemeine Verwendbarkeit einer PKZ offensichtlich im Widerspruch zum Zweckbindungsgedanken, gerade auch hinsichtlich der mittels der PKZ verknüpften und verknüpfbaren Datenbestände (→ Rn. 22). Doch ist dieses Verknüpfungspotential ja gerade das Wesen und der Zweck der PKZ, sodass sich der Zweckbindungsgedanke hierauf nicht übertragen lässt und als Garantie deshalb auch nicht geeignet ist. Denkbar aber ist etwa ein Nutzungsverbot der PKZ im nicht-öffentlichen Bereich

oder in bestimmten sonstigen Kontexten (zur Öffnung logischer Räume für die Wirtschaft Seckelmann/v. Lewinski, Digitalisierte Verwaltung. Vernetztes E-Government, 2. Aufl. 2019, Kap. 3 Rn. 58 ff.). Im Übrigen erklärt die DSGVO bestimmte Zwecke für grundsätzlich mit dem ursprünglichen Zweck für vereinbar (Art. 5 Abs. 1 lit. b Hs. 2) und ermöglicht auch sonst im Einzelfall grundsätzlich eine Verarbeitung zu weiteren Zwecken (Art. 6 Abs. 4; umfassend Martini/Wagner/Wenzel, Rechtliche Grenzen einer Personen- bzw. Unternehmenskennziffer in staatlichen Registern, 2017, 12 ff.).

46 Ferner kann an die Maßstäbe für den Umgang mit „besonderen Arten von Daten" gedacht werden. Das würde sich im Zusammenhang mit „sprechenden Nummern" anbieten, wenn aus der Kodierung „besonderen Arten personenbezogener Daten" hervorgehen (→ Rn. 20 f.). Ein Beispiel hierfür wäre die ethnische Herkunft oder eine Gewerkschaftszugehörigkeit, aber auch eine Straftäternummer (→ Rn. 21.1). So kann die geeignete Garantie also (ganz oder teilweise) darin liegen, dass in der PKZ nichts anderes als der Bezug zu einem Datensatz kodiert ist, sie vor allem aber jenseits des eigentlichen Kontexts **keine sensitiven Informationen enthält.** Der Verzicht auf „sprechende Nummern" dient damit letztendlich auch der Achtung des Prinzips der Datenminimierung (Art. 5 Abs. 1 lit. c, so Martini/Wagner/Wenzel, Rechtliche Grenzen einer Personen- bzw. Unternehmenskennziffer in staatlichen Registern, 2017, 9; Seckelmann/v. Lewinski, Digitalisierte Verwaltung. Vernetztes E-Government, 2. Aufl. 2019, Kap. 3 Rn. 43).

47 Stets und generell ist die **Datenschutz-Folgenabschätzung** (Art. 35; → Rn. 23) eine geeignete Maßnahme zur Risikoeinschätzung und zur Bewertung von Maßnahmen.

48 Im Rechtsakt findet sich in Gestalt des Art. 89 Abs. 1 (auch Erwägungsgrund 156) eine Regelung mit dem Wortlaut „geeignete Garantien", der die Verarbeitung personenbezogener Daten für im öffentlichen Interesse liegende Archivzwecke, zu wissenschaftlichen oder historischen Forschungszwecken oder zu statistischen Zwecken regelt. Nach Art. 89 Abs. 1 S. 2 beziehen sich die „geeigneten Garantien" auf **technische und organisatorische Maßnahmen,** mit denen insbesondere die Achtung des Grundsatzes der Datenminimierung gewährleistet wird. Als Maßnahmen in diesem Sinne nennt Art. 89 Abs. 1 S. 3 beispielhaft die **Pseudonymisierung,** ebenso Art. 6 Abs. 4 lit. e, der daneben auch noch die **Verschlüsselung** nennt (→ Rn. 48.1). Bei der Übertragung von Wertung im Zusammenhang von Art. 89 ist zu bedenken, dass diese Norm „geeignete Garantien" für umfassende Datenbestände meint und Art. 85 solche für die PKZ. Da die PKZ aber regelmäßig als Schlüssel zu Datenbeständen fungiert, ist von einer Geeignetheit von Art. 89-Maßnahmen auch im Kontext des Art. 87 wohl regelmäßig gegeben.

48.1 Beispielhaft kann hier auf die bis Ende 2018 gegolten habende Regelung des § 7 Abs. 1 EGovG Österreich verwiesen werden, die die österreichische **Datenschutzaufsichtsbehörde zur sog. Stammzahlregisterbehörde** erklärt. Nur diese kennt die tatsächliche Stammzahl der Bürger und generiert aus dieser bei Bedarf zweckspezifische Kennziffern für das jeweilige sachliche Tätigkeitsfeld (umfassend zum Ablauf Martini/Wagner/Wenzel, Rechtliche Grenzen einer Personen- bzw. Unternehmenskennziffer in staatlichen Registern, 2017, 36–41).

49 Eine andere Garantie kann in der **Zugriffssicherung der Systeme** liegen, in denen und auf die mittels PKZ referenziert wird. Je schwerer es ist, (rechtmäßiger- oder rechtswidrigerweise) auf die zugehörigen Datenbestände zuzugreifen, desto mehr kann dies als eine „Garantie" begriffen werden, weil das Personenkennzeichen dann für einen Dritten keine weitere Bedeutung hat (→ Rn. 20).

50 Mit Blick auf den impliziten Verzicht der EU auf eine europaeinheitliche Regelung und damit die bewusste Zersplitterung des Rechts der PKZ auf unionaler Ebene könnte gefolgert werden, dass die Verwendung der **PKZ territorial begrenzt bleiben** muss. Dies würde eine Übermittlung in andere EU-Mitgliedstaaten ausschließen, gleichfalls in Drittländer und erst recht in solche ohne angemessenes Schutzniveau. Ebenso verböten sich mitgliedstaatsübergreifende Nummerierungssysteme, wie sie sich vielleicht für grenzüberschreitende Ballungsräume aber gerade anböten.

51 Wie die Formulierung „geeignete Garantien" in Parallele zu Art. 45 zeigt, können für die Beurteilung der – untechnisch gesprochen – „Angemessenheit des Schutzniveaus" im Mitgliedstaat ähnliche Herleitungen wie für die Drittlandsübermittlung genutzt werden (ähnlich Paal/Pauly/Pauly Rn. 3 mit Verweis auf EuGH NJW 2015, 3151 Rn. 81 – Schrems). Jedenfalls wird man auf diesem Weg mit dem EuGH (NJW 2015, 3151 Rn. 81 – Schrems) als ein wesentliches Element des Datenschutzes „**wirksame Überwachungs- und Kontrollmechanismen,** die es erlauben, in der Praxis etwaige Verstöße gegen Regeln zur Gewährleistung des Schutzes der Grundrechte (…) zu ermitteln und zu ahnden", annehmen können.

52 Wie die Sanktionierungsvorschriften der DS-GVO zeigen – sowohl der umfassende Katalog des Art. 83 wie auch speziell die Vorschrift des Art. 83 Abs. 5 lit. d –, wird eine **Bußgeld- und**

Verarbeitung der nationalen Kennziffer   **Artikel 87 DS-GVO**

Strafbewehrung allgemein als eine geeignete Garantie angesehen. Diese muss aber nicht iSd S. 2 durch den Mitgliedstaat „gewährt" werden, weil dies bereits durch Art. 83 Abs. 5 lit. d unionsrechtlich sichergestellt ist.

F. Ausgestaltungsbedarf und Ausgestaltungsspielraum in Deutschland

I. Identifikationsnummer nach dem RegMoG bzw. IDNrG

53   In Deutschland gab es bislang keine nationale Kennziffer (→ Rn. 11), wohl aber eine Reihe von **sektoriellen Personenkennzeichen** (→ Rn. 53c ff.). Sie waren allerdings in ihrer Verwendung jeweils so beschränkt, dass man kaum von einem „Kennzeichen von allgemeiner Bedeutung" sprechen kann (→ Rn. 27 f.; wie hier Auernhammer/Herbst Rn. 4). Mit dem 2021 als Artikelgesetz verkündeten **RegMoG** und dem darin als Art. 1 enthaltenen **IDNrG** (→ Rn. 12) wird die Steuer-Identifikationsnummer (§ 137b AO) für zahlreiche Register gem. der Anlage zu § 1 IDNrG von einem bereichsspezifischen Kennzeichen des Steuerbereichs zu einem **Kennzeichen von allgemeiner Bedeutung** iSd Art. 87 (→ Rn. 28.1) aufgewertet.

53.1   Abfragen der Identifikationsnummer und der zu ihr gehörigen Stammdaten (Name, Anschrift usw.) erfolgen gem. § 6 IDNrG über eine beim Bundesverwaltungsamt angesiedelte Registermodernisierungsbehörde, die die Daten ihrerseits beim Bundeszentralamt für Steuern abruft (§ 3 Abs. 2 IDNrG). Die Registerlandschaft wird in „Bereiche" eingeteilt, die auch mehrere Behörden umfassen können. Für Datenübermittlungen innerhalb eines Bereichs sieht das IDNrG keine besonderen Regelungen vor, gem. § 7 Abs. 2 IDNrG ist aber für den bereichsübergreifenden Fachdatenaustausch der Einsatz eines sog. **4-Ecken-Modells** vorgesehen. Dabei werden zwischen die beteiligten Behörden zwei Vermittler geschaltet, die die Rechtmäßigkeit des Datenzugriffs automatisiert überprüfen und protokollieren. Damit unterscheidet sich das Regelungskonzept von dem in Österreich, wo eine anfragende Behörde nur eine verschlüsselte, aus der Kennziffer entwickelte Spezialnummer erhält (→ Rn. 48.1).

53a   Das Gesetzesvorhaben ist **rechtspolitisch** kritisiert worden, weil damit in Deutschland nun doch ein umfassendes Personenkennzeichen eingeführt werde, was lange ausgeschlossen schien (→ Rn. 11). Auch befürchten manche, dass man sich salamischeibchenweise der seit den 1970er Jahren befürchteten Vollerfassung nähert. **Verfassungsrechtlich** begegnet das RegMoG allerdings **keinen durchgreifenden Bedenken** (ausführlich v. Lewinski/Gülker DVBl. 2021, 633; v. Lewinski, Europa-, verfassungs- und datenschutzrechtliche Grundfragen des Registermodernisierungsgesetzes, Drucksache des Innenausschusses des Bundestags 19(4)667B, 2 f.; Peuker NVwZ 2021, 1167 (1169 ff.); Ehmann ZD 2021, 509 (512)). Die Einführung einer Personenkennziffer allein führt bei zahlenmäßiger Begrenzung und hinreichender organisatorischer Trennung der teilnehmenden Register nicht zur Bildung verfassungsrechtlich unzulässiger (BVerfGE 65, 1 (57) – Volkszählung) Persönlichkeitsprofile. **Europarechtlich** versucht das IDNrG, viele der genannten Maßstäbe (→ Rn. 43 ff.) zur „Wahrung geeigneter Garantien" nach Art. 87 S. 2 umzusetzen; so normiert etwa § 5 IDNrG eine Zweckbindung (soweit dies für eine PKZ möglich ist), § 17 IDNrG einen Straftatbestand, wird eine Kodierung von Informationen in der Identifikationsnummer vermieden und werden Vorgaben für die technisch-organisatorische Sicherheit zur Missbrauchsprävention gemacht (§ 7 IDNrG).

53a.1   Unklar ist, ob § 5 Abs. 1 S. 2 IDNrG **nicht-öffentlichen Stellen** die Verarbeitung der Identifikationsnummer erlaubt (hierzu v. Lewinski/Gülker DVBl. 2021, 633 (637 f.)).

53b   Mit dem RegMoG ist die Registermodernisierung in Deutschland **noch nicht abgeschlossen.** Die Einführung der registerübergreifenden Identifikationsnummer dient zunächst „in einem ersten Schritt" nur der Bereinigung divergierender Personenangaben in den Registern und der zukünftigen Sicherstellung eindeutiger Identifizierbarkeit mit dem gewünschten Nebeneffekt der Verbesserung der E-Government-Services nach dem OZG (BT-Drs. 19/24226, 36). Auch nach dem RegMoG werden daher **dieselben Adressdaten** weiterhin in den verschiedenen Registern **zusätzlich zur Identifikationsnummer redundant gespeichert** (näher v. Lewinski/Gülker DVBl. 2021, 633 (641)). Die Gesetzesbegründung geht aber bereits davon aus, dass **„[p]erspektivisch" eine entsprechende weitere Ausbaustufe** folgen wird, was der Datenminimierung dienen soll (BT-Drs. 19/24226, 67; gegen eine solche Einordnung v. Lewinski/Gülker DVBl. 633 (640)). Ähnlich wie schon beim RegMoG dürfte Art. 87 auch eine solche Erweiterung gestatten, solange weiterhin auf die „Wahrung geeigneter Garantien" geachtet wird. Maßstab für die Identifikationsnummer wird daneben auch das deutsche Verfassungsrecht sein und bleiben.

von Lewinski

DS-GVO Artikel 87   Kapitel IX. Vorschriften für besondere Verarbeitungssituationen

II. Sektorspezifische Kennzeichen

53c Soweit andere sektorielle Personenkennzeichen in Deutschland (noch) Anwendung finden, **folgen Anforderungen** für diese nicht aus Art. 87, sondern **aus dem allgemeinen Datenschutzrecht,** was dann im Ergebnis allerdings kaum hinter den Anforderungen des S. 2 zurückbleibt (→ Rn. 53c.1 f.):

53c.1 Wie auch schon das BDSG aF enthält auch das **BDSG nF** ab dem 25.5.2018 in der Gestalt des Datenschutz-Anpassungs- und -Umsetzungsgesetz EU (DSAnpUG-EU) **keine allgemeinen datenschutzrechtlichen Regelungen zu Personenkennzeichen,** sodass es in Deutschland absehbar bei einer bloß sektoriellen Regelung von Schutz- und Sicherungsmaßnahmen bleiben wird.

53c.2 Im Rahmen des eingeräumten Gestaltungsspielraums (→ Rn. 38 ff.) wäre eine **mitgliedstaatliche Umsetzung in Deutschland** zusätzlich an den **verfassungsrechtlichen Vorgaben,** insbesondere der informationellen Selbstbestimmung (Art. 2 Abs. 1 iVm Art. 1 Abs. 1 GG) und den im Volkszählungsurteil (BVerfGE 65, 1) entwickelten Vorgaben zu messen (zu den verfassungsrechtlichen Implikationen s. umfassend Martini/Wagner/Wenzel, Rechtliche Grenzen einer Personen- bzw. Unternehmenskennziffer in staatlichen Registern, 2017, 19 ff.; Wiss. Dienst des Bundestags, Ausarbeitung WD3-3000-196/20, 8 ff.; v. Lewinski, Europa-, verfassungs- und datenschutzrechtliche Grundfragen des Registermodernisierungsgesetzes, Drucksache des Innenausschusses des Bundestages 19(4)667B, 5 ff.; v. Lewinski/Gülker DVBl. 633).

54 Die Rechtsgrundlagen für die Zuteilung der steuerrechtlichen Identifikationsmerkmale findet sich in § 139a AO. Demnach wird jedem Steuerpflichtigen ein Identifikationsmerkmal von Amts wegen zugeteilt, welches der eindeutigen Identifizierung im Besteuerungsverfahren dient (Tipke/Kruse/Brandis, AO/FGO, AO § 139a Rn. 1). Regelungen zur **steuerlichen Identifikationsnummer** finden sich in § 139b AO (zu deren „Upgrade" zu einer allgemeinen Identifikationsnummer → Rn. 53). Für natürliche Personen, die wirtschaftlich tätig sind, und juristische Personen unabhängig von einer wirtschaftlichen Betätigung sieht § 139c AO die Vergabe einer **Wirtschafts-Identifikationsnummer** zu Identifizierungs- und Ordnungszwecken vor (Reinkensmeier/Werkmeister StBp 2010, 125 (126)), die aber aufgrund von Abstimmungsschwierigkeiten der beteiligten Gremien noch nicht eingeführt ist (Klein/Rätke, AO, 15. Aufl. 2020, § 139c Rn. 1). Die Wirtschafts-Identifikationsnummer wird nur auf Anforderung der Finanzbehörde vergeben (§ 139c Abs. 1 S. 1 AO). Neben der Wirtschafts-Identifikationsnummer nach § 139c AO existiert die **Umsatzsteuer-Identifikationsnummer** nach § 27a UStG, die Unternehmen und Unternehmen auf Antrag durch das Bundeszentralamt für Steuern erteilt wird. Die Funktion der Umsatzsteuer-Identifikationsnummer hat über ihre Ordnungsfunktion hinaus Relevanz für den Ort der Dienstleistung nach § 3a UStG, den Ort des innergemeinschaftlichen Erwerbs nach § 3d UStG und für das innergemeinschaftliche Deckungsgeschäft nach § 25b UStG (Sölch/Ringleb/Klenk, UStG, UStG § 27a Rn. 3; umfassend zur Zulässigkeit einer allgemeinen Unternehmenskennziffer Martini/Wagner/Wenzel, Rechtliche Grenzen einer Personen- bzw. Unternehmenskennziffer in staatlichen Registern, 2017, 50 ff.; → Rn. 54.1).

54.1 Insbesondere die Vergabe der steuerlichen Identifikationsnummer in im deutschen Datenschutzrecht kritisch betrachtet worden. So wird in der Vergabe steuerlicher Identifikationsnummern ein **möglicher Ausgangspunkt für eine umfassende Profilbildung** gesehen (Schaar ZG 2011, 49 f.; Anzinger/Hamacher/Katzenbeisser/Anzinger, Schutz genetischer, medizinischer und sozialer Daten als multidisziplinare Aufgabe, 2013, 97 (152 f.); → Rn. 53). Andererseits gibt es kein Recht darauf, anonym in einem Staat zu leben (Zelyk, Das einheitliche steuerliche Identifikationsmerkmal, 2012, 82). Angesichts des legitimen Zwecks gleichmäßigen bürokratiearmen Steuervollzugs ist der mit der Einführung der steuerlichen Identifikationsnummer verbundene Eingriff als erforderlich und angemessen hinzunehmen (ausführlich Zelyk, Das einheitliche steuerliche Identifikationsmerkmal, 2012, 61 ff.). Auch die Rechtsprechung ist diesen Bedenken für den konkreten Einsatz im Steuerwesen nicht gefolgt (BFH BeckRS 2012, 94280 Rn. 38–87). Ob und wie weit sich diese Rechtsprechung auf den weitergehenden Einsatz der steuerlichen Identifikationsnummer nach § 138b AO als allgemeine Identifikationsnummer (nach IDNrG; → Rn. 53) oder den Einsatz der Wirtschafts-Identifikationsnummer nach § 139c AO als eindeutiges Unternehmenskennzeichen nach dem UBRegG (→ Rn. 54) übertragen lässt, wird sich noch zeigen müssen.

54.2 Mit dem **Unternehmensbasisdatenregistergesetz (UBRegG)** wird nach dessen § 1 beim Statistischen Bundesamt als Registerbehörde ein Basisregister eingerichtet, das gem. § 3 Abs. 2 und 3 UBRegG Stammdaten aller Unternehmen zusammen mit deren Wirtschafts-Identifikationsnummer und weiteren Identifikationsnummern wie etwa der Handelsregisternummer speichert. Ähnlich wie beim RegMoG bzw. IDNrG (→ Rn. 53) ist es Ziel des Gesetzes, die in verschiedenen Registern enthaltenen Unternehmensdaten gleichmäßig auf dem aktuellen Stand zu halten und so Unstimmigkeiten zwischen den einzelnen Registern und damit einhergehenden Verwaltungsaufwand zu vermeiden und das „Once-Only"-Prinzip, bei dem Daten nur einmal den Behörden übermittelt werden müssen, umzusetzen (BT-Drs. 19/29763, 15). Unklar ist, ob das UBRegG die seit Jahren ausstehende technische Einführung der Wirtschafts-Identifikationsnummer beschleunigen wird; nach § 3 Abs. 3 Hs. 1 UBRegG ist sie jedenfalls nur zu speichern „soweit vorhanden".

54.3 Im **Unternehmensregister nach § 8b HGB** schließlich werden keine eigenen Unternehmensidentifikationsnummern erfasst, sondern lediglich Inhalte anderer, primärer Register wie dem Handelsregister und dem Genossenschaftsregister wiedergegeben, was für wirtschaftlich tätige natürliche Personen insoweit relevant ist, als dass sie im **Handelsregister** als Einzelkaufmann unter einer entsprechenden Handelsregisternummer (gem. § 3 Abs. 2 HRV in Abschnitt A) eingetragen sein können und dies im Unternehmensregister gem. § 8b Abs. 2 Nr. 1 HGB entsprechenden Niederschlag findet. Anders als das UBRegG-Basisregister (vgl. § 5 UBRegG) sind diese Register zur öffentlichen Kenntnisnahme konzipiert.

55 Die **(Renten)Versicherungsnummer** (§ 147 SGB VI) ist als Option für die Rentenversicherungsträger vorgesehen. Sie findet sich auch **Sozialversicherungsausweis** (18h Abs. 1 S. 1 Nr. 1 SGB IV). Eine datenschutzrechtliche Sicherung bietet § 18g SGB IV, wonach außer den in § 18h Abs. 1 S. 1 Nr. 2–4 SGB IV genannten Angaben über den Inhaber des Sozialversicherungsausweises hinaus keine weiteren personenbezogenen Daten im Ausweis enthalten sein dürfen. Speziell im Bereich der gesetzlichen Krankenversicherung gibt es eine **Krankenversicherungsnummer** (§ 290 SGB V), die nicht identisch mit der Rentenversicherungsnummer (§ 147 SGB VI) sein darf (§ 290 Abs. 1 S. 4 SGB V).

56 **Meldebehörden** dürfen **Ordnungsmerkmale** gem. § 4 Abs. 1 S. 1 BMG zur Registerführung verwenden. Diese Ordnungsmerkmale sind begrenzt und umfassen nach § 4 Abs. 1 S. 2 iVm § 3 Abs. 1 Nr. 6–7 BMG Geburtsdatum, Geburtsort und Geschlecht sowie bei Geburt im Ausland auch den Staat. § 4 Abs. 3 S. 1 BMG stellt klar, dass die Ordnungsmerkmale zwar an öffentliche Stellen und öffentlichrechtliche Religionsgesellschaften übermittelt werden dürfen. § 4 Abs. 3 S. 2 BMG bewirkt eine datenschutzrechtliche Garantie dahingehend, dass die Ordnungsmerkmale nur im Verkehr mit der jeweiligen Behörde verwendet werden dürfen und eine Weiterübermittlung unzulässig ist. Im Falle von Ordnungsmerkmalen, die personenbezogene Daten enthalten, dürfen diese nur übermittelt werden, wenn auch dem Empfänger die personenbezogenen Daten der Ordnungsmerkmale übermittelt werden dürfen (§ 4 Abs. 3 S. 3 BMG).

57 **Ausländerrecht**lich wird im Ausländerzentralregister die **AZR-Nummer** (§ 3 Abs. 1 Nr. 2 AZRG) verwendet, teilweise zusätzlich die **AKN-Nummer** (§ 63a Abs. 1 S. 2 Nr. 10 AsylG). Sie unterliegt einer Zweckbindung (§ 10 Abs. 4 AZRG), Datenübermittlungen sind zu dokumentieren (§ 13 AZRG).

58 Ein weiteres Personenkennzeichen findet sich im **Personalausweis- und Passwesen.** Nach § 4 Abs. 1 PassG müssen Pässe eine **Seriennummer** erhalten. § 2 PAuswG regelt, dass jeder Ausweis eine neue Seriennummer erhält (§ 2 Abs. 8 S. 1 PAuswG). Die Seriennummer nach § 2 PAuswG wird für Personalausweise, vorläufige Personalausweise und Ersatz-Personalausweise vergeben (§ 2 Abs. 1 PAuswG). Der 3. Abschnitt des PAuswG enthält Garantien zur Wahrung des Datenschutzes. § 16 S. 1 PAuswG legt fest, dass die zur Identitätsfeststellung berechtigten Behörden Seriennummern nicht so verwenden darf, dass mit ihrer Hilfe ein automatisierter Abruf personenbezogener Daten oder eine Dateiverknüpfung möglich wird. Davon macht § 16 S. 2 Ausnahmen.

59 Die **Personenkennziffer bei der Bundeswehr (PK),** die eingeprägt auf der Erkennungsmarke („Hundemarke") steht (hierzu Schachtschneider, Wehrersatzwesen, 5. Aufl. 1977, 100 f.), fällt **nicht in den Anwendungsbereich der DS-GVO** (Art. 2 Abs. 2 lit. a; → Rn. 37). Für sie gilt deshalb nicht die DS-GVO; allerdings werden sich aus dem dann anwendbaren deutschen Verfassungsrecht vergleichbare Vorgaben ergeben. Es handelt sich insb. aufgrund der Aufnahme des Geburtsdatums wohl um eine im Hinblick auf den allgemeinen Grundsatz der Datenminimierung nicht unproblematische sprechende Nummer (→ Rn. 46).

60 Das **DDR-Personenkennzeichen** (→ Rn. 9.2) kann für die Aufgabenerfüllung nach dem Stasi-Unterlagen-Gesetz (StUG) (weiter-)verwendet (§ 2 Abs. 2 S. 1 Nr. 4 StUG, ab 17.6.2021 iVm § 3b BArchG) und in diesem Rahmen auch an Gerichte und Strafverfolgungsbehörden weitergegeben werden (§ 2 Abs. 2 S. 2 StUG, ab 17.6.2021: § 2 Abs. 3 S. StUG) (krit. Stoltenberg DtZ 1994, 386 ff.).

61 Personenkennzeichen sind durch **§ 12 BGB analog** geschützt (Klippel, Der zivilrechtliche Schutz des Namens, 1985, 484). Dabei wird man allerdings zwischen der **Identifikations- und der Identitätsfunktion unterscheiden** müssen (Seckelmann/v. Lewinski, Digitalisierte Verwaltung. Vernetztes E-Government, 2. Aufl. 2019, Kap. 3 Rn. 69). Während man sich gegen eine Verwechslung und vielleicht auch den Verlust einer PKZ wehren können muss (Identifikation), gibt es keinen Anspruch auf den Erhalt des PKZ-System als logischen Raum (→ Rn. 5).

Artikel 88 Datenverarbeitung im Beschäftigungskontext

(1) Die Mitgliedstaaten können durch Rechtsvorschriften oder durch Kollektivvereinbarungen spezifischere Vorschriften zur Gewährleistung des Schutzes der Rechte und Freiheiten hinsichtlich der Verarbeitung personenbezogener Beschäftigtendaten im Beschäftigungskontext, insbesondere für Zwecke der Einstellung, der Erfüllung des Arbeitsvertrags einschließlich der Erfüllung von durch Rechtsvorschriften oder durch Kollektivvereinbarungen festgelegten Pflichten, des Managements, der Planung und der Organisation der Arbeit, der Gleichheit und Diversität am Arbeitsplatz, der Gesundheit und Sicherheit am Arbeitsplatz, des Schutzes des Eigentums der Arbeitgeber oder der Kunden sowie für Zwecke der Inanspruchnahme der mit der Beschäftigung zusammenhängenden individuellen oder kollektiven Rechte und Leistungen und für Zwecke der Beendigung des Beschäftigungsverhältnisses vorsehen.

(2) Diese Vorschriften umfassen geeignete und besondere Maßnahmen zur Wahrung der menschlichen Würde, der berechtigten Interessen und der Grundrechte der betroffenen Person, insbesondere im Hinblick auf die Transparenz der Verarbeitung, die Übermittlung personenbezogener Daten innerhalb einer Unternehmensgruppe oder einer Gruppe von Unternehmen, die eine gemeinsame Wirtschaftstätigkeit ausüben, und die Überwachungssysteme am Arbeitsplatz.

(3) Jeder Mitgliedstaat teilt der Kommission bis zum 25. Mai 2018 die Rechtsvorschriften, die er aufgrund von Absatz 1 erlässt, sowie unverzüglich alle späteren Änderungen dieser Vorschriften mit.

Überblick

Art. 88 eröffnet den Mitgliedstaaten eine Gestaltungsoption für den Beschäftigtendatenschutz (→ Rn. 1 ff.). Die Vorschrift, die bereits im Kommissionsvorschlag enthalten war, hat sich im Laufe des Gesetzgebungsverfahrens nur in Einzelheiten verändert (→ Rn. 4 ff.). Die mitgliedstaatliche Gestaltungsoption bedeutet einerseits eine Einschränkung des Vereinheitlichungsziels, sie ist aber andererseits in der Sache durchaus gut begründet (→ Rn. 12 ff.). Ihrer Rechtsform nach ist die Verordnung an sich weder umsetzungsfähig noch umsetzungsbedürftig (→ Rn. 15 ff.). Die Verordnung enthält denn auch bereits Vorschriften, die auch auf Beschäftigungsverhältnisse Anwendung finden (→ Rn. 18 ff.). Die Regelungsoption selbst ist in mehrfacher Hinsicht konturiert. Schranken ergeben sich bereits aus dem Primärrecht (→ Rn. 42 ff.). Die Mitgliedstaaten können vorbestehende Regelungen beibehalten oder neue schaffen, sie können den Beschäftigtendatenschutz ganz oder teilweise regeln (→ Rn. 44 ff.). Als Regelungsinstrumente kommen Gesetze und – nach mitgliedstaatlicher Zulassung – Kollektivverträge in Betracht (→ Rn. 50 ff.). Regelungsgegenstand ist der Beschäftigungskontext, wie ihn Abs. 1 der Vorschrift näher bestimmt (→ Rn. 53 ff.). Inhaltlich können die Mitgliedstaaten nur „spezifischere Vorschriften" erlassen (→ Rn. 65 ff.). Die Mitgliedstaaten trifft eine Mitteilungspflicht (→ Rn. 92 ff.). In Deutschland gibt es mit § 32 BDSG und weiteren Vorschriften bereits vorbestehende Regeln des Beschäftigtendatenschutzes (→ Rn. 97 f.). Eine Neuregelung ist in der Diskussion (→ Rn. 99 ff.).

Übersicht

	Rn.		Rn.
A. Allgemeines	1	1. Allgemeine Regeln mit Bedeutung für das Beschäftigungsverhältnis	19
B. Entstehungsgeschichte	4	2. Sonderregeln für Beschäftigte in der DS-GVO	28
I. Vor-Entwürfe	4		
1. Genese der Regelungsoption für den Beschäftigtendatenschutz	4	E. Regelungsoption für den Beschäftigtendatenschutz	41
2. Genese der Regelung über die Einwilligung	8	I. Primärrechtliche Vorgaben	42
II. Materialien	11	II. Regelungsoption	44
C. Zweck	12	1. Vorbestehende und neue Vorschriften	44
D. Systematik	14	2. Option, keine Pflicht	45
I. Vertikale Systematik: Das Verhältnis von DS-GVO und mitgliedstaatlichem Recht	15	3. „Vollständige" oder teilweise Regelung	46
		4. Option „der Mitgliedstaaten"	48
II. Horizontale Systematik: Beschäftigtendatenschutz im System der DS-GVO	18	III. Regelungsinstrumente: Rechtsvorschriften oder Kollektivvereinbarungen	50
		1. Rechtsvorschriften	50

	Rn.		Rn.
2. Kollektivvereinbarungen	51	3. Maßnahmen zur Wahrung der menschlichen Würde, der berechtigten Interessen und der Grundrechte der betroffenen Personen (Abs. 2)	78
IV. Regelungsgegenstände: Beschäftigungskontext	53		
1. Beschäftigungskontext	53		
2. Exemplarische Einzelbereiche	55	VI. Mitteilungspflicht der Mitgliedstaaten	92
V. Regelungsinhalt	65	F. Einzelne Regelungen des Beschäftigtendatenschutzes in Deutschland	96
1. Spezifischere Vorschriften	66		
2. Zur Gewährleistung des Schutzes der Rechte und Freiheiten hinsichtlich der Verarbeitung personenbezogener Beschäftigtendaten	74	I. Vorbestehende Regelungen	97
		II. Neuregelung des § 26 BDSG	99

A. Allgemeines

Der **Regelungsgehalt** des Art. 88 liegt in einer Option der Mitgliedstaaten, für den Beschäftigtendatenschutz spezifische Regelungen vorzusehen. Diese Option können die Mitgliedstaaten auch den Kollektivparteien eröffnen. Inhaltlich sind die Mitgliedstaaten oder Kollektivparteien dabei allerdings nicht frei, sondern gebunden, einen Interessenausgleich unter Berücksichtigung der besonderen grundrechtlichen Fundierung des Rechts auf informationelle Selbstbestimmung zu treffen. **1**

Die **bisherige Datenschutzrichtlinie** enthielt keinerlei spezifische Regelung für Beschäftigte. Es fanden die allgemeinen Regeln Anwendung, die die Mitgliedstaaten freilich in der Umsetzung spezifisch ausdifferenzieren konnten. **2**

Im **deutschen Recht** gab es lange Zeit ebenfalls keine Regelung des Beschäftigtendatenschutzes. Die besonderen Sachfragen des Beschäftigungsbereichs wurden auf der Grundlage der allgemeinen Regeln gelöst, im privatrechtlichen Bereich vor allem jener für vertragliche Schuldverhältnisse. Erst 2009 führte der Gesetzgeber mit § 32 BDSG eine eigenständige Norm an, die indes höchst allgemein gehalten ist. Weitergehende Vorschläge für eine ins Einzelne gehende Regelung des Beschäftigtendatenschutzes fanden bislang keine ausreichende politische Unterstützung. Zur Entwicklung näher → BDSG § 26 Rn. 1 ff. **3**

B. Entstehungsgeschichte

I. Vor-Entwürfe

1. Genese der Regelungsoption für den Beschäftigtendatenschutz

Eine Regelungsoption für den Beschäftigtendatenschutz war bereits im **Kommissionsvorschlag** v. 25.1.2012 (KOM (2012) 11 endg.) enthalten (Art. 82). Inhaltlich war dort eine Option „in den Grenzen dieser Verordnung" normiert. Vorgesehen war allein die Regelung „per Gesetz", also nicht auch durch Kollektivvereinbarung. Abs. 3 der Vorschrift enthielt eine Ermächtigung der Kommission, in delegierten Rechtsakten die Kriterien und Anforderungen für die Datenverarbeitung im Beschäftigungskontext festzulegen. **4**

Der Beschluss des **Europäischen Parlaments** v. 12.3.2014 (Interinstitutionelles Dossier des Rats der Europäischen Union v. 27.3.2014, 2012/0011 (COD); 7427/1/14, REV 1) sah inhaltlich die Möglichkeit vor, die Verarbeitung personenbezogener Daten im Beschäftigungskontext „im Einklang mit den Regelungen dieser Verordnung und unter Berücksichtigung des Grundsatzes der Verhältnismäßigkeit" zu regeln. Hier wurde nun auch eine Möglichkeit der Regelung („weitere Konkretisierung") durch die Kollektivparteien eingeführt. Darüber hinaus enthielt dieser Vorschlag eine Reihe weiterer inhaltlicher Vorgaben, und zwar zur Einwilligung einerseits und zu Einzelfragen der gesetzlichen Erlaubnistatbestände andererseits. Er enthielt zudem auch noch die Konkretisierungskompetenz der Kommission; dazu Benecke/Wagner DVBl 2016, 600 (603). **5**

Der Vorschlag des **Rates** v. 11.6.2015 (Interinstitutionelles Dossier 2012/0011 (COD) 9565/15) ist eine gewisse Synthese daraus. Die Regelungsoption ist hier inhaltlich auf „spezifischere Vorschriften zur Gewährleistung des Schutzes der Rechte und Freiheiten" beschränkt. Als Regelungsinstrumente werden Rechtsvorschriften und Kollektivvereinbarungen genannt. **6**

Das Arbeitsergebnis der **Trilogparteien** v. 15.12.2015 (Dokument des Rates 15039/15) ergänzte zu dem Vorschlag des Rates schließlich die in Abs. 2 der verabschiedeten Fassung enthaltene nähere Konturierung der inhaltlichen Vorgaben. **7**

2. Genese der Regelung über die Einwilligung

8 Von unmittelbarer Bedeutung für das Beschäftigungsverhältnis war neben der Regelungsoption des Art. 88 (Art. 82 der Entwurfsfassungen) von Anfang an die Regelung über die Einwilligung. Art. 7 Abs. 4 des **Kommissionsvorschlags** sah vor, dass eine Einwilligung nicht wirksam erteilt werden könne, wenn zwischen dem Betroffenen und dem Verantwortlichen ein erhebliches Ungleichgewicht besteht. Und Begründungserwägung 34 des Vorschlags erläuterte, dass die Kommission dabei insbesondere an das Verhältnis von Arbeitnehmer und Arbeitgeber gedacht hat. Die Einwilligung sollte also im Arbeitsverhältnis keinen Erlaubnistatbestand mehr darstellen.

9 Im Vorschlag des **Rates** sah Art. 82 Abs. 3 eine spezielle Regelungsoption im Hinblick auf die Einwilligung des Arbeitnehmers als Erlaubnistatbestand vor.

10 In der verabschiedeten Fassung ist sowohl der vollständige Ausschluss der Einwilligung als Erlaubnistatbestand im Arbeitsverhältnis als auch die besondere Regelungsoption entfallen. Diese letztere Streichung dürfte freilich keine negative Regelung bedeuten (vgl. Begründungserwägung 155; die Regelungsoption von Abs. 1 der verabschiedeten Fassung erlaubt den Mitgliedstaaten auch, die Einwilligung im Beschäftigungskontext zu näher auszugestalten (näher → Rn. 76 f.).

II. Materialien

11 Begründungserwägung (BE) 155 erläutert die Vorschrift des Art. 88 näher. Daraus ergibt sich insbesondere, dass auch Betriebsvereinbarungen zu den Kollektivvereinbarungen iSd Vorschrift zählen (→ Rn. 51). Begründungserwägung 155 weist zudem darauf hin, dass die „spezifischen" mitgliedstaatlichen Regeln auch die Einwilligung im Beschäftigungskontext betreffen können (→ Rn. 76 f.). Die Einwilligung wird in Begründungserwägung 42, 43 näher erläutert. Einen Überblick über die Verordnung und Hintergründe gibt der Berichterstatter im EP Albrecht (Bündnis 90/Die Grünen) CR 2016, 88 (mit nur knappen Hinweisen zu Art. 88).

C. Zweck

12 Die Regelungsoption von Art. 88 hat eine **integrationspolitische** und eine **sachlich-rechtspolitische,** also datenschutzrechtliche Seite. Im Hinblick auf die Rechtsvereinheitlichung bedeutet die Regelungsoption eine Einschränkung; das generelle Vereinheitlichungsziel wird verfehlt, soweit (einzelne) Mitgliedstaaten von der Option Gebrauch machen. Im Hinblick auf den Datenschutzzweck – Ausgleich von Schutz- und Verarbeitungsinteressen – hingegen wird die Ausübung der Option regelmäßig zweckgerecht sein, weil sie nicht nur bestimmte Mindeststandards wahren muss (Abs. 2), sondern zudem spezifischere Regeln enthalten (Abs. 1). Spezifischere Regeln sind gerade im Bereich der Beschäftigung von besonderer Bedeutung. Einerseits bestehen hier vielfältige Verarbeitungserfordernisse, zT auch im Interesse von Beschäftigten (zB Videoüberwachung zur Sicherheit der Bankangestellten; GPS-Tracking zum Schutz von Wachleuten; Gesundheitsuntersuchung zum Gesundheitsschutz; Arbeitszeitkontrolle aus Gründen der Arbeitssicherheit). Andererseits gibt es hier besondere Antinomien (zB infolge von Compliance-Anforderungen; Terrorlistenabgleich). Dabei erweist sich – wie die langwierige rechtspolitische Diskussion in Deutschland illustriert – der Interessenausgleich als sozialpolitisch ausgesprochen schwierig. Darin dürfte zugleich ein Grund dafür liegen, dass der Unionsgesetzgeber auf eine eigene Regelung verzichtet hat. Ein anderer Grund ist aber, dass die arbeitsrechtlichen Schutzinstrumente in den mitgliedstaatlichen Rechten und Traditionen unterschiedlich ausgebildet sind. Eine einheitliche unionsrechtliche Regelung könnte die Vielfalt mitgliedstaatlicher Regelungsinstrumente, die teils auf gesetzlicher, teils auf kollektivvertraglicher Grundlage beruhen, nicht optimal nutzen. Die Regelungsoption des Art. 88 ist daher **keine zweckwidrige Ausnahme, sondern zweckgerechte Selbstbeschränkung** des Unionsgesetzgebers.

13 Die Ausnahmeoption ist daher auch **keineswegs eng auszulegen** (ein methodisches Gebot enger Auslegung von Ausnahmen ist ohnehin abzulehnen; dazu Riesenhuber/Riesenhuber, Europäische Methodenlehre, 4. Aufl. 2021, § 10 Rn. 62 ff.), sondern zweckgerecht und daher ggf. auch weit. Wegen der aufgezeigten besonderen teleologischen Hintergründe lässt sich Anderes auch nicht mit der allgemeinen Erwägung begründen, Öffnungsklauseln in Verordnungen seien stets eng auszulegen; so aber Körner, Wirksamer Beschäftigtendatenschutz im Lichte der Europäischen Datenschutz-Grundverordnung, 2016, 55.

D. Systematik

14 Art. 88 wirft in zweifacher Hinsicht Fragen der Systematik auf. Zum einen ist das vertikale Verhältnis von Unionsrecht und mitgliedstaatlichem Recht zu klären (→ Rn. 15 ff.). Zum anderen

ist die gleichsam horizontale Systematik des DS-GVO zu erörtern, nämlich die Frage, wie der Beschäftigtendatenschutz in der Verordnung verortet ist (→ Rn. 18 ff.).

I. Vertikale Systematik: Das Verhältnis von DS-GVO und mitgliedstaatlichem Recht

Ihrer **Rechtsnatur** nach ist die DS-GVO „in allen ihren Teilen verbindlich und gilt unmittelbar 15 in jedem Mitgliedstaat" (Art. 288 Abs. 2 AEUV). Sie ist **nicht umsetzungsbedürftig** und grundsätzlich auch nicht umsetzungsfähig (s. nur Benecke/Wagner DVBl 2016, 600 (604 ff.); GHN/ Nettesheim AEUV Art. 288 Rn. 102; Streinz/Schroeder AEUV Art. 288 Rn. 58; Basedow/ Hopt/Zimmermann/Riesenhuber, Handwörterbuch des Europäischen Privatrechts, 2009, Stichwort „Verordnung"). Sie gilt daher auch für den Datenschutz im Beschäftigungskontext. Soweit – wie ganz überwiegend der Fall – spezifische Vorschriften für diesen Bereich fehlen, gelten die allgemeinen Vorschriften der DS-GVO, insbesondere über Einwilligung, Verträge und gesetzliche Erlaubnistatbestände.

Art. 88 ändert an dieser Wirkung nichts, sondern gibt den Mitgliedstaaten nur eine **Regelungs-** 16 **option** für den Datenschutz im Beschäftigungskontext. Soweit allerdings die Mitgliedstaaten von dieser Regelungsoption Gebrauch machen, gehen die Vorschriften der Verordnung vor. Das ordnet Art. 88 zwar nicht unmittelbar an, ergibt sich aber aus dem Zweck der Vorschrift. Man kann in der Regelungsoption zugunsten „spezifischer" Vorschriften (→ Rn. 41 ff.) eine einfach-gesetzliche Ausprägung des Grundsatzes **lex specialis derogat legi generali** sehen; soweit die Option eröffnet ist, kommt m.a.W. der (aus der unmittelbaren Geltung abgeleitete) grundsätzliche Vorrang der Verordnung vor dem mitgliedstaatlichen Recht (EuGH Rs. 6/64 – *Costa./.Enel*, ECLI:EU:C:1964:66) nicht zur Geltung.

Der Vorrang „spezifischer" Vorschriften gilt nur, **soweit** ein Mitgliedstaat von der Regelungs- 17 option Gebrauch macht. Die mitgliedstaatlichen spezifischeren Vorschriften – und dementsprechend auch der Vorrang – können sich daher auch auf einzelne Sachbereiche beschränken, zB nur auf den Erlaubnistatbestand der Vertragsdurchführung, aber nicht auf die Erlaubnistatbestände der Einwilligung oder der berechtigten Interessen (näher → Rn. 46 f.). Zu den inhaltlichen Vorgaben von Abs. 2 näher → Rn. 53 ff.

II. Horizontale Systematik: Beschäftigtendatenschutz im System der DS-GVO

Die „horizontale" Systematik betrifft die Stellung des Beschäftigtendatenschutzes im System 18 der DS-GVO. Sie kann unter zwei Aspekten von Bedeutung sein. Zum einen kommen allein die Vorschriften der DS-GVO zum Tragen, wenn die Mitgliedstaaten von der Regelungsoption des Art. 88 keinen Gebrauch machen. Zum anderen kommen die allgemeinen Vorschriften der DS-GVO zum Tragen, wenn die Mitgliedstaaten nur für Teilbereiche des Beschäftigtendatenschutzes spezifischere Regeln erlassen. Neben allgemeinen Vorschriften, die (auch) für das Beschäftigungsverhältnis Bedeutung haben können (→ Rn. 19 ff.) enthält die Verordnung auch einzelne Sonderregeln, die gerade das Beschäftigungsverhältnis betreffen (→ Rn. 28 ff.). Art. 88 bedeutet keine „vollständige Bereichsausnahme" von der DS-GVO; EuArbR/Franzen Rn. 5.

1. Allgemeine Regeln mit Bedeutung für das Beschäftigungsverhältnis

Die DS-GVO enthält zunächst eine Fülle von Vorschriften, die zwar allgemein gefasst sind, 19 aber (auch) im Beschäftigungskontext von besonderer praktischer Relevanz und für das Verständnis von Art. 88 von Bedeutung sind; zum Folgenden auch Franzen EuZA 2017, 313 (319 f.).

a) **Anwendungsbereich und Grundbegriffe.** Die DS-GVO enthält Vorschriften zum Schutz 20 natürlicher Personen bei der Verarbeitung personenbezogener Daten (Art. 1 Abs. 1). Als „**personenbezogene Daten**" sind dabei alle Informationen, die sich auf eine identifizierte oder identifizierbare natürliche Person (im Folgenden „betroffene Person") beziehen (s. näher Art. 4 Nr. 1 mit Begründungserwägung 26; Hofmann/Johannes ZD 2017, 221 ff.). **Verarbeitung** ist in einem geradezu weitesten Sinne bestimmt als jeder Vorgang im Zusammenhang mit personenbezogenen Daten; beispielhaft genannt sind ua das Erheben, das Erfassen, die Organisation, die Speicherung, die Übermittlung; Art. 4 Nr. 2.

Die Verordnung „gilt für die ganz oder teilweise **automatisierte Verarbeitung** personenbezo- 21 gener Daten sowie für die **nichtautomatisierte Verarbeitung** personenbezogener Daten, die in einem Dateisystem gespeichert sind oder gespeichert werden sollen" (Art. 2 Abs. 1). „**Dateisystem**" ist dabei definiert als „jede strukturierte Sammlung personenbezogener Daten, die nach bestimmten Kriterien zugänglich sind, unabhängig davon, ob diese Sammlung zentral, dezentral oder nach funktionalen oder geografischen Gesichtspunkten geordnet geführt wird" (Art. 4 Nr. 6).

DS-GVO Artikel 88   Kapitel IX. Vorschriften für besondere Verarbeitungssituationen

So wie auch unter § 32 Abs. 2 BDSG erfasst die DS-GVO daher nicht nur die computergestützte Datenverarbeitung, sondern auch die „manuelle Verarbeitung", vorausgesetzt nur, dass die resultierende Sammlung strukturiert und nach bestimmten Kriterien zugänglich ist; vgl. auch Begründungserwägung 15; aM Spelge DuD 2016, 775 (779). Darunter fällt auch die Personalakte, sofern sie, wie regelmäßig der Fall, ein Mindestmaß an Ordnung aufweist; ebenso Sörup/Marquardt ZD 2016, 103; vgl. auch Riesenhuber NZA 2014, 753.

22   **b) Grundsätze der Verarbeitung personenbezogener Daten.** Auch im Beschäftigungskontext sind die Grundsätze der Verarbeitung personenbezogener Daten zu beachten, die Art. 5 Abs. 1 hervorhebt (s. iE die Erläuterungen dort):
• Rechtmäßigkeit, Verarbeitung nach Treu und Glauben und Transparenz;
• Zweckbindung;
• Datenminimierung;
• Richtigkeit;
• Speicherbegrenzung;
• Integrität und Vertraulichkeit.
Den Verantwortlichen trifft eine Rechenschaftspflicht (Art. 5 Abs. 2).

23   **c) Verbot mit Erlaubnisvorbehalt.** Dem bekannten Modell des deutschen Rechts entsprechend formuliert auch Art. 6 Abs. 1 ein Verbot mit Erlaubnisvorbehalt. Die im Beschäftigungskontext bedeutsamen Erlaubnistatbestände sind vor allem (näher zu den Einzeltatbeständen Franzen EuZA 2017, 313 (324 ff.):
• die Einwilligung (lit. a);
• die Datenverarbeitung zur Erfüllung eines Vertrags mit der betroffenen Person oder zur Durchführung vorvertraglicher Maßnahmen (lit. b);
• die Datenverarbeitung zur Erfüllung rechtlicher (auch aus dem normativen Teil von Kollektivvereinbarungen; Franzen EuZA 2017, 313 (324)) Pflichten des Verantwortlichen (lit. c);
• die Datenverarbeitung zum Schutz lebenswichtiger Interessen des Betroffenen (lit. d)
• die Datenverarbeitung zur Wahrnehmung überwiegender berechtigter Interessen (lit. f) (vergleichbar § 28 Abs. 1 S. 1 Nr. 1 BDSG).

24   Dabei betreffen die beiden ersten Erlaubnistatbestände die Legitimation kraft Selbstbestimmung (in der Einwilligung oder im Vertrag); die übrigen Erlaubnistatbestände sind durch übergeordnete Rechten und Pflichten sowie Interessen begründet.

25   **d) Die Einwilligung – allgemein.** Die Einwilligung ist (auch) nach der DS-GVO der erstrangige Erlaubnistatbestand. Erforderlich ist eine unmissverständlich abgegebene Willensbekundung, die der Betroffene **ausdrücklich oder konkludent** erklären kann. Für die konkludente Erklärung ist eine „sonstige eindeutige bestätigende Handlung" erforderlich, „mit der die betroffene Person zu verstehen gibt, dass sie mit der Verarbeitung der sie betreffenden personenbezogenen Daten einverstanden ist". Bloßes Weiterarbeiten des Beschäftigten nach Information über die beabsichtigte Datenverarbeitung soll nicht ausreichen; Franzen EuZA 2017, 313 (322). Die Einwilligung ist als **freiwilliges und informiertes Einverständnis** definiert, Art. 4 Nr. 1 mit Begründungserwägung 42, 43; Franzen EuZA 2017, 313 (323). Art. 7 formuliert nähere formale und materielle Anforderungen an ihre Wirksamkeit. Sie muss „in verständlicher und leicht zugänglicher Form in einer klaren und einfachen Sprache" formuliert sein und in einer gesonderten Erklärung erteilt werden, Art. 7 Abs. 2. Die Einwilligung ist zudem jederzeit **widerruflich**; Franzen EuZA 2017, 313 (323 f.).

26   **e) Verarbeitung „besonderer Kategorien" (sensibler) personenbezogener Daten.** Die Verarbeitung besonderer Kategorien personenbezogener Daten ist eigens untersagt und nur in enumerativ aufgezählten Fällen zulässig, Art. 9; dazu Franzen EuZA 2017, 313 (328 f.); Kort NZA 2016 Beil. 2, 62 (64 f.). Gemeint sind Daten, „aus denen die rassische und ethnische Herkunft, politische Meinungen, religiöse oder weltanschauliche Überzeugungen oder die Gewerkschaftszugehörigkeit hervorgehen, sowie die Verarbeitung von genetischen Daten, biometrischen Daten zur eindeutigen Identifizierung einer natürlichen Person, Gesundheitsdaten oder Daten zum Sexualleben oder der sexuellen Orientierung einer natürlichen Person".

27   **f) Rechte des Betroffenen.** Schließlich seien die Rechte des Betroffenen nach Art. 12–21 hervorgehoben (Übersicht bei Sörup ArbRAktuell 2016, 207 ff.):
• Transparenz (Art. 12);
• Informationspflichten und Auskunftsrecht (Art. 13–15 – dazu Sörup ArbRAktuell 2016, 207 ff. mit Hinweisen zur Umsetzung der Informationspflichten in Allgemeinen Vertragsbedingungen oder in einer Betriebsvereinbarung);
• Berichtigung und Löschung (einschließlich Recht auf „Vergessenwerden" und auf Datenübertragbarkeit – Art. 16–20);
• Widerspruchsrecht (Art. 21).

2. Sonderregeln für Beschäftigte in der DS-GVO

Darüber hinaus enthält die Verordnung einzelne Regeln, die besonderen Bezug zum Beschäftigungskontext haben. 28

a) **Beschäftigtenbegriff.** Der Begriff des „Beschäftigten" wird in der DS-GVO wiederholt verwendet, aber nicht definiert. Da der Begriff für den Anwendungsbereich von Art. 88 zentrale Bedeutung hat, ist eine **autonome Auslegung** geboten (ebenso Höhne, Auswirkungen der unionsrechtlichen Öffnungsklausel nach Art. 88 DS-GVO auf den Beschäftigtendatenschutz nach deutschem Recht, 2019, 81 ff.; zur autonomen Auslegung Riesenhuber/Riesenhuber, Europäische Methodenlehre, 4. Aufl. 2021, § 10 Rn. 4 ff.). 29

Der Wortlaut deutet darauf hin, dass der Gesetzgeber damit auf eine **tatsächliche Gegebenheit** Bezug nehmen wollte, nicht auf ihre rechtliche Einordnung (ähnlich Gola/Pötters/Thüsing RDV 2016, 57 (58); anderer Meinung für eine Beschränkung auf das „klassische" Arbeitnehmerdatenschutzrecht Kühling/Buchner/Maschmann Rn. 11 ff.). Immerhin verwendet der Gesetzgeber in der Verordnung auch den Begriff des „Arbeitsvertrags" und kennt er in anderen Rechtsakten durchaus die Unterscheidung von Arbeitnehmern und Beamten. Auch die englische (employees' personal data in the employment context) und die französische Sprachfassung (des données à caractère personnel des employés dans le cadre des relations de travail) weisen tendenziell in dieselbe Richtung. „Beschäftigt" sein kann man daher sowohl in einem privatrechtlichen als auch in einem öffentlich-rechtlichen Verhältnis; sowohl auf wirksamer vertraglicher Grundlage als auch „faktisch". Auch der systematische Gedanke einer Gleichbehandlung wesentlich gleicher Sachverhalte spricht für eine funktionale und weite Definition, da dem nationalen Gesetzgeber nur so eine stimmige Gesamtregelung ermöglicht wird. Es wäre schwer zu vermitteln, wenn nur Arbeitnehmer (im engen Sinne) dem Beschäftigtendatenschutz unterworfen würden, aber etwa Beamte, Heimarbeiter, Auszubildende oder Bewerber nicht. Zudem ist auch hier die spezifisch integrationspolitische Erwägung zu berücksichtigen, dass eine enge Beschränkung auf privatrechtliche Arbeitsverhältnisse eine uneinheitliche Anwendung der Option in den Mitgliedstaaten zur Folge haben könnte, da die Grenze zwischen Arbeitnehmern und Beamten nicht überall gleich gezogen wird. 30

Die eingehendste Regelung über „Beschäftigte" in der DS-GVO ist Art. 88. Die in Abs. 1 der Vorschrift beispielhaft aufgelisteten Illustrationen für den „Beschäftigungskontext" weisen zwar auf den „**Arbeitsvertrag**" (contrat de travail, contract of employment) hin, doch ist darin keine Beschränkung auf vertragliche Verhältnisse iS eines Ausschlusses von etwa **Beamten-, Soldaten- oder Richterverhältnissen** zu sehen, weil die Aufzählung eben nur beispielhaft ist (ähnlich Tiedemann ArbRB 2016, 334 f.; insoweit auch Maier DuD 2017, 169 f.), die aber in Art. 6 Abs. 2 eine (iW inhaltsgleiche) Regelungsoption für den öffentlichen Dienst sieht. Auch **Praktikumsverhältnisse** oder die **ehrenamtliche** Beschäftigung kann darunterfallen. Für dieses weite Verständnis spricht nicht zuletzt der Vereinheitlichungszweck, da ähnliche Beschäftigungen in verschiedenen Mitgliedstaaten unterschiedlich rechtlich ausgestaltet sein können. 31

Ist der Erwähnung des Arbeitsvertrags auch keine Beschränkung zu entnehmen, so kann man darin doch eine paradigmatische Hervorhebung sehen: Der (privatrechtliche) Arbeitsvertrag ist der Normalfall des Beschäftigungsverhältnisses. Davon ausgehend geht es bei Art. 88 um die besonderen Sachfragen **abhängiger Beschäftigung** nach **Weisung** des Dienstherrn. Das bestätigt auch die Entstehungsgeschichte der VO, wenn in den Entwürfen ursprünglich ein besonderes Bedürfnis gesehen wurde, die Einwilligung im Beschäftigungsverhältnis als einem Über-/Unterordnungsverhältnis zu regeln. Im Ergebnis ähnlich Körner NZA 2016, 1383 (1384); Körner, Wirksamer Beschäftigtendatenschutz im Lichte der Europäischen Datenschutz-Grundverordnung, 2016, 51; Spelge DuD 2016, 775 (777). 32

b) **Betrieblicher Datenschutzbeauftragter.** Art. 37 verpflichtet den Verantwortlichen, in bestimmten Fällen einen Datenschutzbeauftragten zu „benennen"; Franzen EuZA 2017, 313 (337 f.). Seine Rechtsstellung ergibt sich aus Art. 38, die Aufgaben umreißt Art. 39; Übersicht bei Franzen EuZA 2017, 313 (340 ff.); Kort ZD 2017, 3 ff.; Wybitul/v. Gierke BB 2017, 181 ff. 33

Ein „betrieblicher" Datenschutzbeauftragter, speziell für den Beschäftigungskontext, ist hier nicht vorgesehen. Statt dessen stellt der Tatbestand von Art. 37 Abs. 1 lit. b in abstrakter Weise ab auf Fälle, in denen „die **Kerntätigkeit** des Verantwortlichen oder des Auftragsverarbeiters in der Durchführung von Verarbeitungsvorgängen besteht, welche aufgrund ihrer Art, ihres Umfangs und/oder ihrer Zwecke eine umfangreiche regelmäßige und systematische Überwachung von betroffenen Personen erforderlich machen". Zur Kerntätigkeit gehören die Handlungen, die für die Umsetzung der Unternehmensziele und -strategien entscheidend sind; Franzen EuZA 2017, 313 (338); zu weitgehend ist es daher, unabhängig vom eigentlichen Unternehmensgegenstand 34

DS-GVO Artikel 88 Kapitel IX. Vorschriften für besondere Verarbeitungssituationen

die Personaldatenverarbeitung als „Kerntätigkeit" des Arbeitgebers anzusehen (vgl. Begründungserwägung 97); so aber Paal/Pauly/Paal Art. 37 Rn. 8; Weichert CuA 4/2016, 8 (10).

35 Eine Unternehmensgruppe darf einen gemeinsamen Datenschutzbeauftragten ernennen („**Konzern-Datenschutzbeauftragter**"), sofern von jeder Niederlassung aus der Datenschutzbeauftragte leicht erreicht werden kann (Art. 37 Abs. 2).

36 Darüber hinaus erhält Art. 37 Abs. 4 den **Mitgliedstaaten** das Recht, in anderen Fällen einen Datenschutzbeauftragten vorzuschreiben (→ Rn. 36.1).

36.1 Zu Einzelheiten des Datenschutzbeauftragten Kort DB 2016, 711 ff. Eine Pflicht zur Einführung eines Datenschutz-Management-Systems entnimmt der DS-GVO Wichtermann ZD 2016, 421.

37 **c) Sensible Daten und Arbeitsrecht sowie Arbeitsmedizin.** Das als besonders strikt hervorgehobene Verbot der Verarbeitung „besonderer Kategorien" (sensibler) personenbezogener Daten von Art. 9 Abs. 1 ist gerade im Beschäftigungskontext eingeschränkt. Zwei Tatbestände sind besonders hervorzuheben.

38 Nach Art. 9 Abs. 2 lit. b gilt das grundsätzliche Verbot von Abs. 1 der Vorschrift nicht, wenn die Verarbeitung zur **Wahrnehmung arbeitsrechtlicher Rechte und Pflichten** erforderlich ist. Zu denken ist zB an Daten über die Religion, die von einem kirchlichen Arbeitgeber erhoben werden, oder an Personenstandsdaten (die die sexuelle Orientierung erkennen lassen können), die für eine Hinterbliebenenrente von Bedeutung sind.

39 Ausgenommen ist nach Abs. 2 lit. h die Datenverarbeitung, die für die Zwecke der Gesundheitsvorsorge oder der **Arbeitsmedizin** erforderlich ist für die Beurteilung der Arbeitsfähigkeit des Beschäftigten.

40 **d) Die Einwilligung im Beschäftigungskontext.** Für die Einwilligung im Beschäftigungskontext enthält die DS-GVO keine besondere Regelung, doch ist dieser Anwendungsfall in Begründungserwägung 155 besonders hervorgehoben. Bei der Auslegung der allgemeinen Vorschrift des Art. 7 ist zu beachten, dass die Einwilligung nach Begründungserwägung 155 auch im Beschäftigungskontext **grundsätzlich ein Erlaubnistatbestand** ist; Paal/Pauly/Pauly Rn. 8; Spelge DuD 2016, 775 (781); Wybitul ZD 2016, 203 (205); sa Kort DB 2016, 711. Das verdient vor dem Hintergrund der Entstehungsgeschichte (→ Rn. 4 ff.) Hervorhebung, da der ursprüngliche Vorschlag der Kommission die Einwilligung im Beschäftigungsverhältnis als Erlaubnistatbestand ausschließen wollte. Zu beachten ist besonders das **Koppelungsverbot** von Art. 7 Abs. 4 (BE 68): Ein Vertragsschluss darf nicht davon abhängig gemacht werden, dass die betroffene Person in die Verarbeitung personenbezogener Daten einwilligt, die nicht für die Erfüllung des Vertrags erforderlich ist. Die grundsätzliche **Widerruflichkeit** der Einwilligung kann im Beschäftigungskontext (wie auch in anderen Dauerschuldverhältnissen) zu praktischen Problemen führen (vgl. den Fall von BAG NZA 2015, 604). Insoweit erscheint teleologisch eine Einschränkung geboten.

E. Regelungsoption für den Beschäftigtendatenschutz

41 Art. 88 enthält eine Regelungsoption für die Mitgliedstaaten (→ Rn. 44 ff.), mit Beschränkungen hinsichtlich der Regelungsinstrumente (→ Rn. 50 ff.), der Regelungsgegenstände (→ Rn. 53 ff.) und des Regelungsinhalts (→ Rn. 65 ff.) und unter dem formalen Gebot einer Mitteilungspflicht (→ Rn. 92 ff.). Zunächst ist aber zu erörtern, inwieweit sich aus dem Primärrecht bereits Vorgaben für die optionalen mitgliedstaatlichen Vorschriften ergeben.

I. Primärrechtliche Vorgaben

42 Ihrer Rechtsnatur nach gilt die DS-GVO unmittelbar in jedem Mitgliedstaat, sie ist weder umsetzungsbedürftig, noch umsetzungsfähig → Rn. 15. Diesen Vorgaben hat der EuGH ein grundsätzliches **Umsetzungsverbot** entnommen, auch für **wiederholende Regeln**; s. nur A. Benecke/Wagner DVBl 2016, 600 (604 ff.); GHN/Nettesheim AEUV Art. 288 Rn. 102; Streinz/Schroeder AEUV Art. 288 Rn. 58; Basedow/Hopt/Zimmermann/Riesenhuber, Handwörterbuch des Europäischen Privatrechts, 2009, Stichwort „Verordnung". Ratio dieser Rechtsprechung ist, dass die unionsrechtliche Rechtsnatur und Geltung einer Verordnung sowie die Auslegungskompetenz des EuGH nicht kompromittiert oder verschleiert werden sollen. Allerdings hat der Gerichtshof selbst Einschränkungen von dem grundsätzlichen Verbot anerkannt, namentlich für den Fall, dass die Komplexität der Regelung wiederholende Vorschriften erfordere und, dem Verbotszweck entsprechend, für den Fall, dass die unionsrechtliche Provenienz der Vorschriften unzweideutig erkennbar blieb (EuGH Rs. 272/83 – Kommission./Italien, ECLI:EU:C:1985:147 Rn. 26 f.) (→ Rn. 42.1).

42.1 Irrig ist indes die Annahme, die Verordnung rechne ihrer Rechtsnatur nach selbst zum Primärrecht (so Spelge DuD 2016, 775 (776, 777 f.), das Gegenteil ergibt sich aus der Regelung in der Primärrechtsvorschrift des Art. 288 AEUV. Ebenso lässt sich aus dem Verordnungscharakter (Art. 288 Abs. 2 AEUV) weder ein Über- noch ein Unterschreitungsverbot ableiten (so aber wiederum Spelge DuD 2016, 775 (777 f.). Und schließlich handelt es sich bei der Verordnung, die eine **Rechtsvereinheitlichung** bewirkt, nicht um eine **Harmonisierungs**maßnahme, sodass sich hier auch die zur Datenschutzrichtlinie 95/46 erörterte Frage nicht stellt, ob es sich um eine Vollharmonisierung handelt (wie Spelge DuD 2016, 775 (779) aber annimmt). Inwieweit der nationale Beschäftigtendatenschutz nach oben oder unten von den Standards der DS-GVO abweichen kann, ist daher allein der Ermächtigungsnorm von Art. 88 zu entnehmen; dazu → Rn. 67 ff.

43 Ob das Wiederholungsverbot auch für mitgliedstaatliche Regelungen Geltung beansprucht, die auf einer **Öffnungsklausel** beruhen, kann man bezweifeln; A. Benecke/Wagner DVBl 2016, 600 (606 f.). Einerseits kann gerade die wiederholende Regelung zur Transparenz der unionsrechtlichen Grundlagen beitragen, sodass ein Verbot zweckwidrig wäre. Andererseits kann die wiederholende Regelung zur Erreichung der Zwecke der Verordnung geboten sein, sodass (einmal mehr → Rn. 12) formale Integrations- und materiale Regelungszwecke der Verordnung kollidieren. In Begründungserwägung 8 ist der Gesetzgeber denn auch ausdrücklich von der Befugnis der Mitgliedstaaten ausgegangen, dort, wo sie „Präzisierungen oder Einschränkungen" vornehmen dürfen auch „Teile dieser Verordnung in ihr nationales Recht auf(zu)nehmen, soweit dies erforderlich ist, um die Kohärenz zu wahren und die nationalen Rechtsvorschriften für die Personen, für die sie gelten, verständlicher zu machen". Zudem sieht Abs. 2 mit der Vorgabe des Transparenzgebots selbst vor, dass die mitgliedstaatlichen Vorschriften die Gebote der Verordnung aufnehmen. Die spezialgesetzliche Option und die materialen Schutzzwecke der Regelung sprechen daher dafür, im mitgliedstaatlichen Beschäftigtendatenschutzrecht auch solche Regeln zulassen, die die Verordnungsvorgaben bloß wiederholen. Um den Zwecken der EuGH-Rechtsprechung Rechnung zu tragen, empfiehlt sich dabei eine ausdrückliche Bezugnahme auf die DS-GVO.

II. Regelungsoption

1. Vorbestehende und neue Vorschriften

44 Die Mitgliedstaaten können nach Abs. 1 spezifischere Vorschriften für den Datenschutz im Beschäftigungskontext „**vorsehen**" (peuvent prevoir, may provide). Mit dem eher untechnischen und sprachlich offenen Begriff erlaubt der Gesetzgeber nicht nur, **neue Regeln zu schaffen,** sondern auch **vorbestehende Regeln beizubehalten;** Franzen EuZA 2017, 313, (348); Wybitul/Sörup/Pötters ZD 2015, 559 (561).

2. Option, keine Pflicht

45 Art. 88 gibt den Mitgliedstaaten ein Recht, begründet für sie aber **keine Pflicht.** Der Gesetzgeber ging maW davon aus, dass die Vorschriften der Verordnung (Übersicht → Rn. 18ff.) bereits ausreichende, wenn auch unspezifische Regelungen enthalten, die auch den Beschäftigungskontext abdecken.

3. „Vollständige" oder teilweise Regelung

46 Den Mitgliedstaaten ist nicht nur überlassen, **ob** sie von der Option Gebrauch machen, sondern auch **inwieweit;** ebenso Traut RDV 2016, 312 (317). Eine „vollständige" Regelung ließe sich ohnehin bestenfalls durch Generalklauseln mit entsprechendem Regelungsanspruch erreichen. Im Übrigen ist die Option für Gesetze und Kollektivvereinbarungen einheitlich statuiert, jedenfalls letztere dürften aber praktisch nie eine „vollständige" Regelung des Beschäftigtendatenschutzes enthalten, damit wären die Kollektivpartner auch überfordert.

47 Die Mitgliedstaaten können daher **auch Teilbereiche** wie die Einwilligung oder den Datenschutz bei der Einstellung beschäftigungsspezifisch regeln, aber andere Bereiche dem Regime der DS-GVO überlassen (→ Rn. 17). Ebenso ist denkbar, nur die Tatbestandsseite spezifisch zu regeln und für die Rechtsfolgen (wiederum: ganz oder teilweise) auf die Verordnung zu rekurrieren; wohl aM Körner, Wirksamer Beschäftigtendatenschutz im Lichte der Europäischen Datenschutz-Grundverordnung, 2016, 72. Wegen der damit bestehenden Möglichkeit eines Zusammenspiels von nationalem Beschäftigtendatenschutzrecht und europäischem allgemeinen Datenschutzrecht dürfte sich empfehlen, das nationale Recht an die äußere Systematik (Begriffe) der DS-GVO anzupassen (vgl. auch Benecke/Wagner DVBl 2016, 600 ff.); dem inneren System (Prinzipien) muss es nach Abs. 1 und 2 ohnehin folgen (→ Rn. 65 ff.).

4. Option „der Mitgliedstaaten"

48 Die Regelungsoption ist dem Wortlaut nach „den **Mitgliedstaaten**" überlassen. Der Begriff der Mitgliedstaaten bezeichnet im Unionsrecht alle staatliche Gewalt, insbesondere auch die Hoheitsträger der unterschiedlichen föderalen Ebenen, Bund, Länder und Gemeinden.

49 Da als Regelungsinstrumente neben Rechtsvorschriften auch Kollektivvereinbarungen in Betracht kommen (dazu sogleich → Rn. 51 f.), können auch mitgliedstaatliche **Sozial- und Betriebspartner** (Arbeitgeber, Arbeitgeberverbände, Gewerkschaften, Betriebsrat) von der Option Gebrauch machen. Unklar ist indes, ob sie diese Kompetenz **originär** nach der Verordnung haben **oder** ob sie erst **abgeleitet** durch eine nationale Ermächtigung begründet wird. Der Wortlaut von Abs. 1, der allein die Mitgliedstaaten als ermächtigte Akteure nennt, nicht auch die Sozial- und Kollektivpartner, spricht gegen eine originäre Kompetenz der Kollektivpartner. Das hat auch deshalb einen guten Sinn, weil die Sozial- und Betriebspartner vom nationalen Recht konstituiert und ihre Handlungsmöglichkeiten vom nationalen Recht festgelegt werden. Hinzu kommt, dass Abs. 3 keine Mitteilungspflicht für spezifische kollektivvertragliche Regelungen vorsieht. Bei einer nur abgeleiteten Kompetenz der Kollektivpartner erfasst die Mitteilungspflicht immerhin die mitgliedstaatliche Ermächtigung. Die besseren Gründe sprechen daher gegen eine originäre Kompetenz der Sozial- und Betriebspartner aufgrund der Verordnung, diese muss erst vom nationalen Recht geschaffen werden (wie hier Höhne, Auswirkungen der unionsrechtlichen Öffnungsklausel nach Art. 88 DSGVO auf den Beschäftigtendatenschutz nach deutschem Recht, 2019, 105 f.; Jerchel/Schubert DuD 2016, 782 (783); SJTK/Thüsing/Traut Rn. 39; Traut RDV 2016, 312 (313); anderer Meinung EuArbR/Franzen Rn. 17; Körner, Wirksamer Beschäftigtendatenschutz im Lichte der Europäischen Datenschutz-Grundverordnung, 2016, 50; Paal/Pauly/Pauly Rn. 6).

III. Regelungsinstrumente: Rechtsvorschriften oder Kollektivvereinbarungen

1. Rechtsvorschriften

50 Rechtsvorschriften sind abstrakt-generelle hoheitliche Regelungen der Mitgliedstaaten (Paal/Pauly/Pauly Rn. 5 mit dem Zusatz: für jedermann verbindlich). In Deutschland kommen dafür auf Bundesebene (Bundes-) **Gesetze und Verordnungen** iSv Art. 80 GG in Betracht, auf Landesebene entsprechende Instrumente des Landesrechts, auf Gemeindeebene gemeindliche Satzungen. Praktisch ist an **Beschäftigtendatenschutzgesetze** auf Bundesebene und Landesebene zu denken. Dem Wortlaut der französischen und der englischen Sprachfassung folgend („par la loi", „by law") kommt nicht nur Gesetzesrecht in Betracht, sondern auch Gewohnheitsrecht und richterliche Rechtsfortbildung (EuArbR/Franzen Rn. 15; Franzen EuZA 2017, 313 (347); abweichende Meinung SJTK/Thüsing/Traut Rn. 38).

2. Kollektivvereinbarungen

51 Der Begriff der Kollektivvereinbarungen ist im Unionsrecht weit zu verstehen. Er umfasst sowohl die unterschiedlichen Formen der **Tarifverträge** (Verbandstarifverträge, Haustarifverträge) als auch die unterschiedlichen Formen von Betriebsvereinbarungen („einfache" Betriebsvereinbarung, Konzernbetriebsvereinbarung). **Betriebsvereinbarungen** waren als datenschutzrechtliche Erlaubnistatbestände allerdings im Laufe des Gesetzgebungsverfahrens umstritten. Dass sie von Art. 88 mit umfasst sein sollen, macht Begründungserwägung 155 indes jetzt unzweideutig klar (Kort DB 2016, 711; Paal/Pauly/Pauly Rn. 5; Taeger/Rose BB 2016, 819 (821 f.); Wybitul/Sörup/Pötters ZD 2015, 559 (561)).

52 Die zentrale und umstrittene Frage im Hinblick auf Kollektivvereinbarungen als Erlaubnistatbestand ist, inwieweit sie das Datenschutzniveau **absenken** können. Über den Inhalt der Regelungen enthält Art. 88 keine speziellen Vorschriften für Kollektivvereinbarungen. Es gelten für sie dieselben Maßstäbe wie für Rechtsvorschriften (zur Absenkung des Schutzniveaus → Rn. 67 ff.).

IV. Regelungsgegenstände: Beschäftigungskontext

1. Beschäftigungskontext

Die DS-GVO enthält keine Definition von **Beschäftigten** und Beschäftigung. Der Regelung, insbesondere Abs. 1, sind aber ausreichend Anhaltspunkte für eine autonome Auslegung des Begriffs zu entnehmen. Dabei weisen die Formulierung, bei der die tatsächliche Tätigkeit in Bezug genommen wird, und die in Abs. 1 aufgezählten Einzelaspekte auf ein weites Begriffsverständnis hin; näher → Rn. 29 ff. Beschäftigte sind nicht nur Arbeitnehmer, sondern auch Beamte. Erfasst ist nicht nur das Beschäftigungsverhältnis, sondern, wie sich aus der exemplarischen Aufzählung einzelner Bereiche ergibt, auch dessen Anbahnung („Einstellung") sowie die nachvertragliche Phase („Beendigung"); sa Tiedemann ArbRB 2016, 334 (335). 53

Der Beschäftigungs**kontext** weist zudem darauf hin, dass auch angrenzende Themen, die einen Bezug zur Beschäftigung haben, von den Mitgliedstaaten mit geregelt werden dürfen (wie hier Franzen EuZA 2017, 323, 349; aM – restriktive Auslegung – Kühling/Buchner/Maschmann Rn. 15 ff.). 54

2. Exemplarische Einzelbereiche

Abs. 1 nennt über den allgemeinen Hinweis auf den Beschäftigungskontext hinaus exemplarisch („insbesondere") eine Reihe von insgesamt neun Einzelbereichen. Diese Aufzählung dient der Konkretisierung und Illustration möglicher Regelungsgegenstände. Ihr kann aber keine Pflicht der Mitgliedstaaten entnommen werden, die Einzelbereiche auch abzudecken (wie hier Höhne, Auswirkungen der unionsrechtlichen Öffnungsklausel nach Art. 88 DSGVO auf den Beschäftigtendatenschutz nach deutschem Recht, 2019, 96; tendenziell anderer Meinung Körner NZA 2016, 1383 (1384): „typische Verarbeitungsbereiche, die in einer mitgliedstaatlichen Regelung zu berücksichtigen wären"). 55

a) **Einstellung.** Einstellung bezeichnet den tatsächlichen Vorgang, der zur Aufnahme der Dienste führt. Damit ist insbesondere die Phase der **Ausschreibung** sowie der gezielten Bewerberansprache (zB über soziale Netzwerke) bezeichnet; die **Bewerbung** und der Umgang mit Bewerbungsunterlagen; das **Vorstellungsgespräch; Auswahltests;** medizinische, psychologische, arbeitswissenschaftliche **Untersuchungen.** Ebenfalls zu diesem „Kontext" gehört der Umgang mit **Unterlagen abgelehnter Bewerber,** also insbesondere deren Aufbewahrung und Weitergabe. 56

b) Erfüllung des Arbeitsvertrags einschließlich der Erfüllung von durch Rechtsvorschriften oder durch Kollektivvereinbarungen festgelegten Pflichten. Zur Erfüllung des Arbeitsvertrags gehören alle Handlungen, die mit den Rechten und Pflichten der Vertragsparteien in Zusammenhang stehen. Der Arbeitsvertrag steht dabei in der exemplarischen Aufzählung von Einzelbereichen nur pars pro toto für alle möglichen Formen rechtlicher Grundlagen der Beschäftigung. Grundlage der Rechte und Pflichten kann daher auch ein „fehlerhaftes Arbeitsverhältnis" oder ein öffentlich-rechtliches Dienstverhältnis sein (→ Rn. 57.1 ff.). 57

In diesen Zusammenhang gehört zunächst der Bereich der **Personalverwaltung,** namentlich auch der **Personalakten** (→ Rn. 21). 57.1

Dazu rechnet auch die **Überprüfung und Überwachung** der Pflichterfüllung. 57.2

Mit der „Erfüllung von durch Rechtsvorschriften festgelegten Pflichten" ist insbesondere die **Compliance** angesprochen. 57.3

c) **Management.** Management bezeichnet die Führung großer Unternehmen oder Verwaltungen. Im Beschäftigungskontext kann es zunächst um Fragen der Personalführung gehen. ZB kann man an den Interessenausgleich in Fragen von **Compliance** (vgl. dazu Müller/Janicki InTeR 2016, 213 ff.; Wybitul CCZ 2016, 194 ff.) oder des **Whistleblowings** denken. Darüber hinaus können aber auch andere Aspekte der Unternehmensführung datenschutzrechtliche Regelungen erforderlich machen, zB die Gestaltung von Produktions- oder Dienstleistungsabläufen. 58

d) **Planung und Organisation der Arbeit.** Planung und Organisation der Arbeit macht zwangsläufig auch die Verarbeitung personenbezogener Beschäftigtendaten erforderlich, zB über die **Arbeitszeiten** und den **Urlaub,** über **Krankheit** (zudem „sensible" Daten!), ggf. über Aus- und Fortbildung usf. 59

e) **Gleichheit und Diversität am Arbeitsplatz.** Die Förderung von Gleichheit und Diversität am Arbeitsplatz ist eine legitime Aufgabe von Arbeitgebern und Dienstherrn, teils sogar Rechtspflicht (zB positive Maßnahmen; angemessene Maßnahmen für Behinderte; gesetzliche Quoten). Sie setzt die Verarbeitung der entsprechenden – teils „sensiblen" – Daten voraus, zB über Alter, Geschlecht, Behinderung, ethnische Herkunft usf. 60

DS-GVO Artikel 88   Kapitel IX. Vorschriften für besondere Verarbeitungssituationen

61 **f) Gesundheit und Sicherheit am Arbeitsplatz.** Arbeitsschutz setzt in vielen Fällen die Verarbeitung von allgemeinen (Blutdruck, Krankheiten) oder speziellen (Schwangerschaft) Gesundheitsdaten voraus.

62 **g) Schutz des Eigentums der Arbeitgeber oder der Kunden.** Zum Schutz des Eigentums von Arbeitgeber oder Kunden kommen zB **Videoüberwachung, GPS-Kontrolle** von Fahrern oder elektronische Sendungsverfolgung und dergleichen in Betracht. Torkontrollen dürften zwar vom Anwendungsbereich der Verordnung nicht umfasst sein (→ Rn. 20 f.), können aber durchaus im mitgliedstaatlichen Recht mit geregelt werden.

63 **h) Inanspruchnahme der mit der Beschäftigung zusammenhängenden individuellen oder kollektiven Rechte und Leistungen.** Die Ausübung von Rechten und die Inanspruchnahme von Leistungen ist regelmäßig ebenfalls mit der Verarbeitung von Beschäftigtendaten verbunden. Neben der Inanspruchnahme grundlegender arbeitsvertraglicher oder gesetzlicher Rechte (Vergütung, Lohnfortzahlung, Urlaub, Wahlrechte, Beschwerderechte) kann man etwa an Leistungen aus einer betrieblichen Altersversorgung denken. Zur Inanspruchnahme der Rechte kann man ferner ein flankierendes **Benachteiligungsverbot** rechnen.

64 **i) Beendigung des Beschäftigungsverhältnisses.** In Betracht kommen Regeln über die Vorbereitung und Durchführung der **Kündigung,** über die nachvertraglichen Pflichten der Parteien sowie etwa über die nachvertragliche Speicherung und Löschung von Daten. Zu denken ist ferner an die datenschutzrechtlichen Folgen nachlaufender Pflichten aus **Pensionszusagen** und dergleichen.

V. Regelungsinhalt

65 Die Regelungsoption ist inhaltlich in mehrfacher Hinsicht begrenzt. Die Mitgliedstaaten können lediglich „spezifischere Vorschriften" erlassen (→ Rn. 66 ff.), die dem Zweck dienen, den Schutz von Rechten und Freiheiten im Hinblick auf die Verarbeitung von Beschäftigtendaten zu gewährleisten (→ Rn. 74 ff.). Solche Vorschriften müssen zudem Maßnahmen zur Wahrung der menschlichen Würde, der berechtigten Interessen und der Grundrechte der betroffenen Personen umfassen; das hebt Abs. 2 unter Nennung weiterer Einzelaspekte der Ausgestaltung besonders hervor (→ Rn. 83 ff.).

1. Spezifischere Vorschriften

66 Art. 88 lässt allein spezifischere Vorschriften zu. Spezifischer sind solche Vorschriften, die den besonderen **Sachgesetzlichkeiten** und Anforderungen **des** zu regelnden **Lebenssachverhalts** Rechnung tragen; ähnlich Düwell/Brink NZA 2016, 665 (666) („eigentümlich", „arteigene Eigenschaften").

67 Dabei lässt sich nicht pauschal sagen, dass diese Vorgabe eine **Absenkung des Schutzniveaus** der Verordnung nicht zulasse (so aber Düwell/Brink NZA 2016, 665 (666 f.); Gola/Pötters/Thüsing RDV 2016, 57 (59 f.); Franzen EuZA 2017, 313 (345): Vollharmonisierung); Köllmann, Implementierung elektronischer Überwachungseinrichtungen durch Betriebsvereinbarung vor dem Hintergrund der DSGVO, 2021, S. 223 ff.; Körner NZA 2016, 1383 f.; NZA 2019, 1389 (1390); Körner, Wirksamer Beschäftigtendatenschutz im Lichte der Europäischen Datenschutz-Grundverordnung, 2016, 54 (unter Berufung auf einen nicht konkretisierten Zweck der VO); Kort DB 2016, 711; Kort NZA 2016 Beil. 2, 62 (66); Kühling/Buchner/Maschmann Rn. 29 ff.; Morasch, Datenverarbeitung im Beschäftigungskontext, 2019; Paal/Pauly/Pauly Rn. 4: präzisieren, ergänzen, anheben; Schrey/Kielkowski, BB 2018, 628 (632); Spelge DuD 2016, 775 (776); Maier DuD 2017, 169 (172 f.); Wybitul NZA 2017, 413 f.; str. unklar Taeger/Rose BB 2016, 819 (830); differenzierend Wybitul ZD 2016, 203 (207); grundsätzlich **wie hier** Flink, Beschäftigtendatenschutz als Aufgabe des Betriebsrats, 2021, 194 ff.; Franzen NZA 2020, 1593 (1595); HWK/Lembke Rn. 8; Jerchel/Schubert DuD 2016, 782 (783); Klösel/Mahnhold NZA 2017, 1428 (1431); SJTK/Thüsing/Traut Rn. 37; SJTK/Thüsing/Schmidt BDSG § 26 Rn. 46 ff. (nur punktuelle, nicht generelle Absenkung zulässig); Traut RDV 2016, 312 (314)). Vielfach wird sich eine spezifischere Regelung mit der „allgemeinen" nicht vergleichen lassen. Mitunter eröffnet sie nicht „stärkere" oder „schwächere", sondern eben andersartige Schutzmechanismen. Mitunter wirft der besondere Lebensbereich eigene Sachfragen auf, die an anderer Stelle kein Pendant finden. Daher spricht auch das Vereinheitlichungsziel der Verordnung (BE 10, 13 DS-GVO; → Rn. 12 zur Zwecksetzung) nicht von vornherein gegen eine Absenkung des Schutzniveaus; denn im Bereich optionaler mitgliedstaatlicher Regeln ist es ohnehin zugunsten spezifischer Vorschriften eingeschränkt.

Beispielhaft ist der – in Art. 88 selbst schon angesprochene – Schutzmechanismus des **Kollektivs**. So kann, wie die Lehre von der „Richtigkeitsgewähr des Tarifvertrags" illustriert (Löwisch/Rieble, Tarifvertragsgesetz, 4. Aufl. 2017, Grundlagen Rn. 179, 231), bereits die kollektive Regelung in geeigneten Fällen ausreichenden Schutz bieten. In anderen Zusammenhängen mag die Unterstützung oder Kontrolle durch einen **Arbeitnehmervertreter** ein geeigneter Schutzmechanismus sein. In wieder anderen Fällen mag das allgemeine Schutzniveau der DS-GVO mit Rücksicht auf die besonderen Umstände des Arbeitsverhältnisses unzureichend sein, sodass die bloße Einhaltung nicht ausreicht. 68

Das spricht dafür, die mitgliedstaatlichen Gesetzgeber und Sozial- und Betriebspartner nicht von vornherein auf eine bloße Wiederholung oder Erhöhung des Schutzniveaus zu beschränken. Vielmehr haben sie einen eigenen Regelungsspielraum, den sie mit Rücksicht auf die besonderen Sachgesetzlichkeiten des Beschäftigungsverhältnisses **kreativ ausfüllen** können. Dabei sollten sie sich gerade auch berufen fühlen, **innovative** Schutzmechanismen zu entwickeln, die der Beschäftigungskontext eröffnet; zust. Düwell/Brink NZA 2017, 1081 (1082). 69

Neben diesen normativen Aspekten können die spezifischen Vorschriften auch besonderen tatsächlichen Fragen Rechnung tragen, die sich im Beschäftigungskontext stellen. Zum Beispiel macht der Interessenausgleich im Rahmen einer Verhältnismäßigkeitsprüfung öfter eine mehr oder minder dezisionistische **Festlegung oder Konkretisierung** erforderlich. Zumal die Sozial- und Betriebspartner insoweit ein Interesse daran haben können, eine solche Festlegung im Vorhinein verbindlich zu treffen, um so für Rechtssicherheit der Beteiligten zu sorgen. Auch insoweit ist den Mitgliedstaaten bzw. den Kollektivparteien ein Regelungsspielraum zuzubilligen, unabhängig davon, ob in der Ausfüllung eine gewisse Erhöhung oder Absenkung des Schutzniveaus liegen könnte. 70

Nicht nur diese Erwägungen zum Kriterium der „Spezifizität" sprechen dagegen, darin ein „Absenkungsverbot" zu sehen. Dagegen spricht in systematischer Auslegung auch, dass sonst die inhaltlichen Konturierungen, die Abs. 1 und 2 enthalten (→ Rn. 74 ff., 78 ff.), weitgehend obsolet wären; ebenso Traut RDV 2016, 312 (314); aM Körner NZA 2016, 1383 f. (nach der die Anforderungen von Abs. 2 „nichtsdestoweniger" bestehen). 71

Umgekehrt stellt die DS-GVO auch **keinen Höchststandard,** mit anderen Worten keine Vollharmonisierung dar. Die Mitgliedstaaten und Kollektivpartner sind auch insofern nicht darauf beschränkt, die Verordnungsstandards für den Beschäftigungskontext zu konkretisieren, sondern dürfen auch darüber hinausgehen; Paal/Pauly/Pauly Rn. 4 aE; **aM** EuArbR/Franzen Rn. 7 ff.; Franzens EuZA 2017, 313 (345): Vollharmonisierung; Kühling/Buchner/Maschmann Rn. 40; Morasch, Datenverarbeitung im Beschäftigungskontext, 2019; Spelge DuD 2016, 775 (778). Dafür spricht auch der grundsätzliche Mindestharmonisierungsansatz im Europäischen Arbeitsrecht (Körner NZA 2016, 1383; Wybitul/Sörup/Pötters ZD 2015, 559 (561)). 72

Auch die **Erweiterung des sachlichen Anwendungsbereichs** dürfte von der Option für spezifischere Vorschriften abgedeckt sein; aM Spelge DuD 2016, 775 (779). 73

2. Zur Gewährleistung des Schutzes der Rechte und Freiheiten hinsichtlich der Verarbeitung personenbezogener Beschäftigtendaten

a) Allgemein. Mit den Schutzzwecken der „Rechte und Freiheiten" bei der Datenverarbeitung bezieht sich Abs. 1 auf die grundlegende Zweckbestimmung in Art. 1 der Verordnung. Zweck der Verordnung ist ganz allgemein ein **Ausgleich gegenläufiger Interessen** (Art. 1 Abs. 1) am Schutz der personenbezogenen Daten einerseits (Art. 1 Abs. 2) und am freien Verkehr solcher Daten andererseits (Art. 1 Abs. 3). Dem entsprechend müssen auch die spezifischen Vorschriften im Beschäftigungskontext die gegenläufigen Interessen an Datenschutz und Datenverarbeitung ausgleichen. Diese Zielsetzung ist keineswegs „widersprüchlich" (so aber Körner NZA 2016, 1383), sondern sachgerecht; sie entspricht im Übrigen der aus dem deutschen Datenschutzrecht bekannten Verhältnismäßigkeitsprüfung. 74

b) Gesetzliche Erlaubnistatbestände. Die optionalen Vorschriften können zum einen **gesetzliche Erlaubnistatbestände** enthalten; zweifelnd Köllmann, Implementierung elektronischer Überwachungseinrichtungen durch Betriebsvereinbarungen vor dem Hintergrund der DS-GVO, 2021, 245 ff.; Lachenmann ZD 2019, 374 (375), arg.: Erlaubnistatbestände aus Art. 6 Abs. 1 seien abschließend, Betriebsvereinbarungen könnten lediglich rechtlicher Verpflichtungen iSv lit. c der Vorschrift begründen. Auf sie deutet namentlich die exemplarische Auflistung von Regelungsgegenständen (→ Rn. 55 ff.) hin. So mag es sich anbieten, für den Beschäftigungskontext besondere Sachfragen ausdrücklich zu regeln: Informationserhebung aus sozialen Netzwerken im 75

Bewerbungsverfahren; Kontrolle des E-Mail-Verkehrs; elektronische Zugangsschlüssel; Videoüberwachung am Arbeitsplatz usw.

76   c) **Einwilligung.** Darüber hinaus dient aber auch die **Einwilligung** der Gewährleistung des Schutzes der Rechte und Freiheiten. Die optionalen Vorschriften können daher insbesondere auch die formalen, prozeduralen und materiellen Voraussetzungen einer Einwilligung mit Rücksicht auf die Gegebenheiten des Beschäftigungszusammenhangs näher konturieren (ebenso Jerchel/Schubert DuD 2016, 782 (784); Paal/Pauly/Pauly Rn. 8; Wybitul ZD 2016, 203 (205)). Das war im Vorschlag des Rates noch besonders hervorgehoben (→ Rn. 9); die Streichung der entsprechenden Regelung kann aber nicht als Beschränkung der mitgliedstaatlichen Regelungsoption verstanden werden. Begründungserwägung 155 nennt in einer beispielhaften Erläuterung von Regelungsinhalten „insbesondere Vorschriften über die Bedingungen, unter denen personenbezogene Daten im Beschäftigungskontext auf der Grundlage der Einwilligung des Beschäftigten verarbeitet werden dürfen". Zum Beispiel kann man an den besonderen Interessenausgleich denken, der bei der (ggf. auch nachvertraglichen) Nutzung eines Belegschaftsfotos in Broschüren oder im Internet zu treffen ist (→ BDSG § 26 Rn. 139); aM Spelge DuD 2016, 775 (781), die auch insoweit keine Abweichung von der DS-GVO zulassen möchte.

77   Unsicher ist, ob die mitgliedstaatlichen Vorschriften die **Einwilligung** im Beschäftigungsbereich vollständig oder für Teilbereiche **ausschließen** kann (bejahend Körner, Wirksamer Beschäftigtendatenschutz im Lichte der Europäischen Datenschutz-Grundverordnung, 2016, 72 f., 79 ff.; Kort ZD 2016, 555 (557) mit dem Beispiel der Bewerbungssituation). Da die Verordnung selbst die Einwilligung gerade auch im Beschäftigungsbereich zulässt, ist darin zugleich ein angemessener Ausgleich der Rechte und Freiheiten (!) zu sehen. Ein vollständiger Ausschluss dürfte daher nicht zu rechtfertigen sein.

3. Maßnahmen zur Wahrung der menschlichen Würde, der berechtigten Interessen und der Grundrechte der betroffenen Personen (Abs. 2)

78   a) **Grundsatz.** Ist auch ein Interessenausgleich zu erzielen (→ Rn. 74), so hebt doch Abs. 2 besonders hervor, dass die Verarbeitung personenbezogener Daten mit der informationellen Selbstbestimmung auch die Menschenwürde, berechtigte Interessen und Grundrechte der betroffenen Person berührt.

79   Die Auslegung von Abs. 2 ist umstritten. Die Vorschrift ist bedingungslos und einschränkungslos formuliert („diese Vorschriften umfassen Maßnahmen"). Sie könnte daher dahin verstanden werden, dass jede mitgliedstaatliche Regelung des Datenschutzes (egal ob gesetzlich oder kollektivvertraglich) zumindest die (exemplarisch) genannten Einzelbereich **regeln muss;** so etwa Körner, Wirksamer Beschäftigtendatenschutz im Lichte der Europäischen Datenschutz-Grundverordnung, 2016, 68. Das erscheint indes insbesondere bei spezifischeren Vorschriften in Kollektivvereinbarungen, zumal Betriebsvereinbarungen, verfehlt; warum sollten diese auch Sachverhalte regeln, die für das Unternehmen oder den Betrieb keine Bedeutung haben?! Zudem würde eine solche Auslegung dem Optionscharakter der Regelung nicht gerecht. Es mag nach mitgliedstaatlichem Recht gerade geboten sein, nur die Einwilligung oder nur den Beschäftigtendatenschutz bei Vertragsanbahnung spezifisch zu regeln. Nach seinem Zweck verdient das Gebot von Abs. 2 daher nur Beachtung, soweit die geforderten Maßnahmen auch **erforderlich** sind (teleologische Reduktion; ebenso Flink, Beschäftigtendatenschutz als Aufgabe des Betriebsrats, 2021, 175 ff.; Höhne, Auswirkungen der unionsrechtlichen Öffnungsklausel nach Art. 88 DSGVO auf den Beschäftigtendatenschutz nach deutschem Recht, 2019, 138; Köllmann, Implementierung elektronischer Überwachungseinrichtungen durch Betriebsvereinbarungen vor dem Hintergrund der DS-GVO, 2021, 319 ff.). Das kann insbesondere unter zwei Aspekten nicht der Fall sein.

80   Zum einen ergänzt der spezifische mitgliedstaatliche Beschäftigtendatenschutz die **DS-GVO** regelmäßig nur und geht ihren Vorschriften daher auch nur **insoweit** vor. Soweit es aber zB bei den Transparenzvorschriften der Verordnung bleibt, können weitere mitgliedstaatliche „Maßnahmen" entbehrlich sein.

81   Zum anderen sind Schutzmaßnahmen auch nur geboten, soweit ein **Gefährdungspotential** besteht. Wo keine Unternehmensgruppe besteht, muss eine Betriebsvereinbarung daher auch keine Regelungen für Unternehmensgruppen treffen (Paal/Pauly/Pauly Rn. 10; Wybitul ZD 2016, 203 (207)).

82   Diese Einschränkungen auf das Erforderliche sind nicht zuletzt aus Gründen der Transparenz geboten, denn auch wenn man Unnötiges regelt oder wiederholt, kann daraus Unklarheit entstehen.

b) Exemplarische Einzelaspekte. Einzelne Aspekte eines Schutzes des Betroffenen hebt 83
Abs. 2 besonders hervor.
aa) Transparenz der Verarbeitung. Die Datenschutzvorschriften sollen insbesondere Maß- 84
nahmen „im Hinblick auf die Transparenz der Verarbeitung" umfassen.
Das Transparenzgebot bezieht sich damit unzweideutig auf die von den spezifischen Vorschriften 85
ermöglichte **Datenverarbeitung** und nicht auf die formale Ausgestaltung der spezifischen Vorschriften (so aber Paal/Pauly/Pauly Rn. 11; Körner, Die Auswirkungen der Datenschutz-Grundverordnung in der betrieblichen Praxis, 2019, 28; wie hier Wybitul ZD 2016, 203 (207)). Nichts anderes ergibt sich auch aus der Konkretisierung des Transparenzgrundsatzes von Art. 5 Abs. 1 lit. a, in Art. 12 und den Erläuterungen dazu in Begründungserwägung 58 (→ Rn. 85.1).

Allerdings mag, zumal in Kollektivverträgen, eine transparente Regelung durchaus wünschenswert sein; 85.1
vgl. Begründungserwägung 41 S. 2 („sollten jedoch klar und präzise sein"). Indes ist dabei zu bedenken, dass die Sozial- oder Betriebspartner ebenso wie der hoheitliche Regelsetzer gerade im Datenschutzrecht eine präzise, technische Sprache verwenden müssen, die, wie die DS-GVO zeigt, kaum je an juristische Laien adressiert sein kann.

Soweit neben den spezifischen Vorschriften des mitgliedstaatlichen Rechts oder von Kollektiv- 86
vereinbarungen die DS-GVO weiterhin zur Anwendung kommt (→ Rn. 47), finden grundsätzlich deren Transparenzvorschriften von Art. 5 Abs. 1 lit. a, 12 ff. Anwendung (zu ihnen Wybitul ZD 2016, 203 (204)). Eine Duplikation dieser Regeln ist unnötig (wohl aM Wybitul ZD 2016, 203 (207 f.)), wenn sie zu Rechtsunsicherheit führt sogar schädlich.

Allerdings können auch die Transparenzvorschriften der Art. 12 ff. durch spezifischere Regelun- 87
gen verdrängt werden. Im Beschäftigungskontext können vor allem kollektive Instrumente genutzt werden. Insbesondere kommt in Betracht, die Arbeitnehmervertreter (Betriebsrat) als Informationsintermediär zu nutzen.

bb) Datenübermittlung in der Unternehmensgruppe (Konzerndatenverarbeitung). 88
Die spezifischen Datenschutzvorschriften sollen zweitens Regeln enthalten im Hinblick auf „die Übermittlung personenbezogener Daten innerhalb einer Unternehmensgruppe oder einer Gruppe von Unternehmen, die eine gemeinsame Wirtschaftstätigkeit ausüben". Besonders in dieser Hinsicht ist die teleologische Restriktion angebracht, dass solche Vorschriften nur dann geboten sein können, wenn der Sachverhalt praktische Bedeutung hat und Regelungsgegenstand ist (→ Rn. 79). Insbesondere bei Betriebsvereinbarungen wird das oft nicht der Fall sein.

Andere Unternehmen sind, auch wenn sie derselben Gruppe angehören, als selbständige 89
Rechtsträger Dritte. Das **Interesse,** innerhalb der Unternehmensgruppe und auch innerhalb von Unternehmen, die eine gemeinsame Wirtschaftstätigkeit ausüben, (auch) personenbezogene Daten zu verarbeiten (insbesondere zu übermitteln), hat der Gesetzgeber grundsätzlich als **berechtigt** anerkannt, Begründungserwägung 48. Zu denken ist zB an eine gemeinsame Lohnbuchhaltung, gemeinsame Telefonverzeichnisse oder die projektbezogene Zusammenarbeit geeigneter Mitarbeiter. Das ist indes kein „Freibrief", sondern nur ein genereller Hinweis auf den Interessenausgleich. Die Datenverarbeitung in der Gruppe kann daher nicht pauschal, sondern nur im Hinblick auf legitime Interessen an dem einzelnen Verarbeitungsvorgang sachlich begründet werden.

Besondere Schutzbedürfnisse können bei der Übermittlung personenbezogener Daten in **Dritt-** 90
länder (vgl. Begründungserwägung 48 S. 2) entstehen. Drittland ist dabei als ein Land zu verstehen, das nicht Mitgliedstaat der EU ist (vgl. Art. 3). Die Datenübermittlung ist nur zulässig, wenn für die dortige Datenverarbeitung ein der DS-GVO entsprechendes Schutzniveau gesichert ist. Anhaltspunkte dafür, wie dies sichergestellt werden kann, können Art. 46 entnommen werden (Paal/Pauly/Pauly Rn. 12; vgl. auch Wybitul ZD 2016, 203 (208)).

cc) Überwachungssysteme am Arbeitsplatz. Überwachung am Arbeitsplatz ist ein Vor- 91
gang, mit dem die Person oder das Verhalten eines Beschäftigten oder das Geschehen am Arbeitsplatz laufend oder stichprobenartig beobachtet oder verfolgt wird, und zwar, wie teleologisch zu ergänzen ist, in einer Weise, dass personenbezogene Daten verarbeitet werden oder verarbeitet werden können. Als **System** ließe sich eine Überwachung schon kennzeichnen, wenn sie regelhaft erfolgt, doch dürfte Abs. 2 allein die automatisierte Überwachung erfassen; Paal/Pauly/Pauly Rn. 14; Wybitul ZD 2015, 203 (208); die – auch regelmäßigen – Stichproben durch einen Vorgesetzten fallen nicht darunter. In der Tat besteht – zumal mit Rücksicht auf die Möglichkeiten der Verarbeitung großer Datenmengen – bei einer automatisierten Überwachung am Arbeitsplatz in besonderem Maße die Gefahr, die **Persönlichkeit** (oder Ausschnitte davon) des Beschäftigten auszuforschen.

VI. Mitteilungspflicht der Mitgliedstaaten

92 Die **Mitgliedstaaten,** nicht auch die Kollektivparteien sind gebunden, der Kommission die aufgrund von Abs. 1 erlassenen spezifischen Vorschriften für den Beschäftigungskontext bis zum 25.5.2018 – das ist das Datum, ab dem die Verordnung gilt, Art. 99 Abs. 2 – mitzuteilen. **Zweck** der Mitteilung ist es, der Kommission eine Übersicht über die mitgliedstaatlichen Entwicklungen zu geben, Körner, Wirksamer Beschäftigtendatenschutz im Lichte der Europäischen Datenschutz-Grundverordnung, 2016, 59. Diese erlaubt ihr zugleich, die Maßnahmen auf ihre Vereinbarkeit mit Art. 88 zu überprüfen. Nicht zuletzt kann die Übersicht auch eine Grundlage für zukünftige rechtspolitische Erwägungen sein, nämlich die Frage, ob eine (weitere) Harmonisierung oder Angleichung der mitgliedstaatlichen Vorschriften im Beschäftigungskontext möglich und wünschenswert ist.

93 Mitzuteilen sind lediglich die **Rechtsvorschriften,** nicht auch die Kollektivverträge; ebenso Düwell/Brink NZA 2017, 1081 (1082); EuArbR/Franzen Rn. 24. Tatsächlich könnten die Mitgliedstaaten die Mitteilung aller Kollektivverträge (einschließlich Betriebsvereinbarungen!) kaum leisten, jedenfalls keine Vollständigkeit garantieren. Zudem haben die Kollektivpartner aber keine unmittelbare Regelungszuständigkeit aufgrund der Verordnung (→ Rn. 49), sondern lediglich eine aus dem mitgliedstaatlichen Recht abgeleitete Kompetenz. Diese Kompetenzzuweisung, die ebenfalls auf Abs. 1 beruht, unterfällt aber der Mitteilungspflicht. Mitzuteilen sind weiterhin nur die **„aufgrund von Absatz 1"** erlassenen oder erhaltenen spezifischen Vorschriften. Sinnvollerweise können damit nur die spezifischen Vorschriften des Beschäftigtendatenschutzes gemeint sein, nicht etwa auch allgemeine Regeln des Verfassungsrechts, bürgerlichen Rechts, Arbeits- und Beamtenrechts, die bei deren Anwendung ebenfalls zum Tragen kommen können; so mit Recht Gola/Pötters/Thüsing RDV 2016, 57 (58 f.).

94 Die Mitteilungspflicht umfasst die bis zum 25.5.2018 **neu erlassenen Vorschriften.** Spätere **Änderungen** sind unverzüglich mitzuteilen. Vom Wortlaut nicht (sicher) erfasst sind die **vorbestehenden Vorschriften.** Da Abs. 1 aber auch die Beibehaltung spezifischer Vorschriften abdeckt (→ Rn. 44), sind die Mitgliedstaaten nach dem Zweck von Abs. 3 auch insofern zur Mitteilung verpflichtet (Gola/Pötters/Thüsing RDV 2016, 57 (59); Paal/Pauly/Pauly Rn. 16; aM EuArbR/Franzen Rn. 26 ff.), und zwar ebenfalls bis zum 25.5.2018.

95 Ebenfalls unsicher ist, was gilt, wenn in einem Mitgliedstaat bis zum 25.5.2018 spezifischere Vorschriften weder bestanden noch neu erlassen wurden: Kann er solche dann auch noch nach diesem Datum neu einführen? In der Tat wird die Ansicht vertreten, Abs. 3 statuiere eine **Ausschlussfrist,** nach deren Ablauf neue Vorschriften nicht mehr eingeführt werden könnten; so Gola/Pötters/Thüsing RDV 2016, 57 (59) (auch S. 58: „formelle Voraussetzungen"); Spelge DuD 2016, 775 (781). In einer Extremfassung ist anschließend nicht einmal eine substantielle Änderung mehr möglich; so Kort ZD 2016, 555 f. Weniger weitgehend könnte man vertreten, es müsse zumindest irgendeine spezifischere Vorschrift bis zum Fristablauf bestehen, weil danach nur „Änderungen" mitgeteilt werden können. Richtigerweise handelt es sich indes um eine **bloße Ordnungsvorschrift,** deren Verletzung die Option von Abs. 1 unberührt lässt (ebenso Höhne, Auswirkungen der unionsrechtlichen Öffnungsklausel nach Art. 88 DSGVO auf den Beschäftigtendatenschutz nach deutschem Recht, 2019, 145 ff.; Körner NZA 2016, 1383 (1386); Körner, Wirksamer Beschäftigtendatenschutz im Lichte der Europäischen Datenschutz-Grundverordnung, 2016, 59 f.; Maier DuD 2017, 169 (170); Kühling/Buchner/Maschmann Rn. 57 (Frist bloßer Merkposten)). Die Annahme einer Ausschlussfrist liegt schon vom Wortlaut her fern, da der Gesetzgeber nicht die Option von Abs. 1 zeitlich begrenzt, sondern für die Mitteilung nach Abs. 3 eine Frist gesetzt hat. Auch teleologisch ist eine zeitliche Begrenzung der Option („Optionsfenster") in keiner Weise begründet. Umgekehrt würde eine Ausschlussfrist zu einem Rechtsetzungsdruck führen, der, zumal in diesem sozialpolitisch hoch brisanten Bereich, der Sache völlig unangemessen wäre und der einen sachwidrigen Anreiz gäbe, auf die Schnelle „einen Rumpf an Regelungen für den Beschäftigtendatenschutz zu melden" (mit dieser nachgerade absurden Konsequenz in der Tat Gola/Pötters/Thüsing RDV 2016, 57 (59) die diesen Weg zudem S. 60 als „Hintertür" bezeichnen). Die Versäumung der Mitteilungsfrist stellt daher einen schlichten Rechtsverstoß dar, der nach den allgemeinen Grundsätzen sanktioniert werden kann (ebenso EuArbR/Franzen Rn. 29).

F. Einzelne Regelungen des Beschäftigtendatenschutzes in Deutschland

96 Einstweilen hat der deutsche Gesetzgeber seit Inkrafttreten der DS-GVO noch keine spezifischen Vorschriften zum Beschäftigtendatenschutz erlassen (→ Rn. 99 ff.). Eine Neuregelung ist

in Vorbereitung. Im Übrigen stellt sich die Frage, inwieweit vorbestehende Normen von Art. 88 abgedeckt sind.

I. Vorbestehende Regelungen

Ob § 32 BDSG aF den Anforderungen von Art. 88 genügte, war unter mehreren Gesichtspunkten umstritten; bejahend Gola/Pötters/Thüsing RDV 2016, 57 (60); Düwell/Brink NZA 2016, 665 (667 f.); EuArbR/Franzen Rn. 31; Franzen EuZA 2017, 313 (350); Stelljes DuD 2016, 787 (790); Tiedemann ArbRB 2016, 334 (337); zweifelnd Körner NZA 2016, 1383 (1384). Nach ganz hM umfasst Abs. 1, der den Mitgliedstaaten erlaubt, spezifische Vorschriften „vorzusehen", auch **vorbestehende** Vorschriften (→ Rn. 44). Ob die weitgehend generalklauselförmig formulierte Vorschrift des § 32 BDSG „**spezifischer**" ist, wurde unterschiedlich beurteilt; bejahend Gola/Pötters/Thüsing RDV 2016, 57 (60); Maier DuD 2017, 169 (171); zweifelnd Körner NZA 2016, 1383 (1384); Kühling/Buchner/Maschmann Rn. 63; verneinend VG Wiesbaden ZD 2021, 393 (bloße Wiederholung von Art. 6 Abs. 1 lit. b DS-GVO); dazu auch Schild ZfPR 2021, 56 ff. Dafür spricht immerhin, dass § 32 Abs. 1 S. 1 BDSG eine Grundlage für die differenzierte Rechtsprechung des BAG darstellen sollte, Abs. 2 der Vorschrift den Anwendungsbereich gegenüber jenem der Verordnung erweitert (kritisch Spelge DuD 2016, 775 (777): unzulässige strengere Schutzvorschrift) und Abs. 1 S. 2 eine nähere Regelung für Straftaten enthält. Umstritten ist weiterhin, ob § 32 BDSG dem Erfordernis von **Abs. 2** genügt, die beispielhaft aufgezählten Einzelfragen zu regeln (Transparenz, Konzerndatenschutz, Überwachungssysteme); ablehnend jetzt VG Wiesbaden ZD 2021, 393. Das kann man bejahen, wenn man die Vorschrift teleologisch reduziert (→ Rn. 79). Formal wäre schließlich der Meldepflicht von Abs. 3 zu erfüllen, die freilich nach hier vertretener Ansicht keine Ausschlussfrist darstellen (→ Rn. 95). 97

Als weitere spezifische Vorschriften kommen die **personalaktenrechtlichen Regeln** der **Beamtengesetze** (vgl. §§ 106 ff. BBG und die entsprechenden Regeln der Landesbeamtengesetze) sowie des **§ 83 BetrVG** in Betracht; Franzen NZA 2020, 1593 (1595); Gola/Pötters/Thüsing RDV 2016, 57 (60). Unsicher ist die Beurteilung des GenDG (Kort NZA 2016 Beil. 2, 62 (64)). 98

II. Neuregelung des § 26 BDSG

Der Neuregelung lag zunächst ein Referentenentwurf des Bundesministeriums des Innern (BMI) 2016 für ein „Gesetzes zur Anpassung des Datenschutzrechts an die Verordnung (EU) 2016/679 und zur Umsetzung der Richtlinie (EU) 2016/680" (**Datenschutz-Anpassungs- und -Umsetzungsgesetz EU – DSAnpUG-EU**) zugrunde. Einen ersten Entwurf v. 5.8.2016 (nachfolgend „**RefE 1**"), der bei netzpolitik.org zugänglich gemacht wurde, hat das BMI nach substantieller Kritik – ua aus dem BMJV und von der Bundesdatenschutzbeauftragten (ebenfalls zugänglich bei netzpolitik.org); → Rn. 100.1 – „zurückgenommen" (so Johannes ZD-Aktuell 2016, 05322). Ein zweiter Entwurf (nachfolgend „**RefE 2**") datiert v. 23.11.2016. Schließlich hat die Bundesregierung am 24.2.2017 einen Entwurf vorgelegt (**RegE**, BT-Drs. 18/11325). 99

Im Beschäftigtendatenschutz liegt das Grundkonzept der Neuregelung in einer **Fortschreibung von § 32 BDSG aF;** Thüsing BB 2016, 2165 („Evolution, nicht Revolution"). Die bisherige Vorschrift des § 32 wurde mit leichten sprachlichen Korrekturen in eine neue Vorschrift übernommen. § 26 Abs. 1 entspricht im Wesentlichen § 32 Abs. 1 aF Abs. 2 enthält eine Vorschrift über die Einwilligung im Beschäftigungsverhältnis. Abs. 3 betrifft die Verarbeitung sensibler Daten iSv Art. 9 DS-GVO. Abs. 4 begründet die Regelungskompetenz der Kollektivparteien. Abs. 5 verweist auf die Grundsätze von Art. 5 der Verordnung. Abs. 6 stellt, wie bislang § 32 Abs. 3 BDSG, klar, dass Beteiligungsrechte der Interessenvertretungen der Beschäftigten unberührt bleiben. Und Abs. 8 enthält die – punktuell ergänzte (Leiharbeitnehmer im Verhältnis zum Entleiher) – enthaltene Begriffsbestimmung des „Beschäftigten" von § 3 Abs. 11 BDSG. Siehe im Einzelnen die Erläuterungen bei § 26 BDSG. Da die Neuregelung weitgehend § 32 BDSG aF entspricht, ist die Verordnungskonformität andauernd umstritten; → Rn. 97. VG Wiesbaden ZD 2021, 393 hat die Frage (im Hinblick auf die gleichlautende Vorschrift des § 23 HDSIG) dem EuGH vorgelegt; es rügt va, die Umsetzungsnorm sei nicht „spezifischer" und die Gebote von Art. 88 Abs. 2 würden nicht beachtet. 100

Artikel 89 Garantien und Ausnahmen in Bezug auf die Verarbeitung zu im öffentlichen Interesse liegenden Archivzwecken, zu wissenschaftlichen oder historischen Forschungszwecken und zu statistischen Zwecken

(1) ¹Die Verarbeitung zu im öffentlichen Interesse liegenden Archivzwecken, zu wissenschaftlichen oder historischen Forschungszwecken oder zu statistischen Zwecken unterliegt geeigneten Garantien für die Rechte und Freiheiten der betroffenen Person gemäß dieser Verordnung. ²Mit diesen Garantien wird sichergestellt, dass technische und organisatorische Maßnahmen bestehen, mit denen insbesondere die Achtung des Grundsatzes der Datenminimierung gewährleistet wird. ³Zu diesen Maßnahmen kann die Pseudonymisierung gehören, sofern es möglich ist, diese Zwecke auf diese Weise zu erfüllen. ⁴In allen Fällen, in denen diese Zwecke durch die Weiterverarbeitung, bei der die Identifizierung von betroffenen Personen nicht oder nicht mehr möglich ist, erfüllt werden können, werden diese Zwecke auf diese Weise erfüllt.

(2) Werden personenbezogene Daten zu wissenschaftlichen oder historischen Forschungszwecken oder zu statistischen Zwecken verarbeitet, können vorbehaltlich der Bedingungen und Garantien gemäß Absatz 1 des vorliegenden Artikels im Unionsrecht oder im Recht der Mitgliedstaaten insoweit Ausnahmen von den Rechten gemäß der Artikel 15, 16, 18 und 21 vorgesehen werden, als diese Rechte voraussichtlich die Verwirklichung der spezifischen Zwecke unmöglich machen oder ernsthaft beeinträchtigen und solche Ausnahmen für die Erfüllung dieser Zwecke notwendig sind.

(3) Werden personenbezogene Daten für im öffentlichen Interesse liegende Archivzwecke verarbeitet, können vorbehaltlich der Bedingungen und Garantien gemäß Absatz 1 des vorliegenden Artikels im Unionsrecht oder im Recht der Mitgliedstaaten insoweit Ausnahmen von den Rechten gemäß der Artikel 15, 16, 18, 19, 20 und 21 vorgesehen werden, als diese Rechte voraussichtlich die Verwirklichung der spezifischen Zwecke unmöglich machen oder ernsthaft beeinträchtigen und solche Ausnahmen für die Erfüllung dieser Zwecke notwendig sind.

(4) Dient die in den Absätzen 2 und 3 genannte Verarbeitung gleichzeitig einem anderen Zweck, gelten die Ausnahmen nur für die Verarbeitung zu den in diesen Absätzen genannten Zwecken.

Überblick

Art. 89 stellt keine Erlaubnisnorm für die Verarbeitung personenbezogener Daten zu im öffentlichen Interesse liegenden Archiv-, wissenschaftlichen oder historischen Forschungs- und statistischen Zwecken dar (→ Rn. 1). Abs. 1 enthält allg. Vorgaben zu geeigneten Garantien für die Rechte und Freiheiten der betroffenen Personen (→ Rn. 11 ff.). Zu diesen Garantien gehören Pseudonymisierung gem. Art. 4 Ziff. 5 und Anonymisierung (Erwägungsgrund 26, 28). Abs. 2 und Abs. 3 sehen Öffnungsklauseln insbesondere hinsichtlich des Auskunftsrechts gem. Art. 15, des Rechts auf Berichtigung gem. Art. 16 und auf Einschränkung der Verarbeitung gem. Art. 18 sowie des Widerspruchsrechts gem. Art. 21 vor (→ Rn. 16 ff.). Der Anwendungsbereich entsprechender Ausnahmeregelungen ist gem. Abs. 4 ausdrücklich auf die Abs. 2 und 3 genannten Zwecke beschränkt (→ Rn. 26).

Übersicht

	Rn.		Rn.
A. Allgemeines	1	C. Öffnungsklauseln für Ausnahmen von Betroffenenrechten (Abs. 2 und 3)	16
I. Anwendungsbereich	6	I. Wissenschaftliche oder historische Forschungszwecke oder statistische Zwecke (Abs. 2)	18
II. Regelungen in der Datenschutz-RL	8		
III. Regelungen im BDSG aF	9		
B. Geeignete Garantien (Abs. 1)	11	II. Archivzwecke von öffentlichem Interesse (Abs. 3)	22
I. Pseudonymisierung (S. 3)	14	D. Beschränkung der Ausnahmen (Abs. 4)	26
II. Anonymisierung (S. 4)	15		

Garantien und Ausnahmen in Bezug auf die Verarbeitung   **Artikel 89 DS-GVO**

A. Allgemeines

Art. 89 stellt selbst **keine Erlaubnisnorm** dar. Vielmehr gelten hinsichtlich der Rechtmäßig- **1** keit die allgemeinen Grundsätze des Art. 6 sowie die Verarbeitungsgrundsätze nach Art. 5, bei der Verarbeitung besonderen Kategorien personenbezogener Daten, also zB Gesundheitsdaten zusätzlich Art. 9 (Albrecht/Jotzo Teil 3 Rn. 72; in Bezug auf Forschungszwecke: Weichert ZD 2020, 18 (21)). Die DS-GVO sieht an verschiedenen Stellen Privilegierungen der Verarbeitungen zu im öffentlichen Interesse liegenden Archivzwecken, wissenschaftlichen oder historischen Forschungszwecken sowie statistischen Zwecken vor (Kühling/Buchner/Buchner/Tinnefeld Rn. 2). Art. 89 übernimmt diesbezüglich eine klarstellende Funktion. Entsprechende Verarbeitungen erfolgen keinesfalls voraussetzungslos, sondern unterliegen geeigneten Garantien bzw. angemessenen Rahmenbedingungen. Für die Reputation, das Vertrauen in und insbesondere die Teilnahmebereitschaft an wissenschaftlichen Forschungsvorhaben ist die Umsetzung der Datenschutzgrundsätze von zentraler Bedeutung (vgl. Schaar ZD 2016, 224; zum Grundkonflikt zwischen Forschung mit personenbezogenen Daten und dem Schutz der betroffenen Personen: Rossnagel ZD 2019, 157; zur Verarbeitung von Gesundheitsdaten für wissenschaftliche Forschungszwecke im Zusammenhang mit dem COVID-19-Ausbruch: EDSA-Leitlinien 3/2020, https://edpb.europa.eu/sites/edpb/files/files/file1/edpb_guidelines_202003_healthdatascientificresearchcovid19_de.pdf).

Als Rechtsgrundlage kommt auch eine **Einwilligung** gem. Art. 7 in Betracht. An diese sind **2** spezifische Anforderungen zu stellen (→ Art. 7 Rn. 32 ff.; → Rn. 2.1 f.; Nr. 7.2 der Leitlinien 5/2020 des EDSA zu Einwilligungen, https://edpb.europa.eu/sites/default/files/files/file1/edpb_guidelines_202005_consent_de.pdf). Zum Anwendungsfall der Einwilligungsdokumente der Medizininformatik-Initiative des Bundesministeriums für Bildung und Forschung vgl. Beschluss der DSK v. 15.4.2020, https://www.datenschutzkonferenz-online.de/media/dskb/20200427_Beschluss_MII.pdf.

Zum Einsatz von Einwilligungen im Bereich der **wissenschaftlichen Forschung:** Generell müssen **2.1** Einwilligungen gem. Art. 4 Nr. 11 freiwillig für den bestimmten Fall, in informierter Weise und unmissverständlich erteilt werden, um wirksam zu sein. Als Form ist eine Erklärung oder eine sonstige eindeutige bestätigende Handlung vorgesehen. Das Erfordernis des bestimmten Falls konkretisiert den Grundsatz der Zweckbindung iSd Art. 5 Abs. 1 lit. b (vgl. Beschluss der DSK zu Auslegung des Begriffs „bestimmte Bereiche wissenschaftlicher Forschung" v. 3.4.2019). Danach dürfen personenbezogene Daten nur für festgelegte, eindeutige und legitime Zwecke erhoben werden. Auch **Erwägungsgrund 33** sollte in diesem Kontext nicht in dem Sinne missverstanden werden, dass die Verarbeitung personenbezogener Daten pauschal auf bestimmte Forschungsbereiche ausgeweitet werden darf. Generell – auch bei Forschungsprojekten – besteht die Pflicht, die Verarbeitung personenbezogener Daten für die betroffene Person nachvollziehbar zu beschreiben und einzugrenzen. Das gesetzliche Gebot besteht zweifellos in einer informierten Einwilligung. Dieses erfordert in dem Ausnahmefall, dass der Einsatz eines sog. „broad consent" als zur Erreichung des Forschungszwecks zwingend erforderlich nachgewiesen werden kann zumindest, dass möglichst präzise das jeweilige Forschungsvorhaben, alle bereits feststehenden Rahmenbedingungen, explizit noch nicht festgelegte Zwecke, mögliche Risiken sowie spezifische Sicherungsmaßnahmen erläutert werden. Dies ist für noch nicht feststehende Forschungszwecke sicher eine besondere Herausforderung. Es ist allerdings keine belastbare Begründung ersichtlich, warum das Informations- und Sicherheitsdefizit ohne weiteres auf die betroffenen Personen verlagert werden sollte. Vielmehr müssen die Erläuterungen insbesondere verständlich und in einer klaren, einfachen Sprache erfolgen, was gem. Art. 12 Abs. 1 selbst für den „Normalfall" vorgesehen ist.

Neben den im Beschluss der DSK zur Auslegung des Begriffs „bestimmte Bereiche wissenschaftlicher **2.2** Forschung" v. 3.4.2019 genannten Sicherungsmaßnahmen, müssen insbesondere die folgenden Punkte Berücksichtigung finden:
- Ein **(Ethik-)Gremium,** das vor der Nutzung erhobener Daten für weitere Forschungszwecke ein Votum abgibt, muss auf der Grundlage einer öffentlich zugänglichen, verbindlichen Nutzungsordnung, Satzung oder Ähnliches agieren.
- Sobald weitere Forschungszwecke feststehen, müssen geeignete Maßnahmen zur Information der betroffenen Personen ergriffen werden. Das Einrichten einer **Internetpräsenz** sollte durch weitere Informationsangebote komplementiert werden, die insbesondere den Erwartungen und Möglichkeiten der Teilnehmenden des Forschungsvorhabens entsprechen. Bei einer Seniorenstudie dürfte ein Informationsangebot ausschließlich über das Internet und E-Mail-Verteiler nach dem derzeitigen Stand nicht ausreichen.
- Generell ist die Bestellung einer speziellen, einfach zu erreichenden **Kontaktperson,** an die betroffene Personen individuelle Fragen richten können, hilfreich zur Kompensation der Transparenzdefizite (Rn. 160, Leitlinien 5/2020, dort Fn. 74, https://edpb.europa.eu/sites/default/files/files/file1/edpb_guidelines_202005_consent_de.pdf).

DS-GVO Artikel 89   Kapitel IX. Vorschriften für besondere Verarbeitungssituationen

- Ein ebenfalls geeignetes Mittel zur nachträglichen Herstellung von Transparenz sind Informationsschreiben oder elektronische **Newsletter**. Zur Verwaltung der Kontaktdaten der Teilnehmenden sind in der Regel sog. **Vertrauensstellen** einzurichten, die von der forschenden Stelle unabhängig sind und keinen Zugriff auf die inhaltlichen Forschungsdaten haben.
- Im Rahmen der fortlaufenden Informationen ist – mit ausreichendem zeitlichen Vorlauf – auf das **Widerrufsrecht** gem. Art. 7 Abs. 3 sowie entsprechenden Kontaktmöglichkeiten hinzuweisen. Da bei der Erteilung des „broad consent" bzw. der „breiten Einwilligung" die Forschungszwecke nicht vollständig transparent gemacht wurden, ist eine einmalige Information über das Widerrufsrecht nicht ausreichend. An den Widerruf dürfen zudem gem. Art. 7 Abs. 3 S. 4 keine erhöhten Anforderungen gestellt werden.
- Eine größere Sicherheit, stets auf der Grundlage einer wirksamen Einwilligung zu agieren, erhalten Forschende durch die Einholung eines sog. „**dynamic consent**" bzw. einer „dynamischen" Einwilligung. Das heißt, dass regelmäßig nach Ablauf eines gewissen Zeitraums, aber insbesondere wenn neue Forschungszwecke feststehen, neue Einwilligungserklärungen von den Teilnehmenden eingeholt werden.

3   § 27 BDSG schafft eine Rechtsgrundlage für die Verarbeitung besonderer Kategorien personenbezogener Daten wie insbesondere Gesundheits- und genetische Daten **ohne Einwilligung** zu wissenschaftlichen oder historischen Forschungszwecken und zu statistischen Zwecken. Voraussetzung ist die Erforderlichkeit der Datenverarbeitung, eine Interessenabwägung (→ BDSG § 27 Rn. 31 ff.) und das Ergreifen von Maßnahmen zur Wahrung der Interessen der betroffenen Personen (→ BDSG § 27 Rn. 35). Spezifische Maßnahmen wie Anonymisierung und Pseudonymisierung sind in § 27 Abs. 3 BDSG vorgesehen. Die Regelung wird auf die Öffnungsklausel des Art. 9 Abs. 2 lit. j gestützt.

4   Auf derselben Öffnungsklausel basiert **§ 28 BDSG**. Hiernach ist die Verarbeitung besonderer Kategorien personenbezogener Daten zu im öffentlichen Interesse liegenden Archivzwecken **ohne Einwilligung** möglich. Vorausgesetzt werden eine Erforderlichkeit für die Zweckerfüllung sowie angemessene und spezifische Maßnahmen zur Wahrung der Interessen der Betroffenen. Es erfolgt ein Verweis auf § 22 Abs. 2 S. 2 BDSG, aber keine Konkretisierung spezifischer Maßnahmen in Hinblick auf Archivzwecke (zu diskutierten Ansätzen und weiteren möglichen Maßnahmen → BDSG § 28 Rn. 14).

5   In Art. 89 Abs. 2 und 3 sind **Öffnungsklauseln** vorgesehen (→ Rn. 16 ff.). Unter Beachtung der in Abs. 1 festgelegten Bedingungen und Garantien können im nationalen und im Unionsrecht Ausnahmen von bestimmten **Betroffenenrechten** vorgesehen werden (generell zur Einschränkung der Betroffenenrechte durch das BDSG: Eichler/Nguyen, Informationsfreiheit und Informationsrecht, Jahrbuch 2017, 29 (45 ff.)). Abs. 4 stellt klar, dass entspr. Ausnahmen nur für die in den Abs. 2 und 3 genannten Zwecke gelten können (→ Rn. 26).

I. Anwendungsbereich

6   Der **Anwendungsbereich** der Vorschrift ist auf Verarbeitungen zu im öffentlichen Interesse liegenden Archivzwecken, wissenschaftlichen oder historischen Forschungszwecken oder statistischen Zwecken beschränkt. Der Begriff der **wissenschaftlichen Forschung** soll einerseits eine Abgrenzung vom allgemeineren Begriff der „wissenschaftlichen Zwecke" der Datenschutz-RL darstellen. Vor dem Hintergrund etwa von Big Data-Analysen und Data Mining erfolgte auf Betreiben des EP explizit eine Einschränkung auf Forschungszwecke im engeren Sinne, damit nicht jede Analyse und Aufbereitung von Daten bereits die Privilegierung als „Wissenschaft" beanspruchen kann (Albrecht/Jotzo Teil 3 Rn. 71; Beispiele nennen für Verarbeitungen unter dem Vorwand wissenschaftlicher unabhängiger Forschung: Weichert ZD 2020, 18 (20 f.)). Andererseits soll der Begriff unter dieser Prämisse weit auszulegen sein und etwa auch Grundlagenforschung, angewandte Forschung sowie privat finanzierte Forschung einschließen (Erwägungsgrund 159 S. 2; Rossnagel ZD 2019, 157 (159)). Nach den EDSA-Leitlinien 5/2020 soll der Begriff nicht über seine allgemeine Bedeutung hinaus ausgeweitet werden. Zu verstehen sei „wissenschaftliche Forschung" in diesem Kontext als **ein Forschungsprojekt,** das in Übereinstimmung mit den maßgeblichen, für den Sektor relevanten methodischen und ethischen Standards und in Übereinstimmung mit bewährten Verfahren entwickelt wird (Nr. 7.2. Leitlinien 5/2020, https://edpb.europa.eu/our-work-tools/our-documents/guidelines/guidelines-052020-consent-under-regulation-2016679_de).

6a   Die **historischen Forschungszwecke** umfassen gem. Erwägungsgrund 160 auch den Bereich der Genealogie und somit Ahnenforschung. Es wird zwar in diesem Erwägungsgrund ausdrücklich erwähnt, dass die DS-GVO für Verstorbene keine Anwendung findet (Erwägungsgrund 27). Zu beachten ist allerdings, dass insbesondere Ahnenforschung einen Bezug zu lebenden Verwandten aufweisen kann.

Es sind ausdrücklich nicht jegliche **Archivzwecke** erfasst, sondern nur jene im öffentlichen **6b** Interesse (Erwägungsgrund 158). Das heißt, erfasst sind bspw. keine Familienarchive. Unternehmensarchive sind nur erfasst, soweit sie einem öffentlichen Interesse dienen (vgl. Ehmann/Selmayr/ Raum Rn. 23). Für Forschung und Statistik ist der Anwendungsbereich auch für solche Stellen eröffnet, die kein öffentlichen Interesse verfolgen (Albrecht/Jotzo Teil 3 Rn. 71).

Statistische Zwecke betreffen gem. Erwägungsgrund 162 S. 3 jeden für die Durchführung **7** statistischer Untersuchungen und die Erstellung statistischer Ergebnisse erforderlichen Vorgang der Erhebung und Verarbeitung personenbezogener Daten. Gemäß Erwägungsgrund 162 S. 5 wird allerdings vorausgesetzt, dass die Ergebnisse der Verarbeitung zu statistischen Zwecken keine personenbezogenen Daten sind. Vielmehr sollen den Ergebnissen **aggregierte Daten** zugrunde liegen, die keiner Person zugeordnet werden können.

II. Regelungen in der Datenschutz-RL

Teilweise waren die Privilegierungen der Verarbeitungen zu im öffentlichen Interesse liegenden **8** Archivzwecken, wissenschaftlichen oder historischen Forschungszwecken oder statistischen Zwecken in ähnlicher Form bereits in der Datenschutz-RL angelegt. So war gem. Art. 6 Abs. 1 lit. b S. 2 Datenschutz-RL die Weiterverarbeitung zu historischen, statistischen oder wissenschaftlichen Zwecken bei Regelung geeigneter Garantien durch die MS im Allgemeinen nicht als unvereinbar mit den Zwecken der vorausgegangenen Datenerhebung anzusehen. Gemäß Art. 6 Abs. 1 lit. e S. 2 Datenschutz-RL durften personenbezogene Daten für die genannten Zwecke länger aufbewahrt werden, als für die Realisierung der Zwecke erforderlich, wenn die MS geeignete Garantien vorsahen. Art. 11 Abs. 2 Datenschutz-RL ermöglichte eine Ausnahme von der Informationspflicht, die durch § 33 Abs. 2 Nr. 5 BDSG aF umgesetzt wurde.

III. Regelungen im BDSG aF

§ 40 BDSG aF erlaubte die Verarbeitung und Nutzung personenbezogener Daten durch For- **9** schungseinrichtungen. Er sah eine Betonung des Zweckbindungsgebots, ein Anonymisierungsgebot, sobald entsprechend dem Forschungszweck möglich, und im Übrigen ein Pseudonymisierungsgebot bzw. die getrennte Speicherung der identifizierenden Angaben von den eigentlichen Forschungsdaten vor. Zudem wurde für die Veröffentlichung personenbezogener Daten grundsätzlich eine Einwilligung gefordert. § 14 Abs. 2 Nr. 9 BDSG aF sah eine Rechtsgrundlage für öffentliche Stellen zur Speicherung, Veränderung und Nutzung von Daten vor, wenn dies für die Durchführung wissenschaftlicher Forschung erforderlich war.

Für wissenschaftliche Forschung mit besonderen Arten personenbezogener Daten sahen §§ 13 **10** Abs. 2 Nr. 8, 14 Abs. 5 Nr. 2, 16 Abs. 1 Nr. 2 BDSG aF spezielle Erlaubnisnormen für öffentliche Stellen vor. Mit § 28 Abs. 6 Nr. 4 BDSG aF bestand eine Erlaubnisnorm für nicht-öffentliche Stellen. Für Einwilligungen im Forschungsbereich bestand eine Erleichterung hinsichtlich des Schriftformerfordernisses nach § 4a Abs. 2 BDSG aF.

B. Geeignete Garantien (Abs. 1)

Die DS-GVO sieht an verschiedenen Stellen **Privilegierungen** der Verarbeitungen zu im **11** öffentlichen Interesse liegenden Archivzwecken, wissenschaftlichen oder historischen Forschungszwecken sowie statistischen Zwecken vor. Die Zweckbindung wird nach Art. 5 Abs. 1 lit. b 2. Hs. (→ Art. 5 Rn. 22) und die Speicherbegrenzung nach Art. 5 Abs. 1 lit. e 2. Hs. (→ Art. 5 Rn. 34) relativiert. Bei Weiterverarbeitungen für im öffentlichen Interesse liegende Archivzwecke, wissenschaftliche oder historische Forschungszwecke oder statistische Zwecke wird die Vereinbarkeit mit dem Erhebungszweck fingiert. Entspr. Daten dürfen bei Vorliegen weiterer Voraussetzungen länger gespeichert werden. Weitere Erleichterungen sind bspw. nach Art. 14 Abs. 5 lit. b, 17 Abs. 3 lit. d, 21 Abs. 6 sowie nationalem Recht (→ Rn. 16) möglich.

Die ausdrückliche Betonung der geeigneten Garantien für die Rechte und Freiheiten der **12** betroffenen Personen in Abs. 1 spricht für eine enge Auslegung der privilegierenden Regelungen. Jedenfalls soll als Ausgleich zu den Erleichterungen der Grundsatz der **Datenminimierung** gem. Art. 5 Abs. 1 lit. c (→ Art. 5 Rn. 24 ff.) besondere Berücksichtigung finden. Als Bsp. werden Pseudonymisierungs- und Anonymisierungsmaßnahmen genannt. Kommen diese Maßnahmen nicht in Betracht oder sind sie nicht ausreichend, müssen – ggf. zusätzlich – andere geeignete Maßnahmen getroffen werden, die den im konkreten Fall bestehenden Risiken adäquat beggnen.

Es besteht keine generelle Befreiung von der Pflicht zur Speicherbegrenzung. Personenbezogene Daten dürfen gem. Art. 5 Abs. 1 lit. e lediglich länger als erforderlich gespeichert werden, was aber nicht mit einer unbegrenzten Speicherung gleichgesetzt werden darf. Die Privilegierung kann im Übrigen nur dann angewandt werden, wenn adäquate technische und organisatorische Maßnahmen installiert sind (vgl. hierzu insbesondere Kühling/Buchner/Buchner/Tinnefeld Rn. 16 ff.). Die Ausnahme nach Art. 17 Abs. 3 lit. d findet ebenfalls nur Anwendung, soweit eine Löschung die Forschungsziele unmöglich machen oder ernsthaft beeinträchtigen würde. Die Erfüllung dieser hohen Anforderungen müssen im konkreten Fall geprüft und nachgewiesen werden. Standardmäßig vorzusehende Maßnahmen wie der Einsatz von Verschlüsselung, Verschwiegenheitsverpflichtungen der Beschäftigten, spezifische Arbeitsanweisungen und die Regelung von Zugriffsberechtigungen sind in diesen Fällen noch strenger auf ihre Einhaltung zu kontrollieren.

13 Generell müssen **datensparsame Verfahren** entsprechend Art. 5 Abs. 1 lit. c gewählt und bereits bei der Konzeptionierung der Vorhaben angestrebt werden. Selbstverständlich sind auch und gerade im Anwendungsbereich des Art. 89 die Maßgaben des Art. 25, Datenschutz durch Technikgestaltung und durch datenschutzfreundliche Voreinstellungen, zu umzusetzen. Der **Zweck** der Verarbeitung (→ Rn. 2.1) ist konkret **festzulegen,** was gerade vor dem Hintergrund der ausdrücklich erst hinsichtlich der Weiterverarbeitung gelockerten Zweckbindung gelten muss. Das heißt die ursprünglich erhobenen und verarbeiteten Daten unterliegen den normalen datenschutzrechtlichen Anforderungen inkl. Zweckbindung. Die zu erhebenden personenbezogenen Daten sind von Anfang an auf das für den Zweck der Verarbeitung angemessene, erhebliche und notwendige Maß zu beschränken. Nur unter dieser streng anzuwendenden Prämisse können die weitreichenden Privilegierungen gerechtfertigt sein.

13a Eine Orientierung, welche technischen und organisatorischen Maßnahmen als geeignete Garantien in Betracht kommen, ist bspw. dem Beschluss der DSK vom 3.4.2019 zur Auslegung des Begriffs „bestimmte Bereiche wissenschaftlicher Forschung" zu entnehmen. So können etwa zusätzliche Sicherungsmaßnahmen zur Gewährleistung von Transparenz wie die Verwendung einer allg. zugänglichen Nutzungsordnung oder eines einsehbaren Forschungsplanes, der die geplanten Arbeitsmethoden und die Fragen, die Gegenstand der Forschung sein sollen, beleuchtet, sowie eine Webseite, durch die Studienteilnehmer über laufende und künftige Projektphasen oder Studien informiert werden, positiv wirken. Außerdem können Maßnahmen zur Vertrauensbildung wie ein positives Votum eines Ethikgremiums vor der Nutzung von Probandendaten für weitere Forschungszwecke in Betracht kommen. Selbstverständlich müssen weitere Garantiemaßnahmen zur Datensicherheit, wie der Ausschluss von Datenübermittlungen in unsichere Drittstaaten, intensiv geprüft und weitestgehend umgesetzt werden.

13b Das Gesamtkonzept aller Datenverarbeitungen, der verfolgten Zwecke und technisch-organisatorischen Maßnahmen, etwa spezifische Prozesse zur Gewährleistung der Betroffenenrechte in dem konkreten Sektor, kann bspw. in **Verhaltensregeln** gem. Art. 40 niedergelegt werden. Dies bietet sich an, wenn Konsortien oder Verbände nach gleichartigen Mustern vorgehen und hierfür eine gewisse Rechtssicherheit erlangen wollen. Verhaltensregeln werden beim Vorliegen der entsprechenden Voraussetzungen von der zuständigen Aufsichtsbehörde genehmigt. Die Aufsichtsbehörde ist bereits im Entwurfsprozess eingebunden. Es ist gem. Art. 41 ein eigenständiges Überwachungssystem hinsichtlich der Einhaltung der Verhaltensregeln zu etablieren. Insb. diese Faktoren können bei der Vertrauensbildung aller beteiligten Akteure unterstützen (zum Beispiel eines Verhaltenskodex in der Omics-Forschung: Molnár-Gábor/Kaldowski/Korbel ZD 2021, 313).

I. Pseudonymisierung (S. 3)

14 Pseudonymisierungsmaßnahmen werden in der Regel möglich sein, ohne dass der Zweck der Verarbeitung insbesondere im Bereich der Forschung und Statistik gefährdet wird. Pseudonymisierung wird definiert in Art. 4 Nr. 5 (→ Art. 4 Rn. 68 ff.). Pseudonymisierte Daten stellen weiterhin Informationen über eine identifizierbare Person dar (Erwägungsgrund 26 S. 2).

14.1 § 27 BDSG sieht spezifische Vorgaben vor.

II. Anonymisierung (S. 4)

15 Generell soll gem. Abs. 1 S. 4 „in allen Fällen", in denen eine Identifizierung der betroffenen Personen zur Erreichung der Zwecke nicht mehr erforderlich ist, auf eine Verarbeitung entsprechender Daten verzichtet werden (für eine „klare Grenze" der Privilegierungen in Art. 5 Abs. 1 lit. b und e: Albrecht/Jotzo Teil 3 Rn. 74). Gemäß Erwägungsgrund 156 S. 3 besteht diesbezüglich

für den Verantwortlichen eine primäre Prüfpflicht. Im Weiteren besteht die **organisatorische Verpflichtung,** sobald es der Verarbeitungszweck zulässt, Anonymisierungsmaßnahmen vorzunehmen. Diese betreffen nicht nur Namen und ähnliche Kennzeichnungen, sondern auch Identifizierungen, die sich aus dem Kontext, insbesondere der einzigartigen Kombination von Merkmalen ergeben (Roßnagel/Geminn ZD 2021, 487 f.). Zum Verhältnis der beiden Datenschutzinstrumente Datenlöschung und Anonymisierung: Roßnagel ZD 2021, 188.

§ 27 Abs. 3 BDSG sieht weitere Vorgaben zur Anonymisierung vor. **15.1**

C. Öffnungsklauseln für Ausnahmen von Betroffenenrechten (Abs. 2 und 3)

Abs. 2 und 3 sehen **Öffnungsklauseln** für weitere Erleichterungen (→ Rn. 11) vor. Die Einschränkung bestimmter Betroffenenrechte wird zwar grundsätzlich durch die DS-GVO ermöglicht (generell zur Einschränkung der Betroffenenrechte durch das BDSG: Eichler/Nguyen, Informationsfreiheit und Informationsrecht, Jahrbuch 2017, 29 (45 ff.)). Vorausgesetzt wird allerdings eine Feststellung, dass die Wahrnehmung dieser Rechte voraussichtlich die Verwirklichung der spezifischen Zwecke unmöglich macht oder ernsthaft beeinträchtigt. Es ist somit nicht jede bloße Behinderung und selbst nicht jeder Grad einer Beeinträchtigung ausreichend. Ein administrativer, organisatorischer oder finanzieller Aufwand, der die Zwecke nicht ernsthaft beeinträchtigt, also nahezu unmöglich macht, kann somit nicht ausreichen. **16**

Zusätzlich müssen die Ausnahmen für die Erfüllung der spezifischen Zwecke **notwendig** sein. Es muss eine Verhältnismäßigkeitsprüfung vorgenommen werden. Besteht die Möglichkeit, die Zwecke auch ohne die Ausnahme zu erfüllen, muss auf die Ausnahmen verzichtet werden. Wegen des grundrechtsverkürzenden Charakters der Einschränkungen der Betroffenenrechte darf generell nur restriktiv von den Öffnungsklauseln Gebrauch gemacht werden. Der Umfang der Ausnahmen muss sich auf das Notwendige beschränken. **17**

I. Wissenschaftliche oder historische Forschungszwecke oder statistische Zwecke (Abs. 2)

Unter den genannten Voraussetzungen (→ Rn. 16 f.) besteht die Möglichkeit, das Auskunftsrecht gem. Art. 15, das Berichtigungsrecht gem. Art. 16, das Recht auf Einschränkung der Verarbeitung gem. Art. 18 sowie das Widerspruchsrecht der betroffenen Personen gem. Art. 21 einzuschränken. Hierfür muss ua festgestellt worden sein, dass die Wahrnehmung dieser Rechte durch die betroffenen Personen die Erfüllung der Forschungs- oder Statistikzwecke **unmöglich** macht oder **ernsthaft beeinträchtigt.** Außerdem müssen die Ausnahmen für die Erfüllung der Zwecke notwendig sein. **18**

Es ist fraglich, ob die Wahrnehmung von Betroffenenrechten die Erfüllung der genannten Zwecke überhaupt ernsthaft beeinträchtigen kann. Eine massive Beeinträchtigung dürfte hier höchstens anzunehmen sein, falls etwa die Benachrichtigung betroffener Personen übermäßige Anstrengungen des Verantwortlichen erfordern würde, etwa exorbitanten Personalaufwand für Recherchen und die Kontaktaufnahme mit den betroffenen Personen. Für den Verantwortlichen als belastend empfundene finanzielle Auswirkungen im Zusammenhang mit der Gewährleistung der Betroffenenrechte rechtfertigen dagegen keine ernsthafte Beeinträchtigung der mit der Verarbeitung verfolgten Zwecke. Vielmehr ist für dieses Tatbestandsmerkmal zu fordern, dass eine nahezu ausschließende Wirkung von der Umsetzung der Betroffenenrechten für die Verarbeitung ausgeht (NK-DatenschutzR/Caspar Rn. 64). Die Gegenansicht hält dieses Anforderungsprofil für tendenziell überzogen. Es sei im Einzelfall zu klären, ob ggf. eine (Teil-)Beschränkung des Auskunftsanspruchs die kollidierenden Positionen zu einem angemessenen Ausgleich bringen könne (Kühling ZD 2021, 74 (76)). Es ist allerdings zu bedenken, dass vor allem das **Auskunftsrecht** eine ausgleichende Maßnahme zur Wahrnehmung der informationellen Selbstbestimmung darstellt, insbesondere wenn personenbezogene Daten ohne eine oder ohne eine präzise Einwilligung („broad consent") verarbeitet werden. Das Auskunftsrecht dient der Herstellung von Transparenz und eines informationellen Gleichgewichts. Auch im Übrigen dienen die Betroffenenrechte der Herstellung eines informationstechnischen Ausgleichs. Insofern müssen gewichtige Gründe vorliegen, um Betroffenenrechte auch nur teilweise zu beschränken. Ein gewisser administrativer, organisatorischer oder finanzieller Aufwand ist generell erforderlich für die Gewährleistung von Betroffenenrechten und kann daher keinesfalls für die Annahme einer Beschränkung genügen (Ehmann/Selmayr/Raum Rn. 51). Faktisch ausgeschlossen ist die Wahrnehmung von Betroffenenrechten allerdings, wenn nur noch aggregierte Daten vorliegen, die unter keinen Bedingungen mehr auf eine konkrete Person zurückgeführt werden können. **19**

20 Der deutsche Bundesgesetzgeber hat eine Beschränkung der Betroffenenrechte durch § 27 Abs. 2 BDSG umgesetzt. Dessen S. 1 wiederholt weitestgehend der Wortlaut des Art. 89 Abs. 2.

21 Zusätzlich wird durch § 27 Abs. 2 S. 2 BDSG das Auskunftsrecht vollständig ausgeschlossen, wenn Daten für Zwecke der wissenschaftlichen Forschung erforderlich sind und die Auskunftserteilung einen unverhältnismäßigen Aufwand erfordern würde. Ob diese Regelung von der Öffnungsklausel gedeckt wird, ist äußerst fraglich. Die Verwirklichung von Forschungszwecken selbst wird durch die Erfüllung des **Auskunftsanspruchs** weder zwangsläufig unmöglich noch ernsthaft beeinträchtigt. Dies gilt selbst dann, wenn damit ein hoher oder sogar unverhältnismäßiger Aufwand verbunden wäre. Die Gesetzesbegr., die als Bsp. ein Forschungsvorhaben nennt, das mit besonders großen Datenmengen arbeitet, überzeugt insofern nicht (BT-Drs. 18/11325, 99 f.). In diesen Fällen ist gerade von einem gesteigerten Interesse an Transparenz auszugehen, dessen Erfüllbarkeit durch technisch-organisatorische Maßnahmen zu gewährleisten ist, was bereits Art. 24, 25 adressieren.

II. Archivzwecke von öffentlichem Interesse (Abs. 3)

22 Zusätzlich zu den in Abs. 2 (→ Rn. 18) genannten Betroffenenrechten, können für im öffentlichen Interesse liegende Archivzwecke zusätzlich Ausnahmen von der Mitteilungspflicht gegenüber Empfängern personenbezogener Daten gem. Art. 19 und dem Recht auf Datenübertragbarkeit gem. Art. 20 vorgesehen werden.

23 Der deutsche Bundesgesetzgeber hat eine Beschränkung der Betroffenenrechte durch § 28 Abs. 2–4 BDSG umgesetzt. Das Auskunftsrecht wird vollständig ausgeschlossen, wenn ua keine Angaben gemacht werden, die das Auffinden des Archivguts mit vertretbarem Aufwand ermöglichen. Ob diese Regelung von der Öffnungsklausel gedeckt wird, ist äußerst fraglich. Denn der Aufwand, den die Erfüllung des Auskunftsanspruchs erfordert, ist kein Kriterium, das nach Abs. 3 zu berücksichtigen ist, solange es nicht die **Erfüllung der Archivzwecke** unmöglich macht oder ernsthaft beeinträchtigt. Somit kann eine Beschränkung des für die Verwirklichung der informationellen Selbstbestimmung fundamentalen Auskunftsanspruchs nur aus gewichtigeren Gründen verhältnismäßig sein.

24 Das Recht auf Berichtigung wird gem. § 28 Abs. 3 S. 1 BDSG vollständig ausgeschlossen, wenn personenbezogene Daten zu Archivzwecken im öffentlichen Interesse verarbeitet werden. Der betroffenen Person wird gem. S. 2 die Möglichkeit der Gegendarstellung eingeräumt, welche gem. S. 3 den Unterlagen hinzuzufügen ist. Zwar wird in vielen Fällen ein gewichtiges Interesse an der Integrität des Archivguts bestehen. Es kann allerdings nicht ausgeschlossen werden, dass Konstellationen bestehen, in denen ein dringendes Interesse an einer vollständigen Richtigstellung bspw. zu Rehabilitationszwecken besteht, ohne dass hierdurch die Archivzwecke unmöglich gemacht oder ernsthaft beeinträchtigt werden. Insofern ist die Verhältnismäßigkeit der Einschränkung des Berichtigungsrechts fraglich.

25 Das Recht auf Einschränkung der Verarbeitung nach Art. 18 Abs. 1 lit. a, b und d sowie das Recht auf Datenübertragbarkeit und das Widerspruchsrecht werden vollständig ausgeschlossen. Vorausgesetzt wird, dass die Wahrnehmung dieser Rechte voraussichtlich die Verwirklichung der im öffentlichen Interesse liegenden Archivzwecke unmöglich machen oder ernsthaft beeinträchtigen wird. Zudem muss diese Ausnahme für die Erfüllung des Zwecks erforderlich sein. Es werden teilweise der Wortlaut des Abs. 3 sowie des Art. 21 Abs. 6 wiederholt. Die Bestimmtheit der Vorschrift ist fraglich. Von der Möglichkeit, Rechte nach Art. 19 einzuschränken, wird kein Gebrauch gemacht.

D. Beschränkung der Ausnahmen (Abs. 4)

26 Abs. 4 ist missverständlich formuliert. Die „in den Abs. 2 und 3 genannte Verarbeitung" sind sämtliche Verarbeitungen, die vom Anwendungsbereich (→ Rn. 6 f.) der Vorschrift ohnehin umfasst sind. Darüber hinaus regeln die Abs. 2 und 3 keine Verarbeitungen und sehen insbesondere **keine Erlaubnisnormen** vor, sondern ausschließlich Öffnungsklauseln für Ausnahmen von den Betroffenenrechten (→ Rn. 16 ff.). Abs. 4 stellt lediglich klar, dass diese Ausnahmen nur für die Verarbeitungen zu den in Art. 89 genannten Zwecken gelten und nicht für ggf. gleichzeitig verfolgte Zwecke.

Artikel 90 Geheimhaltungspflichten

(1) ¹Die Mitgliedstaaten können die Befugnisse der Aufsichtsbehörden im Sinne des Artikels 58 Absatz 1 Buchstaben e und f gegenüber den Verantwortlichen oder den Auf-

tragsverarbeitern, die nach Unionsrecht oder dem Recht der Mitgliedstaaten oder nach einer von den zuständigen nationalen Stellen erlassenen Verpflichtung dem Berufsgeheimnis oder einer gleichwertigen Geheimhaltungspflicht unterliegen, regeln, soweit dies notwendig und verhältnismäßig ist, um das Recht auf Schutz der personenbezogenen Daten mit der Pflicht zur Geheimhaltung in Einklang zu bringen. ²Diese Vorschriften gelten nur in Bezug auf personenbezogene Daten, die der Verantwortliche oder der Auftragsverarbeiter bei einer Tätigkeit erlangt oder erhoben hat, die einer solchen Geheimhaltungspflicht unterliegt.

(2) Jeder Mitgliedstaat teilt der Kommission bis zum 25. Mai 2018 die Vorschriften mit, die er aufgrund von Absatz 1 erlässt, und setzt sie unverzüglich von allen weiteren Änderungen dieser Vorschriften in Kenntnis.

Überblick

Die Öffnungsklausel des Art. 90 Abs. 1 ermöglicht den Mitgliedstaaten, Untersuchungsbefugnisse der Aufsichtsbehörden zum Schutz von Berufsgeheimnissen und gleichwertigen Geheimhaltungspflichten zu beschränken. Die Regelungsbefugnis betrifft den Zugang der Aufsichtsbehörde zu personenbezogenen Daten und Informationen (Art. 58 Abs. 1 lit. e) sowie den Zugang zu Geschäftsräumen und Datenverarbeitungsanlagen von Verantwortlichen und Auftragsverarbeitern, die Berufs- oder sonstige Geheimnisträger sind (Art. 58 Abs. 1 lit. f); weitere Untersuchungs- und Abhilfebefugnisse bleiben unberührt (→ Rn. 1 ff.). Die nationale Regelung darf die datenschutzrechtliche Aufsicht nicht stärker einschränken als zum Schutz der jeweiligen Geheimhaltungspflicht erforderlich und angemessen, was einem partiellen Ausschluss der Befugnisse aus Art. 58 Abs. 1 lit. e und f aber nicht entgegensteht (→ Rn. 4 ff.). Mitgliedstaatliche Ausgestaltungsgesetze sind der Kommission nach Abs. 2 mitzuteilen (→ Rn. 15). Der deutsche Gesetzgeber hat von der Öffnungsklausel in Form von § 29 Abs. 3 BDSG nF Gebrauch gemacht. Danach bestehen die Befugnisse aus Art. 58 Abs. 1 lit. e und f nicht, soweit ihre Ausübung für die in § 203 StGB genannten Geheimnisträger oder deren Auftragsverarbeiter zu einem Verstoß gegen die jeweilige Geheimhaltungspflicht führen würde (→ Rn. 16 ff.).

A. Hintergrund und Normzweck

Abs. 1 bietet den Mitgliedstaaten die Möglichkeit, die Untersuchungs- und Zugangsbefugnisse 1 datenschutzrechtlicher Aufsichtsbehörden unter bestimmten Voraussetzungen und im gewissen Umfang zu beschränken, um das „Recht auf Schutz der personenbezogenen Daten mit einer Pflicht zur Wahrung des Berufsgeheimnisses in Einklang zu bringen" (Erwägungsgrund 164 S. 1).

Im Regelfall haben der Schutz personenbezogener Daten nach der DS-GVO und der sektorale 2 Informations- und Geheimnisschutz dieselbe Zielrichtung. Dass etwa ein Rechtsanwalt die ihm im Rahmen eines Mandatsverhältnisses anvertrauten personenbezogenen Daten seines Mandanten nicht unbefugt Dritten preisgeben darf, folgt gleichermaßen aus den datenschutzrechtlichen Anforderungen an eine rechtmäßige Datenverarbeitung (vgl. Art. 6) wie auch aus berufs- und strafrechtlichen Geheimhaltungspflichten (vgl. im nationalen Recht § 43a Abs. 2 BRAO und § 203 Abs. 1 Nr. 3 StGB). Die DS-GVO ist auf Rechtsanwälte und andere Berufsgeheimnisträger anwendbar, weil sie eine § 1 Abs. 3 BDSG aF entsprechende Subsidiaritätsklausel nicht vorsieht (vgl. → FreieBerufe Rn. 11; Kühling/Buchner/Herbst Rn. 2; Zikesch/Kramer ZD 2015, 565; Gola/Piltz Rn. 15; HK-DS-GVO/Tiedemann Rn. 4). Die Schutzzwecke von Datenschutz- und Geheimnisschutzrecht sind jedoch gegenläufig, wenn und soweit der Berufsgeheimnisträger personenbezogene Daten eines Dritten verarbeitet. Das kann etwa der Fall sein, wenn ein Rechtsanwalt mandatsbezogene Informationen über Zeugen oder Prozessgegner erlangt (anschaulich KG NJW 2011, 324; s. auch Redeker NJW 2009, 554 (554 f.)). In einer solchen Konstellation fallen die nach dem Datenschutzrecht betroffene Person (vgl. Art. 4 Nr. 1) – ein Dritter – und die durch die Geheimhaltungspflicht geschützte Person – der Mandant, Patient, Auftraggeber – auseinander. Dadurch entsteht ein Konflikt zwischen dem Interesse der Aufsichtsbehörde, etwaigen datenschutzrechtlichen Verstößen durch den Berufsgeheimnisträger nachzugehen, und dem Interesse des Berufsgeheimnisträgers, die besonderen Verschwiegenheitspflichten zu wahren. Diesen Interessenkonflikt sucht der Verordnungsgeber durch Art. 90 aufzulösen.

Die Mitgliedstaaten sind nach Art. 90 jedenfalls teilweise dazu ermächtigt – nicht aber verpflichtet (HK-DS-GVO/Tiedemann Rn. 17) –, die den datenschutzrechtlichen Aufsichtsbehörden eingeräumten Untersuchungs- und Zugangsbefugnisse zu Gunsten bestehender Geheimhaltungspflichten zu beschränken. Es ist sowohl unionsrechtlich als auch im nationalen Recht der

Mitgliedstaaten anerkannt, dass bestimmte, besonders sensible Informationen nicht nur im Individualinteresse der jeweiligen Person, sondern auch im Allgemeininteresse einem besonderen Geheimnisschutz unterliegen (vgl. Plath/Grages Rn. 2; BVerfG NJW 2005, 1917 (1921)). So handelt es sich um etablierte Grundsätze des europäischen und nationalen Rechts, dass die Rechtsberatung durch einen Rechtsanwalt oder die medizinische Beratung durch einen Arzt vertraulich ist (vgl. EuGH BeckEuRS 1982, 97699 Rn. 18 ff.; NJW 1992, 1553 Rn. 23). Jedenfalls in gewissen Grenzen ist es daher sachgerecht, wenn originär datenschutzrechtliche Interessen hinter einem berufsrechtlichen Geheimnisschutz zurücktreten.

B. Sachlicher und personeller Anwendungsbereich

4   Art. 90 vermittelt den Mitgliedstaaten kein umfassendes Recht, spezielle Geheimhaltungspflichten gegenüber den allgemeinen datenschutzrechtlichen Bestimmungen der DS-GVO abzuschirmen. Die Öffnungsklausel ermöglicht insbesondere nur die Beschränkung behördlicher Befugnisse und damit des Verwaltungsvollzugs. Sie erlaubt dagegen keine Begrenzung der geltenden datenschutzrechtlichen Standards. In materiell-rechtlicher Hinsicht sieht die DS-GVO lediglich vereinzelte Privilegierungen für Berufsgeheimnisträger vor, etwa die Befreiung von Informationspflichten nach Art. 14 Abs. 5 lit. d.

I. Befugnisse der Aufsichtsbehörden nach Art. 58 Abs. 1 lit. e und f

5   Die Regelungsbefugnis der Mitgliedstaaten nach Art. 90 ist auf Aufsichtsmaßnahmen nach Art. 58 Abs. 1 lit. e und f beschränkt. Darunter sind lediglich solche Untersuchungsbefugnisse zu verstehen, die es den Aufsichtsbehörden gestatten, von dem Verantwortlichen (vgl. Art. 4 Nr. 7, Art. 24) und dem Auftragsverarbeiter (vgl. Art. 4 Nr. 8, Art. 28) Zugang zu allen personenbezogenen Daten und Informationen, die zur Erfüllung ihrer Aufgaben notwendig sind, sowie Zugang zu deren Geschäftsräumen, einschließlich aller Datenverarbeitungsanlagen und -geräte, zu erhalten. Nicht von Art. 90 erfasst sind dagegen die Aufsichtsmaßnahmen nach Art. 58 Abs. 1 lit. a–d und die Abhilfe-, Genehmigungs- und Beratungsbefugnisse nach Art. 58 Abs. 2 und Abs. 3, die demnach einer Regelung durch die Mitgliedstaaten nicht zugänglich sind.

6   Dem engen Zuschnitt von Art. 90 liegt offenbar die Annahme zugrunde, dass die Untersuchungsbefugnisse nach Art. 58 Abs. 1 lit. e und f besonders eingriffsintensiv sind und in diesen Fällen ein Konflikt zwischen dem besonderen Geheimnis- und dem allgemeinen Datenschutz auf der Hand liegt (vgl. Gola/Piltz Rn. 5; Paal/Pauly/Pauly Rn. 8). Jedoch bergen auch die weiteren Aufsichtsmaßnahmen des Art. 58 ein vergleichbares Konfliktpotential. Insbesondere die den Aufsichtsbehörden nach Art. 58 Abs. 1 lit. a eingeräumte Befugnis, die Verantwortlichen oder Auftragsverarbeiter anzuweisen, alle Informationen bereitzustellen, die für die Erfüllung ihrer Aufgaben erforderlich sind, dürfte in praxi ebenso weitreichend wie die von Art. 90 erfassten Untersuchungs- und Zugangsbefugnisse sein. Der vor diesem Hintergrund von Belgien und Deutschland im Europäischen Rat geäußerte Vorschlag, sämtliche Eingriffsbefugnisse der Aufsichtsbehörden unter den Vorbehalt der Öffnungsklausel zu stellen (Ratsdokument Nr. 15544/14, 17), fand allerdings keine Mehrheit. In der rechtlichen und praktischen Umsetzung von Art. 90 auf mitgliedstaatlicher Ebene wird deshalb darauf zu achten sein, dass die Aufsichtsbehörden etwaige Beschränkungen ihrer Befugnisse aus Art. 58 Abs. 1 lit. e und f nicht durch Auskunftsanordnungen oder andere in Art. 58 geregelte Aufsichtsmaßnahmen umgehen (Kühling/Buchner/Herbst Rn. 7). Die Mitgliedstaaten sollten auf Basis von Art. 90 auch solche Aufsichtsmaßnahmen beschränken dürfen, die in ihrer Wirkung den Befugnissen aus Art. 58 Abs. 1 lit. e und f gleichkommen.

II. Berufsgeheimnis oder gleichwertige Geheimhaltungspflicht

7   Nach Abs. 1 dürfen Mitgliedstaaten die datenschutzrechtlichen Untersuchungs- und Zugangsbefugnisse gegenüber Verantwortlichen oder Auftragsverarbeitern nur begrenzen, wenn und soweit diese Befugnisse personenbezogene Daten zum Gegenstand haben, die der Verantwortliche oder Auftragsverarbeiter bei einer Tätigkeit erlangt oder erhoben hat, die einem Berufsgeheimnis oder einer gleichwertigen Geheimhaltungspflicht unterliegt. Gleichwertige Geheimhaltungspflichten knüpfen nicht an einen bestimmten Beruf an; sie sind Berufsgeheimnissen jedoch im Rahmen von Abs. 1 gleichgestellt.

1. Relevante Geheimhaltungspflichten

Berufsgeheimnisse und gleichwertige Geheimhaltungspflichten können sich nach dem Wortlaut von Art. 90 Abs. 1 aus dem Unionsrecht, dem Recht der Mitgliedstaaten oder einer von den zuständigen nationalen Stellen erlassenen Verpflichtung ergeben. Jeweils liegt es im legislativen Ermessen der Mitgliedstaaten, ob und inwieweit solchen Geheimhaltungspflichten der Schutz und Vorrang gegenüber den Untersuchungsbefugnissen nach Art. 58 Abs. 1 lit. e und f eingeräumt werden soll. **8**

Unionsrechtliche Geheimhaltungspflichten können grundsätzlich aus Primär- und Sekundärrecht folgen (Beispiel bei Paal/Pauly/Pauly Rn. 6). Primärrechtliche Geheimhaltungspflichten folgen aus Art. 339 AEUV; daneben kommen unmittelbar anwendbare Verordnungen (Art. 288 Abs. 2 AEUV) und Beschlüsse (Art. 288 Abs. 4 AEUV) in Betracht (Kühling/Buchner/Herbst Rn. 10; GSSV/Gierschmann Rn. 3). Ausgenommen sind nicht unmittelbar anwendbare Rechtsakte, namentlich Richtlinien, die zwar hinsichtlich ihrer Zielsetzung für die Mitgliedstaaten verbindlich sind, jedoch erst durch innerstaatliche Stellen umgesetzt werden müssen, vgl. Art. 288 Abs. 3 AEUV (so auch Kühling/Buchner/Herbst Rn. 10). Es sind insoweit nur solche Geheimhaltungspflichten von Abs. 1 erfasst, auf deren Geltung sich der Verantwortliche oder Auftragsverarbeiter berufen kann. **9**

Von praktisch weitaus größerer Relevanz sind die mitgliedstaatlich begründeten Geheimhaltungspflichten. Nach der deutschen Rechtsordnung können Geheimhaltungspflichten etwa aus Parlamentsgesetzen, Rechtsverordnungen oder Satzungen folgen. Dies schließt auch die von Berufskammern etablierten Berufsordnungen ein, die gegenüber den jeweiligen Kammermitgliedern unmittelbar gelten. Von Art. 90 Abs. 1 erfasst sind somit etwa die Berufsgeheimnisse von Rechtsanwälten (§ 43a Abs. 2 BRAO), Steuerberatern (§ 57 Abs. 1 StBerG), Notaren (§ 18 BNotO), Wirtschaftsprüfern (§ 43 Abs. 1 S. 1 WPO) oder Ärzten (vgl. § 9 MBO-Ä). Weitere Berufsgeheimnisträger sind in § 203 Abs. 1 StGB festgelegt, etwa sämtliche Angehörige eines Heilberufs, die für die Berufsausübung oder die Führung der Berufsbezeichnung eine staatlich geregelte Ausbildung benötigen (Nr. 1), Berufspsychologen (Nr. 2), staatlich anerkannte Sozialpädagogen (Nr. 6) oder Angehörige eines Unternehmens der privaten Kranken-, Unfall- oder Lebensversicherung (Nr. 7). Zu den gleichwertigen Geheimhaltungspflichten zählen insbesondere das Steuer- (§ 30 AO) und das Sozialgeheimnis (§ 35 SGB I) sowie übrige Amtsgeheimnisse, die potentiell mit den Eingriffsbefugnissen der Datenschutzaufsicht kollidieren können (näher dazu Kühling/Buchner/Herbst Rn. 15 ff.). Steht der Geheimnisbruch unter Strafe, indiziert dies die Gleichwertigkeit mit den bereits genannten Berufsgeheimnissen (Plath/Grages Rn. 4; HK-DS-GVO/Tiedemann Rn. 10). Vertraglich begründete sowie in berufsethischen Verhaltenskodizes enthaltene Geheimhaltungspflichten reichen demgegenüber nicht aus (vgl. HK-DS-GVO/Tiedemann Rn. 7; Kühling/Buchner/Herbst Rn. 18 f.). **10**

2. Der Geheimhaltungspflicht unterliegende Daten

Nach Abs. 1 S. 2 dürfen personenbezogene Daten nur dann dem besonderen Schutz einer mitgliedstaatlichen Regelung unterstellt werden, wenn sie im Rahmen von Tätigkeiten des Verantwortlichen oder Auftragsverarbeiters erlangt oder erhoben wurden, die einer Geheimhaltungspflicht unterliegen. Im Falle einer Arztpraxis sind die Mitgliedstaaten bspw. befugt, die im Rahmen der ärztlichen Schweigepflicht geschützten Patientendaten, nicht aber die Beschäftigtendaten des Praxispersonals den Untersuchungs- und Zugangsbefugnissen der Aufsichtsbehörde zu entziehen (vgl. Plath/Grages Rn. 5). Die Regelung ist deklaratorischer Natur. Es folgt bereits aus Abs. 1 S. 1, dass die Untersuchungs- und Zugangsbefugnisse nur insoweit beschränkt werden dürfen, wie es die Pflicht zur Geheimhaltung erfordert. Gegenstand einer mitgliedstaatlichen Regelung können schon aus diesem Grund nur solche personenbezogenen Daten sein, die überhaupt einer entsprechenden Geheimhaltungspflicht unterliegen und deren Schutz vor der Datenschutzaufsicht damit als gerechtfertigt erscheint. **11**

Die Abgrenzung von schutzwürdigen Geheimnissen und sonstigen personenbezogenen Daten dürfte im Einzelfall vor allem praktische Probleme bereiten – dies insbesondere im Hinblick auf das physische Zugangsrecht von Aufsichtsbehörden nach Art. 58 Abs. 1 lit. f (zutreffend Kühling/Buchner/Herbst Rn. 23). Ein solches Zugangsrecht unterliegt der Regelungsbefugnis der Mitgliedstaaten nach Art. 90 nur dann nicht, wenn von vornherein sichergestellt ist, dass die Aufsichtsbehörde keinen Zugriff auf bereichsspezifisch geschützte Informationen erhält. Daraus folgt jedoch keine Rechtspflicht des Verantwortlichen oder Auftragsverarbeiters, eine räumliche und/oder technische Trennung von der besonderen Geheimhaltung unterliegenden Daten und sonstigen **12** personenbezogenen Daten zu gewährleisten (in diese Richtung aber HK-DS-GVO/Tiedemann Rn. 18).

III. Verhältnismäßigkeit und Mitteilungspflicht

13 Die Befugnis der Mitgliedstaaten, die in Art. 58 Abs. 1 lit. e und f geregelten Untersuchungs- und Zugangsbefugnisse der Aufsichtsbehörden zu beschränken, steht unter dem Vorbehalt der Verhältnismäßigkeit. Eine auf Basis von Art. 90 implementierte nationale Regelung muss notwendig und verhältnismäßig sein, um das Recht auf Schutz der personenbezogenen Daten mit der Pflicht zur Geheimhaltung in Einklang zu bringen. Die Befugnisse der Aufsichtsbehörden zum Schutz personenbezogener Daten dürfen also nur in dem Maße eingeschränkt werden, wie dies zur Wahrung von Berufsgeheimnissen und gleichwertigen Geheimhaltungspflichten unbedingt erforderlich ist.

14 In welchem Umfang die Mitgliedstaaten den Verhältnismäßigkeitsgrundsatz in ihren nationalen Regelungen zu berücksichtigen haben, wird durch den Verordnungsgeber nicht konkretisiert. Den nationalen Gesetzgebern kommt dabei ein weiter Ermessensspielraum zu (Kühling/Buchner/Herbst Rn. 20; ähnlich Kühling/Martini DSGVO und nationales Recht, 299; Paal/Pauly/Pauly Rn. 9; Ehmann/Selmayr/Ehmann/Kranig Rn. 8; HK-DS-GVO/Tiedemann Rn. 17 ff.). Denn das „Vertrauen in die Vertraulichkeit" besonders geschützter Geheimnisse gebietet es, dass der Gesetzgeber die diesen Geheimnissen zu Grunde liegenden Daten einem Zugang durch datenschutzrechtliche Aufsichtsbehörden vollständig entziehen kann. Daher dürfte es dem Grundsatz der Verhältnismäßigkeit genügen, wenn Mitgliedstaaten – wie in der deutschen Umsetzungsregelung geschehen (dazu → Rn. 16 ff.) – bestimmte Berufsgeheimnisse pauschal vom Anwendungsbereich der Art. 58 Abs. 1 lit. e und f ausnehmen (aA wohl Gola/Piltz Rn. 10); ebenfalls kritisch NK-DatenschutzR/Casper Rn. 32, der daher § 29 Abs. 3 BDSG mit den Vorgaben der Verhältnismäßigkeit in Abs. 1 für unvereinbar hält). Es ist nicht erforderlich, für bestimmte Berufsgeheimnisträger differenzierte Regelungen zu erlassen oder der Behörde gar eine einzelfallbezogene Entscheidungsbefugnis einzuräumen (in diese Richtung GSSV/Gierschmann Rn. 23; BfDI, Stellungnahme v. 31.8.2016, Rn. 31). Eine solche Vorschrift wäre weder sachgerecht noch praktisch umsetzbar, weil unklar ist, wie die Aufsichtsbehörde die Umstände des konkreten Falls im Vorfeld einer etwaigen Untersuchung prüfen und abwägen soll, ohne die der Geheimhaltungspflicht unterliegenden Informationen zu kennen.

15 Nach Art. 90 Abs. 2 Hs. 1 mussten die Mitgliedstaaten der Kommission ihre Ausführungsregelungen bis zur Anwendbarkeit der DS-GVO am 25.5.2018 (vgl. Art. 99 Abs. 2) mitteilen. Von allen weiteren Änderungen dieser Regelungen müssen die Mitgliedstaaten die Kommission unverzüglich in Kenntnis setzen (vgl. Art. 90 Abs. 2 Hs. 2). Das ermöglicht der Kommission, die Umsetzung der Öffnungsklausel durch die Mitgliedstaaten zu überwachen und gegen eine unverhältnismäßige oder sonst überschießende nationale Regelung vorzugehen, erforderlichenfalls im Wege eines Vertragsverletzungsverfahrens nach Art. 258 AEUV (näher dazu HK-DS-GVO/Tiedemann Rn. 21 ff.).

C. Umsetzungsregelung im deutschen Recht

16 Der deutsche Gesetzgeber hat mit § 29 Abs. 3 S. 1 BDSG nF von seiner Regelungsbefugnis aus Art. 90 Gebrauch gemacht.

17 Nach dem Wortlaut des § 29 Abs. 3 S. 1 BDSG nF bestehen die Untersuchungsbefugnisse der Aufsichtsbehörden aus Art. 58 Abs. 1 lit. e und f gegenüber den in § 203 Abs. 1, 2a und 3 StGB genannten Personen oder deren Auftragsverarbeitern nicht, soweit die Inanspruchnahme der Befugnisse zu einem Verstoß gegen diese Geheimhaltungspflichten führen würde. Die durch das Gesetz zur Neuregelung des Schutzes von Geheimnissen bei der Mitwirkung Dritter an der Berufsausübung schweigepflichtiger Personen vom 30.10.2017 bewirkte Ausdehnung des § 203 StGB auf die „sonstigen mitwirkenden Personen" nach § 203 Abs. 3 und 4 S. 1 StGB wurde in § 29 Abs. 3 S. 1 BDSG nF nicht redaktionell nachvollzogen. Es wurde erwartet, dass der Gesetzgeber die Verweise in Abs. 3 S. 1 auf § 203 StGB im Zweiten Datenschutz-Anpassungs- und Umsetzungsgesetz EU vom 20.11.2019 entsprechend anpasst (→ BDSG § 29 Rn. 33). Von einer solchen Anpassung hat der Gesetzgeber aber abgesehen, ohne dies zu begründen. Gegenüber den in § 203 StGB genannten Personen soll die Datenschutzaufsicht im oben bezeichneten Umfang zurücktreten, wenn tatsächlich ein Konflikt mit speziellen Geheimhaltungspflichten besteht. Diese Regelung ist verhältnismäßig und genügt den Anforderungen des Abs. 1.

18 Der deutsche Gesetzgeber hat sich entgegen anderslautender Empfehlungen – etwa der BRAK (Dahns NJW-Spezial 2017, 126 f.; s. auch Conrad ZD 2014, 165 f.) – nicht dafür entschieden,

die (verbleibende) datenschutzrechtliche Aufsicht über Berufsgeheimnisträger den jeweiligen Berufskammern zu übertragen oder diese zumindest in das Verfahren einzubeziehen (vgl. Deutscher Anwaltverein, Stellungnahme Nr. 39/2016, 5; zur Kritik an der aktuellen Rechtslage siehe ferner → FreieBerufe Rn. 72 ff.). Auch eine entsprechende Anregung des Bundesrats konnte sich nicht durchsetzen (BT-Drs. 18/11655, 28). Die Praxis wird zeigen, ob es den Aufsichtsbehörden gelingen wird, allgemeines Datenschutzrecht und bereichsspezifischen Geheimnisschutz in einen angemessenen Ausgleich zu bringen. Andernfalls wäre der Gedanke einer bei den Berufskammern angesiedelten Sonderaufsicht erneut aufzugreifen. Abs. 1 stünde dem nicht entgegen (Kühling/Buchner/Herbst Rn. 2; König DuD 2013, 101 (103); s. auch Zikesch/Kramer ZD 2015, 565 (567)). Eine erste Entscheidung zur Abgrenzung der Kompetenzen liegt mit der Entscheidung des Anwaltsgericht Berlin vor (AnwG Berlin NJW 2018, 2421 (2422)) (→ FreieBerufe Rn. 74; → BDSG § 29 Rn. 21). Auch die BRAK hat in ihren Stellungnahmen aus April 2020 sowie Januar 2021 entsprechende Forderungen an den Gesetzgeber bekräftigt, eigene berufsspezifische Aufsichtsorgane zu schaffen, wie bspw. einen eigenen unabhängigen Datenschutzbeauftragten aus der und für die Anwaltschaft, und gefordert, Art. 90 DSGVO (sowie § 29 BDSG nF) für diese Zwecke entsprechend zu ändern (BRAK, Stellungnahmen Nr. 16/2020, 2 und 3/2021, 6 f.).

§ 29 Abs. 3 S. 2 BDSG nF erstreckt die Geheimhaltungspflicht schließlich auf die Aufsichtsbehörde, soweit diese im Rahmen der Ausübung ihrer Untersuchungsbefugnisse Kenntnis von Daten erhält, die einer Geheimhaltungspflicht nach § 203 StGB unterliegen („Verlängerung" der Geheimhaltungspflicht, vgl. BT-Drs. 18/11325, 101). Die Vorschrift dient nicht der Ausführung von Abs. 1, weil sie nicht die dort genannten Untersuchungs- und Zugangsbefugnisse regelt. Um eine verordnungswidrige Überschreitung der Öffnungsklausel handelt es sich gleichwohl nicht. Denn die Begründung von Geheimhaltungspflichten zu Lasten nationaler Aufsichtsbehörden ist nicht Gegenstand von Art. 90, sondern liegt grundsätzlich in der Verantwortung der Mitgliedstaaten (vgl. HK-DS-GVO/Tiedemann Rn. 19). Eine Erstreckung der Geheimhaltungspflicht auf die Aufsichtsbehörde ist angesichts der Bedeutung eines effektiven bereichsspezifischen Geheimnisschutzes zu begrüßen. **19**

Artikel 91 Bestehende Datenschutzvorschriften von Kirchen und religiösen Vereinigungen oder Gemeinschaften

(1) Wendet eine Kirche oder eine religiöse Vereinigung oder Gemeinschaft in einem Mitgliedstaat zum Zeitpunkt des Inkrafttretens dieser Verordnung umfassende Regeln zum Schutz natürlicher Personen bei der Verarbeitung an, so dürfen diese Regeln weiter angewandt werden, sofern sie mit dieser Verordnung in Einklang gebracht werden.

(2) Kirchen und religiöse Vereinigungen oder Gemeinschaften, die gemäß Absatz 1 umfassende Datenschutzregeln anwenden, unterliegen der Aufsicht durch eine unabhängige Aufsichtsbehörde, die spezifischer Art sein kann, sofern sie die in Kapitel VI niedergelegten Bedingungen erfüllt.

Überblick

Die Vorschrift enthält Regelungen für die Kirchen und religiösen Vereinigungen oder Gemeinschaften. Sie stellt damit eine Ausprägung von Art. 17 AEUV dar, der die besondere Rolle von Religionsgemeinschaften bereits auf der Ebene des Primärrechts hervorhebt. Der 165. Erwägungsgrund macht zudem deutlich, dass die Regelungen der DS-GVO nicht zu einer Beeinträchtigung von Rechtspositionen führen sollen, die den Religionsgemeinschaften von ihren jeweiligen Mitgliedstaaten eingeräumt werden. Systematisch unterteilt sich die Vorschrift in zwei Regelungskomplexe: In Abs. 1 wird das Verhältnis von Datenschutzvorschriften der Religionsgemeinschaften zu den Vorgaben der DS-GVO ausbalanciert (→ Rn. 1 ff.). Dabei fällt eine gewisse Auslegungsunsicherheit auf. Die Vorgaben beruhen im Wesentlichen auf unbestimmten Rechtsbegriffen, die einen erheblichen Auslegungsspielraum lassen. Daneben stellt sich bei wörtlicher Anwendung von Abs. 1 die Frage, weshalb es überhaupt besonderer Regelungen für die Religionsgemeinschaften bedurfte, da diese offenbar ohnehin zur vollständigen Rechtsangleichung verpflichtet sind. Einen ähnlichen Regelungsansatz verfolgt Abs. 2. Dieser beinhaltet Vorgaben für die Ausgestaltung der Aufsichtsbehörden, die die Datenverarbeitung der Religionsgemeinschaften überwachen sollen (→ Rn. 20 f.). Auch bei diesen Vorgaben wird deutlich, dass die Vorschrift zwar von Aufsichtsbehörden „spezifischer Art" spricht, es aber vollständig offen lässt, worin diese Spezifik bestehen soll. Seinen Wortlaut nach geht auch Abs. 2 von einer vollständigen Pflicht zur Rechtsangleichung aus.

Übersicht

	Rn.		Rn.
A. Ausgangslage und bisherige Anwendbarkeit des Datenschutzrechts auf Kirchen und religiöse Vereinigungen	1	B. Weiteranwendung bestehender Datenschutzregelungen (Abs. 1)	13
I. Vorgaben der DSRL	6	I. Anwendungsbereich von Abs. 1	14
II. Anwendung des BDSG auf kirchliche Datenverarbeitungen	7	II. Sachliche Voraussetzungen für die weitere Anwendung bestehender Regelungen	16
1. Religionsgemeinschaften mit Körperschaftsstatus	8	1. Bestehende Regelungen	17
2. Privatrechtlich organisierte Religionsgemeinschaften	10	2. „Umfassende Regelungen zum Schutz natürlicher Personen bei der Verarbeitung"	19
3. Verselbstständige Unterorganisationen der Religionsgemeinschaften	11	3. „in Einklang mit dieser Verordnung"	20
		C. Einrichtung „spezifischer" Aufsichtsbehörden (Abs. 2)	21

A. Ausgangslage und bisherige Anwendbarkeit des Datenschutzrechts auf Kirchen und religiöse Vereinigungen

1 Abs. 1 beinhaltet für das kirchliche Datenschutzrecht ein vollständiges Novum. Erstmals wird eine gesetzgeberische Aussage zum Zusammenspiel von innerkirchlichem und öffentlichem Datenschutzrecht getätigt. Die bisherige Rechtslage zeichnete sich durch ein mehr oder weniger planvolles Nebeneinander von innerkirchlichen Datenschutzgesetzen und staatlichem Datenschutzrecht aus, ohne dass konkrete Vorgaben für die Abgrenzung der jeweiligen Rechtsbereiche existierten (vgl. Preuß ZD 2015, 217 (223)).

2 Hintergrund dieser unkoordinierten Rechtslage ist die besondere Stellung der Religionsgemeinschaften, wie sie sich sowohl aus dem Unions- als auch aus den jeweiligen nationalen Rechtsordnungen ergibt.

3 Für das Unionsrecht regelt Art. 17 AEUV die allgemeine Stellung der religiösen und weltanschaulichen Gemeinschaften. Art. 17 Abs. 1 AEUV hebt dabei den besonderen „Status" hervor, den die Mitgliedstaaten ihren Religionsgemeinschaften jeweils einräumen. Dabei wird primärrechtlich garantiert, dass dieser Status nicht beeinträchtig wird (vgl. hierzu etwa die Ausführungen zum Beeinträchtigungsverbot: Streinz AEUV Art. 17 Rn. 10 ff.).

4 Im deutschen Recht findet dieser besondere Status seine Verankerung in Art. 140 GG iVm Art. 137 Abs. 3 WRV. Das Grundgesetz garantiert mit der Übernahme der Glaubensartikel aus der Weimarer Reichsverfassung das kirchliche Selbstverwaltungsrecht. Wesentlicher Bestandteil dieser Selbstverwaltungsgarantie ist dabei die eigene Gesetzgebungshoheit über die innere Verfasstheit und Organisation. Dazu zählt insbesondere auch die Befugnis, Regelungen zur innerkirchlichen Organisation zu erlassen (vgl. Sachs/Ehlers WRV Art. 137 Rn. 8). Zur innerkirchlichen Organisation wurden bisher weitgehend auch die Regelungen zum Datenschutz gezählt. So ging die bisherige Rechtslage unter dem BDSG zumindest für den Bereich der öffentlich-rechtlich organisierten Religionsgesellschaften von deren eigenständiger Rechtssetzungsbefugnis aus (vgl. hierzu: Paal/Pauly/Pauly Rn. 9; Preuß ZD 2015, 217 (218 ff.)). Dies erklärt nicht zuletzt auch, warum in beiden Amtskirchen entsprechende Regelungen zum Datenschutz existieren (vgl. nur EKD-Datenschutzgesetz – DSG-EKD für die evangelischen Kirchen sowie die Anordnung über den kirchlichen Datenschutz (KDO) für die katholische Kirche).

5 Diese Rechtsauffassung zugunsten einer eigenständigen Rechtssetzungsbefugnis im Bereich des Datenschutzes liegt auch Art. 91 zugrunde. Die Vorschrift setzt das Bestehen eigenständiger Datenschutzregelungen der Kirchen sowie von religiösen Vereinigungen und Gemeinschaften voraus. Im Folgenden erübrigt sich daher der bisherige Streit zum BDSG, ob eine eigenständige Rechtssetzungsbefugnis der Religionsgesellschaften dem Grunde nach überhaupt besteht (vgl. hierzu die Darstellung bei: Preuß ZD 2015, 217 (218 ff.) sowie die nachfolgenden Ausführungen → Rn. 7 ff.). Der Unionsgesetzgeber setzt eine solche Rechtssetzungsbefugnis jedenfalls voraus. Damit ist es den Religionsgesellschaften unter der Geltung der Datenschutz-Grundverordnung grundsätzlich möglich, eigenständige Datenschutzregeln aufrechtzuerhalten.

Bestehende Datenschutzvorschriften von Kirchen

I. Vorgaben der DSRL

Die Vorgängerregelung zur Datenschutz-Grundverordnung, namentlich die Datenschutz-Richtlinie (RL 95/46/EG), beinhaltete keine Regelungen zur Anwendbarkeit des europäischen Datenschutzrechts auch auf Kirchen oder religiöse Vereinigungen und Gemeinschaften. Die Richtlinie unterschied zudem nicht zwischen öffentlichen und nichtöffentlichen Stellen. Es erscheint daher durchaus nachvollziehbar, wenn aus diesen allgemein gehaltenen Vorgaben eine generelle Umsetzungspflicht auch für den Bereich der Religionsgemeinschaften geschlussfolgert wird (idS: Paal/Pauly/Pauly Rn. 16; Simitis/Dammann BDSG § 2 Rn. 6). Die bisherige Rechtspraxis zum BDSG würde dieser umfassenden Umsetzungspflicht daher nicht genügen. 6

II. Anwendung des BDSG auf kirchliche Datenverarbeitungen

Die bisherige Anwendung des Datenschutzrechts auf Datenverarbeitungen im kirchlichen Bereich stellt maßgeblich auf die Rechtsform der jeweils handelnden Institution ab. Ob ein Datenverarbeitungsvorgang am Maßstab des BDSG oder der jeweiligen Landes-Datenschutzgesetze zu messen ist, richtet sich in erster Linie danach, ob eine Religionsgemeinschaft mit Körperschaftsstatus iSd Art. 140 GG iVm Art. 137 Abs. 5 WRV oder eine privatrechtliche Organisationsform vorliegt. Hiervon zu unterscheiden sind die verselbstständigten Unterorganisationen, die ebenfalls einer differenzierten Betrachtung unterliegen (vgl. zu dieser Abgrenzung umfassend: Preuß ZD 2015, 217 (218 ff.)). 7

1. Religionsgemeinschaften mit Körperschaftsstatus

Die überwiegende Meinung in der Literatur geht bisher davon aus, dass Religionsgemeinschaften, die den Körperschaftsstatus nach Art. 140 GG iVm Art. 137 Abs. 5 WRV innehaben, grundsätzlich vom Anwendungsbereich des BDSG und der Landesdatenschutzgesetze ausgenommen sind. Als systematisches Argument wird hierfür auf § 15 Abs. 4 BDSG abgestellt, der ausdrücklich von ausreichenden Datenschutzmaßnahmen der öffentlich-rechtlichen Religionsgesellschaften spricht (Preuß ZD 2015, 217 (222); Paal/Pauly/Pauly Rn. 9). Aus der Existenz dieser Regelung kann geschlussfolgert werden, dass der Gesetzgeber nicht von der Anwendbarkeit des BDSG auch auf Religionsgesellschaften ausgeht. 8

Andere Stimmen in der Literatur weiten die Anwendbarkeit des BDSG auch auf den innerkirchlichen Bereich aus. Lediglich ein bestimmter Kern autonomer Betätigung einer Religionsgesellschaft, der iW rein innerkirchliche Vorgänge umfasst, soll hierbei ausgenommen sein (Simitis/Dammann BDSG § 2 Rn. 108 f.). Daneben wird eine Anwendbarkeit des BDSG im innerkirchlichen Bereich bejaht, wenn die betreffenden Religionsgesellschaften selbst über keine hinreichenden Datenschutzregelungen verfügen (Paal/Pauly/Pauly Rn. 10). In diesem Fall fungiert das BDSG als eine Reserveregelung zur Sicherstellung eines umfassenden Datenschutzes. 9

2. Privatrechtlich organisierte Religionsgemeinschaften

Bei privatrechtlich organisierten Religionsgesellschaften wird nahezu einhellig eine Anwendbarkeit des BDSG bejaht (vgl. nur: Preuß ZD 2015, 217 (222); Paal/Pauly/Pauly Rn. 11). Diese Rechtsauffassung stützt sich vorrangig auf den Wortlaut des BDSG und bildet insbesondere auch die Strukturregelungen des Staatskirchenrechts ab, wie sie im Art. 140 GG iVm 137 WRV vorzufinden sind. Im Lichte einer Gleichbehandlung aller Religionsgesellschaften unabhängig ihrer jeweiligen Organisationsform ist die nunmehr unterschiedslose Regelung in Art. 91 Abs. 1 grundsätzlich zu begrüßen. 10

3. Verselbstständige Unterorganisationen der Religionsgemeinschaften

Auch für die Unterorganisationen der Religionsgemeinschaften besteht ein umfassender Meinungsstand. IW ähnelt dieser den oben aufgezeigten Ausführungen zur jeweiligen Mutterorganisation. Am klarsten gestaltet sich die Rechtslage, wenn auch die jeweilige Unterorganisation öffentlich-rechtlich organisiert ist. In diesem Falle gilt nichts anderes, als bereits zu den Religionsgemeinschaften mit Körperschaftsstatus ausgeführt wurde (→ Rn. 8). Lediglich bei rein wirtschaftlicher Betätigung einer Unterorganisation kommt eine Anwendung des BDSG auch bei bestehendem Körperschaftsstaus in Betracht (vgl. allgemein zu diesem Ansatz: Gola/Schomerus/Körffer/Gola/Klug BDSG § 2 Rn. 14a). 11

Abweichend gestaltet sich der Meinungsstand, wenn man die Anwendbarkeit des BDSG bei privatrechtlich organisierten Unterorganisationen betrachtet. Die Auslegung erstreckt sich hier auf 12 das gesamte denkbare Meinungsspektrum. Vertreten wird sowohl die generelle Ausnahme vom Anwendungsbereich des BDSG als auch eine Anwendung des dritten Abschnittes. Letztere Ansicht ordnet die Unterorganisationen als private Stellen ein. Daneben finden sich aber auch differenzierte Auslegungsansätze, die etwa nur bestimmte Kernbereiche religiöser Betätigung vom Anwendungsbereich ausnehmen oder danach fragen, ob die Religionsgemeinschaft hinreichende Datenschutzregelungen vorhält. Daneben wird auch nach der jeweiligen Tätigkeit unterschieden. Rein wirtschaftliche Betätigungen sollen dabei dem Anwendungsbereich des BDSG unterliegen, während rein religiöse bzw. mildtätige Aktivitäten dem Bereich der Selbstverwaltung unterliegen würden (zum Ganzen Preuß ZD 2015, 217 (222 f.)).

B. Weiteranwendung bestehender Datenschutzregelungen (Abs. 1)

13   Folgt man dem Wortlaut des Art. 91 Abs. 1, so können Kirchen und religiöse Vereinigungen oder Gemeinschaften ihre bestehenden Datenschutzregeln unter bestimmten Voraussetzungen weiter anwenden. Nimmt man diese Grundaussage wörtlich, so beinhaltet sie eigentlich einen umfassenden autonomen Rechtsetzungsbereich für die genannten Organisationen. Die Fallstricke liegen hier jedoch im Detail der „bestimmten Voraussetzungen". Wendet man diese so an, wie dies jedenfalls weitgehend in der Literatur vertreten wird, so bleibt den Religionsvereinigungen am Ende lediglich eine etwas andere, rein formelle, Verfahrensweise bei der Umsetzung der Datenschutz-Grundverordnung. Materiell setzen sich die Vorgaben des Unionsrechts hingegen klar durch (vgl. hierzu die Darstellung bei: Paal/Pauly/Pauly Rn. 20 ff.).

I. Anwendungsbereich von Abs. 1

14   Der subjektive Anwendungsbereich von Abs. 1 erstreckt sich auf Kirchen oder religiöse Vereinigungen oder Gemeinschaften. Mit dieser weiten Formulierung erfasst die Vorschrift sämtliche Religionsgemeinschaften, unabhängig von ihrer jeweiligen zivilrechtlichen oder öffentlich-rechtlichen Organisationsform. Damit wird auch der oben aufgezeigte Streitstand zum BDSG obsolet, der nach dem Körperschaftsstatus der jeweiligen Religionsgemeinschaft differenziert (Paal/Pauly/Pauly Rn. 18). Aus Sicht des Unionsgesetzgebers ist dieser weite subjektive Anwendungsbereich nachvollziehbar. In den Mitgliedstaaten der Europäischen Union besteht ein vielfältiges zumeist historisch geprägtes Staatskirchenrecht (vgl. Streinz/Streinz AEUV Art. 17 Rn. 2). Mit den Vorgaben des Art. 17 AEUV gilt es, diese Vielfalt in ihrer Gesamtheit zu erhalten. Als Religionsgemeinschaft iSd Abs. 1 ist daher jede Organisation einzustufen, die auch in den Anwendungsbereich des Art. 17 AEUV fällt. Ob es sich hierbei um öffentlich-rechtlich organisierte Körperschaften, privatrechtliche Vereinigungen oder sonstige Organisationsformen handelt, spielt für die Anwendbarkeit der besonderen Regelungen für Religionsgemeinschaften in Abs. 1 keine Rolle.

15   Stellt man zur Bestimmung des subjektiven Anwendungsbereiches nicht mehr auf die Organisationsform ab, so entsteht damit ein anderes Abgrenzungsproblem. Wie bereits beim Streitstand zu den verschiedenen Organisationsmodellen aufgezeigt wurde (→ Rn. 8 ff.), betätigen sich die meisten Religionsgemeinschaften nicht nur in einem engeren Kreis der Religionsausübung. Das Spektrum der Betätigungsformen reicht zumeist viel weiter. Insbesondere bei den Unterorganisationen der Religionsgemeinschaften werden meist karitative bis erwerbswirtschaftliche Zwecke verfolgt. Orientiert man den Anwendungsbereich des Abs. 1 allein auch am Schutzbereich des Art. 17 AEUV, wären weite Teile dieser Tätigkeiten nicht mehr vom subjektiven Anwendungsbereich umfasst. Der geschützte autonome Rechtsetzungsbereich wäre damit auf reine Kerntätigkeiten religiöser Betätigung beschränkt (Paal/Pauly/Pauly Rn. 19). Die eigentlich gedachte Erweiterung des Anwendungsbereiches würde dann mit einer gleichzeitigen erheblichen Beschränkung einhergehen. Mithin bestünden unmittelbar Abgrenzungsprobleme bei der Bestimmung der genannten Kerntätigkeit. Besonders problematisch erweist sich ein solcher Ansatz bei fehlender organisationsrechtlicher Trennung. Man denke hier etwa an ein Kloster, das neben der religiösen Betätigung einen Online-Handel für selbst hergestellte Produkte betreibt oder gegen eine Aufwandsentschädigung religiöse Besucherkurse anbietet. Um hier den von Art. 17 AEUV und Art. 91 geforderten autonomen Rechtsetzungsbereich der Religionsgemeinschaften tatsächlich zu gewährleisten gilt es, den Anwendungsbereich entsprechend weit auszulegen. Dies ist auch ohne Verletzung dogmatischer Ansätze möglich. Orientiert werden kann sich dabei an der Rechtsprechung des Bundesverfassungsgerichts, nachdem auch sogenannte Randbetätigungen einer Religionsgemeinschaft noch von der Religionsfreiheit umfasst werden (vgl. etwa: BVerfG NJW 2002, 663).

II. Sachliche Voraussetzungen für die weitere Anwendung bestehender Regelungen

Der sachliche Anwendungsbereich von Abs. 1 stellt zunächst auf bestehende Regelungen der Religionsgemeinschaften ab. In einem weiteren Schritt werden diese jedoch nur erfasst, wenn sie umfassenden Schutz natürlicher Personen bei der Verarbeitung personenbezogener Daten bieten und mit den Vorgaben der Datenschutz-Grundverordnung in Einklang gebracht werden. 16

1. Bestehende Regelungen

Der Verordnungstext bezieht sich allein auf bestehende Regelungen. Von der autonomen Rechtssetzungsbefugnis der Religionsgemeinschaften wird daher streng genommen zunächst nur der „status quo" geschützt. Mit der Forderung des „in Einklang Bringens" ist jedoch eine gewisse Weiterentwicklung des bestehenden Rechtsstandes bereits in der Vorschrift angelegt (vgl. Paal/Pauly/Pauly Rn. 27). Abs. 1 dürfte daher auch Änderungen der bestehenden Datenschutzregelungen zulassen, solange sie nicht den Vorgaben der Datenschutz-Grundverordnung widersprechen. Eine Versteinerung des Normbestandes liegt nicht im Sinn und Zweck der Vorschrift. 17

Ob auch eine erweiternde Auslegung des Begriffes der bestehenden Regelungen zugunsten vollständiger Neu- bzw. Erstregelungen möglich ist, erscheint zumindest schwer zu begründen (für eine solche weite Auslegung: Paal/Pauly/Pauly Rn. 28; Preuß ZD 2015, 217 (224)). Der klare Wortlaut von Abs. 1 und auch die gesamte Regelungssystematik der Norm stellen klar auf bestehende Regelungen ab. Die Zulässigkeit von Erstregelungen würde wohl auch der Intention des Unionsgesetzgebers entgegenstehen, wonach erstmals auch die Religionsgemeinschaften ausdrücklich vom Anwendungsbereich des europäischen Datenschutzrechts erfasst werden sollen. Andererseits würde ein bloßer Bestandsschutz einen gewissen Widerspruch zur im 165. Erwägungsgrund aufgezeigten Freiheit der Religionsgemeinschaften mit sich bringen (Paal/Pauly/Pauly Rn. 27). Auch der Gleichheitsgrundsatz, wie er in Art. 20 GRCh enthalten ist sowie die geschützte Vielfalt der Religionen gem. Art. 22 GRCh sprechen hier für eine weite Auslegung insbesondere zugunsten neu hinzutretender Religionsgemeinschaften. Auch diesen muss es über einen bloßen Bestandsschutz hinaus möglich sein, eigene Datenschutzvorschriften zu erlassen, die dann natürlich mit den Vorgaben der Datenschutz-Grundverordnung nicht nur in Einklang gebracht werden müssen, sondern diesen bereits aufweisen müssen. 18

Mittlerweile haben die Kirchen in Deutschland auf der Grundlage von Art. 91 ihre bestehenden datenschutzrechtlichen Regelungen mit den Vorgaben der DS-GVO in Einklang gebracht. Hierzu wurden das „Gesetz über den Kirchlichen Datenschutz" (KDG) für die katholische Kirche und das „Kirchengesetz über den Datenschutz der Evangelischen Kirche in Deutschland" (DSG-EKD) entsprechend angepasst. Beide Gesetze traten zum 18.5.2018 in Kraft (ein Überblick über die Novellierungen findet sich bei: Hoeren NVwZ 2018, 373). 18a

2. „Umfassende Regelungen zum Schutz natürlicher Personen bei der Verarbeitung"

Der unbestimmte Rechtsbegriff der „umfassenden Regelungen" dürfte im Einzelfall erhebliche praktische Auslegungsschwierigkeiten mit sich bringen. Unabhängig des Grundstreits, ob hier auf das jeweilige Gesamtwerk abzustellen ist, oder die im jeweiligen Einzelfall einschlägige Einzelregelung, werden sich rechtliche Unsicherheiten für die Praxis kaum ausräumen lassen. Wenn Abs. 1 von umfassenden Regelungen spricht, kann dies sowohl bezogen auf das jeweilige Gesamtwerk als auch bezogen auf die Einzelnorm interpretiert werden. Dabei ist es durchaus nicht fernliegend, die Anforderungen gerade im Lichte des Art. 17 AEUV nicht zu hoch zu stecken. Vertreten wird daher, dass es nur auf die jeweilige Einzelnorm ankomme. Begründet wird dies vor allem mit dem Regelungszweck des Abs. 1. Demnach solle in erster Linie eine Erhaltung bestehender Datenschutzregelungen erreicht werden. Diesem Regelungszweck stehe es entgegen, wenn dann die Voraussetzungen für einen solchen Erhalt all zu hoch gezogen würden (Paal/Pauly/Pauly Rn. 23). Dieser Ansatz überzeugt im Ergebnis. Dennoch kann eine Erhaltung des bestehenden innerkirchlichen Rechts auch über eine begrifflich näher liegende Gesamtbetrachtung der jeweiligen Datenschutzregelungen erreicht werden. Abs. 1 spricht von „umfassenden Regelungen". Der Wortlaut stellt damit auf das Gesamtgesetzeswerk ab. Auch die Pflicht des „in Einklang Bringens" kann nur in der Gesamtheit verstanden werden. Würde man den Anwendungsbereich des Abs. 1 lediglich auf Einzelregelungen beziehen, wäre damit die Gefahr der Zersplitterung des kirchlichen Gesamtgesetzes verbunden. Für manche „ausreichende" Regelungen würde dann Abs. 1 greifen, während die anderen Normen durch den Anwendungsvorrang verdrängt wären. Der Rechtssicherheit wäre ein solcher Zustand nicht zuträglich. Daher sind die „umfassenden Regelungen" iSd bestehenden Gesamtregelung zu verstehen. Um hier der Regelungsautonomie der Religionsgemeinschaften nicht zu hohe Hürden zu setzen, sollte der wertungsoffene Begriff: „umfas- 19 send" einer entsprechenden Auslegung zugeführt werden. Denkbar ist es dabei, „umfassend" eher in einem quantitativen Sinne zu verstehen und die qualitative Harmonisierung weitgehend dem Merkmal des „in Einklang Bringens" zu überlassen (iS einer quantitativen Auslegung des Merkmals „umfassend": Paal/Pauly/Pauly Rn. 25).

3. „in Einklang mit dieser Verordnung"

20   Nach Abs. 1 müssen die umfassenden Regelungen zum Schutze natürlicher Personen bei der Verarbeitung in „Einklang mit dieser Verordnung gebracht werden". Die Regelung bezweckt ein einheitliches Schutzniveau von kirchlichem und öffentlichem Datenschutzrecht. Wie für die anderen Regelungsbereiche verfolgt die Datenschutz-Grundverordnung ein umfassendes Regelungskonzept, das sämtliche Rechtsbereiche erfassen soll. Nicht zuletzt der Verordnungscharakter spricht bereits für diese beabsichtigte Durchgriffswirkung. Es erscheint daher konsequent, wenn der Begriff des „Einklanges" im Ergebnis mit einer Vollharmonisierung gleichgesetzt wird, der lediglich Raum für Konkretisierungen lässt (Paal/Pauly/Pauly Rn. 25 unter Verweis auf: Gola EuZW 2012, 332 (336)). Setzt man die inhaltlichen Anforderungen jedoch derart hoch an, stellt sich die Frage, wozu es überhaupt einer Sonderregelung für Religionsgemeinschaften bedurfte (so etwa: Dammann ZD 2016, 307 (311)). Ferner bleibt auch offen, worin nun die im 165. Erwägungsgrund genannte fehlende Beeinträchtigung der innerkirchlichen Vorschriften liegen soll. Lässt man die Weitergeltung der bestehenden Regelungen nur im Falle eines Erreichens des vollen Schutzniveaus zu, hätte es der Regelung des Abs. 1 von vornherein nicht bedurft. Für die Religionsgemeinschaften würde sich hier eine rein formale Sonderrolle ohne jegliche praktische Wirkung ergeben. Ein möglicher Erklärungsansatz ist hier, Abs. 1 zugunsten einer Art Richtlinienregelung zu interpretieren. Ähnlich wie bei Richtlinienbestimmungen mit zwingenden Vorgaben für die Mitgliedstaaten wären die Religionsgemeinschaften zwar gehalten, die inhaltlichen Vorgaben verbindlich in ihr Recht zu übernehmen. Sie könnten aber ihre Rechtsetzungsautonomie dahin wahren, dass sie die Vorgaben durch eigene Rechtsstrukturen umsetzen würden. Bei einer rechtlichen Kollision der Regelungen würde zudem nicht ohne weiteres der Anwendungsvorrang zur Anwendung kommen. Die Religionsgemeinschaften wären zur Auflösung des rechtlichen Konfliktes vielmehr gehalten, ihre Regelungen anzupassen, ohne eine sofortige rechtliche Durchgriffswirkung hinnehmen zu müssen. Jedenfalls formal könnten sie vertrautes innerkirchliches Recht anwenden, was zumindest für die Basisarbeit der Religionsgemeinschaften und für die Umsetzung in den Gemeinden vor Ort einen gewissen praktischen Vorteil mit sich bringen würde. Eine konkrete Umsetzungsfrist ist in Art. 91 nicht genannt. Damit sind die Religionsgemeinschaften gehalten, der Umsetzungspflicht unverzüglich nachzukommen.

C. Einrichtung „spezifischer" Aufsichtsbehörden (Abs. 2)

21   Nach bisher geltender Auffassung unterfielen die Kirchen in Deutschland nicht dem Geltungsbereich des BDSG und waren daher auch nicht gehalten, eine Aufsichtsbehörde einzurichten oder von einer solchen überwacht zu werden. Dies ändert sich nunmehr durch die Vorgaben des Abs. 2. Demnach müssen Kirchen und religiöse Vereinigungen, die Regelungen nach Abs. 1 weiter anwenden, einer unabhängigen Aufsicht unterliegen. Diese kann dabei „spezifischer Art" sein, muss aber die in Kap. VI niedergelegten Bedingungen erfüllen. Damit ist vor allem sichergestellt, dass die in Art. 52 geforderte Unabhängigkeit auch in diesem Bereich gewährleistet wird.

22   Klärungsbedürftig erscheint in diesem Zusammenhang, was unter einer „spezifischen Art" der Aufsichtsbehörde zu verstehen ist. Der Begriff kann dabei sowohl aufgabenbezogen als auch organisatorisch verstanden werden. So kann eine spezifische Aufsicht vor allem darin bestehen, dass den religiösen Besonderheiten in besonderer Form Rechnung getragen wird. Andererseits kann spezifisch auch zugunsten einer bestimmten Organisationsform verstanden werden. Dabei ist es zunächst denkbar eine oder mehrere besondere staatliche Aufsichtsbehörden für die Religionsgemeinschaften einzurichten. Diese könnten gegebenenfalls auch mit Mitgliedern der Religionsgemeinschaften besetzt werden. Denkbar sind aber auch eigene Aufsichtsbehörden der Religionsgemeinschaften, soweit diese im Einklang mit den Art. 51 ff. eingerichtet werden können. Eine mögliche Grundlage für solche eigenen Aufsichtsbehörden könnte die Regelung des Art. 53 Abs. 1, 4. Spiegelstrich bilden. Demnach können die Mitglieder einer Aufsichtsbehörde von einer unabhängigen Stelle ernannt werden, die nach dem Recht des Mitgliedstaates mit der Ernennung betraut wird. Denkbar ist es daher, dass ein Mitgliedstaat mittels Gesetz eine bestimmte Stelle in den Religionsgemeinschaften damit betraut, die Mitglieder einer innerkirchlichen Aufsichtsbehörde zu ernennen. Die zu dieser Berufung bestimmten Stellen müssten sich jedoch als unabhängig iSd Regelung erweisen.

Kapitel X. Delegierte Rechtsakte und Durchführungsrechtsakte

Artikel 92 Ausübung der Befugnisübertragung

(1) Die Befugnis zum Erlass delegierter Rechtsakte wird der Kommission unter den in diesem Artikel festgelegten Bedingungen übertragen.

(2) Die Befugnis zum Erlass delegierter Rechtsakte gemäß Artikel 12 Absatz 8 und Artikel 43 Absatz 8 wird der Kommission auf unbestimmte Zeit ab dem 24. Mai 2016 übertragen.

(3) ¹Die Befugnisübertragung gemäß Artikel 12 Absatz 8 und Artikel 43 Absatz 8 kann vom Europäischen Parlament oder vom Rat jederzeit widerrufen werden. ²Der Beschluss über den Widerruf beendet die Übertragung der in diesem Beschluss angegebenen Befugnis. ³Er wird am Tag nach seiner Veröffentlichung im Amtsblatt der Europäischen Union oder zu einem im Beschluss über den Widerruf angegebenen späteren Zeitpunkt wirksam. ⁴Die Gültigkeit von delegierten Rechtsakten, die bereits in Kraft sind, wird von dem Beschluss über den Widerruf nicht berührt.

(4) Sobald die Kommission einen delegierten Rechtsakt erlässt, übermittelt sie ihn gleichzeitig dem Europäischen Parlament und dem Rat.

(5) ¹Ein delegierter Rechtsakt, der gemäß Artikel 12 Absatz 8 und Artikel 43 Absatz 8 erlassen wurde, tritt nur in Kraft, wenn weder das Europäische Parlament noch der Rat innerhalb einer Frist von drei Monaten nach Übermittlung dieses Rechtsakts an das Europäische Parlament und den Rat Einwände erhoben haben oder wenn vor Ablauf dieser Frist das Europäische Parlament und der Rat beide der Kommission mitgeteilt haben, dass sie keine Einwände erheben werden. ²Auf Veranlassung des Europäischen Parlaments oder des Rates wird diese Frist um drei Monate verlängert.

Überblick

Art. 92 regelt die Ausübung der Befugnisübertragung.

A. Das Regime der delegierten Rechtsakte nach Art. 290 AEUV

Die Bestimmung des Art. 92 nimmt auf das durch den Vertrag von Lissabon neu gestaltete 1 System von Ausführungsrechtsakten der Kommission auf der Grundlage sekundärrechtlicher Ermächtigungen Bezug. Die Regelung bezieht sich auf die in Art. 290 AEUV normierten delegierten Rechtsakte, die (nur) für die Ausführung von EU-Gesetzgebungsakten im Sinne des Art. 289 AEUV zur Verfügung stehen; nachdem Art. 16 AEUV als Rechtsgrundlage der DS-GVO auf das Gesetzgebungsverfahren verweist, ist diese Voraussetzung erfüllt. Soweit der EU-Gesetzgeber in einer Ermächtigung auf das Instrument des delegierten Rechtsakts verweist, gelten zunächst die nach Art. 290 AEUV bestehenden Rahmenvorgaben; sie sind dadurch geprägt, dass Parlament und Rat grundsätzlich nebeneinander und gleichberechtigt die Kontrolle über die Nutzung dieser Ermächtigung durch die Kommission ausüben. Diese Gleichberechtigung war über Jahre ein wesentliches Anliegen des Europäischen Parlaments, nachdem die von der Kommission erlassenen Ausführungsrechtsakte zunächst allein unter der Kontrolle des Rates und damit der Mitgliedstaaten standen (s. näher Häde/Nowak/Pechstein/Gundel, Frankfurter Kommentar zu EUV/AEUV/GRC, 2017, Art. 290 AEUV Rn. 2 ff.).

Art. 290 AEUV stellt für diese Kontrolle einen abgeschlossenen Katalog von Instrumenten zur Verfügung, die der Gesetzgeber auswählen und näher ausgestalten, aber nicht durch andere Mechanismen ergänzen kann (s. mwN Häde/Nowak/Pechstein/Gundel, Frankfurter Kommentar zu EUV/AEUV/GRC, 2017, Art. 290 AEUV Rn. 27). Insbesondere sind die in der Vergangenheit prägenden begleitenden Ausschüsse („Komitologie-Rechtsetzung"), mit denen der Rat die Rechtsetzung durch die Kommission kontrollierte, in Art. 290 AEUV nicht mehr vorgesehen; sie finden sich nun ausschließlich im Bereich der Durchführungsrechtsakte nach Art. 291 AEUV (→ Art. 93 Rn. 2,5 ff.).

Aus der Vorgabe des Art. 290 Abs. 1 AEUV ergibt sich nun auch ausdrücklich, dass nur nicht 3 wesentliche Regelungen Gegenstand der Übertragung auf die Kommission sein können; diese Grenze hatte der Gerichtshof schon zuvor aus dem Grundsatz des institutionellen Gleichgewichts zwischen den EU-Organen abgeleitet (grundlegend EuGH BeckRS 9998, 108603 – Köster =

Slg. 1970, 1161, Tz. 6 = EuR 1971, 145 mAnm Ehlermann S. 250 ff.; danach stRspr, zB EuGH BeckRS 2004, 73580 – Parlament/Rat = Slg. 1990, I-2041, Rn. 21 f.; EuGH BeckRS 2004, 74990 – Parlament/Rat = Slg. 1995, I-1827, Rn. 17). Maßstab für diese Wesentlichkeit sind dabei zum einen die im betroffenen Feld durch das Primärrecht und den Unionsgesetzgeber verfolgten Ziele, also das Vorliegen grundsätzlicher politischer Weichenstellungen, zum anderen aber auch die Grundrechtsrelevanz der Regelung (für letzteres erstmals EuGH BeckRS 2012, 81807 Rn. 64 ff., 77 – Parlament/Rat; zu dieser Entscheidung Chamon, 50 CMLRev. (2013), 849 ff.; im Anschluss daran zB EuGH BeckRS 2017, 118375 Rn. 78, 86 – Tschechien/Kommission).

4   Zur Ausgestaltung der delegierten Rechtssetzung haben Kommission, Parlament und Rat die interinstitutionelle Vereinbarung v. 13.4.2016 über bessere Rechtssetzung geschlossen (ABl. EU 2016 L 123/1, Erwägungsgrund 26 ff.), die eine frühere Vereinbarung vom März 2011 ablöst; mit dieser Neufassung wurde unter anderem der anhaltende Streit zwischen Kommission und Mitgliedstaaten über die Beiziehung nationaler Sachverständiger bei der Erarbeitung der delegierten Rechtsakte beigelegt. Vertreter der Mitgliedstaaten waren zuvor an der Kontrolle im Rahmen des Komitologie-Systems beteiligt, weil die formal für den Rat handelnden Ausschüsse mit Fachleuten aus den nationalen Ministerien besetzt waren; nach dem Ende dieses Systems im Anwendungsbereich des Art. 290 AEUV hatten die Mitgliedstaaten weiter auf die Beiziehung nationalen Sachverstands gedrängt, während die Kommission eine entsprechende systematische Verpflichtung verneinte (zu den Positionen s. Häde/Nowak/Pechstein/Gundel, Frankfurter Kommentar zu EUV/AEUV/GRC, 2017, Art. 290 Rn. 28 f.). Mit der Regelung in Erwägungsgrund 28 der Vereinbarung und Punkt 4–5 des Anhangs hat die Kommission sich hier etwas überraschenderweise bereiterklärt, zu jedem geplanten delegierten Rechtsakt von den Mitgliedstaaten benannte Sachverständige anzuhören und auch mitzuteilen, wie sie deren Auffassungen Rechnung tragen wird. Das Gleichgewicht mit dem Europäischen Parlament soll dadurch gewahrt werden, dass auch Parlament und Rat Sachverständige zu solchen Sitzungen entsenden können und zu diesem Zweck zu informieren sind (Erwägungsgrund 28 der Vereinbarung und Punkt 11 des Anhangs). Faktisch werden die in Art. 290 AEUV vorgesehenen repressiven Kontrollformen, die einen im Entwurf bereits fertiggestellten delegierten Rechtsakt betreffen (→ Rn. 8 f.), durch eine – wenn auch nur beratend wirkende – Vorabkontrolle ergänzt (dazu auch Tovo, 42 ELRev. (2017), 677 (691 ff.)).

5   Zugleich wurden mit der interinstitutionellen Vereinbarung auch Standardklauseln für die Form der Delegation festgelegt (Anlage zur Vereinbarung, ABl. EU 2016 L 123/13) und die Ausübung der Kontrollinstrumente nach Art. 290 Abs. 2 AEUV festgelegt (Punkte 13 ff. des Anhangs der Vereinbarung); die Vereinbarung ersetzt auch insoweit die frühere Vereinbarung vom März 2011 (→ Rn. 4).

6   Die Abgrenzung zwischen delegierten Rechtsakten im Sinne des Art. 290 AEUV und den – in Art. 93 VO in Bezug genommenen – Durchführungsrechtsakten gemäß Art. 291 AEUV ist im Überschneidungsbereich beider Instrumente sehr umstritten (s. mwN Häde/Nowak/Pechstein/Gundel, Frankfurter Kommentar zu EUV/AEUV/GRC, 2017, Art. 290 Rn. 14 ff.; zuletzt Vosa, 42 ELRev. (2017), 737 ff.). Der Gerichtshof hat auf eine Abgrenzung bisher verzichtet und dem Gesetzgeber einen Spielraum bei der Bestimmung eingeräumt (so vor allem EuGH BeckRS 2014, 80567 Rn. 39 – Kommission/Rat und Parlament; zu dieser Entscheidung Garçon StoffR 2014, 46 ff.; Michel, Europe 5/2014, 18; Gundel, ZLR 2014, 264/267 f.). Danach wird auch für die DS-GVO die Vermutung gelten können, dass der Gesetzgeber die richtige Zuordnung getroffen hat. Die Kommission als Adressat der Ermächtigung ist bei ihrer Nutzung an die Zuordnung durch den Gesetzgeber gebunden; sie könnte allenfalls nach Erlass des Gesetzgebungsakts mit der Nichtigkeitsklage gem. 263 AEUV gegen eine vermeintlich unzutreffende Wahl vorgehen. Nach Art. 290 Abs. 3 AEUV ist in den Titel der nach diesem Verfahren erlassenen Rechtsakte das Wort „delegiert" einzufügen. In der Wahl der Rechtsform ist die Kommission frei, soweit die Rechtsgrundlage keine Einschränkungen vorsieht: Delegierte Rechtsakte können danach als delegierte Verordnung, delegierte Richtlinie oder delegierter Beschluss ergehen (Häde/Nowak/Pechstein/Gundel, Frankfurter Kommentar zu EUV/AEUV/GRC, 2017, Art. 290 AEUV Rn. 1).

B. Die Anwendung in der DS-GVO

7   Die DS-GVO enthält Ermächtigungen für delegierte Rechtsakte nur in ihren Art. 12 Abs. 8 (Bestimmung von Informationen, die durch Bildsymbole darzustellen sind; → Art. 12 Rn. 1 ff.) und Art. 43 Abs. 8 (Anforderungen an Zertifizierungsverfahren; → Art. 43 Rn. 1 ff.). Die meisten der im ursprünglichen Kommissionsvorschlag enthaltenen insgesamt 26 Ermächtigungen für delegierte Rechtsakte, deren Zahl und Reichweite für erhebliche Kritik gesorgt hatten, wurden im Lauf des Gesetzgebungsverfahrens von Rat und Parlament gestrichen (dazu Albrecht CR 2016,

88/97; s. auch Kühling/Buchner/Herbst Art. 92 Rn. 4; NK-DS-GVO/Sydow Art. 92 Rn. 13 f.); an ihre Stelle ist jeweils eine Konkretisierung des Sekundärrechts getreten (s. die Auflistung bei NK-DS-GVO/Sydow Art. 92 Rn. 13).

C. Anwendungsmodalitäten nach Art. 92 Abs. 2–5

Die Abs. 2–5 des Art. 92 enthalten gemeinsame Regelungen für die beiden in der Verordnung verbliebenen Ermächtigungen. Abs. 2 hält fest, daß die Ermächtigung nicht befristet, sondern auf unbestimmte Zeit erteilt wird und ab dem 24.5.2016 als dem Zeitpunkt des Inkrafttretens der Verordnung (→ Art. 99 Rn. 1) gilt. Die Kommission könnte die Rechtsakte damit schon vor Beginn der Geltung der Verordnung am 25.5.2018 (→ Art. 99 Rn. 2) erlassen; eine Verpflichtung zu einem solchen raschen Handeln läßt sich der Bestimmung aber nicht entnehmen (zutreffend Kühling/Buchner/Herbst Art. 92 Rn. 7; anders wohl Albrecht CR 2016, 88/97). Der Gesetzgeber könnte der Kommission zwar zwingende Fristen für die Nutzung der Ermächtigung setzen, doch ist dies in der DS-GVO nicht geschehen (für ein Beispiel s. Art. 5 Abs. 3 der VO (EU) Nr. 528/2012 des EP und des Rates v. 22.5.2012 über die Bereitstellung auf dem Markt und die Verwendung von Biozidprodukten, ABl. EU 2012 L 167/1: „Die Kommission erläßt spätestens bis zum 13. Dezember 2013 gemäß Art. 83 delegierte Rechtsakte zur Festlegung wissenschaftlicher Kriterien zur Bestimmung der endokrinschädigenden Eigenschaften." Zur Durchsetzung im Wege der Untätigkeitsklage gem. Art. 265 AEUV s. EuG BeckRS 2015, 123091 – Schweden/Kommission; dazu Cazet, Europe 2/2016, 17 f.).

Abs. 3 bezieht sich auf die in Art. 290 Abs. 2 S. 1 lit. a AEUV geregelte Möglichkeit des Widerrufs der Ermächtigung, der von Parlament und Rat unabhängig voneinander ausgesprochen werden kann; beide Organe werden damit ermächtigt, einseitig und außerhalb des Gesetzgebungsverfahrens insoweit den Inhalt der DS-GVO zu ändern, indem die im Text der Verordnung erhaltene Ermächtigung erlischt (dazu auch NK-DS-GVO/Sydow Art. 92 Rn. 31; GSSV/Gaitzsch Art. 92 Rn. 9). Abs. 3 S. 4 hält fest, dass der Widerruf der Ermächtigung ex nunc wirkt und die Geltung bereits erlassener delegierter Rechtsakte nicht in Frage stellt. Das entspricht der wohl überwiegenden Auffassung zu Art. 290 AEUV; nachdem die Frage dort nicht explizit geregelt wird, ist die ausdrückliche Klarstellung sinnvoll (s. Häde/Nowak/Pechstein/Gundel, Frankfurter Kommentar zu EUV/AEUV/GRC, 2017, Art. 290 AEUV Rn. 32). Nach der interinstitutionellen Vereinbarung v. 13.4.2016 (→ Rn. 4) ist der Widerruf in Teil L des ABl. EU zu veröffentlichen (Anhang der Vereinbarung, Punkt 25).

Die Abs. 4 und 5 beziehen sich auf den in Art. 290 Abs. 2 S. 1 lit. b AEUV ebenfalls als Möglichkeit für Parlament und Rat vorgesehenen Einspruch gegen einen konkreten von der Kommission beschlossenen delegierten Rechtsakt. Soweit diese Möglichkeit – wie in der DS-GVO geschehen – vom Gesetzgeber genutzt wird, darf die Kommission den von ihr beschlossenen Rechtsakt nicht sogleich erlassen, sondern muss den Entwurf Rat und Parlament zuleiten und den Ablauf der Einspruchsfrist abwarten, wenn nicht Rat und Parlament schon vor diesem Zeitpunkt mitteilen, dass ein Einspruch nicht erhoben wird (Punkt 13–15, 21 des Anhangs der Interinstitutionellen Vereinbarung (→ Rn. 4); für einen Fall, in dem diese Wartefrist von der Kommission versehentlich nicht beachtet und der Rechtsakt vorfristig erlassen wurde, s. ABl. EU 2013 L 306/7, für „null und nichtig" erklärt durch die Berichtigungsmeldung in ABl. EU 2013 L 346/89, s. dazu Gundel ZLR 2014, 264 (271 f.)).

Die Dauer der Einwendungsfrist ist im Gesetzgebungsakt festzusetzen; die Interinstitutionelle Vereinbarung (→ Rn. 4 f.) hält hierzu fest, dass die Frist mindestens zwei Monate betragen und eine Verlängerung um mindestens denselben Zeitraum durch Rat oder Parlament möglich sein soll. Die DS-GVO hat hier die Wahl einer dreimonatigen Frist getroffen, die durch Entscheidung von Rat oder Parlament um drei Monate verlängert werden kann.

Der Widerspruch gegen einen von der Kommission vorgelegten Entwurf ist nach der Regelung des Art. 290 Abs. 2 S. 2 AEUV mit der Mehrheit der Mitglieder des Parlaments bzw. mit qualifizierter Mehrheit im Rat zu fassen (zur Berechnung der Mehrheit im Rat s. Art. 238 Abs. 2 AEUV in Abweichung von Art. 16 Abs. 4 EUV). Weitere Voraussetzungen bestehen nicht, insbesondere müssen anders als beim zuvor geltenden Regelungsverfahren mit Kontrolle keine inhaltlichen Rügen oder rechtlichen Einwände gegen den Rechtsakt der Kommission geltend gemacht werden (s. mwN Häde/Nowak/Pechstein/Gundel, Frankfurter Kommentar zu EUV/AEUV/GRC, 2017, Art. 290 AEUV Rn. 33). Die Ablehnung eines delegierten Rechtsakts durch Rat oder Parlament ist nach der neuen Rechtslage eine rein politische Entscheidung, die keiner Rechtfertigung bedarf, auch wenn das Parlament teils an dieser Praxis festhält (für ein Beispiel s. Gundel ZLR 2015, 143 (156)).

D. Rechtsschutz

13 Die Gültigkeit delegierter Rechtsakte ist ohne weitere Besonderheit im Wege der Gültigkeitsvorlage nach Art. 267 AEUV inzident überprüfbar, soweit sie in nationalen Gerichtsverfahrens entscheidungserheblich wird; es gilt das vom EuGH aus der Systematik des Rechtsschutzsystems des AEUV abgeleitete Normverwerfungsmonopol des Gerichtshofs, sodass nationale Gerichte bis zu einer Entscheidung von der Gültigkeit ausgehen müssen (stRspr seit EuGH, Urt. v. 22.10.1987 Rs. 314/85 – Foto Frost, Slg. 1987, 4199 m. Anm. Glaesner EuR 1990, 143 ff.).

14 Für den direkten Klageweg über die Nichtigkeitsklage gem. Art. 263 AEUV ergibt sich durch eine weitere Änderung des Vertrags von Lissabon eine Besonderheit: Klagen Einzelner gegen normative Rechtsakte der Union waren bisher regelmäßig als unzulässig anzusehen, weil die Kläger die Voraussetzungen der unmittelbaren und vor allem individuellen Betroffenheit nicht erfüllen konnten (Art. 263 Abs. 4, 2. Alt. AEUV); der Vertrag von Lissabon hat hier eine dritte Alternative angefügt, die auf das Erfordernis der individuellen Betroffenheit verzichtet, aber nur für Rechtsakte mit Verordnungscharakter zur Verfügung steht. Die Rechtsprechung hat zwischenzeitlich geklärt, dass diese Voraussetzung nicht auf die Rechtsform des Art. 288 Abs. 2 AEUV Bezug nimmt, sondern als Gegensatz zum Rechtsakt mit Gesetzgebungscharakter zu verstehen ist, an dessen Erlass das Parlament beteiligt ist (grundlegend EuG BeckRS 2012, 80658 – Inuit Tapiriit Kanatami ua/Rat und Parlament= Slg. 2011, II-5599 = EWS 2012, 90 mAnm Gundel S. 65 ff. = EuZW 2012, 395 mAnm Everling S. 376 ff. = EuR 2012, 432 mAnm Petzold, bestätigt durch EuGH BeckRS 2013, 81911 – Inuit Tapiriit Kanatami ua/Rat und Parlament, EuZW 2014, 22 mAnm Streinz S. 17 ff.). Während die DS-GVO damit nicht dieser Alternative unterfällt, können die auf sie gestützten delegierten Rechtsakte trotz ihres normativen Charakters von Einzelnen mit der Nichtigkeitsklage angegriffen werden, wenn die weiteren Voraussetzungen des Art. 263 AEUV vorliegen; dasselbe gilt für Durchführungsrechtsakte nach Art. 291 AEUV bzw. Art. 93 DS-GVO. Eine vor Ablauf der Widerspruchsfrist erhobene Nichtigkeitsklage ist allerdings mangels tauglichen Klagestands unzulässig, da der Rechtsakt noch nicht endgültig erlassen ist (so EuG 5.3.2021 – T-885/19 – Aquind/Kommission; Rechtsmittel anhängig als Rs. C-310/21 P).

15 Materieller Maßstab für die Gültigkeit sind dabei das Primärrecht und die DS-GVO als Basisrechtsakt, aber auch darüber hinausgehend das sonstige Sekundärrecht, da die delegierten Rechtsakte nicht am Rang des Basisrechtsakts teilhaben (letzteres ist umstritten, s. mwN Häde/Nowak/Pechstein/Gundel, Frankfurter Kommentar zu EUV/AEUV/GRC, 2017, Art. 290 AEUV Rn. 13).

Artikel 93 Ausschussverfahren

(1) ¹Die Kommission wird von einem Ausschuss unterstützt. ²Dieser Ausschuss ist ein Ausschuss im Sinne der Verordnung (EU) Nr. 182/2011.

(2) Wird auf diesen Absatz Bezug genommen, so gilt Artikel 5 der Verordnung (EU) Nr. 182/2011.

(3) Wird auf diesen Absatz Bezug genommen, so gilt Artikel 8 der Verordnung (EU) Nr. 182/2011 in Verbindung mit deren Artikel 5.

Überblick

Art. 93 regelt das Ausschussverfahren.

A. Das Regime der Durchführungsrechtssetzung

1 Art. 93 nimmt ebenso wie Art. 92 auf das durch den Vertrag von Lissabon neu gestaltete System von Ausführungsrechtsakten der Kommission auf der Grundlage sekundärrechtlicher Ermächtigungen Bezug, in diesem Fall auf die in Art. 291 AEUV vorgesehenen Durchführungsrechtsakte. Art 291 AEUV behält dabei anders als Art. 290 das bisherige System der die Kommission kontrollierend begleitenden, durch Vertreter der nationalen Ministerien besetzten Ausschüsse („Komitologie-Rechtssetzung") bei; er ordnet die von diesen Ausschüssen ausgeübte Kontrolle nun aber nicht mehr dem Rat, sondern direkt den Mitgliedstaaten zu, s. Art. 291 Abs. 3 AEUV (dazu Häde/Nowak/Pechstein/Gundel, Frankfurter Kommentar zu EUV/AEUV/GRC, 2017, Art. 291 AEUV Rn. 2); der danach zuständige Ausschuß ist von dem in Art. 68 ff. DS-GVO geregelten Europäischen Datenschutzausschuß zu unterscheiden.

Art. 291 Abs. 3 AEUV enthält zugleich die Rechtsgrundlage für eine durch Verordnung des Parlaments und des Rates zu erlassende Rahmenregelung für diese Aufsicht über die Durchführungsrechtssetzung der Kommission. Diese Grundlage wurde im Jahr 2001 mit dem Erlaß der sog. Komitologie-Verordnung genutzt (VO (EU) Nr. 182/2011 des EP und des Rates v. 16.2.2011 zur Festlegung der allgemeinen Regeln und Grundsätze, nach denen die Mitgliedstaaten die Wahrnehmung der Durchführungsbefugnisse durch die Kommission kontrollieren, ABl. EU 2011 L 55/13; zu ihr z. B. Blumann, CDE 2011, 23 ff.; Daiber, EuR 2012, 240 ff.; Pilniok/Westermann VerwArch 103 (2012), 379 ff.); Art. 93 nimmt auf diese Verordnung Bezug, die im Rang über sonstigem Sekundärrecht steht, also auch den Gesetzgeber der DS-GVO bindet (Häde/Nowak/Pechstein/Gundel, Frankfurter Kommentar zu EUV/AEUV/GRC, 2017, Art. 291 AEUV Rn. 15; anders NK-DS-GVO/Sydow Art. 93 Rn. 38; Sydow JZ 2012, 157 (162)). Nach den Regelungen der Komitologie-Verordnung wird die Kontrolle durch verschiedene Formen von Ausschüssen ausgeübt (→ Rn. 5 ff.). Das Europäische Parlament verfügt in diesem Feld anders als im Bereich der delegierten Rechtsakte über keine Einflußmöglichkeiten; Art. 11 der VO (EU) Nr. 182/2011 sieht nur vor, daß seine Einwände von der Kommission geprüft werden (dazu Häde/Nowak/Pechstein/Gundel, Frankfurter Kommentar zu EUV/AEUV/GRC, 2017, Art. 291 AEUV Rn. 24). Dasselbe gilt zwar formal auch für den Rat, doch wird dies durch die unmittelbare Einbindung der Mitgliedstaaten aufgewogen.

Die Abgrenzung zwischen Ermächtigungen zur Rechtsetzung im Weg der delegierten oder 3 der Durchführungsrechtssetzung ist angesichts der ganz unterschiedlichen Ausgestaltung der Rolle der EU-Organe in beiden Feldern von erheblicher Bedeutung; die Auswahl des Instruments liegt dabei im ersten Zugriff beim EU-Gesetzgeber, dem der EuGH in der umstrittenen Abgrenzungsfrage einen Beurteilungsspielraum zuerkennt (→ Art. 92 Rn. 6). Für die Kommission als Adressaten der Ermächtigung ist die Wahl des Gesetzgebers verbindlich, sofern sie sich nicht entscheidet, die Auswahl mit dem Instrument der Nichtigkeitsklage anzugreifen (→ Art. 92 Rn. 6). Ebenso wie die delegierten Rechtsakte sind die Durchführungsrechtsakte in ihrem Titel als solche zu bezeichnen, s. Art. 291 Abs. 4 AEUV; in der Wahl der Rechtsform – Verordnung, Richtlinie oder Beschluß – ist die Kommission frei (→ Art. 92 Rn. 6; Sydow/Sydow Art. 93 Rn. 31 ff.).

B. Die Ausgestaltung in der DS-GVO

Die Ermächtigung zum Erlaß von Durchführungsrechtsakten findet sich in der DS-GVO in 4 insgesamt 10 Fällen, so in Art. 28 Abs. 7 (Festlegung von Standardvertragsklauseln für die Auftragsverarbeitung), Art. 40 Abs. 9 S. 2 (Allgemeingültigerklärung von Verhaltensregeln), Art. 43 Abs. 9 S. 2 (technische Standards für Zertifizierungsverfahren), Art. 45 Abs. 3 S. 4 (Feststellung der Angemessenheit des Schutzniveaus in einem Drittstaat), Art. 45 Abs. 5 UnterAbs. 1 S. 2 (Widerruf, Änderung solcher Feststellungen), Art. 46 Abs. 2 lit c und d (Standardvertragsklauseln für den Datenexport in Drittländer), Art. 47 Abs. 3 S. 2 (Festlegung von Format und Verfahren für den Informationsaustausch über verbindliche interne Datenschutzvorschriften), Art. 61 Abs. 9 S. 2 (Festlegung von Form und Verfahren der Amtshilfe), Art. 67 S. 2 (Ausgestaltung des elektronischen Informationsaustauschs zwischen Aufsichtsbehörden). Auch im Bereich der Durchführungsrechtsakte wurde die Zahl der Ermächtigungen im Gesetzgebungsverfahren deutlich verringert, wenn auch nicht so stark wie im Bereich der delegierten Rechtsakte (→ Art. 92 Rn. 7): Der Kommissionsvorschlag hatte mehr als 20 Rechtsgrundlagen für Durchführungsrechtsakte enthalten.

Adressat der Ermächtigung ist in diesen Fällen stets die Kommission; von der in Art. 291 Abs. 2 5 AEUV eröffneten Möglichkeit, in Ausnahmefällen den Rat zur Rechtsetzung zu ermächtigen, wurde in der DS-GVO kein Gebrauch gemacht. Die Bildung eines die Kommission beim Erlaß der Durchführungsrechtsakte begleitenden Ausschusses im Sinne der VO (EU) Nr. 182/2011 ordnet Art. 93 Abs. 1 an. Die nähere Ausgestaltung des für diesen Ausschuß maßgeblichen Verfahrens richtet sich nach der Weichenstellung in der jeweiligen Rechtsgrundlage, die auf eines der in Art. 93 Abs. 2 und 3 in Bezug genommenen Verfahren verweist; diese Bestimmungen leiten den Verweis dann auf die VO (EU) Nr. 182/2011 weiter.

Art. 93 Abs. 2 verweist dabei auf das sog. Prüfverfahren nach Art. 5 der VO (EU) Nr. 182/2011. 6 Das Beratungsverfahren nach Art. 4 der VO (EU) Nr. 182/2011, das in Bezug auf die Stellung der Mitgliedstaaten schwächer ausgestaltet ist, wird von der DS-GVO nicht genutzt; das erscheint auf den ersten Blick rechtfertigungsbedürftig, weil nach der Regelung in Art. 2 Abs. 3 der VO (EU) Nr. 182/2011 das Beratungsverfahren den Regelfall darstellt (kritisch daher Sydow/Sydow Art. 93 Rn. 38 f.); allerdings enthält Art. 2 Abs. 2 der VO (EU) Nr. 182/2011 im Gegenzug eine Reihe von Regelbeispielen, für die vorzugsweise das Prüfverfahren zur Anwendung kommen soll – so etwa für Durchführungsrechtsakte von allgemeiner Tragweite (darauf abstellend Ehmann/Selmayr/Ehmann Art. 93 Rn. 4); zudem hält auch Art. 2 Abs. 3 fest, daß auch in den übrigen Konstellationen „in hinreichend begründeten Fällen" anstelle des Beratungsverfahrens das Prüfverfahren gewählt werden kann, so das die Entscheidung des Gesetzgebers der DS-GVO durchaus zu rechtfertigen ist.

7 Nach der zweistufigen Ausgestaltung des Prüfverfahrens in der VO (EU) Nr. 182/2011 entscheidet zunächst der Prüfausschuß über den von der Kommission vorgelegten Entwurf mit qualifizierter Mehrheit (s. Art. 16 Abs. 4 EUV). Im Fall einer positiven Stellungnahme des Ausschusses erläßt die Kommission den Durchführungsrechtsakt; im Fall einer negativen Stellungnahme zu ihrem Vorschlag hat sie nach Art. 5 Abs. 3 der VO (EU) Nr. 182/2011 die Möglichkeit, den Vorschlag zu verändern oder den in Art. 6 vorgesehenen Berufungsausschuß anzurufen. Kommt im Prüfausschuß keine qualifizierte Mehrheit für oder gegen den Rechtsakt zustande, kann die Kommission ihn erlassen, wenn er nicht mit einfacher Mehrheit abgelehnt wird (Art. 5 Abs. 4 Unterabs. 2 lit c der Verordnung); im letzten Fall kann wiederum der Berufungsausschuß angerufen werden.

8 Im Berufungsausschuß, in dem die Mitgliedstaaten durch eine „hinreichend hohe und horizonale Ebene" vertreten sein sollen (so Art. 1 Abs. 5 Unterabs. 2 der Berufungsausschuß-Geschäftsordnung, ABl. EU 2011 C 183/13), gelten weitgehend übereinstimmende, aber nicht völlig identische Regeln: Der Ausschuß entscheidet wiederum mit qualifizierter Mehrheit; kommt er zu einer positiven Stellungnahme, kann der Rechtsakt erlassen werden, im Fall einer Ablehnung mit qualifizierter Mehrheit ist er gescheitert. Wenn allerdings keine qualifizierte Mehrheit gegen den Rechtsakt zustandekommt, kann die Kommission ihn schließlich doch erlassen, Art. 6 Abs. 3 der Verordnung. Das Risiko eines solchen Rückfalls der Verantwortung auf die Kommission soll ein von der Kommission vorgelegter Vorschlag zur Änderung der VO (EU) Nr. 182/2011 verringern (KOM (2017) 85 endg. v. 14.2.2017): Danach soll die Kommission in dieser Konstellation ein zweites Mal den Berufungsausschuß befassen können, der dann in Besetzung auf Ministerebene entscheiden soll; auch sollen abwesende oder sich enthaltende Mitgliedstaaten bei der Berechnung der qualifizierten Mehrheit nicht mehr berücksichtigt werden. Das Gesetzgebungsverfahren zu diesem Vorschlag war im Dezember 2021 noch nicht abgeschlossen.

9 Neben diesen besonderen Vorgaben für das Prüfverfahren gelten die in Art. 3 der VO (EU) Nr. 182/2011 normierten gemeinsamen Bestimmungen für alle Formen von Ausschußverfahren; hier hält Art. 3 Abs. 2 fest, daß den Vorsitz des Ausschusses stets ein – nicht stimmberechtigter - Vertreter der Kommission führt, und der Ausschuß sich im übrigen aus Vertretern der Mitgliedstaaten zusammensetzt. Weiter finden sich hier Regelungen für den Verfahrensablauf, insbesondere die neue Regelung des Art. 3 Abs. 3, nach der Entwürfe für Durchführungsrechtsakte grundsätzlich 14 Tage vor der Ausschußsitzung vorzulegen sind. Die Fortführung der bisherigen Kommissionspraxis, nach der Entwürfe ad hoc in eine Sitzung eingebracht werden konnten, ist danach ein Verstoß gegen eine wesentliche Formvorschrift im Sinne des Art. 263 Abs. 2 AEUV und führt zur Nichtigkeit des Rechtsakts, weil nicht ausgeschlossen werden kann, daß die Abstimmung bei einer Einhaltung der durch die Frist gewährleisteten Vorbereitungszeit für die Mitgliedstaaten anders ausgefallen wäre (so nachdrücklich EuGH, Urt. v. 20.9.2017 Rs. C-183/16 P – Tilly-Sabco/Kommission, Tz. 86 ff., 114 ff.; dazu Michel, Europe 11/2017, 22 f.). Eine Abweichung von der Frist erlaubt Art. 3 Abs. 3 nur in „hinreichend begründeten Fällen"; zusätzlich verweist der Gerichtshof auf das in Art. 8 der VO (EU) Nr. 182/2011 geregelte Dringlichkeitsverfahren, dessen Voraussetzungen durch die Mißachtung der 14-Tages-Frist unterlaufen werden (Tz. 106 des Urteils).

10 Art. 93 Abs. 3 nimmt Bezug auf dieses Dringlichkeitsverfahren nach Art. 8 der VO (EU) Nr. 182/2011. In der DS-GVO wird auf diese Bestimmung nur in Art. 45 Abs. 5 S. 2 verwiesen; diese Rechtsgrundlage, die die Anerkennung des Schutzniveaus in Drittstaaten betrifft, erlaubt der Kommission „in Fällen äußerster Dringlichkeit" den Erlaß von sofort geltenden Durchführungsakten. Diese Rechtsakte ergehen nach Art. 8 Abs. 2 der VO (EU) Nr. 182/2011 ohne vorherige Befassung eines Ausschusses und mit einer auf höchstens 6 Monate befristeten Geltung. Der Rechtsakt ist im Anschluß binnen 14 Tagen dem Ausschuß vorzulegen. Wenn – wie im Fall des Art. 45 Abs. 4 – das Prüfverfahren anzuwenden ist und der Ausschuß eine ablehnende Stellungnahme abgibt, hat die Kommission den Rechtsakt unverzüglich aufzuheben, Art. 8 Abs. 3 der VO (EU) Nr. 182/2011.

C. Rechtsschutz

11 Für den Rechtsschutz ergeben sich gegenüber den delegierten Rechtsakten nach Art. 92 keine Besonderheiten (→ Art. 92 Rn. 13 ff.).

Kapitel XI. Schlussbestimmungen

Artikel 94 Aufhebung der RL 95/46/EG

(1) Die RL 95/46/EG wird mit Wirkung vom 25. Mai 2018 aufgehoben.

(2) ¹Verweise auf die aufgehobene Richtlinie gelten als Verweise auf die vorliegende Verordnung. ²Verweise auf die durch Artikel 29 der RL 95/46/EG eingesetzte Gruppe für den Schutz von Personen bei der Verarbeitung personenbezogener Daten gelten als Verweise auf den kraft dieser Verordnung errichteten Europäischen Datenschutzausschuss.

Überblick

Art. 94 dient der Klarstellung und Umsetzung in der Übergangsphase. Dabei ist die Nachfolgeregelung stichtagsgenau bestimmt (→ Rn. 1). Auch wird klargestellt, wie mit Verweisen in anderen Normen auf das bisher geltende Recht umzugehen ist (→ Rn. 5) und zwar bezogen auf Richtlinien und Verordnungen der EU ebenso (→ Rn. 6) wie bei Kommissionsentscheidungen (→ Rn. 12) und nationalstaatlichen Normen (→ Rn. 13), aber auch von der Artikel 29-Datenschutzgruppe zum Europäischen Datenschutzausschuss (→ Rn. 16), wobei ein Ausblick auf die Bedeutung der Norm in der Zukunft darf ebenso wenig nicht fehlen (→ Rn. 17) wie die Frage auf welches Recht bei älteren Vorlagen der EuGH abzustellen hat (→ Rn. 18).

A. Aufhebung der Datenschutz-RL

Durch Abs. 1 wird die Datenschutz-RL durch diese Verordnung **zum 25.5.2018 aufgehoben** 1 werden. Bis zu diesem Zeitpunkt **gilt jedoch noch die RL 95/46/EG.** Dies mit der Folge, dass sie und die sie umsetzenden Gesetze bis zu diesem Zeitpunkt unbeschränkt gelten. Durch diese Regelung ist ein lückenloser Übergang zwischen altem und neuem Recht gewährleistet. Verarbeitungen, die zum Zeitpunkt der Anwendung dieser Verordnung bereits begonnen haben, sollen innerhalb von zwei Jahren nach dem Inkrafttreten der DS-GVO mit ihr in Einklang gebracht werden (Erwägungsgrund 171).

Nach Art. 99 Abs. 1 ist die DS-GVO am zwanzigsten Tag nach ihrer Veröffentlichung im 2 Amtsblatt der Europäischen Union in Kraft getreten, also am 25.5.2016. Damit haben **verantwortliche Stellen (Unternehmen und Behörden) die Möglichkeit, ihre Verarbeitungen, die zum Zeitpunkt der Anwendung dieser Verordnung bereits begonnen haben und aktuell verwendet werden, innerhalb von zwei Jahren nach dem Inkrafttreten dieser Verordnung mit ihr in Einklang zu bringen** (Erwägungsgrund 171). Dabei unterscheidet die DS-GVO sehr feinsinnig zwischen dem Inkrafttreten, was bereits erfolgte, und ihrer Geltung. Durch diese beiden Parameter wird der Zeitraum der **Übergangsfrist** bestimmt, ohne dass nach dem 25.5.2018 eine weitere eingeräumt wurde bzw. einzuräumen ist.

Beruhen die Verarbeitungen auf einer **Einwilligung** gem. der RL 95/46/EG, so ist es nicht 3 erforderlich, dass die betroffene Person erneut ihre Einwilligung dazu erteilt, wenn **die Art der bereits erteilten Einwilligung den Bedingungen der DS-GVO entspricht,** sodass der Verantwortliche die Verarbeitung nach dem Zeitpunkt der Anwendung der vorliegenden Verordnung fortsetzen kann (Erwägungsgrund 171). Wurde die Einwilligung aber entgegen geltendem Recht (vgl. Art. 9), zB nicht aufgeklärt, nicht freiwillig oder unter Zwang von dem Betroffenen abgegeben, so erfüllt diese die nun geltenden Voraussetzungen für eine Einwilligung gerade nicht. In diesem Fall ist eine weitere Verarbeitung der Daten des Betroffenen unzulässig, mit der Folge, dass die Daten zu löschen sind. Es bedarf dann einer neuen Einwilligung iSd DS-GVO. Das gilt auch, wenn sich die automatisierte Verarbeitung wesentlich geändert hat und neue Zwecke, weitere Empfängergruppen usw. hinzugekommen sind.

Alle laufenden und bis zum 25.5.2018 geplanten **Verarbeitungen müssen auf das neue** 4 **Recht ausgerichtet werden.**

B. Verweise auf die Datenschutz-RL

Abs. 2 regelt, wie mit Verordnungen und Richtlinien sowie den Verweisen der Artikel 29- 5 Datenschutzgruppe umgegangen werden soll, soweit in diesen auf die RL 95/46/EG verwiesen wird.

DS-GVO Artikel 94 Kapitel XI. Schlussbestimmungen

I. Verweise in Richtlinien und Verordnungen der EU

6 Nach S. 1 gelten **Verweise in Verordnungen und Richtlinien** auf die aufgehobene RL 95/46/EG als Verweise auf die vorliegende Verordnung. So nimmt die VO (EG) Nr. 45/2001 des Europäischen Parlaments und des Rates v. 18.12.2000 zum Schutz natürlicher Personen bei der Verarbeitung personenbezogener Daten durch die Organe und Einrichtungen der Gemeinschaft und zum freien Datenverkehr (ABl. L 2001 Nr. 8, 1) mehrfach auf die RL 95/46/EG Bezug, da die Verordnung gerade den Datenumgang durch die Organe und Einrichtungen der Gemeinschaft regeln soll, für die weder die RL 95/46/EG, noch die nun geltende DS-GVO Anwendung findet. **Die VO (EG) Nr. 45/2001 und sonstige Rechtsakte der Union,** die diese Verarbeitung personenbezogener Daten regeln, **sollen im Einklang mit Art. 98 an die Grundsätze und Vorschriften der vorliegenden Verordnung angepasst werden** (Art. 2 Abs. 3 S. 3). Solange dies nicht geschehen ist, erfolgt die **Anpassung über Art. 94 Abs. 2 S. 1.**

7 Dabei ist zu differenzieren zwischen den **Rechtsakten der EU** die **im Geltungsbereich der RL 95/46/EG** liegen und denen, die sich insbesondere auf den Bereich der **Gefahrenabwehr und Strafverfolgung** beziehen. Für letzteren Bereich gilt die Richtlinie (EU) 2016/680 des Europäischen Parlaments und des Rates v. 27.4.2016 zum Schutz natürlicher Personen bei der Verarbeitung personenbezogener Daten durch die zuständigen Behörden zum Zwecke der Verhütung, Ermittlung, Aufdeckung oder Verfolgung von Straftaten oder der Strafvollstreckung sowie zum freien Datenverkehr und zur Aufhebung des Rahmenbeschlusses 2008/977/JI des Rates (ABl. 2016 L 119, 89) und nicht die DS-GVO (vgl. Art. 2 Abs. 2). Dies hat zur Folge, dass die DS-GVO zB nicht auf den Bereich des Beschlusses des 2007/533/JI Rates v. 12.6.2007 über die Einrichtung, den Betrieb und die Nutzung des Schengener Informationssystems der zweiten Generation (SIS II) (ABl. 2007 L 205, 63) Anwendung findet. Gleichzeitig aber auf die VO (EG) Nr. 1987/2006 des Europäischen Parlaments und des Rates v. 20.12.2006 über die Einrichtung, den Betrieb und die Nutzung des **Schengener Informationssystems der zweiten Generation** (SIS II) (ABl. 2006 Nr. L 381, 4). Denn nach dem Erwägungsgrund 15 soll die RL 95/46/EG für die Verarbeitung personenbezogener Daten in Anwendung dieser Verordnung gelten. Dies schließt auch die Benennung des für die Verarbeitung Verantwortlichen und die Möglichkeit der Mitgliedstaaten ein, Ausnahmen und Einschränkungen einiger der in jener Richtlinie vorgesehenen Rechte und Pflichten, einschließlich des Auskunfts- und Informationsrechts der betroffenen Person, festzulegen. Die in der RL 95/46/EG verankerten Grundsätze sollten in dieser Verordnung erforderlichenfalls ergänzt oder präzisiert werden.

8 Weitere **Verweise finden sich zB** und in keiner Weise abschließend, in der
- VO (EU) Nr. 910/2014 des Europäischen Parlaments und des Rates v. 23.7.2014 über elektronische Identifizierung und Vertrauensdienste für elektronische Transaktionen im Binnenmarkt und zur Aufhebung der RL 1999/93/EG in Art. 5 Abs. 1.
- VO (EU) Nr. 603/2013 des Europäischen Parlaments und des Rates v. 26.6.2013 über die Einrichtung von Eurodac für den Abgleich von Fingerabdruckdaten zum Zwecke der effektiven Anwendung der VO (EU) Nr. 604/2013 zur Festlegung der Kriterien und Verfahren zur Bestimmung des Mitgliedstaats, der für die Prüfung eines von einem Drittstaatsangehörigen oder Staatenlosen in einem Mitgliedstaat gestellten Antrags auf internationalen Schutz zuständig ist und über die Gefahrenabwehr und Strafverfolgung dienende Anträge der Gefahrenabwehr- und Strafverfolgungsbehörden der Mitgliedstaaten und Europols auf den Abgleich mit Eurodac-Daten sowie zur Änderung der VO (EU) Nr. 1077/2011 zur Errichtung einer Europäischen Agentur für das Betriebsmanagement von IT-Großsystemen im Raum der Freiheit, der Sicherheit und des Rechts (Neufassung) (ABl. 2013 L 180, 1) im Erwägungsgrund 38.
- VO (EG) Nr. 767/2008 des Europäischen Parlaments und des Rates v. 9.7.2008 über das Visa-Informationssystem (VIS) und den Datenaustausch zwischen den Mitgliedstaaten über Visa für einen kurzfristigen Aufenthalt (VIS-Verordnung) in den Erwägungsgründen 17 und 19, sowie in den Art. 30, 39 und 41. Diese Verweisung wird durch nun Art. 36a VO (EU) 2021/1134 des Europäischen Parlaments und des Rates v. 7.7.2021 zur Änderung der Verordnungen (EG) Nr. 767/2008, (EG) Nr. 810/2009, (EU) 2016/399, (EU) 2017/2226, (EU) 2018/1240, (EU) 2018/1860, (EU) 2018/1861, (EU) 2019/817 und (EU) 2019/1896 des Europäischen Parlaments und des Rates und zur Aufhebung der Entscheidung 2004/512/EG und des Beschlusses 2008/633/JI des Rates zur Reform des Visa-Informationssystems überholt, da dort nunmehr auf die VO (EU) 2016/679 und die Richtlinie (EU) 2016/680 Bezug genommen wird. Jedoch verbleibt es bei Art. 30 VIS-VO bei dem Verweis auf die RL 95/46/EG, während Art. 39 und 41 neuer Fassung auf die VO (EU) 2016/679 verweisen.

Aufhebung der RL 95/46/EG   **Artikel 94 DS-GVO**

- VO (EG) Nr. 810/2009 des Europäischen Parlaments und des Rates v. 13.7.2009 über einen Visakodex der Gemeinschaft (Visakodex) (ABl. 2009 L 243,1) in den Erwägungsgründen 12 ff.
- VO (EG) Nr. 380/2008 des Rates v. 18.4.2008 zur Änderung der VO (EG) Nr. 1030/2002 zur einheitlichen Gestaltung des Aufenthaltstitels für Drittstaatenangehörige (ABl. 2008 L 115, 1) in dem Erwägungsgrund 9, iVm Erwägungsgrund 9 der VO (EG) Nr. 1030/2002 des Rates v. 13.6.2002 zur einheitlichen Gestaltung des Aufenthaltstitels für Drittstaatenangehörige, ABl. L 157 v. 13.6.2002, 1.
- RL 2013/32/EU des Europäischen Parlaments und des Rates v. 26.6.2013 zu gemeinsamen Verfahren für die Zuerkennung und Aberkennung des internationalen Schutzes (Neufassung – sog. Verfahrensrichtlinie) (ABl. 2013 L 180, 60) im Erwägungsgrund 52.
- VO (EU) Nr. 604/2013 des Europäischen Parlaments und des Rates v. 26.6.2013 zur Festlegung der Kriterien und Verfahren zur Bestimmung des Mitgliedstaats, der für die Prüfung eines von einem Drittstaatsangehörigen oder Staatenlosen in einem Mitgliedstaat gestellten Antrags auf internationalen Schutz zuständig ist (Neufassung – sog. Dublin III-VO) (ABl. 2013 L 180, 31) in Erwägungsgründen 26 f.
- VO (EG) Nr. 223/2009 des Europäischen Parlaments und des Rates v. 11. 3.2009 über europäische Statistiken und zur Aufhebung der VO (EG, Euratom) Nr. 1101/2008 des Europäischen Parlaments und des Rates über die Übermittlung von unter die Geheimhaltungspflicht fallenden Informationen an das Statistische Amt der Europäischen Gemeinschaften, der VO (EG) Nr. 322/97 des Rates über die Gemeinschaftsstatistiken und den Beschluss 89/382/EWG, Euratom des Rates zur Einsetzung eines Ausschusses für das Statistische Programm der Europäischen Gemeinschaften (ABl. 2009 L 87,164 idF der VO (EU) 2015/759 des Europäischen Parlaments und des Rates v. 29.4.2015, ABl. 2015 L 123, 90) in Erwägungsgrund 22.
- RL 2007/2/EG des Europäischen Parlaments und des Rates v. 14.3.2007 zur Schaffung einer Geodateninfrastruktur in der Europäischen Gemeinschaft (INSPIRE; ABl. 2007 L 108, 1) im Erwägungsgrund 24.
- RL 2008/51/EG des Europäischen Parlaments und des Rates v. 21.5.2008 zur Änderung der RL 91/477/EWG des Rates über die Kontrolle des Erwerbs und des Besitzes von Waffen (ABl. 2006 L 179, 5) in Erwägungsgrund 16.
- VO (EU) Nr. 258/2012 des Europäischen Parlaments und des Rates v.14.3.2012 zur Umsetzung des Art. 10 des Protokolls der Vereinten Nationen gegen die unerlaubte Herstellung von Schusswaffen, dazugehörigen Teilen und Komponenten und Munition und gegen den unerlaubten Handel damit, in Ergänzung des Übereinkommens der Vereinten Nationen gegen die grenzüberschreitende organisierte Kriminalität (VN-Feuerwaffenprotokoll) und zur Einführung von Ausfuhrgenehmigungen für Feuerwaffen, deren Teile, Komponenten und Munition sowie von Maßnahmen betreffend deren Einfuhr und Durchfuhr (ABl. 2012 L 94, 1) in Erwägungsgrund 4.
- VO (EU) 2015/848 des Europäischen Parlaments und des Rates vom 20.5.2015 über Insolvenzverfahren (ABl. 2015 L 141, 19) wonach die nationalen Vorschriften zur Umsetzung der RL 95/46/EG auf die nach Maßgabe dieser VO durchgeführte Verarbeitung personenbezogener Daten Anwendung findet. Dabei sind die Erwägungsgründe 77 ff. und 84 zu beachten.

In all diesen Fällen liegt die Datenverarbeitung im Bereich der RL 95/46/EG und nunmehr im Geltungsbereich der DS-GVO, welche insoweit immer ergänzend heranzuziehen ist. 9

Dies unterscheidet sich zum **Bereich der Gefahrenabwehr und der Strafverfolgung.** Gemäß Art. 59 RL (EU) 2016/680 des europäischen Parlaments und des Rates v. 27.4.2016 zum Schutz natürlicher Personen bei der Verarbeitung personenbezogener Daten durch die zuständigen Behörden zum Zwecke der Verhütung, Ermittlung, Aufdeckung oder Verfolgung von Straftaten oder der Strafvollstreckung sowie zum freien Datenverkehr und zur Aufhebung des Rahmenbeschlusses 2008/977/JI des Rates wird in Abs. 1 der Rahmenbeschluss 2008/977/JI mWv 6.5.2018 aufgehoben. Jedoch gelten Verweise auf den im aufgehobenen Beschluss weiter als Verweise auf diese Richtlinie. Dies wäre zB bei der RL (EU) 2016/681 des europäischen Parlaments und des Rates v. 27.4.2016 über die Verwendung von Fluggastdatensätzen (PNR-Daten) zur Verhütung, Aufdeckung, Ermittlung und Verfolgung von terroristischen Straftaten und schwerer Kriminalität (ABl. 2016, L 119, 132; siehe dazu Vorlagebeschluss VG Wiesbaden v. 13.5.2020 – 6 K 805/19.WI) ebenso der Fall, wie bei dem Beschluss des 2007/533/JI Rates v. 12.6.2007 über die Einrichtung, den Betrieb und die Nutzung des Schengener Informationssystems der zweiten Generation (SIS II) (ABl. 2007, L 205, 63). 10

Es gibt auch **indirekte Verweise.** So wird bei dem Beschluss 2014/333/EU der Kommission v. 5.6.2014 über den Schutz personenbezogener Daten im Europäischen e-Justiz-Portal (ABl. 11

DS-GVO Artikel 94   Kapitel XI. Schlussbestimmungen

2014 L 167, 57) in Art. 2 auf die VO (EG) Nr. 45/2001 Bezug genommen. Solange die VO (EG) Nr. 45/2001 jedoch noch nicht der DS-GVO angepasst wurde (→ Rn. 6), erfolgt auch hier die Anpassung des Beschlusses 2014/333/EU über Art. 94 Abs. 2 S. 1.

II. Kommissionsentscheidungen

12   Auf der **RL 95/46/EG beruhende Entscheidungen bzw. Beschlüsse der Kommission und Genehmigungen der Aufsichtsbehörden bleiben in Kraft**, bis sie geändert, ersetzt oder aufgehoben werden (Erwägungsgrund 171). Dies ist nicht wörtlich so geregelt, ergibt sich aber sachlogisch, da Abs. 2 S. 1 nur von „Verweisen" spricht und damit **alle Akte erfasst, die einen Verweis auf die RL 95/46/EG enthalten**, also auch die Entscheidungen und Beschlüsse der Kommission. Aber dies geht jedoch noch weiter. Denn **soweit der EuGH die RL 95/46/EG in seinen Entscheidungen ausgelegt hat, gilt dies auch für inhaltsgleiche Normen in der DS-GVO**. Denn die Verweise beziehen sich, soweit auf einzelne Artikel der Richtlinie verwiesen wird, auf die Nachfolgeregelung in der DS-GVO. Allerdings nur, soweit solche existieren, was im Wesentlichen aber der Fall sein dürfte. Gleiches gilt für die Auslegungen der Artikel 29-Datenschutzgruppe. Sodass bei der Anwendung der DS-GVO auf eine Basis des allgemeinen Verständnisses zurückgegriffen werden kann.

12a   Bei den Kommissionsentscheidungen handelt es sich auch um die sog. Standardvertragsklauseln:
- Entscheidung der Kommission vom 15.6.2001 hinsichtlich Standardvertragsklauseln für die Übermittlung personenbezogener Daten in Drittländer nach der RL 95/46/EG (2001/497/EG) ABl. EU Nr. L 181 vom 4.7.2001, 19,
- Entscheidung der Kommission vom 27.12.2004 zur Änderung der Entscheidung 2001/497/EG bezüglich der Einführung alternativer Standardvertragsklauseln für die Übermittlung personenbezogener Daten in Drittländer (Bekannt gegeben unter Az. K(2004) 5271; 2004/915/EG) ABL. L 395 vom 29.12.2004, 74,
- Beschluss der Kommission vom 5.2.2010 über Standardvertragsklauseln für die Übermittlung personenbezogener Daten an Auftragsverarbeiter in Drittländern nach der RL 95/46/EG des Europäischen Parlaments und des Rates (Az. K(2010) 593; 2010/87/EU) ABL. L 39 vom 12.2.2010, 5.

12b   Diese Klauseln wurden nach Art. 26 RL 95/46/EG erlassen. Sie beruhen nun auf Art. 46 DS-GVO und sind weiterhin gültig (EuGH GRUR-RS 2020, 16082 Rn. 149). Sie müssen aber bezogen auf ein konkretes Drittland hinsichtlich des tatsächlichen Schutzniveaus geprüft werden, ob das Drittland ein Schutzniveau der Grundrechte gewährleistet, das dem in der Rechtsordnung der Union Garantierten Niveau der Sache nach gelichwertig ist (EuGH GRUR-RS 2020, 16082 Rn. 162).

III. Verweise bezogen auf nationales Recht

13   Dies hat auch zur Folge, dass der nationale Gesetzgeber, der sich bei der Umsetzung von Richtlinien und auch Verordnungen in nationales Recht an der RL 95/46/EG zu orientieren hatte und nunmehr für den jeweiligen Regelungsbereich, statt der RL 95/46/EG die DS-GVO unmittelbar gilt.

14   Hat der nationale Gesetzgeber die RL 95/46/EG bei der Umsetzung der bereichsspezifischen Richtlinie nicht beachtet, wie zB bei dem G zur Errichtung eines **Nationalen Waffenregisters** (Nationales-Waffenregister-Gesetz – NWRG) v. 25.6.2012 (BGBl. I 1366), so mag dann zwar die dem Gesetz zugrunde liegende Richtlinie umgesetzt sein, nicht aber der Datenverarbeitungsrahmen, den das europäische Recht insoweit gesetzt hat. Dies mit der Folge, dass nun die bindenden Regelungen der DS-GVO unmittelbar gelten, mit der weiteren Folge, dass **entgegenstehendes nationales Recht nicht angewendet werden darf** oder gar die Verarbeitung gänzlich rechtswidrig ist, weil die entsprechende Dokumentation des Verfahrens (zB Art. 30 – Verzeichnis von Verarbeitungstätigkeiten, bisher Meldung) fehlt oder gar entgegen nach Art. 5 RL 95/46/EG in Bezug auf die Zulässigkeit der Verarbeitung personenbezogener Daten anders als die in Art. 7 RL 95/46/EG aufgezählten Grundsätze eingeführt und durch zusätzliche Bedingungen die Tragweite der sechs in Art. 7 RL 95/46/EG vorgesehenen Grundsätze verändert haben (s. dazu EuGH BeckRS 2011, 81683 und BeckRS 2016, 82520 Rn. 58).

15   Soweit nationalstaatliche Normen selbst auf die RL 95/46/EG Bezug nehmen (vgl. § 6a – Verarbeitung besonderer Kategorien personenbezogener Daten – BerlinerDSG) wäre durch Art. 94 Abs. 2 eine dynamische Verweisung gegeben (im Ergebnis Paal/Pauly/Pauly Rn. 10). Allerdings würde vorliegend § 6a BerlinDSG am 25.5.2018 unwirksam und von Art. 9 verdrängt.

Gegebenenfalls wäre im Wege der Auslegung zu ermitteln, auf welche Regelung der DS-GVO verwiesen wird (Paal/Pauly/Pauly Rn. 10).

IV. Übergang von der Artikel 29-Datenschutzgruppe zum Europäischen Datenschutzausschuss

Abs. 2 S. 2 befasst sich mit dem **Übergang von der Artikel 29-Datenschutzgruppe zum Europäischen Datenschutzausschuss** (Art. 68). Soweit in Normen und sonstigen Regelungen auf die Artikel 29-Datenschutzgruppe verwiesen wird, tritt an ihre Stelle nahtlos der Europäische Datenschutzausschuss. Sodass auch hier ein Übergang und eine Kontinuität gewährleistet ist. 16

C. Ausblick

Während Abs. 1 einen Stichtag hat, den 25.5.2018, und damit weiterhin Rechtssicherheit bei dem Übergang vom alten auf das neue Recht bietet, hat Abs. 2 in beiden Regelungsbereichen wahrscheinlich noch für einen sehr langen Zeitraum nach dem Geltungsbeginn der DS-GVO Bedeutung. Denn bis alle Rechtsnormen (Verordnungen und Richtlinien), aber auch Akte der Kommission, der dann geltenden Rechtslage angepasst sind, dürften Jahre vergehen. Im Hinblick auf den nationalen Deutschen Gesetzgeber ist dabei auch zu beachten, dass in einer Vielzahl von nationalen Umsetzungen sich diese nicht an der RL 95/46/EG orientiert haben und mithin wegen Verstoßes gegen die DS-GVO dann nicht mehr anwendbar sein werden (s. zB → Rn. 14). 17

Bei Vorlagen an den EuGH ist zu beachten, dass soweit ein vorlegendes Gericht unter Bezugnahme auf die RL 95/46/EG Fragen zur Auslegung der RL 95/46/EG gestellt hat, dass dies nicht zur Unzulässigkeit eines Vorhabenersuchens führt (EuGH GRUR-RS 2020, 16082 Rn. 71). Dies insbesondere, wenn Normen der Richtlinie von der DS-GVO übernommen worden sind (EuGH GRUR-RS 2020, 16082 Rn. 71). In diesem Fall sind die Vorlagefragen anhand der Bestimmungen der DS-GVO und nicht der RL 95/46/EG zu beantworten (EuGH GRUR-RS 2020, 16082 Rn. 79). 18

Artikel 95 Verhältnis zur Richtlinie 2002/58/EG

Diese Verordnung erlegt natürlichen oder juristischen Personen in Bezug auf die Verarbeitung in Verbindung mit der Bereitstellung öffentlich zugänglicher elektronischer Kommunikationsdienste in öffentlichen Kommunikationsnetzen in der Union keine zusätzlichen Pflichten auf, soweit sie besonderen in der Richtlinie 2002/58/EG festgelegten Pflichten unterliegen, die dasselbe Ziel verfolgen.

Überblick

Die Vorschrift regelt das Verhältnis der DS-GVO in Bezug auf die Verarbeitung personenbezogener Daten im Bereich der elektronischen Kommunikation sowie den freien Verkehr dieser Daten und von elektronischen Kommunikationsgeräten und -diensten in der Gemeinschaft zur EK-DSRL (RL 2002/58/EG, ABl. 2002 L 201, 37 zuletzt geändert durch RL 2009/136/EG 2009 ABl. EG L 337, 11).

A. Allgemeines

Bei der Erbringung von **TK-Diensten** werden personenbezogene Daten zur Begründung des TK-Vertrages (Bestandsdaten), zum Aufbau der Verbindung (Verkehrsdaten) und zur Übertragung von Inhaltsdaten verarbeitet. Diese Daten unterliegen aufgrund ihrer Sensibilität weitgehend dem besonderen Schutz von Art. 7 GrCh und Art. 10 GG. In der DS-GVO finden sich keine ausdrücklichen Regelungen zu TK-Daten. Nach Art. 2 Abs. 1 DS-GVO gilt die Verordnung für die ganz oder teilweise automatisierte Verarbeitung sowie für die nichtautomatisierte Verarbeitung personenbezogener Daten, die in einem Dateisystem gespeichert sind oder gespeichert werden sollen. Um die Privatsphäre in der elektronischen Kommunikation zu schützen, hat die EU entsprechende Regelungen in der **EK-DSRL (RL 2002/58/EG)** Regelungen getroffen. Diese Richtlinie soll von der E-Privacy-Verordnung abgelöst werden. Die Verhandlungen hierzu dauern weiter in der EU an. 1

Der Art. 95 DS-GVO (in den Entwürfen als Art. 89 vorgesehen) bestimmt das **Verhältnis** dieser zwei Rechtsakte zueinander, indem festgelegt wird, dass Anbietern öffentlich zugänglicher 2 elektronischer Kommunikationsdienste in öffentlichen Kommunikationsnetzen in der Union keine zusätzlichen Pflichten auferlegt werden sollen, soweit sie besonderen Pflichten aus der EK-DSRL unterliegen, die dasselbe Ziel verfolgen. Hierzu gehören auch Pflichten des Verantwortlichen und die Rechte natürlicher Personen (Erwägungsgrund 173). Der europäische Gesetzgeber hat sich außerdem einen Merkposten zur Überarbeitung der EK-DSRL hinsichtlich des Verhältnisses und der Kohärenz vermerkt (ErwG 173).

3   Das Gesetz zur Regelung des Datenschutzes und des Schutzes der Privatsphäre in der Telekommunikation und bei Telemedien (TTDSG) ist am 1.12.2021 in Kraft getreten und ist bis zum Inkrafttreten der ePrivacy-VO für das Setzen von Cookies relevant. Die entsprechenden Regelungen im TTDSG ersetzen seitdem die Regelungen im TMG.

B. Abgrenzung der DSGVO von der RL 2002/58/EG und Folgen

4   Der **Anwendungsbereich** der EK-DSRL erstreckt sich nur auf die Verarbeitung personenbezogener Daten in Verbindung mit der Bereitstellung öffentlich zugänglicher elektronischer Kommunikationsdienste in öffentlichen Kommunikationsnetzen in der Gemeinschaft (Art. 3 Abs. 1 RL 2002/58/EG). Für **geschlossene Benutzergruppen** – wie beispielsweise rein **innerbetriebliche Unternehmensnetze** – ist diese Richtlinie nicht anwendbar (GPSS/Grussmann/Honekamp TKG Einl B Rn. 142; Nebel/Richter ZD 2012, 408). In diesen Fällen muss auf die DS-GVO zurückgegriffen werden. Bei der Verarbeitung von personenbezogenen Daten bei geschlossenen Benutzergruppen im Bereich Polizei und Justiz ist dagegen auf die JI-RL und die entsprechenden nationalen Umsetzungsakte zurückzugreifen.

5   Die Umschreibung in Art. 95 DS-GVO mit „**keine zusätzlichen Pflichten auf, soweit (...)**" ist so zu verstehen, dass nationale Ausführungsvorschriften zu RL 2002/58/EG mit gleicher Zielsetzung zum Schutz der Grundrechte und Grundfreiheiten bei der Verarbeitung personenbezogener Daten, nach dem Willen des Verordnungsgebers nicht dem Anwendungsvorrang der DS-GVO unterliegen sollen und daher bestehen bleiben (Erwägungsgrund 173; Nebel/Richter ZD 2012, 408).

6   Mithin hängt das anwendbare Recht bei TK-Dienstleistungen von der **Art des Endnutzers** ab (bei juristischen Personen bleibt das TKG anwendbar, die DS-GVO gilt wg. Art. 1 Abs. 1 DS-GVO nicht für Daten von juristischen Personen). Geschlossene Benutzergruppen im Bereich Polizei und Justiz unterfallen der JI-RL, wobei hier das TKG für anwendbar erklärt werden kann oder Sonderregelungen geschaffen werden können.

6.1   Die Verhandlungen zu **ePrivacy VO** dauern weiterhin an. Das europäische Parlament hat seine Position bereits am 26.10.2017 gefunden (Gegenüberstellung der Positionen von KOM und EP sind zu finden beim LDA Bayern: https://www.lda.bayern.de/media/eprivacy_synopse.pdf). Der Rat hat seine Position am 10.2.2021 gefunden (https://data.consilium.europa.eu/doc/document/ST-6087-2021-INIT/en/pdf). Inzwischen hat der Trilog begonnen Eine Übersicht über den Stand des Gesetzgebungsverfahrens findet sich unter: http://eur-lex.europa.eu/procedure/DE/2017_3. Dort sind auch öffentlich zugängliche Ratsdokumente abrufbar.

6.2   In der Rechtssache C-673/17 („Planet49") hat der EuGH am 1.10.2019 auf die Vorlagefragen des BGHs entschieden, dass die für die Speicherung und den Abruf von Cookies auf dem Gerät des Besuchers einer Website erforderliche Einwilligung durch ein voreingestelltes Ankreuzkästchen, das der Nutzer zur Verweigerung seiner Einwilligung abwählen muss, nicht wirksam erteilt werden kann. Außerdem stellte der EuGH fest, dass die Betätigung der Schaltfläche für die Teilnahme am Gewinnspiel noch keine wirksame Einwilligung des Nutzers in die Speicherung von Cookies darstellt (https://curia.europa.eu/jcms/upload/docs/application/pdf/2019-10/cp190125de.pdf). Der BGH hat daraufhin am 28.5.2020 (GRUR 2020, 891) entschieden, wenn Webseitenbetreiber eine Einwilligung für Cookies benötigen, müssen Nutzer diese aktiv setzen können und voreingestellt Ankreuzkästchen genügen daher nicht mehr. Zukünftig soll diese Problematik in der noch nicht verabschiedeten ePrivacy-VO geregelt werden.

Artikel 96 Verhältnis zu bereits geschlossenen Übereinkünften

Internationale Übereinkünfte, die die Übermittlung personenbezogener Daten an Drittländer oder internationale Organisationen mit sich bringen, die von den Mitgliedstaaten vor dem 24. Mai 2016 abgeschlossen wurden und die im Einklang mit dem vor diesem Tag geltenden Unionsrecht stehen, bleiben in Kraft, bis sie geändert, ersetzt oder gekündigt werden.

Verhältnis zu bereits geschlossenen Übereinkünften **Artikel 96 DS-GVO**

Überblick

Art. 96 regelt das Verhältnis der DS-GVO zu bereits geschlossenen Übereinkünften.

Die Bestimmung des Art. 96 betrifft eine Konstellation, die im Primärrecht keine Regelung 1 gefunden hat, nämlich das Verhältnis zwischen EU-Sekundärrecht – in diesem Fall der DS-GVO – und vor dessen Erlaß geschlossenen völkerrechtlichen Verträgen der Mitgliedstaaten; abgestellt wird dabei für die Einordnung als „Altvertrag" eines Mitgliedstaats auf den Stichtag des 24.5.2016 als Zeitpunkt des Inkrafttretens der Verordnung (→ Art. 99 Rn. 1). Ohne diese Bestimmung, die erst im Gesetzgebungsverfahren auf Initiative des Rates in die DS-GVO aufgenommen wurde, würden im Fall von Widersprüchen die allgemeinen Regeln für das Verhältnis von EU-Recht und nationalem Recht gelten, die zum Anwendungsvorrang des EU-Rechts führen; Art. 96 setzt diesen Vorrang zugunsten des mitgliedstaatlichen Abkommens unter bestimmten Bedingungen aus.

Von der Bestimmung von vornherein nicht betroffen sind Abkommen der Union mit Drittstaa- 2 ten; sie stehen gemäß Art. 216 Abs. 2 AEUV im Rang ohnehin über dem autonom gesetzten Sekundärrecht (dazu z. B. Häde/Nowak/Pechstein/Giegerich, Frankfurter Kommentar zu EUV/AEUV/GRC, 2017, AEUV Art. 216 Rn. 213ff.). Erwägungsgrund 102 der Verordnung hält dementsprechend deklaratorisch fest, dass Abkommen der Union von ihr nicht berührt werden.

In der Konstruktion entspricht die Bestimmung damit der primärrechtlichen Regelung des 3 Art. 351 AEUV, die in der vorliegenden Konstellation freilich nicht anwendbar ist, weil sie den Mitgliedstaaten die weitere Erfüllung von völkerrechtlichen Verträgen mit Drittstaaten erlaubt, die vor Inkrafttreten des EU-Vertragsrechts bzw. vor dem Beitritt des betroffenen Mitgliedstaats geschlossen wurden – also zu einem Zeitpunkt, in dem die kollidierende Bindung durch EU-Recht noch nicht absehbar war (anders wohl Ehmann/Selmayr/Zerdick AEUV Art. 96 Rn. 1, 4, der Art. 351 als anwendbar ansieht, weshalb die eigenständige Bedeutung des Art. 96 gering sei).

Art. 96 behandelt dagegen eine Konstellation, in der nicht nur das EU-Recht bereits bei 4 Abschluß des Abkommens galt, sondern bereits Sekundärrecht in Form der RL 95/46/EG bestand, das von den Mitgliedstaaten beim Abschluß von Abkommen mit Drittstaaten zu beachten war. Es ist daher konsequent, dass die Bestimmung anders als Art. 351 AEUV, der keine ausdrücklichen inhaltlichen Bedingungen enthält (zu den auch dort geltenden immanenten Grenzen s. Häde/Nowak/Pechstein/Richter/Giegerich, Frankfurter Kommentar zu EUV/AEUV/GRC, 2017, AEUV Art. 351 Rn. 47ff.), die Beachtung des bis zum Inkrafttreten der DS-GVO (s. Art. 99) geltenden Unionsrechts zur Bedingung für die Aussetzung des Vorrangs macht; hierzu gehört nicht nur das Sekundärrecht insbesondere in Form der RL 95/46/EG, sondern auch das Primärrecht und damit die nun in der Grundrechtecharta verankerte Gewährleistung des Datenschutzes (so auch Kühling/Buchner/Kühling/Raab Art. 96 Rn. 2, 4).

Mit dieser Maßgabe bestehen gegen die sekundärrechtliche Einschränkung des Vorrangs der 5 DS-GVO keine primärrechtlichen Bedenken; insbesondere handelt es sich nicht um eine unzulässige Fiktion der Wirksamkeit der mitgliedstaatlichen Abkommen (so aber Gola/Piltz, Art. 96 Rn. 10): Ebenso wie das Sekundärrecht ganz auf eine Verwendung verzichten und dem nationalen Recht damit Raum lassen kann, kann es auch den Vorrang abweichenden nationalen Rechts zulassen, um den Mitgliedstaaten die Kollision mit Verpflichtungen zu ersparen, die sie gegenüber Drittstaaten eingegangen sind. Die Annahme, dass bei der Übermittlung von Daten auf der Grundlage eines solchen Abkommens zusätzlich die Bedingungen der DS-GVO einzuhalten seien (so Ehmann/Selmayr/Zerdick Art. 96 Rn. 1), würde der Regelung insoweit leerlaufen lassen, wenn nicht das Abkommen entsprechende zusätzliche Anforderungen zulässt; nur wenn letzteres der Fall ist, entfällt der Konflikt, den Art. 96 lösen soll (in diese Richtung wohl auch Gierschmann/Schlender/Stentzel/Veil/Gaitzsch Art. 96 Rn. 6).

Für den Fall einer solchen Kollision zwischen der DS-GVO und einem mitgliedstaatlichen 6 Abkommen, die durch Art. 96 zunächst zugunsten des nationalen Abkommensrechts gelöst wird, stellt sich die Frage, ob die Mitgliedstaaten zu der in der Bestimmung angesprochenen Anpassung oder Kündigung von betroffenen Abkommen, durch die der Konflikt schließlich zugunsten des Unionsrechts aufgelöst würde, verpflichtet sind: Eine solche Verpflichtung ergibt sich für die Konstellation des Art. 351 AEUV aus dessen Abs. 2 (s. EuGH, 4.7.2000 Rs. C-62/98 – Kommission/Portugal, Slg. 2000, I-5171, Rn. 49, 58ff.; Häde/Nowak/Pechstein/Richter/Giegerich, Frankfurter Kommentar zu EUV/AEUV/GRC, 2017, AEUV Art. 351 Rn. 69ff.); in Bezug auf die hier vorliegende sekundärrechtliche Ausnahme von der Vorrangregel wäre sie aus Art. 4 Abs. 3 EUV abzuleiten. Tatsächlich liegt eine solche Übertragung dieser Konsequenz nahe, weil die Aussetzung der Anwendung von Bestimmungen der DS-GVO in einzelnen Mitgliedstaaten dem

Harmonisierungsziel der Verordnung widerspricht und damit kein dauerhafter Zustand sein kann (ähnlich Kühling/Buchner/Kühling/Raab Art. 96 Rn. 5).

7 Ob für die Bestimmung konkrete Anwendungsfälle in Form mitgliedstaatlicher Altabkommen, die inhaltlich in Widerspruch zur DS-GVO stehen, existieren, ist noch nicht geklärt: Verschiedentlich werden hierfür Rechtshilfeabkommen der Mitgliedstaaten genannt (so Kühling/Buchner/ Kühling/Raab Art. 96 Rn. 1; Plath/Jenny Art. 96 Rn. 1; Gola/Piltz Art. 96 Rn. 6), jedoch dürften diese Abkommen eher dem Anwendungsbereich der RL (EU) 2016/680 unterfallen (zutreffend Gierschmann/Schlender/Stentzel/Veil/Gaitzsch Art. 96 Rn. 4), die in Art. 61 eine parallele Regelung zugunsten der Altabkommen enthält.

8 Der Neuabschluß von Abkommen durch die Mitgliedstaaten auf dem Feld des Datenschutzes bleibt zulässig (anders wohl Ehmann/Selmayr/Zerdick Art. 96 Rn. 2: ausschließliche Kompetenz der Union); diese Abkommen müssen aber ab dem Zeitpunkt der Geltung der DS-GVO (→ Art. 99 Rn. 2) deren Vorgaben uneingeschränkt einhalten, s. Erwägungsgrund 102 der Verordnung.

Artikel 97 Berichte der Kommission

(1) ¹Bis zum 25. Mai 2020 und danach alle vier Jahre legt die Kommission dem Europäischen Parlament und dem Rat einen Bericht über die Bewertung und Überprüfung dieser Verordnung vor. ²Die Berichte werden öffentlich gemacht.

(2) Im Rahmen der Bewertungen und Überprüfungen nach Absatz 1 prüft die Kommission insbesondere die Anwendung und die Wirkungsweise
a) des Kapitels V über die Übermittlung personenbezogener Daten an Drittländer oder an internationale Organisationen insbesondere im Hinblick auf die gemäß Artikel 45 Absatz 3 der vorliegenden Verordnung erlassenen Beschlüsse sowie die gemäß Artikel 25 Absatz 6 der Richtlinie 95/46/EG erlassenen Feststellungen,
b) des Kapitels VII über Zusammenarbeit und Kohärenz.

(3) Für den in Absatz 1 genannten Zweck kann die Kommission Informationen von den Mitgliedstaaten und den Aufsichtsbehörden anfordern.

(4) Bei den in den Absätzen 1 und 2 genannten Bewertungen und Überprüfungen berücksichtigt die Kommission die Standpunkte und Feststellungen des Europäischen Parlaments, des Rates und anderer einschlägiger Stellen oder Quellen.

(5) Die Kommission legt erforderlichenfalls geeignete Vorschläge zur Änderung dieser Verordnung vor und berücksichtigt dabei insbesondere die Entwicklungen in der Informationstechnologie und die Fortschritte in der Informationsgesellschaft.

Überblick

Die DS-GVO ist einem Evaluierungs- und Verbesserungsprozess unterworfen, der sich an den Zielsetzungen des Art. 1 orientiert und durch regelmäßige Berichte der KOM angestoßen und unterstützt wird. Diese Berichte an EP und Rat untersuchen und bewerten insbesondere Fragen der Anwendung und Wirkungsweise der Regelungen zu Drittstaatentransfers (Kapitel V) sowie zu Kooperation und Kohärenz der Aufsichtsbehörden (Kapitel VII). Teil des Berichts sind auch Änderungsvorschläge zur DS-GVO.

Übersicht

	Rn.		Rn.
A. Allgemeines	1	C. Abs. 2	13
I. Normgeschichte	6	D. Abs. 3	16
II. Sinn und Zweck	8	E. Abs. 4	17
B. Abs. 1	9	F. Abs. 5	19

A. Allgemeines

1 Jedes Normwerk verliert durch Zeitablauf seine Präzision, mit der die anvisierten Regelungsziele verwirklicht werden. Dies kann mit einer Weiterentwicklung der tatsächlichen und rechtli-

chen Rahmenbedingungen zusammenhängen, aber auch mit nicht vorhergesehenen Umsetzungsproblemen. Da die DS-GVO besonderen Wert auf den einheitlichen Vollzug der DS-GVO durch die nationalen ABen legt, lag es nahe, einen entsprechenden Evaluierungsprozess anzulegen.

Art. 97 erlegt der KOM die Pflicht auf, zur Evaluierung der DS-GVO beizutragen. Erstmals zum 25.5.2020 und danach alle vier Jahre muss der Bericht der KOM sowohl EP als auch Rat vorgelegt werden. 2

Gegenstand der Berichterstattung, die über eine Analyse der Anwendung und Wirkung der DS-GVO hinaus auch konkrete Verbesserungsvorschläge von der KOM einfordert (vgl. Abs. 5), sind alle Normen der DS-GVO und – soweit geboten – auch zukünftige Regelungsbereiche. Diese ergeben sich – auch dies verdeutlicht Abs. 5 – gem. den Entwicklungen in der Informationstechnologie und der Fortschritte in der Informationsgesellschaft. 3

Abs. 2 legt dabei zwei Evaluierungsschwerpunkte fest, wie sie vom Normgeber bei Erlass der DS-GVO erkannt wurden (Regelungen zu Drittstaatentransfers, Kapitel V, sowie zu Kooperation und Kohärenz der Aufsichtsbehörden, Kapitel VII). Andere, hierüber hinausgehende Schwerpunktsetzungen des Berichts schließt dies keineswegs aus. 4

Abs. 3 ordnet der KOM die Befugnis zu, zur Erstellung des Berichts Informationen von den Mitgliedstaaten und den AB einzuholen; Abs. 4 verpflichtet die KOM dazu, bei ihrer Überprüfung und Bewertung die Standpunkte und Feststellungen des Europäischen Parlaments, des Rates sowie anderer einschlägiger Stellen oder Quellen zu berücksichtigen, also zu den jeweiligen Vorschriften der DS-GVO geäußerte (kritische) Rechtsauffassungen und Äußerungen relevanter Stellen im Bericht aufzuführen und ggf. zu bewerten. 5

I. Normgeschichte

Bereits nach Art. 33 DSRL war die KOM zur Vorlage von Berichten über die Durchführung der Richtlinie verpflichtet. Dabei sollte (zeitbedingt) besonderes Gewicht auf die Anwendung der DSRL hinsichtlich der „Verarbeitung von Bild- und Tondateien" gelegt werden. 6

Im Normsetzungsprozess konkretisierte der Rat die Berichtspflicht hinsichtlich der Regelungen zu Drittstaatentransfers (Kapitel V) sowie zu Kooperation und Kohärenz der Aufsichtsbehörden (Kapitel VII). 7

II. Sinn und Zweck

Zweck derartiger Berichte der KOM ist es, den normsetzenden Organen der Europäischen Union eine Basis für Entwicklungsentscheidungen hinsichtlich der DS-GVO zu liefern. Als ausführendes und unterstützendes Organ kommt der KOM, die ja ohnehin die Einhaltung europäischen Rechts im Blick behält, die Aufgabe zu, Verbesserungsbedarf und -möglichkeiten hinsichtlich der DS-GVO zu identifizieren und Vorschläge zu Gesetzesnovellierungen auszuarbeiten. 8

B. Abs. 1

Gemäß Art. 97 legt die KOM erstmals zum 25.5.2020 und danach alle vier Jahre einen Evaluations-Bericht sowohl dem EP als auch dem Rat vor. Damit kommt der KOM eine Unterstützungspflicht hinsichtlich der normsetzenden Organe der EU zu. Den ersten Evaluierungsbericht „Datenschutz als Grundpfeiler der Teilhabe der Bürgerinnen und Bürger und des Ansatzes der EU für den digitalen Wandel – zwei Jahre Anwendung der Datenschutz-Grundverordnung (COM(2020) 264 final)" hat die KOM leicht verspätet am 24.6.2020 vorgelegt (abrufbar unter: https://eur-lex.europa.eu/legal-content/DE/TXT/HTML/?uri=CELEX:52020DC0264&from=EN). 9

Der Bericht ist inhaltlich nicht nur analytischer Natur („Überprüfung"), sondern soll auch normative Elemente für die nachfolgende Entscheidung über den Novellierungsbedarf enthalten („Bewertung"). Dies deckt sich mit der Aufgabe der KOM nach Abs. 5, Vorschläge zur Änderung der Verordnung unter Berücksichtigung der Entwicklungen in der Informationstechnologie und der Fortschritte in der Informationsgesellschaft vorzulegen. 10

Die Kommission ist dabei abgesehen von den Pflichtbestandteilen des Berichts (vgl. Abs. 2) frei, eigene weitere Schwerpunkte zu setzen und hieraus Vorschläge zu entwickeln (vgl. Abs. 5). Mit dem Titelzusatz „Datenschutz als Grundpfeiler der Teilhabe der Bürgerinnen und Bürger (…)" hat die Kommission bereits im Titel aufgezeigt, dass sie im Bericht über die reine Bearbeitung des Pflichtprogramms hinausgeht. 11

Der Bericht der KOM ist nach S. 2 zu veröffentlichen. Über den Veröffentlichungszeitpunkt finden sich keine Vorgaben in der DS-GVO. Es liegt nahe, dass eine Veröffentlichung nicht vor, 12 aber zeitgleich mit seiner Zuleitung an Parlament und Rat erfolgen kann. Auch über die Form der Veröffentlichung finden sich keine genaueren Angaben. Es liegt mit Blick auf eine möglichst breite Evaluierungsdiskussion nahe, den Bericht – wie es aktuell auch geschehen ist – nicht nur im Amtsblatt, sondern auch im Internet zugänglich zu machen.

C. Abs. 2

13 Der gesetzliche Prüfauftrag umfasst insbesondere die Wirkungsweise von Feststellungen zum Schutzniveau in einem Drittland, einem Gebiet oder einem bestimmten Sektor eines Drittlands oder einer internationalen Organisation (vgl. Erwägungsgrund 106). Dabei spielt es keine Rolle, ob diese Angemessenheitsentscheidungen auf Art. 45 Abs. 3 oder „Altbestände" nach Art. 25 Abs. 6 der früheren DSRL 95/46/EG beruhen.

14 Der Überprüfungs- und Bewertungsauftrag der KOM bezieht sich auch auf die Zusammenarbeit der AB, also auf Kooperations- und Kohärenzverfahren (vgl. Art. 63 ff.).

15 Die thematische Aufzählung in Abs. 2 ist nicht abschließend, die KOM ist darüber hinaus verpflichtet, nach eigener Einschätzung relevante Entwicklungen etwa bei der Informationstechnologie oder deren gesellschaftliche Nutzungsweisen zu analysieren, zu bewerten und hierzu Regelungsvorschläge vorzulegen. Der erste Bericht der KOM beschäftigte sich neben dem von Art. 97 Abs. 2 DS-GVO vorgegebenen Pflichtprogramm auch mit den von den Mitgliedsstaaten im Rahmen der Öffnungsklauseln erlassenen gesetzlichen Regelungen und hebt die Bedeutung und das Potenzial der Betroffenenrechte, Möglichkeiten und Herausforderungen für kleine und mittelständische Unternehmen und die Anwendung der Datenschutz-Grundverordnung auf neue Technologien hervor.

D. Abs. 3

16 Zur Erfüllung ihrer Aufgaben ist die KOM nach Abs. 3 befugt, Informationen von den Mitgliedstaaten und den Aufsichtsbehörden einzuholen. Diese trifft demnach eine korrespondierende Mitwirkungspflicht (anders Gola/Piltz Rn. 8). Die deutschen Aufsichtsbehörden haben sich hierauf frühzeitig vorbereitet und in einer ersten Themenabfrage 13 Themenfelder beschlossen. Hierzu zählen: Informations- und Transparenzpflichten, Alltagserleichterung und Praxistauglichkeit, Reichweite des Auskunftsrechts, Datenpannenmeldung, Zweckbindung, (Gemeinsame) Verantwortlichkeit und Auftragsverarbeitung, Privacy by Design, Datenübermittlung in Drittländer, Befugnisse der Aufsichtsbehörden und Sanktionspraxis, Privilegierte Bereiche, Zuständigkeitsbestimmungen, Zusammenarbeit und Kohärenz, Schaffung spezifischer Rechtsgrundlagen und schließlich auch die KI-Festigkeit der DS-GVO (ausführlich zur Evaluierung auf deutscher Ebene Brink/Groß RuP 2019, 105 (112 ff.)). Vor dem Abschluss der Evaluierung durch die Kommission wurde die Endversion des „Erfahrungsberichtes der unabhängigen Datenschutzaufsichtsbehörden des Bundes und der Länder zur Anwendung der DS-GVO" veröffentlicht (abrufbar unter: https://www.datenschutzkonferenz-online.de/media/dskb/20191213_erfahrungsbericht_zur_anwendung_der_ds-gvo.pdf).

E. Abs. 4

17 Um den Anschluss an die laufende politische und verwaltungsseitige Bewertung von Datenschutzfragen und -praxis zu gewährleisten, hat die KOM bei ihren Überprüfungen und Bewertungen die Standpunkte und Feststellungen des EPs, des Rates sowie anderer einschlägiger Stellen oder Quellen – insbesondere also des EDSA (vgl. Art. 71) – zu berücksichtigen. Dies bedeutet, dass sie zu den jeweiligen Vorschriften der GVO geäußerte Rechtsauffassungen und insbesondere auch kritische Äußerungen relevanter Stellen im Bericht aufführt und ggf. bewertet. Dass der EDSA an dieser Stelle nicht ausdrücklich genannt wird, wird dessen Bedeutung nicht gerecht. Immerhin werden die europäischen Aufsichtsbehörden als unmittelbare Anwender der DS-GVO auch direkt mit noch bestehenden Rechtssicherheiten konfrontiert und sammeln enorme Erfahrungswerte bezüglich der Durchsetzung der DS-GVO. Die Kommission sieht die Bedeutung des Europäischen Datenschutzausschusses in ihrem ersten Bericht und ersucht diesen um den Erlass effizienter Zusammenarbeitsvereinbarungen, die Unterstützung der Harmonisierung der Anwendung der DS-GVO, die Förderung aller in der DS-GVO vorgesehenen Durchsetzungsinstrumente wie auch um Verstärkung der Zusammenarbeit der ABen.

18 Welche Quellen die KOM dabei in ihrem Bericht aufführt, ist aufgrund der vagen Vorgabe des Abs. 4 ihrer eigenen Bewertung überlassen. Zu den „einschlägigen Stellen oder Quellen"

zählen neben dem EDSA aber sicherlich der EuGH, der Europäische Wirtschafts- und Sozialausschuss, der Europäische Datenschutzbeauftragte, die nationalen Aufsichtsbehörden (insbesondere deren Tätigkeitsbericht nach Art. 59) und auch zivilgesellschaftliche Institutionen sowie Verbraucherschutzverbände (so auch Gola/Piltz Rn. 11), wenngleich in dem ersten Bericht der KOM eine starke Konzentration auf EU-Organisationen und – Institutionen zu erkennen ist.

F. Abs. 5

Stellt die KOM im Rahmen ihrer laufenden Evaluierungsbemühungen einen Regelungsbedarf fest, hat sie hierzu unter Beachtung technischer und informationsgesellschaftlicher Entwicklungen Vorschläge zur Novellierung der DS-GVO vorzulegen. Aktuell ist nach dem ersten Bericht nicht absehbar, dass die erste Evaluierungsrunde tatsächlich zu einer Änderung der Verordnung führt, bevor die noch zu verhandelnde ePrivacy-Verordnung erlassen wird. **19**

Die technische Entwicklung umfasst Fortschritte im Bereich von Hard- und Software ebenso wie moderne Vernetzungsmöglichkeiten. Zu den informationsgesellschaftlichen Entwicklungen zählen Änderungen im Nutzungsverhalten ebenso wie Einstellungswandel und Neuausprägungen von Präferenzen und Werthaltungen. An der „Hambacher Erklärung zur Künstlichen Intelligenz" der Konferenz der unabhängigen Aufsichtsbehörden des Bundes und der Länder (DSK) v. 3.4.2019 (https://www.datenschutzkonferenz-online.de/media/en/20190405_hambacher_erklaerung.pdf) und dem dieser nachfolgenden „Positionspapier der DSK zu empfohlenen technischen und organisatorischen Maßnahmen bei der Entwicklung und dem Betrieb von KI-Systemen" v. 6.11.2019 (https://www.datenschutzkonferenz-online.de/media/en/20191106_positionspapier_kuenstliche_intelligenz.pdf) wird deutlich, dass zumindest die deutschen Aufsichtsbehörden die Entwicklung und Fortentwicklung der Regulierung und Gesetzesanwendung in diesem Bereich als zukünftige Herausforderung identifiziert haben, auf die sie einen Tätigkeitsschwerpunkt legen. Im ersten Bericht der Kommission findet sich zu diesem Thema nur eine vergleichsweise kurze Passage, die auf das Weißbuch der KOM zur künstlichen Intelligenz (COM(2020) 65 final) verweist. **20**

Die Vorschläge der KOM sind für EP und Rat hilfreich, aber in keinerlei Hinsicht bindend (anders Kühling/Buchner/Kühling/Raab Rn. 8, die ohne normative Anknüpfung eine Reaktionspflicht unterstellen). In anschließenden Gesetzgebungsverfahren sind Änderungen weder thematisch noch inhaltlich an den Kommissionsbericht gebunden. Auch besteht keine Berücksichtigungs- oder gar Begründungspflicht von Parlament und Rat, wenn sie von Feststellungen oder Vorschlägen der KOM abweichen. Der Bericht wirkt alleine nach Maßgabe seiner inhaltlichen Überzeugungskraft. **21**

Artikel 98 Überprüfung anderer Rechtsakte der Union zum Datenschutz

¹Die Kommission legt gegebenenfalls Gesetzgebungsvorschläge zur Änderung anderer Rechtsakte der Union zum Schutz personenbezogener Daten vor, damit ein einheitlicher und kohärenter Schutz natürlicher Personen bei der Verarbeitung sichergestellt wird. ²Dies betrifft insbesondere die Vorschriften zum Schutz natürlicher Personen bei der Verarbeitung solcher Daten durch die Organe, Einrichtungen, Ämter und Agenturen der Union und zum freien Verkehr solcher Daten.

Überblick

Art. 98 regelt die Überprüfung anderer Rechtsakte der Union zum Datenschutz.

Die Bestimmung des Art. 98 reagiert auf die Tatsache, daß das Sekundärrecht Datenschutzregelungen nicht nur in der DS-GVO bzw. in der von ihr ersetzten RL 95/46/EG enthält, sondern auch in zahlreichen anderen Rechtsakten entsprechende Regelungen bestehen, deren Anpassung im Rahmen des Gesetzgebungsverfahrens zur DS-GVO nicht erfolgt ist. Der Kommission wird daher die Aufgabe zugewiesen, die Kohärenz der Regelungen zu prüfen und „gegebenenfalls" im Rahmen ihres Initiativmonopols gemäß Art. 17 Abs. 2 EUV Vorschläge zur Anpassung anderer EU-Gesetzgebungsakte vorzulegen. Die Regelung hat damit letztlich nur deklaratorische Bedeutung (Appellcharakter, so Kühling/Buchner/Kühling/Raab Art. 98 Rn. 2; von einer bloßen politischen Absichtserklärung spricht Sydow/Sydow Art. 96 Rn. 1), insbesondere wird der Kommission keine Frist zur Vornahme der Überprüfung vorgegeben. **1**

2 Relevant ist hier insbesondere die in Art. 98 S. 2 indirekt in Bezug genommene VO (EG) Nr. 45/2001 zur Verarbeitung personenbezogener Daten durch die Organe, Einrichtungen, Ämter und Agenturen der Union, die nach Art. 2 Abs. 3 S. 1 der DS-GVO für diesen Bereich weiter allein anwendbar bleibt; Art. 2 Abs. 3 S. 2 verweist für die Anpassung konsequent auf Art. 98, auch Erwägungsgrund 17 der Verordnung weist auf den Anpassungsbedarf hin. Anpassungsbedarf wird in der DS-GVO ebenfalls ausdrücklich erwähnt in Bezug auf die RL 2002/58/EG über die Verarbeitung personenbezogener Daten und den Schutz der Privatsphäre in der elektronischen Kommunikation, die nach Art. 95 der Verordnung dieser als speziellere Regelung vorgeht (→ Art. 95 Rn. 1 ff.), während Erwägungsgrund 173 der Verordnung auf die Notwendigkeit der Anpassung verweist.

Artikel 99 Inkrafttreten und Anwendung

(1) Diese Verordnung tritt am zwanzigsten Tag nach ihrer Veröffentlichung im Amtsblatt der Europäischen Union in Kraft.
(2) Sie gilt ab dem 25. Mai 2018.
Diese Verordnung ist in allen ihren Teilen verbindlich und gilt unmittelbar in jedem Mitgliedstaat.

Überblick

Art. 99 regelt Inkrafttreten und Anwendung der DS-GVO.

1 Die Bestimmung regelt in zwei getrennten Absätzen das Inkrafttreten und den Beginn der Geltung der Datenschutz-Grundverordnung. Die Regelung zum Inkrafttreten in Abs. 1 entspricht dem in Art. 297 Abs. 1 Uabs. 3 S. 2 AEUV vorgesehenen Regelbild und hat damit lediglich deklaratorischen Charakter; sie wird ergänzt durch die Veröffentlichung der Verordnung im EU-Amtsblatt des 4.5.2016 (ABl. EU 2016 L 119/1), sodass sich als tatsächlicher Zeitpunkt des Inkrafttretens der 24.5.2016 ergibt. Dieser Zeitpunkt wird in der Verordnung mehrfach als Stichtag in Bezug genommen, so in 92 Abs. 2 für die Befugnis der Kommission zum Erlaß delegierter Rechtsakte (→ Art. 92 Rn. 8) und in Art. 96 für von den Mitgliedstaaten geschlossene Abkommen mit Drittstaaten (→ Art. 96 Rn. 1).

2 Die davon abgesetzte Bestimmung in Abs. 2 zum Beginn der Geltung der DS-GVO am 25.5.2018 folgt aus dem Bestreben des EU-Gesetzgebers, den Betroffenen eine zweijährige Übergangszeit zur Einstellung auf die neuen Bedingungen einzuräumen (Erwägungsgrund 171 der Verordnung). Die Regelung korrespondiert mit Art. 94, der die Aufhebung der RL 95/46/EG mit Wirkung zum 25.5.2018 vorsieht; bis zu diesem Datum bleiben damit die Vorgaben der Richtlinie maßgeblich. Ab diesem Zeitpunkt entfaltet die Verordnung die in Art. 288 Abs. 2 AEUV definierte volle normative Wirkung (zu ihr zB Häde/Nowak/Pechstein/Gundel, Frankfurter Kommentar zu EUV/AEUV/GRC, 2017, Art. 288 AEUV Rn. 9 ff.).

Bundesdatenschutzgesetz (BDSG)

Teil 1. Gemeinsame Bestimmungen

Kapitel 1. Anwendungsbereich und Begriffsbestimmungen

§ 1 Anwendungsbereich des Gesetzes

(1) ¹Dieses Gesetz gilt für die Verarbeitung personenbezogener Daten durch
1. öffentliche Stellen des Bundes,
2. öffentliche Stellen der Länder, soweit der Datenschutz nicht durch Landesgesetz geregelt ist und soweit sie
   a) Bundesrecht ausführen oder
   b) als Organe der Rechtspflege tätig werden und es sich nicht um Verwaltungsangelegenheiten handelt.

²Für nichtöffentliche Stellen gilt dieses Gesetz für die ganz oder teilweise automatisierte Verarbeitung personenbezogener Daten sowie die nicht automatisierte Verarbeitung personenbezogener Daten, die in einem Dateisystem gespeichert sind oder gespeichert werden sollen, es sei denn, die Verarbeitung durch natürliche Personen erfolgt zur Ausübung ausschließlich persönlicher oder familiärer Tätigkeiten.

(2) ¹Andere Rechtsvorschriften des Bundes über den Datenschutz gehen den Vorschriften dieses Gesetzes vor. ²Regeln sie einen Sachverhalt, für den dieses Gesetz gilt, nicht oder nicht abschließend, finden die Vorschriften dieses Gesetzes Anwendung. ³Die Verpflichtung zur Wahrung gesetzlicher Geheimhaltungspflichten oder von Berufs- oder besonderen Amtsgeheimnissen, die nicht auf gesetzlichen Vorschriften beruhen, bleibt unberührt.

(3) Die Vorschriften dieses Gesetzes gehen denen des Verwaltungsverfahrensgesetzes vor, soweit bei der Ermittlung des Sachverhalts personenbezogene Daten verarbeitet werden.

(4) ¹Dieses Gesetz findet Anwendung auf öffentliche Stellen. ²Auf nichtöffentliche Stellen findet es Anwendung, sofern
1. der Verantwortliche oder Auftragsverarbeiter personenbezogene Daten im Inland verarbeitet,
2. die Verarbeitung personenbezogener Daten im Rahmen der Tätigkeiten einer inländischen Niederlassung des Verantwortlichen oder Auftragsverarbeiters erfolgt oder
3. der Verantwortliche oder Auftragsverarbeiter zwar keine Niederlassung in einem Mitgliedstaat der Europäischen Union oder in einem anderen Vertragsstaat des Abkommens über den Europäischen Wirtschaftsraum hat, er aber in den Anwendungsbereich der Verordnung (EU) 679/2016 des Europäischen Parlaments und des Rates vom 27. April 2016 zum Schutz natürlicher Personen bei der Verarbeitung personenbezogener Daten, zum freien Datenverkehr und zur Aufhebung der Richtlinie 95/46/EG (Datenschutz-Grundverordnung) (ABl. L 119 vom 4.5.2016, S. 1; L 314 vom 22.11.2016, S. 72; L 127 vom 23.5.2018, S. 2) in der jeweils geltenden Fassung fällt. ³Sofern dieses Gesetz nicht gemäß Satz 2 Anwendung findet, gelten für den Verantwortlichen oder Auftragsverarbeiter nur die §§ 8 bis 21, 39 bis 44.

(5) Die Vorschriften dieses Gesetzes finden keine Anwendung, soweit das Recht der Europäischen Union, im Besonderen die Verordnung (EU) 2016/679 in der jeweils geltenden Fassung, unmittelbar gilt.

(6) ¹Bei Verarbeitungen zu Zwecken gemäß Artikel 2 der Verordnung (EU) 2016/679 stehen die Vertragsstaaten des Abkommens über den Europäischen Wirtschaftsraum den Mitgliedstaaten der Europäischen Union gleich. ²Andere Staaten gelten insoweit als Drittstaaten.

(7) ¹Bei Verarbeitungen zu Zwecken gemäß Artikel 1 Absatz 1 der Richtlinie (EU) 2016/680 des Europäischen Parlaments und des Rates vom 27. April 2016 zum Schutz natürlicher Personen bei der Verarbeitung personenbezogener Daten durch die zuständigen Behörden zum Zwecke der Verhütung, Ermittlung, Aufdeckung oder Verfolgung von Straftaten oder der Strafvollstreckung sowie zum freien Datenverkehr und zur Aufhebung des Rahmenbeschlusses 2008/977/JI des Rates (ABl. L 119 vom 4.5.2016, S. 89) stehen die bei der Umsetzung, Anwendung und Entwicklung des Schengen-Besitzstands assoziierten Staaten den Mitgliedstaaten der Europäischen Union gleich. ²Andere Staaten gelten insoweit als Drittstaaten.

(8) Für Verarbeitungen personenbezogener Daten durch öffentliche Stellen im Rahmen von nicht in die Anwendungsbereiche der Verordnung (EU) 2016/679 und der Richtlinie (EU) 2016/680 fallenden Tätigkeiten finden die Verordnung (EU) 2016/679 und die Teile 1 und 2 dieses Gesetzes entsprechend Anwendung, soweit nicht in diesem Gesetz oder einem anderen Gesetz Abweichendes geregelt ist.

Überblick

Die Grundsatznorm des § 1 beschreibt in ihrer jetzigen Fassung v. 30.6.2017 mehr als den sachlichen (vgl. Abs. 1, 4 und 8) und räumlichen Anwendungsbereich (Abs. 6 und 7) des Gesetzes. Ihr kommt auch systembildende Funktion zu. So sind, erstens, die in § 1 eingeführten Grundbegriffe und Grundsätze, die der DS-GVO entstammen (wie zB Verantwortlicher, öffentlich und nicht-öffentliche Stelle usw.) für das gesamte deutsche Datenschutzrecht – und damit weit über das BDSG hinaus – von Bedeutung, während dem Gesetzgeber gleichzeitig Möglichkeiten für Differenzierungen durch bereichsspezifische Regelungen offenstehen. Zweitens regelt § 1 das Verhältnis des BDSG zu den allgemeinen Regeln des Verwaltungsverfahrensrechts (Abs. 3) und zu besonderen bereichsspezifischen Regelungen des Informationsrechts in Spezialgesetzen (Abs. 2). Hiervon zu unterscheiden ist drittens die Bedeutung im Rahmen der Normenhierarchie im Mehrebenensystem (EU-Recht, Bundesrecht, Landesrecht), die nicht inhaltlichen Kriterien der Allgemeinheit und Besonderheit folgt (Abs. 5). Viertens trifft § 1 – deutlicher als die DS-GVO – die Unterscheidung zwischen der Datenverarbeitung durch öffentliche und nicht-öffentliche Stellen (Abs. 1 und 4), die für das deutsche Datenschutzrecht von weitreichender Bedeutung ist. Fünftens regelt § 1 ergänzend zur DS-GVO nicht nur die Datenverarbeitung innerhalb des Bundesgebietes, sondern auch Verarbeitungsprozesse mit internationalem Bezug (Abs. 4).

Übersicht

	Rn.		Rn.
A. Allgemeines	1	III. „Verarbeitung" personenbezogener Daten als Regelungsgegenstand	51
I. Gesetzesstand	1	IV. Rechtsfolgen der Grundsatznorm	52
II. Entstehungsgeschichte	2	E. Der Anwendungsbereich des Gesetzes	66
B. § 1 als systembildende Grundsatznorm des deutschen Datenschutzrechts	9	I. Adressaten des Gesetzes	68
I. Außerrechtliche Vor- und Rahmenbedingungen des Datenschutzes	10	1. Öffentliche Stellen des Bundes	69
II. Rechtliche Vor- und Rahmenbedingungen des Datenschutzes	16	2. Öffentliche Stellen der Länder	70
		3. Nicht-öffentliche Stellen	73
		II. Subsidiarität des BDSG	77
C. § 1 als Datenschutzaufgabe und Datenschutzauftrag	23	III. Subsidiarität gegenüber besonderen Geheimhaltungspflichten, Berufs- und Amtsgeheimnissen	83
I. § 1 zwischen Eigenständigkeit und Offenheit	23	IV. Vorrang gegenüber dem VwVfG	89
II. § 1 im rechtlichen Mehrebenensystem	27	V. Datenschutz und Informationszugangsfreiheit	96
III. Zum Anwendungsbereich des § 1	35	F. Anwendbarkeit des BDSG bei Auslandsbezug	98
D. Zum Inhalt des § 1 Abs. 1 BDSG	41	I. Grundsätze	98
I. Privatheit und informationelle Selbstbestimmung als Schutzgut	42	II. Maßgebliche Kriterien	101
II. „Personenbezogene Daten" als Anwendungsvoraussetzung	47	III. Einzelne Kollisions(vermeidungs)regelungen	106

Anwendungsbereich des Gesetzes **§ 1 BDSG**

	Rn.		Rn.
1. Datenerhebung bzw. -verarbeitung in Europa	107	3. Rechtsfolgen bei Auslandsberührung	117
		4. Das BDSG im Internet	119
2. Datenerhebung bzw. -verarbeitung im Verhältnis zu Drittstaaten	112	G. Landesrecht	128

A. Allgemeines

I. Gesetzesstand

Text, Regelungsgegenstand und -inhalt des § 1 gelten in der Fassung des zweiten Datenschutz-Anpassungs- und Umsetzungsgesetz (**2. DSAnpUG-EU**) v. 20.11.2019 (BGBl. I Nr. 41; in Kraft ab 26.11.2019), mit dem das BDSG weitergehend als im **1. DSAnpUG-EU** v. 30.6.2017 (BGBl. I 2097, in Kraft ab 25.5.2018) sowohl an die **Verordnung (EU) 2016/679** zum Schutz natürlicher Personen bei der Verarbeitung personenbezogener Daten, zum freien Datenverkehr und zur Aufhebung der Richtlinie 95/46/EG (Datenschutz-Grundverordnung, im Folgenden: **DS-GVO**, veröffentlicht im ABl. v. 4.5.2016, L 119/1) **angepasst** wurde, als auch die Vorgaben der **RL (EU) 2016/680** (zu ihr Johannes/Weinhold DatenschutzR) zum Schutz natürlicher Personen bei der Verarbeitung personenbezogener Daten durch die zuständigen Behörden zum Zwecke der Verhütung, Ermittlung, Aufdeckung oder Verfolgung von Straftaten oder der Strafvollstreckung sowie zum freien Datenverkehr und zur Aufhebung des Rahmenbeschlusses 2008/977/JI des Rates (im Folgenden: **JI-Richtlinie**, veröffentlicht im ABl. v. 4.5.2016, L 119/89; zu ihr etwa: Bäcker/Hornung ZD 2012, 147; Schwichtenberg DuD 2016, 605) **umgesetzt** wurden (→ Rn. 8). Seither besteht das BDSG aus vier Teilen: (1) den Gemeinsamen Bestimmungen (§§ 1–21), (2) den zur Anpassung an die DS-GVO notwendigen Durchführungsbestimmungen (§§ 22–44), (3) den Bestimmungen zur Umsetzung der JI-Richtlinie (§ 45–84), sowie (4) den Bestimmungen über Datenverarbeitungen, die weder in den Anwendungsbereich der DS-GVO noch der JI-Richtlinie fallen (§ 85). Die „**völlig neue Rolle**" des Gesetzes (Kühling NJW 2017, 1985 (1987)) soll – im Rahmen der dem Bundesgesetzgeber verbleibenden Gestaltungsspielräume (zu ihnen: Rossnagel DuD 2017, 277, 278 f., sowie → Rn. 33) – ein „reibungsloses Zusammenspiel" (BT-Drs. 18/11325, 1) von DS-GVO und JI-Richtlinie gewährleisten, mit denen das Gesetz einen Regelungsverbund bildet (Greve NVwZ 2017, 737 (738)). 1

Darin liegt eine partielle Verschiebung der systematischen Kontexte und Leistungen des neuen § 1. Er war in seiner früheren Textfassung von **1990** (BGBl. I 1990, 2954) zentral eine Reaktion auf das Volkszählungsurteil des BVerfG (BVerfGE 65, 1) gewesen und hatte im Kontext einer allgemeinen Neuregelung des Rechts der Datenverarbeitung im Sicherheitsbereich gestanden. Ihr systematischer Bezugspunkt war also ein primär grundrechtlicher des deutschen Rechts. Daneben sollte die **Novelle aus dem Jahre 2003** (BGBl. I 2003, 65) der Anpassung des Gesetzes an die Datenschutzrichtlinie (RL 95/46/EG) dienen. Diese Richtlinie ist durch die **DS-GVO** abgelöst worden, die ab dem 25.5.2018 in allen Mitgliedstaaten unmittelbar anzuwenden ist (vgl. 99 Abs. 2 DS-GVO). Zugleich sah die am 5.5.2016 in Kraft getretene **JI-Richtlinie** eine Umsetzungsfrist bis zum 6.5.2018 vor. Dem ist der deutsche Gesetzgeber mit dem am 25.5.2018 in Kraft tretenden **Datenschutz-Anpassungs- und Umsetzungsgesetz-EU (DsAnpG-EU)** vom 30.6.2017 (BGBl. I 2097) (→ Rn. 8) nachgekommen. Hierdurch wurde nicht nur das BDSG insgesamt, sondern auch **§ 1 grundlegend neu gefasst**. So wurde die bislang in **Abs. 1** enthaltene Zweckbestimmung abgeschafft (→ Rn. 6 f.), während die bisherigen Abs. 2–4 – in zum Teil leicht modifizierter Form – in die **Abs. 1–3** gezogen wurden. Neu durch das DsAnpG-EU hinzugekommen sind die **Abs. 4–8**, deren Bedeutung, Zweck, Inhalt und Folgen sich nur unter Zugrundelegung der DS-GVO und der JI-Richtlinie erschließen. So regelt **Abs. 4** – unter Berücksichtigung der Vorgaben der DS-GVO – die Anwendbarkeit des Gesetzes auf öffentliche und nicht-öffentliche Stellen (→ Rn. 68 ff.), insbesondere bei einer Datenverarbeitung mit Auslandsbezug (→ Rn. 98 ff., → Rn. 106 ff.). Abs. 5 ordnet dagegen die Unanwendbarkeit des BDSG für den Fall an, dass die DS-GVO selbst unmittelbar anwendbar ist (→ Rn. 31 ff., 33). **Abs. 6 und 7** treffen Regelungen über den räumlichen Anwendungsbereich des Gesetzes für den Fall, dass entweder der Anwendungsbereich der DS-GVO (Abs. 6) oder der JI-Richtlinie (Abs. 7) eröffnet ist (→ Rn. 106). Fällt die Verarbeitung personenbezogener Daten durch öffentliche Stellen jedoch weder in den Anwendungsbereich der DS-GVO noch der JI-Richtlinie, bestimmt **Abs. 8** (→ Rn. 34), dass die Teile 1 (§§ 1–21) und 2 (§§ 22–44) des BDSG anzuwenden sind, soweit nicht in diesem Gesetz etwas Anderes geregelt ist (→ Rn. 34). 1a

1b Rechtssystematisch steht der Bezug zum EU-Recht im Vordergrund; grundrechtliche Richtlinien und Impulse aus dem GG erfährt die Regelung ergänzend im europäischen Grundrechtsverbund und eigenständig dort, wo dem deutschen Gesetzgeber Gestaltungsspielräume eröffnet sind. § 1 ist so eine Schleusennorm für das Datenschutzrecht nicht primär als konkretisiertes Verfassungs-, sondern vorrangig als konkretisiertes Europarecht.

1c Ungeachtet aller Europäisierung lässt sich im BDSG aber auch ein anderer Grundzug beobachten. Bei der Neugestaltung war der Gesetzgeber ersichtlich bemüht, neben den EU-Vorgaben nationale Regelungstraditionen wo möglich zu wahren und fortzuschreiben. Insoweit steht das Gesetz nicht allein in einem supranationalen, sondern auch in einem nationalen Kontext. In zahlreichen Einzelfragen wurden unbestimmte Rechtsbegriffe, Regelungsfreiräume und -lücken im EU-Recht genutzt, um Regelungstraditionen älterer Datenschutzgesetze fortzuschreiben. Das gilt erst recht, wo es um Rechtsfragen ging, welche spezifisch deutsche sind oder nur von nationalen Gesetzgebern gelöst werden können. Dazu zählen etwa föderalistische Fragen, Regelungsbedürfnisse bei der Einpassung des BDSG in die übrige deutsche Rechtsordnung oder Kollisionsfragen mit anderen Rechtsordnungen. In vielen Details scheint der Eindruck auf: So viel Harmonisierung wie nötig, so viel Kontinuität wie möglich. Wenn diese Beobachtung zutrifft, dann ist das BDSG nicht nur konkretisiertes Europarecht. Der Einheitlichkeit des europäischen Datenschutzrechts sind so Grenzen gesetzt, eher scheint eine gewisse Vielfalt in der Einheit auf. Das betrifft dann auch Auslegungsfragen: Hier können **historische Argumente und systematische Standards des deutschen Rechts neben die europarechtsgeleitete Auslegung** treten.

II. Entstehungsgeschichte

2 Datenschutz ist die Idee einer Steuerung und Begrenzung der Datenverarbeitung im Interesse derjenigen, auf welche sich die Daten beziehen können (zum Schutzzweck Gola/Schomerus BDSG aF § 1 Rn. 3 f.; zur föderalen Geschichte → Syst. C Verfassungsrechtliche Grundlagen Rn. 1 ff.). Ungeachtet der Terminologie „Datenschutz" geht es also **nicht um den Schutz der Daten, sondern der hinter ihnen stehenden Rechtsträger, also derjenigen Personen, welche durch ihre Verarbeitung – in welcher Form auch immer – rechtlich betroffen sein könnten** (so auch Simitis/Simitis BDSG aF Einl. Rn. 2; Gola/Schomerus BDSG aF § 1 Rn. 1). Dies ist eine andere als die Leitidee der Geheimhaltung von Informationen im öffentlichen Interesse (zu den historischen Wurzeln vor dieser analytischen Trennung Arndt ua/v. Lewinski, Freiheit, Sicherheit und Öffentlichkeit, 2009, 196 ff.). Es ist aber auch eine andere als die ältere Idee der Privatsphäre, welche Privatheit insbesondere dann schützte, wenn die Informationen noch in dieser Sphäre verblieben waren. Geschützt sein können auch personenbezogene Informationen, die sich nicht auf private Angelegenheiten beziehen. Umgekehrt ist der Schutz der Privatheit unabhängig von personenbezogenen Daten, kann sich also etwa auch auf Räume beziehen. Die Neuheit der Aufgabe (grundlegend Steinmüller ua Grundfragen des Datenschutzrechts in BT-Drs. 6/3826; s. auch DJT/Datenschutzkommission, Grundsätze für eine gesetzliche Regelung des Datenschutzes, 1974, 12, (24)) erschloss sich nicht zuletzt daraus, dass das BDSG 1977 eine der ersten Regelungen der Materie überhaupt darstellte. Aus der Rückschau sind die damals entwickelten Ideen und Leitgedanken – ungeachtet aller späteren Wandlungen und Neuerungen – nach wie vor modern (s. auch Bull ZRP 1975, 7; Podlech DÖV 1970, 473; Schwan VerwArch 66 (1975), 120; Weichmann Die Verwaltung 5 (1972), 1).

3 In jüngerer Zeit sind – angesichts der Schwierigkeiten bei der Aufrechterhaltung des Selbstbestimmungsparadigmas im Internet-Zeitalter (→ Rn. 12 f.) – die Rufe nach einem **„Dateneigentum"** lauter geworden (vgl. etwa Hoeren, Big Data und Recht, 2014, 11 ff.; skeptisch etwa: Drexl und andere GRUR Int 2016, 914; krit. Paal/Hennemann NJW 2017, 1697, 1698; Berberich/Golla PinG 2016, 165; Drexl und andere GRUR Int 2016, 914). Hiervon ist die Frage zu unterscheiden, inwiefern Daten Gegenstand eines schuldrechtlichen Vertrages sein können (vgl. hierzu etwa Sattler JZ 2017, 1036). Die Koordinierung des – auf einem Verbot mit Erlaubnisvorbehalt beruhenden – Datenschutzrecht und dem – auf einer Erlaubnis mit Verbotsvorbehalt beruhenden – **„Datenschuldrecht"** (Begriff nach Schmidt-Kessel, Daten als Gegenleistung in Verträgen über die Bereitstellung digitaler Inhalte, abrufbar über www.bmjv.de) stellt eine bedeutsame gesetzgeberische Herausforderung dar.

4 Derzeit nicht belegt.

5 In diesem Kontext hatte auch die **Aufgabenzuweisung bzw. Zweckbestimmung** zu Beginn des BDSG 1977 gestanden. Es sprach noch von der **„Beeinträchtigung schutzwürdiger Belange"**. In der Begründung hatten sich auch andere Formulierungen zum Schutzgut, etwa das „allgemeine Persönlichkeitsrecht" oder „Persönlichkeitsrecht", „Persönlichkeitsschutz" sowie

„Privatsphäre" (BT-Drs. 7/1027, 16–18) gefunden. Einerseits war man sich des Umstands bewusst, dass die Materie hoch dynamisch und in ihrer zukünftigen Entwicklung selbst in Umrissen kaum prognostizierbar sei. „Die technischen Hilfsmittel für die schnelle umfassende Bereitstellung dieser Informationen sind vorhanden und werden ständig fortentwickelt" (BT-Drs. 7/1027, 14). Andererseits bestand die Einsicht, wonach „die Privatsphäre des Bürgers kein allgemeingültig abgrenzbarer Begriff (sei); jeder Mensch sieht ihn je nach seinen konkreten Lebensumständen und der Art seiner Berührungspunkte mit Mitmenschen weiter oder enger." Seit 1990 (BGBl. I, 2954) wurde jene Aufgabenzuweisung in eine Zweckbestimmung abgewandelt, „den Einzelnen davor zu schützen, dass er durch den Umgang mit seinen personenbezogenen Daten in seinem Persönlichkeitsrecht beeinträchtigt wird."

Mit Inkrafttreten des DSAnpUG-EU (→ Rn. 1, 8) zum 25.5.2018 entfiel die in § 1 Abs. 1 BDSG 1990 enthaltene Zweckbestimmung (→ Rn. 6). Dieser Schritt des Gesetzgebers ist in den Gesetzesmaterialien nicht erläutert und war auch weder durch die DS-GVO noch durch die JI-Richtlinie geboten (Kühling/Martini DS-GVO 305, die allerdings betonen, dass umgekehrt auch die Beibehaltung der Zweckbestimmung „nicht notwendig" wäre). Die Entscheidung, auf eine Zweckbestimmung zu verzichten, erklärt sich dadurch, dass in Folge des jüngsten Europäisierungsschubes in Gestalt von DS-GVO und JI-Richtlinie neben das Allgemeine Persönlichkeitsrecht **weitere Schutzgüter** getreten sind. So nimmt die DS-GVO in ihrem 2. Erwägungsgrund Bezug auf die „Grundrechte und Grundfreiheiten" natürlicher Personen „und insbesondere ihr Recht auf Schutz personenbezogener Daten", während im 4. Erwägungsgrund gar von „**allen Grundrechten** ..., Freiheiten und Grundsätze(n)" der GRCh die Rede ist (zu den Konsequenzen noch unten, → Rn. 42 ff.). Schließlich zeigt sich insbesondere im Internet-Zeitalter dass sich der Schutzzweck des Datenschutzrechts nicht auf das Allgemeine Persönlichkeitsrecht beschränken darf, sondern zugleich einem „öffentlichen Interesse an Privatheit" dienen muss (Klement JZ 2017, 161). **6**

So offen wie die Zukunft der Informationsbeziehungen war und ist, so offen war und ist also auch deren Recht. Der Gesetzgeber wollte durch die verwendete Terminologie keine mögliche Entwicklung aus dem Regelungsbereich des Gesetzes verbannen. Ganz in diesem Sinne formuliert die knappe Begründung zu § 1, welche die „schutzwürdigen Belange", das „Persönlichkeitsrecht", die „Privatsphäre" „oder dergleichen" nebeneinander stellt, ohne zu einer Entscheidung gelangen zu wollen. **Die Offenheit des Textes war und ist in den Entwürfen angelegt.** Die Tendenz ging dahin, das Gesetz als – dem Anspruch nach – grundsätzliche Regelung der Materie zukunftsoffen zu halten und nicht jede Innovation auf Gesetzesebene nachvollziehen zu müssen: „So viel Festlegung wie nötig, so viel Offenheit wie möglich". Dies gilt für die Möglichkeiten einer Ausgestaltung durch Gesetzgebung und Rechtsprechung, aber auch für die Schaffung neuer Persönlichkeitsrechte (dazu anhand des Art. 2 GG näher Dreier/Dreier GG Art. 2 Abs. 1 Rn. 69 ff.; Dürig/Herzog/Scholz/Di Fabio GG Art. 2 Rn. 173 ff.). **7**

Das **DSAnpUG-EU** (→ Rn. 1) hat § 1 BDSG einer grundlegenden Neukonzeption unterworfen, um das BDSG an die gem. Art. 99 Abs. 2 DS-GVO am 25.5.2018 in Kraft tretende DS-GVO anzupassen und die JI-Richtlinie fristgemäß (dh gem. Art. 63 Abs. 1 UAbs. 1 S. 1 JI-RL bis zum 6.5.2018) umzusetzen. Beide Sekundärrechtsakte weisen hinsichtlich der Rechtsbegriffe (vgl. dazu Art. 4 DS-GVO und Art. 3 JI-Richtlinie) einen hohen Grad an Kohärenz auf. Ihre Anwendungsbereiche bestimmen sich nach dem Zweck der Datenverarbeitung. Allerdings lassen sich die in Art. 2 DS-GVO und Art. 3 JI-Richtlinie genannten Zwecke nicht immer trennscharf abgrenzen. So handeln deutsche Sicherheitsbehörden in Einzelfällen sowohl im Anwendungsbereich der DS-GVO als auch der JI-Richtlinie (vgl. BT-Drs. 18/11325, 73). Ein erster Gesetzentwurf des BMI vom 5.8.2016 wurde nach Beteiligung von Bundesländer und Verbänden erheblich überarbeitet und schließlich am 1.2.2017 vom Bundeskabinett angenommen. Diesen Entwurf brachte die Bundesregierung am 24.2.2017 in den Bundestag ein (vgl. BT-Drs. 18/11325), wo er am 28.4.2017 nach diversen Änderungen (vgl. hierzu im Einzelnen: Schantz/Wolff DatenschutzR/Schantz Rn. 207) angenommen wurde. Maßgeblich waren Vorgaben des BVerfG aus dem Urt. v. 20.4.2016, BVerfGE 141, 220 = NVwZ 2016, 839 zum BKA-Gesetz. Aufgrund dessen wurden § 32a BNDG, § 27 BVerfSchG und § 13 MADG neu gefasst. Nach Zustimmung des Bundesrats (12.5.2017) wurde das DSAnpUG-EU am 30.6.2017 ausgefertigt und am 5.7.2017 (BGBl. I, 2097) verkündet. Parallel dazu verlief die sukzessive **Anpassung der bereichsspezifischen Gesetze** (etwa: Telemedien- und Telekommunikationsgesetz, Polizei- und Ordnungsrecht, Asyl-, Aufenthalts- oder Sozialrecht; zu noch offenen Fragen s. etwa Schantz/Wolff DatenschutzR/Schantz Rn. 210). **8**

B. § 1 als systembildende Grundsatznorm des deutschen Datenschutzrechts

9 § 1 wirkt nebeneinander als **Schleusennorm** für nicht unmittelbar geltende Vorgaben des EU-Rechts, als **systemprägende Norm** für das allgemeine und besondere Datenverarbeitungs- und Datenschutzrecht in Deutschland und in beiden Kontexten als sachliche **Anwendbarkeitsregelung** des BDSG.

9a Abs. 1 normiert (→ Rn. 1, 8) nicht mehr das Ziel (→ Rn. 6), sondern den **sachlichen Anwendungsbereich des BDSG**, wobei zugleich **systemprägende Grundbegriffe** (zB „personenbezogene Daten" (→ Rn. 47 ff.), „Verarbeitung" → Rn. 51 oder „öffentliche und nichtöffentliche Stellen" (→ Rn. 68 ff.)) **eingeführt** und – mit Geltung für das allgemeine wie das bereichsspezifische (→ Rn. 8) Datenschutzrecht – partiell konkretisiert definiert werden. So regelt etwa § 1 Abs. 4, unter welchen Voraussetzungen nicht-öffentliche Stellen an das BDSG gebunden sind, indem auf räumliche Kriterien (Nr. 1 und 2) bzw. den sachlichen Anwendungsbereich der DS-GVO (Nr. 3) verwiesen wird. Für den Fall, dass die DS-GVO einen Sachverhalt abschließend regelt, findet das BDSG gem. § 1 Abs. 5 keine Anwendung. Während Abs. 6 und 7 den räumlichen Anwendungsbereich des BDSG für den Fall näher konkretisieren, dass die Datenverarbeitung in ihren sachlichen Anwendungsbereich fällt oder einem der in Art. 3 JI-Richtlinie aufgeführten Zwecke dient, regelt Abs. 8 den Fall, dass die Anwendungsbereiche der DS-GVO und JI-Richtlinie gerade nicht eröffnet sind. § 1 Abs. 1 erweist sich so als **Grundsatz- und Schlüsselnorm für das deutsche Datenschutzrecht.** Deren Bedeutung und Anspruch haben sich erheblich gewandelt. Ursächlich dafür sind wohl außerrechtliche (dazu → Rn. 10 ff.) wie auch rechtliche Umstände (dazu → Rn. 16 ff.).

I. Außerrechtliche Vor- und Rahmenbedingungen des Datenschutzes

10 Ziele und Anwendungsbereiche von Gesetzen werden durch diejenigen Probleme und Perspektiven bestimmt, zu deren Bewältigung die jeweiligen Normen erlassen worden sind. Sie haben sich im Datenverarbeitungs- und Datenschutzrecht in nahezu allen Bereichen verändert.

11 Das Gesetz idF v. 1977 stand – wie die datenschutzrechtliche Diskussion seiner Zeit – unter dem Eindruck des Einzugs von Computern in Wirtschaft und Verwaltungen. Im Vordergrund standen **technische Entwicklungen und Veränderungen.** Dabei wurden ältere Formen der Informationsverarbeitung (zB Schriftlichkeit, Akten, Karteien) noch nicht abgelöst, wohl aber in ihrer Reichweite erheblich reduziert. Die neuen Formen der IT begründeten weniger die oft zitierte Objektivierbarkeit und Dauerhaftigkeit – Computer können nichts vergessen – von Daten. Dramatisch veränderte sich jedoch die potentielle Menge speicherbarer Daten und deren Suchfähigkeit in den großen und immer mehr vergrößerten Computern der Zeit. Zugleich war es gerade deren schiere Größe, welche die Informationsnutzung mit den neuen Mitteln an das Vorhandensein finanzieller und operativer Ressourcen knüpfte. Die Asymmetrie zwischen der begrenzten Zahl (potentieller) Nutzer der neuen Techniken einerseits und der großen Zahl davon (potentiell) Betroffener andererseits prägte die Perspektive der Regelungsansätze in dem Sinne „Wer schützt die Bürger vor dem Computer?" Der klassische Ansatz sah automatische Datenverarbeitung als neue Macht und die Notwendigkeit ihrer Begrenzung durch Verhinderung von Missbrauch. Aus der Sicht Betroffener ging es zentral um den Schutz „ihrer" Privatsphäre und „ihrer" Daten gegen einen Einbruch anderer durch rechtlichen Zwang oder heimliche Ausspähung (dazu näher Miller, Der Einbruch in die Privatsphäre, 1973).

12 Jene technischen Bedingungen haben sich erheblich verändert (dazu auch → BDSG 2003 [aK] § 3 Rn. 43 f.; → BDSG 2003 [aK] § 19 Rn. 5 f.). Der **Siegeszug des PCs** und damit die Zugänglichkeit moderner Informationstechnik für jedermann ließen die zuvor hohe Zugangshürde zur neuen Technik entfallen. An die Stelle der Zentralisierung trat Vernetzung. Hier setzte die andere Innovation der 90er Jahre, das **Internet,** ein, welches die Vernetzung von Informationen und Rechnern potentiell unendlich steigerte. Doch sind auch im IT-Zeitalter nicht alle gleich: Der Aspekt der Ungleichheit verlagerte sich weg von der Möglichkeit des „Ob" der Informationserarbeitung zum „Wie" und „Wie viel", von einer Frage der Qualität zu einer solchen der Quantität. Damit wandelte sich auch das Bedürfnis der Freiheitssicherung: Die traditionelle Perspektive der „Freiheit vom Computer" und der durch diese ermöglichten Informationsverarbeitung wurde ergänzt durch eine solche der Freiheit zum und mit dem Computer und dem Netz (zum **Grundrecht auf Datenverarbeitung** Giesen JZ 2007, 918). Auch wenn es verfehlt wäre, von einer „Demokratisierung" der Informationstechnologie zu reden: Fortan sollten beide Fragestellungen nebeneinander stehen. Parallel dazu fand sich ein Rückgang des Sphärenparadigmas zugunsten neuerer Selbstbestimmungstheorien – auch und gerade im Bereich der Informationsverarbeitung.

Allerdings sieht sich das Selbstbestimmungsparadigma angesichts der kaum noch zu kontrollierenden Datenströme im WWW zunehmender Kritik ausgesetzt (Bull, Informationelle Selbstbestimmung, 2. Aufl. 2011; Bull JZ 2017, 797 (799 f.)). Die „beschränkte Internettauglichkeit" des BDSG (zu ihr Hill/Schliesky/Wolff, Die Vermessung des virtuellen Rechts, 2012, 193 ff.) erklärte sich nicht nur durch dessen begrenzten räumlichen Anwendungsbereich (dazu noch unten → Rn. 99 ff.), sondern vor allem dadurch, dass die Funktionsweise des Internet und insbesondere **algorithmenbasierte** (hierzu etwa Hoffmann-Riem AöR 2017, 1; Martini JZ 2017, 1017; Ernst JZ 2017, 1026; Wischmeyer AöR 2018, 1) Verarbeitungsverfahren wie **Big Data** (hierzu Richter DuD 2016, 581) zahlreiche Grundsätze wie zB Datensparsamkeit oder Zweckbindung (zu ihr Eichenhofer PinG 2017, 135) herausfordern (Paal/Hennemann NJW 2017, 1697 (1700)). Vor diesem Hintergrund ist das Datenschutzrecht aufgerufen, von **quantitativen auf qualitative Ansätze umzustellen** (zur Figur der Datenqualität etwa: Hoeren MMR 2016, 8; Hoeren ZD 2016, 459). Dies gilt auch mit Blick auf den zunehmenden Einsatz „intelligenter" bzw. „smarter" Technik (vgl. dazu etwa: Geminn DuD 2016, 575; exemplarisch: Skistims, Smart Homes, 2016).

Ergänzt wurden jene technischen Neuerungen durch **soziale Veränderungen.** Gewinnung und Verbreitung von Informationen für die „Wissensgesellschaft" setzt die Möglichkeit einer Teilhabe an Wissensbeständen voraus; die Wissensgesellschaft ist zugleich Kommunikationsgesellschaft. Das gilt in einem doppelten Sinne: Der Ermöglichung des Zugangs zu neuen Informationen wie aber auch der Ermöglichung der Feststellung, dass es keine neuen Informationen gibt, also der bisherige Wissensstand noch aktuell ist. Computer und Netz sind Tore zu dieser Welt des Wissens, deren Überlegenheit gegenüber den traditionellen Medien sich sowohl aus ihrer Geschwindigkeit – der Weg ins Netz ist schneller als derjenige in die Bibliothek oder das Archiv – als auch aus ihrer Individualisierbarkeit – die traditionellen Massenmedien boten alle dasselbe Programm – ergibt. Das Netz bietet allen Nutzern Recherchemöglichkeiten nach ihren individuellen Präferenzen und Bedürfnissen. Doch braucht man dazu den Zugang. Selbstbestimmung wird im Netz immer weniger zur Bestimmung über das „Ob" als vielmehr allenfalls über das „Wie" der Nutzung. Datenschutz bedeutet immer weniger Selbstexklusion vom oder Beschränkung des Zugangs zu Informationen, sondern datenschutzkonforme Ausgestaltung von Informations- und Kommunikationsvorgängen. Diese „soziale Angewiesenheit" der Internet-User auf die Leistungen von Dienstanbietern ist bei der Beurteilung der „Freiwilligkeit" der datenschutzrechtlichen Einwilligung zu berücksichtigen (vgl. etwa Grimm JZ 2013, 585 (588); Hermstrüwer, Informationelle Selbstgefährdung, 2016, 68 (84 ff.); krit. Klement JZ 2017, 161 (169)). In dessen Zentrum steht nicht mehr allein das Datenschutzrecht, sondern auch das **Datenverkehrsrecht** (zum Begriff → Rn. 19).

Gewandelt haben sich schließlich auch **ökonomische Rahmenbedingungen.** Zwar war die Idee von der Information, ihrer Verbreitung und Verfügbarkeit als werthaltigem oder potentiellem Wirtschaftsgut und als Ware schon bekannt (zu den aktuellen Diskussionen um ein „Dateneigentum" → Rn. 2). Doch erlangte sie durch die neuen Möglichkeiten der Informationsgewinnung und -verarbeitung eine erheblich gesteigerte Bedeutung. Datenschutzrecht dient nicht (mehr) nur dem Schutz der Grundrechte, es ist auch Wirtschafts- und Regulierungsrecht (vgl. Klement JZ 2017, 161 162). Die Möglichkeit der Verarbeitung früher für unvorstellbar gehaltener Informationsmengen und neuartige Formen ihrer Verknüpfung und Zusammenführung, welche zusätzliche Werte schaffen können, haben den Status von Daten in der Informationsgesellschaft partiell erheblich verändert. Es geht nicht mehr nur um „Information gegen Geld", sondern auch um „Information gegen Information". Auf solchen Märkten sind **Informationen nicht mehr nur Ware, sondern zugleich Währung.** Datenschutz wird neben seinen zuvor genannten Dimensionen zu einem **Informationsmarktordnungs- und -regulierungsmechanismus:** Mindestbedingungen sind die Herstellung eines ausreichenden Niveaus an Markttransparenz, an Zugangsregeln zum Markt und der Verhinderung des Missbrauchs wirtschaftlicher Übermacht am Markt (instruktiv zum Verhältnis von Wettbewerbs-, Datenschutz- und Verbraucherschutzrecht: European Data Protection Supervisor, Privacy and Competitiveness in the age of big data, 2014; einen Vorrang des Datenschutz- gegenüber dem Verbraucherschutzrecht postulieren: v. Lewinski/Herrmann PinG 2017, 165 ff. (209 ff.)). Es geht nicht mehr bloß um Verhinderung heimlichen oder zwangsweisen Eindringens in die Privatheit, sondern auch um die Ermöglichung oder Verhinderung von Entprivatisierung durch deren Träger selbst oder zugespitzt: Um den Schutz der Träger der Privatheit vor sich selbst. So gewendet kann etwa deren Einwilligung als „informationelle Selbstgefährdung" verstanden werden (vgl. Hermstrüwer, Informationelle Selbstgefährdung, 2016). Inwieweit der Staat berechtigt oder gar verpflichtet ist, einer solchen selbstgefährdenden informationellen Preisgabe entgegenzuwirken, ist noch nicht endgültig ausgemacht (Ansätze bei Sandfuchs, Privatheit wider Willen, 2015). In jedem Falle bildet die Warnung vor einem **„Datenpaternalismus"** (vgl. etwa Kröncke, Der Staat 2016, 319; Bull JZ 2017, 797 (800 f.)) die Problematik insofern nur unzureichend ab, als das Datenschutzrecht nicht nur das Selbstbestimmungsrecht der Preisgebenden, sondern auch dasjenige von der Preisgabe betroffener Dritter schützen muss. Darüber hinaus dient Datenschutz nicht nur individuellen, sondern auch öffentlichen Zwecken wie dem öffentlichen Interesse an Privatheit (zutreffend Klement JZ 2017, 161 (169 f.)). Schließlich würde eine Absage an staatliche Schutzmaßnahmen (Beispiele bei Sandfuchs, Privat wider Willen, 2015, 98 ff.) bedeuten, dass auf die zwischen Nutzer und Anbieter bestehenden Informations- und Machtasymmetrien von staatlicher Seite nicht reagiert werden dürfte (dagegen Hoffmann-Riem AöR 2017, 1 (23)).

15   Realisierungsbedingungen und -notwendigkeiten von Datenschutz haben sich demnach erheblich verändert. Die Anforderungen an den Gesetzgeber zur Gestaltung des Datenschutz-, Datenverkehrs- und Datenmarktordnungsrechts sind komplexer und bis zu einem gewissen Grade widersprüchlicher geworden. Mit der parallel dazu verlaufenden Liberalisierung und Privatisierung der Märkte und Anbieter hat sich ein wesentlicher Akzent des Datenschutzes vom Öffentlichen auf das Zivilrecht verlagert (zum zivilrechtlichen Datenschutz Buchner, Informationelle Selbstbestimmung im Privatrecht, 2006; Born, Die Datenschutzaufsicht und ihre Verwaltungstätigkeit im nicht-öffentlichen Bereich, 2014). Und hier muss ebenso wie die Datenschutzbedingungen auch das Ziel des Datenschutzes ein dynamisches sein (Simitis/Simitis BDSG aF Rn. 24 (34 f.)).

II. Rechtliche Vor- und Rahmenbedingungen des Datenschutzes

16   In der Folge jenes Wandels hat sich auch das rechtliche Umfeld des BDSG verändert. Inzwischen steht das BDSG in einem legislativen Umfeld, welches dem Datenschutz breite Aufmerksamkeit widmet. Bisweilen wird von einer „Verrechtlichungsfalle" gesprochen (Hoffmann-Riem AöR 123 (1998), 513).

17   Auslöser dafür waren jedenfalls in Deutschland zunächst verfassungsrechtliche Vorgaben. Da das GG sich zu der Materie nicht explizit äußert, stammen die maßgeblichen Erkenntnisse vom BVerfG. Dieses hatte sich schon vor Inkrafttreten des BDSG zur Materie geäußert und ein differenziertes Modell des Privatheitsschutzes angedacht (Überblick bei Gusy VerwArch 74 (1983), 91; zu Art. 8 EMRK s. Gusy DVR 1984, 289). Das Volkszählungsurteil des BVerfG (BVerfGE 65, 1) rückte mit der Formel vom **informationellen Selbstbestimmungsrecht** vom früheren Sphärenschutz ab. Die noch in der Gegenwart modern wirkende Selbstbestimmungsformel stellte insbesondere den freiheitsrechtlichen, sozialen und kommunikativen Bezug des Datenschutzes her: Selbstbestimmung erscheint ausübbar, Privatsphäre hingegen kaum. Datenschutz wurde (auch) zur Handlungsfreiheit (Jarass NJW 1989, 857; Orsi/Smid, Recht und Moral, 1993, 43; Duttge Der Staat 36 (1997), 281; Luch MMR 2011, 75) und Datenschutzrecht zum Informationsverkehrsrecht (Kloepfer, Informationsrecht, 2002, 281 ff.; anders Hoffmann-Riem AöR 123 (1998), 513; Vogelgesang, Grundrecht auf informationelle Selbstbestimmung?, 1987, mwN). Zugleich erlangte der Datenschutz Verfassungsrang, die zentralen Grundaussagen des BDSG erschienen grundrechtlich überhöht. Seit jenem Zeitpunkt war **Datenschutzrecht in Deutschland konkretisiertes Verfassungsrecht.** An jenem Ausgangspunkt hat das BVerfG trotz Kritik stets festgehalten, ihn erheblich ausgebaut und differenziert (BVerfGE 100, 313 (359) – TKÜ; 109, 279 (374 f.) – großer Lauschangriff; 125, 260 (335) – Vorratsdatenspeicherung). Die jüngste und wichtigste Fortentwicklung, der Schutz von **Integrität und Vertraulichkeit informationstechnischer Systeme** (BVerfGE 120, 274; dazu → Syst. C Verfassungsrechtliche Grundlagen Rn. 144 ff.; Hoffmann-Riem JZ 2008, 1009; Britz DÖV 2008, 411; Eifert NVwZ 2008, 521; Gusy DuD 2009, 39 mwN; zur parallelen, wenn auch terminologisch anders gefassten Entwicklung zu Art. 8 EMRK Schweizer DuD 2009, 462; Ehlers/Schorkopf, Europäische Grundrechte und Grundfreiheiten, 4. Aufl. 2014, § 16.1 Rn. 38 ff.) reagiert auf den Umstand, dass die Entscheidung über Nutzung elektronischer Informations- und Kommunikationsmittel in der Wirklichkeit keine freie mehr ist, sodass Selbstbestimmung zur Freiheitssicherung immer weniger ausreicht. Datenschutzrecht ist vom Schutzrecht zum Kommunikations- und Informationsverkehrsrecht geworden; seine Realisierungsbedingungen umfassen nebeneinander **Selbstdatenschutz und Systemdatenschutz.** Paradigma ist nicht mehr Vermeidung von Kommunikation, sondern datenschutzkonforme Ausgestaltung von Kommunikation. Was auf der Bundesebene durch das BVerfG vorgedacht wurde, haben die verfassungsändernden Gesetzgeber in den **Landesverfassungen** partiell nachvollzogen (Gola/Schomerus BDSG aF § 1 Einl. Rn. 3).

18   Neben die grundgesetzlichen sind zentral die **europarechtlichen Vorgaben** getreten (Bodenschatz, Der europäische Datenschutzstandard, 2010, 62 ff.). Während sich die Gemeinschaft beim Erlass der Datenschutzrichtlinie RL 95/46/EG und der E-Privacy-Richtlinie RL 2002/58/EG

noch auf die allgemeine Binnenmarktkompetenz des Art. 95 EGV (heute Art. 114 AEUV) stützte (EuGH BeckRS 2004, 77378 Rn. 42 f. – Österreichischer Rundfunk ua; EuGH BeckRS 2004, 74038 Rn. 40 ff. – Lindqvist), steht der EU inzwischen mit **Art. 16 Abs. 2 AEUV** eine spezielle Kompetenz für den Erlass von „Vorschriften über den Schutz natürlicher Personen bei der Verarbeitung personenbezogener Daten durch die Organe, Einrichtungen und sonstigen Stellen der Union sowie durch die Mitgliedstaaten im Rahmen der Ausübung von Tätigkeiten, die in den Anwendungsbereich des Unionsrechts fallen, und über den freien Datenverkehr" zur Verfügung. Seitdem stehen **Datenschutz- und Datenverkehrsrecht gleichberechtigt** nebeneinander (vgl. Klement JZ 2017, 161 (163)). Zu Klärung des Begriffs „Datenschutz" (zur Bedeutung im deutschen Recht → Rn. 2 ff.) kann auf die Konkretisierungen der Datenschutzrichtlinie RL 95/46/EG und der DS-GVO zurückgegriffen werden. Hingegen fehlt es für den „Datenverkehr" an einer sekundärrechtlichen Konkretisierung, obwohl die Datenschutzrichtlinie RL 95/46/EG, die DS-GVO und die JI-Richtlinie den Begriff des „Datenverkehrs" bereits im Titel führen (→ Rn. 1). Das Ziel des **„freien Datenverkehrs"** steht in engem Zusammenhang mit der **Verwirklichung des Binnenmarktes** (vgl. etwa Pechstein/Nowak/Häde/Wolff, EUV/GRCh/AEUV, 2017, Art. 16 AEUV Rn. 22). Insofern hat der „freie Datenverkehr" zum Ziel, mitgliedstaatliche Beschränkungen des grenzüberschreitenden Datenflusses innerhalb der Union abzubauen. Ein Konflikt zwischen Datenschutz- und Datenverkehrsrecht kann nur entstehen, wenn die europäischen Regeln des Datenschutz- und Datenverkehrsrechts nicht einheitlich für alle Marktteilnehmer gelten (vgl. Klement JZ 2017, 161 (163)). Das Gebot eines EU-weiten freien Datenverkehrs geht zwingend mit der **Notwendigkeit EU-weiter Datenschutzstandards** einher. Dem sollen DS-GVO und JI-Richtlinie Rechnung tragen. Da weder diese Sekundärrechtsakte noch der Wortlaut des Art. 16 Abs. 2 DS-GVO eine Begrenzung auf „personenbezogene Daten" vorsehen, sondern allgemein von „Verkehr" von Daten die Rede ist, ist der kompetenzrechtliche Begriff des **„freien Datenverkehrs" weit**. Art. 16 Abs. 2 UAbs. 1 S. 1 Var. 2 AEUV gilt aber zugleich als Auffangtatbestand für den in Var. 1 geregelten Datenschutz (vgl. Schantz/Wolff DatenschutzR/Wolff Rn. 26). So kann der Erlass von Sekundärrecht immer auf den Auffangtatbestand gestützt werden, wenn es zumindest auch zur Verwirklichung des Binnenmarktes in Gestalt freien Datenverkehrs beiträgt (vgl. EuGH BeckRS 2004, 76863 – Deutschland/Parlament und Rat). Art. 16 Abs. 2 UAbs. S. 1 Var. 2 AEUV ist als „Einbruchsfeld für kompetenzerweiternde Auslegungen", als „dunkler Fleck" (Schantz/Wolff DatenschutzR/Wolff Rn. 26) bezeichnet worden.

Gestützt auf diese Rechtsgrundlage haben DS-GVO und JI-Richtlinie zu einem **erheblichen** 19 **Europäisierungsschub** geführt – auch wenn die DS-GVO mehr als 70 **Öffnungsklauseln** (→ Rn. 32) enthält und die JI-Richtlinie auf Umsetzung durch die Mitgliedstaaten angewiesen ist. Neben allgemeinen europarechtlichen Vorgaben besteht die **Notwendigkeit bereichsspezifischer Datenschutzregelungen im Europarecht.** So enthalten zahlreiche spezielle Rechtsakte Erwägungsgründe und EU-Regelungen zum Datenschutz (zB Art. 7 ff. des Europol-Übereinkommens (ABl. EG 1995 C 316, 1); VO (EG) Nr. 2725/2000 – Eurodac (ABl. EU 2000 L 316, 1); Rahmenbeschluss 2008/977 JI (ABl. EU 2008 L 350, 60) über den Schutz personenbezogener Daten, die im Rahmen der polizeilichen und justiziellen Zusammenarbeit in Strafsachen verwendet werden). Sie setzen Mindeststandards, welche Rechtsetzung und Rechtsanwendung aller Mitgliedstaaten bei der Zusammenarbeit mit EU-Behörden bzw. anderen Mitgliedstaaten eingehalten werden müssen. Diese betreffen sowohl die Ausgestaltung des materiellen Rechts als auch das Vorhandensein bestimmter Kontrollinstanzen und -verfahren. Das von der EU geforderte „hohe Datenschutzniveau" (Erwägungsgrund 6, 10 der DS-GVO; s. auch EuGH MMR 2004, 95 (98 f.)) hat zu einer differenzierten Regelungstechnik geführt, welche das deutsche Recht für das EU-Recht öffnet. Die Grundsatznorm des § 1 bedarf auch ihrer **vom supranationalen Recht geleiteten Auslegung.**

Ein grundlegender Wandel trat ein mit der Aufnahme der Materie in **Art. 8 EU-Grundrechte-** 20 **charta** (→ Syst. B Völker- und unionsrechtliche Grundlagen Rn. 1 ff.; Jarass EU-Grundrechtecharta Art. 8 Rn. 5 ff.; Ehlers, Europäische Grundrechte und Grundfreiheiten, 3. Aufl. 2009, § 1 Rn. 36; Kotzur EuGRZ 2011, 105; Marsch, Das europäische Datenschutzgrundrecht, 2018), mit der die EU ein Recht auf Datenschutz mit Primärrechtsrang anerkennt. Zwar gilt die Bestimmung zentral für die EU-Organe selbst, jedoch sind auch die Mitgliedstaaten Grundrechtsadressaten, soweit sie EU-Recht „durchführen" (Art. 51 GRCh, dazu → Rn. 42). Während **Abs. 1** neben einem **Abwehrrecht** einen **Schutzauftrag** an den Europäischen Gesetzgeber richtet, formuliert **Abs. 2** zentrale **Schutzprinzipien,** die der Gesetzgeber bei der Wahrnehmung dieses Schutzauftrags zu beachten hat (vgl. Marsch, Das europäische Datenschutzgrundrecht, 2018, Kapitel 3). **Abs. 3** dient schließlich der **institutionellen Absicherung** des Datenschutzes. Zudem kann sich eine Europäisierung von Datenverarbeitungspolitik und -recht – unabhängig von Art. 16 Abs. 2

AEUV (→ Rn. 19) – daraus ergeben, dass die zwischenstaatliche Kooperation hinsichtlich einzelner Materien Gegenstand von Regelungen des EU-Rechts und zu deren grundrechtskonformer Realisierung gemeinsame (Mindest-)Standards notwendig werden. Dies ist etwa bei der Ausgestaltung des Raumes der Freiheit, der Sicherheit und des Rechts der Fall, die auf Informationsaustausch angelegt ist (s. etwa Art. 74 f., 81, 85, 87 ff. AEUV). Hier korrespondiert der Grundsatz wechselseitiger Anerkennung von Rechtsakten anderer Staaten (s. etwa Art. 81 f. AEUV) der Forderung nach gemeinsamen und vergleichbaren rechtlichen Mindeststandards.

21 Allgemeine – wenn auch nicht supranational bindende – Grundsätze finden sich beim **Europarat.** Auf Grundlage des auf den Datenschutz anwendbaren Art. 8 EMRK (dazu Dörr/Grote/Marauhn, Konkordanzkommentar, 2. Aufl. 2013, Kap. 16 Rn. 10 ff.) wurden sowohl das allgemeine **Übereinkommen zum Schutz der Menschen bei der automatisierten Verarbeitung personenbezogener Daten** (BGBl. II 1985, 538) als auch zahlreiche bereichsspezifische Empfehlungen verabschiedet (Aufzählung bei Simitis/Hornung/Spiecker Einl. Rn. 92 ff.).

22 Gewandelt hat sich der Regelungskontext des § 1 aber auch im „einfachen" Gesetzesrecht. Da alle **Bundesländer eigene Datenschutzgesetze** erlassen haben sind sie im Rahmen ihrer Gesetzgebungskompetenzen (→ Rn. 30) an die neue Rechtslage auf EU-Ebene anzupassen (→ Rn. 128 ff.). Daneben stehen auf Bundes- und Landesebene Informationsfreiheitsgesetze (dazu Schoch; Rossi, Informationsfreiheitsgesetz, 2. Aufl. 2015; HSV VerwR/Gusy VerwR § 23 Rn. 81 ff.). Sie begründen eine scheinbar gegenläufige Tendenz zum Datenschutz, nämlich Auskunfts- und damit Informationsübermittlungsansprüche, ggf. auch hinsichtlich personenbezogener Daten. Damit ist der früher vorausgesetzte Normalzustand der Heimlichkeit staatlicher Information (dazu Wegener, Der geheime Staat, 2006, (3 ff.), (39 ff.), (108 ff.)) rechtlich zur begründungsbedürftigen Ausnahme geworden. Der neue **Grundsatz einer limitierten einseitigen Öffentlichkeit staatlicher Informationen** (näher Gusy JZ 2014, 171; Gusy FS Peine 2016, 423) erfordert nicht nur eine Neubestimmung des Geheimnisschutzes im öffentlichen Interesse, sondern ebenso desjenigen im privaten Interesse, also des Datenschutzes. Und er verlangt eine Abwägung aller Belange, soweit sie miteinander kollidieren (dazu etwa Schoch IFG § 5 Rn. 14 ff. (23 ff.); Bohl NVwZ 2005, 133) vorgesehen. Doch ist der genannte Gegensatz oftmals nur ein scheinbarer: Auch im Staat-Bürger-Verhältnis erscheinen Normen des Datenschutzrechts immer stärker als Elemente eines Informationsrechts. Sie sind rechtliche Bedingungen gelungener Kommunikation; ihr Anliegen ist deren Ausgestaltung und nicht deren Verhinderung. Dass beide Anliegen Überschneidungsbereiche aufweisen, zeigen nicht nur Auskunftsansprüche bzw. Mitteilungspflichten der §§ 19, 19a (→ § 19 Rn. 1 ff.), sondern auch die parallele Zuständigkeit von BfDI und LfDI sowohl für den Datenschutz als auch für die Informationszugangsfreiheit (§ 22 Abs. 1 S. 1). Zum Verhältnis zwischen BDSG und IFG → Rn. 96 f.; Gusy DVBl 2013, 941 (945 ff.); Gusy/Schulte, Jahrbuch Informationsfreiheit 2018, 1.

C. § 1 als Datenschutzaufgabe und Datenschutzauftrag

I. § 1 zwischen Eigenständigkeit und Offenheit

23 § 1 als **Grundsatznorm** und Datenschutzauftrag ist als **offene und dynamische Norm** zu begreifen. In Ermangelung eines explizit genannten Schutzguts (zur Rechtslage vor Inkrafttreten des DsAnpUmsG → Rn. 6) ist § 1 hinreichend offen, sodass er durch Auslegung das Gesetz an die gewandelten Anforderungen heranführen kann. Angesichts dieser Regelungstechnik war und ist es nicht erforderlich, auf jeden Wandel des Umfeldes mit neuen Gesetzen zu reagieren. Zugleich ist die Grundsatznorm hinreichend dynamisch als „living instrument" (EGMR NJW 1999, 3107 (3109) zur EMRK), welches als offener Text nicht überwiegend aus seiner Entstehungsgeschichte, sondern aus den sich wandelnden Anforderungen des Anwendungszeitpunktes auszulegen ist. Nach dem Konzept des § 1 **ist Datenschutz demnach ein dynamischer Auftrag.**

24 Dessen Offenheit begründet den Charakter des § 1 als Verweisungs- oder Schleusennorm. Ihr kommt ein Doppelcharakter zu. Es ist zunächst **Ausdruck eines Gestaltungswillens des Gesetzgebers,** welcher den Datenschutz als Grundsatz und Auftrag in das Gesetzesrecht rezipiert. Dessen grundrechtrechtlicher Schutz (dazu Placzek, Allgemeines Persönlichkeitsrecht und privatrechtlicher Informations- und Datenschutz, 2006, 41 f.; Ehmann Jura 2011, 437) enthält rahmenartige Zielvorgaben und Leitvorstellungen, welche allen Staatsorganen zur Verwirklichung aufgegeben sind. Sie sind als Anordnung **rechtlicher Eigenständigkeit der Materie** zu begreifen. Datenschutzrecht kennt – auch und gerade im Kontext des Informations(verarbeitungs)rechts – spezifische Ziele und Vorgaben.

So ausgeprägt jene Anordnung ist, so klar erkennbar ist zugleich der andere Charakter der Norm. Bereits vor Inkrafttreten des DsAnpUmsG nannte § 1 Abs. 1 aF mit dem „Persönlichkeitsrecht" ein Schutzgut, dessen Bedeutung und Inhalt in hohem Maße durch das BVerfG geprägt wurde (BVerfGE 65, 1 (41 f.); s. auch früher schon BVerfGE 27, 1 (6); 27, 344 (350); 32, 373 (379); 35, 202 (220); 44, 353 (372); 56, 37 (41); 63, 131 (142)). Diese Regelungstechnik deutete darauf hin, dass die Ziele des Datenschutzes nicht neben, sondern in der allgemeinen Rechtsordnung stehen sollen. 25

Jener Charakter hat sich mit dem Inkrafttreten des DsAnpUmsG und dem damit verbundenen Wegfall von § 1 Abs. 1 aF eher verstärkt; Nunmehr ist die Norm – in Ermangelung einer ausdrücklichen Zweckbestimmung – noch dynamischer und in ihrer Entwicklung offener geworden. In diesem Sinne kann § 1 zugleich als **Rezeptionsnorm und Entwicklungsauftrag** verstanden werden. Er vereinigt Eigenständig der Materie mit ihrer systematischen Integration sowohl in Richtung des vorrangigen Verfassungs- bzw. Europarechts als auch des ranggleichen Gesetzesrechts. 26

II. § 1 im rechtlichen Mehrebenensystem

§ 1 normiert keinen Gesetzeszweck mehr („Schutz des Persönlichkeitsrechts"), sondern den sachlichen und räumlichen Anwendungsbereich sowie den Geltungsanspruch und Status des Datenschutzrechts im Mehrebenensystem zwischen EU-, Bundes- und Landesrecht. Das **Verhältnis zwischen Bundes- und Landesrecht** richtet sich zunächst nach den grundgesetzlichen Bestimmungen der Gesetzgebungskompetenzen. Danach steht dem Bund für die Materie „Schutz personenbezogener Daten" weder eine ausschließliche noch eine konkurrierende **Gesetzgebungszuständigkeit** zu (→ Syst. D Datenschutz in den Ländern, Ed. 28 (Stand: 2/2016), Rn. 57 ff.). Umgekehrt fällt sie aber auch nicht vollständig in den Bereich der Landeskompetenzen (Art. 70 GG). Auch wenn längst alle Bundesländer über eigene Datenschutzgesetze verfügen, so gilt doch: Der Bundesgesetzgeber ist zur Regelung datenschutzrechtlicher Fragen als mitzuregelnde Folgematerie berechtigt, soweit seine allgemeinen Gesetzgebungsrechte reichen. Solche können sich aus geschriebenen Einzelbestimmungen des GG, aus dem Sachzusammenhang mit solchen Bestimmungen und als Annexe begründen lassen (BVerfGE 125, 260 (314 f.)). Ungeschriebene Kompetenzen kraft Natur der Sache lassen sich demgegenüber für diese Materie nicht begründen. 27

Zum Recht der **Informationsverarbeitung durch öffentliche Stellen** (§ 3; → Rn. 1 ff.) findet sich keine allgemeine Bundeskompetenz für das öffentliche Recht. Der Bund darf demnach den Datenschutz nur insoweit regeln, als ihm Gesetzgebungsrechte auf diesem Gebiet zustehen. Solche finden sich in Art. 73 GG in großer Zahl. Der Geltungsanspruch des Gesetzes (§ 1 Abs. 1; → Rn. 66) folgt hier weitgehend der Zuständigkeitsverteilung für das **Verwaltungsverfahren** (Art. 86 iVm Art. 84 Abs. 1 GG) bzw. das gerichtliche Verfahren (Art. 74 Abs. 1 Nr. 1 GG; dazu Bizer DuD 2001, 41; Simitis/Simitis BDSG aF Rn. 6 ff.). Das BVerfG geht davon aus, dass der Bundesgesetzgeber, wenn er behördliche Zugriffsrechte auf oder Verarbeitungsrechte von personenbezogenen Daten eröffnet, zugleich zur Regelung des entsprechenden Datenschutzes berechtigt und verpflichtet ist (BVerfGE 100, 313 (385 ff.); 125, 260 (314 f.)). Dieser Verpflichtung geht notwendig die entsprechende **Kompetenz kraft Sachzusammenhangs** voraus. Ob entsprechende bundesrechtliche Regelungen bereichsspezifisch in besonderen Gesetzeswerken (zB §§ 10, 12, 20, 20b BKAG, §§ 21, 24, 25, 29, 31a, 32, 34 BPolG; §§ 91 ff. TKG, §§ 11 ff. TMG) oder im allgemeinen BDSG statuiert werden, ist keine Kompetenz-, sondern eine Zweckmäßigkeitsfrage, kann aber Auswirkungen auf die Gesetzessystematik der Materie „Datenschutz" bzw. „Informations(verarbeitungs)recht" erlangen. 28

Gesetzgebungskompetenzen des Bundes für die **internationale Zusammenarbeit auf dem Gebiet des (grenzüberschreitenden) Datenschutzes** folgen entweder kraft Sachzusammenhangs aus den für die jeweilige Materie geltenden besonderen Regelungen, oder aber aus Art. 32 GG. Im Übrigen sind die Länder zur Gesetzgebung für die Datenverarbeitung bei öffentlichen Stellen zuständig. 29

Hinsichtlich der **Informationsverarbeitung durch Private** reichen die Gesetzgebungsrechte des Bundes weiter. Insbesondere seine Zuständigkeiten für das Bürgerliche Recht (Art. 74 Abs. 1 Nr. 1 GG), das Recht der Wirtschaft (Art. 74 Abs. 1 Nr. 11 GG) und das Arbeitsrecht (Art. 74 Abs. 1 Nr. 12 GG) lassen den Ländern kaum Raum für eigene Rechtssetzung, zumal der Bund von seinen Zuständigkeiten in weitem Umfang Gebrauch gemacht hat. Sie sind insoweit am ehesten für die Datenschutzaufsicht zuständig. 29a

30 Geltungsanspruch und Anwendungsbereich des BDSG beziehen sich auf den Bereich der Gesetzgebungskompetenzen des Bundes. Daneben steht der **Gesetzgebungsraum der Länder.** In ihm erlangt das Bundesrecht kaum unmittelbare, mittelbare bzw. leitbildhafte Wirkung: Weder gilt das Bundesrecht als Rahmengesetz, wie es Art. 75 GG aF früher für andere Materien vorsah, noch als Musterentwurf, da dafür dem Bund gleichfalls keine Zuständigkeit zukommt. Soweit § 1 den Anwendungsbereich des Gesetzes regelt, darf sich dieser nur im Rahmen und in den Grenzen der Bundeszuständigkeiten bewegen. Da die Grundsatznorm des § 1 sich also auf den Anwendungsbereich des Gesetzes bezieht und dieser seinerseits an den Zuständigkeitsrahmen des GG gebunden ist, beziehen sich auch **Geltungsanspruch und Anwendungsbereich der Grundsatznorm nur auf Stellen des Bundes.** Insoweit hält sich auch § 1 im Rahmen der Bundeszuständigkeiten. Der Landesgesetzgeber erlangt inhaltliche Vorgaben so am ehesten aus **Art. 8 EMRK, Art. 7, 8 GRCh und ergänzend den Grundrechte des GG** (→ Rn. 17; Vesting/Korioth/Spiecker, Der Eigenwert des Verfassungsrechts, 2011, 263). Ganz in deren Sinne sind dann auch § 1 sowie die Zweckbestimmungen der Landesgesetze auszulegen.

31 Der **Anwendungsvorrang des EU-Rechts** gilt auch gegenüber dem nationalen Verfassungsrecht, seien es Grundrechte oder Strukturprinzipien (EuGH BeckRS 2010, 91036 Rn. 61 – Winter Wetten). Er bezieht sich nicht nur auf das **Primärrecht,** sondern auch auf das **Sekundärrecht wie Verordnungen** (die gem. Art. 288 UAbs. 2 AEUV unmittelbar anwendbar sind) und **Richtlinien** (die nach Art. 288 UAbs. 3 AEUV grundsätzlich nur die Mitgliedstaaten binden und nur unter engen Voraussetzungen unmittelbar anwendbar sind (dazu EuGH NJW 1982, 499, Slg. 1982, 53 – Becker; ZIP 2005, 2171, Slg. 2005, I-9981 – Mangold. Bei Richtlinienumsetzung sind die Mitgliedstaaten hinsichtlich der „Wahl der Form und der Mittel" (Art. 288 UAbs. 3 AEUV) frei. Doch hindert das sog. **Wiederholungsverbot** die Mitgliedstaaten, Bestimmungen der Richtlinie wortwörtlich im nationalen Recht zu übernehmen. Hierdurch soll verhindert werden, dass das Auslegungsmonopol des EuGH für Begriffe des EU-Rechts durch eine konkurrierende Auslegung seitens nationaler Gerichte ausgehöhlt wird (EuGH BeckRS 2004, 70873 Rn. 9 ff., Slg. 1973, 981 – Variola). Allerdings sind punktuelle Bezugnahmen und Wortwiederholungen zulässig, zumal das BDSG gerade das Ziel verfolgt, „ein homogenes und verständliches Regelungsgefüge zu schaffen" (Greve NVwZ 2017, 737 (743)).

32 Für die **DS-GVO** werden indes einige Besonderheiten gegenüber den dargestellten Grundsätzen postuliert. So ordnet etwa Erwägungsgrund 8 insofern eine Durchbrechung des Wiederholungsverbotes an, als es den Mitgliedstaaten hiernach gestattet ist, „Teile dieser Verordnung in ihr nationales Recht" aufzunehmen, „soweit dies erforderlich ist, um die Kohärenz zu wahren und die nationalen Rechtsvorschriften ... verständlicher zu machen." Da die DS-GVO keine Richtlinie, aber auch keine „herkömmliche" Verordnung, sondern eben eine „Grund-Verordnung" darstellt, ist sie in Deutschland als **(Handlungsformen-)Hybrid** zwischen Richtlinie und Verordnung bezeichnet wurde (vgl. Kühling/Martini EuZW 2016, 448, 449). Zwar entfaltet auch die „Grund-Verordnung" wie alle anderen Verordnungen allgemeine und unmittelbare Wirkung (Art. 288 UAbs. 2 AEUV). Damit ist aber nicht gesagt, dass die durch sie getroffenen Regelungen einen Sachverhalt abschließend regeln würden. Dies ist bei der DS-GVO – anders als bei „normalen" Verordnungen – gerade nicht der Fall (vgl. BR-Drs. 110/17, 68). Vielmehr enthält die DS-GVO mehr als 70 sog. **Öffnungsklauseln** (Überblick bei Bennecke/Wagner DVBl. 2016, 500 ff.), die es den Mitgliedstaaten erlauben, die Bestimmungen der DS-GVO auszugestalten. Hierdurch werden die mitunter sehr komplexen Regelungen der DS-GVO konkretisiert und den Mitgliedstaaten die Möglichkeit eröffnet, an ihren nationalen datenschutzrechtlichen Traditionen festzuhalten (Rossnagel, DuD 2017, 277 (278)). Datenschutzrecht wird hierdurch zu einer Materie der „Ko-Regulierung" von EU und Mitgliedstaaten (Rossnagel DuD 2017, 277 (278)). Ob eine Öffnungsklausel vorliegt, ist dabei dem Wortlaut der DS-GVO-Norm zu entnehmen. Eröffnet sie den Mitgliedstaaten „Ermessen" (Art. 35 Abs. 10), „können" die Mitgliedstaaten „vorsehen" (Art. 80 Abs. 2 DS-GVO) oder „näher bestimmen" (Art. 87 DS-GVO), liegt eine Öffnungsklausel vor. Hierzu kann unterschieden werden zwischen: **obligatorischen** und **fakultativen** (im ersten Falle ist eine mitgliedstaatliche Regelung zwingend erforderlich, um der DS-GVO-Norm Wirkung zu verleihen, im letzteren Falle nicht), **allgemeinen** und **spezifischen** (erstere eröffnen Regelungsspielräume für allgemeine, letztere für spezifische Regelungen der DS-GVO), sowie zwischen **echten** und **unechten Öffnungsklauseln** (erstere gewähren den Mitgliedstaaten echte Regelungsspielräume, letztere verweisen nur auf andere Normen in der DS-GVO). Weiterhin kann danach unterschieden werden, ob Öffnungsklauseln zur **Konkretisierung, Ergänzung** oder **Modifikation** der DS-GVO-Norm ermächtigen (Kühling/Martini DS-GVO 9 ff.). Daher ist die DS-GVO – trotz ihres Verordnungscharakters – „nur im Grundsatz abschließend" (vgl. BT-Drs. 18/11325, 73; differenzierend Pohl PinG 2017, 85). Ob sich dieses Modell einer differenzierenden

Anwendungsbereich des Gesetzes § 1 BDSG

Bestimmung der Anwendungsbereich supra- und nationaler Normebenen im Datenschutzrecht auch in Europa und im Europarecht durchsetzen wird, bedarf weiterer Klärung.

Ausgehend hiervon erschließt sich die Bedeutung des neuen § 1 **Abs. 5,** der das **Verhältnis** 33 **des BDSG zur DS-GVO** regelt. Danach soll das BDSG für den Fall keine Anwendung finden, dass das EU-Recht und insbesondere die DS-GVO „unmittelbar gilt". Daher ist Abs. 5 dahingehend auszulegen, dass das **BDSG** auch **immer dann Anwendung** findet, wenn die DS-GVO eine (obligatorische oder jedenfalls fakultative) **Öffnungsklausel** verwendet (Kühling NJW 2017, 1985 (1987)), dh keine abschließende Regelung über einen Gegenstand trifft. Nunmehr gilt also ein **„Zwei-Stufen-Modell"** (vgl. Kühling NJW 2017, 1985 (1987)): Auf der ersten Stufe steht die DS-GVO, die unmittelbar Anwendung findet. Das BDSG kommt auf der zweiten Stufe zur Anwendung, wenn die DS-GVO eine Öffnungsklausel enthält.

Für den Fall, dass die Verarbeitung personenbezogener Daten durch öffentliche Stellen weder 34 in den Anwendungsbereich der DS-GVO noch der JI-Richtlinie fällt, bestimmt § 1 **Abs. 8,** dass die **DS-GVO** sowie die **Teile 1** (= Gemeinsame Bestimmungen, §§ 1–21) **und 2** (= Durchführungsbestimmungen zur DS-GVO, §§ 22–44) des **BDSG Anwendung** finden, soweit das Gesetz selbst nicht etwas Anderes regelt. Daher fällt beispielsweise die Änderung einer Wahlbekanntmachung nicht unter das BDSG, da § 85 BWO insoweit „datenschutzrechtliche Spezialregelungen" vorsieht (vgl. VG Berlin BeckRS 2021, 32609 Rn. 8). Bedeutendster Anwendungsfall für § 1 Abs. 8 dürfte die **Bereichsausnahme der nationalen Sicherheit** (zum Begriff: GHN/v. Bogdandy/Schill Art. 4 EUV Rn. 34) sein, für die der Europäische Gesetzgeber gemäß nach Art. 4 Abs. 2 S. 3 EUV keine Regelungskompetenz besitzt und die gem. Art. 2 Abs. 2 lit. a iVm Erwägungsgrund 16 DS-GVO, Art. 2 Abs. 3 lit. a iVm Erwägungsgrund 14 JI-Richtlinie nicht in den Anwendungsbereich des Unionsrechts fällt (vgl. BT-Drs. 18/11325, 79). Demnach gilt § 1 Abs. 8 für die „Datenverarbeitung durch das Bundesamt für Verfassungsschutz, den Bundesnachrichtendienst, den Militärischen Abschirmdienst" und der „Bereich des Sicherheitsüberprüfungsgesetzes" (vgl. BT-Drs. 18/11325, 79). Das BDSG ist für diese Behörden insofern maßgeblich, als nicht spezielle Regelungen etwa des **BVerfSchG,** des **BNDG,** des **MADG** oder des **Sicherheitsüberprüfungsgesetzes** vorgehen. Dies ergibt sich aus der in § 1 Abs. 2 normierten Subsidiarität des BDSG gegenüber spezielleren Gesetzen (→ Rn. 77 ff.).

III. Zum Anwendungsbereich des § 1

§ 1 reicht so weit, wie das Bundesdatenschutzrecht reicht. Dies gilt zunächst für das BDSG 35 selbst. Hier wirkt § 1 in einem doppelten Sinne:

Zunächst als **Auslegungs- und Anwendungsmaxime** hinsichtlich der sonstigen Normen 36 des BDSG: Sie sind historisch, systematisch und teleologisch im Lichte der Grundsatznorm zu verstehen und anzuwenden. Dieser Auftrag richtet sich insbesondere an die vollziehende Gewalt und an die Rechtsprechung, aber auch an alle anderen Adressaten des Gesetzes. Als Auslegungs- und Anwendungsmaxime wirkt § 1 aufgrund der in ihm eingeführten Grundlagenbegriffe und Verhältnisbestimmungen.

Sodann als **eigenständiger Datenschutzauftrag** neben den sonstigen Bestimmungen des 37 Gesetzes: Datenschutz ist auch im Bund nicht notwendig identisch mit der Anwendung der §§ 2 ff., sondern kann darüber hinausgehende Aufträge zum Schutz personenbezogener Informationen begründen. Grundrechtsverwirklichung geht über bloßen Gesetzesvollzug hinaus. Demnach besteht die Zweckverwirklichungskompetenz des Bundes auch unmittelbar aus § 1, soweit zu treffende Maßnahmen ohne besondere Rechtsgrundlagen zulässig sind. Dies kann sich auf Entwicklungsaufgaben (etwa hinsichtlich administrativer oder technischer Verfahren), Informationsaufgaben als Teil allgemeiner Behördenaufgaben (dazu HSV VerwR/Gusy VerwR § 23 Rn. 32 ff. (35)), Kooperationsaufgaben mit öffentlichen und privaten Stellen oder Marktbeobachtungs- und vergleichbare Maßnahmen beziehen. Hier kommen dem § 1 aufgabenbegründende und zielsetzende Wirkung zu. Welche Maßnahmen zu ihrer Wahrnehmung zulässig sind, richtet sich allerdings nicht (ausschließlich) nach dieser Bestimmung, sondern nach der gesamten Rechtsordnung.

Die genannten **Aufträge richten sich an alle gesetzesgebundenen Stellen.** Im öffentlichen 38 Sektor sind dies alle informationsverarbeitenden Behörden und Gerichte. Dazu zählen selbstverständlich auch die Datenschutzbeauftragten. Doch bleibt festzuhalten: **Weder die Verwirklichung der dargestellten Zielsetzungen noch die Anwendung des Gesetzes im Übrigen ist ausschließlich Aufgabe der Datenschutzbeauftragten.** Ihre Aufgaben sind nunmehr in § 7 BDSG positiv umschrieben.

Der Anwendungsbereich des § 1 im Bundesrecht reicht über das BDSG hinaus. Er bezieht sich 39 auch auf **sonstige Bundesgesetze, welche besondere Regelungen** – etwa bereichsspezifischer

Gusy/Eichenhofer

Art – **über die Verarbeitung personenbezogener Daten enthalten** und als Spezialregelungen dem BDSG vorgehen (s. § 1 Abs. 2, → Rn. 78 ff.). Soweit sie keine eigenständigen Grundbegriffe und Grundsätze enthalten, ist § 1 auch auf sie anzuwenden. In diesem Umfang begründet die Grundsatznorm eine **präambelartige Vorgabe für das gesamte Datenschutzrecht des Bundes**.

40 Ihr Anwendungsbereich kann aber noch weiter reichen und sich auf alle bundesgesetzlichen Regelungen beziehen, welche Vorschriften über Datenverarbeitung oder Informationsrechte enthalten, sofern in deren Rahmen auch datenschutzrechtliche Fragestellungen entstehen können. Nicht erforderlich ist also, dass sich das jeweilige Gesetz explizit als Datenschutzgesetz versteht oder gar benennt. Vielmehr reicht es aus, dass datenschutzrelevante Fragestellungen entstehen können. Insoweit wirkt § 1 als eine **Schlüsselnorm für das gesamte Datenverarbeitungs- und Informationsrecht**. Insoweit können bereichsspezifisch neben die datenschutzrechtliche allerdings auch andere gesetzliche Zielvorgaben treten.

D. Zum Inhalt des § 1 Abs. 1 BDSG

41 § 1 Abs. 1 ist als systembildende Grundsatznorm des Gesetzes sowohl inhaltlich eigenständig als auch offen und dynamisch konzipiert (→ Rn. 23).

I. Privatheit und informationelle Selbstbestimmung als Schutzgut

42 Während Schutzgut des Gesetzes bis zum Inkrafttreten des DSAnpUG-EU explizit in § 1 Abs. 1 BDSG aF genannt gewesen war (→ Rn. 6), fehlt es in der geltenden Gesetzesfassung an einer vergleichbaren Bestimmung. **Schutzgüter** sind nunmehr die **Grundrechte des GG, der EMRK und der GRCh**. Hierfür ist zunächst an die **multiple Funktion des DSAnpUG-EU** (→ Rn. 1) zu erinnern: Es bezweckt (1) Anpassung des BDSG an die DS-GVO, (2) Umsetzung der JI-Richtlinie und (3) Regelung des Datenschutzes für den Fall, dass weder der Anwendungsbereich der DS-GVO noch der JI-Richtlinie eröffnet sind (→ Rn. 34). In allen drei Konstellationen sind alle drei Gewalten des deutschen Staates an die **Grundrechte des GG gebunden** (vgl. Art. 1 Abs. 3 GG). Da das DSAnpUG-EU der Anpassung an die DS-GVO bzw. der Umsetzung der JI-Richtlinie dient, käme auch eine **Bindung an die Grundrechte der GRCh** in Betracht, wenn man im Erlass und Vollzug des DS-GVO eine „**Durchführung**" des EU-Rechts nach Art. 51 Abs. 1 GRCh sieht (EuGH BeckRS 2006, 70664, Slg. 2006, I-7569 – **Cordero Alonso**; noch weiter BeckRS 2013, 80395 – **Åkerberg Fransson**). Infolge dessen sind in den Konstellationen (1) und (2) die Garantien der GRCh anwendbar (so auch Greve NVwZ 2017, 737 (744); aA Klement JZ 2017, 161 (168), der im Anwendungsbereich der DS-GVO nur die GRCh anwenden will; zur Anwendbarkeit der GRCh auf rein nationale Gesetzgebungsakte dagegen: Starke DVBl 2017, 721). Aufgrund der **parallelen Anwendbarkeit mehrerer Grundrechtsordnungen** bedarf es einer Konkurrenzregel. Die wohl herrschende Meinung (vgl. etwa Jarass, 3. Aufl. 2016, GRCh Art. 53 Rn. 4; Jarass EuR 2013, 37 ff.; Schwarze/Becker Art. 53 Rn. 1; Meyer/Borowsky Art. 53 Rn. 14) geht hier – abweichend vom Anwendungsvorrang des EU-Rechts (→ Rn. 31) – vom sog. **Meistbegünstigungsgrundsatz** aus. Danach sind mehrere Grundrechtsordnungen nebeneinander anwendbar, Betroffene können sich auf das Grundrecht berufen, das ihnen den weitestreichenden Schutz gewährt. Grundrechtsbestimmungen, die einen weniger starken Schutz gewähren, werden dabei nicht automatisch verdrängt (Jarass, 3. Aufl. 2016, GRCh Art. 53 Rn. 4 mwN; aA Ruffert EuR 2004, 174). Ferner haben die Garantien der Charta, soweit ihre Bedeutung nach jenen der **EMRK** entsprechen, gem. Art. 52 Abs. 3 GRCh dieselbe Bedeutung und Tragweite, wie sie ihnen durch den EGMR verliehen wurde. Darüber hinaus legt Art. 53 GRCh fest, dass keine Bestimmung der Charta so ausgelegt werden darf, dass sie ein geringeres Schutzniveau aufweist als etwa die Menschenrechte der EMRK. Hierin kommt der Meistbegünstigungsgrundsatz auch zwischen GRCh und EMRK zum Ausdruck.

43 Auf der **europäischen Ebene** sind neben dem Grundrecht auf Datenschutz aus **Art. 8 GRCh** (→ Rn. 20) die grundrechtlichen Gewährleistungen zum Schutz des Privatlebens in **Art. 7 GRCh** und **Art. 8 EMRK** von Bedeutung (zum Verhältnis von GRCh und EMRK bereits → Rn. 42). Dagegen hat Art. 16 Abs. 1 AEUV nur eine grundrechtsstützende Funktion (Britz EuGRZ 2009, 1 (2)). Während Art. 8 EMRK anerkanntermaßen eine „Prägefunktion" (Ehlers/Schorkopf, Europäische Grundrechte und Grundfreiheiten, § 16 Rn. 14) für die Auslegung von **Art. 7 und 8 GRCh** zukommt, ist das **Verhältnis dieser beiden Grundrechtsbestimmungen alles andere als geklärt**. Die hierzu vertretenen Auffassungen lassen sich im Wesentlichen auf drei Thesen herunterbrechen (vgl. Eichenhofer, Der Staat 2016, 41 (61 ff.)). Nach der **Exklusivitätsthese**

stellen Art. 7 und 8 GRCh zwei Kreise ohne Schnittmenge dar: Während Art. 8 GRCh seine Funktion im Schutz vor der Verarbeitung personenbezogener Daten hat, schützt Art. 7 GRCh alle anderen Aspekte des Privatlebens (vgl. zu dieser Auffassung etwa González Fuster, The Emergence of Personal Data Protection as a Fundamental Right oft he EU, 2014, 200). Nach der **Spezialitätsthese** ist Datenschutz dagegen eine Teilmenge des Privatlebens (so etwa Calliess/Ruffert/Kingreen GRCh Art. 8 Rn. 1). Die Spezialität des Datenschutzes hätte zur Folge, dass im Falle der Eröffnung des Schutzbereiches von Art. 8 GRCh das „allgemeinere" Grundrecht des Art. 7 GRCh verdrängt würde, also nicht mehr angewendet werden dürfe (so etwa noch: Jarass, 2. Aufl. 2013, GRCh Art. 7 Rn. 5; Meyer/Bernsdorff, GRCh, 4. Aufl. 2015, Art. 8 Rn. 13). Demgegenüber vertritt der EuGH, indem er Art. 7 und 8 GRCh in ständiger Rechtsprechung zusammen anwendet (vgl. etwa EuGH BeckRS 2010, 91284 Rn. 52 – **Schecke und Eifert;** EuGH NJW 2014, 2169 – **Digital Rights Ireland,** Rn. 24 f. (37); EuGH BeckRS 2014, 80862 – **Google Spain;** EuGH BeckRS 2015, 81250 Rn. 66, 91 – **Schrems**), eine **Komplementaritäts- bzw. Überschneidungsthese,** wonach Art. 7 und 8 GRCh zwei sich überschneidende Kreise darstellen. Danach ist einerseits Art. 7 GRCh weiter als Art. 8 GRCh, da der Schutz des Privatlebens mehr als den Datenschutz erfasst. Andererseits ist aber auch Art. 8 GRCh insofern weiter als Art. 7 GRCh, als nicht jedes personenbezogene Datum dem Privatleben zuzuordnen ist (dies übersieht Michl DuD 2017, 349 (352)). So differenziert auch die DS-GVO zwischen „personenbezogenen" und besonders „sensiblen" Daten, die gem. Art. 9 DS-GVO nur unter strengen Anforderungen verarbeitet werden dürfen (BAG APBetrVG 1972 § 80 Rn. 86; s. auch BVerwG NZI 2019, 309; zur Abgrenzung auch BAG NZA 2019, 1218; LAG LSA NZA-RR 2019, 256). Für den Überschneidungsbereich, dh die Verarbeitung „privater" (zB sensibler) Daten, erscheint es deshalb nur konsequent, Art. 7 und 8 GRCh gemeinsam heranzuziehen. Dabei kommt **Art. 8 GRCh** einerseits **schutzbereichskonkretisierende Wirkung** für die Auslegung von Art. 7 GRCh zu, während der Schutzbereich des Art. 8 GRCh andererseits mit Blick auf die Anforderungen eines wirksamen Privatheitsschutzes nach Art. 7 GRCh ausgelegt werden muss.

Aus den **Grundrechten des GG,** soweit daneben und ergänzend anwendbar, bleibt das **Allgemeine Persönlichkeitsrecht** von Bedeutung. Die frühere Gesetzesformulierung greift damit ein Rechtsgut auf, welches im Verfassungs- (→ Rn. 6) als auch im Zivilrecht (dazu Buchner, Informationelle Selbstbestimmung im Privatrecht, 2006, 4 ff. (214 ff., 279 ff.); anerkannt ist. Es ist als **Rahmenrecht** zu begreifen, welches inhaltlich nicht feststeht, sondern durch die Rechtsordnung konzipiert und ausgestaltet werden muss (BGHZ 24, 72 (79 f.); 27, 284 (289 f.); 73, 120 (124); 114; 339 (348); 120, 180 (200 f.); 181, 328 (338); 183, 353 (357)). Dies gilt sowohl hinsichtlich seines Inhalts, also der Anerkennung einzelner Dimensionen der „Persönlichkeit" als Rechtsgut, als auch hinsichtlich seiner Schranken. Dazu zählen etwa das Recht am eigenen Bild oder der Schutz der Wohnung als räumliche Dimension der Persönlichkeitsentfaltung. Einzelne dieser Dimensionen sind vom Gesetzgeber anerkannt worden, andere behielten ihren ursprünglichen Status als Richterrecht bei. Ähnlich verhält es sich mit den Schranken, welche je nach Nähe zum Persönlichkeitskern einerseits oder dem Sozialbezug einer Information andererseits unterschiedlich konzipiert sein können und müssen. Hier gilt es, das Persönlichkeitsrecht als individuelles Gut in die Sozialordnung der Rechte Anderer und der Allgemeinheit einzuordnen. Je stärker es in die Öffentlichkeit tritt und Belange Dritter berühren kann, desto **abwägungs- und gestaltungsbedürftiger** ist es. Dieser Auftrag trifft sowohl den Gesetzgeber als auch Rechtsprechung und Exekutive im Rahmen der Gesetzesanwendung. Das Rechtsgut ist demnach rechtlich (insoweit vergleichbar Art. 14 Abs. 1 GG) **sowohl ausgestaltungsfähig als auch ausgestaltungsbedürftig. Es bedarf auch für das Recht der personenbezogenen Daten** einer bereichsspezifischen Ausformung und Konkretisierung. Dies schließt **unterschiedliche Konkretisierungen im Laufe der Zeit** und hinsichtlich unterschiedlicher Daten und Verarbeitungsformen nicht aus, sondern fordert sie geradezu ein. Dabei können und müssen rechtsdogmatische Erkenntnisstände sowohl zum Verfassungs- wie auch zum Gesetzesrecht einfließen. Ähnliches gilt hinsichtlich neuer technischer Verarbeitungsformen bzw. neuer Erkenntnisse und Entwicklungen im Informationsrecht im Allgemeinen, wie auch im Datenschutzrecht im Besonderen. **44**

Mit fortschreitender Digitalisierung und Vernetzung durch internetbasierte Informations- und Kommunikationswege wird zunehmend deutlich, dass der Datenschutz nicht nur individualschützende Wirkung, sondern auch eine **gesellschaftliche Bedeutung** hat (vgl. etwa von Lewinski, Die Matrix des Datenschutzes, 2014, 55 ff.). Folglich tritt neben das Allgemeine Persönlichkeitsrecht ein **„öffentliches Interesse an Privatheit"** (Klement JZ 2017, 161; zum Begriff und zur sozialen Dimension von Privatheit etwa: Rüpke, Der verfassungsrechtliche Schutz der Privatheit, 1976; Eichenhofer, Der Staat 2016, 41, 43 mwN; zum Verhältnis von Privatheit und Demokratie: Gusy KritV 2015, 430 ff.). **44a**

44b Im deutschen und europäischen Datenschutzrecht geht es primär um Rechte von Menschen, von Individuen und deren Schutz. Maßgeblich ist der Schutz konkretisierbarer Personen hinsichtlich von Informationen, also solcher Daten, welche einzelnen Personen zugeordnet werden können (s. auch § 3 Abs. 1; → § 3 Rn. 1 ff., → BDSG 2003 [aK] § 3 Rn. 142 ff.; zur Problematik im Internet s. auch Härting CR 2008, 743). Dabei bezieht sich der Schutz auf **natürliche Personen**, deren Würde und Selbstbestimmung im Zentrum des GG stehen. Demgegenüber verfügen **juristische Personen** allenfalls iRd Art. 19 Abs. 3 GG über vergleichbare Rechte, die allerdings wegen der grundsätzlichen Andersartigkeit juristischer gegenüber natürlichen Personen gerade im Bereich der Informationsbeziehungen nicht schematisch gleichgesetzt werden können (BVerfGE 118, 168 (203 ff.)). Dies schließt einen anderweitigen Rechtsschutz juristischer Personen nicht aus, etwa hinsichtlich ihrer Betriebs- und Geschäftsgeheimnisse oder ihres geschäftlichen Rufes (dazu näher Kau, Vom Persönlichkeitsrecht zum Funktionsschutz, 1989, 39; Koreng GRUR 2010, 1065 (1068 f.); offen lassend BVerfG NJW 1994, 1784). Doch ist es weder verfassungs- noch unionsrechtlich geboten, beide Formen von „Personen" hinsichtlich des Umgangs mit ihren Daten gleichzustellen. Ihr Ausschluss aus dem Anwendungsbereich des § 3 Abs. 1 schließt sie im Rahmen seines Anwendungsbereichs, nicht hingegen von jeglicher Form des Schutzes sie betreffender Informationen aus. Dieser bedarf für sie allerdings besonderer rechtlicher Konkretisierung.

45 Der Personenbezug bezeichnet den **Bezug eines Zustands oder eines Verhaltens zur Rechtssphäre einer Person**. Diese Rechtssphäre ist nicht einfach da, sondern bedarf der Anerkennung und Ausgestaltung durch die Rechtsordnung. Infolge der Generalklauselartigkeit der hier maßgeblichen Bestimmungen (etwa Art. 2 Abs. 1 GG, § 823 Abs. 1 BGB) stellt sich diese Aufgabe nicht allein der Rechtsetzung, sondern zentral auch der Rechtsprechung und Rechtswissenschaft. Wegen der unterschiedlichen Emanationen von Persönlichkeitsrechten ist es nahe liegend, dass sie von Handlungen Dritter in ganz unterschiedlicher Weise und Intensität betroffen sein können (s. etwa Gola/Schomerus BDSG aF § 1 Rn. 6; Vogelgesang, Grundrecht auf informationelle Selbstbestimmung?, 1987, 39 ff.; Müller VersR 2008, 1141). Hier zeichnet sich das „Persönlichkeitsrecht" durch ein vergleichsweise hohes Maß an Offenheit aus (dazu auch BVerfGE 35, 202 (220); 54, 148 (153); 72, 155 (170); 79, 256 (268); 90, 263 (270 f.)). Es wird insbesondere nicht erst dann relevant, wenn eine Person in Isolation oder Abgeschiedenheit von anderen lebt, also Maßnahmen ergreift, um bestimmte Informationen über sich abzuschotten. Im Gegenteil: Alle hier verwendeten Chiffren (**Sphärentheorie** (BVerfGE 27, 1), **informationelle Selbstbestimmung** (BVerfGE 65, 1 (41 ff.)), **Integrität und Vertraulichkeit informationstechnischer Systeme** (BVerfGE 120, 274 (303); s. auch → Syst. C Verfassungsrechtliche Grundlagen Rn. 10 ff., 46 ff., 144 ff.) gehen davon aus, dass es eben nicht nur um intime, höchst vertrauliche oder geheime Informationen geht. Datenschutz beginnt nicht erst dann, wenn der Einzelne sich aus der Gesellschaft zurückzieht. Er soll vielmehr gerade dann stattfinden, wenn die Menschen sich in die Gesellschaft begeben. Datenschutz setzt sozial und kommunikativ interagierende Personen voraus. Er ist eine **Spezifikation, Ausgestaltung und Modalität des Informations- und Kommunikationsrechts** und nicht dessen Gegenteil. Darin zeigt sich, dass jene Formeln sich nicht notwendig wechselseitig ausschließen, sondern als Konkretisierungen des Persönlichkeitsrechts nebeneinander stehen können. Auch die älteste von ihnen, die Sphärentheorie, ist nach wie vor von gewisser Bedeutung, zwar nicht für das „Ob", wohl aber für das „Wie" des Schutzes (Gusy FS Folz 2003, 103 mwN).

46 Die unterschiedlichen Formeln des EU- wie des deutschen Rechts bezeichnen rechtlich anerkannte und anerkennungswürdige Ausprägungen des Persönlichkeitsrechts in verschiedenen Problemstellungen, Problemperspektiven und Entwicklungsstufen. So können etwa Antworten auf Fragen nach der Schutzwürdigkeit bestimmter Daten in Datenverarbeitungsvorgängen oder in Speichern Dritter (dazu Simitis/Simitis BDSG aF Rn. 57: „informationelle Selbstbestimmung ist eindeutig verarbeitungs- und nicht datenorientiert"), die Möglichkeiten, Bedingungen und Wirksamkeitsgrenzen eines Verzichts bzw. einer Einwilligung in die Verarbeitung oder die Anforderungen an die Ausgestaltung der technischen Verfahren zur Datenverarbeitung auch davon abhängen, welche der genannten Ausprägungen zugrunde gelegt wird.

II. „Personenbezogene Daten" als Anwendungsvoraussetzung

47 Der sachliche Anwendungsbereich des BDSG wird – ebenso wie derjenige der DS-GVO (zum Begriff des Personenbezuges in der DS-GVO: Krügel ZD 2017, 455; zur autonomen Auslegung dieses Unionsrechtsbegriffs: Hofmann/Johannes ZD 2017, 221) und der JI-Richtlinie - maßgeblich durch den **Begriff der „personenbezogenen Daten"** definiert. Das Datenschutzrecht beschränkt seine Anwendung ausschließlich auf diese Kategorien von Daten (zur Unterscheidung von Daten und Informationen Kloepfer, Informationsrecht, § 1 Rn. 52 ff.; HSV VerwR/Vesting VerwR § 20 Rn. 11) Die Legaldefinition des Begriffs der „personenbezogenen Daten" in Art. 4 Nr. 1 DS-GVO (vgl. Kühling/Martini DS-GVO 308) findet sich auch über dessen Anwendungsbereich hinaus in § 46 Nr. 1 BDSG. Obwohl es sich bei dem Begriff um die **Grundkategorie des Datenschutzrechts** handelt, ist sein Inhalt nach wie vor umstritten. Der Streit bezieht sich insbesondere auf die Frage, unter welchen Bedingungen eine Person aufgrund eines Datums **„bestimmbar"** (§ 3 Abs. 2 BDSG aF) bzw. **„identifizierbar"** (Art. 4 Nr. 1 DS-GVO) ist. Die hierzu vertretenen Auffassungen (Überblick bei Bergt ZD 2015, 365 ff.) lassen sich auf eine sog. **absolute** (zuweilen auch „objektive") und eine **relative** (bzw. „subjektive") **Perspektive** zurückführen (Herbst NVwZ 2016, 902; pointierte Gegenüberstellung bei Brink/Eckhardt ZD 2015, 1). Beide Auffassungen unterscheiden sich hinsichtlich der Frage, wer „in der Lage" sein muss, „die Person zu bestimmen" (Herbst NVwZ 2016, 902 (903)): Entweder der **Verantwortliche** (so die relative bzw. subjektive Auffassung) oder ein beliebiger Dritter (so die absolute bzw. objektive Auffassung). Je nachdem, welcher der beiden Auffassungen gefolgt wird, erweist sich der sachliche Anwendungsbereich als schmaler (relative Auffassung) oder weiter (absolute Auffassung). Allerdings wird keine der beiden Auffassungen in Reinform vertreten (Herbst NVwZ 2016, 902 (904)). So wird der relative Ansatz etwa dahingehend erweitert, dass ein Personenbezug auch dann gegeben sein soll, wenn sich der Verantwortliche der Fähigkeiten oder des Wissens eines Dritten bedient (Auernhammer/Eßer, 4. Aufl. 2014, § 3 Rn. 19), wobei die Hinzuziehung des Dritten nicht mit übermäßigem Aufwand verbunden sein darf (Gola/Schomerus/Gola/Klug/Körfer BDSG aF § 3 Rn. 10). Dagegen wird der weite absolute Ansatz dahingehend eingeengt, dass ein Personenbezug dann nicht vorliegen soll, wenn der Betroffene nur mit unverhältnismäßigem Aufwand bestimmt bzw. identifiziert werden könnte, sodass seine Bestimm- bzw. Identifizierbarkeit als äußerst unwahrscheinlich gilt (sog. „faktisch-absolute" Auffassung nach Herbst NVwZ 2016, 902 (905); ganz ähnlich etwa Erwägungsgrund 26 Datenschutzrichtlinie RL 95/46/EG und Erwägungsgrund 26 DS-GVO; ähnlich Simitis/Hornung/Spiecker/Karg Art. 4 Rn. 59). Ausgehend von dieser Perspektive erweist sich der Personenbezug als „gradueller Begriff" (Herbst NVwZ 2016, 902 (905)), da die Frage der Bestimm- bzw. Identifizierbarkeit somit eine Frage der Wahrscheinlichkeit wird. Abzugrenzen vom Personenbezug ist sowohl der Bezug von Informationen zu **Personenmehrheiten oder -gruppen** als auch der **Sach- oder Infrastrukturbezug von Daten.** Hier kann das Merkmal der „Unmittelbarkeit" nicht allein entscheidend sein, wenn es Informationen gibt, welche sowohl den einen wie auch den anderen Bezug aufweisen können. Praktisch werden diese Fragen in jüngerer Zeit in Diskussionen um Google Earth und Google Street View (dazu Holznagel/Schumacher JZ 2011, 57; Gusy KommunalPraxis BY 2010, 174; Hoffmann CR 2010, 514; Spieker CR 2010, 311; Ernst CR 2010, 178; Forgó/Krügel/Müllenbach CR 2010, 616; Steinbeck FS Loschelder,2010, 367; Fickert DuD 2009, 495; Caspar DÖV 2009, 965; Weichert DuD 2007, 113; Weichert DuD 2009, 347; Dreier/Spiecker, Die systematische Aufnahme des Straßenbilds, 2010; zum WLAN-Scanning Hagemeier HRRS 2011, 72; zu Luftbildern der Polizei s. Kornmeier, Der Einsatz von Drohnen zur Bildaufnahme, 2011, 92 ff.) und vor allem **IP-Adressen,** die es jedenfalls dem Access-Provider erlauben, die Person, der die IP-Adresse zugewiesen wurde, zu bestimmen bzw. zu identifizieren. Der EuGH hat diese Frage mit der Begründung bejaht, dass IP-Adressen die „genaue Identifizierung der Nutzer ermöglichen" (BeckRS 2011, 81685 Rn. 51 – **Scarlet Extended).** Nachdem in der Folgezeit unklar war, ob sich diese Aussage nur auf **„statische"** (einmal vergebene und fortlaufend genutzte) IP-Adressen bezieht, oder auch auf **„dynamische"** (bei jeder Sitzung neu vergebene) IP-Adressen, hat der EuGH (NJW 2016, 3579 – **Breyer)** entschieden, dass auch dynamische IP-Adressen personenbezogene Daten sind. Dies gilt jedenfalls, wenn sich der Content- oder Service-Provider vom Access Provider die Daten ohne größeren Aufwand verschaffen kann. Dieser Auffassung ist der BGH NJW 2017, 2416 für das BDSG gefolgt.

Daten und Informationen betreffen Menschen nur selten „als solche", sondern regelmäßig in bestimmten **Eigenschaften, Rollen oder Verhaltensweisen.** Nach deren Persönlichkeitsrelevanz bestimmt sich auch die Persönlichkeitsrelevanz der auf sie bezogenen Daten. Der allseits anerkannte Satz, wonach es keine „irrelevanten", „harmlosen" oder „trivialen" personenbezogenen Daten gebe (Simitis/Simitis BDSG aF Rn. 58 (83 f.)), besagt nicht, dass alle oder alle anderen Daten gleichermaßen **persönlichkeitsrelevant** sein müssen. Hier kann es rechtliche Unterschiede geben (s. auch BVerfGE 120, 378 (403); BVerfG NVwZ 2019, 381; zu Abstufungen und Differenzierungen auf Grundrechtsebene Gusy FS Schenke 2011, 395). In Anpassung an Art. 9 DS-GVO nimmt das BDSG nunmehr auch eine qualitative Differenzierung von Daten vor, als § 22 Regeln zur Verarbeitung **„besonderer Kategorien"** personenbezogener Daten aufstellt. Hiermit sind gem. Art. 9 Abs. 1 DS-GVO Daten gemeint, aus denen „die **rassische und ethnische Herkunft,** politische Meinungen, religiöse oder weltanschauliche Überzeugungen oder die Gewerkschaftszugehörigkeit" einer Person hervorgehen, sowie **genetische oder biometrischen Daten** „zur eindeutigen Identifizierung einer natürlichen Person", sowie „**Gesundheitsdaten oder Daten zum Sexualleben oder der sexuellen Orientierung**". Die Verarbeitung dieser Daten ist nur den – im Vergleich zur Vorgängerbestimmung des Art. 8 DSRL und zu den Anforderungen an die Verarbeitung sonstiger personenbezogener Daten (vgl. Art. 6 DS-GVO) – vergleichsweise engen Voraussetzungen des Art. 9 Abs. 2 DS-GVO zulässig (zu den Anforderungen des Art. 9 DS-GVO an Big Data-Verfahren: Schneider ZD 2017, 303). Hiermit wird mit abschließender Konkretisierung und sektorenübergreifend, dh mit „tendenziell horizontaler Wirkung" eine fakultative Öffnungsklausel mit erheblicher Tragweite postuliert (vgl. Kühling/Martini DS-GVO 48). **Es gibt also keine „irrelevanten" personenbezogenen Daten, sondern nur solche von unterschiedlicher Relevanz.**

49 Die Gleichheit der Anwendbarkeit des Datenschutzrechts auf alle personenbezogenen Daten bedeutet keinen gleichen Schutz sämtlicher derartigen Informationen. Auf der Basis des allgemeinen Einbeziehungsgebots aller geschützten Informationen enthält die Rechtsordnung zugleich ein Differenzierungsgebot hinsichtlich des Schutzumfangs. Auch wenn es kein belangloses Datum gibt, ist umgekehrt nicht jedes Datum gleichermaßen belangvoll. Ähnliches gilt für unterschiedliche Formen der Informationserhebung bzw. -verarbeitung. Rechtlich notwendige Differenzierungen können etwa resultieren aus dem Inhalt der betroffenen Daten, den Erhebungs-, Verarbeitungs- und Verknüpfungsformen und den besonderen, rechtlich anerkannten Interessen, welche einen speziellen Umgang mit den Daten erfordern oder diesem umgekehrt entgegenstehen können. Maßgeblich sind also die im Einzelfall tangierten Belange, deren im Einzelfall betroffene Träger und die Grade ihrer jeweiligen tatsächlichen und rechtlichen Involviertheit im konkreten Fall. Diese im Persönlichkeitsrecht angelegten, rechtlich vielfältig ausgeformten Unterschiede in **differenzierte Regelungsbedürfnisse** begründen. Nicht jeder Sonderfall bedarf der Regelung in allgemeinen Gesetzen, wohl aber typische Fallkonstellationen, welche ein besonderes Legitimations- oder Schutzbedürfnis gerade durch das Verfahren der Legislative begründen können. Die daraus hergeleiteten **Forderungen nach bereichsspezifischen Sonderregelungen** setzen zunächst die Geltung allgemeiner Grundregeln voraus. Viel spricht also für ein legislatives Kaskadenmodell, welcher einem allgemeinen Informations- bzw. Datenschutzrecht Sonderregelungen für spezifische Rechtsgebiete oder Fallkonstellationen zur Seite stellt. Mehr Gesetzestext ist aber nicht notwendig mehr Recht. **Informationsverarbeitungs- und Datenschutzrecht sind eher eine Frage der Qualität als der Quantität von Normen.** So kann die massenweise Erhebung und Verarbeitung von (personenbezogenen) Daten in Gestalt moderner **Big Data-Verfahren** (grundlegend Paal/Hennemann, NJW 2017, 1697) in ein qualitatives Datenschutzproblem umschlagen – entweder weil sich aus einer Vielzahl nicht personenbezogener Daten (sog. **Metadaten**) erstmals ein Personenbezug herstellen lässt oder, sofern der Personenbezug bereits hergestellt wurde, weil sich allein aufgrund der Menge der verfügbaren Daten die Möglichkeiten der Persönlichkeits- und Privatheitsbeeinträchtigung um ein vielfaches größer sind (zu den Anforderungen des Art. 9 DS-GVO an Big Data-Verfahren: Schneider ZD 2017, 303).

50 Die Offenheit des Persönlichkeitsrechts zeigt sich im Bereich der Informationsverarbeitung darin, dass **Informationen gerade im Staat des GG nicht einer Person allein zugeordnet** sind. Im Gegenteil: Der Umgang mit ihnen – auch solchen personenbezogener Art – ist rechtlich auch anderen Grundrechtsträgern oder der öffentlichen Hand garantiert. Was Art. 5 Abs. 2 GG im Hinblick auf die „persönliche Ehre" andeutet, findet sich auch in zahlreichen anderen Normen des GG und anderer Gesetze (Überblick bei Kloepfer, Informationsrecht, 2002, 85 ff.; theoretisch Hoffmann-Riem AöR 123 (1998), 513 (522 ff.)): Kommunikationsrecht ist Informationsverkehrsrecht, und zwar im Hinblick auf Tatsachenbehauptungen wie auch im Hinblick auf Wertungen und dies unabhängig davon, ob sie Individualbezug aufweisen oder nicht. Diese rechtlich anerkannte Flüchtigkeit von Informationen ist **nicht nur Grenze, sondern auch Element des Persönlichkeitsschutzes:** Es gibt weder ein Selbstbestimmungsrecht darüber, was andere über mich wissen (dürfen) noch darüber, was andere über mich äußern (dürfen). Es gibt auch rechtlich bislang **kein Dateneigentum** (→ Rn. 2). Dies ist nicht das Dilemma, sondern die Grundbedingung von Persönlichkeitsrechten. Die Frage der Zuordnung von Informationsbeherrschungs- und Informationsnutzungsrechten ist demnach nicht erst eine Frage der Abgrenzung und Abwägung kollidierender Rechtspositionen. Sie ist schon vorgelagert eine solche der Konstituierung des Persönlichkeitsrechts. **Selbstbestimmungsrecht ist nicht allein das Recht auf Vorenthaltung von Informationen, sondern die Entscheidung über das „Ob" und „Wie" ihrer Nutzung** auch im Verkehr mit Dritten. Wer wie viel von sich preisgibt und dieses damit etwa der Intimsphäre entzieht, ist nicht vorgeschrieben, sondern freigestellt. Aufgabe des Persönlichkeitsschutzes ist es dann primär, die Freiheit zu garantieren und auszugestalten oder anders ausgedrückt: die rechtlichen Rahmenbedingungen dafür zu schaffen, dass Entscheidungen als rechtlich und tatsächlich freie stattfinden können und frei bleiben. In diesem Sinne sind Informationsnutzungsrechte nicht nur Schranken, sondern auch Elemente des Persönlichkeitsschutzes.

III. „Verarbeitung" personenbezogener Daten als Regelungsgegenstand

Im Zuge des DSAnpUG-EU (→ Rn. 1, 8) ist der früher in § 1 Abs. 1 BDSG enthaltene Begriff des „Umgangs" – im Anschluss an die Terminologie des Art. 4 Nr. 2 DS-GVO – durch den der „**Verarbeitung**" ersetzt worden. Sie wird im Gesetz nur im Kontext der Umsetzung der JI-Richtlinie, nämlich in § 46 Nr. 2 legal definiert. Außerhalb des Anwendungsbereichs der Richtlinie ist Art. 4 Nr. 2 DS-GVO maßgeblich. Einbezogen werden **sämtliche Formen von Daten** (elektronische, schriftliche und ggf. sonstige) unabhängig von der Technik oder dem Ort ihrer Aufbewahrung in oder außerhalb von Dateien (zu dieser Differenzierung aber § 1 Abs. 1 S. 2) oder Zugänglichmachung, insbesondere deren Zentralität oder Dezentralität. Erfasst sind gleichermaßen **sämtliche Formen der Erhebung und Verwendung** (Art. 4 Nr. 2 DS-GVO; § 46 Nr. 2), einschließlich ihrer Veröffentlichung, Archivierung, Löschung und Vernichtung, soweit diese Umgangsformen nicht in anderen Gesetzen näher geregelt sind. Weder wird danach differenziert, wer solche Akte vornimmt (Behörden bzw. Private oder Dritte in deren Auftrag), noch zu welchem Zeitpunkt oder unter welchen Umständen dies geschieht (Simitis/Simitis aF Rn. 76 ff.). Durch die erstmalige Verwendung des Begriffs „**Verarbeitung" wird dessen Charakter des § 1 als systembildende Grundsatznorm deutlich:** Er umfasst alle im Gesetz und in Spezialregelungen anderer Bundesgesetze erfassten Formen der Verarbeitung sowie auch solche möglichen Formen, welche dort bewusst oder versehentlich nicht geregelt wären. Auch insoweit gilt: § 1 Abs. 1 ist sowohl inhaltlich eigenständig als auch inhaltlich offen. 51

IV. Rechtsfolgen der Grundsatznorm

Die Grundsatznorm weist eine Ausgestaltungsdimension und eine Auslegungsdimension auf. Die **Ausgestaltungsdimension** begründet die Aufgabe, den Datenschutz in Einklang mit den vorgegebenen Zielen des EU-Rechts und der Grundrechte zu gestalten. Dieses ist eben nicht einfach da, sondern bedarf als Rahmenrecht seiner Konkretisierung und Gestaltung durch Akte der Rechtssetzung und Rechtsanwendung. Dementsprechend bindet jene Dimension alle damit befassten Instanzen. Eine Ausgestaltung durch den deutschen Gesetzgeber ist damit nur insofern möglich, als das Ziel der JI-Richtlinie (vgl. Art. 288 UAbs. 3 AEUV) beachtet wird bzw. die DS-GVO eine Öffnungsklausel (→ Rn. 32) vorsieht. 52

Inhaltlich ist die **Ausgestaltung als Optimierungsauftrag** zu begreifen. Als Rechtsprinzip (grundlegend Alexy, Theorie der Grundrechte 1994, 75 ff.) umfasst er alle genannten Dimensionen des Ausgestaltungsauftrags. Datenschutzrecht ist demnach nicht einfach identisch mit immer mehr Individualschutz oder immer mehr Gesetzen. Ihr geht es vielmehr um die funktionsgerechte Ausgestaltung des Persönlichkeitsrechts in einem gleichermaßen rechtlich geprägten Umfeld. Dabei hat die Ausgestaltung alle Elemente und nicht nur eine Seite zu realisieren. Ihr Ziel ist demnach die Entwicklung und Fortschreibung des Datenschutzes in der Informations- und Kommunikationsgesellschaft unter deren sich ständig wandelnden technischen und rechtlichen Rahmenbedingungen. Das ist nicht einfach mehr oder weniger Datenschutz, sondern vielmehr ein sich wandelnder Schutz vor den rechtlichen Nachteilen der Verarbeitung personenbezogener Daten im Hinblick auf das Persönlichkeitsrecht. Dies schließt Wandlungen des persönlichen Verhaltens der Menschen, des daraus resultierenden Schutzbedürfnisses und des diesem adäquaten Schutzauftrags des Rechts ein. Insoweit ist der EU- und verfassungsrechtlich angelegte Privatheitsschutz im Gesetz auslegungs-, abwägungs- und entwicklungsoffen an die Anforderungen eines wirksamen Privatheitsschutzes anzupassen. § 1 begründet hierzu einen Fortentwicklungsauftrag als „**living instrument**" (Dürr/Grote/Marauhn, Konkordanzkommentar, 2. Aufl. 2013, Kap. 16 Rn. 19). 53

Als Handlungsauftrag richtet sich das Optimierungsgebot keineswegs allein an die Staatsorgane oder gar an den Gesetzgeber. Er richtet sich vielmehr an **alle Adressaten des Gesetzes**. Dazu zählen nicht lediglich die Datenschutzbeauftragten, sondern vielmehr **alle verpflichteten öffentlichen und privaten Stellen**. Für sie stellt sich der Ausgestaltungsauftrag als Handlungsauftrag dar. Dabei geht es zentral um Standardsetzung für Informationsverarbeitungstechniken und -verfahren. Deren Entwicklung und Fortschreibung begründen **Regulierungsaufträge** für die damit befassten Stellen. Sie sind gesetzlich verpflichtet, Standards in Übereinstimmung mit den gesetzlichen Vorgaben zu entwickeln und anzuwenden. Soweit die Gesetze dafür Aufgaben, Organisationen oder Verfahren fordern oder bereitstellen, handelt es sich dabei um regulierte Selbstregulierung 54

(Hoffmann-Riem AöR 123 (1998), 513 (537)). Eine solche kann es nicht nur bei privaten, sondern auch bei öffentlichen Stellen geben. Diese mehr der Formulierung als der Sache nach junge Einsicht (in der Sache ebenso, aber im Sinne tradierter Terminologie Gola/Schomerus BDSG aF § 4b Rn. 12, § 9 Rn. 1, § 11 Rn. 18b, 21) kann sich in unterschiedlichen Regelwerken niederschlagen. Beispiele mögen neben Verwaltungsvorschriften etwa Regeln der Technik, Satzungen oder Richtlinien von Selbstverwaltungsträgern, Empfehlungen von Berufsorganisationen oder Musterentwürfe für Vertragsgestaltungen sein. Soweit solche Regelungen mehrere Träger öffentlicher Gewalt, Staatsorgane, Unternehmen, Interessen- oder Betroffenengruppen treffen können, konkretisiert sich für diese der Ausgestaltungsauftrag zum **Kooperationsauftrag.** Auch hierzu finden sich gesetzliche Anhaltspunkte, s. etwa §§ 7, 18, 38 Abs. 1, 62 ff.

55 Ungeachtet der Anerkennung mancher Dimensionen des Ausgestaltungsauftrags im BDSG bezieht sich dieser nicht allein auf die im Gesetz ohnehin schon konkretisierten Adressaten und Handlungsformen. Vielmehr steht er zugleich selbstständig neben jenen Einzelnormen und begründet bei Bedarf Handlungsaufträge außerhalb solcher Einzelregelungen. Ob und inwieweit aus ihm in solchen Fällen einzelne Rechte und Pflichten hergeleitet werden können, richtet sich nach den dafür geltenden Grundsätzen der Rechtsordnung im Allgemeinen und des Datenschutzrechts im Besonderen.

56 Neben dem Optimierungsauftrag enthält § 1 zusätzlich ein **Eingriffsverbot.** In das nicht grundgesetzlich und einfachgesetzlich anerkannte Persönlichkeitsrecht darf nur unter den dafür geltenden Bedingungen eingegriffen werden. Diese sowohl im Öffentlichen wie auch im Bürgerlichen Recht anerkannte Rechtsposition bindet die öffentliche Gewalt wie auch Private bei der Informationsgewinnung und -verarbeitung. Trotz der Unterschiedlichkeit ihrer rechtlichen Konstitution nähern sich die Bedingungen für Eingriffshandlungen beider möglicher Adressaten an. Staat und Private (dazu näher → § 4 Rn. 1 ff.) sind zur Informationserhebung und -verarbeitung grundsätzlich berechtigt und dabei verpflichtet, die geltenden rechtlichen Grenzen zum Schutz der Privatsphäre anderer zu beachten. Unterschiedlich ist ihre Bindung insbesondere insoweit, als die **öffentliche Hand verpflichtet ist,** durch Gesetzgebung, Vollziehung und Rechtsprechung **die maßgeblichen rechtlichen Rahmenbedingungen zu setzen.** Diese Rahmenbedingungen konkretisieren sowohl das Schutzgut des Gesetzes als auch die Modalitäten seiner Beschränkung. Juristische und natürliche Personen, welche mit personenbezogenen Daten im Anwendungsbereich des Gesetzes umgehen, unterliegen den so gezogenen rechtlichen Voraussetzungen und Grenzen. Deren Durchsetzung gegen Umgehung oder Unterlaufen mit oder ohne Kenntnis staatlicher Stellen ist eine weitere Rechtsfolge: Sie begründet eine **gesetzliche Schutzpflicht** der deutschen Staatsgewalt (nicht nur der Datenschutzbeauftragten) (zu Schutzpflichten allgemein Merten/Papier/Calliess, HdB der Grundrechte II, 2006, § 44; zur Anerkennung der Schutzpflicht im Europarecht etwa: Enzyklopädie Europarecht/Cremer, Band 2: Europäischer Grundrechtsschutz, 2014, § 1 Rn. 80 ff.) zur Wahrung des Persönlichkeitsrechts auch gegenüber unberechtigtem Zugriff Dritter. Maßstäbe für die Abgrenzung von rechtmäßiger und rechtswidriger Beeinträchtigung folgen aus dem BDSG und den mit ihm vereinbaren untergesetzlichen Regelwerken. Ihr Erlass, ihre Konkretisierung und Aktualisierung gegenüber sich wandelnden technischen Gegebenheiten ist Inhalt des Schutzauftrags.

57 Zugleich gilt aber auch: Schon wegen der Offenheit des Persönlichkeitsrechts ist nicht jede Regelung im Anwendungsbereich der Bestimmung als Einschränkung zu qualifizieren. Die Abgrenzung ist aber auch nicht stets einfach. Der Grundsatz kann im Wesentlichen so formuliert werden: Privatsphäre ist nicht nur die Abwesenheit von Kommunikation und Information. Es ist eine Modalität von Kommunikation. Die rechtliche **Ermöglichung und Gestaltung von Kommunikation** – auch mithilfe von oder über personenbezogene Daten – **ist** als **Ausgestaltung** zu begreifen, sofern in dieser Kommunikation die informationelle Selbstbestimmung und die Integrität und Vertraulichkeit informationstechnischer Systeme gesichert sind. Hier sind unterschiedliche gesetzliche Modelle denkbar. Dabei ist die **Einwilligungslösung eine unter mehreren Regelungsalternativen.** Sie kann ausreichend sein, wenn und soweit die freie Entscheidung über Möglichkeit bzw. Notwendigkeit der Einwilligung als ausreichendes Instrument der Freiheitssicherung angesehen werden kann. Dies ist allerdings tatsächlich und rechtlich in abnehmendem Maße der Fall. Wie im Vertragsmodell bedarf es zusätzlicher Sicherungen gegen einseitige und unverhältnismäßige Ausnutzung von Gestaltungsmöglichkeiten. Dies gilt insbesondere angesichts des hohen Grades der Oligopolbildung von Anbietern im Netz, seiner Undurchschaubarkeit und Unkontrollierbarkeit für die meisten Nutzer und der von ihnen kaum mit zu gestaltenden Kommunikationsbedingungen im Einzelfall. **Selbstdatenschutz** und **Systemdatenschutz** sind einander ergänzende Komponenten des Verwirklichung des Gesetzeszwecks. Rechtspolitisches Desiderat bleiben daneben notwendige **gesetzliche Ausgestaltungen wie etwa durch Klausel-**

verbote oder Inhaltskontrolle entsprechend den Regelungen über AGB, angepasst an die besonderen Bedingungen der Netzkommunikation, unausweichlich werden.

Rechtliche Beschränkungen der Privatsphäre liegen hingegen vor, wenn die Erhebung oder **58** Verwendung personenbezogener Daten außerhalb der Bedingungen tatsächlich und rechtlich freier Kommunikation durchgeführt oder ermöglicht wird (Simitis/Simitis BDSG aF Rn. 80: „jede die Betroffenen übergehende, nicht durch ihre Entscheidung gedeckte Verwendung der sich auf ihre Person beziehenden Daten"; ähnlich BVerfGE 65, 1 (43); MKS/Starck GG Art. 2 Rn. 86 ff.; anders Vogelgesang Grundrecht auf informationelle Selbstbestimmung? 162; zur Einwilligung Menzel DuD 2008, 400). Dazu zählen etwa das Ausspähen nicht-öffentlicher Informationen, das Aufzwingen von Kommunikation (etwa durch Eindringen in Kommunikationsvorgänge Dritter) oder ein heimlicher, verdeckter oder technischer Eingriff außenstehender in einen Kommunikationsvorgang durch Informationserhebung, -verwendung oder sonstige Intervention in den Kommunikationsvorgang. Die Abgrenzung ist im Einzelfall bisweilen schwierig und umstritten. Das gilt insbesondere dort, wo allgemeingültige Kriterien vermisst werden und eher auf den Einzelfall abgestellt wird (so etwa Rosenbaum Jura 1988, 178 (180); Schlink Der Staat 25 (1986), 233 (247 ff.)). Eine korrekte Zuordnung ist dann Desiderat und Aufgabe zugleich; die Herausarbeitung der dafür geltenden Maßstäbe ist eine Aufgabe von Gesetzgebung, Vollziehung, Rechtsprechung und Rechtswissenschaft.

Mindestbedingung ist die Betroffenheit personenbezogener Daten. Hier gibt es **keine Bagatell- 59 oder Unwesentlichkeitsgrenzen.** Auch was gesetzlich nicht geregelt oder regelbar ist – wie etwa zufällig oder irrtümlich rechtswidriges Verhalten, Zufallsfunde und Ähnliches – unterfällt jedenfalls hinsichtlich seiner Folgen dem Grundrechtsschutz und ist insoweit regelungsbedürftig (Simitis/Simitis BDSG aF Rn. 79 ff. (83 mwN)). Umgekehrt sind absolute Eingriffsgrenzen auf den vom BVerfG betonten **unantastbaren Kernbereich der Privatsphäre** (BVerfGE 80, 367, 109, 279, 120, 180; 141, 220 (276 ff.) (→ Rn. 119 ff.); s. auch BVerfG BeckRS 1998, 14703; krit. Dammann, Kernbereich der privaten Lebensgestaltung, 2011, 134 ff.) dem Gesetzgeber zur Ausgestaltung aufgegeben, namentlich zum Schutz grundrechtlich besonders geschützter Vertrauensverhältnisse (s. entsprechend §§ 52 ff. StPO).

Eingriffe sind allein zulässig **zum Schutz kollidierender Rechtsgüter der Allgemeinheit 60 oder Dritter.** Diese sind in den gesetzlichen Eingriffstatbeständen nicht abstrakt, sondern konkret und damit abwägungsfähig zu formulieren. Insoweit begründet das Persönlichkeitsrecht ein Spezifikations- und **Bestimmtheitsgebot hinsichtlich möglicher Eingriffstatbestände** (dazu Simitis/Simitis BDSG aF Rn. 107 ff.; Gola/Schomerus BDSG aF § 1 Rn. 17; zur Einwilligung), welche bei Folgeeingriffen sodann in den **Zweckdifferenzierungs- und -bindungsgrundsatz** (BVerfGE 100, 313 (360); Simitis/Simitis Rn. 113 ff.) einmündet. Bloße Verweisungsbegriffe („schutzwürdige Belange Dritter" → Rn. 6) reichen dafür lediglich aus, wenn sie aus dem jeweiligen Regelungszusammenhang hinreichend eindeutig zu bestimmen sind (Beispiel bei Simitis/Simitis BDSG aF Rn. 109 ff.). Hierzu gilt der allgemeine Grundsatz, wonach die Eingriffsnormen umso spezifischer und bestimmter sein müssen, je schwerer der Eingriff wiegt (BVerfGE 83, 130 (145), 93, 213 (238), 110, 33 (55)). Hinzu tritt als allgemeine Schranke von Grundrechtseingriffen das **Übermaßverbot.** Dabei kommt dem Kriterium der **Eingriffsschwere** eine prägende Bedeutung zu (dazu Gusy FS Schenke 2011, 395).

Für **schwerer wirkende Eingriffshandlungen** hat das BVerfG schon mehrfach die Unzuläng- **61** lichkeit eines Grundmodells aus bloßer Kombination von Verarbeitungszweck und Übermaßverbot betont (zur bereichsspezifischen Regelung BVerfGE 100, 313 (389), 109, 279 (376), 110, 33 (53), 113, 29 (51), 113, 348 (375), 115, 166 (191), 115, 320 (365), 118, 168 (186 f.), 125, 260 (328); s. auch Britz JA 2011, 81). Die weithin anerkannte Notwendigkeit einer Differenzierung zwischen bereichsspezifischem und allgemein-querschnittsartigem Datenschutzrecht als subsidiärer Rückfall- und Auffangordnung findet hier ihre Grundlage. Sonderregelungen sind insbesondere dann erforderlich, wenn eine Erhebungs- oder Verarbeitungsform nicht allein in das Persönlichkeitsrecht, sondern daneben spezielle weitere Grundrechte (zB Art. 10, 13 GG) oder einzelnen, besonders geschützte Vertrauensverhältnisse eingreift, die keinem speziellen Grundrecht unterfallen. Die dafür geltenden besonderen Anforderungen werden allerdings lediglich erfüllt, wenn die **bereichsspezifischen Sonderregelungen** bestimmter sind als die Regelungen des BDSG (Simitis/Simitis BDSG aF Rn. 109 ff. mwN). Die materiell-rechtlichen Bestimmungen sind ergänzungsbedürftig durch **Verfahrens-, Aufsichts- und Kontrollregelungen.** Ihnen kommt gerade im Recht der Informationsbeziehungen eine besondere Bedeutung zu, weil hier der allgemein offenstehende **Rechtsweg als Instrument der Rechtsdurchsetzung nicht ausreicht.** Die Möglichkeit seiner Inanspruchnahme setzt nämlich Kenntnis von einer Rechtsbeeinträchtigung voraus, woran es im Recht der Informationsverarbeitung in besonderer Weise mangelt. Dem können auch die gesetzlichen **Informationsansprüche** (§§ 32 f.; → BDSG 2003 [aK] § 19a Rn. 1 ff.) nicht hinreichend entgegenwirken. Insoweit sind präventive Rechtsdurchsetzung durch Regulierung, individualrechtsunabhängige und einzelfallübergreifende Systemaufsicht verfassungsrechtliches und gesetzliches Gebot (Gusy/Eichenhofer/Schulte JöR 2016, 386 (407 ff.)). Dies gilt in besonderer, aber nicht ausschließlicher Weise für die **Datenschutzbeauftragten.** Ihre Tätigkeit ist nicht Eingriff, sondern Durchsetzung und Schutz der Privatsphäre (vgl. zu den neuen Sanktionsmöglichkeiten: §§ 41–43 BDSG). Ein Eingriff durch sie ist lediglich denkbar, wenn sie den ihnen gesetzlich zuerkannten Schutzauftrag im Einzelfall überschreiten bzw. verletzen.

62   Für die Träger personenbezogener Daten ist § 1 Abs. 1 als **Schutzgesetz** zu qualifizieren (Gola/Schomerus BDSG aF Rn. 3 ff.). Es enthält sowohl die Anerkennung als geschütztes Rechtsgut als auch die Verpflichtung aller Gesetzesadressaten zu deren Schutz. Daraus können unterschiedliche Rechtsfolgen in den einzelnen Rechtsgebieten folgen. Im Öffentlichen Recht ist das bereits genannte Eingriffsverbot zu effektivieren durch **Aufhebungsansprüche** im Falle fortwirkender rechtswidriger Eingriffe, durch **Beseitigungsansprüche** hinsichtlich von Folgewirkungen derartiger Eingriffe, welche nicht durch die Aufhebung von Rechtsakten rückgängig gemacht werden können, durch **Schadensersatzansprüche,** sofern sich im Datenschutzrecht oder in anderen Gesetzen dafür Anspruchsgrundlagen finden und schließlich durch **Berücksichtigungs- und Abwägungsansprüche** in Verwaltungs- und Gerichtsverfahren (zur Systematik Gusy ZJS 2008, 233).

63   Im Bürgerlichen Recht können Reaktions- und Kompensationsansprüche entstehen, welche im Falle der Verletzung geschützter Individualrechtsgüter zuerkannt werden können. Dazu zählen **Unterlassungsansprüche** hinsichtlich rechtswidriger Eingriffe, **Ansprüche auf Rückgängigmachung** durch Folge- oder Sekundäransprüche (etwa auf Naturalrestitution im Falle der Verletzung des Persönlichkeitsrechts) und **Schadensersatzansprüche** etwa aus § 823 Abs. 2 BGB (sonstiges Recht). Dabei sind die Anspruchsvoraussetzungen der jeweiligen Einzelnormen maßgeblich.

64   Darüber hinaus können sich weitere Ansprüche aus **Verbraucherschutzrecht** (BGH NJW 2008, 3055; allgemein Weichert DuD 2001, 264) ergeben. Hingegen wird die **wettbewerbsrechtliche Relevanz** des Datenschutzrechts überwiegend verneint (OLG Frankfurt RDV 2001, 131, 1997, 31; OLG Düsseldorf ZUM-RD 2004, 236; anders OLG Köln RDV 2010, 35; s. auch Gola/Schomerus BDSG aF § 1 Rn. 4; zum Zusammenhang beider Rechtsgebiete Buchner FS Köhler 2014, 51 ff.; zum Verhältnis von Verbraucherschutz- und Datenschutzrecht: von Lewinski/Herrmann PinG 2017, 165 ff. (209 ff.)), während ihm wiederum für das **Arbeitsrecht** (BAG NZA 2017, 112; NZA 2014, 243; BB 2013, 125; DB 1994, 1678; DB 1987, 1791) und das **Personalvertretungsrecht** eine höhere Relevanz zukommt. Hier können insbesondere Auskunfts-, Schutz- und Mitwirkungsansprüche von Betriebs- bzw. Personalräten entstehen.

65   Gegenüber den gesetzesgebundenen Instanzen begründet § 1 ein **Anwendungs- und Auslegungsgebot** (schon → Rn. 26). Die betroffenen Stellen sind im Geltungsbereich des Datenschutzrechts verpflichtet, relevante Gesetze in Übereinstimmung mit dem Persönlichkeitsrecht auszulegen und anzuwenden. Dieser Auftrag richtet sich nicht allein an die Rechtsprechung, sondern vorgelagert auch an Behörden, welchen bei der Verwirklichung und Durchsetzung des Datenschutzrechts ohnehin eine gesteigerte Bedeutung zukommt (→ Rn. 38). Im Unterschied zum oben genannten Fortentwicklungsauftrag der Legislative gilt er allerdings intra legem im Rahmen der gesetzlich eröffneten Interpretations- und Anwendungsspielräume. Dazu können **Informations- und Aufklärungspflichten** zählen, durch welche neue Herausforderungen für den Datenschutz erkennbar und beherrschbar gemacht werden können. Sie umfassen auch **Marktbeobachtungspflichten,** um für neue technische Instrumente oder Verfahren datenschutzkonforme Standards zu entwickeln, zu fördern oder durchzusetzen. Solchen Pflichten kommt angesichts der rasanten technischen und ökonomischen Entwicklungen auf den relevanten Märkten hohe Bedeutung für die Gesetzesanwendung zu. Dies gilt umso mehr, als die maßgeblichen Entdeckungen und technischen Innovationen regelmäßig von privaten Anbietern, nicht hingegen von staatlichen Stellen ausgehen. Zur Effektivierung solcher Vollzugsaufträge enthält das Datenschutzrecht Instrumente zur Kooperation zwischen dem öffentlichen und privaten Sektor, etwa bei der **Auditierung** bzw. **Zertifizierung** (s. § 39).

E. Der Anwendungsbereich des Gesetzes

66   Das BDSG ist nicht auf die gesamte Verarbeitung personenbezogener Daten anwendbar. Sein Anwendungsbereich wird in § 1 Abs. 1–3 in mehrfacher Hinsicht konkretisiert und dabei partiell eingeschränkt. Die Regelungen folgen der begrenzten Gesetzgebungskompetenz des Bundes für die Materie und begründen Regelungsvorbehalte anderer Gesetzgeber bzw. Gesetze. Die – gegen-

über deutschem Recht vorrangigen – Regelungszuständigkeiten der EU bleiben unberührt, Abs. 5 (→ Rn. 33). Die Grenzen der Anwendbarkeit des gesamten Gesetzes gelten auch für § 1 Abs. 1.

Die Regelung nimmt Bezug auf das nachfolgende Gesetz und die in ihm verwendete Terminologie. Dies betrifft ihre Voraussetzungen, mithin den Bezug zu **personenbezogenen Daten** (dazu → Rn. 47 ff.), deren **Verarbeitung** (dazu → Rn. 51 ff.), auf **öffentliche Stellen** (dazu → Rn. 69 ff.) wie auch auf **nicht-öffentliche Stellen** (dazu → Rn. 73 ff.). Dementsprechend sind die genannten Begriffe im Kontext des gesamten Gesetzes auszulegen. Aus diesem Anwendungsbereich heraus fällt beispielsweise die Verarbeitung personenbezogener Daten durch öffentliche Schulen, da diese weder eine öffentliche Stelle des Bundes (Abs. 1 S. 1 Nr. 1; dazu → Rn. 69) noch eine solche der Länder darstellt, die Bundesrecht ausführt (Abs. 1 S. 1 Nr. 2 lit. a; dazu → Rn. 71) oder als Organ der Rechtspflege tätig wird (Abs. 1 S. 1 Nr. 2 lit. b; dazu → Rn. 71) (vgl. VG Berlin BeckRS 2020, 3448 Rn. 40 zur „Bereinigung" einer Schülerakte, die statt am BDSG oder den LDSG an der SchuldatenV zu messen ist). 67

I. Adressaten des Gesetzes

Abs. 1 differenziert hinsichtlich des Anwendungsbereichs nach den unterschiedlichen **Regelungsadressaten** (Gola/Schomerus BDSG aF Rn. 19 ff.), also dem Bund, den Ländern und sonstigen, dh nicht-öffentlichen Stellen. Die DS-GVO gibt hier keine Unterscheidung vor, schließt sie aber auch nicht aus (Kühling NJW 2017, 1985 (1987)). Im deutschen Recht hat jene Differenzierung ihren Hintergrund darin, als das Datenschutzrecht konkretisierter Grundrechtsschutz ist und die öffentlichen Hände unmittelbar binden soll. Hingegen stehen sich im Datenschutzrecht der privaten Stellen zwei Grundrechtsträger gegen (Masing NJW 2012, 2305 (2307)). An dieser Differenzierung hält auch das DSAnpUG-EU fest. Gem. Abs. 4 ist das Gesetz auf öffentliche Stellen grundsätzlich anwendbar (S. 1 → Rn. 69 ff.), auf nicht-öffentliche Stellen (→ Rn. 73 ff.) hingegen nur nach Maßgabe von S. 2: Nämlich, wenn die nicht-öffentliche Stelle personenbezogene Daten im Inland verarbeitet (Nr. 1), die Verarbeitung im Rahmen der Tätigkeit einer inländischen Niederlassung erfolgt (Nr. 2) oder die nicht-öffentliche Stelle vom räumlichen Anwendungsbereich der DS-GVO erfasst ist (Nr. 3). 68

1. Öffentliche Stellen des Bundes

Eine „**öffentliche Stelle**" (§ 2 Abs. 1) ist eine solche, **welche zur Vollziehung der Gesetze verpflichtet ist** (Art. 20 Abs. 3; 83 ff. GG). Der Anwendungsbereich des BDSG wird durch die Gesetzgebungskompetenzen des Bundes begründet und begrenzt. Eine Stelle „des Bundes" ist eine solche, deren Tätigkeit unmittelbar der Bundesrepublik zuzurechnen ist. Dies sind Stellen, welche vom Bund errichtet und mit der Ausführung von Bundesrecht betraut sind. In bundesstaatlichen Sinne sind dies Stellen, welche **keine Landesstaatsgewalt ausüben**. Stellen des Bundes sind etwa. Art. 83 ff. GG zur Ausführung von Landesrecht weder berechtigt noch verpflichtet. Nur insoweit ist der Bund grundgesetzlich zur Regelung ihrer Organisation und ihres Verfahrens (s. Art. 86 GG, Dreier/Hermes GG Art. 86 Rn. 44, 51; MKS/Burgi GG Art. 86 Rn. 20) zuständig. Diese Reichweite des Bundesrechts ist unabhängig davon, ob in einzelnen Bundesländern parallele oder anderslautende Landesgesetze in Geltung sind. Hinsichtlich der Gerichte folgt die Gesetzgebungszuständigkeit des Bundes zudem aus Art. 74 Abs. 1 Nr. 1 GG. Maßgeblich für die Zuordnung einer Stelle zum Abs. 1 ist grundsätzlich die **Trägerschaft** der Stelle – zur öffentlichen Hand, zum Bund – und zusätzlich deren jeweils wahrgenommene **Funktion** (§ 2 Abs. 4 S. 2; → BDSG 2003 [aK] § 2 Rn. 10 f.; s. auch Gola/Schomerus BDSG aF § 1 Rn. 19: „gesamte öffentlich-rechtliche Tätigkeit des Bundes"). Auf die öffentlichen Stellen sind sämtliche Regelungen des Gesetzes anwendbar, soweit nicht im Einzelfall ausdrücklich Ausnahmen statuiert werden (etwa: § 24; → BDSG 2003 [aK] § 24 Rn. 1 ff.). 69

2. Öffentliche Stellen der Länder

Die „öffentlichen Stellen der Länder" nach § 1 Abs. 1 S. 1 Nr. 2 sind in § 2 Abs. 2 definiert. Die Bestimmung trägt den bundesstaatlichen Grenzen der Gesetzgebung des Bundes und -handeln geht. Hier sind grundsätzlich, dh im Rahmen der Ausnahmen der Art. 73 ff., 83 ff., 105 ff. GG, die Länder zuständig. In diesem Rahmen bezieht sich Abs. 2 nicht allein auf Stellen der Länder selbst (s. dazu → BDSG 2003 [aK] § 2 Rn. 49), sondern gleichermaßen auf solche der ihnen eingeordneten Selbstverwaltungsträger, namentlich der Kommunen (Simitis/Hornung/Spiecker/Petri Art. 4 Nr. 7 Rn. 18) und deren öffentlich- wie privatrechtliche Zusammenschlüsse (§ 2 Abs. 3), deren Aufgabe in der Erfüllung oder Unterstüt- 70 zung der Wahrnehmung ihrer öffentlich-rechtlichen Aufgaben liegt (Gola/Schomerus BDSG aF § 1 Rn. 19a). Auch hier ist prinzipiell die Trägerschaft maßgeblich; nicht hingegen ihr organisatorische Zuordnung zur Exekutive oder Justiz und auch nicht die Frage nach den Handlungsformen ihrer Aufgabenerfüllung (öffentlich-rechtlich oder privatrechtlich).

71 Für andere Stellen als solche des Bundes ist die **Anwendbarkeit des BDSG jedoch deutlich eingeschränkt:** Sie hängt zugleich von einer positiven und einer negativen Voraussetzung ab. Positive Anwendungsvoraussetzung ist die **Ausführung von Bundesrecht** durch die Organe des Landes. Dies gilt für alle **Stellen, welche Aufgaben öffentlicher Verwaltung wahrnehmen** (§ 1 Abs. 4 VwVfG; dazu und zum parallelen Landesrecht SBS/Schmitz VwVfG § 1 Rn. 236 ff.), und für Organe der Rechtspflege. Der Begriff der „Ausführung" orientiert sich insoweit an Art. 83 GG (dazu MKS/Trute GG Art. 83 Rn. 49 ff.; Dreier/Hermes GG Art. 83 Rn. 31 ff.). Sie setzt eine durch Gesetz begründete Handlungspflicht oder -befugnis voraus. Dabei ist sie nicht auf außenwirksame Handlungen begrenzt. § 1 Abs. 1 S. 1 Nr. 2b stellt dem explizit die Verwaltungsangelegenheiten der „Organe der Rechtspflege" gleich. Soweit solche Stellen Bundesrecht ausführen, wird das auszuführende Bundesrecht demnach durch das BDSG ergänzt. Im Übrigen – dh außerhalb der Verwaltungsangelegenheiten – gilt für **Organe der Rechtspflege der Länder** das BDSG (s. auch § 2 Abs. 2; → § 2 Rn. 15) unabhängig davon, ob Bundes- oder Landesrecht angewandt wird. Zu diesen „Organen der Rechtspflege" gehören beispielsweise nicht die Polizeien des Bundes und der Länder, sodass eine Kennzeichnungspflicht für Polizeibeamte nicht in den Anwendungsbereich des BDSG fällt (vgl. BVerwG BeckRS 2019, 29882 Rn. 65). Rechtlicher Grund dafür sind die Bundeskompetenzen aus Art. 74 Abs. 1 Nr. 1 GG, welche ua für das „gerichtliche Verfahren" (dazu MKS/Oeter GG Art. 74 Rn. 25 ff.; Dreier/Stettner GG Art. 74 Rn. 25 ff.) weiter reichen als für das Verwaltungsverfahren.

72 Negative Anwendungsvoraussetzung ist das **Fehlen landesrechtlicher Datenschutzregelungen.** Soweit die Länder zur Gesetzgebung zuständig sind, gelten ihre eigenen Regelungen für ihre eigenen Behörden und Gerichte (vgl. dazu etwa VG Mainz BeckRS 2020, 5419 Rn. 34 mwN, das insoweit auf das RhPfLDSG Bezug nimmt). Ihre in § 1 Abs. 1 S. 1 Nr. 2 vorausgesetzte Gesetzgebungskompetenz bezieht sich weder auf nicht-öffentliche Stellen iSd Abs. 1 S. 2 noch auf deren Abgrenzung von öffentlichen Stellen (Gola/Schomerus BDSG aF § 1 Rn. 19a). Dabei ist der Begriff **„soweit"** als Abweichung des Landesrechts vom „sachlichen Geltungsbereich" (Schutzbereich) (Simitis/Dammann BDSG aF Rn. 125) zu verstehen. Es geht also um Regelungslücken oder fehlende Regelungen (Fallgruppen bei Simitis/Dammann Rn. 126), nicht hingegen um bewusste Nicht-Regelungen und auch nicht um inhaltlich anderartige Regelungen. „Danach, ob diese Regelung mit der des BDSG übereinstimmt oder ob sie für den Betroffenen günstiger oder weniger günstig ist, fragt das Gesetz nicht; entscheidend ist allein die Existenz einer Regelung" (Simitis/Dammann BDSG aF Rn. 125). Hat sich also der Landesgesetzgeber hinsichtlich einzelner Materien für ein anderes Konzept entschieden, so wird dieses durch das parallele Bundesrecht weder verdrängt noch verbessert oder sonst verändert. Jene gesetzlich angeordnete Subsidiarität des Bundesrechts schränkt Art. 31 GG nicht ein, sondern setzt ihn vielmehr voraus. Sie bezieht sich ausschließlich auf das BDSG, nicht hingegen auf bereichsspezifische Regelungen in sonstigen Bundesgesetzen (etwa §§ 67 ff. SGB X, §§ 30 ff. AO usw). Siehe auch → Rn. 79 (zu § 1 Abs. 2).

3. Nicht-öffentliche Stellen

73 Während § 1 Abs. 1 S. 1 Nr. 1 und Nr. 2 die Anwendbarkeit des BDSG für öffentliche Stellen betreffen, enthält S. 2 entsprechende Regelungen für **sonstige Adressaten**, also **nicht-öffentliche Stellen.** Dies sind im Prinzip alle anderen denkbaren Adressaten (beispielsweise der Arbeitgeber – vgl. BAG NZA 2019, 1218 Rn. 29 f.); datenschutzrechtsfreie Zonen sind grundsätzlich nicht vorgesehen. Zugleich macht die negative Umschreibung deutlich: Adressaten, welche nicht den anderen beiden Nummern unterfallen, sind unter S. 2 zu subsumieren. Von diesem Grundsatz ist auch die Umschreibung in § 2 Abs. 4 bestimmt. Maßgeblich ist die **Rechtssubjektivität kraft Privatrechts** (Gola/Schomerus BDSG aF § 1–2 Rn. 19; Simitis/Hornung/Spiecker/Petri Art. 4 Nr. 7 Rn. 17), es kommt also primär auf die Rechtsform, erst subsidiär auf die Funktion an: Wer öffentlich-rechtliche Aufgaben wahrnimmt, ist in jedem Falle eine öffentliche Stelle (§ 2 Abs. 4 → Rn. 70 ff.), aber auch nur „insoweit" unterfällt er dann dem § 1 Abs. 1 S. 2. Hier können je nach Funktion also unterschiedliche Gesetze anwendbar sein, was im Einzelfall unpraktikabel sein kann, aber gesetzlich vorgegeben ist. Davon abweichende Regelungen in Landesgesetzen sind mit Art. 31 GG unvereinbar (→ § 2 Rn. 41 f.; Gola/Schomerus BDSG aF § 1–2 Rn. 18a mit weiteren Beispielen). Die Trägerschaft ist demgegenüber allein iRd § 2 Abs. 3 maßgeblich. Abgrenzungsschwierigkeiten können sich am ehesten hinsichtlich einzelner

kommunaler Gesellschaften ergeben. Eine durch Rechtsgestaltung angestrebte „**Flucht aus dem Datenschutzrecht" ist demnach ausgeschlossen,** denkbar wäre – für andere als Bundesstellen – allenfalls eine Rechtswahl zwischen dem Bundes- oder dem Landesdatenschutzrecht. Zusätzlich gelten auch hier eine positive und mehrere negative Anwendbarkeitsvoraussetzungen.

Positive Voraussetzung ist die **Datenverarbeitung unter Einsatz von Datenverarbeitungsanlagen** (dazu § 16 Abs. 4 Nr. 1; → BDSG 2003 [aK] § 3 Rn. 29 ff.), also nicht allein manuell. Der weit gefasste Begriff (Simitis/Hornung/Spiecker/Roßnagel Art. 2 Rn. 13 ff.) wird ergänzt durch die – nicht mit technischer Unterstützung erfolgende – Verarbeitung in oder aus nicht automatisierten Dateien (siehe dagegen noch zur alten Rechtslage: OLG Brandenburg BeckRS 2019, 46103 Rn. 9, wonach eine von einem Arbeitgeber ausschließlich in Papierform geführte Personalakte keine „automatisierte Datenverrabeitung" iSv § 3 Abs. 2 S. 1 BDSG aF darstellt), sodass ein sonstiger **„Dateibezug"** besteht. Beide Fälle begründen die Anwendbarkeit „dieses Gesetzes", also derjenigen Bestimmungen des BDSG, welche sich (auch) auf nicht-öffentliche Stellen beziehen und tatbestandlich die jeweilige Verarbeitungsform betreffen. Dies gilt für alle involvierten Erhebungs-, Verarbeitungs- und Nutzungsvorgänge (s. Art. 4 Nr. 2 DS-GVO). 74

Negative Voraussetzung ist zunächst, dass (1) auf den Adressaten gem. Abs. 4 S. 2 keine Sonderregelungen anwendbar sind. Für bestimmte ausländische Stellen gilt demnach das Gesetz nicht; für **inländische und bestimmte andere ausländische Stellen ist es hingegen anwendbar** (→ Rn. 98 ff.). 75

Soweit das BDSG danach Anwendung findet, unterfällt ihm (2) die Verarbeitung personenbezogener Daten durch nicht-öffentliche Stellen nicht, sofern sie zur Ausübung **„ausschließlich für persönliche oder familiäre Tätigkeiten"** erfolgt (vgl. § 1 Abs. 1 S. 2 aE). Der nur auf natürliche Personen anwendbare Ausnahmetatbestand (Simitis/Hornung/Spiecker/Rossnagel Art. 2 Rn. 23 ff.) hat aufgrund europarechtlicher Vorgaben die ältere Formulierung „geschäftsmäßig oder für berufliche und gewerbliche Zwecke" abgelöst mit dem Ziel, die Ausnahmen zugleich zu präzisieren und einzuschränken (näher Gola/Schomerus BDSG aF § 1 Rn. 21: „begrüßenswerte Klarstellung"). Maßgeblich hierfür ist der besondere grundrechtliche Schutz der persönlichen und familiären Tätigkeit (s. etwa Art. 6 GG, Art. 1 Abs. 1 iVm Art. 2 Abs. 1 GG, Art. 8 EMRK), welche ein gegenüber der beruflichen und geschäftlichen Sphäre erhöhtes Schutzniveau aufweist. Solche Tätigkeiten bringen typischerweise eine erhöhte Ein- oder Übergriffswahrscheinlichkeit hinsichtlich der Rechtssphäre Dritter mit sich. Private Tätigkeit bezieht sich zunächst auf das Recht zur Verarbeitung personenbezogener Daten der Teilhaber an der eigenen Privat- oder Familiensphäre, die schon wegen des insoweit übergreifenden Schutzbereichs des Art. 8 EMRK nicht allein auf die traditionelle „Familie" festgelegt ist. Ob also nicht-formalisierte Lebensgemeinschaften und Ähnliche wie eine Familie zu behandeln sind oder nicht (zu ihrem Schutz EGMR NJW 2011, 1421 (1424 ff.)), ist vor diesem Hintergrund nachrangig. Maßgeblich ist der besonders geschützte **private Kontext der Informationssammlung.** Sie kann durch persönliche Beziehung indiziert werden, ist jedoch nicht geeignet, den Charakter der Tätigkeit allein festzulegen: Privat ist namentlich die Anlegung von Adress- oder Geburtstagslisten persönlicher Bekannter, von Sport-, Hobby- und Tauschpartnern, Vereinsmitgliedern oder Mitgliedern einer Fahrgemeinschaft (Simitis/Hornung/Spiecker/Roßnagel Art. 2 Rn. 27)). Wer dagegen die Daten seiner Freunde oder Verwandten einem Direktmarketingunternehmen zur Verfügung stellt oder zur Anbahnung oder Begründung von Geschäftsbeziehungen mit sich selbst oder Dritten nutzt, handelt außerhalb seiner „privaten Tätigkeit" (Simitis/Hornung/Spiecker/Roßnagel Art. 2 Rn. 26). Umgekehrt können auch private Hobbies, etwa Informationssammlungen über besonders geschätzte Künstler oder. Sportler, und Tagebucheintragungen über Dritte, zu denen keine besondere persönliche Beziehung besteht, zum privaten Bereich zählen (Simitis/Hornung/Spiecker/Roßnagel Art. 2 Rn. 24). Wenn die Daten auch Dritten zur Verfügung gestellt werden oder gar – etwa im Rahmen von Arbeitsverhältnissen oder gerichtlichen Verfahren – gestellt werden müssen, so entfällt der „ausschließlich" private Charakter. Dies gilt im Rahmen von Arbeitsverhältnissen ohnehin; was auch dienstlichen Zwecken dienen kann, ist nicht allein privat. Stets ist auf den **konkreten Zweck der Informationssammlung** abzustellen: Nicht jede Geburtstagsliste in einer Arbeitsgruppe, welche daran erinnern soll, rechtzeitig zu gratulieren, unterfällt dem BDSG. 75a

Auf nicht-öffentliche Stellen ist grundsätzlich das BDSG anwendbar, nicht hingegen das Landesdatenschutzrecht. Dies folgt aus der insoweit weiteren Gesetzgebungskompetenz des Bundes (namentlich Art. 74 Abs. 1 Nr. 11, 12 GG). Eine Anwendung der Landesgesetze kann allenfalls iRd § 2 Abs. 4 S. 2 erfolgen (→ BDSG 2003 [aK] § 2 Rn. 43 f.). 76

II. Subsidiarität des BDSG

77 Im Übrigen richtet sich der Anwendungsbereich des BDSG nach seinem **Geltungsumfang in der Rechtsordnung** bzw. aus den allgemeinen Regeln. Dieser wird in § 1 Abs. 2–4 in wesentlichen Teilen thematisiert.

78 § 1 Abs. 2 S. 1 begründet den Charakter des **BDSG als subsidiäres Auffanggesetz gegenüber bereichsspezifischen Spezialregelungen** (beispielsweise das bereichsspezifische Datenschutzrecht des § 13 Abs. 6 TMG – vgl. dazu OLG München MMR 2021, 245 = ZUM 2021, 619 = BeckRS 202, 34203 Rn. 44 zu § 1 Abs. 3 BDSG aF anlässlich der Klarnamenpflicht bei Facebook –, der §§ 25, 78 SGB X – vgl. dazu LSG Schleswig-Holstein – BeckRS 2020, 13690, Rn. 32 – oder der §§ 22, 23 KUrhG – vgl. dazu BGH NJW 2021, 1311 = GRUR 2021, 643 = ZUM 2021, 439 Rn. 34 zu § 1 Abs. 3 BDSG aF), die vorrangig anzuwenden sind (vgl. zu prozessualen Vorschriften im Sozialrecht LSG SchlH BeckRS 2020, 13960). Dies gilt gem. Abs. 2 S. 2 jedoch nur, wenn eine Tatbestandskongruenz vorliegt, was nach den Tatbeständen des speziellen Gesetzes zu beurteilen ist – und zwar unabhängig davon, ob die bereichsspezifische Vorschrift weiter oder enger ist als die allgemeine Regel des BDSG (vgl. BT-Drs. 18/11325, 79). Darin liegt sowohl die Entscheidung gegen den Kodifikationsgedanken in diesem Bereich als auch die Entscheidung für eine gestufte Regelungstechnik durch **allgemeine Grundregeln** und **bereichsspezifisches Sonderrecht**. „Eine umfassende gesetzliche Datenschutzregelung, die den besonderen Bedürfnissen in allen einschlägigen Bereichen in vollem Umfang und abschließend gerecht werden wollte, müsste außerordentlich umfangreich, unübersichtlich und perfektionistisch ausfallen. (...) Ein entsprechendes Bundesgesetz kann deshalb nur subsidiär gelten; es soll besondere Rechtsvorschriften des Bundes mit Datenschutzcharakter unberührt lassen. Der Entwurf enthält deshalb Bestimmungen, die für spezielle Datenschutzvorschriften in Fachgesetzen gem. den besonderen Bedürfnissen der jeweiligen Materie Raum lassen." (BT-Drs. 7/1027, 16).

78a So wichtig und richtig dieser Grundgedanke ist: Er war mitursächlich für eine **Zersplitterung der Materie,** welche viel kritisiert (grundlegend Roßnagel, Modernisierung des Datenschutzrechts, 2001, 30 ff.; Gerhold/Heil DuD 2011, 377 (381); Simitis/Hornung/Spiecker/Roßnagel Art. 40 Rn. 86:„Unvollständigkeit, Abstraktheit und Unterkomplexität der DSGVO"), aber nicht überwunden ist und möglicherweise wegen der Eigenheiten ganz unterschiedlicher Regelungsmaterien auch nicht (vollständig) überwunden werden kann.

79 Vorrangig anzuwenden sind andere **Rechtsvorschriften des Bundes,** welche sich auf personenbezogene Daten beziehen. Nicht erfasst sind sowohl **Rechtsnormen der EU,** welche dem deutschen Recht vorgehen (→ Rn. 31), als auch **Landesrecht,** dessen Verhältnis zum Bundesrecht sich nach Art. 31 GG bestimmt (→ Rn. 72). Hier ist allerdings die gesetzliche Subsidiaritätsklausel des Abs. 1 S. 1 Nr. 2 anwendbar (→ Rn. 72; s. auch § 12 Abs. 2; → § 12 Rn. 6 ff.). Keine „Rechtsvorschriften des Bundes" sind Tarifverträge und Betriebsvereinbarungen (Gola/Schomerus BDSG aF § 1 Rn. 23; Simitis/Hornung/Spiecker/Dix Art. 23 Rn. 12), da sie nicht von Bundesorganen gesetzt sind. Auf der Ebene des Bundesrechts setzt Abs. 2 keine Gleichrangigkeit der konkurrierenden Regelungen voraus. Außenwirksame **untergesetzliche Vorschriften des Bundes** (zur Bedeutung von Verwaltungsvorschriften im Datenschutzrecht Simitis/Hornung/Spiecker/Dix Art. 23 Rn. 12; § 1 Rn. 168; Gola/Schomerus BDSG aF § 1 Rn. 23) gehen dem BDSG vor, soweit sie ihrerseits mit höherrangigem Recht vereinbar sind.

79a Von den genannten Subsidiaritätsregelungen zu unterscheiden ist die Bestimmung des **§ 3,** der keine Subsidiaritätsanordnung, sondern ein **allgemeines Verbot mit einem Eingriffsvorbehalt durch Rechtsnorm** kombiniert (s. auch Simitis/Hornung/Spiecker/Schantz Art. Rn. 51 f.; „Erlaubnistatbestand"; zur Abgrenzung auch Gola/Schomerus BDSG aF § 1 Rn. 23).

80 Abs. 2 setzt **Tatbestandskongruenz** der kollidierende Vorschriften (Gola/Schomerus BDSG aF § 1 Rn. 24; Simitis/Dix BDSG aF § 1 Rn. 170) voraus: Nur soweit es um die Verarbeitung personenbezogener Daten geht, ist subsidiär das BDSG anwendbar. Vorrangig können nur andere Vorschriften sein, welche sich gleichfalls auf jene Daten beziehen. Nicht dazu zählen Normen, welche allgemein Übermittlungsvorgänge betreffen, ohne auf mitbetroffene personenbezogene Daten besonders einzugehen (s. auch Simitis/Dix BDSG aF § 1 Rn. 170 mwN zum UmwandlungsG). Dabei handelt es sich regelmäßig um speziellere Bestimmungen, welche sich nur auf bestimmte Arten von Daten (etwa Sozialdaten (dazu auch → § 4 Rn. 22), §§ 22c, 50 ff. SGB II, §§ 189a, 282a f., 298, 394 SGB III, § 284 SGB V, § 147 SGB VI, § 199 ff. SGB VII, §§ 61 ff. SGB VIII, §§ 67 ff. SGB X, §§ 93 ff. SGB XI, §§ 104 ff. SGB XI betreffen; zu Steuerdaten, §§ 88a, 93, 93b AO) oder aber bestimmte Verarbeitungsvorgänge, also einzelne Erhebungs-, Verarbeitungs-, Nutzungs- oder Veröffentlichungshandlungen (zur Veröffentlichung als Form der Übermittlung Simitis/Dammann BDSG aF § 3 Rn. 157 (229 f.)) beziehen. Solche Spezialregelungen sind nur vorrangig, **soweit** jene Tatbestandskongruenz besteht (→ Rn. 78). Auf den Inhalt der Spezialregelungen (höheres, niedrigeres oder gleiches Datenschutzniveau) kommt es demgegenüber nicht an (Gola/Schomerus BDSG aF § 1 Rn. 24), sofern die bereichsspezifischen Regelungen den grundgesetzlichen Anforderungen genügen (Simitis/Dix BDSG aF § 1 Rn. 172). Spezialgesetzlich können auch einzelne Regelungen oder Regelungskomplexe des BDSG ausgeschlossen werden, sofern dies für die betroffene Materie grundgesetzlich gerechtfertigt werden kann (s. etwa § 9 BVerfSchG, § 3 BNDG, § 5 MADG). Sonstige Bestimmungen der Spezialgesetze, welche sich nicht selbst und unmittelbar auf die Verarbeitung personenbezogener Daten beziehen, genießen den Vorrang nicht.

Insoweit ist die Subsidiarität des BDSG begrenzt. Es gilt subsidiär als **Auffanggesetz** mit dem Ziel der Füllung von Datenschutzlücken im bereichsspezifischen Recht und der Vermeidung datenschutzrechtsfreier Räume (Gola/Schomerus BDSG aF § 1 Rn. 24 unter Hinweis auf denkbare Ausnahmen; → Rn. 61). Vollständig ausgeschlossen ist seine Anwendung demnach nur, soweit das Spezialgesetz eine Vollregelung zur bereichsspezifischen Verarbeitung personenbezogener Daten enthält. Dies wird verneint etwa für § 30 AO (keine Spezialität etwa gegenüber § 19, RPVerfGH DuD 1999, 105 (107 ff.); dagegen aber BFH BStBl. II 1994, 552; zu §§ 474 ff. StrPrO BVerfG, StV 2017, 637; Roßnagel DatenschutzR-HdB/Dembowski Kap. 8.1 Rn. 12) und den Schutz des Anwaltsgeheimnisses in der BRAO, welcher sich allein auf Mandanten, nicht aber auf Außenstehende bezieht (Simitis/Hornung/Spiecker/Caspar Art. 90 Rn. 13). Vorrangige Spezialregelungen können ihrerseits jene Subsidiaritätsanordnung durchbrechen, wenn sie Verweisungen auf das BDSG enthalten. Dies kann direkt (etwa in § 43 S. 2 StasiUG, § 95 Abs. 1 TKG für Entgeltfragen, zu § 12 Abs. 3 TMG Roßnagel DatenschutzR-HdB/Roßnagel Kap. 7.7 Rn. 35 f.) oder indirekt über Verweisungen auf Gesetze, die ihrerseits auf das BDSG verweisen (etwa § 284 Abs. 1 S. 5 SGB V iVm § 68 Abs. 3 S. 2 letzter Hs. SGB X), geschehen (Simitis/Dix BDSG aF § 1 Rn. 160 mit weiteren Beispielen). In solchen Fällen gilt das BDSG kraft Verweisung, im Falle von sonstigen Regelungslücken in jenen Spezialgesetzen gem. § 1 Abs. 3. Schließlich sind auch Kombinationslösungen der unterschiedlichen Anwendungsmodelle denkbar; s. etwa §§ 2; 32 a BNDG.

Die Subsidiarität des BDSG beurteilt sich so nach dem Tatbestand anderer Gesetze oder einzelner Vorschriften in ihnen. Angesichts zahlreicher Rechtsänderungen sind **Aufzählungsversuche** daher entweder notwendig **unvollständig** oder aber zwangsläufig überholt. Die in der Literatur verbreiteten Listen lassen mehrere Schwerpunkte erkennen. Dazu zählen bereichsspezifische Sondergesetze für einzelne Materien (TKG, Ausweis-, Pass-, StasiUG ua); Gesetze mit Bezug zu besonderen staatlichen (Zentral-)Registern (BZRG, Gewerbezentralregister, Verkehrs-, Ausländerzentralregister ua); einzelne Gesetze, welche Beauftragte für bestimmte Materien einsetzen oder vorschreiben (AGG, BGleiG ua) und sicherheitsrelevante Gesetze (BPolG, BKAG, BVerfSchG, ZfdG, LuftSiG ua). Besonders umstritten ist die Frage danach, inwieweit die Auskunftsrechte nach § 34, Art. 15 DS-GVO auch im Geltungsbereich anderer Gesetze ohne eigene Informationsansprüche Anwendung erlangen können (s. zur alten Rechtslage: Simitis/Dix BDSG aF § 1 Rn. 174; zu § 19 → BDSG 2003 [aK] § 19 Rn. 13 ff.). Auch wenn die Diskussion durch das IFG und § 50 S. 2 BeamtStG an Relevanz verloren hat, kann sie sich für andere Materien nach wie vor stellen.

III. Subsidiarität gegenüber besonderen Geheimhaltungspflichten, Berufs- und Amtsgeheimnissen

Abs. 2 S. 3 erstreckt die Subsidiarität des BDSG über die spezielleren „anderen" Regelungen des Bundesrechts hinaus auf weitere Geheimhaltungspflichten. Abs. 2 S. 3 knüpft damit an Art. 90 DS-GVO an und ist Ausformung der hier normierten Öffnungsklausel (→ DS-GVO Art. 90 Rn. 1 ff.). Deren Abgrenzung zu S. 1 und 2 ist nicht immer eindeutig, weil auch Geheimhaltungspflichten in Vorschriften des Bundes geregelt sein können, welche auf personenbezogene Daten anzuwenden sind. So bleibt die unterschiedliche Zuordnung einzelner Regelungen zu S. 1 f. oder S. 3 (etwa zu § 30 AO; für Zuordnung zu S. 1 Simitis/Dix BDSG aF § 1 Rn. 170; zu S. 2 Gola/Schomerus BDSG aF § 1 Rn. 25) letztlich folgenlos. In beiden Fällen sind die Rechtsfolgen identisch: Die besonderen gesetzlichen Regelungen bleiben unberührt und gehen dem BDSG vor, soweit sie eigene Regelungen enthalten (Begründung bei Simitis/Dix BDSG aF § 1 Rn. 184).

Eigenständige rechtliche Relevanz erlangt S. 3 wohl nur in zwei Fallgruppen: Da ist zunächst die Privilegierung von **Geheimnissen, welche sich nicht explizit auf die Verarbeitung personenbezogener Daten beziehen,** sondern allgemeiner gestaltet sind und diese Daten mit umfassen. Ob solche Geheimnisse dem S. 1 unterfallen, könnte zumindest dem Wortlaut nach zweifelhaft sein. Da ist weiter die **Privilegierung sonstiger Geheimnisse, welche nicht auf gesetzlichen Vorschriften beruhen.** Sie zählen jedenfalls nicht zum Bundesrecht iSd S. 1 f.

85 **Geheimhaltungspflichten** sind Verschwiegenheitspflichten, welche nicht an besondere berufliche oder amtliche Funktionen anknüpfen. Sie müssen gesetzlich ausdrücklich und außerhalb des BDSG statuiert sein und sich jedenfalls auch auf personenbezogene Daten beziehen. Dazu zählen etwa das Statistikgeheimnis (§ 16 Abs. 1 BStatistikG), das Adoptionsgeheimnis (§ 1758 BGB), das **Telekommunikationsgeheimnis** (§ 86 TKG) und wohl auch das Betriebs- und Geschäftsgeheimnis (§ 17 UWG), soweit sie personenbezogene Daten betreffen. Nicht hierzu zählt § 203 StGB, der keine besondere Geheimhaltungspflicht schafft, sondern die Verletzung einer solchen, anderswo begründeten Verpflichtung voraussetzt (so wohl auch Simitis/Dix BDSG aF § 1 Rn. 180). Mangels ausdrücklicher gesetzlicher Anerkennung zählt hierzu auch das sog. **„Bankgeheimnis"** nicht. Es wird in einzelnen gesetzlichen Vorschriften eher vorausgesetzt als anerkannt (s. etwa § 30a AO; ebenso Simitis/Hornung/Spiecker/Dix Art. 14 Rn. 29; zur Praxis Wieland JZ 2000, 272; anders wohl Fisahn CR 1995, 633 f., der sich allein auf § 32 BBankG stützt).

86 **Berufsgeheimnisse** (grundlegend Wichmann, Das Berufsgeheimnis als Grenze des Zeugenbeweises, 2000) sind Verschwiegenheitspflichten, welche an bestimmte berufliche Positionen oder Pflichten anknüpfen. Sie entstammen regelmäßig dem Recht der Selbstverwaltungsorganisationen von Ärzten, Psychologen, Notaren, Anwälten (Abel, Datenschutz in Anwaltschaft, Notariat und Justiz, 2003) und anderer Berufsorganisationen, soweit sie für ihre Mitglieder bindende Vorschriften – nicht bloß Empfehlungen – erlassen haben und diese mit höherrangigem Recht vereinbar sind (Überblick bei Roßnagel DatenschutzR-HdB/Miedbrodt Kap. 4.9 Rn. 89 ff.). Indikator hierfür kann insbesondere die Anerkennung einer solchen Geheimsphäre in § 52 f. StPO oder § 203 StGB sein. Das BVerfG hat eine Reihe von Schweige- und Vertraulichkeitsverpflichtungen aus Grundrechten hergeleitet (Überblick bei Wolter/Gusy, Zeugnisverweigerungsrechte bei (verdeckten) Ermittlungsmaßnahmen, 2002, 149). Ein unbegrenztes Recht von Berufs- oder Selbstverwaltungsorganisationen zur Begründung von Sonderregelungen gegenüber dem BDSG kann es demgegenüber nicht geben.

87 **Amtsgeheimnisse** sind Verschwiegenheitspflichten, welche an besondere berufliche Verpflichtungen bei der Ausübung öffentlicher Ämter anknüpfen. Sie sind regelmäßig durch Gesetz begründet (etwa §§ 37, 50 BeamtStG, §§ 67, 106 Abs. 1 Nr. 1 BBG); andere Rechtsvorschriften sind hier nicht oder allenfalls ausgestaltend bzw. konkretisierend einschlägig. Eher einschlägig sind Tarifverträge oder Betriebsvereinbarungen, welche beamtenrechtliche Regelungen auch auf Angestellte bzw. Arbeiter ausdehnen (zum früher viel diskutierten Personalaktengeheimnis noch BAG BB 1997, 2300; BVerwGE 75, 17 (18 f.)).

88 Nach S. 3 bleiben die genannten besonderen Geheimnisse „unberührt". Ihr **Umfang** wird **durch das BDSG** also **nicht eingeschränkt.** Dagegen bleiben sonstige datenschutzrechtliche Bestimmungen organisatorischer Art, etwa über Aufsichtsbehörden, -verhältnisse oder die Kontrollrechte von Datenschutzbeauftragten anwendbar, soweit sie nicht gleichfalls explizit ausgeschlossen wurden.

IV. Vorrang gegenüber dem VwVfG

89 Im Gegensatz zur Subsidiarität des BDSG gegenüber spezielleren Datenverarbeitungsregelungen ordnet Abs. 3 dessen Vorrang gegenüber dem allgemeineren VwVfG an, soweit beide überschneidende Regelungen enthalten (zur Entstehung BR-Drs. 379/1, 90). Dies ist der Fall, soweit in Verwaltungsverfahren personenbezogene Daten erhoben, verarbeitet oder genutzt werden. Die **datenschutzrechtliche Vorrangregelung** korrespondiert der **Subsidiaritätsklausel des § 1 Abs. 1 VwVfG** (zu ihr näher SBS/Schmitz VwVfG § 1 Rn. 206 ff.).

90 Der **Vorrang des BDSG** bezieht sich namentlich auf die Bestimmungen der **§§ 24, 26 VwVfG,** welche die Aufklärungspflicht und die dazu eingeräumten Mittel der Behörden regeln (Simitis/Dix BDSG aF § 1 Rn. 191). Diese Bestimmungen betreffen die Sachverhaltsaufklärung grundsätzlich ohne Rücksicht auf die Art und Weise der dazu benötigten oder zu verarbeitenden Informationen oder die Modalitäten ihrer Erhebung oder Verarbeitung. Soweit dabei personenbezogene Daten unterschiedlicher Beteiligter, Berechtigter oder Betroffener (dazu § 13 VwVfG) herangezogen werden, fehlen darauf anwendbare Datenschutzregelungen im allgemeinen Verfahrensrecht. In diese Lücke stoßen die Regelungen der DS-GVO und des BDSG. Deren Bestimmungen gehen etwa den **Amtshilferegelungen** der §§ 4 ff. VwVfG vor, wenn Informationen nicht bei Betroffenen, sondern bei anderen Behörden eingeholt werden (Simitis/Hornung/Spiecker Einl. Rn. 37; zu Einzelheiten BVerwG RDV 1992, 26 (27); Schlink NVwZ 1986, 249; Roßnagel DatenschutzR-HdB/Globig Kap. 4.7 Rn. 34). Das wird auch für § 34 gegenüber § 24 ff. VwVfG

angenommen (Gola/Schomerus BDSG aF § 1 Rn. 26). Erst recht gilt der Vorrang des BDSG, wenn das VwVfG nur analog anzuwenden ist (zur analogen Anwendung von § 4 VwVfG s. SBS/Schmitz VwVfG § 4 Rn. 14).

Das BDSG enthält **keine grundsätzliche Entscheidung gegen die Zusammenarbeit zwischen Behörden** oder der öffentlichen Stellen mit den Bürgern, sondern gestaltet eher deren Modalitäten aus. Dabei ist zu berücksichtigen, dass Datenschutzgesetze die Rechte der Bürger, nicht die Eigeninteressen von Behörden oder Amtswaltern schützen sollen. Behörden- oder Ressortegoismus, fehlende Bereitschaft zur Zusammenarbeit oder organisatorische Mängel bei der Informationsspeicherung oder -verarbeitung sind keine Bedingungen oder Folgen von Datenschutz, sondern dessen Behinderung. 91

Der **Anwendungsbereich des Abs. 3 ist weit** zu ziehen. Weder die Subsidiaritätsregelungen des § 1 Abs. 1 VwVfG noch dessen Bestimmungen über den Umgang mit Informationen differenzieren zwischen solchen Daten, die „bei der Ermittlung des Sachverhalts" oder zu anderen Zwecken im Verwaltungsverfahren anfallen. Eine solche Unterscheidung ist auch im Datenschutzrecht nicht zielführend. So beansprucht § 1 Abs. 3 Anwendung auch für Informationen, welche zur Konkretisierung eines unbestimmten Rechtsbegriffs, zur Ausübung eingeräumten Ermessens (dazu § 40 VwVfG), zur Möglichkeit oder Notwendigkeit einer Einbeziehung Dritter in das Verfahren oder im Verlauf der Bearbeitung eines Vorgangs (HSV VerwR/Albers VerwR § 22 Rn. 94) genutzt werden. Maßgeblich sind der Personen- und der **Verfahrens-, nicht der Sachverhaltsbezug.** Von daher wird zutreffend vom Vorrang des BDSG im gesamten Verwaltungsverfahren gesprochen (Simitis/Dix BDSG aF § 1 Rn. 192; s. auch Kopp/Ramsauer VwVfG § 5 Rn. 19 f.). Dafür werden nicht zuletzt verfassungsrechtliche Gründe angeführt. 92

Doch ist in diesem Kontext zu berücksichtigen: Wo umgekehrt das VwVfG speziellere Regelungen zur Verarbeitung personenbezogener Daten enthält, bleiben diese anwendbar. Diskutiert wird dies namentlich für die §§ 29 Abs. 2, 30 VwVfG. Ersterer kann Auskunftsrechte des BDSG einschränken, weil die **Akteneinsicht der Verfahrensbeteiligten** von höheren Anforderungen abhängig gemacht wird, dafür aber im Interesse wirksamen Rechtsschutzes den Inhalt der gesamten Akte – und nicht nur die zum Antragsteller gespeicherten Informationen – umfasst. Die Bedeutung der Rechtsschutzgarantie im Verwaltungsverfahren verlangt eine besondere Abwägung der Rechte Beteiligter und Betroffener mit kollidierenden Rechten Dritter, die aus dem BDSG keine zureichenden gesetzlichen Anhaltspunkte erfährt. Hier ist daher § 29 VwVfG vorrangig (Simitis/Dix BDSG aF § 1 Rn. 195). Dies schließt nicht aus, die „berechtigten Interessen der Beteiligten oder dritter Personen" an einer Geheimhaltung von Daten auch dem BDSG zu konkretisieren. Das gilt ebenso für die in § 30 VwVfG geschützten **„zum persönlichen Lebensbereich gehörenden Geheimnisse"** (dazu SBS/Kallerhof VwVfG § 30 Rn. 4, 9 ff.). Hingegen ist hier bei der Abgrenzung der befugten von der **unbefugten Offenbarung** solcher Geheimnisse auch das BDSG heranzuziehen (Simitis/Dix BDSG aF § 1 Rn. 195; s. auch zu § 29 VwVfG SBS/Kallerhof VwVfG § 29 Rn. 6, 11). Auf die persönlichen Daten anderer Personen als Beteiligter ist § 30 VwVfG ohnehin nicht anwendbar, hier gilt das BDSG unmittelbar. 93

Umgekehrt sind solche Regelungen des VwVfG aber auch nur dann vorrangig, wenn sie in Konkurrenz zu Bestimmungen des BDSG treten können. Auch im Anwendungsbereich etwa der §§ 29, 30 VwVfG können Ansprüche aus dem Datenschutzrecht entstehen, wenn sie andersartige Ansprüche und Inhalte aufweisen. So kann § 34 einschlägig sein, wenn allein solche Auskünfte aus Verfahrensakten begehrt werden, welche zur Person des Beteiligten gespeichert sind (so zu § 19 BDSG aF: Simitis/Dix BDSG aF § 1 Rn. 195). 94

Der Vorrang des BDSG bezieht sich auf das VwVfG, nicht hingegen auf dessen parallele Kodifikationen in den §§ 89, 187 AO, §§ 25, 83 SGB X. Ihnen gegenüber gelten demnach die allgemeinen Kollisionsregeln sowie die Sonderregelung des § 1 Abs. 2 (dazu → Rn. 79 f.). Die verbleibenden Unterschiede gegenüber dem Verhältnis des Datenschutzrechts zum VwVfG erlangen – außer im Falle expliziter Sonderregelungen – allerdings keine große Bedeutung. 95

V. Datenschutz und Informationszugangsfreiheit

Keine allgemeine Regelung findet sich zum Verhältnis von BDSG und IFG (zu Art. 86 DS-GVO Simitis/Hornung/Spiecker/Schnabel Art. 86 Rn. 13 ff.; s. auch Simitis/Simitis BDSG aF Einl. Rn. 23 ff.; Gola/Schomerus BDSG aF § 1 Rn. 18; s. auch Gusy/Schulte, Jahrbuch Informationsfreiheit 2018, 1). Daher sind insoweit die Regelungen des Informationszugangsrechts und subsidiär die allgemeinen Vorrangregeln anwendbar. Im Grundsatz ist festzuhalten: **Informationszugangsfreiheit und Datenschutz sind keine prinzipiellen Gegensätze** (→ Syst. H Datenschutzbestimmungen der Informationsfreiheitsgesetze, Ed. 28 (Stand: 11/2017), Rn. 1 ff.). Dies 96 zeigen sowohl die materiell-rechtlichen Bestimmungen der §§ 32 ff. als auch die organisatorische und funktionelle Zusammenführung von Datenschutz- und Informationsfreiheitsbeauftragten in Bund (§§ 8 ff.) und Ländern (näher Kloepfer DÖV 2003, 221; Bull NJW 2006, 1617; Dix FS Büllesbach 2002, 169). Doch kann es Konstellationen geben, in welchen ein Konflikt möglich ist. Dies gilt insbesondere dann, wenn ein Auskunftsanspruch geltend gemacht wird, der sich auch auf personenbezogene Daten Dritter bezieht oder nur durch deren Bekanntgabe erfüllt werden kann. Ähnliche Konstellationen können sich auch im Anwendungsbereich des **UIG** oder sonstiger **Spezialgesetze** des Informationszugangsrechts ergeben.

97   Für derartige Fallgestaltungen enthält § 5 IFG eine Regelung, welche sich um differenzierende Ansätze bemüht. Die erkennbar auf Terminologie (§ 3) und Systematik des BDSG abgestimmte Vorschrift (zu ihr Schoch IFG § 5 Rn. 8 ff.; Rossi, Informationsfreiheitsgesetz, 2. Aufl. 2015, IFG § 5 Rn. 6 ff.) stellt das Zustimmungs- und das Abwägungsmodell nebeneinander und enthält einzelne Abwägungsregeln. Im Übrigen hat diese anhand des § 5 Abs. 1 IFG, im Einzelfall anhand des Übermaßverbots zu erfolgen. Hier ist **Vertraulichkeitsschutz die juristische Regel, Durchbrechungen hingegen begründungsbedürftig.** Ein genereller Vorrang des Datenschutzes lässt sich daraus aber nicht herleiten (→ BDSG 2003 [aK] Einleitung Rn. 1 ff.). Die gerichtliche Entscheidungspraxis ist bislang tentativ und lässt noch wenig stabilisierte Abwägungsmaßstäbe erkennen. Demgegenüber ist die thematisch verwandte Erörterung des Verhältnisses von **Informationszugang** contra **Betriebs- und Geschäftsgeheimnis** (dazu etwa v. Danwitz DVBl 2005, 597; Sieberg/Ploeckl DB 2005, 2062; Tyczewski/Eigen NWVBl 2006, 281) wegen der andersartigen Regelungstechnik des § 6 IFG (zu ihr Schoch IFG § 6 Rn. 40 ff. (72 ff.); Rossi Informationsfreiheitsgesetz, 2. Aufl. 2015, IFG § 6 Rn. 61 ff.) nicht einfach auf § 5 IFG und personenbezogene Daten übertragbar.

F. Anwendbarkeit des BDSG bei Auslandsbezug

I. Grundsätze

98   Der Grundrechtsschutz der Privatsphäre (→ Rn. 42 ff.; → BDSG 2003 [aK] Einleitung Rn. 1 ff.) bindet alle deutsche Staatsgewalt unabhängig davon, ob sie inländische oder auslandsbezogene Sachverhalte betrifft oder an deren Gestaltung mitwirkt. **Auslandswirkungen europäischer und deutscher Grund- und Menschenrechte** verpflichten die deutsche Staatsgewalt und können ihr **Handlungs-, Unterlassungs- und Schutzpflichten** (→ Rn. 52 ff.) auferlegen, welche auch bei ihrem Handeln mit Auslandsbezug Geltung beanspruchen. Dabei bedeutet Gleichheit der Bindung noch nicht notwendig vollständige Gleichheit der rechtlichen Vorgaben und Inhalte. Dies folgt schon daraus, dass der Anwendung und Durchsetzung deutschen Rechts im Ausland völkerrechtliche Grenzen aus der Souveränität und der Rechtsordnung der anderen Staaten gezogen sind. Rechtsfolgen entstehen bei der Gestaltung des Rechts der grenzüberschreitenden Datenverarbeitung und dessen Auslegung und Anwendung, soweit die deutsche Staatsgewalt nach internationalem Recht zur Mitwirkung daran berechtigt ist.

99   Der **räumliche Geltungsbereich** des BDSG bezieht sich grundsätzlich auf das Inland. Dies soll laut Gesetzesbegründung § 1 Abs. 4 S. 1 zum Ausdruck bringen (vgl. BT-Drs. 18/11325, 80). Ferner bestimmt § 1 Abs. 4 S. 2 Nr. 1, dass private Stellen, dh Verantwortliche oder Auftragsverarbeiter, an das BDSG gebunden sind, sofern sie personenbezogene Daten „im Inland" verarbeiten (zum Verantwortlichen und seinen Prüfungspflichten EuGH EuZW 2018, 534 – facebook; BGH ZD 2018, 248; OLG Hamburg NJOZ 2019, 730). Das BDSG regelt zunächst die **Verarbeitung personenbezogener Informationen im Inland** (Simitis/Simitis BDSG aF § 4b Rn. 18). Maßgeblich ist dafür, ob ein inländischer Erhebungs-, Verarbeitungs- oder Nutzungsvorgang vorliegt. Dabei ist es gleichgültig, ob dieser Vorgang (auch) im Zusammenhang mit ausländischen Vorgängen steht. Was im Inland geschieht, unterliegt der inländischen Rechtsordnung. Maßgeblich ist das **Territorial-, nicht das Personalitätsprinzip.** Im Inland kommt es auf die Nationalität oder Staatsangehörigkeit Handelnder oder Betroffener nicht an (Simitis/Simitis BDSG aF § 4b Rn. 12 f.). Auslandsgeltung kann dem Gesetz nur zukommen, soweit es in Übereinstimmung mit dem internationalen Recht eine Geltungserstreckung begründet.

100 Das **Territorialprinzip** setzt voraus, dass sich Datenerhebungs- und -nutzungsvorgänge in inländische und ausländische einteilen lassen. Diese Annahme lässt sich im Zeitalter des Internet immer weniger aufrechterhalten (→ Rn. 105). Es dürfte nur wenige Fälle geben, in denen ein in Deutschland wohnender Internetnutzer ausschließlich auf in Deutschland befindliche Server zugreift und die während einer Internetnutzung generierten Daten ausschließlich durch öffentliche oder private Stellen mit Sitz in Deutschland erhoben und weiterverarbeitet würden. Im „digital

age" ist die **Datenverarbeitung mit grenzüberschreitendem Bezug vom Ausnahme- zum Regelfall** avanciert. Soll hieraus keine „beschränkte Internettauglichkeit" des BDSG resultieren (Wolff in Hill/Schliesky, Die Vermessung des virtuellen Rechts, 2012, 193 ff.), so muss der Anwendungsbereich des BDSG auch auf grenzüberschreitende Verarbeitungsvorgänge erstreckt sein. Sie können Fragen der **Kollision unterschiedlicher Rechtsordnungen** aufwerfen, wenn etwa in einem Staat ansässige Rechtssubjekte Informationen ganz oder teilweise auch in anderen Staaten erheben (exemplarisch Hummer AVR 2011, 203; Dammann RDV 2002, 70). Lösung bzw. Vermeidung solcher Kollisionsfragen bezwecken die Regelungen des Abs. 5.

II. Maßgebliche Kriterien

Abs. 4 differenziert hinsichtlich des räumlichen Anwendungsbereiches zwischen „öffentlichen" **101** (→ Rn. 69 ff.) und „nichtöffentlichen Stellen" (→ Rn. 73 ff.). Während Abs. 4 S. 1 das BDSG für die Datenverarbeitung durch öffentliche Stelle uneingeschränkt für anwendbar erklärt, sieht S. 2 für die **Datenverarbeitung durch Private ein differenziertes Regime** vor.

So ordnet S. 2 **Nr. 1** zunächst eine Bindung nach Maßgabe des **Territorialprinzips** **101a** (→ Rn. 99 f., 104) an, obwohl die DS-GVO in Art. 3 und Erwägungsgrund 22 von diesem Kriterium bewusst Abstand genommen hat (vgl. Klar DuD 2017, 533 (537)). Hat der Verantwortliche oder Auftragsverarbeiter seinen **Sitz** (→ Rn. 103) im Ausland, so kommt eine Anwendung des BDSG nur nach Maßgabe von § 1 Abs. 4 S. 2 Nr. 2 oder 3 in Betracht.

Nach **Nr. 2** kommt das BDSG auch zur Anwendung, wenn die Datenverarbeitung durch eine **101b** in Deutschland ansässige Niederlassung einer datenverarbeitenden anderen Stelle erfolgt, welche ihren Hauptsitz außerhalb des Bundesgebiets unterhält. Dieses sog. **Niederlassungsprinzip** findet sich auch in Art. 3 Abs. 1 DS-GVO. Hiernach finden DSRL und DS-GVO Anwendung, wenn die Datenverarbeitung „im Rahmen der Tätigkeit" einer „Niederlassung" stattfindet (dazu Simitis/Hornung/Spiecker/Polenz Art. 4 Nr. 16 Rn. 3 ff.). Nach Erwägungsgrund 22 DS-GVO setzt eine „Niederlassung" eines Verantwortlichen oder Auftragsverarbeiters „die effektive und tatsächliche Ausübung einer Tätigkeit mittels einer festen Einrichtung voraus." Auf die Rechtsform soll es dagegen ebenso wenig ankommen wie darauf, ob es sich um eine Zweigniederlassung oder Tochtergesellschaft handelt (vertiefend etwa: Kartheuser/Schmidt ZD 2016, 155; sowie sogleich → Rn. 102). Unterhält der Verantwortliche oder Auftragsverarbeiter eine solche „Niederlassung" in einem oder mehreren Mitgliedstaaten, so ist er „verpflichtet, sicherzustellen, dass jede dieser Niederlassungen die Verpflichtungen einhält, die im jeweiligen einzelstaatlichen Recht vorgesehen sind" (vgl. Erwägungsgrund 19 DSRL 1995/46/EG). Der EuGH hat entschieden, dass der räumliche Anwendungsbereich der DSRL bereits eröffnet sei, wenn die Niederlassung in einem Mitgliedstaat mindestens die Aufgabe hat, den wirtschaftlichen Erfolg des Verantwortlichen bzw. Auftragsverarbeiters zu fördern – auch wenn im Einzelfall eine Mitwirkung an der Verarbeitung personenbezogener Daten nicht nachgewiesen ist. Auch in diesem Falle seien die Tätigkeiten des Verantwortlichen bzw. Auftragsverarbeiters und die seiner Niederlassung untrennbar miteinander verbunden (vgl. EuGH BeckRS 2014, 80862 Rn. 55 f. – **Google Spain**). Die Folge ist eine durch die Inlandsniederlassung begründete Bindung von in Drittstaaten ansässigen Verantwortlichen an das europäische Datenschutzrecht („Rückkehr des Rechts" (Kühling EuZW 2014, 527)). Umgekehrt kann der Rückzug der Niederlassung die Anwendbarkeit des BDSG beenden. Eine weitere Ausweitung ihres räumlichen Anwendungsbereichs erfährt die DS-GVO durch das in Art. 3 Abs. 2 niedergelegte **Marktortprinzip** (zu diesem Klar DuD 2017, 533 (534 f.)). Hiernach ist die DS-GVO auch anwendbar, wenn die Datenverarbeitung durch einen in einem Drittstaat ansässigen Verantwortlichen oder Auftragsverarbeiter „in Zusammenhang damit steht", dass den Betroffenen in einem Mitgliedstaat der EU „Waren oder Dienstleistungen" angeboten wurden und zwar „unabhängig davon", ob hierfür eine Geldleistung zu zahlen ist (lit. a). Hiervon sind etwa in Drittstaaten ansässige Anbieter des **Cloud Computings** betroffen (vgl. Klar DuD 2017, 533). Dasselbe gilt, wenn die Datenverarbeitung dazu dient, das Verhalten von Betroffenen, die sich in der EU aufhalten, zu „beobachten" (lit. b). Zum Web-Tracking Schulte/Wambach/Knorr DuD 2016, 523). Auf der Skala zwischen den Polen Territorial- und Personalitätsprinzip (→ Rn. 99) ist das Marktortprinzip also näher am Personalitätsprinzip, da es die Anwendbarkeit des Datenschutzrechts an den Aufenthaltsort Betroffener knüpft – jedenfalls unter den in Art. 3 Abs. 2 DS-GVO genannten Voraussetzungen.

Vor diesem Hintergrund erklärt sich § 1 Abs. 4 S. 2 **Nr. 3**: Indem diese das BDSG für anwend- **101c** bar erklärt, sofern der räumliche Anwendungsbereich der DS-GVO eröffnet ist, wird das **Marktortprinzip in das deutsche Datenschutzrecht eingeführt** (ähnlich, aber krit. Klar DuD 2017, 533 (537)).

102 Ausgangspunkt ist die **„Stelle"** als Sammelbezeichnung für die Adressaten des Gesetzes (→ Rn. 68 ff.; zu den einzelnen Adressaten auch § 2; → § 2 Rn. 1 ff.), sie ist kein spezielles Konzept gerade des § 1 Abs. 4. Wie sich aus § 1 Abs. 4 S. 2 Nr. 1–3 ergibt, bezeichnet „Stelle" den **Oberbegriff für** die Begriffe des „**Verantwortliche**n" (§ 4 Nr. 7 DS-GVO) **und** des „**Auftragsverarbeiter**s" (§ 4 Nr. 8 DS-GVO).

102a „**Verantwortlicher**" ist „die natürliche oder juristische Person, Behörde, Einrichtung oder andere Stelle, die allein oder gemeinsam mit anderen über die Zwecke und Mittel der Verarbeitung von personenbezogenen Daten entscheidet", wobei „Zwecke und Mittel" sowohl durch das Recht der Union als auch der Mitgliedstaaten vorgegeben sein können. Maßgeblich ist nicht Rechtsfähigkeit, sondern **tatsächliche Handlungs- bzw. Entscheidungsfähigkeit** im Hinblick auf einzelne oder sämtliche Formen der „Verarbeitung" personenbezogener Daten. Beide Merkmale können zusammenfallen, wenn ein einheitlich organisiertes und geführtes Unternehmen sich mit Datenverarbeitungsfragen befasst. Sie können aber auch auseinanderfallen. In diesen Fällen geht das Konzept des „Verantwortlichen" über dasjenige der juristischen Zurechnung hinaus. (Selbstständig) verantwortlich sein können auch **Niederlassungen** (zum Begriff → Rn. 101; im Kontext der Niederlassungsfreiheit nach Art. 49 ff. AEUV: GHN/Forsthoff AEUV Art. 49 Rn. 52 ff.) von Unternehmen im Sitz- oder einem anderen Staat, verselbstständigte Einheiten im Unternehmen, Außen- oder Geschäftsstellen mit eigener Entscheidungskompetenz; nicht hingegen Auftragsverarbeiter (dazu → Rn. 102b), die neben den Verantwortlichen (und ihren Niederlassungen) als Adressaten zur Seite gestellt wurden. Eine Niederlassung setzt ein **Mindestmaß an organisatorischer Kontinuität und Entscheidungsmöglichkeit,** eine „räumliche und funktionale Abgegrenztheit" voraus (Simitis/Dammann Rn. 203). Als Indiz wird in Deutschland nach wie vor § 4 Abs. 3 GewO herangezogen, der eine Niederlassung annimmt, wenn eine „selbstständige gewerbliche Tätigkeit auf unbestimmte Zeit und mittels einer festen Einrichtung von dieser aus tatsächlich erbracht wird" (Gola/Schomerus BDSG aF § 1 Rn. 28; Simitis/Dammann BDSG aF Rn. 203). Das – auch regelmäßige – Auftreten auf Messen oder von Reisenden ohne eigene Geschäftsräume soll nicht ausreichen (Simitis/Dammann BDSG aF Rn. 203 mit Hinweisen zur partiell anderen Praxis in anderen EU-Staaten). Nach diesem – nicht unumstrittenen – Konzept kommt es auf ein gewisses Maß menschlicher Entscheidungsmöglichkeit bzw. Einwirkung an, das bloße **Vorhandensein von Servern allein reicht wohl nicht stets aus** (Jotzo MMR 2010, 232 (235); Simitis/Dammann BDSG aF Rn. 203 mit Hinweisen zur Gegenauffassung). „Verantwortlicher" sein kann aber deren Betreiber, der auf die Programmierung des Servers oder die Ergebnisse seiner Tätigkeit Zugriff nehmen kann. Handeln mehrere gemeinsam, sind alle verantwortlich; das Vorhandensein nachgeordneter bzw. ausgegliederter „verantwortlicher Stellen" schließt die Verantwortlichkeit der vorgeordneten oder zentralen Stellen nicht notwendig aus (so wohl auch Gola/Schomerus BDSG aF § 1–3 Rn. 48). **Verantwortlichkeit kann sowohl nebeneinander als auch gestuft** bestehen.

102b **Auftragsverarbeitung** (dazu Art. 28 DS-GVO; grundlegend HK-DS-GVO/Ingold DS-GVO Art. 28; s. auch §§ 62 ff.) differenziert zwischen dem Subjekt der Entscheidung (genauer: dem Sitz des Entscheiders) und dem Subjekt der Verarbeitung. **Der Auftraggeber lässt eine Datenverarbeitung, die er selbst vornehmen könnte oder müsste, von einer anderen juristischen oder natürlichen Person wahrnehmen,** die nicht in einem Dienst- oder Mitarbeiterverhältnis steht. Prototyp ist ein rechtlich selbständiger Dritter, dem gegenüber Weisungs- und Aufsichtsrechte bestehen, wenn auch nicht immer Weisungs- und Aufsichtsmöglichkeiten bestehen. Ihm fehlt das Element der Selbständigkeit, nicht hingegen dasjenige der möglichen Gefährdung oder Verletzung von Privatheitsrechten Dritter. Dementsprechend kann die Bindung des Auftragsverarbeiters an DS-GVO und BDSG keine alleinige sein; sie tritt neben diejenige des Verantwortlichen, entsteht also nicht anstatt, sondern neben derjenigen der verantwortlichen Stelle. Sie soll also das **Konzept der Verantwortlichkeit erweitern, nicht einschränken.** Deshalb steht die beauftragte Stelle neben der Auftraggeberin, deren Verantwortlichkeit unberührt bleibt. Vertragliche Dispositionen zwischen Auftraggeber und -nehmer können die gesetzlich begründete Verantwortlichkeit allein im Innen-, nicht hingegen im Außenverhältnis regeln. Soweit der Auftrag reicht, reicht die Bindung aller an ihm Beteiligten an das Gesetz.

103 Das **Sitz-**Kriterium ist kein spezifisches Merkmal des Datenverarbeitungsrechts, sondern verweist auf die allgemeine Rechtsordnung. Sie stellt regelmäßig auf den Sitz eines Unternehmens oder einer juristischen Person im handelsrechtlichen Sinn ab (s. etwa § 106 Abs. 1 HGB, § 5 AktG, § 4a GmbHG, § 24 BGB, § 6 Nr. 1 GenG). Das Kriterium ist im Anwendungsbereich des BDSG modifiziert: Hier kommt es auf den **Sitz des „Verantwortlichen"** an, welcher mit der juristischen Person, der die Datenerhebung bzw. -verarbeitung rechtlich zuzurechnen ist, nicht notwendig identisch ist (→ BDSG 2003 [aK] § 3 Rn. 108 ff.). Dies kann auch eine rechtlich unselbstständige **Niederlassung** (→ Rn. 101 f.) mit Sitz im Inland sein. Angesichts der Modifikationen gegenüber dem allgemeinen Prinzip vom Unternehmenssitz wird im Datenschutzrecht vom „**modifizierten**" oder „**abgeschwächten Sitzprinzip**" gesprochen (Schaar RDV 2002, 4 ff. (5)).

Der **Erhebungs- oder Verarbeitungsort** stellt gem. Abs. 4 jedenfalls insoweit ein maßgebliches Kriterium dar, als hier nach in- oder ausländischen Orten differenziert wird. Liegt der Ort im Inland, greifen partiell andere Regeln als für einen Ort im Ausland. Die Europarechtskonformität dieser Regelungswirkung ist jedoch umstritten. Viele Stimmen in der Literatur gehen davon aus, dass § 1 Abs. 4 S. 2 Nr. 1 europarechtswidrig und folglich unanwendbar ist (Auernhammer/v. Lewinski Rn. 18; HK-BDSG/Böken Rn. 33 f.; Kühling/Buchner/Klar Rn. 20; → DS-GVO Art. 3 Rn. 9). Denn Art. 3 DS-GVO regele mit dem Sitzlandprinzip den örtlichen Anwendungsbereich des Datenschutzrechts bereits abschließend. Wie eine kolportierte Annex-Kompetenz zu den DS-GVO-Öffnungsklauseln begründet werden soll, bleibt unklar (Klar DuD 2017, 533 (537)). In der Tat ist somit fraglich, ob Abs. 4 Nr. 1 vor dem Hintergrund abschließender europarechtlicher Regelungen in der DS-GVO angewendet werden darf. Ausgangspunkt für die differenzierenden Regelungen für In- und Ausland ist die Feststellung, dass Erhebung und Verarbeitung „physische, an einen Datenträger gebundene Vorgänge" darstellen, die „an einem bestimmten Ort belegen" sind (Simitis/Dammann BDSG aF Rn. 220). Für das **Territorialprinzip** kommt es nicht auf den Standort des erhebenden oder verarbeitenden Verantwortlichen, sondern auf denjenigen der betroffenen Daten an. Befinden sich diese auf einem in Deutschland belegenen DV-System, so sind die maßgeblichen Verarbeitungsvorgänge inländische. Stets ausreichend ist der **Einsatz einer im Inland betriebenen DV-Anlage.** Soweit der Standort der Daten und derjenige des Nutzers auseinander fallen – etwa bei der Online-Abfrage eines **in Deutschland belegenen Server**s von einem im Drittland belegenen Terminal aus –, so ist der maßgebliche Ort im Inland auch dann, wenn der Schwerpunkt der nachfolgenden Nutzung im Ausland liegt (Simitis/Dammann BDSG aF Rn. 221). Nicht entscheidend ist also, von wo aus der Vorgang tatsächlich veranlasst oder gesteuert wird. Gleichfalls ohne Bedeutung ist, ob die Nutzung fremder Daten befugt oder unbefugt, zweckentsprechend – aus der Sicht des Betroffenen – oder zweckwidrig erfolgt. Das Anbringen von Cookies (Wagner, Das Websurfen und der Datenschutz, 2006, 203 ff.; s. auch Simitis/Hornung/Spiecker/Hornung Art. 3 Rn. 59 ff.), Trojanern, Viren oder Würmern auf Rechnern im Inland ist ein inländischer Vorgang, unabhängig davon, ob er vom In- oder Ausland her stattfindet (anders Fröhle, Web-Advertising, Nutzerprofile und Teledienstedatenschutz, 2003, 155). Nicht ausschlaggebend sind dagegen die eigentumsrechtliche Zuordnung oder Kostentragung für die Verarbeitung. Bei gestuften Informationsbeziehungen – ein Anbieter bietet bestimmte Leistungen im Interesse oder zur Ermöglichung von Leistungen Dritter an – ist auch hier zu unterscheiden: Es kommt auf die konkrete Leistungs- bzw. Informationsbeziehung an. Der maßgebliche Ort kann bei gestuften Vorgängen mehrfach wechseln. **104**

Die genannten Kriterien, namentlich diejenigen des Erhebungs- und Verarbeitungsortes, sind erkennbar an Formen der Informationsverarbeitung orientiert, bei denen die Nutzung jeweils **abgrenzbarer Geräte,** die getrennt voneinander betrieben werden und bei denen Übertragungsvorgänge eher die Ausnahme als die Regel bilden, im Vordergrund steht. Bemühungen, die maßgeblichen Anknüpfungskriterien angesicht der zunehmende Datenverarbeitung per Distanz klarer und transparenter zu formulieren, gehen dahin, Datenverarbeitung im Inland zum Zweck der Verarbeitung in einem Drittland – ohne Rücksicht auf Auftrags- oder sonstige Innenverhältnisse – stets dem nationalen Recht zu unterwerfen (Simitis/Dammann BDSG aF Rn. 224 zur dänischen Regelung). Andernorts wird gefordert, als Anknüpfungspunkt die Verwendung einer Sprache auf Formularen oder Websites oder die Verwendung der Sprache eines Websurfers als maßgeblichen Anknüpfungspunkt zu nutzen (Nachweis bei Simitis/Dammann BDSG aF Rn. 220). Notwendigkeiten und Möglichkeiten einer Fortentwicklung des Datenschutzrechts sind hier kontrovers (s. insbesondere Artikel 29-Datenschutzgruppe Opinion 08/2010 on applicable law, 29 ff.). **105**

III. Einzelne Kollisions(vermeidungs)regelungen

Ob Abs. 4 Kollisions- oder Kollisionsvermeidungsregeln enthält, ist für dessen Auslegung von nachrangiger Bedeutung. Maßgeblich für die Anwendbarkeit der einzelnen Sätze ist die Unterscheidung nach dem **Sitz** (→ Rn. 103) der verantwortlichen Stelle. Hat die **verantwortliche Stelle ihren Sitz in Deutschland,** gilt deutsches Datenschutzrecht (→ Rn. 104). Im Übrigen differenziert Abs. 4 S. 2 Nr. 3 danach, ob der Verantwortliche oder Auftragsverarbeiter eine **Niederlassung** in Europa (→ Rn. 107 ff.) oder **in einem Drittstaat** (→ Rn. 112 ff.) unterhält. Im **106** sachlichen Anwendungsbereich der DS-GVO ordnet § 1 **Abs. 6** an, dass die Mitgliedstaaten des **EWR Mitgliedstaaten der EU gleichstehen,** während alle anderen Staaten – indes seit dem 2. DSAnpUG von 2019 auch **die Schweiz** (BGBl. 2019 I Nr. 41, 1633) – als Drittstaaten gelten. Für den Anwendungsbereich der Art. 1 JI-RL bestimmt demgegenüber **Abs. 7,** dass die **Mitgliedstaaten des Schengen-Raumes** den EU-Staaten gleichstehen, während alle anderen Staaten als Drittstaaten gelten.

1. Datenerhebung bzw. -verarbeitung in Europa

107 Innerhalb der EU wird das Datenverarbeitungs- und Datenschutzrecht durch das vorrangige **europäische Recht** (→ Rn. 31 ff.; Überblick: Schulze und andere, Europarecht: Handbuch, 3. Aufl. 2015, § 37) partiell geprägt, partiell modifiziert. Dies gilt namentlich auch für die maßgebliche rechtliche Anknüpfung bei **grenzüberschreitender Datenverarbeitung** in der Union.

108 Grundsätzlich gilt in Europa das **Herkunftslandprinzip.** Hat die verantwortliche Stelle ihren Sitz oder eine Niederlassung in einem EU- oder EWR-Staat (Island, Liechtenstein, Norwegen), so bestimmt sich der rechtliche Anknüpfungspunkt nach Art. 3 Abs. 1 DS-GVO. Wer in Europa seinen Sitz hat und dort Datenverarbeitung betreibt, hat – ergänzend zum EU-Recht – die inländische Rechtsordnung des Sitzstaates zu beachten unabhängig davon, ob die Erhebung oder Verarbeitung im eigenen oder in einem anderen EU- oder EWR-Staat stattfindet. Hier gilt das **Territorial-** (→ Rn. 99 f., 104) oder **Sitzlandprinzip** und **nicht das Verarbeitungsland- oder Marktortprinzip** (→ Rn. 101) (s. Art. 3 Abs. 2 DS-GVO). Das Territorialprinzip soll Verantwortliche und Auftragsverarbeiter von der Verpflichtung entlasten, sich an den unterschiedlichen Rechten und Pflichten jedes anderen Staates, in dem sie personenbezogene Daten verarbeiten, zu orientieren und so durch ggf. unbekannte Datenverarbeitungsregelungen in ihrer wirtschaftlichen Tätigkeit gehemmt zu werden (BT-Drs. 14/4329, 31). Die Rechtmäßigkeitsbedingungen eines Mitgliedstaates werden so auf Aktivitäten in anderen Mitgliedstaaten übertragen, das nationale Recht gleichsam „exportiert". Innerhalb der durch die Öffnungsklauseln der DS-GVO (→ Rn. 32) entstehenden Regelungslücken bzw. der durch die JI-Richtlinie verbliebenen Umsetzungsspielräume findet nicht das BDSG, sondern das **Recht des Sitzlandes** Anwendung.

109 Die **Anknüpfung an das Recht des ausländischen Sitzstaates ist unabhängig vom Datenschutzniveau** des dortigen Rechts; also unabhängig davon, ob dort höhere, gleiche oder niedrigere Anforderungen an den Umgang mit personenbezogenen Daten gestellt werden (zum Schutzniveau → Rn. 114 f.). Sie ist ebenso unabhängig davon, ob der Erhebungs- oder Verarbeitungsvorgang vom Nutzer oder vom Dienstleister veranlasst worden ist. Und sie ist schließlich auch unabhängig davon, ob den Nutzern bekannt ist, wo sich der Sitz des Dienstleisters, mit dem sie in Kontakt stehen, befindet. Zur Wahrung eines ausreichenden Datenschutzniveaus zugunsten Betroffenen sind die Mitgliedstaaten an die **EU-Vorgaben** gebunden: Diese konkretisieren das gemeinsame Mindestniveau. So soll ein **Ausgleich zwischen Dienstleistungsfreiheit und Datenschutz** angestrebt werden.

110 Das Sitzlandprinzip gilt in Europa nur eingeschränkt. Das Vorhandensein einer **Niederlassung im Inland** (→ Rn. 101 ff.) schließt den grenzüberschreitenden Charakter der Datenverarbeitung aus, soweit diese tatsächlich von der Niederlassung durchgeführt wird bzw. in einem relevanten Zusammenhang mit der Tätigkeit der Niederlassung steht (EuGH EuZW 2014, 541 (544)). Auf die Niederlassung ist dann entsprechend dem Sitzlandprinzip das deutsche Recht – einschließlich des BDSG – anwendbar (Simitis/Dammann BDSG aF Rn. 202). Demgegenüber soll das Vorhandensein einer inländischen Niederlassung, ohne dass diese im konkreten Fall datenverarbeitend tätig wird, für die Anwendbarkeit deutschen Rechts nicht ausreichen (OVG Schleswig NJW 2013, 1977 (1978); VG Schleswig DSB 2013, 72; krit. zu Recht Kühling EuZW 2014, 527 (531)). Soweit die Niederlassung lediglich als **Auftragnehmer** eines in einem anderen EU-Staat ansässigen Unternehmens tätig wird, gelten die Grundsätze der Auftragsverarbeitung (→ Rn. 102).

111 Umgekehrt erstreckt sich der **Anwendungsbereich des BDSG** über das Inland hinaus auch **auf die Erhebung und Verarbeitung von Daten durch deutsche Unternehmen im Ausland,** soweit diese Unternehmen als „Verantwortliche" (Art. 4 Nr. 7 DS-GVO) der jeweiligen Aktivitäten anzusehen sind und nicht durch ausländische Niederlassungen handeln (Simitis/Dammann BDSG aF Rn. 206).

2. Datenerhebung bzw. -verarbeitung im Verhältnis zu Drittstaaten

112 Im Verhältnis zu Staaten außerhalb von EU und EWR gilt das **Territorialprinzip.** Maßgeblich ist der **Ort der Datenerhebung bzw. -verarbeitung** für die Bestimmung des anwendbaren Rechts. Handeln verantwortliche Stellen im Inland, ist das BDSG anwendbar. Schwierigkeiten

bereitet hier die Frage danach, wann die verantwortliche Stelle im Inland tätig wird, wann sie also als handelnde Stelle für den Vorgang der Informationserhebung oder -verarbeitung angesehen werden kann. Als maßgebliches Indiz gilt der Rückgriff auf **im Inland belegene automatisierte oder nicht automatisierte Datenverarbeitung** (Art. 4 Nr. 2 DS-GVO). Dabei muss der ausländische Anbieter selbst handeln. Ein Auftrag oder vertragliche Beziehungen zu inländischen Unternehmen allein begründen die Anwendbarkeit des BDSG nicht (Simitis/Dammann BDSG aF Rn. 230); auch hier gelten die Regeln der Auftragsverarbeitung (§§ 62 ff.).

Abgrenzungsprobleme entstehen am ehesten Fragen hinsichtlich der **Datenerhebung per Distanz.** Ist das Handeln der verantwortlichen Stelle oder dasjenige der User maßgeblich? Ausgangspunkt ist das **im Inland belegene Mittel:** Ausländische Stellen, welche Websites im Inland hosten und diese vom Ausland her administrieren oder spezielle Einwahlknoten oder Zugangseinrichtungen im Inland betreiben, unterfallen dem BDSG. Dafür soll auch eine **Fernwartung inländischer DV-Anlagen vom Ausland** her ausreichen (Simitis/Dammann BDSG aF Rn. 229; Jandt DuD 2008, 664 (669); technisch Bohnstedt Fernwartung: Die rechtlichen Grenzen des IT-Outsourcing durch Banken, 2005, 17 ff.). Wenn hingegen im Inland lediglich auf öffentliche Telekommunikations- oder sonstige Übertragungseinrichtungen zurückgegriffen wird, so soll nicht die ausländische Stelle, **sondern der Nutzer selbst handeln:** Es liegt in seiner Hand, ob und in welcher Form er von den bereitgestellten Angeboten Gebrauch macht. Ein aktiv steuernder oder in sonstiger Weise Einfluss nehmender Vorgang, welcher die Zurechnung zum Anbieter begründen könnte, wird in solchen Fällen nicht angenommen (Simitis/Dammann Rn. 223 ff.; zu Einzelheiten und Abgrenzungen Duhr ua DuD 2002, 5 (7); Geis/Geis CR 2007, 721 (725)). Insbesondere das Bereitstellen von Angeboten zum Abruf oder zur Anmeldung im Ausland begründet keinen hinreichenden Inlandsbezug. Ein solcher kann erst entstehen, wenn der ausländische Anbieter sich auf den PC des inländischen Nutzers Zugriff verschafft, etwa mit Hilfe von Cookies (Jandt DuD 2008, 664 (669)). Zum **Marktortprinzip** nach Art. 3 Abs. 2 DS-GVO; § 1 Abs. 4 S. 2 Nr. 3 BDSG → Rn. 101 (Jotzo MMR 2009, 232 (235); Weichert VuR 2009, 323 (326); Klar DuD 2017, 533)).

Die Anwendbarkeit des deutschen Datenschutzrechts (vgl. dazu etwa BVerwG NVwZ 2020, 1768 = ZD 2020, 264 = DÖV 2020, 201, Rn. 207 am Beispiel des Betreibens einer „Fanpage" bei Facebook) ist in solchen Fällen **unabhängig vom rechtlichen und faktischen Niveau** des Datenschutzes im Drittstaat. Inländischen Nutzern und Betroffenen soll die Suche nach dem maßgeblichen ausländischen Recht und dessen konkretem Inhalt im Einzelfall nicht zugemutet werden. Stattdessen soll es den Anbietern obliegen, die jeweiligen Rechtsvorschriften in den Staaten zu beachten, in denen sie mit personenbezogenen Daten umgehen. Für die Anwendung des Herkunftslandprinzips fehlt **außerhalb von EU und EWR** die Grundlage, nämlich die Harmonisierungspflicht (→ Rn. 109). So sieht Art. 45 Abs. 1 DS-GVO vor, dass eine **Übermittlung personenbezogener Daten in Drittstaaten** nur zulässig ist, wenn der Drittstaat ein „angemessenes Schutzniveau" gewährleistet. Ob dies der Fall ist, hat die Kommission nach Art. 25 Abs. 2 ff. DS-GVO festzustellen. Die **Safe Harbor-**Entscheidung der Kommission (RL 2000/52/EG) hat der EuGH für ungültig erklärt (BeckRS 2015, 81250 – **Schrems).** Seither dürfen personenbezogene Daten allein auf Grundlage der in Art. 45 DS-GVO genannten Ausnahmen, also Standardvertragsklauseln mit Einwilligung der Betroffenen, in die USA übermittelt werden (Eichenhofer EuR 2016, 76). Der **EU-US-Privacy Shield** (vgl. www.privacyshield.gov; dazu Weichert ZD 2016, 209; v. Lewinski EuR 2016, 405; Gola/Klug NJW 2017, 604 (607); Gola/Klug NJW 2017, 2593 (2596); Anbrock/Karg ZD 2017, 154) stößt auf die hohe rechtliche Hürde des Art. 44 S. 2 DS-GVO (Erfordernis des adäquaten Schutzniveaus).

Nicht anwendbar sind die genannten Kollisionsregeln, wenn die Nutzung der Datenverarbeitungsanlagen im Inland nur zum Zweck des **Transits** stattfindet. Dazu zählt neben dem physischen Transport von Datenträgern auch die Weiterleitung von Daten mittels Leitungen oder Funk (Simitis/Dammann BDSG aF Rn. 238). **„Weiterleitung"** ist der **Datentransfer von einem Drittstaat in einen anderen,** und zwar nicht nur zwischen solchen außerhalb der EU, sondern auch zwischen einem Drittstaat und einem EU- bzw. EWR-Staat (Simitis/Dammann BDSG aF Rn. 238 mwN). Ein solcher Transfer unterliegt der Transitklausel nur, **wenn die Informationen im Inland nicht zur Kenntnis genommen werden** (Gola/Schomerus BDSG aF § 1 Rn. 30). Unter dieser Voraussetzung ist auch die Zwischenablage auf Routern oder Servern im Inland noch als Transfer anzusehen, sofern diese nach Abschluss des Übertragungsvorgangs zeitnah gelöscht werden (Simitis/Dammann Rn. 238; Jotzo MMR 2009, 232 (235)), regelmäßig sobald die Informationen technisch nicht mehr erforderlich sind. Eine Verarbeitung im Inland – gleich welcher Art – schließt demgegenüber einen bloßen Transit aus. Davon sollen Abrechnungsdaten ausgenommen sein (Simitis/Dammann BDSG aF Rn. 238).

BDSG § 1 Teil 1. Gemeinsame Bestimmungen

116 **Ausländische Stellen,** auf deren inländische Tätigkeit das BDSG anwendbar ist, sind gem. Art. 27 Abs. 1 iVm Art. 3 Abs. 2 DS-GVO verpflichtet, einen **Vertreter in der EU** zu bestellen (HK-DS-GVO/Ingold DS-GVO Art. 27). Hierbei handelt es sich gem. Art. 4 Nr. 17 DS-GVO um eine in der EU niedergelassene natürliche oder juristische Person, die vom Verantwortlichen oder Auftragsverarbeiter gem. Art. 27 Abs. 1 DS-GVO bestellt wurde und diesen vertritt. Der Vertreter muss selbst keine Datenverarbeitung betreiben und wird durch seine Bestellung auch nicht selbst zum „Verantwortlichen". Der Sinn der Vorschrift liegt darin, für Behörden und Betroffene im Inland einen Ansprechpartner zu erlangen (vgl. insoweit auch Erwägungsgrund 80 DS-GVO). Doch besteht eine solche Verpflichtung nicht bei jeder inländischen Datenverarbeitung; vielmehr soll sie nur gelten, **wenn bei dieser inländischen Tätigkeit die verantwortliche Stelle zu nennen ist.** Solche Verpflichtungen enthält die DS-GVO an mehreren Stellen. Wichtigstes Beispiel sind die Informationspflichten nach Art. 13 f. DS-GVO. Die **Pflicht zu seiner Bestellung** ist auch insofern **schwach ausgestaltet,** als Art. 27 Abs. 2 DS-GVO weitgehende Ausnahmen vorsieht (HK-DS-GVO/Ingold DS-GVO Art. 27 Rn. 6).

3. Rechtsfolgen bei Auslandsberührung

117 Grenzüberschreitende Rechtsgeltung bedarf der grenzüberschreitenden Rechtsdurchsetzung. Nicht in § 1, sondern in **§§ 8 ff. geregelt** ist die **Zuständigkeit der Aufsichtsbehörden,** die in Europa als Netzwerk organisiert sind (vgl. von Lewinski NVwZ 2017, 1483). Der BfDI (§ 10 BDSG) ist auch zuständig, wenn ausländische Verantwortliche in Deutschland datenverarbeitend tätig werden, und zwar unabhängig von der Bindung an die materiellen Regelungen des BDSG. Er muss daher ggf. auch ausländisches Datenschutzrecht – namentlich anderer EU- oder EWR-Staaten – anwenden, wenn dies im Einzelfall anwendbar ist (krit. Duhr/Naujok/Schaar MMR 2001, 16). Doch sind dessen Möglichkeiten tendenziell schwach: Neben der nur begrenzten Kenntnis der dort maßgeblichen Bestimmungen ist die Rechtsdurchsetzung von Kontroll- und Aufsichtsmaßnahmen in anderen Staaten schwierig (dazu Dammann RDV 2002, 70 (77); Duhr RDV 2002, 5 (8)) und zwar trotz der Einführung besonderer Unterstützungs- und Amtshilfepflichten (Art. 50 DS-GVO).

118 **Nicht geregelt** sind im BDSG international-privatrechtliche Fragen (→ Rn. 106), **der internationale Gerichtsstand** (Simitis/Dammann BDSG aF Rn. 240), der sich nach den allgemeinen Regeln bemisst, und der **Anwendungsbereich des deutschen Strafrechts,** für das das Territorialprinzip des § 3 StGB durch das Datenschutzrecht nicht tangiert wird (Gola/Schomerus BDSG aF § 1 Rn. 41).

4. Das BDSG im Internet

119 Im **Internet** müssen sich die genannten Regelungen beweisen und bewähren. Doch ist dort das **BDSG nur eingeschränkt anwendbar** (Überblick bei Hill/Schliesky/Wolff, Die Vermessung des virtuellen Raums, 2012, 193 ff.). Art. 95 DS-GVO nimmt den Anwendungsbereich der VO auf die Datenverarbeitung in Verbindung mit der Bereitstellung öffentlich zugänglicher elektronischer Kommunikationsdienste in öffentlichen Kommunikationssystemen zurück (EuGH NJW 2019, 2597 – Google). Dementsprechend tritt auch das BDSG hinter TMG, TKG und Rundfunkstaatsverträge zurück und beansprucht Anwendung weder auf der Netz- noch auf der Kommunikations-, sondern allein auf der Inhaltsebene (sog. „offline-Recht"; zum sog. **Drei-Schichten-Modell** grundsätzlich: Schaar, Datenschutz im Internet, 2001). Das Neben- und Miteinander der unterschiedlichen Regelungswerke kann hier nicht einmal im Ansatz dargestellt werden (näher Eberle/Garstka, Mainzer Handbuch neue Medien, 329 ff. (335 ff.); Schneider Handbuch des EDV-Rechts, 4. Aufl. 2009, 205 ff.; zu Abgrenzungsfragen Roßnagel, Datenschutz und E-Commerce, 2009, 124 ff.). In der Literatur wurde schon vor mehr als 10 Jahren die Frage gestellt „Wie viele Gesetze gelten für die einheitliche Nutzung des Internets?" und mit der Antwort das „Märchen vom rechtsfreien Raum" widerlegt.

120 Das BDSG gilt außerhalb des Anwendungsbereichs von Medien- und IT-Dienstleistungsrecht sowie für Daten, welche mit Hilfe von oder aus Medien oder IT-Dienstleistungen gewonnen, aber nicht mehr im Rahmen oder zum Zweck solcher Dienste gespeichert oder verarbeitet werden. Erst recht ist das BDSG anwendbar, wenn und soweit Spezialgesetze keine eigenen Datenverarbeitungsregelungen enthalten.

121 Besonderheiten gelten, sofern personenbezogene Daten durch **Medien zu eigenen journalistischen oder literarischen Zwecken** (zum sog. Presseprivileg unten, → Rn. 130) respektive im Rahmen von IT-Dienstleistungen (siehe auch § 1 TMG) gespeichert oder verarbeitet werden. Ausnahmen gelten auch für die Erhebung oder Verarbeitung zu privaten Zwecken (→ Rn. 75,

Anwendungsbereich des Gesetzes **§ 1 BDSG**

77 ff.). Der Vorrang anderer Gesetze bedeutet in diesem Kontext nicht notwendig anderes Recht. Soweit Spezialgesetze gleiche oder vergleichbare Regelungen wie das BDSG enthalten, sind sie nach einheitlichen Grundsätzen auszulegen. Insbesondere spricht der Gedanke vom „Handelshemmnis Datenschutz" (Wuermeling, Handelshemmnis Datenschutz, 2000) nicht zwingend für eine dienstleistungs- und gegen eine datenschutzfreundliche Auslegung. Auch die Ausübung der Dienstleistungsfreiheit ist an die geltenden rechtlichen Maßstäbe am Leistungsort gebunden, wenn diese ausländische nicht gegenüber inländischen Anbietern benachteiligen, sondern für alle gleichermaßen gelten.

Unberührt von den materiell-rechtlichen Regelungen bleiben die Aufsichtspflichten, die **122 Zuständigkeiten der Aufsichtsbehörden** sowie Kontrollrechte der Datenschutzbeauftragten (zum Anordnungsrecht grundsätzlich BVerwG NJW 2019, 2556). Sie werden in einzelnen Spezialgesetzen sogar noch erweitert (s. etwa § 115 Abs. 4 TKG). Auch die **Gerichtszuständigkeiten** bleiben in der Regel unberührt (Einzelfall: EuGH NJW 2012, 137; s. auch § 1 Abs. 5 TMG). Sie sind im Rahmen ihrer allgemeinen Zuständigkeiten verpflichtet, die jeweiligen besonderen materiell-rechtlichen Bestimmungen anzuwenden.

Scheinen so wesentliche Fragen der Rechtsgeltung und -anwendung geklärt oder zumindest **123** klärbar (so etwa Jotzo MMR 2009, 232), so bleiben dennoch **offene Probleme namentlich bei der Rechtsdurchsetzung** (s. etwa OVG Hamburg ZD 2018, 230 – facebook). Viele Gesetze sind noch nicht notwendig viel Recht, und erst recht nicht für jedermann: Das Internet ist der Ort, wo die Globalisierung am ehesten die Menschen erreicht und der notwendig gebietsgebundene Staat in jedem Sinne des Wortes an seine Grenzen gelangt (Gusy/Worms APuZ 18–19 (2009), 26; s. auch Wischmeyer, Überwachung ohne Grenzen, 2017; allg. Gerlach, Media Governance, Moderne Staatlichkeit in Zeiten des Internets, 2011). Ein Grund hierfür liegt darin, dass den im BDSG verwendeten Rechtsbegriffen im Netz bisweilen der Anknüpfungspunkt zu fehlen scheint oder dieser zumindest Betroffenen unbekannt ist. Im Netz ist der Standort des Verantwortlichen oder des Betroffenen keineswegs derjenige der Informationserhebung bzw. -verarbeitung. Die Möglichkeit, Server per Distanz überall auf der Welt zu betreiben, zu administrieren oder zu kontrollieren, kann den Ort der Informationserhebung (→ Rn. 104 ff.) wie auch denjenigen des internationalen Kollisionsrechts verschieben. Hier kann **für Anbieter und Betreiber eine weitreichende Freiheit der Rechtswahl** entstehen, welche nicht nur sie, sondern auch potentielle Adressaten, Betroffene, Aufsichtsbehörden und Gerichte binden kann. Doch besteht die Möglichkeit von law- und forumshopping umso mehr, je transnationaler Anbieter und Dienstleister agieren bzw. je verschachtelter die Verantwortlichkeiten im Einzelfall gestaltet sind (Hillenbrand-Beck RDV 2007, 231; krit. Simitis/Hornung/Spiecker Art. 1 Rn. 35).

Für die Rechtsdurchsetzung stellen sich demnach über die allgemeinen **Durchsetzungs- 124 schwierigkeiten nationaler Rechtsordnungen** (am Beispiel des Safe Harbour Abkommens Erd KuR 2010, 624) jenseits der eigenen Grenzen spezifische Herausforderungen. Sie betreffen zunächst die **Kenntnis der verantwortlichen Stelle**. Je differenzierter die Arbeitsteilung, je gestufter und vielfältiger die Geschäftsbeziehungen zwischen Anbietern und Dienstleistern verschiedener Stufen, desto schwieriger gestaltet sich für Außenstehende die Durchschaubarkeit der Verantwortlichkeit als Anknüpfungsbegriff des Rechts. **Das Konzept der Verantwortlichkeit hat im Netz seine Bewährungsprobleme noch vor sich.** Das gilt auch dann, wenn die Rechtsprechung zu Recht Unterschiede zwischen gewerblichen und anderen Internetangeboten macht (OLG Düsseldorf MMR 2006, 618). Und es gilt umso mehr, als die Dienstleister späterer Stufen, welche Daten für andere verarbeiten, veröffentlichen oder nutzbar machen, die gesetzliche Zuweisung der Verantwortung für die von ihnen verbreiteten Inhalt regelmäßig ablehnen (zum Unterschied zwischen technischer und inhaltlicher Verantwortlichkeit BVerfG NJW-RR 2009, 1413; zu den Betreibern von Suchmaschinen Ott MMR 2009, 158; Weichert MMR 2007, 188) – nicht zuletzt unter Hinweis auf **Netzfreiheit und Zensurverbot** (grundsätzlich zum freien Markt der Meinungen im Netz Simitis FS Kübler 1997, 285). Dies sind hochrangige Rechtsgüter. Aber das Internet ist nicht nur ein Ort egalitärer Freiheit, sondern auch ein solcher der ungleichen ökonomischen und sozialen Macht (Bieber ua Soziale Netze in der digitalen Welt, 2009; zu Bewertungsportalen BGH GRUR 2018, 636; BGH BeckRS 2016/06437; BGH NJW 2009, 2888; Gounalakis ua NJW 2010, 566; Dorn DuD 2008, 98; Hoffmann-Riem AöR 2012, 509, 533 ff.).

Als „**Hauptschwächen des Datenschutzes im Internet**" werden zu Recht einerseits die **125** „eng begrenzten staatlichen Kontrollmöglichkeiten" und andererseits „die Verlockung hoher Gewinnmöglichkeiten bei Missachtung des Datenschutzes" genannt (Arndt FS Rudolf 2001, 393 (400); zu den Konsequenzen für die Privatheit: Gusy/Eichenhofer/Schulte JöR 2016, 385; Eichenhofer, Der Staat 2016, 41). Die aufgeworfenen Fragen werden durch die technischen und ökonomischen Entwicklungen im Netz nicht gelöst, sondern eher potenziert. Im Zentrum stehen Diskussionen um die **sozialen Netzwerke** (dazu Erd NJW 2011, 19; Ernst NJW 2010, 2989; Härting CR 2011, 169; Hoeren ZRP 2010, 251; Wagner DuD 2008, 736; Weichert VuR 2009, 323; zu online-Spielen Erkeling DuD 2011, 116; zu Social Media Monitoring-Diensten Solmecke/Wahlers ZD 2012, 550), die neuen technischen Bedingungen und Möglichkeiten im Web 2.0 (dazu zahlreiche Beiträge bei Bieber ua Soziale Netzwerke in der digitalen Welt, 2009) und das Cloud-Computing (dazu Hennrich CR 2011, 546; Niemann/Paul KuR 2009, 444; Pohle/Assmann CR 2009 273; Schulz MMR 2010, 75; Weichert DuD 2010, 679). Die **Währung des Netzes ist die Information.** Umgekehrt bedeutet Datenschutz nicht fehlende Informationen, sondern den richtigen rechtskonformen Umgang mit ihnen (→ Rn. 2). Beides zu sichern ist eine anspruchsvolle, aber nicht unmögliche Aufgabe.

126-127 Derzeit nicht belegt.

G. Landesrecht

128 Das Inkrafttreten von DS-GVO und JI-Richtlinie (→ Rn. 1) lässt die bundesstaatliche Kompetenzordnung unberührt (vgl. Kühling NJW 2017, 1985 (1987)). Für Landesbehörden gilt nach wie vor primär **Landesrecht.** Die Bundesländer gestalten den Anwendungsbereich ihrer Datenschutzgesetze entsprechend dem BDSG und ihren Kompetenzen (§ 2 Abs. 1, 2 BWLDSG; Art. 1 Abs. 1–4, 6 BayDSG; §§ 2 Abs. 1–7, § 10, § 11 BlnDSG; § 2 Abs. 1–4 BbgDSG; § 2 Abs. 1–5 BremDSGVOAG; § 2 Abs. 1–6 HmbDSG; § 1 Abs. 1, 2, 4, 6–9 HDSG; § 3 Abs. 1, 2 DSG LSA; § 2 Abs. 1–6 DSG M-V; § 1 NDSG; § 5 Abs. 1–7 DSG NRW; § 2 Abs. 1–7 RhPflDSG; § 2 Abs. 1–3 SaarlDSG; § 2 Abs. 1–3 SächsDSDG; § 2 Abs. 1–4, 7 SchlHLDSG; § 2 Abs. 1–3, 6–10 ThürDSG). Zum Teil wird auf eine Anwendung verzichtet in Gnadenangelegenheiten (Art. 1 Abs. 6 BayDSG; § 3 Abs. 2 Nr. 3 DSG LSA).

129 Zu beachten ist, dass im Zuge des DSAnpUG-EU (→ Rn. 1, 8) das Presseprivileg des § 41 BDSG aF in die Zuständigkeit der Bundesländer gefallen ist, wobei der Bundesgesetzgeber laut Gesetzesbegründung davon ausgeht, „dass die insofern zuständigen Landesgesetzgeber das Presseprivileg wie bisher absichern werden" (vgl. BT-Drs. 18/11325, 79).

§ 2 Begriffsbestimmungen

(1) Öffentliche Stellen des Bundes sind die Behörden, die Organe der Rechtspflege und andere öffentlich-rechtlich organisierte Einrichtungen des Bundes, der bundesunmittelbaren Körperschaften, der Anstalten und Stiftungen des öffentlichen Rechts sowie deren Vereinigungen ungeachtet ihrer Rechtsform.

(2) Öffentliche Stellen der Länder sind die Behörden, die Organe der Rechtspflege und andere öffentlichrechtlich organisierte Einrichtungen eines Landes, einer Gemeinde, eines Gemeindeverbandes oder sonstiger der Aufsicht des Landes unterstehender juristischer Personen des öffentlichen Rechts sowie deren Vereinigungen ungeachtet ihrer Rechtsform.

(3) [1]Vereinigungen des privaten Rechts von öffentlichen Stellen des Bundes und der Länder, die Aufgaben der öffentlichen Verwaltung wahrnehmen, gelten ungeachtet der Beteiligung nichtöffentlicher Stellen als öffentliche Stellen des Bundes, wenn
1. sie über den Bereich eines Landes hinaus tätig werden oder
2. dem Bund die absolute Mehrheit der Anteile gehört oder die absolute Mehrheit der Stimmen zusteht.
[2]Andernfalls gelten sie als öffentliche Stellen der Länder.

(4) [1]Nichtöffentliche Stellen sind natürliche und juristische Personen, Gesellschaften und andere Personenvereinigungen des privaten Rechts, soweit sie nicht unter die Absätze 1 bis 3 fallen. [2]Nimmt eine nichtöffentliche Stelle hoheitliche Aufgaben der öffentlichen Verwaltung wahr, ist sie insoweit öffentliche Stelle im Sinne dieses Gesetzes.

(5) [1]Öffentliche Stellen des Bundes gelten als nichtöffentliche Stellen im Sinne dieses Gesetzes, soweit sie als öffentlich-rechtliche Unternehmen am Wettbewerb teilnehmen. [2]Als nichtöffentliche Stellen im Sinne dieses Gesetzes gelten auch öffentliche Stellen der Länder, soweit sie als öffentlich-rechtliche Unternehmen am Wettbewerb teilnehmen, Bundesrecht ausführen und der Datenschutz nicht durch Landesgesetz geregelt ist.

Begriffsbestimmungen § 2 BDSG

Überblick

In dieser Norm werden die Verhältnisse der Bundesrepublik Deutschland in seinem Verwaltungsaufbau begrifflich abgebildet (→ Rn. 1). Es wird unterschieden zwischen öffentlichen Stellen des Bundes (→ Rn. 7) und den öffentlichen Stellen der Länder (→ Rn. 32). Ferner erfolgt eine Definition der nichtöffentlichen Stelle (→ Rn. 19), und dies wiederum in Abgrenzung zu öffentlichen Stellen des privaten Rechts, die öffentliche Aufgaben wahrnehmen (→ Rn. 25). Auch gibt es öffentliche Stellen, die wirtschaftlich tätig sind und am Wettbewerb mit anderen öffentlichen Stellen teilnehmen (→ Rn. 42).

Übersicht

	Rn.		Rn.
A. Allgemeines	1	I. Beliehene Unternehmer	30
B. Öffentliche Stellen des Bundes	7	II. Notar	31
I. Organe der Rechtspflege	9	**E. Nichtöffentliche Stellen**	32
II. Behörden	12	I. Natürliche Personen	33
C. Öffentliche Stellen der Länder	19	II. Juristische Personen	36
I. Finanzämter	22	III. Personenvereinigungen, insbesondere Personengesellschaften	40
II. Sozialleistungsträger	23	IV. Vereine	41
D. Nicht-öffentliche Stellen als öffentliche Stellen	25	**F. Öffentliche Stellen die am Wettbewerb teilnehmen**	42

A. Allgemeines

Die Überschrift der Norm „Begriffsbestimmungen" kann zur Verwirrung führen. Die eigentlichen Begriffsbestimmungen sind in Art. 4 DS-GVO enthalten. Sie werden nicht wiederholt und gelten unmittelbar. Insoweit hat der Anwender die unmittelbar geltenden Normen der GVO zu beachten. Die DS-GVO bestimmt, was personenbezogene Daten, Verarbeitung, Einschränkung der Verarbeitung, Profiling, Pseudonymisierung, Dateisystem, Verantwortliche, Auftragsdatenverarbeiter, Empfänger usw. sind. Insoweit ist auf die Kommentierung zu Art. 4 DS-GVO zu verweisen. **1**

Vorliegend greift der Gesetzgeber eigentlich nicht die Frage der Begriffsbestimmung auf, er definiert vielmehr vorliegend die Abgrenzung zwischen öffentlichen Stellen des Bundes, öffentlichen Stellen der Länder und nichtöffentlichen Stellen. Damit wird weiterhin auf die bisher vorhandene Differenzierung zwischen nicht-öffentlichen und öffentlichen Stellen abgestellt. Dies, da das Europarecht eine solche Differenzierung gerade nicht vornimmt. Insoweit wäre auch eine begriffliche Trennung der öffentlichen und nichtöffentlichen Stellen entbehrlich (ebenso Gola/Schomerus/Körffer/Gola/Klug § 2 Rn. 1). **2**

Die DS-GVO spricht in Art. 4 Nr. 7 DS-GVO kurz und bündig vom „Verantwortlichen" (engl.: „controller"; frz.: „responsable du traitement"). Dabei adressiert die DS-GVO „natürliche oder juristische Personen, Behörden, Einrichtungen oder andere Stellen" als Verantwortliche, Auftragsverarbeiter und Dritte. Allerdings grenzt Art. 4 Nr. 18 DS-GVO Unternehmen von den sonstigen für die Verarbeitung Verantwortlichen ab; Unternehmen soll nach der breiten Legaldefinition in Art. 4 Nr. 18 jede „natürliche und juristische" Person sein, die (nicht notwendig regelmäßig) eine wirtschaftliche Tätigkeit ausübt. **3**

Die Abs. 1–4 der Regelung entsprechen insoweit § 2 BDSG aF Sie bestimmen, welche öffentlichen Stellen und nichtöffentlichen Stellen unter den Anwendungsbereich nach § 1 Abs. 1 neu fallen. Denn § 1 Abs. 1 regelt den Anwendungsbereich des Gesetzes (→ Rn. 4.1). **4**

Das Bundesdatenschutzgesetz gilt für die Verarbeitung personenbezogener Daten durch **4.1**
1. öffentliche Stellen des Bundes,
2. öffentliche Stellen der Länder, soweit der Datenschutz nicht durch Landesgesetz geregelt ist und soweit sie
   a) Bundesrecht ausführen oder
   b) als Organe der Rechtspflege tätig werden und es sich nicht um Verwaltungsangelegenheiten handelt.
Für nichtöffentliche Stellen gilt dieses Gesetz für die ganz oder teilweise automatisierte Verarbeitung personenbezogener Daten sowie die nicht automatisierte Verarbeitung personenbezogener Daten, die in

einem Dateisystem gespeichert sind oder gespeichert werden sollen, es sei denn, die Verarbeitung durch natürliche Personen erfolgt zur Ausübung ausschließlich persönlicher und familiärer Tätigkeiten.

5 (derzeit unbesetzt)

6 Damit werden die Normadressaten unabhängig vom Geltungsbereich der Grundverordnung bestimmt. Mithin ist eine Differenzierung zwischen öffentlichen und nichtöffentlichen Stellen erforderlich, welche vorliegend definiert werden.

B. Öffentliche Stellen des Bundes

7 In Abs. 1 werden die öffentlichen Stellen des Bundes definiert. Dieses sind die Behörden, die Organe der Rechtspflege und andere öffentlich-rechtlich organisierte Einrichtungen des Bundes, der unmittelbaren Körperschaften, der Anstalten und Stiftungen des öffentlichen Rechts sowie deren Vereinigungen ungeachtet ihrer Rechtsform.

8 Bei den öffentlichen Stellen wird zwischen den öffentlichen Stellen des Bundes und der Länder (s. dazu Abs. 2) unterschieden. Allerdings wird dabei der gesamte Bereich der Betätigung der öffentlichen Hand als „öffentliche Stelle" erfasst.

I. Organe der Rechtspflege

9 Hierzu zählen auch die Organe der Rechtsprechung, mithin die Bundesgerichte, BVerfG, BGH, BVerwG, BSG, BAG und der BFH, aber auch der Generalbundesanwalt.

10 Diese haben allerdings – soweit nicht die RL 2016/680 für die Strafverfolgung und die Gefahrenabwehr Anwendung findet – nach der DS-GVO den Datenschutz selbst zu organisieren. Die DS-GVO gilt auch für die Tätigkeiten der Gerichte und anderer Justizbehörden. Damit die Unabhängigkeit der Justiz bei der Ausübung ihrer gerichtlichen Aufgaben einschließlich ihrer Beschlussfassung unangetastet bleibt, sollten die Aufsichtsbehörden nicht für die Verarbeitung personenbezogener Daten durch Gerichte im Rahmen ihrer justiziellen Tätigkeit zuständig sein. Mit der Aufsicht über diese Datenverarbeitungsvorgänge sollten besondere Stellen im Justizsystem des Mitgliedstaats betraut werden können, die insbesondere die Einhaltung der Vorschriften dieser Verordnung sicherstellen, Richter und Staatsanwälte besser für ihre Pflichten aus dieser Verordnung sensibilisieren und Beschwerden in Bezug auf derartige Datenverarbeitungsvorgänge bearbeiten sollten (Erwägungsgrund 20).

11 Auf diese Problematik geht das BDSG jedoch bei der Bestellung des behördlichen Datenschutzbeauftragten nicht weiter ein. Lediglich § 9 Abs. 2 regelt, dass die oder der Bundesbeauftragte nicht für die Aufsicht über die von den Bundesgerichten im Rahmen ihrer justiziellen Tätigkeit vorgenommenen Verarbeitungen zuständig ist. Wer in diesem Fall die Aufsicht regelt, ist vollständig offengelassen. Damit fehlt für diesen Bereich eine Aufsichtsbehörde, die einen einheitlichen Beitrag zur Anwendung der Verordnung leistet, ja, für die Einhaltung der Vorgaben der DS-GVO sorgt (vgl. Art. 51 ff. DS-GVO).

II. Behörden

12 Behörden sind entsprechend der Begriffsbestimmung von Art. 4 Nr. 7 DS-GVO Verantwortliche im Sinne der Grundverordnung. Nach dem deutschen Verwaltungsrecht ist Behörde „jede Stelle, die Aufgaben der öffentlichen Verwaltung wahrnimmt" (§ 1 Abs. 4 VwVfG). Mithin alle Institutionen und Behörden, die intern oder extern Aufgaben der öffentlichen Verwaltung wahrnehmen. Dies kann auch der Bundestag sein, soweit er Verwaltungsaufgaben ausübt.

13 Der Behördenbegriff nach dem VwVfG erfasst insoweit jede öffentliche Stelle, die durch Organisationsakt gebildet wurde und unter eigenem Namen nach außen eigenständige Aufgaben der öffentlichen Verwaltung wahrnimmt. Damit ist zunächst jede Bundesbehörde, wie alle Bundesministerien, das Bundeszentralamt für Steuern, das Bundesamt für Justiz, das Bundeskriminalamt, die Bundespolizei usw, erfasst.

14 Auf das Rechtsträgerprinzip kommt es insoweit gerade nicht an, auch wenn die Behörde für einen Rechtsträger (das Bundesland X, letztvertreten durch die Behörde A) handelt. Damit ist nicht das Land oder die Körperschaft für die Einhaltung des Datenschutzes verantwortlich, sondern die einzelne Behörde. Insoweit erfolgt auch eine Abweichung vom Prozessrecht nach § 61 Nr. 3 VwGO, wonach eine Behörde immer allein für ihren sachlegitimierten Rechtsträger handelt.

15 Europarechtlich ist im datenschutzrechtlichen Bereich die „Behörde", also die öffentlich-rechtliche Einrichtung datenschutzpflichtig und damit auch Adressat der Vorgaben der DS-GVO und anderer (bereichsspezifischer) datenschutzrechtlichen Regelungen. Das Rechtsträgerprinzip ist

insoweit außer Kraft gesetzt. Damit sind auch Behörden des ein und desselben Rechtsträgers Dritte zueinander, mit der Folge, dass eine Rechtsnorm zur Datenübermittlung gegeben sein muss. Keine Behörde ist der Deutsche Bundestag, soweit er die Aufgaben der Legislative, also der Gesetzgebung wahrnimmt, denn das nationale Gesetzgebungsverfahren ist vom Unionsrecht nicht erfasst (zu Fraktionen und Abgeordneten siehe Schwartmann/Greszick RDV 2020, 75 ff.).

Der Verwaltungsträger selbst ist weder organisatorisch noch funktional Behörde; er handelt **16** vielmehr durch Behörden als seine Organe (Wolff/Brink/Hanloser, Datenschutzrecht in Bund und Ländern, 2013, § 2 BDSG aF Rn. 9).

„Ungeachtet ihrer Rechtsform" soll sicherstellen, dass alle Institutionen, die öffentliche Aufga- **17** ben wahrnehmen, erfasst werden. Insoweit sind auch bundesunmittelbare Körperschaften, Anstalten, aber auch Stiftungen erfasst. Zu den unmittelbaren Körperschaften zählt zB die Deutsche Rentenversicherung.

Die Deutsche Rentenversicherung ist jedoch ebenso, wie die Bundesagentur für Arbeit und **18** die gesetzlichen Krankenversicherungen, Sozialleistungsträger iSd SGB I. Mithin sind diese, auch wenn dies in § 2 nicht gesondert erwähnt wird und obwohl von Abs. 1 umfasst, gerade nicht im Anwendungsbereich des BDSG, soweit sie Aufgaben als Sozialleistungsträger wahrnehmen und insoweit für das Sozialgeheimnis gem. § 35 SGB I Anwendung finden.

Gleiches gilt für die Finanzverwaltung. So ist das Bundeszentralamt für Steuern eine Bundes- **18a** behörde. Sie unterliegt jedoch der Abgabenordung (AO), so dass für das Bundeszentralamt für Steuern nichts anderes gilt wie für die Finanzämter der Länder (siehe unten → Rn. 22).

C. Öffentliche Stellen der Länder

In Abs. 2 werden die öffentlichen Stellen der Länder definiert. Für diese gilt das BDSG jedoch **19** nur insoweit, als diese Bundesgesetze ausführen und das Land über kein eigenes Datenschutzgesetz verfügt. Für öffentliche Stellen der Länder, die keine Bundesgesetze ausführen, fehlt dem Bund die Gesetzgebungskompetenz. Dies wird bereits in § 1 Abs. 1 S. 1 Nr. 2 klargestellt.

Mithin sind öffentliche Stellen der Länder nur dann Normadressat, wenn ein Land keine **20** Ergänzung bezüglich der DS-GVO vorgenommen hat und die öffentliche Stelle (Behörde) bundesgesetzliche Normen umsetzt. Bisher hatten alle Bundesländer Landesdatenschutzgesetze. Es ist davon auszugehen, dass entsprechend ergänzende Regelungen zum EU-Recht auch von allen Bundesländern erlassen werden. Insoweit ergänzendes Landesrecht gilt.

Die Behörden der Länder sind die obersten Landesbehörden (Ministerien), Landesoberbehör- **21** den, aber auch die Gemeinden und Gemeindeverbände (Städte, Gemeindeverwaltungen und Landkreise). Einrichtungen des öffentlichen Rechtes sind auch Hochschulen, Industrie- und Handelskammern, Handwerkskammern, aber auch kommunale Zweckverbände.

I. Finanzämter

Zu den Landesbehörden zählen auch die Finanzämter. Diese führen im Wesentlichen Bundes- **22** recht aus. Als allgemeine Verfahrensordnung im Steuerrecht gilt die Abgabenordnung (AO). Mit dem Gesetz zur Änderung des Bundesversorgungsgesetzes und anderer Vorschriften v. 17.7.2017 (BGBl. I 2541) sind die datenschutzrechtlichen Regelungen ergänzend vom Bundesgesetzgeber in die AO ab dem 25.5.2018 aufgenommen worden, mit der Folge, dass eine Ergänzung durch Landesrecht ebenso wenig in Betracht kommt, wie nach dem BDSG. Damit gilt für die Landesfinanzbehörden, soweit sie bundesgesetzlich geregelte Steuern verwalten und auch für Gemeinden, soweit sie Realsteuern verwalten oder über die Kommunalabgabengesetze auf die AO verwiesen werden, die datenschutzrechtlichen Regelungen der AO neben der DS-GVO (ausf. als erster Einstieg „Datenschutz im Steuerverwaltungsverfahren ab dem 25.5.2018"; Neuregelung durch die Datenschutzgrundverordnung und Änderung der AO durch Gesetz zur Änderung des Bundesversorgungsgesetzes und anderer Vorschriften vom 17.7.2017", Erlass des Bundesministeriums der Finanzen v. 12.1.2018, BStBl. I 185 ff. und v. 13.1.2020, BStBl. I 143 ff., Datenschutz im Steuerverwaltungsverfahren seit dem 25.5.2018; Neuregelung durch die Datenschutz-Grundverordnung und Änderung der AO durch das Gesetz zur Änderung des Bundesversorgungsgesetzes und anderer durch das Gesetz zur Änderung des Bundesversorgungsgesetzes und anderer Vorschriften v. 17.7.2017). Danach ist die „verantwortliche Finanzbehörde" das sachlich und örtlich zuständige Finanzamt (Finanzbehörde – Rn. 14 des Erlasses).

II. Sozialleistungsträger

23   Soweit eine Landes- oder Kommunalbehörde Sozialleistungsträger nach dem SGB I sind (zB Hauptfürsorgestellen) finden die allgemeinen Regelungen zum Sozialdatenschutz (§§ 67 ff. SGB X), ergänzt durch bereichsspezifischere Regelungen der übrigen Sozialgesetzbücher (zB SGB IX – Schwerbehindertenrecht; SGB XII – Sozialhilfe) Anwendung.

24   Soweit eine Behörde für unterschiedliche Bereiche zuständig ist (Abgabenordnung, Sozialgesetzbücher) ist innerhalb der Behörde funktional zwischen den unterschiedlichen Abteilungen zu differenzieren. Insoweit spricht man auch von dem funktionalen Behördenbegriff. Dies ist zB bei Kreisverwaltungen der Fall, die sowohl Steuern und Abgaben über das Kommunalabgabenrecht erheben, für einen Bereich in dem die AO gilt, zugleich aber über Wohngeld, Sozialhilfe usw zu befinden haben, ein Bereich der unter die SGB fällt. Hier ist das Steueramt funktional von dem Sozialamt getrennt.

„Ungeachtet ihrer Rechtsform" bedeutet, dass auch GmbHs oder Aktiengesellschaften eine öffentliche Stelle des Landes oder einer Kommune sein können, auch wenn sie eine privatrechtliche Organisationsform aufweisen (s. dazu unten).

D. Nicht-öffentliche Stellen als öffentliche Stellen

25   Nicht-öffentliche Stellen können auch öffentliche Stellen sein. Dies ist unter anderem der Fall, wenn öffentliche Aufgaben durch eine nicht-öffentliche Stelle wahrgenommen werden. In Deutschland wird insoweit noch auf die Daseinsvorsorge abgestellt. So ist zB die Fraport AG (Flughafen Frankfurt a. M.) eine Aktiengesellschaft. Soweit diese als Flughafenbetreiber jedoch Start- und Landebahnen baut, leistet sie einen Beitrag zur Daseinsvorsorge, nämlich das Bereitstellen von Start- und Landebahnen. Der Bau von Start- und Landebahnen gehört zur Daseinsvorsorgung. Ihr Bau ist raumordnungsrechtlich auch privilegiert, da es sich um eine öffentliche Aufgabe handelt.

26   Mithin kann auch die Rechtsform des Privatrechtes nicht unbedingt etwas darüber aussagen, ob es sich um eine öffentliche Stelle handelt. Entscheidend ist vielmehr die durch die nichtöffentliche Stelle ausgeübte Tätigkeit. Soweit Städte Abfallbetriebe oder auch die Trinkwasserversorgung und Abwasserentsorgung durch eine GmbH oder Aktiengesellschaft ausführen lassen, ist diese Tätigkeit öffentlich rechtlich, mit der Folge, dass es sich um eine öffentliche Stelle handelt, mit der weiteren Folge, dass dieses Unternehmen unter Abs. 4 fällt.

27   Für die Frage, ob das BDSG oder das jeweilige Landesdatenschutzgesetz ergänzend Anwendung findet ist jedoch entscheidend, wem der Mehrheit der Anteile bzw. die Mehrheit des Stimmrechtes zusteht. Liegt diese beim Bund findet das BDSG Anwendung. Liegt dies bei einer Kommune oder einem Land, findet das LDSG ergänzend Anwendung.

28   Ist jedoch eine Gesellschaft mit den mehrheitlichen Anteilen bzw. Stimmverhältnissen an einer solchen nichtöffentlichen Stelle beteiligt, findet für diese nichtöffentliche Stelle ergänzend das BDSG für den nicht-öffentlichen Teil Anwendung.

29   Ob im Hinblick auf den einheitlichen Regelungscharakter der Grundverordnung eine solche Differenzierung heute noch angebracht ist mag dahingestellt bleiben.

I. Beliehene Unternehmer

30   Soweit eine natürliche Person oder ein privatrechtliches Unternehmen hoheitliche Aufgaben wahrnimmt, handelt es sich im Regelfall um ein beliehenes Unternehmen. So ist der Bezirksschornsteinfegermeister hoheitlich tätig, soweit er eine Feuerstättenschau durchführt. Soweit er jedoch die Immissionsschutzmessung durchführt oder den Kamin kehrt ist er wirtschaftlich tätig und damit eine nicht-öffentliche Stelle. Gleiches gilt für die technischen Überwachungsvereine. Soweit diese die Hauptuntersuchung an einem PKW durchführen sind sie hoheitlich tätig, führen sie Seminare zum Datenschutz durch sind sie eine nicht-öffentliche Stelle.

II. Notar

31   In manchen Bundesländern gibt es den sog. Anwaltsnotar. Der Notar selbst ist hoheitlich tätig und eine öffentliche Stelle des Landes, wie zB in Baden-Württemberg oder Bayern. In Hessen ist der Notar auch gleichzeitig Rechtsanwalt. Als Rechtsanwalt ist er wirtschaftlich tätig und damit eine nicht-öffentliche Stelle, als Notar ist er hoheitlich tätig und liegt insoweit ergänzend dem LDSG.

Begriffsbestimmungen § 2 BDSG

E. Nichtöffentliche Stellen

Nichtöffentliche Stellen sind natürliche und juristische Personen, Gesellschaften und andere Personenvereinigungen des privaten Rechts. 32

I. Natürliche Personen

Natürliche Personen können im Verhältnis zu den verantwortlichen Stellen, die mit ihren Daten umgehen, Betroffene sein; wenn sie jedoch selbst mit personenbezogenen Daten anderer umgehen, sind sie eine nichtöffentliche Stelle iSv § 1 Abs. 1 S. 2. Dabei ist die Verarbeitung durch natürliche Personen zur Ausübung ausschließlich persönlicher oder familiärer Tätigkeiten nicht erfasst (§ 1 Abs. 1 S. 2). Entscheidend ist insoweit, dass die natürliche Person wirtschaftlich tätig ist, die Daten Dritter also für berufliche oder gewerbliche Zwecke nutzt. 33

Dient die Datenverarbeitung den Geschäftszwecken einer Einpersonen-AG oder Einpersonen-GmbH, ist diese **juristische Person für die Einhaltung der** datenschutzrechtlichen Vorgaben verantwortlich und nicht der hinter ihr stehende Alleingesellschafter als natürliche Person. Es sei denn, diese Person ist der verantwortliche Geschäftsführer oder Vorstand. 34

Auf die **Staatsangehörigkeit** oder den **Wohnsitz** der natürlichen Person kommt es nicht an. 35

Soweit die Verarbeitung durch natürliche Personen zur Ausübung ausschließlich persönlicher oder familiärer Tätigkeiten erfolgt, werden diese nicht erfasst (siehe → § 1 Rn. 75a). Allerdings ist die Abgrenzung zwischen dem sog Haushaltsprivileg und und einer nach der DS-VGO verantwortlichen Person schwierig (dazu Golland ZD 2020, 397 ff.). 35a

II. Juristische Personen

Juristische Personen sind rechtsfähig und damit selbst Träger von Rechten und Pflichten. 36

Im deutschen Recht sind juristische Personen die Kapitalgesellschaften, also die **Aktiengesellschaft (AG)**, die Kommanditgesellschaft auf Aktien (KGaA) und die **Gesellschaft mit beschränkter Haftung (GmbH)**. Weitere rechtsfähige Körperschaften sind der **rechtsfähige eingetragene Verein (eV)** nach §§ 21 ff. BGB und die eingetragene Genossenschaft (eG). Hinzu treten Unternehmensformen für spezielle Wirtschaftsbereiche, bspw. die Reederei nach §§ 484 ff. HGB, der Versicherungsverein auf Gegenseitigkeit nach dem Versicherungsaufsichtsgesetz und die Partnerschaftsgesellschaft. 37

Ausländische juristische Personen sind beispielhaft: 38
- Frankreich: die Société Anonyme (SA), die wegen der freien Übertragbarkeit der Gesellschaftsanteile der deutschen und österreichischen Aktiengesellschaft entspricht; in direkter Anlehnung an die deutsche GmbH die Société à responsabilitée limitée (SARL) und schließlich seit 1994 die Société par actions simplifiée (SAS) als flexiblere Variante der SA.
- Irland: die Public Company Limited by Shares (PLC) mit aktienrechtlicher Struktur und die Private Company Limited by Shares (PCLS), ähnlich einer GmbH.
- Italien: die Società per Azioni (S.p.A.), die auf die öffentliche Ausgabe von Aktien gerichtet ist, und die praktisch dominante Società a responsabilità limitata (S.r.l.).
- Niederlande: die Naamloze Vennootschap (N.V.) und die Besloten Vennootschap (B.V.).
- Spanien: die Sociedad Anónima (SA) und die Sociedad de Responsabilidad Limitata (SL).
- Vereinigtes Königreich: die Public company limited by shares (auch: Public Limited Company, kurz: Plc.), ähnlich der Aktiengesellschaft und die Private company limited by shares (auch: Private Limited Liability Company, kurz: Ltd.) wiederum vergleichbar der GmbH (s. Wolff/Brink/Hanloser, Datenschutzrecht in Bund und Ländern, 2013, § 2 Rn. 30 BDSG aF).

Auf europäischer Ebene treten supranationale Gesellschaftsformen hinzu: die **Europäische Aktiengesellschaft (Societas Europaea, kurz: SE)** nach der VO (EG) Nr. 2157/001 und der RL 2001/86/EG, die Europäische Wirtschaftliche Interessenvereinigung (EWIV) für Kooperationen kleinerer und mittlerer Unternehmen nach der VO (EG) Nr. 2137/85 und die Europäische Genossenschaft (Societas Cooperativa Europaea, kurz: SCE) nach der VO (EG) Nr. 1435/2003 und der RL 2003/72/EG (Wolff/Brink/Hanloser, Datenschutzrecht in Bund und Ländern, 2013, § 2 Rn. 31 BDSG aF). 39

III. Personenvereinigungen, insbesondere Personengesellschaften

Personenvereinigungen sind die **Gesellschaft bürgerlichen Rechts (GbR)** bzw. **BGB-Gesellschaft** nach §§ 705 ff. BGB als Zusammenschluss mehrerer Gesellschafter zur Verfolgung eines beliebigen, nicht jedoch auf den Betrieb einer Handelsgesellschaft gerichteten Zwecks. 40

Schild

Dient die Gesellschaft dem **Betrieb eines vollkaufmännischen Handelsgewerbes**, finden die Vorschriften der §§ 105 ff. HGB für **offene Handelsgesellschaften (OHG)** bzw. bei beschränkter Haftung eines Kommanditisten die zusätzlichen Vorschriften für **Kommanditgesellschaften (KG)** der §§ 161 ff. HGB Anwendung.

IV. Vereine

41 Vereine sind unabhängig davon, ob diese gemeinnützig oder gar wirtschaftlich tätig immer eine nichtöffentliche Stelle und werden als solche erfasst. Dies hat zur Folge, dass auch Vereine die Vorgaben der DS-GVO und die Ergänzungen des BDSG zu beachten haben.

F. Öffentliche Stellen die am Wettbewerb teilnehmen

42 Mit Abs. 5 wird der Regelungsgehalt des § 27 Abs. 1 S. 1 Nr 2 BDSG aF aufgegriffen. Die Regelung stellt klar, dass öffentliche Stellen des Bundes und öffentliche Stellen der Länder dann als nichtöffentliche Stellen im Sinne dieses Gesetzes gelten, soweit sie als öffentlich-rechtliche Unternehmen am Wettbewerb teilnehmen, und – im Fall öffentlicher Stellen der Länder – zudem Bundesrecht ausführen und der Datenschutz nicht durch Landesgesetz geregelt ist. Er dient damit auch der Klarstellung, auf welche Verarbeitungsbefugnisse bzw. Ausnahmen von Betroffenenrechten abzustellen ist, wenn eine Unterscheidung nach öffentlichen und nichtöffentlichen Stellen vorgenommen wird (amtl. Begr. BT-Drs. 18/11325, B. Besonderer Teil, Zu Art. 1 (BDSG), zu § 2 (Begriffsbestimmungen), 80).

43 So nimmt zB eine Sparkasse als Anstalt des öffentlichen Rechts am Wettbewerb mit anderen Banken teil, indem sie Bankgeschäfte anbietet, unterliegt in dieser Tätigkeit dem BDSG. Bezüglich ihrer Beschäftigten verbleibt es jedoch bei dem jeweiligen Landesdatenschutzrecht, soweit dieses eine Regelung nach Art. 88 DS-GVO zum Beschäftigtendatenschutz aufgenommen hat. So hat zB Bayern Art. 88 DS-GVO in dem Bayerisches Datenschutzgesetz keine Umsetzung vorgenommen, allerdings im Bereich des Bayerischen Beamtengesetzes in Art. 103 ff. BayBG Regelungen zur Verarbeitung personenbezogener Daten der Beamten aufgenommen.

Kapitel 2. Rechtsgrundlagen der Verarbeitung personenbezogener Daten

§ 3 Verarbeitung personenbezogener Daten durch öffentliche Stellen

Die Verarbeitung personenbezogener Daten durch eine öffentliche Stelle ist zulässig, wenn sie zur Erfüllung der in der Zuständigkeit des Verantwortlichen liegenden Aufgabe oder in Ausübung öffentlicher Gewalt, die dem Verantwortlichen übertragen wurde, erforderlich ist.

Überblick

§ 3 bildet die Auffangbefugnis der Rechtfertigung der Datenverarbeitung im öffentlichen Bereich. Er ist an Art. 6 Abs. 1 Hs. 1 lit. e DS-GVO angelehnt, mit diesem aber nicht identisch. Er gilt für die Verarbeitungen innerhalb des Anwendungsbereichs der Verordnung, der Richtlinie und des rein nationalen Bereichs.

Übersicht

	Rn.		Rn.
A. Allgemein	1	4. Grundrechtsbindung	11
I. Ratio der Norm	1	**B. Einzelerläuterung**	12
II. Entstehungsgeschichte	2	I. Der Regelungsgehalt der Norm	12
III. Systematische Aspekte	4	1. Verarbeitung personenbezogener Daten	12
1. Stellung innerhalb des BDSG	4	2. Öffentliche Stelle	13
2. Umsetzungsfunktion	5	3. Zulässigkeit	14
3. Erfordernis der Norm	6	4. Verarbeitung für die Wahrnehmung einer Aufgabe im öffentlichen Interesse	15

	Rn.		Rn.
5. Verarbeitung in Ausübung öffentlicher Gewalt, die dem Verantwortlichen übertragen wurde	24	II. Die Frage der Unionsrechtskonformität	30
		III. Verletzungsfolgen	33

A. Allgemein

I. Ratio der Norm

§ 3 steht im ersten Teil und gilt daher **für alle Verarbeitungen** innerhalb des Anwendungsbereichs des BSDG, dh für die Verarbeitungen im Anwendungsbereich der Verordnung (EU) 2016/679 (DS-GVO), der RL (EU) 2016/680 sowie im rein nationalen Bereich. § 3 bildet, vereinfacht gesprochen, eine **Auffangnorm der Rechtfertigung der Datenverarbeitung** im öffentlichen Raum und übernimmt somit die Funktion, die §§ 13 f. BDSG aF einnahmen. Im Bereich der Verordnung ist sie wegen Art. 6 Abs. 2, Abs. 3 S. 2 DS-GVO notwendiger Bestandteil der Rechtsgrundlage. Anders als §§ 13 f. BDSG aF unterscheidet § 3 aber nicht mehr zwischen den **verschiedenen Verarbeitungs-Phasen** der Erhebung, Speicherung, Veränderung und Nutzung, sondern verwendet, dem Grundgedanken der DS-GVO und der Richtlinie (EU) 2016/680 folgend, allgemein den **umfassenden Begriff der Verarbeitung**. 1

Die Norm ist als Generalklausel subsidiäre gegenüber speziellen Datenverarbeitungsbefugnissen im BDSG und gem. § 1 Abs. 2 subsidiär gegenüber bereichsspezifischen Befugnissen außerhalb des BDSG. Aufgrund ihres Charakters als subsidiäre, allgemeine Rechtsgrundlage kann die Norm nur Datenverarbeitungen mit geringer Eingriffsintensität in die Rechte der betroffenen Person rechtfertigen (BT-Drs. 18/11325, 81). 1a

II. Entstehungsgeschichte

Im **Entstehungsprozess** des BSDG bildet § 3 eine Norm, die dem **ständigen Wandel unterlag**. Im ersten Referentenentwurf war sie als Abs. 1 von § 4 ABDSG-E in einer etwas anderen Fassung schon enthalten, war aber mit zwei weiteren Absätzen versehen, die nähere Beispiele enthielten. Der Vorschlag im Entwurf von November 2016, der in die Ressortabstimmung ging, beschränkte sich dann auf einen Absatz, enthielt aber noch ausdrücklich den Hinweis auf die Subsidiarität. Die jetzige Fassung ist kürzer und prägnanter formuliert. Der ausdrückliche Hinweis auf die Subsidiarität konnte entfallen, da sich dies schon aus § 1 Abs. 2 BSDG ergibt. 2

Der **erste Vorschlag** (als § 4 ABDSG-E) lautete: 2.1
(1) Unbeschadet anderer Rechtsgrundlagen ist die Verarbeitung personenbezogener Daten durch öffentliche Stellen zulässig, wenn sie für die Wahrnehmung einer im öffentlichen Interesse liegenden Aufgabe oder in Ausübung öffentlicher Gewalt erforderlich ist, die dem Verantwortlichen übertragen wurde.
(2) Die in Absatz 1 genannte Aufgabe liegt insbesondere dann im öffentlichen Interesse, wenn die darauf beruhende Verarbeitung erforderlich ist
1. zur Erfüllung der in der Zuständigkeit einer öffentlichen Stelle liegenden Aufgabe,
2. zur Abwehr einer Gefahr für die öffentliche Sicherheit,
3. zur Abwehr erheblicher Nachteile für das Gemeinwohl,
4. zur Wahrung erheblicher Belange des Gemeinwohls,
5. zur Verfolgung von Straftaten oder Ordnungswidrigkeiten,
6. zur Vollstreckung oder zum Vollzug von Strafen oder Maßnahmen im Sinne des § 11 Absatz 1 Nummer 8 des Strafgesetzbuchs oder von Erziehungsmaßregeln oder Zuchtmitteln im Sinne des Jugendgerichtsgesetzes oder zur Vollstreckung von Bußgeldentscheidungen,
7. aus Gründen der nationalen Sicherheit oder der Landes- oder Bündnisverteidigung oder des Katastrophenschutzes,
8. zur Gewährleistung der Netz-, Daten- und Informationssicherheit,
9. zur Verhütung, Aufdeckung und Verfolgung von Verstößen gegen Berufsstandsregeln bei reglementierten Berufen,
10. im Bereich der öffentlichen Gesundheit, insbesondere bei der Gesundheitsvorsorge, -versorgung oder -behandlung, der medizinischen Diagnostik, der Verwaltung von Gesundheitsdiensten und der Verarbeitung von Daten für gesundheitsbezogene Zwecke durch Personen, die einer Geheimhaltungspflicht unterliegen,
11. zur Wahrnehmung des Hausrechts einer öffentlichen Stelle,
12. für die Wahrung der sozialen Sicherheit, der Gesundheitsfürsorge und des Sozialschutzes,

13. für humanitäre Zwecke, insbesondere bei Katastrophen, Krisenbewältigung und Konfliktverhinderung,

14. für den Schutz der Unabhängigkeit der Justiz, den Schutz von Gerichtsverfahren und für Handlungen der Gerichte im Rahmen der justiziellen Tätigkeit oder

15 für sonstige wichtige Ziele des allgemeinen öffentlichen Interesses, insbesondere eines wichtigen wirtschaftlichen oder finanziellen Interesses des Bundes oder eines Landes im Währungs-, Haushalts- und Steuerbereich sowie im Bereich der öffentlichen Gesundheit oder der sozialen Sicherheit.

(3) Durch Bundesgesetz können weitere im öffentlichen Interesse liegende Aufgaben festgelegt werden.

2.2 Die Fassung von **November 2016** lautete:
§ 4 BDSG-E
Unbeschadet anderer Rechtsgrundlagen ist die Verarbeitung personenbezogener Daten durch öffentliche Stellen zulässig, wenn sie für die Wahrnehmung einer im öffentlichen Interesse liegenden Aufgabe erforderlich ist oder wenn sie in Ausübung öffentlicher Gewalt erfolgt, die dem Verantwortlichen übertragen wurde.

3 Die Begründung des **Regierungsentwurfs** (BT-Drs- 18/11325, 80 f.) weist auf die Subsidiarität der Norm hin sowie auf die Definition der öffentlichen Stellen iSv § 2 BSDG, die Verbindung zu Art. 6 DS-GVO für einen Teil der Verarbeitung, die strukturelle Vergleichbarkeit mit §§ 13 f. BDSG aF und konkretisiert den Normtext gleichzeitig.

3.1 Die **Gesetzesmotive** lauten (BT-Drs. 18/11325, 80 f.):
Zu § 3 (Verarbeitung personenbezogener Daten durch öffentliche Stellen)
Die Vorschrift enthält eine allgemeine Rechtsgrundlage für die Verarbeitung personenbezogener Daten durch öffentliche Stellen.

Durch die Stellung im Teil 1 „Gemeinsame Bestimmungen" dieses Gesetzes können Verantwortliche vorbehaltlich anderer bereichsspezifischer Regelungen auf die Regelung unabhängig davon zurückgreifen, zu welchen Zwecken die Datenverarbeitung erfolgt.

Wer zu dem Kreis der öffentlichen Stellen gehört, wird in § 2 Absatz 1 bis 3 BDSG bestimmt. Soweit nichtöffentliche Stellen hoheitliche Aufgaben der öffentlichen Verwaltung wahrnehmen (sog. Beliehene), gelten sie nach § 2 Absatz 4 Satz 2 BDSG als öffentliche Stellen und können ihre Datenverarbeitung daher ebenfalls auf die Befugnis in § 3 stützen.

Soweit die Vorschrift für Datenverarbeitungen zu Zwecken gemäß Artikel 2 der Verordnung (EU) 2016/679 zur Anwendung kommt, wird mit ihr eine Rechtsgrundlage auf der Grundlage von Artikel 6 Absatz 1 Buchstabe e i. V. m. Artikel 6 Absatz 3 Satz 1 der Verordnung (EU) 2016/679 geschaffen. Dies ist rechtlich notwendig, da Artikel 6 Absatz 1 Buchstabe e der Verordnung (EU) 2016/679 selbst keine Rechtsgrundlage für die Verarbeitung von Daten schafft, was sich aus der Formulierung in Artikel 6 Absatz 3 Satz 1 der Verordnung (EU) 2016/679 ergibt. Der Unions- oder der nationale Gesetzgeber hat eine Rechtsgrundlage zu setzen. Diesem Regelungsauftrag kommt der deutsche Gesetzeber an dieser Stelle nach.

Die Verarbeitung personenbezogener Daten durch öffentliche Stellen ist nach der Vorschrift zulässig, wenn sie für die Wahrnehmung einer im öffentlichen Interesse liegenden Aufgabe erforderlich ist oder wenn sie in Ausübung öffentlicher Gewalt erfolgt, die dem Verantwortlichen übertragen wurde. Beides kann sich sowohl aus nationalen Rechtsvorschriften als auch aus EU-Vorgaben ergeben. Die Verarbeitung personenbezogener Daten ist allerdings nicht nur auf dieser Rechtsgrundlage zulässig ist, sondern auch auf der Grundlage der weiteren in Artikel 6 Absatz 1 der Verordnung (EU) 2016/679 aufgeführten Erlaubnistatbestände einschließlich der – auf der Grundlage der Verordnung (EU) 2016/679 und der Richtlinie (EU) 2016/680 erlassenen – bereichsspezifischen Regelungen. So ist etwa die Zulässigkeit der Verarbeitung von Sozialdaten abschließend im SGB X in Verbindung mit dem SGB I sowie in den übrigen Sozialgesetzbüchern geregelt.

Die Regelung nimmt den bisher in §§ 13 Absatz 1 und 14 Absatz 1 BDSG a. F. enthaltenen Regelungsgehalt auf, unterscheidet aber nicht mehr zwischen den Phasen der Erhebung, Speicherung, Veränderung und Nutzung, sondern verwendet, dem Grundgedanken der Verordnung (EU) 2016/679 und der Richtlinie (EU) 2016/680 folgend, allgemein den umfassenden Begriff der Verarbeitung. Wie nach geltendem Recht enthält § 3 eine subsidiäre, allgemeine Rechtsgrundlage für Datenverarbeitungen mit geringer Eingriffsintensität in die Rechte der betroffenen Person.

III. Systematische Aspekte

1. Stellung innerhalb des BDSG

4 Da § 3 die Rechtfertigungsnorm für alle Rechtsräume des BSDG normiert, ist seine **Stellung** direkt hinter den Regelungen zum Anwendungsbereich des BDSG **sachlich richtig**.

2. Umsetzungsfunktion

§ 3 hat drei Funktionen. Er füllt Raum aus, den die DS-GVO innerhalb ihres Anwendungsbereichs lässt, er setzt die RL (EU) 2016/680 um und er bildet rein nationales Recht, ohne europarechtliche Implikationen, je nachdem, wer zu welchem Zweck Daten verarbeitet. Gleichwohl wäre es **nicht hilfreich,** wenn man beginnen würde, § 3 nun **unterschiedlich zu interpretieren,** je nach Kontext, in welchem die Norm steht. 5

Innerhalb der Anwendung der DS-GVO erfasst § 3 dabei die Fallgestaltungen, bei denen die Sonderregelung der Zuständigkeit der Aufsichtsbehörden gem. **Art. 55 Abs. 2 DS-GVO** eingreift, die eine ausschließliche Zuständigkeit der nationalen Behörde vorsieht. 5.1

3. Erfordernis der Norm

a) Im Anwendungsbereich der DS-GVO. Die Gesetzesbegründung weist darauf hin, dass § 3 auch innerhalb des Anwendungsbereiches der Verordnung notwendig sei, weil Art. 6 Abs. 1 UAbs. 1 lit. e DS-GVO **selbst keine Rechtsgrundlage** sei (BT-Drs. 18/11325, 80 f.). Dies ist **nicht überzeugend.** Der Bundesgesetzgeber hat sich hier durch die zweideutige Formulierung in der Verordnung in die Irre führen lassen. § 3 ist ebenso wie Art. 6 Abs. 1 UAbs. 1 lit. e DS-GVO darauf angewiesen, dass eine andere Rechtsnorm die öffentliche Aufgabe oder die Ausübung öffentlicher Gewalt festschreibt. Diese konkretisierende Regelung im nationalen Recht oder im Unionsrecht hätte mit Art. 6 Abs. 1 UAbs. 1 lit. e DS-GVO eine ausreichende Rechtsgrundlage gebildet. 6

Hätte die Gesetzesbegründung recht, gäbe es in dem Fall, in dem Bundesrecht einen Privaten mit der Erfüllung einer öffentlichen Aufgabe betraut, ohne ihn zu beleihen, ein Problem: § 3 würde ausscheiden, weil der Verantwortliche keine öffentliche Stelle ist. Der Rückgriff auf Art. 6 Abs. 1 UAbs. 1 lit. e DS-GVO iVm der betreffenden Bundesnorm würde aber ebenfalls ausscheiden, weil die Unionsnorm angeblich keine Rechtsgrundlage für die Verarbeitung von Daten schafft. 6.1

Wieso der Bundesgesetzgeber **bei seiner Konzeption** nicht auch Art. 6 Abs. 1 UAbs. 1 lit. c DS-GVO wiederholt, ist nicht einsichtig. Eigentlich hätte er bei der konsequenten Anwendung seiner Prämissen auch Art. 6 Abs. 1 UAbs. 1 lit. c DS-GVO wiederholen müssen, weil diese Rechtsgrundlage in Art. 6 Abs. 3 S. 1 DS-GVO parallel zur Rechtsgrundlage in Art. 6 Abs. 1 UAbs. 1 lit. e DS-GVO behandelt wird. 7

§ 3 soll im Bereich der Anwendung der Verordnung **nur für Art. 6 Abs. 1 UAbs. 1 lit. e** iVm Art. 6 Abs. 3 S. 1 DS-GVO eine Rechtsgrundlage darstellen, ohne die anderen Rechtsgrundlagen zu verdrängen, sodass für den Verantwortlichen auch die anderen Rechtsgrundlagen des Art. 6 Abs. 1 DS-GVO noch greifen. 8

b) Anwendungsbereich der RL (EU) 2016/680. § 3 konkretisiert zugleich **Art. 8 Abs. 1 RL (EU) 2016/680.** Da die Richtlinie selbst nicht unmittelbar anwendbar ist, ist die ausdrückliche Formulierung im Bundesrecht notwendig. Für die Behörden der Länder müssen die Landesgesetze entsprechende Regelungen vorsehen. 9

c) Nationaler Bereich. Für den verbleibenden rein nationalen Bereich ist bei öffentlichen Stellen wegen des damit **verbundenen Eingriffs in das Recht auf informationelle Selbstbestimmung** eine Rechtsgrundlage für die Verarbeitung erforderlich. § 3 übernimmt insoweit die systematisch wichtige Funktion einer Auffangnorm. Angesichts des Umstandes, dass in diesem Bereich weitgehend bereichsspezifisches Recht gelten wird, dürfte der Anwendungsbereich der Norm insoweit aber gering sein. 10

4. Grundrechtsbindung

Der Erlass von § 3 beruht auf der Ausübung deutscher Hoheitsgewalt mit einer **multifunktionalen Ausrichtung.** Er soll eine europäische Verordnung ausfüllen, eine europäische Richtlinie umsetzen und zugleich rein nationale Bereiche regeln. Die nationalen Grundrechte sind anwendbar für den dritten Bereich und aber auch für die beiden ersten, sofern das Unionsrecht Gestaltungsspielraum für die Umsetzung der Richtlinie enthält. Für die beiden letzten Bereiche greift zudem Art. 8 GRC. 11

Für den **Prüfungsrahmen bei der Verfassungsbeschwerde** gem. Art. 93 Abs. 1 Nr. 4a BVerfGG differenziert das BVerfG bei Sachverhalten im Anwendungsbereich von europäischem Recht danach, ob das europäischen Sekundärrecht Grundrechtsvielfalt zulässt oder nicht (BVerfG NJW 2020, 300 und NJW 2020, 314). Innerhalb des Bereichs der RL und des nationalen Bereichs sind daher die deutschen Grund- 11.1

rechte anwendbar. Ob im Bereich der Grundverordnung über Art. 6 Abs. 2 und Art. 6 Abs. 3 DS-GVO Grundrechtsvielfalt zugelassen wird, ist nicht ganz eindeutig. Der Charakter als Verordnungsrecht spricht dagegen, der Charakter als Öffnungsklausel dafür. Da der Verweis auf das nationale Recht das gesamte öffentliche Datenschutzrecht erfasst und es gerade darum ging, die bestehenden nationalen Normen nicht ausnahmslos zu verwerfen, dürfte eine Raum der Grundrechtsvielfalt vorliegen, sodass auch hier die nationalen Grundrechte, dh die Bestimmungen des Grundgesetzes eingreifen. Ob daneben noch die europäischen Grundrechte zu prüfen sind, hängt davon ab, ob entweder im Fachrecht oder im Grundrechtsschutz spezifische Anhaltspunkte für den Geltungsanspruch der europäischen Grundrechte enthalten sind. Art. 6 Abs. 2 und Abs. 3 DS-GVO enthalten solche Anhaltspunkte nicht. Weiter weicht Art. 8 GRCh in der Formulierung vom Recht auf informationelle Selbstbestimmung ab, aber wohl nicht in einer Weise, die auf unterschiedlichen Schutzaspekt hinweist. Das BVerfG dürfte daher wohl auch bei § 3 BDSG von einem ausschließlichen Anwendungsbereich der deutschen Grundrechte ausgehen. Ob der EuGH das akzeptiert oder nicht stattdessen, kommentarlos Art. 8 GRCh mit gleichem Prüfungsmaßstab heranzieht wie bei den anderen Normen des DS-GVO dürfte fraglich sein.

B. Einzelerläuterung

I. Der Regelungsgehalt der Norm

1. Verarbeitung personenbezogener Daten

12   Legt man § 3 wörtlich aus, gilt zunächst: Die **Verarbeitung** meint im Anwendungsbereich der DS-GVO die Verarbeitung iSv Art. 4 Nr. 2 DS-GVO, im Anwendungsbereich der Richtlinie die Verarbeitung iSv § 46 Nr. 2 BSDG und im nationalen Bereich den Begriff gem. § 1 Abs. 8 iVm Art. 4 Nr. 2 DS-GVO. Die Definitionen sind **identisch.** Für den Begriff der personenbezogenen Daten gilt strukturell das Gleiche, dh es gilt Art. 4 Nr. 1 DS-GVO bzw. § 46 Nr. 1 BDSG bzw. § 1 Abs. 8 BDSG iVm Art. 4 Nr. 1 DS-GVO.

2. Öffentliche Stelle

13   § 3 rechtfertigt die Datenverarbeitung nur für Verarbeitung durch eine **öffentliche Stelle innerhalb des Anwendungsbereichs des BDSG.** § 2 kennt öffentliche Stellen des Bundes und der Länder, jeweils öffentlich-rechtlich organisiert und privatrechtlich organisiert und dazu noch Beliehene iSv § 2 Abs. 4 S. 2. Bei den Stellen der Länder ist noch der Anwendungsbereich gem. § 1 Abs. 1 zu prüfen. Für Datenverarbeitung **Privater** gilt § 3 nicht, es sei denn sie sind Beliehene. Verarbeitet ein Privater Daten zur Erfüllung einer öffentlichen Aufgabe, die ihm durch eine Bundesnorm übertragen wurde, bildet nicht § 3 die Rechtsgrundlage der Verarbeitung, sondern Art. 6 Abs. 1 lit. e DS-GVO in Verbindung mit der betreffenden Bundesnorm.

3. Zulässigkeit

14   Für die in § 3 beschriebenen Zwecke wird die dort beschriebene Verarbeitung für zulässig erklärt. § 3 bildet demnach eine **Rechtsgrundlage,** wenn die Voraussetzungen gegeben sind. Die Bestimmung erklärt letztendlich nur die Datenverarbeitung im öffentlichen Bereich für zulässig und stellt sicher, dass die Aufgabenwahrnehmung der öffentlichen Verwaltung nicht am Datenschutz scheitert. Obliegenheiten des Betroffenen, über die rechtliche Duldungspflicht hinaus, begründet § 3 nicht (Gola/Heckmann/Starnecker Rn. 17). Was gilt, wenn die Voraussetzungen nicht gegeben sind, beantwortet die Norm nicht. Das richtet sich nach Unionsrecht und dem Verfassungsrecht. Danach bedürfen öffentliche Stellen grundsätzlich einer Rechtsgrundlage für eine Datenverarbeitung, weil diese einen Eingriff in das Recht aus Art. 8 GRCh bzw. aus Art. 1 Abs. 1 iVm Art. 2 Abs. 1 GG bildet.

4. Verarbeitung für die Wahrnehmung einer Aufgabe im öffentlichen Interesse

15   § 3 kennt **zwei Fallgruppen,** die Verarbeitung, die zur Erfüllung der in der Zuständigkeit des Verantwortlichen liegenden Aufgabe erforderlich ist (§ 3 Var. 1) und die Verarbeitung in Ausübung öffentlicher Gewalt, die dem Verantwortlichen übertragen wurde (§ 3 Var. 2). Beide Varianten unterscheiden sich daher voneinander zu trennen. Die Struktur ist dabei vergleichbar mit der von Art. 6 Abs. 1 lit. e DS-GVO, die Inhalte sind aber nicht identisch.

16   Nach § 3 Var. 1 ist die Verarbeitung dann zulässig, wenn sie erforderlich ist, um eine **Aufgabe** zu erfüllen, die in der **Zuständigkeit** des Verantwortlichen liegt. Die Norm weicht insoweit von

der Formulierung des Art. 6 Abs. 1 lit. e DS-GVO ab, als dort die Aufgabe im öffentlichen Interesse und bei § 3 in der Zuständigkeit der öffentlichen Stelle liegen muss. Weiter spricht Art. 6 DS-GVO von Wahrnehmung und § 3 von Erfüllung. § 3 ist daher stärker organisatorisch ausgerichtet, als Art. 6 DS-GVO. Angeknüpft wird an eine Aufgabe innerhalb der **Verwaltungszuständigkeit**. Aufgaben sind Verantwortungsbereiche, um die sich die Beauftragte kümmern muss. Die **Zuständigkeit** ist die durch öffentliche rechtliche Normen festgelegte Handlungs-Kompetenz der betreffenden Behörde. Die **Zuständigkeit** muss dabei in örtlicher, sachlicher und verbandsmäßiger Hinsicht bestehen. Sobald eine der Zuständigkeiten bei der öffentlichen Stelle fehlt, stellt sich die Datenverarbeitung als unzulässig dar (Gola/Heckmann/Starnecker Rn. 21).

Wie die Zuständigkeit geregelt sein muss, gibt § 3 nicht vor, sondern verweist insofern auf die allgemeinen Regeln. Da nach deutschem Organisationsrecht, Behörden Aufgaben und Zuständigkeiten auch durch **Innenrecht** zugewiesen werden können, muss die Regelung, die einer Behörde eine Aufgabe als Zuständigkeit zuweist, nicht zwingend eine (Außen-) Rechtsnorm sein. 17

Geht man davon aus, § 3 lasse eine Zuständigkeitszuweisung durch Innenrecht zu, widerspricht dies zutreffender Ansicht nach auch nicht Art. 6 Abs. 1 UAbs. 1 lit. e DS-GVO (Schantz/Wolff DatenschutzR Rn. 620; aA GSSV/Assion/Nolte/Veil Art. 6 Nr. 7 Rn. 110). Schon bei Art. 7 lit. e Datenschutz-RL war anerkannt, dass es den Mitgliedstaaten oblag, die Aufgaben festzulegen, die im öffentlichen Interesse lagen (Grabitz/Hilf/Brühan, Das Recht der Europäischen Union, A 30 Datenschutz-RL, El 13, Mai 1999, Art. 7, Rn. 18). Angesichts der generellen Zurückhaltung des Unionsrechts gegenüber dem Organisationsrecht des Staates ist es nicht davon auszugehen, dass die Europäische Union mit Art. 6 DS-GVO den Staaten grundsätzlich Vorgaben hinsichtlich ihres Organisationsrechts vorgeben will. Strukturell liegt es auch nahe, zwischen der Übertragung einer Aufgabe einerseits und der näheren Bestimmung der Art und Weise der Verarbeitung bzw. der Formulierung einer Rechtsgrundlage in Art. 6 Abs. 2 und 3 DS-GVO andererseits zu unterscheiden. Bei der Übertragung der Aufgabe geht es nicht um eine spezifisch datenschutzrechtliche Frage, während die Formulierung einer Rechtsgrundlage im Datenschutzrecht unmittelbar den Regelungszweck der Datenschutzgrundverordnung berührt. Würde ein Innenrechtsakt nicht ausreichen, würde das Unionsrecht über das Datenschutzrecht die Anforderung des Organisationsrechts völlig verändern. Es darf bezweifelt werden, ob dies wirklich bezweckt ist. 17.1

§ 3 spricht von **Erfüllung** und meint damit der Sache nach die Wahrnehmung der Zuständigkeit. Die Variante gestattet einer Verwaltungsbehörde die Daten zu verarbeiten, die sie benötigt, um die ihr – durch die Rechtsordnung zugewiesenen – Aufgaben zu erledigen. Sie bildet den **Transformationsrahmen** von Zuständigkeit zur Verarbeitungsbefugnis. Sie bildet die Generalklausel für die Datenverarbeitung im öffentlichen Bereich. Sie entspricht insofern §§ 13, 14 BDSG aF. Aufgrund ihrer allgemeinen Fassung bildet sie aufgrund des rechtsstaatlichen Bestimmtheitsgrundsatzes und der Wesentlichkeitstheorie keine Grundlage für schwerwiegende Grundrechtseingriffe. 18

Begrenzt wird der **Transformationsrahmen** und der gesetzlich angeordnete Schluss von der Aufgabenzuständigkeit zur Datenverarbeitungsbefugnis wie bisher durch den Grundsatz der **Erforderlichkeit**. Der Grundsatz der Erforderlichkeit besitzt im Abstrakten einen klaren Kern, im Grenzbereich kann seine Bestimmung schwierig sein. Nach seinem Kern gestattet § 3 eine Datenverarbeitung nur, soweit diese **konkret zur Erfüllung der Aufgabe** geboten ist. Bezugspunkt der Prüfung der Erforderlichkeit ist bei § 3 Var 1 die Erfüllung der öffentlichen Aufgabe und bei Var 2 die Ausübung öffentlicher Gewalt (Gola/Heckmann/Starnecker Rn. 31). Die Aufgabenerfüllung ist der datenschutzrechtliche Zweck, dem die Verarbeitung dient, sofern keine speziellere Zweckbestimmung vorliegt (s. dazu Art. 6 Abs. 3 S. 2 Hs. 2 DS-GVO). **Maßgeblicher Zeitpunkt** zur Bestimmung der Erforderlichkeit ist derjenige der jeweiligen Datenverarbeitung (Gola/Heckmann/Starnecker Rn. 31), wobei er bei allen Verarbeitungsvorgängen zu beachten ist. 19

Erforderlich ist nur eine Datenverarbeitung, die **objektiv tauglich** ist, zur Aufgabenerfüllung beizutragen. Die Datenverarbeitung ist zumindest dann gerechtfertigt, wenn diese ein geeignetes Mittel ist, für das es keine andere zumutbare Alternative gibt. Erforderlichkeit bedeutet dabei weniger als Notwendigkeit. Schon gar nicht muss die Datenverarbeitung aus technischen, wirtschaftlichen, organisatorischen oder sonstigen Gründen schlechterdings unverzichtbar sein. Der Grundsatz der Erforderlichkeit kann **nicht im Sinne einer absolut zwingenden Notwendigkeit** oder einer bestmöglichen Effizienz verstanden werden (VG Köln BeckRS 2021, 7238 Rn. 24). Entscheidend ist, ob nach den Gesamtumständen die Wahl einer anderen Informationsmöglichkeit oder der Verzicht hierauf nicht sinnvoll oder nicht zumutbar wäre und für dieses Werturteil dabei die grundsätzliche Organisationsform bzw. Arbeitsweise des Verantwortlichen zugrunde gelegt wird. Das Gebot der Erforderlichkeit ist in hohem Maße wertungsabhängig. Es ist auszufüllen durch die Konkretisierung, dass der Datenschutz grundsätzlich nicht die Erfüllung der Aufgabe verhindern und verändern will, aber auch keine Datenverarbeitung ohne Zweckorientierung 20 zulassen möchte. Relevant wird er daher vor allem für die Beurteilung des Umfangs der Daten, für die Dauer ihrer Verarbeitung und für ihrer Löschung. Im Grundsatz der Erforderlichkeit sind Ansätze der Datensparsamkeit und der Zweckbindung mit enthalten (Art. 5 DS-GVO), wobei diese Grundsätze zumindest in der DS-GVO aber eigenen Ausprägungen erhalten, die über § 1 Abs. 8 BDSG auch für die anderen Bereiche gelten.

21   Eine Datenverarbeitung **auf Vorrat,** dh von Daten, die zur Wahrnehmung der konkreten Aufgabe bzw. Ausübung öffentlicher Gewalt zurzeit nicht benötigt werden, um diese später verwenden zu können, ist grundsätzlich nicht vom Erforderlichkeitsgrundsatz gedeckt (Gola/Heckmann/Starnecker Rn. 32). Komplizierte Formen der Arbeitsabläufe, die unsinnige Mengen von personenbezogenen Daten anhäufen, genügen dem Datenminimierungsgrundsatz auch dann nicht, wenn sie der Zweckerreichung objektiv gesehen noch dienen.

22   Ist die Aufgabe auf eine Weise möglich, die eine geringere Datenverarbeitung aufwirft, und die außerdem keine weiteren Nachteile nach sich zieht, ist diese vorzuziehen (**datenschutzfreundlichere Alternative**). Nach Erwägungsgrund Nr. 39 DS-GVO muss die Datenverarbeitung zur Erreichung des Zwecks objektiv tauglich sein und der Zweck der Verarbeitung darf nicht in zumutbarer Weise durch andere Mittel erreicht werden können. Ist die Alternative zwar datenschutzschonender, zieht aber andere Nachteile nach sich, wie etwa höhere Kosten, höheren Personalaufwand (der nicht allein in der Einhaltung des Datenschutzes begründet liegt) oder die Belastungen anderer Rechte, ist die Erforderlichkeit nicht zu verneinen.

22.1   Die Erhebung der postalischen Adresse im Rahmen einer über eine Internetplattform erfolgten IFG-Antragstellung ist geeignet, den Verwaltungsakt an den richtigen Adressaten bekannt geben zu können. Die Bekanntgabe eines Verwaltungsaktes über die von dem Antragsteller mitgeteilte von der Plattform „fragdenstaat.de" generierte E-Mail-Adresse als milderes Mittel ist hingegen nicht gleich geeignet, um den Zweck mit gleicher Sicherheit zu verwirklichen (VG Köln BeckRS 2021, 7238 Rn. 24).

23   Rechtsprechung zu § 3 BDSG liegt noch nicht viel vor. Nach dem BSG (BSG BeckRS 2019, 37430) kann die Verwertung eines Sachverständigengutachtens im gerichtlichen Verfahren auf Art. 6 UAbs. 1 S. 1 lit. c DS-GVO gestützt werden (Rn. 11).

5. Verarbeitung in Ausübung öffentlicher Gewalt, die dem Verantwortlichen übertragen wurde

24   Nach § 3 Var. 2 ist eine Verarbeitung zulässig, die in **Ausübung von Hoheitsgewalt** erforderlich ist. Die Formulierung der zweiten Variante unterscheidet sich von der ersten Variante dahingehend, dass von einer Verarbeitung gesprochen wurde, die in **Ausübung der öffentlichen Gewalt erfolgt,** die der öffentlichen Stelle übertragen wurde. Es genügt nicht, dass die Tätigkeit im Aufgabenbereich liegt, vielmehr muss die Gewalt übertragen worden sein. Weiter muss die Ausübung nicht in der Erfüllung der Gewalt liegen, sondern es genügt, dass sie selbst die Ausübung darstellt. Die unterschiedliche Formulierung macht deutlich, dass Var. 2 **an die Befugnis** anknüpft und nicht an die **Zuständigkeit.** Var. 1 transformiert von der Aufgabenerfüllung zur Berechtigung der Datenverarbeitung und Var. 2 lässt einen Gleichlauf von materiell-rechtlicher Eingriffsbefugnis und datenschutzrechtlicher Rechtsgrundlage entstehen. Immer dann, wenn die öffentliche Gewalt aufgrund einer **Befugnisnorm eingreift,** darf sie die für den Eingriff erforderliche Datenverarbeitung vornehmen.

25   Öffentliche Gewalt meint der Sache nach die **Ausübung von Hoheitsbefugnissen,** dh die Begründung rechtlicher Verpflichtungen ohne Einwilligung des Betroffenen. Weiter wird die Ausübung **physische Gewalt durch hoheitliche Stellen erfasst.** Das Handeln auf der Basis des öffentlichen Rechts bildet bei § 3 Var. 1 BSDG noch nicht die Ausübung von Hoheitsrechten, da sonst Var. 2 von Var. 1 kaum abzugrenzen wäre.

26   Die Wahrnehmung der Aufgabe muss dem Verantwortlichen **übertragen sein.** Übertragung meint die Zuweisung der Befugnis durch eine Rechtsnorm, dh einen Außenrechtssatz. Die Übertragung verweist der Sache nach auf die **Eingriffsermächtigungen im öffentlichen Recht.** Es muss die Stelle mit der Befugnisausübung betraut sein, die Daten verarbeitet. Verarbeitet eine andere öffentliche Stelle, dh insbesondere eine andere Behörde die Daten, muss diese entweder selbst zuständig sein (§ 3 Var. 1 BSDG) oder selbst Eingriffsbefugnisse besitzen (§ 3 Var. 2 BSDG). Wie die Übertragung vorzunehmen ist, sagt § 3 nicht. Hier findet sich ein unausgesprochener Verweis auf den Vorbehalt des Gesetzes.

27   Die Rechtfertigung der Verarbeitung ist abhängig von **der Rechtmäßigkeit der Ausübung** der öffentlichen Gewalt (Gola/Heckmann/Starnecker Rn. 24), da er nur für die Ausübung solcher öffentlichen Gewalt zulässig ist, die dem Betroffenen übertragen wurde. Der Normtext geht

Verarbeitung personenbezogener Daten durch öffentliche Stellen § 3 BDSG

unausgesprochen von einer rechtmäßigen Übertragung aus. Demnach muss der Eingriff gerechtfertigt sein. Ist er rechtswidrig ist nicht nur die Hoheitsgewaltsauübung rechtswidrig, sondern auch die Datenverarbeitung.

Da die Zuständigkeitsbestimmung und die Befugnisnormen **in aller Regel deckungsgleich** 28 **sind,** dürften im Ergebnis meist § 3 Var. 1 und Var. 2 BSDG gleichzeitig vorliegen.

Die Verarbeitung muss in Ausübung der Hoheitsbefugnis **erforderlich** sein. Bezugspunkt ist 29 bei Var. 2 anders als bei Var. 1 nicht die Erfüllung, dh die Erreichung eines Zustands, sondern die Wahrnehmung einer Befugnis. Ansonsten gilt sachlich das Gleiche wie bei Var. 1 → Rn. 19.

II. Die Frage der Unionsrechtskonformität

Soweit § 3 die Verarbeitung im Anwendungsbereich der DS-GVO erfasst, ist seine **Unions-** 30 **rechtskonformität** aus verschiedenen Gründen diskussionsbedürftig: § 3 wiederholt sachlich Art. 6 Abs. 1 lit. e DS-GVO weitgehend, weicht aber dennoch nicht unerheblich von ihm ab, da bei Var. 1 die Privaten, sofern sie nicht beliehen sind, ausgeblendet werden, und bei der Var. 2 die Aufgaben entfallen.

In Verbindung mit der jeweiligen Aufgaben- bzw. Befugnisnorm bildet § 3 demnach die 31 Rechtsgrundlage iSv Art. 6 Abs. 2 DS-GVO bzw. Art. 6 Abs. 3 S. 1 DS-GVO. Das **Unionsrecht stellt aber Anforderungen** an die nationale Rechtsgrundlage. So spricht es zunächst von spezifischen Bestimmungen (Art. 6 Abs. 2 DS-GVO), und verlangt, dass das Ziel legitim ist und der Grundsatz der Verhältnismäßigkeit beachtet wird (Art. 6 Abs. 2 S. 4 DS-GVO). Die letzten beiden Voraussetzungen stellt das allgemeine Verwaltungsrecht und der Grundrechtsschutz des GG sicher. Unklar ist aber, ob eine spezifischere Bestimmung vorliegt. § 3 enthält vom Normtext her eigentlich im Vergleich zu Art. 6 Abs. 1 UAbs. 1 lit. e keine **spezifischeren Bestimmungen, zumindest kein, die spezifischere Anforderungen an die Verarbeitung stellt.** Allerdings wird man Art. 6 Abs. 2 DS-GVO so verstehen müssen, dass die spezifischen Anforderungen nicht in einer Norm geregelt sein müssen. Das BDSG enthält auf dieser Basis spezifische Anforderungen mit der Konkretisierung zu Art. 9 DS-GVO durch § 22 und durch die Anforderungen an die Datenübermittlung gem. § 25 BDSG. Weiter enthält der Normtext des Art. 6 Abs. 2 und Abs. 3 S. 3 DS-GVO nur eine Ermächtigung, nicht aber eine Verpflichtung, spezifischere Bestimmungen aufzunehmen. Das ergibt auch einen Sinn, weil mit Art. 6 Abs. 1 Hs. 1 lit. b DS-GVO die Rechtfertigung der Datenverarbeitung, die zur Wahrnehmung staatlicher Aufgaben im weiteren Sinne erfolgt, sichergestellt werden soll und dafür das staatliche Recht keine spezifischen Datenschutzvorgaben enthalten muss. § 3 ist daher zutreffender Ansicht **nach unionsrechtskonform** (so auch Gola/Heckmann/Starnecker Rn. 8; aA Paal/Pauly/Frenzel Rn 1 f.).

Soweit § 3 im **Anwendungsbereich der RL (EU) 2016/680** eine Regelung vorgibt, **weicht** 32 er von Art. 8 RL (EU) 2016/680 **graduell durchaus ab.** Diese Abweichungen sind aber nicht substantiell und sind von dem Umsetzungsspielraum des Art. 288 UAbs. 3 AEUV gedeckt.

Die Abweichungen im Einzelnen sind: 32.1
- Art. 8 Abs. 1 RL (EU) 2016/680 sieht eine Begrenzung auf „wenn und soweit" vor, § 3 dagegen nur auf „wenn".
- Art. 8 Abs. 1 RL (EU) 2016/680 verlangt eine Verarbeitung „für die Erfüllung", § 3 dagegen „zur Erfüllung".
- Art. 8 Abs. 1 RL (EU) 2016/680 verlangt die Verfolgung der Ziele iSv Art. 1, § 3 lässt dagegen jede Zuständigkeitszuweisung genügen.

Bei Art. 8 Abs. 1 RL (EU) 2016/680 ist die Verarbeitung „zur Erfüllung einer Aufgabe erforderlich", 32.2 die zu näher umschriebenen Zwecken wahrgenommen wird, bei § 3 ist die Verarbeitung „zur Erfüllung der in der Zuständigkeit des Verantwortlichen liegenden Aufgabe" erforderlich.
- Art. 8 RL (EU) 2016/680 kennt nur die Aufgabenerfüllung, § 3 kennt die Aufgabenerfüllung und die Befugnisausübung als Grundlage für die Verarbeitung.
- Art. 8 Abs. 1 Hs. 2 RL (EU) 2016/680 kennt eine Beschränkung auf rechtskonforme Aufgabenerfüllung, § 3 formuliert diese Begrenzung nicht ausdrücklich.

III. Verletzungsfolgen

Eine Verarbeitung, die nicht die Voraussetzungen von § 3 erfüllt und die sich auch sonst auf 33 keine Ermächtigung stützen kann, ist rechtswidrig. Die Aufsichtsbehörden können dagegen gem. Art 58 DS-GVO vorgehen, soweit der Anwendungsbereich der DS-GVO betroffen ist. Die Anordnungsbefugnis im Bereich der JI-Richtlinie sowie im verbleibenden nationalen Kontext ergibt sich aus § 16 Abs. 2.

34 Eine datenschutzrechtliche Haftung kommt gem. Art. 82 DS-GVO bzw. § 83 in Betracht. Daneben besteht die Möglichkeit der Geltendmachung von Schadenersatzansprüchen aus Amtshaftung (Gola/Heckmann/Starnecker Rn. 39).

§ 4 Videoüberwachung öffentlich zugänglicher Räume

(1) ¹Die Beobachtung öffentlich zugänglicher Räume mit optisch-elektronischen Einrichtungen (Videoüberwachung) ist nur zulässig, soweit sie
1. zur Aufgabenerfüllung öffentlicher Stellen,
2. zur Wahrnehmung des Hausrechts oder
3. zur Wahrnehmung berechtigter Interessen für konkret festgelegte Zwecke

erforderlich ist und keine Anhaltspunkte bestehen, dass schutzwürdige Interessen der betroffenen Personen überwiegen. ²Bei der Videoüberwachung von
1. öffentlich zugänglichen großflächigen Anlagen, wie insbesondere Sport-, Versammlungs- und Vergnügungsstätten, Einkaufszentren oder Parkplätzen, oder
2. Fahrzeugen und öffentlich zugänglichen großflächigen Einrichtungen des öffentlichen Schienen-, Schiffs- und Busverkehrs

gilt der Schutz von Leben, Gesundheit oder Freiheit von dort aufhältigen Personen als ein besonders wichtiges Interesse.

(2) Der Umstand der Beobachtung und der Name und die Kontaktdaten des Verantwortlichen sind durch geeignete Maßnahmen zum frühestmöglichen Zeitpunkt erkennbar zu machen.

(3) ¹Die Speicherung oder Verwendung von nach Absatz 1 erhobenen Daten ist zulässig, wenn sie zum Erreichen des verfolgten Zwecks erforderlich ist und keine Anhaltspunkte bestehen, dass schutzwürdige Interessen der betroffenen Personen überwiegen. ²Absatz 1 Satz 2 gilt entsprechend. ³Für einen anderen Zweck dürfen sie nur weiterverarbeitet werden, soweit dies zur Abwehr von Gefahren für die staatliche und öffentliche Sicherheit sowie zur Verfolgung von Straftaten erforderlich ist.

(4) ¹Werden durch Videoüberwachung erhobene Daten einer bestimmten Person zugeordnet, so besteht die Pflicht zur Information der betroffenen Person über die Verarbeitung gemäß den Artikeln 13 und 14 der Verordnung (EU) 2016/679. ²§ 32 gilt entsprechend.

(5) Die Daten sind unverzüglich zu löschen, wenn sie zur Erreichung des Zwecks nicht mehr erforderlich sind oder schutzwürdige Interessen der betroffenen Personen einer weiteren Speicherung entgegenstehen.

Überblick

Die Regelung betrifft die Zulässigkeit von Einrichtungen zur Videoüberwachung und knüpft dabei an die bisherige Vorschrift des § 6b BDSG aF an. § 4 BDSG wurde durch Art. 12 des Zweiten Datenschutz-Anpassungs- und Umsetzungsgesetz EU v. 20.11.2019 nur marginal geändert. In § 4 Abs. 1 S. 1, Abs. 3 S. 1 und Abs. 5 BDSG wurde lediglich der Begriff „der Betroffenen" durch „der betroffenen Personen" ersetzt. Inhaltlich hat diese Änderung keine weiterreichende Bedeutung, sie dient vielmehr der Anpassung der Norm an die Terminologie der DS-GVO.

Übersicht

	Rn.		Rn.
A. Regelungsbefugnis des deutschen Gesetzgebers	1	I. Anwendungsfälle (Abs. 1 S. 1)	22
I. Gegenstand der Regelung	2	1. Aufgabenerfüllung öffentlicher Stellen (Nr. 1)	23
1. Begriff der Videoüberwachung	3	2. Wahrnehmung des Hausrechts (Nr. 2)	25
2. Öffentlich zugängliche Räume	7	3. Wahrnehmung berechtigter Interessen (Nr. 3)	29
II. Abgrenzung zu Art. 9 DS-GVO	13	II. Erforderlichkeit	31
III. Eingreifen des Art. 6 Abs. 1 S. 1 lit. e (Abs. 3 DS-GVO)	18	III. Überwiegen schutzwürdiger Interessen	33
IV. Weitere Rechtsgrundlagen für Videoüberwachungsmaßnahmen	19	C. Geeignete Maßnahmen zur Kenntlichmachung (Abs. 2)	37
B. Zulässigkeit der Videoüberwachung	21		

	Rn.		Rn.
D. Zulässigkeit der Speicherung (Abs. 3 S. 1)	41	F. Informationspflichten (Abs. 4)	45
E. Zulässigkeit einer Zweckänderung (Abs. 3 S. 2)	42	G. Verpflichtung zur Löschung (Abs. 5)	49
		H. Vollzug in der Praxis und Ausblick	51

A. Regelungsbefugnis des deutschen Gesetzgebers

Die Vorschrift des § 4 BDSG ist weitgehend wortlautgleich zu § 6b BDSG aF. Die DS-GVO sieht aufgrund ihres ganzheitlichen technikneutralen Ansatzes keine spezielle Ermächtigungsgrundlage im Bereich der Videoüberwachung vor (kritisch zur Technikneutralität der DS-GVO Roßnagel/Nebel/Richter ZD 2015, 455 (460)). Insoweit sind die allgemeinen Tatbestände und rechtlichen Rahmenbestimmungen der DS-GVO maßgeblich. Als Verordnung iSd Art. 288 Abs. 2 AEUV wirkt die DS-GVO aufgrund ihrer allgemeinen Geltung unmittelbar in den Mitgliedstaaten. Sofern sie sich nicht für eine Konkretisierung oder Spezifizierung durch den deutschen Gesetzgeber über sogenannte „Öffnungsklauseln" öffnet, genießt sie daher gemäß Art. 4 Abs. 3 EUV Anwendungsvorrang vor dem nationalen Recht (ausführlich zum Vorrang des Unionsrechts Groeben, von der/Schwarze/Walter Obwexer, 7. Aufl. 2015, EUV Art. 4 Rn. 112 ff.). In diesem Zusammenhang wird die weitgehend unveränderte Übernahme der bisherigen nationalen Regelung der Videoüberwachung als kritisch gesehen (so etwa, Jandt ZRP 2018, 16 (19)). Die Konferenz der unabhängigen Datenschutzbehörden des Bundes und der Länder (DSK) geht daher in ihrem einschlägigen Kurzpapier davon aus, dass die Anwendbarkeit der Regelungen des § 4 BDSG jeweils im konkreten Einzelfall geprüft werden muss (DSK, Videoüberwachung nach der Datenschutz-Grundverordnung, Kurzpapier Nr. 15, 1). Diese Ansicht wurde mittlerweile auch vom Bundesverwaltungsgericht bestätigt (BVerwG NVwZ 2019, 1126, (1131)). Verstoßen nationale Regelungen gegen europäische Rechtsnormen, die Anwendungsvorrang genießen, so kann der im Einzelfall prüfende Verwaltungsbeamte diese Regelungen aufgrund des Grundsatzes der Gesetzmäßigkeit der Verwaltung (Art. 20 Abs. 3 GG) und mangels eines mit dem Verfahren nach Art. 267 AEUV vergleichbaren Rechtswegs bei offenkundigen Verstößen unangewendet lassen (ausführlich dazu Rengeling/Middeke/Gellermann/Gärditz, Handbuch des Rechtsschutzes in der Europäischen Union, 3. Aufl. 2014, § 35 Rn. 13). Die vom drei Jahre nach dem Inkrafttreten der Norm anstehende Evaluierung des BDSG (BT-Drs. 18/11325, 78) stellt eine Chance für den Gesetzgeber dar, die europarechtswidrigen Bestandteile der Norm neu zu fassen und für rechtskonforme Zustände zu sorgen. Dies hat nun auch das BMI in seinem Bericht über die Evaluierung des BDSG festgestellt, wenngleich es vor dem Hintergrund der Argumentation des BVerwG aktuell nur einen Prüf – und gegebenenfalls bestehenden Änderungsbedarf annimmt (siehe dazu S. 20 des Berichts, abrufbar unter: https://www.bmi.bund.de/SharedDocs/evaluierung-von-gesetzen/downloads/berichte/evaluierung-bdsg.pdf?__blob=publicationFile&v=4).

I. Gegenstand der Regelung

§ 4 BDSG hat wie die nahezu wortlautgleiche Norm des § 6b BDSG aF die Videoüberwachung öffentlicher Räume zum Gegenstand.

1. Begriff der Videoüberwachung

Videoüberwachung bedeutet gemäß § 4 Abs. 1 S. 1 BDSG die Beobachtung mit „optisch-elektronischen Einrichtungen". Hierunter fallen nicht nur die klassische Sicherheitsüberwachung eines Ladens, sondern auch Dash-Cams, Drohnen (vgl. Kühling/Buchner/Buchner Rn. 7) oder Videoaufnahmen im Bereich der personalisierten Werbung, automatisierte Einlasskontrollen, die Überwachung öffentlicher Plätze und die Mitarbeiterüberwachung (siehe dazu die Auflistung bei Jandt ZRP 2018, 16 (16)) sowie Filmaufnahmen zum Training von Algorithmen von mobilen smarten Technologien (vgl. Lüdemann, ZD 2015, 247 (248)). Diese Liste ist bei weitem nicht abschließend und wird in Zukunft durch technische Neuerungen immer weiter ausgestaltet werden. Insbesondere neue KI-Anwendungen, die mit maschinellem Lernen und der Auswertung von Videoaufnahmen arbeiten (vgl. allgemein zu den Fortentwicklungen im Bereich der Künstlichen Intelligenz Holthausen RdA 2021, 19 (22)) werden hier eine besondere Bedeutung erlangen. Mittlerweile liegt der Vorschlag der Kommission über eine Verordnung mit dem Namen „Gesetz für Künstliche Intelligenz" (COM(2021) 206 final, 2021/0106(COD)) vor. Diese soll die weiterhin Geltung beanspruchende DS-GVO und JI-RL „durch harmonisierte Vorschriften für Entwurf,

BDSG § 4 Teil 1. Gemeinsame Bestimmungen

Entwicklung und Verwendung bestimmter Hochrisiko-KI-Systeme sowie durch Beschränkungen für bestimmte Anwendungen biometrischer Fernidentifizierungssysteme" ergänzen (s. 1.2. der Begründung des Verordnungsentwurfes).

4   Optisch-elektronische Verfahren wandeln Licht in elektrische Signale um. Daher unterfallen § 4 BDSG nicht Ferngläser (vgl. Simitis/Scholz BDSG aF § 6b Rn. 89) und optische Restlichtverstärker, wohl aber Nachtsichtgeräte und elektronische Restlichtverstärker. Die Technik der elektrischen Signalverarbeitung ist dabei nicht maßgeblich, erfasst wird analoge wie digitale Kameratechnik (vgl. Simitis/Scholz BDSG aF § 6b Rn. 40).

5   Nach dem Wortlaut des § 4 BDSG fallen unter die Norm auch mobile Überwachungseinrichtungen (so auch zur bisherigen Rechtslage Simitis/Scholz, § 6b Rn. 37; unzutr. dagegen Duhr/Naujok/Peter/Seiffert DuD 2002, 5 (27); Zilkens DuD 2007, 279 (279 ff.); einschränkend für portable Kameras Gola/Klug RDV 2004, 65 (66)). Mobile Videoüberwachungsanlagen haben offenkundige Probleme bei der Erfüllung der gesetzlichen Hinweispflichten. Deswegen portable Videoüberwachung aber aus der Anwendung datenschutzrechtlichen Bestimmungen auszunehmen (so aber zur bisherigen Rechtslage Wilde/Ehmann BayDSG Art. 21a Rn. 15; unzutreffend auch AG Nienburg ZD 2015, 341 (342)), stellt einen logischen Fehlschluss dar. Gerade weil mobile Videoüberwachung den betroffenen Personen ein Ausweichen erschwert, ist das datenschutzrechtliche System mitsamt den Hinweispflichten in diesem Bereich erst recht zweckgerichtet anwendbar.

6   Die DS-GVO kennt aufgrund ihrer Technikneutralität keinen eigenen Begriff der Videoüberwachung, weswegen die Aufstellung der Begrifflichkeit durch § 4 BDSG keinesfalls dazu führen darf, dass das Regelungssystem der DS-GVO ausgehöhlt wird. Die Verordnung selbst unterscheidet nur zwischen bestimmten Bildkategorien, wie Lichtbildern (EWG 51 S. 3 DS-GVO), Gesichtsbildern (Art. 4 Nr. 14 DS-GVO) und biometrischen Bildern (Art. 4 Nr. 14 DS-GVO und Art. 9 Abs. 1 DS-GVO). Aufgrund der zahlreichen neuartigen Technologien, die mit Bildaufnahmen und Bildverarbeitungsprogrammen arbeiten, erscheint dieser an der spezifischen Gefährdungslage ansetzende Ansatz vielversprechender als herkömmliche Modelle.

6a In der Vergangenheit wurde die Zulässigkeit von Attrappen diskutiert und war Gegenstand gerichtlicher Entscheidungen (einen Überblick gebend Lang/Lachenmann NZA 2015, 591; siehe auch Stöber NJW 2015, 3681 (3685)). Die Frage, ob der von einer Kamera-Attrappe ausgehende Überwachungsdruck ausreicht, dürfte den klar umrissenen Anwendungsbereich der DS-GVO in Art. 2 Abs. 1 DS-GVO geklärt sein. Der Anwendungsbereich nach Art. 2 Abs. 1 DS-GVO umfasst nur die automatisierte Verarbeitung von personenbezogenen Daten und die „nichtautomatisierte Verarbeitung personenbezogener Daten, die in einem Dateisystem gespeichert sind oder gespeichert werden sollen". Der Anwendungsbereich des BDSG für private Stellen nach § 1 Abs. 1 S. 2 BDSG deckt sich insoweit mit dem der Verordnung. Das Vorliegen einer Datenverarbeitung ist demnach Voraussetzung für die Anwendbarkeit. Eine Datenverarbeitung findet bei der Installation einer Attrappe nicht statt. Angesichts dieser Regelung erscheint es mehr als fraglich, ob der bloße Überwachungsdruck für die Annahme der Anwendbarkeit ausreichen kann. Eine derart extensive Auslegung des Anwendungsbereiches muss auch in Anbetracht von Art. 8 GRCh an der Wortlautgrenze scheitern.

2. Öffentlich zugängliche Räume

7   Geregelt wird in § 4 BDSG nur die Beobachtung öffentlich zugänglicher Räume, wobei der Begriff Räume im Sinne von „Bereiche" zu verstehen ist (vgl. die zahlreichen Praxisfälle HambBfDI 22. Tätigkeitsbericht 2008/2009, 89 ff.). Somit ist unerheblich, ob diese umschlossen oder überdacht sind (vgl. Gola/Schomerus BDSG aF § 6b Rn. 8; vgl. auch Simitis/Scholz § 6b Rn. 43). Auch die Eigentumsverhältnisse am Beobachtungsbereich sind unbeachtlich (vgl. Simitis/Scholz BDSG aF § 6b Rn. 43).

8   Entscheidend ist, ob die Räume entweder dem öffentlichen Verkehr gewidmet sind (vgl. Hilpert Rechtsfragen des Videoeinsatzes unter besonderer Berücksichtigung des ÖPNV 2009, 31) oder nach dem erkennbaren Willen des Berechtigten von einem offenen Personenkreis genutzt oder betreten werden können (vgl. Königshofen RDV 2001, 220; Brenneisen/Staack DuD 1999, 447 (448)). Relevant ist allein die durch den Berechtigten eröffnete tatsächliche Nutzungsmöglichkeit durch die Allgemeinheit (vgl. Gola/Schomerus BDSG aF § 6b Rn. 8), zumindest durch einen unbestimmten oder nur nach allgemeinen, von jedermann erfüllbaren Merkmalen bestimmten Personenkreis (vgl. Simitis/Scholz BDSG aF § 6b Rn. 42). Gegebenenfalls kann der Zugang auch erst nach Anmeldung (vgl. Simitis/Scholz BDSG aF § 6b Rn. 44) oder besonderer Zulassung gegen Entgelt eröffnet werden; dies nimmt den Räumen nicht die öffentliche Zugänglichkeit,

solange diese Zulassung prinzipiell jedem offen steht. Öffentlich zugänglich sind daher auch Kino-Vorführungssäle, Ausstellungsräume eines Museums, Verkaufsräume eines Warenhauses, Schalterhallen eines Bahnhofs wie dessen Bahnsteige oder der Bahnhofsvorplatz (vgl. Gola/Schomerus BDSG aF § 6b Rn. 8) sowie Spielplätze (vgl. Simitis/Scholz BDSG aF § 6b Rn. 44). Auch Spielhallen und Casinos sind, trotz teilweiser Zugangsbeschränkungen, als öffentlich anzusehen (so auch DKWW/Wedde Rn. 20). Gleiches gilt für Flughafenbereiche hinter der Personen- und Gepäckkontrolle oder Transitbereiche, da der berechtigende Flugticketerwerb nicht an differenzierende individuelle Voraussetzungen anknüpft (vgl. Simitis/Scholz BDSG aF § 6b Rn. 47).

Nicht öffentlich zugänglich ist die gegen Beobachtung geschützte Wohnung. Auch tatsächlich zugängliche Bereiche, die zu betreten aber (erkennbar) verboten ist, scheiden aus (vgl. Simitis/Scholz BDSG aF § 6b Rn. 48). Zum nicht öffentlich zugänglichen Wohngebäude zählen auch das abgegrenzte Grundstück (vgl. OLG Düsseldorf NJW 2007, NJW 780 (781)), Kellerräume, baulich einbezogene (Tief-) Garagen (OLG Karlsruhe NJW 2002, 2799) sowie im Gebäude belegene Treppen und Fahrstühle. Der bis zu Abschlusstür jedermann zugängliche Eingangsbereich ist öffentlicher Raum. Bei Mischnutzung gilt dies auch für Eingangsbereiche von Räumlichkeiten mit Publikumsverkehr, jedenfalls während der Geschäftszeiten (Duhr/Naujok/Peter/Seiffert DuD 2002, 5 (27); Simitis/Scholz BDSG aF § 6b Rn. 49). **9**

Maßgeblich ist dabei nicht die Kontrolle durch den Eigentümer, sondern dessen nach außen sichtbarer Wille, den Zutritt zu beschränken (aA für Firmengelände ohne Einlasskontrolle Gola/Schomerus BDSG aF § 6b Rn. 9). Der Vorgarten eines Hauses ist also nur dann kein öffentlich zugänglicher Raum, wenn er durch bauliche Abgrenzungen (Mauer, Zaun) oder durch Beschilderung klar als nicht zu betretender gestaltet ist (aA Gola/Schomerus BDSG aF § 6b Rn. 9). Dies gilt gleichermaßen für jedem Besucher geöffnete Treppenaufgänge oder nur mit EC-Karte betretbare Bankräume (wie hier Simitis/Bizer, 6. Aufl. 2006, BDSG aF § 6b Rn. 42 f.). Mutmaßlich entgegenstehende, aber nicht erklärte Nutzungseinschränkungen des Berechtigten sind unbeachtlich (aA Gola/Schomerus BDSG § 6b Rn. 9). **10**

Erfasst eine Kamera, die der Überwachung des eigenen Grundstücks dient, zugleich einen vorbeiführenden öffentlichen Weg, so ist § 4 BDSG einschlägig (aA Gola/Schomerus BDSG aF § 6b Rn. 9; zur damit verbundenen Verletzung des Persönlichkeitsrechts der Nachbarn und Passanten vgl. die nationale Rechtsprechung des BGH NJW 1995, 1955). **11**

Nicht von § 4 BDSG erfasst sind Beobachtungen am Arbeitsplatz, sofern dieser nicht öffentlich zugänglich ist (vgl. Gola/Schomerus BDSG aF § 6b Rn. 9 unter Hinweis auf BAG RDV 2003, 293; ArbG Ludwigshafen RDV 2004, 179; ArbG Düsseldorf RDV 2004, 225; Bayreuther NZA 2005, 1038; vgl. auch Gola/Wronka, Handbuch zum Arbeitnehmerdatenschutz, 6. Aufl. 2013, Rn. 382 ff.). Eine analoge Heranziehung des § 4 BDSG scheidet hier aus (vgl. BAGE 111, 173 = NJW 2005, 313 (316)), dies verkennt die stärkere Eingriffsintensität bei Videoüberwachungen am Arbeitsplatz – ein bekannter Personenkreis wird ohne Ausweichmöglichkeit kontrolliert. **12**

II. Abgrenzung zu Art. 9 DS-GVO

Im Gegensatz zu der allgemeinen rechtlichen Grundlage von Verarbeitungstätigkeiten aus Art. 6 DS-GVO sieht Art. 9 DS-GVO für besondere Kategorien personenbezogener Daten weitaus strengere Regelungen vor (vgl. Ehmann/Selmayr/Schiff DS-GVO Art. 9 Rn. 1). Die Frage, ob im Rahmen der Videoüberwachung besondere Kategorien von Daten verarbeitet werden, ist zudem für die Bestimmung des Vorliegens von Öffnungsklauseln in der DS-GVO von großer Bedeutung. Nur wenn sich die DS-GVO explizit für mitgliedstaatliche Regelungen öffnet, steht der Vorrang des Unionsrechts nationalen Regelungen nicht entgegen (zum Vorrang des Unionsrechts Groeben, von der /Schwarze/Walter Obwexer, 7. Aufl. 2015, EUV Art. 4 Rn. 112 ff.). Wo Art. 6 Abs. 2 und 3 DS-GVO großzügige Öffnungsklauseln enthalten, die eine aktive Ausgestaltung durch die Mitgliedstaaten vorsehen, ermöglicht Art. 9 DS-GVO nur restriktive Regelungen durch zusätzliche Bedingungen in Form von Beschränkungen für einzelne besondere Datenkategorien. **13**

Um dem strengen grundsätzlichen Verarbeitungsverbot des Art. 9 DS-GVO zu unterfallen, müsste es sich bei den durch Videoüberwachung gewonnenen Daten um besondere Kategorien von Daten iSd Art. 9 Abs. 1 DS-GVO handeln. Diese Zuordnung dürfte bei den meisten Varianten des Art. 9 Abs. 1 DS-GVO, wie Gesundheitsdaten oder Daten über Daten zum Sexualleben, wenige Abgrenzungsschwierigkeiten bieten. Für das Vorliegen einer Öffnungsklausel für den Bereich der Videoüberwachung ist es jedoch entscheidend, ob mittels Videoüberwachungseinrichtungen erhobene Daten, gemäß Art. 9 Abs. 1 Var. 8 DS-GVO „biometrische Daten zur eindeuti- **14** gen Identifizierung einer Person" sind (ausführlich zu dieser Problematik Jandt ZRP 2018, 16 (16 ff.)).

15 Der Begriff der „biometrischen Daten" wird in Art. 4 Nr. 14 DS-GVO legaldefiniert. Diese Norm stellt zum einen auf die Erzeugung verhaltenstypischer Daten mithilfe spezieller technischer Verfahren und zum anderen auf die Ermöglichung oder Bestätigung einer eindeutigen Identifizierung ab. Als Beispiele nennt Art. 4 Nr. 14 DSGVO Gesichtsbilder oder daktyloskopische Daten. Der im Wortlaut enthaltene Begriff der Gesichtsbilder führt allein gelesen zu der Vermutung, dass jedes der technischen Bearbeitung zugängliche Foto einer Person als biometrisches Datum zu sehen sein könnte (kritisch zu dieser Deutungsweise auch Jandt ZRP 2018, 16 (27)). Das von Art. 4 Nr. 14 DS-GVO vorausgesetzte spezielle technische Verfahren wäre so gesehen die eingerichtete Videokamera selbst und eine Identifizierung könnte potentiell bei jedem Gesichtsbild geleistet werden. Gerade vor dem Hintergrund moderner Aufnahmetechniken und -geräte kann hier gefragt wird, ob eine entsprechende Gefährdungslage nicht grundsätzlich bezüglich jedes Fotos einer Person oder zumindest der menschliche Gesichter abbildenden Fotos gegeben ist. Spezielle technische Verfahren könnten aber auch erst bei Aufnahmegeräten gegeben sein, die über den Aufnahmeprozess hinausgehende Vorrichtungen, wie beispielsweise Kantenerkennung oder ähnliches beinhalten (vgl. insofern die Ausführungen bei Jandt ZRP 2018, 16 (16)). Der als Auslegungshilfe heranzuziehende ErwG 51 S. 3 DS-GVO stellt in diesem Zusammenhang klar, dass bei einer Verarbeitung von Lichtbildern nicht in jedem Fall besondere Kategorien von personenbezogenen Daten verarbeitet werden. Lichtbilder unterfallen folglich nur der Gruppe der biometrischen Daten, „wenn sie mit speziellen technischen Mitteln verarbeitet werden, die die eindeutige Identifizierung oder Authentifizierung einer natürlichen Person ermöglichen." Identifizierung oder Authentifizierung müssen daher lediglich möglich, aber noch nicht vorgenommen sein. Art. 4 Nr. 14 DS-GVO betrifft folglich Daten einer bestimmten Qualität, die sich zu einer entsprechenden Analyse eignen. Nachdem die Identifizierung einer Person heutzutage bereits anhand der Analyse ihrer Gangart (vgl. BSI, Einführung in die technischen Grundlagen der biometrischen Authentisierung, https://www.bsi.bund.de/SharedDocs/Downloads/DE/BSI/Biometrie/Technische_Grundlagen_pdf.pdf?__blob=publicationFile&v=1) durchgeführt werden kann, werden immer wieder Abgrenzungsfragen in diesem Bereich auftreten. Eine direkte Identifizierung über den Abgleich mit verschiedenen Identitäten mittels eines Template ist jedoch nicht von Art. 4 Nr. 14 DS-GVO erfasst (vgl. insoweit den Begriff des Referenzmusters verwendend Sydow/Kampert, Europäische Datenschutzgrundverordnung, 1. Aufl. 2017, DS-GVO Art. 4 Rn. 183). Ansonsten würde die zusätzliche Voraussetzung des Art. 9 Abs. 1 DS-GVO (Verarbeitung zur eindeutigen Identifizierung) regelmäßig erfüllt und hätte keine eigene Bedeutung mehr. Zudem wird ein Identitätsabgleich in der Regel auf einem Server und nicht im Aufnahmegerät direkt durchgeführt werden (vgl. Sydow/Kampert, Europäische Datenschutzgrundverordnung, 1. Aufl. 2017, DS-GVO Art. 4 Rn. 183).

16 Würden sämtliche Gesichtsbilder über Art. 9 Abs. 1 DS-GVO in die Kategorie besonderer personenbezogener Daten fallen, so würden die Ausnahmevorschriften des Art. 9 Abs. 2 DS-GVO aufgrund der Vielzahl der praktischen Anwendungsfälle der Videoüberwachung regelmäßige Anwendung finden. Das Regel-Ausnahme-Verhältnis würde mithin umgekehrt und Art. 9 DS-GVO würde aufgeweicht. Für das Vorliegen der Voraussetzungen des Art. 9 Abs. 1 DS-GVO ist jedoch nicht nur die Annahme biometrischer Daten notwendig. Diese müssen auch zur eindeutigen Identifizierung einer Person verarbeitet werden. Insoweit werden in der Kamera, wie oben bereits ausgeführt, biometrische Daten erstellt. Eine Auswertung zur eindeutigen Identifizierung würde aber in der Regel eine Versendung an einen Server und den Abgleich mit einem Template erfordern (vgl. Ehmann/Selmayr/Schiff DS-GVO Art. 9 Rn. 22–23). Demnach kann Art. 9 Abs. 1 DS-GVO in den Fällen, in denen Aufnahmen nicht gespeichert, sondern lediglich vom Sicherheitspersonal live gesichtet werden, nicht eingreifen (vgl. Jandt ZRP 2018, 16 (18)). Auch bei allen anderen Fällen der Videoüberwachung unter Erzeugung biometrischer Daten, muss geprüft werden, ob ein Identitätsabgleich mittels Template durchgeführt wird (vgl. Ehmann/Selmayr/Schiff DS-GVO Art. 9 Rn. 22–23). Insofern würde auch unter Heranziehung eines weiten Begriffs der biometrischen Daten die Großzahl der Fälle der alltäglichen Videoüberwachung nicht unter Art. 9 Abs. 1 DS-GVO fallen, sodass die Befugnisse des Art. 6 DS-GVO herangezogen werden können (vgl. dazu DSK, Videoüberwachung nach der Datenschutz-Grundverordnung, Kurzpapier Nr. 15, 1; vgl. ferner Jandt ZRP 2018, 16 (18)). Ob dies eine Änderung durch die zukünftige Entwicklung erfährt, nach der bereits soziale Netzwerke mit Gesichtserkennungssoftware arbeiten (s. dazu Heise, Facebook testet Gesichtserkennung auch in Europa, 01.03.2018, https://www.heise.de/newsticker/meldung/Facebook-testet-Gesichtserkennung-auch-in-Europa-3984793.html), bleibt abzuwarten.

Die Frage, ob im Rahmen der Videoüberwachung mit besonderen Kategorien personenbezogener Daten gearbeitet wird, ist ebenfalls für die Frage nach der Notwendigkeit einer Datenschutz-Folgenabschätzung nach Art. 35 Abs. 1, Abs. 3 lit. b DS-GVO relevant. Darüber hinaus sieht Art. 35 Abs. 1, Abs. 3 lit. c DS-GVO die Durchführung einer Datenschutz-Folgenabschätzung für die „systematische umfangreiche Überwachung öffentlich zugänglicher Bereiche" vor, die ebenfalls im Bereich der Videoüberwachung relevant werden kann. Nach den getroffenen Ausführungen muss differenziert geprüft werden, ob Art. 9 Abs. 1 DS-GVO eingreift. Demnach muss nicht für den Betrieb jeder Videoüberwachungsanlage eine Datenschutz-Folgenabschätzung durchgeführt werden. Es kommt vielmehr auf den Einzelfall an.

III. Eingreifen des Art. 6 Abs. 1 S. 1 lit. e (Abs. 3 DS-GVO)

Für die Videoüberwachung öffentlicher Stellen können gemäß Art. 6 Abs. 1 S. 1 lit. e, Abs. 3 DS-GVO mitgliedstaatliche Regelungen erlassen werden, wenn die Aufgabenwahrnehmung im öffentlichen Interesse erforderlich ist oder ein Fall der Ausübung öffentlicher Gewalt vorliegt. Insoweit ist grundsätzlich eine Öffnungsklausel gegeben, auf die Regelungen wie § 4 BDSG gestützt werden können. Diese Öffnungsklausel betrifft jedoch keine Regelungen für den nichtöffentlichen Bereich. (So auch DSK, Videoüberwachung nach der Datenschutz-Grundverordnung, Kurzpapier Nr. 15, 1)

IV. Weitere Rechtsgrundlagen für Videoüberwachungsmaßnahmen

Für nichtöffentliche Stellen ist in erster Linie auf die Verarbeitungsbefugnis aus Art. 6 Abs. 1 S. 1 lit. f DS-GVO bei Bestehen eines berechtigten Interesses abzustellen (BVerwG NVwZ 2019, 1126, (1131)); in diesem Sinne bereits DSK, Videoüberwachung nach der Datenschutz-Grundverordnung, Kurzpapier Nr. 15, 1). Für die Fälle der Verarbeitung bei Bestehen eines berechtigten Interesses sieht Art. 6 DS-GVO keine Öffnungsklausel vor. Die Regelung des Art. 6 Abs. 1 S. 1 lit. f DS-GVO ist daher aufgrund des Vorrangs des Unionsrechtes abschließend zu beachten, sodass § 4 BDSG, soweit er entgegensteht, unangewendet bleiben muss (vgl. Rengeling/Middeke/Gellermann/Gärditz, Handbuch des Rechtsschutzes in der Europäischen Union, 3. Aufl. 2014, § 35 Rn. 13).

In Einzelfällen kann auch eine Einwilligungslösung nach Art. 7 DS-GVO herangezogen werden. Dies wird jedoch in vielen Fällen nicht praktikabel sein. Alleine das Betreten eines gekennzeichneten Bereichs, in dem Filmaufnahmen durchgeführt werden, kann nicht als taugliche eindeutige Einwilligungshandlung gesehen werden (DSK, Videoüberwachung nach der Datenschutz-Grundverordnung, Kurzpapier Nr. 15, 1; s. auch ZD-Aktuell 2017, 05749). Im Bereich des Arbeitsrechts sind an die Wirksamkeit von Einwilligungen jedoch besonders hohe Anforderungen zu stellen. Der Freiwilligkeit der Einwilligung (Art. 7 Abs. 4 DS-GVO) wird regelmäßig der Umstand entgegengesetzt, dass sich der Mitarbeiter in einem sozialen Abhängigkeitsverhältnis zur verantwortlichen Stelle befindet (vgl. dazu § 26 Abs. 2 BDSG). Bietet der Arbeitgeber nicht neben der nachgesuchten Einwilligung zumutbare Handlungsalternativen an und ist er nicht bereit, die Überwachung von der Zustimmung des Arbeitnehmers abhängig zu machen, so ist die erteilte Einwilligung unwirksam (vgl. noch → § 32 Rn. 1 ff. mit Hinweisen auf die hM).

B. Zulässigkeit der Videoüberwachung

§ 4 BDSG regelt die Zulässigkeit von Einrichtungen zur Videoüberwachung und sieht auch Vorgaben in Bezug auf die Transparenz, Speicherdauer sowie Löschpflichten und mögliche Zweckänderung vor.

I. Anwendungsfälle (Abs. 1 S. 1)

§ 4 Abs. 1 S. 1 DS-GVO unterscheidet drei grundlegende Anwendungsfälle der Videoüberwachung. Diese betreffen die Aufgabenerfüllung öffentlicher Stellen (Nr. 1), die Wahrnehmung des Hausrechts (Nr. 2) und die Wahrnehmung berechtigter Interessen für konkret festgelegte Zwecke (Nr. 3).

1. Aufgabenerfüllung öffentlicher Stellen (Nr. 1)

Der Zweck der Aufgabenerfüllung öffentlicher Stellen wurde bereits zur Zeit der Altfassung im Hinblick auf die Unbestimmtheit trotz grundrechtsintensiven Regelungsgehaltes kritisiert (s.

dazu die Vorbearbeitung der früheren Vorschrift des § 6b BDSG aF in der 23. Ed. 1.11.2017, BDSG aF § 6b Rn. 42). Auch wenn die Vorschrift des § 4 Abs. 1 Nr. 1 BDSG nun an den europäischen Vorgaben des Art. 8 GRCh zu messen ist, kann diese Kritik auch in Anbetracht der neuen Rechtslage aufrechterhalten werden.

24 „Zur Erfüllung der Aufgaben" meint dabei nicht alle denkbaren, sondern vor Datenerhebung konkret festgelegte Aufgaben der verantwortlichen Stelle (vgl. Gola/Schomerus BDSG aF § 6b Rn. 15; Wohlfarth RDV 2000, 186). Es genügt dabei, wenn die Videoüberwachung die Aufgabenerfüllung unterstützt, unerlässlich für die Zweckerreichung muss sie nicht sein (vgl. Simitis/Scholz BDSG aF § 6b Rn. 71). Im Mittelpunkt stehen hier Eigensicherungsmaßnahmen von Bundesbehörden durch Zugangskontrollen oder Objektsicherungsmaßnahmen, etwa beim Katastrophenschutz (vgl. BMH Rn. 33).

2. Wahrnehmung des Hausrechts (Nr. 2)

25 Der Begriff des Hausrechts findet sich nicht in den Vorgaben der DS-GVO auf europäischer Ebene. Das Hausrecht umfasst die Befugnis öffentlicher und nicht-öffentlicher Stellen, selbst darüber zu befinden, wer zum Betreten eines befriedeten Besitztums oder Gebäudes befugt sein soll bzw. dort verweilen darf (vgl. Simitis/Scholz BDSG aF § 6b Rn. 73). Der Hausrechtsinhaber darf daher Personen (sog. Störer) vom befriedeten Besitztum verweisen und auch das zukünftige Betreten untersagen (Erteilung eines Hausverbots).

26 Die Wahrnehmung des Hausrechts (Ziegler DuD 2003, 337; vgl. dazu auch BAG NZA 2004, 1278) obliegt dem Besitzer des öffentlich zugänglichen Raumes, der nicht mit dem Eigentümer identisch sein muss. Bei Räumen in öffentlicher Hand ist Inhaber des Hausrechts die jeweilige Körperschaft, die durch ihre Vertretungsorgane handelt (vgl. Gola/Schomerus BDSG aF § 6b R. 16). Die Ausübung des Hausrechts kann mehreren Personen gemeinsam zustehen (etwa der Mietergemeinschaft bezüglich gemeinschaftlich genutzter Räume). Die Ausübung des Hausrechts ist – etwa auf einen Verwalter oder auf einen Sicherheitsdienst – delegierbar (vgl. Simitis/Scholz BDSG aF § 6b Rn. 76). Die Bestimmung der verantwortlichen Stelle richtet sich dann nach allgemeinen Regeln zu Funktionsübertragung bzw. Auftragsdatenverarbeitung.

27 Die Beobachtungsbefugnis des Hausrechtsinhabers endet an der Grundstücksgrenze (vgl. BGH NJW 1995, 1955 mAnm Helle JZ 1995, 1115; vgl. AG Köln NJW-RR 1995, 1226; BfD 16. Tätigkeitsbericht Nr. 12.4; zur Überwachung einer Tiefgarage einer Wohnanlage bei Einwilligung aller Mieter HmbDSB, 17. Tätigkeitsbericht 1998/99, Ziff 23.2; LfD Baden-Württemberg, 24. Tätigkeitsbericht 2003, 103 = RDV 2004, RDV Jahr 2004 Seite 91), wobei von den Aufsichtsbehörden ein geringfügiges Übergreifen des Blickfelds in den angrenzenden öffentlichen Raum nicht beanstandet wird.

28 Lediglich die Wahrnehmung des Hausrechtes durch öffentliche Stellen kann auf die Öffnungsklausel des Art. 6 Abs. 1 S. 1 lit. e, Abs. 3 DS-GVO gestützt werden. Für die Wahrnehmung des Hausrechtes durch Private ist Art. 6 Abs. 1 S. 1 lit. f DS-GVO heranzuziehen. Insofern öffnet sich die DS-GVO nicht für nationale Regelungen (so auch Kühling/Buchner/Buchner Rn. 11).

3. Wahrnehmung berechtigter Interessen (Nr. 3)

29 Als berechtigtes Interesse kommen rechtliche und tatsächliche Interessen in Betracht (Gola/Schulz DS-GVO Art. 6 Rn. 51). Die Zwecke müssen nach dem Wortlaut des § 4 Abs. 1 S. 1 Nr. 3 BDSG vor der Verarbeitung „konkret festgelegt" sein. Aufgrund des europarechtlichen Kontextes ist der Begriff des berechtigten Interesses gleich der Begrifflichkeit in Art. 6 Abs. 1 S. 1 lit. f DS-GVO durch autonome europarechtskonforme Auslegung zu ermitteln. Einzelne auf europäischer Ebene anerkannte berechtigte Interessen werden mit dem Recht auf Meinungsfreiheit, der Rechtsverfolgung oder Marktforschung bereits durch die Erwägungsgründe der DSGVO vorgegeben (siehe etwa Erwägungsgrund 47 und 48; vgl. auch Ehmann/Selmayr/Heberlein DS-GVO Art. 6 Rn. 22 mwN).

30 Unberechtigt ist auch in Anbetracht der DS-GVO ein Interesse, das sittenwidrig (Videoüberwachung aus Voyeurismus) oder von vornherein nur auf die Beeinträchtigung der Rechte betroffener Personen ausgerichtet ist (Videoüberwachung zum Zwecke des Stalkings). Auch nach einer europarechtlich gebotenen autonomen Auslegung berechtigt ist das Interesse an der Abwehr einem selbst drohender Gefahren (vgl. Erwägungsgrund 47 S. 6 DS-GVO). Neben der Abschreckung von möglichen Straftätern kommt daher auch die Sicherung von Beweismaterial für den Fall einer versuchten oder vollendeten Straftat zu Lasten der verantwortlichen Stelle als berechtigtes Interesse in Betracht. Das Interesse an der Verfolgung von Straftaten ist zunächst ein staatliches, mittelbar –

also hinsichtlich zivilrechtlicher Ersatzansprüche oder der Genugtuungsfunktion staatlicher Strafe – kann es auch ein berechtigtes (pekuniäres oder ideelles) privates Interesse sein.

II. Erforderlichkeit

Der Begriff der Erforderlichkeit ist im europarechtlichen Kontext aufgrund der autonomen Auslegung des Unionsrechtes auf andere Weise zu interpretieren als nach deutschem Recht (ausführlich zu den Grundlagen der autonomen Auslegung im europäischen Recht Calliess/Ruffert/Wegener, 5. Aufl. 2016, EU-Vertrag (Lissabon) Art. 19 Rn. 13 ff.). Das Kriterium der Erforderlichkeit beinhaltet auf europäischer Ebene eine starke abwägende Komponente im Rahmen der Verhältnismäßigkeitsprüfung (ähnlich Paal/Pauly/Frenzel BDSG § 4 Rn. 18). Erforderlich ist die Videoüberwachung zumindest, wenn sie zwingend notwendig ist oder kein gleich geeignetes milderes Mittel zur Verfügung steht (vgl. dazu die Ausführungen bei Paal/Pauly/Frenzel Rn. 18 ff. mwN). Als mildere Mittel kommen regelmäßig bauliche (Abtrennung von Bereichen unterschiedlicher Funktion, Einbau von Schließsystemen, Verbesserung der Beleuchtung) oder personelle Maßnahmen (Einsatz von Sicherheitspersonal) in Betracht. Auf die Kosten der Alternativen kommt es zunächst nicht an, höhere Kosten der Alternativmaßnahmen alleine führen nicht dazu, sie außer Betracht zu lassen. Die Erforderlichkeit kann daher immer in den Fällen hinterfragt werden, in denen eine Überwachung durch die Präsenz von Sicherheitspersonal durchgeführt werden kann (so auch Paal/Pauly/Frenzel § 4 Rn. 20). In den Fällen des Vorliegens eines berechtigten Interesses oder der Wahrnehmung des Hausrechtes sieht Frenzel das Vorliegen der Erforderlichkeit, die auch unter Heranziehung der Kriterien der Geeignetheit und Zumutbarkeit ermittelt werden könne, als kritisch an (Paal/Pauly/Frenzel Rn. 21). 31

Mangels Regelungsspielraum in den Bereichen des privaten berechtigten Interesses und des Hausrechtes ist aufgrund des Vorrangs des Unionsrechts und der mangelnden Regelungsbefugnis des deutschen Gesetzgebers direkt auf die Befugnisnorm des Art. 6 Abs. 1 S. 1 lit. f DS-GVO abzustellen (BVerwG NVwZ 2019, 1126 (1131); s. dazu bereits oben unter I. 4.). 32

III. Überwiegen schutzwürdiger Interessen

Die Videoüberwachung ist gemäß § 4 Abs. 1 S. 1 BDSG beim Überwiegen schutzwürdiger Interessen der betroffenen Personen nicht zulässig. Insofern fordert § 4 Abs. 1 S 1 BDSG eine am Grundsatz der Verhältnismäßigkeit angelehnte Abwägungsentscheidung. § 4 Abs. 1 S. 2 BDSG versucht die Zulässigkeit der Videoüberwachung für einzelne Bereiche vorwegzunehmen. So nimmt der Gesetzgeber für den Fall der öffentlich zugänglichen großflächigen Anlagen, wie insbesondere Sport-, Versammlungs- und Vergnügungsstätten, Einkaufszentren oder Parkplätzen" (Nr. 1) und „Fahrzeugen und öffentlich zugänglichen großflächigen Einrichtungen des öffentlichen Schienen-, Schiffs- und Busverkehrs" (Nr. 2) ein besonders wichtiges Interesse in Form von Leben und körperlicher Unversehrtheit der anwesenden Personen an. 33

Abzuwägen ist das berechtigte Interesse des Betreibers an der Verwirklichung des festgelegten Zwecks der Videoüberwachung mit möglichen gegenläufigen schutzwürdigen Interessen der betroffenen Personen. Die Überwachung darf bereits dann nicht erfolgen, wenn Anhaltspunkte für ein Überwiegen der privaten Interessen nicht ausgeräumt werden können (Gola/Schomerus BDSG aF § 6b Rn. 19; OVG Münster RDV 2009, 232). 34

Je intensiver der Überwachungseingriff ist – gemessen am zeitlichen und räumlichen Umfang der erfassten Informationen, an der Beziehung des betroffenen Personenkreises zum Überwachungszweck, den Ausweichmöglichkeiten und der Art der erhobenen Daten (vgl. zur bisherigen Rechtslage Simitis/Scholz BDSG aF § 6b Rn. 94) –, desto eher ist von einem Überwiegen der Interessen der betroffenen Personen auszugehen. Nur spezifische Überwachungszwecke (nachweisbare erhebliche Gefährdung hochwertiger Schutzgüter) können demgegenüber Bestand haben. Orientierung können in diesem Zusammenhang die vom Europäischen Datenschutzausschuss (EDSA) mit Blick auf die Vorgaben der DS-GVO verabschiedeten „Leitlinien 3/2019 zur Verarbeitung personenbezogener Daten durch Videogeräte" (abrufbar unter: edpb_guidelines_201903_video_devices_de.pdf (europa.eu) geben. Die auch dort erforderliche Einzelfallabwägung knüpft ebenfalls an die Intensität des Eingriffs an. Der EDSA sieht hier neben dem bereits genannten Umfang der erhobenen Informationen auch die Art der Informationen und die Anzahl der betroffenen Personen als für die Abwägung maßgeblich an. Daneben können auch die Interessen der Betroffenen, alternative Maßnahme oder der Umfang und die Art der Datenauswertung bestimmende Faktoren sein (vgl. EDSA, Leitlinien 3/2019 zur Verarbeitung personenbezogener Daten durch Videogeräte, 12). Der europäische Gesetzgeber sieht auch die Erwartungen der 35 betroffenen Personen, als zentrales Kriterium der Abwägung an (vgl. Erwägungsgrund 47 der DS-GVO).

36 § 4 Abs. 1 S. 2 BDSG antizipiert die Interessenabwägung teilweise und ordnet Schutz von Leben, Gesundheit oder Freiheit als besonders wichtige Interessen ein. Die praktische Wirksamkeit dieser Vorschrift dürfte gering sein. Die große Bedeutung der angesprochenen Werte ist bereits durch die systembestimmenden Vorgaben der Grundrechte-Charta (GRCh) vorgegeben (so auch Ziebarth ZD 2017, 467 (468 f.)). § 4 Abs. 1 S. 2 BDSG hat insoweit rein deklaratorischen Charakter und ist einer europarechtskonformen Auslegung zugänglich und unterworfen. Soweit die Regelungsbefugnis des deutschen Gesetzgebers generell infrage steht, besteht auch für eine grundsätzlich im Sinne der GRCh auslegbare Regelung kein Raum.

C. Geeignete Maßnahmen zur Kenntlichmachung (Abs. 2)

37 Videobeobachtung ist Datenerhebung, die nach § 4 BDSG den betroffenen Personen von der verantwortlichen Stelle transparent zu machen ist (vgl. Simitis/Scholz BDSG aF § 6b Rn. 102). Häufig werden betroffene Personen erst so in die Lage versetzt, ihre Rechtsbeeinträchtigung wahrzunehmen, deren Rechtmäßigkeit zu untersuchen und seine Rechte wahrzunehmen (vgl. noch die Begründung zur bisherigen Rechtslage in BT-Drs. 14/4329, 38).

38 Erkennbar sind die Hinweise, wenn sie für die betroffenen Personen ohne Suchaufwand wahrnehmbar sind, also „ins Auge fallen"; dies gilt für die Größe, aber auch für die Platzierung des Hinweisschilds (im Blickfeld der betroffenen Personen, vgl. Simitis/Bizer, 6. Aufl. 2006, BDSG aF Rn. 68). Deren notwendige Anzahl richtet sich nach dem Raumzuschnitt, insbesondere nach der Zahl der Zugänge (vgl. Simitis/Scholz Rn. 107).

39 Die Vorschrift des § 4 Abs. 2 BDSG ist von der Informationspflicht nach § 4 Abs. 4 BDSG zu unterscheiden (so auch Paal/Pauly/Frenzel Rn. 26). § 4 Abs. 4 BDSG verweist für die Fälle, dass die Daten einer bestimmten Person zugeordnet werden auf die Art. 13, 14 DS-GVO. Eine Gefährdungslage bezüglich der Zuordnung zu bestimmten Personen wird im Fall der Videoüberwachung in der Regel immer bestehen. Auch Jahre nach der eigentlichen Bildaufnahme kann eine Zuordnung durch einen nachträglichen Identitätsabgleich vorgenommen werden. Das für den Abgleich notwendige Template oder Referenzmuster kann heutzutage mit Daten aus dem Internet frei befüllt werden. Demnach sind grundsätzlich die Art. 13, 14 DS-GVO heranzuziehen (so auch DSK, Videoüberwachung nach der Datenschutz-Grundverordnung, Kurzpapier Nr. 15, 2 f.). § 4 Abs. 2 BDSG kommt demnach grundsätzlich keine eigenständige Bedeutung (mehr) zu.

40 Mit der Etablierung des Art. 5 Abs. 1 lit. a DS-GVO und den Art. 12 ff. DS-GVO sind die Transparenzpflichten im Gegensatz zur alten Rechtslage stark angestiegen (so auch DSK, Videoüberwachung nach der Datenschutz-Grundverordnung, Kurzpapier Nr. 15, 2 f.). Ausnahmen von dem Pflichtenkanon der DS-GVO können gemäß Art. 23 Abs. 1 DS-GVO überhaupt nur bei besonderen Interessen, wie beispielsweise der öffentlichen Sicherheit (Art. 23 As. 1 lit. c DS-GVO) oder der Strafverfolgung und -vollstreckung (Art. 23 Abs. 1 lit. d DS-GVO) zugelassen werden.

D. Zulässigkeit der Speicherung (Abs. 3 S. 1)

41 Die Zulässigkeit des Beobachtungsprozesses wird durch § 4 Abs. 1 BDSG festgelegt. Die Zulässigkeit der weiteren Speicherung und Verwendung bestimmt sich dagegen nach § 4 Abs. 3 S. 1 BDSG. Die Speicherung muss „zum Erreichen des verfolgten Zweckes erforderlich" sein und es darf keine Anhaltspunkte für überwiegende schutzwürdige Interessen von betroffenen Personen geben (ähnlich Kühling/Buchner/Buchner Rn. 16). Die deklaratorische Regelung des § 4 Abs. 1 S. 2 BDSG (dazu → Rn. 33) ist entsprechend anzuwenden.

E. Zulässigkeit einer Zweckänderung (Abs. 3 S. 2)

42 Nach § 4 Abs. 3 S. 2 BDSG sieht die Möglichkeit der Zweckänderung bei „Gefahren für die staatliche und öffentliche Sicherheit sowie zur Verfolgung von Straftaten" vor. Der Gesetzgeber macht mit § 4 Abs. 3 S. 2 BDSG von dem Regelungsspielraum der Art. 23 Abs. 1 DS-GVO Gebrauch (in diese Richtung gehend auch Paal/Pauly/Frenzel Rn. 31). § 4 Abs. 3 S. 2 BDSG ist lex specialis zu den weiteren Grundlagen für Zweckänderungen in §§ 23, 24 BDSG (s. auch Paal/Pauly/Frenzel Rn. 31).

43 Erfolgt die Videoüberwachung öffentlich zugänglicher Räume auf Grundlage des Art. 6 Abs. 1 S. 1 lit. f. BDSG, so ist eine Zweckänderung unter den Voraussetzungen des Art. 6 Abs. 4 DS-GVO zulässig (so auch Kühling/Buchner/Buchner Rn. 17).

Diese durch die weitgehende Übernahme der alten Vorschrift aus § 6b BDSG aF bedingte 44
unübersichtliche Systematik von Zweckänderungsvorschriften birgt die Gefahr von Unsicherheiten in der Rechtsanwendung und steht im Widerspruch zum ganzheitlichen Anspruch der DS-GVO.

F. Informationspflichten (Abs. 4)

§ 4 Abs. 4 ordnet an, was durch das Unionsrecht ohnehin vorgegeben ist. Durch die Videoüberwachung werden bei Aufnahme einer Person in der Regel personenbezogene Daten erhoben. Selbst wenn man vom engen Erhebungsbegriff (vgl. dazu BVerfG BeckRS 2008, 33081) ausgeht, werden sie zumindest kurzfristig gespeichert und somit ebenfalls gemäß Art. 4 Nr. 2 DS-GVO verarbeitet. Auch nach erheblichem Zeitablauf kann eine Identifizierung der betroffenen Person durch Abgleich mit einem Template noch vorgenommen werden (dazu bereits unter III.). Hinzu kommt eine mögliche Identifizierung durch das Ausschlussprinzip (näher dazu Paal/Pauly/Frenzel Rn. 35). In Bereichen, in denen schon bereits keine Öffnungsklausel für § 4 BDSG besteht muss schon alleine aufgrund des Vorrangs der Vorschriften der Datenschutz-Grundverordnung immer auf die Art. 12 ff. DS-GVO abgestellt werden (so auch DSK, Videoüberwachung nach der Datenschutz-Grundverordnung, Kurzpapier Nr. 15, 2 f.). § 4 Abs. 4 BDSG muss im Rahmen einer europarechtskonformen Auslegung folglich einschränkend interpretiert werden, sodass die Art. 12 ff. DS-GVO für jeden Fall der Videoüberwachung anzuwenden sind (einen rein deklaratorischen Charakter annehmend Paal/Pauly/Frenzel Rn. 33). 45

Ob im Fall der Videoüberwachung eine Direkterhebung (Art. 13 DS-GVO) oder eine Erhebung an dritter Stelle (Art. 14 DS-GVO) vorliegt, wird kontrovers diskutiert (zu dieser Diskussion Paal/Pauly/Paal/Hennemann DS-GVO Art. 13 Rn. 11a). 46

Insbesondere im Bereich der Videoüberwachung bietet es sich an mit standardisierten Piktogrammen (Art. 12 Abs. 7 DS-GVO) zu arbeiten. Deren Erstellung kann gemäß Art. 12 Abs. 8 DS-GVO durch die Kommission im Wege eines delegierten Rechtsaktes vereinheitlicht werden. 47

Herausfordernd wird in Zukunft die barrierefreie Erfüllung der Informationspflichten im Bereich der Videoüberwachung sein. Hier müssen innovative Lösungen gefunden werden um alle Menschen in das datenschutzrechtliche Schutzsystem zu inkludieren. 48

G. Verpflichtung zur Löschung (Abs. 5)

Soweit § 4 BDSG nicht von den Öffnungsklauseln der DS-GVO gedeckt ist, genießt die Regelung über die Verpflichtung zur Löschung aus Art. 17 Abs. 1 Alt. 2 DS-GVO Vorrang vor § 4 Abs. 5 BDSG. Die Grundsätze über die Datenminimierung und Speicherbegrenzung aus Art. 5 Abs. 1 lit. c und e DS-GVO sind jedoch ohnehin auch hinsichtlich der nationalen Regelungen im Bereich der Öffnungsklauseln anwendbar (vgl. dazu Paal/Pauly/Frenzel Rn. 36 ff.). Gemäß Art. 5 Abs. 1 lit. e DS-GVO dürfen personenbezogene Daten nur „in einer Form gespeichert werden, die die Identifizierung der betroffenen Personen nur so lange ermöglicht, wie es für die Zwecke, für die sie verarbeitet werden, erforderlich ist". Die deutschen Aufsichtsbehörden gehen im Gegensatz zur bisherigen Rechtslage von einer regelmäßigen Löschpflicht nach 72 Stunden (DSK, Orientierungshilfe Videoüberwachung durch nicht-öffentliche Stellen, 22 f.; anders hierzu noch das auf 48 Stunden abstellende Kurzpapier, das an einer an der alten Rechtslage orientierten Auslegunng festhielt, siehe DSK, Videoüberwachung nach der Datenschutz-Grundverordnung, Kurzpapier Nr. 15, 3) aus. 49

Der Wortlaut des § 4 Abs. 5 BDSG ist bezüglich der Voraussetzungen des Löschbegehrens weiter gefasst als Art. 5 Abs. 1 lit. e DS-GVO. Der Nachweis, dass schutzwürdige Interessen einer weiteren Speicherung entgegenstehen, ist auf europarechtlicher Ebene nicht vorgesehen, sodass auch hier an eine europarechtskonforme Auslegung zu denken ist (in diesem Sinne Paal/Pauly/Frenzel Rn. 38). 50

H. Vollzug in der Praxis und Ausblick

Von Frenzel wird bereits die Erwartung eines Vollzugsdefizits im Bereich der Videoüberwachung in den Raum gestellt (Paal/Pauly/Frenzel Rn. 39). Ob diese Erwartung in Anbetracht der durchsetzungsfähigeren Sanktionsmechanismen der DS-GVO und des gesellschaftspolitischen Wandels von der tatsächlichen Entwicklung langfristig bestätigt werden, bleibt abzuwarten. Die Rechtsprechung des Bundesgerichtshofes, nach der mit datenschutzrechtlichen Bestimmungen unvereinbare Dashcam-Aufnahmen im Einzelfall im Unfallhaftpflichtprozess als Beweismittel verwendet werden dürfen zeichnet hier eine gewisse Richtung vor (BGH ZD 2018, 422). 51

52 Zentral bleibt die Problematik, inwieweit § 4 BDSG überhaupt mit der Datenschutz-Grundverordnung vereinbar ist (dazu BVerwG NVwZ 2019, 1126 (1131)) und ob die Regelungen zur Videoüberwachung nicht einer grundsätzlichen Überarbeitung durch den deutschen Gesetzgeber bedürfen. Die Widersprüche zur DS-GVO schaffen einen erhöhten Grad an Rechtsunsicherheit und werden bei Untätigkeit des deutschen Gesetzgebers letztendlich nur durch entsprechende Gerichtsurteile aufzulösen sein (erste Klärung in diesem Bereich schafft BVerwG NVwZ 2019, 1126 (1131)). Im Nachgang der aktuellen Evaluierung des BDSG besteht jedoch die Chance diese Widersprüche durch konsequente gesetzgeberische Maßnahmen aufzulösen.

53 Im Bereich der künstlichen Intelligenz hat die Europäische Kommission mit ihrem „Proposal for a Regulation laying down harmonised rules on artificial intelligence (Artificial Intelligence Act)" bereits den ersten Aufschlag für einen neuen Rechtsrahmen für KI-Anwendungen gemacht (abrufbar unter: https://digital-strategy.ec.europa.eu/en/library/proposal-regulation-laying-down-harmonised-rules-artificial-intelligence-artificial-intelligence). Was dies im Hinblick auf Überwachungstechnologien konkret bedeutet, wird sich im Laufe des europäischen Trilogs zeigen. Es ist aber anzunehmen, dass sich die Diskussion dieser Maßnahmen verlagern wird und durch den Aufschlag der Kommission die dringend notwendige Aufmerksamkeit der Öffentlichkeit erhält (ein Überblick über die Digitalstrategie der EU-Kommission findet sich bei Jüngling MMR 2020, 440).

Kapitel 3. Datenschutzbeauftragte öffentlicher Stellen

§ 5 Benennung

(1) ¹Öffentliche Stellen benennen eine Datenschutzbeauftragte oder einen Datenschutzbeauftragten. ²Dies gilt auch für öffentliche Stellen nach § 2 Absatz 5, die am Wettbewerb teilnehmen.

(2) Für mehrere öffentliche Stellen kann unter Berücksichtigung ihrer Organisationsstruktur und ihrer Größe eine gemeinsame Datenschutzbeauftragte oder ein gemeinsamer Datenschutzbeauftragter benannt werden.

(3) Die oder der Datenschutzbeauftragte wird auf der Grundlage ihrer oder seiner beruflichen Qualifikation und insbesondere ihres oder seines Fachwissens benannt, das sie oder er auf dem Gebiet des Datenschutzrechts und der Datenschutzpraxis besitzt, sowie auf der Grundlage ihrer oder seiner Fähigkeit zur Erfüllung der in § 7 genannten Aufgaben.

(4) Die oder der Datenschutzbeauftragte kann Beschäftigte oder Beschäftigter der öffentlichen Stelle sein oder ihre oder seine Aufgaben auf der Grundlage eines Dienstleistungsvertrags erfüllen.

(5) Die öffentliche Stelle veröffentlicht die Kontaktdaten der oder des Datenschutzbeauftragten und teilt diese Daten der oder dem Bundesbeauftragten für den Datenschutz und die Informationsfreiheit mit.

Überblick

§ 5 BDSG regelt die Benennung der bzw. des Datenschutzbeauftragten.

A. Allgemeines

I. Entstehungsgeschichte der Norm

1 Das Kap. 3 (§§ 5–7) enthält die Regelungen für die Datenschutzbeauftragten öffentlicher Stellen. Es sind dies die Regelungen für die Benennung, die Stellung und die Aufgaben der Datenschutzbeauftragten öffentlicher Stellen des Bundes. Ziel ist es, die Rechtsstellung der behördlichen Datenschutzbeauftragten in der Bundesverwaltung im Anwendungsbereich der VO (EU) 2016/679, der RL (EU) 2016/680 und für die Bereiche außerhalb des Unionsrechts (zB für die Nachrichtendienste) einheitlich zu gestalten.

In Umsetzung des Art. 32 Abs. 1 der RL (EU) 2016/680 erfolgt in Abs. 1 des § 5 eine Übernahme des Art. 37 Abs. 1 Buchst. a der VO (EU) 2016/679. 2

Die Abs. 2,3 und 5 des § 5 setzen Artikel 32 Ab. 2 bis 4 der Richtlinie (EU) 2016/680 um. Sie entsprechen Art. 37 Abs. 3, 5 und 7 der Verordnung (EU) 2016/679. 3

Abs. 4 des § 5 überträgt die Regelung des Art. 37 Abs. 6 der Verordnung (EU) 2016/679, nach der sowohl interne als auch externe Datenschutzbeauftragte zulässig sind, auf den gesamten Bereich der Bundesverwaltung. Dies geht über die Vorgaben der Richtlinie (EU) 2016/680 hinaus. 4

II. Bisherige Rechtslage

Die bisherigen Normen des BDSG hatten mit § 4f den Beauftragten für den Datenschutz und mit § 4g die Aufgaben des Beauftragten für den Datenschutz geregelt. Dabei waren sowohl die Datenschutzbeauftragter öffentlicher wie nicht-öffentlicher Stellen von den Regelungen erfasst. 5

B. Allgemeine Anwendungsvoraussetzungen

I. Abs. 1–3

Im Abs. 1 wird implizit die Verpflichtung zur Benennung eines/r Datenschutzbeauftragten geregelt. Dies gilt auch für öffentliche Stellen nach § 2 Abs. 5, die am Wettbewerb teilnehmen. Die Benennungspflicht ist entsprechend Art. 37 Abs. 1 DS-GVO geregelt. 6

Alle öffentlichen Stellen des Bundes sind nach Art. 37 Abs. 1 DS-GVO verpflichtet eine/n Datenschutzbeauftragte/n zu benennen. Damit auch für die öffentlichen Stellen, die nicht unter den Anwendungsbereich der DS-GVO fallen ein Gleichklang hergestellt ist finden sich mit den §§ 5–7 BDSG Regelungen, die denen der Art. 37–39 DS-GVO nachgebildet sind. 6a

Nach Abs. 2 besteht die Möglichkeit, dass für mehrere öffentliche Stellen eine/r gemeinsame/r Datenschutzbeauftragte/r benannt werden kann. Hierbei sind die passenden Organisationsstrukturen und die Größe der beteiligten öffentlichen Stellen als Kriterium benannt worden, das es abzuwägen gilt. Damit ist der Abs. dem Art. 37 Abs. 3 DS-GVO nachgebildet. 7

Abs. 3 macht die Benennung von der beruflichen Qualifikation, insbesondere vom Fachwissen auf dem Gebiet des Datenschutzrechts und der Datenschutzpraxis abhängig. Insbesondere wird die Fähigkeit zur Erfüllung der durch § 7 benannten Aufgaben als Voraussetzung für die Benennung normiert. Die Anforderungen an die Qualifikation und das Fachwissen sind in Art. 37 Abs. 5 DS-GVO nachgebildet. Das bedeutet, dass die/der Datenschutzbeauftragte auf Grundlage der beruflichen Qualifikation und insbesondere des Fachwissens sowohl auf dem Gebiet des Datenschutzrechts als auch der Datenschutzpraxis zu benennen ist. 8

II. Abs. 4–5

Mit Abs. 4 wird es in die Entscheidung der Behörde gestellt, ob aus dem Beschäftigtenkreis der öffentlichen Stelle heraus die Position besetzt wird, oder ob sich die öffentliche Stelle mit Hilfe eines Dienstleistungsvertrages Dritter bedient. Dies entspricht der Regelung des Art. 37 Abs. 6 DS-GVO. 9

Abs. 5 verpflichtet die öffentliche Stelle die Kontaktdaten der/s Datenschutzbeauftragten zu veröffentlichen und an die/den Bundesbeauftragten für den Datenschutz und die Informationsfreiheit mitzuteilen. Der Inhalt ist dem von Art. 37 Abs. 7 DS-GVO nachgebildet. 10

§ 6 Stellung

(1) Die öffentliche Stelle stellt sicher, dass die oder der Datenschutzbeauftragte ordnungsgemäß und frühzeitig in alle mit dem Schutz personenbezogener Daten zusammenhängenden Fragen eingebunden wird.

(2) Die öffentliche Stelle unterstützt die Datenschutzbeauftragte oder den Datenschutzbeauftragten bei der Erfüllung ihrer oder seiner Aufgaben gemäß § 7, indem sie die für die Erfüllung dieser Aufgaben erforderlichen Ressourcen und den Zugang zu personenbezogenen Daten und Verarbeitungsvorgängen sowie die zur Erhaltung ihres oder seines Fachwissens erforderlichen Ressourcen zur Verfügung stellt.

(3) ¹Die öffentliche Stelle stellt sicher, dass die oder der Datenschutzbeauftragte bei der Erfüllung ihrer oder seiner Aufgaben keine Anweisungen bezüglich der Ausübung

dieser Aufgaben erhält. ²Die oder der Datenschutzbeauftragte berichtet unmittelbar der höchsten Leitungsebene der öffentlichen Stelle. ³Die oder der Datenschutzbeauftragte darf von der öffentlichen Stelle wegen der Erfüllung ihrer oder seiner Aufgaben nicht abberufen oder benachteiligt werden.

(4) ¹Die Abberufung der oder des Datenschutzbeauftragten ist nur in entsprechender Anwendung des § 626 des Bürgerlichen Gesetzbuchs zulässig. ²Die Kündigung des Arbeitsverhältnisses ist unzulässig, es sei denn, dass Tatsachen vorliegen, welche die öffentliche Stelle zur Kündigung aus wichtigem Grund ohne Einhaltung einer Kündigungsfrist berechtigen. ³Nach dem Ende der Tätigkeit als Datenschutzbeauftragte oder als Datenschutzbeauftragter ist die Kündigung des Arbeitsverhältnisses innerhalb eines Jahres unzulässig, es sei denn, dass die öffentliche Stelle zur Kündigung aus wichtigem Grund ohne Einhaltung einer Kündigungsfrist berechtigt ist.

(5) ¹Betroffene Personen können die Datenschutzbeauftragte oder den Datenschutzbeauftragten zu allen mit der Verarbeitung ihrer personenbezogenen Daten und mit der Wahrnehmung ihrer Rechte gemäß der Verordnung (EU) 2016/679, diesem Gesetz sowie anderen Rechtsvorschriften über den Datenschutz im Zusammenhang stehenden Fragen zu Rate ziehen. ²Die oder der Datenschutzbeauftragte ist zur Verschwiegenheit über die Identität der betroffenen Person sowie über Umstände, die Rückschlüsse auf die betroffene Person zulassen, verpflichtet, soweit sie oder er nicht davon durch die betroffene Person befreit wird.

(6) ¹Wenn die oder der Datenschutzbeauftragte bei ihrer oder seiner Tätigkeit Kenntnis von Daten erhält, für die der Leitung oder einer bei der öffentlichen Stelle beschäftigten Person aus beruflichen Gründen ein Zeugnisverweigerungsrecht zusteht, steht dieses Recht auch der oder dem Datenschutzbeauftragten und den ihr oder ihm unterstellten Beschäftigten zu. ²Über die Ausübung dieses Rechts entscheidet die Person, der das Zeugnisverweigerungsrecht aus beruflichen Gründen zusteht, es sei denn, dass diese Entscheidung in absehbarer Zeit nicht herbeigeführt werden kann. ³Soweit das Zeugnisverweigerungsrecht der oder des Datenschutzbeauftragten reicht, unterliegen ihre oder seine Akten und andere Dokumente einem Beschlagnahmeverbot.

A. Allgemeines

I. Entstehungsgeschichte der Norm

1   Das Kap. 3 (§§ 5–7) enthält die Regelungen für die Datenschutzbeauftragten öffentlicher Stellen. Es sind dies die Regelungen für die Benennung, die Stellung und die Aufgaben der Datenschutzbeauftragten öffentlicher Stellen des Bundes. Ziel ist es, die Rechtsstellung der behördlichen Datenschutzbeauftragten in der Bundesverwaltung im Anwendungsbereich der Verordnung (EU) 2016/679, der Richtlinie (EU) 2016/680 und für die Bereiche außerhalb des Unionsrechts (zB für die Nachrichtendienste) einheitlich zu gestalten.

2   Das Kap. 3 (§§ 5–7) enthält die Regelungen für die Datenschutzbeauftragten öffentlicher Stellen. Es sind dies die Regelungen für die Benennung, die Stellung und die Aufgaben der Datenschutzbeauftragten öffentlicher Stellen des Bundes. Ziel ist es, die Rechtsstellung der behördlichen Datenschutzbeauftragten in der Bundesverwaltung im Anwendungsbereich der Verordnung (EU) 2016/679, der Richtlinie (EU) 2016/680 und für die Bereiche außerhalb des Unionsrechts (zB für die Nachrichtendienste) einheitlich zu gestalten. Damit auch für die öffentlichen Stellen, die nicht unter den Anwendungsbereich der DS-GVO fallen ein Gleichklang hergestellt ist finden sich mit den §§ 5–7 BDSG Regelungen, die denen der Art. 37–39 DS-GVO nachgebildet sind.

3   In der Gesetzesbegründung finden sich folgende Ausführungen. Die Abs. 1 und 2 setzen Art. 33 der Richtlinie (EU) 2016/680 um. Sie entsprechen Art. 38 Abs. 1 und 2 der Verordnung (EU) 2016/679.

4   Die Abs. 3 und 5 S. 1 übertragen die Vorgaben des Art. 38 Abs. 3 und 4 der Verordnung (EU) 2016/679 auf alle öffentlichen Stellen des Bundes, unabhängig davon, zu welchem Zweck die Datenverarbeitung erfolgt. Dies geht über die Vorgaben der Richtlinie (EU) 2016/680 hinaus. Durch die Erstreckung der Vorgaben der Verordnung (EU) 2016/679 auf den Anwendungsbereich der Richtlinie (EU) 2016/680 und der Datenverarbeitung zu Zwecken, für die der Anwendungsbereich des Rechts der Europäischen Union nicht eröffnet ist (zB Nachrichtendienste), wird die Rechtsstellung der oder des behördlichen Datenschutzbeauftragten in öffentlichen Stellen des Bundes einheitlich ausgestaltet.

Abs. 4 entspricht der bisherigen Regelung des § 4f Abs. 3 S. 4–6 BDSG aF. Bei dem besonderen 5
Abberufungs- und Kündigungsschutz der oder des Datenschutzbeauftragten handelt es sich um
eine arbeitsrechtliche Regelung, die ergänzend zu den Vorgaben der Verordnung (EU) 2016/679
beibehalten werden kann.

Die Regelung zur Verschwiegenheitspflicht in Abs. 5 S. 2 entspricht § 4f Abs. 4 BDSG aF. Die 6
Verletzung von Privatgeheimnissen durch die Datenschutzbeauftragte oder den Datenschutzbeauftragten ist gemäß § 203 Abs. 2a des Strafgesetzbuches zudem strafbewehrt. Das Zeugnisverweigerungsrecht in Abs. 6 sichert die Verschwiegenheitspflicht ab und entspricht § 4f Abs. 4a BDSG aF. Die Regelungskompetenz für den Bereich der Verordnung (EU) 2016/679 folgt aus Art. 38 Abs. 5 der Verordnung (EU) 2016/679. Die Regelung geht über die Vorgaben der Richtlinie (EU) 2016/680 hinaus und erfolgt zum Zweck einer kohärenten Rechtsstellung der oder des behördlichen Datenschutzbeauftragten in der gesamten Bundesverwaltung.

II. Bisherige Rechtslage

Die bisherigen Normen des BDSG hatten mit § 4f den Beauftragten für den Datenschutz und 7
mit § 4g die Aufgaben des Beauftragten für den Datenschutz geregelt. Dabei waren sowohl die
Datenschutzbeauftragter öffentlicher wie nicht-öffentlicher Stellen von den Regelungen erfasst.

Abs. 4 entspricht der bisherigen Regelung des § 4f Abs. 3 S. 4–6 BDSG aF. 8

Die Regelung zur Verschwiegenheitspflicht in Abs. 5 S. 2 entspricht § 4f Abs. 4 BDSG aF. 9

B. Allgemeine Anspruchsvoraussetzungen

I. Aufgaben der öffentlichen Stellen, Absätze 1–3

Den öffentlichen Stellen werden durch die Regelungen im BDSG mehrere Aufgaben zuge- 10
schrieben. Damit auch für die öffentlichen Stellen, die nicht unter den Anwendungsbereich der
DS-GVO fallen ein Gleichklang hergestellt ist finden sich mit den §§ 5–7 BDSG Regelungen,
die denen der Art. 37–39 DS-GVO nachgebildet sind.

Die öffentliche Stelle muss sicherstellen, dass eine frühzeitige Einbindung des/der Datenschutz- 11
beauftragten erfolgt. Dies gilt für alle mit dem Schutz personenbezogener Daten zusammenhängender Fragen. Die Einbindung muss ordnungsgemäß und frühzeitig erfolgen.

In diesem Zusammenhang ist die öffentliche Stelle aufgefordert, die für die Erfüllung der 12
Aufgaben erforderlichen Ressourcen zur Verfügung zu stellen. Ebenso ist der Zugang zu personenbezogenen Daten und Verarbeitungsvorgängen zu gewähren. Darüber hinaus hat die öffentliche Stelle auch dafür Sorge zu tragen, dass die erforderlichen Ressourcen zur Erhaltung des Fachwissens zur Verfügung gestellt werden.

Die öffentliche Stelle hat sicher zu stellen, dass es keine Anweisungen gibt, die in irgendeiner 13
Form Einfluss auf die Ausübung der Aufgaben der/des Datenschutzbeauftragten nehmen. Des
Weiteren berichtet die/der Datenschutzbeauftragte unmittelbar der höchsten Leitungsebene der
öffentlichen Stelle. Folgerichtig darf die/der Datenschutzbeauftragte von der öffentlichen Stelle
wegen der Erfüllung der Aufgaben nicht abberufen oder sonst benachteiligt werden.

Die Abs. 1 bis orientieren sich inhaltlich an Art. 38 Abs. 1–3 DS-GVO. 13a

II. Abberufung, Abs. 4

Für die Abberufung sind hohe Hürden eingebaut. So ist die Abberufung nur in entsprechender 14
Anwendung des § 626 BGB zulässig. Ebenso ist die Kündigung des Arbeitsverhältnisses unzulässig,
es sei denn, dass Tatsachen vorliegen, die die öffentliche Stelle zur Kündigung aus wichtigem
Grund ohne Einhaltung einer Kündigungsfrist berechtigt.

Auch nach dem Ende der Tätigkeit als Datenschutzbeauftragte/r ist die Kündigung des Arbeits- 15
verhältnisses innerhalb eines Jahres unzulässig. Auch hier nur mit der Ausnahme, dass die öffentliche
Stelle zur Kündigung aus wichtigem Grund ohne Einhaltung einer Kündigungsfrist berechtigt ist.

III. Betroffene Personen, Abs. 5

Die Regelungen des Abs. bieten betroffenen Personen die Möglichkeit, die/den Datenschutz- 16
beauftragte/n zu allen mit der Verarbeitung ihrer personenbezogenen Daten und mit der Wahrnehmung ihrer Rechte gemäß der Verordnung (EU) 2016/679, dem BDSG sowie anderen Rechtsvorschriften über den Datenschutz im Zusammenhang stehenden Fragen zu Rate zu ziehen. Damit

entstehen dieser Stelle weitgehende Beratungspflichten, die auch personell zu untersetzen sind. Der Inhalt orientiert sich an Art. 38 Abs. 4 und 5 DS-GVO.

IV. Zeugnisverweigerungsrecht, Abs. 6

17   Für die/den Datenschutzbeauftrage/n gilt ein abgeleitetes Zeugnisverweigerungsrecht. Dies bedeutet, dass wenn bei der Tätigkeit Kenntnis von Daten erlangt wird, für die der Leitung oder einer bei der öffentlichen Stelle beschäftigten Person aus beruflichen Gründen ein Zeugnisverweigerungsrecht zusteht, dieses Recht auch auf die Datenschutzbeauftrage/n und die unterstellten Beschäftigten ausstrahlt. Hier erfolgt eine Konkretisierung des Art. 38 Abs. 5 DS-GVO.

18   Über die Ausübung des Rechts entscheidet die Person, der das Zeugnisverweigerungsrecht aus beruflichen Gründen zusteht.

19   In der Folge unterliegen die Akten und Schriftstücke einem Beschlagnahmeverbot, soweit das Zeugnisverweigerungsrecht reicht.

§ 7 Aufgaben

(1) ¹Der oder dem Datenschutzbeauftragten obliegen neben den in der Verordnung (EU) 2016/679 genannten Aufgaben zumindest folgende Aufgaben:
1. Unterrichtung und Beratung der öffentlichen Stelle und der Beschäftigten, die Verarbeitungen durchführen, hinsichtlich ihrer Pflichten nach diesem Gesetz und sonstigen Vorschriften über den Datenschutz, einschließlich der zur Umsetzung der Richtlinie (EU) 2016/680 erlassenen Rechtsvorschriften;
2. Überwachung der Einhaltung dieses Gesetzes und sonstiger Vorschriften über den Datenschutz, einschließlich der zur Umsetzung der Richtlinie (EU) 2016/680 erlassenen Rechtsvorschriften, sowie der Strategien der öffentlichen Stelle für den Schutz personenbezogener Daten, einschließlich der Zuweisung von Zuständigkeiten, der Sensibilisierung und der Schulung der an den Verarbeitungsvorgängen beteiligten Beschäftigten und der diesbezüglichen Überprüfungen;
3. Beratung im Zusammenhang mit der Datenschutz-Folgenabschätzung und Überwachung ihrer Durchführung gemäß § 67 dieses Gesetzes;
4. Zusammenarbeit mit der Aufsichtsbehörde;
5. Tätigkeit als Anlaufstelle für die Aufsichtsbehörde in mit der Verarbeitung zusammenhängenden Fragen, einschließlich der vorherigen Konsultation gemäß § 69 dieses Gesetzes, und gegebenenfalls Beratung zu allen sonstigen Fragen.

²Im Fall einer oder eines bei einem Gericht bestellten Datenschutzbeauftragten beziehen sich diese Aufgaben nicht auf das Handeln des Gerichts im Rahmen seiner justiziellen Tätigkeit.

(2) ¹Die oder der Datenschutzbeauftragte kann andere Aufgaben und Pflichten wahrnehmen. ²Die öffentliche Stelle stellt sicher, dass derartige Aufgaben und Pflichten nicht zu einem Interessenkonflikt führen.

(3) Die oder der Datenschutzbeauftragte trägt bei der Erfüllung ihrer oder seiner Aufgaben dem mit den Verarbeitungsvorgängen verbundenen Risiko gebührend Rechnung, wobei sie oder er die Art, den Umfang, die Umstände und die Zwecke der Verarbeitung berücksichtigt.

A. Allgemeines

I. Entstehungsgeschichte der Norm und Gesetzesbegründung

1   Das Kap. 3 (§§ 5–7) enthält die Regelungen für die Datenschutzbeauftragten öffentlicher Stellen. Es sind dies die Regelungen für die Benennung, die Stellung und die Aufgaben der Datenschutzbeauftragten öffentlicher Stellen des Bundes. Ziel ist es, die Rechtsstellung der behördlichen Datenschutzbeauftragten in der Bundesverwaltung im Anwendungsbereich der Verordnung (EU) 2016/679, der Richtlinie (EU) 2016/680 und für die Bereiche außerhalb des Unionsrechts (zB für die Nachrichtendienste) einheitlich zu gestalten. Damit auch für die öffentlichen Stellen, die nicht unter den Anwendungsbereich der DS-GVO fallen ein Gleichklang hergestellt ist finden sich mit den §§ 5–7 BDSG Regelungen, die denen der Art. 37–39 DS-GVO nachgebildet sind.

Aufgaben **§ 7 BDSG**

Abs. 1 S. 1 setzt Art. 34 der Richtlinie (EU) 2016/680 um. Um die Aufgaben der oder des 2
Datenschutzbeauftragten öffentlicher Stellen für alle Verarbeitungszwecke einheitlich auszugestalten, entspricht die Norm unter lediglich redaktioneller Anpassung Art. 39 der Verordnung (EU) 2016/679.

Abs. 1 S. 2 stellt klar, dass die Aufgaben eines behördlichen Datenschutzbeauftragten eines 3
Gerichtes sich nicht auf das Handeln des Gerichts im Rahmen seiner justiziellen Tätigkeit beziehen.

Abs. 2 stellt klar, dass die oder der behördliche Datenschutzbeauftragte weitere Aufgaben und 4
Pflichten wahrnehmen kann, sofern diese nicht zu einem Interessenkonflikt führen. Die Regelung entspricht Art. 38 Abs. 6 der Verordnung (EU) 2016/679, deren Regelungsgehalt auf den Anwendungsbereich der Richtlinie (EU) 2016/680 und der Datenverarbeitung außerhalb des Anwendungsbereichs des Rechts der Europäischen Union (zB zu nachrichtendienstlichen Zwecken) erstreckt wird.

Abs. 3 entspricht Art. 39 Abs. 2 der Verordnung (EU) 2016/679. Die Regelung hat keine 5
Entsprechung in Art. 34 der Richtlinie (EU) 2016/680, wird aber auch außerhalb des Anwendungsbereichs der Verordnung (EU) 2016/679 als allgemeiner Grundsatz festgeschrieben.

II. Bisherige Rechtslage

Bislang waren die Aufgaben der/des Datenschutzbeauftragten in § 4g BDSG aF niedergelegt. 6
Neben der Veränderung der Aufgaben, ist auch hier nur noch die Regelung für die öffentlichen Stellen enthalten.

B. Allgemeine Anwendungsvoraussetzungen

I. Aufgaben (Abs. 1)

Neben den in der Verordnung (EU) 2016/679 genannten Aufgaben obliegen zumindest folgende Aufgaben: 7
- die Unterrichtung und Beratung der öffentlichen Stelle und der Beschäftigten hinsichtlich der gesetzlichen Verpflichtungen des Datenschutz bei der Verarbeitung von Daten
- die Überwachung der Einhaltung des BDSG und weiterer Vorschriften des Datenschutzes, die Sensibilisierung und Schulung der an den Verarbeitungsvorgängen beteiligten Beschäftigten und die diesbezügliche Überprüfung
- die Beratung im Zusammenhang mit der Datenschutz-Folgenabschätzung und Überwachung ihrer Durchführung gem. § 67 BDSG
- die Zusammenarbeit mit der Aufsichtsbehörde
- die Tätigkeit als Anlaufstelle für die Aufsichtsbehörde in mit der Verarbeitung zusammenhängenden Fragen, einschließlich der vorherigen Konsultation gem. § 69 BDSG und ggf. Beratung zu allen sonstigen Fragen
- Der Absatz verweist inhaltlich auf Art. 39 Abs. 1 DS-GVO.

Für eine/n bei Gericht bestellten Datenschutzbeauftragte/n beziehen sich diese Aufgaben nicht 8
auf das Gericht im Rahmen seiner justiziellen Aufgaben.

II. Interessenkonflikt (Abs. 2)

Neben der Tätigkeit als Datenschutzbeauftragte können andere Aufgaben und Pflichten wahr- 9
genommen werden. Die öffentliche Stelle hat sicher zu stellen, dass es dabei nicht zu einem Interessenkonflikt kommt. Die Regelung entspricht Art. 38 Abs. 6 DS-GVO.

III. Risikoabschätzung (Abs. 3)

Bei der Erfüllung der Aufgaben ist entsprechend den mit den Verarbeitungsvorgängen verbun- 10
denen Risiken vorzugehen. Dafür sind Art, Umfang, Umstände und Zweck der Verarbeitung zu berücksichtigen und das Risiko durch die/den Datenschutzbeauftragte/n entsprechend einzuschätzen. Die Regelung ist vergleichbar mit Art. 39 Abs. 2 DS-GVO.

Kapitel 4. Die oder der Bundesbeauftragte für den Datenschutz und die Informationsfreiheit

§ 8 Errichtung

(1) ¹Die oder der Bundesbeauftragte für den Datenschutz und die Informationsfreiheit (Bundesbeauftragte) ist eine oberste Bundesbehörde. ²Der Dienstsitz ist Bonn.

(2) Die Beamtinnen und Beamten der oder des Bundesbeauftragten sind Beamtinnen und Beamte des Bundes.

(3) ¹Die oder der Bundesbeauftragte kann Aufgaben der Personalverwaltung und Personalwirtschaft auf andere Stellen des Bundes übertragen, soweit hierdurch die Unabhängigkeit der oder des Bundesbeauftragten nicht beeinträchtigt wird. ²Diesen Stellen dürfen personenbezogene Daten der Beschäftigten übermittelt werden, soweit deren Kenntnis zur Erfüllung der übertragenen Aufgaben erforderlich ist.

Überblick

§ 8 ist die zentrale Vorschrift zur Errichtung der oder des Bundesbeauftragten und zur Gewährleistung der institutionellen Unabhängigkeit.

A. Abs. 1

1 Abs. 1 S. 1 regelt die Einrichtung der oder des Bundesbeauftragten als oberste Bundesbehörde. Der Bundesgesetzgeber kommt mit der Einrichtung für den Bereich der Bundesverwaltung dem unionsrechtlichen Auftrag zur Ausgestaltung des Art. 51 Abs. 1 lit. a VO (EU) 2016/679 und Umsetzung des Art. 44 Abs. 1 lit. a RL (EU) 2016/680 nach. Die Organisationsform als oberste Bundesbehörde ist zudem ein zentraler Aspekt der unionsrechtlich vorgegebenen „völligen Unabhängigkeit" (Art. 52 VO (EU) 2016/679, Art. 42 RL (EU) 2016/680), der bereits durch Gesetz v. 25.2.2015 (BGBl. I 162) nachgekommen worden war. Danach muss die Aufsichtsbehörde vor jegliche Einflussnahme von außen einschließlich der unmittelbaren oder mittelbaren Einflussnahme des Bundes sicher sein (EuGH BeckRS 2010, 90304 Rn. 25). Hiermit unvereinbar ist eine Eingliederung in Verwaltungsstrukturen mit Weisungsrechten wie sie im Rahmen der Fach-, Rechts- oder Dienstaufsicht bestehen (EuGH Urt. v. 16.10.2012 – C-614/10 Rn. 66 = DÖV 2013, 34).

1a Die oder der Bundesbeauftragte ist, ungeachtet seiner Unabhängigkeit, nicht als neutrale Stelle ausgestaltet, aber auch nicht nur als Interessenwalter der Betroffenen. Nach Art. 51 Abs. 1 VO (EU) 2016/679 umfasst die Zuständigkeit auch die Erleichterung des Verkehrs personenbezogener Daten in der Union sowie nach dem Informationsfreiheitsgesetz des Bundes auch das Amt des Informationsfreiheitsbeauftragten (ausführlich Auernhammer/Lewinski Vor § 8 Rn. 4).

2 Die Organisation als oberste Bundesbehörde zieht eigene Verwaltungsstrukturen im Bereich Personal und Haushalt nach sich. Die oder der Bundesbeauftragte bedarf eines eigenen jährlichen Haushaltsplans und ist mit den notwendigen personellen, technischen und finanziellen Ressourcen auszustatten (Art. 52 Abs. 4, 6 VO (EU) 2016/679, Art. 42 Abs. 4, 6 RL (EU) 2016/680). Im Zeitraum 2016 bis 2020 hat der Deutsche Bundestag bei der oder dem Bundesbeauftragten die zur Verfügung stehenden Planstellen von 110,5 auf 324,9 Stellen fast verdreifacht. Allein für das Jahr 2020 wurden vom Haushaltsgesetzgeber insgesamt 67 Stellen bewilligt (BT-Drs. 19/29681, 98).

2a S. 2 legt als Dienstsitz Bonn fest. Eine solche Festlegung ist bei diversen Behörden vorgesehen und sollte mit Blick auf die Effektivität der Aufgabenerledigung nicht überbewertet werden. Die Einrichtung von unselbständigen Außenstellen, wie derzeit in Berlin, bleibt hiervon unberührt (BT-Drs. 18/2848, 16).

B. Abs. 2

3 Abs. 2 sieht vor, dass auf das verbeamtete Personal der oder des Bundesbeauftragten die beamtenrechtlichen Regelungen des Bundes Anwendung finden. Die Einrichtung als oberste Bundesbehörde sichert die dienstrechtliche Personalhoheit der oder des Bundesbeauftragten, die ebenfalls unionsrechtlich vorgegeben ist (Art. 52 Abs. 5 VO (EU) 2016/679, Art. 42 Abs. 5 RL (EU) 2016/680).

C. Abs. 3

Abs. 3 S. 1 soll es der oder dem Bundesbeauftragten in Anlehnung an den auf die Beihilfenbearbeitung begrenzten § 108 Abs. 5 S. 1, 2 des Bundesbeamtengesetzes ermöglichen, mangels eigener Geschäftsbereichsbehörden aus Gründen der Verwaltungseffizienz Aufgaben der Personalverwaltung und -wirtschaft, zB Reisevorbereitung und -kostenabrechnung, Gewährung von Trennungsgeld, Umzugskostenerstattung, Geltendmachung von Schadensersatzansprüchen gegenüber Dritten oder Unterstützung bei Stellenbesetzungsverfahren, auf andere Stellen des Bundes zur selbständigen Erledigung, dh nicht im Wege der Auftragsdatenverarbeitung (BT-Drs. 18/11325, 83), funktional zu übertragen, die ansonsten selbst vorgehalten werden müssten. Die Übertragung darf nur Aspekte betreffen, die nicht die Unabhängigkeit der oder des Bundesbeauftragten beeinträchtigen. Einher geht nach S. 2 eine Übermittlungsbefugnis für die Beschäftigtendaten. Die oder der Bundesbeauftragte bleibt Aufsichtsbehörde auch dieser Stellen des Bundes und überprüft sich mit Blick auf Abs. 3 S. 2, die Erforderlichkeit der Übermittlung zur Erfüllung der übertragenen Aufgaben, im Ergebnis selbst. **4**

§ 9 Zuständigkeit

(1) ¹Die oder der Bundesbeauftragte ist zuständig für die Aufsicht über die öffentlichen Stellen des Bundes, auch soweit sie als öffentlich-rechtliche Unternehmen am Wettbewerb teilnehmen, sowie über Unternehmen, soweit diese für die geschäftsmäßige Erbringung von Telekommunikationsdienstleistungen Daten von natürlichen oder juristischen Personen verarbeiten und sich die Zuständigkeit nicht bereits aus § 27 des Telekommunikation-Telemedien-Datenschutz-Gesetzes ergibt. ²Die Vorschriften dieses Kapitels gelten auch für Auftragsverarbeiter, soweit sie nichtöffentliche Stellen sind, bei denen dem Bund die Mehrheit der Anteile gehört oder die Mehrheit der Stimmen zusteht und der Auftraggeber eine öffentliche Stelle des Bundes ist.

(2) Die oder der Bundesbeauftragte ist nicht zuständig für die Aufsicht über die von den Bundesgerichten im Rahmen ihrer justiziellen Tätigkeit vorgenommenen Verarbeitungen.

Überblick

§ 9 legt die sachliche Zuständigkeit der oder des Bundebeauftragten fest und grenzt diese damit gegenüber den Zuständigkeiten insbesondere der Datenschutzaufsichtsbehörden der Bundesländer für öffentliche Stellen der Länder und nichtöffentliche Stellen ab.

A. Abs. 1

Nach Abs. 1 S. 1 ist die oder der Bundesbeauftragte zuständig für die Datenschutzaufsicht über alle öffentlichen Stellen des Bundes (s. § 2 Abs. 1 → § 2 Rn. 7), auch soweit sie als öffentlich-rechtliche Unternehmen am Wettbewerb teilnehmen und insoweit als nichtöffentliche Stelle gelten (s. § 2 Abs. 5 → § 2 Rn. 42, zB Kreditanstalt für den Wiederaufbau). Dies gilt unabhängig davon, ob die Datenverarbeitung unter den Anwendungsbereich des Unionsrechts fällt. Als öffentliche Stellen gelten nach Maßgabe des § 2 Abs. 3 auch Vereinigungen des privaten Rechts von öffentlichen Stellen des Bundes und der Länder, die Aufgaben der öffentlichen Verwaltung wahrnehmen (s. § 2 Abs. 3) und beliehene Unternehmen nach § 2 Abs. 4 S. 2 soweit diese Aufgaben der Bundesverwaltung wahrnehmen (s. § 2 Abs. 4). Die Vorschrift führt Art. 51 Abs. 1, 55 Abs. 1 VO (EU) 2016/679 aus und setzt Art. 41 Abs. 1 und 45 Abs. 1 RL (EU) 2016/680 um. Durch das 2. DSAnpUG-EU v. 20.11.2019 (BGBl. I 1626) wurde S. 1 dahin ergänzt, dass die oder der Bundesbeauftragte die Datenschutzaufsicht auch über Unternehmen ausübt, „soweit diese für die geschäftsmäßige Erbringung von Telekommunikationsdienstleistungen Daten von natürlichen oder juristischen Personen verarbeiten und sich die Zuständigkeit nicht bereits aus § 115 Abs. 4 TKG ergibt". Die Regelung trug dem Umstand Rechnung, dass § 115 Abs. 4 TKG, der seinerzeit umfassend die Aufsichtszuständigkeit der oder des Bundesbeauftragten über die Datenverarbeitung für die geschäftsmäßige Erbringung von Telekommunikationsdiensten anordnete, sich auf den Anwendungsbereich der ePrivacy-RL (RL 2002/58/EG) beschränkte. Die Ergänzung des S. 1 erhält die Zuständigkeit der oder des Bundesbeauftragten für die Bereiche, die der VO (EU) 2016/679 unterfallen (BT-Drs. 19/4674, 25, 210). **1**

1a Durch Art. 10, 13 des Telekommunikationsmodernisierungsgesetzes (TKMoG) v. 23.6.2021 (BGBl. I 1858) wurden zum 1.12.2021 die Worte „§ 115 Abs. 4 TKG" durch „§ 27 TTDSG" ersetzt. Hintergrund des TKMoG ist die Anpassung des Telekommunikationsgesetzes (TKG) an die RL (EU) 2018/1972 über den europäischen Kodex für die elektronische Kommunikation und zugleich dessen Modernisierung. Dabei wurde der gesamte Bereich, der den Datenschutz und das Fernmeldegeheimnis betrifft, durch das Gesetz zur Regelung des Datenschutzes und des Schutzes der Privatsphäre in der Telekommunikation und bei Telemedien v. 23.6.2021 (BGBl. I 1982) im neuen Telekommunikations-Telemedien-Datenschutzgesetz (TTDSG) geregelt.

1b Die Verweisung erfolgt fehlerhaft, da § 27 TTDSG Strafvorschriften regelt. Die Zuständigkeit der oder des Bundesbeauftragten ist in § 29 TTDSG geregelt, der richtigerweise in Abs. 1 Satz 1 zu nennen wäre. Der Fehler des Gesetzgebers lässt sich damit erklären, dass zwei umfangreiche und wechselbezügliche Gesetzgebungsvorhaben parallel und unter großem Zeitdruck betrieben worden sind und im Bundestag noch erhebliche Veränderungen, darunter Verschiebungen bei der Nummerierung erfahren haben, die redaktionell nicht nachvollzogen worden sind. Im Gesetzentwurf der Bundesregierung war die Zuständigkeit noch in § 27 TTDSG vorgesehen (BT-Drs. 19/27441, 27, 39), verschob sich nach Änderung im TTDSG-Gesetzgebungsverfahren (Einfügung von §§ 24, 26 v. 19.5.2021, BT-Drs. 19/29839, 60) aber in § 29 TTDSG. Dies konnte bei der Einfügung der Änderung im BDSG im zeitlich vorangehenden TKMoG-Gesetzgebungsverfahren (28.4.2021, BT-Drs. 19/28865, 326) noch nicht berücksichtigt werden.

1c Im Ergebnis dürfte die fehlerhafte Verweisung auf § 27 TTDSG unschädlich sein. Auch ohne seine Nennung in Abs. 1 S. 1 begründet § 29 TTDSG eine Zuständigkeit der oder des Bundesbeauftragten. Soweit sich aus § 29 TTDSG keine Zuständigkeit ergibt, und der genannte § 27 TTDSG trifft generell keine Zuständigkeitsregelung, greift die Regelung in Abs. 1 S. 1 erster Satzteil eigenständig und begründet eine Zuständigkeit der oder des Bundesbeauftragten. Die Regelung ist nicht abhängig von der konkreten Formulierung des zweiten Satzteils, der lediglich das subsidiäre Verhältnis der Regelung im BDSG zum TTDSG („soweit ... nicht bereits") klarstellen will.

1d § 29 TTDSG enthält gegenüber der früheren Regelung in § 115 Abs. 4 TKG eine Erweiterung der Zuständigkeit und der Befugnisse der oder des Bundesbeauftragten: § 29 Abs. 1 TTDSG gewährleistet eine einheitliche Datenschutzaufsicht für Telekommunikationsunternehmen durch den oder die Bundesbeauftragte (BT-Drs. 19/27441, 30), wenngleich der Wortlaut ohne den Begriff des Unternehmens auskommt. § 29 Abs. 2 TTDSG regelt mit Blick auf das Setzen von Cookies durch Telekommunikationsunternehmen eine neue Zuständigkeit der oder des Bundesbeauftragten für die Einhaltung des § 24 TTDSG. Der Gesetzgeber geht von einem einheitlichen Lebenssachverhalt aus, der einheitlich zu beaufsichtigen sein und kein Auseinanderfallen der Aufsicht zwischen Bund und Ländern rechtfertigt (BT-Drs. 19/27441, 30; BT-Drs. 19/28396, 9). Im Bereich der Telemedien bleibt es unverändert bei der Durchführung des Gesetzes durch die Länder als eigene Angelegenheit nach Artikel 83 des Grundgesetzes, dh der nach Landesrecht bestimmten Aufsichtsbehörden und bei datenschutzrechtlichen Regelungen bei der Zuständigkeit der Datenschutzaufsichtsbehörden der Länder (BT-Drs. 19/29839, 77), wie in § 1 Abs. 1 Nr. 8 TTDSG auf die Stellungnahme des Bundesrates (BT-Drs. 19/28396, 5, 9) hin klargestellt. § 29 Abs. 3 TTDSG sieht einheitliche Befugnisse zur Durchsetzung nach Art. 58 VO (EU) 2016/679 auch für den Bereich des TTDSG vor und damit für diesen Bereich eine Abkehr von dem früheren Beanstandungsrecht gegenüber der Bundesnetzagentur (kritisch hierzu die oder der Bundesbeauftragte in BT-Drs. 19/29681, 80).

1e Eine Zuständigkeitserweiterung in der Sache ergibt sich, da der neue § 3 Nr. 61 TKG den Begriff des „Telekommunikationsdienstes" in Umsetzung von Art. 2 Nr. 4 RL (EU) 2018/1972 grundlegend überarbeitet und weiter fasst, als bisher. Notwendig geworden ist dies aufgrund der Weiterentwicklung von Telekommunikationsdiensten und der hierfür genutzten technischen Mittel in den vergangenen Jahren. Endnutzer bedienen sich zwar nach wie vor herkömmlicher Sprachtelefon-, Textmitteilungs- und E-Mail-Übertragungsdienste zur Telekommunikation, verstärkt jedoch auch gleichwertiger Online-Dienste, wie Internet-Telefonie, Messengerdiensten und webgestützten E-Mail-Diensten (vgl. Erwägungsgrund 15 RL (EU) 2018/1972). Die Funktionalität stellt sich dabei aus Sicht des Endnutzers als gleichwertig dar. Dementsprechend folgt auch die Definition des „Telekommunikationsdienstes" nunmehr verstärkt einem funktionalen Ansatz und weniger einer technischen Ausrichtung. Dem trägt die geänderte Definition des „Telekommunikationsdienstes" Rechnung, indem sie drei Dienstekategorien umfasst: Internetzugangsdienste, interpersonelle Telekommunikationsdienste (darunter Messengerdienste und E-Mail-Übertragungsdienste) und Dienste, die ganz oder überwiegend in der Übertragung von Signalen bestehen (BT-Drs. 19/26964, 44; BT-Drs. 19/26108, 236, 237, auch zum Kriterium der Entgeltlichkeit durch geldwerte Nutzerdaten, Cookies oder Werbung Dritter). Aus Sicht der Bundesregierung handelt es sich um eine begriffliche Präzisierung ohne Auswirkungen auf den Anwendungsbereich des Begriffs der Telemedien, der durch Art. 39 des TKMoG entsprechend angepasst wird. Eine Verschiebung der Regelungsbereiche zulasten der Länderbestimmungen will die Bundesregierung nicht sehen (BT-Drs. 19/26964, 44).

Nach S. 2 erstreckt sich die Zuständigkeit auch auf nichtöffentliche Auftragsverarbeiter in öffentlicher Hand (Anteils- oder Stimmenmehrheit), soweit der Auftraggeber eine öffentliche Stelle des Bundes ist. Soweit der Auftraggeber eine nichtöffentliche Stelle ist, unterliegt der Auftragsverarbeiter der Aufsicht nach § 40. **2**

B. Abs. 2

Ausgenommen von der Aufsicht der oder des Bundesbeauftragten sind nach Abs. 2 wie bisher, aber sprachlich angepasst an unionsrechtliche Vorgaben (Art. 55 Abs. 3 VO (EU) 2016/679, Art. 45 Abs. 2 S. 1 RL (EU) 2016/680), die Verarbeitung personenbezogener Daten im Rahmen justizieller Tätigkeiten der Bundesgerichte. Diese umfasst Datenverarbeitungen im Zusammenhang mit der gerichtlichen Entscheidungsfindung einschließlich deren Vorbereitung und Durchführung. Dadurch soll die bereits nach Art. 97 GG gewährleistete richterliche Unabhängigkeit gewährleistet werden. **3**

Die Ausnahme gilt nicht für Verwaltungstätigkeiten außerhalb der Rechtsprechung wie die Eigenverwaltung der Gerichte, zB die Personalverwaltung, die Ausbildung von Referendaren, die Registerführung zB des Bundeszentralregisters oder auch Tätigkeiten der Geschäftsstelle. Sie gilt auch nicht für andere Tätigkeiten, mit denen Richter nach nationalem Recht betraut werden können (Erwägungsgrund 80 S. 2 RL (EU) 2016/680), zB die Verarbeitung personenbezogener Daten im Rahmen der richterlichen Anordnung von Strafverfolgungsmaßnahmen. Von der Möglichkeit der Erstreckung der Ausnahme auf Verarbeitungen im Rahmen von justiziellen Tätigkeiten anderer unabhängiger Justizbehörden hat der Gesetzgeber keinen Gebrauch gemacht (Erwägungsgrund 80 S. 3, Art. 45 Abs. 2 S. 2 RL (EU) 2016/680). Andere Organe der Rechtspflege auf Ebene des Bundes, zB der Generalbundesanwalt, unterliegen der Kontrolle der oder des Bundesbeauftragten. Von der Ausnahme nicht erfasst ist schließlich die Darstellung und Bewertung von Urteilen durch die oder den Bundesbeauftragten im Rahmen seiner Beratungs- und Informationstätigkeit nach § 14 und § 15. **4**

Bei anderen Bundeseinrichtungen mit verfassungsrechtlich garantierter Unabhängigkeit, wie dem Bundesrechnungshof, sollte die oder der Bundesbeauftragte die richterliche Unabhängigkeit der Mitglieder des Rechnungshofs (Art. 114 Abs. 2 S. 1 GG) bei der Aufsichtstätigkeit beachten (BT-Drs. 18/11325, 84), dh es besteht gerade keine Ausnahme von der Kontrolle, wenngleich es keine ausdrückliche Regelung in Umkehrung des § 10 Abs. 2 gibt. **4a**

Die als Körperschaft des öffentlichen Rechts verfassten Kirchen sind bereits vom Anwendungsbereich des BDSG nicht erfasst (s. § 1) und unterliegen dementsprechend nicht der Aufsicht der oder des Bundesbeauftragten, vielmehr ihrem eigenen Datenschutzrecht nach Maßgabe des Art. 91 VO (EU) 2016/679. **4b**

Aufgrund des Medienprivilegs in Art. 85 VO (EU) 2016/679 unterfällt auch Datenverarbeitung zu journalistischen Zwecken nicht der Aufsicht der oder des Bundesbeauftragten. Der Begriff „journalistisch" ist dabei weit auszulegen, so dass auch diejenigen Voraussetzungen und Hilfstätigkeiten eingeschlossen sind, ohne welche die Medien ihre Funktion nicht in angemessener Weise erfüllen können (vgl. BVerfG Urt. v. 12.3.2003 – 1 BvR 330/96 Rn. 103, NJW 2003, 1787). Hiervon können auch Verwaltungstätigkeiten und sonstige Hilfstätigkeiten erfasst sein, soweit diese Rückwirkungen auf die journalistische Tätigkeit haben (BT-Drs. 19/4674, 258, 263). Die früheren Regelungen in §§ 41 Abs. 2–4, § 42 BDSG aF wurden durch das 2. DSAnpUG-EU v. 20.11.2019 (BGBl. I 1626) in §§ 63–66 DWG überführt. Da Art. 85 VO (EU) 2016/679 keine Beschränkung auf „eigene" journalistische Zwecke vorsieht, entfällt diese im BDSG aF verwendete Formulierung (BT-Drs. 19/4674, 259). Die §§ 64 Abs. 1 S. 1, 65 Abs. 1 S. 3 DWG sehen demnach eine Aufsicht durch den Beauftragten für den Datenschutz der Deutschen Welle bei Datenverarbeitung zu journalistischen Zwecken durch die Deutsche Welle oder Hilfsunternehmen vor und nur soweit diese nicht gegeben ist, durch die oder den Bundesbeauftragten. Bei der Zuständigkeitsklärung hat der Beauftragte für den Datenschutz der Deutschen Welle den Informantenschutz zu wahren (BT-Drs. 19/4674, 263). **4c**

Mit Blick auf Berufsgeheimnisträger nach § 203 Abs. 1, 3 StGB, etwa Rechtsanwälte, Notare, Steuerberater, Apotheker oder Ärzte, übt die oder der Bundesbeauftragte in Umsetzung des Art. 90 Abs. 1 VO (EU) 2016/679 eine eingeschränkte Aufsicht aus, dergestalt, dass die Inanspruchnahme **4d** der Befugnisse nicht zu einer Verstoß gegen die Geheimhaltungspflichten dieser Personen führen darf (s. § 29 Abs. 3).

5   Weitere Zuständigkeiten der oder des Bundesbeauftragten sind bereichsspezifisch geregelt, etwa in § 42 Abs. 3 PostG für Postunternehmen (mit Anpassungen durch das 2. DSAnpUG-EU v. 20.11.2019 (BGBl. I 1626), insbesondere dem Wegfall der Beteiligung des Bundesministeriums für Wirtschaft und Energie an der Kontrolle, BT-Drs. 19/4674, 161, 414), in § 50 Abs. 4 SGB II – für als gemeinsame Einrichtung betriebene Jobcenter, für verschiedene Verbunddateien etwa § 10 ATDG, § 11 RED-G, § 69 BKAG, § 4 VISZG, in § 28 BVerfSchG für das Bundesamt für Verfassungsschutz, in § 36a SÜG für Stellen bei der Aufgabenerfüllung nach dem SÜG und nach § 32h AO für Finanzbehörden (näher BT-Drs. 19/9800, 53). Außerhalb des Datenschutzes ist die oder der Bundesbeauftragte nach § 12 Abs. 2 des Informationsfreiheitsgesetzes auch Bundesbeauftragter für die Informationsfreiheit.

6   Die Zusammenarbeit der oder des Bundesbeauftragten mit den föderal bedingten Datenschutzaufsichtsbehörden der Bundesländer und deren Zuständigkeiten sind in den §§ 18, 19 und 40 geregelt.

§ 10 Unabhängigkeit

(1) ¹Die oder der Bundesbeauftragte handelt bei der Erfüllung ihrer oder seiner Aufgaben und bei der Ausübung ihrer oder seiner Befugnisse völlig unabhängig. ²Sie oder er unterliegt weder direkter noch indirekter Beeinflussung von außen und ersucht weder um Weisung noch nimmt sie oder er Weisungen entgegen.

(2) Die oder der Bundesbeauftragte unterliegt der Rechnungsprüfung durch den Bundesrechnungshof, soweit hierdurch ihre oder seine Unabhängigkeit nicht beeinträchtigt wird.

Überblick

§ 10 regelt die institutionelle, finanzielle und personelle Unabhängigkeit der oder des Bundesbeauftragten bei der Aufgabenerfüllung und Befugnisausübung sowie die Finanzkontrolle.

A. Abs. 1

1   § 10 Abs. 1 setzt Art. 42 Abs. 1, 2 RL (EU) 2016/680 um. Im Anwendungsbereich der VO (EU) 2016/679 gilt dessen Art. 52 Abs. 1, 2 unmittelbar (s. § 1 Abs. 5). S. 1 regelt die nunmehr „völlige Unabhängigkeit" der oder des Bundesbeauftragten bei der Aufgabenerfüllung und Befugnisausübung.

2   Es handelt sich bei der in S. 1 vorgesehenen „völligen Unabhängigkeit" mit Blick auf Deutschland um die in den vergangenen Jahren wohl meist diskutierte (siehe etwa Balthasar ZÖR 2012, 5; Bull EuZW 2010, 488; Frenzel DÖV 2010, 925; Petri/Tinnefeld MMR 2010, 157; Schild DuD 2010, 549; von Lewinski ZG 2015, 228) unionsrechtliche Vorgabe im Bereich des Datenschutzes (Art. 8 Abs. 3 EU-Grundrechtecharta, Art. 16 Abs. 2 AEUV), weniger im auch verfassungsrechtlich vorgegebenen Ziel (BVerfGE 65, 1, 46) als nach Art und Umfang der erforderlichen Änderungen. Der EuGH hat den Begriff der Unabhängigkeit in drei Urteilen konkretisiert (EuGH BeckRS 2010, 90304, DÖV 2013, 34 und BeckRS 2014, 80685). Aus Sicht des EuGH muss es der Kontrollstelle möglich sein, völlig frei von Weisungen und Druck zu handeln und ihre Aufgaben ohne äußere Einflussnahme durch die kontrollierten Stellen wahrzunehmen oder jede sonstige äußere Einflussnahme, sei sie unmittelbar oder mittelbar, die in Frage stellen könnte, dass die Kontrollstelle ihre Aufgabe erfüllt. Die völlige Unabhängigkeit stellt die oder den Bundesbeauftragten ungeachtet seiner weitreichenden Befugnisse von jeglicher Fach-, Rechts- und Dienstaufsicht frei.

3   Abs. 1 S. 2 regelt die Freiheit auch von jeglichen Weisungen und direkter und indirekter Beeinflussung von außen. Letzteres findet seine Grenzen in der weiterhin vorgesehenen parlamentarischen und richterlichen Kontrolle. Auch Haushaltsvorgaben und die Ausübung verfassungsrechtlich verbürgter Freiheiten, sei es Kritik in der Presse oder Rechtsschutz durch Einzelne, sind direkte und indirekte Beeinflussungen, denen sich die oder der Bundesbeauftragte nicht entziehen kann.

B. Abs. 2

Abs. 2 stellt aufgrund unionsrechtlicher Vorgaben (Erwägungsgrund 118, Art. 52 Abs. 6 VO (EU) 2016/679 und Erwägungsgrund 78, Art. 42 Abs. 6 RL (EU) 2016/680) klar, dass auch die oder der Bundesbeauftragte einer Finanzkontrolle durch den ebenfalls unabhängigen Rechnungshof unterliegt, die jedoch nur soweit reicht, als hierdurch die Unabhängigkeit der oder des Bundesbeauftragten nicht beeinträchtigt wird. Die unionsrechtliche Finanzkontrolle geht über die nach dem Wortlaut des Abs. 2 vorgesehene reine Rechnungsprüfung hinaus und umfasst die auch vom Gesetzgeber gewollte Prüfung der Haushalts- und Wirtschaftsprüfung der oder des Bundesbeauftragten (BT-Drs. 18/11325, 84). 4

§ 11 Ernennung und Amtszeit

(1) ¹Der Deutsche Bundestag wählt ohne Aussprache auf Vorschlag der Bundesregierung die Bundesbeauftragte oder den Bundesbeauftragten mit mehr als der Hälfte der gesetzlichen Zahl seiner Mitglieder. ²Die oder der Gewählte ist von der Bundespräsidentin oder dem Bundespräsidenten zu ernennen. ³Die oder der Bundesbeauftragte muss bei ihrer oder seiner Wahl das 35. Lebensjahr vollendet haben. ⁴Sie oder er muss über die für die Erfüllung ihrer oder seiner Aufgaben und Ausübung ihrer oder seiner Befugnisse erforderliche Qualifikation, Erfahrung und Sachkunde insbesondere im Bereich des Schutzes personenbezogener Daten verfügen. ⁵Insbesondere muss die oder der Bundesbeauftragte über durch einschlägige Berufserfahrung erworbene Kenntnisse des Datenschutzrechts verfügen und die Befähigung zum Richteramt oder höheren Verwaltungsdienst haben.

(2) ¹Die oder der Bundesbeauftragte leistet vor der Bundespräsidentin oder dem Bundespräsidenten folgenden Eid: „Ich schwöre, dass ich meine Kraft dem Wohle des deutschen Volkes widmen, seinen Nutzen mehren, Schaden von ihm wenden, das Grundgesetz und die Gesetze des Bundes wahren und verteidigen, meine Pflichten gewissenhaft erfüllen und Gerechtigkeit gegen jedermann üben werde. So wahr mir Gott helfe." ²Der Eid kann auch ohne religiöse Beteuerung geleistet werden.

(3) ¹Die Amtszeit der oder des Bundesbeauftragten beträgt fünf Jahre. ²Einmalige Wiederwahl ist zulässig.

Überblick

§ 11 regelt das Verfahren der Ernennung, die Amtszeit und die erforderliche Qualifikation der oder des Bundesbeauftragten. Er führt Art. 53 Abs. 1, 2 und Art. 54 Abs. 1 lit. b–e VO (EU) 2016/679 aus und setzt Art. 43 Abs. 1, 2 und Art. 44 Abs. 1 lit. b–e RL (EU) 2016/680 um.

A. Abs. 1

Nach Abs. 1 S. 1 wird der oder die Bundesbeauftragte von der Bundesregierung vorgeschlagen, vom Bundestag ohne Aussprache mit der Mehrheit der gesetzlichen Zahl seiner Mitglieder gewählt und nach S. 2 abschließend von der Bundespräsidentin oder dem Bundespräsidenten ernannt. Das alleinige Vorschlagsrecht der Bundesregierung stellt sicher, dass eine Person zur oder zum Bundesbeauftragten gewählt wird, die das Vertrauen der Bundesregierung genießt und steht im Einklang mit den Vorgaben des Art. 53 Abs. 1 VO (EU) 2016/679 (kritischer DWWS/Weichert Rn. 3; mit Sympathie für ein Vorschlagsrecht des Bundestages oder Wahl anhand einer Liste: Auernhammer/Lewinski Rn. 6). Mit der Wahl durch den Bundestag erhält die oder der Bundesbeauftragte seine demokratische Legitimation. Vorschlag und Wahl im Bundestag erfolgen ohne Aussprache, um das Ansehen und die Autorität der vorgeschlagenen Person und künftigen Bundesbeauftragten nicht zu beschädigen. Notwendig ist, abweichend vom Grundsatz des Art. 42 Abs. 2 GG, eine absolute Mehrheit des Bundestages, was die demokratische Legitimation und Position der oder des Bundesbeauftragten stärkt (Taeger/Gabel/Grittmann Rn. 8). Wird die erforderliche Mehrheit bei der Wahl nicht erreicht, ist das Verfahren zu wiederholen. Die Bundesregierung darf das Wahlrecht des Bundestages nicht entwerten, indem sie das Vorschlagsrecht nicht ausübt. § 12 Abs. 2 S. 6 begrenzt insoweit die Amtsfortführungspflicht des Vorgängers bis zur Ernennung einer oder eines neuen Bundesbeauftragten auf sechs Monate. Die Ernennung der gewählten Person zum Bundesbeauftragten nimmt der Bundespräsident durch Vollziehung der Ernennungs- 1 urkunde vor. Der Bundespräsident hat kein inhaltliches Prüfungsrecht, wohl aber eine Prüfungspflicht hinsichtlich der formellen Voraussetzungen wie dem Wahlverfahren (Auernhammer/Lewinski Rn. 11). Das Amtsverhältnis beginnt mit der Aushändigung der Ernennungsurkunde (§ 12 Abs. 2 S. 1).

1a Insgesamt regelt Abs. 1 S. 1 und S. 2 ein transparentes Verfahren der Ernennung, wie es Art. 53 Abs. 1 VO (EU) 2016/679 vorschreibt. Das Verfahren für die Ernennung des Europäischen Datenschutzbeauftragten, dessen Stelle öffentlich ausgeschrieben wird (Art. 42 Abs. 1 VO (EG) 45/2001) und bei dem die Bewerber vom Parlament angehört werden können (Art. 3 des Beschlusses 1247/2002/EG) ist nicht übernommen worden. Vielmehr wurde der Vielfalt der bestehenden mitgliedstaatlichen Ernennungsverfahren Rechnung getragen. Auch rein exekutive Ernennungsverfahren ohne Parlamentsbeteiligung sind zulässig. Vor diesem Hintergrund ist eine medial begleitete, öffentliche Wahl durch den Bundestag auch ohne Aussprache und ohne Mehrheitserfordernis, welches eine Beteiligung der Opposition erfordert, transparent (DWWS/Weichert Rn. 4 ff. hält Ausschreibung und Anhörung für unionsrechtlich obligatorisch). Das Ernennungsverfahren beginnt mit dem Vorschlagsrecht der Bundesregierung. Das Erfordernis eines transparenten Verfahrens der Ernennung gilt daher nicht für das dem Vorschlag der Bundesregierung vorgelagerte Verfahren innerhalb der Bundesregierung (kritischer Gola/Heckmann Rn. 4). Die Bundesregierung muss ihren Vorschlag nicht begründen.

1b Sofern die Kandidatin oder der Kandidat die insgesamt hohen personellen Anforderungen nach S. 3 und S. 4 erfüllt, ist es unerheblich, ob sie oder er für den Vorschlag der Bundesregierung weiteren Anforderungen, zB Parteizugehörigkeit, Herkunft, Geschlecht, unterliegt, etwa damit die erforderliche Mehrheit für die Wahl im Bundestag zustande kommt.

2 Schon bislang musste die oder der Bundesbeauftragte bei seiner Wahl nach S. 3 das Mindestalter von 35. Lebensjahren vollendet haben, angelehnt an die Regelungen des Vorbilds des Wehrbeauftragten. Aufgrund unionsrechtlicher Vorgabe (Art. 53 Abs. 2, Art. 54 Abs. 1 lit. b VO (EU) 2016/679; Art. 43 Abs. 2, Art. 44 Abs. 1 lit. b RL (EU) 2016/680) sind nun in S. 4 weitere personelle Anforderungen hinzugekommen: eine für die Aufgabenerfüllung und Befugnisausübung erforderliche Qualifikation sowie Erfahrung und Sachkunde insbesondere im Bereich des Schutzes personenbezogener Daten. Konkretisiert und hervorgehoben werden in S. 5 dabei praktisch belegbare (BT-Drs. 18/11325, 84) durch einschlägige Berufserfahrung erworbene Kenntnisse des deutschen und europäischen Datenschutzrechts sowie die Befähigung zum Richteramt oder höheren Verwaltungsdienst. Einschlägige Berufserfahrung kann etwa durch Tätigkeit in einer Datenschutzaufsichtsbehörde, als Datenschutzbeauftragter in einem Unternehmen, durch anwaltliche Beratung, durch wissenschaftliche Tätigkeit an einer Hochschule, in einschlägigen Nichtregierungsorganisationen oder auch in der Verwaltung erworben werden. Das Mindestalter lässt sich als unionsrechtlich erlaubte „sonstige Voraussetzung" qualifizieren (BT-Drs. 18/11325, 84), angesichts der konkreten weiteren Anforderungen verliert es als eigenständiges Kriterium seine Bedeutung. Zur erforderlichen Qualifikation, Erfahrung und Sachkunde, insbesondere Berufserfahrung und Befähigung zum Richteramt oder höheren Verwaltungsdienst, trägt das Mindestalter allenfalls abstrakt zur unterstellenden Lebenserfahrung bei (mit Restzweifeln zur Geeignetheit und Erforderlichkeit Kühling/Buchner/Wieczorek Rn. 8; ablehnend DWWS/Weichert Rn. 11). Die deutsche Staatsangehörigkeit ist keine in § 11 vorgesehene Voraussetzung (Auernhammer/Lewinski Rn. 17).

B. Abs. 2

3 Abs. 2 regelt unverändert den von der oder dem Bundesbeauftragten vor der Bundespräsidentin oder dem Bundespräsidenten abzuleistenden Amtseid. Die Vereidigung ist nicht mehr Teil des Ernennungsverfahrens und hat keine konstitutive Bedeutung für das Amtsverhältnis der oder des Bundesbeauftragten. Die Eidesformel entspricht der Vereidigung des Bundespräsidenten nach Art. 56 GG und ist bis auf die religiöse Beteuerung unabänderlich.

C. Abs. 3

4 Abs. 3 S. 1 sieht wie bisher eine Amtszeit von fünf Jahren vor. Die Amtszeit verläuft damit asynchron zur Legislaturperiode des jeweiligen Bundestages, was der Unabhängigkeit der oder des Bundesbeauftragten zugutekommt. Art. 54 Abs. 1 lit. d VO (EU) 2016/679 und Art. 44 Abs. 1 lit. d RL (EU) 2016/680 verlangen eine Amtszeit von mindestens vier Jahren.

7 Nach S. 2 ist, im Einklang mit den Möglichkeiten nach Art. 54 Abs. 1 lit. e VO (EU) 2016/679 und Art. 44 Abs. 1 lit. e RL (EU) 2016/680, eine einmalige Wiederwahl zulässig, die sich nicht zwingend an die erste Amtszeit anschließen muss. Mehr als zwei Amtszeiten sind nicht zulässig. Das Wiederwahlverfahren verläuft gem. Abs. 1 S. 1 und S. 2. Das Vorschlagsrecht zur Wiederwahl wird berücksichtigen, ob und inwieweit die oder der Bundesbeauftragte in der ersten Amtszeit seinem Amt gewachsen war. Hieraus folgt jedoch kein Recht auf eine Wiederwahl. Auch die Nichtberücksichtigung für eine zweite Amtszeit ist nicht zu begründen.

§ 12 Amtsverhältnis

(1) Die oder der Bundesbeauftragte steht nach Maßgabe dieses Gesetzes zum Bund in einem öffentlich-rechtlichen Amtsverhältnis.

(2) ¹Das Amtsverhältnis beginnt mit der Aushändigung der Ernennungsurkunde. ²Es endet mit dem Ablauf der Amtszeit oder mit dem Rücktritt. ³Die Bundespräsidentin oder der Bundespräsident enthebt auf Vorschlag der Präsidentin oder des Präsidenten des Bundestages die Bundesbeauftragte ihres oder den Bundesbeauftragten seines Amtes, wenn die oder der Bundesbeauftragte eine schwere Verfehlung begangen hat oder die Voraussetzungen für die Wahrnehmung ihrer oder seiner Aufgaben nicht mehr erfüllt. ⁴Im Fall der Beendigung des Amtsverhältnisses oder der Amtsenthebung erhält die oder der Bundesbeauftragte eine von der Bundespräsidentin oder dem Bundespräsidenten vollzogene Urkunde. ⁵Eine Amtsenthebung wird mit der Aushändigung der Urkunde wirksam. ⁶Endet das Amtsverhältnis mit Ablauf der Amtszeit, ist die oder der Bundesbeauftragte verpflichtet, auf Ersuchen der Präsidentin oder des Präsidenten des Bundestages die Geschäfte bis zur Ernennung einer Nachfolgerin oder eines Nachfolgers für die Dauer von höchstens sechs Monaten weiterzuführen.

(3) ¹Die Leitende Beamtin oder der Leitende Beamte nimmt die Rechte der oder des Bundesbeauftragten wahr, wenn die oder der Bundesbeauftragte an der Ausübung ihres oder seines Amtes verhindert ist oder wenn ihr oder sein Amtsverhältnis endet und sie oder er nicht zur Weiterführung der Geschäfte verpflichtet ist. ²§ 10 Absatz 1 ist entsprechend anzuwenden.

(4) ¹Die oder der Bundesbeauftragte erhält vom Beginn des Kalendermonats an, in dem das Amtsverhältnis beginnt, bis zum Schluss des Kalendermonats, in dem das Amtsverhältnis endet, im Fall des Absatzes 2 Satz 6 bis zum Ende des Monats, in dem die Geschäftsführung endet, Amtsbezüge in Höhe der Besoldungsgruppe B 11 sowie den Familienzuschlag entsprechend Anlage V des Bundesbesoldungsgesetzes. ²Das Bundesreisekostengesetz und das Bundesumzugskostengesetz sind entsprechend anzuwenden. ³Im Übrigen sind § 12 Absatz 6 sowie die §§ 13 bis 20 und 21a Absatz 5 des Bundesministergesetzes mit den Maßgaben anzuwenden, dass an die Stelle der vierjährigen Amtszeit in § 15 Absatz 1 des Bundesministergesetzes eine Amtszeit von fünf Jahren tritt. ⁴Abweichend von Satz 3 in Verbindung mit den §§ 15 bis 17 und 21a Absatz 5 des Bundesministergesetzes berechnet sich das Ruhegehalt der oder des Bundesbeauftragten unter Hinzurechnung der Amtszeit als ruhegehaltsfähige Dienstzeit in entsprechender Anwendung des Beamtenversorgungsgesetzes, wenn dies günstiger ist und die oder der Bundesbeauftragte sich unmittelbar vor ihrer oder seiner Wahl zur oder zum Bundesbeauftragten als Beamtin oder Beamter oder als Richterin oder Richter mindestens in dem letzten gewöhnlich vor Erreichen der Besoldungsgruppe B 11 zu durchlaufenden Amt befunden hat.

Überblick

§ 12 konkretisiert die Amtsstellung der oder des Bundesbeauftragten und regelt den Beginn, das Ende und die Ausgestaltung des Amtsverhältnisses einschließlich Vertretung und Besoldung. Die Regelung entspricht weitgehend dem BDSG aF mit Anpassungen bei den Voraussetzungen für die Amtsenthebung und einer Begrenzung bei der Weiterführungspflicht.

A. Abs. 1

Nach Abs. 1 steht die oder der Bundesbeauftragte in einem öffentlich-rechtlichen Amtsverhältnis eigener Art, dass durch das BDSG ausgestaltet wird. Vorschriften des Beamtenrechts sind nur anwendbar, soweit ausdrücklich auf sie Bezug genommen wird. Dies garantiert insbesondere die dienstrechtliche Unabhängigkeit der oder des Bundesbeauftragten (BT-Drs. 18/11325, 85) und ist eine unionsrechtlich zulässige Konkretisierung gem. Art. 54 Abs. 1 lit. c VO (EU) 2016/679 und Art. 42 Abs. 1 lit. c RL (EU) 2016/680. In strafrechtlicher Hinsicht, zB für die §§ 201, 258, 331–334 StGB oder 353b StGB, ist die oder der Bundesbeauftragte Amtsträger nach § 11 Abs. 1 Nr. 2 lit. b StGB. Auch kommen staatshaftungsrechtliche Ansprüche nach Art. 34 GG iVm § 839 BGB in Betracht.

B. Abs. 2

2   Nach Abs. 2 S. 1 beginnt das Amtsverhältnis mit Aushändigung der hierfür konstitutiven Ernennungsurkunde durch die Bundespräsidentin oder den Bundespräsidenten.

3   Das Amtsverhältnis endet nach S. 2 mit Ablauf der Amtszeit oder dem Rücktritt oder im Falle einer Amtsenthebung nach S. 3. Den Rücktritt kann die oder der Bundesbeauftragte jederzeit ohne Angabe von Gründen und unmittelbar rechtgestaltend erklären. Für die Amtsenthebung wird, neben den fehlenden Voraussetzungen für die Aufgabenwahrnehmung zB aufgrund unlösbarer Interessenkollisionen, nun auf den unionsrechtlich geprägten, offenen Begriff der „schweren Verfehlung" abgestellt (siehe Art. 53 Abs. 4 VO (EU) 2016/679, kritisch zur fehlenden Rechtsklarheit Taeger/Gabel/Grittmann § 12 Rn. 10; Auernhammer/v. Lewinski § 12 Rn. 11), der im Sinne der Unabhängigkeit der oder des Bundesbeauftragten eng auszulegen ist. Gegen die Amtsenthebung steht der oder dem Bundesbeauftragten der Verwaltungsrechtsweg offen. Das Vorschlagsrecht für die Amtsenthebung durch die Bundespräsidentin oder den Bundespräsidenten liegt bei der Präsidentin oder dem Präsidenten des Bundestages. Einen Mehrheitsbeschluss des Bundestages oder ein Mitwirken der Bundesregierung ist nicht mehr erforderlich.

4   Nach S. 4 erhält die oder der Bundesbeauftragte zum Ende des Amtsverhältnisses eine vollzogene Urkunde durch die Bundespräsidentin oder den Bundespräsidenten. Die Urkunde ist nach S. 5 bei einer Amtsenthebung konstitutiv für die Wirksamkeit und hat bei der sonstigen Beendigung des Amtsverhältnisses deklaratorischen Charakter.

5   S. 6 sieht vor, dass nach Ablauf der Amtszeit die oder der Bundesbeauftragte auf Ersuchen der Präsidentin oder des Präsidenten des Bundestages die Geschäfte bis zur Ernennung einer oder eines neuen Bundesbeauftragten verpflichtend weiterführt, allerdings mit Rücksicht auf ihre oder seine persönliche Perspektive und Planungssicherheit (BT-Drs. 18/11325, 86) höchstens sechs Monate. Danach sowie grundsätzlich im Falle eines Rücktritts oder einer Amtsenthebung führt nach Abs. 3 die leitende Beamtin oder der leitende Beamte die Geschäfte fort.

5a Die Beendigung des Beschäftigungsverhältnisses der Bediensteten der oder des Bundesbeauftragten bestimmt sich nach allgemeinen beamten- und arbeitsrechtlichen Grundsätzen, sodass es weitergehender Regelungen nach Art. 54 Abs. 1 lit. f VO (EU) 2016/679 und Art. 44 Abs. 1 lit. f RL (EU) 2016/680 nicht bedarf (BT-Drs. 18/11325, 86).

C. Abs. 3

6   Nach Abs. 3 nimmt zur Gewährleistung der Funktionsfähigkeit und Aufgabenerfüllung die leitende Beamtin oder der leitende Beamte in gleichsam völliger Unabhängigkeit nach § 10 Abs. 1 die Rechte der oder des Bundesbeauftragten nach innen wie nach außen wahr, wenn sie oder er an der Amtsausübung verhindert ist. Hierzu bedarf es einer längerfristigen und nicht absehbar endenden Verhinderung, etwa durch Erkrankung oder Nicht-Erreichbarkeit. Für den Zeitraum der Rechtewahrnehmung unterliegt die leitende Beamtin oder der leitende Beamte auch ohne ausdrückliche Regelung auch den Pflichten der oder des Bundesbeauftragten etwa mit Blick auf Interessenkollisionen oder unvereinbaren Handlungen und Tätigkeiten nach § 13 Abs. 1. Die reguläre Bestimmung der leitenden Beamtin oder des leitenden Beamten vor einer Verhinderung obliegt der oder dem Bundesbeauftragten.

D. Abs. 4

7   Abs. 4 regelt als notwendige Begleitregelung zur Errichtung der Aufsichtsbehörde nach Art. 54 Abs. 1 lit. a und c VO (EU) 2016/679 sowie Art. 44 lit. a und c RL (EU) 2016/680 im Einzelnen die Besoldung, Versorgung und sonstigen Bezüge der oder des Bundesbeauftragten angelehnt an beamtenrechtliche Vorschriften sowie am BMinG.

§ 13 Rechte und Pflichten

(1) ¹Die oder der Bundesbeauftragte sieht von allen mit den Aufgaben ihres oder seines Amtes nicht zu vereinbarenden Handlungen ab und übt während ihrer oder seiner

Amtszeit keine andere mit ihrem oder seinem Amt nicht zu vereinbarende entgeltliche oder unentgeltliche Tätigkeit aus. ²Insbesondere darf die oder der Bundesbeauftragte neben ihrem oder seinem Amt kein anderes besoldetes Amt, kein Gewerbe und keinen Beruf ausüben und weder der Leitung oder dem Aufsichtsrat oder Verwaltungsrat eines auf Erwerb gerichteten Unternehmens noch einer Regierung oder einer gesetzgebenden Körperschaft des Bundes oder eines Landes angehören. ³Sie oder er darf nicht gegen Entgelt außergerichtliche Gutachten abgeben.

(2) ¹Die oder der Bundesbeauftragte hat der Präsidentin oder dem Präsidenten des Bundestages Mitteilung über Geschenke zu machen, die sie oder er in Bezug auf das Amt erhält. ²Die Präsidentin oder der Präsident des Bundestages entscheidet über die Verwendung der Geschenke. ³Sie oder er kann Verfahrensvorschriften erlassen.

(3) ¹Die oder der Bundesbeauftragte ist berechtigt, über Personen, die ihr oder ihm in ihrer oder seiner Eigenschaft als Bundesbeauftragte oder Bundesbeauftragter Tatsachen anvertraut haben, sowie über diese Tatsachen selbst das Zeugnis zu verweigern. ²Dies gilt auch für die Mitarbeiterinnen und Mitarbeiter der oder des Bundesbeauftragten mit der Maßgabe, dass über die Ausübung dieses Rechts die oder der Bundesbeauftragte entscheidet. ³Soweit das Zeugnisverweigerungsrecht der oder des Bundesbeauftragten reicht, darf die Vorlegung oder Auslieferung von Akten oder anderen Dokumenten von ihr oder ihm nicht gefordert werden.

(4) ¹Die oder der Bundesbeauftragte ist, auch nach Beendigung ihres oder seines Amtsverhältnisses, verpflichtet, über die ihr oder ihm amtlich bekanntgewordenen Angelegenheiten Verschwiegenheit zu bewahren. ²Dies gilt nicht für Mitteilungen im dienstlichen Verkehr oder über Tatsachen, die offenkundig sind oder ihrer Bedeutung nach keiner Geheimhaltung bedürfen. ³Die oder der Bundesbeauftragte entscheidet nach pflichtgemäßem Ermessen, ob und inwieweit sie oder er über solche Angelegenheiten vor Gericht oder außergerichtlich aussagt oder Erklärungen abgibt; wenn sie oder er nicht mehr im Amt ist, ist die Genehmigung der oder des amtierenden Bundesbeauftragten erforderlich. ⁴Unberührt bleibt die gesetzlich begründete Pflicht, Straftaten anzuzeigen und bei einer Gefährdung der freiheitlichen demokratischen Grundordnung für deren Erhaltung einzutreten. ⁵Für die Bundesbeauftragte oder den Bundesbeauftragten und ihre oder seine Mitarbeiterinnen und Mitarbeiter gelten die §§ 93, 97 und 105 Absatz 1, § 111 Absatz 5 in Verbindung mit § 105 Absatz 1 sowie § 116 Absatz 1 der Abgabenordnung nicht. ⁶Satz 5 findet keine Anwendung, soweit die Finanzbehörden die Kenntnis für die Durchführung eines Verfahrens wegen einer Steuerstraftat sowie eines damit zusammenhängenden Steuerverfahrens benötigen, an deren Verfolgung ein zwingendes öffentliches Interesse besteht, oder soweit es sich um vorsätzlich falsche Angaben der oder des Auskunftspflichtigen oder der für sie oder ihn tätigen Personen handelt. ⁷Stellt die oder der Bundesbeauftragte einen Datenschutzverstoß fest, ist sie oder er befugt, diesen anzuzeigen und die betroffene Person hierüber zu informieren.

(5) ¹Die oder der Bundesbeauftragte darf als Zeugin oder Zeuge aussagen, es sei denn, die Aussage würde
1. dem Wohl des Bundes oder eines Landes Nachteile bereiten, insbesondere Nachteile für die Sicherheit der Bundesrepublik Deutschland oder ihre Beziehungen zu anderen Staaten, oder
2. Grundrechte verletzen.

²Betrifft die Aussage laufende oder abgeschlossene Vorgänge, die dem Kernbereich exekutiver Eigenverantwortung der Bundesregierung zuzurechnen sind oder sein könnten, darf die oder der Bundesbeauftragte nur im Benehmen mit der Bundesregierung aussagen. ³§ 28 des Bundesverfassungsgerichtsgesetzes bleibt unberührt.

(6) Die Absätze 3 und 4 Satz 5 bis 7 gelten entsprechend für die öffentlichen Stellen, die für die Kontrolle der Einhaltung der Vorschriften über den Datenschutz in den Ländern zuständig sind.

Überblick

§ 13 regelt die Rechte und Pflichten der oder des Bundesbeauftragten, insbesondere Inkompatibilitäten des Amtes (Abs. 1), die Annahme von Geschenken (Abs. 2), das Zeugnisverweigerungsrecht (Abs. 3), die Verschwiegenheitspflicht (Abs. 4), das Aussagerecht (Abs. 5) sowie eine entsprechende Anwendung einzelner Vorgaben für die Aufsichtsbehörden der Länder und übernimmt dabei weitgehend die Regelungen des BDSG aF.

A. Abs. 1

1 Abs. 1 S. 1 enthält ein umfassendes Verbot sämtlicher mit dem Amt nicht zu vereinbarender Handlungen und Tätigkeiten unabhängig davon, ob diese entgeltlich oder unentgeltlich sind. Das Verbot entspricht dem bereits unmittelbar geltenden Art. 52 Abs. 3 VO (EU) 2016/679 und setzt Art. 42 Abs. 3 RL (EU) 2016/680 um (→ DS-GVO Art. 52 Rn. 22). Durch das Verbot werden Interessenkollisionen vermieden und eine die Amtsausübung beeinträchtigende Belastung durch weitere Tätigkeiten.

1a Art. 54 Abs. 1 lit. f VO (EU) 2016/679 und Art. 44 Abs. 1 lit. f RL (EU) 2016/680 sehen nationale Rechtsvorschriften zu Verboten von Handlungen „während und nach der Amtszeit" vor. Das Verbot nach Abs. 1 gilt nur während der Amtszeit und entfaltet im Nachgang keine Sperrfrist. Der Gesetzgeber hat sich damit unausgesprochen gegen eine Abkühlungsphase nach Ablauf der Amtszeit entschieden, wie sie etwa für Mitglieder der Bundesregierung besteht (§ 6a BMinG) und auf EU-Ebene, etwa für Mitglieder der EU-Kommission (Art. 245 AEUV), für 18–24 Monate als Mindeststandard angesehen wird (Ehmann/Selmayr/Selmayr Art. 54 DS-GVO Rn. 11). Vor Amtsantritt ausgeübte entsprechende Tätigkeiten muss die oder der Bundesbeauftragte mit der Ernennung unverzüglich beenden.

1b Die sprachliche Anpassung an Art. 42 Abs. 3 RL (EU) 2016/680 erweitert das Verbot. Die im BDSG aF genannten Tätigkeiten sind in Abs. 1 S. 2 nun lediglich Regelbeispiele („insbesondere"), die verdeutlichen, dass die oder der Bundesbeauftragte sein Amt als Hauptamt ausübt und daneben kein Raum für eine weitere Hauptätigkeit besteht. Die Regelung unterscheidet zwischen der Ausübung eines besoldeten Amtes, Gewerbes oder Berufs und dem bloßen Angehören bestimmter Leitungsgremien in Unternehmen, Regierung oder gesetzgebender Körperschaft. Während das besoldete Amt, Gewerbe oder der Beruf nicht ausgeübt, aber bei Ruhen aller Rechte und Pflichte innegehabt werden darf, bleibt bei den Leitungsgremien in Unternehmen, Regierung oder gesetzgebender Körperschaft nur das Ausscheiden.

1c Abs. 1 S. 3 verbietet als Nebentätigkeit außergerichtliche Gutachten gegen Entgelt. Auch andere Nebentätigkeit gegen Entgelt, wie Lehrtätigkeit, publizistische Tätigkeit oder bezahlte Vorträge jeder Art sind ebenfalls nicht zulässig, da die Gefahr besteht, dass die Amtsausübung durch finanzielle Interessen beeinflusst wird. Unentgeltliche Stellungnahmen, Publikationen und Vorträge zum Datenschutz und der Verarbeitung personenbezogener Daten sind hingegen gerade Teil der Beratungs- Aufklärungs- und Sensibilisierungsaufgabe der oder des Bundesbeauftragten (§ 14 Abs. 1 S. 1 Nr. 2, 4).

1d Für die Mitarbeiterinnen und Mitarbeiter der oder des Bundesbeauftragten gelten wie bisher die allgemeinen dienst- und anstellungsrechtlichen Vorschriften, zB §§ 40, 99 BBG.

B. Abs. 2

2 Abs. 2 regelt eine Mitteilungspflicht der oder des Bundesbeauftragten über Geschenke mit Amtsbezug, die also im Rahmen der Amtsausübung überreicht worden sind. Die Mitteilung erfolgt gegenüber der Präsidentin oder dem Präsidenten des Bundestages, die oder der dann über die Verwendung entscheidet. Die Regelung soll die Unabhängigkeit des Amtes und soll jeden Anschein von Abhängigkeiten vermeiden. Die Mitteilung gilt nicht für geringwertige Geschenke unterhalb einer gewissen Relevanzschwelle. Die entsprechende Mitteilungspflicht für Mitglieder der Bundesregierung umfasst auch die Zeit nach der Amtsausübung (§ 5 Abs. 3 BMinG).

C. Abs. 3

3 Abs. 3 regelt das Zeugnisverweigerungsrecht der oder des Bundesbeauftragten. Es umfasst nach S. 1 die Person, die der oder dem Bundesbeauftragten im Rahmen seiner Amtsausübung Tatsachen anvertraut, wie auch die Tatsache selber und stärkt damit das Anrufungsrecht der oder des Bundesbeauftragten. Die Reichweite ist dabei umfassend zu verstehen. Die oder der Bundesbeauftragte kann bereits das Zeugnis verweigern, ob sich jemand mit einer bestimmten Tatsache an ihn gewandt hat, ferner zur Person oder diese gegebenenfalls identifizierende Angaben. Dies gilt unabhängig vom anvertrauten Inhalt, ob es sich um einen Datenschutzverstoß handelt, ob der Anvertrauende selbst betroffen ist und ob die oder der Bundesbeauftragte zuständig ist. Unerheblich ist auch, ob die Tatsache der oder dem Bundesbeauftragten unmittelbar anvertraut wird oder über Dritte. Am „Anvertrauen" fehlt es allerdings, wenn die Person zum Zeitpunkt der Mitteilung offensichtlich keine vertrauliche Behandlung der Information wünscht. Verzichtet die Person nachträglich auf die Vertraulichkeit, ändert dies nichts an dem ursprünglichen Anvertrauen. Es obliegt der oder dem Bundesbeauftragten zu beurteilen, ob er angesichts dessen von seinem Zeugnisverweigerungsrecht Gebrauch macht, zB weil der Verzicht nicht freiwillig erscheint.

Das Recht erstreckt sich nach S. 2 auf die Mitarbeiterinnen und Mitarbeiter mit der Maßgabe, dass die oder der Bundesbeauftragte über die Ausübung entscheidet, weil das Zeugnisverweigerungsrecht nicht die Mitarbeiterinnen und Mitarbeiter schützen, sondern eine vertrauliche Behandlung von Informationen und Informationsgebern ermöglichen soll und damit die oder den Bundesbeauftragten als Aufsichtsbehörde stärkt. 7

S. 3 verhindert, dass das Zeugnisverweigerungsrecht durch andere Maßnahmen unterlaufen wird, zB durch Beschlagnahme von Unterlagen. 8

D. Abs. 4

Abs. 4 regelt die Verschwiegenheitspflicht der oder des Bundesbeauftragten. Nach S. 1 besteht die Pflicht während und nach Beendigung des Amtsverhältnisses. Sie umfasst alle amtlich bekannt gewordenen Angelegenheiten und geht damit über die reinen personenbezogenen Angaben hinaus. Für Mitarbeiterinnen und Mitarbeiter gelten, mit Ausnahme der S. 4 und S. 5 die allgemeinen dienst- und anstellungsrechtlichen Verschwiegenheitspflichten, insbesondere nach § 67 BBG. 9

S. 2 enthält Ausnahmen von der Verschwiegenheitspflicht. Ausgenommen sind die notwendige Weitergabe im dienstlichen Verkehr und offenkundige oder in sonstiger Weise nicht geheimhaltungsbedürftige Informationen. 10

Ob und inwieweit die oder der Bundesbeauftragte aussagt oder Erklärungen abgibt, entscheidet sie oder er nach S. 3 nach pflichtgemäßen Ermessen. Das früher vorgesehene Zustimmungserfordernis des Bundesministeriums des Innern entsprach nicht der EU-rechtlich geforderten Unabhängigkeit der oder des Bundesbeauftragten. Sobald die oder der Bundesbeauftragte nicht mehr im Amt ist, entfällt die Unabhängigkeit. Sie oder er bedarf dann, wie andere Personen in einem öffentlich-rechtlichen Amtsverhältnis, einer Aussagegenehmigung, die von der oder dem amtierenden Bundesbeauftragten erteilt wird (BT-Drs. 18/2848, 18). Unberührt bleibt nach S. 4 die Pflicht, Straftaten anzuzeigen und bei einer Gefährdung der freiheitlichen demokratischen Grundordnung für deren Erhaltung einzutreten. 11

S. 5 nimmt die oder den Bundesbeauftragten und ihre oder seine Mitarbeiterinnen und Mitarbeiter von den Auskunfts-, Mitteilungs- und Herausgabepflichten nach den §§ 93, 97, 105 Abs. 1, 111 Abs. 5 und 116 Abs. 1 AO gegenüber Finanzbehörden aus. Die Pflichten gelten jedoch in den in S. 6 genannten Konstellationen, wenn die Informationen für ein Verfahren wegen einer Steuerstraftat oder eines damit zusammenhängenden Steuerverfahrens benötigt werden, an deren Verfolgung ein zwingendes öffentliches Interesse besteht, oder soweit es sich um vorsätzlich Falschangaben der oder des Auskunftspflichtigen oder deren Vertreter handelt. 12

Nach S. 7 ist die oder der Bundesbeauftragte befugt, festgestellte Verstöße bei den Strafverfolgungsbehörden anzuzeigen bzw. Strafantrag zu stellen und betroffene Personen zu informieren. Die Ausübung erfolgt mit Rücksichtnahme auf betroffene Personen, denen damit die Entscheidung genommen wird, ob ein sie betreffender Verstoß strafrechtlich verfolgt wird. Haben betroffene Personen sich bereits beschwert, muss die oder der Bundesbeauftragte sie im Rahmen des § 14 Abs. 1 Nr. 6 und Art. 57 Abs. 1 lit. f VO (EU) 2016/679 über die Ergebnisse seiner Untersuchung unterrichten. 13

E. Abs. 5

Abs. 5 sieht in unmittelbaren Zusammenhang mit Abs. 3 und 4 ein Recht der oder des Bundesbeauftragten zur Zeugenaussage, etwa vor einem Gericht oder parlamentarischen Untersuchungsausschuss, vor und regelt dessen Einschränkung. Würde die Aussage dem Wohl des Bundes oder eines Landes Nachteile bereiten, insbesondere Nachteile für die Sicherheit der Bundesrepublik Deutschland oder ihre Beziehungen zu anderen Staaten (Nr. 1), oder Grundrechte verletzen (Nr. 2), scheidet nach S. 1 eine Zeugenaussage aus. Nachteile für das Wohl des Bundes oder eines Landes sind insbesondere dann anzunehmen, wenn die Angaben unter Geheimhaltungsgrade fallen (BT-Drs. 18/2848, 18). Zu den betroffenen Grundrechten gehören insbesondere das allgemeine Persönlichkeitsrecht (Art. 2 Abs. 1 GG) sowie die Berufsfreiheit (Art. 12 GG) und das Recht auf Eigentum (Art. 14 GG) welche ua Geschäfts- und Betriebsgeheimnisse Privater schützen (BT-Drs. 18/2848, 18). 14

15 Bei Vorgängen, die dem Kernbereich exekutiver Eigenverantwortung der Bundesregierung zuzurechnen sind oder sein könnten, erfolgt die Aussage nach S. 2 im Benehmen mit der Bundesregierung, dh nach deren Konsultation. Hierdurch wird gewährleistet, dass die oder der Bundesbeauftragte die nötigen Informationen erhält, um einschätzen zu können, ob der Kernbereich betroffen ist. Sie oder er nimmt sodann eine eigene Abwägung vor und trifft letztlich selbst die Entscheidung über die konkrete Aussage (BT-Drs. 18/3598, 9).

16 Der § 28 BVerfGG bleibt nach S. 3 unberührt. Nach dessen Abs. 2 kann eine Aussagegenehmigung nur verweigert werden, wenn es das Wohl des Bundes oder eines Landes erfordern. Das Bundesverfassungsgericht kann diese jedoch mit einer Mehrheit von zwei Dritteln seiner Stimmen für unbegründet erklären.

F. Abs. 6

17 Abs. 6 erstreckt die Beistands- und Unterrichtungspflichten der oder des Bundesbeauftragten gegenüber den Finanzbehörden nach Abs. 4 S. 5–7 auf die Landesbeauftragten für den Datenschutz sowie neu gegenüber § 23 Abs. 8 BDSG aF auch das Zeugnisverweigerungsrecht nach Abs. 3.

§ 14 Aufgaben

(1) ¹Die oder der Bundesbeauftragte hat neben den in der Verordnung (EU) 2016/679 genannten Aufgaben die Aufgaben,
1. die Anwendung dieses Gesetzes und sonstiger Vorschriften über den Datenschutz, einschließlich der zur Umsetzung der Richtlinie (EU) 2016/680 erlassenen Rechtsvorschriften, zu überwachen und durchzusetzen,
2. die Öffentlichkeit für die Risiken, Vorschriften, Garantien und Rechte im Zusammenhang mit der Verarbeitung personenbezogener Daten zu sensibilisieren und sie darüber aufzuklären, wobei spezifische Maßnahmen für Kinder besondere Beachtung finden,
3. den Deutschen Bundestag und den Bundesrat, die Bundesregierung und andere Einrichtungen und Gremien über legislative und administrative Maßnahmen zum Schutz der Rechte und Freiheiten natürlicher Personen in Bezug auf die Verarbeitung personenbezogener Daten zu beraten,
4. die Verantwortlichen und die Auftragsverarbeiter für die ihnen aus diesem Gesetz und sonstigen Vorschriften über den Datenschutz, einschließlich den zur Umsetzung der Richtlinie (EU) 2016/680 erlassenen Rechtsvorschriften, entstehenden Pflichten zu sensibilisieren,
5. auf Anfrage jeder betroffenen Person Informationen über die Ausübung ihrer Rechte aufgrund dieses Gesetzes und sonstiger Vorschriften über den Datenschutz, einschließlich der zur Umsetzung der Richtlinie (EU) 2016/680 erlassenen Rechtsvorschriften, zur Verfügung zu stellen und gegebenenfalls zu diesem Zweck mit den Aufsichtsbehörden in anderen Mitgliedstaaten zusammenzuarbeiten,
6. sich mit Beschwerden einer betroffenen Person oder Beschwerden einer Stelle, einer Organisation oder eines Verbandes gemäß Artikel 55 der Richtlinie (EU) 2016/680 zu befassen, den Gegenstand der Beschwerde in angemessenem Umfang zu untersuchen und den Beschwerdeführer innerhalb einer angemessenen Frist über den Fortgang und das Ergebnis der Untersuchung zu unterrichten, insbesondere, wenn eine weitere Untersuchung oder Koordinierung mit einer anderen Aufsichtsbehörde notwendig ist,
7. mit anderen Aufsichtsbehörden zusammenzuarbeiten, auch durch Informationsaustausch, und ihnen Amtshilfe zu leisten, um die einheitliche Anwendung und Durchsetzung dieses Gesetzes und sonstiger Vorschriften über den Datenschutz, einschließlich der zur Umsetzung der Richtlinie (EU) 2016/680 erlassenen Rechtsvorschriften, zu gewährleisten,
8. Untersuchungen über die Anwendung dieses Gesetzes und sonstiger Vorschriften über den Datenschutz, einschließlich der zur Umsetzung der Richtlinie (EU) 2016/680 erlassenen Rechtsvorschriften, durchzuführen, auch auf der Grundlage von Informationen einer anderen Aufsichtsbehörde oder einer anderen Behörde,
9. maßgebliche Entwicklungen zu verfolgen, soweit sie sich auf den Schutz personenbezogener Daten auswirken, insbesondere die Entwicklung der Informations- und Kommunikationstechnologie und der Geschäftspraktiken,

10. Beratung in Bezug auf die in § 69 genannten Verarbeitungsvorgänge zu leisten und
11. Beiträge zur Tätigkeit des Europäischen Datenschutzausschusses zu leisten.
²Im Anwendungsbereich der Richtlinie (EU) 2016/680 nimmt die oder der Bundesbeauftragte zudem die Aufgabe nach § 60 wahr.

(2) ¹Zur Erfüllung der in Absatz 1 Satz 1 Nummer 3 genannten Aufgabe kann die oder der Bundesbeauftragte zu allen Fragen, die im Zusammenhang mit dem Schutz personenbezogener Daten stehen, von sich aus oder auf Anfrage Stellungnahmen an den Deutschen Bundestag oder einen seiner Ausschüsse, den Bundesrat, die Bundesregierung, sonstige Einrichtungen und Stellen sowie an die Öffentlichkeit richten. ²Auf Ersuchen des Deutschen Bundestages, eines seiner Ausschüsse oder der Bundesregierung geht die oder der Bundesbeauftragte ferner Hinweisen auf Angelegenheiten und Vorgänge des Datenschutzes bei den öffentlichen Stellen des Bundes nach.

(3) Die oder der Bundesbeauftragte erleichtert das Einreichen der in Absatz 1 Satz 1 Nummer 6 genannten Beschwerden durch Maßnahmen wie etwa die Bereitstellung eines Beschwerdeformulars, das auch elektronisch ausgefüllt werden kann, ohne dass andere Kommunikationsmittel ausgeschlossen werden.

(4) ¹Die Erfüllung der Aufgaben der oder des Bundesbeauftragten ist für die betroffene Person unentgeltlich. ²Bei offenkundig unbegründeten oder, insbesondere im Fall von häufiger Wiederholung, exzessiven Anfragen kann die oder der Bundesbeauftragte eine angemessene Gebühr auf der Grundlage der Verwaltungskosten verlangen oder sich weigern, aufgrund der Anfrage tätig zu werden. ³In diesem Fall trägt die oder der Bundesbeauftragte die Beweislast für den offenkundig unbegründeten oder exzessiven Charakter der Anfrage.

Überblick

§ 14 regelt die vielfältigen und wechselbezüglichen Aufgaben der oder des Bundesbeauftragten und konkretisiert deren Erfüllung.

A. Abs. 1

Abs. 1 S. 1 listet die Aufgaben in Anlehnung an die unionsrechtlichen Vorgaben in der VO (EU) 2016/679, insbesondere Teile des Art. 57 → DS-GVO Art. 57 Rn. 1, und in Umsetzung des Art. 46 RL (EU) 2016/680 auf. Dabei bleiben weitere in der unmittelbar wirksamen VO (EU) 2016/679 vorgesehene Aufgaben unberührt (BT-Drs. 18/11325, 87). Soweit sich die Aufgaben nicht explizit auf die Verordnung oder Richtlinie beziehen, gelten die Aufgaben wie bisher auch für Datenverarbeitungen, die nicht in den Anwendungsbereich des Unionsrechts fallen. 1

Nach Nr. 1 ist die zentrale Aufgabe der oder des Bundesbeauftragten als Aufsichtsbehörde die Anwendung des BDSG und sonstiger Vorschriften über den Datenschutz zu überwachen und durchzusetzen. Alle weiteren Aufgaben leiten sich hiervon ab und werden gedanklich hierdurch geprägt. Die oder der Bundesbeauftragte wird aufgrund von Beschwerden (siehe Nr. 6 → Rn. 8), Hinweisen aus der Bevölkerung, von anderen Aufsichtsbehörden (siehe Nr. 7 → Rn. 9 und Nr. 8 → Rn. 10), Unternehmen, öffentlich bekannt gewordenen Vorkommnissen oder aus eigener Initiative von Amts wegen tätig. Kontrolliert wird die Einhaltung aller Vorschriften über den Datenschutz, von der Sicherheit der Verarbeitung, den organisatorischen Vorsorgemaßnahmen, der datenschutzfreundlichen Technikgestaltung über die Rechte der Betroffenen bis zu den Grundsätzen der Verarbeitung. Sehen Vorschriften einen Beurteilungs- oder Ermessensspielraum vor, prüft die oder der Bundesbeauftragte auch, ob die kontrollierte Stelle sich innerhalb des ihr zustehenden Spielraums bewegt. 2

Die Nr. 2–5 und 10 sehen verschiedene Aufklärungs- und Beratungsaufgaben der oder des Bundesbeauftragten vor. Diese entsprechen den Aufgaben in Art. 57 Abs. 1 lit. b–e und lit. l VO (EU) 2016/679. 3

Nach Nr. 2 hat die oder der Bundesbeauftragte die Öffentlichkeit zu sensibilisieren und aufzuklären. An erster Stelle werden hier die mit der Verarbeitung personenbezogener Daten zusammenhängenden Risiken genannt, es folgen die Vorschriften über den Datenschutz und die bestehenden Garantien und Rechte. Besondere Beachtung finden nach dem zweiten Halbsatz spezifische Maßnahmen für Kinder. Dies kann insbesondere im Zusammenhang mit den für den Kinder- und Jugendschutz zuständigen Stellen des Bundes erfolgen (BT-Drs. 18/11325, 87). 4

5   Nach Nr. 3 berät die oder der Bundesbeauftragte vor allem Bundestag, Bundesrat, und die Bundesregierung über legislative und administrative Maßnahmen zum Datenschutz, aber auch andere Einrichtungen und Gremien (etwa die Bundesnetzagentur nach § 165 Abs. 11 TKG zu technischen und organisatorischen Schutzmaßnahmen). Abs. 2 S. 1 konkretisiert die Erfüllung dieser Aufgabe dahin, dass die oder der Bundesbeauftragte hierzu in Reaktion auf eine Anfrage aber auch aus eigener Initiative heraus Stellung nehmen und diese auch an die Öffentlichkeit richten kann. Insofern besteht eine Verbindung zur allgemeinen Sensibilisierung und Aufklärung der Öffentlichkeit nach Nummer 2.

6   Nach Nr. 4 soll die oder der Bundesbeauftragte die Verantwortlichen und die Auftragsverarbeiter über die sich aus Vorschriften zum Datenschutz ergebenden Pflichten sensibilisieren. Dies betrifft insbesondere die Konkretisierung unbestimmter Rechtsbegriffe und die Anwendung von Vorschriften auf bestimmte Verarbeitungsformen, zB in Form von Musterformularen oder Merkblättern über die Reichweite einer Pflicht und etwaige Maßnahmen zu deren Erfüllung. Für die sich aus § 69 (→ § 69 Rn. 1) ergebende Pflicht zur Vorab-Konsultation sieht Nr. 10 darüber hinaus eine individuelle Beratungspflicht der oder des Bundesbeauftragten vor. Zur fehlenden allgemeinen Beratungspflicht aber Befugnis hierzu gegenüber Verantwortlichen siehe Brink ZD 2020, 59 (62).

7   Nach Nr. 5 hat die oder der Bundesbeauftragte betroffenen Personen auf Anfrage Informationen über die Ausübung ihrer Rechte zur Verfügung zu stellen. Dies betrifft nicht nur das BDSG, sondern auch sonstige nationale Vorschriften über den Datenschutz, zB das Bundesmeldegesetz, und die zur Umsetzung der Richtlinie (EU) 2016/680 erlassenen Vorschriften auch in anderen Mitgliedstaaten der Europäischen Union. Zu diesem Zweck soll die oder der Bundesbeauftragte gegebenenfalls mit den Aufsichtsbehörden anderer Mitgliedstaaten zusammenarbeiten.

8   Nach Nr. 6 besteht eine Pflicht der oder des Bundesbeauftragten Beschwerden, sowohl Individualbeschwerden, als auch Beschwerden von Stellen, Organisationen und Verbänden gemäß Art. 55 RL (EU) 2016/680, in angemessenen Umfang nachzugehen und den Beschwerdeführer in wiederum angemessener Frist über Fortgang und Ergebnis zu unterrichten. § 60 Abs. 1 S. 3 (→ § 60 Rn. 1) sieht eine Unterrichtung auch über Rechtsschutzmöglichkeiten vor. Die Unterrichtung soll insbesondere dann erfolgen, wenn die Beschwerde ein Tätigwerden einer anderen Aufsichtsbehörde in einem Mitgliedstaat der Europäischen Union verlangt und damit Fortgang und Ergebnis nicht mehr allein in der Sphäre der oder des Bundesbeauftragten liegen. § 60 Abs. 2 (→ § 60 Rn. 2) regelt insoweit eine Pflicht zur Weiterleitung der Beschwerde sowie zur Unterrichtung und Unterstützung betroffener Personen.

9   Die Nr. 7 und 11 betreffen die europäische Zusammenarbeit der oder des Bundesbeauftragten bei der Umsetzung und Anwendung insbesondere der Richtlinie (EU) 2016/680 und der Verordnung (EU) 2016/679. Nr. 7 regelt, ergänzend zur betroffenenbezogenen Zusammenarbeit nach den Nr. 5 (→ Rn. 7) und Nr. 6 (→ Rn. 8), eine generelle Pflicht zur zwischenbehördlichen Zusammenarbeit und Amtshilfe der oder des Bundesbeauftragten mit anderen Aufsichtsbehörden zur einheitlichen Anwendung und Durchsetzung von Vorschriften über den Datenschutz. Nr. 11 ergänzt die in Nr. 7 auch bilaterale und vorgangsbezogene Pflicht zur Zusammenarbeit durch eine allgemeine Pflicht zur Mitwirkung im Europäischen Datenschutzausschuss, in dem die anderen Aufsichtsbehörden der Mitgliedstaaten der Europäischen Union vertreten sind.

10 Die Nr. 8 und 9 sehen vor, dass die oder der Bundesbeauftragte sich umfassend über den Stand und die Entwicklung des Datenschutzrechts informieren soll. Diese Aufgabe umfasst nach Nr. 9 die maßgeblichen Entwicklungen etwa im Bereich der Rechtsprechung und Gesetzgebung, aber auch im Bereich der technischen Entwicklung und mit Blick auf Geschäftspraktiken und Geschäftsmodelle in der Wirtschaft, auf nationaler, europäischer und internationaler Ebene zu verfolgen. Nr. 8 sieht insoweit vor, dass die oder der Bundesbeauftragte die Anwendung des BDSG und sonstiger Vorschriften über den Datenschutz untersucht. Insofern besteht eine enge Verbindung zur Überwachung der Anwendung von Amts wegen nach Nr. 1 (→ Rn. 2).

11 Abs. 1 S. 2 setzt nach der Intention des Gesetzgebers Art. 46 Abs. 1 lit. g RL (EU) 2016/680 um (BT-Drs. 18/11325, 87) und regelt damit die Ausübung bestimmter Betroffenenrechte über die Bundesbeauftragte oder den Bundesbeauftragte. Dies umfasst nach Art. 17 Abs. 1 RL (EU) 2016/680 die Überprüfung der Rechtmäßigkeit des Aufschubs der Unterrichtung nach Art. 13 Abs. 3 RL (EU) 2016/680 und der Einschränkung oder Verweigerung des Rechts auf Auskunft, Berichtigung, Löschung oder der Einschränkung der Verarbeitung nach Art. 15 Abs. 3 und 16 Abs. 4 RL (EU) 2016/680. Übt der Betroffene sein Recht über die Bundesbeauftragte oder den Bundesbeauftragte aus, unterrichtet sie oder er im Anschluss zumindest darüber, dass eine Überprüfung erfolgt ist und unterrichtet über das Recht auf einen gerichtlichen Rechtsbehelf.

Hierzu verweist Abs. 1 S. 2 auf das Recht zur Anrufung der oder des Bundesbeauftragten nach § 60 (→ § 60 Rn. 1).

B. Abs. 2

Abs. 2 setzt Art. 47 Abs. 3 RL (EU) 2016/680 um. Abs. 2 S. 1 konkretisiert die in Abs. 1 S. 1 **12** Nr. 3 vorgesehenen Beratungsbefugnisse der oder des Bundesbeauftragten und stellt klar, dass diese über den Adressatenkreis des Art. 58 Abs. 3 lit. b VO (EU) 2016/679 hinaus auch gegenüber sonstigen Einrichtungen und Stellen sowie Ausschüssen des Bundestages und Bundesrates gilt. Die Befugnis der oder des Bundesbeauftragten, jederzeit und aus eigener Initiative die Öffentlichkeit, den Bundestag und -rat, die Bundesregierung und sonstige Stellen und Einrichtungen zu allen Fragen im Zusammenhang mit dem Schutz personenbezogener Daten zu unterrichten, ist von nicht zu unterschätzender Bedeutung und geht über die Vorlage des Tätigkeitsberichts nach § 15 weit hinaus. Die oder der Bundesbeauftragte kann insbesondere gegenüber der Bundesregierung und dem Parlament bei legislativen und administrativen Maßnahmen in jedem Stadium der Beratungen seine Position schriftlich vorbringen. Weitergehende Verfahrensrechte, etwa ein Rederecht im Parlament oder eine Pflicht zur Befassung im Ausschuss, sind hiermit nicht verbunden.

Nach S. 2 wird die oder der Bundesbeauftragte auf Ersuchen des Bundestages, eines seiner **13** Ausschüsse, insbesondere aber nicht ausschließlich des Petitions- oder Innenausschusses, oder der Bundesregierung tätig und geht Hinweisen zu Angelegenheiten und Vorgängen des Datenschutzes bei öffentlichen Stellen des Bundes nach. Die offene Formulierung verlangt nicht den Verdacht oder Vorwurf des Verstoßes gegen Vorschriften des Datenschutzes. Die Regelung ergänzt die Kontrolltätigkeit der oder des Bundesbeauftragten von Amts wegen nach Nr. 1 (→ Rn. 2).

Mit Blick auf die Aufgabenerfüllung des Bundesnachrichtendienstes sieht § 32a Nr. 1 lit. b des **14** BND-Gesetzes vor, dass die oder der Bundesbeauftragte sich nur an die Bundesregierung und die dort genannten für die Kontrolle des Bundesnachrichtendienstes zuständigen Gremien wenden darf und zuvor die Bundesregierung Gelegenheit zur Stellungnahme erhält.

C. Abs. 3

Abs. 3 sieht vor, dass die oder der Bundesbeauftragte das Einreichen der in Abs. 1 S. 1 Nr. 6 **15** (→ Rn. 8) vorgesehenen Beschwerden erleichtert, zB durch zusätzlich elektronisch ausfüllbare Formulare (siehe auch Erwägungsgrund 85 RL (EU) 2016/680 und Art. 57 Abs. 2 der VO (EU) 2016/679 → DS-GVO Art. 57 Rn. 42).

D. Abs. 4

Nach Abs. 4 S. 1 ist die Aufgabenerfüllung der oder des Bundesbeauftragten für Betroffene, **16** nicht also für Datenschutzbeauftragte, die in dieser Funktion anfragen, grundsätzlich unentgeltlich, wobei S. 2 zur Gewährleistung der Arbeitsfähigkeit die Möglichkeit angemessener Gebühren auf Grundlage der entstandenen Verwaltungskosten bis hin zur Verweigerung zulässt, wenn Betroffene sich mit offenkundig unbegründeten oder exzessiven Anfragen an die oder den Bundesbeauftragten wenden. Die Beweislast hierfür trägt nach S. 3 die oder der Bundesbeauftragte. Die Regelung gilt im Anwendungsbereich der RL (EU) 2016/680. Eine entsprechende Regelung sieht Art. 57 Abs. 3 VO (EU) 2016/679 vor. Die Unentgeltlichkeit ist mit Blick auf die stärkere Europäisierung des Datenschutzrechts und einhergehend der Zusammenarbeit der Aufsichtsbehörden, etwa bei der Weiterleitungspflicht von Beschwerden an Aufsichtsbehörden in anderen EU-Mitgliedstaaten nach § 60 Abs. 2, bedeutsam.

§ 15 Tätigkeitsbericht

¹**Die oder der Bundesbeauftragte erstellt einen Jahresbericht über ihre oder seine Tätigkeit, der eine Liste der Arten der gemeldeten Verstöße und der Arten der getroffenen Maßnahmen, einschließlich der verhängten Sanktionen und der Maßnahmen nach Artikel 58 Absatz 2 der Verordnung (EU) 2016/679, enthalten kann.** ²**Die oder der Bundesbeauftragte übermittelt den Bericht dem Deutschen Bundestag, dem Bundesrat und der Bundesregierung und macht ihn der Öffentlichkeit, der Europäischen Kommission und dem Europäischen Datenschutzausschuss zugänglich.**

Überblick

§ 15 enthält eine Regelung zum Tätigkeitsbericht der oder des Bundesbeauftragten.

A. S. 1

1   S. 1 verpflichtet die oder den Bundesbeauftragten, jährlich einen Tätigkeitsbericht zu erstellen und schlägt Mindestinhalte vor. Aus Gründen der Einheitlichkeit und Praktikabilität ist ein Bericht vorgesehen, unabhängig davon, ob die Datenverarbeitung im Rahmen von Tätigkeiten erfolgt, die dem Unionsrecht unterfallen oder nicht (BT-Drs. 18/11325, 87).

2   Welche Form und Länge der Bericht erhält, welche Inhalte aufgenommen und wie sie dargestellt werden, liegt im Ermessen der oder des Bundesbeauftragten. Enthalten sein können nach dem Gesetzestext die Arten gemeldeter Verstöße und daraufhin getroffener Maßnahmen. Die oder der Bundesbeauftragte kann seinen Bericht nutzen, auch über die Lage und wesentliche Entwicklungen im Bereich des Datenschutzes auf nationaler, europäischer und internationaler Ebene zu unterrichten. Insgesamt muss der Bericht die Tätigkeit der oder des Bundesbeauftragten im letzten Jahr vollständig und sachgemäß wiedergeben. Die Darstellung von Datenschutzverstößen kann die Interessen der betroffenen Stellen und im Einzelfall auch Grundrechtspositionen Einzelner beeinträchtigen und muss verhältnismäßig erfolgen. Als staatliche Äußerung muss der Tätigkeitsbericht dem rechtsstaatlichen Gebot der Richtigkeit, Sachlichkeit und Neutralität folgen.

3   Die jährliche Berichterstattung ist den Vorgaben des Art. 59 VO (EU) 2016/679 und des Art. 49 RL (EU) 2016/680) geschuldet, ist jedoch auch der Dynamik des Rechtsgebiets und technischen Entwicklung angemessen, knüpft an die frühere Rechtslage an und ist auch auf Ebene der Bundesländer verbreitet. Ermöglicht wird dadurch eine zeitnahe Behandlung im parlamentarischen Raum und auf Ebene der Bundesregierung.

B. S. 2

4   S. 2 sieht vor, den Bericht neben dem Bundestag auch dem Bundesrat und der Bundesregierung formal zur Behandlung zu übermitteln und zugleich der Öffentlichkeit, der Europäischen Kommission und dem Europäischen Datenschutzausschuss zugänglich zu machen. Der Empfängerkreis, insbesondere der Bundesrat als nationales Parlament folgt aus Art. 59 VO (EU) 2016/679 und Art. 49 RL (EU) 2016/680. Die Übermittlung an die Europäische Kommission und den Europäischen Datenschutzausschuss verdeutlicht die Europäisierung des Rechtsgebiets und zugleich das Bemühen um Gleichklang in der praktischen Anwendung. Aus dem Empfängerkreis lassen sich verschiedene Funktionen des Tätigkeitsberichts ableiten. Dieser dient der Rechenschaft gegenüber und parlamentarischen Kontrolle durch den Bundestag, der Beratung insbesondere der Bundesregierung, der Aufklärung und Sensibilisierung der Öffentlichkeit in Angelegenheiten des Datenschutzes sowie der Überblicksinformation der Europäischen Kommission und des Europäischen Datenschutzausschusses im Bemühen um Einheitlichkeit (ausführlich Auernhammer/Lewinski § 15 Rn 4 ff.). Die Bundesregierung hat in der Vergangenheit eine Stellungnahme zum Bericht der oder des Bundesbeauftragten abgegeben. Der Bundestag hat den Bericht beraten und anschließend Beschlüsse gefasst, in denen die Bundesregierung aufgefordert wurde, in bestimmter Weise tätig zu werden. Ähnlich ist dies für den Bundesrat im Rahmen seiner Zuständigkeiten zu erwarten.

5   Die bisherigen Berichte der oder des Bundesbeauftragten und auch Berichte auf Ebene der Bundesländer und europäischer Ebene sind über das Zentralarchiv für Tätigkeitsberichte des Bundes- und der Landesdatenschutzbeauftragten und der Aufsichtsbehörden für den Datenschutz (ZAfTDa, www.zaftda.de/) zugänglich.

§ 16 Befugnisse

(1) [1]Die oder der Bundesbeauftragte nimmt im Anwendungsbereich der Verordnung (EU) 2016/679 die Befugnisse gemäß Artikel 58 der Verordnung (EU) 2016/679 wahr. [2]Kommt die oder der Bundesbeauftragte zu dem Ergebnis, dass Verstöße gegen die Vorschriften über den Datenschutz oder sonstige Mängel bei der Verarbeitung personenbezogener Daten vorliegen, teilt sie oder er dies der zuständigen Rechts- oder Fachaufsichtsbehörde mit und gibt dieser vor der Ausübung der Befugnisse des Artikels 58 Absatz 2 Buchstabe b bis g, i und j der Verordnung (EU) 2016/679 gegenüber dem Verantwortlichen Gelegenheit zur Stellungnahme innerhalb einer angemessenen Frist. [3]Von der Einräumung der Gelegenheit zur Stellungnahme kann abgesehen werden,

wenn eine sofortige Entscheidung wegen Gefahr im Verzug oder im öffentlichen Interesse notwendig erscheint oder ihr ein zwingendes öffentliches Interesse entgegensteht. ⁴Die Stellungnahme soll auch eine Darstellung der Maßnahmen enthalten, die aufgrund der Mitteilung der oder des Bundesbeauftragten getroffen worden sind.

(2) ¹Stellt die oder der Bundesbeauftragte bei Datenverarbeitungen durch öffentliche Stellen des Bundes zu Zwecken außerhalb des Anwendungsbereichs der Verordnung (EU) 2016/679 Verstöße gegen die Vorschriften dieses Gesetzes oder gegen andere Vorschriften über den Datenschutz oder sonstige Mängel bei der Verarbeitung oder Nutzung personenbezogener Daten fest, so beanstandet sie oder er dies gegenüber der zuständigen obersten Bundesbehörde und fordert diese zur Stellungnahme innerhalb einer von ihr oder ihm zu bestimmenden Frist auf. ²Die oder der Bundesbeauftragte kann von einer Beanstandung absehen oder auf eine Stellungnahme verzichten, insbesondere wenn es sich um unerhebliche oder inzwischen beseitigte Mängel handelt. ³Die Stellungnahme soll auch eine Darstellung der Maßnahmen enthalten, die aufgrund der Beanstandung der oder des Bundesbeauftragten getroffen worden sind. ⁴Die oder der Bundesbeauftragte kann den Verantwortlichen auch davor warnen, dass beabsichtigte Verarbeitungsvorgänge voraussichtlich gegen in diesem Gesetz enthaltene und andere auf die jeweilige Datenverarbeitung anzuwendende Vorschriften über den Datenschutz verstoßen.

(3) ¹Die Befugnisse der oder des Bundesbeauftragten erstrecken sich auch auf
1. von ihrer oder seiner Aufsicht unterliegenden Stellen erlangte personenbezogene Daten über den Inhalt und die näheren Umstände des Brief-, Post- und Fernmeldeverkehrs und
2. personenbezogene Daten, die einem besonderen Amtsgeheimnis, insbesondere dem Steuergeheimnis nach § 30 der Abgabenordnung, unterliegen.

²Das Grundrecht des Brief-, Post- und Fernmeldegeheimnisses des Artikels 10 des Grundgesetzes wird insoweit eingeschränkt.

(4) ¹Die öffentlichen Stellen des Bundes sind verpflichtet, der oder dem Bundesbeauftragten und ihren oder seinen Beauftragten
1. jederzeit Zugang zu den Grundstücken und Diensträumen, einschließlich aller Datenverarbeitungsanlagen und -geräte, sowie zu allen personenbezogenen Daten und Informationen, die zur Erfüllung ihrer oder seiner Aufgaben notwendig sind, zu gewähren und
2. alle Informationen, die für die Erfüllung ihrer oder seiner Aufgaben erforderlich sind, bereitzustellen.

²Für nichtöffentliche Stellen besteht die Verpflichtung des Satzes 1 Nummer 1 nur während der üblichen Betriebs- und Geschäftszeiten.

(5) ¹Die oder der Bundesbeauftragte wirkt auf die Zusammenarbeit mit den öffentlichen Stellen, die für die Kontrolle der Einhaltung der Vorschriften über den Datenschutz in den Ländern zuständig sind, sowie mit den Aufsichtsbehörden nach § 40 hin. ²§ 40 Absatz 3 Satz 1 zweiter Halbsatz gilt entsprechend.

Überblick

§ 16 regelt die Befugnisse der oder des Bundesbeauftragten zur Durchsetzung des Datenschutzrechts, im Anwendungsbereich der VO (EU) 2016/679 (Abs. 1) und außerhalb (Abs. 2) sowie für alle Bereiche (Abs. 3–5).

A. Abs. 1

Im Anwendungsbereich der unmittelbar geltenden VO (EU) 2016/679 nimmt Abs. 1 S. 1 umfassend Bezug auf die dort in Art. 58 Abs. 1–3 DS-GVO (→ DS-GVO Art. 58 Rn. 1) vorgesehenen Untersuchungs-, Abhilfe-, Sanktions- sowie Genehmigungs- und Beratungsbefugnisse. Die unionsweite Regelung derselben Aufgaben und wirksamer Befugnisse stellt die einheitliche Überwachung der Anwendung und Durchsetzung sicher (Erwägungsgrund 129 S. 1 VO (EU) 2016/679) und vermeidet die insoweit teilweise wahrgenommenen unterschiedlichen Wettbewerbsbedingungen für europäische Unternehmen. **1**

Für die Ausübung der Befugnisse durch die oder den Bundesbeauftragten gelten die Anforderungen des Verwaltungsverfahrensgesetzes des Bundes, soweit es sich bei den Maßnahmen um **2**

Verwaltungsakte handelt etwa zur Bestimmtheit und Form, zur Rechtsbehelfsbelehrung, zur Begründung, Ermessensausübung und Bekanntgabe. Bei Sanktionen kommen nach den §§ 41–43 (→ § 41 Rn. 1 bis § 43 → § 43 Rn. 1) das Gesetz über Ordnungswidrigkeiten und die Strafprozessordnung zur Anwendung. Vorsatz oder Fahrlässigkeit bei der Herbeiführung eines Verstoßes oder Mangels sind für die Ausübung der Befugnisse nicht relevant, wohl aber bei der Bemessung einer etwaigen Geldbuße (Art. 83 Abs. 2 S. 2 lit. b VO (EU) 2016/679).

3 Entsprechend sieht Art. 58 Abs. 4 VO (EU) 2016/679 für die Ausübung der Befugnisse insbesondere wirksame gerichtliche Rechtsbehelfe und geeignete Verfahrensgarantien vor. Danach sollen die Befugnisse unparteiisch, gerecht und innerhalb einer angemessenen Frist ausgeübt werden. Die einzelne Maßnahme soll geeignet, erforderlich und verhältnismäßig sein und die Umstände des jeweiligen Einzelfalls berücksichtigen. Adressaten einer Maßnahme, die nachteilige Auswirkungen hätte sind davon anzuhören und überflüssige Kosten und Unannehmlichkeiten zu vermeiden. Rechtsverbindliche Maßnahmen sollen schriftlich erlassen werden, klar und eindeutig sein, ein Datum enthalten und vom Leiter oder einem bevollmächtigten Mitglied unterschrieben, begründet und mit einem Rechtsbehelf versehen (Erwägungsgrund 129 S. 4, 5 und 7 VO (EU) 2016/679).

4 Ergänzende Anforderungen nach dem Verfahrensrecht der Mitgliedstaaten sind nicht ausgeschlossen (Erwägungsgrund 129 S. 8 VO (EU) 2016/679) und finden sich in Abs. 1 S. 2–4. Nach Abs. 1 S. 2, 4 erhält die zuständige Rechts- oder Fachaufsichtsbehörde bei Verstößen oder sonstigen Mängeln vor der Wahrnehmung der Abhilfebefugnisse nach Art. 58 Abs. 2 lit. b–g, i und j VO (EU) 2016/679 die Gelegenheit, innerhalb eine angemessenen Frist Stellung zu nehmen, insbesondere zur Darstellung der Maßnahmen, die aufgrund der Feststellungen der oder des Bundesbeauftragten getroffen worden sind. Damit wird die Gefahr abweichender Anweisungen zwischen Datenschutzaufsicht und Rechts- oder Fachaufsicht reduziert, die sonst gerichtlich zu klären wären (BT-Drs. 18/11325, 88).

5 S. 3 erlaubt der oder dem Bundesbeauftragten von der Stellungnahme, angelehnt an § 28 Abs. 2 Nr. 1, 3 des Verwaltungsverfahrensgesetzes des Bundes abzusehen, wenn eine sofortige Entscheidung wegen Gefahr im Verzug oder im öffentlichen Interesse notwendig erscheint oder ihr ein zwingendes öffentliches Interesse entgegensteht.

B. Abs. 2

6 Abs. 2 regelt ergänzend und abweichend zum Abs. 1 die Befugnisse außerhalb des Anwendungsbereichs der VO (EU) 2016/679, dh im Anwendungsbereich der Richtlinie (EU) 2016/680 oder soweit die Datenverarbeitung nicht dem Unionsrecht unterfällt, etwa im Bereich der Nachrichtendienste. In Anlehnung an § 25 BDSG aF ist die oder der Bundesbeauftragte hier bei Verstößen oder sonstigen Mängeln nach Abs. 2 S. 1 und S. 3 auf die Mittel der Beanstandung gegenüber der obersten Bundesbehörde und die Aufforderung zur Stellungnahme zu den ergriffenen Maßnahmen beschränkt. Mit der Beanstandung wird ein Verstoß gegen Vorschriften des BDSG oder andere Vorschriften über den Datenschutz oder sonstige Mängel bei der Verarbeitung personenbezogener Daten festgestellt. Bei Mängeln ist die Schwelle zum Verstoß noch nicht sicher erreicht, aber diskutabel, etwa bei der Auslegung unbestimmter Rechtsbegriffe oder Grundsätzen des Datenschutzes, wie Datenvermeidung und -sparsamkeit. Die Aufnahme soll der oder dem Bundesbeauftragten unfruchtbare Diskussionen mit den Verantwortlichen ersparen und betont den umfassenden Charakter des Beanstandungsrechts.

7 Die oder der Bundesbeauftragte kann nach Feststellung eines Mangels oder Verstoßes gleich eine Beanstandung aussprechen. Es ist nicht vorgesehen, dass der Beanstandung andere Maßnahmen, wie zunächst eine vorherige Beratung oder Warnung, vorangestellt werden müssen. Nach Abs. 2 S. 2 kann die oder der Bundesbeauftragte bei Feststellung eines Mangels insgesamt von einer Beanstandung absehen oder lediglich von der Stellungnahme. Dies insbesondere dann, wenn der Mangel unerheblich oder beseitigt ist oder im konstruktiven Dialog mit dem Verantwortlichen schneller und effektiver beseitigt werden kann. Im Umkehrschluss bedeutet dies, dass ein solches Absehen bei festgestellten Verstößen eher nicht in Betracht kommt und insbesondere bei gravierenderen Verstößen unmittelbar zur Beanstandung führt.

7a In der Beanstandung fordert die oder der Beauftragte zur Stellungnahme innerhalb einer von ihr oder ihm zu bestimmenden Frist auf. Die Stellungnahme durch den Adressaten der Beanstandung soll dann nach Abs. 2 S. 3 auch eine Darstellung der Maßnahmen enthalten, die aufgrund der Beanstandung zwischenzeitlich getroffen worden sind.

8 Bei beabsichtigten Datenverarbeitungen tritt an die Stelle eines festgestellten Verstoßes nach Abs. 2 S. 4 die Möglichkeit der oder des Bundesbeauftragten vor einem voraussichtlichen Verstoß zu warnen, mit dem Ziel, den Verantwortlichen zu einer Prüfung und Abhilfe zu veranlassen.

Die Beanstandung ist kein Verwaltungsakt und keine Weisung, sie entfaltet unmittelbar keine 9
Rechtswirkung und ist nicht mit Rechtsmitteln anfechtbar. Das Verwaltungsverfahrensgesetz des
Bundes ist grundsätzlich unanwendbar. Auch für die Ausübung des Beanstandungsrechts verweist
Art. 47 Abs. 4 RL (EU) 2016/680 aber auf wirksame gerichtliche Rechtsbehelfe und geeignete
Verfahrensgarantien. Hierzu zählt eine unparteiische, gerechte und innerhalb einer angemessenen
Frist erfolgende Ausübung. Die einzelne Maßnahme soll geeignet, erforderlich und verhältnismäßig sein und die Umstände des jeweiligen Einzelfalls berücksichtigen. Hätte die Maßnahme nachteilige Auswirkungen auf eine Person, so ist sie zuvor anzuhören und sind überflüssige Kosten
und Unannehmlichkeiten zu vermeiden (Erwägungsgrund 82 S. 3 und S. 4 RL (EU) 2016/680).
Die Beanstandung ist grundsätzlich formfrei, wird ihrem Zweck entsprechend aber in aller Regel
in Textform erfolgen und die Sachlage sowie eine rechtliche Stellungnahme enthalten, in welchem
Verhalten und aus welchen Gründen ein Datenschutzverstoß oder Mangel angenommen wird
(Plath/Krohm/Hullen Rn. 18).

Streitig ist angesichts dessen, wie schon unter dem BDSG aF, ob es sich bei der Beanstandung 10
um eine wirksame Abhilfebefugnis handelt (verneinend die BfDI, A-Drs. 18(4)788, 6 und BT-Drs. 19/9800, 30; Gola/Heckmann Rn. 8; Paal/Pauly/Körffer Rn. 3d; s. zuletzt den von der
Opposition eingebrachten Entwurf eines Gesetzes zur Stärkung der Datenschutzaufsicht, BT-Drs.
19/29761, abgelehnt in BT-Drs. 19/30610). Sie macht die an Recht und Gesetz gebundene
oberste Bundesbehörde hinreichend auf aus Sicht der oder des Bundesbeauftragten rechtswidrige
Verarbeitungen aufmerksam, um diesen abzuhelfen (BT-Drs. 18/11325, 88). Die Beanstandung
ist auch im Zusammenspiel mit den weiteren Einwirkungsmöglichkeiten der oder des Bundesbeauftragten zu sehen, sich etwa im Tätigkeitsbericht, gegenüber dem Bundestag oder öffentlich zu
äußern und auf diese Weise erheblichen öffentlichen Druck aufzubauen. Die Entscheidung bewegt
sich insoweit innerhalb des gesetzgeberischen Spielraums bei der Umsetzung des Art. 47 der
Richtlinie (EU) 2016/680. Die Gesetzbegründung verweist zusätzlich auf die Sensibilität und
Komplexität von Letztentscheidungs- und Anordnungsbefugnissen der oder des Bundesbeauftragten im Bereich der Straftatenverhütung, -ermittlung und -verfolgung sowie darauf bezogenen
Gefahrenabwehr (BT-Drs. 18/11325, 88). Das auch eine andere Wertung denkbar wäre, zeigen
etwa die Anordnungsbefugnisse des Europäischen Datenschutzbeauftragten bei Verstöße von
Datenverarbeitungsvorgängen bei der Agentur der Europäischen Union für die Zusammenarbeit
auf dem Gebiet der Strafverfolgung (Europol) nach Art. 43 Abs. 3 lit. f VO (EU) 2016/794. Der
Gesetzgeber hat in sicherheitsbehördlichen fachlichen Regelungen die in Abs. 2 vorgesehenen
Befugnisse zum Teil weiter ausgestaltet, siehe zB das zusätzliche Anordnungsrecht in § 69 Abs. 2
BKAG (BT-Drs. 19/9800, 22, 30 zur Empfehlung des Bundesbeauftragten zur Übertragung auf
weitere Fachgesetze).

C. Abs. 3

Abs. 3 S. 1 stellt klar, dass den Befugnissen weder das Brief-, Post- oder Fernmeldeverkehrsgeheimnis (Nr. 1), noch ein besonderes Amtsgeheimnis soweit es sich auf personenbezogene Daten 11
bezieht (Nr. 2) entgegenstehen. Ausdrücklich genannt ist das Steuergeheimnis nach § 30 AO.
Weitere besondere Amtsgeheimnisse sind etwa das Statistikgeheimnis (§ 16 BStatG) und das Sozialgeheimnis (§ 35 SGB I). Mit Blick auf Berufsgeheimnisse sind die aufsichtsbehördlichen Befugnisse
nach Maßgabe des § 29 (→ § 29 Rn. 1) eingeschränkt (kritisch hierzu der Bundesbeauftragte,
BT-Drs. 19/9800, 27). Die Ausnahmen des BDSG aF zu Daten der Kontrolle der G-10
Kommission unterlagen und bei Sicherheitsüberprüfungen, sind nun fachgesetzlich geregelt, zB
in § 28 BVerfSchG, § 13a MADG oder § 32 BNDG. Durch das Zweite Datenschutz-Anpassungs-
und Umsetzungsgesetz EU (2. DSAnpUG-EU) v. 20.11.2019 (BGBl. I 1626) wurden im Abs. 3
S. 1 Nr. 1 die Wörter „von öffentlichen Stellen des Bundes" durch die Wörter „von ihrer oder
seiner Aufsicht unterliegenden Stellen" ersetzt. Es handelt sich um eine Folgeänderung zur Anpassung des § 9 durch die klargestellt wird, dass die Befugnisse der oder des Bundesbeauftragten auch
gegenüber nichtöffentlichen Stellen, gelten, die ihrer oder seiner Aufsichtszuständigkeit unterliegen
(BT-Drs. 19/4674, 210), insbesondere Unternehmen, die Telekommunikationsdienstleistungen
erbringen.

D. Abs. 4

Abs. 4 regelt die Zugangs- und Informationsrechte der oder des Bundesbeauftragten, um eine 12
effektive Aufsicht zu gewährleisten. Die öffentlichen Stellen des Bundes haben der oder dem
Bundesbeauftragten und den von ihr oder ihm Beauftragten, soweit zur Aufgabenerfüllung not-

wendig Zugang zu Grundstücken, Diensträumen und zu allen Datenverarbeitungsanlagen und -geräten zu gewähren (Nr. 1) sowie alle sonstigen, zB schriftlichen, Informationen bereitzustellen (Nr. 2).

12a Durch das 2. DSAnpUG-EU v. 20.11.2019 (BGBl. I 1626) wurde Abs. 4 um einen klarstellenden zweiten Satz ergänzt werden, wonach für nichtöffentliche Stellen die Zugangs- und Betretensrechte der oder des Bundesbeauftragten nach S. 1 Nr. 1 nur während der üblichen Betriebs- und Geschäftszeiten bestehen (BT-Drs. 19/4764, 25). Damit will der Gesetzgeber den verfassungsgerichtlichen Anforderungen an das behördliche Betretensrecht Rechnung tragen (BVerfGE 32, 54 (76 f.); 97, 228 (266); BVerfG NJW 2007, 1049 (1050); BVerfG NJW 2008, 2426 (2427); vgl. auch BVerwGE 78, 251 (255)). Über den Verweis in § 40 Abs. 5 S. 2 gilt die Änderung klarstellend auch für die Aufsichtsbehörden der Länder (BT-Drs. 19/4764, 210). Im Übrigen gilt die Unterstützung „jederzeit", dh unverzüglich ohne schuldhaftes Verzögern.

E. Abs. 5

13 Abs. 5 S. 1 sieht wie im BDSG aF vor, dass die oder der Bundesbeauftragte auf die Zusammenarbeit mit den Landesbeauftragten für den Datenschutz und den Aufsichtsbehörden für den nichtöffentlichen Bereich nach § 40 hinwirkt. S. 2 regelt über den Verweis auf § 40 Abs. 3 S. 1 Hs. 2 die entsprechende Datenübermittlungsbefugnis. Die entsprechenden Gremien für die Zusammenarbeit waren bislang die „Konferenz der Datenschutzbeauftragten des Bundes und der Länder" (DSK) sowie im nichtöffentlichen Bereich bis 2018 der sog. „Düsseldorfer Kreis", der dann zum Arbeitskreis Wirtschaft der DSK umgewandelt wurde. Die Unterarbeitsgruppen des Düsseldorfer Kreises wurden gleichzeitig zu eigenständigen Arbeitskreisen aufgewertet (s. Thiel ZD 2020, 93 ff.). Die Entschließungen der Gremien finden sich auf der Webseite der DSK (https://www.datenschutzkonferenz-online.de/).

Kapitel 5. Vertretung im Europäischen Datenschutzausschuss, zentrale Anlaufstelle, Zusammenarbeit der Aufsichtsbehörden des Bundes und der Länder in Angelegenheiten der Europäischen Union

§ 17 Vertretung im Europäischen Datenschutzausschuss, zentrale Anlaufstelle

(1) ¹Gemeinsamer Vertreter im Europäischen Datenschutzausschuss und zentrale Anlaufstelle ist die oder der Bundesbeauftragte (gemeinsamer Vertreter). ²Als Stellvertreterin oder Stellvertreter des gemeinsamen Vertreters wählt der Bundesrat eine Leiterin oder einen Leiter der Aufsichtsbehörde eines Landes (Stellvertreter). ³Die Wahl erfolgt für fünf Jahre. ⁴Mit dem Ausscheiden aus dem Amt als Leiterin oder Leiter der Aufsichtsbehörde eines Landes endet zugleich die Funktion als Stellvertreter. ⁵Wiederwahl ist zulässig.

(2) Der gemeinsame Vertreter überträgt in Angelegenheiten, die die Wahrnehmung einer Aufgabe betreffen, für welche die Länder allein das Recht zur Gesetzgebung haben, oder welche die Einrichtung oder das Verfahren von Landesbehörden betreffen, dem Stellvertreter auf dessen Verlangen die Verhandlungsführung und das Stimmrecht im Europäischen Datenschutzausschuss.

Überblick

In den meisten Mitgliedstaaten der Europäischen Union wird die Datenschutzaufsicht durch eine einzige unabhängige Aufsichtsbehörde wahrgenommen (vgl. Weiß RDV 2014, 319). Art. 51 Abs. 1 S. 1 DS-GVO lässt es jedoch auch zu, wie bereits Art. 28 Abs. 1 der Datenschutzrichtlinie aus dem Jahr 1995 (RL 95/46 EG), dass die Mitgliedstaaten mehrere unabhängige Aufsichtsbehörden errichten. Auf dieser Grundlage wurde das föderale deutsche Aufsichtsbehördensystem mit den Datenschutzbehörden des Bundes und der Länder unter Geltung der DS-GVO erhalten (vgl. Schantz/Wolff DatenschutzR/Schantz Rn. 1076 ff.; Kranig ZD 2013, 550 ff.). Die Existenz mehrerer Aufsichtsbehörden in einem Mitgliedstaat verkompliziert in gewisser Weise jedoch die Teilhabe und Repräsentanz dieses Mitgliedstaats im Verfahren der Zusammenarbeit und Kohärenz nach Kapitel VII DS-GVO. Der Verordnungsgeber hat dies erkannt und einige Regelungen getroffen: Gem. Art. 51 Abs. 3 DS-GVO legt ein Mitgliedstaat, in dem es mehrere Aufsichtsbehörden gibt, eine dieser Behörden fest, die die Behörden im Europäischen Datenschutzausschuss (EDSA) vertritt und führt ein Verfahren ein, das sicherstellt, dass die Regeln des Kohärenzverfahrens von allen Behörden eingehalten werden. Gem. Art. 68 Abs. 4 DS-GVO wird die Datenschutzaufsicht dieser Mitgliedstaaten im Europäischen Datenschutzausschuss durch einen gemeinsamen Vertreter (→ Rn. 7 f.) repräsentiert. Und Erwägungsgrund 119 konkretisiert die Verpflichtung der Mitgliedstaaten mit mehreren Aufsichtsbehörden, für eine funktionierende Teilnahme am Kohärenzverfahren zu sorgen dahingehend, dass eine zentrale Anlaufstelle (single contact point, → Rn. 2 ff.) eingerichtet werden sollte, die ua eine rasche und reibungslose Zusammenarbeit mit anderen Aufsichtsbehörden, dem EDSA und der Kommission gewährleistet. § 17 dient der Umsetzung dieser Vorgaben der DS-GVO.

A. Allgemeines

§ 17, der im Gesetzgebungsverfahren unverändert geblieben ist, ist gem. Art. 8 des Gesetzes 1 zur Anpassung des Datenschutzrechts an die VO (EU) 2016/679 und zur Umsetzung der RL (EU) 2016/680 am 25.5.2018, im Zeitpunkt der Anwendbarkeit der DS-GVO, in Kraft getreten. Der Bundesrat hatte zunächst in seiner Stellungnahme zum Regierungsentwurf des Datenschutz-Anpassungs- und -Umsetzungsgesetzes EU eine andere Kompetenzverteilung zwischen dem gemeinsamen Vertreter und seinem Stellvertreter gefordert (BR-Drs. 110/17, 11), dem Gesetz aber letztlich in diesem Punkt unverändert zugestimmt. Die Gesetzgebungskompetenz des Bundes wird mit einer Annexkompetenz zu Art. 23 Abs. 1 S. 2 GG begründet (BT-Drs. 18/11325, 71 f.).

B. Die zentrale Anlaufstelle (Abs. 1 S. 1)

I. Allgemeines

§ 17 Abs. 1 S. 1 überträgt die Funktion der zentralen Anlaufstelle dem BfDI („ist die BfDI"). 2 Weitere Regelungen enthält das BDSG nicht. Die ausführliche Gesetzesbegründung gibt aber Aufschluss über Aufgabenspektrum und Funktionsweise der zentralen Anlaufstelle nach dem Willen des Gesetzgebers. Wie ebenfalls in der Gesetzesbegründung (BT-Drs. 18/11325, 90) ausgeführt, erscheint es sinnvoll, die zentrale Anlaufstelle bei der Behörde anzusiedeln, die auch die Funktion des gemeinsamen Vertreters wahrnimmt. Die zentrale Anlaufstelle ist jedoch organisatorisch von den übrigen Aufgaben des Bundesbeauftragten zu trennen (BT-Drs. 18/11325, 90). Die organisatorische Trennung bringt die besondere Stellung der zentralen Anlaufstelle zum Ausdruck und dient dazu, Interessenkonflikte mit anderen Organisationseinheiten des BfDI zu vermeiden (vgl. Kühling/Buchner/Dix Rn. 7). Unbeschadet der organisatorischen Trennung folgt aus der Zuweisung zur Dienststelle des BfDI, dass die Mitarbeiterinnen und Mitarbeiter der zentralen Anlaufstelle Bedienstete des BfDI sind. Rechts- und Fachaufsicht liegen ebenfalls bei dem BfDI. Abordnungen, beispielsweise von Mitarbeitern der Aufsichtsbehörden der Länder, sind unter Beachtung der allgemeinen beamten- bzw. tarifrechtlichen Voraussetzungen möglich. Der Dienstsitz des BfDI und damit der zentralen Anlaufstelle ist Bonn (§ 8 Abs. 1 S. 2); die Einrichtung einer Dienststelle der zentralen Anlaufstelle in Brüssel ist dadurch nicht ausgeschlossen und aufgrund des Aufgabenspektrums (→ Rn. 3 ff.) nicht fernliegend.

II. Aufgabenspektrum

Die zentrale Anlaufstelle hat nach der Gesetzesbegründung unterstützende Aufgaben, insbesondere im Bereich der Kommunikation und Koordinierung (BT-Drs. 18/11325, 89 ff.). Sie stellt zuvorderst das **kommunikative Bindeglied** zwischen den deutschen Aufsichtsbehörden auf der einen und den Aufsichtsbehörden der anderen Mitgliedstaaten, dem EDSA und der Kommission auf der anderen Seite dar, und ist damit **Dreh- und Angelpunkt** dieser Kommunikationsbeziehungen. Sie soll es den Aufsichtsbehörden der anderen Mitgliedstaaten, dem EDSA und der Kommission ermöglichen, ohne Kenntnis der innerstaatlichen Zuständigkeiten effektiv mit den deutschen Aufsichtsbehörden zu kommunizieren (BT-Drs. 18/11325, 89). Zu diesem Zweck leitet sie alle ihr zugeleiteten Informationen und den bei ihr eingehenden Geschäftsverkehr an die hiervon betroffenen deutschen Aufsichtsbehörden weiter (BT-Drs. 18/11325, 89). Die deutschen Aufsichtsbehörden können sich der zentralen Anlaufstelle bei der Kommunikation mit den anderen genannten Institutionen im Kontext der DS-GVO bedienen (BT-Drs. 18/11325, 89), zumindest

BDSG § 17 Teil 1. Gemeinsame Bestimmungen

außerhalb des eigentlichen Kohärenzverfahrens nach Art. 64 und 66 müssen sie dies aber nicht (Kühling/Buchner/Dix Rn. 6).

4 Die zentrale Anlaufstelle hat eine **rein unterstützende Funktion;** sie übt keine hoheitlichen Verwaltungsaufgaben aus (BT-Drs. 18/11325, 89) und hat keine Entscheidungskompetenzen. Zur Unterstützung gehören beispielsweise die Kontrolle der Einhaltung von Fristen oder die Identifizierung von betroffenen Aufsichtsbehörden in anderen Mitgliedstaaten (BT-Drs. 18/11325, 89).

5 Zu den Aufgaben der zentralen Anlaufstelle gehört darüber hinaus die **Koordinierung der gemeinsamen Willensbildung** der Aufsichtsbehörden des Bundes und der Länder (BT-Drs. 18/11325, 89). Das Verfahren der Zusammenarbeit dieser Behörden ist in § 18 (→ § 18 Rn. 1 ff.) geregelt; bei der Ermittlung gemeinsamer Standpunkte ist die zentrale Anlaufstelle eng einzubinden bzw. sie hat zu unterstützende Funktion (BT-Drs. 18/11325, 92). Eine solche Aufgabenzuweisung legt nahe, dass die zentrale Anlaufstelle auch selbst fachlich-inhaltliche (Zu-)Arbeit leistet, beispielsweise zur Einschätzung der Erfolgsaussichten der Durchsetzung bestimmter Positionen im Kreis der europäischen Aufsichtsbehörden, der Auslotung von Kompromissmöglichkeiten und der Einschätzung europarechtlicher Fragestellungen. Damit kommt der zentralen Anlaufstelle mehr zu als eine reine Briefkastenfunktion (so aber Kühling/Martini EuZW 2016, 448 (453)). Ihre Funktion besteht gleichwohl aufgrund der fehlenden Entscheidungsbefugnisse im Wesentlichen darin, als **Dienstleisterin für die Aufsichtsbehörden des Bundes und der Länder** tätig zu werden. Dies kann auch die Übernahme bestimmter repräsentativer Aufgaben im europäischen Kontext umfassen, beispielsweise die Teilnahme von Mitarbeitern der zentralen Anlaufstelle an Sitzungen, Tagungen oder Konferenzen in Brüssel (in Abstimmung mit den deutschen Aufsichtsbehörden). Wenn die zentrale Anlaufstelle für die Aufsichtsbehörden der anderen Mitgliedstaaten, den EDSA und die Kommission der vorrangige Kommunikationspartner Deutschlands sein soll, liegt es nahe, dass ihre Mitarbeiter vor Ort in Brüssel auch Präsenz zeigen.

III. Reichweite der Aufgaben

6 Erwägungsgrund 119 DS-GVO erwähnt im Zusammenhang mit der zentralen Anlaufstelle ausdrücklich nur das Kohärenzverfahren. Laut Gesetzesbegründung zum BDSG besteht die Unterstützungsfunktion der zentralen Anlaufstelle darüber hinausgehend „**für alle Angelegenheiten der Europäischen Union,** insbesondere für das Verfahren der Zusammenarbeit der Artikel 60 bis 62" DS-GVO (BT-Drs. 18/11325, 89). Da der zentralen Anlaufstelle zudem bei der Festlegung gemeinsamer Standpunkte im Verfahren nach § 18 eine koordinierende bzw. unterstützende Funktion zukommt und § 18 auch für alle Angelegenheiten des EDSA nach Art. 70 DS-GVO gilt, erstreckt sich die Zuständigkeit der zentralen Anlaufstelle grundsätzlich auch auf diese Verfahren. Lediglich in Fallgestaltungen, in denen mangels Wirkung für und gegen die übrigen deutschen Aufsichtsbehörden und deren Vollzugsentscheidungen keine inhaltliche Vorabstimmung erforderlich ist (→ § 18 Rn. 2), bedarf es keines gemeinsamen Standpunkts und daher insoweit auch keiner Koordinierung durch die zentrale Anlaufstelle. Die Ausweitung des Zuständigkeitsbereichs der zentralen Anlaufstelle über das in Erwägungsgrund 119 erwähnte Kohärenzverfahren hinaus durch den deutschen Gesetzgeber begegnet europarechtlich keinen Bedenken, da die DS-GVO keine entgegenstehende Regelung enthält und die Regelung des Verfahrens der innerstaatlichen Koordinierung und Meinungsbildung in Mitgliedstaaten mit mehreren Aufsichtsbehörden den nationalen Gesetzgebern überlässt.

C. Der gemeinsame Vertreter (Abs. 1 S. 1)

7 Dem EDSA kommt nach der DS-GVO eine große datenschutzrechtliche und datenschutzpolitische Bedeutung zu (vgl. Gola/Nguyen DS-GVO Art. 68 Rn. 1, 2). Da die Vertretung in diesem Gremium gem. Art. 51 Abs. 3, 68 Abs. 4 DS-GVO nur durch eine Aufsichtsbehörde des Mitgliedstaats als gemeinsamer Vertreter erfolgt, sah sich der deutsche Gesetzgeber vor die Herausforderung gestellt, hierzu eine Regelung zu schaffen, die einerseits dem föderalen Staatsaufbau der Bundesrepublik und der Unabhängigkeit aller Datenschutzbeauftragten gerecht wird, andererseits aber auch die effektive und schlagkräftige Einbringung der deutschen Position sicherstellt. Die DS-GVO macht in den genannten Artikeln nur wenige Vorgaben für den gemeinsamen Vertreter, es muss sich aber um den Leiter oder die Leiterin einer Aufsichtsbehörde handeln (Schantz/Wolff DatenschutzR/Schantz Rn. 971). Die Aufgaben des gemeinsamen Vertreters ergeben sich unmittelbar aus seiner Funktion als Mitglied des EDSA. Außerdem kommt ihm eine besondere Rolle im Verfahren der Zusammenarbeit der deutschen Aufsichtsbehörden nach § 18 Abs. 2 zu (→ § 18 Rn. 7).

Die Funktion des gemeinsamen Vertreters kommt gem. § 17 Abs. 1 S. 1 dem BfDI zu, und **8**
der Bundesrat (nicht etwa die Aufsichtsbehörden der Länder) wählt den Leiter oder die Leiterin
einer Aufsichtsbehörde der Länder als Stellvertreter/in des gemeinsamen Vertreters. Die Herleitung
über den Art. 23 GG und dem Gesetz über die Zusammenarbeit von Bund und Ländern in
Angelegenheiten der Europäischen Union (EUZBLG) immanenten Grundsatz der Außenvertretung
des Bundes (BT-Drs. 18/11325, 89) ist insoweit zwar schlüssig, das im § 17 festgelegte
Ergebnis aber keineswegs eine zwingende Ableitung daraus. Es wären auch andere Modelle denkbar
gewesen, die die überwiegende Vollzugszuständigkeit der Aufsichtsbehörden der Länder stärker
berücksichtigen (s. zu vor Verabschiedung des BDSG nF diskutierten Alternativen Kühling/Martini
EuZW 2016, 448 (453); Gola/Nguyen DS-GVO Art. 68 Rn. 6; Schantz/Wolff Datenschutz
R/Schantz Rn. 974. Kritisch auch Kühling/Buchner/Dix Rn. 5). Durch die Bindung des
gemeinsamen Vertreters (und ggf. seines Stellvertreters) an gemeinsame Standpunkte gem. § 18
Abs. 3 (→ § 18 Rn. 10) ist aber ohnehin gewährleistet, dass dieser im Streitfall grundsätzlich
faktisch keine herausgehobene Stellung innehat. Allerdings kann der Auffassung des gemeinsamen
Vertreters der Ausschuss zukommen, bei Stimmengleichheit im Verfahren der Zusammenarbeit
nach § 18 Abs. 2 der gemeinsame Vertreter den Vorschlag für einen gemeinsamen Standpunkt
unterbreitet hat (→ § 18 Rn. 6). Da die Stimmengleichheit in der Praxis die absolute Ausnahme
sein dürfte und diese Konstellation auch nur dann eintritt, wenn es keine federführende Behörde
gibt, lässt sich die Position des gemeinsamen Vertreters im Kreis der Leiterinnen und Leiter der
deutschen Aufsichtsbehörden als primus inter pares beschreiben.

D. Der Stellvertreter des gemeinsamen Vertreters (Abs. 1 S. 2–4)

Der Stellvertreter des gemeinsamen Vertreters im EDSA (Ländervertreter) wird gem. § 17 Abs. 1 **9**
S. 2 vom Bundesrat gewählt (kritisch dazu Kühling/Buchner/ Dix Rn. 5, der in unionskonformer
Auslegung eine Wahl auf Vorschlag der Landesaufsichtsbehörden für geboten hält). Der Kreis der
passiv Wahlberechtigten ist kraft Gesetz auf die Leiterinnen und Leiter der Aufsichtsbehörden der
Länder, derzeit also 17 Personen, beschränkt. Zum Wahlverfahren trifft das BDSG keine Aussage,
es gelten daher die allgemeinen Regelungen des GG, insbesondere Art. 51 und 52 GG, und der
Geschäftsordnung des Bundesrates. Die Wahl erfolgt gem. § 17 Abs. 1 S. 3 für eine Amtszeit
von fünf Jahren. Eine gesetzliche Regelung, was geschieht, wenn der Bundesrat die Wahl eines
Stellvertreters des gemeinsamen Vertreters nicht trifft, fehlt. Insoweit könnte der Gesetzgeber
beispielsweise vorsehen, dass die Funktion des Stellvertreters vom Leiter der Aufsichtsbehörde des
Landes wahrgenommen wird, dessen Ministerpräsident vom Bundesrat gem. Art. 52 Abs. 1 GG
zum Präsidenten des Bundesrates gewählt wurde.

Die Funktion des Stellvertreters endet kraft Gesetz nur dann, wenn die betreffende Person aus **9a**
ihrem Amt als Datenschutzbeauftragter eines Landes ausscheidet. Regelungen dazu enthalten die
Landesdatenschutzgesetze. Eine Abwahl des Stellvertreters des gemeinsamen Vertreters durch den
Bundesrat ist somit nicht vorgesehen. Gem. § 17 Abs. 1 S. 4 ist eine Wiederwahl ohne Beschränkungen
zulässig (→ Rn. 9.1).

Zum Ausscheiden eines Leiters einer Aufsichtsbehörde treffen die Datenschutzgesetze der Länder unter- **9a.1**
schiedliche Regelungen, vgl. beispielsweise § 16 Abs. 3 Brandenburgisches Datenschutzgesetz, § 25 Abs. 5
Datenschutzgesetz Nordrhein-Westfalen, § 18 Abs. 5 Niedersächsisches Datenschutzgesetz, § 3 Abs. 8 Thüringer
Datenschutzgesetz, § 14 Abs. 3 Landesdatenschutzgesetz Rheinland-Pfalz.

Der Stellvertreter des gemeinsamen Vertreters hat nach dem Verständnis des deutschen Gesetz- **10**
gebers ein permanentes Anwesenheitsrecht in den Sitzungen des EDSA (BT-Drs. 18/11325, 90).
Als Vertreter des gemeinsamen Vertreters iSv Art. 68 Abs. 3 DS-GVO kommt ihm kraft Gesetz
die Abwesenheitsvertretung des gemeinsamen Vertreters im EDSA zu. Dieser Fall tritt jedoch erst
dann ein, wenn der BfDI sich nicht durch einen Mitarbeiter seiner Behörde, im Regelfall etwa
den leitenden Beamten, vertreten lässt (so auch Auernhammer/Hermerschmidt Rn. 47).

Am 25.6.2021 hat der Bundesrat den Bayerischen Landesbeauftragten für den Datenschutz, **10a**
Herrn Prof. Petri zum Stellvertreter des gemeinsamen Vertreters gewählt.

E. Verhandlungsführung und Stimmrecht (Abs. 2)

Wie auch in § 18 Abs. 2 S. 2 und § 18 Abs. 3 orientiert sich die Regelung zu Stimmrecht und **11**
Verhandlungsführung am EUZBLG (BT-Drs. 18/11325, 90). Die Übertragung der Verhandlungsführung
und des Stimmrechts in Angelegenheiten, die die Wahrnehmung von Aufgaben, für die
die Länder die Gesetzgebungskompetenz haben, betreffen oder die die Einrichtung oder das

Verfahren von Landesbehörden betreffen, setzt ein entsprechendes Verlangen des Stellvertreters voraus (ebenso: Sydow/Schöndorf-Haubold Rn. 28). Aus der Regelung folgt im Umkehrschluss, dass Verhandlungsführung und Stimmrecht in allen anderen Fällen beim gemeinsamen Vertreter liegen. Ein Verfahren zur Klärung von Streitfällen, ob die Voraussetzungen zur Übertragung von Verhandlungsführung und Stimmrecht auf den Ländervertreter vorliegen, ist im BDSG nicht vorgesehen (siehe zu den Möglichkeiten einer gerichtlichen Klärung ausführlich Sydow/Schöndorf-Haubold BDSG Rn. 37–47).

§ 18 Verfahren der Zusammenarbeit der Aufsichtsbehörden des Bundes und der Länder

(1) ¹Die oder der Bundesbeauftragte und die Aufsichtsbehörden der Länder (Aufsichtsbehörden des Bundes und der Länder) arbeiten in Angelegenheiten der Europäischen Union mit dem Ziel einer einheitlichen Anwendung der Verordnung (EU) 2016/679 und der Richtlinie (EU) 2016/680 zusammen. ²Vor der Übermittlung eines gemeinsamen Standpunktes an die Aufsichtsbehörden der anderen Mitgliedstaaten, die Europäische Kommission oder den Europäischen Datenschutzausschuss geben sich die Aufsichtsbehörden des Bundes und der Länder frühzeitig Gelegenheit zur Stellungnahme. ³Zu diesem Zweck tauschen sie untereinander alle zweckdienlichen Informationen aus. ⁴Die Aufsichtsbehörden des Bundes und der Länder beteiligen die nach den Artikeln 85 und 91 der Verordnung (EU) 2016/679 eingerichteten spezifischen Aufsichtsbehörden, sofern diese von der Angelegenheit betroffen sind.

(2) ¹Soweit die Aufsichtsbehörden des Bundes und der Länder kein Einvernehmen über den gemeinsamen Standpunkt erzielen, legen die federführende Behörde oder in Ermangelung einer solchen der gemeinsame Vertreter und sein Stellvertreter einen Vorschlag für einen gemeinsamen Standpunkt vor. ²Einigen sich der gemeinsame Vertreter und sein Stellvertreter nicht auf einen Vorschlag für einen gemeinsamen Standpunkt, legt in Angelegenheiten, die die Wahrnehmung von Aufgaben betreffen, für welche die Länder allein das Recht der Gesetzgebung haben, oder welche die Einrichtung oder das Verfahren von Landesbehörden betreffen, der Stellvertreter den Vorschlag für einen gemeinsamen Standpunkt fest. ³In den übrigen Fällen fehlenden Einvernehmens nach Satz 2 legt der gemeinsame Vertreter den Standpunkt fest. ⁴Der nach den Sätzen 1 bis 3 vorgeschlagene Standpunkt ist den Verhandlungen zu Grunde zu legen, wenn nicht die Aufsichtsbehörden von Bund und Ländern einen anderen Standpunkt mit einfacher Mehrheit beschließen. ⁵Der Bund und jedes Land haben jeweils eine Stimme. ⁶Enthaltungen werden nicht gezählt.

(3) ¹Der gemeinsame Vertreter und dessen Stellvertreter sind an den gemeinsamen Standpunkt nach den Absätzen 1 und 2 gebunden und legen unter Beachtung dieses Standpunktes einvernehmlich die jeweilige Verhandlungsführung fest. ²Sollte ein Einvernehmen nicht erreicht werden, entscheidet in den in § 18 Absatz 2 Satz 2 genannten Angelegenheiten der Stellvertreter über die weitere Verhandlungsführung. ³In den übrigen Fällen gibt die Stimme des gemeinsamen Vertreters den Ausschlag.

Überblick

Mit § 18 wird im BDSG erstmals eine konkrete Regelung zur Zusammenarbeit der Aufsichtsbehörden des Bundes und der Länder in Angelegenheiten der Europäischen Union getroffen. Notwendig ist dies, da in Kapitel VII DS-GVO zwar ausführlich das Verfahren der Zusammenarbeit und Kohärenz auf europäischer Ebene beschrieben wird, die innerstaatliche Koordinierung und Willensbildung bei Mitgliedstaaten mit mehr als einer Aufsichtsbehörde aber dem nationalen Gesetzgeber überlassen bleibt. Abs. 1 enthält allgemeine Grundsätze der Zusammenarbeit und gibt Auskunft darüber, wie einvernehmlich ein gemeinsamer Standpunkt gefunden werden soll (→ Rn. 4). In Abs. 2 ist das Verfahren zur Ermittlung eines gemeinsamen Standpunkts geregelt, wenn in einem ersten Schritt kein Einvernehmen erzielt werden konnte (→ Rn. 6). Abs. 3 enthält Ausführungen zur Bindungswirkung von gemeinsamen Standpunkten (→ Rn. 10 f.).

A. Allgemeines

1 § 18 ist gem. Art. 8 des Gesetzes zur Anpassung des Datenschutzrechts an die VO (EU) 2016/679 und zur Umsetzung der RL 2016/680/EU (JI-RL) am 25.5.2018 im Zeitpunkt der Anwend-

barkeit der DS-GVO in Kraft getreten. Die Vorschrift ist im Gesetzgebungsverfahren unverändert geblieben. Der Bundesrat hatte zunächst in seiner Stellungnahme zum Regierungsentwurf eine weitergehende Kompetenz des Stellvertreters des gemeinsamen Vertreters, Vorschläge für gemeinsame Standpunkt im Verfahren nach § 18 Abs. 2 vorzulegen, gefordert (BR-Drs. 110/17, 11), dem Gesetz aber letztlich in diesem Punkt unverändert zugestimmt. Die Gesetzgebungskompetenz wird auf eine Annexkompetenz zu Art. 23 Abs. 1 S. 2 GG gestützt (BT-Drs. 18/11325, 71 f.).

B. Anwendungsbereich

Das Gebot der Zusammenarbeit nach Abs. 1 gilt für Angelegenheiten der EU und mit dem 2 Ziel einer einheitlichen Anwendung der DS-GVO und der JI-RL. Zwar gibt es im Bereich der JI-RL kein dem Kohärenzverfahren vergleichbares Instrument; der EDSA hat aber auch im Bereich Polizei und Justiz ein breites Aufgabenspektrum (Art. 51 RL 2016/680/EU), was insoweit eine strukturierte Zusammenarbeit der Aufsichtsbehörden des Bundes und der Länder im Bereich des Datenschutzes bei Polizei und Justiz erforderlich macht. Auch mit Bezug auf die DS-GVO geht der Anwendungsbereich des § 18 über das in Art. 51 Abs. 3 und Erwägungsgrund 119 erwähnte Kohärenzverfahren hinaus. Nach der Gesetzesbegründung (BT-Drs. 18/11325, 90) sollen alle Fallgestaltungen umfasst sein, in denen aufgrund der Wirkung für und gegen die übrigen deutschen Aufsichtsbehörden und deren Vollzugsentscheidungen eine inhaltliche Vorabstimmung erforderlich ist. Als Beispiel werden Fälle nach Art. 60 Abs. 6 DS-GVO genannt, bei denen ausdrücklich eine Bindung der betroffenen Aufsichtsbehörden an einen Beschlussvorschlag der federführenden Aufsichtsbehörde eintritt. Eine gemeinsame Willensbildung bereits im Kooperationsverfahren nach Art. 60 DS-GVO ist auch deshalb notwendig, weil das Kooperationsverfahren gem. Art. 60 Abs. 4 DS-GVO in das Kohärenzverfahren einmünden kann. Andernfalls wäre es daher denkbar, dass die deutsche Datenschutzaufsicht in einem konkreten grenzüberschreitenden Fall zunächst die eine Position vertritt und in einem späteren Verfahrenszeitpunkt, nachdem auf europäischer Ebene zunächst keine Einigung erzielt werden konnte, eine andere Position. In der Gesetzesbegründung (BT-Drs. 18/11325, 91) wird daher der weite Anwendungsbereich des § 18 auch mit der Kontinuität des deutschen Standpunkts während des Verfahrens der Zusammenarbeit und Kohärenz begründet.

Europarechtliche Bedenken gegen den Anwendungsbereich des § 18 bestehen nicht. Art. 51 3 Abs. 3 DS-GVO verpflichtet den nationalen Gesetzgeber mit mehreren Aufsichtsbehörden zwar nur, entsprechende Verfahrensregelungen für die Teilnahme am Kohärenzverfahren zu treffen. Die Verordnung steht weitergehenden Vorgaben der Mitgliedstaaten zur Zusammenarbeit der nationalen Aufsichtsbehörden im europäischen Kontext aber nicht entgegen. Zu einem möglichen Eingriff in die Unabhängigkeit der Aufsichtsbehörden → Rn. 8.

C. Grundsätze der Zusammenarbeit (Abs. 1)

§ 18 Abs. 1 S. 1 verpflichtet die deutschen Datenschutzaufsichtsbehörden bei Erhalt ihrer Unab- 4 hängigkeit (Art. 51 DS-GVO, Art. 41 JI-RL) und ihrer jeweiligen Zuständigkeiten auf eine Zusammenarbeit in Angelegenheiten der Europäischen Union mit dem Ziel einer einheitlichen Anwendung der DS-GVO und der JI-RL. Damit wird das Prinzip der Kooperation zwischen den Aufsichtsbehörden, das in der DS-GVO an verschieden Stellen verankert ist (beispielsweise Art. 51 Abs. 2, 60 Abs. 1), auf die Zusammenarbeit der deutschen Aufsichtsbehörden im europäischen Kontext übertragen. Zielsetzung ist laut Gesetzesbegründung (BT-Drs. 18/11325, 91) nicht nur die einheitliche Positionierung der deutschen Aufsichtsbehörden im Kooperations- und Kohärenzverfahren nach DS-GVO, sondern ganz allgemein eine einheitliche Anwendung des europäischen Datenschutzrechts im Verwaltungsvollzug. Das ist insofern bemerkenswert, als etwa bei der Ausführung von Bundesrecht als eigene Angelegenheit durch die Länder entsprechend Art. 83, 84 GG in der Regel keine Verpflichtung zur einheitlichen Anwendung der Gesetze besteht, sondern lediglich der aus dem Rechtsstaatsprinzip abgeleitete Grundsatz der Gesetzmäßigkeit der Verwaltung sowie die Grundrechtsbindung nach Art. 1 Abs. 3 GG, einen rechtlichen Rahmen für die Gesetzesausführung bilden (Dürig/Herzog/Scholz/Kirchhoff GG Art. 83 Rn. 92; s. zur Vernetzung der deutschen Datenschutzaufsicht zur Zielsetzung einer einheitlichen Rechtsanwendung bereits nach geltendem Recht v. Lewinski NVwZ 2017, 1483). Die Gebote der Zusammenarbeit (Abs. 1 S. 1), der Einräumung der Gelegenheit zur Stellungnahme (Abs. 1 S. 2) und des Informationsaustauschs (Abs. 1 S. 3) sind dem Verfahren der Zusammenarbeit und Kohärenz auf europäischer Ebene entlehnt und zeigen, dass der Gesetzgeber eine Art vorgelagertes kleines Kohärenzverfahren einführen wollte.

4a Gemäß § 18 Abs. 1 S. 4 sind die sog. spezifischen Aufsichtsbehörden, die nach Art. 85 und Art. 91 DS-GVO eingerichtet worden sind, zu beteiligen, sofern sie von der Angelegenheit betroffen sind. Umfasst sind hier in erster Linie Aufsichtsbehörden aus den Bereichen der Medien und des Rundfunks sowie der Kirchen. Noch nicht abschließend geklärt ist die Frage, wann von einer Betroffenheit iSv § 18 Abs. 1 S. 4 auszugehen ist (vgl. Auernhammer/Hermerschmidt Rn. 18). Soweit nicht eine spezifische Aufsichtsbehörde im Einzelfall zuständige Aufsichtsbehörde in einem konkreten One-Stop-Verfahren ist, also etwa bei der Verabschiedung von Leitlinien durch den EDSA, dürfte eine Betroffenheit nur dann vorliegen, wenn inhaltlich gerade der Bereich des Rundfunks bzw. der Kirchen in besonderer Weise tangiert wird. Es reicht nicht aus, dass die Angelegenheit für die spezifischen Aufsichtsbehörden in gleicher Weise von Belang ist, wie für alle anderen Aufsichtsbehörden. In diesem Sinne hat sich auch die Konferenz der unabhängigen Datenschutzaufsichtsbehörden des Bundes und der Länder (DSK) geäußert (Beschl. v. 13.5.2019 zur Beteiligung der spezifischen Aufsichtsbehörden gem. § 18 Abs. 1 S. 4 BDSG an der Zusammenarbeit der Aufsichtsbehörden des Bundes und der Länder in Angelegenheiten der EU, abrufbar über die Internetseiten der DSK). Aus dem Gebot der Beteiligung ergibt sich die Gelegenheit der Stellungnahme für die spezifischen Aufsichtsbehörden. Die Stellungnahme ist von den staatlichen Aufsichtsbehörden zu berücksichtigen; eine Verpflichtung, den gemeinsamen Standpunkt im Sinne der Stellungnahme der spezifischen Aufsichtsbehörden auszugestalten, besteht jedoch nicht (Kühling/Buchner/Dix Rn. 7 mwN).

D. Das Verfahren zur Festlegung eines gemeinsamen Standpunktes (Abs. 1 und Abs. 2)

5 Zentraler Begriff in § 18 Abs. 1 und Abs. 2 ist der **gemeinsame Standpunkt** der deutschen Aufsichtsbehörden. Der Begriff wird nicht legal definiert. Ein gemeinsamer Standpunkt ist zuvorderst der Inhalt der gemeinsamen Positionierung, die die deutschen Datenschutzaufsichtsbehörden in das Verfahren der Zusammenarbeit und Kohärenz nach Kapitel VII DS-GVO und die Beratungen des EDSA einbringen. Des Weiteren ist das Ergebnis der Konfliktlösung im Verfahren nach § 18 Abs. 2, wenn sich die Aufsichtsbehörden der Länder nicht über die Zuständigkeit nach § 40 Abs. 2 oder die federführende Aufsichtsbehörde nach § 19 Abs. 1 (→ § 19 Rn. 2) einigen können, als gemeinsamer Standpunkt anzusehen.

6 Das Gesetz sieht einen zweistufigen **Mechanismus zur Festlegung eines gemeinsamen Standpunkts** vor: Zunächst soll versucht werden, Einvernehmen über den Inhalt des gemeinsamen Standpunkts zu erzielen. Dafür wird – abgesehen von den in § 18 Abs. 1 aufgestellten Grundsätzen der Zusammenarbeit – kein bestimmtes Verfahren vorgegeben. Gelingt es nicht, Einvernehmen herzustellen, ist das Verfahren nach § 18 Abs. 2 einzuleiten. Hier macht der Gesetzgeber klare Vorgaben dazu, wer einen Vorschlag für den gemeinsamen Standpunkt vorlegt (S. 1–3) und mit welcher Mehrheit von dem Vorschlag abgewichen werden kann (S. 4–6). Soweit eine federführende Behörde vorhanden ist, kommt dieser mit der Vorlage des Vorschlags für einen gemeinsamen Standpunkt eine wichtige Rolle zu. Im Übrigen obliegt dies dem gemeinsamen Vertreter (→ § 17 Rn. 7f.) und seinem Stellvertreter (→ § 17 Rn. 9), wobei im Konfliktfall in der Regel der gemeinsame Vertreter ausschlaggebend ist, da in Anlehnung an § 5 Abs. 2 und § 6 Abs. 2 EUZBLG gem. § 18 Abs. 2 S. 2 der Stellvertreter nur im Ausnahmefall (in Angelegenheiten, die die Wahrnehmung von Aufgaben, für die die Länder die Gesetzgebungskompetenz haben, betreffen oder die die Einrichtung oder das Verfahren von Landesbehörden betreffen) das letzte Wort hat. Allerdings können sowohl die federführende Aufsichtsbehörde als auch der gemeinsame Vertreter bzw. sein Stellvertreter ihren Vorschlag betreffend gem. § 18 Abs. 2 S. 4 mit einer einfachen Mehrheit der Aufsichtsbehörden des Bundes und der Länder überstimmt werden. Erforderlich ist eine konstruktive Mehrheit für einen anderen Standpunkt. Bei Stimmengleichheit bleibt es danach bei dem Vorschlag der federführenden Aufsichtsbehörde bzw. des gemeinsamen Vertreters und seines Stellvertreters bzw. des gemeinsamen Vertreters oder seines Stellvertreters für den gemeinsamen Standpunkt. Weitere Einzelheiten des Verfahrens können die Aufsichtsbehörden laut Gesetzesbegründung durch interne Verfahrensregeln konkretisieren (BT-Drs. 18/11325, 92). Die Aufsichtsbehörden des Bundes und der Länder haben Grundsätze der Zusammenarbeit im sogenannten ZASt-Konzept vom 30.4.2018 festgehalten.

6a Soweit es zu einer bestimmten Thematik Beschlüsse bzw. Entschließungen der DSK gibt, können diese einen gemeinsamen Standpunkt unmittelbar nicht ersetzen. Mittelbar sollte in solchen Fällen allerdings die bestehende Beschlusslage der DSK ohne Weiteres zu Einvernehmen unter den deutschen Aufsichtsbehörden und damit ohne Einleitung eines formellen Verfahrens zu einem gemeinsamen Standpunkt nach § 18 Abs. 1 BDSG führen (im Ergebnis ebenso HK-BDSG/ Wilhelm Rn. 21).

Im Ergebnis kommt damit dem BfDI als gemeinsamem Vertreter zwar eine bedeutende Rolle 7 auch im Verfahren der gemeinsamen Willensbildung nach § 18 zu; er kann jedoch letztendlich immer mit einer **einfachen Mehrheit der Aufsichtsbehörden** überstimmt werden. Da der gemeinsame Vertreter (und sein Stellvertreter) gem. § 18 Abs. 3 im EDSA an den gemeinsamen Standpunkt gebunden sind (→ Rn. 10), ist der Einfluss des BfDI jedenfalls im Konfliktfall nicht größer als der jeder Datenschutzaufsichtsbehörde der Länder. Es ist daher nicht gerechtfertigt, von einer faktischen Zuständigkeitserweiterung der BfDI auf Angelegenheiten nicht-öffentlicher Stellen, die mehr als eine Landesaufsichtsbehörde betreffen oder sonst in das Kohärenzverfahren gelangen, zu sprechen (so aber Kremer CR 2017, 367 (373)). Zu bedenken ist dabei auch, dass die BfDI – wie jede andere Aufsichtsbehörde- im Verfahren nach § 18 Abs. 2 auch dann überstimmt werden kann, wenn sie selbst gem. § 19 Abs. 2 S. 2 die federführende Aufsichtsbehörde ist.

Damit ist die Frage aufgeworfen, ob das in § 18 Abs. 2 vorgesehene Verfahren der Zusammenar- 8 beit der Aufsichtsbehörden mit bindenden Entscheidungen nach dem Mehrheitsprinzip einen Eingriff in die nach Art. 52 DS-GVO (→ DS-GVO Art. 52 Rn. 1 ff.), Art. 42 JI-RL garantierte **Unabhängigkeit der Aufsichtsbehörden** darstellt (so zumindest teilweise Kühling/Buchner/ Dix Rn. 5; zweifelnd auch Schneider, Datenschutz, 2. Aufl. 2019, 40). Dagegen spricht, dass nach dem in der DS-GVO selbst vorgesehenen Kohärenzverfahren ebenfalls federführend zuständige Aufsichtsbehörden ihre Entscheidungshoheit aufgeben müssen und sich Mehrheitsentscheidungen des EDSA beugen müssen. Es wird deshalb davon ausgegangen, dass die Unabhängigkeit zwischen den Aufsichtsbehörden untereinander (horizontale Unabhängigkeit) nicht gilt (Schantz/Wolff DatenschutzR/Schantz Rn. 998 f.; im Ergebnis ebenso v. Lewinski NVwZ 2017, 1483 (1485), der aber zugleich auf die Unabhängigkeit der deutschen Aufsichtsbehörden untereinander aufgrund der föderalen Gliederung der Bundesrepublik Deutschland hinweist; zur Frage der Beeinträchtigung der Unabhängigkeit durch das Kohärenzverfahren auch → DS-GVO Art. 52 Rn. 18).

Die **zentrale Anlaufstelle** (→ § 17 Rn. 2 ff.) ist laut Gesetzesbegründung bei der Festlegung 9 des gemeinsamen Standpunkts eng einzubinden und hat eine unterstützende und koordinierende Funktion (BT-Drs. 18/11325, 92).

E. Bindungswirkung gemeinsamer Standpunkte (Abs. 3)

Ist ein gemeinsamer Standpunkt einvernehmlich oder im Verfahren nach § 18 Abs. 2 festgelegt 10 worden, sind der gemeinsame Vertreter bzw. sein Stellvertreter daran gem. § 18 Abs. 3 gebunden. Da gemeinsame Standpunkte nicht nur im Kohärenzverfahren, sondern ua auch **im vorgelagerten Kooperationsverfahren** nach Art. 60 DS-GVO erforderlich sind (→ Rn. 2), ist es folgerichtig, die Bindungswirkung nach § 18 Abs. 3 auch auf diesen Teil des Verfahrens, in dem der gemeinsame Vertreter häufig gar nicht in Erscheinung tritt, zu erstrecken. Angesichts des eindeutigen Wortlauts des § 18 Abs. 3, der sich nur auf den gemeinsamen Vertreter und seinen Stellvertreter bezieht, bedarf es dafür eines Analogieschlusses.

Von der inhaltlichen Positionierung der deutschen Datenschutzaufsicht zu einem bestimmten 11 Sachverhalt oder Vorgang, die in einem gemeinsamen Standpunkt festgehalten wird, zu unterscheiden ist gem. § 18 Abs. 3 die **Verhandlungsführung**. Aus § 17 Abs. 2 (→ § 17 Rn. 11) ergibt sich, dass die Verhandlungsführung im EDSA gemeint ist. Unter Verhandlungsführung zu verstehen sind wohl in erster Linie strategische und taktische Erwägungen zur Durchsetzung des gemeinsamen Standpunkts im EDSA. Schwierig zu beurteilen ist die Frage, inwieweit die Verhandlungsführung ggf. auch die Möglichkeit eines partiellen Abrückens von gemeinsamen Standpunkten beinhaltet, um etwa im Verhandlungsprozess einen Kompromiss zu erzielen (vgl. Auernhammer/Hermerschmidt Rn. 28). Wie in § 17 Abs. 2 und § 18 Abs. 2 S. 2 orientiert sich die Regelung zur Festlegung der Verhandlungsführung bei Uneinigkeit von gemeinsamem Vertreter und seinem Stellvertreter an § 5 Abs. 2 EUZBLG.

§ 19 Zuständigkeiten

(1) ¹Federführende Aufsichtsbehörde eines Landes im Verfahren der Zusammenarbeit und Kohärenz nach Kapitel VII der Verordnung (EU) 2016/679 ist die Aufsichtsbehörde des Landes, in dem der Verantwortliche oder der Auftragsverarbeiter seine Hauptniederlassung im Sinne des Artikels 4 Nummer 16 der Verordnung (EU) 2016/679 oder seine

einzige Niederlassung in der Europäischen Union im Sinne des Artikels 56 Absatz 1 der Verordnung (EU) 2016/679 hat. ²Im Zuständigkeitsbereich der oder des Bundesbeauftragten gilt Artikel 56 Absatz 1 in Verbindung mit Artikel 4 Nummer 16 der Verordnung (EU) 2016/679 entsprechend. ³Besteht über die Federführung kein Einvernehmen, findet für die Festlegung der federführenden Aufsichtsbehörde das Verfahren des § 18 Absatz 2 entsprechende Anwendung.

(2) ¹Die Aufsichtsbehörde, bei der eine betroffene Person Beschwerde eingereicht hat, gibt die Beschwerde an die federführende Aufsichtsbehörde nach Absatz 1, in Ermangelung einer solchen an die Aufsichtsbehörde eines Landes ab, in dem der Verantwortliche oder der Auftragsverarbeiter eine Niederlassung hat. ²Wird eine Beschwerde bei einer sachlich unzuständigen Aufsichtsbehörde eingereicht, gibt diese, sofern eine Abgabe nach Satz 1 nicht in Betracht kommt, die Beschwerde an die Aufsichtsbehörde am Wohnsitz des Beschwerdeführers ab. ³Die empfangende Aufsichtsbehörde gilt als die Aufsichtsbehörde nach Maßgabe des Kapitels VII der Verordnung (EU) 2016/679, bei der die Beschwerde eingereicht worden ist, und kommt den Verpflichtungen aus Artikel 60 Absatz 7 bis 9 und Artikel 65 Absatz 6 der Verordnung (EU) 2016/679 nach. ⁴Im Zuständigkeitsbereich der oder des Bundesbeauftragten gibt die Aufsichtsbehörde, bei der eine Beschwerde eingereicht wurde, diese, sofern eine Abgabe nach Absatz 1 nicht in Betracht kommt, an den Bundesbeauftragten oder die Bundesbeauftragte ab.

Überblick

§ 19 ist eine im Zusammenspiel der europäischen und der nationalen Verfahrensregelungen nicht einfach verständliche Norm. Festzuhalten ist zunächst, dass § 19, wie sich aus der Gesetzesbegründung ergibt, die allein auf die Zuständigkeiten im Verfahren der Zusammenarbeit und Kohärenz nach Kapitel VII DS-GVO abstellt (BT-Drs. 18/11325, 92), keine Regelung zur Bestimmung der funktionell, sachlich oder örtlich zuständigen deutschen Datenschutzaufsichtsbehörde in Fällen rein nationaler Datenverarbeitung trifft. Die bestehende Verteilung der Zuständigkeiten zwischen BfDI und den Aufsichtsbehörden der Länder wird grundsätzlich durch die DS-GVO und das neue BDSG nicht geändert (vgl. Gola/Nguyen DS-GVO Art. 55 Rn. 10–12; s. auch Kranig ZD 2013, 550 (556)). Auf Betreiben des Bundesrats wurde lediglich mit § 40 Abs. 2 BDSG eine Vorschrift zur Bestimmung der Zuständigkeit bei Bestehen mehrerer inländischen Niederlassungen eines Verantwortlichen oder Auftragsverarbeiters eingeführt. Unberührt bleiben auch die Zuständigkeiten der spezifischen Aufsichtsbehörden im Bereich der Presse, des Rundfunks und der Kirchen (BT-Drs. 18/11325, 92).

§ 19 ist vielmehr im Hinblick auf die Zusammenarbeit der Aufsichtsbehörden des Bundes und der Länder in Angelegenheiten der Europäischen Union (so die Überschrift zu Kapitel 5 des BDSG nF) zu betrachten. Weiter ist für das Verständnis der Norm zu berücksichtigen, dass die DS-GVO von einem mitgliedstaatsbezogenen Aufsichtsbehördenbegriff ausgeht (→ Rn. 1) und die Mitgliedstaaten durch Art. 51 Abs. 3 DS-GVO verpflichtet werden, ein Verfahren einzuführen, das sicherstellt, dass alle nationalen Aufsichtsbehörden die Regeln des Kohärenzverfahrens beachten. Es bedarf daher einer Regelung durch den deutschen Gesetzgeber dazu, welche der deutschen Aufsichtsbehörden die Rolle der federführen Aufsichtsbehörde iSd DS-GVO einnimmt (§ 19 Abs. 1, → Rn. 2). Demgegenüber ist ausweislich der Gesetzesbegründung die Zuordnung der Rolle einer betroffenen Aufsichtsbehörde nicht erforderlich (BT-Drs. 18/11325, 93). Im Zweifel wird man hier auf die allgemeinen Zuständigkeitsregelungen iVm § 40 Abs. 2 zurückgreifen können. Durch § 19 Abs. 2 wird innerstaatlich konkretisiert und ausgestaltet, welche deutsche Aufsichtsbehörde als die Behörde iSv Art. 60 Abs. 7–9 DS-GVO anzusehen ist, bei der die Beschwerde eingelegt wurde (sog. angerufene Aufsichtsbehörde, vgl. Schantz/Wolff DatenschutzR/Schantz Rn. 1070; → Rn. 3 f.).

A. Mitgliedstaatsbezogener Aufsichtsbehördenbegriff

1 Die DS-GVO adressiert in einem föderal strukturierten Mitgliedstaat nicht die einzelnen Aufsichtsbehörden, sondern die mitgliedstaatliche Aufsicht in ihrer Gesamtheit (vgl. BT-Drs. 18/11325, 92; Auernhammer/Hermerschmidt Rn. 4). Sowohl im Kohärenzverfahren als auch in dem vorgelagerten Kooperationsverfahren nach Art. 60–62 DS-GVO kann und muss die deutsche Datenschutzaufsicht nur mit einer Stimme sprechen (aA für das Kooperationsverfahren Ehmann/Selmayr/Klabunde DS-GVO Art. 60 Rn. 14, Kühling/Buchner/Dix § 18 Rn. 5). Könnte ein Mitgliedstaat innerstaatlich unter Ausnutzung der Gestaltungsspielräume des Art. 51 Abs. DS-

GVO beliebig viele Aufsichtsbehörden mit Einspruchsrechten iSd Art. 60 Abs. 4 DS-GVO einrichten, würde er durch seine nationale Organisationsentscheidung unmittelbar den europäischen Abstimmungsprozess beeinflussen. Diese verschiedenen Aufsichtsbehörden eines Mitgliedstaats könnten auf europäischer Ebene verschiedene Positionen vertreten, was das Kooperationsverfahren beeinträchtigen und einen Bruch gegenüber der einheitlichen Vertretung im EDSA darstellen würde. Da Kooperations- und Kohärenzverfahren eng miteinander verzahnt sind, erscheint es geboten, das Verfahren der innerstaatlichen Willensbildung bereits im Rahmen des Kooperationsmechanismus nach DS-GVO durchzuführen, um zu verhindern, dass die deutsche Vertretung im EDSA den Beschlussentwurf einer federführenden deutschen Behörde nicht unterstützen kann bzw. ihm ausdrücklich widersprechen muss (→ § 18 Rn. 2 zur Geltung des § 18 Abs. 2 auch im Kooperationsverfahren). Als federführende bzw. betroffene Aufsichtsbehörde iSd Kap. VII DS-GVO ist daher, in Abgrenzung zu den Aufsichtsbehörden der anderen Mitgliedstaaten, die deutsche Datenschutzaufsicht in ihrer Gesamtheit anzusehen. In der Praxis besteht jedoch ein Spannungsverhältnis zwischen diesen Grundsätzen und der Tatsache, dass auch die Aufsichtsbehörden der Länder unabhängige Aufsichtsbehörden iSd Kap. VI der DS-GVO sind, die nach ihrem Selbstverständnis die Rechte und Pflichten der DS-GVO grundsätzlich auch eigenständig wahrnehmen können.

B. Federführende Aufsichtsbehörde (Abs. 1)

Abs. 1 enthält Regelungen zur Bestimmung derjenigen deutschen Aufsichtsbehörde, die die **Rechte und Pflichten der federführenden Aufsichtsbehörde** nach der DS-GVO und dem BDSG, soweit dieses die Zusammenarbeit der deutschen Aufsichtsbehörden in Angelegenheiten der EU betrifft, wahrnimmt (vgl. zur Rolle der federführenden Aufsichtsbehörde nach DS-GVO als alleinige Ansprechpartnerin des Verantwortlichen für Fragen grenzüberschreitender Datenverarbeitungen Laue/Link/Kremer, Das neue Datenschutzrecht in der betrieblichen Praxis, 2016, § 10 Rn. 29 ff.). Entsprechend der Konzeption der DS-GVO (Art. 56 iVm Art. 4 Nr. 16 DS-GVO) bestimmt S. 1 die Hauptniederlassung bzw. die alleinige Niederlassung in einem Land als maßgebliches Kriterium für die Bestimmung der federführenden Aufsichtsbehörde unter den Aufsichtsbehörden der Länder. S. 2 erklärt dieses Prinzip auch für den sachlichen Zuständigkeitsbereich des BfDI zur Anwendung. Die Regelung hat allein klarstellende Funktion, da sich im Zuständigkeitsbereich des BfDI keine Zuständigkeit einer anderen deutschen Aufsichtsbehörde ergeben kann und somit nur der BfDI als federführende Aufsichtsbehörde in Betracht kommt. Nach S. 3 wird im Konfliktfall die federführende Aufsichtsbehörde im Verfahren nach § 18 Abs. 2 bestimmt (→ § 18 Rn. 6). Da in diesem Fall die Festlegung eines Vorschlags für einen gemeinsamen Standpunkt gem. § 18 Abs. 2 S. 1 durch die federführende Aufsichtsbehörde nicht möglich ist – diese soll ja in dem Verfahren erst bestimmt werden – legen den Vorschlag für einen gemeinsamen Standpunkt zur Bestimmung der federführenden Aufsichtsbehörde stets der gemeinsame Vertreter und/oder sein Stellvertreter vor. 2

C. Aufsichtsbehörde iSv Art. 60 Abs. 7–9 DS-GVO (Abs. 2)

Nach der DS-GVO kommt der Aufsichtsbehörde, bei der eine Beschwerde gem. Art. 77 eingereicht wurde, eine besondere Rolle zu. Neben der Unterrichtungspflicht über den Stand und die Ergebnisse der Beschwerde gem. Art. 77 Abs. 2 DS-GVO ergeben sich Verpflichtungen aus Art. 60 Abs. 7–9 DS-GVO (→ DS-GVO Art. 60 Rn. 15–19). Die angerufene Aufsichtsbehörde ist für den Beschwerdeführer die alleinige Ansprechpartnerin (→ DS-GVO Art. 77 Rn. 10). § 19 Abs. 2 dient ausweislich der Gesetzesbegründung (BT-Drs. 18/11325, 93) dazu, zu bestimmen, welche der deutschen Aufsichtsbehörden diesen Pflichten nachkommt. Diese Rechtsfolge ergibt sich erst aus S. 3. Die Aufsichtsbehörde iSd DS-GVO, bei der eine Beschwerde eingereicht wurde, ist danach in Deutschland nicht immer die Behörde, bei der die Beschwerde tatsächlich eingegangen ist. Vielmehr muss Letztere zunächst prüfen, ob sie die Beschwerde innerhalb Deutschlands abzugeben hat, weil eine andere deutsche Aufsichtsbehörde federführend ist (S. 1 Hs. 1), der Verantwortliche oder Auftragsverarbeiter eine Niederlassung in einem anderen Bundesland hat (S. 1 Hs. 2) oder sie selbst sachlich unzuständig ist und der Beschwerdeführer seinen Wohnsitz in einem anderen Bundesland hat (S. 2). Die Aufsichtsbehörde, bei der die Beschwerde zunächst eingegangen war, hat nach Abgabe keinerlei Verpflichtungen nach der DS-GVO mehr (Paal/Pauly/Körffer Rn. 3), ist allerdings wie jede andere deutsche Aufsichtsbehörde im weiteren Verfahren ggf. nach § 18 BDSG zu beteiligen. 3

Aufgrund des mitgliedstaatsbezogenen Aufsichtsbehördenbegriffs (→ Rn. 1) bleibt es dem deutschen Gesetzgeber vorbehalten, Regelungen zur innerstaatlichen Zuständigkeitsverteilung im 4

Verfahren der Zusammenarbeit und Kohärenz zu treffen. Dies gilt auch für die Frage, welche deutsche Aufsichtsbehörde den Pflichten nach Art. 60 Abs. 7–9 DS-GVO nachkommt, wenn eine Beschwerde bei der deutschen Datenschutzaufsicht eingereicht wurde. § 19 Abs. 2 ist daher nicht als ein Verstoß gegen die DS-GVO anzusehen (so auch HK-BDSG/Schöndorf-Haubold § 19 Rn. 40; aA Schantz/Wolff DatenschutzR Rn. 1071, der von einem Versuch, das Unionsrecht umzudefinieren, spricht).

5   § 19 Abs. 2 enthielt eine Regelungslücke für den Fall der sachlichen Zuständigkeit des BfDI im nicht-öffentlichen Bereich, ohne dass eine federführende Zuständigkeit nach § 19 Abs. 1 gegeben ist (Beispiel: ein Telekommunikationsunternehmen mit Hauptsitz im EU-Ausland und einer Niederlassung in Deutschland). Geht in einer derartigen Konstellation eine Beschwerde bei der Aufsichtsbehörde eines Landes ein, ist nach Sinn und Zweck der Norm ebenfalls eine Abgabe der Beschwerde an die sachlich zuständige Aufsichtsbehörde (BfDI) geboten. Mit dem Zweiten Gesetzes zur Anpassung des Datenschutzrechts an die Verordnung (EU) 2016/679 und zur Umsetzung der RL (EU) 2016/680 (Zweites Datenschutz-Anpassungs- und Umsetzungsgesetz EU) wurde § 19 Abs. 2 um eine entsprechende Regelung in S. 4 ergänzt (BT Drs. 19/4674, 25).

6   Von § 19 Abs. 2 nicht geregelt ist der Fall der Abgabe im Falle des Eingangs einer Beschwerde bei einer sachlich zuständigen Behörde, wenn die Voraussetzungen des § 19 Abs. 1 nicht vorliegen, es also weder eine federführende Behörde noch eine Niederlassung in Deutschland gibt. In der Gesetzesbegründung wird insoweit klargestellt, dass, wenn eine Beschwerde bei einer sachlich zuständigen Behörde eingereicht wird, diese unabhängig davon, ob der Beschwerdeführer in einem anderen Bundesland seinen Wohnsitz hat, für die Bearbeitung zuständig ist, sofern eine Abgabe nach § 19 Abs. 2 S. 1 nicht in Betracht kommt (BT-Drs. 18/11325, 9393). Mangels planwidriger Regelungslücke kommt eine analoge Anwendung des § 19 Abs. 2 S. 2 hier nicht in Betracht. Reicht also beispielsweise bei einem Unternehmen mit Sitz in Frankreich ein Bürger mit Wohnsitz in Hessen eine Beschwerde nach Art. 77 DS-GVO bei der Berliner Beauftragten für den Datenschutz und die Informationsfreiheit ein, übernimmt letztere die Pflichten der angerufenen Behörde. Reicht derselbe Bürger seine Beschwerde beim BfDI ein, erfolgt eine Abgabe an den Hessischen Beauftragten für den Datenschutz und die Informationsfreiheit gem. § 19 Abs. 2 S. 2.

Kapitel 6. Rechtsbehelfe

§ 20 Gerichtlicher Rechtsschutz

(1) ¹**Für Streitigkeiten zwischen einer natürlichen oder einer juristischen Person und einer Aufsichtsbehörde des Bundes oder eines Landes über Rechte gemäß Artikel 78 Absatz 1 und 2 der Verordnung (EU) 2016/679 sowie § 61 ist der Verwaltungsrechtsweg gegeben.** ²Satz 1 gilt nicht für Bußgeldverfahren.

(2) **Die Verwaltungsgerichtsordnung ist nach Maßgabe der Absätze 3 bis 7 anzuwenden.**

(3) **Für Verfahren nach Absatz 1 Satz 1 ist das Verwaltungsgericht örtlich zuständig, in dessen Bezirk die Aufsichtsbehörde ihren Sitz hat.**

(4) **In Verfahren nach Absatz 1 Satz 1 ist die Aufsichtsbehörde beteiligungsfähig.**

(5) ¹**Beteiligte eines Verfahrens nach Absatz 1 Satz 1 sind**
1. **die natürliche oder juristische Person als Klägerin oder Antragstellerin und**
2. **die Aufsichtsbehörde als Beklagte oder Antragsgegnerin.**

²**§ 63 Nummer 3 und 4 der Verwaltungsgerichtsordnung bleibt unberührt.**

(6) **Ein Vorverfahren findet nicht statt.**

(7) **Die Aufsichtsbehörde darf gegenüber einer Behörde oder deren Rechtsträger nicht die sofortige Vollziehung gemäß § 80 Absatz 2 Satz 1 Nummer 4 der Verwaltungsgerichtsordnung anordnen.**

Überblick

Die Norm verzahnt die Regelungen der DSGVO zum Rechtsschutz gegen die Aufsichtsbehörde mit dem nationalen Prozessrecht, insbesondere mit der VwGO. Sie dient entsprechend der

Gesetzesbegründung der Durchführung des Art. 78 Abs. 1 DSGVO sowie des Art. 53 Abs. 1 RL EU 2016/680 (vgl. BT-Drs. 18/11325, 93).

Bestehen hinsichtlich des Verwaltungsrechtsweges abdrängende Sonderzuweisungen, findet die Vorschrift keine Anwendung. Um eine solche handelt es sich etwa bei § 51 SGG. Weiterhin behält sich der Gesetzgeber für datenschutzrechtliche Fragen im Bereich der Abgabenordnung vor, durch ein gesondertes Gesetzgebungsverfahren den Rechtsweg zu den Finanzgerichten zu eröffnen (BT-Drs. 18/11325, 93).

A. Zuweisung zu den Verwaltungsgerichten (Abs. 1)

Abs. 1 S. 1 enthält zunächst eine aufdrängende Sonderzuweisung für die Verwaltungsgerichtsbarkeit. Ob es einer speziellen Zuweisung an die Verwaltungsgericht bedurfte, darf mit Blick auf § 40 VwGO bezweifelt werden (Gola/Heckmann/Lapp Rn. 6). **1**

An dem Verfahren können sich sowohl natürliche als auch juristische Personen beteiligen. Nach zutreffender Auffassung kann es sich bei den juristischen Personen dabei sowohl um solche des privaten als auch des öffentlichen Rechts handeln. Ein möglicher In-sich-Prozess wird durch Abs. 4 S. 1 hinreichend vermieden (Paal/Pauly/Frenzel, Rn. 4). **1a**

Nach S. 2 ist von dieser Zuweisung jedoch das Bußgeldverfahren ausgenommen. Für entsprechende Verfahren ist, wie für alle anderen Ordnungswidrigkeitsverfahren, die ordentliche Gerichtsbarkeit zuständig. **1b**

B. Verweis auf die Verfahrensregelungen der VwGO (Abs. 2)

Abs. 2 erklärt die Verfahrensregelungen der VwGO für anwendbar. Gleichzeitig werden diese allgemeinen Vorgaben um die Abs. 3–7 modifiziert. Diese gehen den Regelungen der VwGO vor, bzw. ergänzen diese. **2**

C. Örtliche Zuständigkeit (Abs. 3)

Abs. 3 regelt die örtliche Zuständigkeit für Klagen gegen die Aufsichtsbehörde. Zuständig ist demnach das Verwaltungsgericht am Sitz der Aufsichtsbehörde. Durch die Regelung soll die gerichtliche Zuständigkeit konzentriert werden (BT-Drs. 18/11325, 93). Sie stellt eine Modifizierung der örtlichen Zuständigkeit nach § 52 VwGO dar. **3**

D. Beteiligungsfähigkeit der Aufsichtsbehörde (Abs. 4)

Nach Abs. 4 ist die Aufsichtsbehörde beteiligungsfähig. Die Regelung stellt damit eine Abweichung zu § 61 Nr. 2 und 3 VwGO dar. Der Bundesgesetzgeber geht von einer kompetenzrechtlichen Zulässigkeit aus. Dennoch regelt er damit jedenfalls für die Länder einheitlich die Geltung des Behördenprinzips. Eine Entscheidung zugunsten des Behördenprinzips obliegt bisher gem. § 61 Nr. 3 VwGO allein dem Landesgesetzgeber. Die einheitliche Anwendung des Behördenprinzips erscheint jedoch sinnvoll, um In-sich-Prozesse zu vermeiden, die durch Rechtsstreitigkeiten verschiedener Aufsichtsbehörden denkbar sind und um die Unabhängigkeit der Aufsichtsbehörden auch prozessual zu betonen (Paal/Pauly/Frenzel Rn. 9; Gola/Heckmann/Lapp Rn. 11). **4**

E. Kläger Antragsteller (Abs. 5)

Die Regelung des Abs. 5 knüpft unmittelbar an Abs. 4 an. Beteiligt sind demnach auf Kläger/Antragstellerseite natürliche oder juristischen Personen, auf der Beklagten/Antragsgegnerseite die Aufsichtsbehörde. Das Behördenprinzip gilt folglich nur zugunsten der Aufsichtsbehörde. Sind auf Klägerseite öffentliche Stellen beteiligt, tritt für diese der jeweilige Rechtsträger auf. Nach Abs. 5 S. 2 bleibt § 63 Nr. 3 und 4 VwGO unberührt. Beteiligungsfähig sind daher auch ohne ausdrückliche Nennung in Abs. 5 der Beigeladene sowie der Vertreter des Bundesinteresses beim Bundesverwaltungsgericht oder der Vertreter des öffentlichen Interesses, falls er von seiner Beteiligungsbefugnis Gebrauch macht (hiergegen wohl: Gola/Heckmann/Lapp Rn. 12). **5**

F. Vorverfahren (Abs. 6)

Nach Abs. 6 ist ein Vorverfahren ausgeschlossen. Der Gesetzgeber begründet dies mit einer fehlenden Aufsichtsbehörde. Ohne eine solche entfalle der Devolutiveffekt. Ohne die Regelung würde ohnehin § 68 Abs. 1 Nr. 1 VwGO greifen. Demnach bedarf es keines Vorverfahrens, wenn **6** der Verwaltungsakt von einer obersten Bundes- oder Landesbehörde stammt. Nach der Neuordnung der aufsichtsbehördlichen Strukturen handelt es sich jedenfalls bei dem Bundesbeauftragten für Datenschutz nunmehr um eine oberste Bundesbehörde. Ein Vorverfahren wäre für deren Verwaltungsakte daher auch ohne die Regelung des Abs. 6 entbehrlich. Der Aufsichtsbehörde ist es auch außerhalb eines Widerspruchsverfahrens dennoch möglich, ihre Entscheidungen zu überprüfen und ggf. im Rahmen der §§ 48, 49 und 55 VwVfG aufzuheben oder abzuändern (Paal/Pauly/Frenzel Rn. 11).

G. Sofortvollzug gegenüber Behörden (Abs. 7)

7   Abs. 7 beinhaltet eine Modifikation des § 80 VwGO. Demnach kann gegenüber Behörden oder deren Rechtsträgern keine sofortige Vollziehung gem. § 80 Abs. 2 S. 1 Nr. 4 VwGO angeordnet werden. Der Gesetzgeber begründet dies mit dem fehlenden Subordinationsverhältnis zwischen der Aufsichtsbehörde und anderen Verwaltungsträgern. Ob dies vor dem Hintergrund des europarechtlich vorgegebenen Grundsatzes der praktischen Wirksamkeit Bestand haben kann, darf bezweifelt werden (vgl. nur: Paal/Pauly/Frenzel Rn. 13; Gola/Heckmann/Lapp Rn. 18 ff.; Franck ZD 2021, 247). Das VG Köln hat diese Frage in einer jüngeren Entscheidung offengelassen (VG Köln BeckRS 2021, 36853).

§ 21 Antrag der Aufsichtsbehörde auf gerichtliche Entscheidung bei angenommener Rechtswidrigkeit eines Beschlusses der Europäischen Kommission

(1) ¹Hält eine Aufsichtsbehörde einen Angemessenheitsbeschluss der Europäischen Kommission, einen Beschluss über die Anerkennung von Standardschutzklauseln oder über die Allgemeingültigkeit von genehmigten Verhaltensregeln, auf dessen Gültigkeit es für eine Entscheidung der Aufsichtsbehörde ankommt, für rechtswidrig, so hat die Aufsichtsbehörde ihr Verfahren auszusetzen und einen Antrag auf gerichtliche Entscheidung zu stellen.

(2) ¹Für Verfahren nach Absatz 1 ist der Verwaltungsrechtsweg gegeben. ²Die Verwaltungsgerichtsordnung ist nach Maßgabe der Absätze 3 bis 6 anzuwenden.

(3) Über einen Antrag der Aufsichtsbehörde nach Absatz 1 entscheidet im ersten und letzten Rechtszug das Bundesverwaltungsgericht.

(4) ¹In Verfahren nach Absatz 1 ist die Aufsichtsbehörde beteiligungsfähig. ²An einem Verfahren nach Absatz 1 ist die Aufsichtsbehörde als Antragstellerin beteiligt; § 63 Nummer 3 und 4 der Verwaltungsgerichtsordnung bleibt unberührt. ³Das Bundesverwaltungsgericht kann der Europäischen Kommission Gelegenheit zur Äußerung binnen einer zu bestimmenden Frist geben.

(5) Ist ein Verfahren zur Überprüfung der Gültigkeit eines Beschlusses der Europäischen Kommission nach Absatz 1 bei dem Gerichtshof der Europäischen Union anhängig, so kann das Bundesverwaltungsgericht anordnen, dass die Verhandlung bis zur Erledigung des Verfahrens vor dem Gerichtshof der Europäischen Union auszusetzen sei.

(6) ¹In Verfahren nach Absatz 1 ist § 47 Absatz 5 Satz 1 und Absatz 6 der Verwaltungsgerichtsordnung entsprechend anzuwenden. ²Kommt das Bundesverwaltungsgericht zu der Überzeugung, dass der Beschluss der Europäischen Kommission nach Absatz 1 gültig ist, so stellt es dies in seiner Entscheidung fest. ³Andernfalls legt es die Frage nach der Gültigkeit des Beschlusses gemäß Artikel 267 des Vertrags über die Arbeitsweise der Europäischen Union dem Gerichtshof der Europäischen Union zur Entscheidung vor.

Überblick

Die Vorschrift schafft erstmals eine Regelung für Rechtsbehelfe der Aufsichtsbehörden des Bundes und der Länder gegen bestimmte Beschlüsse der Europäischen Kommission. Mit der Schaffung des § 21 wird insbesondere das Urteil des EuGH (BeckRS 2015, 81250 – Maximillian Schrems/Data Protection Comissioner) umgesetzt. Demnach sei es Sache des nationalen Gesetzgebers, entsprechende Rechtsbehelfe vorzusehen.

Die Vorschrift wirkt zunächst fremdartig, da es untypisch erscheint, vor einem nationalen Gericht gegen einen Rechtsakt der Europäischen Union vorzugehen. Anderseits ist die Rege-

lung erforderlich, um entsprechende Rechtsschutzlücken zu schließen. Die Letztentscheidungskompetenz über die Gültigkeit von Angemessenheitsbeschlüssen liegt zudem über die Vorlagepflicht beim EuGH.
Von seiner Regelungsstruktur enthält Abs. 1 die rechtlichen Voraussetzungen für entsprechende Klagen der Aufsichtsbehörden. In den Abs. 2–6 sind spezielle Verfahrensregeln enthalten.

A. Klage gegen Beschlüsse der Kommission (Abs. 1)

Gegenstand eines gerichtlichen Verfahrens nach § 21 sind Angemessenheitsbeschlüsse der Europäischen Kommission nach Art. 45 DS-GVO und Art. 36 RL EU 2016/680, die Anerkennung von Standardschutzklauseln nach Art. 46 Abs. 2 lit. c–e DS-GVO oder Beschlüsse über die Allgemeingültigkeit von genehmigten Verhaltensregeln nach Art. 40 Abs. 9 DS-GVO. Nicht Gegenstand eines gerichtlichen Verfahrens nach § 21 sind Beschlüsse des Europäischen Datenschutzausschusses (EDSA). Da gegen entsprechende Beschlüsse seitens der Aufsichtsbehörden weder primärrechtliche Rechtsbehelfe (Nichtigkeitsklage nach Art. 263 Abs. 4 AEUV oder Vorabentscheidungsverfahren nach Art. 267 AEUV) noch nationale Rechtsbehelfe erkennbar sind, wird in der Literatur zutreffend die Schaffung eines eigenständigen Klagerechts für die Aufsichtsbehörden angeregt (Kienle/Wenzel ZD 2019, 107). 1

Die Aufsichtsbehörde muss dem Wortlaut nach einen entsprechenden Beschluss für rechtswidrig halten. Begrifflich setzt dies eine gewisse gefestigte Überzeugung voraus. Bloße Zweifel werden hierzu nicht ausreichen (Paal/Pauly/Frenzel Rn. 5). Die Aufsichtsbehörde wird daher in einem Verfahren umfassend aufzeigen müssen, auf welche Erwägungen sie die Rechtswidrigkeit des jeweiligen Beschlusses stützt. 2

Weiterhin muss es auf die Gültigkeit des Beschlusses für eine Entscheidung der Aufsichtsbehörde ankommen. Die von der Aufsichtsbehörde festgestellte Rechtswidrigkeit muss folglich im konkreten Verfahren entscheidungserheblich sein. Hierbei kommt es auf die Gültigkeit und Rechtmäßigkeit der Kommissionsentscheidung an und nicht auf die bloße formelle Wirksamkeit (Paal/Pauly/Frenzel Rn. 6; Gola/Heckmann/Lapp Rn. 16). 3

Kommt die Aufsichtsbehörde zu der Überzeugung, dass ein entsprechender Beschluss rechtswidrig und entscheidungserheblich ist, muss sie ihr Verfahren aussetzen und das gerichtliche Verfahren einleiten. Dem Wortlaut des Abs. 1 entsprechend stellt dies eine gebundene Entscheidung dar. 4

B. Verweis auf die Verwaltungsgerichtsbarkeit (Abs. 2)

Die Regelung weist das Verfahren der Verwaltungsgerichtsbarkeit zu. Sie stellt im verwaltungsprozessualen Sinne eine aufdrängende Sonderzuweisung dar (Paal/Pauly/Frenzel Rn. 9). 5

C. Zuständigkeit des Bundesverwaltungsgerichts (Abs. 3)

Nach Abs. 3 ist das Bundesverwaltungsgericht Eingangs- und Letztinstanz. Eine solche Zuständigkeitskonzentration ist für andere Verfahren bereits bekannt. Exemplarisch kann hier auf den Zuständigkeitskatalog des § 50 VwGO verwiesen werden. 6

Die Verkürzung des Instanzenzuges erscheint sinnvoll, da die Letztentscheidungskompetenz hinsichtlich der Ungültigkeit eines Beschlusses der Europäischen Kommission ausschließlich beim EuGH liegt. Da die Normverwerfungskompetenz für die Beschlüsse dem EuGH zusteht, könnte ein Instanzenzug allenfalls in drei Instanzen deren Gültigkeit feststellen. Eine eigene „Verwerfungskompetenz" steht dem BVerwG allenfalls bei sog. ultra vires Akten zu (Paal/Pauly/Frenzel Rn. 9). 7

D. Beteiligungsfähigkeit der Aufsichtsbehörde (Abs. 4)

Die Regelung stellt zunächst klar, dass die Aufsichtsbehörde beteiligungsfähig ist. Andere Verfahrensbeteiligte können gem. § 63 Nr. 3 VwGO Beigeladene nach § 65 VwGO sowie nach § 63 Nr. 4 VwGO der Vertreter des Bundesinteresses oder der Vertreter des öffentlichen Interesses, falls er von seiner Beteiligungsbefugnis Gebrauch macht, sein. Weiterhin kann der Europäischen Kommission Gelegenheit zur Äußerung binnen einer bestimmten Frist gegeben werden. Die Regelung stellt damit zugleich klar, dass die Europäische Kommission nicht Prozesspartei ist (Paal/Pauly/Frenzel Rn. 12). 8

E. Aussetzung des Verfahrens (Abs. 5)

9 Ist ein streitgegenständlicher Beschluss bereits beim EuGH anhängig, kann das Bundesverwaltungsgericht das Verfahren aussetzen und die Entscheidung des EuGH abwarten. Die Regelung dient, ähnlich Art. 81 DS-GVO, der Verfahrensökonomie. Sie dient darüber hinaus auch der Rechtssicherheit, da auf diesem Wege unterschiedliche Entscheidungen auf europäischer und nationaler Ebene vermieden werden können.

F. Entscheidung des Bundesverwaltungsgerichts (Abs. 6)

10 Die Vorschrift enthält eine zentrale Vorgabe für die Entscheidung des Bundesverwaltungsgerichts. Das Bundesverwaltungsgericht besitzt für die Beschlüsse der Europäischen Kommission keine Verwerfungskompetenz. Folglich kann es nach Abs. 6 nur deren Gültigkeit feststellen. Folgt es hingegen der Rechtsauffassung der Aufsichtsbehörde, muss es den Beschluss nach Art. 267 AEUV dem EuGH vorlegen. Dieser entscheidet dann letztlich über dessen Gültigkeit. Eine mögliche Ausnahme und eine damit verbundene eigene Verwerfungskompetenz besteht lediglich bei sog. ultra vires Akten (Paal/Pauly/Frenzel Rn. 15).

11 Mit dem Verweis auf § 47 Abs. 6 VwGO ist zudem auf Antrag eine einstweilige Anordnung möglich. Diese ist jedoch nur zur Abwehr schwerer Nachteile oder aus anderen wichtigen Gründen möglich. Bei der Auslegung der unbestimmten Rechtsbegriffe kann sich an den Vorgaben des EuGH für den einstweiligen Rechtsschutz auf nationaler Ebene orientiert werden (vgl. etwa: EuGH BeckRS 9998, 91370 – Zuckerfabrik Süderdithmarschen AG/Hauptzollamt Itzehoe).

Teil 2. Durchführungsbestimmungen für Verarbeitungen zu Zwecken gemäß Artikel 2 der Verordnung (EU) 2016/679

Kapitel 1. Rechtsgrundlagen der Verarbeitung personenbezogener Daten

Abschnitt 1. Verarbeitung besonderer Kategorien personenbezogener Daten und Verarbeitung zu anderen Zwecken

§ 22 Verarbeitung besonderer Kategorien personenbezogener Daten

(1) Abweichend von Artikel 9 Absatz 1 der Verordnung (EU) 2016/679 ist die Verarbeitung besonderer Kategorien personenbezogener Daten im Sinne des Artikels 9 Absatz 1 der Verordnung (EU) 2016/679 zulässig
1. durch öffentliche und nichtöffentliche Stellen, wenn sie
   a) erforderlich ist, um die aus dem Recht der sozialen Sicherheit und des Sozialschutzes erwachsenden Rechte auszuüben und den diesbezüglichen Pflichten nachzukommen,
   b) zum Zweck der Gesundheitsvorsorge, für die Beurteilung der Arbeitsfähigkeit des Beschäftigten, für die medizinische Diagnostik, die Versorgung oder Behandlung im Gesundheits- oder Sozialbereich oder für die Verwaltung von Systemen und Diensten im Gesundheits- und Sozialbereich oder aufgrund eines Vertrags der betroffenen Person mit einem Angehörigen eines Gesundheitsberufs erforderlich ist und diese Daten von ärztlichem Personal oder durch sonstige Personen, die einer entsprechenden Geheimhaltungspflicht unterliegen, oder unter deren Verantwortung verarbeitet werden,
   c) aus Gründen des öffentlichen Interesses im Bereich der öffentlichen Gesundheit, wie des Schutzes vor schwerwiegenden grenzüberschreitenden Gesundheitsgefahren oder zur Gewährleistung hoher Qualitäts- und Sicherheitsstandards bei der Gesundheitsversorgung und bei Arzneimitteln und Medizinprodukten erforderlich ist; ergänzend zu den in Absatz 2 genannten Maßnahmen sind insbesondere die berufsrechtlichen und strafrechtlichen Vorgaben zur Wahrung des Berufsgeheimnisses einzuhalten, oder
   d) aus Gründen eines erheblichen öffentlichen Interesses zwingend erforderlich ist,
2. durch öffentliche Stellen, wenn sie
   a) zur Abwehr einer erheblichen Gefahr für die öffentliche Sicherheit erforderlich ist,
   b) zur Abwehr erheblicher Nachteile für das Gemeinwohl oder zur Wahrung erheblicher Belange des Gemeinwohls zwingend erforderlich ist oder
   c) aus zwingenden Gründen der Verteidigung oder der Erfüllung über- oder zwischenstaatlicher Verpflichtungen einer öffentlichen Stelle des Bundes auf dem Gebiet der Krisenbewältigung oder Konfliktverhinderung oder für humanitäre Maßnahmen erforderlich ist

und soweit die Interessen des Verantwortlichen an der Datenverarbeitung in den Fällen der Nummer 1 Buchstabe d und der Nummer 2 die Interessen der betroffenen Person überwiegen.

(2) ¹In den Fällen des Absatzes 1 sind angemessene und spezifische Maßnahmen zur Wahrung der Interessen der betroffenen Person vorzusehen. ²Unter Berücksichtigung des Stands der Technik, der Implementierungskosten und der Art, des Umfangs, der Umstände und der Zwecke der Verarbeitung sowie der unterschiedlichen Eintrittswahrscheinlichkeit und Schwere der mit der Verarbeitung verbundenen Risiken für die Rechte und Freiheiten natürlicher Personen können dazu insbesondere gehören:
1. technisch organisatorische Maßnahmen, um sicherzustellen, dass die Verarbeitung gemäß der Verordnung (EU) 2016/679 erfolgt,

2. Maßnahmen, die gewährleisten, dass nachträglich überprüft und festgestellt werden kann, ob und von wem personenbezogene Daten eingegeben, verändert oder entfernt worden sind,
3. Sensibilisierung der an Verarbeitungsvorgängen Beteiligten,
4. Benennung einer oder eines Datenschutzbeauftragten,
5. Beschränkung des Zugangs zu den personenbezogenen Daten innerhalb der verantwortlichen Stelle und von Auftragsverarbeitern,
6. Pseudonymisierung personenbezogener Daten,
7. Verschlüsselung personenbezogener Daten,
8. Sicherstellung der Fähigkeit, Vertraulichkeit, Integrität, Verfügbarkeit und Belastbarkeit der Systeme und Dienste im Zusammenhang mit der Verarbeitung personenbezogener Daten, einschließlich der Fähigkeit, die Verfügbarkeit und den Zugang bei einem physischen oder technischen Zwischenfall rasch wiederherzustellen,
9. zur Gewährleistung der Sicherheit der Verarbeitung die Einrichtung eines Verfahrens zur regelmäßigen Überprüfung, Bewertung und Evaluierung der Wirksamkeit der technischen und organisatorischen Maßnahmen oder
10. spezifische Verfahrensregelungen, die im Fall einer Übermittlung oder Verarbeitung für andere Zwecke die Einhaltung der Vorgaben dieses Gesetzes sowie der Verordnung (EU) 2016/679 sicherstellen.

Überblick

§ 22 steht am Anfang des zweiten Teils des BDSG. Er bildet einen materiell-rechtlichen Kern der allgemeinen Bestimmungen des deutschen Umsetzungsgesetzes, indem er Rechtsgrundlagen für die Verarbeitung von besonderen Kategorien personenbezogener Daten („sensible Daten") hergibt. Sein Regelungsgehalt ist in Zusammenschau mit Art. 9 DS-GVO zu verstehen (→ Rn. 1; → Rn. 10; → Rn. 15 ff.), insbesondere mit dessen Abs. 2, der Ausnahmetatbestände von dem Verarbeitungsverbot für jene besonderen Kategorien in Abs. 1 vorsieht. § 22 füllt die in Art. 9 Abs. 2–4 DS-GVO zu Gunsten der Mitgliedstaaten eröffneten Regelungsmöglichkeiten und -spielräume aus. Das wirkt sich auf den relevanten Grundrechtsmaßstab aus (→ Rn. 4). Die Norm orientiert sich allerdings in bestimmten Umfang auch an Vorgängerregelungen des BDSG aF (→ Rn. 5). Bereichsspezifische datenschutzrechtliche Rechtsvorschriften des Bundes oder Länder sind vorrangig und sofern grundrechtliche oder rechtsstaatliche Anforderungen an die Bestimmtheit gesetzlicher Rechtsgrundlagen solche Regelungen verlangen, ergeben sich daraus Grenzen des möglichen Rückgriffs auf § 22 (→ Rn. 14). Abs. 1 regelt Tatbestandsvoraussetzungen, nach denen eine Verarbeitung besonderer Kategorien personenbezogener Daten (→ Rn. 16 ff.) mit Rücksicht auf die Erforderlichkeit für die jeweils näher umschriebenen Zwecke (→ Rn. 18 ff.) zulässig ist. Abs. 1 Nr. 1 bezieht sich sowohl auf eine Verarbeitung durch öffentliche als auch auf nichtöffentliche Stellen (→ Rn. 26 ff.), während Abs. 2 Nr. 2 auf öffentliche Stellen beschränkt ist (→ Rn. 31 ff.). Abs. 2 adressiert das Erfordernis angemessener und spezifischer Maßnahmen zur Wahrung der Interessen der betroffenen Person (→ Rn. 36 ff.).

Übersicht

	Rn.		Rn.
A. Allgemeines	1	II. Zulässigkeitstatbestände für eine Verarbeitung durch öffentliche und nicht-öffentliche Stellen (Abs. 1 Nr. 1)	26
I. Überblick über die Aussagen der Norm	1		
II. Vorgängerregelungen und Normgenese	5	III. Zulässigkeitstatbestände für eine Verarbeitung durch öffentliche Stellen (Abs. 1 Nr. 2)	31
III. Verhältnis zu anderen Vorschriften	10		
B. Voraussetzungen der Zulässigkeit der Verarbeitung (Abs. 1)	15	**C. Angemessene und spezifische Maßnahmen zur Wahrung der Interessen der betroffenen Person (Abs. 2)**	36
I. Übergreifende Regelungsmuster	15	I. Verpflichtung, Maßnahmen vorzusehen (Abs. 2 S. 1)	36
1. Zulässigkeit abweichend von Art. 9 Abs. 1 DS-GVO	15	II. Bestimmung der Maßnahmen unter Berücksichtigung bestimmter Aspekte (Abs. 2 S. 2 Hs. 1)	39
2. Verarbeitung besonderer Kategorien personenbezogener Daten	16		
3. Zweckbindung und Erforderlichkeit	18	III. Beispielhaft aufgezählte Maßnahmen (Abs. 2 S. 2)	41
4. Öffentliche und nichtöffentliche Stellen	25		

A. Allgemeines

I. Überblick über die Aussagen der Norm

§ 22 enthält Rechtsgrundlagen für die Verarbeitung von besonderen Kategorien personenbezogener Daten („sensible Daten") im Zusammenspiel mit Art. 9 DS-GVO. Nach Art. 9 Abs. 1 DS-GVO ist die Verarbeitung personenbezogener Daten, aus denen bestimmte Informationsgehalte hervorgehen oder die bestimmte Aussagegehalte enthalten und die insofern „sensibel" sind (→ DS-GVO Art. 9 Rn. 15 ff.), untersagt. Dieses prinzipielle Verarbeitungsverbot wird durch Art. 9 Abs. 2 und 3 DS-GVO relativiert, nach denen Abs. 1 in den aufgelisteten Fällen unter näher geregelten Bedingungen nicht gilt. Mehrere der Tatbestände des Art. 9 Abs. 2 DS-GVO enthalten Regelungsmöglichkeiten und -spielräume für die Mitgliedstaaten und auch dessen Abs. 3 und 4 öffnen sich mitgliedstaatlichem Recht → DS-GVO Art. 9 Rn. 51 ff.). § 22 dient der Ausfüllung der Öffnungsklauseln und impliziten Öffnungen, die in Art. 9 Abs. 2 lit. b, g, i und h iVm Abs. 3 DS-GVO enthalten sind. Hinter § 22 steht die Annahme, dass jene Bestimmungen als Regelungsaufträge zu lesen sind (s. BT-Drs. 18/11325, 94). Der Regelungsgehalt des § 22 ist dementsprechend nur in Zusammenschau mit Art. 9 DS-GVO zu verstehen. 1

Abs. 1 regelt die Tatbestandsvoraussetzungen, unter denen eine Verarbeitung sensibler Daten mit Blick auf die jeweils einschlägigen Tatbestände des Art. 9 Abs. 2 DS-GVO und deren eigenständige Tatbestandsvoraussetzungen zulässig ist. § 22 Abs. 1 differenziert in bestimmtem Umfang zwischen der Datenverarbeitung durch öffentliche und durch nichtöffentliche Stellen. Abs. 1 Nr. 1 bezieht sich sowohl auf öffentliche als auch auf nichtöffentliche Stellen, während Abs. 2 Nr. 2 nur Verarbeitungen durch öffentliche Stellen adressiert. Die Regelungsfelder, die Abs. 1 Nr. 1 lit. a–c und Nr. 2 lit. c in Bezug nehmen, belegen die Funktion der unionalen Öffnungen zu Gunsten mitgliedstaatlichen Rechts: Nicht zuletzt bereits kompetenzbedingt und angesichts der Interdependenzen des Datenschutzrechts mit den sachlichen Strukturen der mannigfaltigen Fachrechts und der in vieler Hinsicht divergierenden nationalen Rechtssysteme sollen die Mitgliedstaaten sachnah entscheiden, welcher Ansatzpunkt im jeweiligen Regelungsbereich den jeweiligen Gegebenheiten und datenschutzrechtlichen Schutzerfordernissen am besten Rechnung trägt (→ DS-GVO Art. 9 Rn. 4; → DS-GVO Art. 9 Rn. 53). Damit stimmt überein, dass die Verarbeitung sensibler Daten oft bereichsspezifisch mit der Folge geregelt wird, dass § 22 verdrängt wird, soweit der Regelungsgehalt bereichsspezifischer Vorschriften reicht (→ Rn. 13 f.). 2

Abs. 2 S. 1 legt fest, dass in den Fällen des Abs. 1 durch jeden Verantwortlichen zusätzlich angemessene und spezifische Maßnahmen zur Wahrung der Interessen der betroffenen Person vorzusehen sind. **Abs. 2 S. 2** gibt zum einen verschiedene Kriterien vor, die bei der Festlegung dieser Maßnahmen zu berücksichtigen sind, und enthält zum anderen einen nicht abschließenden Katalog mit Regelbeispielen für solche Maßnahmen. Der deutsche Gesetzgeber setzt damit die Anforderungen um, die Art. 9 Abs. 2 lit. b, g und i DS-GVO an das jeweilige Ausfüllungsrecht stellen. 3

Dass sich Art. 9 Abs. 2–4 für mitgliedstaatliches Recht öffnet und dass § 22 als Ausfüllung der zu Gunsten der Mitgliedstaaten eröffneten Regelungsmöglichkeiten und -spielräume zu verstehen ist, wirkt auf den relevanten **Grundrechtsmaßstab** zurück. Unionsgrundrechte greifen, soweit Recht der Union durchgeführt wird (Art. 51 Abs. 1 S. 1 GRCh). Art. 9 Abs. 2–4 enthalten sowohl strikte Determinanten als auch, dies in durchaus weitgehendem Umfang, spielraumeröffnende Vorgaben, die Flexibilität und Vielfalt bei der Gestaltung des Datenschutzrechts zu Gunsten der Mitgliedstaaten gewährleisten sollen. Nach stRspr des EuGH erfolgt auch die Ausfüllung von Umsetzungs- und Gestaltungsspielräumen in Durchführung des Rechts der Union und ist an die Unionsgrundrechte gebunden (vgl. EuGH (GK) Urt. v. 21.12.2011 – C-411/10 ua Rn. 77 ff.; Urt. v. 21.12.2016 – C-203/15 und C-698/15 Rn. 82 ff. – Tele Sverige AB ua); eine Anwendung nationaler Schutzstandards kommt zusätzlich in Betracht, „sofern durch diese Anwendung weder das Schutzniveau der Charta, wie sie vom Gerichtshof ausgelegt wird, noch der Vorrang, die Einheit und die Wirksamkeit des Unionsrechts beeinträchtigt werden" (EuGH Urt. v. 26.2.2013 – C-617/10 Rn. 29 – Åkerberg Fransson,). Das BVerfG vertritt hier eine „Mitgewährleistungsthese": Da regelmäßig die Vermutung greife, dass das Schutzniveau der Charta der Grundrechte der Europäischen Union durch die Anwendung der Grundrechte des Grundgesetzes mitgewährleistet sei, prüft es unionsrechtlich nicht vollständig determiniertes innerstaatliches Recht primär am Maßstab der Grundrechte des Grundgesetzes, auch wenn das innerstaatliche Recht der Durchführung des Unionsrechts dient (BVerfG Beschl. v. 6.11.2019 – 1 BvR 16/13 Ls. 1 und Rn. 41 ff. = BVerfGE 152, 152). Die Mitgewährleistungsthese hat eine ihrer Stützen darin, dass die EU-Charta in ähnlicher, wenn auch nicht in gleicher Weise wie die EMRK als „Auslegungshilfe" für das 4

Verständnis der grundgesetzlichen Garantien herangezogen wird (BVerfG Beschl. v. 6.11.2019 – 1 BvR 16/13 Rn. 60 ff. = BVerfGE 152, 152). Im Bereich der **Öffnungen des Art. 9 Abs. 2–4** ist somit im ersten Schritt zu prüfen, **welche Vorgaben strikt determinierend** und daher **mit Blick allein auf die Unionsgrundrechte** zu beurteilen sind. Soweit man mit **Spielräumen** zu tun hat, kommt es im zweiten Schritt darauf an, welchem der gerichtlichen Ansätze man folgt. Nach beiden Ansätzen spielen allerdings immer **sowohl Unionsgrundrechte als auch die grundgesetzlichen Grundrechte** in bestimmter Hinsicht eine Rolle, wenn auch der zentrale Maßstab jeweils unterschiedlich bestimmt wird. Für § 22 bedeutet all dies, dass die Unionsgrundrechte keineswegs irrelevant sind. Angesichts der zahlreichen Öffnungen und Spielräume des Art. 9 Abs. 2–4 DS-GVO verbleibt jedoch den grundgesetzlichen Grundrechten eine wesentliche, aus Sicht des BVerfG sogar primäre Maßgeblichkeit.

II. Vorgängerregelungen und Normgenese

5 Regelungen zu besonderen Arten personenbezogener Daten und zur Zulässigkeit ihrer Verarbeitung finden sich auch im BDSG aF. In Umsetzung der Vorgaben aus Art. 8 DSRL definierte § 3 Abs. 9 BDSG aF die besonderen Kategorien. Die in Art. 8 Abs. 1 DSRL angelegte (und nun mit Art. 9 Abs. 1 DS-GVO unmittelbar geltende) differenzierende Ausgestaltung zwischen Kategorien personenbezogener Daten, aus denen bestimmte Informationsgehalte hervorgehen oder die bestimmte Aussagegehalte enthalten (→ DS-GVO Art. 9 Rn. 27 ff.), wurde dabei nicht übernommen. Entsprechend der Struktur des deutschen BDSG aF, die nach den einzelnen Verarbeitungsschritten differenzierte (vgl. § 3 Abs. 2–5 BDSG aF), waren die Regelungen an verschiedenen Stellen zu finden: Für die Verarbeitung durch öffentliche Stellen regelte § 13 Abs. 2 aF die Zulässigkeit der Erhebung personenbezogener Daten und § 14 Abs. 5 und 6 BDSG aF die Zulässigkeit des Speicherns, Veränderns oder Nutzung zu anderen Zwecken. Einige der ehemals dort normierten Zulässigkeitstatbestände sind nunmehr unmittelbar in Art. 9 Abs. 2 DS-GVO bzw. an anderer Stelle im BDSG (§§ 27, 28) geregelt. Für die Verarbeitung durch nichtöffentliche Stellen fanden sich die zentralen Rechtsgrundlagen in § 28 Abs. 6–9 (bzw. § 29 Abs. 5, § 30 Abs. 5 und § 30a Abs. 5 BDSG aF). Im Vergleich wird deutlich, **wie sehr sich § 22,** va im öffentlichen Sektor, **an den Vorgängerregelungen orientiert.**

6 Der **ursprüngliche Gesetzesentwurf** der Bundesregierung entspricht **weitestgehend** der dann im Bundesgesetzblatt verkündeten **Endfassung** des § 22. Die einzige Änderung, die im Laufe des Gesetzgebungsverfahrens vorgenommen wurde, ist die **Streichung von Abs. 2 S. 3,** der in der Entwurfsfassung noch enthalten war. Die Bestimmung nahm Abs. 1 lit. b von dem Anwendungsbereich des Abs. 2 aus, sodass die Verpflichtung, angemessene und spezifische Maßnahmen zur Wahrung der Interessen der betroffenen Person vorzusehen, mit Blick auf Abs. 1 lit. b nicht gelten sollte. Hintergrund dieser Norm war, dass nach der Vorstellung des Gesetzgebers die von Art. 9 Abs. 2 lit. h iVm Abs. 3 DS-GVO geforderten besonderen Garantien bereits unmittelbar durch Abs. 1 lit. b umgesetzt wurden (vgl. BT-Drs. 18/11325, 95).

7 In seiner Stellungnahme zu dem Gesetzesentwurf regte der Bundesrat die Streichung der Vorschrift an. Zur Begründung wurde vorgebracht, dass es nicht genüge, nur die zwingende Vorgabe der DS-GVO (vgl. Art. 9 Abs. 3 DS-GVO) umzusetzen. Kontext- und einzelfallbezogen könne es im Interesse des Betroffenen vielmehr gerechtfertigt sein, zusätzliche Schutzmaßnahmen zu fordern, wie etwa die Pseudonymisierung oder Verschlüsselung. Deshalb sollte von der Öffnungsklausel in Art. 9 Abs. 4 DS-GVO Gebrauch gemacht werden (vgl. BT-Drs. 18/11655, 12). Die Vorschrift wurde infolgedessen „zur Klarstellung" gestrichen (vgl. BT-Drs. 18/12144, 4).

8 Zwei **weitere Erwägungen des Bundesrates** wurden im Laufe des weiteren Gesetzgebungsverfahrens **nicht berücksichtigt:** Der erste Änderungsvorschlag zielte auf eine Umformulierung von Abs. 1 dahingehend, dass nur der Wortlaut des Ausnahmetatbestands in Art. 9 Abs. 2 lit. h iVm Abs. 2 DS-GVO aufgenommen werde. Nach Ansicht des Bundesrates war eine Ausfüllung der Öffnungsklauseln in Art. 9 Abs. 2 lit. b und i DS-GVO im Rahmen von Abs. 1 obsolet, weil insoweit bereichsspezifische Bestimmungen in verschiedensten Regelungskontexten existierten und eine weitere allgemeine Rechtsgrundlage – im Hinblick auf die besondere Schutzbedürftigkeit der sensiblen Daten – nicht geschaffen werden sollte (BT-Drs. 18/11655, 11). Die Bundesregierung entgegnete dieser Erwägung, dass Abs. 1 in seiner konkreten Form nötig sei, um Regelungslücken in bestimmten Bereichen zu vermeiden, etwa im Bereich der Gesundheitsberichtserstattung (BT-Drs. 18/11655, 29). Der zweite Änderungsvorschlag betraf Abs. 2. Dessen Wortlaut sollte dahingehend geändert werden, dass die Vorschrift – unter Ausfüllung von Art. 9 Abs. 4 DS-GVO – auch bei einer Verarbeitung von genetischen Daten, biometrischen Daten und Gesundheitsdaten auf Grundlage einer Einwilligung (Art. 9 Abs. 2 lit. a DS-GVO) Anwendung findet. Zur Begründung

wurde auf den spezifischen Bedarf an Datensicherheit bei dem Einsatz von Wearables und Gesundheits-Apps hingewiesen (BT-Drs. 18/11655, 11 f.).

Im Zuge des zweiten Datenschutz-Anpassungs- und Umsetzungsgesetz EU vom 20.11.2019 **9**
(2. DSAnpUG-EU) wurde § 22 Abs. 1 Nr. 1 lit. d BDSG als neuer Zulässigkeitstatbestand in
Nr. 1 eingefügt. Der Gesetzgeber hat dabei den ehemaligen, nur öffentliche Stellen adressierenden
Abs. 1 Nr. 2 lit. a aufgegriffen und ihn in Abs. 1 umplatziert. Er sollte sich auf nichtöffentliche
Stellen erstrecken, damit auch diese „sensible" Daten bei zwingender Erforderlichkeit aus Gründen
eines erheblichen öffentlichen Interesses verarbeiten dürfen (s. hierzu die Begründung zum 2.
DSAnpUG-EU in BR-Drs. 430/18, 250 f.).

III. Verhältnis zu anderen Vorschriften

Durch ihre permeable Struktur bewirkt die DS-GVO, dass an vielen Stellen mitgliedstaatliche **10**
Bestimmungen neben die in ihr geregelten unmittelbar anwendbaren Vorschriften treten. Dies
hat zur Folge, dass in vielen Bereichen des Datenschutzrechts zur Beurteilung der Rechtslage
zukünftig ein **„Pendelblick"** (zum Begriff Thüsing/Schmidt/Forst RDV 2017, 116) **zwischen
DS-GVO und BDSG** und zusätzlich **bereichsspezifischen Vorschriften** im nationalen Recht
erforderlich sein wird. Im Falle der Beurteilung der Zulässigkeit einer Verarbeitung sensibler Daten
sind die Bestimmungen des nationalen Rechts stets im Zusammenspiel mit Art. 9 DS-GVO zu
sehen; die Rechtmäßigkeit kann sich insbesondere auch unmittelbar aus Art. 9 Abs. 2 lit. a, c–e
und f DS-GVO ergeben.

Bei öffentlichen Stellen wird § 22, der Rechtsgrundlagen (nur) für die Verarbeitung von beson- **11**
deren Kategorien personenbezogener Daten hergibt, durch die im ersten Teil des BDSG platzierte
Generalermächtigung für die Verarbeitung personenbezogener Daten in **§ 3** ergänzt. In Gestalt
eines Auffangtatbestands hält diese Norm fest, dass die Verarbeitung personenbezogener Daten
durch eine öffentliche Stelle zulässig ist, wenn sie zur Erfüllung der in der Zuständigkeit des
Verantwortlichen liegenden Aufgabe oder in Ausübung öffentlicher Gewalt, die dem Verantwortlichen übertragen wurde, erforderlich ist. Auch im Rahmen des § 22 muss die jeweilige öffentliche
Stelle für die Wahrnehmung der jeweiligen Aufgabe aus den Katalogen des Abs. 1 zuständig sein.

§ 48, der ebenfalls eine Rechtsgrundlage für die Verarbeitung besonderer Kategorien personen- **12**
bezogener Daten schafft, dient außerhalb des sachlichen Anwendungsbereichs der DS-GVO (Art. 2
Abs. 2 lit. d DS-GVO) der Umsetzung der RL (EU) 2016/680. Er gilt nur für die Verarbeitung
personenbezogener Daten durch die für die Verhütung, Ermittlung, Aufdeckung, Verfolgung oder
Ahnung von Straftaten oder Ordnungswidrigkeiten zuständigen öffentlichen Stellen, soweit sie
Daten zum Zweck der Erfüllung dieser Aufgaben verarbeiten (vgl. § 45 S. 1; s. auch → § 48
Rn. 6 ff.). Daher besteht zwischen § 22 und § 48 kein Konkurrenzverhältnis.

Bereichsspezifische datenschutzrechtliche Rechtsvorschriften des Bundes oder Länder, **13**
die einen Sachverhalt, für den das BDSG grundsätzlich gilt, abschließend regeln, **haben Vorrang**
(vgl. § 1 Abs. 2 S. 1 und 2). Mit Blick auf § 22 bedeutet dies, dass, soweit die Voraussetzungen
der Verarbeitung besonderer Kategorien personenbezogener Daten in anderen Bestimmungen
bereichsspezifisch geregelt sind, diese die allgemeine Vorschrift verdrängen. Deren Verdrängung
geht freilich nur so weit wie der Regelungsgehalt der speziellen bereichsspezifischen Vorschrift und
hängt daher maßgeblich von deren „normativer Tiefe" ab. Soweit dort etwa keine spezifischeren
Vorgaben zu den von einigen der Öffnungsklauseln in Art. 9 Abs. 2 DS-GVO geforderten „angemessenen und spezifischen Maßnahmen" enthalten sind, ist insoweit auf den Katalog in Abs. 2
(jedenfalls als Orientierungshilfe) zurückzugreifen (vgl. auch § 1 Abs. 2). Ob Abs. 2 indessen selbst
dann (ergänzend) anwendbar bleibt, wenn das bereichsspezifische Recht zwingende Vorgaben zu
im jeweiligen Kontext konkret vorzusehenden Garantien macht, ist zweifelhaft (dafür Kühling/
Buchner/Weichert Rn. 45). Das Herausarbeiten des Anpassungsbedarfs bereichsspezifischer Vorschriften vor dem Hintergrund der Anforderungen der Art. 9 Abs. 2–4 DS-GVO ist anforderungsreich. Das gilt nicht zuletzt auf Grund der föderalen Staatsorganisation der Bundesrepublik. Bei
fehlender Koordinierung von Bund und Ländern sowie der Länder untereinander drohen Redundanzen und dysfunktionale Überschneidungen sowohl in materiell-rechtlicher als auch in institutioneller Hinsicht, die mit einer erheblichen Rechtsunsicherheit einhergehen (s. exemplarisch
für den Bereich der Gesundheitsforschung, das vom Bundesgesundheitsministerium in Auftrag
gegebene Gutachten „Lösungsvorschläge für ein neues Gesundheitsforschungsdatenschutzrecht in
Bund", online verfügbar unter https://www.bundesgesundheitsministerium.de/fileadmin/
Dateien/5_Publikationen/Gesundheit/Berichte/RECHTSGUTACHTEN_Gesundheitsforschu
ngsdatenschutzrecht_BMG.pdf).

14 Sofern **grundrechtliche oder rechtsstaatliche Anforderungen an die Bestimmtheit gesetzlicher Rechtsgrundlagen** eine bereichsspezifische Regelung in bestimmten Hinsichten verlangen, ergeben sich daraus **Grenzen des möglichen Rückgriffs auf die allgemeine Regelung des § 22.** Das ist einer der Gründe für die zahlreichen Vorschriften, die die Verarbeitung sensibler Daten bereichsspezifisch regeln, dies gerade im Gesundheits- und Sozialbereich (ein Überblick findet sich etwa bei Kühling/Buchner/Weichert DS-GVO Art. 9 Rn. 168 ff.). Die Bedeutung des § 22 wird somit wesentlich durch das Zusammenspiel mit geschaffenen und ggf. gebotenen bereichsspezifischen Vorschriften bestimmt, die ihrerseits in allgemeinere und speziellere Vorschriften gestuft sein können. In zahlreichen Hinsichten können sich spezifische Regelungsanforderungen ergeben, aber umgekehrt ist die Vorstellung, man könne und müsse möglichst jedes Detail regeln, aus einer Reihe von Gründen verfehlt (s. dazu Marsch/Rademacher DV 54/2021, 1 (bes. 21 ff.)). Die Herstellung eines sinnvollen Zusammenspiels allgemeiner und bereichsspezifischer Vorschriften gehört zu den Grundproblemen des Datenschutzrechts.

B. Voraussetzungen der Zulässigkeit der Verarbeitung (Abs. 1)

I. Übergreifende Regelungsmuster

1. Zulässigkeit abweichend von Art. 9 Abs. 1 DS-GVO

15 Abs. 1 enthält allgemeine Rechtsgrundlagen für die Verarbeitung besonderer Kategorien personenbezogener Daten durch öffentliche und nichtöffentliche Stellen. Die **Formulierung des Tatbestands** („In Abweichung von Artikel 9 Absatz 1") ist dabei insofern **unglücklich,** als gerade nicht von dem unmittelbar geltenden (Art. 288 Abs. 2 AEUV) Verarbeitungsverbot in Art. 9 Abs. 1 DS-GVO abgewichen werden kann (vgl. auch § 1 Abs. 5). Vielmehr kann mitgliedstaatliches Recht nur zur Ausfüllung und Konkretisierung der in Art. 9 Abs. 2 DS-GVO enthaltenen Öffnungsklauseln beibehalten oder erlassen werden (ähnlich Paal/Pauly/Frenzel Rn. 4). § 22 Abs. 1 gibt die Rechtsgrundlage für die Verarbeitung sensibler Daten nicht vollständig her. Er **tritt** zu den unmittelbar anwendbaren, sich freilich in bestimmtem Umfang mitgliedstaatlichem Recht öffnenden Tatbeständen in Art. 9 Abs. 2–4 DS-GVO **hinzu.** Sein Regelungsgehalt ist in **Zusammenschau** mit Art. 9 DS-GVO zu verstehen (→ Rn. 1).

2. Verarbeitung besonderer Kategorien personenbezogener Daten

16 § 22 betrifft die **Verarbeitung besonderer Kategorien personenbezogener Daten.** Im Kontext des Art. 9 DS-GVO ist der Begriff der **Verarbeitung** im dortigen Art. 4 Nr. 2 als „jeder mit oder ohne Hilfe automatisierter Verfahren ausgeführte Vorgang oder jede solche Vorgangsreihe im Zusammenhang mit personenbezogenen Daten" legaldefiniert. Die Norm nennt dann zahlreiche Beispiele: das Erheben, das Erfassen, die Organisation, das Ordnen, die Speicherung, die Anpassung oder Veränderung, das Auslesen, das Abfragen, die Verwendung, die Offenlegung durch Übermittlung, Verbreitung oder eine andere Form der Bereitstellung, den Abgleich oder die Verknüpfung, die Einschränkung, das Löschen oder die Vernichtung (vgl. im Einzelnen → DS-GVO Art. 4 Rn. 29 ff.). Die Beispiele sind nicht abschließend, weil die Antwort auf die Frage, was ein rechtlich relevanter eigenständiger Verarbeitungsvorgang ist, vom Verwendungskontext sowie den entsprechenden Risiken und vor allem auch von den Verarbeitungstechniken abhängt. Demnach gilt ein **umfassender Begriff der Verarbeitung,** der kontextspezifisch im Hinblick auf rechtsrelevante Aspekte oder Phasen konkretisiert werden kann. Art. 4 Nr. 2 steht freilich im Zusammenhang mit dem **sachlichen Anwendungsbereich der DS-GVO** (näher → Art. 2 Rn. 1 ff.). Nach Art. 2 Abs. 1 DS-GVO gilt die Verordnung für die ganz oder teilweise automatisierte Verarbeitung personenbezogener Daten sowie für die nichtautomatisierte Verarbeitung personenbezogener Daten, die in einem Dateisystem gespeichert sind oder gespeichert werden sollen; Art. 2 Abs. 2 lit. c klammert die Verarbeitung personenbezogener Daten durch natürliche Personen zur Ausübung ausschließlich persönlicher oder familiärer Tätigkeiten aus dem Anwendungsbereich aus. Die Einschränkungen beider Absätze übernimmt **§ 1 Abs. 1 S. 2 BDSG** (nur) für **nichtöffentliche Stellen.** Dagegen gilt für **öffentliche Stellen,** dies nicht zuletzt vor dem Hintergrund grundgesetzlicher Anforderungen (→ Rn. 4), ein nicht durch den Bezug auf „Dateisysteme" eingegrenzter Begriff der Verarbeitung, **§ 1 Abs. 1 BDSG.** Insofern deckt § 22 auch nicht von der DS-GVO erfasste Verarbeitungen ab. Diese spielen aber jedenfalls quantitativ, zumal angesichts der zunehmenden Digitalisierung der Verwaltung, keine bedeutende Rolle.

Personenbezogene Daten sind nach der Legaldefinition des Art. 4 Nr. 1 DS-GVO alle Informationen, die sich auf eine identifizierte oder identifizierbare natürliche Person beziehen. Hier kann allerdings nicht nur die **Identifizierbarkeit** der betroffenen Person ein Problem sein, sondern auch die Frage, **welche Daten sich überhaupt auf eine identifizierte oder identifizierbare Person beziehen** (ausf. → DS-GVO Art. 9 Rn. 16). Das Problem der Leistungs- und Abgrenzungskraft des Merkmals des Personenbezugs wird hinsichtlich der Verarbeitung „**besonderer Kategorien** personenbezogener Daten" noch verstärkt. Diese Kategorien gehen ihrerseits mit mehr oder weniger ausgeprägten **Einordnungs- und Abgrenzungsproblemen** einher (vgl. auch zur grundsätzlich Kritik am Konzept der „sensiblen" Daten → DS-GVO Art. 9 Rn. 20). Das betrifft in besonderem Maße, aber nicht nur die erste Gruppe besonderer Kategorien personenbezogener Daten in Art. 9 Abs. 1 DS-GVO („Daten, aus denen (…) hervorgehen"; → DS-GVO Art. 9 Rn. 27 ff.). Für eine sinnvolle Gestaltung, Auslegung und Anwendung der einschlägigen datenschutzrechtlichen Regelungen ist es daher wichtig, die dahinterstehenden Schutzgüter und rechtlich schutzwürdige Datenschutzinteressen zu schärfen.

3. Zweckbindung und Erforderlichkeit

Die Zulässigkeitstatbestände der Art. 9 Abs. 2 DS-GVO, § 22 Abs. 1 implizieren im Zusammenspiel mit dem Grundsatz der Zweckbindung in Art. 5 Abs. 1 lit. b DS-GVO, dass die Verarbeitung sensibler Daten in einen **Rechtsrahmen** und in bestimmte **Verarbeitungs- und Verwendungszusammenhänge** eingegliedert sind (→ DS-GVO Art. 9 Rn. 51 ff.). Nach dem **Grundsatz der Zweckbindung** müssen personenbezogene Daten „für festgelegte, eindeutige und legitime Zwecke erhoben werden und dürfen nicht in einer mit diesen Zwecken nicht zu vereinbarenden Weise weiterverarbeitet werden". In diesen mehrere Komponenten bündelnden Begriff eingeschlossen ist zunächst das – durch Art. 8 Abs. 2 S. 1 GRCh in bestimmtem Umfang vorgegebene - Erfordernis der **Festlegung** eines eindeutigen und legitimen Zweckes vor oder bei der Datenerhebung oder spätestens bei der Speicherung. Die festzulegenden Zwecke sind keinesfalls deckungsgleich mit den allgemeinen Handlungszielen Privater oder mit den sachlichen Aufgaben einer staatlichen Stelle. Es geht vielmehr um die **datenverarbeitungsbezogenen Zwecke.** Deren Festlegung hat die Funktion, die Verarbeitung personenbezogener Daten, die für sich genommen vielfältig und für beliebige Zwecke nutzbar wären, mit (bestimmten) Handlungszielen Privater oder mit (bestimmten) sachlichen Kompetenzen einer staatlichen Stelle rechtlich zu verklammern. Als Regelungselement des Datenschutzrechts bezieht sich der Begriff auf den Zweck oder die Zwecke, für die die personenbezogenen Daten im Ergebnis einer Verarbeitung, hier regelmäßig als Informationsgrundlagen, in einem bestimmten Kontext verwendet werden sollen. Das gilt auch für die Phase der Erhebung; „Erhebungszweck" ist insofern nur eine Kurzfassung für den „vor oder bei Erhebung festgelegten Verwendungszweck". Mit der Festlegung von Verwendungszwecken soll ein Bezugspunkt oder ein Band entstehen, das die einzelnen Verarbeitungsvorgänge zu einheitlichen oder auch zu sich differenzierenden Verarbeitungszusammenhängen verbindet (zur Grundidee vgl. auch Koning, The purpose and limitations of purpose limitation, 2020, S. 58: „The purposes determine a chain of processing actions within one processing operation that starts at the moment of collecting the data and ends at the moment the purposes are fulfilled. The purposes specification, therefore, categorizes the data processing into viable processes with a start and end point: a processing operation."). Das Erfordernis der Zweckfestlegung wird deshalb in Art. 5 Abs. 1 lit. b ergänzt um die Vorgabe, dass die gesamte **Verarbeitung an die festgelegten Zwecke** insoweit **gebunden** ist, als die personenbezogenen Daten nicht in einer mit diesen Zwecken nicht zu vereinbarenden Weise weiterverarbeitet werden dürfen. Im deutschen Datenschutzrecht kann der Einfluss der grundgesetzlichen Grundrechte zu einer prinzipiell strikteren prozessübergreifenden Bindung sämtlicher Verarbeitungsschritte an die vor oder bei Datenerhebung festgelegten Verwendungszwecke führen (ausf. hierzu Albers, Informationelle Selbstbestimmung, 2005, 507 ff., Open Access unter www.nomos-elibrary.de/10.5771/9783845258638/informationelle-selbstbestimmung). Mit der „Zweckbindung" erhält der „Verwendungszusammenhang" (BVerfGE 65, 1 (45)) Konturen, mit Blick auf den sich erst beschreiben lässt, welche Informationen und welches Wissen über eine Person entstehen und mit welchen ggf. beeinträchtigenden Folgen überhaupt zu rechnen ist. Nicht zuletzt soll die Kenntnis des Verwendungszwecks der betroffenen Person eine gewisse Einschätzung dessen ermöglichen, was mit den sie betreffenden Daten passiert und welche Informationen über sie in welchen Kontexten gewonnen werden. Funktional dient die Zweckbindung – in Verbindung mit dem Regelungselement der „Erforderlichkeit" (→ Rn. 20 ff.) – ua dazu, die Verarbeitung personenbezogener Daten zu begrenzen, zu strukturieren und transparent zu gestalten (vgl. auch Voßkuhle/Eifert/Möllers VerwR/Albers § 22 Rn

83). Im öffentlichen Recht bewirken Zweckbindung und Erforderlichkeit eine Verzahnung der datenschutzrechtlichen Vorgaben mit dem materiellen Verwaltungsrecht, dem Organisationsrecht und der Zuständigkeitsverteilung. In § 22 ist dies das mit den jeweiligen Tatbestandselementen in Bezug genommene allgemeine (Abs. 1 lit. d, Abs. 2 lit. a und b) oder bereichsspezifische (Abs. 1 lit. a – c, Abs. 2 lit. c) materielle Recht; für die Erfüllung der aufgezählten Aufgaben muss die öffentliche Stelle zuständig sein (→ Rn. 11).

19 Hinsichtlich der Festlegung der datenverarbeitungsbezogenen Zwecke setzen zunächst die **Rechtsnormen,** namentlich diejenigen zu den Rechtsgrundlagen der Verarbeitung, einen **Rahmen** fest. Die Festlegung „eindeutiger und legitimer" Zwecke obliegt dann dem **Verantwortlichen** auf Basis der rechtlichen Vorgaben (s. etwa NK-DatenschutzR/Roßnagel Art. 5 Rn. 73). Diese Zwecke fallen nicht mit der gesetzlichen Beschreibung zulässiger Verarbeitungszwecke zusammen. Das Gesetz ist, wie § 22 zeigt, notwendigerweise abstrakt-typisierend gestaltet. Auf dessen Grundlage muss der Verantwortliche mit Blick auf eine konkrete Konstellation den Verarbeitungszweck weiter spezifizieren. Erst und nur so kann die Zweckbindung die Anforderungen des Art. 5 Abs. 1 lit. b DS-GVO sowie ggf. der grundgesetzlichen Grundrechte und die ihr zukommenden normativen Funktionen erfüllen.

20 Sämtliche Tatbestände in § 22 Abs. 1 enthalten zudem die Anforderung der **Erforderlichkeit** der Verarbeitung. Dies darf nicht, wie es häufig geschieht, verwechselt werden mit dem Erfordernis des Einsatzes des „mildesten Mittels", wie man es aus dem Übermaßverbot kennt. Die „Erforderlichkeit" ist, auch wenn sie Anknüpfungspunkt für das Verhältnismäßigkeitsprinzip sein kann (→ Rn. 23), zunächst ein **datenschutzrechtliches Regelungselement** (Voßkuhle/Eifert/Möllers VerwR/Albers § 22 Rn. 87 ff.). Als solches **ergänzt sie die Bindung an festgelegte Zwecke;** Bezugspunkt der Erforderlichkeit ist der näher festgelegte Verarbeitungs- und Verwendungszweck iSd Art. 5 Abs. 1 lit. b DS-GVO. Mittels der „Erforderlichkeit" wird eine **Abhängigkeitsbeziehung** zwischen der Verarbeitung personenbezogener Daten und den festgelegten Zwecken hergestellt und der **Abhängigkeitsgrad** beschrieben, mit dem die datenverarbeitende Stelle auf den jeweiligen Verarbeitungsvorgang angewiesen ist (s. näher, va mit Blick auf den öffentlichen Bereich, Albers, Informationelle Selbstbestimmung, 2005, S. 516 ff., Open Access unter www.nomos-elibrary.de/10.5771/9783845258638/informationelle-selbstbestimmung). Die Frage lautet, ob ein Verarbeitungsvorgang mit Blick darauf notwendig ist, und die Vergleichsbasis ist in diesem Zusammenhang nicht ein alternatives Mittel, sondern die Möglichkeit der Erfüllung der durch den Verarbeitungszweck konkretisierten Angelegenheit oder Aufgabe ohne den Verarbeitungsvorgang.

21 Von diesem Ausgangspunkt aus lässt sich der Aussagegehalt des Tatbestandsmerkmals „Erforderlichkeit" weiter **aufschlüsseln:** Erforderlich sein muss erstens gerade der jeweilige Verarbeitungsschritt mit den ihm zukommenden Funktionen. Etwa kann eine Erhebung von Daten nötig sein, die Speicherung aber nicht, und ggf. kann eine Speicherung nötig sein, aber nicht für die beabsichtigte Zeitdauer. Zweitens muss die Verarbeitung gerade der personenbezogenen Informationen und Daten erforderlich sein, auf die sich die Verarbeitung bezieht. Drittens kann man weiter differenzieren, ob die Verarbeitung gerade personenbezogener Informationen und Daten erforderlich ist oder ob nicht anonymisierte oder pseudonymisierte Daten genügen.

22 Im Hinblick auf den **Abhängigkeitsgrad,** mit dem die datenverarbeitende Stelle auf den jeweiligen Verarbeitungsvorgang angewiesen ist, setzt die Erforderlichkeit der Verarbeitung besonderer Kategorien personenbezogener Daten voraus, dass die Zwecke ohnedem nicht, nicht vollständig oder nicht in rechtmäßiger Weise realisiert werden können. Darin steckt freilich noch eine gewisse **Bandbreite,** mit der man unterschiedlichen Betroffenheits- und Interessenkonstellationen Rechnung tragen kann. Genau diese Bandbreite beim Abhängigkeitsgrad wird eingeengt, wenn verlangt wird, dass die Verarbeitung besonderer Kategorien personenbezogener Daten „zwingend erforderlich", § 22 Abs. 1 Nr. 2 lit. b, oder „aus zwingenden Gründen" erforderlich, § 22 Abs. 1 Nr. 2 lit. c, sein muss.

23 Über seine Aussagegehalte als datenschutzrechtliches Regelungselement hinaus zeichnet sich das gesetzliche Tatbestandsmerkmal der „Erforderlichkeit" dadurch aus, dass es sich wegen seiner normativen Offenheit als **Anknüpfungspunkt grundrechtlichen Einflusses** anbietet und in seinem Rahmen eine Abwägung der jeweils geschützten Interessen betroffener Personen und der Belange, die datenverarbeitende Stellen wahrnehmen, erfolgen kann. Das bedeutet, dass das Tatbestandsmerkmal der Erforderlichkeit in konkreten Konstellationen mit Rücksicht auf das jeweils involvierten Grundrechte (→ Rn. 4) zu interpretieren ist. Unter Umständen kann dies die Verarbeitungsmöglichkeiten weiter einengen. Allerdings ist hier zu berücksichtigen, dass die Tatbestandsvoraussetzungen des § 22 den Schutzinteressen der betroffenen Person hinsichtlich der Verarbeitung „sensibler" Daten bereits in bestimmtem Umfang Rechnung tragen. Ist eine weitere

Einengung angezeigt, lässt sie sich entwickeln, indem Anforderungen auf der Basis des Zusammenspiels zwischen Verarbeitungszweck und Erforderlichkeit erhöht werden und etwa Zweck-Teilelemente aufgeschlüsselt und noch präziser gefasst werden, damit die Erforderlichkeit einen weiter eingeengten Bezugspunkt zur Verfügung hat. In Betracht kommt zudem, dass die Anforderungen an den Abhängigkeitsgrad, mit dem die datenverarbeitende Stelle auf den jeweiligen Verarbeitungsvorgang angewiesen ist, erhöht werden, soweit in § 22 Abs. 1 nicht bereits eine „zwingende Erforderlichkeit" oder „zwingende Gründe" vorausgesetzt werden. Gegebenenfalls kann das Tatbestandsmerkmal der „Erforderlichkeit" auch Anknüpfungspunkt für das Abwägungsergebnis sein, dass eine bestimmte Datenverarbeitung mit Rücksicht auf die Intensität der Beeinträchtigung der Grundrechte der betroffenen Person zu unterbleiben hat.

Vor diesem gesamten Hintergrund stecken in dem rechtsdogmatisch gängig scheinenden Tatbestandsmerkmal der Erforderlichkeit **komplizierte Probleme.** Das gilt schon deshalb, weil man es, wie erläutert, aufschlüsseln muss und weil seine Bezugspunkte variieren und präzisiert werden müssen. Vor allem muss man bestimmen, welche Informationen und welche Daten als Informationsgrundlage mit Blick auf die Zwecke, die sich ihrerseits mehr oder weniger komplex gestalten können, überhaupt „erforderlich" oder „zwingend erforderlich" sind. Vor allem zu Beginn eines Verarbeitungsprozesses muss noch der Prozess selbst antizipiert werden, der sich komplex gestalten und relativ unberechenbar verlaufen kann. Ob bestimmte personenbezogene Daten später tatsächlich noch benötigt werden, kann ohne weiteres erkennbar, aber auch eine hochgradig ungewisse Prognose sein. Insofern kann die Erforderlichkeit ggf. nur prozedural angelegt und muss im Verarbeitungsablauf spezifiziert werden. Das bedeutet bspw., dass eine Datenerhebung als „erforderlich" eingestuft wird, obwohl noch unklar ist, ob und welche der dann erhobenen Daten überhaupt relevant sind; spätestens bei der Speicherung oder auch schon bei der Erfassung in einem bestimmten Format muss aber selektiert werden. Insofern begleitet das Regelungselement der Erforderlichkeit den gesamten Verarbeitungsprozess. 24

4. Öffentliche und nichtöffentliche Stellen

In Anknüpfung an § 1 Abs. 1 differenziert Abs. 1 zwischen öffentlichen und nichtöffentlichen Stellen. Zur Zuordnung finden sich in § 2 ausführliche Legaldefinitionen (→ § 2 Rn. 7 ff.). Die Zulässigkeitstatbestände werden entsprechend strukturiert, indem sich Nr. 1 öffentliche und nichtöffentliche Stellen, Nr. 2 nur öffentliche Stellen adressiert. 25

II. Zulässigkeitstatbestände für eine Verarbeitung durch öffentliche und nichtöffentliche Stellen (Abs. 1 Nr. 1)

Abs. 1 Nr. 1 dient der Ausfüllung der Öffnungen zu Gunsten mitgliedstaatlichen Rechts in Art. 9 Abs. 2 lit. b DS-GVO (Abs. 1 Nr. 1 lit. a), Art. 9 Abs. 2 lit. g DS-GVO (Abs. 1 Nr. 1 lit. d), Art. 9 Abs. 2 lit. h DS-GVO iVm Art. 9 Abs. 3 DS-GVO (Abs. 1 Nr. 1 lit. b) und Art. 9 Abs. 2 lit. i DS-GVO (Abs. 1 Nr. 1 lit. c). Dabei wird weitgehend der **exakte Wortlaut** der entsprechenden Tatbestände des Art. 9 DS-GVO übernommen. Die **Auslegung** der Tatbestandsmerkmale dieser Norm obliegt der **Europäischen Gerichtsbarkeit.** In Zweifelsfällen über die Auslegung oder die Gültigkeit der Bestimmungen sind die deutschen Fachgerichte deshalb verpflichtet, die Verfahren auszusetzen und die Europäische Gerichtsbarkeit um Entscheidung zu ersuchen (vgl. Art. 267 AEUV). Für den Bedeutungsgehalt der jeweiligen Begriffe im Einzelnen kann und muss deshalb auf die Kommentierungen zu Art. 9 verwiesen werden (→ DS-GVO Art. 9 Rn. 63 ff.); im Übrigen ergibt sich hier auch ein Zusammenspiel mit dem mitgliedstaatlichen Fachrecht in bestimmten Regelungsbereichen. Im Folgenden werden die Bestimmungen des Art. 22 mit Blick auf ihren neben Art. 9 Abs. 2 DS-GVO eigenständigen Regelungsgehalt untersucht. 26

Der normative Eigenwert von **Abs. 1 Nr. 1 lit. a,** der auf die Rechte und Pflichten aus dem Recht der sozialen Sicherheit und des Sozialschutzes Bezug nimmt, ist begrenzt (gegen jeglichen Eigenwert Paal/Pauly/Frenzel Rn. 6). In der Gesetzesbegründung heißt es lediglich, dass mit der Bestimmung von der Öffnungsklausel in Art. 9 Abs. 2 lit. b DS-GVO Gebrauch gemacht werde (BT-Drs. 18/11325, 94). In Deutschland finden sich – nicht zuletzt wegen der Bestimmtheitsanforderungen (→ Rn. 14), aber auch wegen der Spezifika des Regelungsfeldes – Rechtsgrundlagen für diese Bereiche allerdings bereits im Sozialrecht, namentlich in den Sozialgesetzbüchern. Diese zeichnen sich traditionell dadurch aus, dass sie einen im Grundsatz umfassenden Regelungsanspruch haben und dass es deswegen dort allgemein-übergreifende Tatbestände gibt (§ 35 Abs. 1 SGB I, §§ 67 ff. SGB X). Insofern lässt sich Abs. 1 Nr. 1 lit. a nur als **Verweis auf die Spezialtatbestände der SGB** verstehen (so Kühling/Buchner/Weichert Rn. 9). Paradoxerweise verweisen diese Bestimmungen zum Teil ihrerseits auf § 22: § 67a Abs. 1 S. 3 SGB X nF und § 67b Abs. 1 27

S. 3 SGB X nF erschöpfen sich darin, Abs. 2 für entsprechend anwendbar zu erklären. Rechtstechnisch ist dies erkennbar missglückt und liegt an einer mangelnden Abstimmung der Vorgaben der DS-GVO, des BDSG und des bereichsspezifischen Rechts in den Gesetzgebungsprozessen zur Umsetzung der DS-GVO.

28   **Abs. 1 Nr. 1 lit. b** dient der Ausfüllung der Öffnungsklausel in Art. 9 Abs. 2 lit. h sowie Abs. 3 DS-GVO (zu den Bedeutungen der Tatbestandsmerkmale im Einzelnen → DS-GVO Art. 9 Rn. 90 ff.). Die Bestimmung entspricht dabei im Wesentlichen ihren Vorgängerregelungen in § 13 Abs. 2 Nr. 7 bzw. § 28 Abs. 7 Nr. 7 BDSG aF. Inhaltlich ist Abs. 1 Nr. 1 lit. b ebenfalls beinahe wortidentisch mit den Vorgaben der DS-GVO, wobei auf die Aufnahme des dort verwendeten Begriffs der „**Arbeitsmedizin**" ausweislich der Gesetzesbegründung aus zwei Gründen verzichtet wurde: Zum einen soll die arbeitsmedizinische Vorsorge bereits vom Merkmal der Gesundheitsvorsorge erfasst sein und zum anderen gebe es in Deutschland keine Verarbeitung sensibler Daten zu Zwecken bestimmter Facharztrichtungen (wozu auch die Arbeitsmedizin zählt). Vielmehr erfolge die Verarbeitung entsprechend den inhaltlichen Zwecken, die sich aus Abs. 1 lit. b oder aber bereichsspezifischen Regelungen ergeben (vgl. zum Ganzen BT-Drs. 18/11325, 95). Das Tatbestandsmerkmal des „Vertrags der betroffenen Person mit einem Angehörigen eines Gesundheitsberufs" stellt (gegenüber der offeneren Formulierung in Art. 9 Abs. 2 lit. h DS-GVO) klar, dass nur Behandlungsverträge (§§ 630a ff. BGB) gemeint sind und Verträge zwischen Heilberufsangehörigen und Dritten (etwa über die Lieferung von Verbandsmaterial) gerade nicht erfasst sein sollen (BT-Drs. 18/11325, 95). Anders als noch im Gesetzesentwurf vorgesehen findet die Verpflichtung des Verantwortlichen aus Abs. 2, angemessene und spezifische Maßnahmen vorzusehen, auch im Falle von Abs. 1 Nr. lit. b Anwendung. Der Gesetzesentwurf sah insoweit noch eine Privilegierung vor und ging davon aus, dass die personelle Anforderung, dass die Daten nur von ärztlichem Personal (inklusive Erfüllungsgehilfen) oder sonstigen einer Geheimhaltungspflicht unterliegenden Personen verarbeitet werden dürfen, für einen angemessenen Schutz genügen (BT-Drs. 18/11325, 95 aE). Auf Vorschlag des Bundesrates wurde diese Bestimmung indessen gestrichen (→ Rn. 6 f.). Im Ergebnis sind nunmehr auch bei Verarbeitung durch Berufsgeheimnisträger zusätzlich angemessene und spezifische Maßnahmen iSv Abs. 2 vorzusehen.

29   **Abs. 1 Nr. 1 lit. c** betrifft die Verarbeitung zu Gunsten öffentlicher Gesundheitsinteressen und dient der Umsetzung der Öffnungsklausel in Art. 9 Abs. 2 lit. i DS-GVO. Wie die anderen Vorschriften übernimmt die Norm dabei den Wortlaut der DS-GVO. Ihr Hs. 2 stellt klar, wie von Art. 9 Abs. 2 lit. i DS-GVO vorgegeben, dass im Hinblick auf diesen Tatbestand ergänzend zu den Maßnahmen nach Abs. 2 auch die berufs- und strafrechtlichen Vorgaben des Berufsgeheimnisses einzuhalten sind. Auch im Hinblick auf Abs. 1 Nr. 1 lit. c stellt sich die **Frage nach** dem **eigenständigen Anwendungsbereich** der Bestimmung (einen solchen verneinend Paal/Pauly/Frenzel Rn 8). Rechtsgrundlagen, die eine Verarbeitung zu den dort genannten Zwecken zulassen, finden sich in zahlreichen verschiedenen bereichsspezifischen Regelungen, etwa im Recht der Arznei- oder Medizinproduktsicherheit (für eine detailliertere Übersicht s. Kühling/Buchner/Weichert DS-GVO Art. 9 Rn 119 f.).

30   **Abs. 1 Nr. 1 lit. d** gestattet die Verarbeitung von besonderen Kategorien personenbezogener Daten, wenn sie aus Gründen eines erheblichen öffentlichen Interesses zwingend erforderlich ist. Diese Regelung, die mit dem 2. DSAnpUG-EU auf nichtöffentliche Stellen erstreckt und umgestellt wurde (→ Rn. 9), übernimmt weitgehend den Normtext des Art. 9 Abs. 2 lit. g DS-GVO; lediglich das Regelungselement der Erforderlichkeit wird dahin verschärft, dass eine Verarbeitung aus Gründen eines erheblichen öffentlichen Interesses zwingend erforderlich sein muss ist (→ Rn. 22; dazu auch VG Schwerin Urt. v. 26.11.2020 – 1 A 1598/19 SN Rn. 57, 60 – Lehrermeldeportal). In den Begründungen der Gesetzentwürfe bemüht sich der Gesetzgeber um eine Konkretisierung anhand von Beispielen. Laut der Gesetzesbegründung zum 1. DSAnpUG-EU ist ein erhebliches öffentliches Interesse insbesondere in den Fällen anzunehmen, in denen biometrische Daten zu Zwecken der eindeutigen Identifikation Betroffener verarbeitet werden (BT-Drs. 18/11325, 95). Hinsichtlich nichtöffentlicher Stellen wird in der Gesetzesbegründung zum 2. DSAnpUG-EU die Verarbeitung von personenbezogenen Daten mit Religionsbezug durch zivilgesellschaftliche Träger im Rahmen von Präventions- und Deradikalisierungsprogrammen im Bereich eines religiös motivierten, insbesondere islamistischen, Extremismus als Beispiel genannt (s. BR-Drs. 430/18, S. 250 f.). Abs. 1 Nr. 1 lit. d soll es privaten Beratungsträgern, die auch im öffentlichen Interesse tätig sind, ermöglichen, sensible Daten zu verarbeiten und ihrem Beratungsauftrag nachzukommen. Als weitere Beispiele werden die Bekämpfung von Pandemien und der Katastrophenschutz angeführt. Private Verantwortliche, die besondere Kategorien personenbezogener Daten iSv Art. 9 Abs. 1 DS-GVO geschäftsmäßig im Rahmen eigener gewerblicher Geschäftsmodelle verarbeiten, sollen sich dagegen ausdrücklich gerade nicht auf Abs. 1 Nr. 1 lit.

d stützen können, weil diese Verarbeitungen schon tatbestandlich nicht erfasst seien. Die Bestimmung ist mit Blick auf ihre Unbestimmtheit kritisch zu betrachten und, sofern der Rückgriff auf sie nicht ohnehin entfällt (→ Rn. 14), **restriktiv** zu handhaben (an der Bestimmtheit auch mit Blick auf die Verarbeitung genetischer und biometrischer Daten zweifelnd Schantz/Wolff DatenschutzR/Schantz Rn. 716). Auf jeden Fall kommt der **Interessenabwägungsklausel** im letzten Halbsatz des Abs. 1, die sich auf Abs. 1 Nr. 1 lit. d erstreckt, besondere Bedeutung zu (dazu VG Schwerin Urt. v. 26.11.2020 – 1 A 1598/19 SN Rn. 58, 61 ff. – Lehrermeldeportal).

III. Zulässigkeitstatbestände für eine Verarbeitung durch öffentliche Stellen (Abs. 1 Nr. 2)

Abs. 1 Nr. 2 enthält Rechtsgrundlagen für die Verarbeitung sensibler Daten ausschließlich durch öffentliche Stellen. Die Bestimmung ist als Ausfüllung der Öffnungsklausel in Art. 9 Abs. 2 lit. g DS-GVO ergangen. Der dortige Begriff des „erheblichen öffentlichen Interesses" soll in **Abs. 1 Nr. 2 lit. a–c** näher konkretisiert werden. Freilich ist dies ohne nähere Erläuterung in der Gesetzesbegründung und auch nicht abschließend erfolgt. Wegen ihrer bereits aus sich heraus vagen Fassungen und ihrer Funktion als allgemeine Auffangtatbestände zeichnen sich die Regelungen sowohl durch Weite als auch durch Unbestimmtheit aus. Es ist immer zu prüfen, inwiefern ein Rückgriff auf sie überhaupt in Betracht kommt (→ Rn. 13 f.). 31

Abs. 1 Nr. 2 lit. a nimmt auf das **Gefahrenabwehrrecht** Bezug, indem die Vorschrift eine Verarbeitung sensibler Daten dann für zulässig erklärt, wenn sie zur Abwehr einer erheblichen Gefahr für die öffentliche Sicherheit erforderlich ist. Mit den gesteigerten Voraussetzungen für die Gefahrenlage („erheblich") werden höhere Anforderungen sowohl an die Bedeutung des Rechtsguts als auch an das Gewicht des drohenden Schadens gestellt. Qualifizierte Rechtsgüter wären etwa der Bestand des Staates, das Leben, die Gesundheit oder die Freiheit. Die Norm fungiert als Auffangtatbestand vor allem im Ordnungsrecht, soweit es dort keine bereichsspezifischen Regelungen gibt (zum sehr eingeschränkten Anwendungsbereich auch Sydow/Kampert BDSG § 22 Rn. 50 ff.). Die **Verhütung und Abwehr** von Gefahren, die als Verhalten im Hinblick auf geschützte Rechtsgüter in **Straftatbeständen** erfasst werden, wird nicht von Abs. 1 Nr. 2 lit. a abgedeckt, da sie nicht in den Anwendungsbereich der DS-GVO (s. Art. 2 Abs. 2 lit. d DS-GVO), sondern denjenigen der RL (EU) 2016/680 fällt. 32

Abs. 1 Nr. 2 lit. b ist die Nachfolgevorschrift von § 13 Abs. 2 Nr. 6 BDSG aF und legitimiert eine Verarbeitung, wenn sie zur Abwehr erheblicher Nachteile für das Gemeinwohl oder zur Wahrung erheblicher Belange des Gemeinwohls zwingend erforderlich ist. Das Merkmal der zwingenden Erforderlichkeit verweist auf einen gesteigerten Abhängigkeitsgrad in dem Sinne, dass die Verarbeitung mit Rücksicht auf den Verarbeitungszweck schlechterdings unverzichtbar sein muss (→ Rn. 22). Angesichts der Weite und der Unbestimmtheit der Norm sind eine **Prüfung ihrer Anwendbarkeit** vor dem Hintergrund bereichsspezifischer Vorschriften und der Bestimmtheitsanforderungen (→ Rn. 13 f.), eine **restriktive Handhabung** (so auch Kühling/Buchner/Weichert Rn. 25) und eine sorgfältige Interessenabwägung nach Maßgabe der **Interessenabwägungsklausel** im letzten Halbsatz des Abs. 1 geboten. 33

Abs. 1 Nr. 2 lit. c hatte mit § 13 Abs. 2 Nr. 9 BDSG aF ebenfalls eine direkte Vorgängerregelung. Die Bestimmung legitimiert die Verarbeitung sensibler Daten im Kontext der Verteidigung und Erfüllung über- und zwischenstaatlicher Verpflichtungen einer Bundesstelle, soweit diese die Krisenbewältigung, Konfliktverhinderung oder humanitäre Maßnahmen betrifft. Weil insoweit „zwingende Gründe" gegeben sein müssen, sind **hohe Anforderungen an die Tatbestandsverwirklichung** zu stellen; auch diese Bestimmung ist restriktiv zu handhaben. 34

Nachgeschaltet legt **Abs. 1 S. 2** für alle Tatbestände des Abs. 1 Nr. 2 sowie für Abs. 1 Nr. lit. d) fest, dass zusätzlich die Interessen der verantwortlichen Stelle jene der betroffenen Person überwiegen müssen. Demnach sind die verantwortlichen Stellen verpflichtet, eine **Interessenabwägung** vornehmen. Der sensible Charakter der Daten und die damit verknüpften Schutzgüter und Datenschutzinteressen (→ DS-GVO Art. 9 Rn. 23 ff.) sind auf Seiten der betroffenen Person in Rechnung zu stellen. Dass die Pflicht zur Interessenabwägung in Abs. 1 S. 2 hervorgehoben wird, obwohl sie bereits in Art. 9 Abs. 2 lit. g DS-GVO enthalten ist, ist bei teleologisch sachgerechtem Verständnis des Normwiederholungsverbots nicht weiter schädlich, sondern aus Gründen der Rechtsklarheit sinnvoll. Zu beachten ist das Erfordernis der Wahrung des Wesensgehalts des Rechts auf Datenschutz oder anderer Grundrechtsgewährleistungen. 35

C. Angemessene und spezifische Maßnahmen zur Wahrung der Interessen der betroffenen Person (Abs. 2)

I. Verpflichtung, Maßnahmen vorzusehen (Abs. 2 S. 1)

36 Abs. 2 dient der Umsetzung der Art. 9 Abs. 2 lit. b, g und i DS-GVO, die an das jeweilige Ausfüllungsrecht die Anforderungen stellen, dass dieses geeignete Garantien oder angemessene und spezifische Maßnahmen zur Wahrung der Rechte und Interessen der betroffenen Person vorsieht. **Abs. 2 S. 1** wiederholt dabei zunächst abstrakt-generell die Anforderungen der Öffnungsklauseln. Er statuiert für alle Verantwortlichen (und Auftragsverarbeiter, vgl. Art. 28 Abs. 1 DS-GVO), die sensible Daten auf Basis einer mitgliedstaatlichen Rechtsgrundlage verarbeiten, die Pflicht, bei der Verarbeitung entsprechende Maßnahmen vorzusehen. Nach der Vorstellung des Gesetzgebers soll die Vorschrift auch im bereichsspezifischen Recht Anwendung finden (vgl. etwa die Neufassungen von § 67a Abs. 1 S. 3 bzw. § 67b Abs. 1 S. 3 SGB X). Eine Wiederholung, wie sie Abs. 2 S. 1 vornimmt, stellt den unionsrechtlichen Ursprung und damit das Auslegungsmonopol des EuGH nicht in Frage, sodass ihr das Normwiederholungsverbot nicht entgegensteht (in diesem Sinne auch Kühling/Buchner/Weichert Rn. 29, der den „Appellcharakter" der Bestimmung hervorhebt).

37 Zusätzlich zur Präzisierung der Maßnahmen sind die verantwortlichen Stellen entsprechend den allgemeinen Bestimmungen dazu verpflichtet, diese auch im Verzeichnis ihrer Verarbeitungstätigkeiten (Art. 30 Abs. 1 lit. g DS-GVO) sowie im Rahmen einer ggf. erforderlichen Datenschutz-Folgeabschätzung (Art. 35 Abs. 7 lit. d DS-GVO) zu dokumentieren.

38 Die deutschen Aufsichtsbehörden haben ein **Standard-Datenschutzmodell** (SDM) vorgestellt, das auf der 98. Konferenz der unabhängigen Datenschutzbehörden des Bundes und der Länder im November 2019 beschlossen wurde. Dieses Modell soll geeignete Mechanismen bieten, um die rechtlichen Anforderungen der DS-GVO in technische und organisatorische Maßnahmen zu überführen und das Datenschutzmanagement zu erleichtern (Das Standard-Datenschutzmodell, Version 2.0, 2019).

II. Bestimmung der Maßnahmen unter Berücksichtigung bestimmter Aspekte (Abs. 2 S. 2 Hs. 1)

39 In **Abs. 2 S. 2** hat der deutsche Gesetzgeber zunächst Kriterien festgelegt, die die verantwortliche Stelle bei der Beurteilung der Angemessenheit einer Maßnahme zu berücksichtigen hat: Stand der Technik, Implementierungskosten, Art, Umfang, Umstände und Zwecke Verarbeitung sowie Eintrittswahrscheinlichkeit und Schwere der Risiken für die Rechte und Freiheiten der betroffenen Person. Diese Formulierung knüpft an Art. 32 Abs. 1 DS-GVO an, der indes allgemein und nicht nur für sensible Daten gilt. Im Anschluss daran werden zehn verschiedene Regelbeispiele für „spezifische Maßnahmen" aufgezählt, die auf Grund der fakultativen Formulierung jedenfalls eine Orientierungshilfe geben können, wenn sie im konkreten Fall nicht tragfähig bzw. angemessen sein sollten. Freilich ist der Maßnahmenkatalog nicht abschließend. Es steht dem Verantwortlichen frei, andere technisch-organisatorische Maßnahmen und Garantien zu implementieren. Soweit die Pflicht besteht, eine Datenschutz-Folgeabschätzung vorzunehmen (bei umfangreicher Verarbeitung sensibler Daten besteht diese immer, vgl. Art. 35 Abs. 3 lit. b DS-GVO), kann deren Ergebnis Aufschluss darüber geben, welche Maßnahmen konkret geboten sind (Kühling/Buchner/Weichert Rn. 42).

40 Auch wenn Abs. 2 eine im Ausgangspunkt sinnvolle Klarstellung der Anforderungen an Schutzvorkehrungen im Falle der Verarbeitung sensibler Daten ist, kann man die Ausgestaltung der Norm kritisch sehen. Denn in großen Teilen werden lediglich die **allgemeinen materiellrechtlichen Anforderungen der DS-GVO abgebildet,** die immer auch zu beachten sind (vgl. zu den Vorgaben bereits der allgemeinen Anforderungen im Kontext der elektronischen Gesundheitskarte BSG Urt. v. 20.1.2021 – B 1 KR 7/20 R Rn. 76 ff.). Damit wird der sensiblen Natur der Daten und dem Bedürfnis nach weitergehenden Maßnahmen gerade nicht in spezifischer Weise Rechnung getragen (vgl. auch Paal/Pauly/Frenzel Rn. 14; Sydow/Kampert BDSG § 22 Rn. 64; Weichert DuD 2017, 542). Manchmal wird auch die fehlende Verbindlichkeit der Maßnahmen, die der deutsche Gesetzgeber in Abs. 2 S. 2 in Gestalt von Regelbeispielen vorgesehen hat, moniert; Art. 9 Abs. 2 lit. b, g und i DS-GVO forderten eine solche verbindliche Festlegung bereits durch die Rechtsgrundlage (Schantz/Wolff DatenschutzR/Schantz, Rn 706; im Anschluss daran Kühling/Buchner/Weichert Rn. 29; s. auch Paal/Pauly/Frenzel Rn. 13 mit Verweis auf die Sanktionierung von Verstößen in Art. 83 Abs. 5 lit. a DS-GVO). Diese Einwände unterschätzen

jedoch, welch zentrale Bedeutung der **Verarbeitungskontext** hinsichtlich der also solche nach Maßgabe des Abs. 2 S. 1 verbindlichen und (nur) in Form der Regelbeispiele optional vorgesehenen Schutzvorkehrungen hat. Welche spezifischen Garantien im konkreten Einzelfall angemessen sind, hängt von verschiedenen Faktoren ab, insbesondere von den eingesetzten Verarbeitungstechniken, der Organisation oder der kontextspezifisch zu ermittelnden Schutzbedürftigkeit des Betroffenen (vgl. auch LAG Düsseldorf NZA-RR 2020, 348 (356 ff.). Nur eine Umsetzung, die die Festlegung der geeigneten Maßnahmen und die Beurteilung der Angemessenheit dem Verantwortlichen in bestimmtem Umfang überantwortet, vermag diesen Umständen Rechnung zu tragen. Auf diesem Wege wird die Verpflichtung auch **innovationsoffen gestaltet** und wächst mit dem Stand der Technik: Sollten neue Verarbeitungstechniken, die neue Gefährdungslagen in sich bergen, zum Einsatz kommen, so obliegt die Gewährleistung der konkret geeigneten und angemessenen Maßnahmen dem Verantwortlichen.

III. Beispielhaft aufgezählte Maßnahmen (Abs. 2 S. 2)

Nr. 1 nennt die Möglichkeit, technisch organisatorische Maßnahmen zu treffen, um die Verarbeitung gemäß den Vorgaben der DS-GVO sicherzustellen. Unklar ist dabei, was der Verweis auf die DS-GVO bewirken soll; die Verpflichtung, technisch organisatorische Maßnahmen zu ergreifen, trifft die Verantwortlichen nach der DS-GVO (vgl. insbesondere Art. 25 Abs. 1 und Art. 32 Abs. 1 DS-GVO) gerade unabhängig von der sensiblen Natur der Daten. Die von Art. 9 Abs. 2 lit. b, g und i DS-GVO vorausgesetzten Garantien müssen über diese allgemeinen Bestimmungen gerade hinausgehen; andernfalls wäre ihre gesonderte Erwähnung redundant. 41

Mögliche Maßnahmen sind nach **Nr. 2** auch solche, die eine nachträgliche Nachprüfbarkeit der Verarbeitungsvorgänge ermöglichen. Auch insoweit trifft jeden Verarbeiter bereits die **allgemeine Rechenschaftspflicht** aus Art. 5 Abs. 2 DS-GVO, die in weiteren Bestimmungen, die Dokumentationspflichten statuieren, etwa Art. 30 DS-GVO, näher ausgestaltet wird. Mit Blick auf die Verarbeitung sensibler Daten lässt sich die Pflicht dahingehend konkretisieren, dass grundsätzlich eine Vollprotokollierung aller Eingaben und Änderungen zu erfolgen hat (Kühling/Buchner/Weichert Rn. 33). 42

Nr. 3 sieht als weitere Maßnahme die Sensibilisierung der an den Verarbeitungsvorgängen Beteiligten vor. Soweit der Verantwortliche einen Datenschutzbeauftragten benannt hat (zu den Fällen, in denen dies zwingend ist → DS-GVO Art. 37 Rn. 1 ff.), gehört dies bereits zu dessen Aufgaben (vgl. Art 39 Abs. 1 lit. a DS-GVO). Die Pflicht der Sensibilisierung, die in Abs. 2 S. 2 Nr. 3 angesprochen ist, geht indessen darüber hinaus und richtet sich an den Verantwortlichen selbst. In entsprechend übergreifender Weise und mit allgemeinen Vorkehrungen müssen den an der Verarbeitung Beteiligten mittels Schulungen, Dienstanweisungen, Handlungsanweisungen oder Erläuterungen (Kühling/Buchner/Weichert Rn. 34) alle relevanten Aspekte so erklärt werden, dass sie mit den rechtlichen Anforderungen an ihre Tätigkeit umzugehen wissen. Zu diesen Aspekten gehören u. a. die Gründe des besonderen Schutzes gerade der verarbeiteten sensiblen Daten, die konkreten Verarbeitungsrisiken im jeweiligen Verarbeitungskontext, die aus der spezifischen Sensibilität der Daten resultierenden Verarbeitungsanforderungen, die Vorkehrungen, mit denen die verantwortliche Stelle den Risiken begegnet, und die Rolle, die den an den Verarbeitungsabläufen Beteiligten dabei zukommt. 43

Nr. 4 nennt die Möglichkeit der Benennung eines Datenschutzbeauftragten. Diese Maßnahme kann nur in jenen Fällen als „spezifisch" bzw. „geeignet" angesehen werden, in denen die Bestellung nicht ohnehin verpflichtend ist. Das greift im Kontext der Verarbeitung sensibler Daten also etwa dann, wenn diese durch nichtöffentliche Stellen und nicht im großen Umfang erfolgt (vgl. dazu erneut Art. 37 DS-GVO, insbesondere Art. 37 Abs. 1 lit. c DS-GVO). Der deutsche Gesetzgeber hätte an dieser Stelle von der Öffnungsklausel in Art. 37 Abs. 4 DS-GVO Gebrauch machen können und die Bestellung eines Datenschutzbeauftragten als verpflichtend vorsehen können, soweit ein Verantwortlicher regelmäßig besondere Kategorien personenbezogener Daten verarbeitet. 44

Gemäß **Nr. 5** kommt als spezifische Maßnahme auch in Betracht, interne Zugangsbeschränkungen im Hinblick auf die personenbezogenen Daten vorzusehen. Diese Maßnahme ist nicht nur, aber auch bereits Ausdruck des generellen Anliegens der Datensicherheit. Dementsprechend korrespondiert auch sie mit verschiedenen allgemeinen Verpflichtungen der DS-GVO, so insbesondere mit Art. 5 Abs. 1 lit. f, Art. 25 Abs. 2 S. 3, Art. 29 DS-GVO (für Auftragsverarbeiter) sowie Art. 32 Abs. 1 lit. b DS-GVO. Zugangsbeschränkungen reagieren darüber hinaus auf die Verarbeitungs- und Missbrauchsrisiken. Je kleiner der Kreis der Zugangsberechtigten, desto geringer ist die Wahrscheinlichkeit, dass die aus den personenbezogenen Daten ableitbaren Informationen in einem 45

BDSG § 23 Teil 2. Durchführungsbestimmungen für Verarbeitungen nach DS-GVO

anderen Verarbeitungskontext zweckwidrig verwendet werden. In der Praxis kommen ggf. physische Abschottungen in Betracht; in aller Regel sind es aber Softwarelösungen, mittels derer ein vollständiger Ausschluss nicht autorisierter Personen und ein passendes differenziertes Rechtekonzept hinsichtlich des Zugriffs auf die Daten und der verschiedenen Verarbeitungsschritte einschließlich der nötigen Authentifizierungen umzusetzen ist.

46 **Nr. 6 und 7** nennen als mögliche Maßnahmen die Pseudonymisierung bzw. die Verschlüsselung von Daten. Der Begriff der Pseudonymisierung ist in Art. 4 Nr. 5 DS-GVO legaldefiniert. Darüber hinaus nimmt die DS-GVO diese Maßnahmen auch ausdrücklich als „geeignete Garantien" in Bezug, so etwa in Art. 6 Abs. 4 lit. e und Art. 32 Abs. 1 lit. a DS-GVO. Für sensible Daten gilt sowohl bei der Speicherung als auch bei der Übermittlung eine generelle Verschlüsselungspflicht; mit Blick auf die Pseudonymisierung ist hingegen eine Risikoanalyse vorzunehmen (Kühling/Buchner/Weichert Rn. 37 f.).

47 Als Maßnahme in Betracht kommt nach **Nr. 8** auch die Sicherstellung der Fähigkeit, die Vertraulichkeit, Integrität, Verfügbarkeit und Belastbarkeit der Systeme und Dienste im Zusammenhang mit der Verarbeitung personenbezogener Daten, einschließlich der Fähigkeit, die Verfügbarkeit und den Zugang bei einem physischen oder technischen Zwischenfall rasch wiederherzustellen (zutr. zur sprachlichen Ungenauigkeit der Formulierung Sydow/Kampert BDSG § 22 Rn. 83). Auch dies findet Entsprechungen in den allgemeinen Vorgaben der DS-GVO, insbesondere in Art. 5 Abs. 1 lit. f und Art. 32 Abs. 1 lit. b und c DS-GVO. In diesem Zusammenhang sind technische Vorrichtungen wie Antivirensoftware, Firewalls, aber auch RAID-Systeme zu nennen, die den Ausfall einzelner Datenspeicher kompensieren können (weitere Bsp. bei Sydow/Kampert BDSG § 22 Rn. 84 ff.).

48 **Nr. 9** nennt als spezifische Maßnahme die Einrichtung eines Evaluationsverfahrens, mit dem regelmäßig die Wirksamkeit der technisch-organisatorischen Maßnahmen überprüft wird. Als allgemeine Verpflichtung findet sich diese Maßnahme in Art. 32 Abs. 1 lit. d DS-GVO. Damit dem erhöhten Schutzbedarf sensibler Daten Rechnung getragen wird, könnte dies stets als Annex zu den eigentlichen technischen Maßnahmen vorgesehen werden.

49 Als letzten Vorschlag für eine spezifische Maßnahme iSd Art. 9 Abs. 2 lit. b, g und i DS-GVO nennt **Nr. 10** spezifische Verfahrensregelungen für die Fälle der Übermittlung oder zweckändernden Weiterverarbeitung. Ein Verantwortlicher könnte hierfür standardisierte Abläufe mit Checklisten implementieren, damit die Beachtung aller Anforderungen gewährleistet ist, oder auch im Falle einer Übermittlung den Empfänger umfassend auf die Pflichten, die die DS-GVO mit Blick auf sensible Daten vorsieht, hinweisen.

50 Insgesamt zeigt sich, dass der deutsche Gesetzgeber sich bei der Formulierung der möglichen geeigneten Garantien stark an den (allgemeinen) Vorgaben der DS-GVO orientiert hat (kritisch auch Sydow/Kampert BDSG § 22 Rn. 101). Der Verantwortliche, der sensible Daten verarbeiten möchte, muss deshalb bei der Auswahl und Implementierung spezifischer Maßnahmen sowie bei der Beurteilung ihrer Angemessenheit im Blick haben, dass diese über die allgemeinen Verpflichtungen der DS-GVO hinausgehen und auf die jeweiligen spezifischen Verarbeitungsrisiken reagieren müssen. Das gilt nicht nur im Falle konkreter spezialgesetzlicher Vorkehrungen, sondern auch bei den Maßgaben des § 22. Andernfalls würde die Verarbeitung nicht den Anforderungen des Art. 9 DS-GVO genügen, wäre damit rechtswidrig und auch sanktionsfähig (vgl. Art. 83 Abs. 5 lit. a DS-GVO).

§ 23 Verarbeitung zu anderen Zwecken durch öffentliche Stellen

(1) Die Verarbeitung personenbezogener Daten zu einem anderen Zweck als zu demjenigen, zu dem die Daten erhoben wurden, durch öffentliche Stellen im Rahmen ihrer Aufgabenerfüllung ist zulässig, wenn
1. offensichtlich ist, dass sie im Interesse der betroffenen Person liegt und kein Grund zu der Annahme besteht, dass sie in Kenntnis des anderen Zwecks ihre Einwilligung verweigern würde,
2. Angaben der betroffenen Person überprüft werden müssen, weil tatsächliche Anhaltspunkte für deren Unrichtigkeit bestehen,
3. sie zur Abwehr erheblicher Nachteile für das Gemeinwohl oder einer Gefahr für die öffentliche Sicherheit, die Verteidigung oder die nationale Sicherheit, zur Wahrung erheblicher Belange des Gemeinwohls oder zur Sicherung des Steuer- und Zollaufkommens erforderlich ist,

4. sie zur Verfolgung von Straftaten oder Ordnungswidrigkeiten, zur Vollstreckung oder zum Vollzug von Strafen oder Maßnahmen im Sinne des § 11 Absatz 1 Nummer 8 des Strafgesetzbuchs oder von Erziehungsmaßregeln oder Zuchtmitteln im Sinne des Jugendgerichtsgesetzes oder zur Vollstreckung von Geldbußen erforderlich ist,
5. sie zur Abwehr einer schwerwiegenden Beeinträchtigung der Rechte einer anderen Person erforderlich ist oder
6. sie der Wahrnehmung von Aufsichts- und Kontrollbefugnissen, der Rechnungsprüfung oder der Durchführung von Organisationsuntersuchungen des Verantwortlichen dient; dies gilt auch für die Verarbeitung zu Ausbildungs- und Prüfungszwecken durch den Verantwortlichen, soweit schutzwürdige Interessen der betroffenen Person dem nicht entgegenstehen.

(2) Die Verarbeitung besonderer Kategorien personenbezogener Daten im Sinne des Artikels 9 Absatz 1 der Verordnung (EU) 2016/679 zu einem anderen Zweck als zu demjenigen, zu dem die Daten erhoben wurden, ist zulässig, wenn die Voraussetzungen des Absatzes 1 und ein Ausnahmetatbestand nach Artikel 9 Absatz 2 der Verordnung (EU) 2016/679 oder nach § 22 vorliegen.

Überblick

§ 23 BDSG ist eine zentrale allgemeine Norm, die die Verarbeitung personenbezogener Daten durch öffentliche Stellen zu einem anderen Zweck als zu demjenigen, zu dem die Daten erhoben wurden, betrifft, also die Möglichkeit von Zweckänderungen im Verarbeitungsablauf regelt. Für das Verständnis der Norm ist deren Verhältnis zu den Vorgaben der DS-GVO (→ Rn. 1 f., → Rn. 8) ebenso zentral wie die Klärung, inwieweit unionale oder grundgesetzliche Grundrechte maßgeblich sind (→ Rn. 5). § 23 knüpft in bestimmtem Umfang an Vorgängerregelungen an (→ Rn. 6); auch ist sein Verhältnis zu anderen Vorschriften zu klären (→ Rn. 8 ff.). Übergreifende Regelungsmuster sind die Verarbeitung personenbezogener Daten → Rn. 12 f.) zu einem anderen Zweck als zu demjenigen, zu dem die Daten erhoben wurden (→ Rn. 14 ff.), durch öffentliche Stellen im Rahmen ihrer Aufgabenerfüllung (→ Rn. 18). § 23 gliedert sich dann in zwei Absätze. Abs. 1 enthält einen Katalog mit sechs Konstellationen, in denen – im Rahmen der Aufgabenerfüllung der jeweiligen Stelle – die Verarbeitung zu einem anderen Zweck zulässig ist (→ Rn. 19 ff.). Abs. 2 verweist für die Zulässigkeit zweckändernder Verarbeitungen besonderer Kategorien personenbezogener Daten über die Voraussetzungen von § 23 Abs. 1 hinaus auf das Erfordernis, dass ein Ausnahmetatbestand nach Art. 9 Abs. 2 DS-GVO oder § 22 BDSG vorliegen muss (→ Rn. 40 ff.). Zu beachten ist die Benachrichtigungspflicht, die aber wiederum eingegrenzt ist (→ Rn. 43).

Übersicht

	Rn.		Rn.
A. Allgemeines	1	2. Erfordernis der Überprüfung von Angaben (Nr. 2)	22
I. Überblick über die Aussagen der Norm	1	3. Abwehr drohender Nachteile und Gefahren (Nr. 3)	26
II. Vorgängerregelungen und Normgenese	6	4. Strafrechtspflege und Ordnungswidrigkeiten (Nr. 4)	29
III. Verhältnis zu anderen Vorschriften	8	5. Abwehr einer schwerwiegenden Beeinträchtigung der Rechte einer anderen Person (Nr. 5)	32
B. Voraussetzungen der Zulässigkeit der Verarbeitung (Abs. 1)	12		
I. Übergreifende Regelungsmuster	12		
1. Verarbeitung personenbezogener Daten	12		
2. Verarbeitung zu einem anderen Zweck als zu demjenigen, zu dem die Daten erhoben wurden	14	6. Aufsichts-, Kontroll- und Rechnungsprüfungsbefugnisse, Organisationsuntersuchungen sowie Ausbildungs- und Prüfungszwecke (Nr. 6)	35
3. Verarbeitung durch öffentliche Stellen im Rahmen der Aufgabenerfüllung	18	C. Zweckändernde Verarbeitungen von sensiblen Daten (Abs. 2)	40
II. Die Tatbestände im Einzelnen	19		
1. Zweckänderung im Interesse der betroffenen Person (Nr. 1)	19	D. Benachrichtigungspflicht	43

A. Allgemeines

I. Überblick über die Aussagen der Norm

1 § 23 BDSG regelt für öffentliche Stellen die Voraussetzungen für die Verarbeitung personenbezogener Daten zu einem anderen Zweck als zu demjenigen, zu dem die Daten ursprünglich erhoben wurden. Die Norm greift ausweislich der Begründung des Gesetzentwurfs der Bundesregierung **unabhängig davon,** ob die **Zwecke** der Weiterverarbeitung mit den Zwecken, für die die Daten ursprünglich erhoben wurden, **iSd Art. 6 Abs. 4 Hs. 2 DS-GVO miteinander vereinbar** sind oder ob es sich um eine **Zweckänderung nach Maßgabe der Artt. 6 Abs. 4 Hs. 1, 23 Abs. 1 DS-GVO** handelt (BT-Drs. 18/11325, 95 f.; zutr. Auernhammer/Eßer § 23 Rn. 8; Akzent nur auf der letztgenannten Variante im Bericht des Bundesministeriums des Innern, für Bau und Heimat, Evaluierung des Gesetzes zur Anpassung des Datenschutzrechts an die Verordnung (EU) 2016/679 und zur Umsetzung der Richtlinie (EU) 2016/680, 2021, S. 22). Art. 6 Abs. 4 DS-GVO enthält Vorgaben für Verarbeitungen personenbezogener Daten zu einem anderen Zweck als zu demjenigen, zu dem sie ursprünglich erhoben wurden, indem er zwei Konstellationen differenziert (zu den Grundkategorien Zweckbindung, Zweckänderungen, Zweckvereinbarkeit nach Maßgabe der DS-GVO → DS-GVO Art. 6 Rn. 96 ff.). Art. 6 Abs. 4 Hs. 2 DS-GVO knüpft an die Aussagen des Zweckbindungsgrundsatzes in Art. 5 Abs. 1b DS-GVO an, nach denen die Verarbeitung an die vor oder bei Erhebung festgelegten Zwecke insoweit gebunden ist, als die personenbezogenen Daten nicht in einer mit diesen Zwecken nicht zu vereinbarenden Weise weiterverarbeitet werden dürfen (→ DS-GVO Art. 6 Rn. 98). Als Anforderungen an eine Weiterverarbeitung in Fällen der Zweckvereinbarkeit enthält Art. 6 Abs. 4 Hs. 2 DS-GVO die an den Verantwortlichen adressierte Vorgabe, die Feststellung der Vereinbarkeit des ursprünglich festgelegten und des anderen Zwecks nach Maßgabe bestimmter Kriterien zu treffen. Eine danach zweckkompatible Weiterverarbeitung muss die Rechtmäßigkeitsvoraussetzungen des Art. 6 Abs. 1 DS-GVO erfüllen und sich ihrerseits im Rahmen der Rechtmäßigkeitstatbestände des Art. 6 Abs. 1, ggf. iVm Abs. 2 und 3, DS-GVO bewegen (→ DS-GVO Art. 6 Rn. 108). Allerdings ist es nicht ausgeschlossen, dass eine „Rechtsvorschrift der Union oder der Mitgliedstaaten", wie sie in Hs. 1 genannt ist, bei Vorliegen der weiter erforderlichen Voraussetzungen Konstellationen regelt, in denen aus Sicht des Rechtsetzers ursprünglich festgelegter und anderer Zweck miteinander vereinbar („kompatibel") sind (→ DS-GVO Art. 6 Rn. 102). Zweckkompatible Zweckänderungsoptionen können somit in einer mitgliedstaatlichen Rechtsgrundlage geregelt werden. Das gilt, sofern sie entweder den Anforderungen eines „Kompatibilitätstests" (bei dem die in Art. 6 Abs. 4 Hs. 2 verankerten Kriterien als Orientierung dienen können) genügen und sich im Rahmen der Rechtmäßigkeitstatbestände des Art. 6 Abs. 1, 2 und 3 DS-GVO bewegen oder die Voraussetzungen des Art. 6 Abs. 4 Hs. 1 iVm Art. 23 Abs. 1, 6 Abs. 1, 2 und 3 DS-GVO erfüllen (→ DS-GVO Art. 6 Rn. 102). Für die dagegen abzugrenzenden Fälle, in denen der ursprünglich festgelegte und der andere Zweck nicht miteinander vereinbar („inkompatibel") sind, liefert die Kombination von Art. 6 Abs. 4 Hs. 1 und Art. 23 Abs. 1 DS-GVO die Möglichkeit, zweckändernde Weiterverarbeitungen abzusichern (→ DS-GVO Art. 6 Rn. 110 ff.). Sie sind danach unter bestimmten Voraussetzungen rechtmäßig. Außerhalb von Einwilligungen, die bei öffentlichen Stellen in aller Regel hier nicht in Betracht kommen, bedarf es einer unionalen oder mitgliedstaatlichen Rechtsvorschrift, die in einer demokratischen Gesellschaft eine notwendige und verhältnismäßige Maßnahme zum Schutz der in Art. 23 Abs. 1 DS-GVO genannten Ziele darstellt; zudem greifen die Rechtmäßigkeitsanforderungen des Art. 6 Abs. 1 UAbs. 1 lit. a–f, Abs. 2 und 3 DS-GVO (→ DS-GVO Art. 6 Rn. 113). Zweckinkompatible Zweckänderungsoptionen können somit in einer mitgliedstaatlichen Rechtsgrundlage abgesichert werden, wenn diese Voraussetzungen gegeben sind. Im Falle der Verarbeitung besonderer Kategorien personenbezogener Daten überlagert Art. 9 DS-GVO die Anforderungen des Art. 6 DS-GVO. Eine (Weiter-)Verarbeitung zu geänderten Zwecken muss daher nicht nur den Anforderungen eines „Kompatibilitätstests" und des Art. 6 Abs. 1, 2 und 3 DS-GVO oder den Voraussetzungen des Art. 6 Abs. 4 Hs. 1 iVm Art 23 Abs. 1, 6 Abs. 1, 2 und 3 DS-GVO genügen, sondern zusätzlich die Rechtmäßigkeitsvoraussetzungen nach Maßgabe der Art. 9 Abs. 2–4 erfüllen (ausf. → DS-GVO Art. 9 Rn. 12).

2 Dass § 23 die beiden in der DS-GVO differenzierten Konstellationen abdeckt, ohne dass im Gesetz oder in der Begründung des Gesetzentwurfs deutlich wird, auf welche der Grundlagen sich ein Tatbestand der Norm jeweils stützt, erzeugt einen erheblichen Interpretationsbedarf. Allerdings ist das gesetzgeberische Vorgehen vor dem Hintergrund nachvollziehbar, dass das deutsche Datenschutzrecht im Lichte der grundgesetzlichen Bindungen von einer anderen Konzeption der „Zweckbindung" geprägt worden ist und, sofern grundgesetzliche Bindungen greifen

(→ Rn. 5), immer noch wird. Aus den Vorgaben vor allem des Rechts auf informationelle Selbstbestimmung aus Art. 2 Abs. 1 iVm Art. 1 Abs. 1 GG, aber auch etwa aus Art. 10 GG hat das BVerfG eine grundsätzliche prozessübergreifende Bindung sämtlicher Verarbeitungsschritte an die vor oder bei Datenerhebung festgelegten Verwendungszwecke gefolgert (BVerfG 65, 1 (46); 100, 313 (360)). Diese Konzeption weicht von derjenigen der Zweckvereinbarkeit ab (ausf. zu den Konzeptionen Albers, Informationelle Selbstbestimmung, 2005, 507 ff., Open Access unter www.nomos-elibrary.de/10.5771/9783845258638/informationelle-selbstbestimmung). Allerdings schließen die grundgesetzlichen Vorgaben gesetzlich zugelassene Zweckänderungsmöglichkeiten keineswegs aus. Sie erfordern freilich eine verfassungsmäßige gesetzliche Regelung, die sie trägt (s. etwa BVerfGE 100, 313 (360)). Die Regelung der Konstellationen, hinsichtlich derer die DS-GVO mitgliedstaatliche Rechtsgrundlagen zulässt, ist somit auch nach Maßgabe verfassungsrechtlicher Vorgaben möglich, ohne dass hier zwischen Zweckkompatibilität und -inkompatibilität differenziert würde. Nicht zuletzt die Unsicherheiten hinsichtlich der grundrechtlichen Maßstäbe (→ Rn. 5) mögen die Konzeption des § 23 veranlasst haben. Mehr Kritik als diese Grundkonzeption erfordert der Befund, dass der Gesetzgeber sich weitgehend an den Bestimmungen des BDSG aF orientiert hat (→ Rn. 6), anstatt in sorgsamer Abstimmung mit den Vorgaben der DS-GVO zu einer adäquaten Fassung der aufgelisteten Konstellationen zu gelangen (s. auch HK-BDSG/Marsch § 23 Rn. 34).

Abs. 1 enthält hinsichtlich der Verarbeitung personenbezogener Daten durch öffentliche Stellen einen Katalog mit sechs recht verschiedenartigen Konstellationen. Sofern die jeweiligen Voraussetzungen vorliegen, ist die Verarbeitung zu einem anderen Zweck als zu demjenigen, zu dem die Daten erhoben wurden, im Rahmen der Aufgabenerfüllung der jeweiligen Stelle zulässig.

Abs. 2 betrifft die Zulässigkeit zweckändernder Weiterverarbeitungen besonderer Kategorien personenbezogener Daten, hinsichtlich derer Art. 9 DS-GVO Rechtmäßigkeitsvoraussetzungen derer Verarbeitung regelt (→ DS-GVO Art. 9 Rn. 1 ff.). Neben den Voraussetzungen von Abs. 1 setzen zweckändernde Weiterverarbeitungen zusätzlich einen Ausnahmetatbestand nach Art. 9 Abs. 2 DS-GVO oder § 22 voraus.

Art. 6 DS-GVO öffnet sich in Abs. 1 bis Abs. 4 jeweils in bestimmtem Umfang für mitgliedstaatliches Recht, dies besonders weitreichend im Hinblick auf öffentliche Stellen (→ DS-GVO Art. 6 Rn. 3 f. mwN). § 23 ist in Bezug darauf als Ausfüllung der zu Gunsten der Mitgliedstaaten eröffneten Regelungsmöglichkeiten und -spielräume zu verstehen. Der für die Norm relevante **Grundrechtsmaßstab**, der anhand des Kriteriums der „Durchführung" von Unionsrecht iSd Art. 51 Abs. 1 S. 1 GRCh zu bestimmen ist, lässt sich schon mit Blick auf die Frage, inwieweit die sekundärrechtlichen Vorgaben des Art. 6 DS-GVO strikte Determinanten oder spielraumeröffnende Vorgaben hergeben, nicht immer leicht ermitteln. In der letztgenannten Hinsicht bestehen zudem Streitigkeiten zwischen EuGH und BVerfG (→ § 22 Rn. 4). Nach beiden Ansätzen spielen hier allerdings sowohl Unionsgrundrechte als auch grundgesetzliche Grundrechte in bestimmter Hinsicht eine Rolle, wenn auch der zentrale Maßstab jeweils unterschiedlich bestimmt wird. Für § 23 bedeutet all dies, dass die Unionsgrundrechte keineswegs irrelevant sind. Angesichts der zahlreichen Öffnungen und Spielräume des Art. 6 DS-GVO im Bereich öffentlicher Stellen verbleibt jedoch den grundgesetzlichen Grundrechten eine wesentliche, aus Sicht des BVerfG sogar primäre Maßgeblichkeit.

II. Vorgängerregelungen und Normgenese

Nach der Gesetzesbegründung orientiert sich § 23 BDSG an den Bestimmungen des Vorgängergesetzes in § 13 Abs. 2 und § 14 Abs. 2 bis 5 BDSG aF (vgl. BT-Drs. 18/11325, 96). § 13 Abs. 2 BDSG aF regelt die (zusätzlichen) Voraussetzungen, unter denen die Erhebung besonderer Arten personenbezogener Daten zulässig ist. § 14 Abs. 2 BDSG aF hingegen enthält die Anforderungen an die Rechtmäßigkeit der Speicherung, Veränderung oder Nutzung zu anderen Zwecken als denjenigen, für die die Daten erhoben oder gespeichert worden sind. Abs. 3 aF sieht die Lockerung der Zweckbindung für bestimmte Zwecke vor, während Abs. 4 aF die Zweckbindung für Kontroll- und Sicherungsdaten verschärft. § 14 Abs. 5 BDSG aF erhöht die Anforderungen aus Abs. 2 aF für besondere Arten personenbezogener Daten im Rückgriff ua auf § 13 Abs. 2 BDSG aF. § 23 BDSG betrifft unmittelbar nur die Voraussetzungen für zweckändernde Verarbeitungen; die unmittelbare Vorgängervorschrift ist demnach § 14 Abs. 2–5 BDSG aF, wobei über dessen Abs. 5 § 13 Abs. 2 BDSG aF eingebunden ist. Der Vergleich des § 23 Abs. 1 mit § 14 Abs. 2 BDSG aF, zeigt, dass bestimmte Tatbestände der Vorgängerregelung mit Rücksicht auf die Vorgaben der DS-GVO entfallen sind, während sich andere nahezu textgleich wiederfinden. Der Privilegierungstatbestand aus § 14 Abs. 4 BDSG aF ist nunmehr in § 23 Abs. 1 Nr. 6 geregelt.

7 Gegenüber dem ursprünglichen Gesetzesentwurf der Bundesregierung (BT-Drs. 18/11325) hat sich die im Bundesgesetzblatt verkündete Endfassung des § 23 BDSG **nur marginal verändert.** Während die ursprüngliche Fassung noch sieben Zulässigkeitsgründe enthielt, wurde die frühere Nr. 3 gestrichen, sodass nunmehr sechs Tatbestände verbleiben. Die gestrichene Bestimmung sah die Zulässigkeit von zweckändernden Weiterverarbeitungen auch für den Fall vor, dass die Daten allgemein zugänglich sind oder der Verantwortliche sie veröffentlichen dürfte, es sei denn, dass das Interesse des Betroffenen an dem Ausschluss der Weiterverarbeitung offensichtlich überwiegt. Die Streichung erfolgte auf Empfehlung des Innenausschusses des Bundestags, welcher sie damit begründete, dass allgemein zugängliche Daten in der Regel auch neu erhoben werden können, weshalb es einer Weiterverarbeitungsbefugnis nicht bedürfe (BT-Drs. 18/12144, 4). Die Erwägung des Bundesrates, § 23 Abs. 1 Nr. 6 in einem gesonderten Absatz zu regeln, weil es sich in der dort normierten Verarbeitung um eine solche handele, die vom gem. Art. 5 Abs. 1 lit. b DS-GVO vom Primärzweck umfasst sei (BT-Drs. 11655, 12), ist in der amtlichen Fassung nicht weiter berücksichtigt worden.

III. Verhältnis zu anderen Vorschriften

8 Wegen der permeablen Struktur der DS-GVO treten an vielen Stellen mitgliedstaatliche Bestimmungen neben die in ihr geregelten unmittelbar anwendbaren Vorschriften hinzu. Zur Beurteilung der Rechtslage ist ein **„Pendelblick"** (zum Begriff Thüsing/Schmidt/Forst RDV 2017, 116) **zwischen DS-GVO und BDSG** und zusätzlich **bereichsspezifischen Vorschriften** im nationalen Recht notwendig. Im Falle der Beurteilung der Verarbeitung personenbezogener Daten zu einem anderen Zweck als zu demjenigen, zu dem die Daten erhoben wurden, sind die Bestimmungen des nationalen Rechts stets im Zusammenspiel mit Art. 6 in seinen verschiedenen Relevanz gewinnenden Absätzen, hier ggf. auch iVm Art. 23 Abs. 1 DS-GVO, zu sehen. Sofern es dabei um besondere Kategorien personenbezogener Daten geht, treten noch die Maßgaben des Art. 9 DS-GVO hinzu. Dieses **Zusammenspiel** erweist sich als **komplex** (→ Rn. 1). Insbesondere muss man zweckkompatible und zweckinkompatible Zweckänderungsoptionen mit ihren unterschiedlichen Grundlagen in den Bestimmungen der DS-GVO unterscheiden, obwohl sich dies in § 23 nicht unmittelbar widerspiegelt. Da es möglich ist, eine Verarbeitung personenbezogener Daten zu einem anderen Zweck als zu demjenigen, zu dem die Daten erhoben wurden, im Falle der Zweckkompatibilität mittels einer mitgliedstaatlichen Rechtsgrundlage zu regeln, die den Anforderungen eines „Kompatibilitätstests" genügt und sich im Rahmen der Rechtmäßigkeitstatbestände des Art. 6 Abs. 1, 2 und 3 DS-GVO bewegt, brauchen die Anforderungen des Art. 23 Abs. 1 DS-GVO unter diesen Voraussetzungen nicht vorzuliegen. Eben wegen dieser Voraussetzungen entsteht insoweit auch kein „unionsrechtsfreier Raum" (s. aber etwa Paal/Pauly/Frenzel Rn. 1 ff.; Gola/Heckmann/Scheurer Rn. 1 ff.).

9 § 23 adressiert öffentliche Stellen. Die Verarbeitung personenbezogener Daten zu einem anderen Zweck als zu demjenigen, zu dem die Daten erhoben wurden, durch nichtöffentliche Stellen wird von **§ 24** erfasst. In einem systematischen Zusammenhang mit § 23 steht außerdem **§ 25**, der die Zulässigkeit der Übermittlung personenbezogener Daten durch öffentliche Stellen an öffentliche Stellen regelt und an verschiedenen Stellen an § 23 anknüpft.

10 § 49 bietet ebenfalls eine Rechtsgrundlage für die Verarbeitung personenbezogener Daten zu einem anderen Zweck als zu demjenigen, zu dem die Daten erhoben wurden. Er dient jedoch außerhalb des sachlichen Anwendungsbereichs der DS-GVO (Art. 2 Abs. 2 lit. d DS-GVO) der Umsetzung der RL (EU) 2016/680. Er gilt nur für die Verarbeitung personenbezogener Daten durch die für die Verhütung, Ermittlung, Aufdeckung, Verfolgung oder Ahnung von Straftaten oder Ordnungswidrigkeiten zuständigen öffentlichen Stellen, soweit sie Daten zum Zweck der Erfüllung dieser Aufgaben verarbeiten (vgl. § 45 S. 1). Daher besteht zwischen § 23 und § 49 kein Konkurrenzverhältnis.

11 **Bereichsspezifische datenschutzrechtliche Rechtsvorschriften** des Bundes oder Länder, die einen Sachverhalt, für den das BDSG grundsätzlich gilt, abschließend regeln, **haben Vorrang** (vgl. § 1 Abs. 2 S. 1 und 2). Sofern **grundrechtliche oder rechtsstaatliche Anforderungen an die Bestimmtheit gesetzlicher Rechtsgrundlagen** eine bereichsspezifische Regelung in bestimmten Hinsichten verlangen, ergeben sich daraus **Grenzen des möglichen Rückgriffs auf die allgemeine Regelung des § 23.** Das ist bereits bei manchen der Tatbestände des Abs. 1 zu beachten. Mehr noch gilt dies im Bereich des Abs. 2, wenn es also um die Verarbeitung sensibler Daten geht, hinsichtlich derer § 23 für die Zulässigkeit zweckändernder Verarbeitungen auf die wiederum relativ vagen Tatbestände des Art. 9 Abs. 2 DS-GVO und des § 22 verweist.

B. Voraussetzungen der Zulässigkeit der Verarbeitung (Abs. 1)

I. Übergreifende Regelungsmuster

1. Verarbeitung personenbezogener Daten

§ 23 betrifft die **Verarbeitung personenbezogener Daten.** Im Kontext des Art. 6 DS-GVO ist der Begriff der **Verarbeitung** im dortigen Art. 4 Nr. 2 als „jeder mit oder ohne Hilfe automatisierter Verfahren ausgeführte Vorgang oder jede solche Vorgangsreihe im Zusammenhang mit personenbezogenen Daten" legaldefiniert. Die Norm nennt dann zahlreiche Beispiele: das Erheben, das Erfassen, die Organisation, das Ordnen, die Speicherung, die Anpassung oder Veränderung, das Auslesen, das Abfragen, die Verwendung, die Offenlegung durch Übermittlung, Verbreitung oder eine andere Form der Bereitstellung, den Abgleich oder die Verknüpfung, die Einschränkung, das Löschen oder die Vernichtung (vgl. im Einzelnen → DS-GVO Art. 4 Rn. 29 ff.). Im Vergleich zu dem in Art. 2 Abs. 1 DS-GVO eingegrenzten sachlichen Anwendungsbereich (näher → Art. 2 Rn. 1 ff.) gilt für **öffentliche Stellen,** dies nicht zuletzt vor dem Hintergrund grundgesetzlicher Anforderungen (→ Rn. 4), auch nicht durch den Bezug auf „Dateisysteme" begrenzter Begriff der Verarbeitung, **§ 1 Abs. 1 BDSG.** Insofern greift § 23 noch weiter. Diese Differenz relativiert sich angesichts der zunehmenden Digitalisierung der Verwaltung. Jedenfalls gilt ein **umfassender Begriff der Verarbeitung,** der kontextspezifisch im Hinblick auf rechtsrelevante Aspekte oder Phasen konkretisiert werden kann. Die Beispiele in Art. 4 Nr. 2 DS-GVO sind nicht abschließend, weil die Antwort auf die Frage, was ein rechtlich relevanter eigenständiger Verarbeitungsvorgang ist, vom Verwendungskontext sowie den entsprechenden Risiken und vor allem auch von den Verarbeitungstechniken abhängt. Zweckänderungen können zu unterschiedlichen Zeitpunkten an verschiedenen Stellen der Verarbeitungsprozesse relevant werden. 12

Personenbezogene Daten sind nach der Legaldefinition des Art. 4 Nr. 1 DS-GVO alle Informationen, die sich auf eine identifizierte oder identifizierbare natürliche Person beziehen. Hier kann allerdings nicht nur die **Identifizierbarkeit** der betroffenen Person ein Problem sein, sondern auch die Frage, **welche Daten sich überhaupt auf eine identifizierte oder identifizierbare Person beziehen** (→ DS-GVO Art. 6 Rn. 14). Das Problem der Leistungs- und Abgrenzungskraft des Merkmals des Personenbezugs wird noch verstärkt, wenn es, wie in § 23 Abs. 2, um die Verarbeitung „**besonderer Kategorien** personenbezogener Daten" geht. Diese Kategorien gehen ihrerseits mit mehr oder weniger ausgeprägten **Einordnungs- und Abgrenzungsproblemen** einher (vgl. auch zur grundsätzlich Kritik am Konzept der „sensiblen" Daten → DS-GVO Art. 9 Rn. 20). Das betrifft in besonderem Maße, aber nicht nur die erste Gruppe besonderer Kategorien personenbezogener Daten in Art. 9 Abs. 1 DS-GVO („Daten, aus denen (…) hervorgehen"; → DS-GVO Art. 9 Rn. 27 ff.). Für eine sinnvolle Gestaltung, Auslegung und Anwendung der einschlägigen datenschutzrechtlichen Regelungen ist es daher wichtig, die dahinterstehenden Schutzgüter und rechtlich schutzwürdigen Datenschutzinteressen zu schärfen. 13

2. Verarbeitung zu einem anderen Zweck als zu demjenigen, zu dem die Daten erhoben wurden

Der in Art. 5 Abs. 1 lit. b DS-GVO festgehaltene **Grundsatz der Zweckbindung** verlangt zunächst, dass personenbezogene Daten „für festgelegte, eindeutige und legitime Zwecke erhoben" werden. Auch durch Art. 8 Abs. 2 S. 1 GRCh wird – ebenso wie durch grundgesetzliche Grundrechte – das Erfordernis der **Festlegung** eines eindeutigen und legitimen Zweckes vorgegeben. Es greift vor oder bei der Erhebung personenbezogener Daten, spätestens aber bei der Speicherung. Diese Festlegung muss der **Verantwortliche** im Rahmen und auf Basis der gesetzlichen Vorgaben vornehmen (s. etwa NK-DatenschutzR/Roßnagel Art. 5 Rn. 73). Die **datenverarbeitungsbezogenen Zwecke** sind nicht deckungsgleich mit den sachlichen Aufgaben der öffentlichen Stelle, was im Begriff (zur) „Aufgabenerfüllung" auch deutlich zum Ausdruck kommt. Sie liegen gleichsam quer zu den sachlichen Kompetenzen und ihre Festlegung hat die Funktion, die Verarbeitung personenbezogener Daten, die für sich genommen vielfältig und für beliebige Zwecke nutzbar wären, mit (bestimmten) sachlichen Kompetenzen rechtlich zu verklammern. Als Regelungselement des Datenschutzrechts bezieht sich der Begriff auf den Zweck oder die Zwecke, für die die personenbezogenen Daten im Ergebnis einer Verarbeitung, hier regelmäßig als Informationsgrundlagen, in einem bestimmten Kontext verwendet werden sollen. Das gilt auch für die Phase der Erhebung. Der **Zweck, zu dem die Daten erhoben wurden,** meint also den „vor 14 oder bei Erhebung festgelegten Verwendungszweck" oder jedenfalls den übergreifenden Verarbeitungszweck. Der insoweit gelegentlich genutzte Begriff „Erhebungszweck" ist nur eine – unter Umständen missverständliche – Kurzfassung. Mit der Festlegung von Verwendungs- oder Verarbeitungszwecken soll ein Bezugspunkt oder ein Band entstehen, das die einzelnen Verarbeitungsvorgänge zu einheitlichen oder auch zu sich differenzierenden Verarbeitungszusammenhängen verbindet (zur Grundidee vgl. auch Koning, The purpose and limitations of purpose limitation, 2020, S. 58: „The purposes determine a chain of processing actions within one processing operation that starts at the moment of collecting the data and ends at the moment the purposes are fulfilled. The purposes specification, therefore, categorizes the data processing into viable processes with a start and end point: a processing operation."). Der „Verwendungszusammenhang" (BVerfGE 65, 1 (45)) erhält Konturen, mit Blick auf den sich erst beschreiben lässt, welche Informationen und welches Wissen über eine Person entstehen und mit welchen ggf. beeinträchtigenden Folgen überhaupt zu rechnen ist. Nicht zuletzt soll die Kenntnis des Verwendungszwecks der betroffenen Person eine gewisse Einschätzung dessen ermöglichen, was mit den sie betreffenden Daten passiert und welche Informationen über sie in welchen Kontexten gewonnen werden.

15 Die normative Anforderung, dass der Verantwortliche vor oder bei Erhebung personenbezogener Daten eindeutige und legitime (Verwendungs-)Zwecke festzulegen hat, liefe leer, wenn es keinerlei rechtliche Gewährleistung einer **Bindung an diese Zwecke** im weiteren Verarbeitungsablauf gäbe. Nach Art. 5 Abs. 1 lit. b DS-GVO ist die gesamte Verarbeitung an die festgelegten Zwecke insoweit gebunden, als die personenbezogenen Daten nicht in einer mit diesen Zwecken nicht zu vereinbarenden Weise weiterverarbeitet werden dürfen. Auch diese flexibilisierte Bindung kann – jedenfalls bei teleologisch treffender Auslegung und bei ergänzenden Vorkehrungen insbesondere zur Gewährleistung der Kenntnis der betroffenen Person (dazu Art. 13 Abs. 3, 14 Abs. 4 DS-GVO) – im Verbund mit Zweckfestlegungen zur Begrenzung, Strukturierung und Transparenz von Datenverarbeitungen beitragen. Im deutschen Datenschutzrecht verstand man unter dem Begriff der „Zweckbindung" demgegenüber die prozessübergreifende Bindung sämtlicher Verarbeitungsschritte an die vor oder bei Datenerhebung festgelegten Verwendungszwecke (→ Rn. 2).

16 Die **Möglichkeit von Zweckänderungen** gewährleistet Flexibilitäten, die mit Blick auf die Anforderung der Festlegung eindeutiger und legitimer (Verwendungs-)Zwecke vor oder bei einer Erhebung personenbezogener Daten und mit Blick auf die für den Verarbeitungsablauf vorgesehene Bindung an diese Zwecke grundsätzlich sinnvoll sind. Überspitzt formuliert bedeutet Zweckbindung „Zukunftsbindung". Die Konsequenz eines ganz rigiden Festhaltens an den in einer Ursprungssituation festgelegten Zwecken wäre, dass bereits nicht die Möglichkeit bestünde, auf den – unter Umständen anders als erwartet ausfallenden – Informationsgehalt erhaltener Daten zu reagieren. Änderungen der Situation und veränderte Nutzungserfordernisse im Zeitablauf könnten ebenso wenig berücksichtigt werden wie hinzutretende neuartige berechtigte Verarbeitungsinteressen, die wiederum aus dem sich im jeweiligen Kontext erst erschließenden Informationsgehalt von Daten resultieren können. Vor diesem Hintergrund kann man Zweckänderungen, statt als Ausnahme im engen Sinne, als ergänzendes Element begreifen (vgl. auch Albers, Informationelle Selbstbestimmung, 2005, S. 509 ff., Open Access unter www.nomos-elibrary.de/10.5771/9783845258638/informationelle-selbstbestimmung). Es versteht sich dabei von selbst, dass für die Möglichkeit von Zweckänderungen rechtliche Anforderungen greifen müssen, die den Regulierungs- und den Schutzerfordernissen betroffener Personen hinreichend Rechnung tragen. Die **DS-GVO** lässt Zweckänderungsmöglichkeiten in Gestalt der zweckkompatiblen (Weiter-)Verarbeitung und auch darüber hinaus unter bestimmten Voraussetzungen zu. Art. 6 Abs. 4 Hs. 2 weist auch (Weiter-)Verarbeitungen personenbezogener Daten zu Zwecken, die sich nicht mit ursprünglich festgelegten Zwecken decken, aber damit vereinbar sind, als Verarbeitungen zu einem **anderen Zweck** aus (und nicht etwa als Verarbeitungen, die noch in einen breiter verstandenen Rahmen des ursprünglichen Zwecks eingeordnet würden), die bestimmte Rechtmäßigkeitsvoraussetzungen erfüllen müssen (→ DS-GVO Art. 6 Rn. 102 ff.). Darüber hinaus können Verarbeitungen zu einem **anderen Zweck** auf Art. 6 Abs. 4 Hs. 1 und Art. 23 Abs. 1, 6 Abs. 1, 2 und 3 DS-GVO gestützt werden, sofern deren Voraussetzungen erfüllt sind (→ DS-GVO Art. 6 Rn. 110 ff.). Auch im **deutschen Datenschutzrecht** waren Zweckänderungsmöglichkeiten immer anerkannt, sofern sie bestimmten Rechtmäßigkeitsvoraussetzungen genügen (etwa BVerfGE 100, 313 (360)). Vor allem bedürfen sie einer verfassungsmäßigen gesetzlichen Grundlage; der neue Verwendungszweck muss sich auf die Aufgaben und Befugnisse der öffentlichen Stelle beziehen und seinerseits so gestaltet sein, dass die Funktionen der Zweckfestlegung erfüllt werden, und eine Zweckänderung darf nicht zu Beeinträchtigungen für die betroffene Person führen, die sich in Abwägung mit den verfolgten Allgemeinbelangen als unverhältnismäßig darstellen. Darüber hinaus ergeben sich Anforderungen an die prinzipielle Gewährleistung der Kenntnis der betroffenen Person, ggf.

auch an deren Einflussmöglichkeiten, und an weitere Schutzvorkehrungen, etwa zur Gewährleistung der Richtigkeit der Daten.

Die Verarbeitung **zu einem anderen Zweck** als zu demjenigen, zu dem die Daten erhoben 17
wurden, meint, dass der vor oder bei Erhebung festgelegte Verwendungs- oder Verarbeitungszweck zu einem neuen Verwendungs- oder Verarbeitungszweck umgewandelt wird. Damit werden zugleich neue Verarbeitungsprozesse eingeleitet. Die **ursprüngliche Erhebung oder Speicherung der Daten** im ersten Verarbeitungszusammenhang braucht **nicht unbedingt rechtmäßig** gewesen zu sein; es braucht also keine „Rechtmäßigkeitskette" vorzuliegen (→ DS-GVO Art. 6 Rn. 116 ff.; knapp und ohne Begr. aA Auernhammer/Eßer § 23 Rn. 10; HK-BDSG/Marsch § 23 Rn. 11). § 23 Abs. 1 Hs. 2 normiert sechs Konstellationen, in denen eine zweckändernde Verarbeitung zulässig ist. Einige dieser Zulässigkeitstatbestände enthalten zusätzlich zu ihren materiellen Voraussetzungen das Merkmal der **Erforderlichkeit** (Abs. 1 Nr. 3, 4 und 5, vgl. dazu → DS-GVO Art. 6 Rn. 15 ff.). Missverständlich ist der Umstand, dass (nur) § 23 Abs. 1 Nr. 6 das Erfordernis einer **Abwägung mit den Interessen des Betroffenen** verpflichtend vorschreibt. Da die öffentlichen Stellen stets an die allgemeinen datenschutzrechtlichen Rechtmäßigkeitsvoraussetzungen für Zweckänderungen sowie die Grundrechte der betroffenen Person und damit auch an den Grundsatz der Verhältnismäßigkeit gebunden sind (→ Rn. 16; s. auch Paal/Pauly/Frenzel Rn. 5), wäre aus Gründen der Rechtsnormenklarheit, Abs. 1 Nr. 1 ausgenommen, eine hinter die Klammer gezogene Klarstellung wünschenswert gewesen, wie sie der Gesetzgeber etwa in Umsetzung der RL (EU) 2016/680 in § 49 S. 1 (aE) vorgesehen hat. Im Falle von Zweckänderungen sind zudem **ergänzende Vorkehrungen,** insbesondere diejenigen zur **Gewährleistung der Kenntnis der betroffenen Person** (dazu Art. 13 Abs. 3, 14 Abs. 4 DS-GVO, die wiederum auf der Basis des Art. 23 DS-GVO in §§ 32 und 33 beschränkt werden), zu beachten. Es kann weitere Vorkehrungen, etwa zur **Gewährleistung der Richtigkeit der Daten,** geben, dies nicht nur, aber insbesondere im Falle einer Übermittlung, die oft mit einer Zweck- und jedenfalls mit einer Kontextänderung verbunden ist (→ § 25 Rn. 7; s. auch zur Kenntnisgewähr → § 25 Rn. 22).

3. Verarbeitung durch öffentliche Stellen im Rahmen der Aufgabenerfüllung

Die in § 23 Abs. 1 vorgesehene Möglichkeit einer Verarbeitung personenbezogener Daten zu 18
einem anderen Zweck als zu demjenigen, zu dem die Daten erhoben wurden, wird dadurch eingegrenzt, dass die Verarbeitung **durch öffentliche Stellen im Rahmen ihrer Aufgabenerfüllung** erfolgt. Öffentliche Stellen werden in **§ 2** legaldefiniert. Ihre Tätigkeit zeichnet sich im Rechtsstaat dadurch aus, dass sie sich in einer Kompetenzenordnung bewegt. Die Formulierung des § 23 Abs. 1 ähnelt jener in § 14 Abs. 1 BDSG aF, wonach das Speichern, Verändern oder Nutzen von Daten zulässig ist, „wenn es zur Erfüllung der in der Zuständigkeit der verantwortlichen Stelle liegenden Aufgaben erforderlich ist"; sie entspricht zudem der Anforderung aus **Art. 6 Abs. 3 S. 2 DS-GVO.** So wie sich der ursprünglich festgelegte Zweck auf die (sachlichen) Kompetenzen der öffentlichen Stelle bezieht, weil ihm die Funktion zukommt, die Verarbeitung personenbezogener Daten damit zu verklammern, so gilt dies auch für den anderen (neuen) Zweck. Auch mit Blick auf zweckändernde Verarbeitungen bewirkt die tatbestandliche Bezugnahme auf die Aufgabenerfüllung der jeweiligen öffentlichen Stelle eine rechtliche **Begrenzungs- und Strukturierungsleistung,** indem die Datenverarbeitung an die Erfüllung der sachlichen Aufgaben nach Maßgabe der Befugnisse geknüpft und so auch über das materielle Verwaltungsrecht, das Organisationsrechts und die Zuständigkeitsverteilung determiniert wird. Der „Rahmen der Aufgabenerfüllung" wird durch verschiedene Eckpunkte präzisiert. Maßgeblich sind insoweit vor allem die konkreten Beschreibungen in den einschlägigen bereichsspezifischen Fachgesetzen, die den verantwortlichen Stellen ihre Aufgaben, Befugnisse und (außenwirksamen) Zuständigkeiten zuweisen. § 23 Abs. 1 Hs. 1 knüpft an den durch den durch die Gesamtheit dieser Vorschriften gesetzten **Rahmen der sachlichen Kompetenzbestimmungen im nationalen Recht** an. Auch dadurch verweist die Bestimmung zugleich auf Art. 6 Abs. 1 UAbs. 1 lit. c und e DS-GVO bzw. Abs. 2 und 3 DS-GVO; diese Regelungen gewährleisten nämlich, dass die komplexen Strukturen des nationalen materiellen Verwaltungs- und Organisationsrechts – im Rahmen der von Abs. 2 und 3 gesteckten materiell-rechtlichen Grenzen – aufrechterhalten bzw. spezifiziert werden können.

II. Die Tatbestände im Einzelnen

1. Zweckänderung im Interesse der betroffenen Person (Nr. 1)

19 § 23 Abs. 1 Nr. 1 lässt eine Verarbeitung zu anderen Zwecken zu, wenn offensichtlich ist, dass sie im **Interesse der betroffenen Person** liegt und kein Grund zu der Annahme besteht, dass diese in Kenntnis des anderen Zwecks ihre Einwilligung verweigern würde. Die Vorschrift entspricht im Wesentlichen § 14 Abs. 2 Nr. 3 BDSG aF. Die Verarbeitung der Daten zu anderen Zwecken muss offensichtlich, also ohne Weiteres und objektiv erkennbar, im positiv festgestellten Interesse der betroffenen Person liegen. Auch wenn die Stelle ein solches objektives Interesse des Betroffenen annimmt, so kann sie sich auf den Tatbestand gleichwohl dann nicht berufen, wenn Gründe für die Annahme bestehen, dass der Betroffene seine Einwilligung bei Befragung verweigern würde (HK-BDSG/Marsch § 23 Rn. 15). Mit Blick auf die Interessen der betroffenen Person nimmt das Gesetz keine Spezifizierung vor, sodass sämtliche Arten von Interessen, sowohl materielle (etwa ein begünstigender Bescheid) als auch immaterielle (Aufwands- und Zeitersparnisse), erfasst sind. Bei zweckändernden Verarbeitungen, die sowohl mit Vor- als auch Nachteilen verbunden sind, müssen die Vorteile deutlich überwiegen (s. auch HK-BDSG/Marsch § 23 Rn. 15).

20 Unter dem neuen unionsrechtlichen Rahmen der DS-GVO ist die **Einwilligung als Bezugspunkt für eine Legitimation in hypothetischen Fällen problematisch.** Der Unionsgesetzgeber geht nämlich davon aus, dass im Staat/Bürger-Verhältnis ein grundsätzliches Ungleichgewicht besteht und es deshalb in der Regel an der Freiwilligkeit der Einwilligung (vgl. Art. 7 Abs. 4 DS-GVO) mangelt (vgl. Erwägungsgrund 43 S. 1). Die Verarbeitung auf Grundlage einer Einwilligung ist in diesem Verhältnis die Ausnahme (deshalb für die Unionsrechtswidrigkeit Paal/Pauly/Frenzel Rn. 7). Allzu streng braucht man dies mit Blick darauf aber nicht zu sehen, dass die Bürger-/Staat-Verhältnisse vielfältig geworden sind. Trotzdem ist die Norm vor dem unionsrechtlichen Hintergrund **restriktiv** handzuhaben.

21 Mit Blick auf die **Anforderungen der Art. 5 Abs. 1 lit. b, 6 Abs. 4, 23 Abs. 1 DS-GVO** kommt die Kombination von Art. 6 Abs. 4 Hs. 1 und Art. 23 Abs. 1, 6 Abs. 1, 2 und 3 DS-GVO als Möglichkeit, zweckändernde Weiterverarbeitungen abzusichern, nur im Hinblick auf Art. 23 Abs. 1 lit. i DS-GVO in Betracht, der als Ziel den Schutz der betroffenen Person nennt. Allerdings ist zweifelhaft, ob eine Verarbeitung im Interesse der betroffenen Person notwendigerweise immer auch ihrem Schutz dient. Alternativ ließe sich die Zulässigkeit einer Verarbeitung für andere Zwecke absichern, wenn man davon ausgeht, dass eine zweckändernde **Verarbeitung im Interesse der betroffenen Person stets mit dem Ursprungszweck vereinbar** ist (so Kühling/Buchner/Herbst Rn. 12). In der Tat mag man bei einer Verarbeitung, die dem offensichtlichen Interesse des Betroffenen Rechnung zu tragen hat, annehmen, dass diese im Rahmen einer Bewertung der möglichen Folgen (vgl. Art 6 Abs. 4 lit. d DS-GVO) zu einem positiven Saldo führt und dass eine solche Verarbeitung den vernünftigen Erwartungen des Betroffenen entspricht (Kühling/Buchner/Herbst Rn. 12). Im Falle einer Zweckvereinbarkeit würde es aus unionsrechtlicher Sicht ausreichen, wenn die verantwortliche öffentliche Stelle die zweckändernde Verarbeitung auf eine Rechtsgrundlage wie § 3 BDSG bzw. Art 6 Abs. 1 UAbs. 1 DS-GVO stützen kann (→ DS-GVO Art. 6 Rn. 108; für eine Redundanz von § 23 Abs. 1 Nr. 1 deshalb Kühling/Buchner/Herbst Rn. 13). Mit Rücksicht auf die andere Konzeption der noch relevanten grundgesetzlichen Grundrechte (→ Rn. 2) und auf die Rechtsklarheit für die betroffene Person macht die Vorschrift freilich Sinn.

2. Erfordernis der Überprüfung von Angaben (Nr. 2)

22 § 23 Abs. 1 Nr. 2 lässt eine Weiterverarbeitung zu einem anderen Zweck als zu demjenigen, zu dem die Daten erhoben wurden, für die Fälle zu, in denen **Angaben** der betroffenen Person **überprüft** werden müssen, weil **tatsächliche Anhaltspunkte für deren Unrichtigkeit** bestehen. Sie ist die nahezu textgleiche Nachfolgebestimmung von § 14 Abs. 2 Nr. 4 BDSG aF. Der Tatbestand betrifft nicht die zu überprüfenden, als Daten gespeicherten Angaben der betroffenen Person, da deren Prüfung eine Nutzung im Rahmen des ursprünglichen Zwecks darstellt, sondern jene **Daten, die zur Überprüfung herangezogen** werden und eigentlich anderen Zwecken dienen. Die Vorschrift deckt sowohl die Verwendung der herangezogenen Daten durch die überprüfende Stelle selbst als auch die Zusammen- und Bereitstellung durch eine andere öffentliche Stelle ab. Ist die Bereitstellung als Übermittlung einzustufen, greifen § 25 Abs. 1 iVm § 23 Abs. 1 Nr. 2 (oder die parallelen Vorschriften der für die übermittelnde Stelle greifenden datenschutzrechtlichen Normen).

Das Erfordernis der „**tatsächlichen Anhaltspunkte**" schließt einen anlasslosen Datenabgleich 23
aus; der Begriff entstammt ursprünglich dem Strafprozessrecht und beschreibt in diesem Kontext
die Schwelle der Begründung eines Anfangsverdachts (§ 152 Abs. 2 StPO), findet sich aber auch
im Polizeirecht der Länder (insoweit näher zum Begriff: Albers, Die Determination polizeilicher
Tätigkeit in den Bereichen der Straftatenverhütung und Verfolgungsvorsorge, 2001, 300 ff.) und
in anderen Bestimmungen. Mit dem Erfordernis wird ausgeschlossen, dass öffentliche Stellen
aufgrund subjektiver Annahmen oder Vermutungen tätig werden, ohne dass sie sich auch eine
hinreichende Tatsachenbasis stützen können. Konkrete Hinweise auf die Unrichtigkeit von Angaben können sich aus öffentlichen Quellen, Mitteilungen Dritter oder den Angaben des Betroffenen
selbst ergeben, wenn und weil dieser nach den Umständen oder auch nach der Interessenlage
unplausible Angaben oder in einem der öffentlichen Stelle bereits bekannten Zusammenhang zu
einem anderen Zeitpunkt unter anderen Aspekten abweichende Angaben gemacht hat.

Die Überprüfung muss zudem wegen der tatsächlichen Anhaltspunkte für die Unrichtigkeit 24
von Angaben des Betroffenen **notwendig** sein („überprüft werden müssen"). Die Notwendigkeit
bezieht sich sowohl auf die Sachverhaltsfeststellung als solche als auch auf den Einsatz gerade der
anderweitigen Daten zu Überprüfungszwecken. Eine Überprüfung ist (zunächst) nicht notwendig,
wenn dem Betroffenen aufgegeben werden kann, ergänzende Ausführungen zu machen oder
Unterlagen und Bescheinigungen vorzulegen, anhand derer sich der Sachverhalt richtig feststellen
lässt. Die Heranziehung der in Rede stehenden anderweitigen Daten unterliegt dem Übermaßverbot, kann also mit Rücksicht auf deren Informationsgehalt oder auf sonstige Umstände unangemessen sein.

Im Hinblick auf die **Voraussetzungen der Art. 5 Abs. 1 lit. b, 6 Abs. 4, 23 Abs. 1 DS-** 25
GVO ist in den Fällen, in denen ursprünglich zu einem anderen Zweck erhobene Daten verarbeitet
werden, weil dies für die Überprüfung von Angaben des Betroffenen auf deren Unrichtigkeit
notwendig ist, eine pauschale Vereinbarkeit von Primär- und Sekundärzweck – auch gemessen an
den Kompatibilitätskriterien in Abs. 4 – nicht anzunehmen. Sie ist aber auch nicht ausgeschlossen;
vielmehr kommt es hier auf die konkreten Zwecke und den Verarbeitungskontext an (Kühling/
Buchner/Herbst Rn. 16). Im Falle fehlender Zweckvereinbarkeit kann die Überprüfung von
potentiell falschen Angaben unter Umständen dem Schutz der betroffenen Person oder der Rechte
und Freiheiten anderer Person dienen (Art. 23 Abs. 1 lit. i DS-GVO). Je nach Konstellation
kommen andere Tatbestände in Betracht, etwa Art. 23 Abs. 1 lit. c, d, e oder h DS-GVO. Sollten
danach nicht alle in der Praxis auftauchenden Konstellationen abgedeckt sein, ist die Norm dafür
nicht tragfähig, nicht aber deswegen unionsrechtswidrig.

3. Abwehr drohender Nachteile und Gefahren (Nr. 3)

Gemäß § 23 Abs. 1 Nr. 3 ist eine zweckändernde Weiterverarbeitung auch dann zulässig, wenn 26
sie zur **Abwehr erheblicher Nachteile für das Gemeinwohl** oder einer **Gefahr für die öffentliche Sicherheit, die Verteidigung oder die nationale Sicherheit**, zur **Wahrung erheblicher
Belange des Gemeinwohls** oder zur **Sicherung des Steuer- und Zollaufkommens** erforderlich ist. Teilweise sind diese Tatbestandsmerkmale bereits in § 14 Abs. 2 Nr. 6 BDSG aF enthalten.
Die Vorschrift deckt die Nutzung der Daten durch die verantwortliche Stelle für die genannten
Zwecke, iVm § 25 Abs. 1 und 2 aber auch Übermittlungen ab. Die tatbestandliche Weite der
Bestimmung wird dadurch relativiert, dass in Fällen gesteigerter Eingriffsintensität spezialgesetzliche Ermächtigungen nötig sind. Diese können abschließend und erschöpfend sein (vgl. auch § 1
Abs. 2), so dass sich der Anwendungsbereich der Bestimmung deutlich verringert.

Im Falle der „**Abwehr erheblicher Nachteile für das Gemeinwohl**" wird ebenso wie mit 27
der „**Wahrung erheblicher Belange des Gemeinwohls**" ein ganz allgemein und vage gefasster
Auffangtatbestand geschaffen. Die nötige **Erheblichkeit** setzt ein entsprechendes Gewicht der
zu erwartenden Beeinträchtigungen oder der Gemeinwohlbelange voraus. Trotzdem haben die
Merkmale, auch bei Hinzuziehung der „Erforderlichkeit", kaum Konturen. Die „**Gefahr für
die öffentliche Sicherheit**" ist entsprechend den allgemeinen polizei- und ordnungsrechtlichen
Definitionen zu verstehen und bereits deswegen deutlich eingegrenzter. Sie wird noch durch die
weiteren Tatbestandsvoraussetzungen und den Vorrang und die etwaige Notwendigkeit spezialgesetzlicher Regelungen eingegrenzt. Die restlichen Merkmale („Verteidigung", „nationale Sicherheit" bzw. „Sicherung des Steuer- und Zollaufkommens") verweisen direkt auf die entsprechenden
Begrifflichkeiten in Art. 23 Abs. 1 DS-GVO. Die **Erforderlichkeit** der Zweckänderung setzt
zunächst voraus, dass der Eintritt der „erheblichen Nachteile" oder einer „Gefahr" droht oder
dass sie zumindest noch teilweise abwendbar sind bzw. dass „erhebliche Belange des Gemeinwohls"
beeinträchtigt zu werden drohen und zu wahren sind. Darüber hinaus ist die Erforderlichkeit

das Tatbestandsmerkmal, in dessen Rahmen eine Abwägung mit den grundrechtlich geschützten Interessen der betroffenen Person stattzufinden hat: Erforderlich ist eine zweckändernde Verarbeitung nur dann, wenn die Interessen des Betroffenen an einem Ausschluss der Zweckänderung die ohne Zweckänderung zu befürchtenden Nachteile für die in Bezug genommenen Allgemeinbelange nicht überwiegen. Die Abwägung ist nicht mit Hilfe einer abstrakten Priorisierung der betroffenen Rechtsgüter oder Allgemeinbelange vorzunehmen. Vielmehr sind zum einen Art und Umfang der konkret betroffenen Interessen, zum anderen ist auch die Höhe des Wahrscheinlichkeitsgrades einzubeziehen, mit dem die Nachteile für bestimmte Allgemeinbelange zu entstehen drohen.

28 Die Zweckkompatibilität bei einer Weiterverarbeitung auf Grundlage von Nr. 3 ist eine Frage des Einzelfalls, dürfte aber in der Regel zu verneinen sein (so auch Kühling/Buchner/Herbst Rn. 19). Mit Blick darauf, ob und inwieweit § 23 Abs. 1 Nr. 3 eine Maßnahme darstellt, die dem Schutz der in Art. 23 Abs. 1 DS-GVO genannten Ziele zu dienen bestimmt ist, ist nach den einzelnen Tatbestandsvoraussetzungen zu differenzieren. Die Zulässigkeit einer zweckändernden Verarbeitung personenbezogener Daten zur **Abwehr erheblicher Nachteile für das Gemeinwohl** bzw. zur **Wahrung erheblicher Belange des Gemeinwohls** wird nicht über Art. 23 Abs. 1 lit. e DS-GVO („Schutz sonstiger wichtiger Ziele des allgemeinen öffentlichen Interesses") getragen, weil diese Norm eine nähere Konkretisierung der wichtigen Ziele und öffentlichen Interessen im jeweiligen mitgliedstaatlichen Recht voraussetzt; dafür sprechen deren Tatbestand und deren Abs. 2. Die nötige Konkretisierung wird mit den pauschalen Tatbestandsmerkmalen, die auf das Gemeinwohl oder erhebliche Belange des Gemeinwohls verweisen, aber nicht geleistet (s. auch Kühling/Buchner/Herbst Rn. 20). Die Merkmale „**Abwehr einer Gefahr für die öffentliche Sicherheit**", „**Verteidigung**" und „**nationale Sicherheit**" sind dagegen jeweils unmittelbar von Art. 23 Abs. 1 lit. c DS-GVO (und partiell d), Art. 23 Abs. 1 lit. b und a DS-GVO gedeckt. Die **Sicherung des Steuer- und Zollaufkommens** sind, anders als die Gemeinwohlklauseln, hinreichend konkretisierte „sonstige wichtige Ziele des öffentlichen Interesses eines Mitgliedstaats" im Sinne von Art. 23 Abs. 1 lit. e DS-GVO, nämlich solche finanzieller Natur. Durch die Aufnahme des Erforderlichkeitskriteriums entspricht die Bestimmung, soweit sie tragfähig ist, auch den Anforderungen von Art. 6 Abs. 1, 2 und 3 DS-GVO.

4. Strafrechtspflege und Ordnungswidrigkeiten (Nr. 4)

29 § 23 Abs. 1 Nr. 4 erlaubt zweckändernde Weiterverarbeitungen im Zusammenhang mit verschiedenen Zwecken der Strafrechtspflege, der Verfolgung von Ordnungswidrigkeiten und Vollstreckung von Geldbußen oder des Vollzugs von Erziehungsmaßregeln im Sinne des Jugendgerichtsgesetzes. Die Bestimmung entspricht im Wesentlichen § 14 Abs. 2 Nr. 7 BDSG aF. Die Regelung ist **nicht primär an Strafverfolgungs- oder -vollstreckungsbehörden gerichtet,** weil insoweit bereichsspezifische Vorgaben existieren, sondern an andere öffentliche Stellen, die bei Gelegenheit ihrer eigenen Aufgabenerfüllung auf einschlägige Daten und Informationen stoßen. § 23 Abs. 1 Nr. 4 steht somit in engem Zusammenhang mit § 25 Abs. 1, der die Datenübermittlung erlaubt.

30 Entsprechend dem Sinn der Klausel sind grundsätzlich alle einschlägigen Angaben erfasst, die für die genannten Zwecke erforderlich sind. Grenzen setzt das Merkmal der Erforderlichkeit, das die verantwortliche Stelle mit Blick auf die Aufgabenerfüllung der gegebenenfalls Daten empfangenden Stelle und auf deren rechtliche Voraussetzungen beurteilen muss. So setzt etwa die Strafverfolgung den Anfangsverdacht einer Straftat voraus. Rechtsfragen, etwa ob ein festgestellter Sachverhalt überhaupt strafbar oder ordnungswidrig ist, sind im Vorfeld zu klären, etwa durch eine (nicht personenbezogene) Anfrage bei der zuständigen Verfolgungsbehörde (zur Vorgängerregelung Simitis/Dammann § 14 BDSG aF Rn. 80). § 23 Abs. 1 Nr. 4 umfasst nicht nur verdachtsbegründende Informationen, sondern alle relevanten Angaben, wie Hinweise auf Beweismittel oder Ermittlungsansätze (zutreffend zur Vorgängerregelung Simitis/Dammann BDSG aF § 14 Rn. 79); dies ist von Bedeutung, wenn in einer bestimmten Sache bereits Ermittlungen laufen und dies der verantwortlichen Stelle bekannt ist. Unter dem **Merkmal der Erforderlichkeit** muss die verantwortliche Stelle in dem von ihr im Rahmen ihrer Kompetenzen abschätzbaren – regelmäßig nicht in vollständigem (vgl. BFH BB 2003, 2216 (2218 f.)) – Umfang beantworten, inwieweit die jeweilige Zweckänderung der bei ihr vorliegenden Daten für die Aufgabenerfüllung der für die Verfolgung zuständigen Behörde nötig ist. Gegebenenfalls reicht zunächst eine Mitteilung aus, dass bestimmte personenbezogene Daten vorliegen, sodass die zuständige Behörde in eigener Verantwortung und unter Berücksichtigung ihres schon vorhandenen Kenntnisstandes über weitere Ermittlungsschritte, wie zB die Anforderung von Auskünften oder Akten, entscheiden kann (zur

Vorgängerregelung Simitis/Dammann BDSG aF § 14 Rn. 80). Bei der Alternative „zur Vollstreckung oder zum Vollzug" kann die Nutzung oder Verarbeitung insbesondere der aktuellen Anschrift und von Angaben zum Aufenthalt (für eine Zustellung oder Festnahme) erforderlich sein (Simitis/Dammann BDSG aF § 14 Rn. 81). Darüber hinaus ist unter dem Aspekt der „Erforderlichkeit" eine Abwägung zwischen den Interessen des Betroffenen an einem Ausschluss der Zweckänderung und den Erfordernissen der Erfüllung der genannten Aufgaben vorzunehmen, die alle relevanten konkreten Aspekte einbezieht (Beeinträchtigungen, Relevanz(grad) für die Aufgabenerfüllung etc).

§ 23 Abs. 1 Nr. 4 dient dem Schutz der Ziele, die in Art. 23 Abs. 1 lit. c, d oder auch g DS- **31** GVO genannt sind. Im Ergebnis sind die Anforderungen der Art. 6 Abs. 4 Hs. 1, 23 Abs. 1, 6 Abs. 1, 2 und 3 DS-GVO gewahrt.

5. Abwehr einer schwerwiegenden Beeinträchtigung der Rechte einer anderen Person (Nr. 5)

§ 23 Abs. 1 Nr. 5 lässt zweckändernde Verarbeitungen zu, wenn sie zur Abwehr einer schwer- **32** wiegenden Beeinträchtigung der **Rechte einer anderen Person** erforderlich sind. Die Bestimmung entspricht dem bisherigen § 14 Abs. 2 Nr. 8 BDSG aF. Die Vorschrift zielt auf den Schutz der Rechte privater Dritter. Soweit deren Schutz zugleich etwa im Rahmen der Gefahr für die öffentliche Sicherheit abgedeckt wird, ergeben sich Schnittmengen, wenn auch keine vollständigen Überschneidungen mit der in § 23 Abs. 1 Nr. 3 verankerten Zweckänderungsbefugnis. § 23 Abs. 1 Nr. 5 wird insbesondere bei Anfragen und Auskunftsersuchen Privater relevant; sie steht in engem Zusammenhang mit § 25 Abs. 2.

„Andere" Person ist **jeder Rechtsträger.** Natürliche Personen sind ebenso einbezogen wie **33** juristische Personen in privatrechtlicher oder öffentlich-rechtlicher Organisationsform, soweit ihnen geschützte Rechte zustehen. Die Rechtspositionen umfassen unterschiedliche Schutzgüter vom Recht auf Leben und körperliche Unversehrtheit bis hin zum Recht auf Eigentum und vergleichbare Rechtsgüter. Die Zweckänderung muss allerdings dem Schutz einer bestehenden Rechtspositionen dienen. Die Ermöglichung der Verfolgung privater Ansprüche im Rahmen von Rechtsstreitigkeiten wird nicht erfasst. Die Zweckänderung muss des Weiteren auf die „**Abwehr**" einer drohenden Beeinträchtigung gerichtet sein. Insofern gelten die für eine Gefahrenlage maßgeblichen Prognoseanforderungen: Es müssen also konkrete Tatsachen für eine hinreichend wahrscheinliche Schädigung der in Rede stehenden Rechtsgüter vorliegen. Die abzuwehrende **Beeinträchtigung** der Rechte muss zudem nach dem Normtext des § 23 Abs. 1 Nr. 5 **schwerwiegend** sein. Im Übrigen muss die verantwortliche Stelle unter dem Aspekt der „**Erforderlichkeit**" prüfen, inwieweit die Zweckänderung der bei ihr vorhandenen Daten für die Abwehr der Rechtsbeeinträchtigung nötig ist. Darüber hinaus ist eine konkrete **Abwägung** zwischen den Interessen des Betroffenen an einem Ausschluss der Zweckänderung und den Erfordernissen der Abwehr der Beeinträchtigung der betroffenen Rechte des anderen Privaten vorzunehmen.

§ 23 Abs. 1 Nr. 5 dient dem Schutz der in Art. 23 Abs. 1 lit. i DS-GVO genannten Ziele, der **34** auch die „Rechte und Freiheiten anderer Personen" nennt. Auch § 23 Abs. 1 Nr. 5 erfüllt die Anforderungen aus Art. 6 Abs. 4 Hs. 1, 23 Abs. 1, 6 Abs. 1, 2 und 3 DS-GVO,

6. Aufsichts-, Kontroll- und Rechnungsprüfungsbefugnisse, Organisationsuntersuchungen sowie Ausbildungs- und Prüfungszwecke (Nr. 6)

§ 23 Abs. 1 Nr. 6 lässt eine zweckändernde Verarbeitung zu, wenn sie der Wahrnehmung von **35** **Aufsichts- und Kontrollbefugnissen**, der **Rechnungsprüfung** oder der **Durchführung von Organisationsuntersuchungen** des Verantwortlichen dient. Auch die **Verarbeitung zu Ausbildungs- und Prüfungszwecken durch den Verantwortlichen** wird eingeschlossen, soweit schutzwürdige Interessen der betroffenen Person dem nicht entgegenstehen. Eine ähnliche Bestimmung findet sich in der Vorgängerregelung des § 14 Abs. 3 BDSG aF, in der die genannten Tätigkeiten allerdings teils deklaratorisch, teils in Form einer Fiktion in den Primärzweck eingeschlossen wurden. Eine solche Konstruktion ist unter der DS-GVO nicht möglich.

Die erste Variante setzt durch die Bezugnahme auf **Aufsichts-, Kontroll- und Rechnungs-** **36** **prüfungsbefugnisse** eine organisatorische Eigenständigkeit der kontrollierten Stelle voraus. Sie bezieht sich also nicht auf interne Kontrollmechanismen innerhalb der für die Aufgabenerledigung zuständigen Organisationseinheit, die zur Aufgabenerledigung selbst und damit ohne weiteres zum Primärzweck gehören. Erfasst ist die Rechts-, Fach- und Dienstaufsicht, soweit sie gegenüber nachgeordneten Behörden, gegenüber juristischen Personen des öffentlichen oder auch des privaten Rechts oder gegenüber Amtsinhabern besteht. Ebenfalls eingeschlossen sind spezialisierte

Formen der Kontrolle und Aufsicht, soweit nicht anderweitig oder spezialgesetzlich eingeräumte Befugnisse vorgehen (§ 1 Abs. 2).

37   Mit **Organisationsuntersuchungen** sind alle Untersuchungen zur Analyse und Optimierung der übergreifenden Aufbau- und Ablauforganisationen gemeint. Die Regelung erfasst nur Organisationsuntersuchungen „des Verantwortlichen", womit der Fall eine Einbeziehung mehrerer Organisationseinheiten einer Behörde gedeckt ist, nicht jedoch eine Verwendung für Organisationsuntersuchungen anderer Behörden oder Stellen oder für übergeordnete Zwecke. Eine Organisationsuntersuchung „des Verantwortlichen" kann auch im Wege der Auftragsdatenverarbeitung (Art. 4 Nr. 8 DS-GVO) durch darauf spezialisierte Institutionen durchgeführt werden.

38   § 23 Abs. 1 Nr. 6 Hs. 2 dient einer **Ausbildung und Prüfung,** die sich praxisnah gestaltet und nicht allein mit konstruierten Sachverhalten arbeitet. Nicht gemeint sind die Fälle, in denen auszubildende Personen unter entsprechender Anleitung zur Aufgabenerfüllung beitragen. Die Regelung ist in zweifacher Hinsicht eingeschränkt. Zum einen muss die Verarbeitung personenbezogener Daten „durch den Verantwortlichen" erfolgen. Damit wird die Abgabe nicht anonymisierter Daten, Datensätze und Dokumente an andere Behörden, Ausbildungsträger und Prüfungsämter ausgeschlossen. Zum anderen dürfen der Datenverarbeitung keine überwiegenden schutzwürdigen Interessen der betroffenen Person entgegenstehen. Die verantwortliche Stelle muss daher eine Abwägung zwischen dem Interesse an der Ausbildung mit Hilfe des authentischen Falles und dem Interesse des Betroffenen vornehmen, dass seine persönlichen Daten nicht weiteren Personen bekannt werden. Kriterien für die Abwägung sind der Aussagegehalt der Daten und die daraus gewinnbaren Informationen mit den absehbaren Folgen für den Betroffenen, aber auch etwa die Frage, ob der Betroffene den Auszubildenden persönlich bekannt sein könnte, etwa in kleineren Städten oder bei besonders markanten Fallkonstellationen.

39   Anders als unter der bisherigen Rechtslage werden für die in § 23 Abs. 1 Nr. 6 genannten Tätigkeiten nicht mehr durch gesetzliche Fiktion dem Primärzweck zugeordnet. Gleichwohl ist nicht zu übersehen, dass eine enge Verbindung zwischen den Zwecken (vgl. Art. 6 Abs. 4 lit. a DS-GVO) besteht, weil die Aufsicht und Kontrolle sowie Organisationsuntersuchung des Verantwortlichen immer auch der besseren Erfüllung der Primärzwecke dient (so Kühling/Buchner/Herbst Rn. 28). Eine ganz pauschale Annahme der Zweckkompatibilität in diesen von § 23 Abs. 1 Nr. 6 angesprochenen Konstellationen (so Kühling/Buchner/Herbst Rn. 28 f.), wäre trotzdem vorschnell, wenn sie auch oft gegeben sein mag. In den Fällen, in denen eine Zweckinkompatibilität näher liegt, kommt als Grundlage Art. 6 Abs. 4 iVm Art. 23 Abs. 1 lit. h, Art. 6 Abs. 1, 2 und 3 DS-GVO in Betracht. Art. 23 Abs. 1 lit. h DS-GVO nennt als Ziel auch die Sicherstellung von „Kontroll-, Überwachungs- und Ordnungsfunktionen", allerdings wird der Tatbestand durch den Verweis auf die in Art. 23 Abs. 1 lit. a–e und g genannten Zwecke begrenzt. Problematisch sind die in § 23 Abs. 1 Nr. 6 Hs. 2 genannten Ausbildungs- und Prüfungszwecke, sofern keine Zweckvereinbarkeit vorliegt. In Betracht kommt eine Subsumtion unter „sonstige wichtige Ziele des öffentlichen Interesses" iSv Art. 23 Abs. 1 lit. e DS-GVO; die dort zur Konkretisierung genannten Regelbeispiele (wichtige wirtschaftliche oder finanzielle Interessen) haben allerdings andere Akzente. Auf jeden Fall sind hier, das ergibt sich auch aus Art. 6 Abs. 2 und 3 DS-GVO, Anforderungen an Schutzvorkehrungen zu beachten.

C. Zweckändernde Verarbeitungen von sensiblen Daten (Abs. 2)

40   § 23 Abs. 2 nimmt das unionsrechtliche Sonderregime für die besonderen Kategorien personenbezogener Daten nach Art. 9 Abs. 1 DS-GVO in Bezug. Die Zulässigkeit der Verarbeitung besonderer Kategorien personenbezogener Daten zu einem anderen Zweck als zu demjenigen, zu dem die Daten erhoben wurden, erfordert, dass zusätzlich zu den Voraussetzungen des § 23 Abs. 1 auch ein Ausnahmetatbestand nach Art 9 Abs. 2 DS-GVO oder nach § 22 vorliegt. Die Regelung entfaltet keinen normativen Eigenwert, sondern **dient lediglich der Klarstellung** (vgl. BT-Drs. 18/11325, 96). Das Erfordernis eines zusätzlichen Ausnahmetatbestands für die zweckändernde Verarbeitung sensibler Daten ergibt sich nämlich bereits aus der – Art. 6 DS-GVO überlagernden – Vorschrift des Art. 9 DS-GVO. Diese Norm statuiert in Abs. 1 ein Verarbeitungsverbot und sieht dann in Abs. 2 Zulässigkeitstatbestände vor, die wiederum zum Teil Öffnungsklauseln für ergänzende mitgliedstaatliche Bestimmungen enthalten. § 22 BDSG ist in Ausfüllung dieser Spielräume ergangen und normiert deshalb parallel zu bzw. in Verbindung mit Art. 9 Abs. 2 DS-GVO ebenfalls Rechtsgrundlagen für die Verarbeitung von besonderen Arten personenbezogener Daten (s. zu diesem Wechselspiel → § 22 Rn. 1 ff.).

41   Hinter § 23 Abs. 2 steht die zutreffende Annahme, dass auch im Falle besonderer Kategorien personenbezogener Daten iSv Art. 9 DS-GVO eine (Weiter-)Verarbeitung zu geänderten Zwe-

cken unter bestimmten Voraussetzungen möglich ist. Diese Voraussetzungen ergeben sich im Rechtsregime der DS-GVO im Falle einer Zweckvereinbarkeit aus Artt. 9 Abs. 2 bis 4, 5 Abs. 1 lit. b, 6 Abs. 4 Hs. 2, 6 Abs. 1, 2 und 3 DS-GVO und im Falle einer Zweckinkompatibilität aus Art. 9 Abs. 2–4, 6 Abs. 4 Hs. 1 iVm Art. 23 Abs. 1, 6 Abs. 1, 2 und 3 (s. zur näheren Herleitung, auch zu Streitpunkten → DS-GVO Art. 9 Rn. 12).

Um den Umgang mit dem neuen „Parallelregime" aus DS-GVO und nationalem Recht zu vereinfachen, sind deklaratorische Verweise wie in § 23 Abs. 2 sinnvoll. Das unionsrechtliche Normwiederholungsverbot (dazu etwa Roßnagel DatenschutzR-HdB/Roßnagel, § 2 Rn. 25) ist nach seinem Sinn und Zweck nicht einschlägig (s. a. EG 8 DS-GVO). Der europarechtliche Hintergrund der Norm wird durch den ausdrücklichen Verweis auf die DS-GVO gerade nicht in Frage gestellt. 42

D. Benachrichtigungspflicht

Das Unionsrecht sieht im Falle von Zweckänderungen als sinnvoll ergänzende Vorkehrungen Pflichten das Verantwortlichen vor, die die Gewährleistung der Kenntnis der betroffenen Person sicherstellen sollen. Verknüpft mit der Erhebung von personenbezogenen Daten gibt es umfangreiche Informationspflichten, die danach differenziert sind, ob die Daten bei der betroffenen Person erhoben werden (dazu Art. 13 DS-GVO) oder ob sie nicht bei der betroffenen Person erhoben werden (dazu Art. 14 DS-GVO). Zum Zeitpunkt der Erhebung oder, im Fall des Art. 14 DS-GVO, jedenfalls in einer angemessenen Frist nach der Erhebung muss der Verantwortliche der betroffenen Person die Zwecke, für die die personenbezogenen Daten verarbeitet werden sollen, die Rechtsgrundlage für die Verarbeitung sowie weitere maßgebliche Informationen mitteilen, ua diejenigen, die notwendig sind, um eine faire und transparente Verarbeitung zu gewährleisten. Wegen der Bedeutung, die dem Zweck zukommt, erklären sich die Vorkehrungen des Art. 13 Abs. 3, 14 Abs. 4 DS-GVO im Falle einer (beabsichtigten) Zweckänderung: Der Verantwortliche muss der betroffenen Person vor dieser Weiterverarbeitung (proaktiv, weil die Zweckänderung bereits vorhandene Daten in seinem Verantwortungsbereich betrifft) Informationen über diesen anderen Zweck und alle anderen maßgeblichen Informationen zur Verfügung stellen. Diese Informationspflichten werden wiederum in Art. 13 Abs. 4, 14 Abs. 5 DS-GVO sowie auf der Basis der Öffnungen des Art. 14 Abs. 5 DS-GVO und auf der Basis des Art. 23 DS-GVO in §§ 32 und 33 unter den dort genannten Voraussetzungen beschränkt. 43

§ 24 Verarbeitung zu anderen Zwecken durch nichtöffentliche Stellen

(1) Die Verarbeitung personenbezogener Daten zu einem anderen Zweck als zu demjenigen, zu dem die Daten erhoben wurden, durch nichtöffentliche Stellen ist zulässig, wenn
1. sie zur Abwehr von Gefahren für die staatliche oder öffentliche Sicherheit oder zur Verfolgung von Straftaten erforderlich ist oder
2. sie zur Geltendmachung, Ausübung oder Verteidigung zivilrechtlicher Ansprüche erforderlich ist,
sofern nicht die Interessen der betroffenen Person an dem Ausschluss der Verarbeitung überwiegen.

(2) Die Verarbeitung besonderer Kategorien personenbezogener Daten im Sinne des Artikels 9 Absatz 1 der Verordnung (EU) 2016/679 zu einem anderen Zweck als zu demjenigen, zu dem die Daten erhoben wurden, ist zulässig, wenn die Voraussetzungen des Absatzes 1 und ein Ausnahmetatbestand nach Artikel 9 Absatz 2 der Verordnung (EU) 2016/679 oder nach § 22 vorliegen.

Überblick

§ 24 BDSG betrifft bestimmte Konstellationen, in denen die Verarbeitung personenbezogener Daten zu einem anderen Zweck als zu demjenigen, zu dem die Daten erhoben wurden, durch nichtöffentliche Stellen zugelassen wird. Das Verständnis der Norm erfordert, deren Verhältnisses zu den Vorgaben der DS-GVO zu klären (→ Rn. 1 f.). § 24 knüpft in bestimmtem Umfang an Vorgängerregelungen an (→ Rn. 5) und lässt sich auch mit Blick auf das systematische Verhältnis zu anderen Vorschriften erläutern (→ Rn. 7 ff.). Übergreifende Regelungsmuster sind die Verarbeitung personenbezogener Daten (→ Rn. 10) zu einem anderen Zweck als zu demjenigen, zu dem die Daten erhoben wurden durch nichtöffentliche Stellen (→ Rn. 11) zu einem anderen Zweck als zu demjenigen, zu dem die Daten erhoben wurden (→ Rn. 12f.). § 24 gliedert sich dann in zwei Absätze. Abs. 1 enthält einen Katalog mit zwei Konstellationen, in denen die Verarbeitung zu einem anderen Zweck zulässig ist (→ Rn. 14ff.). Abs. 2 verweist für die Zulässigkeit zweckändernder Verarbeitungen besonderer Kategorien personenbezogener Daten über die Voraussetzungen von Abs. 1 hinaus auf das Erfordernis, dass ein Ausnahmetatbestand nach Art. 9 Abs. 2 DS-GVO oder § 22 BDSG vorliegen muss (→ Rn. 21f.). Zu beachten ist die Benachrichtigungspflicht, die aber wiederum eingegrenzt ist (→ Rn. 23).

Übersicht

	Rn.		Rn.
A. Allgemeines	1	II. Die Tatbestände im Einzelnen	14
I. Überblick über die Aussagen der Norm	1	1. Zweckänderung zur Abwehr von Gefahren für die staatliche oder öffentliche Sicherheit oder zur Verfolgung von Straftaten (Nr. 1)	14
II. Vorgängerregelungen und Normgenese	5		
III. Verhältnis zu anderen Vorschriften	7	2. Zweckänderung zur Geltendmachung, Ausübung oder Verteidigung zivilrechtlicher Ansprüche (Nr. 2)	17
B. Voraussetzungen der Zulässigkeit der Verarbeitung (Abs. 1)	10		
I. Übergreifende Regelungsmuster	10	3. Abwägung	20
1. Verarbeitung personenbezogener Daten	10		
2. Verarbeitung durch nichtöffentliche Stellen	11	C. Zweckändernde Verarbeitungen von sensiblen Daten (Abs. 2)	21
3. Verarbeitung zu einem anderen Zweck als zu demjenigen, zu dem die Daten erhoben wurden	12	D. Benachrichtigungspflicht	23

A. Allgemeines

I. Überblick über die Aussagen der Norm

1 § 24 regelt für nichtöffentliche Stellen die Voraussetzungen für die Verarbeitung personenbezogener Daten zu einem anderen Zweck als zu demjenigen, zu dem die Daten ursprünglich erhoben wurden. Ebenso wie § 23 greift die Norm greift ausweislich der Begründung des Gesetzentwurfs der Bundesregierung unabhängig davon, ob die Zwecke der Weiterverarbeitung mit den Zwecken, für die die Daten ursprünglich erhoben wurden, iSd Art. **6 Abs. 4 Hs. 2 DS-GVO miteinander vereinbar** sind oder es sich um eine **Zweckänderung nach Maßgabe der Artt. 6 Abs. 4 Hs. 1, 23 Abs. 1 DS-GVO** handelt (BT-Drs. 18/11325, 96). Art. 6 Abs. 4 DS-GVO enthält Vorgaben für Verarbeitungen personenbezogener Daten zu einem anderen Zweck als zu demjenigen, zu dem sie ursprünglich erhoben wurden, indem er zwei Konstellationen differenziert (zu den Grundkategorien Zweckbindung, Zweckänderungen, Zweckvereinbarkeit nach Maßgabe der DS-GVO → DS-GVO Art. 6 Rn. 96ff.). Art. 6 Abs. 4 Hs. 2 DS-GVO knüpft an die Aussagen des Zweckbindungsgrundsatzes in Art. 5 Abs. 1b DS-GVO an, nach denen die Verarbeitung an die vor oder bei Erhebung festgelegten Zwecke insoweit gebunden ist, als die personenbezogenen Daten nicht in einer mit diesen Zwecken nicht zu vereinbarenden Weise weiterverarbeitet werden dürfen (→ DS-GVO Art. 6 Rn. 98). Als Anforderungen an eine Weiterverarbeitung in Fällen der Zweckvereinbarkeit enthält Art. 6 Abs. 4 Hs. 2 DS-GVO die an den Verantwortlichen adressierte Vorgabe, die Feststellung der Vereinbarkeit des ursprünglich festgelegten und des anderen Zwecks nach Maßgabe bestimmter Kriterien zu treffen. Eine danach zweckkompatible Weiterverarbeitung muss die Rechtmäßigkeitsvoraussetzungen des Art. 6 Abs. 1 DS-GVO erfüllen und sich ihrerseits im Rahmen der Rechtmäßigkeitstatbestände des Art. 6 Abs. 1, ggf. iVm Abs. 2 und 3, DS-GVO bewegen (→ DS-GVO Art. 6 Rn. 108). Allerdings ist es nicht ausgeschlossen, dass eine „Rechtsvorschrift der Union oder der Mitgliedstaaten", wie sie in Hs. 1 genannt ist, bei Vorliegen der weiter erforderlichen Voraussetzungen Konstellationen regelt, in denen aus Sicht des Rechtsetzers ursprünglich festgelegter und anderer Zweck miteinander vereinbar („kompatibel") sind (→ DS-GVO Art. 6 Rn. 102). Zweckkompatible Zweckänderungsoptionen können somit in einer mitgliedstaatlichen Rechtsgrundlage geregelt werden. Das gilt, sofern sie entweder den Anforderungen eines „Kompatibilitätstests" (bei dem die in Art. 6 Abs. 2 verankerten Kriterien als Orientierung dienen können) genügen und sich im Rahmen der Rechtmäßigkeitstatbestände des Art. 6 Abs. 1, 2 und 3 bewegen oder die Voraussetzungen des Art. 6 Abs. 4 Hs. 1 iVm Art. 23 Abs. 1, 6 Abs. 1, 2 und 3 DS-GVO erfüllen (→ DS-GVO Art. 6 Rn. 102). Für die dagegen abzugrenzenden Fälle, in denen der ursprünglich festgelegte und der andere Zweck nicht miteinan-

der vereinbar („inkompatibel") sind, liefert die Kombination von Art. 6 Abs. 4 Hs. 1 und Art. 23 Abs. 1 DS-GVO die Möglichkeit, zweckändernde Weiterverarbeitung abzusichern (→ DS-GVO Art. 6 Rn. 110 ff.). Sie sind danach unter bestimmten Voraussetzungen rechtmäßig. Außerhalb von Einwilligungen bedarf es einer unionalen oder mitgliedstaatlichen Rechtsvorschrift, die in einer demokratischen Gesellschaft eine notwendige und verhältnismäßige Maßnahme zum Schutz der in Art. 23 Abs. 1 DS-GVO genannten Ziele darstellt; zudem greifen die Rechtmäßigkeitsanforderungen des Art. 6 Abs. 1 UAbs. 1 lit. a–f, Abs. 2 und 3 DS-GVO (→ DS-GVO Art. 6 Rn. 113). Zweckinkompatible Zweckänderungsoptionen können somit in einer mitgliedstaatlichen Rechtsgrundlage abgesichert werden, wenn diese Voraussetzungen gegeben sind. Im Falle der Verarbeitung besonderer Kategorien personenbezogener Daten überlagert Art. 9 DS-GVO die Anforderungen des Art. 6 DS-GVO. Eine (Weiter-)Verarbeitung zu geänderten Zwecken muss daher nicht nur den Anforderungen eines „Kompatibilitätstests" und des Art. 6 Abs. 1, 2 und 3 DS-GVO oder den Voraussetzungen des Art. 6 Abs. 4 Hs. 1 iVm Art 23 Abs. 1, 6 Abs. 1, 2 und 3 DS-GVO genügen, sondern zusätzlich die Rechtmäßigkeitsvoraussetzungen nach Maßgabe der Art. 9 Abs. 2–4 erfüllen (ausf. → DS-GVO Art. 9 Rn. 12).

Abs. 1 enthält hinsichtlich der Verarbeitung personenbezogener Daten durch öffentliche Stellen einen Katalog mit zwei verschiedenartigen Konstellationen. Bei der zweckändernden Verarbeitung personenbezogener Daten durch nichtöffentliche Stellen in Fällen, in denen die Verarbeitung zur Abwehr von Gefahren für die staatliche oder öffentliche Sicherheit oder zur Verfolgung von Straftaten erforderlich ist, geht es um von vornherein Konstellationen, in denen der ursprüngliche und der andere (neue) Zweck nicht iSd Art. 6 Abs. 4 Hs. 2 DS-GVO miteinander vereinbar sind. In Fällen, in denen die (neue) Verarbeitung zur Geltendmachung, Ausübung oder Verteidigung zivilrechtlicher Ansprüche erforderlich ist, kann es sich - je nach Konstellation - um zweckkompatible oder auch um zweckinkompatible (Weiter-)Verarbeitung handeln. Dass Abs. 1 Nr. 2 hierfür eine Rechtsgrundlage liefert, erspart die Antwort auf die Kompatibilitätsfrage ebenso wie den Kompatibilitätstest: Eine zusätzliche Prüfung der Vereinbarkeit von Erhebungs- und Weiterverarbeitungszweck ist nicht notwendig (vgl. BT-Drs. 18/11325, 96). 2

Abs. 2 betrifft die Zulässigkeit zweckändernder Weiterverarbeitungen besonderer Kategorien personenbezogener Daten, hinsichtlich derer Art. 9 DS-GVO Rechtmäßigkeitsvoraussetzungen derer Verarbeitung regelt (→ DS-GVO Art. 9 Rn. 1 ff.). Neben den Voraussetzungen von Abs. 1 setzen zweckändernde Weiterverarbeitungen zusätzlich einen Ausnahmetatbestand nach Art. 9 Abs. 2 DS-GVO oder § 22 voraus. 3

Art. 6 DS-GVO öffnet sich in Abs. 1–4 ebenso wie Art. 23 Abs. 1 DS-GVO jeweils in bestimmtem Umfang für mitgliedstaatliches Recht (→ DS-GVO Art. 6 Rn. 3 f. mwN). § 24 ist in Bezug darauf als Ausfüllung der zu Gunsten der Mitgliedstaaten eröffneten Regelungsmöglichkeiten und -spielräume zu verstehen. Der für die Norm relevante **Grundrechtsmaßstab**, der anhand des Kriteriums der „Durchführung" von Unionsrecht iSd Art. 51 Abs. 1 S. 1 GRCh zu bestimmen ist, lässt sich schon mit Blick auf die Frage, inwieweit die sekundärrechtlichen Vorgaben des Art. 6 DS-GVO strikte Determinanten oder spielraumeröffnende Vorgaben hergeben, nicht immer leicht ermitteln. Was etwa die Termini in Art. 23 Abs. 1 lit. d oder j DS-GVO angeht, ist der Rahmen unionsrechtlich vorgegeben und unionsrechtsautonom zu bestimmen; vermittelt wird allerdings die konkrete Ausgestaltung in den mitgliedstaatlichen Regelungszusammenhängen in Bezug genommen, und Art. 23 Abs. 1 DS-GVO sieht (iVm Art. 6 Abs. 4 DS-GVO) vor, dass „Rechtsvorschriften (…) der Mitgliedstaaten" unter den unionsrechtlich festgelegten Voraussetzungen Beschränkungen vorsehen können. Was spielraumeröffnende Vorgaben angeht, bestehen Streitigkeiten zwischen EuGH und BVerfG hinsichtlich des Grundrechtsmaßstabs (→ § 22 Rn. 4). Nach beiden Ansätzen spielen hier allerdings immer sowohl Unionsgrundrechte als auch die grundgesetzlichen Grundrechte in bestimmter Hinsicht eine Rolle, wenn auch der zentrale Maßstab jeweils unterschiedlich bestimmt wird. Für § 24 bedeutet all dies, dass die Unionsgrundrechte nicht irrelevant sind, den jedoch den grundgesetzlichen Grundrechten eine wesentliche, aus Sicht des BVerfG sogar primäre Maßgeblichkeit verbleibt. 4

II. Vorgängerregelungen und Normgenese

Nach der Gesetzesbegründung orientiert sich § 24 BDSG an den Bestimmungen des Vorgängergesetzes in §§ 28 Abs. 2 Nr. 2 lit. b, 28 Abs. 2 iVm Abs. 1 Nr. 2 sowie § 28 Abs. 8 S. 1 iVm Abs. 6 Nr. 1–3 und Abs. 7 S. 2 BDSG aF (vgl. BT-Drs. 18/11325, 96: „greift (…) Elemente des Normtexts der alten Fassung (…) auf"). Dabei erfasst er aber nicht alle Konstellationen, die in der früheren Regelung enthalten waren, und ist zudem in Verbindung mit den unionsrechtlichen Vorgaben zu lesen. Die Bezugnahme auf § 28 Abs. 8 S. 1 iVm Abs. 6 Nr. 1–3 und Abs. 7 S. 2 5

BDSG aF in der Gesetzesbegründung ist insofern etwas missverständlich, als die Zulässigkeit der Verarbeitung von besonderen Kategorien personenbezogener Daten in Art. 9 DS-GVO bzw. § 22 (und ggf. in anderen Fachgesetzen) geregelt ist und § 24 Abs. 2 lediglich klarstellenden Charakter hat (→ Rn. 21).

6 Der ursprüngliche Gesetzentwurf der Bundesregierung (BT-Drs. 18/11325) ist im Laufe des Gesetzgebungsverfahrens nur begrenzt geändert worden. Der Gesetzentwurf bezog sich noch – entsprechend § 28 Abs. 6 Nr. 3 BDSG aF – auf die Geltendmachung, Ausübung oder Verteidigung „rechtlicher" Ansprüche. Aufgrund der Beschlussempfehlung des Innenausschusses (BT-Drs. 18/12144, 4), die mit Blick auf den Wortlaut des Art. 23 Abs. 1 lit. j DS-GVO erfolgte, wurde dies auf „zivilrechtliche Ansprüche" eingeengt. Anderweitige Änderungsvorschläge des Bundesrates, etwa die Eingrenzung auf „Ansprüche des Verantwortlichen gegenüber der betroffenen Person", flossen nicht in die endgültige Fassung ein.

III. Verhältnis zu anderen Vorschriften

7 Wegen der permeablen Struktur der DS-GVO treten an vielen Stellen mitgliedstaatliche Bestimmungen neben die in ihr geregelten unmittelbar anwendbaren Vorschriften hinzu. Zur Beurteilung der Rechtslage ist ein **„Pendelblick"** (zum Begriff Thüsing/Schmidt/Forst RDV 2017, 116) **zwischen DS-GVO und BDSG** und zusätzlich **bereichsspezifischen Vorschriften** im nationalen Recht notwendig. Im Falle der Beurteilung der Verarbeitung personenbezogener Daten zu einem anderen Zweck als zu demjenigen, zu dem die Daten erhoben wurden, durch nichtöffentliche Stellen ist zu beachten, dass Konstellationen der Zweckkompatibilität unmittelbar von Art. 6 Abs. 4 Hs. 2 iVm Abs. 1 DS-GVO erfasst werden (→ DS-GVO Art. 6 Rn. 103 ff.). Sofern es bei der Verarbeitung personenbezogener Daten um besondere Kategorien personenbezogener Daten geht, treten, dies stellt Abs. 2 klar, die – ihrerseits Zweckänderungen zulassenden (→ DS-GVO Art. 9 Rn. 12) – Maßgaben des Art. 9 Abs. 2 DS-GVO hinzu, die zum Teil auf mitgliedstaatliches Recht Bezug nehmen und sich wiederum teilweise mitgliedstaatlichem Recht öffnen (→ DS-GVO Art. 9 Rn. 51 ff.), sodass hier allgemeine Regelungen wie § 22 oder fachgesetzliche Bestimmungen ins Spiel kommen. Als zweckkompatible und zweckinkompatible Konstellationen übergreifende Rechtsgrundlage erspart § 24 zwar einige schwierige Beurteilungen. Dennoch erweist sich im Zusammenspiel mit den Vorgaben der DS-GVO, in deren Lichte er zu lesen ist, als durchaus anforderungsreich.

8 § 24 adressiert nichtöffentliche Stellen. Die Verarbeitung personenbezogener Daten zu einem anderen Zweck als zu demjenigen, zu dem die Daten erhoben wurden, durch öffentliche Stellen wird von **§ 23** erfasst (näher dazu → § 23 Rn. 1 ff.).

9 **Bereichsspezifische datenschutzrechtliche Rechtsvorschriften** des Bundes oder Länder, die einen Sachverhalt, für den das BDSG grundsätzlich gilt, abschließend regeln, **haben Vorrang** (vgl. § 1 Abs. 2). In speziellen Normen gibt eine Reihe einschlägiger Bestimmungen.

B. Voraussetzungen der Zulässigkeit der Verarbeitung (Abs. 1)

I. Übergreifende Regelungsmuster

1. Verarbeitung personenbezogener Daten

10 § 24 betrifft die **Verarbeitung personenbezogener Daten,** die in Art. 4 Nr. 2 DS-GVO auch mit Hilfe zahlreicher Beispiele (vgl. im Einzelnen → DS-GVO Art. 4 Rn. 29 ff.) legaldefiniert ist. Diese Beispiele sind nicht abschließend, weil die Antwort auf die Frage, was ein rechtlich relevanter eigenständiger Verarbeitungsvorgang ist, vom Verwendungskontext sowie den entsprechenden Risiken und vor allem auch von den Verarbeitungstechniken abhängt. Im Hinblick auf die in § 24 erfassten **Zweckänderungen** ist wichtig, dass sie **an verschiedenen Stellen des ursprünglichen Verarbeitungsprozesses** denkbar sind. Das gilt zB zwischen dem Erheben und dem Speichern, weil die verantwortliche Stelle sieht, dass die Daten einen Informationsgehalt hergeben, aufgrund dessen sie nicht allein für den ursprünglichen Zweck, sondern auch für einen anderen, in Nr. 1 oder Nr. 2 genannten Zweck relevant sind. Eine solche Relevanz kann sich auch zu einem späteren Zeitpunkt unter den dann gegebenen Voraussetzungen ergeben, etwa zwischen Speicherung und Nutzung oder nach einer Verknüpfung von Daten ergeben. **Personenbezogene Daten** sind nach der Legaldefinition des Art. 4 Nr. 1 DS-GVO alle Informationen, die sich auf eine identifizierte oder identifizierbare natürliche Person beziehen. Hier kann allerdings nicht nur die **Identifizierbarkeit** der betroffenen Person ein Problem sein, sondern

auch die Frage, **welche Daten sich überhaupt auf eine identifizierte oder identifizierbare Person beziehen** (→ DS-GVO Art. 6 Rn. 14). Das Problem der Leistungs- und Abgrenzungskraft des Merkmals des Personenbezugs wird noch verstärkt, wenn es, wie in § 24 Abs. 2, um die Verarbeitung „**besonderer Kategorien** personenbezogener Daten" geht. Diese Kategorien gehen ihrerseits mit mehr oder weniger ausgeprägten **Einordnungs- und Abgrenzungsproblemen** einher (vgl. auch zur grundsätzlich Kritik am Konzept der „sensiblen" Daten → DS-GVO Art. 9 Rn. 20). Das betrifft in besonderem Maße, aber nicht nur die erste Gruppe besonderer Kategorien personenbezogener Daten in Art. 9 Abs. 1 DS-GVO („Daten, aus denen (…) hervorgehen"; → DS-GVO Art. 9 Rn. 27 ff.). Für eine sinnvolle Gestaltung, Auslegung und Anwendung der einschlägigen datenschutzrechtlichen Regelungen ist es daher wichtig, die dahinterstehenden Schutzgüter und rechtlich schutzwürdige Datenschutzinteressen zu schärfen.

2. Verarbeitung durch nichtöffentliche Stellen

§ 24 adressiert nichtöffentliche Stellen (dazu → § 2 Rn. 32 ff.). **11**

3. Verarbeitung zu einem anderen Zweck als zu demjenigen, zu dem die Daten erhoben wurden

Die Verarbeitung personenbezogener Daten erfordert nach dem in Art. 5 Abs. 1 lit. b DS-GVO **12** festgehaltenen **Grundsatz der Zweckbindung,** dass vor oder bei deren Erhebung, spätestens aber bei der Speicherung **eindeutige** und **legitime Zwecke** durch den Verantwortlichen **festgelegt** werden. Als Regelungselement des Datenschutzrechts bezieht sich die „Zweck"festlegung auf den Zweck oder die Zwecke, für die die personenbezogenen Daten im Ergebnis einer Verarbeitung, hier regelmäßig als Informationsgrundlagen, in einem bestimmten Kontext verwendet werden sollen. Das gilt auch für die Phase der Erhebung. Der **Zweck, zu dem die Daten erhoben wurden,** meint also den „vor oder bei Erhebung festgelegten Verwendungszweck" oder jedenfalls den prozessübergreifenden Verarbeitungszweck. Der insoweit gelegentlich genutzte Begriff „Erhebungszweck" ist nur eine - u. U. missverständliche - Kurzfassung. Welche Anforderungen das Erfordernis „eindeutiger" Zwecke an die Zweckfestlegung stellt, ist im Rahmen des § 24 von nachgeordnetem Interesse (ausf. → DS-GVO Art. 6 Rn. 24 ff.), weil die Konstellationen des Abs. 1 Nr. 1 und 2 immer „andere", wenn auch im Falle der Nr. 2 unter Umständen kompatible, Zwecke sein werden.

Die Verarbeitung **zu einem anderen Zweck** als zu demjenigen, zu dem die Daten erhoben **13** wurden, meint, dass der vor oder bei Erhebung ursprünglich festgelegte Verwendungs- oder Verarbeitungszweck zu einem neuen Verwendungs- oder Verarbeitungszweck umgewandelt wird (und damit auch neue Verarbeitungsprozesse eingeleitet werden). Die **ursprüngliche Erhebung oder Speicherung der Daten** im ersten Verarbeitungszusammenhang braucht **nicht unbedingt rechtmäßig** gewesen zu sein; es braucht keine „Rechtmäßigkeitskette" vorzuliegen (→ DS-GVO Art. 6 Rn. 116 ff.; knapp und ohne Begründung aA HK-BDSG/Marsch § 24 Rn. 8). Im Hinblick auf die beiden Konstellationen, in denen eine zweckändernde Verarbeitung nach § 24 Abs. 1 Hs. 2 zulässig ist, fällt die in solchen Fällen notwendige Abwägung bei der ersten Konstellation ggf. leichter als bei der zweiten; sie muss aber immer eine Reihe von Faktoren einbeziehen und sich differenziert gestalten (→ DS-GVO Art. 6 Rn. 119).

II. Die Tatbestände im Einzelnen

1. Zweckänderung zur Abwehr von Gefahren für die staatliche oder öffentliche Sicherheit oder zur Verfolgung von Straftaten (Nr. 1)

§ 24 Abs. 1 Nr. 1 lässt eine zweckändernde Verarbeitung, hier die Übermittlung personenbezo- **14** gener Daten, zu, wenn sie zur Abwehr von Gefahren für die staatliche oder öffentliche Sicherheit oder zur Verfolgung von Straftaten erforderlich ist. Die Norm betrifft somit öffentliche Interessen (HK-BDSG/Marsch § 24 Rn. 12); in ihrem Hintergrund stehen Art. 6 Abs. 4 Hs. 1 iVm Art 23 Abs. 1, 6 Abs. 1 lit. e, 2 und 3 DS-GVO. Das Tatbestandsmerkmal der „**öffentlichen Sicherheit**" verweist auf die Rechtsgüter, deren Unversehrtheit gegen drohende Schäden geschützt wird. Es handelt sich somit um einen Verweisungsbegriff, der auf außerhalb seiner selbst liegende Rechtsgüter Bezug nimmt. Darunter fallen nach gefestigter Sicht der Bestand, die Einrichtungen und die Veranstaltungen des Staates und sonstiger Träger von Hoheitsgewalt, die Unversehrtheit der objektiven Rechtsordnung sowie die subjektiven Rechtsgüter und Rechte des Einzelnen, wobei die Reichweite deren Schutzes durch die „öffentliche Sicherheit" durch eine Subsidiaritätsklausel eingegrenzt wird. Die gesonderte Nennung der „staatlichen" Sicherheit in Abs. 1 Nr. 1 ist überflüssig, aber unschädlich. Unter einer „**Gefahr**" ist regelmäßig eine Situation zu verstehen, in der ein Zustand oder ein Verhalten bei ungehindertem Ablauf des Geschehens nach Maßgabe einer Prognose zu einem Schaden für die Schutzgüter der öffentlichen Sicherheit führen würde. Der Begriff ist traditionell durchaus scharf gefasst (ausf. dazu Albers, Die Determination polizeilicher Tätigkeit in den Bereichen der Straftatenverhütung und der Verfolgungsvorsorge, 2001, S. 33 ff.); die Erosionen, die er im Polizeirecht erfahren hat, wirken sich auf Abs. 1 Nr. 1 nur begrenzt aus. Die **Verfolgung von Straftaten** grenzt sich deutlich gegen die Gefahrenabwehr ab und ist dadurch geprägt, dass Ermittlungs- und Strafverfahren in justizförmig gestaltete Strukturzusammenhänge eingebettet sind. Mit dem Bezug auf Straftaten, der auf die Normen, die ein Verhalten oder andere Aspekte unter Strafe stellen, ist die Strafverfolgung ebenso wie die Gefahrenabwehr akzessorisch zur Rechtsordnung

15 Die zweckändernde Verarbeitung personenbezogener Daten durch die nichtöffentliche Stelle muss **zur** Gefahrenabwehr oder **zur** Verfolgung von Straftaten **erforderlich** sein. Als datenschutzrechtliches Regelungs- und Tatbestandselement ergänzt die „Erforderlichkeit" die Zweckbindung und erschließt sich insbesondere mit Blick auf Art. 5 Abs. 1 lit. c (ausf. → DS-GVO Art. 6 Rn. 15 ff.). Mittels des Regelungselements der „Erforderlichkeit" wird eine Abhängigkeitsbeziehung zwischen der Verarbeitung personenbezogener Daten und den relevanten Zwecken hergestellt und der Abhängigkeitsgrad beschrieben, mit dem die jeweilige Stelle auf den jeweiligen Verarbeitungsvorgang angewiesen ist (→ DS-GVO Art. 6 Rn. 15). Eine Frage, die sich hier dann aufdrängt, ist diejenige danach, inwieweit die für die ursprüngliche Verarbeitung verantwortliche nichtöffentliche Stelle das Vorliegen der Voraussetzungen des Abs. 1 Nr. 1 zu prüfen hat und prüfen kann. Im Rahmen der Norm obliegt zunächst ihr die sorgsame Beurteilung. Dies wird ggf. erleichtert, wenn Behörden um Daten ersuchen. Abs. 1 Nr. 1 erlaubt die Übermittlung, verpflichtet die nichtöffentliche Stelle jedoch nicht dazu. Auf Seiten der datenempfangenden Behörde ist iSd „Doppeltürmodells", nach dem es angesichts der Zweck- und Kontextänderung zweier Rechtsnormen bedarf (BVerfGE 130, 151 (184); Beschl. v. 27.5.2020 – 1 BvR 1873/13, 2618/13 Rn. 93 ff., BVerfGE 155, 119) – eine eigenständige Rechtsgrundlage für den Empfang und die Weiterverarbeitung der personenbezogenen Daten notwendig.

16 Spezialgesetzliche Normen, die etwa zur Datenweitergabe an Sicherheitsbehörden verpflichten, gehen vor (§ 1 Abs. 2 S. 1), und in diesem Bereich gibt es zahlreiche spezialgesetzliche Bestimmungen, bei denen die Beurteilungsschwierigkeiten, die auf der Basis der allgemeinen Norm entstehen, durch präzisere Tatbestandsvoraussetzungen reduziert werden.

2. Zweckänderung zur Geltendmachung, Ausübung oder Verteidigung zivilrechtlicher Ansprüche (Nr. 2)

17 In Abgrenzung zu Nr. 1 betrifft Abs. 1 Nr. 2 primär private Interessen (HK-BDSG/Marsch § 24 Rn. 16), indem er eine zweckändernde Verarbeitung für die Fälle der Geltendmachung, Ausübung oder Verteidigung zivilrechtlicher Ansprüche (Grundnorm § 194 Abs. 1 BGB) zulässt. Die Norm ist mit Rücksicht auf Art. 23 Abs. 1 lit. j DS-GVO auf **zivilrechtliche Ansprüche** beschränkt. Ihr Spektrum erfasst nicht nur die Möglichkeiten, Ansprüche **vor Gericht** einzuklagen oder durchzusetzen, sondern auch **außergerichtliche Formen** der Geltendmachung, Ausübung oder Verteidigung der Ansprüche (Auernhammer/Kramer § 24 Rn. 16).

18 Nr. 2 erfasst Konstellationen sowohl der zweckkompatiblen als auch der zweckinkompatiblen (Weiter-)Verarbeitung personenbezogener Daten, weil der ursprünglich festgelegte „eindeutige" Verarbeitungs- und Verwendungszweck sich auf die gerichtliche oder außergerichtliche Geltendmachung, Ausübung oder Verteidigung zivilrechtlicher Ansprüche erstrecken kann, aber nicht muss. Als Rechtsgrundlage wird Nr. 2 in beiden Fällen abgedeckt. Im Falle der Zweckkompatibilität trägt Art. 6 Abs. 4 Hs. 2 iVm Art. 6 Abs. 1 DS-GVO, der eine mitgliedstaatliche Regelung nicht erfordert, aber zulässt (→ DS-GVO Art. 6 Rn. 102 ff.). Im Falle der Zweckinkompatibilität greift die Kombination von Art. 6 Abs. 4 Hs. 1, Art. 23 Abs. 1 lit. j, Art. 6 Abs. 1 UAbs. 1 lit f DS-GVO (→ DS-GVO Art. 6 Rn. 110 ff.; aA hierzu Kühling/Buchner/Herbst § 24 Rn. 13).

19 Die zweckändernde Verarbeitung personenbezogener Daten muss **zur** Geltendmachung, Ausübung oder Verteidigung zivilrechtlicher Ansprüche **erforderlich** sein. Beurteilungsprobleme in dem Umfang, wie sie bei Nr. 1 auftauchen können, entstehen bei Nr. 2 nicht.

3. Abwägung

20 Abs. 1 hebt in seinem letzten Teil hervor, dass eine **Abwägung** mit den Interessen der betroffenen Person an dem Ausschluss der zweckändernden Verarbeitung erfolgen muss. Die Gegeninteressen sind gerade mit Blick auf die Änderung der Verwendungszwecke hinsichtlich der personenbezogenen Daten zu spezifizieren, also im Vergleich von Primär- und Sekundärzwecken und den entsprechenden Verwendungszusammenhängen und Folgen. Im Feld der Nr. 1 kann man im Hinblick auf die betroffene Person nicht pauschal davon ausgehen, dass die Abwägung dadurch erleichtert wird, dass das Interesse einer Person nicht schutzwürdig ist, nicht wegen einer von ihr begangenen Straftat belangt zu werden (HK-BDSG/Marsch § 24 Rn. 11), weil man es zum Zeitpunkt der Zweckänderung insoweit mit einer mehr oder weniger ausgeprägten Ungewissheit zu tun hat. Die Vorgaben des Abs. 1 bleiben eher vage und sind auf Vorstrukturierungsleistungen der Dogmatik angewiesen, etwa mit Blick auf grundrechtliche Schutzpositionen ebenso wie im Verhältnis unter Privaten rechtlich anerkannte und zu berücksichtigende Interessen oder mit Blick auf die nähere Ausarbeitung der Komponenten, Strukturen und Prozesse der „Abwägung". Sie werden ggf. durch die in der Praxis auftauchenden Konstellationen und Gerichtsentscheidungen ausgefüllt.

C. Zweckändernde Verarbeitungen von sensiblen Daten (Abs. 2)

Abs. 2 entfaltet keinen normativen Eigenwert, sondern dient lediglich der **Klarstellung**. Das **21** Erfordernis eines zusätzlichen Ausnahmetatbestands für die zweckändernde Verarbeitung sensibler Daten ergibt sich bereits aus der – Art. 6 DS-GVO überlagernden – Vorschrift des Art. 9 DS-GVO. Er sieht in Abs. 1 ein grundsätzliches Verarbeitungsverbot und in Abs. 2 Konstellationen vor, in denen Verarbeitung zulässig ist. Diese Tatbestände enthalten zum Teil Öffnungsklauseln für ergänzende mitgliedstaatliche Bestimmungen, die § 22 (→ § 22 Rn. 12) oder auch eine fachgesetzliche Bestimmung ausfüllt. Dieses Regime greift unionsrechtlich zwingend kumulativ zu den Voraussetzungen des § 24 Abs. 1. Dieser Norm steht das unionsrechtliche Normwiederholungsverbot (dazu etwa Roßnagel DatenschutzR-HdB/Roßnagel § 2 Rn. 25) allerdings nicht entgegen, weil es den unionsrechtlichen Hintergrund nicht verunklart und nach seinem Sinn und Zweck nicht einschlägig ist.

Hinter § 24 Abs. 2 steht die zutreffende Annahme, dass auch im Falle besonderer Kategorien **22** personenbezogener Daten iSv Art. 9 DS-GVO eine (Weiter-)Verarbeitung zu geänderten Zwecken unter bestimmten Voraussetzungen möglich ist. Diese Voraussetzungen ergeben sich im Rechtsregime der DS-GVO im Falle einer Zweckvereinbarkeit (bei Nr. 2) aus Art. 9 Abs. 2, 5 Abs. 1 lit. b, 6 Abs. 4 Hs. 2, 6 Abs. 1 DS-GVO und im Falle einer Zweckinkompatibilität (bei Nr. 1 und 2) aus Art. 9 Abs. 2, 6 Abs. 4 Hs. 1 iVm Art. 23 Abs. 1, 6 Abs. 1 lit. e iVm Abs. 2 und 3 oder 6 Abs. 1 lit. f DS-GVO (s. zur näheren Herleitung, auch zu Streitpunkten → DS-GVO Art. 9 Rn. 12).

D. Benachrichtigungspflicht

Das Unionsrecht sieht im Falle von Zweckänderungen als sinnvoll **ergänzende Vorkehrungen 23** Pflichten das Verantwortlichen vor, die die **Gewährleistung der Kenntnis der betroffenen Person** sicherstellen sollen. Verknüpft mit der Erhebung von personenbezogenen Daten gibt es umfangreiche Informationspflichten, die danach differenziert sind, ob die Daten bei der betroffenen Person erhoben werden (dazu Art. 13 DS-GVO) oder ob sie nicht bei der betroffenen Person erhoben werden (dazu Art. 14 DS-GVO). Zum Zeitpunkt der Erhebung oder, im Fall des Art. 14 DS-GVO, jedenfalls in einer angemessenen Frist nach der Erhebung muss der Verantwortliche der betroffenen Person die Zwecke, für die die personenbezogenen Daten verarbeitet werden sollen, die Rechtsgrundlage für die Verarbeitung sowie weitere maßgebliche Informationen mitteilen, ua diejenigen, die notwendig sind, um eine faire und transparente Verarbeitung zu gewährleisten. Wegen der **Bedeutung**, die dem **Zweck** zukommt, erklären sich die Vorkehrungen des Art. 13 Abs. 3, 14 Abs. 4 DS-GVO im Falle einer (beabsichtigten) Zweckänderung: Der Verantwortliche muss der betroffenen Person vor dieser Weiterverarbeitung (proaktiv, weil die Zweckänderung bereits vorhandene Daten in seinem Verantwortungsbereich betrifft) Informationen über diesen anderen Zweck und alle anderen maßgeblichen Informationen zur Verfügung stellen. Diese Informationspflichten werden wiederum in Art. 13 Abs. 4, 14 Abs. 5 DS-GVO sowie auf der Basis der Öffnungen des Art. 14 Abs. 5 DS-GVO und auf der Basis des Art. 24 DS-GVO in §§ 32 und 33 unter den dort genannten Voraussetzungen beschränkt.

§ 25 Datenübermittlungen durch öffentliche Stellen

(1) ¹Die Übermittlung personenbezogener Daten durch öffentliche Stellen an öffentliche Stellen ist zulässig, wenn sie zur Erfüllung der in der Zuständigkeit der übermit-

telnden Stelle oder des Dritten, an den die Daten übermittelt werden, liegenden Aufgaben erforderlich ist und die Voraussetzungen vorliegen, die eine Verarbeitung nach § 23 zulassen würden. ²Der Dritte, an den die Daten übermittelt werden, darf diese nur für den Zweck verarbeiten, zu dessen Erfüllung sie ihm übermittelt werden. ³Eine Verarbeitung für andere Zwecke ist unter den Voraussetzungen des § 23 zulässig.

(2) ¹Die Übermittlung personenbezogener Daten durch öffentliche Stellen an nichtöffentliche Stellen ist zulässig, wenn
1. sie zur Erfüllung der in der Zuständigkeit der übermittelnden Stelle liegenden Aufgaben erforderlich ist und die Voraussetzungen vorliegen, die eine Verarbeitung nach § 23 zulassen würden,
2. der Dritte, an den die Daten übermittelt werden, ein berechtigtes Interesse an der Kenntnis der zu übermittelnden Daten glaubhaft darlegt und die betroffene Person kein schutzwürdiges Interesse an dem Ausschluss der Übermittlung hat oder
3. es zur Geltendmachung, Ausübung oder Verteidigung rechtlicher Ansprüche erforderlich ist

und der Dritte sich gegenüber der übermittelnden öffentlichen Stelle verpflichtet hat, die Daten nur für den Zweck zu verarbeiten, zu dessen Erfüllung sie ihm übermittelt werden. ²Eine Verarbeitung für andere Zwecke ist zulässig, wenn eine Übermittlung nach Satz 1 zulässig wäre und die übermittelnde Stelle zugestimmt hat.

(3) Die Übermittlung besonderer Kategorien personenbezogener Daten im Sinne des Artikels 9 Absatz 1 der Verordnung (EU) 2016/679 ist zulässig, wenn die Voraussetzungen des Absatzes 1 oder 2 und ein Ausnahmetatbestand nach Artikel 9 Absatz 2 der Verordnung (EU) 2016/679 oder nach § 22 vorliegen.

Überblick

§ 25 regelt die Frage, wann eine Datenübermittlung durch eine öffentliche Stelle zulässig ist, wobei die Regelung, anders als das BDSG 2003, sowohl die Übermittlung an öffentliche Stellen als auch an nicht öffentliche Stellen regelt. § 25 Abs. 3 BDSG knüpft die Übermittlung besonderer Datenkategorien nach Art. 9 DS-GVO, sowohl an die Einhaltung der Abs. 1 und 2 als der Tatbestände des Art 9 Abs. 2 (Zulässigkeit der Verarbeitung besonderer Datenkategorien) und § 22 BDSG. verweist diesbezüglich aber auf die Ausnahmetatbestände des Art. 9 Abs. 2 DS-GVO, so dass Abs. 3 inhaltlich keinen eigenständigen Regelungsgehalt aufweist (so auch SJTK, 2. Aufl. 2020, DSGVO/BDSG § 25 Rn. 1). Zwar verweist die Gesetzesbegründung nicht direkt auf eine Öffnungsklausel der DS-GVO. Gleichwohl bieten die Öffnungsklauseln in Art. 6 Abs. 2 und Abs. 3 DS-GVO dem nationalen Gesetzgeber die Möglichkeit, spezifische Anforderungen für die Verarbeitung nach Art. 6 Abs. 1 lit. c und e DS-GVO sowie sonstige Maßnahmen präziser zu bestimmen (Taeger/Gabel/Rose BDSG § 25 Rn. 1 und Rn 5). Die festgelegten Voraussetzungen für eine Verarbeitung in Form einer Datenübermittlung personenbezogener Daten, die durch Art. 6 DS-GVO vorgegeben sind, sind aber gleichwohl einzuhalten und können insoweit nur spezifiziert werden (so auch Paal/Pauly/Frenzel BDSG § 25 Rn. 1; Taeger/Gabel/Rose BDSG § 25 Rn. 1; Kühling/Buchner/Herbst BDSG § 25 Rn. 3). Der Anwendungsbereich der Norm wird durch § 1 BDSG bestimmt, so dass primär Datenübermittlung durch öffentliche Stellen des Bundes unter § 25 BDSG fallen (näher zur Anwendbarkeit des BDSG auf Landesbehörden Gusy/Eichenhofer → § 1 Rn. 70 ff.). Datenübermittlungen durch Landesbehörden sind hingegen an den jeweiligen Regelungen der Landesdatenschutzgesetze zu bewerten. Darüber hinaus sind die Begriffsbestimmungen des § 2 BDSG insbesondere des Abs. 5 bei der Anwendung des § 25 BDSG zu beachten (Teilnahme am Wettbewerb).

Insgesamt wurden die Regelungen zum Datentransfer öffentlicher Stellen im Vergleich zum BDSG aF erheblich gestrafft. Gleichwohl führt § 25 laut Gesetzesbegründung (BT-Drs. 18/11325, 96) den präzisen Ansatz der §§ 15, 16 BDSG aF zur Datenübermittlung durch öffentliche Stellen fort und trägt damit aus Sicht des Gesetzgebers dem strengen Gesetzesvorbehalt Rechnung. Die Vorschrift schafft nach der Gesetzesbegründung materiell eine nationale Rechtsgrundlage für die Übermittlung personenbezogener Daten durch öffentliche Stellen, soweit diese zu einem anderen Zweck als zu demjenigen, zu dem die Daten erhoben wurden, erfolgt. Es stellt sich indes die Frage, in wie weit die Rechtslage des BDSG aF fortgeführt werden kann, da die DS-GVO im Hinblick auf die Berechtigung der Verarbeitung personenbezogener Daten als europäisches Primärrecht vorgeht. Ferner ist eine Zweckänderung nicht notwendig eine Voraussetzung der Übermittlung, so Übermittlungen auch zu einem identischen Zweck erfolgen kann, sodass der

Verweis auf § 23 verunglückt ist (Kühling/Buchner/Herbst Rn. 5–10.). Ferner handelt es sich bei der Übermittlung um einen Verarbeitungsvorgang, der nicht gesondert in der DS-GVO definiert ist. Abs. 1 findet zudem auch den Fall Anwendung, in denen eine öffentliche Stelle Daten, die sie ursprünglich zu Zwecken der Strafverfolgung gem. §§ 45 ff. erhoben hat, an einen Dritten übermittelt, der die Daten zu Zwecken der DS-GVO verarbeiten möchte. Die Regelung des Abs. 2 ersetzt den bisherigen § 16 BDSG aF und regelt die Voraussetzungen der Datenübermittlung an nichtöffentliche Stellen. Die Regelung entspricht § 16 Abs. 1 und 4 BDSG aF Die sich bisher in § 16 Abs. 3 BDSG aF normierten Informationspflichten ergeben sich nunmehr unmittelbar aus Art. 13 Abs. 3 bzw. Art. 14 Abs. 4 DS-GVO. Abs. 3 stellt für die Übermittlung besonderer Kategorien personenbezogener Daten klar, dass neben dem Vorliegen einer der tatbestandlichen Voraussetzungen der Abs. 1 oder 2 auch die besonderen Voraussetzungen für eine Übermittlung besonderer Datenkategorien nach Art. 9 Abs. 2 DS-GVO oder nach § 22 Abs. 1 vorliegen muss. Dieser Absatz ist neu in den § 25 aufgenommen worden und entspricht in der Konsequenz des § 25 dem Ansatz eine nationale Regelung zu finden. Die Vorgaben des Art. 9 Abs. 2 DS-GVO sind aber auch nach der Gesetzessystematik der Norm vorrangig anzuwenden, sodass Abs. 3 eigentlich keinen eigenen Regelungsgehalt hat (in diesem Sinne auch Paal/Pauly/Frenzel Rn. 17).

Übersicht

	Rn.		Rn.
A. Übermittlung an Behörden (Abs. 1)	1	I. Allgemeines	23
I. Allgemeines	1	II. Empfänger	25
II. Zulässigkeitsvoraussetzungen (Abs. 1)	4	III. Zulässigkeitsvoraussetzungen	26
III. Übermittlung	7	1. Erforderlichkeit zur Aufgabenerfüllung (Alt. 1)	27
IV. Übermittelnde Stelle	10	2. Berechtigtes Interesse des Dritten (Alt. 2)	28
V. Empfangende Stelle	14	3. Übermittlung zur Rechtsdurchsetzung (Alt. 3)	30
VI. Zur Erfüllung eigener Aufgaben	16	IV. Verantwortlichkeit für die Übermittlung	31
VII. Verteilung der Verantwortlichkeit	19	V. Zweckbindung und Zweckänderung	32
VIII. Zulässige Nutzung nach § 23	21	VI. Verhältnis zur DS-GVO	34
IX. Verhältnis zur DS-GVO	22	C. Übermittlung besonderer Datenkategorien (Abs. 3)	35
B. Übermittlung an Dritte	23		

A. Übermittlung an Behörden (Abs. 1)

I. Allgemeines

Abs. 1 entspricht § 15 Abs. 1 und 3 BDSG aF und regelt die Voraussetzungen der Datenübermittlung an öffentliche Stellen. Es werden also Datenübermittlungen erfasst, soweit diese zur Aufgabenerfüllung der anfragenden öffentlichen Stelle erforderlich sind. Nach dem Wortlaut der Norm ist hierfür erforderlich, dass die Voraussetzungen für eine Verarbeitung zu einem anderen Zweck nach § 23 vorliegen. Aufgrund des Vorbehalts eines Erlaubnistatbestands zur Verarbeitung personenbezogener Daten sind jedoch die Regelungen des Art. 6 DS-GVO bzw. des inhaltlich weitestgehend identischen § 3 zu beachten, der letztlich die Erlaubnistatbestände des Art. 6 DS-GVO für öffentliche Stellen wiederholt. **1**

Abs. 1 stellt im Hinblick auf eine zulässige Übermittlung auf eine zulässige Zweckänderung iSd § 23 ab. Es ist aber durchaus fraglich, ob eine Übermittlung automatisch mit einer Zweckänderung einhergehen muss, wie es Abs. 1 mit dem Verweis auf § 23 suggeriert (Paal/Pauly/Frenzel Rn. 1–5). Es ist ferner nicht anzunehmen, dass der Gesetzgeber die Möglichkeit einer Übermittlung auf zweckändernde Verarbeitungen verengen wollte. Die Gesetzesbegründung stellt in diesem Sinn klar, dass der bisherige Ansatz der §§ 15 und 16 BDSG aF fortführen wollte. Zwar trifft es zu, dass die §§ 15 und 16 ihrerseits auf den § 14 verwiesen. Jedoch war § 14 BDSG aF tatbestandlich deutlich weiter gefasst und würde bei Betrachtung der heutigen Rechtslage neben § 23 auch auf § 3 verweisen. Insoweit ist entweder Abs. 1 dahin auszulegen, dass auch nicht zweckändernde Übermittlungen tatbestandlich umfasst sind oder diese zumindest nach den allgemeinen Regelungen des Art. 6 Abs. 1 DS-GVO zulässig sind (Kühling/Buchner/Herbst Rn. 5–10, Gola/Heckmann/Sandfuchs Rn. 5–15; für eine eingeschränkte Übermittlungsbefugnis wohl Taeger/Gabel/Rose Rn. 11) **2**

BDSG § 25 Teil 2. Durchführungsbestimmungen für Verarbeitungen nach DS-GVO

3   Im Gegensatz zum § 15 Abs. 2 BDSG aF fehlt eine Regelung zur Frage, wer die Verantwortung für die Zulässigkeit der Übermittlung der Daten trägt. Bei einer Übermittlung aufgrund eines Ersuchens einer anderen Behörde, war der Prüfungsrahmen der übermittelnden Stelle bisher dahingehend privilegiert, dass lediglich eine Prüfung erforderlich war, ob das Übermittlungsersuchen im Rahmen der Aufgaben des Dritten, an den die Daten übermittelt werden, lag. Auch die Gesetzesbegründung verhält sich hierzu nicht, sodass von den allgemeinen Regelungen iSd Art. 6 DS-GVO bzw. des § 3 auszugehen ist.

II. Zulässigkeitsvoraussetzungen (Abs. 1)

4   Abs. 1 regelt die Übermittlung von personenbezogenen Daten durch öffentliche Stellen an öffentliche Stellen im Sinne der Legaldefinition des § 2 bzw. der Art. 27 Abs. 2 lit. b DS-GVO. Die Übermittlung von Daten fällt definitorisch nunmehr iSd Art. 4 Nr. 2 DS-GVO unter den Oberbegriff der Verarbeitung. Auf die Definition der Übermittlung iSd § 3 Abs. 4 Nr. 3 BDSG aF als Bekanntgabe gespeicherter oder durch Datenverarbeitung gewonnener personenbezogener Daten durch die verantwortliche Stelle an einen Dritten, entweder in Form des Weitergebens oder des Bereithaltens zur Einsicht oder zum Abruf kann nach wie vor abgestellt werden (so auch Gola/Heckmann/Sandfuchs Rn. 5–15).

5   Im Falle einer Übermittlung ist zu beachten, dass das durch Art. 2 Abs. 1 iVm Art. 1 Abs. 1 GG geschützte allgemeine Persönlichkeitsrecht in seiner Ausprägung als Recht auf informationelle Selbstbestimmung die Befugnis des Einzelnen gewährleistet, grundsätzlich selbst zu entscheiden, wann und innerhalb welcher Grenzen persönliche Lebenssachverhalte offenbart werden. Das Recht auf informationelle Selbstbestimmung schützt dabei generell vor staatlicher Erhebung und Verarbeitung personenbezogener Daten einschließlich staatlicher Datenübermittlung (BVerwG NJW 2005, 2330 mit Verweis auf das Volkszählungsurteil des BVerfG NJW 1984, 419).

6   Vom Wortlaut her orientiert sich § 25 BDSG an der Altfassung des BDSG vor 2018. Insofern knüpft die Norm an eine zweckändernde Weiterverarbeitung beim Empfänger nach erfolgter Übermittlung an. Gleichwohl verbleibt es bei den Rechtfertigungstatbeständen des Art. 6 Abs 1 DS-GVO, also insbesondere an einer Verarbeitung der öffentlichen Stelle auf gesetzlicher Grundlage oder wegen des Bestehens eines öffentlichen Interesses für die Verarbeitung. Art 6 Abs. 4 DS-GVO ist indes nicht als Öffnungsklausel für zweckändernde Verarbeitung für nationale Gesetzgeber zu sehen (SJTK/Schwartmann/Burkhardt, 2. Aufl. 2020, BDSG § 25 Rn. 1–3). Aus diesem Grund ist eine Rechtsgrundlage zwischen den Behörden für die Übertragung von personenbezogenen Informationen zu fordern, und somit eine datenschutzrechtliche Legitimation, da der Betroffene im Falle einer Übermittlung die Zwecke der Datenverarbeitung und deren Rechtsgrundlage nicht vorhersehen kann. Mit Geltung der DS-GVO ist daher zu fordern, dass die Rechtmäßigkeit der Verarbeitung iSd Art. 6 DS-GVO sichergestellt ist. Da sowohl die Übermittlung als auch die Speicherung und weitergehende Verarbeitung durch die am Datentransfer beteiligten öffentlichen Stellen einen Verarbeitungsvorgang iSd DS-GVO darstellen, muss im Ergebnis auch für beide öffentlichen Stellen eine Erlaubnis zur Datenverarbeitung bestehen.

III. Übermittlung

7   Eine Übermittlung ist dadurch gekennzeichnet, dass eine verantwortliche Stelle einem Dritten – im Fall des Abs. 1 einer dritten öffentlichen Stelle – personenbezogene Daten, sei es in Form einer Datenübertragung oder in Form der Abrufmöglichkeit, zur Verfügung stellt (so auch SJTK/Schwartmann/Burkhardt, 2. Aufl. 2020, BDSG § 25 Rn. 15). Verwaltungsrechtlich ist die Übermittlung als Realakt zu kennzeichnen und stellt gerade keinen Verwaltungsakt dar (OVG Schleswig BeckRS 2017, 135986). Konsequenz von Übermittlungen ist, dass der Empfänger Daten erlangt, um diese zu eigenen Zwecken zu verarbeiten, um z. B. hieraus Informationen zu gewinnen. Die Übermittlung ist jedoch grundsätzlich von einer reinen Zweckänderung innerhalb einer öffentlichen Stelle abzugrenzen. Einer Übermittlung und einer Zweckänderung kann gemein sein, dass in beiden Fällen ein Verarbeitungsvorgang erfolgt, der von dem ursprünglichen Verarbeitungszweck nicht mehr gedeckt ist. Eine Verarbeitung erfolgt in beiden Konstellationen aus Sicht des Betroffenen in einem anderen Kontext, sodass regelmäßig die übergebenen Daten auch einen anderen Informationsgehalt erlangen bzw. ein geändertes Verarbeitungsrisiko entsteht (Gola/Schomerus § 15 BDSG aF Rn. 2; Taeger/Gabel/Rose Rn. 1–5).

8   Abzugrenzen von Übermittlungen sind Veröffentlichungen personenbezogener Daten im Internet. In diesem Zusammenhang ist davon auszugehen, dass zB die Veröffentlichung von personenbezogenen Daten, wie etwa die Veröffentlichung von Empfängern von Agrarsubventionen (EuGH EuZW 2010, 939 ff.) oder Verbraucherinformationen über Hygienemängel im Internet (OVG

Münster NVwZ-RR 2013 627) oder einer Betriebsprüfung (NVwZ-RR 2014, 843) zwar eine datenschutzrechtlich Verarbeitung, aber in der Regel keine Übermittlung darstellen. Gleichwohl ist auch in diesen Konstellationen ein Erlaubnistatbestand iSd Art. 6 DS-GVO zu fordern. Das BVerwG (NVwZ 2020, 305 (310)) hat zudem für vom BND organisierte Hintergrundgespräche eine Anwendbarkeit des § 25 BDSG aufgrund der entgegenstehenden Regelung des § 32 a BNDG verneint.

Soweit die Daten empfangende öffentliche Stelle als Auftragsverarbeiter für die übermittelnde **9** Stelle fungiert, also lediglich weisungsgebunden Daten für letztere verarbeitet, liegt keine zu rechtfertigende Übermittlung im Sinne des Datenschutzrechts vor (Kühling/Buchner/Hartung, 2. Aufl. 2018, DS-GVO Art. 28 Rn. 15–23 mwN; aA BeckOK DatenschutzR/Spoerr, 29. Ed. 1.8.2019, DS-GVO Art. 28 Rn. 29–32.1, der aber im Zweifel von einer Zulässigkeit einer Übermittlung auf der Grundlage eines berechtigten Interesses nach Art. 6 Abs. 1 S. 1 lit. f DS-GVO ausgeht, der aber im Bereich der öffentlichen Verwaltung aber nicht ohne weiteres anwendbar ist). Voraussetzung hierfür ist jedoch die gesonderte Voraussetzung des Abschlusses eines Vertrags iSd Art. 28 ff. DS-GVO. Abzugrenzen ist die Auftragsverarbeitung von einer gemeinsamen Verantwortlichkeit nach Art. 26 DS-GVO, der wiederum eine Übermittlungsbefugnis voraussetzt Kühling/Buchner/Hartung DS-GVO Art. 26 Rn. 27). Auch im Hinblick auf eine Verarbeitung in gemeinsamer Verantwortung, erweist sich der Verweis auf § 23 als verunglückt, da diese auch durch eine gemeinsame Zweckverfolgung gekennzeichnet sein kann. Ferner ist die innerbehördliche Weitergabe ebenfalls keine Übermittlung; es müssen jedoch iSd BDSG die Voraussetzungen des § 23 vorliegen, wobei fraglich ist, ob dieser iSd Art. 6 DS-GVO für die eintretende Zweckänderung als Rechtsgrundlage ausreicht (Paal/Pauly/Frenzel Rn. 1–5). Für internationale Übermittlungen sieht das §§ 78 ff. vor, die aber die RL 680/2016 umsetzen und daher Tätigkeiten von Behörden zu Zwecken des Art. 1 Abs. 1 JI-RL betreffen (BeckOK DatenschutzR/Hilgers, 29. Ed. 1.8.2019, § 78 Rn. 6–11). Auf internationale Übermittlungen, die nicht von diesen Sonderregelungen umfasst sind, sind die allgemeinen Regelungen der DS-GVO anzuwenden (aA Gola/Heckmann/Sandfuchs Rn. 5–15, die auch für Übermittlungen, die nicht unter die JI-RL fallen eine Anwendbarkeit der §§ 78 ff. DS-GVO annimmt).

IV. Übermittelnde Stelle

Abs. 1 gilt für die Übermittlung personenbezogener Daten durch öffentliche Stellen. Hierunter **10** fallen iSd § 1 Abs. 1 zunächst alle öffentlichen Stellen des Bundes, öffentliche Stellen der Länder, soweit der Datenschutz nicht durch Landesgesetz geregelt ist und soweit sie Bundesrecht ausführen oder als Organe der Rechtspflege tätig werden und es sich nicht um Verwaltungsangelegenheiten handelt. Die öffentliche Stelle ist in § 2 legal definiert, wobei jedoch § 2 Abs. 5 zu beachten ist, wonach öffentliche Stellen des Bundes als nichtöffentliche Stellen im Sinne dieses Gesetzes gelten, soweit sie als öffentlich-rechtliche Unternehmen am Wettbewerb teilnehmen. Entsprechendes gilt nach § 2 Abs. 5 S. 2 für öffentliche Stellen der Länder, soweit sie als öffentlich-rechtliche Unternehmen am Wettbewerb teilnehmen, Bundesrecht ausführen und der Datenschutz nicht durch Landesgesetz geregelt ist.

Die übermittelnde Stelle ist für den Datentransfer als verantwortliche Stelle einzuordnen, sodass **11** eine entsprechende datenschutzrechtliche Erlaubnis für diesen Datentransfer vorliegen muss. Für die übermittelnde Stelle kann insoweit auch eine Befugnis im Sinne einer Weiterverarbeitung gegeben sein (Erwägungsgrund 50 zur DS-GVO). Es ist jedoch zu beachten, dass der Übermittlungsvorgang zweiseitig ausgestaltet ist (so auch Paal/Pauly/Frenzel Rn. 6). Die empfangende Stelle (hierzu → Rn. 30 ff.) verarbeitet die übermittelten Daten ihrerseits und benötigt hierzu ebenfalls einer rechtlichen Grundlage, die jedoch von der reinen Übermittlungsbefugnis (zB den Voraussetzungen der Amtshilfe) abweichen kann.

Fraglich ist, ob der Begriff der Stelle aus organisatorischer oder funktionaler Sicht zu definieren **12** ist (hierzu insbesondere Simitis/Dammann BDSG aF § 2 Rn. 15 ff.; BeckOK DatenschutzR/Albers BDSG aF § 15 Rn. 9–10). Mit der Novellierung des BDSG 1990 tendiert der Gesetzgeber zu einer funktionalen Definition der Stelle, um insbesondere auch den Schutz vor einer datenschutzwidrigen Zweckentfremdung innerhalb einer Stelle zu gewährleisten. Dies zeigt sich insbesondere an dem Rückbezug des § 15 BDSG aF auf § 14 BDSG aF und somit die Betonung der Zweckbindung. Dieser Rückbezug wurde in § 25 mit dem Verweis auf § 23 übernommen.

Im Hinblick auf die in § 25 ausdrücklich geregelte Übermittlung an einen Dritten ist in dieser **13** Konstellation von einer organisationsrechtlichen Betrachtung auszugehen (BeckOK DatenschutzR/Albers BDSG aF § 15 Rn. 9–10). Fälle der Zweckänderung innerhalb einer organisatorischen Einheit wären zudem bereits durch § 23 umfasst.

V. Empfangende Stelle

14 Der Anwendungsbereich des Abs. 1 ist eröffnet, wenn auch die Empfängerseite als öffentliche Stelle zu qualifizieren ist (zur Definition der öffentlichen Stelle → Rn. 16). Abs. 1 stellt zudem klar, dass die empfangene Stelle Dritter sein muss, also ein reiner innenbehördlicher Datentransfer nicht tatbestandsmäßig ist, es sei denn, wenn es sich um organisationsrechtlich zu unterscheidende Behörden handelt (Simitis/Dammann BDSG aF § 3 Rn. 231). Dies gilt im Übrigen auch für Privatrechtssubjekte, die als Beliehene agieren. Ist die öffentliche Stelle jedoch am „Markt" tätig, ist zu differenzieren.

15 Unter Beachtung des § 2 Abs. 5 sind öffentliche Stellen, die als öffentlich rechtliche Unternehmen am Wettbewerb teilnehmen nicht nach Abs. 1 privilegiert. Für sie gilt vielmehr die Regelung des Abs. 2. Das BDSG behält folglich die Regelung des § 15 BDSG aF bei, die für im Wettbewerb stehende Unternehmen gleiche Wettbewerbsbedingungen garantiert. Eine im Wettbewerb stehende öffentliche Stelle wird in dieser Konstellation auch regelmäßig nicht auf eine in der eigenen Zuständigkeit liegende Aufgabe verweisen können, die eine Privilegierung nach Abs. 1 rechtfertigen würde. Privaten Mitbewerben steht nämlich insoweit nur eine Befugnis zur Verarbeitung personenbezogener Daten nach Übermittlung iSd Abs. 2 vor.

VI. Zur Erfüllung eigener Aufgaben

16 Eine Übermittlung von personenbezogenen Daten ist nur dann zulässig, wenn diese zur Erfüllung der in der Zuständigkeit der übermittelnden oder der empfangenden Stelle, liegenden Aufgaben erforderlich ist. Abs. 1 stellt das Tatbestandsmerkmal der Aufgabenerfüllung der übermittelnden und empfangenden Stelle in ein Alternativverhältnis. Es ist jedoch zu beachten, dass die reine Übermittlung lediglich einen Teil eines datenverarbeitenden Prozesses darstellt, sodass grundsätzlich auf beiden Seiten des Übermittlungsprozesses – insbesondere für die weitergehende Verarbeitung der erlangten Daten – eine Ermächtigungsgrundlage iSd Art. 6 DS-GVO bestehen muss. Hierbei ist jedoch zu berücksichtigen, dass Art. 6 DS-GVO in Abs. 1 lit. c, d, e verschiedene Ermächtigungsgrundlagen neben einer Einwilligung vorsieht, auf die sich eine öffentliche Stelle zum Zwecke der Datenübermittlung und der weitergehenden Verarbeitung berufen kann. Im Verhältnis zwischen den beteiligten öffentlichen Stellen kann bspw. ein Fall der Amtshilfe gegeben sein. Dies gilt im Übrigen auch für Auskunftsbegehren der ordentlichen Gerichtsbarkeit gegenüber Verwaltungsbehörden, die sich unmittelbar auf Art. 35 Abs. 1 GG berufen können (AG Duisburg ZD 2012, 334 zur Verpflichtung zur Auskunftserteilung über die Bodenbeschaffenheit in Versteigerungsverfahren).

17 Von einer Legitimation zur Übermittlung ist nach der Rechtsprechung des OVG Schleswig BeckRS 2017, 135986 Rn. 13 mit Verweis auf Simitis/Sokol BDSG aF § 13 Rn. 19; Auernhammer/Eßer BDSG aF § 13 Rn. 10) auszugehen, wenn der datenempfangenden Stelle – wie im zu entscheidenden Fall nach § 35 StVG – die Aufgabe auf die sie ihr Begehren stützt durch Rechtsvorschrift übertragen ist, ihre diesbezüglichen Zuständigkeiten gegeben sind und sie sich bei der Art und Weise der Nutzung der Daten im gesetzmäßigen Rahmen hält.

18 Darüber hinaus muss die Datenübermittlung erforderlich sein, um die Aufgabe der öffentlichen Stelle zu erfüllen. Das setzt voraus, dass die Empfängerbehörde ihre Aufgaben ansonsten nicht ordnungsgemäß erfüllen könnte. Die bloße Geeignetheit der übermittelten bzw. der zur Kenntnis erlangten Daten zum Zweck der Aufgabenerfüllung genügt indes nicht den Anforderungen des Abs. 1. Dabei ist umstritten, wie weit der Rechtsbegriff der Erforderlichkeit auszulegen ist. Ob eine Erforderlichkeit nur dann vorliegt, wenn die Aufgabenerfüllung sonst unmöglich wäre oder ob es ausreicht, dass die Behörde ihre Aufgaben nur mit unverhältnismäßig großem Aufwand erfüllen (vgl. zum Streitstand Dammann/Simitis BDSG aF § 15 Rn. 16) kann, sollte in die Entscheidung über eine Übermittlung von Daten behördenseits einbezogen werden. Folglich ist per se nicht jedwede Datenübermittlung zulässig. Darüber hinaus ist zusätzlich zu prüfen, ob eine vorrangige Direkterhebung beim Betroffenen (so Auernhammer/Eßer BDSG aF § 15 Rn. 16) in Betracht kommt.

VII. Verteilung der Verantwortlichkeit

19 Abs. 1 regelt die Zulässigkeitsanforderungen für die Übermittlung öffentlicher Stellen und somit das datenschutzrechtliche Verhältnis zwischen Behörden und dem Betroffenen als Subjekt der informationellen Selbstbestimmung. Abs. 1 konkretisiert somit die Anforderungen der datenschutzrechtlichen Ermächtigung zur Übermittlung von personenbezogenen Daten, begründet aber keinen Anspruch der öffentlichen Stelle auf Übermittlung (so etwa OVG Lüneburg BeckRS

2007 21640 zur vergleichbaren Rechtslage in Niedersachsen). Er setzt folglich eine Befugnis zur Datenübermittlung iSd Art. 6 DS-GVO bzw. des § 3 voraus.

Die in § 15 Abs. 2 BDSG aF Regelung zur Verantwortung für die Zulässigkeit der Übermittlung ist im Zuge der Novellierung entfallen. Dies gilt insbesondere für die Privilegierung der übermittelnden Stelle im Falle eines Ersuchens durch den Dritten. Folglich entsteht iRd Abs. 1 ein erhöhter Prüfungsaufwand für die übermittelnde Stelle im Falle eines Ersuchens durch die empfangende Stelle/Dritten. Es ist daher der ersuchenden Stelle anzuraten, eine konkrete Übermittlungsanfrage so zu begründen, dass die übermittelnde Stelle die Zulässigkeitsvoraussetzungen für die Übermittlung selbständig prüfen kann. 20

VIII. Zulässige Nutzung nach § 23

Weitere Voraussetzung einer rechtmäßigen Übermittlung ist, dass die Verarbeitung auch nach § 23 gerechtfertigt wäre. Diese Regelung ist aus § 15 BDSG aF übernommen worden und war Folge der vom Gesetz genutzten Begriffsdefinitionen der Übermittlung als Unterform der Verarbeitung und der Nutzung die sich gegenseitig ausschlossen (Simitis/Damann BDSG aF § 15 Rn. 18). Im Hinblick auf eine Zweckänderung gilt unabhängig von § 23 Art. 6 Abs. 4 DS-GVO als entsprechender Rechtsrahmen, sodass durchaus fraglich erscheint, in wie weit § 23 eine ausreichende Rechtsgrundlage darstellen kann (kritisch Paal/Pauly/Frenzel Rn. 6–10). Es ist zudem nicht zwingend, dass eine Übermittlung zu einer Zweckänderung führt (vgl. hierzu auch die Ausführungen unter → Rn. 9). 21

IX. Verhältnis zur DS-GVO

Die DS-GVO regelt in Art. 6 die Rechtmäßigkeit der Verarbeitung personenbezogener Daten, sodass diese primärrechtliche Grundlage grundsätzlich dem nationalen Recht vorgeht. Es ist somit durchaus fraglich, ob der nationale Gesetzgeber eine umfassende Regelungsbefugnis für die Regelung des § 25 hatte (kritisch Paal/Pauly/Frenzel Rn. 2). Neben der Frage der Regelungsbefugnis des deutschen Gesetzgebers stellen sich zudem weitere Herausforderungen für die übermittelnde bzw. die empfangende Stelle mit der Geltung der DS-GVO. Hierbei sind insbesondere die Transparenzvorschriften der Art. 13 und Art. 14 DS-GVO zu nennen. Im Fall einer Zweckänderung, wovon das BDSG aufgrund des Gesetzeswortlauts und des Verweises auf § 23 BDSG ausgeht, wäre die zweckändernde Stelle gem. Art. 13 Abs. 3 DS-GVO dazu verpflichtet dem Betroffenen Informationen iSd Art. 13 Abs. 2 DS-GVO zur Verfügung zu stellen. Da die empfangende Stelle die personenbezogenen Daten ganz regelmäßig nicht beim Betroffenen erhoben hat, trifft diese grundsätzlich die Verpflichtung nach Art. 14 DS-GVO. Sowohl die übermittelnde als auch die empfangende Stelle sind also dazu gehalten zu prüfen, in wie weit sie diesen Transparenzpflichten untermalen. Hierbei sind die Regelungen der §§ 32 und 33 zu berücksichtigen, die aufgrund der Öffnungsklausel des Art. 23 DS-GVO in das BDSG aufgenommen wurden. Demnach bestehen Ausnahmen von den Informationspflichten zB nach § 23 Abs. 1 S. 1 Nr. 2 und 3, wenn im Fall einer öffentlichen Stelle die ordnungsgemäße Erfüllung der in ihrer Zuständigkeit liegenden Aufgaben gefährdet würde und die Interessen des Verantwortlichen an der Nichterteilung der Information die Interessen der betroffenen Person überwiegen oder die öffentliche Sicherheit oder Ordnung gefährdet würde. 22

B. Übermittlung an Dritte

I. Allgemeines

Die Regelung des Abs. 2 ersetzt den bisherigen § 16 BDSG aF und regelt die Voraussetzungen der Datenübermittlung an nichtöffentliche Stellen. Die Regelung entspricht § 16 Abs. 1 und 4 BDSG aF Die Regelungen der §§ 16 Abs. 2 und 3 BDSG aF sind entfallen, waren aber auch obsolet, da sich sowohl die Verantwortlichkeit der öffentlichen Stelle für die Verarbeitung in Form einer Übermittlung als auch die in der aF geregelte Transparenzpflicht direkt aus der DS-GVO ergeben. Tatbestandlich hinzugekommen ist die weitere Erlaubnis zu übermitteln, wenn der Datentransfer der nichtöffentlichen Stelle zur Geltendmachung, Ausübung oder Verteidigung rechtlicher Ansprüche erforderlich ist. Abs. 2 unterscheidet grundsätzlich in zwei Übermittlungskategorien, und zwar einerseits die Übermittlung zur Aufgabenerfüllung der öffentlichen Stelle, soweit die Voraussetzungen des § 23 erfüllt sind und andererseits die Übermittlung im Interesse des Dritten. Die Voraussetzungen für letztere sind deutlich restriktiver, da die Übermittlung für 23 private Interesse einer nicht öffentlichen Stelle erfolgt, die nicht der verwaltungsrechtlichen Bindung an Gesetz und Recht unterliegt (vgl. Gola/Schomerus BDSG aF § 16 Rn. 5).

24 Das Tatbestandsmerkmal der Übermittlung ist identisch mit den Voraussetzungen des Abs. 1 zu verstehen (→ Rn. 15 ff.) und erfordert einen Drittbezug im Sinne einer Weitergabe an Dritte. Im Fall der Übermittlung besonderer personenbezogener Daten sind die zusätzlichen Voraussetzungen des Abs. 3 zu beachten. Auch Abs. 2 setzt voraus, dass die Übermittlung durch eine öffentliche Stelle erfolgt. Hierunter fallen iSd § 1 Abs. 1 zunächst alle öffentlichen Stellen des Bundes, öffentliche Stellen der Länder, soweit der Datenschutz nicht durch Landesgesetz geregelt ist und soweit sie Bundesrecht ausführen oder als Organe der Rechtspflege tätig werden und es sich nicht um Verwaltungsangelegenheiten handelt. Typische Fälle der Drittübermittlung können Akteneinsichtsrechte sein (Gola/Heckmann/Sandfuchs Rn. 20, 21). Eine personalisierte Akteneinsicht ist aber nicht grenzenlos zu gewähren, etwa in die Stellungnahme der Anhörungsbehörde nach § 73 Abs. 9 VwVfG, etwa wenn die Einsichtnahme nur dazu dienen soll, anhand der personenbezogenen Daten von Einwendern geeignete Betroffene als Kläger gegen den zu erlassenden Planfeststellungsbeschluss zu identifizieren (BVerwG BeckRS 2019, 26733)

II. Empfänger

25 Empfänger sind nicht öffentliche Stellen also natürliche und juristische Personen des Privatrechts, Verbände und Vereine, sowie öffentliche Stellen, die am Wettbewerb teilnehmen (→ Rn. 21). Auch Parteien sind iSd Abs. 2 keine öffentliche Stelle, da diese nach der Rechtsprechung des BVerfG zur Parteienfinanzierung nicht Teil des Staatsorganismus (BVerfG NJW 1966, 1499) sind.

III. Zulässigkeitsvoraussetzungen

26 Abs. 2 sieht eine Übermittlungsbefugnis zum Zwecke der Aufgabenerfüllung, im Fall eines Berechtigten Interesses des Empfängers und zum Zweck der Rechtsdurchsetzung vor.

1. Erforderlichkeit zur Aufgabenerfüllung (Alt. 1)

27 Die Alt. 1 des Abs. 2 geht ebenfalls wie die Regelung des Abs. 1 davon aus, dass eine Datenübermittlung zur Aufgabenerfüllung an eine Dritte nicht öffentliche Stelle zulässig ist. Voraussetzung hierfür ist freilich die Erforderlichkeit zur Aufgabenerfüllung für die übermittelnde öffentliche Stelle und nicht etwaige Sekundärzwecke, die aus Sicht des Dritten erforderlich sind. Die Belange des Dritten sind vielmehr nach Alt. 2 zu berücksichtigen. Beispiele für eine notwendige Aufgabenerfüllung können zB die Übermittlung personenbezogener Daten an Stellen außerhalb des öffentlichen Bereichs sein, soweit dies zur Abwehr von Gefahren für Leib, Leben, Gesundheit oder persönliche Freiheit erforderlich ist (OVG Hamburg NVwZ-RR S. 2009, 878) oder die Weitergabe von personenbezogenen Daten im Rahmen von Verwaltungsverfahren, zB im Fall der Akteneinsicht oder bei Drittbeteiligung. Eine entsprechende Befugnis dürfte sich aber bereits aus Art. 6 DS-GVO ergeben. Abzugrenzen ist Alt. 1 von den Fällen in denen sich die öffentliche Stelle einer dritten Stelle zur Datenverarbeitung bedient. In diesem Fällen der Auftragsverarbeitung erfolgt zwar eine Datenübertragung, die aber rechtlich nicht als Übermittlung zu werten ist.

2. Berechtigtes Interesse des Dritten (Alt. 2)

28 Eine Übermittlung an Dritte ist nach Alt. 2 auch dann möglich, wenn der Dritte ein berechtigtes Interesse an der Kenntnis der zu übermittelnden Daten glaubhaft darlegt und die betroffene Person kein schutzwürdiges Interesse an dem Ausschluss der Übermittlung hat. Eine Übermittlung erfordert daher notwendigerweise eine Abwägungsentscheidung der öffentlichen Stelle in der die rechtlichen Interessen des Dritten gegenüber dem Eingriff in das Recht auf informationelle Selbstbestimmung des Betroffenen abzuwägen sind. Dem trägt das Erfordernis der Glaubhaftmachung der eigenen berechtigten Interessen Rechnung, um der öffentlichen Stelle eine Abwägung zu ermöglichen. Fehlt es bereits an einem berechtigten Interesse des Dritten und einer entsprechenden Glaubhaftmachung kann eine Abwägung nicht zur Rechtfertigung einer Übermittlung führen.

29 Die zu berücksichtigenden schutzwürdigen Interessen des Betroffenen sind an Hand einer Folgenabschätzung im Zusammenhang mit der Übermittlung und Verwendung der personenbezogenen Daten durch den Dritten vorzunehmen. In die Abwägung mit einzubeziehen sind die rechtlichen, wirtschaftlichen und sozialen Folgen, die sich aus einer Datenverarbeitung ergeben

können sowie mögliche Widersprüche des Betroffenen in die Übermittlung seiner Daten. Für die Ermittlung des schutzwürdigen Interesses gilt der Amtsermittlungsgrundsatz des § 24 VwVfG. Zu berücksichtigen ist jedoch, dass die öffentliche Stelle nunmehr an die Regelung des Art. 13 Abs. 3 DS-GVO gebunden sein kann, soweit das BDSG in §§ 32 und 33 keinen Dispens vorsehen, sodass im Fall einer Zweckänderung der Betroffene vor der Weiterverarbeitung zu unterrichten ist. Da im Falle des Abs. 2 Alt. 2 grundsätzlich ein Fall des berechtigten Interesses vorliegt, wird die öffentliche Stelle den Betroffenen über ihre Abwägungsentscheidung informieren müssen. Dies verpflichtet die Behörde letztlich genau abzuwägen, welche Interessen des Dritten und des Betroffenen gegeneinander abzuwägen sind. Konsequenz einer unzutreffenden Abwägungsentscheidung wäre überdies eine Löschpflicht des Dritten gem. Art. 17 Abs. 1 lit. d DS-GVO und ggf. ein eigenständiges Widerspruchsrecht des Betroffenen iSd Art. 21 Abs. 1 DS-GVO.

3. Übermittlung zur Rechtsdurchsetzung (Alt. 3)

30 Alt. 3 sieht letztlich eine Übermittlungsbefugnis der öffentlichen Stelle vor, soweit es zur Geltendmachung, Ausübung oder Verteidigung rechtlicher Ansprüche erforderlich ist. Letztlich handelt es sich hierbei um einen Unterfall der Übermittlung zum Zweck eines berechtigten Interesses.

IV. Verantwortlichkeit für die Übermittlung

31 Im Hinblick auf die Verantwortlichkeit für die Übermittlung gelten die allgemeinen Grundsätze, dass die öffentliche Stelle für die Übermittlung als Verarbeitungsvorgang verantwortlich ist. Die empfangende nicht öffentliche Stelle ist hingegen für die weitergehende Verarbeitung und ggf. vorgenommene Zweckänderungen verantwortlich.

V. Zweckbindung und Zweckänderung

32 Abs. 2 hat die Regelungen zur Zweckbindung und Zweckänderung aus § 16 Abs. 4 mit Ausnahme der ausdrücklichen Hinweispflicht der nicht öffentlichen Stelle übernommen. Folglich ist die Verarbeitung übermittelter Daten im Sinne des Übermittlungszwecks zulässig, sodass eine klare Zweckbindung besteht. Diese Regelung bezweckt, dass sich die nicht öffentliche Stelle entweder an die Voraussetzungen der zu erfüllenden Pflicht der öffentlichen Stelle hält oder die Abwägungsentscheidung, die zu einer Datenübermittlung berechtigt, als Grundlage der Verarbeitung akzeptiert. Grundsätzlich wäre es wünschenswert gewesen, wenn der Gesetzgeber die Hinweispflicht der öffentlichen Stelle iSd § 16 BDSG aF beibehalten hätte. Den Bedenken, dass eine private Stelle im Hinblick auf eine Änderung des Verarbeitungszwecks nur schwer zu kontrollieren ist, kann entgegengehalten werden, dass die nichtöffentliche Stelle den Betroffenen iSd Art. 13 Abs. 3 DS-GVO vorab über die geplante Zweckänderung zu informieren hat. Darüber hinaus wäre bereits eine unterbliebene Aufklärung des Betroffenen über eine Zweckänderung gem. Art. 83 Abs. 5 DS-GVO ebenso bußgeldbewährt wie ein Verstoß gegen Art. 6 DS-GVO.

33 Nach Abs. 2 S. 2 ist auch eine Zweckänderung unter den Voraussetzungen der Tatbestände des Abs. 2 S. 1 möglich, wenn die öffentliche Stelle entsprechend zugestimmt hat. Letztlich ist S. 2 eine Klarstellung, dass eine Zweckänderung wie ein erneutes Übermittlungsersuchen zu werten ist. Folglich bedarf eine Zweckänderung einer erneuten Entscheidung der öffentlichen Stelle iSd S. 1 ohne, dass eine erneute physische Übermittlung notwendig wäre. Die übermittelnde Stelle darf der Zweckänderung also nur unter der Bedingung zustimmen, dass auch eine erneute Übermittlung für den geänderten Zweck zulässig wäre (vgl. hierzu Simitis/Dammann § 16 aF Rn. 50).

VI. Verhältnis zur DS-GVO

34 Öffentliche Stellen werden bei einer Übermittlung an privatrechtlich organisierte Dritte die Transparenzpflichten des Art. 13 DS-GVO einhalten müssen, die nicht nur für die Übermittlung geltend, sondern auch im Fall einer Zweckänderung, soweit kein Dispens aus §§ 32 und 33 besteht. Art. 6 DS-GVO sieht zudem die Erlaubnistatbestände für die Verarbeitung personenbezogener Daten explizit vor, sodass man auch die Regelung des Abs. 2 hieran messen lassen muss.

C. Übermittlung besonderer Datenkategorien (Abs. 3)

35 Die Übermittlung besonderer Kategorien personenbezogener Daten iSd Art. 9 Abs. 1 DS-GVO, wie etwa personenbezogener Daten, aus denen die rassische und ethnische Herkunft, politische Meinungen, religiöse oder weltanschauliche Überzeugungen oder die Gewerkschaftszugehörigkeit hervorgehen, sowie die Verarbeitung von genetischen Daten, biometrischen Daten zur eindeutigen Identifizierung einer natürlichen Person, Gesundheitsdaten oder Daten zum Sexualleben oder der sexuellen Orientierung, sind zulässig, wenn die Voraussetzungen des Abs. 1 oder Abs. 2 und ein Ausnahmetatbestand nach Art. 9 Abs. 2 DS-GVO oder nach § 22 vorliegen.

36   Der Regierungsentwurf (BR-Drs. 110/17, Anl. 95) bezeichnet Abs. 3 als klarstellende Norm. Letztlich verweist Abs. 3 nur auf vorrangig geltendes Recht des Art. 9 DS-GVO und hat somit rein deklaratorische Wirkung.

Abschnitt 2. Besondere Verarbeitungssituationen

§ 26 Datenverarbeitung für Zwecke des Beschäftigungsverhältnisses

(1) ¹Personenbezogene Daten von Beschäftigten dürfen für Zwecke des Beschäftigungsverhältnisses verarbeitet werden, wenn dies für die Entscheidung über die Begründung eines Beschäftigungsverhältnisses oder nach Begründung des Beschäftigungsverhältnisses für dessen Durchführung oder Beendigung oder zur Ausübung oder Erfüllung der sich aus einem Gesetz oder einem Tarifvertrag, einer Betriebs- oder Dienstvereinbarung (Kollektivvereinbarung) ergebenden Rechte und Pflichten der Interessenvertretung der Beschäftigten erforderlich ist. ²Zur Aufdeckung von Straftaten dürfen personenbezogene Daten von Beschäftigten nur dann verarbeitet werden, wenn zu dokumentierende tatsächliche Anhaltspunkte den Verdacht begründen, dass die betroffene Person im Beschäftigungsverhältnis eine Straftat begangen hat, die Verarbeitung zur Aufdeckung erforderlich ist und das schutzwürdige Interesse der oder des Beschäftigten an dem Ausschluss der Verarbeitung nicht überwiegt, insbesondere Art und Ausmaß im Hinblick auf den Anlass nicht unverhältnismäßig sind.

(2) ¹Erfolgt die Verarbeitung personenbezogener Daten von Beschäftigten auf der Grundlage einer Einwilligung, so sind für die Beurteilung der Freiwilligkeit der Einwilligung insbesondere die im Beschäftigungsverhältnis bestehende Abhängigkeit der beschäftigten Person sowie die Umstände, unter denen die Einwilligung erteilt worden ist, zu berücksichtigen. ²Freiwilligkeit kann insbesondere vorliegen, wenn für die beschäftigte Person ein rechtlicher oder wirtschaftlicher Vorteil erreicht wird oder Arbeitgeber und beschäftigte Person gleichgelagerte Interessen verfolgen. ³Die Einwilligung hat schriftlich oder elektronisch zu erfolgen, soweit nicht wegen besonderer Umstände eine andere Form angemessen ist. ⁴Der Arbeitgeber hat die beschäftigte Person über den Zweck der Datenverarbeitung und über ihr Widerrufsrecht nach Artikel 7 Absatz 3 der Verordnung (EU) 2016/679 in Textform aufzuklären.

(3) ¹Abweichend von Artikel 9 Absatz 1 der Verordnung (EU) 2016/679 ist die Verarbeitung besonderer Kategorien personenbezogener Daten im Sinne des Artikels 9 Absatz 1 der Verordnung (EU) 2016/679 für Zwecke des Beschäftigungsverhältnisses zulässig, wenn sie zur Ausübung von Rechten oder zur Erfüllung rechtlicher Pflichten aus dem Arbeitsrecht, dem Recht der sozialen Sicherheit und des Sozialschutzes erforderlich ist und kein Grund zu der Annahme besteht, dass das schutzwürdige Interesse der betroffenen Person an dem Ausschluss der Verarbeitung überwiegt. ²Absatz 2 gilt auch für die Einwilligung in die Verarbeitung besonderer Kategorien personenbezogener Daten; die Einwilligung muss sich dabei ausdrücklich auf diese Daten beziehen. ³§ 22 Absatz 2 gilt entsprechend.

(4) ¹Die Verarbeitung personenbezogener Daten, einschließlich besonderer Kategorien personenbezogener Daten von Beschäftigten für Zwecke des Beschäftigungsverhältnisses, ist auf der Grundlage von Kollektivvereinbarungen zulässig. ²Dabei haben die Verhandlungspartner Artikel 88 Absatz 2 der Verordnung (EU) 2016/679 zu beachten.

(5) Der Verantwortliche muss geeignete Maßnahmen ergreifen, um sicherzustellen, dass insbesondere die in Artikel 5 der Verordnung (EU) 2016/679 dargelegten Grundsätze für die Verarbeitung personenbezogener Daten eingehalten werden.

(6) Die Beteiligungsrechte der Interessenvertretungen der Beschäftigten bleiben unberührt.

(7) Die Absätze 1 bis 6 sind auch anzuwenden, wenn personenbezogene Daten, einschließlich besonderer Kategorien personenbezogener Daten, von Beschäftigten verarbeitet werden, ohne dass sie in einem Dateisystem gespeichert sind oder gespeichert werden sollen.

(8) ¹Beschäftigte im Sinne dieses Gesetzes sind:
1. Arbeitnehmerinnen und Arbeitnehmer, einschließlich der Leiharbeitnehmerinnen und Leiharbeitnehmer im Verhältnis zum Entleiher,
2. zu ihrer Berufsbildung Beschäftigte,
3. Teilnehmerinnen und Teilnehmer an Leistungen zur Teilhabe am Arbeitsleben sowie an Abklärungen der beruflichen Eignung oder Arbeitserprobung (Rehabilitandinnen und Rehabilitanden),
4. in anerkannten Werkstätten für behinderte Menschen Beschäftigte,
5. Freiwillige, die einen Dienst nach dem Jugendfreiwilligendienstegesetz oder dem Bundesfreiwilligendienstgesetz leisten,
6. Personen, die wegen ihrer wirtschaftlichen Unselbständigkeit als arbeitnehmerähnliche Personen anzusehen sind; zu diesen gehören auch die in Heimarbeit Beschäftigten und die ihnen Gleichgestellten,
7. Beamtinnen und Beamte des Bundes, Richterinnen und Richter des Bundes, Soldatinnen und Soldaten sowie Zivildienstleistende.

²Bewerberinnen und Bewerber für ein Beschäftigungsverhältnis sowie Personen, deren Beschäftigungsverhältnis beendet ist, gelten als Beschäftigte.

Überblick

Mit § 26 übt der deutsche Gesetzgeber die Option des Art. 88 DS-GVO aus, für den Beschäftigungsbereich spezifischere Vorschriften zu erlassen (→ Rn. 1). Wie das BDSG allgemein ist die Regelung gegenüber speziellen bundesgesetzlichen Datenschutzregelungen nachrangig (→ Rn. 1 ff.). Soweit § 26 keine spezifischeren Regelungen enthält, können die Vorschriften der DS-GVO zur Anwendung kommen (→ Rn. 19 ff.). Den persönlichen Anwendungsbereich bestimmt der Beschäftigtenbegriff von Abs. 8 (→ Rn. 21 ff.), den sachlichen bestimmt § 1 Abs. 1 in Verbindung mit den Begriffen der „Verarbeitung" „personenbezogener Daten" einschließlich „besonderer Kategorien personenbezogener Daten" (→ Rn. 32 ff.). Für nichtöffentliche Stellen erweitert Abs. 7 den Anwendungsbereich über den Rahmen von § 1 Abs. 1 S. 2 (→ Rn. 37 ff.) Im Beschäftigungsbereich gibt es nach wie vor eine Trias von Erlaubnistatbeständen: die Einwilligung (→ Rn. 43 ff.), Kollektivvereinbarungen sowie das Gesetz (→ Rn. 56 ff.). Die gesetzlichen Erlaubnistatbestände des § 26 entsprechen im Wesentlichen jenen von § 32. Sie ermöglichen die Datenerhebung zur Begründung (→ Rn. 70 ff.), Durchführung (→ Rn. 113 ff.) und Beendigung (→ Rn. 188 f.) des Beschäftigungsverhältnisses, insbesondere zur Aufdeckung von Straftaten (→ Rn. 130 ff.). Besonders hervorgehoben ist jetzt die Verarbeitung von Beschäftigtendaten zur Ausübung oder Erfüllung gesetzlicher oder kollektivvertraglicher Rechte und Pflichten der Interessenvertretung der Beschäftigten (→ Rn. 194 ff.). Ebenfalls unverändert lässt § 26 die Beteiligungsrechte der Interessenvertretung der Beschäftigten unberührt (→ Rn. 201 ff.).

Übersicht

	Rn.		Rn.
A. Grundlagen	1	2. Die Datenschutzrichtlinie 95/46/EG und die Datenschutz-Grundverordnung	13
I. Einführung und Übersicht	1	3. Das Vorhaben einer Arbeitnehmerdatenschutzrichtlinie (2001/2002)	15
II. Entstehungsgeschichte von § 26 BDSG	4	4. Übereinkommen und Empfehlung des Europarates	17
III. Entwicklung des Beschäftigtendatenschutzes in Deutschland	6	B. Anwendungsbereich und Systematik	19
1. Das ursprüngliche BDSG	6		
2. Die „Merkposten-Regelung" des § 32	7	I. Subsidiarität des BDSG (§ 1 Abs. 2 S. 1 BDSG aF)	19
3. Das gescheiterte Reformvorhaben: Entwurf eines Beschäftigtendatenschutzgesetzes	8	II. Verhältnis zur DS-GVO	20
		III. Beschäftigte (Abs. 8)	21
IV. Europarechtliche Grundlagen	11	1. Arbeitnehmer einschließlich Leiharbeitnehmer	22
1. Übersicht	11		

	Rn.		Rn.
2. Auszubildende	24	6. Krankheit und Behinderung; ärztliche Untersuchung; genetische Untersuchung	88
3. Rehabilitanden	25		
4. Beschäftigte in Behindertenwerkstätten	26		
5. Freiwilligendienst	27	7. Eignungstests	95
6. Arbeitnehmerähnliche Personen	28	8. Tendenzunternehmen	96
7. Beamte	29	9. Datenerhebung bei Dritten (insbesondere früheren Arbeitgebern) und aus öffentlich zugänglichen Quellen (insbesondere sozialen Netzwerken)	97
8. Bewerber	30		
9. Personen, deren Beschäftigungsverhältnis beendet ist	31		
IV. Personenbezogene Daten und besondere Kategorien personenbezogener Daten (Abs. 3)	32	10. Einzelne Formen der „Verarbeitung" iSv Art. 4 Abs. 1 Nr. 2: Speicherung, Verbreitung, Ordnung, Übermittlung, Löschung	102
1. Personenbezogene Daten	32	11. Kollektivvereinbarungen als vorvertraglicher Erlaubnistatbestand	109
2. Besondere Kategorien („sensible Daten")	33	12. Arbeitsvermittlung	111
V. Erweiterter sachlicher Anwendungsbereich (Abs. 7)	37	III. Im Beschäftigungsverhältnis	113
		1. Übersicht	113
		2. Datenverarbeitung – Allgemein	114
C. Die Einwilligung im Beschäftigtendatenschutz (Abs. 2)	43	3. Gesundheitsdaten	121
		4. Aufdeckung und Verhinderung von Straftaten (Compliance)	129
I. Grundsätze	43	5. Videoüberwachung	143
II. Wirksamkeitsvoraussetzungen	44	6. Biometrische Daten (einschließlich Fotos)	155
III. Widerruflichkeit	48	7. Ortungssysteme	163
IV. Informationspflicht	50	8. Nutzung von Telekommunikationsdiensten	165
V. Einwilligung in die Verarbeitung besonderer Kategorien personenbezogener Daten	51	9. Datenerhebung bei Dritten und im Internet	178
		10. Übermittlung und Veröffentlichung von Arbeitnehmerdaten	179
D. Kollektivverträge als Erlaubnistatbestand (Abs. 4)	52	11. Beendigung des Beschäftigungsverhältnisses	188
		12. Beweisverwertung	190
E. Die Erlaubnistatbestände des § 26	56	IV. Ausübung oder Erfüllung der Rechte und Pflichten der Interessenvertretung der Beschäftigten	194
I. Grundsätze	56		
1. Verhältnis zur Regelung von § 32 BDSG aF	56	1. Allgemein	194
2. Verantwortung für die Beachtung der Grundsätze von Art. 5 DS-GVO (Abs. 5)	58	2. Betriebsrat als Verantwortlicher, Datenweitergabe als Verarbeitung	195
3. Materielle Grundsätze des Beschäftigtendatenschutzes	60	3. Spezielle Erlaubnistatbestände	196
		4. Erlaubnis nach § 26 Abs. 1 S. 1	197
4. Aspekte der Verhältnismäßigkeitsprüfung	63	5. Erlaubnis nach § 26 Abs. 3 (sensible Daten)	198
II. Vor Begründung eines Beschäftigungsverhältnisses	70	6. Beweisverwertung	199
1. Übersicht	70	7. Zusammenwirken zum betrieblichen Datenschutz	200
2. Datenverarbeitung – Allgemein	73	F. Rechte der Interessenvertretungen (Abs. 6)	201
3. Verbotene Differenzierungsgründe nach AGG	79	G. Löschungspflichten	206
4. Vorstrafen und Ermittlungsverfahren	81	H. Auskunftsanspruch, Anspruch auf Datenkopie	210
5. Vermögensverhältnisse	86		

A. Grundlagen

I. Einführung und Übersicht

1 Mit der Vorschrift von § 26 übt der deutsche Gesetzgeber die Option des Art. 88 DS-GVO (auch sog. „Öffnungsklausel") aus, für den Beschäftigtendatenschutz „spezifischere" Vorschriften zu erlassen. Für einzelne Regelungen konnte sich der Gesetzgeber auf die Optionen von Art. 6 Abs. 2 und 9 Abs. 2 lit. b DS-GVO stützen (Gola BB 2017, 1462).

2 § 26 dürfte den Vorgaben von Art. 88 DS-GVO entsprechen, auch wenn Einzelheiten umstritten sind. Näher dazu bei → DS-GVO Art. 88 Rn. 70.

Die Vorschrift übernimmt im Kern die Regelung des § 32 BDSG aF, die allerdings an die Terminologie und Systematik der DS-GVO angepasst und in Einzelheiten ergänzt und überarbeitet ist. 3

II. Entstehungsgeschichte von § 26 BDSG

Der Regelung des § 26 gingen im Wesentlichen zwei Referentenentwürfe voraus. Einen ersten Entwurf v. 5.8.2016, der bei netzpolitik.org zugänglich gemacht wurde, hat das BMI nach substantieller Kritik – unter anderem aus dem BMJV und von dem Bundesdatenschutzbeauftragten (ebenfalls zugänglich bei netzpolitik.org) – „zurückgenommen" (so Johannes ZD-Aktuell 2016, 05322). Ein zweiter Entwurf datiert v. 23.11.2016. Schließlich hat die Bundesregierung am 24.2.2017 einen Entwurf vorgelegt (BT-Drs. 18/11325). 4

Für den Beschäftigtendatenschutz bestand das Grundkonzept in allen Entwürfen in einer **Fortschreibung von § 32 BDSG aF;** Kühling NJW 2017, 1985 (1988) (Anpassungen „homöopathischer Natur"); Thüsing BB 2016, 2165 („Evolution, nicht Revolution"). Die Vorschrift des § 32 BDSG aF wurde mit leichten sprachlichen Korrekturen und punktuellen Ergänzungen in eine neue Vorschrift übernommen. Weiterführend zu den Entwürfen Wybitul NZA 2017, 413 ff.; ferner Gola/Thüsing/Schmidt DuD 2017, 244 ff. 5

III. Entwicklung des Beschäftigtendatenschutzes in Deutschland

1. Das ursprüngliche BDSG

Das ursprüngliche Datenschutzgesetz v. 1.2.1977 enthielt noch keine spezifischen Regelungen für den Arbeitnehmer- oder Beschäftigtendatenschutz. Auch die Novellen v. 20.12.1990 und v. 18.5.2001 brachten insoweit keine Neuerung. Das Beschäftigtendatenschutzrecht war damit Teil der allgemeinen Vorschriften über die Datenverarbeitung durch nicht-öffentliche Stellen. Zentrale Erlaubnisnorm war § 28 BDSG aF. Länder und Kirchen haben eigene Regelungen des Beschäftigtendatenschutzes (→ Rn. 6.1 f.). 6

Spezielle Regelungen für den Beschäftigtendatenschutz enthalten allerdings die meisten **Landesdatenschutzgesetze;** § 15 LDSG BW, § 18 BlnDSG, § 26 Bbg DSG, § 20 BremDSG; § 10 HmbDSG, § 23 HDSIG (Hessen), § 10 DSG M-V, § 12 NDSG (Niedersachsen); § 18 DSG NRW (dazu BAG NZA 2013, 429 ff.); § 20 LDSG RhPf, § 22 SDSG (Saarland); § 28 DSG LSA (Sachsen-Anhalt); § 15 LDSG SH; § 27 ThürDSG. Keine speziellen Regelungen enthalten das BayDSG (vgl. BayVGH NZA-RR 2019, 666 mit Besprechung Gola ZfPR 2019, 98) und § 12 SächsDSG (nur allgemeine Regeln über die Erhebung personenbezogener Daten). Übersicht im Vergleich mit § 26 BDSG bei Gola ZD 2018, 448 ff. Disparitäten und Inkonsistenzen zwischen den Ländergesetzen rügt Weichert CuA 2018 Nr. 11 S. 26 ff. 6.1

Zur **Regelungskompetenz der Kirchen** nach Art. 91 DS-GVO Wiszkocsill ZAT 2018, 116 ff. Zum neuen Beschäftigtendatenschutz der Kirchen Düwell jurisPR-ArbR 8/2019 Anm. 1, zum Gesetz über den Kirchlichen Datenschutz (KDG) der **katholischen Kirche** Ullrich ZMV 2018, 114 ff.; zum Datenschutzgesetz für die **evangelische Kirche** (DSG-EKD) Joussen ZMV 2018, 118 ff. 6.2

2. Die „Merkposten-Regelung" des § 32

Erst der durch das Gesetz zur Änderung datenschutzrechtlicher Vorschriften v. 14.8.2009 (BGBl. I 2814) eingeführte § 32 enthielt eine spezifische Regelung des Beschäftigtendatenschutzes. Die Vorschrift war als einigermaßen spontane Reaktion des Gesetzgebers auf – wahre oder vermeintliche; mit guten Gründen krit. Diller BB 2009, 438 f.; abwägend Barton RDV 2009, 200 ff.; aM Steinkühler BB 2009, 1249 f. – Datenschutzskandale kurzfristig entstanden (ErfK/Franzen Rn. 1) und erheblicher Kritik ausgesetzt („gesetzgeberischer Schnellschuss", ErfK[12]/Wank Rn. 1; „symbolischer Gesetzgebung" Thüsing NZA 2009, 865 (870)). Allerdings war die Vorschrift anfänglich nur als Marke auf dem Weg zu einer eingehenden Regelung gedacht. Die vorbestehende Rechtslage und die dazu ergangene Rechtsprechung sollte sie nicht ändern, sondern zusammenfassen (BT-Drs. 16/13657, 20). § 26 BDSG stabilisiert die ursprünglich als Provisorium eingeführte Regelung weiter → Rn. 5. 7

3. Das gescheiterte Reformvorhaben: Entwurf eines Beschäftigtendatenschutzgesetzes

Bereits seit den 1980er Jahre ist eine eigenständige Regelung der spezifischen Sachfragen des Arbeitnehmerdatenschutzes gefordert worden (Simitis, Schutz von Arbeitnehmerdaten – Rege- 8

BDSG § 26   Teil 2. Durchführungsbestimmungen für Verarbeitungen nach DS-GVO

lungsdefizite – Lösungsvorschläge, Gutachten erstattet im Auftrag des Bundesministers für Arbeit und Sozialordnung, 1981; krit. aufgrund nüchterner Analyse Zöllner, Daten- und Informationsschutz im Arbeitsverhältnis, 2. Aufl. 1983 (eine behutsame organische Entwicklung auf der Grundlage der allgemeinen Regeln des BDSG in Verbindung mit einer Weiterentwicklung auf der Grundlage arbeitsrechtlicher Schutzpflichten befürwortend). Der Bundestag hat eine bereichsspezifische Sonderregelung in seinen Beschlüssen zu den zweijährlichen Berichten des Bundesbeauftragten (vgl. § 26 Abs. 1 S. 1) (und auch bei anderen Gelegenheiten) seit 1984 regelmäßig, geradezu routinemäßig angemahnt).

9   In jüngerer Zeit hat die Forderung erneut Zuspruch gefunden (abl. noch Fleck BB 2003, 306 ff. (Überregulierung; allgemeines Instrumentarium des BDSG reicht); dagegen Grobys BB 2003, 682 f. (spezifische Probleme; Rechtssicherheit); Schild/Tinnefeld DuD 2009, 469; Simitis AuR 2001, 429 (ua „Strategien der Nicht-Regelung" erörternd); Simitis RdA 2003, Sonderbeil. zu Heft 5, 43; Bestandsaufnahme im Hinblick auf eine Reform bei Taeger/Rose BB 2016, 819 ff. § 32 (→ Rn. 7) war eigentlich nur als vorläufige Regelung gedacht. Ein noch in der 16. Wahlperiode vorbereiteter Entwurf eines eigenen Beschäftigtendatenschutzgesetzes wurde in der 17. Wahlperiode als Oppositionsentwurf eingebracht, BT-Drs. 17/69)). Bündnis 90/Die Grünen brachten einen eigenen Entwurf ein, BT-Drs. 17/4853). Auch der Koalitionsvertrag von CDU/CSU und FDP – 17. Legislaturperiode v. 26.10.2009 griff das Thema erneut auf.

10   Nachdem bereits am 28.5.2010 ein Referentenentwurf des Bundesministeriums des Innern (dazu Franzen RdA 2010, 257 ff.) und bald darauf am 25.8.2010 Regierungsentwurf (dazu: Beckschulze/Natzel BB 2010, 2368 ff.; Forst NZA 2010, 1043 ff. Kort, Gesellschaft für Rechtspolitik, Bitburger Gespräche in München, 2012, 45 ff.; Düwell, Gesellschaft für Rechtspolitik, Bitburger Gespräche in München, 2012, 79 ff.) vorgelegt wurde, scheiterte das – rechtspolitisch umstrittene – Vorhaben (zum Gesetzgebungsverfahren Düwell FA 2013, 104 ff.; Wybitul ZD 2013, 99 ff.). Dazu noch die Erläuterungen zu § 32 BDSG aF (→ BDSG 2003 [aK] § 32 Rn. 5 und passim). Am 16. Juni 2020 hat das Bundesministerium für Arbeit und Soziales einen interdisziplinären **Beirat zum Beschäftigtendatenschutz** eingesetzt, der „unter anderem beraten [soll], ob und wie die Bundesregierung eine Öffnungsklausel in der Europäischen Datenschutzgrundverordnung nutzen sollte, um mit konkreten Regelungen den Beschäftigtendatenschutz in Deutschland transparenter und sicherer zu machen"; https://www.bmas.de/DE/Service/Presse/Pressemitteilungen/2020/beirat-zum-beschaeftigtendatenschutz-nimmt-seine-arbeit-auf.html; dazu Weichert NZA 2020, 1597 ff. (mit inhaltlichen Empfehlungen).

IV. Europarechtliche Grundlagen

1. Übersicht

11   Primärrechtlich ist der Schutz personenbezogener Daten in der Grundrechtecharta verankert (→ Rn. 12), sekundärrechtlich war er zunächst durch Richtlinien geregelt, die jetzt von der Datenschutz-Grundverordnung abgelöst sind (nachfolgend → Rn. 13 f.). Eine spezifische Regelung des Beschäftigtendatenschutzes gibt es nicht (nachfolgend → Rn. 15 ff.).

12   Das **Grundrecht auf Schutz personenbezogener Daten** ist in Art. 8 der Grundrechtscharta verankert, Art. 7 Grundrechtscharta enthält darüber hinaus das allgemeine Recht des Privat- und Familienlebens sowie der Kommunikation; vgl. Franzen ZFA 2019, 18 (20 ff.). Die am 1.1.2009 in Kraft getretene Charta ist gem. Art. 6 Abs. 1 EUV den Verträgen (Primärrecht) gleichrangig. Obwohl die Charta in Titel IV über „Solidarität" eingehende Vorschriften über „soziale Grundrechte", insbesondere Arbeitnehmergrundrechte enthält, ist ein spezieller Beschäftigtendatenschutz dort nicht vorgesehen, doch haben Art. 21 (Nichtdiskriminierung), Art. 26 (Integration von Menschen mit Behinderung) und Art. 31 Abs. 1 (Gerechte und angemessene Arbeitsbedingungen) GRCh Bezüge zum Arbeitnehmerdatenschutz. Die Grundrechte der Art. 7, 8 GRCh berücksichtigt der EuGH bei der Auslegung des Sekundärrechts; EuGH BeckRS 2011, 81683 und BeckRS 2011, 81684 ASNEF, NZA 2011, 1409 ff. Rn. 40 ff.

2. Die Datenschutzrichtlinie 95/46/EG und die Datenschutz-Grundverordnung

13   Die EU **Datenschutzrichtlinie 95/46/EG** (RL 95/46/EG des Europäischen Parlaments und des Rates v. 24.10.1995 zum Schutz natürlicher Personen bei der Verarbeitung personenbezogener Daten und zum freien Datenverkehr, ABl. 1995 L 281, 31) umfasste auch den Arbeitnehmerdatenschutz, enthielt dafür aber, von einer punktuellen Regelung in Art. 8 Abs. 2 lit. b abgesehen, keine speziellen Vorschriften. In Deutschland wurde die RL umgesetzt durch das G zur Änderung

des Bundesdatenschutzgesetzes v. 23.5.2001 (BGBl. 2001 I 904). Auch die – die Datenschutzrichtlinie 95/46/EG ergänzende – **Datenschutzrichtlinie für elektronische Kommunikation 2002/58/EG** (ABl. 2002 L 201, 37) enthält keine speziellen Regelungen für Arbeitnehmer.

Die **Datenschutz-Grundverordnung 2016/679 (DS-GVO)** hat die Datenschutzrichtlinie 95/46 mit Wirkung vom 25.5.2018 ersetzt. Die Verordnung enthält nur vereinzelte Regelungen zum Beschäftigtendatenschutz und räumt in Art. 88 den Mitgliedstaaten die Option ein, dafür spezifischere Vorschriften vorzusehen. Siehe dazu und zur Umsetzung ins deutsche Recht die Erläuterungen zu → Art. 88 Rn. 1 ff. **14**

3. Das Vorhaben einer Arbeitnehmerdatenschutzrichtlinie (2001/2002)

Die Datenschutzrichtlinie 95/46/EG hatte bereits in Begründungserwägung 68 hervorgehoben: **15** „Die in dieser RL enthaltenen Grundsätze des Schutzes der Rechte und Freiheiten der Personen und insbesondere der Achtung der Privatsphäre bei der Verarbeitung personenbezogener Daten können – besonders für bestimmte Bereiche – **durch spezifische Regeln ergänzt oder präzisiert** werden, die mit diesen Grundsätzen in Einklang stehen" Dabei dürfte der Richtliniengeber nicht zuletzt an einen spezifischen Arbeitnehmerdatenschutz gedacht haben. Im Jahr 2001 leitete die Kommission das zweistufige **Konsultationsverfahren** nach Art. 154 Abs. 2 und 3 AUEV (damals Art. 138 Abs. 2 und 3 EG) ein, um die Erforderlichkeit einer unionsrechtlichen Regelung und ihre mögliche Ausgestaltung zu erörtern; dazu etwa Fleck BB 2003, 306 ff.; Simitis RdA 2003 Sonderbeil. zu Heft 5, 43 (46 ff.); Simitis AuR 2001, 429 (430 ff.); (→ Rn. 15.1).

In der **Mitteilung v. 27.8.2001** (Communication from the Commission – First Stage Consultation of **15.1** the Social Partners on the Protection of Workers' Personal Datra, zugänglich unter http://ec.europa.eu/social/main.jsp?catId=708&langId=de) erörtert die Kommission zunächst den Bestand vorhandener nationaler, internationaler und gemeinschaftsrechtlicher Regelungen zum Arbeitnehmerdatenschutz. Sie weist auf die besondere Bedeutung gemeinschaftsrechtlicher Regelungen im Hinblick auf grenzüberschreitende Sachverhalte, den freien Informationsfluss und die Arbeitnehmerfreizügigkeit hin. Als mögliche Regelungsgegenstände speziellen Arbeitnehmerdatenschutzrechts nennt sie die Einwilligung; medizinische Daten; Drogen- und Gentests; sowie Arbeitnehmerüberwachung. Dazu Hornung-Draus RdV 2002, 34 f. In der anschließenden **Konsultation zweiter Stufe v. 6.11.2002** (Second Stage Consultation of Social Partners on the Protection of Workers' Personal Data (undatiert), zugänglich unter http://ec.europa.eu/social/main.jsp?catId=708&langId=de) fasst die Kommission zunächst die Antworten der Sozialpartner zusammen. Während weitgehend Einigkeit bestand, dass den Sachfragen des Arbeitnehmerdatenschutzes große Bedeutung zukomme, divergierten die Regelungsvorschläge. Die Arbeitgeberverbände sahen keinen Bedarf für eine spezifische Gemeinschaftsregelung und hoben die Notwendigkeit flexibler Regelungen hervor. Die Gewerkschaften befürworteten eine spezielle Gemeinschaftsregelung. Aufgrund einer Analyse des gegenwärtigen europarechtlichen und mitgliedstaatlichen Regelungsbestands befürwortet auch die Kommission eine spezifische Regelung für den Arbeitnehmerdatenschutz. Diese solle auf den Grundsätzen und Regelungen der Datenschutzrichtlinie aufbauen. Zu den Grundsätzen einer möglichen spezifischen Regelung zählt die Kommission insbesondere den Grundsatz der Unmittelbarkeit und den Grundsatz der Verhältnismäßigkeit; die Einwilligung soll als Erlaubnistatbestand grundsätzlich nicht ausreichen.

Im Anschluss an diese Konsultation hat die Kommission diesen Regelungsansatz, soweit erkenn- **16** bar, indes nicht weiter verfolgt; vgl. noch die Ankündigungen in KOM(2002) 590 endg. und KOM(2003) 312 endg. Auch in ihrer Mitteilung v. 4.11.2010 über ein „Gesamtkonzept für den Datenschutz in der Europäischen Union", KOM(2010) 609 endg., hat sie das Thema Arbeitnehmerdatenschutz nicht besonders hervorgehoben.

4. Übereinkommen und Empfehlung des Europarates

Von der Europäischen Union ist der Europarat zu unterscheiden (s. allgemein www.coe.int). **17** Bereits am 28.1.1981 haben die Mitgliedstaaten des Europarats das **Übereinkommen zum Schutz des Menschen bei der automatischen Verarbeitung personenbezogener Daten** (Konvention Nr. 108), zugänglich unter http://conventions.coe.int/Treaty/ger/Treaties/Html/108.htm, vereinbart, das am 1.10.1985 in Kraft getreten ist. Die (damals:) Europäische Gemeinschaft hat die in dem Übereinkommen enthaltenen Grundsätze mit der Datenschutzrichtlinie 95/46/EG „konkretisiert und erweitert", wie Begründungserwägung 11 der RL sagt.

Der von dem Übereinkommen gesetzte Rahmen wird für spezifische Sektoren durch Empfeh- **18** lungen gem. Art. 15 lit. b Europarat-Satzung näher ausgefüllt. Am 18.1.1989 hat das Minister-Komitee des Europarats **Empfehlung Nr. R(89)2 über den Schutz personenbezogener Daten im Beschäftigungsbereich** verabschiedet, abrufbar unter https://wcd.coe.int/

com.instranet.InstraServlet?command=com.instranet.CmdBlobGet&InstranetImage=276592& SecMode=1&DocId=699842&Usage=2; Erläuterungen (explanatory memorandum) abrufbar unter https://wcd.coe.int/ViewDoc.jsp?Ref=ExpRec(89)2&Language=lanEnglish&Ver=original&Site=COE&BackColorInternet=DBDCF2&BackColorIntranet=FDC864& BackColorLogged=FDC864. Die Empfehlung ist rechtlich nicht verbindlich; lediglich über die Bindung der Mitgliedstaaten, auf Anfrage die auf die Empfehlung hin veranlassten Maßnahmen mitzuteilen, Art. 15 lit. b S. 2 Europarat-Satzung, wird sanfter Druck ausgeübt (dazu Brummer, Der Europarat – Eine Einführung, 2008, 66).

B. Anwendungsbereich und Systematik

I. Subsidiarität des BDSG (§ 1 Abs. 2 S. 1 BDSG aF)

19 Auch das BDSG ist **subsidiär,** andere Rechtsvorschriften des Bundes über den Datenschutz gehen vor (§ 1 Abs. 2). Vorrangige Bundesvorschriften sind dabei nur solche, die konkrete Regelungen über Art und Zwecke der Datenverarbeitung enthalten, nicht hingegen solche, die lediglich abstrakt eine Aufgabe bestimmen, deren Erfüllung eine Datenverarbeitung erfordert; Gola BB 2017, 1462 (1463).

II. Verhältnis zur DS-GVO

20 Gegenüber der DS-GVO ist § 26 als **spezifischere** Regelung vorrangig anwendbar. Das gilt allerdings nur soweit die Vorschrift spezifischere Regelungen enthält, im Übrigen bleibt die Verordnung anwendbar → DS-GVO Art. 88 Rn. 16 f.; vgl. auch Gola BB 2017, 1462 (1464); Schwartmann/Jaspers/Thüsing/Kugelmann/Thüsing/Schmidt Rn. 31. So sind insbesondere die Rechte der Betroffenen (Beschäftigten) nach Art. 12 ff. DS-GVO zu beachten. Zu den Informationsrechten der Art. 13 f. Grimm/Kühne ArbRB 2018, 185 ff.

III. Beschäftigte (Abs. 8)

21 Der persönliche Anwendungsbereich ist durch den Begriff des Beschäftigten des § 26 Abs. 8 bestimmt. Diesen hat der Gesetzgeber im Wesentlichen unverändert aus § 3 Nr. 11 BDSG aF übernommen.

1. Arbeitnehmer einschließlich Leiharbeitnehmer

22 Arbeitnehmer ist, wer vertraglich zu weisungsgebundener, fremdbestimmter Arbeit in persönlicher Abhängigkeit gegen Vergütung verpflichtet ist (§ 611a BGB). Erfasst sind Arbeiter und Angestellte, auch leitende Angestellte; vgl BAG NZA 2019, 1055 Rn 34. Umstritten ist, ob **Organmitglieder** (Geschäftsführer eine GmbH, Vorstandsmitglieder einer AG) Arbeitnehmer sind; das wird teils abgelehnt, so Kühling/Buchner/Maschmann Rn. 7; teils wird auf eine Einzelfallbetrachtung unter dem Gesichtspunkt der Abhängigkeit abgestellt.

23 Klarstellend neu geregelt ist in Abs. 8 Nr. 1 jetzt, dass der **Leiharbeitnehmer** im Verhältnis zum Entleiher Beschäftigter iSd BDSG nF ist (BT-Drs. 18/11325, 99). Die Frage war bislang umstritten. Während manche die mit Rücksicht auf den Wortlaut und die rechtliche Konstruktion des Leiharbeitsverhältnisses (Leiharbeitnehmer ist Arbeitnehmer des Verleihers) ablehnten (Forst RDV 2014, 128 (129 f.)) haben andere die Beschäftigteneigenschaft schon bisher unter teleologischen Erwägungen bejaht.

2. Auszubildende

24 „Zu ihrer Berufsbildung Beschäftigte" sind alle, die eine Berufsausbildung im weiten Sinne von § 1 BBiG absolvieren (Däubler/Wedde/Weichert/Sommer/Däubler Rn. 8). Der Begriff umfasst neben der Berufsausbildung die Berufsausbildungsvorbereitung, die berufliche Fortbildung und die berufliche Umschulung.

3. Rehabilitanden

25 Als Rehabilitanden definiert das Gesetz Teilnehmer an Leistungen zur Teilhabe am Arbeitsleben sowie an Abklärungen der beruflichen Eignung oder Arbeitserprobung. Erfasst sind etwa Personen, die Leistungen zur Rehabilitation oder ergänzende Leistungen nach §§ 27, 43 SGB V erhalten. Auch Teilnehmer einer Belastungserprobung oder Arbeitstherapie nach § 42 SGB V fallen darunter. Auch Arbeitslose, die Arbeitsgelegenheiten zur Wiedereingliederung nach § 16d SGB II wahrnehmen („Ein-Euro-Job") sind Rehabilitanden iSv Nr. 3.

4. Beschäftigte in Behindertenwerkstätten

Erfasst sind Beschäftigte „in anerkannten Werkstätten für behinderte Menschen" gem. §§ 219 ff. 26 SGB IX, soweit sie nicht schon Arbeitnehmer sind. Sie stehen zu den Werkstätten in einem „arbeitnehmerähnlichen Rechtsverhältnis", das durch „Werkstattverträge" näher ausgestaltet ist (§ 221 Abs. 1, 3 SGB IX).

5. Freiwilligendienst

Nach dem Jugendfreiwilligendienstegesetz können Freiwillige (§ 2 JFDG) ein soziales (§ 3 27 JFDG) oder ökologisches Jahr (§ 4 JFDG) ableisten. Nach dem Bundesfreiwilligendienstgesetz (von § 3 Nr. 11 BDSG aF sachwidrig nicht erfasst) engagieren sich Freiwillige (§ 2 BFDG) in gemeinwohlorientierten Einrichtungen (§ 3 BFDG).

6. Arbeitnehmerähnliche Personen

Arbeitnehmerähnliche Personen sind zwar nicht persönlich abhängig und daher keine Arbeitnehmer iSv § 611a BGB, wegen ihrer wirtschaftlichen Unselbständigkeit aber in ähnlicher Weise schutzbedürftig. Dazu gehören insbesondere die in Heimarbeit Beschäftigten und die ihnen Gleichgestellten. 28

7. Beamte

Wer Beamte des Bundes (BBG), Richter des Bundes (DRiG), Soldaten (SoldatenG) und Zivildienstleistende (ZDG) sind, ist gesetzlich geregelt. Zivildienstverhältnisse gab es nur bis zum 31.12.2011 (vgl. § 1a ZDG); insoweit kommt nur noch ein nachwirkender Datenschutz in Betracht. Wehrdienstleistende sind Soldaten, daher nicht eigens genannt. Für Landesbeamte und -richter gelten die Landesgesetze → Rn. 6.1. 29

8. Bewerber

Bewerber werden jetzt – sachlich treffender – im Wege der Fiktion als Beschäftigte behandelt. 30 Der Bewerberbegriff bezieht sich auf sämtliche Beschäftigungsverhältnisse von Nr. 1–7.

9. Personen, deren Beschäftigungsverhältnis beendet ist

Gleichgestellt sind auch Personen, deren Beschäftigungsverhältnis (im weiten Sinne von Nr. 1– 31 7) beendet ist.

IV. Personenbezogene Daten und besondere Kategorien personenbezogener Daten (Abs. 3)

1. Personenbezogene Daten

Der sachliche Anwendungsbereich wird durch die **„Verarbeitung"** (Art. 4 Nr. 2 DS-GVO; 32 dazu die Erläuterungen bei → DS-GVO Art. 4 Rn. 29 ff.) von **„personenbezogenen Daten"** (Art. 4 Nr. 1 DS-GVO; dazu die Erläuterungen bei → DS-GVO Art. 4 Rn. 3 ff.) bestimmt. Dieser ist für das gesamte Beschäftigungsverhältnis maßgeblich, vorvertraglichen Phase (Bewer- 32a bung; → Rn. 70), Vertragsdurchführung (→ Rn. 113 ff.) sowie auch einschließlich der Datenverarbeitung durch die Interessenvertretung der Beschäftigten. Andere Erlaubnistatbestände bleiben daneben anwendbar. Zum Beispiel nennt die Gesetzesbegründung die Datenverarbeitung zu Zwecken der Gesundheitsvorsorge, die nach § 22 Abs. 1 Nr. 1 lit. b zulässig ist (BT-Drs. 18/11325, 98).

2. Besondere Kategorien („sensible Daten")

Einen speziellen Erlaubnistatbestand enthält § 26 Abs. 3 für die Verarbeitung **„besonderer** 33 **Kategorien personenbezogener Daten"** iSv Art. 9 DS-GVO; Düwell/Brink NZA 2017, 1081 (1083). Bezeichnet sind damit Daten, aus denen hervorgehen:

- rassische und ethnische Herkunft,
- politische Meinungen,
- religiöse oder weltanschauliche Überzeugungen oder
- die Gewerkschaftszugehörigkeit hervorgehen,

sowie

- genetische Daten,
- biometrische Daten zur eindeutigen Identifizierung einer natürlichen Person,
- Gesundheitsdaten; dazu gehört zB auch das Bestehen einer Schwangerschaft; BAG NZA 2018, 1058 Rn. 36 f.; oder
- Daten zum Sexualleben oder der sexuellen Orientierung einer natürlichen Person,

33a Art. 9 Abs. 1 DS-GVO (dazu die Erläuterungen → DS-GVO Art. 4 Rn. 28 ff.). Solche „sensiblen Daten" waren auch bislang schon besonders geschützt (vgl. § 3 Abs. 9 BDSG aF). Eine spezielle Regelung für den Beschäftigtendatenschutz fehlte indes (statt dessen fand die allgemeine Regelung zu § 28 Abs. 6 Nr. 3 BDSG aF Anwendung; näher die Erläuterungen zu → Rn. 88 ff., 121 ff., 155 ff.).

34 Hintergrund für Sonderregelung des § 26 Abs. 3 ist das in **Art. 9 DS-GVO** enthaltene „bekräftigte Verbot mit Erlaubnisvorbehalt" (Gola BB 2017, 1462 (1468)) für solche Daten. Art. 9 Abs. 1 DS-GVO verbietet die Verarbeitung solcher Daten zunächst ganz allgemein. Abs. 2 der Vorschrift lässt dazu in einem abschließenden Katalog von Fällen Ausnahmen zu. Die Datenverarbeitung kann durch eine **qualifizierte Einwilligung** gestattet werden (Art. 9 Abs. 2 lit. a DS-GVO); das füllt § 26 Abs. 3 S. 2 aus. Darüber hinaus lässt Art. 9 Abs. 2 lit. b DS-GVO mitgliedstaatliche Erlaubnistatbestände für den Bereich **arbeits- und sozialrechtlicher Pflichten** zu; die dafür erforderliche mitgliedstaatliche Regelung enthält § 26 Abs. 2 S. 1; BAG NZA 2019, 1055 Rn. 28 f. (unionsrechtskonform).

35 Mangels Einwilligung (dazu → Rn. 51) ist die Datenerhebung nach dem **gesetzlichen Tatbestand** von Abs. 3 S. 1 nur erlaubt, wenn dies für den Arbeitgeber „zur Ausübung von Rechten oder zur Erfüllung rechtlicher Pflichten aus dem Arbeitsrecht, dem Recht der sozialen Sicherheit und des Sozialschutzes erforderlich ist und kein Grund zu der Annahme besteht, dass das schutzwürdige Interesse des Betroffenen an dem Ausschluss der Verarbeitung überwiegt". Anders als bei § 26 Abs. 1 S. 1 ist demnach neben der Erforderlichkeitsprüfung noch eine Interessenabwägung durchzuführen (→ Rn. 65).

35.1 In den Worten von BAG NZA 2019, 1055 Rn 39: Bei einer auf Beschäftigtendaten bezogenen datenverarbeitenden Maßnahme des Arbeitgebers bedingt dies (...) eine Abwägung widerstreitender Grundrechtspositionen im Wege praktischer Konkordanz sowie eine Verhältnismäßigkeitsprüfung. Diesen Anforderungen ist genügt, wenn die Verarbeitung personenbezogener Daten zur Erfüllung eines sich aus dem Gesetz ergebenden Rechts der Interessenvertretung der Beschäftigten – und damit einer „aus dem Arbeitsrecht" iSv § 26 III 1 BDSG resultierenden Pflicht des Arbeitgebers – erforderlich ist."

35a Dabei muss der Verantwortliche in diesem Fall nach Maßgabe von § 22 Abs. 2 „angemessene und spezifische **Maßnahmen zum Schutz der Interessen der betroffenen Person** vorsehen", § 26 Abs. 3 S. 3; BAG NZA 2019, 1055 Rn. 28.

36 Quer zur sonstigen **Systematik** von § 26, die gesetzliche Erlaubnis (Abs. 1) und Einwilligung (Abs. 2) unterscheidet und die gesetzliche Erlaubnis nach den Phasen des Arbeitsvertrags ordnet, regelt Abs. 3 sämtliche Aspekte der Verarbeitung besonderer Kategorien personenbezogener Daten. Für die nachfolgende **Erläuterung** folgen wir der Systematik von Abs. 1 und 2 und erläutern die Sachfragen der Verarbeitung besonderer Kategorien personenbezogener Daten im Sachzusammenhang der Einwilligung einerseits (→ Rn. 51) und gesetzlichen Erlaubnistatbestände andererseits (→ Rn. 88 ff., → Rn. 121 ff., → Rn. 155 ff.); dort folgen wir der Chronologie des Arbeitsvertrags.

V. Erweiterter sachlicher Anwendungsbereich (Abs. 7)

37 § 26 Abs. 7 erweitert den sachlichen Anwendungsbereich des Gesetzes gegenüber den allgemeinen Bestimmungen von § 1 Abs. 1 in ähnlicher Weise, wie das bislang nach § 32 Abs. 2 BDSG aF der Fall war. Das lässt Art. 88 DS-GVO zwar nicht eigens zu, doch ist diese Erweiterung über den Anwendungsbereich der Verordnung hinaus autonom möglich; Düwell/Brink NZA 2017, 1081 (1083); Pfrang DuD 2018, 380 ff.

38 Nach § 1 Abs. 1 S. 1 (entsprechend Art. 2 Abs. 1 DS-GVO) findet das Gesetz Anwendung auf die Verarbeitung personenbezogener Daten durch öffentliche Stellen. In Bezug auf nichtöffentliche Stellen gilt das Gesetz nach S. 2 der Vorschrift hingegen nur für die ganz oder teilweise **automati-**

sierte **Verarbeitung** personenbezogener Daten sowie für die nicht automatisierte Verarbeitung personenbezogener Daten, die **in einem Dateisystem gespeichert** sind oder werden sollen. Dabei definiert Art. 4 Nr. 6 DS-GVO „Dateisystem" als „jede strukturierte Sammlung personenbezogener Daten, die nach bestimmten Kriterien zugänglich sind, unabhängig davon, ob diese Sammlung zentral, dezentral oder nach funktionalen oder geografischen Gesichtspunkten geordnet geführt wird". Der Begriff ist weit auszulegen, wie EuGH BeckRS 2018, 14563 Rn. 52 ff. (zur RL 95/46) deutlich macht; dazu Thüsing/Rombey NZA 2017, 6 ff. In dem Fall ging es um Notizen, die sich Mitglieder der Zeugen Jehovas über Namen und Adressen der aufgesuchten Personen sowie über deren religiöse Überzeugungen und Familienverhältnisse im Rahmen ihrer Verkündungstätigkeit als Gedächtnisstütze machten, die bei einem erneuten Besuch wieder herangezogen werden konnte. Der Gerichtshof sah diese als „Datei" im Sinne der Richtlinie an, unabhängig davon, ob die Notizen in ein Ordnungssystem (Kartothek, Verzeichnis) eingefügt wurden.

Eine Tabelle, die der Arbeitgeber zur Übersicht über eine Bewerbergruppe erstellt (Name, **39** Alter, Geschlecht, Abschluss, Note, (...)) ist ein Dateisystem in diesem Sinne, und zwar auch wenn sie von Hand auf einem Zettel notiert ist. Dateisystem ist aber auch der Lebenslauf, das Arbeitszeugnis oder die Steuerkarte, weil und soweit diese Unterlagen einer allgemeinen Übung (und gesetzlichen Vorgaben; §§ 630 BGB, 109 GewO) entsprechend strukturiert (s. nur für das Zeugnis ErfK/Müller-Glöge GewO § 109 Rn. 10ff., 17f.) und (daher) nach bestimmten Kriterien zugänglich sind. **Personalakten** sind definitionsgemäß Sammlungen personenbezogener Daten und dürften im Normalfall strukturiert und nach bestimmten Kriterien zugänglich sein; Riesenhuber NZA 2014, 753 (754 f.); ähnlich Herberger NZA 2020, 1665 (1666 f.); Schaub/Koch/Linck/Treber/Vogelsang, Arbeitsrechts-Handbuch, 18. Aufl. 2020, § 148 Rn. 3; differenzierend (auf ein „strukturelles Aktengefüge" abstellend) BAG NZA 2011, 453 (455); aM SächsLAG BeckRS 2014, 67005 (sub. II. 2.); Pfrang DuD 2018, 380 (381).

Demgegenüber **erweitert Abs. 7 den Anwendungsbereich** des Beschäftigtendatenschutzes. **40** Hier wird die nicht automatisierte Verarbeitung personenbezogener Daten auch dann erfasst, wenn die Daten nicht in einem Dateisystem gespeichert sind oder werden sollen; vgl. zu § 32 Abs. 2 BDSG aF BAG NZA 2014, 143 (146) (Spindkontrolle); NZA 2015, 741 Rn. 73 (Anhörung, Befragung). Auch die individuelle Auskunft (Anruf beim früheren Arbeitgeber), die handschriftliche Notiz über den oder die Beobachtung des Beschäftigten ist demnach ein erlaubnisbedürftiger Vorgang.

Wegen ihrer Lozierung in § 26 und der Bezugnahme auf Abs. 1–6 der Vorschrift sind **Bedeu- 41 tung und Reichweite von § 26 Abs. 7** unklar. Nach Wortlaut und Systematik erweitert die Vorschrift lediglich den Anwendungsbereich der Erlaubnisnorm, während der Anwendungsbereich des grundsätzlichen Verbots von Art. 6 DS-GVO durch Art. 2 bestimmt wird. § 26 BDSG würde daher etwas erlauben, was in Art. 6 DS-GVO gar nicht verboten ist. Auch andere allgemeine Vorschriften der Verordnung fänden im erweiterten Anwendungsbereich von Abs. 7 keine Anwendung. § 26 ist daher nach dem Zweck der Vorschrift als Erweiterung des sachlichen Anwendungsbereichs des Gesetzes zu verstehen.

Der praktische Unterschied ist nicht so groß, wenn man auch Personalakten als „Dateisysteme" **42** versteht (→ Rn. 39; s. auch → DS-GVO Art. 88 Rn. 21). Zum Beispiel erfasst § 26 BDSG nF aber auch stichprobenweise Torkontrollen oder handschriftliche Notizen des Arbeitgebers über ein Bewerbungsgespräch (s. auch Gola BB 2017, 1462 (1472)) (→ Rn. 42.1 ff.).

Eine **einschränkende Auslegung** oder **teleologische Reduktion**, wie sie für § 32 Abs. 2 vorgeschla- **42.1** gen wurde (Grentzenberg/Schreibauer/Schuppert K&R 2009, 535 (539)), ist nicht möglich. Allerdings heißt es in der Begründung zur Beschlussempfehlung des Innenausschusses dazu, die Vorschrift entspreche „den von der Rechtsprechung aufgestellten Grundsätzen des Datenschutzes im Beschäftigungsverhältnis sowie dem bisherigen § 12 Absatz 4 zweiter Halbsatz"; BT-Drs. 16/13657, 21. Die dort in Bezug genommenen Urteile BAG NZA 1988, 53 und BAG NZA 2007, 269 betreffen beide zivilrechtliche Ansprüche wegen Persönlichkeitsrechtsverletzung, nicht aber datenschutzrechtliche Ansprüche im engeren Sinne. Das zeigt, dass mit der zitierten Begründung nicht ausgedrückt wird, die Rechtslage nach dem BDSG bleibe unverändert, sondern das (im weiteren Sinne) datenschutzrechtliche Schutzniveau insgesamt; in der Sache ebenso Thüsing NZA 2009, 865 (869 f.). Richtig ist allerdings, dass sich beide Entscheidungen auf Krankheitsdaten beziehen und damit auf (persönlichkeitsrechtlich) besonders sensible Daten. Indes hat der Gesetzgeber das, wie der Wortlaut der Neuregelung ausweist, nicht als entscheidend angesehen, sondern das Ziel verfolgt, das Schutzniveau für alle Arten von Daten entsprechend anzuheben. Darauf deutet auch der Verweis auf § 12 Abs. 4 S. 2 aF in der Begründung hin.

Umstritten ist, **wie weit** die Erweiterung des sachlichen Anwendungsbereichs durch § 26 Abs. 7 reicht: **42.2** Betrifft sie nur die Regelung von § 26 Abs. 1 bis 6 (vgl. zu § 32 BDSG aF BAG, NZA 2011, 453 Rn. 27

aE (zum Einsichtsrecht); SächsLAG BeckRS 2014, 67005 (sub II. 2.; zum Löschungsanspruch)) oder darüber hinaus auch die **Verfahrens- und Sanktionsnormen des Dritten Abschnitts,** insbesondere also §§ 34, 35 (so zu § 32 BDSG aF im Grundsatz Brink jurisPR-ArbR 36/2013 Anm. 3; in einem obiter dictum jetzt zust. BAG NZA 2014, 143 Rn. 24)? Für die Rechtsprechung spricht zwar der Wortlaut. Teleologische Erwägungen weisen eher in die andere Richtung: Es hat wenig Sinn, den Anwendungsbereich nur für die Rechtfertigung zu erweitern, nicht aber im Hinblick auf Verfahrens- und Sanktionsregeln; zumal die Löschungspflicht nur das Gegenstück zur Beschränkung der Erhebungs-, Nutzungs- und Verarbeitungsbeschränkung ist; näher Riesenhuber NZA 2014, 753 (755 f.).

42.3 **Rechtspolitisch** ist diese Erweiterung des sachlichen Anwendungsbereichs mit guten Gründen umstritten. In den Fällen des § 32 Abs. 2 sei die spezifische Gefährdung für das Persönlichkeitsrecht, die erst aus dem Einsatz von Datenverarbeitungsanlagen herrühre, nicht gegeben; Franzen RdA 2010, 257 (259) („rechtspolitisch nicht sachgerecht"). Die Vorschrift erfasse auch harmlose Vorgänge; Deutsch/Diller DB 2009, 1462 (1463) („verfehlt im Ansatz den sachgerechten Interessenausgleich zwischen Beschäftigten und Arbeitgeber", „vom Gefährdungspotential nicht gerechtfertigt"); Grentzenberg/Schreibauer/Schuppert K&R 2009, 535 (539) („(durchbricht) datenschutzrechtliche Grundsätze im nicht-öffentlichen Bereich"). Anderer Meinung Thüsing (Thüsing NZA 2009, 865 (869 f.)).

C. Die Einwilligung im Beschäftigtendatenschutz (Abs. 2)

I. Grundsätze

43 Auch unter der DS-GVO die Einwilligung im Beschäftigungsverhältnis ein möglicher Erlaubnistatbestand (→ DS-GVO Art. 88 Rn. 25). § 26 Abs. 2 regelt die Einwilligung für den Beschäftigungsbereich auf der Grundlage von Art. 88 DS-GVO spezifisch und unter Beachtung der besonderen Kautelen, die sich aus Art. 4 Nr. 11, 6 Abs. 1 S. 1 lit. a, 7 iVm Begründungserwägung 32, 42 f., 155 DS-GVO ergeben (Düwell jurisPR-ArbR 22/2017 Anm. 1). Geht es beim Datenschutz um den Schutz der informationellen **Selbstbestimmung,** so kommt der Einwilligung als Erlaubnistatbestand zentrale Bedeutung zu. In der Sache handelt es sich um ein tatbestandsausschließendes Einverständnis (Geiger NVwZ 1989, 35 (37); Riesenhuber RdA 2011, 257 f.) (→ Rn. 43.1).

43.1 **Rechtspolitisch** ist die Einwilligung als datenschutzrechtlicher Erlaubnistatbestand im Beschäftigungsverhältnis allerdings umstritten, und zwar sowohl auf europäischer als auch auf nationaler Ebene. So hat die **EU Kommission** in ihren Mitteilungen zum Konsultationsverfahren (→ Rn. 15.1) wiederholt darauf hingewiesen, die untergeordnete und abhängige Stellung des Arbeitnehmers oder Bewerbers lasse die Einwilligung allein nicht als ausreichenden Schutzmechanismus erscheinen. Sie hat deshalb erwogen, die Einwilligung im Arbeitsverhältnis als Erlaubnistatbestand auszuschließen oder doch auf Fälle zu beschränken, in denen die Freiwilligkeit und Widerruflichkeit sichergestellt ist. Dem liegt nicht zuletzt die Stellungnahme der Artikel 29-Datenschutzgruppe (vgl. Art. 29 Datenschutzrichtlinie 95/46/EG) v. 13.9.2001 (Opinion 8/2001 on the processing of personal data in the employment context, 5062/01/EN/Final, zugänglich unter http://ec.europa.eu/justice/policies/privacy/docs/wpdocs/2001/wp48en.pdf) zugrunde, die der Einwilligung im Zusammenhang mit dem Beschäftigungsverhältnis grundsätzlich keine legitimierende Wirkung beilegen möchte: „Reliance on consent should be confined to cases where the worker has a genuine free choice and is subsequently able to withdraw the consent without detriment."

II. Wirksamkeitsvoraussetzungen

44 Die Einwilligung muss grundsätzlich förmlich und zudem freiwillig erfolgen. Die **Beweislast** für das Vorliegen einer wirksamen Einwilligung liegt beim Verantwortlichen (EuGH ZD 2021, 89 Rn. 42 – Orange România). Praxishinweise mit Musterformulierungen bei Kleinebrink DB 2018, 1729 ff.

45 Die Einwilligung hat (seit dem **2. DSAnpUG-EU,** in Kraft seit 26.11.2019) **schriftlich oder elektronisch** zu erfolgen; dazu Thüsing/Rombey NZA 2019, 1399; rechtspolitisch bereits Franzen ZFA 2019, 18 (30). „Elektronisch" ist dabei, wie sich aus den Materialien (BT-Drs. 19/11181, 17: zB abgespeicherte E-Mail) ergibt, nicht im Sinne der „elektronischen Form" von § 126a BGB gemeint. Vielmehr reicht der dauerhaft gespeicherte Nachweis der Zustimmung; Thüsing/Rombey NZA 2019, 1399 (1401). Schon das frühere Erfordernis „der Schriftform" war nicht iSv §§ 125, 126 BGB zu verstehen, da die Einwilligung nicht Willenserklärung ist (Thüsing/Forst/Schmidt RDV 2017, 116) und der Gesetzgeber lediglich „die Nachweispflicht des Arbeitgebers iSv Art. 7 Abs. 1 DS-GVO [konkretisieren]" und somit die nachträgliche Schriftlichkeit im Interesse von Rechtssicherheit und Beweisbarkeit anordnen wollte; Schwartmann/Jaspers/Thüsing/Kugelmann/Thüsing/Schmidt Rn. 36. „Schriftlich oder elektronisch" ist zudem nur der Grundsatz, eine andere Form kommt in Betracht, soweit dies wegen besonderer Umstände angemessen ist. Solche besonderen Umstände können zB vorliegen, wenn sich ein Bewerber ausschließlich online bewirbt oder ein Arbeitnehmer überwiegend im Home Office tätig ist; Düwell/Brink NZA 2017, 1081 (1084 f.); Gaul/Pitzer ArbRB 2017, 241 (244); Gola BB 2017, 1462 (1467 f.). Betrifft die schriftliche Erklärung noch andere Sachverhalte – ist die Einwilligung also zB im Arbeitsvertrag enthalten –, so muss sie von jenen erstens klar zu unterscheiden sein, also in der Darstellung **räumlich getrennt**. Zudem muss die Erklärung „in verständlicher und leicht zugänglicher Form in einer klaren und **einfachen Sprache**" gefasst sein (Kamps/Bonanni ArbRB 2018, 50 ff.).

46 Die Einwilligung muss **freiwillig** erteilt werden (vgl. Art. 4 Nr. 11 DS-GVO). Die zum alten Recht vertretene Meinung (s. zB Brink/Schmidt MMR 2010, 592 (593); Körner AuR 2010, 416 (417) (419)) im Beschäftigtenverhältnis fehle generell die Möglichkeit einer „freien" Einwilligung ist damit überholt (schon zum alten Recht auch BAG NZA 2015, 604 Rn. 32; MMR 2015, 544 Rn. 30; Riesenhuber RdA 2011, 257). An die Freiwilligkeit dürfen keine überzogenen Anforderungen gestellt werden; Haase InTeR 2019, 113. Erforderlich ist eine **aktive Einwilligung**; dem genügt eine formularmäßige Vorauswahl (pre-ticked-box) nicht (BE 32 DSGVO) EuGH ZD 2021, 89 Rn. 36 f. – Orange România.

46a Die Einwilligung muss zudem „für den bestimmten Fall" erteilt werden (**Bestimmtheitsgrundsatz**), Art. 4 Ziff. 11 DS-GVO; EuGH ZD 2021, 89 Rn. 38 – Orange România. Daraus ergeben sich Grenzen für die sog. „Globaleinwilligung" (→ Rn. 46a.1).

46a.1 Umstritten ist, ob eine (vorsorgliche) Global-Einwilligung wirksam erteilt werden kann. Das Instrument wird besonders verwendet, um einer Rechtsunsicherheit über die Reichweite der neuen gesetzlichen Erlaubnistatbestände zu begegnen. Nach dem Bestimmtheitsgrundsatz müssen einzelne Anwendungsfälle der Einwilligung darin im Einzelnen bezeichnet werden. Dazu Grimm/Kühne ArbRB 2018, 218 ff.

47 Für die Freiwilligkeit ist neben den allgemeinen **Kriterien** ist im Beschäftigungsverhältnis besonders zu berücksichtigen: (a) die (je nach Marktlage) regelmäßig bestehende Abhängigkeit des Beschäftigten und (b) die Umstände, unter denen die Einwilligung erteilt worden ist (§ 26 Abs. 2 S. 1). Ein Aspekt ist auch der Zeitpunkt, insbesondere vor oder nach Vertragsschluss (BT-Drs. 18/11325, 97). Dabei hebt der Gesetzgeber als eine Art Regelbeispiele hervor, dass die Freiwilligkeit vorliegen kann, wenn (1) für den Beschäftigten ein rechtlicher oder wirtschaftlicher Vorteil erreicht wird oder (2) Arbeitgeber und Beschäftigter gleichgerichtete Interessen haben. Als Beispiele für Vorteile nennt die Gesetzesbegründung die Einführung eines betrieblichen Gesundheitsmanagements zur Gesundheitsförderung oder die Erlaubnis zur Privatnutzung betrieblicher IT-Systeme (BT-Drs. 18/11325, 97). Weiterhin kann man an die Einwilligung in die Datenverarbeitung als Voraussetzung für eine Gratifikation denken. Gleichgerichtete Interessen können vorliegen, wenn der Arbeitgeber eine Video- oder GPS-Überwachung zum Schutz vor Überfällen installiert. Kein Kriterium ist die inhaltliche Bewertung der erteilten Einwilligung (etwa als „vernünftig" oder „interessengerecht"); in diese Richtung aber Weichert RDV 2007, 189 (190); zutr. Buchner DuD 2010, 39 (43). Zum Beispiel hat BAG NZA 2017, 443 Rn. 31 die Einwilligung von zwei Lageristen in eine Videoüberwachung für wirksam gehalten, die der Arbeitgeber zur Aufklärung der Ursachen von Fehlbeständen vorgenommen hat. Der Arbeitgeber darf nicht den irreführenden Eindruck erwecken, der Abschluss des Vertrags hänge von der Erteilung der Einwilligung ab oder die Verweigerung der Einwilligung übermäßig erschweren (etwa durch eine gesonderte Erklärung); EuGH ZD 2021, 89 Rn. 41, 50 – Orange România.

III. Widerruflichkeit

48 Die Einwilligung ist nach Art. 7 Abs. 3 DS-GVO **widerruflich**. Allerdings macht der nachträgliche Widerruf die bis dahin erfolgte Verarbeitung nicht rechtswidrig, er hat keine „Rückwirkung".

49 Teleologische Erwägungen sprechen dafür, diese **Einschränkung erweiternd auszulegen.** So kann der Beschäftigte durch seinen Widerruf nicht etwa der Verwendung des Fotos in der Unternehmensbroschüre oder auf der Unternehmenswebsite die Grundlage entziehen (vgl. BAG NZA 2015, 604; wie hier Dzida/Grau DB 2018, 189 (190); Assmus/Winzer ZD 2018, 508 ff.; anderer Meinung Franzen EuZA 2017, 313 (324); Tinnefeld/Conrad ZD 2018, 391 (395 ff.). Eine unzweifelhafte und auch unionsrechtskonforme Grenze für den Widerruf ist in jedem Fall das **Rechtsmissbrauchsverbot** (ebenso Dzida/Grau DB 2018, 189 (190)).

IV. Informationspflicht

50   Der Arbeitgeber muss den Beschäftigten über den Zweck der Datenverarbeitung und sein Widerrufsrecht gem. Art. 7 Abs. 3 DS-GVO informieren.

V. Einwilligung in die Verarbeitung besonderer Kategorien personenbezogener Daten

51   Auch in die Verarbeitung besonderer Kategorien personenbezogener Daten (→ Rn. 33 ff.) kann der Beschäftigte nach den allgemeinen Regeln von Abs. 2 (→ Rn. 43 ff.) einwilligen, § 26 Abs. 3 S. 2. An die Freiwilligkeit sind insoweit besonders strenge Anforderungen zu stellen (BT-Drs. 18/11325, 98). **Zusätzliches Erfordernis** ist, dass sich die Einwilligung **ausdrücklich** auf die (jeweiligen) Daten besonderer Kategorie beziehen muss (§ 26 Abs. 3 S. 2) (→ Rn. 51.1).

51.1   Von der datenschutzrechtlichen Einwilligung ist die arztrechtliche zu unterscheiden, auch wenn beide in einem Wort erklärt werden können. Wie in der vorvertraglichen Phase ist bei der Erforderlichkeit zwischen den erforderlichen ärztlichen Untersuchungen und Befunderhebungen einerseits und den für den Arbeitgeber erforderlichen Informationen andererseits zu unterscheiden. Regelmäßig ist für den Arbeitgeber nur das Ergebnis (arbeitstüchtig oder nicht) erforderlich und muss er nicht die diesem Ergebnis zugrundeliegenden medizinischen Einzelheiten kennen.

D. Kollektivverträge als Erlaubnistatbestand (Abs. 4)

52   Unter § 26 können Kollektivverträge auf zwei unterschiedlichen Wegen datenschutzrechtliche Bedeutung haben (Klocke ZTR 2018, 116 ff.). Zum einen bezieht sich der gesetzliche Erlaubnistatbestand von § 26 Abs. 1 S. 1 auch auf Ausübung von Rechten und Erfüllung von Pflichten, die sich aus einem Kollektivvertrag ergeben. Macht ein Kollektivvertrag die Datenverarbeitung erforderlich, so wird sie über diesen Tatbestand erlaubt. Zum anderen können die Kollektivpartner aber auch unmittelbar datenschutzrechtliche Erlaubnistatbestände schaffen.

53   Nach Art. 88 Abs. 1 DS-GVO können Kollektivverträge „spezifischere Vorschriften" für den Beschäftigtendatenschutz enthalten. Voraussetzung ist allerdings, dass das **mitgliedstaatliche Recht dies zulässt** (→ DS-GVO Art. 88 Rn. 49). Das tut § 26 Abs. 4 S. 1. Neben Betriebs- und Dienstvereinbarungen sind auch Sprecherausschussrichtlinien nach § 28 SprAuG Kollektivvereinbarungen im Sinne der Vorschrift; Dzida/Grau DB 2018, 189 (191). Verhandlungs- und Gestaltungsempfehlungen zum neuen Recht bei Wybitul NZA 2017, 1488; Körner NZA 2019, 1389.

54   Betriebs- oder Dienstvereinbarungen „sollen den Verhandlungsparteien der Kollektivvereinbarungen die Ausgestaltung eines auf die betrieblichen Bedürfnisse zugeschnittenen Beschäftigtendatenschutzes ermöglichen." (BT-Drs. 18/11325, 98). Das bedeutet zugleich, dass Tarifvertrag und Betriebsvereinbarung selbständige Regelungen des Datenschutzes enthalten können und nicht an den Interessenausgleich von DS-GVO und BDSG gebunden sind; sie dürfen davon **auch zum Nachteil des Beschäftigten** abweichen (→ DS-GVO Art. 88 Rn. 68 mwN).

55   Allerdings sind datenschutzrechtliche Erlaubnistatbestände in Tarifverträgen oder Betriebsvereinbarungen – selbstverständlich – nicht unbeschränkt oder kontrollfrei zulässig; zum alten Recht BAG AP BetrVG 1972 § 87 Überwachung Nr. 15. Spezifischere Vorschriften in Kollektivverträgen sind ebenso wie solche im mitgliedstaatlichen Recht gebunden, die Grundsätze von Art. 88 Abs. 2 DS-GVO zu beachten (zu ihnen → DS-GVO Art. 88 Rn. 78 ff.), auf die § 26 Abs. 4 S. 2 BDSG verweist. Betriebsvereinbarungen unterliegen zudem der Verhältnismäßigkeitskontrolle nach § 75 Abs. 2 BetrVG, BAG NZA 2017, 1205 Rn 13 (Belastungsstatistik); NZA 2013, 1433 (1435). Umstritten ist die Rechtslage für Altvereinbarungen (→ Rn. 55.1).

55.1   Umstritten ist, ob **Alt-Kollektivvereinbarungen** (aus der Zeit vor Inkrafttreten des § 26 BDSG nF) nicht nur inhaltlich den Standards von Art. 88 Abs. 2 DS-GVO genügen müssen, sondern diese auch förmlich umzusetzen haben. Nach dem Wortlaut von Art. 88 Abs. 2 DS-GVO („umfassen") könnte man eine förmliche Beachtung für erforderlich halten; so Dzida/Grau DB 2018, 189 (191); differenzierend Schrey/Kielkowski BB 2018, 629 (635); Kühling/Buchner/Maschmann Rn. 66 (Verordnungskonformität im Einzelfall maßgeblich). Ebenso wird für erforderlich gehalten, mit Inkrafttreten der Neuregelung auch das Gebot einer ausdrücklichen Zweckbestimmung nach Art. 5 Abs. 1 lit. b DS-GVO in Kollektivvereinbarungen zu beachten; Gaul/Pitzer ArbRB 2017, 241 (243). Vorschlag einer „**Rahmenbetriebsvereinbarung-DSGVO**" bei Grimm ArbRB 2018, 111 ff. und 122 ff.; Körner NZA 2019, 1389.

55.2   Für die Praxis empfehlen Beckschulze/Fackeldey RDV 2013, 109 ff. einen „**systematischen Aufbau**" von Betriebsvereinbarungen und geben Anleitung und Erläuterungen dazu. Allgemeine Fragen und Grundsätze sollen in einer Rahmenbetriebsvereinbarung geregelt werden („Kern"), Fragen zu einzelnen Themen (zB SAP-Einführung, digitale Personalakte) in speziellen Betriebsvereinbarungen („Ebene 1"), Einzelheiten in Anlagen dazu („Ebene 2").

E. Die Erlaubnistatbestände des § 26

I. Grundsätze

1. Verhältnis zur Regelung von § 32 BDSG aF

§ 26 übernimmt weitgehend die Erlaubnistatbestände von § 32 BDSG aF (s. bereits → Rn. 3, 5 und Synopse (→ Rn. 56.1). 56

- § 26 Abs. 1 S. 1 entspricht im Wesentlichen § 32 Abs. 1 S. 2 BDSG aF mit seinen Erlaubnistatbeständen für
  (1) Begründung,
  (2) Durchführung und
  (3) Beendigung des Beschäftigungsverhältnisses.
- § 26 Abs. 1 S. 2 entspricht im Wesentlichen § 32 Abs. 1 S. 2 BDSG aF mit dem speziellen Erlaubnistatbestand für die Aufdeckung von Straftaten.
- Klarstellend neu eingefügt ist in Abs. 1 S. 1 ein Erlaubnistatbestand für die Ausübung und Erfüllung von Rechten und Pflichten der Interessenvertretung der Beschäftigten.
- § 26 Abs. 3 enthält einen Erlaubnistatbestand für die Verarbeitung „besonderer Kategorien personenbezogener Daten" iSv Art. 9 DS-GVO; insoweit fand nach BDSG aF § 28 Abs. 6 Anwendung.

56.1

In der Sache sollen die Erlaubnistatbestände die bisherige Regelung und die dazu ergangene Rechtsprechung nicht verändern, sondern bestätigen; BT-Drs. 16/13657, 35; Gola BB 2017, 1462 (1464) („absichern"). Daher kann auch für die Auslegung und Fortbildung an Rechtsprechung und Schrifttum zu § 32 BDSG aF angeknüpft werden (→ Rn. 3, 5). 57

2. Verantwortung für die Beachtung der Grundsätze von Art. 5 DS-GVO (Abs. 5)

§ 26 Abs. 5 hebt hervor, dass der Verantwortliche dafür sorgen muss, dass die Grundsätze von Art. 5 DS-GVO eingehalten werden (BT-Drs. 18/11325, 98). Da Art. 88 DS-GVO nur spezifischere Vorschriften ermöglicht, kann durch den mitgliedstaatlichen Beschäftigtendatenschutz nicht von den Grundsätzen des Art. 5 DS-GVO abgewichen werden; das deutet auch Art. 88 Abs. 2 DS-GVO an. Die Vorschrift hat lediglich klarstellende Bedeutung; Schwartmann/Jaspers/Thüsing/Kugelmann/Thüsing/Schmidt Rn. 55: „Angstklausel". 58

Die Grundsätze von Art. 5 DS-GVO umfassen insbesondere: 59
- den Grundsatz der Rechtmäßigkeit und der Verarbeitung nach Treu und Glauben,
- den Grundsatz der Transparenz,
- den Grundsatz der Zweckbindung,
- den Grundsatz der Datenminimierung.

Näher die Erläuterungen → DS-GVO Art. 5 Rn. 5 ff. 59a

3. Materielle Grundsätze des Beschäftigtendatenschutzes

Unter Grundsätzen des Beschäftigtendatenschutzes kann man zum einen inhaltliche Grundsätze verstehen. Als solche inhaltlichen Grundsätze kann man die – weithin grundrechtlich geschützten – Interessen der Beteiligten bezeichnen. In einem ähnlichen Sinne werden auch Grundrechte als Prinzipien und Optimierungsgebot verstanden (Alexy, Theorie der Grundrechte, 1985). Zum anderen kann man darunter auch formale oder prozedurale Grundsätze verstehen. Formaler Grundsatz ist vor allem der Verhältnismäßigkeitsgrundsatz, der in verschiedenen Ausprägungen im Datenschutzrecht zum Tragen kommt. 60

Inhaltliche Grundsätze sind demnach vor allem die informationelle Selbstbestimmung des Beschäftigten und die unternehmerische Freiheit des Arbeitgebers. Was die **informationelle Selbstbestimmung** angeht, verdient im Beschäftigungsverhältnis die besondere Angewiesenheit des Beschäftigten Hervorhebung. Sie besteht, abhängig von der Marktlage, regelmäßig vor Begründung des Beschäftigungsverhältnisses, weil der Bewerber zumeist auf eine Beschäftigung (im technischen Sinne von § 3 Abs. 11) angewiesen ist. Daher besteht die Gefahr, dass sich der Beschäftigte informationell entblößt, aus Sorge, andernfalls die Stelle nicht zu bekommen. Im Beschäftigungsverhältnis genießen Beschäftigte zwar weitgehenden Schutz: vor Entlassung (insbe- 61

BDSG § 26 Teil 2. Durchführungsbestimmungen für Verarbeitungen nach DS-GVO

sondere KSchG) und Benachteiligung (insbesondere § 612a BGB). Indes ist die Sorge nicht unbegründet, ungeachtet der rechtlichen Absicherung faktisch Nachteile zu erleiden. Dem müssen Gesetzgebung und Rechtsprechung Rechnung tragen. Das BVerfG hat eine Schutzpflicht des Staates angenommen, den Einzelnen vor einer faktischen Fremdbestimmung durch den überlegenen Vertragspartner zu schützen; sie greift insbesondere dort ein, wo nicht schon Markt und Wettbewerb für einen ausreichenden Schutz sorgen (BVerfG MMR 2007, 93 (94)).

61.1 Als einen prozeduralen Aspekt des Schutzes der informationellen Selbstbestimmung kann man das in Art. 22 DSGVO Recht ansehen, nicht einer ausschließlich auf einer automatisierten Verarbeitung beruhenden Entscheidung unterworfen zu werden, die dem Betroffenen gegenüber rechtliche Wirkungen entfaltet oder ihn ähnlich erheblich beeinträchtigt (näher → DS-GVO Art. 22 Rn. 1 ff.). Die vollständig automatisierte Bewerber- oder Beförderungsauswahl ist danach grundsätzlich ausgeschlossen.

62 Andererseits sind das **Eigentumsrecht,** Art. 14 GG, die **unternehmerische Freiheit,** Art. 12 GG, und die **Vertragsfreiheit,** Art. 2 Abs. 1, 1 Abs. 1 GG, des Arbeitgebers zu berücksichtigen (Becker-Schäufler BB 2015, 629 ff.). Sie erweisen nicht nur seine sachbezogenen Informations- und Kontrollinteressen als rechtlich begründet. Auch bei einer gebotenen Beschränkung auf sachbezogene Information und Kontrolle folgt aus den Grundrechten des Arbeitgebers die Freiheit, Unternehmensziele und Unternehmensorganisation zu bestimmen, ungeachtet der Tatsache, dass die Umsetzung auch Auswirkungen auf das Ausmaß benötigter Daten haben mag. Standardbeispiel: Der Arbeitgeber braucht den Lohn nicht bar auszuzahlen, auch wenn sich dadurch die Erhebung, Verarbeitung und Nutzung von Kontodaten vermeiden ließe. Und der Arbeitgeber muss auch angesichts der teilweise praktizierten Modelle der „Vertrauensarbeitszeit" nicht selbst diesem Modell folgen und auf die Arbeitszeiterfassung verzichten.

4. Aspekte der Verhältnismäßigkeitsprüfung

63 Der zentrale Grundsatz zum Ausgleich der widerstreitenden Positionen ist der **Verhältnismäßigkeitsgrundsatz,** der im BDSG und in der Rechtsprechung des BAG in verschiedener Form begegnet. Im Bereich der Beschäftigung enthält das Gesetz im Wesentlichen drei Ausprägungen des Verhältnismäßigkeitsgrundsatzes:

64 Zentraler Zulässigkeitsmaßstab in § 26 Abs. 1 S. 1 ist die **Erforderlichkeit** für die Zwecke
(a) der Entscheidung über die Begründung oder
(b) der Durchführung oder Beendigung des Beschäftigungsverhältnisses (s. grundlegend → Syst. A. Rn. 23 ff.).

65 Eine strengere Form der Verhältnismäßigkeitsprüfung stellt die durch den **Vorbehalt überwiegender schutzwürdiger Interessen** des Betroffenen ergänzte **Erforderlichkeitsprüfung** dar. Das ist insbesondere der Maßstab von § 26 Abs. 3 für die Verarbeitung besonderer Kategorien personenbezogener Daten iSv Art. 9 DS-GVO. In § 26 Abs. 1 S. 2 über die Erhebung, Nutzung und Verarbeitung personenbezogener Daten zur Aufdeckung von Straftaten ist ebenfalls dieser Maßstab anwendbar, doch wird er hier noch durch zusätzliche prozedurale Kautelen ergänzt, nämlich das Erfordernis eines durch tatsächliche Anhaltspunkte begründeten Verdachts und die Obliegenheit des Arbeitgebers, diese zu dokumentieren.

66 **Varianten** dieser Maßstäbe statuiert der Gesetzgeber dadurch, dass er sie mit unterschiedlichen die Anforderungen an die **Darlegungs- und Beweislast** verbindet. Bei § 26 Abs. 1 S. 2 ist positive (von der verantwortlichen Stelle darzulegende) Voraussetzung, dass „das schutzwürdige Interesse des Beschäftigten (...) nicht überwiegt". Demgegenüber verlangt § 26 Abs. 3 nur die Darlegung, dass „kein Grund zu der Annahme besteht, dass das schutzwürdige Interesse des Betroffenen (...) überwiegt".

67 Ausfluss des Verhältnismäßigkeitsgrundsatzes sind auch die **Grundsatz der Datenminimierung** von Art. 5 Abs. 1 lit. b und c (allgemein → Syst. A. Rn. 42). Er hat zwei Elemente. Die Verarbeitung von Daten ist an dem Ziel auszurichten, so wenig personenbezogene Daten wie möglich zu erheben, zu verarbeiten oder zu nutzen. Und – als Konkretisierung dieses Grundsatzes – personenbezogene Daten sind zu anonymisieren oder zu pseudonymisieren, soweit dies nach dem Verwendungszweck möglich ist und keinen unverhältnismäßigen Aufwand erfordert. Anonymisierte Daten sind keine personenbezogenen Daten, pseudonymisierte Daten nur für denjenigen, der den Schlüssel (Zuordnungsregel) hat (relativer Maßstab). Siehe etwa Roßnagel/Scholz MMR 2000, 721; im Einzelnen die Erläuterungen → Art. 5 DS-GVO Rn. 1 ff (→ Rn. 67.1).

67.1 Wortlaut und Systematik des Gesetzes könnten dahin verstanden werden, Art. 5 Abs. 1 lit. c DS-GVO sei auch auf die Erhebung, Verarbeitung und Nutzung personenbezogener Daten **mit Einwilligung** anwendbar. Das System der Erlaubnistatbestände sowie Wesen und Teleologie der Einwilligung sprechen indes dagegen. Die Einwilligung ist ein dem Gesetz vorgelagerter, von der Grundverordnung unabhängiger Erlaubnistatbestand. Die informationelle Selbstbestimmung betrifft gerade nicht nur das „Ob" der Erlaubnis, sondern auch deren Modalitäten und Umfang (das „Wie"). Die Einwilligung kann daher auch einen „verschwenderischen" Umgang mit Daten erlauben. Allerdings besteht eine tatsächliche Vermutung, dass auch die Einwilligung zweckentsprechend eng begrenzt ist.

Versteht man Datenschutz als Schutz der informationellen Selbstbestimmung (vgl. → Syst. A. Rn. 8 ff.), so kann man auch den **Grundsatz der Direkterhebung** (Unmittelbarkeitsgrundsatz) als Ausdruck der Verhältnismäßigkeit verstehen; im Ergebnis ähnlich Gola NZA 2019, 654 f. (allerdings auf der Grundlage von Art. 5 Abs. 1 lit. a DS-GVO – Treu und Glauben). Es liegt eine eigene Verletzung der Selbstbestimmung darin, wenn Daten nicht beim Betroffenen erhoben werden. Die Erhebung beim Betroffenen ist daher milderes Mittel gegenüber der Erhebung bei Dritten oder aus allgemein zugänglichen Quellen. Anders als § 4 Abs. 2 BDSG aF (→ Rn. 68.1) schreiben DS-GVO und BDSG den Grundsatz der Direkterhebung nicht ausdrücklich vor (→ Rn. 68.2). **68**

Der **Direkterhebungs- oder Unmittelbarkeitsgrundsatz** von § 4 Abs. 2 BDSG aF besagte, dass personenbezogene Daten grundsätzlich beim Betroffenen zu erheben sind, ohne seine Mitwirkung durften sie grundsätzlich nicht erhoben werden. Auch wenn die Datenerhebung ohne seine Einwilligung zulässig ist, erfährt der Betroffene auf diese Weise von der Datenerhebung und weiß, welche Daten über ihn im Umlauf sind und sein Bild (mit)prägen; s. auch Gola, RDV 2003, 177 (178). Gegebenenfalls konnte die durch den Unmittelbarkeitsgrundsatz erforderliche Mitwirkung dem Betroffenen ermöglichen, Auswahl, Richtigkeit und Vollständigkeit der Daten zu prüfen und sicherzustellen. **68.1**

Der **Unionsgesetzgeber** hat lediglich in Art. 13 f. DS-GVO differenzierte Informationspflichten vorgesehen, je nachdem, ob die Daten bei der betroffenen Person erhoben wurden oder nicht. Mit dieser nur punktuellen Regelung der Modalitäten hat er zwar besondere Schutzinteressen bei der Erhebung ohne Mitwirkung des Betroffenen anerkannt, diese aber gleichzeitig als durch Verfahrensvorschriften ausreichend geschützt angesehen; wohl anderer Meinung Plath/Stamer/Kuhnke Rn. 19a; Kühling/Buchner/Maschmann Rn. 34 ff., der von einem weitergehenden Direkterhebungsgebot ausgeht. Einschränkungen für die Erhebung ohne Mitwirkung des Betroffenen können sich daher nur aus allgemeinen Grundsätzen von Art. 5 DS-GVO ergeben. Dabei streiten namentlich die Grundsätze von Treu und Glauben (so im Ansatz Kort RdA 2018, 24 (26)) und der Transparenz (Verarbeitung in einer für die betroffene Person nachvollziehbaren Weise) (Art. 5 Abs. 1 Nr. 1 DS-GVO), der Grundsatz der Zweckbindung (Nr. 2) und der Grundsatz der Datenminimierung (Nr. 3) für eine Direkterhebung. Datenerhebung über Dritte, zB frühere Arbeitgeber, ist (ungeachtet der Informationspflicht von Art. 14 DS-GVO) für die betroffene Person nicht in gleicher Weise nachvollziehbar, sie kann eine Zweckänderung erfordern und führt zu einer Vermehrung personenbezogener Daten (zB dadurch, dass frühere Arbeitgeber von der neuen Bewerbung erfahren). Der **deutsche Gesetzgeber** kannte die Problematik, und er hätte ein Direkterhebungsgebot auch als „spezifischere Vorschrift" für den Beschäftigungsbereich (Art. 88 DS-GVO) vorsehen können. Begründet sein Schweigen auch keine Ablehnung des Grundsatzes, so zeigt es doch, dass er die nur milderen Vorgaben durch die Grundsätze von Art. 5 DS-GVO nicht verstärken wollte. Insgesamt ist daher die Datenerhebung ohne Mitwirkung des Betroffenen nicht so streng eingeschränkt wie nach § 4 Abs. 2 BDSG aF, doch sind die gegenläufigen Grundsätze von Treu und Glauben, Transparenz, Zweckbindung und Datenminimierung **im Rahmen der Erforderlichkeitsprüfung** zu berücksichtigen; ähnlich Kort RdA 2018, 24, 26; zu kurz Schwarz ZD 2018, 353 (354). **68.2**

Eine Datenerhebung ohne Mitwirkung des Betroffenen ist nach allgemeinen Grundsätzen ohne weiteres zulässig, wenn dieser darin, dh in die Einwilligung ohne seine Mitwirkung **einwilligt;** es geht auch insoweit um den Schutz der informationellen Selbstbestimmung, volenti non fit inuria. Diese Einwilligung ist von der Einwilligung in die Datenverarbeitung zu unterscheiden und unterliegt nicht den strengen Anforderungen von Art. 4 Nr. 11, 6 Abs. 1 lit. a, Art. 7 DS-GVO; aM Gola NZA 2019, 654 (655). Ohne Einwilligung ist die Datenerhebung ohne Mitwirkung des Betroffenen nach Art. 6 Abs. 1 DS-GVO und, mangels spezieller Regelung, dem Erforderlichkeitsgrundsatz von § 26 Abs. 1 S. 1 BDSG zu beurteilen. Bei der **Verhältnismäßigkeitsprüfung** ist zu berücksichtigen, dass es kein grundsätzliches Verbot gibt und der Gesetzgeber den Schutz durch verstärkte Informationspflichten (Art. 14 DS-GVO) im Prinzip für ausreichend gehalten hat. Praxishilfe (→ Rn. 68.1 f.): **69**

Praxishilfe aus der Sicht der Aufsichtsbehörde gibt der Landesdatenschutzbeauftragte Baden-Württemberg, https://www.baden-wuerttemberg.datenschutz.de/wp-content/uploads/2017/07/Arbeitnehmerdatenschutz-Handreichung.pdf. **69.1**

II. Vor Begründung eines Beschäftigungsverhältnisses

1. Übersicht

70 Nach § 26 Abs. 1 S. 1 ist die Verarbeitung personenbezogener Daten zulässig, wenn dies für die Entscheidung über die Begründung des Beschäftigungsverhältnisses erforderlich ist. Die Regelung entspricht insoweit § 32 Abs. 1 S. 1 BDSG aF, den sie fortführen soll, sodass auch auf die dazu ergangene Rechtsprechung Bezug genommen werden kann. Der Tatbestand rechtfertigt praktisch vor allem die Verarbeitung von Daten **durch den Arbeitgeber,** kann aber auch **Dritten** als Erlaubnistatbestand dienen, Wolff/Kosmider ZD 2021, 13 (14 f.); → Rn. 70.1

70.1 Zum Beispiel kann § 26 BDSG auch als Erlaubnistatbestand für die Verarbeitung von Beschäftigtendaten durch einen **Vertragspartner des Arbeitgebers** dienen, zB die Speicherung einer personalisierten Arbeitnehmer-E-Mail für Zwecke der Bestellung, Reklamation, Rechnung etc; zur datenschutzrechtlichen Rechtfertigung im Einzelnen Wolff/Kosmider ZD 2021, 13.

71 „Personenbezogene Daten von Beschäftigten dürfen für Zwecke des Beschäftigungsverhältnisses verarbeitet werden, wenn dies für die Entscheidung über die **Begründung eines Beschäftigungsverhältnisses** (…) erforderlich ist". § 26 enthält keine äußerlich getrennten Tatbestände für die verschiedenen Phasen des Vertragsverhältnisses, sondern eine einheitliche Regelung in Abs. 1 S. 1, innerhalb derer unter dem Hauptzweck „des Beschäftigungsverhältnisses" weiterhin nach der Erforderlichkeit für Unterzwecke unterschieden wird, hier für die Entscheidung über die Begründung des Beschäftigungsverhältnisses. Materiell handelt es sich entsprechend den unterschiedlichen Unteraspekten indes um ganz verschiedene Zwecke. Wo es auf die Verhältnismäßigkeit ankommt, ist die Zweckbestimmung entscheidend.

72 Die Rechtsprechung hat unabhängig vom BDSG aus zivilrechtlichen Grundsätzen (heute §§ 311 Abs. 2, 241 Abs. 2, 242 BGB) sog. **Grenzen des „Fragerechts"** entwickelt. So wie der Schutz des Allgemeinen Persönlichkeitsrechts allgemein sind aber auch diese Regeln subsidiär, sodass sie ungeachtet § 1 Abs. 3 S. 1 hinter der speziellen gesetzlichen Regelung in § 32 Abs. 1 S. 1 grundsätzlich zurücktreten (bereits oben → Rn. 16 ff.). Die sub specie „Fragerecht des Arbeitgebers" erörterten Themen sind nach Art. 6 DS-GVO, § 26 BDSG zu beantworten. Ausgangspunkt ist die aus der Privatautonomie und Vertragsfreiheit (Art. 2 Abs. 1, 1 Abs. 1 GG) fließende, im Vertragsrecht als selbstverständlich vorausgesetzte **Informationserhebungsfreiheit** des Arbeitgebers, die **grundsätzlich abgeschafft** und durch das allgemeine Informationserhebungsverbot des Art. 6 DSGVO ersetzt ist. Es gibt kein allgemeines „Fragerecht" des Arbeitgebers (Riesenhuber NZA 2012, 771 ff.; zust. Franzen NZA 2013, 1 (2); Kania/Sansone NZA 2012, 360; (nur) verbal am Fragerecht festhaltend BAG NZA 2014, 1131 Rn. 29 ff. 37 ff.; wohl aM Kühling/Buchner/Maschmann Rn. 29; → Rn. 72.1). Im Hinblick auf das Beschäftigungsverhältnis gilt – was datenschutzrechtlich selbstverständlich, vertragsrechtlich ungewöhnlich, arbeitsrechtlich aber längst aus zivilrechtlichen Grundsätzen entwickelt worden war – ein Begründungserfordernis für jede Datenerhebung, -verarbeitung und -nutzung. Daher ist es falsch, nach den Grenzen des „Fragerechts" (oder auch Informationserhebungsrechts) zu fragen. Richtigerweise muss man umgekehrt nach einer positiven Rechtfertigung für jede Informationserhebung fragen.

72.1 Die fortgesetzte Übung in Praxis und Lehre, zulässige Informationserhebung des Arbeitgebers und ihre Grenzen unmittelbar aus dem Allgemeinen Persönlichkeitsrecht (das über §§ 311 Abs. 2, 241 Abs. 2 BGB oder §§ 823 Abs. 1 – sonstiges Recht, 1004 BGB berücksichtigt wird) abzuleiten, ist **abzulehnen.** Sie missachtet die Tatsache, dass der Gesetzgeber die Datenerhebung (auch) vor Begründung von Beschäftigungsverhältnissen in § 26 umfassend geregelt hat; die Gerichte sind an diese Regelung gebunden; Art. 20 Abs. 3 Hs. 2 GG. Aus Gewohnheitsrecht oder dem Allgemeinen Persönlichkeitsrecht könnten sich nur engere Grenzen oder ergänzende Ansprüche ergeben. Da indes das Allgemeine Persönlichkeitsrecht bereits in der Verhältnismäßigkeitsprüfung der datenschutzrechtlichen Erlaubnistatbestände berücksichtigt wird, ist dafür kein Raum. Andere (engere oder weitere) Grenzen der Informationserhebung können sich aber aus speziellen Gesetzen ergeben. Die Regelungen dieser Gesetze können, sofern sie keine eigenständige datenschutzrechtliche Normierung enthalten, ebenfalls über den Verhältnismäßigkeitsgrundsatz („erforderlich") in die Anwendung des BDSG einfließen; Daten, deren Berücksichtigung bei Entscheidungen usw. im Hinblick auf das Beschäftigtenverhältnis nicht berücksichtigt werden dürfen, können für die Entscheidung über dessen Begründung oder für die Durchführung und Beendigung nicht „erforderlich" sein.

2. Datenverarbeitung – Allgemein

73 Vor Begründung des Arbeitsverhältnisses darf der Arbeitgeber die Daten des Bewerbers (§ 26 Abs. 8 S. 2) erheben, die er für die Entscheidung über die Begründung des Beschäftigungsverhält-

nisses benötigt (zum „pre-employment screening" Schwarz ZD 2018, 353 ff.; zu „People Analytics" → Rn. 73.2). Einzelheiten können von der Form des Auswahlverfahrens (die der Arbeitgeber im Rahmen seiner unternehmerischen Freiheit grundsätzlich selbst bestimmt) und der zu besetzenden Stelle abhängen.

Unter dem Stichwort der „anonymisierten Bewerbungen" spricht man von **pseudonymisierten** **73.1** **Bewerbungen,** bei denen Name und Adresse des Bewerbers von den Bewerbungsunterlagen getrennt (aber natürlich zuordenbar gehalten) werden und in den Bewerbungsunterlagen selbst auf die Angabe von Name, Geschlecht, Adresse, Geburtsdatum, Familienstand, Herkunft sowie die Beifügung eines Fotos verzichtet wird. Dadurch wird insbesondere auch die ethnische Herkunft verdeckt. Pseudonymisierte Bewerbungen werden primär aus Gründen des Schutzes vor **Diskriminierungen** diskutiert und erprobt; s. die Informationen zum Pilotprojekt der Antidiskriminierungsstelle des Bundes, zugänglich unter http://www.antidiskriminierungsstelle.de/DE/Projekte_ADS/anonymisierte_bewerbungen/anonymisierte_bewerbungen_node.html. Pseudonymisierte Bewerbungen werden aber auch datenschutzrechtlich als Ausprägung des Grundsatzes der **Datensparsamkeit** befürwortet; sie würden zudem Recherchen im Internet und in sozialen Netzwerken (nachfolgend → Rn. 101) verhindern; vgl. Der Bundesbeauftragte für Datenschutz und Informationsfreiheit, Pressemitteilung Nr. 33/2010 v 5.8.2010, zugänglich unter http://www.bfdi.bund.de/DE/Oeffentlichkeitsarbeit/Pressemitteilungen/2010/33_AnonymeBewerbungenDatenschutzfreundlich.html?nn=409394; s. auch Husemann/Betzinger ZRP 2011, 15; Döse NZA, 781; aus Unternehmenssicht krit., Maschmann/Grüning, Rigidität und Flexibilität im Arbeitsrecht, 2012, 16 ff. Bislang sind pseudonymisierte Bewerbungen indes nicht so etabliert, dass man darin ein gegenüber herkömmlichen Bewerbungen „milderes Mittel" sehen könnte, das herkömmliche Bewerbungen als datenschutzrechtlich unzulässig (nicht erforderlich) erscheinen ließe. Vertiefend zu verhaltensökonomischen Hintergründen Bohnet, What Works (2016).

Eine Bewerberanalyse auf der Grundlage großer Mengen verknüpfter Daten (**Big Data**), als Element **73.2** sog. **People Analytics** setzt voraus, dass die dafür herangezogenen und mit Hilfe von Algorithmen ausgewerteten Einzeldaten erforderlich iSv § 26 Abs. 1 S. 1 sind; eine Persönlichkeitsanalyse ist grundsätzlich. unzulässig; näher Dzida NZA 2017, 541 ff.; Arnold/Günther/Hamann Arbeitsrecht 4.0, 2018, Kapitel 6 Rn. 48; s. auch Holthausen RdA 2021, 19 ff.; s. auch Kleine Anfrage zum Einsatz von automatisierten Entscheidungssystemen und Künstlicher Intelligenz in der Personalauswahl, Personalverwaltung und -entwicklung, BT-Drs. 19/12439. Die Verwendung von **cloud-basierten Recruiting-Management-Systemen** wirft eigene datenschutzrechtliche Fragen auf; dazu Rockstroh/Leuthner ZD 2013, 497 ff. Zum Einsatz „autonom handelnder Roboter", etwa im Einstellungsverfahren, Groß/Gressel NZA 2016, 990 ff. (insbesondere ist § 6a zu beachten; im Übrigen bleibt es bei den Grenzen von § 26). Zum Einsatz **Künstlicher Intelligenz** Jaspers/Jacquemain RDV 2019, 232 ff.; Joos NZA-RR 2020, 1216 ff.; Atkinson ILJ 50 (2021), 364; zu Grundbegriffen Joos/Meding CR 2020, 834 ff. Eine spezielle Regelung fehlt, Rahmenbedingungen ergeben sich aus § 26 BDSG, dem Verbot von ausschließlich automatisierten Entscheidungen, Art. 22 DS-GVO sowie aus den Grundsätzen von Art. 5 DS-GVO (zu letzteren Joos/Meding CR 2020, 834 ff.).

Zu den erforderlichen Daten gehören in jedem Fall die sog. **Stammdaten** des Bewerbers: **74** Name, Adresse, Telefonnummer, E-Mail-Adresse, da diese zur Zuordnung der Bewerbungsunterlagen zu einem Bewerber und zur Kontaktaufnahme (Über-/Rücksendung von Unterlagen, Bestätigung von Terminen, kurzfristige Absprache) mit ihm unerlässlich sind. Problematisch ist die Einholung oder Anfertigung von **Fotos.** Sie ist zulässig, wenn (selten) das Aussehen des Bewerbers Berufsqualifikation ist, zudem aber auch, wenn das Bild im Auswahlverfahren als Zuordnungskriterium verwandt wird; letzteres ist eine Entscheidung, die dem Unternehmer, zumal bei größerer Bewerberzahl, weitgehend freisteht. Auch das **Geburtsdatum** ist regelmäßig keine berufliche Qualifikation und auch nicht zur Identifizierung des Bewerbers erforderlich (s. auch Kort NZA 2016 Beil. 2, 62 (67)).

Inhaltlich sind für die Einstellungsentscheidung Daten über die **Eignung** des Bewerbers für **75** die **vorgesehenen Tätigkeiten** erforderlich. Das entspricht der Rechtsprechung zum sog. „Fragerecht" des Arbeitgebers, das nur insoweit anerkannt ist, „als er ein berechtigtes, billigenswertes und schutzwürdiges Interesse an der Beantwortung seiner Frage für das Arbeitsverhältnis hat", das „objektiv so stark sein (muss), dass dahinter das Interesse des Arbeitnehmers am Schutz seines Persönlichkeitsrechtes und an der Unverletzbarkeit seiner Individualsphäre zurücktreten muss" (BAG AP BGB § 123 Nr. 26 („allgemeine Meinung"); BAG AP BGB § 123 Nr. 40; MHdB ArbR/Buchner § 30 Rn. 232 ff., 254 ff., 261 ff.). Auch das „Fragerecht" hat die Rechtsprechung – ungeachtet dieser weiter gefassten Formulierung – schon bisher im Hinblick auf die in Aussicht genommenen konkreten Tätigkeiten konkretisiert, nicht im Hinblick auf einen Arbeitsplatz. Kommt es entscheidend auf die vorgesehenen Tätigkeiten an, so steht es doch dem Arbeitgeber frei, diese festzulegen. Er kann dabei auch zunächst einen weiteren Kreis von Tätigkeiten in Aussicht nehmen und diesen dann mit Blick auf die Bewerbersituation und seine größere Personalplanung (zB bei mehreren gegenwärtig ausgeschriebenen oder auch künftig freiwerdenden Stellen) im Laufe des Verfahrens konkretisieren oder verändern. Ebenso steht dem Arbeitgeber frei, Daten im Hinblick auf einen – etwa vertretungsweise anfallenden – Wechsel auf andere Arbeitsplätze oder Entwicklungsmöglichkeiten (des Mitarbeiters und des Unternehmens) zu erheben.

76 Daten zur **fachlichen Qualifikation** betreffen fachliche Fähigkeiten, Kenntnisse und Erfahrungen. Zur **persönlichen Qualifikation** zählen persönliche Fähigkeiten, Kenntnisse und Erfahrungen. Dazu gehören etwa Fähigkeiten im Umgang mit anderen Mitarbeitern und mit Kunden; sog. soft skills; ggf. Aspekte der Lebenserfahrung. **Ausbildung** umfasst die Schul- und Hochschulausbildung, Berufsausbildung, Fortbildungen und dergleichen. Zu den entscheidungserheblichen Daten wird zu Recht auch der Ausbildungsort gerechnet, da Schwerpunkte in Ausbildung und Prüfung und auch die Bewertungen bekanntermaßen unterschiedlich ausfallen (vgl. BAG AP BDSG § 23 Nr. 2 unter B I 2 b). Der **berufliche Werdegang** umfasst Daten über bisherige Arbeitgeber und Arbeitstätigkeiten. Daraus ergeben sich implizit auch Angaben über **Lücken im Werdegang,** nach denen der Arbeitgeber aber auch unmittelbar fragen darf, soweit sie für die Einschätzung der fachlichen, ggf. auch der persönlichen Fähigkeiten unmittelbar von Bedeutung sind (zB wenn es auf kontinuierliche Praxiserfahrung oder Kenntnis der laufenden Entwicklungen ankommt). Die Gesamtheit dieser Daten ist üblicherweise in einem **Lebenslauf** enthalten und durch **Zeugnisse** belegt (→ Rn. 76.1 f.).

76.1 **Lücken im Lebenslauf** können den Arbeitgeber zu Fragen veranlassen, indes braucht der Arbeitnehmer sie nach allgemeinen Grundsätzen nur im Rahmen der Erforderlichkeit zu beantworten (MünchArbR/Buchner § 30 Rn. 269; Kania/Sansone NZA 2012, 360 (361)). Über eine getilgte **Vorstrafe** (→ Rn. 81 ff.), zB braucht er nichts zu sagen. Da Schweigen oder Auskunftsverweigerung für den Arbeitgeber beredt sein kann, wird man dem Bewerber ein „Recht zur Lüge" zugeben müssen; dabei darf er indes nicht in anderer Hinsicht täuschen, also etwa eine spezifische Ausbildung vorgeben, die er nicht genossen hat, oder maßgebliche Berufs- und Führungserfahrung erfinden (LAG BW BeckRS 2019, 5479 Rn. 52 (insoweit nicht abgedruckt in ZD 2020, 50)).

76.2 **Zeugnisse oder Nachweise** sind neben den darin bekundeten Inhalten eigene „personenbezogene Daten" iSv § 3 Abs. 1. An der mit ihnen verbundenen Bestätigung und Kontrollierbarkeit der inhaltlichen Daten hat der Arbeitgeber regelmäßig ein eigenes berechtigtes Interesse, wenn er an den inhaltlichen Daten ein berechtigtes Interesse hat. Das bedarf keiner näheren Begründung, diese liegt vielmehr im Zeugnis selbst, das eben die Funktion hat, seine Inhalte zu verbürgen vgl. für das Dienstzeugnis BGH NJW 1979, 1882 (ErfK/Müller-Glöge GewO § 109 Rn. 1; Kania/Sansone NZA 2012, 360 (361)).

76.3 Die Frage nach dem **bisherigen Gehalt** (vergleichend Finkin FS Klebe, 2018, 123 ff.) ist nach allgemeinen Grundsätzen (nur) zulässig, wenn sie für die Einstellung zur Aussicht genommenen Tätigkeit erforderlich ist. Das kann der Fall sein, soweit die Vergütung als Gegenleistung, insbesondere als leistungsbezogene Vergütung Indikator für Qualifikation oder Leistungsbereitschaft ist („Marktwert"); BAG AP § 123 BGB Nr. 25. Der Bewerber selbst begründet die Erforderlichkeit, wenn er sein bisheriges Gehalt als Mindestvergütung fordert. Die Begründungslast liegt daher – wie allgemein – beim Arbeitgeber (insofern wohl aM BeckOK ArbR/Joussen § 611a BGB Rn. 121), doch dürfte sie nicht nur im Ausnahmefall zu tragen sein. Dass sich durch die Offenbarung die Verhandlungsposition des Arbeitnehmers verschlechtere (Moritz NZA 1987, 329 (333); ErfK/Preis § 611a BGB Rn. 279) und dass die Gefahr der Perpetuierung gruppenbezogener Vergütungsnachteile bestehe, ist zwar nicht von der Hand zu weisen, für die datenschutzrechtliche Beurteilung indes irrelevant.

77 Auch im **privaten Bereich** erworbene Kenntnisse und Fähigkeiten können für die Entscheidung über die Einstellung von Bedeutung sein, zB die als Leiter der Pfadfindergruppe gezeigte Führungsverantwortung, die im Sportverein oder Orchester unter Beweis gestellte Teamfähigkeit, die durch Familienverantwortung nachgewiesene Organisationsfähigkeit und Belastbarkeit und andere mehr. Die Berücksichtigung von durch **Familienarbeit** erworbenen – tätigkeitsrelevanten – Fähigkeiten und Erfahrungen ist in Gleichstellungsgesetzen sogar vorgeschrieben (zB § 9 Abs. 1 BGlG, § 10 LGG NRW, § 10 HessGlG). Hier besteht einerseits eine Missbrauchsgefahr, andererseits kann man nicht verkennen, dass der Arbeitgeber diese Themen nun gerade nicht unter Offenlegung seiner Zwecke ansprechen kann, die sonst vereitelt werden könnten. Entscheidend ist die objektive Erforderlichkeit; Zweifel kann der Arbeitgeber vermeiden, indem er zB in der Stellenausschreibung auf die Möglichkeit hinweist, im privaten Bereich erworbene Fähigkeiten positiv hervorzuheben.

78 Im **öffentlichen Dienst** ist die Bewerberauswahl nach dem Leistungsprinzip („Grundsatz der Bestenauslese") des Art. 33 Abs. 2 GG streng auf sachliche Erwägungen begrenzt: „Jeder Deutsche

hat nach seiner Eignung, Befähigung und fachlichen Leistung gleichen Zugang zu jedem öffentlichen Amte". Allerdings sind auch hier die Organisationshoheit sowie das Vorrecht anerkannt, Anforderungsprofile zu definieren. Zum Ganzen Dürig/Herzog/Scholz/Badura GG Art. 33 Rn. 25 ff. (30 ff.). Entsprechend dem Leistungsprinzip ist die Datenverarbeitung im Auswahlverfahren, vermittelt über den Erforderlichkeitsgrundsatz, eng begrenzt. „Gewähr des jederzeitigen **Eintretens für die freiheitliche demokratische Grundordnung** im Sinne des Grundgesetzes ist ein persönliches Eignungsmerkmal iSd Art. 33 Abs. 2 GG" (BVerfG, NJW 1974, 1135; BVerfG NJW 1975, 1641; Dürig/Herzog/Scholz/Badura GG Art. 33 Rn. 33).

3. Verbotene Differenzierungsgründe nach AGG

Nach dem AGG verbotene Differenzierungsgründe (§ 1 AGG: Rasse, ethnische Herkunft, Geschlecht, Religion, Weltanschauung, Behinderung, Alter, sexuelle Identität) darf der Arbeitgeber gem. §§ 6, 7, 1 AGG bei der Einstellungsentscheidung grundsätzlich nicht berücksichtigen. Zum Teil wird schon dem AGG in teleologischer Auslegung ein entsprechendes Datenerhebungsverbot (Frageverbot) entnommen, insbesondere im Hinblick auf die mit dem Geschlecht untrennbar verbundene Schwangerschaft. Wo sich das nicht schon aus dem AGG ergibt, folgt dasselbe aus § 26 Abs. 1 S. 1: Wenn die Merkmale bei der Einstellungsentscheidung nicht berücksichtigt werden dürfen, können Angaben darüber auch nicht für die Einstellungsentscheidung erforderlich sein. 79

Anders ist das – unabhängig davon, ob das Frageverbot aus dem AGG oder aus § 26 Abs. 1 S. 1 abgeleitet wird – ausnahmsweise dann, wenn der betreffende Grund gem. § 8 AGG „wegen der Art der auszuübenden Tätigkeit oder der Bedingungen ihrer Ausübung eine **wesentliche und entscheidende berufliche Anforderung** darstellt, sofern der Zweck rechtmäßig und die Anforderung angemessen ist". Das ist eine gegenüber den allgemeinen Grundsätzen des „Fragerechts" (→ Rn. 72 f.) noch einmal verschärfte sachliche Bindung. Allerdings gibt es nur wenige Fälle, in denen das grundsätzlich verbotene Diskriminierungsmerkmal in einem streng objektiven Sinn eine berufliche Anforderung darstellt; zu denken ist an die Amme (MüKoBGB/Thüsing AGG § 8 Rn. 12) oder das Modell für Unterwäsche. Regelmäßig geht es um die schwierige Frage, inwieweit ein **unternehmerisches Konzept** oder **Kundenpräferenzen** berücksichtigt werden können. Weithin anerkannt wird etwa, dass die ethnische Herkunft bei einem entsprechend ausgerichteten Restaurant eine Rolle spielen darf; weitgehend akzeptiert man auch, dass bei Schutzorganisationen oder -positionen wie Frauenhaus, -beauftragtem oder -verband die betreffenden Diskriminierungsmerkmale berücksichtigt werden (LAG Hamm NZA-RR 1997, 315; LAG Bln NZA 1998, 312; ArbG München NZA-RR 2001, 365; ErfK/Schlachter AGG § 8 Rn. 2). Um berechtigte Kundenpräferenzen geht es, wenn die Intimsphäre geachtet werden soll (Verkauf von Damenunterwäsche; ärztliche Behandlung) (MüKoBGB/Thüsing AGG § 8 Rn. 14 ff.; Krause FS Adomeit 2008, 377. Im Einzelnen s. die Erläuterungen zu § 8 AGG bei Erman/Belling/Riesenhuber § 8 AGG Rn. 7, 9 f.; ErfK/Schlachter AGG § 8 Rn. 1 ff.; MüKoBGB/Thüsing AGG § 8 Rn. 1 ff. sowie zu den zugrundeliegenden europarechtlichen Regelungen bei Riesenhuber, Europäisches Arbeitsrecht, 2009, §§ 8–11). 80

4. Vorstrafen und Ermittlungsverfahren

§ 26 Abs. 1 dient zugleich auch der Umsetzung der **Regelungsoption des Art. 10 DS-GVO** (BT-Drs. 18/11325, 97 (über die Begründung hinaus dürfte das nicht nur für S. 1, sondern auch für S. 2 gelten)). Art. 10 DS-GVO ermöglicht auch dem mitgliedstaatlichen Recht, Erlaubnistatbestände für die Verarbeitung personenbezogener Daten über strafrechtliche Verurteilungen und Straftaten vorzusehen. Ein solcher ist § 26 Abs. 1 S. 1, soweit die strafrechtliche Verurteilung negative Einstellungs- oder Beschäftigungsvoraussetzung ist. Zum Beispiel nennt die Gesetzesbegründung das Verbot, des § 25 JArbSchG, bestimmte rechtskräftig Verurteilte mit der Beaufsichtigung, Anweisung oder Ausbildung von Jugendlichen zu betrauen. Die Vorschrift ist nach allgemeinen Grundsätzen auszulegen, nicht etwa „eng" (so aber Paal/Pauli/Gräber/Nolden, Rn. 18). Zwar haben strafrechtliche Verurteilungen für den Betroffenen besondere Bedeutung, in den einschlägigen Fällen aber auch für den Arbeitgeber, Arbeitskollegen, Kunden oder Dritte. 81

Die Erhebung von Daten über **Vorstrafen** ist zunächst nach allgemeinen Grundsätzen zu beurteilen: Entscheidend ist, ob diese für die Beurteilung der persönlichen Eignung für die in Aussicht genommene Tätigkeit von Bedeutung sind. Der Arbeitgeber darf daher nur Vorstrafen fragen, die, gemessen an einem objektiven Maßstab, nicht den subjektiven Einstellungen des Arbeitgebers, einen spezifischen Bezug zur Tätigkeit haben, also nach Verkehrsdelikten für einen Fahrer und nach Vermögensdelikten für einen Kassierer (BAG NJW 2013, 1115; BAGE 5, 159 82

BDSG § 26 Teil 2. Durchführungsbestimmungen für Verarbeitungen nach DS-GVO

(163) = AP Nr. 2 zu § 123 BGB = NJW 1958, 516 (517); BAG AP Nr. 7 zu § 1 KSchG 1969 Verhaltensbedingte Kündigung; BAG AP BGB § 123 Nr. 50). Bei besonderer Vertrauensstellung kann auch über den konkreten Tätigkeitsbezug hinaus das Vorliegen von Vorstrafen an sich ein relevantes Datum sein, weil und soweit es für die Vertrauenswürdigkeit und damit die Eignung von Bedeutung ist (MHdB ArbR/Buchner § 30 Rn. 343; Gola RDV 2011, 109 (112)).

83   Soweit der Arbeitgeber nur durch den Tätigkeitsbezug beschränkt Auskunft über Vorstrafen verlangen darf, ist das Verlangen eines **polizeilichen Führungszeugnisses** problematisch. Das grundsätzlich auf Antrag des Betroffenen (§ 30 BZRG) erteilte Zeugnis enthält nach § 32 Abs. 1 BZRG Angaben über die Eintragungen gem. §§ 4–16 BZRG und damit nicht tätigkeitsspezifisch, sondern undifferenziert Angaben über Vorstrafen. Dieser – der Sphäre des Bewerbers zuzuordnende – Umstand kann indes das Interesse des Arbeitgebers an amtlich bestätigter Information nicht in Frage stellen. Sein grundsätzlicher Anspruch ist daher gleichwohl anzuerkennen (im Ergebnis ebenso oder ähnlich Plath/Stamer/Kuhnke Rn. 47; Hohenstatt/Stamer/Hinrichs NZA 2006, 1065 (1067 f.); Einsicht nur für einen kleinen Personenkreis im Unternehmen ist ausreichender Schutz); aM; Gola RDV 2011, 109 (112 f.); Kania/Sansone NZA 2012, 360 (361 f.).) Es ist Sache des Beschäftigten, ggf. alternative Wege zum Schutz überschießender Inhalte aufzuzeigen (→ Rn. 83.1 f.).

83.1   Ein Ausgleich der widerstreitenden Interessen kann darin liegen, dass der Arbeitnehmer einem **beruflich zur Verschwiegenheit verpflichteten Dritten** Einsicht gewährt mit der Maßgabe, dem Arbeitgeber nur über die tätigkeitsrelevanten Inhalte Mitteilung machen zu dürfen.

83.2   Zum Schutz von Kindern und Jugendlichen vor sexuellem Missbrauch sieht § 30a BZRG ein **erweitertes Führungszeugnis** vor, dessen Vorlage Träger der Jugendhilfe nach § 72a I SGB VIII bei Einstellung oder Vermittlung sowie in regelmäßigen Abständen während der Beschäftigung verlangen sollen. Neben der speziellen Datenschutzregelung des § 72a V SGB VIII behalten die Grenzen von § 32 auch hier eigenständige Bedeutung, namentlich für die weitere Erhebung, Verarbeitung und Nutzung von Daten, die dem Arbeitgeber über das erweiterte Führungszeugnis zuwachsen; näher Löwisch/Mysliwiec NJW 2012, 2389 (unter treffendem Hinweis auf Garantenpflichten des Arbeitgebers); Joussen NZA 2012, 776. Ein Anspruch auf Vorlage eines erweiterten Führungszeugnisses kann sich bei entsprechender Gefährdungssituation (vgl. § 30a Abs. 2 lit. b und c BZRG) auch als vor- oder arbeitsvertragliche Nebenleistungspflicht aus § 241 Abs. 2 BGB ergeben; LAG Hamm ZD 2015, 37; LAG Hamm DuD 2014, 721. Zur Vorlagepflicht nach dem Datenschutzrecht in der katholischen Kirche Ullrich ZMV 2018, 56 ff.

84   Wenn die Eintragung über eine Vorstrafe **im Register getilgt** worden ist, „dürfen die Tat und die Verurteilung dem Betroffenen im Rechtsverkehr nicht mehr vorgehalten und nicht zu seinem Nachteil verwertet werden", § 51 Abs. 1 BZRG, daher auch nicht für die Einstellungsentscheidung berücksichtigt werden; zuletzt BAG NZA 2014, 1131 Rn. 27 ff., 36 ff. = AP BGB § 123 Nr. 73 mAv Kort (§§ 179 ff. StVollzG sind keine Beschäftigtendatenschutznormen); Walker/Schmitt-Kästner RdA 2015, 120. Der Verurteilte darf sich nach dem Grundsatz des § 53 Abs. 1 BZRG als unbestraft bezeichnen und braucht auch den zugrundeliegenden Sachverhalt nicht zu offenbaren (→ Rn. 84.1). Allerdings kann er auch in diesem Fall in die Datenverarbeitung einwilligen; LAG Bln-Bbg ZTR 2018, 538.

84.1   Die Grundsätze formuliert BAG NJW 1958, 516, 517: „Nach Vorstrafen des Bewerbers darf in Personalbogen nicht einschränkungslos gefragt werden (...), schon um die Resozialisierung der Gestrauchelten nicht unnötig zu erschweren und den sich redlich um einen Arbeitsplatz bemühenden Vorbestraften nicht in unnötige Gewissenskonflikte zu bringen, die übrigens der Gewissenlose weniger als der Anständige haben wird. Nicht für jede Tätigkeit ist die Vorstrafe eines Bewerbers ein beachtliches Hindernis. Sicherlich wird man nicht denjenigen zum Bankkassierer machen, der schon mehrfach wegen Unterschlagung bestraft worden ist, und eine wegen kommunistischer Betätigung vorbestrafte Stenotypistin wird man nicht im Verfassungsschutzamt, den aus § 175 StGB (Anm: insoweit freilich nicht mehr aktuell, aufgehoben 1994; K.R.) Bestraften nicht als Jugendpfleger, den wegen Trunkenheit am Steuer Bestraften nicht als Chauffeur einstellen. Aber es gibt eine Anzahl von Tätigkeiten, die ein Vorbestrafter durchaus ausüben kann. Es kommt stets auf den zu besetzenden Arbeitsplatz an (...). Je nach Art des zu besetzenden Arbeitsplatzes darf entweder nach Vorstrafen auf vermögensrechtlichem Gebiet (so etwa beim Bankkassierer) oder nach Vorstrafen auf politischem Gebiet (bei Angestellten des Verfassungsschutzamts), nach verkehrsrechtlichen Vorstrafen (beim Chauffeur) usw gefragt oder auch nicht gefragt werden. Es darf jedenfalls nicht schlechthin ohne sinnvolle Beschränkung auf das für den zu besetzenden Arbeitsplatz wichtige Strafrechtsgebiet gefragt werden. Bei der Fragestellung muss auch zum Ausdruck kommen, dass Strafen, die der Tilgung oder der beschränkten Auskunft unterliegen, nicht mitgenannt zu werden brauchen. Wenn der Bewerber eine ihm sonach unzulässigerweise gestellte Frage nach Vorstrafen wahrheitswidrig verneint, so stellt das keine Arglist dar."

Entsprechende Grundsätze gelten im Hinblick auf **laufende Ermittlungsverfahren**; vgl. BAG NJW 2013, 1115; NZA 2013, 429; NZA 2005, 1243; NZA 1999, 975. Auch hier ist die Datenerhebung für die Einstellungsentscheidung erforderlich und damit zulässig, wenn die Ermittlungsverfahren für die Bewertung der persönlichen Eignung des Bewerbers von Bedeutung sein können. Wichtig ist dabei aber auf der einen Seite, dass sich die so bestimmte Erforderlichkeit schon aus dem Ermittlungsverfahren ergibt, also aus einem Verdacht, nicht aus einer Tat; BAG NZA 2005, 1243; NZA 1999, 975 (für den öffentlichen Dienst im Hinblick auf Art. 33 Abs. 2 GG); MHdB ArbR/Buchner § 30 Rn. 348. Auf der anderen Seite ist das besonders hohe Persönlichkeitsinteresse des Bewerbers zu berücksichtigen, dessen Schuld nicht feststeht. Auch aus diesen Erwägungen ist hier – wie bei Vorstrafen (→ Rn. 82 ff.) – ein objektiver Maßstab im Hinblick auf die Erforderlichkeit anzulegen. Zum **Beispiel** nennt das BAG den Fall eines Kindergärtners, gegen den wegen Verdachts sexuellen Missbrauchs von Kindern in einem früheren Arbeitsverhältnis ermittelt wird (→ Rn. 83.2); zu entscheiden hatte es über den Fall eines Bewerbers für den Polizeivollzugsdienst, gegen den wegen Fahrens ohne Fahrerlaubnis mit einem Wagen ohne Zulassung und Versicherung ermittelt wurde; BAG AP BGB § 123 Nr. 50. Dementsprechend kommen grundsätzlich nur tätigkeitsbezogen spezifische Fragen nach Ermittlungsverfahren in Betracht und ist ein berechtigtes Interesse an unspezifischen Fragen regelmäßig nicht anzuerkennen, sie sind nicht erforderlich (BAG NZA 2013, 432 f. mAnm Wybitul ZD 2013, 238 f.; NJW 2013, 1115(→ Rn. 84.1)). Zu sog. Terrorismuslisten → Rn. 85.1. **85**

Zur datenschutzrechtlichen Zulässigkeit der Überprüfung von Stammdaten der Beschäftigten anhand der sog. **Terrorismuslisten** der EU Verordnungen 2580/2001 und 881/2002 BFH ZfZ 2012, 554 mwN; Behling NZA 2015, 1359 ff.; Byers/Fetsch NZA 2015, 1364 ff. (bes. zu arbeitsvertraglichen Rechtsfolgen); Hohenhaus NZA 2016, 1046 (1047 f.); krit. Brink jurisPR-ArbR 45/2012 Anm. 3; Gleich DB 2013, 1967 ff.; Kirsch ZD 2012, 519 ff.; Kaltenbach/Löw AuA 2013, 153 ff. Einen Erlaubnistatbestand verneinend jetzt Gundelach NJOZ 2018, 1841 (Kurzfassung NZA 2018, 1606). **85.1**

Führt der Arbeitgeber ein elektronisches Screening von Mitarbeiternahmen auf Übereinstimmung mit den Listen durch, besteht kein Mitbestimmungsrecht des Betriebsrats nach § 87 Abs. 1 Nr. 6 BetrVG, da die auf diese Weise erzeugten Ergebnisse keine Aussage über ein betriebliches oder außerbetriebliches Verhalten der Arbeitnehmer mit Bezug zum Arbeitsverhältnis enthalten (BAG ZD 2018, 436). **85.2**

5. Vermögensverhältnisse

In der Regel ohne Bedeutung für die Einstellungsentscheidung (geschweige denn erforderlich) sind die **Vermögensverhältnisse** des Bewerbers als solche. Von Interesse kann in der Regel nur sein, ob die **Vermögensverhältnisse** „geordnet" oder „nicht ungeordnet" sind (vgl. BAG AP § 63 HGB Nr. 32), und zwar unter drei verschiedenen Aspekten. Erstens kann – eher ausnahmsweise – eine Vielzahl von Lohnpfändungen oder -abtretungen eine Kündigung rechtfertigen, wenn sie dem Arbeitgeber einen solchen Aufwand verursachen, dass dies zu wesentlichen Störungen des Betriebsablaufs oder der Betriebsorganisation führt (BAG AP § 1 KSchG 1969 Nr. 4), dementsprechend kann das auch ein für die Einstellungsentscheidung erheblicher Sachverhalt. Zweitens können ungeordnete Vermögensverhältnisse bei Arbeitnehmern in einer Vertrauensstellung die Eignung betreffen (BAG BeckRS 1980, 02883 (Pharma-Außendienstmitarbeiter); BAG EzA § 1 KSchG Verhaltensbedingte Kündigung Nr. 45 (Schreibkraft)). Während diese Urteile eher „einfache" Vertrauensstellungen betreffen, kann ausnahmsweise bei Tätigkeit in höherer Vertrauensstellung mit eigenständiger Vermögensbetreuungspflicht auch ein berechtigtes Interesse an einer weitergehenden Vermögensauskunft bestehen; darauf weist auch § 167a BRAO hin, wonach der Entscheidung über die Zulassung als Rechtsanwalt am BGH auch ein Bericht über die wirtschaftlichen Verhältnisse zugrunde zu legen ist. Zu denken ist praktisch vor allem an Beschäftigte, denen größere Vermögenswerte anvertraut sind, zB Kassierer, Geldtransporteure (Hohenstatt/Stamer/Hinrichs NZA 2006, 1065 (1068) (Call Center eines Kreditkartenunternehmens wegen der Gefahr eines missbräuchlichen Zugriffs auf Kundendaten); restriktiv Weichert AuR 2010, 100 (103)). Drittens schließlich können die eigenen Vermögensverhältnisse Ausweis für die tätigkeitsspezifischen erforderlichen Fähigkeiten oder die für die tätigkeitsspezifisch erforderliche Inanspruchnahme von Kompetenz und Vertrauen sein. Wer selbst überschuldet ist, ist für die Vermögensberatung oder Vermögensverwaltung mangels Kompetenz oder mangels Vertrauenswürdigkeit ungeeignet (Gola/Heckmann/Gola, Rn. 40 (→ Rn. 86.1). **86**

Kommt es in den genannten Ausnahmefällen (→ Rn. 86) auf die Vermögensverhältnisse an, so kann der Arbeitgeber auch nach Abgabe einer **eidesstattlichen Versicherung** oder der Durchführung eines **Verbraucherinsolvenzverfahrens** fragen. Für die personenbezogenen Daten aus dem **Schuldnerver-** **86.1**

BDSG § 26 Teil 2. Durchführungsbestimmungen für Verarbeitungen nach DS-GVO

zeichnis nach § 915 ZPO, § 26 InsO treffen §§ 915 Abs. 3, 915a, 915b ZPO spezielle und daher vorrangige (§ 1 Abs. 3 S. 1) Regelungen. Nach § 915 Abs. 3 S. 1 ZPO (iVm § 26 Abs. 2 S. 2 InsO) dürfen personenbezogene Informationen aus dem Schuldnerverzeichnis nur für die Zwecke der Zwangsvollstreckung (des Insolvenzverfahrens) verwendet werden, „sowie um gesetzliche Pflichten zur Prüfung der wirtschaftlichen Zuverlässigkeit zu erfüllen, um Voraussetzungen für die Gewährung von öffentlichen Leistungen zu prüfen oder um wirtschaftliche Nachteile abzuwenden, die daraus entstehen können, dass Schuldner ihren Zahlungsverpflichtungen nicht nachkommen, oder soweit dies zur Verfolgung von Straftaten erforderlich ist". Gem. § 915b Abs. 1 S. 1 ZPO erteilt der Urkundsbeamte der Geschäftsstelle auf Antrag Auskunft über Eintragungen, wenn dargelegt wird, dass diese für einen der genannten Zwecke erforderlich ist. Die so erteilten Informationen dürfen nach § 915 Abs. 3 S. 2 ZPO nur für den Zweck verwendet werden, für den sie übermittelt worden sind. Darauf sind nichtöffentliche Stellen gem. § 915 Abs. 3 S. 3 ZPO bei der Übermittlung hinzuweisen. Die Eintragungen werden gem. § 915a Abs. 1 S. 1 ZPO grundsätzlich nach drei Jahren (§ 26 Abs. 2 S. 2 Hs. 2 InsO: fünf Jahren) gelöscht, wobei die Frist beginnt aus Gründen der Verwaltungsvereinfachung mit dem Ende Jahres, in dem das Eintragungsereignis eingetreten ist. Gem. § 915b Abs. 2 ZPO tritt aber schon nach drei (fünf) Jahren seit dem Tag des Eintragungsereignisses eine Löschungsfiktion ein; schon ab diesem Zeitpunkt darf die Eintragung (oder auch die Löschungsfiktion) nicht mehr mitgeteilt werden. Im Einzelnen siehe die Erläuterungen bei MüKoZPO/Eickmann ZPO § 915 Rn. 8 ff., 915a Rn. 1 ff., 915b Rn. 1 ff.

87 Eine **Schufa-Auskunft** kann nur vom Betroffenen selbst eingeholt – und dann an den Arbeitgeber weitergegeben – werden; es handelt sich daher nicht um Datenerhebung ohne Mitwirkung des Betroffenen iSv § 4 Abs. 2 S. 2. Problematisch ist, dass eine solche Auskunft – ähnlich wie ein Führungszeugnis (→ Rn. 83) – überschießend viel private Information enthalten kann. Erforderlich für die Einstellungsentscheidung kann sie daher nur sein, wenn es um Tätigkeiten in besonderer Vertrauensstellung geht; tendenziell weiter Hohenstatt/Stamer/Hinrichs NZA 2006, 1065 (1068 f.). Zu Bonitätsauskünften von **Auskunfteien** (= Dritten; § 4 Abs. 2 S. 2) (→ Rn. 87.1) und → Rn. 70.

87.1 Gola RDV 2011, 109 (112) sagt: „Nicht akzeptabel wäre es, wenn überschuldete Personen nur noch mit Schwierigkeiten eine, gerade für sie erforderliche, auskömmliche Beschäftigung erhalten würden." Das mag man sozialpolitisch unterstützen, indes ist diese Frage für die datenschutzrechtliche Beurteilung irrelevant. Hier geht es allein darum, ob Angaben über die Vermögensverhältnisse für die Einstellungsentscheidung im Hinblick auf den Schutz von Persönlichkeitsinteressen (nicht Beschäftigungsinteressen!) des Bewerbers als erforderlich bewertet werden können.

6. Krankheit und Behinderung; ärztliche Untersuchung; genetische Untersuchung

88 Gesundheitsdaten gehören zu den nach Art. 9 DS-GVO, § 26 Abs. 3 besonders geschützten besonderen Kategorien personenbezogener Daten (bereits → Rn. 33 ff.).

89 Im Hinblick auf die **Krankheit/Gesundheit** des Beschäftigten gibt es gegenläufige Interessen. Der Bewerber hat das Interesse, diese höchstpersönlichen („sensiblen") Angaben geheim zu halten. Die DS-GVO anerkennt in Art. 9, dass dies besonders schützenswerte Daten sind. Andererseits entspricht es dem wohlverstandenen Interesse des Bewerbers, keine Tätigkeit zu übernehmen, für die er gesundheitlich nicht geeignet ist. Ein auf Prävention ausgerichteter Arbeitsschutz verpflichtet den Arbeitgeber, dafür seinerseits zu sorgen. Bei ansteckenden oder die Sicherheit gefährdenden Krankheiten sind zudem Interessen Dritter (Kon-Arbeitnehmer, Kunden, Passanten) betroffen, für deren Schutz der Arbeitgeber regelmäßig verantwortlich sein wird (s. etwa Riesenhuber, Die Rechtsbeziehungen zwischen Nebenparteien, 1997, 232 ff.). Auch jenseits solcher weiterer Gefahren für Beschäftigte, Arbeitgeber und Dritte hat der Arbeitgeber das – selbstverständliche – Interesse, die versprochene Arbeitsleistung zu erhalten. Die Zulässigkeit der Datenerhebung durch den Arbeitgeber ist nach den allgemeinen Grundsätzen mit Rücksicht auf diese Interessenlage zu bestimmen.

90 In der Sache werden die maßgeblichen **Kriterien** zur Konkretisierung des gesetzlichen Rahmens schon bislang von der Rechtsprechung berücksichtigt. Die Grenzen zulässiger Datenerhebung formuliert das **BAG** so: „Im Wesentlichen beschränkt sich daher das Fragerecht des Arbeitgebers auf folgende Punkte (...): Liegt eine Krankheit bzw. eine Beeinträchtigung des Gesundheitszustandes vor, durch die die Eignung für die vorgesehene Tätigkeit auf Dauer oder in periodisch wiederkehrenden Abständen eingeschränkt ist? Liegen ansteckende Krankheiten vor, die zwar nicht die Leistungsfähigkeit beeinträchtigen, jedoch die zukünftigen Kollegen oder Kunden gefährden? Ist zum Zeitpunkt des Dienstantritts bzw. in absehbarer Zeit mit einer Arbeitsunfähigkeit zu rechnen, zB durch eine geplante Operation, eine bewilligte Kur oder auch durch eine

zurzeit bestehende akute Erkrankung?", BAG AP § 123 BGB Nr. 26. Zu Einzelheiten s. ErfK/ Preis BGB § 611a Rn. 282 f. (→ Rn. 90.1 ff.).

Eine **Alkohol- oder Drogenabhängigkeit** kann generell die Leistungsfähigkeit und Zuverlässigkeit beeinträchtigen, doch reicht eine bloß allgemeine Gefährdung des Erfüllungsinteresses des Arbeitgebers nicht aus, um die Datenerhebung zu begründen; Diller/Powietzka NZA 2001, 1227 (1228). Erforderlich und angemessen iSv § 26 Abs. 3 ist die Information für die Einstellungsentscheidung, (1) wenn der Bewerber aufgrund seiner Erkrankung den Dienst nicht zuverlässig antreten und ausführen kann; (2) wenn die in Aussicht genommene Tätigkeit besondere Verantwortung für Leib oder Leben oder (hohe) Vermögenswerte Dritter mit sich bringt und schon die bloße Gefährdung auszuschließen ist (Pilot, Kraftfahrer, Arzt, Bergführer); (3) wenn der Bewerber sich selbst gefährden würde (Gerüstbauer); Diller/Powietzka NZA 2001, 1227 (1228). In den Fällen (2) und (3) kann man auch ohne besonderen Anlass eine ärztliche Untersuchung (Alkohol-/Drogentest) für erforderlich und angemessen halten. **90.1**

Nach allgemeinen Grundsätzen ist die Frage nach einer **HIV-Infektion** (keine Behinderung iSv § 1 AGG; a.M. BAG, NZA 2014, 372 [wegen Stigmatisierung]; ErfK/Preis BGB § 611a Rn. 274c) grundsätzlich nicht zulässig, da sie die Eignung zur Ausübung von Beschäftigungstätigkeiten grundsätzlich nicht betrifft; ErfK/Franzen Rn. 17; wo die Frage nicht zulässig ist, kann auch ein HIV-Test nicht zulässig sein; Däubler/Wedde/Weichert/Sommer/Däubler Rn. 60. Anders kann aber nach § 26 Abs. 3 zu entscheiden sein, soweit aus der in Aussicht genommenen Tätigkeit eine Ansteckung Dritter folgen kann. Im Rahmen der unternehmerischen Organisationsfreiheit (→ Rn. 62) muss es dem Arbeitgeber auch freistehen, in bestimmten Bereichen wie etwa der Medikamentenherstellung oder der Lebensmittelherstellung entsprechend Kundenerwartungen besonders hohe Anforderungen zu formulieren, auch wenn eine Ansteckungsgefahr objektiv nicht besteht; zweifelnd; Lichtenberg/Schücking NZA 1990, 41 (44). Als zulässig angesehen wird die Frage nach und Untersuchung auf eine bereits ausgebrochene **AIDS-Erkrankung** (Behinderung iSv § 1 AGG; ErfK/Preis BGB § 611a Rn. 274c); ErfK/Franzen Rn. 17. Soweit das medizinisch nicht begründet ist (s. für Krankenhauspersonal die „Empfehlungen der Deutschen Vereinigung zur Bekämpfung der Viruskrankheiten (DVV) e.V. und der Gesellschaft für Virologie (GfV) e.V. zur Prävention der nosokomialen Übertragung von Humanem Immunschwäche Virus (HIV) durch HIV-positiven Mitarbeiterinnen und Mitarbeiter im Gesundheitswesen" v. 3.5.2012; abrufbar unter http://www.dvv-ev.de/1kommissionen/HIV_Infektion/DVV-GfV-Empfehlung%20zu%20HIV-positiven%20HCW%2003%2005%202012.pdf) lässt sich das nur mit der unternehmerischen Organisationsfreiheit begründen. **90.2**

Die Frage nach einer **Behinderung** hat das BAG früher nach denselben Maßstäben wie die Frage nach einer Krankheit behandelt (s. zB BAG AP § 123 BGB Nr. 26). Seit Inkrafttreten des AGG ist diese Rechtsprechung überholt. Es findet der oben (→ Rn. 79 ff.) angesprochene Maßstab des § 8 Abs. 1 AGG Anwendung. Danach darf der Arbeitgeber nur fragen, wenn die Nicht-Behinderung „wegen der Art der auszuübenden Tätigkeit oder der Bedingungen ihrer Ausübung eine wesentliche und entscheidende berufliche Anforderung darstellt, sofern der Zweck rechtmäßig und die Anforderung angemessen ist". Dasselbe gilt auch für Schwerbehinderungen oder nach § 68 SGB IX gleichgestellte Sachverhalte (deklaratorisch § 81 Abs. 2 SGB IX). Vergleiche BAG NZA 2010, 383 (Bayreuther NZA 2010, 679 (680); ErfK/Preis BGB § 611a Rn. 274a; Husemann RdA 2014, 16. Anders die ältere Rechtsprechung, BAG NZA 1996, 371; BAG NZA 2001, 315; offen gelassen von BAG NZA 2012, 34. Zur Rechtslage im bestehenden Arbeitsverhältnis, → Rn. 122; zum Wunsch des Bewerbers nach Berücksichtigung einer Schwerbehinderung → Rn. 74). **91**

Möchte ein Bewerber die Schwerbehinderung bei der Einstellung **berücksichtigt wissen**, muss er den potentiellen Arbeitgeber – regelmäßig im Bewerbungsschreiben oder an hervorgehobener Stelle im Lebenslauf – über die Behinderung informieren, bei wiederholten Bewerbungen auch wiederholt; BAG Beck RS 2014, 73585 Rn. 35; BAG NZA 2014, 258; Laber/Draxler ArbRB 2015, 25. **91.1**

Die Grundsätze über die Zulässigkeit der Frage nach der Krankheit von oben (→ Rn. 89 ff.) werden auch herangezogen, um die Zulässigkeit einer **ärztlichen Untersuchung** zu beurteilen (ErfK/Preis BGB § 611a Rn. 293; Keller NZA 1988, 561; krit. Bayreuther NZA 2010, 679 (682) („Recht auf Nichtwissen über seine gesundheitliche Disposition")). Das heißt (1) die Untersuchung muss darauf gerichtet sein zu klären, ob der Beschäftigte zum gegenwärtigen Zeitpunkt für die in Aussicht genommene Tätigkeit geeignet ist und (2) die Feststellung liegt noch nicht oder nicht mit der gebotenen Sicherheit vor. Ist die Frage (zB nach HIV) nicht zulässig, kann auch die Ermittlung des Datums durch ärztliche Untersuchung (zB HIV-Test) nicht zulässig sein. Als Eingriff in das allgemeine **Persönlichkeitsrecht** oder die körperliche **Unversehrtheit** bedarf die ärztliche Untersuchung nach allgemeinen Grundsätzen zusätzlich der **Einwilligung** des Bewerbers. Allerdings steht es dem Arbeitgeber frei, aus einer Verweigerung seine Schlüsse zu **92** ziehen (vgl. ArbG Stuttgart BB 1983, 1162; BAG AP BAT § 7 Nr. 1; ErfK/Preis BGB § 611a Rn. 294). Die Erforderlichkeit der Untersuchung für die Zwecke des Beschäftigungsverhältnisses bedeutet auch keine Entbindung von der ärztlichen **Schweigepflicht,** wie sie sich aus § 203 Abs. 1 StGB ergibt (verweisend § 8 Abs. 1 S. 3 ASiG). Auch insoweit ist eine Einwilligung erforderlich. Willigt allerdings der Bewerber im Bewerbungsverfahren in eine ärztliche Untersuchung ein (§ 4a Abs. 3), so liegt darin regelmäßig nicht nur die Einwilligung zur Datenerhebung, sondern auch die Einwilligung in die Weitergabe des Untersuchungsergebnisses. Die Einwilligung bezieht sich aber im Zweifel nur auf das für die Einstellung entscheidende Ergebnis der Eignung, nicht auf die Einzelbefunde, die zu diesem Ergebnis (oder Schluss) führen (ErfK/Franzen Rn. 17). Der Arzt kann sein Urt. aber qualifizieren („mit Einschränkungen", „geeignet" „hervorragend geeignet"); Däubler CR 1994, 101 (104); in Betracht kommt auch eine Qualifizierung, unter welchen Bedingungen und mit welchen Hilfsmitteln (Brille) der Bewerber geeignet ist. Das vollständige Untersuchungsergebnis erhält nur der Bewerber selbst (Bayreuther NZA 2010, 679 (682); ErfK/Franzen Rn. 17; Keller NZA 1988, 561 (563 f.)). Der Arzt oder der Bewerber haben dem Bewerber als verantwortliche Stelle Auskunft zu geben, was der Arzt dem Arbeitgeber mitgeteilt hat, § 34 Abs. 1 Nr. 1; ein entsprechender Auskunftsanspruch ergibt sich auch aus §§ 311 Abs. 2, 241 Abs. 2 BGB.

93 Für **Jugendliche** schreiben §§ 32 ff. JArbSchG (als spezielle Erlaubnisnormen iSv § 4 Abs. 1 Fall 2) eine Erstuntersuchung als Beschäftigungsvoraussetzung, Nachuntersuchungen, sowie Mitteilungen und Bescheinigungen darüber vor.

94 Für **genetische Untersuchungen** enthält das Gendiagnostikgesetz (GenDG, BGBl. I 2009, 2529) eine spezielle Regelung, die in ihrem Anwendungsbereich jener des BDSG vorgeht (§ 1 Abs. 2). Ausweislich der Zweckbestimmung in § 1 GenDG handelt es sich nicht zuletzt um ein spezielles Datenschutzgesetz. Gemäß § 2 Abs. 1 aE GenDG ist das Gesetz ua anwendbar auf genetische Untersuchungen und im Rahmen genetischer Untersuchungen durchgeführte genetische Analysen **im Arbeitsleben.** Die praktische Bedeutung illustriert VGH BW NJW 2001, 1082 (freilich einen ungewöhnlichen Fall betreffend) (→ Rn. 94.1).

94.1 Nach § 19 GenDG darf der **Arbeitgeber** (definiert in § 3 Nr. 13 GenDG) von **Beschäftigten** (§ 3 Nr. 12 GenDG) weder vor noch nach Begründung des Beschäftigungsverhältnisses die Vornahme **genetischer Untersuchungen** (§ 3 Nr. 1 GenDG) oder **Analysen** (§ 3 Nr. 2 GenDG) oder die **Mitteilung** von Ergebnissen solcher Untersuchungen oder Analysen verlangen; er darf solche Ergebnisse auch nicht entgegennehmen oder verwenden, wenn sie ihm ohne Verlangen überlassen oder sonst zugänglich werden (auch nicht, wenn er sie vor Erlass des Gesetzes erlangt hat). Entsprechendes gilt im Grundsatz für genetische Untersuchungen und Analysen zum **Arbeitsschutz,** § 20 Abs. 1 GenDG. Von diesem Grundsatz sieht das Gesetz jedoch in Abs. 2 und 3 der Vorschrift Ausnahmen vor. Die Untersuchung oder Analyse bedarf in jedem Fall gem. § 20 Abs. 4 iVm § 8 GenDG der Einwilligung des Beschäftigten. Der Arbeitgeber darf Beschäftigte nicht wegen ihrer eigenen genetischen Eigenschaften oder jener einer genetisch verwandten Person **benachteiligen** und auch nicht wegen der Weigerung, eine genetische Untersuchung oder Analyse vornehmen zu lassen oder die Ergebnisse zu offenbaren, § 21 GenDG. Im **öffentlichen Dienst** gelten die Vorschriften entsprechend, § 22 GenDG. Zur Einführung Fischinger NZA 2010, 65–70; Wiese BB 2009, 2198–2207; s.a. schon ders RdA 1988, 217–222. Das Verbot des § 19 GenDG erfasst nur die Informationserlangung durch genetische Untersuchung iSv § 3 Nr. 1 GenDG, nicht auch die Datenerhebung auf konventionellem Wege (Frage nach Erbkrankheiten in der Familie); krit. Bayreuther NZA 2010, 679 (681), der ein Verbot aus allgemeinen Grundsätzen und dem Grundrecht auf informationelle Selbstbestimmung ableitet; das Verbot dürfte auch aus dem (ggf. verfassungskonform ausgelegten) § 32 Abs. 1 S. 1 folgen.

7. Eignungstests

95 Für die Beurteilung von Eignungstests kann man die Grundsätze heranziehen, die das BAG für medizinische Untersuchungen entwickelt hat (→ Rn. 88 ff.). (1) Ihre Verwendung setzt erstens voraus, dass der Arbeitgeber ein „berechtigtes, billigenswertes schutzwürdiges Interesse" an der Durchführung hat, um die Eignung des Bewerbers für die in Aussicht genommene Tätigkeit festzustellen. Allgemeinen Intelligenztests wird von der wohl hM die nötige Spezifität im Hinblick auf die Tätigkeit abgesprochen, so etwa ErfK/Preis, BGB § 611a Rn. 309; mit Recht stellt dagegen Franzen NZA 2013, 1 (2) auf die Umstände des Einzelfalls ab, da (und, wie zu ergänzen ist: soweit) Intelligenz „ein relativ aussagekräftiger Prädiktor für beruflichen Erfolg" ist; zu Persönlichkeitstests Bausewein ZD 2014, 443 (445) = ArbR Aktuell 2014, 607 f. Auch „Stressinterviews" sollte man bei entsprechenden beruflichen Anforderungen nicht generell für unzulässig halten (aM ErfK/Preis BGB § 611a Rn. 310; ErfK/Franzen Rn. 13). (2) Ein Eignungstest kann zweitens nur dann erforderlich iSv § 26 Abs. 1 S. 1 sein, wenn er nach **anerkannten Methoden** Auskunft über die gesuchte Eignung gibt und er auch entsprechend durchgeführt wird. Gibt es keine wissenschaftlich anerkannten Methoden, so muss der Test immerhin einer etablierten und bewährten Übung der Personalpraxis entsprechen. (3) Drittens ist grundsätzlich die **Einwilligung** des Bewerbers in die Teilnahme am Test und dessen Durchführung erforderlich (im Ergebnis ebenso Grunewald NZA 1996, 15). Wenn man jemanden einem Test unterzieht, macht man ihn damit in besonderem Maße zum Objekt und greift dadurch in das allgemeine Persönlichkeitsrecht ein. Insofern unterscheidet sich ein Eignungstest qualitativ von dem (auch: psychologisch geschult durchgeführten) Vorstellungsgespräch (in dessen Durchführung der Bewerber im Übrigen konkludent durch Erscheinen einwilligt). Diese – persönlichkeitsrechtliche, nicht datenschutzrechtliche, daher auch konkludent mögliche – Einwilligung wiederum setzt voraus, dass der Bewerber in Grundzügen (freilich ohne die Durchführung zu vereiteln) über die Funktionsweise des Tests und den Zweck der Durchführung aufgeklärt wird; Grunewald NZA 1996, 15. (4) Viertens ist dem Bewerber ist ein Anspruch auf Kenntnis des Testergebnisses zuzugestehen. (5) Wird der Test von einem beruflich zur Verschwiegenheit verpflichteten Dritten durchgeführt (zB Berufspsychologe, § 203 Abs. 1 Nr. 2 StGB), so darf dieser dem Arbeitgeber nur die Schlussfolgerung für die Eignung mitteilen und auch das nur mit Einwilligung des Bewerbers. Entsprechend sollte grundsätzlich auch bei Durchführung des Tests durch eine interne Fachabteilung verfahren werden (→ Rn. 95.1 ff.).

Graphologische Gutachten sollen nach denselben Grundsätzen zu behandeln sein; Kühling/Buchner/Maschmann Rn. 33 (mit Einwilligung des Bewerbers zulässig). In einer Entscheidung aus dem Jahr 1982 sagt BAG AP BGB § 123 Nr. 24: „Soll der handgeschriebene Lebenslauf allerdings der Einholung eines graphologischen Gutachtens dienen, so bedarf es wegen der damit verbundenen Gefährdung des durch die Art. 1 Abs. 1 und Art. 2 Abs. 1 GG geschützten Persönlichkeitsrechte der ausdrücklichen Einwilligung des Betroffenen. Es gehört zum Selbstbestimmungsrecht des Menschen, selbst frei darüber entscheiden zu können, ob und inwieweit er ein Ausleuchten seiner Persönlichkeit mit Mitteln, die über jedermann zur Verfügung stehende Erkenntnismöglichkeiten hinausgehen, gestatten will; die Einholung eines graphologischen Gutachtens ohne Einwilligung des Betroffenen ist unzulässig und verpflichtet nach §§ 823, 847 BGB gegebenenfalls zum Schadenersatz (...)". Als wissenschaftliches Verfahren wird Graphologie heute weithin als invalide angesehen – wie Astrologie oder Zufallsergebnisse. Daher stellt sich die Frage, ob der Arbeitgeber sie noch als erforderlich ansehen kann. Dafür spricht immerhin noch die Privatautonomie des Arbeitgebers; das läuft freilich dem Rationalisierungsanliegen des BDSG zuwider. 95.1

Eine besondere Art von Eignungstest sind **Assessment Center.** Sie sind regelmäßig (schon im Auswahlinteresse des Arbeitgebers, aber auch wegen des damit verbundenen erheblichen Aufwandes) spezifisch auf die in Aussicht genommene Tätigkeit zugeschnitten und dann nach allgemeinen Grundsätzen (→ Rn. 54 ff.) datenschutzrechtlich zulässig; vgl. LG Düsseldorf BeckRS 2010, 70182 (zu §§ 3 Abs. 2, 15 Abs. 2 AGG); krit. Carpenter NZA 2015, 466 (am Bsp. der Gruppendiskussion, indes mit überzogenem Erforderlichkeitsmaßstab und mit verfehlten Anforderungen an die Einwilligung (dazu → Rn. 35 ff.); abl. Kort NZA 2016 Beil. 2, 62 (71)). Zu § 32a RegE ebenso Beckschulze/Natzel BB 2010, 2368 (2370 f.); auch Novara/Ohrmann AuA 2011, 145 (147). Dh insbesondere, dass die in diesem Rahmen durchgeführten Prüfungen tätigkeitsspezifisch ausgestaltet sein müssen. 95.2

Zu **Mitwirkungsrechten des Betriebsrats** nach §§ 94, 95 BetrVG Franzen NZA 2013, 1 (3 f.); ErfK/Franzen Rn. 51. 95.3

8. Tendenzunternehmen

Die sich aus speziellen Tatbeständen, insbesondere dem AGG ergebenden Datenerhebungsverbote im Hinblick auf Religion, Weltanschauung, politische Meinung und Gewerkschaftszugehörigkeit gelten für **Tendenzunternehmen** nicht uneingeschränkt. Im Hinblick auf Religion und Weltanschauung ergibt sich dies bereits aus dem Rechtfertigungstatbestand des § 9 AGG. In Anlehnung an die dortige Formulierung kann man allgemein sagen, dass die Datenerhebung ausnahmsweise zulässig ist, wenn es im Hinblick auf die Ausrichtung des Arbeitgebers und die Art der Tätigkeit um gerechtfertigte berufliche Anforderungen geht. 96

9. Datenerhebung bei Dritten (insbesondere früheren Arbeitgebern) und aus öffentlich zugänglichen Quellen (insbesondere sozialen Netzwerken)

In Betracht kommt, dass der Geschäftszweck oder die zu erfüllende Verwaltungsaufgabe der Art nach die Dritterhebung erforderlich macht. Die Besorgnis, der Bewerber lüge, sage nicht verlässlich die volle Wahrheit oder sei nicht vertrauenswürdig, kann eine Überprüfung anhand Angaben Dritter rechtfertigen (zu § 32 BDSG aF Däubler NZA 2001, 874 (876); Weichert AuR 2010, 100 (102)). Angaben, die ihrem Wesen nach nicht vom Betroffenen erlangt werden können, 97 etwa weil es um seinen Leumund geht, machen die Dritterhebung ebenso erforderlich. Auch wenn die Erhebung beim Betroffenen einen unverhältnismäßigen Aufwand erfordern würde, kommt eine Erhebung aus anderer Quelle in Betracht. Zugunsten des Betroffenen sind seine schutzwürdigen Interessen zu berücksichtigen.

98 Nach diesen Grundsätzen kommt auch nach neuem Recht die Nachfrage beim **früheren Arbeitgeber** in Betracht. Das BAG hat ihre Zulässigkeit nach altem Recht begründet mit der „Stellung von Arbeitgeber und Arbeitnehmer im Rahmen der Arbeitsverhältnisses und aus den Grundsätzen der Sozialpartnerschaft, die den Angehörigen sowohl der Arbeitgeberschaft wie der Arbeitnehmerschaft das Recht geben, andere Angehörige der gleichen Gruppe bei der Wahrung ihrer Belange zu unterstützen" (BAG AP BGB § 630 Nr. 1; anderer Meinung Plath/Stamer/Kuhnke Rn. 27; Kühling/Buchner/Maschmann Rn. 35 (nur mit Einwilligung des Bewerbers)). Ein Arbeitgeber kann nicht gehindert werden, einen anderen Arbeitgeber bei der Wahrung seiner Belange zu unterstützen; so BAG NJW 1986, 341 (342). Die Erkundigung kann zudem erforderlich sein, wenn die Bewerberangaben Anlass zu Zweifeln geben, etwa bei – ggf. nach Nachfrage verbleibenden – Ungereimtheiten oder Lücken. Die **Personalakten** darf der frühere Arbeitgeber indes nicht ohne Einwilligung des Beschäftigten herausgeben; so schon aufgrund arbeitsrechtlicher (nicht spezifisch datenschutzrechtlicher) Bewertung BAG NJW 1986, 341 (342); s. aber auch Piltz RDV 2018, 3 zur Anwendbarkeit des Rechts auf Datenübertragbarkeit nach Art. 20 DS-GVO. Zur datenschutzrechtlichen Erlaubnis der Übermittlung durch den früheren Arbeitgeber s.o. Zu Bonitätsauskünften von Auskunfteien → Rn. 98.1.

98.1 **Bonitätsauskünfte von Auskunfteien** über Arbeitnehmer werfen auf verschiedenen, zu trennenden Ebenen datenschutzrechtliche Fragen auf. (1) Die Datenerhebung durch die Auskunftei; dazu vor allem § 29 Abs. 1; s. dort; (2) die Datenübermittlung an Auskunfteien; dazu § 28a; s. dort; (3) die Zulässigkeit der Übermittlung von Daten durch die Auskunftei an den Arbeitgeber; dazu § 29 Abs. 2; diese Frage hängt über das Erfordernis eines berechtigten Interesses des Dritten zusammen mit: (4) die grundsätzlich Zulässigkeit der Datenerhebung durch den Arbeitgeber; sie richtet sich nach § 26 Abs. 1 S. 1; (5) die Zulässigkeit der Datenerhebung ohne Mitwirkung des Bewerbers ist jetzt nach dem Erforderlichkeitsgrundsatz von § 26 Abs. 1 S. 1 zu beurteilen. Datenerhebung durch **Detekteien** spielt vorvertraglich normalerweise keine Rolle.

99 Bei der **Datenerhebung im Internet** (dazu Gola NZA 2019, 654 ff.) ist im Rahmen der Verhältnismäßigkeitsprüfung zu berücksichtigen, dass der Arbeitgeber das grundrechtlich geschützte **Recht hat, sich aus allgemein zugänglichen Quellen ungehindert zu unterrichten,** Art. 5 Abs. 1 S. 1 GG, Art. 11 Abs. 1 S. 1 GRCh. Zu diesen Quellen gehört auch das Internet; BeckOK GG/Schemmer GG Art. 5 Rn. 26. Das gegenläufige Recht des Bewerbers auf informationelle Selbstbestimmung hingegen angesichts der allgemeinen Zugänglichkeit von vornherein nur wenig Schutz beanspruchen kann. Betreibt der Bewerber selbst eine Website, hat er seine informationelle Selbstbestimmung dadurch ausgeübt. Soweit das Problem in der von Dritten veranlassten Verfügbarkeit der Daten im Internet liegt, muss der Bewerber primär dagegen vorgehen; vgl. zum Recht auf Vergessenwerden EuGH NJW 2014, 2257 und Art. 17 DS-GVO → Rn. 100.1.

99a Mit **Einwilligung** des Bewerbers ist die Datenerhebung im Internet ohne Weiteres zulässig, etwa wenn der Bewerber darauf in seinem Bewerbungsschreiben verweist (dann schon keine Dritterhebung). Ohne einen solchen Hinweis des Bewerbers kann man nicht als konkludente Einwilligung auslegen (§§ 133, 157 BGB), dass der Bewerber eine Website betreibt (weitergehend Weichert AuR 2010, 100 (104)), erst recht nicht, dass er bei irgendeiner Gelegenheit Daten ins Internet gestellt hat (zB Leserbrief, Produktbewertung u. dergleichen). Weder in ein Handeln des Arbeitgebers ohne seine Mitwirkung noch in die Datenerhebung willigt der Bewerber damit ein, sind doch Bewerbungssituation oder Arbeitgeber regelmäßig noch gar nicht absehbar oder bestimmbar. Schon der objektive Tatbestand einer (konkludenten) Einwilligung fehlt. Einwilligung liegt aber in der Bewerbung auf eine Ausschreibung, in der ausdrücklich auf die beabsichtigte Recherche hingewiesen ist; Aumann rescriptum 2012, 10 (12).

100 Bei der Bewertung nach dem **Erforderlichkeits**grundsatz kann man von der Wertung des Art. 9 Abs. 2 lit. e DS-GVO ausgehen, wonach sogar die besonders schutzwürdigen „sensiblen Daten" verarbeitet werden dürfen, wenn die betroffene Person sie „offensichtlich öffentlich gemacht hat; Gola NZA 2019, 654 (655 f.). Wer selbst eine Website betreibt, übt damit seine informationelle Selbstbestimmung aus und muss wissen, dass Daten im Internet weltweit jedermann zugänglich sind. Die Erhebung durch den Arbeitgeber ist für den Bewerber absehbar (nur geringe Einschränkung der Transparenz) und führt aufgrund der regelmäßig möglichen anonymen Abfrage nicht zu einer Datenvermehrung (Grundsatz der Datenminimierung). Eine Zweckbindung, die verletzt werden könnte, besteht typischerweise nicht (anders in einigen sozialen Netzwerken; → Rn. 101). **Im Grundsatz** ist daher die Nachforschung im Internet als **zulässig** zu bewerten. Dies gilt insbesondere, wenn es Unstimmigkeiten im beruflichen Werdegang des Bewerbers gibt (LAG BW ZD 2020, 50 Rn. 53 mzustAnm Tiedemann sowie Fuhlrott NZA-RR 2020, 167). Überwiegende entgegenstehende Bewerberinteressen sind, vom Sonderfall der erkennbaren Schädigungsabsicht abgesehen, grundsätzlich nicht anzuerkennen; zu § 4 Abs. 2 BDSG aF Forst NZA 2010, 427 (431); anderer Meinung Weichert AuR 2010, 100 (104). Dass bei Verwendung von **Suchmaschinen** (Bing, Google, Yahoo) regelmäßig überschießende Daten erhoben werden, ist unvermeidlich und daher durchaus als noch erforderlich zu bewerten (→ Rn. 100.1).

Das vom EuGH NJW 2014, 2257 begründete und jetzt in Art. 17 DS-GVO normierte **Recht auf** **100.1** **Vergessenwerden** hat, wie der Fall des EuGH zeigt, gerade für Beschäftigte praktische Bedeutung. Dabei geht es freilich nicht unmittelbar um das Beschäftigungsverhältnis zum Arbeitgeber, sondern um das durch das Recht auf Datenschutz und Privatsphäre begründete Rechtsverhältnis zum Suchmaschinenbetreiber oder zu sonstigen Informationsintermediären. Einen Löschungsanspruch gegen den Suchmaschinenbetreiber durchzusetzen kann mit anderen Worten die pragmatisch-präventive Vorgehensweise des Beschäftigten zur Vorbeugung gegen faktisch drohende rechtswidrige Informationserhebung durch den Arbeitgeber sein.

Bei den im Internet betriebenen **sozialen Netzwerken** („freizeitorientierte" Netzwerke wie **101** facebook; „berufsorientierte" Netzwerke wie LinkedIn, XING) liegen die Dinge besonders, soweit die darin verfügbaren Informationen nicht allgemein, sondern nur, ggf. weiter abgestuft, anderen Mitgliedern zugänglich sind (zum BDSG aF Forst NZA 2010, 427 (431); ErfK/Franzen Rn. 19). Für berufsorientierte Netzwerke ist indes zu berücksichtigen, dass sich ihre Teilnehmer dort gerade auch für Arbeitgeber und Geschäftspartner darstellen; liegt darin nicht schon (etwa nach den AGB des Betreibers) eine Einwilligung gem. Art. 4 Nr. 11, Artikel 7 DS-GVO, so ist die Recherche durch den Arbeitgeber jedenfalls nach § 26 Abs. 1 S. 1 als verhältnismäßig zu beurteilen (Aszmons/Raben/Reiners DB 2018, 1583 f.; Gola NZA 2019, 654 (655 f.); zu Informationspflichten → Rn. 101.1; zur Beweislast für Grenzüberschreitungen → Rn. 101.2).

Die Informationspflichten von Art. 14 DS-GVO sind zu beachten. Sie können ggf. schon mit der **101.1** Stellenausschreibung erfüllt werden.

Bei Internetrecherchen und Recherchen in sozialen Netzwerken besteht praktisch die Gefahr, dass sich **101.2** der Arbeitgeber über die datenschutzrechtlichen Grenzen hinwegsetzt. Da der Zugang einfach, aber schwer überprüfbar ist, wird – de lege ferenda - eine **Beweis**erleichterung nach dem Vorbild von § 22 AGG vorgeschlagen; Körner AuR 2010, 416 (419); zweifelhaft.

10. Einzelne Formen der „Verarbeitung" iSv Art. 4 Abs. 1 Nr. 2: Speicherung, Verbreitung, Ordnung, Übermittlung, Löschung

§ 26 Abs. 1 S. 1 enthält keine spezifischen Regelungen für einzelne Formen der Verarbeitung. **102** Es gilt stets der **Erforderlichkeitsgrundsatz**. Erforderlich ist regelmäßig die **Speicherung** (zB von E-Mails; einscannen von übersandten Unterlagen) und **Verbreitung** von Bewerbungsunterlagen, um sie an die **mit der Personalauswahl beschäftigten Personen** weiterzugeben. Wen der Arbeitgeber in die Personalauswahl einbezieht, ist in einem weiten Rahmen seine Sache (Personalabteilung, Vorgesetzte Mitarbeiter), muss aber von irgendwie begründeten sachlichen Gesichtspunkten geleitet sein, da sonst eine Erforderlichkeitsprüfung nicht möglich wäre. Weitergabe an nicht am Auswahlverfahren beteiligten **Dritte** kann Schadensersatzansprüche nach Art. 82 DS-GVO begründen; LG Darmstadt ZD 2020, 642. Schon wenn es mehr als einen Bewerber gibt, ist auch die **Organisation** und das **Ordnen** von Einzeldaten in eine (auch elektronische) Übersicht (Tabelle) erforderlich; das ist der typische Weg, um sich einen Überblick zu verschaffen und den Vergleich zu ermöglichen. Eine Form der Verarbeitung ist auch die **Übermittlung** personenbezogener Daten an Dritte, zB Gutachter oder Berater.

Verarbeitung ist auch die **Löschung** von gespeicherten Daten und bedarf daher nach Art. 6 **103** DS-GVO der Einwilligung oder einer gesetzlichen Erlaubnis; zu Löschungspflichten allgemein noch → Rn. 206 ff. Ohne Einwilligung oder gesetzliche Erlaubnis hat der Arbeitgeber kein **Recht,** Daten zu löschen. Die Verordnung enthält allerdings keine expliziten Löschungsrechte, sondern in Art. 17 lediglich Löschungspflichten. Kann der Betroffene Löschung verlangen, muss der Verantwortliche dazu aber auch berechtigt sein.

Nach dem Erforderlichkeitsgrundsatz von § 26 Abs. 1 S. 1 besteht eine **Löschungspflicht, 104** wenn die Kenntnis und Reproduzierbarkeit der Daten für die Zwecke der Entscheidung über die Einstellung **nicht mehr nötig** ist, Art. 17 Abs. 1 lit. a DS-GVO. Die Löschungspflicht ist in diesem Fall die Kehrseite der nur auf das Erforderliche begrenzten Erlaubnis. Beruht die Datenverarbeitung ausschließlich auf der Einwilligung des Bewerbers (und nicht zugleich auch auf einer gesetzlichen Erlaubnis, zB aus § 26 Abs. 1 S. 1), ist der Arbeitgeber zur Löschung verpflichtet, wenn der Bewerber die **Einwilligung widerruft,** Art. 17 Abs. 1 Nr. 2 DS-GVO.

105 **Zivilrechtlich** hat das BAG hat einen Anspruch auf Vernichtung (hier: eines Personalfragebogens) **aus §§ 823 Abs. 1 – Allgemeines Persönlichkeitsrecht, 1004 BGB** begründet; BAG NZA 1984, 321 f. Ein entsprechender Anspruch ergibt sich auch aus dem **vorvertraglichen Schuldverhältnis** nach § 311 Abs. 2 BGB als Nebenleistungspflicht aus § 241 Abs. 2 BGB, dessen Inhalte ebenso unter Berücksichtigung der betroffenen Grundrechtspositionen, insbesondere das Allgemeine Persönlichkeitsrecht des Bewerbers, mitbestimmt werden (vgl. zur Begründung BAG NZA 2007, 269 (271); BAG NZA 1988, 53 f.). Auch BAG NZA 1984, 321 f. stellt für den Vernichtungsanspruch auf Verhältnismäßigkeitserwägungen (Erforderlichkeitsgrundsatz) ab. Soweit es bei der Vernichtung um eine Löschung iSv § 4 Abs. 4 S. 2 Nr. 5 und damit eine Verarbeitung iSv § 3 Abs. 4 geht, können auch diese zivilrechtlichen Vorschriften als „andere Rechtsvorschriften" iSv § 4 Abs. 1 die Löschung erlauben. Sie begründen eine selbständige Verpflichtung neben § 35 Abs. 2, die nach den Vorüberlegungen zur Systematik (→ Rn. 16 ff.) aber nur ergänzend zur Anwendung kommen.

106 Wird der **Bewerber eingestellt,** besteht grundsätzlich keine Löschungspflicht; die Nutzung der Daten ist regelmäßig zur Durchführung des Beschäftigungsverhältnisses erforderlich und damit ist der Erlaubnistatbestand von § 26 Abs. 1 S. 1 Fall 2 erfüllt (→ Rn. 113). In den übrigen Fällen entsteht die Löschungspflicht nicht schon, wenn der Kandidat seine **Bewerbung zurückzieht** oder das **Auswahlverfahren** zugunsten eines anderen Bewerbers **entschieden** ist. Zu den Zwecken des Bewerbungsverfahrens zählt zum einen, selbst nach Abschluss des Vertrags mit einem anderen Bewerber noch eine nach der Lebenserfahrung angemessene Zeit abzuwarten, ob dieser nicht (auch ungeachtet vertraglicher Bindung) noch abspringt. Zum anderen trifft den Arbeitgeber nach § 22 AGG die rechtlich begründete Obliegenheit, die Bewerberauswahl auch nach Abschluss des Verfahrens noch objektiv rechtfertigen zu können. Grundsätzlich muss der Arbeitgeber für diese Zwecke sämtliche Unterlagen des Bewerbungsverfahrens (gerade auch die Rücknahme der Bewerbung!) auch ohne besonderen Anlass für eine **angemessen Frist aufbewahren** dürfen (Greßlin BB 2015, 117 (118); aM Schild/Tinnefeld DuD 2009, 469 (471)); insofern ist BAG NZA 1984, 321 (323) („wenn er mit Rechtsstreitigkeiten über die negative Entscheidung des betroffenen Bewerbers oder eines konkurrierenden Dritten rechnen muss") heute zu eng und durch die Beweislastumkehr überholt. Ausgangspunkt für die Konkretisierung dieser Aufbewahrungsfrist sind die Frist des § 15 Abs. 4 AGG – zwei Monate ab Zugang der Ablehnung – für die Geltendmachung von Ansprüchen und die daran anknüpfende Klagefrist des § 61b ArbGG – drei Monate nach schriftlicher Geltendmachung. Die angemessene Frist für die Aufbewahrung ist wegen der mit dem Fristbeginn verbundenen Unsicherheiten und wegen der Regelung des § 167 ZPO um einen angemessenen Aufschlag (mindestens drei weitere Monate; zur Zustellung „demnächst" iSv § 167 MüKoZPO/Häublein ZPO § 167 Rn. 9 ff.: bei vom Veranlasser nicht vorwerfbar verzögerter Zustellung im Inland: jedenfalls 2 ½ Monate!) zu verlängern: fünf bzw. acht Monate. Steht fest, dass der Arbeitgeber in Anspruch genommen wird, so ist die Aufbewahrung der Daten des streitbeteiligten Bewerbers sowie sämtlicher Bewerber, deren Bewerbungen möglicherweise für den Rechtsstreit von Bedeutung sein können, für die Dauer des Rechtsstreits erforderlich.

107 Da es um die informationelle Selbstbestimmung geht, darf der Arbeitgeber Bewerberdaten auch **nicht** „fürsorglich" **im Interesse des Bewerbers** aufbewahren, etwa im Hinblick auf die Möglichkeit einer späteren Berücksichtigung oder „um den Bewerber später gegebenenfalls selbst noch einmal ansprechen zu können"; das ist nicht erforderlich; vgl. BAG NZA 1984, 321 (323) (mit zivilrechtlicher Begründung). Stellt § 26 Abs. 1 S. 1 keinen Erlaubnistatbestand für das Behalten und Verwahren von Bewerberdaten, so kann das doch nach allgemeinen Grundsätzen selbstverständlich mit **Einwilligung** des Bewerbers erfolgen; vgl. BAG NZA 1984, 321 (323); Bettinghaus/Wiemers DB 2018, 1277 (1278 f.). Das kommt praktisch etwa dann in Betracht, wenn der Arbeitgeber dem Zweitbesten in Aussicht stellen kann, demnächst bei einer zu besetzenden Stelle berücksichtigt zu werden. Wie weit diese Befugnis – gegenständlich und zeitlich – reicht, ist der Einwilligung zu entnehmen (§§ 133, 157 BGB), mangels konkreter Vereinbarung dem Zweck der Aufbewahrung (→ Rn. 107.1).

107.1 Arbeitgeber, zumal größerer Unternehmen, haben mitunter das Interesse, eingegangene Bewerbungsunterlagen mehr oder weniger detailliert zu archivieren, um sie im Falle einer **erneuten Bewerbung** heranzuziehen, sei es um bereits als untauglich befundene Bewerber frühzeitig auszuschließen, sei es um die persönliche oder berufliche Entwicklung oder die Selbstdarstellung im Vergleich der früheren und der aktuellen Unterlagen heranzuziehen; man spricht auch von einer **Bewerberdatenbank.** Eine Rechtfertigung kommt nicht aus Gründen der Erforderlichkeit für die Begründung oder Durchführung des Beschäftigungsverhältnisses nach § 32 in Betracht, sondern allein aus überwiegenden berechtigten Interessen gem. § 28 Abs. 1 S. 1 Nr. 2 oder aufgrund Einwilligung. Dabei ist allerdings die nachträgliche Zweckänderung bedenklich. Ein berechtigtes Interesse, wiederholte Auswahlarbeit zu vermeiden, ist grundsätzlich anzuerkennen, doch reicht dafür die Aufbewahrung weniger Grunddaten (Name, Anschrift, Geburtsdatum); vgl. BAG NZA 1984, 321 (323) (zum APR). Der Zweck, die Daten zum Vergleich oder zur Ergänzung einer erneuten Bewerbung aufzubewahren, ist schon deswegen nicht berechtigt, weil dies nach § 32 Abs. 1 nicht erforderlich ist: Für die Einstellungsentscheidung müssen die Bewerbungsunterlagen ausreichen, die der Arbeitgeber ggf. durch Fragen ergänzen kann; im Ergebnis wie hier Greßlin BB 2015, 117 (120); Ohlendorf/Schreier BB 2008, 2458 (2464); anderer Meinung Schriever BB 2011, 2680 (2681 f.).

Den Arbeitgeber trifft **keine Pflicht zur Rückgabe** erhaltener (physischer) Bewerberunterlagen. Auch zivilrechtlich (→ Rn. 105) darf er sie im Regelfall nur nicht behalten, doch ist dieser Pflicht auch durch Vernichtung genügt. Vertragsrechtlich (im weiteren Sinne) kann sich eine Rückgabepflicht aus einer (auch: konkludenten) vertraglichen Abrede oder, in besonderen Fällen (zB aufwendige Unterlagen, Photos, Originalurkunden), aus dem vorvertraglichen Schuldverhältnis (§§ 311 Abs. 2 BGB) ergeben (Nebenleistungspflicht, § 241 Abs. 2 BGB). 108

11. Kollektivvereinbarungen als vorvertraglicher Erlaubnistatbestand

Betriebs- oder Dienstvereinbarungen können keinen datenschutzrechtlichen Erlaubnistatbestand für die Phase vor Begründung des Beschäftigungsverhältnisses darstellen. Da die Bewerber dem Betrieb nicht angehören, kann sich die Wirkung einer Betriebsvereinbarung nicht auf sie erstrecken (s. nur Thüsing, Beschäftigtendatenschutz und Compliance, 2. Aufl. 2014, § 14 Rn. 60; ErfK/Kania BetrVG § 77 Rn. 32; Richardi/Richardi BetrVG § 77 Rn. 73, 126 f.; BeckOK ArbR/ Werner BetrVG § 77 Rn. 31; aM Kort NZA 2016 Beil. 2, 62 (65)). 109

Bei **Tarifverträgen,** die ihre Legitimation aus der Mitgliedschaft in der Tarifvertragspartei beziehen, liegen die Dinge anders. Sie können auch das vorvertragliche Rechtsverhältnis regeln, z. B. für die werksärztliche Einstellungsuntersuchung oder Eignungstest usw. (Löwisch/Rieble, TVG, 4. Aufl. 2017, § 1 TVG Rn. 166 ff.). 110

12. Arbeitsvermittlung

Für die Arbeitsvermittlung durch die **Agentur für Arbeit** (§§ 35–40 SGB III) enthalten die §§ 67–85a SGB X iVm §§ 35, 12, 19 SGB I vorrangige (§ 1 Abs. 3 S. 1) spezielle Datenschutznormen; auch hier kommt es im Grundsatz auf den Erforderlichkeitsmaßstab an. Für die Übermittlung der Daten an Dritte, also zB potentielle Arbeitgeber, gelten §§ 67d Abs. 1, 69 f. SGB X iVm § 35 Abs. 1 SGB III (s. iE die Erläuterungen zu §§ 67 ff. SGB X bei v. Wulffen/Schütze/Bieresborn, SGB X, 8. Aufl. 2014, SGB X § 67 Rn. 1 ff. und bei Mrozynski, SGB I, 5. Aufl. 2014, SGB I § 35 Rn. 1 ff.). Für **private Arbeitsvermittlung** (§§ 296 ff. SGB III) enthält § 298 SGB III spezielle Datenschutzvorschriften, die ebenfalls auf die Erforderlichkeit abstellen, § 298 Abs. 1 S. 1 SGB III. Die Erhebung, Nutzung und Verarbeitung **personenbezogener** Daten ist stets nur mit Einwilligung des Betroffenen nach § 4a zulässig, § 298 Abs. 1 S. 2 SGB III. Rückgabe von vom Betroffenen zur Verfügung gestellten Unterlagen, Aufbewahrung von Geschäftsunterlagen und Löschung von Daten sind in § 298 Abs. 2 SGB III geregelt. Übermittelt die Arbeitsvermittlung die Daten einem Dritten, also zB einem potentiellen **Arbeitgeber,** darf dieser sie nur zu dem Zweck verarbeiten oder nutzen, zu dem sie ihm „befugt (!) übermittelt worden" sind. Siehe im Einzelnen die Erläuterungen zu § 298 SGB III bei Gagel/Fuchs, SGB II/SGB III, 57. Aufl. 2015, § 298 Rn. 1 ff. 111

Da die Vermittlungstätigkeit (in beiden Fällen) auf die Bedürfnisse des Arbeitgebers abstellt, ist auch hier, wie in § 26 Abs. 1 S. 1, die **Erforderlichkeit** mit Rücksicht auf die Entscheidung über die Einstellung zu bestimmen (→ Rn. 73 ff.); s. für die öffentliche Arbeitsvermittlung § 42 SGB III über die „**Einschränkung des Fragerechts".** Bei einem breiteren Spektrum möglicher Einsatzbereiche verbreitert sich freilich der Bestand erforderlicher Daten entsprechend; der Vermittler kann und muss oft Daten „zu allen möglichen Fragen" erheben. Hinzukommen können noch solche Daten, die spezifisch für die Vermittlungstätigkeit erforderlich sind (→ Rn. 112.1). 112

Zur Datenerhebung im **Internet,** insbesondere in **sozialen Netzwerken** im Rahmen der Arbeitsvermittlung einführend Velten/Diegel AuA 2014, 202 ff. 112.1

BDSG § 26 Teil 2. Durchführungsbestimmungen für Verarbeitungen nach DS-GVO

III. Im Beschäftigungsverhältnis

1. Übersicht

113 Nach § 26 Abs. 1 S. 1 BDSG dürfen personenbezogene Daten verarbeitet werden, wenn dies für die **Durchführung** des Beschäftigungsverhältnisses erforderlich ist (zur Beendigung → Rn. 188 f.). Mit „Erforderlichkeit" bezeichnet das Gesetz – wie schon in § 32 BDSG aF – eine Abwägung der gegenläufigen Interessen (BT-Drs. 18/11325, 97). Übersicht zur Datenverarbeitung im Arbeitsverhältnis nach § 26 bei Däubler NZA 2017, 1481. Zur Erforderlichkeitsprüfung Düwell/Brink NZA 2017, 1081 (1084). Zur arbeitsvertraglichen Verpflichtung des Beschäftigten, selbst personenbezogene Daten gegenüber Dritten preiszugeben → Rn. 113.1. Zu Rechtsfragen der **Covid-19-Pandemie** → Rn. 113.2.

113.1 § 26 BDSG betrifft nur die Frage, ob der Arbeitgeber personenbezogene Daten verarbeiten darf. Vertragsrechtlich zu beurteilen ist, ob der Arbeitgeber mit dem Beschäftigten vereinbaren oder ihn kraft Weisungsrechts anweisen kann, selbst Daten gegenüber Dritten preiszugeben, insbesondere auf einer Website oder in einem (berufsbezogenen) sozialen Netzwerk. Da mit einer solchen Offenlegung weitgehende Eingriffe in das Persönlichkeitsrecht des Beschäftigten verbunden sind, dürfte das nur ausnahmsweise in Betracht kommen. Eine entsprechende AGB-Verpflichtung ist an § 307 Abs. 1 BGB zu messen, eine Weisung an § 106 GewO. Dazu Aszmons/Raben/Reimers DB 2018, 1593 ff.

113.2 Die **Covid-19-Pandemie** kann die Verarbeitung von Gesundheitsdaten erforderlich machen → Rn. 123.3. Als Erlaubnistatbestand kommt neben § 26 BDSG auch Art. 6 Abs. 1 lit. c, d, e DS-GVO in Betracht, für Gesundheitsdaten § 26 Abs. 3 BDSG/Art. 9 Abs. 2 lit. b, i DS-GVO; Suder ELLJ 2021 (Online-Vorabveröffentlichung; Übersicht über die europäische Aufsichtspraxis). **Körpertemperaturmessung** oder **Coronatests** bedürfen als Beschäftigungsvoraussetzung gesetzlicher Grundlage und sind dann datenschutzrechtlich nach § 26 Abs. 3 BDSG zu rechtfertigen. Die **Abfrage des Impfstatus** kann nach § 26 Abs. 3 zum Schutz des Arbeitgebers und anderer Arbeitnehmer oder von Kunden (Patienten) erforderlich sein; Fuhlrott/Fischer NJW 2021, 657 Rn. 28 f.; anderer Meinung Naber/Schulte NZA 2021, 81 (83 f.). Das kommt insbesondere dort in Betracht, wo Landesrecht die Beschränkung des Zugangs auf Geimpfte und Genesene erlaubt (**2-G-Option**); gilt das folgerichtig auch für Arbeitnehmer, muss der Arbeitgeber dies überprüfen können. Die Anordnung zur Teilnahme an **Videokonferenzen** ist auch ohne besondere vertragliche Grundlage regelmäßig vom Weisungsrecht gedeckt und genügt dem Verhältnismäßigkeitserfordernis von § 26 Abs. 1 S. 1 BDSG; Hintergrundverschleierung oder virtueller Hintergrund ist als Schutz der Privatsphäre ausreichend aber auch geboten; s. auch Heider NZA 2021, 1149. Für Videokonferenzen sind datenschutzkonforme Systeme zu nutzen (Lentz ArbRB 2020, 182). § 129 BetrVG ermöglicht dem Betriebsrat Videokonferenz-Sitzungen → Rn. 196.2. Zur Verlagerung der **Arbeitstätigkeit in die Privatwohnung** (sog. „Homeoffice") Suwelack ZD 2020, 561 ff. („Präventive") Kontrollen des Arbeitnehmers am Arbeitsplatz in der Privatwohnung sind grundsätzlich zulässig, dürfen aber keine Dauerüberwachung darstellen (dauernde Videoüberwachung, laufende Screenshots, Keylogging); Frank/Heine BB 2021, 248 ff.; s. allgemein → Rn. 138 ff.; → Rn. 143 ff. Anlassbezogene Überwachung muss als verhältnismäßig gerechtfertigt werden; LAG Berlin-Brandenburg ZD 2021, 170 (Überwachung durch Detektei wegen nachlassender Produktivität und zurückgehender Umsätze unverhältnismäßig).

2. Datenverarbeitung – Allgemein

114 **Grundsatz:** Im Beschäftigungsverhältnis dürfen personenbezogene Daten eines Beschäftigten verarbeitet (im weiten Sinne von Art. 4 Nr. 2 DS-GVO) werden, wenn dies für die Durchführung oder Beendigung des Beschäftigungsverhältnisses erforderlich ist. Erforderlich ist die Erhebung von Daten insbesondere, wenn der Arbeitgeber diese zur Erfüllung seiner – gegenüber dem Beschäftigten oder Dritten – bestehenden gesetzlichen Pflichten, für die Erfüllung seiner vertraglichen Pflichten oder zur Wahrnehmung seiner gesetzlichen oder vertraglichen Rechte benötigt. Für die Bestimmung der Erforderlichkeit kommt es auf die berechtigten Interessen und Zwecke des Arbeitgebers an. Dabei ist zu beachten, dass dem Arbeitgeber die **unternehmerische Freiheit** zusteht, zu entscheiden, wie er seinen Betrieb organisiert (→ Rn. 62); VG Lüneburg ZD 2019, 331 Rn. 30. Es ist nicht Sache der Gerichte oder Behörden, über Betriebsabläufe und ihre Organisation zu entscheiden, und der Arbeitgeber ist bei der Organisation nicht gebunden, den Weg zu wählen, auf dem die wenigsten Daten anfallen (→ Rn. 114.1 ff.).

114.1 In diesem Rahmen ist auch die Verwendung von **Personalinformationssystemen (PIS)** (dazu einführend Küttner/Kreitner/Weil/Schlegel, Personalhandbuch, Stichwort Personalinformationssystem) als für die Durchführung des Beschäftigungsverhältnisses erforderlich zu rechtfertigen. Das gilt sowohl für sog. administrative PIS zur Personalverwaltung als auch für sog. dispositive PIS zur Personalplanung. Allerdings müssen die einzelnen Funktionen des PIS und die damit einhergehende Verarbeitung personenbezogener Daten als erforderlich gerechtfertigt werden. Für einen rechtssicheren Betrieb kann sich eine Betriebsvereinbarung empfehlen. Erwägt der Arbeitgeber den Wechsel zu einem anderen PIS, kann während einer **Test- oder Einführungsphase** durchaus die parallele Verarbeitung auf dem bisherigen und dem neuen System als erforderlich gerechtfertigt werden (zB wenn sich erst bei Volllast die Leistungsfähigkeit des neuen Systems zeigt oder wenn nach dessen Einführung eine Redundanz aus Gründen der Datensicherheit geboten ist); anderer Meinung LAG BW ZD 2021, 436 Rn. 59; Brink/Joos jurisPR-ArbR 22/2021 Anm. 5 (Rechtfertigung nur nach Art. 6 Abs. 1 lit. f DS-GVO, arg. BE 49 DS-GVO); Heinemeyer CR 2019, 147.

Mit **Industrie 4.0/Smart Factory** ist die Aussicht verbunden, vielfältige Daten automatisiert zu erheben und zu verarbeiten; zur rechtlichen Beurteilung Hofmann ZD 2016, 12 ff. (die hergebrachten Grundsätze des BDSG reichen aus; Unterscheidung von Kategorien von Daten anhand Persönlichkeitsrelevanz: Videodaten, Standortdaten, Betriebsdaten). Zur datenschutzrechtlichen Beurteilung von sog. **Exolskeletten** Martini/Botta NZA 2018, 625 ff. Zum Einsatz **Künstlicher Intelligenz** Holthausen RdA 2021, 19 ff. (insbesondere Regelung durch Betriebsvereinbarung anregend, Holthausen RdA 2021, 28 ff.); Jaspers/Jacquemain RDV 2019, 232 ff. (wegen vergleichbarer Eingriffsintensität Behandlung nach Grundsätzen der Videoüberwachung). 114.2

Zu Rechtsfragen von **Wearables,** das sind „tragbare" Computer in Form von Armbändern, Kleidungsstücken, Brille und dergleichen, Kopp/Sokoll NZA 2015, 1352 ff. und Weichert NZA 2017, 565; auch Schnebbe DuD 2020, 398. Die Anordnung des Arbeitgebers, solche Geräte zu verwenden, setzt nach Abs. 1 S. 1 einen Tätigkeitsbezug voraus; im Rahmen der Verhältnismäßigkeit wird auch die Zuverlässigkeit der verwendeten Geräte zu berücksichtigen sein; dazu und zu funktionsspezifischen Einzelfragen Weichert NZA 2017, 565 (566). Die Verwendung **mobiler EEG-Geräte** zur Hirnstrommessung („kognitive Neuroergonomie") kann in engen Grenzen zu Zwecken des Arbeitsschutzes gerechtfertigt sein (Lindner NZA 2020, 321). 114.3

Zum (Beschäftigten-)Datenschutzrecht bei **agiler Produktentwicklung (Scrum-Methode)** Kühn/Weaver BB 2019, 2485. 114.4

Zulässig ist stets die Erhebung der sog **Stammdaten,** die der Arbeitgeber schon zur Identifizierung des Beschäftigten und Kontaktaufnahme mit ihm benötigt und die zur Erfüllung der grundlegenden Pflichten, insbesondere der Lohnzahlung, benötigt werden, vor allem im Rahmen der Lohnabrechnung: Name; Adresse; (private) Telefonnummer (zu Telefonverzeichnissen und privaten Mobiltelefonnummern → Rn. 115.5); Personalnummer; Schulbildung und sonstige Ausbildung einschließlich besuchter Einrichtungen, abgelegter Prüfungen und Ergebnisse; Sprachkenntnisse; Eintrittsdatum; Krankenkasse (BAG NZA 1987, 415 („Geschlecht, Familienstand, Schule, Ausbildung in Lehr- und anderen Berufen, Fachschulausbildung/Fachrichtung/Abschluss, Sprachkenntnisse"; die Zulässigkeit zur Speicherung der Konfession war vom BAG aus prozessualen Gründen nicht zu erörtern); BAG BeckRS 2013, 65309 Rn. 38); zu Entgeltdaten eingehend Maschmann BB 2019, 628 ff. Die Speicherung von Angaben über das Geschlecht hat das BAG BeckRS 2013, 65309 Rn. 38 als sachlich gerechtfertigt angesehen, da der Arbeitgeber verpflichtet sei, in bestimmten Abständen die Zahl der männlichen und weiblichen Arbeitnehmer zu melden (→ Rn. 115.1) und es sich dabei auch um ein für die Personalplanung wichtiges Datum handele. Der Familienstand „kann für Sozialleistungen, die soziale Auswahl bei Kündigungen und für Entscheidungen über Versetzungen und auswärtigen Arbeitseinsatz wichtig werden" (BAG NZA 1987, 415; zur Personalplanung → Rn. 104). Die Konfession spielt nur in Tendenzbetrieben eine Rolle; für den Steuerabzug ist die Erhebung durch den Arbeitgeber nicht erforderlich, da die Information zu den Lohnsteuerabzugsmerkmalen gehört, die beim Bundeszentralamt für Steuern abrufbar sind (s. nachfolgend → Rn. 115.2). Unproblematisch gehören alle Angaben, die der Arbeitgeber nach §§ 2, 3 **NachweisG** schriftlich niederzulegen hat, zu den für die Durchführung erforderlichen Daten. 115

Nach § 23 Abs. 1 S. 1 Nr. 1 ArbSchG hat der Arbeitgeber der zuständigen Behörde zu einem von ihr bestimmten Zeitpunkt Mitteilungen zu machen über „die Zahl der Beschäftigten und derer, an die er Heimarbeit vergibt, aufgegliedert nach Geschlecht, Alter und Staatsangehörigkeit" (s. dazu iE Landmann/Rohmer/Kollmer GewO § 23 Rn. 1 f.). Dies dürfte auch die vom BAG NZA 1987, 415 (417) angesprochene „**Meldepflicht**" sein. Zwar muss der Arbeitgeber danach nur die Gesamtzahl und daher anonymisierte Daten weitergeben. Da er dies indes – bei einer naturgemäß sich verändernden Belegschaft – wiederholt tun muss, ist er befugt, die notwendigen Angaben auch personenbezogen zu erheben, zu ordnen und zu speichern. 115.1

Für die **steuerrechtlich relevanten** Beschäftigtendaten enthalten AO und EStG spezielle Regelungen. Für personenbezogene Daten ist die in § 139b AO geregelte **Identifikationsnummer** zentral, § 139b 115.2

BDSG § 26   Teil 2. Durchführungsbestimmungen für Verarbeitungen nach DS-GVO

Abs. 2–5 AO enthält dafür spezielle Datenschutzregeln (dazu Klein/Rätke AO, 12. Aufl. 2014, AO § 139b Rn. 3 ff.). Welche Daten das Bundeszentralamt für Steuern mit der Identifikationsnummer verbindet, regelt § 139b Abs. 3 AO; die Zwecke der Speicherung dieser Daten regelt Abs. 4. Nach § 139b Abs. 2 S. 2 Nr. 1 AO dürfen andere öffentliche oder nicht-öffentliche Stellen als Finanzbehörden die Identifikationsnummer nur erheben, soweit dies für Datenübermittlungen zwischen ihnen und den Finanzbehörden erforderlich ist oder eine Rechtsvorschrift die Erhebung oder Verwendung der Identifikationsnummer ausdrücklich erlaubt oder anordnet. Gemäß § 39e Abs. 4 S. 1 EStG ist der **Arbeitnehmer** unter anderem **verpflichtet,** dem Arbeitgeber bei Eintritt in das Dienstverhältnis seine Identifikationsnummer sowie sein Geburtsdatum **mitzuteilen.** Darin liegt zugleich die spezielle (§ 1 Abs. 2 S. 1; § 139b Abs. 2 S. 2 Nr. 1 AO) datenschutzrechtliche Erlaubnis für den Arbeitgeber, diese Daten zu verarbeiten (Blümich/Thürmer EStG § 39e Rn. 95). Der Arbeitgeber ist sodann vor Beginn des Dienstverhältnisses verpflichtet, die elektronischen Lohnsteuerabzugsmerkmale für den Arbeitnehmer beim Bundeszentralamt für Steuern durch Datenfernübertragung **abzurufen** und sie in das Lohnkonto für den Arbeitnehmer zu übernehmen, § 39e Abs. 4 S. 2 EStG. Zu den zum Abruf bereitgehaltenen Daten, s. § 39e Abs. 3 EStG und dazu Blümich/Thürmer, EStG, KStG, GewStG, 126. Aufl. 2015, EStG § 39e Rn. 90 ff.

115.3   Eine in Allgemeinen Arbeitsbedingungen (AGB iSv § 305 Abs. 1 S. 1 BGB) enthaltene Verpflichtung des Arbeitnehmers, seine **Steuererklärung durch einen vom Arbeitgeber beauftragten Steuerberater** anfertigen zu lassen, hat das BAG als nicht vom Weisungsrecht gem. § 106 GewO gedeckt und als entgegen den Geboten von Treu und Glauben unangemessene Benachteiligung gem. § 307 Abs. 1 S. 1 BGB angesehen (BAG BeckRS 2013, 65309). Für den damit verbundenen Eingriff in die informationelle Selbstbestimmung des Arbeitnehmers komme § 32 BDSG aF nicht in Betracht, da es sich um besondere Arten personenbezogener Daten iSv § 3 Abs. 9 BDSG aF handele (Rn. 39 der Entscheidung); im Übrigen seien dessen Voraussetzungen nicht erfüllt (Rn. 38 der Entscheidung). „Es besteht aufgrund des Bezugs der steuerrelevanten Daten zu allen Lebensbereichen des Einzelnen die Möglichkeit, ein umfassendes Persönlichkeitsbild zu erstellen." (Rn. 39 der Entscheidung) Die daher für einer Erlaubnis aufgestellten erhöhten Anforderungen des § 28 Abs. 6–9 seien nicht erfüllt (Rn. 39 der Entscheidung).

115.4   Zu Rechtsfragen der **Personalakte,** die in Bezug auf die zulässigen Inhalte von §§ 4, 32 bestimmt werden, Herfs-Röttgen NZA 2013, 478 (479 ff.). Ein allgemeines Einsichtsrecht des Betriebsrats gibt es nicht.

115.5   Ein Unternehmens-**Telefonverzeichnis** mit Angabe von Name und betrieblicher Telefonnummer, dürfte regelmäßig als erforderlich anzusehen sein, soweit die Mitarbeiter für einander erreichbar sein müssen. Gegebenenfalls können hier auch weitere Angaben, zB Parkplatz-Nummer, Arbeitszeiten und ähnliches (ggf. nur über oder nur für bestimmte Personen) zusammengestellt werden. Besonderer Rechtfertigung bedarf ein **Konzern-**Telefonverzeichnis; dazu Hoeren ZD 2014, 441. Die Angabe der **privaten Mobiltelefonnummer** bedarf als erheblicher Eingriff in das Persönlichkeitsrecht (ständige Erreichbarkeit; unzumutbar, den privaten Anschluss zum Selbstschutz auszuschalten) einer besonderen Rechtfertigung als erforderlich; ThürLAG BeckRS 2018, 14747 (Rufbereitschaft für Notfälle im Gesundheitsamt rechtfertigt Verarbeitung nicht, soweit andere organisatorische Vorkehrungen ebenso ausreichen).

116   Ist, wie regelmäßig, die Arbeitsleistung für eine bestimmte Dauer geschuldet, ist die Erfassung der **Arbeitszeit** (zB durch „Stechuhren") zur Durchführung des Arbeitsverhältnisses (Wahrung der beiderseitigen Rechte) erforderlich. Das rechtfertigt indes nicht die laufende Überwachung des Arbeitnehmers (ArbG Berlin RDV 2017, 254: Knopfdruck alle drei Minuten während der Standzeit des Taxis unverhältnismäßig). Einen speziellen Erlaubnistatbestand (§ 4 Abs. 1 Fall 2) enthält § 16 Abs. 2 ArbZG, wonach der Arbeitgeber verpflichtet ist, die über die werktägliche Arbeitszeit (§ 3 S. 1 ArbZG: höchstens acht Stunden) hinausgehende Arbeitszeit der Arbeitnehmer aufzuzeichnen, ein Verzeichnis der Arbeitnehmer zu führen, die in eine Verlängerung der Arbeitszeit eingewilligt haben (§ 7 Abs. 7 ArbZG) und diese Nachweise mindestens zwei Jahre aufzubewahren. Weitreichende – auch nachwirkende – Dokumentationspflichten begründet § 17 MiLoG nebst Ausführungsverordnungen (dazu etwa Schmitz-Witte/Killian NZA 2015, 415; Dokumentationspflichten betreffen zu erheblichem Teil nicht schutzbedürftige Arbeitnehmer; daher krit. Gola/Klug NJW 2015, 2628 (2630); Sittard/Rawe ArbRB 2015, 80) (→ Rn. 116.1 f.).

116.1   Zur Überwachung der Einhaltung von Arbeitszeitvorschriften durch den Personalrat BVerwG NZA-RR 2014, 387 sowie die Erläuterungen → Rn. 178.3; zur behördlichen Überwachung EuGH NZA 2013, 723.

116.2   Zur Vermeidung von Risiken der bürgergleichen Haftung des Auftraggeber-Unternehmers nach § 13 MiLoG iVm § 14 AEntG wird zwischen Auftraggeber und Auftragnehmer offenbar die Weitergabe von Daten der Auftragnehmer-Arbeitnehmer (usw.) vereinbart. Die datenschutzrechtliche Rechtfertigung gegenüber diesen Arbeitnehmern ist zweifelhaft; Franck/Krause DB 2015, 1285; Gola/Jaspers RDV 2015, 113.

117 Zur Durchführung des Beschäftigungsverhältnisses gehört, ungeachtet ihres Kollektiv- und Unternehmensbezugs, auch die **Personalplanung**. Sie erfordert, dass sich der Arbeitgeber laufend, in regelmäßig wiederkehrenden Abständen, Kenntnis vom Leistungsstand der Beschäftigten verschafft und die daraus gewonnenen Daten speichert. Die so gewonnenen Daten benötigt der Arbeitgeber im Normalfall auch dauerhaft, weil sich erst aus dem Verhalten über Zeit ein Gesamtbild von Leistung und Persönlichkeit ergibt, wie es für die Personalorganisation erforderlich ist. Diese innere Begründung wird verzerrt, wenn man insoweit (zudem: pejorativ) von „Vorratsdatenspeicherung" spricht, da es gerade nicht um eine (Datenerhebung und) Speicherung „auf Vorrat", sondern zu bestimmten Zwecken geht. Es ist das Wesen der Planung, dass sie verschiedene Möglichkeiten in Betracht zieht und dafür vorsorgt. Ähnlich BAG AP BDSG § 23 Nr. 2 („Wenngleich es zutrifft, dass Kündigungen nicht zu jedem Zeitpunkt bevorstehen, so kann nicht von einer unzulässigen Vorratsspeicherung gesprochen werden"; in Bezug auf „Familienstand").

118 Zur Durchführung des Arbeitsverhältnisses sind auch **Regelbeurteilungen** der Eignung, Befähigung und fachlichen Leistungen des Arbeitnehmers erforderlich (BAG AP BPersVG § 75 Nr. 3 („Dem Arbeitgeber kann das Recht, die Leistungen der bei ihm beschäftigten Arbeitnehmer zu beurteilen, nicht abgesprochen werden. Der Arbeitnehmer kann nur verlangen, dass der Arbeitgeber bei allen dienstlichen Beurteilungen auf seine berechtigten Interessen Rücksicht nimmt. Die Beurteilungen müssen in der Sache zutreffen und ordnungsgemäß zustande gekommen sein. Sie dürfen den beruflichen Werdegang des Arbeitnehmers nicht in unzulässiger Weise behindern. Dabei müssen im Einzelfall die beiderseitigen Interessen gegeneinander abgewogen werden".); BAG AP BAT § 13 Nr. 1.). Erforderlich sind dem entsprechend auch laufende Leistungs- und Verhaltenskontrollen. Zu Einrichtungen, die Rückschlüsse auf Leistung oder Verhalten zulassen → Rn. 118.2; zur Videoüberwachung → Rn. 143 ff.; zu Ortungssystemen → Rn. 163 ff.; zur Überwachung der Nutzung von Telekommunikationsdiensten (insbesondere Telefon, E-Mail) → Rn. 165 ff.

118.1 Zu **Mitarbeiterbeurteilung durch Kollegen,** die auch personenbezogene Daten des Evaluierenden betreffen kann, Hoffmann/Wolf ZD 2017, 120 ff. (zu restriktiv; gute Gründe sprechen für Erlaubnis durch § 26 Abs. 1 S. 1 Alt. 2). Unsicher ist, inwieweit **allgemeine Mitarbeiterbefragungen** (über Zufriedenheit, Betriebsklima, Motivation, Betriebsabläufe) gesetzlich gerechtfertigt sind oder nur mit Einwilligung oder anonym durchgeführt werden können. Auch solche Umfragen gehören indes zur Durchführung des Arbeitsverhältnisses, und zwar sowohl wenn sie dem Arbeitgeberinteresse (Prozessoptimierung und dergleichen) dienen, als auch wenn sie dem Arbeitnehmerinteresse dienen (Fürsorge, Vermeidung von Konflikten, Überlastung usf.) und sind daher im Rahmen des Erforderlichen nach § 26 Abs. 1 S. 1 gerechtfertigt; auf Datenvermeidung und -sparsamkeit ist dabei nach allgemeinen Grundsätzen zu achten; aM Gola ZD 2013, 379 ff. Ggf. sind Rechte des Betriebsrats aus §§ 80 Abs. 2, 94, 87 Abs. 1 Nr. 6 BetrVG zu beachten; ErfK/Franzen Rn. 13; Gola ZD 2013, 379 (381).

118.2 Mitunter lassen Einrichtungen, die einem anderen Zweck dienen, **Rückschlüsse auf Leistung oder Verhalten** zu, zB elektronische **Betriebsausweise** (zu diesen → Rn. 159 f.) oder digitale Kassensysteme (dazu Koos/Goossens ZD 2015, 358). LAG Hamm ZD 2016, 384 anerkennt eine Betriebsvereinbarung über die Verwendung einer **elektronischen Fahrverhaltensanalyse in Omnibussen** (mit der Möglichkeit der Erhebung individualisierter Daten) als wirksame Rechtsgrundlage.

118.3 Die Erhebung und Auswertung von Mitarbeiterdaten um auf dieser Grundlage Instrumente der Personalauswahl (dazu → Rn. 73.2) und -führung mit Hilfe von großen Datenmengen (**Big Data**) und Algorithmen (auch sog. **People Analytics**) zu entwickeln, dient in der Regel nicht der Durchführung des Beschäftigungsverhältnisses und ist daher nicht von § 26 gedeckt. Auch überwiegende Interessen, die eine Verarbeitung nach Art. 6 Abs. 1 lit. f DS-GVO rechtfertigen könnten, dürften nicht vorliegen. Erlaubnis könnte daher nur eine Einwilligung geben. Rein automatisierte Entscheidungen sind nach Art. 22 DS-GVO grundsätzlich verboten. Näher Dzida NZA 2017, 541 ff.; Dzida/Groh ArbRB 2018, 179 ff.

119 Rechtmäßig ausgesprochene **Abmahnungen** darf der Arbeitgeber grundsätzlich dokumentieren und zu den Personalakten nehmen (ErfK/Franzen Rn. 31; Küttner/Poeche, Personalbuch 2020, 27. Aufl. 2020, Personalakte A. Rn. 5). Für die Durchführung oder Beendigung des Beschäftigungsverhältnisses kann diese Dokumentation so lange erforderlich bleiben, wie die Abmahnung für die Parteien noch eine Rolle spielen kann; das kann auch dann noch der Fall sein, wenn die Abmahnung ihre Warnfunktion verloren hat oder sonst durch Zeitablauf „wirkungslos" wird (iSv BAG NZA 1987, 418; Schrader/Dohnke NZA-RR 2012, 617). Bei einer formell – wegen Verletzung einer tarifvertraglichen Anhörungspflicht (vgl. § 3 Abs. 6 S. 4 TV-L; im TVöD so nicht übernommen) – **fehlerhaften Abmahnung** (vgl. § 314 Abs. 2 BGB) hat die Rechtsprechung (BAG NZA 1990, 477; LAG Bln-Bbg BeckRS 2011, 67175; ArbG Bln ZD 2014, 94 mAnm Richter) zivilrechtlich aus §§ 611, 242 BGB einen Anspruch des Arbeitnehmers auf Entfernung aus den Personalakten begründet (anders für das Beamtenverhältnis BVerwG NJW 1980, 2145; anders auch nach Beendigung des Arbeitsverhältnisses LAG RhPf BeckRS 2013, 68251; SächsLAG BeckRS 2014, 67005, dagegen mit Recht Brink jurisPR-ArbR 36/2013 Anm. 3). Die datenschutzrechtliche Unzulässigkeit der Datenerhebung und -verarbeitung könnte nur begründet werden, wenn die Verwahrung einer solchen Abmahnung für die Durchführung oder Beendigung des Beschäftigungsverhältnisses nicht erforderlich wäre. Nach der Folgeentscheidung von BAG NZA 1992, 1028 kann indes auch die (zunächst) formell unwirksame Abmahnung noch arbeitsrechtlich relevante Wirkung entfalten (s. auch ErfK/Niemann BGB § 626 Rn. 32). Nach BAG NZA 1990, 477 (479) kann auch zivilrechtlich die zunächst formell fehlerhafte Abmahnung „nach entsprechender Würdigung des Vorbringens des Angestellten durch den Arbeitgeber wieder zu den Akten genommen werden". Da im Rahmen der Interessenabwägung im Kündigungsrechtsstreit unter anderem Aspekte des Vertrauensverlustes und der Dauer störungsfreien Verlaufs von Bedeutung sein können (BAG NZA 2010, 1227 (1231) („Emmely")), hat der Arbeitgeber ein anhaltendes Dokumentationsinteresse, mag dieses auch nicht notwendig für die gesamte Laufzeit des Arbeitsverhältnisses andauern (BAG NZA 2013, 91 (92 ff.); Schiefer DB 2013, 1785 (1789); krit. Zilkens RDV 2013, 30 f.). Zum Entfernungsanspruch → Rn. 119.1; zu Datenverarbeitung zur Durchsetzung von Hausverboten → Rn. 119.2.

119.1 Zu dem infolge dieser Rechtsprechung eingeschränkten **Entfernungsanspruch** des Arbeitnehmers Kort FS von Hoyningen-Huene, 2014, 201; zum Entfernungsanspruch nach altem und neuem Recht Herberger NZA 2020, 1665 ff.; Nebeling/Lankes DB 2017, 2542.

119.2 Im (noch) bestehenden kann die Datenverarbeitung zur Durchsetzung eines **Hausverbots** auf § 26 Abs. 1 S. 1 gestützt werden. Dasselbe sollte, da es dabei auch um nachwirkende Vertragspflichten geht, auch für nachvertragliche Hausverbote gelten, die nach anderer Meinung auf Art. 6 Abs. 1 lit. f DS-GVO gestützt werden können; Wronka RDV 2018, 21.

120 Informationen aus der **Privatsphäre** (der definitionsgemäß gerade die nicht für das öffentliche Leben, etwa die Berufsausübung relevanten Sachverhalte zugeordnet sind), können grundsätzlich für das Arbeitsverhältnis keine Bedeutung haben. Entsprechende Daten darf der Arbeitgeber daher grundsätzlich nicht verarbeiten. Zur Privatsphäre rechnen insbesondere Hobbies und Freizeitaktivitäten; anders aber, wenn ihre Ausübung ein Verschulden iSv § 616 S. 1 BGB, § 3 Abs. 1 S. 1 EFZG begründen kann (dazu Erman/Belling/Riesenhuber, § 616 BGB Rn. 42 ff.). Zur Privatsphäre gehört auch das Konsumverhalten des Beschäftigten. Das gilt im Grundsatz auch, wenn der Beschäftigte „privat" Rechtsgeschäfte mit dem Arbeitgeber vornimmt. Allein bei unmittelbarem Zusammenhang mit dem Beschäftigungsverhältnis wie zB bei Leistungen mit Vergütungscharakter (Deputat; Dienstwagen) oder Dienstleistungen zur Erleichterung oder Verbesserung der Arbeitstätigkeit (Werkdienstwohnung, Besuch der Werkskantine) können Drittgeschäfte zur Durchführung des Arbeitsverhältnisses gerechnet werden und die Datenerhebung zu diesem Zweck erforderlich sein, freilich auch nur begrenzt und regelmäßig nicht im Hinblick auf qualitative Aspekte des Konsumverhaltens.

3. Gesundheitsdaten

121 Im Rahmen der Durchführung des Arbeitsverhältnisses kann vor allem die Ausübung von arbeitsrechtlichen Rechten – zB der Kündigung – oder zur Erfüllung arbeits- und sozialrechtlicher Pflichten die Verarbeitung besonderer Arten personenbezogener Daten über Krankheit, Behinderung, Schwangerschaft usf. rechtfertigen.

122 Die **Frage nach der Schwerbehinderung** hält das BAG im bestehenden Arbeitsverhältnis jedenfalls nach Erwerb des Behindertenschutzes gem. §§ 168 ff. SGB IX insbesondere zur **Vorbereitung von beabsichtigten Kündigungen** für nach § 28 Abs. 6 Nr. 3 zulässig; eine wahrheitswidrige Verneinung kann die spätere Berufung auf die Schwerbehinderteneigenschaft als treuwidrig versperren (BAG NZA 2012, 555 ff.; zust. Husemann RdA 2014, 16 (19 ff.) (aber die vom BAG offen gelassene Frage, ob in den ersten sechs Monaten des Arbeitsverhältnisses ein Fragerecht besteht, wegen § 90 Abs. 1 Nr. 1 SGB IX verneinend)).

123 Eine **Einstellungsuntersuchung** ist – soweit sie nicht gesetzlich vorgeschrieben ist – regelmäßig schon nicht erforderlich, anders nur, wenn entweder die vertraglich in Aussicht genommenen Tätigkeiten besondere gesundheitliche Anforderungen stellen oder konkrete Anhaltspunkte bestehen, dass der betreffende Arbeitnehmer den (allgemeinen oder speziellen) körperlichen oder psychischen Anforderungen nicht gewachsen ist; Behrens NZA 2014, 401 (403); Kleinebrink DB 2014, 776 (779); tendenziell weitergehend Beckschulze BB 2014, 1013 (1016). Soweit der Arbeitgeber nach seiner Fürsorgepflicht (§§ 611, 618, 241 Abs. 2 BGB) für den Schutz des Arbeitnehmers verantwortlich ist, kann er auch eine entsprechende Untersuchung verlangen (und aus einer Ablehnung Folgerungen ziehen). Dieselben Grundsätze gelten für **Routineuntersuchungen** im laufenden Beschäftigungsverhältnis: sie sind regelmäßig nicht erforderlich. Gibt das Verhalten des Beschäftigten dazu Anlass, kommen **medizinische oder psychologische Untersuchungen** in Betracht, umso mehr, wenn der Beschäftigte in besonderer Weise auffällig geworden ist, insbesondere sich vertrags- oder rechtswidrig verhalten oder sich selbst oder Dritte gefährdet hat; mit Recht hat BAGE 15, 275 die psychologische Untersuchung eines Busfahrers gebilligt, der sich wiederholt verkehrswidrig verhalten hatte. Zu Vorsorgeuntersuchungen → Rn. 123.1 f.

Von der Eignungs- oder Einstellungsuntersuchung ist die (arbeitsschutzrechtliche) **Vorsorgeuntersuchung** nach § 11 ArbSchG und der VO zur arbeitsmedizinischen Vorsorge (ArbMedVV) zu unterscheiden (vgl. § 2 Abs. 1 Nr. 5, § 3 Abs. 3 S. 2 ArbMedVV); dazu und zur (zum 31.10.2013 neu gefassten) ArbMedVV Beckschulze BB 2014, 1013 ff.; Behrens NZA 2014, 401 ff.; Kleinebrink DB 2014, 776. **123.1**

Zur Durchführung einer **tarifvertraglich vorgesehenen ärztlichen Untersuchung**, namentlich auch zur Auswahl des Arztes durch den Arbeitgeber, BAG NJOZ 2013, 718; NZA 2003, 719. **123.2**

Die **Covid-19-Pandemie** hat die Notwendigkeit eines **Infektionsmanagements** mit präventiven und nachsorgenden Elementen begründet. Zur Vermeidung der Infektionsausbreitung kann eine Datenerhebung über privates Verhalten, z. B. Auslands- und Urlaubsaufenthalte, verhältnismäßig sein. Auch eine präventive **Fiebermessung** ist im Grundsatz als erforderlich zu rechtfertigen; zutr. Wünschelbaum NZA 2020, 612 f. Der Arbeitgeber muss sich demgegenüber nicht auf die Anordnung häuslicher Arbeitsverrichtung (sog. „Homeoffice") verweisen lassen. Vielfach kommt das aus Sachgegebenheiten nicht in Betracht (Verkäufer; Fließband; …), aber auch sonst ist die Gestaltung der Betriebsabläufe primär Sache des Arbeitgebers und von der unternehmerischen Freiheit geschützt. Zur Prävention kommt auch die Verwendung von betrieblichen **Tracking Apps** (nach dem Vorbild der vom Robert Koch Institut geplanten Smartphone-Applikation) grundsätzlich in Betracht. Nachsorgend ist der Arbeitgeber nicht nur im eigenen Interesse sondern auch aus Fürsorge gegenüber anderen Arbeitnehmern (§ 618 BGB) gehalten, selbst Infektionsketten nachzuverfolgen. Zu diesem Zweck ist auch die **Warnung** unter namentlicher Aufdeckung des Infektionsfalles erforderlich. Weder der Arbeitgeber noch die anderen Arbeitnehmer müssen sich auf das Erinnerungsvermögen des Infizierten verlassen; zutr. Wünschelbaum NZA 2020, 612 (613). Ein „Stigmatisierungsschutz" des Infizierten ist dagegen kein tauglicher Einwand. Infektion mit Covid 19 bedeutet keinen Vorwurf, und soweit Menschen anders denken, ist diese Einstellung zu bekämpfen und nicht normativ zugrundezulegen. **123.3**

Eine (auch stichprobenartige) Untersuchung auf **Alkohol- und Drogenkonsum** kann erforderlich sein, wenn die Berufstätigkeit entsprechende gesetzliche Anforderungen mit sich bringt, also etwa die Fahrtüchtigkeit im Straßenverkehr (vgl. § 316 StGB). Wenn, wie wiederum im Straßenverkehr, im Schiffs- oder Flugverkehr, verantwortliche Personen in besonderem Maße zuverlässig sein müssen, ist auch eine regelmäßige Untersuchung auf **Alkohol- oder Drogenabhängigkeit** als erforderlich anzusehen. In beiden Fällen müssen entgegenstehende Interessen des Beschäftigten zurückstehen. **124**

Die Mitteilung über die **Schwangerschaft** erfolgt nach dem Modell von § 5 Abs. 1 MuSchG freiwillig („soll"; „lediglich eine nachdrückliche Empfehlung an die Frau"; BAG AP MuSchG 1968 § 9 Nr. 22) und damit schon mit Einwilligung der Beschäftigten. Das BAG hat indessen eine arbeitsvertragliche Nebenpflicht der Arbeitnehmerin angenommen, dem Arbeitgeber ein vorzeitiges Ende der Schwangerschaft mitzuteilen (BAG AP MuSchG 1968 § 5 Nr. 1). Nach § 5 Abs. 1 S. 2 MuSchG soll die Beschäftigte dem Arbeitgeber (auf dessen Kosten, Abs. 3) ein Zeugnis darüber vorlegen (keine Rechtspflicht, BAG AP MuSchG 1968, § 9 Nr. 3). Da er nach S. 3 zur Benachrichtigung der Aufsichtsbehörde verpflichtet ist, ist er insofern auch zur Verarbeitung (Speicherung und Übermittlung) befugt. S. 4 sieht eine spezielle Geheimhaltungsvorschrift vor. Auch wegen der daran anknüpfenden besonderen Pflichten (Beschäftigungsverbote, Mutterschaftsurlaub, Rücksichtnahmepflichten) im Zusammenhang mit Schwangerschaft und Geburt ist die Datenerhebung, -verarbeitung und -nutzung erforderlich und kein Raum für überwiegende gegenläufige Interessen. **125**

Für die datenschutzrechtliche Bewertung von Krankenrückkehrgesprächen kann man von der gesetzlichen Spezialregelung in § 167 Abs. 2 SGB IX über das **betriebliche Eingliederungsmanagement** ausgehen → Rn. 126.1 f. **126**

Nach § 167 Abs. 2 S. 1 SGB IX ist der Arbeitgeber zu einem betrieblichen Eingliederungsmanagement verpflichtet, das zum Ziel hat, ua mit dem Beschäftigten zu klären, „wie die Arbeitsunfähigkeit möglichst überwunden werden und mit welchen Leistungen oder Hilfen erneuter Arbeitsunfähigkeit vorgebeugt und der Arbeitsplatz erhalten werden kann". Grundlage des Verfahrens sind daher die vorangegangen Arbeitsunfähigkeit und ihre Ursachen; Ziel ist, zukunftsgerichtet, die Erarbeitung einer Strategie. Die **126.1**

BDSG § 26 Teil 2. Durchführungsbestimmungen für Verarbeitungen nach DS-GVO

Pflicht besteht, wenn ein Beschäftigter in einem Jahr (an einem Stück oder kumulativ insgesamt) länger als sechs Wochen arbeitsunfähig war. Es handelt sich um eine sozialrechtliche prozedurale Pflicht. Das Verfahren findet statt „mit Zustimmung und Beteiligung der betroffenen Person" und ist für den Beschäftigten daher **freiwillig**. Näher etwa Kiesche RDV 2014, 321 (mit Formulierungsvorschlägen); Knickrehm/ Kreikebohm/Waltermann/Kohte, Kommentar zum Sozialrecht, 6. Aufl. 2019, SGB IX § 167 Rn. 14 ff.; Gundermann/Oberberg RDV 2007, 103 ff.; Michaelis DöD 2017, 120 ff. Das vom Beschäftigten zugezogene Mitglied der Arbeitnehmervertretung ist gegenüber anderen Mitgliedern der Arbeitnehmervertretung zur Verschwiegenheit verpflichtet; Kort NZA 2019, 502 ff.

126.2 Zum **Anspruch des Betriebsrats** auf (regelmäßige) **Auskunft**, welche Mitarbeiter die Voraussetzungen für ein betriebliches Eingliederungsmanagement erfüllen aus § 80 Abs. 2 S. 2 BetrVG iVm § 84 Abs. 2 S. 7 SGB IX und zur datenschutzrechtlichen Erlaubnis gem. § 28 Abs. 6 Nr. 3 BAG NZA 2012, 744 ff.

126a § 167 Abs. 2 S. 3 SGB IX enthält spezielle **Verfahrensregeln:** „Die betroffene Person oder ihr gesetzlicher Vertreter ist zuvor auf die Ziele des betrieblichen Eingliederungsmanagements sowie auf Art und Umfang der hierfür erhobenen und verwendeten Daten hinzuweisen." Die Zustimmung zur Teilnahme wird als spezielle (§ 1 Abs. 3 S. 1) und nicht an die Anforderungen von § 26 Abs. 3, Art. 7 DS-GVO gebundene Einwilligung angesehen (aM (§ 4a zusätzlich anwendbar) Kiesche RDV 2014, 321 (322 f.)). Sofern darüber hinaus die Erhebung von Daten Dritter, zB von anderen Beschäftigten oder Angehörigen, erforderlich ist, kann das auf § 26 Abs. 1 S. 1 oder Art. 6 Abs. 1 lit. f DS-GVO gestützt werden.

127 Auch außerhalb des Eingliederungsmanagements (→ Rn. 126 ff.) darf der Arbeitgeber ganz selbstverständlich mit dem Beschäftigten nach dessen Genesung ein **Krankenrückkehrgespräch** führen, und zwar auch schon nach der ersten Erkrankung (zu eng Iraschko-Luscher/Kiekenbeck NZA 2009, 1239 (1242) („Beobachtungszeitraum" von einem Jahr)). Der Beschäftigte ist durch eine arbeitsvertragliche Nebenpflicht (§§ 611, 241 Abs. 2 BGB) auch gebunden, daran teilzunehmen. Je nach den Umständen ist der Arbeitgeber im Rahmen der Fürsorge (§ 618 BGB) sogar verpflichtet, ein solches Gespräch zu führen, etwa wenn er Grund zu der Annahme hat, die Erkrankung könne im Zusammenhang mit der Arbeitstätigkeit oder -belastung oder dem betrieblichen Umfeld (Mobbing, sexuelle oder sonstige Belästigung) stehen. Indes steht es dem Beschäftigten grundsätzlich frei, die Gründe seiner Krankschreibung offenzulegen. Ohne die (freiwillige, § 4a Abs. 1 und 3!) Einwilligung des Beschäftigten kann der Arbeitgeber nur im Rahmen der Erforderlichen und Angemessenen (§ 28 Abs. 6 Nr. 3) personenbezogene Daten über die Krankheit erheben, verarbeiten und nutzen. Zulässig ist die Frage, ob die Erkrankung mit der Arbeitstätigkeit in Zusammenhang steht und/oder der künftigen Ausübung der vertraglich vereinbarten Tätigkeit im Wege steht (ähnlich Iraschko-Luscher/Kiekenbeck NZA 2009, 1239 (1241 f.)).

128 Für die Durchführung und ggf. Beendigung des Arbeitsverhältnisses ist die Erhebung und Verarbeitung von **Krankheitsdaten,** nämlich Fehlzeitendaten, zulässig, da darauf unter Umständen eine Kündigung gestützt werden kann (vgl. BAG NZA 2007, 269 (270); vgl. auch BAG NZA 1988, 53; ErfK/Franzen Rn. 28). Zu diesem Zweck darf der Arbeitgeber für einzelne Beschäftigte die krankheitsbedingten Fehlzeiten erfassen oder Krankmeldungen/-schreibungen sammeln. Diese Daten dürfen, in Anlehnung an die kündigungsrechtlichen Anforderungen (krankheitsbedingte Kündigung; zu den Anforderungen BeckOK ArbR/Rolfs KSchG § 1 Rn. 169: Fehlzeiten im Einzelnen, nicht summarisch, darzulegen für die vergangenen drei bis fünf Jahre (Ascheid/Preis/ Schmidt/Dörner/Vossen, Kündigungsrecht, 4. Aufl. 2012, KSchG § 1 Rn. 206 f.): kein starrer Zeitraum in der Regel 3 Jahre, aber auch weniger oder mehr), bis zu fünf Jahre aufbewahrt werden). Da der Arbeitgeber im Vorhinein nicht wissen kann, worauf es später im Einzelfall ankommen wird, ist über die eigentlichen Anforderungen des Kündigungsrechts hinaus ein großzügiger Aufschlag zu machen und im Übrigen für das Aussortieren älterer Belege ein pauschalierter Zeitraum (jährlich) zuzulassen. Die Auswertung von Fehlzeiten für ganze Unternehmensbereiche soll nach einer Meinung nur in anonymisierter Form zulässig sein (Iraschko-Luscher/Kiekenbeck NZA 2009, 1239 (1241)); das dürfte indes zu eng sein, da dem Arbeitgeber so die präventive Analyse von Gefährdungssituationen (zB nach Arbeitsbereichen, Alters- oder Geschlechtergruppen) unnötig erschwert wäre. Zur Erstuntersuchung von jugendlichen Beschäftigten → Rn. 128.1, zu genetischen Untersuchungen → Rn. 128.2.

128.1 Für **jugendliche Beschäftigte** schreiben §§ 33 ff. (neben der Erstuntersuchung vor Eintritt in das Berufsleben) „Nachuntersuchungen" entsprechende Dokumentation vor (→ Rn. 93).

128.2 **Genetische Untersuchungen und Analysen** darf der Arbeitgeber vom Beschäftigten grundsätzlich nicht verlangen, ebensowenig wie die Mitteilung von Ergebnissen solcher Untersuchungen oder Analysen, §§ 19 ff. GenDG (→ Rn. 94).

4. Aufdeckung und Verhinderung von Straftaten (Compliance)

Zur Aufdeckung von Straftaten dürfen personenbezogene Daten von Beschäftigten nach § 26 **129**
Abs. 1 S. 2 bei konkretem Verdacht einer Straftat erhoben werden, wenn nicht schutzwürdige
Interessen des Beschäftigten überwiegen. Die Regelung entspricht § 32 Abs. 1 S. 2 BDSG aF. Zur
Neuregelung Fuhlrott/Oltmanns NZA 2019, 1106; Ströbel/Böhm/Breunig/Wybitul CCZ 2018,
14; Stück CCZ 2018, 88.

Aus dem Gesamtbereich der Datenerhebung im Hinblick auf mögliche Pflichtverletzungen **130**
regelt § 26 Abs. 1 S. 2 nur einen engen **Teilbereich,** nämlich die Datenverarbeitung zur Aufdeckung von Straftaten (Übersicht bei Mengel NZA 2017, 1494). Sie ist an strenge Voraussetzungen gebunden. Von **Straftaten** sind Ordnungswidrigkeiten und andere Pflichtverletzungen im Beschäftigungsverhältnis zu unterscheiden. Von der **Aufdeckung** von Straftaten ist die **Verhinderung** von Straftaten oder sonstigen Pflichtverletzungen zu unterscheiden. Die Erhebung, Verarbeitung und Nutzung für diese Zwecke beurteilt sich nach dem Erforderlichkeitsgrundsatz von § 26 Abs. 1 S. 1 (BT-Drs. 16/13657, 21; ebenso BAG NZA 2017, 1179 Rn. 25 ff. (keine „Sperrwirkung"); OVG des Saarlandes ZD 2018, 134 Rn. 44; Dzida/Grau NZA 2017, 1515; aM LAG BW BeckRS 2016, 72889 Rn 58 ff.; Brink JurisPR-ArbR 36/2016 Anm. 2). Die Vorschrift des § 26 Abs. 1 S. 2 hat § 100 Abs. 3 S. 1 TKG zum Vorbild und knüpft in der Sache auch an die Rechtsprechung des BAG an (BT-Drs. 16/13657, 21 unter Verweis auf BAG NZA 2003, 1193; BAG NZA 2008, 1187). Zum Beispiel ist auch die Anhörung eines Arbeitnehmers im Rahmen einer **Verdachtskündigung** grundsätzlich nach § 26 Abs. 1 S. 1 zu beurteilen und nicht nach S. 2, weil und soweit sie weder Kontrolle noch Überwachung dient (BAG NZA 2015, 741 Rn. 74 ff.). Regelung durch Betriebsvereinbarung kann sich empfehlen; → Rn. 130.1 f.

In zahlreichen Einzelheiten kann die Beurteilung von Compliance-Maßnahmen nach der gesetzlichen **130.1**
Regelung unsicher bleiben. Für diesen Bereich kann sich daher der Abschluss einer **Betriebsvereinbarung**
(allg. → Rn. 52 ff.) in besonderem Maße empfehlen. Zur rechtlichen Beurteilung am Verhältnismäßigkeitsmaß BAG NZA 2013, 1433 ff. (zu Torkontrollen); weiterführend Wybitul NZA 2014, 225 ff.

Zur Erhebung, Verarbeitung und Nutzung von Beschäftigtendaten zum Zwecke der Kooperation bei **130.2**
Ermittlungsverfahren gegen Unternehmen aus den USA Loof/Schefol ZD 2016, 107 ff.

Der **Tatbestand des § 26 Abs. 1 S. 2** hat sehr eng formulierte Voraussetzungen, nämlich: **131**
Verdacht, begründet durch tatsächliche Anhaltspunkte
von im Beschäftigungsverhältnis begangenen Straftaten
Handeln zum Aufdeckungszweck
Dokumentationsobliegenheit
Erforderlichkeit der Datenverarbeitung
kein überwiegendes entgegenstehendes schutzwürdiges Interesse des Betroffenen; insbesondere
keine Unverhältnismäßigkeit von Art und Ausmaß im Hinblick auf den Anlass.

Rechtsfolge ist die Erlaubnis, personenbezogene Daten **des Beschäftigten,** der im Verdacht **132**
steht, eine Straftat begangen zu haben, zu verarbeiten. Damit ist die Erlaubnis zum einen auf
Beschäftigte beschränkt, sie rechtfertigt also nicht die Erhebung von Daten von Kunden oder
Verwandten des Beschäftigten (Brink jurisPR-ArbR 47/2012 Anm. 1; insofern ist auf den Grundtatbestand von § 26 Abs. 1 S. 1 und ggf. Art. 6 Abs. 1 lit. f) DS-GVO zurückzugreifen; ebenso
Vogel/Glas DB 2009, 1747 (1750). Und sie ist zum anderen beschränkt auf den Beschäftigten,
der unter Verdacht steht; aM Pötters/Traut, RDV 2013, 132 (137)). Allerdings kann sich ein
Verdacht naturgemäß auch gegen mehrere richten (ist dann allerdings auch entsprechend durch
„zu dokumentierende tatsächliche Anhaltspunkte" zu belegen; → Rn. 135 f.), etwa die Beschäftigten einer bestimmten Abteilung oder Arbeitskolonne oder einer bestimmten Schicht. Die
Erlaubnis erstreckt sich darüber hinaus auch auf unverdächtige Beschäftigte, wenn die Daten der
Verdächtigen nicht ohne die Daten weiterer Beschäftigter erhoben werden können (**„Zufallsfund"**) (BAG NZA 2017, 112 Rn. 30 (Videoüberwachung des Kassenbereichs); LAG BW ZD
2019, 132 Rn. 88; ablehnend Brink/Schwab jurisPR-ArbR 8/2017 Anm. 2). Der Tatbestand des
§ 26 Abs. 1 S. 2 erlaubt nicht nur die Datenverarbeitung, sondern legitimiert auch die Datenerhebung **ohne Mitwirkung** des Betroffenen (zur Problematik der Direkterhebung → Rn. 68). Das
ist im Gesetz zwar nicht ausdrücklich gesagt, wohl aber vorausgesetzt, da man Verdächtige in aller
Regel nicht durch Hand-aufs-Herz-Befragung überführt.

„**Straftat** ist das vom Tatbestand des Strafgesetzes in seinen Merkmalen festgelegte, mit Strafe **133**
bedrohte rechtswidrige Verhalten, das der Täter schuldhaft verwirklicht hat (dreigliedriger Verbrechensbegriff)" (Jescheck/Weigend, Lehrbuch des Strafrechts, Allgemeiner Teil, 5. Aufl. 1996, 13).
Nach § 12 StGB sind das Verbrechen und Vergehen. Ordnungswidrigkeiten sind keine Straftaten,

vgl. § 21 OWiG; (auch schwere) sonstige (etwa: Vertrags-) Pflichtverletzungen sind der Straftat nicht gleichzustellen (LAG BW BeckRS 2016, 72889 Rn. 66). Der Verdacht muss sich auf eine **„im Beschäftigungsverhältnis begangene"** Straftat richten. Die untechnische Ausdrucksweise deutet auf ein weites Verständnis hin, wonach nicht nur Straftaten erfasst sind, die in Ausübung der Beschäftigungstätigkeit begangen werden, sondern auch solche bei Gelegenheit der Tätigkeit (Deutsch/Diller DB 2009, 1462 (1464)). § 32 Abs. 1 S. 2 legitimiert ein Vorgehen **zur Aufdeckung,** das sich nicht nur auf vergangene, sondern auch auf vermutete zukünftige Straftaten beziehen kann (BAG NZA 2017, 443 Rn. 29).

134 **Verdacht** ist die Vermutung, dass ein Beschäftigter eine Straftat begangen hat. Dem Wortlaut entsprechend reicht ein einfacher Verdacht (so auch Salvenmoser/Hauschka NJW 2010, 331 (333)), doch muss dieser durch **tatsächliche Anhaltspunkte** unterlegt sein. Das ist mit dem „Anfangsverdacht" iSv § 152 Abs. 2 StPO vergleichbar, wonach „zureichende tatsächliche Anhaltspunkte" die Staatsanwaltschaft zu Ermittlungen verpflichten (im Ergebnis ebenso BAG NZA 2017, 443 Rn. 25; NZA 2017, 1327 Rn. 29). Zwar verteidigt der Arbeitgeber anders als der Staatsanwalt seine eigenen Rechte und kann keine amtliche Autorität in Anspruch nehmen. Indes steht ihm die Befugnis zur Datenerhebung auch nur gegenüber den ihm vertraglich verbundenen und so besonders verpflichteten Beschäftigten zu. Dieser Maßstab ist auch teleologisch-systematisch überzeugend, bedenkt man, dass der „hinreichende Tatverdacht" iSv §§ 170 Abs. 1, 203 StPO die Anklageerhebung und Eröffnung des Hauptverfahrens rechtfertigen und der „dringende Tatverdacht" iSv § 112 Abs. 1 S. 1 StPO die Anordnung der Untersuchungshaft (→ Rn. 134.1). Der **Kreis der Verdächtigen** muss möglichst eingeschränkt werden. Die Datenverarbeitung (zB Überwachungsmaßnahme) kann sich aber im Rahmen der Erforderlichkeit auch auf **Personen** beziehen, hinsichtlich derer kein konkretisierter Verdacht besteht (BAG NZA 2021, 959 Rn. 29; NZA 2017, 112 Rn. 31). Der Verdacht kann sich etwa auch auf einen Kreis von Mitarbeitern richten, die Zugang zu einem bestimmten Raum haben.

134.1 Vortäuschen der Arbeitsunfähigkeit kann den Straftatbestand des Betrugs erfüllen, § 263 StGB (bei Täuschung einer Behörde § 279 StGB). Mit Rücksicht auf den hohen Beweiswert einer ärztlichen Arbeitsunfähigkeitsbescheinigung (vgl. §§ 277 ff. StGB) verlangt das BAG, dass der Arbeitgeber zumindest begründete Zweifel an der Richtigkeit aufzeigt, um ihren Beweiswert zu erschüttern; BAG NZA 2015, 994 Rn. 25. Zu den Handlungsmöglichkeiten des Arbeitgebers Heider NJW 2015, 1051 ff.

135 Die tatsächlichen Anhaltspunkte sind **zu dokumentieren.** Die Dokumentationsobliegenheit des § 26 Abs. 1 S. 2 ist ein **prozedurales Schutzinstrument** zum Schutz des Betroffenen. Sie zwingt den Arbeitgeber, sich über die Verdachtsmomente Rechenschaft abzulegen, sie zu manifestieren und transparent zu machen und so eine Kontrollmöglichkeit vorzubereiten. Die Obliegenheit des Arbeitgebers besteht nicht nur im Hinblick auf eine etwa erforderliche Beweislast (zB im Kündigungsschutzprozess); die Dokumentation ist Voraussetzung für die Rechtmäßigkeit der (weiteren) Datenerhebung, -verarbeitung und -nutzung. Die Dokumentationsobliegenheit bezieht sich nur auf die Verdächtigen; erweist sich im Zuge der Datenerhebung (zB Videoüberwachung) unvermeidlich miterfasster weiterer Beschäftigter als Täter (Zufallsfund), schadet der in Bezug auf diesen bestehende Dokumentationsmangel nicht (BAG NZA 2017, 112 Rn. 31). Die von der Verarbeitung betroffenen müssen nicht notwendig namentlich benannt werden (BAG NZA 2021, 959 Rn. 30).

136 Die Datenverarbeitung muss zur Aufdeckung der Straftat **erforderlich** sein. Das ist nicht der Fall, wenn es ein milderes Mittel zur Erreichung desselben Zwecks gibt. Unklar ist, im Hinblick auf welche Interessen des Betroffenen die Erforderlichkeit zu beurteilen ist: nur das Interesse an informationeller Selbstbestimmung (im Verhältnis zum Arbeitgeber oder allgemein?) oder auch sonstige Interessen. Ist also etwa die Strafanzeige ein milderes Mittel als die Videoüberwachung? Wenn es uns nur um den Schutz der informationellen Selbstbestimmung vor Eingriffen durch den Arbeitgeber geht, ist das zu bejahen; im Hinblick auf sonstige Interessen des Betroffenen kann die Frage zu verneinen sein. Bei der Beurteilung der Erforderlichkeit sind auch **prozedurale Alternativen** zu berücksichtigen; zB ist die Einsichtnahme in einen als privat gekennzeichneten Termin auf dem ausschließlich zur dienstlichen Nutzung zur Verfügung gestellten Computer „milder", wenn sie in Anwesenheit des Beschäftigten oder des Datenschutzbeauftragten erfolgt (LAG RhPf BeckRS 2015, 68577 Rn. 162); → Rn. 136.1.

136.1 Die Durchsuchung des Computers in Anwesenheit des Arbeitnehmers ist milderes Mittel als die heimliche Installation eines Keyloggers (zur Aufzeichnung von Tastenanschlägen und Bildschirminhalten) zum Zweck der Aufdeckung einer pflichtwidrigen umfangreichen Privatnutzung des Dienstrechners (LAG Hamm BeckRS 2016, 72746 Rn. 40; s. auch BAG NZA 2017, 1327). Die Auswertung einer Browserchronik in Anwesenheit des Beschäftigten soll aber kein milderes Mittel gegenüber der Auswertung ohne ihn darstellen (LAG Bln-Bbg BB 2016, 891 Rn. 110 f.; krit. Brink juris-PR ArbR 36/2016 Anm. 2).

Negatives Tatbestandsmerkmal ist, dass kein **überwiegendes** entgegenstehendes **schutzwürdiges Interesse** des Betroffenen besteht. Die Formulierung des Tatbestands weist diesen Fall als begründungsbedürftige Ausnahme aus. Nicht jedes Interesse des Betroffenen ist schutzwürdig, insbesondere (natürlich) nicht das Interesse, als Straftäter nicht entdeckt oder bloßgestellt zu werden. Bei der Bewertung der Interessen ist – in beide Richtungen – zu berücksichtigen, dass es sich bislang nur um einen (wenn auch durch tatsächliche Anhaltspunkte belegten) Verdacht handelt. Teil der Interessenabwägung ist nach dem Wortlaut des Gesetzes („insbesondere") die Prüfung der Verhältnismäßigkeit von Art und Ausmaß (gemeint ist: des Eingriffs in die informationelle Selbstbestimmung) im Hinblick auf den Anlass (den Verdacht der Straftat). Dabei ist die Schwere der Straftat im Hinblick auf das Beschäftigungsverhältnis ebenso wie das Ausmaß des bereits entstandenen oder drohenden Schadens (im weiteren Sinne; etwa auch Reputationsverlust) zu berücksichtigen. Auf der Seite des Beschäftigten fällt ins Gewicht, inwieweit die verarbeiteten Daten aus der Beschäftigungssphäre stammen, wie zB Reisedaten oder Anzahl und Höhe der Geschäftsabschlüsse, oder aus der Privatsphäre, wie zB das Freizeitverhalten. So kommt die Überwachung des krankgeschriebenen Arbeitnehmers nur unter entsprechend hohen Voraussetzungen in Betracht. Bietet eine Bank ihren Arbeitnehmern **Mitarbeiterkonten** an, so steht einer Überprüfung der Kontoinhaltsdaten der Arbeitnehmer deren überwiegendes schutzwürdiges Interesse als Kunden entgegen. **137**

Von der Aufdeckung (aufgrund tatsächlicher Anhaltspunkte) vermuteter Straftaten ist die **(präventive) Verhinderung** besorgter Pflichtverletzungen zu unterscheiden. Die Datenverarbeitung zu diesem Zweck beurteilt sich nach § 26 Abs. 1 S. 1; BAG NZA 2019, 1212 Rn 50 ff.; ErfK/Franzen Rn. 36; kritisch Brink/Joos jurisPR-ArbR 38/2019 Anm. 1; BT-Drs. 16/13657, 21. Hier ist zwar der Anlass der Datenverarbeitung von geringerem Gewicht, umgekehrt aber auch der Eingriff in das Persönlichkeitsrecht der Betroffenen: Es ist etwas anderes, sich – wie alle anderen in derselben Situation – einer routinemäßigen (auch stichprobenartigen) Kontrolle zu unterziehen als einem auf die eigene Person gemünzten Verdacht ausgesetzt zu sein. Daher ist die – bewusste (BT-Drs. 16/13657, 21) – Entscheidung des Gesetzgebers, diese Sachverhalte nach dem allgemeinen Erforderlichkeitsgrundsatz von § 26 Abs. 1 S. 1 zu behandeln, teleologisch gut begründet. Allerdings wird teilweise die Ansicht vertreten, Maßnahmen zur Verhinderung von Straftaten könnten nicht „zur Durchführung des Beschäftigungsverhältnisses erforderlich" sein, wie das § 26 Abs. 1 S. 1 voraussetzt; so Brink/Schmidt MMR 2010, 592 (593 f.) (im Hinblick auf Mitarbeiterscreenings). Indes liegt dem ein zu enges Verständnis von der Durchführung des Arbeitsverhältnisses zugrunde, das die Betriebs- und Kollektivbezüge des Arbeitsverhältnisses ausblendet. Soweit in einem Betrieb mehrere Arbeitnehmer tätig sind und die Gefahr von nicht ohne weiteres erkennbaren und zuordenbaren Pflichtverletzungen (insbesondere Straftaten) besteht, gehört es ganz selbstverständlich zur Durchführung des Arbeitsverhältnisses, dass der Arbeitgeber Maßnahmen zur Verhinderung von Pflichtverletzungen durchführen muss. Davon ging auch der Gesetzgeber aus, wie die Materialien ausweisen: „Nach Satz 1 (von § 32 Abs. 1) ist deshalb zB auch die Zulässigkeit solcher Maßnahmen zu beurteilen, die zur Verhinderung von Straftaten oder sonstigen Rechtsverstößen, die im Zusammenhang mit dem Beschäftigungsverhältnis stehen, erforderlich sind" → Rn. 138.1. **138**

Zur Prävention kann auch im laufenden Beschäftigungsverhältnis gehören, vom Beschäftigten ein (ggf. erweitertes) **Führungszeugnis** einzuholen, §§ 30 f. BZRG (s. bereits → Rn. 81 ff.). Ein Anspruch des Arbeitgebers kann aus § 241 Abs. 2 BGB begründet sein; vgl. zum erweiterten Führungszeugnis LAG Hamm ZD 2015, 37 (LAG Hamm DuD 2014, 721). **138.1**

Ein Instrument der Verhinderung von Pflichtverletzungen sind sog. **Mitarbeiterscreenings**; zur Einrichtung von Compliance- und Fraud-Monitoring-Systemen Hentrich/Pyrcek BB 2016, 1451 (zur Interessenabwägung Traut RDV 2014, 119). Dabei geht es regelmäßig darum, mit im Unternehmen vorhandenen Daten durch Analyse mit Hilfe von mathematischen Gesetzmäßigkeiten Anzeichen für Fehlverhalten zu ermitteln (s. etwa Salvenmoser/Hauschka NJW 2010, 331 (332)). Ein zentraler Anwendungsfall ist der automatische Abgleich von Adress- und Kontodaten von Beschäftigten einerseits und Lieferanten oder Abnehmern andererseits. Bei der datenschutzrechtlichen Bewertung ist zu beachten, dass Arbeitgeber an solchen Untersuchungen nicht nur ein massives Interesse haben, sondern sie weitgehend der Erfüllung gesetzlicher **Compliance**-Pflichten dienen (vgl. etwa §§ 91 Abs. 2 AktG, 130 OWiG, 33 Abs. 1 Nr. 1 WpHG; Nr. 4.1.3 DCGK iVm § 161 AktG); zum Interessenausgleich → Rn. 139.1. **139**

BDSG § 26 Teil 2. Durchführungsbestimmungen für Verarbeitungen nach DS-GVO

139.1 Zum **Spannungsverhältnis** von Beschäftigtendatenschutz und **Compliance** etwa Barton RDV 2009, 200; de Wolf NZA 2010, 1206 (E-Mail Überprüfung); Heinson BB 2010, 3084 (zur geplanten Neuregelung); Thüsing, Beschäftigtendatenschutz und Compliance, 2. Aufl. 2014; Wybitul BB 2009, 1582. Transparency International hat die Sorge geäußert, die Neuregelung von 2009 könne die geboten **Korruptionsbekämpfung** über Gebühr beschränken; s. Pressemitteilung v. 30.6.2009, zugänglich unter http://transparency.de/09-06-30_Datenschutz.1438.0.html?&no_cache=1&sword_list()=datenschutz. Übersicht zu datenschutzrechtlichen Fragen **unternehmensinterner Ermittlungen** bei Schrader/Mahler NZA-RR 2016, 57; Vogel/Glas DB 2009, 1747; rechtsvergleichende Übersicht zum selben Thema bei Spehl/Momsen/Grützner, CCZ 2013, 260; 2014, 2 sowie 170.

139.2 Ein spezieller Anwendungsfall ist das sog. **predictive policing** im Sinne einer Analyse großer Datenmengen zur Vorhersage möglichen Fehlverhaltens mit Hilfe von künstlicher Intelligenz, das nicht nur für Polizeiarbeit von Bedeutung ist, sondern auch im Arbeitsleben Anwendung finden kann. Datenschutzrechtlicher Maßstab ist primär § 26 Abs. 1 S. 1 (s. sogleich Rdn. 141), darüber hinaus sind ggf. Art. 22 DS-GVO (Verbot automatisierter Einzelfallentscheidung) und § 31 BDSG (Voraussetzungen für Scoring) zu beachten; Rudkowski NZA 2019, 72 ff.

140 Auch wenn für ein Screening vorhandene Daten genutzt werden, handelt es sich um eine erlaubnisbedürftige Datenverarbeitung iSv Art. 4 Nr. 2 DS-GVO (Auslesen, Abfragen); zudem sollen durch den Abgleich verschiedener Datenmengen neue Daten über die Betroffenen beschafft werden, zB die Tatsache, dass die Kontonummer eines Lieferanten mit der eines Mitarbeiters identisch ist. Die Datenerhebung ohne Mitwirkung des Betroffenen ist als verhältnismäßig anzusehen (allgemein zur Direkterhebung → Rn. 68 ff.). Darüber hinaus handelt es sich um die Verwendung von Daten.

141 Unproblematisch zulässig ist ein solches Screening nur dann, wenn dafür anonymisierte (§ 3 Abs. 6), also nicht (mehr) personenbezogene Daten verwendet werden (so Brink/Schmidt MMR 2010, 592 (594)) (die den Arbeitgeber in der Tat auf diese Form des Screenings beschränken wollen). Sonst ist eine **Erlaubnis** erforderlich. Mangels spezieller Erlaubnisnorm (Gesetz, Betriebs- oder Dienstvereinbarung) oder Einwilligung können diese Vorgänge nur über den Tatbestand des § 26 Abs. 1 S. 1 gerechtfertigt werden (ebenso Barton RDV 2009, 200 (203); aM Salvenmoser/Hauschka NJW 2010, 331 (333); Gliss DSB 2013, 165 ff.; wieder aM Erfurth NJOZ 2009, 2914 (2921); Bierekoven CR 2010, 203 (206); Mähner MMR 2010, 379 (381); noch aM Brink/Schmidt MMR 2010, 592 (593 f.)). Dabei steht im Grundsatz außer Zweifel, dass die Erhebung und Nutzung von Mitarbeiterdaten zu Zwecken der Verhinderung von Fehlverhalten legitimer Zweck im, und für die Durchführung des Beschäftigungsverhältnisses erforderlich sein kann. Entgegen einer Einzelmeinung (Barton RDV 2009, 200 (203)) ist insbesondere das Vorliegen eines „konkreten Verdachts" kein Tatbestandsmerkmal von § 26 Abs. 1 S. 1. Entscheidend kommt es auf die Verhältnismäßigkeit („erforderlich") der Maßnahme an (im Ergebnis ebenso Salvenmoser/Hauschka NJW 2010, 331 (333 f.)) (auf der Grundlage von § 28 Abs. 2 S. 1 Nr. 2).

142 Bei der Prüfung der Verhältnismäßigkeit helfen Schlagworte wie „Rasterfahndung" (Brink/Schmidt MMR 2010, 592 (594)) oder „pauschaler Generalverdacht" (Barton RDV 2009, 200 (201)) oder „Vollkontrolle" (?!) (Kock/Francke NZA 2009, 646 (648)) nicht weiter. Beim Screening geht es gerade nicht um einen pauschalen Verdacht gegen jedermann, sondern um eine durch die Erfahrung in (zumal größeren) Unternehmen begründete Annahme, dass bestimmte Fehlverhalten in Einzelfällen vorkommen (zutr Diller BB 2009, 438 (440)). Die Beurteilung der Verhältnismäßigkeit im Einzelfall muss zunächst die Wahrscheinlichkeit von Fehlverhalten, die Größe/Höhe daraus folgender Nachteile sowie das Interesse und ggf. die Compliance-Pflichten des Arbeitgebers berücksichtigen, sein Eigentum und Vermögen ggf. zu verteidigen. Im Hinblick auf die Durchführung ist zu erwägen, ob das Screening auch mit anonymisierten oder pseudonymisierten Daten oder einer Teilmenge (Mitarbeiter bestimmter Abteilungen) sinnvoll durchgeführt werden kann; oft wird das indes aus Praktikabilitätsgründen oder mit Rücksicht auf die zugrundeliegenden mathematischen oder statistischen Regeln oder mit Rücksicht auf Gefahrenpotentiale (Kollusion von Mitarbeitern verschiedener Abteilungen) nicht möglich sein. Auf der anderen Seite müssen die Interessen der Beschäftigten in die Waagschale geworfen werden: Der bloße Abgleich, ob es Übereinstimmungen von Kontonummern der Beschäftigten und der Kunden/Lieferanten gibt, ist, auch wenn er ohne Veranlassung des Betroffenen erfolgt, persönlichkeitsrechtlich von geringem Gewicht (zutr. Diller BB 2009, 438 (439); Franzen RdA 2010, 257 (262); aM Steinkühler BB 2009, 1249 f.). Die (zumal: anlasslose) Ausspähung privater Lebensverhältnisse ist als tiefer Eingriff in Persönlichkeitsrechte unverhältnismäßig; vgl. zu einem Fall des Hamburgischen Beauftragten für Datenschutz und Informationsfreiheit (Bußgeld über 35,5 Mio. EUR) Brams/Wybitul DB 2021, 57. Zu Einzelfragen der informationstechnischen Überwachung, Tor- und Spindkontrollen, des Einsatzes von Detektiven und von Whistleblower-Systemen → Rn. 142.1 ff.).

Der Verhinderung von Pflichtverletzungen kann auch der Einsatz einer **Software zur Überwachung** 142.1
des Datenverkehrs über Computerschnittstellen (USB-Anschluss, CD- und Diskettenlaufwerk) dienen. Sofern dabei der Handelnde identifiziert werden kann, liegt darin zugleich auch die Erhebung und Verarbeitung personenbezogener Daten. Auch die für den einzelnen Beschäftigten „anlasslose" Überwachung kann – entgegen ArbG Cottbus ZD 2016, 301 Rn. 36 – nach § 32 gerechtfertigt sein; die Beurteilung im Einzelfall hängt auch davon ab,
(a) welchen Grund und Anlass der Arbeitgeber zum Schutz seiner Daten hat einerseits und inwieweit
(b) die „private" Nutzung der Schnittstellen erlaubt ist und
(c) die dienstliche Nutzung der Schnittstelle ein Aktivitätsprofil ermöglicht andererseits.

Der nach Abs. 7 erweiterte sachlichen Anwendungsbereich (→ Rn. 37 ff.) des Beschäftigtendatenschut- 142.2
zes erstreckt sich nicht mehr nur auf Vorgänge, bei denen Daten unter Einsatz von Datenverarbeitungsanlagen verarbeitet, genutzt oder erhoben werden. Erfasst sind auch sonstige Vorgänge der Datenerhebung usw., insbesondere auch **Torkontrollen;** offen gelassen von BAG NZA 2013, 1433 (1436) (dort Betriebsvereinbarung); aus der Vielzahl der Stellungnahmen nur Franzen RdA 2010, 257 (258); Joussen NZA-Beil. 2011, 35 (40 f.). Ebenfalls von § 26 erfasst werden **Spindkontrollen** (zutr. Brink jurisPR-ArbR 20/2013 Anm. 1, vorsichtig zust. BAG NZA 2014, 143 Rn. 24; im Ergebnis mit zutreffenden Erwägungen HessLAG BeckRS 2012, 71641); das HessLAG hat nach den Grundsätzen der Videoüberwachung (→ Rn. 126 ff.) die heimliche Durchsuchung mit guten Gründen für nicht erforderlich gehalten.

Eine **Detektei** wird regelmäßig eigenverantwortlich tätig. Sie verfolgt bei der Datenerhebung regelmä- 142.3
ßig nicht eigene, sondern fremde Interessen des Arbeitgebers. Als Rechtsgrundlagen
(1) für die Weitergabe von Beschäftigtendaten bei der Beauftragung durch den Arbeitgeber kommt § 26 Abs. 1 S. 2 (konkreter Straftatverdacht) oder S. 1 in Betracht;
(2) für die Tätigkeit der Detektei kommt Art. 6 Abs. 1 lit. f DS-GVO in Betracht; s. die Erläuterungen dort.

In die Interessenbewertung dieser beiden Tatbestände sind die nach § 26 Abs. 1 schutzwürdigen Interessen des Arbeitgebers einzustellen; Weichert AuR 2010, 100 (103 f.). Erforderlichkeit ist jedenfalls bei konkretem Verdacht einer schweren Pflichtverletzung gegen einen oder mehrere Beschäftigten (BAG NZA 2017, 1179 Rn. 31) sowie dann zu bejahen, wenn andere Kontrollen nicht (mit der nötigen Beweisbarkeit) erfolgversprechend sind (Kielkowski, jurisPR-ArbR 48/2017 Anm. 3; tendenziell wohl enger Gola/Heckmann/Gola Rn. 63). Bei der gebotenen Angemessenheitsprüfung sind die Schwere der Pflichtverletzung, die Dringlichkeit des Verdachts und die Beweisnot des Arbeitgebers, die Heimlichkeit, Mittel und Dauer der Ermittlung in die Abwägung einzustellen; Thüsing/Rombey NZA 2018, 1105 (1109). Informationspflichten nach Art. 13 f. DS-GVO stehen der heimlichen Überwachung gem. § 33 Abs. 1 Nr. 2 lit. a nicht entgegen; Thüsing/Rombey NZA 2018, 1105 (1110). Ein Mitbestimmungsrecht nach § 87 Abs. 1 Nr. 1 BetrVG besteht nicht (BAG NZA 1991, 729), doch kommt bei Einsatz von Foto- oder Videokamera § 87 Abs. 1 Nr. 6 BetrVG in Betracht, bei interner Verwendung des Detektivs § 99 BetrVG; Thüsing/Rombey NZA 2018, 1105 (1111). Zum Honoraranspruch des Detektivs OLG Düsseldorf Urt. v. 7.5.2020 – 10 U 178/19. Zum Anspruch des Arbeitgebers gegen den Arbeitnehmer auf Ersatz von Detektivkosten, s. BAG BeckRS 1980, 43090; BAG NZA 1998, 1334; BAG NZA 2009, 1300; BAG NZA-RR 2011, 231. Anspruch auf Schadensersatz wegen Persönlichkeitsrechtsverletzung durch nicht von § 26 Abs. 1 S. 2 gedeckter heimlicher Videoaufzeichnung (dazu näher → Rn. 126 ff.) der krankgemeldeten Arbeitnehmerin im Privatbereich (Waschsalon) gewährt BAG NZA 2015, 994; zum Einsatz von GPS Empfängern zu Observationszwecken durch eine Detektei (ua im Auftrag von Arbeitgebern) BGH NJW 2013, 2530 Rn. 83 ff., 103.

Zur Aufdeckung von Pflichtverletzungen ebenso wie zur präventiven Kontrolle werden gelegentlich 142.4
Testkäufe durchgeführt, nicht selten durch beauftragte Detektive; s. zB die Fälle von BAG BB 1987, 689 = BeckRS 1980, 43090; BAG NZA 1991, 729. Es gelten die zum Einsatz von Detektiven dargestellten Grundsätze → Rn. 142.3.

Datenschutzrechtliche Fragen auf verschiedenen Ebenen werfen **Whistleblower-Systeme** auf; einge- 142.5
hend Thüsing/Forst, Beschäftigtendatenschutz und Compliance, 2. Aufl. 2014, § 6 Rn. 1 ff.; Groß/Platzer NZA 2017, 1097 (auch zur DS-GVO); vgl. auch EuGH BeckRS 2019, 1399 – Buivids; zur **Whistleblower-Richtlinie 2019/1937** Aszmons/Herse DB 2019, 1849; Weidmann DB 2019, 2393. Als Form der Datenverarbeitung ohne konkreten Tatverdacht sind sie nach dem Erforderlichkeitsgrundsatz des § 26 Abs. 1 S. 1 zu beurteilen. Als Kriterien für die Beurteilung sind insbesondere zu berücksichtigen: eine gesetzliche Verpflichtung zur Einrichtung (wie § 25a Abs. 1 UAbs. 2 Nr. 3 KWG), der Anwendungsbereich des Systems (konkreter Zuschnitt auf Bereiche mit besonderem Gefährdungspotential oder besonderen Vorsorgepflichten des Arbeitgebers), der Schutz vor Verleumdung und die Frage der Anonymität der Anzeigenden; Breilinger/Krader RDV 2002, 60 (64 ff.); ErfK/Franzen Rn. 26; v. Zimmermann RDV 2006, 242. Ausgestaltung durch Betriebsvereinbarung kann sich empfehlen; Lelley/Winckler ArbRB 2014, 237 (mit Formulierungsvorschlägen). Bei Übermittlung von Daten ins Ausland (zB an die US-amerikanische Konzernmutter; an eine externe Whistleblowing-Stelle) sind Art. 44 ff. DS-GVO zu beachten. Zur

BDSG § 26 Teil 2. Durchführungsbestimmungen für Verarbeitungen nach DS-GVO

Beschränkung von Auskunftsbegehren nach Art. 15 DS-GVO zum Schutz von Whistleblowern → Rn. 210.

142.6   Zur freiwilligen **Weitergabe** von (insbesondere) Beschäftigtendaten **an Aufsichts- und Ermittlungsbehörden** erläutern Kopp/Pfisterer CCZ 2015, 98 ff. (abstrakt) den rechtlichen Rahmen (va § 26), CCZ 2015, 151 ff.

5. Videoüberwachung

143   „**Videoüberwachung**" ist die Beobachtung mit optisch-elektronischen Einrichtungen (vgl. § 4 Abs. 1 (wo die Videoüberwachung freilich – sachwidrig verengend – unter Bezug auf „öffentlich zugängliche Räume" definiert ist); s. iE → § 4 Rn. 1 ff.; zu Videoüberwachung in Gerichten → Syst. E. Rn. 80; zur Definition nach BetrVG → Rn. 143.1 zur Videoaufnahmen durch Dritte → Rn. 143.2. Zur Zulässigkeit der – insbesondere auch verdeckten – Videoüberwachung nach § 26 BDSG nF (ungeachtet der Transparenzerfordernisse von Art. 5 DS-GVO) Byers NZA 2017, 1086 ff.; Byers/Wenzel BB 2017, 2036 ff.; Kort RdA 2018, 24 (26)); zu sog Dashcams Bork/Servos AuA 2018, 338 ff. Zur Bewertung nach Art. 8 EMRK EGMR NZA 2019, 1697.

143.1   Auch die Definition der „Videoüberwachungsanlage" (kein Tatbestandsmerkmal im BDSG) des BAG ist nur vor dem Hintergrund des § 87 Abs. 1 Nr. 6 BetrVG und der Anwendungsfälle zu verstehen, die dem Gericht vor Augen standen, und nicht als allgemeine Definition: „Eine Videoüberwachungsanlage ist eine technische Einrichtung, die dazu bestimmt ist, das Verhalten oder die Leistung der Arbeitnehmer zu überwachen", BAG NZA 2004, 1278 (1279); BAG NZA 2008, 1187 (1189).

143.2   Die Videoaufnahme von Beschäftigten durch Dritte kann unter Umständen aus Gründen der Meinungsfreiheit EuGH BeckRS 2019, 1399 – Buivids (noch zur RL 95/46 (Kläger filmt Aufnahme seiner Aussage bei der Polizei und lädt die Aufnahme auf YouTube hoch)).

144   Unabhängig von den Einzelheiten der Ausgestaltung bedeutet die Videoüberwachung einen besonders **intensiven Eingriff** in das Persönlichkeitsrecht des Betroffenen, da nicht nur einzelne Aspekte seines Verhaltens, sondern sein Gesamtverhalten beobachtet und ggf. – bei Aufnahme, nicht nur Monitoring – reproduzierbar und analysierbar gemacht wird. „Gestik und Mimik, bewusste oder unbewusste Gebärden, der Gesichtsausdruck bei der Arbeit oder bei der Kommunikation mit Vorgesetzten und Kollegen unterliegen stets der Möglichkeit dokumentierender Beobachtung. Damit entsteht ein Druck, sich möglichst unauffällig zu benehmen, setzen sich doch die Arbeitnehmer andernfalls der Gefahr aus, später wegen etwa abweichender Verhaltensweisen Gegenstand von Kritik, Spott oder gar Sanktionen zu werden" (BAG NZA 2004, 1278 (1281); siehe auch Jervis ILJ 47 ((2018) 440 (446 ff.)). Bei der Bewertung der Videoüberwachung von Beschäftigten, gerade auch, wenn sie in nicht öffentlich zugänglichen Räumen erfolgt, ist allerdings auch zu berücksichtigen, dass der Arbeitsort kein Privatraum ist. Ebenso ist zu berücksichtigen, inwieweit die betroffenen Beschäftigten ohnehin schon „betriebsöffentlich" tätig und der Beobachtung ausgesetzt sind (BAG NZA 2003, 1193 (1195)). Für die von der Rechtsprechung – zu Recht – besorgte Verhaltensbeeinflussung („unauffällig benehmen") ist die Beobachtung erheblicher als die Dokumentation (die auch ohne Beobachtung erfolgen kann). Das gilt jedenfalls dann, wenn ein sorgsamer und diskreter Umgang mit der Dokumentation gesichert ist. Daher erscheint auch die Bewertung zweifelhaft, Fernseh-Monitoring sei gegenüber der Videoaufzeichnung ein milderes Mittel; so aber BAG NZA 2004, 1278 (1283); wie hier jetzt tendenziell BAG NZA 2018, 1329 Rn. 33; krit. Brink/Schwab JurisPR ArbR 2019/6 Anm 5. Beim Fernseh-Monitoring muss man tatsächlich andauernd die Beobachtung gewärtigen, während Videoaufzeichnungen oft nur vorsorglich gemacht und nie ausgewertet (sondern periodisch vernichtet) werden, die Auswertung aber im Übrigen von Rechts wegen nur gezielt (für bestimmte Zwecke!) erfolgen darf und keineswegs „zum Spaß" oder auf gut Glück (vgl. § 4 Abs. 1, 3). Ernst zu nehmen ist daher bei der Dokumentation vielmehr die Gefahr des Missbrauchs (Einstellen von Videoaufnahmen bei „Youtube") oder der zweckfremden Verwendung. Auch Thüsing/Schmidt DB 2017, 2608 unterscheiden daher zwischen Dauerüberwachung und Daueraufnahme und sehen letztere bei beschränkten Auswertungsmöglichkeiten oder -zwecken nicht als Dauerüberwachung an.

145   Eine **Erlaubnis** zur Videoüberwachung kann sich aus Einwilligung (BAG NZA 2017, 443 Rn. 31; OVG des Saarlandes ZD 2018, 134 Rn. 52) oder gesetzlicher Erlaubnis ergeben. Allerdings dürfte die praktische Bedeutung eingeschränkt sein. Dort, wo die Beschäftigten ein eigenes Interesse an der Videoüberwachung haben, wie zB an der Tankstelle oder in der Bankschalterhalle, sind in der Regel auch Interessen Dritter betroffen. Bei Videoaufnahmen in Betriebsräumen ist zwar die Einwilligung aller denkbar, doch ist das oft unpraktisch (so, wenn es um die Aufdeckung

von Straftaten geht; vgl. BAG NZA 2003, 1193 (1195); anders bei präventiver Videoüberwachung) oder kann die Freiwilligkeit (Art. 4 Nr. 11 DS-GVO) problematisch sein. Hilfreich war die Einwilligung in BAG NZA 2017, 443: Der Arbeitgeber hatte allen anderen Arbeitnehmern den Zutritt zum Lager untersagt und die Einwilligung der allein zutrittsberechtigten Lageristen eingeholt.

146 Als spezielle Rechtsvorschriften kommen vor allem Betriebs- und Dienstvereinbarungen in Betracht. Bei den Erlaubnistatbeständen des BDSG lässt sich dem Gesetz mit Rücksicht auf die unterschiedliche Eingriffsintensität eine Unterscheidung von vier **Fallgruppen** unternehmen, abhängig davon,
- ob die Videoüberwachung in öffentlich zugänglichen Räumen (vgl. § 4) oder nicht öffentlich zugänglichen Räumen vorgenommen wird und
- ob sie offen (vgl. § 4 Abs. 2) oder verdeckt erfolgt.

147 **Speziell** geregelt ist nur die offene Videoüberwachung öffentlich zugänglicher Räume, **§ 4 BDSG** (s. zB OVG Lüneburg NJW 2015, 502 (Videoüberwachung in Eingangsbereich und Treppenaufgängen eines Bürohauses zum Schutz vor und zur Aufklärung von Straftaten zulässig); s. auch → § 4 Rn. 1 ff.). Die Regelung ist aber nicht abschließend. § 26 Abs. 1 S. 1 ist demgegenüber ein selbständiger und von den Voraussetzungen des § 4 Abs. 3 unabhängiger Erlaubnistatbestand; BAG NZA 2018, 1329 Rn. 23. Für die Aufdeckung von Straftaten im Beschäftigungsverhältnis ist § 26 Abs. 1 S. 2 Spezialnorm; BAG NZA 2017, 112 Rn. 34 ff. Außerhalb des BDSG können die Notwehr- und Notstandstatbestände der §§ 227 BGB, 32, 34 StGB eine Erlaubnis begründen; BAG NZA 2003, 1193; NZA 2004, 1278 (1282). Eine Videoüberwachung „von Personen, die sich in (...) einem gegen Einblick besonders geschützten Bereich befinden", also etwa in Umkleide-, Dusch- oder Sanitärräumen, kommt nach § 201a StGB in keinem Fall in Betracht.

148 Das Gesetz enthält in § 4 nur eine Regelung für die **offene Videoüberwachung** in **öffentlich zugänglichen Räumen**; s. auch → § 4 Rn. 1 ff. Diese hat auch für das Beschäftigungsverhältnis praktische Bedeutung, etwa für Videoaufnahmen in Schalterhallen von Banken, auf Bahnhöfen oder an Tankstellen. Dabei geht es oft nur den Schutz des Eigentums des Arbeitgebers, aber auch um die Sicherheit von Kunden oder Beschäftigten; bspw. an Tankstellen entspricht die Installation von Videokameras oft dem Wunsch der Beschäftigten. Im Beschäftigungsverhältnis sehen BAG NZA 2019, 1212 Rn. 33 ff.; NZA 2017, 112 Rn. 34 (zur Vorgängervorschrift) § 26 Abs. 1 S. 2 indes als Konkretisierung von § 4 Abs. 1 Nr. 3 an. Das Gebot der Kenntlichmachung nach § 4 Abs. 2 ist insoweit keine Voraussetzung für die Rechtmäßigkeit einer Videoüberwachung. Auch für die Verarbeitung und Nutzung der so gewonnenen Daten stellt § 26 – gegenüber dritten Beschäftigten (Zufallsfund) ggf. Abs. 1 S. 1 – eine eigenständige und von den Voraussetzungen des § 4 Abs. 3 unabhängige Erlaubnisnorm dar (BAG NZA 2017, 112 Rn. 43).

149 Eine **verdeckte Videoaufnahme** in **öffentlich zugänglichen Räumen** kommt in dem – durchaus nicht seltenen – Fall in Betracht, dass die Mitarbeiter des Kassenbereichs wegen des Verdachts einer Pflichtverletzung (Unterschlagung, Betrug) kontrolliert werden sollen. Zu denken ist ferner an die Beobachtung des krankgeschriebenen Arbeitnehmers (LAG Hamm ZD 2014, 204 ff.). Die verdeckte Aufnahme im öffentlichen Bereich wird teilweise generell für unzulässig gehalten (ArbG Frankfurt a. M. RDV 2009, 214 (215); Bayreuther NZA 2005, 1038 (1040)). Nach zutreffender Ansicht kann sie unter engen Voraussetzungen durchaus zulässig sein, sie ist insbesondere nicht durch § 4 Abs. 2 ausgeschlossen, der die Modalitäten der Durchführung und nicht die Voraussetzungen betrifft (BAG NZA 2012, 1025 Rn. 39 ff.; LAG Hamm BeckRS 2011, 79152 mkritAnm Brink jurisPR-ArbR 47/2012 Anm. 1; ArbG Düsseldorf ZD 2011, 185; ArbG Freiburg i. B. 4 Ca 128/04 = LSK 2005, 040641 (nur LS); vgl. auch EGMR NZA 2019 – Lòpez Ribalda mzustAnm Körner NZA 2020, 25, Information als Aspekt der Verhältnismäßigkeitsprüfung). § 4 enthält keine abschließende Regelung und verdrängt die Tatbestände von § 26 sowie der §§ 227 BGB, 32, 34 StGB als Erlaubnisnormen nicht. Zu beachten ist freilich, dass § 27 Abs. 1 S. 2 nur im Verhältnis zu Beschäftigten einen Erlaubnistatbestand darstellt; im Verhältnis zu den in öffentlich zugänglichen Räumen regelmäßig auch betroffenen Dritten ist die Erlaubnis gesondert zu prüfen; allerdings kann sich der Beschäftigte auf die Rechtswidrigkeit gegenüber Dritten nicht berufen, Bayreuther DB 2012, 2222 (2224 f.): „Sphären trennen").

150 Für die Konkretisierung der **Erforderlichkeitsprüfung** gem. § 26 Abs. 1 S. 2 kann der Maßstab von § 4 als Grundlage dienen. Dabei ist aber, die Anforderungen an die Rechtfertigung verschärfend, zu berücksichtigen, dass von der Überwachung auch Beschäftigte und mithin Personen betroffen sind, die sich der Kontrolle nicht entziehen können. Weiterhin folgt auch aus der Verdecktheit des Vorgehens eine Verschärfung des Kontrollmaßstabs. Daraus kann man mit Recht folgern, dass die verdeckte Videoüberwachung „die absolute Ausnahme bilden" muss (Forst RDV 2009, 204 (209)). Sie ist zudem zeitlich und räumlich so eng wie möglich zu beschränken. Die Interessenabwägung konkretisiert die Rechtsprechung: Danach ist die heimliche Videoüberwachung eines Arbeitnehmers „zulässig, wenn der konkrete Verdacht einer strafbaren Handlung oder einer anderen schweren Verfehlung zu Lasten des Arbeitgebers besteht, weniger einschneidende Mittel zur Aufklärung des Verdachts ergebnislos ausgeschöpft sind, die verdeckte Videoüberwachung damit praktisch das einzig verbleibende Mittel darstellt und sie insgesamt nicht unverhältnismäßig ist (...). Der Verdacht muss in Bezug auf eine konkrete strafbare Handlung oder andere schwere Verfehlung zu Lasten des Arbeitgebers gegen einen zumindest räumlich und funktional abgrenzbaren Kreis von Arbeitnehmern bestehen. Er darf sich einerseits nicht auf die allgemeine Mutmaßung beschränken, es könnten Straftaten begangen werden. Er muss sich andererseits nicht notwendig nur gegen einen einzelnen, bestimmten Arbeitnehmer richten. Auch im Hinblick auf die Möglichkeit einer weiteren Einschränkung des Kreises der Verdächtigen müssen weniger einschneidende Mittel als eine verdeckte Videoüberwachung zuvor ausgeschöpft worden sein." (BAG NZA 2017, 443 Rn. 22; NZA 2017, 112 Rn. 28; NZA 2014, 243 Rn. 50; NZA 2012, 1025 Rn. 30).

151 Verdeckte Videoaufnahmen **im Privatbereich des Arbeitnehmers,** zB um nachzuweisen, dass er nicht krank ist, beurteilen sich ebenfalls nach § 26 Abs. 1 (regelmäßig S. 2) (BAG NZA 2015, 994 (Videoaufzeichnung im Waschsalon)). Die Erforderlichkeit wird oft schon daran scheitern, dass die Aufzeichnung die Gesundheit des Arbeitnehmers nicht belegen kann (Sachverständiger erforderlich) und als Nachweis für die Aktivität des Arbeitnehmers auch die Zeugenaussage des Beobachters ausreicht; auch wegen der Intensität des Eingriffs sind strenge Anforderungen an die Rechtfertigung zu stellen.

152 Eine spezielle Regelung für die Videoüberwachung in **nicht öffentlich zugänglichen Räumen** enthält das Gesetz nicht. § 4 ist in diesem Bereich nicht, auch nicht analog anwendbar. Zwar besteht eine (allerdings vom Gesetzgeber gesehene, BT-Drs. 14/4329, 38) Lücke. Indes fehlt es an der Rechtsähnlichkeit der Regelungssachverhalte, da der Gesetzgeber die Vorschrift des § 4 nun gerade auf öffentlich zugängliche Räume zugeschnitten hat. Die Eingriffsintensität einer Videoüberwachung in öffentlich zugänglichen Räumen ist erheblich geringer als in nicht-öffentlich zugänglichen Räumen (im Ergebnis ebenso BAG NZA 2004, 1278 (1282); s. auch → § 4 Rn. 1 ff.)). Mangels Einwilligung oder spezieller Normierung kommen, abhängig vom verfolgten Zweck, die Erlaubnistatbestände von § 26 Abs. 1 S. 1 und S. 2 in Betracht; ebenso OVG des Saarlandes ZD 2018, 134 Rn. 52 (Videoüberwachung in der Apotheke; LAG MV BeckRS 2019, 23355 Rn. 62 ff. (nicht-öffentlich zugänglicher Teil der Tankstelle); ArbG Frankfurt a. M. ZD 2014, 633 (634 f.); Thüsing/ Pötters, Beschäftigtendatenschutz und Compliance, 2. Aufl. 2014, § 11 Rn. 44). Wiederum versagt allerdings § 26 Abs. 1 S. 2, wenn die Datenerhebung präventiv erfolgt (→ Rn. 138 ff.) oder sich – wie wohl praktisch häufig – nicht auf diejenigen beschränkt, die einer Straftat verdächtigt werden (→ Rn. 132 ff.). Dann kommt als Erlaubnisnorm nur § 26 Abs. 1 S. 1 in Betracht. Für die Konkretisierung der Erforderlichkeit bei der **offenen Videoüberwachung können** allerdings auch hier die Wertungen von § 4 berücksichtigt werden. Die offene Videoüberwachung ist demnach zulässig, wenn sie zur Wahrnehmung berechtigter Interessen für konkret festgelegte Zwecke erforderlich ist und keine Anhaltspunkte bestehen, dass schutzwürdige Interessen der Betroffenen überwiegen. Bei der Interessenabwägung ist die besondere Eingriffsintensität zu berücksichtigen (zust. Thüsing/Schmidt NZA 2017, 1027 ff.); beispielhaft → Rn. 152.1.

152.1 Instruktiv ist der Sachverhalt von ArbG Frankfurt a. M. ZD 2014, 633: Der Arbeitgeber, soweit erkennbar Vertriebsorganisation für hochwertige Computer und Unterhaltungselektronik, ließ Ladenlokal, Mitarbeitereingangsraum, Besprechungsraum und Techniker-Arbeitsplätze andauernd von Videokameras filmen; Filmaufnahmen wurden nach 30 Tagen automatisch gelöscht und nur bei Verdacht einer Straftat (Diebstahl, Unterschlagung) von einem speziellen „Team für Schadensabwehr" durchgesehen. Da der Arbeitgeber die Einwilligung des Arbeitnehmers nicht beweisen konnte, kam es auf die gesetzliche Rechtfertigung nach § 32 Abs. 1 BDSG aF an. Bei der gebotenen Interessenabwägung lässt das ArbG zu Unrecht die besonderen Diebstahl- und Unterschlagungsgefahren außer Betracht und erwägt nicht, ob der Arbeitgeber „mildere" Selbstschutzmöglichkeiten hat; es erwägt auch nicht, dass lediglich eine Aufzeichnung erfolgt, nicht aber eine dauernde „Überwachung" (→ Rn. 144).

153 Auch die **verdeckte Videoüberwachung** im **nicht-öffentlichen Raum** ist nicht generell ausgeschlossen (Thüsing/Pötters, Beschäftigtendatenschutz und Compliance, 2. Aufl. 2014, § 11 Rn. 45 ff.; Pötters/Traut RDV 2013, 132 (137); s. auch → § 4 Rn. 1 ff.; aM Bayreuther NZA 2005, 1038 (1041)). Auch hier gilt, dass ein heimliches Fehlverhalten regelmäßig nur durch heimliche Aufklärung aufgedeckt werden kann (vgl. BAG NZA 2003, 1193 (1195)). Die verdeckte Überwachung im nicht-öffentlichen Raum kann nur dann auf § 26 Abs. 1 S. 2 gestützt werden, wenn sie ausschließlich den Verdächtigten erfasst (→ Rn. 132 ff.). In sonstigen Fällen kommt § 32

Abs. 1 S. 1 als Erlaubnistatbestand in Betracht. Die verdeckte Videoüberwachung kann jeweils nur **ultima ratio** sein (so auch → § 4 Rn. 1 ff.). Zur Erforderlichkeitsprüfung sagt das BAG: „Danach ist die heimliche Videoüberwachung eines Arbeitnehmers zulässig, wenn der konkrete Verdacht einer strafbaren Handlung oder einer anderen schweren Verfehlung zu Lasten des Arbeitgebers besteht, weniger einschneidende Mittel zur Aufklärung des Verdachts ausgeschöpft sind, die verdeckte Video-Überwachung praktisch das einzig verbleibende Mittel darstellt und insgesamt nicht unverhältnismäßig ist" (BAG NZA 2003, 1193 (1195)).

Die **Speicherung von** (auch rechtmäßig erhobener) **Videoaufnahmen** bedarf als Verarbeitung iSv Art. 4 Nr. 2 DS-GVO der Rechtfertigung als erforderlich. Die Erforderlichkeitsprüfung ist für die einzelnen Bildsequenzen vorzunehmen. In die Bewertung ist einzustellen, dass der Arbeitgeber in dem von gegenseitigem Vertrauen geprägten Beschäftigungsverhältnis nicht gehalten ist, Videoaufnahmen laufend auf Pflichtverletzungen zu überprüfen. Im Gegenteil wird die bloß anlassbezogene Durchsicht gespeicherter Aufnahmen gegenüber der laufenden Überprüfung regelmäßig das mildere Mittel sein, freilich mit der Maßgabe, dass eine missbräuchliche Verwendung durch den Arbeitgeber oder Dritte ausgeschlossen sein muss. Ist die Speicherung aus diesen Erwägungen nach § 26 Abs. 1 S. 1 erforderlich, so sie auch im Verhältnis zu mit erfassten Dritten erlaubt; zum Ganzen BAG NZA 2018, 1329 Rn. 29 ff. **153a**

Praktisch wird es nicht selten um die Gestaltung der Erlaubnis im Rahmen von **Betriebs- oder Dienstvereinbarungen** gehen (allgemein oben → Rn. 52 ff.). An diesem Fall hat das BAG auch seine allgemeinen Leitlinien entwickelt (BAG NZA 2004, 1278; BAG NZA 2003, 1193; vgl. auch BAG NZA 2014, 143 (zu Torkontrollen)). Da die Videoüberwachung einen besonders intensiven Eingriff in das Allgemeine Persönlichkeitsrecht mit sich bringt, bleibt allerdings im Rahmen einer kollektiven Regelung kein Spielraum für über DS-GVO/BDSG hinausgehende Befugnisse des Arbeitgebers (s. auch Arnold Müller, Die Zulässigkeit der Videoüberwachung am Arbeitsplatz, 58 ff.). Die Zuständigkeit der Betriebsparteien ergibt sich aus § 87 Abs. 1 Nr. 6 BetrVG (vgl. BAG NZA 2003, 1193; s. auch zu Beteiligungsrechten → Rn. 201 ff.). Für die Kontrolle von Betriebsvereinbarungen gem. Art. 88 Abs. 2 DS-GVO, § 75 Abs. 2 BetrVG kann man, ähnlich wie bei § 4, drei Stufen unterscheiden: **154**

(1) Die Videoüberwachung muss einem berechtigten, schutzwürdigen Interesse des Arbeitgebers dienen. Dazu rechnen insbesondere die grundrechtlich geschützten Interessen des Arbeitgebers, der (anderen) Beschäftigten oder der Kunden.
(2) Sie muss zu dessen Verwirklichung erforderlich sein. Das setzt die Eignung des Mittels voraus. An der Erforderlichkeit fehlt es im Übrigen, wenn es andere, im Hinblick auf das Persönlichkeitsrecht der Betroffenen weniger einschneidende Mittel gibt, die dem Interesse ebenso oder doch in ähnlicher Weise genügen. Bei beiden Teilaspekten billigt die Rechtsprechung den Betriebspartnern einen Beurteilungsspielraum zu (BAG NZA 2004, 1278 (1280)).
(3) Schließlich dürfen keine schutzwürdigen Interessen des Betroffenen überwiegen. Die darin enthaltene Verhältnismäßigkeitsprüfung haben auch BAG NZA 2004, 1278 (1280, 1283) und BAG NZA 2003, 1193 zur Konkretisierung der Kontrolle nach § 75 Abs. 2 BetrVG herangezogen. Dabei liegt der Schwerpunkt praktisch auf der Prüfung der Verhältnismäßigkeit im engeren Sinne auf der dritten Stufe. Hier ist das Gewicht der beiderseitigen Interessen im Einzelfall zu berücksichtigen. Dabei spielen insbesondere der Anlass für die Überwachung und sein Gewicht einerseits sowie die Frequenz und Dauer der Videoüberwachung andererseits eine Rolle.

Zu Schadensersatzansprüchen des Beschäftigten → Rn. 154a.1. **154a**

Wegen rechtswidriger Videoüberwachung kann dem Arbeitnehmer Anspruch auf Schadensersatz wegen **Persönlichkeitsrechtsverletzung** zustehen, BAG NZA 2015, 994; HessLAG MMR 2011, 346; LAG MV BeckRS 2019, 23355; ArbG Frankfurt a. M. ZD 2014, 633; Schulze/Greve ArbRAktuell 2014, 245 (247). Zum potentiell weitergehenden Anspruch auf Schadensersatz aus Art. 82 DS-GVO Wybitul NJW 2019, 3265. **154a.1**

6. Biometrische Daten (einschließlich Fotos)

„**Biometrie** bezeichnet – vor allem in Biologie, Medizin, Pharmazie und Mathematik – die Erfassung und (Ver-)Messung von Lebewesen und ihren Eigenschaften. Im vorliegenden Zusammenhang bedeutet Biometrie bzw. Biometrik die (automatisierte) Messung eines individuellen – physiologischen oder verhaltenstypischen – Merkmals einer Person zum Zweck der (biometrischen) Identifikation (bzw. Authentifizierung (...)) und damit zur Unterscheidung von anderen Personen" (Bundestags-Ausschuss für Bildung, Forschung und Technikfolgenabschätzung (19. Ausschuss), BT-Drs. 14/10005, 9); entsprechend definiert jetzt **Art. 4 Nr. 13 DS-GVO** biomet- **155** rische Daten. Merkmale für die Erkennung sind etwa die Papillarleisten am Endglied eines Fingers, das Stroma der Iris, die Retina, die Handgeometrie, die Stimme, die Handschrift, die Merkmale des Gesichts und andere mehr; Übersicht über technische Möglichkeiten (und deren Grenzen) und Einsatzbereiche bei Biltzinger DuD 2005, 726. Mittel für Erkennungsverfahren sind dementsprechend Fingerabdrücke, Bilder der Regenbogenhaut, Lichtbilder usw. Biometrische Daten können zur Authentifizierung („als Ausweis"; für den Zugang zum Betriebsgelände oder zu einzelnen Bereichen oder Geräten) verwendet werden. Lichtbilder werden darüber hinaus oft zu Werbezwecken verwendet („um dem Unternehmen ein Gesicht zu geben").

156 Biometrische Daten können zu den besonders geschützten **„besondere Kategorien personenbezogener Daten"** iSv Art. 9 DS-GVO, § 26 Abs. 3 gehören, soweit sie Auskunft über rassische oder ethnische Herkunft oder Gesundheitsdaten geben (dazu bereits → Rn. 33). Ersteres ist beim Lichtbild der Fall, soweit daraus die rassische oder ethnische Herkunft erkennbar wird; zweiteres möglicherweise bei Iris- und Retinainformationen, soweit diese über bestimmte Krankheiten Auskunft geben können (vgl. Bundestags-Ausschuss für Bildung, Forschung und Technikfolgenabschätzung (19. Ausschuss), BT-Drs. 14/10005, S. 45). Wenn biometrische Daten darüber hinaus als besonders **sensibel** wahrgenommen werden, dürfte dies verschiedene Ursachen haben: dass sie eine eindeutige Identifizierung ermöglichen; dass sie im Normalfall lebenslang unveränderlich sind und dementsprechend auch dauerhaft (und eben auch zweckfremd) verwendet werden können; dass man besorgt, sie könnten künftig Rückschlüsse auf Gesundheits- oder Persönlichkeitsmerkmale geben; dass sie seit längerem von der Polizei zur Identifizierung verwandt werden (Fingerabdrücke); und, bei Lichtbildern, dass man das Recht am eigenen Bild (§§ 22 ff. KUG) als besonders wichtiges Persönlichkeitsrecht empfindet. Die Verwendung biometrischer Daten zur Identifizierung kann freilich auch im Interesse der Beschäftigten sein, zB wenn es um einen besonders sicheren Schlüssel geht oder um eine einfache Zugangssicherung (keine PIN mehr merken).

157 **Rechtsgrundlage** für die Verwendung biometrischer Daten im Beschäftigungsverhältnis ist § 26 Abs. 3 (besondere Kategorien personenbezogener Daten), § 26 Abs. 1, 7. Auch im Rahmen der Erforderlichkeitsprüfung von § 26 Abs. 1 S. 1 ist dem „sensiblen" Charakter biometrischer Daten Rechnung zu tragen. In der Literatur wird vorgeschlagen, die (strengen) Maßstäbe anzuwenden, die die Rechtsprechung für die Zulässigkeit der Videoüberwachung entwickelt hat (zu diesen → Rn. 143 ff.); Hornung/Steidle AuR 2005, 201 (205 f.). In der Sache bedeutet das, dass eine Erforderlichkeitsprüfung verbunden mit dem Vorbehalt überwiegender Interessen des Betroffen (Interessenabwägung) stattfindet (vgl. § 4 Abs. 1; → § 4 Rn. 1 ff.).

158 Für die Bewertung kommt es zuerst auf die **Zwecksetzung** an, ob es also etwa um eine Zugangskontrolle oder die Arbeitszeiterfassung geht; zur Praxis der Datenschutzbehörden Gola RDV 2015, 133 (krit. im Hinblick auf Arbeitszeiterfassung). Eine nachträgliche Zweckänderung (Zugangskontrolldaten nachträglich zur Leistungsüberwachung verwandt) ist grundsätzlich unzulässig (Gola RDV 2015, 133; s. auch allgemein Härting NJW 2015, 3284). Je nach Risikolage kann die Verwendung besonders sicherer Authentifizierungsverfahren geboten sein; bei der Bestimmung kommt dem Arbeitgeber ein unternehmerischer Beurteilungs- und Gestaltungsspielraum zu (→ Rn. 62). Unzulässig ist aber etwa die Sammlung biometrischer Daten (Fingerabdrücke) vorsorglich für den Fall, dass sie einmal für die Aufdeckung von Pflichtverletzungen nützlich sein könnten (Gola NZA 2007, 1139 (1141)). Bei der Erforderlichkeitsprüfung sind auch die Modalitäten der biometrischen Verfahren zu berücksichtigen, namentlich inwieweit die Sicherheit der Daten und ein Schutz von zweckfremder Verwendung (dezentrale statt zentrale Speicherung (Gola NZA 2007, 1139 (1140 f.))) sowie eine zweckentsprechende Löschung gewährleistet sind. Die Verwendung von **Fingerabdrücken** („Fingerprint") **zur Arbeitszeiterfassung** ist mit Rücksicht auf den damit auch bezweckten Gesundheitsschutz als verhältnismäßig zu beurteilen, solange die dafür hinterlegten Fingerabdruckdaten ausreichend gesichert sind; man kann den Arbeitgeber nicht auf Stempeluhr und Personenkontrolle verweisen, die erheblich aufwendiger und weniger effizient wären; **aM** – nur bei konkreter Missbrauchsgefahr („mitstempeln für Kollegen") – LAG Bln-Bbg NZA-RR 2020, 457 mzustAnm Brink/Joos, jurisPR-ArbR 39/2020 Anm. 1.

159 Bei der Verwendung von **Lichtbildern** ist nach Verwendungszwecken zu unterscheiden. Auch sie enthalten biometrische Daten, die im Einzelfall auch Auskunft über Krankheiten oder Behinderungen geben können. Die **Herstellung** von Lichtbildern bedarf als Eingriff in das Allgemeine Persönlichkeitsrecht (BGH NJW 1957, 1315 (1316); BGH GRUR 1964, 205 (208); MüKoBGB/Rixecker BGB Anhang zu § 12 Rn. 50; vgl. auch § 201a StGB, wo es freilich um die Verletzung des höchstpersönlichen Lebensbereichs geht) der Einwilligung des Beschäftigten; dazu kann er aber arbeitsvertraglich verpflichtet sein, wenn diese, zB für Werkausweise, nötig sind. Die Verwendung auf **Ausweisen** ist regelmäßig zulässig, da es sich um ein einfaches und zweckmäßiges

Authentifizierungsmittel handelt, bei dem zudem die Daten des Beschäftigten nur schonend verwendet werden. Auch soweit das Lichtbild Auskunft gibt über Rasse, ethnische Herkunft, Behinderung oder Krankheit ergibt sich nichts anderes; insbesondere liegt darin auch keine nach dem AGG verbotene Ungleichbehandlung.

Der Rechtsrahmen für die **Veröffentlichung** von Fotos ist umstritten. Sieht man § 22 KUG **160** als „spezifischere Regelung" iSv Art. 88 DS-GVO an (vgl. für den journalistischen Bereich und Art. 85 DS-GVO OLG Köln ZD 2018 434 mAnm Hoeren), dürfte diese gem. § 1 Abs. 2 S. 1 vorrangig sein. Nach anderer Meinung bleibt es bei § 26; Ullrich ZMV 2019, 57 (58); auch danach wird es aber regelmäßig auf die Einwilligung des Abgebildeten ankommen, da die Veröffentlichung regelmäßig nicht erforderlich iSv § 26 Abs. 1 S. 1 sein dürfte. Die **Einwilligung** ist nach § 22 S. 1 KUG erforderlich, wenn Bildnisse verbreitet (§ 17 Abs. 1 UrhG) oder öffentlich zur Schau gestellt („Sichtbarmachen i.w.S.", Schricker/Loewenheim/Götting, Urheberrecht, 6. Aufl. 2020, KUG § 22 Rn. 1 ff., § 60 Rn. 37) werden. Einwilligungsbedürftig ist mithin etwa die Einstellung auf die Homepage oder Facebookseite des Unternehmens (ArbG Lübeck Beschl. v. 20.6.2019 – 1 Ca 538/19 Rn. 23 (juris); der Abdruck in einer Werbebroschüre (ArbG Münster BeckRS 2021, 13039) oder einer Mitarbeiterzeitschrift, die Aushängung von Fotos im Unternehmen usw. (s. iE die Erläuterungen bei Schricker/Loewenheim/Götting, Urheberrecht, 6. Aufl. 2020, KUG § 22 Rn. 1 ff., § 60 Rn. 1 ff.); bei Fotos von Betriebsfeiern kommt eine Verwendung ohne Einwilligung nach § 23 Abs. 1 Nr. 1 KUG („Ereignis der Zeitgeschichte") in Betracht, Gola/Klug NJW 2015, 674 (676) unter Hinweis auf BGH NJW-RR 2014, 1193 (Mieterfest); wenn eine Hostess auf einer Prominentenparty Aktionsware anbietet und nach der Art der Veranstaltung damit zu rechnen war, dass Fotos gemacht und veröffentlicht werden, auf denen sie auch zu sehen ist, kommt eine konkludente Einwilligung in Betracht, BGH NJW 2015, 1450; zur Verwendung von Videoaufnahmen für einen Werbefilm BAG MMR 2015, 544 und BAG NZA 2015, 604 mAnm Hülbach ArbRB 2015, 165; Kaumanns ITRB 2015, 133; Nolte/Werkmeister jurisPR-Compl 2/2015 Anm. 4; Taeger jurisPR/DSR 1/2015 Anm. 4 und Wybitul ZD 2015, 333; vgl. OVG ZD 2020, 480 (Lehrer auf Klassenfoto im Schuljahrbuch). Soweit das offene Tragen von Werksausweisen eine „öffentliche Zurschaustellung" iSv § 22 KUG darstellt, bedarf auch dies der Einwilligung; doch ist der Beschäftigte dazu bei einem auch nur einfachen Legitimationsbedürfnis des Arbeitgebers angesichts der geringen Intensität des Eingriffs (das Bild kommt ja mit der Person im Original) regelmäßig verpflichtet.

Zum Anspruch auf **Löschung** von Beschäftigtendaten und -foto von der Homepage des Arbeit- **161** gebers **nach Beendigung** des Arbeitsverhältnisses HessLAG DStRE 2012, 1101 ff.; BAG BeckRS 2015, 67598; → Rn. 188 ff. Nach Auffassung des BAG bedarf die Einwilligung gem. § 22 KUG in verfassungskonformer Rechtsfortbildung ähnl. wie gem. Art. 7 Abs. 2 der **Schriftform** (BAG MMR 2015, 544 Rn. 23 ff.; NZA 2015, 604 Rn 24 ff.); nach BGH NJW 2015, 1450 Rn. 6 ff. ist indes eine konkludente (und damit formlose) Einwilligung möglich. Ist nichts Besonderes vereinbart, kann die Einwilligung nicht jederzeit frei widerrufen werden (→ Rn. 49); **Widerruflichkeit** bestimmt sich nach einer Abwägung der gegenseitigen Interessen (BAG NZA 2015, 604 Rn. 37 ff. (→ Rn. 162.1)).

Die Einwilligung kann **zeitlich** auch über den Bestand des Beschäftigungsverhältnisses hinausreichen. **162.1** So hat LAG RhPf ZUM 2013, 699 = ZD 2013, 286 die Veröffentlichung eines Belegschaftsfotos einer Gruppe von 33 Mitarbeitern im Internet auch für die Zeit nach Ausscheiden eines Arbeitnehmers als von dessen Einwilligung gedeckt angesehen. Das Widerrufsrecht des ausgeschiedenen Arbeitnehmers hat es nach Treu und Glauben (§ 242 BGB) als eingeschränkt, bei seiner Ausübung habe der Arbeitnehmer auf die berechtigten Interessen des Arbeitgebers (Vertrauen; Kosten eines aktualisierten Fotos) angemessen Rücksicht zu nehmen. So auch BAG NZA 2015, 604 Rn. 38.

7. Ortungssysteme

Verschiedene technische Systeme erlauben eine Ortung von Mitarbeitern (Global Positioning **163** System (GPS); Radio Frequency Identification (RFID), auch sog. „Funketiketten"; aber auch schon die handelsübliche Mobilfunktechnologie in Verbindung mit Angeboten der Netzbetreiber).

Wenn es nicht um die Aufdeckung von Straftaten des Betroffenen geht (dann § 26 Abs. 1 S. 2), **164** richtet sich die **Zulässigkeit** der Datenerhebung, -verarbeitung und -nutzung nach § 26 Abs. 1 S. 1, es kommt auf die Erforderlichkeit für die Durchführung des Beschäftigungsverhältnisses an. Das ist, bei zwecksprechender Begrenzung, unproblematisch zu bejahen, wenn es um Werksausweise mit RFID-Technologie geht und die Technologie nur als Zugangskontrolle genutzt wird; ebenso Plath/Stamer/Kuhnke Rn. 131. Tätigkeitsbedingt kann auch eine weitgehende Ortung erforderlich sein, etwa bei Sicherheitskräften (Wachpersonal, Werttransporter), ErfK/Franzen Rn. 24; Kühling/Buchner/Maschmann Rn. 52. Ortungssysteme können auch zum Schutz von Sachen, zB LKWs, zulässigerweise verwendet werden, Beckschulze DB 2009, 2097 (2099); zu diesem Zweck wird aber regelmäßig eine dauernde Überwachung unnötig und nur eine Aktivierung im Problemfall erforderlich sein (anders etwa: Geld- und Werttransport), Kort RdA 2018, 24 (26 f.). Für die Zwecke von Tourenplanung und Diebstahlschutz hält VG Lüneburg ZD 2019, 331 die GPS-Ortung der Wagen eines Gebäudereinigungsunternehmen (im konkreten Fall: Start und Ziel, gefahrene Strecke, Zündungsstatus ein/aus, Speicherung für 150 Tage) für nicht erforderlich; s. auch ArbG Heilbronn BeckRS 2019, 30627 (Telematikbox im Wagen des Außendienstmitarbeiters ist unzulässige Totalüberwachung); mit guten Gründen krit. dagegen Wünschelbaum NZA 2020, 1222 (1223) (für – weiteren – Zwecke Arbeitszeiterfassung, Abrechnung gegenüber Kunden, Transportplanung sowie, gem. Art. 6 Abs. 1 lit. f DS-GVO, Diebstahlschutz). Höchst nachrangig und ausnahmsweise kann eine GPS-Überwachung zur Wahrung von Beweisführungsinteressen in Betracht kommen (vgl. BGH NJW 2013, 2530 Rn. 83 ff. (103)). Von solchen Sonderfällen abgesehen kommt es auf die legitimen Zwecke im Einzelfall an, wobei auch hier dem Arbeitgeber ein unternehmerischer Beurteilungs- und Gestaltungsspielraum zusteht (→ Rn. 62); so muss er etwa den Anruf auf dem Mobiltelefon nicht etwa der „stummen Handyortung" vorziehen, wenn es für diese vertretbare Erwägungen gibt (Betriebsablauf; Kosten; Zuverlässigkeit; Erreichbarkeit; sicheres Fahrverhalten). Glatt unzulässig ist dagegen die Erhebung von Daten über das Privatverhalten von Beschäftigten, etwa mit Hilfe des Mobiltelefons (Gola NZA 2007, 1139 (1144)). Auch eine – etwa zur Sicherheit oder zur Koordinierung des Arbeitseinsatzes – erforderliche Ortung ist daher zu deaktivieren, wenn sie für das Beschäftigungsverhältnis nicht mehr erforderlich ist, also regelmäßig nach Dienstschluss. Bei der Beurteilung der Verhältnismäßigkeit sind insbesondere auch **prozedurale Kautelen** – zu berücksichtigen, etwa die vorherige Benachrichtigung (zB Signalton oder SMS) oder sonstige Erkennbarkeit für den Betroffenen (Kort RdA 2018, 24 (26 f.)).

8. Nutzung von Telekommunikationsdiensten

165 Bei Telekommunikationsdiensten allgemein sind die **Rechte und Interessen** verschiedener Beteiligter zu berücksichtigen, nämlich des Beschäftigten, seiner Kommunikationspartner und des Arbeitgebers. Bei den Betroffenen ist zu unterscheiden zwischen den Umständen der Kommunikation und den Kommunikationsinhalten. Hinzu kommt – für Umstände und Inhalte – weiterhin die Unterscheidung zwischen dienstlicher und privater Kommunikation. Bei der Interessenbewertung sind zuerst gesetzliche Bindungen der Beteiligten zu berücksichtigen, insbesondere handels- und steuerrechtliche Dokumentationspflichten des Arbeitgebers einerseits und die für bestimmte Beschäftigte bestehenden beruflichen Verschwiegenheitspflichten andererseits; beide sind gerade im Zusammenhang der Telekommunikation von Bedeutung. Was Privatkommunikation angeht, kommt es zuerst darauf an, ob sie erlaubt ist, aber auch dann, inwieweit der Beschäftigte darauf angewiesen ist: normalerweise erledigt man seine Privatangelegenheiten, zumal die Korrespondenz, zu Hause; und auf die Nutzung der Infrastruktur des Arbeitgebers ist der Beschäftigte bei den heutigen Verhältnissen (Mobiltelefone, Smartphones, mobiles Internet) regelmäßig nicht angewiesen. Speziell zur Telefonnutzung bei Gerichten und Staatsanwaltschaften → Syst. E. Rn. 85. Zur dienstlichen Nutzung eigener Geräte → Rn. 142.1 f.

165.1 Stand früher die private Nutzung der Telekommunikationseinrichtungen des Arbeitgebers im Vordergrund, so wirft jetzt die dienstliche Nutzung privater Telefone, insbesondere von Smartphones, eigene datenschutzrechtliche Fragen auf; man bezeichnet die Organisationsform auch mit „**bring your own device**" („bringe Dein eigenes Gerät mit"). Dazu Franck RDV 2013, 185 ff.; Göpfert/Wilke NZA 2012, 765 (unter Hinweis auf die auch hier gebotene Trennung dienstlicher und privater Daten); Wisskirchen/Schiller DB 2015, 1163 (ua zu „Container Apps", eine Überwachung des Nutzungsverhaltens erlauben).

165.2 **Instant Messenger** ermöglichen ähnlich wie beim Telefon eine synchrone Kommunikation, diese aber auch mit Text und Bild, sowie eine „Statusanzeige" (an-/abwesend; hinzu kommen ggf. erweiterte Möglichkeiten der Speicherung von Daten über die Teilnehmer und übermittelte Inhalte. Zu den damit verbundenen Rechtsfragen Lepperhoff/Papendorf RDV 2015, 309 ff.

166 Umstritten und praktisch eine entscheidende Weichenstellung ist der **rechtliche Rahmen** für die Beurteilung: Richtet sich die Beurteilung nach den speziellen Regelungen über das Fernmeldegeheimnis und den Datenschutz in §§ 88, 91 ff. TKG oder nach den allgemeinen Vorschriften von Art. 6 DS-GVO, § 26 BDSG?

167 Die wohl nach wie vor **herrschenden Meinung** möchte den Arbeitgeber dann, wenn er den Beschäftigten die Nutzung von „Telekommunikationsdiensten" iSv § 3 Nr. 24 TKG (also zB

Telefon oder E-Mail) für private Zwecke erlaubt, als „Diensteanbieter" iSv § 3 Nr. 6 TKG ansehen, der „geschäftsmäßig Telekommunikationsdienste erbringt" iSv § 3 Nr. 10 TKG, nämlich für die Beschäftigten, die ihm dann als „Dritte" gegenüberstünden. Daher sei die Erhebung, Verarbeitung und Nutzung von Telekommunikationsdaten der Beschäftigten an §§ 88, 91 TKG als vorrangig anwendbarem spezifischem Datenschutz gem. § 1 Abs. 3 S. 1 zu messen. So etwa Brink/Schwab ArbRAktuell 2018, 111; ErfK/Franzen Rn. 30; GPSS/Bock TKG § 88 Rn. 24; Spindler/Schuster/Eckhardt TKG § 88 Rn. 27.

Dem wird mit guten Gründen zunehmend **widersprochen** (insbesondere Thüsing, Beschäftigtendatenschutz und Compliance, 2. Aufl. 2014, § 3 Rn. 50 ff., § 4 Rn. 1–16; Behling/Abel/Behling Praxishandbuch Datenschutz im Unternehmen, 2014, Kap. 6 Rn. 30; Behling BB 2018, 52 (54); Klein CR 2016, 606 (zu konzerninternem Outsourcing); Voigt FS Taeger (2020), 511 ff.; LAG Bln NZA-RR 2011, 342 (343) (im Ergebnis beifallswürdig, indes ohne dogmatisch saubere Begründung und daher nicht überzeugend; mit Recht krit. Brink jurisPR-ArbR 33/2011 Anm. 5; LAG Bln-Bbg BB 2016, 891 mkritBespr Brink/Wirtz ArbRAktuell 2016, 255; LAG Nds NZA-RR 2010, 406 (408) (praktisch ohne Begründung); VG Karlsruhe NVwZ 2013, 797 Rn. 63 ff., zust. VGH BW DuD 2014, 789 Rn. 79). Entscheidend komme es darauf an, ob der Arbeitgeber als Diensteanbieter/Unternehmer iSv §§ 88, 91 TKG anzusehen ist. Der Wortlaut lasse beide Auslegungen zu, doch sprächen Systematik (Anwendbarkeit der TKG-Vorschriften führt zu schwer überwindlichen Antinomien, zB mit den Aufbewahrungspflichten nach § 267 Abs. 1 Nr. 2 und 3 HGB, 147 Abs. 1 Nr. 2 und 3 AO) und Zweck des TKG (als spezielles Wettbewerbsrecht) gegen die Auslegung der hM. **168**

Stellungnahme: Der vordringenden Meinung ist zuzustimmen (meine bis zur Edition 34. Edition vertretene Gegenmeinung gebe ich auf). Sie ist ebenfalls vom Wortlaut getragen und kann sich auch auf teleologische und systematische Erwägung stützen. Der gebotene Beschäftigtendatenschutz wird von DS-GVO und § 26 BDSG verwirklicht; Schutzlücken sind nicht erkennbar. Systematisch sprechen die erheblichen Verwerfungen, die eine Qualifizierung des Arbeitgebers als Diensteanbieter iSd TKG nach sich zöge (eingehend Voigt FS Taeger 2020, 511 ff.) deutlich gegen diese Auslegung und gegen die Annahme eines entsprechenden Gesetzgeberwillens. Zu beklagen bleibt die andauernde Unsicherheit über die Auslegung; eine gesetzgeberische Klarstellung wäre wünschenswert. Praktisch kann man dem Arbeitgeber nur raten, die Privatnutzung zu untersagen, um so in einem angemessenen Kontrollrahmen zu bleiben; der Beschäftigtendatenschutz wird dabei keineswegs geopfert, sondern nur, wie es der Sache nach richtig ist, mit widerstreitenden Interessen in verhältnismäßigen Ausgleich gebracht (→ Rn. 169.1). **169**

Entsprechende Abgrenzungsfragen treten auch im Verhältnis zum **Telemediengesetz (TMG)** auf. Allerdings ist dessen Anwendungsbereich beschränkt auf Telemediendienste, die Arbeitgeber ihren Beschäftigten (auch bei erlaubter Privatnutzung) nicht regelmäßig erbringen. Allein die Zurverfügungstellung von Telefon oder E-Mail (Übertragung von Signalen, § 3 Nr. 24 TKG) fällt noch nicht unter § 1 TMG. Anders aber, wenn der Arbeitgeber, zB für bestimmte Projekte oder Arbeitnehmergruppen, **Onlineforen** zur Verfügung stellt oder ein **Bewerberportal,** die nicht ausschließlich dienstlichen Zwecken dienen, § 11 Nr. 1 TMG. In diesen Fällen gelten die bereichsspezifischen Datenschutzvorschriften der §§ 11 ff. TMG. **169.1**

Demnach ist, dem Regelungsrahmen entsprechend, im Folgenden danach zu unterscheiden, ob die Privatnutzung von Telekommunikationsmitteln (Telefon, E-Mail) erlaubt ist oder nicht. Wichtig ist, dabei zu beachten, dass die **Privatnutzung** von Telefon, E-Mail oder Internet die **begründungsbedürftige Ausnahme** ist. Schon wegen der Dienstleistungspflicht des Beschäftigten ist ein Verbot der Privatnutzung der selbstverständliche Grundsatz (vgl. Waltermann NZA 2007, 529 (531)). Er hat auch keinen Anspruch auf Zulassung der Privatnutzung (Mengel BB 2004, 2014 f.). Schweigen des Arbeitgebers zu einem Missstand, selbst **Duldung ist keine Zustimmung** (treffend Thüsing, Beschäftigtendatenschutz und Compliance, 2. Aufl. 2014, § 3 Rn. 66). Auch eine die Privatnutzung rechtfertigende **betriebliche Übung** kann nicht allein aus der Duldung gefolgert werden (vgl. LAG Bln-Bbg BB 2016, 891 Rn. 120 (Dulden mit rechtsgeschäftlichem Erklärungswert); Thüsing, Beschäftigtendatenschutz und Compliance, 2. Aufl. 2014, § 3 Rn. 67 ff.; Beckschulze DB 2007, 1526; Kort FS Wank, 2014, 259 ff.; Mengel BB 2004, 1445 (1446 f.); Waltermann NZA 2007, 529 (531); zu weitgehend daher Brink/Wirtz ArbRAktuell 2016, 255). **170**

Zu beachten ist allerdings auch nach der hM der **beschränkte Anwendungsbereich des TKG. Vorrangiges** Spezialdatenschutzrecht (§ 1 Abs. 3 S. 1) enthält das TKG für den Arbeitgeber **nur soweit** er **Diensteanbieter** ist, also nur soweit es um die Privatnutzung geht; im Übrigen bleibt es bei § 26 Abs. 1 S. 1 und 2. Zwar wird mit Recht darauf hingewiesen, dass nach einer Rührei-Theorie eine Privatnutzung („ein verdorbenes Ei ...") den ganzen Anschluss für den **171**

Arbeitgeber unzugänglich machen kann („ ... verdirbt das ganze Rührei"). Indes kann der Arbeitgeber dem durch einfache organisatorische Maßnahmen vorbeugen, etwa indem er bei Privatgesprächen eine besondere Vorwahl vorschreibt oder anordnet, dass (gesendete und empfangene) private E-Mails zu löschen oder gesondert abzulegen sind (Beckschulze DB 2009, 2097; zweifelnd Vietmeyer/Byers MMR 2010, 807 (809) (praktisch schwierig)). Der demnach bei pflichtgemäßem Verhalten des Beschäftigten rein dienstliche Bereich ist für den Arbeitgeber datenschutzrechtlich dann nach allgemeinen Regeln (§ 26 Abs. 1) zugänglich. Im Übrigen kann der Arbeitgeber bei erlaubter Nutzung (datenschutzkompatible) Kontrollrechte behalten, (1) wenn er die Privatnutzung von einer **Einwilligung** des Beschäftigten in die Kontrolle abhängig macht; da von der Einwilligung nichts Existentielles, sondern nur eine Vergünstigung (Privatnutzung) abhängt, kann man grundsätzlich nicht an der Freiwilligkeit zweifeln; so auch Mengel BB 2004, 1445 (1452); (2) wenn die Betriebspartner spezielle Regelungen in einer **Betriebs- oder Dienstvereinbarung** vorsehen; eine entsprechende Öffnungsklauseln für „eine andere Rechtsvorschrift" enthält § 12 Abs. 1 TMG, und auch die Öffnung für „eine andere gesetzliche Vorschrift" in § 88 Abs. 3 S. 3 TKG lässt entgegen der hM kollektivvertragliche Abweichungen zu (so mit eingehender Begründung (arg: Art. 2 EGBGB, §§ 12 EGZPO, 7 EGStPO) Thüsing/Granetzny, Beschäftigtendatenschutz und Compliance, 2. Aufl. 2014, § 4 Rn. 8 ff.; für Tarifverträge auch Löwisch/Rieble TVG, 3. Aufl. 2012, TVG § 1 Rn. 95; aM Hanau/Hoeren, Private Internetnutzung durch Arbeitnehmer, 2003, 51. Muster für individual- und kollektivvertragliche Regelungen bei Lensdorf/Born CR 2013, 30 ff.). Zur Reichweite von § 88 TKG → Rn. 171.1.

171.1 Soweit nach diesen Erwägung (→ Rn. 166 ff.) das **Telekommunikationsgeheimnis** des § 88 TKG eingreift, ist dessen **begrenzter Anwendungsbereich** zu beachten, der sich auf den Übertragungsvorgang beschränkt (vgl. BVerfG NJW 2009, 2413; NJW 2006, 976; HessLAG NZA 2019, 130 Rn. 58; HessVGH NJW 2009, 2470; VG Karlsruhe NVwZ 2013, 797 Rn. 59 ff., zust. VGH BW DuD 2014, 789 Rn. 79; siehe auch LAG Bln NZA-RR 2011, 342; Spindler/Schuster/Eckhardt TKG § 88 Rn. 12 ff.; zur Abgrenzung der Schutzbereiche Thüsing/Traut, Beschäftigtendatenschutz und Compliance, 2. Aufl. 2014, § 9 Rn. 89 ff.; zu verbleibenden Abgrenzungsschwierigkeiten aber de Wolf NZA 2010, 1206 (1209)).

172 Ist die Privatnutzung des **Telefons** verboten, richten sich die Kontrollmöglichkeiten des Arbeitgebers nach dem BDSG. Geht es um die Aufdeckung von Straftaten, findet – im Verhältnis zum Beschäftigten – § 26 Abs. 1 S. 2 Anwendung (→ Rn. 129 ff.). Verfolgt der Arbeitgeber – im Rahmen der Durchführung oder Beendigung des Beschäftigungsverhältnisses – andere Zwecke, findet – wiederum im Verhältnis zum Beschäftigten – die Erforderlichkeitsprüfung von § 26 Abs. 1 S. 1 statt. In diesem Rahmen ist dem besonderen (auch grundrechtlichen) Schutz der Vertraulichkeit des Wortes als Ausprägung des allgemeinen Persönlichkeitsrechts (vgl. BVerfG NJW 1992, 815) Rechnung zu tragen. Danach ist das **heimliche Mithören** von Telefongesprächen, sei es durch Zwischenschaltung oder über eine Mithöreinrichtung, grundsätzlich **verboten;** insbesondere kann keine Einwilligung (die datenschutzrechtlich an § 4a zu messen wäre) in das Mithören oder Aufzeichnen auch bei Dienstgesprächen nicht vermutet werden; die Last, eine Einwilligung einzuholen, liegt bei dem, der Mithören oder Aufzeichnen (lassen) möchte (BAG NZA 1998, 307 (309)). Bei Beschäftigten, die als Berufspsychologen gem. § 203 Abs. 1 StGB zur Verschwiegenheit verpflichtet sind, ist der Arbeitgeber nicht befugt, die Zielnummern der dienstlich geführten Telefongespräche zu erfassen, da diese Aufschluss über den Gesprächspartner und dessen persönliche Angelegenheiten geben können (BAG NZA 1987, 515). Im Übrigen soll die **Erforderlichkeitsprüfung** mit Rücksicht auf die besondere persönlichkeitsrechtliche Bedeutung der Verbindungsdaten nach den vom BAG für die Videoüberwachung ermittelten Grundsätzen zulässig sein (s. zB Joussen, NZA-Beil. 2011, 35 (39); der Sache nach auch Thüsing/Traut, Beschäftigtendatenschutz und Compliance, 2. Aufl. 2014, § 10 iVm § 10 Rn. 6); das bedeutet, dass die Verhältnismäßigkeitsprüfung durch eine Interessenabwägung ergänzt wird. Als legitime Zwecke sind dabei insbesondere die Kosten- und Wirtschaftlichkeitskontrolle sowie eine Missbrauchskontrolle (keine unerlaubten Privatgespräche?) anerkannt, die die Erhebung usw. der Kommunikationsdaten (nicht -inhalte) rechtfertigen können (ErfK/Franzen Rn. 29; Gola/Heckmann/Gola Rn. 75; Thüsing/Traut, Beschäftigtendatenschutz und Compliance, 2. Aufl. 2014, § 10 Rn. 2 f.). Zu diesen Zwecken ist der Arbeitgeber – im Verhältnis zum Beschäftigten – befugt, die **Gesprächsdaten** (Datum, Uhrzeit, Dauer, Gebühreneinheiten) einschließlich der vollständigen **Zielnummer** zu erfassen (BAG NZA 1986, 643; vgl. auch BAG AP ZA-Nato-Truppenstatut Art. 56 Nr. 20). Die Erfassung nur eines Teils der Zielnummer, verbunden mit der Obliegenheit des Beschäftigten, sich bei konkretem Missbrauchsverdacht durch Offenbarung der vollständigen Nummer zu entlasten, dürfte kein ebenso effektives milderes Mittel sein, da dem Beschäftigten hier erheblicher Spielraum bleibt, sich mit Unkenntnis herauszureden; enger die wohl hM (s. etwa Mengel BB 2004, 1445,

1449; pragmatisch ebenso Thüsing/Traut, Beschäftigtendatenschutz und Compliance, 2. Aufl. 2014, § 10 Rn. 4). Im Verhältnis zum Angerufenen (ein Anrufer von außen gibt seine Nummer ggf. selbst preis) ist die Rechtfertigung in Einwilligung oder in Art. 6 Abs. 1 lit. b, f DS-GVO zu suchen. Für unzulässig wird eine **Dauerüberwachung** des Arbeitnehmers gehalten; eine dauernde Erhebung von Telekommunikationsdaten ist allerdings noch keine Dauerüberwachung, es sei denn, der Arbeitnehmer übe seine Tätigkeit ausschließlich oder ganz überwiegend am Telefon aus; Mengel BB 2004, 1445 (1449) (→ Rn. 172.1).

Besonders liegen die Dinge bei **Call Centern;** Kort RdA 2018, 24 (28). Erstens bringt schon die **172.1** Arbeitsorganisation die Wahrnehmung der Kommunikationsumstände (Teilnehmernummer im Unternehmen, ggf. auch des Gesprächspartners, Dauer der Gespräche) mit sich. Da hier das Telefonieren die eigentliche Arbeitsleistung ist, dient die Erhebung usw. von Kommunikationsdaten unmittelbar der Kontrolle der Arbeitsleistung (s. auch ErfK/Franzen Rn. 23). Diese Umstände sind dem Beschäftigten aber auch bekannt. Da es bei dieser Tätigkeit weiterhin zentral auf die Gesprächsinhalte ankommt, ist auch insofern ein besonderes Interesse des Arbeitgebers an der Datenerhebung anzuerkennen. Die Erhebung usw. der Kommunikationsumstände ist aus diesen Erwägungen im Verhältnis zu den Beschäftigten gerechtfertigt. In engen Grenzen ist auch die offene Erhebung usw. von Kommunikationsinhalten zulässig zu Zwecken der Einarbeitung und Überprüfung in der Probezeit, aber auch während der Laufzeit des Vertrags zur Qualitätskontrolle stichprobenweise. Die Grenzen dürften auch unter § 26 Abs. 1 S. 1 in etwa so zu bestimmen sein, wie BAG NZA 1996, 218 das für eine entsprechende Betriebsvereinbarung anerkannt hat. Eine lückenlose Erhebung von Kommunikationsdaten und -inhalten ist aber auch hier unzulässig. § 32 Abs. 1 S. 1 oder eine Betriebsvereinbarung können dabei nur die Rechtfertigung im Verhältnis zu den Beschäftigten begründen, die Erlaubnis gegenüber Dritten (Kunden) ist etwa über deren Einwilligung oder Art. 6 Abs. 1 lit. b, f DS-GVO zu suchen. Siehe auch – aus wirtschaftswissenschaftlicher Perspektive (und rechtlich teils verwirrt) – Hrach/Nöbel/Richthof/Alt RDV 2012, 280 ff. Zur entsprechenden Problematik bei **Markt- und Meinungsforschungsinstituten,** Hinweise auf die Aufsichtspraxis bei Gola RDV 2015, 133 (134).

Ist die Privatnutzung des **Telefons** erlaubt, so richtet sich der Datenschutz primär nach dem **173 Fernmeldegeheimnis** gem. § 88 Abs. 1 TKG und den speziellen Datenschutznormen der §§ 91 ff. TKG. Die Regelung lässt eine Erhebung usw. von Verbindungsdaten im Wesentlichen nur zu Zwecken des Diensteangebots zu (Einwilligung, § 94 TKG; für das Vertragsverhältnis, § 95 TKG; Abrechnung, § 97 TKG; Thüsing/Traut, Beschäftigtendatenschutz und Compliance, 2. Aufl. 2014, § 10 Rn. 6; Vietmeyer/Byers MMR 2010, 807 (809)).

Für die Erhebung von Daten der **E-Mail-**Kommunikation gelten dieselben **Grundsätze** wie **174** bei der Telefonkommunikation (→ Rn. 165 ff.; zusammenfassend von Brühl/Sepperer ZD 2015, 415 ff.; Sassenberg/Mantz BB 2013, 889 ff.; zur E-Mail-Kontrolle zu Compliance-Zwecken Wybitul/Böhm CCZ 2015, 133). Bei der Bewertung ist aber zu beachten, dass E-Mails als schriftliche Kommunikation Teil der Korrespondenz sind, die, soweit sie dienstlich ist, ganz üblicherweise und aus berechtigten, teils rechtlich begründeten Interessen aufbewahrt und vom Arbeitgeber und anderen Beschäftigten eingesehen wird. Auch die Korrespondenz per E-Mail ist Handelsbrief iSv § 257 HGB (s. nur Oberwetter NJW 2011, 417 (419)). Anders als beim persönlichen Gespräch gibt es hier auch kein berechtigtes Vertrauen auf die Flüchtigkeit des gesprochenen Wortes (ähnlich Gola MMR 1999, 322 (326)). Im Rahmen der Verhältnismäßigkeitsprüfung hat der EGMR NZA 2017, 1433 – Barbulescu (dazu Behling BB 52; Dzida/Klopp ITRB 2018, 18; Jervis ILJ 47 (2018) 440 (krit. gegenüber dem „reasonable expectation to privacy test")) den Aspekt der **Transparenz** besonders hervorgehoben (eindeutige vorherige Ankündigung möglicher Überwachung). – Nach unseren Vorüberlegungen zum rechtlichen Rahmen ist wieder zu unterscheiden, je nachdem ob die Privatnutzung erlaubt ist oder nicht. Einzelheiten → Rn. 174.1 ff.

Zu Fragen der Strafbarkeit des Arbeitgebers wegen E-Mail-Kontrolle Barton jurisPR-StrafR 15/2012, **174.1** Anm. 1.

Zur Verwertbarkeit von (möglicherweise) datenschutzrechtswidrig erlangten Kopien von Chatprotokollen **174.2** LAG Hamm FD-ArbR 2012, 336846 = BeckRS 2012, 71605; zustAnm Ehmann jurisPR-ArbR 47/2012 Anm. 2.

Zu (auch nachwirkenden) vertragsrechtlichen Verhaltenspflichten OLG Dresden NJW 2013, 27 ff. und **174.3** dazu Culmsee/Dorschel CR 2013, 290 (mit dem schiefen Titel „E-Mails als Nebenpflicht").

Ist die **Privatnutzung nicht erlaubt,** richtet sich die Erhebung, Speicherung und Nutzung **175** von **E-Mail-**Daten im Verhältnis zum betroffenen Beschäftigten nach **§ 26 Abs. 1.** Geht es um die Aufdeckung einer Straftat, findet § 26 Abs. 1 S. 2 Anwendung. Im Übrigen kommt es auf eine Erforderlichkeitsprüfung nach § 26 Abs. 1 S. 1 an. Legitime Zwecke können technische Bedingungen des E-Mail-Verkehrs sein, etwa die Bewahrung des Computersystems vor Schaden

BDSG § 26 Teil 2. Durchführungsbestimmungen für Verarbeitungen nach DS-GVO

(Virenprüfung, Abwehr eines digitalen Angriffs, dazu Heinemann RDV 2014, 11); die Missbrauchs- oder Tätigkeitskontrolle; sowie die Zusammenarbeit im Unternehmen, die ganz selbstverständlich auch den Zugriff auf die von anderen Mitarbeitern geführte Korrespondenz erfordern kann.

176 Ist die **Privatnutzung erlaubt**, richtet sich die Kontrolle von **E-Mails**, soweit sie auch private E-Mails betrifft, nach den Vorschriften der **§§ 88, 91 ff. TKG** (ErfK/Franzen Rn. 30 mwN). Danach ist eine Erhebung der Kommunikationsinhalte praktisch vollständig ausgeschlossen, eine Erhebung der Kommunikationsumstände beschränkt auf Zwecke des (in der Gestattung der Privatnutzung liegenden) Diensteangebots (näher Thüsing/Traut, Beschäftigtendatenschutz und Compliance, 2. Aufl. 2014, § 9 Rn. 98 ff.; Vietmeyer/Byers MMR 2010, 807 (808 f.)). Gerade bei E-Mail-Nutzung dürfte allerdings die Trennung erlaubter privater und dienstlicher Nutzung durch getrennte Adressen, Konten oder Ordner (nach Verantwortungssphären sinnvollerweise: Obliegenheit des Beschäftigten, private E-Mails zu löschen oder gesondert zu speichern) praktikabel sein; dann gelten für den dienstlichen Bereich dieselben Grundsätze, wie wenn die Privatnutzung nicht erlaubt ist (→ Rn. 174). Bei Verdacht von Kollusion der Arbeitnehmer → Rn. 176.1.

176.1 Bei konkreten tatsächlichen Anhaltspunkten für eine Vertragsverletzung des Arbeitnehmers (kollusives Zusammenwirken mit anderen Arbeitnehmern zur Verhinderung von Maßnahmen zur Effizienzsteigerung) kann eine Einsicht in E-Mails auch bei erlaubter privater Nutzung zulässig sein (ArbG Weiden BeckRS 2017, 120365, auf der Grundlage von § 32 Abs. 1 S. 1 BDSG).

177 Die Grundsätze über die Kontrolle von E-Mail-Kommunikation (→ Rn. 174 ff.) gelten entsprechend, wenn das **Internet**, etwa über **soziale Netzwerke**, zu Zwecken der **Fernkommunikation** genutzt wird (Oberwetter NJW 2011, 417 (419): s. auch Kort DuD 2012, 722 (725 ff.)). Auch hier soll, wenn die private Nutzung erlaubt ist, das Fernmeldegeheimnis des § 88 TKG Anwendung finden. Die Überprüfung des **Browserverlaufs** soll zulässig sein, wenn private Nutzung grundsätzlich verboten ist (LAG Köln ZD 2020, 533 Rn. 135 ff.; LAG Bln-Bbg BB 2016, 891). Die Verwendung von **verdeckt arbeitenden Computerkontrollprogrammen** kann nach § 26 Abs. 1 S. 2 – entsprechend den Grundsätzen des BAG zur Videoüberwachung (→ Rn. 143 ff.) – unter engen Verhältnismäßigkeitsvoraussetzungen zulässig sein. Zu streng ist aber die Verhältnismäßigkeitsprüfung von ArbG Augsburg BeckRS 2013, 65588, wonach ein zeitlicher „Überschuss" der Überwachung sogar bei einer auf fünf Minuten beschränkten Beobachtung schädlich sein soll (krit. auch Wahlers jurisPR-ITR 1/2013 Anm. 6). Besteht kein konkreter Verdacht iSv § 26 Abs. 1 S. 2, ist die Verwendung eines **Keyloggers** (Aufzeichnung von Tastenanschlägen und Bildschirmanzeige) unzulässig; stichprobenartige Kontrollen oder die Durchsuchung des Computers in Anwesenheit des Beschäftigten sind mildere Mittel (BAG NZA 2017, 1327 = AP BGB § 626 Nr. 263 mAv Jacobs/Holle und → Rn. 136.1); vgl. zur Durchsuchung des Computers auch EGMR NZA 2018, 1609. Zur Überwachung des Internetnutzung mittels „Webtracking- und Webfiltering-Tools" Greening/Weigl CR 2012, 787 ff. Zu Fragen der Telearbeit und der Kontrolle von Betriebsratsmitgliedern → Rn. 177.1 ff.

177.1 Bei **Telearbeit** sind zwei Themenkreise zu unterscheiden. (1) Zum einen stellen sich dabei besondere datenschutzrechtliche Fragen im Hinblick auf die vom Telearbeitnehmer („Telebeschäftigten") erhobenen, gespeicherten oder genutzten Daten Dritter. Datenschutzrechtlich bleibt der Arbeitgeber verantwortlich; Gola/Japsers RDV 1998, 243 (245); für diesen können sich besondere Organisationspflichten ergeben. (2) Zum anderen, und das gehört in den vorliegenden Zusammenhang des Beschäftigtendatenschutzes, wirft die Telearbeit besondere Kontrollbedürfnisse des Arbeitgebers auf. Für die Kontrolle der Telekommunikation (Telefon, E-Mail, Internet) gelten hier die vorstehend dargestellten Grundsätze, doch ist bei der Verhältnismäßigkeitsprüfung das erhöhte Kontrollbedürfnis des Arbeitgebers zu berücksichtigen; s. auch Gola/Jaspers RDV 1998, 243 (247 ff.).

177.2 Betrifft die Kontrolle von Telekommunikationsdaten (Telefon, E-Mail, Internet) Mitglieder des **Betriebsrats** oder einer anderen Beschäftigtenvertretung, so ist die Interessenlage besonders: Auch hier hat der Arbeitgeber zunächst ein legitimes Interesse an der Kostenkontrolle, da er nach § 40 Abs. 1 und 2 BetrVG, § 44 Abs. 1 und 2 BPersVG nur die erforderlichen Kosten zu tragen und Einrichtungen zur Verfügung zu stellen hat. Die abstrakte Möglichkeit des Arbeitgebers, Telefon- und Internetnutzung des BR zu kontrollieren begründet keinen Anspruch des Betriebsrats nach § 40 Abs. 2 BetrVG, einen separaten Telefon- und Internetanschluss zu erhalten. LAG Nds RDV 2014, 344. Ebenso hat er bei der ebenfalls auf das Erforderliche beschränkten teilweisen Freistellung nach § 37 Abs. 2 BetrVG, § 46 Abs. 2 S. 1 BPersVG ein berechtigtes Kontrollinteresse im Hinblick auf die Betriebsratstätigkeit und im Hinblick auf die verbleibende Arbeitstätigkeit. Auf Seiten der Beschäftigtenvertreter ist das Behinderungsverbot (§ 78 S. 1 BetrVG, § 8 BPersVG) und der Grundsatz der vertrauensvollen Zusammenarbeit (§ 2 Abs. 1 BetrVG) zu beachten. Für sie gilt zudem eine Schweigepflicht, die in § 10 Abs. 1 S. 1 BPersVG eigens normiert ist und sich für

Betriebsratsmitglieder aus §§ 2 Abs. 1, 75 Abs. 2 S. 1 BetrVG ableiten lässt. Auf Seiten der Kommunikationspartner des Betriebsrats ist deren allgemeines Persönlichkeitsrecht zu beachten, dessen Schutz den Betriebspartnern besonders aufgegeben ist, soweit es um Arbeitnehmer geht, § 75 Abs. 2 S. 1 BetrVG. Auf dieser Grundlage ist auch hier das Mithören von Telefongesprächen unzulässig. Zur Kostenkontrolle kann aber die Erfassung von Zielnummern und Dauer ausgehender Ferngespräche erforderlich sein; BAG AP ZA-Nato-Truppenstatut Art. 56 Nr. 20 (auch kein Verstoß gegen Behinderungsverbot oder Schweigepflicht); ErfK/Franzen, Rn. 29. Beim **E-Mail-Verkehr** spielen die Kosten regelmäßig keine erhebliche Rolle, sie könnten aber bei entsprechender Darlegung ebenfalls eine Erfassung der Adressaten rechtfertigen. Bestehen tatsächliche Anhaltspunkte für eine missbräuchliche Nutzung, soll die Protokollierung der E-Mail- und Internetkommunikation von Beschäftigtenvertretern zulässig sein, um die Wahrung der Erforderlichkeit zu überprüfen; HSH MMR-HdB/Holznagel/Elschner Rn. 200.

9. Datenerhebung bei Dritten und im Internet

Ein eigenes Direkterhebungsgebot enthalten DS-GVO und BDSG nicht mehr (anders noch § 4 Abs. 2 BDSG aF), doch ist die Direkterhebung nach den Grundsätzen von Art. 5 DS-GVO, die im Rahmen der Erforderlichkeitsprüfung zu beachten sind, vorzugswürdig (→ Rn. 68 ff.). Datenerhebung im **Internet** oder in **sozialen Netzwerken** ist nach denselben Grundsätzen zulässig wie vor Begründung des Beschäftigungsverhältnisses (→ Rn. 101.1 f.). Recherche des Arbeitgebers zu personenbezogenen Daten von Beschäftigten im Internet und in sozialen Netzwerken kann nach Abwägung im Einzelfall gem. § 26 Abs. 1 zulässig sein. Zu denken ist etwa an die auffällige Krankmeldung zum Oktoberfest. Von Gewicht ist die bekanntermaßen allgemeine Zugänglichkeit des Internets; bei sozialen Netzwerken sind deren Zwecksetzung und die Nutzungsbedingungen nach AGB zu beachten. Die Auswertung des Browserverlaufs in Abwesenheit des Beschäftigten billigt LAG Bln-Bbg BB 2016, 891; (auch) unter dem Gesichtspunkt der krit. Brink jurisPR-ArbR 36/2016 Anm. 2.

178

10. Übermittlung und Veröffentlichung von Arbeitnehmerdaten

Verarbeiten iSv Art. 4 Nr. 2 DS-GVO ist auch die Offenlegung von Daten, die in Form der **Übermittlung** (transmission), der **Verbreitung** (dissemination) oder einer sonstigen Form der **Bereitstellung** (otherwise making available) erfolgen kann. **Veröffentlichung** zB in Werbebroschüren oder einem Mitarbeitermagazin ist daher erlaubnisbedürftige Verarbeitung („Offenlegung") und setzt in aller Regel die Übermittlung von Daten voraus. Die (öffentliche) Zugänglichmachung im Internet oder Intranet dürfte (wie nach § 19a UrhG) bereits mit dem Bereitstellen und nicht erst mit dem Abruf Verarbeitung sein. Als Erlaubnistatbestände kommen – neben der Einwilligung und der Betriebsvereinbarung – vor allem § 26 Abs. 1 S. 1, zur Aufdeckung einer Straftat § 26 Abs. 1 S. 2 sowie, für Zwecke außerhalb des Beschäftigungsverhältnisses, Art. 6 Abs. 1 lit. b, f DS-GVO in Betracht. Die Veröffentlichung von Beschäftigtendaten berührt regelmäßig noch über die informationelle Selbstbestimmung im engeren Sinne hinaus persönlichkeitsrechtlich besonders geschützte Interessen (Recht am eigenen Bild; Recht am eigenen Wort; Veröffentlichungsrecht gem. § 12 UrhG) des Betroffenen und kann unter diesem Aspekt zusätzlich der Einwilligung bedürfen.

179

Übermittlung liegt vor bei Weitergabe an einen Dritten, also eine Person oder Stelle außerhalb der verantwortlichen Stelle. Das kann auch ein Auftragsverarbeiter iSv Art. 4 Nr. 8, 28 DS-GVO sein. Auch das Rechenzentrum, das die Lohnabrechnung erledigt, ist Dritter in diesem Sinne. Verantwortlich ist grundsätzlich der Arbeitgeber, und aus dem Verhältnis zum Arbeitgeber ergibt sich (im Beispiel: über § 26 Abs. 1 S. 1, Erforderlichkeit für die Durchführung des Beschäftigungsverhältnisses) auch die datenschutzrechtliche Erlaubnis (vgl. Paal/Pauly/Ernst, Art. 4 DS-GVO Rn. 8). Der Steuerberater, der eigenverantwortlich beratend tätig ist, ist als Auftragsverarbeiter Dritter. Auch Kunden und Patienten sind Dritte; das Krankenhaus darf dem Patienten die Privatanschrift des Behandlers nicht ohne Erlaubnis (Einwilligung) mitteilen (BGH NJW 2015, 1525 = ZD 2015, 225 mAnm Tiedemann). Flottenmanagement → Rn. 180.1.

180

Das sog. „**Flottenmanagement**" (fleet management), also die Verwaltung von Firmenwagen, durch ein selbständiges (Konzern-) Unternehmen kann, wenn dabei personenbezogene Daten der Beschäftigten verarbeitet werden, Auftragsverarbeitung sein. Noch zum alten Recht Schröder ZD 2013, 13 ff. Weitere Beispiele zur Auftragsdatenverarbeitung im Konzern bei Behling/Abel/Filip, Praxishandbuch Datenschutz im Unternehmen, 2014, Kap. 5 Rn. 12 ff.; Seifert, Der Beschäftigtendatenschutz im transnationalen Konzern, 2015, 86 ff.

180.1

181 **Mitarbeiter des Arbeitgebers,** also insbesondere die Mitarbeiter der Personalabteilung, sind dem Arbeitgeber als Verantwortlichem iSv Art. 4 Nr. 7 DS-GVO zuzurechnen und keine Auftragsverarbeiter iSv Nr. 8 der Vorschrift. Freilich kann auch die Bekanntgabe **im Unternehmen** den Tatbestand der Offenlegung (andere Form der Bereitstellung) erfüllen: Aushängen von Krankenlisten oder Abmahnungen am Schwarzen Brett ist Verarbeitung von personenbezogenen Daten (und mangels Erforderlichkeit durch gesetzliche Erlaubnistatbestände nicht zu rechtfertigen).

182 Mangels Einwilligung oder Kollektivvereinbarung kommt als Erlaubnistatbestand vor allem § 26 Abs. 1 S. 1 in Betracht. Zur Durchführung des Beschäftigungsverhältnisses kann die Übermittlung von Arbeitnehmerdaten vor allem beim **drittbezogenen Personaleinsatz** erforderlich sein, sei es im Rahmen von Dienst- oder Werkverträgen (zB Altenpflege) oder im Rahmen von **Arbeitnehmerüberlassung.** Soweit dem Dritten dabei – ähnlich wie bei einem Einstellungsvorgang – eine Auswahl möglicher Kandidaten überlassen wird, darf der (Verleiher-) Arbeitgeber dem Dritten nach den allgemeinen Grundsätzen von § 26 Abs. 1 S. 1 Fall 1 alle Daten überlassen, die für die Auswahlentscheidung tätigkeitsbezogen erforderlich sind; ein zweistufiges Verfahren, bei dem zunächst nur pseudonymisierte Daten übermittelt werden, ist auch im Interesse des Beschäftigten, der hier in einer typischen Bewerbersituation ist, nicht geboten. Allerdings kann die Erforderlichkeit insofern zu Beschränkungen führen, als der (Verleiher-) Arbeitgeber bestimmte Risiken oder Aufgaben übernimmt (zB kann bei Lohnzahlung durch den Arbeitgeber die Mitteilung der Konfession nicht durch steuerrechtliche Erfordernisse gerechtfertigt werden (→ Rn. 115, → Rn. 115.1 f.). Zur Gestaltung der Verantwortungsbereiche von Verleiher und Entleiher wird eine Vereinbarung über die **gemeinsame Verantwortlichkeit** nach Art. 26 DS-GVO vorgeschlagen; Öztürk DuD 2019, 143 ff.

183 Dritter und eigenständige „verantwortliche Stelle" iSv § 3 Abs. 7 sind auch andere Unternehmen desselben Konzerns. Auch unter der Grundverordnung sind Konzernsachverhalte nicht privilegiert, es gibt **kein datenschutzrechtliches Konzernprivileg.** Mangels Einwilligung oder anderer Regelung in einer (Konzern-) Betriebsvereinbarung (BAG NZA 1996, 945 (947)) ist die Übermittlung nicht zulässig, wenn sie zur Durchführung des Beschäftigungsverhältnisses erforderlich ist. Auch im „wohlverstandenen Interesse" des Beschäftigten (zB Aufstiegsmöglichkeit im Mutterunternehmen) ist die Datenweitergabe nicht zulässig. Anders liegen die Dinge, wenn ein konzernweiter Einsatz des Arbeitnehmers vereinbart ist; auch hier ist die Erforderlichkeit allerdings tätigkeitsbezogen zu begründen. Soweit eine datenschutzrechtliche Erlaubnis nicht gegeben (§ 26 Abs. 1; Art. 6 DS-GVO) und auch nicht entbehrlich ist, bleibt im Übrigen nur der Weg, anonymisierte oder pseudonymisierte Daten zu verwenden (mit dem Bsp. von „Skill-Datenbanken") (→ Rn. 183.1).

183.1 Die Übermittlung von Daten an Konzernunternehmen im **EU- und EWR-Ausland** folgt denselben Regeln wie die Datenübermittlung im Inland. Auch insoweit kommt es auf die Erforderlichkeit zur Durchführung des Beschäftigungsverhältnisses an.

183.2 Die Übermittlung von Daten an Konzernunternehmen in **Drittstaaten** unterliegt den weiteren Anforderungen der Art. 44 ff. DS-GVO

184 Auch für die Weitergabe von Daten an **Unternehmens- oder Arbeitgebervereinigungen** kommt es darauf an, ob dies für die Durchführung des Beschäftigungsverhältnisses (§ 26 Abs. 1 S. 1) oder zur Wahrung berechtigter Interessen (Art. 6 Abs. 1 lit. f DS-GVO) erforderlich ist. Für unzulässig gehalten hat zB LAG Hmb RDV 1990, 39 f. (= CR 1990, 406 nur LS) (gestützt auf § 823 Abs. 1 – Allgemeines Persönlichkeitsrecht) die Weitergabe von Arbeitnehmerdaten (Arbeitsvertrag, Lohnkonto, Lohnbuchungsunterlagen) an eine als Verein organisierte „Prüfstelle", die überwacht, ob eine Mehrfachbeschäftigung sog. geringfügig und damit sozialversicherungsfrei Beschäftigter vorliegt; man wird diese Prüfung durchaus noch zur Durchführung des Beschäftigungsverhältnisses rechnen dürfen, doch kann die generelle Prüfung, unabhängig von einem Missbrauchsverdacht, unverhältnismäßig sein. Bei der Datenweitergabe an **gemeinsame Einrichtungen der Tarifvertragsparteien** (§ 4 Abs. 2 TVG; vor allem im Baugewerbe praktisch, s. Löwisch/Rieble TVG, 3. Aufl. 2012, TVG § 4 Rn. 159 ff.) kann die datenschutzrechtliche Rechtfertigung – auch über die Anforderungen von § 26 hinaus – bereits in dem Tarifvertrag liegen, der dies verlangt.

185 Beim **Verkauf des Arbeitgeber-Unternehmens** können in verschiedenen Phasen Beschäftigtendaten übermittelt werden, nämlich im Rahmen der Vertragsverhandlungen (anlässlich der sog. due diligence) und der Vertragsdurchführung. Die Einwilligung der Beschäftigten ist hier nicht praktikabel; Betriebsvereinbarungen sind denkbar (Braun/Wybitul BB 2008, 782 (784); Göpfert/Meyer NZA 2011, 486 (492)) aber wohl selten. Zunächst zur **Vertragsdurchführung:** Beim Anteilskauf (share deal) bleibt derselbe Träger Inhaber des Arbeitgeber-Unternehmens, der neue

(Mehrheits-) Anteilseigner mag aber die Leitungspositionen neu besetzen und so können auch neue Personen Zugang zu Beschäftigtendaten erhalten; eine Datenverarbeitung ist damit nicht verbunden. Beim Erwerb der Wirtschaftsgüter des Unternehmens (asset deal) geht das Unternehmen auf einen neuen Inhaber über, die Arbeitsverhältnisse folgen gem. § 613a BGB, wenn die Arbeitnehmer nicht widersprechen. Das ist Teil der „Durchführung" des Beschäftigungsverhältnisses iSv § 26 Abs. 1 S. 1 (Grau FS Willemsen 2018, 147 (154 ff.); vgl. auch Gola/Heckmann/Gola Rn. 95). Mit dem Übergang der Arbeitsverhältnisse ist der Erwerber nicht mehr Dritter, sondern Arbeitgeber, die Weitergabe der Beschäftigtendaten an ihn ist keine rechtfertigungsbedürftige datenschutzrechtliche Übermittlung. Aber auch bereits vor dem eigentlichen Übergang ist die Übermittlung der Beschäftigtendaten im Hinblick auf einen bereits vereinbarten Unternehmenserwerb und den damit verbundenen Übergang der Arbeitsverhältnisse zu deren Durchführung erforderlich und daher nach § 26 Abs. 1 S. 1 zulässig. Das gilt ungeachtet des Widerspruchsrechts (§ 613a Abs. 6 BGB): Veräußerer und Erwerber dürfen vom Übergang der Beschäftigungsverhältnisse als gesetzlichem Normalfall (§ 613a Abs. 1 S. 1) ausgehen, zumal die Widerspruchsfrist erst nach dem Übergang enden mag (schon regulär, aber auch bei fehlerhafter Unterrichtung nach § 613a Abs. 5 BGB); zudem sieht § 613a Abs. 5 BGB vor, dass auch der Erwerber die Informationspflicht erfüllen kann. Im Fall des Widerspruchs eines Arbeitnehmers kann dessen Wirksamkeit unsicher sein und es kann sowohl mit Veräußerer als auch mit Erwerber zu Rechtsstreitigkeiten kommen; das kann die Daten(rück)übermittlung erforderlich machen (vgl. zum alten Recht Göpfert/Meyer NZA 2011, 486 (491); ohne nähere Erörterung zweifelnd LAG München BeckRS 2009, 63349; LAG München BeckRS 2009, 67733).

186 Diese Überlegungen (→ Rn. 185) sind auch für die **Vertragsverhandlungen** von Bedeutung: Ist der Übergang des Arbeitsverhältnisses beim asset deal Teil seiner „Durchführung", so spricht das dafür, auch die Verhandlungen über den Betriebsübergang (der im gesetzlichen Regelfall des § 613a Abs. 1 S. 1 zum Übergang des Arbeitsverhältnisses führt) zur „Durchführung des Beschäftigungsverhältnisses" zu rechnen und die Datenübermittlung an § 26 Abs. 1 S. 1 zu messen. Folgt man dem nicht, kommt eine Erlaubnis nach Art. 6 Abs. 1 lit. f DS-GVO in Betracht (Plath/Stamner/Kuhnke Rn. 146; Bach EuZW 2020, 175 ff.; Grau FS Willemsen 2018, 147 (149 ff.)). Der Unternehmensverkauf ist grundsätzlich als berechtigtes Interesse des Arbeitgebers anerkannt; Diller/Deutsch K&R 1998, 16 (19). Inwieweit die Weitergabe von Beschäftigtendaten erforderlich ist, hängt stark von den Umständen des Einzelfalls ab, nämlich von der Bedeutung der einzelnen Beschäftigten für den Unternehmenswert (know how-Träger, good will-Träger), von ihrer Ersetzbarkeit, von der Anzahl der Beschäftigten und auch mehr (Braun/Wybitul BB 2008, 782 (784 ff.); Diller/Deutsch K&R 1998, 16 (19 ff.); Göpfert/Meyer NZA 2011, 486 (488 f.); zu den Informationsinteressen bei der arbeits- und sozialversicherungsrechtlichen due diligence, Grimm/Böker NZA 2002, 193 (mit Checkliste 198 ff.); allgemein Bach, EuZW 2020, 175 ff.). Bei einem Bauunternehmen mit mehreren hundert Maurern dürften die einzelnen Personaldaten für den Käufer regelmäßig nicht von Interesse sein und eine anonymisierte und aggregierte Übersicht über Arbeitnehmergruppen und Altersstrukturen ausreichen (Grau FS Willemsen 2018, 147 (152 f.)). Bei einer Forschungs- und Entwicklungsabteilung kann es hingegen durchaus auf die einzelnen Köpfe ankommen; die Tatsache, dass hier mit Rücksicht auf die begrenzte Zahl Betroffener auch eine Einwilligung praktikabel wäre, ändert nichts daran, dass eine gesetzliche Erlaubnis nach § 26 Abs. 1 S. 1 in Betracht kommt. Auch beim Verkauf von Tendenzunternehmen dürfte die Übermittlung personenbezogener Daten erforderlich sein (Göpfert/Meyer NZA 2011, 486 (489)).

187 Bei der Prüfung, ob die **Veröffentlichung** von Beschäftigtendaten zB im Firmenprospekt, dem Informationsblatt einer Behörde oder im Internet erforderlich ist, ist dem Arbeitgeber ein unternehmerischer Entscheidungs- und Beurteilungsspielraum beizumessen; Gerichte oder Behörden können nicht ihre Vorstellungen über die Unternehmensführung an die Stelle jener des Arbeitgebers setzen (→ Rn. 62). So darf der Arbeitgeber es durchaus für erforderlich halten, die Ansprechpartner im Sinne einer bürgernahen Verwaltung oder eines kundenfreundlichen Unternehmens namentlich und mit Kontaktdaten (E-Mail, Telefon) zu benennen, auch wenn es theoretisch auch anders geht; OVG Koblenz MMR 2008, 635 („Organisationsermessen"). Reine Werbemaßnahmen, etwa um die große Anzahl der Mitarbeiter oder deren Herkunft aus verschiedenen Regionen der Stadt zu demonstrieren, lassen sich nicht als erforderlich rechtfertigen. Insbesondere bei Beschäftigten ohne Kundenkontakt ist die Erforderlichkeit kaum zu begründen. Die Veröffentlichung von **Fotos** ist nach der vorrangigen Spezialnorm des § 22 KUG nur mit Einwilligung des Beschäftigten zulässig (s. iE Schricker/Loewenheim/Götting, Urheberrecht, 6. Aufl. 2020, KUG § 22 Rn. 1 ff., § 60 Rn. 14 ff.; iE ebenso, wenn auch auf § 26 BDSG abstellend: ArbG Lübeck Beschl. v. 20.6.2019 – 1 Ca 538/19 Rn. 24 ff. (juris)).

11. Beendigung des Beschäftigungsverhältnisses

188 Personenbezogene Daten von Beschäftigten dürfen verarbeitet werden, wenn dies für die Beendigung des Beschäftigungsverhältnisses erforderlich ist (§ 26 Abs. 1 S. 1). Die Regelung entspricht § 32 Abs. 1 S. 1 BDSG aF.

189 Mit der „**Beendigung**" des Beschäftigungsverhältnisses ist die **Vorbereitung** (zB Abmahnung), **Durchführung** (Kündigung; Aufhebungsvertrag) und **Abwicklung** (zB Resturlaub, Arbeitspapiere, Zeugnis) der Beendigung gemeint (vgl. BT-Drs. 16/13657 S. 21). Für die Beendigung des Beschäftigungsverhältnisses sind in vielen Fällen keine neuen Daten zu erheben, wohl aber vorhandene zu nutzen, etwa über Pflichtverletzungen des Arbeitnehmers (→ Rn. 118 f.) und über Abmahnungen (Übersicht bei Kleinebrink DB 2012, 1508; Hunold DB 2012, 2461); über krankheitsbedingte Fehlzeiten (→ Rn. 128). Für die Verdachtskündigung – die neben der (verhaltensbedingten) Tatkündigung selbständige personenbedingte Kündigung darstellt – kann der Arbeitgeber alle verdachtsbegründenden und entlastenden Daten verarbeiten LAG Bln-Bbg BeckRS 2019, 35215 Rn. 35 f. Die Sozialauswahl gem. § 1 Abs. 3 KSchG (zu den Auswahlgesichtspunkten nach § 1 Abs. 3 S. 1 KSchG etwa ErfK/Oetker KSchG § 1 Rn. 329 ff.) oder die Interessenabwägung nach § 626 Abs. 1 BGB (zu den berücksichtigungsfähigen vertragsbezogenen Interessen etwa ErfK/Niemann BGB § 626 Rn. 41) kann die Erhebung neuer oder die Überprüfung vorhandener Daten erforderlich machen. Auch für ein qualifiziertes Zeugnis (§§ 630 S. 2 BGB, 109 Abs. 1 S. 2 GewO) können neben vorhandenen Daten über durchgeführte Leistungs- oder Verhaltenskontrollen (→ Rn. 118) neue Daten zu erheben sein.

12. Beweisverwertung

190 Vor allem im Zusammenhang der Videoüberwachung (→ Rn. 143 ff.) stellt sich die Frage eines **Sachvortrags- oder Beweisverwertungverbots** (zur Unterscheidung → Rn. 190.1; allgemein zu Beweisverwertungsverboten MüKoZPO/Prütting ZPO § 284 Rn. 64 ff.; Betz RdA 2018, 100 ff. (auch zu den verfassungsrechtlichen Grundlage); Mitsch GVRZ 2018, 4 ff.; zum (Beschäftigten-) Datenschutz Jacobs/Holle, AP BGB § 626 Nr. 263; Fuhlrott GWR 2017, 448 ff.; Thüsing/Pötters, Beschäftigtendatenschutz und Compliance, 2. Aufl. 2014, § 11 Rn. 56 ff., § 21 Rn. 30). Das BDSG regelt die Frage nicht. Nach allgemeinen Grundsätzen kommt es darauf an, ob der Schutzzweck der verletzten Norm ein Verwertungsverbot fordert. Das kommt insbesondere bei Verletzung von grundrechtlich geschützten Positionen in Betracht, zumal wenn die Beweisverwertung den Eingriff perpetuiert oder vertieft (BAG NZA 2017, 112 Rn 20 ff.; weitergehend Betz RdA 2018, 100 (109 f.) aufgrund einer Beurteilung der Verwertungshandlung zum Verwertungszeitpunkt). Zum Verwertungsverbot in einer Betriebsvereinbarung → Rn. 190.3.

190.1 Die Rechtsprechung unterscheidet Sachvortragsverwertungsverbote und Beweisverwertungsverbote. Das **Sachvortrags(verwertungs)verbot** erleichtert den Gegner um die **Bestreitenslast** des § 138 Abs. 3 ZPO; auch wenn er den Vortrag nicht bestreitet, gilt dieser nicht als zugestanden und bedarf daher des Beweises. Steht dem Beweisbelasteten einzig ein nicht verwertbares Beweismittel zu Gebote, bleibt er für seine Behauptung im Ergebnis beweisfällig. BAG NZA 2018, 1329 Rn. 16 unter Bezugnahme auf Niemann JbArbR Bd. 55, 41 (43 ff.); LAG Hessen NZA-RR 2019, 130 Rn. 85 ff.

190.2 Das Gericht hat ein Verwertungsverbot grundsätzlich **nicht von Amts wegen** zu prüfen, sondern nur ausnahmsweise dann, wenn entsprechende Anhaltspunkte dafür Anlass geben. Ergeben sich Anhaltspunkte nicht schon aus dem Vortrag des Arbeitgebers, ist es Sache des Arbeitnehmers, sich darauf zu berufen und die tatsächlichen Voraussetzungen eines Verwertungsverbots darzulegen und ggf. zu beweisen (BAG NZA 2018, 1329 Rn. 17).

190.3 Das in einer **Betriebsvereinbarung enthaltene Verwertungsverbot** ist unbeachtlich, da die Betriebspartner insoweit keine Regelungszuständigkeit haben; sie können die freie Beweiswürdigung gem. § 286 ZPO nicht einschränken; LAG BW ZD 2019, 132 Rn. 110.

191 Das BAG stellt auf eine Interessenabwägung ab (zusammenfassend Koch ZfA 2018, 109 ff.). Die Verwertung personenbezogener Daten (Videoaufzeichnung), die unter Beachtung von § 26 erhoben sowie verarbeitet und genutzt wurden, ist als gerechtfertigter Eingriff in das Persönlichkeitsrecht des Betroffenen zulässig, und zwar auch wenn es sich um einen **Zufallsfund** handelt, BAG NZA 2017, 112 Rn. 27 ff., 35 ff.; zust. Fuhlrott/Schröder NZA 2017, 278 ff. Der rechtmäßig gefilmte Vorsatztäter ist in Bezug auf die Aufdeckung und Verfolgung seiner materiell-rechtlich noch verfolgbaren Tat nicht schutzwürdig, BAG NZA 2019, 1212 Rn. 56; NZA 2018, 1329 Rn. 30. War die Datenerhebung rechtswidrig, kann sich ein Verbot daraus ergeben, dass die Verwertung gegen Grundrechte des Beschäftigten verstößt; BAG NZA 2019, 1212 Rn. 31. Die verbotswidrige Datenerhebung unter Verletzung der Rechte des prozessbeteiligten Beschäftigten führt mit Rücksicht auf dessen Persönlichkeitsrecht regelmäßig zu einem Verwertungsverbot (BAG NZA 2014, 243 Rn. 48 ff.; zust. Wybitul/Astor ZD 2014, 264; NZA 2014, 143 Rn. 29 mAnm Wybitul/Pötters BB 2014, 437 ff.; NZA 2012, 1025 (1027 ff.)); anders aber wenn „nur" (Persönlichkeits-)Rechte Dritter (zB anderer Arbeitnehmer) verletzt sind (BAG NZA 2017, 443 Rn. 33). Ein Verwertungsverbot kann sich auch aus einer unzulässigen Speicherung (Verarbeitung iSv Art. 4 Nr. 2 DS-GVO) ergeben (vgl. BAG NZA 2018, 1329 Rn. 16 ff.), doch ist zunächst die Erforderlichkeit der Speicherung sorgfältig im Hinblick auf die einzelne Bildsequenz zu prüfen (dazu → Rn. 153a). Ein Verstoß gegen **Ordnungsvorschriften** wie § 6b Abs. 2 BDSG aF hindert die Verwertung nicht, BAG NZA 2012, 1025 (1028 f.); NZA 2014, 243 (248 f.); ebenso ein Verstoß gegen die Dokumentationsobliegenheit von § 26 Abs. 1 S. 2; BAG NZA 2017, 112 Rn. 31. Auch ein Verstoß gegen § 87 Abs. 1 BetrVG hindert die Verwertung nicht, wenn die Verwendung und Verwertung eines Beweismittels und/oder daraus gewonnener, unstreitiger Informationen nach allgemeinen Grundsätzen zulässig ist (BAG NZA 2017, 443 Rn. 36); auf die früher vom BAG geforderte Zustimmung des Betriebsrats zur Verwertung (BAG NZA 2017, 112 Rn. 44; NZA 2008, 1008 (1010 f.); NZA 2003, 1193 (1194)) kommt es demnach nicht an.

Eine geringe Eingriffsintensität einerseits und überwiegende Verwertungsinteressen des Arbeitgebers andererseits können die Verwertung ebenfalls rechtfertigen (zB SächsLAG BeckRS 2015, 67736) (Auslesen pseudonymisierter Werksausweise mit elektronischer Bezahlfunktion als letztes Mittel zur Aufklärung damit begangener Vermögensdelikte); LAG RhPf BeckRS 2015, 68577 Rn. 166 f. (kein Verwertungsverbot für nur verfahrensfehlerhaft eingesehene als privat gekennzeichnete Kalendereinträge); das „schlichte Beweisinteresse" des Arbeitgebers reicht dafür aber nicht aus; BAG NZA 2014, 243 (248); Dzida/Grau NZA 2010, 1201 (1202 f.); Kort NZA 2012, 1321 (1325). **192**

Eine **Fernwirkung** des Verwertungsverbots im Sinne einer fruit-of-the-poisonous-tree-Lehre gibt es im deutschen Zivilprozessrecht grundsätzlich nicht; vgl. BGH NJW 2006, 1657 (1659); ebenso etwa Dzida/Grau NZA 2010, 1201 (1205 f.); aM LAG BW RDV 2000, 27 ff. → Rn. 193.1 f. **193**

Wegen der im konkreten Fall sachlich nicht gebotenen **Heimlichkeit** einer Spindkontrolle nimmt ein Beweisverwertungsverbot an HessLAG BeckRS 2012, 71641; bestätigend BAG NZA 2014, 143 Rn. 30 ff. m. Bespr. Becker-Schäufler BB 2015, 629; zu den vom BAG aufgestellten Voraussetzungen eines Verwertungsverbots Brink/Wybitul ZD 2014, 225. **193.1**

Zur Problematik der Verwertung von Äußerungen des Arbeitnehmers auf **Social Media-Plattformen** (auch unter datenschutzrechtlichen Gesichtspunkten) Bauer/Günther NZA 2013, 67, 72 f.; Kort NZA 2012, 1321 ff. **193.2**

IV. Ausübung oder Erfüllung der Rechte und Pflichten der Interessenvertretung der Beschäftigten

1. Allgemein

Nach § 26 Abs. 1 S. 1 letzter Hs. ist die Verarbeitung personenbezogener Beschäftigtendaten zulässig zur Ausübung oder Erfüllung gesetzlicher oder kollektivvertraglicher Rechte und Pflichten der Interessenvertretung der Beschäftigten, also von Betriebs- und Personalrat. Die Regelung ist nicht auf den Arbeitgeber als Verantwortlichen beschränkt, sondern erfasst gerade auch die Datenverarbeitung durch die Beschäftigtenvertretung; Gola BB 2017, 1462 (1465). Eine entsprechende Regelung, die die Weitergabe von Beschäftigtendaten an die Vertretungen erlaubte, war in § 32 BDSG aF nicht besonders hervorgehoben, konnte aber als Teil der Durchführung des Beschäftigungsverhältnisses begründet werden; anders Düwell/Brink NZA 2017, 1081 (1083): § 28 BDSG aF); die Vorschrift ist daher nur klarstellend; BT-Drs. 18/11325, 97; SJT/Thüsing/ Schmidt Anhang BDSG § 26 Rn. 10. Übersicht über datenschutzrechtliche Aspekte einzelner Mitbestimmungsrechte bei Stück ZD 2019, 346. **194**

2. Betriebsrat als Verantwortlicher, Datenweitergabe als Verarbeitung

Ob der Betriebsrat selbst Verantwortlicher iSv Art. 4 Nr. 7 DS-GVO ist, ist umstritten. Richtigerweise ist das zu bejahen; → Rn. 195a. Allerdings hat der deutsche Gesetzgeber den Betriebsrat mit dem 2021 eingeführten § 79a BetrVG von der datenschutzrechtlichen Verantwortlichkeit freigestellt; → Rn. 195c. Die Neuregelung ist jedoch mit den Verordnungsvorgaben unwirksam und daher unanwendbar; → Rn. 195d. **195**

195a Nach früherem Recht hat die herrschende Meinung den Betriebsrat dem Arbeitgeber zugerechnet und nicht selbst als Verantwortlichen angesehen (vgl. BAG NZA 2014, 738 (739); NZA 2012, 744 (747); NZA 2009, 1218 (1221). Nach Inkrafttreten der DS-GVO hat die Rechtsprechung die Frage zunächst offen gelassen, BAG NZA 2019, 1218 Rn. 45; BAG NZA 2019, 1055 Rn. 47; im Schrifttum ist sie umstritten; **abl.** (nicht Verantwortlicher) Bonanni/Niklas ArbRB 2018, 371 ff.; Flink, Beschäftigtendatenschutz als Aufgabe des Betriebsrats, 2021, 208 ff.; Lücke NZA 2019, 658 (659 f.); Köllmann, Implementierung elektronischer Überwachungseinrichtungen durch Betriebsvereinbarungen vor dem Hintergrund der DS-GVO, 2021, 278 ff.; Körner, Die Auswirkungen der Datenschutz-Grundverordnung in der betrieblichen Praxis (2019), 56 ff.; Kühling/Buchner/Maschmann Rn. 16; Kühling/Buchner/Hartung DS-GVO Art. 4 Nr. 7 Rn. 11; Schmidt/Rossow DSB 2019, 4 ff.; Walker FS Moll, 2019, 697 (mangels Entscheidungskompetenz auch nicht die einzelnen Mitglieder); **bejahend** (Verantwortlicher) etwa LAG LSA NZA-RR 2019, 256 Rn. 37; Brink/Joos NZA 2019, 1395 (arg.: Entscheidungsbefugnis über Zweck und Mittel der Datenverarbeitung iSv Art. 4 Nr. 7 DS-GVO; teleologisch geboten; für Personalvertretungen differenzierend); Gola/Gola Art. 4 DS-GVO Rn. 56 f.; Kleinebrink DB 2018, 2566 ff.; Kurzböck/Weinbeck BB 2020, 500; Maschmann NZA 2020, 1207; Schulz ZESAR 2019, 323; Staben ZFA 2020, 387 ff.; wohl auch Schild → DS-GVO Art. 4 Rn. 121a f.; für den Personalrat (bejahend) Meinhold NZA 2019, 670 ff.). Die besseren Gründe sprechen dafür, den **Betriebsrat als Verantwortlichen** anzusehen. Nach Art. 4 Nr. 7 DS-GVO ist dafür zunächst die Frage der (Teil-) Rechtsfähigkeit des Betriebsrats nicht entscheidend, da Verantwortlicher neben der natürlichen und juristischen Personen auch die (unselbständige) Behörde, Einrichtung oder „andere Stelle" (Oberbegriff) sein kann. Entscheidend ist, ob die „Stelle" allein oder mit anderen über die Zwecke und Mittel der Datenverarbeitung entscheidet. Gibt das BetrVG dem Betriebsrat auch einen Handlungsrahmen vor, so füllt er diesen doch eigenverantwortlich aus; BAG NZA 2013, 49 Rn. 31.

195b Auch das einzelne **Betriebsratsmitglied** ist Verantwortlicher iSv Art. 4 Nr. 7 DS-GVO; Maschmann NZA 2020, 1207 (1210 f.); Maschmann NZA 2021, 834 (837 f.); aM Staben ZFA 2020, 287 (308 f.) (nur bei krassem Exzess). Da sie in ihrer Funktion – ungeachtet ihrer Arbeitnehmerstellung – nicht den Weisungen des Arbeitgebers unterliegen, sind sie insbesondere nicht nur „unterstellte Person" iSv Art. 29 DS-GVO.

195c Von diesen Verordnungsvorgaben (→ Rn. 195a f.) abweichend bestimmt der durch das Betriebsrätemodernisierungsgesetz (BGBl. 2021 I 1762) eingeführte **§ 79a S. 2 BetrVG:** „Soweit der Betriebsrat zur Erfüllung der in seiner Zuständigkeit liegenden Aufgaben personenbezogene Daten verarbeitet, ist der Arbeitgeber der für die Verarbeitung Verantwortliche im Sinne der datenschutzrechtlichen Vorschriften." Mit der Vorschrift soll die datenschutzrechtliche Verantwortlichkeit abschließend geregelt werden, nämlich dem Arbeitgeber zugewiesen und dem Betriebsrat entzogen. Rechtspolitisch ist die dadurch bewirkte Trennung von Entscheidungsbefugnis und Verantwortlichkeit (nebst Haftung) kritisch zu sehen; Maschmann NZA 2021, 834 (835).

195d Sie erweist sich aber auch als **unionsrechtswidrig.** Auf Art. 4 Nr. 7 Hs. 2 DS-GVO lässt sich die Disposition über die Verantwortlichkeit nicht stützen, da diese Vorschrift voraussetzt, dass das mitgliedstaatliche Recht auch Zweck und Mittel der Verarbeitung vorgibt Schild → DS-GVO Art. 4 Rn. 87; das BetrVG setzt dem Betriebsrat dafür aber nur einen Rahmen. Art. 88 DS-GVO ermöglicht den Mitgliedstaaten nur die Setzung spezifischerer Vorschriften für die Verarbeitung (gesetzliche Erlaubnis und Einwilligung → DS-GVO Art. 88 Rn. 74 ff.), nicht aber die Disposition über die Verantwortlichkeit (und Haftung); Maschmann NZA 2021, 834 (836 f.). Als mit der Verordnung unvereinbar ist § 79a BetrVG daher **unanwendbar.** Es bleibt bei der eigenen Verantwortlichkeit des Betriebsrats.

195e Die Verletzung von Datenschutzrecht durch den Betriebsrat kann – und wird regelmäßig – zugleich eine Verletzung gesetzlicher Betriebsratspflichten sein, die mit **§ 23 BetrVG bewehrt** sind; s. den Beispielsfall ArbG Iserlohn ZD 2020, 595.

195f Unabhängig davon ist die Weitergabe von Arbeitnehmerdaten an den Betriebsrat **Verarbeitung iSv Art. 4 Nr. 2 DS-GVO** durch den Arbeitgeber. Zur Verarbeitung zählt auch die Verwendung sowie die Offenlegung durch Übermittlung an einen Empfänger, der nicht „Dritter" zu sein braucht; BAG NZA 2019, 1055 Rn. 32; BayVGH NZA-RR 2019, 666 Rn. 45 ff. Als Verarbeitung bedarf die Weitergabe von Arbeitnehmerdaten gem. Art. 6 DS-GVO der Erlaubnis, die sich insbesondere aus Betriebsvereinbarung, speziellen Vorschriften über die Datennutzung des BetrVG oder sonst aus § 26 Abs. 1 S. 1 ergeben kann (wobei die Erforderlichkeit mit Rücksicht auf die betriebsverfassungsrechtlichen Rechte und Pflichten zu konkretisieren ist); Kort ZD 2015, 3 (Aufgabenbezug vorauszusetzen). Als Teil des Arbeitgebers als Verantwortlichem, aber auch gem. § 75 Abs. 2 S. 1 BetrVG ist der Betriebsrat an die Grundsätze der Datenvermeidung und -sparsamkeit gem. Art. 5 DS-GVO gebunden. Eine Eigenhaftung des Betriebsrats nach Art. 82 f. DS-GVO dürfte unverändert zu verneinen sein, da der Betriebsrat insoweit nicht Haftungssubjekt ist; aM Kurzböck/Weinbeck BB 2018, 1652 ff.

3. Spezielle Erlaubnistatbestände

Entsprechend der allgemeinen Subsidiarität gem. § 1 Abs. 2 tritt § 26 Abs. 1 S. 1 letzter Hs. **196** gegenüber speziellen bundesrechtlichen Datenschutzvorschriften zurück, zB gegenüber § 80 Abs. 2 S. 2 Hs. 2 BetrVG (Gola BB 2017, 1462 (1465), aA BAG NZA 2019, 1218 Rn. 38). Im Einzelnen → Rn. 196.1. Zu den Anforderungen an Videokonferenz-Sitzungen → Rn. 196.2.

Zuständigkeitsnormen wie § 80 Abs. 1 BetrVG und die allgemeine Unterrichtungspflicht des § 80 **196.1** Abs. 2 S. 1 BetrVG sind nicht als spezialgesetzliche Regelung iSv § 1 Abs. 3 S. 1 (so aber Wunder NZA 2010, 1109 (1110)) oder spezieller **Erlaubnistatbestand** iSv § 4 Abs. 1 anzuerkennen. Einen speziellen Erlaubnistatbestand enthält aber § 80 Abs. 2 S. 2 Hs. 2 BetrVG, der spezifisch eine Datenverarbeitung (Einblick in Lohn- und Gehaltslisten) erlaubt; Flink, Beschäftigtendatenschutz als Aufgabe des Betriebsrats, 2021, 76 f.; Schwartmann/Jaspers/Thüsing/Kugelmann/Thüsing/Schmidt Rn. 12; aM BAG NZA 2019, 1218 Rn. 39 (Lösung über § 26 Abs. 1 S. 1); Dzida RdA 2020, 295 (298); die Vorschrift begründet aber kein allgemeines Recht des Betriebsrats auf Einsicht in die Personalakten einzelner Arbeitnehmer; Kort ZD 2016, 3 (4). Im Übrigen ist die Erlaubnis iSv § 26 Abs. 1 S. 1 durch Konkretisierung des Erforderlichkeitsmaßstabs mit Rücksicht auf die Aufgaben des Betriebsrats zu entnehmen; LAG Köln ZD 2011, 183 = BeckRS 2011, 76204; Jordan/Bissels/Löw BB 2010, 2889 (2891). Dabei kommt dem Betriebsrat allerdings kein gesetzliches Zugriffsrecht auf die elektronische Personalakte zu, dies kann sich lediglich aus einer Betriebsvereinbarung ergeben; Kort ZD 2015, 3 (dort auch zu den Anforderungen an eine entsprechende Betriebsvereinbarung). Der Personalrat hat keinen allgemeinen Anspruch auf Übermittlung privater Telefonnummern und E-Mail-Adressen der von ihm vertretenen Beschäftigten; OVG Münster BeckRS 2017, 109532.

Die von § 129 BetrVG aus Anlass der **Covid-19-Pandemie** ermöglichten **Videokonferenz**-Sitzungen **196.2** dürfen nur durchgeführt werden, „wenn sichergestellt ist, dass Dritte vom Inhalt der Sitzung keine Kenntnis nehmen können". Das dient primär der Sicherung der Nicht-Öffentlichkeit, aber auch dem Datenschutz. Eine Aufzeichnung ist unzulässig (§ 129 Abs. 1 S. 2 BetrVG). Zu weiteren datenschutzrechtlichen Erfordernissen, insbesondere im Hinblick auf das Videokonferenzsystem Fuhlrott, NZA 2020, 490 (491); Mückl/Wittek DB 2020, 1289.

4. Erlaubnis nach § 26 Abs. 1 S. 1

§ 26 Abs. 1 S. 1 letzter Hs. setzt voraus, dass die Datenverarbeitung zur Ausübung oder Erfüllung **197** der Rechte und Pflichten der Interessenvertretung **erforderlich** ist. Das setzt in jedem Fall einen Bezug der Daten zu den konkreten Aufgaben der Interessenvertretung voraus. Mit der Erforderlichkeit wird auch hier auf eine **Interessenabwägung** hingewiesen (Gola BB 2017, 1462 (1465)). → Rn. 197.1 ff. Allerdings wird bereits die Unterrichtungsverpflichtung des Arbeitgebers nach § 80 Abs. 2 S. 1 BetrVG strikt an eine konkrete und vom Betriebsrat darzulegende Aufgabe des Betriebsrats gebunden; BAG NZA 2019, 1055 Rn. 12 f.: Der Betriebsrat hat substantiiert darzulegen, dass überhaupt eine Aufgabe des Betriebsrats gegeben ist, wie er diese konkret zu erfüllen beabsichtigt und, dass im Einzelfall die begehrte Information zur Wahrnehmung der Aufgabe erforderlich („unerlässlich") ist. Ist damit bereits zur Begründung der Unterrichtungspflicht die Erforderlichkeit dargelegt, so steht damit auch die Erforderlichkeit der Verarbeitung iSv § 26 Abs. 1 S. 1 oder, wenn sensible Daten (→ Rn. 33) betroffen sind, § 26 Abs. 3 S. 1, fest; BAG NZA 2019, 1055 Rn. 41 f.

Zu den Grenzen des **Vorlageanspruchs** aus § 80 Abs. 2 S. 2 Hs. 1 BetrVG (nur Vorlage, kein Recht **197.1** des Betriebsrats auf einen Online-Zugang) BAG NZA 2012, 342 (344 f.).

Die Übergabe von (nicht anonymisierten) **Gleitzeitlisten** hält LAG Köln ZD 2011, 183 = BeckRS **197.2** 2011, 76204 mit Rücksicht auf die Überwachungsaufgabe des Betriebsrats für zulässig; zust. Kiesche, AiB 2013, 265; krit. Brink jurisPR-ArbR 10/2013 Anm. 4 (anonymisiert reicht aus). Nach BVerwG NZA-RR 2014, 387 = RDV 2014, 212 = ZD 2015, 41 reicht zur Erfüllung der Überwachungsaufgabe, wenn der Arbeitgeber dem Personalrat nach § 68 Abs. 2 S. 2 BPersVG zunächst nur anonymisierte **Arbeitszeitlisten** der Dienststelle zur Verfügung stellt, der Personalrat kann nicht verlangen, dass ihm die in der elektronischen Arbeitszeiterfassung gespeicherten Daten unter Namensnennung der Beschäftigten zur Verfügung gestellt werden; wohl krit. Gola/Klug NJW 2014, 2622 (2625).

Die **Einsichtnahme in** nicht-anonymisierte **Bruttoentgeltlisten** durch den Betriebsrat ist – wenn **197.3** man nicht schon in gem. § 80 Abs. 2 S. 2 BetrVG einen speziellen Erlaubnistatbestand sieht, dazu

→ Rn. 196.1 – im Rahmen der heutigen § 26 Abs. 1 zulässig; BAG NZA 2014, 738 (739); siehe auch Kleinebrink ArbRB 2018, 346 (347 ff.); sie ist nicht auf anonymisierte Listen beschränkt; BAG NZA 2019, 1218. Während BAG NZA 2019, 1218 Rn. 43 die „Erforderlichkeit" bei Vorliegen der Voraussetzungen von § 80 Abs. 2 S. 2 BetrVG pauschal bejaht, ist nach der – von Wortlaut und Systematik getragenen – Gegenauffassung eine Einzelfallprüfung geboten (Dzida RdA 2020, 295). Zum Anspruch des Betriebsrats im Hinblick auf Entgeltlisten nach Entgelttransparenzgesetz BAG NZA 2020, 1251.

5. Erlaubnis nach § 26 Abs. 3 (sensible Daten)

198 Nach § 26 Abs. 3 können auch besondere Kategorien personenbezogener Daten (Art. 9 DS-GVO; dazu → Rn. 33 ff.) an die Beschäftigtenvertretung weitergegeben werden (Gola BB 2017, 1462 (1465)). Voraussetzung ist insoweit ebenfalls ein **konkreter Aufgabenbezug** und eine **Verhältnismäßigkeitsprüfung** sowie zusätzlich die besondere Prüfung, ob schutzwürdige Interessen des Beschäftigten entgegenstehen; BAG NZA 2019, 1055 mablAnm Jesgarzewski BB 2019, 2816. Unabhängig von der umstrittenen Frage, ob der Betriebsrat selbst „verantwortliche Stelle" iSv Art. 4 Nr. 7 DS-GVO, trifft ihn eine **„spezifische Schutzpflicht"**, die von § 22 Abs. 2 iVm § 26 Abs. 3 S. 3 verlangten „angemessenen und spezifischen Maßnahmen zum Schutz der Interessen der betroffenen Person" vorzusehen; BAG NZA 2019, 1055 Rn. 47. Ein Widerspruchsrecht des Arbeitnehmers erkennt die Rechtsprechung nicht an → Rn. 198.1.

198.1 Ein Widerspruchsrecht des Arbeitnehmers gegen die Weitergabe seiner sensitiven Daten (Schwangerschaft) an den Betriebsrat hat BAG NZA 2019, 1055 Rn 21, 47; NZA 2012, 744 Rn. 17 mit der Erwägung abgelehnt, das Beteiligungsrecht des Betriebsrats aus § 80 Abs. 1 Nr. 1 BetrVG stehe nicht zur Disposition der Arbeitnehmer; zum Personalvertretungsrecht anderer Meinung im Hinblick auf die Persönlichkeitsrechte der Mitarbeiterin BVerwG NJW 1991, 373. Das BAG hat die Arbeitnehmerin darauf verwiesen, auf die Anzeige an den Arbeitgeber gem. § 15 Abs. 1 S. 1 MuSchG zu verzichten. Hat die Arbeitnehmerin demnach aber den Schutz als werdende Mutter insgesamt in der Hand, leuchtet nicht ein, warum sie nicht (allein) auf den Schutz durch den Betriebsrat verzichten können soll. Zudem ist nach § 26 Abs. 3 zu prüfen, ob nicht schutzwürdige Interessen der betroffenen Person entgegenstehen; v. Roetteken jurisPR-ArbR 37/2019 Anm. 7. Gute Gründe sprechen daher dafür, ihr Selbstbestimmungsinteresse im Rahmen der Interessenabwägung zur Geltung zu bringen; so SJTK/Thüsing/Schmidt Anhang BDSG § 26 Rn. 20.

6. Beweisverwertung

199 Beweise, die der Betriebsrat datenschutzrechtswidrig erlangt hat, können nach allgemeinen Grundsätzen (dazu → Rn. 166) einem **Beweisverwertungsverbot** unterliegen; LAG Bln-Bbg ZD 2015, 591 mAv Wybitul/Böhm.

7. Zusammenwirken zum betrieblichen Datenschutz

200 **Betriebsrat, Datenschutzbeauftragter und Datenschutz-Aufsichtsbehörden** wirken mit unterschiedlichen Zielsetzungen an der Wahrung des betrieblichen Datenschutzes mit; näher Kort NZA 2015, 1345 ff. Zur Vereinbarkeit der Ämter des Betriebsrats und des Datenschutzbeauftragten → Rn. 200.1.

200.1 Die Ämter des Betriebsratsmitglieds und des Datenschutzbeauftragten schließen sich nach der Rechtsprechung nicht generell aus; BAG NZA 2011, 1036 Rn. 25; SächsLAG BB 2019, 2424.

F. Rechte der Interessenvertretungen (Abs. 6)

201 § 26 Abs. 6 entspricht § 32 Abs. 3 BDSG aF. Die Vorschrift ist nur **deklaratorisch,** sie hat klarstellenden, nicht anordnenden Charakter. Die Vorschrift enthält keinen datenschutzrechtlichen Erlaubnistatbestand (dazu → Rn. 194) und erweitert oder beschränkt die kollektiven Beteiligungsrechte nicht; BAG NZA 2019, 1055 Rn. 23; BAG NZA 2019, 1218 Rn. 36. Allerdings bezieht sich die **Überwachungspflicht** des § 80 Abs. 1 Nr. 1 BetrVG (§ 68 Abs. 1 Nr. 2 BPersVG) auch auf die Vorschriften des Beschäftigtendatenschutzes (BAG NZA 2021, 959 Rn. 27; Flink, Beschäftigtendatenschutz als Aufgabe des Betriebsrats, 2021, 110 f.). Zudem treffen die Betriebspartner – Arbeitgeber und Betriebsrat – nach § 75 Abs. 1 BetrVG (entsprechend § 27 Abs. 1 SprAuG; § 67 BPersVG) eine Überwachungspflicht im Hinblick auf „Recht und Billigkeit" und nach § 75 Abs. 2 BetrVG (§ 27 Abs. 2 SprAuG) eine **Schutz- und Förderpflicht** im Hinblick auf „die freie Entfaltung der Persönlichkeit der im Betrieb beschäftigten Arbeitnehmer", die beide gerade für den Datenschutz besondere Bedeutung haben.

Datenverarbeitung für Zwecke des Beschäftigungsverhältnisses § 26 BDSG

In Betracht kommen insbesondere die **Beteiligungsrechte** des **Betriebsrats** nach § 87 Abs. 1 Nr. 6 BetrVG und des **Personalrats** nach § 75 Abs. 3 Nr. 17 BPersVG bei der Einführung und Anwendung von **technischen Einrichtungen,** die dazu bestimmt sind, das Verhalten oder die Leistung der Arbeitnehmer zu überwachen; zB LAG Köln ZD 2020, 262; Übersicht bei Dahl/Brink NZA 2018, 1231 ff. Zu den technischen Einrichtungen gehören insbesondere Videoüberwachungsanlagen (→ Rn. 143.1 ff.; nicht aber Videokamera-Attrappen, LAG MV NZA-RR 2015, 196 mAnm Lang/Lachenmann NZA 2015, 591; aM Däubler NZA 2017, 1481 (1484); Kort ZD 2016, 3 (5) (wenn Arbeitnehmer die Attrappe für echt halten müssen)), Stechuhren oder elektronische Arbeitszeiterfassung, Fahrtenschreiber; nicht aber Beobachtung durch Detektive, BAG BB 1991, 691. Zum Einsatz von Detektiven → Rn. 142.3, 205. Betreiben einer **Facebook-Seite** des Arbeitgebers ist keine Überwachung der die Seite betreuenden Arbeitnehmer, wenn mehrere Arbeitnehmer unter einer Administratorenkennung tätig sind (BAG NZA 2017, 657 Rn. 29 ff. mAnm v. Prinz SAE 2017, 92). Ermöglicht die Facebook-Seite arbeitnehmerbezogene Besuchereinträge, löst dies das Mitbestimmungsrecht des § 87 Abs. 1 Nr. 6 BetrVG aus (BAG NZA 2017, 657 Rn. 36 ff.; s. auch Greif NZA 2015, 1106 (1108 f.); mit guten Gründen (spezifischer Schutzzweck von § 87 Abs. 1 Nr. 6 BetrVG) krit. Jacobs/Frieling JZ 2017, 561 ff.; Franzen ZFA 2019, 18 (37). Siehe im Einzelnen die Kommentare zu § 87 BetrVG, zB ErfK/Kania BetrVG § 87 Rn. 48 ff.; Richardi/Richardi BetrVG § 87 Rn. 475 ff.; Thüsing/Granetzny, Beschäftigtendatenschutz und Compliance, 2. Aufl. 2014, § 20 Rn. 1 ff.; Richardi/Dörner/Weber/Kaiser, Personalvertretungsrecht, 4. Aufl. 2012. BPersVG § 75 Rn. 532 ff.; zum umstrittenen Initiativrecht des Betriebsrats Byers RdA 2014, 37 (gegen die hM bejahend)). Die Erklärung des Arbeitgebers, mit der Ausgabe mobiler Arbeitsmittel sei nicht die Erwartung verbunden, diese in der Freizeit zu dienstlichen Zwecken zu nutzen, unterliegt nicht der Mitbestimmung; BAG NZA 2018, 50. Zu Sonderfällen der Videoüberwachung und zu Routenplanern → Rn. 174.1 ff. (→ Rn. 202.1 ff.). 202

Soweit die Videoüberwachung **gesetzlich oder durch Verwaltungsakt geregelt** ist, entfällt das Mitbestimmungsrecht nach § 87 Abs. 1 Nr. 6 nach dem Einleitungssatz der Vorschrift („soweit eine gesetzliche oder tarifliche Regelung nicht besteht"); s. für den Spielbankbetrieb einerseits BAG NZA 2013, 913 ff. = ZD 2013, 352 ff. mAnm Tiedemann; soweit die hoheitliche Regelung noch Spielräume lässt, bleibt es indes beim Mitbestimmungsrecht; LAG RhPf ZD 2012, 529 f. = BeckRS 2012, 71890. 202.1

Betrifft die Videoüberwachung unvermeidlich **Arbeitnehmer mehrerer Konzernunternehmen,** so ist ggf. der Konzernbetriebsrat zuständig, § 58 BetrVG; LAG Bln-Bbg ZD 2013, 514 (515) mzustAnm Tiedemann; zust. Ehmann jurisPR-ArbR 41/2013 Anm. 4 („geradezu klassisches Beispiel"). 202.2

Beim Einsatz von **Routenplanern** (wie zB Google Maps) zur Fahrtkostenabrechnung wird ein Mitbestimmungsrecht nach § 87 Abs. 1 Nr. 6 BetrVG von BAG ZD 2014, 370 verneint, da diese lediglich Informationen über die vom System selbst vorgeschlagenen Routen speichern, nicht jedoch über das tatsächliche Fahrverhalten. Es findet keine Leistungs- oder Verhaltenskontrolle statt. Insofern liegt keine Überwachung iSd § 87 Abs. 1 Nr. 6 BetrVG vor. 202.3

Nach § 94 BetrVG (ähnlich § 75 Abs. 3 Nr. 8 und 9 BPersVG) bedürfen **Personalfragebögen,** persönliche Angaben in schriftlichen Arbeitsverträgen (Arbeitsvertragsformulare) sowie die Aufstellung allgemeiner Beurteilungsgrundsätze der Zustimmung des Betriebsrats. Dabei geht es zentral um den präventiven Schutz des Persönlichkeitsrechts des Arbeitnehmers, spezifisch seiner informationellen Selbstbestimmung; BAG NZA 1992, 126 (129); BAG NZA 1994, 375 (375). Zu Mitarbeitergesprächen → Rn. 203.1. 203

Mitarbeitergespräche (sowie Zielvereinbarungen und Talentmanagement) sind mitbestimmungsrechtlich differenziert zu beurteilen; dazu Kort NZA 2015, 520 (Erfordernis des Aufgabenbezugs; Beschränkung auf kollektive Aspekte); zu den Rechten des Sprecherausschusses im Hinblick auf leitende Angestellte Kort NZA-RR 2015, 113. Zur Zuständigkeit des Gesamtbetriebsrats BAG NZA 2015, 885 ff. 203.1

Nach § 95 BetrVG (vgl. auch § 75 Abs. 3 Nr. 7 BPersVG) bedürfen **Auswahlrichtlinien** für Einstellung, Versetzung, Umgruppierung und Kündigung der Zustimmung des Betriebsrats. Nach § 99 BetrVG ist der Betriebsrat in Unternehmen mit in der Regel mehr als 20 wahlberechtigten Arbeitnehmern vor jeder Einstellung, Eingruppierung, Umgruppierung oder Versetzung zu unterrichten. Ihm sind die erforderlichen Bewerbungsunterlagen vorzulegen und ist Auskunft über die Person der Beteiligten zu geben; dazu BAG NZA 2015, 311 Rn. 23 ff.; anders nach Landes-Personalvertretungsrecht, BayVGH NZA-RR 2019, 666. Es sind dem Betriebsrat allerdings nur solche Unterlagen vorzulegen, die der Arbeitgeber bei seiner Auswahlentscheidung berücksichtigt hat, lediglich als Gedächtnisstütze dienende Notizen während des Bewerbungsgesprächs gehören nicht dazu, BAG NZA 2015, 1081. 204

205 Beim Einsatz von **Detektiven** im Betrieb können sich Mitbestimmungsrechte ergeben aus §§ 87 Abs. 1 Nr. 1 und 6 BetrVG (bei Verwendung technische Einrichtungen), 99 BetrVG (bei Eingliederung) BetrVG (dazu etwa Lingemann/Göpfert DB 1997, 374).

205a Über eine **Datenpanne,** die auch Arbeitnehmerdaten betrifft, ist der Betriebsrat gem. § 80 Abs. 1 Nr. 1, Abs. 2 zu unterrichten; Fuhlrott NZA 2019, 649 (650).

G. Löschungspflichten

206 Bereits aus dem Erforderlichkeitsgrundsatz des § 26 einerseits und der Widerruflichkeit der Einwilligung andererseits ergibt sich, dass die Erlaubnis zur Datenverarbeitung begrenzt ist. Damit korrespondiert das Recht des Betroffenen auf Löschung, das in Art. 17 DS-GVO und § 35 BDSG freilich allgemein geregelt ist und nicht spezifisch für den Beschäftigtendatenschutz; → DS-GVO Art. 17 Rn. 1 ff.; → § 35 Rn. 1 ff.; zur Löschung von Bewerberdaten → Rn. 103 ff.

207 Grundsätzlich besteht nach Art. 17 Abs. 1 DS-GVO eine **Löschungspflicht,** wenn die Daten für die Zwecke, für die sie erhoben wurden, nicht mehr erforderlich sind (lit. a), wenn sie unrechtmäßig verarbeitet wurden (lit. d), die Löschung zur Erfüllung einer rechtlichen Verpflichtung erforderlich ist (lit. e) oder wenn der Betroffene seine Einwilligung widerruft (lit. b). **Ausnahmen** von der Löschungspflicht sieht Art. 17 Abs. 3 DS-GVO insbesondere vor, wenn die Verarbeitung zur Erfüllung rechtlichen Verpflichtungen (lit. b) oder zur Geltendmachung, Ausübung oder Verteidigung von Rechtsansprüchen erforderlich ist (lit. e).

208 Da der Arbeitgeber die Löschungspflicht ggf. kurzfristig erfüllen muss, ist er gehalten, laufend zu prüfen, ob Daten zu löschen sind. Im Rahmen seiner Datenschutz-Compliance sollte er ein **Löschungskonzept** erstellen; Faas/Henseler BB 2018, 2292 ff.; Dzida BB 2018, 2677 (2680 f.).

209 Die Löschungsfristen im Einzelnen ergeben sich aus arbeits-, zivil-, steuer- und sozialrechtlichen Rechten und Pflichten, den daraus begründeten Interessen der Parteien sowie (Verjährungs-)Fristen; Übersicht bei Faas/Henseler BB 2018, 2292 (2296 ff.); Haußmann/Karwatzki/Ernst DB 2018, 2697 ff.

H. Auskunftsanspruch, Anspruch auf Datenkopie

210 Nach Art. 15 Abs. 1 DS-GVO hat der Beschäftigte gegen den Arbeitgeber einen (grundrechtlich fundierten, Art. 8 Abs. 2 S. 2 GRCh) Anspruch auf **Auskunft** über die verarbeiteten personenbezogenen Daten; nach Abs. 3 der Vorschrift kann eine **Kopie** der Daten verlangen; LAG BW NZA-RR 2019, 242 Rn. 170 ff. (Revision anhängig, BAG – 5 AZR 66/19); dazu Härting CR 2019, 219 ff.; König CR 2019, 295 ff.; Lensdorf CR 2019, 306 ff.; krit. und einschränkend Grau/Seidensticker EWiR 2019, 443 f.; Wybitul/Brams NZA 2019, 672 ff.; zum Verhältnis zu § 83 BetrVG Franzen NZA 2020, 1593 ff. (als „spezifischere Vorschrift" iSv Art. 88 DS-GVO vorrangig). Wenn der Verantwortliche, wie im Arbeitsverhältnis nicht selten der Fall, „eine große Menge von Informationen über die betroffene Person" verarbeitet, kann er verlangen, dass diese „präzisiert, auf welche Informationen oder welche Verarbeitungsvorgänge sich ihr Auskunftsverlangen bezieht, bevor er die Auskunft erteilt", Begründungserwägung 63 DS-GVO. Daraus werden teilweise Beschränkungen des Anspruchs abgeleitet; LAG Niedersachsen NZA-RR 2020, 572 (nach Pflichtangaben von Art. 15 Abs. 1 nur auf konkretisiertes Verlangen, mit Begründung, warum die Unterlagen nicht schon vorliegen); ArbG Bonn ZD 2021, 111 („abgestufte Anspruchs- und Erfüllungslast": zunächst sind nur die in Art. 15 Abs. 1aufgelisteten Informationen zu geben, weitere nur auf präzisiertes Verlangen); abl. Brink/Joos jurisPR-ArbR 47/2020 Anm. 4. Im Einzelfall können **Geheimhaltungsinteressen** oder berechtigte Interessen Dritter der Auskunftserteilung gem. § 34 Abs. 1 iVm § 29 Abs. 1 S. 2 entgegenstehen; LAG BW NZA-RR 2019, 242 Rn. 178 ff. (Anforderungen an die Darlegung Rn. 182: nicht nur pauschal); das mag besonders zum Schutz von Hinweisgebern in Betracht kommen („Whistleblower"). Die Auskunft ist grundsätzlich unverzüglich, spätestens innerhalb eines Monats zu erteilen (Art. 12 Abs. 3 S. 1 DS-GVO). Verletzung der Auskunftspflicht, auch der Frist, kann Anspruch auf Schadensersatz und Entschädigung nach Art. 82 DS-GVO auslösen; ArbG Düsseldorf NZA-RR 2020, 409 (nrkr) mkritAnm Wybitul/Brams CR 2020, 571 ff.; ArbG Neumünster ZD 2021, 171 (500 EUR pro Verzögerungsmonat). Siehe im Einzelnen die Erläuterungen zu Art. 15 DS-GVO (→ DS-GVO Art. 15 Rn. 1 ff.). Einschränkungen durch **Betriebsvereinbarung** schlägt vor Wünschelbaum BB 2019, 2102. Praxistipps zum Umgang des Arbeitgebers mit Auskunftsverlangen bei Schulte/Welge (Schulte/Welge NZA 2019, 1110; Claus/Reif RDV 2019, 238 ff.). Ein anfänglicher Verzicht auf die Ansprüche auf Auskunft und Kopie dürfte nicht möglich sein, wohl aber eine Disposition über den entstandenen Anspruch, insbesondere bei Beendigung des Arbeitsvertrags; Fuhlrott/Garden NZA 2021, 530.

§ 27 Datenverarbeitung zu wissenschaftlichen oder historischen Forschungszwecken und zu statistischen Zwecken

(1) ¹Abweichend von Artikel 9 Absatz 1 der Verordnung (EU) 2016/679 ist die Verarbeitung besonderer Kategorien personenbezogener Daten im Sinne des Artikels 9 Absatz 1 der Verordnung (EU) 2016/679 auch ohne Einwilligung für wissenschaftliche oder historische Forschungszwecke oder für statistische Zwecke zulässig, wenn die Verarbeitung zu diesen Zwecken erforderlich ist und die Interessen des Verantwortlichen an der Verarbeitung die Interessen der betroffenen Person an einem Ausschluss der Verarbeitung erheblich überwiegen. ²Der Verantwortliche sieht angemessene und spezifische Maßnahmen zur Wahrung der Interessen der betroffenen Person gemäß § 22 Absatz 2 Satz 2 vor.

(2) ¹Die in den Artikeln 15, 16, 18 und 21 der Verordnung (EU) 2016/679 vorgesehenen Rechte der betroffenen Person sind insoweit beschränkt, als diese Rechte voraussichtlich die Verwirklichung der Forschungs- oder Statistikzwecke unmöglich machen oder ernsthaft beinträchtigen und die Beschränkung für die Erfüllung der Forschungs- oder Statistikzwecke notwendig ist. ²Das Recht auf Auskunft gemäß Artikel 15 der Verordnung (EU) 2016/679 besteht darüber hinaus nicht, wenn die Daten für Zwecke der wissenschaftlichen Forschung erforderlich sind und die Auskunftserteilung einen unverhältnismäßigen Aufwand erfordern würde.

(3) ¹Ergänzend zu den in § 22 Absatz 2 genannten Maßnahmen sind zu wissenschaftlichen oder historischen Forschungszwecken oder zu statistischen Zwecken verarbeitete besondere Kategorien personenbezogener Daten im Sinne des Artikels 9 Absatz 1 der Verordnung (EU) 2016/679 zu anonymisieren, sobald dies nach dem Forschungs- oder Statistikzweck möglich ist, es sei denn, berechtigte Interessen der betroffenen Person stehen dem entgegen. ²Bis dahin sind die Merkmale gesondert zu speichern, mit denen Einzelangaben über persönliche oder sachliche Verhältnisse einer bestimmten oder bestimmbaren Person zugeordnet werden können. ³Sie dürfen mit den Einzelangaben nur zusammengeführt werden, soweit der Forschungs- oder Statistikzweck dies erfordert.

(4) Der Verantwortliche darf personenbezogene Daten nur veröffentlichen, wenn die betroffene Person eingewilligt hat oder dies für die Darstellung von Forschungsergebnissen über Ereignisse der Zeitgeschichte unerlässlich ist.

Überblick

Gemäß Art. 9 Abs. 1 DS-GVO gilt ein grundsätzliches Verbot der Verarbeitung besonderer Kategorien personenbezogener Daten. Mit § 27 macht der deutsche Gesetzgeber allerdings Gebrauch von dem in Art. 9 Abs. 2 lit. j DS-GVO angelegten Gestaltungsspielraum. Dieser erlaubt es ihm, in Erweiterung zu den unmittelbar aus der DS-GVO hervorgehenden Ausnahmetatbeständen, eine zusätzliche nationale Regelung zur Verarbeitung besonderer Kategorien personenbezogener Daten zu im öffentlichen Interesse liegenden Archivzwecken, wissenschaftlichen oder historischen Forschungszwecken sowie zu statistischen Zwecken zu schaffen.

Nach § 27 Abs. 1 ist eine Verarbeitung besonderer Kategorien personenbezogener Daten auch ohne Einwilligung der betroffenen Person zulässig, wenn die Verarbeitung für wissenschaftliche oder historische Forschungszwecke oder für statistische Zwecke (→ Rn. 15) erforderlich ist und die Interessen des Verantwortlichen an der Verarbeitung die Interessen der betroffenen Person an einem Ausschluss der Verarbeitung erheblich überwiegen (→ Rn. 31). § 27 Abs. 1 findet dabei sowohl auf öffentliche Stellen des Bundes und unter den Voraussetzungen von § 1 Abs. 1 Nr. 2 auf öffentliche Stellen der Länder als auch auf nichtöffentliche Stellen für die öffentliche und private Forschung Anwendung. § 27 Abs. 2 schränkt die Rechte der betroffenen Person nach Art. 15, 16, 18 und 21 DS-GVO ein, namentlich die Rechte auf Auskunft, Berichtigung und Einschränkung der Verarbeitung sowie das Widerspruchsrecht zur Sicherstellung der Verwirklichung der Forschungs- beziehungsweise Statistikzwecke (→ Rn. 42). Der Gesetzgeber macht dabei von den Öffnungsklauseln der Art. 89 Abs. 2 und Art. 23 Abs. 1 lit. i DS-GVO Gebrauch. § 27 Abs. 3 (→ Rn. 36) regelt, wann die Pflicht zur Anonymisierung bzw. separaten Speicherung besteht, und aus Abs. 4 (→ Rn. 46) ergibt sich, unter welchen Voraussetzungen eine Veröffentlichung personenbezogener Daten möglich ist.

Übersicht

	Rn.		Rn.
A. Allgemeines	1	IV. Zweck der Datenverarbeitung	15
I. Normzweck	1	1. Wissenschaftliche Forschungszwecke	15a
II. Entstehungsgeschichte	2	2. Historische Forschungszwecke	21
		3. Statistische Zwecke	22
B. Anwendungsbereich und Systematik	4	4. Keine ausdrückliche Einwilligung (Abs. 1)	28
I. Verhältnis zur DS-GVO	4	V. Erforderlichkeit der Datenverarbeitung (Abs. 1)	30
II. Verhältnis zu anderen Vorschriften	7	VI. Interessenabwägung (Abs. 1)	31
C. Erlaubnistatbestand (Abs. 1)	10	VII. Schutz der Interessen der betroffenen Personen (Abs. 1 S. 2, Abs. 3)	35
I. Besondere Kategorien personenbezogener Daten	10	**D. Einschränkungen der Rechte der betroffenen Personen (Abs. 2)**	42
II. Verarbeitung	12	**E. Veröffentlichung personenbezogener Daten (Abs. 4)**	46
III. Privilegierung für die Weiterverarbeitung	13		

A. Allgemeines

I. Normzweck

1 Die Verarbeitung und Verknüpfung von größeren Datenmengen ist für die Forschung von immer größerer Bedeutung (Erwägungsgrund 157 DS-GVO). Gleichzeitig ist dabei der Schutz persönlicher Informationen im Hinblick auf die Sicherstellung des Vertrauens in die wissenschaftliche Forschung sowie die Akquirierung von Teilnehmern für wissenschaftliche Studien essentiell. § 27 regelt vor diesem Hintergrund einerseits einen Ausnahmetatbestand zum grundsätzlichen Verbot der Verarbeitung besonderer Kategorien personenbezogener Daten in Art. 9 Abs. 1 DS-GVO (BT-Drs. 18/11325, 99) und formuliert andererseits für eine solche Verarbeitung Vorgaben zum Schutz personenbezogener Daten. Sind sämtliche Voraussetzungen des § 27 erfüllt, dürfen auch ohne Einwilligung des Betroffenen dessen sensible personenbezogene Daten verarbeitet werden.

II. Entstehungsgeschichte

2 Die Verwendung von Daten zu wissenschaftlichen Zwecken wurde bereits im BDSG 1977 geregelt, wenn auch nur in sehr begrenztem Umfang. Dies änderte sich mit dem BDSG 1990 (aF), das über mehrere Normen verteilt Regelungen zur Erhebung, Speicherung, Veränderung und Nutzung personenbezogener Daten zu wissenschaftlichen Zwecken enthielt. Diese traten am 25.5.2018 außer Kraft. Allerdings greift § 27 zahlreiche Elemente der Vorgängernormen auf.

3 So fanden sich bereits in den § 13 Abs. 2 Nr. 8 BDSG aF, § 14 Abs. 5 S. 1 Nr. 2 BDSG aF und § 28 Abs. 6 Nr. 4 BDSG aF Erlaubnistatbestände für die Verarbeitung besonderer Arten personenbezogener Daten zu wissenschaftlichen Zwecken. Über § 30a Abs. 5 BDSG aF galt der § 28 Abs. 6 Nr. 4 BDSG aF auch für die Datenverarbeitung zu Zwecken der Markt- oder Meinungsforschung. All diese Normen sind gewissermaßen in § 27 Abs. 1 zusammengeführt worden. Die Beschränkung des Auskunftsrechts in § 27 Abs. 2 ist an die Regelung in § 33 Abs. 2 S. 2 Nr. 5 iVm § 34 Abs. 7 BDSG aF angelehnt. Schließlich sind auch die Vorgaben gem. § 27 Abs. 3 und 4 zur Anonymisierung personenbezogener Daten und deren Veröffentlichung nicht völlig neu, sondern bereits aus § 40 Abs. 2 und 3 BDSG aF bekannt.

3a Das Bundesministerium des Innern, für Bau und Heimat hat im Oktober 2021 eine Evaluierung des BDSG durchgeführt. In diesem Zusammenhang hat unter anderem der Berufsverband der Datenschutzbeauftragten (BvD) e.V. eine Stellungnahme abgegeben, in der die derzeitige Fassung von § 27 als nicht normklar, sachgerecht und praktikabel kritisiert wird (vgl. https://www.bvdnet.de/wp-content/uploads/2021/01/BvD_Fragen-zur-Evaluierung-des-BDSG.pdf). Trotz dieser Kritik sieht das zuständige Ministerium keinen Änderungsbedarf in Bezug auf § 27 (BMI Evaluierung von Oktober 2021, 30 ff., abrufbar unter Evaluierung des Gesetzes zur Anpassung des Datenschutzrechts an die VO (EU) 2016/679 und zur Umsetzung der RL (EU) 2016/680 (bund.de)).

B. Anwendungsbereich und Systematik

I. Verhältnis zur DS-GVO

Die DS-GVO beansprucht unmittelbare Geltung und geht den deutschen Gesetzen, auch **4** dem BDSG, vor. Daher muss das grundsätzliche Verbot der Verarbeitung besonderer Kategorien personenbezogener Daten aus Art. 9 Abs. 1 DS-GVO zwingend beachtet werden. Gleichwohl eröffnet Art. 9 Abs. 2 lit. j DS-GVO den nationalen Gesetzgebern einen Gestaltungsspielraum zur Schaffung eines Ausnahmetatbestands für Verarbeitungen zu wissenschaftlichen oder historischen Forschungszwecken sowie zu statistischen Zwecken. Auf dieser Öffnungsklausel fußt § 27.

Noch ungeklärt ist allerdings die genaue Rechtsnatur von § 27 Abs. 1. Während manche **5** Stimmen davon ausgehen, dass die Norm selbst Rechtsgrundlage für die Datenverarbeitung zu den genannten Zwecken ist, lehnen dies andere ab und vertreten, dass § 27 Abs. 1 das Vorliegen einer gesonderten Rechtsgrundlage voraussetzt. Von letzterem geht offensichtlich auch der deutsche Gesetzgeber aus, der in der Gesetzesbegründung auf das Vorliegen einer Rechtsgrundlage nach Art. 6 Abs. 1 S. 1 DS-GVO abstellt und beispielhaft auf den Fall eines berechtigten Interesses des Verantwortlichen gem. lit. f verweist (BT-Drs. 18/11325, 99). Der Regelungsgehalt von Art. 9 Abs. 2 lit. j DS-GVO besteht darin festzulegen, unter welchen Voraussetzungen das von Art. 9 Abs. 1 DS-GVO aufgestellte Verbot hinsichtlich einer Verarbeitung besonderer Kategorien personenbezogener Daten nicht gilt. Das sagt aber noch nichts darüber aus, ob die Verarbeitung an sich zulässig ist. Genauso erlaubt Art. 89 Abs. 1 DS-GVO von sich aus nicht die Datenverarbeitung zu im öffentlichen Interesse liegenden Archivzwecken, zu wissenschaftlichen oder historischen Forschungszwecken und zu statistischen Zwecken (→ DS-GVO Art. 89 Rn. 1), sondern enthält lediglich inhaltliche Vorgaben dafür. In der Stellungnahme 3/2019 zu den Fragen und Antworten zum Zusammenspiel der Verordnung über klinische Prüfungen und der Datenschutz-Grundverordnung, die der Europäische Datenschutzausschuss am 23.1.2019 angenommen hat, deutet → Rn. 14 darauf hin, dass auch hier von einem zusätzlichen Vorliegen der Voraussetzungen eines Tatbestands des Art. 6 Abs. 1 DS-GVO ausgegangen wird.

Dem wird zu Recht entgegengehalten, dass § 27 Abs. 1 alle Merkmale einer datenschutzrechtli- **6** chen Ermächtigungsgrundlage enthalte. § 27 Abs. 1 legt abschließend fest, unter welchen Voraussetzungen eine Datenverarbeitung zu den dort genannten Zwecken zulässig ist. Zudem ist kein Fall vorstellbar, in dem zwar die Voraussetzungen des § 27 Abs. 1, nicht jedoch zum Beispiel die des Art. 6 Abs. 1 S. 1 lit. f DS-GVO vorliegen, da die Voraussetzungen an eine Interessenabwägung nach § 27 Abs. 1 BDSG höher sind. Art. 9 Abs. 2 DS-GVO sei im Verhältnis zu Art. 6 DS-GVO spezieller, und schließlich erlaube gerade die Öffnungsklausel des Art. 9 Abs. 2 lit. j DS-GVO einen eigenen Erlaubnistatbestand (Johannes/Richter DuD 2017, 300 (302), Kühling/Buchner/ Buchner/Tinnefeld BDSG § 27 Rn. 8; HK-BDSG/Hense Rn. 9). Da beide Normen eine Interessenabwägung vorsehen und die Anforderungen des § 27 Abs. 1 höher sind (Specht/Mantz Datenschutz R-HdB/Golla § 23 Rn. 31), überzeugt im Ergebnis die Einordnung der Norm als eigener Erlaubnistatbestand.

II. Verhältnis zu anderen Vorschriften

Bezüglich der Weiterverarbeitung besonderer Kategorien personenbezogener Daten ist § 27 **7** im Verhältnis zu §§ 23–25 spezieller. Diese finden insoweit keine Anwendung (BT-Drs. 18/11325, 99).

Spezialgesetzliche Regelungen auf Bundesebene zur Datenverarbeitung aus dem bereichsspezi- **8** fischen Recht – beispielsweise der Sozialgesetzbücher, des Arzneimittelgesetzes, des Gendiagnostikgesetzes oder des Transplantationsgesetzes – gehen § 27 gem. § 1 Abs. 2 vor, soweit diese Anwendung finden (BT-Drs. 18/11325, 100).

Bereichsspezifische Regelungen können allerdings auch dazu führen, dass die von § 27 **9** bezweckte Privilegierung der Datenverarbeitung wieder eingeschränkt wird. Etwas anderes gilt für bereichsspezifische Regelungen des Landesrechts für nichtöffentliche Stellen. Diese gehen dem BDSG nicht vor, da § 1 Abs. 2 insofern keine Subsidiarität anordnet.

Dies wird beispielsweise in Bezug auf datenschutzrechtliche Regelungen aus den Landeskran- **9a** kenhausgesetzen für nicht-öffentliche Stellen relevant. So enthalten zahlreiche Landeskrankenhausgesetze eigene Regelungen zur Verarbeitung von Patientendaten zu Forschungszwecken und machen häufig zusätzliche Vorgaben für Krankenhäuser in öffentlicher und privater Hand. Das Landeskrankenhausgesetz Berlins regelt etwa, dass eine Verarbeitung von Patientendaten für Forschungszwecke ohne Einwilligung nur dann zulässig ist, wenn Ärztinnen und Ärzte Daten für eigene wissenschaftliche Forschungsvorhaben nutzen, die innerhalb ihrer Fachrichtung oder Betriebseinheit erhoben und gespeichert wurden, und schutzwürdige Belage der Patienten nicht entgegenstehen und eine gewerbliche Nutzung ausgeschlossen ist (§ 25 Abs. 1 BlnLKG, zuletzt geändert am 12.10.2020). Andere Landeskrankenhausgesetze fordern, dass ein öffentliches Interesse an den Forschungsvorhaben besteht, dass die Patienteninteressen überwiegen (zB § 12 Abs. 1 HmbKHG, zuletzt geändert 17.12.2018 oder § 37 Abs. 2 LKHG M-V, zuletzt geändert 16.5.2018) bzw. dass das Einholen einer Einwilligung entweder nicht möglich oder dem Patienten nicht zumutbar ist (§ 6 Abs. 2 GDSG NW, zuletzt geändert 1.4.2016). Die Liste dieser Beispiele verdeutlicht, dass die von § 27 bezweckte Privilegierung der wissenschaftlichen Forschung durch die fragmentierten und uneinheitlichen landesrechtlichen Regelungen starke Einschränkungen erfährt.

9b Dabei ist in Bezug auf private Krankenhäuser schon fraglich, ob die Landesgesetzgeber hierfür die Gesetzgebungskompetenz haben. Denn die Gesetzgebungskompetenz des Bundes für nichtöffentliche Stellen zur Regelung des Datenschutzes beruht auf Art. 74 Abs. 1 Nr. 11 GG als Annex für das Recht der Wirtschaft (BT-Drs. 18/11325, 71). Im Bereich der konkurrierenden Gesetzgebung haben die Länder nach Art. 72 Abs. 1 GG die Befugnis zur Gesetzgebung, solange und soweit der Bund von seiner Gesetzgebungszuständigkeit nicht durch Gesetz Gebrauch gemacht hat. Nach Art. 72 Abs. 2 GG steht dem Bund die Gesetzgebungskompetenz dann zu, wenn eine bundesgesetzliche Regelung zur Wahrung der Rechtseinheit im Bundesgebiet im gesamtstaatlichen Interesse erforderlich ist. Ausweislich des Gesetzentwurfs zum BDSG würden landesrechtliche datenschutzrechtliche Regelungen für nicht-öffentliche Stellen zu erheblichen Nachteilen für die Gesamtwirtschaft führen, die sowohl im Interesse des Bundes als auch der Länder nicht hinnehmbar seien (BT-Drs. 18/11325, 71). Denn „unterschiedliche landesrechtliche Behandlungen gleicher Lebenssachverhalte" können „erhebliche Wettbewerbsverzerrungen und störende Schranken für die länderübergreifende Wirtschaftstätigkeit zur Folge" haben. Dass dies zutrifft, belegt das Beispiel der Landeskrankenhausgesetze eindrücklich. Da der Bund folglich für das Datenschutzrecht für nicht-öffentliche Stellen die Gesetzgebungskompetenz hat und hiervon mit § 27 BDSG für die Datenverarbeitung zu Forschungszwecken Gebrauch gemacht hat, fehlt den Ländern die Gesetzgebungskompetenz für landesrechtliche Regelungen des Datenschutzes für private Krankenhäuser.

9c Interessant ist die Frage, wie sich dies für öffentliche Krankenhäuser auswirkt, die am Wettbewerb teilnehmen. Die Landesdatenschutzgesetze regeln insofern mit unterschiedlichem Wortlaut, dass für öffentliche Stellen, die am Wettbewerb teilnehmen die datenschutzrechtlichen Regelungen für nicht-öffentliche Stellen entsprechend gelten. Teils wird explizit auf die Vorschriften des BDSG verwiesen (so zB § 2 Abs. 3 HmbDSG, teils die Geltung von § 27 BDSG explizit zugunsten des bereichsspezifischen Landesrechts (§ 5 Abs. 5 S. 2 DSG NRW) ausgeschlossen. Die Landesgesetzgeber haben mithin selbst realisiert und geregelt, dass für am Wettbewerb teilnehmende öffentliche Stellen gleiche datenschutzrechtliche Vorgaben gelten sollen wie für private Teilnehmer des Wettbewerbs, um nicht sachgerechte Wettbewerbsverzerrungen und Behinderungen einer länderübergreifenden wettbewerblichen Tätigkeit zu vermeiden. Die obenstehenden Ausführungen für private Krankenhäuser gelten mithin entsprechend. Dass die Rechtsrundlagen zur Datennutzung für Forschungszwecke weiter synchronisiert werden sollten, hat auch die von der Bundesregierung eingesetzte Datenethikkommission empfohlen (Gutachten der Datenethikkommission, Oktober 2019, 125).

9d Dass uneinheitliche bereichsspezifische oder landesrechtliche Regelungen dazu führen können, dass aufgrund der schieren Komplexität und damit einhergehenden Rechtsunsicherheit die gesetzlichen Rechtsgrundlagen aus den Landeskrankenhausgesetzen nicht genutzt werden, lässt sich am Beispiel der bundesweiten Medizininformatik-Initiative illustrieren. Derzeit arbeiten vier aus Universitätskliniken und anderen Kooperationspartnern bestehende Konsortien an dem Aufbau von Datenintegrationszentren zu Forschungszwecken. Die Datenverarbeitung soll in Abstimmung mit den Arbeitskreisen Wissenschaft und Forschung sowie Gesundheit und Soziales und der Konferenz der unabhängigen Datenschutzbeauftragten des Bundes und der Länder nicht basierend auf den gesetzlichen Regelungen zur Datenverarbeitung zu Forschungszwecken, sondern basierend auf Patienteneinwilligungen erfolgen. Voraussetzung dieser Patienteneinwilligung ist unter anderem, dass jederzeitige Widerrufsrecht auch nach Übertragung des Eigentums an Biomaterialien klarer zum Ausdruck kommt und Patienten auf die Möglichkeit hingewiesen werden, sich bei einem E-Mail-Verteiler zu registrieren (DSK Beschluss vom 15.4.2020, abrufbar unter https:// www.datenschutz-berlin.de/fileadmin/user_upload/pdf/publikationen/DSK/2020/2020-DSK-Beschluss_Medizininformatikinitiative.pdf). Dies hat mehrere erhebliche Nachteile, vor allem die jederzeitige Widerruflichkeit der Einwilligungen, die zu einer jederzeitigen Veränderbarkeit des nutzbaren Datenbestands führt (vgl. auch § 40 Abs. 2a S. 2 Nr. 2 AMG, eingefügt durch das zweite DS-AnpUG-EU vom 20.11.2019 (BGBl. I 1626 (1641 ff.)).

Bereichsspezifische Regelungen aus anderen Jurisdiktionen wie zB der amerikanische Health Insurance Portability and Accountability Act (HIPAA) sind demgegenüber im Gesundheitsbereich deutlich forschungs- und damit innovationsfreundlicher. Der HIPAA legt einerseits strenge Regelungen zum Schutz von Gesundheitsdaten fest und enthält andererseits einheitliche Standards für die Übermittlung und Nutzung von Gesundheitsdaten einschließlich klarer Anforderungen an die Beseitigung des Personenbezugs dieser Daten. **9e**

Bei Forschungsprojekten im Gesundheitswesen tritt neben die datenschutzrechtlichen Regelungen der strafrechtliche Geheimnisschutz nach § 203 StGB, der parallel Anwendung findet (Dochow MedR 2019, 279). Auch wenn § 27 eine Datenverarbeitung erlaubt, ist daher stets zu fragen, ob eine der Ausnahmeregelungen nach § 203 Abs. 3 S. 1 oder 2 StGB für Gehilfen oder mitwirkende Personen eingreift bzw. ob eine Befreiung vom Berufsgeheimnis oder Beseitigung des Personenbezugs vorliegt, sodass ein unbefugtes Offenbaren von Geheimnissen ausscheidet. **9f**

Die Gesetzesbegründung zu § 27 BDSG stellt weiter klar, dass die Bundes- und Landesstatistikgesetze aufgrund der Öffnungsklausel in Art. 6 Abs. 2 iVm Art. 6 Abs. 1 S. 1 lit. e DS-GVO auf die Verarbeitung personenbezogener Daten zu amtlich-statistischen Zwecken anwendbar bleiben (BT-Drs. 18/11325, 99). Dies umfasst sowohl Erlaubnistatbestände als auch organisatorische Vorgaben. Damit regelt § 27 Abs. 1 im Ergebnis nur die Verarbeitung besonderer Kategorien personenbezogener Daten für privatwirtschaftliche statistische Zwecke. **9g**

C. Erlaubnistatbestand (Abs. 1)

I. Besondere Kategorien personenbezogener Daten

§ 27 Abs. 1 bezieht sich auf **besondere Kategorien personenbezogener Daten** im Sinne des Katalogs des Art. 9 Abs. 1 DS-GVO. Dieser definiert besondere Kategorien personenbezogener Daten als Daten, aus denen die rassische und ethnische Herkunft, politische Meinungen, religiöse oder weltanschauliche Überzeugungen oder die Gewerkschaftszugehörigkeit hervorgehen sowie genetische und biometrische Daten zur eindeutigen Identifizierung einer natürlichen Person, Gesundheitsdaten und Daten zum Sexualleben oder der sexuellen Orientierung einer natürlichen Person. Dabei handelt es sich um sensible Daten höchstpersönlichen Charakters (Kühling/Buchner/Weichert DS-GVO Art. 9 Rn. 17). Damit gibt Art. 9 DS-GVO den sachlichen Anwendungsbereich des § 27 Abs. 1 vor (HK-DS-GVO/Hense Rn. 4). **10**

Die Definition besonderer Kategorien personenbezogener Daten umfasst im Unterschied zu § 3 Abs. 9 BDSG aF auch genetische Daten und biometrische Daten zur eindeutigen Identifizierung einer natürlichen Person (Kremer CR 2017, 367 (373)). Wann eine Verarbeitung von sonstigen (also nicht besonderen Kategorien von) personenbezogenen Daten zulässig ist, richtet sich nach Art. 6 Abs. 1 DS-GVO bzw. nationalen Erlaubnistatbeständen. **11**

II. Verarbeitung

Der Begriff der **Verarbeitung** wird in Art. 4 Nr. 2 DS-GVO legal definiert. Danach umfasst die Datenverarbeitung jeden mit oder ohne Hilfe automatisierter Verfahren ausgeführten Vorgang oder jede Vorgangsreihe im Zusammenhang mit personenbezogenen Daten wie das Erheben, das Erfassen, die Organisation, das Ordnen, die Speicherung, die Anpassung oder Veränderung, das Auslesen, das Abfragen, die Verwendung, die Offenlegung durch Übermittlung, Verbreitung oder eine andere Form der Bereitstellung, den Abgleich oder die Verknüpfung, die Einschränkung, das Löschen oder die Vernichtung. **12**

III. Privilegierung für die Weiterverarbeitung

Im Falle der **Weiterverarbeitung** personenbezogener Daten gilt die Verarbeitung für im öffentlichen Interesse liegende Archivzwecke, wissenschaftliche oder historische Forschungszwecke oder für statistische Zwecke gem. Art. 5 Abs. 1 lit. b DS-GVO nicht als unvereinbar mit den ursprünglichen Zwecken der Datenverarbeitung. Daher kann sich der Verantwortliche in diesen Fällen erneut auf die Rechtsgrundlage der Ersterhebung stützen (BT-Drs. 18/11325, 99; Richter DuD 2016, 581 (584); Paal/Pauly/Pauly BDSG § 27 Rn. 3). Eine zusätzliche, neue Rechtsgrundlage ist nicht erforderlich (NK-DatenschutzR/Roßnagel DS-GVO Art. 6 Abs. 4 Rn. 12). Sind die personenbezogenen Daten ursprünglich zu anderen Zwecken erhoben worden, hindert dies in diesem Fall also nicht an der Weiterverarbeitung für die privilegierten Zwecke. Hierfür **13** sprechen auch die Formulierungen von Erwägungsgrund 50 S. 2, wonach „(i)n diesem Fall (...) keine andere gesonderte Rechtsgrundlage erforderlich (ist) als diejenige für die Erhebung der personenbezogenen Daten". In S. 5 desselben Erwägungsgrunds heißt es weiter: „Die im Unionsrecht oder im Recht der Mitgliedstaaten vorgesehene Rechtsgrundlage für die Verarbeitung personenbezogener Daten kann auch als Rechtsgrundlage für eine Weiterverarbeitung dienen." Dass gleich zweifach in Erwägungsgrund 50 klargestellt wird, dass keine separate Rechtsgrundlage erforderlich ist, spricht gegen das Vorliegen eines Redaktionsversehens (so aber Schantz NJW 2016, 1841 (1844)).

14 Gemäß Art. 5 Abs. 1 lit. b DS-GVO sind in diesem Fall die Anforderungen nach Art. 89 Abs. 1 DS-GVO einzuhalten, wonach die Verarbeitung geeigneten Garantien für die Rechte und Freiheiten der betroffenen Person unterliegen muss (also zB technischen und organisatorischen Vorkehrungen, die zur Datenminimierung beitragen). Die Garantien rechtfertigen die Privilegierung und dienen einem Interessenausgleich zwischen Verarbeitern und Betroffenen, da die Datenverarbeitung einen besonderen Schutz der Betroffenen erfordert (Albrecht CR 2016, 88 (91)). Welche Vorkehrungen konkret zu treffen sind, hängt von dem Forschungszweck, den betroffenen Daten und der verarbeitenden Stelle ab.

IV. Zweck der Datenverarbeitung

15 Die Datenverarbeitung muss wissenschaftlichen oder historischen Forschungszwecken oder statistischen Zwecken dienen.

1. Wissenschaftliche Forschungszwecke

15a Die DS-GVO und das BDSG definieren den Begriff der wissenschaftlichen Forschungszwecke nicht und auch sonst gibt es keine Legaldefinition. Aus den Erwägungsgründen der DS-GVO geht hervor, dass wissenschaftliche Forschungszwecke weit auszulegen sind. So sollen unter anderem die technische Entwicklung, die Demonstration, die Grundlagenforschung, die angewandte Forschung und die privat finanzierte Forschung umfasst sein (Erwägungsgrund 159 DS-GVO). Zudem soll dem in Art. 179 AEUV festgeschriebenen Ziel, einen europäischen Raum der Forschung zu schaffen, Rechnung getragen werden (Erwägungsgrund 159 DS-GVO). Der Forschungsbegriff des AEUV ist grundsätzlich offen, da laut Art. 179 Abs. 1 AEUV alle Forschungsmaßnahmen unterstützt werden sollen, die aufgrund anderer Kapitel der Verträge für erforderlich gehalten werden. Einen gewissen Fokus auf unternehmerische und technologische Forschung bringt Art. 179 Abs. 2 AEUV zum Ausdruck, da die Europäische Union „in der gesamten Union die Unternehmen – einschließlich der kleinen und mittleren Unternehmen –, die Forschungszentren und die Hochschulen bei ihren Bemühungen auf dem Gebiet der Forschung und technologischen Entwicklung von hoher Qualität" unterstützt. Weiter statuiert auf Ebene des europäischen Rechts Art. 13 der Charta der Grundrechte der Europäischen Union unter der Überschrift „Freiheit der Kunst und der Wissenschaft", dass „Kunst und Forschung" frei sind. Der EuGH hat sich zwar zur Forschungsfreiheit geäußert (EuGH EuZW 2007, 254 – Lyyski gegen Umea Universitet; EuGH EuZW 2008, 152 – Jundt gegen Finanzamt Offenburg), den Begriff der Forschung jedoch nicht definiert. Die Literatur zu Art. 13 der Charta der Grundrechte der Europäischen Union greift auf die Rechtsprechung des BVerfG zu Art. 5 Abs. 3 GG zurück, da Art. 13 GRCh als vom deutschen Grundgesetz inspiriert gilt (Calliess/Ruffert/Ruffert GRCh Art. 13 Rn. 1; Weichert ZD 2020, 18 (19); Roßnagel ZD 2019, 157 (158)). Auch die datenschutzrechtliche Literatur zum BDSG knüpft an die Rechtsprechung des BVerfG an, wonach „alles, was nach Inhalt und Form als ernsthafter, planmäßiger Versuch zur Ermittlung der Wahrheit anzusehen ist", wissenschaftliche Forschung sei (BeckOK DatenschutzR/Lindner BDSG aF § 40 Rn. 12; Kühling/Buchner/Weichert DSGVO Art. 9 Rn. 128 unter Verweis auf BVerfGE 35, 112). Es handele sich dabei um einen auf wissenschaftlicher Eigengesetzlichkeit (Methodik, Systematik, Beweisbedürftigkeit, Nachprüfbarkeit, Kritikoffenheit, Revisionsbereitschaft) beruhenden Prozess zum Auffinden von Erkenntnissen, ihrer Deutung und ihrer Weitergabe (BVerfGE 35, 112 f.).

15b Allerdings ist der Begriff der Wissenschaft nicht nur rechtlich, sondern maßgeblich auch außerrechtlich geprägt, zB durch die Sozialwissenschaften. Für den wissenschaftssoziologischen Begriff ist etwa maßgeblich, dass wissenschaftliche Erkenntnisse in einem sozialen Prozess gewonnen werden, in dem Forscher interagieren (Blankenagel, Wissenschaft zwischen Information und Geheimhaltung, 24 unter Verweis auf Bühl, Einführung in die Wissenschaftssoziologie, 47 ff.), und dass Wissenschaft autonom, d.h. losgelöst von fremder Zweckbestimmung, erfolgt (Blankenagel, Wissenschaft zwischen Information und Geheimhaltung, 2001, 81 f.). Zu Kernbereich und Zweck der Wissenschaft im soziologischen Sinn gehöre daher die Verbreitung und Bereitstellung wissenschaftlicher Ergebnisse, die von der wissenschaftlichen Gemeinschaft überprüft und kontrolliert werden und auf deren Grundlage die Gesellschaft weiterentwickelt und Probleme gelöst werden können (Blankenagel, Wissenschaft zwischen Information und Geheimhaltung, 2001, 84 ff. mwN).

Unter Zugrundelegung von Erwägungsgrund 159 DS-GVO iVm Art. 179 AEUV und der entsprechenden Heranziehung des verfassungsrechtlich geprägten Wissenschaftsbegriffs wird deutlich, dass wissenschaftliche Forschung unabhängig von Personen und Einrichtungen ist und daher von Hochschulen, Forschungseinrichtungen und privaten Personen oder Unternehmen betrieben werden kann, solange wissenschaftliche Methoden zur Anwendung kommen, um einen Erkenntnisgewinn zu erzielen. Neben der Grundlagenforschung, die dem allgemeinen Fortschritt der Wissenschaft dient, werden davon auch die angewandte Forschung sowie die Auftragsforschung in der oder für die Industrie erfasst (Wagner NVwZ 1998, 1235 (1237); Roßnagel ZD 2019, 157 (159); so auch der Bundesverband Informationswirtschaft, Telekommunikation und Neue Medien eV (Bitkom) im Rahmen der Evaluierung des BDSG, abrufbar unter https://www.bitkom.org/sites/default/files/2021-01/20210128_bitkom-stellungnahme-evaluierung-bdsg.pdf). Zweckgebundene private Forschung aus dem Schutzbereich von Art. 5 Abs. 3 GG mit dem Argument herauszunehmen, dass sie anders als vom wissenschaftssoziologischen Verständnis gefordert nicht autonom sei bzw. die Ergebnisse nicht der Forschungsgemeinschaft zur Verfügung stelle (Blankenagel, Wissenschaft zwischen Information und Geheimhaltung, 2001, 108), überzeugt dagegen nicht. Denn auch von Forschungseinrichtungen wie Universitäten betriebene Forschung ist nie ganz frei von außerwissenschaftlichen Zwecken, die die Forschenden damit (auch) verfolgen – von der inhaltlichen Ausrichtung der Forschungseinrichtung über die Schärfung des eigenen Profils im Wissenschaftsbetrieb bis zur Einwerbung von Drittmitteln. Auch dort wird der Forschungsgegenstand nicht nach rein autonomen Kriterien ausgewählt und das Risiko, dass in unattraktiven Bereichen nicht geforscht wird, besteht gleichermaßen. Im Übrigen sind Drittmittelfinanzierungen aufgrund der hohen Kosten, die mit Forschung verbunden sind, sehr häufig, sodass auch aus diesem Grund eine völlige Autonomie der Forschung ausscheidet. Hinzukommt, dass bestimmte Arten der Forschung (zB im Pharmabereich) mit derart hohen Investitionen einhergehen, dass eine Forschungsbereitschaft und -möglichkeit nur besteht, wenn damit zumindest die Aussicht einhergeht, die Kosten wieder zu amortisieren. **15c**

Gerade in Anbetracht der Erkenntnisgewinne, die die privatwirtschaftliche Forschung durch die Industrie liefert, wäre auch eine Eingrenzung auf bestimmte Forschungseinrichtungen weder sachgerecht noch zeitgemäß. Hinzu kommt, dass die in § 40 BDSG aF enthaltene Bezugnahme auf „Forschungseinrichtungen" im geltenden BDSG nicht mehr zu finden ist, was die Abwendung von einem institutionell geprägten Wissenschaftsbegriff belegt. Ein solcher wäre auch deshalb überholt, weil in den Bereich der privaten Forschung neben unternehmenseigener Forschung und bei Dritten in Auftrag gegebener Forschung auch private Forschungsförderung und Verbundforschung unter Beteiligung verschiedener Unternehmen, Hochschulen und staatlicher Forschungseinheiten fallen (Blankenagel, Wissenschaft zwischen Information und Geheimhaltung, 2001, 32). Fremdfinanzierte Auftragsforschung an Universitäten oder Universitätskliniken wird zudem immer relevanter. Vor diesem Hintergrund ist eine einrichtungsbezogene Abgrenzung anhand der Forschung betreibenden Institution ohnehin kein sinnvolles Abgrenzungskriterium mehr. **16**

Ebenso vom Forschungsbegriff erfasst sind alle Angelegenheiten, die wissenschaftsrelevant sind, dh auch **vorbereitende und organisatorische Maßnahmen**, die die wissenschaftliche Forschung erst ermöglichen (Dürig/Herzog/Scholz/Scholz GG Art. 5 Abs. 3 Rn. 157). Müssen beispielsweise Datenbestände in einem ersten Schritt strukturiert oder in ein bestimmtes Format gebracht werden, um sie für Forschungszwecke auswertbar zu machen, so fällt auch diese Strukturierung unter den Forschungsbegriff, da ohne sie die Auswertung der Daten zu Forschungszwecken nicht möglich wäre. Diskutiert wird, ob auch die wissenschaftliche **Lehre** unter den Forschungsbegriff fällt, was zu bejahen ist (aA Roßnagel DS-GVO-HdB/Johannes § 4 Rn. 59). Auch Ausbildungszwecken dienende Arbeiten, die neue Erkenntnisse generieren, wie zB Dissertationen und Habilitationen, haben einen wissenschaftlichen Forschungszweck (DKWW/Weichert BDSG aF § 40 Rn. 3). Arbeiten, die ausschließlich einen Ausbildungs- oder organisatorischen Zweck haben (zB Klausuren), fallen dagegen nicht unter den Forschungsbegriff, wobei die Abgrenzung im Einzelnen schwierig sein kann. Keine wissenschaftliche Forschung liegt in der Anwendung bereits vorhandener Erkenntnisse (Spiecker gen. Döhmann/Bretthauer/Johannes, Dokumentation zum Datenschutz, E 10.0, Rn. 9). Wissenschaftliche Forschungszwecke lassen sich damit im Ergebnis nicht auf bestimmte Einrichtungen, Arbeitsprodukte oder Tätigkeitsfelder einschränken. **17**

In der DS-GVO und auch im BDSG fehlt es dagegen an einer Differenzierung zwischen der Datenverarbeitung zu eigenen Geschäftszwecken und zur Übermittlung an Dritte zu Forschungs- **18** zwecken. Dies war nach altem Recht anders, da das Forschungsprivileg bei unmittelbarer Anwendung des § 28 BDSG aF nur für die **Eigenforschung** galt, dh für Forschungszwecke des Dateninhabers selbst (Umkehrschluss aus § 28 Abs. 2 Nr. 3 BDSG aF) (zur alten Rechtslage → BDSG § 28 Rn. 261). In diesem Zusammenhang könnte sich die unter dem BDSG aF bestehende Frage erübrigt haben, inwieweit die Rechtfertigung der Datenverarbeitung Eigenforschung voraussetzt. Ob dies tatsächlich der Fall ist, bleibt allerdings abzuwarten, da es nach § 27 Abs. 1 BDSG bei der Rechtfertigung der Datenverarbeitung auch auf „die Interessen des Verantwortlichen" ankommt. Diese Formulierung könnte eine Fortgeltung der Beschränkung auf Eigenforschung bedeuten. Allerdings kann das Forschungsinteresse des Verantwortlichen auch in der Übermittlung an dritte Forschende zu Forschungszwecken bestehen, so etwa wenn ein Verantwortlicher Daten in einem vorbereitenden Schritt sammelt, um sie dann einem Forschenden für die eigentliche Forschung in auswertbarem Format zur Verfügung zu stellen.

19 Seit langem wird diskutiert, ob auch die **Markt- und Meinungsforschung** als wissenschaftliche Forschung einzuordnen ist. Dafür könnte sprechen, dass es wissenschaftlich-methodische Vorgaben für die Markt- und Meinungsforschung gibt (empirische Sozialforschung). Allerdings richten sich entsprechende Analysen häufig an kommerziellen Interessen eines Auftraggebers aus, insbesondere sofern dieser auf das methodische Vorgehen und die Nutzung der Ergebnisse Einfluss nimmt (Hornung/Hofmann ZD-Beil. 2017, 1 (4 f. mwN)). Hinzu kommt, dass bei der Markt- und Meinungsforschung bereits erforschte statistische Methoden angewendet und häufig keine neuartigen Zusammenhänge oder Erkenntnisse generiert werden (Johannes/Richter DuD 2017, 300 (301)). Daher ist hier zu differenzieren: Kommerzielle Studien, die zB die Marketingabteilung eines Unternehmens selbst oder ein privates Meinungsforschungsinstitut im Auftrag eines Unternehmens durchführt, und die sich in der schlichten Anwendung methodischer Vorgaben auf bestimmte Sachverhalte erschöpfen, fallen nicht unter den Forschungsbegriff. Die Marktanalyse eines unabhängigen Forschungsinstituts kann dagegen unter Umständen unter den Begriff der wissenschaftlichen Forschung fallen (Gola/Heckmann/Krohm Rn. 17), vorausgesetzt, sie ist auf die Generierung neuartiger Erkenntnisse ausgelegt.

20 Datenschutzrechtlich und ethisch herausfordernd ist die Behandlung sog. **Biobanken,** die Proben menschlicher Körpersubstanzen (wie zB Gewebe oder Blut) sowie personenbezogene und soziodemografische Informationen über die Spender sammeln (Deutscher Ethikrat, Humanbiobanken für die Forschung – Stellungnahme, 2010; Pühler/Middel/Hübner, Praxisleitfaden Gewebegesetz, 2008, 19 ff.). Dabei sind die datenschutzrechtlichen von eigentumsrechtlichen Fragestellungen und insbesondere Fragen der Kommerzialisierung von Geweberproben zu unterscheiden. Für die Entnahme von Geweberproben enthält das Transplantationsgesetz detaillierte Regelungen zur Verfügungsbefugnis in eigentumsrechtlichen Kategorien, wie eine Kommerzialisierung der Gewebemedizin bedingt (Pühler/Middel/Hübner, Praxisleitfaden Gewebegesetz, 2008, 21). Wurde der Personenbezug einer Gewebeprobe beseitigt, scheiden Entschädigungsansprüche des Betroffenen schon deshalb aus, weil die Probe keinem konkreten Spender zugeordnet werden kann. Aber auch bei fortbestehendem Personenbezug ergibt sich aus dem Datenschutzrecht in diesem Zusammenhang keine kommerzialisierbare Rechtsposition, da der Schutz der mit einer Gewebeprobe verbundenen personenbezogenen Daten kein Ausschließlichkeitsrecht begründet, sondern nur Vorgaben für den Umgang mit den personenbezogenen Daten macht. Die in Biobanken gespeicherten Informationen sind regelmäßig sehr sensibel, haben sie doch Bezug zu Gesundheitsdaten und der körperlichen Konstitution der Spender. Manche Daten – zB genetische Daten – sind entweder nicht anonymisierbar oder sollen nicht anonymisiert werden, da die Spender auch in Zukunft kontaktierbar bleiben sollen. Häufig wird daher mit einer (mehrfachen) Pseudonymisierung unter Einschaltung eines Datentreuhänders gearbeitet, der eigene Pseudonyme vergibt (Herbst DuD 2016, 371 (374)). Inwiefern Biobanken Forschungszwecken dienen, ist letztlich anhand der konkreten Umstände des Einzelfalls zu beurteilen.

2. Historische Forschungszwecke

21 Unter den Begriff der **historischen Forschungszwecke** fällt insbesondere die Genealogie. Sie wird beispielhaft in Erwägungsgrund 160 DS-GVO genannt. Im Übrigen hat die Nennung historischer Forschungszwecke wegen Überschneidungen mit der wissenschaftlichen Forschung eher klarstellenden Charakter. Aufgrund der gesonderten Nennung kann aber davon ausgegangen werden, dass strengen wissenschaftlichen Anforderungen dabei nicht genügt werden muss (HK-DS-GVO/Kampert DS-GVO Art. 9 Rn. 53).

3. Statistische Zwecke

Statistik wird als methodischer Umgang mit empirischen Daten definiert (Roßnagel DS-GVO-HdB/Richter § 4 Rn. 97; Kühling/Buchner/Buchner/Tinnefeld DS-GVO Art. 89 Rn. 15). Beispielhaft sei die Verarbeitung besonderer Kategorien personenbezogener Daten für die statistische Verarbeitung von Gesundheitsdaten etwa im Versicherungsgeschäft, angeführt (BT-Drs. 18/11655, 16). Das BVerfG hat betont, dass bei Datenverarbeitungen zu statistischen Zwecken die Daten nach statistischer Verarbeitung für verschiedene und nicht vorher bestimmbare Zwecke genutzt werden, weshalb keine enge Bindung der Statistik an einen Zweck zu fordern sei (BVerfGE 65, 1 (47)).

Auch die DS-GVO formuliert ohne eine enge Zweckbindung, dass unter dem Begriff der statistischen Zwecke „jeder für die Durchführung statistischer Untersuchungen und die Erstellung statistischer Ergebnisse erforderliche Vorgang der Erhebung und Verarbeitung personenbezogener Daten zu verstehen" sei (Erwägungsgrund 162 DS-GVO). Weiter wird vorausgesetzt, „dass die Ergebnisse der Verarbeitung zu statistischen Zwecken keine personenbezogenen Daten, sondern aggregierte Daten sind und diese Ergebnisse oder Daten nicht für Maßnahmen oder Entscheidungen gegenüber einzelnen natürlichen Personen verwendet werden" (Erwägungsgrund 162 DS-GVO). Teils wird überlegt, ob dies imperativ dahingehend zu verstehen ist, dass Statistiken nicht mehr personenbeziehbar sein sollen (Plath/Grages DS-GVO Art. 89 Rn. 7). Eine Statistik liegt jedenfalls nur vor, wenn zwar personenbezogene Daten verarbeitet werden, diese jedoch nicht das Ergebnis der Datenverarbeitung sind (Weichert ZD 2020, 18 (22 f.); Johannes/Richter DuD 2017, 300 (301); HK-DS-GVO/Kampert DS-GVO Art. 9 Rn. 54).

Keine Anwendung soll die Privilegierung in § 27 finden, wenn bei der Datenverarbeitung zu statistischen Zwecken zwar keine konkrete personenbezogene Anwendung geplant ist, eine solche jedoch das Ziel der Verarbeitung darstellt. Das kann beispielsweise dann der Fall sein, wenn eine statistische Auswertung für die Verbesserung von Algorithmen eines Programms genutzt wird, das dann wiederum personenbezogen eingesetzt werden soll (Richter DuD 2016, 581 (584)).

Diskutiert wird weiter, ob auch kommerzielle Statistiken von der Privilegierung in § 27 erfasst sind. Im Gegensatz zu den über § 28 privilegierten Archiven müssen Statistiken nicht im öffentlichen Interesse erstellt werden (Weichert ZD 2020, 18 (23)). Folglich ist eine Datenverarbeitung zu kommerziellen Zwecken zunächst einmal tatbestandlich erfasst. Einschränkungen können sich jedoch daraus ergeben, dass die Statistik keine personenbezogene Anwendung zum Ziel haben darf (Schantz/Wolff DatenschutzR/Schantz Rn. 1351).

So fällt zB **Scoring,** das mit statistischen Methoden arbeitet, nicht unter die Definition der statistischen Zwecke, da der ermittelte Score personenbezogen ist (Johannes/Richter DuD 2017, 300 (301)).

Diskutiert wird, inwieweit **kommerzielle Big-Data-Anwendungen** unter statistische Zwecke zu subsumieren sind. Definitorisch nähert man sich dem Phänomen Big Data über das sog. 3-V-Modell an, das auf das Datenvolumen (volume), die Datenheterogenität (variety) und die Schnelligkeit der Datenanalyse (velocity) abstellt (unter Bezugnahme auf die Unternehmensgruppe Gartner, die das Modell entwickelt hat: Culik/Döpke ZD 2017, 226 (227)). Zwar weisen Big-Data-Anwendungen und statistische Analysen Ähnlichkeiten auf: Basierend auf heterogenen Datensätzen werden Erkenntnisse für den Anwender bzw. Auswertenden generiert, wobei diese Technologien in der Freizeit, beim Einkaufen, beim Arbeiten, also potentiell in allen möglichen Lebensbereichen zur Anwendung kommen können. Allerdings wird darauf verwiesen, dass der historische Gesetzgeber Datenverarbeitungen, die einen im öffentlichen Interesse liegenden Erkenntnisgewinn generieren, privilegieren wollte und nicht sämtliche kommerziellen Big-Data-Anwendungen (Culik/Döpke ZD 2017, 226 (230)) unter Verweis auf Abl. EG C 311 v. 27.11.1992 und Erwägungsgrund 157 DS-GVO, der die Verknüpfung von Informationen aus Registern im Kontext der Gesundheits- oder Sozialforschung adressiert). Allerdings schränken weder Art. 5 Abs. 1 lit. b DS-GVO noch § 27 Abs. 1 statistische Zwecke derart ein. Es kann daher durchaus Fälle geben, in denen kommerzielle Big-Data-Anwendungen von § 27 erfasst werden.

Statistische Ergebnisse können außerdem für wissenschaftliche Forschungszwecke weiterverwendet werden, sodass hier eine Überschneidungsmöglichkeit besteht.

4. Keine ausdrückliche Einwilligung (Abs. 1)

Sind sämtliche Voraussetzungen des § 27 erfüllt, dürfen auch ohne Einwilligung des Betroffenen dessen personenbezogene Daten verarbeitet werden. Darüber hinaus kann – wie bereits nach bisher geltendem Recht – eine **Einwilligung** des Betroffenen als alleinige Legitimationsgrundlage für die Verarbeitung besonderer Kategorien personenbezogener Daten dienen. Dies ergibt sich aus der Orientierung an der alten Rechtslage nach § 28 Abs. 6 Nr. 4 BDSG aF und aus Art. 9 Abs. 2 lit. a DS-GVO. Liegt also eine Einwilligung vor, ist eine Berufung auf § 27 Abs. 1 nicht mehr nötig. Aus praktischer Sicht ist dabei allerdings zu beachten, dass die Einwilligung jederzeit widerrufbar ist.

29   Im Hinblick auf die für eine wirksame Einwilligung erforderliche Angabe des Zwecks der Datenverarbeitung heißt es in den Erwägungsgründen der DS-GVO, dass der Zweck der Verarbeitung personenbezogener Daten für Zwecke der wissenschaftlichen Forschung zum Zeitpunkt der Erhebung der personenbezogenen Daten oftmals nicht vollständig angegeben werden kann. Betroffenen Personen soll es deshalb erlaubt sein, ihre Einwilligung für bestimmte Bereiche wissenschaftlicher Forschung zu geben, wenn dies unter Einhaltung der anerkannten ethischen Standards der wissenschaftlichen Forschung geschieht (Erwägungsgrund 33 DS-GVO). Aufgrund dieser gelockerten Anforderungen an die Einwilligung kann es daher sein, dass eine bereichsmäßig erteilte Einwilligung in die Datenverarbeitung für Forschungszwecke bereits vorliegt und damit für die Anwendung von § 27 Abs. 1 kein Bedarf besteht.

V. Erforderlichkeit der Datenverarbeitung (Abs. 1)

30   Die Verarbeitung der besonderen Kategorien personenbezogener Daten muss für die wissenschaftlichen oder historischen Forschungszwecke oder statistischen Zwecke **erforderlich** sein. Es darf daher kein gleich geeignetes, weniger belastendes Mittel zur Erreichung des Forschungs- oder Statistikzwecks geben (Zweck-Mittel-Relation). Daher ist stets zu klären, ob die Verwendung anonymer oder pseudonymer Daten für die privilegierten Zwecke ausreicht. Der Erforderlichkeitsmaßstab ist damit weniger streng, als er es im alten Recht war, wo gem. § 13 Abs. 2 Nr. 8 BDSG aF, § 14 Abs. 5 S. 1 Nr. 2 BDSG aF und § 28 Abs. 6 Nr. 4 BDSG aF die Verarbeitung personenbezogener Daten nur insoweit zulässig war, als der Zweck der Forschung auf andere Weise nicht oder nur mit unverhältnismäßigem Aufwand erreicht werden konnte (Johannes/Richter DuD 2017, 300 (302)).

VI. Interessenabwägung (Abs. 1)

31   Außerdem müssen die Interessen des Verantwortlichen an der Datenverarbeitung die Interessen des Betroffenen an einem Ausschluss der Verarbeitung **erheblich überwiegen.** Eine solche Abwägung fand sich bereits in § 28 Abs. 2 Nr. 3 und Abs. 4 Nr. 6 BDSG aF. Aufseiten des Verantwortlichen ist zu beachten, dass es nicht auf seine persönlichen Interessen, sondern auf seine wissenschaftlichen Interessen an der Durchführung des Forschungsvorhabens ankommt. Mithin streitet für ihn die Forschungsfreiheit. Von Relevanz kann zudem das konkrete Ziel des Forschungsvorhabens und dessen Bedeutung für das Gemeinwohl sein, und zwar gerade im Bereich der medizinischen Forschung. Aus Erwägungsgrund 113 DS-GVO geht darüber hinaus hervor, dass bei Übermittlungen, die als nicht wiederholt erfolgend gelten können und nur eine begrenzte Zahl von Personen betreffen, die legitimen gesellschaftlichen Erwartungen in Bezug auf einen Wissenszuwachs bei wissenschaftlichen oder historischen Forschungszwecken oder bei statistischen Zwecken berücksichtigt werden. Generell sollte bei der Interessenabwägung beachtet werden, dass der europäische und der nationale Gesetzgeber die Datenverarbeitung zu Forschungs- und statistischen Zwecken an vielen Stellen privilegiert haben.

32   Der von der Verarbeitung Betroffene kann sich hingegen auf sein allgemeines Persönlichkeitsrecht, insbesondere auf sein Recht auf informationelle Selbstbestimmung berufen. Dabei ist zu berücksichtigen, dass die von Art. 9 Abs. 1 DS-GVO erfassten besonderen Kategorien personenbezogener Daten sensibel sind und mitunter an die absolut geschützte Intimsphäre heranreichen können.

33   Zwischen diesen beiden Positionen muss eine Abwägung vorgenommen werden, die am Ende deutlich zugunsten der Interessen des Verantwortlichen ausfallen muss („erheblich"), damit die Datenverarbeitung zulässig ist.

34   Der unbestimmte Begriff des „erheblichen" Überwiegens birgt allerdings die Gefahr einer übermäßig restriktiven Anwendung des § 27 Abs. 1. Das hat den Bundesrat veranlasst, auf Empfehlung seiner Ausschüsse (BR-Drs. 110/1/17, 34) die Streichung des Wortes „erheblich" zugunsten einer praxisgerechteren Anwendung des Ausnahmetatbestands vorzuschlagen (BT-Drs. 18/11655, 15 f.). Den Interessen der Betroffenen sei bereits durch den Verweis auf § 22 Abs. 2 sowie durch die Kriterien des **überwiegenden** Interesses und der **Erforderlichkeit** der Datenverarbeitung für den Forschungs- oder Statistikzweck hinreichend Rechnung getragen. Zudem verlange auch Art. 9 Abs. 2 DS-GVO kein erhebliches Überwiegen der Interessen des Verantwortlichen gegenüber jenen des Betroffenen (BT-Drs. 18/11655, 15 f.). Die Bundesregierung hat den Vorschlag

des Bundesrats allerdings mit dem wenig überzeugenden Hinweis abgelehnt, dass die beabsichtigte Regelung geltendem Recht entspreche (BT-Drs. 18/11655, 31).

VII. Schutz der Interessen der betroffenen Personen (Abs. 1 S. 2, Abs. 3)

Gemäß Art. 9 Abs. 2 lit. j DS-GVO sind angemessene Mittel zur **Wahrung der Interessen** **35** **der betroffenen Person** vorzusehen. Das setzt § 27 Abs. 1 S. 2 um mit der Verpflichtung des Verantwortlichen zum Treffen angemessener und spezifischer Maßnahmen gem. § 22 Abs. 2 S. 2 (BT-Drs. 18/11325, 99). Mit dem Verweis auf § 22 Abs. 2 S. 2 trägt die Vorschrift in Abs. 1 den Anforderungen des Art. 9 Abs. 2 lit. j DS-GVO an die Verhältnismäßigkeit, den Wesensgehalt des Rechts auf Datenschutz und an die Wahrung der Grundrechte und Interessen der betroffenen Person Rechnung (BT-Drs. 18/11325, 99). Geeignete Maßnahmen können zB Zugangsbeschränkungen, Mitarbeiterschulungen, die Nutzung von Verschlüsselungsprogrammen oder die Pseudonymisierung personenbezogener Daten sein.

Pseudonymisierung ist laut Art. 4 Nr. 5 DS-GVO „die Verarbeitung personenbezogener Daten **35a** in einer Weise, dass die personenbezogenen Daten ohne Hinzuziehung zusätzlicher Informationen nicht mehr einer spezifischen betroffenen Person zugeordnet werden können (…)". Nach Erwägungsgrund 26 S. 2 DS-GVO gelten derart pseudonymisierte Daten, die durch Heranziehung zusätzlicher Informationen einer natürlichen Person zugeordnet werden können, als Informationen über eine identifizierbare natürliche Person. Erwägungsgrund 26 S. 2 DS-GVO und die Definition der Pseudonymisierung widersprechen sich insofern, als nach der Definition wegen der Zuordnung zu einer identifizierbaren Person ohne zusätzliche Informationen gerade nicht mehr möglich ist, nach Erwägungsgrund 26 S. 2 hingegen schon. Dass beide Aussagen folglich präzisiert werden müssen, wurde bereits festgestellt (Roßnagel ZD 2018, 243 (244)). Identifizierbar ist eine Person, wenn sie „direkt oder indirekt, insbesondere mittels Zuordnung zu einer Kennung (...) identifiziert werden kann" (Art. 4 Nr. 1 Hs. 2 DS-GVO). Ob dies der Fall ist, hängt nach Erwägungsgrund 26 S. 3 DS-GVO von den Mitteln ab, „die von dem Verantwortlichen oder einer anderen Person nach allgemeinem Ermessen wahrscheinlich genutzt werden, um die natürliche Person direkt oder indirekt zu identifizieren". Bei dem zu berücksichtigenden Zusatzwissen kann es sich um eigenes Wissen des Verantwortlichen sowie um das Wissen Dritter handeln, vorausgesetzt, der Verantwortliche kann dieses Wissen erlangen. Daraus folgt, dass der Personenbezug eines Datums relativ und nicht absolut zu beurteilen ist, weil eine Information für eine Person mit Zugang zu Zusatzwissen personenbezogenes Datum sein kann und für eine Person ohne diesen Zugang nicht. Auch der EuGH hat seinem Urteil zur Speicherung von IP-Adressen beim Besuch einer Website (EuGH NJW 2016, 3579 – Patrick Breyer gegen Bundesrepublik Deutschland) einen solchen relativen Personenbezug zugrunde gelegt. Danach ist das Zusatzwissen Dritter dem Verantwortlichen nur zuzurechnen, wenn es vernünftigerweise eingesetzt werden kann, um die betreffende Person zu bestimmen (EuGH NJW 2016, 3579 Rn. 48). Dies soll dann nicht der Fall sein, wenn die Herstellung des Personenbezugs gesetzlich verboten oder aufgrund eines unverhältnismäßigen Aufwands an Zeit, Kosten und Arbeitskräften „praktisch nicht durchführbar" ist (EuGH NJW 2016, 3579 Rn. 46). Ist das Erlangen des Zusatzwissens rechtlich verboten oder unverhältnismäßig aufwendig, kann die Pseudonymisierung für den Verantwortlichen mithin anonymisierende Wirkung entfalten, da er ohne das Zusatzwissen keinen Bezug zwischen den Daten und einer identifizierbaren Person herstellen kann (Roßnagel ZD 2018, 243 (245)).

Zudem gewährleistet § 27 Abs. 3 hinsichtlich besonderer Kategorien personenbezogener Daten **36** ein Höchstmaß an Anonymität, indem er zusätzlich zu den Mitteln nach § 22 Abs. 2 vorschreibt, dass besondere Kategorien personenbezogener Daten zu anonymisieren sind, sobald dies unter Berücksichtigung der Forschungs- oder Statistikzwecke möglich ist. Das gilt nur dann nicht, wenn berechtigte Interessen der betroffenen Person dem entgegenstehen. Sollte dies der Fall sein oder hat eine **Anonymisierung** noch nicht stattgefunden, sind diejenigen Merkmale gesondert zu speichern, mit denen Einzelangaben über persönliche oder sachliche Verhältnisse einer bestimmten oder bestimmbaren Person zugeordnet werden können (**Separierungspflicht**). Sie dürfen mit den Einzelangaben nur zusammengeführt werden, soweit der Forschungs- oder Statistikzweck dies erfordert. Diese Vorschrift ist an § 40 BDSG aF angelehnt, der schon damals dem Grundsatz der Datensparsamkeit nach § 3a BDSG aF Rechnung trug, und konkretisiert das allgemein geltende Gebot der Datenminimierung (Art. 5 Abs. 1 lit. c DS-GVO). Das Gesetz schreibt nicht vor, wie die Separierung zu erfolgen hat. In Betracht kommt die manuelle oder automatisierte Nutzung von Personenkennziffern, wobei die Merkmale, die eine Aufschlüsselung erlauben, dann gesondert (zB in einem getrennten System) aufbewahrt werden sollten.

BDSG § 27   Teil 2. Durchführungsbestimmungen für Verarbeitungen nach DS-GVO

37   Der Begriff der Anonymisierung ist im Übrigen weder im BDSG noch in der DS-GVO definiert. Allerdings ergibt sich aus Erwägungsgrund 26 S. 3, dass das Datenschutzrecht nicht anwendbar ist auf Informationen, die sich nicht auf eine identifizierte oder identifizierbare natürliche Person beziehen oder personenbezogene Daten, die in einer Weise anonymisiert worden sind, dass die betroffene Person nicht oder nicht mehr identifiziert werden kann. Insgesamt kann somit festgehalten werden, dass es sich bei der Anonymisierung um eine im Verhältnis zur Pseudonymisierung gesteigerte Form der Unkenntlichmachung personenbezogener Daten handelt (BT-Drs. 18/11655, 4 (16); BR-Drs. 110/1/17, 36). Die Bundesregierung hatte jedoch den Vorschlag des Bundesrats, eine Definition auch in das geltende BDSG aufzunehmen, damit abgelehnt, dass die Aufführung der Begriffsbestimmungen in Art. 4 DS-GVO abschließend und eine Ergänzung daher unionsrechtlich nicht zulässig sei (BT-Drs. 18/11655, 28).

38   Eine Anonymisierung kann dann mit dem Forschungszweck unvereinbar sein, wenn über lange Zeiträume laufende Studien (sog. Langzeitstudien) es erforderlich machen, neue Daten bereits vorhandenen Daten zuzuordnen oder betroffene Personen fortlaufend zu kontaktieren (Herbst DuD 2016, 371 (374)). In diesen Fällen kann ggf. eine Pseudonymisierung in Betracht kommen. Nicht umsetzbar kann das Anonymisierungserfordernis nach § 27 Abs. 3 bei **genetischen Daten** sein. Genetische Daten sind in Art. 4 Nr. 13 DS-GVO legal definiert als personenbezogene Daten zu den ererbten oder erworbenen genetischen Eigenschaften einer natürlichen Person, die eindeutige Informationen über die Physiologie oder die Gesundheit dieser natürlichen Person liefern und insbesondere aus der Analyse einer biologischen Probe der betreffenden natürlichen Person gewonnen wurden. Um Erkenntnisse zu genetischen Veranlagungen zu gewinnen, werden bisweilen Daten aus verschiedenen Forschungsprojekten in sog. **Biodatenbanken** zusammengeführt, weil so Muster oder Parallelen erkennbar werden. Über medizinische Fragestellungen hinaus kann dies auch für sozialwissenschaftliche Studien relevant sein.

39   Es ist nicht klar, ob eine Anonymisierung genetischer Daten überhaupt möglich ist. Dies wird aufgrund der Überlegung abgelehnt, dass detailliert erfasste genetische Daten einzigartige und damit per se personenbezogene Informationen enthalten, die nicht anonymisierbar sind (Schaar ZD 2016, 224 (225)). In der Literatur wird das Anonymisierungserfordernis vor diesem Hintergrund kritisch betrachtet. Denn genetische Daten haben im Rahmen wissenschaftlicher medizinischer Forschung eine große Bedeutung. Auch in Bezug auf sonstige Gesundheitsdaten kann das Anonymisierungserfordernis in der Praxis zu Schwierigkeiten führen, insbesondere im Zusammenhang mit Big Data-Anwendungen. So hat sich in der Vergangenheit gezeigt, dass Gesundheitsdaten so individuell sind, dass der Betroffene oft mit wenigen Zusatzinformationen identifiziert werden kann. Es wird daher empfohlen, verschiedene Anonymisierungstechniken wie die Generalisierung und Randomisierung zu kombinieren (Orientierungshilfe des Bundesministeriums für Wirtschaft und Energie, Stand November 2018, 77 f.).

40   Fragen ergeben sich auch im Bereich der klinischen Forschung. Hier ist die Pseudonymisierung von erhobenen Daten und das damit zusammenhängende Speichern von Identifizierungslisten gem. § 40 Abs. 2a Arzneimittelgesetz gesetzlich vorgegeben, sodass eine Anonymisierung betroffener Daten nicht möglich ist. Darüber hinaus wurde im Gesetzgebungsverfahren gegen die Anonymisierungspflicht vorgebracht, dass behandelnde Ärzte verpflichtet sind, ihre Patienten über die vorgeschriebene Zeitdauer von zehn Jahren nach Ende einer klinischen Studie zu identifizieren und zu informieren, falls sie mit Prüfpräparaten behandelt wurden, bei denen unerwartete Ereignisse aufgetreten sind (Verband Forschender Arzneimittelhersteller e.V., Gesetz zur Anpassung des Datenschutzrechts an die Verordnung (EU) 2016/679 und zur Umsetzung der Richtlinie (EU) 2016/680 – Stellungnahme, 8, abrufbar unter https://www.vfa.de/embed/stellungnahme-anpassung-datenschutzrecht.pdf (Stand: 6.3.2017)). Auch ist eine vollständige Anonymisierung von Gesundheitsdaten im Rahmen des Erstellens einer Statistik aus Gründen der Qualitätssicherung und des Offenhaltens von Ergänzungsmöglichkeiten der Datensätze im weiteren Krankheitsverlauf nachteilig (Gesamtverband der Deutschen Versicherungswirtschaft e.V., zum Referentenentwurf für ein Gesetz zur Anpassung des Datenschutzrechts an die Verordnung (EU) 2016/679 und zur Umsetzung der Richtlinie (EU) 2016/680 (Datenschutz-Anpassungs- und Umsetzungsgesetz EU – DSAnpUG-EU) – Stellungnahme, 9, abrufbar unter https://www.gdv.de/resource/blob/5842/94a6021c9fe432a65dcb6fc981093c8a/zum-datenschutz-anpassungs--und-umsetzungsgesetz-2006110422-data.pdf (Stand: 6.12.2016)). Dieses Spannungsverhältnis ist dahingehend aufzulösen, dass § 27 Abs. 3 eine Anonymisierung nur verlangt, sobald sie nach dem Forschungs- oder Statistikzweck möglich ist.

41   Der Zusatz in § 27 Abs. 3 Hs. 2, wonach berechtigte Interessen der betroffenen Person der Anonymisierung nicht entgegenstehen dürfen, wirft hinsichtlich seiner Bedeutung Fragen auf. Unklar bleibt, welche Interessen der betroffenen Person hier gemeint sein könnten. Der Bundesrat

hatte vorgeschlagen, diesen Zusatz zu streichen (BR-Drs. 110/1/17, 35). So ist er zum einen nicht in Art. 89 DS-GVO vorgesehen, zum anderen dienen schon die Maßnahmen zur Unkenntlichmachung personenbezogener Daten dem Schutz der Rechte und Freiheiten der betroffenen Person.

D. Einschränkungen der Rechte der betroffenen Personen (Abs. 2)

§ 27 Abs. 2 gilt, anders als Abs. 1 und 3, für sämtliche Kategorien personenbezogener Daten (BT-Drs. 18/11325, 100). Die Norm schränkt die Rechte der betroffenen Person im Einklang mit der Öffnungsklausel des Art. 89 Abs. 2 DS-GVO dahingehend ein, dass diese von den Rechten in Art. 15 DS-GVO (Auskunftsrecht), Art. 16 DS-GVO (Recht auf Berichtigung), Art. 18 DS-GVO (Recht auf Einschränkung der Verarbeitung) und Art. 21 DS-GVO (Widerspruchsrecht) keinen Gebrauch machen können, soweit sie die Verwirklichung des angestrebten Forschungs- oder Statistikzwecks unmöglich machen oder ernsthaft beeinträchtigen und die Einschränkung für die Erfüllung des Forschungs- oder Statistikzwecks notwendig ist. Es empfiehlt sich für den Verantwortlichen, zu dokumentieren, weshalb das jeweilige Recht der betroffenen Person die verfolgten Zwecke ernsthaft beeinträchtigt oder unmöglich macht. Im Streitfall kann er damit nachweisen, sorgfältig vorgegangen und die vorgeschriebene Abwägung vorgenommen zu haben. Die Anforderungen an die Unmöglichkeit bzw. an die ernsthafte Beeinträchtigung der Forschungs- oder Statistikzwecke werden unterschiedlich hoch angesetzt. Unmöglich ist die Verwirklichung der Forschungs- oder Statistikzwecke, wenn keine praktisch umsetzbare Möglichkeit existiert, die Rechte der Betroffenen nicht zu beschränken. Ernsthaft beeinträchtigt ist deren Verwirklichung, wenn die Zwecke bei Berücksichtigung der Betroffenenrechte nur in erheblich geringerem Umfang erreicht werden können als bei deren Beschränkung (Paal/Pauly/Pauly BDSG § 27 Rn. 11; Kühling ZD 2021, 74 (76)). Eine verbindliche Konkretisierung dieser Begriffe bleibt der Entscheidungspraxis der Aufsichtsbehörden und des EuGH vorbehalten (BMI, Evaluierung von Oktober 2021, 30, abrufbar unter Evaluierung des Gesetzes zur Anpassung des Datenschutzrechts an die VO (EU) 2016/679 und zur Umsetzung der RL (EU) 2016/680 (bund.de)).

Darüber hinaus schließt § 27 Abs. 2 S. 2 das Auskunftsrecht der betroffenen Person nach Art. 15 DS-GVO dann aus, wenn die Daten für Zwecke der wissenschaftlichen Forschung erforderlich sind und die Auskunftserteilung einen unverhältnismäßig hohen Aufwand entstehen ließe. Dies kann insbesondere bei der Auswertung großer Datenbestände der Fall sein. Auch hier sollte der Verantwortliche dokumentieren, worin der unverhältnismäßig hohe Aufwand läge, und eine Abwägung im Einzelfall vornehmen. Art. 89 Abs. 2 DS-GVO enthält keine Grundlage für diese Ausnahme. Der Gesetzgeber stützt die Vorschrift stattdessen auf die Öffnungsklausel des Art. 23 Abs. 1 lit. i DS-GVO (BT-Drs. 18/11325, 99). § 27 Abs. 2 S. 2 lehnt sich mit der Berücksichtigung des Aufwands für die Auskunftserteilung an § 33 Abs. 2 S. 1 Nr. 5 iVm § 34 Abs. 7 und § 19a Abs. 2 Nr. 2 BDSG aF an (BT-Drs. 18/11325, 99). Beispielhaft wird die Auskunft bei besonders umfangreichen Datenmengen aufgeführt (vgl. BT-Drs. 18/11325, 99 f.). Diese Norm trifft in Anbetracht ihrer weitgehenden Einschränkung des Rechts auf informationelle Selbstbestimmung auf Kritik (vgl. DSK, Stellungnahme vom 2.3.2021, 11, abrufbar unter 20210316_DSK_evaluierung_BDSG.pdf (datenschutzkonferenz-online.de). Der Bundesrat hat unter Verweis auf das Fehlen eines vergleichbaren Ausschlussgrundes für das Auskunftsrecht in Art. 23 oder 89 Abs. 2 DS-GVO hinsichtlich § 27 Abs. 2 S. 2 eine Überschreitung der mitgliedstaatlichen Gesetzgebungskompetenz kritisiert (BR-Drs. 110/1/17, 35 f.).

Insgesamt werden die Einschränkungen der Betroffenenrechte als sehr pauschal kritisiert unter Verweis darauf, dass die Vorgängernormen differenzierter waren (Johannes/Richter DuD 2017, 300 (303)).

Ausnahmen von dem Recht auf Datenlöschung werden von Art. 89 Abs. 2 DS-GVO nicht dem nationalen Recht vorbehalten, sondern in Art. 17 Abs. 3 lit. d DS-GVO geregelt. Danach bestehen Ausnahmen, soweit andernfalls die Verwirklichung der mit der Datenverarbeitung verfolgten Forschungs- oder Statistikzwecke unmöglich gemacht oder ernsthaft beeinträchtigt wird. Als Beispiel wird hier etwa die epidemiologische Forschung genannt, sofern diese den Lebenslauf von Personen oder mehreren Generationen mit dem Ziel in den Blick nimmt, bestimmte Krankheiten zu erforschen (Kühling/Buchner/Buchner/Tinnefeld Rn. 20).

E. Veröffentlichung personenbezogener Daten (Abs. 4)

Wie § 27 Abs. 2 bezieht sich § 27 Abs. 4 auf alle personenbezogenen Daten und nicht nur auf besondere Kategorie personenbezogener Daten. Werden anonymisierte Forschungsergebnisse aggregiert veröffentlicht, so fällt dies nicht in den Anwendungsbereich der Norm. § 27 Abs. 4 ist an § 40 Abs. 3 BDSG aF angelehnt (BT-Drs. 18/11325, 100). Gemäß § 27 Abs. 4 erfordert die Veröffentlichung personenbezogener Daten entweder, dass die betroffene Person eingewilligt hat, oder dass die Veröffentlichung für die Darstellung von Forschungsergebnissen über Ereignisse der Zeitgeschichte unerlässlich ist. Trotz ihres weiten Wortlauts ist die Vorschrift auf die Verarbeitung zu Forschungs- oder Statistikzwecken einzugrenzen (Johannes/Richter DuD 2017, 300 (304)). Unter „Ereignisse der Zeitgeschichte" kann zB der Ausbruch einer seltenen und gefährlichen Krankheit fallen, für welche Medikamente entwickelt werden, um eine Pandemie zu verhindern (SJTK/Jaspers/Schwartmann/Mühlenbeck Art. 9 Rn. 249).

47 Durch den zweiten Erlaubnistatbestand wird gezielt die Forschungstätigkeit von Historikern privilegiert. Sie sind maßgeblich darauf angewiesen, mit personenbezogenen Daten zu arbeiten und sie auch zu veröffentlichen. Jedenfalls noch lebenden Personen muss aber zunächst das Recht zugestanden werden, selbst über die Veröffentlichung ihrer persönlichen Daten zu bestimmen, dh ihre Einwilligung zu erteilen oder zu versagen. Um zu vermeiden, dass durch eine Blockadehaltung die Publikation zeitgeschichtlicher Forschungsergebnisse verhindert wird, hat der Gesetzgeber einen zusätzlichen Erlaubnistatbestand geschaffen. Danach hat das Recht auf informationelle Selbstbestimmung zurückzutreten, wenn die Veröffentlichung der personenbezogenen Daten für die vollständige und korrekte Darstellung oder das Verständnis der Forschungsergebnisse zwingend erforderlich ist und deshalb nicht darauf verzichtet werden kann (zur alten Rechtslage Gola/Schomerus/Gola/Schomerus BDSG aF § 40 Rn. 17). Wann eine Unerlässlichkeit der Veröffentlichung in diesem Sinne vorliegt, obliegt aufgrund der Wissenschaftsfreiheit zunächst allein der Entscheidungshoheit des Forschenden. Der Begriff der Zeitgeschichte wird im BDSG nicht definiert, sodass man § 23 Abs. 1 Nr. 1 KunstUrhG und die dazu ergangene Rechtsprechung heranziehen kann. Angesichts der Weite des Begriffs, der grundsätzlich alle vergangenen Geschehnisse erfassen kann, an denen ein öffentliches Interesse besteht, muss der Begriff der Unerlässlichkeit zum Schutz der Betroffenen eng ausgelegt werden. Wie überall, wenn das allgemeine Persönlichkeitsrecht betroffen ist, muss eine Abwägung zwischen dem Interesse am Persönlichkeitsschutz und dem öffentlichen bzw. hier auch wissenschaftlichen Interesse an der Veröffentlichung der personenbezogenen Daten erfolgen. Aus dem Begriff „unerlässlich" folgt, dass ohne die Veröffentlichung personenbezogener Daten die Darstellung der Forschungsergebnisse ohne Nutzen oder unverständlich sein muss (Paal/Pauly/Pauly BDSG § 27 Rn. 24; Plath/Grages BDSG Rn. 24).

§ 28 Datenverarbeitung zu im öffentlichen Interesse liegenden Archivzwecken

(1) ¹**Abweichend von Artikel 9 Absatz 1 der Verordnung (EU) 2016/679 ist die Verarbeitung besonderer Kategorien personenbezogener Daten im Sinne des Artikels 9 Absatz 1 der Verordnung (EU) 2016/679 zulässig, wenn sie für im öffentlichen Interesse liegende Archivzwecke erforderlich ist.** ²**Der Verantwortliche sieht angemessene und spezifische Maßnahmen zur Wahrung der Interessen der betroffenen Person gemäß § 22 Absatz 2 Satz 2 vor.**

(2) **Das Recht auf Auskunft der betroffenen Person gemäß Artikel 15 der Verordnung (EU) 2016/679 besteht nicht, wenn das Archivgut nicht durch den Namen der Person erschlossen ist oder keine Angaben gemacht werden, die das Auffinden des betreffenden Archivguts mit vertretbarem Verwaltungsaufwand ermöglichen.**

(3) ¹**Das Recht auf Berichtigung der betroffenen Person gemäß Artikel 16 der Verordnung (EU) 2016/679 besteht nicht, wenn die personenbezogenen Daten zu Archivzwecken im öffentlichen Interesse verarbeitet werden.** ²**Bestreitet die betroffene Person die Richtigkeit der personenbezogenen Daten, ist ihr die Möglichkeit einer Gegendarstellung einzuräumen.** ³**Das zuständige Archiv ist verpflichtet, die Gegendarstellung den Unterlagen hinzuzufügen.**

(4) **Die in Artikel 18 Absatz 1 Buchstabe a, b und d, den Artikeln 20 und 21 der Verordnung (EU) 2016/679 vorgesehenen Rechte bestehen nicht, soweit diese Rechte voraussichtlich die Verwirklichung der im öffentlichen Interesse liegenden Archivzwecke unmöglich machen oder ernsthaft beeinträchtigen und die Ausnahmen für die Erfüllung dieser Zwecke erforderlich sind.**

Überblick

§ 28 Abs. 1 stellt einen Ausnahmetatbestand zum grundsätzlichen Verbot der Verarbeitung besonderer Kategorien personenbezogener Daten des Art. 9 Abs. 1 DS-GVO dar (BT-Drs. 18/

11325, 99). Durch die Vorschrift wird von der Ermächtigung in Art. 9 Abs. 2 lit. j DS-GVO Gebrauch gemacht und neben den unmittelbar aus der DS-GVO geltenden Ausnahmen ein zusätzlicher nationaler Ausnahmetatbestand zur Verarbeitung besonderer Kategorien personenbezogener Daten für im öffentlichen Interesse liegende Archivzwecke geschaffen (BT-Drs. 18/11325, 100) (→ Rn. 5). Hintergrund des Ausnahmetatbestandes ist, dass die archivarische Datenverarbeitung nicht nur im Interesse des Verantwortlichen liegt, sondern der Allgemeinheit dient (Schantz/ Wolff DatenschutzR/Schantz Rn. 1347). § 28 Abs. 2–4 schränken auf Grundlage der Öffnungsklausel in Art. 89 Abs. 3 DSGVO verschiedene Betroffenenrechte ein (→ Rn. 15).

Übersicht

	Rn.		Rn.
A. Allgemeines	1	III. Einschränkungen der Rechte der betroffenen Personen (Abs. 2–4)	15
B. Regelungsgehalt im Einzelnen	3		
I. Erlaubnistatbestand (Abs. 1)	3	IV. Einschränkung des Auskunftsrechts (Abs. 2)	16
1. Im öffentlichen Interesse liegende Archivzwecke	5	V. Einschränkung des Rechts auf Berichtigung (§ 28 Abs. 3)	17
2. Erforderlichkeit der Datenverarbeitung	10		
II. Schutz der Interessen der betroffenen Personen	11	VI. Einschränkungen der Rechte aus §§ 18, 20, 21 (Abs. 4)	18

A. Allgemeines

Bei § 28 Abs. 1 handelt es sich um einen **Erlaubnistatbestand** (Kühling/Buchner/Buchner/ 1 Tinnefeld Rn. 4; Johannes/Richter DuD 2017, 300 (304)), der entgegen des grundsätzlichen Verbots nach Art. 9 Abs. 1 DS-GVO die Verarbeitung besonderer Kategorien personenbezogener Daten zu im öffentlichen Interesse liegenden Archivzwecken erlaubt.

Weder das BDSG aF noch die Datenschutzrichtlinie enthielten eine Vorschrift, die ausdrücklich 2 eine Datenverarbeitung zu Archivzwecken regelte. Insofern galten bei Datenverarbeitungen zu Archivzwecken die allgemeinen Anforderungen. Erst mit der DS-GVO und hier speziell der Öffnungsklausel in Art. 9 Abs. 2 lit. j DS-GVO erfahren Verarbeitungen (besonderer Kategorien) personenbezogener Daten zu im öffentlichen Interesse liegenden Archivzwecken eine Privilegierung.

In der Evaluierung zum BDSG hält das Bundesministerium des Innern, für Bau und Heimat 2a eine Änderung von § 28 nicht für notwendig (→ § 27 Rn. 3a).

B. Regelungsgehalt im Einzelnen

I. Erlaubnistatbestand (Abs. 1)

§ 28 Abs. 1 ähnelt § 27 Abs. 1, allerdings wird keine Interessenabwägung vor der Verarbeitung 3 vorgeschrieben. Abs. 1 umfasst lediglich Daten iSd Art. 9 Abs. 1 DS-GVO (BT-Drs. 18/11325, 100), also besondere Kategorien von Daten, deren Verarbeitung grundsätzlich untersagt ist.

Die Verarbeitung besonderer Kategorien personenbezogener Daten gem. § 28 Abs. 1 S. 1 ist 4 gestattet, wenn sie zu im öffentlichen Interesse liegenden Archivzwecken erforderlich ist. § 28 gilt sowohl für **öffentliche als auch für nicht-öffentliche Stellen** und bezieht sich auf öffentliches und privates Archivgut gleichermaßen (BT-Drs. 18/11325, 100).

1. Im öffentlichen Interesse liegende Archivzwecke

Eine Legaldefinition von **Archivzwecken** enthalten weder die DS-GVO noch das BDSG. 5 Erwägungsgrund 158 DS-GVO nennt als Adressaten „Behörden oder öffentliche oder private Stellen, die Aufzeichnungen von öffentlichem Interesse führen", und spricht von „Aufzeichnungen von bleibendem Wert", die gemäß dem Unionsrecht oder dem Recht der Mitgliedstaaten für das allgemeine öffentliche Interesse erworben, erhalten, bewertet, aufbereitet, beschrieben, mitgeteilt, gefördert, verbreitet sowie zugänglich gemacht werden sollen. Archivzwecke weisen damit eine Schnittmenge mit historischen Forschungszwecken auf, da sie dazu dienen, politische und rechtliche Ergebnisse zu bewahren (Kühling/Buchner/Buchner/Tinnefeld DS-GVO Art. 89 Rn. 10). Telefonverzeichnisse gehören nicht zu den Archiven (LG Hagen DStrE 2019, 465). In der Literatur werden Archive als besondere Stellen zur Aufbewahrung auf unbestimmte Zeit umschrieben

(Johannes/Richter DuD 2017, 300). Dabei ist zu beachten, dass es sich um Archive handeln muss, die im **öffentlichen Interesse** liegen. Hierbei kann es sich um Archive von Bibliotheken, Forschungseinrichtungen, Behörden, Unternehmen der Privatwirtschaft oder auch politischen Stiftungen handeln, die nicht unter die Archivgesetze fallen. Es ist nicht erforderlich, dass der Träger des Archivs mit dessen Führung hoheitlich betraut wurde (Kühling/Buchner/Buchner/Tinnefeld Rn. 2; Kühling/Buchner/Buchner/Tinnefeld DS-GVO Art. 89 Rn. 9; aA Auernhammer/Greve Rn. 6). Vielmehr können Archive im öffentlichen Interesse auch von privaten Einrichtungen geführt werden, so zB die in Erwägungsgrund 158 explizit erwähnten Archive, die sich mit dem politischen Verhalten unter ehemaligen totalitären Regimen, Völkermord, Verbrechen gegen die Menschlichkeit, insbesondere dem Holocaust, sowie Kriegsverbrechen beschäftigen.

6   Inwiefern **private Unternehmensarchive** von § 28 Abs. 1 erfasst werden, ist für den konkreten Fall zu entscheiden. Hier spielen neben Inhalt und Zweck des Archivs auch dessen Zugänglichkeit und Nutzerkreis eine Rolle.

7   Dient die Datenverarbeitung sowohl im öffentlichen Interesse liegenden Archivzwecken als auch weiteren privaten Zwecken, so greift die Erlaubnisnorm § 28 Abs. 1 grundsätzlich nur in Bezug auf die Verarbeitung zu im öffentlichen Interesse liegenden Archivzwecken. In Bezug auf die weiteren verfolgten Zwecke soll die Regelung nicht eingreifen, sodass es nicht zu einer „Flucht in die Privilegierung" kommt (Paal/Pauly/Pauly DS-GVO Art. 89 Rn. 18). Es kann daher zu **Abgrenzungsschwierigkeiten** bei partiell kommerziellen Datenverarbeitungen kommen. Freilich wird es bei gemischten Datenverarbeitungsvorgängen nicht immer möglich sein, jede Verarbeitung nur dem Archivzweck oder nur dem kommerziellen Zweck zuzuordnen. Da die Erlaubnistatbestände in §§ 27 f. die Forschung und Wissensarchivierung fördern wollen, spricht dies dafür, jedenfalls Datenverarbeitungen zu erfassen, die (auch) Archivzwecken im öffentlichen Interesse dienen. Von der Archivierung wird die Aufbewahrung von Unterlagen in Erfüllung gesetzlicher Aufbewahrungspflichten abgegrenzt (Roßnagel DS-GVO-HdB/Johannes DS-GVO § 4 Rn. 134).

8   Nicht von der DS-GVO geschützt werden die Daten **verstorbener Personen,** sodass historische Archive, die nur Daten Verstorbener enthalten, anders als zeitgeschichtliche Archive ggf. nicht von den Regelungen erfasst werden (Erwägungsgrund 158 DS-GVO; Kühling/Buchner/Buchner/Tinnefeld Rn. 3; Gola/Heckmann/Krohm Rn. 3; vgl. zu Art. 89 DS-GVO Plath/Grages DS-GVO Art. 89 Rn. 10).

9   Auch **Online-Archive,** also online abrufbare Archive von Medienunternehmen, in denen Inhalte zu journalistisch-redaktionellen Zwecken archiviert werden und die zeitlich unbefristet außerhalb des aktuellen Tagesangebots des Medienunternehmens über Internetangebote zum Abruf angeboten werden, können im öffentlichen Interesse liegende Archive sein (Mann K&R 2013, 553 (555); AfP 2014, 210 (211)). Die in Online-Archiven vorgehaltenen Beiträge sind relevant für die Medien- und Berufsfreiheit der sie veröffentlichenden Medienunternehmen sowie für das Recht auf informationelle Selbstbestimmung der darin erwähnten Personen und die Informationsfreiheit der Personen, die die Online-Archive abrufen (hierzu und zu Online-Archiven im Lichte der DS-GVO Paal/Hennemann K&R 2017, 18 ff.). Sie können insbesondere Journalisten, Historikern und Schriftstellern als Wissensquelle dienen und damit unter § 28 Abs. 1 fallen, sofern sie in diesem Sinne (zumindest partiell) öffentlichen Interessen dienen.

2. Erforderlichkeit der Datenverarbeitung

10   Weiterhin ist die Datenverarbeitung gem. § 28 Abs. 1 nur gestattet, wenn sie für die im öffentlichen Interesse liegenden Archivzwecke (→ Rn. 5) **erforderlich** ist. Im Gegensatz zu § 27 Abs. 1 (→ Rn. 3) setzt § 28 Abs. 1 keine Interessenabwägung voraus, vielmehr ist die Erforderlichkeit die einzige Voraussetzung einer zulässigen Datenverarbeitung (Kühling/Buchner/Buchner/Tinnefeld Rn. 6). Die Datenverarbeitung ist erforderlich, wenn es kein gleich geeignetes, weniger belastendes Mittel zur Erreichung des jeweiligen Zwecks gibt (Zweck-Mittel-Relation). Es ist daher insbesondere zu klären, ob nicht die Verwendung anonymer oder pseudonymer Daten den Archivzweck ebenfalls erreicht. Bei historischen Archiven, die Informationen zu Personen enthalten, dürfte dies in der Regel nicht möglich sein.

II. Schutz der Interessen der betroffenen Personen

11   § 28 Abs. 1 S. 2 verweist zur Wahrung der Interessen der betroffenen Personen auf § 22 Abs. 2 S. 2. Damit schreibt er dem Verantwortlichen vor, angemessene und spezifische **Maßnahmen** zur Wahrung der Interessen der betroffenen Personen vorzunehmen. Der Verweis in § 28 Abs. 1 S. 2 auf § 22 Abs. 2 S. 2 hat nicht zur Folge, dass eine der im Beispielkatalog aufgeführten Maßnahmen bei der Verarbeitung besonderer Kategorien personenbezogener Daten zwingend vorzunehmen

ist. Andere angemessene und spezifische Schutzmaßnahmen können ebenso ausreichen (BT-Drs. 18/11325, 100).

Angemessen ist eine Maßnahme, wenn sie geeignet ist, die Interessen der betroffenen Person 12 zu wahren. Aus einem Vergleich unterschiedlicher Sprachfassungen der DS-GVO geht hervor, dass „angemessen" und „geeignet" synonym verwendet werden (HK-DS-GVO/Kampert DS-GVO Art. 9 Rn. 39).

Spezifisch ist eine Maßnahme, wenn sie nicht lediglich allgemein auf den Datenschutz abstellt, 13 sondern konkret auf die Verarbeitung besonderer Datenkategorien zugeschnittene Vorgaben macht (HK-DS-GVO/Kampert DS-GVO Art. 9 Rn. 39).

Für Archive werden insbesondere Secure-Access-Lösungen diskutiert, über die Nutzer der 14 Archive einen gesicherten Zugang zu den darin archivierten Daten erhalten (Watteler/Kinder-Kurlanda DuD 2015, 515 (518f.)). Daneben kommen Verschlüsselungstechnologien, Weitergabeverbote und Verschwiegenheitsverpflichtungen in Betracht (Schantz/Wolff DatenschutzR/Schantz Rn. 1353). Ein weiterer Schutz liegt in den durch die Archivgesetze des Bundes und der Länder normierten Schutzfristen, vor deren Ablauf eine Nutzung des Archivguts durch Dritte nicht erlaubt ist. So sieht zum Beispiel § 11 Abs. 2 BArchG nach Ablaufen der 30-jährigen Schutzfrist ab Entstehung der Unterlagen eine zusätzliche zehnjährige Schutzfrist nach dem Tod der betroffenen Person vor.

III. Einschränkungen der Rechte der betroffenen Personen (Abs. 2–4)

In den Abs. 2–4 regelt § 28 Einschränkungen der Rechte aus Art. 15 DS-GVO (Auskunfts- 15 recht), Art. 16 DS-GVO (Recht auf Berichtigung), Art. 18 Abs. 1 lit. a, b und d DS-GVO (Recht auf Einschränkung der Verarbeitung), Art. 20 DS-GVO (Recht auf Datenübertragbarkeit) und Art. 21 DS-GVO (Widerspruchsrecht). Sie gelten für die Verarbeitung sämtlicher personenbezogener Daten, einschließlich besonderer Kategorien personenbezogener Daten (BT-Drs. 18/11325, 100).

IV. Einschränkung des Auskunftsrechts (Abs. 2)

Das Recht auf Auskunft der betroffenen Person gem. Art. 15 DS-GVO wird ausgeschlossen, 16 wenn das Archivgut nicht durch den Namen der Person erschlossen ist (zB mangels entsprechender Verschlagwortung) oder keine Angaben gemacht werden, die das Auffinden des betreffenden Archivguts mit vertretbarem Verwaltungsaufwand ermöglichen. Die Regelung entspricht § 14 BArchG. Sie bezieht sich auf sämtliche durch Art. 15 DS-GVO gewährten Auskunftsrechte (BT-Drs. 18/11325, 100). Eine entsprechende Regelung findet sich in den bereichsspezifischen Archivgesetzen. Die Regelung berücksichtigt den Aufwand, den eine personenbezogene Durchsuchung von Archiven bedeuten kann. Die Vertretbarkeit des Verwaltungsaufwands hängt auch von der Leistungsfähigkeit der Archivverwaltung ab. Sind die Recherchen mit den vorhandenen personellen und sachlichen Mitteln ohne Beeinträchtigung des Archivbetriebs möglich, dürfte der Aufwand noch vertretbar sein (Plath/Grages Rn. 9).

V. Einschränkung des Rechts auf Berichtigung (§ 28 Abs. 3)

Das Recht auf Berichtigung der betroffenen Person gem. Art. 16 DS-GVO wird ausgeschlossen, 17 wenn die personenbezogenen Daten zu Archivzwecken im öffentlichen Interesse verarbeitet werden. Bestreitet die betroffene Person die Richtigkeit der personenbezogenen Daten, ist ihr die Möglichkeit einer **Gegendarstellung** einzuräumen. Da eine Berichtigung archivierter Unterlagen dem Zweck der Archivierung (Konservierung und Zugänglichmachung des darin enthaltenen Wissens) zuwiderlaufen würde, ist es sachgerecht, in diesem Zusammenhang lediglich ein Recht auf Gegendarstellung vorzusehen. Das zuständige Archiv ist verpflichtet, die Gegendarstellung den Unterlagen hinzuzufügen (BT-Drs. 18/11325, 100). Die Regelung stellt sicher, dass das Archivgut auf Dauer und im Einklang mit dem Zweck des Archivs unverändert aufgehoben werden kann, und schützt damit die historische Integrität des Archivguts (Schantz/Wolff DatenschutzR/Schantz Rn. 1360). Zugleich trägt sie den berechtigten Interessen der betroffenen Personen Rechnung.

VI. Einschränkung der Rechte aus §§ 18, 20, 21 (Abs. 4)

Weiter schließt § 28 Abs. 4 die in den Art. 18 Abs. 1 lit. a, b und d, Art. 20 und 21 DS- 18 GVO vorgesehenen Rechte aus, soweit diese Rechte voraussichtlich die Verwirklichung der im öffentlichen Interesse liegenden Archivzwecke unmöglich machen oder ernsthaft beeinträchtigen würden und die Ausnahmen für die Erfüllung dieser Zwecke erforderlich sind. Eine ernsthafte Beeinträchtigung dürfte dann vorliegen, wenn die Integrität oder die Verwaltung des Archivs massiv durch die Ausübung der Betroffenenrechte beeinträchtigt würden (Plath/Grages Rn. 11).

19 Die folgenden Rechte können eingeschränkt werden:
- Das Recht, von dem Verantwortlichen die Einschränkung der Verarbeitung zu verlangen, wenn die Richtigkeit der personenbezogenen Daten von der betroffenen Person bestritten wird, und zwar für eine Dauer, die es dem Verantwortlichen ermöglicht, die Richtigkeit der personenbezogenen Daten zu überprüfen (Art. 18 Abs. 1 lit. a DS-GVO).
- Das Recht, von dem Verantwortlichen eine Einschränkung der Verarbeitung zu verlangen, wenn die Verarbeitung unrechtmäßig ist und die betroffene Person die Löschung der personenbezogenen Daten ablehnt und stattdessen die Einschränkung der Nutzung der personenbezogenen Daten verlangt (Art. 18 Abs. 1 lit. b DS-GVO).
- Das Recht, von dem Verantwortlichen die Einschränkung der Verarbeitung zu verlangen, wenn die betroffene Person Widerspruch gegen die Verarbeitung gem. Art. 21 Abs. 1 eingelegt hat, solange noch nicht feststeht, ob die berechtigten Gründe des Verantwortlichen für die Datenverarbeitung gegenüber den Interessen der betroffenen Person überwiegen (Art. 18 Abs. 1 lit. d DS-GVO).
- Das Recht auf Datenübertragbarkeit, wonach die betroffene Person das Recht hat, die Daten, die sie einem Verantwortlichen bereitgestellt hat, in einem strukturierten, gängigen und maschinenlesbaren Format zu erhalten und diese Daten einem anderen Verantwortlichen ohne Behinderung zu übermitteln (Art. 20 DS-GVO).
- Das Recht, aus Gründen, die sich aus der besonderen Situation der betroffenen Person ergeben, Widerspruch gegen die Verarbeitung der sie betreffenden personenbezogenen Daten zu erheben (Art. 21 DS-GVO).

20 Insbesondere das Recht auf Einschränkung der Verarbeitung (Art. 18 DS-GVO) und das Widerspruchsrecht (Art. 21 DS-GVO) dürften regelmäßig eingeschränkt sein, da sie mit der eigentlichen Aufgabe von Archiven – Aufbewahrung historischer Informationen – im Widerspruch steht (Schantz/Wolff DatenschutzR/Schantz Rn. 1361). Auch die Einschränkung des Rechts auf Datenübertragbarkeit leuchtet unmittelbar ein. Dieses Recht hat einen wettbewerblichen Hintergrund, da es Einzelpersonen Anbieterwechsel ermöglichen soll. Dieser Zweck dürfte in Bezug auf im öffentlichen Interesse liegende Archive keine Rolle spielen.

21 Ausnahmen von dem Recht auf Löschung finden sich demgegenüber ausschließlich in Art. 17 Abs. 3 lit. d DS-GVO, sofern andernfalls die Verwirklichung der mit der Datenverarbeitung verfolgten Archivzwecke unmöglich gemacht oder ernsthaft beeinträchtigt würde.

§ 29 Rechte der betroffenen Person und aufsichtsbehördliche Befugnisse im Fall von Geheimhaltungspflichten

(1) [1]Die Pflicht zur Information der betroffenen Person gemäß Artikel 14 Absatz 1 bis 4 der Verordnung (EU) 2016/679 besteht ergänzend zu den in Artikel 14 Absatz 5 der Verordnung (EU) 2016/679 genannten Ausnahmen nicht, soweit durch ihre Erfüllung Informationen offenbart würden, die ihrem Wesen nach, insbesondere wegen der überwiegenden berechtigten Interessen eines Dritten, geheim gehalten werden müssen. [2]Das Recht auf Auskunft der betroffenen Person gemäß Artikel 15 der Verordnung (EU) 2016/679 besteht nicht, soweit durch die Auskunft Informationen offenbart würden, die nach einer Rechtsvorschrift oder ihrem Wesen nach, insbesondere wegen der überwiegenden berechtigten Interessen eines Dritten, geheim gehalten werden müssen. [3]Die Pflicht zur Benachrichtigung gemäß Artikel 34 der Verordnung (EU) 2016/679 besteht ergänzend zu der in Artikel 34 Absatz 3 der Verordnung (EU) 2016/679 genannten Ausnahme nicht, soweit durch die Benachrichtigung Informationen offenbart würden, die nach einer Rechtsvorschrift oder ihrem Wesen nach, insbesondere wegen der überwiegenden berechtigten Interessen eines Dritten, geheim gehalten werden müssen. [4]Abweichend von der Ausnahme nach Satz 3 ist die betroffene Person nach Artikel 34 der Verordnung (EU) 2016/679 zu benachrichtigen, wenn die Interessen der betroffenen Person, insbesondere unter Berücksichtigung drohender Schäden, gegenüber dem Geheimhaltungsinteresse überwiegen.

(2) Werden Daten Dritter im Zuge der Aufnahme oder im Rahmen eines Mandatsverhältnisses an einen Berufsgeheimnisträger übermittelt, so besteht die Pflicht der übermittelnden Stelle zur Information der betroffenen Person gemäß Artikel 13 Absatz 3

der Verordnung (EU) 2016/679 nicht, sofern nicht das Interesse der betroffenen Person an der Informationserteilung überwiegt.

(3) ¹Gegenüber den in § 203 Absatz 1, 2a und 3 des Strafgesetzbuchs genannten Personen oder deren Auftragsverarbeitern bestehen die Untersuchungsbefugnisse der Aufsichtsbehörden gemäß Artikel 58 Absatz 1 Buchstabe e und f der Verordnung (EU) 2016/679 nicht, soweit die Inanspruchnahme der Befugnisse zu einem Verstoß gegen die Geheimhaltungspflichten dieser Personen führen würde. ²Erlangt eine Aufsichtsbehörde im Rahmen einer Untersuchung Kenntnis von Daten, die einer Geheimhaltungspflicht im Sinne des Satzes 1 unterliegen, gilt die Geheimhaltungspflicht auch für die Aufsichtsbehörde.

Überblick

§ 29 dient dem Schutz von vertraulichen Informationen und beschränkt die Betroffenenrechte und aufsichtsbehördlichen Befugnisse im Fall von Geheimhaltungspflichten. Der Gesetzgeber hat in der Sache der berufsrechtlichen Verschwiegenheitspflicht von Berufsgeheimnisträgern weitgehend den Vorrang vor dem Datenschutzrecht eingeräumt. Verschwiegenheitspflichten können aus Parlamentsgesetzen, Rechtsverordnungen oder Satzungen einschließlich der von Berufskammern etablierten Berufsordnungen folgen. Praktisch bedeutsam sind etwa die Berufsgeheimnisse von Rechtsanwälten (§ 43a Abs. 2 BRAO), Steuerberatern (§ 57 Abs. 1 StBerG), Notaren (§ 18 BNotO), Wirtschaftsprüfern (§ 43 Abs. 1 S. 1 WPO) oder Ärzten (§ 9 MBO-Ä). Informationen sind auch ohne Geheimhaltungspflicht gegenüber den Betroffenen geheim zu halten, wenn überwiegende berechtigte Interessen eines Dritten dem Informationsanspruch des Betroffenen entgegenstehen (Abs. 1). Das Mandatsverhältnis und die Kommunikation zwischen Mandant und Berufsgeheimnisträger werden explizit und umfassend geschützt (Abs. 2). Dadurch wird das Vertrauen des Mandanten und der Öffentlichkeit in den Berufsstand gestärkt. Da berufsrechtliche Verschwiegenheitspflichten auch gegenüber der Aufsichtsbehörde gelten, werden die aufsichtsbehördlichen Befugnisse gegenüber Berufsgeheimnisträgern insoweit eingeschränkt (Abs. 3).

Übersicht

	Rn.		Rn.
A. Allgemeines	1	I. Hintergrund der Regelung	19
I. Öffnungsklauseln	1	II. Anwendungsbereich	23
II. Normzweck	2	III. Abwägungsklausel	27
III. Normsystematik	3	IV. Rechtsfolge	28
IV. Bisherige Rechtslage	6	V. Abgrenzung zu § 32 Abs. 1 Nr. 4 BDSG	30
B. Transparenz der Datenverarbeitung im Fall von Geheimhaltungspflichten (Abs. 1)	8	D. Beschränkte aufsichtsbehördliche Befugnisse (Abs. 3)	31
I. Informationspflichten des Verantwortlichen	8	I. Hintergrund der Regelung	31
II. Auskunftsrecht des Betroffenen	13	II. Persönlicher Schutzbereich	33
III. Benachrichtigungspflicht des Verantwortlichen	15	III. Sachlicher Schutzbereich	35
C. Betroffenenrechte im Rahmen eines Mandatsverhältnisses (Abs. 2)	19	IV. (Verbleibende) Befugnisse der Aufsichtsbehörde	37
		V. Pflicht der Aufsichtsbehörde zur Geheimhaltung	39

A. Allgemeines

I. Öffnungsklauseln

Die Regelungen in Abs. 1 und Abs. 2 beruhen auf der Öffnungsklausel des Art. 23 Abs. 1 lit. i DS-GVO, wonach Informations- und Benachrichtigungspflichten des Verantwortlichen bzw. das Auskunftsrecht betroffener Personen beschränkt werden können zum Schutz der betroffenen Person oder der Rechte und Freiheiten anderer Personen. Mit Abs. 3 hat der deutsche Gesetzgeber von der Öffnungsklausel des Art. 90 Abs. 1 DS-GVO Gebrauch gemacht, der es den Mitgliedstaaten freistellt, die Befugnisse der Aufsichtsbehörden gegenüber Geheimnisträgern zu regeln.

II. Normzweck

2 § 29 dient allgemein dem Schutz von vertraulichen Informationen, wobei sich die genaue Zielrichtung von Abs. 1–3 im Einzelnen unterscheidet. Der grundsätzlich umfassende datenschutzrechtliche Auskunfts- und Informationsanspruch des Betroffenen wird nach Abs. 1 hinsichtlich zwingend geheimhaltungsbedürftiger Informationen beschränkt, was insbesondere der Fall ist, wenn Informationen nach einer Rechtsvorschrift geheim zu halten sind oder überwiegende berechtigte Interessen eines Dritten dem Informationsanspruch des Betroffenen entgegenstehen. Abs. 2 zielt konkret auf den Schutz vertraulicher Informationen im Mandatsverhältnis ab und soll die ungehinderte Kommunikation zwischen Mandant und Berufsgeheimnisträger und die Vertraulichkeit des Mandatsverhältnisses als solches schützen (BT-Drs. 18/11325, 100 f.). Die weitreichenden Befugnisse der Aufsichtsbehörden werden nach Abs. 3 gegenüber Berufsgeheimnisträgern beschränkt. Mit der Regelung soll sichergestellt werden, dass vertrauliche Informationen dem Zugriffsrecht der Aufsichtsbehörden entzogen werden. Andernfalls käme es für den Berufsgeheimnisträger zu einer Pflichtenkollision, da seine berufsrechtliche Schweigepflicht auch gegenüber den Aufsichtsbehörden gilt (BT-Drs. 18/11325, 101).

III. Normsystematik

3 § 29 enthält Ausnahmetatbestände, welche die Vertraulichkeit der jeweiligen Information schützen und umgekehrt die Transparenz der Datenverarbeitung im konkreten Einzelfall zurücktreten lassen. Abs. 1 beschränkt dabei die Pflicht des Verantwortlichen zur Information (Art. 14 DS-GVO) und Benachrichtigung (Art. 34 DS-GVO) der betroffenen Person und das Recht der betroffenen Person auf Auskunft (Art. 15 DS-GVO), soweit dadurch geheime Informationen offengelegt würden.

4 Abs. 2 enthält eine Ausnahme zur Informationserteilung nach Art. 13 Abs. 3 DS-GVO für den spezifischen Fall der Übermittlung von Informationen im Rahmen eines Mandatsverhältnisses, die dem umfassenden Schutz der Kommunikation zwischen Mandant und Berufsgeheimnisträger dient.

5 Die Befugnisse der Aufsichtsbehörden gegenüber Geheimnisträgern werden in Abs. 3 beschränkt. Die Regelung befreit Geheimnisträger teilweise von der datenschutzrechtlichen Überwachung durch die Aufsichtsbehörden (S. 1). Dies führt in der Sache dazu, dass Berufsgeheimnisträger bei der Datenverarbeitung nur einer eingeschränkten externen Kontrolle unterliegen. Zudem wird die Geheimhaltungspflicht der Geheimnisträger auf die Aufsichtsbehörde erstreckt (S. 2), sollte diese im Rahmen einer Untersuchung Kenntnis von geheimen Informationen erlangen.

IV. Bisherige Rechtslage

6 Das Auskunftsrecht von Betroffenen bestand schon nach alter Rechtslage nicht unbeschränkt. Mit Abs. 1 hat der Gesetzgeber die bisherigen Regelungen im Wesentlichen fortgeführt (BT-Drs. 18/11325, 100). Für die Einschränkung der Informationspflicht des Verantwortlichen waren § 19a Abs. 3 BDSG aF iVm § 19 Abs. 4 Nr. 3 BDSG aF einschlägig und für den Auskunftsanspruch des Betroffenen § 19 Abs. 4 Nr. 3 BDSG aF sowie § 34 Abs. 7 BDSG aF. Die Einschränkung der Benachrichtigungspflicht im Falle von einer Datenschutzverletzung war in dieser Form im BDSG aF nicht enthalten (vgl. zur alten Rechtslage → DS-GVO Art. 34 Rn. 5 ff.).

7 Der Schutz des Mandatsverhältnisses wurde bislang vornehmlich durch § 1 Abs. 3 S. 2 BDSG aF gewährleistet (→ BDSG FreieBerufe Rn. 14; BeckOK/Gusy BDSG aF Rn. 83 ff.). Die Regelung zielte allgemein auf den Schutz von Berufsgeheimnissen ab, ohne sich explizit auf das Mandatsverhältnis zu beziehen, wie es in Abs. 2 nunmehr der Fall ist. Inhaltlich ergeben sich aber keine wesentlichen Neuerungen. Dies gilt auch für Abs. 3; schon nach bisheriger Rechtslage waren Berufsgeheimnisträger nicht verpflichtet, der Aufsichtsbehörde vertrauliche Informationen herauszugeben (→ BDSG FreieBerufe Rn. 26 ff.).

B. Transparenz der Datenverarbeitung im Fall von Geheimhaltungspflichten (Abs. 1)

I. Informationspflichten des Verantwortlichen

8 Abs. 1 S. 1 schränkt die Informationspflichten des Verantwortlichen nach Art. 14 Abs. 1 DS-GVO ein, dh für den Fall, dass personenbezogene Daten nicht direkt beim Betroffenen erhoben

wurden. Der Verantwortliche hat den Betroffenen hiernach grundsätzlich darüber zu informieren, dass er dessen personenbezogene Daten verarbeitet (Gola/Franck DS-GVO Art. 14 Rn. 1). Nach Abs. 1 S. 1 entfällt diese Informationspflicht, soweit durch ihre Erfüllung Informationen offenbart würden, die ihrem Wesen nach geheim gehalten werden müssen. Dem Wesen nach ist eine Information insbesondere dann geheim zu halten, wenn der Zweck der Geheimhaltung von der Rechtsordnung als schutzwürdig anerkannt ist und durch die Auskunft in gravierender Weise beeinträchtigt würde (Kühling/Buchner/Herbst Rn. 7). Abzustellen ist also auf die Funktion der Daten bzw. ihrer Speicherung (→ BDSG aF § 19 Rn. 93; VG Frankfurt 22.4.2009 – 7 K 805/08 juris-Rn. 35 = BeckRS 2009, 38913), wobei aus dem Wesen der Information zwingend die Geheimhaltung folgen „muss", sodass regelmäßig strenge Anforderungen an das Bestehen einer Geheimhaltungspflicht zu stellen sind.

In der Literatur werden verschiedene Fallgruppen diskutiert, wann Daten ihrem Wesen nach **9** geheim zu halten sind. Dabei lässt sich festhalten, dass es praktisch keine Daten gibt, die nach ihrem Wesen geheimhaltungsbedürftig wären (→ BDSG aF § 19 Rn. 94). So sind selbst Verfassungsschutzakten und Daten anderer Sicherheitsbehörden ihrem Wesen nach nicht zwingend geheim zu halten, wobei Geheimhaltungspflichten gleichwohl in verschiedenen bereichsspezifischen Regelungen statuiert werden und bei der Rechtsanwendung zu beachten sind (Simitis/Mallmann BDSG aF § 19 Rn. 99; aA wohl Gola/Heckmann/Lapp Rn. 11). Medizinische Daten gebieten ihrem Wesen nach ebenfalls nicht zwingend eine Geheimhaltung. Mit der datenschutzrechtlichen Auskunftspflicht sollte die ärztliche Aufklärungspflicht vielmehr bewusst erweitert werden, um das Selbstbestimmungsrecht der Patienten zu stärken (Simitis/Dix BDSG aF § 33 Rn. 76). Die Einsichtnahme in Patientenakten ist nunmehr in § 630g BGB geregelt. Sie kann verweigert werden, wenn erhebliche therapeutische Gründe oder sonstige erhebliche Rechte Dritter entgegenstehen (MüKo-BGB/Wagner, 8. Aufl. 2020, BGB § 630g Rn. 17 ff., Jauernig/Mansel, BGB, 18. Aufl. 2021, § 630g Rn. 7 ff.). Auch Prüfungsakten sind ihrem Wesen nach nicht so vertraulich, dass ihre Geheimhaltung zwingend wäre (Simitis/Mallmann BDSG aF § 19 Rn. 99).

Eine Geheimhaltungspflicht kann daher praktisch nur aus dem überwiegenden berechtigten **10** Interesse eines Dritten folgen. Ein rechtliches Interesse ist nicht erforderlich, sodass auch wirtschaftliche oder ideelle Interessen ein berechtigtes Interesse begründen können. In jedem Fall bedarf es einer Interessenabwägung im Einzelfall, im Rahmen derer das (berechtigte) Geheimhaltungsinteresse des Dritten dem datenschutzrechtlichen Auskunftsanspruch des Betroffenen gegenüberzustellen ist (vgl. LAG BW 17.3.2021 – 21 Sa 43/20 Rn. 60 (juris) unter Verweis auf LAG BW 20.12.2018 – 17 Sa 11/18 Rn. 207 (juris) = BeckRS 2018, 39584; aA Paal/Pauly/Gräber/Nolden Rn. 10 f.). Der Verantwortliche darf sich bei der Abwägung nicht auf bloße Vermutungen stützen, sondern muss im Zweifel den Dritten nach seinen Interessen befragen und die konkreten Tatsachen ermitteln, die das berechtigte Geheimhaltungsinteresse begründen (Kühling/Buchner/Herbst Rn. 9). In Betracht kommen vor allem Informationen, die verfassungsrechtlich geschützte Rechtspositionen des Dritten betreffen, wie die Privat- und Intimsphäre oder Betriebs- und Geschäftsgeheimnisse (vgl. BayVGH NJW 1978, 86; Ziekow BayVBl 1992, 132 (136); BVerwGE 50, 255 (264); BVerfGE 65, 1 (43 ff.)). Die Quelle, von der die personenbezogenen Daten stammen, kann vor allem dann geheim zu halten sein, wenn eine Behörde die Informationen von einem Informanten bezogen hat. Der Informant wird sich aber dann nicht auf die vertrauliche Behandlung seiner Identität berufen können, wenn er bewusst oder leichtfertig falsche Informationen gegeben hat (vgl. BVerwGE 89, 14 (21)). Grundsätzlich ist es aber auch zulässig, andere Umstände als die berechtigten Interessen eines Dritten zu berücksichtigen, soweit diese dazu führen, dass eine Information ihrem Wesen nach geheim zu halten ist (Taeger/Gabel/Louven Rn. 6).

Die Informationspflicht nach Art. 14 DS-GVO kann auch entfallen, wenn die Informationen **11** aufgrund einer Rechtsvorschrift geheim zu halten sind. Diese Ausnahme ist in Abs. 1 S. 1 zwar nicht ausdrücklich genannt (anders als in Abs. 1 S. 2 und 3). Sie folgt aber unmittelbar aus Art. 14 Abs. 5 lit. d DS-GVO (vgl. BT-Drs. 18/11325, 100; zu Art. 14 DS-GVO s. Gola/Franck DS-GVO Art. 14 Rn. 27, Plath/Kamlah DS-GVO Art. 14 Rn. 20). Zu solchen Rechtsvorschriften zählen nur solche, mit denen die Information objektiv, also auch vor dem Betroffenen selbst, geschützt werden soll. Dient die Geheimhaltungsvorschrift hingegen gerade dem Schutz des Betroffenen, hat der Informationsanspruch des Betroffenen Vorrang, da die Schutzrichtung sonst in ihr Gegenteil verkehrt würde (in → BDSG aF § 19 Rn. 91 werden bspw das Post- und Fernmeldegeheimnis des Art. 10 Abs. 1 GG, Steuergeheimnis nach § 30 AO und das Sozialgeheimnis nach § 34 SGB I iVm §§ 67–78 SGB X genannt; vgl. auch Simitis/Mallmann BDSG aF § 19 Rn. 92 ff.).

Auf der Rechtsfolgenseite entfällt die Informationspflicht nach Art. 14 DS-GVO nur „soweit" **12** hierdurch geheimhaltungsbedürftige Informationen offengelegt würden. Die Informationspflicht kann also insgesamt entfallen oder sich auf einen Teil der verarbeiteten Daten beschränken.

II. Auskunftsrecht des Betroffenen

13 Betroffene Personen haben nach Art. 15 Abs. 1 DS-GVO einen Auskunftsanspruch gegenüber Verantwortlichen, die personenbezogene Daten der betroffenen Person verarbeiten. Der Verantwortliche hat diese Informationen nur auf Verlangen des Betroffenen herauszugeben. Im Gegensatz zu Art. 13 f. DS-GVO trifft den Verantwortlichen also keine (aktive) Pflicht zur Informationserteilung (Plath/Kamlah DS-GVO Art. 15 Rn. 1).

14 Abs. 1 S. 2 schränkt das Auskunftsrecht des Betroffenen ein, soweit es sich um Informationen handelt, die aufgrund einer Rechtsvorschrift oder ihrem Wesen nach geheim zu halten sind. Die Voraussetzungen entsprechen inhaltlich Abs. 1 S. 1 (→ Rn. 8 ff.). Nicht geregelt ist dabei, inwiefern dem Betroffenen die Gründe für die Ablehnung des Auskunftsbegehrens mitzuteilen sind (vgl. Paal/Pauly/Gräber/Nolden Rn. 14 mwN).

III. Benachrichtigungspflicht des Verantwortlichen

15 Der Verantwortliche muss die betroffene Person nach Art. 34 Abs. 1 DS-GVO benachrichtigen, wenn es zu einer Vernichtung, zum Verlust, zur unbefugten Offenlegung personenbezogener Daten oder einem sonstigen Datenschutzvorfall gekommen ist (vgl. Art. 4 Nr. 12 DS-GVO). Diese Benachrichtigungspflicht des Verantwortlichen soll sicherstellen, dass die betroffene Person zur Vermeidung immaterieller, materieller und sonstiger Nachteile rechtzeitig und adäquat auf den Datenschutzvorfall reagieren kann (Erwägungsgrund 86 DS-GVO; Ehmann/Selmayr/Hladjk DS-GVO Art. 34 Rn. 2).

16 Abs. 1 S. 3 schränkt die Benachrichtigungspflicht des Verantwortlichen ein, soweit es sich um Informationen handelt, die aufgrund einer Rechtsvorschrift oder ihrem Wesen nach geheim zu halten sind. Die Voraussetzungen entsprechen inhaltlich Abs. 1 S. 1 (→ Rn. 8 ff.).

17 Die Einschränkung der Benachrichtigungspflicht unterliegt den weiteren Voraussetzungen von Abs. 1 S. 4, wonach die Interessen der betroffenen Person an der Benachrichtigung vom Datenschutzvorfall und das Geheimhaltungsinteresse abzuwägen sind. Die betroffene Person ist zwingend („ist") und vollständig („wenn" statt „soweit") über den Datenschutzvorfall zu informieren, wenn sie ein überwiegendes Interesse an der Informationserteilung hat. Dabei sind insbesondere die „drohenden" Schäden der betroffenen Person zu berücksichtigen. Zu einem Schadenseintritt muss es also noch nicht gekommen sein. Die (möglichen) Schäden werden in Erwägungsgrund 85 DS-GVO näher konkretisiert. Dort heißt es: „Eine Verletzung des Schutzes personenbezogener Daten kann – wenn nicht rechtzeitig und angemessen reagiert wird – einen physischen, materiellen oder immateriellen Schaden für natürliche Personen nach sich ziehen, wie etwa Verlust der Kontrolle über ihre personenbezogenen Daten oder Einschränkung ihrer Rechte, Diskriminierung, Identitätsdiebstahl oder -betrug, finanzielle Verluste, unbefugte Aufhebung der Pseudonymisierung, Rufschädigung, Verlust der Vertraulichkeit von dem Berufsgeheimnis unterliegenden Daten oder andere erhebliche wirtschaftliche oder gesellschaftliche Nachteile für die betroffene natürliche Person."

18 Bei der Abwägung ist zu berücksichtigen, dass nach § 1 Abs. 2 S. 3 BDSG die Verschwiegenheitspflicht der Berufsgeheimnisträger gegenüber dem Datenschutzrecht vorrangig ist (die Regelung ist identisch zu § 1 Abs. 3 S. 2 BDSG aF, vgl. hierzu → BDSG FreieBerufe Rn. 14 und jüngst Schumacher FS Taeger, 2021, 453, 457 f.). An das Ausmaß des (drohenden) Schadens sind daher strenge Maßstäbe anzulegen.

C. Betroffenenrechte im Rahmen eines Mandatsverhältnisses (Abs. 2)

I. Hintergrund der Regelung

19 Bei Aufnahme oder innerhalb eines Mandatsverhältnisses erlangt der Berufsgeheimnisträger regelmäßig personenbezogene Daten Dritter, bspw. Daten von Vertragspartnern, Zeugen, Mitangeklagten oder Familienangehörigen. Erstellt der Steuerberater für den Mandaten etwa eine Einkommensteuererklärung und will der Mandant Unterhaltsaufwendungen als Sonderausgaben geltend machen, fordert die Finanzverwaltung nach Anlage U der Einkommensteuererklärung verschiedene personenbezogene Daten des Unterhaltsempfängers, die vom Steuerberater abgefragt werden müssen (Stellungnahme der Bundessteuerberaterkammer zum Gesetzentwurf eines Gesetzes zur Anpassung des Datenschutzrechts an die Verordnung (EU) 2016/679 (EU-DS-GVO) und zur Umsetzung der Richtlinie (EU) 2016/680 (DS-RL), 24.3.2017, 3 f.). Die Übermittlung von Daten an einen Rechtsanwalt zur Rechtsverfolgung ist vorrangig in § 32 Abs. 1 Nr. 4 BDSG geregelt (zur Abgrenzung → Rn. 30).

Nach Art. 13 Abs. 3 DS-GVO wäre der Mandant (und nicht der Berufsgeheimnisträger) ua 20
dazu verpflichtet, dem Dritten mitzuteilen, dass er beabsichtigt, die Daten künftig für andere
Zwecke zu nutzen. Eine solche Informationspflicht gegenüber dem Anspruchsgegner wäre schlicht
absurd (vgl. Zikesch/Kramer ZD 2015, 565 (566) bezogen auf die Informationspflicht des Berufsgeheimnisträgers). Zudem würde die berufsrechtliche Verschwiegenheitspflicht ausgehöhlt und
das Vertrauen der Bürger in das Mandatsverhältnis beschädigt, wenn der Geheimnisträger aufgrund
der berufsrechtlichen Verschwiegenheit von der Informationspflicht befreit wäre, aber der Mandant, der nicht Adressat dieser Verschwiegenheitspflicht ist, Anspruchsgegner und sonstige Dritte
über das Mandatsverhältnis informieren müsste.

Diesen Widerspruch hat der deutsche Gesetzgeber zutreffend erkannt, wenn er konstatiert, dass 21
es dem „besonderen Schutz des Mandatsverhältnisses (widerspräche), wenn der Mandant in jedem
Fall sämtliche durch die Datenübermittlung an den Berufsgeheimnisträger betroffenen Personen
über die Zwecke der Datenübermittlung, die Identität der beauftragten Berufsgeheimnisträger etc
informieren müsste" (BT-Drs. 18/11325, 101). Daher hat der Gesetzgeber in Abs. 2 geregelt, dass
die Pflicht der übermittelnden Stelle (= Mandant) zur Information der betroffenen Person (=
Dritter) gem. Art. 13 Abs. 3 DS-GVO grundsätzlich nicht besteht. Etwas anderes soll nur dann
gelten, wenn das Interesse des Dritten an der Informationserteilung überwiegt (Abs. 2 letzter Hs.).
Mit dieser Abwägungsklausel wollte der Gesetzgeber den Rechten der Betroffenen angemessen
Rechnung tragen (BT-Drs. 18/11325, 101).

Streng genommen passt die Norm systematisch nicht in den Anwendungsbereich von § 29, 22
der nach der amtlichen Überschrift die Rechte der betroffenen Person und aufsichtsbehördliche
Befugnisse „im Fall von Geheimhaltungspflichten" regelt. Denn in der Sache regelt die Norm
weniger den Umgang mit Informationen im Falle von Geheimhaltungspflichten, da es hier um
die Informationspflichten des Mandanten geht (der keiner Geheimhaltungspflicht unterliegt) und
nicht um die des Berufsgeheimnisträgers. Da der umfassende Schutz des Mandatsverhältnisses aber
eng mit den berufsrechtlichen Verschwiegenheitspflichten verknüpft ist, erscheint es gesetzessystematisch noch vertretbar, dass die Regelung in § 29 angesiedelt worden ist.

II. Anwendungsbereich

In persönlicher Hinsicht befreit Abs. 2 die übermittelnde Stelle von der Informationspflicht 23
nach Art. 13 Abs. 3 DS-GVO. Schon nach dem klaren Wortlaut der Norm kann damit nicht der
Berufsgeheimnisträger (dh Anwalt, Wirtschaftsprüfer, Steuerberater etc) selbst gemeint sein, da
der Berufsgeheimnisträger gesondert in der Norm genannt wird. Vielmehr muss es sich bei der
übermittelnden Stelle um den Mandanten handeln. Hierfür sprechen neben der Gesetzesbegründung (vgl. BT-Drs. 18/11325, 101: „Es widerspräche dem besonderen Schutz des Mandatsverhältnisses, wenn der **Mandant** in jedem Fall sämtliche durch die Datenübermittlung an den Berufsgeheimnisträger betroffenen Personen über die Zwecke der Datenübermittlung (…) informieren
müsste." (Hervorhebung nur hier) auch systematische Erwägungen. Art. 13 DS-GVO regelt die
Informationspflichten, wenn personenbezogene Daten unmittelbar bei der betroffenen Person
erhoben werden. Dem Berufsgeheimnisträger werden aber regelmäßig alle Daten durch den Mandanten (oder auf dessen Geheiß) zur Verfügung gestellt, einschließlich der personenbezogenen
Daten Dritter. Eine direkte Datenerhebung durch den Geheimnisträger beim Dritten findet dagegen regelmäßig nicht statt. Ein anderes Verständnis vom Begriff der übermittelnden Stelle erscheint
daher nicht vertretbar (so aber offenbar Stellungnahme der Bundessteuerberaterkammer zum
Gesetzentwurf eines Gesetzes zur Anpassung des Datenschutzrechts an die Verordnung (EU) 2016/
679 (EU-DS-GVO) und zur Umsetzung der Richtlinie (EU) 2016/680 (DS-RL), 24.3.2017, 3f.,
wonach der Berufsgeheimnisträger als übermittelnde Stelle angesehen wird). Mandant meint dabei
nicht nur den Auftraggeber eines Rechtsanwalts, sondern jede Person, die Informationen an
einen Berufsgeheimnisträger (→ Rn. 25) im Rahmen eines Mandatsverhältnisses (→ Rn. 26)
übermittelt.

In sachlicher Hinsicht zielt Abs. 2 auf die Übermittlung von Daten Dritter ab. Im Rahmen eines 24
Mandatsverhältnisses kann es sich bspw. um Daten von Vertragspartnern, Zeugen, Mitangeklagten,
Familienangehörigen etc handeln.

Die Daten Dritter müssen an Berufsgeheimnisträger übermittelt werden. Der Gesetzgeber hatte 25
dabei vor allem Rechtsanwälte und Wirtschafsprüfer im Blick (BT-Drs. 18/11325, 101). In diesen
Berufen ist klassisch von „Mandatsverhältnis" die Rede; es dürfte sich auch um die praktisch
wichtigsten Anwendungsfälle der Regelung handeln. Gleichwohl ist der Anwendungsbereich nach
dem Gesetzeswortlaut nicht auf diese beiden Berufsgruppen beschränkt, da die Regelung allgemein
auf die Übermittlung von Daten an einen „Berufsgeheimnisträger" abstellt. Erfasst sind somit

jedenfalls sämtliche Geheimnisträger nach § 203 Abs. 1und 4 StGB (→ Rn. 33). Es wäre auch nach Sinn und Zweck der Regelung nicht nachvollziehbar, wenn die Kommunikation mit anderen Geheimnisträgern insoweit weniger geschützt würde als die mit Rechtsanwälten und Wirtschaftsprüfern.

26 Ein Mandat ist nach klassischem Verständnis ein Auftrag, jemanden in einer Angelegenheit juristisch zu beraten und/oder zu vertreten. Der Begriff des Mandatsverhältnisses nach Abs. 2 dürfte jedoch über den allgemeinen Sprachgebrauch hinaus jedes Verhältnis einer Person zu einem Geheimnisträger umfassen, unabhängig davon, ob es um die Beratung oder Vertretung in einer juristischen Angelegenheit geht oder nicht. Nur so kann dem Umstand Rechnung getragen werden, dass Abs. 2 allgemein auf die Datenübermittlung an einen Berufsgeheimnisträger abzielt, wonach also etwa auch die Übermittlung von Daten an einen Berufspsychologen oder eine Beratungsstelle nach den §§ 3 und 8 des Schwangerschaftskonfliktgesetzes von der Regelung erfasst ist (→ Rn. 25). Geschützt sind dabei nicht nur Informationen, die im (bestehenden) Mandatsverhältnis übermittelt werden, sondern auch solche Informationen, deren Übermittlung „im Zuge der Aufnahme" eines Mandatsverhältnisses erfolgt. Die Befreiung von der Informationspflicht nach Art. 13 Abs. 3 DS-GVO ist damit umfassend und erstreckt sich auch auf solche Informationen, die bei der bloßen Kontaktaufnahme dem Berufsgeheimnisträger übermittelt werden. IRv Abs. 2 kommt es damit insbesondere nicht darauf an, ob der Mandant mit dem Berufsgeheimnisträger bereits eine wirksame Vereinbarung über das Mandatsverhältnis abgeschlossen hat. Zum Verhältnis zu § 32 Abs. 1 Nr. 4 → Rn. 30.

III. Abwägungsklausel

27 Die Befreiung von der Informationspflicht gilt nicht unbeschränkt, sondern nur, „sofern nicht das Interesse der betroffenen Person an der Informationserteilung überwiegt." Durch diese Abwägungsklausel wollte der Gesetzgeber sicherstellen, dass den Rechten der Betroffenen „angemessen Rechnung getragen" wird (BT-Drs. 18/11325, 101). Der Gesetzgeber hat nicht weiter konkretisiert, in welchen Fällen das Interesse des Betroffenen an der Informationserteilung überwiegen soll. Aufgrund der umfassenden Schutzwürdigkeit der Vertraulichkeit des Mandatsverhältnisses, das seinerseits durch die berufsrechtliche Verschwiegenheitspflicht des Geheimnisträgers abgesichert wird, dürften solche Fälle – wenn überhaupt – sehr seltene Ausnahmen sein. Andernfalls würden der Schutz des Mandatsverhältnisses ausgehöhlt und das Vertrauen der Bürger in das Mandatsverhältnis nachhaltig beschädigt, was durch die Regelung des Abs. 2 gerade vermieden werden soll (vgl. auch Gola/Heckmann/Lapp Rn. 24).

IV. Rechtsfolge

28 Nach Abs. 2 wird die übermittelnde Stelle von den Informationspflichten des Art. 13 Abs. 3 DS-GVO befreit. Hiernach muss der Verantwortliche, wenn er beabsichtigt, die personenbezogenen Daten für einen anderen Zweck weiterzuverarbeiten als den, für den die personenbezogenen Daten erhoben wurden, der betroffenen Person vor dieser Weiterverarbeitung Informationen über diesen anderen Zweck zur Verfügung stellen. Zudem muss der Verantwortliche dem Betroffenen alle anderen maßgeblichen Informationen nach Art. 13 Abs. 2 DS-GVO erteilen, wie etwa die Dauer der Datenspeicherung und das Bestehen von Betroffenenrechten (ua das Recht auf Auskunft, Löschung und Einschränkung der Verarbeitung etc) (vgl. zu Art. 13 Abs. 3 Plath/Kamlah DS-GVO Art. 13 Rn. 30).

29 Die Befreiung von diesen Informationspflichten im Rahmen einer Mandatsbeziehung führt dazu, dass der Mandant beispielsweise bei einer geplanten Unternehmenstransaktion Arbeitnehmer und sonstige Dritte nicht darüber informieren muss, dass deren Daten an den Rechtsanwalt oder einen sonstigen Berufsgeheimnisträger weitergegeben werden. Die Schutzwürdigkeit des Mandatsverhältnisses bei der Begleitung von Unternehmenstransaktionen ist zwar ausdrücklich in der Gesetzesbegründung erwähnt (BT-Drs. 18/11325, 100 f.). Inwieweit die Informationspflicht bei der Weitergabe von Daten an sonstige Dritte (zB potenzielle Käufer) entfällt, ist jedoch unklar. Jedenfalls ist die Weitergabe von Daten durch den Anwalt an den Käufer von Art. 14 Abs. 5 lit. d DS-GVO erfasst (zu den Informationspflichten in Unternehmenstransaktionen vgl. Jungkind/Ruthemeyer Der Konzern 2019, 429 (434 ff.)).

V. Abgrenzung zu § 32 Abs. 1 Nr. 4 BDSG

30 § 32 Abs. 1 Nr. 4 BDSG sieht eine Befreiung von der Informationspflicht des Art. 13 Abs. 3 DS-GVO vor, wenn die Erteilung der Information „die Geltendmachung, Ausübung oder Verteidigung rechtlicher Ansprüche beeinträchtigen würde und die Interessen des Verantwortlichen an der Nichterteilung der Information die Interessen der betroffenen Person überwiegen." Die Regelung bezieht sich somit konkret auf die Verfolgung von Rechtsansprüchen und hat damit einen engeren Anwendungsbereich als Abs. 2, der alle sonstigen Beratungsdienstleistungen durch einen Geheimnisträger umfasst. In der Gesetzesbegründung werden als Beratungsdienstleistungen, die unter Abs. 2 fallen, exemplarisch die Steuerberatung, Begleitung von Unternehmenstransaktionen und Gutachter- und Sachverständigentätigkeit genannt (BT-Drs. 18/11325, 100 f.). Bei der Übermittlung von Informationen an einen Rechtsanwalt zur Verfolgung von Rechtsansprüchen genießt hingegen § 32 Abs. 1 Nr. 4 BDSG als lex specialis Vorrang.

D. Beschränkte aufsichtsbehördliche Befugnisse (Abs. 3)

I. Hintergrund der Regelung

Nach Art. 58 Abs. 1 DS-GVO verfügen die Aufsichtsbehörden über umfassende Untersuchungsbefugnisse. Sie können vom Verantwortlichen und Auftragsverarbeiter ua Zugang zu allen personenbezogenen Daten und Informationen erhalten, die zur Erfüllung ihrer Aufgaben notwendig sind (lit. e) sowie zu den Geschäftsräumen einschließlich aller Datenverarbeitungsanlagen und -geräten (lit. f). Die Untersuchungsbefugnisse der Aufsichtsbehörde würden beim Geheimnisträger regelmäßig zu einer Pflichtenkollision führen, da das Berufsgeheimnis grundsätzlich auch gegenüber der Aufsichtsbehörde gilt. Würde der Geheimnisträger also einer umfassenden Kontrolle durch die Aufsichtsbehörden unterliegen und datenschutzrechtlich verpflichtet sein, der Aufsichtsbehörde gegenüber (vertrauliche) Unterlagen offenzulegen, würde der Geheimnisträger gegen seine Pflicht zur Wahrung des Berufsgeheimnisses verstoßen. Diese Kollision zwischen Datenschutzpflichten einerseits und Geheimhaltungspflichten andererseits löst Abs. 3 S. 1 zugunsten der Geheimhaltungspflichten dadurch, dass die Befugnisse der Aufsichtsbehörden nach Art. 58 Abs. 1 lit. e und f DS-GVO iRd genannten Pflichtenkollision nicht bestehen, dh die Aufsichtsbehörden dürfen weder Herausgabe der für sie erforderlichen Informationen verlangen noch sind sie befugt, die Geschäftsräume samt Datenverarbeitungsanlagen und -geräten zu durchsuchen. Darüber hinaus erstreckt Abs. 3 S. 2 die Geheimhaltungspflichten der Geheimnisträger auf die Aufsichtsbehörde, sollte sie im Rahmen einer Untersuchung Kenntnis von vertraulichen Informationen erhalten. Durch die Verlängerung der Geheimhaltungspflichten auf die Aufsichtsbehörde soll ein umfassender Geheimnisschutz gewährleistet werden.

Die Ausgestaltung der Ausnahmen von der datenschutzrechtlichen Aufsicht über Berufsgeheimnisträger greift zu kurz. Zwar bestehen die Aufsichtsbefugnisse der Behörden nur im beschränkten Maße. Der dadurch beabsichtigte Geheimnisschutz kann aber gleichwohl durch die restlichen Befugnisse (insbesondere Art. 58 Abs. 1 lit. a DS-GVO) unterlaufen werden, was auch der Bundesrat in seiner Stellungnahme zu dem Gesetzesentwurf kritisiert hatte (BT-Drs. 18/11655, 17, 31). Den Forderungen der Bundesrechtsanwaltskammer, die datenschutzrechtliche Aufsicht teilweise bei der Kammer anzusiedeln (BRAK Stellungnahme Nr. 41/2016; s. hierzu Ziegenhorn NJW-aktuell 18/2017, 14 sowie erneut BRAK Stellungnahmen Nr. 96/2020 und Nr. 3/2021), ist der Gesetzgeber bislang nicht nachgekommen (allgemein zu einer bei den Berufskammern angesiedelten Sonderaufsicht: Kühling/Buchner/Herbst DS-GVO Art. 90 Rn. 2; König DuD 2013, 101 (103); s. auch Zikesch/Kramer ZD 2015, 565 (567); Härting NJW-aktuell 7/2021, 15; Schumacher FS Taeger, 2021, 453, 459 f.). Mit der Abgrenzung der Zuständigkeiten der Datenschutzbehörden und der Rechtsanwaltskammern hatte sich zuletzt das Anwaltsgericht Berlin (AnwG Berlin NJW 2018, 2421 (2422)) zu befassen. Im ersten Schritte stellt das Gericht dabei klar, dass Datenschutzaufsichtsbehörden und Rechtsanwaltskammern nebeneinander zuständig sein können. So habe der Landesdatenschutzbeauftragte – ohne besondere berufsrechtliche Pflichten zu berücksichtigen oder zu bewerten – nur originäre datenschutzrechtliche Verstöße zu verfolgen. Die Rechtsanwaltskammer ist hingegen nach § 73 II Nr. 4 BRAO für die Berufsaufsicht zuständig. Diese Berufsaufsicht umfasse auch die Prüfung datenschutzrechtlicher Vorschriften, da deren Einhaltung eine **spezielle Ausformung der anwaltlichen Berufspflicht** darstelle (AnwG Berlin NJW 2018, 2421 (2422), Rn. 21); zustimmend Grunewald NJW 2018, 3623, 3625). Die Berufsaufsicht unterfalle der Selbstverwaltung und könne daher nicht den Datenschutzaufsichtsbehörden überlassen werden, die der Rechts- und Fachaufsicht unterstünden. Dies gelte umso mehr, als der Schutz der anwaltlichen Berufsausübung vor staatlicher Kontrolle und Bevormundung auch grundrechtlich abgesichert sei (so auch: BVerfGE 50, 16 = NJW 1979, 1159 (1160) mwN). Die Aktivitäten der Rechtsanwaltskammern haben sich in diesen Fällen jedoch in den Grenzen des § 118 BRAO zu halten. Im Ergebnis hat die Berufsaufsicht daher insbesondere im Hinblick auf den „berufsrechtlichen Überhang" zu prüfen, ob neben oder zugleich mit dem Verstoß gegen datenschutzrechtliche Vorschriften auch ein Verstoß gegen berufsrechtliche Pflichten gegeben ist und ob insoweit eine berufsrechtliche Sanktion zu verhängen sei (AnwG Berlin NJW 2018, 2421 (2422), Rn. 23).

II. Persönlicher Schutzbereich

33 In persönlicher Hinsicht entfallen die Aufsichtsbefugnisse der Behörde nach Art. 58 Abs. 1 lit. e und lit. f DS-GVO gegenüber den in § 203 Abs. 1, 2a und 3 StGB genannten Personen oder deren Auftragsverarbeitern. Abs. 3 S. 1 verweist insoweit noch auf die bis zum 8.11.2017 gültigen Fassung des § 203 StGB, die durch das Gesetz zur Neuregelung des Schutzes von Geheimnissen bei der Mitwirkung Dritter an der Berufsausübung schweigepflichtiger Personen vom 30.10.2017 (BGBl. I S. 3618, BT-Drs. 18/11936, BR-Drs. 163/17) geändert wurde. Neben rein formellen Änderungen wie der Streichung des Abs. 2a, dessen inhaltliche Regelung nunmehr in Abs. 4 S. 1 aufgenommen ist, und einer Neunummerierung in Abs. 1 (siehe auch Knierim/Oehmichen/Beck/Geisler/Knierim, Gesamtes Strafrecht aktuell, Kap. 4, Rn. 6 ff.), wurde § 203 StGB in Abs. 3 S. 2 und Abs. 4 um eine neu eingefügte Kategorie erweitert: In der neuen Fassung des § 203 StGB können nunmehr über die beruflich tätigen Gehilfen und berufsvorbereitend tätigen Personen hinaus auch dritte Personen für die Berufsgeheimnisträger tätig werden, die sog. „sonstigen mitwirkenden Personen" (Beispiele in BT-Drs. 18/11936, 28). Es ist zu erwarten, dass der Gesetzgeber den Verweis in Abs. 3 S. 1 auf § 203 StGB entsprechend anpassen wird, um so der neuen Struktur und dem neuen Regelungsinhalt des § 203 StGB Rechnung zu tragen.

33a Zu den Geheimnisträgern nach § 203 Abs. 1 StGB nF zählen Ärzte, Zahnärzte, Tierärzte, Apotheker und Angehörige eines anderen Heilberufs, der für die Berufsausübung oder die Führung der Berufsbezeichnung eine staatlich geregelte Ausbildung erfordert (Nr. 1), Berufspsychologen mit staatlich anerkannter wissenschaftlicher Abschlussprüfung (Nr. 2), Rechtsanwälte, Patentanwälte, Notare, Verteidiger in einem gesetzlich geordneten Verfahren, Wirtschaftsprüfer, vereidigte Buchprüfer, Steuerberater, Steuerbevollmächtigte sowie Organe und Mitglieder eines Organs einer Rechtsanwalts-, Patentanwalts-, Wirtschaftsprüfungs-, Buchprüfungs- oder Steuerberatungsgesellschaft (Nr. 3), Ehe-, Familien-, Erziehungs- und Jugendberater sowie Berater für Suchtfragen in einer Beratungsstelle, die von einer Behörde oder Körperschaft, Anstalt oder Stiftung des öffentlichen Rechts anerkannt ist (Nr. 4), Mitglieder oder Beauftragte einer anerkannten Beratungsstelle nach den §§ 3 und 8 des Schwangerschaftskonfliktgesetzes (Nr. 5), staatlich anerkannte Sozialarbeiter oder staatlich anerkannte Sozialpädagogen (Nr. 6) sowie Angehörige eines Unternehmens der privaten Kranken-, Unfall- oder Lebensversicherung oder einer privatärztlichen, steuerberaterlichen oder anwaltlichen Verrechnungsstelle (Nr. 7). Auch Datenschutzbeauftragte, die bei der Erfüllung ihrer Aufgabe von vertraulichen Informationen Kenntnis erhalten haben (§ 203 Abs. 4 S. 1 StGB) sowie berufsmäßig tätige Gehilfen der Geheimnisträger und Personen, die bei ihnen zur Vorbereitung auf den Beruf tätig sind (§ 203 Abs. 3 StGB), sind vom persönlichen Anwendungsbereich des Abs. 3 erfasst und unterliegen damit nur eingeschränkt der datenschutzrechtlichen Aufsicht nach Art. 58 DS-GVO. Nach § 203 Abs. 3 S. 2 und Abs. 4 StGB nF sind nunmehr auch die sonstigen mitwirkenden Personen zu den Geheimnisträgern zu zählen (Beispiele in BT-Drs. 18/11936, 28).

34 Abs. 3 umfasst neben den Geheimnisträgern auch deren Auftragsverarbeiter. Dies trägt dem Umstand Rechnung, dass sich Geheimnisträger regelmäßig externer IT-Dienstleister bedienen und diese vertraglich zur Verschwiegenheit verpflichten (s. zB § 2 BORA). Mit der Einbeziehung der Auftragsverarbeiter in Abs. 3 wollte der Gesetzgeber vermeiden, dass Auftragsverarbeiter vertragsbrüchig werden, wenn sie vertrauliche Informationen gegenüber der Aufsichtsbehörde offenlegen müssten (BT-Drs. 18/11325, 101).

III. Sachlicher Schutzbereich

35 In sachlicher Hinsicht erstreckt sich der Schutz von Abs. 3 S. 1 auf Geheimhaltungspflichten der Geheimnisträger. Solche Geheimhaltungspflichten können bspw. aus Parlamentsgesetzen, Rechtsverordnungen oder Satzungen einschließlich der von Berufskammern etablierten Berufsordnungen folgen. Praktisch bedeutsam sind etwa die Berufsgeheimnisse von Rechtsanwälten (§ 43a Abs. 2 BRAO; dazu jüngst Schumacher FS Taeger, 2021, 453 ff.), Steuerberatern (§ 57 Abs. 1 StBerG), Notaren (§ 18 BNotO), Wirtschaftsprüfern (§ 43 Abs. 1 S. 1 WPO) oder Ärzten (§ 9 MBO-Ä) (→ DS-GVO Art. 90 Rn. 10).

36 Ausweislich der Gesetzesbegründung zielt Abs. 3 insbesondere auf die Verschwiegenheitspflicht bei den freien Berufen ab, die „das Vertrauen des Mandanten und der Öffentlichkeit in den Berufsstand (schützt)". Zudem dürfe, so der Gesetzgeber unter Verweis auf die Rechtsprechung

des Bundesverfassungsgerichts (BVerfG Urt. v. 12.4.2005 – 2 BvR 1027/02), das Mandatsverhältnis „nicht mit Unsicherheiten hinsichtlich seiner Vertraulichkeit belastet sein" (BT-Drs. 18/11325, 101). Die Pflicht zur Verschwiegenheit bei freien Berufen ist umfassend und erstreckt sich auf jede Information, die in der Ausübung des Berufes bekannt geworden ist, mit Ausnahme von offenkundigen und bedeutungslosen Tatsachen (vgl. ausf. → BDSG FreieBerufe Rn. 4). Der Geheimnisträger ist dabei nicht verpflichtet, die Informationen, auf die sich die Geheimhaltungspflicht erstreckt, von anderen Informationen oder Daten zu trennen (vgl. hierzu Gola/Heckmann/Lapp Rn. 32).

IV. (Verbleibende) Befugnisse der Aufsichtsbehörde

Abs. 3 schließt allein die Befugnisse der Aufsichtsbehörde nach Art. 58 Abs. 1 lit. e und lit. f **37** DS-GVO aus und dies auch nur, „soweit" die Inanspruchnahme der Befugnisse zu einem Verstoß gegen die Geheimhaltungspflichten der Geheimnisträger führen würde (vgl. ausf. Paal/Pauly/Gräber/Nolden Rn. 19). Aufsichtsmaßnahmen nach Art. 58 Abs. 1 lit. a–d DS-GVO und die Abhilfe-, Genehmigungs- und Beratungsbefugnisse nach Art. 58 Abs. 2 und Abs. 3 DS-GVO bestehen also – im Einklang mit der Öffnungsklausel des Art. 90 Abs. 1 DS-GVO – nach wie vor und können von der Aufsichtsbehörde gegenüber Geheimnisträgern wahrgenommen werden.

Dies ist nicht unproblematisch, da Aufsichtsbehörden die Beschränkungen ihrer Untersuchungs- **38** befugnisse nach Abs. 3 durch Auskunftsanordnungen oder andere in Art. 58 DS-GVO geregelte Aufsichtsmaßnahmen umgehen könnten (Kühling/Buchner/Herbst DS-GVO Art. 90 Abs. 1 Rn. 7). Es wäre daher wünschenswert und konsistent gewesen, wenn der deutsche Gesetzgeber über Art. 90 Abs. 1 DS-GVO hinaus auch solche Aufsichtsmaßnahmen hätte beschränken dürfen, die in ihrer Wirkung den Befugnissen aus Art. 58 Abs. 1 lit. e und lit. f DS-GVO gleichkommen (→ DS-GVO Art. 90 Rn. 6).

V. Pflicht der Aufsichtsbehörde zur Geheimhaltung

Die Geheimhaltungspflichten für den in Abs. 3 S. 1 genannten Personenkreis gelten nicht für **39** die Aufsichtsbehörden. Sollten die Aufsichtsbehörden im Rahmen einer Untersuchung Kenntnis von vertraulichen Informationen erhalten, würden die Geheimhaltungspflichten insoweit leerlaufen. Diese Schutzlücke schließt Abs. 3 S. 2, wonach die Geheimhaltungspflicht auch für die Aufsichtsbehörde gilt und ihre Anwendbarkeit damit auf die Aufsichtsbehörde „verlängert" wird (vgl. BT-Drs. 18/11325, 101). Es handelt sich nicht um eine verordnungswidrige Überschreitung der Öffnungsklausel des Art. 90 Abs. 1 DS-GVO, da es den Mitgliedstaaten freisteht, nationalen Aufsichtsbehörden Geheimhaltungspflichten aufzuerlegen. Die Regelung ist angesichts der Bedeutung eines effektiven bereichsspezifischen Geheimnisschutzes zu begrüßen (→ DS-GVO Art. 90 Rn. 19).

§ 30 Verbraucherkredite

(1) Eine Stelle, die geschäftsmäßig personenbezogene Daten, die zur Bewertung der Kreditwürdigkeit von Verbrauchern genutzt werden dürfen, zum Zweck der Übermittlung erhebt, speichert oder verändert, hat Auskunftsverlangen von Darlehensgebern aus anderen Mitgliedstaaten der Europäischen Union genauso zu behandeln wie Auskunftsverlangen inländischer Darlehensgeber.

(2) ¹Wer den Abschluss eines Verbraucherdarlehensvertrags oder eines Vertrags über eine entgeltliche Finanzierungshilfe mit einem Verbraucher infolge einer Auskunft einer Stelle im Sinne des Absatzes 1 ablehnt, hat den Verbraucher unverzüglich hierüber sowie über die erhaltene Auskunft zu unterrichten. ²Die Unterrichtung unterbleibt, soweit hierdurch die öffentliche Sicherheit oder Ordnung gefährdet würde. ³§ 37 bleibt unberührt.

Überblick

§ 30 enthält zum Zwecke der Umsetzung der Verbraucherkreditrichtlinie (→ Rn. 2 ff.) in Abs. 1 einen Anspruch für Darlehensgeber auf Bonitätsurteile gegenüber Datenbankbetreibern aus anderen Mitgliedstaaten (→ Rn. 7) sowie in Abs. 2 eine Unterrichtungspflicht gegenüber dem Verbraucher bei Ablehnung eines Verbraucherdarlehensvertrags oder einer entgeltlichen

BDSG § 30 Teil 2. Durchführungsbestimmungen für Verarbeitungen nach DS-GVO

Finanzierungshilfe in Folge einer Auskunft durch die in Abs. 1 bezeichneten Stellen (→ Rn. 18 ff.). Als nicht-datenschutzrechtliche Regelung (→ Rn. 1) innerhalb eines Datenschutzgesetzes (→ Rn. 3) ist das Verhältnis dieser Regelungen zu denen des Datenschutzes zu klären, was im Ergebnis zu einem Nebeneinander der hier beschriebenen Pflichten mit den sonstigen Pflichten des Datenschutzrechts führt (→ Rn. 17, → Rn. 23).

Übersicht

	Rn.		Rn.
A. Allgemeines	1	3. Anspruchsinhalt: Gleichbehandlung des Auskunftverlangens mit inländischen Darlehensgebern	14
B. Einzelkommentierung	7		
I. Anspruch von Darlehensgebern auf Bonitätsurteile von Datenbankbetreibern aus anderen Mitgliedsstaaten (Abs. 1)	7	II. Unterrichtungspflicht bei Ablehnung in Folge einer Auskunft (Abs. 2)	18
1. Anspruchssteller: Darlehensgeber aus anderen Mitgliedsstaaten	9	1. Unterrichtungspflicht gegenüber dem Verbraucher	19
2. Anspruchsgegner: Auskunftei	12	2. Vorvertragliche Information	24

A. Allgemeines

1 § 30 enthält **keine datenschutzrechtliche Regelung im eigentlichen Sinne,** sondern eine Regelung zu Verbraucherkrediten.

2 § 30 entspricht – abgesehen von den Verweisen innerhalb der Norm und auf andere Teile des BDSG – den Abs. 6, 7 des bisherigen § 29 BDSG aF. Er dient damit weiterhin der **Umsetzung von Art. 9 der Verbraucherkredit-Richtlinie 2008/48/EG** (BT-Drs. 18/11325, 101; ebenso zu § 29 Abs. 6, 7 BDSG aF bereits BT-Drs. 16/11643, 140) zum Zugang zu zur Bewertung der Kreditwürdigkeit des Verbrauchers verwendeten Datenbanken (Abs. 1) sowie den damit verbundenen Informationspflichten gegenüber dem Verbraucher (Abs. 2). Durch die vorgenommene Streichung des § 29 Abs. 1 BDSG aF entfällt aber wohl im Unterschied zur bisherigen Rechtslage die Anwendbarkeit auf die Vertragsstaaten des Europäischen Wirtschaftsraums (so NK-DatenschutzR/Ehmann DS-GVO Anh. 2 Art. 6 Rn. 2).

3 Bei dieser Norm handelt es sich damit um einen **Fremdkörper** innerhalb des BDSG. Zwar ist die Norm nun **aus formeller Sicht in einem Datenschutzgesetz enthalten.** Die Norm ist jedoch vielmehr eine Umsetzung einer Richtlinie mit grundsätzlich **verbraucherschützender Zielsetzung** (GHN/Ress/Ukrow AEUV Art. 63 Rn. 438; MüKoBGB/Schürnbrand/Weber BGB § 491 Rn. 2), mit teils aber auch marktordnenden Elementen (BT-Drs. 16/11643, 66; s. auch Erwägungsgrund 26 zu RL 2008/48/EG) im öffentlichen Interesse (Hoffmann NJW 2010, 1782 (1782); ausführlich zur individualschützenden Wirkung Rott/Terryn/Twigg-Flesner VuR 2011, 163). Bedeutsam wird diese Einordnung bei der Auslegung des § 30, die keinesfalls nur an einem Ausgleich der dem Datenschutzrecht durch Art. 16 Abs. 2 AEUV vorgegebenen Ziele des Schutzes personenbezogener Daten sowie des freien Datenverkehrs erfolgen darf. Die **Auslegung** hat richtlinienkonform **im Hinblick auf die Ziele der Verbraucherkredit-RL** zu erfolgen (umfassend Auernhammer/Kramer Rn. 3), insbesondere an dem Ziel der Schaffung eines grenzfreien Binnenmarktes für Kredite (Erwägungsgrund 6 RL 2008/48/EG) (→ Rn. 3.1 f.). Im Rahmen der allgemeinen unionsrechtskonformen Auslegung wird daneben teils auch die Auslegung unter Beachtung der Regelungen der DS-GVO für notwendig gehalten (Taeger/Gabel/Taeger Rn. 8). Im Hinblick auf die Bedeutung von Art. 7, 8 GrCH und deren nähere Konkretisierung durch die DS-GVO ist dem zuzustimmen.

3.1 Dem Gleichbehandlungsgebot des Abs. 1 kommt dabei vorrangig ein **wettbewerbsrechtlicher Charakter** (BT-Drs. 18/11325, 109; Auernhammer/v. Lewinski BDSG aF § 43 Rn. 25; NK-DatenschutzR/Ehmann DS-GVO Anh. 2 Art. 6 Rn. 6) in Form einer „kartellrechtliche(n) Gleichbehandlungsregelung" (so Auernhammer/Kramer Rn. 1; ähnlich bereits Taeger/Gabel/Taeger BDSG aF § 29 Rn. 67) zu.

3.2 Als Ziel wird hinsichtlich des Abs. 2 teils auch die Transparenz gegenüber dem Verbraucher angeführt (Paal/Pauly/Pauly Rn. 2). Einige nehmen daher einen gewissen **datenschutzrechtlichen Gehalt** zumindest des Abs. 2 an, da es sich um ein klassisches Betroffenenrecht handele (Kühling/Buchner/Buchner Rn. 1; Taeger/Gabel/Taeger Rn. 8). Zwingend ist diese Argumentation jedoch nicht, denn auch wenn die Instrumentarien von Datenschutz und Verbraucherschutz gleichen sich stark (v. Lewinski/Herrmann PinG 2017, 165 (168) mwN): Informationspflichten dienen sowohl im Verbraucherschutz- als auch im Datenschutzrecht zur Schaffung von Transparenz, wobei der Schwerpunkt im Verbraucherschutz auf der Herstellung von Markttransparenz und im Datenschutz hingegen bei der Herstellung von Verarbeitungstransparenz liegen dürfte. Bei einer weiten Begriffsdefinition – orientiert am Rechtsgut – lässt sich aber zumindest in Abs. 2 eine flankierende Regelung zur Datenverarbeitung sehen (zur Definition des Begriffes Datenschutz s. Seidel, Datenbanken und Persönlichkeitsrecht, 1972, 130; zur Gebräuchlichkeit auch heute s. Rüpke/v. Lewinski/Eckhardt/v. Lewinski, Datenschutzrecht, 2018, § 2 Rn. 54 f.), da auch eine Information über eine dem Betroffenen sonst verborgen bleibende Datenverarbeitung erfolgt. Diese würde er auf Grundlage der bestehenden Datenschutzvorschriften im Regelfall allerdings auch ohne den Abs. 2 erhalten müssen (→ Rn. 17, 23).

Als problematisch kann sich im Einzelfall die **Abgrenzung von Datenschutz und Verbrau-** 4 **cherschutz** darstellen (umfassend v. Lewinski/Herrmann PinG 2017, 165). Diese ist durch die fortschreitende Digitalisierung des Alltags und damit Verbreitung digitaler Produkte aber häufig notwendig.

Während die Vorgängernorm in § 29 Abs. 7 S. 3 BDSG aF noch mit dem Verweis darauf, dass 5 § 6a BDSG aF unberührt bleibe, explizit Stellung zum Vorrang der weiterreichenden allgemeinen Informationsvorschriften zur automatisierten Einzelentscheidung (so auch BT-Drs. 16/11643, 140) vor den zusätzlichen verbraucherrechtlichen des § 29 BDSG aF nahm, stellt Abs. 2 S. 3 nunmehr lediglich klar, dass die **begrenzten Regelungen des § 37 für Entscheidungen im Rahmen der Leistungserbringung** nach einem Versicherungsvertrag unberührt bleiben sollen. Art. 9 Abs. 4 RL 2008/48/EG wiederum verweist darauf, dass der Artikel unbeschadet der RL 95/46/EG gelten soll. Gemäß Art. 94 Abs. 2 S. 1 DS-GVO ist dies ab 25.5.2018 auch ohne eine Änderung der Verbraucherkredit-RL als Verweis auf die DS-GVO zu lesen. Der Verweis wird insoweit aufgrund fehlenden Sinn und Zwecks teils für einen redaktionellen Fehler gehalten (Paal/Pauly/Pauly Rn. 6), was damit zu begründen sei, dass § 37 im Gegensatz zu § 29 Abs. 7 S. 3 BDSG aF gar keine Informationsverpflichtungen enthalte (so Schaffland/Wiltfang/Schaffland/Holthaus Rn. 7).

Auch wenn sich bezüglich dieser Norm mit ambivalentem Charakter (→ Rn. 3) in der Theorie 5.1 Abgrenzungsfragen von zwei Sekundärrechtsakten zueinander stellen (zu Konzepten für eine solche Abgrenzung v. Lewinski/Herrmann PinG 2017, 165 (170)), ist an dieser Stelle inhaltlich wohl davon auszugehen, dass die einzelnen **Vorschriften sich inhaltlich ergänzen** und somit keine echte Kollisionslage gegeben ist (iE → Rn. 17, → Rn. 23).

Die Pflichten des Abs. 1 und 2 sind gem. § 43 Abs. 1 bußgeldbewehrt. Die Haftungs- und 6 Bußgeldvorschriften der DS-GVO sind auf Verstöße gegen § 30 als Umsetzung der Verbraucherkredit-RL 2008/48/EG hingegen nicht anwendbar (vgl. ebenso Gola/Heckmann/Gola Rn. 7). Konsequent folgt daraus, dass die Rechtsgrundlage für die oben genannte Bußgeldvorschrift auch nicht (nur) im Datenschutzrecht, sondern in Art. 23 der Verbraucherkredit-RL (RL 2008/48/EG) zu sehen ist (vgl. so zur Vorgängernorm bereits BT-Drs. 16/11643, 14; ausführlich dazu Brodowski/Nowak → § 43 Rn. 3.1 ff.).

B. Einzelkommentierung

I. Anspruch von Darlehensgebern auf Bonitätsurteile von Datenbankbetreibern aus anderen Mitgliedsstaaten (Abs. 1)

Art. 9 Abs. 1 RL 2008/48/EG und dessen Umsetzung in Abs. 1 sind in Zusammenhang mit 7 Art. 8 Abs. 1 RL 2008/48/EG zu lesen. Dieser ist eines der wenigen Überbleibsel eines ursprünglich ambitionierten Ansatzes der Kommission zur Regelung der **verantwortlichen Kreditvergabe** (zur Gesetzgebungshistorie Rott WM 2008, 1104 (1105 f.)) und legt eine Verpflichtung der Kreditgeber zur Bewertung der Kreditwürdigkeit des Verbrauchers fest. Hierzu solle der Kreditgeber auch einschlägige Datenbanken konsultieren (Erwägungsgrund 28 RL 2008/48/EG). Insbesondere der EuGH geht von einem hohen Nutzen von Kreditinformationssystemen aus (vgl. zusammenfassend NK-DatenschutzR/Ehmann DS-GVO Anh. 2 Art. 6 Rn. 5 mwN).

Um durch diese Verpflichtung möglicherweise entstehende **Wettbewerbsverzerrungen im** 8 **Binnenmarkt** zu verhindern (BT-Drs. 16/11643, 140; Erwägungsgrund 4, 28 RL 2008/48/EG), gibt Abs. 1 Darlehensgebern aus anderen Mitgliedsstaaten (→ Rn. 9 ff.) einen Anspruch gegenüber Auskunfteien (→ Rn. 12 f.) auf diskriminierungsfreien Zugang zu Kreditinformationssystemen (→ Rn. 14 ff.).

1. Anspruchssteller: Darlehensgeber aus anderen Mitgliedsstaaten

Der in Abs. 1 festgelegte Anspruch kommt nur Darlehensgebern aus anderen Mitgliedsstaaten 9 der Europäischen Union zu. In Zusammenschau damit, dass sich der Anspruch nur gegen solche

Auskunfteien richtet, die Bewertungen der Kreditwürdigkeit von Verbrauchern vornehmen (→ Rn. 12), und im Hinblick auf die RL 2008/48/EG kann hiermit nur ein **Verbraucherdarlehensgeber** gemeint sein.

10   Das **Verbraucherdarlehen** ist im deutschen Recht in § 491 BGB geregelt. Der Verbraucherbegriff ist dabei ausweislich der ursprünglichen Gesetzesbegründung zu § 29 BDSG aF wie in § 13 BGB und nicht unionsrechtlich (BT-Drs. 16/11643, 140; zum engeren Begriff des Unionsrechts Rott WM 2008, 1104 (1106)) zu verstehen (→ Rn. 10.1).

10.1   Diese Abweichung von den unionsrechtlichen Vorgaben sowohl bezüglich des in § 491 BGB festgelegten sachlichen Anwendungsbereichs als auch des persönlichen Anwendungsbereichs in § 13 BGB lässt sich mit der **eingeschränkten Harmonisierungswirkung der Verbraucherkreditrichtlinie** erklären. Diese reiche nur so weit, wie die Richtlinie zu einer Thematik eine Vorschrift enthält und diese Vorschrift auch tatsächlich inhaltlich harmonisiert (Rott WM 2008, 1104 (1105); ausdrücklich Erwägungsgrund 9 RL 2008/48/EG). Eine Rückausnahme von diesem ansonsten „überschießenden persönlichen und sachlichen Anwendungsbereich des Verbraucherkreditrechts" in Deutschland (Rott WM 2008, 1104 (1113); ausdrücklich möglich, vgl. Erwägungsgrund 10 RL 2008/48/EG) bei der Auslegung des § 29 BDSG aF erteilt der Gesetzgeber mit dem Verweis auf § 13 BGB eine deutliche Absage. Dies muss auch für die weitgehend übernommene Norm (→ Rn. 2) des Abs. 1 gelten (anders möglicherweise bei Paal/Pauly/Pauly § 30 Rn. 1, der auf den Anwendungsbereich nach Art. 3 lit c und Art. 2 Abs. 1 und 2 RL 2008/48/EG verweist).

11   Daneben muss es sich um einen Verbraucherdarlehensgeber **mit einem Sitz außerhalb Deutschlands** (und innerhalb der Europäischen Union) handeln. Ein innerstaatliches Gleichbehandlungsgebot folgt jedenfalls aus dem Wortlaut des Abs. 1 nicht.

11a   Auch stehen die unionsrechtlichen Grundfreiheiten einer sog. Inländerdiskriminierung bei rein innerstaatlichen Sachverhalten ohne grenzüberschreitenden Bezug nicht entgegen (Streinz/Sedlaczek/Züger Art. 63 AEUV Rn. 27), sodass eine solche nach dem Verfassungsrecht der Mitgliedsstaaten zu beurteilen sei (Streinz/Streinz Art. 18 AEUV Rn. 64 ff.; Streinz/W. Schroeder Art. 34 AEUV Rn. 22). Die Anwendbarkeit des Art. 3 Abs. 1 GG auf diese Sachverhalte wird teils mit Verweis auf die Verschiedenheit der Normgeber abgelehnt, was in dieser Pauschalität jedoch zunehmend bestritten wird (umfassend MKS/F. Wollenschläger Art. 3 Rn. 220 f.; zur ökonomischen Sinnhaftigkeit enger Beschränkungen durch die Datenbankbetreiber → Rn. 16).

2. Anspruchsgegner: Auskunftei

12   Der Anspruch richtet sich gegen eine „Stelle, die geschäftsmäßig personenbezogene Daten, die zur Bewertung der Kreditwürdigkeit von Verbrauchern genutzt werden dürfen, zum Zweck der Übermittlung erhebt, speichert oder verändert", Abs. 1. Bezeichnet werden hiermit trotz fehlender expliziter Erwähnung grundsätzlich datenbankbetreibende **Kreditauskunfteien** (ebenso Auernhammer/Kramer Rn. 8). Der Auskunfteibegriff ist dabei an dieser Stelle durch das zusätzliche Merkmal „Bewertung der Kreditwürdigkeit von Verbrauchern" enger zu verstehen als in anderen Normen (bspw. BT-Drs. 16/10529, 9: Bewertung von Unternehmen und Verbrauchern). Als Beispiel sind Wirtschaftsauskunfteien wie die SCHUFA anzuführen (so Paal/Pauly/Pauly Rn. 3).

13   Kein tauglicher Anspruchsgegner sind dabei insbesondere **geschlossene Warn- und Auskunftssysteme** bspw. nur zur konzerninternen Nutzung (Auernhammer/Kramer Rn. 9 mwN; → Rn. 15). Zwar sind (brancheninterne) Warndienste keine Auskunfteien, unterfallen aber der obigen (→ Rn. 12) Definition (Simitis/Ehmann BDSG aF § 29 Rn. 110 f.). Sie sind jedoch schon den nationalen Marktteilnehmern nicht frei zugänglich, sodass auch eine Gleichbehandlung der Darlehensgeber aus anderen Mitgliedsstaaten nicht notwendig erscheint.

3. Anspruchsinhalt: Gleichbehandlung des Auskunftverlangens mit inländischen Darlehensgebern

14   Die Norm vermittelt einen Anspruch auf **grundsätzliche Gleichbehandlung** von Auskunftsverlangen im Sinne von Diskriminierungsverboten bezüglich des Sitzes, der Belegenheit eines Auskunftsbegehrenden in einem anderen Mitgliedsstaat der Europäischen Union oder der Staatsangehörigkeit (BT-Drs. 16/11643, 140).

15   Dies schließt **Beschränkungen des Zugangs zu Datenbanken** nach anderen Kriterien nicht aus, sofern sie für Auskunftsbegehrende aus Deutschland und aus anderen Mitgliedsstaaten gleichartig ausgestaltet sind. So können für die Abfrage Kosten in gleicher Höhe erhoben werden (BT-Drs. 16/11643, 140) oder Anforderungen an die Zugehörigkeit zu einer bestimmten juristischen Person gestellt werden (Auernhammer/Kramer Rn. 7). Als eine solche Beschränkung kann dementspre-

chend auch der komplette Ausschluss externer Anfragen inländischer und ausländischer Darlehensgeber bei konzerninternen Auskunft- und Warnsystemen verstanden werden (so bereits zur aF Gola/Schomerus Rn. 46; → Rn. 13). Ebenso kann ein System grundsätzlich auf eine einzelne Branche beschränkt sein, was dann jedoch im Einzelfall wiederum kartellrechtlichen Bedenken begegnet.

Insbesondere nicht ersichtlich ist jedoch, dass dieser Gleichbehandlungsanspruch nur dann bestehen soll, wenn eine **Prüfung der Kreditwürdigkeit** nach Art. 8 Abs. 1 RL 2008/48/EG (§ 18 Abs. 2 KWG) verpflichtend vorgeschrieben ist. Dies zur Bedingung für alle Anfragen – unabhängig vom Sitz des Anfragenden – zu machen, wäre aber wohl theoretisch denkbar (s. jedoch zum umstrittenen Umfang der Prüfungspflicht EuGH BeckRS 2014, 82755 Rn. 36). Letztendlich stünde eine enge Beschränkung der Anzahl der (kostenpflichtigen) Anfragen aber auch kaum im Interesse der Betreiber solcher Kreditauskunftssysteme und dürfte daher die Ausnahme bleiben. 16

Insbesondere handelt es sich bei Abs. 1 jedoch eben um keine Norm des Datenschutzrechts im materiellen Sinne und damit schon aus systematischen Gründen nicht um einen Erlaubnistatbestand für die Übermittlung personenbezogener Informationen (zu den Erlaubnistatbeständen zur Anfrage bei und Übermittlung durch (Kredit-)Auskunfteien s. v. Lewinski/Pohl ZD 2018, 17 (19 f.)). Die **Rechtmäßigkeit der Verarbeitung** an sich muss sich somit aus Art. 6 DS-GVO bzw. einschlägigen Spezialgesetzen ergeben. Nur bei Vorliegen eines Erlaubnistatbestandes kann eine Pflicht zur Gleichbehandlung für die Auskunftei überhaupt in Betracht kommen. Eine Kollision mit datenschutzrechtlichen Vorgaben ergibt sich im Rahmen des Abs. 1 somit nicht. 17

II. Unterrichtungspflicht bei Ablehnung in Folge einer Auskunft (Abs. 2)

Die in Abs. 2 eingeführte Unterrichtungspflicht setzt die Vorgaben des **Art. 9 Abs. 2 RL 2008/48/EG** in nationales Recht um. 18

1. Unterrichtungspflicht gegenüber dem Verbraucher

Wird in Folge der eingeholten Bewertung der Kreditwürdigkeit iSd Abs. 1 ein Verbraucherdarlehensvertrag (§ 491 BGB) oder eine entgeltliche Finanzierungshilfe (§ 506 BGB) **abgelehnt,** so ist der Verbraucher hierüber zu informieren (zu den Begriffen bereits → Rn. 9 ff.). Sinnverwandte Vorschriften finden sich in § 499 Abs. 2 S. 2 BGB (Unterrichtung bei Ablehnung der Auszahlung aus sachlichen Gründen) sowie in § 675k Abs. 2 BGB (unverzügliche Unterrichtung bei Sperrung eines Zahlungsinstrumentes) (vgl. BT-Drs. 16/11643, 140). Neben der Ablehnung selbst ist über die erhaltene Auskunft zu unterrichten. Für zweckmäßig wird dabei die Beifügung ebendieser erhaltenen Auskunft gehalten (vgl. Schaffland/Wiltfang/Schaffland/Holthaus Rn. 9). 19

Der Wortlaut der Norm sieht dabei sinnvollerweise die **Unterrichtung des Verbrauchers durch den auskunftssuchenden Darlehensgeber** vor. Die Gesetzesbegründung zu § 29 Abs. 7 BDSG aF hielt zwar auch explizit die Erfüllung durch die Auskunftei selbst für denkbar (BT-Drs. 16/11643, 140; ebenso Paal/Pauly/Pauly Rn. 4 mwN zur Gegenansicht unter Geltung des BDSG aF). Praktisch tritt diese dem Verbraucher jedoch kaum überhaupt gegenüber und verfügt im Zweifel ohnehin nicht über die notwendigen Informationen über die pflichtauslösende Ablehnung (s. zum vergleichbaren Problem der Aufteilung der Informationspflichten im Datenschutz aus Art. 13 und 14 DS-GVO bei v. Lewinski/Pohl ZD 2018, 17 (22)). 20

Die Unterrichtung hat **ohne schuldhaftes Zögern** zu erfolgen, § 121 Abs. 1 S. 1 BGB. Ein solches ist dabei jedenfalls dann nicht anzunehmen, wenn die Verzögerung durch eine Prüfung, ob die Unterrichtung die datenschutzrechtlichen Belange wahrt (BT-Drs. 16/11643, 140), eintritt, die bspw. im Rahmen einer anwaltlichen Beratung oder einer Prüfung durch den Datenschutzbeauftragten vorgenommen werden könnte (so bei Auernhammer/Kramer Rn. 16). 21

Im Einzelfall kann die **Unterrichtungspflicht entfallen,** wenn die Erfüllung der öffentlichen Sicherheit und Ordnung zuwiderläuft (s. auch Art. 9 Abs. 3 RL 2008/48/EG). Regelfälle hierfür sollen die Ablehnung wegen Verdachts auf Terrorismusfinanzierung oder Geldwäsche darstellen (Erwägungsgrund 29 RL 2008/48/EG, sowie BT-Drs. 16/11643, 140). Vereinzelt wird die Vereinbarkeit des Ausschlusses der Unterrichtungspflicht mit den Öffnungsklauseln der DS-GVO bestritten (s. nur NK-DatenschutzR/Dix DS-GVO Art. 23 Rn. 25). Eine unionsrechtskonforme Auslegung scheint jedoch möglich, wenn man nur den Wegfall der proaktiven Unterrichtungspflicht des Abs. 2 bejaht, die weiteren – insbesondere reaktiven – datenschutzrechtlichen Verpflichtungen (→ Rn. 23) aber im Hinblick auf Abs. 2 grundsätzlich bestehen bleiben. Diese könnten auf Grundlage weiterer datenschutzrechtlicher Normen (zB § 32 Abs. 1 Nr. 3 oder § 33 Abs. 1 Nr. 1 lit. b und Nr. 2 lit. b) ggf. ebenfalls entfallen, deren Deckung durch die Öffnungsklauseln der DS- 22

GVO aber freilich ähnlich problematisch erscheint (NK-DatenschutzR/Dix DS-GVO Art. 23 Rn. 25).

23 Im Verhältnis zum Datenschutzrecht enthält Abs. 2 **zusätzliche Unterrichtungspflichten.** Es ist davon auszugehen, dass diese ergänzend neben die sonstigen Pflichten, die schon mit der Verarbeitung personenbezogener Daten entstehen, treten. Im Rahmen der Erfüllung der Informationspflichten ist jedoch darauf zu achten, dass die sozialen Rollen des Verbrauchers iSd Abs. 1 und des Betroffenen iSd DS-GVO auseinanderfallen können (v. Lewinski/Herrmann PinG 2017, 165 (168)), sodass nicht immer beide Pflichten parallel bestehen. Insbesondere sind neben Abs. 2 die datenschutzrechtlichen Vorschriften zu beachten. Im Vergleich zu Art. 22 DS-GVO betrifft Abs. 2 zwar eine deutlich größere Zahl von Fällen. In Konstellationen, in denen die Ablehnung nicht nur aufgrund einer Bonitätsauskunft, sondern gleichzeitig als automatisierte Entscheidung iSv Art. 22 DS-GVO erfolgt, gehen die weitreichenden Informationsvorschriften bei automatisierter Einzelentscheidung deutlich über den Umfang gem. Abs. 2 hinaus (zu deren Umfang → DS-GVO Art. 22 Rn. 55 ff.).

23a Vereinzelnd wird mit Hinweis auf die Gesetzesbegründung zu § 29 Abs. 6 BDSG aF (BT-Drs. 16/11643, 67) vertreten, dass eine Anwendbarkeit nur bei Abfrage einer Datenbank und dem zusätzlichen Unterlassen einer anschließenden Einzelfallprüfung in Frage käme, was dementsprechend zu einer geringen Bedeutung der Norm führen würde (so NK-DatenschutzR/Ehmann DS-GVO Anh. 2 Art. 6 Rn. 12). Folgt man dem, hätte des Abs. 2 nicht wie hier vertreten einen über den Art. 22 DS-GVO hinausreichenden Anwendungsbereich.

2. Vorvertragliche Information

24 Über das Bestehen der in Abs. 2 umgesetzten Unterrichtungspflicht ist der Verbraucher gem. Art. 5 Abs. 1 lit. q sowie Art. 6 Abs. 1 lit. j RL 2008/48/EG schon **vorvertraglich zu informieren** (s. auch Art. 247 § 3 Abs. 1 Nr. 17 EGBGB).

§ 31 Schutz des Wirtschaftsverkehrs bei Scoring und Bonitätsauskünften

(1) Die Verwendung eines Wahrscheinlichkeitswerts über ein bestimmtes zukünftiges Verhalten einer natürlichen Person zum Zweck der Entscheidung über die Begründung, Durchführung oder Beendigung eines Vertragsverhältnisses mit dieser Person (Scoring) ist nur zulässig, wenn
1. die Vorschriften des Datenschutzrechts eingehalten wurden,
2. die zur Berechnung des Wahrscheinlichkeitswerts genutzten Daten unter Zugrundelegung eines wissenschaftlich anerkannten mathematisch-statistischen Verfahrens nachweisbar für die Berechnung der Wahrscheinlichkeit des bestimmten Verhaltens erheblich sind,
3. für die Berechnung des Wahrscheinlichkeitswerts nicht ausschließlich Anschriftendaten genutzt wurden und
4. im Fall der Nutzung von Anschriftendaten die betroffene Person vor Berechnung des Wahrscheinlichkeitswerts über die vorgesehene Nutzung dieser Daten unterrichtet worden ist; die Unterrichtung ist zu dokumentieren.

(2) ¹Die Verwendung eines von Auskunfteien ermittelten Wahrscheinlichkeitswerts über die Zahlungsfähig- und Zahlungswilligkeit einer natürlichen Person ist im Fall der Einbeziehung von Informationen über Forderungen nur zulässig, soweit die Voraussetzungen nach Absatz 1 vorliegen und nur solche Forderungen über eine geschuldete Leistung, die trotz Fälligkeit nicht erbracht worden ist, berücksichtigt werden,
1. die durch ein rechtskräftiges oder für vorläufig vollstreckbar erklärtes Urteil festgestellt worden sind oder für die ein Schuldtitel nach § 794 der Zivilprozessordnung vorliegt,
2. die nach § 178 der Insolvenzordnung festgestellt und nicht vom Schuldner im Prüfungstermin bestritten worden sind,
3. die der Schuldner ausdrücklich anerkannt hat,
4. bei denen
    a) der Schuldner nach Eintritt der Fälligkeit der Forderung mindestens zweimal schriftlich gemahnt worden ist,
    b) die erste Mahnung mindestens vier Wochen zurückliegt,

c) der Schuldner zuvor, jedoch frühestens bei der ersten Mahnung, über eine mögliche Berücksichtigung durch eine Auskunftei unterrichtet worden ist und
d) der Schuldner die Forderung nicht bestritten hat oder
5. deren zugrunde liegendes Vertragsverhältnis aufgrund von Zahlungsrückständen fristlos gekündigt werden kann und bei denen der Schuldner zuvor über eine mögliche Berücksichtigung durch eine Auskunftei unterrichtet worden ist.
²Die Zulässigkeit der Verarbeitung, einschließlich der Ermittlung von Wahrscheinlichkeitswerten, von anderen bonitätsrelevanten Daten nach allgemeinem Datenschutzrecht bleibt unberührt.

Bei § 31 BDSG handelt es sich um eine „**in Ergänzung**" zu der DS-GVO erlassene Rechtsvorschrift zum sog. Scoring (vgl. Joos BvD-News 2019, 45; im Einzelnen Paal FS Jürgen Taeger, 2020, 331 ff.; Gola/Heckmann Rn. 3). Die Regelungen befassen sich ausschließlich mit den Voraussetzungen für die Zulässigkeit der Verwendung eines Wahrscheinlichkeitswertes über ein zukünftiges Verhalten einer natürlichen Person zum Zwecke der **Entscheidung über die Begründung, Durchführung oder Beendigung eines Vertragsverhältnisses** (Abs. 1), sowie mit den Voraussetzungen, unter denen von **Auskunfteien** ermittelte **Wahrscheinlichkeitswerte** über die Zahlungsfähigkeit bzw. Zahlungswilligkeit einer natürlichen Person verwendet werden dürfen, wenn dabei diese betreffende Informationen über nicht erfüllte Forderungen berücksichtigt werden (Abs. 2). Der Scorewert soll insbesondere die Bewertung des **künftigen Zahlungsverhaltens** der betroffenen Person ermöglichen. Man will „berechnen", mit welcher Wahrscheinlichkeit natürliche Personen ihren Zahlungsverpflichtungen in der Zukunft nachkommen werden. Bei dem errechneten Scorewert handelt es sich um ein **personenbezogenes Datum** (Weichert DANA 2018, 132 (134); aA BGH NJW 2011, 2204). Zum Begriff des „Scorings", zum Unterschied zur Wahrscheinlichkeitsberechnung über Ausfallrisiken iSd § 10 KWG und zum Beleg dafür, dass es sich bei dem Scorewert um ein personenbezogenes Datum handelt, s. Abschlussbericht der GF Forschungsgruppe des Unabhängigen Landeszentrums für Datenschutz Schleswig-Holstein (Az.: 314-06.01-2812HS021 (zit. ULD)). Zur Entstehungsgeschichte der Vorschrift Taeger RDV 2017, 3. Das Bundesverfassungsgericht hat sich bislang nicht zu der Frage geäußert, inwieweit das Scoring mit höherrangigem Recht vereinbar ist, obwohl dazu mehrfach Gelegenheit bestanden hat (Weichert DANA 2018, 134 mwN).

Übersicht

	Rn.		Rn.
A. Allgemeines	1	II. Verletzungshandlung	33c
B. Unionsrechtlicher Bezug	2	III. Haftungsbegründende Kausalität	33e
C. Abs. 1	8	IV. Rechtswidrigkeit	33f
D. Abs. 2 S. 1	9	V. Verschulden	33g
E. Abs. 2 S. 2	19	VI. Schaden	33h
F. Datenverarbeitung	20	VII. Haftungsausfüllende Kausalität	33n
G. Rechte der betroffenen Person	25	VIII. Anspruchsverpflichtete und -berechtigte	33o
		IX. Beweislast	33r
I. Verletzung einer Datenschutznorm	33b	X. Zuständiges Gericht; Vertretung	33y

A. Allgemeines

Die Errechnung eines Scorewertes soll die Beurteilung des künftigen Zahlungsverhaltens einer Person im Hinblick auf von dieser **längerfristig zu erfüllende Zahlungsverpflichtungen** ermöglichen (vgl. Joos BvD-News 2019, 45; im Einzelnen Paal, FS Jürgen Taeger, 2020, 331 ff.) Es gibt dafür kein standardisiertes, einheitliches Verfahren. Die Auskunfteien berechnen Scorewerte aufgrund der Angaben und der Vergleichswerte, die ihnen zu der betroffenen Person mehr oder weniger zufällig zur Verfügung stehen. Außerdem hängt das Ergebnis maßgeblich von der Leistungsfähigkeit und der Zuverlässigkeit der dabei eingesetzten Technologie ab. Das führt dazu, dass mehrere Auskunfteien zu unterschiedlichen Bewertungen über ein- und dieselbe Person kommen, relativiert aber auch die Aussagekraft der Berechnung (vgl. ULD 4.1.1). Auch § 31 BDSG gibt nicht vor, wie Scorewerte zu berechnen sind, sondern nennt Einschränkungen für die Zulässigkeit ihrer Verwendung (vgl. v. Lewinski/Pohl ZD 2018, 17 (21)). Im Ergebnis handelt es sich bei

Scorewerten um subjektive Werturteile, also um **Meinungsäußerungen,** deren Richtigkeit für die Aufsichtsbehörden und die Gerichte angesichts der Meinungsäußerungsfreiheit nur **beschränkt überprüfbar** ist (vgl. Simitis/Dammann § 3 Rn. 12 ff.; kritisch dazu Weichert DANA 2018, 132 (135)). Auch ist es ungewiss, ob statistische Risikoaussagen geeignet sind, die Nutzer bzw. Nutzerinnen von Scorewerten vor kreditunwürdigen Vertragspartnern bzw. -partnerinnen zu schützen (vgl. Albers, Das Präventionsdilemma, in Schmidt/Weichert, Datenschutz, Schriftenreihe der Bundeszentrale für politische Bildung, 2012, S. 105; vgl. Moos/Rothkegel ZD 2016, 561; zur Aussagekraft und zur Glaubwürdigkeit eines von der SCHUFA berechneten Scorewertes SPIEGEL ONLINE http://www.spiegel.de und zur Einschätzung des Scorings durch die Kreditinstitute und die Verbraucher ULD Nr. 4.2.10 ff.). Hinzu kommt, dass die scorewertberechnenden Stellen in der Regel nichts dazu sagen bzw. davon überzeugt sind, **wie lange** ihre Prognose **Gültigkeit** hat. Prognosen können von zwei Arten von **Fehlern** behaftet sein. So kann eine **unzureichende Berechnungsmethode** einschließlich der dabei eingesetzten Technik „systembedingt" zu unzutreffenden Vorhersagen führen (Bias). Andererseits kommen von Menschen vorgenommene Bewertungen nicht unbedingt zu treffsicheren Ergebnissen, da menschliche Urteilsbildungen **Zufallsschwankungen** unterliegen (vgl. Art 22 Abs. 3 DS-GVO). So treffen auch professionelle Prognostiker höchst unterschiedliche Vorhersagen zu ein und demselben Beurteilungsgegenstand (Noise), wobei auch Komplexität und Detailreichtum im Allgemeinen nicht zu genaueren Vorhersagen führen. Werden Prognosen von Personen vorgenommen, besteht zudem die Gefahr, dass diese von Gefühlen des Bewertenden oder davon belastet sind, dass dieser sich geirrt hat oder unzureichend informiert war (im Einzelnen dazu Kahneman ua, Noise, 2. Aufl., S. 12 f., 124 ff., 152 ff.). Das hat zur Folge, dass bei Prognosen oftmals „Zufallsergebnisse" erzielt werden. Solche Fehler werden am ehesten durch die Anwendung von **Algorithmen** ausgeschlossen bzw. minimiert. Ein Algorithmus ist ein Verfahren bzw. eine Gesamtheit von Regeln, das bzw. die bei Berechnungen oder vergleichbaren Problemlösungsvorgängen, insbesondere durch einen Computer, zu befolgen ist bzw. sind. Das System muss keineswegs kompliziert sein. Wichtig ist jedoch, dass nur geeignete Parameter Berücksichtigung finden und dass diese im Zweifelsfall gleichgewichtet werden (vgl. Kahneman ua S. 137 ff.). So kann etwa bei der Bewertung der künftigen Bonität einer Person weder der Zahlungswilligkeit (bewusstes oder aus Nachlässigkeit bedingtes Nichtbegleichen von Rechnungen) noch der wirtschaftlichen Leistungsfähigkeit (Zahlungsfähigkeit) der Vorzug und damit eine Höhergewichtung eingeräumt werden. Doch kann selbst eine große Menge prädikativer Informationen nur **begrenzt** den Eintritt von **Ereignissen** im Leben eines Menschen **vorhersagen** (vgl. Kahneman ua S. 167).

1a Bonitätsangaben zu „**Kleinstgesellschaften**" oder **Einzelunternehmen** können auch für die Bewertung der Gesellschafter, der Geschäftsführer oder der Einzelunternehmer genutzt werden bzw. etwas über diese aussagen, da hier zwischen der Gesellschaft bzw. dem Unternehmen und den „hinter" ihr stehenden Personen eine enge wirtschaftliche Bindung besteht. Auch können Bonitätsmerkmale zu den Inhabern, Gesellschaftern oder Geschäftsführern für die Bewertung ihres Unternehmens verwendet werden, soweit diese dafür geeignet sind. Das betrifft insbesondere den Alleinaktionär, die Ein-Person-GmbH, Personengesellschaften und Einzelfirmen (vgl. BGH NJW 1986, 2505: NdsOVG NJW 2009, 2679: VG Wiesbaden BeckRS 2008, 30189; BGH NJW 2003, 2904; LG Berlin BeckRS 2014, 1922; OLG Stuttgart BeckRS 2002, 30298222: vgl. Rabe K&R 2019, 464).

1b Für die Scorewertberechnung gibt es folgende **Rechtsgrundlagen:**
- Nach **Art. 22 Abs. 2 lit. a DS-GVO** ist es in Abweichung zu Abs. 1 dieser Vorschrift zulässig, Entscheidungen über den Abschluss oder die Erfüllung eines Vertrages ausschließlich auf der Grundlage eines **maschinell errechneten Scorewertes automatisiert** zu treffen (dazu Thüsing RDV 2018, 14; Weichert DANA 2018, 132; Betz ZD 2019, 148; Schantz/Wolff DatenschutzR Rn. 727 ff.; Paal FS Jürgen Taeger, 2020, 337).
- Insbesondere **Auskunfteien** können Scorewerte nach **Art. 6 Abs. 1 lit. f DS-GVO** gewerbsmäßig **berechnen** und **an Dritte übermitteln,** wenn diese dafür ein berechtigtes Interesse haben, etwa wenn sie sich vor dem Abschluss eines Vertrages über die **längerfristige Kreditwürdigkeit ihres Vertragspartners** informieren wollen (sog. externes Scoring; Paal FS Jürgen Taeger, 2020, 334 (338)). Diese Scorewerte können insbesondere von Banken und Versicherungen vor dem Abschluss von Kredit- oder Versicherungsverträgen, aber auch von Vermietern im Zusammenhang mit Mietverträgen nach Art. 6 Abs. 1 lit. b DS-GVO bei Auskunfteien angefordert werden. Voraussetzung ist allerdings, dass die anfordernde Stelle einem längerfristigen kreditorischen Risiko ausgesetzt ist (zum Interesse an einer Kreditwürdigkeitsüberprüfung Schantz/Wolff DatenschutzR Art. 6 Abs. 1 Rn. 139). Deswegen ist die Einholung eines Scorewertes durch ein **Inkassounternehmen** zur Abklärung eines aktuellen Prozessrisikos **unzulässig.**

Problematisch ist, dass die Auskunfteien nichts dazu zu sagen vermögen, für **welche Dauer** ihre Prognose **Gültigkeit** haben kann (im Einzelnen → Rn. 1).

- **Unternehmen** können Scorewerte – selbst errechnet oder von Auskunfteien angefordert – **zusammen mit anderen Parametern** für die Bewertung der Kreditwürdigkeit einer Person nutzen, soweit das für den **Abschluss eines längerfristigen Vertrages** nach Art. 6 Abs. 1 lit. b DS-GVO erforderlich ist (v. Lewinski/Pohl ZD 2018, 17; sog. internes Scoring, Paal FS Jürgen Taeger, 2020, 334). Geht der Antrag auf Abschluss des Vertrages von der betroffenen Person aus, kann ein von Dritten dafür benötigter Scorewert bereits bei der Anbahnung des Geschäftes eingeholt werden. Ansonsten darf der Scorewert erst vor dem konkreten Abschluss eines Vertrages angefordert werden.

Die **Berechnung** und weitere **Verarbeitung** von **Scorewerten** stellt ein von der Rechtsordnung **1c** gebilligtes **Geschäftsmodell** und damit einen **legitimen Verarbeitungszweck** iSd Art. 5 Abs. 1 lit. b DS-GVO dar (Durmus DATENSCHUTZ-BERATER 2020, 12; LG Karlsruhe ZD 2019, 511; BGH GRUR 2016, 855), um den Schutz von Verbraucherinnen und Verbrauchern vor Überschuldung, die Verhinderung von Zahlungsausfällen bei Wirtschaftsunternehmen und die Funktionstüchtigkeit des Wettbewerbs für die Wirtschaft zu gewährleisten (LG Karlsruhe ZD 2019, 511; BGH NJW 2011, 2204; generell zum Rating von Menschen Boehme-Neßler K&R 2016, 637). Wenn **Wirtschaftsauskunfteien** Scorewerte berechnen, erfüllen sie eine von der Rechtsordnung gebilligte und gesellschaftlich **erwünschte Funktion** (vgl. BGH CR 2020, 405; Paal FS Jürgen Taeger, 2020, 334). Unternehmen und deren Inhaber, die ihre Leistungen in der Öffentlichkeit anbieten, müssen derartige Bewertungen grundsätzlich hinnehmen (vgl. OLG Brandenburg CR 2020, 341). Doch ist eine Scorewertberechnung bzw. deren Verwendung nur rechtmäßig, wenn dafür ein berechtigtes Interesse besteht und die berechtigten Interessen der betroffenen Person nicht höherwertig sind als die Interessen der scorewertberechnenden bzw. -nutzenden Stellen (Art. 6 Abs. 1 lit. f DS-GVO; vgl. BGH CR 2020, 405), oder wenn die Voraussetzungen des Art. 6 Abs. 1 lit. b bzw. Art. 22 Abs. 2 lit. a oder c DS-GVO vorliegen. Dabei muss insbesondere dem Grundsatz der **Erforderlichkeit** und der **Verhältnismäßigkeit** sowie der **Gefahr** Rechnung getragen werden, dass sich ein „schlechter" Scorewert sehr **nachteilig auf die Kreditwürdigkeit** einer Person oder eines Unternehmens auswirken kann (vgl. OLG Köln CR 2020, 112; vgl. BGH GRUR 2016, 855).

Die **Erweiterung bzw. Einschränkung der nach dem EU-Recht zulässigen Datenverar- 1d beitungsbefugnis** im Zusammenhang mit der Berechnung und Verarbeitung von Scorewerten durch AGBs (vgl. § 307 BGB; KG ZD 202, 310), unternehmensinterne, mit der betroffenen Person nicht zulässigerweise vereinbarte Anwendungshinweise oder Rechtsvorschriften der Mitgliedstaaten der EU ist grundsätzlich **nicht möglich** (→ Rn. 6; vgl. Kühling/Buchner, 2. Aufl. 2018, Art. 40 Rn. 41; OLG München WM 2010, 1901; OLG Stuttgart CR 2020, 386; Streinz DuD 2020, 353 mwN; aA OLG Schleswig Urt. v. 2.7.2021 – 17 U 15/21; vgl. Vorlagebeschluss des VG Wiesbaden an den EuGH Pressemitteilung des Gerichts Nr. 14/2021 v. 28.9.2021). Die Beachtlichkeit von **Einwilligungen** richtet sich nach Art. 7 Abs. 4 DS-GVO (→ Rn. 8a); vgl. Engeler ZD 2018, 55; LG München I CR 2019, 311; KG ZD 2030, 310; Heinzke/Engel ZD 2020, 189: aber Bock CR 2020, 173). **Verhaltensregeln (CoC) nach Art. 40 DS-GVO** haben für Privatpersonen im Rahmen des Gleichbehandlungsgrundsatzes nur Bedeutung, wenn sie für diese günstiger als die gesetzlichen Regelungen sind und die datenverarbeitende Stelle nicht unangemessen benachteiligen (vgl. Reifert ZD 2019, 305 (307) mwN; vgl. Maurer/Waldhoff, Allgemeines Verwaltungsrecht, 20. Aufl. 2020, § 24 Rn. 48).

Bei der Bewertung der Kreditwürdigkeit handelt es sich in der Regel um **Meinungen** und **1e Werturteile** (vgl. OLG München CR 2019, 394 mwN). Diese sind grundsätzlich von der Meinungsfreiheit iSd Art. 10 EMRK und Art. 11 GRCh gedeckt (vgl. BGH CR 2019, 253; zur Anwendung des Unionsrechts anstelle des Art. 5 GG BVerfG RDV 2020, 49), die aber eingeschränkt ist, soweit das zum **Schutz des guten Rufs** und der **Rechte anderer** geboten ist (OLG München CR 2019, 394). Auch Wirtschaftsauskunfteien können dieses Grundrecht beim Scoring für sich in Anspruch nehmen, da ihre von der Rechtsordnung akzeptierte Aufgabe darin besteht, Tatsachen und Einschätzungen zu Personen und Unternehmen zu bündeln und zu einer Gesamtbewertung zu verarbeiten (vgl. LG Frankenthal CR 2019, 176; LG Frankfurt a. M. RDV 2015, 201; LG Braunschweig CR 2019, 258: BGH RDV 2016, 140 für Ärztebewertungsportale; OLG München CR 2019, 394 für die Bewertung von Unternehmen; kritisch dazu Weichert DANA 2018, 132). Die Richtigkeit solcher Bewertungen ist angesichts der Meinungsäußerungsfreiheit durch die **Aufsichtsbehörden** und die **Gerichte** nur beschränkt **überprüfbar** (vgl. LG Karlsruhe ZD 2019, 511; Weichert DANA 2018, 132 (134); OLG München ZD 2014, 570; Simitis/ Dammann § 3 Rn. 12 ff.; BGH NJW 2011, 2204; Schulzki-Haddouti c't 2014, 21; zur Zulässigkeit der Bewertung von Menschen Boehme-Neßler K&R 2016, 637). Dabei entfalten die Feststellungen bzw. die Rechtsauffassung einer Datenschutzaufsichtsbehörde keine Bindungswirkung für die Gerichte (KG ZD 2021, 378; vgl. Vorlagebeschluss des VG Wiesbaden an den EuGH Pressemitteilung des VG Wiesbaden Nr. 14/2021 v. 28.9.2021). Zwar scheidet im Gegensatz zu Tatsachenbehauptungen bei Meinungen eine Überprüfung der **inhaltlichen Richtigkeit und damit auch von Prognosen** grundsätzlich aus, weil es sich um eine subjektive Beziehung des sich Äußernden zum Inhalt seiner Äußerung handelt. Vermengen sich aber – wie bei der Scorewertberechnung – **wertende und tatsächliche Elemente,** ist zwar insgesamt von einem Werturteil auszugehen, doch kann dieses daraufhin überprüft werden, inwieweit die zugrunde gelegten **Tatsachen zutreffend** und die sonstigen, unten aufgeführten **Rahmenbedingungen** (→ Rn. 8 ff.) für eine rechtmäßige Bewertung eingehalten sind (vgl. BGH GRUR 2016, 855), zumal Scorebewertungen in der Praxis von den empfangenden Stellen wie Tatsachenbehauptungen behandelt werden. Auch kann die Bewertung daraufhin überprüft werden, ob sie **unlogisch, unangemessen** oder **unverhältnismäßig** bzw. ihre Verwendung nicht erforderlich ist (→ Rn. 8 f.).

1f Die scorewertberechnende Stelle kann sich **nicht** auf die **Meinungs- und Informationsfreiheit** nach Art. 17 Abs. 3 lit. a DS-GVO berufen, wenn der Scorewert im Widerspruch zu den oben in Rn. 1 e genannten Anforderungen berechnet wurde (vgl. OLG Köln CR 2020, 112; Weichert DANA 2018, 132). Aber auch was die Bewertung selbst anbetrifft, kann das Recht auf Meinungs- und Informationsfreiheit (Art. 10 EMRK, Art. 11 GRCh) vom Recht auf **Schutz der eigenen Daten** (Art. 8 GRCh), vom **Schutz des Privatlebens** (Art. 7 GRCh, Art. 8 EMRK), von der **Berufsfreiheit** (Art. 15 GRCh) und der **unternehmerischen Freiheit** (Art. 16 GRCh) der betroffenen Person oder eines Unternehmens unter Umständen überwogen werden (LG Frankfurt a. M. CR 2019, 741; vgl. OLG Dresden ZD 2019, 172; LG Hamburg CR 2019, 404), etwa wenn das Werturteil in **logischer Hinsicht nicht nachvollziehbar** ist (Weichert DANA 2018, 132) oder wenn die betroffene Person oder ihr Unternehmen **evident unzutreffend bewertet** wird (→ Rn. 8 f.). Eine zu Unrecht diffamierende Äußerung greift neben dem Schutz der Ehre einer Person in das Unternehmenspersönlichkeitsrecht (von Art. 2 Abs. 1, Art. 19 Abs. 3 GG, Art. 8 Abs. 1 EMRK gewährleisteter Geltungsanspruch von Gesellschaften als Wirtschaftsunternehmen) ein und beeinträchtigt das Recht am eingerichteten und ausgeübten Gewerbebetrieb (Schutz des Unternehmens in seiner wirtschaftlichen Tätigkeit und seinem Funktionieren; vgl. BGH CR 2020, 405 mwN). Allerdings muss ein Unternehmer bzw. ein Unternehmen grundsätzlich eine negative Bewertung hinnehmen, wenn sich **die Kritik zu Recht** mit den nachteiligen Umständen des Geschäftes auseinandersetzt (vgl. LG Hamburg CR 2020, 796). Dabei ist der **Aussagegehalt der Bewertung** an ihrem objektiven Sinngehalt und dem Kontext, in dem sie steht, zu messen, und nicht an der Absicht des Bewertenden oder dem Verständnis des Bewerteten (vgl. BGH CR 2020, 405; zur Bewertung von Fahrern auf einem Internetportal VG Köln RDV 2017, 202; OVG NRW ZD 2018, 596)).

B. Unionsrechtlicher Bezug

2 Beim Scoring handelt es sich um einen Unterfall des **Profilings** iSd Art. 4 Nr. 4 DS-GVO. Danach ist „Profiling" jede Art der automatisierten Verarbeitung personenbezogener Daten, die darin besteht, dass diese verwendet werden, um bestimmte persönliche Aspekte einer natürlichen Person zu bewerten. Insbesondere sollen Aspekte der Arbeitsleistung, der wirtschaftlichen Lage, der Gesundheit, der persönlichen Vorlieben, der Interessen, der Zuverlässigkeit, des Verhaltens, des Aufenthaltsorts oder des Ortswechsels analysiert oder vorhergesagt werden (vgl. dazu Weichert DANA 2017, 201 ff.; Taeger RDV 2017, 3 mwN). Eine auf einer **automatisierte Verarbeitung** fußende Entscheidung liegt insbesondere vor, wenn keine inhaltliche Bewertung und darauf gestützte Entscheidung durch eine Person stattgefunden hat bzw. wenn zwar eine Person eine diesbezügliche Entscheidungskompetenz hat, das automatisierte System aber die Entscheidung wesentlich vorbereitet und mitbestimmt (AG Düsseldorf ZD 2018, 187). Dazu gehören grundsätzlich auch „**errechnete**" **Prognosen** zur gegenwärtigen und künftigen Kreditwürdigkeit einer Person, selbst wenn dabei nur ein „Vergleichswert" erzeugt wird.

3 Explizit gibt es zum Scoring im Unionsrecht nur Art. 22 DS-GVO (→ Rn. 1b). Diese Vorschrift betrifft ausschließlich die Fälle, in denen unter Berücksichtigung eines – **automatisiert** – errechneten Scorewertes eine automatisierte Entscheidung für eine Person getroffen wird. Die berechnende und die nutzende Stelle müssen nicht identisch sein. Die Vorschrift befasst sich nicht mit der Frage, wie ein Scorewert berechnet werden muss, damit er zu Recht einer Entscheidung zugrunde gelegt werden kann, sondern benennt die Voraussetzungen, unter denen eine Entscheidung auf einer automatisierten Datenverarbeitung einschließlich eines automatisiert berechneten Scorewerts beruhen darf.

Eine solche Entscheidung ist nach Abs. 1 **grundsätzlich unzulässig,** wenn sie auf einem automatisiert berechneten Wahrscheinlichkeitswerte beruht und gegenüber der betroffenen Person unmittelbar rechtliche Wirkung entfaltet oder sie in ähnlicher Weise erheblich beeinträchtigen kann (dazu Gola/Schulz DS-GVO Art. 22 Rn. 22 ff.). **3a**

Für die **maschinelle Nutzung** von Berechnungen von Prognosen zur gegenwärtigen und künftigen Kreditwürdigkeit einer Person (Scoring) sieht jedoch Art. 22 Abs. 2 DS-GVO abweichend von Abs. 1 besondere Regelungen vor: **3b**

a) Nach **Art. 22 Abs. 2 lit. a DS-GVO** kann ein Verantwortlicher im Rahmen der Erforderlichkeit selbst einen Scorewert zu einer Person automatisiert berechnen oder einen solchen bei Dritten in Erfahrung bringen und diesen ohne Interessenabwägung für die Entscheidung über den Abschluss oder die Ablehnung eines Vertrages mit jener nutzen. **3c**

b) Nach **Art. 22 Abs. 2 lit. b** DS-GVO besteht unter bestimmten Voraussetzungen eine Öffnungsklausel für die EU-Staaten für nationale Regelungen für die Zulässigkeit automatisierter Entscheidungen. § 31 BDSG kann nicht auf diese Vorschrift gestützt werden, da diese Öffnungsklausel nicht für Verträge gilt (NK-DatenschutzR/Scholz Art. 22 Rn. 45). **3d**

c) **Art. 22 Abs. 2 lit. c DS-GVO** umfasst die Fälle, in denen die betroffene Person mit einer Entscheidung aufgrund eines automatisiert berechneten Scorewertes einverstanden ist. Die Einwilligung ist nur beachtlich, wenn das in Art. 7 Abs. 4 DS-GVO festgeschriebene Koppelungsverbot beachtet worden ist, wenn die betroffene Person ausreichend über die Scorewertberechnung informiert wurde und wenn sie ihrer Entscheidung freiwillig iSd Art. 7 Abs. 4 DS-GVO getroffen hat. **3e**

Art. 22 Abs. 3 und 4 DS-GVO beinhalten Schutzvorschriften zugunsten der betroffenen Person für den Fall, dass ein Scorewert automatisiert errechnet und eine automatisierte Entscheidung unter dessen Verarbeitung getroffen wurde. **4**

Werden Scorewerte von einer **Auskunftei** automatisiert oder nichtautomatisiert berechnet, um sie Dritten für eine nicht automatisierte Entscheidung zur Verfügung zu stellen, richtet sich diese Datenverarbeitung ausschließlich nach Art. 6 Abs. 1 lit. f DS-GVO. Nutzt ein Unternehmen einen automatisiert oder nicht automatisierten Scorewert, der auch von einem anderen Unternehmen errechnet worden sein kann, für eine **Entscheidung** über einen Vertragsabschluss, die **nicht automatisiert** getroffen wird, ist dafür ausschließlich Art. 6 Abs. 1 lit. b DS-GVO maßgeblich. **4a**

Grundsätzlich kann die betroffene Person **alle Recht nach Art. 15–21 DS-GVO** gegenüber der den Scorewert berechnenden und den diesen nutzenden Stelle in Anspruch nehmen (s. u. Rn. 25 ff.). Ferner kann die betroffene Person in den Fällen des **Art. 22 Abs. 2 lit. a und c DS-GVO** nach Abs. 3 dieser Vorschrift verlangen, dass der Verantwortliche seine Entscheidung und damit auch die automatisierte Berechnung des Scorewertes durch eine Person überprüfen lässt und dass der betroffenen Person das Zustandekommen der Entscheidung unter Berücksichtigung ihrer Gegenvorstellungen erläutert wird. Wegen der Ansprüche der betroffenen Person in den Fällen des Art. 22 Abs. 2 lit. b DS-GVO → Rn. 27 cc. **5**

§ 31 BDSG findet **nur Anwendung,** soweit er mit den Vorgaben der Art. 6 Abs. 1 lit. b und f; Art. 22 DS-GVO **nicht im Widerspruch** steht, er also neben diesen Vorschriften nur deklaratorische Bedeutung hat. Darüber hinaus ist diese bundesrechtliche Regelung nicht anwendbar, da für diese in der DS-GVO **keine sog. Öffnungsklausel** für ergänzende Vorschriften durch nationale Gesetzgeber vorgesehen ist (→ Rn. 1 d ff.; vgl. Kühling/Buchner DS-GVO Art. 22 Rn. 38; Gola/Heckmann Rn. 4; v. Lewinski/Pohl ZD 2018, 17, 21; Joos BvD-News 2019, 45; LG Karlsruhe ZD 2019, 511 mwN; BVerfG RDV 2020, 49; KKS DatenschutzR/Schantz Art. 6 Abs. 1 Rn. 133; aA LG Bonn ZD 2020, 161; LG Karlsruhe ZD 2019, 511; OLG Schleswig Urt. v. 2.7.2021 – 17 U 15/21; Paal FS Jürgen Taeger, 2020, 339). Die DS-GVO beansprucht gem. Art. 288 Abs. 2 AEUV unmittelbare Geltung und verdrängt im Kollisionsfall das nationale Recht. Den Mitgliedsstaaten ist es untersagt, Regelungen zu erlassen bzw. anzuwenden, die den Anwendungsbereich der DS-GVO verschleiern oder diesem widersprechen (OLG Stuttgart CR 2020, 386; Streinz DuD 2020, 353 mwN; aA OLG Schleswig Urt. v. 2.7.2021 – 17 U 15/21). **6**

§ 31 Abs. 1 BDSG befasst sich nur mit der **Nutzung von Scorewerten** – von anderen Stellen erhalten oder von der verarbeitenden Stelle selbst generiert – bei Institutionen, die automatisiert oder nicht automatisiert über den Abschluss, die Durchführung oder Beendigung eines Vertrages entscheiden. Die Vorschrift steht insoweit mit dem Erforderlichkeitsgrundsatz des Art. 6 Abs. 1 lit. b DS-GVO im Einklang, als dass sie die Verarbeitung von Scorewerten zu Personen oder deren Unternehmen zulässt, soweit die Vorschriften des Datenschutzes bei der Berechnung des **6a**

Scorewertes eingehalten werden bzw. eingehalten worden sind (Abs. 1 Nr. 1) und für die Berechnung des Scorewertes nur Daten genutzt werden, die unter Anwendung eines wissenschaftlichen mathematisch-statistischen Verfahrens dafür geeignet sind (Abs. 1 Nr. 2). Dagegen steht die Regelung, dass für die Scorewertberechnung „nicht ausschließlich Anschriftendaten genutzt werden dürfen" (Abs. 1 Nr. 3) insoweit im Widerspruch zur DS-GVO, als dass die Berücksichtigung von Angaben zugelassen wird, die grundsätzlich nicht die betroffene Person, sondern Dritte betreffen (vgl. Art. 5 Abs. 1 lit. a und c DS-GVO; → Rn. 8m), die betroffene Person also nicht individuell, sondern nach dem Verhalten ihrer Nachbarn beurteilt wird. Auch darf § 31 Abs. 1 BDSG nicht so verstanden werden, dass die Nutzung eines Scorewertes bereits zulässig ist, wenn – nur – dessen Voraussetzungen erfüllt sind. So wird in Abs. 1 nicht vorgeschrieben, dass die Bewertung auf einer zutreffenden und aktuellen Tatsachengrundlage beruhen muss (vgl. Art. 5 Abs. 1 lit. d DS-GVO; BGH NJW 2011, 2204; OLG München CR 2019, 304; OLG Frankfurt a. M. ZD 2015, 335), für die Bewertung ausreichend Daten zur Verfügung stehen müssen (vgl. Art. 5 Abs. 1 lit. c DS-DVO) und der Bonitätsbewertung ein „wahrer Tatsachenkern" zugrunde liegen (LG Frankenthal CR 2019, 176) bzw. die scorewertberechnende Stelle ihre Bewertung nachvollziehbar begründen können muss (vgl. Art. 5 Abs. 1 lit. a und c DS-GVO), obwohl das bei richtigem Verständnis der DS-GVO für die Zulässigkeit der Datenverarbeitung über den Wortlaut des § 31 Abs. 1 BDSG hinaus erforderlich ist (→ Rn. 8i, → Rn. 8j, → Rn. 8p).

6b § 31 Abs. 2 BDSG lässt die **Verwendung von von Auskunfteien** ermittelten Scorewerten, bei denen Informationen über die Begleichung von Forderungen durch die betroffene Person berücksichtigt wurden, nur unter eingeschränkten Voraussetzungen zu. Diese Regelung steht zumindest teilweise im Widerspruch zu Art. 6 Abs. 1 lit. b und f, Art. 22 Abs. 2 lit. a DS-GVO (→ Rn. 1d). Dadurch werden die **Berechner und Verwender von Scorewerten** insoweit **benachteiligt**, als dass bei der Interessenabwägung bzw. bei der Beurteilung der Erforderlichkeit nicht alle maßgeblichen und geeigneten Erkenntnisse berücksichtigt werden dürfen (→ Rn. 8j, → Rn. 9 ff.). So soll nach § 31 Abs. 2 S. 1 Nr. 4 lit. d BDSG die Miteinbeziehung von willkürlich nicht beglichenen Rechnungen bereits dann ausscheiden, wenn die betroffene Person mit fadenscheinigen Argumenten der Forderung widerspricht. Auch wird man wiederholte Mahnungen (§ 31 Abs. 2 Nr. 4 lit. a BDSG) nicht für erforderlich halten dürfen, wenn der Schuldner von Vornherein unberechtigterweise erklärt, eine Forderung nicht erfüllen zu wollen oder wenn er für den Gläubiger nicht erreichbar ist. Ebenso wie Abs. 1 ist auch § 31 Abs. 2 BDSG nicht so zu verstehen, dass eine Nutzung eines Scorewertes bereits zulässig ist, wenn er dieser Vorschrift gerecht wird. Vielmehr würde dadurch uU den Art. 6 Abs. 1 lit. b und f, Art. 22 Abs. 3 DS-GVO nicht ausreichend Rechnung getragen werden.

7 Soweit Verträge betreffende Entscheidungen mit **automatisiert generierten Scorewerten automatisiert** getroffen werden, kann § 31 BDSG nicht als Rechtsvorschrift iSd Art. 22 Abs. 2 lit. b DS-GVO verstanden werden, da diese Öffnungsklausel sich nicht auf die Datenverarbeitung im Zusammenhang mit Verträgen bezieht. Vergleichbares gilt für eine Spezifizierung iSd Art. 22 Abs. 3 DS-GVO, weil § 31 BDSG als Schutzvorschrift in diesem Sinne unzureichend ist).

7a Die DS-GVO lässt nach ihrem Art. 6 Abs. 1 lit. f die **Verarbeitung** „fremder" personenbezogener Daten zu, wenn die **zur Wahrung berechtigter Interessen** der datenverarbeitenden Stelle oder eines Dritten erforderlich ist, sofern nicht die **Interessen oder Grundrechte und Grundfreiheiten der betroffenen Person überwiegen.** Dabei darf die Verarbeitung personenbezogener Daten nur erfolgen, wenn sie einem grundsätzlich **legitimen Zweck** i. S. des Art. 5 Abs. 1 lit. b DS-GVO dient. Auch muss sie für sich genommen gemessen an der Rechtsordnung zulässig sein, darf also weder generell noch im Einzelfall im Widerspruch zu den schutzwürdigeren Belangen der Personen, deren Daten bei der Interessenwahrnehmung verarbeitet werden, stehen. Deswegen muss nach der Prüfung, ob die Rechtsordnung diese Art von Datenverarbeitung überhaupt zulässt, ermittelt werden, ob sich ein betroffener Dritten eine derartige Verarbeitung seiner Daten grundsätzlich gefallen lassen müssen, und ob im konkreten Fall die datenverarbeitende Stelle zu berücksichtigen hat, dass es Belange der betroffenen Person gibt, die der Datenverarbeitung entgegenstehen, weil eine Person in ihrer Situation grundsätzlich erwarten darf, dass jene vernünftigerweise unterbleibt (kritisch dazu Robrahn/Bremert ZD 2018, 291 (294), wo nur auf „objektive" Gegeninteressen, nicht aber auf die Befindlichkeit der betroffenen Person im konkreten Fall abzustellen sei). Genügt das Verarbeitungsinteresse diesen Anforderungen nicht, ist die Datenverarbeitung unzulässig. Auf das Vorliegen einer **„besonderen Situation" der betroffenen Person** iSd Art. 21 Abs. 1 DS-GVO am Unterbleiben der Datenverarbeitung kommt es dann nicht mehr an. Ein solcher Einwand kann nur ausnahmsweise gegen die Datenverarbeitung ins Feld geführt werden, wenn eine gravierende oder unverhältnismäßige Benachteiligung der betroffenen Person zu befürchten ist. Die Datenverarbeitung ist dann nur noch zulässig, wenn die datenverarbeitende

Stelle zwingende schutzwürdige Gründe nachweist, die die Gründe, die den eingelegten Widerspruch der betroffenen Person rechtfertigen, ihrerseits überwiegen (Art. 21 Abs. 1 S. 2 DS-GVO).

Diese für das gesamte Datenschutzrecht grundlegende Maxime soll anhand eines **Beispiels** näher erläutert werden: Eine Wirtschaftsauskunftei verfolgt das Geschäftsinteresse, Daten von säumigen Schuldnerinnen und Schuldnern zu sammeln, um andere Unternehmen vor Verträgen mit diesen zu warnen. Das ist ein objektiv legitimer Datenverarbeitungszweck iSd Art. 5 Abs. 1 lit. b DS-GVO. Dagegen würde kein legitimer Verarbeitungszweck vorliegen, wenn die Auskunftei sonstige Erkenntnisse über das „normale" Verbraucherverhalten sammelt und einer Vielzahl von Personen zugänglich macht, so dass ein strukturierter Überblick über eine Person und deren Privatleben ermöglicht wird. Ein berechtigtes Interesse nach Art. 6 Abs. 1 lit. f DS-GVO für die Verarbeitung solcher Erkenntnisse durch die Auskunftei liegt vor, da die gegenteiligen Interessen zahlungsunwilliger bzw. zahlungsunfähiger Schuldnerinnen und Schuldner am Unterbleiben der Datenverarbeitung grundsätzlich nicht höher wiegen, vorausgesetzt, diese vermögen im Einzelfall für ihre Person keine beachtlichen Einwendungen gegen ihre – angebliche – nicht erfüllte Zahlungsverpflichtung zu erheben. Besteht das berechtigte Warninteresse, können sich jene nur noch ausnahmsweise auf eine besondere Situation i. S. des Art. 21 Abs. 1 DS-GVO berufen, wenn sie den Nachweis erbringen, dass sie durch die eigentlich berechtigte Datenverarbeitung unverhältnismäßig benachteiligt werden. **7b**

C. Abs. 1

Nicht nur die **Verwendung,** sondern auch die **Berechnung** eines Scorewertes ist nach Art. 6 Abs. 1 lit. b und f, Art. 22 Abs. 2 lit. a und c DS-GVO unter Berücksichtigung der aktuellen Rechtsprechung und der Literatur grundsätzlich nur rechtmäßig, wenn die **Vorschriften des Datenschutzes** eingehalten werden bzw. eingehalten worden sind (Rn. 8a), die Bewertung auf einer **zutreffenden Tatsachengrundlage** beruht (→ Rn. 8i; BGH NJW 2011, 2204; OLG München CR 2019, 304; OLG Frankfurt a. M. ZD 2015, 335), für die Bewertung **ausreichend Daten** zur Verfügung stehen (→ Rn. 8j), für die Berechnung des Scorewertes nur Daten genutzt werden, die dafür unter Anwendung eines **wissenschaftlich mathematisch-statistischen Verfahrens geeignet** sind (→ Rn. 8l), die betroffene Person bzw. das Unternehmen **individuell beurteilt** wird (→ Rn. 8m) und der Bewertung der Bonität ein „**wahrer Tatsachenkern**" zugrunde liegt (LG Frankenthal CR 2019, 176) bzw. die verantwortliche Stelle die **Bewertung nachvollziehbar begründen** kann (Rn. 8f). Das Einverständnis in die gesetzlich zulässige Datenverarbeitung zur Scorewertberechnung ist grundsätzlich nicht erforderlich. Wegen der Erweiterung der Datenverarbeitungsbefugnisse durch Einwilligung → Rn. 1d). **§ 31 Abs. 1 BDSG** ist insoweit **unvollständig,** als dass dort nur die Einhaltung der Datenschutzvorschriften (Nr. 1), die Zugrundelegung eines wissenschaftlich anerkannten mathematisch-statistischen Verfahrens (Nr. 2) und das Verbot, nur Anschriftendaten zu verwenden (Nr. 3), vorgeschrieben wird. **8**

Nach Art. 6 Abs. 1 DS-GVO ist die Verarbeitung personenbezogener Daten nur zulässig, wenn dies eine gesetzliche Vorschrift zulässt oder die betroffene Person rechtswirksam eingewilligt hat. Die **Vorschriften des Datenschutzes** müssen sowohl bei den den Scorewert berechnenden Stellen, bei denen, die Informationen zum Zwecke der Scorewertberechnung übermittelt haben bzw. von denen solche eingeholt wurden, wie auch bei den Verantwortlichen, die den Scorewert letztlich nutzen, **eingehalten** werden bzw. eingehalten worden sein (vgl. Abs. 1 Nr. 1; dazu Joos BvD-News 2019, 45; LAG Hessen RdV 2019, 255). Das betrifft sowohl die bei der scorewertberechnenden Stelle bereits über eine betroffene Person vorhandenen Daten, wie auch solche, die diese zum Zwecke der Scorewertberechnung zusätzlich erhoben hat bzw. die von Dritten der scorewertberechnenden oder nutzenden Stelle übermittelt wurden. **8a**

Diese Angaben müssen – bislang – **rechtmäßig verarbeitet** worden sein. Ihre **Speicherung** muss – noch – **zulässig** sein. Bei der Gewinnung bzw. der Nutzung der Informationen muss eine Abwägung zwischen dem verbrieften Schutz der Daten der betroffenen Person nach Art. 7, 8 GRCh, Art. 8 Abs. 1 EMRK, Art. 12, 16 AEUV und dem Schutz des Eigentums und der unternehmerischen Freiheit iSd Art. 16, 17 GRCh des scorewertberechnenden oder -nutzenden Unternehmens vorgenommen werden (vgl. Weichert DANA 2018, 132 (134); v. Lewinski/Pohl ZD 2018, 18; zur Methode der Interessenabwägung Herfurth ZD 2018, 514). **Rechtswidrig verarbeitete Daten** dürfen grundsätzlich nicht in die Scorewertberechnung einfließen (vgl. VG Lüneburg ZD 2017, 199; OVG Bremen NVwZ 2018, 1903; LAG Hessen RDV 2019, 255; LG Berlin ZD 2020, 417; LG Frankfurt a. M. CR 2019, 741; aA BGH BeckRS 2018, 8602, NJW 2018, 2883; LG Düsseldorf DANA 2019, 111 wonach auch die Weiterverarbeitung bislang rechtswidrig verarbeiteter Daten im Rahmen der Verhältnismäßigkeit zulässig sein soll; vgl. BAG RDV 2019, **8b**

303, wo von einem Verwertungsverbot ausgegangen wird, wenn die rechtswidrige Datenverarbeitung zu einem Grundrechtsverstoß führt; vgl. Pötters/Wybitul NJW 2014, 2074). Die betroffene Person muss von der **Übermittlung** bzw. der **Zweckänderung** ihrer Daten nach Art. 13 f. DS-GVO **informiert** werden (→ Rn. 21).

8c Grundsätzlich darf eine scorewertberechnende Stelle aufgrund von Art. 6 Abs. 1 lit. f DS-GVO alle **personenbezogenen Daten speichern und nutzen,** die ihr **vorliegen,** die sie **legal erhalten** hat und die für eine Scorewertberechnung geeignet und erforderlich sind, insbesondere Angaben zum Zahlungsverhalten einer Person und zu deren wirtschaftlichen Verhältnissen (vgl. KKS DatenschutzR/Schantz Art. 6 Abs. 1 Rn. 137). Vergleichbares gilt im Hinblick auf die Erforderlichkeit nach Art. 6 Abs. 1 lit. b DS-GVO für die Berechnung bzw. Einholung von Scorewerten durch Unternehmen, die eine Bewertung der Kreditwürdigkeit ihrer Partner vor Vertragsabschlüssen selbst anstellen bzw. nach Art. 22 Abs. 3 DS-GVO für die Fälle, in denen ein maschinell erstellter Scorewert für eine automatisierte Entscheidung genutzt wird. Hier kann ggf. grundsätzlich von einer **berechtigten Zweckänderung,** von der die betroffene Person ggf. zu informieren ist (→ Rn. 21), nach Art. 6 Abs. 4 lit. a DS-GVO, Erwägungsgrund 50 ausgegangen werden (Gola RDV 2017, 187 (188); Wendehorst/v. Westphalen NJW 2016, 3746; Kühling/Buchner Art. 6 Rn. 187 ff.; LG Bonn ZD 2020, 161).

8d Ein berechtigtes Interesse für die **Erhebung** und weitere **Verarbeitung** von **zusätzlichen Informationen** für die Scorewertberechnung ist grundsätzlich für gesicherte, zutreffende Angaben zum **Zahlungsverhalten einer Person** gegeben, wenn es sich um Informationen handelt, dass diese nicht gewillt bzw. in der Lage ist, eine Zahlungsverpflichtungen zu erfüllen (sog. **Bonitätsnegativmerkmale;** vgl. BVerfG K&R 2016, 593; Gola RDV 2017, 187 (188); KSS DatenschutzR/Schantz Art. 6 Abs. 1 Rn. 137). Bei **nicht** oder **nicht rechtzeitig beglichenen Forderungen** ist Voraussetzung für die Zulässigkeit der Berücksichtigung bei der Scorewertberechnung, dass diese für sich genommen oder in der Zusammenschau mit anderen Bonitätsnegativmerkmalen den nachvollziehbaren Schluss zulassen, dass die betroffene Person auch **künftig zahlungsunfähig bzw. zahlungsunwillig** (Begriff BGH NJW 2018, 396) sein wird. Das ist insbesondere bei einmaligen Zahlungsverfehlungen oder geringfügigen Beträgen nicht der Fall (aA BGH NJW 2011, 259; OLG Saarbrücken RDV 2002, 239). Vergleichbares gilt für Bonitätsnegativmerkmale, die im **Zentralen Schuldnerverzeichnis** der Zentralen Vollstreckungsgerichte nach § 882f Abs. 1 Nr. 4, § 882g Abs. 2 Nr. 2 ZPO erfasst worden sind. Dabei handelt es sich um Eintragungen der Gerichtsvollzieher nach § 882c ZPO, der Vollstreckungsbehörden nach § 882b Abs. 1 Nr. 2 ZPO, Abweisung von Insolvenzanträgen mangels Masse nach § 26 Abs. 1 InsO sowie um Versagung, die nachträgliche Versagung und den Widerruf von Restschuldbefreiungen nach § 303a S. 2 InsO (vgl. BGH NJW 2016, 3726). Ebenfalls bonitätsrelevant sind Entscheidungen in **Insolvenzverfahren,** die entweder zur Folge haben, dass die betroffene Person nicht mehr uneingeschränkt selbst über ihr Vermögen verfügen darf (zB Anordnung einer vorläufigen Verfügungsbeschränkung nach § 21 Abs. 2 Nr. 2 InsO; Insolvenzeröffnungsbeschluss nach § 27 InsO; Anordnung der Überwachung eines Insolvenzplans nach §§ 260, 263 InsO (vgl. OLG Frankfurt a. M. Urt. v. 12.2.2015 – 7 U 187/13; insolvenzrechtliche Wohlverhaltensphase nach §§ 287 ff. InsO). Bonitätsrelevant sind dabei auch **gerichtliche Feststellungen,** dass die betroffene Person gegenwärtig und für absehbare Zeit allenfalls eingeschränkt zahlungsfähig ist (vgl. BGH NJW 2018, 396; LG Heilbronn DuD 2019, 660; zB Aufhebung des Insolvenzverfahrens nach §§ 200, 258 InsO; Einstellung des Insolvenzverfahrens nach § 207 ff. InsO (LG München I Urt. v. 3.12.2010 – 25 O 5513/10; OLG Frankfurt a. M. Beschl. v. 1.9.2009 – 21 U 35/13); gerichtlich bestätigter Schuldenbereinigungsplan nach § 308 Abs. 1 InsO, § 794 Abs. 1 Nr. 1 ZPO). Dagegen darf die **Restschuldbefreiung** nach § 300 InsO grundsätzlich nur so lange verarbeitet werden, wie die Speicherung im Einklang mit § 3 Abs. 2 InsoBekV steht, also nicht länger als sechs Monate nach der Rechtskraft der Restschuldbefreiung (OLG Schleswig Urt. v. 2.7.2021 – 17 U 15/21, vgl. Vorlagebeschluss des VG Wiesbaden an den EuGH, Pressemitteilung des Gerichts Nr. 14/2021v. 28.9.2021; aA OLG Karlsruhe ZD 2016, 287; VG Karlsruhe ZD 2013, 142; vgl. Pape NJW 2014, 3555, 3561; LG Frankfurt a. M. ZD 2019, 467; LG Heidelberg DATENSCHUTZ-BERATER 2020, 137; LG Hamburg Urt. v. 23.7.2020 – 334 O 161/19; zur Bekanntmachung von Insolvenzbeschlüssen BGH ZD 2018, 171). Problematisch ist bei der einschränkenden Auffassung, dass die Dauer der Verarbeitungsberechtigung an einer nationalen Vorschrift orientiert wird (→ Rn. 6).

8e Die Verwendung von zu **löschenden Angaben** (→ Rn. 23), von **diskriminierenden Informationen,** von solchen iSd **Art. 9 f. DS-GVO,** von Erkenntnissen aus dem **höchstpersönlichen Bereich** der betroffenen Person (vgl. Weichert DANA 2018, 132; zum Datenschutz von Kindern Roßnagel ZD 2020, 88) und von **unzutreffenden Angaben** (→ Rn. 8i) ist grundsätzlich **unzu-**

lässig. Auch dürfen Daten Dritter und Informationen aus der **Privatsphäre** der betroffenen Person, die keine Bonitätsnegativmerkmale (sog. Positivmerkmale → Rn. 8f) darstellen, ohne deren Zustimmung grundsätzlich nicht in die Scoreberechnung miteinbezogen werden. Auch Daten, die unmittelbar etwas über den **Gesundheitszustand** der betroffen Person aussagen, dürfen nicht verwendet werden (vgl. Matejek/Mäusezahl ZD 2019, 551), solche zu **Straftaten** iSd Art. 10 DS-GVO können nur unter behördlicher Aufsicht verarbeitet werden. In diesen Fällen kommt der **Achtung des Privat- und Familienlebens** (Art. 7 GRCh; Art. 8 Abs. 1 EMRK; vgl. Art. 22 Abs. 3 und 4 DS-GVO) eine überragende Bedeutung zu. Die Berücksichtigung von Angaben zum **Geschlecht** der betroffenen Person ist nicht generell unzulässig, doch dürfen daraus keine diskriminierenden Folgerungen gezogen werden (vgl. OLG München ZD 2014, 570). So muss im Einzelfall begründbar sein, warum Männer und Frauen ungleich zu behandeln seien. Ob die Stellen, bei denen Daten für die Scorewertberechnung erhoben werden, **Anfragen** der scorewertberechnenden Stelle **beantworten** bzw. ob sie Angaben von sich aus der scorewertberechnenden Stelle überlassen dürfen, richtet sich nach den von diesen zu beachtenden Datenschutzvorschriften. Eine Auskunftspflicht Dritter besteht grundsätzlich nicht.

Zwar spricht vieles dafür, dass ein Scorewert um so aussagekräftiger ist, je mehr Angaben zum Verhalten der betroffenen Person berücksichtigt werden (→ Rn. 8j; aA Kahneman ua, Noise, 2. Aufl., S. 12 f., 124 ff.). Dennoch dürfen sog. **Positivdaten** (zum Begriff Assion/Hauck ZD-Beil. 12/2020) grundsätzlich nicht ohne Einwilligung der betroffenen Person von Auskunfteien verarbeitet bzw. von scorewertberechnenden Stellen erhoben und genutzt werden. Das sind Angaben aus dem Privatleben, insbesondere zum Verbraucherverhalten einer Person, die sich nicht nachteilig auf deren Zahlungsverhalten auswirken, aber die Gefahr mit sich bringen, dass ein umfassendes Bild zu deren Persönlichkeit erstellt werden kann. In diesen Fällen geht der Schutz der Persönlichkeit nach Art. 7 GRCh, Art. 8 EMRK den Erwartungen der Wirtschaft vor (vgl. KSS DatenschutzR/Schanz Art. 6 Abs. 1 Rn. 137; aA Assion/Hauck ZD-Beil. 12/2020 mit nicht nachvollziehbarer Begründung). Davon umfasst werden insbesondere Erkundigungen der betroffenen Person bei Energieversorgern nach möglichst günstigen Angeboten, unverbindliche Kreditkonditionenanfragen bei Banken, Angaben zum Kauf- und Verbraucherverhalten, Informationen zur Wohndauer, Versicherungsverträge, Mietverträge, Telekommunikationsverträge, Energieversorgungsverträge sowie sonstige Dauerschuldverhältnisse bzw. Einzelverträge ohne unmittelbare nachteilige Bonitätsrelevanz. Das Interesse der Wirtschaft, ausreichende Erkenntnisse für unternehmerische Entscheidungen zu haben, muss angesichts des damit verbundenen Eingriffs in das Persönlichkeitsrecht der betroffenen Personen regelmäßig hinter deren Schutz zurückstehen (vgl. KSS DatenschutzR/Kühling Art. 6 Rn. 153; Heinzke/Engel ZD 2020, 189). So geben Mobilfunkbetreiber unzulässigerweise Kundendaten an Wirtschaftsauskunfteien weiter (s. https://www.tagesschau.de/investigativ/ndr/schufa-handydaten-103.html), was nicht nur mit dem geltenden Datenschutzrecht unvereinbar ist, sondern auch gegenüber den Kunden als vertragswidrig zu erachten ist, zumal sich diese darauf verlassen dürfen, dass der Anbieter nicht ohne ihre Zustimmung ihre sensiblen Daten vermarktet (vgl. Medicus/Lorenz, Schuldrecht I, 22. Aufl., S. 237). Ferner kann ein derartiges Verhalten gegen § 3a UWG verstoßen. Anders verhält es sich bei Angaben, die zwar keine Bonitätsnegativdaten darstellen, sich aber dennoch nachteilig auf die Zahlungsfähigkeit der betroffenen Person auswirken können, zB Informationen zu regelmäßigen, längerfristigen **nicht unerheblichen Zahlungsverpflichtungen** etwa infolge von Darlehensverträgen, Übernahme von Bürgschaften oder Girokonten mit hohen Überziehungsmöglichkeiten (vgl. Lewinski/Pohl ZD 2018, 17 (20); Abel ZD 2018, 103 (107)).

8f

Die Befugnis der **Inkassounternehmen**, Daten von Schuldnern und Schuldnerinnen aus dem Inkassoverfahren **an Auskunfteien** zu **übermitteln** bzw. für eigene Scorewertberechnungen zu nutzen, richtet sich ausschließlich nach Art. 6 Abs. 1 lit. f, Abs. 4, Art. 22 Abs. 3 DS-GVO (vgl. KG Berlin ZD 2020, 478; im Einzelnen dazu → Rn. 9 ff.). Eine Übermittlungs- bzw. Nutzungsbefugnis ist nur gegeben, wenn das Verhalten der betroffenen Person Anlass zu der Annahme gibt, dass diese bis auf weiteres zahlungsunwillig bzw. zahlungsunfähig ist (vgl. LG Bonn ZD 2020, 161).

8g

Problematisch ist, inwieweit scorewertberechnende Stellen auch Daten aus **sozialen Netzwerken** bei der Scorewertberechnung verarbeiten dürfen (Kühling/Buchner DS-GVO Art. 6 Rn. 83 ff.). Da in der Regel ungewiss ist, inwieweit dort veröffentlichte Informationen zutreffend sind und die Persönlichkeit der betroffenen Person nicht beeinträchtigen, ist die Erhebung und Nutzung von Daten aus sozialen Netzwerken grundsätzlich nur zulässig, soweit **Behörden und Gerichte** diese berechtigterweise im Netz **bekanntmachen** dürfen (zB Schuldnerverzeichnis der Vollstreckungsgerichte nach § 882h ZPO, Entscheidungen im Insolvenzverfahren zB § 30 InsO; vgl. Krämer NJW 2018, 347 (349)). Vergleichbares gilt für von Privatpersonen veröffentlichte

8h

Angaben, wenn die ins Netz gestellten Informationen dem **Auftreten der betroffenen Person in der Öffentlichkeit entsprechen** (vgl. BVerfG RDV 2020, 30; OLG Köln CR 2020, 112). Auch kommt dem Schutz öffentlich verfügbarer Informationen aus der Sozialsphäre der betroffenen Person, etwa aufgrund ihrer Marktteilnahme, Werbung oder sonstigen **öffentlichen Wirkens**, in der Regel ein geringeres Gewicht zu verglichen mit dem öffentlichen Informationsinteresse (OLG Köln CR 220, 112), wobei ein Datum nicht alleine wegen seiner Öffentlichkeit aus dem Schutzbereich der Art. 7 f. GRCh herausfällt (zur Abwägung mit Art. 11 und Art. 15 GRCh Hornung/Gilga CR 2020, 367 mwN). Ferner können Informationen aus den sozialen Netzwerken verwertet werden, wenn die Angaben offensichtlich von der **betroffenen Person selbst** oder von Dritten mit dem offensichtlichen Einverständnis der betroffenen Person veröffentlicht wurden. Maßgeblich ist dabei der beim Beobachter hervorgerufene Anschein. Dagegen sind die Daten nicht öffentlich, wenn sie mittels einer entsprechenden technischen „Einstellung" nur einem **überschaubaren, begrenzten Adressatenkreis** zugänglich gemacht werden sollen. Ein bloßes Dulden rechtswidriger Veröffentlichungen durch die betroffene Person reicht für die Zulässigkeit der weiteren Verarbeitung nicht aus (vgl. Eschholz DuD 2017, 180; ULD Nr. 6; BVerfGE 120, 351; 142, 234; BVerwGE 137, 275; Hornung/Gilga CR 2020, 367). Da stets ungewiss ist, ob diese Informationen von der betroffenen Person selbst oder mit deren Einverständnis im Netz eingestellt worden bzw. inwieweit diese zutreffend sind, muss diese von der scorewertberechnenden Stelle vor der Nutzung der Daten nach Art. 14 DS-GVO informieren werden (→ Rn. 21), sodass der Verarbeitung nach Art. 18 Abs. 1, Art 21 Abs. 1 DS-GVO widersprochen werden kann (→ Rn. 29 lit. c). Allerdings gibt es kein Recht, dass zu Recht öffentlich zugängliche Informationen bei der Scorewertberechnung nach den Vorstellungen der betroffenen Person so zu filtern und auf die Aspekte zu begrenzen sind, die diese für relevant oder für ihr Persönlichkeitsbild als angemessen erachtet (BVerfG RDV 2020, 30). Doch muss jeder, der Daten aus einem sozialen Netzwerk verarbeitet und diese dabei zu eigen macht, grundsätzlich für deren Rechtmäßigkeit einstehen (vgl. BGH GRUR 2016, 855).

8i Die für die Berechnung des Scorewertes verwendeten personenbezogenen **Angaben** müssen **inhaltlich richtig** (Paal FS Jürgen Taeger, 2020, 343) und auf dem **neuesten Stand** sein (vgl. Art. 5 Abs. 1 lit. d DS-GVO; vgl. BGH NJW 2014, 1235; Weichert DANA 2018, 132 (135); Simitis/Dammann § 28 Rn. 33 f.; LG Karlsruhe ZD 2019, 511; vgl. Stevens CR 2020, 73). Das gilt auch für **Werturteile mit Tatsachenkern** (vgl. OVG Hamburg ZD 2020, 598). Sachlich richtig (vgl. Art. 5 Abs. 1 lit. d DS-GVO) sind objektive, lediglich auf Tatsachenangaben und nicht auf Werturteilen beruhende Angaben, wobei diese Informationen mit der Realität übereinstimmen müssen (vgl. VG Berlin DuD 2020, 480). **Wahre Tatsachenbehauptungen** können grundsätzlich für die Scorewertberechnung **verwendet** werden, soweit dem keine anderweitigen datenschutzrechtlichen Hindernisse entgegenstehen (vgl. OVG Hamburg ZD 2020, 598; BVerfG K&R 2016, 593). Dagegen macht das Fehlen einer zutreffenden Tatsachengrundlage die Bewertung rechtswidrig (vgl. OLG München CR 2019, 349 mwN; OLG Frankfurt a. M. ZD 2015, 335). Unzutreffende Tatsachen können die Tatbestände der §§ 186 f., § 187 Alt. 3 StGB erfüllen und die Unternehmenspersönlichkeit sowie das Recht am eingerichteten und ausgeübten Gewerbebetrieb verletzen (OLG Celle ZD 2021, 211). Deswegen dürfen bei der Berechnung von Scorewerten neben zutreffenden Angaben keine unzutreffenden Fakten berücksichtigt werden (vgl. OLG Frankfurt a. M. ZD 2015, 335). Die Verwendung von **Schätzdaten** ist grundsätzlich zulässig, soweit die Schätzung fundiert ist, also ihrerseits auf belastbaren Erkenntnissen beruht. Nach der Rechtsprechung des EuGH geht die Datenrichtigkeit der Meinungsfreiheit vor (s. Abschlussbericht der GP Forschungsgruppe des ULD Schleswig-Holstein Az.: 314-06.01-2812HS021 Nr. 2.2.2). Auch die deutschen Gerichte halten es für unzulässig, Bewertungen auf nicht nachvollziehbare Mutmaßungen oder auf Gerüchte zu stützen (BGH NJW 2013, 2348). Vielmehr wird erwartet, dass die Bonitätsbeurteilung einschließlich der Schätzdaten und hinzugezogener **Teilbewertungen** auf überprüfbaren, zutreffenden Fakten beruht (BGH NJW 2011, 2204; 2013, 2348; DANA 2016, 107; BVerfG K&G 2016, 593). Allerdings müssen **Auskunfteien** die von Dritten erhaltenen, für die Scoreberechnung vorgehaltenen Einzelangaben einschließlich von Teilbewertungen nur **im Rahmen der Zumutbarkeit** auf ihre Rechtmäßigkeit hin **überprüfen**. Eine **Überprüfungspflicht** besteht jedoch, wenn die **Auskunftei** auf eine mögliche Rechtswidrigkeit des Datums aufmerksam gemacht wird, wenn sich diesbezügliche Zweifel aufdrängen, wenn die betroffene Person eine Berichtigung oder Ergänzung nach Art. 16 DS-GVO begehrt (s. u. Rn. 28) oder einen Widerspruch nach Art. 18 DS-GVO erhebt (→ Rn. 29 lit. c) bzw. wenn die Datenschutzaufsichtsbehörde eine Überprüfung verlangt (vgl. BGH ZD 2016, 281; LG Hamburg CR 2019, 404; vgl. BGH GRUR 2016, 855). Dagegen würde eine generelle Prüfpflicht die Auskunfteien wirtschaftlich und personell überfordern (LG Frankenthal CR 2019, 176), während reine reaktive Prüfpflichten deren Betrieb weder wirtschaftlich gefährden, noch ihn unverhältnismäßig erschweren (vgl. BGH ZD 2016, 281; BGH GRUR 2015, 1129; LG Baunschweig CR 2019, 258). Dieses **Auskunfteienprivileg** wird von der Gegenauffassung abgelehnt. Danach habe, wer sich als Auskunftei und damit als planmäßig scorewertberechnende Stelle fremde Informationen und Beurteilungen zu eigen macht und in seine eigene Bewertung miteinbezieht, um diese Dritten zugänglich zu machen, für deren Rechtmäßigkeit datenschutzrechtlich uneingeschränkt einzustehen (vgl. BGH CR 2020, 253; BGH GRUR 2015, 1129; LG Braunschweig CR 2019, 258; BGH GRUR 2016, 855; BGH CR 2020, 405; OLG Brandenburg CR 2020, 341), zumal sich nur **Empfänger** von Daten, die keine Auskunfteien oder vergleichbar verantwortliche Institutionen sind, auf deren Richtigkeit verlassen können und grundsätzlich nur dann datenschutzrechtlich als „unmittelbare Störer" gelten, wenn sie diese zum Nachteil der betroffenen Person weiterverarbeiten, obwohl sie sich auf die **Vertrauenswürdigkeit der übermittelnden Stelle** nicht verlassen dürfen, sich ihnen **Zweifel** an der von Dritten erhaltenen Informationen **bekannt** sind oder sich solche **aufdrängen** (vgl. LG Hamburg CR 2019, 404).

Für die Berechnung eines Scorewertes müssen **ausreichend Einzelangaben** – ggf. auch Teilbewertungen – zur Verfügung stehen, womit gesichert sein soll, dass die Gesamtbeurteilung **nicht** auf einem **verzerrten Bild** der betroffenen Person oder ihres Unternehmens beruht (LG Karlsruhe ZD 2019, 511; OLG München ZD 2014, 570; BGH NJW 2011, 2204; OLG München CR 2019, 304; 394; OLG Frankfurt a. M. ZD 2015, 335; BGH NJW 2011, 2204; 2013, 2348; DANA 2016, 107; Weichert DANA 2018, 132; Paal FS Jürgen Taeger, 2020, 343). Das gilt sowohl für den Scorewert insgesamt wie auch für Schätzdaten und Teilwerturteile. Die Bewertung der Kreditwürdigkeit ist **umso genauer,** je **mehr Informationen** über einen Betrieb und seinen Inhaber berücksichtigt wurden (Auskunft der IHK Region Stuttgart vom 22.7.2020). Andererseits ist sie um so **ungenauer,** je mehr **Schätzdaten** bzw. **abstrakte Angaben** zu der Branche, der der zu beurteilende Betrieb angehört, in die Bewertung Eingang gefunden haben. Insbesondere dürfen **wichtige relevante Tatsachen** – etwa dass keine Bonitätsnegativmerkmale vorliegen, oder die finanzielle und wirtschaftliche Situation der betroffenen Person und ihres Unternehmens – **nicht außer Acht** gelassen werden bzw. worden sein. So kann sich die scorewertberechnende Stelle nicht darauf beschränken, nur von ihr für nützlich und vertrauenswürdig erachtete Parameter zu verwenden. Vielmehr muss ein Durchschnitt mehrere repräsentativer Einzelbewertungen der betroffenen Person bzw. ihres Unternehmens gebildet werden (vgl. OLG München CR 2019, 394). So **fehlt** der Scorewertberechnung die **sachliche Basis,** wenn der berechnenden Stelle bei der Bewertung so gut wie **keine Erkenntnisse** über die betroffene Person oder ihren Betrieb vorliegen bzw. vorgelegen haben (OLG Frankfurt a. M. ZD 2015, 335; OLG München ZD 2014, 570; Weichert DANA 2018, 132 (134)). Mit Sicherheit reicht **eine Einzelangabe,** die unter Umständen nach „Abzug" zu Unrecht verarbeiteter Parameter verblieben ist, **nicht** aus, eine zutreffende Bewertung zu treffen (OLG Frankfurt a. M. ZD 2015, 335). Insbesondere ist es unzulässig, einen Scorewert nur aufgrund von **Anschriftendaten** zu berechnen, da diese nicht zwingend etwas über den zu Beurteilenden aussagen (→ Rn. 8m; AG Hamburg Urt. v. 16.3.2017 – 233 OWi 12/17). Bei der Beurteilung eines **Unternehmens** müssen dessen **wirtschaftliche und finanzielle Verhältnisse** (zB Jahresabschlüsse, Unternehmenskonzept, Rentabilitätsplanung, Liquiditätsplanung, aktueller Auftragsbestand, aktuelle Verbindlichkeiten, Umsätze, Betriebsausgaben) **zwingend Berücksichtigung** finden (Auskunft der Handwerkskammer Region Stuttgart vom 16.6.2020). Andererseits kann die betroffene Person verlangen, dass neben den von der scorewertberechnenden Stelle zu Recht für relevant erachteten Daten und zwingend zu berücksichtigenden Umständen anderweitige Tatsachen miteinbezogen werden sollen, die die betroffene Person gerne berücksichtigt haben will (OLG München ZD 2014, 570; BVerfG RDV 2020, 30), wenn auch ohne diese eine tragfähige Einschätzung der Bonität möglich ist. Hat die scorewertberechnende Stelle **keine ausreichende Tatsachengrundlage,** ist es ihr **nicht möglich,** die betroffene Person oder deren Unternehmen zuverlässig **zu bewerten** (OLG Frankfurt a. M. ZD 2015, 335). Die Rechtsprechung erachtet es als „verantwortungslose Oberflächlichkeit", wenn die Kreditwürdigkeit eines Unternehmens ohne jegliche sachliche Basis negativ taxiert wird (OLG Frankfurt a. M. ZD 2015, 335). Die Verpflichtung, Scorewerte nur zu berechnen, wenn dazu ausreichendes Datenmaterial zur Verfügung steht, berechtigt eine Auskunftei nicht, sich illegal Erkenntnisse – etwa sog. Positivdaten - über die betroffene Person zu beschaffen, weil sie ansonsten nicht in der Lage wäre, diese zutreffend zu beurteilen (→ Rn. 8f).

Auch die **betroffene Person** kann zum Zwecke der Scorewertberechnung zu ihren Verhältnissen befragt werden, wobei sie nach Art. 13 DS-GVO zu informieren ist. Für diese besteht grundsätzlich **keine Auskunftsverpflichtung,** es sei denn, eine solche ergibt sich aus einer rechtswirksamen Vereinbarung. Ansonsten ist eine derartige Mitwirkungsverpflichtung in der Rechtsordnung nicht vorgesehen. Insbesondere gibt es keine Handelsbräuche iSd § 346 HGB (zum Begriff Lettl, Handelsrecht, 4. Aufl. 2018, S. 205), die einen Kaufmann zwingen würden, über die handelsrechtlich vorgeschriebenen Publikationsverpflichtungen hinaus die finanziellen Verhältnisse seines Unternehmens zu offenbaren. Selbst wenn sich die betroffene Person ausdrücklich weigert, Anfragen einer scorewertberechnenden Stelle zu ihren persönlichen Verhältnissen oder zu ihrem Unternehmen zu beantworten, ist es nicht zulässig, daraus für deren wirtschaftliche oder finanzielle Zuverlässigkeit nachteilige Folgerungen zu ziehen oder einen Scorewert unter Außerachtlassung wichtiger Informationen zu berechnen. Ggf. muss die anfragende Stelle bekennen, dass sie mangels erforderlicher Erkenntnisse nicht in der Lage ist, eine aussagekräftige Bewertung zu einer bestimmten Person oder zu einem Betrieb vorzunehmen (vgl. OLG Frankfurt a. M. ZD 2015, 335). Allerdings kann eine Auskunftei, bei der sich ein potentieller Vertragspartner nach dem Scorewert zu einer Person erkundigt hat, diese bitten, die für die Berechnung erforderlichen Daten zu nennen, und dabei darauf hinweisen, dass man sonst nicht in der Lage sei, einen solchen zu berechnen, was möglicherweise dazu führen könne, dass der Abschluss des Vertrages abgelehnt wird (vgl. Art. 13 Abs. 2 lit. e DS-GVO).

8l   Für die Berechnung des Scorewertes dürfen nur Daten genutzt werden, die unter Anwendung eines **wissenschaftlich mathematisch-statistischen Verfahrens** dafür nachweislich **geeignet** sind (OLG Frankfurt a. M. ZD 2015, 335). Ein irrelevantes Merkmal darf für die Bewertung nicht Grundlage sein (Weichert DANA 2018, 132). Das Verfahren muss im Einklang mit dem Stand der Wissenschaft für die Analyse, ob die betroffene Person oder ihr Unternehmen aufgrund ihrer Merkmale zu einer entsprechenden Vergleichsgruppe, deren Bonität bekannt ist, gehört, tauglich sein (Weichert DANA 2018, 132). Außerdem müssen die **statistischen Vergleichswerte aktuell** sein (Stevens CR 2020, 73). Das gilt auch für die Einbeziehung von Schätzwerten und Teilwerturteilen. Eine scorewertberechnende Stelle handelt rechtswidrig, wenn sie nicht entsprechend mathematischer Gesetzmäßigkeiten aus allen erforderlichen Einzelerkenntnissen einen Gesamtwert bildet, sondern nur selektiv die Parameter nutzt, die sie selbst für nützlich hält. Eine verzerrte Gesamtbewertung ist rechtswidrig, weil sie nicht das Gesamtbild der abzugebenden Bewertung widerspiegelt und deswegen unbrauchbar ist (vgl. OLG München CR 2019, 395). Rechtswidrig verarbeitete Daten, Informationen aus dem höchstpersönlichen Bereich der betroffenen Person, Angaben iSd Art. 9 DS-GVO, nicht mehr aktuelle Angaben und solche, die sich in erster Linie auf Dritte beziehen (→ Rn. 8m) – etwa die Kreditwürdigkeit der Nachbarschaft der betroffenen Person –, sind für eine realistische Scorewertberechnung grundsätzlich nicht geeignet. Außerdem können bei der Berechnung des Scorewertes nur objektive, auf ihre Richtigkeit hin überprüfbare Fakten und Teilwerturteile mit einbezogen werden. Deswegen handelt es sich bei Daten, die ausschließlich auf **subjektiven Umständen in der Sphäre der scorewertberechnenden Stelle** und nicht auf einem überprüfbaren relevanten Verhalten der betroffenen Person oder ihres Betriebes beruhen – etwa seit wann die datenverarbeitende Stelle diese zufällig kennt – um **untaugliche Parameter.** Ungeeignet sind auch alle Daten, die keinen unmittelbaren Einfluss auf die Kreditwürdigkeit einer Person haben. So besteht zwischen dem Alter und den wirtschaftlichen Verhältnissen einer Person für sich genommen nicht zwingend eine Korrelation. Damit von letzterer ausgegangen werden kann, muss die verwendbare Angabe zumindest mitkausal für die Parameter sein, die die Bewertung beeinflussen dürfen (vgl. Kahneman ua, Noise, S. 169). So macht es durchaus Sinn, bei der Bewertung eines Unternehmens den Branchendurchschnitt heranzuziehen, um zu zeigen, ob der betroffene Betrieb besser, schlechter oder diesem gleich ist und wie sich die Branche, der dieses Unternehmen angehört, künftig entwickelt. Inwieweit die verwendeten Angaben geeignet sein sollen, einen realistischen Scorewert zu berechnen, muss ggf. die scorewertberechnende Stelle belegen (→ Rn. 33r ff.).

8m   Bei der Beurteilung der Kreditwürdigkeit muss eine **konkrete, individuelle Bewertung** der betroffenen Person bzw. ihres Unternehmens erfolgen, die erkennen lässt, warum aus Gründen, die in erster Linie diese selbst betreffen, zu deren Nachteil von der **Optimalbewertung** ein „Abzug" vorgenommen wurde (vgl. LG Berlin ZD 2014, 89). An Bewertungen, die nicht auf konkreten Erkenntnissen zur Betätigung eines bestimmten Betriebes bzw. zu dessen Inhaber im Wirtschaftsleben beruhen, sondern überwiegend nur auf allgemeinen statistischen Erkenntnissen bzw. auf der bloßen aktuellen Bewertung der jeweiligen Branche, der das zu beurteilende Unternehmen angehört, fußen, besteht kein schutzwürdiges Interesse iSd Art. 6 Abs. 1 lit. f, Art. 22 Abs. 3 DS-GVO, weder für die scorewertberechnende Stelle selbst, noch für andere Wirtschaftsunternehmen (vgl. LG Frankenthal CR 2019, 176), die auf einen solchen Scorewert vertrauen. Letztere sind vielmehr an einer realistischen Einschätzung des von ihnen konkret ins Auge gefassten potentiellen Vertragspartners, die auf verlässlichen Angaben zu diesem beruhen, interessiert (vgl. OLG München CR 2019, 394), zumal in der Praxis die von Auskunfteien erhaltene Scorebewertungen als tatsächliche, nicht unbedingt zu hinterfragende Eigenschaft der betroffenen Person oder ihres Unternehmens verstanden werden, auch wenn die Auskunftei eine solche abschließende Bewertung nicht abgeben, sondern lediglich auf denkbare Bonitätseinschränkungen, die ein der betroffenen Person angeblich vergleichbares Rechenmodell aufweisen soll, aufmerksam machen will.

Auskunfteien, die Bewertungen der Kreditwürdigkeit einer Person oder eines Unternehmens vornehmen, dürfen **nicht** gegenüber sich danach erkundigenden Stellen den **Eindruck erwecken,** man habe die Person oder das Unternehmen **konkret bewertet,** obwohl das **nicht** oder nur in geringem Maße **der Fall** ist. Ein solches Vorgehen wäre nicht von einem berechtigten Interesse iSd Art. 6 Abs. 1 lit. f DS-GVO getragen und würde auch der Wahrung der Rechte der betroffenen Person nach Art. 22 Abs. 3 DS-GVO widersprechen. **8n**

Eine Bewertung ist nur individuell, wenn sie erkennen lässt, ob ein zu beurteilender Betrieb momentan dem Branchendurchschnitt entspricht, besser ist oder darunter liegt (Auskunft der Handwerkskammer Region Stuttgart vom 16.06.2020). Auch darf die Bewertung nicht undifferenziert auf sog. **Anschriftendaten** iSd § 31 Abs. 1 Nr. 3 BDSG beruhen (Weichert DANA 2018, 132). Es spricht nichts dagegen, den Haushalt der betroffenen Person einschließlich des **Zustandes ihrer Wohnung** und der **finanziellen Belastungen durch die Haushaltsmitglieder** zu berücksichtigen. Dabei handelt es sich um Gegebenheiten der zu beurteilenden Person. Nicht in die Beurteilung mit einbezogen werden dürfen dagegen die **Eigenschaften des Wohngebäudes** (Alter und Art), wenn es nicht unmittelbar auf die Besitz- und Eigentumsverhältnisse der Betroffenen Person Rückschlüsse zulässt, sowie das **Zahlungsverhalten der Anwohner der Straße** und des Gebäudes, wo die betroffene Person lebt (vgl. Kühling/Buchner Rn. 9 f.; AG Hamburg Urt. v. 16.3.2017 – 233 OWi – 12/17). Bei letzterem handelt es sich in der Regel um Umstände außerhalb der Sphäre der betroffenen Person, die diese so gut wie nicht beeinflussen kann. Es kann nämlich nicht unterstellt werden, die betroffene Person habe sich eine Umgebung von nur bedingt Zahlungswilligen bzw. ein „altes" Wohngebäude ausgesucht, weil das zu ihrer persönlichen Situation passt. Ebenso wenig ist die Annahme zulässig, dass eine „schlechte" Umgebung die betroffene Person verleite, sich früher oder später diesem Niveau anzupassen. Auch das Argument, die betroffene Person könne anhand ihrer Wohnumgebung bezüglich ihrer Kreditwürdigkeit beurteilt werden, weil sie sich „keine andere Wohngegend leisten könne", ist angesichts der aktuellen Situation des Wohnungsmarktes abwegig. Soweit § 31 Abs. 1 Nr. 3 und 4 BDSG den Eindruck erweckt, dass Anschriftendaten zur Scorewertberechnung genutzt werden dürfen, ist das mit Art. 6 Abs. 1 lit. b und f, Art. 22 Abs. 3 DS-GVO nicht vereinbar. **8o**

Grundsätzlich gewährt das Recht der freien Meinungsäußerung, eine Auffassung äußern zu können, ohne dafür eine Begründung geben zu müssen (OLG Nürnberg CR 2019, 659). Doch bestehen auch für die **Meinungsäußerungsfreiheit Beschränkungen zum Schutz des guten Rufes** und sonstiger Rechte der betroffenen Personen oder Dritter (OLG München CR 2019, 394). Deswegen muss Meinungsäußerungen, also Teil- und Gesamtbewertungen, insbesondere wenn sie über Bewertungsportale oder von Auskunfteien planmäßig Dritten zugänglich gemacht werden und geeignet sind, sich auf die soziale Anerkennung, die (Berufs-)Ehre sowie das wirtschaftliche Fortkommen der betroffenen Person und deren eingerichteten und ausgeübten Gewerbebetrieb negativ auszuwirken, ein **wahrer, überprüfbarer Tatsachenkern** zugrunde liegen (vgl. LG Frankenthal CR 2019, 176; BGH BeckRS 2016, 6437; LG Frankfurt BeckRS 2015, 8984; OLG Dresden ZD 2019, 172; BGH NJW 2011, 2204; LG Braunschweig CR 2019, 258; EGMR NJW 2020, 751; OLG München CR 2019, 394; OLG Frankfurt ZD 2015, 335; OLG Nürnberg CR 2019, 659), der zu rechtfertigen vermag, warum die betroffene Person bzw. ihr Betrieb nicht optimal bewertet werden kann bzw. soll (vgl. OLG München CR 2019, 394). Das muss vor dem Hintergrund gesehen werden, dass, obwohl Bewertungen grundsätzlich rechtlich als Werturteil anzusehen sind, den Tatsachen, die dabei berücksichtigt wurden, wie auch der als **Tatsache verstandenen Gesamtbeurteilung** ein nicht unerhebliches Gewicht zukommt (LG Braunschweig CR 2019, 258; BGH CR 2016, 390; NJW 2011, 2204). So steht eine Meinungsäußerung, was die Begründungspflicht angeht, einer Tatsachenbehauptung gleich, wenn der Gehalt der Äußerung von den Empfängern für gewöhnlich so verstanden wird, als ob es sich um eine beweisbare bzw. bewiesene Eigenschaft der betroffenen Person oder ihres Unternehmens handelt (OLG München CR 2019, 394). **8p**

Auch muss die **Gesamtbewertung** der betroffenen Person oder ihres Unternehmens durch eine scorewertberechnende Stelle **erklärbar** und **nachvollziehbar** sein (LG Berlin ZD 2014, 89; vgl. BVerfG NJW 2018, 1667). Sie darf **nicht** das Ergebnis **unlogischer Schlussfolgerungen** sein (Stevens CR 2020, 73) bzw. lediglich mit einer Statistik oder der Summe von „Bewertungspunkten" begründet werden (LG Berlin ZD 2014, 8; OLG München CR 2019, 394). Für **8q** eine logische Erklärung der Bewertung müssen die **maßgeblichen Kriterien der Vernunft entsprechen** und einleuchtend sein. So kann nicht lediglich ein mittlerer Scorewert vergeben werden, wenn die betroffene Person lediglich einmal eine Rechnung nicht rechtzeitig bezahlt hat. Ein Bewertungssystem muss nicht alleine deswegen richtig sein, weil es der nicht näher dargelegten Auffassung eines Wissenschaftlers entsprechen soll (vgl. Ritter, Gespräche und Verhandlungen, 1990, 28, 30). Vielmehr muss gesichert sein, dass die Bewertung nicht völlig unverhältnismäßig, abwegig oder diffamierender Natur, also nicht geeignet ist, die betroffene Person oder deren Unternehmen infolge einer verzerrten, unrealistischen Darstellung unabhängig davon, ob die Bewertung ansonsten korrekt ist, zu schädigen (vgl. OLG München CR 2019, 394 zur Schmähkritik). Ob eine Bewertung **diffamierend** ist, hängt davon ab, welche Bedeutung ihr ein durchschnittlicher Empfänger beimisst, nicht, was die bewertende Stelle zum Ausdruck bringen will (OLG München CR 2019, 394). So muss, wer einen Scorewert errechnet – auch unter Berücksichtigung von Schätzwerten und Teilbewertungen, die von anderen Stellen übermittelt wurden –, darlegen und begründen können, warum und in welchem Umfang nur von einer eingeschränkten Kreditwürdigkeit der betroffenen Person oder des Unternehmens auszugehen sei bzw. warum von der Optimalbewertung abgewichen wurde. Es darf **nicht grundlos** ein **„schlechter" Scorewert** bzw. ein solcher, den der Empfänger als Einschränkung der Kreditwürdigkeit der betroffenen Person versteht, vergeben werden. Diese Erläuterungspflicht resultiert daraus, dass Art. 5 Abs. 1 lit. a DS-GVO die Gewährleistung einer optimalen Transparenz für jegliche Datenverarbeitung vorschreibt. Nach der Rechtsprechung des BGH besteht für die datenverarbeitende Stelle zwar keine Verpflichtung zur Offenbarung der von ihr verwendeten Scoreformel (BGH MMR 2014, 489), wohl aber trifft eine scorewertberechnende Stelle insbesondere dann eine Begründungs- und Informationspflicht, wenn sie Neutralität, objektiv nachvollziehbare Sachkunde und Repräsentativität für ihre Bewertungen in Anspruch nimmt (vgl. BGH CR 2020, 405). Maßgeblich für eine entsprechende Darlegung ist nicht die Offenbarung des Berechnungssystems, sondern die **Erklärung für das Bewertungsergebnis.** Ein nicht begründbarer Scorewert rechtfertigt weder ein berechtigtes Interesse iSd Art. 6 Abs. 1 lit. f, Art. 21 Abs. 1 S. 1 DS-GVO, noch ist er iSd Art. 6 Abs. 1 lit. b DS-GVO erforderlich. Auch würde er nicht die Rechte und Freiheiten bzw. die berechtigten Interessen der betroffenen Person iSd Art. 22 Abs. 3 DS-GVO wahren. Der Erläuterungsanspruch wird nicht dadurch erfüllt, dass die scorewertberechnende Stelle lediglich allgemeine Angaben macht, die den in Rede stehenden Scorewert nicht konkret nachvollziehbar machen. Die bloße Mitteilung, eine bestimmte Branche oder ein bestimmter Beruf bringe eine erhöhte Ausfallwahrscheinlichkeit mit sich, ist genauso wenig geeignet, den Begründungsanspruch zu erfüllen, wie der bloße Verweis auf eine Statistik (LG Berlin ZD 2014, 89) oder auf ein Punktesystem. Vergleichbares gilt für die inhaltsleere Behauptung, man habe die Angelegenheit geprüft und sei von deren Richtigkeit überzeugt, zumal das Berechnungssystem ordnungsgemäß arbeite (vgl. OLG Braunschweig ZD 2020, 233).

D. Abs. 2 S. 1

9   **Abweichend** von den ober unter Nr. C aufgeführten Voraussetzungen regelt § 31 Abs. 2 S. 1 BDSG, dass **Wirtschaftsauskunfteien** in die Berechnung von Scorewerten trotz Fälligkeit nicht rechtzeitig vollständig beglichene Forderungen nur unter folgenden Voraussetzungen mit einbeziehen dürfen:

10 Die **Forderung** ist durch ein **rechtskräftiges** oder für **vorläufig vollstreckbares Urteil** festgestellt worden oder für diese liegt ein **Schuldtitel nach § 794 ZPO** vor (§ 31 Abs. 2 Nr. 1 BDSG). Die betroffene Person kann sich nicht darauf berufen, der Titel sei zu Unrecht ergangen, solange dieser nicht wieder aufgehoben worden ist (vgl. OLG Saarbrücken BeckRS 2012, 6606). Liegt dem gerichtlichen Titel allerdings eine vor Eintritt seiner Rechtskraft substantiiert bestrittene Forderung zugrunde und ist diese innerhalb einer angemessenen Frist, nachdem der Titel vollstreckbar geworden ist, erfüllt worden, darf sie in die Scorewertberechnung nicht „miteingerechnet" werden (Krämer NJW 2012, 3201; aA AG Münster ZD 2014, 153). Sonst brächte die Weigerung der Bezahlung einer zunächst mit akzeptablen Gründen für unbegründet erachteten Forderung für die betroffene Person vor der gerichtlichen Klärung ein Bonitätsrisiko mit sich, was der Interesseabwägung bzw. dem Erforderlichkeitsgrundsatz iSd Art. 6 Abs. 1 lit. b und f, Art. 22 Abs. 3 DS-GVO widersprechen würde. Das berechtigte Interesse der betroffenen Person an der gerichtlichen Klärung ihrer Zahlungsverpflichtung überwiegt. Lediglich für vorläufig vollstreckbar erklärte gerichtliche Entscheidungen sagen nichts über eine unberechtigte Zahlungsverweigerung aus. Damit die Vorschrift **mit dem EU-Recht vereinbar** ist, muss sie entsprechend **eingeschränkt ausgelegt** werden.

Die **Forderung ist nach § 178 InsO festgestellt** und nicht vom Schuldner im Prüftermin **11** bestritten worden (§ 31 Abs. 2 Nr. 2 BDSG).

Der Schuldner hat die **Forderung ausdrücklich anerkannt** (§ 31 Abs. 2 Nr. 3 BDSG), wobei **12** ein konkludentes Verhalten des Schuldners, etwa durch die Leistung einer Teilzahlung iSd § 212 Abs. 1 des BGB mangels „Ausdrücklichkeit" nicht ausreicht (vgl. LG Saarbrücken NJW 2013, 87; Simitis/Ehmann BDSG aF § 28a Rn 40). Vielmehr muss der Schuldner bewusst zum Ausdruck bringen, dass er die Forderung für rechtens hält und dass er diese, wenn auch verspätet, begleichen will. Ob mit einem derartigen Anerkenntnis tatsächlich das Eingeständnis verbunden ist, dass die betroffene Person **generell zahlungsunfähig** ist, muss **im Einzelfall festgestellt** werden.

Das der Forderung zugrundeliegende **Vertragsverhältnis** (zB Miet- oder Telekommunikati- **13** onsvertrag, Stromlieferung) kann aufgrund von Zahlungsrückständen **fristlos gekündigt** werden (Kramer Datenschutz-Berater 2016, 112) und der Schuldner ist zuvor über eine mögliche Berücksichtigung bei der Scorewertberechnung informiert worden (§ 31 Abs. 2 Nr. 5 BDSG; LG Stuttgart 30.6.2016 – 28 O 68/16; AG Frankfurt a. M. ZD 2013, 350). Dabei ist es unerheblich, ob der Betroffene die Forderung bestritten hat (OLG Frankfurt a. M. ZD 2016, 331; aA AG Ahlen ZD 2014, 202, wonach auch hier die Einmeldung bei der Auskunftei nur zulässig sein soll, wenn die Forderung nicht bestritten worden ist).

Sonstige fällige Forderungen können in die Scorewertberechnung nach § 31 Abs. 2 Nr. 4 **14** BDSG unter folgenden Voraussetzungen Eingang finden:

Die betroffene Person ist nach Eintritt der Fälligkeit der Forderung **mindestens zweimal** **15** **schriftlich gemahnt** worden (vgl. LG Bonn ZD 2020, 161). Die Notwendigkeit einer Mahnung dürfte aber **rechtsmissbräuchlich** sein, wenn die betroffene Person von vornherein erkennen lässt, dass sie die Rechnung **nicht bezahlen will** oder wenn der **Schuldner nicht erreichbar** ist.

Die erste Mahnung liegt **mindestens vier Wochen** vor der Berechnung zurück. **16**

Die **betroffene Person** ist nach Eintritt der Fälligkeit der Forderung rechtzeitig vor der Berech- **17** nung, jedoch frühestens bei der ersten Mahnung über eine mögliche Berücksichtigung bei der Scorewertberechnung **unterrichtet** worden und wurde dabei ausdrücklich darauf hingewiesen, dass die Berücksichtigung **durch einfaches Bestreiten** der Forderung verhindert werden kann (OLG Düsseldorf CR 2013, 579; BGH NJW 2015, 3508; Abel DATENSCHUTZ-BERATER 2013, 204; aA OLG Hamburg CR 2014, 56). Der Hinweis, dass nur „unbestrittene Forderungen" berücksichtigt würden, ist dabei nicht ausreichend (vgl. Vahle DATENSCHUTZ-BERATER 2014, 39 f.) Die **Drohung** mit der Berücksichtigung ist rechtswidrig, wenn die Forderung bereits bestritten worden ist (OLG Celle RDV 2014,108; LG Darmstadt RDV 2015, 100; vgl. Vahle DATENSCHUTZ-BERATER 2015, 40). Die Androhung kann **strafbar** sein, wenn der Drohende in Kauf nimmt, dass die Forderung zivilrechtlich nicht gerechtfertigt ist (vgl. BGH NJW 2014, 401; 711). So soll verhindert werden, dass die betroffene Person aus Furcht vor Bonitätsnachteilen eine Forderung begleicht, obwohl sie diese für unbegründet hält (BGH NJW 2015, 3508). Wird in einem Mahnschreiben eine nach § 31 Abs. 2 Nr. 4 lit. d BDSG unzulässige Meldung an eine Auskunftei zumindest irreführend in Aussicht gestellt, ist das datenschutz- und wettbewerbswidrig. Die unberechtigte Drohung mit der Berücksichtigung bei einer datenverarbeitenden Stelle stellt eine unlautere Handlung durch Beeinträchtigung der Entscheidungsfreiheit des betroffenen Kunden iSd § 4a Abs. 1 des **Gesetzes gegen den unlauteren Wettbewerb** (UWG) dar (vgl. OLG Düsseldorf CR 2013, 579).

Die **betroffene Person** hat die Forderung **nicht bestritten** (AG Frankfurt a. M. ZD 2013, **18** 350; LG Osnabrück ZD 2021, 220). Dabei ist eine Begründung für das Bestreiten nicht erforderlich, da die Beweislast für die Rechtmäßigkeit einer Forderung grundsätzlich beim Verantwortlichen liegt (vgl. BGHZ 113, 222; Simitis/Ehmann BDSG aF § 28a Rn. 46 ff.; BGH CR 2016, 135). Die Datenverarbeitung ist im Falle des Bestreitens auch dann nicht zulässig, wenn die Einwendungen widerlegt werden, da mit dem Bestreiten eine der Berücksichtigungsvoraussetzungen iSd § 31 Abs. 2 Nr. 4 BDSG entfallen ist. Doch dürfte ein **unbegründetes oder unsubstantiiertes Bestreiten rechtsmissbräuchlich** sein (so auch Kramer DATENSCHUTZ-BERATER 2016, 112, der ein Bestreiten „mit triftigen Gründen" verlangt). Unter Bestreiten in diesem Sinne ist das Vorbringen jeder Art von Einwendungen gegen die Forderung zu verstehen, zB auch die Einrede der Verjährung (vgl. LG Berlin DATENSCHUTZ-BERATER 2012, 69; KG Berlin ZD 2016, 289; LG Stuttgart 30.6.2016 – 28 O 68/16; OLG Frankfurt a. M. ZD 2013, 134; AG Weststede ZD 2020, 315, wo vertreten wird, dass im Zweifelsfall jede Einwendung die Nutzung der Daten zum Nachteil der betroffenen Person unzulässig sei, wenn diese nicht völlig unsinnig ist, solange über die Zahlungsverpflichtung nicht rechtskräftig entschieden worden ist). Andererseits wird vertreten, dass das Erheben von **Einwendungen** bzw. das Bestreiten die Berücksichtigung von nicht beglichenen Forderungen bei der Scorewertberechnung nicht verhindere, wenn diese mit zutreffenden rechtlichen Erwägungen **widerlegt** werden können (vgl. NK-DatenschutzR/Schantz Art. 6 Abs. 1 Rn. 137; aA Gola RDV 2017, 187, 188; vgl. OLG Saarbrücken Urt. v. 2.11.2011 – 5 U 187/11). Im Rahmen des Bestreitens kann die betroffene Person geltend machen, sie sei nicht Titelschuldner bzw. der Titel sei ihr nicht zugestellt worden, nicht jedoch, dass der Titel zu Unrecht ergangen sei, wenn er vollstreckbar geworden ist (vgl. OLG Saarbrücken VersR 2012, 371). Das Bestreiten kann auch noch nach der Einmeldung der Forderung bei einer Auskunftei gegenüber dem Gläubiger, dem Inkassounternehmen oder der Auskunftei bzw. durch Erheben eines Rechtsbehelfs (negative Feststellungsklage, Widerspruch gegen einen Mahnbescheid, Einspruch gegen einen Vollstreckungsbescheid) erfolgen (Simitis/Ehmann BDSG aF § 28a Rn 68; OLG München WM 2010, 1901). Im Falle des nachträglichen Bestreitens muss der Empfänger des Scorewertes nach Art. 19 DS-GVO davon unterrichtet werden. Hat die betroffene Person die Forderung bestritten, kann diese erst – wieder – beim Scoring Berücksichtigung finden, wenn sie den die Forderung bestätigenden gerichtlichen Titel nicht binnen einer angemessenen Zeit, nachdem dieser vollstreckbar geworden ist, erfüllt (Krämer NJW 2012, 3201).

18a § 31 Abs. 2 S. 1 BDSG ist **mit Art. 6 Abs. 1 lit. f DS-GVO insoweit nicht vereinbar** bzw. bedarf einer einschränkenden Auslegung, als dass das Interesse der Wirtschaftsauskunfteien, alle relevanten Umstände bei der Scorewertberechnung alsbald, also auch ohne Mahnungen und ohne dass das der Schuldner durch einen missbräuchlichen Widerspruch die Datenverarbeitung verhindern kann, berücksichtigen zu dürfen, die objektiv etwas über die Zahlungswilligkeit bzw. Zahlungsfähigkeit (zum Begriff BGH NJW 2018, 396) einer Person aussagen, eingeschränkt wird. Vergleichbares gilt für die Auffassung, wenn die Voraussetzungen des Abs. 2 S. 1 vorliegen, dürften besagte Bonitätsnegativmerkmale ohne weitere Interessenabwägung mit für die betroffene Person günstigen Umständen bei der Scorewertberechnung durch eine Auskunftei verarbeitet werden.

18b Vielmehr können **nicht, nicht vollständig oder nicht rechtzeitig beglichene Forderungen** über § 31 Abs. 2 Satz 1 BDSG hinaus an eine scorewertberechnede Stelle nach Art. 6 Abs. 1 lit. f, Abs. 4 DS-GVO **übermittelt** bzw. von dieser zu diesem Zweck genutzt werden, wenn sich die betroffene **Person** im Hinblick auf Ihre Zahlungswilligkeit bzw. Zahlungsfähigkeit als **unzuverlässig** erwiesen hat und damit zu rechnen ist, dass sie sich auch künftig entsprechend verhalten wird (LG Bonn ZD 2020, 161). Doch kann nicht alleine daraus, dass die Forderung nicht bestritten wurde, die betroffene Person zu ihrem künftigen Zahlungsgebaren keine Angaben macht bzw. auf Mahnungen nicht reagiert, auf eine generelle Unzuverlässigkeit geschlossen werden.

18c Für ein **berechtigtes Interesse** an der Verarbeitung derartiger Forderungen spricht (KG Berlin Beschl. v. 23.8.2011 – 4 W 43/11), wenn

- eine begründete Forderung **nicht, nicht rechtzeitig oder nur unvollständig erfüllt worden** ist (vgl. BVerfG K&R 2016, 593), wobei es nicht auf das Ergehen eines Titels ankommt (aA AG Westerstede ZD 2020, 315). Auch muss die betroffene Person nicht unbedingt gemahnt worden sein bzw. sich in Verzug befinden, wenn sie unberechtigt zu erkennen gibt, auf keinen Fall bezahlen zu wollen (vgl. LG Bonn ZD 2020, 161). Auch gibt es für die Annahme von Zahlungsunwilligkeit bzw. nachlässigem Umgang mit Zahlungsverpflichtungen nicht zwingend eine betragsmäßige Bagatellgrenze, zumal angesichts des nicht unerheblichen Beitreibungsaufwandes Gläubiger oftmals auf zu Unrecht verweigerte Kleinstbeträge verzichten müssen (vgl. BGH NJW 2011, 259; OLG Saarbrücken RDV 2002, 239).
- dem Schuldner die **Forderung und deren Fälligkeit bekannt** sind, wobei es für mit Post oder per E-Mail versandte Schreiben grundsätzlich keine Vermutung gibt, dass sie dem Empfänger tatsächlich zugegangen sind (VGH Kassel NVwZ 2019, 1536; vgl. BVerwG NVwZ 2017, 565),
- keine **nicht missbräuchlichen Einwendungen** gegen die Forderung – ggf. noch im Prozess – erhoben wurden (→ Rn. 18). Solche Einwendungen sind insbesondere erheblich, wenn die Tatsachen, auf denen die Forderung fußt, substantiiert bestritten werden bzw. wenn gegen diese vertretbare, angesichts der Rechtsordnung akzeptable Argumente vorgebracht werden. Diese verhindern die Datenverarbeitung durch die Auskunftei auch dann, wenn die betroffene Person zwar bei Gericht unterlegen ist, dieses aber nicht festgestellt hat, dass die Forderung böswillig, aus Nachlässigkeit oder wegen Mittellosigkeit nicht beglichen worden ist bzw. wenn die Begleichung alsbald nach der Rechtskraft des Urteils erfolgt. Es ist das „gute Recht" einer Person, grundsätzlich die Zahlungsverpflichtung für eine für rechtswidrig erachtete Forderung gerichtlich klären zu lassen. Ferner darf sich eine angebliche, nicht erfüllte Zahlungsverpflichtung nicht zum Nachteil der betroffenen Person auswirken, wenn an die Stelle der bestrittenen Forderung ein **Vergleich** tritt, der alsbald erfüllt wird (vgl. LG Berlin ZD 2020, 41), und

- das Verhalten der betroffenen Person den **Schluss zulässt,** dass sie auch **künftig zahlungsunwillig bzw. zahlungsunfähig** sein wird (vgl. BVerfG K&R 2016, 593). Bei der im Rahmen der Art. 6 Abs. 1 lit. f, Art. 21 Abs. 1 DS-GVO anzustellenden Prognose spricht ua für deren künftige Unzuverlässigkeit, dass bereits weitere **Negativmerkmale** bekannt sind, dass die in Rede stehende Forderung **grundlos** zum maßgeblichen Zeitpunkt **nicht oder nur unvollständig erfüllt** wurde (LG Bonn ZD 2020. 161; LG Wiesbaden ZD 2019, 512; KSS DatenschutzR/Schanz Art. 6 Abs. 1 Rn. 137), dass die Forderung mit **völlig abwegigen Argumenten bestritten** wurde, etwa um Zeit zu gewinnen, dass das Vorbringen **rein emotionaler Art** ist, dass die Forderung aus **Nachlässigkeit** trotz Mahnungen nicht rechtzeitig beglichen wurde, dass die betroffene Person **nicht ausreichend finanzielle Mittel** hat, um Zahlungsansprüche Dritter zu erfüllen, oder dass mit dieser ein **Ratenzahlungsvergleich** geschlossen wurde (KG Berlin Beschl. v. 23.8.2011 – 4 W 43/11). Nicht zuletzt kann auf die Kreditunwürdigkeit der betroffenen Person geschlossen werden, wenn diese über ihre finanziellen Verhältnisse lebt oder wenn sie beim Abschluss eines Vertrages oder, solange die Verbindlichkeit noch nicht erfüllt ist, **unwahre Angaben** zu ihrer **Erreichbarkeit** macht, „untertaucht" oder den Gläubiger von diesbezüglichen Änderungen **nicht informiert.**

E. Abs. 2 S. 2

Die Vorschrift stellt klar, dass **andere Scoringvorschriften** unberührt bleiben sollen. Gemeint ist **Art. 22 DS-GVO** für die Fälle der automatisierten Entscheidung auf der Basis automatisiert generierter Scorewerte. Die Vorschrift ist aber auch so zu verstehen, dass **Art. 6 Abs. 1 DS-GVO** neben § 31 BDSG **uneingeschränkt Anwendung** findet. **19**

F. Datenverarbeitung

Nach allgemeiner Auffassung wird die **Prüfung der Kreditwürdigkeit von Kunden** aus volks- und betriebswirtschaftlichen Erwägungen für **unabdingbar** erachtet (Taeger RDV 2017, 3). Wer einen Vertrag abschließen will, kann grundsätzlich bei Auskunfteien nach Art. 6 Abs. 1 lit. b DS-GVO einen Scorewert anfordern. Das gilt insbesondere für **Dauerschuldverhätnissen** wie Miet- und Versicherungsverträge. Kreditinstitute können aufgrund von Art. 6 Abs. 1 lit. c DS-GVO, § 505b Abs. 1 BGB, § 18a Abs. 3 KWG von den Wirtschaftsauskunfteien Scorewerte für die von ihnen nach § 505a BGB, § 18a Abs. 1–2a KWG **vorzunehmenden Kreditwürdigkeitsprüfungen** erbitten (vgl. Palandt, BGB, 79. Aufl., § 505b Rn. 2). Die **Wirtschaftsauskunfteien** können **Scoreanfragen** grundsätzlich nach Art. 6 Abs. 1 lit. f DS-GVO **beantworten.** Angesichts des Erwägungsgrundes 47 gehen diese Schutzinteressen nicht zuletzt im Hinblick auf die **Betrugsprävention** für gewöhnlich den gegenläufigen Interessen der betroffenen Person iSd Art. 21 Abs. 1 DS-GVO vor, wenn die Datenverarbeitung gemessen an den oben genannten Maßstäben rechtmäßig erfolgt bzw. erfolgt ist. Soweit das nicht der Fall ist, besteht für die Datenverarbeitung kein berechtigtes Interesse bzw. ist diese nicht erforderlich. Die Datenverarbeitung ist dann unzulässig, unabhängig davon, ob sich die betroffene Person auch auf Art. 21 Abs. 1 DS-GVO berufen kann. Für Art. 22 Abs. 2 lit. a DS-GVO gilt das entsprechend. **20**

Für die in Art. 13 f. DS-GVO vorgeschriebenen **Unterrichtungspflichten** gilt folgendes: **21**
- Die betroffene Person ist nach **Art. 13 Abs. 3, Art. 14 Abs. 4 DS-GVO** rechtzeitig zu **unterrichten,** wenn die zu einem **anderen Zweck** verarbeiteten Daten für das Scoring genutzt werden sollen.
- Die betroffene Person ist zu **informieren, welche Daten bei Dritten** zum Zwecke der Scorewertberechnung erhoben werden (Art. 14 Abs. 2 lit. f DS-GVO; Taeger RDV 2017, 3).
- Vergleichbares gilt für Daten, wenn die scorewertberechnende Stelle diese aus **sozialen Netzwerken** erheben und nutzen will (→ Rn. 8a; Art. 14 Abs. 2 lit. f DS-GVO).
- Werden Daten bei der betroffenen Personen für die Scoreberechnung erhoben, muss nach Art. 13 Abs. 2 lit. e EU-DSGVO darauf hingewiesen werden, dass **keine Auskunftspflicht** besteht (→ Rn. 8j), dass aber ohne Mitwirkung der betroffenen Person deren Kreditwürdigkeit uU nicht beurteilt werden kann, soweit das etwa für einen Vertragsabschluss erforderlich ist.
- Werden personenbezogene **automatisiert** verarbeitet, um damit einen Scorewert zu gewinnen und um mit diesem automatisiert über das Zustandekommen eines Vertrages zu entscheiden (→ Rn. 1b), muss die betroffene Person nach **Art. 22 Abs. 3 DS-GVO** über die Unterrichtungspflichten nach Art. 13 f. DS-GVO hinaus darauf hingewiesen werden, dass sie die Scorewertberechnung und die Entscheidung über den Vertragsabschluss **von einer natürlichen Person überprüfen** lassen kann, dass sie einen **eigenen Standpunkt** zu der Berechnung

vorbringen kann, und dass sie die **Entscheidung anfechten** kann. Auch muss über die **involvierte Logik** und die **Tragweite und die Auswirkungen der Datenverarbeitung** informiert werden (Art. 14 Abs. 2 lit. g DS-GVO).

21a Allerdings dürfte es sich bei den Hinweispflichten um bußgeldbewehrte **Ordnungsvorschriften** handeln. Verstöße dagegen machen das Ergebnis der Berechnung und dessen weitere Verarbeitung nicht rechtswidrig, sodass damit kein Verwertungsverbot verbunden ist.

22 **Empfänger von Scorewerten** dürfen sich auf deren **Rechtmäßigkeit,** wenn sie diese von Wirtschaftsauskunfteien erhalten haben, grundsätzlich **verlassen,** diese speichern und für eigene Entscheidungen nutzen, solange sich insoweit keine Zweifel aufdrängen, die betroffene Person sie nicht substantiiert iSd Art. 18 DS-GVO bestreitet oder die Datenschutzaufsichtsbehörde eine nähere Überprüfung verlangt (vgl. LG Hamburg CR 2019, 404). Nur wenn es Anhaltspunkte für Umstände, die die Rechtmäßigkeit des Zustandekommens der Bewertung infrage stellen, gibt, muss die weiterverarbeitende Stelle dem nachgehen (→ Rn. 8i).

23 Nach Art. 17 Abs. 1 DS-GVO muss die datenverarbeitende Stelle die zu diesem Zweck vorgehaltenen Informationen und die errechneten Scorewerte auch **ohne Antrag** der betroffenen Person **löschen,** wenn diese **nicht – mehr – aktuell, geeignet oder erforderlich** sind (lit. a), wenn die datenverarbeitende Stelle etwa anlässlich einer Prüfung nach Art. 18 Abs. 1 lit. d DS-GVO feststellt, dass für die Datenverarbeitung **kein berechtigtes Interesse** besteht oder dass dieses von einem **Gegeninteresse der betroffenen Person** überwogen wird, ohne dass dafür **zwingende schutzwürdige Gründe** für die weitere Verarbeitung iSd Art. 21 Abs. 1 DS-GVO bestehen müssen (lit. c), oder wenn die **Angaben unzutreffend** sind oder bislang **rechtswidrig verarbeitet** wurden (lit. d; vgl. VG Lüneburg ZD 2017, 199; aA BGH BeckRS 2018, 8602). So ist die Nutzung eines Bonitätsnegativmerkmals in der Regel nicht mehr zulässig, wenn dessen Grund etwa infolge der verspäteten Begleichung einer Forderung oder der Eintragung des Bonitätsnegativmerkmals in einem öffentlichen Register entfallen ist (→ Rn. 8a) und die datenverarbeitende keine „Widerholungsgefahr" belegen kann (vgl. OLG Düsseldorf ZD 2015, 89). **Bonitätsnegativmerkmale** (nicht beglichene Rechnungen, Eintragungen im Zentralen Schuldnerverzeichnis, Insolvenzentscheidungen) dürfen nur so lange für die Scorewertberechnung vorgehalten und genutzt werden, wie diese für sich genommen oder unter Berücksichtigung anderer Bonitätsnegativmerkmalen die Beschränkung der Zahlungsfähigkeit oder die mangelnde Zahlungswilligkeit zu belegen vermögen (→ Rn. 8a). Dabei kann die Speicherung einer einzelnen **nicht** oder **nicht rechtzeitig bezahlten Rechnung** über **drei Jahre** hinaus die Zahlungsunwilligkeit selbst dann nicht belegen, wenn sie immer noch nicht beglichen ist (vgl. § 195 BGB; vgl. VG Wiesbaden ZD 2021, 230). Vergleichbares gilt für Eintragungen in den **Schuldnerverzeichnissen** der Zentralen Vollstreckungsgerichten (vgl. § 882c ZPO) und für **Insolvenzfälle** (vgl. BVerfG K&R 2016, 593; für die Restschuldbefreiung LG Heidelberg DATENSCHUTZ-BERATER 2020, 283; aA OLG Schleswig Urt. v. 2.7.2021 – 17 U 15/21, wo davon ausgegangen wird, dass Informationen über eine Restschuldbefreiung nach § 3 Abs. 2 InsoBekV nur sechs Monate gespeichert und verarbeitet werden dürfen). Grundsätzlich geht die Rechtsprechung davon aus, dass sich die betroffene Person nach Ablauf von drei Jahren nach der endgültigen Beendigung des Insolvenzverfahrens finanziell „erholt" hat (OLG Karlruhe ZD 2016, 287; KG Berlin ZD 2013, 189; LG Heilbronn DuD 2019, 661; ZD 2020, 256; LG Frankfurt a. M. ZD 2019, 467: LG Heidelberg DATENSCHUTZ-BERATER 2020, 137; vgl. LG Hamburg Urt. v. 23.7.2020 – 334 O 161/19: LG Aschaffenburg ZD 2021, 214; LG Hamburg ZD 2021, 216). Die Relevanz von Daten für die Bewertung der Kreditwürdigkeit einer Person nimmt nämlich im Zeitverlauf ab (KSS DatenschutzR/Schanz Art. 6 Abs. 1 Rn. 138 mwN; LG Frankfurt a. M. CR 2019, 741 (Recht auf Vergessenwerden)), während der Schutzanspruch der betroffenen Person um so gewichtiger wird, je länger das für diese nachteilige Ereignis zurückliegt (vgl. BGH Urt. v. 27.7.2020 – VI ZR 405/18; Ohrtmann/Möller DATENSCHUTZ-BERATER 2020, 283).

23a Eine Speicherung von Daten auf unbestimmte Zeit ist grundsätzlich unzulässig Plath/Kamlah DS-GVO Art. 17 Rn. 1 f.). Um festzustellen, ob die **Datenverarbeitungsvoraussetzungen noch vorliegen,** haben die speichernden Stellen in regelmäßigen Abständen ihre weitere **Speicherungsberechtigung** von sich aus zu **prüfen** (Erwägungsgrund 39; VG Karsruhe ZD 2017, 543; vgl. VG Karlsruhe DATENSCHUTZ-BERATER 2017, 218; vgl. BGH Urt. v. 27.7.2020 – VI ZR 405/18; LG Frankfurt a. M. CR 2019, 741; Ohrtmann/Möller DATENSCHUTZ-BERATER 2020, 283), wobei eine Prüfung spätestens nach Ablauf von drei Jahren seit der Speicherung des letzten Bonitätsmerkmals vorzunehmen ist (vgl. VG Wiesbaden ZD 2021, 230). Für die Speicherfristen hat die datenverarbeitende Stelle eine Löschkonzeption nach Art. 30 Abs. 1 lit. f DS-GVO zu erarbeiten (Erwägungsgrund 39 S. 10) und nach Art. 24, 25 und 32 DS-GVO geeignete technisch-organisatorische Maßnahmen zur Einhaltung dieser Verpflichtung zu ergreifen

(Leyke DATENSCHUTZ-BERAER 2019, 136; Gündel ZD 2019, 494). Sieht sich die datenverarbeitende Stelle nicht in der Lage, eine solche Überprüfung zeitgerecht vorzunehmen, müssen die Angaben spätestens **nach Ablauf dieser Frist gelöscht** werden, zumal nach der Rechtsprechung des Bundesverfassungsgerichts die Organisation der Datenverarbeitung dem Datenschutz zu entsprechen hat und nicht umgekehrt (BVerfG ZD 2015, 473). Löschung bedeutet aber nicht die sofortige Vernichtung der Daten. Vielmehr sind diese „gesperrt" entsprechend der nationale **Dokumentationsvorschriften** auch weiterhin in einer Dokumentationsdatei vorzuhalten (zB § 147 AO (Abgabenordnung) oder § 257 HGB (Handelsgesetzbuch). Ferner können die Verantwortlichen nach Art. 6 Abs. 1 lit. f DS-GVO die Daten dort so lange speichern, wie das angesichts ihrer Dokumentationsverpflichtungen nach Art. 5 Abs. 2 DS-GVO nicht zuletzt im Hinblick auf Verjährungsfristen (vgl. § 58 Abs. 3 BDSG) erforderlich ist, um sich ggf. gegen Schadensersatzansprüche zur Wehr setzen zu können. Die Nutzung dieser Angaben ist nur noch für diese Zwecke zulässig.

Wer eine automatisierte Scorewertberechnung vornimmt, ist zu einer **Datenschutzfolgenabschätzung** nach Art. 35 Abs. 3 lit. a DS-GVO verpflichtet (Taeger RDV 2017, 3). Neben den technisch-organisatorischen Maßnahmen, denen nach Art. 5 Abs. 1 lit. f, Art. 32 DS-GVO Rechnung zu tragen ist, muss auf die Implementierung von Standards für diskriminierungsfreies Programmieren geachtet werden. Aufgrund des Aspekts der „Verwendung neuer Technologien" ist eine Datenschutzfolgenabschätzung bei Verfahren für Einzelentscheidungen durch Algorithmen nach Art. 35 Abs. 1 DS-GVO stets erforderlich (s. dazu Weichert DANA 2017, 201). Folglich trifft den Verantwortlichen dann auch die Pflicht zur Bestellung eines **betrieblichen Datenschutzbeauftragten** nach Art. 37 Abs. 4 DS-GVO, § 38 Abs. 1 BDSG (v. Lewinski/Rützel DATENSCHUTZBERATER 2018, 253–255).

G. Rechte der betroffenen Person

Bei den zur Errechnung eines Scorewertes vorzunehmenden **Datenverarbeitungsvorgängen** können die betroffenen Personen die in Kap. III Art. 15 ff. DS-GVO vorgesehenen Rechte gegenüber den scorewertberechnenden und -speichernden Stellen geltend machen (vgl. Moos/Rothkegel ZD 2016, 561 (567); Eichler RDV 2017, 10 (12)). Diese lassen sich weder durch Verzicht, AGBs (vgl. § 307 BGB) bzw. unternehmensinterne Anwendungshinweise oder Verhaltensregeln nach Art. 40 DS-GVO einschränken oder ausschließen (vgl. Reifert ZD 2019, 305 (307 mwN)). Vergleichbares gilt für die Befugnis der betroffenen Person, ihre datenschutzrechtlichen Rechte ggf. prozessual wahrzunehmen oder wahrnehmen zu lassen (vgl. Paal/Pauly, 2. Aufl. 2018, DS-GVO Art. 40 Rn. 23b; Plath/Kamlah DS-GVO Art. 40 Rn. 18; Kühling/Buchner Art. 40 Rn. 40 f.; aA Wolff ZD 2017, 151 (153)).

a) Nach Art. 15 Abs. 1 DS-GVO, Erwägungsgrund 63 können die betroffenen Personen von den Stellen, die Scorewerte berechnen bzw. speichern und nutzen – insbesondere von Kreditinstituten (vgl. AG Bonn RDV 2020, 279) – folgende **Auskünfte** verlangen:
aa) **Von den scorewertberechnenden Stellen:**
- **Welche Daten** für die Scorewertberechnung **gespeichert** sind bzw. **erhoben** werden sollen (Art. 15 Abs. 1 lit. a und b DS-GVO; LG München I VuR 2020, 482). Dabei kann sich die datenverarbeitende Stelle nicht damit begnügen, lediglich die Kategorie, der die betreffenden Daten angehören, zu benennen (vgl. Art. 15 Abs. 1 lit. b DS-GVO). Vielmehr besteht ein Anspruch auf **Offenbarung, welche Daten konkret** verarbeitet werden, damit fehlerhafte Angaben noch vor ihrer Nutzung korrigiert und **Missverständnisse aufgeklärt** werden können (BGH NJW 2014, 1235; Art. 5 Abs. 1 lit. a DS-GVO; Simitis/Dammann 8. Aufl. 2014, § 3 Rn. 12; Weichert DANA 2018, 132; aA AG München RDV 2020, 45).
- Wer die **Empfänger** der bereits **ermittelten Scorewerte** waren und an welche Kategorien von Empfängern solche künftig übermittelt werden sollen (Art. 15 Abs. 1 lit. c DS-GVO).
- Wo die bei der Scorewertberechnung verwendeten Daten oder zu verwendenden **Daten herstammen** (Art. 15 Abs. 1 lit. g DS-GVO; LG Karlsruhe ZD 2019, 511; AG Düsseldorf Urt. v. 5.3.2020 – 9 Ca 6557/18; OLG Köln Urt. v. 26.7.2019 – 20 U 360/16).
- Welche **Scorewerte gespeichert** sind, nicht aber, welche ggf. berechnet werden (AG Bonn BeckRS 2020, 19548; LG München I VuR 2020, 319; vgl. Paal/Pauly, 2. Aufl. 2018, S. 347; abwegig Kamlah MMR Aktuell 2003, 5 (6)).
- Auf **Nachfrage der betroffenen Person** besteht ein Anspruch gegen die scorewertberechnende Stelle auf **Erläuterung und Begründung** der Gesamt – und Teilbewertungen sowie der Schätzdaten (→ Rn. 8p), nicht aber auf die sog. Scoreformel, die herangezogenen statistischen Werte, die Gewichtung einzelner Berechnungselemente und die Bildung etwaiger Ver-

gleichsgruppen (vgl. Art. 23 Abs. 1 lit. i DS-GVO; BGH NJW 2014, 1235; kritisch dazu Hammersen/Schade DuD 2014, 399; kritisch dazu ULD Nr. 2.2.2; Weichert DANA 2018, 132 (134), vgl. BVerfG NJW 2018, 1667)). Darüber hinaus können sich die scorewertberechnenden Stellen grundsätzlich nicht auf **Geschäftsgeheimnis** berufen, da die Befassung mit den Angelegenheiten einer fremden Person oder eines Unternehmens und deren Bewertung weder einen wirtschaftlichen Wert für die scorewertberechnende Stelle darstellt, noch besteht für diese insoweit ein berechtigtes Geheimhaltungsinteresse (vgl. § 2 GeschGehG). Auch der EuGH verlangt, dass die betroffene Person optimal nachprüfen können müsse, ob ihre Daten fehlerfrei verarbeitet wurden, und die Verarbeitung zulässig war (EuGH BeckRS 2009, 70483).

27a bb) Von den Empfängern von Scorewerten:
- Nach Art. 15 Abs. 1 lit. b DS-GVO kann von den Empfängern von Scorewerten Auskunft darüber verlangt werden, welche **von Dritten erhaltenen Scorewerte** dort gespeichert sind, nicht aber eine Begründung dafür, warum eine Entscheidung unter Berücksichtigung des Scorewertes, etwa für die die **Ablehnung eines Kreditantrages,** getroffen wurde (vgl. BGH CR 2020, 409; AG Bonn BeckRS 2002, 19548). Anders verhält es sich lediglich in des Fällen des Art. 22 DS-GVO (s. u. cc) und in „spezifischen Konstellationen", etwa wenn der betroffenen Person Geschäfte des täglichen Lebens verweigert werden, wegen der **Grundrechtsbindung von Privaten,** wenn ihnen eine dem Staat vergleichbare Pflichten- und Garantenstellung zukommt (vgl. BVerfG NJW 2018, 1667).
- Von wo die **Scorewerte empfangen** wurden (Art. 15 Abs. 1 lit. g DS-GVO).

27b cc) Bei **automatisierten Entscheidungen** nach Art. 22 EU-DSGVO (→ Rn. 1b):
- Wer Scorewerte für automatisierte Entscheidungen iSd Art. 22 Abs. 2 lit. a DS-GVO errechnet und verwendet, muss nach Art. 15 Abs. 1 lit. h DS-GVO die betroffene Person über die oben unter aa) genannten Umstände hinaus (vgl. Schantz/Wolff DatenschutzR Rn. 747 ff.) auch über die **involvierte Logik** (Algotithmus), über die **Methoden und Berechnungskriterien** (Art. 15 Abs. 1 lit. h DS-GVO), also den logischen Aufbau der automatisierten Datenverarbeitung des Berechnungsvorganges, sowie über die **Tragweite und die Auswirkungen** der Scorewertberechnung Auskunft erteilen (v. Lewinski/Rützel DATENSCHUTZBERATER 2018, 253–255). Andernfalls würde die betroffene Person zum bloßen Objekt der Entscheidung eines Computers gemacht (AG Düsseldorf DATENSCHUTZ-BERATER 2018, 65; Schürmann DATENSCHUTZBERATER 2017, 185 (186); vgl. v. Lewinski/Pohl ZD 2018, 22; Weichert DANA 2018, 132 (134); Kremer CR 2018, 560 (563). Dabei habe die betroffenen Personen auch einen Anspruch zu erfahren, mit **welchem Gewicht** einzelne Angaben berücksichtigt wurden bzw. werden (Kühling/Buchner Art. 15 Rn. 27; Weichert DANA 2018, 132). Die bisherigen Rechtsprechung des BGH, der zufolge die Scoreformel, die herangezogenen statistischen Werte und die Gewichtung einzelner Berechungselemente bei der Ermittlung des Wahrscheinlichkeitswertes und die Bildung etwaiger Vergleichsgruppen nicht offenbart werden müssen (BGH NJW 2014, 1235), kann in diesem Zusammenhang keine Anwendung finden, zumal der EuGH verlangt, dass die betroffene Person nachprüfen können müsse, ob ihre Daten fehlerfrei verarbeitet wurden und die Verarbeitung zulässig war (EuGH BeckRS 2009, 70483). Nicht zuletzt deswegen hat die betroffene Person einen Anspruch auf **Erläuterung** der sie betreffenden Berechnung. Insbesondere muss die datenverarbeitende Stelle zumindest mitteilen, welche Umstände maßgeblich sind, dass die betroffene Person nur als beschränkt kreditwürdig bewertet wird. Auch Meinungsäußerungen muss ein wahrer Tatsachenkern zugrunde liegen (→ Rn. 8p; vgl. Kremer CR 2018, 560 (563); LG Frankenthal CR 2019, 176; BGH BeckRS 2016, 6437; LG Frankfurt BeckRS 2015, 8984). Ferner muss die Unternehmen versichern, dass es über ein **wissenschaftliches Gutachten** verfügt, das ihm bescheinigt, dass die verwendeten Angaben geeignet sind, einen **zuverlässigen Scorewert** zu ermitteln.

28 b) Die betroffene Person kann nach Art. 16 S. 1 DS-GVO die **Berichtigung** der bei der datenverarbeitenden Stelle zur Berechnung von Scorewerten gespeicherten Angaben verlangen (vgl. Kühling/Buchner Art. 16 Rn. 32 ff.). Vergleichbares gilt nach S. 2 für die **Ergänzung** des Datensatzes, insbesondere um für die betroffene Person **günstige Informationen** oder um solche, die für eine verantwortliche Bewertung **unabdingbar** sind (vgl. Kühling/Buchner Art. 15 Rn. 26 ff.). Für die Beweispflicht gilt, dass entsprechend der deutschen Prozessordnung die betroffene Person beweisen muss, dass die Speicherung unzutreffend bzw. die verlangte Ergänzung geeignet und erforderlich ist, ihren Scorewert zu ihren Gunsten zu beeinflussen (Pohlmann, Zivilprozessrecht, 4. Aufl. 2018, Rn. 341 (352); LG Karlsruhe ZD 2019, 511), während die Auskunftei beweisen muss, dass die gespeicherten Angaben zutreffend sind und im Hinblick auf eine korrekte Bewertung der betroffenen Person keiner Ergänzung bzw. Änderung bedürfen (Argument aus Art 18 Abs. 1 DS-GVO; Pohlmann, Zivilprozessrecht, 4. Aufl. 2018, Rn. 341 (352); Kühling/Buchner

Art. 16 Rn. 37). Wegen der Darlegungs- und Beweislast im Einzelnen → Rn. 33r). Nach der Auffassung des BGH handelt es sich bei dem errechneten Scorewert um eine Meinungsäußerung, deren Berichtigung nur im Falle der offensichtlichen Unangemessenheit verlangt werden könne (vgl. BGH BeckRS 2014, 4073; aA Weichert DANA 2018, 132 (135)).

c) Nach Art. 18 Abs. 1, Art. 21 Abs. 1 DS-GVO hat die betroffene Person das Recht, gegen **29** die für die Scorewertberechnung gespeicherten Daten bei der datenverarbeitenden Stelle **Widerspruch** zu erheben mit der Begründung, diese Angaben seien unzutreffend (lit. a; s. o. Rn. 8b), die Datenverarbeitung sei rechtswidrig etwa unter Verstoß gegen den Erforderlichkeitsgrundsatz nach Art. 6 Abs. 1 lit. b DS-GVO erfolgt (lit. b; → Rn. 8a), die Daten würden für eine ordnungsgemäße Scorewertberechnung nicht - mehr – benötigt (lit. c; → Rn. 8j) bzw. es bestehe für die betroffene Person ein höherrangiges Interesse am Unterbleiben der Datenverarbeitung, selbst wenn dieser für sich genommen ein berechtigtes Interesse iSd Art. 6 Abs. 1 lit. f DS-GVO zugrunde liegt (lit. d; vgl. Art. 21 Abs. 1 DS-GVO; → Rn. 20). Vergleichbares gilt nach Art. 22 Abs. 3 DS-GVO für die Fälle des Art. 22 Abs. 2 lit. a DS-GVO. Die betroffene Person muss bei ihrem Widerspruch nur **Anhaltspunkte**, die die Rechtmäßigkeit der Datenverarbeitung infrage stellen, vortragen, nicht jedoch auch für sie nachteilige Umstände preisgeben, an denen die datenverarbeitende Stelle interessiert ist (vgl. Gola DS-GVO Art. 18 Rn. 8). Andererseits ist die datenverarbeitende Stelle berechtigt, zur Prüfung des Widerspruchs auch mit Hilfe von Suchmaschinen die **erforderlichen Informationen einzuholen,** wenn sich Zweifel am Vorbringen der betroffenen Person ergeben (vgl. LAG BW ZD 2020, 50). Der Widerspruch nach Art. 18 Abs. 1 bzw. Art. 22 Abs. 3 DS-GVO hat zur Folge, dass die datenverarbeitende Stelle diese Angaben **überprüfen** muss. Das gilt auch für Daten, die von anderen Stellen empfangen wurden (vgl. BGH CR 2020, 405). **Während der Überprüfung** dürfen die Daten grundsätzlich **nicht verarbeitet** werden (Art. 18 Abs. 2 DS-GVO). Teilt die datenverarbeitende Stelle der betroffenen Person nach Art. 18 Abs. 1 DS-GVO mit, dass sie die angegriffenen Daten für rechtmäßig erachtet, kann die Datenverarbeitung fortgesetzt werden. Es liegt dann an der betroffenen Person, einen Unterlassungs-, Löschungs- oder Berichtigungsanspruch ggf. gerichtlich geltend zu machen (→ Rn. 28, → Rn. 33d f.; Kühling/Buchner Art. 16 Rn. 18, 34). Die datenverarbeitende Stelle muss ihre **Entscheidung nicht begründen** (aA OLG Braunschweig ZD 2020, 254). Die Überprüfung hat nicht zuletzt aus **haftungs- und bußgeldrechtlichen Gründen** (→ Rn. 33 ff.) sehr **sorgfältig** zu erfolgen, zumal die unzutreffende Einschätzung der Kreditwürdigkeit die Gefahr für eine erhebliche Verletzung des Persönlichkeitsrechts der betroffenen Person bzw. ihres geschäftlichen Fortkommens mit sich bringt (vgl. LG Hamburg CR 2019, 405). Diese Gefahr besteht für die betroffenen Personen und deren Unternehmen insbesondere auch deswegen, weil sich die Empfänger von Auskunfteien erhaltenen Scorebewertungen für gewöhnlich auf deren rechtmäßiges Zustandekommen und inhaltliche Richtigkeit verlassen und diese ungeprüft wie Tatsachenbehauptungen ihren Entscheidungen zugrunde legen (vgl. OLG Braunschweig ZD 2020, 254).

d) Besteht die erwiesene Gefahr, dass eine scorewertberechnende oder -verarbeitende Stelle **30** einen Scorewert unter Verstoß gegen die oben genannten Prinzipien (→ Rn. 8a ff.) errechnet, übermittelt oder nutzt, steht der betroffenen Person unter Umständen ein **Unterlassungsanspruch** nach § 1004 BGB zu (LG München I ZD 2013, 135; OLG Frankfurt NJOZ 2015, 1913; Taeger RDV 2017, 3; LG Frankfurt a. M. ZD 2021, 46; LG Darmstadt DATENSCHUTZ-BERATER 2020, 2386; das OLG Frankfurt a. M. CR 2019, 741 folgert diesen Anspruch aus Art. 17 Abs. 1 und Art. 79 Abs. 1 DS-GVO; vgl. BGH Urt. v. 19.3.2015 – I ZR 94/13; OLG Dresden ZD 2019, 172). Die verantwortliche Stelle kann sich dann nicht auf ein berechtigtes Interesse iSd Art. 6 Abs. 1 lit. f bzw. auf den Erforderlichkeitsgrundsatz nach Art. 6 Abs. 1 lit. b oder auf Art. 22 Abs. 2 lit. a DS-GVO berufen und haftet als Störer. Ein rechtswidrig verarbeiteter Scorewert greift in den Schutzbereich des allgemeinen Persönlichkeitsrechts der betroffenen Person ggf. als Wirtschaftsunternehmer sowie in das durch Art. 12 Abs. 1, Art. 19 Abs. 3 GG verfassungsrechtlich gewährleistete Recht am eingerichteten und ausgeübten Gewerbebetrieb ein (OLG München CR 2019, 394 mwN).

Zur Begründung muss die betroffene Person vorbringen und ggf. beweisen, dass die Datenverar- **30a** beitung etwa unter Verstoß gegen den Erforderlichkeitsgrundsatz nach Art. 6 Abs. 1 lit. b DS-GVO rechtswidrig erfolgt, dass der datenverarbeitenden Stelle ein berechtigtes Interesse nach Art. 6 Abs. 1 lit. f DS-GVO fehlt, dass für den Fall der eigentlich berechtigten Datenverarbeitung der betroffenen Person ein höherrangiges Interesse am Unterbleiben der Datenverarbeitung nach Art. 6 Abs. 1 lit. f DS-GVO zusteht, oder dass sie, wenn letzteres nicht der Fall ist, sich in einer „besonderen Situation" iSd Art. 21 Abs. 1 Satz 1 DS-GVO befinde (vgl. LG Braunschweig CR 2019, 258). Der Verantwortliche kann dem Vorbringen im letztgenannten Fall gem. Art. 21 Abs. 1 S. 2 DS-GVO ggf. mit dem Nachweis entgegentreten, dass zwingende schutzwürdige Gründe vorliegen, die die Interessen, Rechte und Freiheiten der betroffenen Person überwiegen (Taeger RDV 2017, 3). Wegen der Darlegungs- und Beweislast im Einzelnen → Rn. 33r). Allerdings ist ein **Unterlassungsanspruch unbegründet,** wenn die Scorewertberechnung bzw. die weitere Verarbeitung des Scorewertes rechtmäßig im Sinne der oben dargestellten Voraussetzungen erfolgt ist bzw. erfolgen wird (→ Rn. 8a ff.) und die betroffene Person lediglich mit der Bewertung nicht einverstanden ist (vgl. BGH NJW 2011, 2204, kritisch dazu ULD Nr. 2.2.2 ff.). Auch kann angesichts des berechtigten Interesses der Wirtschaft an Scorewertberechnungen **nicht erzwungen** werden, dass künftig **keine** – rechtmäßigen – **Scorewertberechnungen** und deren weitere Verarbeitung mehr erfolgen.

30b   Besteht die konkrete Gefahr einer bevorstehenden rechtswidrigen Datenverarbeitung im Zusammenhang mit dem Scoring, kann die betroffene Person die datenverarbeitende Stelle **abmahnen** (wegen der Abmahnung nach dem UWG Föhlisch CR 2020, 796) und die Abgabe einer **strafbewehrten Unterlassungserklärung** verlangen. Voraussetzung ist eine **Wiederholungsgefahr,** wenn es in der Vergangenheit bereits zu einer Datenschutzverletzung gekommen ist und solche künftig wieder zu erwarten sind (vgl. LG Braunschweig CR 2019, 258), insbesondere wenn keine strafbewehrte Unterlassungserklärung abgegeben wurde (vgl. LG Hamburg CR 2019, 404; OLG München CR 2019, 394), wobei der Hinweis auf eine Schulung der Mitarbeiterinnen und Mitarbeiter bzw. deren Verpflichtung auf den Datenschutz durch die datenverarbeitende Stelle nicht ausreicht (LG Darmstadt DATENSCHUTZ-BERATER 2020, 286). Von einer **Erstbegehungsgefahr** ist auszugehen, wenn aufgrund objektiver Umstände eine erstmalige Beeinträchtigung unmittelbar bevorsteht (LG München I ZD 2020, 204 mwN).

30c   e) Die **Löschung** der bei der verantwortlichen Stelle gespeicherten Daten kann unter den Voraussetzungen des Art. 17 DS-GVO verlangt werden (→ Rn. 23; wegen der Dalegungs- und Beweislast → Rn. 33r). Für gespeicherte Scorewerte gilt das nur, wenn ihnen Fehler „bei der Berechnung" anhaften (→ Rn. 8a ff.) bzw. wenn die Bewertung auf unlogischen Schlussfolgerungen beruht oder im Ergebnis völlig abwegig bzw. nicht mehr aktuell ist (→ Rn. 8 f.). Dagegen kann die betroffene Person nicht alleine deswegen etwas gegen die Speicherung unternehmen, weil sie die Bewertung ihrerseits für unzutreffend hält, da es sich bei dieser um eine Meinungsäußerung handelt, die grundsätzlich nicht untersagt werden kann (BGH NJW 2011, 2204). Wegen der Darlegungs- und Beweislast → Rn. 33r.

31   f) Soweit die Berechnung bzw. Übermittlung eines Scorewertes unzulässig war, kann die betroffene Person aufgrund von Art. 19 DS-GVO grundsätzlich von der datenverarbeitenden Stelle verlangen, dass diese die **Empfänger benachrichtigt,** um eine Löschung oder Korrektur der dortigen Speicherungen herbeizuführen (vgl. LG Lübeck ZD 2018, 124; aA OLG Düsseldorf ZD 2015, 89). Diese Verpflichtung besteht nicht, wenn der Scorewert bei der empfangenden Stelle „wegen Zeitablaufs" unzutreffend geworden ist. Ansonsten kann die Unterrichtung auch **unterbleiben,** wenn sie mit einem **unverhältnismäßigen Aufwand** verbunden oder unmöglich ist (im Einzelnen Piltz/zur Weihen RDV 2019, 107). Ob die Empfänger der Scorewerte verpflichtet sind, diese zu löschen, richtet sich nach den von diesen zu beachtenden Vorschriften. Die anspruchsbegründenden Voraussetzungen hat die betroffene Person, die Einwendungen hat die verantwortliche Stelle zu beweisen.

32   g) Der betroffenen Person steht das Recht auf **Beschwerde bei der zuständigen Datenschutzaufsichtsbehörde** nach Art. 77 DS-GVO und auf angemessenen **gerichtlichen Rechtsschutz** nach Art. 78 f. DS-GVO zu.

33   h) **Schadensersatz:** Art. 82 DS-GVO ist eine eigenständige, unmittelbar geltende datenschutzrechtliche Haftungsnorm für **zivilrechtliche Schadensersatzansprüche** wegen Datenschutzverletzungen. Die Ansprüche nach dieser Vorschrift stehen selbständig neben vertraglichen, deliktischen oder sonstigen Ansprüchen (vgl. § 83 Abs. 1 BDSG) nach deutschem Recht (Wybitul/Haß/Albrecht NJW 2018, 113; vgl. Mester DuD 2018, 181; Jacquemain RDV 2017, 227 (228)).

33a   **Schadensersatzansprüche** nach Art. 82 DS-GVO können unter folgenden **Voraussetzungen** geltend gemacht werden:

I. Verletzung einer Datenschutznorm

33b   Gesetze in diesem Sinne sind alle **Normen der DS-GVO** und die aufgrund der DS-GVO ergangenen **datenschutzrechtlichen Vorschriften,** die ein bestimmtes Verhalten gebieten oder verbieten, um hierdurch Dritte zu schützen (Art. 82 Abs. 1 DS-GVO, Erwägungsgrund 146; Wessels DuD 2019, 789). Die Schadensersatzvorschrift umfasst nach Art. 2 Abs. 1 DS-GVO auch die vor Inkrafttreten dieser Vorschrift erfolgte Datenverarbeitung (Kohn ZD 2019, 499; vgl. KG ZD 2021, 378).

II. Verletzungshandlung

Grundsätzlich genügt jedes **menschliche Verhalten** im weitesten Sinne, das eine Datenschutznorm verletzt, etwa das rechtswidrige Veröffentlichen einer **unzutreffenden Bewertung** in einem sozialen Netzwerk (vgl. Kohn ZD 2019, 499; ArbG Lübeck ZD 2020, 422) oder der Betrieb eines **unzulänglich konfigurierten Datenverarbeitungssystems,** das den zu beachtenden wissenschaftlichen Anforderungen nicht genügt (→ Rn. 8l; vgl. Weichert DANA 2018, 132). Eine Verletzungshandlung kann neben einem Eingriff in das **allgemeine Persönlichkeitsrecht** vorliegen, wenn die Datenverarbeitung in das **Unternehmenspersönlichkeitsrecht** (s. der von Art. 2 Abs. 1, Art. 19 Abs. 3 GG, Art. 8 Abs. 1 EMRK gewährleisteter Geltungsanspruch von Kapitalgesellschaften als Wirtschaftsunternehmen) eingreift und das **Recht am eingerichteten und ausgeübten Gewerbebetrieb** (Schutz des Unternehmens in seiner wirtschaftlichen Tätigkeit und seinem Funktionieren iSd § 823 Abs. 1 BGB) beeinträchtigt (vgl. BGH CR 2020, 405 mwN). Ferner können Datenschutzgesetze dadurch verletzt werden, dass personenbezogene Angaben ohne Vorliegen der Voraussetzungen einer Rechtsgrundlage verarbeitet werden, etwa durch die unerlaubte Übermittlung von Daten durch ein Inkassounternehmen, ein Telekommunikationsunternehmen oder eine Bank an eine Auskunftei (→ Rn. 8a; vgl. Lisner DATENSCHUTZ-BERATER 2020, 128; LG Lüneburg ZD 2021, 275) oder durch die rechtswidrige Vornahme einer **Zweckänderung** der Datenverarbeitung. Eine schädigende Handlung kann ferner darin bestehen, dass der Verantwortliche Daten, die **nicht** iSd Art. 6 Abs. 1 lit. b DS-GVO **erforderlich** sind, für die **kein berechtigtes Interesse** iSd Art. 6 Abs. 1 lit. f bzw. Art. 22 Abs. 2 lit. a DS-GVO besteht, verarbeitet oder wenn dem berechtigten Interesse des Verantwortlichen ein **höherrangigeres Interesse der betroffenen Person** iSd Art. 6 Abs. 1 lit. f DS-GVO oder eine berechtigte Einwendung iSd Art. 21 Abs. 1 DS-GVO entgegensteht (vgl. LG Verden VuR 2011, 191). Veranlasst eine einmeldende Stelle bei einer Auskunftei, dass die Einmeldung dem Datensatz einer „falschen Person" zugespeichert wird, haftet die einmeldende Stelle unter Umständen neben Art. 82 DS-GVO auch aus § 280 Abs. 1 BGB oder aus Delikt. Veranlasst die datenverarbeitende Stelle diese unzutreffende Speicherung selbst, haftet diese dafür. Sie handelt nicht als Erfüllungsgehilfe für die einmeldende bzw. übermittelnde Stelle (LG Bonn ZD 2020, 162 mwN). Ferner wird Datenschutzrecht verletzt, wenn der Verantwortliche trotz eines begründeten Widerspruchs iSd Art. 18 Abs. 1 DS-GVO durch die betroffene Person (→ Rn. 29) die **Datenverarbeitung rechtswidrig fortsetzt,** also noch vor Abschluss der Überprüfung und obwohl ihm bei einer solche Unregelmäßigkeiten auffielen oder hätten auffallen müssen (vgl. LG Frankfurt a. M. ZD 2019, 468). Zu einer Schadensersatzverpflichtung führen zudem **Personenverwechslungen,** wenn der Verantwortliche bei einem **Selbstauskunftsersuchen** nach Art. 15 DS-GVO oder bei einer Anforderung von Dritten Angaben zu einer „unzutreffenden" Person übermittelt, weil nicht abgeglichen wurde, inwieweit Name, Vorname, Geburtsdatum und Wohnanschrift der angefragten und der beauskunfteten Person übereinstimmen. Vergleichbares gilt für die Übermittlung **unzutreffender** oder **irreführender Information** an Dritte oder bei unter Verstoß gegen die obengenannten Voraussetzungen erfolgte **Score-Bewertungen** (→ Rn. 8a ff.; vgl. OLG München BeckRS 2013, 05349).

33c

Ein relevantes **Unterlassen** liegt vor, wenn nach der DS-GVO oder der aufgrund der DS-GVO ergangenen datenschutzrechtlichen Vorschriften eine Pflicht zum Tätigwerden bestand bzw. der Verantwortliche seine **Mitarbeiter** und seine **Auftragsverarbeiter** nicht pflichtgemäß **beaufsichtigt.** Zwar müssen nach der Rechtsprechung Wirtschaftsauskunfteien die bei ihnen eingemeldeten Informationen zum Zeitpunkt der Speicherung grundsätzlich nicht auf ihre Richtigkeit und daraufhin überprüfen, ob deren Einmeldevoraussetzungen vorliegen (vgl. BGH NJW 2011, 2204; CR 2019, 166; OLG Saarbrücken VersR 2012, 317). Vergleichbares gilt mit Einschränkungen für **sonstige Empfänger** von personenbezogenen Daten (→ Rn. 8i). Doch trifft die **datenspeichernde bzw. weiterverarbeitende Stelle** eine Schadensersatzpflicht, wenn sich ihr **Zweifel** an der Rechtmäßigkeit der übermittelten Daten aufdrängen bzw. aufdrängen müssen, insbesondere wenn sie von der betroffenen Person etwa durch einen **Widerspruch** nach Art. 18 DS-GVO oder von der Aufsichtsbehörde auf solche aufmerksam gemacht werden (im Einzelnen Krämer NJW 2012, 3201 mwN; BGH GRUR 2015, 1129; vgl. OLG Dresden ZD 2019, 172; OVG Hamburg ZD 2020, 598; LG Frankfurt a. M. CR 2019, 741). Vergleichbares gilt, wenn eine datenverarbeitende Stelle, insbesondere eine Auskunftei, die von ihr gespeicherten Daten nicht innerhalb einer angemessenen Frist auf die **weitere Verarbeitungsberechtigung** hin geprüft hat (→ Rn. 8i; → Rn. 23; vgl. Kühling/Buchner Art. 17 Rn. 17 ff.) oder trotz eines Antrages der betroffenen Person eine entsprechende Prüfung nach Art. 18 Abs. 1 DS-GVO unterlässt (vgl. VG Wiesbaden ZD 2021, 230) und es dadurch zu Nachteilen für die betroffene Person

33d

kommt (vgl. dazu VG Karlsruhe DATENSCHUTZ-BERATER 2017, 218), wenn in dem Unternehmen des Verantwortlichen die **Datensicherheit** nicht entsprechend dem **Stand der Technik** gewährleistet ist (vgl. Knopp DuD 2017, 663; Bieker/Hanse DuD 2017, 285; Schürmann DATENSCHUTZ-BERATER 2017, 105; Bieker/Hansen RDV 2017, 165; Bartels/Backer DuD 2018, 214; Wybitul NZW 2020, 2577), oder wenn unzureichende Vorkehrungen gegen **Identitätsdiebstahl** zu Schäden der betroffenen Person führen (vgl. Smoltcyk DuD 2017, 662). Entsprechendes gilt, wenn bei der Nutzung von Angaben aus **sozialen Netzwerken keine Unterrichtung** der betroffenen Person nach Art. 14 DS-GVO erfolgt ist, sodass diese nicht nach Art. 18, Art. 21 Abs. 1 DS-GVO widersprechen konnte, weil die Daten unzutreffend sind oder zu Unrecht in das Netz gestellt worden sind oder ein höherrangiges Interesse der betroffenen Person am Unterbleiben der Datenverarbeitung besteht. Auch kann ein datenschutzrechtlicher Pflichtenverstoß vorliegen, wenn eine Auskunftei nicht sicherstellt, dass einem bereits vorhandenen Datensatz Dritte automatisiert **nur Angaben zugespeichert** werden können, wenn die Identifizierungsmerkmale Name, Vorname, Anschrift und Geburtsdatum der Speicherung und der Neuanmeldung übereinstimmen (Smoltcyk DuD 2017, 662). Eine **Auskunftei** schafft eine **besondere Gefahrenquelle,** wenn sie Dritten die Eingabe von Informationen in ihre Datenbestände ermöglicht, ohne dabei sicherzustellen, dass durch den Abgleich von Identifizierungsdaten gewährleistet ist, dass die Zuspeicherung dieselbe Person betrifft, für die auch der bereits bestehende Datensatz angelegt ist (vgl. BGH GRUR 2015, 1129). Ferner kommen Verstöße gegen **Dokumentationspflichten, Informationspflichten, Melde- und Benachrichtigungspflichten** und **Prüfpflichten** als schädigende Handlungen in Betracht (LG Braunschweig CR 2019, 258; vgl. VG Wiesbaden JZ 2021, 230). Dagegen setzt ein **Amtshaftungsanspruch** wegen Verstoßes gegen datenschutzrechtliche Vorschriften einen besonders schweren Eingriff in das Persönlichkeitsrecht voraus (KG ZD 2021, 378).

III. Haftungsbegründende Kausalität

33e Der **Verstoß** gegen eine Datenschutzvorschrift muss auf die **Verletzungshandlung bzw. auf das Unterlassen** des Verantwortlichen **zurückzuführen** sein. Eine Mitverursachung durch höhere Gewalt etwa bei Systemausfällen ist unerheblich (Wessels DuD 2019, 784).

IV. Rechtswidrigkeit

33f Ein Verstoß gegen die DS-GVO und diese ergänzende Vorschriften **indiziert** in der Regel dessen **Rechtswidrigkeit.** Diese ist auch dann nicht zu verneinen, wenn die unter Verstoß gegen das Datenschutzrecht erfolgte Datenverarbeitung nicht zu einem **Verwertungsverbot** führt (vgl. BGH NJW 2018, 2883). Sowohl das Persönlichkeitsrecht als auch das Recht am eingerichteten und ausgeübten Gewerbebetrieb stellen einen offenen Tatbestand dar, dessen Inhalt und Grenzen sich im Einzelfall aus den kollidierenden Interessen der Beteiligten ergeben. Der Eingriff in den Schutzbereich des jeweiligen Rechtes ist in diesen Fällen nur dann rechtswidrig, wenn die Datenverarbeitung nicht iSd Art. 6 Abs. 1 lit. b DS-GVO erforderlich ist oder wenn der Verantwortliche sich nicht auf ein berechtigtes In Interesse iSd Art. 6 Abs. 1 lit. f, Art. 22 Abs. 2 lit. a DS-GVO berufen kann, das nicht von einem höherrangigen Interesse der betroffenen Person iSd Art. 6 Ab. 1 lit. f bzw. Art. 21 Abs. 1 DS-GVO überwogen wird (vgl. BGH CR 2020, 405). Auch kommt die beachtliche **Einwilligung** iSd Art. 7 DS-GVO als **Rechtfertigungsgrund** in Betracht (vgl. LG Lübeck ZD 2020, 256).

V. Verschulden

33g Nach Art. 82 Abs. 3 DS-GVO besteht der Schadensersatzanspruch grundsätzlich nur, soweit der **Schädiger schuldhaft** gehandelt hat. Nach dieser Vorschrift wird der an der Datenverarbeitung Beteiligte von einer Ersatzpflicht nur **frei,** wenn er in „**keinerlei Hinsicht**" für den Umstand, durch den der Schaden eingetreten ist, **verantwortlich** ist. Diese Exkulpationsmöglichkeit bezieht sich sowohl auf die objektiven Umstände der Pflichtverletzung als auch auf die subjektive Vorwerfbarkeit, nämlich das Verschulden in engerem Sinne (Kohn ZD 2019, 499 mwN). Dabei wird das **Verschulden** im Falle einer vom Verantwortlichen verursachten Datenschutzverletzung grundsätzlich **vermutet.** Der Verantwortliche wird nur von der Haftung befreit, wenn er etwa durch entsprechende **Dokumentation** nachweisen kann, dass er für den Umstand, durch den der Schaden entstanden ist, nicht verantwortlich ist, er also die maßgeblichen datenschutzrechtlichen Vorschriften eingehalten, die Datenverarbeitung dementsprechend organisiert hat und eine entsprechende Wirksamkeit nachweisen kann (vgl. Wessels DuD 2019, 748; Kohn ZD 2019, 499). Eine darüber hinausgehende **Exkulpationsmöglichkeit** etwa wegen ausreichender Beaufsichtigung der Mitarbeiter, guter Betriebsorganisation oder wegen der Mitverantwortung Dritter gibt es in der Regel **nicht** (im Einzelnen dazu Kühling/Buchner Art. 17 Rn. 55; vgl. Wybitul/Haß/Albrecht NJW 2018, 113 (116); Veil ZD 2018, 9 (13); Wessels DuD 2019, 784). Ein **Mitverschulden der betroffenen Person** kann die Schadensersatzpflicht des Verantwortlichen bzw. des Auftragsverarbeiters jedoch unter Umständen mindern (vgl. Wybitul/Neu/Strauch ZD 2018, 202 (207)).

VI. Schaden

Nach der Rechtsprechung des EuGH (EuGH EuZW 2016, 183; NZA 2007, 1271) und dem Erwägungsgrund 146 S. 6 sind Schäden infolge von Verstößen gegen die DS-GVO und die aufgrund der DS-GVO ergangenen datenschutzrechtlichen Vorschriften der **Höhe** nach in **materieller** wie **immaterieller** Hinsicht „vollständig und wirksam" auszugleichen (Kühling/Buchner Art. 82 Rn. 17 ff.; Bleckat RDV 2020, 11; Strittmatter/Treiterer/Harnos CR 2019, 789; wegen der Höhe des Schadensersatzanspruchs Wybitul/Haß/Albrecht NJW 2018, 113 (114) und Jacquemain RDV 227, 232 ff.), während die deutschen Gerichte bislang eher zurückhaltend sind (vgl. Strittmacher/Triterer/Harnos CR 2019, 789; zur Schadensminderung bei Datenpannen Wybitul NJW 2020, 2577). 33h

Der **materielle Schadensersatz** umfasst alle unfreiwilligen Vermögensopfer der betroffenen Person, die durch die Datenschutzverletzung unmittelbar entstanden sind (LAG Köln ZD 2021, 168), während sich die Regressierung der Aufwendungen für die Geltendmachung ihrer sekundären Ansprüche einschließlich ihrer vorgerichtlichen **Anwalts- und Abmahnkosten** nach dem nationalen Recht richtet (Kühling/Buchner Art. 82 Rn. 19; OLG München WM 2010, 1901; Kohn ZD 2019, 499 mwN; OLG Frankfurt a. M. ZD 2015, 335; Strittmatter/Treiterer/Harnos CR 2019, 789; LAG Köln ZD 2021, 168), wobei nach Art. 82 DS-GVO auch die Anwaltskosten verlangt werden können, die durch die Anrufung der Datenschutzaufsichtsbehörde der betroffenen Person entstanden sind (ArbG Dresden ZD 2021, 54). 33i

Ein **materieller Sekundärschaden** kann in Einbußen beim professionellen Datenhandel, beim Datenverlust infolge eines Lecks, bei Verlusten bezüglich der Vermarktung von personenbezogenen Daten sowie wegen entgangener Lizenzentgelte gesehen werden (im Einzelnen Strittmatter/Treiterer/Harnos CR 2019, 789). Auch sind **Bagatellschäden** ersatzfähig, wenn sie Ausdruck einer bewussten, rechtswidrigen oder in großem Stil betriebenen Kommerzialisierung von Datenschutzverstößen sind (OLG Dresden BeckRS 2019, 12941). Dagegen führt eine **unzutreffende Bewertung der Bonität** grundsätzlich selbst dann **nicht zu einem materiellen Schaden**, wenn deswegen ein Kreditantrag abgelehnt wurde (vgl. LG Karlsruhe ZD 2019, 511). 33j

Eine zum **immateriellen Schadensersatz** verpflichtende Datenschutzverletzung kann in Form der **Ehrverletzung**, der **Verletzung des Persönlichkeitsrechts**, des **Ansehensverlusts**, der **Bloßstellung** (LG Karlsruhe ZD 2019, 511), der **Stigmatisierung** durch einen rechtswidrige Auskunft von einer Auskunftei (LG Frankfurt a. M. ZD 2019, 468), einer **grundlos herabwürdigende Scorewertberechnung**, des **Identitätsdiebstahls**, der **unbefugten Aufhebung der Pseudonymisierung**, des **Verlusts der Vertraulichkeit**, der **Rufschädigung** oder wegen sonstiger **gesellschaftlicher Nachteile** bestehen, auch wenn sie nicht von besonderem Gewicht ist (Jacquemain RDV 2017, 227 (232); Wytibul/Neu/Strauch ZD 2018, 202 (204 ff.); s. Erwägungsgrund 85). Allerdings könne ein immaterieller Schaden nach der Rechtsprechung der deutschen Gerichte **nicht alleine wegen eines Verstoßes** gegen das Datenschutzrecht quasi als „Strafe" verlangt werden (aA ArbG Düsseldorf CR 2020, 571 unter Berufung auf Erwägungsgrund 146). Zwar bedürfe es keiner schweren Verletzung des Persönlichkeitsrechts, doch könne nicht jeder Verstoß gegen das Datenschutzrecht bereits aus generalpräventiven Gründen zum Schadensersatz führen (vgl. LG Karsruhe ZD 2019, 511; LG Köln ZD 2021, 49). Bei bloßen **Bagatellverstößen** ohne ernsthafte Beeinträchtigung für das Selbstbild oder Ansehen der betroffenen Person bestehe kein Schadensersatzanspruch nach Art. 82 Abs. 1 DS-GVO (OLG Dresden RDV 2020, 94 Wybitul NJW 2019, 3265; aA ArbG Düsseldorf CR 2020, 592; kritisch dazu Strittmatter/Treiterer/Harnos CR 2019, 789). Vielmehr müsse für einen Schadensersatzanspruch eine über eine bloße Unannehmlichkeit hinaus benennbare und tatsächliche **Persönlichkeitsverletzung** erfolgt sein (LG Karlsruhe ZD 2019, 511; AG Diez CR 2019, 162; LG Lübeck ZD 2020, 255; OLG Dresden ZD 2019, 567; Rechtsbank Amsterdam ZD 2020, 151; aA ArbG Düsseldorf NZA-RR 2020, 409, wo wegen einer unzureichenden Auskunft nach Art. 15 DS-GVO Ersatz für einen immateriellen Schaden iHv 5.000 EUR gewährt wird; kritisch dazu Wessels DuD 2019, 784; im Einzelnen Wybitul NJW 2019, 3265; kritisch Bleckat RDV 2020, 11). Keinen Schadensersatz gebe es deswe- 33k gen für Datenschutzverstöße, die nach Art, Umfang, Schwere und Dauer als Bagatellfall zu würdigen sind, zB die einmalige Übersendung eines Kontoauszuges an den falschen Empfänger (LG Köln ZD 2021, 47). Um eine **ausufernde Haftung zu vermeiden** sei ein Entschädigungsanspruch wegen eines immateriellen Schadens nur dann zu bejahen, wenn die Verletzungshandlung zu einer konkreten, nicht bloß unbedeutenden oder subjektiv empfundenen Verletzung des Persönlichkeitsrechts geführt habe (LG Frankfurt a. M. ZD 2020, 639).

33l Doch zeichnet sich in der Rechtsprechung nunmehr ein immaterieller Schadensersatzanspruch bei DS-GVO-Verstößen ab. Auf die Schwere des Eingriffs komme es dabei nicht an (ArbG Düsseldorf CR 2020, 592; kritisch dazu Wybitul/Brams CR 2020, 571). So könne die betroffene Person grundsätzlich einen immateriellen Schaden gegen eine Auskunftei geltend machen, wenn diese einen evident unzutreffenden oder nicht mit Tatsachen belegbaren Scorewert bzw. unzutreffende Bonitätsnegativmerkmale an einen Dritten übermittelt hat, was bei diesem zu dem falschen Eindruck geführt hat, die betroffene Person sei **nicht uneingeschränkt kreditwürdig,** sodass von ihr eine Gefahr für andere ausgehe (→ Rn. 8 f; vgl. Jacquemain RDV 2017, 227 (232); Wytibul/Neu/Strauch ZD 2018, 202 (204 ff.); AG Diez ZD 2019, 85; LG Feldkirch (Österreich) DANA 2019, 340). Manche Gerichte gehen sogar davon aus, dass der den betroffenen Personen zuzusprechende Schadensersatz wegen immaterieller Schäden eine abschreckende Wirkung haben solle und deswegen eine **abschreckende Höhe** erreichen müsse (vgl. AG Hildesheim ZD 2021, 384). Das könne geboten sein, wenn die betroffene Person durch die unerlaubte Weitergabe von personenbezogenen Daten um ihr Recht und ihre Freiheit gebracht wird, den **Umgang mit ihren Daten zu kontrollieren** (ArbG Dresden ZD 2021, 54). Auch stehe der betroffenen Person ein immaterieller Schadensersatzanspruch zu, wenn gegen das von Art. 8 Abs. 2 S. 2 GRCh gewährleistete **Selbstauskunftsrecht** verstoßen wurde, weil die Auskunft nach Art. 15 DS-GVO nicht, erheblich verspätet oder unzureichend erteilt wurde, ohne einen Schaden im Einzelnen darlegen zu müssen (vgl. Erwägungsgrund 75; ArbG Düsseldorf ZD 2020, 469). Durch diese Ungewissheit werde der betroffenen Person die Prüfung verwehrt bzw. eingeschränkt, ob bzw. welche Daten verarbeitet wurden, was zu Folge haben kann, dass sie ihre **Rechte** unter Umständen **nicht oder nicht rechtzeitig** wahrnehmen kann. Insbesondere bei einer rechtswidrigen Einmeldung bei einer Auskunftei und dem Bereithalten zum Abruf einer solchen Information durch diese stehe der betroffenen Person ein immaterieller Schadensersatzanspruch wegen des „**Kontrollverlustes**" und der damit verbundenen **Stigmatisierung und der Bloßstellung** zu, da diese Informationen von einer Vielzahl von Interessierten abgerufen werden können. Der Schadensersatz bei Datenschutzverstößen soll eine abschreckende Wirkung haben, um der **DS-GVO zum Durchbruch zu verhelfen**. Eine Erheblichkeitsschwelle bezüglich des Umfangs der Persönlichkeitsverletzung gebe es in diesen Fällen nicht (vgl. LG Lüneburg ZD 2021, 275). Andererseits komme der Datenübermittlung an einen Dienstleister, etwa an ein Inkassobüro, allenfalls ein geringe Verletzungswirkung für die betroffene Person zu, wenn dabei in erster Linie das bestätigt wird, was jenem ohnehin bereits bekannt ist (vgl. LG Lübeck ZD 2020, 255). Vergleichbares gelte, wenn personenbezogene Daten infolge einer Datenpanne an Dritte gelangt seien und die betroffene Person lediglich ein **Gefühl von Unbehagen** habe, dass ihre Daten künftig von Unberechtigten genutzt würden (AG Frankfurt a. M. ZD 2021, 47).

33m Nach den Erwägungsgründen 146 ff. soll die betroffene Person der **Höhe** nach einen vollständigen und wirksamen Schadensersatz erhalten. Deswegen kann sich die Höhe einer **immateriellen Entschädigung** für die Verletzung des Persönlichkeitsrechts auch **an Art. 83 Abs. 2 DS-GVO orientieren.** Sie richtet sich nach der Intensität, die von der Art, Schwere, Dauer des Verstoßes, Bedeutung und Tragweite des Eingriffs ausgeht, nach dem Anlass und dem Beweggrund des Handelns sowie dem Grad des Verschuldens des Verantwortlichen bzw. der erforderlichen Maßnahmen zur Minderung des Schadens, der Finanzkraft der datenverarbeitenden Stelle (ArbG Düsseldorf ZD 2020, 469) und der Qualität des geschützten Bereichs, früherer einschlägiger Verstöße sowie der Kategorie der betroffenen Daten (zur Bemessung im Einzelnen ArbG Düsseldorf CR 2020, 592; vgl. ArbG Dresden ZD 2021, 54). So stehe der betroffenen Person für die rechtswidrige Weitergabe von **Gesundheitsdaten** ein Schadensersatz von 1.500 EUR zu (ArbG Dresden ZD 2021, 54). Im Falle der Verletzung des Rechts am **eigenen Bild** durch die Veröffentlichung eines Bildes sind in der Regel geringere Anforderungen an die Zubilligung einer Geldentschädigung zu stellen, weil die Verletzung nicht etwa durch Widerruf oder Richtigstellung rückgängig gemacht werden kann. Doch muss es sich um einen schwerwiegenden Eingriff – etwa in die Privat- oder Persönlichkeitssphäre – handeln (OLG Hamm ZD 2019, 124). Dabei werden **Schmerzensgelder** bis zu einer Höhe von 60.000 EUR gewährt (im Einzelnen ArbG Lübeck ZD 2020, 422 mwN; OLG Hamm ZD 2019, 124; Strittmatter/Treiterer/Harnos CR 2019, 789). Werden über ein **soziales Netzwerk** Informationen zum persönlichen oder beruflichen

Fortkommen unberechtigt veröffentlicht, entstehe der betroffenen Person ein immaterieller Schaden, für den ein Schmerzensgeld iHv von 1.000 EUR angemessen sei (LG Darmstadt DATENSCHUTZ-BEREATER 2020, 286; ZD 2020, 642; Golland DATENSCHUTZ-BERATER 2002, 286). Wegen der unberechtigten Verarbeitung von **Daten nach Art. 9 DS-GVO** kann ein Schmerzensgeld iHv 4.000 EUR geltend gemacht werden, für die unerlaubte Übermittlung sonstiger personenbezogener Daten wurde ein Schmerzensgeld von 800 EUR zugesprochen (vgl. AG Hildesheim ZD 2021, 384). Für Verstöße gegen das **Selbstauskunftsrecht** nach Art. 15 DS-GVO wurde ein Schadensersatz iHv 5.000,00 EUR zuerkannt (ArbG Düsseldorf CR 2020, 592). Dagegen sei bei einem **Bagatellverstoß** ohne ernsthafte Beeinträchtigung von persönlichkeitsbezogenen Belangen ein Schmerzensgeld nach Art. 82 Abs. 1 DS-GVO iHv 50,00 EUR ausreichend (AG Diez CR 2019, 162).

VII. Haftungsausfüllende Kausalität

Es muss ein **Kausal- bzw. Zurechnungszusammenhang** zwischen der **Datenschutzverletzung** und dem **eingetretenen Schaden** bestehen (LG Frankfurt a. M. NZI 2019, 342; AG Bochum BeckRS 2019, 14869). Die verletzte Norm muss nicht den Schutzzweck haben, die betroffene Person vor Schäden der eingetretenen Art zu schützen, zumal der EuGH jede Kausalität, also jede Mitursächlichkeit zwischen der Rechtsverletzung und dem eingetretenen Schaden genügen lässt (vgl. Wybitul/Neu/Strauch ZD 2018, 202 (206); Wessels DuD 2019, 783 mwN; Kohn ZD 2019, 499 mwN; aA LG Karlsruhe, wonach die rechtswidrige Datenverarbeitung nicht ursächlich sein soll, wenn auf das abgelehnte Rechtsgeschäft kein Anspruch besteht (JZ 2019, 512). Allerdings muss der eigetretene Schaden gerade durch den geltend gemachten Rechtsverstoß eingetreten sein (Kohn ZD 2019, 499). Problematisch ist der Kausalzusammenhang und damit eine Mitverursachung allerdings bei unzutreffenden Auskünften und **fehlerhaften Scorewertberechnungen** durch **Auskunfteien** für einen eingetretenen Vermögensschaden, da hier die beauskunftende bzw. scorewertberechnende Stelle **nicht selbst über die Gewährung von Krediten entscheidet,** sondern nur einen „Beitrag" für derartige Entscheidungen durch die die Auskunft bzw. den Scorewert einholende Stelle leistet (vgl. LG Karlsruhe RDV 2020, 99). Diese ist nämlich keineswegs gezwungen, angesichts eines „schlechten" Scorewertes bzw. einer abträglichen Auskunft eine ablehnende Entscheidung zu treffen (vgl. LG Karlsruhe ZD 2019, 512, wo ein Schadensersatzanspruch abgelehnt wird, wenn kein Anspruch auf den Abschluss eines Kreditvertrages besteht).

VIII. Anspruchsverpflichtete und -berechtigte

Nach Art. 82 Abs. 1 DS-GVO, Erwägungsgrund 146 sind die wegen eines Verstoßes gegen die DS-GVO und gegen die zu deren Konkretisierung erlassenen nationalen Datenschutzvorschriften verursachten Schäden grundsätzlich von den **Verantwortlichen** bzw. vom **Auftragsverarbeiter** gesamtschuldnerisch zu ersetzen (Wybitul/Haß/Albrecht NJW 2018, 113; vgl. Mester DuD 2018, 181; Jacquemain RDV 2017, 227 (228); Kohn ZD 2019, 499). Veranlasst eine **einmeldende Stelle** bei einer Auskunftei, dass die Daten eines Schuldners einer „falschen Person" zugespeichert werden, haftet die einmeldende Stelle. Beruht diese fehlerhafte Zuspeicherung auf einem **Organisationsverschulden** der Auskunftei, haftet diese unmittelbar und nicht als Erfüllungsgehilfe für die einmeldende Stelle (LG Bonn ZD 2020, 162). Auftragsverarbeiter und Verantwortlicher haben auch für ihre **Mitarbeiter** einzustehen (Kühling/Buchner Art. 82 Rn. 55). Sind mehrere Verantwortliche bzw. Auftragsverarbeiter zum Schadensersatz verpflichtet, haften sie gegenüber Dritten als **Gesamtschuldner** dergestalt, dass jeder von ihnen für den gesamten Schaden in Anspruch genommen werden kann (Art. 82 Abs. 4 DS-GVO; Erwägungsgrund 146; Herboldsheimer DATENSCHUTZ-BERATER 2018, 152). Zwar hat jeder Verantwortliche nur seinen Anteil an dem Schaden zu tragen, den er verursacht hat (Art. 82 Abs. 2 S. 1 DS-GVO). **Auftragsverarbeiter** haben nach Art. 82 Abs. 2 S. 2 DS-GVO nur insoweit einzustehen, wie sie schuldhaft die ihnen obliegenden gesetzlichen Verpflichtungen nicht erfüllt haben bzw. wenn sie ihnen rechtmäßig erteilten Weisungen nicht nachgekommen sind oder gegen diese gehandelt haben (Art. 82 Abs. 2 S. 2 DS-GVO; Wytibul/Neu/Strauch ZD 2018, 202 (204) Schmidt/Freund ZD 2017, 14; Wessels DuD 2019, 781; Wybitul/Haß/Albrecht NJW 2018, 113 (114); im Einzelnen Holleben/Knaut CR 2017, 299). Doch soll diese Vorschrift nur im Rahmen des **Gesamtschuldnerausgleichs** zur Anwendung kommen (Schmidt/Freund ZD 2017, 14; Wessels DuD 2019, 781; Wybitul/Haß/Albrecht NJW 2018, 113 (114); im Einzelnen Holleben/Knaut CR 2017, 299). Wegen der Haftung des **betrieblichen Datenschutzbeauftragten** s. Piltz/Häntschel RDV 2019, 281 und Lantwin ZD 2017, 411 (413).

33p Der **Innenausgleich** mehrerer Schädiger richtet sich nach Art. 82 Abs. 5 DS-GVO, Erwägungsgrund 146 (vgl. Holleben/Knaut CR 2017, 299; Schmidt/Freund ZD 2017, 14).

33q **Anspruchsberechtigt** sind nach Art. 82 Abs. 1 DS-GVO alle natürlichen Personen, die wegen eines Datenschutzverstoßes einen materiellen oder immateriellen Schaden erlitten haben (Wybitul/Haß/Albrecht NJW 2018, 113 (114); Wybitul/Neu/Srauch ZD 2018, 202 (203 f.); Kohn ZD 2019, 499). Wegen der Ansprüche von „Kleinstgesellschaften" → Rn. 1a.

IX. Beweislast

33r Grundsätzlich hat die **betroffene Person** die **haftungsbegründenden Voraussetzung** darzulegen, zu substantiieren und ggf. zu **beweisen** (LG Karlsruhe ZD 2019, 511; Schulz NJW 2017, 16; zu den Substantiierungsanforderungen an den Parteivortrag Schultz NJW 2017, 16; Hensel NVwZ 2020, 1628; zum Verwertungsverbot bei rechtswidrig verarbeiteten Daten Pötters/Wybitul NJW 2014, 2074). Das betrifft insbesondere die **Verletzungshandlung,** die Tatsache, dass der **Schädiger** an der Verarbeitung ihrer personenbezogenen Daten **beteiligt** war, dass ein **Verstoß** gegen die DS-GVO oder einer aufgrund der DS-GVO ergangenen datenschutzrechtlichen Vorschriften vorliegt, dass die Datenverarbeitung geeignet war, den **eingetretenen Schaden auszulösen** und dass der betroffenen Person dadurch ein **Schaden** – auch für ihr Persönlichkeitsrecht (OLG München ZD 2014, 570; AG Frankfurt a. M. ZD 2021, 47) - in einer **bestimmten Höhe** entstanden ist (Wessels DuD 2019, 783; vgl. LG Karlsruhe ZD 2019, 511; vgl. Wybitul NJW 2019, 3265 mwN; aA Jacquemain RDV 2017, 227 (230)). Hinsichtlich der **Pflichtverletzung** genügt der schlüssige Vortrag, personenbezogene Daten seien unter Verletzung der DS-GVO oder davon abgeleiteter Vorschriften und damit möglicherweise rechtswidrig verarbeitet worden (Kohn ZD 2019, 499 mwN). Für die **haftungsausfüllenden Kausalität** reicht angesichts der Dokumentationspflicht an Art. 5 Abs. 2 DS-GVO der schlüssige Vortrag einer möglichen Verursachung aus, dh dass die **Datenverarbeitung** grundsätzlich – außerhalb eines atypischen Kausalverlaufs - **geeignet** war, den geltend gemachten **Schaden** herbeizuführen (Kohn ZD 2019, 499 mwN; Wessels DuD 2019, 783; von Kühling/Buchner Art. 82 Rn. 46 ff. wird die Auffassung vertreten, dass der Verantwortliche nachweisen muss, dass die von ihm vorgenommene Datenverarbeitung dem Datenschutzrecht entsprochen hat bzw. dass sein rechtswidriges Verhalten nicht ursächlich für den eingetretenen Schaden war). Allerdings greift die von der Rechtsprechung angenommene Beweislast des Äußernden über die Wahrheit einer Tatsachenbehauptung nach der über § 823 Abs. 2 BGB in das Deliktsrecht transformierte Beweisregel des § 186 StGB, wenn eine Auskunftei diese selbst aufgestellt oder sich zu eigen gemacht hat (OLG Dresden JZ 2019, 172 mwN; vgl. OVG Hamburg JZ 2020, 598 für die Fälle, in denen die Auskunftei keinen Anlass zur Überprüfung der Einmeldung hatte).

33s Die **datenverarbeitende Stelle** kann den Ansprüchen der betroffenen Person mit dem ggf. zu beweisenden Tatsachenvortrag **entgegentreten,** der Datenverarbeitung liege ein **schutzwürdiges Interesse** nach Art. 6 Abs. 1 lit. f, Art. 22 Abs. 2 lit. a DS-GVO bzw. eine gebotene **Erforderlichkeit** iSd Art. 6 Abs. 1 lit. b und f DS-GVO zugrunde (vgl. OLG SchlH Urt. v. 2.7.2021 – 17 U 15/21). Dem kann die **betroffene Person** entgegenhalten und ist insoweit beweispflichtig, dass ihr Interesse iSd Art. 21 Abs. 1 S. 1 DS-GVO am Unterbleiben der Datenverarbeitung diese **Interessen überwiege** bzw. überwogen habe (Pohlmann, Zivilprozessrecht, 4. Aufl. 2018, Rn. 341 (352); Bühling/Buchner Art. 16 Rn. 37). Dem kann die **datenverarbeitende Stelle** mit entsprechender Beweispflicht entgegenhalten, dass ihr demgegenüber **noch höherrangigere schutzwürdige Interesse** iSd Art. 21 Abs. 1 S. 2 DS-GVO zukommen.

33t Soweit die betroffene Person in der Substantiierung ihres Vortrages beschränkt ist, weil es sich um Umstände handelt, die sie nicht kennen kann, was insbesondere bei negativen Tatsachen, etwa die angebliche Zustellung eines Titels, der Fall sein kann, trifft die datenverarbeitende Stelle eine **sekundäre Darlegungslast** (Pohlmann, Zivilprozessrecht, 4. Aufl. 2018, Rn. 342, zur Beweislast bei Datenpannen Wybitul NJW 2020, 2577). Eine derartige Darlegungspflicht greift überall dort, wo der Beweispflichtige keine Kenntnis der maßgeblichen Tatsachen hat, während es dem Prozessgegner, also der datenverarbeitenden Stelle zumutbar ist, diese Tatsachen wenigstens zu benennen (Schultz NJW 2017, 16; BGH NJW 2020,755). Dabei hat der Schädiger ggf. zu beweisen, dass er sämtliche Vorschriften der DS-GVO eingehalten hat (Wessels DuD 2019, 738). Unter Umständen muss die datenverarbeitende Stelle sogar Geschäftsgeheimnisse offenbaren (OLG Frankfurt a. M. MMR 2008, 473). In diesem Zusammenhang muss gesehen werden, dass der Verantwortliche nach Art. 5 Abs. 2, Art. 24 Abs. 1 DS-GVO, Erwägungsgrund 74 S. 2 mittels durch ihn zu ergriffende **technisch-organisatorische Maßnahmen** jederzeit in der Lage sein muss, nachzuweisen, dass seine Datenverarbeitung datenschutzkonform erfolgt (im Einzelnen Berning ZD 2018, 348).

Anderseits kann der in **Anspruch Genommene** im Rahmen seiner Beweisverpflichtung seinerseits **Auskünfte von der betroffenen Person** verlangen.

Kommt die datenverarbeitende Stelle ihrer Darlegungspflicht **nicht ausreichend** nach oder erklärt sich die betroffene Person nicht ausreichend zu den Darlegungen der datenverarbeitenden Stelle, gilt das Vorbringen der jeweils anderen Partei nach § 138 Abs. 3 ZPO als **zugestanden** (OLG Nürnberg CR 2019, 659 mwN; LG Frankenthal CR 2019, 176 mwN; LG Frankfurt a. M. RDV 2015, 201; Schultz NJW 2017, 16). Ein **Bestreiten mit Nichtwissen** nach § 138 Abs. 4 ZPO kommt nur infrage, wenn es sich um eine Tatsache handelt, die weder eine Handlung der betroffenen Partei noch Gegenstand ihrer eigenen Wahrnehmung gewesen ist (Schultz NJW 2017, 16), etwa eine sie nicht betreffende Forderung. Ferner kann der in Anspruch Genommene den Nachweis erschüttern, an der Datenverarbeitung beteiligt gewesen zu sein bzw. dass der Schaden kausal auf einen von ihm begangenen Pflichtenverstoß zurückzuführen sei (Kohn ZD 2019. 499).

33u

Ist ein Datenschutzverstoß feststellbar, wird das **Verschulden** des Verantwortlichen an diesem nach Art. 82 Abs. 3 DS-GVO **vermutet.** Den Verantwortlichen trifft dann entsprechend dem Erwägungsgrund 146 die Beweislast für die ihm zukommende **Exkulpationsmöglichkeit** (LG Karlsruhe ZD 2019, 511; vgl. Wybitul/Haß/Albrecht NJW 2018, 115; Wybitul/Neu/Strauch ZD 2018, 202 (203); abweg Wybitul/Celik ZD 2019, 529), dass die Datenschutzverletzung nicht auf ein von ihm zu verantwortendes Verhalten zurückzuführen ist. Die Schadensersatzpflicht entfällt nach Art. 82 Abs. 3 DS-GVO nur, wenn der Verantwortliche oder der Auftragsverarbeiter nachweist, dass ihn bzw. seine Mitarbeiter in keiner Hinsicht für den Umstand, der zu dem Schaden geführt hat, ein **Verschulden** trifft, er also weder fahrlässig noch vorsätzlich gehandelt hat bzw. eine Verpflichtung zum Handeln unterlassen hat (vgl. Jacquemain RDV 2017, 227 (229); Wybitul/Neu/Strauch ZD 2018, 202 (204); Wessels DuD 2019, 784). Insbesondere sollte die datenverarbeitende Stelle darlegen und beweisen, dass sie ernsthaft versucht hat, sich von der Richtigkeit der von ihr verwendeten bzw. gespeicherten Angaben zu überzeugen, soweit sie materiell eine solche Verpflichtung trifft, was bei Auskunfteien und Empfänger von Daten eingeschränkt ist (→ Rn. 8i; vgl. OLG Braunschweig ZD 2020, 254). Ein Rückzug auf eine rein „formale" Prüfung ist nicht ausreichend (vgl. BGH GRUR 2016, 855).

33v

Grundsätzlich sind die **Gesamtschuldner** im Verhältnis zueinander nach § 426 Abs. 1 BGB zu gleichen Anteilen verpflichtet. Ein Gesamtschuldner, der sich auf eine davon zu seinen Gunsten vertraglich festgelegte abweichende Verteilung beruft, ist dafür beweispflichtig (Palandt, BGB, 79. Aufl. 2020, § 426 Rn. 8; vgl. Kohn ZD 2019, 499).

33w

§ 287 ZPO erleichtert die Beweisführung für die **Höhe des Schadens** zugunsten der betroffenen Person. Es genügt, dass Tatsachen vorgetragen und unter Beweis gestellt werden, die für eine Beurteilung des Schadens ausreichend greifbare Anhaltspunkte bieten. Gegebenenfalls ist der Schaden zu schätzen (Schultz NJW 2017, 16 mwN).

33x

X. Zuständiges Gericht; Vertretung

Die Zuständigkeit des Gerichts richtet sich nach den **deutschen Verfahrensvorschriften** (vgl. Art. 82 Abs. 6 DS-GVO; OLG Stuttgart CR 2020, 386). Wegen der **örtlichen Zuständigkeit** sind Art. 79 Abs. 2 DS-GVO, § 44 BDSG maßgeblich. **Droht die Datenschutzaufsichtsbehörde** wegen einer von ihr als unzulässig erachteten Datenverarbeitung dem Verantwortlichen ein **Bußgeld** nach Art. 58 DS-GVO für ein künftiges konkretes Verhalten an, kann dieser verwaltungsgerichtlich feststellen lassen, dass die Behörde dazu nicht befugt bzw. er zu der Datenverarbeitung berechtigt sei (Bosch/Schmidt/Vondung, Praktische Einführung in das verwaltungsgerichtliche Verfahren, 9. Aufl. 2012, Rn. 867 mwN).

33y

Die betroffene Person kann eine **Institution** iSd Art. 80 Abs. 1 DS-GVO mit der Geltendmachung ihres Schadensersatzanspruchs **beauftragen.**

33z

Verbraucherschutzverbände und Industrie- und Handelskammern:

34

- Die Verbraucherschutzverbände und die Industrie- und Handelskammern können aufgrund von Art. 80 Abs. 2 DS-GVO, § 2 Abs. 1 S. 2 Nr. 11, § 3 UKlaG gegen Auskunfteien wegen von diesen begangenen Datenschutzverstößen zum Nachteil von Verbrauchern iSd § 13 BGB **Unterlassungsansprüche** geltend machen, unabhängig davon, wo der Verstoß begangen worden ist und ob sie von der geschädigten betroffenen Person deswegen beauftragt wurden (Kühling/Buchner DS-GVO Art. 80 Rn. 13 ff.; Weichert DATENSCHUTZ-BERATER 2017, 79; kritisch dazu Gerhard CR 2015, 338).
- Vergleichbare Schritte können diese Institutionen nach § 8 Abs. 3 Nr. 3 und 4 des **Gesetzes gegen den unlauteren Wettbewerb** (UWG) unternehmen, etwa wenn ein Inkassounterneh-

men in einem Mahnschreiben eine unzulässige Meldung an eine Auskunftei zumindest irreführend in Aussicht stellt. Die unberechtigte Drohung mit der Einmeldung bei einer Auskunftei stellt nämlich eine unlautere Handlung wegen der möglichen Beeinträchtigung der Entscheidungsfreiheit des betreffenden Kunden iSd § 4a Abs. 1 UWG dar (OLG Düsseldorf CR 2013, 579; zur wettbewerbsrechtlichen Relevanz von Datenschutzverstößen LG Hamburg ZD 2018, 186).
- Dem **klagenden Verbraucherschutzverband** steht, nachdem der Unterlassungsanspruch im Verfahren anerkannt wurde, auch die Erstattung der durch die zuvor ergangene **Abmahnung entstandenen Kosten** zu (LG Darmstadt RDV 2015, 10029).

Kapitel 2. Rechte der betroffenen Person

§ 32 Informationspflicht bei Erhebung von personenbezogenen Daten bei der betroffenen Person

(1) Die Pflicht zur Information der betroffenen Person gemäß Artikel 13 Absatz 3 der Verordnung (EU) 2016/679 besteht ergänzend zu der in Artikel 13 Absatz 4 der Verordnung (EU) 2016/679 genannten Ausnahme dann nicht, wenn die Erteilung der Information über die beabsichtigte Weiterverarbeitung
1. eine Weiterverarbeitung analog gespeicherter Daten betrifft, bei der sich der Verantwortliche durch die Weiterverarbeitung unmittelbar an die betroffene Person wendet, der Zweck mit dem ursprünglichen Erhebungszweck gemäß der Verordnung (EU) 2016/679 vereinbar ist, die Kommunikation mit der betroffenen Person nicht in digitaler Form erfolgt und das Interesse der betroffenen Person an der Informationserteilung nach den Umständen des Einzelfalls, insbesondere mit Blick auf den Zusammenhang, in dem die Daten erhoben wurden, als gering anzusehen ist,
2. im Fall einer öffentlichen Stelle die ordnungsgemäße Erfüllung der in der Zuständigkeit des Verantwortlichen liegenden Aufgaben im Sinne des Artikels 23 Absatz 1 Buchstabe a bis e der Verordnung (EU) 2016/679 gefährden würde und die Interessen des Verantwortlichen an der Nichterteilung der Information die Interessen der betroffenen Person überwiegen,
3. die öffentliche Sicherheit oder Ordnung gefährden oder sonst dem Wohl des Bundes oder eines Landes Nachteile bereiten würde und die Interessen des Verantwortlichen an der Nichterteilung der Information die Interessen der betroffenen Person überwiegen,
4. die Geltendmachung, Ausübung oder Verteidigung rechtlicher Ansprüche beeinträchtigen würde und die Interessen des Verantwortlichen an der Nichterteilung der Information die Interessen der betroffenen Person überwiegen oder
5. eine vertrauliche Übermittlung von Daten an öffentliche Stellen gefährden würde.

(2) ¹Unterbleibt eine Information der betroffenen Person nach Maßgabe des Absatzes 1, ergreift der Verantwortliche geeignete Maßnahmen zum Schutz der berechtigten Interessen der betroffenen Person, einschließlich der Bereitstellung der in Artikel 13 Absatz 1 und 2 der Verordnung (EU) 2016/679 genannten Informationen für die Öffentlichkeit in präziser, transparenter, verständlicher und leicht zugänglicher Form in einer klaren und einfachen Sprache. ²Der Verantwortliche hält schriftlich fest, aus welchen Gründen er von einer Information abgesehen hat. ³Die Sätze 1 und 2 finden in den Fällen des Absatzes 1 Nummer 4 und 5 keine Anwendung.

(3) Unterbleibt die Benachrichtigung in den Fällen des Absatzes 1 wegen eines vorübergehenden Hinderungsgrundes, kommt der Verantwortliche der Informationspflicht unter Berücksichtigung der spezifischen Umstände der Verarbeitung innerhalb einer angemessenen Frist nach Fortfall des Hinderungsgrundes, spätestens jedoch innerhalb von zwei Wochen, nach.

Überblick

Durch Abs. 1 wird die in Art. 13 **Abs. 3** DS-GVO vorgesehene Informationspflicht des Verantwortlichen bei einer beabsichtigten **Weiterverarbeitung** der Daten zu anderen Zwecken als den,

Informationspflicht bei Erhebung bei der betroffenen Person § 32 BDSG

für den die personenbezogenen Daten erhoben wurden (dazu → DS-GVO Art. 13 Rn. 87 ff.) eingeschränkt (→ Rn. 16 ff.). In Abs. 2 werden Maßnahmen zum Schutz der betroffenen Person bei nach Abs. 1 unterbliebener Information festgelegt (→ Rn. 52 ff.). In Abs. 3 wird schließlich vorgegeben, dass aus vorübergehenden Hinderungsgründen nicht erfüllte Informationspflichten aus Art. 13 DS-GVO nach Ablauf einer angemessenen Nachfrist, spätestens jedoch innerhalb von zwei Wochen, nachgeholt werden müssen (→ Rn. 58 ff.).

Übersicht

	Rn.		Rn.
A. Allgemeines	1	IV. Überwiegende öffentliche Interessen bei Gefährdung von öffentlicher Sicherheit oder Ordnung sowie Wohl des Bundes oder eines Landes (Abs. 1 Nr. 3)	38
I. Normgeschichte	1		
II. Normzweck	2		
III. Anwendungsbereich und Dispositivität	4	V. Beeinträchtigung rechtlicher Ansprüche (Abs. 1 Nr. 4)	43
IV. Unionsrechtlicher Bezug und verfassungsrechtlicher Hintergrund	6		
V. Verhältnis zu anderen Vorschriften	10	VI. Gefährdung vertraulicher Datenübermittlung an öffentliche Stellen (Abs. 1 Nr. 5)	48
VI. Rechtsdurchsetzung und Sanktionen	14		
B. Einschränkung der Informationspflicht aus Art. 13 Abs. 3 DS-GVO (Abs. 1)	16	**C. Maßnahmen zum Schutz der betroffenen Person bei Einschlägigkeit von Abs. 1 (Abs. 2)**	52
I. Allgemeines	16		
II. Weiterverarbeitung analog gespeicherter Daten (Abs. 1 Nr. 1)	21	**D. Nachholung einer aufgrund von Abs. 1 unterbliebenen Information beim Wegfall eines vorübergehenden Hinderungsgrundes (Abs. 3)**	58
III. Überwiegende öffentliche Interessen bei öffentlicher Stelle (Abs. 1 Nr. 2)	30		

A. Allgemeines

I. Normgeschichte

§ 32 wurde durch den Gesetzesentwurf der Bundesregierung (BT Drs. 18/11325) in das Gesetzgebungsverfahren eingebracht. Der Bundesrat hatte diverse Änderungswünsche (BR-Drs. 18/11655, 33 ff.) hierzu, da der Gesetzesentwurf nach Ansicht des Bundesrat die in der DS-GVO vorgesehenen Öffnungsklauseln zur Änderung von Art. 13 DS-GVO (dazu → DS-GVO Art. 13 Rn. 8 ff.) nicht einhalten würde. Im Bericht des Innenausschusses (BT-Drs. 18/12144, 4 f.) wurden diese Änderungswünsche nur teils übernommen (Streichung von Abs. 1 Nr. 1 BDSG-E), im Übrigen modifiziert (Neufassung von Abs. 1 Nr. 1) und in dieser Version dann in das BDSG übernommen. 1

II. Normzweck

Abs. 1 schränkt die in Art. 13 **Abs. 3 DS-GVO** vorgesehene Informationspflicht des Verantwortlichen bei einer beabsichtigten **Weiterverarbeitung** der Daten zu anderen Zwecken als den, für den die personenbezogenen Daten erhoben wurden (dazu → DS-GVO Art. 13 Rn. 87 ff.) ein. Gleichzeitig ordnet Abs. 2 für diesen Fall Rechtsfolgen zugunsten der betroffenen Person an (→ Rn. 52 ff.). Schließlich stellt Abs. 3 klar, dass die von Art. 13 Abs. 3 DS-GVO geforderten Informationen beim Wegfall von vorübergehenden Hinderungsgründen spätestens innerhalb von zwei Wochen gegeben werden müssen (→ Rn. 58 ff.). 2

Derzeit nicht belegt. 3

III. Anwendungsbereich und Dispositivität

§ 32 ist anwendbar, soweit der Anwendungsbereich des BDSG gem. § 1 eröffnet ist (vgl. → § 1 Rn. 1 ff.). § 32 gilt bei der Datenverarbeitung durch alle Verantwortlichen – ganz gleich, ob öffentlich oder nichtöffentlich, es sei denn, in den jeweiligen Tatbestandsvoraussetzungen ist etwas anderes geregelt (zB gilt Abs. 1 Nr. 2 nur für öffentliche Stellen). 4

§ 32 ist **zwingendes Recht** und damit **nicht dispositiv**. 5

BDSG § 32 Teil 2. Durchführungsbestimmungen für Verarbeitungen nach DS-GVO

IV. Unionsrechtlicher Bezug und verfassungsrechtlicher Hintergrund

6 Abs. 1 schränkt Art. 13 Abs. 3 DS-GVO ein, wohingegen Abs. 2 sowie Abs. 3 die mit der Einschränkung verbundenen Rechtsfolgen regeln. § 32 basiert auf den für Art. 13 DS-GVO vorgesehenen Öffnungsklauseln (dazu → DS-GVO Art. 13 Rn. 8 ff.).

7 Ob § 32 die Vorgaben der Öffnungsklauseln innerhalb der DS-GVO einhält, ist fraglich. Für die Einschränkungen gem. Abs. 1 Nr. 2–5 wurden vom Bundesrat zahlreiche unionsrechtliche Bedenken erhoben (BR-Drs. 18/11655, 34 ff.), die von der Bundesregierung jedoch nicht geteilt wurden (BR-Drs. 18/11655, 56). Im Übrigen wird bei den jeweiligen Kommentierungen darauf hingewiesen, wenn Bedenken hinsichtlich der Unionsrechtskonformität bestehen.

8 Derzeit nicht belegt.

9 Ihren **grundrechtlichen Anknüpfungspunkt** finden die datenschutzrechtlichen Rechte des Betroffenen im gem. Art. 2 Abs. 1 iVm Art. 1 Abs. 1 GG gewährleisteten Grundrecht auf informationelle Selbstbestimmung (BeckOK GG/Lang GG Art. 2 Rn. 45 f.). Gleiches gilt für die aus Abs. 1 folgende Einschränkung von Art. 13 Abs. 3 DS-GVO und den sich gem. Abs. 2, 3 hieraus ergebenden Implikationen.

V. Verhältnis zu anderen Vorschriften

10 § 32 konkretisiert und beschränkt die Informationspflicht des Verantwortlichen gegenüber der betroffenen Person gem. Art. 13 DS-GVO bei Daten, die bei der betroffenen Person erhoben wurden (sog. Direkterhebung, → DS-GVO Art. 13 Rn. 12). Bei Normkonkurrenzen gelten die zu Art. 13 DS-GVO gefundenen Grundsätze (→ DS-GVO Art. 13 Rn. 12 ff.).

11 Besteht demnach eine Konkurrenz zwischen § 32 und einer Norm **außerhalb des BDSG**, durch welche die Informationspflicht aus Art. 13 Abs. 3 DS-GVO betroffen wird, so gilt folgender Prüfungskatalog: Erstens, Auslegung: § 32 ist (a) grundrechtskonform im Lichte von Art. 8 GRCh (→ DS-GVO Art. 15 Rn. 6), (b) unionsrechtskonform im Lichte der DS-GVO sowie (c) verfassungskonform im Lichte von Art. 2 Abs. 1 iVm Art. 1 Abs. 1 GG (→ Rn. 9) auszulegen, ebenso wie die andere Norm nach diesen Prüfungsschritten (a)–(c) auszulegen ist. Zweitens, Feststellung, ob trotz dieser beiderseitigen Auslegung noch eine Konkurrenz, eine Unklarheit und/oder ein Widerspruch zwischen § 32 und einer anderen Norm besteht – falls nein: Prüfung beendet, falls ja: nächster Prüfungsschritt. Drittens, Prüfung, ob es sich bei der anderen Norm um eine bundesrechtliche oder um eine landesrechtliche Norm handelt – ein Normenkonflikt zwischen Bundes- und Landesnormen wird über Art. 31 GG gelöst (dazu BeckOK GG/Hellermann GG Art. 31 Rn. 1 ff.) – falls es sich um eine bundesrechtliche Norm handelt: nächster Prüfungsschritt. Viertens, Prüfung, ob die andere Norm rangniedriger ist als das BDSG – falls ja, gilt das BDSG vorrangig aufgrund des Vorrangs des Gesetzes (dazu Dürig/Herzog/Scholz GG Art. 20 Rn. 72 ff.), falls nein: nächster Prüfungsschritt. Fünftens, Anwendung der allgemeinen Kollisionsregelungen für Normen gleicher Rangstufe, wie zB „lex posterior/lex superior/lex specialis" (vgl. dazu auch Vranes ZaöRV 2005, 391).

12 Eine Normkonkurrenz zwischen § 32 und einer Norm **innerhalb des BDSG** besteht nicht. Insbesondere besteht **kein Überschneidungsbereich** zwischen § 32 und § 33 BDSG, da ein solcher zwischen Art. 13 DS-GVO und Art. 14 DS-GVO auch nicht vorliegt (→ DS-GVO Art. 13 Rn. 12). § 32 betrifft die Einschränkung der aus Art. 13 Abs. 3 DS-GVO fließenden Informationspflicht. § 33 betrifft hingegen – neben § 29 Abs. 1 S. 1 – die Einschränkung der sich aus Art. 14 DS-GVO ergebenden Informationspflicht.

13 Derzeit nicht belegt.

VI. Rechtsdurchsetzung und Sanktionen

14 § 32 beschränkt Art. 13 Abs. 3 DS-GVO. Wird daher eine gem. Art. 13 Abs. 3 DS-GVO zu erteilende Information nicht, nicht ordnungsgemäß oder nicht rechtzeitig erteilt, so ist zu unterscheiden: Liegen die jeweiligen, in Abs. 1 aufgelisteten Voraussetzungen für eine Einschränkung vor, so besteht keine Pflicht zur Informationserteilung nach Art. 13 Abs. 3 DS-GVO. Freilich kann der Verpflichtete die Information trotzdem freiwillig erteilen (→ Rn. 17 f.). Im Übrigen zieht die nicht, nicht ordnungsgemäße oder nicht rechtzeitige Erteilung der Information gem. Art. 13 Abs. 3 DS-GVO aufgrund **Nichtvorhandenseins der in Abs. 1 statuierten Voraussetzungen** die zu Art. 13 DS-GVO (→ DS-GVO Art. 13 Rn. 17 ff.) erläuterten Rechtsfolgen nach sich. Gleiches (→ DS-GVO Art. 13 Rn. 17 ff.) gilt für die Nichteinhaltung der Voraussetzungen des Abs. 2 und/oder Abs. 3, da Abs. 2 und Abs. 3 zur Legitimation der in Abs. 1 zu findenden Einschränkung v. Art. 13 Abs. 3 DS-GVO erforderlich sind, wie Art. 23 Abs. 1 DS-GVO zeigt (vgl. auch Geset-

zesbegr. BT-Drs. 18/11325, 102 mit Hinweis auf das in Art. 23 Abs. 1 zu findende Erfordernis, dass Beschränkungen den Wesensgehalt der Grundrechte und Grundfreiheiten achten und in einer demokratischen Gesellschaft eine notwendige und verhältnismäßige Maßnahme darstellen müssen).
Derzeit nicht belegt. **15**

B. Einschränkung der Informationspflicht aus Art. 13 Abs. 3 DS-GVO (Abs. 1)

I. Allgemeines

Abs. 1 schränkt die sich aus Art. 13 **Abs. 3** DS-GVO ergebende Informationspflicht des Ver- **16** pflichteten gegenüber der betroffenen Person ein. Art. 13 Abs. 3 DS-GVO ist einschlägig, sofern der Verpflichtete Daten bei der betroffenen Person **erhebt** (näher → DS-GVO Art. 13 Rn. 30 f.) und im Nachgang plant, die erhobenen Daten für einen **anderen Zweck weiterzuverarbeiten** als den, für den die Daten erhoben wurden (→ DS-GVO Art. 13 Rn. 87 ff.). Durch **Abs. 1 wird die Informationspflicht aus Art. 13 Abs. 1 DS-GVO und Art. 13 Abs. 2 DS-GVO nicht beschränkt** (so explizit BT-Drs. 18/11325, 102).

Abs. 1 schließt die Informationspflicht aus Art. 13 Abs. 3 DS-GVO aus, ohne dass der Verpflich- **17** tete dies gesondert geltend machen müsste. Der Anspruchsausschluss ist also von Amts wegen zu berücksichtigen.

Es bleibt trotz Einschlägigkeit von Abs. 1 dem Verpflichteten jedoch unbenommen, die von **18** Art. 13 Abs. 3 DS-GVO umfasste, nach Abs. 1 nicht mehr geschuldete Information dennoch **freiwillig** mitzuteilen.

Durch Abs. 1 wird klargestellt, dass die von Abs. 1 vorgesehenen Einschränkungen von Art. 13 **19** Abs. 3 DS-GVO **ergänzend zu Art. 13 Abs. 4 DS-GVO** bestehen.

Derzeit nicht belegt. **20**

II. Weiterverarbeitung analog gespeicherter Daten (Abs. 1 Nr. 1)

Die Informationspflicht aus Art. 13 Abs. 3 DS-GVO besteht nach Abs. 1 Nr. 1 dann nicht, **21** wenn
(1) die Erteilung der Information über die beabsichtigte Weiterverarbeitung eine Weiterverarbeitung analog gespeicherter Daten betrifft,
(2) bei der sich der Verantwortliche durch die Weiterverarbeitung unmittelbar an die betroffene Person wendet,
(3) der Zweck mit dem ursprünglichen Erhebungszweck gemäß der DS-GVO vereinbar ist,
(4) die Kommunikation mit der betroffenen Person nicht in digitaler Form erfolgt, **und**
(5) das Interesse der betroffenen Person an der Informationserteilung nach den Umständen des Einzelfalls, insbesondere mit Blick auf den Zusammenhang, in dem die Daten erhoben wurden, als gering einzuschätzen ist.

Die vorstehenden fünf Voraussetzungen müssen **kumulativ** erfüllt sein. **22**

Nach vorstehender Ziff. (1) muss die gem. Art. 13 Abs. 3 DS-GVO eigentlich zu erfüllende **23** Informationspflicht **analog gespeicherte Daten** betreffen. Durch diese erstmals im Bericht des Innenausschusses (BT-Drs. 18/12144, 4 f.) zu findende Ausnahme sollten kleine und mittlere Unternehmen (KMU), die ausschließlich oder überwiegend Daten in nicht digitaler Form speichern, entlastet werden. Wann Daten **analog** gespeichert sind, definiert das BDSG nicht. Das ist insofern problematisch, da der Unterschied zwischen analog und digital nur kontextbezogen hergestellt werden kann und die jeweilige Erklärung auch alles andere als unumstritten ist. Nach hier vertretener Auffassung werden Daten **analog gespeichert, wenn sie ohne Zuhilfenahme technischer Mittel auf ein Trägermedium geschrieben und von diesem gelesen werden können**. Beispiele sind: Papierakten und Karteikästen (dazu Schantz/Wolff DatenschutzR Rn. 1165). Ob der Mittelstand durch diese Ausnahmeregelung tatsächlich entlastet wird, darf jedoch bezweifelt werden, da die digitale Datenverarbeitung auch im Mittelstand schon seit längerem Einzug gefunden hat. Auch ist umstritten, ob diese Einschränkung von Art. 13 DS-GVO unionsrechtskonform ist, weil die DS-GVO nicht zwischen analoger und digitaler Datenverarbeitung differenziert und Art. 23 eine Einschränkung von § 32 aufgrund eines unverhältnismäßigen Aufwands auch nicht rechtfertige (so Simitis/Hornung/Spiecker/Dix Art. 13 Rn. 23, der Abs. 1 Nr. 1 für unanwendbar erklärt; ähnlich Auernhammer/Eßer § 32 Rn. 12) (→ Rn. 23.1).

Nach Auernhammer/Eßer § 32 Rn. 8 sowie Gola/Heckmann/Franck § 32 Rn. 11 sind analog gespei- **23.1** cherte Daten nur solche, die nicht-automatisiert, jedoch in einem Dateisystem gem. Art. 4 Nr. 6 DS-GVO gespeichert sind, da anderenfalls der Anwendungsbereich der DS-GVO nach Art. 2 Abs. 1 DS-GVO nicht eröffnet wäre. Dies ist insoweit richtig, da Abs. 1 Nr. 1 Art. 13 Abs. 3 DS-GVO einschränkt und eine Einschränkung nicht erforderlich wäre, wenn der Anwendungsbereich der DS-GVO nicht eröffnet wäre. Indes kann der Begriff „analog" auch weiter verstanden werden, da der Anwendungsbereich des BDSG für öffentliche Stellen des Bundes und der Länger gem. § 1 Abs. 1 gerade nicht auf Dateisysteme beschränkt ist und im nicht-öffentlichen Bereich Beschäftigungsdaten gem. § 26 Abs. 7 auch außerhalb von Dateisystemen geschützt sind. Nach hier vertretener Auffassung sollte der Begriff „analog" daher – anders als Auernhammer/Eßer § 32 Rn. 8 und Gola/Heckmann/Franck § 32 Rn. 11 – nicht so verstanden werden, dass er nur im Rahmen eines Dateisystems gem. Art. 4 Nr. 6 DS-GVO gespeicherte Daten umfasst.

24 Nach vorstehender Ziff. (2) muss sich der Verantwortliche durch die Weiterverarbeitung unmittelbar an die betroffene Person wenden. Nach Ansicht des Gesetzgebers wird die betroffene Person hierdurch in die Lage versetzt, sich gegen die Weiterverarbeitung zur Wehr zu setzen, zB über Einlegung eines Widerspruchs gem. Art. 21 DS-GVO (vgl. BT-Drs. 18/12144, 4).

25 Nach vorstehender Ziff. (3) muss der **Zweck der Weiterverarbeitung** mit dem ursprünglichen Erhebungszweck gemäß der DS-GVO **vereinbar** sein. Es wird in der Praxis oftmals fraglich sein, wann der Weiterverarbeitungszweck mit dem Erhebungszweck vereinbar ist. Dies kann zB der Fall sein, wenn der Weiterverarbeitungszweck als Teil des Erhebungszwecks verstehen lässt, andersherum aber wohl nicht.

26 Nach vorstehender Ziff. (4) darf die Kommunikation zwischen dem Verantwortlichen und der betroffenen Person **nicht in digitaler Form** erfolgen. Wie bereits bei der Bestimmung des Begriffs „analog" (→ Rn. 22) gibt es bei der Bestimmung des Begriffs „digital" Schwierigkeiten. Nach hier vertretener Auffassung erfordert eine **digitale Kommunikation** den Austausch von Informationen mithilfe technischer Mittel. **Digital** ist demnach zB ein Austausch per E-Mail oder Internetchat, **nicht digital** per Telefon. **Umstritten** dürfte die Einordnung eines Videotelefonats über Skype oder Facebook sein – nach hier vertretener Auffassung liegt hierin eine digitale Form der Kommunikation.

27 Nach vorstehender Ziff. (5) muss das **Interesse** der betroffenen Person an der Informationserteilung nach den Umständen des Einzelfalls, wobei hier insbesondere der Zusammenhang, in dem die Daten erhoben wurden, zu betrachten ist, als **gering** anzusehen sein. Dieses Kriterium basiert auf der Einschätzung des Gesetzgebers, dass Erwägungsgrund 50 DS-GVO, wonach die „vernünftigen Erwartungen der betroffenen Person" bei der Prüfung von Art. 6 Abs. 4 DS-GVO zu berücksichtigen sind, auch iRd Abs. 1 Nr. 1 anzuwenden ist (BT-Drs. 18/12144, 4 f.). Bei der Prüfung, ob das Informationsinteresse der betroffenen Person als gering anzusehen ist, hat der Verantwortliche die **Umstände des Einzelfalls** zu berücksichtigen. Das Informationsinteresse der betroffenen Person muss aus **objektiver Sicht** – hierfür spricht der Wortlaut der Norm – als gering anzusehen sein. Freilich wird es in der Praxis sehr streitig sein, wann eine solche Geringwertigkeit vorliegt. Im Rahmen der vorzunehmenden Einzelfallprüfung spielt die **Art und Weise, wie die Daten erhoben wurden,** eine besondere Rolle. Lässt die Art und Weise der Datenerhebung aus Sicht einer objektiven Person den Schluss zu, dass die betroffene Person an der Information über die geplante Weiterverarbeitung ein besonderes Interesse hat, dann liegt natürlich keine Geringwertigkeit mehr vor.

28 Es wird vertreten, dass Abs. 1 Nr. 1 unionsrechtswidrig sei, da insbesondere die Ausnahme des Art. 23 Abs. 1 lit. i DS-GVO nicht erfüllt sei, weil wirtschaftliche Interessen von lit. i nicht umfasst seien (Gola/Heckmann/Franck Rn. 16; Kühling/Buchner/Golla Rn. 5). Dies erscheint zweifelhaft. So sind beispielsweise ausweislich des Erwägungsgrunds 52 der DS-GVO wirtschaftliche Interessen geschützt. Auch sind wirtschaftliche Interessen als solche von Art. 16 und 17 GRCh umfasst. Nach hier vertretener Auffassung ist Abs. 1 Nr. 1 daher unter Art. 23 Abs. 1 lit. i DS-GVO subsumierbar.

29 Derzeit nicht belegt.

III. Überwiegende öffentliche Interessen bei öffentlicher Stelle (Abs. 1 Nr. 2)

30 Die Informationspflicht aus Art. 13 Abs. 3 DS-GVO besteht nach Abs. 1 Nr. 2 für eine **öffentliche Stelle** nicht, wenn **durch** die Informationserteilung die ordnungsgemäße Erfüllung der in ihrer Zuständigkeit liegenden, unter Art. 23 Abs. 1 lit. a–e DS-GVO subsumierbaren Aufgabe **gefährdet** würde **und** ihre Interessen an der Nichterteilung der Information die Interessen der betroffenen Person **überwiegen**. Abs. 1 Nr. 2 hat also **fünf** Voraussetzungen (→ Rn. 31 ff.).

31 Erstens, Abs. 1 Nr. 2 befreit einen Verantwortlichen nur dann von der Informationspflicht, wenn dieser eine **öffentliche Stelle** ist (→ § 1 Rn. 69 f.).

Zweitens ist es erforderlich, dass der Verantwortliche **aufgrund der Informationserteilung** 32
an der Erfüllung der in seiner Zuständigkeit liegenden Aufgaben, die von Art. 23 Abs. 1 lit. a–e
DS-GVO umfasst sind, **gefährdet würde.** Dies bedeutet, dass die Informationserteilung der einzig
kausale Grund für die Gefährdungslage sein darf.

Drittens muss eine **konkrete Gefahr** gegeben sein. Dies ergibt sich aus grundrechts- und 33
unionsrechtskonformer Auslegung von Abs. 1 Nr. 2 BDSG, derzufolge eine Einschränkung von
Art. 13 Abs. 3 DS-GVO nur restriktiv vorzunehmen ist. Daher genügt eine lediglich abstrakte
Gefahr nicht (dem folgend Kühling/Buchner/Golla Rn. 11; HK-BDSG/Greve/Sydow § 32
Rn. 20; Paal/Pauly/Hennemann § 32 Rn. 16).

Viertens muss die Gefährdungslage dahingehend bestehen, dass die Informationserteilung die 34
ordnungsgemäße Erfüllung von **Aufgaben, die von Art. 23 Abs. 1 lit. a–e DS-GVO** erfasst
sind, gefährdet. Dabei genügt es, wenn die Gefährdungslage in Bezug auf **mindestens eine** der
in Art. 23 Abs. 1 lit. a–e DS-GVO aufgezählten Aufgaben besteht. „Zeitliche Verzögerungen"
bei der Erledigung von Aufgaben aufgrund der Informationserteilung können die ordnungsgemäße
Erfüllung von Aufgaben gefährden (so auch Bundesrat in BR-Drs. 18/11655, 40). Allerdings führt
jede Informationserteilung zu einer gewissen Zeitverzögerung bei anderen Aufgaben, weswegen
die Zeitverzögerung nur im Ausnahmefall zu einer Gefährdungslage bei der Aufgabenerfüllung
führen kann (so auch Bundesrat in BR-Drs. 18/11655, 40). Einer Ansicht zufolge führen zeitliche
Verzögerungen nur dann zu einer Gefährdung, wenn die Erreichung der Ziele der öffentlichen
Stelle durch die Verzögerung ernsthaft gefährdet würde (Kühling/Buchner/Golla Rn. 11). Nach
einer anderen Ansicht dann, wenn die Aufgabenerfüllung verhindert oder erheblich erschwert
würde (Gola/Heckmann/Franck Rn. 19).

Fünftens muss eine **Interessenabwägung** ergeben, dass die Interessen des Verantwortlichen 35
an der Nichterteilung der Information die Interessen der betroffenen Person am Erhalt der Informationen
überwiegen. Diese Interessenabwägung stellt sicher, dass das in Art. 23 DS-GVO verankerte
Verhältnismäßigkeitsprinzip gewahrt ist. Diese Interessenabwägung hat sich grundsätzlich
auf den Einzelfall und dessen Umstände zu beziehen (vgl. Golla/Kühling/Buchner § 32 Rn. 12).

Derzeit nicht belegt. 36–37

IV. Überwiegende öffentliche Interessen bei Gefährdung von öffentlicher Sicherheit oder Ordnung sowie Wohl des Bundes oder eines Landes (Abs. 1 Nr. 3)

Die Informationspflicht aus Art. 13 Abs. 3 DS-GVO besteht nach Abs. 1 Nr. 3 nicht, wenn sie 38
die öffentliche Sicherheit oder Ordnung gefährden oder sonst dem Wohl des Bundes oder eines
Landes Nachteile bereiten würde und die Interessen des Verantwortlichen an der Nichterteilung
der Information die Interessen der betroffenen Person überwiegen. Abs. 1 Nr. 3 ist eng an § 33
Abs. 2 Nr. 6 aF (dazu → BDSG 2003 [aK] § 33 Rn. 62 ff.) angelehnt. Dem Wortlaut von § 33
Abs. 1 Nr. 3 zufolge wäre diese Norm – anders als § 33 Abs. 2 Nr. 6 aF (vgl. zu 33 aF Simitis/
Dix § 33 Rn. 92 ff.) – auch auf eine nichtöffentliche Stelle anwendbar. Dies ist jedoch ein **Versehen des Gesetzgebers,** der in der Gesetzesbegründung selbst davon ausgeht, dass Abs. 1 Nr. 3
nur auf öffentliche Stellen anwendbar ist (vgl. BT-Drs. 18/11325, 103). **Folglich ist Abs. 1 Nr. 3
so auszulegen, dass diese Ausnahmevorschrift nur auf öffentliche Stellen anzuwenden
ist** (aA Gola/Heckmann/Franck Rn. 21, der unter Berufung auf den Wortlaut, jedoch unter
Außerachtlassung der historischen und teleologischen Auslegung Nr. 3 auch auf nichtöffentliche
Stellen anwendet).

Die Informationserteilung muss die öffentliche Sicherheit oder Ordnung gefährden oder sonst 39
dem Wohl des Bundes oder eines Landes Nachteile bereiten. Wie bereits andernorts zu § 19 aF
festgestellt (→ BDSG 2003 [aK] § 19 Rn. 87) ist die Gefährdung der öffentlichen Sicherheit oder
Ordnung ein Unterfall eines Nachteils für den Bund oder die Länder. Diese Tatbestandsvoraussetzungen
entsprechen denen des **allgemeinen Polizeirechts** (→ BDSG 2003 [aK] § 19 Rn. 87).
Der Begriff **öffentliche Sicherheit** wird weit ausgelegt und umfasst die Unversehrtheit der
gesamten Rechtsordnung, also zB die Schutzgüter Leben, Körper, Gesundheit, Ehre, Freiheit,
Eigentum sowie die Einrichtungen des Staats und sonstiger Träger von Hoheitsgewalt. Folglich
ist jeder Rechtsverstoß ein Eingriff in die öffentliche Sicherheit. Der Anwendungsbereich des
Begriffs **öffentliche Ordnung** (zur Unionsrechtskonformität näher → Rn. 42) ist eher gering
und umfasst nur ungeschriebene – also nicht kodifizierte – Regeln, die als unerlässliche Voraussetzung
eines geordneten Gemeinschaftslebens betrachtet werden. Ein Nachteil in diesem Sinne ist
nach der ständigen Rechtsprechung des Senats insbesondere dann gegeben, wenn die künftige
Erfüllung der Aufgaben der Sicherheitsbehörden einschließlich ihrer Zusammenarbeit mit anderen

Behörden erschwert oder Leben, Gesundheit oder Freiheit von Personen gefährdet würde (BVerwG BeckRS 2012, 48485 mwN).

40 Die Gefährdungslage erfordert eine **konkrete Gefahr** (ebenso Paal/Pauly/Hennemann § 32 Rn. 18; HK-BDSG/Greve/Sydow § 32 Rn. 26; näher → Rn. 33).

41 Schlussendlich muss eine Interessenabwägung ergeben, dass die Interessen des Verantwortlichen an der Nichterteilung der Information die Interessen der betroffenen Person am Erhalt der Informationen überwiegen (näher → Rn. 35).

42 Die **Unionsrechtskonformität** ist umstritten. Zwar findet sich der Begriff „öffentliche Sicherheit" in Art. 23 Abs. 1 lit. c DS-GVO (näher → DS-GVO Art. 23 Rn. 19 ff.), sodass diesbezüglich die Unionsrechtskonformität zu bejahen ist. Der Begriff „öffentliche Ordnung" ist von der in Art. 23 Abs. 1 lit. c DS-GVO jedoch einer Ansicht zufolge nicht umfasst (so Simitis/Hornung/Spiecker/Dix Art. 23 Rn. 25 und Art. 13 Rn. 23), sodass Abs. 1 Nr. 3 – folgt man dieser Ansicht – insoweit unionsrechtswidrig wäre. Die Gegenansicht (wohl Kühling/Buchner/Bäcker Art. 23 Rn. 19) geht wohl davon aus, dass die „öffentliche Ordnung" von Art. 23 Abs. 1 lit. c DS-GVO umfasst ist (iErg jedoch ohne Begründung auch Auernhammer/Eßer Rn. 18). Eine weitere Ansicht geht von der Unionsrechtskonformität aus, da die öffentliche Ordnung hilfsweise unter Art. 23 Abs. 1 lit. e DS-GVO subsumiert werden könnte (Gola/Heckmann/Franck § 32 Rn. 25).

V. Beeinträchtigung rechtlicher Ansprüche (Abs. 1 Nr. 4)

43 Die Informationspflicht aus Art. 13 Abs. 3 DS-GVO besteht nach Abs. 1 Nr. 4 nicht, wenn durch sie die Geltendmachung, Ausübung oder Verteidigung rechtlicher (gemeint: zivilrechtlicher, → Rn. 44) Ansprüche beeinträchtigt würde und die Interessen des Verantwortlichen an der Nichterteilung der Information die Interessen der betroffenen Person überwiegen.

44 Wie der Bundesrat in seiner Gegenäußerung zum Gesetzesentwurf der Bundesregierung bereits ausgeführt hat (BR-Drs. 18/11655, 21), ist die Öffnungsklausel des Art. 23 Abs. 1 lit. j DS-GVO nur bei **zivilrechtlichen** Ansprüchen einschlägig. Die Bundesregierung war jedoch der Auffassung, dass die Formulierung des Abs. 1 Nr. 4 unionsrechtskonform ist (BR-Drs. 18/11655, 32). Ließe sich Abs. 1 Nr. 4 nur auf Art. 23 Abs. 1 lit. j DS-GVO stützen, so müsste man die Vorschrift unionsrechtskonform teleologisch reduzieren und dürfte als „rechtliche Ansprüche" nur „zivilrechtliche Ansprüche" ansehen. Allerdings wird vertreten, dass sich Abs. 1 Nr. 4 auch auf Art. 23 Abs. 1 lit. i DS-GVO stützen lässt (so Kühling/Buchner/Golla § 32 Rn. 17 unter Hinweis auf Kühling/Buchner/Bäcker Art. 23 Rn. 32, wonach alle Rechte, also auch solche außerhalb des Zivilrechts, von lit. i umfasst seien; ebenso Simitis/Horning/Spiecker/Dix Art. 13 Rn. 23; Auernhammer/Eßer § 32 Rn. 26; Paal/Pauly/Hennemann § 32 Rn. 8). Folgt man der Auffassung, wäre Abs. 1 Nr. 4 unionsrechtskonform. Nach einer anderen Ansicht soll Nr. 4 auf der Öffnungsklausel des Art. 23 Abs. 1 lit. e DS-GVO basieren (Gola/Heckmann/Franck § 32 Rn. 30), sodass auch nach dieser Ansicht Nr. 4 unionsrechtskonform ist.

45 Die Informationspflicht ist nur dann ausgeschlossen, wenn sie die Geltendmachung, Ausübung oder Verteidigung **rechtlicher** Ansprüche beeinträchtigen würde. Anders als vom Bundesrat vorgeschlagen (BR-Drs. 18/11655, 35) hat der Gesetzgeber nicht klargestellt, dass nur Ansprüche gegenüber der betroffenen Person umfasst sind. Geht man davon aus, dass Abs. 1 Nr. 4 durch Art. 23 Abs. 1 lit. i DS-GVO gerechtfertigt werden kann (→ Rn. 44), so sind auch Ansprüche gegenüber Dritten umfasst. Dieses Ergebnis ist nach hier vertretener Ansicht zweifelhaft, denn der Verantwortliche könnte sich des Anspruchs aus Art. 13 Abs. 3 DS-GVO so leicht unter Berufung auf angebliche Ansprüche gegenüber Dritten entledigen.

46 Schlussendlich muss eine **einzelfallbezogene** Interessenabwägung ergeben, dass die Interessen des Verantwortlichen an der Nichterteilung der Information die Interessen der betroffenen Person am Erhalt der Informationen überwiegen (näher → Rn. 35).

47 Derzeit nicht belegt.

VI. Gefährdung vertraulicher Datenübermittlung an öffentliche Stellen (Abs. 1 Nr. 5)

48 Die Informationspflicht aus Art. 13 Abs. 3 DS-GVO besteht nach Abs. 1 Nr. 5 nicht, wenn durch sie eine vertrauliche Übermittlung von Daten an öffentliche Stellen gefährdet würde. Laut Gesetzesbegründung (BT-Drs. 18/11325, 103) beruht diese Ausnahme auf der Öffnungsklausel des Art. 23 Abs. 1 lit. c DS-GVO und soll Fallgruppen umfassen, in denen die Information der betroffenen Person über die Weiterverarbeitung zu einer Vereitelung oder ernsthaften Beeinträchtigung des legitimen Verarbeitungszwecks führen würde, etwa wenn die zuständige Strafverfolgungsbehörde über den Verdacht einer Straftat informiert werden soll.

Umfasst von Abs. 1 Nr. 5 ist nur die Datenübermittlung an **öffentliche Stellen** (→ § 1 49
Rn. 69), deren **vertrauliche Datenübermittlung** durch die Informationserteilung **gefährdet**
(dazu → Rn. 33) sein muss.

Anders als zB in Abs. 1 Nr. 1–4 findet in Abs. 1 Nr. 5 **keine Interessenabwägung** statt. Um 50
das von Art. 23 Abs. 1 DS-GVO geforderte Verhältnismäßigkeitsprinzip zu wahren, ist es daher
notwendig, die Ausnahme von Abs. 1 Nr. 5 **besonders restriktiv** auszulegen. Nach aA (Simitis/
Hornung/Spiecker/Dix Art. 13 Rn. 23) ist Abs. 1 Nr. 5 nicht unionsrechtskonform, da die Grenzen des Art. 23 Abs. 1 lit. e überschritten würden. Nach einer weiteren Ansicht (Gola/Heckmann/
Franck § 32 Rn. 33) ist entgegen dem Wortlaut zur Wahrung der Unionsrechtskonformität eine
Interessenauslegung durchzuführen.

Derzeit nicht belegt. 51

C. Maßnahmen zum Schutz der betroffenen Person bei Einschlägigkeit von Abs. 1 (Abs. 2)

Sofern nach Abs. 1 eine Information der betroffenen Person gem. Art. 13 Abs. 3 DS-GVO 52
unterbleiben kann, sieht Abs. 2 Maßnahmen zum Schutz der Interessen der betroffenen Person
vor. Der Gesetzgeber wollte durch Abs. 2 die Vorhaben der in Art. 23 Abs. 2 DS-GVO enthaltenen
Öffnungsklausel umsetzen (BT-Drs. 18/11325, 103). Ausweislich des Gesetzgebers zählt die
Bereitstellung dieser Informationen für die Öffentlichkeit zu diesen Schutzmaßnahmen (BT-Drs.
18/11325, 103). **Abs. 2 ist nicht einschlägig,** wenn der Verantwortliche trotz Vorliegen der
Voraussetzungen des Abs. 1 die von Art. 13 Abs. 3 DS-GVO umfasste Information der betroffenen
Person mitteilt.

Gemäß Abs. 2 S. 1 sind vom Verantwortlichen bei Nichtmitteilung der von Art. 13 Abs. 3 DS- 53
GVO umfassten Informationen – mithin bei Einschlägigkeit von Abs. 1 – **geeignete Maßnahmen** zum Schutz der berechtigten Interessen der betroffenen Person zu ergreifen. Als geeignete
Maßnahme sieht Abs. 2 S. 1 explizit die Bereitstellung der von Art. 13 Abs. 1, 2 DS-GVO genannten Informationen für die Öffentlichkeit in einer mit Art. 12 Abs. 1 DS-GVO vereinbaren Art
und Weise, dh im Rahmen einer präzisen, transparenten, verständlichen und leicht zugänglichen
Form in einer klaren und einfachen Sprache (BT-Drs. 18/11325, 103).

Nach Abs. 2 S. 2 ist der Verantwortliche verpflichtet, **schriftlich** festzuhalten, aus welchen 54
Gründen gem. Abs. 1 informiert wurde. Über den Wortlaut von Abs. 2 S. 2 hinaus dürfte
auch die **Textform** ausreichen, denn der Zweck des Abs. 2 S. 2 – der Aufsichtsbehörde eine
Kontrollmöglichkeit zu geben – wird auch durch eine in Textform festgehaltene Begründung
erreicht. Im Übrigen wäre bei Anwendung der Schriftform die Folge, dass jegliche Dokumentation
nur nicht automatisch in analogen Akten abgelegt werden dürften, was dem Transparenzgedanken
gem. Art. 12 DS-GVO zuwiderlaufen würde.

Nach Abs. 2 S. 3 unterbleiben die von Abs. 2 S. 1 und 2 vorgegebenen Pflichten im Anwen- 55-57
dungsbereich von Abs. 1 Nr. 4 und 5 BDSG, da in diesen Fällen eine Vereitelung oder ernsthafte
Beeinträchtigung des legitimen Verarbeitungszwecks gegeben sein könnte (BT-Drs. 11/11325,
103). Der Bundesrat hatte hiergegen Bedenken geäußert, ob durch diese Einschränkung Art. 23
Abs. 1 DS-GVO noch gewahrt würde (vgl. BR-Drs. 77/11655, 35 f.; Zweifel an der Unionsrechtskonformität v. Abs. 2 S. 3 hat auch Kühling/Buchner/Golla § 32 Rn. 25). Diese Bedenken
wurden vom Gesetzgeber jedoch nicht in die finale Fassung des BDSG übernommen. **Die Unionsrechtskonformität v. Abs. 2 S. 3 ist daher zweifelhaft** (aA Paal/Pauly/Hennemann § 32
Rn. 8; HK-BDSG/Greve/Sydow § 32 Rn. 34: lediglich restriktive Auslegung v. § 32 geboten).

D. Nachholung einer aufgrund von Abs. 1 unterbliebenen Information beim Wegfall eines vorübergehenden Hinderungsgrundes (Abs. 3)

Nach Abs. 3 ist der Verantwortliche verpflichtet, die Information gem. Art. 13 Abs. 3 DS- 58
GVO bei einem nur vorübergehenden Hintergrund innerhalb einer angemessenen Frist nach
Wegfall des Hinderungsgrunds, spätestens jedoch innerhalb von zwei Wochen, der betroffenen
Person mitzuteilen. Abs. 3 dient also der Sicherstellung von Art. 13 Abs. 3 DS-GVO, wonach bei
vorübergehenden Hinderungsgründen die Informationspflicht nicht dauerhaft, sondern nur für
die Dauer des Hinderungsgrunds, ausgeschlossen sein soll.

Abs. 3 ist nur anwendbar bei **vorübergehenden Hinderungsgründen.** Es kommt hierbei 59
nicht darauf an, ob aus subjektiver Sicht des Verantwortlichen ein vorübergehender Hinderungsgrund vorliegt. Vielmehr ist die objektive Rechtslage maßgebend, da die subjektive Sicht die

Rechte der betroffenen Person an der Information gem. Art. 13 Abs. 3 DS-GVO zu sehr beschränken würde.

60 Die Frist, innerhalb derer ab Wegfall des Hinderungsgrunds die Informationen gem. Art. 13 Abs. 3 DS-GVO nachzuholen sind, hat **angemessen** zu sein. Die Angemessenheit ist unter Berücksichtigung der spezifischen Umstände der Verarbeitung zu bestimmen. Nach Ansicht des Gesetzgebers soll die Information „zeitnah" (BT-Drs. 18/11325, 103). In jedem Fall darf die Frist **höchstens zwei Wochen** (zu berechnen nach §§ 186, 187 Abs. 1 BGB) betragen.

61 Derzeit nicht belegt.

§ 33 Informationspflicht, wenn die personenbezogenen Daten nicht bei der betroffenen Person erhoben wurden

(1) Die Pflicht zur Information der betroffenen Person gemäß Artikel 14 Absatz 1, 2 und 4 der Verordnung (EU) 2016/679 besteht ergänzend zu den in Artikel 14 Absatz 5 der Verordnung (EU) 2016/679 und der in § 29 Absatz 1 Satz 1 genannten Ausnahme nicht, wenn die Erteilung der Information
1. im Fall einer öffentlichen Stelle
    a) die ordnungsgemäße Erfüllung der in der Zuständigkeit des Verantwortlichen liegenden Aufgaben im Sinne des Artikels 23 Absatz 1 Buchstabe a bis e der Verordnung (EU) 2016/679 gefährden würde oder
    b) die öffentliche Sicherheit oder Ordnung gefährden oder sonst dem Wohl des Bundes oder eines Landes Nachteile bereiten würde
und deswegen das Interesse der betroffenen Person an der Informationserteilung zurücktreten muss,
2. im Fall einer nichtöffentlichen Stelle
    a) die Geltendmachung, Ausübung oder Verteidigung zivilrechtlicher Ansprüche beeinträchtigen würde oder die Verarbeitung Daten aus zivilrechtlichen Verträgen beinhaltet und der Verhütung von Schäden durch Straftaten dient, sofern nicht das berechtigte Interesse der betroffenen Person an der Informationserteilung überwiegt, oder
    b) die zuständige öffentliche Stelle gegenüber dem Verantwortlichen festgestellt hat, dass das Bekanntwerden der Daten die öffentliche Sicherheit oder Ordnung gefährden oder sonst dem Wohl des Bundes oder eines Landes Nachteile bereiten würde; im Fall der Datenverarbeitung für Zwecke der Strafverfolgung bedarf es keiner Feststellung nach dem ersten Halbsatz.

(2) ¹Unterbleibt eine Information der betroffenen Person nach Maßgabe des Absatzes 1, ergreift der Verantwortliche geeignete Maßnahmen zum Schutz der berechtigten Interessen der betroffenen Person, einschließlich der Bereitstellung der in Artikel 14 Absatz 1 und 2 der Verordnung (EU) 2016/679 genannten Informationen für die Öffentlichkeit in präziser, transparenter, verständlicher und leicht zugänglicher Form in einer klaren und einfachen Sprache. ²Der Verantwortliche hält schriftlich fest, aus welchen Gründen er von einer Information abgesehen hat.

(3) Bezieht sich die Informationserteilung auf die Übermittlung personenbezogener Daten durch öffentliche Stellen an Verfassungsschutzbehörden, den Bundesnachrichtendienst, den Militärischen Abschirmdienst und, soweit die Sicherheit des Bundes berührt wird, andere Behörden des Bundesministeriums der Verteidigung, ist sie nur mit Zustimmung dieser Stellen zulässig.

Überblick

Durch Abs. 1 wird die in Art. 14 Abs. 1, 2, 4 DS-GVO (dazu → DS-GVO Art. 14 Rn. 1 ff.) vorgesehene Informationspflicht des Verantwortlichen – neben (dazu → Rn. 12) den Möglichkeiten in Art. 14 Abs. 5 DS-GVO (→ DS-GVO Art. 14 Rn. 93 ff.) und § 29 Abs. 1 S. 1 (→ § 29 Rn. 1 ff.) – eingeschränkt (→ Rn. 16 ff.). In Abs. 2 werden Maßnahmen zum Schutz der betroffenen Person bei nach Abs. 1 unterbliebener Information festgelegt (→ Rn. 46 ff.). Abs. 3 schränkt – neben Abs. 1 – den Anspruch aus Art. 14 DS-GVO generell ein bei einer Informationserteilung durch öffentliche Stellen in Fragen der nationalen Sicherheit (→ Rn. 50 ff.).

Übersicht

	Rn.		Rn.
A. Allgemeines	1	des Bundes oder eines Landes (Abs. 1 Nr. 1 lit. b)	26
I. Normgeschichte	1	III. Nichtöffentliche Stellen (Abs. 1 Nr. 2)	30
II. Normzweck	2	1. Beeinträchtigung zivilrechtlicher Ansprüche oder Schutz von Datenverarbeitungen für die Verhütung von Schäden durch Straftaten (Abs. 1 Nr. 2 lit. a)	31
III. Anwendungsbereich und Dispositivität	4		
IV. Unionsrechtlicher Bezug und verfassungsrechtlicher Hintergrund	6		
V. Verhältnis zu anderen Vorschriften	10	2. Durch öffentliche Stelle festgestellte Gefährdung der öffentlichen Sicherheit oder Ordnung oder bei Nachteilen für das Wohl des Bundes oder eines Landes (Abs. 1 Nr. 2 lit. b)	39
VI. Rechtsdurchsetzung und Sanktionen	14		
B. Einschränkung der Informationspflicht aus Art. 14 Abs. 1, 2, 4 DS-GVO (Abs. 1)	16		
I. Allgemeines	16	**C. Maßnahmen zum Schutz der betroffenen Person bei Einschlägigkeit von Abs. 1 (Abs. 2)**	46
II. Öffentliche Stellen (Abs. 1 Nr. 1)	21		
1. Überwiegende öffentliche Interessen bei öffentlicher Stelle (Abs. 1 Nr. 1 lit. a)	22	**D. Einschränkung des der aus Art. 14 DS-GVO fließenden Informationspflicht öffentlicher Stellen bei Fragen der nationalen Sicherheit (Abs. 3)**	50
2. Überwiegende öffentliche Interessen bei Gefährdung von öffentlicher Sicherheit oder Ordnung oder bei Nachteilen für das Wohl			

A. Allgemeines

I. Normgeschichte

§ 33 wurde durch den Gesetzesentwurf der Bundesregierung (BT-Drs. 18/11325) in das Gesetzgebungsverfahren eingebracht. Der Bundesrat hatte zwei Änderungswünsche (BR-Drs. 18/11655, 36) hierzu, da der Gesetzesentwurf nach Ansicht des Bundesrats die in der DS-GVO vorgesehenen Öffnungsklauseln zur Änderung von Art. 14 DS-GVO (dazu → DS-GVO Art. 14 Rn. 8 ff.) nicht einhalten würde. Im Bericht des Innenausschusses (BT-Drs. 18/12144, 5) wurden diese Änderungswünsche modifiziert. **1**

II. Normzweck

Abs. 1 schränkt – neben (dazu → Rn. 12) den Möglichkeiten in Art. 14 Abs. 5 DS-GVO (→ DS-GVO Art. 14 Rn. 93 ff.) und § 29 Abs. 1 S. 1 (→ § 29 Rn. 1 ff.) – die in Art. 14 Abs. 1, 2, 4 DS-GVO vorgesehene Informationspflicht des Verantwortlichen ein. Gleichzeitig ordnet Abs. 2 für diesen Fall Rechtsfolgen zugunsten der betroffenen Person an (→ Rn. 46 ff.). Schließlich schränkt Abs. 3 – neben Abs. 1 – den Anspruch aus Art. 14 DS-GVO generell ein bei einer Informationserteilung durch öffentliche Stellen in Fragen der nationalen Sicherheit (→ Rn. 50 ff.). **2**

Derzeit nicht belegt. **3**

III. Anwendungsbereich und Dispositivität

§ 33 ist anwendbar, soweit der Anwendungsbereich des gem. § 1 eröffnet ist (vgl. § 1 BDSG → § 1 Rn. 1 ff.). § 33 gilt bei der Datenverarbeitung durch alle Verantwortlichen – ganz gleich, ob öffentlich oder nichtöffentlich, es sei denn, in den jeweiligen Tatbestandsvoraussetzungen ist etwas anderes geregelt (zB gilt Abs. 1 Nr. 1 nur für öffentliche Stellen). **4**

§ 33 ist **zwingendes Recht** und damit **nicht dispositiv**. **5**

IV. Unionsrechtlicher Bezug und verfassungsrechtlicher Hintergrund

Abs. 1 schränkt – ebenso wie Abs. 3 – Art. 14 Abs. 1, 2, 4 DS-GVO ein, wohingegen Abs. 2 die mit der Einschränkung verbundenen Rechtsfolgen regelt. § 33 basiert auf den für Art. 14 DS-GVO vorgesehenen Öffnungsklauseln (dazu → DS-GVO Art. 14 Rn. 8 ff.). **6**

Ob § 33 die Vorgaben der Öffnungsklauseln innerhalb der DS-GVO einhält, ist fraglich (→ Rn. 36; → Rn. 46). **7**

Derzeit nicht belegt. **8**

9 Ihren **grundrechtlichen Anknüpfungspunkt** finden die datenschutzrechtlichen Rechte des Betroffenen im gem. Art. 2 Abs. 1 iVm Art. 1 Abs. 1 GG gewährleisteten Grundrecht auf informationelle Selbstbestimmung (BeckOK GG/Lang GG Art. 2 Rn. 45 f.). Gleiches gilt für die aus Abs. 1, 3 folgende Einschränkung von Art. 14 Abs. 1, 2, 4 DS-GVO und den sich gem. Abs. 2 hieraus ergebenden Implikationen.

V. Verhältnis zu anderen Vorschriften

10 § 33 beschränkt die Informationspflicht des Verantwortlichen gem. Art. 14 Abs. 1, 2 und 4 DS-GVO gegenüber der betroffenen Person bei Daten, die **nicht** bei der betroffenen Person erhoben wurden (→ DS-GVO Art. 14 Rn. 12 ff.). Bei Normkonkurrenzen gelten die zu Art. 14 DS-GVO gefundenen Grundsätze (→ DS-GVO Art. 14 Rn. 12 ff.).

11 Besteht demnach eine Konkurrenz zwischen § 33 und einer Norm **außerhalb des BDSG**, durch welche die Informationspflicht aus Art. 14 DS-GVO betroffen wird, so gilt folgender Prüfungskatalog: Erstens, Auslegung: § 33 ist (a) grundrechtskonform im Lichte von Art. 8 GRCh (→ DS-GVO Art. 15 Rn. 6), (b) unionsrechtskonform im Lichte der DS-GVO sowie (c) verfassungskonform im Lichte von Art. 2 Abs. 1 iVm Art. 1 Abs. 1 GG (→ Rn. 9) auszulegen, ebenso wie die andere Norm nach diesen Prüfungsschritten (a)–(c) auszulegen ist. Zweitens, Feststellung, ob trotz dieser beiderseitigen Auslegung noch eine Konkurrenz, eine Unklarheit und/oder ein Widerspruch zwischen § 33 und einer anderen Norm besteht – falls nein: Prüfung beendet, falls ja: nächster Prüfungsschritt. Drittens, Prüfung, ob es sich bei der anderen Norm um eine bundesrechtliche oder um eine landesrechtliche Norm handelt – ein Normenkonflikt zwischen Bundes- und Landesnormen wird über Art. 31 GG gelöst (dazu BeckOK GG/Hellermann GG Art. 31 Rn. 1 ff.) – falls es sich um eine bundesrechtliche Norm handelt: nächster Prüfungsschritt. Viertens, Prüfung, ob die andere Norm rangniedriger ist als das BDSG – falls ja, gilt das BDSG vorrangig aufgrund des Vorrangs des Gesetzes (dazu Dürig/Herzog/Scholz GG Art. 20 Rn. 72 ff.), falls nein: nächster Prüfungsschritt. Fünftens, Anwendung der allgemeinen Kollisionsregelungen für Normen gleicher Rangstufe, wie zB „lex posterior/lex superior/lex specialis" (vgl. dazu auch Vranes ZaöRV 2005, 391).

12 Zur Normkonkurrenz zwischen § 33 und einer Norm **innerhalb des BDSG** ist Folgendes auszuführen: Es besteht **kein Überschneidungsbereich** zwischen § 32 und § 33, da ein solcher zwischen Art. 13 DS-GVO und Art. 14 DS-GVO auch nicht vorliegt (→ DS-GVO Art. 14 Rn. 12 ff.). § 32 betrifft die Einschränkung der aus Art. 13 Abs. 3 DS-GVO fließenden Informationspflicht, wohingegen § 33 die Einschränkung der sich aus Art. 14 DS-GVO ergebenden Informationspflicht betrifft. **Eine Normkonkurrenz** kann sich jedoch zwischen Abs. 1 sowie § 29 Abs. 1 S. 1 ergeben. Ausweislich des Wortlauts von Abs. 1 („ergänzend") sind Abs. 1 sowie § 29 Abs. 1 S. 1 **nebeneinander anwendbar**.

13 Derzeit nicht belegt.

VI. Rechtsdurchsetzung und Sanktionen

14 Abs. 1 beschränkt Art. 14 Abs. 1, 2, 4 DS-GVO. Wird daher eine gem. Art. 14 Abs. 1, 2, 4 DS-GVO zu erteilende Information nicht, nicht ordnungsgemäß oder nicht rechtzeitig erteilt, so ist zu unterscheiden: Liegen die jeweiligen, in Abs. 1 aufgelisteten Voraussetzungen für eine Einschränkung vor, so besteht keine Pflicht zur Informationserteilung nach Art. 14 Abs. 1, 2, 4 DS-GVO. Gleiches gilt, sofern die Voraussetzungen des Abs. 3 gegeben sind. Freilich kann der Verpflichtete die Information trotzdem freiwillig erteilen (→ Rn. 17 f.). Im Übrigen zieht die nicht, nicht ordnungsgemäße oder nicht rechtzeitige Information gem. Art. 14 Abs. 1, 2, 4 DS-GVO aufgrund **Nichtvorhandenseins der in Abs. 1, 3 statuierten Voraussetzungen** die zu Art. 14 DS-GVO (→ DS-GVO Art. 14 Rn. 17 ff.) erläuterten Rechtsfolgen nach sich. Gleiches (→ DS-GVO Art. 14 Rn. 17 ff.) gilt für die Nichteinhaltung der Voraussetzungen des Abs. 2 BDSG, da § 32 Abs. 2 zur Legitimation der in § 32 Abs. 1, 3 zu findenden Einschränkung von Art. 14 Abs. 1, 2, 4 DS-GVO erforderlich ist, wie Art. 23 Abs. 1 DS-GVO zeigt (vgl. auch Gesetzesbegründung, BT-Drs. 18/11325, 102 mit Hinweis auf das in Art. 23 Abs. 1 zu findende Erfordernis, dass Beschränkungen den Wesensgehalt der Grundrechte und Grundfreiheiten achten und in einer demokratischen Gesellschaft eine notwendige und verhältnismäßige Maßnahme darstellen müssen).

15 Derzeit nicht belegt.

B. Einschränkung der Informationspflicht aus Art. 14 Abs. 1, 2, 4 DS-GVO (Abs. 1)

I. Allgemeines

Abs. 1 schränkt die sich aus Art. 14 **Abs. 1, 2, 4** DS-GVO ergebende Informationspflicht des Verpflichteten gegenüber der betroffenen Person ein. Art. 14 DS-GVO ist einschlägig, sofern der Verpflichtete Daten **nicht** bei der betroffenen Person erhebt (näher → DS-GVO Art. 14 Rn. 30 f.). 16

Abs. 1 schließt die Informationspflicht aus Art. 14 Abs. 1, 2, 4 DS-GVO aus, ohne dass der Verpflichtete dies gesondert geltend machen müsste. Der Anspruchsausschluss ist also von Amts wegen zu berücksichtigen. 17

Es bleibt trotz Einschlägigkeit von Abs. 1 dem Verpflichteten jedoch unbenommen, die von Art. 14 Abs. 1, 2, 4 DS-GVO umfassten, nach Abs. 1 nicht mehr geschuldeten Informationen dennoch **freiwillig** mitzuteilen. 18

Durch Abs. 1 wird klargestellt, dass die von Abs. 1 vorgesehenen Einschränkungen von Art. 14 Abs. 1, 2, 4 DS-GVO **ergänzend** zu Art. 14 Abs. 5 DS-GVO sowie § 29 Abs. 1 S. 1 bestehen. 19

Derzeit nicht belegt. 20

II. Öffentliche Stellen (Abs. 1 Nr. 1)

Abs. 1 Nr. 1 umfasst nur **öffentliche Stellen** (vgl. → § 1 Rn. 69 ff.). 21

1. Überwiegende öffentliche Interessen bei öffentlicher Stelle (Abs. 1 Nr. 1 lit. a)

Die Informationspflicht aus Art. 14 Abs. 1, 2, 4 DS-GVO besteht nach Abs. 1 Nr. 1 lit. a für eine **öffentliche Stelle** nicht, wenn **durch** die Informationserteilung die ordnungsgemäße Erfüllung der in ihrer Zuständigkeit liegenden, unter Art. 23 Abs. 1 lit. a–e DS-GVO subsumierbaren Aufgabe **gefährdet** würde **und** deswegen das Interesse der betroffenen Person an der Informationserteilung **zurücktreten muss.** 22

Ausweislich des Gesetzgebers ist Abs. 1 Nr. 1 lit. a an § 32 Abs. 1 Nr. 2 angelehnt (vgl. BT-Drs. 18/11325, 103, wo fälschlicherweise durch einen offensichtlichen Tippfehler auf die Gesetzesbegründung zu „§ 31" verwiesen wird). 23

Zur Bestimmung des Norminhalts kann auf § 32 Abs. 1 Nr. 2 verwiesen werden (→ § 32 Rn. 30 ff.). Dass die Tatbestandsvoraussetzungen für die Interessenabwägung in Abs. 1 Nr. 1 einen etwas anderen Wortlaut (dort: „deswegen das Interesse der betroffenen Person an der Informationserteilung zurücktreten muss") haben als in § 32 Abs. 1 Nr. 2 (dort: „die Interessen des Verantwortlichen an der Nichterteilung der Information die Interessen der betroffenen Person überwiegen") hat **inhaltlich keine Bedeutung,** da der Gesetzgeber beide Normenkomplexe identisch gestalten wollte (→ Rn. 22). 24

Derzeit nicht belegt. 25

2. Überwiegende öffentliche Interessen bei Gefährdung von öffentlicher Sicherheit oder Ordnung oder bei Nachteilen für das Wohl des Bundes oder eines Landes (Abs. 1 Nr. 1 lit. b)

Die Informationspflicht aus Art. 14 Abs. 1, 2, 4 DS-GVO besteht nach Abs. 1 Nr. 1 lit. b nicht, wenn sie **bei einer öffentlichen Stelle** die öffentliche Sicherheit oder Ordnung gefährden oder sonst dem Wohl des Bundes oder eines Landes Nachteile bereiten würde **und** deswegen das Interesse der betroffenen Person an der Informationserteilung **zurücktreten muss.** 26

Ausweislich des Gesetzgebers ist Abs. 1 Nr. 1 lit. b an § 32 Abs. 1 Nr. 3 angelehnt (vgl. BT-Drs. 18/11325, 103, wo fälschlicherweise durch einen offensichtlichen Tippfehler auf die Gesetzesbegründung zu „§ 31" verwiesen wird). 27

Zur Bestimmung des Norminhalts kann auf § 32 Abs. 1 Nr. 3 verwiesen werden (→ § 32 Rn. 38 ff.). Anders als bei § 32 Abs. 1 Nr. 3 ist jedoch bei Abs. 1 Nr. 1 lit. b die Anwendbarkeit schon nach dem Wortlaut auf **öffentliche Stellen** beschränkt. Dass die Tatbestandsvoraussetzungen für die Interessenabwägung in Abs. 1 Nr. 1 einen etwas anderen Wortlaut (dort: „deswegen das Interesse der betroffenen Person an der Informationserteilung zurücktreten muss") haben als in § 32 Abs. 1 Nr. 3 (dort: „die Interessen des Verantwortlichen an der Nichterteilung der Information die Interessen der betroffenen Person überwiegen") hat **inhaltlich keine Bedeutung,** da der Gesetzgeber beide Normenkomplexe identisch gestalten wollte (→ Rn. 26). 28

29   Derzeit nicht belegt.

III. Nichtöffentliche Stellen (Abs. 1 Nr. 2)

30   Abs. 1 Nr. 2 umfasst nur **nichtöffentliche Stellen** (vgl → § 1 Rn. 73 ff.).

1. Beeinträchtigung zivilrechtlicher Ansprüche oder Schutz von Datenverarbeitungen für die Verhütung von Schäden durch Straftaten (Abs. 1 Nr. 2 lit. a)

31   Die Informationspflicht aus Art. 14 Abs. 1, 2, 4 DS-GVO besteht nach Abs. 1 Nr. 2 lit. a nicht, wenn sie **bei einer nichtöffentlichen Stelle die** Geltendmachung, Ausübung oder Verteidigung **zivilrechtlicher Ansprüche beeinträchtigen** würde **oder** die Verarbeitung von **Daten aus zivilrechtlichen Verträgen** beinhaltet **und** der **Verhütung von Schäden durch Straftaten** dient, sofern nicht das berechtigte Interesse der betroffenen Person an der Informationserteilung **überwiegt**.

32   Abs. 1 Nr. 2 lit. a kam durch den Bericht des Innenausschusses (BT-Drs. 18/12144, 5) in das Gesetzgebungsverfahren und wurde dann so in die verkündete Fassung des BDSG übernommen.

33   Abs. 1 Nr. 2 lit. a besteht aus **zwei verschiedenen Tatbestandskomplexen:** Erstens, der Beeinträchtigung zivilrechter Ansprüche. Zweitens, der Datenverarbeitung aus zivilrechtlichen Verträgen und der damit verbundenen Verhütung von Schäden durch Straftaten. Beide Tatbestandskomplexe führen aber dann nicht zum Ausschluss des Anspruchs aus Art. 14 Abs. 1, 2, 4 DS-GVO, sofern eine **Interessenabwägung** zugunsten der betroffenen Person ausfällt.

34   Hinsichtlich des ersten Tatbestandskomplexes, also der Beeinträchtigung zivilrechter Ansprüche, kann auf § 32 Abs. 1 Nr. 4 verwiesen werden (→ § 32 Rn. 45 ff.).

35   Bezüglich der vorzunehmenden Interessenabwägung kann ebenfalls auf die Ausführungen bei § 32 verwiesen werden (→ § 32 Rn. 35). Anders als in § 32 und auch anders als in Abs. 1 Nr. 1 ist die Interessenabwägung bei Abs. 1 Nr. 2 lit. a jedoch in Bezug auf die Beweislast anders gestaltet. Ausweislich des Wortlauts von Abs. 1 Nr. 2 lit. a („sofern nicht") sind dessen Tatbestandsvoraussetzungen bei einem **non liquet bezüglich überwiegender Interessen der betroffenen Person** erfüllt. In Abs. 1 Nr. 1 und § 32 ist dies hingegen nicht der Fall, da in den dortigen Vorschriften die zugunsten des Verantwortlichen ausfallende Interessenwägung eine von diesem zu beweisende Tatbestandsvoraussetzung ist.

36-38   Bezogen auf den zweiten Tatbestandskomplex, also die **Verarbeitung von Daten aus zivilrechtlichen Verträgen beinhaltet und der Verhütung von Schäden durch Straftaten,** gilt Folgendes: Der Gesetzgeber wollte mit dieser Ausnahme zB Betrugspräventionsdateien der Wirtschaft (BT-Drs. 18/12144, 5) schützen, die anderenfalls durch Art. 14 DS-GVO aufgedeckt werden müssten und damit ihres Zwecks beraubt würden. Da sich lit. a jedoch nur auf die Verhütung von Schäden durch **Straftaten** bezieht, sind also Präventionsdateien, die nur Ordnungswidrigkeiten oder nicht strafbare Vertragsverletzungen betreffen, nicht von dieser Ausnahme erfasst. Die **Unionsrechtskonformität** dieser Vorschrift ist zweifelhaft. So geht Gola/Heckmann/Franck Rn. 9 in Bezug auf die Ausnahme zur Verhütung von Straftaten durch nichtöffentliche Stellen von der Unionsrechtswidrigkeit aus, da insoweit keine Rechtsgrundlage in Art. 23 Abs. 1 lit. d oder e DS-GVO enthalten sei. Vorsichtiger äußern sich diesbezüglich Golla/Kühling/Buchner Rn. 9, die bei durch Straftaten zu befürchtenden Schäden Art. 23 Abs. 1 lit. i DS-GVO als einschlägig erachten. Keine Bedenken äußern hingegen HK-BDSG/Greve/Sydow § 33 Rn. 16, die Art. 23 Abs. 1 lit. i DS-GVO anwendbar sehen.

2. Durch öffentliche Stelle festgestellte Gefährdung der öffentlichen Sicherheit oder Ordnung oder bei Nachteilen für das Wohl des Bundes oder eines Landes (Abs. 1 Nr. 2 lit. b)

39   Die Informationspflicht aus Art. 14 Abs. 1, 2, 4 DS-GVO besteht nach Abs. 1 Nr. 2 lit. b nicht, wenn **bei einer nichtöffentlichen Stelle** die zuständige öffentliche Stelle gegenüber dem Verantwortlichen festgestellt hat, dass das Bekanntwerden der Daten die **öffentliche Sicherheit oder Ordnung gefährden** oder sonst dem **Wohl des Bundes oder eines Landes Nachteile** bereiten würde. Einer entsprechenden Feststellung der zuständigen öffentlichen Stelle **bedarf es nicht** bei der Datenverarbeitung für **Zwecke der Strafverfolgung**.

40   Nach Ansicht des Gesetzgebers sollte Abs. 1 Nr. 2 lit. b Hs. 1 die geltende Rechtslage zu Abs. 2 Nr. 6 aF (dazu → BDSG 2003 [aK] § 33 Rn. 62 ff.) abbilden (BT-Drs. 18/12144, 5). Hs. 2 wollte der Gesetzgeber zur Klarstellung aufgenommen haben (BT-Drs. 18/12144, 5).

Hinsichtlich der Tatbestandsvoraussetzungen kann auf § 32 Abs. 1 Nr. 3 verwiesen werden (→ 41
§ 32 Rn. 39 ff.).

Anders als bei § 32 Abs. 1 Nr. 3 ist jedoch bei Hs. 1 – also **außerhalb der Strafverfolgung** – 42
Voraussetzung, dass die für den Verantwortlichen **zuständige öffentliche Stelle** die Voraussetzungen des Abs. 1 Nr. 2 lit. b **festgestellt** hat. Die **Zuständigkeit der öffentlichen Stelle** ist Tatbestandsvoraussetzung, geht also zulasten des Verantwortlichen. Deswegen sollte sich der Verantwortliche an die für ihn zuständige Aufsichtsbehörde im Zweifel wenden, um sich das Vorliegen der Tatbestandsvoraussetzungen von lit. b bestätigen zu lassen (ähnlich Simitis/Dix Rn. 93).

Der **Feststellung der zuständigen öffentlichen Stelle** gem. Hs. 1 bedarf es gem. Hs. 2 43
nicht bei der Datenverarbeitung für **Zwecke der Strafverfolgung.** Datenverarbeitungen zur präventiven Gefahrenabwehr erfordern also eine entsprechende Feststellung nach Hs. 1.

Lit. b ist nach wohl herrschender Meinung unionsrechtskonform (vgl. Gola/Heckmann/Franck 44
Rn. 16; Kühling/Buchner/Golla Rn. 10).

Derzeit nicht belegt. 45

C. Maßnahmen zum Schutz der betroffenen Person bei Einschlägigkeit von Abs. 1 (Abs. 2)

Sofern nach Abs. 1 eine Information der betroffenen Person gem. Art. 14 Abs. 1, 2, 4 DS- 46
GVO unterbleiben kann, sieht Abs. 2 Maßnahmen zum Schutz der Interessen der betroffenen Person vor. Der Gesetzgeber wollte durch Abs. 2 die Vorhaben der in Art. 23 Abs. 2 DS-GVO enthaltenen Öffnungsklausel umsetzen (BT-Drs. 18/11325, 103; nach Kühling/Buchner/Golla Rn. 13 sowie Gola/Heckmann/Franck Rn. 18 ist Abs. 2 unionsrechtswidrig). Ausweislich des Gesetzgebers zählt die Bereitstellung dieser Informationen für die Öffentlichkeit zu diesen Schutzmaßnahmen (BT-Drs. 18/11325, 103). **Abs. 2 ist nicht einschlägig, wenn** der Verantwortliche trotz Vorliegens der Voraussetzungen des Abs. 1 die von Art. 14 Abs. 1, 2, 4 DS-GVO umfasste Information der betroffenen Person dennoch mitteilt.

Im Übrigen kann auf die Kommentierung bei § 32 Abs. 2 verwiesen werden (→ § 32 47
Rn. 52 ff.).

Fraglich ist, ob Abs. 2 über den Wortlaut hinaus auch im Fall des Abs. 3 anzuwenden ist. Dafür 48
könnte sprechen, dass der betroffenen Person bei verweigerter Zustimmung gem. Abs. 3 keine Information nach Art. 14 DS-GVO mitgeteilt wird, also die Interessenlage der betroffenen Person mit den von Abs. 1 erfassten Fällen vergleichbar ist. Dagegen spricht jedoch der klare Wortlaut des Abs. 2 und der Zweck von Abs. 3, der darin besteht, die Geheimhaltungsinteressen von Sicherheitsbehörden im öffentlichen Interesse zu wahren. **Nach hier vertretener Auffassung ist Abs. 2 daher im Fall des Abs. 3 nicht anzuwenden.**

Derzeit nicht belegt. 49

D. Einschränkung des der aus Art. 14 DS-GVO fließenden Informationspflicht öffentlicher Stellen bei Fragen der nationalen Sicherheit (Abs. 3)

Nach Abs. 3 ist eine Informationserteilung nach Art. 14 DS-GVO, die sich auf die **Übermitt-** 50
lung personenbezogener Daten durch öffentliche Stellen an Verfassungsschutzbehörden, den Bundesnachrichtendienst, den Militärischen Abschirmdienst und, soweit die Sicherheit des Bundes berührt wird, andere Behörden des Bundesministeriums der Verteidigung, bezieht, nur mit Zustimmung dieser **jeweils betroffenen Stelle** zulässig. Der Gesetzgeber wollte mit dieser Ausnahme die in § 19 Abs. 3 vorgesehene Zustimmungsobliegenheit (→ BDSG § 19 Rn. 70 ff.) weiterführen (BT-Drs. 18/11325, 104).

Abs. 3 regelt nicht die Voraussetzungen für die Erteilung der Zustimmung durch die jeweils 51
betroffene Stelle. Wie schon zu § 19 Abs. 3 aF (→ BDSG 2003 [aK] § 19 Rn. 74) gilt auch für Abs. 3 BDSG, dass die jeweils betroffene Stelle ihre **Zustimmung zu erteilen hat, wenn nicht die Voraussetzungen des Abs. 1 Nr. 1 vorliegen.**

Die Unionsrechtskonformität von Abs. 3 wird teilweise verneint (Gola/Heckmann/Franck 52
Rn. 24, da Abs. 3 keine Maßnahmen zum Schutz berechtigter Interesses iSv Art. 23 Abs. 2 DS-GVO vorsehe). Anderseits wird die Unionsrechtskonformität bejaht (Kühling/Buchner/Golla Rn. 14, der Art. 23 Abs. 1 lit. a–c DS-GVO als Rechtsgrundlage erachtet).

Derzeit nicht belegt. 53

§ 34 Auskunftsrecht der betroffenen Person

(1) Das Recht auf Auskunft der betroffenen Person gemäß Artikel 15 der Verordnung (EU) 2016/679 besteht ergänzend zu den in § 27 Absatz 2, § 28 Absatz 2 und § 29 Absatz 1 Satz 2 genannten Ausnahmen nicht, wenn
1. die betroffene Person nach § 33 Absatz 1 Nummer 1, 2 Buchstabe b oder Absatz 3 nicht zu informieren ist, oder
2. die Daten
   a) nur deshalb gespeichert sind, weil sie aufgrund gesetzlicher oder satzungsmäßiger Aufbewahrungsvorschriften nicht gelöscht werden dürfen, oder
   b) ausschließlich Zwecken der Datensicherung oder der Datenschutzkontrolle dienen

und die Auskunftserteilung einen unverhältnismäßigen Aufwand erfordern würde sowie eine Verarbeitung zu anderen Zwecken durch geeignete technische und organisatorische Maßnahmen ausgeschlossen ist.

(2) ¹Die Gründe der Auskunftsverweigerung sind zu dokumentieren. ²Die Ablehnung der Auskunftserteilung ist gegenüber der betroffenen Person zu begründen, soweit nicht durch die Mitteilung der tatsächlichen und rechtlichen Gründe, auf die die Entscheidung gestützt wird, der mit der Auskunftsverweigerung verfolgte Zweck gefährdet würde. ³Die zum Zweck der Auskunftserteilung an die betroffene Person und zu deren Vorbereitung gespeicherten Daten dürfen nur für diesen Zweck sowie für Zwecke der Datenschutzkontrolle verarbeitet werden; für andere Zwecke ist die Verarbeitung nach Maßgabe des Artikels 18 der Verordnung (EU) 2016/679 einzuschränken.

(3) ¹Wird der betroffenen Person durch eine öffentliche Stelle des Bundes keine Auskunft erteilt, so ist sie auf ihr Verlangen der oder dem Bundesbeauftragten zu erteilen, soweit nicht die jeweils zuständige oberste Bundesbehörde im Einzelfall feststellt, dass dadurch die Sicherheit des Bundes oder eines Landes gefährdet würde. ²Die Mitteilung der oder des Bundesbeauftragten an die betroffene Person über das Ergebnis der datenschutzrechtlichen Prüfung darf keine Rückschlüsse auf den Erkenntnisstand des Verantwortlichen zulassen, sofern dieser nicht einer weitergehenden Auskunft zustimmt.

(4) Das Recht der betroffenen Person auf Auskunft über personenbezogene Daten, die durch eine öffentliche Stelle weder automatisiert verarbeitet noch nicht automatisiert verarbeitet und in einem Dateisystem gespeichert werden, besteht nur, soweit die betroffene Person Angaben macht, die das Auffinden der Daten ermöglichen, und der für die Erteilung der Auskunft erforderliche Aufwand nicht außer Verhältnis zu dem von der betroffenen Person geltend gemachten Informationsinteresse steht.

Überblick

Durch § 34 wird das in Art. 15 DS-GVO vorgesehene Auskunftsrecht der betroffenen Person (dazu → DS-GVO Art. 15 Rn. 1 ff.) – neben (dazu → Rn. 12) den Möglichkeiten in § 27 Abs. 2 (→ § 27 Rn. 42), § 28 Abs. 2 (→ § 28 Rn. 15 f.) und § 29 Abs. 1 S. 2 (→ § 29 Rn. 13 f.) – eingeschränkt. Außerdem werden in § 34 Modalitäten zur Verweigerung der Auskunft in Abs. 2 (→ Rn. 40) sowie Sonderregelungen für öffentliche Stellen in den Abs. 3 (→ Rn. 59) und Abs. 4 (→ Rn. 66) festgelegt.

Übersicht

	Rn.		Rn.
A. Allgemeines	1	**B. Einschränkung des Auskunftsrechts aus Art. 15 DS-GVO (Abs. 1)**	16
I. Normgeschichte	1	I. Allgemeines	16
II. Normzweck	2	II. Abs. 1 Nr. 1	20
III. Anwendungsbereich und Dispositivität	4	III. Abs. 1 Nr. 2	22
IV. Unionsrechtlicher Bezug und verfassungsrechtlicher Hintergrund	6	**C. Modalitäten der Auskunftsverweigerung (Abs. 2)**	40
V. Verhältnis zu anderen Vorschriften	10	I. Dokumentation der Gründe (Abs. 2 S. 1)	43
VI. Rechtsdurchsetzung und Sanktionen	14		

	Rn.		Rn.
II. Begründung der Auskunftsverweigerung (Abs. 2 S. 2)	47	E. Besonderheit bei Daten, die durch eine öffentliche Stelle weder automatisiert verarbeitet noch nicht automatisiert verarbeitet und in einem Dateisystem gespeichert werden (Abs. 4)	66
III. Zweckbindung der für die Vorbereitung und Durchführung der Auskunft gespeicherten Daten (Abs. 2 S. 3)	53		
D. Involvierung des/der BfDI bei Auskunftsverweigerung durch öffentliche Stelle des Bundes (Abs. 3)	59		

A. Allgemeines

I. Normgeschichte

§ 34 wurde durch den Gesetzesentwurf der Bundesregierung (BT Drs. 18/11325) in das Gesetzgebungsverfahren eingebracht. Der Bundesrat hatte Änderungswünsche (BR-Drs. 18/11655, 37 f., 56) hierzu. Im Bericht des Innenausschusses wurden diese Änderungswünsche teils in modifizierter Form übernommen (BT-Drs. 18/12144, 5) und in dieser Version dann in das BDSG übernommen. **1**

II. Normzweck

§ 34 schränkt neben § 27 Abs. 2 (→ § 27 Rn. 42), § 28 Abs. 2 (→ § 28 Rn. 15 f.) und § 29 Abs. 1 S. 2 (→ § 29 Rn. 13 f.) das Auskunftsrecht aus Art. 15 DS-GVO ein und konkretisiert dieses, zB durch Festlegung von Modalitäten der Auskunftsverweigerung (→ Rn. 40) sowie Sonderregelungen für öffentliche Stellen (→ Rn. 59 und → Rn. 66). **2**

Derzeit nicht belegt. **3**

III. Anwendungsbereich und Dispositivität

§ 34 ist anwendbar, soweit der Anwendungsbereich des BDSG gem. § 1 eröffnet ist (→ § 1 Rn. 1 ff.). § 34 gilt – mit Ausnahme von Abs. 4 (dazu → Rn. 66) – bei der Datenverarbeitung durch alle Verantwortlichen – ganz gleich, ob öffentlich oder nichtöffentlich. **4**

§ 34 ist **zwingendes Recht** und damit **nicht dispositiv** (aA HK-BDSG/Specht-Riemenschneider/Bienemann/Sydow § 34 Rn. 6: subjektiv halbzwingendes Recht, sodass von § 34 BDSG nur zu Gunsten, nicht zu Lasten des Betroffenen abgewichen werden könne). **5**

IV. Unionsrechtlicher Bezug und verfassungsrechtlicher Hintergrund

§ 34 schränkt Art. 15 DS-GVO ein und sieht – anders als etwa Art. 15 DS-GVO (dazu → DS-GVO Art. 15 Rn. 49) – zahlreiche Möglichkeiten zur Auskunftsverweigerung vor. § 34 basiert auf den für Art. 15 DS-GVO vorgesehenen Öffnungsklauseln (dazu → DS-GVO Art. 15 Rn. 8 ff.). **6**

Ob § 34 die Vorgaben der Öffnungsklauseln innerhalb der DS-GVO, insbesondere Art. 23 DS-GVO (→ DS-GVO Art. 23 Rn. 1 ff.), einhält, ist fraglich (→ Rn. 38). Für die Einschränkung gem. Abs. 4 (→ Rn. 66) vertritt die Gesetzesbegründung die Ansicht, dass hierfür die Öffnungsklauseln der DS-GVO nicht anwendbar seien, da die von Abs. 4 vorgesehene Einschränkung gem. Art. 2 Abs. 1 DS-GVO außerhalb des Anwendungsbereichs der DS-GVO liege (BT-Drs. 18/11325, 105). **7**

Derzeit nicht belegt. **8**

Ihren **grundrechtlichen Anknüpfungspunkt** finden die datenschutzrechtlichen Rechte des Betroffenen im gem. Art. 2 Abs. 1 iVm Art. 1 Abs. 1 GG gewährleisteten Grundrecht auf informationelle Selbstbestimmung (BeckOK GG/Lang GG Art. 2 Rn. 45 f.). Gleiches gilt für die aus § 34 folgende Konkretisierung sowie Einschränkung von Art. 15 DS-GVO. **9**

V. Verhältnis zu anderen Vorschriften

§ 34 konkretisiert und beschränkt das Auskunftsrecht der betroffenen Person gem. Art. 15 DS-GVO. Bei Normkonkurrenzen gelten die zu Art. 15 DS-GVO gefundenen Grundsätze (→ DS-GVO Art. 15 Rn. 15 ff.). **10**

Besteht demnach eine Konkurrenz zwischen § 34 und einer Norm **außerhalb des BDSG**, durch welche das Auskunftsrecht aus Art. 15 DS-GVO betroffen wird, so gilt folgender Prüfungskatalog: Erstens, Auslegung: § 34 ist (a) grundrechtskonform im Lichte von Art. 8 GRCh (→ **11**

BDSG § 34 Teil 2. Durchführungsbestimmungen für Verarbeitungen nach DS-GVO

DS-GVO Art. 15 Rn. 6), (b) unionsrechtskonform im Lichte der DS-GVO sowie (c) verfassungskonform im Lichte von Art. 2 Abs. 1 iVm Art. 1 Abs. 1 GG (→ Rn. 9) auszulegen, ebenso wie die andere Norm nach diesen Prüfungsschritten (a)–(c) auszulegen ist. Zweitens, Feststellung, ob trotz dieser beiderseitigen Auslegung noch eine Konkurrenz, eine Unklarheit und/oder ein Widerspruch zwischen § 34 und einer anderen Norm besteht – falls nein: Prüfung beendet, falls ja: nächster Prüfungsschritt. Drittens, Prüfung, ob es sich bei der anderen Norm um eine bundesrechtliche oder um eine landesrechtliche Norm handelt – ein Normenkonflikt zwischen Bundes- und Landesnormen wird über Art. 31 GG gelöst (dazu BeckOK GG/Hellermann GG Art. 31 Rn. 1 ff.) – falls es sich um eine bundesrechtliche Norm handelt: nächster Prüfungsschritt. Viertens, Prüfung, ob die andere Norm rangniedriger ist als das BDSG – falls ja, gilt das BDSG vorrangig aufgrund des Vorrangs des Gesetzes (dazu Dürig/Herzog/Scholz GG Art. 20 Rn. 72 ff.), falls nein: nächster Prüfungsschritt. Fünftens, Anwendung der allgemeinen Kollisionsregelungen für Normen gleicher Rangstufe, wie zB „lex posterior/lex superior/lex specialis" (vgl. dazu auch Vranes ZaöRV 2005, 391).

12 Eine Normkonkurrenz zwischen § 34 und einer Norm **innerhalb des BDSG** besteht mit § 27 Abs. 2 (→ § 27 Rn. 42), § 28 Abs. 2 (→ § 28 Rn. 15 f.) und § 29 Abs. 1 S. 2 (→ § 29 Rn. 13 f.). Wie der Wortlaut von Abs. 1 S. 1 zeigt („ergänzend"), bleiben die vorgenannten Vorschriften neben § 34 anwendbar.

13 Derzeit nicht belegt.

VI. Rechtsdurchsetzung und Sanktionen

14 § 34 konkretisiert und beschränkt Art. 15 DS-GVO. Wird daher eine gem. Art. 15 DS-GVO verlangte Auskunft nicht, nicht ordnungsgemäß oder nicht rechtzeitig erteilt, so ist zu unterscheiden: Liegen die jeweiligen, in § 27 Abs. 2 (→ § 27 Rn. 42) und/oder § 28 Abs. 2 (→ § 28 Rn. 15 f.) und/oder § 29 Abs. 1 S. 2 (→ § 29 Rn. 13 f.) und/oder § 34 aufgelisteten Voraussetzungen für eine Versagung der Auskunft vor, so besteht kein Anspruch auf der Erteilung der Auskunft. Der Verpflichtete kann die Auskunft jedoch trotzdem jederzeit freiwillig erteilen (→ Rn. 17). Im Übrigen zieht die nicht, nicht ordnungsgemäße oder nicht rechtzeitige Auskunftserteilung die zu Art. 15 DS-GVO (→ DS-GVO Art. 15 Rn. 20 ff.) erläuterten Rechtsfolgen nach sich.

15 Derzeit nicht belegt.

B. Einschränkung des Auskunftsrechts aus Art. 15 DS-GVO (Abs. 1)

I. Allgemeines

16 Abs. 1 schließt das Auskunftsrecht aus Art. 15 DS-GVO aus, ohne dass der Verpflichtete dies gesondert geltend machen müsste. Der Anspruchsausschluss ist also **von Amts wegen zu berücksichtigen**.

17 Es bleibt trotz Einschlägigkeit von Abs. 1 dem Verpflichteten jedoch unbenommen, die Auskunft dennoch zu erteilen (dem folgend HK-BDSG/Specht-Riemenschneider/Bienemann/Sydow § 34 Rn. 6; anders wohl Golla/Kühling/Buchner Rn. 2). Die betroffene Person hat hierauf nur keinen Anspruch. Freilich kann sich die zur Auskunft verpflichtet Person bei einer Auskunftserteilung, obwohl von § 34 nicht vorgesehen, rechtswidrig verhalten (zB bei Verstoß gegen Abs. 3 BDSG).

18 Nach einer Ansicht (Golla/Kühling/Buchner Rn. 2; Gola/Heckmann/Werkmeister Rn. 7) sind die Beschränkungen v. Art. 15 DS-GVO durch § 34 restriktiv auszulegen.

19 Derzeit nicht belegt.

II. Abs. 1 Nr. 1

20 Das Auskunftsrecht besteht nach Abs. 1 Nr. 1 nicht, wenn die betroffene Person nach § 33 Abs. 1 Nr. 1, 2 lit. b oder Abs. 3 nicht zu informieren ist. Insofern kann auf die Kommentierung von § 33 verwiesen werden (→ § 33 Rn. 1 ff.).

21 Die **Unionsrechtskonformität** von Abs. 1 Nr. 1 ist umstritten. Simitis/Hornung/Spiecker/Dix Art. 15 Rn. 36 meinen, dass Abs. 1 Nr. 1 von keiner Öffnungsklausel der DS-GVO umfasst und daher unionsrechtswidrig sei. Die herrschende Meinung (vgl. nur Gola/Heckmann/Werkmeister Rn. 3 ff.) hingegen ist der Ansicht, dass Nr. 1 unionsrechtskonform sei.

III. Abs. 1 Nr. 2

Das Auskunftsrecht besteht nach Abs. 1 Nr. 2 in zwei Fällen: lit. a – gesetzliche oder satzungsmäßige Aufbewahrungspflicht oder lit. b – Datensicherung und Datenschutzkontrolle nicht, sofern die Auskunftserteilung einen unverhältnismäßigen Aufwand erfordern würde **und** die Verarbeitung zu anderen Zwecken durch geeignete technische und organisatorische Maßnahmen ausgeschlossen ist. Die Voraussetzungen von lit. a – gesetzliche oder satzungsmäßige Aufbewahrungspflicht – oder lit. b – Datensicherung und Datenschutzkontrolle – **müssen also kumulativ zu den Erfordernissen, dass (1) die Auskunftserteilung einen unverhältnismäßigen Aufwand erfordern würde, sowie (2) die Verarbeitung zu anderen Zwecken durch geeignete technische und organisatorische Maßnahmen ausgeschlossen ist, gegeben sein** (dazu BT-Drs. 18/12144, 5). 22

Der Sinn und Zweck von Abs. 1 Nr. 2 (BT-Drs. 18/11325, 104) besteht – ähnlich wie bei § 19 Abs. 2 aF und § 33 Abs. 2 Nr. 2 aF (vgl. dazu Simitis/Dix § 33 Rn. 65 ff.) – darin, zugunsten des Verpflichteten einen mit einer Auskunftserteilung verbundenen unverhältnismäßigen Aufwand zu vermeiden, wenn die von der Auskunft umfassten Daten nur für eng begrenzte Zwecke gespeichert sind und vom Verpflichteten auf andere Weise nicht verwendet werden können. Wie schon zum BDSG aF (dazu BT-Drs. 11/4306, 46) geht der Gesetzgeber zum BDSG offenbar davon aus, dass von diesen Daten ein nur geringes Gefährdungspotential ausgeht (krit. zu diesem Gedanken bei § 19 Abs. 2 aF → BDSG 2003 [aK] § 19 Rn. 63 ff.). 23

Hinsichtlich **lit. a – gesetzliche oder satzungsmäßige Aufbewahrungspflicht** – gilt Folgendes: 24

Lit. a basiert auf § 19 Abs. 2 aF sowie § 33 Abs. 2 Nr. 2 aF (BT-Drs. 18/11325, 104). Im Gesetzesentwurf der Bundesregierung (BT-Drs. 18/11325) war noch vorgesehen, dass auch eine vertragliche Aufbewahrungsvorschrift geeignet ist, den Auskunftsanspruch aus Art. 15 DS-GVO zu beschränken. Auf Kritik des Bundesrats (BR-Drs. 18/11655, 37) wurde die vertragliche Aufbewahrungsvorschrift aus lit. a gestrichen (BT-Drs. 18/12144, 5). Der Zweck dieser Streichung war, einen ansonsten offenbar möglichen Vertrag zulasten Dritter auszuschließen, denn der Verpflichtete hätte durch rechtsgeschäftliche Vereinbarung mit einem anderen das Auskunftsrecht der betroffenen Person aus Art. 15 DS-GVO ausschließen können; dies hätte evident gegen Art. 15 DS-GVO verstoßen, weil Art. 15 DS-GVO **nicht dispositiv** ist (→ DS-GVO Art. 15 Rn. 8 ff.). 25

Lit. a erfordert, dass die von der Auskunft umfassten Daten nur deshalb gespeichert sind, weil sie aufgrund gesetzlicher oder satzungsmäßiger Aufbewahrungsvorschriften nicht gelöscht werden dürfen. Gesetzliche Aufbewahrungsvorschrift sind zB § 257 HGB oder § 147 Abs. 3 AO. Satzungsmäßige Aufbewahrungsvorschriften sind zB gemeindliche Vorschriften oder Vereinssatzungen (vgl. hierzu zu § 33 aF Simitis/Dix § 33 Rn. 67). Problematisch hieran ist, dass der Verpflichtete somit die Möglichkeit hat, durch Schaffung entsprechender Satzungsnormen den Auskunftsanspruch der betroffenen Person auszuschließen (auch → Rn. 25). Nicht zuletzt auch deswegen wurde die Unionsrechtskonformität von § 33 Abs. 1 Nr. 2 vom Bundesrat angezweifelt (BR-Drs. 18/11655, 37), da nach Ansicht des Bundesrats die Öffnungsklausel gem. Art. 23 DS-GVO nicht eingehalten werde (s. dazu auch → Rn. 38). 26

Erforderlich ist, dass die von der Auskunft umfassten Daten **nur** aufgrund gesetzlicher oder satzungsmäßiger Aufbewahrungsvorschriften gespeichert werden. Findet eine Speicherung auch aus anderen Gründen statt, ist lit. a nicht anwendbar. In **zeitlicher Hinsicht** bedeutet dies, dass lit. a nur für die Dauer der gesetzlichen oder satzungsmäßigen Aufbewahrungspflicht besteht. Speichert also ein Verantwortlicher Daten weiterhin, obwohl deren gesetzliche Aufbewahrungspflicht abgelaufen ist, so ist lit. a nicht einschlägig. 27

Nach dem klaren Wortlaut kommt es darauf an, dass Daten aufgrund der von lit. a umfassten Vorschriften **nicht gelöscht** werden dürfen. Regeln die von lit. a umfassten Vorschriften etwas anderes, ist lit. a daher nicht einschlägig. 28

Unabhängig von der Unionsrechtskonformität (dazu → Rn. 38) sind Zweifel an der rechtspolitischen Sinnhaftigkeit von lit. a angebracht, denn letztlich ist lit. a nach hier vertretener Auffassung relativ anfällig für Missbrauch. So hat es der Verantwortliche durch geschickte Argumentation in der Hand, beliebig viele Daten unter lit. a zu subsumieren und sich dadurch der Auskunft des Art. 15 DS-GVO zu entziehen, genauso wie sich öffentliche Verantwortliche kraft ihrer Satzungsautonomie mittels lit. a dem Auskunftsanspruch entziehen können (dazu → Rn. 26). 29

Derzeit nicht belegt. 30

Hinsichtlich **lit. b – Datensicherung und Datenschutzkontrolle** – gilt Folgendes: 31

Die von der Auskunft umfassten Daten müssen **ausschließlich** der Datensicherung oder der Datenschutzkontrolle dienen. Das „oder" ist nicht als „und" zu verstehen, sondern als „und/ 32 oder", erlaubt also ein kumulatives Nebeneinander von Datensicherung und Datenschutzkontrolle. Mit anderen Worten bedeutet dies, dass lit. b nur in drei Fällen einschlägig ist: Erstens, die von der Auskunft umfassten Daten dienen nur der Datensicherung; zweitens, diese Daten dienen nur der Datenschutzkontrolle; drittens, diese Daten dienen nur der Datensicherung und nur der Datenschutzkontrolle. Lit. b ist also insbesondere dann nicht einschlägig, wenn die von der Auskunft umfassten Daten neben der Datensicherung und/oder der Datenschutzkontrolle **auch anderen Zwecken dienen**.

33 Der Begriff **Datensicherung** findet sich außerdem noch in § 57 und ist dort – wie auch in diesem § 34 – nicht legaldefiniert. Wie bereits bei § 31 aF kann auch iRd § 34 **Datensicherung definiert** werden als eine Datenspeicherung zum Zweck der Wiederherstellung eines Datenbestands im Falle von Datenverlust (→ BDSG 2003 [aK] § 31 Rn. 15). In der Praxis typische Fälle sind zB **Sicherungskopien** auf externen Festplatten oder USB-Speichermedien.

34 Der Begriff **Datenschutzkontrolle** findet sich noch in §§ 48, 57 und ist dort – wie auch in § 34 – nicht legaldefiniert. Die Datenschutzkontrolle iSd lit. b erfordert eine **Eigenkontrolle,** dh der eigenen Datenverarbeitungsvorgänge des Verantwortlichen, und umfasst daher keine Fremdkontrolle (→ BDSG 2003 [aK] § 31 Rn. 13). Erforderlich ist, dass die Daten zur nachträglichen Prüfung, ob Datenverarbeitungsvorgänge zulässig waren, verwendet werden. Welche Daten für die Datenschutzkontrolle verwendet werden, bestimmt sich sowohl nach den einschlägigen gesetzlichen Vorschriften als auch nach der Art der zu kontrollierenden Datenverarbeitungsvorgänge – allgemeingültige Vorgaben sind nicht möglich (ähnlich → BDSG 2003 [aK] § 31 Rn. 14). Ein in der Praxis typischer Anwendungsfall ist zB eine **Log-Datei,** wobei diese nur dann der Datenschutzkontrolle dient, wenn diese ausschließlich Informationen umfasst, welche für die Kontrolle der jeweiligen Datenverarbeitung erforderlich sind (näher → Rn. 35).

35 Fraglich ist, wann die von der Auskunft umfassten Daten diesen Zwecken **dienen.** Zunächst ergibt sich aus dem Wortlaut, dass die umfassten Daten vom Verantwortlichen für den entsprechenden Zweck tatsächlich verwendet werden müssen – eine rein hypothetische Eignung der Daten für die Zwecke des lit. b reicht nicht aus. Darüber hinaus ergibt sich aus dem Wortlaut, dass die Daten nur für diese Zwecke „dienen" müssen. Mit anderen Worten wird eine Erforderlichkeit zur Erreichung der Zwecke nicht verlangt. Dies bedeutet, dass lit. b schon dann erfüllt ist, wenn die betroffenen Daten für die Erreichung eines von lit. b umfassten Zwecks lediglich nützlich sind.

36 Weiteres, **neben lit. a und/oder lit. b erforderliches Tatbestandsmerkmal** (→ Rn. 22) ist, dass die **Auskunftserteilung einen unverhältnismäßigen Aufwand erfordern** würde. Die Unverhältnismäßigkeit muss sich gerade aufgrund des mit der konkreten Auskunft verbundenen Aufwands ergeben (so schon zu § 33 aF Simitis/Dix § 33 Rn. 71). Zur Ermittlung der Unverhältnismäßigkeit ist eine Gesamtschau vorzunehmen zwischen dem Informationsinteresse der betroffenen Person und dem Aufwand für den Verpflichteten. Bei der Ermittlung des Aufwands hat der Verantwortliche die bestehenden technischen Möglichkeiten, gesperrte und archivierte Daten der betroffenen Person im Rahmen der Auskunftserteilung verfügbar zu machen, zu berücksichtigen (BT-Drs. 18/11325, 104). Es ist jedoch der Maßstab des Art. 14 Abs. 5 lit. b DS-GVO zu verwenden (so auch Gola/Kühling/Buchner Rn. 14), dh es ist für die Beurteilung der Verhältnismäßigkeit subjektiv auf den Verantwortlichen abzustellen (→ DS-GVO Art. 15 Rn. 98).

37 Ebenfalls **weiteres, neben lit. a und/oder lit. b erforderliches Tatbestandsmerkmal** (→ Rn. 22) ist, dass eine **Verarbeitung zu anderen Zwecken durch geeignete technische und organisatorische Maßnahmen ausgeschlossen** ist. Ausweislich der Gesetzesbegründung (BT-Drs. 18/11325, 104) sollte die Verweigerung der Auskunft aufgrund Abs. 2 Nr. 2 an erhöhte Anforderungen gestellt werden. Welche Maßnahmen hierbei geeignet sind, ist anhand des konkreten Verantwortlichen sowie der von der Auskunft konkret umfassten Daten zu bestimmen. Bei sensiblen Daten ist also erst ein größerer technischer und organisatorischer Schutzaufwand geeignet, eine Verarbeitung zu anderen Zwecken auszuschließen, als bei weniger sensiblen Daten.

38 **Fraglich ist, ob Abs. 1 Nr. 2 mit Art. 23 DS-GVO vereinbar ist** (verneinend Golla/Kühling/Buchner Rn. 7 ff.; HK-BDSG/Specht-Riemenschneider/Bienemann/Sydow § 34 Rn. 16; zweifelhaft für lit. a auch BR-Drs. 18/11655, 37; → Rn. 26; verneinend auch Simitis/Hornung/Spiecker/Dix Art. 15 Rn. 36; bejahend jedoch ErfK/Franzen, 19. Aufl. 2019, Rn. 2; bejahend auch unter Berufung auf Art. 23 Abs. 1 lit. i DS-GVO Gola/Heckmann/Werkmeister Rn. 5).

39 Derzeit nicht belegt.

C. Modalitäten der Auskunftsverweigerung (Abs. 2)

Durch § 34 – wie auch durch § 27 Abs. 2 (→ § 27 Rn. 42), § 28 Abs. 2 (→ § 28 Rn. 15 f.) **40**
und § 29 Abs. 1 S. 2 (→ BDSG 2003 [aK] § 29 Rn. 13 f.) – wird Art. 15 DS-GVO eingeschränkt
(dazu krit. → Rn. 6 ff.), da in Art. 15 DS-GVO immanent grundsätzlich keine Möglichkeit zur
Auskunftsverweigerung vorgesehen ist (dazu → DS-GVO Art. 15 Rn. 49). Abs. 2 konkretisiert
die Modalitäten der Auskunftsverweigerung. So ist der Verantwortliche verpflichtet, die Gründe
für die Auskunftsverweigerung zu dokumentieren (Abs. 2 S. 1, → Rn. 43). Außerdem hat der
Verantwortliche die Auskunftsverweigerung zu begründen, es sei denn, der mit der Verweigerung
verfolgte Zweck würde gefährdet (Abs. 2 S. 2, → Rn. 47). Schließlich hat der Verantwortliche
bezüglich der zur Vorbereitung und Durchführung der Auskunftserteilung gespeicherten Daten
eine strenge Zweckbindung zu beachten (Abs. 2 S. 3, → Rn. 53).
Derzeit nicht belegt. **41-42**

I. Dokumentation der Gründe (Abs. 2 S. 1)

Nach Abs. 2 S. 1 hat der Verantwortliche die Gründe der Auskunftserteilung zu dokumentieren. **43**
Nach der Gesetzesbegründung (BT-Drs. 18/11325, 104) ist die Dokumentationspflicht eine Maßnahme zum Schutz der Rechte und Freiheiten der betroffenen Person iSd Art. 23 Abs. 2 lit. c,
d, g, h DS-GVO, da die betroffene Person hierdurch in die Lage versetzt werde, die Ablehnung
nachzuvollziehen und ggf. durch die Aufsichtsbehörde prüfen zu lassen. Für die Dokumentation
gilt dies insoweit nicht, da die **Dokumentation nur intern, dh innerhalb der Organisation
des Verantwortlichen** Verwendung findet und zwar der Aufsichtsbehörde auf Verlangen mitzuteilen ist, der betroffenen Person jedoch nicht. Dies ergibt die Zusammenschau zwischen Abs. 2
S. 1 und Abs. 2 S. 2, denn in Abs. 1 S. 1 findet sich – anders als in S. 2 – keine Verweigerungsmög-
lichkeit der Dokumentation, woraus implizit geschlossen werden muss, dass die Dokumentation
nicht zur Kenntnisnahme der betroffenen Person bestimmt ist. Die Dokumentation nach Abs. 1
S. 1 ist daher so abzulegen, dass dieses bei einem **Akteneinsichtsgesuch** der betroffenen Person
nicht zur Kenntnis gelangt, anderenfalls besteht die Gefahr, dass die betroffene Person sich bei
einer nach Abs. 2 S. 2 rechtmäßig abgelehnten Begründung über ein Akteneinsichtsgesuch Informationen, welche den Zweck der Auskunftsverweigerung gefährden könnte, verschaffen könnte. Die
Dokumentationspflicht des Abs. 2 S. 1 wird der Verantwortliche daher nicht nachvollziehen können – er muss es auch nicht, denn ihm gegenüber gilt die Begründungspflicht aus Abs. 2 S. 2.
Die Dokumentationspflicht aus Abs. 2 S. 1 gilt jedoch zugunsten des Verantwortlichen, der gegenüber der Aufsichtsbehörde durch eine ordnungsgemäß dokumentierte Auskunftsverweigerung
seine Pflichterfüllung nachweisen kann.

Abs. 2 S. 1 verlangt eine **Dokumentation** der für die Auskunftsverweigerung **maßgeblichen** **44**
Gründe. Hieraus folgt, dass andere Gründe nicht zu dokumentieren sind. Für die Dokumentation
stellt Abs. 2 S. 1 zwar kein Formgebot auf; kraft Natur der Sache kann jedoch nur dann eine
Dokumentation gegeben sein, wenn diese **zumindest in Textform** vorliegt.

Über die **Art und Weise** der Dokumentation macht Abs. 2 S. 1 ebenso keine Vorgaben. Vor **45**
dem Hintergrund, dass Abs. 2 S. 1 der internen Verwendung und Rechtfertigung gegenüber der
Auskunftsbehörde dient (→ Rn. 43), wird eine Dokumentation nach Abs. 2 S. 1 dann ausreichend
sein, wenn sie aus Sicht eines objektiven Dritten die für die Verweigerung maßgeblichen Gründe
nachvollziehen lässt. Ob hierbei eine Aktennotiz gewählt wird, eine Excel-Datei ausgefüllt wird
oder ein eigenes Computer-Programm verwendet wird, bleibt in der Organisationshoheit des
Verantwortlichen. Die Aufsichtsbehörde kann ihm hierbei auch keine Vorgaben machen, solange
und soweit er die Dokumentation so, wie vorstehend ausgeführt, vornimmt.

Die Pflicht aus Abs. 2 S. 1 ist streng von der Pflicht aus Abs. 2 S. 2 zu **unterscheiden.** Zwar **46**
mag in gewissen Fällen ein Gleichlauf mit Abs. 2 S. 1 und S. 2 insoweit herrschen, als dass die
Kopie einer ordnungsgemäß durchgeführten Begründung nach S. 2 gleichzeitig die Dokumentationspflicht aus S. 1 erfüllt. Zwingend ist dies jedoch nicht. Im Zweifel sollten zwei Dokumente
angelegt werden.

II. Begründung der Auskunftsverweigerung (Abs. 2 S. 2)

Nach Abs. 2 S. 2 hat der Verantwortliche der betroffenen Person die für die Auskunftsverweige- **47**
rung maßgeblichen Gründe mitzuteilen, es sei denn, durch diese Mitteilung würde der mit der
Auskunftsverweigerung verfolgte Zweck gefährdet. Nach der Gesetzesbegründung (BT-Drs. 18/
11325, 104) ist die Begründungspflicht eine Maßnahme zum Schutz der Rechte und Freiheiten
der betroffenen Person iSd Art. 23 Abs. 2 lit. c, d, g, h DS-GVO, da die betroffene Person

hierdurch in die Lage versetzt werde, die Ablehnung nachzuvollziehen und ggf. durch die Aufsichtsbehörde prüfen zu lassen. **Zum Verhältnis von Abs. 2 S. 1 und Abs. 2 S. 2 gilt: Abs. 2 S. 2 gilt extern** gegenüber der betroffenen Person, wohingegen Abs. 2 S. 1 intern für den Verantwortlichen gilt (näher → Rn. 43). Anders als § 19 Abs. 5 S. 2 aF beinhaltet Abs. 2 S. 2 **keine Hinweispflicht** bei **öffentlichen Stellen des Bundes** gegenüber der betroffenen Person, **dass sich diese an den BfDI wenden kann** – dies ist für Abs. 3 bedeutsam (→ Rn. 59 f.) und führt nach hier vertretener Ansicht bei öffentlichen Stellen des Bundes zu einer erweiterten Begründungspflicht (→ Rn. 52).

48 **Flankierend zu Abs. 2 S. 2** hat der Verantwortliche die betroffene Person gem. **Art. 12 Abs. 4 DS-GVO** (→ DS-GVO Art. 12 Rn. 40 ff.) auf die Möglichkeit zur Einlegung einer Beschwerde bei einer Aufsichtsbehörde sowie eines gerichtlichen Rechtsbehelfs hinzuweisen (so auch BT-Drs. 18/11325, 104).

49 Nach Abs. 2 S. 2 hat der Verantwortliche der betroffenen Person die **tatsächlichen und rechtlichen Gründe,** auf welche die Auskunftsverweigerung gestützt wird, mitzuteilen. Die Mitteilung anderer Gründe, dh solcher, auf welchen die Entscheidung nicht basiert, erfüllt die Pflicht aus Abs. 2 S. 2 nicht. Mitzuteilen sind nicht nur die **tatsächlichen** Gründe, sondern **auch** die **rechtlichen** Gründe, welche zur Auskunftsverweigerung führen.

50 In welcher **Form** die Begründung erfolgen kann, gibt Abs. 2 S. 2 nicht vor. Da die Auskunftsverweigerung **actus contrarius** zur Auskunftserteilung ist und die Auskunftserteilung iSd Art. 15 DS-GVO auch mündlich erfolgen kann (→ DS-GVO Art. 15 Rn. 85 ff.), wird man die Begründung nach Abs. 2 S. 2 auch mündlich durchführen können, es sei denn, Art. 15 DS-GVO verlangt eine andere Form (→ DS-GVO Art. 15 Rn. 85 ff.). Schon alleine um die ordnungsgemäße Erfüllung der Pflicht aus Abs. 2 S. 2 nachweisen zu können, sollte der Verantwortliche jedoch stets die **Textform** für die **Begründung** wählen.

51 Die Begründungspflicht aus Abs. 2 S. 2 **gilt nicht, sofern und soweit** durch die Begründung der mit der Auskunftsverweigerung verfolgte Zweck gefährdet würde. Die Regelung ist insoweit vergleichbar mit § 19 Abs. 5 aF (→ BDSG § 19 Rn. 100). Gefährden daher nur einzelne Teile der Begründung den Zweck der Auskunftsverweigerung, so sind die übrigen Gründe mitzuteilen (→ Rn. 51.1 ff.).

51.1 Sofern die Begründung nach Abs. 2 S. 2 verweigert wird, ist dies der betroffenen Person unter **Verweis auf Abs. 2 S. 2** mitzuteilen. Zwar wird die betroffene Person bei einer vollständigen Auskunftsverweigerung ohne Begründung erkennen können, dass der Verpflichtete sich auf Abs. 2 S. 2 beruft. Anders ist dies jedoch bei einer nur teilweisen Auskunftsverweigerung, da bei dieser aufgrund der teilweisen Auskunftserteilung für die betroffene Person unter Umständen nicht erkennbar ist, dass die Auskunft teilweise verweigert wurde. Der Verpflichtete hat dies daher der betroffenen Person entsprechend mitzuteilen.

- **Formulierungsbeispiel für vollständige Verweigerung der Auskunft und Begründung:** „Die von Ihnen begehrte Auskunft können wir Ihnen leider nicht mitteilen. Sie erhalten hierzu keine Begründung, da durch die Mitteilung der tatsächlichen und rechtlichen Gründe, auf die die Entscheidung gestützt wird, der mit der Auskunftsverweigerung verfolgte Zweck gefährdet würde (§ 34 Abs. 2 S. 2 BDSG)".
- **Formulierungsbeispiel für teilweise Verweigerung der Auskunft und der Begründung:** „[… Auskunftserteilung/Auskunftsverweigerung…]. Die von Ihnen im Übrigen begehrte Auskunft können wir Ihnen leider nicht mitteilen. Sie erhalten insoweit keine Begründung, da durch die Mitteilung der tatsächlichen und rechtlichen Gründe, auf die die Entscheidung gestützt wird, der mit der Auskunftsverweigerung verfolgte Zweck gefährdet würde (§ 34 Abs. 2 S. 2 BDSG)"

51.2 Gerade gegenüber **öffentlichen Stellen** kann ein Konflikt zwischen Abs. 2 S. 2 und Art. 19 Abs. 4 GG durch ein **in-camera-Verfahren** (dazu → BDSG § 19 Rn. 101 mwN) gem. § 99 Abs. 2 VwGO aufgelöst werden.

51.3 Ein in-camera-Verfahren gem. § 99 Abs. 2 VwGO fehlt freilich bei nichtöffentlichen Stellen: Bei diesen hat die betroffene Person mehrere Möglichkeiten. Einerseits kann sie die Aufsichtsbehörde wegen Verstoß gegen Abs. 2 S. 2 einschalten. Andererseits kann sie die begehrte Auskunft gerichtlich erstreiten, wobei im Gerichtsverfahren die Rechtmäßigkeit der Auskunftsverweigerung und die Gründe nach Abs. 2 S. 2 inzident geprüft werden (näher → Rn. 14 f.).

52 Nach hier vertretener Ansicht (näher → Rn. 59 f.) haben **öffentliche Stellen des Bundes** gegenüber der betroffenen Person bei Auskunftsverweigerung **analog Abs. 2 S. 2** einen Hinweis auszusprechen, dass sich diese auch an den BfDI wenden kann.

III. Zweckbindung der für die Vorbereitung und Durchführung der Auskunft gespeicherten Daten (Abs. 2 S. 3)

Gemäß Abs. 2 S. 3 dürfen gespeicherte Daten, welche zur Vorbereitung und Durchführung 53 der Auskunft dienen, ausschließlich für diese Zwecke sowie zur Datenschutzkontrolle verarbeitet werden und die Verarbeitung für andere Zwecke ist nach Maßgabe des Art. 18 DS-GVO einzuschränken. Ausweislich der Gesetzesbegründung (BT-Drs. 18/11325, 104) sollte hierdurch der in Abs. 5 aF enthaltene strenge Zweckbindungsgrundsatz fortgeführt werden.

Gemäß Abs. 2 S. 3 dürfen gespeicherte Daten, welche zur Vorbereitung und Durchführung 54 der Auskunft dienen, ausschließlich für diese Zwecke sowie zur Datenschutzkontrolle verarbeitet werden. Abs. 2 S. 3 wird flankiert vom in Art. 5 Abs. 1 lit. c DS-GVO geltenden Grundsatz der Datenvermeidung und Datensparsamkeit (vgl. Schantz/Wolff DatenschutzR Rn. 427).

Zum Begriff **Datenschutzkontrolle** → Rn. 34. 55

Gemäß Abs. 2 S. 3 Hs. 2 ist die Verarbeitung für andere Zwecke nach Maßgabe von Art. 18 56 DS-GVO einzuschränken. Gemeint ist durch diesen **Rechtsfolgenverweis** nach Maßgabe des Art. 18 **Abs. 2** DS-GVO. Denn in Art. 18 Abs. 1 DS-GVO sind die – für Abs. 2 S. 3 nicht geltenden – Voraussetzungen für eine Einschränkung geregelt und Art. 18 Abs. 3 DS-GVO gilt nur für von der betroffenen Person erwirkte Einschränkungen, was auf Abs. 2 S. 3 ebenfalls nicht zutrifft. Die Verarbeitung für andere, in Abs. 2 S. 3 nicht genannte Zwecke ist demnach gem. Art. 18 Abs. 2 DS-GVO nur zulässig, „mit Einwilligung der betroffenen Person oder zur Geltendmachung, Ausübung oder Verteidigung von Rechtsansprüchen oder zum Schutz der Rechte einer anderen natürlichen oder juristischen Person oder aus Gründen eines wichtigen öffentlichen Interesses der Union oder eines Mitgliedstaats" (→ DS-GVO Art. 18 Rn. 46 ff.). Verstößt der Verantwortliche gegen die nur noch eingeschränkten Möglichkeiten zur Verarbeitung, kann die verantwortliche Person **Unterlassung** und bei Verschulden auch **Schadensersatz** begehren (→ Rn. 14 f.).

Derzeit nicht belegt. 57–58

D. Involvierung des/der BfDI bei Auskunftsverweigerung durch öffentliche Stelle des Bundes (Abs. 3)

Bei einer Auskunftsverweigerung durch eine **öffentliche Stelle des Bundes** sieht Abs. 3 die 59 Involvierung des/der BfDI vor. Nach der Gesetzesbegründung (BT-Drs. 18/11325, 104) ist Abs. 3 § 19 Abs. 6 aF (dazu → BDSG 2003 [aK] § 19 Rn. 103 ff.) nachempfunden, wobei die Beschränkung dem Schutz der öffentlichen Sicherheit (Art. 23 Abs. 1 lit. c DS-GVO) und der Verhütung, Ermittlung, Aufdeckung oder Verfolgung von Straftaten diene (Art. 23 Abs. 1 lit. d DS-GVO). Anders als § 19 Abs. 5 S. 2 aF beinhaltet Abs. 2 S. 2 keine Hinweispflicht einer öffentlichen Stelle des Bundes gegenüber der betroffenen Person, dass sich diese bei verweigerter Auskunft an den/die BfDI wenden kann. Da der Gesetzgeber die Regelung aus § 19 Abs. 6 aF übernehmen wollte, diese jedoch die Hinweispflicht aus § 19 Abs. 5 S. 2 aF voraussetzt (vgl. Simitis/Mannmann § 19 Rn. 112), ist davon auszugehen, dass es sich um ein **gesetzgeberisches Versehen** im Sinne einer **analogiefähigen planwidrigen Regelungslücke** handelt, da zwischen § 19 Abs. 5, 6 aF sowie Abs. 2, 3 eine vergleichbare Interessenlage besteht. Nach hier vertretener Ansicht führt dies dazu, dass öffentliche Stellen des Bundes **analog Abs. 2 S. 2** der betroffenen Person bei einer Auskunftsverweigerung mitzuteilen haben, dass sich diese an den BfDI wenden kann. Denn nur so kann die betroffene Person ihre Rechte aus Abs. 3 wahrnehmen.

Wie auch § 19 Abs. 6 aF erfordert Abs. 3 ein **Verlangen** der betroffenen Person, dh die Ein- 60 schaltung des/der BfDI ist ohne oder gegen den Willen der betroffenen Person nicht möglich (→ BDSG 2003 [aK] § 19 Rn. 103 ff.). Ein derartiges Verlangen führt jedoch in keinem Fall zu einem Verzicht auf Inanspruchnahme des Verantwortlichen (→ BDSG 2003 [aK] § 19 Rn. 103 ff.).

Wird der/die BfDI eingeschaltet, **prüft diese/-r gem. Abs. 3 S. 2 selbstständig, ob die** 61 **Auskunft zu Recht verweigert wurde**, wobei es für dessen/deren Beurteilung auf den Zeitpunkt seiner Entscheidung ankommt (so zu § 19 Abs. 6 aF: Simitis/Mallmann § 19 Rn. 114; → BDSG 2003 [aK] § 19 Rn. 106). Ist die Auskunft **nach Ansicht des BfDI zu Unrecht verweigert** worden, tritt er an den Verantwortlichen heran und wirkt auf eine Auskunftserteilung hin; vermag dieser den Verantwortlichen nicht zu überzeugen, hat der BfDI dies der betroffenen Person mitzuteilen und dieser anheim zu stellen, die Sache gerichtlich klären zu lassen (ähnlich zum aF → BDSG 2003 [aK] § 19 Rn. 107). Ist die Auskunft **nach Ansicht des BfDI zu Recht verweigert** worden, teilt er dies der betroffenen Person mit.

62 Die **Mitteilung des/der BfDI an die betroffene Person** darf nach Abs. 3 S. 2 keine Rückschlüsse auf den Erkenntnisstand des Verantwortlichen zulassen, sofern dieser nicht einer weitergehenden Auskunft zustimmt. Wie auch Abs. 2 S. 2 darf nach Abs. 3 S. 2 keine Ausforschung des Verantwortlichen erfolgen, wenn dieser die Auskunft sowie die Begründung zu Recht verweigert.

63 Die Mitteilung an den/die BfDI unterbleibt nach Abs. 3 S. 1, soweit nicht die jeweils zuständige oberste Bundesbehörde im Einzelfall feststellt, dass dadurch die Sicherheit des Bundes oder eines Landes gefährdet würde. Wie bereits zu § 19 Abs. 6 aF festgestellt, hat sich die Gefährdung gerade aus der Mitteilung an den BfDI zu ergeben und wird nur in äußersten Notfällen jemals relevant werden (zum BDSG aF → BDSG 2003 [aK] § 19 Rn. 109). Folglich ist **nur bei ernsthaft in Betracht kommender Möglichkeit,** dass durch die Mitteilung an den BfDI die Sicherheit des Bundes oder eines Landes gefährdet würde, die Zustimmung der zuständigen obersten Bundesbehörde zur Einschaltung des/der BfDI einzuholen (ähnlich zum BDSG aF → BDSG 2003 [aK] § 19 Rn. 109).

64-65 Derzeit nicht belegt.

E. Besonderheit bei Daten, die durch eine öffentliche Stelle weder automatisiert verarbeitet noch nicht automatisiert verarbeitet und in einem Dateisystem gespeichert werden (Abs. 4)

66 Abs. 4 regelt Mitwirkungspflichten der betroffenen Person bei einem Auskunftsverlangen **gegenüber einer öffentlichen Stelle,** wenn diese Daten weder automatisiert verarbeitet noch nicht automatisiert verarbeitet und in einem Dateisystem speichert. Abs. 4 ist ausweislich der Gesetzesbegründung § 19 Abs. 1 S. 3 aF nachempfunden und soll dessen **Schutzstandard beibehalten** (so explizit BT-Drs. 18/11325, 104 f.). Obwohl die Öffnungsklauseln der DS-GVO für Abs. 4 nicht gelten (→ Rn. 7), war die Regelung in Abs. 4 notwendig, da gem. § 1 Abs. 8 das Auskunftsrecht aus Art. 15 DS-GVO auch für den. Art. 2 Abs. 1 DS-GVO nicht von der DS-GVO umfasste Verarbeitungsvorgänge gelten soll (BT-Drs. 18/11325, 104 f.).

67 Für **nichtöffentliche Stellen gilt Abs. 4 nicht.** Diese werden hierdurch auch nicht benachteiligt, da für derartige Daten das Auskunftsrecht aus Art. 15 DS-GVO gem. Art. 2 Abs. 1 DS-GVO nicht einschlägig ist.

68 Zweck der Regelung ist es, einen erheblichen Suchaufwand bei einer öffentlichen Stelle zu vermeiden (Simitis/Mallmann § 19 aF Rn. 47).

69 Beispiele für von Abs. 4 umfasste Daten sind **Akten, Aktensammlungen sowie ihre Deckblätter, die nicht nach bestimmten Kriterien geordnet sind** (BT-Drs. 18/11325, 104 f.). Es wird letztlich um Papierdokumente gehen.

70 Für von Abs. 4 umfasste Daten besteht das Auskunftsrecht nur, **soweit** die von Abs. 4 erforderlichen Voraussetzungen eingehalten werden. Durch den Begriff „soweit" ist klargestellt, dass bei nur teilweiser Erfüllung der Anspruchsvoraussetzungen die Auskunft nicht insgesamt abgelehnt werden kann.

71 Erforderlich ist zunächst, dass die betroffene Person Angaben macht, die das Auffinden der Daten ermöglicht. Die Angaben müssen es dem Verantwortlichen **objektiv** ermöglichen, die Daten aufzufinden. Besteht also aufseiten des Verantwortlichen ein Organisationsdefizit (zB ungeordnete Ablage), so geht das zu seinen Lasten, solange die Angaben der betroffenen Person einem ordnungsgemäß handelnden Verantwortlichen ermöglicht hätten, die Daten aufzufinden. Im Hinblick auf das von Art. 2 Abs. 1 GG geschützte Persönlichkeitsrecht der betroffenen Person ist Abs. 4 dahingehend auszulegen, dass Abs. 4 den Verantwortlichen dazu verpflichtet, nach ordnungsgemäßer Ermessensausübung dennoch die Auskunft zu erteilen, wenn es der betroffenen Person objektiv nicht möglich ist, Angaben zu machen (ähnlich zum BDSG aF → BDSG 2003 [aK] § 19 Rn. 47; BVerfG NVwZ 2001, 185 (186)).

72 **Kumulativ** zu dem vorstehenden Erfordernis (→ Rn. 71) darf der für die Erteilung der Auskunft erforderliche Aufwand nicht außer Verhältnis zu dem von der betroffenen Person geltend gemachten Informationsinteresse stehen. Der Verantwortliche hat also eine Interessenabwägung vorzunehmen zwischen dem Informationsinteresse der betroffenen Person und dem Aufwand, der für die Erteilung der Auskunft erforderlich ist. Abs. 4 statuiert hiernach zwar keine Pflicht der betroffenen Person, die ihrer Auskunft zugrunde liegenden Motive zu erläutern. Verweigert sie dies, hat der Verpflichtete typischerweise in Betracht kommende Interessen der betroffenen Person in seine Abwägung einzustellen (zum BDSG aF → BDSG 2003 [aK] § 19 Rn. 48).

§ 35 Recht auf Löschung

(1) ¹Ist eine Löschung im Fall nicht automatisierter Datenverarbeitung wegen der besonderen Art der Speicherung nicht oder nur mit unverhältnismäßig hohem Aufwand möglich und ist das Interesse der betroffenen Person an der Löschung als gering anzusehen, besteht das Recht der betroffenen Person auf und die Pflicht des Verantwortlichen zur Löschung personenbezogener Daten gemäß Artikel 17 Absatz 1 der Verordnung (EU) 2016/679 ergänzend zu den in Artikel 17 Absatz 3 der Verordnung (EU) 2016/679 genannten Ausnahmen nicht. ²In diesem Fall tritt an die Stelle einer Löschung die Einschränkung der Verarbeitung gemäß Artikel 18 der Verordnung (EU) 2016/679. ³Die Sätze 1 und 2 finden keine Anwendung, wenn die personenbezogenen Daten unrechtmäßig verarbeitet wurden.

(2) ¹Ergänzend zu Artikel 18 Absatz 1 Buchstabe b und c der Verordnung (EU) 2016/679 gilt Absatz 1 Satz 1 und 2 entsprechend im Fall des Artikels 17 Absatz 1 Buchstabe a und d der Verordnung (EU) 2016/679, solange und soweit der Verantwortliche Grund zu der Annahme hat, dass durch eine Löschung schutzwürdige Interessen der betroffenen Person beeinträchtigt würden. ²Der Verantwortliche unterrichtet die betroffene Person über die Einschränkung der Verarbeitung, sofern sich die Unterrichtung nicht als unmöglich erweist oder einen unverhältnismäßigen Aufwand erfordern würde.

(3) Ergänzend zu Artikel 17 Absatz 3 Buchstabe b der Verordnung (EU) 2016/679 gilt Absatz 1 entsprechend im Fall des Artikels 17 Absatz 1 Buchstabe a der Verordnung (EU) 2016/679, wenn einer Löschung satzungsgemäße oder vertragliche Aufbewahrungsfristen entgegenstehen.

Überblick

§ 35 regelt Einschränkungen des Rechts auf Löschung nach Art. 17 DS-GVO.

Übersicht

	Rn.
A. Allgemeines	1
I. Genese	3
II. Grundsatz: Löschung	10
B. „Recht auf Löschung" – Einschränkungen	17
I. Einschränkung aufgrund von Interessen des Verantwortlichen (Abs. 1)	18
1. Automatisierte Datenverarbeitung	19
2. Interessen des Verantwortlichen	22
3. Interessen des Betroffenen	25
4. Rechtsfolge: Einschränkung der Verarbeitung	26
5. Ausnahme bei unrechtmäßiger Verarbeitung	29
II. Einschränkung wegen Interessen des Betroffenen (Abs. 2)	32
III. Einschränkung zugunsten sonstiger Interessen	37

A. Allgemeines

Die Überschrift des neuen § 35 ist etwas irreführend. Während die §§ 20 und 35 BDSG aF **1** tatsächlich ein Recht des Betroffenen auf Löschung seiner personenbezogenen Daten statuierten, findet sich in § 35 lediglich noch eine Aufzählung von Einschränkungen des an anderer Stelle (Art. 17 DS-GVO) geregelten Löschungsrechts. Die Vorschrift ist insofern nur in der Zusammenschau mit Art. 17 DS-GVO nachvollziehbar.

Die in § 35 vorgesehenen Einschränkungen des Löschungsrechts aus Art. 17 DS-GVO sind in **2** zweierlei Richtung rechtfertigungsbedürftig. Sie müssen den Anforderungen des europäischen Primärrechts und den Vorgaben der DS-GVO einerseits und verfassungsrechtlichen Anforderungen andererseits genügen (Recht auf informationelle Selbstbestimmung, dazu ausf. → § 58 Rn. 7). Die DS-GVO lässt Einschränkungen nur dort zu, wo diese auf ausdrückliche Öffnungsklauseln der Verordnung bezogen sind (→ DS-GVO Art. 16 Rn. 11). Das Recht auf Löschung falscher oder unrichtiger Daten ist damit aufgrund nationalen Rechts überhaupt nur sehr begrenzt einschränkbar.

I. Genese

Vorgängervorschriften zu § 35 waren die §§ 20 BDSG aF und 35 BDSG aF. Vor Verabschiedung **3** der Verordnung und der darin enthaltenen Betroffenenrechte (Art. 16 ff. DS-GVO) regelten diese

BDSG § 35 Teil 2. Durchführungsbestimmungen für Verarbeitungen nach DS-GVO

Vorschriften die allgemeinen datenschutzrechtlichen Löschungsverpflichtungen, die zum Kernbestand des sog. Selbstdatenschutzes zählen (→ DS-GVO Art. 17 Rn. 5; Simitis/Dix BDSG aF § 35 Rn. 2; Plath/Roggenkamp BDSG aF § 20 Rn. 7).

4 Mit der grundlegenden Novellierung des BDSG durch das Gesetz zur Anpassung des Datenschutzrechts an die Verordnung (EU) 2016/679 und zur Umsetzung der Richtlinie (EU) 2016/680 (Datenschutz-, Anpassungs- und Umsetzungsgesetz EU-DSAnpUG-EU) vom 30.6.2017 wurden die bisher bestehenden Löschungsrechte des BDSG richtigerweise gestrichen. Denn durch die Etablierung entsprechender Rechte des Betroffenen auf europäischer Ebene in Art. 17 DS-GVO sind die Löschungsrechte des BDSG nicht nur überflüssig geworden. Aufgrund des grundsätzlich bestehenden Normwiederholungsverbotes waren die Vorschriften inhaltlich sogar zwingend aufzuheben (zum Normwiederholungsverbot s. Calliess/Ruffert EUV Art. 4 Rn. 102). Dementgegen sah etwa der Referentenentwurf des Bundesministeriums des Inneren vom 5.8.2016 in § 10 Abs. 1 noch einen Verweis auf Art. 17 DS-GVO vor, der im Laufe des Gesetzgebungsverfahrens allerdings entfernt wurde.

5 Durch die Aufhebung der Löschungsrechte des BDSG aF wurde auch die überkommene Trennung der Ansprüche gegen private Stellen einerseits und öffentliche Stellen andererseits aufgegeben. Die dem deutschen Datenschutzrecht eigentümliche Differenzierung ist der DS-GVO grundsätzlich fremd. Mit Art. 17 DS-GVO steht dem Betroffenen eine einheitliche Rechtsgrundlage für das Löschungsrecht zur Seite. § 35 bezieht sich auf diese Vorschrift und regelt im Wesentlichen Einschränkungen des Löschungsrechts vor dem Hintergrund unterschiedlicher Interessen.

6 Im Referentenentwurf des Bundesministeriums des Inneren v. 5.8.2016 war das Löschungsrecht noch in § 10 vorgesehen, in dem Entwurf v. 23.11.2016 fand sich dieses unter § 33 einsortiert. Im Laufe des Gesetzgebungsverfahrens wurden dabei Einschränkungstatbestände eher hinzugefügt als abgebaut (§ 35 Abs. 2 und 3, die sich bereits in Entwurf v. 23.11.2016, aber noch nicht in dem Entwurf v. 5.8.2016 fanden). Der Wortlaut der einzelnen Absätze hat sich im Laufe des Verfahrens allenfalls leicht verändert. Der Inhalt ist allerdings iW gleich geblieben. So war schon im Referentenentwurf v. 23.11.2016 in § 33 Abs. 1 in Bezug auf Art. 17 Abs. 1 DS-GVO etwa geregelt, dass das Löschungsrecht des Betroffenen bei unverhältnismäßig hohem Aufwand oder bei Unmöglichkeit der Löschung auf Grund der besonderen Art der Speicherung in eine Einschränkung der Verarbeitung „umgewandelt" wird.

7 Im Einzelnen: In § 33 Abs. 2 des Referentenentwurfes v. 23.11.2016 war, wie in § 35 Abs. 2 nun auch, vorgesehen, dass zugunsten schutzwürdiger Interessen der betroffenen Person eine Löschung ausnahmsweise nicht stattfindet. § 33 Abs. 3 des Referentenentwurfes entspricht dem § 35 Abs. 3.

8 Nachdem in dem Regierungsentwurf zu § 35 Abs. 1 bereits vorgesehen war, dass § 35 Abs. 1 S. 1 und S. 2 – und damit eine Ausnahme von der Löschungspflicht – keine Anwendung finden, wenn personenbezogene Daten unrechtmäßig verarbeitet wurden, wurde auf Initiative des Innenausschusses des Deutschen Bundestages außerdem ergänzt, dass die Einschränkung des Löschungsrechts nach § 35 Abs. 1 S. 1 zum einen nur in Betracht kommt, wenn Daten nicht durch automatisierte Verfahren erhoben worden sind. Zum anderen ist seither vorgesehen, dass eine Einschränkung des Löschungsrechts nur vorgenommen werden kann, wenn das Interesse der betroffenen Person an der Löschung als gering anzusehen ist. Im Übrigen hat auch der Innenausschuss des Deutschen Bundestages den Regierungsentwurf zu § 35 unverändert gelassen.

9 Ausweislich der Gesetzesbegründung zu § 35 sollen sich die Einschränkungen des Löschungsrechts nur zum Teil mit Hinweis auf die Öffnungsklauseln der Verordnung (so bei Abs. 2, der sich auf Art. 17 Abs. 3 DS-GVO bezieht) legitimieren. Der Gesetzgeber verzichtet bezüglich der Abs. 1 und 3 auf eine Inanspruchnahme von Öffnungsklauseln der Verordnung. Das wird nicht zuletzt mit dem Hinweis kritisiert, damit fehle dem Gesetzgeber das Recht, diese Einschränkungen überhaupt vorzusehen (vgl. zB die Stellungnahme des Landesbeauftragten für Datenschutz und Informationsfreiheit Mecklenburg-Vorpommern v. 25.1.2017, 7; DSK Kurzpapier Nr. 11, 3).

II. Grundsatz: Löschung

10 Auch wenn § 35 dies selbst nicht normiert: Unrichtige bzw. unrechtmäßig erhobene Daten sind zu korrigieren oder zu löschen. Das Löschungsrecht, welches sich aus Art. 17 DS-GVO ergibt und zuvor in den §§ 20, 35 BDSG aF zu finden war, ist ein tragender Pfeiler des sog. Selbstdatenschutzes. Die Existenz eines Löschungsrechts ist dabei dem Grunde nach eine rechtsstaatliche Selbstverständlichkeit. Selbst wenn dies in Art. 17 DS-GVO nicht ausdrücklich vorgesehen wäre, würde dies aus allgemeinen Instituten – wie bspw. dem (allgemeinen öffentlich-rechtlichen) Folgenbeseitigungsanspruch – ohnehin folgen (→ DS-GVO Art. 16 Rn. 40; bereits Gusy DÖV 1980, 431 ff.; Eberle GS Martens, 1987, 351 ff.; VG Gießen NVwZ 2002, 1531 (1532); VG Köln NVwZ-RR 2003, 676; Bumke JuS 2005,

22 ff.). Da die Rechte des Selbstdatenschutzes Ausdruck des Allgemeinen Persönlichkeitsrechts sind, spielt es dabei auch keine Rolle, ob der Verantwortliche privatrechtlich oder öffentlich-rechtlich organisiert ist oder handelt. Die Unterscheidung in Betroffenenrechte gegenüber öffentlichen Stellen einerseits und gegenüber Privaten andererseits (§§ 20, 35 BDSG aF) ist nicht nur der DS-GVO fremd. Sie wird auch in § 35 nicht mehr fortgeführt.

Das Recht auf Löschung von falschen sowie die Korrektur oder Löschung unrichtiger personenbezogenen Daten korrespondiert mit der objektiven Pflicht hierzu. Unrichtige Daten sind von Amts wegen bzw. auf Grund einer objektiv bestehenden Pflicht auch privater Stellen zu löschen bzw. zu berichtigen, wenn die Rechtswidrigkeit der Datenerhebung bzw. die Unrichtigkeit der vorhandenen Daten bekannt ist. Der Betroffene muss also nicht erst seinen Anspruch gegenüber dem Verantwortlichen geltend machen, bevor dem Grunde nach eine objektive Pflicht des Verantwortlichen zur Löschung entsteht (→ DS-GVO Art. 16 Rn. 6 f.). **11**

Dies gilt für personenbezogene Daten. Der Löschungsanspruch aus Art. 17 DS-GVO, und damit auch die Einschränkungen aus § 35, beziehen sich auf personenbezogene und nicht etwa auch auf unternehmensbezogene Daten, unabhängig von der Frage nach der Anerkennung eines Unternehmerpersönlichkeitsrechts, eines sozialen Geltungsanspruchs des Unternehmens usw (Goreng GRUR 2010, 1065 ff.; Ziegelmayer GRUR 2012, 761). Dem Unternehmen bleibt allein die Möglichkeit, sich auf allgemeine Rechtsinstitute zu berufen, wenn die Löschung oder Sperrung unrichtiger oder rechtswidrig verarbeiteter Daten erreicht werden soll. **12**

In einer Gesellschaft, in der die digitale Identität partiell wichtiger ist bzw. wird als die tatsächliche, ist der Anspruch auf Berichtigung, Löschung und Sperrung außerdem zwingende Folge des Rechts auf informationelle Selbstbestimmung. Der Austausch von Daten ersetzt häufig den persönlichen Kontakt und das Bild des Betroffenen entsteht aus dem, was an Daten zu ihm vorhanden ist. Der Betroffene ist dann das, was seine Daten über ihn aussagen (Worms/Gusy DuD 2012, 92 ff.). Da Verantwortliche nicht selten auf die gleichen Datenpools zugreifen und erhobene Daten untereinander oder an außenstehende Dritte weitergeben, veräußern usw, vertieft und verfestigt sich im Falle der Unrichtigkeit einzelner Daten oder der Rechtswidrigkeit einer Erhebung von Daten auch der Eingriff in das Selbstbestimmungsrecht des Betroffenen (Simitis/Mallmann BDSG aF § 20 Rn. 9; vgl. auch Taeger/Gabel/Mester BDSG aF § 20 Rn. 43). Dabei sind vor allem unrichtige Daten geeignet, ein verzerrtes Bild einer Person zu erschaffen oder zu unterhalten. Der Prozess der Reproduktion eines falschen Bildes des Betroffenen kann nur durch eine Löschung oder Berichtigung zumindest aufgehalten werden. Daher muss jederzeit jedes einzelne personenbezogene Datum, welches bei der Behörde gespeichert ist, richtig und vollständig sein. Darauf hat der Betroffene bereits auf verfassungsrechtlicher Grundlage (Art. 2 Abs. 1 GG) einen Anspruch (Plath/Roggenkamp BDSG aF § 20 Rn. 2; Simitis/Mallmann BDSG aF § 20 Rn. 1; BVerwGE 120, 188 (192 f.); VGH BW DuD 2010, 845; vgl. auch VG Wiesbaden BeckRS 2006, 23855 für das HDSG). Dies gilt gegenüber Behörden genauso wie gegenüber Privaten. **13**

Ist jede einzelne, an sich auch noch so unbedeutende, Datenverarbeitung ein Eingriff in das Recht auf informationelle Selbstbestimmung, muss jedes Stadium dieser Verarbeitung – von der Erhebung bis zur Archivierung – lückenlos und permanent zweckgebunden legitimiert sein (vgl. BVerfGE 118, 168 (187); 120, 351 (366)). Je nachdem zu welchem konkreten Zweck die Daten ursprünglich erhoben wurden, kann dieser Zweck im Laufe der Zeit fortfallen und möglicherweise, aber jedenfalls nicht beliebig, durch andere Zwecke ersetzt werden (vgl. zu präventiven Zwecken rechtswidrig erhobene Daten im Kontext des § 100d Abs. 5 Nr. 2 StPO – BVerfG NJW 2012, 907). Der Zweck muss hinreichend klar bestimmt sein. Die Datenverarbeitung kann nicht unbegrenzt vielen alternativen Zwecken dienen; eine Datenerhebung auf Vorrat ist unzulässig (BVerfGE 125, 260). Diese Zweckbindung besteht durchgehend. Wie konkret sie ist, beantwortet sich vor allem anhand der in Rede stehenden Daten (zum Unterschied zwischen anonymisierter Datenerhebung zu statistischen Zwecken und solcher von personenbezogenen Daten s. nur BVerfGE 65, 1; HSH MMR-HdB/Helfrich Teil 16.1 Rn. 10 f.; zum Austausch von präventiven und repressiven Zwecken bspw. Walden, Zweckbindung und -änderung präventiv und repressiv erhobener Daten im Bereich der Polizei, 1999; s. auch FG Köln DStRE 2011, 240 (249)) auch des konkret Verantwortlichen. So finden sich im Bereich der Verarbeitung von Daten durch öffentliche Stellen zumeist weitergehende Befugnisse, den Zweck der Verarbeitung auszutauschen als dies etwa für Unternehmen zugelassen ist (vgl. etwa § 9 LDSG NRW). **14**

Aus diesen Erwägungen folgt zugleich, dass die durch Art. 17 DS-GVO statuierten und durch § 35 eingeschränkten Pflichten zur Löschung nicht nur subjektiven Gehalt besitzen und damit wichtiger Bestandteil des Selbstdatenschutzes sind, sondern gleichsam eine objektive Pflicht der Verantwortlichen beschreiben. Die Rechte können daher auch nicht durch Rechtsgeschäfte ausge- **15** schlossen werden. Eine Verbesserung der eigenen Rechte hingegen kann den Betroffenen durchaus eingeräumt werden (Taeger/Gabel/Mester BDSG aF § 20 Rn. 2).

16 Die Löschungsrechte nach Art. 17 DS-GVO können von einem Bevollmächtigten oder gesetzlichen Vertreter des Betroffenen wahrgenommen werden. Ansprüche auf Berichtigung, Löschung oder Sperrung aus anderen bundesrechtlichen Vorschriften gehen dem allgemeinen Löschungsrecht des Art. 17 DS-GVO auf Grundlage von Art. 17 Abs. 1 Buchst. e DS-GVO vor, wenn deren Voraussetzungen erfüllt sind. Solche Vorschriften finden sich vor allem im Bereich des Sicherheitsrechts etwa in § 12 BVerfSchG, § 7 MADG, § 20 BND-Gesetz, §§ 78, 79 BKAG, § 22 SÜG, § 35 BPolG. Das Prozessrecht regelt den Umgang mit Gerichtsakten abschließend. Das Löschungsrecht aus Art. 17 DS-GVO findet hier insofern keine Anwendung. Es finden sich partiell auch Vorschriften über die Berichtigung, Löschung oder Sperrung im Prozessrecht wie bspw. in den § 489 StPO (s. hierzu Ory/Weth NJW 2018, 2829).

B. „Recht auf Löschung" – Einschränkungen

17 Die Vorschrift enthält in ihren drei Absätzen Einschränkungen des Rechts auf Löschung aus Art. 17 DS-GVO. In Abs. 1 finden sich Einschränkungen des Löschungsrechts aufgrund gegenläufiger Interessen des Verantwortlichen. In Abs. 2 werden Einschränkungen des Löschungsrechts zugunsten des Betroffenen geregelt und in Abs. 3 werden Interessen Dritter aufgenommen, die ausnahmsweise das Recht auf Löschung ausschließen sollen. Die Einschränkungen des Löschungsrechts nach Art. 17 Abs. 1 DS-GVO haben auch zur Folge, dass die Informationspflicht nach Art. 17 Abs. 2 DS-GVO, die ausdrücklich an Art. 17 Abs. 1 DS-GVO anknüpft, entfällt (Kühling/Buchner/Herbst Rn. 2).

I. Einschränkung aufgrund von Interessen des Verantwortlichen (Abs. 1)

18 Das Löschungsrecht aus Art. 17 DS-GVO soll nicht bestehen, wenn im Falle nicht automatisierter Datenverarbeitung wegen der besonderen Art der Speicherung eine Löschung nur mit unverhältnismäßig hohem Aufwand möglich oder sogar unmöglich ist. Hinzutreten muss ein untergeordnetes Interesse der betroffenen Person an der Löschung. Die insofern dennoch rechtswidrig vorhandenen oder unrichtigen Daten werden in diesem Fall nicht gelöscht, sondern in ihrer Verarbeitung lediglich eingeschränkt. Abs. 1 S. 3 enthält hierzu die Rückausnahme, dass es bei der Löschungspflicht bzw. bei dem umfassenden Löschungsrecht aus Art. 17 DS-GVO bleibt, wenn die personenbezogenen Daten unrechtmäßig verarbeitet worden sind.

1. Automatisierte Datenverarbeitung

19 Abs. 1 S. 1 setzt voraus, dass ein Fall nicht automatisierter Datenverarbeitung vorliegt. Weder der Referentenentwurf des Bundesministeriums des Inneren v. 5.8.2016 noch v. 23.11.2016 sahen eine solche Einschränkung des Anwendungsbereichs des S. 1 vor. Auch in dem ersten Gesetzentwurf fand sich eine derartige Formulierung nicht (BR-Drs. 110/17, 28). Erst der Innenausschuss des Deutschen Bundestages hat eine noch weitergehende Einschränkung des Löschungsrechts verhindert und diese auf Fälle nicht automatisierter Datenverarbeitung begrenzt (Ausschuss-Drs. 18(4)842).

20 Damit greift die Einschränkung des Löschungsrechts aus Art. 17 DS-GVO von vornherein nicht, wenn Fälle automatisierter Datenverarbeitung vorliegen. Der Gesetzgeber hat es allerdings versäumt, originär zu definieren, was Fälle automatisierter Datenverarbeitung sein sollen. Eine solche Definition fand sich bisher in § 3 Abs. 2 BDSG aF. Eine automatisierte Verarbeitung war hiernach die Erhebung, Verarbeitung oder Nutzung personenbezogener Daten unter Einsatz von Datenverarbeitungsanlagen. Eine nicht automatisierte Datei sollte danach jede nicht automatisierte Sammlung personenbezogener Daten sein, die gleichartig aufgebaut ist und nach bestimmten Merkmalen zugänglich ist und ausgewertet werden kann. Entscheidend sollte es nach dieser Definition darauf ankommen, dass Datenverarbeitungsanlagen eingesetzt werden (s. hierzu → BDSG aF § 3 Rn. 32). Da erst der Innenausschuss des Deutschen Bundestags die Einschränkung der Löschungspflicht auf Fälle nicht automatisierter Datenverarbeitung begrenzt hat, wurde offenbar übersehen, dass die Begriffsdefinition einer automatisierten Datenverarbeitung im Zuge der Novellierung des BDSG fortgefallen ist. Da auch die DS-GVO den Begriff der automatisierten Datenverarbeitung nicht kennt, enthält die Verordnung auch keine Definition des Begriffs der automatisierten Datenverarbeitung. Da die Begriffsbestimmung des § 3 Abs. 2 BDSG aF im Gesetzgebungsverfahren zu einer Zeit gestrichen wurde, als in dem DSAnpUG-EU der Begriff der automatisierten Datenverarbeitung nicht auftauchte, bedeutet die Streichung keine bewusste

Abkehr von dem überkommenen Begriffsverständnis, sondern war lediglich Konsequenz des Standes des Gesetzgebungsverfahrens. Die fehlende Definition des Begriffs dürfte daher ein redaktionelles Versehen sein. Auf die bisherige Kommentarliteratur bzw. Rechtsprechung und auf die gesetzliche Definition des Begriffs der automatisierten Datenverarbeitung nach § 3 Abs. 2 BDSG aF kann daher weiterhin zurückgegriffen werden (so auch Kühling/Buchner/Herbst Rn. 7).

Schon nach der bisherigen Rechtslage wurde allerdings überwiegend bezweifelt, dass im **21** Zusammenhang mit einer automatisierten Datenverarbeitung eine Löschung überhaupt technisch unmöglich oder unverhältnismäßig aufwändig sein könnte (Simitis/Mallmann BDSG aF § 20 Rn. 53; Simitis/Dicks BDSG aF § 35 Rn. 50). Immerhin dürfte bei der Konstruktion automatisierter Verfahren im Sinne der Grundsätze „privacy by default" und „privacy by design" nach Art. 25 DS-GVO zu verlangen sein, dass Korrektur und Löschung fehlerhafter technisch mitgedacht und konzeptionell umgesetzt werden. Insoweit wird davon auszugehen sein, dass die Einschränkung des Anwendungsbereichs des Abs. 1 S. 1. auf Fälle nicht automatisierter Datenverarbeitung in erster Linie eine klarstellende Funktion hat.

2. Interessen des Verantwortlichen

Zu den S. 1 und 2 des Abs. 1 enthält die Gesetzesbegründung den Hinweis, dass die bisherigen **22** Regelungen der § 20 Abs. 3 BDSG aF und § 35 Abs. 3 Nr. 3 BDSG aF erhalten bleiben sollen. Dem Gesetzgeber geht es hier darum, Interessen des Verantwortlichen aufzunehmen und diese zum Anlass der Einschränkung des Löschungsrechts zu machen. Ausdrücklich soll sich die Frage nach dem vertretbaren Aufwand bzw. nach der Möglichkeit einer Löschung danach beantworten, was dem jeweiligen Stand der Technik entspricht. In den Bereichen nicht automatisierter Datenverarbeitung wird sich zeigen müssen, ob es überhaupt einen relevanten Anwendungsbereich für Abs. 1 S. 1 gibt. Auch verkörperte Datenträger wie USB-Sticks, DVDs und ähnliches sind mittlerweile technisch so bespielbar, dass sogar schreibgeschützte Speichermedien bearbeitet werden können. Missbräuchlich wäre es sicher, wenn der Verantwortliche die Voraussetzungen des Abs. 1 S. 1 selbst dadurch herbeiführt, dass er die Datenverarbeitung in einer Weise ausgestaltet, dass eine spätere Löschung nicht oder nur mit unverhältnismäßig hohem Aufwand möglich ist. Das Gegenteil ist zu verlangen: Die verantwortliche Stelle hat die Voraussetzungen für eine effektive Durchsetzung der Betroffenenrechte zu schaffen.

Ob die Voraussetzungen der Vorschrift vorliegen, ist im Einzelfall zu ermitteln und vom Verant- **23** wortlichen darzulegen. Im Zweifel ist davon auszugehen, dass die Löschungspflicht besteht. Da nach Art. 23 Abs. 2 Buchst. c DS-GVO die Beschränkung des Löschungsrechts auf das erforderliche Maß zu reduzieren ist, ist die Ausnahmeregelung restriktiv auszulegen. Dies ergibt sich in besonderer Weise auch daraus, dass Interessen wirtschaftlicher oder fiskalischer Art dem Allgemeinen Persönlichkeitsrecht grundsätzlich nicht vorgehen können (vgl. BVerfGE 65, 1 ff.; Tinnefeld NJW 2007, 625 ff.; Roßnagel NJW 2009, 2716 ff.; Gola/Klein NJW 2010, 2483 ff.; Ronellenfitsch DuD 2009, 451 ff.). Der Regelungsgehalt des Abs. 1 S. 1 kann nach alledem nur dann durchgreifen, wenn ein besonders krasses Missverhältnis zwischen wirtschaftlichem Aufwand und Belastungswirkung für den Betroffenen durch eine fortgesetzte Speicherung der Daten besteht.

Die Notwendigkeit einer besonders restriktiven Handhabung der Einschränkung nach Abs. 1 **24** S. 1 ergibt sich weiterhin daraus, dass die Einschränkung des Löschungsrechts nach Art. 17 DS-GVO aufgrund eines besonders hohen Aufwands bzw. aufgrund der besonderen Art der Speicherung in Art. 17 DS-GVO nicht vorgesehen ist. Abs. 1 formuliert seinen normativen Anspruch demzufolge in der Weise, dass er eine Ergänzung zu dem Katalog möglicher Einschränkungen nach Art. 17 Abs. 3 DS-GVO sein will. Auch in der Gesetzesbegründung findet sich zu Abs. 1 keine Inbezugnahme einer konkreten Öffnungsklausel der DS-GVO. Zwar ließe sich darüber diskutieren, ob die Beschränkung aus Abs. 1 S. 1 als Ausdruck des Verhältnismäßigkeitsgrundsatzes anzusehen ist. Die Beschränkung zugunsten des Verantwortlichen dient allerdings nicht den in Art. 23 Abs. 1 enumerativ aufgezählten Fallgruppen (s. dazu die Stellungnahme des Landesbeauftragten für Datenschutz und Informationsfreiheit Mecklenburg-Vorpommern v. 25.1.2017, 7 und die Stellungnahme des Verbraucherzentrale Bundesverbands e.V. v. 13.2.2017, 9). Der Verweis auf die Interessen der verantwortlichen Stelle als Gegenstand und Grundlage der Einschränkung aus Abs. 1 (so etwa über Art. 23 Gola/Heckmann/Nolte/Werkmeister Rn. 2 ff.) verfängt nicht, weil Art. 23 Abs. 1 lit. i nicht jedes beliebige Interesse anerkennt und Art. 17 bereits abschließend das Interesse des Verantwortlichen abgewogen und berücksichtigt hat. Wirtschaftliche Interessen sind daher über die Maßgaben des Art. 17 hinaus nicht weiter relevant (so auch Simitis/Hornung/Spiecker/Dix Art. 23 Rn. 32 f.). Die Beschränkung ließe sich allenfalls mit allgemeinen verfassungsrechtlichen Erwägungen rechtfertigen bzw. mit dem Hinweis, dass von dem Verantwortlichen nicht verlangt werden kann, was für ihn objektiv unmöglich ist. Daraus würde allerdings wiederum folgen, dass der wirtschaftliche Aufwand für den Verantwortlichen derart hoch sein muss, dass die Erfüllung seiner Löschungsverpflichtungen wirtschaftlich unmöglich ist. Das dürfte kaum jemals der Fall sein. Dass allgemeine Überlegungen der Verhältnismäßigkeit nicht ausreichen, um dem Betroffenen sein Löschungsrecht zu nehmen, wird weiterhin dadurch belegt, dass die DS-GVO den Schutz der Verantwortlichen vor unverhältnismäßigen Anforderungen in Art. 17 DS-GVO gerade nicht vorsieht, aber durchaus kennt. So werden etwa in Art. 13 Abs. 4 und Art. 14 Abs. 5 Einschränkungen zugunsten des Verantwortlichen normiert; in Art. 17 hingegen (offenbar bewusst) nicht. Vieles spricht daher dafür, dass § 35 Abs. 1 mit Unionsrecht unvereinbar ist (so auch Kühling/Buchner/Herbst Rn. 16; Simitis/Hornung/Spiecker/Dix Art. 23 Rn. 32 f.; anders Gola/Heckmann/Nolte/Werkmeister Rn. 2 ff.).

3. Interessen des Betroffenen

25   Erst auf Initiative des Innenausschusses des Deutschen Bundestages ist aufgenommen worden, dass die Interessen des Betroffenen an der Löschung als gering anzusehen sind. Die Interessen des Betroffenen an einer Löschung dürften allerdings bereits bei der Frage nach einem verhältnismäßigen Aufwand für die Löschung zu berücksichtigen sein. Denn anders lässt sich eine etwaige Unverhältnismäßigkeit als Ergebnis eines Abwägungsprozesses nicht feststellen. Wenn diese Abwägung ausnahmsweise zugunsten des Verantwortlichen ausgefallen ist, wäre dann in einem weiteren Schritt nicht etwa zu fragen, ob die Interessen des Betroffenen als geringer (im Vergleich zu den Interessen des Verantwortlichen) anzusehen sind, sondern als gering. Damit entzieht sich diese Wertung dem Vergleich (so auch Kühling/Buchner/Herbst Rn. 10). Wiederum nur äußerst selten dürfte im Einzelfall anzunehmen sein, dass der Betroffene – für sich genommen – ein geringes Interesse an der Löschung hat. Das Interesse des Betroffenen wird dabei nicht nur objektiv, sondern auch subjektiv festgelegt. Schon wenn der Betroffene die Löschung ausdrücklich beansprucht, indiziert dies ein nicht nur geringes Interesse. Freilich unterliegt das subjektiv geäußerte Interesse einer objektiven Bewertung. Denkbar sind dann Fälle eines geringen Interesses, in denen etwa das Vorverhalten des Betroffenen in Ansehung des Inhalts und der potentiellen Verwendbarkeit der maßgeblichen Daten – auch in Bezug auf mögliche Kombinationen mit anderen Daten – ein nur geringes Interesse des Betroffenen an den Daten vermuten lässt und der Betroffene sich womöglich widersprüchlich verhält oder verhalten hat. Bei einer solchen Bewertung des Verhaltens des Betroffenen ist allerdings Zurückhaltung geboten.

4. Rechtsfolge: Einschränkung der Verarbeitung

26   Sollte es dem Verantwortlichen im Einzelfall gelingen, nachzuweisen, dass für den Verantwortlichen ein unverhältnismäßig hoher Aufwand besteht bzw. eine Löschung nicht möglich ist und die Interessen der betroffenen Personen an der Löschung als gering anzusehen sind, so wandelt sich das an sich bestehende Löschungsrecht nach Art. 17 DS-GVO in ein Recht und eine Pflicht zur Einschränkung der Verarbeitung gem. Art. 18 DS-GVO. Damit wird der Katalog des Art. 18 Abs. 1 DS-GVO um eine weitere Fallkonstellation ergänzt.

27   Die Einschränkung der Verarbeitung als Substitut für den eigentlichen Löschungsanspruch bedeutet, dass personenbezogene Daten in einer Weise markiert werden, dass ihre künftige Verarbeitung eingeschränkt ist. In Erwägungsgrund 67 der Verordnung wird klargestellt, dass eine solche Einschränkung auf unterschiedliche Arten und Weisen erfolgen kann. Die Verordnung soll hierbei keine abschließende Bestimmung darüber treffen, wie konkret eine Verarbeitungseinschränkung vorzunehmen ist. Vielmehr soll es auf den Erfolg der Einschränkung ankommen. Dies bedeutet, dass die relevanten Daten so bearbeitet bzw. markiert werden müssen, dass eine weitere Verarbeitung gegen den Willen der betroffenen Person nicht möglich ist. Dies betrifft insbesondere die Weitergabe und die Verwendung der vorhandenen Daten. Erwägungsgrund 67 nennt hierzu beispielhaft Möglichkeiten der Einschränkung: Für veröffentlichte Daten im Netz können hiernach Daten etwa vorübergehend von einer Webseite entfernt werden. Da die Einschränkung der Verarbeitung die Löschung ersetzt, wird die Speicherung der Daten fortgesetzt.

28   Die Ergänzung des Katalogs aus Art. 18 DS-GVO um weitere Rechte ist – wie bereits die Einschränkung des Löschungsrechts – problematisch. Nicht nur für die Herabsetzung des Datenschutzniveaus, mithin bspw. für die Einschränkung von Betroffenenrechten nach Abs. 1 S. 1 und 2, sondern in jedem Fall der Abweichung von der Verordnung, muss der Mitgliedstaat eine tragfähige Legitimationsgrundlage für sich in Anspruch nehmen können. Die Verordnung hat grundsätzlich den Anspruch, ein abschließendes Regelwerk im Bereich des Datenschutzes zu sein. Dieser Anspruch bezieht sich sowohl auf die Stärkung von Datenschutz in den Mitgliedstaaten als auch auf die Etablierung eines einheitlichen Datenschutzniveaus. Dazu kann es auch gehören, dass das bisher bestehende Niveau des Datenschutzes in einzelnen Mitgliedstaaten durch die Verordnung im Ergebnis abgesenkt wird (zur Debatte über das „Datenschutzniveau" der DS-GVO s. Dehmel/Hullen ZD 2013, 147 (147 f.); Härting/Schneider CR 2015, 819; Hornung ZD 2012, 99 (102 f.)). Für die Schaffung weiterer Rechte nach Art. 18 DS-GVO existiert keine Grundlage in der Verordnung.

5. Ausnahme bei unrechtmäßiger Verarbeitung

Erst durch den Innenausschuss des Deutschen Bundestages wurde dem Abs. 1 der S. 3 angefügt. **29** Hiernach findet die Einschränkung des Löschungsrechts keine Anwendung, wenn die personenbezogenen Daten unrechtmäßig verarbeitet werden. Aus der Gesetzesbegründung ergibt sich, dass S. 3 auf die Bestimmung des Art. 17 Abs. 1 Buchst. d DS-GVO Bezug nimmt. Besteht ein Löschungsrecht also deshalb, weil Daten von Anfang an unrechtmäßig verarbeitet worden sind, soll dem Verantwortlichen nicht die Möglichkeit gegeben werden, diese unrechtmäßig erlangten Daten zu behalten.

Diese Bestimmung erscheint auf den ersten Blick einleuchtend. Würde derjenige, der unrecht- **30** mäßig Daten erhebt, eine Möglichkeit erhalten, rechtskonform die unrechtmäßig erhobenen Daten in seinem Bestand zu belassen, so würde der Verantwortliche unangemessen privilegiert. Es würde möglicherweise sogar ein Anreiz geschaffen werden, Daten unrechtmäßig zu erheben und sich später auf den Standpunkt zu stellen, eine Löschung der Daten sei unmöglich oder unverhältnismäßig. Auf den zweiten Blick fällt aber auf, dass diese Bestimmung in gewissem Widerspruch zu den Vorgaben aus S. 1 steht. Da sich die Einschränkung der Löschung nach S. 1 nicht auf eine Öffnungsklausel der DS-GVO beziehen kann, würde sich der Anwendungsbereich der Vorschrift ohnehin lediglich auf die Fälle beschränken, in denen eine Löschung unmöglich ist. In diesen Fällen kann von dem Betroffenen schon rein tatsächlich eine Löschung nicht verlangt werden. Diese Unmöglichkeit besteht dann allerdings auch in den Fällen, in denen Daten unrechtmäßig erhoben worden sind.

Die Frage nach der Rechtswidrigkeit der Verarbeitung bestimmt sich nach den Vorgaben der **31** DS-GVO iVm Vorgaben des nationalen Rechts (vgl. Art. 6 Abs. 1 lit. c und e DS-GVO).

II. Einschränkung wegen Interessen des Betroffenen (Abs. 2)

Eine gänzlich andere Stoßrichtung als Abs. 1 weist Abs. 2 auf. In konkreter Bezugnahme auf **32** Art. 17 Abs. 1 Buchst. a und d DS-GVO soll das Recht und die Pflicht zur Einschränkung der Verarbeitung an die Stelle des Rechts bzw. der Pflicht zur Löschung treten, solange und soweit der Verantwortliche Grund zu der Annahme hat, dass durch eine Löschung schutzwürdige Interessen der betroffenen Person beeinträchtigt würden.

In der Gesetzesbegründung wird zu Abs. 2 zu Recht darauf hingewiesen, dass die Löschungs- **33** rechte des Betroffenen nach Art. 17 DS-GVO mit einer objektiven Pflicht des Verantwortlichen korrespondieren (→ Rn. 11). Auch unabhängig von einem konkreten Löschungsbegehren, sind unrichtige Daten zu berichtigen bzw. zu löschen. Dies wirft das Problem auf, dass möglicherweise Daten gelöscht werden, deren Erhaltung im Interesse der betroffenen Person liegt. Die maßgeblichen Fallgestaltungen werden bereits durch Art. 18 Abs. 1 DS-GVO geregelt. Wie in Abs. 2 bereits ausdrücklich erwähnt, kennt die DS-GVO derartige Vorgaben in Art. 18 Abs. 1 Buchst. c und d, deren Regelungszweck ähnlich ausgestaltet ist. Nach Art. 18 Abs. 1 Buchst. c DS-GVO ersetzt die Einschränkung der Verarbeitung die Löschung von Daten, wenn die betroffene Person diese Daten zur Geltendmachung, Ausübung oder Verteidigung von Rechtsansprüchen benötigt. Nach Art. 18 Abs. 1 Buchst. d DS-GVO gilt Gleiches dann, wenn die betroffene Person Widerspruch gegen die Verarbeitung nach Art. 21 Abs. 1 DS-GVO eingelegt hat, solange noch nicht feststeht, ob die berechtigten Gründe des Verantwortlichen gegenüber denen der betroffenen Person überwiegen. Berechtigte Interessen der betroffenen Person an einer Einschränkung der Verarbeitung statt an der Löschung personenbezogener Daten können sich etwa dadurch ergeben, dass die betroffene Person an einer Dokumentation der Rechtswidrigkeit eines bestimmten Zustands interessiert ist. Dies kann, muss aber nicht, zur Durchsetzung von Ansprüchen iSv Art. 18 Abs. 1 Buchst. d DS-GVO der Fall sein.

Abs. 2 ergänzt Art. 18 Abs. 1 DS-GVO um weitere Fälle, in denen der Betroffene ein berechtig- **34** tes Interesse an der fortgesetzten Speicherung der Daten hat. Wenn der Verantwortliche Anhaltspunkte dafür hat, dass der Betroffene derartige Interessen hat, ist es Aufgabe des Verantwortlichen, an die betroffene Person heranzutreten und in Erfahrung zu bringen, ob sie diese Interessen geltend machen will oder eine Löschung erfolgen soll. Dadurch ist sichergestellt, dass selbst bei

Vorliegen berechtigter Interessen eine Löschung stattfindet, wenn die betroffene Person dies verlangt. Als Herr über seine Daten obliegt es grundsätzlich der betroffenen Person über das Schicksal der Daten zu befinden. Der Löschungsanspruch der betroffenen Person bleibt also weiterhin bestehen (Kühling/Buchner/Herbst Rn. 21).

35 Dass es zu einem Informationsaustausch zwischen dem Verantwortlichen und der betroffenen Person kommt, regelt Abs. 2 S. 2. Hiernach hat der Verantwortliche die betroffene Person über die Einschränkung der Verarbeitung zu unterrichten, sofern sich die Unterrichtung nicht als unmöglich erweist oder einen unverhältnismäßigen Aufwand erfordern würde. Hierzu ist anzumerken, dass Abs. 2 nur diejenigen Fälle umfassen kann, die nicht schon durch Art. 18 Abs. 1 DS-GVO geregelt sind. Damit sind berechtigte Interessen an der Durchsetzung von Ansprüchen usw. von Abs. 2 grundsätzlich nicht umfasst. Hier greift das Normwiederholungsverbot. Dementsprechend besteht für den Verantwortlichen auch nicht die Möglichkeit, von einer Unterrichtung abzusehen, wenn ihm eine Unterrichtung nicht möglich ist oder sie für ihn einen unverhältnismäßigen Aufwand bedeuten würde. Die Unterrichtungspflichten ergeben sich allein aus der Pflichtenstellung des Verantwortlichen nach der Verordnung. Nur für sonstige Interessen, die nicht bereits Eingang in die DS-GVO gefunden haben, besteht auch die Unterrichtungspflicht nach Abs. 2 sowie deren Einschränkung.

36 Da es § 35 Abs. 2 ausdrücklich um eine Ergänzung dieser Vorschriften geht, bleibt der Bereich der Direktwerbung nach Art. 21 Abs. 2 DS-GVO ausgenommen.

III. Einschränkung zugunsten sonstiger Interessen

37 Abs. 3 schreibt die bisherige Rechtslage nach § 20 Abs. 2 Nr. 1 BDSG aF und § 35 Abs. 3 Nr. 1 BDSG aF fort. Nach der Gesetzesbegründung beruft sich der Gesetzgeber hierzu auf die Öffnungsklausel des Art. 17 Abs. 3 lit. b DS-GVO (kritisch hierzu Schantz/Wolff DatenschutzR/Schantz Rn. 1222; dem entgegen Gola/Heckmann/Nolte/Werkmeister Rn. 18). Hiernach kann eine Löschung unterbleiben, wenn dies zur Erfüllung einer rechtlichen Verpflichtung dient, die die Verarbeitung nach dem Recht der Union oder der Mitgliedstaaten, dem der Verantwortliche unterliegt, erfordert, oder zur Wahrnehmung einer Aufgabe, die im öffentlichen Interesse liegt oder in Ausübung öffentlicher Gewalt erfolgt, die dem Verantwortlichen übertragen wurde. Ausweislich der Gesetzesbegründung soll Abs. 3 den Verantwortlichen vor einer Pflichtenkollision bewahren. Diese Pflichtenkollision kann dadurch entstehen, dass Vorschriften des deutschen Rechts eine fortgesetzte Archivierung oder fortgesetzte Speicherung von Daten vorsehen, bei denen aus Art. 17 Abs. 1 DS-GVO grundsätzlich eine Löschungspflicht bestehen würde. Nunmehr soll also die Löschungspflicht nicht bestehen, wenn einer Löschung satzungsmäßige oder vertragliche Aufbewahrungsfristen entgegenstehen. Diese Regelung fand sich wortgleich in § 20 Abs. 3 Nr. 1 BSDG aF sowie in § 35 Abs. 3 Nr. 1 BDSG aF. Ihr Hintergrund war zunächst eine besonders geringe Eingriffsintensität zulasten der betroffenen Person (vgl. BT-Drs. 11/4306, 46), wenn Daten nur zum Zwecke der Archivierung und nicht zur Verwendung gespeichert sind. Der Gesetzgeber geht hier davon aus, dass eine Verletzung des Rechts auf informationelle Selbstbestimmung hinter die Aufbewahrungsinteressen des Staates zurücktreten muss. Immerhin gehe es hier nicht um präsente, sondern um passive Daten der verantwortlichen Stelle. Diese sollen eine deutlich eingeschränkte praktische Verwendbarkeit und damit ein geringeres Gefährdungspotenzial aufweisen.

38 Der Schluss von der Passivität der Daten auf deren mangelnde Verwendbarkeit basiert allerdings auf einer eher traditionellen Vorstellung von Verwaltungsarbeit und betrieblichen Abläufen. Die Art und Weise der Archivierung von Daten und deren Verfügbarkeit auch nach ihrer Passivierung hat sich in den vergangenen Jahren im Zuge digitalisierter Datenverarbeitung verändert. Nur weil Daten einmal in der Absicht archiviert worden sind, nicht mehr im Präsenzbestand genutzt und verarbeitet zu werden, erschwert dies nicht unbedingt die Möglichkeit, jene Passivität bei Bedarf wieder aufzuheben. Passive Daten sind häufig nicht schwerer zu recherchieren als aktive Daten. Die Grenzen sind fließend und vielfach praktisch kaum mehr erkennbar.

39 Vor diesem Hintergrund ist die Unterscheidung von aktiven und passiven Daten rechtspolitisch – jedenfalls mittlerweile – weniger sinnvoll und sollte daher aufgegeben werden (Simitis/Mallmann BDSG aF § 20 Rn. 64).

40 Die Daten müssen nach Abs. 3 aufgrund von Vorschriften aus Satzung oder Vertrag aufbewahrt werden. Verwaltungsinterne Vorschriften genügen hierfür nicht. Eine bloße Aufbewahrung kann, bei Beachtung der Intention des Gesetzgebers, auch nicht schon nach dem einfachen Abschluss des Verwaltungsverfahrens (Verfahren in der Registratur) vorliegen, sondern erst dann, wenn die Daten tatsächlich nicht mehr zur (unmittelbaren) Verfügung stehen (vgl. Taeger/Gabel/Mester BDSG aF § 20 Rn. 24; Gola/Schomerus BDSG aF § 20 Rn. 17).

§ 36 Widerspruchsrecht

Das Recht auf Widerspruch gemäß Artikel 21 Absatz 1 der Verordnung (EU) 2016/679 gegenüber einer öffentlichen Stelle besteht nicht, soweit an der Verarbeitung ein zwingendes öffentliches Interesse besteht, das die Interessen der betroffenen Person überwiegt, oder eine Rechtsvorschrift zur Verarbeitung verpflichtet.

§ 36 BDSG enthält eine Regelung zur Einschränkung des Widerspruchsrechts aus Art. 21 DS-GVO. 1

Das Widerspruchsrecht kann ua durch die Mitgliedstaaten in den Grenzen des Art. 23 DS-GVO eingeschränkt werden. § 36 macht von dieser Möglichkeit Gebrauch, indem er das in Art. 21 DS-GVO garantierte Widerspruchsrecht gegenüber öffentlichen Stellen in zwei Fällen einschränkt: Der Widerspruch ist zum einen ausgeschlossen, wenn ein zwingendes öffentliches Interesse die Interessen des Betroffenen überwiegt und zum anderen, wenn eine (insbesondere nationale) rechtliche Verpflichtung zur Verarbeitung besteht. Gegenüber Privaten bleibt das Widerspruchsrecht von § 36 unberührt. 2

Art. 23 DS-GVO sieht für die Einschränkung des Widerspruchsrechts durch nationalstaatliche Rechtsvorschriften drei Voraussetzungen vor: Erstens muss die Maßnahme einen in Abs. 1 aufgezählten öffentlichen Zweck verfolgen (nationale Sicherheit, Landesverteidigung, etc). Nach der Regierungsvorlage (BT-Drs. 18/11325, 106) stützt sich § 36 BDSG dabei auf den „Schutz sonstiger wichtiger Ziele" nach lit. e. Darüber hinaus muss die Beschränkung des Widerrufsrechts, zweitens „den Wesensgehalt der Grundrechte und Grundfreiheiten achte(n) und in einer demokratischen Gesellschaft eine notwendige und verhältnismäßige Maßnahme darstell(en)". Art. 23 Abs. 2 DS-GVO sieht drittens vor, dass die mitgliedstaatliche Gesetzgebungsmaßnahme „spezifische Vorschriften" in Bezug auf Verarbeitungszwecke, Datenkategorien und Umfang der Beschränkungen usw enthalten muss. 3

Vor diesem Hintergrund wirkt die Einschränkung des Widerspruchsrechts durch § 36 blankettartig breit. Insbesondere beseitigt § 36 nämlich nach seinem Wortlaut ein Widerspruchsrecht auch in Fällen, in denen der Ausschluss nicht nach den – strengen – Anforderungen des Art. 23 Abs. 1 DS-GVO gerechtfertigt ist. Dies kritisierte auch der Bundesrat in seiner Stellungnahme (vgl. BT-Drs. 18/11655, 24): „In diesen Fällen nicht nur die durch den Widerspruch angegriffene Verarbeitung ausnahmsweise zu erlauben, sondern das Recht auf Widerspruch ganz auszuschließen, kann nicht als dem Wesensgehalt des Grundrechts achtende und in einer demokratischen Gesellschaft notwendige und verhältnismäßige Maßnahme im Sinne des Artikel 23 Absatz 1 der Verordnung (EU) 2016/679 angesehen werden." 4

Zum einen schließt § 36 einen Widerspruch des Betroffenen in jenen Fällen aus, in denen ein zwingendes, die Interessen des Betroffenen überwiegendes öffentliches Interesse besteht. Dieselbe Abwägung zwischen den Interessen des Verantwortlichen und jenen der betroffenen Person sieht allerdings bereits Art. 21 DS-GVO vor, sodass man auch ohne die Anwendung des § 36 zum gleichen Ergebnis kommen würde (Kühling/Buchner/Herbst Rn. 9; Schantz/Wolff DatenschutzR Rn. 1232; aA Paal/Pauly/Gräber/Nolden Rn. 2, wo argumentiert wird, § 36 schließe das Betroffenenrecht von vornherein aus, anstatt wie Art. 21 Abs. 1 S. 2 DS-GVO eine weitere Verarbeitung trotz Widerspruchs nah einer Interessenabwägung zu erlauben. Diese Interpretation ist mE vor dem Hintergrund des Grundsatzes der europarechtskonformen Auslegung jedoch nicht zwingend). Der einzige Unterschied zur Regelung in der DS-GVO besteht darin, dass in der Zeit zwischen Einlegen des Widerspruchs und Entscheidung darüber, wessen Interessen überwiegen, die betroffene Person nicht die Einschränkung der Verarbeitung verlangen kann (DWWS Rn. 1). Aus Betroffenensicht ist es daher weitgehend einerlei, ob das Widerspruchsrecht von Beginn an nicht besteht oder ob ein grundsätzlich zwar möglicher Widerspruch unbeachtlich zu bleiben hat (Taeger/Gabel Rn. 7). 5

§ 36 schafft zum anderen die nationalstaatliche Möglichkeit, (nur) eine öffentliche Stelle durch einfaches Gesetz zu einer Datenverarbeitung zu verpflichten, hinsichtlich derer dann, sofern gesetzlich gewollt bzw. vorausgesetzt, ein Widerspruchsrecht nicht besteht. Dies ist mit Art. 21 DS-GVO vereinbar, obwohl dort die korrespondierende Ausnahme fehlt, weil sich § 36 BDSG auf Verarbeitungen nach Art. 6 Abs 1 lit. c bezieht und dort auch nach Art. 21 DS-GVO kein Widerspruchsrecht existiert (so im Ergebnis auch Wolff, Schriftliche Stellungnahme zu dem Gesetzentwurf der Bundesregierung: Entwurf eines Gesetzes zur Anpassung des Datenschutzrechts an die VO (EU) 2016/679 und zur Umsetzung der RL (EU) 2016/680 (Datenschutz-Anpassungs- und -Umsetzungsgesetz EU – DSAnpUG-EU) – BT-Drs. 18/11325, https://www.bundestag.de/resource/blob/500138/d1d18e50b8e64588c3f36c132007b4d3/18-4-824-E-data.pdf; aA vorsich- 5a tig Taeger/Gabel Rn. 8, derenzufolge man in der Praxis davon ausgehen müsse, dass ein Widerspruchsrecht nur auf Grundlage solcher Normen ausgeschlossen sei, die an eines der Ziele des Art. 23 Abs. 1 DS-GVO anknüpfen würden). Allerdings bestehen dann unter Umständen Probleme mit dem unionsrechtlichen Normwiederholungsverbot, denen man entgegen könnte, die (mit der DS-GVO inhaltsgleiche) Norm diene der Verständlichkeit durch die Normadressaten (vgl. zur Problematik im Ergebnis Europarechtskonformität verneinend Kühling/Buchner/Herbst Rn. 18).

5b Es existiert grundsätzlich wohl trotz der insoweit nicht eindeutigen Formulierung auch in Deutschland weiterhin die Möglichkeit, gesetzlich zwar einerseits eine Verpflichtung der öffentlichen Stelle zur Datenverarbeitung zu normieren, andererseits jedoch eine Widerspruchslösung des Betroffenen („Opt-Out") zuzulassen. Dieser Weg wurde bspw. in Österreich im Bereich der Einführung von Smart Meter (vgl. § 83 Abs. 1 S. 4 ElWoG: „Im Rahmen der durch die Verordnung bestimmten Vorgaben für die Installation intelligenter Messgeräte hat der Netzbetreiber den Wunsch eines Endverbrauchers, kein intelligentes Messgerät zu erhalten, zu berücksichtigen.") und einer E-Health-Infrastruktur (vgl. § 15 Abs. 2 Gesundheitstelematikgesetz: „Der Teilnahme an ELGA kann jederzeit generell widersprochen werden (Opt-out).") gegangen. Dieser aus politischen Gründen gewählte Kompromiss wurde auch in Österreich allerdings anlässlich der Einführung eines zentralen (elektronischen) Impfregisters anlässlich der Covid-19 Maßnahmen wieder verlassen. § 24c Gesundheitstelematikgesetz sieht ein zentrales Impfregister vor; der dafür notwendigen Verarbeitung personenbezogener Daten kann nicht widersprochen werden. Dieser Umstand hat angesichts der angelaufenen Diskussion um eine „Impfpflicht" nun insoweit Bedeutung erlangt, als aus dem Impfregister (grundsätzlich vollständig) ex negativo auch jene Personen identifiziert und verfolgt werden können, die bisher nicht identifiziert sind. In Deutschland erläutert die Regierungsvorlage zum Datenschutz-Anpassungs- und -Umsetzungsgesetz (vgl. BT-Drs. 18/11325, 106): „Darüber hinaus ist das Recht auf Widerspruch ausgeschlossen, wenn eine Rechtsvorschrift zur Verarbeitung verpflichtet", sodass bei Bestehen einer Rechtsvorschrift eo ipso auch das Widerspruchsrecht entfallen soll. Dies wird in der Mehrzahl der Fälle zutreffen, stellt jedoch (weiterhin) keinen, wenigstens keinen europarechtlich zwingend gebotenen, Automatismus dar.

6 § 36 setzt ausweislich der Regierungsvorlage (vgl. BT-Drs. 18/11325, 106) „öffentliche Interessen des Verantwortlichen im Sinne des Artikel 23 Absatz 1 Buchstabe e der Verordnung (EU) 2016/679 voraus, die im konkreten Einzelfall zwingend sein und Vorrang vor den Interessen der betroffenen Person haben müssen." Nähere Klarstellungen sind den Materialien nicht zu entnehmen, sodass hier eine verfassungs- und europarechtliche Prüfung im Einzelfall erfolgen wird müssen.

7 Weitere Einschränkungen des Widerspruchsrechts können sich auch aus § 27 Abs. 2 und § 28 Abs. 4 DS-GVO ergeben hinsichtlich Datenverarbeitungen zu Forschungszwecken, statistischen Zwecken und im öffentlichen Interesse liegenden Archivzwecken.

8 Der Bundesrat vertrat in seiner Stellungnahme die Ansicht (BT-Drs. 18/11655, 24), Art. 21 Abs. 1 S. 1 DS-GVO schaffe ein Widerspruchsrecht (nur) in Fällen des Art. 6 Abs. 1 lit. e oder f DS-GVO; sei eine öffentliche Stelle durch Rechtsvorschrift zur Verarbeitung verpflichtet, sei dies jedoch ein Fall von Art. 6 Abs. 1 lit. c DS-GVO. Da aber gegen eine Verarbeitung auf dieser Grundlage schon europarechtlich kein Widerspruchsrecht bestehe, sei es auch nicht erforderlich, dieses durch § 36 nationalstaatlich auszuschließen. Der Argumentation wurde in der Stellungnahme der Bundesregierung nicht entgegen getreten (BT-Drs. 18/11655, 32), der Einwand wurde jedoch im weiteren Gesetzgebungsprozess nicht mehr aufgenommen. Ihm könnte entgegnet werden, die hier auftretenden Konstellationen seien mitunter auch unter Art. 6 Abs. 1 lit. e zu subsumieren (die Verarbeitung ist für die Wahrnehmung einer Aufgabe erforderlich, die im öffentlichen Interesse liegt oder erfolgt in Ausübung öffentlicher Gewalt), sodass die nationalstaatliche Ausnahmebestimmung eben doch erforderlich ist. Hilfsweise könnte auch vertreten werden, dass der Ausschluss eines europarechtlich nicht bestehenden Widerspruchsrechts auf nationalstaatlicher Ebene zumindest unschädlich, unter Umständen auch klarstellend sein könnte. Dies ist aber im Hinblick auf das unionsrechtliche Normwiederholungsverbot nicht unproblematisch (ausführlich dazu: Kühling/Buchner/Herbst Rn. 18).

§ 37 Automatisierte Entscheidungen im Einzelfall einschließlich Profiling

(1) Das Recht gemäß Artikel 22 Absatz 1 der Verordnung (EU) 2016/679, keiner ausschließlich auf einer automatisierten Verarbeitung beruhenden Entscheidung unterworfen zu werden, besteht über die in Artikel 22 Absatz 2 Buchstabe a und c der Verord-

nung (EU) 2016/679 genannten Ausnahmen hinaus nicht, wenn die Entscheidung im Rahmen der Leistungserbringung nach einem Versicherungsvertrag ergeht und
1. dem Begehren der betroffenen Person stattgegeben wurde oder
2. die Entscheidung auf der Anwendung verbindlicher Entgeltregelungen für Heilbehandlungen beruht und der Verantwortliche für den Fall, dass dem Antrag nicht vollumfänglich stattgegeben wird, angemessene Maßnahmen zur Wahrung der berechtigten Interessen der betroffenen Person trifft, wozu mindestens das Recht auf Erwirkung des Eingreifens einer Person seitens des Verantwortlichen, auf Darlegung des eigenen Standpunktes und auf Anfechtung der Entscheidung zählt; der Verantwortliche informiert die betroffene Person über diese Rechte spätestens zum Zeitpunkt der Mitteilung, aus der sich ergibt, dass dem Antrag der betroffenen Person nicht vollumfänglich stattgegeben wird.

(2) [1]Entscheidungen nach Absatz 1 dürfen auf der Verarbeitung von Gesundheitsdaten im Sinne des Artikels 4 Nummer 15 der Verordnung (EU) 2016/679 beruhen. [2]Der Verantwortliche sieht angemessene und spezifische Maßnahmen zur Wahrung der Interessen der betroffenen Person gemäß § 22 Absatz 2 Satz 2 vor.

Überblick

Ausweislich der Gesetzesbegründung dient die Vorschrift den Belangen der Versicherungswirtschaft. Sie beruht auf der Befugnis der Mitgliedstaaten nach Art. 22 Abs. 2 lit. b DS-GVO, Zulässigkeitstatbestände zugunsten einer automatischen Entscheidung im Einzelfall zu schaffen, die über die Regelungen des Art. 22 Abs. 2 lit. a und c DS-GVO hinausgehen (BT-Drs. 18/11325, 106).

Abs. 1 erlaubt die automatische Verarbeitung personenbezogener Daten, wenn die Entscheidung im Rahmen der Leistungserbringung nach einem Versicherungsvertrag ergeht und die weiteren Voraussetzungen der Nr. 1 oder Nr. 2 vorliegen.

Abs. 2 schafft eine rechtliche Grundlage für die Verarbeitung von Gesundheitsdaten im Rahmen automatisierter Entscheidungen nach Abs. 1.

A. Automatisierte Entscheidung im Einzelfall (Abs. 1)

Nach Abs. 1 ist die automatisierte Entscheidung im Einzelfall zulässig, wenn sie im Rahmen der Leistungserbringung nach einem Versicherungsvertrag ergeht und einer der Tatbestände in Nr. 1 oder Nr. 2 greift. Eine Leistungserbringung nach einem Versicherungsvertrag setzt dabei kein bestehendes Vertragsverhältnis zwischen einer von der Entscheidung betroffenen Person und dem Verantwortlichen voraus. Ausreichend ist vielmehr die Leistungserbringung selbst (BT-Drs. 18/11325, 106). 1

Nach Nr. 1 ist die automatisierte Entscheidung zunächst in solchen Fällen zulässig, in denen einem Begehren der betroffenen Person stattgegeben wurde. Der Gesetzgeber wollte damit die bislang nach § 6a Abs. 2 Nr. 1 BDSG aF zulässigen automatisierten Einzelentscheidungen im Rahmen außervertraglicher Rechtsverhältnisse beibehalten. Beispielhaft wird die automatisierte Schadensregulierung zwischen der KfZ-Haftpflichtversicherung eines Schädigers und dem Geschädigten genannt. Die Regelung rechtfertigt sich insbesondere dadurch, dass bei einer Entscheidung zu ihren Gunsten keine Rechtsbeeinträchtigung der betroffenen Person erkennbar ist (BT-Drs. 18/11325, 106). Stellt man auf diese reine Vorteilhaftigkeit der Entscheidung für den Betroffenen ab, so setzt Nr. 1 jedoch voraus, dass einem Anspruch der betroffenen Person vollständig und nicht bloß teilweise entsprochen wird (Paal/Pauly/Gräber/Nolden Rn. 7). 2

Die Regelung unter Nr. 2 ermöglicht die automatisierte Entscheidung über Versicherungsleistungen der Privaten Krankenversicherung, wenn die Entscheidung auf der Anwendung verbindlicher Entgeltregelungen für Heilbehandlungen beruht. Der Verantwortliche muss zudem für den Fall, dass dem Antrag des Betroffenen nicht vollumfänglich entsprochen wird, angemessene Maßnahmen zur Wahrung der berechtigten Interessen der betroffenen Person ergreifen. Die Regelung soll wie der bisherige § 6a Abs. 2 Nr. 2 BDSG aF die automatisierte Rechnungsprüfung der Privaten Krankenversicherungen ermöglichen (BT-Drs. 18/11325, 106). Zu den genannten angemessen Maßnahmen zählen mindestens: 3
• das Recht auf Erwirkung des Eingreifens einer Person seitens des Verantwortlichen sowie
• das Recht auf Darlegung des eigenen Standpunktes und auf Anfechtung der Entscheidung.
Über diese Rechte ist der Betroffene im Falle einer nicht nur vorteilhaften Entscheidung zu informieren. Der späteste Zeitpunkt einer solchen Information ist dabei die Mitteilung des Verantwortlichen, dass dem Antrag nicht vollumfänglich entsprochen wird. 4

5   Für Ansprüche eines Versicherungsnehmers, die eine Verarbeitung von personenbezogenen Daten Dritter zum Gegenstand hat, sieht der Gesetzgeber hingegen keine Notwendigkeit, eine vom grundsätzlichen Verbot des Art. 22 Abs. 1 DS-GVO abweichende Regelung zu schaffen. Entsprechende Dritte, etwa mitversicherte Familienangehörige in der Privaten Krankenversicherung, seien demnach rechtlich von der Entscheidung des Versicherers nicht betroffen. Diese treffe vielmehr das Vertragsverhältnis zwischen Versicherungsnehmer und Versicherer (krit. hierzu: Paal/Pauly/Gräber/Nolden Rn. 8).

B. Verarbeitung von Gesundheitsdaten (Abs. 2)

6   Für Verarbeitungsvorgänge nach Abs. 1 erlaubt Abs. 2 auch eine Verarbeitung von Gesundheitsdaten. Die Regelung soll wie bereits die Vorgaben des Abs. 1 Nr. 2 den Erfordernissen der Privaten Kranversicherung im Rahmen der Abrechnung dienen. Ausweislich der Gesetzesbegründung stützt sich die Regelung auf Art. 22 Abs. 4 iVm Art. 9 Abs. 2 lit. g DS-GVO. Der Gesetzgeber stuft die Gewährleistung eines bezahlbaren und funktionsfähigen privaten Krankenversicherungsschutzes als gewichtiges Gemeinwohlinteresse iSd Art. 9 Abs. 2 lit. g DS-GVO ein (BT-Drs. 18/11325, 107). Eine wirtschaftliche Leistungsbearbeitung setze demnach die Möglichkeit eines automatisierten Massenverfahrens voraus.

7   Nach Art. 9 Abs. 2 lit. g DS-GVO muss eine entsprechende Regelung zudem in angemessenem Verhältnis zu dem verfolgten Ziel stehen, den Wesensgehalt des Rechts auf Datenschutz wahren und angemessene und spezifische Maßnahmen zur Wahrung der Grundrechte und Interessen der betroffenen Person vorsehen. Diese Anforderungen sieht der Gesetzgeber durch den Verweis auf § 22 Abs. 2 S. 2 als gewahrt an (BT-Drs. 18/11325, 107).

8   Nicht in die Regelung des Abs. 2 aufgenommen sind Verarbeitungen genetischer Daten. Mangels einer entsprechenden Regelung sind diese daher gesondert abzurechnen (Paal/Pauly/Gräber/Nölden Rn. 11).

Kapitel 3. Pflichten der Verantwortlichen und Auftragsverarbeiter

§ 38 Datenschutzbeauftragte nichtöffentlicher Stellen

(1) ¹Ergänzend zu Artikel 37 Absatz 1 Buchstabe b und c der Verordnung (EU) 2016/679 benennen der Verantwortliche und der Auftragsverarbeiter eine Datenschutzbeauftragte oder einen Datenschutzbeauftragten, soweit sie in der Regel mindestens 20 Personen ständig mit der automatisierten Verarbeitung personenbezogener Daten beschäftigen. ²Nehmen der Verantwortliche oder der Auftragsverarbeiter Verarbeitungen vor, die einer Datenschutz-Folgenabschätzung nach Artikel 35 der Verordnung (EU) 2016/679 unterliegen, oder verarbeiten sie personenbezogene Daten geschäftsmäßig zum Zweck der Übermittlung, der anonymisierten Übermittlung oder für Zwecke der Markt- oder Meinungsforschung, haben sie unabhängig von der Anzahl der mit der Verarbeitung beschäftigten Personen eine Datenschutzbeauftragte oder einen Datenschutzbeauftragten zu benennen.

(2) § 6 Absatz 4, 5 Satz 2 und Absatz 6 finden Anwendung, § 6 Absatz 4 jedoch nur, wenn die Benennung einer oder eines Datenschutzbeauftragten verpflichtend ist.

Überblick

Durch § 38 macht der deutsche Gesetzgeber gleich von mehreren Öffnungsklauseln nach Art. 37 f. Gebrauch. Abs. 1 beruht auf Art. 37 Abs. 4 S. 1 Hs. 2 DS-GVO und normiert in S. 1 eine zusätzliche Benennungspflicht für Verantwortliche und Auftragsverarbeiter mit Sitz in Deutschland, abhängig von der Anzahl der mit der Datenverarbeitung beschäftigten Personen (→ Rn. 5). S. 2 normiert drei weitere Fälle, die eine Benennungspflicht auslösen, abhängig von den Verarbeitungszwecken (→ Rn. 11, 14). Abs. 2 beinhaltet drei Verweise auf ansonsten nur für öffentliche Stellen geltende Normen. Var. 1 iVm Hs. 2 regelt die Abberufungs- und Kündigungsvoraussetzungen des Datenschutzbeauftragten (→ Rn. 20). Var. 2 und Var. 3 basieren auf Art. 38 Abs. 5 DS-GVO und gestalten die Geheimhaltung und Vertraulichkeit bzw. das Zeugnisverweigerungsrecht weiter aus (→ Rn. 21).

Übersicht

	Rn.		Rn.
A. Zusammenspiel mit der DS-GVO	1	2. In der Regel mit der Verarbeitung ständig beschäftigte Personen	7
B. Sonderregelung für nichtöffentliche Stellen	2	II. Verarbeitungen, die Datenschutzfolgenabschätzung unterliegen	12
C. Voraussetzungen für die Benennungspflicht	3	III. Geschäftsmäßige Verarbeitung	14
		D. Stellung des Datenschutzbeauftragten	17
I. 20 Personen mit Datenverarbeitung beschäftigt	5	I. Allgemein	17
1. Automatisierte Verarbeitung	6a	II. Inhalt der Regelung	19

A. Zusammenspiel mit der DS-GVO

Abs. 1 beruht auf der Öffnungsklausel in Art. 37 Abs. 4 S. 1 Hs. 2 DS-GVO, die es den Mitgliedstaaten ermöglicht, im nationalen Recht die Voraussetzungen für die Pflicht zur Benennung eines Datenschutzbeauftragten weitergehend zu regeln. Abs. 2 Var. 1 basiert dagegen nicht auf einer in der DS-GVO enthaltenen Öffnungsklausel und stellt an die Abberufung des Datenschutzbeauftragten höhere Anforderungen als Art. 38 Abs. 3 S. 2 DS-GVO. Dennoch dürfte die Regelung europarechtskonform sein, da die Kündigung und Abberufung eine arbeitsrechtliche Komponente ist, die neben den Regelungsgehalt der DS-GVO tritt (so auch Taeger/Gabel/Kinast Rn. 44; Piltz/Piltz Rn. 21 ff.; HK-DS-GVO/Helfrich Art. 37 Rn. 124; Paal/Pauly/Körffer § 6 Rn. 3; dies bestätigend LAG Nürnberg NZA-RR 2020, 299 (301 Rn. 65); aA Kühling/Buchner/Bergt/Schnebbe § 6 Rn. 11). Das BAG wollte sich der Frage der Unionsrechtsmäßigkeit allerdings nicht annehmen und hat sich mit einem Vorabentscheidungsersuchen an den EuGH gewandt (BAG NZA 2021, 1183; ausführlich zur Unionsrechtsmäßigkeit des § 6 Abs. 4 BDSG → Rn. 18). § 38 Abs. 2 Var. 2 und Var. 3 beruhen hingegen auf der in Art. 38 Abs. 5 DS-GVO enthaltenen Öffnungsklausel und gestalten Geheimhaltung und Vertraulichkeit konkreter aus. 1

B. Sonderregelung für nichtöffentliche Stellen

Die Regelungen des § 38 beziehen sich dabei ausschließlich auf nichtöffentliche Stellen iSv § 2 Abs. 4; dh sie verankern eine Pflicht zur Benennung eines Datenschutzbeauftragten nur für solche Verantwortlichen und Auftragsverarbeiter, bei denen es sich um eine natürliche oder juristische Person, Gesellschaft oder andere Personenvereinigung des privaten Rechts handelt. Die Parallelvorschrift für öffentliche Stellen findet sich in § 5. § 6 und § 7 normieren die Stellung und die Aufgaben des Datenschutzbeauftragten im Rahmen seiner Tätigkeit für eine öffentliche Stelle (→ § 6 Rn. 1 ff.). Durch § 38 Abs. 2 ist ein Teil der Vorschriften, die die Stellung näher ausgestalten, auch für die nicht-öffentliche Stellen anzuwenden. 2

C. Voraussetzungen für die Benennungspflicht

Gemäß Abs. 1 haben der Verantwortliche und der Auftragsverarbeiter unabhängig vom Vorliegen der Voraussetzungen des Art. 37 Abs. 1 DS-GVO einen Datenschutzbeauftragten zu benennen, wenn eine der drei folgenden Voraussetzungen erfüllt ist: 3

- er **beschäftigt** in der Regel **mindestens 20 Personen** ständig mit der automatisierten Verarbeitung personenbezogener Daten;
- er nimmt Verarbeitungen vor, die einer **Datenschutz-Folgenabschätzung** nach Art. 35 DS-GVO unterliegen; oder
- er verarbeitet personenbezogene Daten **geschäftsmäßig** zum Zweck der Übermittlung, der anonymisierten Übermittlung oder für Zwecke der Markt- oder Meinungsforschung.

Im Ergebnis werden in Deutschland deshalb – zusätzlich zu den Anforderungen nach Art. 37 DS-GVO – die ehemals gem. § 4f BDSG aF anwendbaren Voraussetzungen für die Benennung von Datenschutzbeauftragten durch nicht-öffentliche Stellen auch nach neuem Datenschutzrecht weitestgehend unverändert fortgelten (zu bevorstehenden Änderungen sogleich, → Rn. 6). 4

I. 20 Personen mit Datenverarbeitung beschäftigt

Die erste Variante verlangt, dass mindestens **20 Personen** ständig mit der automatisierten Verarbeitung personenbezogener Daten beschäftigt sind. 5

6 Mit dem Zweiten Gesetz zur Anpassung des Datenschutzrechts an die VO (EU) 2016/679 und zur Umsetzung der RL (EU) 2016/680 (Zweites Datenschutz-Anpassungs- und Umsetzungsgesetz EU – 2. DSAnpUG-EU) wurde der Schwellenwert von bisher zehn auf nun 20 Personen angehoben. Dadurch sollen kleine und mittlere Unternehmen sowie ehrenamtlich tätige Vereine entlastet werden (BT-Drs. 19/11181, 19).

1. Automatisierte Verarbeitung

6a Gemäß Abs. 1 S. 1 greift die Benennungspflicht nur, wenn die personenbezogenen Daten automatisiert verarbeitet werden. Der Begriff der **automatisierten Verarbeitung** im Sinne dieser Vorschrift dürfte dem Verarbeitungsbegriff in Art. 4 Nr. 2 DS-GVO entsprechen, der bereits die Anwendung „automatisierter Verfahren" voraussetzt. Gemeint ist jegliche IT-gestützte Datenverarbeitung (Moos/Schefzig/Arning/Schefzig Kap. 11 Rn. 74). Die Beschränkung auf automatisierte Verarbeitungen gilt nur für die Var. 1, nicht hingegen für die anderen in S. 2 enthaltenen Varianten. Sinn und Zweck der Beschränkung in Var. 1 liegt darin, dass bei der nichtautomatisierten Datenverarbeitung der mögliche Verarbeitungsumfang von der Anzahl der Beschäftigten abhängt, wohingegen die automatisierte Verarbeitung trotz weniger Beschäftigter einen großen Verarbeitungsumfang zulässt (Taeger/Gabel/Kinast Rn. 20). Der Bundesgesetzgeber erachtet den Umfang daher offenbar als Indiz für ein erhöhtes Risiko für die Rechte und Freiheiten der Betroffenen (Paal/Pauly/Pauly Rn. 12), ähnlich wie auch der europäische Gesetzgeber (→ DS-GVO Art. 37 Rn. 1 ff., → Rn. 17).

2. In der Regel mit der Verarbeitung ständig beschäftigte Personen

7 Mit einer solchen automatisierten Verarbeitung müssen die Personen bei dem Verantwortlichen bzw. dem Auftragsverarbeiter **ständig beschäftigt** sein.

8 Die Regelung entspricht insoweit § 4f BDSG aF. Es sind prinzipiell alle Beschäftigten relevant, die an Bildschirmarbeitsplätzen mit personenbezogenen Daten umgehen (vgl. Kühling/Buchner/Kühling-Sackmann Rn. 11).

9 Der Begriff der **mit der Datenverarbeitung beschäftigten „Personen"** ist grundsätzlich weit zu verstehen (ebenso Taeger/Gabel/Kinast Rn. 12, der dies mit der Fortgeltung der Ziele der RL 95/46/EG begründet): Es kommt zB nicht auf ihren arbeitsrechtlichen Status als Arbeitnehmer oder Auszubildender an. Er umfasst alle „Beschäftigten" einschließlich Teilzeitkräften und Leiharbeitnehmern, geht aber noch darüber hinaus, indem er etwa auch freie Mitarbeiter einschließt (Kühling/Buchner/Kühling-Sackmann Rn. 9; Taeger/Gabel/Kinast Rn. 12). Angehörige der Geschäftsleitung (Geschäftsführer und anderes Leitungspersonal) sind hingegen nicht mitzuzählen, da sie ja gerade nicht (weisungsabhängig) „beschäftigt" sind (ebenso ErfK/Franzen Rn. 2; zum insoweit identischen § 4f BDSG aF: Regierungsentwurf BT-Drs. 16/1853, 12; Gola/Klug NJW 2007, 120). Ebenso wenig sind Mitarbeiter von Auftragsverarbeitern iSv Art. 28 DS-GVO bei der Anzahl der bei dem Verantwortlichen beschäftigten Personen zu berücksichtigen (wohl aA Taeger/Gabel/Kinast Rn. 5).

10 Ein relevanter **Umgang mit personenbezogenen Daten** erfolgt im Regelfall bereits durch eine schlichte E-Mail-Kommunikation (Albrecht/Dienst JurPC Web-Dok. 19/2011 Abs. 3; Taeger/Gabel/Kinast Rn. 21). Dies ist typischerweise der Fall bei Sachbearbeitern, Vertriebsmitarbeiter, IT-Personal sowie Mitarbeitern der Personal- und Finanzabteilungen. Ein reiner Zugriff auf gespeicherte Daten zum Zweck der Nutzung reicht aus, wie es zum Beispiel für Kassenpersonal zu bejahen ist, welches für die Erstellung von Rechnungen auf einen zentral verwalteten Adressdatenbestand zugreift (zum insoweit identischen § 4f BDSG aF: LfD Baden-Württemberg, 30. Tätigkeitsbericht, LT-Drs. 15/955, 163). Ein völlig untergeordneter Anteil an Datenverarbeitungstätigkeiten reicht allerdings nicht aus und hat bei der Bestimmung der relevanten Personenanzahl außer Betracht zu bleiben; etwa die vereinzelte Erstellung eines Schreibens mit personenbezogenen Daten durch Textverarbeitungsprogramme (zum § 4f BDSG aF: BayLDA Tätigkeitsbericht 2011/12, 16; aA: LfDI Baden-Württemberg, 30. Tätigkeitsbericht, LT-Drs. 15/955, 163, wonach es auf den Anteil der Datenverarbeitung an der gesamten Tätigkeit nicht ankomme).

11 Es sind nur Personen relevant, die **„in der Regel"** und **„ständig"** mit der automatisierten Verarbeitung personenbezogener Daten beschäftigt sind. Das bedeutet, bei der Beschäftigung der jeweiligen Personen mit der Verarbeitung personenbezogener Daten muss es sich um den **„Normalzustand"** handeln. Unschädlich ist eine nur kurzzeitige Überschreitung der maßgeblichen Personengrenze (BT-Drs. 16/1853, 12; ErfK/Franzen Rn. 2; Paal/Pauly/Pauly Rn. 8). Eine konkrete zeitliche Festlegung ist schwer zu treffen. Eine unschädliche kurzzeitige Überschreitung dürfte aber zB vorliegen, wenn saisonbedingt nur für einige Wochen im Jahr Zusatzpersonal bei der Datenverarbeitung beschäftigt wird – etwa zur Abwicklung des Weihnachtsgeschäfts (Für eine zu lang erscheinende „Unschädlichkeitsdauer" von einem Jahr: Kühling/Buchner/Kühling-Sackmann Rn. 10). Etwas Anderes hat zu gelten, wenn eine konkrete Person zwar – zB aufgrund einer befristeten Beschäftigung als freier Mitarbeiter – nur kurzzeitig mit der Datenverarbeitung beschäftigt ist, die Stelle aber dauerhaft (wenn auch durch wechselnde Personen) besetzt ist und die Verarbeitung personenbezogener Daten Teil der Stelle im funktionalen Sinne ist (zustimmend Paal/Pauly/Pauly Rn. 7).

II. Verarbeitungen, die Datenschutzfolgenabschätzung unterliegen

Auch diese Regelung bestand in ähnlicher Weise schon im BDSG aF – dort freilich noch unter Verweis auf die Notwendigkeit einer „Vorabkontrolle", wie sie für die Schaffung der Regelung zur Datenschutz-Folgenabschätzung Pate gestanden hat. Die Benennungspflicht greift hierbei nach dem Wortlaut des Abs. 1 S. 2 Var. 1 bereits dann, wenn der Verantwortliche oder Auftragsverarbeiter nur eine einzige Verarbeitung ausführt, die eine Datenschutz-Folgenabschätzung gem. Art. 35 Abs. 1, Abs. 3 DS-GVO erfordert. 12

Trotz des Umstandes, dass die Datenschutz-Folgenabschätzung nach Art. 35 DS-GVO im Kern der ehemaligen „Vorabkontrolle" nach § 4d Abs. 5 BDSG aF entspricht, wird künftig dieses Kriterium sehr viel häufiger die Pflicht zur Benennung eines Datenschutzbeauftragten nach sich ziehen als in der Vergangenheit. Das liegt daran, dass es von der Notwendigkeit einer Vorabkontrolle umfangreiche Ausnahmen gab (zB wenn die Verarbeitung auf einer Einwilligung beruhte oder zur Vertragsdurchführung erforderlich war), die es nun in Art. 35 DS-GVO nicht mehr gibt. 13

III. Geschäftsmäßige Verarbeitung

Die dritte Fallkonstellation rekurriert auf die **geschäftsmäßige Verarbeitung** zum Zweck der **Übermittlung,** anonymisierten Übermittlung oder zum Zwecke der **Markt- oder Meinungsforschung.** 14

Während diese Verarbeitungskonstellationen im BDSG aF für private Stellen jeweils in eigenständigen Vorschriften näher auskonturiert waren (§§ 29, 30, 30a BDSG aF), fehlt es an entsprechenden Regelungen in der DS-GVO oder dem BDSG. Fast wortgleich entspricht die Vorschrift Art. 4f Abs. 1 S. 6 BDSG aF. 15

Eine **geschäftsmäßige Verarbeitung** liegt vor, wenn die Verarbeitung selbst einen eigenständigen Zweck der geschäftlichen Tätigkeit ausmacht und sie nicht Annex zur sonstigen geschäftlichen Tätigkeit ist (ebenso zum BDSG aF BGH NJW 2013, 2530 (2534 Rn. 66)). Verarbeitet ein Verantwortlicher also zB Daten (nur) zur Durchführung von Kaufverträgen, die er mit seinen Kunden abschließt, greift die Benennungspflicht hier nicht, auch wenn er die Daten hierbei an einen Dritten übermittelt (zB eine Spedition zur Auslieferung der Ware). Solche Verarbeitungen sind nur Annex zur anderweitigen geschäftlichen Tätigkeit und erfolgen nicht selbst „geschäftsmäßig" im Sinne der Vorschrift. Anwendungsbespiele, für die diese Benennungspflicht hier relevant sind, sind zB Auskunfteien aber auch Bewertungsportale, die beide Daten geschäftsmäßig zum Zweck der Übermittlung verarbeiten. Das Begriffsverständnis orientiert sich an der zu § 4f Abs. 1 S. 6 BDSG aF bzw. §§ 29 f. BDSG aF bereits existierenden Rechtsprechung (Taeger/Gabel/Kinast Rn. 38; Piltz/Piltz Rn. 13). Geschäftsmäßig setzt im Unterschied zu Gewerbsmäßigkeit keine Gewinnerzielungs-, sondern nur eine Wiederholungsabsicht voraus (zur Abgrenzung auch BGH NJW 2013, 2530 (2534 Rn. 66 f.); ebenso Taeger/Gabel/Kinast Rn. 38; Paal/Pauly/Pauly Rn. 14; Kühling/Buchner/Kühling-Sackmann Rn. 15). 16

Die geschäftsmäßige Verarbeitung muss zudem zum Zwecke der **Übermittlung personenbezogener Daten oder anonymisierter Daten** erfolgen. Übermittlung meint die Weitergabe an einen Dritten iSv Art. 4 Nr. 10 DS-GVO (Paal/Pauly/Pauly Rn. 14). Nicht erfasst ist daher der Auftragsverarbeiter iSv Art. 4 Nr. 8 DS-GVO. Anders als die DS-GVO bezieht sich das BDSG zumindest an dieser Stelle auch auf anonymisierte Daten. Die Anonymisierung personenbezogener Daten ist erreicht, wenn die betroffene Person anhand der Daten nicht oder nicht mehr identifiziert werden kann (vgl. Erwägungsgrund 26 S. 5 DS-GVO). 16a

Die Verarbeitung zu Zwecken der **Markt- oder Meinungsforschung** bezieht sich auf das Sammeln von Informationen über Märkte oder auf die Erfassung von Meinungen und Wahrnehmungen in der Gesellschaft (ähnlich Paal/Pauly/Pauly Rn. 15). Anknüpfungspunkt ist in diesem Fall nicht die Übermittlung, sondern auch die interne Verwendung (Kühling/Buchner/Kühling-Sackmann Rn. 16). 16b

D. Stellung des Datenschutzbeauftragten

I. Allgemein

17 Abs. 2 ordnet die Anwendung bestimmter Regelungen zur Stellung des Datenschutzbeauftragten bei öffentlichen Stellen gem. § 6 an; namentlich:
- den speziellen Abberufungs- und Kündigungsschutz nach § 6 Abs. 4;
- die Verschwiegenheitspflicht des Datenschutzbeauftragten nach § 6 Abs. 5 S. 2 und
- das Zeugnisverweigerungsrecht des Datenschutzbeauftragten nach § 6 Abs. 6.

18 Diese Regelungen zur Stellung des Datenschutzbeauftragten stehen nach hier vertretener Ansicht in ihrer Gesamtheit mit den Vorgaben der DS-GVO im Einklang. In Art. 38 DS-GVO, der die Stellung des Datenschutzbeauftragten regelt, findet sich in Abs. 5 ein Verweis auf die mitgliedstaatlichen Regelungen zur Wahrung von Geheimhaltung und Vertraulichkeit". Hierüber geht die Regelung in § 38 Abs. 2 iVm § 6 Abs. 4 hinaus. Da es sich insoweit jedoch um eine im Kern arbeitsrechtliche Regelung handelt, liegt – jedenfalls im Hinblick auf § 6 Abs. 4 S. 2 – kein Konflikt mit der DS-GVO vor (Taeger/Gabel/Kinast Rn. 44; Piltz/Piltz Rn. 21 ff.; HK-DS-GVO/Helfrich Art. 37 Rn. 124; Paal/Pauly/Körffer § 6 Rn. 3; LAG Nürnberg NZA-RR 2020, 299 (301 Rn. 65)). Das BAG hat sich allerdings kürzlich mit einem Vorabentscheidungsersuchen an den EuGH gewandt, um die Frage zu klären, ob § 38 Abs. 2 iVm § 6 Abs. 4 S. 1 BDSG mit Unionsrecht vereinbar ist (BAG NZA 2021, 1183). Dabei hält das BAG nicht nur eine Unionsrechtswidrigkeit des S. 1 für möglich, sondern auch jene des gesamten Abs. 4. Zumindest im Hinblick auf S. 2, dürfte es allerdings unverkennbar sein, dass es sich um eine genuin arbeitsrechtliche Regelung handelt. Denn die Aufrechterhaltung eines Arbeitsverhältnisses ist auch nach der Abberufung des internen Datenschutzbeauftragten und unabhängig von einer solchen Stellung möglich. S. 2 berührt somit anders als S. 1 nicht die Stellung des Datenschutzbeauftragten, sondern stellt eine eigenständige und rein arbeitsrechtliche Regelung dar. Zugleich hat das BAG die Frage der Vereinbarkeit des Amtes des Betriebsratsvorsitzenden mit der des Datenschutzbeauftragten an den EuGH weitergegeben (die Vereinbarkeit zuvor bejahend LAG Sachsen ZD 2020, 163 (164 Rn. 47); ausführlich zu Interessenkonflikten → DS-GVO Art. 38 Rn. 32 ff.). Art. 38 Abs. 2 S. 1 Hs. 2 BDSG enthält zudem die Klarstellung, dass die spezielle Abberufungs- und Kündigungsschutzregel nach § 6 Abs. 4 nur gilt, wenn die Benennung verpflichtend ist (ausführlich dazu → DS-GVO Art. 37 Rn. 47).

II. Inhalt der Regelung

19 Nach § 6 Abs. 4 S. 1 kann eine **Abberufung** eines benannten Datenschutzbeauftragten nur in entsprechender Anwendung des § 626 BGB erfolgen. Diese Regelung gilt sowohl für den internen als auch den externen Datenschutzbeauftragten. Anders dagegen gelten S. 2 und S. 3 dem Inhalt nach nur für den internen Datenschutzbeauftragten.

19a Die Abberufung könne dabei nach einer aktuellen Entscheidung des VG Köln **nicht durch eine Datenschutzbehörde** angeordnet werden (VG Köln Beschl. v. 10.11.2021 – 13 L 1707/21). Der Datenschutzbehörde stehe nach Art. 58 Abs. 2 lit. d insoweit nur die Befugnis zu, den Verantwortlichen oder den Auftragsverarbeiter anzuweisen, Verarbeitungsvorgänge gegebenenfalls auf bestimmte Weise und innerhalb eines bestimmten Zeitraums in Einklang mit den Regelungen der DS-GVO zu bringen. Der in Rede stehende Begriff der Verarbeitung umfasse dabei zwar auch die Organisation und das Ordnen von Daten, meint dabei aber nur die Vereinfachung oder Verbesserung der Möglichkeit zur Auffindung und Auswertung von Daten (vgl. Kühling/Buchner/Herbst Art. 4 Abs. 2 Nr. 2 Rn. 23; ähnlich Paal/Pauly/Ernst Art. 4 Rn. 26). Der Datenschutzbehörde stehe in dieser Hinsicht daher nur das Recht zu, den Verantwortlichen oder Auftragsverarbeiter entsprechend Art. 58 Abs. 1 lit. d auf den vermeintlichen Rechtsverstoß hinzuweisen. Darüber hinausgehende Anordnungen, welche die Abberufung des betrieblichen Datenschutzbeauftragten betreffen seien mithin unwirksam. Die Sonderregelung in § 40 Abs. 6 S. 2 BDSG hat das Gericht dabei freilich nicht betrachtet. Dies mag daran gelegen haben, dass der BfDI, von dem die Anordnung stammte, diese Vorschrift nicht als Ermächtigungsgrundlage angeführt hatte. Nach hiesigem Verständnis würde diese Vorschrift eine hinreichende Ermächtigungsgrundlage für eine solche Anordnung darstellen.

20 Die **Kündigung** eines Arbeitsverhältnisses erfordert das Vorliegen von Tatsachen, die eine Kündigung aus wichtigem Grund rechtfertigen. Ein wichtiger Grund muss dabei nicht unbedingt im Zusammenhang mit der Tätigkeit als Datenschutzbeauftragter stehen, sondern kann auch in einer schwerwiegenden Verletzung allgemeiner arbeitsvertraglicher Pflichten liegen (so zum DSG MV, aber auf das BDSG übertragbar: LAG Mecklenburg-Vorpommern ZD 2020, 364 (365 Rn. 47)). S. 3 weitet diesen Kündigungsschutz noch aus, indem er selbst bei einer zulässigen Beendigung der Tätigkeit als Datenschutzbeauftragter die Kündigung des Arbeitsverhältnisses erst im Anschluss an eine Jahresfrist zulässt. S. 3 Hs. 2 enthält eine Ausnahme hiervon entsprechend der Regelung in S. 2, wonach die vorzeitige Kündigung zumindest bei Vorliegen eines wichtigen Grundes ohne Einhaltung einer Kündigungsfrist möglich ist. Ein Absinken der Beschäftigtenzahl unter den Schwellenwert des § 38 Abs. 1 S. 1 von 20 Personen lässt den Sonderkündigungsschutz des § 6 Abs. 4 S. 2 allerdings auch während der Tätigkeit des Datenschutzbeauftragten entfallen, ohne dass es eines Widerrufs der Benennung bedarf (so noch zum BDSG aF BAG NZA 2020, 227 (230 Rn. 36)). Der nachwirkende Sonderkündigungsschutz des § 6 Abs. 4 S. 3 bleibt zwar erhalten, beginnt aber bereits mit dem Zeitpunkt des Absinkens der Beschäftigtenzahl (BDSG aF BAG NZA 2020, 227 (230 Rn. 36)).

§ 6 Abs. 5 S. 2 konkretisiert die **Verschwiegenheit** und **Geheimhaltungspflicht** aus Art. 38 Abs. 5 DS-GVO dahingehend, dass eine Information über die Identität der betroffenen Person sowie über Umstände, die Rückschlüsse auf die betroffene Person zulassen ausschließlich erteilt werden darf, wenn die betroffene Person ihn von der Verschwiegenheitspflicht befreit hat. Ein Verstoß des Datenschutzbeauftragten hiergegen kann zu einer Strafbarkeit nach § 203 Abs. 4 StGB führen (ausführlich → DS-GVO Art. 39 Rn. 37). 21

Eine gesonderte Regelung hat die Geheimhaltungs- und Verschwiegenheitspflicht des Datenschutzbeauftragten im neuen § 79a S. 4 BetrVG erfahren. Der Datenschutzbeauftragte ist danach ausdrücklich gegenüber dem Arbeitgeber auch zur Verschwiegenheit über Informationen verpflichtet, die Rückschlüsse auf den **Meinungsbildungsprozess des Betriebsrats** zulassen (ausführlich → DS-GVO Art. 39 Rn. 16). 22

Nach § 6 Abs. 6 gilt für den Datenschutzbeauftragen ein **abgeleitetes Zeugnisverweigerungsrecht**. Die Regelung entspricht § 4f Abs. 4a BDSG aF (Paal/Pauly/Körffer § 6 Rn. 4). Sie gilt sowohl für den Datenschutzbeauftragten als auch sein Hilfspersonal (Taeger/Gabel/Kinast Rn. 63; § 6 Abs. 6 → § 6 Rn. 17). Das Zeugnisverweigerungsrecht erstreckt sich auf Daten, für die der Leitung oder einer bei der verarbeitenden Stelle beschäftigten Person selbst ein Zeugnisverweigerungsrecht zusteht. Die Entscheidung darüber, ob und inwieweit vom Zeugnisverweigerungsrecht Gebrauch gemacht wird, trifft nicht der Datenschutzbeauftragte sondern derjenige, dem das Zeugnisverweigerungsrecht aus beruflichen Gründen unmittelbar zusteht (§ 6 Abs. 6 → § 6 Rn. 18). 23

§ 39 Akkreditierung

¹**Die Erteilung der Befugnis, als Zertifizierungsstelle gemäß Artikel 43 Absatz 1 Satz 1 der Verordnung (EU) 2016/679 tätig zu werden, erfolgt durch die für die datenschutzrechtliche Aufsicht über die Zertifizierungsstelle zuständige Aufsichtsbehörde des Bundes oder der Länder auf der Grundlage einer Akkreditierung durch die Deutsche Akkreditierungsstelle.** ²**§ 2 Absatz 3 Satz 2, § 4 Absatz 3 und § 10 Absatz 1 Satz 1 Nummer 3 des Akkreditierungsstellengesetzes finden mit der Maßgabe Anwendung, dass der Datenschutz als ein dem Anwendungsbereich des § 1 Absatz 2 Satz 2 unterfallender Bereich gilt.**

Überblick

§ 39 BDSG regelt die Akkreditierung.

A. Allgemeines

Als Bestandteil des DsAnpUG trat am 25.5.2018 das Bundesdatenschutzgesetz in seiner neuen Fassung in Kraft, während das bis dahin geltende BDSG außer Kraft trat. Das neue BDSG findet keine Anwendung, soweit die DS-GVO unmittelbar gilt, womit § 1 Abs. 5 BDSG den europarechtlichen Anwendungsvorrang deklaratorisch klarstellt. 1

Art. 42, 43 DS-GVO regeln und gestalten die datenschutzrechtlichen Zertifizierung inhaltlich aus. Während Art. 42 DS-GVO die Vorgaben für die Zertifizierung gestaltet, regelt Art. 43 DS-GVO die Zertifizierungsstelle. 2

Die Akkreditierung als Zertifizierungsstelle ist Voraussetzung für die Tätigkeit als Zertifizierungsstelle – sprich für die Erteilung von Zertifizierungen iSd DS-GVO. Art. 43 Abs. 1 S. 2 DS-GVO sieht vor, dass die Mitgliedstaaten sicherzustellen haben, dass die Zertifizierungsstellen iSd Art. 43 DS-GVO entweder von einer oder beiden der folgenden Stellen akkreditiert werden: a) der gem. 3

Art. 55 oder 56 zuständigen Aufsichtsbehörde; b) der nationalen Akkreditierungsstelle, die gem. der Verordnung (EG) Nr. 765/2008 des Europäischen Parlaments und des Rates (1) im Einklang mit EN-ISO/IEC 17065/2012 und mit den zusätzlichen von der gem. Art. 55 oder 56 DS-GVO zuständigen Aufsichtsbehörde festgelegten Anforderungen benannt wurde. Diesen Gestaltungsspielraum nutzt der deutsche Gesetzgeber durch § 39 BDSG nF.

B. Einzelkommentierung

4 § 39 ist sprachlich recht kompliziert gestaltet. S. 1 ist zu entnehmen, dass die Akkreditierung auf der Grundlage des Akkreditierungsstellengesetzes erfolgen soll (Kühling/Buchner/Kühling/Sackmann Rn. 2). S. 2 führt aufgrund seiner Verweisungen auf entsprechende Sonderregelungen im Akkreditierungsstellengesetz dazu, dass die Aufsichtsbehörden gleichwohl maßgeblich die Entscheidung inhaltlich beeinflussen (Kühling/Buchner/Kühling/Sackmann Rn. 2). S. 1 des § 39 BDSG in der Sache drei Regelungen enthält:
- **1. Regelung:** Die Erteilung der Befugnis als Zertifizierungsstelle tätig zu sein, steht in der Kompetenz der für die Zertifizierungsstelle zuständigen Datenschutzaufsichtsbehörden.
- **2. Regelung:** Für die Akkreditierung von Zertifizierungsstellen ist die deutsche Akkreditierungsstelle (DAkks) zuständig.
Weitere Informationen zu DAkks unter der
- **3. Regelung:** Die Erteilung der Befugnis als Zertifizierungsstelle tätig zu sein, hängt von einer Akkreditierung ab, was allerdings mit Blick auf Art. 42, 43 DS-GVO deklaratorisch ist.

5 Die DAkks ist im Gesetz über die Akkreditierungsstelle (Akkreditierungsstellengesetz – AkkStelleG) vom 31.7.2009 geregelt. Die Akkreditierung wird als hoheitliche Aufgabe des Bundes durch die Akkreditierungsstelle durchgeführt (§ 1 Abs. 1 S. 1 AkkStelleG). Durch § 39 S. 2 BDSG wird die Anwendung des AkkStelleG für die Akkreditierung von Zertifizierungsstellen modifiziert.

6 Die Regelungen in § 2 Abs. 3 S. 2 AkkStelleG (Aufgaben der Akkreditierungsstelle), § 4 Abs. 3 AkkStelleG (Zusammenarbeit mit anderen Behörden), § 10 Abs. 1 S. 1 Nr. 3 AkkStelleG (Voraussetzungen und Durchführung der Beleihung) finden mit der Maßgabe Anwendung, dass der Datenschutz als ein dem Anwendungsbereich des § 1 Abs. 2 S. 2 AkkStelleG unterfallender Bereich gilt.

Kapitel 4. Aufsichtsbehörde für die Datenverarbeitung durch nichtöffentliche Stellen

§ 40 Aufsichtsbehörden der Länder

(1) Die nach Landesrecht zuständigen Behörden überwachen im Anwendungsbereich der Verordnung (EU) 2016/679 bei den nichtöffentlichen Stellen die Anwendung der Vorschriften über den Datenschutz.

(2) [1]Hat der Verantwortliche oder Auftragsverarbeiter mehrere inländische Niederlassungen, findet für die Bestimmung der zuständigen Aufsichtsbehörde Artikel 4 Nummer 16 der Verordnung (EU) 2016/679 entsprechende Anwendung. [2]Wenn sich mehrere Behörden für zuständig oder für unzuständig halten oder wenn die Zuständigkeit aus anderen Gründen zweifelhaft ist, treffen die Aufsichtsbehörden die Entscheidung gemeinsam nach Maßgabe des § 18 Absatz 2. [3]§ 3 Absatz 3 und 4 des Verwaltungsverfahrensgesetzes findet entsprechende Anwendung.

(3) [1]Die Aufsichtsbehörde darf die von ihr gespeicherten Daten nur für Zwecke der Aufsicht verarbeiten; hierbei darf sie Daten an andere Aufsichtsbehörden übermitteln. [2]Eine Verarbeitung zu einem anderen Zweck ist über Artikel 6 Absatz 4 der Verordnung (EU) 2016/679 hinaus zulässig, wenn
1. offensichtlich ist, dass sie im Interesse der betroffenen Person liegt und kein Grund zu der Annahme besteht, dass sie in Kenntnis des anderen Zwecks ihre Einwilligung verweigern würde,
2. sie zur Abwehr erheblicher Nachteile für das Gemeinwohl oder einer Gefahr für die öffentliche Sicherheit oder zur Wahrung erheblicher Belange des Gemeinwohls erforderlich ist oder
3. sie zur Verfolgung von Straftaten oder Ordnungswidrigkeiten, zur Vollstreckung oder zum Vollzug von Strafen oder Maßnahmen im Sinne des § 11 Absatz 1 Nummer 8

des Strafgesetzbuchs oder von Erziehungsmaßregeln oder Zuchtmitteln im Sinne des Jugendgerichtsgesetzes oder zur Vollstreckung von Geldbußen erforderlich ist. ³Stellt die Aufsichtsbehörde einen Verstoß gegen die Vorschriften über den Datenschutz fest, so ist sie befugt, die betroffenen Personen hierüber zu unterrichten, den Verstoß anderen für die Verfolgung oder Ahndung zuständigen Stellen anzuzeigen sowie bei schwerwiegenden Verstößen die Gewerbeaufsichtsbehörde zur Durchführung gewerberechtlicher Maßnahmen zu unterrichten. ⁴§ 13 Absatz 4 Satz 4 bis 7 gilt entsprechend.

(4) ¹Die der Aufsicht unterliegenden Stellen sowie die mit deren Leitung beauftragten Personen haben einer Aufsichtsbehörde auf Verlangen die für die Erfüllung ihrer Aufgaben erforderlichen Auskünfte zu erteilen. ²Der Auskunftspflichtige kann die Auskunft auf solche Fragen verweigern, deren Beantwortung ihn selbst oder einen der in § 383 Absatz 1 Nummer 1 bis 3 der Zivilprozessordnung bezeichneten Angehörigen der Gefahr strafgerichtlicher Verfolgung oder eines Verfahrens nach dem Gesetz über Ordnungswidrigkeiten aussetzen würde. ³Der Auskunftspflichtige ist darauf hinzuweisen.

(5) ¹Die von einer Aufsichtsbehörde mit der Überwachung der Einhaltung der Vorschriften über den Datenschutz beauftragten Personen sind befugt, zur Erfüllung ihrer Aufgaben Grundstücke und Geschäftsräume der Stelle zu betreten und Zugang zu allen Datenverarbeitungsanlagen und -geräten zu erhalten. ²Die Stelle ist insoweit zur Duldung verpflichtet. ³§ 16 Absatz 4 gilt entsprechend.

(6) ¹Die Aufsichtsbehörden beraten und unterstützen die Datenschutzbeauftragten mit Rücksicht auf deren typische Bedürfnisse. ²Sie können die Abberufung der oder des Datenschutzbeauftragten verlangen, wenn sie oder er die zur Erfüllung ihrer oder seiner Aufgaben erforderliche Fachkunde nicht besitzt oder im Fall des Artikels 38 Absatz 6 der Verordnung (EU) 2016/679 ein schwerwiegender Interessenkonflikt vorliegt.

(7) Die Anwendung der Gewerbeordnung bleibt unberührt.

Überblick

Die Vorschrift ergänzt die Aufgaben und Befugnisse der Aufsichtsbehörden aus Art. 57 und 58 DS-GVO für den nicht-öffentlichen Bereich. Sie legt Zuständigkeiten fest und dient unter anderem der Ausfüllung der Öffnungsklausel aus Art. 56 Abs. 6 DS-GVO. Daneben trifft sie Aussagen zu dem Verhältnis zu anderen Rechtsmaterien und diese durchsetzenden Verfahren.

Übersicht

	Rn.		Rn.
A. Funktion der Aufsichtsbehörden	1	2. Datenverarbeitung für andere Zwecke (Abs. 3 S. 2)	24
I. Grundrechtsschutz durch Verfahren	2	IV. Befugnisse bei Verstößen gegen den Datenschutz (Abs. 3 S. 3)	29
II. Kontroll- und Sanktionsverfahren	3	V. Auskunftspflichten (Abs. 4)	30
III. Ergänzung der Befugnisse aus der DS-GVO durch nationales Recht	7	1. Auskunftspflicht der verantwortlichen Stelle (Abs. 4 S. 1)	31
1. Regelungen und Öffnungsklauseln der DS-GVO	8	2. Auskunftsverweigerungsrecht der verantwortlichen Stelle (Abs. 4 S. 2)	32
2. Ausgestaltung der Öffnungsklauseln durch Bund und Länder	11	3. Hinweispflicht (Abs. 4 S. 3)	34
B. Unabhängigkeit der Aufsichtsbehörden	12	VI. Zutritts- und Einsichtsrechte der Aufsichtsbehörde (Abs. 5)	35
C. Handlungsrahmen der Aufsichtsbehörden	13	VII. Verhältnis zum betrieblichen Datenschutzbeauftragten	38
I. Aufgaben der Aufsichtsbehörden (Abs. 1)	14	1. Pflicht zur Beratung des betrieblichen Datenschutzbeauftragten (Abs. 6 S. 1)	39
II. Bestimmung der zuständigen inländischen Aufsichtsbehörde (Abs. 2)	17	2. Abberufung des betrieblichen Datenschutzbeauftragten (Abs. 6 S. 2)	40
III. Datenverarbeitung durch die Aufsichtsbehörden (Abs. 3)	22	VIII. Anwendbarkeit der Gewerbeordnung (Abs. 7)	44
1. Datenverarbeitung für die Zwecke der Aufsicht (Abs. 3 S. 1)	23		

A. Funktion der Aufsichtsbehörden

1   Die Aufsichtsbehörden nehmen im Rahmen des datenschutzrechtlichen Systems eine zentrale Funktion ein. Durch die Durchsetzung der auf Art. 8 GRCh aufbauenden datenschutzrechtlichen Bestimmungen stärken sie die Stellung des Betroffenen innerhalb des Rechtssystems und gewährleisten die Umsetzung der innerhalb der DS-GVO vorgegebenen Verantwortungsstrukturen. Letztere werden insbesondere durch die erweiterten Rechenschaftspflichten und die Notwendigkeit organisatorischer Maßnahmen auf Seiten der Verantwortlichen festgelegt. § 40 knüpft insoweit an die vorherige Regelung des § 38 BDSG aF an. In Form der differenzierten Vorgaben der DS-GVO wurden wesentliche Bereiche der Altregelung jedoch bereits auf europäischer Ebene vorgegeben. Da diese Regelungen der DS-GVO Anwendungsvorrang vor dem nationalen Recht genießen, wären nationale Vorschriften in diesem Bereich nicht mehr zielführend gewesen (im Einzelnen zu den weggefallenen Regelungen BT-Drs. 18/11325, S. 108).

I. Grundrechtsschutz durch Verfahren

2   Entgegen der traditionell dem deutschen Rechtssystem zugrunde liegenden Annahme der dienenden Funktion des Verfahrens, geht das weitgehend auf europäischer Ebene vorgegebene Datenschutzrecht von der Realisierung des Grundrechtsschutzes durch Verfahren aus (siehe zu diesem Ansatz bereits → § 38 Rn. 1 ff.). Auch das europäische Rechtssystem unterliegt hierbei dem bisher üblichen System der „abgestuften Selbstkontrolle" (BT-Drs. 7/1027, S. 18). In diesem bestehen Bereiche der staatlichen Fremdkontrolle, die insbesondere für den Fall eingreift, dass die von der verantwortlichen Stelle durchgeführten Eigenkontrollen nicht wirksam sein sollten. (Vgl. bereits Simitis/Petri, BDSG aF § 38 Rn. 8.) Ist eine betroffene Person dazu befähigt, ihre Rechte selbst geltend zu machen, so ergänzt diese Form des Selbstschutzes die übrigen Kontrollmechanismen. Diese Systembeschaffenheit ist nicht nur praktikabel, (BT-Drs. 7/1027, 19) sie verschafft auch insgesamt der informationellen Selbstbestimmtheit der Betroffenen größtmögliche Geltung. (vgl. BT-Drs. 7/1027, 18 f.)

II. Kontroll- und Sanktionsverfahren

3   Die Aufgaben und Befugnisse der Aufsichtsbehörden erfahren durch Art. 57 und 58 DS-GVO eine umfassende Regelung. Insbesondere im Bereich der Sensibilisierung und Beratung sind die Regelungen weitergehend als zuvor (vgl. etwa Art. 57 lit. a, c, d und l DS-GVO). Dabei wird ein Schwerpunkt der Regelungen im Bereich der Öffentlichkeitsarbeit und Beratungstätigkeit deutlich. Werden diese Informationen durch die Behörden zur Verfügung gestellt, so wird die Implementierung der datenschutzrechtlichen Vorgaben bereits durch die Information der Beteiligten bewirkt. Im Idealfall wird der Bereich der Kontrollverfahren dadurch entlastet und die Eigenkontrolle der verantwortlichen Stelle erleichtert. Dies entspricht dem grundsätzlichen Ansatz des europäischen Datenschutzes, der auch Komponenten der Selbst- und Ko-Regulierung enthält.

4   Neben dem Kontrollverfahren ist unter anderem das Sanktionsverfahren durch die Vorgabe von weitgreifenden Sanktionsmitteln deutlich aufgewertet. So kann in den Fällen des Art. 83 Abs. 4 DS-GVO ein Bußgeld von 10.000.000 EUR oder im Fall eines Unternehmens von bis zu 2 % seines gesamten weltweit erzielten Jahresumsatzes verhängt werden. In den Fällen des Art. 83 Abs. 5 DS-GVO beträgt dieses Bußgeld sogar 20.000.000 EUR oder im Fall eines Unternehmens von bis zu 4 % seines gesamten weltweit erzielten Jahresumsatzes. Die Bußgelder der Aufsichtsbehörden müssen wirksam, verhältnismäßig und abschreckend sein (s. Art. 83 Abs. 1 DS-GVO). Diese enormen Bußgeldandrohungen verleihen den einzelnen Verbürgungen der DS-GVO erheblichen Nachdruck und hatten aufgrund ihrer Höhe bereits vor deren Geltung eine ausstrahlende Wirkung (vgl. v. Schenck/Mueller-Stöfen GWR 2017, 171 (179).) International verhängte und bedeutsame Bußgelder werden regelmäßig auf dem Internetauftritt des Europäischen Datenschutzausschusses (kurz EDSA; aktuelle Bußgelder abrufbar unter: https://edpb.europa.eu/edpb_de) veröffentlicht.

5   Aufgrund dieser Vorgaben der DS-GVO mussten die einzelnen Aufsichtsbehörden ihre Organisation komplett überdenken. So sind Behörden, bei denen die Bußgeldstellen vor Geltung der DS-GVO ausgegliedert waren, nun auch selbst mit der Durchführung von Ordnungswidrigkeitsverfahren befassen. (So war beispielsweise in Baden-Württemberg die Bußgeldstelle zuvor beim Regierungspräsidium angesiedelt, § 4 Abs. 2 Nr. 4 OWiZuVO BW aF)

6   Insgesamt stärken die mit der DS-GVO eingesetzten Befugnisse die Durchsetzung des Datenschutzrechtes. Die Umsetzung der Regelungen fordert aber auch einen erhöhten Einsatz von Sach- und Personalmitteln auf Seiten der Aufsichtsbehörden.

III. Ergänzung der Befugnisse aus der DS-GVO durch nationales Recht

Die Befugnisse der Aufsichtsbehörden werden weitgehend durch Art. 57 und 58 DSGVO vorgegeben. Die DS-GVO ist jedoch nicht das einzige Regelungswerk, das Vorgaben an die Aufsichtsbehörden enthält. Auch die vorliegenden Regelungen des BDSG und die Landesdatenschutzgesetze sehen weitere Befugnisse der nationalen Aufsichtsbehörden vor. **7**

1. Regelungen und Öffnungsklauseln der DS-GVO

Gemäß Art. 288 Abs. 2 AEUV hat die DS-GVO als Verordnung allgemeine Geltung und wirkt unmittelbar in jedem Mitgliedstaat. Ihr kommt somit eine den nationalen Gesetzen vergleichbare abstrakt-generelle Wirkung zu. (Calliess/Ruffert/Ruffert AEUV Art. 288 Rn. 16) Die Regelungen der DS-GVO genießen daher Anwendungsvorrang vor den nationalen Regelungen. Deutsche Behörden sind dazu verpflichtet diese anzuwenden, um gemäß Art. 4 Abs. 3 EUV die praktische Wirksamkeit des Unionsrechts zu gewährleisten. (Vgl. Calliess/Ruffert/Calliess/Kahl/Puttler EUV Art. 4 Rn. 63) Entgegenstehendes nationales Recht muss demnach unangewendet bleiben. **8**

Art. 56 Abs. 8 DS-GVO sieht jedoch eine Öffnungsklausel (siehe dazu auch die Begründung zu § 40 in BT-Drs. 18/11325, 108) für den nationalen Gesetzgeber vor. Trotz der unmittelbaren Wirkung der DS-GVO können die Mitgliedstaaten im Rahmen derartiger Öffnungsklauseln ergänzende Regelungen – in diesem Fall über zusätzliche Befugnisse der Aufsichtsbehörden – vorsehen. Die praktische Wirksamkeit der unionsrechtlichen Vorgaben darf hierdurch jedoch nicht beeinträchtigt werden (vgl. Art. 58 Abs. 6 DS-GVO). **9**

Die Rechtsnatur der Öffnungsklauseln war lange ungeklärt. Sie hängt maßgeblich von der Beurteilung der Rechtsnatur der Verordnung ab. In diesem Zusammenhang wir die DS-GVO oft als neuartige Zwitterform zwischen Verordnung und Richtlinie angesehen (so auch Sydow/Sydow DS-GVO Art. 78 Rn. 8). Öffnungsklauseln gelten insoweit als umsetzungsbedürftige richtlinienartige Vorschriften (so auch Sydow/Sydow DS-GVO Art. 78 Rn. 11). Der Regelung des Art. 288 AEUV steht einer derartigen Neuschöpfung von Handlungsformen auf unionsrechtlicher Ebene nicht entgegen (ausführlich dazu Bast, Grundbegriffe der Handlungsformen der EU, Heidelberg 2006, S. 37 ff.). Diesem Gedanken entspricht es auch, dass das BVerfG im Rahmen seiner Rechtsprechung zum Recht auf Vergessen von einer Kontrolle nationaler Normen im Bereich der Öffnungsklauseln am Maßstab des Grundgesetzes ausgeht (BVerfG Beschl. v. 6.11.2019 – 1 BvR 16/13 Rn. 41 ff. – Recht auf Vergessen I). Doch auch die Vertreter der Auffassung, dass es sich bei Öffnungsklauseln um eine Nichtregelung der Materie handelt, gehen davon aus, dass die Grundprinzipien und allgemeinen Rechtsgedanken der DS-GVO im Bereich der Öffnungsklauseln anzuwenden sind (so überträgt bspw. Pötters, der die Öffnungsklauseln als atypische Regelungen einordnet, teilweise die Rechtsprechung des EuGH zu RL 95/46/EG auf diese, s. Gola/Pötters DS-GVO Art. 88 Rn. 1 f.). Nicht nur aufgrund der höchstrichterlichen Entscheidung des BVerfG „Recht auf Vergessen I", sondern auch in rechtsdogmatischer Hinsicht dürfte die Einordnung als Mischform mit Verordnungs- und Richtlinienelementen vorzugswürdig sein, da sich deren Vertreter nicht mit zusätzlichen Argumentationskonstruktionen behelfen müssen, um die Wirkung der Grundsätze der DS-GVO zu begründen. **10**

2. Ausgestaltung der Öffnungsklauseln durch Bund und Länder

Die Öffnungsklauseln der DS-GVO werden nicht nur durch das BDSG ausgestaltet. Auch die Landesdatenschutzgesetze dienen der Ausgestaltung verschiedener durch die DS-GVO eröffneter Regelungsspielräume. Letztere treffen Vorgaben für den Datenschutz im öffentlichen Bereich. Angesichts des mit der DS-GVO eingetretenen erhöhten Abstimmungs- und Kohärenzbedürfnisses zwischen den europäischen und nationalen Aufsichtsbehörden sind die durch die Landesdatenschutzgesetze regulierten Bereiche die nahezu einzigen verbleibenden Räume, in denen die Aufsichtsbehörden der Länder weitgehend eigenständige Rechtsansichten entwickeln können. Weitgehend wird jedoch auch in diesem Bereich mit allgemeinen Grundsätzen der DS-GVO gearbeitet, deren Auslegung auf europäischer Ebene abgestimmt werden muss. Neben den genannten Regelungen wurden im Bereich der Öffnungsklauseln auch zahlreiche fachspezifische gesetzliche Regelungen auf Bundes- und Landesebene erlassen. **11**

B. Unabhängigkeit der Aufsichtsbehörden

Aufgrund des immer stärker werdenden Bedürfnisses nach Unabhängigkeit der Aufsichtsbehörden haben die Aufsichtsbehörden der Länder eine umfangreiche historische Entwicklung vollzo- **12** gen. Außer Bayern haben mittlerweile alle Länder den Datenschutz im öffentlichen und nichtöffentlichen Bereich bei einer dem Land angehörenden Datenschutzaufsichtsbehörde angesiedelt. Zudem wurden die Behörden aus dem üblichen Aufbau und den Weisungsverhältnissen herausgenommen. So war der Landesbeauftragte für den Datenschutz und die Informationsfreiheit Baden-Württemberg bis Juni 2018 noch organisatorisch beim Landtag angegliedert. Die bisherige Diskussion, ob zur Verwirklichung der Unabhängigkeit eine rein organisatorische Unabhängigkeit ausreicht, wurde mittlerweile negativ entschieden. Die Aufsichtsbehörden bedürfen zur Erfüllung ihrer Aufgaben vielmehr einer umfassenden völligen Unabhängigkeit (Ehmann/Selmayr/Selmayr DS-GVO Art. 51 Rn. 13). Diese gesetzlich vorgegebene Unabhängigkeit steht im Spannungsverhältnis zu dem immer größer werdenden Bedürfnis nach internationaler und nationaler Abstimmung und Kohärenz. Auf europäischer Ebene finden sich daher in den Art. 56 ff. DS-GVO Vorgaben zur Abstimmung im aufsichtsbehördlichen und Kohärenzverfahren. Für die Bildung gemeinsamer Standpunkte der deutschen Aufsichtsbehörden wurde das Verfahren nach § 18 Abs. 2 BDSG eingerichtet.

C. Handlungsrahmen der Aufsichtsbehörden

13   § 40 konkretisiert Zuständigkeiten und Handlungsrahmen der Aufsichtsbehörden. Teilweise weisen die Vorschriften angesichts der nunmehr umfassenden Regelungen auf europäischer Ebene einen geringen Regelungsgehalt und eher deklaratorischen Charakter auf. Aufgrund der differenzierten Regelungen der DS-GVO konnten verschiedene Vorschriften der Vorgängernorm des § 38 BDSG aF auch restlos gestrichen werden (zu den Streichungen im Einzelnen BT-Drs. 18/11325, 108.).

I. Aufgaben der Aufsichtsbehörden (Abs. 1)

14   Gemäß Art 57 Abs. 1 DS-GVO unterliegt jede Aufsichtsbehörde innerhalb ihres Hoheitsgebietes den durch die DS-GVO vorgegebenen Aufgaben. Da die DS-GVO systematisch nicht zwischen Aufgaben der Aufsichtsbehörden im öffentlichen oder nicht-öffentlichen Bereich differenziert, umfasst die Regelung des Art 57 Abs. 1 DS-GVO bereits die Zuordnung der Aufgabe der Umsetzung der DS-GVO im privaten Bereich an die Aufsichtsbehörden der Mitgliedsstaaten. Abs. 1 verfolgt in diesem Zusammenhang vielmehr eine klarstellende, deklaratorische Funktion als einen eigenständigen Regelungsbereich.

15   Grenzen werden der Aufgabenzuweisung durch den sachlichen und räumlichen Anwendungsbereich der Verordnung aufgezeigt, der Art. 2 und 3 DS-GVO zu entnehmen ist (s. dazu Paal/Pauly/Pauly Rn. 4.).

16   Der inhaltliche Katalog der Standardbefugnisse ist in Art. 58 Abs. 1 DS-GVO vorgeben. Dieser umfasst unter anderem anlassbezogene und anlasslose Überprüfungen und Kontrollbesuche (Art. 58 Abs. 1 lit. b DS-GVO) einschließlich des Zugangs zu Geschäftsräumen, Datenverarbeitungsanlagen und -geräten (Art. 58 Abs. 1 lit. f DS-GVO) sowie den Zugang zu für ihre Ermittlung relevanten Informationen (Art. 58 Abs. 1 lit. a, e DS-GVO). Um dies auszufüllen und den Datenschutz zu realisieren steht der Aufsichtsbehörde das Instrumentarium des Art. 58 Abs. 2 DS-GVO zur Verfügung. Unter den dort zur Verfügung stehenden Maßnahmen finden sich mit Warnung, Verwarnung, vielfältigen Anordnungsbefugnissen und der Möglichkeit einer Beschränkung der Verarbeitung und des Verarbeitungsverbotes alle Standardmaßnahmen, die zur Durchsetzung der Befugnisse erforderlich sind.

II. Bestimmung der zuständigen inländischen Aufsichtsbehörde (Abs. 2)

17   Abs. 2 ergänzt die Regelungen der Art. 55, 56 DS-GVO um die Bestimmung der Zuständigkeit im nationalen Bereich. Aus der Formulierung „im Hoheitsgebiet ihres eigenen Mitgliedsstaates" in Art. 55 DS-GVO wird deutlich, dass die DS-GVO grundsätzlich davon ausgeht, dass eine nationale Aufsichtsbehörde auch innerhalb eines gesamten Mitgliedsstaates zuständig ist. Zwar findet sich in den Art. 55 f. DS-GVO keine Öffnungsklausel. Es ist aber davon auszugehen, dass das Verfahren über die interne Abstimmung der Zuständigkeiten nationaler Aufsichtsbehörden unter die Verfahrensautonomie der Mitgliedsstaaten fällt und von der DS-GVO aufgrund ihres anderweitigen Regelungsbereiches nicht gesperrt wird.

18   Abs. 2 S. 1 berücksichtigt die Grundsätze der DS-GVO, indem er über einen Verweis auf die Vorschrift über die Bestimmung der Hauptniederlassung aus Art. 4 Nr. 16 DS-GVO Bezug nimmt. Abs. 2 S. 1 zieht diese Begrifflichkeit auch für die Bestimmung der national zuständigen Aufsichtsbehörde für Maßnahmen bezüglich eines Unternehmens mit mehreren deutschen Niederlassungen heran. Insoweit setzt Abs. 2 S. 1 das „One-Stop-Shop-Prinzip" (Paal/Pauly/Pauly Rn. 6) der DS-GVO um. Schwierigkeiten in der Bestimmung der zuständigen Behörde können jedoch auftreten, wenn innerdeutsch mehrere Niederlassungen bestehen, von denen keine die Hauptniederlassung ist, oder besonders komplexe Konzernstrukturen vorliegen.

Gibt es Uneinigkeiten bei der Bestimmung der Hauptniederlassung iSv Art. 4 Nr. 16 DS-GVO und halten sich mehrere Aufsichtsbehörden zeitgleich für zuständig, ist gemäß Abs. 2 S. 2 über das Verfahren nach § 18 Abs. 2 S. 2 ein gemeinsamer Standpunkt zu ermitteln. Der Verweis in Abs. 2 S. 2 ist einschränkend als nur auf § 18 Abs. 2 S. 2 und 3 bezogen auszulegen, da die Heranziehung von § 18 Abs. 2 S. 1 für die Ermittlung der zuständigen Aufsichtsbehörde nicht zielführend wäre. § 18 Abs. 2 S. 1 knüpft an die federführende Aufsichtsbehörde an, die nach § 19 Abs. 1 wiederum durch Ermittlung der Hauptniederlassung zu bestimmen ist. Letztere ist in den Fällen des Abs. 2 S. 1, 2 jedoch gerade unklar (Paal/Pauly/Pauly Rn. 7). In der Praxis werden unklare Fälle daher vorwiegend durch bilaterale Absprachen zwischen den betroffenen Behörden zu regeln sein. Abs. 2 S. 2 ist im Zusammenhang mit § 19 Abs. 2 zu sehen. Abs. 2 S. 2 behandelt jedoch nur rein inländische Zuständigkeitsfragen. Aufgrund des Anknüpfungspunktes an die Niederlassung bleiben Zuständigkeitsfragen bei Fehlen einer deutschen Niederlassung unklar, sodass auch in diesem Bereich behördliche Absprachen zunehmen werden. Die Regelungsbefugnis des deutschen Gesetzgebers für Fragen der inländischen Behördenorganisation besteht insbesondere, da diesbezüglich keine Hoheitsrechtsübertragung gemäß Art. 23 Abs. 1 S. 2 GG auf die europäische Union vorliegt. Ob eine solche Übertragung überhaupt möglich wäre, erscheint in Anbetracht von Art. 23 Abs. 1 S. 3 GG iVm Art. 79 Abs. 3, 20 Abs. 3 GG problematisch, da sie das föderative System berühren würde. Im Übrigen wäre eine Regelung auf europäischer Ebene in Anbetracht des europäisch verbürgten Subsidiaritätsprinzips in Art. 5 Abs. 3 EUV nicht erforderlich. Aufgrund der alleinigen Kompetenz des deutschen Gesetzgebers konnte dieser die Zuständigkeitsregelungen daher abweichend von den in der DS-GVO enthaltenen Regelungen treffen. Die neue Bundesregierung hat es sich in ihrem Koalitionsvertrag zum Ziel gemacht, die bereits jetzt nach gemeinsame Standpunkte nach § 18 Abs. 2 BDSG bildende Datenschutzkonferenz der Aufsichtsbehörden des Bundes und der Länder zu institutionalisieren und ihr rechtlich verbindliche Beschlüsse zu ermöglichen (siehe den Koalitionsvertrag von SPD, Bündnis 90/Die Grünen und FDP, Mehr Fortschritt wagen, Bündnis für Freiheit, Gerechtigkeit und Nachhaltigkeit, S. 17)). Es bleibt abzuwarten, ob sich diese angedachte Reform möglicherweise auch auf die Vorschriften über die Bestimmung der zuständigen Aufsichtsbehörde auswirkt.

19

Abs. 2 ist auf die Zuständigkeit im Beschwerdeverfahren bezogen und geht in diesem Zusammenhang von der letztendlichen Zuständigkeit nur einer deutschen Aufsichtsbehörde aus. Im Gegensatz zu § 19 Abs. 2 enthält § 40 Abs. 2 jedoch keine ausdrückliche Abgabebefugnis. Um dennoch eine Abgabe an die zuständige Behörde zu ermöglichen, kann an eine Abgabebefugnis über § 19 Abs. 1 iVm Abs. 2 BDSG konstruiert werden. Es widerspräche dem europäischen Gedanken des „One-Stop-Shop-Mechanismus", wenn der Beschwerdeführer lediglich an die zuständige Behörde verwiesen oder seine Einwilligung in die Abgabe eingeholt würde. Dieser soll gerade nicht mit der Ermittlung der zuständigen Aufsichtsbehörde belastet und in der Ausübung seines Rechts auf Beschwerde aus Art. 77 Abs. 1 DS-GVO gehindert werden.

19a

Für den Fall des Zuständigkeitswechsels verweist Abs. 3 S. 3 auf § 3 Abs. 4 VwVfG. Dies setzt eine Änderung der Zuständigkeit begründenden Umstände, die Wahrung der Interessen der Beteiligten, eine einfachere und zweckmäßigere Durchführung und die Zustimmung der neu zuständigen Aufsichtsbehörde voraus (vgl. Paal/Pauly/Pauly Rn. 8). Der Verweis bezieht sich auf das Verwaltungsgesetz des Bundes, da das BDSG als Bundesgesetz nur durch Bundesgesetze auslegungsfähig ist.

20

Ist Gefahr im Verzug, so ist gem. Abs. 3 S. 3 die Norm des § 3 Abs. 4 S. 1 VwVfG entsprechend anzuwenden.

21

III. Datenverarbeitung durch die Aufsichtsbehörden (Abs. 3)

Die Vorschriften über die Datenverarbeitungen durch die Aufsichtsbehörde in Abs. 3 orientiert sich an dem Grundsatz der Zweckbindung aus Art. 5 Abs. 1 lit. b DS-GVO. Nach diesem bedarf es der Identifizierung festgelegter, eindeutiger Zwecke, an denen sich die Datenverarbeitung ausrichtet. Auch eine Weiterverarbeitung muss mit diesen Zwecken vereinbar sein.

22

1. Datenverarbeitung für die Zwecke der Aufsicht (Abs. 3 S. 1)

Diese Regelung war bereits in ähnlicher Form in § 38 Abs. 1 S. 3 BDSG aF enthalten. In der Neufassung dient sie der Umsetzung der Öffnungsklausel des Art 6 Abs. 1 lit. 3, Abs. 3 S. 1 lit. b,

23

S. 2 und 3 DS-GVO und gibt der Datenschutzaufsicht im Rahmen ihrer Tätigkeit die erforderliche Rechtsgrundlage für eigene Datenverarbeitungen an die Hand. Angesichts der Vielfalt der Befugnisse der Aufsichtsbehörden aus Art. 58 Abs. 1 DS-GVO kann man in diesem Zusammenhang jedoch nicht mehr von einer Rechtsgrundlage nur für die Verarbeitung in Bezug auf Kontrolltätigkeiten sprechen (in diese Richtung gehend noch zur alten Rechtslage → § 38 Rn. 1 ff.).

2. Datenverarbeitung für andere Zwecke (Abs. 3 S. 2)

24 Die DS-GVO nimmt an mehreren Stellen explizit auf die Möglichkeit eine Zweckänderung Bezug. (s dazu Art. 6 Abs. 4, Art. 13 Abs. 3 und Art. 14 Abs. 4 DS-GVO.) Demnach kann eine Datenverarbeitung unbeschadet der Vorschriften der DS-GVO erfolgen, wenn
- offensichtlich ist, dass die Datenverarbeitung im Interesse der betroffenen Person liegt und kein Grund zu der Annahme besteht, dass sie in Kenntnis des anderen Zwecks ihre Einwilligung verweigern würde (Nr. 1),
- die Datenverarbeitung zur Abwehr erheblicher Nachteile für das Gemeinwohl oder einer Gefahr für die öffentliche Sicherheit oder zur Wahrung erheblicher Belange des Gemeinwohls erforderlich ist (Nr. 2) oder
- sie zur Verfolgung von Straftaten oder Ordnungswidrigkeiten, zur Vollstreckung oder zum Vollzug von Strafen oder Maßnahmen iSd § 11 Abs. 1 Nr. 8 des Strafgesetzbuchs oder von Erziehungsmaßregeln oder Zuchtmitteln im Sinne des Jugendgerichtsgesetzes oder zur Vollstreckung von Geldbußen erforderlich ist (Nr. 3).

25 Da diese Ausnahmegründe an die unbestimmten Rechtsbegriffe Offensichtlichkeit und Erforderlichkeit anknüpfen, wird es in der Praxis Schwierigkeiten bereiten, ihre Anwendungsbereiche abzugrenzen, solange sie nicht von der Rechtsprechung konkretisiert wurden. In diesem Kontext ist zu beachten, dass zumindest dem Begriff der Erforderlichkeit im europäischen Kontext bei autonomer Auslegung der eigenständigen europäischen Normen eine andere Bedeutung zukommt, als innerhalb der nationalen Rechtsordnung (vgl. zur autonomen Auslegung des Unionsrechts durch den EuGH vgl. Calliess/Ruffert/Wegener EUV Art. 19 Rn. 13 ff.).

26 Die Vorschrift des Abs. 3 S. 2 knüpft zudem an die Möglichkeit der Zweckänderung nach Art. 6 Abs. 4 DS-GVO an. Diesbezüglich meldet Pauly zu Recht Bedenken an der Europarechtskonformität des Abs. 3 S. 2 Nr. 1 an. Letzterer dürfe nicht weiter gehen als die europäische Rechtsgrundlage für die Zweckänderung aus Art. 6 Abs. 4 Var. 2 iVm Art. 23 Abs. 1 lit. i DS-GVO. Insoweit Art. 23 Abs. 1 lit. i DS-GVO von dem engeren Begriff des „Schutzes der betroffenen Person" ausgehe, müsse der weitere Begriff des „Interesses der betroffenen Person" in Abs. 3 S. 2 Nr. 1 europarechtskonform einschränkend ausgelegt werden (Paal/Pauly/Pauly Rn. 13). Eine Zweckänderung ist daher auch im Fall des Abs. 3 S. 2 Nr. 1 nur zum Schutz der betroffenen Person möglich sein.

27 Abs. 3 S. 2 legt ebenfalls fest, dass zur Verfolgung der Rechtsverstöße andere Behörden eingeschaltet werden können. Dies entspricht auch dem Gedanken des Erwägungsgrunds 129 S. 1 DS-GVO, nach dem die Befugnisse der Strafverfolgungsbehörden von den Befugnissen der Datenschutzaufsichtsbehörden unberührt bleiben. Aufgrund der abweichenden Schutzrichtung der Gewerbeordnung (zu der Begrifflichkeit des Gewerbes im deutschen Recht Dürig/Herzog/Scholz/Scholz GG Art. 12 Rn. 382) kann bei datenschutzrechtlichen Verstößen auch die Gewerbeaufsichtsbehörde eingeschaltet werden. Allerdings wird dieses Vorgehen unter den Vorbehalt schwerwiegender Verstöße gestellt.

28 Abs. 3 S. 3 erklärt § 13 Abs. 4 S. 4–7 für entsprechend anwendbar. Gemäß § 13 Abs. 4 S. 4 bleibt die Pflicht zur Anzeige von Straftaten und zum Eintritt für den Erhalt der demokratischen Grundordnung von der Vorschrift des Abs. 3 unberührt. Der Bundesbeauftragte und seine Mitarbeiter und Mitarbeiterinnen sind jedoch von der Geltung der §§ 93, 97 AO und § 105 Abs. 1 AO, § 111 Abs. 5 iVm § 105 Abs. 1 AO sowie der § 116 Abs. 1 AO ausgenommen. Eine Rückausnahme hiervon sieht § 13 Ab. 4 S. 6 für den Fall vor, dass eine Steuerstraftat im Raum steht.

IV. Befugnisse bei Verstößen gegen den Datenschutz (Abs. 3 S. 3)

29 Die Aufsichtsbehörde ist bei Verstößen gegen den Datenschutz befugt, die betroffene Person hierüber zu unterrichten. Diese Unterrichtungsbefugnis dient der Vermeidung von Folgeschäden für Betroffene und somit der Verwirklichung von Art. 8 GRCh. In Anbetracht dessen wird das Ermessen der Aufsichtsbehörde auch außerhalb des Beschwerdeverfahrens nach Art. 77 Abs. 2 DS-GVO oft auf null reduziert sein (vgl. noch zur alten Rechtslage → § 38 Rn. 44 mwN). Die Unterrichtungsbefugnis hat zudem eine klare rechtsschutzbezogene Komponente. So dient die Information des Betroffenen auch dessen Befähigung zum Ersuchen von Rechtsschutz nach

Art. 47 GRCh. Dieser Zusammenhang wird auch aus der klarstellenden Norm des Art. 58 Abs. 4 DS-GVO deutlich, der die Ausübung der aufsichtsbehördlichen Befugnisse unter den Vorbehalt geeigneter Garantien und wirksamer Rechtsbehelfe stellt.

V. Auskunftspflichten (Abs. 4)

Abs. 4 statuiert Auskunftspflichten für die Stellen, die der Zuständigkeit der jeweiligen Aufsichtsbehörde unterliegen. Diese werden durch Auskunftsverweigerungsrechte und Hinweispflichten ergänzt. 30

1. Auskunftspflicht der verantwortlichen Stelle (Abs. 4 S. 1)

Gemäß Abs. 4 S. 1 sind die jeweilige nicht-öffentliche Stelle sowie deren Leitung zur Auskunft an die Aufsichtsbehörde verpflichtet. Die Auskunft umfasst alle zur Ermittlung und Überprüfung erforderlichen Umstände. 31

2. Auskunftsverweigerungsrecht der verantwortlichen Stelle (Abs. 4 S. 2)

Die Auskunft kann unter Berufung auf bestimmte Rechtspositionen verweigert werden. Hierfür müsste dem Auskunftspflichtigen oder einer der ihm gemäß § 383 Abs. 1 Nr. 1–3 ZPO nahestehenden Personen die strafgerichtliche Verfolgung oder ein Ordnungswidrigkeitsverfahren drohen. Das Auskunftsverweigerungsrecht ist höchstpersönlich und erstreckt sich daher immer nur auf denjenigen, in dessen Person es tatsächlich vorliegt (zur alten Rechtslage Simitis/Petri BDSG aF § 38 Rn. 58). 32

Steht lediglich ein datenschutzrechtlicher Verstoß im Raum, kann die Auskunft nicht verweigert werden, da ansonsten der Zweck von Abs. 5 S. 1 und der allgemeinen Vorschriften der Art. 57 f. DS-GVO unterlaufen würde. Dies gilt insbesondere in Anbetracht des Anwendungsvorrangs der Art. 57 f. DS-GVO. 33

3. Hinweispflicht (Abs. 4 S. 3)

Gemäß Abs. 4 S. 3 ist der Auskunftspflichtige auf das Auskunftsverweigerungsrecht aus Abs. 4 S. 3 hinzuweisen. 34

VI. Zutritts- und Einsichtsrechte der Aufsichtsbehörde (Abs. 5)

Gemäß Abs. 5 S. 1 setzt die Befugnis der Aufsichtsbehörden und der von diesen mit der Durchführung von Kontrollen beauftragten Personen zur Betretung von Grundstücken und Geschäftsräumen. Ihnen ist Zugang zu sämtlichen Datenverarbeitungsanlagen wie auch -geräten zu gewähren. Diese Befugnis ist entgegen der bisherigen Regelung des § 38 Abs. 4 S. 1 BDSG aF nicht auf Betriebs- und Geschäftszeiten begrenzt (so auch Paal/Pauly/Pauly Rn. 29). Die Erforderlichkeit ist in diesem Zusammenhang aufgrund europarechtlicher Determinierung der rechtlichen Regelungen in Anbetracht von Art. 8 GRCh weit auszulegen und umfasst zumindest alle Maßnahmen die zur Erfüllung der Aufgaben aus Art. 57 lit. a, f und h DS-GVO notwendig sind (ähnlich Paal/Pauly/Pauly Rn. 31.). 35

Das Zutritts- und Einsichtsrecht aus Abs. 5 S. 1 wird auf Seiten der nicht-öffentlichen Stelle spiegelbildlich durch die Duldungspflicht aus Abs. 5 S. 2 ergänzt. 36

Abs. 5 S. 3 verweist zudem auf die entsprechende Ermächtigung für den Bundesbeauftragten in § 16 Abs. 4 Nr. 1. 37

VII. Verhältnis zum betrieblichen Datenschutzbeauftragten

Abs. 6 legt eine Janusköpfigkeit der Aufsichtsbehörde im Verhältnis zum betrieblichen Datenschutzbeauftragten offen. Einerseits steht die Behörde dem Datenschutzbeauftragten beratend zur Seite andererseits kann sie auch seine Abberufung verlangen. Um nicht in einen internen Konflikt zu kommen, kann die Aufsichtsbehörde Beratungs- und Ahndungsverfahren organisatorisch trennen. 38

1. Pflicht zur Beratung des betrieblichen Datenschutzbeauftragten (Abs. 6 S. 1)

Die an den typischen Bedürfnissen des Datenschutzbeauftragten ausgerichtete Beratung der Aufsichtsbehörde kann keine vollumfängliche Beratung, beispielsweise zur Erstellung eines Daten- 39 schutzmanagementsystems für das gesamte Unternehmen, umfassen. Sie ist vielmehr im Bereich der Öffentlichkeitsarbeit zu verorten und bezieht sich, wie es auch dem Wortlaut der „typischen Bedürfnisse" entspricht, auf allgemeinere Hinweise (Paal/Pauly/Pauly Rn. 37 ff.).

2. Abberufung des betrieblichen Datenschutzbeauftragten (Abs. 6 S. 2)

40 Abs. 6 S. 2 sieht die Möglichkeit des Verlangens der Abberufung des betrieblichen Datenschutzbeauftragten vor. Hierfür muss diesem alternativ das von Art. 37 Abs. 5 DS-GVO geforderte Fachwissen fehlen oder ein Interessenskonflikt iSv Art. 36 Abs. 6 DS-GVO bestehen.

41 Auch wenn Abs. 6 S. 2 hinsichtlich der Fachkunde nicht auf die DS-GVO Bezug nimmt, muss die Fachkunde aufgrund des Vorranges des Unionsrechtes dennoch anhand des von Art. 37 Abs. 5 DS-GVO geforderten Fachwissens über datenschutzrechtliche Bestimmungen und der für die Erfüllung der Aufgaben aus Art. 39 Abs. 1 DS-GVO erforderlichen Kunde beurteilt werden (→ DS-GVO Art. 37 Rn. 19 f.).

42 Interessenkonflikte können auftreten, wenn der Datenschutzbeauftragte die Ergebnisse seiner eigenen Arbeit kontrollieren müsste. Dies ist regelmäßig der Fall, wenn er Mitglied der Geschäftsleitung, mit der Bearbeitung von Personaldaten betraut oder im Hauptamt im Unternehmen und im Nebenamt als Datenschutzbeauftragter in denselben Datenverarbeitungsbereichen tätig ist (ausführlich → DS-GVO Art. 37 Rn. 22 ff.).

43 Abs. 6 räumt der zuständigen Behörde Ermessen bezüglich des Verlangens der Abberufung ein. In diesem Zusammenhang ist der Grundsatz der Verhältnismäßigkeit zu beachten. Bei Fehlen der Fachkunde dürfte eine Verhältnismäßigkeit nur gegeben sein, wenn die Fachkunde nicht in angemessener Zeit durch geeignete Maßnahmen erworben werden kann.

VIII. Anwendbarkeit der Gewerbeordnung (Abs. 7)

44 Gemäß der Vorschrift des Abs. 7 bleibt die Gewerbeordnung neben den datenschutzrechtlichen Regelungen vollumfänglich anwendbar. Insoweit entspricht der Regelungsgehalt dieser Vorschrift den Vorgaben des § 38 Abs. 7 BDSG aF. Zwar können im Rahmen der Beurteilung der Zuverlässigkeit im Rahmen der vollständigen oder teilweisen Untersagung des Gewerbes gem. § 35 Abs. 1 GewO auch datenschutzrechtliche Verstöße berücksichtigt werden (in erster Linie auf Art. 77 Abs. 2 DS-GVO Bezug nehmend Paal/Pauly/Pauly Rn. 8). Grundsätzlich erfolgt die Gewerbeaufsicht jedoch aufgrund anderer grundrechtlicher Schutzgüter als die Datenschutzaufsicht (ähnlich bereits zur alten Rechtslage Simitis/Petri BDSG aF § 38 Rn. 75). So wird die Gewerbefreiheit durch die Berufsfreiheit garantiert (im europäischen Kontext ergibt sich diese aus Art. 15 Abs. 1 GRCh; zu der Begrifflichkeit im deutschen Recht Dürig/Herzog/Scholz/Scholz GG Art. 12 Rn. 382), wohingegen die datenschutzrechtlichen Regelungen die Verwirklichung des Art. 8 GRCh zum Ziel haben (vgl. Wächter, Datenschutz im Unternehmen, 5. Auflage, 2017, Rn. 37 f.). Aus diesem Grund kann ein datenschutzrechtlicher Verstoß eines Gewerbeunternehmens zugleich mit einem auf Art. 83 Abs. 4 oder 5 DS-GVO und mit einem weiteren auf gewerberechtliche Vorschriften gestützten Bußgeld belegt werden.

Kapitel 5. Sanktionen

§ 41 Anwendung der Vorschriften über das Bußgeld- und Strafverfahren

(1) ¹Für Verstöße nach Artikel 83 Absatz 4 bis 6 der Verordnung (EU) 2016/679 gelten, soweit dieses Gesetz nichts anderes bestimmt, die Vorschriften des Gesetzes über Ordnungswidrigkeiten sinngemäß. ²Die §§ 17, 35 und 36 des Gesetzes über Ordnungswidrigkeiten finden keine Anwendung. ³§ 68 des Gesetzes über Ordnungswidrigkeiten findet mit der Maßgabe Anwendung, dass das Landgericht entscheidet, wenn die festgesetzte Geldbuße den Betrag von einhunderttausend Euro übersteigt.

(2) ¹Für Verfahren wegen eines Verstoßes nach Artikel 83 Absatz 4 bis 6 der Verordnung (EU) 2016/679 gelten, soweit dieses Gesetz nichts anderes bestimmt, die Vorschriften des Gesetzes über Ordnungswidrigkeiten und der allgemeinen Gesetze über das Strafverfahren, namentlich der Strafprozessordnung und des Gerichtsverfassungsgesetzes, entsprechend. ²Die §§ 56 bis 58, 87, 88, 99 und 100 des Gesetzes über Ordnungswidrigkeiten finden keine Anwendung. ³§ 69 Absatz 4 Satz 2 des Gesetzes über Ordnungs-

widrigkeiten findet mit der Maßgabe Anwendung, dass die Staatsanwaltschaft das Verfahren nur mit Zustimmung der Aufsichtsbehörde, die den Bußgeldbescheid erlassen hat, einstellen kann.

Überblick

Im Recht der Europäischen Union fehlt es bislang an einem Allgemeinen Teil eines europäischen Verwaltungssanktionenrechts sowie an einem hierauf maßgeschneiderten Prozessrecht (→ Rn. 3); Art. 83 DS-GVO enthält neben den Bußgeldtatbeständen in Abs. 4–6 nur fragmentarische Regelungen. Diese Lücken schließt § 41. Dessen Abs. 1 S. 1 verweist für das materielle Sanktionenrecht „sinngemäß" (→ Rn. 7) auf das OWiG (→ Rn. 8 ff.), S. 2 schließt aber die Anwendung einiger für entbehrlich gehaltener – teils zum Verfahrensrecht gehörender – Vorschriften aus (→ Rn. 30). Systemwidrig loziert findet sich in Abs. 1 S. 3 eine Regelung der gerichtlichen Zuständigkeit (→ Rn. 36). Abs. 2 S. 1 verweist für das Sanktionsverfahren „entsprechend" (→ Rn. 26) ebenfalls auf das OWiG sowie ergänzend – wie dieses – auf die Strafprozessordnung und das Gerichtsverfassungsgesetz (→ Rn. 26 ff.). S. 2 schließt die Anwendung einiger für entbehrlich gehaltener Vorschriften aus (→ Rn. 27); S. 3 schränkt die Einstellungsmöglichkeiten ein (→ Rn. 33).

Übersicht

	Rn.		Rn.
A. Allgemeines	1	VI. Rechtswidrigkeit; Vorwerfbarkeit	21
I. Gesetzgebungsgeschichte	1	VII. Rechtsfolgen	22
II. Altfälle nach § 43 BDSG aF	2	VIII. Konkurrenzen	24
III. Systematik, Regelungszweck, Bedeutung und Unionsrechtskonformität der Vorschrift	3	IX. Verjährung	25
		C. Bußgeldverfahren (Abs. 1 S. 2 Var. 2, 3, Abs. 2)	26
B. Materielles Bußgeldrecht (Abs. 1 S. 1, S. 2 Var.1)	7	I. Überblick	26
I. Überblick	7	II. Zuständigkeiten und Verfolgungsverfahren	29
II. Anwendungsbereich, insbesondere Sanktionierung juristischer Personen	9	1. Verfolgungsbehörde und Vorverfahren	29
1. Art. 83 Abs. 4–6 DS-GVO als Sonderdelikte	9	2. Einspruch und Zwischenverfahren	32
2. Natürliche Personen	10	3. Gerichtliches Verfahren in erster Instanz	35
3. Juristische Personen	11	4. Rechtsbeschwerde	37
4. Behörden und öffentliche Stellen	12	5. Vorabentscheidungsverfahren	39
5. Tatbestandsergänzung (§ 9 OWiG); Beteiligung (§ 14 OWiG)	13	6. Rechtskraft, Vollstreckung und Wiederaufnahme	40
6. Räumlicher Anwendungsbereich	15	III. Verfolgungsermessen	41
7. Zeitlicher Anwendungsbereich	16	IV. Ermittlungsmaßnahmen; europäische und internationale Zusammenarbeit	43
III. Vorsatz und Fahrlässigkeit	17	1. Ermittlungsmaßnahmen in Deutschland	43
IV. Versuch	19	2. Europäische und internationale Zusammenarbeit	45
V. Unterlassenverantwortlichkeit	20	V. Verfahrensgarantien	47

A. Allgemeines

I. Gesetzgebungsgeschichte

§ 41 wurde durch das Datenschutz-Anpassungs- und -Umsetzungsgesetz EU v. 30.6.2017 **1** (BGBl. I 2097) eingeführt und trat gemäß dessen Art. 8 Abs. 1 S. 1 **am 25.5.2018 in Kraft.** Die Formulierung des § 41 entspricht mit Ausnahme des erst im parlamentarischen Verfahren ergänzten Abs. 1 S. 3 (vgl. BT-Drs. 18/12084, 9) dem vorangegangenen Gesetzentwurf der Bundesregierung (BT-Drs. 18/11325, 38). Trotz des vergleichbaren Sanktionsrahmens und der primär adressierten Unternehmen sehen die bisherigen Entwürfe einer Verbandsverantwortlichkeit (zuletzt BT-Drs. 19/23568) nicht vor, Verstöße gegen Art. 83 DS-GVO mit den Mitteln des Verbandssanktionenrechts zu ahnden.

II. Altfälle nach § 43 BDSG aF

2 In der Systematik des neuen Datenschutzrechts hat die EU von ihrer Rechtsetzungskompetenz hinsichtlich einer Sanktionierung von Datenschutzverstößen in Art. 83 DS-GVO Gebrauch gemacht. Diese Regelung trat in ihrem Zusammenspiel mit § 41 – ergänzt um die sehr spezielle Bußgeldvorschrift in § 43 Abs. 1–2 – an die Stelle der bisherigen Bußgeldvorschrift in § 43 BDSG aF. Nach § 4 Abs. 1 OWiG sind **Altfälle** angesichts der zum neuen Recht bestehenden Unrechtskontinuität – unter Beachtung der Verfolgungsverjährung (§ 31 ff. OWiG) – weiterhin nach § 43 BDSG aF zu bestrafen, soweit nicht das neue Datenschutzrecht den konkreten Verstoß bei hypothetischer Betrachtung milder ahndet oder von einer Ahndung ganz absieht (§ 4 Abs. 3 OWiG, Art. 49 Abs. 1 S. 3 GRCh; → § 42 Rn. 3; aA Specht/Mantz DatenschutzR-HdB/Born § 8 Rn. 37).

III. Systematik, Regelungszweck, Bedeutung und Unionsrechtskonformität der Vorschrift

3 § 41 **verknüpft** das materielle **Bußgeldrecht** sowie das Bußgeldverfahrensrecht des OWiG mit dem nur fragmentarischen **supranationalen europäischen Sanktionenrecht,** dessen Grundlage hauptsächlich in Art. 83 DS-GVO zu finden ist; bereichsspezifisch stellen § 384a Abs. 2 AO, § 85a Abs. 1 SGB X die „entsprechende" Anwendung des § 41 sicher. Die im Wortlaut des Gesetzes angelegte Differenzierung zwischen Verfahrensfragen (Abs. 2 S. 1) und materiellem Recht (Abs. 1 S. 1; krit. Bülte StV 2017, 460 (467 f.)) wird in den ganz bzw. teilweise verfahrensrechtlich relevanten Detailregelungen in Abs. 1 S. 2–3 nur inkonsequent durchgehalten. Denn während Abs. 1 S. 2 Var. 1 auf den materiell-rechtlichen § 17 OWiG (→ Rn. 22) verweist, beziehen sich Var. 2 und 3 sowie S. 3 auf die verfahrens- oder gerichtsverfassungsrechtlichen Regelungen der §§ 35, 36 OWiG (→ Rn. 30) sowie § 68 OWiG (→ Rn. 36). Der über das OWiG hinausgehende Verweis auf die „allgemeinen Gesetze über das Strafverfahren, namentlich (die) Strafprozessordnung und (das) Gerichtsverfassungsgesetz(...)" in Abs. 2 ergibt sich schließlich bereits aus § 46 Abs. 1 OWiG und ist daher rein deklaratorisch. Hingegen werden einige zentrale Fragen nur lückenhaft oder widersprüchlich geregelt (→ Rn. 3.1 f.). Das betrifft etwa den Adressatenkreis (→ Rn. 11.3), aber auch die – an sich sinnvolle – erstinstanzliche Zuständigkeit des Landgerichts, wenn die festgesetzte Geldbuße einen Schwellenwert überschreitet (→ Rn. 36).

3.1 Die DS-GVO selbst lässt zahllose Fragen des **materiellen Sanktionenrechts** ungeklärt (so auch Auernhammer/Golla Rn. 1; SJTK/Schwartmann/Burkhardt Rn. 2). Ein hinreichend bestimmter Kanon an allgemeinen Regeln hat sich auch im Übrigen supranationalen Sanktionenrecht bislang nur in Einzelgebieten herausgebildet (detailliert hierzu Sieber/Satzger/v. Heintschel-Heinegg/Vogel/Brodowski, Europäisches Strafrecht, 2. Aufl. 2014, § 5 Rn. 42 ff.; ferner Nolde PinG 2017, 114 (115); Kühling/Buchner/Bergt Rn. 1). Um die DS-GVO nicht mit diesen – ohnehin nur als **ultima ratio** relevanten (→ Rn. 4) – spezifisch sanktionenrechtlichen bzw. (im weiteren Sinne) strafrechtlichen Fragen zu überlasten, erscheint die Entscheidung des Verordnungsgebers sinnvoll, den Mitgliedstaaten vorerst einen eigenen Ausgestaltungsspielraum zu überlassen. Mittelfristig sollten jedoch zum Zwecke einer gleichmäßigen Anwendung allgemeine (horizontale) Regeln für die verschiedenen Bereiche des supranationalen Verwaltungssanktionenrechts herausgearbeitet und in einer (Rahmen-)Verordnung verankert werden.

3.2 Eine Verknüpfungsvorschrift ist zudem hinsichtlich des **Verfahrensrechts** notwendig, weil der Europäischen Union im Bereich des Datenschutzsanktionenrechts nur eine Rechtsetzungskompetenz (**jurisdiction to prescribe**), nicht aber eine genuine Ahndungskompetenz (**jurisdiction to enforce**) zugewiesen ist (allgemein hierzu Sieber/Satzger/v. Heintschel-Heinegg/Vogel/Brodowski Europäisches Strafrecht, 2. Aufl. 2014, § 5 Rn. 29 ff.; spezifisch zu Art. 83 DS-GVO → DS-GVO Art. 83 Rn. 4). Infolgedessen sind die Fragen der prozessualen Durchsetzung des europäisierten Sanktionenrechts, des gerichtlichen Rechtsschutzes und der Verfahrensgarantien ergänzend durch nationale Regelungen zu beantworten (Bülte StV 2017, 460 (460); Auernhammer/Golla Rn. 1; Gola/Heckmann/Ehmann Rn. 3). Sinnvollerweise orientieren sich diese weitestmöglich (→ Rn. 26) an nationalen Kontext eingespielten Regelungen wie hier dem OWiG.

4 Die **Bedeutung** des § 41 lässt sich nicht isoliert, sondern nur im Zusammenspiel mit Art. 83 DS-GVO bestimmen. Im bunten Strauß der Befugnisse der Aufsichtsbehörden (Art. 58 Abs. 2 DS-GVO; allgemein hierzu Martini/Wagner/Wenzel VerwArch 2018, 163 (165 ff.)) sind sie wegen ihrer punitiven, in der Höhe beachtlichen Ausgestaltung ein ausgesprochen scharfes Schwert (Faust/Spittka/Wybitul ZD 2016, 120 (120)). Indessen zielt die Regelungssystematik der DS-GVO, exemplifiziert durch die starke und gestaltende Rolle der Aufsichtsbehörde (auch Abs. 2 S. 3), vorrangig darauf, durch niederschwelligere Maßnahmen eine **Compliance** der datenschutzrechtlich Verantwortlichen mit den Vorgaben der DS-GVO zu erzielen. Die Verhängung von Bußgeldern ist dann nur **ultima ratio** (Paal/Pauly/Frenzel DS-GVO Art. 83 Rn. 1; → DS-GVO Art. 83 Rn. 2 mit Verweis auf Erwägungsgründe 148 und 152; Martini/Wenzel PinG 2017, 92 (92)). Eine nicht amtliche **Übersicht** über die **Bußgeldpraxis** der Aufsichtsbehörden in der EU findet sich unter http://www.enforcementtracker.com/ (siehe auch Votteler ZD 2019, 431).

Durchgreifende Zweifel an der **Unionsrechtskonformität** des § 41 bestehen nicht. Nur soweit im Einzelfall eine Verweisung in das OWiG mit Unionsrecht im Widerspruch steht, ist § 41 insoweit unanwendbar (**Anwendungsvorrang des Unionsrechts**; ferner Bergt DuD 2017, 555 (558 f.)). 5

Hiervon zu trennen ist die Diskussion über die – vor allem aus dem Blickwinkel des Unionsverfassungsrechts zu betrachtende – hinreichende **Bestimmtheit** des Art. 83 Abs. 4–6 DS-GVO (→ DS-GVO Art. 83 Rn. 5 ff.; Paal/Pauly/Frenzel DS-GVO Art. 83 Rn. 19; Schantz/Wolff DatenschutzR/Wolff Rn. 1118; Bergt DuD 2017, 555 (560); Schneider, FS U. Neumann 2017, 1425 (1425 ff.); Pohl PinG 2017, 85; Specht/Mantz DatenschutzR-HdB/Born § 8 Rn. 33 ff.; diff. Bülte StV 2017, 460 (464 ff.)). 6

B. Materielles Bußgeldrecht (Abs. 1 S. 1, S. 2 Var. 1)

I. Überblick

§ 41 Abs. 1 S. 1 ordnet lediglich die „**sinngemäß**(e)" Geltung der Vorschriften des OWiG an. Dies unterscheidet sich sowohl von der schlichten Geltung des OWiG für Ordnungswidrigkeiten nach Bundes- und Landesrecht (§ 2 OWiG) als auch von der „entsprechend(en)" Geltung der verfahrensrechtlichen Vorschriften gem. Abs. 2 S. 1. Mit dieser Formulierung bringt der Gesetzgeber in Abs. 1 eine **Distanzierung** zum Ausdruck (aA Taeger/Gabel/Wybitul/Zhou Rn. 8), mit der verdeutlicht werden soll, dass die Regelungen der DS-GVO vorrangig anzuwenden sind und lediglich diejenigen Lücken, die das Unionsrecht im Hinblick auf das materielle Sanktionenrecht lässt, unter Beachtung der unionsrechtlichen Ziele durch die Regelungen des Bußgeldrechts des OWiG zu füllen sind. Dies lässt es erforderlichenfalls zu, dieselben Normen des OWiG hier anders auszulegen als in rein nationalem Kontext (vgl. Däubler/Wedde/Weichert/Sommer/Sommer Rn. 2 f. mit Beispielen für Unklarheiten einer „sinngemäßen" Anwendung der Vorschriften). 7

Gleichwohl kann hinsichtlich der **Regelungen des materiellen Bußgeldrechts (§§ 1–34 OWiG)** im Ausgangspunkt auf die einschlägigen Darstellungen verwiesen werden (BeckOK-OWiG; KK-OWiG/Rogall Vorb. zum ersten Teil; Klesczewski, Ordnungswidrigkeitenrecht, 2. Aufl. 2016; Bülte, Ordnungswidrigkeitenrecht, 6. Aufl. 2020). Die folgende Kommentierung beschränkt sich infolgedessen auf datenschutzrechtliche Besonderheiten. Besonders hervorzuheben sind hierbei die Sanktionierung juristischer Personen (→ Rn. 11 ff.), der räumliche Anwendungsbereich (→ Rn. 15) sowie die Diskussion, ob ein Verschulden erforderlich ist (→ Rn. 17). 8

II. Anwendungsbereich, insbesondere Sanktionierung juristischer Personen

1. Art. 83 Abs. 4–6 DS-GVo als Sonderdelikte

Die Bußgeldtatbestände des Art. 83 Abs. 4–6 DS-GVO richten sich nach vorherrschender Auffassung (→ DS-GVO Art. 83 Rn. 8; Schantz/Wolff DatenschutzR/Wolff Rn. 1132; Thiel (Interview) ZD 2020, 3 (3 f.); diff. Bergt DuD 2017, 555 (560 f.)) – jedenfalls vorrangig – an **Verantwortliche** (Art. 4 Nr. 7 DS-GVO), **Auftragsverarbeiter** und sonst näher umschriebene Stellen (insbesondere Zertifizierungs- und Überwachungsstellen, Art. 83 Abs. 4 lit. b, lit. c DS-GVO). Sie sind daher, wie auch die Strafvorschriften des § 42 (→ § 42 Rn. 15), **Sonderdelikte**. Dies ergibt sich bei Art. 83 Abs. 4 DS-GVO bereits aus der Spezifizierung der Pflichten, bei Art. 83 Abs. 5 DS-GVO implizit aus der an die Verantwortlicheneigenschaft anknüpfenden Regelungssystematik der DS-GVO (s. etwa Art. 5 Abs. 2, Art. 7 Abs. 1 DS-GVO) sowie allgemein aus Art. 83 Abs. 3 DS-GVO, da der Unionsgesetzgeber eine Konkurrenzregelung (→ Rn. 24) nur für Verstöße von Verantwortlichen und Auftragsverarbeitern für notwendig hielt. 9

2. Natürliche Personen

Erfüllt eine **natürliche Person** die vorgenannte spezifische Täterqualifikation (→ Rn. 9) **selbst,** weil sie bspw. datenschutzrechtlich Verantwortliche ist (Bergt DuD 2017, 555 (560 f.)), ist der Anwendungsbereich der Sanktionsvorschriften und auch des § 41 ohne weiteres eröffnet. Zur 10

Tatbestandsergänzung nach § 9 OWiG sowie zur auch bei fehlender Täterqualifikation möglichen Beteiligung → Rn. 13 f.

3. Juristische Personen

11 Noch nicht abschließend geklärt sind die Voraussetzungen einer Sanktionierung **juristischer Personen** und **Personenvereinigungen,** soweit diese selbst die spezifische Täterqualifikation (→ Rn. 9) aufweisen. Nach vorzugswürdiger Auffassung (→ Rn. 11.2 f.) setzt eine Verhängung einer Geldbuße gegen diese eine **Zurechnung** nach **unionsrechtlichen Maßstäben** voraus; § 30 OWiG und auch § 130 OWiG finden entgegen einer teilweise vertretenen Auffassung (→ Rn. 11.1) keine Anwendung.

11.1 Nach einer Auffassung regelt die DS-GVO – anders als der sich ausschließlich gegen Unternehmen richtende Art. 23 VO (EG) Nr. 1/2003 – die Frage der Zurechnung eines Verstoßes zu einem Verband nicht selbst, sondern belässt hier Raum für die **Konkretisierung durch die nationalen Gesetzgeber**, in Deutschland folglich durch den Verweis auf § 30 OWiG (Sydow/Popp DS-GVO Art. 83 Rn. 5, Art. 84 Rn. 3; Piltz, BDSG Praxiskommentar für die Wirtschaft, 2017, § 41 Rn. 7 ff.; Nietsch/Osmanovic BB 2021, 1858; Wybitul/Venn ZD 2021, 348; zuletzt auch LG Berlin ZD 2021, 270 (Rn. 11 ff.); in diese Richtung ebenfalls Schantz/Wolff DatenschutzR/Wolff Rn. 1132 ff.; für Österreich ÖVwGH ZD 2020, 463 mzustAnm Messner ZD 2020, 466). Dies setzt damit einen eigenen Verstoß und ein eigenes Verschulden eines Repräsentanten voraus, was im europäischen Kontext zu stark divergierenden Sanktionierungsmöglichkeiten führen würde (Schantz/Wolff DatenschutzR/Wolff Rn. 1133 ff.). Ein Organisationsverschulden wäre dann nur über §§ 130, 30 OWiG berücksichtigungsfähig (Eckhardt/Menz DuD 2018 139 (143); Plath/Becker Rn. 6; Taeger/Gabel/Wybitul/Zhou Rn. 16; BMI, Evaluierung des Gesetzes zur Anpassung des Datenschutzrechts an die Verordnung (EU) 2016/679 und zur Umsetzung der Richtlinie (EU) 2016/680, Stand: Oktober 2021, 62; unklar Gola/Gola DS-GVO Art. 83 Rn. 11, 17).

11.2 Nach anderer Auffassung folgt die Sanktionierbarkeit juristischer Personen und Personenvereinigungen bei Art. 83 Abs. 4–6 DS-GVO unmittelbar aus dem europäischen Recht, ohne dass es auf nationale Zurechnungsregelungen ankäme (LG Bonn Urt. v. 11.11.2020 – 29 OWi 1/20 Rn. 51 ff., BeckRS 2020, 35663 = StV-S 2021, 5; → DS-GVO Art. 83 Rn. 11; Kühling/Buchner/Bergt DS-GVO Art. 83 Rn. 20; SJTK/Schwartmann/Burkhardt Rn. 9 ff.; Moos/Schefzig/Arning, Die neue Datenschutz-Grundverordnung, 2018, Kap. 16 Rn. 115; Specht/Mantz DatenschutzR-HdB/Born § 8 Rn. 22; Gola/Heckmann/ Ehmann § 41 Rn. 19 ff.; Thiel (Interview) ZD 2020, 3 f.). Zurechnungskriterium ist dann allein das befugte Tätigwerden einer – nicht notwendigerweise identifizierbaren – natürlichen Person für den Verband (→ DS-GVO Art. 83 Rn. 11; ergänzend Sieber/Satzger/v. Heintschel-Heinegg/Vogel/Brodowski, Europäisches Strafrecht, 2. Aufl. 2014, § 5 Rn. 69). Konsequenz dessen ist es, dass ein Organisationsverschulden des Verbands ausreicht (→ Rn. 18; Bergt DuD 2017, 555 (558); allgemein Sieber/Satzger/v. Heintschel-Heinegg/Vogel/Brodowski, Europäisches Strafrecht, 2. Aufl. 2014, § 5 Rn. 70; kritisch zur Weite der Zurechnung → DS-GVO Art. 83 Rn. 14; Dannecker NZWiSt 2016, 162 (166)).

11.3 Der deutsche Gesetzgeber hat sich zu dieser Frage widersprüchlich verhalten. § 30 OWiG ist von der Verweisung in § 41 Abs. 1 S. 1 nicht ausgeschlossen, wohl aber die zur prozessualen Durchsetzung des § 30 OWiG zentrale Verfahrensvorschrift in § 88 OWiG (§ 42 Abs. 2 S. 2). Dafür, dass es einer konkreten Feststellung einer rechtswidrigen und schuldhaften Handlung einer Leitungsperson iSv § 30 Abs. 1 OWiG nicht bedarf, sprechen gleich mehrere Gründe. Zunächst ist bereits wegen des **Anwendungsvorrangs des Unionsrechts** dessen Perspektive entscheidend. Durch die in Erwägungsgrund 150 DS-GVO verankerte und historisch-genetisch auch weitergehend nachweisbare Anknüpfung an das supranationale **Kartellsanktionenrecht** (Albrecht CR 2016, 88 (96); Bergt DuD 2017, 555 (556); ausführlich zum Unternehmen im europäischen Datenschutzrechte Uebele EuZW 2018, 44) erscheint es vorzugswürdig, die Zurechnung von Verstößen zu Verbänden nach den anerkannten unionsrechtlichen Maßstäben zu bestimmen. Ferner spricht für die Anknüpfung an unionsrechtliche Maßstäbe der Grundsatz der **einheitlichen bzw. effektiven Sanktionierung** von Datenschutzverstößen von Unternehmen in allen Mitgliedstaaten, die ein Grundanliegen bei der Schaffung der DS-GVO war (LG Bonn Urt. v. 11.11.2020 – 29 OWi 1/20 Rn. 58 f., BeckRS 2020, 35663 = StV-S 2021, 5). Das KG hat diese Frage nunmehr dem EuGH zur Vorabentscheidung vorgelegt (KG Beschl. v. 6.12.2021 – 3 Ws (B) 250/21).

4. Behörden und öffentliche Stellen

12 Nach ganz allgemeiner Auffassung hat Deutschland in § 43 Abs. 3 (und ergänzend in § 384a Abs. 4 AO, § 85a Abs. 3 SGB X) von der Öffnungsklausel des Art. 83 Abs. 7 DS-GVO keinen Gebrauch gemacht und die Verhängung von Geldbußen **gegen Behörden** und **sonstige öffentliche Stellen** iSd § 2 Abs. 1 allgemein und nicht nur in Bezug auf § 43 Abs. 1 ausgeschlossen (→ DS-GVO Art. 83 Rn. 81; → § 43 Rn. 4.1; Schantz/Wolff DatenschutzR/Wolff Rn. 1112;

Martini/Wagner/Wenzel VerwArch 2018, 163 (175 ff.)). Eine Lozierung dieser Vorschrift als § 41 Abs. 3 wäre indes systematisch de lege ferenda vorzugswürdig (→ § 43 Rn. 4). Möglich ist allerdings eine Verhängung von Bußgeldern gegen öffentliche Stellen, soweit sie als öffentlich-rechtliche Unternehmen am Wettbewerb teilnehmen (vgl. § 2 Abs. 5; → § 43 Rn. 20). Auch schließt § 43 Abs. 3 nicht aus, Geldbußen gegen Bedienstete öffentlicher Stellen zu verhängen (aA Dieterle ZD 2020, 135 (137)).

5. Tatbestandsergänzung (§ 9 OWiG); Beteiligung (§ 14 OWiG)

Konstruktiv ist es ohne Weiteres möglich, über die Verweisung des Abs. 1 S. 1 die **Tatbestandsergänzungsvorschrift** des **§ 9 OWiG** (SSW-StGB/Bosch StGB § 14 Rn. 1; NK-WiStStrafR/Brodowski StGB § 14 Rn. 2, 4; Bruns GA 1982, 1 (8 f.); ähnlich KK-OWiG/Rogall OWiG § 9 Rn. 11 f.; zur zurückhaltenden Praxis Thiel (Interview) ZD 2020, 3 (f.)) sowie die **Beteiligungsvorschrift** des **§ 14 OWiG** heranzuziehen (Eckhardt/Menz DuD 2018, 139 (143); Plath/Becker Rn. 7; Piltz, BDSG Praxiskommentar für die Wirtschaft, 2017, § 43 Rn. 9; Specht/Mantz DatenschutzR-HdB/Born § 8 Rn. 22; aA → DS-GVO Art. 84 Rn. 12). Mittels § 9 OWiG lassen sich zum einen bei juristischen Personen des Privatrechts (→ Rn. 11) sowie bei Behörden und öffentlichen Stellen (→ Rn. 12) die dort genannten Leitungspersonen, Vertreter und Beauftragte persönlich bußgeldrechtlich in die Haftung nehmen; betriebliche Datenschutzbeauftragte nur dann, wenn sie die in § 9 OWiG genannten Kriterien im Einzelfall erfüllen (zweifelnd Plath/Becker Rn. 7). Zum anderen lassen sich nach dem im § 14 Abs. 1 OWiG verankerten **Einheitstäterprinzip** weitere natürliche und (nur hier) juristische Personen des Privatrechts als Beteiligte erfassen. Für eine Beteiligung ist es ausreichend, aber auch erforderlich, dass irgendeine natürliche (→ Rn. 10) oder juristische (→ Rn. 11) Person, die an der Tat beteiligt ist, das besondere persönliche Merkmal aufweist (§ 14 Abs. 1 S. 2 OWiG). Im Vergleich zum Unionsrecht ist der mögliche Täterkreis nach deutschem Recht somit erweitert (iE auch Boms ZD 2019, 536 (540)).

In der Literatur wird hiergegen teilweise vorgebracht, Art. 83 DS-GVO beschränke – wie das unionsrechtliche Kartellrecht – die **Sanktionierbarkeit nur** auf **das Unternehmen** selbst und sehe Geldbußen gegen dessen Mitarbeiter dezidiert nicht vor (→ DS-GVO Art. 83 Rn. 20; → DS-GVO Art. 84 Rn. 12; Gola/Gola DS-GVO Art. 83 Rn. 8; Auernhammer/Golla Rn. 5, 7; ferner zweifelnd Bülte StV 2017, 460 (467 f.); Simitis/Hornung/Spiecker/Boehm DS-GVO Art. 84 Rn. 17; differenzierend Kühling/Buchner/Bergt Rn. 10 f.). Auch habe der deutsche Gesetzgeber im Laufe des Gesetzgebungsverfahrens auf eine spezifische Bußgeldvorschrift gegen Mitarbeiter verzichtet (→ DS-GVO Art. 84 Rn. 12.1). Diese Argumentation trägt indes nicht: Anders als im Referentenentwurf vorgesehen schließt die geltende Fassung des § 41 die Anwendbarkeit des § 9 OWiG nicht aus. Da bereits der allgemeine Teil des OWiG die Täterschaft von Mitarbeitern erfasst, ist deren explizite Erwähnung als Adressaten der Norm entbehrlich. Letztlich setzt auch das unionsrechtlich überformte Kartellrecht ergänzend auf die Bebußbarkeit einzelner Mitarbeiter (§ 81 GWB). Eine Fokussierung auf individuell-verantwortliche natürliche Personen erweist sich im Wirtschaftsstrafrecht ohnehin teils als vorzugswürdig, teils als unverzichtbar (Brodowski/Espinoza/Tiedemann/Vogel/Bernau, Regulating Corporate Criminal Liability, 2014, 47 ff.). Schließlich ist Art. 83 Abs. 3 DS-GVO ohnehin nicht abschließend zu verstehen (→ Rn. 24; zum unionsrechtlichen Spielraum s. ferner Schantz/Wolff DatenschutzR/Wolff Rn. 1145).

6. Räumlicher Anwendungsbereich

Die am Territorialitätsprinzip orientierte Regelung des Geltungsbereichs im allgemeinen Bußgeldrecht (§ 5 OWiG) ist für Verstöße nach Art. 83 Abs. 4–6 DS-GVO ohne Belang (aA Sydow/Popp DS-GVO Art. 84 Rn. 9). Vielmehr richtet sich der **räumliche Geltungsbereich** der Sanktionsvorschrift nach **europäischem Recht** (Art. 3 DS-GVO). Hiervon zu trennen ist die Frage der europäischen Zuständigkeitsverteilung der Aufsichtsbehörden (Art. 55 ff. DS-GVO; Gola/Gola DS-GVO Art. 83 Rn. 29).

7. Zeitlicher Anwendungsbereich

In zeitlicher Hinsicht ist § 41 iVm Art. 83 Abs. 4–6 DS-GVO auf **ab dem 25.5.2018, 0:00 Uhr** (→ Rn. 1) begangene sowie auf zu diesem Zeitpunkt noch nicht beendete Verstöße anwendbar. Zu Altfällen → Rn. 2.

III. Vorsatz und Fahrlässigkeit

17 Nach vorherrschender und vorzugswürdiger Auffassung setzen Verstöße gegen Art. 83 Abs. 4–6 DS-GVO **Verschulden,** also ein **vorsätzliches** oder **fahrlässiges** (→ Rn. 17.1) **Verhalten** voraus. Ein solches Erfordernis wird in Art. 83 Abs. 2 lit. b, Abs. 3 DS-GVO vorausgesetzt (Feiler/Forgó DS-GVO Art. 83 Rn. 10; Paal/Pauly/Frenzel DS-GVO Art. 83 Rn. 14; Auernhammer/Golla Rn. 4; Neun/Lubitzsch BB 2017, 1538 (1542 f.); Specht/Mantz DatenschutzR-HdB/Born § 8 Rn. 39; aA Härting DS-GVO-HdB Rn. 253) und ist im Unionssanktionenrecht allgemein anerkannt (→ DS-GVO Art. 83 Rn. 18; Schantz/Wolff DatenschutzR/Wolff Rn. 1130; s. ferner Sieber/Satzger/v. Heintschel-Heinegg/Vogel/Brodowski, Europäisches Strafrecht, 2. Aufl. 2014, § 5 Rn. 70 sowie SJTK/Schwartmann/Burkhardt Rn. 16 ff. zur Integrationsfestigkeit des Schuldprinzips). Für die von der Gegenauffassung (Bergt DuD 2017, 555 (558); Kühling/Buchner/Bergt DS-GVO Art. 83 Rn. 35 f.; Kühling/Buchner/Bergt Rn. 5; Ehmann/Selmayr/Nemitz DS-GVO Art. 83 Rn. 17; Boms ZD 2019, 536 (537)) angenommene objektive Verantwortlichkeit (**strict liability**) fehlt es im datenschutzrechtlichen Kontext an jeglicher Legitimation. Das KG hat diese Rechtsfrage dem EuGH zur Vorabentscheidung vorgelegt (KG Beschl. v. 6.12.2021 – 3 Ws (B) 250/21).

17.1 Im nationalen Kontext erfordert **§ 10 OWiG** für **fahrlässig begehbare Ordnungswidrigkeiten** eine ausdrückliche Anordnung. Infolge der nur „sinngemäßen" Anwendung des § 10 OWiG und des Anwendungsvorrangs des Unionsrechts ist dies aber hier verzichtbar, da sich aus dem Normkontext des Art. 83 DS-GVO die Sanktionierbarkeit fahrlässigen Verhaltens ausreichend deutlich ergibt (so auch Auernhammer/Golla Rn. 4).

18 Der **Verschuldensmaßstab** und damit die Begriffe der Vorsätzlichkeit und Fahrlässigkeit sind in einer **unionsrechtlich-autonomen Auslegung** zu konkretisieren (s. auch SJTK/Schwartmann/Burkhardt Rn. 21 ff.). Nach allgemeinem Unionssanktionenrecht genügt für ein Fahrlässigkeitsverschulden eines Unternehmens ein Organisationsverschulden (Sieber/Satzger/v. Heintschel-Heinegg/Vogel/Brodowski, Europäisches Strafrecht, 2. Aufl. 2014, § 5 Rn. 70). Dass Empfehlungen eines betrieblichen Datenschutzbeauftragten einen hinreichenden **Vertrauenstatbestand** begründen sollen, der ein Verschulden ausschließen kann (so dezidiert Plath/Becker Rn. 9), ist angesichts der Unbeachtlichkeit eines Verbotsirrtums im europäischen Kartellbußgeldrecht (EuGH GRUR Int 2013, 837 Rn. 37 ff., insbesondere Rn. 41) und der strengen Maßstäbe an die Unvermeidbarkeit eines **Verbotsirrtums** im nationalen Bußgeld- und Strafrecht jedenfalls in dieser Pauschalität abzulehnen.

IV. Versuch

19 Mangels ausdrücklicher Anordnung in der DS-GVO oder im BDSG ist der **Versuch** eines der in Art. 83 Abs. 4–6 DS-GVO genannten Verstöße nicht ahndbar, § 13 Abs. 2 OWiG.

V. Unterlassenverantwortlichkeit

20 Eine Ordnungswidrigkeit nach Art. 83 Abs. 4–6 DS-GVO kann auch durch Unterlassen begangen werden. Soweit nicht die DS-GVO eine ausdrückliche Handlungspflicht statuiert – so etwa bei dem in Art. 17 DS-GVO verankerten Recht auf Löschung („Recht auf Vergessenwerden", hierzu Keppeler/Berning ZD 2017, 314 (318 f.)) – setzt dies nach § 8 OWiG eine besondere Rechtspflicht zur Erfolgsabwendung (**Garantenpflicht**) sowie auch entsprechende Handlungsmöglichkeiten voraus (daher kritisch Plath/Becker Rn. 7 bei betrieblichen Datenschutzbeauftragten).

VI. Rechtswidrigkeit; Vorwerfbarkeit

21 Fragen der **Rechtfertigung** und der **Vorwerfbarkeit** richten sich nach den allgemeinen Regelungen des Ordnungswidrigkeitenrechts (aA Bergt DuD 2017, 555 (558 f.)), soweit nicht – wie im Hinblick auf Fragen der Einwilligung und der Interessenabwägung – europäisches Recht vorrangig ist.

VII. Rechtsfolgen

22 Die **Höhe der Geldbuße** bemisst sich nach den Maßgaben des Art. 83 Abs. 1–2 DS-GVO (→ DS-GVO Art. 83 Rn. 22; Schantz/Wolff DatenschutzR/Wolff Rn. 1123 ff.) unter Beachtung der in Art. 83 Abs. 4–6 DS-GVO statuierten Höchstgrenzen (Schantz/Wolff DatenschutzR/Wolff

Rn. 1120 ff.) und des Verhältnismäßigkeitsprinzips; § 17 OWiG findet keine Anwendung (§ 41 Abs. 1 S. 2 Var. 1). Bei der Bemessung von Geldbußen gegen natürliche Personen sind die in Art. 83 DS-GVO statuierten absoluten Höchstgrenzen, das Einkommensniveau in Deutschland und die wirtschaftliche Situation des Betroffenen zu berücksichtigen (vgl. Erwägungsgrund 150 DS-GVO; Bülte StV 2017, 460 (463)). Betreffend **Unternehmen** haben sich die deutschen Datenschutzbußgeldbehörden im Oktober 2019 auf ein einheitliches **Konzept zur Bußgeldbemessung** geeinigt (https://www.datenschutz.rlp.de/fileadmin/lfdi/Konferenzdokumente/Datenschutz/DSK/Bussgeldkonzept_DSK.pdf; siehe ergänzend Thiel/Wytibul (Interview) ZD 2020, 3 (4 f.)), das indessen für Gerichte nicht bindend ist und sich vor allem im Hinblick auf seine Umsatz- statt Gewinnfokussierung berechtigter Kritik ausgesetzt sieht (Kudlich/Thüsing FAZ v. 15.1.2020, S. 16; s. auch LG Bonn Urt. v. 11.11.2020 – 29 OWi 1/20 Rn. 91, BeckRS 2020, 35663 = StV-S 2021, 5). Die Möglichkeit von **Zahlungserleichterungen** richtet sich nach § 18 OWiG.

Eine Einziehung von Gegenständen (§§ 22 ff. OWiG) kommt mangels ausdrücklicher Anordnung in der DS-GVO oder im BDSG nicht in Betracht. Möglich und in ökonomischem Kontext naheliegend ist eine **Einziehung des Wertes von Taterträgen** (**Vermögensabschöpfung**, § 29a OWiG), die auch selbständig angeordnet werden kann (§ 29a Abs. 5 OWiG). 23

VIII. Konkurrenzen

Bei „gleichen oder miteinander verbundenen Verarbeitungsvorgängen" ist die (günstigere) Konkurrenzregelung in Art. 83 Abs. 3 DS-GVO (→ DS-GVO Art. 83 Rn. 46; Ehmann/Selmayr/Nemitz DS-GVO Art. 83 Rn. 30 ff.) und nicht § 19 OWiG anzuwenden (ebenso Auernhammer/Golla Rn. 8). Über den Wortlaut des Art. 83 Abs. 3 DS-GVO betrifft dies nicht nur Verantwortliche oder Auftragsverarbeiter, sondern etwa auch Zertifizierungsstellen und Überwachungsstellen (Art. 83 Abs. 4 lit. b, lit. c DS-GVO; ebenso Kühling/Buchner/Bergt DS-GVO Art. 83 Rn. 61). Diese Regelung greift auch bei originärem Verstoß und Missachtung eines Abhilfebescheides (zutr. Schantz/Wolff DatenschutzR/Wolff Rn. 1122). Verwirklicht dasselbe Verhalten einer natürlichen Person als Verantwortlicher oder sonst Sonderpflichtiger zugleich einen **Straftatbestand**, so sperrt dies nach § 21 Abs. 1 OWiG an sich eine Verfolgung als Ordnungswidrigkeit. Wenn dies wegen des weitaus höheren Bußgeldrahmens des Art. 83 Abs. 4–6 DS-GVO dazu führen würde, dass die Kriminalstrafe nicht ausreicht, um dem Gebot der effektiven Durchsetzung des Unionsrechts zu entsprechen, ist § 21 Abs. 1 OWiG jedoch unanwendbar. Dies hat die Konsequenz, dass dann im selben Verfahren (sonst: ne bis in idem → Rn. 47) neben der Kriminalstrafe ausnahmsweise ergänzend ein Bußgeld wegen derselben Tat verhängt werden kann. 24

IX. Verjährung

Verstöße gegen Art. 83 Abs. 4–6 DS-GVO **verjähren** gem. § 31 Abs. 2 Nr. 1 OWiG in drei Jahren nach Beendigung der sanktionsbewehrten Handlung bzw. nach Eintritt des zum Tatbestand gehörenden Erfolges (§ 31 Abs. 3 OWiG; zu fehlenden europarechtlichen Vorgaben → DS-GVO Art. 83 Rn. 29; Bergt DuD 2017, 555 (560); Martini/Wagner/Wenzel VerwArch 2018, 163 (184 ff.); Wenzel/Wybitul ZD 2019, 290 (294 f.); Taeger/Gabel/Wybitul/Zhou Rn. 10; an der Unionsrechtskonformität zweifelnd Kühling/Buchner/Bergt Rn. 8). Auch soweit es sich bei dem Datenschutzverstoß um ein Dauerdelikt handelt, beginnt die Verjährungsfrist erst mit der Beendigung des Verstoßes zu laufen (Taeger/Gabel/Wybitul/Zhou Rn. 10). Zum Ruhen und zur Unterbrechung der Verfolgungsverjährung sowie zur Vollstreckungsverjährung siehe §§ 32–34 OWiG. 25

C. Bußgeldverfahren (Abs. 1 S. 2 Var. 2, 3, Abs. 2)

I. Überblick

Indem § 41 Abs. 2 S. 1 die „**entsprechend**(e)" und nicht nur „sinngemäße" (→ Rn. 7) Geltung des OWiG und der „allgemeinen Gesetze über das Strafverfahren" anordnet, ist in verfahrensrechtlicher Hinsicht nach einer deutlich größeren Parallelität zu herkömmlichen nationalen Bußgeldverfahren zu streben. Dies überzeugt deswegen, weil Unionsrecht zu Verfahrensfragen deutlich weniger Vorgaben enthält. 26

Im Lichte des § 46 Abs. 1 S. 1 OWiG ist die Verweisung auf die „**allgemeinen Gesetze über das Strafverfahren**" rein deklaratorischer Natur. Zu diesen allgemeinen Gesetzen zählen neben 27 den in § 41 Abs. 2 S. 1 ausdrücklich erwähnten Gesetzen (StPO, GVG) unter anderem das JGG sowie das IRG. Von der Verweisung auf das OWiG ausgenommen sind Regelungen zum Verwarnungsverfahren (→ Rn. 31), zur im Datenschutzsanktionenrecht nicht einschlägigen Einziehung (§§ 87, 100 OWiG) sowie zur Verhängung und Vollstreckung von Geldbußen gegen juristische Personen als (bloßer) Nebenfolge (§§ 88, 99 OWiG).

28 Hinsichtlich der **Regelungen des Bußgeldverfahrensrechts** (insbesondere **§§ 35–110c OWiG**) kann im Ausgangspunkt erneut auf die einschlägigen Darstellungen verwiesen werden (BeckOK-OWiG; KK-OWiG/Lampe OWiG Vorb. zum zweiten Teil Rn. 27 ff.; Klesczewski, Ordnungswidrigkeitenrecht, 2. Aufl. 2016, § 9 ff.; Bülte, Ordnungswidrigkeitenrecht, 6. Aufl. 2020). Auch an dieser Stelle beschränkt sich die Kommentierung daher auf datenschutzrechtliche Besonderheiten. Besonders hervorzuheben ist die Diskussion über die (gerichtlichen) Zuständigkeit (→ Rn. 36 ff.), die europäische und internationale Zusammenarbeit im Verwaltungssanktionenverfahren (→ Rn. 45 f.) sowie der Streit über ein Verfolgungsermessen (→ Rn. 41).

II. Zuständigkeiten und Verfolgungsverfahren

1. Verfolgungsbehörde und Vorverfahren

29 Zuständig für die bußgeldrechtliche **Verfolgung** von Verstößen nach Art. 83 Abs. 4–6 DS-GVO ist **kraft Unionsrechts** (Art. 58 Abs. 2 lit. i DS-GVO; von der Ausnahmemöglichkeit nach Art. 83 Abs. 9 DS-GVO hat Deutschland keinen Gebrauch gemacht) die **Aufsichtsbehörde**. Das sind in Deutschland zumeist die Aufsichtsbehörden der Länder (§ 40) und nur ausnahmsweise der oder die Bundesbeauftragte für den Datenschutz (§§ 8 ff.), da deren bzw. dessen Tätigkeit auf öffentliche Stellen (→ Rn. 12) des Bundes fokussiert ist.

30 Die allgemeine Bestimmung der **sachlichen Zuständigkeit** nach §§ 35, 36 OWiG ist unanwendbar (§ 41 Abs. 1 S. 2). Es verbleibt jedoch bei den allgemeinen Regeln zur **örtlichen Zuständigkeit** (§ 37 OWiG), zur **Verfolgung durch die Staatsanwaltschaft** im Strafverfahren (§ 40 OWiG) und zur Abgabe an bzw. Übernahme durch die Staatsanwaltschaft (§§ 41, 42 OWiG). Dies ist insbesondere bei einem Zusammentreffen mit § 42 von Bedeutung.

31 Im Rahmen des **Vorverfahrens** besteht für die Verfolgungsbehörde jederzeit die Möglichkeit zur Verfahrenseinstellung (**Opportunitätsprinzip**, näher → Rn. 41 f.). Ein **Verwarnungsverfahren** nach nationalem Recht (§§ 56–58 OWiG) ist nicht statthaft (§ 41 Abs. 2 S. 2), wohl aber ein Rekurs auf andere Aufsichtsmaßnahmen nach Art. 58 Abs. 2 DS-GVO. Wird von dieser Einstellungsmöglichkeit kein Gebrauch gemacht, so mündet das Verfahren in einen von der Verfolgungsbehörde zu erlassenden **Bußgeldbescheid** (§§ 65, 66 OWiG), der sich auch unmittelbar gegen eine juristische Person richten kann (→ Rn. 11).

2. Einspruch und Zwischenverfahren

32 Gegen den Bußgeldbescheid kann innerhalb von **zwei Wochen nach Zustellung** schriftlich oder zur Niederschrift bei der Aufsichtsbehörde **Einspruch** eingelegt werden (§ 67 Abs. 1 S. 1 OWiG; instruktiv Lachenmann/Stürzl ZD 2021, 463).

33 Im **Zwischenverfahren** prüft zunächst die Aufsichtsbehörde die formell ordnungsgemäße Einlegung des Einspruchs (andernfalls Verwerfung, § 69 Abs. 1 OWiG) und sodann, ob sie den **Bußgeldbescheid** im Lichte des Einspruchs **aufrechterhält** oder **zurücknimmt** (§ 69 Abs. 2 OWiG). Hält sie den Bußgeldbescheid aufrecht, übersendet sie die Akten an die örtlich zuständige **Staatsanwaltschaft**, die sodann eigene Ermittlungen führen kann. Anders als im regulären Bußgeldverfahren kann die Staatsanwaltschaft das Bußgeldverfahren jedoch nur mit **Zustimmung der Aufsichtsbehörde** einstellen (§ 41 Abs. 2 S. 3 iVm § 69 Abs. 4, 47 Abs. 1 OWiG). Im Lichte der Teleologie (→ Rn. 4) bezieht sich dieses Zustimmungserfordernis indes nur auf **Opportunitätseinstellungen**, nicht hingegen auf (Legalitäts-)Einstellungen wegen mangelnden Tatverdachts oder wegen sonstiger zwingender Einstellungsgründe (Lachenmann/Stürzl ZD 2021, 463 (464); vgl. BeckOK-OWiG/Gertler § 69 Rn. 107).

34 Wird das Verfahren nicht eingestellt, sind die **Akten** nach Abschluss der ggf. ergänzenden Ermittlungen dem zuständigen Gericht (→ Rn. 35 f.) **vorzulegen**.

3. Gerichtliches Verfahren in erster Instanz

35 Im Ausgangspunkt ist für das **gerichtliche Verfahren** das **Amtsgericht** zuständig, in dessen Bezirk die Aufsichtsbehörde ihren Sitz hat (§ 68 Abs. 1 OWiG; Abweichungsmöglichkeit kraft Rechtsverordnung nach § 68 Abs. 3 OWiG). Es entscheidet grundsätzlich der nach der Geschäfts-

verteilung zuständige **(Einzel-)Richter;** bei Verfahren gegen Jugendliche und Heranwachsende der Jugendrichter (§ 68 Abs. 1, Abs. 2 OWiG). Abweichend hiervon ist die Zuständigkeit des Strafgerichts begründet, wenn zugleich eine zusammenhängende Straftat von der Staatsanwaltschaft verfolgt wird (§ 45 OWiG).

Wurde im konkreten Verfahren indes eine Geldbuße festgesetzt, die über 100.000 EUR liegt, so ist abweichend vom Vorstehenden gem. § 41 Abs. 1 S. 3 die Zuständigkeit des **Landgerichts** begründet. § 46 Abs. 7 OWiG weist dies funktional den **Kammern für Bußgeldsachen** zu. Diese neuartige Regelung der instanziellen Zuständigkeit ist auf Kritik gestoßen (BR-Drs. 107/20, 8, 12, 33 ff.). Zwar kann nicht stets von der Höhe des Bußgeldes auf die datenschutzrechtliche Herausforderung geschlossen werden (insoweit zutr. Piltz, BDSG Praxiskommentar für die Wirtschaft, 2017 § 41 Rn. 12; Lamfuß NZWiSt 2021, 98 (103)). Im Hinblick auf die Sanktionswirkung – man denke nur an die mögliche Verhängung von Geldbußen im hohen Millionen- bis Milliardenbereich – ist eine solche, anhand eines Schwellenwerts differenzierende Zuständigkeitsregelung – wie auch generell im Unternehmenssanktionenrecht – im Grundsatz zu begrüßen (so auch Plath/Becker Rn. 2). Allerdings stellt sich zusätzlich die **Besetzungsfrage.** Weder Abs. 1 S. 3 selbst noch die Gesetzgebungsgeschichte (BT-Drs. 18/12084, 9) liefert eine klare Antwort darauf, ob die Kammer in Besetzung eines Richters als **Einzelrichter** (analog § 68 Abs. 1 S. 2 OWiG) entscheidet oder – wie bei erstinstanzlicher Zuständigkeit in Strafsachen – die Besetzung der einer **großen Strafkammer** entspricht (analog § 46 Abs. 1 OWiG iVm § 76 Abs. 1 GVG), also im Ausgangspunkt drei Richtern einschließlich des oder der Vorsitzenden und zwei Schöffen (Specht/Mantz DatenschutzR-HdB/Born § 8 Rn. 91; vgl. auch OLG Köln NZWiSt 2021, 121 mAnm Kutschelis; Lamsfuß StraFo 2021, 459 zur Besetzung im Verfahren LG Bonn Urt. v. 11.11.2020 – 29 OWi 1/20 Rn. 51 ff., BeckRS 2020, 35563). Ersteres brächte nicht die erhöhte Kontrolle mit sich, die aus der Beteiligung mehrerer Berufsrichter folgt und die angesichts der Höhe der Sanktion geboten erscheint (insoweit teils kritisch Auernhammer/Golla Rn. 12). Letzteres dürfte – auch im Vergleich mit Kartellordnungswidrigkeiten (dort: drei Berufsrichter des OLG, § 83 Abs. 2 GWB) – für ein Verwaltungssanktionenverfahren übertrieben sein. Doch dem lässt sich durch die regelmäßig vorzunehmende **Besetzungsreduktion** nach § 76 Abs. 2 GVG entgegenwirken. Zudem ist zu erwägen, de lege ferenda auf die Beteiligung von Schöffen in einer verwaltungssanktionenrechtlichen Hauptverhandlung zu verzichten. Ob zusätzlich die Einrichtung von Spezialkammern für die Ahndung von Datenschutzverstößen geboten ist (so Kühling/Buchner/Bergt § 41 Rn. 18), ist anhand der Fallzahlen zu entscheiden. Jedenfalls ist im Hinblick auf das Recht auf den gesetzlichen Richter gem. Art. 101 Abs. 1 S. 2 GG (vgl. hierzu Lamfuß NZWiSt 2021, 98) eine gesetzliche Regelung zur Besetzung dringend geboten. Nach OLG Köln NZWiSt 2021, 121 (mAnm Kutschelis; Lamsfuß StraFo 2021, 459) ist das **Vorabentscheidungsverfahren** zur Klärung von Besetzungseinwänden (§ 222b StPO) im datenschutzrechtlichen Bußgeldverfahren nicht anwendbar.

4. Rechtsbeschwerde

Gegen eine Verurteilung bzw. gegen einen außerhalb der Hauptverhandlung ergangenen Beschluss (§ 72 OWiG) ist unter den Maßgaben der §§ 79, 80 OWiG und ggf. nach Zulassung die **Rechtsbeschwerde** eröffnet. Bei erstinstanzlicher Zuständigkeit des Amtsgerichts (→ Rn. 35) sind hierfür die **Bußgeldsenate des OLG** zuständig, die grundsätzlich in Besetzung mit einem Richter entscheiden. Wurde erstinstanzlich eine Geldbuße von mehr als 5.000 EUR verhängt oder ist dies zur Rechtsfortbildung und Rechtseinheitlichkeit geboten, entscheidet der Bußgeldsenat in Besetzung von drei Richtern einschließlich des Vorsitzenden (§ 80a OWiG).

Unklar ist die gerichtliche Zuständigkeit für die Rechtsbeschwerde, soweit das Landgericht erstinstanzlich tätig geworden ist (→ Rn. 36). Dem allgemeinen strafrechtlichen Instanzenzug des GVG (entsprechend anwendbar gem. § 41 Abs. 2 S. 1 iVm § 46 Abs. 1 S. 1 OWiG) entspräche es, hier – wie im Kartellsanktionenrecht (§ 84 GWB) – eine Zuständigkeit eines **Bußgeldsenats des BGH** anzunehmen (Specht/Mantz DatenschutzR-HdB/Born § 8 Rn. 95). Vorzugswürdig erscheint es allerdings, es bei § 41 Abs. 2 S. 1 iVm § 80a OWiG und damit bei der Zuständigkeit des **Bußgeldsenats des OLG** zu belassen. Denn angesichts der in diesen Fällen regelmäßig anzunehmenden Beschwer mit einer Geldbuße von mehr als 5.000 EUR hat dieser dann ohnehin in Besetzung mit drei (Berufs-)Richtern einschließlich des Vorsitzenden zu entscheiden.

5. Vorabentscheidungsverfahren

Insbesondere in den ersten Jahren der Geltung der DS-GVO wird es notwendig sein, noch nicht abschließend geklärte Auslegungs(streit)fragen zur DS-GVO dem **EuGH** zur **Vorabent-**

scheidung vorzulegen (Art. 267 AEUV). Eine **Vorlagepflicht** besteht für das Rechtsbeschwerdegericht (→ Rn. 37 f.) stets; für das erstinstanzliche Gericht nur, wenn eine Zulassung der Rechtsbeschwerde nach § 80 OWiG ausgeschlossen ist. Im Übrigen besteht eine **Vorlagemöglichkeit**, von der zur Reduktion der Verfahrensdauer und zur frühzeitigen Klärung zentraler Streitfragen zur DS-GVO durch den EuGH großzügig Gebrauch gemacht werden sollte (→ Rn. 39.1).

39.1 Der EuGH hat praktische Hinweise zur Durchführung des Vorabentscheidungsverfahrens veröffentlicht (ABl. 2019 C 380, 1).

6. Rechtskraft, Vollstreckung und Wiederaufnahme

40 Hinsichtlich Rechtskraft, Vollstreckung und Wiederaufnahme des Verfahrens finden die allgemeinen Regelungen Anwendung (§§ 84 ff. OWiG).

III. Verfolgungsermessen

41 Nach vorherrschender und überzeugender Ansicht hat die Aufsichtsbehörde bei der Entscheidung, ob sie eine Geldbuße verhängt, ein **Verfolgungsermessen**; auch Geldsanktionen nach Art. 83 Abs. 4–6 DS-GVO unterliegen einem **Opportunitätsprinzip** (→ DS-GVO Art. 83 Rn. 26 f.; → DS-GVO Art. 58 Rn. 32; Leitlinie WP 253 v. 3.10.2017 des Europäischen Datenschutzausschusses, 7 abrufbar unter http://ec.europa.eu/newsroom/just/document.cfm?doc_id= 47889 („Fines are an important tool that supervisory authorities should use in appropriate circumstances"); Plath/Becker Rn. 4; Paal/Pauly/Frenzel DS-GVO Art. 83 Rn. 10 ff.; Schantz/Wolff DatenschutzR/Wolff Rn. 1126; Specht/Mantz DatenschutzR-HdB/Born § 8 Rn. 46 ff.; Gola/ Heckmann/Ehmann § 41 Rn. 14 ff.; Golla CR 2018, 353; Bülte StV 2017, 460 (463); Pohl PinG 2017, 85 (89); Neun/Lubitzsch BB 2017, 1538 (1542); Martini/Wenzel PinG 2017, 92 (94) halten eine Geldbuße bereits für unzulässig, wenn schon durch eine Verwarnung das Sanktionsziel erreicht wird). Bei teleologischer Auslegung der europäischen Vorgaben ergibt sich, dass im breit gefächerten Arsenal der Aufsichtsbehörden (Art. 58 Abs. 2 DS-GVO) eine Sanktionierung nur eines von verschiedenen Aufsichtsmitteln darstellt, ja die **ultima ratio** ist (→ Rn. 4). Der ohnehin gern in seiner Bedeutung überschätzte Wortlaut des Art. 58 Abs. 2 DS-GVO verweist bereits auf die „Umstände(…) des Einzelfalls" und fordert allein, dass der Aufsichtsbehörde die Möglichkeit zur Verhängung einer Geldbuße konkret zur Verfügung steht, nicht dass sie diese Möglichkeit in jedem Einzelfall auch nutzt. Art. 83 Abs. 2 S. 2 DS-GVO unterstreicht dies dadurch, dass er von einer „Entscheidung über die Verhängung einer Geldbuße und über deren Betrag" spricht, mithin die Frage des „ob" von der des „wie" trennt (→ Rn. 41.1 f.).

41.1 Die **gegenteilige Auffassung** (Bergt DuD 2017, 555 (556 ff.); Kühling/Buchner/Bergt DS-GVO Art. 83 Rn. 30 ff.; Kühling/Buchner/Bergt Rn. 16; Albrecht CR 2016, 88 (96)) verhaftet zu sehr am **Wortlaut** der einzelnen Bußgeldtatbestände in Art. 83 Abs. 4–6 DS-GVO und übersieht, dass auch in Tatbeständen des deutschen Strafrechts die Verhängung der Rechtsfolge als zwingend formuliert wird („Wer …, wird mit Freiheitsstrafe bis zu drei Jahren oder mit Geldstrafe bestraft"). Dies schließt aber die Anwendung alternativer Verfahrensbeendigungen – wie sie hier in Art. 83 Abs. 2 S. 2 DS-GVO implizit vorausgesetzt werden – keineswegs aus.

41.2 Dass der **deutsche Gesetzgeber** ersichtlich von einem bloßen Verfolgungsermessen und keiner Verfolgungspflicht ausging, zeigt sich zum einen daran, dass § 47 Abs. 1 OWiG nicht von der Verweisung des § 41 Abs. 2 ausgenommen wurde (Paal/Pauly/Frenzel § 41 Rn. 7; BMI, Evaluierung des Gesetzes zur Anpassung des Datenschutzrechts an die Verordnung (EU) 2016/679 und zur Umsetzung der Richtlinie (EU) 2016/680, Stand: Oktober 2021, S. 64; einschränkend Golla CR 2018, 353 (355)), zum anderen an § 41 Abs. 2 S. 3, der die **Einstellungsmöglichkeiten der Staatsanwaltschaft aus Opportunitätsgründen** (→ Rn. 33) von der Zustimmung der Aufsichtsbehörde abhängig macht. Dies setzt nämlich voraus, dass der Aufsichtsbehörde ein Verfolgungsermessen zugewiesen ist, von dem sie – allein das ist einzig sinnvoll – bereits vor dem Zwischenverfahren Gebrauch machen kann.

42 Die **Kriterien** für die Ausübung des Verfolgungsermessen richten sich nach Art. 58 Abs. 2, Art. 83 Abs. 2 DS-GVO (→ DS-GVO Art. 58 Rn. 18 ff.; Paal/Pauly/Frenzel DS-GVO Art. 83 Rn. 13; Auernhammer/Golla Rn. 14) sowie nach den vom Europäischen Datenschutzausschuss erlassenen Leitlinien (Art. 70 Abs. 1 lit. k DS-GVO, die Leitlinien WP 253 v. 3.10.2017 sind abrufbar unter http://ec.europa.eu/newsroom/just/document.cfm?doc_id=47889), das **Verfahren** nach § 41 Abs. 2 S. 1 iVm § 47 Abs. 1 OWiG. Eine Verfahrenseinstellung gegen Zahlung eines Geldbetrages an eine gemeinnützige Einrichtung, an die Staatskasse oder an eine sonstige

Stelle kommt weder nach europäischem noch nach deutschem Recht (§ 47 Abs. 3 OWiG) in Betracht.

IV. Ermittlungsmaßnahmen; europäische und internationale Zusammenarbeit

1. Ermittlungsmaßnahmen in Deutschland

Den **Verfolgungsbehörden** – dh neben der Aufsichtsbehörde ggf. auch der Staatsanwaltschaft – sowie dem **Gericht** stehen dieselben Ermittlungsmaßnahmen einschließlich der Zwangsbefugnisse zu wie in rein nationalen Bußgeldverfahren. Zu den in Datenschutzsachen besonders relevanten Ermittlungsmaßnahmen zählen **Zeugenvernehmungen** (§ 46 Abs. 1, Abs. 2 OWiG iVm §§ 48 ff. StPO; zum Beweistransfer in das Hauptverfahren siehe § 77a OWiG), die **Anhörung des Betroffenen** (§ 55 OWiG iVm § 163a Abs. 1 StPO), die **Durchsuchung** und **Beschlagnahme** (§ 46 Abs. 1, Abs. 2 OWiG iVm §§ 94 ff., 102 ff. StPO) sowie Behördenauskünfte und die **freiwillige Kooperation** mit auskunftswilligen Dritten (§ 46 Abs. 1, Abs. 2 OWiG iVm §§ 161 Abs. 1, 163 Abs. 1 StPO). 43

Ergänzend hierzu stehen der **Aufsichtsbehörde** die in Art. 58 Abs. 1 DS-GVO genannten **Untersuchungsbefugnisse** zur Verfügung, namentlich die Möglichkeit, Datenschutzüberprüfungen durchzuführen (lit. b) sowie Zugang zu allen personenbezogenen Daten zu erhalten (lit. e). Die den Verantwortlichen und andere dort genannten Personen und Stellen treffende **Pflicht zur Bereitstellung aller maßgeblichen Informationen** (lit. a) kann jedoch mit dem – auch unionsrechtlich im Grundsatz anerkannten – **Schweigerecht** des Betroffenen im Hinblick auf eine mögliche **Selbstbelastung** kollidieren (→ Rn. 49). 44

2. Europäische und internationale Zusammenarbeit

Die europäische Zusammenarbeit der **Aufsichtsbehörden** erstreckt sich auch auf die ihnen zugewiesenen Sanktionsbefugnisse. Demzufolge sind die weitreichenden Vorschriften über die **Amtshilfe** (Art. 61 DS-GVO) dieser Behörden untereinander anzuwenden, soweit diese einen Informations- und Beweismittelaustausch zwischen diesen Behörden oder die Vornahme von Untersuchungshandlungen gem. Art. 58 Abs. 2 DS-GVO in einem anderen EU-Mitgliedstaat betrifft. 45

Richtet sich ein Ersuchen um europäische Zusammenarbeit indes auf Ermittlungsmaßnahmen, die in Art. 58 Abs. 2 DS-GVO nicht genannt sind – insbesondere auf **Durchsuchungen** und **Beschlagnahmen** –, oder sind Ermittlungsmaßnahmen in einem Drittstaat vorzunehmen, finden die allgemeinen Regelungen über die europäische und internationale Zusammenarbeit in Strafsachen Anwendung, insbesondere die **Europäische Ermittlungsanordnung** (vgl. Art. 4 lit. b RL 2014/41/EU) sowie das **Recht der internationalen Rechtshilfe in Strafsachen** (§ 41 Abs. 2 S. 1 iVm § 46 Abs. 1 S. 1 OWiG iVm §§ 1 ff. IRG; vgl. § 1 Abs. 2 IRG). 46

V. Verfahrensgarantien

Im Ausgangspunkt genießen die Betroffenen eines Sanktionsverfahrens nach Art. 83 Abs. 4–6 DS-GVO iVm § 41 **dieselben Rechte** und **Verfahrensgarantien** wie in einem nationalen Bußgeldverfahren. Hierzu zählen insbesondere das **Recht auf ein faires Verfahren**, die **Selbstbelastungsfreiheit** einschließlich des **Schweigerechts des Betroffenen** (ergänzend → Rn. 49 f.; zum Zusammenspiel mit den Zumessungskriterien nach Art. 83 Abs. 2 DS-GVO Schneider, FS U. Neumann, 2017, 1425 (1438)), das **Recht auf Zugang zu einem Rechtsbeistand**, das **Recht auf gerichtlichen Rechtsschutz** und auf **rechtliches Gehör**, das Verbot der Doppelbestrafung (**ne bis in idem**; ausf. Kühling/Buchner/Bergt DS-GVO Art. 84 Rn. 16 ff.; Sydow/Popp DS-GVO Art. 84 Rn. 7 f.) sowie die **Unschuldsvermutung** und die daraus resultierende Beweislastverteilung (Thiel (Interview) ZD 2020, 3 (6); aA Kühling/Buchner/Bergt DS-GVO Art. 83 Rn. 111). 47

Der deklaratorisch zu verstehende Verweis in Art. 83 Abs. 8 DS-GVO unterstreicht, dass es sich bei dem hier gegebenen europäisierten Bußgeldverfahren um eine Durchführung des Unionsrechts iSd Art. 51 S. 1 GRCh handelt, sodass die in den primärrechtsgleichen Grundrechtecharta verankerten **Unionsgrundrechte** Anwendung finden (auch Kühling/Buchner/Bergt DS-GVO Art. 83 Rn. 18 f.; Martini/Wagner/Wenzel VerwArch 2018, 163 (177 f.)). Dies führt zunächst zu einer zusätzlichen Absicherung eines Mindeststandards an Verfahrensgarantien, soweit diese – insbesondere in Art. 47 ff. GRCh – dort ebenfalls verankert sind. Eines der großen, aktuellen Probleme des Europäischen Rechts ist allerdings, ob und inwieweit **aus europäischen** 48

BDSG § 42 Teil 2. Durchführungsbestimmungen für Verarbeitungen nach DS-GVO

Verpflichtungen (etwa zur effektiven justiziellen Zusammenarbeit in Strafsachen oder zur Verfolgung von Betrügereien zulasten des EU-Haushalts) **Begrenzungen des nationalen (Grundrechts-)Schutzes** folgen (hierzu EuGH BeckRS 2013, 80394; EuGH BeckRS 2015, 81088; relativierend nunmehr EuGH BeckRS 2017, 133802). Derselbe Grundkonflikt wird auch die Diskussion prägen, wann immer nationale Schutzstandards über europäische Mindestgarantien hinausreichen und dies einer effektiven Verfolgung von Datenschutzverstößen hinderlich erscheint (→ DS-GVO Art. 83 Rn. 82.1).

49 Zum Schwur kommen kann es insbesondere im Hinblick auf ein **Schweigerecht juristischer Personen,** das – im Unterschied zur Selbstbelastungsfreiheit natürlicher Personen – grund- und menschenrechtlich weniger fest verankert ist (s. nur BVerfGE 95, 220 (241 f.); Brodowski/Espinoza/Tiedemann/Vogel/Brodowski, Regulating Corporate Criminal Liability, 2014, 221 ff.; Dannecker ZStW 127, 370 ff.). So sind in der Rechtsprechung des EuGH zum unionsrechtlichen Kartellsanktionenrecht weitreichende **Mitwirkungs-** bzw. **Vorlagepflichten für Unternehmen** akzeptiert (insbesondere EuGH BeckRS 2004, 71022 Rn. 27 ff.). Ob sich diese kartellrechtsspezifische, einschränkende Rechtsprechung zur Selbstbelastungsfreiheit juristischer Personen auf das Datenschutz(sanktionen)recht und die datenschutzaufsichtsrechtliche Vorlagepflicht (Art. 58 Abs. 1 lit. a DS-GVO) im Lichte der Folgewirkungen auf (ggf. dieselben tatsächlich handelnden) natürlichen Personen (→ Rn. 13 f.) ohne Weiteres übertragen lässt, erscheint aber zweifelhaft (iE ebenso → DS-GVO Art. 58 Rn. 7; Thiel (Interview) ZD 2020, 3 (5); permissiver Kühling/Buchner/Bergt DS-GVO Art. 83 Rn. 111; s. auch EuGH StV-S 2021, 41 zum Aussageverweigerungsrecht Privater im Verwaltungssanktionenrecht).

50 Gleichermaßen in einem Spannungsfeld zwischen unionisiertem und nationalem Verständnis des Grundrechtsschutzes steht die Frage, ob und inwieweit das in **§ 43 Abs. 4** (und ergänzend in § 384a Abs. 3 AO, § 38a Abs. 2 SGB X) statuierte **Beweisverwendungsverbot**, das sich nicht nur auf Verfahren wegen Verstößen gegen § 43 Abs. 1–2, sondern auch auf Bußgeldverfahren nach Art. 83 Abs. 4–6 DS-GVO iVm § 41 bezieht, auch dann umfassende Anwendung findet, wenn das Verfahren gegen eine juristische Person geführt wird (→ § 43 Rn. 26).

§ 42 Strafvorschriften

(1) Mit Freiheitsstrafe bis zu drei Jahren oder mit Geldstrafe wird bestraft, wer wissentlich nicht allgemein zugängliche personenbezogene Daten einer großen Zahl von Personen, ohne hierzu berechtigt zu sein,
1. einem Dritten übermittelt oder
2. auf andere Art und Weise zugänglich macht
und hierbei gewerbsmäßig handelt.

(2) Mit Freiheitsstrafe bis zu zwei Jahren oder mit Geldstrafe wird bestraft, wer personenbezogene Daten, die nicht allgemein zugänglich sind,
1. ohne hierzu berechtigt zu sein, verarbeitet oder
2. durch unrichtige Angaben erschleicht
und hierbei gegen Entgelt oder in der Absicht handelt, sich oder einen anderen zu bereichern oder einen anderen zu schädigen.

(3) [1]Die Tat wird nur auf Antrag verfolgt. [2]Antragsberechtigt sind die betroffene Person, der Verantwortliche, die oder der Bundesbeauftragte und die Aufsichtsbehörde.

(4) Eine Meldung nach Artikel 33 der Verordnung (EU) 2016/679 oder eine Benachrichtigung nach Artikel 34 Absatz 1 der Verordnung (EU) 2016/679 darf in einem Strafverfahren gegen den Meldepflichtigen oder Benachrichtigenden oder seine in § 52 Absatz 1 der Strafprozessordnung bezeichneten Angehörigen nur mit Zustimmung des Meldepflichtigen oder Benachrichtigenden verwendet werden.

Überblick

§ 42 bewehrt besonders schwerwiegende Verletzungen des Schutzes personenbezogener Daten (→ Rn. 6 f.) im Anwendungsbereich des BDSG (→ Rn. 10 ff.) mit Kriminalstrafe. Die Vorschrift ist im Kontext des europäisierten Datenschutzrechts vor allem zur Verfolgung von Individualverstößen von Bedeutung (→ Rn. 8). Beibehalten wurde die Ausgestaltung als absolutes Antragsdelikt, Abs. 3 (→ Rn. 71). Ihr besonderes, die Kriminalisierung rechtfertigendes Gewicht erlangen die in Abs. 1–2 strafbewehrten Verhaltensweisen zunächst daraus, dass sie einen Umgang mit nicht allgemein zugänglichen (→ Rn. 25 ff.) personenbezogenen Daten voraussetzen. Die unberechtigte Verarbeitung (→ Rn. 42 ff.) solcher Daten ist nach Abs. 2 Nr. 1 zudem nur dann strafbewehrt, wenn der Täter gegen Entgelt (→ Rn. 48) oder in Bereicherungs- oder Schädigungsabsicht (→ Rn. 50 ff.) handelt. Unter den gleichen Voraussetzungen ist nach Abs. 2 Nr. 2 das Erschleichen derartiger Daten durch unrichtige Angaben strafbar (→ Rn. 53 ff.). Beim Tatbestand des Abs. 1 (→ Rn. 20 ff.) tritt zum einen das quantitative Element hinzu, dass von einer unberechtigten Übermittlung oder Zugänglichmachung (→ Rn. 30 ff.) nicht allgemein zugänglicher personenbezogener Daten eine große Zahl von Personen (→ Rn. 29) betroffen sein muss, zum anderen die subjektive Beschränkung auf wissentlich und gewerbsmäßig begangene Verstöße (→ Rn. 39 ff.). Abs. 4 statuiert ein individuell privilegierendes Beweisverwendungsverbot für Meldungen nach Art. 33 und Benachrichtigungen nach Art. 34 Abs. 1 DS-GVO (→ Rn. 75 ff.).

Übersicht

	Rn.		Rn.
A. Allgemeines	1	1. Tatobjekt: personenbezogene Daten, nicht allgemein zugänglich	44
I. Gesetzesgeschichte	1	2. Taterfolg: Verarbeiten	45
II. Altfälle	3	3. Gegen Entgelt	48
III. Systematik	4	II. Subjektiver Tatbestand	49
IV. Schutzgut, Regelungszweck und Bedeutung der Vorschrift	6	1. Vorsatz	49
		2. Bereicherungs- oder Schädigungsabsicht	50
1. Schutzgut	6	**D. Erschleichen personenbezogener Daten (Abs. 2 Nr. 2)**	53
2. Regelungszweck	7	I. Objektiver Tatbestand	55
3. Bedeutung der Vorschrift	8	1. Tatobjekt: personenbezogene Daten, nicht allgemein zugänglich	55
V. Anwendungsbereich	10	2. Tatmittel: Verwendung unrichtiger Angaben	56
1. Sachlicher Anwendungsbereich	12		
2. Persönlicher Anwendungsbereich	15	3. Taterfolg: Erschleichen personenbezogener Daten	59
3. Räumlicher Anwendungsbereich	18	4. Gegen Entgelt	60
4. Zeitlicher Anwendungsbereich	19	II. Subjektiver Tatbestand	61
B. Übermittlung und Zugänglichmachung personenbezogener Daten einer großen Zahl von Personen (Abs. 1)	20	1. Vorsatz	61
		2. Bereicherungs- oder Schädigungsabsicht	62
I. Objektiver Tatbestand	22	**E. Rechtswidrigkeit und Schuld**	63
1. Personenbezogene Daten	22	**F. Versuch, Vollendung, Beendigung**	64
2. Nicht allgemein zugängliche Daten	25		
3. Daten einer großen Zahl von Personen	29	**G. Täterschaft und Teilnahme**	66
4. Übermitteln (Abs. 1 Nr. 1)	30	**H. Konkurrenzen**	67
5. Zugänglichmachen (Abs. 1 Nr. 2)	33		
6. Fehlende Berechtigung	35	**I. Rechtsfolgen**	70
II. Subjektiver Tatbestand	39	**J. Strafantrag (Abs. 3)**	71
1. Vorsatz und Wissentlichkeit	39	**K. Prozessuales**	72
2. Gewerbsmäßigkeit	41	I. Allgemeines	72
C. Unberechtigte Verarbeitung personenbezogener Daten (Abs. 2 Nr. 1)	42	II. Beweisverwendungsverbot (Abs. 4)	75
I. Objektiver Tatbestand	44		

A. Allgemeines

I. Gesetzesgeschichte

Die Strafvorschrift des § 42 wurde durch das Datenschutz-Anpassungs- und -Umsetzungsgesetz 1 EU v. 30.6.2017 (BGBl. I 2097) eingeführt und trat gemäß dessen Art. 8 Abs. 1 S. 1 **am 25.5.2018 in Kraft.** Von Klarstellungen in Abs. 4 abgesehen (vgl. BT-Drs. 18/12084, 9) entspricht die Formulierung des § 42 dem vorangegangenen Gesetzentwurf der Bundesregierung (BT-Drs. 18/11325, 38 f.).

Die in § 42 Abs. 1–2 normierten Straftatbestände betreffen **besonders gewichtige Verletzungen** 2 **des Schutzes personenbezogener Daten.** Während sich § 42 Abs. 2 als Nachfolgevorschrift des § 44 Abs. 1 BDSG aF inhaltlich an diesem orientiert, wurden die Tatbestände des § 42 Abs. 1 neu eingefügt (Bergt DuD 2017, 555 (561)). An § 44 Abs. 1 BDSG aF wurde bislang vor allem kritisiert, dass diese Vorschrift als Blankettnorm unübersichtlich sei (Wybitul/Reuling CR 2010, 829 (832)). Daneben stießen die Unbestimmtheit und Unbekanntheit sowie die Ausgestaltung als absolutes Antragsdelikt (§ 44 Abs. 2 BDSG aF) auf Widerspruch (Golla, Die Straf- und Bußgeldtatbestände der Datenschutzgesetze, 2015, 187 (223 f., 237 ff.)) Der Forderung nach einer „eigenständige(n) Strafnorm, die in Form von Fallgruppen konkrete strafbare Verhaltensweisen aufzählt (…), von denen besonders hohe Risiken für die Persönlichkeitsrechte Betroffener ausgehen" (Wybitul/Reuling CR 2010, 829 (832); ähnlich Golla, Die Straf- und Bußgeldtatbestände der Datenschutzgesetze, 2015, 235 ff. mit beachtenswertem Regelungsvorschlag), ist der Gesetzgeber in § 42 wenigstens teilweise nachgekommen (kritisch indes Auernhammer/Golla § 42 Rn. 30).

II. Altfälle

3 Wenngleich § 44 BDSG aF am 25.5.2018 außer Kraft getreten ist (Art. 8 Abs. 1 S. 2 Datenschutz-Anpassungs- und -Umsetzungsgesetz EU), ist diese Strafnorm für bis zu diesem Datum begangene und zu jenem Datum noch nicht rechtskräftig abgeurteilte Verstöße weiterhin bedeutsam: Nach § 2 StGB sind derartige Altfälle grundsätzlich weiterhin nach § 44 Abs. 1 iVm § 43 Abs. 2 BDSG aF zu bestrafen, soweit nicht Verfolgungsverjährung (§ 78 ff. StGB) eingetreten ist. Nur wenn und soweit das neue Datenschutz(straf)recht den konkreten Verstoß hypothetisch milder ahndet (§ 2 Abs. 3 StGB, Art. 49 Abs. 1 S. 3 GRCh), wozu auch der gänzliche Wegfall einer Sanktionierung (BGHSt 20, 116 (119); BGH NStZ 1992, 535 (536)) oder die Umwandlung in eine Ordnungswidrigkeit (BGHSt 12, 148 (153 ff., 159); MüKoStGB/Schmitz § 2 Rn. 30 mwN) zählt, ist das neue Recht anzuwenden (→ Rn. 3.1 ff.; siehe auch Däubler/Wedde/Weichert/Sommer/Sommer Rn. 1). Zur von der Rechtsprechung und Teilen der Literatur zusätzlich geforderten „Kontinuität des Unrechtstyps" BGHSt 26, 167 (172 ff.), BGHSt 44, 175 (177); Schönke/Schröder/Eser/Hecker StGB § 2 Rn. 22 mwN)).

3.1 Eine Sanktionierung der vor dem 25.5.2018 begangenen Altfällen setzt angesichts des hierfür maßgeblichen, konkreten hypothetischen Maßstabs zunächst voraus, dass der **Anwendungsbereich** sowohl nach altem (hierzu Golla, Die Straf- und Bußgeldtatbestände der Datenschutzgesetze, 2015, 121 ff.) als auch nach neuem Recht (→ Rn. 10 ff.) eröffnet ist.

3.2 Bei holzschnittartiger Betrachtung unterfallen **Altfälle nach § 44 Abs. 1 iVm § 43 Abs. 2 Nr. 1– 3 BDSG aF** hypothetisch der neuen, mit gleicher Strafe bewehrten Strafdrohung des § 42 Abs. 2 Nr. 1 BDSG, **Altfälle nach § 44 Abs. 1 iVm § 43 Abs. 2 Nr. 4 BDSG aF** der neuen, ebenfalls mit gleicher Strafe bewehrten Strafdrohung des § 42 Abs. 2 Nr. 2. Unterschiede zwischen altem und neuem Recht können sich indes etwa in Bezug auf das Merkmal der fehlenden Berechtigung bzw. der Unbefugtheit (→ Rn. 35 ff.) ergeben.

3.3 Bei **Altfällen nach § 44 Abs. 1 iVm § 43 Abs. 2 Nr. 5, 5b, 6 BDSG aF** ist insbesondere konkret zu prüfen, ob es sich nach neuem Recht um nicht allgemein zugängliche (→ Rn. 25 ff.) personenbezogene Daten handelt, die Gegenstand einer unberechtigten Verarbeitung (→ Rn. 45 ff.) geworden sind. Ist dem nicht der Fall, kommt allenfalls eine Sanktionierung als Ordnungswidrigkeit in Betracht (Art. 83 DS-GVO iVm § 41). Dabei soll der Rechtsprechung zufolge die Geldbuße sogar das Höchstmaß der zuvor angedrohten Geldstrafe übersteigen dürfen (BGHSt 12, 148 (152 ff., 159); OLG Saarbrücken NJW 1974, 1009; MüKoStGB/Schmitz § 2 Rn. 30 mwN; SK-StGB/Rudolphi/Jäger, 144. EL § 2 Rn. 13; aA Sommer, Das „mildeste" Gesetz iSd § 2 III StGB, 1979, 117). Das ist insbesondere im Lichte des Art. 49 Abs. 1 S. 3 GRCh zweifelhaft.

3.4 Keine unmittelbare Entsprechung im neuen Recht besteht für **Verstöße nach § 44 Abs. 1 iVm § 43 Abs. 2 Nr. 5a, 7 BDSG aF**. Soweit nicht im Einzelfall bei hypothetisch-konkreter Betrachtung eine Sanktionierbarkeit nach neuem Datenschutz(straf)recht gegeben ist, sind noch anhängige Strafverfahren, die derartige Verstöße betreffen, unverzüglich einzustellen bzw. müssen bei anhängiger Hauptverhandlung in einem Freispruch enden (vgl. Jahn/Brodowski, FS Neumann, 2017, 883 (897 mwN)).

III. Systematik

4 Bei **mikrosystematischer Betrachtung** lassen sich in § 42 Abs. 1 und Abs. 2 vier verschiedene Tätererfolge differenzieren, wobei es sich bei Abs. 1 Nr. 2 um einen bloß abstrakten Gefahrerfolg handelt. Diese betreffen das gleiche Tatobjekt, namentlich personenbezogene Daten, die nicht allgemein zugänglich sind (→ Rn. 22 ff.). § 42 Abs. 2 (→ Rn. 42 ff.) lässt die unberechtigte Verarbeitung eines einzelnen solchen personenbezogenen Datums (Nr. 1) bzw. dessen Erschleichen durch unrichtige Angaben (Nr. 2) genügen, sofern der Täter gegen Entgelt oder aber in Bereicherungs- oder Schädigungsabsicht handelt. § 42 Abs. 1 (→ Rn. 20 ff.) ist objektiv enger gefasst als § 42 Abs. 2 Nr. 1, da diese Norm auf spezifische Verarbeitungserfolge Übermittlung oder Zugänglichmachung (so auch Piltz, BDSG Praxiskommentar für die Wirtschaft, 2017, Rn. 15) und auf personenbezogene Daten einer großen Zahl von Personen beschränkt ist; subjektiv setzt

dieser Tatbestand eine wissentliche und gewerbsmäßige Begehung voraus. Da eine gewerbsmäßige Tatbegehung ein Handeln in Bereicherungsabsicht voraussetzt (→ Rn. 41, Rn. 51), lässt sich **Abs. 1** als eine **Qualifikation** des Abs. 2 Nr. 1 verstehen.

Makrosystematisch handelt es sich bei § 42 erstens um einen Straftatbestand des **Nebenstrafrechts,** auf den die Vorschriften des Allgemeinen Teils des StGB – etwa zum Vorsatz (§ 15 StGB), zum pflichtwidrigen Unterlassen (§ 13 StGB) sowie zu Täterschaft und Teilnahme (§§ 25 ff. StGB) – anzuwenden sind (Art. 1 Abs. 1 EGStGB) und dessen prozessuale Durchsetzung sich nach der StPO richtet (→ Rn. 72). Zweitens nutzt § 42 den Spielraum, den die **Öffnungsklausel des Art. 84 Abs. 1 DS-GVO** für eine im Vergleich zu Art. 83 DS-GVO weitergehende bzw. andersartige Sanktionierung qualifizierter datenschutzrechtlicher Verstöße eröffnet (BT-Drs. 18/11325, Erwägungsgrund 152 DS-GVO; Paal/Pauly/Frenzel § 42 Rn. 1; Schantz/Wolff DatenschutzR/Wolff Rn. 1137 ff.; von einer Regelungsverpflichtung aus Art. 84 DS-GVO sprechen Kühling/Buchner/Bergt DS-GVO Art. 84 Rn. 6 und Dieterle ZD 2020, 135 (139)). Drittens ist für den Anwendungsbereich (→ Rn. 10 ff.) und vor allem für die zentrale Frage, in welchen Fällen die § 42 benannten Verhaltensweisen gezeigt werden, „ohne hierzu berechtigt zu sein", das allgemeine Datenschutzrecht der DS-GVO und dessen Konkretisierungen im BDSG heranzuziehen (→ Rn. 35 ff.). Zur Subsidiarität des § 42 → Rn. 67 f. 5

IV. Schutzgut, Regelungszweck und Bedeutung der Vorschrift

1. Schutzgut

Gemeinsames **Tatobjekt** und **Schutzgut** der in § 42 normierten Straftatbestände sind **personenbezogene Daten** (→ Rn. 22), **die nicht allgemein zugänglich sind** (→ Rn. 25 ff.). Derartige Informationen können weitreichende Rückschlüsse auf besondere persönliche Eigenschaften liefern; sie können darüber hinaus die Möglichkeit eröffnen, in inakzeptabler Weise Einfluss auf das Verhalten der betreffenden Personen und damit in deren freie Entfaltung der Persönlichkeit zu nehmen (eindrücklich hierzu Golla, Die Straf- und Bußgeldtatbestände der Datenschutzgesetze, 2015, 86 ff., insbesondere 93). Doch bereits die Sorge um derartige informationelle Konsequenzen kann einen einschüchternden Effekt („chilling effect") dahingehend haben, dass Personen von legalem und/oder wünschenswertem Verhalten Abstand nehmen (vgl. BGHSt 14, 358 (360); BVerfGE 125, 260 (335); EuGH NJW 2014, 709 (2170 Rn. 28), jeweils im Kontext staatlicher Überwachung). Daher ist die **Vertraulichkeit** von personenbezogenen Daten, die nicht allgemein zugänglich sind, besonders zu wahren (Taeger/Gabel/Wybitoul/Zhou Rn. 2). Ein **Integritäts-** und auch ein **Verfügbarkeitsinteresse** kann hingegen gleichermaßen bei allgemein zugänglichen Daten bestehen. Dass personenbezogene Daten vermehrt als werthaltig angesehen werden, verändert die Schutzrichtung des § 42 nicht (vgl. Golla, Die Straf- und Bußgeldtatbestände der Datenschutzgesetze, 2015, 197 ff.); ein **Vermögensschutz** ist allenfalls ein Regelungsreflex. 6

2. Regelungszweck

Folglich wirkt § 42 allein spezifischen Gefährdungen der materiellen **Vertraulichkeit personenbezogener Daten** dadurch entgegen, dass besonders schwerwiegende Verletzungen mit Kriminalstrafe belegt werden. Im Lichte des Schutzguts (→ Rn. 6) dient § 42 hingegen nicht dem Schutz der Integrität und Verfügbarkeit personenbezogener Daten (im Hinblick auf die technische Verfügbarkeit bereits Auernhammer/v. Lewinski § 43 BDSG aF Rn. 35; aA zu § 44 BDSG aF Golla, Die Straf- und Bußgeldtatbestände der Datenschutzgesetze, 2015, 147 f.). Die Vorschrift dient daher einem strafrechtlichen **Schutz vor spezifischen Verletzungen des (Grund-)Rechts auf informationelle Selbstbestimmung** als Teil des Allgemeinen Persönlichkeitsrechts – des Allgemeinen Persönlichkeitsgrundrechts, das verfassungsrechtlich in Art. 2 Abs. 1 iVm Art. 1 Abs. 1 GG (BVerfGE 65, 1 (43)) sowie menschenrechtlich in Art. 8 GRCh (Jarass GRCh Art. 8 Rn. 2; Callies/Ruffert/Kingreen GRCh Art. 8 Rn. 9) verankert ist (zu § 44 BDSG aF Hilgendorf/Valerius, Computer- und Internetstrafrecht, 2. Aufl. 2012, Rn. 733). 7

3. Bedeutung der Vorschrift

Mehr noch als andere Straftatbestände des Nebenstrafrechts fokussiert sich der Regelungszweck des § 42 auf die **präventiven Wirkungen** (Paal/Pauly/Frenzel § 42 Rn. 11) des Strafrechts in Bezug auf **individuelles Fehlverhalten.** Dies beruht maßgeblich darauf, dass das europäisierte Verwaltungssanktionenrecht nach Art. 83 DS-GVO iVm § 41 Abs. 1 (→ § 41 Rn. 11) im Hinblick auf Fehlverhalten in und durch Unternehmen bzw. Verbände eine kriminalstrafrechtsähnlich 8 scharfe Sanktionierung vorsieht. Daher bedarf es im Datenschutzrecht nicht des „Umwegs" über eine kriminalstrafrechtliche Vorschrift und § 30 OWiG bzw. §§ 30, 130 OWiG, um Unternehmen als solche zu sanktionieren.

9   Die **Praxisrelevanz** des § 42 lässt sich nach wie vor nur schlecht abschätzen. Einerseits erfasst die Strafvorschrift ein breites Spektrum an Verstößen, so zB von illegalem Datenhandel von erschlichenen oder ausgespähten Zahlungs- oder Kreditkartendaten (→ Rn. 21) bis hin zu schlicht datenschutzrechtswidrigem Fehlverhalten in einer data-driven economy (→ Rn. 21, → Rn. 43). Zudem könnte das europäisierte Verwaltungssanktionenrecht nach Art. 83 DS-GVO iVm § 41 eine individualstrafrechtliche Sanktionierung in der regulatorischen Praxis beflügeln. Andererseits aber ist § 42 unverändert als absolutes Antragsdelikt (→ Rn. 71) ausgestaltet. Dies, verbunden mit Bedenken hinsichtlich der Bestimmtheit (Bergt DuD 2017, 555 (561); differenzierend Kubiciel/Großmann NJW 2019, 1050 (1054 f.); zur Problematik der Unbestimmtheit der DS-GVO vgl. Pohl PinG 2017, 85 ff.; → § 41 Rn. 6 mwN), lässt manche nur geringe Praxisrelevanz des § 42 prognostizieren (Bergt DuD 2017, 555 (561); tendenziell auch Paal/Pauly/Frenzel § 42 Rn. 12). Ein Gesetzesentwurf, der die Überführung des Straftatbestandes in § 201b StGB-E vorsah (BT-Drs. 19/28777), wurde vom Bundestag in zweiter Lesung abgelehnt (BT-Prot. 19/236, 30754).

V. Anwendungsbereich

10 Der **Anwendungsbereich** des § 42 ist zunächst durch **§ 1 determiniert und begrenzt.** Dort heißt es in § 1 Abs. 1 ausdrücklich, dass „(d)ieses Gesetz" – also das Gesetz als Ganzes – (nur) für die dort genannten Stellen „gilt"; „Anwendung" soll „(d)ieses Gesetz" – also erneut als Ganzes – nur auf die in § 1 Abs. 3 genannten Stellen, Verantwortlichen und Auftragsverarbeiter finden. Eine über diese Normadressaten (→ Rn. 15 ff.) hinausgehende Anwendung des § 42 kommt daher nicht in Betracht und sähe sich ohnehin dem Makel einer unvorhersehbaren und unbestimmten Strafdrohung ausgesetzt (Auernhammer/Golla § 42 Rn. 3).

11 In systematischer Hinsicht ist zudem zu berücksichtigen, dass § 42 im **Teil 2** loziert ist, der laut seiner Überschrift „Durchführungsbestimmungen für Verarbeitungen zu Zwecken gemäß **Artikel 2 der Verordnung (EU) 2016/679**" enthält. Dies begrenzt folglich den Anwendungsbereich des § 42, soweit nicht Sondervorschriften eine entsprechende Anwendung des § 42 anordnen (§ 84, → § 84 Rn. 4, sowie § 85 SGB X; zweifelhaft bei § 1 Abs. 8, → Rn. 11.1). Auch dies spricht für eine Restriktion des Anwendungsbereichs (→ Rn. 10).

11.1 Zwar ordnet § 1 Abs. 8 die „entsprechend(e) Anwendung" des Teils 2 und damit auch des § 42 an, soweit „Verarbeitungen personenbezogener Daten durch öffentliche Stellen" weder unter die DS-GVO noch unter die RL (EU) 2016/880 fallen. Ihrem Sinn und Zweck nach erstreckt sich die entsprechende Anwendung indes nur auf die Schaffung eines öffentlich-rechtlichen Rahmens für Datenverarbeitung, nicht aber auf die (ohnehin nur indirekt mögliche, → Rn. 16) strafrechtliche Flankierung. Zudem bestünden insoweit Bedenken an einer hinreichenden Normenklarheit, als aus der im Vergleich zu § 84 deutlich offeneren Regelung in § 1 Abs. 8 eine strafrechtliche Inpflichtnahme konstruiert würde.

1. Sachlicher Anwendungsbereich

12 Der **sachliche Anwendungsbereich** setzt demnach voraus, dass durch die Tat personenbezogene Daten (→ Rn. 22 ff.) durch eine in § 1 Abs. 1 genannte Stelle zu Zwecken des Art. 2 DS-GVO verarbeitet werden. Zur Subsidiarität gem. § 1 Abs. 2 → Rn. 67 f.

13 Für **nichtöffentliche Stellen** (§ 2 Abs. 4) ist der sachliche Anwendungsbereich somit auf „die ganz oder teilweise automatisierte Verarbeitung personenbezogener Daten sowie für die nichtautomatisierte Verarbeitung personenbezogener Daten, die in einem Dateisystem gespeichert sind oder gespeichert werden sollen", begrenzt (Art. 2 Abs. 1 DS-GVO und § 1 Abs. 1 S. 2, → § 1 Rn. 74; Paal/Pauly/Frenzel § 1 Rn. 5) und zudem ausgeschlossen, soweit die „Verarbeitung durch natürliche Personen (...) zur Ausübung ausschließlich persönlicher oder familiärer Tätigkeiten" erfolgt (Art. 2 Abs. 2 lit. c DS-GVO und § 1 Abs. 1 S. 2 aE, → § 1 Rn. 75; Paal/Pauly/Frenzel § 1 Rn. 5). Die vorgenannte Beschreibung der Verarbeitungsart ist ausgesprochen weit gefasst (→ § 1 Rn. 74; Simitis/Dammann § 1 Rn. 140; Paal/Pauly/Ernst DS-GVO Art. 2 Rn. 5). Für die automatisierte Verarbeitung kommt jedes informationstechnische System in Betracht, für die nichtautomatisierte „analoge" Verarbeitung jede systematisierte und daher auswertbare Sammlung personenbezogener Daten (Paal/Pauly/Ernst DS-GVO Art. 2 Rn. 5, 7 f.).

14 Für **öffentliche Stellen des Bundes** (§ 2 Abs. 1, Abs. 3 S. 1) ist der Anwendungsbereich nach § 1 Abs. 1 zwar unbeschadet der Verarbeitungsform eröffnet. Aus systematischen Gründen

(→ Rn. 11) findet § 42 indes keine Anwendung auf eine Datenverarbeitung zu Zwecken der inneren Sicherheit iSd RL 2016/880/EU (Art. 2 Abs. 2 lit. d DS-GVO, § 84), im Rahmen der gemeinsamen Außen- und Sicherheitspolitik (GASP, Art. 2 Abs. 2 lit. b DS-GVO) sowie im militärischen und nachrichtendienstlichen Kontext, soweit dieser nicht dem Anwendungsbereich des Unionsrechts unterliegt (Art. 2 Abs. 2 lit. a DS-GVO). Für **öffentliche Stellen der Länder** (§ 2 Abs. 2, Abs. 3 S. 2) ist darüber hinaus die Vorrangregelung für landesrechtliche Regelungen (§ 1 Abs. 1 S. 1 Nr. 2 → § 1 Rn. 70 ff.) zu beachten; inzwischen liegen etliche vielgestaltige landesrechtliche Spezialvorschriften vor (→ Rn. 14.1 ff.).

Bei der Datenverarbeitung durch **öffentliche Stellen der Länder** ist, soweit der Anwendungsbereich des BDSG und daher auch der des § 42 nicht eröffnet ist, daher der sachliche Anwendungsbereich der entsprechenden landesdatenschutzrechtlichen Straftatbestände (Art. 23 Abs. 2 BayDSG, § 28 LDSG BW, § 29 Abs. 2 BlnDSG, § 33 BbgDSG, § 24 BremDSGVOAG, § 26 HmbDSG, § 37 HDSIG, § 23 DSG M-V, § 60 NDSG, § 34 DSG NRW, § 25 LDSG RLP, § 27 Abs. 4 SDSG, § 22 Abs. 4 SächsDSG, § 33 DSAG LSA, § 19 Abs. 2 LDSG SH und § 61 Abs. 5 ThürDSG) eröffnet. Auch in jenem Kontext werden jedoch nicht Behörden und andere öffentliche Stellen als solche mit einer (Kriminal-)Strafe belegt, sondern natürliche Personen, die in diesem sachlichen Anwendungsbereich (zB als Leitungsperson) tätig werden. **14.1**

Als **Tatobjekt** verlangen diese landesrechtlichen Strafvorschriften – mit Ausnahme Thüringens (begründungslos ThürLT-Drs. 6/4943, 134) – „nicht allgemein zugängliche" bzw „nicht offenkundige" personenbezogene Daten (→ Rn. 6); einige Straftatbestände (zB § 33 Abs. 1 iVm § 32 Abs. 1 S. 1 Nr. 1 BbgDSG) erfassen als weiteres Tatobjekt deanonymisierte Einzelangaben, die erst durch Zusammenführung mit anderen Informationen die betroffene Person wieder bestimmbar machen. Das Ausmaß der Diversität der landesdatenschutzrechtlichen Straftatbestände zeigt sich spätestens bei den erfassten Tathandlungen bzw. **Tatererfolgen:** Während insoweit § 24 Abs. 1 iVm 23 Abs. 1 BremDSGVOAG, § 37 Abs. 1 HDSIG, § 22 Abs. 4 S. 1 iVm Abs. 1 SächsDSDG und § 19 Abs. 2 LDSG SH dem § 42 Abs. 2 entsprechen (so ausdrücklich BremLT-Drs. 19/1501, 69), verweist § 26 Abs. 1 HmbDSG explizit auf den gesamten Verarbeitungsbegriff der DS-GVO (zur gleichwohl gebotenen Restriktion → Rn. 45). Wenngleich verfassungs- und europarechtliche Bedenken gegen die Bestimmtheit des Verarbeitungsbegriffs geäußert werden (Dieterle ZD 2020, 123 (139)), so ist von Vorteil, dass zumindest über Art. 4 Nr. 2 DS-GVO eine Legaldefinition des „Verarbeitens" existiert. Einer anderen Systematik folgen diejenigen landesdatenschutzrechtlichen Straftatbestände, die einzelne Tatvarianten aufzählen (sei es, weil diese Tatvarianten für die typischerweise einschlägigen Fallkonstellationen erachtet werden, NdsLT-Drs. 18/548, 66) oder weil schlicht die alte Fassung beibehalten wurde (so explizit MV-LT-Drs. 7/1568, 54; BayLT-Drs. 17/19628, 44)), wobei sich Unklarheiten hinsichtlich der Auslegung des Begriffs „in anderer Weise verarbeitet" (so zB § 32 Abs. 1 S. 1 Nr. 3 BbgDSG) ergeben. Denn durch die Formulierung als Auffangtatbestand wird der Anschein erweckt, als handele es sich bei den übrigen explizit aufgezählten Varianten um Formen der Verarbeitung iSd DS-GVO, obwohl die Legaldefinition des Begriffs „Verarbeiten" in Art. 4 Nr. 2 DS-GVO nicht alle der zuvor genannten Varianten erfasst. Unklar bleibt daher, ob zur Bestimmun der Verarbeitungsformen ein Rückgriff auf die Definition in der DS-GVO erfolgen soll. Bemerkenswert ist, dass – anders als § 42 (→ Rn. 64) – einige dieser Vorschriften eine **Versuchsstrafbarkeit** anordnen (zB § 19 Abs. 4 LDSG SH). Begründet wird dies mit einem kriminalpolitischen Strafbedürfnis, da Bürgerinnen und Bürger gegenüber der Verwaltung zur Überlassung personenbezogener Daten verpflichtet seien und daher datenschutzrechtliche Zuwiderhandlungen durch öffentliche Stellen bereits im Versuchsstadium unter Strafe zu stellen seien, um das gesamte Unrecht zu erfassen (SchlH LT-Drs. 19/429, 150). **14.2**

Hervorzuheben ist ferner, dass einige Straftatbestände wie § 22 Abs. 4 S. 1 iVm Abs. 1 SächsDSG im Gegensatz zu § 42 auf ein explizites Merkmal der **Unbefugtheit der Datenverarbeitung** (→ Rn. 35) verzichten, so dass dann die datenschutzrechtliche Befugnis zur Datenverarbeitung, gleich ob sie aus der DS-GVO, dem BDSG oder sonstigen Gesetzen (zB der StPO) folgt, erst auf Ebene der Rechtswidrigkeit zu berücksichtigen ist. Soweit die Straftatbestände hingegen ein „**Handeln entgegen den Vorschriften**" der DS-GVO oder des jeweiligen Landesdatenschutzgesetzes verlangen, ist dies im Lichte des Bestimmtheitsgebots (Art. 103 Abs. 2 GG) kritikwürdig, weil dem Normadressaten die umfassende Lektüre der DS-GVO sowie des LDSG auferlegt wird, um ein gesetzeswidriges Verhalten zu erkennen (Dieterle ZD 2020, 123 (139)). Diese Kritik lässt sich jedoch zumindest dann relativieren, wenn der Straftatbestand weitere Tatbestandsmerkmale wie Handeln gegen Entgelt (→ Rn. 48) bzw mit Schädigungs- oder Bereicherungsabsicht (→ Rn. 51) enthält und so das Unrecht der Tatbegehung somit offensichtlich(er) zu Tage tritt. **14.3**

Mit wenigen Ausnahmen (§ 33 Abs. 3 S. 1 DSAG LSA; § 22 Abs. 4 SächsDSDG) handelt es sich um **absolute Antragdelikte,** wobei sich die Antragsberechtigten im Detail unterscheiden. Soweit in den Landesvorschriften ein dem § 42 Abs. 4 entsprechendes **Verwendungsverbot** fehlt, soweit jemand einer Pflicht zur Meldung von Datenschutzverstößen nachkommt (→ Rn. 75 ff.), kann ein entsprechendes Verwendungsverbot unmittelbar aus Art. 48 Abs. 2 GRCh entnommen werden (Gola/Heckmann/Ehmann Rn. 37). **14.4**

2. Persönlicher Anwendungsbereich

15 Es ist nicht abschließend geklärt, ob Täter nur für die Datenverarbeitung Verantwortliche sowie Auftragsverarbeiter sein können (**Sonderdelikt**), oder ob es sich bei § 42 um ein **Jedermannsdelikt** handelt (so Kühling/Buchner/Bergt Rn. 3; Piltz, BDSG Praxiskommentar für die Wirtschaft, 2017, Rn. 10; Sydow/Heghmanns BDSG Rn. 7). Zwar ist der Wortlaut offen formuliert, doch richtet sich die Regelungssystematik der DS-GVO an Verantwortliche iSd Art. 4 Nr. 7 DS-GVO (etwa Art. 5 Abs. 2, Art. 7 Abs. 1 DS-GVO) bzw. an Auftragsverarbeiter. Auch ist der Anwendungsbereich des BDSG in § 1 Abs. 4 auf vorgenannte Stellen, Verantwortliche bzw. Auftragsverarbeiter begrenzt. Es wäre widersprüchlich, jemanden strafrechtlich im vollen Umfang für eine Datenverarbeitung haften zu lassen, hinsichtlich derer er selbst nicht den Regelungen der DS-GVO unterworfen ist. Zudem gäbe es dann keinen klaren gesetzlichen Maßstab hinsichtlich der Berechtigung der Datenverarbeitung. Ferner wäre auch bei einer Interpretation als Jedermannsdelikt bei der Abgrenzung zwischen Täterschaft und Teilnahme die Tatherrschaft zu berücksichtigen, die hier durch die Regelungen der Verantwortlichkeit nach DS-GVO überformt ist. Als Täter des § 42 kommt demnach im Ausgangspunkt nur in Betracht, wer iSd DS-GVO für eine Datenverarbeitung verantwortlich ist (ebenso Auernhammer/Golla § 42 Rn. 3; Ihwas NZWiSt 2021, 289 (294)).

16 Bei den Merkmalen des Verantwortlichen und des Auftragsverarbeiters handelt es sich indes um **besondere persönliche Merkmale,** sodass die Tatbestandsergänzung (SSW/Bosch StGB § 14 Rn. 1; NK-WiStStrafR/Brodowski StGB § 14 Rn. 2, 4; Bruns GA 1982, 1 (8 f.); ähnlich KK-OWiG/Rogall OWiG § 9 Rn. 11 f.) des **§ 14 StGB** Anwendung findet. Dies führt dazu, dass der Kreis möglicher Täter ua auf vertretungsberechtigte Organe einer juristischen Person bzw. deren Mitglieder, gesetzliche Vertreter, leitende Angestellte und Personen erweitert ist, die ausdrücklich damit beauftragt wurden, in eigener Verantwortung – dh mit hinreichend eigenverantwortlicher Entscheidungs- und Leitungsbefugnis – die Aufgaben wahrzunehmen, die mit der Tätigkeit als Verantwortlicher oder Auftragsverarbeiter zusammenhängen. Daneben ist (selbst) Verantwortlicher und daher möglicher Täter des § 42, wer über einen betrieblich erteilten Auftrag hinausgehend Daten erhebt (**Exzess**), weil er dann selbst „über die Zwecke und Mittel der Verarbeitung von personenbezogenen Daten" entschieden hat.

17 Wer nach den vorgenannten Kriterien nicht Täter sein kann, kann dennoch **Teilnehmer** einer Tat des § 42 sein, dessen Strafe sodann nach § 28 Abs. 1 StGB iVm § 49 Abs. 1 StGB zu mildern ist. Nach den Grundsätzen der limitierten Akzessorietät der Teilnahme setzt dies indes voraus, dass eine vorsätzliche rechtswidrige Haupttat eines (anderen) Täters gegeben ist. Im Übrigen gelten für die Abgrenzung zwischen Täterschaft und Teilnahme die allgemeinen Grundsätze (→ Rn. 66).

3. Räumlicher Anwendungsbereich

18 Datenschutzrechtlich ist der räumliche Anwendungsbereich des § 42 nicht weiter eingegrenzt. Bezogen auf öffentliche Stellen des Bundes und der Länder (§§ 1 Abs. 4 S. 1, 2 Abs. 1–3, → § 1 Rn. 1 ff.) statuiert § 1 Abs. 4 S. 1 eine umfassende Anwendbarkeit; diese erstreckt sich folglich auch auf öffentliche Stellen, die ihren Sitz im Ausland haben (zB Konsulate, ferner → § 1 Rn. 1 ff.). Bezogen auf nichtöffentliche Stellen sind die detaillierten Regelungen der räumlichen Anwendbarkeit in § 1 Abs. 4 S. 2 deswegen ohne Belang, weil im Rahmen des persönlichen Anwendungsbereichs (→ Rn. 15) die Anwendbarkeit des § 42 in der lex specialis des § 1 Abs. 4 S. 3 statuiert wird (→ § 1 Rn. 1 ff.). Es verbleibt daher bei den strafrechtlichen Regelungen des **Strafanwendungsrechts, §§ 3 ff. StGB** (Sydow/Popp DS-GVO Art. 84 Rn. 9). § 42 ist daher auf Taten anwendbar, bei denen der Täter in Deutschland gehandelt hat oder bei denen der Erfolg in Deutschland eingetreten ist (§§ 3, 9 Abs. 1 StGB).

4. Zeitlicher Anwendungsbereich

19 In zeitlicher Hinsicht ist § 42 auf **ab dem 25.5.2018, 0:00 Uhr** (→ Rn. 1) begangene sowie auf zu diesem Zeitpunkt noch nicht beendete (§ 2 Abs. 2 StGB → Rn. 65) Verstöße anwendbar. Zu Altfällen → Rn. 3.

B. Übermittlung und Zugänglichmachung personenbezogener Daten einer großen Zahl von Personen (Abs. 1)

20 § 42 Abs. 1 kriminalisiert die **gewerbsmäßige unberechtigte Verbreitung personenbezogener Daten einer großen Zahl von Personen** und stellt eine Qualifikation zu § 42 Abs. 2

Nr. 1 dar (→ Rn. 4). Nr. 1 ist dabei ein reines Erfolgsdelikt; bei Nr. 2 begründet der Erfolg eine (in strafrechtlicher Terminologie) **abstrakte Gefahr**.

Der Anwendungsbereich des § 42 Abs. 1 reicht dabei weit über den **Handel** mit **ausgespähten** 21 oder **erschlichenen Zahlungs- oder Kreditkartendaten,** etwa auf Marktplätzen im sogenannten „Darknet", hinaus: Im Wechsel hin zu einer datenbasierten Wirtschaft (**data-driven economy**) sind personenbezogene Daten zu einem Handelsgut geworden. Werden größere „Pakete" derartiger Daten gehandelt, ohne die datenschutzrechtlichen Regularien einzuhalten, liegt jedenfalls der objektive Tatbestand des § 42 Abs. 1 nahe.

I. Objektiver Tatbestand

1. Personenbezogene Daten

Tatobjekt des § 42 Abs. 1–2 können nur **personenbezogene Daten** sein (zu weiteren Ein- 22 schränkungen des Tatobjekts → Rn. 25 ff.). Der Legaldefinition in Art. 4 Nr. 1 DS-GVO zufolge handelt es sich dabei um „**alle Informationen,** die sich auf eine identifizierte oder identifizierbare natürliche Person (...) **beziehen**" (→ DS-GVO Art. 4 Rn. 3 ff.), wozu insbesondere Namen, **biometrische Daten,** personalisierte **Kennungen** einschließlich damit verbundener **Passwörter,** Zahlungs- und **Kreditkartendaten, IP-Adressen** (jedenfalls bei potenzieller Zuordnungsmöglichkeit, → § 1 Rn. 47), **Standortdaten** (zu § 44 Abs. 1 iVm § 43 Abs. 2 BDSG aF s. hierzu BGH NJW 2013, 2530 (2532)) sowie **Wahrscheinlichkeitswerte** für Verhalten oder Präferenzen einer Person zählen. Eine **indirekte Bestimmbarkeit** im Sinne einer Wiedererkennung derselben Person (dh ohne Kenntnis deren Namens) reicht ebenso aus (→ DS-GVO Art. 4 Rn. 17) wie die Eingrenzung auf einige wenige, mit überschaubarem zusätzlichem Aufwand konkret identifizierbare Personen (BGH NJW 2013, 2530 (2532) mAnm Brodowski JR 2013, 87 (88 f.) zu § 44 Abs. 1 iVm § 43 Abs. 2 BDSG aF). Auf die **Wahrheit** des Aussagegehalts der Information kommt es nicht an. Die **Darstellungsform** (Daten iSd § 202a Abs. 2 StGB, handschriftliche Notiz, Fotografie) ist nur im Hinblick auf den sachlichen Anwendungsbereich (→ Rn. 12 ff.) von Bedeutung.

Anonymisierte Daten sind kein taugliches Tatobjekt; **pseudonymisierte Daten** (vgl. 23 Schantz/Wolff DatenschutzR/Schantz Rn. 301 ff.) nur dann, wenn die zur Identifizierung nötigen zusätzlichen Informationen zugleich Gegenstand der Tat sind und/oder dem Täter sowie dem (potenziellen) Empfänger der Informationen bekannt sind. Auch bei **verschlüsselten Daten** ist entscheidend, ob **Täter und** (potenzieller) **Empfänger Kenntnis** des Schlüssels haben oder sich solche Kenntnis mit überschaubarem Aufwand verschaffen können.

Die Eingrenzung des § 42 auf personenbezogene Daten jeglicher Darstellungsform ist wesentli- 24 cher Unterschied zu den kernstrafrechtlichen Strafvorschriften in §§ 202a ff. StGB. Letztere beziehen sich auf das formelle Geheimhaltungsinteresse des Verfügungsberechtigten und setzen – bei § 202a Abs. 1 StGB – eine besondere Zugangssicherung voraus (MüKoStGB/Graf § 202a Rn. 35, 39; LK-StGB/Hilgendorf § 202a Rn. 30; BGH NJW 2015, 3463 (3464); NStZ 2011, 154 (154)). Hingegen ist § 42 Abs. 1 einerseits enger, weil nur personenbezogene Daten und daher einem **materiellen Geheimhaltungsinteresse unterliegende Informationen** erfasst werden, andererseits weiter, weil nicht nur elektronisch gespeicherte Daten erfasst werden und eine besondere Zugangssicherung nicht verlangt wird (vgl. bereits Hilgendorf/Valerius, Computer- und Internetstrafrecht, 2. Aufl. 2012, Rn. 735 zu § 44 BDSG aF).

2. Nicht allgemein zugängliche Daten

Taugliches Tatobjekt des § 42 Abs. 1–2 sind indes nur **nicht allgemein zugängliche** personen- 25 bezogene Daten. Eine entsprechende Einschränkung fand sich bereits in § 44 Abs. 2 iVm § 43 Abs. 2 Nr. 1–4 BDSG aF und ist ebenfalls im 2016 eingeführten Straftatbestand der Datenhehlerei (§ 202d Abs. 1 StGB) anzutreffen. Grund für diese Einschränkung ist, dass öffentlich zugängliche Daten nicht im selben Maße eines (Vertraulichkeits-)Schutzes im Sinne informationeller Selbstbestimmung bedürfen (vgl. Golla, Die Straf- und Bußgeldtatbestände der Datenschutzgesetze, 2015, 138; BVerfGE 65, 1, (44 ff.)). Nach der Rechtsprechung des BGH zu § 44 Abs. 1 iVm § 43 Abs. 2 BDSG aF sind diejenigen personenbezogenen Daten allgemein zugänglich, „**die von jedermann zur Kenntnis genommen werden können, ohne dass der Zugang zu den Daten rechtlich beschränkt ist**" (BGH NJW 2013, 2530 (2533)).

Allgemein zugänglich sind somit personenbezogene Daten, die sich **Zeitungen, Zeitschrif-** 26 **ten,** Rundfunk- und **Fernsehsendungen,** allgemein abrufbaren und in gängigen Suchmaschinen indizierten **Webseiten** im World Wide Web („Internet") oder auch im sogenannten **Darknet** (zutr. zu § 202d StGB Fischer StGB § 202d Rn. 3; BeckOK StGB/Weidemann StGB § 202d Rn. 4.1; Gercke ZUM 2016, 825 (827); Stam StV 2017, 488 (489); Henseler NStZ 2020, 258 (259 f.)) entnehmen lassen. Bei **Social Media-Profilen** dürfte dahingehend zu differenzieren sein, ob sich die entsprechenden Daten ohne bzw. nach nur formaler Registrierung (vgl. BGH NJW 2003, 226 (227); strenger → § 28 Rn. 83) abrufen lassen, oder ob die konkreten personenbezogenen Daten nur für einen beschränkten Personenkreis (zB „Freunde" oder „Freundesfreunde") abrufbar sind. Auch nur versehentlich zugänglich gemachte Daten unterliegen nicht dem Schutz des Abs. 1; für eine teleologische Reduktion besteht – entgegen Kühling/Buchner/Bergt Rn. 12 – selbst bei Evidenzfällen angesichts der Wortlautgrenze (Art. 103 Abs. 2 GG) kein Raum. Die allgemeine Zugänglichkeit entfällt nicht durch Formalitäten wie **Öffnungszeiten** oder eine (geringe) **Gebühr** und auch nicht durch kontrafaktische Behauptungen wie bspw. einen Hinweis, dass eine Webseite nur von Erwachsenen oder nicht von Polizisten aufgesucht werden dürfe (→ § 28 Rn. 83).

27 **Nicht allgemein zugänglich** sind hingegen personenbezogene Daten, zu denen der Zugang **technisch** (zB durch eine Zugangssicherung), **faktisch** (zB durch Abrufbarkeit nur bei Kenntnis einer komplexen URL) oder **rechtlich beschränkt ist.** Darunter fallen insbesondere Daten aus Registern, die nur unter Darlegung eines berechtigten Interesses einsehbar sind, so das **Bundeszentralregister,** das **Grundbuch, Fahrzeug- und Halterdaten** (§ 39 Abs. 1 StVG, BGH NJW 2003, 226) und das Melderegister (Kühling/Buchner/Bergt Rn. 11). Ebenfalls nicht allgemein zugänglich sind Daten, die nur an individualisierte Adressaten weitergegeben werden (etwa einzelne Aufkäufer einer Ansammlung von Kreditkartendaten); ebenso wenig sind Daten allgemein zugänglich, deren Erlangung **strafrechts- oder ordnungswidrig beschaffen** lassen.

28 Nicht unproblematisch ist es, dass eine **Offenlegung durch einen (ersten) Straftäter** personenbezogene Daten allgemein zugänglich werden lässt, sodass der Strafrechtsschutz des § 42 Abs. 1, Abs. 2 und auch des § 202d Abs. 1 StGB entfällt. Die datenschutzrechtlich vertretene Auslegung, dass nur eine rechtmäßige Publikation Daten allgemein zugänglich werden lässt (→ § 28 Rn. 86), kann – entgegen Kühling/Buchner/Bergt Rn. 12 f. – wegen Art. 103 Abs. 2 GG nicht auf die Auslegung dieser Strafvorschrift übertragen werden (iE ebenso Gola/Heckmann/Ehmann Rn. 9; Henseler NStZ 2020, 258 (260 in Fn. 33)).

3. Daten einer großen Zahl von Personen

29 Weitere Voraussetzung des § 42 Abs. 1 ist, dass nicht allgemein zugängliche personenbezogene Daten **einer großen Zahl von Personen** zum Tatobjekt geworden sind. Auf diesem unbestimmten (näher Auernhammer/Golla § 42 Rn. 8; noch weitergehend Piltz, BDSG Praxiskommentar für die Wirtschaft, 2017, Rn. 13) Rechtsbegriff gründet, gemeinsam mit den strengeren subjektiven Anforderungen (→ Rn. 39 ff.), die Strafschärfung des Abs. 1 im Vergleich zum Abs. 2 Nr. 1. Nur bedingt tauglich zu seiner Konkretisierung sind die unterschiedlich ausgelegten Verwendungen desselben Merkmals im StGB: So hat der BGH bei § 306b Abs. 1 Var. 2 eine große Zahl an 14 Menschen angenommen (BGHSt 44, 175 (178)), bei § 263 Abs. 2 Nr. 2 Var. 2 StGB variieren die Auffassungen zwischen zehn (so LK-StGB/Tiedemann StGB § 263 Rn. 299) und 50 Personen (so Joecks StGB § 263 Rn. 186). Unter Berücksichtigung des betroffenen Schutzguts, der besonderen Gefährdung der Automatisierbarkeit der Datenverarbeitung sowie der Erwägung, dass personenbezogene Daten typischerweise nicht isoliert gespeichert sind, sondern ein beliebiger Datenspeicher (zB bereits ein Adressbuch eines Mobiltelefons) zumeist viele verschiedene personenbezogene Daten von unterschiedlichen Personen enthält, dürfte die Schwelle bei § 42 Abs. 1 vergleichsweise hoch, dh bei **nicht unter 50 Personen,** anzusetzen sein (Moos/Schefzig/ Arning, Die neue Datenschutz-Grundverordnung, 2018, Kap. 16 Rn. 98: nicht unter 100 Personen; vgl. auch Paal/Pauly/Frenzel § 42 Rn. 6; ähnlich Plath/Becker Rn. 3: „sicher nicht (…) wenige Dutzend"; Kühling/Buchner/Bergt Rn. 6: zweistellige Anzahl; ferner Gola/Heckmann/ Ehmann Rn. 8 sowie SJTK/Schwartmann/Burkhardt Rn. 6 mit Differenzierung nach Form der Zugänglichmachung).

4. Übermitteln (Abs. 1 Nr. 1)

30 Personenbezogene Daten sind **übermittelt,** sobald sie in den **Machtbereich** eines **Drittens** gelangt sind (Kühling/Buchner/Bergt Rn. 17; Auernhammer/Golla § 42 Rn. 9). In systematischer Abgrenzung zum Zugänglichmachen (→ Rn. 33) ist dabei entscheidend, dass der Dritte ohne weitere Zwischenschritte auf die übermittelten Daten zugreifen und diese weiterverarbeiten (zB entschlüsseln, kopieren, ausdrucken) kann, ohne dass er zunächst selbst die Daten aus dem Macht-

bereich des Täters transferieren müsste. Beim Übermitteln handelt es sich daher, bildlich und vereinfachend gesprochen, um eine „Weggabe" von Daten, während beim Zugänglichmachen ein Dritter die Daten erst noch „wegnehmen" müsste.

Von § 42 Abs. 1 Nr. 1 ist jegliche Verhaltensweise erfasst, die den vorgenannten Erfolg kausal und objektiv zurechenbar verursacht; ein Unterlassen indes nur dann, soweit den Täter eine Garantenpflicht zur Unterbindung des Erfolgseintritts trifft. Aus der Restriktion auf Daten einer großen Zahl von Personen folgt allerdings, dass der Übermittlungserfolg in seiner Gänze durch ein einziges (ggf. iteratives) Täterverhalten und in seiner Gänze gegenüber einem einzigen Dritten verursacht werden muss. Typische Erscheinungsformen (auch → DS-GVO Art. 4 Rn. 50) sind ein Datenversand per **E-Mail** (Erfolgseintritt mit Abruf durch den Empfänger), der postalische Versand eines **Datenträgers** (Erfolgseintritt mit dessen Zustellung) und auch die **(fern-)mündliche Mitteilung** (Erfolgseintritt mit deren Wahrnehmung durch den Empfänger). 31

Wesentliche Voraussetzung der Übermittlung ist, dass ein **Dritter** Adressat des Übermittlungsvorgangs ist. Bei dem Betroffenen selbst oder bei der für die Datenverarbeitung verantwortlichen Stelle handelt es sich nicht um einen Dritten in diesem Sinne (→ DS-GVO Art. 4 Rn. 49). Daraus folgt, dass eine Übermittlung zwischen verschiedenen Personen oder Arbeitsbereichen innerhalb eines datenschutzrechtlich verantwortlichen Unternehmens nicht den Erfolg des § 42 Abs. 1 Nr. 1 verwirklicht. 32

5. Zugänglichmachen (Abs. 1 Nr. 2)

Daten sind auf andere Weise **zugänglich gemacht**, wenn mindestens ein Dritter (→ Rn. 32), der weder individualisiert noch konkretisiert zu sein braucht, auf diese Daten zugreifen und sich auf diese Weise Kenntnis von deren Informationsgehalt verschaffen kann (Kühling/Buchner/Bergt Rn. 21; Auernhammer/Golla § 42 Rn. 9). In systematischer Abgrenzung zum Übermitteln (→ Rn. 30) ist nicht erforderlich, dass sich die Daten bereits im Machtbereich eines Dritten befinden; ob es tatsächlich zu einem Informationstransfer gekommen ist, ist unerheblich. Daher kriminalisiert Abs. 1 Nr. 2 bereits die (in strafrechtlicher Terminologie) **abstrakte Gefahr,** dass ein Dritter von den personenbezogenen Daten Kenntnis nehmen hätte können. 33

Von § 42 Abs. 1 Nr. 2 ist dabei jegliche Verhaltensweise erfasst, die den vorgenannten Erfolg in seiner Gänze (→ Rn. 31) kausal und objektiv zurechenbar verursacht. Typische Erscheinungsformen sind die **Verfügbarmachung** zum Download oder zum Abruf im **Internet,** aber auch die Bekanntgabe in einer Zeitung sowie das vermeintliche „Entsorgen" personenbezogener Daten in einem offenen Müllcontainer (so Golla, Die Straf- und Bußgeldtatbestände der Datenschutzgesetze, 2015, 147 zu § 44 Abs. 1 iVm § 43 Abs. 2 Nr. 1 Var. 2 BDSG aF). 34

6. Fehlende Berechtigung

Bereits der **objektive Tatbestand** des § 42 Abs. 1 setzt voraus, dass der Täter die Übermittlung bewirkte bzw. dass er die Daten zugänglich machte, **„ohne hierzu berechtigt zu sein".** Diese Anknüpfung an die **datenschutzrechtliche Bewertung des Täterverhaltens** steht in Tradition des bisher in § 44 Abs. 1 iVm § 43 Abs. 2 BDSG aF verwendeten Merkmals des unbefugten Umgangs mit personenbezogenen Daten. Dies prägt auch die zentralen, zum neuen Merkmal zu klärenden Streitfragen (→ Rn. 35.1): 35

Hinsichtlich des allgemein gehaltenen Merkmals der Unbefugtheit war umstritten, ob dies bereits den **objektiven Tatbestand ausschließt** (Kühling/Buchner/Bergt Rn. 23) oder ob erst auf der nachgelagert zu prüfenden Stufe der **Rechtswidrigkeit** (Gola/Schomerus § 43 Rn. 26) eine datenschutzrechtliche Befugnis zu berücksichtigen war. Für erstere These wurde ins Feld geführt, dass der Umgang mit personenbezogenen Daten für sich genommen sozialadäquat ist und nur aus präventiven Gründen einem Verbot mit Erlaubnisvorbehalt unterworfen wurde, sodass die Tatbestände des § 44 Abs. 1 iVm § 43 Abs. 2 BDSG aF im Übrigen kein (kriminalpolitisch? naturrechtlich?) typisiertes Unrecht abbildeten (Golla, Die Straf- und Bußgeldtatbestände der Datenschutzgesetze, 2015, 156 ff. mwN). Zwar umschreiben die objektiven und subjektiven Tatbestände der Abs. 1 und 2 nicht den Umgang mit personenbezogenen Daten als solchen, sondern den Umgang mit nicht allgemein zugänglichen personenbezogenen Daten (Abs. 1–2); auch sind die Tatbestände speziellen subjektiven Voraussetzungen unterworfen (Abs. 1–2) sowie teils auf spezifische Verarbeitungsformen beschränkt (Abs. 1), sodass deren Einstufung als sozialadäquates Verhalten bzw. als „typisiertes Recht" deutlich schwerer fällt. Allerdings ist zu berücksichtigen, dass sich die neu gewählte Formulierung („ohne hierzu berechtigt zu sein") syntaktisch auf eine unmittelbare Restriktion des Taterfolgs bezieht und sich systematisch von Normen abgrenzt, in denen das Merkmal des „rechtswidrigen" oder „unbefugten" Verhaltens lediglich auf die Rechtswidrigkeit verweist. Daher handelt es sich bei dem Merkmal der fehlenden Berechtigung um ein **Tatbestandsmerkmal.** 35.1

36 Angesichts der Vollständigkeit der Verhaltensbeschreibung durch die übrigen Tatbestandsmerkmale des § 42 Abs. 1, Abs. 2 handelt es sich dabei um ein **normatives Tatbestandsmerkmal** (Auernhammer/Golla § 42 Rn. 11; nach aA sollte es sich um einen **Blankettverweis** handeln, so insbesondere Erbs/Kohlhaas/Ambs 217. EL § 43 Rn. 18), zu dessen Ausfüllung die datenschutzrechtlichen Erlaubnissätze namentlich der Art. 6 ff. DS-GVO und etwaige Konkretisierungen des BDSG heranzuziehen sind.

37 Die Bedenken, die aus strafrechtlicher Sicht hinsichtlich einer hinreichenden Bestimmtheit dieser Befugnisnormen vorgebracht wurden und werden (→ DS-GVO Art. 83 Rn. 5), verfangen bei einer **restriktiven** und potenziell normspaltenden **Auslegung der Strafvorschrift** nicht (vgl. Auernhammer/Golla § 42 Rn. 12 f.). Dies gilt umso mehr, als dass es sich jedenfalls bei dem von § 42 Abs. 1, Abs. 2 Nr. 2 abseits des Merkmals der fehlenden Berechtigung umschriebenen Verhaltens (gewerbsmäßiges Verbreiten personenbezogener Daten einer großen Zahl von Personen; Erschleichen von Daten gegen Entgelt oder in Bereicherungs- oder Schädigungsabsicht) zumindest um Verhalten im Graubereich der Legalität, wenn nicht gar um typisiertes Unrecht handelt (→ Rn. 35.1). Um die Vielgestaltigkeit des Lebens und die technische Entwicklung regulatorisch abbilden zu können, ist die Verwendung ausfüllungs- und konkretisierungsbedürftiger Tatbestandsmerkmale auch im Strafrecht verfassungsrechtlich nicht zu beanstanden (vgl. BVerfGE 126, 170 (195 f.); BVerfGE 28, 175 (183)).

38 Besonders bedeutsame, vom Merkmal der fehlenden Berechtigung in Bezug genommene Erlaubnisnormen sind die **datenschutzrechtliche Einwilligung** (Art. 6 Abs. 1 lit. a, Art. 7, Art. 8 DS-GVO; sogleich → Rn. 38.1) und die **datenschutzrechtliche Interessenabwägung** (Art. 6 Abs. 1 lit. f DS-GVO; sogleich → Rn. 38.2).

38.1 Die **datenschutzrechtliche Einwilligung** wirkt – anders als in anderen systematischen Kontexten – tatbestandsausschließend (→ Rn. 35.1) und setzt nach der Begriffsbestimmung in Art. 4 Nr. 11 DS-GVO eine „freiwillig für den bestimmten Fall, in informierter Weise und unmissverständlich abgegebene Willensbekundung in Form einer Erklärung oder einer sonstigen eindeutigen bestätigenden Handlung" voraus, „mit der die betroffene Person zu verstehen gibt, dass sie mit der Verarbeitung der sie betreffenden personenbezogenen Daten einverstanden ist". Die darin enthaltenen Voraussetzungen der **Freiwilligkeit** und der **informierten Grundlage** der Entscheidung des Betroffenen legen zwar nahe, dass eine **durch Täuschung erlangte datenschutzrechtliche Einwilligung** keine privilegierende Wirkung entfaltet (so zum Parallelproblem bei § 44 Abs. 1 iVm § 43 Abs. 2 BDSG aF Golla, Die Straf- und Bußgeldtatbestände der Datenschutzgesetze, 2015, 174 f.). Dann aber wäre § 42 Abs. 2 Nr. 2 gegenüber § 42 Abs. 2 Nr. 1 seines typischen Anwendungsbereichs beraubt (→ Rn. 53 f.). Zudem lässt sich isoliert auf den strafrechtlichen Kontext bezogen die Freiwilligkeit eines Verhaltens selbst dann bejahen, wenn es auf einer Täuschung beruht. Noch nicht abschließend geklärt ist die Frage, ob Verstöße gegen die strengen formalen Wirksamkeitsvoraussetzungen der DS-GVO dazu führen, dass die Einwilligung auch in strafrechtlicher Hinsicht unwirksam ist. Unter Beachtung der Teleologie der Einwilligungsvoraussetzungen – Schutz- und Warnfunktion – erscheint es vorzugswürdig, hier Augenmaß walten zu lassen (ähnlich Golla ZD 2017, 479 (479 f.); zum alten Recht ebenso OLG Karlsruhe ZD 2017, 478). Gleiches gilt in Bezug auf andere flankierende Aspekte der Rechtmäßigkeit der Verarbeitung, etwa im Hinblick auf die Verpflichtung des Datenverarbeiters zur Gewährleistung einer hinreichenden Cyber-Sicherheit (Kipker/Brodowski, Cybersecurity, 2019, Kap. 13 Rn. 81).

38.2 Die **datenschutzrechtliche Interessenabwägung** schlägt zugunsten einer Datenverarbeitung aus, wenn diese „zur Wahrung der berechtigten Interessen des Verantwortlichen oder eines Dritten erforderlich (ist), sofern nicht die Interessen oder Grundrechte und Grundfreiheiten der betroffenen Person, die den Schutz personenbezogener Daten erfordern, überwiegen, insbesondere dann, wenn es sich bei der betroffenen Person um ein Kind handelt" (Art. 6 Abs. 1 lit. f DS-GVO). Unter methodisch zweifelhafter unmittelbarer Anwendung des Art. 7 lit. f der RL 95/46/EG hielt der BGH insoweit eine GPS-gestützte Überwachung von Kfz durch einen Privatdetektiv nicht für schlechterdings verboten, wenn über ein allgemeines (zivilprozessuales) Beweisführungsinteresse hinausgehend „ein konkreter Verdacht (…) besteht, die detektivische Tätigkeit zur Klärung der Beweisfrage erforderlich ist und nicht andere, mildere Maßnahmen als genügend erscheinen" (BGH NJW 2013, 2530 (2536) mAnm. Brodowski JR 2013, 87 (92 f.)).

II. Subjektiver Tatbestand

1. Vorsatz und Wissentlichkeit

39 Der Tatbestand setzt zumindest **sicheres Wissen** (dolus directus 2. Grades) hinsichtlich der objektiven Tatbestandsmerkmale des Tatobjekts (personenbezogene Daten einer großen Zahl von

Personen, die nicht allgemein zugänglich sind) und der kausalen und objektiv zurechenbaren Herbeiführung des Tat- (Übermittlung) oder Gefahrerfolgs (Zugänglichmachung) voraus.

40 Aus der Einordnung als Tatbestandsmerkmal (→ Rn. 35.1) folgt, dass sich der **Vorsatz** des Täters auch auf seine **fehlende Berechtigung** erstrecken muss; Wissentlichkeit ist insoweit nicht erforderlich (aA Kühling/Buchner/Bergt Rn. 25). Ob aus einer Einordnung als normatives (→ Rn. 36) statt als deskriptives Tatbestandsmerkmal folgt, dass eine nur abgeschwächte Bedeutungskenntnis („Parallelwertung in der Laiensphäre") erforderlich ist, ist in Rechtsprechung und Literatur nach wie vor umstritten (vgl. umfassend hierzu LK-StGB/Vogel/Bülte StGB § 16 Rn. 25 ff.; ferner Kühling/Buchner/Bergt Rn. 26). Ordnete man dieses Merkmal stattdessen als Rechtswidrigkeitsmerkmal ein, führte dies bei fehlender Kenntnis von der Rechtfertigungsbedürftigkeit des Verhaltens stets (nur) zu einem Verbotsirrtum iSd § 17 StGB.

2. Gewerbsmäßigkeit

41 Nach vorherrschender Rechtsprechung und Literatur handelt gewerbsmäßig, wer die Absicht verfolgt, sich (dh **sich selbst** oder einem vom Täter beherrschten Verband) durch **wiederholte Tatbegehung** eine **fortlaufende Einnahmequelle** von einiger Dauer und einigem Umfang zu verschaffen (BGH BeckRS 2019, 21728 Rn. 27; ferner exemplarisch BGH NStZ 2014, 271; NStZ 2011, 515 (516); näher zu diesem Merkmal Brodowski wistra 2018, 97). Es setzt voraus, dass sich der Täter durch die konkrete Tat einen Vermögensvorteil verschaffen, also sich (selbst) bereichern will (→ Rn. 51).

C. Unberechtigte Verarbeitung personenbezogener Daten (Abs. 2 Nr. 1)

42 Das Erfolgsdelikt des § 42 Abs. 2 Nr. 1 enthält das Grunddelikt (→ Rn. 4), namentlich die **unberechtigte Verarbeitung personenbezogener Daten, die nicht allgemein zugänglich sind.** Eine Kriminalstraftat ist dies nach Abs. 2 Nr. 1 nur dann, wenn diese Verarbeitung gegen Entgelt und/oder in Bereicherungs- oder Schädigungsabsicht erfolgt. Die Qualifikation des Abs. 1 kommt nur in Betracht, soweit bei der Tat des Abs. 2 Nr. 1 Bereicherungsabsicht vorliegt.

43 Der **Anwendungsbereich** des § 42 Abs. 2 Nr. 1 ist ausgesprochen weit und erstreckt sich objektiv auf viele Erscheinungsformen des Umgangs mit nicht allgemein zugänglichen personenbezogenen Daten, soweit dabei die datenschutzrechtlichen Regularien nicht eingehalten werden; die subjektiven Einschränkungen sind bei Handeln in ökonomisch motivierten Kontexten schnell überschritten. Mehr noch als § 42 Abs. 1 kann daher Abs. 2 Nr. 1 zu einer **Leitplanke der datenbasierten Wirtschaft** (data-driven economy) werden. Darüber hinaus erfasst er Fälle des unberechtigten **Datenhandels** unterhalb der quantitativen Grenze des Abs. 1.

I. Objektiver Tatbestand

1. Tatobjekt: personenbezogene Daten, nicht allgemein zugänglich

44 Tatobjekt des Abs. 2 Nr. 1 sind **personenbezogene Daten, die nicht allgemein zugänglich sind** (→ Rn. 22 ff.). Der im Gesetzeswortlaut des BDSG und der DS-GVO konsequent verwendete Plural „Daten" darf ausweislich der Begriffsbestimmung in Art. 4 Nr. 1 DS-GVO nicht dahingehend missverstanden werden, dass mehrere Einzelangaben erforderlich wären und/oder sich diese Angaben auf mehrere Personen beziehen müssten.

2. Taterfolg: Verarbeiten

45 Der Erfolg des § 42 Abs. 2 Nr. 1 tritt ein, sobald personenbezogene Daten, die nicht allgemein zugänglich sind, **verarbeitet** wurden. Nach der Begriffsbestimmung in Art. 4 Nr. 2 DS-GVO wäre darunter jeder „mit oder ohne Hilfe automatisierter Verfahren ausgeführte Vorgang oder jede solche Vorgangsreihe im Zusammenhang mit personenbezogenen Daten wie das Erheben, das Erfassen, die Organisation, das Ordnen, das Speichern, die Anpassung, die Veränderung, das Auslesen, das Abfragen, die Verwendung, die Offenlegung durch Übermittlung, die Verbreitung, der Abgleich, die Verknüpfung, die Einschränkung, das Löschen oder die Vernichtung" zu verstehen. Darunter fiele **quasi jeglicher** vom Täter kausal und objektiv zurechenbar verursachte **Umgang mit personenbezogenen Daten** (→ DS-GVO Art. 4 Rn. 32). Der Wortlaut lässt – wie die Verwendung innerhalb des Kompositums „Elektronische Datenverarbeitung" (EDV) belegt – zwar eine derart weite Auslegung zu (aA Kubiciel/Großmann NJW 2019, 1050 (1054 f.)). Aus teleologischen Gründen (→ Rn. 6 f.) ist diese Auslegung jedoch zu reduzieren auf Verarbei-

tungsformen, welche die **Vertraulichkeit** nicht allgemein zugänglicher personenbezogener Daten **verletzen** oder deren Verletzung **intensivieren** oder **perpetuieren,** so insbesondere das **Erheben** (→ DS-GVO Art. 4 Rn. 35 ff.; aA Kubiciel/Großmann NJW 2019, 1050 (1054)), **Abrufen, Verschaffen, Speichern** (→ DS-GVO Art. 4 Rn. 42), **Verknüpfen** (→ DS-GVO Art. 4 Rn. 52), **Übermitteln** und **Verbreiten** (→ DS-GVO Art. 4 Rn. 49 ff.; Sydow/Heghmanns Rn. 18; aA Kubiciel/Großmann NJW 2019, 1050 (1055)) personenbezogener Daten. Die **Verwendung** personenbezogener Daten ist erfasst, soweit sie Außen- oder Folgewirkungen entfaltet (weitergehend Kühling/Buchner/Bergt Rn. 33; Sydow/Heghmanns Rn. 18).

46 Keine taugliche Tathandlung sind hingegen bei telologischer Interpretation die **Einschränkung,** das **Löschen** oder die **Vernichtung** personenbezogener Daten (aA Kühling/Buchner/Bergt Rn. 32; Sydow/Heghmanns Rn. 18); das **Verändern** ist es nur, soweit es (ausnahmsweise) eine Vertraulichkeitsverletzung intensiviert (aA Gola/Schomerus § 43 Rn. 20; Sydow/Heghmanns Rn. 18 sowie zu § 44 BDSG aF Golla, Die Straf- und Bußgeldtatbestände der Datenschutzgesetze, 2015, 147). Strafrechtlichen Schutz vor Verletzungen des Integritäts- und Verfügbarkeitsinteresses gewähren stattdessen §§ 303 ff. StGB.

47 Zum Merkmal der **fehlenden Berechtigung** der Datenverarbeitung → Rn. 35 ff.

3. Gegen Entgelt

48 Eine Straftat ist die unberechtigte Verarbeitung nur dann, wenn diese **gegen Entgelt** und/oder in Bereicherungs- oder Schädigungsabsicht (→ Rn. 50 ff.) erfolgt. Ein Entgelt ist nach der Begriffsdefinition in § 11 Abs. 1 Nr. 9 StGB **jede in einem Vermögensvorteil bestehende Gegenleistung.** Diese muss zwischen dem Täter und irgendeinem Dritten als quasi-synallagmatische (Auernhammer/Golla § 42 Rn. 19; vgl. LK-StGB/Hilgendorf StGB § 11 Rn. 101; MüKoStGB/Radtke § 11 Rn. 157) Gegenleistung für die Vornahme der unberechtigten Datenverarbeitung vereinbart worden sein. Auf die rechtliche Wirksamkeit der Vereinbarkeit kommt es hingegen ebenso wenig an, wie auf die tatsächliche Leistung des Entgelts, noch auf die Frage, ob das Entgelt die Aufwendungen des Täters übersteigt (zu alledem LK-StGB/Hilgendorf StGB § 11 Rn. 101; MüKoStGB/Radtke § 11 Rn. 158; Fischer StGB § 11 Rn. 31 sowie zu § 44 BDSG aF Golla, Die Straf- und Bußgeldtatbestände der Datenschutzgesetze, 2015, 181; Wybitul/Reuling CR 2010, 829 (831)). Demnach können insbesondere ein vereinbarter Aufwendungsersatz oder ein Werklohn, aber auch die Stundung einer Forderung ein Entgelt darstellen, nicht aber bloß immaterielle Vorteile (BT-Drs. IV/650, 120). Noch nicht abschließend geklärt ist es, inwieweit ein Arbeitslohn ein Entgelt ist, wenn die unberechtigte Datenverarbeitung für das Arbeitsverhältnis nicht prägend ist (tendenziell zu § 44 BDSG aF bejahend BGH NJW 2013, 2530 (2533); abl. Cornelius NJW 2013, 3340 (3341); Plath/Becker Rn. 5).

II. Subjektiver Tatbestand

1. Vorsatz

49 Bedingter **Vorsatz** ist in Bezug auf die unberechtigte Verarbeitung nicht allgemein zugänglicher personenbezogener Daten ausreichend, aber auch erforderlich. Handelte der Täter **gegen Entgelt** (→ Rn. 48), muss sich der Vorsatz auch auf dieses objektive Tatbestandsmerkmal beziehen.

2. Bereicherungs- oder Schädigungsabsicht

50 Eine **Bereicherungs- oder Schädigungsabsicht** ist nur dann (zwingend) erforderlich, wenn der Täter nicht bereits gegen Entgelt (→ Rn. 48) handelt. Eigenständige Bedeutung hat die Alternative der Bereicherungsabsicht somit im Wesentlichen in Bezug auf eine Drittbereicherung.

51 Ein Täter handelt in **Bereicherungsabsicht,** wenn die Tat seiner Vorstellung zufolge in einem **positiven Vermögenssaldo** für ihn selbst oder für einen Dritten mündet und es ihm gerade auf diesen angestrebten Vermögenszuwachs **ankommt** (zu § 44 BDSG aF Golla, Die Straf- und Bußgeldtatbestände des Datenschutzgesetze, 2015, 182). Im Gegensatz hierzu kann eine Entgeltlichkeit auch bei einem negativen Vermögenssaldo vorliegen (→ Rn. 48). Der Vermögenszuwachs muss unmittelbare Folge der Datenverarbeitung sein; bloße Expektanzen auf zukünftige vermögenswerte Vorteile reichen nicht aus. Eine **Stoffgleichheit** zwischen der Datenverarbeitung und dem erstrebten Vermögensvorteil ist nicht erforderlich (im Ergebnis ebenso Kühling/Buchner/Bergt Rn. 49), da Schutzgut des § 42 ausschließlich das allgemeine Persönlichkeitsrecht ist und dieses nicht stets vermögensrelevant ist (→ Rn. 6). Daher sind auch „Honorare", „Provisionen" und dgl. von dritter Seite erfasst. Aus demselben Grund ist keine zwingende Voraussetzung die

Rechtswidrigkeit der Bereicherung, wenngleich diese regelmäßig vorliegen dürfte (vgl. BGH NJW 2013, 401 (402)). Daher unterfällt die datenschutzwidrige (→ Rn. 38.2) Durchsetzung legitimer Forderungen grundsätzlich dem § 42 Abs. 2 Nr. 2.

Eine Schädigung beabsichtigt ein Täter, wenn es ihm **zielgerichtet** darauf ankommt, durch 52 die Datenverarbeitung einer **anderen Person einen Nachteil zuzufügen.** Nach der gängigen, auch bei §§ 203 Abs. 6, 274 Abs. 1, 303b Abs. 1 Nr. 2 StGB herangezogenen Definition ist ein Nachteil die **Beeinträchtigung eines jeden rechtlich geschützten Interesses,** unabhängig davon, ob diesem ein Vermögenswert zukommt (Schönke/Schröder/Eisele StGB § 203 Rn. 112; BeckOK StGB/Weidemann StGB § 203 Rn. 63; Schönke/Schröder/Heine/Schuster StGB § 274 Rn. 16; NK-StGB/Puppe/Schumann StGB § 274 Rn. 13; Schönke/Schröder/Hecker StGB § 303b Rn. 7). Demnach soll es genügen, dass der Täter eine **Ehrverletzung, Bloßstellung** oder **Einschüchterung** (LG Aachen BeckRS 2011, 20917; Kühling/Buchner/Bergt Rn. 52) beabsichtigt, selbst wenn sich dies gegen eine andere Person als den von der Datenverarbeitung Betroffenen richtet (zu § 44 BDSG aF Golla, Die Straf- und Bußgeldtatbestände der Datenschutzgesetze, 2015, 184; Erbs/Kohlhaas/Ambs, 219. EL, § 44 Rn. 2). Im Lichte des Schutzzwecks (→ Rn. 6 f.) erscheint es jedoch vorzugswürdig, dass der Nachteil in einer **spezifischen Verletzung des Vertraulichkeitsschutzes personenbezogener Daten** bestehen (ebenso schutzzweckbezogen bei § 274 StGB MüKoStGB/Freund § 274 Rn. 54 ff.) und unmittelbar aus der unbefugten Datenverarbeitung resultieren muss.

D. Erschleichen personenbezogener Daten (Abs. 2 Nr. 2)

Das durch unrichtige Angaben bewirkte, also **täuschungsbedingte Erschleichen personen-** 53 **bezogener Daten, die nicht allgemein zugänglich sind,** stellt § 42 Abs. 2 Nr. 2 unter Kriminalstrafe, soweit dies gegen Entgelt und/oder in Bereicherungs- oder Schädigungsabsicht erfolgt. Die Täuschung impliziert hierbei die Datenschutzrechtswidrigkeit des Vorgehens (→ Rn. 38), sodass eine gesonderte (Tatbestands-)Prüfung der Datenschutzwidrigkeit, anders als bei den anderen Tatbeständen des § 42, entfällt (vgl. auch Kühling/Buchner/Bergt Rn. 38). Hält man eine täuschungsbedingt erlangte Einwilligung datenschutzstrafrechtlich für unbeachtlich (→ Rn. 38.2), ist § 42 Abs. 2 Nr. 2 lex specialis zu Abs. 2 Nr. 1.

Das praktische Potenzial dieses Tatbestands, der sich auch als **Datenbetrug** bezeichnen ließe, 54 ist ausgesprochen weit und geht über den auf die Verarbeitungsform des Übermittelns begrenzten § 44 Abs. 1 iVm § 43 Abs. 2 Nr. 3 BDSG aF hinaus. Er lässt sich insbesondere zur Verfolgung von cyberkriminellen Erscheinungsformen des **Identitätsdiebstahls** und des **Phishing** nutzen, sichert aber auch die **Mündigkeit des Verbrauchers** bei der Preisgabe seiner personenbezogenen Daten in wirtschaftlichen Kontexten.

I. Objektiver Tatbestand

1. Tatobjekt: personenbezogene Daten, nicht allgemein zugänglich

Tatobjekt des Abs. 2 Nr. 2 sind **personenbezogene Daten, die nicht allgemein zugänglich** 55 **sind** (→ Rn. 22 ff.); eine Einzelangabe über eine Person genügt (→ Rn. 44). Es reicht aus, wenn die personenbezogenen Daten erst durch die Tat kreiert werden.

2. Tatmittel: Verwendung unrichtiger Angaben

Der Täter muss zur Tatbegehung **unrichtige Angaben** verwendet haben. Eine Angabe wird 56 verwendet, wenn sie auf einen (manuellen, kognitiven) Entscheidungsprozess oder auf eine (automatisierte) Datenverarbeitung (aA Sydow/Heghmanns Rn. 19) einwirkt. Eine Angabe ist unrichtig, wenn sie im Widerspruch zur Wirklichkeit steht.

Neben **ausdrücklichen** und **konkludenten Angaben** kann auch das **Unterlassen einer** 57 **Angabe** tatbestandsmäßig sein, soweit den Täter eine Rechtspflicht zur Information trifft. Im Ausgangspunkt sind hierfür die zu § 263 Abs. 1 StGB entwickelten Maßstäbe zu übertragen.

Kausale und objektiv zurechenbare **Folge der unrichtigen Angabe** muss es sein, dass der 58 Betroffene selbst oder eine automatisierte Datenverarbeitung (aA Sydow/Heghmanns Rn. 19) eine **Entscheidung** („Datenverfügung") trifft, aufgrund derer personenbezogene Daten des Betroffenen dem Machtbereich des Täters zugeführt werden (→ Rn. 59). Neben einer **Übermittlung** oder **Zugänglichmachung** beim Betroffenen bereits vorliegender personenbezogener Daten kann Gegenstand dieser Datenverfügung auch die Gestattung einer (Neu-)**Erhebung** sein.

3. Tatenfolg: Erschleichen personenbezogener Daten

59 Daten sind erschlichen, sobald sie in den **Machtbereich des Täters** gelangt sind, sodass er **Kenntnis** von deren Informationsgehalt nehmen und diese weiterverarbeiten (zB weiterleiten, verwenden) kann (aA Kühling/Buchner/Bergt Rn. 36: Abrufbarkeit genügt, zweifelhaft).

4. Gegen Entgelt

60 Zum Merkmal der **Entgeltlichkeit** → Rn. 48; dieses Merkmal ist alternativ zu einer Bereicherungs- oder Schädigungsabsicht.

II. Subjektiver Tatbestand

1. Vorsatz

61 Bedingter **Vorsatz** ist in Bezug auf die Merkmale des objektiven Tatbestands ausreichend, aber auch erforderlich. Handelte der Täter **gegen Entgelt** (→ Rn. 60), muss sich der Vorsatz auch auf dieses objektive Tatbestandsmerkmal beziehen.

2. Bereicherungs- oder Schädigungsabsicht

62 Zum Merkmal der **Bereicherungs- oder Schädigungsabsicht** → Rn. 51; dieses Merkmal ist alternativ zum Handeln gegen Entgelt (→ Rn. 48).

E. Rechtswidrigkeit und Schuld

63 Grundsätzlich finden auf Taten der § 42 Abs. 1, Abs. 2 die allgemeinen **Rechtfertigungs-, Entschuldigungs-** und **Schuldausschließungsgründe** Anwendung. Die Regelungen über die **strafrechtliche Einwilligung** werden indes durch die datenschutzrechtlichen Spezialregelungen verdrängt (HSH MMR-HdB/Sieber, Teil 19 (2000) Rn. 588). Für den **rechtfertigenden Notstand gem. § 34 StGB** dürfte angesichts der permissiveren datenschutzrechtlichen Interessenabwägung (→ Rn. 38 f.) kein genuiner Anwendungsbereich verbleiben.

F. Versuch, Vollendung, Beendigung

64 Der **Versuch** des § 42 Abs. 1, Abs. 2 ist nicht strafbar.

65 Die Taten des § 42 Abs. 1, Abs. 2 sind mit Eintritt des jeweiligen Taterfolgs **vollendet** und auch **beendet**, bei § 42 Abs. 1 Nr. 1, Abs. 2 Nr. 2 somit zu dem Zeitpunkt, zu dem der Empfänger (§ 42 Abs. 1 Nr. 1) bzw. der Täter (§ 42 Abs. 2 Nr. 2) eigene Verfügungsgewalt über die personenbezogenen Daten erlangt hat.

G. Täterschaft und Teilnahme

66 **Täter** des § 42 Abs. 1, Abs. 2 kann nur sein, wer selbst **datenschutzrechtlich Verantwortlicher** ist bzw. auf wen nach § 14 StGB die Strafvorschrift persönlich zu erstrecken ist. Andere Personen kommen nur als **Teilnehmer** in Betracht (→ Rn. 15 ff.). Im Übrigen finden die allgemeinen strafrechtlichen Regelungen zur Abgrenzung von Täterschaft und Teilnahme Anwendung.

H. Konkurrenzen

67 Kraft der in § 1 Abs. 2 gesetzlich angeordneten Subsidiarität gehen dem § 42 Abs. 1, Abs. 2 solche Strafvorschriften vor, die **denselben Schutzgegenstand abschließend** regeln. Infolge der anderen Schutzrichtung (→ Rn. 24) kommt daher **Tateinheit** insbesondere mit den IT-strafrechtlichen Tatbeständen der §§ 202a ff. StGB, mit Eigentums- und Vermögensdelikten (§§ 242, 246, 263, 263a StGB), mit Ehrschutzdelikten (§§ 185 ff. StGB), mit Nachstellung (§ 238 Abs. 1 Nr. 3 StGB), mit Urkundsdelikten (§§ 267 ff. StGB) und mit materiellen Geheimschutzdelikten in Betracht (insbesondere §§ 202, 206, 353b, 355 StGB, § 106 UrhG sowie § 23 GeschGehG). Ebenfalls liegt zu § 126a Abs. 2 StGB (Gefährdendes Verbreiten personenbezogener Daten) Tateinheit vor, da diese Strafvorschrift (zumindest auch) dem Schutz des öffentlichen Friedens dient (BT-Drs. 19/28678, 1).

68 Bereits zur Vorläufervorschrift umstritten war indes das Verhältnis zu den (weiteren) Strafvorschriften der **Verletzung des persönlichen Lebens- und Geheimbereichs,** insbesondere den

§§ 201a, 203, 204 StGB, die – jedenfalls für Verhalten unter denselben subjektiven Voraussetzungen oder gegen Entgelt (§ 203 Abs. 6 StGB) – dieselbe Strafe wie § 42 Abs. 2 androhen. Die besseren Gründe sprechen dafür, in diesen Vorschriften eine **gegenüber § 42 Abs. 2** abschließende und daher **speziellere Regelung** eines über den bloßen Personenbezug vertieften Geheimnisschutzes zu sehen. Das qualifizierte Unrecht des § 42 Abs. 1 wird durch diese Vorschriften indes nicht vollständig abgebildet; mit **§ 42 Abs. 1** ist demnach **Tateinheit** möglich. Zwischen § 42 Abs. 1, Abs. 2 und § 84 iVm 42 Abs. 1, Abs. 2 besteht ein **Exklusivitätsverhältnis**.

Verwirklicht dasselbe Verhalten zugleich einen **Bußgeldtatbestand nach Art. 83 Abs. 4–6 DS-GVO**, so erscheint in demselben Verfahren (sonst: ne bis in idem) abweichend von § 41 Abs. 1 S. 1 iVm § 21 Abs. 1 OWiG eine ergänzende Verhängung einer Geldbuße als möglich, soweit anderenfalls dem Gebot der effektiven Durchsetzung des Unionsrechts nicht entsprochen werden könnte (→ § 41 Rn. 24). 69

I. Rechtsfolgen

Während § 42 Abs. 2 als Höchststrafe eine **Freiheitsstrafe** von bis zu zwei Jahren vorsieht, ordnet § 42 Abs. 1 ein Höchstmaß von drei Jahren Freiheitsstrafe an. Eine Mindeststrafe ist nicht vorgesehen; alternativ zu einer (ggf. bedingten) Freiheitsstrafe kann auf eine **Geldstrafe** erkannt werden. Bei Handeln gegen Entgelt, in Bereicherungsabsicht oder bei gewerbsmäßigem Verhalten kommt eine **Einziehung von Taterträgen** (§§ 73, 73a StGB) in Betracht, unter den Voraussetzungen des § 73b StGB auch bei Dritten. 70

J. Strafantrag (Abs. 3)

Gemäß § 42 Abs. 3 ist für die Strafverfolgung ein **Strafantrag** erforderlich; hierfür gelten die Detailregelungen der §§ 77–77d StGB. Antragsberechtigt sind die betroffene Person (Art. 4 Nr. 1 DS-GVO; Kühling/Buchner/Bergt Rn. 57), der Verantwortliche (Art. 4 Nr. 7 DS-GVO), die oder der Bundesbeauftragte für den Datenschutz (§§ 8 ff.) und die Aufsichtsbehörde (§ 40; zu weitgehend Paal/Pauly/Frenzel § 42 Rn. 9: europarechtliche Pflicht zur Stellung eines Strafantrags). Diese haben jeweils ein eigenes und vom Willen der anderen Berechtigten unabhängiges Recht zur Antragstellung. Der Strafantrag ist selbst dann nicht entbehrlich, wenn die Staatsanwaltschaft aufgrund eines besonderen öffentlichen Interesses ein Einschreiten von Amts wegen für geboten halten sollte (**absolutes Antragsdelikt**). 71

K. Prozessuales

I. Allgemeines

Die Strafverfolgung richtet sich nach der **Strafprozessordnung**. Aus dem Kreis besonderer Ermittlungsmaßnahmen stehen zur Verfügung 72
- eine **Bestandsdatenauskunft** bei Telekommunikations- und Telemediendiensten gem. § 100j StPO,
- die **Erhebung von Verkehrsdaten,** soweit die Tat mittels Telekommunikation begangen wurde (§ 100g Abs. 1 Nr. 2 StPO),
- die **Erhebung von Nutzungsdaten** gem. §§ 100k Abs. 1 iVm Abs. 2 S. 1 Nr. 3, 101a Abs. 1a StPO, soweit die Tat mittels Telemedien begangen wurde, sowie
- eine **Nutzeridentifikationsabfrage** gem. § 100k Abs. 3 StPO.

Ein Rekurs auf Vorratsdaten (§ 100g Abs. 2 StPO) ist jedoch ebenso verwehrt wie eine Telekommunikationsüberwachung (§ 100a StPO) oder eine Online-Durchsuchung (§ 100b StPO), da es sich nicht um eine dort genannte Katalogtat handelt. Zudem lässt sich § 42 Abs. 1–2 nicht als Straftat von erheblicher Bedeutung klassifizieren, sodass auch keine Maßnahmen nach § 98a Abs. 1 StPO, § 100h Abs. 1 S. 2 StPO, § 110a Abs. 1 StPO ergriffen werden können.

Eine **Übermittlung** der in einem Strafverfahren erhobenen personenbezogenen Daten an eine (inländische) **Verfolgungsbehörde zur Verfolgung einer Ordnungswidrigkeit** – insbesondere nach § 41 iVm Art. 83 Abs. 4–6 DS-GVO – kommt nach Maßgabe des § 477 Abs. 1 StPO in Betracht; die Beschränkung des § 479 Abs. 2 StPO ist zu beachten. 73

Soweit für eine Strafverfolgung Beweismittel von Bedeutung sind, die im Ausland (einschließlich anderer EU-Mitgliedstaaten) belegen sind, sind die Regelungen über die **internationale Zusammenarbeit in Strafsachen** und insbesondere das IRG heranzuziehen. Indes sind im Wege der Amtshilfe der datenschutzrechtlichen Aufsichtsbehörden (vgl. Art. 61 DS-GVO) übermittelte 74

Beweismittel nicht für ein Strafverfahren gesperrt; unzulässig wäre es aber, im Strafverfahren die Bindungen des Rechtshilfeweges durch einen Rückgriff auf die datenschutzrechtliche Amtshilfe zu umgehen.

II. Beweisverwendungsverbot (Abs. 4)

75 Für Meldungen nach Art. 33 DS-GVO und Benachrichtigungen nach Art. 34 Abs. 1 DS-GVO statuiert Abs. 4 ein **persönliches, absolutes** (dh gesetzlich ausdrücklich angeordnetes) **Beweisverwendungsverbot.** Wer selbst und persönlich staatliche Behörden über einen Datenschutzverstoß informieren muss, soll nicht durch dieses Verhalten dem Staat zugleich die Grundlage für ein gegen ihn geführtes Strafverfahren liefern müssen (nemo tenetur se ipsum accusare). Das Verwendungsverbot des Abs. 4 betrifft lediglich das Strafverfahren; ein komplementäres Verwendungsverbot für Bußgeldverfahren findet sich in § 43 Abs. 4 (→ § 43 Rn. 22 ff.). Für sonstige Zwecke darf die Aufsichtsbehörde als Verwaltungsbehörde eine Meldung ohne Beschränkung durch Abs. 4 oder § 43 Abs. 4 verwenden (Piltz, BDSG Praxiskommentar für die Wirtschaft, 2017, Rn. 34).

76 Aus der Anordnung als **Verwendungsverbot** anstelle eines bloßen Verwertungsverbots folgt, dass die privilegierten Meldungen und Benachrichtigungen auch nicht als Grundlage für strafrechtliche Ermittlungen herangezogen werden können (keine Verwendung als **Spurenansatz**). Soweit Aufsichts- und/oder Strafverfolgungsbehörden allerdings auf anderen, nicht privilegierten Wegen Beweise gegen die privilegierten Personen (→ Rn. 77) erlangen, können sie diese zur Strafverfolgung dieser Personen nutzen.

77 Wirkungen entfaltet das Beweisverwendungsverbot aus Abs. 4 nur für den Meldepflichtigen oder Benachrichtigenden **selbst** sowie für seine **Angehörigen nach § 52 Abs. 1 StPO** (Verlobte, Ehegatten, Lebenspartner, näher bestimmte Verwandte und Verschwägerte). An eine **analoge Anwendung** (ähnlich Auernhammer/Golla § 42 Rn. 27: extensive Auslegung) ist insbesondere bei denjenigen natürlichen Personen zu denken, auf die sich der Tatbestand des § 42 Abs. 1, Abs. 2 nach § 14 StGB erstreckt (→ Rn. 16), weil sie nicht selbst, sondern (nur) eine juristische Person Verantwortlicher iSd Datenschutzrechts ist. Hierfür spricht auch die Verweisung des § 84 Abs. 4 auf Abs. 4 (→ § 84 Rn. 10).

78 Die privilegierende Wirkung entfällt, wenn die privilegierte Person **ausdrücklich** und **eindeutig** ihre Zustimmung zur Verwendung im Strafverfahren gegen sich selbst oder gegen einen Angehörigen nach § 52 Abs. 1 StPO erklärt. Ein **Widerspruch** in der gerichtlichen Hauptverhandlung ist demnach nach hier vertretener Auffassung zwar nicht erforderlich, aber in der Praxis zur Absicherung des Beweisverwendungsverbots dennoch geboten.

79 In **Strafverfahren gegen andere Personen** können Meldungen und Benachrichtigungen sowohl als Spurenansatz als auch als Beweismittel Verwendung finden und als Beweismittel verwertet werden.

§ 43 Bußgeldvorschriften

(1) Ordnungswidrig handelt, wer vorsätzlich oder fahrlässig
1. entgegen § 30 Absatz 1 ein Auskunftsverlangen nicht richtig behandelt oder
2. entgegen § 30 Absatz 2 Satz 1 einen Verbraucher nicht, nicht richtig, nicht vollständig oder nicht rechtzeitig unterrichtet.

(2) Die Ordnungswidrigkeit kann mit einer Geldbuße bis zu fünfzigtausend Euro geahndet werden.

(3) Gegen Behörden und sonstige öffentliche Stellen im Sinne des § 2 Absatz 1 werden keine Geldbußen verhängt.

(4) Eine Meldung nach Artikel 33 der Verordnung (EU) 2016/679 oder eine Benachrichtigung nach Artikel 34 Absatz 1 der Verordnung (EU) 2016/679 darf in einem Verfahren nach dem Gesetz über Ordnungswidrigkeiten gegen den Meldepflichtigen oder Benachrichtigenden oder seine in § 52 Absatz 1 der Strafprozessordnung bezeichneten Angehörigen nur mit Zustimmung des Meldepflichtigen oder Benachrichtigenden verwendet werden.

Überblick

§ 43 Abs. 1 sieht für Verstöße gegen § 30 und damit gegen Vorschriften über Verbraucherkredite zwei spezielle Bußgeldtatbestände (→ Rn. 5) vor; deren Rechtsfolge regelt Abs. 2 (→ Rn. 17).

Bußgeldvorschriften **§ 43 BDSG**

Diese Bußgeldtatbestände ergänzen die Sanktionierung von Datenschutzverstößen gegen die DS-GVO nach Art. 83 DS-GVO iVm § 41 (→ Rn. 3; → § 41 Rn. 3) und treten im Zusammenspiel mit diesem europäisierten Sanktionenrecht an die Stelle der bisherigen Bußgeldvorschrift des § 43 BDSG aF. Abs. 3 regelt, inwieweit gegen öffentliche Stellen Geldbußen verhängt werden dürfen (→ Rn. 19 ff.). Abs. 4 statuiert ein individuell privilegierendes Beweisverwendungsverbot für Meldungen und Benachrichtigungen nach Art. 33, Art. 34 Abs. 1 DS-GVO (→ Rn. 22 ff.). Trotz der zweifelhaften Lozierung sind Abs. 3–4 nicht nur auf Abs. 1, sondern auch auf das europäisierte supranationale Sanktionenrecht des Art. 83 DS-GVO iVm § 41 anwendbar (→ Rn. 4).

Übersicht

	Rn.		Rn.
A. Allgemeines	1	II. Taterfolg; Vorsatz bzw. Fahrlässigkeit	13
I. Gesetzesgeschichte	1	III. Rechtswidrigkeit und Vorwerfbarkeit	16
II. Verhältnis zu den Sanktionsvorschriften der DS-GVO und zu § 41	2	IV. Rechtsfolge	17
		V. Prozessuales	18
B. Bußgeldtatbestände betreffend Vorschriften über Verbraucherkredite (Abs. 1–2)	5	C. Bebußbarkeit von Behörden und sonstigen öffentlichen Stellen (Abs. 3)	19
I. Anwendungsbereich	6	D. Beweisverwendungsverbot (Abs. 4)	22
1. Sachlicher Anwendungsbereich	7	I. Allgemeines	22
2. Persönlicher Anwendungsbereich	8	II. Persönlicher Anwendungsbereich	25
3. Zeitlicher Anwendungsbereich	12		

A. Allgemeines

I. Gesetzesgeschichte

§ 43 wurde durch das Datenschutz-Anpassungs- und Umsetzungsgesetz EU v. 30.6.2017 **1** (BGBl. I 2097) eingeführt und trat gemäß dessen Art. 8 Abs. 1 S. 1 **am 25.5.2018 in Kraft.** Von Klarstellungen in Abs. 4 abgesehen (vgl. BT-Drs. 18/12084, 9) entspricht die Formulierung der Vorschrift dem Gesetzentwurf der Bundesregierung (BT-Drs. 18/11325, 60).

II. Verhältnis zu den Sanktionsvorschriften der DS-GVO und zu § 41

Abs. 1 enthält spezielle **Bußgeldtatbestände** nach nationalem Recht. Die nicht unerheblichen **2** Modifikationen des Ordnungswidrigkeitenrechts nach § 41 finden keine Anwendung, da sich jene Vorschrift ausschließlich auf Verstöße nach Art. 83 Abs. 4–6 DS-GVO bezieht.

Die speziellen Bußgeldtatbestände des Abs. 1 sind im Vergleich zu § 43 BDSG aF erheblich **3** **ausgedünnt.** Während § 43 BDSG aF rund 20 Tatbestandsvarianten enthielt, sieht § 43 Abs. 1 lediglich zwei vor. Grund hierfür ist, dass Verstöße gegen die Vorschriften der DS-GVO bereits durch den umfassenden (nach Meinung einiger indes unbestimmten, → DS-GVO Art. 83 Rn. 5 ff.) Tatbestandskatalog des Art. 83 Abs. 4–6 iVm § 41 fast ausnahmslos bußgeldbewehrt sind (Nolde PinG 2017, 1159; → DS-GVO Art. 83 Rn. 22 ff.).

Allerdings handelt es sich bei Art. 83 DS-GVO nicht um eine abschließende Norm. Vielmehr ist diese **3.1** als ein Mindestbestand an Sanktionsvorschriften anzusehen, der aufgrund der **Öffnungsklausel des Art. 84 DS-GVO** erweitert werden kann (Schantz/Wolff DatenschutzR/Wolff Rn. 1142). Diese Öffnungsklausel erlaubt es den Mitgliedstaaten, zusätzliche Sanktionen festzulegen, wie sie dabei zu verstehen ist, sie nicht nur Straftatbestände, sondern auch Bußgeldtatbestände einführen dürfen (Kühling/Martini DS-GVO 282). Mitgliedstaatliche Bußgeldtatbestände sind aber ausnahmslos nur für Fallkonstellationen möglich, die nicht bereits von Art. 83 DS-GVO erfasst sind (Ehmann/Selmayr/Nemitz DS-GVO Art. 84 Rn. 6; Kühling/Martini DS-GVO 480). Infolgedessen beschränkt sich der Bußgeldtatbestand des § 43 Abs. 1 auf die **Sanktionierung von Verstößen** gegen die in § 30 enthaltenen Vorschriften über **Verbraucherkredite.** Diese Regelung beruht – wie die Vorgängernorm in § 29 BDSG aF (DKWW/Klebe Rn. 11) – auf der Verbraucherkreditrichtlinie 2008/48/EG (→ § 30 Rn. 2; Paal/Pauly/Pauly § 30 Rn. 1) und betrifft jedenfalls nicht unmittelbar den Schutz der Vertraulichkeit, der Integrität oder Verfügbarkeit personenbezogener Daten (→ Rn. 5; → § 30 Rn. 3), sodass bereits fraglich ist, ob die Bußgeldtatbestände des § 43 Abs. 1 überhaupt auf der Öffnungsklausel des Art. 84 DS-GVO beruhen (Schantz/Wolff DatenschutzR/ Wolff Rn. 1143; vgl. auch BT-Drs. 18/11325, 109).

BDSG § 43 Teil 2. Durchführungsbestimmungen für Verarbeitungen nach DS-GVO

4   Nach vorzugswürdiger Auffassung treffen **Abs. 3–4** Regelungen auch für Sanktionen bzw. Sanktionsverfahren nach Art. 83 DS-GVO iVm § 41 und nicht allein Regelungen in Bezug auf den Bußgeldtatbestand in Abs. 1–2. Systematisch stimmiger wäre es indes gewesen, diese Vorschriften in § 41 zu lozieren. Die **europarechtliche Zulässigkeit** des Abs. 3 folgt aus der fakultativen Öffnungsklausel in Art. 83 Abs. 7 DS-GVO; Abs. 4 versucht sich auf Art. 83 Abs. 8 DS-GVO zu stützen (→ Rn. 4.1). Den Abs. 3–4 entsprechende, bereichsspezifische Regelungen finden sich in § 384a Abs. 3–4 AO, § 85a Abs. 2–3 SGB X.

4.1   Bei einer rein **mikrosystematischen Betrachtung** spricht zwar viel dafür, Abs. 3–4 als Spezifika zu Abs. 1–2 anzusehen. Indes sprechen zunächst **historisch-genetische** (BT-Drs. 18/11325, 109) Gründe dafür, Abs. 3–4 weiter zu verstehen. Zudem wären bei einer engen Interpretation diese Regelungen wohl ohne jegliche praktische Relevanz: Denn soweit eine öffentliche Stelle ausnahmsweise einmal iSd § 30 die Kreditwürdigkeit von Verbrauchern bewerten (§ 30 Abs. 1) oder den Abschluss eines Darlehensvertrags ablehnen (§ 30 Abs. 2) sollte, dürfte diese nicht hoheitlich tätig und daher unter § 2 Abs. 5 zu subsumieren sein, mit der Folge, dass sie als nichtöffentliche Stelle zu behandeln wäre und gleichwohl Adressat einer Sanktion sein könnte. Auch sind kaum Fälle vorstellbar, in denen durch eine Meldung oder Benachrichtigungen nach Art. 33, Art. 34 Abs. 1 DS-GVO zugleich eine Ordnungswidrigkeit nach Abs. 1 aufgedeckt werden würde. Ihren **Sinn und Zweck** entfalten diese Vorschriften daher nur, wenn man sie weit versteht und ebenfalls auf das europäisierte supranationale Sanktionenrecht des Art. 83 DS-GVO iVm § 41 anwendet (iE ebenso Paal/Pauly/Frenzel Rn. 1; Eckhardt/Menz DuD 2018, 139 (143)).

B. Bußgeldtatbestände betreffend Vorschriften über Verbraucherkredite (Abs. 1–2)

5   **Abs. 1** enthält zwei Bußgeldtatbestände für Verstöße gegen die in § 30 enthaltenen Vorschriften zum Verbraucherkredit; **Abs. 2** statuiert die hierbei maximal zu verhängende Rechtsfolge. Diese Tatbestände verfolgen dabei den **Regelungszweck**, die **Wettbewerbsvorschrift** (Nichtdiskriminierung von Auskunftsverlangen aus anderen EU-Mitgliedstaaten) des § 30 Abs. 1 bzw. die **Verbraucherschutzvorschrift** des § 30 Abs. 2 S. 1 bußgeldrechtlich zu flankieren (→ § 30 Rn. 1; Auernhammer/Golla Rn. 4). Genuin datenschutzrechtliche Schutzgüter und insbesondere die Vertraulichkeit, Integrität und Verfügbarkeit personenbezogener Daten werden hierdurch nicht bzw. nicht unmittelbar geschützt. Die **praktische Bedeutung** der Vorschrift ist angesichts des eng begrenzten Anwendungsbereichs (→ Rn. 6 ff.) überschaubar.

I. Anwendungsbereich

6   Der Regelungssystematik des BDSG zufolge ist der Anwendungsbereich der §§ 30, 43 Abs. 1 wie der des § 42 (→ § 42 Rn. 10 f.) zwar an sich durch § 1 begrenzt. Da es sich um einen datenschutzfernen Fremdkörper (→ Rn. 5) handelt, sind jedoch Abweichungen in der Bestimmung des persönlichen Anwendungsbereichs legitimierbar (→ Rn. 8.2).

1. Sachlicher Anwendungsbereich

7   Der sachliche Anwendungsbereich setzt voraus, dass durch die Tat **personenbezogene Daten** (→ § 42 Rn. 22 f.), wozu die Kreditwürdigkeit eines individuellen Verbrauchers und die zu deren Bewertung herangezogenen individuellen Umstände in jedem Falle zählen, zu Zwecken des Art. 2 DS-GVO **verarbeitet** werden. Die weitere Einschränkung des Anwendungsbereichs des BDSG für **nichtöffentliche Stellen** (§ 2 Abs. 4) ist angesichts des modernen IT-gestützten Kreditwesens ohne praktische Relevanz.

2. Persönlicher Anwendungsbereich

8   In vergleichbarer Weise wie bei § 42 wirft die Formulierung des Abs. 1 die Frage auf, ob es sich dabei um ein **Jedermannsdelikt** handelt, das von jeder tatsächlich handelnden (natürlichen) Person begangen werden kann, oder ob es sich um ein **Sonderdelikt** handelt, das sich nur an (datenschutzrechtlich bzw. verbraucherkreditrechtlich) Verantwortliche richtet. Vorzugswürdig ist letztere Auslegung als Sonderdelikt (→ Rn. 8.1 f.), die zu einer Fokussierung der bußgeldrechtlichen Inpflichtnahme von Leitungspersonen in Unternehmen führt (→ Rn. 9).

8.1   Bei § 43 Abs. 1 Nr. 1 iVm § 30 Abs. 1 ergibt sich dies daraus, dass sich die Verhaltensnorm spezifisch an die „Stelle" richtet, „die geschäftsmäßig personenbezogene Daten, die zur Bewertung der Kreditwürdigkeit von Verbrauchern genutzt werden dürfen, zum Zweck der Übermittlung erhebt, speichert oder verändert". In aller Regel dürfte es sich dabei um datenbankbetreibende Kreditauskunfteien handeln (→ § 30 Rn. 12), sodass dieselbe juristische oder natürliche Person zugleich datenschutzrechtlich Verantwortlicher (Art. 4 Nr. 7 DS-GVO) oder Auftragsverarbeiter (Art. 4 Nr. 8 DS-GVO) ist. Die Hürde des § 1 Abs. 4 wird daher zumeist überwunden sein.

§ 43 Abs. 1 Nr. 2 iVm § 30 Abs. 2 S. 1 richtet sich hingegen auf den ersten Blick an jeden, der einen **8.2** Abschluss eines Verbraucherdarlehensvertrags usw. ablehnt. Auch wenn dabei neben dem Darlehensgeber auch die Auskunftei selbst als tauglicher Täter in Betracht kommt, wird diese im Zweifel nicht über die notwendigen Informationen verfügen, um eine bußgeldbewehrte Unterrichtungspflicht auszulösen (→ § 30 Rn. 20). Abzustellen ist nach dem Regelungszweck der Verbraucherkreditrichtlinie 2008/48/EG auf den (wirtschaftlichen) Kreditgeber, nicht auf den Sachbearbeiter des Kreditinstituts. Sollte im Einzelfall ein Kreditgeber einen Verbraucherkredit gestützt auf eine Auskunft nach § 30 Abs. 1 ablehnen, ohne die hierbei anfallenden personenbezogenen Daten automatisiert zu verarbeiten bzw. in einem Dateisystem zu speichern (§ 1 Abs. 1 S. 2), ist der Anwendungsbereich der datenschutzfremden Sondervorschrift des § 30 Abs. 2 und auch der flankierenden Bußgeldvorschrift als lex specialis gleichwohl eröffnet (→ Rn. 5).

Ist die Stelle iSd § 30 Abs. 1 bzw. der Kreditgeber iSd § 30 Abs. 2 eine **juristische Person**, **9** so findet die **Tatbestandsergänzung** des § 9 OWiG Anwendung, die den persönlichen Anwendungsbereich insbesondere auf die Mitglieder des vertretungsberechtigten Organs (§ 9 Abs. 1 OWiG) oder auf leitende Angestellte (§ 9 Abs. 2) erweitert (zu § 41 → § 41 Rn. 13; zu § 42 → § 42 Rn. 16).

Gemäß dem **Einheitstätergedanken** des § 14 OWiG ist eine Beteiligung (Beihilfe, Anstiftung) **10** an § 30 Abs. 1 möglich. Erforderlich ist aber, dass wenigstens ein Beteiligter das besondere persönliche Merkmal der Stelle (§ 30 Abs. 1) bzw. des Kreditgebers (§ 30 Abs. 2) aufweist oder sich der Tatbestand auf wenigstens einen Beteiligten durch Anwendung des § 9 OWiG erstreckt.

Anders als im europäisierten Datenschutzsanktionenrecht (→ § 41 Rn. 11) kann eine **juristi- 11 sche Person** nicht selbst bußgeldrechtlich verantwortlich (**„Täter"**) sein. Sie kann allerdings nach § 30 OWiG gleichwohl als **Nebenbeteiligte** mit einer Geldbuße belegt werden, wenn ein in § 30 Abs. 1 Nr. 1–5 OWiG genannter **Repräsentant** selbst eine Ordnungswidrigkeit begangen hat, durch die eine Pflicht des Verbandes verletzt wurde ist oder diesen bereichert hat (KK-OWiG/Rogall OWiG § 30 Rn. 1). Dadurch wird zwar der Nachweis, dass eine Leitungsperson die Zuwiderhandlung (etwa nach § 43 Abs. 1 iVm § 9 OWiG oder eine Aufsichtspflichtverletzung nach § 130 OWiG) begangen hat, nicht entbehrlich; nicht erforderlich ist es aber, die Identität der Leitungsperson festzustellen (BGH NStZ 1994, 346; Simitis/Ehmann Rn. 24a; → Rn. 7). Als **Gegenausnahme** folgt aus Abs. 3, dass **gegen Behörden** und **sonstige öffentliche Stellen** iSd § 2 Abs. 1 keine Geldbußen verhängt werden (→ Rn. 19).

3. Zeitlicher Anwendungsbereich

In zeitlicher Hinsicht ist § 43 Abs. 1–2 auf **ab dem 25.5.2018 0:00 Uhr** begangene sowie auf **12** zu diesem Zeitpunkt noch nicht beendete Verstöße anwendbar. Zu § 43 Abs. 1 Nr. 7a–7b BDSG aF besteht Unrechtskontinuität; der Bußgeldrahmen ist beibehalten worden (vgl. Abs. 2 und § 43 Abs. 3 S. 1 Alt. 1 BDSG aF). Daher können – unter Beachtung der Verfolgungsverjährung (§ 31 ff. OWiG) – bis zum 25.5.2018 begangene und noch nicht geahndete Ordnungswidrigkeiten nach § 43 Abs. 7a–7b BDSG aF (sog. **Altfälle**) gem. § 4 Abs. 1 OWiG grundsätzlich nach altem Recht weiterhin geahndet werden. Zu den übrigen Bußgeldtatbeständen des § 43 BDSG aF → § 41 Rn. 2.

II. Taterfolg; Vorsatz bzw. Fahrlässigkeit

Eine **nicht richtige Behandlung** eines Auskunftsverlangens (Abs. 1 Nr. 1) liegt vor, wenn **13** die Stelle iSd § 30 Abs. 1 bei der prozeduralen Erledigung der Auskunftserteilung danach differenziert, ob das Auskunftsverlangen von einem inländischen Darlehensgeber oder aber von einem Darlehensgeber aus einem anderen Mitgliedstaat der Europäischen Union stammt. Eine Differenzierung nach anderen Kriterien (Wohnort des Verbrauchers, Sprache, Übertragungsweg) verbietet § 30 Abs. 1 nicht.

Die **fehlerhafte, verspätete, unvollständige** oder **unterlassene Unterrichtung des Ver- 14 brauchers** (Abs. 1 Nr. 2) setzt insbesondere voraus, dass der unterbliebene Abschluss des Verbraucherdarlehensvertrags usw. kausal auf der Auskunft einer Stelle nach § 30 Abs. 1 beruht. Im Lichte des Schutzzwecks ist es ausreichend, wenn die Unterrichtung ohne schuldhaftes Zögern (unverzüglich) an den Verbraucher mit einem verlässlichen Kommunikationsmittel (Post, E-Mail, Telefon, Fax usw) gesendet wird (→ § 30 Rn. 21; insoweit strenger Sydow/Heghmanns Rn. 10);

ob die Unterrichtung den Verbraucher erreicht und ob dieser davon Kenntnis nimmt, ist unerheblich.

15 Neben **Vorsatz** in Bezug auf die objektiven Tatbestandsmerkmale ist kraft ausdrücklicher Anordnung in Abs. 1 auch **fahrlässiges** Handeln ausreichend.

III. Rechtswidrigkeit und Vorwerfbarkeit

16 Fragen der Rechtfertigung und der Vorwerfbarkeit richten sich nach **allgemeinen Regeln**. Im Kontext des § 43 Abs. 1 besondere Relevanz aufweisen kann ein **unvermeidbarer Verbotsirrtum**, der – zumindest für eine Übergangsphase – aufgrund der umfassenden Reform des Datenschutzrechtes durch die DS-GVO, des Zusammenspiels mit dem BDSG und des Fremdkörpercharakter des § 30 in Frage kommen kann, insbesondere wenn sich der Täter auf einen scheinbar qualifizierten Rat eines Datenschutzexperten oder der Aufsichtsbehörde verlässt (ähnlich zur alten Rechtslage Auernhammer/v. Lewinski BDSG aF § 43 Rn. 62).

IV. Rechtsfolge

17 § 43 Abs. 2 sieht als **Rechtsfolge** einen Bußgeldrahmen von bis zu 50.000 EUR vor. Hinzutreten kann die Abschöpfung des wirtschaftlichen Vorteils gem. § 17 Abs. 4 OWiG (Auernhammer/Golla Rn. 5).

V. Prozessuales

18 Die Verfolgung der Ordnungswidrigkeit richtet sich nach dem **OWiG**; die Sonderregelungen des § 41 Abs. 2 finden keine Anwendung (SJTK/Schwartmann/Burkhardt Rn. 2). Zu beachten ist das Beweisverwendungsverbot des Abs. 4 (→ Rn. 22 ff.), wenngleich dies bei der Ahndung von Taten nach Abs. 1 wohl kaum praktisch relevant werden dürfte (→ Rn. 4.1).

C. Bebußbarkeit von Behörden und sonstigen öffentlichen Stellen (Abs. 3)

19 § 43 Abs. 3 schließt es aus, dass gegen **Behörden** und **sonstige öffentliche Stellen** iSd § 2 Abs. 1 Geldbußen nach Art. 83 DS-GVO iVm § 41 (→ § 41 Rn. 3) oder nach Abs. 1–2 verhängt werden. Damit ist diese Vorschrift zunächst rein **deklaratorischer** Natur, weil sie verdeutlicht, dass Deutschland von der **Öffnungsklausel** des **Art. 83 Abs. 7 DS-GVO** grundsätzlich **keinen Gebrauch** gemacht hat, die es den Mitgliedstaaten die Möglichkeit eröffnet festzulegen, „ob und in welchem Umfang gegen Behörden und öffentliche Stellen, die in einem betreffenden Mitgliedstaat niedergelassen sind, Geldbußen verhängt werden können." Insoweit ist es unschädlich, dass § 43 Abs. 3 nur die Vorschrift betreffend Behörden und sonstige öffentliche Stellen des Bundes in Bezug nimmt und nicht auch auf die Vorschrift betreffend Landesbehörden (§ 2 Abs. 2) verweist. Gegenüber Behörden und sonstigen öffentlichen Stellen vertraut der Gesetzgeber somit auf die Abhilfebefugnisse nach Art. 58 Abs. 2 DS-GVO und § 16 (vgl. BMI, Evaluierung des Gesetzes zur Anpassung des Datenschutzrechts an die Verordnung (EU) 2016/679 und zur Umsetzung der Richtlinie (EU) 2016/680, Stand: Oktober 2021, S. 67).

20 Indem § 43 Abs. 3 jedoch nur den § 2 Abs. 1 in Bezug nimmt und § 2 Abs. 5 nicht derogiert, können Behörden und sonstige öffentliche Stellen dennoch nach Art. 83 DS-GVO iVm § 41 oder nach § 43 Abs. 1–2 iVm § 30 OWiG sanktioniert werden, wenn diese als **öffentlich-rechtliche Unternehmen am Wettbewerb** teilnehmen (Auernhammer/Golla Rn. 7; Taeger/Gabel/Wybitoul/Zhou Rn. 8; iE ebenso Kühling/Buchner/Bergt BDSG § 43 Rn. 4 f.; SJTK/Schwartmann/Burkhardt Rn. 7; Martini/Wagner/Wenzel VerwArch 2018, 163 (176 f.)). Denn nimmt eine öffentliche Stelle am Wettbewerb teil, darf sie bei der Verhängung von Geldbußen nicht besser gestellt werden als andere Wettbewerber (BT-Drs. 18/11325, 109). Insoweit ist Abs. 3 **konstitutiver** Natur, weil diese Vorschrift festlegt, dass in diesem Kontext Deutschland doch von der **Öffnungsklausel** des **Art. 83 Abs. 7 DS-GVO Gebrauch** gemacht hat und eine Verhängung von Geldbußen auch gegen Behörden und öffentlichen Stellen legitimiert.

21 Wortlaut und Teleologie der Vorschrift sprechen dafür, dass sie (lediglich) die Verhängung einer Geldbuße bzw. alternativer sanktionierender Rechtsfolgen gegen die Behörde bzw. sonstige öffentliche Stelle selbst untersagt. Hiervon zu trennen ist die Frage, ob **Geldbußen gegen Bedienstete öffentlicher Stellen** verhängt werden können. Dies richtet sich nach allgemeinen Regeln, insbesondere nach § 9 OWiG und auch § 14 OWiG, deren Anwendung im Kontext öffentlicher Stellen durch § 43 Abs. 3 nicht ausgeschlossen wird (aA Dieterle ZD 2020, 135 (137)).

D. Beweisverwendungsverbot (Abs. 4)

I. Allgemeines

Für Meldungen nach Art. 33 DS-GVO und Benachrichtigungen nach Art. 34 Abs. 1 DS-GVO statuiert Abs. 4 – wie § 42 für das Strafverfahren (→ § 42 Rn. 75 ff.) – ein **persönliches, absolutes** (dh gesetzlich ausdrücklich angeordnetes) **Beweisverwendungsverbot** für Bußgeldverfahren wegen Verstößen nach Art. 83 DS-GVO iVm § 41 (→ Rn. 4) oder nach Abs. 1–2 (zur Ausgestaltung als Verwendungsverbot mit Fernwirkung: SJTK/Schwartmann/Burkhardt Rn. 13). Das Verwendungsverbot nimmt der Aufsichtsbehörde hingegen nicht die Möglichkeit, aufgrund der Meldung andere Maßnahmen iSv Art. 58 DS-GVO (zB Verwarnungen oder Anweisungen) gegen den Meldenden zu ergreifen (Sydow/Heghmanns Rn. 19); auch hindert es nicht daran, ein Bußgeldverfahren wegen des gemeldeten Verstoßes zu führen, soweit dies auf andere Erkenntnisse gestützt wird. 22

Die Norm dient der Absicherung des menschen- und verfassungsrechtlich fundierten **Verbots, jemanden zur Selbstbezichtigung** zu verpflichten, und lässt sich als Verfahrensgarantie – jedenfalls in seinem Kern – auf die Öffnungsklausel des Art. 83 Abs. 8 DS-GVO stützen (BT-Drs. 18/11325, 109; Martini/Wagner/Wenzel VerwArch 2018, 163 (181 ff.); Thiel (Interview) ZD 2020, 3 (5); Auernhammer/Golla Rn. 9; SJTK/Schwartmann/Burkhardt Rn. 10; Taeger/Gabel/Wybitoul/Zhou Rn. 13). Sinn und Zweck der Regelung ist es, das **Spannungsverhältnis** zu lösen (SJTK/Schwartmann/Burkhardt Rn. 11 f.), dass sich der Verantwortliche entweder selbst ggf. eines sanktionierbaren Datenschutzverstoßes bezichtigen muss oder aber gegen die Meldungs- und Benachrichtigungspflicht verstößt, die ihrerseits gem. Art. 83 Abs. 4 lit. a DS-GVO sanktioniert werden kann. Zweifel an der Europarechtskonformität der Vorschrift (Boms ZD 2019, 536 (539)) überzeugen im Hinblick auf die Reichweite der Meldepflichten nicht (Taeger/Gabel/Wybitoul/Zhou Rn. 12 f.). 23

Zum Wegfall der Privilegierung bei ausdrücklicher und eindeutiger Zustimmung → § 42 Rn. 78; zur Verwendung für Bußgeldverfahren gegen andere Personen → § 42 Rn. 79. 24

II. Persönlicher Anwendungsbereich

Wirkungen entfaltet das Beweisverwendungsverbot aus Abs. 4 seinem Wortlaut zufolge nur für den Meldepflichtigen oder Benachrichtigenden **selbst** (zu juristischen Personen → Rn. 26) sowie für seine **Angehörigen nach § 52 Abs. 1 StPO**. Wie bei § 42 Abs. 4 (→ § 42 Rn. 77) ist die Vorschrift indes **analog** auf diejenigen Personen anzuwenden, auf die sich die Bußgeldvorschriften wegen § 9 OWiG (zu § 42a BDSG aF Simitis/Dix § 42a Rn. 19; Gola/Schomerus § 42a Rn. 9) und wegen § 14 OWiG (vgl. Boms ZD 2019, 536 (539 f.)) erstrecken. 25

Fraglich ist, ob das Verwendungsverbot in Bezug auf **juristische Personen** Anwendung findet. Einerseits spricht hierfür zunächst – neben der Genese der Vorläufervorschrift in § 42a S. 6 BDSG aF (BT-Drs. 16/12011, 35) – jedenfalls der Wortlaut und die Gesetzessystematik, da Sanktionsverfahren jedenfalls nach Art. 83 DS-GVO iVm § 41 unmittelbar gegen juristische Personen geführt werden können (→ § 41 Rn. 11), diese sich daher „selbst" einem Bußgeldverfahren und dem vorgenannten Spannungsverhältnis (→ Rn. 23) ausgesetzt sehen können (Wenzel/Wybitul ZD 2019, 290 (292 f.)); Thiel/Wybitul (Interview) ZD 2020, 3 (5)). Andererseits ist das Verbot des Zwangs der Selbstbezichtigung wie das Schweigerecht als Teil des Rechts auf informationelle Selbstbestimmung (BVerfGE 38, 105 (114 f.); Dürig/Herzog/Scholz/Di Fabio GG Art. 2 Rn. 18) bei juristischen Personen grund- und menschenrechtlich weniger fest verankert (vgl. BVerfGE 95, 220 (241 f.); DWWS/Sommer § 42 Rn. 5; nach Eckhardt/Menz DuD 2018, 139 (143) erfasst § 43 Abs. 4 juristische Personen nicht, worin sie einen Verstoß gegen Art. 6 EMRK sehen; → § 41 Rn. 49); im unionisierten Kartellsanktionenrecht sind aus Effektivitätsgründen umfangreiche **Mitwirkungs- bzw. Vorlagepflichten für Unternehmen** anerkannt. Vor diesem Hintergrund ist es zweifelhaft, ob die (an sich begrüßenswerte) Entscheidung des nationalen Gesetzgebers, den Schutz des Abs. 4 auf juristische Personen erstrecken zu wollen, angesichts der europäischen Verpflichtung zur effektiven Verfolgung von Datenschutzverstößen in Unternehmen tatsächlich Anwendung finden kann (→ § 41 Rn. 48 f.; Kühling/Buchner/Bergt BDSG § 43 Rn. 10 ff.; Boms ZD 2019, 536 (338 ff.); aA SJTK/Schwartmann/Burkhardt Rn. 15, 22 ff.). 26

Besonderer Fokus ist aber in jedem Fall auf die Sanktionierung derjenigen **natürlichen Personen** – und auf das bei diesen vorliegende, individuelle Spannungsverhältnis (→ Rn. 23) – zu legen, die **für eine juristische Person** handeln. Nicht nur bei einer Ein-Personen-GmbH (BT-Drs. 16/12011, 35) ist daher das Beweisverwertungsverbot analog auf diese Personen zu erweitern 27 (so zu § 42a BDSG aF Simitis/Dix § 42a Rn. 19; Gola/Schomerus § 42a Rn. 9; → Rn. 25). Insoweit bestehen keine unionsrechtlichen (Effektivitäts-)Bedenken (aA Boms ZD 2019, 536 (538 ff.)).

Kapitel 6. Rechtsbehelfe

§ 44 Klagen gegen den Verantwortlichen oder Auftragsverarbeiter

(1) ¹Klagen der betroffenen Person gegen einen Verantwortlichen oder einen Auftragsverarbeiter wegen eines Verstoßes gegen datenschutzrechtliche Bestimmungen im Anwendungsbereich der Verordnung (EU) 2016/679 oder der darin enthaltenen Rechte der betroffenen Person können bei dem Gericht des Ortes erhoben werden, an dem sich eine Niederlassung des Verantwortlichen oder Auftragsverarbeiters befindet. ²Klagen nach Satz 1 können auch bei dem Gericht des Ortes erhoben werden, an dem die betroffene Person ihren gewöhnlichen Aufenthaltsort hat.

(2) Absatz 1 gilt nicht für Klagen gegen Behörden, die in Ausübung ihrer hoheitlichen Befugnisse tätig geworden sind.

(3) ¹Hat der Verantwortliche oder Auftragsverarbeiter einen Vertreter nach Artikel 27 Absatz 1 der Verordnung (EU) 2016/679 benannt, gilt dieser auch als bevollmächtigt, Zustellungen in zivilgerichtlichen Verfahren nach Absatz 1 entgegenzunehmen. ²§ 184 der Zivilprozessordnung bleibt unberührt.

Überblick

Die Vorschrift regelt die Durchführung des Art. 79 Abs. 2 DS-GVO. Hierzu enthält sie Vorgaben für die örtliche Zuständigkeit der Gerichte (Abs. 1 und Abs. 2) sowie für die Zustellungsbevollmächtigung eines Vertreters nach Art. 27 Abs. 1 DS-GVO (Abs. 3).

A. Örtliche Zuständigkeit (Abs. 1)

1   Nach S. 1 können Klagen bei dem Gericht des Ortes erhoben werden, an dem sich eine Niederlassung des Verantwortlichen oder Auftragsverarbeiters befindet. Die Vorschrift begründet einen besonderen Gerichtsstand der Niederlassung. Dieser geht über die Regelung des § 21 Abs. 1 ZPO hinaus, da dessen Anwendungsbereich auf Fälle beschränkt ist, die einen Bezug zum Geschäftsbetrieb der Niederlassung aufweisen. Diesen einschränkenden Bezug enthält Abs. 1 S. 1 nicht (BT-Drs. 18/11325, 109).

2   S. 2 beinhaltet kumulativ einen besonderen Gerichtsstand am Ort des gewöhnlichen Aufenthalts des Betroffenen. Damit ist sichergestellt, dass Personen mit einem gewöhnlichen Aufenthalt in Deutschland vor deutschen Gerichten klagen können.

3   Erfasst werden Klagen wegen eines Verstoßes gegen die datenschutzrechtlichen Bestimmungen. Der Begriff der datenschutzrechtlichen Bestimmungen ist dabei weit zu verstehen. Gemeint sind nicht nur die Vorgaben der DS-GVO, sondern auch alle delegierten Rechtsakte und Durchführungsrechtsakte sowie Beschlüsse der Europäischen Kommission auf der Basis der DS-GVO bzw. der RL 95/46/EG. Erfasst werden zudem nationale Regelungen, die der Durchführung der DS-GVO dienen oder unter Ausnutzung von Öffnungsklauseln erlassen wurden (vgl. zum Ganzen: BT-Drs. 18/11325, 109).

B. Örtliche Zuständigkeit für Klagen gegen Behörden (Abs. 2)

4   Die Regelungen des Abs. 1 zur örtlichen Zuständigkeit gelten nicht für Klagen gegen Behörden, die in Ausübung ihrer hoheitlichen Befugnisse tätig geworden sind. Damit möchte der Gesetzgeber vermeiden, dass Behörden vor dem Gericht eines anderen Mitgliedstaates verklagt werden. Die Einschränkung gilt jedoch nur für die hoheitlich tätige Behörde. Rein fiskalisches bzw. wirtschaftliches behördliches Handeln richtet sich nach Abs. 1 (Gola/Heckmann/Lapp Rn. 11) Die Bestimmung der örtlichen Zuständigkeit richtet sich in diesen Verfahren nach den jeweiligen fachgerichtlichen Verfahrensordnungen.

C. Zustellung an einen Vertreter (Abs. 3)

Die Vorschrift beinhaltet besondere Vorgaben für die Zustellung an einen Vertreter. Nach Art. 27 Abs. 1 DS-GVO müssen Verantwortliche und Auftragsverarbeiter, die keine Niederlassung in der Europäischen Union haben, nach Art. 3 Abs. 2 DS-GVO aber in den Anwendungsbereich der Datenschutz-Grundverordnung fallen, einen Vertreter benennen. Dieser soll nach Art. 27 Abs. 4 DS-GVO als Ansprechpartner für Betroffene und Aufsichtsbehörden dienen. Der Gesetzgeber hält es für sachgerecht, ihn auch als bevollmächtigt anzusehen, Zustellungen in Zivilsachen entgegenzunehmen. Die Regelung soll damit insbesondere einer Verfahrensvereinfachung dienen (vgl. zum Ganzen: BT-Drs. 18/11325, 109). Der Gesetzgeber betont damit zugleich die Geltung des Marktortprinzips (Gola/Heckmann/Lapp Rn. 14). 5

Unberührt bleibt die Regelung des § 184 ZPO. Danach kann das Gericht einen Verantwortlichen oder Auftragsverarbeiter auch auffordern, einen Zustellungsbevollmächtigten im Inland zu benennen. Die Regelung gilt jedoch nur für Beklagte eines Drittstaates und nicht innerhalb der Europäischen Union (BT-Drs. 18/11325, 109). 6

Teil 3. Bestimmungen für Verarbeitungen zu Zwecken gemäß Artikel 1 Absatz 1 der Richtlinie (EU) 2016/680

Kapitel 1. Anwendungsbereich, Begriffsbestimmungen und allgemeine Grundsätze für die Verarbeitung personenbezogener Daten

§ 45 Anwendungsbereich

¹Die Vorschriften dieses Teils gelten für die Verarbeitung personenbezogener Daten durch die für die Verhütung, Ermittlung, Aufdeckung, Verfolgung oder Ahndung von Straftaten oder Ordnungswidrigkeiten zuständigen öffentlichen Stellen, soweit sie Daten zum Zweck der Erfüllung dieser Aufgaben verarbeiten. ²Die öffentlichen Stellen gelten dabei als Verantwortliche. ³Die Verhütung von Straftaten im Sinne des Satzes 1 umfasst den Schutz vor und die Abwehr von Gefahren für die öffentliche Sicherheit. ⁴Die Sätze 1 und 2 finden zudem Anwendung auf diejenigen öffentlichen Stellen, die für die Vollstreckung von Strafen, von Maßnahmen im Sinne des § 11 Absatz 1 Nummer 8 des Strafgesetzbuchs, von Erziehungsmaßregeln oder Zuchtmitteln im Sinne des Jugendgerichtsgesetzes und von Geldbußen zuständig sind. ⁵Soweit dieser Teil Vorschriften für Auftragsverarbeiter enthält, gilt er auch für diese.

Überblick

§ 45 bestimmt den Anwendungsbereich der Normen des BDSG, die speziell für Verarbeitungen im Anwendungsbereich der RL (EU) 2016/680 liegen (→ Rn. 5). Sei Inhalt ist daher im Lichte der Richtlinie auszulegen. Der Anwendungsbereich der Richtlinie ist wiederum in Abgrenzung zum Anwendungsbereich der Datenschutzgrundverordnung zu bestimmen (→ Rn. 10). Weiter ist der Normtext von § 45 auslegungsbedürftig. Die Geltung der §§ 45 ff. für die Datenverarbeitung zum Zweck der Abwehr von Gefahren für die öffentliche Sicherheit lässt sich nur mit Hilfe von S. 3 (→ Rn. 42) und unter Heranziehung der Gesetzesbegründung bestimmen (→ Rn. 46). Im Ergebnis unterfällt die Datenverarbeitung zu präventiven Zwecken nur dann den §§ 45 ff., wenn sie von einer Behörde vorgenommen wird, die auch die Befugnis für die Ermittlung, Aufdeckung oder Verfolgung von Straftaten besitzt (→ Rn. 47).

Übersicht

	Rn.		Rn.
A. Allgemeines	1	1. Geltungsanordnung	30
I. Ratio der Norm	1	2. Straftaten und Ordnungswidrigkeiten	31
1. Funktion	1	3. Verhütung, Ermittlung, Aufdeckung, Verfolgung oder Ahndung	33
2. Stellung innerhalb des BDSG	3	4. Zuständige öffentliche Stellen	34
3. Umsetzungsnormen insgesamt	4	5. Verarbeitung zum Zwecke der Verhütung, Ermittlung, Aufdeckung, Verfolgung oder Ahndung von Straftaten oder Ordnungswidrigkeiten	37
II. Der unionsrechtliche Rahmen	5		
1. Anwendungsbereich der Richtlinie	5		
2. Die Grenzziehung im Einzelnen: Die Abgrenzung zwischen der Datenschutz-Grundverordnung und der RL (EU) 2016/680	10	6. Verhütung von Straftaten und Ordnungswidrigkeiten:	40
3. Verarbeitungen außerhalb des Art. 16 AEUV	19	II. Spezifischer Verantwortlichkeitsbegriff (S. 2)	42
4. Die Wirksamkeit der Richtlinie	24	III. Teilbereiche der präventiven Verarbeitungszwecke (S. 3)	43
III. Allgemeine Fragen	25	1. Überblick	43
1. Analoge Anwendung des § 45 außerhalb des Teil 3	25	2. Die Erstreckung auf präventive Bereiche	44
2. Entstehungsgeschichte	26	IV. Ausnahme des Vollstreckungsrechts (S. 4)	49
3. Grundrechtsbindung	28		
4. Praktische Bedeutung	29	1. Die Erweiterung der zuständigen Stellen	49
B. Einzelkommentierung	30	2. Verarbeitung iSv S. 1	51
I. Repressive Verarbeitungszwecke (S. 1)	30	3. Frage der Notwendigkeit der Regelung	52

Anwendungsbereich § 45 BDSG

	Rn.		Rn.
V. Erstreckung auf Auftragsverarbeite (S. 5)	53	2. Öffentliche Stellen als Auftragsverarbeiter	55
1. Geltung für Auftragsverarbeiter	53	VI. Die Frage der Unionsrechtskonformität	56

A. Allgemeines

I. Ratio der Norm

1. Funktion

§ 45 **eröffnet den dritten Teil** des BDSG. Der Teil dient der **Umsetzung** der Richtlinie 1 (EU) 2016/680 (RL (EU) 2016/680 des Europäischen Parlaments und des Rates vom 27.4.2016 zum Schutz natürlicher Personen bei der Verarbeitung personenbezogener Daten durch die zuständigen Behörden zum Zwecke der Verhütung, Ermittlung, Aufdeckung oder Verfolgung von Straftaten oder der Strafvollstreckung sowie zum freien Datenverkehr und zur Aufhebung des Rahmenbeschlusses 2008/977/JI des Rates). Mittelbar dient die Norm der Abgrenzung der Geltungsbereiche von DS-GVO und RL (EU) 2016/680 (Gola/Heckmann/Braun Rn. 2)

Die Norm beschreibt den **Anwendungsbereich** eines **Normkomplexes**. Die Umsetzung 2 der Richtlinie hätte auch in einem separaten Gesetz verwirklicht werden können, dann wäre § 45 vermutlich zu § 1 des betreffenden Gesetzes geworden. Der Gesetzgeber hat sich entschlossen, die Ausführung der Datenschutzgrundverordnung, die Umsetzung der Richtlinie Justiz und Inneres und die Gestaltung des rein nationalen Datenschutzraumes, soweit die Gesetzgebungskompetenz des Bundes betroffen ist, **in einem gemeinsamen Gesetz zu formulieren.** Dies ist nachvollziehbar und sinnvoll und hat zur Folge, dass jeder der drei Teile einen eigenen Anwendungsbereich besitzt, für den Bereich der Richtlinie ausdrücklich bestimmt durch § 45.

2. Stellung innerhalb des BDSG

Da § 45 den Anwendungsbereich der deutschen Bestimmungen bestimmt, die ausschließlich 3 der Umsetzung der Richtlinie Justiz und Inneres dienen, ist er als erste Norm des dritten Teils **systematisch richtig platziert.**

3. Umsetzungsnormen insgesamt

Auch wenn § 3 45 ff. nur für die Verarbeitung zu Zwecken der Richtlinie Justiz und Inneres 4 Geltung gelten, heißt das nicht, dass dort alle Normen für diese Verarbeitung versammelt sind. Der Abschnitt ist insoweit nicht abschließend. **Neben §§ 45 ff.** dienen noch weitere mitgliedstaatliche Regelungen der Umsetzung. Es lassen sich **vier Normkomplexe** unterscheiden, die diese Verarbeitung regeln:
- §§ 1–21 BDSG
- §§ 45–84 BDSG
- Bereichsspezifische Normen im Bereich der Strafverfolgung und Gefahrenabwehr für Tätigkeiten von Behörden zu Zwecken des Art. 1 der RL (EU) 2016/680, sofern der Bund betroffen ist, vgl. § 1 Abs. 2 BDSG. Die Normen des BDSG sind subsidiär gegenüber dem bereichsspezifischen Datenschutzrecht. Da auf Bundesebene im BKAG und BPolG Sondernormen enthalten sind, ist die Bedeutung von § 45 beschränkt (Gola/Heckmann/Braun Rn. 3)
- Datenschutzrechtliche Normen der Länder, die für ihre Gefahrenabwehrbehörden, mit Zielverfolgung zu Zwecken von Art. 1 der RL (EU) 2016/680 bereichsspezifisches oder allgemeines Datenschutzrecht der Länder normieren.

II. Der unionsrechtliche Rahmen

1. Anwendungsbereich der Richtlinie

a) Art. 1, 2 RL (EU) 2016/680. § 45 will die Anwendung der Normen bestimmen, die 5 ausschließlich dem Zweck dienen die Richtlinie umzusetzen. Dabei ist bei der Auslegung davon **auszugehen,** dass der Gesetzgeber sich bei der Umsetzung der Richtlinie gem. Art. 288 AEUV **unionsrechtskonform verhalten wollte.** § 45 kann daher sinnvoll nur mit Blick auf den

BDSG § 45   Teil 3. Bestimmungen für Verarbeitungen zu Zwecken gemäß Richtlinie

Anwendungsbereich der RL (EU) 2016/680 umgesetzt werden, der von Art. 2 iVm Art. 1 RL (EU) 2016/680 festgelegt wird. Der Anwendungsbereich der Richtlinie ist wie folgt zu beschreiben:

6   Nach Art. 2 Abs. 1 RL (EU) 2016/680 gilt die Richtlinie für die Verarbeitung personenbezogener Daten durch die zuständigen Behörden zu den Zwecken, die Art. 1 Abs. 1 RL (EU) 2016/680 nennt. Diese Zwecke sind: Verhütung, Ermittlung, Aufdeckung oder Verfolgung von Straftaten oder der Strafvollstreckung, einschließlich des Schutzes vor und der Abwehr von Gefahren für die öffentliche Sicherheit. Der Sache nach wird der Anwendungsbereich demnach **zweistufig bestimmt**: Es werden **nur bestimmte Behörden** erfasst und die Verarbeitung dieser Behörden auch nur, wenn sie einem **bestimmten Zweck** dienen.

7   **b) Weitere Einzelheiten.** Nach Art. 2 Abs. 2 RL (EU) 2016/680 gilt sie für die ganz oder teilweise automatisierte Verarbeitung personenbezogener Daten sowie für die nichtautomatisierte Verarbeitung personenbezogener Daten, die in einem Dateisystem gespeichert sind oder gespeichert werden sollen. Nach Art. 2 Abs. 3 RL (EU) 2016/680 findet diese Richtlinie in **zwei Fällen keine Anwendung.** Erstens auf die Verarbeitung personenbezogener Daten, im Rahmen einer Tätigkeit, die nicht in den Anwendungsbereich des Unionsrechts fällt und zweitens auf die Verarbeitung durch die Organe, Einrichtungen, Ämter und Agenturen der Europäischen Union.

8   **c) Begriff der zuständigen Behörde.** Erwägungsgrund 11 Richtlinie (EU) 2016/680 weist darauf hin, dass zuständige Behörden im Sinne der Richtlinie **nicht nur staatliche Stellen** wie die Justizbehörden, die Polizei oder andere Strafverfolgungsbehörden sein können, sondern auch alle anderen Stellen oder Einrichtungen, denen durch das Recht der Mitgliedstaaten die Ausübung öffentlicher Gewalt und hoheitlicher Befugnisse für die Zwecke dieser Richtlinie übertragen wurde. Er weist im S. 6 weiter darauf hin, dass Auftragsverarbeiter für Verarbeitungen im Anwendungsbereich der Richtlinie entweder durch das Recht selbst oder durch die Rechtsgrundlage für die Auftragsverarbeitung an die Normen der Richtlinie (EU) 2016/680 gebunden sein sollen.

9   **d) Sicherstellung der Deckungsgleichheit des BDSG.** Die vom Gesetzgeber beabsichtigte **Deckungsgleichheit** der Anwendungsbereiche der Richtlinie und des nationalen Umsetzungsrecht wird dabei nicht allein von § 45 gewährleistet, sondern durch mehrere Vorschriften im BDSG. **Vergleich** man Art. 2 iVm Art. 1 RL (EU) 2016/680 mit dem BDSG, so werden folgende Tatbestandsmerkmale durch folgende Bestimmungen des BDSG umgesetzt:
- Verarbeitung personenbezogener Daten: § 46 Nr. 2 iVm § 46 Nr. 1
- durch die zuständigen Behörden: § 45 S. 1 iVm § 2 Abs. 1 iVm § 1 Abs. 1
- zu den Zwecken, die Art. 1 Abs. 1 RL (EU) 2016/680 nennt. Diese Zwecke sind: Verhütung, Ermittlung, Aufdeckung oder Verfolgung von Straftaten oder der Strafvollstreckung, einschließlich des Schutzes vor und der Abwehr von Gefahren für die öffentliche Sicherheit: § 45 S. 1–5
- Erfasst ist die ganz oder teilweise automatisierte Verarbeitung personenbezogener Daten sowie für die nichtautomatisierte Verarbeitung personenbezogener Daten, die in einem Dateisystem gespeichert sind oder gespeichert werden sollen: § 46 Nr. 2 „mit oder ohne Hilfe automatisierter Verfahren"
- es sei denn, die Verarbeitung bezieht sich auf eine Tätigkeit, die nicht in den Anwendungsbereich des Unionsrechts fällt: Keine ausdrückliche Regelung – Umkehrschluss aus § 1 Abs. 8
- oder die Verarbeitung erfolgt durch die Organe, Einrichtungen, Ämter und Agenturen der Europäischen Union: Umkehrschluss aus § 1 BDSG

2. Die Grenzziehung im Einzelnen: Die Abgrenzung zwischen der Datenschutz-Grundverordnung und der RL (EU) 2016/680

10   **a) Die Vorgaben der Abgrenzung und die nationalrechtliche Bestimmung des Anwendungsbereichs im Sekundärrecht.** Der Anwendungsbereich der RL (EU) 2016/680 ist **abzustimmen mit dem Anwendungsbereich der Datenschutzgrundverordnung** (VO (EU) 2016/679). Gemäß Art. 2 Abs. 2 lit. d DS-GVO findet sie keine Anwendung auf die Verarbeitung personenbezogener Daten durch die zuständigen Behörden zum Zwecke der Verhütung, Ermittlung, Aufdeckung oder Verfolgung von Straftaten oder der Strafvollstreckung, einschließlich des Schutzes vor und der Abwehr von Gefahren für die öffentliche Sicherheit.

11   Die Abgrenzung ist deshalb **bemerkenswert**, weil für die Verarbeitung der Behörden, die unter die Richtlinie fällt, zumindest teilweise ansonsten die DS-GVO anwendbar wäre. Aus **unionsrechtlicher Sicht** ist daher eine restriktive Auslegung des Anwendungsbereichs der Richtlinie durchaus wünschenswert, wenn auf diese Weise der Anwendungsbereich der DS-GVO begründet werden kann, auch wenn es keinen formalen Auslegungsregel, „im Zweifel für die Verordnung gibt". Die DS-GVO macht zumindest deutlich, dass die Verarbeitung personenbezogener Daten

von Behörden, die unter die Richtlinie fallen, nicht vollständig dem Anwendungsbereich der DS-GVO entzogen sind, da der Anwendungsbereich der RL zweckbezogen ist. Darauf weist Erwägungsgrund Nr. 19 des DS-GOV ausdrücklich hin. Die Sonderbehandlung der Verarbeitung iSd Richtlinie (EU) 2016/680 war aber schon bei Erlass des Art. 19 AEUV angelegt gewesen.

11.1 In der Erklärung Nr. 21 zum Lissabon-Vertrag (Erklärung zum Schutz personenbezogener Daten im Bereich der justiziellen Zusammenarbeit in Strafsachen und der polizeilichen Zusammenarbeit) wird schon darauf hingewiesen, dass die Konferenz anerkenne, dass es sich **aufgrund des spezifischen Charakters** der Bereiche polizeiliche und justizielle Zusammenarbeit in Strafsachen als erforderlich erweisen könnte, in diesen Bereichen spezifische, auf Art. 16 AEUV gestützte Vorschriften über den Schutz personenbezogener Daten und den freien Datenverkehr zu erlassen

12 Liegt eine Verarbeitung durch eine Behörde vor, die von der Richtlinie erfasst wird, bestimmt **der Zweck der Verarbeitung,** ob die Richtlinie oder die DS-GVO eingreift. Eine Verarbeitung einer Behörde iSd RL (EU) 2016/680 kann sowohl unter die RL (EU) 2016/680 fallen als auch unter die DS-GVO, das betonen auch die Erwägungsgründe des DS-GVO (s. Erwägungsgrund 19 DS-GVO).

12.1 Erwägungsgrund 19 DS-GVO verweist darauf, dass für die Verarbeitung von Behörden, die von der Richtlinie (EU) 2016/680 erfasst werden, je nach Zweck auch der DS-GVO unterfallen können. Die gilt dann, wenn die zuständigen Behörden mit Aufgaben betraut sind, die nicht zwangsläufig für die Zwecke der Richtlinie (EU) 2016/680 ausgeführt werden. Dies gilt wiederum nur, wenn diese anderen Zwecke in den Anwendungsbereich des Unionsrechts fallen (vgl. Art. 16 AEUV). Erwägungsgrund 11 S. 3 und Erwägungsgrund 12 S. 4 Richtlinie (EU) 2016/680 enthalten einen identischen Hinweis.

12.2 Nach Erwägungsgrund 13 Richtlinie (EU) 2016/680 ist der Begriff der Straftat im Sinne der Richtlinie als ein unionsrechtlicher Begriff zu verstehen, der der Auslegung durch den Gerichtshof unterliegt (wiederholend Bäcker/Hornung, ZD 2012, 147, 149). Speziell für die Weitergabe von Fluggastdaten zu Zwecken der Kriminalitätsverfolgung und -verhütung gibt es eine speziellere Richtlinie (RL (EU) 2016/681).

12.3 Die RL (EU) 2016/681 des Europäischen Parlaments und des Rates vom 27. April 2016 über die Verwendung von Fluggastdatensätzen (PNR-Daten) zur Verhütung, Aufdeckung, Ermittlung und Verfolgung von terroristischen Straftaten und schwerer Kriminalität, wird nicht auf Art. 16 AEUV sondern auf Art. 83, Art. 87 EUV gestützt. Sie wird umgesetzt durch das Fluggastdatengesetz – FlugDaG v. 6.6. 2017 (BGBl. I 1484)).

13 **b) Die Weitergabe nach einer Verarbeitung iSd RL (EU) 2016/680.** Die **Weitergabe** von Daten, die **im Rahmen des Anwendungsbereichs der Richtlinie erhoben** oder verarbeitet wurden, kommt in den Erwägungsgründen zweimal vor. Zum einen wird im Erwägungsgrund 11 S. 5 darauf hingewiesen, dass die DS-GVO eingreift, wenn Finanzinstitute Daten, die sie zum Zwecke der Ermittlung, Aufdeckung oder Verfolgung von Straftaten gespeichert haben, zuständigen nationalen Behörden in Einklang mit dem Recht der Mitgliedstaaten zur Verfügung stellen.

14 Weiter werden im Erwägungsgrund 34 vier Weitergabekonstellationen ausdrücklich aufgeführt. **Erstens:** Daten werden zu Zwecken der Richtlinie an Behörden, die nicht zuständige Behörden im Sinne der Richtlinie sind, weitergegeben: Hier soll die Richtlinie für die Weitergabe gelten (Erwägungsgrund 34 S. 2). **Zweite** Situation: Es werden Daten aus dem Bereich der Richtlinie für andere Zwecke weitergegeben, hier soll die Datenschutzgrundverordnung für die Übermittlung gelten (Erwägungsgrund 34 S. 5). Sie soll dabei auch für die Verarbeitung bei dem Empfänger gelten. Werden Daten, die zum Zwecke der Richtlinie erhoben werden, bei den gleichen Behörden zu anderen Zwecken verarbeitet, soll für diese Verarbeitung die Verordnung gelten (Erwägungsgrund 34 S. 4). Für eine Verarbeitung von weitergegebenen Daten durch eine Stelle, die keine öffentliche Stelle ist, soll immer die Verordnung gelten (Erwägungsgrund 34 S. 6).

14.1 Erwägungsgrund 34 S. 4–7 lauten: Wurden personenbezogene Daten ursprünglich von einer zuständigen Behörde für einen der Zwecke dieser Richtlinie erhoben, so sollte die Verordnung (EU) 2016/679 für die Verarbeitung dieser Daten für andere Zwecke als diejenigen dieser Richtlinie gelten, wenn eine solche Verarbeitung nach dem Unionsrecht oder dem Recht der Mitgliedstaaten zulässig ist. Insbesondere sollte die Verordnung (EU) 2016/679 für die Übermittlung personenbezogener Daten für Zwecke gelten, die außerhalb des Anwendungsbereichs dieser Richtlinie liegen. Für die Verarbeitung personenbezogener Daten durch einen Empfänger, der keine zuständige Behörde im Sinne dieser Richtlinie ist oder nicht als solche handelt und gegenüber dem personenbezogene Daten von einer zuständigen Behörde rechtmäßig offengelegt werden, sollte die Verordnung (EU) 2016/679 gelten. Bei der Umsetzung dieser Richtlinie sollten die Mitgliedstaaten außerdem, die Anwendung der Vorschriften der Verordnung (EU) 2016/679 – vorbehaltlich der darin genannten Bedingungen – genauer regeln können.

14.2 Nach diesen Überlegungen scheint die Richtlinie immer dann nicht zur Anwendung zu kommen, wenn die Weitergabe nicht den Zwecken der Richtlinie dient. Dies kann aber zunächst dann nicht gelten, wenn die Weitergabe dazu dient die Auskunftspflichten des Betroffenen zu erfüllen, da dies in der RL (EU) 2016/680 niedergelegt sind und diese daher anwendbar sein muss. Legt eine Stelle Daten aufgrund von Transparenzbestimmungen (etwas IFG) offen, dürfte darin kein selbstständiger Zweck liegen, sondern das datenschutzrechtliche Regelungsregime greifen, das für die Erhebung galt.

15 **c) Die Verarbeitung zum Zwecke der Abwehr von Gefahren. aa) Die ausdrücklichen Vorgaben des Unionsrechts.** Die Schwierigkeit der Abgrenzung des Anwendungsbereiches der DS-GVO einerseits und der Richtlinie andererseits beruht zum wesentlichen Teil auf dem Umstand, dass zu den Zwecken, die in den Anwendungsbereich der Richtlinie fallen, auch die **Abwehr von Gefahren für die öffentliche Sicherheit** fällt. Aus den Erwägungsgründen der Richtlinien wird aber deutlich, dass nicht die gesamte Datenverarbeitung zu präventiven Zwecken unter die Richtlinie fallen soll, sondern nur, wenn eine **gewisse Nähe** zu der Datenverarbeitung zu repressiven Zwecken vorliegt. Wie dieses Näheverhältnis zu fassen ist, ist die wichtigste Frage im Anwendungsbereich des Art. 1, 2 RL (EU) 2016/680 und bisher nicht endgültig geklärt. Im Erwägungsgrund 12 umschreibt die Richtlinie dieses Näheverhältnis dadurch, dass sie **Beispiele aus sogenannten „Mischkonstellationen"** beschreibt und darüber hinaus einen weit gefassten Präventionsbereich, aus dem Straftaten entstehen könnten, ebenfalls einbezieht, zumindest sofern die Polizei diesen durch Exekutivgewalt einzudämmen versucht. Das Polizeirechtsverständnis, das der Richtlinie zugrunde liegt, entspricht daher dem Polizeirechtsverständnis des 19. Jahrhunderts der süddeutschen Länder, bei denen die Gefahrenabwehr ebenfalls eng mit der Verhütung von Straftaten und Polizeistraftaten verbunden war. Für das gegenwärtige deutsche Polizei- und Sicherheitsrechtsverständnis ist diese Abgrenzung dagegen **ungewohnt**.

15.1 Erwägungsgrund 12 S. 1–3 lauten: Die Tätigkeiten der Polizei oder anderer Strafverfolgungsbehörden sind hauptsächlich auf die Verhütung, Ermittlung, Aufdeckung oder Verfolgung von Straftaten ausgerichtet, dazu zählen auch polizeiliche Tätigkeiten in Fällen, in denen nicht von vornherein bekannt ist, ob es sich um Straftaten handelt oder nicht. Solche Tätigkeiten können ferner die Ausübung hoheitlicher Gewalt durch Ergreifung von Zwangsmitteln umfassen, wie polizeiliche Tätigkeiten bei Demonstrationen, großen Sportveranstaltungen und Ausschreitungen. Sie umfassen auch die Aufrechterhaltung der öffentlichen Ordnung als Aufgabe, die der Polizei oder anderen Strafverfolgungsbehörden übertragen wurde, soweit dies zum Zweck des Schutzes vor und der Abwehr von Bedrohungen der öffentlichen Sicherheit und Bedrohungen für durch Rechtsvorschriften geschützte grundlegende Interessen der Gesellschaft, die zu einer Straftat führen können, erforderlich ist.

16 **bb) Die Konkretisierung in der Literatur.** Eine einheitliche Linie zur Konkretisierung des Abgrenzungsbereichs von der DS-GVO und der Richtlinie hat sich noch nicht herausgebildet. Einig ist man sich, dass der **Wortlaut insofern ernst** zu nehmen ist, als dass auch **gewisse Ausschnitte** des präventiven Bereiches unter die Richtlinie zu fassen sind (Ehmann/Selmayr/Zerdick DS-GVO Art. 2 Rn. 12; Kühling/Buchner/Kühling/Raab DS-GVO Art. 2 Rn. 29). Andererseits besteht auch dahingehend Übereinstimmung, dass **nicht der gesamte präventive Bereich** des Polizei- und Ordnungsrechts bzw. Polizei- und Sicherheitsrechts unter die Richtlinie fällt (Ehmann/Selmayr/Zerdick DS-GVO Art. 2 Rn. 12; Kühling/Buchner/Kühling/Raab DS-GVO Art. 2 Rn. 29; Weinhold/Johannes, DVBl 2016, 1501, 1503). Für die Abgrenzung des Teils der Datenverarbeitung zu präventiven Zwecken, der unter die Richtlinie zu fassen ist, wurde dagegen noch kein verlässliches Kriterium gefunden.

16.1 Mitunter wird die polizeiliche Tätigkeit ohne Bezug zu Straftaten, zB iRv Vermisstenanzeigen, als ausgeschlossen bezeichnet (Kühling/Buchner/Kühling/Raab DS-GVO Art. 2 Rn. 29). Teilweise werden die Erwägungsgründe wiederholt (Ehmann/Selmayr/Zerdick DS-GVO Art. 2 Rn. 12; Weinhold/Johannes DVBl 2016, 1501 (1503)) oder der Gesetzestext (Gola/Gola DS-GVO Art. 2 Rn. 23.). Wiederholt wird als maßgebliches Abgrenzungskriterium unter Rückgriff auf die Erwägungsgründe darauf abgestellt, ob die Behörde die Gefahr mittels Zwangsanwendung beseitigt (Weinhold/Johannes, DVBl 2016, 1501 (1503); Weichert, Die EU-Richtlinie für den Datenschutz bei Polizei und Justiz, 2016, 4 abrufbar unter www.Netzwer-datenschutzexpertise.de). Wege der Unklarheit der Abgrenzung empfiehlt der Europäische Datenschutzbeauftragte eine enge Auslegung des terminus: Abwehr von Gefahren für die öffentliche Sicherheit (European Date protection supervisor, opinion 6/2015, 6.)

17 **cc) Institutionelle Abgrenzung.** Sowohl die in den Erwägungsgründen niedergelegten Konkretisierungen als auch die Wiederholungen in der Literatur sind für eine praktische Anwendung nicht hinreichend bestimmt. Allein die Nennung von Beispielen genügt nicht, wenn dadurch nicht das maßgebliche abstrakte Abgrenzungskriterium deutlich wird. Diese Art von Rechtsauslegung ist unbefriedigend. Für die deutschen Behörden, die im repressiven und präventiven Bereich tätig sind, muss hinreichend klar sein, ob sie bei ihrer Datenverarbeitung die Vorgaben der Richtlinie einhalten müssen. Der Ausgangspunkt hat zunächst der Normtext von Art. 1 RL (EU) 2016/680 zu sein. Danach ist die Anwendung der Richtlinie durch zwei Elemente bestimmt, zunächst durch die Verarbeitung zuständiger Behörden und zum zweiten durch die Verarbeitung bestimmter Zwecke. Bei den bestimmten Zwecken wird zunächst einmal ein Zweckbündel (Zwecke der Verhütung, Ermittlung, Aufdeckung oder Verfolgung von Straftaten oder der Strafverfolgung) genannt als auch ein zweiter Zweck (Abwehr von Gefahren für die öffentliche Sicherheit). Aus den Erwägungsgründen ergibt sich, dass das **präventive Element** der Abwehr von Gefahren **ergänzenden Charakter** besitzt (Erwägungsgrund 12). Dies liegt auch nahe, weil das Protokoll 21 des Lissabonvertrages ersichtlich nicht den gesamten präventiven Bereich aus dem allgemeinen europäischen Datenschutz ausgliedern wollte. Will man den Bereich Abwehr von Gefahren restriktiv interpretieren, liegt es nahe, nur eine **solche Gefahrenabwehr zu erfassen, die von Behörden erfolgt, die auch Zwecke im ersten Bereich, dh repressive Zwecke verfolgen dürfen.** Die Datenverarbeitung der Behörden, die im ersten Zweckbündel tätig werden (zB Aufklärung von Straftaten) fällt auch dann unter die RL (EU) 2016/680, wenn sie der Abwehr von Gefahren für die öffentliche Sicherheit dient. Innerhalb dieser Datenverarbeitung dann noch einmal zu differenzieren zwischen präventiven Zwecken, die unter die Richtlinie fallen, wie etwa Gewaltanwendung und solche die nicht unter die Richtlinie fallen, wie etwa Informationserhebungen, wäre nicht sinnvoll.

Sowohl der Begriff der Straftat als auch der Begriff der öffentlichen Sicherheit ist dabei unionsrechtlich zu bestimmen und autonom zu bestimmen. Es ist aber nicht ersichtlich, dass der unionsrechtliche Begriff von der Begriffsbestimmung des deutschen Rechts wesentlich abweicht. Straftaten kann man daher als **eine hoheitliche missbilligende Reaktion auf einen schuldhaften Normverstoß** verstehen. Danach würde er die Straftaten und Ordnungswidrigkeiten im deutschen Recht erfassen (in diese Richtung auch VG Regensburg BeckRS 2019, 14915 Rn. 23). Öffentliche Sicherheit lässt sich begreifen als die **Abwehr von Gefahren für Individual- und Gemeinschaftsgütern** sowie Verletzungen der Rechtsordnung. Weiter ist aus dem Charakter der Richtlinie zu folgern, dass nicht die Umsetzung in den Mitgliedsstaaten auf den jeweiligen Charakter der innerstaatlichen Rechtsordnung Rücksicht nehmen darf. 18

Nicht unter § 45 BDSG fallen die Beteiligungsrechte des Betriebsrates (BAG NZA 2019, 1218 Rn. 45). 18.1

3. Verarbeitungen außerhalb des Art. 16 AEUV

Erwägungsgrund 14 RL (EU) 2016/680 weist darauf hin, dass die RL (EU) 2016/680 (ebenso wie die DS-GVO) keine Anwendung findet, sofern der Anwendungsbereich von Art. 4 Abs. 2 S. 3 EUV (nationale Sicherheit) oder von Art. 39 EUV (Datenschutz im Bereich der gemeinsamen Außen- und Sicherheitspolitik) eingreift. Welche Bereiche damit genau ausgegliedert sind bedarf der Auslegung. EwG 15 Richtlinie RL (EU) 2016/680 ist dabei wenig hilfreich. 19

Der Begriff „**nationale Sicherheit**" gewinnt inhaltliche Konturen, wenn man ihn abgrenzt von der öffentlichen Sicherheit und der europäischen Sicherheit oder der europäischen Verteidigung (Art. 39 AEUV) (vgl. dazu nur Kugelmann DuD 2012, 581 (581)). Danach fällt die nationale Verteidigung als auch die Tätigkeit der **Inlands- und Auslandsnachrichtendienste darunter** (Gola/Heckmann/Braun Rn. 31). In Deutschland ist das somit die Datenverarbeitung der **Streitkräfte** (Art. 87a GG), die Datenverarbeitung der **Bundeswehrverwaltung** (Art. 87b GG), sofern sie einen unmittelbaren militärischen Bezug hat, und die Datenverarbeitung des **BND**, des **Bundesamts für Verfassungsschutz**, des **MAD** sowie die Verarbeitung der **Verfassungsschutzbehörden der Länder**, die aber wiederum wegen § 1 nicht unter § 45 BDSG fallen kann. 20

Der Umstand, dass andere Mitgliedsstaaten die Abgrenzung zwischen Polizei und Nachrichtendienst anders treffen als Deutschland (so Kugelmann, DuD 2012, 581 (581)), ändert nichts daran, dass Art. 4 EUV institutionell abgrenzt und auf die **Behördenzuständigkeit** und nicht auf die Zwecke abstellt. Ausgeklammert vom Anwendungsbereich des Unionsrechts ist die Tätigkeit der Behörden, die die Mitgliedsstaaten als Behörden mit Aufgabenbereichen für die nationale Sicherheit umschreiben, mag es auch sein, dass in einem Mitgliedsstaat dieser Behörde eine Aufgabe zugewiesen ist, die in einem anderen Mitgliedsstaat den normalen Polizeibehörden (Öffentliche Sicherheit) und nicht den besonderen Behörden (Nationale Sicherheit) zugewiesen ist. 21

Die Datenverarbeitung im Bereich der **gemeinsamen Außen- und Sicherheitspolitik** (Art. 39 EUV) meint zunächst nur die Datenverarbeitung der Mitgliedstaaten und nicht der Union selbst und betont auf diese Weise den intergouvernementalen Charakter dieses Bereichs. Art. 16 AEUV ist so zu verstehen, dass innerhalb des Anwendungsbereichs des Art. 39 EUV die DS- 22

GVO **nicht gilt unabhängig davon,** ob der Rechtsakt iSv Art. 39 EUV erlassen wurde oder nicht. Der Anwendungsbereich des Art. 39 EUVG ist auslegungsbedürftig, weil unklar ist, was „In Ausübung von Tätigkeiten, die in den Anwendungsbereich dieses Kapitels" fallen gemeint ist. Da gem. Art. 24 Abs. 3 EUV jeder Mitgliedsstaat zur Loyalität bei seiner Außen- und Sicherheitspolitik verpflichtet ist, kann man gewissermaßen **dieses gesamte Politikfeld dem Anwendungsbereich zuschreiben.** Damit ist aus dem Anwendungsbereich der Richtlinien und der DS-GVO die Datenverarbeitung ausgeschieden, die der Außenpolitik oder der militärischen Sicherheit dient, die nationale Sicherheit wegen Art. 4 EUV, die europäische Sicherheit wegen Art. 39 EUV, die reine nationale Außenpolitik (falls es die noch geben sollte) wegen fehlender Kompetenz der Union und die gemeinsame Außenpolitik wegen Art. 39 EUV.

23   Sollte die Union einen Rechtsakt iSv Art. 39 EUV erlassen und wäre dieser umsetzungsbedürftig, **würden in Deutschland zunächst dafür die Normen §§ 1–21 und § 85 greifen.** Problematisch wäre hier § 1 Abs. 8 BDSG, der auf die Bestimmungen §§ 22–44 verweist und insofern für die Verarbeitung zu militärischen Zwecken kaum hilfreich wäre. Es ist daher davon auszugehen, dass der Gesetzgeber dann noch einmal tätig werden würde.

4. Die Wirksamkeit der Richtlinie

24   Es ist unstreitig, dass die RL (EU) 2016/680 **für sich in Anspruch nimmt,** auch bei rein **innerstaatlichen Datenverarbeitung**en, dh ohne Grenzübertritt der Daten, zu gelten. (Gola/Gola DS-GVO Art. 2 Rn. 25; Kugelmann DuD 2012, 581; Weinhold/Johannes DVBl 2016, 1501 f.). Aus diesem Grund entsteht die Frage, ob die Richtlinie kompetenzgerecht erlassen wurde. Sie wurde auf Art. 16 Abs. 2 AEUV gestützt (Kugelmann DuD 2012, 581 (581 f.)). Dann müsste es um Datenverarbeitung deutscher Behörden im Anwendungsbereich des Unionsrechts gehen. Vom Anwendungsbereich kann man grundsätzlich nur dann sprechen, wenn die Union eine Kompetenzgrundlage zum Handeln oder zum Erlass von Rechtsnormen besitzt. Für den Bereich des Strafrechts und des Polizeirechts besitzt die Union gem. **Art. 82 ff. AEUV** nur stark **eingeschränkte Kompetenzen.** Diese Kompetenzen beziehen sich im Schwerpunkt auf die **grenzüberschreitende Zusammenarbeit.** Im Anwendungsbereich der Datenschutzrichtlinie Polizei und Strafverfolgung kommt diese Begrenzung nicht vor. Die Richtlinie geht daher über den Anwendungsbereich des Unionsrechts hinaus und kann sich insoweit nicht auf Art. 16 AEUV stützen (BR-Drs. 51/12, 2 ff.). Der Umstand, dass der EuGH die als Datenschutz-Richtlinie auch für Vorgänge herangezogen habe, bei denen kein grenzüberschreitender Bezug vorhanden gewesen sei, und Art. 16 AEUV die Kompetenz erweitern und nicht einschränken wolle, kann daran nichts ändern, da diese gerade nicht für den Sicherheitsbereich galt. Art. 16 AEUV spricht von Tätigkeiten im Anwendungsbereich des Unionsrechts, die englische Fassung spricht von „activities which fall within the scope of Union law". Tätigkeiten der Mitgliedsstaaten, die die Union materiell überhaupt nicht normieren kann, liegen nicht im Anwendungsbereich des Unionsrechts. Art. 82 ff. AEUV erlauben gerade nicht, Vorgaben für die normale innerstaatliche Gefahrenabwehr oder Kriminalitätsverfolgung vorzusehen. **Nach zutreffender Ansicht ist die Richtlinie daher nicht kompetenzgerecht erlassen** (Gola/Heckmann/Braun Rn. 7; Kugelmann DuD 2012, 581 (583); Kugelmann/Rackow/Wolff, Prävention, 2014, 61 ff.; Schantz/Wolff/Wolff, Das neue Datenschutzrecht, 2017, Rn. 235 f.).

24.1   Deutsche Stelle dürfen allerdings **nicht** aus diesem Grunde die Umsetzung oder Durchführung der RL (EU) 2016/680 **unterlassen.** Vielmehr ist die Frage der Gültigkeit zunächst dem EuGH im Wege des Vorabentscheidungsverfahrens gem. Art. 267 AEUV vorzulegen und, sollte dieser sie annahmen, anschließend das BVerfG mit der Frage zu befassen, ob eine einschränkende Auslegung wegen Vorliegens eines Aktes „ultra vires" – Art. 23 Abs. 1 S. 2 GG – vorliegt.

III. Allgemeine Fragen

1. Analoge Anwendung des § 45 außerhalb des Teil 3

25   § 45 gilt unmittelbar nur für die Vorschriften § 46–84 ff. Soweit bei §§ 1–21 und ggf. bei dem bereichsspezifischen Datenschutzrecht die Frage relevant wird, ob der Anwendungsbereich der Richtlinie eröffnet wird, ist allerdings **§ 45** analog heranzuziehen. Der Bundesgesetzgeber hat mit § 45 deutlich gemacht, wie er den Anwendungsbereich der Richtlinie versteht.

2. Entstehungsgeschichte

Im **Entstehungsprozess** des BDSG bildet § 45 eine Norm, die dem **ständigen Wandel** 26
unterlag. Im ersten Referentenentwurf war sie noch nicht enthalten, im zweiten Referentenentwurf war sie ohne die Regelungen von S. 2–5 aufgenommen worden, im Regierungsentwurf hatte sie dann ihre endgültige Fassung.

1. Referentenentwurf vom August 2016: Der erste Referentenentwurf des Bundesministeriums des 26.1
Innern (Stand: 1. Ressortabstimmung (05.08.2016 08:43): Entwurf eines Gesetzes zur Anpassung des Datenschutzrechts an die Datenschutz-Grundverordnung und zur Umsetzung der Richtlinie (EU) 2016/680, (Datenschutz-Anpassungs- und -Umsetzungsgesetz EU – DSAnpUG-EU)) sah noch keinen eigenen Abschnitt zu der Umsetzung der RL (EU) 2016/680 vor und kannte daher keine dem § 45 vergleichbare Norm. Der Entwurf kannte eine Reihe von Normen, die speziell auf die Umsetzung der Richtlinie bezogen waren, sie waren aber nicht in einem Kapitel zusammengefasst, sodass es auch keiner Bestimmung über den Anwendungsbereich dieses Kapitels bedurfte. Auch materiell wurde der Anwendungsbereich der Richtlinie in keiner anderen Norm des BDSG-Entwurfs materiell näher bestimmt.

2. Referentenentwurf vom November 2016: Der zweite Referentenentwurf des Bundesministeri- 26.2
ums des Innern (Stand: 2. Ressortabstimmung (11.11.2016 16:13), Entwurf eines Gesetzes zur Anpassung des Datenschutzrechts an die Verordnung (EU) 2016/679 und zur Umsetzung der Richtlinie (EU) 2016/680 (Datenschutz-Anpassungs- und -Umsetzungsgesetz EU – DSAnpUG-EU)) kannte demgegenüber die Struktur des späteren, mit dem einzigen Unterschied, dass der 4. Teil, d.h. § 89 noch nicht vorgesehen war. Der heutige § 45 war dort als § 43 BDSG-E vorgesehen und hatte folgenden Wortlaut: „Die Vorschriften dieses Teils gelten unbeschadet speziellerer Regelungen in den entsprechenden Fachgesetzen für die Verarbeitung personenbezogener Daten durch die für die Verhütung, Ermittlung, Aufdeckung oder Verfolgung von Straftaten oder die Strafvollstreckung, einschließlich des Schutzes vor und der Abwehr von Gefahren für die öffentliche Sicherheit zuständigen öffentlichen Stellen des Bundes, soweit diese personenbezogene Daten zu diesen Zwecken verarbeiten."

Der Unterschied der ersten Fassung von § 45 bestand dabei aus folgenden Aspekten. (1) Die Subsidiarität 26.3
war ausdrücklich im Normtext aufgenommen worden (gegenwärtig über § 1 Abs. 2 gewährleistet) und (2) die Regeln von § 45 S. 2–5 fehlten.

3. Der Regierungsentwurf: Der Gesetzentwurf der Bundesregierung: Entwurf eines Gesetzes zur 26.4
Anpassung des Datenschutzrechts an die Verordnung (EU) 2016/679 und zur Umsetzung der Richtlinie (EU) 2016/680 1 (Datenschutz-Anpassungs- und -Umsetzungsgesetz EU – DSAnpUG-EU) vom Februar 2014 entsprach der Gesetz gewordenen Fassung (BT-Drs- 18/11325, S. 40). Der Bundesrat hatte 57 Anmerkungen zum Gesetzentwurf (BR-Drs. 110/17 (Beschluss)), Keine davon betraf § 45.

Die **Begründung des Regierungsentwurfs** (BT-Drs. 18/11325, 110 f.) ist **aufschlussreich** 27
und verdeutlicht die Vorstellung des Gesetzgebers. Aus der Begründung ergeben sich folgende Erkenntnisse.
- der deutsche Gesetzgeber wollte mit § 45 die unionsrechtliche Abgrenzung zwischen JI-RL und der DS-GVO **nationalrechtlich nachzeichnen;**
- der Anwendungsbereich ist eröffnet, wenn zwei Voraussetzungen kumulativ erfüllt sind, es muss zum einen eine der **relevanten Behörde** tätig werden und zum anderen muss sie zu einem **bestimmten Zweck** handeln;
- Private können Behörden in diesem Sinne nur sein, wenn sie **beliehen sind;**
- ob eine relevante Behörde vorliegt oder nicht, richtet sich danach, ob die öffentliche Stelle eine **grundsätzliche** Befugnis- und Aufgabenzuweisung (Zuständigkeit) für die **Verhütung, Ermittlung, Aufdeckung oder Verfolgung von Straftaten** oder die **Strafvollstreckung,** einschließlich des Schutzes vor und der Abwehr von Gefahren für die öffentliche Sicherheit besitzt;
- die Ermittlung, Verfolgung, Ahndung und Vollstreckung von **Ordnungswidrigkeiten** unterfällt einheitlich dem Anwendungsbereich unabhängig davon, ob eine relevante Behörde vorliegt oder nicht;
- die Verfolgung der Abwehr von Gefahren für die öffentliche Sicherheit wird nur erfasst, wenn sie durch Behörden, erfolgt, die auch **Strafverfahren** verfolgen dürfen, dh im Wesentlichen von Polizeibehörden;
- Datenverarbeitung bei **Verwaltungsbehörden** wie zB Waffen-, Hygiene- oder Passbehörden, zu präventiven Zwecken werden nicht einbezogen;
- wird die Datenverarbeitung einer öffentlichen Stelle erfasst, so wird ein **Auftragsverarbeiter** dennoch nur erfasst, wenn es in den §§ 45 ff. ausdrücklich genannt sind;
- verarbeitet eine öffentliche Stellen Daten im Auftrag zu den Zwecken des § 45 ist der Anwendungsbereich eröffnet.

27.1 Die Gesetzesmotive lauten (**BT-Drs. 18/11325, 110 f.**):
Zu § 45 (Anwendungsbereich)
Der Dritte Teil dient im Wesentlichen der Umsetzung der Richtlinie (EU) 2016/680. § 45 regelt den Anwendungsbereich des Dritten Teils. Er gilt nur für Verarbeitungen durch öffentliche Stellen und, vgl. Artikel 3 Absatz 7 Buchstabe b der Richtlinie (EU) 2016/680 und § 2 Absatz 4 BDSG, insoweit, als öffentliche Stellen geltende Beliehene, die für die Verhütung, Ermittlung, Aufdeckung oder Verfolgung von Straftaten oder die Strafvollstreckung, einschließlich des Schutzes vor und der Abwehr von Gefahren für die öffentliche Sicherheit zuständig sind und auch nur, soweit sie zu diesen Zwecken Daten verarbeiten. Dies sind insbesondere die Polizeibehörden, die Staatsanwaltschaften sowie der Zoll und die Steuerfahndung, soweit sie die Daten zu den genannten Zwecken verarbeiten. Dies schließt Gefahrenabwehrzwecke ein.

Für die Eröffnung des Anwendungsbereichs des Dritten Teils und damit auch der Richtlinie (EU) 2016/680 genügt also eine Verarbeitung zu den o. g. Zwecken allein nicht; daneben muss auch eine grundsätzliche Befugnis- und Aufgabenzuweisung (Zuständigkeit) für die Verhütung, Ermittlung, Aufdeckung oder Verfolgung von Straftaten oder die Strafvollstreckung, einschließlich des Schutzes vor und der Abwehr von Gefahren für die öffentliche Sicherheit vorliegen.

Die Ermittlung, Verfolgung, Ahndung und Vollstreckung von Ordnungswidrigkeiten ist vom Anwendungsbereich umfasst; dies wird durch Erwägungsgrund 13 der Richtlinie (EU) 2016/680 unterstützt. Hierdurch wird insbesondere erreicht, dass die polizeiliche Datenverarbeitung einheitlichen Regeln folgt, unabhängig davon, ob eine Straftat oder eine Ordnungswidrigkeit in Rede steht. Aus dem Ziel, dem Ordnungswidrigkeitenverfahren einheitliche datenschutzrechtliche Regeln gegenüberzustellen, folgt, dass somit auch in Bezug auf die Datenverarbeitung durch Behörden, die nicht Polizeibehörden sind, soweit sie aber Ordnungswidrigkeiten verfolgen, ahnden und vollstrecken, der Teil 3 des vorliegenden Gesetzes gilt und die Datenverarbeitung auch sonst Regeln folgen muss, welche die Richtlinie (EU) 2016/680 umsetzen. Daraus folgt, dass die Datenverarbeitung bei Verwaltungsbehörden wie z. B. Waffen-, Hygiene- oder Passbehörden, deren Aufgabenzuweisung nicht mit den in § 45 genannten Zwecken übereinstimmt, grundsätzlich solange und soweit nicht in den Anwendungsbereich der Richtlinie und damit des Dritten Teils dieses Gesetzes fällt, wie die von ihnen geführten Verfahren nicht in ein konkretes Ordnungswidrigkeitenverfahren übergehen.

Auftragsverarbeiter – ob öffentliche oder nichtöffentliche Stellen – deren Tätigkeit sich grundsätzlich dadurch auszeichnet, dass sie Daten zur Erfüllung einer Auftragsverarbeitungsvereinbarung und nicht aufgrund eigener Aufgabenzuschreibung verarbeiten, sind durch die Regelungen des Dritten Teils nur adressiert, sofern sie konkret angesprochen sind. Die von ihnen durchgeführten Verarbeitungen richten sich im Übrigen nach den Regelungen der Verordnung (EU) 2016/679 bzw. dem diese ausformenden Teilen 1 und 2 dieses Gesetzes. Das schließt nicht aus, dass durch den Dritten Teil angesprochene Verantwortliche auch als Auftragsverarbeiter tätig sein können.

3. Grundrechtsbindung

28 Der Erlass von § 45 beruht auf der Ausübung deutscher Hoheitsgewalt, im Rahmen europäischer Vorgaben. Für die Anwendung der Norm gilt das Gleiche. Sofern das Unionsrecht Gestaltungsspielraum für die Umsetzung der Richtlinie enthält, sind **innerhalb dieses Spielraums** die Grundrechte des Grundgesetzes anwendbar und diese Bindung auch durch das Bundesverfassungsgericht überprüfbar. Innerhalb des Gestaltungsspielraums der deutschen Hoheitsgewalt greift darüber hinaus nach umstrittener aber zutreffender Ansicht **zusätzlich auch die Grundrechtsbindung der europäischen Grundrechte,** insbesondere ist Art. 8 Grundrechtecharta zu beachten (vgl. Weinhold/Johannes DVBl 2016, 1501 (1504)). Für die Prüfungskompetenz des BVerfG im Rahmen von Verfassungsbeschwerden gilt auch hier die Rechtsprechung des BVerfG, die in den beiden Urteilen Recht auf Vergessen I und II vom niedergelegt sind (BVerfG NJW 2020, 300 und NJW 2020, 314 - → § 3 Rn. 11.1).

28.1 Entscheiden für den **Prüfungsrahmen bei der Verfassungsbeschwerde** gem. Art. 93 Abs. 1 Nr. 4a BVerfGG differenziert das BVerfG ist danach, ob das europäischen Sekundärrecht – hier also die RL (EU) 2016/680 – Grundrechtsvielfalt zulässt oder nicht (BVerfG NJW 2020, 300 und NJW 2020, 314). Innerhalb des Bereichs der RL besteht die Vermutung für die Zulassung von Grundrechtsvielfalt. Der Inhalt der Richtlinie enthält keine Vorgaben, die eine Abweichung von der Regel nahe legen. Die Grundrecht des GG werden daher vom BVerfG herangezogen. Ob daneben noch die europäischen Grundrechte zu prüfen sind, hängt davon ab, ob entweder im Fachrecht oder im Grundrechtsschutz spezifische Anhaltspunkte für den Geltungsanspruch der europäischen Grundrechte enthalten sind. Die RL (EU) 2016/680 enthält solche Anhaltspunkte nicht. Weiter weicht Art. 8 GRCh in der Formulierung vom Recht auf informationelle Selbstbestimmung ab, aber wohl nicht in einer Weise, die auf unterschiedlichen Schutzaspekt hinweist. Das

Anwendungsbereich § 45 BDSG

BVerfG wird daher im Rahmen des Anwendungsbereichs von § 45 BDSG von einem ausschließlichen Anwendungsbereich der deutschen Grundrechte ausgehen. Ob der EuGH das akzeptiert oder nicht stattdessen, kommentarlos Art. 8 GRCh mit gleichem Prüfungsmaßstab heranzieht wie bei den anderen Normen des DS-GVO dürfte fraglich sein.

4. Praktische Bedeutung

Da § 45 den Anwendungsbereich der allgemeinen Normen bestimmt, für die die RL (EU) 2016/680 gilt ist ihre praktische Bedeutung enorm hoch. Auslegungsschwierigkeiten bereitet vor allem das Verhältnis von S. 3 zu S. 1. In der Rechtspraxis scheint die Norm bisher aber keine wesentlichen Probleme aufzuwerfen, da es nur wenige Judikate gibt. 29

Relevant wurde § 45 der Sache nach bisher bei VG Wiesbaden BeckRS 2021, 11190: Ordnungswidrigkeitenverfahren beim Regierungspräsidium; BFH DStRE 2020, 948 Rn. 20: Strafverfahren durch FA; BAG NZA 2019, 1218: Verarbeitung durch den Betriebsrat; VG Regensburg BeckRS 2019, 14915: Anordnung einer Fahrtenbuchauflage. 29.1

B. Einzelkommentierung

I. Repressive Verarbeitungszwecke (S. 1)

1. Geltungsanordnung

Die Auslegung von S. 1 wirft keine **besonderen Schwierigkeiten** auf. „Vorschriften dieses Teils" sind die §§ 54–82 BDSG. „Gelten" meint, dass die Stellen iSv § 1 die Normen beachten müssen. „Verarbeitung" ist in § 46 Nr. 2 definiert. „Personenbezogene Daten" sind in § 46 Nr. 1 definiert. 30

2. Straftaten und Ordnungswidrigkeiten

Der Begriff der „**Straftat**" wird nicht näher ausgeführt. Es ist davon auszugehen, dass der Gesetzgeber den **nationalen Straftatbegriff** meint und zugleich davon ausgeht, dass er den **unionsrechtlichen Straftatbegriff** iSv Art. 1 RL (EU) 2016/680 **nicht überschreitet** (Notfalls ist der nationale Begriff unionsrechtskonform auszulegen). Dennoch ist im Ausgangspunkt bei einem deutschen Gesetz zunächst von einem deutschen Begriffsverständnis auszugehen, insbesondere deshalb, weil § 46 der Sache nach auf die deutsche Rechtsordnung, dh die StPO und das StGB mitsamt dem Nebenstrafrecht verweist. Straftaten sind danach Taten, die gegen eine Strafrechtsnorm verstoßen. Strafrechtsnormen sind solche, bei denen der Verstoß ausdrücklich mit der Sanktion der Strafe versehen ist. **Straftat** ist ein rechtswidriges und schuldhaftes Verhalten, das den Tatbestand eines Strafgesetzes verwirklicht. 31

Für den Begriff „**Ordnungswidrigkeiten**" gilt strukturell das Gleiche. Auch hier ist das nationale und **nicht das europäische Begriffsverständnis** gemeint (so auch VG Regensburg BeckRS 2019, 14915 Rn. 23). Erfasst sind die Normen, die ausdrücklich als Ordnungswidrigkeit bezeichnet werden bzw. bei Verstoß mit einer Ordnungswidrigkeitensanktion, dh mit Geldbuße belegt wird. Nach § 1 Abs. 1 OWiG ist eine Ordnungswidrigkeit eine rechtswidrige und vorwerfbare Handlung, die den Tatbestand eines Gesetzes verwirklicht, das die Ahndung mit einer Geldbuße zulässt. Hinsichtlich der Regelung von S. 1 sieht § 45 einen Gleichlauf von Ordnungswidrigkeiten und Straftaten vor, anders als bei S. 3. 32

3. Verhütung, Ermittlung, Aufdeckung, Verfolgung oder Ahndung

Die **Verhütung** einer Straftat oder Ordnungswidrigkeit meint deren **Verhinderungen**, die **Ermittlung** meint die **Klärung** des für die Frage des Normverstoßes relevanten Sachverhaltes. Die **Aufdeckung** meint das **Finden** eines Ermittlungsansatzes, die **Verfolgung** meint das rechtliche **Verfahren** für die Frage, ob ein Normverstoß vorliegt und dieser sanktioniert werden soll. Die **Ahndung** meint die **Sanktionierung** eines festgestellten Verstoßes. Das Unionsrecht führt die Fallgruppe der Ahndung nicht ausdrücklich auf, kennt dafür aber die Verarbeitung zum Zwecke der **Strafvollstreckung**. Darin dürfte die Verarbeitung zwecks Ahndung enthalten sein, auch wenn S. 4 die Vollstreckung ausdrücklich aufführt (aA Gola/Heckmann/Braun Rn. 18). 33

BDSG § 45 Teil 3. Bestimmungen für Verarbeitungen zu Zwecken gemäß Richtlinie

4. Zuständige öffentliche Stellen

34 Öffentliche Stelle ist jede Einheit, die nach außen hin handeln kann und die von einer Rechtsnorm mit der Ausführung von öffentlichen Aufgaben betraut ist. § 45 meint aber nicht **jede öffentliche Stelle, sondern nur solche, auf die das BDSG** anwendbar ist. § 45 meint daher die öffentlichen Stellen des Bundes iSv § 2 Abs. 1 mitsamt den juristischen Personen des Bundes, die öffentliche Aufgaben wahrnehmen, sofern sie nicht am Wettbewerb teilnehmen (§ 2 Abs. 5 BDSG) einschließlich der vom Bund mit Hoheitsmacht Beliehenen iSv § 2 Abs. 4 S. 2 BDSG. Weiter zählen dazu die öffentlichen Stellen des Landes gem. § 2 Abs. 1 mitsamt den juristischen Personen des Landes, die öffentliche Aufgaben wahrnehmen, sofern sie nicht am Wettbewerb teilnehmen, Bundesrecht ausführen oder der Datenschutz nicht durch Landesrecht geregelt ist (§ 2 Abs. 5 S. 2 BDSG) einschließlich der vom Land mit Hoheitsmacht Beliehenen iSv § 2 Abs. 4 S. 2 BDSG. § 45 gilt für öffentliche Stellen der Länder aber nur wenn zusätzlich die Voraussetzung des § 1 Abs. 1 S. 2 Nr. 2 erfüllt sind, dh das Landesrecht keine Regelung enthält und es sich um Datenverarbeitung der Gerichte im Rahmen der Rechtsprechung handelt oder um Datenverarbeitung der Behörden, die Bundesrecht ausführen.

34.1 Gerichte sind öffentliche Stellen (s. § 2 Abs. 1 Variante 2 – s. auch Umkehrschluss aus § 9 Abs. 2 BDSG). Dies ist unionsrechtlich nicht untersagt, auch wenn das Unionsrecht mit Art. 2 Abs. 2 lit. d DS-GVO/Art. 1 Abs. 1 RL (EU) 2016/680 scheinbar davon aus, die RL gelte nur für Behörden und nicht für sonstige öffentliche Stellen. Es gilt ein weiter Behördenbegriff, wie Art. 3 Nr. 7 und Erwägungsgrund 11 verdeutlichen, der auch die Gerichte umfasst. Der Erwägungsgrund 20, 30, 44, 49, 63 gehen mittelbar von der Geltung der RL (EU) 2016/680 auch für Gericht aus, Erwägungsgrund 80 sagt dies ausdrücklich. Die Gerichte fallen daher unter § 45 S. 1 sofern sie Strafverfahren durchführen. Das gleiche dürfte auch für Ordnungswidrigkeitenverfahren gelten (aA Gola/Heckmann/Braun Rn. 29).

35 § 45 greift nur, wenn es um eine Behörde geht, die zuständig ist für die Verhütung, Ermittlung, Aufdeckung, Verfolgung oder Ahndung von Straftaten und Ordnungswidrigkeiten. § 45 nimmt damit die Struktur der RL (EU) 2016/680 wieder auf, die ihre Anwendbarkeit auf bestimmte Behörden beschränkt. Gemeint sind damit die **Behörden, deren Aufgabenfeld in der genannten repressiven Tätigkeit liegt.** Sind sie für die Ahndung von Ordnungswidrigkeiten nicht zuständig, ist § 45 nicht eröffnet, wenn sie personenbezogene Daten zum Zwecke der Verfolgung einer Ordnungswidrigkeit an eine andere Behörde weitergeben. Zuständig ist eine Behörde für die genannten Aufgaben dann, wenn ihr aufgrund der Rechtsordnung die Verhütung, Ermittlung, Aufdeckung, Verfolgung oder Ahndung von Straftaten oder Ordnungswidrigkeiten zugewiesen ist.

36 **Nicht notwendig** ist, dass die Behörden **für alle der fünf** genannten Aufgaben zuständig sind. Die Zuständigkeit greift auch wenn eine Behörde nur für die Ermittlung von Straftaten, nicht aber für die Ahndung oder Verfolgung zuständig ist. Da eine Verwaltungsbehörde in der Regel auch eine evtl. begangene Ordnungswidrigkeit verfolgen darf, ist mit dieser institutionellen Festlegung noch nicht wirklich eine enge Eingrenzung gewonnen.

5. Verarbeitung zum Zwecke der Verhütung, Ermittlung, Aufdeckung, Verfolgung oder Ahndung von Straftaten und Ordnungswidrigkeiten

37 Gemäß Hs. 2 greifen die Normen nur dann, wenn die zuständigen öffentlichen Stellen die **Daten auch zu den Zwecken** von § 45 S. 1 Hs. 1 verarbeiten. Handelt es nicht um eine zuständige Stelle iSv § 45 und verarbeitet diese Daten zu Zwecken iSv § 45 ist der Anwendungsbereich nicht eröffnet. Gleiches gilt, wenn eine zuständige Stelle iSv § 45 Daten zu anderen Zwecken als solchen iSv § 45 verarbeitet. Der Normtext macht hinreichend deutlich, dass die Zuständigkeit und die Verarbeitungszwecke zwei verschiedene selbständige Tatbestandsvoraussetzungen sind. Entscheidend ist immer der konkrete **Verarbeitungsvorgang.**

38 Bei der Weitergabe kommt es auf den Zweck an, zu dem die Daten weitergegeben werden. Dabei wird nicht zwischen der Weitergabe und dem Empfang unterschieden. § 45 bestimmt nur **den Anwendungsbereich** von Normen und nicht die **Zulässigkeit** der Verarbeitung selbst. Liegt eine Zweckentfremdung vor und werden die Daten dabei für die Zwecke von § 45 S. 1 verarbeitet, greifen die §§ 45 ff. sofern eine öffentliche Stelle iSv § 45 die Verarbeitung vornimmt.

39 Da für die Verfolgung von Ordnungswidrigkeiten in der Regel die jeweilige Verwaltungsbehörde zuständig ist, werden alle Datenverarbeitungsvorgänge von **Verwaltungsbehörden erfasst, sofern sie sich auf die Verfahren zwecks Aufklärung oder Verfolgung von Ordnungswidrigkeiten beziehen.** Die Gesetzesbegründung verwies ausdrücklich darauf, dass aus dem Ziel, dem Ordnungswidrigkeitenverfahren einheitliche datenschutzrechtliche Regeln gegenüberzustel-

len, folge, dass somit auch in Bezug auf die Datenverarbeitung durch **Behörden,** die nicht Strafverfolgungsbehörden sind, die §§ 45 ff. eingreifen, **soweit sie Ordnungswidrigkeiten verfolgen, ahnden und vollstrecken (BT-Drs. 18/11325, 110).** Das Verwaltungsverfahren, das dem Ordnungswidrigkeitenverfahren in der Regel vorgelagert ist, fällt demgegenüber nicht unter § 45 S. 1 BDSG. Die Behörde muss bei einer Datenverarbeitung für die Erfüllung von Verwaltungsaufgaben, für die die §§ 1–44 gelten, mit Beginn der Einleitung eines Ordnungswidrigkeitenverfahrens auf die §§ 45 ff. wechseln. Weiter gelten für das gesamte Strafverfahren die §§ 45 ff. BDSG. Praktisch heißt dies, dass die §§ 45 ff. immer eingreifen, wenn das OwiG, die StPO und das JGG keine spezielleren Normen enthalten. Besitzt das jeweilige Fachrecht **speziellere Normen** für diese Behörden, geht dieses Fachrecht den §§ 45 ff. gem. § 1 Abs. 2 vor.

6. Verhütung von Straftaten und Ordnungswidrigkeiten:

Eine Schwierigkeit begründet dabei die Zuständigkeit und die Verarbeitung für die **Verhütung** 40 von Ordnungswidrigkeiten und Straftaten. Die Verhütung von Ordnungswidrigkeiten oder von Straftaten ist nach deutschem Verständnis eine präventive Aufgabe. Alle Ordnungsbehörden, die auch Gefahrenabwehr betreiben, können im Rahmen ihrer Gefahrenabwehrbefugnis auch Straftaten und Ordnungswidrigkeiten verhüten. Der Gesetzgeber hat in den Gesetzesmotiven aber darauf hingewiesen, dass er davon ausgeht, dass die Tätigkeit der **Ordnungsbehörden,** sofern sie sich auf die **Gefahrenabwehr** beschränkt, nicht unter § 45 fallen soll, es sei denn sie ermitteln, verfolgen oder ahnden Ordnungswidrigkeiten bzw. decken solche auf (BT-Drs. 18/11325, 110).

Den **gesetzgeberischen Zweck kann man nur erreichen,** indem man die Zuständigkeit 41 bzw. die **Verarbeitung zu Zwecken für die Verhütung von** Straftaten oder Ordnungswidrigkeiten **allein** nicht genügen lässt. Es erscheint methodisch möglich den Begriff Verhütung „auf die sonstige repressive Ausrichtung" der anderen Aufgaben (Ermittlung, Aufdeckung, Verfolgung und Ahndung) zu beziehen und nur eine Verhütung zu erfassen, die unmittelbar mit der Ermittlung und Aufdeckung insofern verbunden ist. Eine isolierte Verhütung von Straftaten oder Ordnungswidrigkeiten fällt damit nicht unter § 45 S. 1 BDSG. Eine Erweiterung auf die eine isolierte Verhütung wird dann ab er durch § 45 S. 3 herbeigeführt (→ Rn. 44).

II. Spezifischer Verantwortlichkeitsbegriff (S. 2)

S. 2 bewirkt eine **Gleichstellung** des Begriffs des „Verantwortlichen" im Datenschutzrecht 42 und der öffentlichen Stelle iSd BDSG. Die Norm geht ersichtlich § 46 Nr. 7 vor. Legt man die Norm wörtlich aus gilt: Die „öffentlichen Stellen" iSv S. 2 sind die öffentlichen Stellen iSv S. 1. „Gelten" meint dabei, dass sie rechtlich wie Verantwortliche zu behandeln sind, unabhängig davon, ob es Verantwortliche sind oder nicht. Die öffentlichen Stellen müssen daher alle Vorgaben für Verantwortliche iSd §§ 45 ff. beachten. Immer dann, wenn die Normen des BDSG von Verantwortlichen sprechen, sind diese öffentlichen Stellen gemeint. Gleichzeitig ist davon auszugehen, dass der Gesetzgeber meint, diese Stellen seien auch als Verantwortliche iSd RL (EU) 2016/680 zu behandeln, was etwa für eine richtlinienkonforme Auslegung wichtig sein kann. Der Gesetzgeber will den Pflichtenkanon der Richtlinie ersichtlich auf die öffentlichen Stellen iSv § 45 erstrecken unabhängig davon, ob diese den unionsrechtlichen Verantwortlichenbegriff erfüllen oder nicht.

III. Teilbereiche der präventiven Verarbeitungszwecke (S. 3)

1. Überblick

S. 3 erweitert den Begriff der „Verhütung von Straftaten" auf die **Abwehr von Gefahren für** 43 **die öffentliche Sicherheit.** Vom Normtext her nicht ganz klar ist, ob diese Erstreckung für die Zuständigkeit der Behörde als auch für die Verarbeitungszwecke maßgeblich ist oder nur für eins von beiden. Die Gesetzesbegründung verdeutlicht, dass beide Gesichtspunkte gemeint sind (BT-Drs. 18/11325, 110 zweiter Absatz von unten). S. 3 spricht nicht von Verhütung von Straftaten und Ordnungswidrigkeiten, sondern **nur** von der Verhütung von Straftaten.

2. Die Erstreckung auf präventive Bereiche

Beginnt man mit der wörtlichen Auslegung gilt: Die Begriffe „Verhütung" und „Straftaten" 44 sind identisch mit denen von S. 1. Der Begriff „umfasst" meint den Einbezug des genannten Bereichs. Der „Begriff „auch" meint dabei eine additive Erstreckung. Es wird klargestellt, dass der **Schutz erweitert wird** um den genannten Bereich. Dieser Bereich bildet die „Abwehr von Gefahren für die öffentliche Sicherheit".

45 Der Begriff der „**öffentlichen Sicherheit**" ist zunächst im Sinne des deutschen Verständnisses gemeint. Öffentliche Sicherheit ist danach die Abwehr von Gefahren und die Beseitigung von eingetretenen Beeinträchtigungen für individuelle Rechtsgüter des Einzelnen, Gemeinschaftsrechtsgüter (Einrichtungen des Staates, Ausübung der Hoheitsgewalt, Gemeinschaftsgüter) sowie die Unverletzlichkeit der Rechtsordnung. Da § 45 aber die RL (EU) 2016/680 umsetzt, ist der Begriffs, falls erforderlich, **unionsrechtskonform** auszulegen. Bisher wurde bei § 45 aber noch keine wirkliche Differenz zwischen dem unionsrechtlichen Begriff und dem nationalrechtlichen Begriff konkret dargelegt. Gefahr ist ein Zustand, bei dem nach allgemeiner Lebenserfahrung bei ungehindertem Geschehensablauf eine Beeinträchtigung für ein Rechtsgut der öffentlichen Sicherheit zu erwarten ist bzw. eine Beeinträchtigung besteht und aufgehoben werden kann.

45.1 Unklar ist, ob auch der Begriff der „öffentlichen Ordnung" mit erfasst ist. Nach deutschem Verständnis unterfällt diese Fallgruppe nicht der öffentlichen Sicherheit, das Unionsrecht scheint hier nicht so streng zu sein. Da der Sinn des § 45 darin besteht, für die erfassten Behörden die Gefahrenabwehr einheitlich den §§ 45 ff. zu unterstellen, liegt es nahe, die **Abwehr von Gefahren für die öffentliche Ordnung als Abwehr für die Gefahr für die öffentliche Sicherheit zu begreifen, sofern das nationale** Recht den betreffenden Behörden diese Aufgaben zuweist (aA Gola/Heckmann/Braun Rn. 20).

46 Die durch S. 3 erreichte Erweiterung ist bei wörtlicher Auslegung nicht ganz einfach zu verstehen. Das entscheidende Moment ist dabei, dass der Gesetzgeber die Gefahrenabwehr nur auf die **Straftatenverhütung** bezieht, **nicht aber** auf die **Ordnungswidrigkeitenverhütung**. Das macht bei wörtlicher Auslegung wenig Sinn, da bei der Gefahrenabwehr nicht zwischen der Abwehr einer Straftat und der Abwehr einer Ordnungswidrigkeit unterschieden wird. Die Behörden, die sich auf die polizeiliche Generalklausel stützten können sind für sowohl für die Verhütung von Straftaten wie auch für die Verhütung von Ordnungswidrigkeiten zuständig. Sinn ergibt dieser Satzteil, wenn man nicht auf den Zweck der Verarbeitung allein abstellt, sondern auch auf die Behörden, die diesen Zweck verfolgen. Der Satzteil „Verhütung von Straftaten" meint Verarbeitung iSv S. 1 bezogen auf Straftaten, dh eine Datenverarbeitung durch Behörden, die für die Verfolgung von Straftaten zuständig sind. Eine solcher Verarbeitung soll auch vorliegen, wenn diese Behörden den Schutz und die Abwehr der öffentlichen Sicherheit verfolgen.

47 Vom Sinn her ist eine Begrenzung auf die **Behörden** gemeint, die **für das Strafrecht zuständig** sind. Das ergibt sich aus dem Zweck Norm. Mit dieser 3 möchte der deutsche Gesetzgeber den **präventiven Teil,** den die **Richtlinie erfasst,** von dem präventiven Teil **abgrenzen,** der der **DS-GVO** unterfällt. Gemeint ist, dass die Datenverarbeitung zu präventiven Zwecken iSv S. 3 durch Behörden, die auch zur Verfolgung von Straftaten zuständig sind, S. 1 unterfällt. Vom Normtext her, ist diese Auslegung sicher angreifbar, da sie S. 1 erst restriktiv auslegt und ihn dann über S. 3 wieder erweitert, sie bietet aber handhabbare Lösungen und entspricht der Gesetzesbegründung. Mit dem Normtext von S. 3 ist sie ohne weiteres vereinbar, weil hier von der Abwehr von Gefahren für die öffentliche Sicherheit und nicht von Abwehr von Straf- oder Ordnungswidrigkeiten die Rede ist (aA Gola/Heckmann/Braun Rn. 24).

47.1 Nach den **Gesetzesmotiven** soll die Datenverarbeitung bei Verwaltungsbehörden wie zB Waffen-, Hygiene- oder Passbehörden, deren Aufgabenzuweisung nicht mit den in § 45 genannten Zwecken übereinstimmt, grundsätzlich solange und soweit nicht in den Anwendungsbereich der Richtlinie und damit des Dritten Teils dieses Gesetzes fallen, wie die von ihnen geführten Verfahren nicht in ein konkretes Ordnungswidrigkeitenverfahren übergehen (BT-Drs. 18 11325, 110 f.). Mit verwaltungsbehördlichem Handeln ist ersichtlich auch die Verhinderung von Ordnungswidrigkeiten gemeint. Die Zuständigkeit dafür soll nicht ausreichen. S. 3 meint daher die Zuständigkeit solcher Behörden, die auch für die Ermittlung, Aufdeckung, Verfolgung oder Ahndung von Straftaten zuständig sind. Wenn diese Behörden Gefahren abwehren, dann soll die Richtlinie eingreifen. Diese Auslegung wird gedeckt von den Ausführungen zu den Beliehenen in der Gesetzesbegründung, bei denen im Zusammenhang mit der Straftatenverfolgung auch keine präventiv orientierte Verarbeitung genannt wird (BT-Drs. 18 11325, 110 f). In die gleiche Richtung geht der Hinweis, es werde erreicht, dass die polizeiliche Datenverarbeitung einheitlichen Regeln folge. Schließlich werden als Behörden, bei denen die Gefahrenabwehr mit erfasst ist, die Polizeibehörden, die Staatsanwaltschaften sowie der Zoll und die Steuerfahndung genannt.

48 Im **Ergebnis** ist daher davon auszugehen: Zuständige Stellen, die keine Kompetenz für die Ermittlung, Aufdeckung, Verfolgung von Straftaten haben, fallen, sofern sie präventiv tätig werden, nicht unter § 45 S. 3 und werden daher von dem Verweis auf S. 1 nicht erfasst und sind daher nicht den §§ 46–83 sondern den §§ 3–44 unterworfen. Nur die Behörden, die auch Straftaten verfolgen können, unterfallen bei ihrem präventiven Tätigwerden den §§ 45 ff. BDSG. Dagegen gelten bei öffentlichen Stellen, die die Kompetenz haben Straftaten zu ermitteln, aufzudecken, zu verfolgen oder zu ahnden, §§ 45 ff. BDSG, sofern sie repressiv tätig werden oder zum Zwecke der Abwehr von Gefahren für die öffentliche Sicherheit tätig werden. Nehmen sie die Datenverarbeitung für andere Zwecke vor, wie etwa Gebührenbescheide oder leistende Tätigkeiten, sind §§ 45 ff. nicht anwendbar. Für öffentliche Stellen, die für die Ermittlung, Aufdeckung, Verfolgung und Ahndung von Ordnungswidrigkeiten zuständig sind, gelten §§ 45 ff. sofern die Datenverarbeitung im Rahmen eines Ordnungswidrigkeitenverfahrens erfolgt. Nehmen diese Behörden Aufgaben der Gefahrenabwehr wahr, gelten §§ 45 ff. nicht. Nehmen diese Behörden Aufgaben der Verhütung von Straftaten oder Ordnungswidrigkeiten wahr, gelten aufgrund einer teleologischen Reduktion §§ 45 ff. nicht.

Wird eine Polizeibehörde eine Steuerbehörde oder ggf. eine sonstige Behörde, die auch Strafverfolgungsaufgaben wahrnimmt, präventiv tätig, fällt das über § 45 S. 3 unter § 45. Wird daher eine Ordnungsbehörde präventiv tätig, in dem sie, bzw. gestützt auf die polizeiliche Generalklausel, eine Ordnungswidrigkeit oder eine Straftat verhüten will, fällt diese Verarbeitung nach der hier vertretenen restriktiven Auslegung nicht unter § 45. **48.1**

Beispiele für die Anwendung der §§ 45 ff. und damit der RL (EU) 2016/680 wären: (a) Polizeivollzugsbehörden oder die Staatsanwaltschaft oder die Zollverwaltung verarbeiten Daten zur Strafverfolgung. (b) Die Verarbeitung von Daten durch im Rahmen der Steuerfahndung nach § 208 Abs. 1 Nr. 1 AO (BFH DStRE 2020, 948 Rn. 20; VG BW BeckRS 2019, 44693 Rn. 24) (c) Die Staatsanwaltschaft verarbeitet Daten zur Strafvollstreckung. (d) Die Polizeivollzugsbehörden oder Zollbehörde verarbeiten Daten zur Abwehr einer Straftat. (e) Polizeivollzugsbehörden oder Zollbehörde verarbeiten Daten zur Abwehr einer Ordnungswidrigkeit. (f) Die Polizeivollzugsbehörden verarbeiten Daten zur Abwehr einer Verletzung eines Rechtsguts, das nicht zugleich durch eine Ordnungswidrigkeit geschützt ist. (g) Die Ordnungsbehörde verarbeitet Daten zu Verhängung einer Ordnungswidrigkeit. Sonstige Behörden verarbeiten Daten zur Verhängung einer Ordnungswidrigkeit. (h) Verwaltungsbehörden vollstrecken eine verhängte Geldbuße wegen einer Ordnungswidrigkeit. (i) Eine Behörde gibt Daten an eine Polizeivollzugsbehörden oder die Staatsanwaltschaft oder die Zollverwaltung oder die Finanzbehörden, die diese zum Zwecke der Strafverfolgung oder dem Schutz der öffentlichen Sicherheit weiter. (j) Eine Behörde gibt Daten an eine Verwaltungsbehörde weiter, die diese für ein Ordnungswidrigkeitenverfahren benötigt. (k) Eine Stelle, die Daten zu Zwecke der RL (EU) 2016/680 verarbeitet hat, offenbar diese in zulässiger Weise nach dem IFG oder vergleichbaren Tranzparenznormen (Ergebnis ist nicht eindeutig – → Rn. 14.2); (k) Eine Stelle, die Daten zu Zwecke der RL (EU) 2016/680 verarbeitet hat, entscheidet über einen Auskunftsanspruch eines Betroffenen; (l) Eine Stelle, die Daten zu Zwecke der RL (EU) 2016/680 verarbeitet hat, gibt Daten an einen Dritten, der diese zu Zwecken verarbeitet, die innerhalb der RL (EU) 2016/680 liegen (→ Rn. 14.1); (m) Ordnet die Polizei ein Fahrtenbuch an, um künftige Ordnungswidrigkeiten abzuwehren, handelt eine Behörde, die für die Strafverfolgung zuständig ist, sodass nach § 45 S. 3 iSv S. 1 eingreift (und auch die JI-Richtlinie); aA wohl so auch VG Regensburg BeckRS 2019, 14915 Rn. 30); (n) Durchführung eines Ordnungswidrigkeitenverfahrens vor dem Regierungspräsidium in Hessen (VG Wiesbaden BeckRS 2021, 11190 Rn. 16). **48.2**

Nicht unter §§ 45 ff. fallen dagegen folgende Verarbeitungen: (a) Ordnungsbehörden oder sonstige Verwaltungsbehörden (die nicht zur Strafverfolgung zuständig sind) verarbeiten Daten zur Abwehr einer Ordnungswidrigkeit. (b) Ordnungsbehörden oder sonstige Verwaltungsbehörden (die nicht zur Strafverfolgung zuständig sind) verarbeiten Daten zur Abwehr einer Verletzung eines Rechtsguts, das nicht zugleich durch eine Ordnungswidrigkeit geschützt ist. (c) Ordnungsbehörden oder sonstige Verwaltungsbehörden (die nicht zur Strafverfolgung zuständig sind) verarbeiten Daten zu Vollstreckung einer ordnungsrechtlichen Verfügung. (d) Polizeivollzugsbehörden oder die Staatsanwaltschaft oder die Zollverwaltung oder die Finanzbehörden verarbeiten Daten zur Personalverwaltung oder zu anderen verwaltungsinternen Zwecken. (e) Polizeivollzugsbehörden oder die Staatsanwaltschaft oder die Zollverwaltung oder die Finanzbehörden gibt Daten an eine Polizeivollzugsbehörden oder die Staatsanwaltschaft oder die Zollverwaltung oder die Finanzbehörden, die diese für Verfahren benötigen, die nicht in der Strafverfolgung, Ordnungswidrigkeitenverfolgung oder dem Schutz der öffentlichen Sicherheit benötigt. (f) Polizeivollzugsbehörden oder die Staatsanwaltschaft oder die Zollverwaltung oder die Finanzbehörden gibt Daten an eine Verwaltungsbehörde weiter, die diese für Verwaltungszwecke benötigt. (g) in den Fällen e und f handelt eine Verwaltungsbehörde (h) Datenverarbeitung durch den Betriebsrat BAG NZA 2019, 1218 Rn. 45). **48.3**

BDSG § 45 Teil 3. Bestimmungen für Verarbeitungen zu Zwecken gemäß Richtlinie

IV. Ausnahme des Vollstreckungsrechts (S. 4)

1. Die Erweiterung der zuständigen Stellen

49   Die wörtliche Auslegung von S. 4 ergibt: Der Satz **erstreckt** den Inhalt der S. 1 und 2 auf die **anfolgend genannte Stellen, die die aufgeführten Aufgaben besitzen.** Diese sind genauso zu behandeln, wie wenn sie unter S. 1 fielen, dh für diese gelten dann auch die §§ 45–83. Auch hier ist im Anwendungsbereich wiederum davon auszugehen, dass auch die dahinter stehende RL (EU) 2016/680 nach Auffassung des Gesetzesgebers anwendbar ist.

50   Die zuständigen Stellen, die so behandelt werden, als wären sie Stellen nach S. 1, sind: Stellen, die zuständig sind für:
- die **Vollstreckung von Strafen:** das ist die Vollstreckung einer rechtsgültig verhängten Strafe (im Ergebnis gelten daher die §§ 43 ff. im Anwendungsbereich des StVollzG, wenn dieses keine spezielleren Normen enthält);
- die **Vollstreckung von Maßnahmen** iSd § 11 Abs. 1 Nr. 8 StGB, dh Maßregeln der Besserung und Sicherung, die Einziehung nach dem StGB und die Unbrauchbarmachung;
- die **Vollstreckung von Erziehungsmaßregeln oder Zuchtmitteln** iSd JGG und
- die **Vollstreckung** von Geldbußen. Geldbußen sind hier als Sanktionen im Sinne des Ordnungswidrigkeitenrechts gemeint.

2. Verarbeitung iSv S. 1

51   Die Erweiterung bezieht sich auf die **zuständigen Stellen.** Nicht erforderlich ist, dass diese Stellen die Datenverarbeitung auch zum Zweck der Vollstreckung vornehmen. Insoweit greift hier aber wieder S. 1. Danach müssen die dort genannten öffentlichen Stellen, somit auch die in S. 4 genannten, die Datenverarbeitung **für Zwecke** der Verhütung, Ermittlung, Aufdeckung, Verfolgung oder Ahndung von Straftaten oder Ordnungswidrigkeiten vornehmen. Da die Vollstreckung eine Form der Ahndung darstellt, dürfte es insoweit zu keinen Schwierigkeiten kommen.

3. Frage der Notwendigkeit der Regelung

52   Angesichts des Umstandes, dass S. 1 im Zusammenhang mit den öffentlichen Stellen schon die Zuständigkeit für die Ahndung von Straftaten und Ordnungswidrigkeiten erfasste, **stellt sich die Frage,** ob S. 4 wirklich notwendig war und nicht nur eine Wiederholung von S. 1 ist. Der Gesetzgeber wird sich aber sicher etwas gedacht haben, sodass davon auszugehen ist, dass S. 4 Fälle erfasst, die von S. 1 zumindest nicht sicher erfasst werden. Groß wird der Anwendungsbereich von S. 3 nicht sein, weil er konstitutiv nur bei solchen Behörden ist, die nur eine Vollstreckungszuständigkeit haben, nicht aber eine Verfolgungszuständigkeit.

V. Erstreckung auf Auftragsverarbeite (S. 5)

1. Geltung für Auftragsverarbeiter

53   Nach der wörtlichen Auslegung gilt für S. 5: „Dieser Teil" meint den **Teil 3 des BDSG,** dh §§ 45–83. „Soweit" heißt so viel wie: für den Fall, dass …. „Vorschriften enthalten" meint Gesetzesnormen, die Gültigkeit beanspruchen und innerhalb der §§ 45–83 enthalten sind. Auftragsverarbeiter meint denjenigen iSv § 46 Nr. 8. „Gelten auch für diese" meint, dass diese Normen vom **Autragsverarbeiter zu beachten** sind, auch wenn sie nicht öffentliche Stellen iSv § 45 S. 1 oder S. 4 sind. Auch wenn S. 5 nur für den dritten Teil gilt ist die Norm **analog heranzuziehen** für sonstigen Normen des BDSG, soweit diese für die Verarbeitung im Anwendungsbereich der Richtlinie Anwendung finden (s. dazu → Rn. 4).

54   Nach S. 5 gelten somit die §§ 45–83 nur für die öffentlichen Stellen selbst, nicht aber für die Auftragsverarbeiter. Für diese gilt vielmehr die DS-GVO (BT-Drs. 18/1132, 111). Nur wenn Auftragsverarbeiter ausdrücklich als Adressaten in diesen Normen angeführt sind, gelten diese auch für die Auftragsverarbeiter. Das Ergebnis ist **befremdlich,** weil auf diese Weise die Verantwortlichen eine Verarbeitung der Daten veranlassen können, die nach anderen Normen bemessen wird, als wenn sie sie selbst vornehmen. Das Unionsrecht lässt es aber zu, dass das nationale Recht bei Auftragsverarbeitern für Verantwortliche, die unter die Richtlinie fallen, die Geltung der Richtlinie vereinbart wird. Die kann im Rahmen des zugrundeliegenden Rechtsaktes, das heißt insbesondere des Vertrages, geschehen, indem dort die Anwendung der §§ 45 ff. vereinbart wird.

Daher ist davon auszugehen, dass öffentliche Stellen auch bei Verarbeitung iSv § 45 S. 1 mit Auftragsverarbeitern die Geltung der § 46 ff. individuell vereinbaren dürfen.

2. Öffentliche Stellen als Auftragsverarbeiter

Werden öffentliche Stellen iSv § 45 S. 1 als Auftragsverarbeiter tätig, kommt es auf den **Verarbeitungszweck** an. Wird ein Zweck iSv S. 1 verfolgt, gelten die §§ 45 ff. BDSG. Wird ein anderer Zweck verfolgt, greift für diesen die DS-GVO (so wohl auch BT-Drs. 18/11325, 111). 55

VI. Die Frage der Unionsrechtskonformität

Die Unionsrechtskonformität von § 45 kann aus verschiedenen Gründen **bezweifelt** werden (Gola/Heckmann/Braun Rn. 10). Nach Art. 2 Abs. 2 lit. d DS-GVO als auch nach Art. 1 Abs. 1 JI-RL ist nur von der Datenverarbeitung zum Zwecke der Verhütung, Ermittlung, Aufdeckung oder Verfolgung von **Straftaten** nicht aber von Ordnungswidrigkeiten die Rede. Nach Erwägungsgrund 13 der RL (EU) 2016/680 ist der Straftatenbegriff als unionsrechtlicher zu verstehen. Dabei kann zunächst bezweifelt werden, ob das Ordnungswidrigkeitenrecht aus europäischer Sicht zum Strafrecht zu zählen ist (strikt ablehnend: Ehmann/Selmayr/Zerdick DS-GVO Art. 2 Rn. 12). So lässt sich Erwägungsgrund 152 DS-GVO so interpretieren, als ginge die DS-GVO selbst davon aus, Ordnungswidrigkeiten seien verwaltungsrechtliche Sanktionen (Gola/Heckmann/Braun 10). Die Qualifizierung hängt letztlich davon ab, was das wesentliche Merkmal der Strafe ist. Ist es die ausschließliche Verhängung eine Sanktion durch den Richter oder eine Sanktion die den Charakter als sozialethische Unwerturteil durch den Staat aufgrund eines schuldhaften Normverstoßes besitzt. Bisher wurden die deutschen Ordnungswidrigkeiten als ein Teil des europäischen Strafrechtsbegriffs verstanden. Dies liegt nahe, da sie eine sozialethisches Unwerturteil enthalten, lange im StGB als Übertretungen mit geregelt waren und im Verfassungsrecht wie Strafe behandelt werden. 56

Der Gesetzgeber rechtfertigt den Einbezug der Ordnungswidrigkeiten vor allem mit dem Hinweis auf Erwägungsgrund 13 der RL (EU) 2016/680 und mit dem Ziel, die polizeiliche Datenverarbeitung einheitlichen Regeln zu unterwerfen, unabhängig davon, ob eine Straftat oder eine Ordnungswidrigkeit in Rede steht (BT-Drs. 18/11325, 1110). 56.1

Allerdings ist es dann durchaus **inkonsequent** bei der Frage, welche Gefahrenabwehrmaßnahme einzubeziehen sind, auf die gleichzeitige Kompetenz für Strafverfolgungsmaßnahmen abzustellen und nicht auch die Verfolgungskompetenz für Ordnungswidrigkeiten einzubeziehen. Wenn Ordnungswidrigkeiten als „Strafe" im Sinne des Unionsrechts anzusehen sind, wäre die Verfolgung von Ordnungswidrigkeiten eigentlich als Verfolgung von Strafe anzusehen. Diese Inkonsequenz rechtfertigt sich aber daraus, dass die Gefahrenabwehr als Annex gedacht ist, und eine Ausweitung der Anwendung der Richtlinie zu Kosten der Verordnung geht. Die Sicht des Bundesgesetzgebers ist daher – vom Ergebnis her – ein vernünftiger pragmatischer Kompromiss, der unionsrechtskonform ist (VG Regensburg BeckRS 2019, 14915 Rn. 23 ff.; mittelbar: VG Wiesbaden BeckRS 2021, 11190 Rn. 16). 56a

Weiter lässt sich **bemängeln,** dass der Bereich der Gefahrenabwehr durch Behörden, die auch die Kompetenz zur Strafverfolgung haben, nicht wie die in der Richtlinie genannten Beispiele auf die Gewaltanwendung beschränkt sind. Das Beispiel in der Richtlinie ist aber nicht so zu verstehen als sei damit nur der Fall der Herstellung der öffentlichen Sicherheit auf Großereignisse erfasst. **Im Ergebnis** wird man daher von einer **Unionsrechtskonformität** von § 45 **ausgehen können.** 57

§ 46 Begriffsbestimmungen

Es bezeichnen die Begriffe:
1. „personenbezogene Daten" alle Informationen, die sich auf eine identifizierte oder identifizierbare natürliche Person (betroffene Person) beziehen; als identifizierbar wird eine natürliche Person angesehen, die direkt oder indirekt, insbesondere mittels Zuordnung zu einer Kennung wie einem Namen, zu einer Kennnummer, zu Standortdaten, zu einer Online-Kennung oder zu einem oder mehreren besonderen Merkmalen, die Ausdruck der physischen, physiologischen, genetischen, psychischen, wirtschaftlichen, kulturellen oder sozialen Identität dieser Person sind, identifiziert werden kann;

2. „Verarbeitung" jeden mit oder ohne Hilfe automatisierter Verfahren ausgeführten Vorgang oder jede solche Vorgangsreihe im Zusammenhang mit personenbezogenen Daten wie das Erheben, das Erfassen, die Organisation, das Ordnen, die Speicherung, die Anpassung, die Veränderung, das Auslesen, das Abfragen, die Verwendung, die Offenlegung durch Übermittlung, Verbreitung oder eine andere Form der Bereitstellung, den Abgleich, die Verknüpfung, die Einschränkung, das Löschen oder die Vernichtung;
3. „Einschränkung der Verarbeitung" die Markierung gespeicherter personenbezogener Daten mit dem Ziel, ihre künftige Verarbeitung einzuschränken;
4. „Profiling" jede Art der automatisierten Verarbeitung personenbezogener Daten, bei der diese Daten verwendet werden, um bestimmte persönliche Aspekte, die sich auf eine natürliche Person beziehen, zu bewerten, insbesondere um Aspekte der Arbeitsleistung, der wirtschaftlichen Lage, der Gesundheit, der persönlichen Vorlieben, der Interessen, der Zuverlässigkeit, des Verhaltens, der Aufenthaltsorte oder der Ortswechsel dieser natürlichen Person zu analysieren oder vorherzusagen;
5. „Pseudonymisierung" die Verarbeitung personenbezogener Daten in einer Weise, in der die Daten ohne Hinzuziehung zusätzlicher Informationen nicht mehr einer spezifischen betroffenen Person zugeordnet werden können, sofern diese zusätzlichen Informationen gesondert aufbewahrt werden und technischen und organisatorischen Maßnahmen unterliegen, die gewährleisten, dass die Daten keiner betroffenen Person zugewiesen werden können;
6. „Dateisystem" jede strukturierte Sammlung personenbezogener Daten, die nach bestimmten Kriterien zugänglich sind, unabhängig davon, ob diese Sammlung zentral, dezentral oder nach funktionalen oder geografischen Gesichtspunkten geordnet geführt wird;
7. „Verantwortlicher" die natürliche oder juristische Person, Behörde, Einrichtung oder andere Stelle, die allein oder gemeinsam mit anderen über die Zwecke und Mittel der Verarbeitung von personenbezogenen Daten entscheidet;
8. „Auftragsverarbeiter" eine natürliche oder juristische Person, Behörde, Einrichtung oder andere Stelle, die personenbezogene Daten im Auftrag des Verantwortlichen verarbeitet;
9. „Empfänger" eine natürliche oder juristische Person, Behörde, Einrichtung oder andere Stelle, der personenbezogene Daten offengelegt werden, unabhängig davon, ob es sich bei ihr um einen Dritten handelt oder nicht; Behörden, die im Rahmen eines bestimmten Untersuchungsauftrags nach dem Unionsrecht oder anderen Rechtsvorschriften personenbezogene Daten erhalten, gelten jedoch nicht als Empfänger; die Verarbeitung dieser Daten durch die genannten Behörden erfolgt im Einklang mit den geltenden Datenschutzvorschriften gemäß den Zwecken der Verarbeitung;
10. „Verletzung des Schutzes personenbezogener Daten" eine Verletzung der Sicherheit, die zur unbeabsichtigten oder unrechtmäßigen Vernichtung, zum Verlust, zur Veränderung oder zur unbefugten Offenlegung von oder zum unbefugten Zugang zu personenbezogenen Daten geführt hat, die verarbeitet wurden;
11. „genetische Daten" personenbezogene Daten zu den ererbten oder erworbenen genetischen Eigenschaften einer natürlichen Person, die eindeutige Informationen über die Physiologie oder die Gesundheit dieser Person liefern, insbesondere solche, die aus der Analyse einer biologischen Probe der Person gewonnen wurden;
12. „biometrische Daten" mit speziellen technischen Verfahren gewonnene personenbezogene Daten zu den physischen, physiologischen oder verhaltenstypischen Merkmalen einer natürlichen Person, die die eindeutige Identifizierung dieser natürlichen Person ermöglichen oder bestätigen, insbesondere Gesichtsbilder oder daktyloskopische Daten;
13. „Gesundheitsdaten" personenbezogene Daten, die sich auf die körperliche oder geistige Gesundheit einer natürlichen Person, einschließlich der Erbringung von Gesundheitsdienstleistungen, beziehen und aus denen Informationen über deren Gesundheitszustand hervorgehen;
14. „besondere Kategorien personenbezogener Daten"
    a) Daten, aus denen die rassische oder ethnische Herkunft, politische Meinungen, religiöse oder weltanschauliche Überzeugungen oder die Gewerkschaftszugehörigkeit hervorgehen,

b) genetische Daten,
c) biometrische Daten zur eindeutigen Identifizierung einer natürlichen Person,
d) Gesundheitsdaten und
e) Daten zum Sexualleben oder zur sexuellen Orientierung;
15. „Aufsichtsbehörde" eine von einem Mitgliedstaat gemäß Artikel 41 der Richtlinie (EU) 2016/680 eingerichtete unabhängige staatliche Stelle;
16. „internationale Organisation" eine völkerrechtliche Organisation und ihre nachgeordneten Stellen sowie jede sonstige Einrichtung, die durch eine von zwei oder mehr Staaten geschlossene Übereinkunft oder auf der Grundlage einer solchen Übereinkunft geschaffen wurde;
17. „Einwilligung" jede freiwillig für den bestimmten Fall, in informierter Weise und unmissverständlich abgegebene Willensbekundung in Form einer Erklärung oder einer sonstigen eindeutigen bestätigenden Handlung, mit der die betroffene Person zu verstehen gibt, dass sie mit der Verarbeitung der sie betreffenden personenbezogenen Daten einverstanden ist.

Überblick

In der Norm werden die Begrifflichkeiten der RL 2016/680 (→ Rn. 1), welche in den weiteren Normen eine Rolle spielen, definiert. Es handelt sich im Einzelnen um die Begriffe personenbezogene Daten (→ Rn. 2), die Verarbeitung (→ Rn. 5), die Einschränkung der Verarbeitung (→ Rn. 9), das Profiling (→ Rn. 12), die Pseudonymisierung (→ Rn. 17), das Dateisystem (→ Rn. 21), den Verantwortlichen (→ Rn. 26), den Auftragsverarbeiter (→ Rn. 32), den Empfänger (→ Rn. 37), die Verletzung des Schutzes personenbezogener Daten (→ Rn. 41), die genetischen Daten (→ Rn. 46), die biometrischen Daten (→ Rn. 50), die Gesundheitsdaten (→ Rn. 54), die besonderen Kategorien personenbezogener Daten (→ Rn. 58), die Aufsichtsbehörde (→ Rn. 62), die internationale Organisation (→ Rn. 68) und die Einwilligung (→ Rn. 72).

Übersicht

	Rn.		Rn.
A. Allgemeines	1	J. Empfänger (Nr. 9)	37
B. Personenbezogene Daten (Nr. 1)	2	K. Verletzung des Schutzes personenbezogener Daten (Nr. 10)	41
C. Verarbeitung (Nr. 2)	5	L. Genetische Daten (Nr. 11)	46
D. Einschränkung der Verarbeitung (Nr. 3)	9	M. Biometrische Daten (Nr. 12)	50
E. Profiling (Nr. 4)	12	N. Gesundheitsdaten (Nr. 13)	54
F. Pseudonymisierung (Nr. 5)	17	O. Besondere Kategorien personenbezogener Daten (Nr. 14)	58
G. Dateisystem (Nr. 6)	21	P. Aufsichtsbehörde (Nr. 15)	62
H. Verantwortlicher (Nr. 7)	26	Q. Internationale Organisation (Nr. 16)	68
I. Auftragsverarbeiter (Nr. 8)	32	R. Einwilligung (Nr. 17)	72

A. Allgemeines

Die Begriffsbestimmungen schließen in den Nrn. 1–15 an die Begriffsbestimmungen an, wie sie in Art. 3 RL (EU) 2016/680 aufgenommen worden sind. Zum Zweck der Übersichtlichkeit wurde die in Art. 10 RL 2016/680 enthaltene Definition besonderer personenbezogener Daten als Nr. 14 aufgenommen. Zudem wurde die in § 51 angesprochene Einwilligung unter Übernahme der Definition aus der VO (EU) 2016/679 in Nr. 17 aufgenommen (BT-Drs. 18/11325, zu § 46 (Begriffsbestimmungen), 111). Sie entsprechen im Wesentlichen gleichlautend der DS-GVO. 1

B. Personenbezogene Daten (Nr. 1)

„Personenbezogene Daten" sind alle Informationen, die sich auf eine identifizierte oder identifizierbare natürliche Person (im Folgenden „betroffene Person") beziehen. Als identifizierbar wird 2 eine natürliche Person angesehen, die direkt oder indirekt, insbesondere mittels Zuordnung zu einer Kennung wie einem Namen, zu einer Kennnummer, zu Standortdaten, zu einer Online-Kennung oder zu einem oder mehreren besonderen Merkmalen, die Ausdruck der physischen, physiologischen, genetischen, psychischen, wirtschaftlichen, kulturellen oder sozialen Identität dieser natürlichen Person sind, identifiziert werden kann.

3 Um festzustellen, ob eine natürliche Person identifizierbar ist, sollten alle Mittel berücksichtigt werden, die von dem Verantwortlichen oder einer anderen Person nach allgemeinem Ermessen wahrscheinlich genutzt werden, um die natürliche Person direkt oder indirekt zu identifizieren, wie bspw. das Aussondern. Bei der Feststellung, ob Mittel nach allgemeinem Ermessen wahrscheinlich zur Identifizierung der natürlichen Person genutzt werden, sollten alle objektiven Faktoren, wie die Kosten der Identifizierung und der dafür erforderliche Zeitaufwand, herangezogen werden, wobei die zum Zeitpunkt der Verarbeitung verfügbare Technologie und technologischen Entwicklungen zu berücksichtigen sind. Die Grundsätze des Datenschutzes sollten daher nicht für anonyme Informationen gelten, dh für Informationen, die sich nicht auf eine identifizierte oder identifizierbare natürliche Person beziehen, oder personenbezogene Daten, die in einer Weise anonymisiert worden sind, dass die betroffene Person nicht mehr identifiziert werden kann (Erwägungsgrund 21 RL 2016/680). Jedoch ist eine korrekte Anonymisierung, die jeglichen Personenbezug entfernt, kaum zu erreichen (Winter/Battis/Halvani ZD 2019, 489 ff.).

4 Jede lebende Person ist eine natürliche Person. Siehe im Weiteren die Kommentierung zu Art. 4 DS-GVO (→ DS-GVO Art. 4 Rn. 3 ff.).

C. Verarbeitung (Nr. 2)

5 „Verarbeitung" ist jeder mit oder ohne Hilfe automatisierter Verfahren ausgeführter Vorgang oder jede solche Vorgangsreihe im Zusammenhang mit personenbezogenen Daten, wie das Erheben, das Erfassen, die Organisation, das Ordnen, die Speicherung, die Anpassung oder Veränderung, das Auslesen, das Abfragen, die Verwendung, die Offenlegung durch Übermittlung, Verbreitung oder eine andere Form der Bereitstellung, den Abgleich oder die Verknüpfung, die Einschränkung, das Löschen oder die Vernichtung.

6 Die Verarbeitung personenbezogener Daten durch die zuständigen Behörden **zum Zwecke der Verhütung, Ermittlung, Aufdeckung oder Verfolgung von Straftaten oder zur Strafvollstreckung,** einschließlich des Schutzes vor und der Abwehr von Gefahren für die öffentliche Sicherheit, sollte jeden mit Hilfe automatisierter Verfahren oder auf anderem Wege ausgeführten Vorgang oder jede solche Vorgangsreihe im Zusammenhang mit personenbezogenen Daten wie das Erheben, das Erfassen, die Organisation, das Ordnen, die Speicherung, die Anpassung oder Veränderung, das Auslesen, das Abfragen, die Verwendung, den Abgleich oder die Verknüpfung, die Einschränkung der Verarbeitung, das Löschen oder die Vernichtung abdecken (Erwägungsgrund 34 RL 2016/680).

7 Die Verarbeitung personenbezogener Daten im Rahmen der RL 2016/680 sollte nur dann als rechtmäßig gelten, wenn sie zur Wahrnehmung einer Aufgabe erforderlich ist, die eine zuständige Behörde im öffentlichen Interesse auf Grundlage des Unionsrechts oder des Rechts der Mitgliedstaaten zum Zwecke der Verhütung, Ermittlung, Aufdeckung oder Verfolgung von Straftaten oder der Strafvollstreckung, einschließlich des Schutzes vor und der Abwehr von Gefahren für die öffentliche Sicherheit, ausführt. Diese Tätigkeiten sollten sich auf die Wahrung lebenswichtiger Interessen der betroffenen Person erstrecken (Erwägungsgrund 35 RL 2016/680). **Polizeiliche Verwaltungsinformationssysteme dienen nicht der Gefahrenabwehr** (zB Comfort in Hessen), sondern dem Erfassen und Auffinden von Unterlagen, insoweit dienen sie der Verwaltungsarbeit einer Polizeibehörde. Sie unterscheiden sich insoweit von den **polizeilichen Informationssystemen** (zB INPOL, POLAS-Hessen), aber auch den Kriminalakten, und fallen nicht unter die RL 2016/680, sondern unter die DS-GVO.

8 Siehe im Weiteren die Kommentierung zu Art. 4 DS-GVO (→ DS-GVO Art. 4 Rn. 29 ff.).

8a Videoüberwachung durch sog. **Bodycams** ist eine Verarbeitung personenbezogener Daten. Ihre Aufzeichnungen sind nur so lange Erforderlich, wie die Maßnahme dauert oder eine Auswertung, z. B. hinsichtlich der Dokumentation strafbarer Handlungen, erfolgt ist. Hierbei kann es sich nur um einen zeitlich sehr kurzen Zeitraum handeln.

D. Einschränkung der Verarbeitung (Nr. 3)

9 „Einschränkung der Verarbeitung" ist die Markierung gespeicherter personenbezogener Daten mit dem Ziel, ihre künftige Verarbeitung einzuschränken.

Begriffsbestimmungen § 46 BDSG

Das Recht auf Einschränkung der Verarbeitung ist in Art. 16 RL 2016/680 geregelt und wurde im BDSG in § 58 aufgenommen. 10

Zum Begriff der Einschränkung der Verarbeitung s. im Weiteren die Kommentierung zu Art. 4 DS-GVO (→ DS-GVO Art. 4 Rn. 58 ff.). 11

E. Profiling (Nr. 4)

„Profiling" ist jede Art der automatisierten Verarbeitung personenbezogener Daten, die darin besteht, dass diese personenbezogenen Daten verwendet werden, um bestimmte persönliche Aspekte, die sich auf eine natürliche Person beziehen, zu bewerten, insbesondere um Aspekte bezüglich Arbeitsleistung, wirtschaftliche Lage, Gesundheit, persönliche Vorlieben, Interessen, Zuverlässigkeit, Verhalten, Aufenthaltsort oder Ortswechsel dieser natürlichen Person zu analysieren oder vorherzusagen. 12

Ein Profiling, das zur Folge hat, dass natürliche Personen aufgrund von personenbezogenen Daten diskriminiert werden, die ihrem Wesen nach hinsichtlich der Grundrechte und Grundfreiheiten besonders sensibel sind, sollte gemäß den Bestimmungen der Art. 21 und 52 der Charta verboten werden (Erwägungsgrund 38 RL 2016/680). 13

Die automatisierte Entscheidungsfindung im Einzelfall regelt Art. 11 RL 2016/680). Danach sehen die Mitgliedstaaten vor, dass eine ausschließlich auf einer automatischen Verarbeitung beruhende Entscheidung – einschließlich Profiling –, die eine nachteilige Rechtsfolge für die betroffene Person hat oder sie erheblich beeinträchtigt, verboten ist, es sei denn, sie ist nach dem Unionsrecht oder dem Recht der Mitgliedstaaten, dem der Verantwortliche unterliegt und das geeignete Garantien für die Rechte und Freiheiten der betroffenen Person bietet, zumindest aber das Recht auf persönliches Eingreifen seitens des Verantwortlichen, erlaubt. 14

Das Profiling ist im BDGS § 37 im nationalen Recht geregelt worden. 15

Zum Begriff Profiling s. im Weiteren die Kommentierung zu Art. 4 DS-GVO (→ DS-GVO Art. 4 Rn. 64 ff.). 16

F. Pseudonymisierung (Nr. 5)

„Pseudonymisierung" ist die Verarbeitung personenbezogener Daten in einer Weise, dass die personenbezogenen Daten ohne Hinzuziehung zusätzlicher Informationen nicht mehr einer spezifischen betroffenen Person zugeordnet werden können, sofern diese zusätzlichen Informationen gesondert aufbewahrt werden und technischen und organisatorischen Maßnahmen unterliegen, die gewährleisten, dass die personenbezogenen Daten nicht einer identifizierten oder identifizierbaren natürlichen Person zugewiesen werden. 17

Zum Schutz der in Bezug auf die Verarbeitung personenbezogener Daten bestehenden Rechte und Freiheiten natürlicher Personen ist es erforderlich, dass geeignete technische und organisatorische Maßnahmen getroffen werden, damit die Anforderungen dieser Richtlinie erfüllt werden. Die Maßnahmen könnten ua aus einer **möglichst frühen Pseudonymisierung** bestehen. Gerade durch die Pseudonymisierung für die Zwecke dieser Richtlinie könnte der freie Verkehr personenbezogener Daten im Raum der Freiheit, der Sicherheit und des Rechts erleichtert werden (Erwägungsgrund 53 RL 2016/680). 18

§ 48 Abs. 2 Nr. 6 sieht die **Pseudonymisierung personenbezogener Daten** bei der Verarbeitung besonders Kategorien personenbezogener Daten als geeignete Garantien vor. 19

Zum Begriff Pseudonymisierung s. im Weiteren die Kommentierung zu Art. 4 DS-GVO (→ DS-GVO Art. 4 Rn. 68 ff.). Eine besondere Form der Pseudonymisierung ist die „**Depersonalisierung**" nach Art. 3 Nr. 10 RL (EU) 2016/681 des Europäischen Parlaments und des Rates v. 27.4.2016 über die Verwendung von Fluggastdatensätzen (PNR-Daten) zur Verhütung, Aufdeckung, Ermittlung und Verfolgung von terroristischen Straftaten und schwer Kriminalität (v. 4.5.2016, ABl. L 119, 132; siehe dazu auch VG Wiesbaden Vorlagebeschluss v. 13.5.2020 – 6 K 805/19.WI) und § 5 des Gesetzes über die Verarbeitung von Fluggastdaten zur Umsetzung der RL(EU) 2016/681(Fluggastdatengesetz, BGBl. 2017 I. 1484; siehe dazu VG Wiesbaden Vorlagebeschluss v. 15.5.2020 – 6 K 806/19.WI; dazu s. im Weiteren die Kommentierung zu Art. 4 DS-GVO → DS-GVO Art. 4 Rn. 79a ff.). 20

G. Dateisystem (Nr. 6)

Das „Dateisystem" ist jede strukturierte Sammlung personenbezogener Daten, die nach bestimmten Kriterien zugänglich sind, unabhängig davon, ob diese Sammlung zentral, dezentral oder nach funktionalen oder geografischen Gesichtspunkten geordnet geführt wird. 21

22 Art. 28 RL 2016/680 sieht unter besonderen Umständen vor, dass der Verantwortliche oder der Auftragsverarbeiter vor der Verarbeitung personenbezogener Daten in neu anzulegenden Dateisystemen die Aufsichtsbehörde konsultiert.

23 Dabei kennt die Richtlinie sowohl die automatisierten, wie auch die nicht automatisierten Dateisysteme. Dies wird im BDSG aufgenommen, in dem in § 58 Abs. 4 vom automatisierten Dateisystem und in § 69 vom Dateisystem gesprochen wird.

24 Ein Dateisystem kann dabei schon eine Aktensammlung sein, die gleichartig aufgebaut ist.

25 Zum Begriff Dateisystem s. im Weiteren die Kommentierung zu Art. 4 DS-GVO (→ DS-GVO Art. 4 Rn. 81 ff.).

H. Verantwortlicher (Nr. 7)

26 „Verantwortlicher" ist die zuständige Behörde, die allein oder gemeinsam mit anderen über die Zwecke und Mittel der Verarbeitung von personenbezogenen Daten entscheidet.

27 Sind die Zwecke und Mittel dieser Verarbeitung durch das Unionsrecht oder das Recht der Mitgliedstaaten vorgegeben, so kann der Verantwortliche bzw. können die bestimmten Kriterien seiner Benennung nach dem Unionsrecht oder dem Recht der Mitgliedstaaten vorgesehen werden (Art. 3 Ziff. 8 letzter Satzteil RL 2016/680). Eine entsprechende Regelung wurde im BDSG nicht vorgenommen.

28 Gleiches gilt für die Definition der Behörde nach Art. 3 Nr. 7 RL 2016/680.

29 Die „zuständige Behörde" ist danach
- eine staatliche Stelle, die für die Verhütung, Ermittlung, Aufdeckung oder Verfolgung von Straftaten oder die Strafvollstreckung, einschließlich des Schutzes vor und der Abwehr von Gefahren für die öffentliche Sicherheit, zuständig ist, oder
- eine andere Stelle oder Einrichtung, der durch das Recht der Mitgliedstaaten die Ausübung öffentlicher Gewalt und hoheitlicher Befugnisse zur Verhütung, Ermittlung, Aufdeckung oder Verfolgung von Straftaten oder zur Strafvollstreckung, einschließlich des Schutzes vor und der Abwehr von Gefahren für die öffentliche Sicherheit, übertragen wurde.

30 Hier geht der Bundesgesetzgeber von dem Behördenbegriff nach § 2 aus.

31 Zum Begriff Verantwortlicher s. im Weiteren die Kommentierung zu Art. 4 DS-GVO (→ DS-GVO Art. 4 Rn. 87 ff.).

I. Auftragsverarbeiter (Nr. 8)

32 Der „Auftragsverarbeiter" eine natürliche oder juristische Person, Behörde, Einrichtung oder andere Stelle, die personenbezogene Daten im Auftrag des Verantwortlichen verarbeitet.

33 Die Durchführung einer Verarbeitung durch einen Auftragsverarbeiter sollte auf der Grundlage eines Rechtsinstruments einschließlich eines Vertrags erfolgen, der den Auftragsverarbeiter an den Verantwortlichen bindet und in dem insbesondere vorgesehen ist, dass der Auftragsverarbeiter nur auf Weisung des Verantwortlichen handeln sollte. Der Auftragsverarbeiter sollte den Grundsatz des Datenschutzes durch Technikgestaltung und durch datenschutzfreundliche Voreinstellungen berücksichtigen (Erwägungsgrund 55 RL 2016/680).

34 Eine Übermittlung personenbezogener Daten sollte nur durch zuständige Behörden vorgenommen werden, die als Verantwortliche agieren, es sei denn, Auftragsverarbeiter werden ausdrücklich beauftragt, im Namen der Verantwortlichen Übermittlungen vorzunehmen (Erwägungsgrund 64 RL 2016/680).

35 Die Pflichten des Auftragsverarbeiters sind in Art. 19 ff. RL 2016/680 und im BDSG in § 62 ff. geregelt (zu den wohl rechtsirrigen Überlegungen von Cloud-Lösungen mit Drittlandsbezug – hier USA – siehe Seidel ZD 2020, 455 ff.).

36 Zum Begriff Verantwortlicher s. im Weiteren die Kommentierung zu Art. 4 DS-GVO (→ DS-GVO Art. 4 Rn. 94 ff.).

J. Empfänger (Nr. 9)

37 „Empfänger" sind eine natürliche oder juristische Person, Behörde, Einrichtung oder andere Stelle, denen personenbezogene Daten offengelegt werden, unabhängig davon, ob es sich bei ihr um einen Dritten handelt oder nicht. Behörden, die im Rahmen eines bestimmten Untersuchungsauftrags nach dem Recht der Mitgliedstaaten möglicherweise personenbezogene Daten erhalten, gelten jedoch nicht als Empfänger; die Verarbeitung dieser Daten durch die genannten Behörden erfolgt im Einklang mit den geltenden Datenschutzvorschriften gemäß den Zwecken der Verarbeitung.

Für die Verarbeitung personenbezogener Daten durch einen Empfänger, der keine zuständige 38
Behörde im Sinne dieser Richtlinie ist oder nicht als solche handelt und gegenüber dem personenbezogene Daten von einer zuständigen Behörde rechtmäßig offengelegt werden, sollte die VO (EU) 2016/679 gelten (Erwägungsgrund 34 RL 2016/680).

Die Mitgliedstaaten sollten vorsehen, dass immer dann, wenn nach dem Unionsrecht oder 39
dem Recht der Mitgliedstaaten, dem die übermittelnde zuständige Behörde unterliegt, für die Verarbeitung von personenbezogenen Daten unter bestimmten Umständen besondere Bedingungen, etwa zur Verwendung von Bearbeitungscodes, gelten, die übermittelnde zuständige Behörde den Empfänger der personenbezogenen Daten auf diese Bedingungen und die Verpflichtung sie einzuhalten, hinweisen sollte. Hierzu könnte bspw. das Verbot, personenbezogene Daten an andere weiter zu übermitteln, oder das Verbot, sie für andere Zwecke, als die Zwecke zu denen sie an den Empfänger übermittelt wurden, zu verwenden, oder das Verbot, die betroffene Person im Falle der Einschränkung des Rechts auf Unterrichtung ohne vorheriger Genehmigung der übermittelnden zuständigen Behörde zu informieren, zählen. Diese Pflichten gelten auch für Übermittlungen durch die übermittelnde zuständige Behörde an Empfänger in Drittländern oder an internationale Organisationen. Die Mitgliedstaaten sollten sicherstellen, dass die übermittelnde zuständige Behörde auf Empfänger in anderen Mitgliedstaaten oder nach Titel V Kap. 4 und 5 AEUV errichtete Einrichtungen und sonstige Stellen nur solche Bedingungen anwendet, die auch für entsprechende Datenübermittlungen innerhalb ihres eigenen Mitgliedstaats gelten (Erwägungsgrund 36 RL 2016/680).

Zum Begriff Empfänger s. im Weiteren die Kommentierung zu Art. 4 DS-GVO (→ DS-GVO 40
Art. 4 Rn. 100 ff.).

K. Verletzung des Schutzes personenbezogener Daten (Nr. 10)

Die „Verletzung des Schutzes personenbezogener Daten" ist eine Verletzung der Sicherheit, 41
die zur Vernichtung, zum Verlust oder zur Veränderung, ob unbeabsichtigt oder unrechtmäßig, oder zur unbefugten Offenlegung von bzw. zum unbefugten Zugang zu personenbezogenen Daten führt, die übermittelt, gespeichert oder auf sonstige Weise verarbeitet wurden.

Eine Verletzung des Schutzes personenbezogener Daten kann – wenn nicht rechtzeitig und 42
angemessen reagiert wird – einen physischen, materiellen oder immateriellen Schaden für natürliche Personen nach sich ziehen, wie etwa Verlust der Kontrolle über ihre personenbezogenen Daten oder Einschränkung ihrer Rechte, Diskriminierung, Identitätsdiebstahl oder -betrug, finanzielle Verluste, unbefugte Aufhebung der Pseudonymisierung, Rufschädigung, Verlust der Vertraulichkeit von dem Berufsgeheimnis unterliegenden personenbezogenen Daten oder andere erhebliche wirtschaftliche oder gesellschaftliche Nachteile für die betroffene natürliche Person. Deshalb sollte der Verantwortliche, sobald ihm eine Verletzung des Schutzes personenbezogener Daten bekannt wird, die Aufsichtsbehörde von der Verletzung des Schutzes personenbezogener Daten unverzüglich und, falls möglich, binnen höchstens 72 Stunden nachdem ihm die Verletzung bekannt wurde, unterrichten, es sei denn, der Verantwortliche kann im Einklang mit dem Grundsatz der Rechenschaftspflicht nachweisen, dass die Verletzung des Schutzes personenbezogener Daten voraussichtlich nicht zu einem Risiko für die persönlichen Rechte und Freiheiten natürlicher Personen führt. Falls diese Benachrichtigung nicht binnen 72 Stunden erfolgen kann, sollten in ihr die Gründe für die Verzögerung angegeben werden müssen, und die Informationen können schrittweise ohne unangemessene weitere Verzögerung bereitgestellt werden (Erwägungsgrund 61 RL 2016/680).

Insoweit sieht der Art. 30 RL 2016/680 vor, dass im Falle einer Verletzung des Schutzes perso- 43
nenbezogener Daten der Verantwortliche diese unverzüglich und möglichst binnen 72 Stunden, nachdem ihm die Verletzung bekannt wurde, diese der Aufsichtsbehörde zu melden hat. Auch ist ggf. eine Benachrichtigung der betroffenen Personen bei einer Verletzung des Schutzes personenbezogener Daten nach Art. 31 RL 2016/680 erforderlich.

Im BDSG ist dies in §§ 65 und 66 geregelt worden. 44

Zu der Begrifflichkeit der Verletzung des Schutzes personenbezogener Daten s. im Weiteren 45
die Kommentierung zu Art. 4 DS-GVO (→ DS-GVO Art. 4 Rn. 133 ff.).

L. Genetische Daten (Nr. 11)

„Genetische Daten" sind personenbezogene Daten zu den ererbten oder erworbenen geneti- 46
schen Eigenschaften einer natürlichen Person, die eindeutige Informationen über die Physiologie oder die Gesundheit dieser natürlichen Person liefern und insbesondere aus der Analyse einer biologischen Probe der betreffenden natürlichen Person gewonnen wurden.

47 Genetische Daten sollten als personenbezogene Daten über die ererbten oder erworbenen genetischen Eigenschaften einer natürlichen Person definiert werden, die eindeutige Informationen über die Physiologie oder die Gesundheit dieser natürlichen Person liefern und die aus der Analyse einer biologischen Probe der betreffenden natürlichen Person, insbesondere durch eine Chromosomen-, Desoxyribonukleinsäure (DNS)- oder Ribonukleinsäure (RNS)-Analyse oder der Analyse eines anderen Elements, durch die gleichwertige Informationen erlangt werden können, gewonnen werden. Angesichts der Komplexität und Sensibilität genetischer Informationen besteht ein hohes Missbrauchs- und Wiederverwendungsrisiko für unterschiedliche Zwecke durch den Verantwortlichen. Jede Diskriminierung aufgrund genetischer Merkmale sollte grundsätzlich verboten sein (Erwägungsgrund 23 RL 2016/680).

48 Genetische Daten sind personenbezogene Daten iSd Nr. 1. Sie zählen aber auch zu den besonderen Kategorien personenbezogener Daten iSv Art. 10 RL 2016/680. Dieses sind die rassische oder ethnische Herkunft, politische Meinungen, religiöse oder weltanschauliche Überzeugungen oder die Gewerkschaftszugehörigkeit, sowie die Verarbeitung von genetischen Daten, biometrischen Daten zur eindeutigen Identifizierung einer natürlichen Person, Gesundheitsdaten oder Daten zum Sexualleben oder der sexuellen Orientierung (s. zu Nr. 14 „besondere Kategorien personenbezogener Daten" → Rn. 58 ff., und zu Art. 4 DS-GVO → DS-GVO Art. 4 Rn. 181 ff.).

49 Zum Begriff der genetischen Daten s. im Weiteren die Kommentierung zu Art. 4 DS-GVO (→ DS-GVO Art. 4 Rn. 136 ff.).

49a Soweit einzelne Polizeigesetze (zB Art. 32 Abs. 1 S. 1 Bay PAG) eine **molekulargenetische Untersuchung** des Spurenmaterials unbekannter Herkunft zur Feststellung des Geschlechts, der Augen-, Haar- und Hautfarbe, des biologischen Alters und der biologischen Herkunft des Spurenverursachers zulassen, ist dies schon im Hinblick auf die RL 2016/680 mehr aus höchst bedenklich. Hinzu kommt, dass durch die Untersuchung codierter Bereiche, welche Erbinformationen enthalten (zB Haarfarbe) der absolut geschützte Kernbereich der Persönlichkeit betroffen sein kann, „in den auch aufgrund eines Gesetzes nicht eingegriffen werden dürfte (BVerfG NJW 2001, 879; BVerfGE 103, 21 (31 f. Rn. 50)). Hautfarbe und biographische Herkunft können darüber hinaus diskriminierende Wirkung haben. Eine Sinnhaftigkeit einer solchen Maßnahme ist ebenfalls nicht gegebenen, da hier nur von Wahrscheinlichkeiten ausgegangen werden kann.

49b Auch § 81e Abs. 2 S. 1 StPO erlaubt bei einem unbekannten Spurenleger zusätzliche Feststellungen über die Augen-, Haar und Hautfarbe sowie das Alter der Person mit einer sog. **DNA-Phenotyping**. Dies ermöglicht die Voraussagen: blaue, braune und intermediäre Farebe für die Augen; blonde, braune, mittel, dunkel und schwarz für die Hautfarbe und sehr blass, blass, mittel, dunkel und schwarz für die Hautfarbe; insgesamt sechzig verschiedene genetisch festgelegte Profile, die unterschieden werden können (kritisch dazu Mansdörfer, Die erstellung genetischer Phantombilder auf Basis der sog. erweiterten DANN-Analyse, JM 2021, 432 ff.). Angesichts der Komplexität und Sensibilität genetischer Informationen besteht ein hohes Missbrauchs- und Wiederverwendungsrisiko für unterschiedliche Zwecke durch den Verantwortlichen. Jede Diskriminierung aufgrund genetischer Merkmale sollte grundsätzlich verboten sein (Erwägungsgrund 23 RL 2016/680). Eine entsprechende Auseinandersetzung damit lässt der Gesetzgeber aber vermissen, da er offenlässt wie mit dem Ergebnismaterial weiter Verfahren werden muss.

M. Biometrische Daten (Nr. 12)

50 „Biometrische Daten" sind mit speziellen technischen Verfahren gewonnene personenbezogene Daten zu den physischen, physiologischen oder verhaltenstypischen Merkmalen einer natürlichen Person, die die eindeutige Identifizierung dieser natürlichen Person ermöglichen oder bestätigen, wie Gesichtsbilder oder daktyloskopische Daten.

51 Biometrische Daten könnten zur eindeutigen Identifizierung einer Person dienen. Hierbei handelt es sich ua um Gesichtsbilder und Fingerabdrücke (zur biometrischen Identifikation und Verifikation im Einreise- und Ausreisesystem EES (EU-Einreise- und Ausreisesystem siehe Tams/Schwaiger DuD 2020, 23 ff.). Fingerabdrucksysteme sind als biometrische Erkennungssysteme sind zur Personauthentifizierung in den letzten Jahren immer weiter verbreitet, was auch zu Sicherheitslücken führen kann (Gomez-Barrero/Kolberg/Busch DuD 2020, 26 ff.; zur verpflichtenden Aufnahme im digitalen Personalausweis siehe Weichert, Staatliche Identifizierung mit Fingerabdrücken und biometrischen Lichtbildern -von der analogen Ermittlungsmethode zum globalen Personenkennzeichen, https://www.netzwerk-datenschutzexpertise.de/sites/default/files/gut_2021biometrischeidentifizierung.pdf, Stand 1.5.2021).

Begriffsbestimmungen § 46 BDSG

Sie sind personenbezogene Daten iSd Nr. 1, sie sind aber auch Daten, die unter die besonderen 52
Kategorien personenbezogener Daten iSv Art. 10 RL 2016/680 fallen.
Zum Begriff der biometrische Daten s. im Weiteren die Kommentierung zu Art. 4 DS-GVO 53
(→ DS-GVO Art. 4 Rn. 139 ff.).

N. Gesundheitsdaten (Nr. 13)

„Gesundheitsdaten" sind personenbezogene Daten, die sich auf die körperliche oder geistige 54
Gesundheit einer natürlichen Person, einschließlich der Erbringung von Gesundheitsdienstleistungen, beziehen und aus denen Informationen über deren Gesundheitszustand hervorgehen.
Zu den personenbezogenen Gesundheitsdaten sollten alle Daten zählen, die sich auf den 55
Gesundheitszustand einer betroffenen Person beziehen und aus denen Informationen über den früheren, gegenwärtigen und künftigen körperlichen oder geistigen Gesundheitszustand der betroffenen Person hervorgehen. Dazu gehören auch Informationen über die natürliche Person, die im Zuge der Vormerkung zur Erbringung und der Erbringung von Gesundheitsdienstleistungen isD RL 2011/24/EU des Europäischen Parlaments und des Rates (ABl. L 88 v. 4.4.2011, 45) erhoben werden, Nummern, Symbole oder Kennzeichen, die einer natürlichen Person zugeteilt wurden, um diese für gesundheitliche Zwecke eindeutig zu identifizieren, Informationen, die von der Prüfung oder Untersuchung eines Körperteils oder einer körpereigenen Substanz, einschließlich genetischer Daten und biologischer Proben, abgeleitet wurden, sowie Informationen etwa über Krankheiten, Behinderungen, Krankheitsrisiken, Vorerkrankungen, klinische Behandlungen oder den physiologischen oder biomedizinischen Zustand der betroffenen Person unabhängig von der Herkunft der Daten, ob sie nun von einem Arzt oder sonstigem Angehörigen eines Gesundheitsberufes, einem Krankenhaus, einem Medizinprodukt oder einem In-Vitro-Diagnostikum stammen (Erwägungsgrund 24 RL 2016/680).
Gesundheitsdaten sind damit ebenfalls personenbezogene Daten und zählen zu den besonderen 56
Kategorien personenbezogener Daten iSv Nr. 14.
Zum Begriff der Gesundheitsdaten s. im Weiteren die Kommentierung zu Art. 4 DS-GVO 57
(→ DS-GVO Art. 4 Rn. 42 ff.).

O. Besondere Kategorien personenbezogener Daten (Nr. 14)

Besondere Kategorien personenbezogener Daten sind 58
- Daten, aus denen die rassische oder ethnische Herkunft, politische Meinungen, religiöse oder weltanschauliche Überzeugungen oder die Gewerkschaftszugehörigkeit hervorgehen,
- genetische Daten,
- biometrische Daten zur eindeutigen Identifizierung einer natürlichen Person,
- Gesundheitsdaten und
- Daten zum Sexualleben oder zur sexuellen Orientierung.

Zum Zweck der Übersichtlichkeit wurde die in Art. 10 RL 2016/680 enthaltene Definition 59
besonderer personenbezogener Daten als Nr. 14 aufgenommen (BT-Drs. 18/11325, zu § 46 (Begriffsbestimmungen), 111). Als biometrisches Datum zur eindeutigen Identifizierung einer natürlichen Person dient auch eine **handschriftliche Unterschrift** (siehe → DS-GVO Art. 4 Rn. 141b). Diese ist durch Schreibfluss, -stiel und -druck des Schreibgeräts (zB Kugelschreiber) geprägt. Soweit sog. Unterschriftenpats bei Banken und Sparkassen genutzt werden, die Eigenschaften des Schreibstiels im weiteren Sinne aufnehmen handelt es sich um biometrische Daten, da die Unterschrift auf Grund dieser Aufzeichnungen einer Person zugeordnet werden kann. Unterschriften, die mit den aufgezeichneten Merkmalen nicht übereinstimmen, wären dann von einer anderen Person, auch wenn das optische Bild identisch ist. Dies ist schon bei der graphologischen Überprüfung einer geleisteten Unterschrift der Fall. Auch hier wird der Schriftfluss, das Ansetzen bzw. Unterbrechen genutzt um zu klären, ob eine Unterschrift tatsächlich echt ist oder eine Fälschung vorliegt und ggf. einer Person zugeordnet werden kann, die die „falsche" Unterschrift geleistet hat.
Verarbeitung besonderer Kategorien personenbezogener Daten ist in § 48 geregelt. 60
Zu den besonderen Kategorien personenbezogener Daten s. im Weiteren die Kommentierung 61
zu Art. 4 DS-GVO (→ DS-GVO Art. 4 Rn. 81 ff.).

P. Aufsichtsbehörde (Nr. 15)

Die „Aufsichtsbehörde" eine von einem Mitgliedstaat gem. Art. 41 eingerichtete unabhängige 62
staatliche Stelle.

Schild 1485

63 Jeder Mitgliedstaat sieht nach Art. 41 RL 2016/680 vor, dass eine oder mehrere unabhängige Behörden für die Überwachung der Anwendung dieser Richtlinie zuständig sind, damit die Grundrechte und Grundfreiheiten natürlicher Personen bei der Verarbeitung geschützt werden und der freie Verkehr personenbezogener Daten in der Union erleichtert wird (im Folgenden „Aufsichtsbehörde").

64 Aufsichtsbehörde ist für die Bundesbehörden (Bundeskriminalamt, Bundespolizei, Zollkriminalamt, Generalbundesanwalt) die oder der Bundesbeauftragte.

65 Bezüglich der Länder sind dies die oder der Landesdatenschutzbeauftragte.

66 In § 82 wird nur die gegenseitige Amtshilfe geregelt.

67 Zur Aufsichtsbehörde s. im Weiteren die Kommentierung zu Art. 4 DS-GVO (→ DS-GVO Art. 4 Rn. 165 ff.).

Q. Internationale Organisation (Nr. 16)

68 Eine „internationale Organisation" ist eine völkerrechtliche Organisation und ihre nachgeordneten Stellen sowie jede sonstige Einrichtung, die durch eine von zwei oder mehr Staaten geschlossene Übereinkunft oder auf der Grundlage einer solchen Übereinkunft geschaffen wird.

69 Diese Regelung bezieht sich im Wesentlichen nur auf eine Institution. Denn alle Mitgliedstaaten der EU sind Mitglied der internationalen kriminalpolizeilichen Organisation (Interpol). Interpol ist wiederum eine internationale Organisation.

70 Interpol erhält, speichert und übermittelt für die Erfüllung ihres Auftrags personenbezogene Daten, um die zuständigen Behörden dabei zu unterstützen, internationale Kriminalität zu verhüten und zu bekämpfen. Daher sollte die Zusammenarbeit zwischen der Union und Interpol gestärkt werden, indem ein effizienter Austausch personenbezogener Daten gefördert und zugleich die Achtung der Grundrechte und Grundfreiheiten hinsichtlich der automatischen Verarbeitung personenbezogener Daten gewährleistet wird. Wenn personenbezogene Daten aus der Union an Interpol und die Staaten, die Mitglieder zu Interpol abgestellt haben, übermittelt werden, sollte diese Richtlinie, insbesondere die Bestimmungen über grenzüberschreitende Datenübermittlungen, zur Anwendung kommen (Erwägungsgrund 25 RL 2016/680).

71 Allerdings soll die Richtlinie die spezifischen Vorschriften unberührt lassen, die im gemeinsamen Standpunkt 2005/69/JI des Rates und im Beschluss 2007/533/JI des Rates festgelegt sind (Erwägungsgrund 25 RL 2016/680). Mithin soll sie nicht den kompletten Umgang mit Interpol erfassen. Denn der gemeinsame Standpunkt 2005/69/JI des Rates v. 24.1.2005 zum Austausch bestimmter Daten mit Interpol (ABl. EU 2005 L 27, 61) bezieht sich auf gestohlene, verlorene oder unterschlagene Pässe und Blankopässe. Auch diese können personenbezogene Daten enthalten. Daher ist über die Bedingungen des Datenaustauschs eine Vereinbarung mit Interpol zu treffen, durch die sichergestellt wird, dass beim Datenaustausch die Datenschutzgrundsätze eingehalten werden, die die zentrale Grundlage des Datenaustauschs in der Union bilden, insbesondere beim Austausch und bei der automatischen Verarbeitung solcher Daten (Erwägungsgrund 8 Gemeinsamer Standpunkt 2005/69/JI). Eine solche Vereinbarung ist bis heute mit Interpol jedoch nicht geschlossen worden. Weshalb eine Sonderregelung hier abweichend der Richtlinie nicht in Betracht kommt.

71a Es ist daher zweifelhaft, ob Interpol über ein angemessenes Datenschutzniveau im Sinne der RL 2016/680 verfügt, was Voraussetzung für den Datenaustausch mit den Strafverfolgungsbehörden der EU-Staaten ist. Weder habt die EU-Kommission bislang bestätigt, dass Interpol das Datenschutzniveau einhält, noch liegen Garantien vor, dass mit Interpol bedenkenlos Daten ausgetauscht werden dürfen. Insgesamt stellt sich die Frage, ob Fahndungsersuchen über Interpol, die gegen europäische rechtsstaatliche Grundsätze verstoßen, überhaupt von den EU-Mitgliedstaaten verarbeitet werden dürfen (VG Wiesbaden ZD 2019, 426).

R. Einwilligung (Nr. 17)

72 Die „Einwilligung" ist jede freiwillig für den bestimmten Fall, in informierter Weise und unmissverständlich abgegebene Willensbekundung in Form einer Erklärung oder einer sonstigen eindeutigen bestätigenden Handlung, mit der die betroffene Person zu verstehen gibt, dass sie mit der Verarbeitung der sie betreffenden personenbezogenen Daten einverstanden ist.

73 Die Einwilligung wurde gesondert vom nationalen Gesetzgeber mit aufgenommen. Sie knüpft an die in § 51 angesprochene Einwilligung an, wobei eine Übernahme der Definition aus der DS-GVO erfolgte. Die Einwilligung ist in der DS-GVO in Art. 4 Nr. 11 DS-GVO definiert worden.

Danach ist jede von der betroffenen Person freiwillig für den bestimmten Fall, in informierter 74
Weise und unmissverständlich abgegebene Willensbekundung, in Form einer Erklärung oder einer
sonstigen eindeutigen bestätigenden Handlung, mit der die betroffene Person zu verstehen gibt,
dass sie mit der Verarbeitung der sie betreffenden personenbezogenen Daten einverstanden ist,
eine „Einwilligung".

Zum Begriff der Einwilligung s. im Weiteren die Kommentierung zu Art. 4 DS-GVO ($\rightarrow$ 75
DS-GVO Art. 4 Rn. 22 ff.).

Die Einwilligung im Strafverfahren, aber auch bei der Gefahrenabwehr, ist datenschutzrechtlich 76
nicht unproblematisch. So sieht Art. 8 RL 2016/680 die Einwilligung für eine Verarbeitung personenbezogener Daten gerade nicht vor. Dies ist so gewollt. Nach Erwägungsgrund 35 RL 2016/680 soll die Einwilligung der betroffenen Person gerade keine Rechtsgrundlage bei der Gefahrenabwehr oder der Strafverfolgung durch die zuständigen Behörden sein (dazu Petri ZD 2018, 389 f.).

Soweit eine Einwilligung zB in §§ 81e, 81g StPO oder § 81h StPO vorgesehen ist, hat dies 77
jedenfalls zu Konsequenz, dass die Einwilligung jederzeit widerrufen werden kann. Dies mit der
Folge, dass eine weitere Verarbeitung dieser DNA-Daten und deren Ergebnisse unzulässig ist.
Eventuelle Speicherungen in INPOL sind bei erfolgtem Widerruf unverzüglich zu löschen.

So sehen die Polizeigesetze der Länder (zB § 13a HSOG) eine Zuverlässigkeitsprüfung für 78
Personen durch die Polizeibehörden vor, die eine Tätigkeit als Bedienstete mit Vollzugsaufgaben
usw (vgl. § 13a Abs. 1 HSOG) anstreben. Dabei erfolgt aber die Überprüfung nur mit Einwilligung
der betroffenen Person (§ 13a Abs. 2 S. 2 HSOG). Eine solche Einwilligung durch die betroffene
Person ist jedoch unwirksam. Denn die Einwilligungsregelung (hier so § 13a HSOG) verstößt
gegen die RL (EU) 2016/680 zum Datenschutz in Strafsachen (v. 27.4.2016, ABl. 2016 L 119,
89), wonach im Anwendungsbereich der RL (EU) 2016/680 die Einwilligung keine rechtliche
Grundlage für die Verarbeitung personenbezogener Daten der betroffenen Person an die zuständigen Behörden liefern sein sollte (vgl. Erwägungsgrund 35, 37 RL (EU) 2016/680). Daher kennt
die RL (EU) 2016/680 keine Einwilligung. Es bedarf vielmehr einer Rechtsgrundlage zur Datenerhebung, die bisher nicht gibt. Eine Einwilligung nach Art. 4 Nr. 11 DS-GVO kommt aber
wegen der fehlenden Freiwilligkeit ebenfalls nicht in Betracht (s. Nr. 3. ff. der Leitlinien in Bezug
auf die Einwilligung gem. VO 2016/679, zuletzt überarbeitet und angenommen am 10.4.2018,
WP259 rev.01). Denn der Betroffene hat keine echte Wahlfreiheit, weshalb seine Reaktion nicht
als freiwillig abgegebene Willensbekundung betrachtet werden kann (vgl. Erwägungsgrund 35 RL
(EU) 2016/680). Daher ist die Einwilligung der Betroffenen in eine Zuverlässigkeitsprüfung keine
legitimierte Grundlage (Entschließung der 95. Konferenz der unabhängigen Datenschutzbehörden
des Bundes und der Länder vom 25. und 26.4.2018).

§ 47 Allgemeine Grundsätze für die Verarbeitung personenbezogener Daten

Personenbezogene Daten müssen
1. auf rechtmäßige Weise und nach Treu und Glauben verarbeitet werden,
2. für festgelegte, eindeutige und rechtmäßige Zwecke erhoben und nicht in einer mit diesen Zwecken nicht zu vereinbarenden Weise verarbeitet werden,
3. dem Verarbeitungszweck entsprechen, für das Erreichen des Verarbeitungszwecks erforderlich sein und ihre Verarbeitung nicht außer Verhältnis zu diesem Zweck stehen,
4. sachlich richtig und erforderlichenfalls auf dem neuesten Stand sein; dabei sind alle angemessenen Maßnahmen zu treffen, damit personenbezogene Daten, die im Hinblick auf die Zwecke ihrer Verarbeitung unrichtig sind, unverzüglich gelöscht oder berichtigt werden,
5. nicht länger als es für die Zwecke, für die sie verarbeitet werden, erforderlich ist, in einer Form gespeichert werden, die die Identifizierung der betroffenen Personen ermöglicht, und
6. in einer Weise verarbeitet werden, die eine angemessene Sicherheit der personenbezogenen Daten gewährleistet; hierzu gehört auch ein durch geeignete technische und organisatorische Maßnahmen zu gewährleistender Schutz vor unbefugter oder unrechtmäßiger Verarbeitung, unbeabsichtigtem Verlust, unbeabsichtigter Zerstörung oder unbeabsichtigter Schädigung.

Überblick

§ 47 setzt Art. 4 der RL 2016/680/EU um, der nahezu wortgleich die allgemeinen Grundsätze für die Verarbeitung personenbezogener Daten aufführt. Diese Grundsätze werden hier an zentraler Stelle zusammengeführt.

Übersicht

	Rn.		Rn.
A. Allgemeines	1	III. Verarbeitung entsprechend des Verarbeitungszwecks, Erforderlichkeit für das Erreichen des Verarbeitungszwecks, Verarbeitung nicht außer Verhältnis zu diesem Zweck (Nr. 3)	14
B. Einzelkommentierung	6		
I. Verarbeitung personenbezogener Daten auf rechtmäßige Weise und nach Treu und Glauben (Nr. 1)	6	IV. Sachliche Richtigkeit der Daten und auf dem neuesten Stand (Nr. 4)	20
1. Rechtmäßigkeit der Verarbeitung	6	V. Erforderliche Dauer der Speicherung (Nr. 5)	25
2. Verarbeitung nach Treu und Glauben	8		
II. Erhebung für festgelegte, eindeutige und rechtmäßige Zwecke und keine zweckwidrige Verarbeitung (Nr. 2)	11	VI. Verarbeitung in einer Weise, die eine angemessene Sicherheit der personenbezogenen Daten gewährleistet (Nr. 6)	28

A. Allgemeines

1 Mit der RL 2016/680/EU wollte der EU-Gesetzgeber eine Vereinheitlichung der Rechtsanwendung im Bereich der Strafverfolgung und der polizeilichen Gefahrenabwehr erreichen. Dies schließt die Grundsätze der Datenverarbeitung mit ein. Europaweit soll ein einheitliches und hohes Schutzniveau für die Verarbeitung personenbezogener Daten gelten. Dies ist nach Erwägungsgrund 7 der RL 2016/680/EU für eine wirksame justizielle Zusammenarbeit in Strafsachen und der polizeilichen Zusammenarbeit entscheidend. Gleichzeitig soll der Austausch personenbezogener Daten zwischen den zuständigen Behörden der Mitgliedstaaten erleichtert werden.

2 Eine einheitliche Rechtsanwendung erfordert jedoch auch, dass die Rechte und Freiheiten natürlicher Personen in allen Mitgliedstaaten gleichwertig geschützt werden, wenn personenbezogene Daten durch zuständige Behörden zum Zweck der Verhütung, Ermittlung, Aufdeckung oder Verfolgung von Straftaten oder der Strafvollstreckung, einschließlich des Schutzes vor und der Abwehr von Gefahren für die öffentliche Sicherheit, verarbeitet werden. Dazu müssen die Rechte der betroffenen Personen gestärkt und die Verpflichtungen für diejenigen, die personenbezogene Daten verarbeiten, verschärft werden.

3 Zudem müssen alle Mitgliedstaaten gleichwertige Befugnisse besitzen, wenn sie die Einhaltung der Vorschriften zum Schutz personenbezogener Daten überwachen und deren Einhaltung gewährleisten. Nur so kann ein unionsweiter wirksamer Schutz personenbezogener Daten eingreifen.

4 Insoweit führt § 47 hier allgemeine Grundsätze (Roßnagel/Roßnagel, Das neue Datenschutzrecht, 2017, § 3 Rn. 44 spricht hier von „allgemeine(n) fundamentale(n) Regeln") auf, nach denen eine Datenverarbeitung zu erfolgen hat. Dabei regelt § 47 das „Wie", also die Art und Weise der Verarbeitung, §§ 48 ff. indes regeln das „Ob", also die Voraussetzungen für die Verarbeitung.

5 Die in § 47 aufgestellten Grundsätze sind von den zuständigen öffentlichen Stellen zu beachten, die im Anwendungsbereich des § 45 aufgeführt sind, also ua den öffentlichen Stellen des Bundes (näher hierzu → § 45 Rn. 34).

B. Einzelkommentierung

I. Verarbeitung personenbezogener Daten auf rechtmäßige Weise und nach Treu und Glauben (Nr. 1)

1. Rechtmäßigkeit der Verarbeitung

6 § 47 Nr. 1 fordert, dass personenbezogene Daten auf rechtmäßige Weise verarbeitet werden. Dies bedeutet, dass jede Datenverarbeitung einer Rechtsgrundlage bedarf. Liegt eine solche nicht vor, ist die Datenverarbeitung rechtswidrig. Dabei erfordert dies ausweislich des Erwägungsgrunds 33 der RL 2016/680/EU nicht notwendigerweise, dass diese auf einem parlamentarischen Gesetzgebungsakt beruht. Allerdings bleiben Anforderungen der Verfassungsordnung des betreffenden

Mitgliedstaates unberührt, sodass in Deutschland der Vorbehalt des Gesetzes zu beachten ist. Danach bedarf das Handeln der Exekutive insbesondere bei Eingriffen in Freiheit und Eigentum der Bürger einer parlamentarischen Grundlage (BeckOK GG/Huster/Rux GG Art. 20 Rn. 172).

§ 47 Abs. 1 steht typischen polizeilichen Ermittlungstätigkeiten nicht entgegen (auch Erwägungsgrund 26 der RL 2016/680/EU). Der Transparenzgrundsatz ist, anders als in Art. 5 DS-GVO, in § 47 nicht aufgeführt. Dies ist logisch und konsequent, da verdeckte Ermittlungsmaßnahmen ansonsten nicht durchzuführen wären (Gola/Heckmann/Braun Rn. 6). Auch verdeckte Ermittlungsmaßnahmen und Videoüberwachungsmaßnahmen sind zulässig, soweit eine entsprechende gesetzliche Grundlage vorliegt. Diese Regelung selbst ist an den datenschutzrechtlichen Grundsätzen zu messen. Insbesondere müssen die berechtigten Interessen der betroffenen natürlichen Personen im Rahmen des Gesetzgebungsprozesses des entsprechenden Gesetzes gebührend berücksichtigt werden.

2. Verarbeitung nach Treu und Glauben

Ausweislich des Erwägungsgrundes 26 der RL 2016/680/EU hat die Datenverarbeitung nach Treu und Glauben einen anderen Inhalt als das Recht auf ein faires Verfahren iSd Art. 47 GRCh und des Art. 6 EMRK. Die englische Fassung spricht hier von „fairly". Dies konkretisiert zutreffend den Grundsatz (vgl. für Art. 5 DS-GVO Paal/Pauly/Frenzel DS-GVO Art. 5 Rn. 18; Ehmann/Selmayr/Heberlein DS-GVO Art. 5 Rn. 9; Kühling/Buchner/Herbst DS-GVO Art. 5 Rn. 14).

Werden personenbezogene Daten natürlicher Personen verarbeitet, so sollen diese über die Risiken, Vorschriften, Garantien und Rechte im Zusammenhang mit der Verarbeitung informiert werden. Gleichzeitig sollen sie über die Möglichkeiten aufgeklärt werden, wie sie ihre entsprechenden Rechte geltend machen können.

Die Datenverarbeitung soll für den Betroffenen also vorhersehbar sein. Der Grundsatz einer Verarbeitung nach Treu und Glauben ist verletzt, wenn der Betroffenen üblicherweise nicht damit rechnen musste, dass seine Daten auf eine bestimmte Art und Weise verarbeitet werden (vgl. für Art. 5 DS-GVO Schantz/Wolff DatenschutzR/Wolff Rn. 393).

II. Erhebung für festgelegte, eindeutige und rechtmäßige Zwecke und keine zweckwidrige Verarbeitung (Nr. 2)

Personenbezogene Daten müssen für festgelegte, eindeutige und rechtmäßige Zwecke und nicht in einer mit diesen Zwecken nicht zu vereinbarenden Weise verarbeitet werden.

Dies verbietet eine Datenverarbeitung, bei der die Zwecke nicht im Voraus festgelegt wurden. Des Weiteren muss der Zweck klar formuliert sein. Zudem ist die Datenverarbeitung nicht erlaubt, wenn sie einen rechtswidrigen Zweck verfolgt. Ein rechtmäßiger Zweck liegt vor, wenn die Verarbeitung personenbezogener Daten zur Wahrnehmung einer Aufgabe der zuständigen Behörde erforderlich ist. Die zuständige Behörde muss diese im öffentlichen Interesse auf Grundlage des Unionsrechts oder des Rechts der Mitgliedstaaten zum Zweck der Verhütung, Ermittlung, Aufdeckung oder Verfolgung von Straftaten oder der Strafvollstreckung, einschließlich des Schutzes vor und der Abwehr von Gefahren für die öffentliche Sicherheit, ausführen.

Des Weiteren müssen die personenbezogenen Daten für die Zwecke, für die sie erhoben werden, angemessen und erheblich sein. Es muss immer geprüft werden, ob und für welchen Zeitraum das konkrete personenbezogene Datum für den konkreten Zweck erforderlich ist. Gleichzeitig muss die Verarbeitung der personenbezogenen Daten für den angestrebten Zweck unabdingbar sein, dh der Zweck kann nicht in zumutbarer Weise durch mildere Mittel erreicht werden (siehe im Einzelnen Gola/Heckmann/Braun Rn. 18 mwN).

III. Verarbeitung entsprechend des Verarbeitungszwecks, Erforderlichkeit für das Erreichen des Verarbeitungszwecks, Verarbeitung nicht außer Verhältnis zu diesem Zweck (Nr. 3)

§ 47 Nr. 3 schreibt eine Prüfung der Verhältnismäßigkeit vor. Personenbezogene Daten müssen dem Verarbeitungszweck entsprechen, für das Erreichen des Verarbeitungszwecks erforderlich sein und ihre Verarbeitung darf nicht außer Verhältnis zu diesem Zweck stehen.

Zunächst muss die Verarbeitung personenbezogener Daten einem legitimen Zweck dienen. Personenbezogene Daten dürfen nicht für andere Zwecke verarbeitet werden als die Verhütung, Ermittlung, Aufdeckung oder Verfolgung von Straftaten oder die Strafvollstreckung einschließlich des Schutzes vor und der Abwehr von Gefahren für die öffentliche Sicherheit (Erwägungsgrund 29 der RL 2016/680/EU).

16 Der im Datenschutzrecht grundsätzlich geltende Grundsatz der Zweckbindung findet hier indes eine Einschränkung. Personenbezogene Daten, die im Zusammenhang mit der Verhütung, Ermittlung, Aufdeckung oder Verfolgung einer bestimmten Straftat erhoben werden, dürfen auch in einem anderen Kontext verarbeitet werden (Erwägungsgrund 27 der RL 2016/680/EU). Nur so kann sichergestellt werden, dass verschiedene Straftaten miteinander in Verbindung gesetzt werden können und somit die zuständigen Behörden ihren Aufgaben nachgehen können.

17 Dies erlaubt folglich, dass personenbezogene Daten von demselben oder einem anderen Verantwortlichen für einen anderen Zweck als den, für den die personenbezogenen Daten erhoben wurden, verarbeitet werden, soweit dieser in den Geltungsbereich des Gesetzes fällt. Bedingung dafür ist einerseits jedoch, dass diese Verarbeitung nach den geltenden Rechtsvorschriften zulässig ist, andererseits muss auch für diesen anderen Zweck die Verarbeitung erforderlich und verhältnismäßig sein (Erwägungsgrund 29 der RL 2016/680/EU).

18 Der Grundsatz der Erforderlichkeit sieht vor, dass kein milderes, gleich geeignetes Mittel zur Verfügung steht. Von mehreren gleich geeigneten Maßnahmen ist daher stets diejenige Maßnahme zu wählen, die den geringsten Eingriff darstellt.

19 Im Rahmen der Verhältnismäßigkeit ist die Zweck-Mittel-Relation zu beachten. Unzulässig ist eine Maßnahme aber erst dann, wenn sie außer Verhältnis zum beabsichtigten Zweck steht.

IV. Sachliche Richtigkeit der Daten und auf dem neuesten Stand (Nr. 4)

20 Personenbezogene Daten müssen sachlich richtig und auf dem neuesten Stand sein; dabei sind alle angemessenen Maßnahmen zu treffen, damit personenbezogene Daten, die im Hinblick auf die Zwecke ihrer Verarbeitung unrichtig sind, unverzüglich gelöscht oder berichtigt werden.

21 Bei der sachlichen Richtigkeit sind Art und Zweck der jeweiligen Datenverarbeitung zu beachten.

22 Gerade in Gerichtsverfahren kann etwa eine Zeugenaussage nicht tatsächlich daraufhin überprüft werden, ob sie der Wahrheit entspricht. Es ist eine subjektive Wahrnehmung des Richters anhand objektiver Kriterien, ob er die Aussage des Zeugen als glaubhaft bewertet. Demzufolge kann sich der Grundsatz der sachlichen Richtigkeit hier nur darauf beziehen, ob eine bestimmte Aussage getätigt wurde. Nicht umfasst ist die Frage, ob die Aussage tatsächlich sachlich richtig war (so auch Gola/Heckmann/Braun Rn. 27).

23 Unter die sachliche Richtigkeit kann auch die Einteilung der betroffenen Personen in verschiedene Kategorien gefasst werden. Es muss hier unterschieden werden, ob die betroffene Person als Verdächtiger, verurteilter Straftäter, Opfer oder andere Person (Zeuge, Person, die über einschlägige Information verfügt, Person, die in Kontakt mit dem mutmaßlichen Täter steht etc) angesehen wird.

24 Stellen sich personenbezogene Daten als unrichtig, unvollständig oder nicht mehr aktuell heraus, so hat die zuständige Behörde dafür zu sorgen, dass diese personenbezogenen Daten nicht mehr übermittelt oder bereitgestellt werden. Die zuständigen Behörden sollten, wenn sie personenbezogene Daten übermitteln, die erforderlichen Informationen beifügen, um den Schutz natürlicher Personen, die Richtigkeit, die Vollständigkeit oder den Aktualitätsgrad sowie die Zuverlässigkeit der übermittelten oder bereitgestellten personenbezogenen Daten zu gewährleisten (Erwägungsgrund 32 der RL 2016/680/EU).

V. Erforderliche Dauer der Speicherung (Nr. 5)

25 Die personenbezogenen Daten müssen nicht länger gespeichert werden, als es für die Zwecke, für die sie verarbeitet werden, erforderlich ist. Des Weiteren müssen sie in einer Form gespeichert werden, die die Identifizierung der betroffenen Person ermöglicht.

26 Mit dieser Regelung soll sichergestellt werden, dass nicht übermäßig personenbezogene Daten erhoben und für eine unbestimmte Zeit aufbewahrt werden. Dem Verantwortlichen muss also schon im Zeitpunkt der Erhebung der personenbezogenen Daten bewusst sein, für wie lange er die personenbezogenen Daten benötigt und nach welcher Frist sie – ggf. automatisch – zu überprüfen bzw. zu löschen sind. Ausweislich des Erwägungsgrundes 26 der RL 2016/680/EU sollten die Mitgliedstaaten geeignete Garantien für den Fall festlegen, dass personenbezogene Daten für die Archivierung im öffentlichen Interesse und die wissenschaftliche, statistische oder historische Verwendung für längere Zeiträume gespeichert werden.

27 Sprachlich wäre hier statt des Wortes „müssen" das Wort „dürfen" passender. Mit der jetzigen gesetzlichen Regelung wird quasi eine Pflicht der zuständigen Behörde statuiert, personenbezo-

gene Daten für einen bestimmten Zeitraum zu speichern. Das ist nicht Sinn und Zweck der Vorschrift. Sie ist dahingehend auszulegen, dass die zuständigen Behörden regelmäßig prüfen müssen, ob sie die personenbezogenen Daten noch benötigen. Die englische Fassung der RL 2016/680/EU („kept (…) for no longer than is necessary (…)") spiegelt hier den Regelungsgehalt der Vorschrift präziser wieder.

VI. Verarbeitung in einer Weise, die eine angemessene Sicherheit der personenbezogenen Daten gewährleistet (Nr. 6)

Die personenbezogenen Daten müssen in einer Weise verarbeitet werden, die eine angemessene Sicherheit der personenbezogenen Daten gewährleistet. Hierzu gehört ein durch geeignete technische und organisatorische Maßnahmen zu gewährleistender Schutz vor unbefugter oder unrechtmäßiger Verarbeitung, unbeabsichtigtem Verlust, unbeabsichtigter Zerstörung oder unbeabsichtigter Schädigung (Roßnagel/Roßnagel, Das neue Datenschutzrecht, 2017, § 3 Rn. 81 benennt dies passend als Grundsatz des Systemdatenschutzes). 28

Zweck dieser Regelung ist, dass stets eine sichere Verarbeitung gewährleistet ist. Verarbeitungen, die gegen die RL 2016/680/EU verstoßen, sollen verhindert werden. Damit dies erreicht wird, dürfen Unbefugte keinen Zugang zu den personenbezogenen Daten haben. Dies umfasst sowohl den Zugang zu den personenbezogenen Daten als auch den Zugang zu den Geräten, die die personenbezogenen Daten verarbeiten. 29

Hinsichtlich der Verarbeitung der personenbezogenen Daten ist ein Stand der verfügbaren Technik zu berücksichtigen, der bezüglich seiner Kosten im Verhältnis zu den von der Verarbeitung ausgehenden Risiken und die Art der zu schützenden personenbezogenen Daten steht. Je sensibler die personenbezogenen Daten also sind, desto weniger kann etwa durch den Verantwortlichen argumentiert werden, dass die Kosten für den erforderlichen Stand der Technik zu hoch für den Verantwortlichen sind. 30

Kapitel 2. Rechtsgrundlagen der Verarbeitung personenbezogener Daten

§ 48 Verarbeitung besonderer Kategorien personenbezogener Daten

(1) Die Verarbeitung besonderer Kategorien personenbezogener Daten ist nur zulässig, wenn sie zur Aufgabenerfüllung unbedingt erforderlich ist.

(2) ¹Werden besondere Kategorien personenbezogener Daten verarbeitet, sind geeignete Garantien für die Rechtsgüter der betroffenen Personen vorzusehen. ²Geeignete Garantien können insbesondere sein
1. spezifische Anforderungen an die Datensicherheit oder die Datenschutzkontrolle,
2. die Festlegung von besonderen Aussonderungsprüffristen,
3. die Sensibilisierung der an Verarbeitungsvorgängen Beteiligten,
4. die Beschränkung des Zugangs zu den personenbezogenen Daten innerhalb der verantwortlichen Stelle,
5. die von anderen Daten getrennte Verarbeitung,
6. die Pseudonymisierung personenbezogener Daten,
7. die Verschlüsselung personenbezogener Daten oder
8. spezifische Verfahrensregelungen, die im Fall einer Übermittlung oder Verarbeitung für andere Zwecke die Rechtmäßigkeit der Verarbeitung sicherstellen.

Überblick

§ 48 steht am Anfang der Rechtsgrundlagen der Verarbeitung personenbezogener Daten im dritten Teil des BDSG, der in Gestalt allgemeiner Bestimmungen der Umsetzung der RL (EU) 2016/680 dient. Bei deren Verständnis müssen Grundlagen und Grenzen der unionalen Kompetenzen berücksichtigt werden (→ Rn. 2). Bei der Auslegung und Anwendung des § 48 im Lichte der Richtlinie sind im Ausgangspunkt sowohl unionale als auch deutsche Grundrechtsnormen relevant; es bleibt freilich bei einer wesentlichen Maßstäblichkeit der Grundrechte des Grundgesetzes (→ Rn. 3 ff.). Im Rahmen des BDSG hat § 48 die Funktion einer allgemein gestalteten

Rechtsgrundlage (→ Rn. 6 ff.); die Möglichkeit des Rückgriffs auf diese Norm ist wegen der gerade auch im Sicherheitsrecht geltenden Anforderungen an die Bestimmtheit gesetzlicher Ermächtigungen erkennbar begrenzt (→ Rn. 9). Abs. 1 verankert eine Rechtsgrundlage für die Verarbeitung von besonderen Kategorien personenbezogener Daten („sensible Daten"), indem er deren Zulässigkeit daran knüpft, dass sie zur Aufgabenerfüllung unbedingt erforderlich ist (→ Rn. 19 ff.). Nach Abs. 2 S. 1 setzt die Rechtmäßigkeit der Verarbeitung voraus, dass geeignete Garantien für die Rechtsgüter der betroffenen Personen vorgesehen werden (→ Rn. 29). Abs. 2 S. 2 enthält einen nicht abschließenden Katalog in Betracht kommender Garantien (→ Rn. 33 ff.).

Übersicht

	Rn.		Rn.
A. Allgemeines	1	**B. Voraussetzungen der Zulässigkeit der Verarbeitung (Abs. 1)**	15
I. RL (EU) 2016/680 als Grundlage	1	I. Verarbeitung besonderer Kategorien personenbezogener Daten	16
II. Beachtung unionaler und deutscher Grundrechte	3	II. Unbedingte Erforderlichkeit zur Aufgabenerfüllung	19
III. Allgemeine Rechtsgrundlagen für die Verarbeitung personenbezogener Daten im BDSG	6	1. Zur Aufgabenerfüllung	20
1. Generalermächtigung für die Verarbeitung personenbezogener Daten	7	2. Unbedingte Erforderlichkeit	21
2. Grenzen der Möglichkeit des Rückgriffs auf § 48	9	**C. Geeignete Garantien (Abs. 2)**	29
IV. Verhältnis zu anderen Vorschriften	13	I. Geeignete Garantien als datenschutzrechtliches Regelungselement	30
1. Art. 9 DS-GVO, § 22 BDSG	13	II. Die Garantien des § 48 Abs. 2	33
2. Spezialgesetzliche Bestimmungen	14	III. Spezifische Dokumentations- und Protokollpflichten, allgemeine Rechenschaftspflicht	42

A. Allgemeines

I. RL (EU) 2016/680 als Grundlage

1 § 48 ist eine Umsetzung des **Art. 10 RL (EU) 2016/680** (so die Begründung des Gesetzentwurfs der BReg zum DSAnpUG-EU, BT-Drucks 18/11325, 111), wenn er auch nicht nur vor deren Hintergrund zu verstehen ist. Die Vorgaben dieser Richtlinie sind bei der Auslegung und Anwendung von § 48 zu beachten. Das gilt nicht nur im Hinblick auf Art. 10 RL (EU) 2016/680 selbst, sondern – vermittelt über einschlägige Umsetzungsbestimmungen im BDSG – auch im Hinblick auf **übergreifendere** oder **in systematischem Zusammenhang zu berücksichtigende Richtlinienvorgaben** (ausf. dazu → DS-GVO PolizeiundNachrichtendienst Rn. 49 ff.). So enthält Art. 3 RL (EU) 2016/680 Legaldefinitionen etwa des Begriffs der personenbezogenen Daten, der Verarbeitung oder der genetischen und biometrischen Daten sowie der Gesundheitsdaten als bestimmter „besonderer Kategorien" (dazu dann § 46 Nr. 1, 2, 11–13). Art. 10 RL (EU) 2016/680 steht in systematischem Zusammenhang mit den nach Art. 8 RL (EU) 2016/680 vorzusehenden Rechtmäßigkeitsvoraussetzungen. Die Grundsätze in Bezug auf die Verarbeitung personenbezogener Daten, die Art. 4 RL (EU) 2016/680 festhält, formulieren ihrerseits Rechtmäßigkeitsvoraussetzungen, die zu berücksichtigen sind (Umsetzung in § 47).

2 Beim Verständnis der Richtlinie sind **Grundlagen und Grenzen der Kompetenzen** zu berücksichtigen, die der **Europäischen Union** zustehen. Der Unionsgesetzgeber hat die Richtlinie auf die Kompetenzgrundlage aus Art. 16 Abs. 2 AEUV gestützt (vgl. Erwägungsgründe 8–11 RL (EU) 2016/680), der der Union die Kompetenz für den Erlass datenschutzrechtlicher Vorschriften zuweist, soweit der freie Datenverkehr betroffen ist oder die Organe, Einrichtungen oder sonstige Stellen der Union sowie die Mitgliedstaaten Tätigkeiten ausüben, die in den Anwendungsbereich des Unionsrechts fallen. Mit diesem Verweis auf den „Anwendungsbereich des Unionsrechts" findet Art. 16 Abs. 2 AEUV einen **Kompetenzenrahmen** vor, **in den er sich einfügt**. Die Norm begründet **keine umfassende unionale Regelungskompetenz,** wie es in verschiedener Argumentation gelegentlich vertreten wird (→ DS-GVO PolizeiundNachrichtendienst Rn. 34). Die RL (EU) 2016/680 ist allerdings auch **nicht kompetenzwidrig,** soweit sie auch rein innerstaatliche Datenverarbeitungen erfasst (Art. 3 Abs. 1 RL (EU) 2016/680), obwohl die Regelungen für den Bereich der polizeilichen und justiziellen Zusammenarbeit in den Art. 82 ff. AEUV der EU eine Kompetenz allein für grenzüberschreitende Sachverhalte übertragen (Kompetenzwidrigkeitsverdikt jedoch bei Schantz/Wolff DatenschutzR/Wolff Rn. 235 ff.;

Wolff→ BDSG § 45 Rn. 24). Bei Auslegung des Art. 16 Abs. 2 AEUV lässt sich nämlich eine über die anderweitigen Kompetenztitel hinausgehende Reichweite und ein **überschießender Gehalt** begründen (→ DS-GVO PolizeiundNachrichtendienst Rn. 35 f.). Dieser überschießende Gehalt, der innerstaatliche Datenverarbeitungen erfasst, rechtfertigt jedoch keine umfassende Harmonisierung mitgliedstaatlichen Polizeirechts. Er trägt allerdings **harmonisierte Mindeststandards** (ausf. zur Debatte → DS-GVO PolizeiundNachrichtendienst Rn. 32 ff.; s. auch Veit, Einheit und Vielfalt im europäischen Datenschutzrecht, Manuskript 2021, Teil 1 C. I. 2. bb., erscheint 2022). In diesem Sinne sind die Richtlinienvorgaben zu verstehen. Dem entspricht, dass Art. 1 Abs. 3 RL (EU) 2016/680 den Mitgliedstaaten die Möglichkeit einräumt, Garantien festzulegen, die strenger sind als diejenigen der Richtlinie. Insofern ist diese auch **nicht die einzige Grundlage;** § 48 wird vielmehr auch geprägt von grundgesetzlichen Vorgaben und von systematischen Bezügen des deutschen Gesetzesrechts.

II. Beachtung unionaler und deutscher Grundrechte

Bei der **Konkretisierung des § 48 BDSG** durch die verantwortlichen öffentlichen Stellen, 3
aber auch durch Aufsichtsbehörden oder Gerichte sind ua die **Grundrechtsnormen** zu beachten. Das gilt etwa im Hinblick auf die Konkretisierung der genauen Aufgabe aus dem Spektrum der Felder des § 45 BDSG, die mit Blick sowohl auf die fachgesetzlich zugewiesenen Aufgaben und Befugnisse als auch auf den jeweiligen Sachverhalt vorzunehmen ist und für deren Erfüllung die Verarbeitung besonderer Kategorien personenbezogener Daten unbedingt erforderlich sein muss. Die Erfüllung einer Aufgabe nach Maßgabe zugewiesener Befugnisse ist Anknüpfungspunkt für die Zweckfestlegung, die ein Element des Zweckbindungsgrundsatzes ist (§ 47 Nr. 2 BDSG iVm Art. 4 Abs. 1 lit. b RL (EU) 2016/680; ausf. → DS-GVO PolizeiundNachrichtendienst Rn. 93 ff.). Mit der Festlegung der Verarbeitungs- oder Verwendungszwecke und den komplementären datenschutzrechtlichen Regelungselementen wird die Verarbeitung personenbezogener Daten, die für sich genommen vielfältig und für beliebige Zwecke nutzbar wären, mit (bestimmten) sachlichen Kompetenzen einer staatlichen Stelle rechtlich verklammert und so begrenzt und strukturiert (dazu → Rn. 20). Auch bei der Konkretisierung des Regelungselements der Erforderlichkeit (§ 48 iVm § 47 Nr. 3 BDSG, Art. 4 Abs. 1 lit. c RL (EU) 2016/680; → Rn. 21 ff.) sind Grundrechte zu beachten. Angesichts dessen, dass § 48 der Umsetzung der Vorgaben der RL (EU) 2016/680 dient, muss beantwortet werden, inwieweit welche Grundrechtsnormen welcher Kodifikation maßgeblich sind.

Unionsgrundrechte sind anzuwenden, soweit es um eine Durchführung des Rechts der Union 4
(Art. 51 Abs. 1 S. 1 GRCh) geht. Inwieweit es sich bei der Umsetzung sekundärrechtlicher Vorgaben um eine „Durchführung" des Rechts der Union handelt, hängt von der **Interpretation sowohl des Sekundärrechts,** also des Art. 10 RL (EU) 2016/680 in seinen systematischen unionsrechtlichen Zusammenhängen, **als auch der umsetzenden Vorschrift** ab. Ganz überwiegend weisen bereits die konkretisierungsbedürftigen Tatbestandselemente des Art. 10 RL (EU) 2016/680 auf mitgliedstaatliche Umsetzungsspielräume hin, dies gerade auch in Verbindung mit dem seinerseits konkretisierungsbedürftigen Tatbestand des Art. 8 RL (EU) 2016/680 und in Verbindung mit den Verarbeitungsgrundsätzen in Art. 4 RL (EU) 2016/680. Hinzu kommt, dass die Richtlinienvorgaben aus kompetenziellen Gründen auf harmonisierte Mindeststandards beschränkt sind und Art. 1 Abs. 3 RL (EU) 2016/680 den Mitgliedstaaten ausdrücklich die Möglichkeit einräumt, Garantien festzulegen, die strenger sind als diejenigen der Richtlinie (→ Rn. 2). Daher enthalten deren Normen stets einen Regelungsspielraum „nach oben". § 48 ist dementsprechend trotz der weitgehenden Orientierung des Abs. 1 an Art. 10 RL (EU) 2016/680 eine relativ eigenständige Regelungsentscheidung der deutschen Gesetzgebung; zudem ist er nicht die einzige umsetzende Norm, sondern erklärt sich in den systematischen Bezügen des deutschen Gesetzesrechts als allgemeiner Auffangtatbestand (→ Rn. 6 ff.). Nicht nur die Umsetzung vollständig determinierender unionaler Normen, sondern auch die Ausfüllung von Umsetzungs- und Gestaltungsspielräumen in Richtlinien erfolgt aus Sicht des EuGH in Durchführung des Rechts der Union und ist an die Unionsgrundrechte gebunden (ausf. mwN → DS-GVO PolizeiundNachrichtendienst Rn. 40). Unter bestimmten, hier mit Blick auf Art. 1 Abs. 3 RL (EU) 2016/680 gegebenen Voraussetzungen treten nationale Grundrechte mit ihren Schutzstandards hinzu. Die „Mitgewährleistungsthese" des BVerfG erkennt die Relevanz unionaler Grundrechte zwar an (näher → DS-GVO PolizeiundNachrichtendienst Rn. 40). Trotzdem ist danach im Falle der mitgliedstaatlichen Ausfüllung von Umsetzungs- und Gestaltungsspielräumen primär der Maßstab der Grundrechte des Grundgesetzes einschlägig, eben weil aus Sicht des BVerfG regelmäßig die Vermutung greift, dass das Schutzniveau der EU-Grundrechtecharta durch die Anwendung der

BDSG § 48 Teil 3. Bestimmungen für Verarbeitungen zu Zwecken gemäß Richtlinie

Grundrechte des Grundgesetzes mitgewährleistet ist. Deren Schutzniveau kann und wird – das steckt in der „Mitgewährleistungsthese", ist aber auch mit Blick auf die ausgefeilte Rechtsprechung des BVerfG im sicherheitsrechtlichen Bereich (→ DS-GVO PolizeiundNachrichtendienst Rn. 75 ff.) jedenfalls dessen Anspruch – regelmäßig höher sein.

5   Im Ergebnis bedeutet dies, dass bei Auslegung und Anwendung des § 48 im Lichte der Richtlinie im Ausgangspunkt **sowohl unionale als auch deutsche Grundrechtsnormen** relevant sind. Die Reichweite der Anwendbarkeit der grundgesetzlichen Grundrechte hängt davon ab, ob sie im Sinne des EuGH nur insoweit herangezogen werden, als sie gegenüber den Grundrechten der Charta einen höheren Standard gewährleisten, oder ob sie im Sinne des BVerfG das Schutzniveau der Unionsgrundrechte mitgewährleisten. In beiden Fällen bleibt es, va auch wegen der Beschränkung der Richtlinienvorgaben auf harmonisierte Mindeststandards, bei einer **wesentlichen Maßstäblichkeit der Grundrechte des Grundgesetzes.** Bei Auslegung und Anwendung des § 48, der die Verarbeitung der vielfältigen besonderen Kategorien personenbezogener Daten betrifft (→ Rn. 18), ist nicht allein das Recht auf informationelle Selbstbestimmung einschlägig; je nach Konstellation kommen verschiedene Grundrechte in Betracht (→ DS-GVO Art. 9 Rn. 23 f.).

III. Allgemeine Rechtsgrundlagen für die Verarbeitung personenbezogener Daten im BDSG

6   Die **Anwendbarkeit von § 48** richtet sich nach dem in **§ 45** für Teil 3 des BDSG festgehaltenen **Anwendungsbereich.** Dieser beschränkt sich in Umsetzung der RL (EU) 2016/680 auf die Verarbeitung personenbezogener Daten durch die für die Verhütung, Ermittlung, Aufdeckung, Verfolgung oder Ahndung von Straftaten oder Ordnungswidrigkeiten zuständigen öffentlichen Stellen, soweit sie Daten zum Zweck der Erfüllung dieser Aufgaben verarbeiten. Nach § 45 S. 3 ist dabei auch über die „Verhütung von Straftaten" auch der Schutz vor und die Abwehr von Gefahren für die öffentliche Sicherheit erfasst. In teleologischer Reduktion ist dies – neben der institutionellen Begrenzung, die über den Begriff der „zuständigen öffentlichen Stellen" in S. 1 entsteht – auf durch Straftaten konstituierte Gefahren zu begrenzen. In dem durch die Norm vorgegebenen Rahmen sind auch Ordnungswidrigkeiten eingeschlossen. Die Bestimmung des Anwendungsbereichs ist wegen einiger Unsicherheiten und Grauzonen nicht in jeder Hinsicht klar (→ § 45 Rn. 5 ff.; → DS-GVO PolizeiundNachrichtendienst Rn. 48). Das liegt nicht zuletzt daran, dass sich bereits hinsichtlich der Regelungsfelder, die der hinter § 45 stehende Art. 1 Abs. 1 RL (EU) 2016/680 nennt, Abgrenzungs- und Abstimmungsprobleme bei der Umsetzung in das mit den Komplexen der Gefahrenabwehr, der Straftatenverhütung, der Verfolgungsvorsorge und der Strafverfolgung spezifisch gestaltete deutsche Recht (ausf. dazu Albers, Die Determination polizeilicher Tätigkeit in den Bereichen der Straftatenverhütung und der Verfolgungsvorsorge, S. 2001) ergeben. Zudem sind die in Art. 1 Abs. 1 RL (EU) 2016/680 aufgezählten „Zwecke" („Verhütung, Ermittlung, Aufdeckung oder Verfolgung von Straftaten oder der Strafvollstreckung, einschließlich des Schutzes vor und der Abwehr von Gefahren für die öffentliche Sicherheit") nicht überschneidungsfrei gestaltet. Jedenfalls umfasst der Anwendungsbereich ein breites Spektrum von Aktivitäten. Zahlreiche, aber nicht alle Aktivitäten werden mit Grundrechtsbeeinträchtigungen von Gewicht, das dann wiederum variiert, verbunden sein. Hieran knüpft sich die Frage an, wann überhaupt ein Rückgriff auf § 48 und andere allgemeine Vorschriften rechtlich möglich ist. Allgemeine Vorschriften, die sowohl für den zweiten als auch für den dritten Teil gelten, enthält das BDSG in Teil 1.

1. Generalermächtigung für die Verarbeitung personenbezogener Daten

7   § 48 ist zwar eine „unspezifische Generalklausel" (Kühling/Buchner/Schwichtenberg § 48 Rn. 7), liefert eine solche allgemeine Rechtsgrundlage aber nur für die Verarbeitung besonderer Kategorien personenbezogener Daten. Da der erste Teil des BDSG grundsätzlich sowohl für den zweiten als auch für den dritten Teil des BDSG gilt, kommt für die Verarbeitung personenbezogener Daten ein Rückgriff auf § 3 in Betracht. In Gestalt eines Auffangtatbestands hält diese Norm fest, dass die Verarbeitung personenbezogener Daten durch eine öffentliche Stelle zulässig ist, wenn sie zur Erfüllung der in der Zuständigkeit des Verantwortlichen liegenden Aufgabe oder in Ausübung öffentlicher Gewalt, die dem Verantwortlichen übertragen wurde, erforderlich ist. Im Sinne einer allgemeinen Rechtsgrundlage soll entsprechend der gesetzlichen Konzeption auch für die Datenverarbeitung durch die in § 45 genannten Stellen zu den dortigen Zwecken greifen (vgl. die Begründung des Gesetzentwurfs der BReg zum DSAnpUG-EU, BT-Drs. 18/11325, 80 f.). Demnach ist in **§ 3 BDSG** eine **Generalermächtigung für die Verarbeitung personen-**

bezogener Daten (auch) in Umsetzung der RL (EU) 2016/680, hier insbesondere des Art. 8 RL (EU) 2016/680, verankert (vgl. auch → § 3 Rn. 9 f.).

Der **Rückgriff auf § 3** im Kontext einer Verarbeitung, die in den Anwendungsbereich der **8** §§ 45 ff. fällt, ist allerdings eine **bestenfalls begrenzt geglückte Umsetzung.** Da § 3 alle Verarbeitungen personenbezogener Daten durch öffentliche Stellen innerhalb des Anwendungsbereichs des BDSG erfasst, muss der Bezug zu den in § 45 genannten Stellen und Zwecken erst noch hergestellt werden. Das führt nicht zuletzt dazu, dass fachgesetzliche Verweisungen eher erschwert werden (s. § 500 StPO, der nur auf Teil 3 des BDSG verweist). Vermittlungsschritte und ein Abgleich der normativen Vorgaben sind auch im Hinblick auf insbesondere Art. 8 RL (EU) 2016/680 nötig, der eine Rechtsgrundlage für jede Verarbeitung, die von der zuständigen Behörde zu den in Art. 1 Abs. 1 RL (EU) 2016/680 genannten Zwecken erfolgt, und die Erforderlichkeit der Verarbeitung für die jeweiligen Zwecke verlangt (→ DS-GVO PolizeiundNachrichtendienst Rn. 53; zum Abgleich → § 3 Rn. 32). Folgt man der gesetzgeberischen Annahme, dass neben den allgemeinen Verarbeitungsermächtigungen in den Fachgesetzen noch eine auffangartige, alle in § 45 genannten Stellen und Zwecke erfassende Generalermächtigung sinnvoll ist (grundsätzlich kritisch Hill/Kugelmann/Martini/Bäcker, Perspektiven der digitalen Lebenswelt, 2017, S. 70 f.), wäre es besser gewesen, eine solche Ermächtigung in möglichst gelungener, hinreichend differenzierter Fassung in Teil 3 des BDSG einzugliedern. Eine entsprechende Platzierung war im Referentenentwurf vorgesehen (Art. 44 des Referentenentwurfs des Bundesministeriums des Innern. Entwurf eines Gesetzes zur Anpassung des Datenschutzrechts an die Verordnung (EU) 2016/679 und zur Umsetzung der Richtlinie (EU) 2016/680, Stand v. 23.11.2016). Der Vorschlag, hier auch eine spezifizierte Generalermächtigung für die Verarbeitung personenbezogener Daten zu schaffen, wurde im Gesetzentwurf der Bundesregierung aber nicht mehr aufgegriffen.

2. Grenzen der Möglichkeit des Rückgriffs auf § 48

Als allgemeine Rechtsgrundlage für die Verarbeitung besonderer Kategorien personenbezoge- **9** ner Daten bleibt § 48 in seinen Tatbestandsvoraussetzungen relativ abstrakt und vage. Er enthält zwar Anknüpfungspunkte, die sich differenziert und auch durchaus kleinteilig konkretisieren lassen. Das gilt für die „Aufgabenerfüllung" und die Begriffe „unbedingt erforderlich" ebenso wie für die in Abs. 2 enthaltene Vorgabe, dass die verantwortliche Stelle im Falle der Verarbeitung besonderer Kategorien personenbezogener Daten geeignete Garantien ausarbeiten und implementieren muss (→ Rn. 29 ff.). Das ändert aber nichts daran, dass die gesetzlichen Vorgaben relativ unbestimmt sind.

Sowohl aus den unionalen Grundrechten, etwa Art. 7 und 8 GRCh, als auch aus dem rechts- **10** staatlichen Bestimmtheitsgrundsatz aus Art. 20 Abs. 3 GG und den einschlägigen grundgesetzlichen Grundrechten ergeben sich **Anforderungen an die Bestimmtheit gesetzlicher Ermächtigungen** (aus der stRspr etwa EuGH Urt. v. 8.4.2014 – C-293/12, C-594/12 Rn. 54; Urt. v. 6.10.2015 – C-362/14 Rn. 91; BVerfGE 110, 33 (52 ff.); 120, 378 (302 ff.); 133, 277 (336 ff.) = BeckRS 2013, 49916; 141, 220 (265 Rn. 94); 155, 119 (Rn. 123); → DS-GVO PolizeiundNachrichtendienst Rn. 74). Damit soll sichergestellt werden, dass der demokratisch legitimierte Parlamentsgesetzgeber die wesentlichen grundrechtsrelevanten Entscheidungen selbst trifft, dass Regierung und Verwaltung im Gesetz steuernde und begrenzende Handlungsmaßstäbe vorfinden, dass die Gerichte eine wirksame Rechtskontrolle durchführen können und dass die Bürger sich auf die gesetzlich gedeckten Maßnahmen einstellen können (so BVerfGE 120, 378 (407)). Im Falle eines Eingriffs in das Recht auf informationelle Selbstbestimmung kommt dem Bestimmtheitsgrundsatz auch die spezifische Funktion zu, eine Umgrenzung ua des Verwendungszwecks der Daten und der daraus gewonnenen Informationen sicherzustellen und damit zugleich Funktionsbedingungen der Zweckbindung zu gewährleisten (BVerfGE 120, 378 (408); 155, 119 (Rn. 133)). Die konkreten Anforderungen an Normenbestimmtheit und Normenklarheit richten sich nach den Eigenarten des Sachbereichs und der zu regelnden Frage sowie nach Art und Schwere des Eingriffs, hier auch nach Art, Umfang und denkbare Verwendung der Daten sowie der Gefahr deren Missbrauchs. Dass Personen in „das Visier staatlicher Überwachungstätigkeit" geraten, hat das BVerfG schon ganz abstrakt für sich genommen als nicht unerheblichen Eingriff eingestuft, dies jedenfalls, soweit dies im Vorfeld einer Wissensgenerierungs- oder Verdachtsverdichtungsmaßnahme erfolgt und die Personen im weiteren Verlauf Zielpersonen strafrechtlich relevanter Ermittlungen werden können (BVerfGE 115, 320 (344, 347 ff.); 150, 244 (Rn. 42 ff.)). Im Rahmen des § 48 geht es zudem gerade um die Verarbeitung „sensibler" Daten, die wegen der typisierenden Annahme einer gesteigerten Schutzbedürftigkeit der betroffenen Person einer besonderen Regelung unterliegt (ausf. zum auch der DSGVO zugrundeliegenden Konzept, selbst wenn diese einen anderen Regelungsansatz hat → DS-GVO Art. 9 Rn. 19 ff.). Je nach Aussagegehalt, Verwendungsmöglichkeiten im Verarbeitungskontext und Missbrauchsgefahren kann deren Verarbeitung ein intensiver Eingriff sein. Eine gesteigerte Eingriffsintensität erkennt das BVerfG zudem ua bei Maßnahmen, die verdeckt erfolgen, vor allem wenn dabei unbeteiligte Dritte betroffen sind, oder die als Überwachungsmaßnahme mit großer Streubreite eine unbestimmte Vielzahl Unbeteiligter betreffen, ohne dass diese Personen hierfür einen Anlass gegeben haben (etwa BVerfGE 150, 244 (Rn. 96 ff.) = NJW 2019, 827; BVerfGE 155, 119 (Rn. 129)).

11 Vor diesem Hintergrund können polizeiliche Maßnahmen, im Rahmen derer Bild- und Videomaterial, das eine Vielzahl im Ergebnis unbeteiligter Personen zeigt, mittels des **Einsatzes einer Gesichtserkennungssoftware** biometrisch aufbereitet und analysiert wird **nicht auf § 48 gestützt werden** (s. Der Hamburgische Beauftragte für Datenschutz und Informationsfreiheit, Prüfbericht Gesichtserkennungssoftware 2018, https://datenschutz-hamburg.de/assets/pdf/Pruefbericht_Gesichtserkennungssoftware.pdf, S. 13 ff., anders dagegen mit zahlreichen dogmatischen Schwächen VG Hamburg Urt. v. 23.10.2019 – 17 K 203/19 = BeckRS 2019, 40195 Rn. 75 ff., 89 ff., dies im Kontext der G-20 Proteste in Hamburg; berechtigte Kritik an diesem Urteil bei Mysegades NVwZ 2020, 852 ff.; s. auch Martini NVwZ 2022, 30 (30 f.)). Eingriffsqualität und -intensität sind bei den involvierten Datenverarbeitungsschritten – zB die Herstellung von Templates aller erkennbaren Gesichter und deren Speicherung in einer Referenzdatei oder der Abgleich des Gesichts einer ausgewählten Person mit dieser Datei – zwar zu differenzieren. Sowohl Art. 8 GRCh als auch Art. 2 Abs. 1 iVm Art. 1 Abs. 1 GG verlangen in solchen Konstellationen aber nach einer grundlegenden, hinreichend bestimmten Regulierung durch den Gesetzgeber, die den Risiken für Rechte und Freiheiten durch inhaltliche Vorgaben wie etwa Einschreitschwellen und durch technische oder organisatorische Schutzvorkehrungen Rechnung trägt (vgl. zum allgemeinen Erfordernis einer grundlegenden Regulierung des Umgangs mit personenbezogenen Informationen und Daten Albers, Informationelle Selbstbestimmung, 2005, S. 454 ff., Open Access unter www.nomos-elibrary.de/10.5771/9783845258638/informationelle-selbstbestimmung; zur Ausgestaltungsdimension des Art. 8 GRCh etwa Marsch, Das europäische Datenschutzgrundrecht, 2018, S. 128 ff.). Derartige Vorgaben müssen auch die teilweise intensiveren Eingriffe in individuelle Rechte in einer hinreichend bestimmten, die Anforderungen des Übermaßverbots beachtenden Weise abdecken. § 48 bietet angesichts seiner relativ abstrakten und vagen Tatbestandsvoraussetzungen keine tragfähige Grundlage.

12 Ein Rückgriff auf § 48 kommt im Ergebnis überhaupt nur bei Maßnahmen in Betracht, die mit einem **erkennbar geringen Risiko für die Rechte und Freiheiten** der betroffenen Personen verbunden sind. Ähnlich hält die Begründung des Gesetzentwurfs der Bundesregierung zum DSAnpUG-EU für § 3 BDSG richtigerweise fest: „Wie nach geltendem Recht enthält § 3 eine subsidiäre, allgemeine Rechtsgrundlage für Datenverarbeitungen mit geringer Eingriffsintensität in die Rechte der betroffenen Person." (BT-Drs. 18/11325, 81). Angesichts des breiten Spektrums, das § 48 wegen des auch Ordnungswidrigkeiten umfassenden Anwendungsbereichs (→ Rn. 6) und wegen des Begriffs der „sensiblen" Daten (→ Rn. 18 mwN) erfasst, kann es Konstellationen geben, in denen auch eine allgemeine Norm hinreichend ist. Trotzdem ist es sinnvoll, § 48 im Rahmen von Evaluationen hinsichtlich sowohl seiner praktischen Rolle als auch seiner tatbestandlichen Ausgestaltung mit Blick auf die Konstellationen zu überprüfen, denen er überhaupt eine tragfähige Grundlage liefern könnte.

IV. Verhältnis zu anderen Vorschriften

1. Art. 9 DS-GVO, § 22 BDSG

13 In Teil 2, den Durchführungsbestimmungen für Verarbeitungen zu Zwecken im Anwendungsbereich der DS-GVO, enthält **§ 22** vor dem Hintergrund des grundsätzlichen Verarbeitungsverbots des Art. 9 Abs. 1 DS-GVO und der mitgliedstaatlichen Regelungsmöglichkeiten nach Maßgabe der Art. 9 Abs. 2–4 DS-GVO eine allgemeine Rechtsgrundlage für die Verarbeitung besonderer Kategorien personenbezogener Daten. Wegen der Abgrenzung der Anwendungsbereiche (Art. 2 Abs. 2 lit. d DS-GVO, dazu auch EuGH Urt. v. 22.6.2021 – C 439/19 - B B Rn. 69 ff., BeckRS 2021, 15289) besteht im Hinblick auf das die RL (EU) 2016/680 umsetzenden § 48 **kein Konkurrenzverhältnis**. Dieser trifft im **Vergleich der Normen** auch eine eigenständige Regelung, die unbestimmtere und niedrigere Anforderungen an die Verarbeitung besonderer Kategorien personenbezogener Daten stellt (kritisch dazu etwa European Data Protection Supervisor, Opinion 6/2015 v. 28. 2015, S. 7; vgl. → § 22 Rn. 25 ff.). Ähnlich wie in § 22 sah der Vorschlag der Kommission (RL-Vorschlag der Kommission v. 25.1.2012, KOM(2012) 10 endgültig) in seinem Art. 8 Abs. 1 noch vor, dass die Mitgliedstaaten die Verarbeitung sensibler personenbezogener Daten untersagen, wenn dann auch die Ausnahmen davon im Vergleich zu § 22 Abs. 2 va in Art. 8 Abs. 2 lit. a (Abs. 1 gilt nicht, wenn die „Verarbeitung durch eine Vorschrift gestattet [ist], die geeignete Garantien vorsieht") deutlich weiter gefasst waren. Die dann abgeschwächte Fassung des Art. 10 RL 2016/680 mag Ausdruck einer allgemeinen Tendenz zur Abschwächung des Kommissionsentwurfs im Rahmen des Gesetzgebungsprozesses sein, wie sie an verschiedenen Stellen in der Richtlinie zum Ausdruck kommt (vgl. hierzu Bäcker/Hornung ZD 2012, 147 (150)). Wegen der Grundrechtssensibilität des Regelungsgegenstandes ist dies aber eher überraschend. Diese Grundrechtssensibilität ist bei der Interpretation sowohl des Art. 10 RL 2016/680 in seinen systematischen Bezügen als auch des § 48 zu berücksichtigen.

2. Spezialgesetzliche Bestimmungen

Spezialgesetzliche Bestimmungen gehen nach Maßgabe des § 1 Abs. 2 BDSG den allgemeinen Regelungen des BDSG vor. Im Anwendungsbereich des § 45 gibt es zahlreiche Spezialgesetze (→ DS-GVO PolizeiundNachrichtendienst Rn. 83 ff.). Soweit diese einen Sachverhalt gar nicht oder nicht abschließend und erschöpfend regeln, greifen die Vorschriften des BDSG (§ 1 Abs. 2 S. 2 BDSG); teilweise wird auch rückverwiesen (s. § 500 StPO). § 48 muss dann hinsichtlich des in Rede stehenden Sachverhalts allerdings trotz der Bestimmtheitsanforderungen tragfähig sein (→ Rn. 9 ff.). Probleme entstehen auch dadurch, dass bereichsspezifische und allgemeine Regelungsmuster in einigen Hinsichten nicht gut miteinander abgestimmt sind, weil jene eine eigenständige Gesetzestradition haben und zudem mehr oder weniger stark durch Entscheidungen des BVerfG geprägt sind. **14**

B. Voraussetzungen der Zulässigkeit der Verarbeitung (Abs. 1)

Abs. 1 enthält im Anwendungsbereich des § 45 eine von nur wenigen Tatbestandsvoraussetzungen geprägte **allgemeine Rechtsgrundlage für die Verarbeitung besonderer Kategorien personenbezogener Daten**. Die Verarbeitung besonderer Kategorien personenbezogener Daten (→ Rn. 16 ff.) ist nur zulässig, wenn sie zur Aufgabenerfüllung (→ Rn. 19 f.) unbedingt erforderlich (→ Rn. 21 ff.) ist. **15**

I. Verarbeitung besonderer Kategorien personenbezogener Daten

Die **Verarbeitung** personenbezogener Daten ist in § 46 Nr. 2 legal definiert. Verarbeitung ist danach jeder mit oder ohne Hilfe automatisierter Verfahren ausgeführte Vorgang oder jede solche Vorgangsreihe im Zusammenhang mit personenbezogenen Daten. Die Definition entspricht der Definition aus Art. 3 Nr. 2 RL 2016/680. Deren Anwendungsbereich beschränkt sich allerdings im Falle der nichtautomatisierten Verarbeitung auf diejenigen personenbezogenen Daten, die in einem Dateisystem (Art. 3 Nr. 6 RL 2016/680) gespeichert sind oder gespeichert werden sollen, Art. 2 Abs. 2 RL 2016/680. Diese Einschränkung übernimmt **§ 1 Abs. 1 BDSG** für **öffentliche Stellen** nicht, dies nicht zuletzt vor dem Hintergrund grundgesetzlicher Anforderungen (→ Rn. 3 ff.), deren Bindungen des Umgangs mit personenbezogenen Informationen und Daten umfassender angelegt sind. Das hat entsprechende Auswirkungen auf den Anwendungsbereich des § 45. Mit der zunehmenden Digitalisierung gerade auch der sicherheitsbehördlichen Tätigkeiten wird sich der Unterschied relativieren. § 46 Nr. 2 nennt dann im Anschluss an Art. 3 Nr. 2 RL 2016/680 zahlreiche Beispiele: das Erheben, das Erfassen, die Organisation, das Ordnen, die Speicherung, die Anpassung, die Veränderung, das Auslesen, das Abfragen, die Verwendung, die Offenlegung durch Übermittlung, Verbreitung oder eine andere Form der Bereitstellung, den Abgleich, die Verknüpfung, die Einschränkung, das Löschen oder die Vernichtung. Die Beispiele sind nicht abschließend, weil die Antwort auf die Frage, was ein rechtlich relevanter eigenständiger Verarbeitungsvorgang ist, vom Verwendungskontext sowie den entsprechenden Risiken und vor allem auch von den Verarbeitungstechniken abhängt. Demnach gilt für die öffentlichen Stellen iSd § 45 ein **umfassender Begriff der Verarbeitung,** der kontextspezifisch im Hinblick auf rechtsrelevante Aspekte oder Phasen konkretisiert werden kann. **16**

Personenbezogene Daten sind nach der Legaldefinition des § 46 Nr. 1 in Umsetzung von Art. 4 Nr. 1 RL 2016/680 alle Informationen, die sich auf eine identifizierte oder identifizierbare natürliche Person beziehen. Als identifizierbar wird eine natürliche Person angesehen, die direkt oder indirekt, insbesondere mittels Zuordnung zu einer Kennung wie einem Namen, zu einer Kennnummer, zu Standortdaten, zu einer Online-Kennung oder zu einem oder mehreren besonderen Merkmalen, die Ausdruck der physischen, physiologischen, genetischen, psychischen, wirt- **17**

schaftlichen, kulturellen oder sozialen Identität dieser Person sind, identifiziert werden kann (§ 46 Nr. 1 Hs. 2 im Anschluss an Art. 4 Nr. 1 RL 2016/680). Mit den in der Norm aufgelisteten Beispielen für eine Kennung werden freilich nur Identifikatoren benannt. Die Legaldefinition deutet darauf hin, dass das wesentliche Problem in der **Identifizierbarkeit** einer Person gesehen wurde (s. auch Erwägungsgrund 21 zur RL 2016/680). Das kann sich simpel gestalten, wenn beispielsweise bestimmte Angaben unmittelbar mit Identifikatoren wie dem Namen verknüpft werden (für Passagierdaten im Rahmen des PNR-Abkommens EuGH, Gutachten v. 26.7.2017, 1/15, Rn. 121 f.). Sofern ein Personenbezug theoretisch über mehrere Operationen unter Beteiligung unterschiedlicher Akteure hergestellt werden kann, kann es durchaus schwer fallen zu entscheiden, unter welchen Voraussetzungen die hinter bestimmten Daten (IP-Adresse, Foto, Videoaufzeichnung, nickname) stehende Person im datenschutzrechtlichen Sinne in Bezug auf welchen Akteur als bestimmbar anzusehen ist (dazu EuGH Urt. v. 24.11.2011 – C-70/10 Rn. 88; Urt. v. 19.10.2016 – C-582/14 Rn. 32 ff.; Urt. v. 11.12.2014 – C 212/13 Rn. 22 f.; s. auch → DS-GVO Art. 4 Rn. 14 ff. mwN). Neue Techniken, etwa Re-Identifikationsmöglichkeiten durch die automatisierte Verknüpfung einer Vielzahl von Daten oder automatisierte Gesichtserkennungsverfahren, sind dabei zu berücksichtigen; sie stoßen gerade auch im sicherheitsbehördlichen Bereich auf Interesse. **Aufmerksamkeit** verdient allerdings darüber hinaus auch die Frage, **welche Daten sich überhaupt auf eine identifizierte oder identifizierbare Person beziehen.** Der Bezug von Daten auf Personen ist keineswegs immer schon in einer Weise gegeben, dass es nur um deren Identifizierbarkeit ginge. Er wird vielmehr in bestimmten Kontexten als Ergebnis einer sinngehaltserzeugenden Leistung tatsächlich oder potenziell und gegebenenfalls erstmals hergestellt; auch gestaltet er sich vielfältig und von unterschiedlicher Dichte (näher Voßkuhle/Eifert/Möllers VerwR/Albers § 22 Rn. 15 ff., 41). Antworten darauf, wann sich Daten in datenschutzrechtlich relevanter Weise auf identifizierte oder über bestimmte Identifikatoren identifizierbare Personen beziehen (können), sind nicht nur (akteurs-)relativ, sondern auch kontextabhängig. Sie können Wahrscheinlichkeitsannahmen, Prognosen und wertende Beurteilungen erfordern (s. auch Herbst NVwZ 2016, 902 ff.; aus der Rspr. etwa BVerwG NVwZ 2020, 1114 (1117)). Hier stecken zentrale Abgrenzungs- und Anwendungsprobleme des Datenschutzrechts insgesamt. Das gilt umso mehr erstens vor dem Hintergrund von automatisierten Verarbeitungsformen im Big-Data-Kontext oder auf Grund von Re-Identifikationsmöglichkeiten durch Zugang zu und Verknüpfung von Daten. Zweitens gestaltet sich die Tätigkeit der Sicherheitsbehörden schon lange nicht mehr allein einzelfall- oder tatbezogen, personenfokussiert und punktuell, sondern zeichnet sich zunehmend durch übergreifend-strukturorientierte Muster der Wissensgenerierung ggf. unter Einsatz auch von KI aus (Albers, Die Determination polizeilicher Tätigkeit in den Bereichen der Straftatenverhütung und der Verfolgungsvorsorge, 2001, S. 97 ff.; Trute/Kuhlmann GSZ 2021, 103 (104 ff.)). Im Ergebnis steht man vor der Frage, ob dem Merkmal des Personenbezugs, das den Anwendungsbereich des Datenschutzrechts ein- und abgrenzt, im gesamten davon erfassten Spektrum wirklich ausreichende Leistungs- und Differenzierungskraft zukommt. Für eine sinnvolle Gestaltung, Auslegung und Anwendung datenschutzrechtlicher Regelungen wird es jedenfalls immer wichtiger, Schutzgüter und rechtlich schutzwürdige Datenschutzinteressen zu schärfen (so bereits Seckelmann/Albers, Digitalisierte Verwaltung, 2. Aufl. 2019, Rn. 12).

18 Abs. 1 betrifft die Verarbeitung **besonderer Kategorien personenbezogener Daten.** Nach der Legaldefinition des § 46 Nr. 14, die sich praktisch textgleich an Art. 10 RL (EU) 2016/680 anschließt, zählen hierzu personenbezogene Daten, aus denen die rassische oder ethnische Herkunft, politische Meinungen, religiöse oder weltanschauliche Überzeugungen oder die Gewerkschaftszugehörigkeit hervorgehen, genetische Daten, biometrische Daten zur eindeutigen Identifizierung einer natürlichen Person, Gesundheitsdaten und Daten zum Sexualleben oder zur sexuellen Orientierung. Genetische, biometrische und Gesundheits-Daten werden weiter in § 46 Nr. 11–13 legaldefiniert. Das Konzept der „sensiblen" Daten ist auch in Art. 9 DS-GVO verankert, der gegenüber Art. 6 DS-GVO verschärfte Anforderungen an die Rechtmäßigkeit der Verarbeitung personenbezogener Daten stellt. Dies wird von den Annahmen getragen, dass bestimmte Kategorien personenbezogener Daten typischerweise das Risiko einer Verletzung der Rechte der betroffenen Person in sich bergen und mit deren erhöhter Schutzbedürftigkeit verbunden sind, so dass dem durch **verschärfte datenschutzrechtliche Vorgaben** Rechnung getragen werden muss (→ DS-GVO Art. 9 Rn. 19). Für Art. 10 RL (EU) 2016/680 erläutert Erwägungsgrund 37, dass Daten, die „ihrem Wesen nach hinsichtlich der Grundrechte und Grundfreiheiten besonders sensibel" sind, einen besonderen Schutz verdienen, „da im Zusammenhang mit ihrer Verarbeitung erhebliche Risiken für die Grundrechte und Grundfreiheiten auftreten können"; sie sollten nur dann verarbeitet werden, wenn die Verarbeitung „vorbehaltlich geeigneter Garantien" erfolgt und ua „in durch Rechtsvorschriften geregelten Fällen erlaubt" ist. Im Konzept steckt somit eine

Typisierung, die **an eine in bestimmter Weise formulierte Kategorisierung von Daten anknüpft,** wobei die gewählten Formulierungen **verschiedenartig** und **in sich mehr oder weniger anspruchsvoll** sind (→ DS-GVO Art. 9 Rn. 19 und Rn. 27 ff.). Nicht nur, aber vor allem die Daten, aus denen bestimmte Informationsinhalte „hervorgehen", werfen **Zuordnungs- und Abgrenzungsschwierigkeiten** auf, die die Probleme, die bereits hinsichtlich des Personenbezugs auftauchen können (→ Rn. 17), noch einmal steigern (→ DS-GVO Art. 9 Rn. 29 ff.). Der **Fundamentalkritik am Konzept „sensibler" Daten** (→ DS-GVO Art. 9 Rn. 20) kann man in bestimmtem Umfang Rechnung tragen, indem man erstens die jeweils relevanten **Schutzgüter und Datenschutzinteressen** der betroffenen Person, die sich im Ausgangspunkt **vielfältig** darstellen (→ DS-GVO Art. 9 Rn. 23 f.), adäquat herausarbeitet und zweitens an den jeweiligen normativen Anknüpfungspunkten ein **sach- und schutzbedarfsgerechtes Verständnis der einschlägigen Vorgaben** entwickelt (→ DS-GVO Art. 9 Rn. 21 ff.). Dann lässt sich das Konzept der „sensiblen Daten" an unterschiedliche Möglichkeiten der Beschreibung der relevanten Verarbeitungskontexte anpassen und auch auf die jeweiligen Gefährdungen zuschneiden, die von relativ abstrakten Risiken bis zu erkennbar drohenden Nachteilen für die betroffene Person reichen können (→ DS-GVO Art. 9 Rn. 25 f.). Die Vorgaben des **§ 48 Abs. 1** sind allerdings vage und knapp; ein Rückgriff auf diese Norm kommt ohnehin nur bei Maßnahmen in Betracht, die mit einem geringen Risiko für die Rechte und Freiheiten der betroffenen Personen verbunden sind (→ Rn. 12). Das gilt mit teleologisch herleitbaren Modifikationen auch für die eingebundenen (BT-Drs. 18/11325, 111) sensiblen Daten, die die Person offensichtlich öffentlich gemacht hat (s. dazu Art. 10 Hs. 2 lit. c RL (EU) 2016/680; → DS-GVO Art. 9 Rn. 74 ff.). Soweit auf § 48 Abs. 1 zurückgegriffen werden kann, bieten die Begriffe, dass die Datenverarbeitung „nur zulässig" ist, wenn sie „zur Aufgabenerfüllung" „unbedingt" „erforderlich" ist, verschiedene normative Anknüpfungspunkte. Deren sach- und schutzbedarfsgerechte Auslegung und Anwendung kann etwa dazu führen, dass die Aufgabe besonders präzise und begrenzt gefasst werden muss. Denkbar ist auch, dass die Verarbeitung im Ergebnis eben nicht zulässig ist, sondern zu unterbleiben hat. Abschließend ist noch darauf hinzuweisen, dass sich das Konzept der „sensiblen" Daten wegen des in Deutschland traditionell anderen Zugriffs (grundlegend BVerfGE 65, 1 (45)) und der prägenden Rechtsprechung des BVerfG (zu den Gründen → Rn. 4 f.) in den **spezialgesetzlichen Bestimmungen** des Sicherheitsrechts **nicht so deutlich widerspiegelt** (→ DS-GVO Polizei- undNachrichtendienst Rn. 133 ff.), wie es im Unionsrecht angelegt ist. Daraus resultieren Anforderungen an die Abstimmung allgemeiner und spezialgesetzlicher Vorschriften. Diese werden wiederum dadurch relativiert, dass § 48 Abs. 1 nur vage und knappe Vorgaben enthält (und deswegen sowieso selten tragfähig sein kann) und bei den Garantien in Abs. 2 auch nicht auf gerade „sensible" Daten zugeschnitten ist.

II. Unbedingte Erforderlichkeit zur Aufgabenerfüllung

§ 48 knüpft die Zulässigkeit der Verarbeitung besonderer Kategorien personenbezogener Daten   **19** an die Voraussetzung, dass die Verarbeitung zur Aufgabenerfüllung unbedingt erforderlich ist. Im Ausgangspunkt wird damit eine Verknüpfung der Datenverarbeitung zum einen mit dem durch die „Aufgabenerfüllung" in Bezug genommenen materiellen Sicherheitsverwaltungsrecht und zum anderen – im Zusammenspiel mit § 45 – mit dem Organisationsrecht geleistet. Das ist über die einzelnen Tatbestandsmerkmale des Abs. 1 noch zu präzisieren.

1. Zur Aufgabenerfüllung

Die **Aufgaben,** auf die § 48 Bezug nimmt, werden durch mehrere Eckpunkte spezifiziert.   **20** Zunächst wird der Aufgabenkreis im Zusammenspiel mit § 45 durch die Bezugnahme auf die dort genannten, im Zusammenhang mit den Vorgaben der RL (EU) 2016/680 und teilweise in teleologischer Reduktion zu verstehenden Bereiche eingegrenzt (→ Rn. 6). Im Rahmen dieses Aufgabenkreises ist die in Art. 10 Hs. 2 lit. b RL (EU) 2016/680 gesondert genannte Wahrung lebenswichtiger Interessen der betroffenen oder einer anderen natürlichen Person eingebunden (BT-Drs. 18/11325, 111). Vor diesem Hintergrund kommen die einschlägigen Spezialgesetze hinzu, die die Erfüllung der den öffentlichen Stellen iSd § 45 zugewiesenen Aufgaben nach Maßgabe zugeordneter Befugnisse näher beschreiben. Der **entsprechend zu spezifizierende Kompetenzrahmen** erhält weitere Grenzen dann vor allem über den bei der Verarbeitung personenbezogener Daten stets zu beachtenden **Grundsatz der Zweckbindung** (§ 47 Nr. 2 in Umsetzung des Art. 4 Abs. 1 lit. b RL (EU) 2016/680). Die Verarbeitung personenbezogener Daten ist nicht etwa allgemein daran geknüpft, dass sie sich im Rahmen der Aufgaben der adressierten öffentlichen Stellen halten muss (so aber die Lesart bei HK-BDSG/Kampert BDSG § 48 Rn. 10 f.). Sie muss "zur" Aufgaben„erfüllung" erforderlich sein. Dieser Normtext zeigt, dass die nach § 47 Nr. 2 gebotene Festlegung datenverarbeitungsbezogener Zwecke dazu dient, die Verarbeitung personenbezogener Daten, die für sich genommen vielfältig und für beliebige Zwecke nutzbar wären, mit (bestimmten) sachlichen Kompetenzen einer staatlichen Stelle rechtlich zu verklammern. Sie hat – in Verbindung mit der Zweckbindung im engeren Sinne und dem Regelungselement der „Erforderlichkeit" (→ Rn. 21 ff.) - ua die Funktion, die Verarbeitung personenbezogener Daten zu begrenzen, zu strukturieren und transparent zu gestalten (näher Voßkuhle/Eifert/Möllers/Albers VerwR § 22 Rn. 83 ff., 88 mwN; → DS-GVO PolizeiundNachrichtendienst Rn. 93 ff.). Deswegen sind die Verarbeitungs- oder Verwendungszwecke keineswegs mit den sachlichen Aufgaben deckungsgleich. Sie liegen im Gegenteil gleichsam quer dazu, indem sie Datenverarbeitungen an die Erfüllung bestimmter sachlicher Aufgaben nach Maßgabe der sachlichen Befugnisse anklammern. § 47 Nr. 2 stellt die Anforderung, dass die vor oder bei Erhebung, spätestens mit der Erfassung oder Speicherung personenbezogener Daten festzulegenden Zwecke „eindeutig" und „rechtmäßig" sein müssen. Eine pauschale, vage und weite Zweckfestlegung entspräche diesen Anforderungen nicht. Mit Blick auf sowohl die Funktionen der Zweckfestlegung als auch die anstehende Aktivität der öffentlichen Stelle in einer bestimmten Konstellation ist zu beantworten, was „eindeutig" ist. Eine solche Zweckfestlegung muss die verantwortliche Stelle - unter Beachtung auch der Anforderungen des Bestimmtheitsgebots und involvierter Grundrechte - im Rahmen und auf Basis der gesetzlichen Vorgaben vornehmen (s. etwa NK-DatenschutzR/Roßnagel Art. 5 Rn. 73; → DS-GVO PolizeiundNachrichtendienst Rn. 96 f.). Mit der Festlegung eines „eindeutigen" Verwendungszwecks entsteht ein Bezug zu einer ganz bestimmten, durch die fachgesetzlichen Kompetenzen spezifizierten Aufgabenerfüllung und eine entsprechende Eingrenzung der Datenverarbeitung (mindestens missverständlich Auernhammer/Greve § 48 Rn. 8, der für die Zweckbindung allein auf Abs. 1 festgelegten, ganz abstrakten und ausgesprochen zu viel zu vagen Zwecke abstellt). Trotz der sich auf die „Erfüllung einer Aufgabe" und damit auf den Regelfall beziehenden Vorgabe des Art. 8 Abs. 1 RL (EU) 2016/680 lässt der Normtext des § 48 Abs. 1 es auch zu, dass sich die behördliche Zweckfestlegung, solange sie „eindeutig" bleibt, unter vom Sachverhalt abhängigen Umständen in Gestalt einer bündelnden Zweckfestlegung auf mehrere konstellationsbezogen spezifizierte Aufgaben aus dem Spektrum des § 45 beziehen kann (zu den Möglichkeiten der Zweckgestaltung allg. Albers, Informationelle Selbstbestimmung, 2005, S. 511 ff., Open Access unter www.nomos-elibrary.de/10.5771/9783845258638/informationelleselbstbestimmung). Die Einräumung einer solchen Möglichkeit ist bei einem allgemeinen Auffangtatbestand für sich genommen unproblematisch. In der jeweiligen Konstellation muss § 48 als Rechtsgrundlage freilich überhaupt tragfähig sein (→ Rn. 12). Umgekehrt kann die sach- und schutzbedarfsgerechte Auslegung und Anwendung des § 48 Abs. 1 in einer konkreten Konstellation dazu führen, dass bei der in Rede stehenden Verarbeitung besonderer Kategorien personenbezogener Daten der Verarbeitungs- und Verwendungszweck iSd § 47 Nr. 2 scharf zu fassen und die Aufgabenerfüllung damit präzise eingegrenzt ist. Der zu Beginn des Verarbeitungsprozesses festzulegende Zweck bindet grundsätzlich über den gesamten Verarbeitungsablauf hinweg (zu Zweckänderungsmöglichkeiten → § 49 Rn. 1 ff. und zu den vor allem spezialgesetzlichen Regelungen → DS-GVO PolizeiundNachrichtendienst Rn. 133 ff.).

2. Unbedingte Erforderlichkeit

21 Dass die Verarbeitung nur dann zulässig ist, wenn sie zur Aufgabenerfüllung **unbedingt erforderlich** ist, nimmt die Formulierung des Art. 10 RL (EU) 2016/680 auf. Der **EuGH** interpretiert den Begriff der Erforderlichkeit im Datenschutzrecht der Union in den einschlägigen Fällen oft dahin, dass eine Verarbeitung personenbezogener Datenverarbeitung sich auf das „absolut Notwendige" beschränken muss oder die Grundrechte des Betroffenen nicht in einem Maße einschränken darf, das über das absolut Notwendige hinausgeht (vgl. EuGH BeckRS 2008, 71330 Rn. 56 – Satamedia; BeckRS 9998, 93389 Rn. 77 und 86 – Schecke & Eifert; BeckRS 2013, 82121 Rn. 39 – IPI; Urt. v. 17.6.2021 – C597/19 Rn. 110 – M.I.C.M.; Urt. v. 22.6.2021 – C 439/19 - B B Rn. 109 ff. = BeckRS 2021, 15289). Diese Formulierung ist insofern **unterdifferenziert,** als sie den Aussagegehalt der „Erforderlichkeit" als datenschutzrechtliches Regelungselement und dessen Aussagegehalt, wie er sich im Lichte konkret involvierter Grundrechte der Beteiligten ergeben kann, zusammenzieht. In Fällen, in denen über die Grundrechtmäßigkeit zu entscheiden ist, spielen beide Aspekte auch eine Rolle, aber für das Gesetzesverständnis sollte man sie unterscheiden. Was im Datenschutzrecht mit der „Erforderlichkeit" gemeint ist, spiegelt sich wider in Art. 4 Abs. 1 lit. c RL (EU) 2016/680 (teilweise schief umgesetzt in § 47 Nr. 3): Personenbezogene Daten müssen erstens „dem Verarbeitungszweck entsprechen", d. h. nach Informationsinhalt und Umfang angemessen („adequate") sein. Sie müssen zweitens „maßgeblich" sein, also zur Erfüllung der Aufgabe, auf die der Verarbeitungs- oder Verwendungszweck iSd § 47 Nr. 2 abstellt, relevant („relevant") sein. Drittens dürfen sie in Bezug auf die Zwecke, für die sie verarbeitet werden, nicht übermäßig im Sinne von nicht excessiv („not excessive") sein.

Die „**Erforderlichkeit**" ist somit, auch wenn sie Anknüpfungspunkt für das Verhältnismäßigkeitsprinzip sein kann (→ Rn. 27), zunächst ein **datenschutzrechtliches Regelungselement** (s. auch Voßkuhle/Eifert/Möllers VerwR/Albers § 22 Rn. 87 ff.; → DS-GVO PolizeiundNachrichtendienst Rn. 99 ff.). Als solches **ergänzt sie die Bindung an festgelegte Zwecke**. Mittels des Regelungselements der „Erforderlichkeit" wird eine **Abhängigkeitsbeziehung** zwischen der Verarbeitung personenbezogener Daten und den festgelegten Zwecken hergestellt und der **Abhängigkeitsgrad** beschrieben, mit dem die datenverarbeitende Stelle auf den jeweiligen Verarbeitungsvorgang angewiesen ist (s. näher, va mit Blick auf den öffentlichen Bereich, Albers, Informationelle Selbstbestimmung, 2005, S. 516 ff., Open Access unter www.nomos-elibrary.de/10.5771/9783845258638/informationelle-selbstbestimmung). Die Frage lautet, ob ein Verarbeitungsvorgang mit Blick darauf notwendig ist, und es geht hier weniger nach der Suche nach „milderen" alternativen Mitteln. Der Fokus richtet sich vielmehr darauf, ob die Erfüllung der Aufgabe, die mittels der Zweckfestlegung konkretisiert wird, auch ohne den jeweiligen Verarbeitungsvorgang möglich ist. 22

Bezugspunkt der Erforderlichkeit ist der näher festgelegte **Verarbeitungs- und Verwendungszweck** iSd § 47 Nr. 2. Erst mit Blick auf eine dadurch erreichte Konkretisierung der Aufgabenerfüllung lässt sich die Frage nach der „Erforderlichkeit" eines Verarbeitungsvorgangs überhaupt beantworten. Die Erforderlichkeit setzt die Zwecke der Verarbeitung grundsätzlich als vorgegeben voraus. Allerdings kann sie im Zusammenspiel mit der Zweckfestlegung auf deren Konkretions- und Präzisionsgrad, im Hinblick auf den bereits die Anforderung „eindeutiger" Zwecke gilt, Rückwirkungen entfalten, mittels derer gewährleistet wird, dass sie selbst ihre Funktionen erfüllt. 23

Von diesem Ausgangspunkt aus lässt sich der Aussagegehalt des Tatbestandsmerkmals „Erforderlichkeit" weiter **aufschlüsseln**. Dies hängt im Detail von der Konstellation ab; die wichtigsten Punkte lauten: Erforderlich sein muss erstens gerade der jeweilige Verarbeitungsschritt mit den ihm zukommenden Funktionen. Etwa kann eine Erhebung von Daten nötig sein, die Speicherung aber nicht, und ggf. kann eine Speicherung nötig sein, aber nicht für die beabsichtigte Zeitdauer. Bei dieser Beurteilung können auch technische Möglichkeiten eine Rolle spielen, etwa solche, die es ermöglichen, die Speicherung mittels einer Dashcam mitlaufend erhobener Daten anlassbezogen zu beschränken (vgl. BGH Urt. v. 15.5.2018 – VI ZR 233/17 Rn. 25, https://juris.bundesgerichtshof.de,). Zweitens muss die Verarbeitung gerade der personenbezogenen Informationen und Daten erforderlich sein, auf die sich der Verarbeitungsvorgang bezieht. Daher ist etwa nach der Erhebung und vor der Speicherung oder vor einer Übermittlung entsprechend zu selektieren. Derartige Selektionen bei allen Verarbeitungsschritten sind beim sicherheitsbehördlichen Umgang mit Daten, Informationen und Wissen zentral, weil dieser in besonderer Weise durch Ungewissheit, Prognosen und Einschätzungen sowie durch eine Wissensgenerierung im Zeitablauf geprägt ist. Drittens kann man weiter differenzieren, ob die Verarbeitung gerade personenbezogener Informationen und Daten erforderlich ist oder ob nicht anonymisierte oder pseudonymisierte Daten genügen. 24

Im Hinblick auf den **Abhängigkeitsgrad,** mit dem die datenverarbeitende Stelle auf den jeweiligen Verarbeitungsvorgang angewiesen ist, setzt die Erforderlichkeit der Verarbeitung personenbezogener Daten voraus, dass die Zwecke ohnedem nicht, nicht vollständig oder nicht in rechtmäßiger Weise realisiert werden können. Die Beurteilung dessen lässt durchaus noch eine gewisse **Bandbreite** an Antworten offen. Daher kann das allgemein geltende datenschutzrechtliche Regelungselement der Erforderlichkeit auf der grundlegenden Ebene, auf der die Abhängigkeitsbeziehung zwischen dem relevanten Datenverarbeitungsvorgang und dem festgelegten Verarbeitungs- oder Verwendungszweck zu beurteilen ist, interpretatorisch mit der Vielfalt der datenschutzrechtlich geregelten Konstellationen abgestimmt werden (→ DS-GVO Art. 6 Rn. 16 f. und Rn. 19 mwN). Genau diese Bandbreite wird eingeengt durch das zusätzliche Tatbestandsmerkmal „unbedingt" und dann auch dadurch, dass das gesetzliche Tatbestandsmerkmal „(unbedingt) erforderlich" Anknüpfungspunkt einer Verhältnismäßigkeitsprüfung im Lichte betroffener Grundrechte ist. 25

Dass die Verarbeitung besonderer Kategorien personenbezogener Daten zur Aufgabenerfüllung **unbedingt** erforderlich ist, ist begrifflich als Steigerung des Abhängigkeits**grads,** mit dem die datenverarbeitende Stelle auf den jeweiligen Verarbeitungsvorgang angewiesen ist, zu verstehen. Es engt die vom Erforderlichkeitsmerkmal noch belassene Bandbreite ein. Die durch den Zweck 26 iSd § 47 Nr. 2 präzisierte Erfüllung der Aufgabe(n) nach Maßgabe der Befugnisse muss geradezu unmöglich, der jeweilige Verarbeitungsvorgang schlechterdings unverzichtbar sein (s. auch Gola/Heckmann/Braun § 48 Rn. 10). Eine solche Steigerung des Abhängigkeitsgrads findet sich auch in anderweitigen Formulierungen, zB in Gestalt der „zwingenden" Erforderlichkeit in § 22 Abs. 1 Nr. 1 lit. d (→ § 22 Rn. 30). Das Denkmuster ist dem Sicherheitsrecht außerdem in Gestalt der Subsidiaritätsklauseln vertraut, die bestimmte eingriffsintensive Maßnahmen bspw. nur zulassen, wenn das Erreichen des jeweiligen Zwecks auf andere Weise „aussichtslos" erscheint (Albers, Die Determination polizeilicher Tätigkeit in den Bereichen der Straftatenverhütung und der Verfolgungsvorsorge, 2001, S. 305 ff.). Das Merkmal „unbedingt" gibt somit in bestimmtem Umfang begrenzende Anforderungen her (anders etwa HK-BDSG/Kampert BDSG § 48 Rn. 13, der die Begrifflichkeit für tautologisch hält), und es führt zu Reflektions- und Begründungszwängen. Schlüsselt man die Bezugspunkte der Erforderlichkeit auf und fragt danach, ob gerade personenbezogene Daten unbedingt erforderlich sind, kann man die Formulierung darüber hinaus als Verweis auf die Verpflichtung in Abs. 2 verstehen, geeignete Garantien auszuarbeiten, nämlich Pseudonymisierungen oder Verschlüsselungen, aber auch Zugangsbeschränkungen oder getrennte Verarbeitungen.

27 In dem rechtsdogmatisch gängig scheinenden Tatbestandsmerkmal der (unbedingten) Erforderlichkeit stecken **komplizierte Probleme.** Das gilt schon deshalb, weil man es, wie erläutert, aufschlüsseln muss und weil seine Bezugspunkte variieren und präzisiert werden müssen. Vor allem muss man bestimmen, welche Informationen und welche Daten als Informationsgrundlage mit Blick auf die Zwecke, die sich ihrerseits mehr oder weniger komplex gestalten können und in deren Hintergrund auszulegende fachspezifische Rechtsnormen stehen, überhaupt „unbedingt erforderlich" sind. Vor allem zu Beginn eines Verarbeitungsprozesses muss noch der Prozess selbst antizipiert werden, der sich komplex gestalten und relativ unberechenbar verlaufen kann. Ob bestimmte personenbezogene Daten später tatsächlich noch benötigt werden, kann ohne weiteres erkennbar, aber auch eine hochgradig ungewisse Prognose sein. Das Regelungselement der Erforderlichkeit begleitet die Abläufe der Verarbeitung mit ihren unterschiedlichen Phasen (→ Rn. 16). Es muss ggf. darin in dem Sinne prozedural spezifiziert werden, dass eine Datenerhebung als „erforderlich" eingestuft wird, obwohl noch unklar ist, ob und welche der dann erhobenen Daten überhaupt relevant sind, während spätestens bei der Speicherung oder auch schon bei der Erfassung in einem bestimmten Format Selektionsschritte nötig werden. Die Umsetzung dieses Tatbestandsmerkmals erweist sich somit als sehr anspruchsvoll.

28 Über seine Aussagegehalte als datenschutzrechtliches Regelungselement hinaus zeichnet sich die Tatbestandsvoraussetzung der „Erforderlichkeit" dadurch aus, dass sie sich wegen ihrer normativen Offenheit als **Anknüpfungspunkt grundrechtlichen Einflusses** anbietet (s. auch Auernhammer/Greve § 48 Rn. 10: „wirkt als Einfallstor") und in ihrem Rahmen eine Abwägung der jeweils geschützten Interessen betroffener Personen und der involvierten öffentlichen Belange erfolgen kann. Das bedeutet, dass das gesetzliche Tatbestandsmerkmal der (unbedingten) Erforderlichkeit in konkreten Konstellationen mit Rücksicht auf die jeweils involvierten Grundrechte **im Lichte des Verhältnismäßigkeitsprinzips** zu interpretieren ist (in diesem Zusammenhang kann das Merkmal „unbedingt" mit seinem eben beschriebenen Gehalt (→ Rn. 26) einen besonders „strengen" Maßstab für die Verhältnismäßigkeitsprüfung bedingen, vgl. Bundesministerium des Innern, für Bau und Heimat, Evaluierung des Gesetzes zur Anpassung des Datenschutzrechts an die Verordnung (EU) 2016/679 und zur Umsetzung der Richtlinie (EU) 2016/680, 2021, S. 91). Im Ergebnis kann dies die Verarbeitungsmöglichkeiten weiter einengen. Eine solche Einengung lässt sich entwickeln, indem Anforderungen auf der Basis des Zusammenspiels zwischen Verarbeitungszweck und Erforderlichkeit erhöht werden und etwa Zweck-Teilelemente aufgeschlüsselt und noch präziser gefasst werden, damit die Erforderlichkeit einen weiter eingeengten Bezugspunkt zur Verfügung hat. Nicht übersehen darf man, dass das Ergebnis der Abwägung auch lauten kann, dass eine bestimmte Datenverarbeitung, selbst wenn die öffentliche Stelle zur Aufgabenerfüllung darauf schlechterdings angewiesen ist, mit Rücksicht auf die Intensität der Beeinträchtigung der Grundrechte der betroffenen Person zu unterbleiben hat. Man wird sich hier in Erinnerung rufen können, dass § 48 nur für Datenverarbeitungen mit geringer Eingriffsintensität in Betracht kommt (→ Rn. 12); freilich fallen auf der gegenüberstehenden Seite der Erfüllung der Aufgaben diejenigen, hinter denen gewichtige Belange stehen, ihrerseits nicht unter § 48 Abs. 1, sondern sind spezialgesetzlich geregelt.

C. Geeignete Garantien (Abs. 2)

29 Abs. 2 dient der Umsetzung von Art. 10 Hs. 2 RL (EU) 2016/680. Diese Vorgabe knüpft die Rechtmäßigkeit der Verarbeitung besonderer Kategorien personenbezogener Daten an das Erfordernis **geeigneter Garantien für die Rechte und Freiheiten der betroffenen Personen.**

I. Geeignete Garantien als datenschutzrechtliches Regelungselement

Das Regelungsinstrument der geeigneten Garantien findet sich an verschiedenen anderen Stellen im Datenschutzrecht im Allgemeinen und im BDSG im Besonderen (vgl. etwa Art. 9, 87 DS-GVO oder §§ 50, 79 BDSG). Geeignete Garantien werden regelmäßig dort eingesetzt, wo die vorhandenen gesetzlichen Regelungen für sich genommen nicht als ausreichend oder angemessen angesehen werden, um den Schutz der Rechtsgüter der betroffenen Personen, insbesondere der Grundrechte und Grundfreiheiten (vgl. Erwägungsgrund 37), in hinreichendem Umfang zu gewährleisten. Das kann der Fall sein, weil die gesetzlichen Regelungen nicht oder nicht vollständig greifen (s. zB Art. 87 DS-GVO oder § 79 BDSG) oder weil sie als nicht ausreichend angesehen werden, um den spezifischen Risiken einer Verarbeitungssituation Rechnung zu tragen. Geeignete Garantien stehen in engem Zusammenhang mit der System- und Technikgestaltung und der Datenschutzfolgenabschätzung; sie gehen über die im Regelfall vorgesehenen Maßnahmen hinaus, indem sie sie zusammenführen oder vertiefen (vgl. Kühling/Buchner/Weichert Art. 9 Rn. 134). 30

Geeignete Garantien reagieren auf kontextuelle Risiken der Datenverarbeitung für die jeweils relevanten Schutzgüter betroffener Personen, die dementsprechend in einem ersten Schritt identifiziert werden müssen. Sie müssen in ihrem Zusammenspiel geeignet sein, die für diese Schutzgüter ermittelten Risiken zu vermeiden oder zu verringern, die sich aus der Verarbeitung gerade der besonderen Kategorien personenbezogener Daten unter Berücksichtigung der eingesetzten Verfahren und Techniken, der verarbeitenden Stelle sowie des konkreten Verarbeitungszwecks ergibt. **Eignung** ist somit ein **Relationsbegriff.** Bestimmte Garantien können in einem Kontext hinreichend geeignet sein, während sie in einem anderen Kontext nicht ausreichen (s. auch EuGH Urt. v. 22.6.2021 – C-439/19 Rn. 118). 31

In Art. 10 RL (EU) 2016/680 ist ein **gestuftes Modell** angelegt, nach dem zunächst die (mitgliedstaatliche) Legislative angemessen konkretisierte Vorgaben vorsieht, die die verantwortliche Stelle auf die Implementation geeigneter Garantien im ersten Schritt verpflichten und diese im zweiten Schritt in bestimmtem Umfang vorstrukturieren. Auf dieser Basis ist die Ausarbeitung und Umsetzung der Garantien der verantwortlichen Stelle überantwortet. Dieses gestufte und grundsätzlich adäquate Modell (vgl. auch Auernhammer/Greve § 48 Rn. 16) liegt daran, dass es erstens von verschiedenen Faktoren abhängt, insbesondere von den eingesetzten Verarbeitungstechniken, der Organisation oder der kontextspezifisch zu ermittelnden Schutzbedürftigkeit der betroffenen Personen, welche spezifischen Garantien in der konkreten Konstellation angemessen sind. Zweitens müssen sich diese auch innovationsoffen gestalten und ua an den Stand der Technik angepasst sein. Dementsprechend werden bestimmte Garantien auch in anderen Normen sowohl durch das Gesetz benannt als auch der verantwortlichen Stelle überantwortet, wobei sich der Konkretionsgrad gesetzlicher Vorgaben unterscheiden kann (etwa § 22 oder § 79, s. auch → § 22 Rn. 36 ff.). 32

II. Die Garantien des § 48 Abs. 2

In § 48 Abs. 2 werden acht Regelbeispiele für „geeignete Garantien" aufgezählt, die nicht abschließend sind (vgl. dazu auch Bundesministerium des Innern, für Bau und Heimat, Evaluierung des Gesetzes zur Anpassung des Datenschutzrechts an die Verordnung (EU) 2016/679 und zur Umsetzung der Richtlinie (EU) 2016/680, 2021, S. 92). Wie den Normen insgesamt, bleiben auch die Garantien eher abstrakt und vage. In vielen der über § 45 adressierten Verarbeitungskontexte reicht dies vor dem Hintergrund der Anforderungen des Bestimmtheitsgrundsatzes und involvierter Grundrechte nicht aus. Das gilt umso mehr, als das BVerfG organisationsbezogenen, verfahrensbezogenen oder technischen Schutzvorkehrungen hervorgehobene Bedeutung beimisst und bereits der Gesetzgebung aufgibt, insoweit hinreichend bestimmte Vorgaben oder jedenfalls angemessene Delegationsermächtigungen zu treffen. Die Abstimmung zwischen § 48 Abs. 2 und den in den Spezialgesetzen vorhandenen sowie ggf. gesetzlich zu schaffenden Vorkehrungen wird dadurch erschwert, dass jene Norm an die unionalen Vorgaben zu „geeigneten Garantien" aufbaut, während sich spezialgesetzliche „Schutzvorkehrungen" im fachgesetzlichen Kontext, hier nicht selten nach Maßgabe einer verfassungsgerichtlichen Entscheidung, entwickelt haben und die Begrifflichkeiten der jeweiligen Regelungen heterogen sind. Der Rückgriff aus einem im Übrigen spezialgesetzlich geregelten Feld auf § 48 Abs. 2 ist systematisch nicht ausgeschlossen; er wird sich aufgrund der verfassungsrechtlichen Anforderungen aber eher selten als tragfähig erweisen (s. dazu auch Gola/Heckmann/Braun § 48 Rn. 15). Für den Bereich, der von Abs. 1 erfasst wird (→ Rn. 12), sind die Garantien allerdings hinreichend vorstrukturiert. Soweit hier überhaupt die Pflicht besteht, eine Datenschutz-Folgenabschätzung vorzunehmen (§ 67), kann deren Ergebnis Aufschluss darüber geben, welche Maßnahmen konkret geboten sind. 33

34 Hinsichtlich der **spezifischen Anforderungen an die Datensicherheit oder die Datenschutzkontrolle** ist der Verantwortliche bei der Verarbeitung besonderer Kategorien personenbezogener Daten bereits nach § 64 BDSG zu einem hohen Sicherheitsstandard verpflichtet, der einen Maßnahmenkatalog enthält, über den die Sicherheit entsprechend der jeweiligen Risikobewertung gewährleistet werden kann. Zentrale Elemente sind die Verschlüsselung und Pseudonymisierung der Daten gem. § 64 Abs. 2 BDSG. Hinzu kommen bei automatisierten Verarbeitungen Kontrollen, die den Zugang, den Datenträger, die Speicherung, die Benutzer, den Zugriff, die Übertragung, die Eingabe, den Transport, die Wiederherstellbarkeit, die Zuverlässigkeit, die Datenintegrität, den Auftrag, die Verfügbarkeit und die Trennbarkeit betreffen. Nach § 64 Abs. 1 BDSG müssen diese Maßnahmen gerade auch bei besonderen Kategorien personenbezogener Daten dem Ziel dienen, ein dem jeweiligen Verarbeitungsrisiko angemessenes Schutzniveau zu gewährleisten. Bei der Ausarbeitung der Garantien nach § 48 Abs. 2 BDSG können die bestehenden Sicherheitsmaßnahmen mitberücksichtigt werden.

35 Die **Festlegung von besonderen Aussonderungsprüffristen** flankiert den Erforderlichkeitsgrundsatz, indem in regelmäßigen Abständen die Notwendigkeit der Verarbeitung gerade der bestimmten personenbezogenen Daten überprüft werden muss. Es handelt sich um ein im Sicherheitsrecht gängiges Instrument. Die Festlegung besonderer Aussonderungsprüffristen setzt ein Datenschutzmanagement voraus, in das die Aussonderungsprüffristen eingepflegt sind.

36 Die **Sensibilisierung der an Verarbeitungsvorgängen Beteiligten** verlangt von der verantwortlichen Stelle, dass den an der Verarbeitung Beteiligten mittels Schulungen, Dienstanweisungen, Handlungsanweisungen oder Erläuterungen (Kühling/Buchner/Weichert Rn. 34) alle relevanten Aspekte der Verarbeitungsvorgänge so erklärt werden, dass sie mit den rechtlichen Anforderungen an auch ihre Tätigkeit umzugehen wissen. Zu diesen Aspekten gehören ua die Gründe des besonderen Schutzes gerade der verarbeiteten sensiblen Daten, die konkreten Verarbeitungsrisiken im jeweiligen Verarbeitungskontext, die aus der spezifischen Sensibilität der Daten resultierenden Verarbeitungsanforderungen, die Vorkehrungen, mit denen die verantwortliche Stelle den Risiken begegnet, und die Rolle, die den an den Verarbeitungsabläufen Beteiligten dabei zukommt.

37 Die **Beschränkung des Zugangs zu personenbezogenen Daten innerhalb der verantwortlichen Stelle** ist eine spezifische (im gesamten Spektrum des Sicherheitsrechts gängige und häufig bereichsspezifisch näher geregelte) Maßnahme, die nicht nur, aber auch bereits Ausdruck des generellen Anliegens der Datensicherheit (s. § 64 Abs. 3 Nr. 5) ist. Zugangsbeschränkungen reagieren auf die Verarbeitungs- und Missbrauchsrisiken. Je kleiner der Kreis der Zugangsberechtigten, desto geringer ist die Wahrscheinlichkeit, dass die aus den personenbezogenen Daten ableitbaren Informationen in einem anderen Verarbeitungskontext zweckwidrig verwendet werden. In der Praxis kommen ggf. physische Abschottungen in Betracht; in aller Regel sind es aber Softwarelösungen, mittels derer ein vollständiger Ausschluss nicht autorisierter Personen und ein passendes differenziertes Rechtekonzept hinsichtlich des Zugriffs auf die Daten und der verschiedenen Verarbeitungsschritte einschließlich der nötigen Authentifizierungen umzusetzen ist.

38 Die **von anderen Daten getrennte Verarbeitung** ermöglicht es mehr noch als Zugangsbeschränkungen innerhalb der verantwortlichen Stelle, im Rahmen risikoadäquater Schutzkonzepte Daten abzuschotten. Die Trennung kann auf unterschiedliche Weise mittels Hard- und Software realisiert und durch Datensicherheitsvorkehrungen nach Maßgabe des § 64 Abs. 2 BDSG flankiert werden.

39 Die **Pseudonymisierung personenbezogener Daten** ist in § 46 Nr. 5 legaldefiniert. Vor dem Hintergrund der notwendigen Analyse der Risiken steht diese Maßnahme im Anwendungsbereich des § 48 (→ Rn. 6 ff.) meist nicht an.

40 Die **Verschlüsselung personenbezogener Daten** ist bei der Speicherung sensibler Daten im Anwendungsbereich des § 48 nach Maßgabe einer Risikoanalyse angezeigt. Sie ist vor allem bei einer Übermittlung in Abhängigkeit von Übermittlungsart und -medium in aller Regel notwendig.

41 **Spezifische Verfahrensregeln, die im Fall einer Übermittlung oder Verarbeitung für andere Zwecke die Rechtmäßigkeit der Verarbeitung sicherstellen,** beziehen sich auf Maßnahmen, die teilweise bereits in den gesetzlichen Vorgaben zur Übermittlung (insbesondere § 74 Abs. 2) angelegt sind, aber darüber hinausgehen. In Betracht kommen Hinweise auf bereits identifizierte Risiken und notwendige Schutzvorkehrungen für die Weiterverarbeitung sowie nähere organisatorische oder technische Vorkehrungen.

III. Spezifische Dokumentations- und Protokollpflichten, allgemeine Rechenschaftspflicht

Die Ausarbeitung und Implementation geeigneter Garantien nach Abs. 2 als Teil eines umfassenderen Datenschutzmanagements sind von den Dokumentations- und Protokollpflichten in §§ 70, 76 teilweise, aber nicht vollumfänglich umfasst. Die verantwortliche Stelle trifft allerdings eine **allgemeine Rechenschaftspflicht,** die trotz der Vorgabe des Art. 4 Abs. 2 RL (EU) 2016/680 in Teil 3 nicht ausdrücklich verankert wurde. Das Fehlen der allgemeinen Rechenschaftspflicht kann zwar nicht über einen Verweis auf die Gesetzmäßigkeit der Verwaltung kompensiert werden (so aber Johannes ZD-Aktuell 2017 05757), weil jene über diese hinausreicht. Der Rechenschaftspflicht aus Art. 4 Abs. 2 RL (EU) 2016/680 ist aber im Wege der richtlinienkonformen Auslegung der datenschutzrechtlichen Verantwortlichkeit (vgl. § 45 S. 2) Rechnung zu tragen. Das bedeutet, dass auch die Ausarbeitung und Implementation geeigneter Garantien nach Abs. 2 dokumentiert und nachgewiesen werden muss. Dies dient nicht nur der externen Kontrolle, sondern auch der Selbstkontrolle der verantwortlichen Stelle.

42

§ 49 Verarbeitung zu anderen Zwecken

¹Eine Verarbeitung personenbezogener Daten zu einem anderen Zweck als zu demjenigen, zu dem sie erhoben wurden, ist zulässig, wenn es sich bei dem anderen Zweck um einen der in § 45 genannten Zwecke handelt, der Verantwortliche befugt ist, Daten zu diesem Zweck zu verarbeiten, und die Verarbeitung zu diesem Zweck erforderlich und verhältnismäßig ist. ²Die Verarbeitung personenbezogener Daten zu einem anderen, in § 45 nicht genannten Zweck ist zulässig, wenn sie in einer Rechtsvorschrift vorgesehen ist.

Überblick

§ 49 BDSG regelt für öffentliche Stellen iSd § 45 die Verarbeitung personenbezogener Daten zu einem anderen Zweck als demjenigen, zu dem die Daten erhoben wurden. Er deckt somit im dritten Teil des BDSG, der in Gestalt allgemeiner Bestimmungen der Umsetzung der RL (EU) 2016/680 dient, die Möglichkeit von Zweckänderungen im Verarbeitungsablauf ab. Für das Verständnis des § 49 müssen die einschlägigen Richtlinienbestimmungen und in deren Rahmen Grundlagen und Grenzen der unionalen Kompetenzen berücksichtigt werden (→ Rn. 2). Bei der Auslegung und Anwendung der Norm im Lichte der Richtlinie sind im Ausgangspunkt sowohl unionale als auch deutsche Grundrechtsnormen relevant; es bleibt freilich bei einer wesentlichen Maßstäblichkeit der Grundrechte des Grundgesetzes (→ Rn. 3 ff.). Spezialgesetzliche Bestimmungen gehen § 49 vor und aus verfassungsrechtlichen Gründen ergeben sich erkennbare Grenzen der Möglichkeit eines Rückgriffs auf diese abstrakt und vage gefasste Norm (→ Rn. 9). Nach S. 1 ist eine Verarbeitung personenbezogener Daten (→ Rn. 11 f.) zu anderen Zwecken als demjenigen, zu dem sie erhoben worden sind, zulässig, wenn es sich bei dem anderen Zweck um einen in § 45 genannten Zweck handelt (→ Rn. 13 ff.), der Verantwortliche befugt ist, Daten zu diesem Zweck zu verarbeiten (→ Rn. 21 ff.) und die Verarbeitung zu diesem neuen Zweck erforderlich (→ Rn. 25 ff.) und verhältnismäßig (→ Rn. 29 f.) ist. Nach S. 2 ist eine Verarbeitung personenbezogener Daten zu einem anderen, in § 45 nicht genannten Zweck zulässig, wenn sie in einer Rechtsvorschrift vorgesehen ist (→ Rn. 31 ff.).

Übersicht

	Rn.		Rn.
A. Allgemeines	1	**B. Zulässigkeit der Verarbeitung personenbezogener Daten zu einem anderen Zweck iSd § 45 (S. 1)**	11
I. RL (EU) 2016/680 als Grundlage	1		
II. Vorgaben unionaler und grundgesetzlicher Grundrechte	2	I. Verarbeitung personenbezogener Daten	11
III. Verhältnis zu anderen Vorschriften	6	II. Verarbeitung zu einem anderen Zweck als zu demjenigen, zu dem die Daten erhoben wurden	13
1. Art. 5 Abs. 1 lit. b, 6, 9, 23 Abs. 1 DS-GVO, § 23 BDSG	6		
2. Fachgesetzliche Bestimmungen	7	1. Zweck, zu dem die personenbezogenen Daten erhoben wurden	17
3. Grenzen der Möglichkeit eines Rückgriffs auf § 49	8	2. Verarbeitung zu einem anderen Zweck	19

	Rn.		Rn.
III. Befugnis zur Datenverarbeitung zu Zwecken iSd § 45	21	C. Zulässigkeit der Verarbeitung zu einem in § 45 nicht genannten anderen Zweck (S. 2)	31
IV. Erforderlichkeit	25	I. Zwecke außerhalb des Spektrums des § 45	32
V. Verhältnismäßigkeit	29	II. Zulässigkeit der Verarbeitung, wenn sie in einer Rechtsvorschrift vorgesehen ist	33

A. Allgemeines

I. RL (EU) 2016/680 als Grundlage

1 § 49 S. 1 ist eine Umsetzung der Vorgaben des Art. **4 Abs. 2 RL (EU) 2016/680** und S. 2 eine Umsetzung der Vorgaben des **Art. 9 Abs. 1 RL (EU) 2016/680,** die wiederum in engem Zusammenhang mit **Art. 4 Abs. 1 lit. b RL (EU) 2016/680** stehen (Umsetzung in § 47 Nr. 2), ohne dass dies bedeutet, dass § 49 nur vor dem Hintergrund der Richtlinienvorgaben verstanden werden könnte (vgl. die Begründung des Gesetzentwurfs der BReg zum DSAnpUG-EU, BT-Drs. 18/11325, 111, die für S. 1 allerdings nur auf Art. 4 Abs. 2 RL (EU) 2016/680 Bezug nimmt). Die Vorgaben der Richtlinie sind bei der Auslegung und Anwendung von § 49 zu beachten. Das gilt nicht nur im Hinblick auf Art. 4 Abs. 2 oder Art. 9 Abs. 1 und Art. 4 Abs. 1 lit. b RL (EU) 2016/680 selbst, sondern – vermittelt über einschlägige Umsetzungsbestimmungen im BDSG – auch im Hinblick auf **übergreifendere** oder **in systematischem Zusammenhang zu berücksichtigende Richtlinienvorgaben** (ausf. dazu → DS-GVO PolizeiundNachrichtendienst Rn. 49 ff.). Auslegungshilfen dafür bieten die Erwägungsgründe, die auch für Zweckbindung und Zweckänderungen Hinweise enthalten (insbesondere Erwägungsgrund 26, 27, 29, 36). Beim Verständnis der Richtlinie sind **Grundlagen und Grenzen der Kompetenzen** zu berücksichtigen, die der **Europäischen Union** zustehen, und die dazu führen, dass die Vorgaben der Richtlinie auf **harmonisierte Mindeststandards** beschränkt sind (→ § 48 Rn. 2 mwN). Dem entspricht, dass Art. 1 Abs. 3 RL (EU) 2016/680 den Mitgliedstaaten die Möglichkeit einräumt, Garantien festzulegen, die strenger sind als diejenigen der Richtlinie. Insofern ist diese auch **nicht die einzige Grundlage;** § 49 wird vielmehr auch geprägt von **grundgesetzlichen Vorgaben** und von **systematischen Bezügen des deutschen Gesetzesrechts.**

II. Vorgaben unionaler und grundgesetzlicher Grundrechte

2 Bei der **Konkretisierung des § 49 BDSG** durch die verantwortlichen öffentlichen Stellen, aber auch auch durch Aufsichtsbehörden oder Gerichte sind ua die **Grundrechtsnormen** zu beachten. Das gilt für das Verständnis des Begriffs der „personenbezogenen Daten" ebenso wie für dasjenige des Grundsatzes der „Zweckbindung" (Art. 4 Abs. 1 lit. b RL (EU) 2016/680, § 47 Nr. 2 BDSG), ohne den sich § 49 nicht erschließt. Auch bei der Konkretisierung der Regelungselemente der „Erforderlichkeit" und der „Verhältnismäßigkeit" (Art. 4 Abs. 2 und 1 lit. c RL (EU) 2016/680, § 47 Nr. 3 BDSG) sind Grundrechte zu beachten. Da § 49 der Umsetzung der Vorgaben der RL (EU) 2016/680 dient, muss beantwortet werden, inwieweit welche Grundrechtsnormen welcher Kodifikation maßgeblich sind.

3 Inwieweit es sich bei der Umsetzung sekundärrechtlicher Vorgaben um eine - zur Anwendbarkeit der Unionsgrundrechte führende - „Durchführung" des Rechts der Union (Art. 51 Abs. 1 S. 1 GRCh) handelt, hängt von der **Interpretation sowohl des Sekundärrechts,** hier also des Art. 4 und des Art. 9 Abs. 1 RL (EU) 2016/680 in ihren systematischen unionsrechtlichen Zusammenhängen, **als auch der umsetzenden Vorschrift** ab. Nach Art. 4 Abs. 2 RL (EU) 2016/680 ist unter den dort angegebenen Voraussetzungen eine Zweckänderung im Rahmen der Verarbeitung personenbezogener Daten erlaubt; dies ist vor dem Hintergrund der in flexibilisierten Zweckbindung zu verstehen. Die Richtlinienvorgaben belassen bereits Spielräume bei der Zweckgestaltung. Im Übrigen öffnen sie sich mit den Tatbestandsvoraussetzungen, dass die Verarbeitung ua dann erlaubt ist, sofern das „Recht der Mitgliedstaaten" dem Verantwortlichen eine Befugnis zuweist, solche personenbezogenen Daten für den anderen Zweck zu verarbeiten, und die Verarbeitung für den anderen Zweck als erforderlich und verhältnismäßig einordnet, explizit mitgliedstaatlichem Recht. Hinzu kommt, dass die Richtlinienvorgaben aus kompetenziellen Gründen auf harmonisierte Mindeststandards beschränkt sind und Art. 1 Abs. 3 RL (EU) 2016/680 den Mitgliedstaaten ausdrücklich die Möglichkeit einräumt, Garantien festzulegen, die strenger sind als diejenigen der Richtlinie (→ Rn. 1). Daher enthalten deren Normen stets einen Regelungs-

spielraum „nach oben". § 49 S. 1 setzt Art. 4 Abs. 2 RL (EU) 2016/680 zwar weitgehend textgleich um. Er ist aber zum einen bereits wegen der den Mitgliedstaaten eingeräumten Spielräume eine insofern relativ eigenständige Regelungsentscheidung der deutschen Gesetzgebung. Zum anderen ist er nicht die einzige umsetzende Norm; er erklärt sich in systematischen Bezügen des deutschen Gesetzesrechts als allgemeiner Auffangtatbestand, dem spezialgesetzliche Regelungen nach Maßgabe des § 1 Abs. 2 vorgehen (näher dazu → Rn. 7 ff.). Ähnliches gilt für Art. 9 Abs. 1 RL (EU) 2016/680 und § 49 S. 2.

Nicht nur die Umsetzung vollständig determinierender unionaler Normen, auch die Ausfüllung **4** von Umsetzungs- und Gestaltungsspielräumen in Richtlinien erfolgt aus Sicht des EuGH in Durchführung des Rechts der Union und ist an die Unionsgrundrechte gebunden (ausf. mwN → DS-GVO PolizeiundNachrichtendienst Rn. 40). Unter bestimmten, hier mit Blick auf Art. 1 Abs. 3 RL (EU) 2016/680 gegebenen Voraussetzungen treten nationale Grundrechte mit ihren Schutzstandards hinzu. Die „Mitgewährleistungsthese" des BVerfG erkennt die Relevanz unionaler Grundrechte zwar an (näher → DS-GVO PolizeiundNachrichtendienst Rn. 40). Trotzdem ist danach im Falle der Ausfüllung von Umsetzungs- und Gestaltungsspielräumen primär der Maßstab der Grundrechte des Grundgesetzes einschlägig, eben weil aus Sicht des BVerfG regelmäßig die Vermutung greift, dass das Schutzniveau der EU-Grundrechtecharta durch die Anwendung der Grundrechte des Grundgesetzes mitgewährleistet ist. Deren Schutzniveau kann und wird, das steckt in der „Mitgewährleistungsthese", regelmäßig höher sein. Das ist mit Blick auf die ausgefeilte Rechtsprechung des BVerfG im sicherheitsrechtlichen Bereich jedenfalls dessen Anspruch, dies gerade auch hinsichtlich der Ausgestaltung der Zweckbindung und von Zweckänderungen (→ DS-GVO PolizeiundNachrichtendienst Rn. 75 ff.).

Im Ergebnis bedeutet dies, dass bei Auslegung und Anwendung des § 49 im Lichte der Richt- **5** linie im Ausgangspunkt **sowohl unionale als auch deutsche Grundrechtsnormen** relevant sind. Die Reichweite der Anwendbarkeit der grundgesetzlichen Grundrechte hängt davon ab, ob sie im Sinne des EuGH nur insoweit herangezogen werden, als sie gegenüber den Grundrechten der Charta einen höheren Standard gewährleisten, oder ob sie im Sinne des BVerfG das Schutzniveau der Unionsgrundrechte mitgewährleisten. In beiden Fällen bleibt es, va auch wegen der Beschränkung der Richtlinienvorgaben auf harmonisierte Mindeststandards, bei einer **wesentlichen Maßstäblichkeit der Grundrechte des Grundgesetzes.**

III. Verhältnis zu anderen Vorschriften

1. Art. 5 Abs. 1 lit. b, 6, 9, 23 Abs. 1 DS-GVO, § 23 BDSG

Im Hinblick auf die Durchführungsbestimmungen für Verarbeitungen zu Zwecken im Anwen- **6** dungsbereich der DS-GVO in Teil 2 (zur Abgrenzung der Anwendungsbereiche Art. 2 Abs. 2 lit. d DS-GVO, dazu auch EuGH Urt. v. 22.6.2021 – C 439/19 - B B Rn. 69 ff., BeckRS 2021, 15289) enthält § 49 eine **eigenständige Regelung** in Umsetzung der RL (EU) 2016/680 und im Anwendungsbereich des § 45 (zu Abgrenzungsschwierigkeiten → § 48 Rn. 6 mwN). Im Vergleich sind Art. 5 Abs. 1 lit. b, 6, 9, 23 Abs. 1 DS-GVO und die allgemeine, um bereichsspezifische Bestimmungen ergänzte Umsetzungsbestimmung des § 23 durch die Unterscheidung zweckkompatibler und zweckinkompatibler Zweckänderungen und durch die Vorgaben für einen „Kompatibilitätstest" in Art. 6 Abs. 4 DS-GVO gekennzeichnet, wobei die umsetzenden Vorgaben des § 23 beide Varianten bündeln (→ § 23 Rn. 1 ff.). Art. 4 Abs. 2 RL (EU) 2016/680 grenzt sich gegen die differenzierte Gestaltung der DS-GVO in bestimmten Hinsichten ab: Er setzt übergreifende Vorgaben für Zweckänderungen (näher → Rn. 13 ff.), indem er dafür – gleichgültig, ob sie in den Rahmen des Art. 4 Abs. 1 lit. b RL (EU) 2016/680 fallen oder nicht – Voraussetzungen formuliert. Dementsprechend enthält die RL (EU) 2016/680 konsistenterweise keine Vorgaben für einen Kompatibilitätstest in Parallele zu Art. 6 Abs. 4 Hs. 2 DS-GVO. Art. 9 Abs. 1 RL (EU) 2016/680 und im Anschluss daran § 49 S. 2 betreffen nicht ausschließlich, aber regelmäßig zweckkompatible Zweckänderungen. Dementsprechend ist § 49 (im Zusammenspiel mit § 47 Nr. 2) als übergreifende allgemeine Norm zur Zulässigkeit von Zweckänderungen zu verstehen. Zu beachten sind sein Verhältnis zu spezialgesetzlichen Bestimmungen in den Fachgesetzen (→ Rn. 7) und die Grenzen seiner Tragfähigkeit (→ Rn. 8 ff.).

2. Fachgesetzliche Bestimmungen

Spezialgesetzliche Bestimmungen gehen nach Maßgabe des § 1 Abs. 2 BDSG den allgemeinen **7** Regelungen des BDSG vor. Die Einordnung als spezialgesetzliche Bestimmung setzt voraus, dass diese Bestimmung überhaupt in den Rahmen des teleologisch eingeschränkt zu verstehenden Anwendungsbereichs des § 45 fällt. Dementsprechend ist beispielsweise § 28 Abs. 4 S. 5 IfSchG in seinem systematischen Regelungszusammenhang keine spezialgesetzliche Regelung zu § 49. Für den Zugriff auf die von Privaten anzulegenden Kontaktlisten durch Strafverfolgungsbehörden ist § 49 bereits im Ansatz nicht einschlägig, weil die Datenverarbeitung im Rahmen der Anlage der Kontaktlisten nicht in den Anwendungsbereich des § 45 fällt und diese, nicht etwa allein der polizeiliche Zugriff, für die Anwendbarkeit des § 49 maßgeblich ist (anders hierzu jedoch für die Rechtslage vor Änderung des IfSchG Zentgraf/Schäfer DöV 2021, 788 (792 ff.)). Auch unter Beachtung der notwendigen Einordnungen gibt es im Anwendungsbereich des § 45 allerdings zahlreiche Spezialgesetze (→ DS-GVO PolizeiundNachrichtendienst Rn. 83 ff.). Soweit diese einen Sachverhalt gar nicht oder nicht abschließend und erschöpfend regeln, greifen nach der Gesetzessystematik die Vorschriften des BDSG (§ 1 Abs. 2 S. 2 BDSG). Teilweise wird auch rückverwiesen; Beispiel hierfür sind § 500 StPO oder § 64 Nr. 2 BNDG (bei dem die einschlägige Entwurfsbegründung zu Recht die Anwendungsbereichsgrenzen hervorhebt, BT-Drs. 19/26103, 116; s. noch → Rn. 8 ff.). In der Begründung des Gesetzentwurfs der Bundesregierung wird darauf hingewiesen, dass die Fachgesetze zusätzlichen Anforderungen an Zweckänderungsregelungen, die aus dem deutschen Verfassungsrecht folgen, Rechnung tragen (BT-Drs. 18/11325, 111). Hierzu wird u. a. der sog. „Grundsatz der hypothetischen Datenneuerhebung" gezählt, den man trotz seiner verfassungsgerichtlichen Stabilisierung kritisch reflektieren muss. Bestimmtheitsgebot und Grundrechtsnormen stellen gerade an Zweckänderungsregelungen und an deren Auslegung und Anwendung besondere Anforderungen, die dann auch die Grenzen der Möglichkeit eines Rückgriffs auf § 49 bestimmen.

3. Grenzen der Möglichkeit eines Rückgriffs auf § 49

8 Als allgemeine Rechtsgrundlage für die Verarbeitung personenbezogener Daten zu einem anderen Zweck als zu demjenigen, zu dem sie erhoben wurden, bleibt § 49 in seinen Tatbestandsvoraussetzungen relativ abstrakt und vage. Er enthält zwar Anknüpfungspunkte, die sich differenziert und auch durchaus kleinteilig konkretisieren lassen, hier v. a. den Begriff des (datenverarbeitungsbezogenen) „Zwecks", aber auch das Regelungselement der „Erforderlichkeit" und die „Verhältnismäßigkeit". Diese Anknüpfungspunkte einer Konkretisierung ändern aber nichts daran, dass die gesetzlichen Vorgaben relativ unbestimmt sind.

9 Die **Anforderungen an die Bestimmtheit gesetzlicher Ermächtigungen,** die sich sowohl aus den unionalen Grundrechten, etwa Art. 7 und 8 GRCh, als auch aus dem rechtsstaatlichen Bestimmtheitsgrundsatz aus Art. 20 Abs. 3 GG und den einschlägigen grundgesetzlichen Grundrechten ergeben, begrenzen die Möglichkeiten, auf § 49 als Rechtsgrundlage zurückzugreifen. Das gilt gerade auch mit Blick auf die unionalen und verfassungsrechtlichen Anforderungen, die an die **Zweckfestlegung** und an die **Bindung an die festgelegten Zwecke** zu stellen sind (ausf. → § 48 Rn. 10 ff. mwN).

10 Angesichts des breiten Spektrums, das § 49 S. 1 wegen des auch Ordnungswidrigkeiten umfassenden Anwendungsbereichs (→ § 48 Rn. 6) erfasst, kann es Konstellationen geben, in denen auch eine solche allgemeine Norm hinreichend ist. Der **Rückgriff** auf diese Norm hat vor dem Hintergrund v. a. der verfassungsrechtlichen Anforderungen aber **erkennbare Grenzen.** Sein Anwendungsbereich weitet sich auch nicht im Wege einer Kombination mit fachgesetzlichen Bestimmungen, weil deren Nutzen daran scheitert, dass § 49 S. 1 keinerlei Tatbestandsvoraussetzungen liefert, die diese Bestimmungen nicht auch enthielten (s. dazu aber HK-BDSG/Johannes/Weinhold BDSG § 49 Rn. 11 ff.). Es erscheint sinnvoll, § 49 S. 1 im Rahmen von Evaluationen hinsichtlich sowohl seiner praktischen Rolle als auch seiner tatbestandlichen Ausgestaltung mit Blick auf die Konstellationen zu überprüfen, denen er überhaupt eine tragfähige Grundlage liefern könnte. § 49 S. 2 hat bei näherer Analyse schwerwiegende Mängel (→ Rn. 31 ff.).

B. Zulässigkeit der Verarbeitung personenbezogener Daten zu einem anderen Zweck iSd § 45 (S. 1)

I. Verarbeitung personenbezogener Daten

11 Die **Verarbeitung** personenbezogener Daten ist in § 46 Nr. 2 legaldefiniert. Diese Norm schließt sich mit den für öffentliche Stellen aus § 1 Abs. 1 BDSG folgenden Modifikationen an Art. 3 Nr. 2 RL (EU) 2016/680 an (näher → § 48 Rn. 16). Verarbeitung ist umfassend als jeder mit oder ohne Hilfe automatisierter Verfahren ausgeführte Vorgang oder jede solche Vorgangsreihe im Zusammenhang mit personenbezogenen Daten zu verstehen. § 46 Nr. 2 nennt dann im Anschluss an Art. 3 Nr. 2 RL (EU) 2016/680 zahlreiche Beispiele von der Erhebung über Speicherung, Veränderung oder Übermittlung bis hin zur Löschung. Dabei handelt es sich nicht um eine abschließende Aufzählung, weil die Antwort auf die Frage, was ein rechtlich relevanter eigenständiger Verarbeitungsvorgang ist, vom Verwendungskontext sowie den entsprechenden Risiken und vor allem auch von den Verarbeitungstechniken abhängt. Im Hinblick auf **Zweckänderungen** ist wichtig, dass sie **an verschiedenen Stellen eines Verarbeitungsprozesses** denkbar sind. Das gilt zB zwischen dem Erheben und dem Speichern, weil die verantwortliche Stelle sieht, dass die Daten einen Informationsgehalt hergeben, aufgrund dessen sie nicht oder nicht allein für den ursprünglichen Zweck, sondern nur oder auch für einen anderen Zweck, der innerhalb der Zuständigkeit der verantwortlichen Stelle liegen kann, relevant sind. Eine solche Relevanz kann sich auch später ergeben, so dass dann nach Maßgabe der normativen Möglichkeiten zu beurteilen ist, ob die für den ursprünglichen Zweck gespeicherten und verwendeten personenbezogenen Daten dann (auch) für einen anderen Zweck verarbeitet oder einer anderen Stelle innerhalb (S. 1) oder außerhalb (S. 2) des in § 45 genannten Spektrums übermittelt werden dürfen.

Personenbezogene Daten sind nach der Legaldefinition des § 46 Nr. 1 in Umsetzung von 12 Art. 3 Nr. 1 RL (EU) 2016/680 alle Informationen, die sich auf eine identifizierte oder identifizierbare natürliche Person beziehen (zu Ein- und Abgrenzungsschwierigkeiten und zur Leistungskraft des Merkmals des Personenbezugs → § 48 Rn. 17 mwN).

II. Verarbeitung zu einem anderen Zweck als zu demjenigen, zu dem die Daten erhoben wurden

§ 49 dreht sich um „die Verarbeitung personenbezogener Daten zu einem anderen Zweck als 13 zu demjenigen, zu dem sie erhoben wurden". Im Lichte der Richtlinie ist dies mit Blick auf sowohl Art. 4 Abs. 2 RL (EU) 2016/680 als auch Art. 4 Abs. 1 lit. b RL (EU) 2016/680 zu verstehen. Die Mitgliedstaaten können über die Richtlinienvorgaben hinausgehen und hierzu verfassungsrechtlich verpflichtet sein (→ Rn. 1 ff.).

Der in **Art. 4 Abs. 1 lit. b RL (EU) 2016/680** festgehaltene **Grundsatz der Zweckbindung** 14 verlangt – vor dem Hintergrund des Art. 8 Abs. 2 S. 1 GRCh – zunächst, dass personenbezogene Daten „für festgelegte, eindeutige und legitime Zwecke erhoben" werden. Im 2. Hs. gibt er dann – als flexibilisierte Bindung – vor, dass die Daten „nicht in einer mit diesen Zwecken nicht zu vereinbarenden Weise verarbeitet werden". Das Erfordernis der **Festlegung** eines eindeutigen und legitimen Zweckes greift vor oder bei der Erhebung personenbezogener Daten, spätestens aber bei der Speicherung. Dabei sind die **datenverarbeitungsbezogenen Zwecke** nicht etwa deckungsgleich mit den sachlichen Aufgaben der öffentlichen Stelle. Sie liegen vielmehr, was auch im Normtext „zum Zweck der Erfüllung dieser Aufgaben" (§ 45 S. 1) zum Ausdruck kommt, gleichsam quer zu den sachlichen Kompetenzen. Ihre Festlegung hat – iVm der (flexibilisierten) Bindung an diese Zwecke und dem Regelungselement der „Erforderlichkeit" – die Funktion, die Verarbeitung personenbezogener Daten, die für sich genommen und abstrakt betrachtet vielfältig und für beliebige Zwecke nutzbar wären, mit (bestimmten) sachlichen Kompetenzen rechtlich zu verklammern (s. auch umf. → DS-GVO Art. 6 Rn. 95 ff.). Die „Zwecke", die die Richtlinie in Art. 1 Abs. 1 RL (EU) 2016/680 zur Beschreibung ihres Anwendungsbereichs aufzählt („Verhütung, Ermittlung, Aufdeckung oder Verfolgung von Straftaten oder der Strafvollstreckung, einschließlich des Schutzes vor und der Abwehr von Gefahren für die öffentliche Sicherheit"), sind im Hinblick auf „Verhütung, Ermittlung, Aufdeckung oder Verfolgung" nicht überschneidungsfrei gestaltet (s. auch → § 48 Rn. 6), dh ein zweckeinheitlicher Verarbeitungsprozess deckt ggf. notwendig mehrere Aspekte ab. So schließt die Verfolgung von Straftaten notwendig Ermittlungen oder auch die „Aufdeckung" ein. Bereits aus diesem Grund sind die Zwecke, die in Art. 1 Abs. 1 RL (EU) 2016/680 aufgezählt werden, und die Zwecke iSd Art. 4 Abs. 1 lit. b RL (EU) 2016/680 nicht identisch (genau deswegen ist § 45 S. 1 gegenüber der Formulierung des Art. 1 Abs. 1 RL (EU) 2016/680 modifiziert). Ein Verarbeitungs- und Verwendungszweck ist verfahrensbezogen und deckt zB die Phasen der „Ermittlung", „Aufdeckung" und „Verfolgung" einer Ordnungswidrigkeit ab; es geht hier nicht etwa um eine Zweckmehrheit oder -kombination (so aber Auernhammer/Herbst § 49 Rn. 3). Mit Blick auf Aufgaben, Konstellation und das einschlägige, abgrenzbare Verfahren muss die verantwortliche Stelle somit „eindeutige", legitime und rechtmäßige Zwecke festlegen. Vor diesem Hintergrund ist das Erfordernis zweckändernder Verarbeitungen ohne Weiteres erkennbar. Ohnedem bestünde bereits nicht die Möglichkeit, auf den – unter Umständen anders als erwartet ausfallenden – Informationsgehalt erhaltener Daten zu reagieren; Änderungen der Situation und veränderte Nutzungserfordernisse im Zeitablauf könnten ebenso wenig berücksichtigt werden wie hinzutretende neuartige berechtigte Verarbeitungsinteressen, die wiederum aus dem sich im jeweiligen Kontext erst erschließenden Informationsgehalt von Daten resultieren können (vgl. auch → DS-GVO Art. 6 Rn. 101). Die Erwägungsgründe der Richtlinie weisen dementsprechend auf Zweckänderungserfordernisse hin und erkennen sie in bestimmtem Umfang an (s. insbesondere Erwägungsgrund 27). Dabei stellt auch eine zweckvereinbare (Weiter-)Verarbeitung eine Verarbeitung zu einem anderen Zweck dar (Erwägungsgrund 29 iVm 26; s. auch zur DS-GVO → DS-GVO Art. 6 Rn. 98); dieser Punkt bleibt nicht etwa offen (so aber offenbar die Begründung des Gesetzentwurfs der BReg zum DSAnpUG-EU, BT-Drs. 18/11325, 111, wobei etwas unklar ist, ob sich die Anmerkung auf die sich überschneidenden Begrifflichkeiten des Art. 1 Abs. 1 RL (EU) 2016/680 oder auf die – damit nicht zusammenfallenden – Zwecke iSd Art. 4 Abs. 2 iVm Abs. 1 lit. b RL (EU) 2016/680 bezieht). Art. 4 Abs. 2 bündelt allerdings die in der DS-GVO differenzierten Konstellationen (dazu → DS-GVO Art. 6 Rn. 95 ff.). Er knüpft beide Konstellationen an die in ihm festgelegten Voraussetzungen.

15 Die Linien des – immer noch auch maßgeblichen (→ Rn. 3 ff.) – deutschen Verfassungsrechts gestalten sich etwas anders. Hier wurden bislang **Zweckfestlegung, Zweckbindung** und **Zweckänderungsmöglichkeiten** differenziert. Der Begriff der „Zweckbindung" bezeichnete in diesem Rahmen die prozessübergreifende Bindung sämtlicher Verarbeitungsschritte an die vor oder bei Datenerhebung festgelegten Verwendungszwecke (ausf. zu den Konzeptionen Albers, Informationelle Selbstbestimmung, 2005, S. 507 ff., Open Access unter www.nomos-elibrary.de/10.5771/9783845258638/informationelle-selbstbestimmung). Hinsichtlich der – grundsätzlich anerkannten – Zweckänderungsmöglichkeiten sind bestimmte Rechtmäßigkeitsvoraussetzungen formuliert worden (etwa BVerfGE 100, 313 (360)): Sie bedürfen einer verfassungsmäßigen gesetzlichen Grundlage; der neue Verwendungszweck muss sich auf die Aufgaben und Befugnisse der öffentlichen Stelle beziehen und seinerseits so gestaltet sein, dass die Funktionen der Zweckfestlegung erfüllt werden, und eine Zweckänderung darf nicht zu Beeinträchtigungen für die betroffene Person führen, die sich in Abwägung mit den verfolgten Allgemeinbelangen als unverhältnismäßig darstellen. Darüber hinaus ergeben sich Anforderungen an die prinzipielle Gewährleistung der Kenntnis der betroffenen Person, ggf. auch an deren Einflussmöglichkeiten, und an weitere Schutzvorkehrungen, etwa zur Gewährleistung der Richtigkeit der Daten. Diese Linien hat das BVerfG im **BKAG-Urteil** im Feld des Sicherheitsrechts ieS reformuliert und insbesondere die weitere Nutzung und die Zweckänderung differenziert (BVerfG Urt. v. 20.4.2016 – 1 BvR 966/09, 1140/09 Rn. 276 ff., BVerfGE 141, 220). Danach greift im Falle von Zweckänderungen unter näher präzisierten Voraussetzungen der sog. **Grundsatz der hypothetischen Datenneuerhebung.** Die hier entwickelte **Gesamtkonzeption** hat eine Reihe **fundamentaler Schwächen.** Im Rahmen des § 49 S. 1 braucht man sich damit aber nicht näher auseinanderzusetzen, denn diese Norm ist sowieso nur in Feldern tragfähig, die von dieser Konzeption nicht erfasst werden (→ Rn. 8; insofern zutr. auch die Begr. des GesE, BT-Drs. 18/11325, 111). § 49 S. 1 ist im Anschluss an Art. 4 Abs. 2 RL (EU) 2016/680 anders gestaltet. Konzeptionell steht die Norm dabei auch mit den verfassungsrechtlichen Grundlinien von Zweckfestlegung, Zweckbindung und Zweckänderungsmöglichkeiten, wie sie vor und außerhalb der jüngeren spezifisch sicherheitsrechtlichen Rechtsprechung des BVerfG erschließbar sind, in Einklang. Ob sie in einer konkreten Konstellation als Rechtsgrundlage überhaupt tragfähig ist, ist eine zweite Frage, die eigenständig nach den in dieser Konstellation greifenden Bestimmtheits- und Grundrechtsanforderungen, die u. a. von der Eingriffsintensität abhängen, zu beantworten ist (→ Rn. 8 ff.).

16 § 49 S. 1 setzt eine Verarbeitung personenbezogener Daten zu einem anderen Zweck als zu demjenigen, zu dem sie erhoben wurden, voraus. Seiner Rechtsfolge nach lässt er sie zu, wenn es sich bei dem anderen Zweck um einen der in § 45 genannten Zwecke handelt, der Verantwortliche befugt ist, Daten zu diesem Zweck zu verarbeiten, und die Verarbeitung zu diesem Zweck erforderlich und verhältnismäßig ist. In der Konstruktion steckt das „**Doppeltürmodell**" (s. BVerfGE 130, 151 (184); Beschl. v. 27.5.2020 – 1 BvR 1873/13, 2618/13 Rn. 93 ff., BVerfGE 155, 119; dazu zuvor etwa Marenbach, Die informationellen Beziehungen zwischen Meldebehörde und Polizei in Berlin, 1995, S. 88: „korrelierendes Befugnisnorminstrumentarium"; Albers, Die Determination polizeilicher Tätigkeit in den Bereichen der Straftatenverhütung und der Verfolgungsvorsorge, 2001, S. 334 f.; Gazeas, Übermittlung nachrichtendienstlicher Erkenntnisse an Strafverfolgungsbehörden, 2014, S. 228 f., 501 ff.). Auf Seiten der die Daten zunächst verarbeitenden Stelle gibt S. 1 im Sinne einer „ersten Tür" die **Zulässigkeit der Verarbeitung zu geänderten Zwecken** her und verlangt zusätzlich im Sinne einer „zweiten Tür" als gleichsam **komplementäre Norm** eine **(Weiter-)Verarbeitungsbefugnis** auf Seiten der Stelle, die die Daten für die neuen Zwecke verarbeitet. Für diese Stelle reicht § 49 S. 1 allein als Verarbeitungsrechtsgrundlage nicht aus. Er liefert nur eine Basis für die Zweckänderung und erfordert die Kombination mit einer gesonderten Befugnis zur Datenverarbeitung zu Zwecken iSd § 45.

1. Zweck, zu dem die personenbezogenen Daten erhoben wurden

Als Regelungselement des Datenschutzrechts bezieht sich die „Zweck"festlegung auf den Zweck oder die Zwecke, für die die personenbezogenen Daten im Ergebnis einer Verarbeitung, hier regelmäßig als Informationsgrundlagen, in einem bestimmten Kontext verwendet werden sollen. Das gilt auch für die Phase der Erhebung. Der **Zweck, zu dem die Daten erhoben wurden,** meint also den „vor oder bei Erhebung festgelegten Verwendungszweck" oder jedenfalls den prozessübergreifenden Verarbeitungszweck. Der insoweit gelegentlich genutzte Begriff „Erhebungszweck" ist nur eine – unter Umständen missverständliche – Kurzfassung. 17

Der ursprünglich festgelegte Verwendungs- oder Verarbeitungszweck ist Bezugspunkt der Beurteilung, ob eine Verarbeitung zu einem „anderen" Zweck, also eine Zweckänderung vorliegt. Es obliegt der **verantwortlichen Stelle,** diesen Zweck nach Maßgabe der dafür geltenden Grundsätze (Art. 4 Abs. 1 lit. b RL (EU) 2016/680, § 47) im Rahmen und auf Basis der gesetzlichen Vorgaben festzulegen (s. etwa HK-BDSG/Johannes/Weinhold BDSG § 49 Rn. 18; NK-DatenschutzR/Roßnagel Art. 5 Rn. 73). Dabei sind die verschiedenen Funktionen der Zweckfestlegung und insbesondere auch die daraus resultierende Anforderung zu berücksichtigen, dass die Zwecke „eindeutig" sein müssen (§ 47 Nr. 2). Wie sich der ursprünglich festgelegte Zweck dann gestaltet, hängt ua von der jeweiligen Aufgabe aus dem Spektrum des § 45, von der Konstellation und vom (Ermittlungs-)Stand und der Abgrenzbarkeit der Verfahren ab. Dabei sind Verhütung, Ermittlung und Aufdeckung oder Ermittlung, Aufdeckung und Verfolgung (§ 45 S. 1) Bestandteile eines Verfahrenskomplexes, der regelmäßig durch einen einheitlichen, durch eine straftatenbezogene Gefahrenlage oder durch den Anfangsverdacht einer Straftat oder einer Ordnungswidrigkeit bestimmten Verarbeitungs- und Verwendungszweck getragen wird. 18

2. Verarbeitung zu einem anderen Zweck

Die Verarbeitung **zu einem anderen Zweck** als zu demjenigen, zu dem die Daten erhoben wurden, meint, dass der vor oder bei Erhebung festgelegte Verwendungs- oder Verarbeitungszweck zu einem neuen Verwendungs- oder Verarbeitungszweck umgewandelt wird. Damit werden zugleich neue Verarbeitungsprozesse eingeleitet. Was ein „anderer Zweck" ist, richtet sich somit nach der ursprünglichen Zweckfestlegung, die ihrerseits bestimmten Anforderungen unterliegt (→ Rn. 18) und nicht etwa mit der Intention einer Abdeckung umfassender Verwendungsmöglichkeiten breit und vage gefasst werden darf. 19

§ 49 deckt auch in S. 1 sowohl miteinander vereinbare als auch inkompatible Zwecke ab. Eines „Kompatibilitätstests" zur Einordnung und Beurteilung des „anderen" Zwecks (→ DS-GVO Art. 6 Rn. 104 f.) bedarf es auch in den Konstellationen, die in den Rahmen einer Zweckvereinbarkeit iSd § 47 Nr. 2 Hs. 2 fallen könnten, nicht. § 49 S. 1 knüpft die zweckändernde (Weiter-)Verarbeitung freilich an Anforderungen, in denen bestimmte Aspekte, die auch der Kompatibilitätstest iSd Art. 6 Abs. 4 Hs. 2 DS-GVO vorsieht, in einer spezifischen Gestalt auftauchen können. Das gilt etwa für „die möglichen Folgen der beabsichtigten Weiterverarbeitung für die betroffene Person" (Art. 6 Abs. 4 Hs. 2 lit. d DS-GVO), die in spezifischer Gestalt auch bei der nach S. 1 zu treffenden Beurteilung zu beachten sind, ob die Verarbeitung zu einem anderen Zweck „verhältnismäßig" ist (s. auch HK-BDSG/Johannes/Weinhold BDSG § 49 Rn. 27). 20

III. Befugnis zur Datenverarbeitung zu Zwecken iSd § 45

S. 1 erfordert zudem eine **Befugnis der (anderen) verantwortlichen Stelle, Daten zu diesem,** also zu dem **anderen (neuen) Zweck zu verarbeiten,** wobei es sich um einen der Zwecke aus dem Spektrum des § 45 handeln muss (zu den nötigen Differenzierungen der „Zwecke" im Sinne des Anwendungsbereichs und der Zwecke iSd § 47 Nr. 2 → Rn. 14). S. 1 gibt somit die Zulässigkeit der Verarbeitung zu geänderten Zwecken her und verlangt als gleichsam komplementäre Norm eine (Weiter-)Verarbeitungsbefugnis (s. auch zum „Doppeltürmodell"→ Rn. 16). Das liegt an der Anlehnung an die Vorgabe des Art. 4 Abs. 2 RL (EU) 2016/680, aber auch an dem von § 49 grundsätzlich erfassten Spektrum: Die verantwortliche Stelle, die die Daten zu dem neuen Zweck verarbeitet, kann dieselbe Stelle sein, nicht nur, aber insbesondere auch im Falle von Tätigkeiten im Rahmen eines anderen Regelungskontextes. Es kann sich auch um eine andere Stelle handeln (s. den Normtext des Art. 4 Abs 2 RL (EU) 2016/680; Auernhammer/Herbst § 49 Rn. 8), der die Daten dann regelmäßig in Form einer Übermittlung oder sonsti- 21 gen Bereitstellung (zum Verarbeitungsbegriff → Rn. 11; s. ansonsten auch § 74) zur Verfügung gestellt werden. Im gesamten Spektrum, das § 49 als allgemeine Norm im Anwendungsbereich des § 45 in Bezug nimmt, werden hier außerordentlich schwierige Rechtsfragen aufgeworfen. Im Rahmen des § 49 S. 1 braucht man sich damit nicht zu befassen, weil diese Norm nur begrenzt tragfähig ist und die insoweit problematischen Konstellationen ohnehin spezialgesetzliche Grundlagen benötigen (→ Rn. 8 ff.).

22 Die Befugnis zur Datenverarbeitung zu dem anderen Zweck kann sich aus spezialgesetzlichen Normen ergeben (→ Rn. 7). In Betracht kommen, zumal in dem von § 49 S. 1 abgedeckten Feld, aber auch die allgemeinen Normen der §§ 3, 48, soweit diese wiederum als Grundlagen tragfähig sind (→ § 48 Rn. 7 ff.). Einschlägig sein kann auch § 50 (dazu Rostalski/Völkening ZfDR 2021, 27 (32 f.)).

23 Die **Befugnis** der (anderen) verantwortlichen Stelle, Daten zu diesem Zweck zu verarbeiten, braucht **nicht auf die Zweckänderung** bezogen zu sein (Kühling/Buchner/Schwichtenberg § 49 Rn. 7). Es genügt eine Datenverarbeitungsbefugnis; die Zulässigkeit der Zweckänderung regelt § 49. Das schließt im Zusammenspiel zwischen § 49 und spezialgesetzlichen Verarbeitungsbefugnissen nicht aus, dass solche Befugnisse als Empfangs- und Verarbeitungsbefugnis der für die Weiterverarbeitung verantwortlichen Stelle auf die bei einer anderen Stelle (oder in einem anderen Kontext) vorhandenen Daten bezogen sind und eine Zweckänderung implizit voraussetzen oder, sofern der Bundesgesetzgeber regelungskompetent ist, explizit einschließen.

24 Eine Frage, die sich aufdrängt, ist diejenige danach, inwieweit die für die ursprüngliche Verarbeitung **verantwortliche Stelle** das **Vorliegen der von § 49 S. 1 geforderten Befugnis** zur Datenverarbeitung zu Zwecken iSd § 45 zu **prüfen** hat. Jedenfalls dann, wenn die Weiterverarbeitungsbefugnis nicht dieselbe, sondern eine andere Stelle adressiert, tauchen Fragen auf, die im richtlinienorientierten übergreifenden Verarbeitungsbegriff überspielt werden, bisher aber im Rahmen der Verantwortlichkeitsverteilung bei Übermittlungen gelöst wurden (dazu BeckOK/Albers BDSG aF § 15 Rn. 22 ff.). Man wird sich an den hier entwickelten differenzierenden Grundlinien orientieren können. Das deckt der Normtext des § 49 S. 1 ab. Das Problem wird allerdings im Rahmen der Tatbestandsmerkmale der „Erforderlichkeit" und der „Verhältnismäßigkeit" erneut aufgeworfen.

IV. Erforderlichkeit

25 S. 1 knüpft die Rechtmäßigkeit der Verarbeitung darüber hinaus daran, dass die Datenverarbeitung zu dem anderen Zweck „**erforderlich**" ist (zu diesem Merkmal ausf. → § 48 Rn. 19 ff.). Es handelt sich um eine Anforderung, die sich auch in Art. 4 Abs. 2 lit. b RL (EU) 2016/680 findet, und was damit gemeint ist, spiegelt sich wider in Art. 4 Abs. 1 lit. c RL (EU) 2016/680 (teilweise schief umgesetzt in § 47 Nr. 3): Personenbezogene Daten müssen erstens „dem Verarbeitungszweck entsprechen", dh nach Informationsinhalt und Umfang angemessen („adequate") sein. Sie müssen zweitens „maßgeblich" sein, also zur Erfüllung der Aufgabe, auf die der Verarbeitungs- oder Verwendungszweck iSd § 47 Nr. 2 abstellt, relevant („relevant") sein. Drittens dürfen sie in Bezug auf die Zwecke, für die sie verarbeitet werden, nicht übermäßig im Sinne von nicht exzessiv („not excessive") sein. Mittels des Regelungselements der „Erforderlichkeit" wird somit eine Abhängigkeitsbeziehung zwischen der Verarbeitung personenbezogener Daten und den festgelegten Zwecken hergestellt und der Abhängigkeitsgrad beschrieben, mit dem die datenverarbeitende Stelle auf den jeweiligen Verarbeitungsvorgang angewiesen ist

26 Die insoweit oft **unterdifferenzierten Formulierungen des EuGH,** die den Aussagegehalt der „Erforderlichkeit" als datenschutzrechtliches Regelungselement und dessen Aussagegehalt, wie er sich im Lichte konkret involvierter Grundrechte der Beteiligten ergeben kann, zusammenziehen (→ § 48 Rn. 21), sollten gerade auch im Rahmen des § 49 aufgeschlüsselt werden. Hier zeigt sich die Eigenständigkeit des Merkmals der Erforderlichkeit, weil die Verhältnismäßigkeit ein gesondertes Tatbestandselement ist.

27 **Bezugspunkt der Erforderlichkeit** im Rahmen des S. 1 sind der andere (neue) Verarbeitungs- und Verwendungszweck iSd § 47 Nr. 2 und die darauf zu beziehende Verarbeitung. Eine Aufschlüsselung hinsichtlich einzelner Schritte (→ § 48 Rn. 24) ist nicht nötig, weil mit der Zweckänderung (übergreifend) ein neuer Verarbeitungszusammenhang eingeleitet wird, in dessen Ablauf dann differenzierende Beurteilungen durch die hier verantwortliche Stelle erfolgen müssen. Grundsätzlich setzt die Erforderlichkeit der Verarbeitung personenbezogener Daten voraus, dass die Zwecke ohnedem nicht, nicht vollständig oder nicht in rechtmäßiger Weise realisiert werden können. In dem Anwendungsbereich, in dem die allgemeine Norm des § 49 überhaupt tragfähig

ist, lässt der Begriff eine gewisse Bandbreite zu (→ § 48 Rn. 25). Insgesamt erfordert er mehr oder weniger anspruchsvolle Beurteilungen (→ § 48 Rn. 27).

Damit stellt sich wiederum die Frage, inwieweit die für die ursprüngliche Verarbeitung **verantwortliche Stelle** das **Vorliegen der Erforderlichkeit** zu **prüfen** hat. Bleibt die Verarbeitung im Bereich ihres eigenen Aufgaben- und Zuständigkeitsspektrums, ist dies regelmäßig leichter als in anderen, auch von S. 1 erfassten Fällen. In solchen Fällen ist auf Seiten der verantwortlichen Stelle der Informationsbedarf, den die andere Stelle bei der Erfüllung ihrer Aufgaben hat, oft mit Ungewissheit verbunden. Deswegen können unterschiedliche Verfahrensschritte zu unterscheiden sein, etwa die Anfrage zur Klärung des Informationsbedarfs als Vorstufe der eigentlichen zweckändernde Verarbeitung. Das Problem relativiert sich wegen des begrenzten Einsatzbereichs des § 49 (→ Rn. 8 ff.). 28

V. Verhältnismäßigkeit

Die gesonderte Aufführung der Verhältnismäßigkeit in S. 1 bringt zum Ausdruck, dass das datenschutzrechtliche Regelungselement der „Erforderlichkeit" nicht einfach als Teil der Verhältnismäßigkeitsprüfung verstanden werden darf. 29

Das Kriterium der Verhältnismäßigkeit verweist auf die Grundrechtsrelevanz der zweckändernden Verarbeitung und auf die in der jeweiligen Konstellation einschlägigen Schutzgüter (→ Rn. 2 ff., HK-BDSG/Johannes/Weinhold BDSG § 49 Rn. 28). Die mit Blick darauf vorzunehmende einzelfallbezogene Verhältnismäßigkeitsprüfung hat insbesondere auch den Zweck- und Kontextwechsel mit den daraus resultierenden Folgen für die betroffene Person in Rechnung zu stellen. Im gesamten Spektrum, das § 49 als allgemeine Norm im Anwendungsbereich des § 45 in Bezug nimmt, gibt es hier außerordentlich schwierige Rechtsfragen, die in dem Feld, in dem § 49 S. 1 überhaupt tragfähig ist, jedoch nur begrenzt aufgeworfen werden. Ähnliches gilt für Beurteilungsprobleme auf Seiten der verantwortlichen Stelle (→ Rn. 28). 30

C. Zulässigkeit der Verarbeitung zu einem in § 45 nicht genannten anderen Zweck (S. 2)

S. 2 betrifft die Weiterverarbeitung personenbezogener Daten, die zu Zwecken im Rahmen des § 45 genannten Spektrums erhoben wurden, zu Zwecken außerhalb dieses Spektrums (zu den nötigen Differenzierungen der „Zwecke" im Sinne des Anwendungsbereichs und der Zwecke iSd § 47 Nr. 2 s. wiederum → Rn. 14). Diese Regelung setzt Art. 9 Abs. 1 RL (EU) 2016/680 um. Nach dieser unionalen Vorgabe dürfen personenbezogene Daten, die von zuständigen Behörden für die in Art. 1 Abs. 1 genannten Zwecke erhoben werden, nicht für andere als solche Zwecke verarbeitet werden, es sei denn, eine derartige Verarbeitung ist nach dem Unionsrecht oder dem Recht der Mitgliedstaaten zulässig. Art. 9 Abs. 1 RL (EU) 2016/680 stellt zudem klar, dass für die Verarbeitung für solche anderen Zwecke die DS-GVO gilt, sofern die Datenverarbeitung in den Anwendungsbereich des Unionsrechts fällt (dazu auch Erwägungsgrund 34 S. 4–7). § 49 S. 2 weist **gravierende Bestimmtheitsprobleme** und **inhaltliche Defizite** auf. Auch der Gesetzgeber selbst sollte ihn deswegen überprüfen. 31

I. Zwecke außerhalb des Spektrums des § 45

S. 2 betrifft die Verarbeitung von Daten, die zu einem Zweck im Spektrum des § 45 erhoben worden sind, nunmehr aber zu einem Zweck verarbeitet werden sollen, der nicht in das dort genannte Spektrum fällt. Das bedeutet zugleich, dass die weitere Verarbeitung nicht mehr vom Anwendungsbereich der RL (EU) 2016/680 und der §§ 45 ff. erfasst ist. Eingeschlossen ist die Weiterverarbeitung durch dieselbe Stelle, aber zu anderen, nicht im Spektrum des § 45 bewegenden Zwecken. Ein Kernanliegen des Art. 9 Abs. 1 S. 2 bis Abs. 3 RL (EU) 2016/680 ist es, Aufmerksamkeit dafür zu wecken, dass im neuen Kontext die DS-GVO greift, sofern die Datenverarbeitung in den Anwendungsbereich des Unionsrechts fällt. Die Anwendung derer Vorschriften sollten die Mitgliedstaaten – vorbehaltlich der darin genannten Bedingungen – bei der Umsetzung dieser Richtlinie außerdem genauer regeln können (Erwägungsgrund 34 S. 7). 32

II. Zulässigkeit der Verarbeitung, wenn sie in einer Rechtsvorschrift vorgesehen ist

Nach S. 2 ist die von ihm erfasste Verarbeitung personenbezogener Daten zu einem anderen, außerhalb des Spektrums des § 45 liegenden Zweck zulässig, wenn sie in einer Rechtsvorschrift vorgesehen ist. Der Normtext lässt offen, ob sich das „sie" in S. 2 Hs. 2 allein auf die „Verarbeitung 33 personenbezogener Daten" zu einem außerhalb von § 45 liegenden Zweck oder auf die „Verarbeitung personenbezogener Daten zu einem anderen, in § 45 nicht genannten Zweck", also gerade auf eine zweckändernde Verarbeitung bezieht. Bei der ersten Variante ließe S. 2 jede anderweitige Rechtsgrundlage ausreichen, stellte aber seinerseits praktisch keine Anforderungen an Zweckänderungen, die den durch § 45 gesteckten Rahmen verlassen. Er ließe Zweckänderungen damit sogar in einem weiterreichenden Umfang als S. 1 zu. Eine solche Gestaltung wäre mit dem Grundsatz der Zweckbindung nach Art. 4 Abs. 1 lit. b RL (EU) 2016/680, § 47 Nr. 2 BDSG unvereinbar, über den auch an Zweckänderungsmöglichkeiten Anforderungen gestellt werden. Dementsprechend öffnet sich Art. 9 Abs. 1 RL 2016/680 für die Regelung von Zweckänderungen zwar dem Recht der Mitgliedstaaten; er zielt aber nicht auf die vollständige Aufhebung der Zweckbindung, sondern auf eine seinen eigenen Sinn nachvollziehende, adäquate mitgliedstaatliche Ausfüllung, für die ein textgleicher Transfer nicht ausreicht. Bei der zweiten Variante, nach der sich die Rechtsvorschrift spezifisch auf die Zweckänderung beziehen und sie abdecken muss (so Kühling/Buchner/Schwichtenberg Rn. 7), könnte und müsste eine solche Rechtsvorschrift zugleich die notwendigen Tatbestandsvoraussetzungen enthalten. Schon da dieser Punkt, welchen genauen Inhalt die Rechtsvorschrift haben muss, nicht hinreichend deutlich wird, weist § 49 S. 2 **schwerwiegende Bestimmtheitsprobleme** auf.

34 In der Begründung des Gesetzentwurfs wird ausgeführt, eine Rechtsvorschrift, wie von § 49 S. 2 gefordert, finde sich beispielsweise für einen typischen Fall einer solchen Weiterverarbeitung durch Datenübermittlung an nicht für Zwecke der Richtlinie zuständige Behörden in § 25. Der Hinweis erschließt sich nicht, weil § 25 seinem Inhalt nach keine Weiterverarbeitungsbefugnis, sondern eine Übermittlungsbefugnis hergibt und, soweit es darum geht, die verantwortliche Stelle im Anwendungsbereich des § 45 gar nicht adressiert (Grundlage für eine zweckändernde Übermittlung wäre § 49 S. 2). Der Hinweis mag auf Erwägungsgrund 34 S. 5 beruhen, der seinerseits bestenfalls begrenzt verständlich und nur eine Auslegungshilfe hinsichtlich der Richtlinienvorgaben ist. Ebenso wenig wie Rechtsvorschriften, die der weiterverarbeitenden Stelle eine Übermittlungsbefugnis zuweisen, geben allgemeine Rechtsvorschriften, die der weiterverarbeitenden Stelle Zweckänderungen von ihrer ursprünglichen zu einer neuen Datenverarbeitung ermöglichen, die in § 49 S. 2 geforderte Rechtsgrundlage für die Weiterverarbeitung her. Mit Blick auf die Anforderungen, die diese Rechtsgrundlage angesichts der Vagheit des § 49 S. 2 erfüllen muss (→ Rn. 33), nicht hinreichend zugeschnitten sind daher § 23 Abs. 1 BDSG (s. aber Bundesministerium des Innern, für Bau und Heimat, Evaluierung des Gesetzes zur Anpassung des Datenschutzrechts an die Verordnung (EU) 2016/679 und zur Umsetzung der Richtlinie (EU) 2016/680, 2021, S. 94) oder parallele landesrechtliche Vorschriften (s. dazu die Normbeispiele bei Gola/Heckmann/Heckmann/Scheurer § 49 Rn. 18). Normativ bedarf es bei der in Rede stehenden Zweck- und Kontextänderung **zweier Rechtsnormen, die iSd des „Doppeltürmodells" als sich inhaltlich stimmig ergänzende Normen ineinandergreifen** (näher → Rn. 16 sowie auch BVerfG Beschl. v. 27.5.2020 – 1 BvR 1873/13, 2618/13 Rn. 93 ff., BVerfGE 155, 119). Soll § 49 S. 2 eine „erste Tür" hergeben, die die verantwortliche Stelle im Anwendungsbereich des § 45 zur Weiterleitung ermächtigt, muss die nach dieser Norm zusätzlich geforderte Rechtsvorschrift eine „zweite Tür" beinhalten, die in einer an § 49 S. 2 anknüpfenden und darauf abgestimmten Weise eine zweckändernde Weiterverarbeitungsbefugnis für eine Stelle außerhalb des Anwendungsbereichs des § 45 vorsieht. Eine solche Befugnis könnte im Fachrecht platziert sein und sie müsste ihrem Inhalt nach als Vorschrift ausgestaltet sein, die die Zweckänderung von dem Bereich des § 49 iVm § 45 in den neuen Kontext ebenso wie dann vor allem die Weiterverarbeitung durch die neue Stelle ausdrücklich regelt und dabei tatbestandlich alle unionalen und verfassungsrechtlichen Anforderungen erfüllt. Eine solche Konstruktion ist, die Bundesgesetzgebungskompetenz (auch) für die fachgesetzliche Rechtsvorschrift vorausgesetzt, nicht vollkommen ausgeschlossen. Bei den weiteren unionalen Anforderungen könnte man etwa an Art. 10 DS-GVO denken (dazu etwa NK-DatenschutzR/Petri Art. 10 Rn. 7 ff.), aber hier stellt sich bereits die Frage, inwieweit die dort genannten personenbezogenen Daten über strafrechtliche Verurteilungen und Straftaten überhaupt über eine Kombination einer fachgesetzlichen Rechtsvorschrift mit § 49 S. 2 abgedeckt werden können. Insgesamt ist für die praktische Relevanz der im Verhältnis zu fachgesetzlichen Verarbeitungs- und Übermittlungsnormen bestenfalls begrenzte Einsatzbereich des § 49 S. 2 zu berücksichtigen (→ Rn. 8 ff.). Unabhängig davon muss die Norm wegen ihrer Defizite und der Missverständnisse, die sie auslöst, **zwingend überarbeitet** werden. Die Überlegungen in der bisherigen Evaluierung sind unzureichend (s. dazu Bundesministerium des Innern, für Bau und Heimat, Evaluierung des Gesetzes zur Anpassung des Datenschutzrechts an die Verordnung (EU) 2016/679 und zur Umsetzung der Richtlinie (EU) 2016/680, 2021, S. 93 f.).

§ 50 Verarbeitung zu archivarischen, wissenschaftlichen und statistischen Zwecken

¹Personenbezogene Daten dürfen im Rahmen der in § 45 genannten Zwecke in archivarischer, wissenschaftlicher oder statistischer Form verarbeitet werden, wenn hieran ein öffentliches Interesse besteht und geeignete Garantien für die Rechtsgüter der betroffenen Personen vorgesehen werden. ²Solche Garantien können in einer so zeitnah wie möglich erfolgenden Anonymisierung der personenbezogenen Daten, in Vorkehrungen gegen ihre unbefugte Kenntnisnahme durch Dritte oder in ihrer räumlich und organisatorisch von den sonstigen Fachaufgaben getrennten Verarbeitung bestehen.

Überblick

Die Vorschrift setzt Art. 4 Abs. 3 RL (EU) 2016/680 für Polizei und Justiz (JI-RL) um (BT-Drs. 18/11325, 111). Die der Richtlinie unterfallenden Verantwortlichen (öffentliche Stellen im Bereich Polizei und Justiz) dürfen personenbezogene Daten auch zu archivarischen, wissenschaftlichen oder statistischen Zwecken verarbeiten, solange die Datenverarbeitung im Rahmen der in § 45 genannten Zwecke erfolgt. Hierfür setzt sie ein öffentliches Interesse (→ Rn. 8) sowie geeignete Garantien für die Rechtsgüter der betroffenen Person voraus (→ Rn. 9) und nennt mehrere Beispiele für derartige Garantien (→ Rn. 10).

A. Allgemeines

I. Systematik

§ 50 stellt keine eigenständige Rechtsgrundlage für eine Datenerhebung und -verarbeitung dar, sondern setzt eine zulässige Datenverarbeitung durch öffentliche Stellen im Bereich von Polizei und Justiz voraus. § 50 begründet daher eine Ausnahme vom Zweckbindungsgrundsatz aus Art. 5 Abs. 1 lit. b DS-GVO, die erst greift, wenn die öffentlichen Stellen personenbezogene Daten auf einer anderen Rechtsgrundlage zulässigerweise verarbeiten dürfen. (Kühling/Buchner/Schwichtenberg BDSG § 50 Rn. 2 f.). Grundsätzlich sollen personenbezogene Daten zwar nicht durch die zuständigen öffentlichen Stellen gespeichert werden, als es für die Zwecke, für die sie verarbeitet werden, erforderlich ist (Art. 4 Abs. 1 lit. e JI-RL und Erwägungsgrund 2 JI-RL). Um dies zu gewährleisten, werden die Mitgliedstaaten verpflichtet, angemessene Fristen für die Löschung personenbezogener Daten bzw. für die Überprüfung der Notwendigkeit ihrer Speicherung vorzusehen (Art. 5 JI-RL). Art. 4 Abs. 3 JI-RL formuliert eine Ausnahme von dieser Pflicht zum zeitnahen Löschen personenbezogener Daten. Danach soll die Verarbeitung der gespeicherten Daten durch denselben oder einen anderen Verantwortlichen sowohl zur Archivierung im öffentlichen Zwecke der Verhütung, Ermittlung, Aufdeckung, Verfolgung oder Ahndung von Straftaten oder Ordnungswidrigkeiten durch die dafür zuständigen öffentlichen Stellen zulässig sein, sofern geeignete Garantien für die Rechte und Freiheiten der betroffenen Personen vorhanden sind. Mit § 50 S. 1 wird dieser Ausnahmetatbestand in deutsches Recht umgesetzt und in S. 2 um konkrete Beispiele möglicher Garantien ergänzt. Welche Vorkehrungen im Einzelnen zu treffen sind, richtet sich nach dem einschlägigen Fachrecht (BT-Drs. 18/11325, 112). Dabei stellt § 50 keine Rechtsgrundlage für eine Datenverarbeitung dar, sondern setzt eine zulässige Datenverarbeitung durch die verantwortlichen öffentlichen Stellen voraus (Kühling/Buchner/Schwichtenberg BDSG § 50 Rn. 2).

II. Entstehungsgeschichte

Regeln zur Verarbeitung personenbezogener Daten für wissenschaftliche oder statistische Zwecke gab es bereits in älteren Fassungen des BDSG. Hier sind insbesondere die § 13 Abs. 2 Nr. 8 BDSG aF, § 14 Abs. 5 S. 1 Nr. 2 BDSG aF, § 28 Abs. 6 Nr. 4 BDSG aF und § 30a Abs. 5 BDSG aF zu nennen. Spezielle Regeln für die der JI-RL unterfallenden öffentlichen Stellen sah das BDSG aF in diesem Zusammenhang allerdings nicht vor.

Im Ergebnis geht die Bundesregierung davon aus, dass sich durch die Neufassung nichts an der bisherigen Praxis der Zusammenarbeit zwischen öffentlichen Stellen, die Daten für Zwecke der JI-RL verarbeiten, und Archiven ändern wird (BT-Drs. 18/11655, 33).

B. Regelungsgehalt im Einzelnen

4 Personenbezogene Daten dürfen in archivarischer, wissenschaftlicher oder statistischer Form für die in § 45 (→ § 45 Rn. 15) vorgesehenen Zwecke verarbeitet werden, wenn hieran ein öffentliches Interesse besteht und geeignete Garantien für die Rechtsgüter der betroffenen Personen vorgesehen werden.

I. Verarbeitungszweck

5 Bei den in § 45 erwähnten **Zwecken** handelt es sich um die Verhütung, Ermittlung, Aufdeckung, Verfolgung oder Ahndung von Straftaten oder Ordnungswidrigkeiten durch die zuständigen öffentlichen Stellen von Polizei und Justiz, wobei die Verhütung von Straftaten auch den Schutz vor und die Abwehr von Gefahren für die öffentliche Sicherheit umfasst. Weiter nennt § 45 die öffentlichen Stellen, die für die Vollstreckung von Strafen und Maßnahmen iSd § 11 Abs. 1 Nr. 8 StGB (also jede Maßregel der Besserung und Sicherung, die Einziehung und die Unbrauchbarmachung) sowie von Erziehungsmaßregeln oder Zuchtmitteln iSd Jugendgerichtsgesetzes und von Geldbußen zuständig sind. Die Verarbeitung muss also mindestens einem dieser Zwecke dienen. Beispielhaft wird in der Gesetzesbegründung die kriminologische und kriminaltechnische Forschung des Bundeskriminalamtes genannt (BT-Drs. 18/11325, 111). Neben der Verarbeitung zu den genannten Zwecken ist erforderlich, dass die handelnde Behörde (Polizeibehörde, Staatsanwaltschaft, Zoll und Steuerfahndung) auf Grundlage einer Befugnisnorm zuständig ist. Die Datenverarbeitung zu archivarischen, wissenschaftlichen oder statistischen Zwecken außerhalb der JI-RL (also beispielsweise ohne Verbindung zu der Verhütung oder Ahndung von Straftaten) unterfällt nicht § 50, sondern den §§ 22 ff.

II. Archivarische, wissenschaftliche oder statistische Form

6 Etwas unklar ist, was das Gesetz mit dem Tatbestandsmerkmal einer Verarbeitung in „archivarischer, wissenschaftlicher oder statistischer Form" konkret meint. Denn Art. 4 Abs. 3 JI-RL nennt einerseits die „Archivierung" und anderseits die „wissenschaftliche, statistische oder historische Verwendung". Ausweislich der Gesetzesbegründung soll Art. 4 Abs. 3 JI-RL die Verarbeitung personenbezogener Daten „zu wissenschaftlichen, statistischen und historischen Zwecken" (BT-Drs. 18/11325, 111) erlauben. So lautet die amtliche Überschrift von § 50 dann auch „Verarbeitung zu archivarischen, wissenschaftlichen und statistischen Zwecken". Es spricht deshalb einiges dafür, dass sich der Gesetzgeber allein aus sprachlichen Gründen für den Begriff der „Form" entschieden hat und damit tatsächlich gemeint ist, dass mit der Verarbeitung – neben den in § 45 genannten – eben auch archivarische, wissenschaftliche und statistische Zwecke verfolgt werden müssen. Insofern kann für die Einzelheiten auf → § 27 Rn. 15 sowie → § 28 Rn. 5 verwiesen werden.

7 Dass § 50 S. 1 im Gegensatz zu Art. 4 Abs. 3 JI-RL nicht auch die Verarbeitung zu historischen Zwecken nennt, mag daran liegen, dass der Begriff der „historischen Form" sprachlich irreführend wäre. Jedenfalls war dem Gesetzgeber bewusst, dass Art. 4 Abs. 3 JI-RL eine Verarbeitung eben auch zu historisch-wissenschaftlichen Zwecken erlaubt (BT-Drs. 18/11325, 111). Zudem kann die Verarbeitung zu historischen Zwecken europarechtskonform unter den Begriff der „Verarbeitung in wissenschaftlicher Form" subsumiert werden, da auch die Geschichtswissenschaft unter den Begriff der Wissenschaft fällt (Kühling/Buchner/Schwichtenberg BDSG § 50 Rn. 5).

III. Öffentliches Interesse an der Verarbeitung

8 Außerdem verlangt § 50 S. 1 für sämtliche der hiernach erlaubten Verarbeitungen, dass an ihnen ein öffentliches Interesse besteht. Damit geht der deutsche Gesetzgeber über die Vorgaben des Art. 4 Abs. 3 JI-RL hinaus, der das Vorliegen eines öffentlichen Interesses lediglich für die Archivierung verlangt. Gleichwohl dürfte sich dies materiell in der Regel nicht auswirken, da die Verarbeitung stets zu den in § 45 genannten Zwecken, insbesondere zur Gefahrprävention sowie Strafverfolgung, zu erfolgen hat. Daher wird sich das öffentliche Interesse an der Archivierung oder wissenschaftlich bzw. statistisch motivierten Verarbeitung häufig aus dem Zusammenhang mit den in § 45 genannten, im öffentlichen Interesse liegenden, Zwecken ableiten lassen. Dass ein öffentliches Interesse an einem (auch) wissenschaftlichen Arbeiten der Strafverfolgungsbehörden in der Regel naheliegt, zeigt etwa das Beispiel der kriminologischen und kriminaltechnischen Forschung durch das Bundeskriminalamt.

IV. Geeignete Garantien für die Rechtsgüter der betroffenen Personen

Schließlich müssen geeignete Garantien, also technische und/oder organisatorische Maßnahmen zum Schutz der Rechtsgüter der betroffenen Personen getroffen werden. Diese müssen im jeweiligen Fachrecht präzisiert werden, wie dies etwa bei § 21 BKAG der Fall ist. Welche das sein können, wird in § 50 S. 2 beispielhaft konkretisiert. 9

Zunächst wird eine so zeitnah wie möglich erfolgende Anonymisierung der personenbezogenen Daten genannt. Dabei handelt es sich um einen datenschutzrechtlichen Grundsatz, der sich sowohl in Art. 5 Abs. 1 lit. e DS-GVO als auch in Art. 4 Abs. 1 lit. e JI-RL findet (BT-Drs. 18/11655, 32). Nach Ansicht der Bundesregierung gewinnt dieser Grundsatz der Speicherbegrenzung bei Verarbeitungen zu statistischen oder wissenschaftlichen Zwecken auch im bereichsspezifischen Fachrecht besondere Bedeutung. Die bloße Pseudonymisierung der personenbezogenen Daten ist deshalb nicht ausreichend (BT-Drs. 18/11655, 33). Eine Definition, was unter einer Anonymisierung zu verstehen ist, liefert das Gesetz nicht. Voraussetzung dafür, dass es sich um anonymisierte Daten handelt, ist, dass die betroffene Person nicht mehr identifiziert werden kann. Bei genetischen oder biometrischen Daten ist eine vollständige Anonymisierung häufig ausgeschlossen. Zum Begriff der Anonymisierung auch → § 27 Rn. 36. 10

Weiter kann eine geeignete Garantie in Vorkehrungen gegen eine unbefugte Kenntnisnahme der personenbezogenen Daten durch Dritte bestehen. Die praktische Ausgestaltung kann je nach Einzelfall unterschiedlich ausfallen. So können auf Festplatten gespeicherte Daten mit einem Passwort versehen und wirksam verschlüsselt werden. Bei analog hinterlegten Daten ist eine Zugangskontrolle durch die Aufbewahrung in verschlossenen Räumen/Behältnissen möglich. Zum angemessenen Schutz der personenbezogenen Daten ist der Begriff des Dritten weit auszulegen, sodass zB auch sichergestellt werden muss, dass unzuständige Behördenmitarbeiter keinen Zugriff auf die Daten haben. 11

Zuletzt nennt § 50 S. 2 die von den sonstigen Fachaufgaben räumlich oder organisatorisch getrennte Verarbeitung der personenbezogenen Daten. Hier muss im Einzelnen genau darauf geachtet werden, ob solche Maßnahmen tatsächlich geeignet sind, die Rechtsgüter der betroffenen Personen ausreichend zu schützen, da eine bloße räumliche Trennung unter Umständen leicht überwunden werden kann. 12

Darüber hinaus können die mit der Verarbeitung betrauten Personen besonders im Umgang mit den Daten geschult und Prozesse und Verfahren für die Übermittlung der Daten festgelegt werden. 13

§ 51 Einwilligung

(1) Soweit die Verarbeitung personenbezogener Daten nach einer Rechtsvorschrift auf der Grundlage einer Einwilligung erfolgen kann, muss der Verantwortliche die Einwilligung der betroffenen Person nachweisen können.

(2) Erfolgt die Einwilligung der betroffenen Person durch eine schriftliche Erklärung, die noch andere Sachverhalte betrifft, muss das Ersuchen um Einwilligung in verständlicher und leicht zugänglicher Form in einer klaren und einfachen Sprache so erfolgen, dass es von den anderen Sachverhalten klar zu unterscheiden ist.

(3) [1]Die betroffene Person hat das Recht, ihre Einwilligung jederzeit zu widerrufen. [2]Durch den Widerruf der Einwilligung wird die Rechtmäßigkeit der aufgrund der Einwilligung bis zum Widerruf erfolgten Verarbeitung nicht berührt. [3]Die betroffene Person ist vor Abgabe der Einwilligung hiervon in Kenntnis zu setzen.

(4) [1]Die Einwilligung ist nur wirksam, wenn sie auf der freien Entscheidung der betroffenen Person beruht. [2]Bei der Beurteilung, ob die Einwilligung freiwillig erteilt wurde, müssen die Umstände der Erteilung berücksichtigt werden. [3]Die betroffene Person ist auf den vorgesehenen Zweck der Verarbeitung hinzuweisen. [4]Ist dies nach den Umständen des Einzelfalles erforderlich oder verlangt die betroffene Person dies, ist sie auch über die Folgen der Verweigerung der Einwilligung zu belehren.

(5) Soweit besondere Kategorien personenbezogener Daten verarbeitet werden, muss sich die Einwilligung ausdrücklich auf diese Daten beziehen.

Überblick

§ 51 regelt die Einwilligung für die Fälle, die von § 45 erfasst werden, dh Fälle im Anwendungsbereich der IJ-RL (= RL (EU) 2016/680). Die RL (EU) 2016/680 selbst sie die Einwilligung nicht vor, untersagt sie aber nicht. Nach Abs. 1 ist die Einwilligung trotz des hoheitlichen Handelns des Staates bei der Verhütung, Ermittlung, Aufdeckung, Verfolgung oder Ahnung von Straftaten oder Ordnungswidrigkeiten nicht generell unzulässig, setzt aber eine ausdrückliche Zulassung durch eine spezielle Norm voraus, § 51 genügt allein nicht (→ Rn. 13). Im Fall einer schriftlichen Erklärung muss diese separat von sonstigen Einwilligungen sein → Rn. 16). Die Richtlinie enthält keine unmittelbaren Vorgaben für die Einwilligung. Das nationale Recht statuiert, in Anlehnung an die Vorgaben des DS-GVO verhältnismäßig strenge Voraussetzungen für die Rechtmäßigkeit der Einwilligung. Die Einwilligung muss frei (→ Rn. 26) und in Kenntnis der Zwecksetzung (→ Rn. 26) und des Widerrufsrechts (→ Rn. 25) und der Rechtsfolgen bei einem Unterbleiben (→ Rn. 31) erfolgen. Die Einwilligung für die Verarbeitung sensibler Daten muss diese speziell bezeichnen (→ Rn. 32).

Übersicht

	Rn.		Rn.
A. Allgemein	1	I. Schriftlichkeit der Einwilligung	15
I. Ratio der Norm	1	II. Klare Aufklärung	17
1. Rahmenregelung	1	1. Gegenstand der Aufklärung	17
2. Erweiterung der Rechtfertigungsgründe der IJ-RL	3	2. Sprache der Aufklärung	18
		D. Abs. 3	20
II. Entstehungsgeschichte	5	I. Widerruf (S. 1)	20
III. Systematische Aspekte	7	II. Wirkung ex nunc (S. 2)	23
1. Stellung innerhalb des BDSG	7	1. Keine Wirkung ex tunc	23
2. Umsetzungsfunktion	8	2. Wirkung ex nunc	23a
3. Allgemeiner Teil der Einwilligung	9	III. Belehrungspflicht (S. 3)	25
4. Grundrechtsbindung	11	**E. Abs. 4**	26
B. Abs. 1	12	I. Freiwilligkeit (S. 1)	26
I. Begriff der Einwilligung	12	II. Beurteilung (S. 2)	29
II. Zulassung durch eine andere Norm	13	III. Hinweis (S. 3)	30
III. Gebot des Nachweises	14	IV. Aufklärung (S. 4)	31
C. Abs. 2	15	**F. Abs. 5**	32

A. Allgemein

I. Ratio der Norm

1. Rahmenregelung

1 § 51 regelt die **Einwilligung im Anwendungsbereich der IJ-RL** (RL (EU) 2016/680). § 51 möchte die Einwilligung in Kombination mit einer Rechtsgrundlage, die eine Rechtfertigung der Verarbeitung in Form der Einwilligung vorsieht, als Rechtsgrundlage der Verarbeitung gestatten. Bei § 51 handelt es sich um eine **Rahmenregelung,** die eine spezielle gesetzliche Regelung voraussetzt, die die Einwilligung gestattet (§ 51 Abs. 1).

2 Über den Verweis auf die andere Norm hinaus stellt sie aber weiter in allgemeiner Form Regelungen für die Einwilligung auf, die nach der anderen Norm gestattet wird. Der Gesetzgeber übernimmt dabei für § 51 weitreichend die Vorgaben des Art. 7 DS-GVO (Gola/Heckmann/ Heckmann/Paschke Rn. 1). Die freie Widerruflichkeit der Einwilligung (§ 51 Abs. 3 S. 1) relativiert die Bedeutung der Einwilligung für die Zwecke der RL (EU) 2016/680, ohne sie völlig aufzuheben. § 51 gilt nur, sofern die Voraussetzungen des § 45 gegeben sind. Geht es um eine Konstellation im Anwendungsbereich der DS-GVO, ist § 51 nicht anwendbar, dh insbesondere im privaten Bereich.

2.1 Die bisher einzige Entscheidung, die § 51 zitiert, handelt von einem Fall, in dem die Voraussetzungen des § 45 nicht gegeben sind, AG Charlottenburg BeckRS 2018, 27659 Rn. 14.

2. Erweiterung der Rechtfertigungsgründe der IJ-RL

3 Nach dem reinen **Textbefund** der RL (EU) 2016/680 ist die Gestattung der Einwilligung als Rechtsgrundlage durchaus **bemerkenswert,** da Art. 8 RL (EU) 2016/680 diese Form von Rechtfertigungsgrund nicht kennt.

Art. 8 JI-RL regelt die Voraussetzung für die **Rechtmäßigkeit** der Verarbeitung. Die Norm kennt nur **einen einzigen Rechtfertigungsgrund.** Danach ist die Verarbeitung dann rechtmäßig, wenn und soweit die Verarbeitung für die Erfüllung der Aufgaben erforderlich ist, die von den zuständigen Behörden zum Zwecke der Verhütung, Ermittlung, Aufdeckung oder Verfolgung von Straftaten oder der Strafvollstreckung, einschließlich des Schutzes vor und der Abwehr von Gefahren für die öffentliche Sicherheit, auf der Grundlage des Unionsrechts oder des Rechts eines Mitgliedstaates wahrgenommen werden. Strukturell entspricht diese Regelung daher § 3 BDSG aF. 3.1

Der Ausschluss der Einwilligung als Rechtsgrundlage wird in den Erwägungsgründen gerechtfertigt. Erwägungsgrund 35 S. 3–5 verweist darauf, dass in dem Fall, in dem die öffentlichen Stellen von ihren Hoheitsbefugnissen Gebrauch machen, eine Freiwilligkeit nicht gegeben ist. 3.2

Andererseits verweist Erwägungsgrund 35 S. 6 gleichzeitig auch darauf, dass dieser Umstand die **Mitgliedstaaten nicht** daran **hindern soll,** der Möglichkeit einer Einwilligung im Anwendungsbereich der IJ-RL **zuzustimmen,** bspw. im Falle von DNA-Tests oder bei der Überwachung mittels Fußfesseln. Nach den Erwägungsgründen ist es daher eindeutig, dass die Einwilligung ein Rechtfertigungsgrund bleiben kann, wenn die Mitgliedstaaten das wollen, wenn auch nur in einem engen Bereich (Gola DS-GVO Art. 2 Rn. 25; Gola/Heckmann/Heckmann/Paschke Rn. 9). 3.3

Die in den Erwägungsgründen geforderte **Abgrenzung** von unzulässigem und zulässigem Einsatz der Einwilligung ist nicht ganz leicht vorzunehmen. Der zulässige Einsatz verlangt zunächst ausdrücklich eine Regelung in Rechtsvorschriften. Darüber hinaus darf die Einwilligung nicht unmittelbar in Beziehung zu einer Aufforderung, einer rechtlichen Verpflichtung nachzukommen, ergehen. Die genannten Beispielsfälle – DNA-Test und Überwachung des Aufenthalts mittels elektronischer Fußfesseln – deuten darauf hin, dass die Einwilligung dann zulässig sein soll, wenn sie eine **Alternative** zu einer **gegebenen Informationserhebungsbefugnis** ist und diese Alternative dem Betroffenen Vorteile vermittelt, etwa weil der körperliche Eingriff beim DNA-Test geringer ist als bei einer Blutentnahme oder weil die Fußfessel gestattet, den Ort, an dem sich eine Person in Gewahrsam befindet, zu verlassen. Die Einwilligung darf hinsichtlich bestehender Eingriffsmöglichkeiten nicht zu einer Erleichterung der Aufgabenerfüllung der Verwaltung dienen, die der Sache nach eine Umgehung des Vorbehalts des Gesetzes bedeuten würde. Sie ist nur zur Ermöglichung einer milderen Alternative zulässig (kritisch Paal/Pauly/Franzen § 51 Rn. 2 f.). 4

II. Entstehungsgeschichte

§ 51 hat im **Entstehungsprozess** des BDSG **erhebliche Änderungen** erfahren. Im ersten Referentenentwurf von August 2016 war die Norm noch nicht enthalten. Im Referentenentwurf zur Ressortabstimmung im November 2016 gab es ihn als § 47 RefE 11.2016 schon, wobei Abs. 1 nicht ausdrücklich auf eine Rechtsnorm verwies. Im Regierungsentwurf von Februar 2017 hatte die Norm dagegen die heutige Fassung. 5

Die Fassung in der Ressortabstimmung v. **11.11.2016** lautete: 5.1
§ 47 Einwilligung
(1) (Art. 7 Abs. 1 DS-GVO) Erfolgt die Verarbeitung personenbezogener Daten aufgrund einer Einwilligung, muss der Verantwortliche die Einwilligung der betroffenen Person nachweisen können.
(2) (Art. 7 Abs. 2 DS-GVO) Erfolgt die Einwilligung der betroffenen Person durch eine schriftliche Erklärung, die noch andere Sachverhalte betrifft, muss das Ersuchen um Einwilligung in verständlicher und leicht zugänglicher Form in einer klaren und einfachen Sprache so erfolgen, dass es von den anderen Sachverhalten klar zu unterscheiden ist.
(3) (Art. 7 Abs. 3 DS-GVO) Die betroffene Person hat das Recht, ihre Einwilligung jederzeit zu widerrufen. Durch den Widerruf der Einwilligung wird die Rechtmäßigkeit der aufgrund der Einwilligung bis zum Widerruf erfolgten Verarbeitung nicht berührt. Die betroffene Person wird vor Abgabe der Einwilligung hiervon in Kenntnis gesetzt.
(4) (Art. 7 Abs. 4 DS-GVO) Die Einwilligung ist nur wirksam, wenn sie auf der freien Entscheidung der betroffenen Person beruht. (§ 4a Abs. 1 BDSG aF) Bei der Beurteilung, ob die Einwilligung freiwillig erteilt wurde, müssen die Umstände der Erteilung berücksichtigt werden. Die betroffene Person ist auf den vorgesehenen Zweck der Verarbeitung sowie, wenn nach den Umständen des Einzelfalles erforderlich oder auf Verlangen, auf die Folgen der Verweigerung der Einwilligung hinzuweisen.
(5) (§ 4a Abs. 3 BDSG aF) Soweit besondere personenbezogene Daten gemäß § 45 Absatz 2 verarbeitet werden, muss sich die Einwilligung ausdrücklich auf diese Daten beziehen.

Wie ein Textvergleich unschwer verdeutlicht, ist § 47 Abs. 1 BDSG-E deutlich weiter gewesen als der heutige § 51, da dort nicht zwingend Voraussetzung war, dass die Zulässigkeit der Einwilligung durch eine Rechtsvorschrift zugelassen wurde. 5.2

6 Die **Gesetzesbegründung** zu § 51 ist ausgesprochen **knapp**. Sie verweist darauf, dass § 51 der Sache nach aus einer Kombination der Vorgaben für die Einwilligung aus Art. 7 DS-GVO einerseits und § 4a BDSG aF andererseits besteht und ordnet die einzelnen Absätze des § 51 den beiden Bestimmungen zu.

6.1 Die Gesetzesmotive lauten (**BT-Drs. 18/11325, 110 f.**):
„Zu § 51 (Einwilligung)
In § 51 finden sich die Voraussetzungen für eine wirksame Einwilligung. Hierbei wurden Elemente aus Artikel 7 der Verordnung (EU) 2016/679 mit dort nicht enthaltenen Elementen des § 4a BDSG a. F. kombiniert.
Absatz 1 entspricht Artikel 7 Absatz 1, Absatz 2 Artikel 7 Absatz 2 und Absatz 3 Artikel 7 Absatz 3 der Verordnung (EU) 2016/679. In Absatz 4 wurde der Ansatz aus § 4a Absatz 1 BDSG a. F. mit dem Gedanken aus Artikel 7 Absatz 4 der Verordnung (EU) 2016/679 angereichert, wonach für die Beurteilung der Frage, ob die Freiwilligkeit der Einwilligung vorliegt, wesentlich auf die Umstände der Erteilung abzustellen ist. Absatz 5 entspricht § 4a Absatz 3 BDSG a. F."

III. Systematische Aspekte

1. Stellung innerhalb des BDSG

7 § 51 steht im Kapitel über die Rechtsgrundlagen **nicht an prononcierter Stelle,** sondern ist hinter der Zulässigkeit der Zweckänderungsfälle platziert. Daraus wird schon deutlich, dass der Gesetzgeber § 51 **keine zentrale Rolle** unter den Rechtsgrundlagen zuweisen wollte. Die mit der systematischen Stellung getroffene Aussage ist im Ergebnis eine nicht offensichtlich falsche Einschätzung.

2. Umsetzungsfunktion

8 § 51 dient **nicht der Umsetzung der IJ-RL**, da Art. 8 RL (EU) 2016/680 die Einwilligung als Rechtsgrundlage nicht verlangt. § 51 macht aber von einem Gestaltungsspielraum, den die IJ-RL den Mitgliedstaaten einräumt, Gebrauch. § 51 schöpft diesen Freiraum allerdings nicht vollständig aus. Erwägungsgrund 35 S. 6 der IJ-RL könnte durchaus so verstanden werden, dass die Zulässigkeit der Einwilligung nicht noch einmal von einer speziellen Ermächtigung abhängt, sondern die Mitgliedstaaten die Einwilligung im Regelungsbereich der IJ-RL bei Achtung der in deren Erwägungsgrund 35 genannten Einschränkungen **in generalisierter Form** als Rechtfertigung für die Datenverarbeitung **vorsehen können**. Im Referentenentwurf zur Ressortabstimmung aus dem November 2016 war dementsprechend die Einwilligung unabhängig von der ausdrücklichen Zulassung in einer anderen Rechtsnorm als Rechtsgrundlage vorgesehen (→ Rn. 6.1). Indem der Gesetzgeber im Laufe des Gesetzgebungsverfahrens (→ Rn. 6) von einer solchen Gestaltung Abstand nahm, wurde die konstitutive Bedeutung von § 51 erheblich reduziert.

3. Allgemeiner Teil der Einwilligung

9 § 51 gestaltet die aufgrund einer anderen Rechtsnorm angeordnete Einwilligung näher aus. Er enthält einen **allgemeinen Teil über die Einwilligung** im Anwendungsbereich der IJ-RL. Normen des BDSG sind wegen § 1 Abs. 2 BDSG immer subsidiär. Diese Subsidiarität betont § 51 noch einmal, indem er die Zulässigkeit der Einwilligung selbst nicht ausdrücklich regelt, sondern eine Regelung in einer anderen Norm voraussetzt. Nur für den Fall, dass dort die Einwilligung vorgesehen ist, greift § 51.

10 Die in § 51 vorgesehene Ausgestaltung der Einwilligung **kommt nur zur Anwendung,** sofern im Zusammenhang mit der Zulassung der Einwilligung in der anderen Rechtsnorm **keine spezielleren Normen** erlassen wurden.

10.1 Der Bundesgesetzgeber hat zwar mit § 51 verdeutlicht, dass er selbst der Auffassung ist, dass im Anwendungsbereich der IJ-RL eine Einwilligung wohl nur dann zulässig ist, wenn die Voraussetzungen von § 51 gegeben sind. Ein späterer Bundesgesetzgeber, der in einem speziellen Fachgesetz andere Einwilligungsvoraussetzungen in § 51 vorsieht und gegebenenfalls die Einwilligungsvoraussetzungen von § 51 auch absenkt, ist an diese Einschätzung allerdings nicht gebunden: Das andere Bundesgesetz steht im Rang dem § 51 nicht nach. Der einfache Gesetzgeber kann den späteren Gesetzgeber nicht binden. Die potentielle Ausgestaltung der Einwilligung in einer anderen Rechtsvorschrift muss allerdings den verfassungsrechtlichen und grundrechtlichen Anforderungen genügen.

4. Grundrechtsbindung

Da die IJ-RL die Einwilligung selbst nicht verlangt, aber auch nicht verbietet, ist der deutsche **11** Gesetzgeber bei der Ausgestaltung der Einwilligung verhältnismäßig frei und insofern **an die Grundrechte des Grundgesetzes gebunden.** Fraglich ist, ob er darüber hinaus auch an Art. 8 GRCh gebunden ist. Die IJ-RL verbietet die Einwilligung nicht, verlangt sie nicht, gestattet sie aber. Ohne Erwägungsgrund 35 S. 7 JI-RL wäre die Zulässigkeit der Einwilligung angesichts des Art. 8 GRCh ausgesprochen schwierig zu begründen gewesen. Man wird daher davon ausgehen müssen, dass sowohl der deutsche Gesetzgeber bei der Ausgestaltung der Einwilligung als auch der Normanwender bei **Einholung derselben an Art. 8 GRCh** gebunden sind. Dies gilt auch für den Fall, dass er die Einwilligung in konkreten Fällen iSd § 51 innerhalb des Anwendungsbereichs der Richtlinie zulässt. Die nationalrechtlichen Normen müssen daher den europarechtlichen Anforderungen der Freiwilligkeit in Art. 8 Abs. 2 GRCh genügen. Die Formulierung von § 51 ist jedoch so strikt, dass an der Erfüllung der Freiwilligkeitsanforderung der europäischen Grundrechte nicht gezweifelt werden kann. Bei der Frage des Prüfungsmaßstabes im Rahmen einer Verfassungsbeschwerde ist allerdings davon auszugehen, dass das BVerfG nur die Anwendung der Grundrechte des GG prüfen wird, sofern es um § 51 geht (vgl. dazu insoweit → § 45 Rn. 28).

B. Abs. 1

I. Begriff der Einwilligung

Die Einwilligung ist in **§ 46 Nr. 17** definiert. Danach ist eine Einwilligung begriffsnotwendig **12** nur eine freiwillige Erklärung. Weiter muss die Einwilligungserklärung informiert erfolgen. Schließlich muss sie unmissverständlich ausdrücklich oder konkludent erteilt werden. Inhaltlich muss sie deutlich werden lassen, dass der Betroffene mit der Verarbeitung seiner personenbezogenen Daten einverstanden ist. In der Regel haben die Begriffe hier die gleiche Bedeutung wie bei Art. 3 Nr. 11 DS-GVO.

II. Zulassung durch eine andere Norm

Nach dem Normtext des Abs. 1 befasst sich die Regelung unmittelbar nur mit dem Erfordernis **13** des Nachweises der Einwilligung durch den Verantwortlichen. Mittelbar regelt Abs. 1 aber auch abschließend die Fälle, in denen die Einwilligung eine Rechtsgrundlage für die Verarbeitung bilden kann. Dies ist **nur dann der Fall,** wenn nach einer **Rechtsvorschrift** die Verarbeitung auf Grundlage einer Einwilligung erfolgen kann. „Gesetzliche" **Duldungs- und Mitwirkungspflichten** für Bürger bilden für die Einwilligung keine wirksame Grundlage in diesem Sinne (Gola/Heckmann/Heckmann/Paschke Rn. 9). § 51 will erkennbar die Möglichkeit ausschließen, dass eine Verarbeitung auf der Grundlage einer Einwilligung erfolgen kann, die nicht in einer Rechtsvorschrift zugelassen wird (Kühling/Buchner/Schwichtenberg § 51 Rn. 1). Der im Strafverfahren in der Vergangenheit mögliche Fall, dass der Betroffene beim Verdacht einer alkoholisierten Fahrt in ein Atemmessgerät gepustet hat, um auf diese Weise die Blutabnahme zu vermeiden, ist heute daher nur noch bei ausdrücklicher Zulassung in der Rechtsvorschrift möglich.

III. Gebot des Nachweises

Der unmittelbare Normgehalt von Abs. 1 besteht darin, dass den Verantwortlichen die **Beweis- 14 last** für die Einwilligung auferlegt wird. Auf diese Weise soll sichergestellt werden, dass der Verantwortliche die Einwilligung auch wirklich einholt. „Zweifel" hinsichtlich der Kundgabe des Willens des Betroffenen gehen daher zu Lasten des Verantwortlichen. Die Nachweispflicht ist nicht abdingbar. Sie verweist auf das Prozessrecht. Der Beweis ist daher mit den im Prozess zulässigen Mitteln zu erbringen. Hinsichtlich der konkreten Form der Erbringung dieses Nachweises ist der Datenverarbeiter jedoch frei (Gola/Heckmann/Heckmann/Paschke Rn. 35). Die Norm ist zugleich eine Rechtfertigung die entsprechenden Belege zu speichern.

Bestreitet die betroffene Person die Einwilligung nicht, besteht kein Bedürfnis die Einwilligung nachzu- **14.1** weisen. Nur für den Fall, dass die betroffene Person das Vorliegen einer Einwilligung bestreitet, muss der Verantwortliche die Einwilligung beweisen können.

C. Abs. 2

I. Schriftlichkeit der Einwilligung

15 Wird die Einwilligung schriftlich erklärt setzt Abs. 2 bestimmte **Aufklärungspflichten** fest. Schriftlich ist eine Einwilligung erteilt, wenn sie in Papierform niedergelegt ist. Eine elektronische Erklärung ist dem Sinn nach bei § 51 der schriftlichen Erklärung gleichzusetzen. Weshalb die Einwilligung schriftlich erklärt wird, ist unerheblich. Aus Abs. 2 kann man daher nicht folgern, dass Einwilligungen im Bereich des Anwendungsbereichs der IJ-RL nur schriftlich erfolgen dürfen.

16 Abs. 2 betrifft eine **Mischkonstellation,** in der neben der Einwilligung noch mindestens eine Erklärung mit anderem rechtlichen Inhalt als einer Einwilligung in die Datenverarbeitung abgegeben wird. Ob die Erklärungen formal getrennt abgegeben werden oder eine Erklärung abgegeben wird, die sinngemäß verschiedene Erklärungen beinhaltet, ist gleichgültig. Diese andere Erklärung könnte etwa dazu dienen, einen Vertrag zu schließen oder vertragliche Rechte abzuändern. Abs. 2 betrifft somit ersichtlich nur einen Ausschnitt der möglichen Fallgestaltungen.

II. Klare Aufklärung

1. Gegenstand der Aufklärung

17 Die unmittelbare Rechtsfolge des Abs. 2 besteht darin, an das Ersuchen um Einwilligung **Verständlichkeitsanforderungen** zu stellen. Der betroffenen Person muss durch das Ersuchen um die Einwilligung deutlich werden, dass sie neben sonstigen Erklärungen auch eine von diesen rechtlich unabhängige Einwilligungserklärung in eine Datenverarbeitung abgibt.

2. Sprache der Aufklärung

18 Die Aufklärung über den Gegenstand der Einwilligung muss in verständlicher und leicht zugänglicher Form in klarer und einfacher Sprache erfolgen. Diese Anforderungen sind ersichtlich **zweistufig.** Die Gestaltung der Erklärung muss so sein, dass man sie **leicht** und ohne besondere Sprachkenntnisse **findet.** Darüber hinaus muss die **Erklärung selbst klar,** dh hinreichend bestimmt und zudem einfach formuliert sein. Eine einfache Sprache ist eine Sprache, die ein Mensch versteht, der keine hohe Sprachkompetenz hat, sei es, weil es sich nicht um seine Muttersprache handelt oder er insgesamt ein niedriges Sprachniveau aufweist.

19 Was eine **einfache Sprache** ist, lässt sich abstrakt nur beschränkt umschreiben, ist aber von jedem Sprachkundigen verhältnismäßig sicher zu beurteilen (Gola/Heckmann/Heckmann/Paschke Rn. 40). Die Anforderungen an eine einfache Sprache können dabei durchaus im Widerspruch zu einer schönen Sprache stehen. § 51 entscheidet sich nicht für Sprachschönheit, sondern für **Verständlichkeit.** Merkmale einfacher Sprache wären etwa: kurze Sätze, geringe Anzahl von Nebensätzen, geringe Anzahl von Wörtern mit einem sehr spezifischen Bedeutungsgehalt, Nichtgebrauch von Wörtern, die nur bei einem erweiterten Wortschatz üblich sind, Nichtgebrauch von Fremdwörtern, keine rhetorischen Fragen.

D. Abs. 3

I. Widerruf (S. 1)

20 Abs. 3 hält die **Herrschaft über die Einwilligung** auch nach deren Erklärung beim Betroffenen. Damit wird dem Umstand Rechnung getragen, dass sich die Einstellung des Betroffenen zu der Verarbeitung ändern kann, etwa weil sich sein eigenes Motiv für die Einwilligung erledigt hat oder weil er Folgen der Verarbeitung erst nachträglich erkannt hat. Für diesen Fall will ihm § 51 Handlungsmöglichkeiten einräumen.

21 Abs. 3 S. 1 stellt klar, dass die betroffene Person das Recht hat, ihre Einwilligung jederzeit zu widerrufen. Der Widerruf bezieht sich auf die Einwilligung, die iSv Abs. 1 erteilt wurde. **Jederzeit** meint, dass keine Wartefrist oder sonstige zeitliche Verzögerung zwischen Erklärung der Einwilligung und des Widerrufs zulässig ist. Die Einwilligung kann daher eine juristische Sekunde nach der Erteilung auch widerrufen werden. Es genügt, wenn klar ist, dass ein Widerruf mit einer Erklärung gemeint ist. Der Widerruf muss nicht begründet werden.

22 **Der Widerruf** ist die **eindeutige Erklärung,** die durch die Einwilligung gesetzten Rechtsfolgen nicht mehr zu wollen. § 51 stellt **keine Formanforderungen** für die Einwilligung auf. Nach Abs. 3 kann daher der Widerruf in jeder Form – auch einer anderen als die Einwilligung – erteilt

werden. Die konkrete Rechtsnorm, die die Einwilligung regelt, kann allerdings, da auf gleicher Normebene wie § 51, Formerfordernisse für den Widerruf vorsehen (→ Rn. 11). Der Widerruf muss nicht ausdrücklich als Widerruf bezeichnet werden.

II. Wirkung ex nunc (S. 2)

1. Keine Wirkung ex tunc

Nach S. 2 wird durch den Widerruf die Rechtmäßigkeit einer Verarbeitung, die bis zum Zeitpunkt des Widerrufs erfolgt ist, nicht berührt. Gemeint ist, dass die Verarbeitung für die **Vergangenheit rechtmäßig** war. Der Zeitpunkt des Widerrufs ist der Zeitpunkt, mit dem die Erklärung den Verantwortlichen erreicht. Der Widerruf ist eine empfangsbedürftige Erklärung. Die Rechtmäßigkeit der Verarbeitung für die Vergangenheit meint, dass die in der Vergangenheit liegenden Verarbeitungsvorgänge nicht rückabgewickelt werden müssen. 23

2. Wirkung ex nunc

S. 2 geht davon aus, dass die Wirkung des Widerrufs **ex nunc** wirkt (Paal/Pauly/Franzen § 51 Rn. 6), dh ab dem Zeitpunkt des Zugangs des Widerrufs darf die Verarbeitung nicht mehr auf die Einwilligung gestützt werden. Besitzt der Verarbeiter für die Verarbeitung eine **andere Rechtsgrundlage** als die Einwilligung, bleibt die Verarbeitung möglich. 23a

War die Einwilligung die einzige Rechtsgrundlage, führt der Widerruf dazu, dass der Betroffene die Daten **löschen muss**. Nicht ausdrücklich in § 51 geregelt, dem Sinn nach aber gefordert ist, dass der Verantwortliche, für den Fall, dass er die Daten weitergegeben hat, den Empfänger der Daten darauf hinweist, er dürfe die Daten für die Zukunft nicht mehr benutzen und die gespeicherten Daten löschen muss. Der Fall, dass die Löschung nicht möglich ist, ist in § 51 selbst nicht geregelt. Es greifen hier die speziellen Ausgestaltungen der Löschungspflichten. 24

III. Belehrungspflicht (S. 3)

Nach S. 3 ist der Betroffene von seinem Recht zum Widerruf der Einwilligung und von der Rechtswirkung des Widerrufs **in Kenntnis zu setzen.** Die Information muss vor Abgabe der Einwilligung erfolgen. Fehlt es an der Information, gibt der Betroffene die Einwilligung nicht ausreichend informiert ab, mit der Folge, dass sie nicht wirksam ist, dh keine Rechtsgrundlage für die Datenverarbeitung darstellt. Wird der Betroffene **später informiert** und willigt er dann erneut ein, liegt ab diesem Zeitpunkt eine wirksame Einwilligung vor. Gibt er keine Einwilligung ab oder widerruft er zusätzlich noch seine Einwilligung, müssen die Daten insgesamt gelöscht werden und es lag zudem für die Vergangenheit eine rechtswidrige Verarbeitung vor. 25

E. Abs. 4

I. Freiwilligkeit (S. 1)

S. 1 schreibt als Wirksamkeitsvoraussetzung die Freiwilligkeit der Einwilligung fest. Dies ist der Sache **nach unnötig,** da im **Begriff** der Einwilligung gem. § 46 Nr. 17 schon begriffsnotwendig das Erfordernis der Freiwilligkeit enthalten ist. Abs. 4 S. 1 **verdeutlicht** das Gebot der Einwilligung aber noch einmal. S. 1 ist nicht so zu verstehen, als sei die Freiwilligkeit die einzige Wirksamkeitsvoraussetzung der Einwilligung. Die Freiwilligkeit ist allerdings eine zentrale Voraussetzung. 26

Eine **Legaldefinition** von Freiwilligkeit enthält das BDSG **nicht.** Freiwillig ist die Einwilligung dann, wenn die betroffene Person eine echte oder freie Wahl hat. Sie muss in der Lage sein, die Einwilligung zu verweigern oder zurückzuziehen, ohne Nachteile zu erleiden. Eine Einwilligung, die durch Drohung oder Zwang erwirkt wird, ist nicht freiwillig. Weiter ist sie nicht freiwillig, wenn sie erteilt wurde, um Vorteile zu erlangen, die nicht in sachlichem Zusammenhang mit der Einwilligung stehen. Die Erfüllung einer Mitwirkungs- oder Duldungspflicht schließt die Freiwilligkeit aus (Kühling/Buchner/Schwichtenberg § 51 Rn. 5). 27

Wird die Einwilligung erteilt, um auf diese Weise eine **staatliche Zwangsmaßnahme abzuwehren,** die aus der Sicht des Betroffenen als stärker belastend verstanden werden kann, ist dagegen gerade im Bereich der RL (EU) 2016/680 die Freiwilligkeit gegeben. Dies ist gerade die Situation, auf die die Zulässigkeit der Einwilligung im Anwendungsbereich der RL (EU) 2016/680 abzielt. Es geht gerade darum, dem Betroffenen vor dem Einsatz des Zwanges bzw. der Hoheitsgewalt eine Abwendungsmöglichkeit zu geben. Er soll die Möglichkeit besitzen, im Wege der Einwilli- 28 gung eine Verarbeitung zu wählen, die der Staat zwar in dieser Form nicht einseitig bestimmen könnte, die ihm selbst aber lieber ist, als die Form, die der Staat zur Not auch einseitig durchführen kann. Im Rahmen der RL (EU) 2016/680 ist eine Entscheidung des Betroffenen daher **niemals völlig freiwillig** (vgl. auch Gola/Heckmann/Heckmann/Paschke Rn. 27). Vielmehr ist der Begriff der Freiwilligkeit bei § 51 auf die Situationen zu beziehen, die typischerweise bei der Verhütung, Aufklärung und Verfolgung von Straftaten vorliegen (Kühling/Buchner/Schwichtenberg § 51 Rn. 6; strenger Paal/Pauly/Franzen § 51 Rn. 7 f.).

II. Beurteilung (S. 2)

29   S. 2 ist eine Vorschrift, die sachlich aus dem deutschen Recht stammt. Die Norm legt fest, dass die Frage der Freiwilligkeit eine **Einzelfallentscheidung** ist. Abzustellen ist auf die Umstände, unter denen die Einwilligung erteilt wurde. Kombiniert mit der Nachweispflicht in Abs. 1 sind dabei die Umstände, die für die Freiwilligkeit sprechen, nur dann zu berücksichtigen, wenn der Verantwortliche sie auch belegen kann. S. 2 dürfte zugleich eine **Berechtigung** sein, die Umstände der Erteilung der Einwilligung **zu dokumentieren**. Nicht zwingend, aber naheliegend ist auch, zu dokumentieren, dass der Betroffene weiß, dass die Einwilligung freiwillig ist.

III. Hinweis (S. 3)

30   Abs. 4 S. 3 verbindet die Einwilligung mit dem **Zweckbindungsgrundsatz**. Der Betroffene ist auf den Zweck der Verarbeitung hinzuweisen. Diese Regelung ergibt sich schon aus dem Zweckbindungsgrundsatz. Bei der Einwilligung wird dieser Grundsatz noch einmal wiederholt. Auf diese Weise wird auch die Einwilligung **mittelbar** der Zweckbindung **unterworfen**. Aufgrund des Zweckbindungsgrundsatzes ist es dem Verantwortlichen nicht gestattet, die Daten für beliebige neue Zwecke zu verarbeiten, wenn er diese im Rahmen der Einwilligungseinholung nicht angegeben hat (Gola/Heckmann/Heckmann/Paschke Rn. 32). Die Hinweispflicht hat den Zweck, dem Betroffenen den Umfang der Verarbeitung, die aufgrund seiner Einwilligung ermöglicht wird, zu verdeutlichen. Gleichzeitig wird deutlich, dass die Einwilligung nur insofern eine Rechtfertigung für die Verarbeitung darstellt, als der Betroffene die Verarbeitungszwecke in seine Erklärung einbezogen hat. Pauschale Einwilligungserklärungen, bei denen der Verarbeitungszweck nicht erkennbar ist, sind daher iRd § 51 wirkungslos.

IV. Aufklärung (S. 4)

31   Die Einwilligung soll grundsätzlich **informiert erfolgen**. S. 4 betrifft einen Teil der Aufklärung. Der Betroffene ist danach über die Folgen der Verweigerung der Einwilligung zu belehren. Diese **Belehrungspflicht** tritt ein, wenn die Belehrung vom Betroffenen verlangt wird. Verlangen ist die ausdrückliche oder konkludente Bitte, in einem Punkt informiert zu werden. Weiter ist die Belehrung notwendig, wenn dies nach den Umständen des Einzelfalls **erforderlich** ist. Dies ist immer dann der Fall, wenn der Betroffene offensichtlich die Rechtsfolgen für den Fall der Verweigerung der Einwilligung **nicht erkennen** kann oder wenn der Betroffene bei der Frage, ob er einwilligen soll, zögert und daher die weitere Information naheliegt. Die Belehrung darf die Freiwilligkeit nicht in Frage stellen. Wird mit den dem Staat zustehenden Zwangsmitteln **gedroht**, ist dies keine Belehrung mehr, sondern die Verhinderung einer freiwilligen Abgabe der Einwilligungserklärung.

F. Abs. 5

32   Abs. 5 legt fest, dass die Verarbeitung von besonderen Kategorien personenbezogener Daten durch die Einwilligung nur gerechtfertigt werden kann, wenn sich die Einwilligung ausdrücklich auf diese Daten bzw. deren Kategorien bezieht. Der Grund dafür ist Erwägungsgrund 37 S. 6 JI-RL, der darauf hinweist, dass die Einwilligung allein keine rechtliche Grundlage für die Verarbeitung solch sensibler personenbezogener Daten durch die zuständigen Behörden sein solle (Paal/Pauly/Franzen § 51 Rn. 9). Nicht erforderlich ist, dass die **Rechtsgrundlage** iSv Abs. 1 notwendig schon die Möglichkeit der Erstreckung der Einwilligung auf besondere Daten enthält.

33   Was besondere Kategorien personenbezogener Daten sind, **definiert Abs. 5 selbst nicht**. Das BDSG definiert sie auch nicht. Da § 51 aber den Anwendungsbereich der Datenschutzrichtlinie betrifft, ist auf **Art. 10 RL (EU) 2016/680** zurückzugreifen. Danach geht es bei den besonderen

Kategorien personenbezogener Daten um personenbezogen Daten, aus denen die rassische oder ethnische Herkunft, politische Meinungen, religiöse oder weltanschauliche Überzeugungen oder die Gewerkschaftszugehörigkeit hervorgehen sowie genetische Daten, biometrische Daten zur eindeutigen Identifizierung einer natürlichen Person, Gesundheitsdaten oder Daten zum Sexualleben oder der sexuellen Orientierung.

§ 52 Verarbeitung auf Weisung des Verantwortlichen

Jede einem Verantwortlichen oder einem Auftragsverarbeiter unterstellte Person, die Zugang zu personenbezogenen Daten hat, darf diese Daten ausschließlich auf Weisung des Verantwortlichen verarbeiten, es sei denn, dass sie nach einer Rechtsvorschrift zur Verarbeitung verpflichtet ist.

Überblick

§ 52 stellt verbindlich fest, dass jeder, der Zugang zu Daten hat, ohne Verantwortlicher oder Auftragsverarbeiter zu sein, diese Daten nur nach Weisung des Verantwortlichen oder der Auftragsverarbeiter verarbeiten darf. Mit dem Zugang wird das Weisungsrecht begründet. Auf diese Weise stellt die Norm sicher, dass die Voraussetzungen dafür bestehen, dass die Verarbeitung durch die unterstellte Person dem Verantwortlichen oder dem Auftragsverarbeiter zugerechnet werden kann (→ Rn. 38). Die Norm setzt Art. 23 RL (EU) 2016/680 ohne eigene politische Gestaltung um (→ Rn. 2). Die Norm ist unglücklich, da sie offenlässt, wann eine unterstellte Person vorliegt und damit eine Zurechnung möglich ist und wann nicht (→ Rn. 6). Die Norm stellt sicher, dass immer dann, wenn eine Person Zugriff auf Daten erhält, ohne selbst Verantwortlicher oder Auftragsverarbeiter zu sein, als unterstellte Person gilt (→ Rn. 16). Ist dies der Fall, tritt von Gesetzes wegen die Weisungsgebundenheit ein (→ Rn. 25).

Übersicht

	Rn.		Rn.
A. Allgemeines	1	3. Zugang zu den personenbezogenen Daten	18
I. Ratio der Norm	1	4. Die bewirkten Zurechnungsräume	22
1. Umsetzung von Unionsrecht	1	5. Verarbeitung	25
2. Ratio des Norminhalts	4	IV. Rechtsfolge	26
3. Systematische Zusammenhänge	5	1. Unmittelbare Rechtsfolge: Erfordernis der Erlaubnis	26
4. Kritik	6	2. Mittelbare Rechtsfolge: Bindung an die Weisung	34
II. Entstehungsgeschichte	7	3. Ausnahme: Gestattung durch eine Rechtsvorschrift	37
B. Einzelkommentierung	9	4. Mittelbare Rechtsfolge: Verarbeitung nur nach Weisung zu gestatten	38
I. Begrifflichkeiten	9	5. Mittelbare Rechtsfolge: Zurechnung bei Verarbeitung nach Weisung	39
II. Adressaten	14		
III. Tatbestand	15		
1. Überblick	15		
2. Betroffener Personenkreis „unterstellte Person"	16		

A. Allgemeines

I. Ratio der Norm

1. Umsetzung von Unionsrecht

§ 52 dient, wie alle Vorschriften in Teil 3, **der Umsetzung der RL (EU) 2016/680** des Europäischen Parlaments und des Rates v. 27.4.2016 zum Schutz natürlicher Personen bei der Verarbeitung personenbezogener Daten durch die zuständigen Behörden zum Zweck der Verhütung, Ermittlung, Aufdeckung oder Verfolgung von Straftaten oder der Strafvollstreckung sowie zum freien Datenverkehr und zur Aufhebung des Rahmenbeschlusses 2008/977/JI des Rates (ABl. EU L 119, 89) und konkret der Umsetzung des Art. 23. 1

1.1 Art. 23 RL (EU) 2016/680 **lautet:**
„Artikel 23
Verarbeitung unter der Aufsicht des Verantwortlichen oder des Auftragsverarbeiters
Die Mitgliedstaaten sehen vor, dass der Auftragsverarbeiter und jede dem Verantwortlichen oder dem Auftragsverarbeiter unterstellte Person, die Zugang zu personenbezogenen Daten hat, diese Daten ausschließlich auf Weisung des Verantwortlichen verarbeiten, es sei denn, dass sie nach dem Unionsrecht oder dem Recht der Mitgliedstaaten zur Verarbeitung verpflichtet sind.
Ein Erwägungsgrund, der konkret auf Art. 23 RL (EU) 2016/680 bezogen ist, besteht nicht."

2 Art. 23 RL (EU) 2016/680 entspricht dabei **weitgehend Artikel 29 DS-GVO** und stellt somit keine Norm dar, die auf spezifische Datenschutzfragen reagiert, die bei einer Verarbeitung zu Zwecken der RL (EU) 2016/680 auftauchen. Ein Unterschied zwischen Art. 23 RL (EU) 2016/680 und Art. 29 DS-GVO besteht darin, dass die **Weisungsabhängigkeit des Auftragsverarbeiters** in der DS-GVO selbst unmittelbar angeordnet wird. Die Weisungsabhängigkeit des Auftragsverarbeiters, die Art. 23 RL (EU) 2016/680 auch verlangt, normiert nicht § 52, sondern § 62 und dort vor allem Abs. 5. Ein weiterer Unterschied beruht auf dem unterschiedlichen **Normcharakter beider Regelungswerke**, da es sich einmal um eine Richtlinie und einmal um eine Verordnung handelt. Demnach ist Art. 23 RL (EU) 2016/680 im Regelungsziel der RL (EU) 2016/680 und nicht der DS-GVO auszulegen.

2.1 Nach **Erwägungsgrund 3 der Richtlinie** haben die raschen technologischen Entwicklungen und die Globalisierung den Datenschutz vor neue Herausforderungen gestellt. Die Technik ermöglicht es heute, dass für die Ausübung von Tätigkeiten wie der Verhütung, Ermittlung, Aufdeckung oder Verfolgung von Straftaten oder der Strafvollstreckung in großem Umfang personenbezogene Daten verarbeitet werden können.

2.2 Für den Bereich der justiziellen Zusammenarbeit in Strafsachen und der polizeilichen Zusammenarbeit galt bisher der **Rahmenbeschluss 2008/977/JI des Rates** (Rahmenbeschluss 2008/977/JI des Rates v. 27.11.2008 über den Schutz personenbezogener Daten, die im Rahmen der polizeilichen und justiziellen Zusammenarbeit in Strafsachen verarbeitet werden (ABl. L 350, 60). Der Anwendungsbereich dieses Rahmenbeschlusses beschränkt sich auf die Verarbeitung personenbezogener Daten, die zwischen Mitgliedstaaten weitergegeben oder bereitgestellt werden.

2.3 Daher sollte mit der RL (EU) 2016/680 nach Erwägungsgrund 7 ein **einheitliches und hohes Schutzniveau** für die personenbezogenen Daten natürlicher Personen bei ihrer Verarbeitung durch zuständige Behörden zum Zwecke der Verhütung, Ermittlung, Aufdeckung oder Verfolgung von Straftaten oder der Strafvollstreckung, einschließlich des Schutzes vor und der Abwehr von Gefahren für die öffentliche Sicherheit, in allen Mitgliedstaaten gleichwertig gewährleistet werden.

3 Der deutsche Gesetzgeber entschloss sich, die Umsetzung von Art. 23 RL (EU) 2016/680 so vorzunehmen, dass er die **Norm des Art. 29 DS-GVO** (und nicht die des Art. 23 RL) fast wörtlich ins BDSG übernahm. Unterschiede bestehen nur darin, dass Art. 29 DS-GVO den Zusatz „Auftragsverarbeiter" enthält und den Vorbehalt der speziellen Regelung als „Unionsrecht oder dem Recht der Mitgliedsstaaten" an Stelle von „Rechtsvorschrift" umschreibt. Die größte **Differenz betrifft den Titel** der Norm. Unionsrechtlich ist die Vorschrift betitelt mit „Verarbeitung unter der Aufsicht des Verantwortlichen oder des Auftragsverarbeiters" und im BDSG trägt sie den Titel „Verarbeitung auf Weisung des Verantwortlichen". Der unionsrechtliche Titel ist genauer, da er erstens den Auftragsverarbeiter einbezieht und zweitens deutlicher macht, dass eine Verarbeitung durch eine andere Person als den Verantwortlichen oder Auftragsverarbeiter immer eine Weisung, dh eine Aufsicht, voraussetzt. Fehlt es daran, liegt eine Verarbeitung nicht vor.

2. Ratio des Norminhalts

4 Der Sinn der Norm besteht darin, die **Verantwortlichkeitsstränge,** die das europäische Recht vorsieht, abzusichern. Eine Datenverarbeitung, bei der der Verantwortliche über den Zugang zu den Daten bestimmt, muss weisungsabhängig erfolgen. Dies sichert den Einfluss des Verantwortlichen und der Auftragsverarbeiter ab und hält auch deren Verantwortung aktuell. Die Norm regelt die **Hoheit des Verantwortlichen** oder des Auftragsverarbeiter über die Verarbeitung (Paal/Pauly/Frenzel Rn. 1). Weder der Verantwortliche noch der Auftragsverarbeiter sollen die Möglichkeit erhalten, sich ihren Pflichten zu entziehen, indem sie Personen die Verarbeitung außerhalb ihres Einflussbereiches erlauben, ohne dass sie Verantwortliche oder Auftragsverarbeiter sind. Jede im Anwendungsbereich der RL (EU) 2016/680 vorgenommene Datenverarbeitung soll einem Verantwortlichen oder einem Auftragsverarbeiter zugewiesen werden können. Jede Verarbeitung von personenbezogenen Daten, über deren Zugang der Verantwortliche oder der Auftragsverarbeiter bestimmen können, kann nur weisungsgebunden erfolgen, unabhängig von der schuldrechtlichen Beziehung der unterstellten Person zum Verantwortlichen bzw. dem Auftragsverarbeiter (Gola/Heckmann/Paschk Rn. 1). Einen eigenen Erlaubnistatbestand für die Verarbeitung normiert § 52 nicht (Gola/Heckmann/Paschk Rn. 1).

Die Entscheidung des Verantwortlichen, personenbezogene Daten zu erheben, erfolgt im Zusammenhang mit der **Ausübung hoheitlicher Gewalt** durch die öffentlichen Stellen. Dazu gehört neben Strafverfolgungsmaßnahmen auch präventives Handeln. Welchen Umfang die Verantwortlichkeit des Entscheiders über die Verarbeitung personenbezogener Daten hat, geht aus den Erwägungsgründen 50–63 der RL (EU) 2016/680 hervor. Erwägungsgrund 50 besteht darauf, dass die Verantwortung und Haftung des Verantwortlichen für jedwede Verarbeitung personenbezogener Daten, die durch ihn oder in seinem Namen erfolgt, geregelt werden sollte. §§ 62 ff. BDSG bestimmen daher die Pflichten der Verantwortlichen im Einzelnen. Unter dieser Prämisse erscheint es notwendig, dass eine dem Verantwortlichen unterstellte Person personenbezogene Daten ausschließlich auf Weisung des Verantwortlichen verarbeiten darf.

3. Systematische Zusammenhänge

Wie alle Normen des dritten Teils des BDSG ist § 52 **subsidiär** gegenüber spezielleren Regelungen (Gola/Heckmann/Paschk Rn. 4). Die Norm wird **ergänzt** durch das Datengeheimnis nach § 54.

4. Kritik

Der Sinn der Norm, angestellte Personen im weiteren Sinne dem Verantwortlichen und dem Auftragsverarbeiter zuzurechnen und deutlich zu machen, dass es nur eine Verarbeitung geben kann, bei der es einen Verantwortlichen im Sinne der RL (EU) 2016/680 oder des nationalen Rechts gibt, ist sinnvoll und richtig. Die Norm regelt aber der Sache nach **nur sekundäre Fragen**. Vereinfacht gesprochen sagt § 52 BDSG folgendes: Eine Verarbeitung durch Personen, deren Verarbeitung sich der Verantwortliche oder der Auftragsverarbeiter zurechnen lassen muss, ist nur erlaubt, wenn der Verantwortliche oder der Auftragsverarbeiter die Verarbeitung gestattet hat und sie nach dessen Weisung verlaufen. Zentrale Fragen, die sich im Rahmen der Zurechnungsstruktur stellen, bleiben ungeregelt.

Namentlich bestehen folgende Problemkreise:
Erstens liegt der Regelung zu Grunde, dass die Verarbeitung aller Personen, die dem Verantwortlichen oder dem Auftragsverarbeiter unterstellt sind, als **eine Verarbeitung des Verantwortlichen** oder des Auftragsverarbeiters **gelten.** Das setzt § 53 BDSG voraus, ohne dass die Norm dies sagt. Dennoch ist dies ein zentraler Grundsatz des Datenschutzrechts (→ Rn. 38).
Zweitens fragt sich, **welche Personen** sich der Verantwortliche oder der Auftragsverarbeiter **zurechnen lassen** muss. Der Terminus „unterstellte Person" ist wenig aussagekräftig (→ Rn. 16).
Drittens ist fraglich, an wen sich das Verbot der Verarbeitung von „unterstellten Personen" richtet. In Betracht kommen jeweils der Verantwortliche oder der Auftragsverarbeiter allein, die unterstellte Person allein, oder beide Gruppen gemeinsam (→ Rn. 14).
Viertens stellt sich die Frage, was gilt, wenn die unterstellte Person sich nicht an die Weisung hält oder keine Weisung vorliegt (s. dazu → Rn. 32).

II. Entstehungsgeschichte

§ 52 war im **Entstehungsprozess** nicht umstritten. Die Norm hat minimale Änderungen erfahren, die aber sprachlicher Natur sind und den Normgehalt nicht wirklich berühren.

Im Referentenentwurf des BMI vom 05.08.2016 war eine Norm zur Verarbeitung auf Weisung noch nicht enthalten. Im Referentenentwurf des BMI vom 11.11.2016 war als § 48 vorgesehen:
Verarbeitung unter Weisung des Verantwortlichen oder des Auftragsverarbeiters
[Art. 23 DS-RL] Jede dem Verantwortlichen oder einem Auftragsverarbeiter unterstellte Person, die Zugang zu personenbezogenen Daten hat, darf diese Daten ausschließlich auf Weisung des Verantwortlichen verarbeiten, es sei denn, dass sie nach dem Unionsrecht oder einer sonstigen Rechtsvorschrift zur Verarbeitung verpflichtet ist.
Zur Begründung hieß es
Zu § 48 (Verarbeitung unter Weisung des Verantwortlichen oder Auftragsverarbeiters)
§ 48 setzt Artikel 23 Richtlinie (EU) 2016/680 um.

7.3 Wie der Textvergleich ergibt, ist dieser Entwurf fast identisch mit der später Gesetz gewordenen Fassung. Nur die Artikel bei „Verantwortlichen" und „Auftragsverarbeiter " sind noch bestimmt und an Stelle von „einer Rechtsvorschrift" heißt es noch: „dem Unionsrecht oder einer sonstigen Rechtsvorschrift".

7.4 Im Entwurf der Bundesregierung hatte dann § 52 seine heutige Fassung.

8 Die **Gesetzesbegründung** zu § 52 ist ausgesprochen **knapp.** Sie verweist darauf, dass § 52 Art. 23 RL (EU) 2016/680 umsetzt (BT-Drs. 18/11325, 112).

B. Einzelkommentierung

I. Begrifflichkeiten

9 Für den **Begriff des Verantwortlichen** gilt § 46 Nr. 7 BDSG. Nach § 45 S. 2 BDSG gelten die für die Verhütung, Ermittlung, Aufdeckung, Verfolgung oder Ahndung von Straftaten oder Ordnungswidrigkeiten zuständigen öffentlichen Stellen als Verantwortliche. Für den Begriff des **Auftragsverarbeiters** gilt § 46 Nr. 8 BDSG, für **personenbezogene Daten** gilt § 46 Nr. 1 BDSG und für die **Verarbeitung** § 46 Nr. 2 BDSG.

10 Die Begriffe „unterstellte Person", „Zugang", „Weisung", und „Rechtsvorschrift" sind **nicht definiert.** Sie sind im Sinne des Zwecks der Norm auszulegen. **Unterstellte Person** meint jede Person, bei der der Verantwortliche oder der Auftragsverarbeiter über den Zugang entscheiden kann, also keine Verpflichtung zur Einräumung des Zugangs besteht, und diese Person selbst nicht Verantwortliche oder Auftragsverarbeiter ist (vgl. Gola/Heckmann/Paschk Rn. 5). Die unterstellte Person ist daher in Abgrenzung zum Begriff des Verantwortlichen zu fassen (→ Rn. 16).

11 **Zugang** meint den regelkonformen Zugriff auf die personenbezogenen Daten (→ Rn. 18).

12 **Weisung** ist als die verbindliche Erlaubnis mit ggf. vorhanden inhaltlichen Vorgaben zu verstehen. Gemeint ist damit nicht nur, dass der Verantwortliche oder der Auftragsverarbeiter die Möglichkeit hat, Weisungen zu erteilen, sondern dass er positiv den Zugriff zulässt (→ Rn. 26).

13 **Rechtsvorschrift** meint jede staatliche Rechtsnorm, dh insbesondere Gesetz, Rechtsverordnung oder Satzung. Nicht erfasst sind Verwaltungsvorschriften, Verträge oder zivilrechtliche Regelungswerke.

II. Adressaten

14 Die Norm lässt eine Auslegung bei der Frage zu, ob sich das Gebot der Verarbeitung nach Weisung des Verantwortlichen oder des Auftragsverarbeiters in dessen Herrschaftsreich nur **an die „unterstellte Person" richtet,** oder nur **an den Verantwortlichen bzw. den Auftragsverarbeiter** oder **an beide.** Je nach Antwort besitzt die Norm einen deutlich unterschiedlichen Inhalt. Im Ergebnis liegt es nahe, die Norm als eine Pflicht sowohl des Verantwortlichen bzw. des Auftragsverarbeiters als auch der unterstellten Person zu verstehen (anders offenbar Gola/Heckmann/Paschk Rn. 4 – nur die unterstellte Person).

14.1 Die Norm enthält **keine ausdrücklich Ordnungswidrigkeitssanktion,** was für die Auslegung spricht, dass sie sich zumindest an den Verantwortlichen richtet, da dieser im Dritten Teil überwiegend eine Behörde sein dürfte und der deutsche Gesetzgeber bekanntlich keine Geldbuße gegenüber Behörden möchte. Dagegen spricht der **Normtext** von Art. 23 RL (EU) 2016/680 eher für eine Verpflichtung der „unterstellten Person", da der Auftragsverarbeiter der unterstellten Person dort gleichgestellt wird und die Pflicht auf die Regelung der Verarbeitung durch die „unterstellten Person" bzw. den Auftragsverarbeiter bezieht. Die generelle Verantwortlichkeit in **Art. 4 Abs. 4 RL** (EU) 2016/680 spricht dagegen wiederum für eine Verantwortlichkeit des Verantwortlichen.

III. Tatbestand

1. Überblick

15 Der Tatbestand besteht darin, dass die Norm für einen bestimmten Personenkreis eine Weisungsgebundenheit festlegt. Allen Personen, die dem Verantwortlichen oder dem Auftragsverarbeiter unterstellt sind und die wegen dieser Unterstellung Zugriff auf personenbezogene Daten haben, ist die **Datenverarbeitung grundsätzlich nur nach Weisung erlaubt.** Die Norm adressiert daher der Sache nach Mitarbeiterinnen und Mitarbeiter des Verantwortlichen und des Auftragsverarbeiters. Da im dritten Teil des BDSG 2018 öffentliche Stellen, also Hoheitsträger, als Verantwortliche gelten, unterfallen der Bezeichnung „unterstellte Person" vor allem Personen, die nach dem öffentlichen Dienstrecht der öffentlichen Stelle zuzuordnen sind.

2. Betroffener Personenkreis „unterstellte Person"

Der Begriff „**unterstellte Person**" ist nicht dienstrechtlich zu verstehen, sondern **funktional**. Jede Person, bei der der Verantwortliche oder Auftragsverarbeiter über den Zugriff auf die Daten in seinem „Herrschaftsraum" entscheiden kann, ist eine „unterstellte Person", sofern diese Person die Daten nicht nach eigener Zwecksetzung verarbeitet und dadurch selbst Verantwortliche ist. Dies gilt **unabhängig** davon, ob ein **tatsächliches Über-/Unterordnungsverhältnis** oder eine Weisungsgebundenheit in anderen Kontexten besteht (Gola/Heckmann/Paschk Rn. 5). **16**

Verarbeitet eine Mitarbeiterin oder ein Mitarbeiter, die nach dem Willen des Verantwortlichen zwar faktisch einen Zugang zu den personenbezogen Daten hat, rechtlich aber nicht, dann liegt eine „unterstellte Person" vor. Dies gilt auch, wenn es um abtrennbare Datensätze geht. Hat beispielsweise eine Person am Empfang einen berechtigten Zugriff auf das Telefonverzeichnis der Behörde, nicht aber auf andere Daten, und ist ihr faktisches Zugriffsrecht aus technischen Gründen weiter, so liegt eine „unterstellte Person" vor. **16.1**

Die gesamte Datenverarbeitung einer Behörde im Dienstbetrieb ist daher der Behörde als Verantwortlichem zuzurechnen. Dies gilt grundsätzlich auch für die Gerichte, sofern nicht eine Rechtsnorm gerade den Richter zu einer weisungsfreien Verarbeitung verpflichtet (Gola/Heckmann/Paschk Rn. 7). **17**

Unterstellte Personen sind: **Beamtinnen und Beamten der Behörde,** Angestellte der Behörde, sowie Praktikantinnen oder Praktikanten auf der Dienststelle, sowie externe Dienstleister, die keine eigene Datenverarbeitungszwecke setzen, wie etwa Dolmetscher, Ärzte und V-Leute (Gola/Heckmann/Paschk Rn. 5). Eine Computerfachfrau eines externen Dienstleisters, die mit der Lösung technischer Fragen betraut und somit nicht selbst Auftragsverarbeiterin ist, ist eine „unterstellte Person", wenn sie während der Wartung eine Zugriffsmöglichkeit erhält. Gleiches gilt für eine externe Reinigungskraft, die beim Putzen eines Bücherschranks die Beschriftungen der Ordner sieht. **17.1**

Der **Auftragsverarbeiter** selbst **ist keine unterstelle Person** iSv § 52. Der Gesetzgeber hat sich bewusst an Art. 29 DS-GVO orientiert und nicht an Art. 23 RL (EU) 2016/680. Die Entscheidung des Gesetzgebers ist eindeutig und kann nicht im Wege der Normauslegung korrigiert werden (aA Gola/Heckmann/Paschk Rn. 6). **17.2**

Arbeitet die Polizei insbesondere im Rahmen ihrer präventiven Aufgaben mit **privaten Sicherheitsdiensten** zusammenarbeiten und werden diese als Verwaltungshelfer tätig, ohne die Voraussetzungen eines Auftragsverarbeiters zu erfüllen, sind sie „unterstellte Person". Ist der Private Auftragsverarbeiter, greift nicht § 51, sondern § 62. Ist er Beliehener, ist er selbst Verarbeiter. **17.3**

3. Zugang zu den personenbezogenen Daten

§ 52 setzt voraus, dass die unterstellte Person **Zugang zu den personenbezogenen Daten** hat. Die Begriffe „unterstellte Person" und „Zugang" sind dabei **eng aufeinander** bezogen und schwer zu trennen. Eine Person, die keinen Zugang zu personenbezogenen Daten hat, kann faktisch keine unterstellte Person sein, weil die Unterstellung sich gerade danach richtet, ob der Verantwortliche die Datenverarbeitung durch die Weisung beeinflussen kann. **18**

Der Zugang meint den vom Verantwortlichen **zugelassenen Zugriff** auf die personenbezogenen Daten. Wie der Zugang erfolgt, ist unerheblich. Es genügt jegliche **tatsächliche Einwirkungsmöglichkeit.** Gemeint ist dabei ersichtlich ein Zugang, dem eine Verarbeitung folgt. Der Zugang ist nicht mit Weisung zur Verarbeitung identisch. Die Berechtigung zum Zugang kann aber mit der Weisung, die Daten zu verarbeiten, verbunden werden. **19**

Die **Einräumung des Zugangs** zu personenbezogenen Daten an eine unterstellte Person ist **keine Verarbeitung** und auch keine Weitergabe, da die Verarbeitung über § 52 dem Verantwortlichen zuzurechnen ist. **20**

Räumen der Verantwortliche oder der Auftragsverarbeiter einem Dritten Zugang zu solchen Daten ein, über deren Zugang sie bestimmen, **muss der Dritte entweder** Verantwortliche sein, eine Allgemeinverbindlichkeitserklärung vorliegen, oder die Pflicht nach § 52 eingreifen, die Daten nach Weisung zu verarbeiten. **20.1**

Die Norm verlangt ausdrücklich, dass die Person **Zugang** zu personenbezogenen Daten hat. Dies richtet sich zwar vor allem nach den faktischen Verhältnissen, ist aber dennoch auch normativ geprägt. Gemeint ist, dass ihm der Zugang ausdrücklich oder faktisch eingeräumt wurde. Ermöglicht der Verantwortliche einem Mitarbeiter den Zugang, genügt dies, auch wenn es ihm eigentlich nicht recht ist. Dennoch ist der Begriff des Zugangs auch normativ geprägt. Sichert der Verantwortliche die Daten vor bestimmten Personen, rechtlich oder faktisch, dann liegt kein Zugang **21** vor, auch wenn diese Person irgendwie an die Daten rankommt. Verschafft sich ein Mitarbeiter oder eine Mitarbeiterin, der kein Zugang eingeräumt wurde, entgegen tatsächlicher und rechtlicher Sperren Zugang, etwa indem er bzw. sie ein fremdes Passwort verwendet oder unbefugt Räume mit Akten betritt, liegt nach zutreffender Ansicht keine „unterstellte Person" iSv § 52 vor. Es liegt keine **Verantwortung** des Verantwortlichen vor, da dieser der Person weder faktisch und rechtlich keinen Zugang zu personenbezogen Daten und verschafft hat. Dies ist nur der Fall, wenn der Zugang der Person dem Verantwortlichen zurechenbar ist. Diese Person darf die Daten nicht nach Weisung des Verantwortlichen verarbeiten, sondern gar nicht. Etwas anderes ist nur gegeben, wenn sie sich selbst auf einen Rechtfertigungsgrund berufen kann.

21.1   Ist etwa dem Hausmeister einer Behörde der Zugriff zu den Daten rechtlich und faktisch verwehrt, so wird er nicht „unterstellte Peron", wenn er ein Passwort einer berechtigten Person gegen deren Willen zum Zugang einsetzt. Betritt ein Angestellte nachts die Behörde ein und entwendet personenbezogene Daten, so ist er nicht „unterstellte Person". Das gilt auch dann, wenn er sich bei seiner eigenmächtigen Verarbeitung inhaltlich ganz an den Vorgaben des Verantwortlichen hält.

4. Die bewirkten Zurechnungsräume

22   § 52 will den **Verarbeitungsbereich** ausgestalten, der einem Verantwortlichen oder einem Auftragsverarbeiter zugerechnet wird. Verantwortlicher iSd Datenschutzrechts ist daher nicht nur der Verantwortliche in eigener Person, sondern auch die Personen, die er in seinen Verantwortungsbereich bewusst oder konkludent einbezogen hat. Diese werden ihm zugerechnet, müssen die Verarbeitung dann aber nach seinen Weisungen vornehmen. Der Bereich des Verantwortlichen richtet sich dabei gem. § 46 Nr. 7 danach, ob diese Person allein oder gemeinsam mit anderen über die Zwecke und Mittel der Verarbeitung von personenbezogenen Daten entscheiden kann, oder ob dies die Person tut, die ihr den Zugang ermöglicht hat.

22.1   Für den Begriff der unterstellten Person macht es **keinen Unterschied,** ob es um den Datenverarbeitungsbereich des Verantwortlichen oder des Auftragsverarbeiters geht. Denn zum einen gilt die Verarbeitung einer unterstellten Person in beiden Fällen als eine Verarbeitung des Verantwortlichen bzw. des Auftragsverarbeiters und zum anderen ist die Verarbeitung in beiden Fällen nur nach Weisung gestattet.

23   Aus § 52 wird deutlich, dass das BDSG davon ausgeht, **dass jede Person,** die Daten verarbeitet, **entweder** ein Verantwortlicher **oder** ein Auftragsverarbeiter **oder** eine unterstellte Person ist.

23.1   Weiter wird aus § 52 deutlich, dass immer dann, wenn eine Person über den Zugang zu Daten bestimmen kann, eine Datenverarbeitung, die **aufgrund der Einräumung des Zugangs** durch sie durchgeführt wird, wie folgt stattfinden kann: Erstens durch diese Person selbst, zweitens durch einen selbstständigen Verantwortlichen, drittens durch einen beauftragten Auftragsverarbeiter oder viertens durch eine ihr unterstellte Person. In den letzten beiden Fällen muss er eine Weisungsbefugnis besitzen.

24   Hat eine Mitarbeiterin oder ein Mitarbeiter die Berechtigung zur Datenverarbeitung und hält sie sich nicht **an die Vorgaben zur Datenverarbeitung,** so bleibt sie oder er „unterstellte Person". Je nach Art der Verletzung der verbindlichen Vorgaben kann das rechtswidrige Handeln dazu führen, dass die unterstellte Person nun selbst Verantwortliche im Sinne der DS-GVO wird. Dies wird man immer dann annehmen müssen, wenn die Mitarbeiterin durch die Rechtswidrigkeit eigene Zwecke setzt, ansonsten nicht. Arbeitet eine Mitarbeiterin beispielsweise außerhalb der zugelassenen Betriebszeiten, aber zu den Zwecken, die der Verantwortliche vorgegeben hat, bleibt es eine Verarbeitung, die dem Verantwortlichen zugerechnet wird. Ruft sie aber zB die Daten zu persönlichen Zwecken auf, verlässt sie die vorgegebenen Zwecke und wird zur eigenen Verantwortlichen. Eine Verantwortlichkeit iSd RL (EU) 2016/680 wird meist ausscheiden, weil die Privatperson keine Stelle iSv § 52 BDSG seien dürfte. Der Umstand, dass die unterstellte Person wegen des Verlassens des Herrschaftsraums des Verantwortlichen selbst zum Verantwortlichen wird, ändert nichts daran, dass zugleich eine Verletzung von § 52 BDSG vorliegt. Sie erhält eine **Doppelrolle,** indem Sie einerseits § 52 beachten müsste, andererseits aber nun selbständig auch an die DS-GVO gebunden ist.

5. Verarbeitung

25   Weitere Voraussetzung ist, dass eine Person, die unter den genannten Personenkreis fällt, Daten **verarbeitet oder verarbeiten** möchte (zum Begriff s. § 46 Nr. 2 BDSG).

IV. Rechtsfolge

1. Unmittelbare Rechtsfolge: Erfordernis der Erlaubnis

Die von der Norm selbst unmittelbar angeordnete Rechtsfolge besteht darin, dass die Verarbeitung **nur erlaubt ist,** sofern eine Weisung des Verantwortlichen oder des Auftragsverarbeiters vorliegt und diese eingehalten wird. Entscheidend ist die Stelle, der die Person unterstellt ist. Der Begriff „ausschließlich" in § 52 verdeutlicht, dass eine Verarbeitung **nur nach Weisung** möglich ist. Ohne Weisung besteht kein Recht zu Verarbeitung. 26

Der **Begriff Weisung** ist funktional zu verstehen. Weisung meint zunächst eine **Erlaubnis zur Verarbeitung.** Dafür ist als Minimum erforderlich, dass klar wird, dass der Verantwortliche oder der Auftragsverarbeiter damit einverstanden ist, dass die unterstellte Person die Daten, zu denen sie Zugang erhält, verarbeiten darf. Weiter muss der Zweck der Verarbeitung und die Mittel der Verarbeitung, die der Verantwortliche festgelegt hat, für die unterstellte Person erkennbar sein. Dies muss nicht notwendig in der Weisung selbst der Fall sein. Mit der Erlaubnis wird die Datenverarbeitung und zugleich der vom Verantwortlichen gesetzte Verarbeitungszweck auch für die unterstellten Person relevant. 27

Es sind **keine zu hohen Anforderungen** an die Weisung zu stellen (zu streng Paal/Pauly/Frenzel Rn. 27 f.). Die Weisung muss nicht nach Zeit bestimmt sein (a. A. Paal/Pauly/Frenzel Rn. 7) und ist auch nicht formgebunden. Anders als beim Auftragsverarbeiter ist kein Vertrag vorgesehen. Auch eine Dokumentation ist nicht zwingend. Die Weisung muss nicht ausdrücklich erklärt werden, sondern kann auch konkludent ergehen. Eine Duldung der Datenverarbeitung reicht nicht aus, wenn diese nicht als konkludente Weisung zu verstehen ist (Paal/Pauly/Frenzel Rn. 6). In der Regel liegt in der Einräumung der Zugangsmöglichkeit zugleich die Weisung. 28

Weist der Verantwortliche bestimmten Personen Aufgaben zu, ist damit in der Regel auch **konkludent** die Verarbeitung der Daten zu diesem Zweck gestattet. Die Erlaubnis kann **persönlich** oder **generell** für bestimmte Funktionsträger, **konkret** für eine einzelne Verarbeitung oder für bestimmte Zwecke **allgemein** festgelegt werden. Ein **Organigramm** einer Behörde bildet eine Erlaubnis der Behörde, dass die Personen, die in der jeweiligen organisatorischen Einheit sind, auch die jeweilige Aufgabe wahrnehmen dürfen. 29

Der Begriff „auf Weisung" ist **unglücklich,** weil er hier hauptsächlich im Sinne einer Erlaubnis gemeint ist. Weist der Verantwortliche eine unterstellte Person an und kommt sie dieser Weisung nicht nach, weil sie nichts tut, ist das ein für § 52 irrelevanter Vorgang. Sofern es nicht um das „Ob" geht, sondern auch um den Umfang, ist der Begriff der Weisung dagegen glücklicher als der Begriff der Erlaubnis. Dann wäre aber wiederum die Formulierung „nach Weisung" besser als „auf Weisung", weil dann die Weisung nicht nur über das „Ob" sondern auch über den Umfang (das „Wie weit") entscheiden würde. 29.1

Die Weisung wird in der Regel mit einem Weisungsrecht, das durch das Beschäftigungsverhältnis besteht, verbunden sein. Es ist aber für § 52 **nicht zwingend,** dass die Weisung innerhalb eines **gesetzlichen oder vertraglichen Über-/Unterordnungsverhältnis** ergeht. Da § 52 die Verarbeitung nur nach Weisung gestattet, hat die Norm zur Folge, dass Personen, denen der Zugang eingeräumt wird und die nicht Verantwortliche oder Auftragsverarbeiter sind, die Daten nur nach Weisung verarbeiten dürfen. § 52 begründet daher ein Weisungsrecht des Verantwortlichen und des Auftragsverarbeiters gegenüber unterstellten Personen. Das **Weisungsrecht entsteht mit der Gewährung des Zugangs** (zutreffend Gola/Heckmann/Paschk Rn. 9; Paal/Pauly/Frenzel Rn. 4). Wegen § 52 erübrigen sich jegliche Auseinandersetzungen über die Reichweite einer Direktionsbefugnis, weil die Norm klarstellt, wer entscheidet (Paal/Pauly/Frenzel Rn. 2). 30

Entscheidend ist, dass derjenige, der den Zugang eröffnet, **der anderen Person rechtlich die Erlaubnis erteilt,** gewissermaßen für ihn auf die Daten zuzugreifen. Ob die Weisung rechtswidrig oder rechtmäßig ist, ist für § 52 grundsätzlich irrelevant. Sofern die in der Weisung enthaltene Ermächtigung durch den Verantwortlichen oder den Auftragsverarbeiter trotz einer eventuellen Rechtswidrigkeit wirksam ist, liegt eine Weisung iSv § 52 vor. 30.1

Die Weisung **legitimiert** die Datenverarbeitung insoweit, als mit ihr die Verarbeitung dem Verantwortlichen oder dem Auftragsverarbeiter **zurechnet wird.** Hat der Verantwortliche einen Rechtsgrund für die Verarbeitung, liegt eine rechtmäßige Verarbeitung vor. Hat er keinen Rechtsgrund, liegt eine rechtswidrige Verarbeitung vor, und zwar eine rechtswidrige Verarbeitung des Verantwortlichen und nicht eine der unterstellten Person (unscharf Paal/Pauly/Frenzel Rn. 7). 31

Fehlt die Weisung im Sinne der Erlaubnis, ist **die Verarbeitung zu unterlassen** (Gola/Heckmann/Paschk Rn. 10). Wird die Verarbeitung nicht unterlassen, liegt ein Verstoß gegen § 52 32 vor und es besteht zugleich eine rechtswidrige Verarbeitung durch die unterstellte Person. Die **Rechtsfolgen der Rechtswidrigkeit** sind nicht in § 52 geregelt. Die Rechtswidrigkeit folgt nicht (bzw. nicht nur) aus dem Umstand, dass gem. Art. 6 DS-GVO jede Verarbeitung einer Rechtsgrundlage bedarf, sondern aus der Verletzung von § 52. Selbst wenn die unterstellte Person sich selbst auf einen Rechtfertigungsgrund des Art. 6 DS-GVO stützen könnte, liegt allein in der Verletzung von § 52 der Grund für die Rechtswidrigkeit. Das BDSG will keine Verarbeitung, bei der die Person den Zugriff der Daten in einer Form erhält, die einer Erlaubnis des Berechtigten bedarf und bei der die Erlaubnis nicht vorliegt.

33 Werden die Daten von der unterstellten Person ohne Weisung verarbeitet, dann liegt eine Datenverarbeitung vor, die dem Verantwortlichen bzw. dem **Auftragsverarbeiter nicht zugerechnet werden kann.** In diesem Fall ist die unterstellte Person selbst Verantwortliche iSd DS-GVO und zwar selbst dann, wenn sie keine eigene Zwecke setzt. Durch die Verarbeitung ohne Weisung setzt sie von Rechts wegen konstitutiv eigene Zwecke.

2. Mittelbare Rechtsfolge: Bindung an die Weisung

34 Die Weisung kann aber nicht nur als **Mindestbedingung die Erlaubnis** zur Verarbeitung vermitteln, sie kann auch **weitergehend steuern.** Durch die Formulierung „auf Weisung" formuliert die Norm hinreichend deutlich, dass die Verarbeitung von unterstellten Personen nur soweit gestattet ist, wie die Weisung reicht. Die Weisung entscheidet nicht nur über das „Ob" der Verarbeitung, sondern **auch über die Art und Weise und die Reichweite.** Der Verantwortliche und der Auftragsverarbeiter können auf diese Weise die Datenverarbeitung lenken, was Voraussetzung für eine Zurechnung ist.

35 Die Weisung ist für die unterstellte Person **bindend.** Eine Ausnahme gilt, wenn die unterstellte Person mit deren Befolgung selbst gegen Recht verstoßen würde, das sie als unterstellte Person beachten muss, wie etwa § 53. Ansonsten entscheidet der Verantwortliche über die Einhaltung der Datenschutzbestimmung und nicht die unterstellte Person (undeutlich Paal/Pauly/Frenzel Rn. 9). Die Weisung muss **daher inhaltlich nicht rechtmäßig** sein. Auch eine rechtswidrige Weisung stellt die unterstellte Person von ihrer datenrechtlichen Verantwortung frei.

35.1 Es kann sein, dass aus dienstrechtlichen Gründen die unterstellte Person das Recht und die Pflicht hat, wegen einer evtl. bestehenden Rechtswidrigkeit der Datenverarbeitung **zu remonstrieren,** § 52 räumt ihr dieses Recht aber zumindest nicht ein. Da § 52 keine Pflicht zur Datenverarbeitung vorsieht, kann die unterstellte Person nach § 52 eine Datenverarbeitung aber einfach unterlassen, wenn sie die Weisung nicht beachten möchte.

36 Verlässt die unterstellte Person den Rahmen der Weisung, so verstößt die Verarbeitung gegen § 52. Gemeint sind dabei aber nur **Weisungsinhalte,** die das „Ob" oder die Zwecke und die Mittel der Verarbeitung betreffen. Andere Vorgaben, die die Verarbeitung nicht unmittelbar betreffen, berühren den Normgehalt des § 52 nicht. Die Abgrenzung kann in der Praxis schwierig sein. Liegt eine erhebliche Abweichung vor, die die Zurechnung der Verarbeitung an den Verantwortlichen oder den Auftragsverarbeiter unterbricht, wird die unterstellte Person wieder **selbst zum Verantwortlichen** (s. dazu → Rn. 32).

3. Ausnahme: Gestattung durch eine Rechtsvorschrift

37 Das Verbot der Verarbeitung ohne Weisung bzw. Erlaubnis **greift nicht,** wenn die unterstellte Person aufgrund einer Rechtsnorm die Befugnis hat, die Verarbeitung vorzunehmen. Eine eigenständige (weisungswidrige) Datenverarbeitung ist zulässig, wenn diese nach **einer Rechtsvorschrift verpflichtend ist** (zum Begriff der Rechtsvorschrift → Rn. 13.). In diesem Fall wird die unterstellte Person zwar in aller Regel selbst Verantwortlicher sein und somit außerhalb des § 52 eine Verarbeitung vornehmen, aber die Norm geht davon aus, dass dies nicht zwingend ist. Entsprechende Vorgaben können sich beispielsweise aus der Strafprozessordnung ergeben (Gola/Heckmann/Paschk Rn. 13). Die für die Verarbeitung erforderliche Rechtsgrundlage ist dann entweder die Rechtsnorm selbst, oder die Rechtsgrundlage, auf die sich der Verantwortliche stützen könnte, wenn er selbst verarbeiten würde.

4. Mittelbare Rechtsfolge: Verarbeitung nur nach Weisung zu gestatten

38 Geht man wie hier davon aus, dass § 52 auch an den Verantwortlichen und den Auftragsverarbeiter gerichtet ist, so **normiert die Regelung auch die Pflicht** dieser beiden, die Verarbeitung durch Personen, die Zugang zu Daten **haben, zu regeln.** Weiter liegt der Norm auch der

Gedanke zu Grunde, anderen Personen als solchen, denen die Datenverarbeitung erlaubt ist, nicht ohne Grund einen Zugang zu ermöglichen. Die Norm steht daher in enger Verbindung zu Art. 4 Abs. 4 RL (EU) 2016/680, die das BDSG aber nicht selbständig im dritten Teil übernommen hat. Ist eine Datenverarbeitung durch eine unterstellte Person nicht gewünscht, hat der Verantwortliche dieser nicht nur keine Weisung im Sinne einer Erlaubnis zu erstellen, sondern er hat dieser, sofern möglich, schon den Zugang zu den personenbezogenen Daten (technisch) zu verwehren (Gola/Heckmann/Paschk Rn. 10).

5. Mittelbare Rechtsfolge: Zurechnung bei Verarbeitung nach Weisung

Verarbeitet eine „unterstellte Person", die mit Willen des Verantwortlichen oder des Auftragsverarbeiters Zugang erhalten hat, die Daten im Rahmen der Weisung, **gilt diese Datenverarbeitung** als eine Verarbeitung des Verantwortlichen oder des Auftragsverarbeiters, auch wenn diese nicht selbst die Verarbeitung vornehmen. Sie wird diesen zugerechnet. Sämtliche Datenverarbeitungen der in der Organisation nach Weisung arbeitenden, unterstellten Personen gelten als eine Verarbeitung des Verantwortlichen. 39

§ 53 Datengeheimnis

¹Mit Datenverarbeitung befasste Personen dürfen personenbezogene Daten nicht unbefugt verarbeiten (Datengeheimnis). ²Sie sind bei der Aufnahme ihrer Tätigkeit auf das Datengeheimnis zu verpflichten. ³Das Datengeheimnis besteht auch nach der Beendigung ihrer Tätigkeit fort.

Überblick

Durch § 53 BDSG, der weitestgehend auf § 5 aF basiert (→ Rn. 2), jedoch im Vergleich zu § 5 aF nur noch einen eingeschränkten Anwendungsbereich hat (→ Rn. 4), werden mit Datenverarbeitung befasste Personen (→ Rn. 10) auf das Datengeheimnis (→ Rn. 16) verpflichtet. Diese Verpflichtung wird vom Verantwortlichen (→ Rn. 33) im Rahmen eines Realakts (→ Rn. 23) formfrei, zu Beweiszwecken jedenfalls aber in Textform (→ Rn. 26) vorgenommen (näher → Rn. 21 ff.). Die Verpflichtung nach S. 2 besteht auch nach Beendigung der Tätigkeit fort (S. 3, → Rn. 37 ff.). Zu **Rechtsfolgen** bei Verstößen → Rn. 41 ff.

Übersicht

	Rn.		Rn.
A. Allgemeines	1	III. Inhalt der Verpflichtung	29
I. Normgeschichte	1	IV. Zeitpunkt und Verfahren der Verpflichtung	32
II. Normzweck	2		
III. Anwendungsbereich und Dispositivität	4	**D. Fortbestand nach Beendigung der Tätigkeit (S. 3)**	37
IV. Unionsrechtlicher Bezug und verfassungsrechtlicher Hintergrund	6	**E. Rechtsfolgen**	41
V. Verhältnis zu anderen Vorschriften	8	I. Verstoß gegen S. 1, 3 (Wahrung des Datengeheimnisses)	41
B. Datengeheimnis (S. 1)	10	II. Verstoß gegen S. 2 (Verpflichtung auf das Datengeheimnis)	45
I. Verpflichteter Personenkreis	10	III. Keine oder verweigerte Bestätigung der Verpflichtung nach S. 2	48
II. Unbefugte Verarbeitung von Daten	16		
C. Verpflichtung auf das Datengeheimnis (S. 2)	21	**F. Verpflichtung auf das Datengeheimnis bei nichtöffentlichen Stellen und Weitergeltung von „Alterklärungen"**	49
I. Allgemeines	21		
II. Form der Verpflichtung	26		

A. Allgemeines

I. Normgeschichte

§ 53 wurde durch den Gesetzesentwurf der Bundesregierung (BT-Drs. 18/11325) in das Gesetzgebungsverfahren eingebracht und unverändert in das BDSG übernommen (BT-Drs. 18/11325, 1

112). § 53 nimmt Bezug auf § 5 aF (BT-Drs. 18/11325, 112; → Rn. 2) der bereits im BDSG 1977 existierte und seither inhaltlich nur wenig verändert wurde (vgl. Simitis/Ehmann BDSG aF § 5 Rn. 1). Im Vergleich zu § 5 S. 1 aF bezieht sich S. 1 nur noch auf das unbefugte Verarbeiten von Daten (§ 5 S. 1 aF: zusätzlich Erheben und Nutzen), was durch den novellierten, umfassenden Verarbeitungsbegriff in Art. 4 Nr. 2 DS-GVO zu erklären ist (→ DS-GVO Art. 4 Rn. 29 ff.). Außerdem bezog sich § 5 S. 1 aF auf „beschäftigte" Personen, wohingegen es nach S. 1 nur darauf ankommt, ob eine Person mit einer Datenverarbeitung „befasst" ist, was sich letztlich mit dem auf § 45 (→ § 45 Rn. 1 ff.) eingeschränkten Anwendungsbereich (→ Rn. 4) erklären lässt. Außerdem bestimmte § 5 S. 2 aF, dass die Verpflichtung auf das Datengeheimnis nur für Personen anzuwenden war, die bei nichtöffentlichen Stellen beschäftigt sind (→ BDSG § 5 Rn. 8). Da § 53 gemäß § 45 (→ § 45 Rn. 1 ff.) nur für von § 45 umfasste öffentliche Stellen (→ § 45 Rn. 33) Anwendung findet, werden durch diesen eingeschränkten Anwendungsbereich von § 53 Folgefragen aufgeworfen, wie zB, ob die Verpflichtung auf das Datengeheimnis auf Personen, die bei nichtöffentlichen Stellen beschäftigt sind, noch anzuwenden ist (→ Rn. 24). § 5 S. 3 aF ist identisch mit S. 3 mit Ausnahme des in § 5 S. 3 aF nicht zu findenden, inhaltlich unbedeutenden Artikels „der".

II. Normzweck

2-3 § 53 basiert laut Gesetzesbegründung auf § 5 aF (BT Drs. 18/11325, 112: „§ 53 BDSG greift die Regelung des § 5 BDSG a. F. auf") und verfolgt daher letztlich den identischen Zweck, jedoch mit im Vergleich zu § 5 aF eingeschränktem Anwendungsbereich (→ Rn. 4). Es soll eine **unmittelbare, persönliche Verpflichtung** der bei dem Verantwortlichen handelnden Personen zur Unterlassung einer unbefugten Datenverarbeitung begründet werden (Simitis/Ehmann BDSG aF § 5 Rn. 5; vgl. auch BT-Drs. 7/5277, 6 zum Gesetzesentwurf zu § 3b BDSG 1977: „Die Vorschrift wurde neu aufgenommen, um die Einhaltung […] auch unmittelbar durch die bei der Datenverarbeitung beschäftigten Personen sicherzustellen"). Bei einer unbefugten Datenverarbeitung würde ohne § 53 nämlich zunächst nur der Verantwortliche haften (vgl. Art. 82 DS-GVO; ebenso Paal/Pauly/Frenzel § 53 Rn. 2).

III. Anwendungsbereich und Dispositivität

4 § 53 ist anwendbar, soweit der Anwendungsbereich des BDSG gem. § 1 eröffnet ist (vgl. → § 1 Rn. 1 ff.). § 53 gilt aufgrund der systematischen Stellung in Teil 3 des BDSG gem. § 45 (→ § 45 Rn. 1 ff.) nur bei der Datenverarbeitung durch **von § 45 umfasste öffentliche Stellen** (→ § 45 Rn. 33). Auf nichtöffentliche Stellen ist § 53 **nicht anzuwenden** (ebenso BAG NZA 2019, 1218 (1223)). Hieraus ergibt sich die Frage, ob nichtöffentliche Stellen – anders als dies bislang durch § 5 S. 2 aF vorgegeben war – ihre Beschäftigten nicht mehr auf das Datengeheimnis verpflichten müssen (→ Rn. 24).

5 § 53 ist **zwingendes Recht** und damit **nicht dispositiv**, da die hiervon ausgehenden Zwecke verfassungs- (→ Rn. 7) und unionsrechtlich (→ Rn. 6) garantiert sind.

IV. Unionsrechtlicher Bezug und verfassungsrechtlicher Hintergrund

6 § 53 hat keinen unmittelbaren wörtlichen unionsrechtlichen Anknüpfungspunkt in der RL (EU) 2016/680. Damit ist zunächst einmal **fraglich, ob § 53 unionsrechtskonform** ist. Um diese Frage zu beantworten, kommt es darauf an, ob mit der RL (EU) 2016/680 eine Vollharmonisierung bezweckt wurde oder nicht. Einer Ansicht zufolge legt die RL (EU) 2016/680 in Bezug auf Datenverarbeitungen nur ein Mindestniveau fest (Kühling/Buchner/Schwichtenberg Vor §§ 45–84 Rn. 5), was damit begründet wird, dass durch die RL (EU) 2016/680 eine Stärkung des Datenschutzes intendiert ist (so Gola/Heckmann/Paschke § 53 Rn. 2). Die Gegensicht wird, soweit ersichtlich, noch nicht vertreten. Dennoch wäre es nicht abwegig, zu meinen, dass RL (EU) 2016/680 eine Vollharmonisierung vor dem Hintergrund der Vereinheitlichung bezweckt. Zur identischen Fragestellung zur RL 95/46/EG hatte der EuGH am 24.11.2011 (EuGH BeckRS 2011, 81684) entschieden, dass RL 95/46/EG eine Vollharmonisierung bezweckt. Unabhängig von der Frage, ob § 53 gegen die RL (EU) 2016/680 verstößt, lässt sich feststellen, dass **der Regelungsgehalt von § 53 auch aus der DS-GVO hergeleitet werden kann** (ebenso Kurzpapier Nr. 19 der DSK abrufbar unter https://www.lda.bayern.de/media/dsk_kpnr_19_verpflichtungBeschaeftigte.pdf). Einerseits hat der Verantwortliche nach **Art. 24 Abs. 1 S. 1 DS-GVO** geeignete technische und **organisatorische** Maßnahmen umzusetzen, um eine DS-GVO-konforme Datenverarbeitung sicherzustellen. Da als organisatorische Maßnahmen ua Verpflichtungserklärungen von Mitarbeitern zählen (Paal/Pauly/Martini Art. 20 Rn. 22; zögerlicher Gola/Heckmann/Paschke § 53 Rn. 3), lässt sich vertreten, dass § 53 vom Regelungsbereich des Art. 24 Abs. 1 S. 1 DS-GVO umfasst ist (im Ergebnis ebenso, wenngleich mit anderer Begründung Ehmann ZD 2017, 453). Andererseits verlangt **Art. 29 DS-GVO,** dass Beschäftigte eines Verantwortlichen oder Auftragsverarbeiters Daten nur auf Weisung verarbeiten. Zusätzlich schreibt **Art. 32 Abs. 4 DS-GVO** vor, dass Verantwortliche sowie Auftragsverarbeiter Schritte zu unternehmen haben, dass Daten nur auf Weisung verarbeitet werden. Flankierend dazu verlangt **Art. 28 Abs. 3 S. 2 lit. b DS-GVO,** dass Auftragsverarbeiter die für sie handelnden Personen zur Vertraulichkeit verpflichtet haben. **Im Ergebnis lassen sich daher identische Rechtspflichten, wie sie der nur für öffentliche Stellen (→ Rn. 6) geltende § 53 BDSG vorsieht, auch für nichtöffentliche Stellen herleiten.**

Verfassungsrechtlich ist § 53 eingebettet in das durch Art. 2 Abs. 1 iVm Art. 1 Abs. 1 GG 7 gewährleistete Grundrecht auf informationelle Selbstbestimmung (BeckOK GG/Lang GG Art. 2 Rn. 45 f.).

V. Verhältnis zu anderen Vorschriften

§ 53 ist im Verhältnis zu anderen Geheimhaltungsvorschriften (zB § 30 AO) nicht subsidiär, 8-9 sondern neben diesen Vorschriften anwendbar. Zum Verhältnis von § 53 sowie § 67 BBG wird vertreten, dass § 53 als lex specialis vorgeht (Kühling/Buchner/Schwichtenberg § 53 Rn. 7).

B. Datengeheimnis (S. 1)

I. Verpflichteter Personenkreis

Der Wortlaut von S. 1 erfasst alle mit Datenverarbeitung befassten Personen, die vom Anwen- 10 dungsbereich gem. § 45 (→ § 45 Rn. 1 ff.) umfasst sind. Aufgrund des umfassenden Verarbeitungsbegriffs in Art. 4 Nr. 2 DS-GVO (→ DS-GVO Art. 4 Rn. 29 ff.) ist daher von einem sehr weit gefassten Personenkreis auszugehen. Entgegen § 5 S. 1 aF kommt es nicht mehr darauf an, dass die zu verpflichtende Person bei der Datenverarbeitung „beschäftigt" ist. Vielmehr genügt es nach S. 1, dass die verpflichtete Person mit der Datenverarbeitung „befasst" ist. Erfasst werden demzufolge nach S. 1 alle **Personen, die rechtlich und/oder tatsächlich auf den Datenverarbeitungsvorgang einwirken.** Auf die Dauer, Häufigkeit oder Intensität dieser Einwirkung kommt es nicht an (so schon zu § 5 aF → BDSG § 5 Rn. 1). Ebenso ist es irrelevant, ob die Person die Daten rechtmäßig erhalten hat (Paal/Pauly/Frenzel § 53 Rn 4). Ob darüber hinaus auch die bloße **Möglichkeit, auf den Datenverarbeitungsvorgang einzuwirken zu können,** ausreicht, ist **umstritten.** Eine Ansicht scheint dies wohl zu verneinen (in diese Richtung Gola/Heckmann/Paschke Rn. 5). Die herrschende Meinung zu § 5 S. 1 aF bejahte dies (vgl. Simitis/Ehmann BDSG aF § 5 Rn. 13 mwN; aA → BDSG § 5 Rn. 3). Die Auslegung des Wortlauts von S. 1 spricht wohl eher dagegen. Die teleologische Auslegung von S. 1 (→ Rn. 2) vor dem Hintergrund der verfassungsrechtlichen Einbettung der Norm (→ Rn. 3) spricht hingegen deutlich dafür. Da sich das Ergebnis der teleologischen Auslegung mit dem Wortlaut der Norm noch vereinbaren lässt, ist der Anwendungsbereich von S. 1 nach **hier vertretener Auffassung** auch dann eröffnet, wenn eine bloße **Möglichkeit besteht,** auf den Datenverarbeitungsvorgang einzuwirken. (im Ergebnis auch Paal/Pauly/Frenzel § 53 Rn. 5; Kühling/Buchner/Schwichtenberg § 53 Rn. 3).

Zu § 5 S. 1 aF war umstritten, ob der **Datenschutzbeauftragte** zum verpflichteten Personen- 11 kreis zählt. Einerseits wurde es verneint (Schaffland/Wiltfang § 5 Rn. 8), andererseits bejaht (→ BDSG § 5 Rn. 1; Simitis/Ehmann BDSG aF § 5 Rn. 17). Richtigerweise ist der **behördliche Datenschutzbeauftragte** umfasst, da auch er durch seine Vorgaben auf den Datenverarbeitungsvorgang einwirken kann.

Organe juristischer Personen des öffentlichen Rechts, auch der mittelbaren Staatsverwaltung 12 (zB Verfassungsorgane, Minister etc.) waren nach § 5 S. 1 aF nicht verpflichtet, da sie nicht in einem von § 5 S. 1 aF geforderten „Beschäftigungsverhältnis" stehen (Simitis/Ehmann BDSG aF § 5 Rn. 16). Aufgrund des im Vergleich zu § 5 S. 1 aF geänderten Wortlauts von S. 1 wird man die vorbenannten Organe, sofern Sie im Anwendungsbereich des § 45 agieren, auch **vom Anwendungsbereich** des S. 1 als **umfasst** ansehen müssen, da auch bei ihnen die Möglichkeit (→ Rn. 10) besteht, dass sie auf den Datenverarbeitungsvorgang einwirken.

Auch die Mitglieder **Personalrats** unterfallen dem von S. 1 erfassten Personenkreis (so zu § 5 13-15 S. 1 aF auch Simitis/Ehmann BDSG aF § 5 Rn. 18). Deren personalratsbezogenen Geheimhaltungsverpflichtungen bleiben unberührt neben S. 1 bestehen, bei einem Widerspruch gilt wegen Art. 31 GG und dem lex specialis Grundsatz § 53 vorrangig.

II. Unbefugte Verarbeitung von Daten

16 S. 1 untersagt den verpflichteten Personen eine unbefugte Verarbeitung (zum Verarbeitungsbegriff → DS-GVO Art. 4 Rn. 29 ff.). Ob eine Datenverarbeitung „unbefugt" ist, ist nach hier vertretener Ansicht auch im Rahmen des § 53 zweistufig zu ermitteln (so zu § 5 aF Simitis/Ehmann BDSG aF § 5 Rn. 20). Zuerst ist zu untersuchen, ob eine Verarbeitung im Widerspruch zu rechtlichen Vorschriften vorliegt; es kommt hier also nicht nur auf die DS-GVO oder die Vorschriften gemäß §§ 45 ff. an, sondern es sind alle einschlägigen Rechtsvorschriften, gleich welchen Rangs, zu prüfen (ähnlich Paal/Pauly/Frenzel § 53 Rn. 6; Kühling/Buchner/Schwichtenberg § 53 Rn. 5) (→ Rn. 16.1).

16.1 Es war zu § 5 aF **umstritten**, ob die einschlägigen Rechtsvorschriften einen datenschutzrechtlichen Bezug haben müssen (so etwa Simitis/Ehmann BDSG aF § 5 Rn. 20) oder ob auch Rechtsvorschriften außerhalb des Datenschutzrechts (zB im Beamtenrecht) im Rahmen der Befugnisprüfung zu berücksichtigen sind (so etwa → BDSG § 5 Rn. 5; Gola/Schomerus BDSG aF § 5 Rn. 5). Der Wortlaut von § 53 spricht dafür, auch Normen außerhalb des Datenschutzrechts zu berücksichtigen.

17 Diese „erste Prüfungsebene" (zu § 5 aF Simitis/Ehmann BDSG aF § 5 Rn. 20) genügt aber nicht, denn ansonsten hätte der Gesetzgeber anstatt des Begriffs „unbefugt" zB den Begriff „unzulässig" verwendet. Im Rahmen einer „zweiten Prüfungsebene" (so zu § 5 aF Simitis/Ehmann BDSG aF § 5 Rn. 21) ist zu untersuchen, ob eine Datenverarbeitung gegen sonstige Vorgaben verstößt, zB weil rechtsgeschäftliche Vereinbarungen nicht eingehalten werden oder weil unter Verstoß gegen Geschäftsverteilungspläne gehandelt wird (so etwa auch zu § 5 aF Simitis/Ehmann BDSG aF § 5 Rn. 21).

18-20 Unbefugt iSd S. 1 ist eine Datenverarbeitung im Anwendungsbereich v. § 45 ff. also auch dann, wenn sie zwar gegen keine Rechtsvorschriften verstößt (zB weil gem. § 51 eine Einwilligung des Betroffenen in die Datenverarbeitung vorliegt), jedoch konkrete Vorgaben (zB Dienstanweisung) missachtet (zu § 5 aF Gola/Schomerus BDSG aF § 5 Rn. 6; Simitis/Ehmann BDSG aF § 5 Rn. 22) (→ Rn. 18.1).

20.1 Erhält eine Person eine rechtswidrige Dienstanweisung, die er befolgt, so ist die erste Prüfungsebene (Rechtsvorschriften eingehalten) nicht erfüllt, die zweite Prüfungsebene (Dienstanweisung eingehalten) jedoch schon. Die Datenverarbeitung ist daher unbefugt iSd S. 1 BDSG. Streng hiervon zu unterscheiden ist, ob dem Mitarbeiter ein schuldhafter Pflichtenverstoß vorzuwerfen ist, der zu einer Haftung führen kann. Letzteres richtet sich nach den jeweiligen Vorschriften bzw. den hierzu jeweils geltenden Grundsätzen (auch § 839 BGB iVm Art. 34 GG) und hat mit der Frage, ob S. 1 verletzt ist, nichts zu tun (nicht ganz klar insoweit zu § 5 aF Gola/Schomerus BDSG aF § 5 Rn. 5).

C. Verpflichtung auf das Datengeheimnis (S. 2)

I. Allgemeines

21 Nach § 5 S. 2 aF war die Verpflichtung auf das Datengeheimnis auf Personen, die bei nichtöffentliche Stellen beschäftigt sind, beschränkt (→ BDSG § 5 Rn. 8). Da § 53 nur auf von § 45 umfasste öffentliche Stellen (→ § 45 Rn. 33) anzuwenden ist, ist diese Einschränkung des § 5 S. 2 aF konsequenterweise in S. 2 nicht mehr enthalten. Obwohl vom Ergebnis her richtig, überrascht es, dass der Gesetzgeber für die von § 45 umfassten öffentlichen Stellen durch S. 2 eine Verpflichtung auf das Datengeheimnis eingeführt hat, wenn man sich vor Augen führt, dass der Gesetzgeber zu § 5 S. 2 aF die Ansicht vertrat, dass im öffentlichen Bereich eine Verpflichtung auf das Datengeheimnis entbehrlich sei, da aufgrund dienst- oder arbeitsrechtlicher Vorschriften (zB §§ 61 ff. BBG oder § 9 BAT (jetzt: § 3 TVöD) Verschwiegenheitspflichten bestünden und insoweit in der Praxis bereits eine Belehrung erfolgen würde (so Gesetzesentwurf BT-Drs. 11/4306, 74). Da S. 2 wegen § 45 auf nichtöffentliche Stellen **nicht** anzuwenden ist, ist fraglich, wie sich nichtöffentliche Stellen zu verhalten haben (→ Rn. 24).

22 Wie bereits zu § 5 S. 2 aF (Simitis/Ehmann aF § 5 Rn. 25 mwN) gilt auch für S. 2 BDSG, dass im Rahmen einer **Auftragsverarbeitung** die Auftragsverarbeiter ihre Mitarbeiter auf das Datengeheimnis zu verpflichten haben, nicht jedoch der Auftraggeber.

23 Die Verpflichtung gem. S. 2 erfolgt dergestalt, dass sie vom Verantwortlichen gegenüber der mit einer Datenverarbeitung befassten Person **einseitig ausgesprochen** wird. Die Reaktion der mit einer Datenverarbeitung befassten Person auf die Verpflichtung ist keine Willenserklärung, sondern ein **Realakt** (vgl. zu § 5 aF Simitis/Ehmann BDSG aF § 5 Rn. 26). Die Verpflichtung gem. S. 2 ist daher auch kein Rechtsgeschäft. Insofern können auch Minderjährige gem. S. 2

verpflichtet werden. Darüber ist für die Verpflichtung nach S. 2 **kein Einverständnis des Verpflichteten erforderlich.** Vielmehr ist die Verpflichtung nach S. 2 auch dann wirksam, wenn die mit einer Datenverarbeitung befasste Person die Bestätigung der Verpflichtung verweigert (zu § 5 aF→ BDSG § 5 Rn. 11). Zur **Verweigerung** der Bestätigung → Rn. 48.

Da S. 2 wegen § 45 auf nichtöffentliche Stellen **nicht** anzuwenden ist, stellt sich die Frage, ob bei nichtöffentlichen Stellen beschäftigte Personen seit Inkrafttreten der DS-GVO nicht mehr auf das Datengeheimnis zu verpflichten sind. Nach ganz herrschender Meinung gelten jedoch die Rechtspflichten bzw. Wirkungen, die von § 53 BDSG ausgehen, im nichtöffentlichen Bereich weiterhin (vgl. → Rn. 6 sowie → Rn. 49 ff.; Ehmann ZD 2017, 453; GDD-Praxishilfe DS-GVO XI Dezember 2017; Franck ZD 2017, 509). **24-25**

II. Form der Verpflichtung

Weder aus dem Wortlaut noch aus der Begründung des Gesetzes folgt, dass die Verpflichtung **26** in einer bestimmten Form vorzunehmen ist. Dies entspricht auch der herrschenden Meinung zu § 5 S. 2 aF (→ BDSG § 5 Rn. 10 mwN). Die Verpflichtung ist also **formfrei** möglich (ebenso Gola/Heckmann/Paschke § 53 Rn. 7; HK-BDSG/Johannes/Weinhold/Sydow § 53 Rn. 13). Es empfiehlt sich zu Nachweiszwecken dennoch, die Verpflichtung jedenfalls in **Textform** zu erteilen (aA Paal/Pauly/Frenzel § 53 Rn. 8 empfehlen grundlos die Schriftform).

Auch wenn sich dies nicht aus dem Gesetzeswortlaut ergibt, so entnahm die herrschende **27-28** Meinung zu § 5 aF, dass es der Sinn und Zweck gebiete, dass die Verpflichtung **besonders hervorgehoben** wird. Da sich der Gesetzgeber bei der Schaffung von § 53 an § 5 aF orientiert hat (→ Rn. 2), gilt dies auch weiterhin. Somit genügt es nicht, die Verpflichtung nach S. 2 ohne besondere Hervorhebung in einer Ernennungsurkunde aufzunehmen. Ebenso wenig ist es ausreichend, die Verpflichtung durch einen Aushang am „Schwarzen Brett" vorzunehmen (Simitis/Ehmann BDSG aF § 5 Rn. 28). Vielmehr ist es ausreichend, die Verpflichtung auf einem separaten Formblatt, das zB als Anlage der Ernennungsurkunde beigefügt wird, vorzunehmen.

III. Inhalt der Verpflichtung

Nach herrschender Meinung zu § 5 S. 2 aF ist die Mitteilung des reinen Wortlauts der Norm **29-31** nicht ausreichend, sondern es muss eine darüber hinausgehende Belehrung erfolgen (näher dazu → BDSG § 5 Rn. 12). Da der Gesetzgeber letztlich die Grundsätze von § 5 aF übernehmen wollte (→ Rn. 2), gilt dies auch für S. 2 (dazu → BDSG § 5 Rn. 12). Die Praxis wird sich regelmäßig an von Datenschutzbehörden vorgegebenen **Formblättern** orientieren.

IV. Zeitpunkt und Verfahren der Verpflichtung

Zeitlich muss die Verpflichtung nach dem Wortlaut von S. 2 „bei der Aufnahme [...] [der] **32** Tätigkeit" erfolgen. Dies bedeutet, dass die Verpflichtung **jedenfalls bei Beginn** zu erfolgen hat. Fallen die Unterschrift einer die Tätigkeit konstituierenden Urkunde sowie die Tätigkeitsaufnahme selbst zeitlich nicht zusammen, so wird der Sinn und Zweck von S. 2 es dennoch erlauben, die Verpflichtung auch **vor Tätigkeitsaufnahme** vorzunehmen (Paal/Pauly/Frenzel § 53 Rn. 7). Eine Verpflichtung **nach Tätigkeitsaufnahme** ist jedoch **unzulässig.**

Die **Vornahme** der Verpflichtung erfolgt durch den Verantwortlichen (§ 46 Nr. 7 → § 46 **33** Rn. 26 ff.). Dies bedeutet im Ausgangspunkt, dass die Behördenleitung die Verpflichtung vorzunehmen hat. Diese kann jedoch andere Personen hiermit bevollmächtigen. Die Überwachung der Verpflichtung nach S. 2 ist zweifelsohne unter den Aufgabenkatalog des behördlichen Datenschutzbeauftragten aus Art. 39 Abs. 1 lit. a subsumierbar. Der Sinn und Zweck von S. 2 spricht aber eher dagegen, den Datenschutzbeauftragten als für die Durchführung der Verpflichtung originär zuständige Person anzusehen. Gleichwohl kann der Verantwortliche den behördlichen Datenschutzbeauftragten mit der Durchführung beauftragen (so zu § 5 aF auch→ BDSG § 5 Rn. 13).

Ein Mitbestimmungsrecht bei der Vornahme der Verpflichtung besteht nicht. **34-36**

D. Fortbestand nach Beendigung der Tätigkeit (S. 3)

Das Datengeheimnis ist auch nach Beendigung der Tätigkeit zu wahren. Insoweit ist die Rege- **37** lung vergleichbar mit § 67 Abs. 1 S. 2 BBG, jedoch lex specialis zu § 67 BBG (vgl. → Rn. 8).

Weder dem Wortlaut von S. 3 noch dem Sinn und Zweck nach lässt sich eine zeitliche Befris- **38-40** tung des Fortbestands der Verpflichtung auf das Datengeheimnis entnehmen. Letztlich besteht die Verpflichtung zur Wahrung des Datengeheimnisses also bis zum Tod der verpflichteten Person

BDSG § 54   Teil 3. Bestimmungen für Verarbeitungen zu Zwecken gemäß Richtlinie

(dieser Ansicht folgend Gola/Heckmann/Paschke § 53 Rn. 8; vgl. zum BBG BeckOK BeamtenR Bund/Leppek BBG § 67 Rn. 9).

E. Rechtsfolgen

I. Verstoß gegen S. 1, 3 (Wahrung des Datengeheimnisses)

41   Zeitlich spielt es für einen Verstoß keine Rolle, ob dieser während der aufgenommenen Tätigkeit erfolgt, denn S. 3 stellt klar, dass auch nach Beendigung der Tätigkeit ein Verstoß gegen S. 1 iVm S. 3 vorliegen kann. Unbefugte Datenverarbeitungen können daher sowohl nach Art. 82 DS-GVO (→ DS-GVO Art. 82 Rn. 1 ff.) als auch nach §§ 83, 84 BDSG (→ § 83 Rn. 1 ff.; → § 84 Rn. 1 ff.) sanktioniert sein.

42-44   Neben einer Sanktion durch gesetzliche Vorschriften der DS-GVO oder des BDSG sind dienstrechtliche Konsequenzen bei einem Verstoß gegen S. 1, 3 denkbar und vom Einzelfall abhängig (auch → Rn. 18.1). Außerdem wird teils vertreten, dass § 53 den Charakter einer Schutznorm aufweist (Paal/Pauly/Frenzel § 53 Rn. 2), sodass ein Verstoß eine auf § 53 basierende direkte Haftung der verstoßenden Person auslösen kann.

II. Verstoß gegen S. 2 (Verpflichtung auf das Datengeheimnis)

45-47   Wird die Verpflichtung nach S. 2 nicht durchgeführt, hat dies keine Auswirkungen auf die Anwendbarkeit des Datengeheimnisses nach S. 1, 3. Der Verantwortliche kann jedoch sowohl gegenüber der auf das Datengeheimnis zu verpflichtenden Person als auch gegenüber einem Geschädigten haften, wenn nachweisbar ist, dass der eingetretene Schaden kausal auf der fehlenden Verpflichtung gem. S. 2 beruht.

III. Keine oder verweigerte Bestätigung der Verpflichtung nach S. 2

48   Wird die im Rahmen der Verpflichtung nach S. 2 von der zu verpflichtenden Person zu erteilende Bestätigung nicht erteilt oder sogar explizit verweigert (→ Rn. 23), so gilt Folgendes: Zunächst sollte der Verantwortliche die Verweigerung bzw. Nichtbestätigung zusammen mit Ort und Zeit der Verpflichtung gem. S. 2 aktenkundig dokumentieren. Sodann sollte der Verantwortliche prüfen, ob und wie durch die Nichtbestätigung oder Verweigerung eine Pflichtverletzung gegeben ist (näher zu § 5 aF → BDSG § 5 Rn. 23).

F. Verpflichtung auf das Datengeheimnis bei nichtöffentlichen Stellen und Weitergeltung von „Alterklärungen"

49   Wie bereits dargelegt (→ Rn. 24), besteht die Verpflichtung auf das Datengeheimnis im Rahmen der DS-GVO auch bei nichtöffentlichen Stellen und den bei diesen tätigen Personen. Die Praxis bedient sich hier unter Rückgriff auf § 5 aF den bereits verwendeten Mustern oder hat neue Muster hierzu entwickelt (→ Rn. 49.1).

49.1   **Beispiele:** Das LDA Bayern stellt ein Muster der DSK zur Verfügung (Kurzpapier Nr. 19 der DSK, abrufbar unter: https://www.lda.bayern.de/media/dsk_kpnr_19_verpflichtungBeschaeftigte.pdf). Ebenso stellt die GDD ein Muster zur Verfügung (Muster „GDD-Praxishilfe DS-GVO XI", Dezember 2017, vgl. https://www.gdd.de/downloads/praxishilfen/GDD-Praxishilfe_DS-GVO_11.pdf).

50   Nach herrschender Meinung **gelten nach § 5 aF ordnungsgemäß durchgeführte Verpflichtungen** auch nach Inkrafttreten der DS-GVO **weiter** (GDD-Praxishilfe DS-GVO XI Dezember 2017, S. 2; Franck ZD 2017, 509 (513); ebenso, jedoch mit der Empfehlung, Belehrungen bezogen auf die neue Rechtslage nachzuholen HK-BDSG/Johannes/Weinhold/Sydow § 53 Rn. 7).

§ 54 Automatisierte Einzelentscheidung

(1) Eine ausschließlich auf einer automatischen Verarbeitung beruhende Entscheidung, die mit einer nachteiligen Rechtsfolge für die betroffene Person verbunden ist oder sie erheblich beeinträchtigt, ist nur zulässig, wenn sie in einer Rechtsvorschrift vorgesehen ist.

(2) Entscheidungen nach Absatz 1 dürfen nicht auf besonderen Kategorien personenbezogener Daten beruhen, sofern nicht geeignete Maßnahmen zum Schutz der Rechtsgüter sowie der berechtigten Interessen der betroffenen Personen getroffen wurden.
(3) Profiling, das zur Folge hat, dass betroffene Personen auf der Grundlage von besonderen Kategorien personenbezogener Daten diskriminiert werden, ist verboten.

Überblick

Die Vorschrift dient der Umsetzung des Art. 11 RL (EU) 2016/680. Sie enthält ein grundsätzliches Verbot der automatisierten Entscheidungsfindung – einschließlich des Profilings – mit nachteiligen Rechtsfolgen für die betroffene Person. Zulässig sind solche Datenverarbeitungen jedoch bei Schaffung einer gesetzlichen Grundlage.

Der deutsche Gesetzgeber hat mit der Regelung in Abs. 1 einen einfachgesetzlichen Gesetzesvorbehalt geschaffen, den es mit Blick auf den verfassungsrechtlichen Grundsatz des Vorbehalts des Gesetzes eigentlich nicht bedurft hätte. Nach Art 11 Abs. 1 RL (EU) 2016/680 können die Mitgliedstaaten vom genannten Verbot abweichen, wenn sie hierfür ein entsprechendes Gesetz erlassen, das zudem geeignete Garantien für die Rechte und Freiheiten der betroffenen Person bietet. Als Mindestanforderung muss es wenigstens das Recht auf persönliches Eingreifen seitens des Verantwortlichen erlauben.

Die Abs. 2 und 3 regeln weitere Anforderungen an mögliche Rechtsgrundlagen.

A. Erfordernis einer Rechtsgrundlage für nachteilige Entscheidungen (Abs. 1)

Nach Abs. 1 ist eine ausschließlich auf einer automatischen Verarbeitung beruhende Entscheidung, die mit einer nachteiligen Rechtsfolge für die betroffene Person verbunden ist oder sie erheblich beeinträchtigt, nur zulässig, wenn sie in einer Rechtsvorschrift vorgesehen ist. Die Regelung wiederholt damit den genannten Richtlinientext. 1

Die von Art. 11 RL (EU) 2016/680 geforderte Rechtsvorschrift kann sowohl eine solche des Unionsrechts als auch eine nationale Regelung sein. Wegen der Grundrechtsrelevanz dürfte aber ein Parlamentsgesetz erforderlich sein (Paal/Pauly/Frenzel Rn. 5). 2

Die Entscheidung muss ferner nach dem Wortlaut der Vorschrift „ausschließlich" automatisiert erfolgen. Wird daher eine Person bei der Entscheidungsfindung aktiv, fehlt es an der geforderten Ausschließlichkeit. Zulässig bleiben daher automatisierte Datenverarbeitungen, die lediglich Grundlage einer späteren polizeilichen Entscheidung werden sollen (Gola/Heckmann/Paschke Rn. 7). 3

Eine Rechtsvorschrift ist ferner nur dann erforderlich, wenn die automatisierte Datenverarbeitung mit nachteiligen Rechtsfolgen verbunden ist oder die betroffene Person erheblich beeinträchtigt wird. Rein vorteilhafte Entscheidungen, wie eine Verfahrenseinstellung, werden daher nicht erfasst. Zu beachten ist dabei jedoch, dass auch die vorteilhafte automatisierte Verarbeitung personenbezogener Daten zumindest den allgemeinen datenschutzrechtlichen Vorgaben zu entsprechen hat (Gola/Heckmann/Paschke Rn. 8). 3a

Das Erfordernis einer Rechtsvorschrift besteht darüber hinaus nur dann, wenn es sich um eine Entscheidung mit „Außenwirkung" für die betroffene Person handelt. Die Gesetzesbegründung fordert hierfür in der Regel einen Verwaltungsakt. Bloße interne Zwischenfestlegungen oder Auswertungen fielen hingegen nicht in den Anwendungsbereich der Norm (BT-Drs. 18/11325, 112). 3b

B. Besondere Kategorien personenbezogener Daten (Abs. 2)

Abs. 2 enthält einschränkende Vorgaben für die Verarbeitung von besonderen Kategorien personenbezogener Daten. Automatisierte Einzelentscheidungen, denen entsprechende Daten zugrunde liegen, sind nur zulässig, wenn geeignete Maßnahmen zum Schutz der Rechtsgüter sowie der berechtigten Interessen der betroffenen Personen getroffen wurden. Die Regelung deckt sich mit den Vorgaben des Art. 11 Abs. 2 RL (EU) 2016/680. Etwaige Maßnahmen zum Schutz der Rechtsgüter enthält § 48 Abs. 2 S. 2. 4

C. Verbot diskriminierender Wirkungen (Abs. 3)

Die Regelung enthält ein besonderes Verbot für das Profiling, wenn dieses auf Grundlage von besonderen Kategorien personenbezogener Daten erfolgt und für die betroffene Person eine 5 diskriminierende Wirkung hat. Die Regelung deckt sich inhaltlich vollständig mit den Vorgaben des Art. 11 Abs. 3 RL (EU) 2016/680.

6 Ausgeschlossen ist ein Profiling auf der Grundlage von Daten nach Art. 9 Abs. 1 DS-GVO jedoch nur dann, wenn eine diskriminierende Wirkung vorliegt. Abzugrenzen ist daher, ob es für die Verarbeitung entsprechender Daten nach Art. 9 Abs. 1 DS-GVO einen legitimen Sachgrund gibt. Besteht ein solcher, schließt dies eine diskriminierende Wirkung aus. Ein Profiling wäre damit auch bei Verarbeitung entsprechender Daten zulässig (Gola/Heckmann/Paschke Rn. 12).

Kapitel 3. Rechte der betroffenen Person

§ 55 Allgemeine Informationen zu Datenverarbeitungen

Der Verantwortliche hat in allgemeiner Form und für jedermann zugänglich Informationen zur Verfügung zu stellen über
1. die Zwecke der von ihm vorgenommenen Verarbeitungen,
2. die im Hinblick auf die Verarbeitung ihrer personenbezogenen Daten bestehenden Rechte der betroffenen Personen auf Auskunft, Berichtigung, Löschung und Einschränkung der Verarbeitung,
3. den Namen und die Kontaktdaten des Verantwortlichen und der oder des Datenschutzbeauftragten,
4. das Recht, die Bundesbeauftragte oder den Bundesbeauftragten anzurufen, und
5. die Erreichbarkeit der oder des Bundesbeauftragten.

Überblick

Im Rahmen der Transparenz soll durch eine allgemeine Informationspflicht (→ Rn. 1) festgelegt werden, welche Informationen der Betroffene erhält (→ Rn. 3). Dabei werden die Vorgaben der RL 2016/680 umgesetzt (→ Rn. 6), eine weitergehende Informationspflicht jedoch nicht geregelt, was europarechtlich bedenklich sein kann (→ Rn. 13).

A. Allgemeines

1 § 55 dient der Umsetzung von Art. 13 Abs. 1 der RL 2016/680.
2 Art. 13 RL 2016/680 regelt die der betroffenen Person zur Verfügung zu stellenden oder zu erteilenden Informationen (→ Rn. 2.1).

2.1 **Art. 13 RL 2016/680**
(1) Die Mitgliedstaaten sehen vor, dass der Verantwortliche der betroffenen Person zumindest die folgenden Informationen zur Verfügung stellt:
  a) den Namen und die Kontaktdaten des Verantwortlichen,
  b) ggf. die Kontaktdaten des Datenschutzbeauftragten,
  c) die Zwecke, für die die personenbezogenen Daten verarbeitet werden,
  d) das Bestehen eines Beschwerderechts bei der Aufsichtsbehörde sowie deren Kontaktdaten,
  e) das Bestehen eines Rechts auf Auskunft und Berichtigung oder Löschung personenbezogener Daten und Einschränkung der Verarbeitung der personenbezogenen Daten der betroffenen Person durch den Verantwortlichen.
(2) Zusätzlich zu den in Abs. 1 genannten Informationen sehen die Mitgliedstaaten durch Rechtsvorschriften vor, dass der Verantwortliche der betroffenen Person in besonderen Fällen die folgenden zusätzlichen Informationen erteilt, um die Ausübung der Rechte der betroffenen Person zu ermöglichen:
  a) die Rechtsgrundlage der Verarbeitung,
  b) die Dauer, für die die personenbezogenen Daten gespeichert werden oder, falls dies nicht möglich ist, die Kriterien für die Festlegung dieser Dauer,
  c) ggf. die Kategorien von Empfängern der personenbezogenen Daten, auch der Empfänger in Drittländern oder in internationalen Organisationen,
  d) erforderlichenfalls weitere Informationen, insbesondere wenn die personenbezogenen Daten ohne Wissen der betroffenen Person erhoben werden.
(3) Die Mitgliedstaaten können Gesetzgebungsmaßnahmen erlassen, nach denen die Unterrichtung der betroffenen Person gem. Abs. 2 soweit und solange aufgeschoben, eingeschränkt oder unterlassen wer-

den kann, wie diese Maßnahme in einer demokratischen Gesellschaft erforderlich und verhältnismäßig ist und sofern den Grundrechten und den berechtigten Interessen der betroffenen natürlichen Person Rechnung getragen wird:
a) zur Gewährleistung, dass behördliche oder gerichtliche Untersuchungen, Ermittlungen oder Verfahren nicht behindert werden,
b) zur Gewährleistung, dass die Verhütung, Aufdeckung, Ermittlung oder Verfolgung von Straftaten oder die Strafvollstreckung nicht beeinträchtigt werden,
c) zum Schutz der öffentlichen Sicherheit,
d) zum Schutz der nationalen Sicherheit,
e) zum Schutz der Rechte und Freiheiten anderer.
(4) Die Mitgliedstaaten können Gesetzgebungsmaßnahmen zur Festlegung der Verarbeitungskategorien erlassen, für die einer der Buchstaben des Abs. 3 vollständig oder teilweise zur Anwendung kommt.

B. Information des Betroffenen

Zweck der Regelung ist es, dass der betroffenen Person zumindest folgende Informationen zur Verfügung gestellt werden: **3**
- die Identität des Verantwortlichen,
- die Existenz des Verarbeitungsvorgangs,
- die Zwecke der Verarbeitung,
- das Beschwerderecht und
- das Bestehen eines Rechts auf Auskunft und Berichtigung oder Löschung personenbezogener Daten und auf Einschränkung der Verarbeitung durch den Verantwortlichen (Erwägungsgrund 42).

Dies könnte auf der Website der zuständigen Behörde erfolgen. Außerdem sollte die betroffene **4** Person in bestimmten Fällen und zur Ermöglichung der Ausübung ihrer Rechte über die Rechtsgrundlage der Verarbeitung und die Speicherfrist informiert werden, soweit diese zusätzlichen Informationen unter Berücksichtigung der spezifischen Umstände, unter denen die Daten verarbeitet werden, notwendig sind, um gegenüber der betroffenen Person eine Verarbeitung nach Treu und Glauben zu gewährleisten (Erwägungsgrund42).

Werden personenbezogene Daten im Zusammenhang mit strafrechtlichen Ermittlungen und **5** Gerichtsverfahren in Strafsachen verarbeitet, so sollten die Mitgliedstaaten vorsehen können, dass die Ausübung des Rechts auf Unterrichtung, Auskunft, Berichtigung oder Löschung personenbezogener Daten oder Einschränkung der Verarbeitung nach Maßgabe des einzelstaatlichen Strafverfahrensrechts erfolgt (Erwägungsgrund 49).

C. Umsetzung der RL 2016/680

Der Bundesgesetzgeber hat sich dabei auf die minimalistischste Forderung der RL 2016/680 **6** beschränkt. Im Ergebnis hat er letztendlich nur Abs. 1 vollständig umgesetzt. Dies allerdings auch nur dergestalt, dass er die Vorgaben von Art. 13 Abs. 1 RL 2016/680 auch noch in einer anderen Reihenfolge im Gesetz aufgenommen hat. Eine Begründung für diese Abweichung ist nicht ersichtlich. Warum an 1. Stelle die Zwecke zu nennen sind und die Kontaktdaten des Verantwortlichen erst an 3. Stelle, erschließt sich nicht. Zumal damit ganz bewusst von dem bisherigen europäischen Regelungsrechtsrahmen abgewichen wird, wie er schon bei der alten Meldung vorhanden war (s. Art. 19 RL des europäischen Parlaments und des Rates zum Schutz natürlicher Personen bei der Verarbeitung personenbezogener Daten und zum freien Datenverkehr v. 24.10.1995 (95/46/EG).

D. Informationspflicht

Zwar erkennt der Gesetzgeber, dass es hier um aktive Informationspflichten des Verantwortlichen gegenüber betroffenen Personen unabhängig von der Geltendmachung von Betroffenenrechten geht. Dieser Informationspflicht sollen die Verantwortlichen in allgemeiner Form nachkommen können (BT-Drs. 18/11325, zu § 55 (Allgemeine Informationen zu Datenverarbeitungen), 112). **7**

Im Weiteren wird ausgeführt: „Durch die explizit im Erwägungsgrund 42 der RL (EU) 2016/ **8** 680 aufgenommene Möglichkeit der Information über die Internetseite des Verantwortlichen wird im Zusammenhang der Sinn und Zweck der Regelung klargestellt: Betroffene Personen sollen sich unabhängig von der Datenverarbeitung im konkreten Fall in leicht zugänglicher Form einen Überblick über die Zwecke der beim Verantwortlichen durchgeführten Verarbeitungen verschaffen

BDSG § 55   Teil 3. Bestimmungen für Verarbeitungen zu Zwecken gemäß Richtlinie

können und eine Übersicht über die ihnen zu Gebote stehenden Betroffenenrechte bekommen." (BT-Drs. 18/11325, zu § 55 (Allgemeine Informationen zu Datenverarbeitungen), 112).

9 Die in Abs. 2 von Art. 13 RL 2016/680 enthaltene Aufforderung an die nationalen Gesetzgeber als zusätzliche Informationen mindestens in besonderen Fällen die Rechtsgrundlage der Verarbeitung und die Dauer, für die die personenbezogenen Daten gespeichert werden sollen wurden insoweit nicht umgesetzt. Eine Umsetzung erfolgt vielmehr in § 56, welcher die Verarbeitung personenbezogener Daten in speziellen Rechtsvorschriften regelt, insbesondere bei verdeckten Maßnahmen (s. dazu § 56).

10 Die Rechtsgrundlage der Verarbeitung ist jedoch zwingend erforderlich auch für den festgelegten eindeutigen und rechtmäßigen Zweck (Art. 4 RL 2016/680). Da der Verantwortliche die Einhaltung nachweisen können muss (Art. 4 Abs. 4 RL 2016/680), müsste es ihm ein Leichtes sein auch die Rechtsgrundlagen zu benennen.

11 Gleiches gilt für die Fristen der Aufbewahrung. Gemäß Art. 5 RL 2016/680 haben die Mitgliedstaaten zumindest „Prüffristen" festzulegen, mit denen sichergestellt wird, dass nicht mehr erforderliche Daten unverzüglich gelöscht werden. Zumindest diese könnten allgemein bekannt gegeben werden.

12 Ganz offensichtlich wird hier nur auf eine sehr allgemeine Information abgestellt, die wohl über das Internet bekannt gegeben werden soll. Das Internet ist jedoch kein Allheilmittel, weshalb diese Informationen auch in anderer Form dem Betroffenen zugänglich gemacht werden müssen.

E. Ausblick

13 Entgegen den Aussagen in der amtlichen Begründung, dass hier nur eine allgemeine Information erfolgen soll, muss die Information zumindest so konkret sein, dass die konkreten Zwecke, für die die personenbezogenen Daten verarbeitet werden sollen, dem Betroffenen klar und deutlich bekannt werden.

14 Es hat den Anschein, dass darauf abgestellt wird, dass die Norm letztendlich in der Praxis zu einer Verletzung der zwingenden Vorgaben von Art. 13 Abs. 1 RL 2016/680 führen dürfte. Hier haben die Verantwortlichen mehr zu liefern, als der Gesetzestext vorgaukelt.

F. Verknüpfung mit weiterem europäischem und nationalem Recht

15 Gerade bei der Gefahrenabwehr erfolgt eine Benachrichtigung des Betroffenen nur ganz schlecht. So sieht die RL (EU) 2016/681 des Europäischen Parlaments und des Rates vom 27.4.2016 über die Verwendung von Fluggastdatensätzen (PNR-Daten) zur Verhütung, Aufdeckung, Ermittlung und Verfolgung von terroristischen Straftaten und schwerer Kriminalität (4.5.2016, ABl. L 119, 132 – PNR-RL; siehe auch zu Frage der Rechtmäßigkeit der PNR-RL VG Wiesbaden BeckRS 2020, 9119 mAnm Petri ZD 2020, 543; AG Köln BeckRS 2020,1306 und 2020, 1308, sowie des FlugDaG bezüglich innereuropäischer Flüge VG Wiesbaden BeckRS 2020, 9115) vor, dass die Fluggesellschaften bestimmte Daten an die nationalen Fluggastdatenzentralstellen (in Deutschland das Bundeskriminalamt (§ 1 Abs. 1 FlugDaG) übermittelt. Welche Daten die Luftfahrtunternehmen den nationalen Fluggstdatenzentralstellen zu übermitteln haben ist in § 2 FlugDaG geregelt. Diese Übermittlung müssten die Luftfahrtunternehmen dem jeweiligen Betroffenen nach der DS-GVO eigentlich mitteilen. Tatsächlich weist zB die Deutsche Lufthansa AG in ihrer Datenschutzbelehrung darauf ganz allgemein hin, „dass die Datenverarbeitung im Kontext der genannten jeweiligen Rechtsgrundlage (Vertragsdurchführung, im berechtigten Interesse, mit Einwilligung oder aufgrund gesetzlicher Verarbeitungspflichten)" weiter gegeben werden können und die Daten an folgende Kategorien von Empfängern übermittelt werden: … „staatliche Stellen und Behörden, zB aufgrund von Einreisebestimmungen oder von Polizei- und Ermittlungstätigkeiten" (https://www.lufthansa.com/de/de/informationen-zum-datenschutz, Stand Oktober 2019; dazu VG Wiesbaden BeckRS 2020, 9119 – Vorlagefrage 13 Ls. 7).

16 Als Rechtsgrundlage wurde ua auch das Fluggastdatengesetz (FlugDaG) mit aufgeführt. Allerdings ohne auf seine Bedeutung hinzuweisen. Nämlich, dass die Daten zum Zwecke der Verhütung, Aufdeckung, Ermittlung und Verfolgung von terroristischen Straftaten und schwerer Kriminalität, dienen sollen. Dies ist mit dem Hinweis auf Polizei- und Ermittlungstätigkeit sinnerstellend und führt in keinster Weise zu einer Information des Betroffenen, was mit seinen Daten passiert. Allerdings regelt Art. 21 Abs. 1 RL (EU) 2016/681 des Europäischen Parlaments und des Rates vom 27.4.2016 über die Verwendung von Fluggastdatensätzen (PNR-Daten) zur Verhütung, Aufdeckung, Ermittlung und Verfolgung von terroristischen Straftaten und schwerer Kriminalität, dass diese Richtlinie nicht die Anwendbarkeit der RL 95/46/EG auf die Verarbeitung

personenbezogener Daten durch Fluggesellschaften berührt. Also nunmehr die DS-GVO Anwendung findet (siehe Art. 94 DS-GVO; ergänzend dazu VG Wiesbaden BeckRS 2020, 9119 – Vorlagefrage 13).

Mangels einer entsprechenden aufklärenden Information durch das Luftfahrtunternehmen kann der einzelne Betroffene sein Recht aus Art. 14 RL 2016/680 auf Auskunft, sein Rechte aus Art. 16 RL 2016/680 auf Berichtigung, Löschung oder Sperrung, das Recht auf Schadenersatz nach Art. 56 RL 2016/680 und der Wahrnehmung von Rechtsbehelfen nach Art. 54 RL 2016/680, nicht wahrnehmen. Zwar sind in Bezug auf die Rechte des Betroffen auf die Art. 17, 18, 19 und 20 des Rahmenbeschusses 2008/977/JI des Rates vom 27.11.2008 über den Schutz personenbezogener Daten, die im Rahmen der polizeilichen und justiziellen Zusammenarbeit in Strafsachen verarbeitet werden, Bezug genommen. Verweise auf den Rahmenbeschluss 2008/977/JI gelten jedoch als Verweise auf die RL 2016/681 (siehe Art. 59 Abs. 2 RL 2016/681). Insoweit hat als Datenübermittler das Luftfahrtunternehmen über diese Rechte nach der PNR-RL aufzuklären. Andernfalls läge eine Lücke vor, die dazu führen würde, dass die PNR-RL die Grundrechte und Grundsätze der Charta, insbesondere das in den Art. 8, 7 und 21 verankerte Recht auf Schutz der personenbezogenen Daten, das Recht auf Achtung der Privatsphäre und das Recht auf Nichtdiskriminierung gerade nicht wahrt. Diese PNR-RL wäre insoweit mangels entsprechender Umsetzung mit den Datenschutzgrundsätzen unvereinbar. 17

Die aktuelle praktische Umsetzung der PNR-RL steht insoweit nicht im Einklang mit dem Rahmenbeschluss 2008/977/JI und damit der RL 2016/680. Die Übermittlung der Daten durch die Luftfahrtunternehmen ist insoweit schon unzulässig, die Verarbeitung durch das BKA schlicht rechtswidrig. 18

§ 56 Benachrichtigung betroffener Personen

(1) Ist die Benachrichtigung betroffener Personen über die Verarbeitung sie betreffender personenbezogener Daten in speziellen Rechtsvorschriften, insbesondere bei verdeckten Maßnahmen, vorgesehen oder angeordnet, so hat diese Benachrichtigung zumindest die folgenden Angaben zu enthalten:
1. die in § 55 genannten Angaben,
2. die Rechtsgrundlage der Verarbeitung,
3. die für die Daten geltende Speicherdauer oder, falls dies nicht möglich ist, die Kriterien für die Festlegung dieser Dauer,
4. gegebenenfalls die Kategorien von Empfängern der personenbezogenen Daten sowie
5. erforderlichenfalls weitere Informationen, insbesondere, wenn die personenbezogenen Daten ohne Wissen der betroffenen Person erhoben wurden.

(2) In den Fällen des Absatzes 1 kann der Verantwortliche die Benachrichtigung insoweit und solange aufschieben, einschränken oder unterlassen, wie andernfalls
1. die Erfüllung der in § 45 genannten Aufgaben,
2. die öffentliche Sicherheit oder
3. Rechtsgüter Dritter

gefährdet würden, wenn das Interesse an der Vermeidung dieser Gefahren das Informationsinteresse der betroffenen Person überwiegt.

(3) Bezieht sich die Benachrichtigung auf die Übermittlung personenbezogener Daten an Verfassungsschutzbehörden, den Bundesnachrichtendienst, den Militärischen Abschirmdienst und, soweit die Sicherheit des Bundes berührt wird, andere Behörden des Bundesministeriums der Verteidigung, ist sie nur mit Zustimmung dieser Stellen zulässig.

(4) Im Fall der Einschränkung nach Absatz 2 gilt § 57 Absatz 7 entsprechend.

Überblick

Mit der vorliegenden Norm wird die Benachrichtigung betroffener Personen über die Verarbeitung sie betreffender personenbezogener Daten in speziellen Rechtsvorschriften geregelt (→ Rn. 1). Hierbei wird der Umfang der Informationen erweitert (→ Rn. 3), zugleich aber auch wieder die Möglichkeit einer Einschränkung der Benachrichtigung im Allgemeinen (→ Rn. 6) und auch bei Diensten und der Verteidigung (→ Rn. 7) vorgesehen. Als Ausgleich soll dem Betroffenen die Möglichkeit gegeben werden die Aufsichtsbehörde anzurufen (→ Rn. 8).

BDSG § 56 Teil 3. Bestimmungen für Verarbeitungen zu Zwecken gemäß Richtlinie

A. Allgemeines

1   Die Norm hat keine direkte Vorgabe in der RL 2016/680. Sie soll die Fälle betreffen, in denen in fachgesetzlichen Regelungen eine aktive Benachrichtigung betroffener Personen vorgesehen ist. Eine Festlegung der in Art. 13 Abs. 2 der RL 2016/680 bezeichneten „besonderen Fälle" soll nicht verallgemeinernd auf Ebene des Bundesdatenschutzgesetzes möglich sein und müsse somit im Fachrecht geleistet werden (BT-Drs. 18/11325, zu § 56 (Benachrichtigung betroffener Personen), 112).

2   Leitend für die Entscheidung, ob eine Benachrichtigung unabhängig von der Geltendmachung eines Betroffenenrechts angezeigt ist, dürfte zB sein, ob die Verarbeitung mit oder ohne Wissen der betroffenen Person, ggf. iVm einer erhöhten Eingriffstiefe, erfolgt. In letztgenannten Fällen sei Ziel eine Kenntnis von der Erhebung und Verarbeitung zu erlangen und ggf. deren Rechtmäßigkeit mithilfe der Geltendmachung von Betroffenenrechten zu prüfen (BT-Drs. 18/11325, zu § 56 (Benachrichtigung betroffener Personen), 112).

B. Benachrichtigung bei einer Verarbeitung in speziellen Rechtsvorschriften

3   Abs. 1 stellt klar, welche Informationen betroffenen Personen von dem Verantwortlichen in den Fällen einer Verarbeitung in speziellen Rechtsvorschriften aktiv übermittelt werden müssen und soll dabei der Umsetzung von Art. 13 Abs. 2 der RL 2016/680 dienen (BT-Drs. 18/11325, zu § 56 (Benachrichtigung betroffener Personen), 112).

4   Dabei sind die zu machenden Angaben nicht abschließend, wenn „zumindest" die in § 55 Abs. 1 genannten Informationen, die Rechtsgrundlagen der Verarbeitung, die Speicherdauer, ggf. die Empfänger und weitere Informationen, wenn die Daten ohne Wissen des Betroffenen erhoben wurden.

5   Inwieweit insoweit spezialgesetzliche Regelungen wie die StPO, das Gesetz über das Bundeskriminalamt oder gar das Bundespolizeigesetz insoweit ergänzt werden sollen erschließt sich vorliegend nicht.

C. Einschränkung der Benachrichtigung

6   Abs. 2 ermöglicht es in Umsetzung von Art. 13 Abs. 3 der RL 2016/680, zu den dort genannten Zwecken von der Bereitstellung der in Abs. 1 genannten Informationen abzusehen, sie einzuschränken oder sie aufzuschieben. Die Vorschrift geht zum Schutz der betroffenen Person über das durch die RL (EU) 2016/680 Gebotene hinaus, indem tatbestandlich jeweils eine Gefährdung – gegenüber einer in der Richtlinie angesprochenen Beeinträchtigung – der genannten Rechtsgüter oder Zwecke vorausgesetzt wird. Den Ausnahmen ist der Gedanke gemein, dass die Auskunftserteilung nicht zur Gefährdung der ordnungsgemäßen Erfüllung der Aufgaben des Verantwortlichen führen soll (BT-Drs. 18/11325, zu § 56 (Benachrichtigung betroffener Personen), 112 f.).

6a   Diese Regelung ist mit § 99 Abs. 1 S. 2 Alt. 1 VwGO nicht ganz deckungsgleich. Nach dieser Norm ist ein Nachteil für das Wohl des Landes unter anderem dann gegeben, wenn und soweit die Bekanntgabe des Akteninhalts die zukünftige Erfüllung der Aufgaben der Sicherheitsbehörden einschließlich deren Zusammenarbeit mit anderen Behörden erschweren oder Leben, Gesundheit und Freiheit von Personen gefährden würde. Die künftige Erfüllung der Aufgaben der Sicherheitsbehörden kann erschwert und damit dem Wohl eines Landes ein Nachteil bereitet werden, wenn sich aus einer vollständigen Offenlegung von Unterlagen vor allem im Rahmen einer umfangreichen Zusammenschau Rückschlüsse auf die gegenwärtige Organisation der Sicherheitsbehörden, die Art und Weise ihrer Informationsbeschaffung, aktuelle Ermittlungsmethoden oder die praktizierten Methoden ihrer Zusammenarbeit mit anderen Stellen ableiten lassen. Zu solchen Rückschlüssen grundsätzlich geeignet sind beispielsweise Vorgangsvorblätter, Aktenzeichen, Organisationskennzeichen und Arbeitstitel, Verfügungen und namentliche Hinweise auf Bearbeiter, Aktenvermerke, Arbeitshinweise, Randbemerkungen und Querverweise sowie Hervorhebungen und Unterstreichungen. Nachrichtendienstliche Belange in diesem Sinne können zum Schutz der nachrichtendienstlichen Arbeitsweise und Aufklärungsarbeit der Verfassungsschutzbehörde die Weigerung rechtfertigen, Akten vollständig – insbesondere ungeschwärzt – vorzulegen (zusammenfassend: BVerwG BeckRS 2020, 2679 Rn. 15).

D. Dienste und Verteidigung

7   Abs. 3 statuiert ein § 19 Abs. 3 BDSG aF entnommenes Zustimmungserfordernis der dort genannten Stellen, wenn sich die Benachrichtigung auf die Übermittlung an diese Stellen (nach

Abs. 1 S. 1 Nr. 4) bezieht. Insofern besteht ein der Situation der aktiven Geltendmachung von Betroffenenrechten vergleichbarer Sachverhalt, weshalb die Übernahme geboten ist. Die Nutzung der Möglichkeit, von der Bereitstellung der in Abs. 1 genannten Informationen abzusehen, sie einzuschränken oder aufzuschieben, muss Verhältnismäßigkeitsgrundsätzen genügen, mithin in ein angemessenes Verhältnis zur Bedeutung der Betroffeneninformation für die spätere Geltendmachung von Betroffenenrechten gebracht werden. So hat der Verantwortliche im Einzelfall zu prüfen, ob die Bereitstellung etwa nur teil- oder zeitweise eingeschränkt werden kann („solange und soweit") (BT-Drs. 18/11325, zu § 56 (Benachrichtigung betroffener Personen), 113).

E. Anrufung der Aufsichtsbehörde

Erfolgt keine Benachrichtigung nach Abs. 1, da ein Grund des Abs. 2 gegeben ist, regelt Abs. 4 nunmehr, dass § 57 Abs. 7 entsprechend gelten soll. **8**

§ 57 Abs. 7 regelt die Anrufung der Aufsichtsbehörde, hier der Bundesbeauftragte für den Datenschutz. **9**

Wird die betroffene Person über das Absehen von der Benachrichtigung unterrichtet, kann sie ihr Auskunftsrecht auch über die Bundesbeauftragte oder den Bundesbeauftragten ausüben. **10**

Der Verantwortliche hat die betroffene Person über diese Möglichkeit sowie darüber zu unterrichten, dass sie gem. § 60 die Bundesbeauftragte oder den Bundesbeauftragten für den Datenschutz anrufen oder gerichtlichen Rechtsschutz suchen kann. Macht die betroffene Person von ihrem Recht nach S. 1 Gebrauch, ist die Auskunft auf ihr Verlangen der oder dem Bundesbeauftragten für den Datenschutz zu erteilen, soweit nicht die zuständige oberste Bundesbehörde im Einzelfall feststellt, dass dadurch die Sicherheit des Bundes oder eines Landes gefährdet würde. **11**

Die oder der Bundesbeauftragte hat die betroffene Person zumindest darüber zu unterrichten, dass alle erforderlichen Prüfungen erfolgt sind oder eine Überprüfung durch sie stattgefunden hat. Diese Mitteilung kann die Information enthalten, ob datenschutzrechtliche Verstöße festgestellt wurden. Die Mitteilung der oder des Bundesbeauftragten an die betroffene Person darf keine Rückschlüsse auf den Erkenntnisstand des Verantwortlichen zulassen, sofern dieser keiner weitergehenden Auskunft zustimmt. **12**

Der Verantwortliche darf die Zustimmung nur insoweit und solange verweigern, wie er nach Abs. 2 von einer Benachrichtigung absehen oder sie einschränken könnte. Die oder der Bundesbeauftragte hat zudem die betroffene Person über ihr Recht auf gerichtlichen Rechtsschutz zu unterrichten. **13**

§ 57 Auskunftsrecht

(1) ¹Der Verantwortliche hat betroffenen Personen auf Antrag Auskunft darüber zu erteilen, ob er sie betreffende Daten verarbeitet. ²Betroffene Personen haben darüber hinaus das Recht, Informationen zu erhalten über
1. die personenbezogenen Daten, die Gegenstand der Verarbeitung sind, und die Kategorie, zu der sie gehören,
2. die verfügbaren Informationen über die Herkunft der Daten,
3. die Zwecke der Verarbeitung und deren Rechtsgrundlage,
4. die Empfänger oder die Kategorien von Empfängern, gegenüber denen die Daten offengelegt worden sind, insbesondere bei Empfängern in Drittstaaten oder bei internationalen Organisationen,
5. die für die Daten geltende Speicherdauer oder, falls dies nicht möglich ist, die Kriterien für die Festlegung dieser Dauer,
6. das Bestehen eines Rechts auf Berichtigung, Löschung oder Einschränkung der Verarbeitung der Daten durch den Verantwortlichen,
7. das Recht nach § 60, die Bundesbeauftragte oder den Bundesbeauftragten anzurufen, sowie
8. Angaben zur Erreichbarkeit der oder des Bundesbeauftragten.

(2) Absatz 1 gilt nicht für personenbezogene Daten, die nur deshalb verarbeitet werden, weil sie aufgrund gesetzlicher Aufbewahrungsvorschriften nicht gelöscht werden dürfen oder die ausschließlich Zwecken der Datensicherung oder der Datenschutzkontrolle dienen, wenn die Auskunftserteilung einen unverhältnismäßigen Aufwand erfordern würde und eine Verarbeitung zu anderen Zwecken durch geeignete technische und organisatorische Maßnahmen ausgeschlossen ist.

(3) Von der Auskunftserteilung ist abzusehen, wenn die betroffene Person keine Angaben macht, die das Auffinden der Daten ermöglichen, und deshalb der für die Erteilung der Auskunft erforderliche Aufwand außer Verhältnis zu dem von der betroffenen Person geltend gemachten Informationsinteresse steht.

(4) Der Verantwortliche kann unter den Voraussetzungen des § 56 Absatz 2 von der Auskunft nach Absatz 1 Satz 1 absehen oder die Auskunftserteilung nach Absatz 1 Satz 2 teilweise oder vollständig einschränken.

(5) Bezieht sich die Auskunftserteilung auf die Übermittlung personenbezogener Daten an Verfassungsschutzbehörden, den Bundesnachrichtendienst, den Militärischen Abschirmdienst und, soweit die Sicherheit des Bundes berührt wird, andere Behörden des Bundesministeriums der Verteidigung, ist sie nur mit Zustimmung dieser Stellen zulässig.

(6) [1]Der Verantwortliche hat die betroffene Person über das Absehen von oder die Einschränkung einer Auskunft unverzüglich schriftlich zu unterrichten. [2]Dies gilt nicht, wenn bereits die Erteilung dieser Informationen eine Gefährdung im Sinne des § 56 Absatz 2 mit sich bringen würde. [3]Die Unterrichtung nach Satz 1 ist zu begründen, es sei denn, dass die Mitteilung der Gründe den mit dem Absehen von oder der Einschränkung der Auskunft verfolgten Zweck gefährden würde.

(7) [1]Wird die betroffene Person nach Absatz 6 über das Absehen von oder die Einschränkung der Auskunft unterrichtet, kann sie ihr Auskunftsrecht auch über die Bundesbeauftragte oder den Bundesbeauftragten ausüben. [2]Der Verantwortliche hat die betroffene Person über diese Möglichkeit sowie darüber zu unterrichten, dass sie gemäß § 60 die Bundesbeauftragte oder den Bundesbeauftragten anrufen oder gerichtlichen Rechtsschutz suchen kann. [3]Macht die betroffene Person von ihrem Recht nach Satz 1 Gebrauch, ist die Auskunft auf ihr Verlangen der oder dem Bundesbeauftragten zu erteilen, soweit nicht die zuständige oberste Bundesbehörde im Einzelfall feststellt, dass dadurch die Sicherheit des Bundes oder eines Landes gefährdet würde. [4]Die oder der Bundesbeauftragte hat die betroffene Person zumindest darüber zu unterrichten, dass alle erforderlichen Prüfungen erfolgt sind oder eine Überprüfung durch sie stattgefunden hat. [5]Diese Mitteilung kann die Information enthalten, ob datenschutzrechtliche Verstöße festgestellt wurden. [6]Die Mitteilung der oder des Bundesbeauftragten an die betroffene Person darf keine Rückschlüsse auf den Erkenntnisstand des Verantwortlichen zulassen, sofern dieser keiner weitergehenden Auskunft zustimmt. [7]Der Verantwortliche darf die Zustimmung nur insoweit und solange verweigern, wie er nach Absatz 4 von einer Auskunft absehen oder sie einschränken könnte. [8]Die oder der Bundesbeauftragte hat zudem die betroffene Person über ihr Recht auf gerichtlichen Rechtsschutz zu unterrichten.

(8) Der Verantwortliche hat die sachlichen oder rechtlichen Gründe für die Entscheidung zu dokumentieren.

Überblick

Das Auskunftsrecht des Betroffenen ist ein zentraler Bestandteil der Rechte des Betroffenen (→ Rn. 1), welches vorliegend normiert wird (→ Rn. 9). Allerdings sieht der Gesetzgeber Einschränkungen vor, soweit besondere Gründe vorliegen, wie gesetzliche Aufbewahrungspflichten (→ Rn. 12), ein fehlender konkreter Antrag auf Auskunft (→ Rn. 17), eine Gefährdung durch die Auskunft gegeben wäre (→ Rn. 18) oder gar eine Gefährdung der Dienste oder der Bundeswehr gegeben wären (→ Rn. 23). In diesen Fällen ist der Betroffene im Regelfall von der Verweigerung der Auskunft zu unterrichten (→ Rn. 24). Andernfalls kann der Betroffene die Aufsichtsbehörde anrufen (→ Rn. 30). Die Gründe der Entscheidung sind in jedem Fall von dem Verantwortlichen zu dokumentieren (→ Rn. 40). Unabhängig davon kann der Betroffene den Rechtsweg bestreiten

Übersicht

	Rn.		Rn.
A. Einführung	1	F. Schutz der Dienste und der Verteidigung (Abs. 5)	23
B. Umfang des Auskunftsrechts (Abs. 1)	9	G. Einschränkung der Auskunft (Abs. 6)	24
C. Einschränkung des Auskunftsrechts (Abs. 2)	12	H. Anrufung der Aufsichtsbehörde (Abs. 7)	30
D. Unbestimmter Auskunftsantrag (Abs. 3)	17	I. Dokumentation	40
E. Einschränkung des Auskunftsrechts (Abs. 4)	18	J. Gerichtliche Überprüfung	41

A. Einführung

§ 57 thematisiert das Auskunftsrecht als zentrales Betroffenenrecht und normiert gleichzeitig dessen Einschränkungen (BT-Drs. 18/11325, zu § 57 (Auskunftsrecht), 113). 1

Die Vorschrift soll der Umsetzung der Art. 14 (Bestehen des Auskunftsrechts) und 15 (Ausnahmen) der RL 2016/680 dienen. 2

Geregelt ist Auskunftsrecht der betroffenen Person in Art. 14 RL 2016/680 (→ Rn. 3.1). 3

Art. 14 RL 2016/680 lautet: 3.1

Vorbehaltlich des Art. 15 sehen die Mitgliedstaaten vor, dass die betroffene Person das Recht hat, von dem Verantwortlichen eine Bestätigung darüber zu erhalten, ob sie betreffende personenbezogene Daten verarbeitet werden; ist dies der Fall, so hat sie das Recht, Auskunft über personenbezogene Daten und zu folgenden Informationen zu erhalten:
a) die Zwecke der Verarbeitung und deren Rechtsgrundlage,
b) die Kategorien personenbezogener Daten, die verarbeitet werden,
c) die Empfänger oder Kategorien von Empfängern, gegenüber denen die personenbezogenen Daten offengelegt worden sind, insbesondere bei Empfängern in Drittländern oder bei internationalen Organisationen,
d) falls möglich die geplante Dauer, für die die personenbezogenen Daten gespeichert werden oder, falls dies nicht möglich ist, die Kriterien für die Festlegung dieser Dauer,
e) das Bestehen eines Rechts auf Berichtigung oder Löschung personenbezogener Daten oder Einschränkung der Verarbeitung personenbezogener Daten der betroffenen Person durch den Verantwortlichen,
f) das Bestehen eines Beschwerderechts bei der Aufsichtsbehörde sowie deren Kontaktdaten,
g) Mitteilung zu den personenbezogenen Daten, die Gegenstand der Verarbeitung sind, sowie alle verfügbaren Informationen über die Herkunft der Daten.

Art. 14 RL 2016/680 entspricht damit im wesentlichen Wortgleich Art. 15 Abs. 1 lit. a–g DS-GVO. Ein Profiling wurde bei dem Auskunftsrecht vorliegend jedoch nicht erfasst. 4

Art. 15 RL 2016/680 schränkt das weite Auskunftsrecht wieder ein (→ Rn. 5.1). 5

Art. 15 RL 2016/680 lautet: 5.1

(1) Die Mitgliedstaaten können Gesetzgebungsmaßnahmen erlassen, die zu nachstehenden Zwecken das Recht der betroffenen Person auf Auskunft teilweise oder vollständig einschränken, soweit und solange wie diese teilweise oder vollständige Einschränkung in einer demokratischen Gesellschaft erforderlich und verhältnismäßig ist und den Grundrechten und den berechtigten Interessen der betroffenen natürlichen Person Rechnung getragen wird:
a) Gewährleistung, dass behördliche oder gerichtliche Untersuchungen, Ermittlungen oder Verfahren nicht behindert werden,
b) Gewährleistung, dass die Verhütung, Aufdeckung, Ermittlung oder Verfolgung von Straftaten oder die Strafvollstreckung nicht beeinträchtigt werden,
c) Schutz der öffentlichen Sicherheit,
d) Schutz der nationalen Sicherheit,
e) Schutz der Rechte und Freiheiten anderer.
(2) Die Mitgliedstaaten können Gesetzgebungsmaßnahmen erlassen zur Festlegung der Verarbeitungskategorien erlassen, für die Abs. 1 Buchst. a–e vollständig oder teilweise zur Anwendung kommen.
(3) Für die in den Abs. 1 und 2 genannten Fälle sehen die Mitgliedstaaten vor, dass der Verantwortliche die betroffene Person unverzüglich schriftlich über die Verweigerung oder die Einschränkung der Auskunft und die Gründe hierfür unterrichtet. Dies gilt nicht, wenn die Erteilung dieser Informationen

einem der in Abs. 1 genannten Zwecke zuwiderliefe. Die Mitgliedstaaten sehen vor, dass der Verantwortliche die betroffene Person über die Möglichkeit unterrichtet, bei der Aufsichtsbehörde Beschwerde einzulegen oder einen gerichtlichen Rechtsbehelf einzulegen.

(4) Die Mitgliedstaaten sehen vor, dass der Verantwortliche die sachlichen oder rechtlichen Gründe für die Entscheidung dokumentiert. Diese Angaben sind der Aufsichtsbehörde zur Verfügung zu stellen.

6 (derzeit unbesetzt)

7 Damit ist europarechtlich klargestellt, dass eine natürliche Person ein Auskunftsrecht hinsichtlich der sie betreffenden Daten haben sollte, bezüglich aller Daten die erhoben worden sind, die die verantwortliche Stelle besitzt. Dieses Recht sollte der Betroffene problemlos und in angemessenen Abständen wahrnehmen können, um sich der Verarbeitung bewusst zu sein und deren Rechtmäßigkeit überprüfen zu können. Jede betroffene Person sollte daher das Recht haben, zu wissen und zu erfahren, zu welchen Zwecken die Daten verarbeitet werden, wie lange sie verarbeitet werden und wer deren Empfänger, einschließlich solcher in Drittländern, sind (Erwägungsgrund 43).

8 Das Auskunftsrecht setzt – im Gegensatz zu in § 56 angesprochenen aktiven Benachrichtigungspflichten – einen entsprechenden Antrag der betroffenen Person voraus.

B. Umfang des Auskunftsrechts (Abs. 1)

9 Abs. 1 legt den Umfang des der betroffenen Person zustehenden Auskunftsrechts fest (zum Auskunftsanspruch nach der DS-GVO siehe Art. 15 DS-GVO; Brink/Joos ZD 2018, 483 ff.; zur Reichweite und Wirkung siehe Riemer, Der Datenauskunftsanspruch gem. Art. 15 DS-GVO als pre-trial-discovery und prima lex des Auskunftsrechts, DB 2019, 223 ff.; ferner Raji ZD 2020, 279 ff.). Der in den Nr. 1 und 4 genannte Begriff „Kategorie" ermöglicht dem Verantwortlichen eine angemessene Generalisierung der Angaben zu den verarbeiteten personenbezogenen Daten sowie zu den Übermittlungsempfängern. Die Angaben nach Nr. 1 zu den verarbeiteten personenbezogenen Daten können im Sinne einer zusammenfassenden Übersicht in verständlicher Form gemacht werden. Die Angaben müssen also nicht in einer Form gemacht werden, welche Aufschluss über die Art und Weise der Speicherung oder Sichtbarkeit der Daten beim Verantwortlichen (im Sinne einer Kopie) zulässt (BT-Drs. 18/11325, zu § 57 (Auskunftsrecht), 113).

10 Ob dies so richtig ist darf bezweifelt werden. Nach der Richtlinie sollen die Daten in verständlicher Form sein, dh in einer Form, die es ihr ermöglicht, sich dieser Daten bewusst zu werden und nachzuprüfen, ob sie richtig sind und im Einklang mit der Richtlinie verarbeitet werden, sodass sie die ihr durch diese Richtlinie verliehenen Rechte ausüben kann. Eine solche Übersicht könnte in Form einer Kopie der personenbezogenen Daten, die Gegenstand der Verarbeitung sind, bereitgestellt werden (Erwägungsgrund 43). Insoweit sind die Daten nicht in allgemeiner Umschreibung zu benennen, sondern die tatsächlichen gespeicherten Daten. Nur so kann der Betroffene seine weiteren Rechte auf Berichtigung, Löschung usw geltend machen.

11 Enthalten solche Mitteilungen Informationen über den Ursprung der personenbezogenen Daten, so sollten die Informationen nicht die Identität natürlicher Personen und insbesondere keine vertraulichen Quellen preisgeben. Damit diesem Recht entsprochen wird, braucht die betroffene Person lediglich im Besitz einer vollständigen Übersicht über diese Daten in verständlicher Form zu sein, dh in einer Form, die es ihr ermöglicht, sich dieser Daten bewusst zu werden und nachzuprüfen, ob sie richtig sind und im Einklang mit dieser Richtlinie verarbeitet werden, sodass sie die ihr durch die Richtlinie verliehenen Rechte ausüben kann. Eine solche Übersicht könnte in Form einer Kopie der personenbezogenen Daten, die Gegenstand der Verarbeitung sind, bereitgestellt werden (Erwägungsgrund 43).

11a Die Auskunft ist der betroffenen Person zu erteilen. Insoweit können Probleme entstehen, wenn die auskunftsbegehrende Person zu identifizieren ist (siehe Bayrische Landesbeauftrage für den Datenschutz, 29. Tätigkeitsbericht 2019, 21 f.). Soweit eine Polizeibehörde zum Nachweis der **Identität des Betroffenen** eine beglaubigte Ausweiskopie von einem bevollmächtigten Rechtsanwalt begehrt mag dies dem Nachweis der Identität von Betroffenen und der Vermeidung von Verwechslungen dienen (BfDI, 24. Tätigkeitsbericht 2011-2012, 100). In diesem Fall müsste die Auskunft nicht dem Bevollmächtigten erteilen. Wird eine solche Kopie nicht vorgelegt, so kann die Auskunft nicht verweigert werden, sondern in diesem Fall ist die Auskunft dem Betroffenen direkt erteilen. Dies ist ohne weiteres möglich, als die Auskunft im Wege der Amtshilfe über einen verschlossenen Umschlag mit Hilfe der am Wohnsitz des Klägers über die zuständigen Polizeidienststelle ausgehändigt und damit erteilt werden kann. In diesem Fall kann und müsste sich die örtliche Polizeidienststelle vor der Aushändigung über die Identität der Person versichern und die Aushändigung entsprechend vermerken. In diesem Fall wäre die Auskunft ordnungsgemäß erteilt, wenn auch nicht gegenüber der Bevollmächtigten (siehe dazu VG Wiesbaden BeckRS 2016, 112634; zu Identifizierungsfragen siehe Raji ZD 2020, 279 (280 ff.)).

C. Einschränkung des Auskunftsrechts (Abs. 2)

Abs. 2 überführt den Rechtsgedanken des § 19 Abs. 2 BDSG aF in das BDSG und sorgt darüber **12** hinaus für einen Gleichlauf mit § 33 Abs. 1 Nr. 2 (BT-Drs. 18/11325, zu § 57 (Auskunftsrecht), 113). Danach soll der Auskunftsanspruch nach Abs. 1 nicht für personenbezogene Daten gelten, die nur deshalb verarbeitet werden, weil sie aufgrund gesetzlicher Aufbewahrungsvorschriften nicht gelöscht werden dürfen oder die ausschließlich Zwecken der Datensicherung oder der Datenschutzkontrolle dienen, wenn die Auskunftserteilung einen unverhältnismäßigen Aufwand erfordern würde und eine Verarbeitung zu anderen Zwecken durch geeignete technische und organisatorische Maßnahmen ausgeschlossen ist.

Dies entspricht nicht den europäischen Vorgaben. Werden personenbezogene Daten gespei- **13** chert, weil sie aufgrund gesetzlicher Aufbewahrungsvorschriften nicht gelöscht werden, so ist kein Grund der Verweigerung gegeben. Denn der Betroffene soll wissen können, wer welche Daten über ihn hat.

Insoweit ist es nach der Richtlinie den Mitgliedstaaten erlaubt Gesetzgebungsmaßnahmen zu **14** treffen, mit denen die Unterrichtung der betroffenen Person aufgeschoben, eingeschränkt oder unterlassen oder die Auskunft über ihre personenbezogenen Daten ganz oder teilweise in dem Umfang und so lange eingeschränkt wird, wie dies in einer demokratischen Gesellschaft unter gebührender Berücksichtigung der Grundrechte und der berechtigten Interessen der betroffenen natürlichen Person eine erforderliche und verhältnismäßige Maßnahme darstellt, um behördliche oder gerichtliche Untersuchungen, Ermittlungen und Verfahren nicht zu behindern, die Verhütung, Ermittlung, Aufdeckung oder Verfolgung von Straftaten oder die Strafvollstreckung nicht zu gefährden und um die öffentliche und die nationale Sicherheit oder die Rechte und Freiheiten anderer zu schützen. Der Verantwortliche sollte im Wege einer konkreten Einzelfallprüfung feststellen, ob das Auskunftsrecht teilweise oder vollständig eingeschränkt werden sollte (Erwägungsgrund 44). Dies ist in Abs. 6 geregelt.

Etwas anderes gilt, wenn die Daten im Rahmen eines Ermittlungsverfahrens für die Staatsan- **14a** waltschaft beschafft werden. In diesem Fall folgt das Auskunftsrechts nach § 475 StPO unter Beachtung des den Konventionsstaaten zuzubilligenden Beurteilungsspielraums den Anforderungen des Verhältnismäßigkeitsgrundsatzes gem. Art. 10 Abs. 2 EMRK (BVerwG BeckRS 2019, 8734 Rn. 22 mwN). Denn dann ist zB das Bundeskriminalamt als Hilfsorgan der Staatsanwaltschaft tätig (vgl. § 162 StPO), sodass für § 57 BDSG unmittelbar kein Raum mehr ist, da eine bereichsspezifische Vorschrift vorliegt. In diesem Fall hat die zuständige Staatsanwaltschaft oder bei laufenden Strafverfahren das zuständige Strafgericht über das Auskunftsbegehren zu entscheiden (zur Zuständigkeit zur Entscheidung über den Feststellungsantrag und den Antrag auf Akteneinsicht s. BGH BeckRS 2020, 33289). Die gerichtliche Entscheidung ist keine nach § 23 EGGVG, sondern eine nach der StPO (BGH BeckRS 2020, 33289).

Denn jede Einschränkung der Rechte der betroffenen Person muss mit der Charta und mit **15** der EMRK in der Auslegung durch die Rechtsprechung des Gerichtshofs bzw. des Europäischen Gerichtshofs für Menschenrechte vereinbar sein und insbesondere den Wesensgehalt dieser Rechte und Freiheiten achten (Erwägungsgrund 44).

Eine Verweigerung oder Einschränkung der Auskunft sollte der betroffenen Person grundsätz- **16** lich unter Angabe der sachlichen oder rechtlichen Gründe hierfür schriftlich mitgeteilt werden (Erwägungsgrund 45; s. dazu bei Abs. 6).

Der Auskunftsanspruch nach § 57 findet auf Grund des Verweises in § 500 StPO auf den 3. **16a** Teil des BDSG letztendlich Anwendung, auch wenn die StPO insoweit eigenständige Regelungen beinhaltet (§ 32f StPO – Form der Gewährung von Akteneinsicht; Verordnungsermächtigung; §§ 474 StPO – Erster Abschnitt Erteilung von Auskünften und Akteneinsicht, sonstige Verwendung von Daten für verfahrensübergreifende Zwecke; § 487 StPO – Übermittlung gespeicherter Daten; Auskunft). Nach § 491 StPO – Auskunft an betroffene Personen – gilt nach Abs. 2 für den Auskunftsanspruch betroffener Personen § 57 BDSG. Dies mit der Maßgabe, dass sich die betroffene Person an jede beteiligte speicherungsberechtigte Stelle wenden kann. Über die Erteilung einer Auskunft entscheidet die ersuchte speicherungsberechtigte Stelle im Einvernehmen mit dem Verantwortlichen (§ 491 Abs. 1 StPO). Das Rechtsmittel folgt allerdings aus der StPO, da es sich um ein Verfahren nach StPO handelt (ansonsten siehe unten → Rn. 41 ff.).

D. Unbestimmter Auskunftsantrag (Abs. 3)

17 Abs. 3 überführt die Regelung des § 19 Abs. 1 S. 3 BDSG aF Mithin kann eine Auskunft unterbleiben, wenn die betroffene Person keine Angaben macht, die das Auffinden der Daten ermöglichen und damit das Auskunftsbegehren vollständig unverhältnismäßig ist.

E. Einschränkung des Auskunftsrechts (Abs. 4)

18 Abs. 4 normiert, zu welchen Zwecken das Auskunftsrecht durch den Verantwortlichen vollständig oder teilweise eingeschränkt werden darf. Die Vorschrift geht zum Schutz der betroffenen Person über das durch die RL 2016/680 gebotene hinaus, indem tatbestandlich jeweils eine Gefährdung – gegenüber einer in der Richtlinie angesprochenen Beeinträchtigung – der genannten Rechtsgüter oder Zwecke vorausgesetzt wird (BT-Drs. 18/11325, zu § 57 (Auskunftsrecht), 113).

19 Ob dabei die Verweisungstechnik auf § 56 Abs. 2 der Normenklarheit dient erscheint fraglich.

20 Richtig ist jedoch, dass die Auskunftserteilung nicht zur Gefährdung der ordnungsgemäßen Erfüllung der Aufgaben des Verantwortlichen führen soll. Die Nutzung der Möglichkeit, von der Auskunftserteilung vollständig oder teilweise abzusehen, muss jedoch Verhältnismäßigkeitsgrundsätzen genügen. Auch muss ihr eine nachvollziehbare Interessenabwägung vorausgehen. Die durch das teilweise oder vollständige Absehen von der Auskunftserteilung geschützten Rechtsgüter müssen mithin in ein angemessenes Verhältnis zur Bedeutung der Auskunftserteilung für die spätere Geltendmachung weiterer Betroffenenrechte gebracht werden.

21 So hat der Verantwortliche im Einzelfall zu prüfen, ob die Auskunft etwa nur teilweise eingeschränkt oder zu einem späteren Zeitpunkt erteilt werden kann (BT-Drs. 18/11325, zu § 57 (Auskunftsrecht), 113).

22 Ebenso bedeutet die Pflicht zur Angabe der verfügbaren Informationen zur Datenquelle nicht, dass die Identität natürlicher Personen oder gar vertrauliche Informationen preisgegeben werden müssen. Der Verantwortliche muss sich bei der Angabe zu den personenbezogenen Daten, die Gegenstand der Verarbeitung sind, letztlich von dem gesetzgeberischen Ziel leiten lassen, bei der betroffenen Person ein Bewusstsein über Umfang und Art der verarbeiteten Daten zu erzeugen und es ihr zu ermöglichen, aufgrund dieser Informationen zu ermessen, ob die Verarbeitung rechtmäßig ist und – wenn Zweifel hieran bestehen – ggf. die Geltendmachung weitere Betroffenenrechte auf diese Informationen stützen zu können.

F. Schutz der Dienste und der Verteidigung (Abs. 5)

23 Abs. 5 nimmt § 19 Abs. 3 BDSG aF auf. Hier geht es um personenbezogene Daten mit Bezug zu Verfassungsschutzbehörden, den Bundesnachrichtendienst, den Militärischen Abschirmdienst und, soweit die Sicherheit des Bundes berührt wird, andere Behörden des Bundesministeriums der Verteidigung. Mit der Norm soll sichergestellt werden, dass die Arbeit dieser Behörden nicht beeinträchtigt wird. Dies erfolgt dadurch, dass sie an dem Auskunftsverfahren zu beteiligen sind und eine Auskunft nur mit ihrer Zustimmung erfolgen darf.

G. Einschränkung der Auskunft (Abs. 6)

24 Abs. 6 S. 1 und 2 dienen der Umsetzung von Art. 15 Abs. 3 S. 1 und 2 der RL 2016/680 (BT-Drs. 18/11325, zu § 57 (Auskunftsrecht), 113).

25 Hierdurch wird dem Verantwortlichen – auch gemeinsam mit der sich aus Abs. 4 ergebenden Variante –, die Frage nach dem „Ob" der Verarbeitung nicht zu beantworten, die Möglichkeit gegeben, das Auskunftsverlangen unbeantwortet zu lassen („neither confirm nor deny"). Hiernach kann der Verantwortliche die Benachrichtigung insoweit und so lange aufschieben, einschränken oder unterlassen, wie andernfalls die öffentliche Sicherheit gefährdet würde, wenn das Interesse der Vermeidung dieser Gefahren das Informationsinteresse der betroffenen Person überwiegt.

26 S. 3 nimmt in Bezug auf das Absehen von einer Begründung der Auskunftsverweigerung zusätzlich einen aus § 19 Abs. 5 S. 1 BDSG aF entnommenen Gedanken auf (BT-Drs. 18/11325, zu § 57 (Auskunftsrecht), 113).

27 Dieser Gedanke war jedoch bereits im alten Recht zu kurz gefasst, denn spätestens im gerichtlichen Verfahren ist die Auskunftsverweigerung ebenso zu begründen, wie eine eventuelle Sperrerklärung nach § 99 VwGO. Ohne Begründung ist eine gerichtliche Kontrolle nicht möglich. Denn die Auskunftsverweigerung der Behörde unterliegt der vollen Rechtskontrolle durch die Verwaltungsgerichte als zuständige Gerichtsbarkeit (VG Wiesbaden BeckRS 2016, 43310). Spätes-

tens in der mündlichen Verhandlung ist zu begründen und darzulegen, warum die Auskunft verweigert wird oder eine Sperrerklärung abzugeben (→ Rn. 41 ff.).

Die schlichte Verweigerung einer Begründung zur Auskunftsverweigerung der Behörde, spätes- 28 tens in der mündlichen Verhandlung, verstößt gegen die Rechtsschutzgarantie nach Art. 19 Abs. 4 GG. Im Verweigerungsfall müsste die Rechtsschutzgarantie dadurch gewahrt werden, indem der Klage stattgegeben werden muss (VG Wiesbaden BeckRS 2016, 43310; VG Wiesbaden BeckRS 2016, 41206; VG Wiesbaden BeckRS 2021, 15715; VG Köln BeckRS 2019, 7811).

Mithin hat der Verantwortliche schon im Vorfeld genau zu prüfen, in wieweit von einer 29 Beauskunftung rechtstaatskonform, abgesehen werden kann.

H. Anrufung der Aufsichtsbehörde (Abs. 7)

Abs. 7 thematisiert die Möglichkeiten, die der betroffenen Person im Fall des Absehens von 30 einer Begründung für die vollständige oder teilweise Einschränkung des Auskunftsrechts oder im Fall der überhaupt ausbleibenden Beantwortung des Auskunftsverlangens bleiben.

Nach S. 1 kann die betroffene Person ihr Auskunftsrecht nach Auskunftsverweigerung durch 31 den Verantwortlichen über die oder den Bundesbeauftragten ausüben. Dies dient der Umsetzung von Art. 17 Abs. 1 der RL (EU) 2016/680 und kommt einer deklaratorischen Wiederholung des im BDSG aF und nun auch in § 60 enthaltenen Grundsatzes gleich, wonach betroffene Personen jederzeit die Bundesbeauftragte oder den Bundesbeauftragten anrufen können (BT-Drs. 18/11325, zu § 57 (Auskunftsrecht), 114).

S. 2 sieht in Umsetzung von Art. 17 Abs. 2 der RL 2016/680 eine entsprechende Unterrichtung 32 durch den Verantwortlichen vor, die allerdings nicht auf die Fälle Anwendung findet, in denen der Verantwortliche nach Abs. 6 berechtigt ist, von einer Information des Antragstellers ganz abzusehen.

S. 3 nimmt § 19 Abs. 6 S. 1 BDSG aF auf (BT-Drs. 18/11325, zu § 57 (Auskunftsrecht), 114). 33

S. 4 und 5 betreffen den Inhalt der betroffenen Person seitens der oder dem Bundesbeauftragten 34 zur Verfügung gestellten Informationen im Ergebnis der dort durchgeführten Prüfung. Hier wird Art. 17 Abs. 3 S. 1 der RL 2016/680 umgesetzt und zur Stärkung der Betroffenenrechte in S. 5 über das von der Richtlinie Geforderte hinausgegangen, indem die Mitteilung die Information enthalten darf, ob datenschutzrechtliche Verstöße festgestellt wurden, mithin die Auskunftsverweigerung oder teilweise Einschränkung der Auskunft rechtmäßig war.

S. 6 und 7 nimmt § 19 Abs. 6 S. 2 BDSG aF auf. 35

S. 8 setzt Art. 17 Abs. 3 S. 2 der RL 2016/680 um. Danach unterrichtet die Aufsichtsbehörde 38 die betroffene Person zumindest darüber, dass alle erforderlichen Prüfungen oder eine Überprüfung durch die Aufsichtsbehörde erfolgt sind. Die Aufsichtsbehörde hat zudem die betroffene Person über ihr Recht auf einen gerichtlichen Rechtsbehelf zu unterrichten (→ § 56 Rn. 12).

Nicht umgesetzt ist Art. 15 Abs. 3 letzter Satzteil, wonach der Betroffene schon von der Veral- 39 tungsbehörde auf die Möglichkeit hinzuweisen ist, dass er die Möglichkeit hat einen gerichtlichen Rechtsbehelf einzulegen. Die nach der VwGO erforderliche Rechtsmittelbelehrung dürfte dazu nicht ausreichend sein.

I. Dokumentation

Abs. 8 setzt Art. 15 Abs. 4 der RL 2016/680 um, wonach der Verantwortliche die sachlichen 40 oder rechtlichen Gründe für die Entscheidung zu dokumentieren hat. Dies ist von der zuständigen Aufsichtsbehörde (Landesdatenschutzbeauftragte/Bundesbeauftragter für den Datenschutz) nach der RL 2016/680 im Rahmen ihres Aufgaben und Befugnisse nach Art. 46 f. RL 2016/680 überprüfbar. Denn diese Angaben sind der Aufsichtsbehörde zur Verfügung zu stellen (Art. 15 Abs. 4 S. 2 RL 2016/680). Sie kann prüfen, ob es sich um eine fundierte Begründung der Ablehnung handelt, die in sich nachvollziehbar und der Sache nach angemessen ist. Dazu darf sich die Dokumentation nicht auf Allgemeinplätze beziehen, sondern muss eine Begründung im jeweiligen Einzelfall beinhalten. Da dies nur die zuständige Aufsichtsbehörde – die zur Verschwiegenheit verpflichtet ist – lesen darf und die Dokumentation der Entscheidung damit nicht nach außen bekannt gemacht werden kann, stehen auch Gründe der Geheimhaltung einer entsprechenden substantiierten Dokumentation nicht entgegen.

J. Gerichtliche Überprüfung

Die Entscheidung der Behörde, ob Auskunft erteilt wird, ist ein Verwaltungsakt. Hiergegen 41 kann der Betroffene Widerspruch einlegen und im Falle einer Ablehnung Klage vor dem zuständi-

BDSG § 57 Teil 3. Bestimmungen für Verarbeitungen zu Zwecken gemäß Richtlinie

42 gen Verwaltungsgericht erheben. Insoweit ist eine gerichtliche Überprüfung immer gewährleistet und kann um Rechtsschutz nachgesucht werden.

42 Richtige Klageart ist die **Anfechtungs- und Verpflichtungsklage** nach § 42 VwGO. Die Ablehnung wird angefochten und die beklagte Behörde soll durch Urteil verpflichtet werden die Begehrte – vollständige – Auskunft zu erteilen. Die Auskunft selbst ist hingegen ein Realakt.

43 Im Falle eines Klageverfahrens haben die Behörden dem Gericht die Akten vollständig vorzulegen (§ 99 Abs. 1 S. 1 VwGO). Bei einem Auskunftsverlangen, z. B. aus einem polizeilichen Informationssystem, wie INPOL oder POLAS Hessen, sind die zu beauskunften Daten aber in einem EDV-System gespeichert und nicht in Akten. Insoweit wird in der Regel nur die Vorgangsakte über das Auskunftsbegehren vorgelegt. Eine sogenannte Sperrerklärung (siehe § 99 Abs. 1 S. 2 VwGO) kommt insoweit nur schwer in Betracht.

43a Eine **Sperrerklärung** kann von der für die Behörde zuständigen obersten Aufsichtsbehörde abgegeben werden, wenn durch die Bekanntgabe des Inhalts von Urkunden oder Akten die Auskünfte dem Wohle des Bundes oder eines deutschen Landes Nachteile bereiten würde. Die Sperrerklärung bedarf einer Begründung. Wird die Weigerung der Vorlage von Akten auf besondere gesetzliche Geheimhaltungsgründe iSv § 99 Abs. 1 S. 2 Alt. 2 VwGO gestützt, so genügt es grundsätzlich nicht, dies mit Vorschriften zu begründen, die einen fachgesetzlichen Informationsanspruch ausschließen (BVerwG BeckRS 2020, 7072). Da eine Sperrerklärung als Erklärung des Prozessrechts auf die Prozesslage abgestimmt sein muss, in der sie abgegeben wird, genügt es grundsätzlich nicht, in ihr lediglich auf die die Sachentscheidung tragenden Gründe des - je nach Fachgesetz im Einzelnen normierten - Geheimnisschutzes zu verweisen (vgl. BVerwG NVwZ 2008, 554 = BVerwGE 130, 236 Rn. 19 und NVwZ 2009, 1114 = Buchholz 310 § 99 VwGO Nr. 52 Rn. 8). Der jeweilige Fachsenat überprüft im Zwischenverfahren die Rechtmäßigkeit der Vorlageverweigerung anhand der Sperrerklärung in der Form, in der sie von der obersten Aufsichtsbehörde abgegeben worden ist. Enthält diese keine Begründung, sondern nur sog. Allgemeinplätze, ist sie als Sperrerklärung untauglich.

44 Auf Antrag eines Beteiligten stellt das Oberverwaltungsgericht/Bundesverwaltungsgericht ohne mündliche Verhandlung durch Beschluss fest, ob die Verweigerung der Vorlage der Urkunden oder Akten, der Übermittlung der elektronischen Dokumente oder der Erteilung von Auskünften rechtmäßig ist (§ 99 Abs. 2 S. 1 VwGO). Dies ist bei Verfahren gegen Landesbehörden, wie zB die **Landeskriminalämter** der Fall. Verweigert eine oberste Bundesbehörde die Vorlage, Übermittlung oder Auskunft mit der Begründung, das Bekanntwerden des Inhalts der Urkunden, der Akten, der elektronischen Dokumente oder der Auskünfte würde dem Wohl des Bundes Nachteile bereiten, entscheidet das Bundesverwaltungsgericht (§ 99 Abs. 2 S. 2 VwGO). Dies wäre bei Verfahren gegen das **Bundeskriminalamt**, das Bundesamt für Verfassungsschutz usw der Fall. Das weitere Verfahren ist in § 99 Abs. 2 VwGO geregelt.

44a Ein Nachteil für das Wohl des Bundes oder eines Landes iSv § 99 Abs. 1 S. 2 Alt. 1 VwGO ist unter anderem dann gegeben, wenn und soweit die Bekanntgabe des Akteninhalts die zukünftige Erfüllung der Aufgaben der Sicherheitsbehörden einschließlich deren Zusammenarbeit mit anderen Behörden erschweren oder Leben, Gesundheit und Freiheit von Personen gefährden würde. Die künftige Erfüllung der Aufgaben der Sicherheitsbehörden kann erschwert und damit dem Wohl eines Landes ein Nachteil bereitet werden, wenn sich aus einer voll-ständigen Offenlegung von Unterlagen vor allem im Rahmen einer umfangreichen Zusammenschau Rückschlüsse auf die gegenwärtige Organisation der Sicherheitsbehörden, die Art und Weise ihrer Informationsbeschaffung, aktuelle Ermittlungsmethoden oder die praktizierten Methoden ihrer Zusammenarbeit mit anderen Stellen ableiten lassen. Zu solchen Rückschlüssen grundsätzlich geeignet sind beispielsweise Vorgangsvorblätter, Aktenzeichen, Organisations-kennzeichen und Arbeitstitel, Verfügungen und namentliche Hinweise auf Bearbeiter, Aktenvermerke, Arbeitshinweise, Randbemerkungen und Querverweise sowie Hervorhebungen und Unterstreichungen. Nachrichtendienstliche Belange in diesem Sinne können zum Schutz der nachrichtendienstlichen Arbeitsweise und Aufklärungsarbeit der Verfassungsschutzbehörde die Weigerung rechtfertigen, Akten vollständig – insbesondere ungeschwärzt – vorzulegen (BVerwG BeckRS 2020, 2679 Rn. 15; BVerwG BeckRS 2020, 27492 Rn. 11).

45 Ein Gericht muss einen entsprechenden Beweisbeschluss nicht erlassen. Ein solcher Beweisbeschluss ist jedoch untunlich, wenn keine Aktenvorlage, sondern **Auskunft aus einem polizeilichen Informationssystem** begehrt wird (VG Wiesbaden Urt. v. 1.10.2018 – 6 K 6232/17). Denn im Falle eines entsprechenden Beweisbeschlusses müsste die oberste Aufsichtsbehörde nicht einfach nur eine Sperrerklärung abgeben, sondern eine nachvollziehbare Begründung liefern, warum eine Verweigerung erfolgt. Diese Begründung muss glaubhaft und nachvollziehbar sein, so dass das Oberverwaltungsgericht bzw. Bundesverwaltungsgericht darüber entscheiden kann.

Daher genügt auch ohne Sperrerklärung eine sachliche **für das Gericht nachvollziehbare Begründung,** warum eine Verweigerung erfolgt (VG Wiesbaden Urt. v. 1.10.2018 – 6 K 6232/17; HessVGH Beschl. v. 20.10.2019 – 10 A 2678/18.Z). Damit hat eine Behörde, die die Auskunft verweigert das Vorliegen der **Verweigerungsgründe** nach § 56 Abs. 2 iVm § 57 Abs. 4 **plausibel und substantiiert darzulegen.** Eine diesen Anforderungen genügende Begründung ist ausreichend um die Berechtigung zur Auskunftsverweigerung darzutun (HessVGH 20.10.2019 – 10 A 2678/18.Z; zum alten Recht HessVGH 17.4.2018 – 10 A 1991/17). Die Wiedergabe oder nur Umschreibung der gesetzlichen Grundlage reicht jedoch nicht aus (BVerwG Beschl. v. 29.10.1982 – 4 B 172/82, BVerwGE 66, 233 ff. Rn. 6; VG Wiesbaden Urt. v. 26.3.2021 – 6 K 59/20.WI). Sind die Gründe inhaltsleer und treffen diese auf alle Betroffenen zu, so liegt keine ausreichende Begründung vor.

Insoweit ist eine ablehnende Entscheidung über das Auskunftsbegehren immer zu Begründen. Die Abgabe der Sperrerklärung liegt in der Verantwortung der obersten Aufsichtsbehörde. Ein Fachsenat der über die Sperrerklärung zu entscheiden hat kann deren Einschätzung und Ermessensausübung, nicht zuletzt aus Gründen der Gewaltenteilung zwischen Exekutive und Judikative, nur kontrollieren, nicht aber ersetzen. Dies gilt auch für die Behebung von Mängeln der Sperrerklärung (vgl. BVerwG NVwZ 2010, 905 = BVerwGE 136, 345 Rn. 32; BeckRS 2020, 7072). **46**

Weigert sich die Behörde eine Begründung abzugeben oder die angeforderten Akten vorzulegen, da das In-Camera-Verfahren nach § 99 Abs. 2 VwGO keinen Erfolg hatte, so führt dies zu einem Beweisnotstand desjenigen Beteiligten, der die Beweislast trägt (BVerwG Urt. v. 14.12.2020 – 6 C 11.18 Rn. 27). Das Gericht der Hauptsache hat dann die ihm verbleibenden Möglichkeiten der Sachaufklärung vollständig auszuschöpfen und die ihm zugänglichen Tatsachen sämtlich in seine Sachwürdigung einzubeziehen. Bleiben bestimmte Umstände infolge einer Sperrerklärung oder gar Nicht-Erklärung unaufklärbar, so ist in letzter Konsequenz nach der materiellen Beweislast zu entscheiden, zu der sich die prozessuale Vorschrift des § 99 VwGO nicht verhält (BVerwG Urt. v. 14.12.2020 – 6 C 11.18 Rn. 27 mwN). Die materille Beweislast für das Vorliegen berechtigter Gründe für eine Auskunftsverweigerung liegt bei der Behörde, welche in diesem Falle unterliegen würde. **46a**

Darüber hinaus kann das Gericht im Rahmen der Sachaufklärung im Rahmen der Amtsermittlung **die zuständige Aufsichtsbehörde bitten die Dokumentation nach Abs. 8 zu überprüfen** (→ Rn. 40). Die zuständige Aufsichtsbehörde könnte dann dem Gericht mitteilen, ob nachvollziehbar und substantiiert die Gründe der Auskunftsverweigerung Dokumentiert wurden. In diesem Fall kann ggf. auf eine weitere nachvollziehbare Begründung gegenüber dem Gericht verzichtet werden, wenn die Tatsache einer **ordentlichen und nachvollziehbaren Begründung im Innenverhältnis** von der Aufsichtsbehörde bestätigt werden kann. Dies setzt aber voraus, dass die zuständige Aufsichtsbehörde bereit ist einem solchen Anliegen zu folgen, was bei dem Bundesbeauftragten für den Datenschutz und die Informationsfreiheit aus weiter nicht nachvollziehbaren Gründen leider nicht der Fall ist. **47**

Bei polizeilichen Informationssystemen wie INPOL kann es allerdings sein, dass zwar das Bundeskriminalamt zur Auskunft verpflichtet ist, diese aber nur in Einvernehmen mit der speichernden Stelle erfolgen darf. Denn nach § 84 Abs. 1 S. 1 BKAG ist das Bundeskriminalamt als „Sprachrohr" für die **übrigen verantwortlichen Stellen** über die Auskunft als Zentralstelle bestimmt. Verweigert nun das Bundeskriminalamt die Angaben über die eigentliche verantwortliche Stelle, welche einer Auskunft über ihre Daten widerspricht und damit das Einvernehmen verweigert, geht dies weiter als die Auskunftseinschränkung Art. 15 RL (EU) 2016/680 normiert ist. Denn damit **wird dem Gericht die Möglichkeit einer effektiven wirksamen Rechtskontrolle vollständig genommen.** Dies insbesondere, wenn auch keinerlei Begründung für diese Verweigerungshandlung erfolgt bzw. die Begründung sich auf allgemeine Aussagen einer Gefährdung der Aufgaben der Behörden und der Gefahrenabwehr bezieht. Damit ist wirksamer Rechtsschutz nach Art. 57 GRCh ebenso vor, wie auch ein Verstoß gegen das Recht auf ein faires Verfahren nach Art. 6 EMRK vor (siehe dazu EuGH Vorlage, VG Wiesbaden BeckRS 2021, 21201). **48**

§ 58 Rechte auf Berichtigung und Löschung sowie Einschränkung der Verarbeitung

(1) ¹Die betroffene Person hat das Recht, von dem Verantwortlichen unverzüglich die Berichtigung sie betreffender unrichtiger Daten zu verlangen. ²Insbesondere im Fall von Aussagen oder Beurteilungen betrifft die Frage der Richtigkeit nicht den Inhalt der Aussage oder Beurteilung. ³Wenn die Richtigkeit oder Unrichtigkeit der Daten nicht

festgestellt werden kann, tritt an die Stelle der Berichtigung eine Einschränkung der Verarbeitung. [4]In diesem Fall hat der Verantwortliche die betroffene Person zu unterrichten, bevor er die Einschränkung wieder aufhebt. [5]Die betroffene Person kann zudem die Vervollständigung unvollständiger personenbezogener Daten verlangen, wenn dies unter Berücksichtigung der Verarbeitungszwecke angemessen ist.

(2) Die betroffene Person hat das Recht, von dem Verantwortlichen unverzüglich die Löschung sie betreffender Daten zu verlangen, wenn deren Verarbeitung unzulässig ist, deren Kenntnis für die Aufgabenerfüllung nicht mehr erforderlich ist oder diese zur Erfüllung einer rechtlichen Verpflichtung gelöscht werden müssen.

(3) [1]Anstatt die personenbezogenen Daten zu löschen, kann der Verantwortliche deren Verarbeitung einschränken, wenn
1. Grund zu der Annahme besteht, dass eine Löschung schutzwürdige Interessen einer betroffenen Person beeinträchtigen würde,
2. die Daten zu Beweiszwecken in Verfahren, die Zwecken des § 45 dienen, weiter aufbewahrt werden müssen oder
3. eine Löschung wegen der besonderen Art der Speicherung nicht oder nur mit unverhältnismäßigem Aufwand möglich ist.

[2]In ihrer Verarbeitung nach Satz 1 eingeschränkte Daten dürfen nur zu dem Zweck verarbeitet werden, der ihrer Löschung entgegenstand.

(4) Bei automatisierten Dateisystemen ist technisch sicherzustellen, dass eine Einschränkung der Verarbeitung eindeutig erkennbar ist und eine Verarbeitung für andere Zwecke nicht ohne weitere Prüfung möglich ist.

(5) [1]Hat der Verantwortliche eine Berichtigung vorgenommen, hat er einer Stelle, die ihm die personenbezogenen Daten zuvor übermittelt hat, die Berichtigung mitzuteilen. [2]In Fällen der Berichtigung, Löschung oder Einschränkung der Verarbeitung nach den Absätzen 1 bis 3 hat der Verantwortliche Empfängern, denen die Daten übermittelt wurden, diese Maßnahmen mitzuteilen. [3]Der Empfänger hat die Daten zu berichtigen, zu löschen oder ihre Verarbeitung einzuschränken.

(6) [1]Der Verantwortliche hat die betroffene Person über ein Absehen von der Berichtigung oder Löschung personenbezogener Daten oder über die an deren Stelle tretende Einschränkung der Verarbeitung schriftlich zu unterrichten. [2]Dies gilt nicht, wenn bereits die Erteilung dieser Informationen eine Gefährdung im Sinne des § 56 Absatz 2 mit sich bringen würde. [3]Die Unterrichtung nach Satz 1 ist zu begründen, es sei denn, dass die Mitteilung der Gründe den mit dem Absehen von der Unterrichtung verfolgten Zweck gefährden würde.

(7) § 57 Absatz 7 und 8 findet entsprechende Anwendung.

Überblick

§ 58 regelt Rechte auf Berichtigung und Löschung sowie Einschränkung der Verarbeitung und damit klassische Betroffenenrechte, die allgemein in Art. 16 ff. DS-GVO geregelt sind. Die Vorschrift regelt den spezifischen Kontext der Verarbeitung personenbezogener Daten zu Zwecken nach Art. 1 Abs. 1 JI-RL (RL (EU) 2016/680) und trifft damit eine bereichsspezifische Sonderregelung zu den Betroffenenrechten.

Übersicht

	Rn.		Rn.
A. Allgemeines	1	E. Vervollständigung unvollständiger Daten	39
B. Genese	14	F. Löschungsanspruch	40
I. Recht auf Berichtigung	20	G. Einschränkung der Verarbeitung	45
II. Verantwortlicher	21	H. Unterrichtungspflicht (Abs. 5)	52
III. Unverzügliches Berichtigen	22	I. Absehen von der Berichtigung (Abs. 6)	53
IV. Unrichtigkeit	26	J. Entsprechende Anwendung von § 57 Abs. 7 und 8 (Abs. 7)	54
C. Aussagen und Beurteilungen	28		
D. „Non liquet"	37		

A. Allgemeines

Dass § 58 im Zusammenhang mit der Verarbeitung personenbezogener Daten zu Zwecken 1
nach Art. 1 Abs. 1 JI-RL die Berichtigung, Löschung sowie die Einschränkung der Verarbeitung
vorsieht, ist die logische und zu einem erheblichen Teil selbstverständliche Konsequenz des Auskunftsrechts nach § 57 einerseits und des heute vorherrschenden Verständnisses von Datenschutz.

Während die allgemeinen Betroffenenrechte nach Art. 16 ff. DS-GVO sowohl gegenüber priva- 2
ten als auch gegenüber öffentlichen Stellen anwendbar sind und damit die überkommene Differenzierung nach den §§ 19 ff. BDSG aF und 34 ff. BDSG aF aufgehoben wurde, ist § 58 allein
gegenüber öffentlichen Stellen anwendbar. Dies ergibt sich schon daraus, dass sicherheitsrelevante
Daten iSv Art. 1 Abs. 1 JI-RL nur von diesen verarbeitet werden dürfen.

Bis in die späten 70er-Jahre des zwanzigsten Jahrhunderts hinein galt im Datenschutzrecht ein 3
Trennungskonzept: Je weiter die Sphären von Staat und Bürger auch in kommunikativer und
informationeller Hinsicht voneinander getrennt lagen, desto eher sollte der Schutz der Privatheit
des Einzelnen gewährleistet sein (hierzu und zur Entwicklung insgesamt mwN HSV VerwR/
Gusy § 23 Rn. 2 ff.). Diese Prämisse war nicht zuletzt Konsequenz der Annahme einer strikten
Trennung von Staat und Gesellschaft, Verwaltung und Bürger, gerade auch in informationeller
Hinsicht. Staat und Bürger hatten danach stets gegenläufige Interessen: Der Staat an Geheimhaltung von Informationen, welche er im öffentlichen Interesse erhebt und verwaltet, und der Bürger
an dem Schutz seiner Privatheit und damit gegen staatliche Zugriffe. Informationsbeziehungen
zwischen beiden Seiten mussten danach die Ausnahme bleiben.

Die Erkenntnis, dass Datenschutz nicht (nur) das Verhindern von Kommunikation anstrebt, 4
sondern (auch) das Stattfinden dieser voraussetzt, ist vergleichsweise neu (Bull, Datenschutz, Informationsrecht und Rechtspolitik, 2005; Bull NVwZ 2011, 257 ff.).

Im Rahmen eines danach jedenfalls relativen Trennungskonzepts wird zugleich der Schritt vom 5
passiven zum aktiven (Selbst-)Datenschutz vollzogen. Der Betroffene soll seine datenschutzrechtlichen Belange (auch) selbst wahrnehmen und dadurch zur Kontrollinstanz in eigener Sache werden.
Das setzt Rechte des Betroffenen auf Berichtigung und Löschung von Daten ebenso voraus wie
die Kenntnis darüber, welche Informationen überhaupt erhoben bzw. gespeichert worden sind.
Je mehr Daten der Staat von dem Bürger erhebt und erheben kann, desto wichtiger ist die
Ergänzung objektiver Amtspflichten durch jene subjektiven Rechte des Betroffenen.

Es verwundert daher rückblickend kaum, dass der Beginn dieses konzeptionellen Wandels in 6
eine Zeit fiel, in der die Menge erhobener Daten, gerade angesichts veränderter Möglichkeiten
elektronischer und schließlich digitaler Datenerhebung, dramatisch zunahm. Dabei wuchs auch
die Einsicht, dass die datenschutzrechtliche Perspektive nicht auf das jeweilige Datum beschränkt
bleiben konnte, sondern auf die Möglichkeit der Verknüpfung von für sich genommen eher
unbedeutender Daten erweitert werden musste (Tinnefeld NJW 2007, 625 ff.; Roßnagel NJW
2009, 2716 ff.; Gola/Klein NJW 2010, 2483 ff.; Ronellenfitsch DuD 2009, 451 ff.).

Anders als im Grundgesetz und auch in Art. 8 EMRK findet sich in Art. 8 der EU-Grundrech- 7
techarta der Datenschutz unmittelbar erwähnt und ist nicht Ergebnis eines Auslegungsprozesses.
In dieser Hinsicht profitierte die EU-Grundrechtecharta bereits von längeren Erkenntnisprozessen
in den Mitgliedstaaten und setzte diese Erkenntnisprozesse um. Die Verankerung der Betroffenenrechte, zu dem ua das Recht auf Löschung bzw. Berichtigung zählt, ist im Grundgesetz gleich
eine Dreifache: Zunächst sind die Betroffenenrechte Ausdruck informationeller Selbstbestimmung.
Damit folgen diese Rechte aus Art. 2 Abs. 1 iVm Art. 1 Abs. 1 GG, wonach dem Einzelnen
grundsätzlich das Recht zusteht, selbst zu bestimmen, wer welche persönlichen Daten von ihm
erhalten und was damit geschehen soll (BVerfGE 65, 1 (43); Simitis/Mallmann BDSG aF § 20
Rn. 1; Simitis, FS Mallmann, 2000, 237 (240); Simitis/Fuckner NJW 1990, 2713 (2717)). Wenn
er darüber selbst bestimmen kann, muss er notwendigerweise zunächst wissen, wer was, wann
und warum über ihn weiß. Nur wenn der Einzelne über diese Informationen verfügt, kann er
sinnvoll kontrollieren, ob in seine grundrechtlich abgesicherte Rechtsposition überhaupt und ggf.
in zulässiger Weise eingegriffen worden ist (BVerfGE 65, 1 (43)). Darin steckt gleichsam eine
Weiterentwicklung des Konzepts informationeller Selbstbestimmung: Das Recht des Einzelnen
über den Zugang zu seinen Daten zu entscheiden, hing seiner Idee nach im Wesentlichen davon ab,
welche Sphäre des Betroffenen berührt wurde (Intimsphäre – Privatsphäre – Öffentlichkeitssphäre).
Eingriffe in die Intimsphäre waren danach stets ausgeschlossen. Dieses Dogma wurde – wie die
strikte Trennung der Sphären insgesamt – weitgehend aufgegeben und objektiven Gesichtspunkten
geöffnet; Interessen Dritter wurden als Abwägungsaspekte zugelassen (BVerfGE 34, 238 (248);
Dürig/Herzog/Scholz/Di Fabio GG Art. 2 Rn. 161 mwN). Die konzeptionelle Entwicklung des

Rechts auf informationelle Selbstbestimmung nach Art. 2 Abs. 1 iVm Art. 1 Abs. 1 GG ist längst nicht abgeschlossen.

8   Hinzukommt in verfassungsrechtlicher Hinsicht ein demokratischer und rechtsstaatlicher Aspekt der Betroffenenrechte. Durch die Betroffenenrechte wird der Bürger über seine üblichen demokratischen Beteiligungs- und Teilhaberechte zur demokratischen Kontrollinstanz im Datenschutzrecht (→ DS-GVO Art. 16 Rn. 2 ff.; Simitis/Mallmann BDSG aF § 20 Rn. 2; vgl. auch BVerfGE 65, 1 (43); HSV VerwR/Gusy § 23 Rn. 18 ff.). Damit einhergeht ein hohes Maß an Verantwortung für den Betroffenen zur Wahrung seiner Rechte. Zum anderen gibt man dem Betroffenen die notwendigen Rechte in die Hand, um im Zweifel auch gegen die Verantwortlichen die eigenen datenschutzrechtlichen Interessen durchzusetzen. So sind die Betroffenenrechte der Art. 16 f. DS-GVO und der §§ 35 und 58 sowohl als subjektive Rechte als auch als objektive Pflichten konstruiert. Die Formulierung der Vorschriften zeigt, dass für den Verantwortlichen eine objektive Pflicht zur Löschung bzw. Berichtigung bereits in dem Moment besteht, wenn die Unrichtigkeit für ihn ersichtlich ist. Die Geltendmachung des Löschungsrechts durch den Betroffenen selbst ist für diese Pflicht nicht erheblich (zu alledem → DS-GVO Art. 16 Rn. 6 f.).

9   Die Betroffenenrechte bauen zum Teil aufeinander auf: Wer über das Auskunftsrecht in Erfahrung bringen kann, was eine Behörde von ihm weiß und wenn in diesem Zusammenhang festgestellt wird, dass dort gespeicherte Daten rechtswidrig erhoben wurden oder ihr Speichergrund mittlerweile weggefallen ist, so muss der Betroffene auch sicherstellen können, dass diese Daten nicht ohne Weiteres verwendet, kommuniziert oder auch nur aufbewahrt werden. Selbst wenn dies in § 58 nicht ausdrücklich vorgesehen wäre, würde dies aus anderen Instituten, wie bspw. dem allgemeinen öffentlich-rechtlichen Folgenbeseitigungsanspruch ohne Weiteres folgen (bereits Gusy DÖV 1980, 431 ff.; Eberle GS Mertens, 351 ff.; VG Gießen NVwZ 2002, 1531 (1532); VG Köln NVwZ-RR 2003, 676; Bumke Jus 2005, 22 ff.).

10 Die in § 58 normierten Rechte sind damit zwingende rechtsstaatliche und verfassungsrechtliche Folgen des Auskunftsanspruchs. Es bedeutet freilich nicht, dass der Auskunftsanspruch zwingende Voraussetzung für die Inanspruchnahme der Rechte des § 58 wäre. In weiten Teilen ergeben sich entsprechende Pflichten von Amts wegen oder der Betroffene erfährt von der Speicherung seiner Daten von Dritten und macht seine Rechte geltend. Daraus ergibt sich auch, dass die Ansprüche des Betroffenen auf Berichtigung, Löschung bzw. Einschränkung der Verarbeitung nach § 58 nicht abschließend sind. Soweit ihr Anwendungsbereich bestimmte Fälle nicht erfasst, kann ein entsprechendes Begehren unter Umständen auf der Grundlage des allgemeinen Folgenbeseitigungsanspruchs verfolgt werden (zu dem Fall der Löschung von Daten in Akten Simitis/Mallmann BDSG aF § 20 Rn. 37; s. auch VGH Kassel NJW 1993, 301 ff.; VG Gießen NVwZ 2002, 1531 (1532); VG Köln NVwZ-RR 2003, 676; Bumke Jus 2005, 22 ff.).

11 Da sich der Löschungsanspruch des § 58 auf personenbezogene Daten bezieht, fallen unternehmensbezogene Daten aus dem Anwendungsbereich der Vorschrift heraus. Für Unternehmen bleibt es daher bei der Möglichkeit, sich auf allgemeine Rechtsinstitute zu berufen, wenn eine Löschung oder Sperrung unrichtiger Daten erreicht werden soll. Bei der Frage der dogmatischen und im Einzelfall einschlägigen Verortung des verfassungsrechtlichen Unternehmensschutzes sind unterschiedliche Ansätze denkbar (bspw. auf Grundlage der Art. 12, 14 GG oder als Schutz des sozialen Geltungsanspruches, vgl. dazu etwa Goreng GRUR 2010, 1065 ff.; Ziegelmayer GRUR 2012, 761 ff., beide mwN).

12 Da Behörden nicht selten auf gleiche oder ähnliche Datenpools, die es zahllos gibt, zurückgreifen oder erhobene Daten untereinander oder an außenstehende Dritte weitergeben, vertieft und verfestigt sich im Falle der Unrichtigkeit einzelner Daten mitunter der Eingriff in das Selbstbestimmungsrecht des Betroffenen. Dabei sind vor allem unrichtige Daten geeignet, ein verzerrtes Bild einer Person zu erschaffen oder zu unterhalten. Daher muss jedes einzelne personenbezogene Datum, welches bei der verantwortlichen Stelle gespeichert ist, richtig und vollständig sein. Darauf hat der Betroffene bereits verfassungsrechtlich einen Anspruch (BVerwGE 120, 188 (192 f.); VGH Mannheim DuD 2010, 845; vgl. auch VG Wiesbaden BeckRS 2006, 23855 für das HDSG).

13 Darüber hinaus können an sich richtige aber unvollständige Daten oder auch ihre Zusammenhänge, Kontexte und Verbindungen zu einer Unrichtigkeit der Darstellung einer Person führen. Auch in dieser Hinsicht muss dem Betroffenen eine Korrekturmöglichkeit zur Seite stehen. Ist jede einzelne, an sich auch noch so unbedeutende Datenerhebung oder Speicherung ein Eingriff in das Recht auf informationelle Selbstbestimmung, muss jedes Stadium der Datenverarbeitung – von der Erhebung bis zur Archivierung – lückenlos und permanent zweckgebunden legitimiert sein (vgl. BVerfGE 118, 168 (187); 120, 351 (366)). Je nachdem zu welchem konkreten Zweck die Daten ursprünglich erhoben wurden, kann dieser Zweck im Laufe der Zeit fortfallen und ist möglicherweise, aber sicher nicht beliebig, durch andere Zwecke ersetzbar (vgl. zu präventiven

Zwecken rechtswidrig erhobener Daten im Kontext des § 100d Abs. 5 Nr. 2 StPO BVerfG NJW 2012, 907). Der Zweck muss hinreichend klar bestimmt sein. Die Datenerhebung oder -speicherung kann nicht unbegrenzt vielen alternativen Zwecken dienen; eine Datenerhebung auf Vorrat ist ebenso unzulässig.

B. Genese

14 Im Rahmen des Entwurfs für ein Anpassungsgesetz des BDSG an die DS-GVO standen die Vorschriften der Betroffenenrechte von Beginn im Fokus der Kritik. Es wurde hier insbesondere angemerkt, dass Einschränkungen der Betroffenenrechte vorgenommen würden, die weder in Richtlinie noch Verordnung eine Grundlage fänden (so zB die Stellungnahme des Landesbeauftragten für Datenschutz und Informationsfreiheit Mecklenburg-Vorpommern v. 25.1.2017, 7 und die Stellungnahme des Verbraucherzentrale Bundesverbands e.V. v. 13.2.2017, 9; ferner die Stellungnahme des Deutschen Richterbundes von Dezember 2016, 2 aE).

15 Noch im Referentenentwurf des Bundesministeriums des Inneren v. 23.11.2016 befand sich das Recht auf Berichtigung, Löschung sowie Einschränkung der Verarbeitung in § 52. In dem späteren Gesetzesentwurf wurden die Vorschriften neu nummeriert. Dabei wurden auch die Absätze und Sätze innerhalb von § 52 des Referentenentwurfs, nunmehr § 58, neu aufgeteilt. Die wesentliche Kritik an § 52 des Referentenentwurfs v. 23.11.2016 bezog sich darauf, dass in § 52 Abs. 3 Nr. 3 vorgesehen war, statt einer Löschung lediglich die Einschränkung der Verarbeitung beanspruchen zu können, wenn eine Löschung wegen der besonderen Art der Speicherung nicht oder nur mit unverhältnismäßigem Aufwand möglich ist. Kritisiert wurde, dass die zur Umsetzung stehende JI-RL eine derartige Einschränkung des Löschungsrechts nicht kenne (so zB die Stellungnahme des Verbraucherzentrale Bundesverbands eV v. 5.12.2016, 4 und der Anpassung dieser in Form der Stellungnahme v. 13.2.2017, 4).

16 Dennoch wurde diese Einschränkung auch in den schlussendlich verabschiedeten Gesetzentwurf übernommen und ist nun in § 58 Abs. 3 Nr. 3 zu finden. Die ursprüngliche Kritik am Gesetzentwurf setzt sich somit an der Schlussfassung des § 58 fort, sodass die Vorschrift zum Teil für europarechtswidrig gehalten wird (→ Rn. 48 ff.). Eine zusätzliche Beschränkung des Löschungsrechts wurde in § 58 Abs. 1 S. 2 aufgenommen. Hiernach soll in Fällen von Aussagen oder Beurteilungen die Frage nach der Richtigkeit von Daten nicht an dem Inhalt der Aussage gemessen werden. Im Gesetzentwurf der Bundesregierung hieß es noch, dass statt des Inhalts der Aussage oder der Beurteilung, die Tatsache, dass die Aussage oder Beurteilung so wie dokumentiert erfolgt ist, zum Maßstab der Beurteilung der Richtigkeit zu machen sei. Dieser Halbsatz wurde im Laufe des Gesetzgebungsverfahrens durch Initiative des Bundesrates gestrichen (BR-Drs. 110/17, 6 (Stellungnahme des Bundesrats v. 10.3.2017)).

17 Ausweislich der Gesetzesbegründung (BR-Drs. 110/17, 117 und BT-Drs. 18/11325, 114) dient § 58 der Umsetzung von Art. 16 JI-RL. Zum Teil ist diese Vorschrift wortgleich umgesetzt worden, zum Teil finden sich hingegen nicht unerhebliche Abweichungen. Die soeben erwähnte Passage zur Frage der Richtigkeit von Aussagen oder Beurteilungen findet sich in Art. 16 JI-RL nicht. Nach der Gesetzesbegründung wird Bezug genommen auf Erwägungsgrund 47 der JI-RL. Tatsächlich lautet dieser: „Das Recht auf Berichtigung sollte allerdings bspw. nicht den Inhalt einer Zeugenaussage berühren". Von Beurteilungen oder „polizeifachlichen Bewertungen", wie es in der Gesetzesbegründung zu dem Begriff der Beurteilung heißt, findet sich weder in Erwägungsgrund 47 noch sonst im Rahmen der Richtlinie eine Aussage.

18 Die Fallgruppe der nicht feststellbaren Unrichtigkeit oder Richtigkeit von Daten nach § 58 Abs. 1 S. 3, 4 findet sich in Art. 16 Abs. 3a JI-RL geregelt; das Vervollständigungsrecht des § 58 Abs. 1 S. 5 findet sich in Art. 16 Abs. 1 S. 2 JI-RL. § 58 Abs. 2 bezieht sich wiederum auf Art. 16 Abs. 2 JI-RL; § 58 Abs. 3 wird durch Art. 16 Abs. 3 JI-RL umgesetzt, wobei sich § 58 Abs. 3 Nr. 1 als Ergänzung zu dem Katalog des Art. 16 Abs. 3 versteht, § 58 Abs. 3 Nr. 2 sein Gegenstück in Art. 16 Abs. 3b JI-RL findet und, wie bereits erwähnt, § 58 Abs. 3 Nr. 3 keine Entsprechung in Art. 16 hat. Die Vorgaben aus § 58 Abs. 6 basieren auf den Vorgaben des Art. 16 Abs. 4 JI-RL. Die Unterrichtungspflicht des § 58 Abs. 5 entspricht in etwa den Regelungen des Art. 16 Abs. 5, 6 JI-RL.

19 Das Recht auf Löschung und Berichtigung findet sich erwähnt in den Erwägungsgründen 40, 42, 47, 48 und 49. Die Erwägungsgründe 40 und 42 beschäftigen sich im Wesentlichen mit dem Erfordernis einer hinreichenden Auskunft und der Transparenz der Inanspruchnahme der Betroffenenrechte. Erwägungsgrund 47 enthält konkretisierende Hinweise zu dem Umfang und der Ausgestaltung der Löschungsrechte nach Art. 16 RL JI-RL. Die Erwägungsgründe 48 und 49 betreffen Verfahrensfragen etwa bei der Ablehnung von Anträgen auf Löschung oder Berichtigung.

BDSG § 58 Teil 3. Bestimmungen für Verarbeitungen zu Zwecken gemäß Richtlinie

I. Recht auf Berichtigung

20 Nach § 58 Abs. 1 S. 1 hat die betroffene Person das Recht, von dem Verantwortlichen unverzüglich die Berichtigung sie betreffender unrichtiger Daten zu verlangen. Dieser Satz findet sich fast wortgleich in Art. 16 Abs. 1 S. 1 JI-RL. Betroffene Person ist iSv § 46 Nr. 1 diejenige identifizierte oder identifizierbare natürliche Person, auf die sich die personenbezogenen Daten beziehen.

II. Verantwortlicher

21 Verantwortlicher iSd Vorschrift ist nach § 46 Nr. 7 die natürliche oder juristische Person, Behörde, Einrichtung oder andere Stelle, die allein oder gemeinsam mit anderen über die Zwecke und Mittel der Verarbeitung von personenbezogenen Daten entscheidet. Anders als im Zusammenhang mit § 35, der – möglicherweise sogar in erster Linie – private Stellen adressiert, sind im spezifischen Kontext der JI-RL öffentliche Stellen verpflichtet. Schließlich sind es Behörden, die im Kontext der Verhütung von Straftaten oder für die Vollstreckung von Strafen und Maßnahmen iSv § 11 Abs. 1 Nr. 8 StGB, von Erziehungsmaßregeln oder Zuchtmitteln iSd Jugendgerichtsgesetzes und von Geldbußen zuständig sind. In dieser Hinsicht unterfallen dem Anwendungsbereich des § 58 iSv § 45 ausschließlich zuständige öffentliche Stellen, die für die Verhütung, Ermittlung, Aufdeckung, Verfolgung oder Ahndung von Straftaten oder Ordnungswidrigkeiten zuständig sind.

III. Unverzügliches Berichtigen

22 Berichtigen iSv § 58 Abs. 1 S. 1 bedeutet, die Daten mit der Wirklichkeit (wieder) in Übereinstimmung zu bringen. Dieser Vorgang muss als Realakt begriffen werden, welchem die Entscheidung über die Berichtigung in Form eines Verwaltungsakts vorausgeht (VGH Kassel NJW 1993, 3011; BVerfGE 11, 181 für die Löschung; Taeger/Gabel/Mester BDSG aF § 20 Rn. 9). Die Berichtigung kann durch Änderung, Löschung, Fortschreibung oder Bezugnahme geschehen.

23 Der Begriff „unverzüglich" setzt eine Frist zum Tätigwerden. Er entspricht dem Begriff aus § 121 BGB. Die überkommene Auseinandersetzung darüber, ob eine Löschung oder Berichtigung unverzüglich zu erfolgen hat, ist damit nunmehr ausdrücklich entschieden (vgl. zur vorherigen Rechtslage Taeger/Gabel/Mester BDSG aF § 20 Rn. 12; Simitis/Mallmann BDSG aF § 20 Rn. 29). Was dies konkret im Einzelfall zu bedeuten hat, ist wiederum konkret unter Berücksichtigung der Umstände des Einzelfalls zu entscheiden (vgl. Paal/Pauly/Paal Rn. 17, der eine grundsätzliche Regelzeit für die Berichtigung oder Vervollständigung von bis zu 14 Tagen annimmt; vgl. auch BeckOK IT-Recht/Steinrötter Rn. 12).

24 Personenbezogene Daten, die Gegenstand des Berichtigungsanspruchs sind, sind alle Informationen, die sich auf eine identifizierbare oder identifizierte natürliche Person beziehen (§ 46 Nr. 1). „Angaben über die persönlichen Verhältnisse einer bestimmten oder bestimmbaren natürlichen Person umfassen alle Angaben über den Betroffenen selbst, seine Identifizierung und Charakterisierung; dazu gehören innerhalb eines weiten Begriffsverständnisses auch die rechtlichen, sozialen, wirtschaftlichen und sonstigen Beziehungen des Betroffenen zur Umwelt" (BVerwG NVwZ 2004, 626). Aus dem Anwendungsbereich ausgenommen sind damit unternehmensbezogene Daten. Sollten diese unrichtig sein, hat das Unternehmen unter Umständen einen Anspruch auf Löschung, Berichtigung oder Sperrung aus allgemeinen Rechtsinstituten wie dem allgemeinen öffentlich-rechtlichen Folgenbeseitigungsanspruch. Für Unternehmen ist dies vor allem deshalb von zentraler wirtschaftlicher Bedeutung, weil die Pflichten zur Herausgabe von Informationen an Dritte im Rahmen des Informationsfreiheitsrechts (UIG, IFG, VIG) und des Presserecht erhebliche betriebswirtschaftliche Nachteile bringen kann. Da das Umweltinformationsrecht vor allem im Bereich von Immissionswerten (vgl. § 8 Abs. 1 UIG) den Schutz unternehmensbezogener Daten einschränkt und die Kategorie der Richtigkeit von Informationen dem Informationsrecht selbst fremd ist (VG Arnsberg BeckRS 2011, 46748 mwN), wäre eine Herausgabe auch unrichtiger Daten nahezu zwingend. Die Konsequenzen sind eine mögliche Verfestigung eines unzutreffenden Bildes eines Unternehmens in der Öffentlichkeit. Daher ist es rechtsstaatlich geboten, den Unternehmen in diesen Fällen mit Hilfe allgemeiner Rechtsinstitute die Durchsetzung einer Einschränkung der Verarbeitung, Löschung oder Berichtigung der Daten zu ermöglichen.

25 Von der Berichtigungspflicht betroffen sind zum einen eigene Aussagen bzw. selbst gesammelte Daten bezogen auf ihren objektiven Aussagegehalt. Der Berichtigungsanspruch besteht gleichermaßen gegenüber Daten, welche sich die verantwortliche Stelle zu eigen gemacht hat bzw. wenn sie einen entsprechenden Eindruck erweckt hat. Bezugnahmen auf behördenexterne Quellen wie bspw. anderweitige Datensammlungen oder Aussagen Dritter sind davon nicht ausgenommen; auch dann nicht, wenn ihr Inhalt kommentarfrei wiedergegeben wird. Denn hieraus kann ein

Bild des Betroffenen entstehen, welches nicht der Realität entspricht und durch die Autorität der Behörden sogar noch verstärkt wird. Sind die zugrunde liegenden oder zitierten Quellen unrichtig, ist auch deren Zitierung zu berichtigen (Simitis/Mallmann BDSG aF § 20 Rn. 15). Ausnahmen gelten nur dort, wo der Zweck der Speicherung der unrichtigen Daten legitimiert ist und dieser entsprechend deutlich wird. Das kann bspw. der Fall sein, wenn Aussagen Dritter für einen Verwaltungsvorgang zu dessen Person benötigt werden oder die Dokumentation der Unrichtigkeit selbst Zweck der Speicherung ist. Aus dem Zusammenhang muss sich aber eindeutig ergeben, dass die in Bezug genommenen Daten unrichtig sind oder die Richtigkeit in Rede steht. Dies ist ggf. durch einen Vermerk kenntlich zu machen. Diese Frage stellt sich unter anderem auch in den Fällen von Zeugenaussagen oder polizeifachlichen Bewertungen (vgl. Erwägungsgrund 47 der JI-RL).

IV. Unrichtigkeit

Unrichtig sind Daten unzweifelhaft dann, wenn sie mit der Realität nicht übereinstimmen **26** (Simitis/Mallmann BDSG aF § 20 Rn. 11; Gola/Schomerus BDSG aF § 20 Rn. 3; vgl. auch VG Wiesbaden BeckRS 2006, 23855 für eine Bewertung des hessischen Verfassungsschutzes). Wenn das falsche Geburtsdatum, der falsche Familienname oder der falsche Wohnort gespeichert sind, ist dies häufig recht offenkundig und vergleichsweise einfach zu korrigieren (zum Problem der Beweislast später → Rn. 38). An sich ebenso eindeutig sind die Angaben über den Familienstand, welcher mit dem Personenstand nach dem Personenstandsrecht in der Sache übereinstimmt. Neben „ledig" und „verheiratet" (vgl. auch das zuletzt verabschiedete Eherecht für Personen gleichen Geschlechts, BT-Drs. 18/12989, 18/6665) ist auch die Angabe, der Betroffene lebe in einer eingetragenen Lebenspartnerschaft nach dem Lebenspartnerschaftsgesetz, ein möglicher Eintrag. Ist in der Akte stattdessen der Familienstand „ledig" vermerkt, ist dieser Eintrag unrichtig und zu berichtigen (für das Lebenspartnerschaftsgesetz, BVerfG NVwZ 2004, 626).

Ob die Daten aufgrund behördlichen Verschuldens unrichtig sind, ist ebenso unerheblich wie **27** die Hintergründe und Ursachen der Unrichtigkeit (Simitis/Mallmann BDSG aF § 20 Rn. 11). Ebenso wenig wie der Folgenbeseitigungsanspruch ist das Löschungsrecht aus § 58 verschuldensabhängig. Keine Bedeutung kommt grundsätzlich auch dem Umfang der Unrichtigkeit zu (Gola/Schomerus BDSG aF § 20 Rn. 3); nahezu jeder Fehler ist zu berichten. Ausgenommen sind allenfalls einfache grammatikalische oder orthografische Fehler, welche ihrerseits keinen eigenen Aussagegehalt haben bzw. die Bedeutung der Daten in keiner Weise verändern können. Diese Ausnahmen sind allerdings restriktiv zu handhaben. Begründungsbedürftig ist die Aufrechterhaltung eines Fehlers und nicht seine Berichtigung. Selbst wenn also bestimmten Daten – wie dem Namen – eine bloße Ordnungsfunktion zukommt, sind diese im Falle der Unrichtigkeit grundsätzlich zu korrigieren. Auch auf den Zeitpunkt der Unrichtigkeit, also auf die Frage, ob die Daten von Beginn an unrichtig waren oder diese erst später unrichtig wurden, kommt es grundsätzlich nicht an (zum Begriff der Unrichtigkeit auch → DS-GVO Art. 16 Rn. 52). Zu diesem Zweck bestehen regelmäßige Überprüfungspflichten (vgl. Art. 5 JI-RL). Allein entscheidend ist die Unrichtigkeit im Zeitpunkt des Berichtigungsantrages oder der behördlichen Kenntniserlangung über die Unrichtigkeit (BVerwGE 120, 188; Simitis/Mallmann BDSG aF § 20 Rn. 11). Dies wiederum hängt wesentlich vom Zweck der Maßnahme ab. Wenn dieser gerade in der Dokumentation des Datums zu einer bestimmten Zeit liegt, wird dieses Datum nicht unrichtig, wenn sich die Umstände verändern (vgl. VG Wiesbaden BeckRS 2006, 23855). Abzustellen ist dabei auf den objektiven Aussagegehalt des jeweiligen Datums. Ergibt sich aus diesem unmittelbar, dass sich die Richtigkeit der Aussage nur auf einen bestimmten Zeitpunkt bezieht, dann bleibt das Datum an sich richtig, auch wenn sich die Lebensumstände des Betroffenen später ändern (Taeger/Gabel/Mester BDSG aF § 20 Rn. 7; VG Wiesbaden BeckRS 2006, 23855).

C. Aussagen und Beurteilungen

In § 58 Abs. 1 S. 2 heißt es, dass insbesondere im Fall von Aussagen oder Beurteilungen die **28** Frage der Richtigkeit nicht den Inhalt der Aussage oder Beurteilung betrifft. Zunächst war ein entsprechender Passus im Referentenentwurf nicht vorgesehen (vgl. den Referentenentwurf des Bundesministeriums des Inneren v. 23.11.2016, 44). Im ersten Gesetzentwurf wiederum war ein weiterer Halbsatz angefügt, der klarstellte, dass sich die Frage der Richtigkeit nicht auf den Inhalt der Aussage oder Beurteilung beziehen sollte, sondern auf deren Existenz (BR-Drs. 110/17, 39 (Gesetzentwurf BReg v. 2.2.2017)). Aus der Gesetzesbegründung folgt zur Spezifizierung dieser Vorgabe, dass sich diese auf Erwägungsgrund 47 der JI-RL stützen soll. Der Zusatz wurde nicht in die endgültige Fassung des BDSG aufgenommen.

BDSG § 58 Teil 3. Bestimmungen für Verarbeitungen zu Zwecken gemäß Richtlinie

29 Der Gesetzgeber geht nach der Gesetzesbegründung davon aus, dass bei Berichtigungsansprüchen gegenüber Zeugenaussagen und Beurteilungen eine Ablehnung des Anspruchs praktisch zwingend wäre und solche Ansprüche daher „zur Vorbeugung massenhafter und nicht Erfolg versprechender Anträge" von vornherein ausgeschlossen werden sollen (BT-Drs. 18/11325, 114). Der Begriff der „Beurteilung" wird in der Gesetzesbegründung ohne nähere Erläuterung mit „polizeifachliche Bewertungen" übersetzt (BT-Drs. 18/11325, 114). Betrachtet man Erwägungsgrund 47 der Richtlinie, so ist zu erkennen, dass zwar der Inhalt einer Zeugenaussage von dem Berichtigungsanspruch nicht umfasst sein soll, von „Beurteilungen" ist hier allerdings nicht die Rede.

30 Aus diesem Grund kann die Auffassung des Deutschen Gesetzgebers, auch Beurteilungen sollten von dem Löschungsanspruch ausgenommen sein, nicht überzeugen. Richtigerweise ist zwischen einem Berichtigungsantrag bezogen auf Zeugenaussagen einerseits und einem Berichtigungsantrag bezogen auf polizeifachliche Bewertungen anderseits zu unterscheiden. Richtig ist die Anmerkung, dass schon aus Dokumentations- und Beweisgründen Zeugenaussagen von vornherein inhaltlich keinem Berichtigungsanspruch unterliegen können. Zeugenaussagen sind Darlegungen einer subjektiven Wahrnehmung des Zeugen, die naturgemäß mit der objektiven Wahrheit nicht übereinstimmen müssen. Die Unrichtigkeit wird regelmäßig durch eine entsprechende Gegenaussage, nicht jedoch durch einen Berichtigungsanspruch in Frage gestellt. Das Gericht wird dann im Wege der freien Beweiswürdigung (für den Strafprozess: § 261 StPO) über die Glaubhaftigkeit der getätigten Aussagen entscheiden. Eine etwaige Berichtigung würde also schon dem System der einschlägigen Prozessordnung entgegenlaufen (im Ergebnis so auch Kühling/Buchner/Schwichtenberg Rn. 4). Wenn es nun um behördliche Aussagen geht, deren Richtigkeit oder Unrichtigkeit zum Maßstab des Berichtigungsanspruchs gemacht werden sollen, und Zweck der Speicherung der Zeugenaussage der Beweis des Vorliegens der konkreten Aussage selbst ist, fehlt es außerdem für einen Berichtigungsanspruch an einem tauglichen Bezugspunkt. Solange und soweit sich die Behörde diese Aussagen nicht zu Eigen macht, existieren keine unrichtigen Daten bei der Behörde, die berichtigt werden könnten.

31 Anders hingegen wäre mit Anträgen auf Berichtigung umzugehen, die sich auf die Korrektur von „Beurteilungen" beziehen. Unter dem Begriff der „Beurteilungen" sollen nach der Gesetzesbegründung polizeifachliche Bewertungen zu verstehen sein. Der Begriff der Beurteilung ist allerdings weitergehend und könnte damit grundsätzlich auch andere Einschätzungen der zuständigen Behörden umfassen. Unabhängig von der Feststellung, dass Erwägungsgrund 47, auf den der Gesetzgeber ausdrücklich Bezug nimmt, über Beurteilungen gar nichts aussagt, ist auch in der Sache zweifelhaft, ob Beurteilungen stets ohne Korrektur bleiben dürfen, selbst wenn sich deren Unrichtigkeit herausstellt. Wenn ein berechtigtes Interesse des Verantwortlichen daran besteht, zu Dokumentations- oder Beweiszwecken polizeifachliche Bewertungen oder sonstige Beurteilungen zu speichern oder auf sonstige Weise zu verarbeiten, so mag dies entsprechend den Erwägungen zur Dokumentation von Zeugenaussagen zweckmäßig sein. In diesen Fällen würde aber ein Vermerk in der Akte zum Schutz der Rechtsposition des Betroffenen nützlich und erforderlich sein, dass die Richtigkeit der Beurteilung in Frage steht oder sogar die Unrichtigkeit nachgewiesen ist. Entsprechend der Situation bei einer fehlenden Beweisbarkeit von Richtigkeit oder Unrichtigkeit von Daten (vgl. sog. „non-liquet"-Situation → Rn. 37 f.) würde im weiteren Verarbeitungsprozess zumindest nicht das Risiko bestehen, dass Dritte unreflektiert Beurteilungen zum Gegenstand vertiefter Grundrechtseingriffe machen können. Nur in diesen Fällen, und damit in Einzelfällen, lässt sich ein Verzicht auf eine Korrektur von Beurteilungen rechtsstaatlich begründen.

32 Nicht zutreffend und auch nicht zweckmäßig ist es hingegen, Beurteilungen auch in anderen Fällen von einem Berichtigungsanspruch auszunehmen. Eine andere Auffassung würde wohl auf der Fehlvorstellung gründen, dass „Bewertungen" oder Werturteile von Seiten der Behörden a priori nicht korrekturfähig wären. Unstreitig dürfte dabei sein, dass auch Werturteile personenbezogene Daten sein können (Simitis/Dammann BDSG aF § 3 Rn. 12; vgl. auch OLG Stuttgart NZA-RR 2013, 423 ff.). Anders als Tatsachenangaben sind Werturteile persönliche Auffassungen, welche durch die subjektive Beziehung des Einzelnen zum Inhalt seiner Aussage geprägt sind; für sie ist das Element der Stellungnahme und des Dafürhaltens kennzeichnend. Über den Gegenstand von Werturteilen sind verschiedene Ansichten möglich, sodass diese dem Beweise nicht (etwa BVerfGE 7, 198 (210); 61, 1 (8); 90, 241 (247); Simitis/Mallmann BDSG aF § 20 Rn. 17), Tatsachenangaben hingegen als konkrete Vorgänge oder Zustände einem solchen sehr wohl zugänglich sind (BVerfGE 90, 241 (247); 94, 1; BGHZ 132, 13 (21); BGH NJW 1998, 3047 (3048)). Insofern können grundsätzlich allein Tatsachen als eindeutig richtig oder falsch bezeichnet werden. Werturteile hingegen werden gemeinhin als Ausdruck der persönlichen Meinung angesehen und sind damit vom Schutz des Art. 5 GG umfasst. Dieser Schutz verbietet es grundsätzlich,

den Einzelnen zu zwingen, seine Meinung zu widerrufen bzw. sich auf die eine oder andere Weise von ihr zu distanzieren (vgl. bspw. BGH GRUR 1988, 402 ff.; BGH GRUR 1972, 527 ff.; differenzierend hingegen BGHZ 3, 271 f.). Für den Bereich zivilrechtlicher Unterlassungsansprüche ist die strenge Unterscheidung von Tatsachen und Werturteilen anerkannt. Im Zusammenhang mit öffentlich-rechtlichen Unterlassungsansprüchen bzw. Folgenbeseitigungsansprüchen wird diese Argumentation nicht selten übertragen und ein Widerruf von Werturteilen für ausgeschlossen gehalten (VGH München NVwZ 1986, 327; ebenso Ossenbühl, Staatshaftungsrecht, 5. Aufl. 1998, 318). Dem allerdings wird entgegengebracht, dass Hoheitsträger sich nicht auf die Meinungsfreiheit berufen könnten und eine Übertragung der wesentlich im Wege der Drittwirkung über Art. 5 GG erzielten Auslegung im Kontext des Zivilrechts daher ausgeschlossen ist. Ein Widerruf sei daher möglich, weil und wenn er aus der Rechtswidrigkeit der Äußerung folge (vgl. bspw. Maurer, Allgemeines Verwaltungsrecht, 18. Aufl. 2011, § 29 Rn. 12 f.; s. zur Unterscheidung auch → DS-GVO Art. 16 Rn. 53 ff.).

33 Zutreffend ist, dass die Kategorie der Unrichtigkeit dem Charakter von Werturteilen jedenfalls dann, wenn diese in einem engen Sinne verstanden wird, widerspricht. Hintergrund der Auseinandersetzung bezüglich des Widerrufs von Werturteilen allerdings ist vor allem die Frage, ob es dem Einzelnen zumutbar ist, seine (persönlichen) Wertungen in Frage zu stellen (vgl. zum Schutz von Art. 5 GG hier auch Art. 12 GG bezüglich der Bezeichnung „AGG-Hopper" OLG Stuttgart NZA-RR 2013, 423 ff.). Bei der Berichtigung von Daten in dem spezifischen Kontext des § 58 aber geht es – zumindest nicht in erster Linie – um einen erzwungenen Widerruf, sondern um die Klarstellung und Korrektur, Untermauerung oder Vervollständigung einer Aussage. Diese findet wiederum nicht öffentlich, sondern im Kontext der gespeicherten Daten auf dem jeweiligen Speichermedium statt. Damit ist eine Berichtigung im Vergleich zum Widerruf für die Verantwortlichen weniger einschneidend. Hinzu kommt die Perspektive des Betroffenen, für den die Belastung eines (negativen) Werturteils beträchtlich sein kann. Er wird durch die Verwendung persönlicher Stellungnahmen über ihn und sein Leben zum Bewertungssubjekt der öffentlichen Gewalt. Dies kann mitunter belastender und folgenreicher sein als die Zusammenstellung von (falschen) Tatsachen. Entscheidender Unterschied von öffentlichen Beurteilungen einerseits zum Widerruf von (privaten) Werturteilen andererseits ist aber, dass Wertungen durch Hoheitsträger einer strengen Rechtmäßigkeitskontrolle unterliegen. Fehlt es bspw. an einer Ermächtigung für eine Wertung seitens des Hoheitsträgers, ist diese rechtswidrig; ihre Speicherung und Verarbeitung ist unzulässig und daher ist die Äußerung zu löschen. Gleiches gilt, wenn Wertungen der verantwortlichen Stelle oder solche Dritter zwecklos gespeichert sind. Die Löschung ist dann die zwingende Folge der rechtswidrigen Speicherung der Daten. Die Rechtswidrigkeit gespeicherter Werturteile kann aber auch – wenngleich eher selten – aus der Art und Weise ihrer Dokumentation folgen, etwa weil diese Missverständnisse hervorrufen können. Dies muss nicht zwingend die Unzulässigkeit der Speicherung und damit eine Löschungspflicht bedeuten; hier kann bspw. durch Ergänzungen oder Klarstellungen, mithin durch Berichtigung, die Wertung selbst rechtmäßig werden (vgl. etwa zu der Berichtigung eines Umweltinspektionsberichts nach § 52a BImSchG, VG Düsseldorf, BeckRS 2014, 56105). In all diesen Fällen ist es zweckmäßig, der verantwortlichen Stelle die Möglichkeit zu geben, den objektiven Aussagegehalt einer Wertung durch die Veränderung des Inhalts oder der Art und Weise ihrer Dokumentation zu korrigieren. Es ist häufig sachgerecht für die Wahrung der Interessen des Betroffenen einerseits und der verantwortlichen Stelle andererseits, dass rechtswidrige Werturteile, wenn nicht die Befugnis zur Wertung insgesamt fehlt, korrigiert und nicht gelöscht werden. Die Aufrechterhaltung einer polizeifachlichen Bewertung oder sonstigen Beurteilung kann auf diese Weise ebenso gewährleistet werden wie die Wahrung der Interessen des Betroffenen an der Korrektur eines möglicherweise unzutreffenden Eindrucks durch Ergänzungen oder Erläuterungen. Auf diese Weise kann bspw. die polizeifachliche Bewertung des Risikos einer Großveranstaltung oder die polizeifachliche Bewertung zur Gefährdereigenschaft einer Person bei erkannten Fehlern mit Anmerkungen und Ergänzungen versehen werden und muss nicht insgesamt wegen der Fehlerhaftigkeit gelöscht werden.

34 Ein in dieser Hinsicht weites Verständnis der Unrichtigkeit ist auch deshalb erforderlich, weil andernfalls die verantwortliche Stelle womöglich Tatsachen in Werturteile kleiden könnte, um damit den Anspruch auf Berichtigung auszuschließen. Aus der Gleichsetzung von Rechtswidrigkeit und Unrichtigkeit ergibt sich schließlich, dass Werturteile dort nicht oder kaum berichtigungsfähig sind, wo bzw. soweit sie auch gerichtlicher Kontrolle entzogen sind (bspw. bei Prüfungsentscheidungen uÄ; so auch Simitis/Mallmann BDSG aF § 20 Rn. 23).

35 In dieser Hinsicht vergleichbar ist die Berichtigung ärztlicher Diagnosen, bei denen letztlich auch eine Wertentscheidung bzw. eine Beurteilung durch den behandelnden Arzt erfolgt. Nach herrschender Auffassung sind ärztliche Diagnosen aber dem Berichtigungsanspruch nicht entzogen (vgl. Brehm FS Lange, 1992, 397 (400); BGH NJW 1989, 774; BGH NJW 2009, 941; allgemein hierzu Simitis/Mallmann BDSG aF § 20 Rn. 22 mwN).

36 Für polizeifachliche Bewertungen und sonstige Beurteilungen im Bereich des Sicherheitsrechts ist es daher nicht sachgerecht, von vornherein einen Berichtigungsanspruch prinzipiell auszuschließen (aA wohl Paal/Pauly/Paal Rn. 4). In polizeifachlichen Bewertungen befinden sich über das wertende Element hinaus in vielfacher Hinsicht auch Tatsachenangaben, die als Einzelangaben selbstverständlich dem Berichtigungsanspruch unterliegen müssen. Um eine sachgerechte Prognose oder Beurteilung erstellen zu können, muss gewährleistet sein, dass die handelnde Behörde auf einer zutreffenden Tatsachengrundlage argumentiert. Ist dies nicht der Fall, so muss unzweifelhaft eine Berichtigung vorgenommen werden. In diesen Fällen geht es dann nicht nur um die Existenz einer polizeifachlichen Bewertung, sondern um die Beherrschung der von ihr ausgehenden Folgewirkungen.

D. „Non liquet"

37 Wenn die Richtigkeit oder Unrichtigkeit der Daten nicht festgestellt werden kann, so soll nach § 58 Abs. 1 S. 3, 4 an die Stelle der Berichtigung eine Einschränkung der Verarbeitung treten. Der Verantwortliche hat die betroffene Person zu unterrichten, wenn eine weitere Verarbeitung erfolgen soll.

38 Hier wird der nicht seltene Fall geregelt, dass die Unrichtigkeit der gespeicherten Daten von dem Betroffenen und die Richtigkeit von der verantwortlichen Stelle behauptet wird. Lässt sich weder das eine noch das andere beweisen („non liquet"), ist eine Einschränkung der Verarbeitung der personenbezogenen Daten vorzunehmen. Die Einschränkung der Verarbeitung ist grundsätzlich vorläufiger Natur (→ DS-GVO Art. 18 Rn. 13). Nach Aufklärung der Umstände ist die Korrektur/Löschung durchzuführen oder die Beschränkung aufzuheben. Mangels ausdrücklicher Regelung in der DS-GVO besteht innerhalb deren Anwendungsbereichs Uneinigkeit darüber, wie in einem „non-liquet"-Fall zu verfahren ist. Nach wohl richtiger Auffassung, wird man dort wegen der grundsätzlich vorläufigen Natur des Art. 18 DS-GVO und mangels Rechtsgrundlage der Datenverarbeitung von einem Berichtigungs- bzw. Löschungsanspruch, nicht jedoch von einem Anspruch auf dauerhafte Einschränkung der Verarbeitung ausgehen müssen (vgl. zu Art. 18 DS-GVO → DS-GVO Art. 18 Rn. 33 ff.). Da die Beweislast für die Richtigkeit der Daten regelmäßig bei der Behörde liegt, wäre an sich eine Berichtigung oder Löschung dieser Daten auch im Anwendungsbereich der JI-RL statthaft. Im Gegensatz zur DS-GVO findet sich aber in § 58 Abs. 1 S. 3, 4 eine ausdrückliche Regelung, wie in den „non-liquet"-Fällen zu verfahren ist. Hier tritt an die Stelle des Anspruchs auf Berichtigung der eigentlich temporäre Anspruch auf Einschränkung der Verarbeitung. Insofern bedeutet die eingeschränkte Verarbeitung der Daten eine (möglicherweise dauerhafte) Beschränkung des Löschungs- bzw. Berichtigungsanspruchs. Da sich weder aus der Gesetzesbegründung noch aus der Richtlinie anderweitige Anhaltspunkte ergeben, können Daten dauerhaft in ihrer Verarbeitung beschränkt werden. Im Bereich von Sicherheitsdaten in öffentlichem Kontext ist das durchaus auch sachgerecht, da ein gesteigertes öffentliches Interesse an der Dokumentation und fortgesetzten Aufbewahrung dieser Daten anzunehmen ist und eine Wiederbeschaffung der Daten zumeist nicht möglich sein dürfte. Die betroffene Person wird geeignete Tatsachen zur Begründung ihrer Zweifel an der Richtigkeit beibringen müssen (BT-Drs. 18/11325, 114; Paal/Pauly/Paal Rn. 5). Verfügt allein die betroffene Person über relevante Beweismittel und legt sie diese trotz Möglichkeit nicht vor, geht dies zu ihren Lasten und die Beschränkung ist letztlich nach Hinweisen durch die verantwortliche Stelle aufzuheben (→ DS-GVO Art. 18 Rn. 36). Da es keine genannten Einschränkungen bezüglich der Daten gibt, bezieht sich der Beschränkungsanspruch statt einer Löschung auch auf besonders sensible Daten.

E. Vervollständigung unvollständiger Daten

39 Neben dem Anspruch auf Berichtigung hat die betroffene Person nach § 58 Abs. 1 S. 5 das Recht der Vervollständigung unvollständiger personenbezogener Daten. Dies betrifft Fälle, in denen Daten oder Datensätze lückenhaft, verkürzt, missverständlich oder irreführend sind. Angesichts eines möglicherweise unklaren objektiven Aussagegehalts drohen auch in diesen Fällen Falschdarstellungen des Betroffenen und damit die Verletzung seines Selbstbestimmungsrechts. Ein Anspruch auch auf Berichtigung solcher Daten muss für den Betroffenen daher immer dann bestehen, wenn von diesen unvollständigen Daten jene Gefahren ausgehen; sie sind in diesem Fall als unrichtig iSv § 58 Abs. 1 S. 1 anzusehen (BVerwGE 120, 188; Simitis/Mallmann BDSG aF

§ 20 Rn. 12). Wann eine solche Gefahrenlage besteht, liegt zumeist nicht ohne Weiteres offen zu Tage, sondern ist durch Auslegung des Aussagegehalts im Einzelfall festzustellen. Dabei ist vor allem auf den Verwendungs-, Erhebungs- und Speicherzweck abzustellen. Insbesondere wenn der ursprüngliche (legitime) Zweck fortfällt und durch einen anderen (legitimen) Zweck ersetzt wird oder sonst die Daten von dem ursprünglichen Zweck und aus dem sich daraus ergebenden Kontext herausgelöst werden, verändert sich auch der Sinn bzw. der Aussagehalt der Daten selbst. Dürfen, können oder werden die Daten mit anderen Daten in einen Zusammenhang gebracht, ist bei der Bewertung des Aussagegehalts auch auf diesen abzustellen. Wenn nach alledem die einzelnen Daten oder ihre Zusammenschau Rückschlüsse ermöglichen oder selbst hervorrufen, welche den Betroffenen in ein „falsches Licht rücken" oder Missverständnisse provozieren, so können die Daten als unrichtig betrachtet werden, mit der Folge, dass der objektive Aussagegehalt durch Ergänzungen, Erläuterungen oder Darstellungen zu berichtigen bzw. klarzustellen ist (Simitis/Mallmann BDSG aF § 20 Rn. 12 f.). Der Anspruch der betroffenen Person auf Vervollständigung ihrer Daten wird auch in Art. 16 S. 1 DS-GVO über den spezifischen Kontext der JI-RL geregelt (vgl. daher zum Vervollständigungsanspruch nach Art. 16 S. 1 DS-GVO → DS-GVO Art. 16 Rn. 57).

F. Löschungsanspruch

Die Pflicht zur Löschung, also zur Unkenntlichmachung gespeicherter personenbezogener Daten (vgl. § 3 Abs. 4 Nr. 5 BDSG aF), beruht vor allem auf rechtsstaatlichen Erwägungen. Die Erhebung und Speicherung von personenbezogenen Daten ist als Grundrechtseingriff rechtfertigungsbedürftig und überhaupt nur zweckgebunden möglich. 40

So ist es selbstverständlich, dass Daten zu löschen sind, wenn deren Verarbeitung unzulässig ist. Die Rechtswidrigkeit der Datennutzung gründet sich auf eine fehlende gesetzliche Ermächtigung bzw. auf eine fehlende Einwilligung zur Nutzung. Maßgeblicher Zeitpunkt für die Beurteilung der Rechtswidrigkeit und damit der Löschungspflicht ist der Entscheidungszeitpunkt. Der Wortlaut („ist") stellt insoweit gerade nicht auf die Rechtmäßigkeit der ursprünglichen Speicherung ab (Gola/Schomerus BDSG aF § 20 Rn. 10; Taeger/Gabel/Mester BDSG aF § 20 Rn. 17; Simitis/Mallmann BDSG aF § 20 Rn. 39). Es genügt demnach, wenn die Speicherung bzw. Verarbeitung der Daten erst im Laufe der Zeit unzulässig geworden ist. Widerruft der Betroffene bspw. seine die Verarbeitung allein legitimierende Einwilligung, sind die erhobenen Daten zu löschen (anders partiell Auernhammer/Abel BDSG aF § 20 Rn. 15). War die Verarbeitung ursprünglich unzulässig und ist sie im Entscheidungszeitpunkt zulässig (geworden), etwa durch nachträgliche Einwilligung, scheidet eine Löschung ebenfalls aus. Dem Betroffenen bleibt allenfalls die Möglichkeit der Feststellung der ursprünglich rechtswidrigen Speicherung oder unter Umständen die Aufnahme eines klarstellenden Vermerks. 41

Hieran ändert auch die Diskussion über das „Recht auf Vergessenwerden" nichts. Hinsichtlich dieses Rechts wird die zeitliche Dimension eines Grundrechtseingriffs in besonderer Weise betont (EUGH NJW 2014, 2257 – Google Spain/AEPD). Da die andauernde Speicherung von personenbezogenen Daten als permanenter Eingriff in Grundrechte auch zu jedem Zeitpunkt gerechtfertigt sein muss, kann und ggf. muss es zu einer immer wieder neuen Bewertung der Legitimität der Speicherung kommen. Zu Gunsten einer Löschung kann eine solche Bewertung ausgehen, wenn die Intensität des Eingriffs steigt, weil sich etwa die Rahmenbedingungen (Zugriffsrechte usw.) ändern. Bezogen auf die von sehr alten Informationen ausgehende Belastung für die aktuelle Lebenssituation des Betroffenen ist die zeitliche Dimension als Abwägungsgesichtspunkt von einiger Bedeutung (EUGH NJW 2014, 2257 – Google Spain/AEPD). So ist davon auszugehen, dass die legitimierende Funktion eines bestimmten Speicherzwecks im Laufe der Zeit verblassen kann. Tritt kein neuer legitimierender Zweck an die Stelle oder wird der alte Zweck nicht aktualisiert, ist der alte Zweck irgendwann verbraucht. Damit vor dem Hintergrund dieser zeitlichen Betrachtung ein Löschungsrecht besteht, ist es erforderlich, dass zunächst ein legitimer Zweck zur Verarbeitung der Daten bestanden hat. Wenn der Zweck im Laufe der Zeit fortfällt, besteht ein Löschungsanspruch. Für ein „Recht auf Vergessenwerden" besteht nur dann Raum, wenn der Zweck aber grundsätzlich fortbesteht, nur in seiner legitimierenden Funktion hinter die Löschungsinteressen des Betroffenen im Laufe der Zeit zurückfällt. 42

Weiterhin vorgesehen ist die Pflicht zur Löschung von personenbezogenen Daten, deren Kenntnis für die Aufgabenerfüllung nicht mehr erforderlich ist. Raum für diese Alternative besteht nur, wenn die Daten rechtmäßig gespeichert sind. Andernfalls folgt ein Anspruch auf Löschung bereits aus der ersten Alternative. Dabei kann die Rechtsgrundlage für die Verarbeitung der Daten auch ausgetauscht werden (VGH Mannheim NJW 1987, 2762 (2763); VGH Kassel NVwZ-RR 1994, 43

652; vgl. auch BVerwG DÖV 1990, 117; NJW 1983, 1338). So können Daten bspw. zunächst im Zusammenhang mit einer konkreten polizeilichen Maßnahme und schließlich allein zu Dokumentationszwecken zulässig gespeichert und vorgehalten werden oder Daten aus einem Strafverfahren für polizeiliche Maßnahmen weiterverwendet werden. Die jeweilige Legitimationsgrundlage für die Speicherung – und demnach ihr Zweck – entscheidet auch über die Erforderlichkeit der Kenntnis zur Aufgabenerfüllung. Denn die Aufgabenerfüllung steht im unmittelbaren Zusammenhang mit dem Speicherzweck. Die Erforderlichkeit der Kenntnis der Daten ist dementsprechend dann entfallen, wenn nichts dafür spricht, dass die Eintragung in Zukunft noch praktische Bedeutung haben wird und deshalb ausgeschlossen werden kann, dass die vorhandenen Daten die Arbeit der zuständigen Behörde noch fördern könnten (so in anderem Zusammenhang BVerwG NJW 1992, 2499; BVerwG NJW 1990, 2768 (2770); Simitis/Mallmann BDSG aF § 20 Rn. 42).

44   Dabei bestimmt sich die Aufgabe, um deren Erfüllung es gehen muss, nach dem konkreten aktuellen Verwendungszweck, wobei Daten unter Umständen auch für mehrere Zwecke verwendet werden können (vgl. BVerwG NJW 1990, 2768 ff.; sa Vogelsang/Vogelsang CR 1996, 752 ff.). Fällt einer der Zwecke fort, so ist die verantwortliche Stelle noch nicht zu einer Löschung verpflichtet (vgl. BVerwG NJW 1990, 2768). Die Behörde kann geltend machen, dass die Speicherung aufrechterhalten bleiben muss, weil die Daten möglicherweise später erforderlich sein werden. Dies soll sogar so weit gehen, dass Daten, die im Zusammenhang mit einem Strafverfahren erhoben worden sind, für mögliche präventiv-polizeiliche Tätigkeiten aufbewahrt werden durften, obwohl der Betroffene im Strafverfahren freigesprochen wurde (BVerfG NJW 2002, 3231 ff.; VGH München BayVBl. 1996, 468 ff.; Simitis/Mallmann BDSG aF § 20 Rn. 42). Beruft sich die verantwortliche Stelle auf eine spätere Relevanz der Daten, ist es an ihr, glaubhaft zu machen, dass die Daten später erforderlich sein werden und dass sich die Erforderlichkeit auf Aufgaben beziehen wird, welche in ihren Zuständigkeitsbereich fallen (vgl. BVerwG NJW 1994, 2499; Buchholz 402.41 Nr. 56). Grundsätzlich muss aber auch faktisch gelten, dass Daten zu löschen sind, wenn ihre Verwendung nicht mehr erforderlich ist (vgl. BVerfG NJW 2002, 3231 ff.; BVerwG NJW 1990, 2768 (2770)). Das heißt auch, dass sich eine schematische Lösung verbietet und eine Prüfung im Einzelfall erfolgt (BVerwG NJW 1990, 2768 (2770); s. insgesamt zum Löschungsanspruch nach Art. 17 DS-GVO → DS-GVO Art. 17 Rn. 21 ff.).

G. Einschränkung der Verarbeitung

45   Im Ermessen des Verantwortlichen steht die Entscheidung darüber, ob in bestimmten Fällen, die unter den Nr. 1, 2 und 3 des Abs. 3 näher bezeichnet werden, der Löschungsanspruch durch ein Recht auf Einschränkung der Verarbeitung ersetzt wird.

46   Nach § 58 Abs. 3 Nr. 1 unterbleibt die Löschung, wenn Grund zu der Annahme besteht, dass durch eine Löschung schutzwürdige Interessen des Betroffenen beeinträchtigt würden. Diese Alternative ist vor allem für Fälle relevant, in denen eine Löschung von Amts wegen, also aufgrund einer objektiven Löschungspflicht, erfolgt. Stellt der Betroffene hingegen einen Antrag auf Löschung, kann diese zumeist nicht durch eine Sperrung ersetzt werden, denn in erster Linie ist der Betroffene selbst berufen, über seine datenschutzrechtlichen Belange zu entscheiden. Immerhin kann er auch durch Genehmigung die Speicherung nachträglich legitimieren; dann kann er grundsätzlich auch über die Gewichtung seiner Interessen befinden. Kennt der Betroffene die Reichweite einer Löschung nicht, so hat ihn die verantwortliche Stelle zunächst aufzuklären. Verlangt der Betroffene dennoch die Löschung, kann diese allenfalls dann unterbleiben, wenn das Verlangen offenkundig irrational ist, etwa allein auf Ärger über die Behörde basiert und sich der Betroffene mit der Durchsetzung seines Begehrens in erheblicher Weise selbst schädigen würde. Soll eine Löschung auf Initiative der verantwortlichen Stelle erfolgen, sind potentielle Belange des Betroffenen zu berücksichtigen. Dabei ist eine Einzelfallbetrachtung angezeigt. Hier können Aspekte eine Rolle spielen wie etwa die drohende Unvollständigkeit der Daten, die Entstehung von missverständlichen Aussagegehalten, mögliche Beweisschwierigkeiten für den Betroffenen in einem späteren Verfahren usw. Im Zweifel sollte die Behörde auch in diesen Fällen aus den genannten Gründen bei dem Betroffenen nachfragen.

47   Nach § 58 Abs. 3 Nr. 2 ist auf eine Löschung zu verzichten, wenn Daten in Verfahren, die Zwecken des § 45 dienen, als Beweismittel weiter aufbewahrt werden müssen. Beweisbelastet für die Erfüllung dieser Voraussetzungen ist die verantwortliche Stelle. Sie muss im Einzelnen dokumentieren, warum zu Gunsten übergeordneter Interessen nach § 58 Abs. 3 Nr. 2 auf eine Löschung verzichtet wird. Ähnliche Regelungen finden sich auch in der DS-GVO in Art. 10 DS-GVO und im BDSG aF in § 14 Abs. 2 Nr. 7 BDSG aF.

In Nr. 3 wird die Sperrung für Fälle angeordnet, in denen eine Löschung wegen der besonderen **48**
Art der Speicherung nicht oder nur mit unverhältnismäßig hohem Aufwand möglich ist. Nach
der Gesetzesbegründung wird hier zur Legitimation auf § 20 Abs. 3 Nr. 3 BDSG aF verwiesen
(BT-Drs. 18/11325, 114 (Gesetzentwurf v. 24.2.2017)). In Art. 16 JI-RL ist die Wandlung des
Löschungsrechts zum Recht auf Einschränkung der Verarbeitung wegen unverhältnismäßig hohen
Aufwands nicht vorgesehen. Auch die Parallelnorm aus Art. 18 DS-GVO sieht diese Tatbestandsvariante
nicht vor (→ DS-GVO Art. 18 Rn. 20). Die Ausnahmeregelung wird daher vielfach
kritisiert. In jedem Fall ist sie, wenn man sie überhaupt für europarechtskonform hält (vgl. hierzu
bspw. http://www.lto.de/recht/hintergruende/h/bdsg-bundestag-dsgvo-datenschutz-unternehmen-umsetzung-eu-recht/;
zuletzt abgerufen am 30.7.2019; Kühling/Buchner/Schwichtenberg
Rn. 7; Paal/Pauly/Paal Rn. 11), besonders restriktiv auszulegen, weil fiskalische und wirtschaftliche
Interessen gegen den Anspruch auf Löschung personenbezogener Daten abgewogen werden
sollen. Diese werden allein aber kaum einmal in der Lage sein, einen verfassungsrechtlich abgesicherten
Anspruch auf Löschung von Daten auszuschließen (vgl. BVerfGE 65, 1 ff.; Tinnefeld NJW
2007, 625 ff.; Roßnagel NJW 2009, 2716 ff.; Gola/Klein NJW 2010, 2483 ff.; Ronellenfitsch
DuD 2009, 451 ff.). Auch der Gesetzgeber geht von der Pflicht zu einer restriktiven Auslegung
der Vorschrift aus. Es handele sich bei § 58 Abs. 3 Nr. 3 um eine klare Ausnahmevorschrift, da
der Verantwortliche grundsätzlich über eine ausreichend ausgestaltete IT-Infrastruktur verfügen
muss, um seinen Löschungsverpflichtungen nachkommen zu können (BT-Drs. 18/11325, 114 f.).

Denkbar ist eine Unverhältnismäßigkeit überhaupt nur, wenn ein besonders krasses Missverhältnis **49**
zu Lasten des Betroffenen besteht und die Belastung durch die fortgesetzte Speicherung der
Daten für den Betroffenen ohnehin von eher untergeordneter Bedeutung ist. Praktisch wird dies
kaum vorkommen. Die Löschung ist allenfalls dort besonders aufwändig, wo es sich nicht um
automatisierte Datenverarbeitung handelt. Auch bei diesen Daten wird es sich allerdings mittlerweile
überwiegend um digitale bzw. digitalisierte Daten handeln. Hier bestehen derweil – jedenfalls
regelmäßig – taugliche Hardware- und Softwarelösungen zur problemlosen Löschung der Daten.
Der praktische Anwendungsbereich ist bei der erforderlichen restriktiven Auslegung nahezu zu
vernachlässigen.

Rechtsfolge des Abs. 3 ist, dass an die Stelle der Löschung die Einschränkung der Verarbeitung **50**
der Daten tritt. Die DS-GVO normiert in Art. 18 ein entsprechendes Recht (s. bereits → Rn. 38,
→ Rn. 48). Die „Einschränkung der Verarbeitung" meint gem. § 46 Nr. 3 das Kennzeichnen
personenbezogener Daten, um deren künftige Verarbeitung einzuschränken. Dem Grunde nach
besteht im Falle der Einschränkung für den Betroffenen ein Löschungsanspruch. Daraus folgt, dass
eine Sperrung nicht in Betracht kommt, wenn ein Anspruch auf Löschung der Sache nach gar
nicht besteht. Da der Löschungsanspruch auch verfassungsrechtlich, auf Grundlage der Verletzung
des Rechts auf informationelle Selbstbestimmung, begründet ist, kann die Sperrung den
Löschungsanspruch nur ausnahmsweise ersetzen. Bloß wenn ein überwiegendes Interesse einer
Löschung entgegensteht, kann der Betroffene auf eine Sperrung verwiesen werden. Der Gesetzgeber
hat dies in Abs. 3 Nr. 1–3 typisiert (iE so auch Paal/Pauly/Paal Rn. 10 mit Verweis auf Schantz/
Wolf DatenschutzR/Schantz Rn. 1244). Bei einer entsprechend restriktiven Auslegung dürfte
auch die Vorschrift in Abs. 3 Nr. 3 verfassungs- und europarechtskonform sein (aA Kühling/
Buchner/Schwichtenberg Rn. 7).

Für automatisierte Dateisysteme sieht Abs. 4 vor, dass in technischer Hinsicht sicherzustellen **51**
ist, dass eine Einschränkung der Verarbeitung eindeutig erkennbar ist und dass eine Verarbeitung
für andere Zwecke nicht ohne weitere Prüfung möglich ist.

H. Unterrichtungspflicht (Abs. 5)

Nicht selten werden personenbezogene Daten neben der verantwortlichen Stelle weiteren Stellen **52**
zugänglich sein oder gemacht worden sein. Jede einzelne Stelle ist von sich aus verpflichtet,
Daten zu löschen, zu sperren oder zu berichtigen, wenn die entsprechenden Voraussetzungen
erfüllt sind. Dies sind objektive Pflicht und subjektives Recht der betroffenen Person zugleich.
Die verantwortlichen Stellen haben in eigener Verantwortung in regelmäßigen Abständen zu
prüfen, ob die bei ihnen vorhandenen Daten zu berichtigen oder zu löschen sind. Der Betroffene
wird zumeist eine dieser Stellen in Anspruch nehmen, nicht zuletzt etwa, weil er von der Kenntnis
bzw. dem Zugriff der anderen Stelle gar nichts weiß. Für diese Fälle schafft Abs. 5 eine Erleichterung
für den Betroffenen. Hier wird angeordnet, dass der Verantwortliche die andere Stelle, die
die personenbezogenen Daten zuvor übermittelt hat (Absender), darüber zu unterrichten hat, dass
eine Berichtigung oÄ erfolgt ist. Der Adressat hat entsprechend seinem Pflichtenkreis aus § 58
zu reagieren. Eine ähnliche Regelung ist auch für die Empfänger von Daten vorgesehen. Die

verantwortliche Stelle hat die Berichtigung, Löschung oder Einschränkung der Verarbeitung auch denjenigen mitzuteilen, denen die verantwortliche Stelle Daten übermittelt hat. Besteht ein Löschungs-, Sperrungs- oder Berichtigungsanspruch gegenüber der verantwortlichen Stelle, ist es zwar nicht zwingend, aber durchaus möglich, dass auch der Empfänger die personenbezogenen Daten zu sperren, zu löschen oder zu berichtigen hat. Der Betroffene kann durch eine Verständigung der Empfänger besser davor geschützt werden, dass ggf. unrichtige Daten weiterverarbeitet oder genutzt werden. Neben der Verbesserung der Rechtsstellung des Betroffenen ist es daher Sinn dieser Nachberichtspflicht, dass der Empfänger seinen objektiven datenschutzrechtlichen Verpflichtungen nachkommt. Die Mitteilung hat dabei unverzüglich zu erfolgen und umfasst alle übermittelten, unrichtigen personenbezogene Daten, welche grundsätzlich der Berichtigung unterliegen können. Gleichermaßen sind Daten von der Berichtspflicht betroffen, deren Verarbeitung rechtswidrig ist. Es entspricht sowohl dem Interesse des Betroffenen wie auch dem Interesse der Empfänger, Kenntnis von der Unrichtigkeit der Daten bzw. von der Rechtswidrigkeit der Verarbeitung zu erlangen, da eine weitere Verwendung der eigenen Daten möglicherweise rechtswidrig ist. Die Nachberichtspflicht hinsichtlich der Fälle der Berichtigung, Löschung oder Einschränkung der Verarbeitung ist umfassend. Dies unterscheidet die Regelung von § 20 Abs. 8 BDSG aF. Behördenspezifische Umstände, die eine Berichtigung, Löschung oder Einschränkung der Verarbeitung ausgelöst haben, waren dort noch von der Nachberichtspflicht ausgenommen.

I. Absehen von der Berichtigung (Abs. 6)

53 Tritt die betroffene Person an den Verantwortlichen heran und macht das Recht auf Berichtigung oder Löschung geltend und entscheidet sich der Verantwortliche dafür, dem Anspruch nicht zu folgen bzw. statt einer Löschung eine Einschränkung der Verarbeitung vorzunehmen, so ist der Betroffene schriftlich über diese Umstände zu informieren. Eine Ausnahme von dieser Berichtspflicht besteht nur in den Fällen, in denen die Behörde plausibel darlegen kann, dass diese Mitteilung eine Gefährdung iSv § 56 Abs. 2 mit sich bringen würde. Gleiches gilt für die anzugebende Begründung für das Absehen einer Löschung oder Berichtigung. Diese ist mitzuteilen, es sei denn, dass die Mitteilung der Gründe den verfolgten Zweck gefährden würde.

J. Entsprechende Anwendung von § 57 Abs. 7 und 8 (Abs. 7)

54 § 57 Abs. 8 regelt die Dokumentationspflicht des Verantwortlichen – bezogen auf den Entscheidungsprozess hinsichtlich der Berichtigung, Löschung oder Sperrung von Daten. In § 57 Abs. 7 ist das Recht des Betroffenen geregelt, sein Auskunftsrecht gegenüber dem Bundesbeauftragten oder der Bundesbeauftragten in Anspruch zu nehmen.

§ 59 Verfahren für die Ausübung der Rechte der betroffenen Person

(1) ¹**Der Verantwortliche hat mit betroffenen Personen unter Verwendung einer klaren und einfachen Sprache in präziser, verständlicher und leicht zugänglicher Form zu kommunizieren.** ²**Unbeschadet besonderer Formvorschriften soll er bei der Beantwortung von Anträgen grundsätzlich die für den Antrag gewählte Form verwenden.**

(2) **Bei Anträgen hat der Verantwortliche die betroffene Person unbeschadet des § 57 Absatz 6 und des § 58 Absatz 6 unverzüglich schriftlich darüber in Kenntnis zu setzen, wie verfahren wurde.**

(3) ¹**Die Erteilung von Informationen nach § 55, die Benachrichtigungen nach den §§ 56 und 66 und die Bearbeitung von Anträgen nach den §§ 57 und 58 erfolgen unentgeltlich.** ²**Bei offenkundig unbegründeten oder exzessiven Anträgen nach den §§ 57 und 58 kann der Verantwortliche entweder eine angemessene Gebühr auf der Grundlage der Verwaltungskosten verlangen oder sich weigern, aufgrund des Antrags tätig zu werden.** ³**In diesem Fall muss der Verantwortliche den offenkundig unbegründeten oder exzessiven Charakter des Antrags belegen können.**

(4) **Hat der Verantwortliche begründete Zweifel an der Identität einer betroffenen Person, die einen Antrag nach den §§ 57 oder 58 gestellt hat, kann er von ihr zusätzliche Informationen anfordern, die zur Bestätigung ihrer Identität erforderlich sind.**

Überblick

§ 59 enthält Regelungen zum Verfahren für die Ausübung der Rechte der betroffenen Person nach § 55 ff. Die Vorschrift betrifft den spezifischen Kontext der Verarbeitung personenbezogener Daten zu Zwecken nach Art. 1 Abs. 1 JI-RL (RL (EU) 2016/680) und trifft unter anderem bereichsspezifische Regelungen zu Art. 12 DS-GVO und setzt dessen Vorgaben in nationales Recht um.

A. Allgemeines

§ 59 enthält – ausweislich seiner Überschrift – Bestimmungen, die das Verfahren für die Ausübung der Rechte des Betroffenen näher regeln. Durch ihn wird Art. 12 Abs. 1, 3, 4 und 5 JI-RL in nationales Recht bereichsspezifisch umgesetzt (BT-Drs. 18/11325, 115). Anders als es die Überschrift vermuten lassen könnte, begründet § 59 keine Verfahrensvorgaben, die der Betroffene bei der Ausübung seiner Rechte zu beachten hätte. Vielmehr adressiert § 59 den Verantwortlichen und regelt seine Obliegenheiten und Pflichten im Umgang insbesondere mit Anträgen des Betroffenen. 1

Im Gegensatz zu Art. 12 Abs. 2 DS-GVO und entgegen der Vorgabe des Art. 12 Abs. 2 JI-RL, wurde die Pflicht zur Erleichterung der Geltendmachung von Betroffenenrechten durch den Verantwortlichen nicht in die Vorschrift aufgenommen. Der Verantwortliche muss nach Richtlinie und Verordnung grundsätzlich dem Betroffenen die Ausübung seiner Betroffenenrechte durch geeignete Maßnahmen erleichtern (vgl. → DS-GVO Art. 12 Rn. 31 ff.). § 59 bleibt hinter diesen Anforderungen zurück und verstößt damit gegen deren Vorgaben (Kühling/Buchner/Schwichtenberg Rn. 7; Gola/Heckmann/Heckmann/Scheurer Rn. 3). 1a

B. Kommunikation zwischen Verantwortlichem und betroffener Person (Abs. 1)

Gemäß § 59 Abs. 1 S. 1 hat der Verantwortliche mit dem Betroffenen unter Verwendung einer klaren und einfachen Sprache in präziser, verständlicher und leicht zugänglicher Form zu kommunizieren. Diese Vorgaben betreffen die gesamte Kommunikation zwischen dem Verantwortlichen und dem Betroffenen und nicht nur diejenige, die sich unmittelbar auf einen Antrag des Betroffenen bezieht. § 59 Abs. 1 S. 1 schreibt die Transparenzpflicht damit umfassender vor, als es die zugrunde liegende JI-RL vom nationalen Gesetzgeber fordert. Auch der Geltungsumfang der entsprechenden Parallelnorm in der DS-GVO, Art. 12 Abs. 1 DS-GVO, erfasst nicht die gesamte Kommunikation zwischen Verantwortlichem und Betroffenen und ist somit zwar hinsichtlich der inhaltlichen Anforderungen identisch, jedoch weniger weitgehend (Kühling/Buchner/Schwichtenberg Rn. 2). 2

Der Verantwortliche muss zunächst sicherstellen, dass sämtliche Informationen, die für die Ausübung der Rechte des Betroffenen relevant sind, für diesen leicht zugänglich (insbesondere auch auf der Website des Verantwortlichen) und in verständlicher Sprache zu erhalten sind (vgl. Erwägungsgrund 39 der JI-RL). Weiterhin setzt § 59 Abs. 1 S. 1 voraus, dass der Verantwortliche im Fall direkter Kommunikation zwischen ihm und dem Betroffenen ein Medium wählt, dessen Verwendung im Alltag üblich ist und deshalb als von dem Betroffenen beherrschbar zu erwarten ist (Post, E-Mail, Telefon). Die Kommunikation darf nicht auf die Art und Weise erfolgen, die für den Betroffenen erkennbar mit Schwierigkeiten verbunden wäre. Darüber hinaus muss der Verantwortliche seine Mitteilungen an den Betroffenen so formulieren und gestalten, dass sich dem Betroffenen der Inhalt ohne Weiteres, also ohne größere Mühen (Recherchen, Übersetzung, Beratung) erschließt. Um eine entsprechende Kommunikationsweise zu gewährleisten, hat der Verantwortliche alle angemessenen Maßnahmen zu treffen (vgl. JI-RL). 3

Bei der Beantwortung von Anträgen soll der Verantwortliche – unbeschadet besonderer Formvorschriften – grundsätzlich die für den Antrag gewählte Form verwenden (§ 59 Abs. 1 S. 2). Diese Vorschrift erklärt sich vor dem Hintergrund, dass der Betroffene in der Regel eine Antwort in der von ihm selbst gewählten Form (bspw. E-Mail oder Post) erwarten und bevorzugen wird. Jedenfalls ist sicher anzunehmen, dass der Betroffene die Verwendung des selbst gewählten Mediums beherrscht. § 59 dient dem Schutz des Betroffenen. Von den hier geregelten Verfahrensgrundsätzen darf grundsätzlich nur zugunsten des Betroffenen abgewichen werden, also dann, wenn anzunehmen ist, dass der Betroffene eine Antwort in einer anderen als der von ihm gewählten Form favorisiert. Dies dürfte beispielsweise der Fall sein, wenn der Antrag mündlich gestellt wurde und der Betroffene um schriftliche Antwort bittet oder seine E-Mailadresse zu Kommunikations- 4 zwecken hinterlässt (kritisch zur ausreichenden Angabe einer E-Mail-Adresse Gola/Heckmann/Heckmann/Scheurer Rn. 11). In diesem Fall kann der Betroffene schon aus Gründen der Rechtssicherheit an einer schriftlichen Antwort interessiert sein. Eine mündliche Beantwortung eines schriftlichen Antrags ist hingegen grundsätzlich unzulässig. Bei komplizierten Sachverhalten kann der Verantwortliche vielmehr zusätzlich zu einer schriftlichen Stellungnahme mündliche Erläuterungen vornehmen (zum Transparenzgebot des Art. 12 Abs. 1 DS-GVO → DS-GVO Art. 12 Rn. 9 ff.).

C. Bescheidung des Antrags (Abs. 2)

5   Bei Anträgen hat der Verantwortliche den Betroffenen unbeschadet des § 57 Abs. 6 und des § 58 Abs. 6 unverzüglich schriftlich darüber zu informieren, wie der Antrag beschieden wurde und welche Maßnahmen infolgedessen ergangen sind. Unverzüglich bedeutet entsprechend § 121 Abs. 1 S. 1 BGB ohne schuldhaftes Zögern (→ § 58 Rn. 23). Im Unterschied zu § 59 Abs. 1 S. 2, der sich auf die gesamte Kommunikation zwischen Verantwortlichem und Betroffenen bezieht, betrifft § 59 Abs. 2 nur die Bescheidung des Antrags.

D. Unentgeltlichkeit des Antrags; offenkundig unbegründete und exzessive Anträge (Abs. 3)

6   Die Erteilung von Informationen nach § 55, die Benachrichtigungen nach den §§ 56 und 66 und die Bearbeitung von Anträgen nach den §§ 57 und 58 erfolgt unentgeltlich (§ 59 Abs. 3 S. 1). Was nach alter Rechtslage ausnahmslos galt (§ 19 Abs. 7 BDSG aF), gilt nach neuer Rechtslage für Anträge nach den §§ 57 und 58, die offenkundig unbegründet sind oder ein exzessives Ausmaß annehmen (§ 59 Abs. 3 S. 2) ausdrücklich nicht mehr. S. 2 lässt allerdings offen, unter welchen Voraussetzungen der Antrag eines Betroffenen als offenkundig unbegründet oder exzessiv einzustufen ist (dazu krit. die Stellungnahme des Landesbeauftragten für Datenschutz und Informationsfreiheit Mecklenburg-Vorpommern v. 25.1.2017, 12). Die Vorschrift soll verhindern, dass ein (angeblich) Betroffener in rechtsmissbräuchlicher Weise ein (vermeintliches) Betroffenenrecht ausübt (vgl. 40 der JI-RL). Vor diesem Hintergrund müssen die unbestimmten Rechtsbegriffe des Abs. 3 („offensichtlich unbegründet" und „exzessiv") restriktiv ausgelegt werden. Offenkundig unbegründet ist zB ein Antrag etwa dann, wenn er sich auf fremde personenbezogene Daten bezieht und der Antragsteller daher offensichtlich nicht Inhaber des behaupteten Anspruchs ist. Als Beispiel für exzessive Anträge nennt die JI-RL den Fall, dass ein Betroffener ungebührlich und wiederholt Informationen verlangt (Erwägungsgrund 40 der JI-RL, Art. 12 Abs. 4 S. 2 JI-RL). Auch ein sonstiger Missbrauch durch den Betroffenen, zB indem er falsche oder irreführende Angaben macht, soll relevant sein (Erwägungsgrund 40 JI-RL).

7   In den Fällen offenkundig unbegründeter oder exzessiver Anträge kann der Verantwortliche entweder eine Gebühr auf der Grundlage der Verwaltungskosten verlangen oder sich weigern, aufgrund des Antrags tätig zu werden (§ 59 Abs. 3 S. 2).

8   § 59 Abs. 3 S. 2 suggeriert eine echte Wahlmöglichkeit des Verantwortlichen. Die entgeltliche Bearbeitung eines Antrags stellt für den Betroffenen aber die mildere Maßnahme dar. Insofern zwingt der Verhältnismäßigkeitsgrundsatz die verantwortlichen öffentlichen Stellen zunächst zur Erhebung einer angemessenen Gebühr. Nur wenn die Bearbeitung einen Aufwand, der außer Verhältnis zu den Interessen des Betroffenen steht, nach sich ziehen würde, kann der Verantwortliche die Bearbeitung des Antrags verweigern.

9   Der Verantwortliche muss den offenkundig unbegründeten oder exzessiven Charakter des Antrags belegen können (zur Unentgeltlichkeit nach Art. 12 Abs. 5 DS-GVO → DS-GVO Art. 12 Rn. 43 ff.).

E. Identitätsnachweis (Abs. 4)

10   Sofern der Verantwortliche begründete Zweifel an der Identität eines Betroffenen hat, der einen Antrag nach den §§ 57 oder 58 gestellt hat, kann er von ihm zusätzliche, zur Bestätigung seiner Identität erforderliche Informationen anfordern. Bisher war es gängige Praxis der Verantwortlichen, stets einen entsprechenden Identitätsnachweis zu verlangen. Das Nachweiserfordernis wurde als Grundvoraussetzung für die Antragstellung angesehen. Ausweislich der Gesetzesbegründung zu § 59 Abs. 4 sei eine Änderung dieser Praxis vor dem Hintergrund der JI-RL nicht angezeigt (BT-Drs. 18/11325, 115).

Weiterhin ist die strenge Zweckbindung der zusätzlichen Informationen zu beachten. Die **11** verlangten Angaben müssen zur sicheren Identifizierung des Antragsstellers tatsächlich erforderlich sein und nicht länger gespeichert werden, als es für diesen Zweck notwendig ist (Erwägungsgrund 41 der JI-RL). Sie dürfen nicht zu anderen Zwecken auf Vorrat erhoben werden. Weil die Weitergabe von Daten an unbefugte Dritte selbst datenschutzrechtlich relevant ist und letztlich unter Umständen sogar als Straftat oder Ordnungswidrigkeit geahndet werden kann (s. § 203 Abs. 2 StGB), sind die Anforderungen an die Identifizierung des Antragsstellers in keinem Fall zu gering zu halten. Die bloße Übereinstimmung der Anschrift von Betroffenem und Antragsteller kann nicht genügen; sie erlaubt keinen sicheren Rückschluss auf die Identität des tatsächlichen Antragstellers. Der Verantwortliche kann den Antragsteller ggf. um weitere Angaben ersuchen. Im Übrigen ist im Einzelfall zu beurteilen, welches Maß an Gewissheit bezüglich der Identität des Antragsstellers erforderlich ist. Dabei stellt – wie auch sonst – die Sensibilität der Daten regelmäßig ein zentrales Kriterium dar.

Verbleiben weiterhin Zweifel an der Identität, muss dies nicht zwangsläufig zur Ablehnung **12** des Antrags führen. Vielfach ist es dem Verantwortlichen möglich, über die Art und Weise der Auskunftserteilung Unsicherheiten zu beseitigen. So ist vor allem denkbar, Auskünfte schriftlich zu erteilen und über die Zustellungsart die erforderliche Identität sicherzustellen (vgl. dazu → DS-GVO Art. 16 Rn. 21 f.; Taeger/Gabel/Mester BDSG aF § 19 Rn. 8; Simitis/Mallmann BDSG aF § 19 Rn. 58).

§ 60 Anrufung der oder des Bundesbeauftragten

(1) ¹Jede betroffene Person kann sich unbeschadet anderweitiger Rechtsbehelfe mit einer Beschwerde an die Bundesbeauftragte oder den Bundesbeauftragten wenden, wenn sie der Auffassung ist, bei der Verarbeitung ihrer personenbezogenen Daten durch öffentliche Stellen zu den in § 45 genannten Zwecken in ihren Rechten verletzt worden zu sein. ²Dies gilt nicht für die Verarbeitung von personenbezogenen Daten durch Gerichte, soweit diese die Daten im Rahmen ihrer justiziellen Tätigkeit verarbeitet haben. ³Die oder der Bundesbeauftragte hat die betroffene Person über den Stand und das Ergebnis der Beschwerde zu unterrichten und sie hierbei auf die Möglichkeit gerichtlichen Rechtsschutzes nach § 61 hinzuweisen.

(2) ¹Die oder der Bundesbeauftragte hat eine bei ihr oder ihm eingelegte Beschwerde über eine Verarbeitung, die in die Zuständigkeit einer Aufsichtsbehörde in einem anderen Mitgliedstaat der Europäischen Union fällt, unverzüglich an die zuständige Aufsichtsbehörde des anderen Staates weiterzuleiten. ²Sie oder er hat in diesem Fall die betroffene Person über die Weiterleitung zu unterrichten und ihr auf deren Ersuchen weitere Unterstützung zu leisten.

Überblick

§ 60 stellt für den Bereich der Datenverarbeitung durch öffentliche Stellen zu den in § 45 genannten Zwecken klar, dass Betroffene sich an die oder den Bundesbeauftragten wenden können. Die Regelung überführt das Anrufungsrecht des § 21 BDSG aF und setzt Art. 52 RL (EU) 2016/680 um.

A. Abs. 1

Nach Abs. 1 S. 1 kann sich jede betroffene Person bei einer angenommenen Rechtsverletzung **1** bei der Verarbeitung ihrer personenbezogenen Daten durch öffentliche Stellen zu den in § 45 genannten Zwecken mit einer Beschwerde an die oder den Bundesbeauftragten wenden.

Ausgenommen ist nach S. 2 entsprechend § 9 Abs. 2 in Umsetzung des Art. 45 Abs. 2 S. 1 RL **2** (EU) 2016/680 die Datenverarbeitung durch Bundesgerichte im Rahmen ihrer justiziellen Tätigkeit (§ 9 → § 9 Rn. 3).

Die Beschwerde unterliegt keinen formalen Anforderungen oder besonderen Voraussetzungen. **3** Ausreichend ist die entsprechend darzulegende Auffassung der betroffenen Person, durch eine öffentliche Stelle zu den in § 45 genannten Zwecken in ihren Rechten verletzt worden zu sein. Ob dies zutrifft, ist Gegenstand der Prüfung durch die oder den Bundesbeauftragten. Die oder der Bundesbeauftragte ist insoweit verpflichtet, sich mit der Beschwerde in tatsächlicher wie rechtlicher Hinsicht zu befassen und deren Gegenstand zu untersuchen, soweit dies im Einzelfall angemessen ist (Art. 46 Abs. 1 lit. f RL (EU) 2016/680). Bei offenkundig unbegründeten oder, insbesondere im Fall von häufiger Wiederholung, excessiven Anfragen greift § 14 Abs. 4 S. 2, wonach die oder der Bundesbeauftragte eine angemessene Gebühr verlangen oder sich weigern kann, tätig zu werden. Die oder der Bundesbeauftragte hat das Einreichen von Beschwerden zu erleichtern, etwa durch die Bereitstellung eines Beschwerdeformulars, das auch elektronisch ausgefüllt werden kann (zum Online-Beschwerdeformular der oder des Bundesbeauftragten siehe https://www.bfdi.bund.de/DE/Service/Beschwerden/beschwerden_node.html). Andere Kommunikationsmittel wie Brief, Telefon oder E-Mail dürfen dadurch nicht ausgeschlossen werden (s. § 14 Abs. 3 → § 14 Rn. 15).

4   Nach S. 3 hat die oder der Bundesbeauftragte die Betroffenen innerhalb eines angemessenen Zeitraumes über den Stand, ggf. auch einen Zwischenstand, und das Ergebnis zu unterrichten (siehe auch Erwägungsgrund 85 und Art. 52 Abs. 4 RL (EU) 2016/680). Die oder der Bundesbeauftragte hat dabei auf die Möglichkeit gerichtlichen Rechtsschutzes nach § 61 gegen seine Entscheidungen und bei Untätigkeit hinzuweisen. Inwieweit der Betroffene über das Recht auf Beschwerde hinaus auch ein gerichtlich durchsetzbaren Anspruch auf aufsichtsbehördliche Maßnahmen hat, zumindest im Falle einer möglichen Verletzung von eigenen Rechten sowie kumulativ einer Reduktion des Ermessens auf Null, ist gerichtlich bislang nicht einheitlich ausgeurteilt (s. Will ZD 2020, 97 (99)). Erfahrungsgemäß nehmen die betroffenen Personen das niedrigschwellige Beschwerderecht viel stärker in Anspruch als potentiell langwierige und kostenträchtige justizielle Verfahren, welche als anderweitige Rechtsbehelfe unbeschadet erhalten bleiben, dh alternativ oder kumulativ betrieben werden können. Das Beschwerderecht sichert damit in unkomplizierter Weise die Einhaltung des Datenschutzrechts und der Betroffenenrechte. Zugleich wird die oder der Bundesbeauftragte durch Beschwerden oftmals erst auf Missstände aufmerksam oder erhält Anstöße für Prüfungen. Eine entsprechende Regelung für die Verarbeitung von Sozialdaten sieht § 81 des Sozialgesetzbuches Zehntes Buch vor.

B. Abs. 2

5   Neu ist die Regelung in Abs. 2 S. 1, wonach die oder der Bundesbeauftragte Beschwerden, die in die Zuständigkeit einer Aufsichtsbehörde in einem anderen Mitgliedstaat der Europäischen Union fallen, unverzüglich dorthin weiterzuleiten hat und nach S. 2 zugleich die Betroffenen hierüber unterrichten muss und auf deren Ersuchen weitere Unterstützung leistet (Art. 52 Abs. 2 und 3 RL (EU) 2016/680). Letzteres ist angesichts der grundsätzlichen Unentgeltlichkeit der Aufgabenerfüllung für Betroffene (§ 14 Abs. 4 S. 1) nicht zu unterschätzen. Betroffene aus Deutschland werden die oder den Bundesbeauftragten zunächst als primären Ansprechpartner und Vermittler betrachten, schon aus praktischen Erwägungen wie der Sprache und telefonischen Erreichbarkeit. Eine entsprechende Pflicht zur Weiterleitung von Beschwerden bei Zuständigkeit der Landesdatenschutzbeauftragten besteht nicht (kritisch Kühling/Buchner § 60 Rn. 4).

§ 61 Rechtsschutz gegen Entscheidungen der oder des Bundesbeauftragten oder bei deren oder dessen Untätigkeit

(1) Jede natürliche oder juristische Person kann unbeschadet anderer Rechtsbehelfe gerichtlich gegen eine verbindliche Entscheidung der oder des Bundesbeauftragten vorgehen.

(2) Absatz 1 gilt entsprechend zugunsten betroffener Personen, wenn sich die oder der Bundesbeauftragte mit einer Beschwerde nach § 60 nicht befasst oder die betroffene Person nicht innerhalb von drei Monaten nach Einlegung der Beschwerde über den Stand oder das Ergebnis der Beschwerde in Kenntnis gesetzt hat.

Überblick

Die Vorschrift regelt den Rechtsschutz gegen die oder den Bundesbeauftragen. Die Regelung stellt eine Umsetzung von Art 53 RL (EU) 2016/680 dar. Von Abs. 1 werden hierfür Anfechtungssituationen, von Abs. 2 Untätigkeitskonstellationen erfasst.

A. Anfechtungssituation (Abs. 1)

Nach Abs. 1 können unbeschadet anderer Rechtsbehelfe natürliche und juristische Personen gerichtlich gegen eine verbindliche Entscheidung der oder des Bundesbeauftragten vorgehen. Ausweislich der Gesetzesbegründung steht die Regelung hinsichtlich des Rechtsschutzverfahrens in systematischem Zusammenhang mit § 20 (vgl. BT-Drs. 18/11325, 115). Folglich ist für den Rechtsschutz der Weg zur Verwaltungsgerichtsbarkeit eröffnet (VG Mainz BeckRS 2020, 5419). Für das Verfahren sind die Regelungen des Verwaltungsprozessrechts anzuwenden (Paal/Pauly Rn. 4 f.). Der Rechtsschutz richtet sich ausschließlich gegen verbindliche Entscheidungen. Solche sind nach dem Erwägungsgrund 86 JI-RL die Ausübung von Untersuchungs-, Abhilfe- und Genehmigungsbefugnissen oder die Ablehnung oder Abweisung von Beschwerden durch den Bundesbeauftragten. Bloße Äußerungen oder Stellungnahmen können folglich nicht über Abs. 1 angegriffen werden. 1

Andere Rechtsbehelfe bleiben ausdrücklich unberührt. Es ist daher fraglich, ob § 61 überhaupt ein eigenständiger Anwendungsbereich zukomme. Nahezu sämtliche Konstellationen dürften bereits über die bestehenden Rechtsschutzmöglichkeiten abgedeckt sein. Es wird daher vertreten, dass der Vorschrift eine Reservefunktion zukomme, die solche Konstellationen abdecke, die vom bestehenden Rechtsschutzsystem der VwGO nicht abgedeckt würden (Gola/Heckmann/Heckmann Rn. 5). 2

Örtlich und sachlich zuständig für entsprechende Klagen gegen den Bundesbeauftragten ist das VG Köln (Gola/Heckmann/Heckmann Rn. 6). 2a

B. Untätigkeitssituation (Abs. 2)

Abs. 2 beinhaltet zwei Varianten einer Untätigkeitsklage gegen den Bundesbeauftragten. So besteht einerseits Rechtsschutz gegen eine Nichtbefassung mit einer Beschwerde; andererseits kann auch Untätigkeitsklage erhoben werden, wenn über das Ergebnis einer Beschwerde oder den Stand des Verfahrens nicht innerhalb von drei Monaten nach deren Eingang informiert wird. 3

Um über den Stand des Verfahrens zu informieren, reicht es nicht aus, wenn der Eingang der Beschwerde bestätigt wird oder lediglich eine formelhafte Auskunft erfolgt. Erforderlich ist vielmehr eine fundierte am tatsächlichen Verfahrensstand orientierte Auskunft (Gola/Heckmann/Heckmann Rn. 9). 3a

Weist die oder der Bundesbeauftragte die Beschwerde hingegen zurück, greift das Klagerecht aus Abs. 1 (Paal/Pauly Rn. 6). 4

Kapitel 4. Pflichten der Verantwortlichen und Auftragsverarbeiter

§ 62 Auftragsverarbeitung

(1) ¹Werden personenbezogene Daten im Auftrag eines Verantwortlichen durch andere Personen oder Stellen verarbeitet, hat der Verantwortliche für die Einhaltung der Vorschriften dieses Gesetzes und anderer Vorschriften über den Datenschutz zu sorgen. ²Die Rechte der betroffenen Personen auf Auskunft, Berichtigung, Löschung, Einschränkung der Verarbeitung und Schadensersatz sind in diesem Fall gegenüber dem Verantwortlichen geltend zu machen.

(2) Ein Verantwortlicher darf nur solche Auftragsverarbeiter mit der Verarbeitung personenbezogener Daten beauftragen, die mit geeigneten technischen und organisatorischen Maßnahmen sicherstellen, dass die Verarbeitung im Einklang mit den gesetzlichen Anforderungen erfolgt und der Schutz der Rechte der betroffenen Personen gewährleistet wird.

(3) ¹Auftragsverarbeiter dürfen ohne vorherige schriftliche Genehmigung des Verantwortlichen keine weiteren Auftragsverarbeiter hinzuziehen. ²Hat der Verantwortliche dem Auftragsverarbeiter eine allgemeine Genehmigung zur Hinzuziehung weiterer Auftragsverarbeiter erteilt, hat der Auftragsverarbeiter den Verantwortlichen über jede beabsichtigte Hinzuziehung oder Ersetzung zu informieren. ³Der Verantwortliche kann in diesem Fall die Hinzuziehung oder Ersetzung untersagen.

(4) ¹Zieht ein Auftragsverarbeiter einen weiteren Auftragsverarbeiter hinzu, so hat er diesem dieselben Verpflichtungen aus seinem Vertrag mit dem Verantwortlichen nach Absatz 5 aufzuerlegen, die auch für ihn gelten, soweit diese Pflichten für den weiteren Auftragsverarbeiter nicht schon aufgrund anderer Vorschriften verbindlich sind. ²Erfüllt ein weiterer Auftragsverarbeiter diese Verpflichtungen nicht, so haftet der ihn beauftragende Auftragsverarbeiter gegenüber dem Verantwortlichen für die Einhaltung der Pflichten des weiteren Auftragsverarbeiters.

(5) ¹Die Verarbeitung durch einen Auftragsverarbeiter hat auf der Grundlage eines Vertrags oder eines anderen Rechtsinstruments zu erfolgen, der oder das den Auftragsverarbeiter an den Verantwortlichen bindet und der oder das den Gegenstand, die Dauer, die Art und den Zweck der Verarbeitung, die Art der personenbezogenen Daten, die Kategorien betroffener Personen und die Rechte und Pflichten des Verantwortlichen festlegt. ²Der Vertrag oder das andere Rechtsinstrument haben insbesondere vorzusehen, dass der Auftragsverarbeiter

1. nur auf dokumentierte Weisung des Verantwortlichen handelt; ist der Auftragsverarbeiter der Auffassung, dass eine Weisung rechtswidrig ist, hat er den Verantwortlichen unverzüglich zu informieren;
2. gewährleistet, dass die zur Verarbeitung der personenbezogenen Daten befugten Personen zur Vertraulichkeit verpflichtet werden, soweit sie keiner angemessenen gesetzlichen Verschwiegenheitspflicht unterliegen;
3. den Verantwortlichen mit geeigneten Mitteln dabei unterstützt, die Einhaltung der Bestimmungen über die Rechte der betroffenen Person zu gewährleisten;
4. alle personenbezogenen Daten nach Abschluss der Erbringung der Verarbeitungsleistungen nach Wahl des Verantwortlichen zurückgibt oder löscht und bestehende Kopien vernichtet, wenn nicht nach einer Rechtsvorschrift eine Verpflichtung zur Speicherung der Daten besteht;
5. dem Verantwortlichen alle erforderlichen Informationen, insbesondere die gemäß § 76 erstellten Protokolle, zum Nachweis der Einhaltung seiner Pflichten zur Verfügung stellt;
6. Überprüfungen, die von dem Verantwortlichen oder einem von diesem beauftragten Prüfer durchgeführt werden, ermöglicht und dazu beiträgt;
7. die in den Absätzen 3 und 4 aufgeführten Bedingungen für die Inanspruchnahme der Dienste eines weiteren Auftragsverarbeiters einhält;
8. alle gemäß § 64 erforderlichen Maßnahmen ergreift und
9. unter Berücksichtigung der Art der Verarbeitung und der ihm zur Verfügung stehenden Informationen den Verantwortlichen bei der Einhaltung der in den §§ 64 bis 67 und 69 genannten Pflichten unterstützt.

(6) Der Vertrag im Sinne des Absatzes 5 ist schriftlich oder elektronisch abzufassen.

(7) Ein Auftragsverarbeiter, der die Zwecke und Mittel der Verarbeitung unter Verstoß gegen diese Vorschrift bestimmt, gilt in Bezug auf diese Verarbeitung als Verantwortlicher.

Überblick

§ 62 regelt detailliert die Voraussetzungen für eine Auftragsverarbeitung und setzt Art. 22 der JI-RL um. Die JIRL ersetzt den Rahmenbeschluss 2008/977/JI und soll zusammen mit der DS-GVO einen umfassenden Schutz personenbezogener Daten der Bürgerinnen und Bürger gewährleisten. § 62 sieht die Auftragsverarbeitung speziell für die Erfüllung hoheitlicher Aufgaben zur Verhütung, Ermittlung, Aufdeckung, Verfolgung oder Ahndung von Straftaten oder Ordnungswidrigkeiten vor. Das entspricht dem Konzept des BDSG 1990, ist aber wegen der Strukturunterschiede zwischen öffentlich-privater Zusammenarbeit und der im Fokus der DS-GVO stehenden Privatwirtschaft problematisch. Die weitgehend duplikative copy & paste-Regelungstechnik kann nicht darüber hinweghelfen, dass es teilweise gravierend andere Regelungsthemen gibt. Die allgemeinen Regelungen der Auftragsverarbeitung (im EU-Recht: Art. 28 DSGVO und Art. 22 der JI-RL) haben Leitbildfunktion für ähnliche Rechtsinstitute des Fachrechts (EuGH BeckRS 2012, 82463 Rn. 25). Eine Auftragsverarbeitung ist jede Verarbeitung (§ 46 Nr. 2) personenbezogener Daten durch eine natürliche oder juristische Person, Behörde, Einrichtung oder andere Stelle im Auftrag des Verantwortlichen (§ 46 Nr. 8 BDSG), sodass hier auch private Unternehmen Auftragsverarbeiter sein können.

Dies wirft die Frage auf, ob § 62 vergleichbar mit Art. 28 DS-GVO für die Privatwirtschaft eine Richtungsentscheidung für die **grundsätzliche Zulässigkeit** der Einschaltung eines anderen als Auftragsverarbeiter ist oder sogar aus sich heraus die Weitergabe personenbezogener Daten an andere Stellen ermöglicht. Nach zutreffender Ansicht ist das nicht der Fall, sodass § 62 eine grundlegend andere Funktionsweise hat als Art. 28 DS-GVO (→ DS-GVO Art. 28 Rn. 7).

Entscheidend ist auch bei § 62, dass der Auftraggeber der für die Daten Verantwortliche bleibt, anderenfalls müssen die Regeln für gemeinsame Verantwortliche (§ 63) beachtet werden. Auftraggeber und Auftragnehmer werden durch § 62 beidseitig datenschutzrechtliche Pflichten auferlegt. Da § 62 viele Elemente von § 11 BDSG aF und Art. 28 DSGVO in sich trägt, kann oftmals auf bekannte Grundsätze zurückgegriffen werden.

Übersicht

	Rn.		Rn.
A. Entstehungsgeschichte	1	II. Verarbeitung nur auf dokumentierte Weisung des Verantwortlichen und Hinweispflicht (S. 2 Nr. 1)	46
B. Anwendungsbereich/Abgrenzung zu Art. 28 DS-GVO	3	III. Vertraulichkeitsverpflichtung (S. 2 Nr. 2)	48
C. Begriff der Auftragsverarbeitung	8	IV. Unterstützung des Verantwortlichen bei der Beantwortung von Anträgen (S. 2 Nr. 3)	49
I. Allgemeine Abgrenzung	8		
II. Abgrenzung zur gemeinsamen Verantwortung (Joint Control)	12	V. Umgang mit den personenbezogenen Daten nach Abschluss der Erbringung der Verarbeitungsleistungen (S. 2 Nr. 4)	51
III. Obsolete Abgrenzung zur Funktionsübertragung	13	VI. Zurverfügungstellung von Informationen (S. 2 Nr. 5)	52
IV. Keine Auftragsverarbeitung bei reiner Infrastrukturnutzung	16	VII. Ermöglichung von Überprüfungen (S. 2 Nr. 6)	53
D. „Privilegierung" der Datenweitergabe	18	VIII. Unterauftragnehmer (S. 2 Nr. 7)	54
E. Keine Rechtfertigung für öffentlich-rechtliche Zuständigkeitsverlagerungen	20	IX. Sicherheit der Datenverarbeitung (S. 2 Nr. 8)	55
F. Verantwortung der öffentlichen Stelle im Außenverhältnis (Abs. 1)	24	X. Unterstützung des Verantwortlichen bei seinen Pflichten aus §§ 64–67 und 69 (S. 2 Nr. 9)	56
G. Auswahl des Auftragsverarbeiters (Abs. 2)	29		
H. Hinzuziehung eines Unterauftragsverarbeiters (Abs. 3, 4)	32	J. Formerfordernis (Abs. 6)	57
I. Inhaltliche Anforderungen (Abs. 5)	36	K. Ausnahmsweise Behandlung des Auftragsverarbeiters als Verantwortlicher (Abs. 7)	60
I. Gegenstand, Dauer, Art und Zweck der Verarbeitung; Art der personenbezogenen Daten; Kategorien betroffener Personen; Pflichten und Rechte des Verantwortlichen (S. 1)	39	L. Grenzüberschreitende Auftragsverarbeitung	61

A. Entstehungsgeschichte

Die Auftragsverarbeitung gehörte schon zum Kernbestand des BDSG 1977. § 8 BDSG 1977 **1** unterstellte den Verantwortlichen, nicht aber den Auftragsverarbeiter den Vorschriften des BDSG (§ 8 Abs. 1, 2 BDSG 1977, BGBl. I 201 (204)). Nach § 8 Abs. 2 S. 2 BDSG 1977 war bereits die Verarbeitung in allen Phasen nur im Rahmen der Weisungen des Verantwortlichen zulässig. § 8 BDSG 1977 galt **nur für öffentliche Stellen in der Verwaltungshoheit des Bundes;** für nicht öffentliche Stellen (dh die Privatwirtschaft) regelte § 22 Abs. 2 BDSG 1977 die Anwendungserstreckung auf den Verantwortlichen, § 31 Abs. 2 BDSG 1977 die nur beschränkte Geltung für den Auftragsverarbeiter, § 37 BDSG 1977 die Weisungsunterwerfung. Im BDSG aF wurden diese Vorschriften in § 11 BDSG aF sektorenübergreifend zusammengefasst und geringfügig ergänzt. Zudem wurden erstmals Anforderungen an die Beauftragung formuliert (§ 11 Abs. 2 S. 2 BDSG aF).

Im Wege der umfassenden Neuregelung des BDSG durch das Gesetz zur Anpassung des Daten- **2** schutzrechts an die Verordnung (EU) 2016/679 und zur Umsetzung der Richtlinie (EU) 2016/680 (Datenschutz-Anpassungs- und Umsetzungsgesetz EU – DSAnpUG-EU) vom 30.6.2017 (BGBl. I 2097) ist § 11 BDSG aF am 25.5.2018 außer Kraft getreten und wurde partiell durch § 62 ersetzt, der Art. 22 der Richtlinie (EU) 2016/680 (JI-RL) ins deutsche Recht umsetzt (zum

Anwendungsbereich (→ Rn. 3 ff.). Allerdings wurden Elemente von § 11 BDSG aF sowie Art. 28 DSGVO zusätzlich in § 62 integriert (siehe Gesetzesbegründung BT-Drs. 18/11325, 116).

B. Anwendungsbereich/Abgrenzung zu Art. 28 DS-GVO

3   JI-RL und DS-GVO regeln unterschiedliche Bereiche. Während die DS-GVO allgemein „Vorschriften zum Schutz natürlicher Personen bei der Verarbeitung personenbezogener Daten und zum freien Verkehr solcher Daten" (Art. 1 Abs. 1 DS-GVO) enthält, ist Gegenstand der JI-RL der „Schutz natürlicher Personen bei der Verarbeitung personenbezogener Daten durch die zuständigen Behörden zum Zwecke der Verhütung, Ermittlung, Aufdeckung oder Verfolgung von Straftaten oder der Strafvollstreckung, einschließlich des Schutzes vor und der Abwehr von Gefahren für die öffentliche Sicherheit" (Art. 1 Abs. 1 der JI-RL). Für die Eröffnung des Anwendungsbereichs der JI-RL genügt also nicht nur eine Verarbeitung allein zu diesem Zweck, sondern es muss zudem die aufgrund Aufgaben- oder Befugniszuweisung zuständige Behörde tätig werden. Für den Dritten Teil des BDSG, in dem sich unter anderem § 62 befindet, wird dies durch § 45 S. 1 noch einmal wiederholt, wobei hier von den „zuständigen öffentlichen Stellen" die Rede ist.

4   Die Anwendungsbereiche von DS-GVO und JI-RL schließen sich gegenseitig aus (siehe Art. 2 Abs. 2 lit. d DS-GVO sowie Art. 2 Abs. 1 der JI-RL und § 1 Abs. 5 iVm § 45). Deshalb darf § 62 nicht mit Art. 28 DS-GVO verwechselt oder gar gleichgesetzt werden. Letzterer ist anzuwenden, wenn eine Auftragsverarbeitung zu anderen als den in Art. 1 Abs. 1 der JI-RL bzw. § 45 S. 1 genannten Zwecken erfolgen soll oder wenn es sich beim beauftragenden Verantwortlichen um eine nicht öffentliche Stelle handelt. Allerdings darf der Anwendungsbereich der DS-GVO nicht aus anderen Gründen nach Art. 2 Abs. 2 DS-GVO, wie insbesondere für den Bereich der nationalen Sicherheit, oder nach Art. 2 Abs. 3 DS-GVO ausgeschlossen sein. Sollte es sein, dass der Anwendungsbereich der JI-RL (bzw. des Dritten Teils des BDSG) nicht eröffnet und zudem eine Ausnahme von der Anwendung der DS-GVO einschlägig ist, finden gem. § 1 Abs. 8 für Verarbeitungen personenbezogener Daten durch öffentliche Stellen grundsätzlich die DS-GVO sowie der Erste und Zweite Teil des BDSG, nicht jedoch der § 62 einschließende Dritte Teil, entsprechende Anwendung. Folglich ist auch in einem solchen Fall grundsätzlich Art. 28 DS-GVO und nicht § 62 anzuwenden. Abweichend davon erklären allerdings verschiedene nach § 1 Abs. 2 vorrangige Spezialgesetze § 62 für entsprechend anwendbar (siehe etwa § 27 Nr. 2 BVerfSchG, § 13 Nr. 2 MADG, § 32a Nr. 2 BNDG, § 36 Abs. 1 Nr. 2 SÜG). Es ist daher stets genau zu prüfen, welche die relevante Regelung ist.

5   Zusätzlich ist zu beachten, dass als Folge grundgesetzlicher Kompetenzverteilung § 62 nicht ohne Weiteres auf öffentliche Stellen der Länder angewendet werden darf, da möglicherweise eine eigenständige Regelung im einschlägigen Landesdatenschutzgesetz besteht. Das BDSG gilt gem. § 1 Abs. 1 S. 1 Nr. 2 nur dann unmittelbar, wenn kein Landesdatenschutzgesetz existiert und soweit die öffentliche Stelle des Landes entweder Bundesrecht ausführt (lit. a) oder als Organ der Rechtspflege tätig wird und es sich dabei nicht um eine Verwaltungsangelegenheit handelt (lit. b). Soll die Verarbeitung dann noch zu den in § 45 S. 1 genannten Zwecken erfolgen, gilt § 62 schließlich unmittelbar. Was genau vom Begriff der „öffentlichen Stellen der Länder" umfasst ist, ergibt sich aus den Bestimmungen in § 2 Abs. 2. Für die Verarbeitung personenbezogener Daten durch öffentliche Stellen der Länder im Bereich der StPO normiert § 500 Abs. 1 den Grundsatz der entsprechenden Anwendbarkeit des Dritten Teils des BDSG, mithin auch des § 62.

6   Für den Auftragsverarbeiter selbst – egal ob öffentliche oder nicht öffentliche Stelle – gelten ausweislich des § 45 S. 5 die Vorschriften des Dritten Teils des BDSG nur, soweit sie Vorschriften für ihn enthalten. Im Übrigen hat er sich an die Vorgaben der DS-GVO bzw. des diese ausformenden Ersten und Zweiten Teils des BDSG zu halten (siehe auch Gesetzesbegründung BT-Drs. 18/11325, 111).

7   Zum anwendbaren Recht bei einer grenzüberschreitenden Auftragsverarbeitung(→ Rn. 61 ff.).

C. Begriff der Auftragsverarbeitung

I. Allgemeine Abgrenzung

8   Eine Definition der Auftragsverarbeitung findet sich weder in § 62 noch an anderer Stelle im BDSG oder gar der JI-RL. Einen Anknüpfungspunkt liefert allerdings § 46 Nr. 8. „Auftragsverarbeiter" ist demnach eine natürliche oder juristische Person, Behörde, Einrichtung oder andere Stelle, die personenbezogene Daten im Auftrag des Verantwortlichen verarbeitet. Diese Definition

entspricht derjenigen aus dem alten Art. 2 lit. e der Richtlinie 95/46/EG und ist zudem identisch mit Art. 4 Nr. 8 DS-GVO, fand sich allerdings nicht im BDSG aF; aA Müthlein RDV 2016, 74. Nach § 45 Nr. 7 ist „Verantwortlicher" die natürliche oder juristische Person, Behörde, Einrichtung oder andere Stelle, die allein oder gemeinsam mit anderen über die Zwecke und Mittel der Verarbeitung von personenbezogenen Daten entscheidet. Fast wortgleich findet sich diese Definition im alten Art. 2 lit. f S. 1 der Richtlinie 95/46/EG und erneut identisch in Art. 4 Nr. 7 DS-GVO, während sich zur Definition der „verantwortlichen Stelle" in § 3 Abs. 7 BDSG 1990 gewisse Unterschiede ergeben.

Prägend für die Auftragsverarbeitung ist daher eine **Unterordnung** der Verarbeitung unter die Zwecke des Auftraggebers. Allein er darf darüber disponieren, während der Auftragnehmer selbstständig aber dabei ausschließlich auf Weisung handelt (so bereits die Stellungnahme 1/2010 der Artikel 29-Datenschutzgruppe zu den Begriffen „für die Verarbeitung Verantwortlicher" und „Auftragsverarbeiter", WP 169, 10 f.). Sobald der Auftragnehmer den Zweck selbst bestimmt oder bestimmen darf, weil er ein eigenes Interesse an den Daten verfolgt, scheidet eine Auftragsverarbeitung zwangsläufig aus. Der Auftraggeber muss der für die Verarbeitung Verantwortliche sein, was sich aus einer rechtlich ausdrücklichen Zuweisung, aus einer implizierten Zuständigkeit oder aufgrund faktischen Einflusses ergeben kann (Stellungnahme 1/2010 der Artikel 29-Datenschutzgruppe zu den Begriffen „für die Verarbeitung Verantwortlicher" und „Auftragsverarbeiter", WP 169, 13 ff.). Hinsichtlich der Mittel der Verarbeitung schließt ein gewisser Konkretisierungsspielraum des Beauftragten eine Auftragsverarbeitung allerdings nicht aus (Stellungnahme 1/2010 der Artikel 29-Datenschutzgruppe zu den Begriffen „für die Verarbeitung Verantwortlicher" und „Auftragsverarbeiter", WP 169, 17); ähnlich Müthlein RDV 2017, 75. 9

Zudem muss die Datenverarbeitung als solche den Schwerpunkt bilden (Stellungnahme 1/2010 der Artikel 29-Datenschutzgruppe zu den Begriffen „für die Verarbeitung Verantwortlicher" und „Auftragsverarbeiter", WP 169, 35). Nicht jede Tätigkeit, bei der es zu einem missbräuchlichen Zugriff auf Daten kommen kann, ist deswegen gleich eine Auftragsverarbeitung. Unter den Begriff der Auftragsverarbeitung fallen deshalb nicht solche Hilfstätigkeiten wie Wartungsarbeiten an der IT-Hardware (aA Schmidt/Freund ZD 2017, 14 (17)). 10

Grenzen der Auftragsverarbeitung können sich in speziell geregelten Bereichen ergeben: Für öffentlich-rechtliche Amtsbefugnisse gelten Besonderheiten, die allerdings eher aus allgemein verfassungs- und öffentlich-rechtlichen Grenzen für die Einschaltung Dritter folgen, als aus einem abweichenden Begriff der Auftragsverarbeitung. Mit der Ergänzung des Grundgesetzes um eine ausschließliche Gesetzgebungszuständigkeit des Bundes für die Digitalisierung der öffentlichen Verwaltung, Art. 91c GG, und das Onlinezugangsgesetz könnten sich hier erweiterte Befugnisse insbesondere bezüglich der Datenverarbeitung im technisierten Verwaltungsverfahren ergeben (vgl. Herrmann/Stöber NVwZ 2017, 1401 (1406)). Dieser ist für den öffentlichen und privaten Sektor einheitlich zu bestimmen; im öffentlichen Bereich kommen lediglich zusätzliche Zulässigkeits- und Rechtmäßigkeitsanforderungen hinzu. 11

II. Abgrenzung zur gemeinsamen Verantwortung (Joint Control)

Legen zwei Stellen den Zweck der Verarbeitung gemeinsam fest, kann es sich in diesem Verhältnis nicht um eine Auftragsverarbeitung handeln, weil gerade das prägende Merkmal der Unterordnung fehlt (→ Rn. 8 f.). Stattdessen gelten beide Stellen als gemeinsame Verantwortliche iSd § 63. Zu den Einzelheiten deshalb (→ § 63 Rn. 1 ff.). 12

III. Obsolete Abgrenzung zur Funktionsübertragung

Speziell im deutschen Recht wurde unter der alten Gesetzeslage diskutiert, ob und wie die Auftragsverarbeitung von der Funktionsübertragung abzugrenzen ist. Zwar fand die Funktionsübertragung im BDSG aF selbst keine Erwähnung, allerdings in der dazugehörigen Gesetzesbegründung (siehe BT-Drs. 11/4306, 43). Dort heißt es: „Wie bisher handelt es sich nicht um Auftragsdatenverarbeitung im Sinne dieser Vorschrift, wenn neben der Datenverarbeitung auch die zugrundeliegende Aufgabe übertragen wird (Funktionsübertragung). In diesem Falle hat derjenige, dem die Funktion übertragen wird, alle datenschutzrechtlichen Pflichten, insbesondere die Ansprüche der Betroffenen, zu erfüllen." 13

In der Folge wurde deshalb vertreten, dass die Funktionsübertragung eine qualitativ umfangreichere Übertragung von Befugnissen auf den Auftragnehmer darstelle, sodass als Auftragsverarbeitung nur unterstützende, untergeordnete Hilfsfunktionen anzuerkennen seien, nicht aber die vollständige Übertragung einer Aufgabe. Im Falle einer Funktionsübertragung sei der Auftragnehmer selbst Verantwortlicher der Verarbeitung (siehe zB Simitis/Petri BDSG aF § 11 Rn. 22). 14

15 Dem widersprach schon damals eine Gegenauffassung (siehe die Vorauflage BeckOK DatenschutzR/Spoerr, 23. Ed. 1.11.2017, BDSG aF § 11 Rn. 53 ff.; Taeger/Gabel/Gabel BDSG aF § 11 Rn. 15; Plath/Plath BDSG aF/DSGVO § 11 Rn. 29). Ihr muss spätestens seit der in Folge der EU-Reform ergangenen Gesetzesänderung, insbesondere aufgrund des Einfügens einer Definition sowohl des Auftragsverarbeiters und als auch des Verantwortlichen, uneingeschränkt zugestimmt werden. Eine Auftragsverarbeitung liegt auch dann noch vor, wenn der Auftragnehmer selbstständig über die Mittel der Verarbeitung entscheiden darf, solange der Auftraggeber den Zweck der Verarbeitung bestimmt und damit Verantwortlicher bleibt → Rn. 8 ff.). Die Grenze wird erst überschritten, wenn der Auftragnehmer eigenmächtig über die Mittel und die Zwecke der Verarbeitung entscheidet. Dann nimmt er nach § 62 Abs. 7 die Position eines Verantwortlichen ein. Damit ist allerdings noch nichts darüber gesagt, ob eine öffentliche Stelle überhaupt einen Dritten in die Datenverarbeitung einschalten darf (→ Rn. 20 ff.).

IV. Keine Auftragsverarbeitung bei reiner Infrastrukturnutzung

16 Eine Auftragsverarbeitung liegt auch dann nicht vor, wenn der Verantwortliche sich lediglich fremder Infrastruktur zur Durchführung von Datenverarbeitungsvorgängen bedient. Dies ist der Fall, wenn lediglich fremde Datenverarbeitungsanlagen gemietet und vom Verantwortlichen betrieben werden, sodass der Vermieter nur durch Missbrauch oder gar Eigentums- oder Besitzverletzungen Zugriff auf die Daten erlangen kann. Deshalb ist jedenfalls Serverhousing keine Auftragsverarbeitung. Maßgebend ist hier der Funktionsherrschaft über den Datenverarbeitungsvorgang (zur Funktionsherrschaft als maßgebliches Kriterium für die Kontrolle über technische Systeme im Telekommunikationsrecht Trute/Spoerr/Bosch/Spoerr TKG § 3 Rn. 14 ff.).

17 Anhand dieser Grundsätze sind auch die Fälle zu lösen, in denen Rechenkapazität auf externen Servern angemietet wird und der Verantwortliche dort selbstständig personenbezogene Daten verarbeitet. Stellt ein Rechenzentrum dem Verantwortlichen seine Anlage ganz oder teilweise zur Verfügung und nutzt dieser sie online im Wege abgeschotteter Datenverarbeitung, so liegt keine Auftragsverarbeitung vor, sondern eine selbstständige Datenverarbeitung durch den Verantwortlichen. Dies sei zumindest dann der Fall, wenn der Verantwortliche allein und ausschließlich darüber entscheidet, welche personenbezogenen Daten wann und in welcher Weise verarbeitet werden und er auch selbst über die dafür notwendigen Programme und Algorithmen real bestimmt. Das Rechenzentrum dürfe sich lediglich darauf beschränken, für die Einsatzbereitschaft der Anlagen zu sorgen und über die Dauer der Nutzung Buch zu führen (Gola/Schomerus/Gola et al. BDSG aF § 11 Rn. 8; Müthlein/Heck, Outsourcing und Datenschutz, 2006, S. 43).

D. „Privilegierung" der Datenweitergabe

18 Nach der alten Rechtslage galt für das Übermitteln von Daten innerhalb einer Auftragsverarbeitung eine privilegierende Ausnahme vom grundsätzlichen „Verbot mit Erlaubnisvorbehalt" für die Erhebung, Verarbeitung und Nutzung personenbezogener Daten. Gemäß § 3 Abs. 8 S. 2 und 3 BDSG aF waren Dritte im Sinne des Gesetzes nicht die verantwortliche Stelle selbst sowie Personen oder Stellen, die personenbezogene Daten im Auftrag erhoben, verarbeiteten oder nutzten. Gleichzeitig lag nur ein Verarbeiten im Sinne einer Übermittlung vor, wenn Daten an einen Dritten bekanntgegeben wurden (§ 3 Abs. 4 S. 2 Nr. 3 BDSG aF). Folglich handelte es sich bei einer Datenweitergabe zwischen auftragsverarbeitender und verantwortlicher Stelle nicht um eine erlaubnispflichtige Verarbeitung. Auftraggeber und -nehmer wurden als eine datenschutzrechtliche Einheit betrachtet, mit der Folge, dass es keiner gesonderten Ermächtigungsgrundlage für die Übermittlung bedurfte (Darstellung der alten Rechtslage bei Petri ZD 2015, 305 (306)).

19 Diese Dogmatik wurde allerdings weder in die JI-RL noch in das neugefasste BDSG übernommen. Stattdessen enthält nun § 3 eine allgemeine Rechtsgrundlage für Verarbeitungen personenbezogener Daten durch eine öffentliche Stelle, wenn sie zur Erfüllung der in der Zuständigkeit des Verantwortlichen liegenden Aufgabe oder in Ausübung öffentlicher Gewalt, die dem Verantwortlichen übertragen wurde, erforderlich ist. Die Regelungen zur Auftragsverarbeitung in § 62 gelten ausweislich des § 45 S. 1 nur für die Verarbeitung personenbezogener Daten durch die für die Verhütung, Ermittlung, Aufdeckung, Verfolgung oder Ahndung von Straftaten oder Ordnungswidrigkeiten zuständigen öffentlichen Stellen, soweit sie Daten zum Zweck der Erfüllung dieser Aufgaben verarbeiten (zum Kreis der öffentlichen Stellen siehe § 2; zur Reichweite des Begriffs der Verarbeitung siehe § 46 Nr. 2). Damit ist im Anwendungsbereich des § 62 stets eine der beiden Bedingungen des § 3 erfüllt, sodass die Weitergabe personenbezogener Daten vom Auftraggeber an den Auftragnehmer allein schon deswegen rechtlich erlaubt ist. Weiterer Argumente für eine

Privilegierung bedarf es daher nicht (zur Situation unter der DS-GVO siehe ausf. Kühling/Buchner/Hartung DS-GVO Art. 28 Rn. 15 ff.). Im Ergebnis ist also keine Veränderung eingetreten (so auch klarstellend die Gesetzesbegründung, BT-Drs. 18/11325, 115), wobei jetzt nicht mehr von einer speziellen Privilegierung allein der Auftragsverarbeitung gesprochen werden kann.

E. Keine Rechtfertigung für öffentlich-rechtliche Zuständigkeitsverlagerungen

Für eine inhaltliche Aufgabenverlagerung kann § 62 niemals eine rechtliche Grundlage sein. 20
Geregelt werden lediglich die Anforderungen an eine Unterstützung der zuständigen öffentlichen Stelle bei der Datenverarbeitung. § 62 ist gerade **keine Ermächtigung für Aufgabenverlagerungen**. Ob eine öffentliche Stelle ihre öffentlichen Aufgaben an andere Stellen, insbesondere Private, weitergeben darf, unterliegt einer eigenständigen Prüfung. Jedenfalls bietet § 62 hierfür keinen Rechtstitel, sondern er soll sicherstellen, dass eine gleichbleibende Datensicherheit gewährleistet ist und die Verantwortlichkeit bei der zuständigen Stelle verbleibt (so auch noch zur alten Rechtslage Simitis/Petri BDSG aF § 11 Rn. 9). Erforderlich ist somit eine doppelte Zulässigkeitsprüfung: Zum einen unter dem Gesichtspunkt der Einschaltung eines Dritten in die Verarbeitung personenbezogener Daten; hierfür ist § 62 maßgeblich, soweit nicht Sonderregelungen gelten. Zum anderen unter dem Gesichtspunkt der Einschaltung Dritter in Verwaltungsvorgänge, bei Privaten einer Spielart der funktionalen Privatisierung (Burgi, Funktionale Privatisierung und Verwaltungshilfe, 1999, S. 114). Hierbei wird zwischen Privaten und öffentlichen Dritten unterschieden; für letztere gelten zwischen Rechtsträgern die Grundsätze der **Organleihe** (dazu BVerfGE 63, 1 (33 ff.) – Versorgungsanstalt Bezirksschornsteinfeger; allgemein zu den Grenzen für Kooperationen aus den Grundsätzen der Verantwortungszurechenbarkeit und -klarheit BVerfGE 119, 331 (366) – Hartz IV-Arbeitsgemeinschaften), des **Mandats** (dazu Wolff/Bachof/Stober/Kluth, Verwaltungsrecht II, 7. Aufl. 2010, § 83 Rn. 75 ff.; Reinhardt, Delegation und Mandat im öffentlichen Recht, 2006) und der **Amtshilfe** (dazu ausf. Wolff/Bachof/Stober/Kluth, Verwaltungsrecht II, 7. Aufl. 2010, § 83 Rn. 82 ff.); innerhalb von Rechtsträgern die Grundsätze der **Zuständigkeitsordnung** (dazu Eifert, Electronic Government, 2006, S. 186 ff.; Wolff/Bachof/Stober/Kluth, Verwaltungsrecht II, 7. Aufl. 2010, § 83 Rn. 67 ff.; allgemein und systematisch HSV VerwR/Jestaedt, Grundlagen des Verwaltungsrechts I, § 14 Rn. 42 ff.). § 4 des neuen OZG eröffnet dem Bund neue Möglichkeiten um IT-Anwendungen zur Umsetzung des Verwaltungsverfahrens einzusetzen (Herrmann/Stöber NVwZ 2017, 1406), die sich ggf. in diesem Kontext der ADV bewegen können.

Der gesicherte Bereich einer ohne gesonderte gesetzliche Ermächtigung zulässigen Beauftragung Privater wird mit dem Schlagwort von der (unselbstständigen) Verwaltungshilfe (hierzu etwa 21
BVerwGE 32, 283 (284); Wolff/Bachof/Stober/Kluth, Verwaltungsrecht II, 7. Aufl. 2010, § 91 Rn. 9) gut getroffen. Allerdings ist bei der heute in vielen Bereichen weitestgehend durch EDV-Prozesse gesteuerten Massenverwaltung die Abgrenzung zwischen „menschlicher" Tätigkeit und IT-gestützten Prozessen keine taugliche Grundlage, um Datenverarbeitungsprozesse pauschal der unselbstständigen Verwaltungshilfe zuzuordnen (zutreffend VG Leipzig LKV 1999, 241 – Abwassergebührenbescheide; OVG Münster NJW 1998, 1809 – Outsourcing von Beihilfeberechnungen, dazu Battis/Kersten ZBR 2000, 145 ff.). Auch IT-gestützte Prozesse können mit ihren Algorithmen zB im Bereich der Sachverhaltswertung, Pauschalierung, Berechnung, Ermittlung und bei der Steuerung von Verfahrensermessen weit über den Bereich bloßer „technisch-unselbstständiger" Hilfe hinaus für die Entscheidungsqualität relevant sein (zur Steuerung durch technischen Code statt durch (Verfahrens-)Recht HSV VerwR/Britz, Grundlagen des Verwaltungsrechts II, 2. Aufl. 2012, § 26 Rn. 59 ff.).

Keine Erweiterung des ohne gesetzliche Ermächtigung Zulässigen bietet der Begriff der „selbstständigen Verwaltungshilfe", der – als staatshaftungsrechtliche Pathologie entwickelt (BGHZ 121, 22
161 (164 f.)) – bald in das Begriffsrepertoire des allgemeinen Verwaltungsrechts einbezogen ist. Eine Beteiligung eines Privaten an der staatlichen Aufgabenerledigung, die einer abschließenden Kompetenzwahrnehmung nahe- oder gleichkommt, bedarf einer spezialgesetzlichen Ermächtigung (BVerwGE 98, 280 (298)). Für Verwaltungsagenden folgt dies – jedenfalls – aus der einfachgesetzlichen Zuständigkeitsordnung (ausf. Remmert, Private Dienstleistungen in staatlichen Verwaltungsverfahren, 2003, 217 ff. (271 ff.); Burgi, Funktionale Privatisierung und Verwaltungshilfe, 1999, 175 ff.). In besonders gelagerten Fällen mögen hier nicht rechtssatzförmliche Regelungen wie Innenrecht und Organisationsentscheidungen ausreichen. Der Erlass von Entscheidungen durch Private setzt stets eine wirksame Beleihung voraus (BVerwG NVwZ 1985, 48; BVerwG DVBl 2010, 1434 Rn. 24 f.; BSGE 77, 108 (110); BGH NVwZ 2002, 375; NVwZ-RR 2002, 168; allg. Steiner FS Koja 1998, 603 ff.; Scheel DVB 1999, 442). Sollen hoheitliche Eingriffszustän-

digkeiten an Dritte außerhalb der Verwaltung übertragen werden, so bedarf es damit sowohl einer formalgesetzlichen Grundlage als auch eines formellen Übertragungsaktes (BVerwG DVBl 1970, 736; BGH NJW 2000, 1042; OVG Münster NJW 1980, 1406 (1407)). Diese Einschränkung ergibt sich auch aus der grundgesetzlichen Grenze für die Auslagerung hoheitlicher Aufgaben an nicht-öffentliche Stellen aus Art. 33 Abs. 4 GG (vgl. Heckmann/Braun BayVBl 2009, 581) sowie aus Einzelgrundrechten (zum Maßregelvollzug Nds StGH 5.12.2008 – 2/07 Rn. 132 ff. sowie BVerfG NJW 2012, 1563 Rn. 133 ff.).

23   In keinem Fall erlaubt eine ohne spezialgesetzliche Regelung implementierte Verwaltungshilfe die außenwirksame Wahrnehmung von Entscheidungszuständigkeiten von echten Verwaltungsagenden, insbesondere der **Eingriffsverwaltung.** Die Kategorie der Verwaltungshilfe ist wegen des Grundsatzes der Selbstorganschaft (Hufeld, Die Vertretung der Behörde, 2003, S. 21 ff.) insbesondere **nicht kombinierbar** mit privatrechtlichen Vorstellungen einer **Vollmachtserteilung** (OVG Schleswig NordÖR 2006, 263; OVG Weimar BeckRS 2010, 50371; VGH Kassel NVwZ 2010, 1254; ferner BVerwG Buchholz 442.08 § 21 BbG Nr. 1 zur Unzulässigkeit eines Generalmandats; Hufeld, Die Vertretung der Behörde, 2003, S. 299 f.).

F. Verantwortung der öffentlichen Stelle im Außenverhältnis (Abs. 1)

24   Auch im Falle der Datenverarbeitung im Auftrag verbleibt die volle datenschutzrechtliche Verantwortung bei der beauftragenden öffentlichen Stelle, die weiterhin Verantwortliche iSd § 46 Nr. 7 iVm § 45 S. 2 ist. Dabei handelt es sich um eine Übernahme des bisherigen § 11 Abs. 1 BDSG aF, denn in der JI-RL findet sich keine vergleichbare Vorgabe für eine solche Regelung. Dies überrascht deshalb nicht, weil es sich lediglich um eine ausdrückliche Klarstellung der sich aus dem Gesetz ergebenden Rechtslage handelt.

25   Die Konzentration der Verantwortung beim Auftraggeber äußert sich in zweierlei Hinsicht: Zum einen hat der Auftraggeber für die Einhaltung aller datenschutzrechtlichen Vorschriften zu sorgen (§ 62 Abs. 1 S. 1). Zum anderen können die von der Datenverarbeitung betroffenen Personen nach § 62 Abs. 1 S. 2 ihre Rechte auf Auskunft (§ 57), Berichtigung (§ 58 Abs. 1), Löschung (§ 58 Abs. 2) und Einschränkung der Verarbeitung (§ 58 Abs. 3) sowie Schadensersatz (§ 83) **nur gegen den Auftraggeber** geltend machen.

26   Den Auftragnehmer selbst treffen zwar ebenfalls zahlreiche Pflichten, sie ergeben sich aber vor allem aus dem **Innenverhältnis zum Auftraggeber.** Sie sind Reflexe der Verpflichtungen des Auftraggebers, da dieser den Auftragnehmer sonst nicht beauftragen könnte. Die Weisungsgebundenheit des Auftragnehmers rechtfertigt daher auch die Konzentrationswirkung der Betroffenenrechte beim Auftraggeber (Gola/Heckmann/Paschke/Scheurer Rn. 10). Nur ausnahmsweise kann die betroffene Person ihre Rechte direkt gegen den Auftragnehmer geltend machen (→ Rn. 60).

27   Grund für diese unilaterale Verteilung der Verantwortung auf den Auftraggeber war ursprünglich das Bestreben, eine Möglichkeit zu schaffen, Datenverarbeitungsprozesse auszulagern, ohne die verwaltungsrechtliche Zuständigkeit von der datenschutzrechtlichen Verantwortung abzukoppeln.

28   Der Grundgedanke, dass eine bestimmte Person sich ihrer gesetzlichen Verantwortung für bestimmte Vorgänge nicht entziehen kann, indem sie eine andere Person mit deren Ausführung beauftragt, ist auch in anderen Rechtsgebieten weit verbreitet. Im Bereich des privaten Vertragsrechts ist etwa § 278 BGB und im Deliktsrecht § 831 BGB zu beachten. Wie dort, besteht im Datenschutzrecht ein spezielles Verantwortungsverhältnis zwischen Auftraggeber und den von der Datenverarbeitung betroffenen Personen, das zu einer Zurechnung des Beauftragtenverhaltens führt.

G. Auswahl des Auftragsverarbeiters (Abs. 2)

29   In Umsetzung des Art. 22 Abs. 1 JI-RL regelt § 62 Abs. 2 die Auswahlverantwortung des Verantwortlichen. Er darf nur solche Auftragsverarbeiter bestimmen, die zur Einhaltung der gesetzlichen Vorgaben geeignete technische und organisatorische Maßnahmen ergreifen können. Der Verantwortliche muss sich deshalb schon vor der Beauftragung des (potentiellen) Auftragsverarbeiters ein Bild von dessen Möglichkeiten machen. Quasi identisch ist die Regelung des Art. 28 Abs. 1 DS-GVO (→ DS-GVO Art. 28 Rn. 33 ff.). Die auf Art. 17 Abs. 2 der Richtlinie 95/46/EG zurückgehende Vorgängernorm § 11 Abs. 2 S. 1 BDSG aF war weniger eindringlich formuliert, verlangte sie doch lediglich eine besondere Berücksichtigung der Eignung der vom Auftragnehmer getroffenen technischen und organisatorischen Maßnahmen. Dennoch ergeben sich durch die Gesetzesänderung diesbezüglich keine neuen Anforderungen, da auch unter der alten Rechtslage die Auswahl eines Auftragsverarbeiters nur bei Einhaltung der gesetzlichen Vorga-

ben zulässig war (siehe Vorauflage BeckOK DatenschutzR/Spoerr, 23. Ed. 1.11.2017, BDSG aF § 11 Rn. 115 ff.). Die hinzugekommene besondere Betonung der Gewährleistung des Schutzes der Rechte der betroffenen Person in § 62 Abs. 2 hat nur klarstellende Bedeutung und stellt keine echte Neuerung dar – praktisch (fast) alle Regelungen im BDSG bezwecken letztlich den Schutz der betroffenen Personen (aA Mühlein RDV 2016, 75).

Der Umfang der erforderlichen Eignungsprüfung ist nicht abstrakt-generell zu bestimmen, **30** sondern konkret-einzelfallbezogen (zu den gesetzlichen Anforderungen an die Sicherheit der Datenverarbeitung s. § 64). Im Gegensatz zu § 11 Abs. 2 S. 4 BDSG aF sowie Art. 17 Abs. 2 Richtlinie 95/46/EG verlangt § 62 Abs. 2 nicht mehr explizit vom Verantwortlichen, den Auftragnehmer regelmäßig dahingehend zu überprüfen, ob dieser die technischen und organisatorischen Maßnahmen auch wirklich einhält. Allerdings muss sich die Anforderung des Abs. 2 auf den gesamten Zeitraum der Beauftragung beziehen, da nur so ein effektiver Schutz der betroffenen Personen möglich ist. Dafür spricht auch der Wortlaut des Abs. 1 S. 1, wonach der Verantwortliche für die Einhaltung der datenschutzrechtlichen Vorschriften „zu sorgen" hat; das kann er nur, wenn er den Auftragsverarbeiter regelmäßig dahingehend überprüft. Daher muss der Verantwortliche zum Schutz der Rechte der betroffenen Personen regelmäßig, jedoch nicht dauerhaft, den Umgang mit den Daten durch den Auftragsverarbeiter überprüfen (→ DS-GVO Art. 28 Rn. 35). Diese Pflicht des Verantwortlichen deckt sich mit der Anforderung an den Auftragsverarbeiter gem. § 62 Abs. 5 S. 2 Nr. 6, Überprüfungen zu ermöglichen und zu ihnen beizutragen (→ Rn. 53). Maßgebend für den zeitlichen Abstand der Überprüfungen sind der **Umfang** der Auftragsverarbeitung, das **Gefährdungspotential** für die Betroffenen, die **Innovationsgeschwindigkeit** und die **Sensibilität** der verarbeiteten Daten, aber auch das **Kompetenzgefälle** der am Auftrag **beteiligten Rechtsträger.** Eine Frist von einem Jahr wurde als Leitlinie genannt, die nach den Besonderheiten des Falles über- und unterschritten werden kann, wobei fünfjährige Zyklen nicht mehr das Erfordernis der Regelmäßigkeit erfüllen (Handreichung des BfDI zu § 11 BDSG aF, S. 3). Der **Regelzyklus** dürfte zwischen einem und drei Jahren liegen; unterjährige anlassunabhängige Überprüfungen dürften nur in besonders gelagerten Fällen geboten sein.

Während in § 11 Abs. 2 S. 5 BDSG aF bisher die Dokumentation des Überprüfungsergebnisses **31** verlangte wurde, enthält § 62 keine derartige Vorgabe. Schon aus Nachvollziehungs- und Beweisgründen ist jedoch eine schriftliche oder elektronische Fixierung der Überprüfungsdurchführung sowie ihrer Ergebnisse angesichts des Haftungsrisikos ratsam.

H. Hinzuziehung eines Unterauftragsverarbeiters (Abs. 3, 4)

Bei der Auftragsverarbeitung gilt der Grundsatz, dass der Auftragsverarbeiter die Leistung **32** höchstpersönlich zu erbringen hat. Doch nicht immer kann oder darf der beauftragte Datenverarbeiter alle Verarbeitungsaufgaben selbstständig übernehmen. Hier besteht die prinzipielle Möglichkeit, sich einen Unterauftragnehmer zur Hilfe zu nehmen, sofern auch diese Zuständigkeitsverlagerung rechtlich erlaubt ist (→ Rn. 20 ff.). Für andere Unterstützungs- und Hilfstätigkeiten abseits einer Auftragsverarbeitung gelten die hier aufgestellten Beschränkungen nicht.

Unter der alten Rechtslage fand die Hinzuziehung eines Unterauftragsverarbeiters lediglich **33** eine Erwähnung in § 11 Abs. 2 S. 2 Nr. 6 BDSG aF, wonach bei der Beauftragung des Auftragnehmers durch den Verantwortlichen eine etwaige Berechtigung zur Begründung von Unterauftragsverhältnissen festzulegen war. Mit der Gesetzesänderung wird der Einsatz von Unterauftragnehmern nun ausführlicher geregelt, wodurch teilweise bereits anerkannte und praktizierte Vorgehensweisen gesetzlich fixiert wurden (→ DS-GVO Art. 28 Rn. 45).

In Umsetzung des Art. 22 Abs. 2 der JI-RL verlangt § 62 Abs. 3 grundsätzlich zwingend eine **34** irgendwie geartete „vorherige schriftliche Genehmigung des Verantwortlichen", wobei damit korrekterweise eine Einwilligung im Sinne einer vorherigen Zustimmung gemeint ist. Zu den Einzelheiten (→ DS-GVO Art. 28 Rn. 39 ff.). Eine vertraglich festgelegte, nicht auf einen konkreten Einzelfall bezogene, Zustimmung zum künftigen Einsatz von Unterauftragsverarbeitern, erfordert später eine Mitteilung des Auftragnehmers, wenn er sich dann im Rahmen der Vertragsdurchführung zur Beauftragung eines Unterauftragsverarbeiters oder dessen Abberufung entscheidet (Auernhammer/Thomale Rn. 26; Paal/Pauly/Gräber/Nolden Rn. 5). Der Verantwortliche habe dann noch die Möglichkeit, dem Einsatz oder der Abberufung zu widersprechen. Schließlich trägt der Verantwortliche Sorge dafür, dass die datenschutzrechtlichen Vorschriften auch beim Einsatz eines Unterauftragsverarbeiters eingehalten werden (Kühling/Buchner/Schwichtenberg Rn. 7; zur Verantwortlichkeit des Auftraggebers allgemein → Rn. 24 f.).

Was der Auftragnehmer bei der Hinzuziehung eines Unterauftragsverarbeiters zu beachten hat **35** und wer bei einer Pflichtverletzung haftet, regelt § 62 Abs. 4. Dabei handelt es sich nicht um eine

Umsetzung von Vorgaben des Art. 22 der JI-RL. Stattdessen hat der deutsche Gesetzgeber praktisch den Art. 28 Abs. 4 DS-GVO übernommen, weshalb für die Einzelheiten auf → DS-GVO Art. 28 Rn. 43 f. verwiesen werden kann. Zu beachten ist allerdings, dass hier eine betroffene Person keinen Schadensersatzanspruch direkt gegen den Unterauftragsverarbeiter geltend machen kann (siehe § 83 sowie Art. 56 iVm Art. 3 Nr. 7 der JI-RL ausführlich zur Unterauftragsverarbeitung nach neuem Recht auch Müthlein RDV 2016, 82 f.).

I. Inhaltliche Anforderungen (Abs. 5)

36 In § 62 Abs. 5 werden die inhaltlichen Mindestanforderungen an den Vertrag bzw. an das andere **Rechtsinstrument** (dazu sogleich) zwischen Verantwortlichem und Auftragsverarbeiter normiert. Der deutsche Gesetzgeber hatte erstmals 2009 in § 11 Abs. 2 S. 2 Hs. 2 BDSG aF genauere Anforderungen an den Inhalt einer Vereinbarung zur Auftragsverarbeitung in Form eines Katalogs festgehalten. Damit wollte man auf eine Praxis reagieren, die sich häufig mit bloßen Hinweisen auf die Regelungen des BDSG bzw. deren Wiedergabe begnügte (BT-Drs. 16/12011, 40). Der europäische Gesetzgeber nahm sich wohl ein Beispiel an dieser Regelung und schuf nach ihrem Vorbild den Art. 22 Abs. 3 der JI-RL, der wiederum die umsetzungsbedürftige Vorlage für § 62 Abs. 5 darstellte. Allerdings hat der deutsche Gesetzgeber es nicht bei einer bloßen Umsetzung von Art. 22 Abs. 3 der JI-RL belassen. Vielmehr wurden zusätzliche Anforderungen aus Art. 28 Abs. 3 DS-GVO sowie § 11 Abs. 2 S. 2 Hs. 2, Abs. 3 S. 2 BDSG aF ins neue Recht übernommen, sodass der neue Katalog deutlich über den alten hinausgeht.

37 Nach wie vor ist es aufgrund der nicht abschließenden Aufzählung („insbesondere") grundsätzlich gestattet, weitere Vorgaben in den Vertrag oder das **andere Rechtsinstrument** aufzunehmen. Was genau dieses andere Rechtsinstrument sein kann, hat der Gesetzgeber nicht weiter spezifiziert (→ DS-GVO Art. 28 Rn. 46 ff.). Weder die JI-RL noch das DSAnpUG-EU (BT-Drs. 18/11325, 48 f.) enthalten nähere Ausführungen, welche Art von Verträgen oder Rechtsinstrumenten erfasst sind. Lediglich für die DS-GVO wurde legislativ in Erwägungsgrund 81 für den Vertrag festgehalten, dass es dem Verantwortlichen und dem Auftragsverabeiter überlassen bleibt, ob ein individueller Vertrag oder Standardvertragsklauseln, die entweder unmittelbar von der Kommission erlassen oder aber nach dem Kohärenzverfahren von einer Aufsichtsbehörde angenommen und dann von der Kommission erlassen wurden, verwendet werden. Die von einzelnen Aufsichtsbehörden der Bundesländer zur Verfügung gestellten Musterverträge für die Auftragsverarbeitung nach Art. 28 DS-GVO (zB vom Unabhängigen Landeszentrum für Datenschutz Schleswig-Holstein, abrufbar unter: https://www.datenschutzzentrum.de/uploads/praxisreihe/Praxisreihe-3-ADV.pdf) haben noch nicht das europaweite Prüfverfahren durchlaufen (Ehmann/Selmayr/Bertermann DS-GVO Art. 28 Rn. 31; Kühling/Buchner/Hartung DS-GVO Art. 28 Rn. 63), sodass die Vertragspartner bislang auf individuelle Verträge zurückgreifen (Malatidis ITRB 2019, 144). Zwar schließen sich die Anwendungsbereiche von DS-GVO und JI-RL gegenseitig aus (→ Rn. 4), vertretbar erscheint es aber, im nationalen Bereich die Musterverträge der Datenschutzbehörden als Anregung für die Gestaltung der individuell abzuschließenden Verträge nach § 62 BDSG zu nutzen, sofern die dort enthaltenen Anforderungen denen des BDSG entsprechen. Zukünftig könnten auch die Standardvertragsklauseln zur Auftragsverarbeitung der dänischen Datenschutzbehörde als Orientierung für die Verträge nach § 62 BDSG dienen (vgl. Etteldorf MMR-Aktuell 2020, 425978). Denn die dänische Aufsichtsbehörde hatte dem Europäischen Datenschutzausschuss (EDSA) einen Entwurf für Standardvertragsklauseln vorgelegt (Etteldorf MMR-Aktuell 2020, 425978), welcher am 9.7.2019 zu dem Entwurf eine eigene Stellungnahme mit Änderungsvorschlägen abgeben hat (EDSA, Opinion 14/2019 on the draft Standard Contractual Clauses submitted by the DK SA (Article 28(8) GDPR), 1 ff., abrufbar unter: https://edpb.europa.eu/sites/edpb/files/files/file1/edpb_opinion_201914_dk_scc_en.pdf). Am 11.12.2019 hat der EDSA den finalen Entwurf (abrufbar unter: https://edpb.europa.eu/sites/edpb/files/files/file2/dk_sa_standard_contractual_clauses_january_2020_en.pdf), deren Änderungen zuvor von der dänischen Aufsichtsbehörde akzeptiert wurden, in sein Entscheidungsregister mit aufgenommen (EDSA, EDPB News, First standard contractual clauses for contracts between controllers and processors (Article 28 GDPR) at the initiative of DK SA published in EDPB register, abrufbar unter: https://edpb.europa.eu/news/news/2019/first-standard-contractual-clauses-contracts-between-controllers-and-processors-art_de). Schwichtenberg hält die Formulierung ein „anderes Rechtsinstrument" für missverständlich, da nicht die Vertragsart gemeint sei, sondern die Vorgaben, die das Rechtsinstrument beinhalten müsse (Kühling/Buchner/Schwichtenberg Rn. 5). Tatsächlich habe das Rechtsinstrument eine Rechtsgrundlage zu beinhalten, die eine ausdrückliche Anordnung der Auftragsverarbeitung vorsehe (Kühling/Buchner/Schwichtenberg Rn. 5; Gola/Heckmann/Paschke/Scheurer Rn. 23).

Innerhalb der öffentlichen Verwaltung können Datenverarbeitungsaufträge bspw. durch **innerorganisatorische Rechtsakte** erteilt werden. Dies kommt insbesondere bei Aufträgen zwischen **zwei Stellen ein und desselben Rechtsträgers** in Betracht, da hier kein Vertrag geschlossen werden kann. Denkbar wäre zudem, dass der Gesetzgeber eine Norm schafft, die sämtliche Anforderungen des § 62 Abs. 5 enthält und eine Auftragsverarbeitung für einen bestimmten Fall unmittelbar selbst anordnet (Kühling/Buchner/Hartung DS-GVO Art. 28 Rn. 63).

Jedenfalls kommt es für die Einordnung als Auftragsverarbeitung nicht auf die Bezeichnung 38 des Rechtsinstruments an, sondern auf dessen Inhalt. Kern der getroffenen Regelung muss eine Datenverarbeitung nach festgelegten Kriterien sein, die den Auftragnehmer den Weisungen des Auftraggebers unterwirft (Gola/Heckmann/Paschke/Scheurer Rn. 23). Eine über die Auftragsverarbeitung hinausgehende Zusammenarbeit wird nicht dadurch zur Auftragsverarbeitung, dass die Parteien sämtliche Vorgaben des § 62 umgesetzt haben. Umgekehrt bleibt eine Auftragsverarbeitung auch dann eine solche, wenn einzelne Vorgaben nicht umgesetzt worden sind, solange ihre begriffsprägenden Essentialia gewahrt sind.

I. Gegenstand, Dauer, Art und Zweck der Verarbeitung; Art der personenbezogenen Daten; Kategorien betroffener Personen; Pflichten und Rechte des Verantwortlichen (S. 1)

Der **Vertragsgegenstand** ist mittels hinreichend präziser Beschreibung genau festzulegen. 39 Dabei muss die vom Beauftragten zu übernehmende Datenverarbeitung stets einem bestimmten Auftrag zugeordnet werden können (Simitis/Petri BDSG aF § 11 Rn. 66).

Wenn das Gesetz verlangt, dass die **Dauer** beschrieben wird, so schließt dies ordentlich künd- 40 bare Verträge mit unbefristeter Laufzeit nicht aus (Simitis/Petri BDSG aF § 11 Rn. 66). Gleichwohl werden diese im Anwendungsbereich des § 62 eher selten sein. Ebenso zulässig ist eine Festlaufzeit, während derer eine ordentliche Kündigung nicht möglich ist.

Art und Zweck der Verarbeitung, die Art der personenbezogenen Daten, die Kategorien der 41 betroffenen Personen sowie die Rechte und Pflichten des Verantwortlichen müssen ebenfalls in die schriftliche Vereinbarung aufgenommen werden. Hier sind **konkrete Einzelangaben** erforderlich, sodass die **zulässige Datenverwendung** im Ergebnis **nachvollzogen** werden kann.

Während mit der **Art der Verarbeitung** die unterschiedlichen Modalitäten gemeint sind, die 42 § 46 Nr. 2 aufzählt (bspw. das Erheben, Erfassen, Ordnen, Speichern, Verändern, Übermitteln oder Vernichten von Daten), stellt der **Zweck der Verarbeitung** auf deren Intention ab. Letzteres erfordert besonders sorgfältige Angaben, weil durch die hier vorgenommene Eingrenzung die Zweckbindung nach § 47 Nr. 2 begründet wird.

Bei der **Art der personenbezogenen Daten** handelt es sich – mit Blick auf Art. 6 Abs. 4 43 lit. c – um einen Oberbegriff, der sämtliche Kategorien, insbesondere die „besonderen Kategorien personenbezogener Daten" gem. § 46 Nr. 14 umfasst. Mithin soll möglichst genau beschrieben werden, welche personenbezogenen Daten von der Auftragsverarbeitung erfasst werden.

Zwischen welchen **Kategorien betroffener Personen** unterschieden werden soll, ergibt sich, 44 wenn auch nicht abschließend („insbesondere"), aus § 72.

Schließlich müssen die **Rechte und Pflichten** des Verantwortlichen festgelegt werden. Das 45 dient dazu, die komplexen und teilweise verschachtelten Regelungen des BDSG auf den konkreten Einzelfall anzupassen und sowohl Auftragnehmer als auch Auftraggeber deutlich vor Augen zu führen.

II. Verarbeitung nur auf dokumentierte Weisung des Verantwortlichen und Hinweispflicht (S. 2 Nr. 1)

Die Weisungsgebundenheit des Auftragsverarbeiters (Hs. 1; s. auch § 52) normierte in Umset- 46 zung des Art. 17 Abs. 3 Richtlinie 95/46/EG bereits § 11 Abs. 3 S. 1 BDSG aF und hat auch in Art. 22 Abs. 3 S. 2 lit. a der JI-RL Einzug gefunden. Bei dessen Umsetzung hat sich der deutsche Gesetzgeber allerdings zusätzlich an der DS-GVO orientiert und die Dokumentierungspflicht übernommen. Bei der Dokumentierung der Weisung handelt es sich nicht um eine Formvorschrift (Gola/Heckmann/Paschke/Scheurer Rn. 26; Auernhammer/Thomale Rn. 37). Zu den weiteren Einzelheiten → DS-GVO Art. 28 Rn. 58 ff. Entsprechend der Vorgabe der JI-RL wurde allerdings darauf verzichtet, eine Ausnahmeregelung aufzunehmen.

Ebenfalls altbekannt aber gleichsam nicht in der JI-RL vorgesehen, ist die Hinweispflicht des 47 Auftragsverarbeiters, sollte er eine Weisung für rechtswidrig halten. Sie fand sich bereits fast wortgleich in § 11 Abs. 3 S. 2 BDSG aF und entspricht der Regelung des Art. 28 Abs. 3 S. 3 DS-GVO. Für Näheres deshalb → DS-GVO Art. 28 Rn. 85 ff.

III. Vertraulichkeitsverpflichtung (S. 2 Nr. 2)

48 Neu im Katalog ist die erforderliche Vertraulichkeitsverpflichtung des Auftragsverarbeiters. Bei der Umsetzung hat der deutsche Gesetzgeber lediglich den Wortlaut im Vergleich zu Art. 22 Abs. 3 S. 2 lit. b der JI-RL leicht abgewandelt, wodurch sich allerdings keine materiellen Unterschiede ergeben. Da Art. 22 Abs. 3 S. 2 lit. b der JI-RL und Art. 28 Abs. 3 S. 2 lit. b DS-GVO absolut wortgleich sind, sei auf die dortige Kommentierung verwiesen (→ DS-GVO Art. 28 Rn. 63 ff.). Im deutschen Recht finden sich gesetzliche Verschwiegenheitspflichten etwa in § 67 Abs. 1 BBG, § 37 Abs. 1 BeamtStG § 53 BDSG sowie in § 6 Abs. 5 S. 2 BDSG für Datenschutzbeauftragte.

IV. Unterstützung des Verantwortlichen bei der Beantwortung von Anträgen (S. 2 Nr. 3)

49 Des Weiteren muss festgelegt sein, dass der Auftragsverarbeiter den Verantwortlichen mit geeigneten Mitteln dabei zu unterstützen hat, die ihn treffenden Pflichten aus den Bestimmungen über die Rechte der betroffenen Personen einzuhalten. Konkret sind damit Vorschriften aus Teil 3 Kapitel 3 gemeint, die ua ein Auskunftsrecht (§ 57) sowie ein Recht auf Berichtigung und Löschung sowie Einschränkung der Verarbeitung (§ 58) beinhalten.

50 Im Gegensatz zu Art. 28 Abs. 3 S. 2 lit. e DS-GVO (→ DS-GVO Art. 28 Rn. 73 f.) findet sich in § 62 Abs. 5 S. 2 Nr. 3 sowie im wortidentischen Art. 22 Abs. 3 S. 2 lit. c der JI-RL nicht die Anforderung, dass der Auftragsverarbeiter dem Verantwortlichen „nach Möglichkeit" unterstützen soll, sodass hier von einer uneingeschränkten Mitwirkungspflicht auszugehen ist.

V. Umgang mit den personenbezogenen Daten nach Abschluss der Erbringung der Verarbeitungsleistungen (S. 2 Nr. 4)

51 In Umsetzung des Art. 22 Abs. 3 S. 2 lit. d der JI-RL muss der Auftragsverarbeiter nach Beendigung der Auftragsverarbeitung alle personenbezogenen Daten nach Wahl des Verantwortlichen entweder zurückgeben oder löschen, sofern keine gesetzliche Speicherpflicht besteht. Mit § 11 Abs. 2 S. 2 Nr. 10 BDSG aF gab es bereits eine vergleichbare Regelung, die allerdings von Rückgabe **und** Löschung sprach statt Rückgabe **oder** Löschung. Rechtlich ergibt sich aus der Änderung jedoch kein Unterschied, da es sich lediglich um eine sprachliche Nuancierung handelt. Während sich die Rückgabe auf den körperlichen Datenträger als solchen bezieht, erfasst das Löschen alle elektronisch gespeicherten personenbezogenen Daten. Im Wege der Gesetzesänderung ergänzt worden ist die Klarstellung, dass auch erstellte Kopien zu vernichten sind. Im Übrigen → DS-GVO Art. 28 Rn. 78 ff.

VI. Zurverfügungstellung von Informationen (S. 2 Nr. 5)

52 Den Auftragsverarbeiter trifft eine umfassende Informationspflicht gegenüber dem Verantwortlichen, damit Letzterer nachweisen kann, seine eigenen Pflichten eingehalten zu haben. Im Gegensatz zu Art. 22 Abs. 3 S. 2 lit. e der JI-RL sowie Art. 28 Abs. 3 S. 2 lit. h Hs. 1 DS-GVO beschränkt sich die Mitwirkungspflicht nach § 62 Abs. 5 S. 2 Nr. 5 nicht nur auf die „in diesem Artikel niedergelegten Pflichten" des Verantwortlichen. Der deutsche Gesetzgeber ist bei seiner Umsetzung deutlich darüber hinausgegangen, indem er diese Eingrenzung nicht übernommen und zusätzlich klargestellt hat, dass sich die Mitwirkungspflicht „insbesondere" auf die gem. § 76 erstellten Protokolle erstreckt. Entsprechend der europäischen Vorgabe ist die Mitwirkungspflicht allerdings begrenzt auf alle „erforderlichen Informationen". Im Übrigen → DS-GVO Art. 28 Rn. 81 ff.

VII. Ermöglichung von Überprüfungen (S. 2 Nr. 6)

53 Ähnlich dem § 11 Abs. 2 S. 2 Nr. 7 BDSG aF muss der Auftragsverarbeiter Überprüfungen ermöglichen und zu ihnen beitragen. Im Zuge der Gesetzesänderung ergänzt wurde die Klarstellung, dass die Überprüfung neben dem Verantwortlichen auch durch einen von diesem beauftragten Prüfer durchgeführt werden kann. Zwar enthält Art. 22 Abs. 3 S. 2 der JI-RL eine solche Regelung nicht, der deutsche Gesetzgeber hat sich jedoch an Art. 28 Abs. 3 S. 2 lit. h Hs. 2 DS-GVO ein Beispiel genommen. Zu den weiteren Einzelheiten deshalb → DS-GVO Art. 28 Rn. 81 ff.

Auftragsverarbeitung § 62 BDSG

VIII. Unterauftragnehmer (S. 2 Nr. 7)

Dem Auftragsverarbeiter soll noch einmal vor Augen geführt werden, dass er alle in § 62 **54** Abs. 3 und 4 niedergelegten Anforderungen an die Beauftragung eines Unterauftragsverarbeiters (→ Rn. 32 ff.) einzuhalten hat. In § 11 Abs. 2 S. 2 Nr. 6 BDSG aF war bisher lediglich vorgesehen, dass eine etwaige Berechtigung zur Begründung von Unterauftragsverhältnissen vertraglich geregelt sein muss.

IX. Sicherheit der Datenverarbeitung (S. 2 Nr. 8)

Der Auftragsverarbeiter muss alle gem. § 64 erforderlichen technischen und organisatorischen **55** Maßnahmen ergreifen (zu den Einzelheiten → § 64 Rn. 1 ff.). Zwar enthält Art. 22 Abs. 3 S. 2 der JI-RL diese Anforderung nicht, der deutsche Gesetzgeber hat sie jedoch aus Art. 28 Abs. 3 S. 2 lit. c DS-GVO entnommen (→ DS-GVO Art. 28 Rn. 68 ff.). Zudem bestand mit § 11 Abs. 2 S. 2 Nr. 3 BDSG aF, der auf die nach § 9 BDSG aF zu treffenden technischen und organisatorischen Maßnahmen verwies, bereits eine ähnliche Vorschrift. Im Gegensatz zur Vorgängerregelung verlangt das Gesetz nun allerdings nicht mehr, dass die zu treffenden Maßnahmen im Einzelnen festzulegen sind. Insofern reicht fortan eine kurze Bezugnahme auf § 64, da sich die Gewährleistungspflicht des Auftragsverarbeiters (und auch des Verantwortlichen) bereits unmittelbar aus dem Gesetz ergibt. Insofern kann der Zweck von § 62 Abs. 5 S. 2 Nr. 8 nur sein, auf die dort niedergelegten Anforderungen an die Sicherheit der Datenverarbeitung noch einmal deutlich hinzuweisen. Darüber hinaus ist der Auftragsverarbeiter nicht davon abgehalten, auf eigene Initiative oder der des Verantwortlichen zu konkreten Maßnahmen verpflichtet zu werden.

X. Unterstützung des Verantwortlichen bei seinen Pflichten aus §§ 64–67 und 69 (S. 2 Nr. 9)

Schließlich verlangt das Gesetz vom Auftragsverarbeiter, dass er den Verantwortlichen dabei **56** unterstützt, die ihm in den §§ 64–67 und 69 auferlegten Pflichten einzuhalten. Abermals wurde damit keine Vorgabe des Art. 22 Abs. 3 S. 2 der JI-RL umgesetzt, sondern – in diesem Fall – Art. 28 Abs. 3 S. 2 lit. f DS-GVO übernommen. Zu den Einzelheiten → DS-GVO Art. 28 Rn. 75 ff.).

J. Formerfordernis (Abs. 6)

Wie bereits nach § 11 Abs. 2 S. 2 BDSG aF, ist gem. § 62 Abs. 6 der Vertrag **schriftlich 57** abzufassen, bedarf also einer eigenhändigen Unterschrift (§ 126 Abs. 1 Alt. 1 BGB). Für Verwaltungsverträge besteht dieses Erfordernis bereits aufgrund des § 57 iVm § 62 S. 2 VwVfG. Notarielle Beurkundung (§ 126 Abs. 4 BGB) kann die Schriftform ersetzen. In Umsetzung von Art. 22 Abs. 4 der JI-RL ist daneben jetzt ausdrücklich klargestellt, dass der Vertrag auch **elektronisch** abgefasst werden kann. In Art. 22 Abs. 4 der JI-RL ist zwar vom „elektronischen Format" anstatt der „elektronischen Form" die Rede, der deutsche Gesetzgeber hat jedoch den Wortlaut der Richtlinie willentlich gerade nicht 1:1 übernommen, sondern die Anforderungen in das deutsche Rechtssystem überführt. Daher ist immer die elektronische Form iSd § 126a BGB gemeint, wenn ein Gesetz es erlaubt oder sogar verlangt, einen Vertrag elektronisch abzuschließen. Ein anderes Ergebnis hätte einer Klarstellung durch den Gesetzgeber bedurft. Praktisch galt dies aber bereits unter der alten Rechtslage, weshalb § 126a BGB auch schon vor Einfügung der Klarstellung anwendbar war. Für die elektronische Form nach § 126a Abs. 1 BGB bedarf es als Wirksamkeitsvoraussetzung einer qualifizierten elektronischen Signatur, der nach Art. 25 Abs. 2 eIDAS-VO die gleiche Rechtswirkung wie einer handschriftlichen Unterschrift zukommt. Jedenfalls erfüllt die Textform nach § 126b BGB nicht das Formerfordernis des § 62 Abs. 6. Teilweise wird die Ansicht vertreten, für die Formvorschrift des Abs. 6 bedürfe es keiner qualifizierten elektronischen Signatur, solange ein anderes elektronisches Format über Sicherungsmechanismen (zB durch Verschlüsselungstechniken) verfüge, die die Authentizität- und Dokumentationsfunktion des Auftragsbearbeitungsvertrages bewahre (Johannes/Weinhold DatenschutzR § 1 Rn. 231; Paal/Pauly/Gräber/ Nolden Rn. 10). Dem ist jedoch die bewusste Entscheidung des Gesetzgebers zur Nichtübernahme des Wortlautes der Richtlinie entgegenzuhalten. Mithin verbleibt es bei einer qualifizierten elektronischen Signatur als Formanforderung (zustimmend Gola/Heckmann/Paschke/Scheurer Rn. 38).

Fraglich ist, ob Verstöße gegen das Schriftformerfordernis des § 62 Abs. 6 die Nichtigkeit der **58** Vereinbarung bewirken. Jedenfalls führt das Fehlen eines schriftlichen Auftrags nicht dazu, dass es

Spoerr 1583

sich begrifflich nicht um eine Auftragsverarbeitung handelt. Bei einen öffentlich-rechtlichen Vertrag gilt § 125 BGB über die Verweisungskette §§ 57, 59 Abs. 1 VwVfG. Nach § 125 BGB ist ein Rechtsgeschäft, welches der durch Gesetz vorgeschriebenen Form ermangelt, nichtig. Gesetz im Sinne des BGB ist nicht nur das BGB selbst (siehe zB § 311b BGB), sondern jede Rechtsnorm (Art. 2 EGBGB). Dies könnte dafür sprechen, bei Fehlen der Schriftform von Nichtigkeit auszugehen (so Gola/Schomerus BDSG aF § 11 Rn. 17; Spindler/Schuster BDSG aF § 11 Rn. 18; Simitis/Petri BDSG aF § 11 Rn. 64; wohl auch Schaffland/Wiltfang BDSG aF § 11 Rn. 9a). Gegen eine Nichtigkeitsfolge sprechen aber die Normzwecke des Schriftformerfordernisses (so auch Roßnagel DatenschutzR-HdB/Hoeren Kap. 4.6 Rn. 108; Plath/Plath BDSG aF/DSGVO § 11 Rn. 96): Es dient keinem Übereilungsschutz. Zudem dürften Identitätsfeststellung, Echtheit und Verifikation nicht im Vordergrund stehen (allgemein zu Formzwecken Palandt/Ellenberger BGB § 125 Rn. 1 ff.). Stattdessen bezweckt das Schriftformerfordernis bessere **Kontrollmöglichkeiten** der **Aufsichtsbehörde** (Roßnagel DatenschutzR-HdB/Hoeren Kap. 4.6 Rn. 108) sowie die **Nachweisbarkeit** der **weisungsgemäßen Auftragserledigung** durch den **Auftragnehmer** (Gola/Schomerus BDSG aF § 11 Rn. 17; → DS-GVO Art. 28 Rn. 100 ff.).

59   Seinem ausdrücklichen Wortlaut nach erstreckt sich das Formerfordernis nur auf Verträge „im Sinne des Absatzes 5", dh zwischen Verantwortlichem und Auftragsverarbeiter. Es ist jedoch nicht nachvollziehbar, weshalb für die Einschaltung eines Unterbeauftragten durch den Auftragsverarbeiter kein Schriftformerfordernis gelten soll. Es ist naheliegend, dass der deutsche Gesetzgeber vergessen hat, zusätzlich einen Verweis auf Verträge „im Sinne des Absatzes 4" aufzunehmen, als er die Regelung des Art. 28 Abs. 4 DS-GVO in der von der JI-RL nicht vorgesehenen § 62 Abs. 4 übernommen hat, sodass es sich um ein bloßes Redaktionsversehen handelt. In Art. 28 Abs. 9 DS-GVO findet sich jedenfalls der Verweis auf den Unterbeauftragungsvertrag. Die Gesetzesbegründung enthält keine gegenteiligen Hinweise (s. BT-Drs. 18/11325, 116) und auch die Zwecke der Schriftform sprechen dafür.

K. Ausnahmsweise Behandlung des Auftragsverarbeiters als Verantwortlicher (Abs. 7)

60   Der Auftragnehmer hat sich an die Weisungen des Auftraggebers zu halten. Bestimmt er jedoch Zweck und Mittel der Verarbeitung selbst, haftet er der betroffenen Person gegenüber nach § 83 BDSG per Fiktion unmittelbar selbst (→ DS-GVO Art. 28 Rn. 104 f.). Das war vom Ergebnis her bereits nach alter Rechtslage der Fall (siehe Gola/Schumerus/Gola et al. BDSG aF § 11 Rn. 26; Simitis/Simitis BDSG aF § 7 Rn. 11) und wurde somit im Wege der Umsetzung der JI-RL nun lediglich ausdrücklich klargestellt.

L. Grenzüberschreitende Auftragsverarbeitung

61   Gemäß § 1 Abs. 7 BDSG gelten die bei der Umsetzung und Entwicklung des Schengen-Besitzstands assoziierten Staaten (dh Island, Norwegen, Liechtenstein und die Schweiz) als EU-Mitgliedstaaten (siehe auch Erwägungsgründe 101–103 JI-RL); alle anderen Nicht-EU-Mitgliedstaaten sind als Drittstaaten zu behandeln.

62   Möchte eine deutsche zuständige öffentliche Stelle eine andere öffentliche Stelle eines EU-Mitgliedstaats oder eine nicht-öffentliche Stelle mit Sitz in einem EU-Mitgliedstaat mit der Datenverarbeitung zum Zwecke der Verhütung, Ermittlung, Aufdeckung, Verfolgung oder Ahndung von Straftaten oder Ordnungswidrigkeiten beauftragen, hat sie sich dafür an die Vorgaben des § 62 zu halten. Soll hingegen eine Stelle in einem Drittstaat oder eine internationale Organisation (bspw. Interpol) beauftragt werden, sind zusätzlich zu § 62 die Anforderungen der §§ 78–81 zu berücksichtigen. Das gilt auch, wenn die Stelle im Drittstaat oder die internationale Organisation als Unterauftragsverarbeiter eingesetzt werden soll.

63   Handelt es sich bei der beauftragenden verantwortlichen Stelle um die zuständige öffentliche Stelle eines EU-Mitgliedstaats oder eines Drittstaats, sind ebenfalls die Vorgaben des BDSG, insbesondere des § 62 zu berücksichtigen, wenn personenbezogene Daten zum Zwecke der Verhütung, Ermittlung, Aufdeckung, Verfolgung oder Ahndung von Straftaten oder Ordnungswidrigkeiten verarbeitet werden sollen (§ 1 Abs. 1 iVm § 45 S. 1). Das Gesetz unterscheidet gerade nicht mehr zwischen Stellen von Drittstaaten und EU-Mitgliedstaaten, wie das noch bei § 1 Abs. 5 BDSG aF der Fall war.

§ 63 Gemeinsam Verantwortliche

¹Legen zwei oder mehr Verantwortliche gemeinsam die Zwecke und die Mittel der Verarbeitung fest, gelten sie als gemeinsam Verantwortliche. ²Gemeinsam Verantwortliche haben ihre jeweilgen Aufgaben und datenschutzrechtlichen Verantwortlichkeiten in transparenter Form in einer Vereinbarung festzulegen, soweit diese nicht bereits in Rechtsvorschriften festgelegt sind. ³Aus der Vereinbarung muss insbesondere hervorgehen, wer welchen Informationspflichten nachzukommen hat und wie und gegenüber wem betroffene Personen ihre Rechte wahrnehmen können. ⁴Eine entsprechende Vereinbarung hindert die betroffene Person nicht, ihre Rechte gegenüber jedem der gemeinsam Verantwortlichen geltend zu machen.

Überblick

§ 63 enthält Regelungen zu gemeinsam Verantwortlichen.

A. Allgemeines

In Umsetzung von Art. 21 Abs. 1 JI-RL, welcher seine Entsprechung in Art. 26 DS-GVO findet, definiert § 63 die Voraussetzungen von gemeinsam Verantwortlichen und legt fest, dass diese ihre Verantwortlichkeiten, zB bei einer behördlichen Zusammenarbeit, in einer Vereinbarung klar verteilen müssen. So soll es Betroffenen erleichtert werden, sich hinsichtlich datenschutzrechtlicher Pflichten an den richtigen Verantwortlichen zu halten. 1

Auch Erwägungsgrund 79 DS-GVO fordert eine klare Zuteilung der Verantwortlichkeiten, allen voran zum Schutz der Rechte und Freiheiten der betroffenen Personen sowie bezüglich der Verantwortung und Haftung der Verantwortlichen. 2

Zwar heißt es in der Gesetzesbegründung zu § 63 „Zur beispielhaften Konkretisierung der infrage kommenden Fälle wird zudem eine Formulierung aus § 6 Absatz 2 BDSG aF übernommen." (BT-Drs. 18/11325, 116), eine solche Übernahme einer Formulierung aus § 6 Abs. 2 BDSG aF, also den Verfahrensvorschriften bei Verbunddateien und vernetzten Systemen, findet sich im Gesetzeswortlaut jedoch nicht wieder. 3

B. Regelungsgehalt

I. Gemeinsam Verantwortliche (S. 1)

Von gemeinsam Verantwortlichen, oder „Joint Controller" ist auszugehen, wenn zwei oder mehr Verantwortliche gemeinsam die Zwecke und die Mittel zur Verarbeitung festlegen. Damit ist auch schon das einzige Kriterium benannt – es muss mehr als ein Verantwortlicher über die Zwecke und Mittel entscheiden. Maßgeblich ist eine gewisse Entscheidungsmöglichkeit der jeweiligen Beteiligten und insoweit das Fehlen des für Auftragsverarbeitung prägenden Merkmals der Unterordnung (ausführlich zum Begriff der Gemeinsamkeit → DS-GVO Art. 26 Rn. 14–26 und zur Auftragsverarbeitung § 62 → § 62 Rn. 3. 4

Wenn ein Verantwortlicher die Daten an einen dritten Verantwortlichen weitergibt und dabei über die konkrete Verwendung der Daten bestimmt, liegt daher keine gemeinsame Verantwortlichkeit vor. Auch stellt nicht jede Verarbeitung von Daten durch mehrere Stellen automatisch eine gemeinsame Verantwortlichkeit dar (vgl. Koreng/Lachenmann DatenschutzR-FormHdB/Lachenmann Rn. 1–8.) 5

Durch die gemeinsame Verantwortlichkeit wird die Datenübermittlung zwischen den beteiligten Stellen, anders als bei der Auftragsverarbeitung, nicht privilegiert und es muss zusätzlich eine Legitimation durch eine Rechtsgrundlage vorliegen (→ DS-GVO Art. 26 Rn. 3a). 6

Derzeit nicht belegt. 7

II. Vereinbarung über Aufgaben und datenschutzrechtliche Verantwortlichkeiten (S. 2)

Soweit sich die jeweiligen Aufgaben und Verantwortlichkeiten nicht bereits aus Rechtsvorschriften ergeben, haben die gemeinsam Verantwortlichen diese in transparenter Form in einer Vereinbarung festzulegen. Sie unterliegen also bei der Gestaltung der Vereinbarung insoweit Einschränkungen, als ihre Aufgaben und datenschutzrechtlichen Pflichten bereits (spezial-)gesetzlich geregelt sind. Ist dies der Fall, sind diese Bereiche der Möglichkeit einer Regelung durch eine Vereinbarung 8 entzogen. Die Einschränkung hat eine hohe praktische Bedeutung, da zumindest einer der Beteiligten in der Regel eine Behörde sein dürfte. Es soll so verhindert werden, dass Behörden sich durch entsprechende Vereinbarungen den sie betreffenden spezialgesetzlichen Regelungen entziehen. Beispiele für Rechtsvorschriften iSd § 63 sind die Regelungen des § 77 Abs. 6 BKAG zum polizeilichen Informationsverbund und § 84 BKAG zu den Rechten der betroffenen Person.

9   Für die Vereinbarung ist nach Erwägungsgrund 58 DS-GVO eine klare und einfache Sprache zu wählen und gegebenenfalls sind zusätzlich visuelle Elemente zu verwenden. Weitere Vorgaben zur Form enthält die Vorschrift dagegen nicht. Elektronische Form oder Schriftform sind jedoch aus Nachweisgründen zu empfehlen.

10   Derzeit nicht belegt.

III. Zwingende Inhalte der Vereinbarung (S. 3)

11   Aus der Vereinbarung nach S. 2 muss sich insbesondere ergeben, welcher Verantwortliche welche Informationspflichten erfüllen muss und welchem Verantwortlichen gegenüber Betroffene ihre Rechte geltend machen können.

12   Derzeit nicht belegt.

IV. Geltendmachung von Betroffenenrechten gegenüber gemeinsam Verantwortlichen (S. 4)

13   Art. 21 Abs. 2 JI-RL gibt den Mitgliedstaaten die Möglichkeit vorzusehen, dass die betroffene Person ihre Rechte im Rahmen der nach der JI-RL erlassenen Vorschriften bei und gegenüber jedem einzelnen der Verantwortlichen geltend machen kann. Von dieser Möglichkeit hat der Gesetzgeber in § 63 S. 4 Gebrauch gemacht. Betroffene Personen können also ihre Rechte unabhängig von der Aufteilung der Verantwortlichkeiten in der entsprechenden Vereinbarung gegenüber jedem der gemeinsam Verantwortlichen geltend machen. Die Regelungen der Vereinbarung haben also keine Bindungswirkung für die betroffene Person. Wenn die Zuständigkeit für die Erfüllung von Betroffenenrechten jedoch in einer Rechtsvorschrift geregelt ist, gilt § 63 S. 4 nicht (so auch – wenn auch jeweils unter Verweis auf eine falsche Satzzahl – Kühling/Buchner/Schwichtenberg Rn. 3 und Schantz/Wolff DatenschutzR/Schantz Rn. 378).

§ 64 Anforderungen an die Sicherheit der Datenverarbeitung

(1) ¹Der Verantwortliche und der Auftragsverarbeiter haben unter Berücksichtigung des Stands der Technik, der Implementierungskosten, der Art, des Umfangs, der Umstände und der Zwecke der Verarbeitung sowie der Eintrittswahrscheinlichkeit und der Schwere der mit der Verarbeitung verbundenen Gefahren für die Rechtsgüter der betroffenen Personen die erforderlichen technischen und organisatorischen Maßnahmen zu treffen, um bei der Verarbeitung personenbezogener Daten ein dem Risiko angemessenes Schutzniveau zu gewährleisten, insbesondere im Hinblick auf die Verarbeitung besonderer Kategorien personenbezogener Daten. ²Der Verantwortliche hat hierbei die einschlägigen Technischen Richtlinien und Empfehlungen des Bundesamtes für Sicherheit in der Informationstechnik zu berücksichtigen.

(2) ¹Die in Absatz 1 genannten Maßnahmen können unter anderem die Pseudonymisierung und Verschlüsselung personenbezogener Daten umfassen, soweit solche Mittel in Anbetracht der Verarbeitungszwecke möglich sind. ²Die Maßnahmen nach Absatz 1 sollen dazu führen, dass
1. die Vertraulichkeit, Integrität, Verfügbarkeit und Belastbarkeit der Systeme und Dienste im Zusammenhang mit der Verarbeitung auf Dauer sichergestellt werden und
2. die Verfügbarkeit der personenbezogenen Daten und der Zugang zu ihnen bei einem physischen oder technischen Zwischenfall rasch wiederhergestellt werden können.

(3) ¹Im Fall einer automatisierten Verarbeitung haben der Verantwortliche und der Auftragsverarbeiter nach einer Risikobewertung Maßnahmen zu ergreifen, die Folgendes bezwecken:
1. Verwehrung des Zugangs zu Verarbeitungsanlagen, mit denen die Verarbeitung durchgeführt wird, für Unbefugte (Zugangskontrolle),

2. Verhinderung des unbefugten Lesens, Kopierens, Veränderns oder Löschens von Datenträgern (Datenträgerkontrolle),
3. Verhinderung der unbefugten Eingabe von personenbezogenen Daten sowie der unbefugten Kenntnisnahme, Veränderung und Löschung von gespeicherten personenbezogenen Daten (Speicherkontrolle),
4. Verhinderung der Nutzung automatisierter Verarbeitungssysteme mit Hilfe von Einrichtungen zur Datenübertragung durch Unbefugte (Benutzerkontrolle),
5. Gewährleistung, dass die zur Benutzung eines automatisierten Verarbeitungssystems Berechtigten ausschließlich zu den von ihrer Zugangsberechtigung umfassten personenbezogenen Daten Zugang haben (Zugriffskontrolle),
6. Gewährleistung, dass überprüft und festgestellt werden kann, an welche Stellen personenbezogene Daten mit Hilfe von Einrichtungen zur Datenübertragung übermittelt oder zur Verfügung gestellt wurden oder werden können (Übertragungskontrolle),
7. Gewährleistung, dass nachträglich überprüft und festgestellt werden kann, welche personenbezogenen Daten zu welcher Zeit und von wem in automatisierte Verarbeitungssysteme eingegeben oder verändert worden sind (Eingabekontrolle),
8. Gewährleistung, dass bei der Übermittlung personenbezogener Daten sowie beim Transport von Datenträgern die Vertraulichkeit und Integrität der Daten geschützt werden (Transportkontrolle),
9. Gewährleistung, dass eingesetzte Systeme im Störungsfall wiederhergestellt werden können (Wiederherstellbarkeit),
10. Gewährleistung, dass alle Funktionen des Systems zur Verfügung stehen und auftretende Fehlfunktionen gemeldet werden (Zuverlässigkeit),
11. Gewährleistung, dass gespeicherte personenbezogene Daten nicht durch Fehlfunktionen des Systems beschädigt werden können (Datenintegrität),
12. Gewährleistung, dass personenbezogene Daten, die im Auftrag verarbeitet werden, nur entsprechend den Weisungen des Auftraggebers verarbeitet werden können (Auftragskontrolle),
13. Gewährleistung, dass personenbezogene Daten gegen Zerstörung oder Verlust geschützt sind (Verfügbarkeitskontrolle),
14. Gewährleistung, dass zu unterschiedlichen Zwecken erhobene personenbezogene Daten getrennt verarbeitet werden können (Trennbarkeit).
²Ein Zweck nach Satz 1 Nummer 2 bis 5 kann insbesondere durch die Verwendung von dem Stand der Technik entsprechenden Verschlüsselungsverfahren erreicht werden.

Überblick

§ 64 setzt Art. 29 der JI-RL zur Sicherheit der Verarbeitung um und regelt die technischen und organisatorischen Maßnahmen, die Verantwortliche und ein Auftragsverarbeiter zu ergreifen haben, um die Rechte und Freiheiten natürlicher Personen bei der Datenverarbeitung zu gewährleisten. S. 2 verweist pauschal auf Richtlinien des Bundesamts für die Sicherheit in der Informationstechnik. Abs. 2 entspricht Art. 32 Abs. 1 lit. b und c DS-GVO. In Abs. 2 S. 1 werden Pseudonymisierung und Verschlüsselung als Maßnahmen aufgeführt, ohne einen konkreten Bezug zu den Verarbeitungszwecken herzustellen. Abs. 2 S. 2 führt eine zeitliche und qualitative Dimension ein. In Abs. 3 werden Anforderungen aufgezählt, die sich weitestgehend an der RL 2016/680/EU sowie der Anlage zu § 9 BDSG aF orientieren, teilweise aber darüber hinausgehen. Abs. 3 S. 2 benennt als Maßnahmenbeispiel zur Erreichung der Schutzziele aus Abs. 3 S. 1 Nr. 2–5 Verschlüsselungsverfahren.

Übersicht

	Rn.		Rn.
A. Grundlagen	1	**B. Rechtsnatur des § 64**	15
I. Bisher geltendes Recht	2	I. Formelle und materielle Anforderungen	16
II. Begriff und Verhältnis zwischen Sicherheit und Datenschutz	3	II. Adressaten	17
III. Schutzziele der IT-Sicherheit und des Datenschutzes	6	**C. Erforderliche technische und organisatorische Maßnahmen (Abs. 1)**	21
IV. Schutzziele des Datenschutzes	10	I. Maßnahmen	21
		1. Begriff	21

	Rn.		Rn.
2. Bestimmung und Auswahl	23	1. Zugangskontrolle	60
3. Zertifizierung	31	2. Datenträgerkontrolle	64
II. Erforderlichkeit und Angemessenheit	32	3. Speicherkontrolle	65
III. Verarbeitung besonderer Kategorien personenbezogener Daten	39	4. Benutzerkontrolle	66
		5. Zugriffskontrolle	67
		6. Übertragungskontrolle	68
D. Abs. 2	40	7. Eingabekontrolle	70
E. Abs. 3	46	8. Transportkontrolle	73
I. Anwendungsbereich	46	9. Wiederherstellbarkeit	74
II. Risikobewertung	48	10. Zuverlässigkeit	75
III. Schutzzielvorgaben	52	11. Datenintegrität	76
IV. Maßnahmenbestimmung	54	12. Auftragskontrolle	77
1. Verhältnismäßigkeit	55	13. Verfügbarkeitskontrolle	78
		14. Trennbarkeit	79
V. Kontrollziele	58	VI. Verschlüsselung	80

A. Grundlagen

1 § 64 beschreibt die Anforderungen an die **Sicherheit** der Verarbeitung personenbezogener Daten in Umsetzung des Art. 29 RL 2016/680/EU. Es handelt sich dabei um die zentrale Norm zur Bestimmung der technischen und organisatorischen Maßnahmen, die bei einer Verarbeitung personenbezogener Daten zu treffen sind. Insofern konkretisiert § 64 den Grundsatz der Sicherheit der Verarbeitung aus § 47 Nr. 6. Anders als die IT-Sicherheit bezieht sich § 64 ausdrücklich auf die mit der Verarbeitung verbundenen Gefahren für die betroffenen Personen und nicht auf die Sicherheitsinteressen des Verantwortlichen oder des Auftragsverarbeiters. Gegenüber der Richtlinie schränkt S. 1 den Schutzbereich auf die Rechtsgüter der betroffenen Person ein, während die JI-Richtlinie in Umsetzung des Art. 8 der Grundrechte Charta auf die Rechte und Freiheiten natürlicher Personen abstellt. Die Erforderlichkeit der Maßnahmen ist unter Berücksichtigung des Stands der Technik, der Implementierungskosten, der Art, des Umfangs, der Umstände und der Zwecke der Verarbeitung sowie der Eintrittswahrscheinlichkeit und der Schwere der mit der Verarbeitung verbundenen Gefahren zu ermitteln.

I. Bisher geltendes Recht

2 Bislang unterfiel der Anwendungsbereich der §§ 45 ff. den Regelungen der Datenschutzrichtlinie 95/46/EG von 1995 (DSRL); dort verpflichtete der Art. 17 Abs. 1 und 2 DSRL die nationalen Gesetzgeber Vorschriften zur Sicherheit der Verarbeitung zu erlassen. Im nationalen Recht fanden sich die Regelungen unter anderem im BDSG aF und dort insbesondere in § 9 und der Anlage zu § 9 BDSG aF wieder. Für den Bereich der elektronischen Kommunikation enthielt Art. 4 ePrivacyRL 2002/58/EU Bestimmungen zur Sicherheit, die durch § 13 TMG und § 109 TKG umgesetzt worden sind. Die in Abs. 1 S. 1 enthaltene Verhältnismäßigkeitsprüfung wird im Vergleich zu § 9 BDSG aF durch die Aufnahme von abschwächenden Bedingungen stark eingeschränkt. Insbesondere wird der Schutz auf Rechtsgüter der betroffenen Person beschränkt.

II. Begriff und Verhältnis zwischen Sicherheit und Datenschutz

3 Der gebräuchliche Begriff der Datensicherheit (vgl. zB NK-DS-GVO/Mantz DSGVO Art. 32 Rn. 1, 5) lässt sich aus dem Gesetz selbst nicht ableiten; Es spricht wie auch die DS-GVO von der **Sicherheit der Datenverarbeitung.** An verschiedenen Stellen des Gesetzes werden Maßnahmen zur Gewährleistung der Sicherheit der Datenverarbeitung genannt. Jedoch knüpft der Gesetzgeber nicht an bestehende Definitionen der IT-Sicherheit an. So werden beispielsweise das Schutzziel der Integrität und die IT-Sicherheit in § 76 Abs. 3 kumulativ aufgeführt, anstatt Schutzziele der Datensicherheit zu benennen. In Abs. 1 S. 2 wird der Verantwortliche auf die technischen Richtlinien und Empfehlungen des BSI verwiesen. Diese sind unter anderem zu berücksichtigen. In welchem Grad und in welchem Umfang bleibt dabei offen. Bei deren Einbeziehung ist der unterschiedliche Schutzzweck in der Ausrichtung der technischen Richtlinien und Empfehlungen des Bundesamtes für Sicherheit in der Informationstechnik (BSI) im Hinblick auf die Sicherheit von Organisationen zu beachten und diese sind an die Schutzziele des Datenschutzes zur Gewährleistung der Rechte und Freiheiten natürlicher Personen anzupassen. Dies ist insbesondere bei der Auswahl (→ Rn. 24) der Maßnahmen zu berücksichtigen.

§ 64 stellt auf die **Verarbeitungsvorgänge** ab. Dies ist im Hinblick auf den Regelungsansatz im Datenschutzrecht, das Verbot mit Regelungs- bzw. Erlaubnisvorbehalt, auch konsequent. Das BDSG regelt wie auch die DS-GVO die Bedingungen unter denen personenbezogene Daten verarbeitet werden dürfen. Verarbeitungsvorgänge umfassen stets drei Elemente: das personenbezogene Datum, das datenverarbeitende System (Hardware) und die die Verarbeitung steuernden Prozesse. Zum einen können insofern auf einer zeitlichen Ebene die unterschiedlichen Phasen der Verarbeitung unterschieden werden (Pohle DuD 2018, 19 (20 f.)), zum anderen resultieren erst aus den Verarbeitungsvorgängen die datenschutzspezifischen Risiken (Bieker DuD 2018, 27 (29)). Deren Erfassung ist eine wesentliche Voraussetzung für die Bestimmung der erforderlichen Schutzmaßnahmen. Die in § 46 Nr. 2 beschriebenen Verarbeitungsvorgänge lassen sich in acht Phasen (Erheben, Aufbewahren, Verknüpfen, Bereitstellen, Verändern, Nutzen, Einschränken und Löschen) unterteilen, mit deren Hilfe eine systematische Modellierung der Risiken erfolgen kann (Kühne/Rost/Zwierlein DuD 2021, 742–746). 4

Der **Schutzbereich** des Datenschutzrechts umfasst dabei anders als in der klassischen IT-Sicherheit nicht die Sicherheit der Organisation, sondern schützt den Betroffenen vor unrechtmäßiger Datenverarbeitung (Bock/Engeler DVBl 2016, 593 (595 f.)). Die Sicherheit der Datenverarbeitung ist daher nicht bereits gegeben, wenn die klassischen IT-Sicherheitsziele Vertraulichkeit, Integrität, Verfügbarkeit und Belastbarkeit der Systeme gewährleistet sind (so aber: NK-DS-GVO/Mantz DSGVO Art. 32 Rn. 5). Zur Gewährleistung des Rechts auf Datenschutz, insbesondere des Rechts auf informationelle Selbstbestimmung, reichen diese aber auch aus technischer Sicht nicht aus (Rost/Pfitzmann DuD 2009, 353; Bock/Meissner DuD 2012, 425). Das eine Beschränkung auf die klassischen IT-Sicherheitsziele im Bereich des Datenschutzes zur Gewährleistung der Rechte und Freiheiten natürlicher Personen unzureichend ist, zeigt sich schon an der Aufnahme weiterer Schutzziele in Abs. 3 (zB Übertragungskontrolle und Trennbarkeit, die dem Schutzziel der Nichtverkettung zuzuordnen sind). 5

III. Schutzziele der IT-Sicherheit und des Datenschutzes

Nach dem klassischen Verständnis der IT-Sicherheit zielen deren Maßnahmen auf die Wahrung der Vertraulichkeit, Integrität und Verfügbarkeit informationstechnischer Systeme und der in diesen Systemen verarbeiteten Informationen. 6

Vertraulichkeit wird als Eigenschaft definiert, dass Informationen oder Daten unberechtigten Personen, Einheiten oder Prozessen nicht verfügbar gemacht oder enthüllt werden (ISO/IEC 13335-1:2004). Vertraulichkeit setzt voraus, dass nur befugt auf Verfahren und Daten zugegriffen werden kann (Bock/Meissner DuD 2012, 427). Die Bestimmung der Berechtigung erfolgt aufgrund einer normativen Wertung. Der Vertraulichkeitsbegriff ist relativ und muss ausgehend von der handelnden Person betrachtet werden (→ BDSG 2003 [aK] § 9 Rn. 1 ff.). 7

Integrität beschreibt die Eigenschaft, dass Informationen inhaltlich korrekt, unversehrt und vollständig wiedergegeben werden, vom angegebenen Urheber stammen und nur durch Befugte in zulässiger Weise modifiziert werden können (ISO/IEC 13335-1:2004). Integrität ist gewährleistet, wenn Abweichungen von diesen Eigenschaften ausgeschlossen werden oder zumindest feststellbar sind, damit sie berücksichtigt bzw. korrigiert werden können. 8

Das Merkmal der **Verfügbarkeit** beschreibt die Eigenschaft, dass Berechtigten Informationen oder Daten zugänglich und nutzbar sind (ISO/IEC 13335-1:2004) und Dienste performant sind. Verfügbarkeit ist gewährleistet, wenn Verfahren und Daten zeitgerecht zur Verfügung stehen und ordnungsgemäß angewendet werden können. Der Fokus liegt weniger auf der Berechtigung als der technischen Zugänglichkeit zu Daten und Informationen und der Funktions- und Leistungsfähigkeit der Dienste. 9

IV. Schutzziele des Datenschutzes

Die datenschutzrechtlichen Anforderungen werden durch die Schutzziele der IT-Sicherheit nur unvollständig umgesetzt, weil sie auf den Schutz der Organisation und nicht auf den Schutz der **Rechte und Freiheiten** der betroffenen Personen abzielen. In der Literatur (unter anderem Pfitzmann/Rost DuD 2009; Bock/Rost DuD 2011, 30) wie auch in der aufsichtsbehördlichen Praxis (BfDI 23 TB 2009-2010, 22f) und einigen Landesgesetzen (SchlH LT-Drs. 17/1698, 5) wurden daher zusätzlichen „Neue Schutzziele" (Bock/Rost DuD 2011, 30 (32)) aufgenommen. 10

Die **neuen Schutzziele** werden aus den Grundsätzen des Datenschutzes (BT-Drs. 17/8999, 29) abgeleitet. Sie stellen eine einheitliche Systematik der Schutzziele (Bock/Rost DuD 2011, 30 (32); Pfitzmann/Rost DuD 2009, 353) für Verantwortliche und Verarbeiter dar. Die neuen Schutzziele bauen auf den klassischen Schutzzielen der IT-Sicherheit auf und gewährleisten gleichzeitig 11 den Schutz der Rechte und Freiheiten natürlicher Personen bei der Verarbeitung personenbezogener Daten. Neben der Vertraulichkeit, Integrität und Verfügbarkeit erfassen sie Transparenz. Nichtverkettbarkeit (Zweckbindung) und Intervenierbarkeit (SDM 2016, 14).

12 **Nichtverkettung** bezeichnet die Anforderung, dass Daten nur für den Zweck verarbeitet und ausgewertet werden können, für den sie erhoben werden (SDM 2016, 14).

13 **Transparenz** bezeichnet die Anforderung, dass in einem unterschiedlichen Maße sowohl Betroffene, als auch die Betreiber von Systemen sowie zuständige Kontrollinstanzen erkennen können, welche Daten für welchen Zweck in einem Verfahren erhoben und verarbeitet werden, welche Systeme und Prozesse dafür genutzt werden, wohin die Daten zu welchem Zweck fließen und wer die rechtliche Verantwortung für die Daten und Systeme in den verschiedenen Phasen einer Datenverarbeitung besitzt (SDM 2016, 15).

14 **Intervenierbarkeit** bezeichnet die Anforderung, dass den Betroffenen die ihnen zustehenden Rechte auf Benachrichtigung, Auskunft, Berichtigung, Sperrung, Portabilität und Löschung jederzeit wirksam gewährt und die verarbeitende Stelle verpflichtet ist, die entsprechenden Maßnahmen umzusetzen (SDM 2016, 15).

B. Rechtsnatur des § 64

15 § 64 stellt keinen Erlaubnistatbestand iSd § 48 dar. Die Norm beschreibt den Rahmen, mit dessen Hilfe Eingriffe in das Recht auf informationelle Selbstbestimmung abgemildert und dadurch gerechtfertigt werden können. Auch eine Verarbeitung, die den Anforderungen des § 64 gerecht wird, ist grundrechtsdogmatisch unverändert ein Eingriff in das Recht auf informationelle Selbstbestimmung. Wie auch § 9 BDSG aF führt § 64 nicht dazu, dass der Eingriff in die Rechte der Betroffenen ausgeschlossen wird, er dient lediglich zu seiner **Rechtfertigung**. § 64 ist damit ebenso wie das Vorhandensein einer Rechtsgrundlage konstitutiv für die Rechtmäßigkeit der Verarbeitung, da sich die Umsetzung der Anforderungen aus § 47 nicht im Vorliegen einer Rechtsgrundlage erschöpft, sondern durch solche technischen und organisatorischen Maßnahmen sicherzustellen ist, die die Einhaltung der Grundsätze aus § 47 und die weiteren gesetzlichen Maßgaben umsetzten. Eine Verarbeitung, die die gesetzlichen Vorgaben aus § 64 missachtet, ist rechtswidrig und kann nach § 83 eine Schadensersatzpflicht auslösen.

I. Formelle und materielle Anforderungen

16 Wie bereits für § 9 BDSG aF lassen sich auch für § 64 formelle und materielle Anforderungen unterscheiden. Die materiellen Anforderungen ergeben sich aus den Abs. 2 und 3 und den weiteren Bestimmungen des Gesetzes zB nach § 71 Abs. 2 zu Voreinstellungen. Die formellen Anforderungen ergeben sich aus Abs. 1, der über die Richtlinie hinausgehend den Verantwortlichen und gleichzeitig, nicht alternativ, den Verarbeiter verpflichtet, technische und organisatorische Maßnahmen im Anwendungsbereich der Norm in einem Verfahren zu ermitteln, bei dem die in Abs. 1 genannten Gesichtspunkte zu berücksichtigen sind. Wie das Verfahren der Umsetzung im Einzelnen durchzuführen ist, wird dem Verantwortlichen und dem Auftragsverarbeiter überlassen. Die Pflicht, das Verfahren zu dokumentieren ergibt sich aus dem Gesetz nicht. Die Dokumentation kann aber dem Nachweis der Erfüllung der Einhaltung der Anforderungen an die Sicherheit der Datenverarbeitung dienen. Das Ergebnis wird im Rahmen des Verzeichnisses der Verarbeitungstätigkeiten nach § 70 Abs. 1 Nr. 9, Abs. 2 Nr. 3, in allgemeiner Form aufgenommen. Auch dienen Dokumentation und Protokollierung dem Ziel der Integrität (siehe Piltz NVwZ 2018, 696, 700). Für Auftragsverarbeitungsverhältnisse sollte dies zu Nachweiszwecken schriftlich so dokumentiert werden, dass im Hinblick auf § 62 Abs. 7 der Auftragsverarbeiter nachweisen kann, dass er die Mittel der Verarbeitung nicht unter Verstoß gegen § 62 bestimmt hat und damit nicht als Verantwortlicher gilt.

II. Adressaten

17 § 64 verpflichtet den **Verantwortlichen** und Auftragsverarbeiter. Verantwortliche und Auftragsverarbeiter haben die Pflicht, die technischen und organisatorischen Maßnahmen zu implementieren, die erforderlich sind, um bei der Verarbeitung personenbezogener Daten ein dem Risiko angemessenes Schutzniveau zu gewährleisten. Eine besondere Verpflichtung des Auftragsverarbeiters bedarf es nicht. Abs. 1 verpflichtet den Verantwortlichen und den Auftragsverarbeiter gleichermaßen.

18 Der Verantwortliche darf nur solche **Auftragsverarbeiter** verpflichten, die mit geeigneten technischen und organisatorischen Maßnahmen sicherstellen, dass die Verarbeitung im Einklang

mit den gesetzlichen Anforderungen erfolgt und der Schutz der Rechte der betroffenen Personen gewährleistet wird (§ 62 Abs. 2). Im Rahmen der rechtlichen Bindung des Auftragsverarbeitungsvertrages oder eines anderen Rechtsinstruments ist der Auftragsverarbeiter gem. § 62 Abs. 5 Nr. 8 zu verpflichten, alle gemäß § 64 erforderlichen Maßnahmen zu ergreifen. Die Pflicht zur Ergreifung der nach § 64 vorgesehenen technischen und organisatorischen Maßnahmen wurde aus Art. 28 Abs. 3 lit. c DS-GVO übernommen und findet keine Entsprechung in der JI-RL (Paal/Pauly/Gräber/Nolden BDSG § 62 Rn. 9).

Zwar werden sowohl der Verantwortliche als auch der Auftragsverarbeiter verpflichtet, die für 19 die Verarbeitung erforderlichen Maßnahmen zur Umsetzung der Ziele der Datensicherheit und des Datenschutzes zu ergreifen. Jedoch unterliegt der Auftragsverarbeiter dabei dem **Weisungsrecht** des Verantwortlichen aus § 62 Abs. 5 Nr. 1.

An den Auftragsverarbeiter wird die Anforderung gestellt, dass er **geeignete technische und** 20 **organisatorische Maßnahmen** umsetzen kann, um als Auftragsverarbeiter verpflichtet werden zu können (§ 62 Abs. 2). Der Wortlaut des § 64 Abs. 1 legt dabei nahe, dass die Bestimmung, welche technischen und organisatorischen Maßnahmen der Auftragsverarbeiter umzusetzen hat, mit dem Verantwortlichen gemeinsam zu bestimmen sind. Die konkrete Implementierung obliegt dem Auftragsverarbeiter (§ 62 Abs. 5 Nr. 8).

C. Erforderliche technische und organisatorische Maßnahmen (Abs. 1)

I. Maßnahmen

1. Begriff

Maßnahmen sind Tätigkeiten des Verantwortlichen und des Auftragsverarbeiters, die techni- 21 scher oder organisatorischer Natur sein können → BDSG 2003 [aK] § 9 Rn. 1 ff. Nach der zum BDSG aF herrschenden Literaturmeinung (Forgó/Helfrich/Schneider/Schmieder, Betrieblicher Datenschutz, 2014, Teil XI. Rn. 12; Taeger/Gabel/Schultze-Melling Rn. 16; DKWW/Wedde Rn. 17; Simitis/Ernestus Rn. 20), sind der Begriff und Umfang der denkbaren Maßnahmen **weit** zu verstehen. Sowohl die DS-GVO als auch die JI-RL nennen beispielhaft die Maßnahmen der Pseudonymisierung und der Verschlüsselung. Von § 64 werden alle für eine Verarbeitung erforderlichen Maßnahmen erfasst, um die Beachtung des Datenschutzes bei der Verarbeitung personenbezogener Daten sicherzustellen.

Sachlich erfasst § 64 die Verarbeitung und damit **alle Verarbeitungsphasen** (Kühne/Rost/ 22 Zwierlein DuD 2021, 242), wie sie beispielhaft in § 46 Nr. 2 aufgeführt werden, sowie besondere Verarbeitungsformen wie das Einschränken, Profiling und die Maßnahme der Pseudonymisierung iSv § 46 Nr. 3–5. Hierbei ist zu beachten, dass Maßnahmen in der Regel selbst Verarbeitungen und dadurch Risiken darstellen und als solche ebenfalls in die von § 64 geforderte Risikobetrachtung mit einbezogen werden müssen.

2. Bestimmung und Auswahl

Bei der Bestimmung der Maßnahmen sind der Stand der Technik, die Implementierungskosten, 23 die Art, der Umfang, die Umstände, die Zwecke der Verarbeitung sowie das Risiko für die Rechtsgüter der betroffenen Person zu berücksichtigen. Das BDSG enthält keine Bestimmungen zur **Methode** der Auswahl und Kontrolle der Maßnahmen der Datensicherheit. Im Hinblick auf die Planung der zu treffenden Maßnahmen kann die Regelung des § 67 zur Durchführung einer Datenschutz-Folgenabschätzung herangezogen werden. Insbesondere verweist § 67 Abs. 4 Nr. 4 auf Schutzmaßnahmen, einschließlich Garantien, Sicherheitsvorkehrungen und Verfahren zum Schutz personenbezogener Daten, die Bestandteil einer Folgenabschätzung sein sollen. Zum Verfahren der Bestimmung selbst, enthält aber auch § 67 kaum Hinweise. Jedenfalls hat der Verantwortliche nach Implementierung der Verarbeitungsvorgänge eine Überprüfung durchzuführen, ob die Verarbeitung den Maßgaben aus der Folgenabschätzung entspricht, § 67 Abs. 5. Zudem sind die getroffenen Maßnahmen im Rahmen des Verzeichnisses der Verarbeitungstätigkeiten vom Verantwortlichen (§ 70 Abs. 1 Nr. 9) und vom Auftragsverarbeiter (§ 70 Abs. 2 Nr. 3) allgemein zu beschreiben.

Bei der Bestimmung der Maßnahmen sind gem. § 64 Abs. 1 S. 2 die einschlägigen technischen 24 Richtlinien und Empfehlungen des BSI zu berücksichtigen.

Das BSI unterscheidet verschiedene Bausteine und Maßnahmenkataloge. Diese sind auf fol- 25 gende **Maßnahmengruppen** bezogen: Infrastruktur, Organisation, Personal, Hard- und Software,

Kommunikation und Notfallvorsorge (BSI-Standard 100-2, Version 2.0, S. 60f). Mit der Bezugnahme auf die Empfehlungen des BSI können nunmehr auch die Aufteilung der Maßnahmen iSd BSI Eingang in die Beurteilungsmethodik finden (für § 9 BDSG aF ablehnend Simitis/Ernestus Rn. 20; aA Taeger/Gabel/Schultze-Melling Rn. 17).

26 Die Natur der Maßnahme im Rahmen der datenschutzrechtlichen Anwendung muss technischer oder organisatorischer Art ist. Disziplinarische, Gesundheits- oder Marketingmaßnahmen scheiden damit in der Regel aus. Eine Abgrenzung technischer und organisatorischer Maßnahmen ist nicht erforderlich. Maßgeblich ist das **Ziel**, das mit der Maßnahme erreicht werden soll. Der Gesetzgeber spricht in Abs. 3 von Zwecken, denen die Maßnahmen dienen sollen. Die gesetzliche Wortwahl ist unglücklich. Zur Vermeidung von Verwechslungen mit den Verarbeitungszwecken, sollte auf die im informationstechnischen Kontext gebräuchliche und auch von der DSK für das SDM verwendete Terminologie der Schutz- bzw. Gewährleistungsziele zurückgegriffen werden. Auch die Gesetzesbegründung spricht von Zielen (BT-Drs. 18/11325, 116). Eine Maßnahme kann mehreren Schutzzielen dienen. Die Gesamtheit der getroffenen Maßnahmen sollen alle relevanten Schutzziele abdecken und Maßnahmen mit gegensätzlichen Effekten in ein angemessenes Verhältnis bringen. Den Grad der Erfüllung eines Schutzzieles, der mit einer Maßnahme oder einem Maßnahmenbündel erreicht werden soll, ist im Rahmen einer Schutzbedarfsanalyse zu ermitteln.

27 Die **Kriterien** zur Auswahl von Maßnahmen ergeben sich aus den im Hinblick auf die Zwecke der Verarbeitung anzuwendenden Schutzzielen (→ Rn. 11). Die Schutzziele sind aus den in § 47 aufgeführten Grundsätzen zu entnehmen und werden in § 64 Abs. 3 für automatisierte Verarbeitungen konkretisiert.

28 Die ausgewählten Maßnahmen müssen geeignet sein, die Schutzziele des Datenschutzes zu erreichen, um bei der Verarbeitung personenbezogener Daten ein dem Risiko angemessenes Schutzniveau gewährleisten zu können.

29 Eine Methode zur Bestimmung der Maßnahmen wurde durch die 92. Konferenz der unabhängigen Datenschutzbehörden des Bundes und der Länder am 9./10.11.2016 mit dem Standard-Datenschutzmodell (SDM) vorgelegt. Das SDM basiert auf Gewährleistungszielen, die ebenfalls vollständig in der JI-RL enthalten sind (Schlehahn DuD 2018, 32 (33 ff.). Seit September 2018 liegt der erste Maßnahmenkatalog in sog. Bausteinen gerichtet auf typische Anwendungsfälle wie zB „Dokumentation" vor (LfDI MV Maßnahmenkatalog 2018).

30 Die Einführung eines Datenschutzmanagementsystems stellt also solche keine Methode der Bestimmung von Maßnahmen dar, kann aber selbst eine organisatorische Maßnahme zur Sicherstellung einzelner oder auch aller Anforderungen aus § 64 darstellen (Rost DuD 2013, 295).

3. Zertifizierung

31 Anders als Art. 32 Abs. 3 DSGVO trifft das BDSG nach wie vor keine Aussagen zur Zertifizierbarkeit von Maßnahmen. Dies wäre im Hinblick auf den Anwendungsbereich und die besondere Situation der Datenverarbeitung ein vertrauensbildender Faktor, der insbesondere den Verantwortlichen eine Auswahl geeigneter Verarbeiter iSd § 62 Abs. 2 erleichtern könnte. Eine gesetzliche Regelung kann sicherstellen, dass im Rahmen einer Zertifizierung alle relevanten Maßnahmen erfasst und aussagekräftig dokumentiert werden.

II. Erforderlichkeit und Angemessenheit

32 Bei der Verarbeitung soll ein dem Risiko angemessenes Schutzniveau gewährleistet werden. Damit wird der Bereich der eigentlich erforderlichen Schutzmaßnahmen eingeschränkt. **Erforderlich** sind die technischen und organisatorischen Maßnahmen, die zur Abwehr der mit der Verarbeitung verbundenen Gefahren geeignet sind. Geeignet sind Maßnahmen, die die Schutzziele zur Abwehr der Gefahren gewährleisten.

33 Die Bestimmung geeigneter Maßnahmen ist das Ergebnis eines **Abwägungsprozesses** (Paal/Pauly/Gräber/Nolden BDSG § 64 Rn. 2), bei dem die in Abs. 1 S. 1 aufgeführten Gesichtspunkte des Stands der Technik, der Implementierungskosten, der Art, des Umfangs, der Umstände und der Zwecke der Verarbeitung sowie der Eintrittswahrscheinlichkeit und der Schwere der mit der Verarbeitung verbundenen Gefahren für die Rechtsgüter der betroffenen Personen zur **Ermittlung eines angemessenen Schutzniveaus** heranzuziehen sind (BT-Drs. 18/11325, 116). Der Bezug auf die Angemessenheit und damit auf das verfassungsrechtliche Prinzip der Verhältnismäßigkeit, welches eigentlich der Begrenzung staatlicher Machtausübung dient (BVerfGE 27, 211 = NJW 1970, 505 (506)), wendet sich hier gegen die Interessen der Betroffenen. Nicht das für ihren Schutz vor dem von der Verarbeitung ausgehenden Risiko Erforderliche (Schutzbedarf) ist

maßgeblich, sondern ein im Hinblick auf den Verarbeitungszweck und die Kosten angemessenes Schutzniveau. Das Abstellen auf die Angemessenheit soll verhindern, dass ohne Rücksichtnahme auf den notwendigen Aufwand und der durch die Verarbeitung der Daten konkret geschaffenen Gefährdungslage, Verantwortliche und Auftragsverarbeiter teure Maßnahmen ergreifen müssen, die nicht in einem angemessenen Verhältnis zum Schutzbedarf stehen. Das Schutzniveau ist damit nicht absolut, sondern nur **relativ** bestimmbar und Ergebnis des Abwägungsprozesses. Die Kriterien des § 64 Abs. 1 S. 1 sind dabei zu „berücksichtigen" und damit in den Abwägungsprozess mit einzubeziehen (Paal/Pauly/Gräber/Nolden BDSG § 64 Rn. 3).

Der Begriff des **Stands der Technik** soll sich auf die allgemein anerkannten, technisch möglichen und auf gesicherten, wissenschaftlichen und technischen Erkenntnissen beruhenden Verfahren beziehen (NK-DS-GVO/Mantz DS-GVO Art. 25 Rn. 37 ff.; Paal/Pauly/Gräber/Nolden BDSG § 64 Rn. 4). Der Einsatz veralteter, aber erprobter Technologien wird damit weitestgehend ausgeschlossen. Nicht erforderlich ist der Einsatz eines technisch möglichen Verfahrens (Stand der Forschung). Auch eine hohe allgemeine und formale Anerkennung (Regeln der Technik) soll für den „Stand der Technik" nicht erforderlich sein (BVerfGE 49, 89 (135 f.); Weidenhammer/Gundlach, Wer kennt den „Stand der Technik"? DuD 2018, 2). Seit der „Kalkar"- Entscheidung (BVerfGE 49, 89 (135 f.)) wird der Stand der Technik in einem sog. Drei-Stufen-Model zwischen einem bewährten Technologiestand „allgemein anerkannter Regeln der Technik" und dem „Stand der Wissenschaft und Forschung" verortet (Teletrust, IT-Sicherheit und Datenschutzgrundverordnung: Handreichung zum ‚Stand der Technik' technischer und organisatorischer Maßnahmen, 2018, 11). Eine rein objektivierte Betrachtung des Stands der Technik ist kaum möglich, da eine Beurteilung im Hinblick auf die Schutzziele immer auch das konkrete Einsatzszenario und dessen Schutzbedarf im Blick haben muss (aA offenbar Teletrust, 2018, 11). Eine anerkannte Methodik zur Bestimmung des „Stands" hat sich ausgehend vom Drei-Stufen-Modell bislang nicht entwickelt. Eine Möglichkeit besteht darin, den Stand über den „Grad der Anerkennung" und den „Grad der Bewährung in der Praxis" zu ermitteln (Teletrust, 2018,12). Die zur Erreichung des Verarbeitungszweckes in Frage kommenden Technologien sind in die Betrachtung mit einzubeziehen. Eine Bestimmung des Stands der Technik ist zu dokumentieren und kann nur für einen bestimmten Zeitpunkt für einen konkretisierten Anwendungsfall erfolgen. Eine Bezugnahme auf technische Standards ist dabei zumindest problematisch, weil eine Begründung auf welchen Erkenntnissen und Erfahrungen die Einordnung erfolgt, oftmals fehlt und den Dokumentationspflichten nur schwerlich entsprochen werden kann (Teletrust, 2018, 9 f.).

Des Weiteren sind bei der Abwägung die **Implementierungskosten,** im Hinblick auf die Art, den Umfang, die Umstände und Zwecke der Verarbeitung zu berücksichtigen.

Jede Datenverarbeitung personenbezogener Daten stellt zunächst ein **Risiko** für die Rechte und Freiheiten der Betroffenen dar. Es sind damit stets Maßnahmen der Sicherheit der Datenverarbeitung erforderlich. Der Schutzbedarf richtet sich nach der Art und dem Umfang der betroffenen Daten, dem Risiko der Verarbeitung und möglicher eigen- oder fremdverursachten Abweichungen. Für die Beurteilung des Risikos ist eine Abschätzung der Eintrittswahrscheinlichkeit und der Schwere möglicher Schäden erforderlich (DSK Kurzpapier Nr. 18, 2018 Risiko für die Rechte und Freiheiten natürlicher Personen, 2).

Zur Bestimmung des Schutzbedarfs wird in der Informationstechnologie eine Analyse nach Schutzbedarfsklassen durchgeführt. Dabei werden drei Stufen, normal, hoch, sehr hoch, unterschieden (BSI-Standard 100-1, Version 1.5, 35). Eine entsprechende Unterscheidung für den Bereich des Datenschutzrechts empfiehlt das SDM ebenfalls (nach SDM 2016, 37 f).

Statische Sicherheit existiert nicht (→ BDSG 2003 [aK] § 9 Rn. 1 ff.). Sich ändernde interne und externe Faktoren machen eine regelmäßige Neubewertung des angemessenen Schutzniveaus erforderlich. Zu den externen Faktoren zählen vor allem die sich wandelnden technischen und rechtlichen Rahmenbedingungen. Aber auch die Organisation ist Änderungen unterworfen. Änderungen müssen in den kontinuierlichen Überwachungsprozess einfließen und, soweit erforderlich, entsprechende Anpassungsmaßnahmen auslösen (BSI-Standard 100-1 Version 1.5,14, 18 f.).

III. Verarbeitung besonderer Kategorien personenbezogener Daten

§ 64 Abs. 1 Hs. 2 verweist auf die besondere Berücksichtigung des Schutzbedarfs besonderer Kategorien personenbezogener Daten. Im Abwägungsprozess erhalten diese Kategorien von Daten ein erhöhtes Gewicht. Besondere Kategorien personenbezogener Daten umfassen Daten, aus denen die rassische oder ethnische Herkunft, politische Meinungen, religiöse oder weltanschauliche Überzeugungen oder die Gewerkschaftszugehörigkeit hervorgehen, genetische Daten, biometrische Daten zur eindeutigen Identifizierung einer natürlichen Person, Gesundheitsdaten und Daten zum Sexualleben oder zur sexuellen Orientierung. Bei diesen Kategorien ist in der Regel von einem **erhöhten Schutzbedarf** auszugehen. Daraus ergeben sich gem. § 48 Abs. 2 Nr. 1–8 spezifische Anforderungen an die Sicherheit. Dies ist bei der Maßnahmenwahl zu berücksichtigen. Solche Maßnahmen werden in § 48 Abs. 2 Nr. 2–8 beispielhaft aufgeführt.

D. Abs. 2

40   Abs. 2 S. 1 stellt klar, dass die Maßnahmen der Pseudonymisierung (§ 46 Nr. 5) und Verschlüsselungstechniken auch im Anwendungsbereich des § 45 zum Einsatz kommen können, soweit dies in Anbetracht der Verarbeitungszwecke möglich ist. Es besteht insoweit keine Pflicht, diese Maßnahmen zur Gewährleistung von Vertraulichkeit und Nichtverkettbarkeit bzw. Datenminimierung einzusetzen. Allerdings sind diese Maßnahmen auch nicht von vornherein auszuschließen und daher im Rahmen der Auswahl geeigneter Maßnahmen grundsätzlich zu berücksichtigen. Erst wenn eine Pseudonymisierung oder Verschlüsselung den Verarbeitungszwecken entgegensteht, kann bei Vorliegen der übrigen Voraussetzungen des Abs. 1 von ihrer Berücksichtigung abgesehen werden.

41   **Pseudonymisierung** ist nach § 46 Nr. 5 die Verarbeitung personenbezogener Daten in einer Weise, in der die Daten ohne Hinzuziehung zusätzlicher Informationen nicht mehr einer spezifischen betroffenen Person zugeordnet werden können, sofern diese zusätzlichen Informationen gesondert aufbewahrt werden und technischen und organisatorischen Maßnahmen unterliegen, die gewährleisten, dass die Daten keiner betroffenen Person zugewiesen werden können (s. § 46). Bei der Verschlüsselung werden kryptografische Mechanismen genutzt, um lesbare Informationen (zB Klartext, Bilder, Ton) in eine nicht oder nur schwer interpretierbare Zeichenfolge zu bringen (Simitis/Ernestus BDSG § 9 Rn. 166 f.). Es werden dabei symmetrische und asymmetrische Verfahren unterschieden. Bei den symmetrischen Verfahren wird für die Ver- wie auch Entschlüsselung der gleich Kryptoschlüssel verwendet. Bei der asymmetrischen Verschlüsselung werden dafür unterschiedliche Schlüssel generiert. Um den datenschutzrechtlichen Anforderungen zu genügen, müssen i. d. R. unterschiedliche kryptographische Algorithmen eingesetzt werden, die unterschiedlichen Schutzzielen dienen. So ist beispielsweise neben der Vertraulichkeit der übermittelten Information auch die Authentizität des Absenders oder die Integrität der Information während einer Übermittlung sicher zu stellen. Weiterhin sind zur Gewährleistung der Vertraulichkeit, Integrität und Nichtverkettung Schlüsselvereinbarungsverfahren zur Vermeidung von sog. Man-in-the-Middle- oder Unknown-Key-Share-Attacken in das Verschlüsselungsverfahren zu integrieren. Die angewendeten Verfahren sollen den Stand der Technik berücksichtigen. Werden Verschlüsselungsverfahren genutzt, müssen diese regelmäßig auf ihre Geeignetheit geprüft und aktualisiert werden (Kühling/Buchner/Jandt DSGVO, 2017, Art. 32 Rn. 9; NK-DS-GVO/Mantz DS-GVO Art. 32 Rn. 12).

42   Abs. 2 S. 2 konkretisiert Abs. 1, indem eine **zeitliche Dimension** aufgenommen wird, die vorgibt, dass Maßnahmen zur Gewährleistung von Vertraulichkeit, Integrität, Verfügbarkeit und Belastbarkeit auf Dauer ausgelegt sein sollen (Nr. 1) und die Verfügbarkeit nach einer Unterbrechung rasch wiederhergestellt werden können soll (Nr. 2). Die Regelung entspricht Art. 32 Abs. 1 lit. b und c DS-GVO. Da die Maßnahmen die Schutzziele stets und damit zu jedem Zeitpunkt gewährleisten sollen, hat die Regelung zunächst klarstellenden Charakter. Zudem wird eine Abwägungsregel im Sinne einer Vorrangrelation (Alexy, Theorie der Grundrechte, 1986, 80 ff.) bereitgestellt, die bei widerstreiten Schutzzielen oder einer Mehrzahl möglicher Maßnahmen vorgibt, dass diejenige auszuwählen ist, die eine dauerhafte Sicherstellung des Schutzes oder die rasche Wiederherstellung besser gewährleistet.

43   Eine Berücksichtigung der zeitlichen Dimension umfasst darauf ausgerichtete Maßnahmen wie eine Beobachtung im Sinne eines Monitorings der Verarbeitungsvorgänge, um die Schutzziele auf Dauer gewährleisten zu können oder um feststellen zu können, dass eine rasche Wiederherstellung erforderlich ist. Weiterhin werden die Evaluierung, sowie technische und organisatorische Maßnahmen zur Sicherstellung der Intervenierbarkeit im Sinne von Eingriffsmöglichkeiten, um beispielsweise Systeme zu stoppen oder Störungen zu beheben oder der Integrität und Vertraulichkeit durch Maßnahmen zur „Intrusion-Detection" erfasst. Verfügbarkeit kann durch die Bereitstellung redundanter Systeme, Umsetzung von Reparaturstrategien und Ausweichprozessen oder auch durch organisatorische Maßnahmen, wie Vertretungsregeln geschaffen werden.

44   Der Bezug der Schutzziele Vertraulichkeit, Integrität, Verfügbarkeit und Belastbarkeit soll sich auf Systeme und Dienste beziehen. Hier wird von einer sprachlichen Ungenauigkeit (NK-DS-GVO/Mantz DSGVO Art. 32 Rn. 14) ausgegangen, die auch in Art. 32 Abs. 1 lit. b DS-GVO

besteht. Das BDSG bezieht sich sowohl in § 45 Abs. 1 als auch in § 63 Abs. 1 auf die Verarbeitung personenbezogener Daten. Dafür ist freilich eine technische Infrastruktur (Systeme) erforderlich. Die Verarbeitung auf diesen Systemen wird mit Hilfe von Prozessen gesteuert. Bei der Datenschutzrechtlichen Betrachtung von Verarbeitungsvorgängen sind daher stets diese drei Ebene zu betrachten (SDM S. 34).

Das Schutzziel der Belastbarkeit kann u.a. dem generischen Schutzziel der Verfügbarkeit zugeordnet werden. Belastbarkeit soll sicherstellen, dass Daten, Systeme und Prozesse Angriffen standhalten können. Insofern ergänzt Belastbarkeit den Schutzkanon um eine zeitliche und eine qualitative Dimension. Dazu kommen beispielsweise Maßnahmen im Sinne einer „second line of defense" sowie solche, die die Intensität von Maßnahmen betreffen wie zB eine großzügige Auslegung von Kapazitäten zur Abwehr von „Denial of Service" (DOS) Attacken, in Betracht. **45**

§ 64 trifft keine Regelung zur Maßnahme der Anonymisierung von Daten. Bei der Anonymisierung werden personenbezogene Daten in nicht-personenbezogene und damit anonyme Daten transformiert (Pohle/Hölzel, Anonymisierung aus Sicht des Datenschutzes und des Datenschutzrechts, 2020, 2). Als anonym gelten Daten, die keinen Personenbezug haben. Personenbezogene Daten sind alle Informationen, die sich auf eine identifizierte oder identifizierbare natürliche Person beziehen, § 46 Nr. 1. Wann dies der Fall ist, ist nicht immer mit Sicherheit festzustellen (Winter/Battis/Halvani ZD 2019, 489 (490)). Dies unterscheidet die Anonymisierung vom Löschen, bei der dies gesichert ist, weil die Information mit dem Datum untergeht. Im Zweifel sind Daten als personenbezogen einzustufen (Artikel 29-Datenschutzgruppe WP 05/2014). Die Anonymisierung beschreibt den technischen Vorgang mit dessen Hilfe der Bezug der Information eines Datums zu einer Person unwiderruflich aufgelöst wird. Dafür erforderliche Kriterien richten sich danach, ob Daten in strukturierter oder unstrukturierter Form vorliegen. Aufgrund der Möglichkeiten der Verarbeitung großer Mengen von Daten (Big Data) kann eine Wiederherstellung des Bezugs eines Datums zu einer Person (Rückschlüsse) nicht mehr mit Sicherheit ausgeschlossen werden. Damit liegt es nahe, anonymisierte Daten mit pseudonymisierten Daten gleichzustellen. Die Verarbeitung personenbezogener Daten mit dem Ziel der Anonymisierung stellt eine Verarbeitung dar, die in den sachlichen Anwendungsbereich des BDSG fällt. **45a**

E. Abs. 3

I. Anwendungsbereich

Abs. 3 S. 1 beschränkt den Anwendungsbereich auf automatisierte Verarbeitungen. Für nicht mit Hilfe automatisierter Verfahren durchgeführte analoge Verarbeitungen ist Abs. 3 daher nicht zwingend anzuwenden. Eine Anwendung ist aber auch nicht ausgeschlossen, da sämtliche auf analoge Verfahren anwendbare Maßnahmen bereits über Abs. 1 erfasst werden. Mit der Definition der Verarbeitung in § 46 Nr. 2 (EWG 18 JI-RL) wird, wie auch in der DS-GVO, die Unterscheidung zwischen automatisierter und nicht-automatisierter Verarbeitung aufgegeben. § 64 Abs. 3 lässt sie, wie auch Art. 29 JI-RL, wiederaufleben. **46**

Der Begriff der Automatisation wird im BDSG nicht definiert. Automatisiert sind Vorgänge, die mit Hilfe von technischen Verfahren verarbeitet werden. Unterschiedliche Formen der Verarbeitung werden in § 46 Nr. 2 beispielhaft aufgezählt. Nicht erforderlich ist die Verwendung einer Datenverarbeitungsanlage (Simitis/Dammann BDSG § 3 Rn. 79). Es genügt eine technische Vorrichtung, die einen Vorgang ausführt und dabei Inhalte in Abhängigkeit von ihrem personenbezogenen Informationsgehalt behandelt (Simitis/Dammann BDSG § 3 Rn. 79). Auf die vollständig automatisierte Verarbeitung kommt es nicht an. Es reicht, wenn ein Teil der Verarbeitung automatisiert erfolgt. Analoge Zwischenschritte, wie etwa eine händische Erhebung stehen der Qualifizierung als automatisiertem Verarbeitung nicht entgegen. **47**

II. Risikobewertung

Der Anwendung des Abs. 3 hat eine Risikobewertung vorauszugehen (→ Rn. 32 ff.). Maßgeblich für die Risikobewertung sind die Eintrittswahrscheinlichkeit und die Schwere möglicher Schäden (→ Rn. 35). Die Risikobewertung ist das Ergebnis einer Risikoanalyse. Daraus ergibt sich der Schutzbedarf (→ Rn. 37) für die Daten und die Systeme und Prozesse mit denen diese verarbeitet werden und auf die das Schutzniveau der Maßnahmen abzustimmen ist (DSK Kurzpapier Nr. 18, S. 2). Es empfiehlt sich, die Risikobewertung im Rahmen eines Datenschutzkonzepts aufzunehmen, das sich an dem nach § 70 zu erstellenden Verzeichnis der Verarbeitungstätigkeiten orientiert. **48**

49
- Datenschutzkonzept
- Risikoanalyse
- Schutzniveau
- Schutzbedarf

50 Die Schutzbedarfsermittlung sollte sich am Schema des BSI und den international anerkannten Schutzbedarfskategorien („normal" „hoch" „sehr hoch") orientieren (→ Rn. 37). Damit wird eine Orientierung sowohl an dem von den Datenschutzaufsichtsbehörden für die Ermittlung von technischen und organisatorischen Maßnahmen empfohlenen Methodik des SDM, als auch eine Berücksichtigung der Empfehlungen des BSI ermöglicht.

51 Maßstab für die Schutzbedarfsermittlung ist das Recht auf informationelle Selbstbestimmung und das Recht auf die Gewährleistung der Integrität und Vertraulichkeit informationstechnischer Systeme und ggf. weiterer Persönlichkeitsrechte der von der Verarbeitung betroffenen Personen (so auch BT-Drs. 17/8999, 27 und BSI, BSI-Standard 100-1, Version 1.5, 35). Für die Festlegung des Schutzbedarfes sind die Verarbeitungsvorgänge (Daten, System und Prozesse) und der Kontext, in dem die Verarbeitung der Daten steht, maßgeblich. Denn nur aus diesen Gesamtumständen ergeben sich auch die tatsächlichen Gefährdungspotenziale für die Persönlichkeitsrechte der Betroffenen (BVerfG NJW 2010 833 (840), DKWW/Wedde Rn. 25).

III. Schutzzielvorgaben

52 In den 14 Nummern des Abs. 3 werden Maßnahmen und Anforderungen formuliert, die von den generischen Schutzzielen erfasst werden (Schlehahn DuD 2018, 32 ff.). Die Nr. 1–11 des Abs. 3 entsprechen weitestgehend dem Art. 29 Abs. 2 lit. a–j der JI-Richtlinie. Eine Systematisierung der Vorgaben der JI-Richtlinie ist nicht erfolgt. So werden sowohl die bei der Datenverarbeitung relevanten Ebenen der Daten, Systeme und Prozesse angesprochen, die Anforderungen aber nicht gleichmäßig auf diese Ebenen angewendet. Zudem werden Anwendungsfälle aufgezählt, diese aber nur zum Teil Schutzzielen zugeordnet. So wird beispielsweise für Fälle des Datentransports (Nr. 8) auf Integrität und Vertraulichkeit abgestellt. Bei der Übertragungskontrolle nach Nr. 6 werden Transparenzpflichten beschrieben. Die überwiegend dem BDSG entlehnten Kontrollbegriffe, sind missverständlich. So erfasst beispielsweise der Begriff der Datenträgerkontrolle das Ziel Datenträger vor unbefugtem Lesen, Kopieren, Verändern oder Löschen zu schützen, nur unzureichend. Eine Verhinderung kann nicht erfolgen, wenn lediglich der Datenträger kontrolliert wird. Nr. 2 erfordert vielmehr Maßnahmen, die die Integrität und Vertraulichkeit der Informationen auf dem Datenträger sicherstellen.

53 Mit der Aufnahme von Schutzzielen und Maßnahmenforderungen in Abs. 3 werden zugleich Gefahrenlagen (zB die Gefahr, dass personenbezogene Daten unbefugt kopiert werden) erfasst (vgl. § 32 Abs. 2 DS-GVO). Insofern ist die Aufzählung nicht abschließend (vgl. Wennemann DuD 2018, 174 (176) zu Art 32 Abs. 2 DS-GVO).

IV. Maßnahmenbestimmung

54 Nach Abs. 3 sind Maßnahmen zu ergreifen die eine Abwehr bestimmter Gefährdungslagen im Fall einer **automatisierten Verarbeitung** bezwecken. Insofern konkretisiert Abs. 3 die in Abs. 1 formulierte allgemeine Verpflichtung die erforderlichen technischen und organisatorischen Maßnahmen zu treffen und legt einen Anforderungskatalog fest. Der Verantwortliche und der Auftragsverarbeiter haben ausgehend von den beschriebene Gefährdungslagen ihre internen Prozesse auszurichten und die Maßnahmenziele der Zugangskontrolle (→ Rn. 60), Datenträgerkontrolle(→ Rn. 64), Speicherkontrolle (→ Rn. 65), Benutzerkontrolle (→ Rn. 66), Zugriffskontrolle (→ Rn. 67), Übertragungskontrolle (→ Rn. 68), Eingabekontrolle (→ Rn. 70) und des Transportkontrolle (→ Rn. 73), Wiederherstellbarkeit, Zuverlässigkeit, Datenintegrität, Auftragskontrolle, Verfügbarkeitskontrolle und Trennbarkeit unter Beachtung der Maßgaben nach Abs. 1 zu erreichen.

1. Verhältnismäßigkeit

55 **1. Geeignetheit.** Eine Maßnahme ist nur dann geeignet (→ Rn. 28), wenn sie das in der Risikobewertung ermittelte Schutzniveau gewährleisten kann.

56 **2. Erforderlichkeit im engeren Sinne.** Eine Maßnahme ist immer dann erforderlich, wenn keine mildere gleichwirksame andere Maßnahme gegeben ist. Es kommt dabei nicht darauf an, dass es keine anderen, weniger aufwändigen Maßnahmen gibt, sondern dass diese auch dasselbe Schutzniveau erreichen. Es ist insoweit stet auf die Erreichung des erforderlichen Schutzniveaus

abzustellen. Zur Auswahl stehen demnach nur Maßnahmen, die die in der Risikobewertung ermittelten Gefährdungen gleich gut abwehren. Dabei sind jeweils auch die durch das Ergreifen der Maßnahme hinzutretenden Gefahren zu berücksichtigen. So sind bspw. bei der Nutzung einer Videoüberwachungsanlage als Maßnahme der Zugangskontrolle stets die mit der Videoüberwachung einhergehenden Gefährdungen der Rechte und Freiheiten natürlicher Personen zu betrachten. Bei organisatorischen Maßnahmen, zB in Form von Arbeitsanweisungen, ist der Unsicherheitsfaktor Mensch bei der Auswahl gegenüber technischen Maßnahmen zu berücksichtigen.

3. Angemessenheit. Ob eine Maßnahme im Hinblick auf die mit der Verarbeitung verbundenen Gefahren angemessen ist, ist mithilfe der Mittel-Zweck-Relation zu prüfen. Dabei sind der mit der Maßnahme verbundene Aufwand und der damit erreichte Nutzen zur Erreichung des Schutzziels ins Verhältnis zu setzen. Das Ergebnis und die herangezogenen Prämissen müssen nachvollziehbar sein und sollten dokumentiert werden. 57

V. Kontrollziele

Die aufgelisteten Maßnahmenziele stellen einen Mindestkatalog auf. Sie sind dabei nicht abschließend, jedoch anders als noch die Vorgaben in der Anlage zu § 9 BDSG aF, sind sie als Schutzziele verbindlich. Es handelt sich dabei nicht um technische Anforderungen, sondern um rechtliche Vorgaben, die die verpflichteten Stellen zu verfolgen haben. Bei der Auswahl der Maßnahmen steht ihnen hingegen ein Entscheidungsspielraum zu, soweit der Schutzbedarf und der Stand der Technik eine Auswahl zwischen mehreren geeigneten Maßnahmen eröffnet (BVerfG NJW 2010 833 (840); aA Gitter/Meißner/Spauschus ZD 2015, 512 (516). 58

Der Inhalt und die Formulierung der Kontrollvorgaben entspricht nicht den derzeitigen Anforderungen an eine datenschutzgerechte und technisch sichere Gestaltung von Verarbeitungstätigkeiten, (vgl. für § 9 BDSG aF schon Taeger/Gabel/Schultze-Melling § 9 Rn. 38). Es fehlt die Aufnahme der anerkannten Schutzziele (→ Rn. 6 ff.) und eine systematische Zuordnung zu den Regelungsinhalten. 59

1. Zugangskontrolle

Nach Nr. 1 sind Maßnahmen zu treffen, die Unbefugten den Zugang zu Verarbeitungsanlagen, mit denen die Verarbeitung durchgeführt wird, verwehren (Zugangskontrolle). Der Wortlaut wurde der deutschen Übersetzung der RL entnommen. Danach sollen sich die Zugangskontrollen auf Verarbeitungsanlagen beziehen. Damit ändert sich die **Bedeutung** der Zugangskontrolle von dem bisherigen Verständnis des Begriffs in der Anlage zu § 9 BDSG aF. Dort war der Zutritt zu Verarbeitungsanlagen als Zutrittskontrolle erfasst. Die Zugangskontrolle bezog sich auf Datenverarbeitungssysteme. Ausweislich der Gesetzesbegründung dürfte es sich hier um ein Redaktionsversehen handeln, das auf die Übersetzung der RL zurückzuführen ist. Während die englische Fassung der RL auf eine „equipment access control" bezieht, wird in der Übersetzung sowohl für die Ausführungen unter lit. a wie unter lit. e von „Zugangskontrolle" gesprochen. Während dies für die Zugriffskontrolle unter Nr. 5 korrigiert wurde, wurde eine Berichtigung für Nr. 1 nicht vorgenommen. Laut Gesetzesbegründung (BT-Drs. 18/11325, 116) sollte im Abs. 3 der wesentliche Inhalt von § 9 BDSG aF und dem Anhang zu § 9 S. 1 BDSG aF aufgenommen und in das BDSG überführt werden. Allerdings wurde die Zutrittskontrolle aus Nr. 1 der Anlage zu § 9 BDGS aF nicht übernommen. Insofern könnte die Wahl des weiteren Begriffs der Verarbeitungsanlagen dafürsprechen, dass sowohl der Zutritt als auch der Zugang erfasst werden sollen. Eine Beschränkung allein auf räumlich-physikalischen Zutritt zu Verarbeitungsanlagen dürfte im Hinblick auf die Gesamtheit der Schutzrichtung des § 64 zu kurz greifen, da damit der eigentliche Gefährdungsschwerpunkt, ein unbefugter Zugang zu Datenverarbeitungssystemen nicht erfasst würde. Ziel ist dabei, die unbefugte Einwirkungsmöglichkeit auf die Systeme und der von ihnen verarbeiteten personenbezogenen Daten zu verhindern. Es geht mithin bei der Zugangskontrolle um die Kontrolle der Interaktion zwischen dem Verarbeitungssystem und dem darauf Zugreifenden. Dies kann entweder durch einen Zugriff auf die Verarbeitungsanlagen vor Ort oder durch einen Remote-Zugriff auf die Systeme erfolgen (vgl. Simitis/Ernestus § 9 Rn. 89). Ziel der geforderten technischen und organisatorischen Maßnahmen muss es insofern sein, den Zugang zu den Verarbeitungsanlagen so zu sichern, dass Unbefugte erst gar keinen Zugang zum System erlangen können. Insofern kommt der Nr. 1 eine vorgelagerte Schutzfunktion zu, während die folgenden Maßnahmen auf konkretere Situationen abstellen, um die Vertraulichkeit, Integrität, Verfügbarkeit, Transparenz, Intervenierbarkeit und Trennbarkeit/Nichtverkettung der Verarbeitung personenbezogener Daten zu gewährleisten. Die Bedeutung der Zugangskontrolle gegenüber einer bloßen Zutrittskontrolle kommt dann zum Tragen, wenn eine Zutrittskontrolle aufgrund des Einsatzkon- 60

BDSG § 64 Teil 3. Bestimmungen für Verarbeitungen zu Zwecken gemäß Richtlinie

textes der Verarbeitungsanlagen, bspw. bei mobilen Endgeräten oder bei Verarbeitungsanlagen im öffentlichen Raum nicht oder nur unzureichend gewährleistet werden kann. Solche Defizite können durch wirksame Maßnahmen der Zugangskontrolle ausgeglichen werden (Franck RDV 2013, 185 (186)).

61 Ein **Zugangsschutz** wird typischerweise neben physikalischen Barrieren durch eine Identitäts- und Zugangsberechtigungsprüfung erreicht. Die Prüfung setzt voraus, dass zuvor Zugangsparameter festgelegt wurden, anhand derer die Zugangsberechtigung abgefragt, geprüft und über den Zugang entschieden werden kann. Der Zugang sollte zumindest über eine Kombination aus Besitz und Wissen (Zwei-Faktor-Authentisierung) geprüft werden, zB durch den Besitz einer Magnetkarte und der Eingabe einer PIN. Auch die Verwendung biometrischer Merkmale zur Prüfung in Betracht gezogen werden (Forgó/Helfrich/Schneider, Betrieblicher Datenschutz, 2014, Teil XI Rn. 27). Entscheidend ist dabei, dass zwei geeignete und voneinander unabhängige Sicherungsmittel eingesetzt werden und bei den Sicherungsmitteln Geheimnisse verwendet werden, deren Einmaligkeit und Geheimhaltung sichergestellt werden kann (vgl. § 4 Abs. 1 De-Mail-Gesetz).

62 Bei der Auswahl von Maßnahmen des Zugangsschutzes sind insbesondere die Art der verwendeten Systeme, der Schutzbedarf der personenbezogenen Daten, der Einsatzkontext sowie ihre eigene und ihre Wechselwirkung mit anderen Maßnahmen zu berücksichtigen. Typische Maßnahmen sind bspw. die Einrichtung eines Bildschirmschoners mit Passwortschutz, automatisches Abschalten bei Nichtnutzung, Zugriffsbeschränkungen, Reaktion oder Sanktionen bei fehlerhaften Zugangsversuchen, Verschlüsselungsverfahren, oder Firewalls.

63 Weiterhin sind auch solche Maßnahmen zu treffen, die sicherstellen, dass ein unbefugter Zugang nicht erfolgt ist. Technische Maßnahmen sind dafür insbesondere die Sicherstellung, dass Zugangsmöglichkeiten (Schnittstellen) nur kontrolliert geöffnet werden sowie die Beobachtung der Verarbeitungsanlagen, insbesondere durch Protokollierung der laufenden Verarbeitungstätigkeiten oder durch optisch-elektronische Anlagen und die regelmäßige Auswertung dieser Maßnahmen.

2. Datenträgerkontrolle

64 Nach Nr. 2 ist das unbefugte Lesen, Kopieren, Verändern oder Löschen von Datenträgern zu verhindern (Datenträgerkontrolle). Mit dem Begriff des Datenträgers werden alle externen Medien erfasst, auf denen Daten gespeichert werden. Dazu zählen bspw. Lochkarten, Magnetbänder, Disketten, Chipkarten, RFID-Chips, CD-Rom und USB-Sticks, die elektronisch ausgelesen werden können. Zudem kommen alle Systeme (Hardware oder andere Medien), die bei der Verarbeitung von personenbezogenen Daten der Speicherung dienen. Mit der Datenträgerkontrolle wird, anders als bei der Zugriffskontrolle nach Nr. 5 der Schutz nicht nur auf einen unberechtigten, also das „Ob" des Zugriffs begrenzt, sondern es wird auf einzelne Tätigkeiten abgestellt, auf die auch berechtigte Personen Zugriff haben können. Dies betrifft zB das unbefugte Lesen zu privaten Zwecken.

64a Der normative Begriff des „**Unbefugten**" steht dem des „Berechtigten" gegenüber und ist eng mit der materiell rechtlichen Zulässigkeit der Datenverarbeitung verknüpft. Bei einer unbefugten Verarbeitung mangelt es aus rechtlicher und technischer Sicht an der Berechtigung zum „Dürfen". Die Berechtigung muss sich auf die jeweilige Phase der Verarbeitung beziehen. Der normative Gehalt der Berechtigung muss sich aus einer Rechtfertigungsnorm ergeben, die jedoch in erster Linie der verantwortliche Stelle adressiert. Daraus ergeben sich auch die internen Berechtigungen. Ergänzend können insoweit die Prinzipien des Datenschutzrechts und die sich aus den Schutzzielen ergebenden Berechtigungen innerhalb der Organisation des Verantwortlichen deren Umfang für einzelne Funktionseinheiten und die in dieser Stelle tätigen Beschäftigte definieren. Hierzu zählen vor allem die Funktionstrennung und Zweckbindung (vgl. zu den Zugriffrechten eines Betriebsrates BAG NZA 2009, 1218 (1221)).

64b Die Datenträgerkontrolle erfasst Maßnahmen, die einen Zugriff Unbefugter durch Lesen, Kopieren, Verändern oder Löschen verhindern. Die getroffenen Maßnahmen zur Verhinderung dürfen dem Löschgebot aus § 58 BDSG nicht entgegenstehen. Das nicht-technische **Lesen** ist selbst nicht Verarbeitung, sondern visuelle Wahrnehmung. Möglicherweise handelt es sich bei der Verwendung des Begriffs um eine sprachliche Ungenauigkeit. Da das elektronische Auslesen in § 48 Nr. 2 BDSG als eigenständiges Beispiel einer Verarbeitung aufgeführt wird, könnte es sich insofern beim „Lesen" um eine davon zu unterscheidende Form handeln. Bei einem engen Verständnis entstünde jedoch eine Schutzlücke. Denn gerade das Auslesen von Datenträgern ist eine Grundvoraussetzung für einen Zugriff. Zudem stellt das remote Auslesen von Datenträgern eine häufige Form des unbefugten Zugriffs da. Insofern dürfte der Begriff des Lesens weit auszulegen sein und elektronisches Auslesen wie auch die Kenntnisnahme durch visuelle Wahrnehmung (→ Rn. 67) einschließen. Beim **Kopieren** handelt es sich um das Übertragen von Daten auf einen Zwischenspeicher. Auf ein anschließendes Einfügen der Daten kommt es nicht an. Das **Verändern** kann durch ein Hinzufügen und Entfernen, als auch durch eine Verschiebung erfolgen. Beim **Löschen** handelt es sich um eine Entfernung von einem Datenträger. Einer vollständigen Vernichtung ist nicht erforderlich. Gegenstand der Veränderung oder Löschung selbst braucht kein vollständiges personenbezogenes Datum sein. Vielmehr reicht es, wenn an personenbezogenen Daten Veränderungen oder Löschungen vorgenommen werden. Die **Speicherung** ist insofern konsequenter Weise nicht erfasst, als dass jede Form der Verarbeitung eine Speicherung erforderlich macht und ein „Hinzuspeichern" als Veränderung erfasst wird. Maßnahmen umfassen die sichere Verwahrung mobiler Datenträger und dessen Verschlüsselung sowie die Nutzung von Verschlüsselung wie VPN bei externem Zugriff auf Datenträger.

3. Speicherkontrolle

Nr. 3 erfordert Maßnahmen zur Verhinderung der unbefugten Eingabe von personenbezogenen Daten sowie der unbefugten Kenntnisnahme, Veränderung und Löschung von gespeicherten personenbezogenen Daten (Speicherkontrolle). Die Speicherkontrolle ergänzt die Datenträgerkontrolle und erfordert Maßnahmen unabhängig vom Speichermedium, bspw. auch für Speicherungen in der Cloud. Zu differenzieren sind Speicherungen im laufenden Produktivbetrieb und Langzeitspeicherungen. **Schutzziele** der Speicherkontrolle sind die Verfügbarkeit, Integrität, Nichtverkettung und Transparenz. Die Speicherkontrolle umfasst das Erfassen, Aufnehmen und Aufbewahren von Daten und gilt der langfristigen Erhaltung personenbezogener Daten (s. SDM Baustein 11 zur Aufbewahrung) sowie deren Schutz vor Kenntnisnahme und Veränderung. 65

Maßnahmen gegen eine unbefugte Kenntnisnahme müssen sich auf Daten, Systeme und Prozesse beziehen. Sie erfassen organisatorische Aspekte wie bspw. die differenzierte Festlegung von Berechtigungen durch den Verantwortlichen (Rechte- und Rollenkonzept sowie die Zuständigkeit für die Festlegung) für Daten, Systeme und Prozesse (Listen für Beispielmaßnahmen bei Diering/Timme/Waschull/Knut/Seidel, SGB X, 3 Aufl. 2011, SGB X § 78a Rn. 6 ff.). Dazu gehört zB auch die Organisation von unterschiedlichen Arbeitszeiten (zB Gebäudereinigung nach Dienstschluss), die Positionierung von Monitoren außerhalb des Blickfelds unberechtigter Personen, Blickschutzfolien zB auf Notebooks beim mobilen Einsatz, Bildschirmschoner sowie Sperrfunktionen. Maßnahmen zur Verhinderung von Veränderungen umfassen bspw. Zugriffssperren durch Authentifizierung, Passwortrichtlinien sowie Protokollierung von Zugriffen. Zudem erfordert die Speicherkontrolle Maßnahmen zum Erhalt der Beweiskraft nach Löschungen im Hinblick auf den Umstand der Löschung sowie der verbleibenden Daten. 65a

4. Benutzerkontrolle

Nach Nr. 4 soll die Nutzung automatisierter Verarbeitungssysteme mit Hilfe von Einrichtungen zur Datenübertragung durch Unbefugte verhindert werden (Benutzerkontrolle). Die Benutzerkontrolle adressiert die Kontrolle der Nutzung der Datenquelle durch Zugangserlangung mittels Übertragung auf eine datenempfangende Einrichtung. **Schutzziele** der Benutzerkontrolle sind Integrität, Vertraulichkeit, Transparenz und Nichtverkettung. Schutzzweck ist, die unbefugte Nutzung von Daten mittels Übertragung von einem Endgerät auf ein anderes zu verhindern. Im Gegensatz zu der Übertragungskontrolle ist der Schutz nicht auf die Kontrollfähigkeit der Übermittlung ausgerichtet, sondern auf den Zugang zu Daten durch erfolgreiche Übermittlung bezogen. 66

Verarbeitungssysteme sind Funktionseinheiten zur Datenverarbeitung (DIN 44.300, BeckOK DatenschutzR/Schild DS-GVO Art. 4 Rn. 34). Ein automatisiertes (→ Rn. 47) Verarbeitungssystem liegt vor, wenn eine informationstechnische Infrastruktur (Hardware, Software, Übertragungsnetze) zur Verarbeitung von personenbezogenen Daten genutzt wird (zB Computer, Netzwerke mit Servern, Notebooks, Smartphones). Bei **Einrichtungen zur Datenübertragung** handelt es sich um netztechnische Einrichtungen, die Datensignale zwischen Endeinrichtungen übertragen (zB Modem). Modems können als Steckkarten im Endgerät integriert sein. Externe Modems werden typischerweise über eine serielle Schnittstelle (meist per RS-232) oder durch USB mit einem Rechner verbunden. Unbefugten soll nicht die Möglichkeit gegeben werden, dass System unberechtigt zu nutzen bzw. Zugang zu den Daten über den Weg der Übermittlung zu erhalten. 66a

Die Nutzung des Verarbeitungssystems soll nur berechtigten Personen oder Einheiten gestattet sein. Unbefugt (→ Rn. 64a) ist eine Nutzung durch einen ansonsten Berechtigten auch dann, wenn die Nutzung mit Hilfe von Einrichtungen zur Datenübertragung nicht von der Berechtigung 66b

BDSG § 64 Teil 3. Bestimmungen für Verarbeitungen zu Zwecken gemäß Richtlinie

umfasst ist. Daher kann zB die Sperrung von Schnittstellen zur Datenübertragung eine Maßnahme iSd Nr. 4 sein. Die Benutzungskontrolle ist von besonderer Bedeutung, wenn Verarbeitungssysteme nicht für sich stehen, sondern in einem Netzwerk oder mit dem Internet verbunden sind. Es sind dann Maßnahmen der Benutzerkontrolle zu treffen, die einen unberechtigten Zugriff auf die Endeinrichtung, zB durch einen Remote-Access, verhindern.

5. Zugriffskontrolle

67 Nach Nr. 5 soll gewährleistet werden, dass die zur Benutzung eines automatisierten Verarbeitungssystems Berechtigten ausschließlich zu den von ihrer Zugangsberechtigung umfassten personenbezogenen Daten Zugang haben (Zugriffskontrolle). Die Zugriffskontrolle erfasst somit die individuelle Berechtigung. Dabei kann es sich um eine Person oder um eine technische Einheit handeln. In Ergänzung der Zugangskontrolle, soll bei der Zugriffskontrolle nicht das „Ob" der Berechtigung geprüft werden, sondern die Berechtigung zum Zugriff auf ausschließlich die von einer **Zugangsberechtigung** umfassten personenbezogenen Daten. Dies setzt voraus, dass eine Rechtezuordnung oder -vergabe erfolgt ist. Die Verantwortung für die Vergabe der Zugriffsrechte ist vom Verantwortlichen eindeutig zu klären. Zudem sind die Regeln für die Verteilung bzw. Zuordnung der Zugriffrechte und die bereits erteilten Rechte zu dokumentieren (BSI IT-Grundschutzkataloge M 2.8). Die Vergabe erfolgt üblicherweise in einem Rechte- und Rollenkonzept nach dem „Prinzip der geringstmöglichen Rechtevergabe" (Roßnagel DatenschutzR-HdB/Federrath/Pfitzmann Kap. 2.2 Rn. 34, 38). Danach sind Zugriffsberechtigungen nur dann zu erteilen, wenn dies für die Aufgabenerfüllung unbedingt notwendig ist (LAG Hamm BeckRS 2009, 68115). Maßgeblich ist bei der Rechtevergabe nicht die hierarchische Struktur der Stelle, sondern die vom System oder dem Beschäftigten tatsächlich zu erfüllenden Aufgabe. In der Praxis kann dies dazu führen, dass Beschäftigte einen umfassenderen Zugriff auf Systeme und Informationen erhalten, als der dem Beschäftigten zur Weisungserteilung befugte Vorgesetzte (s. dazu Taeger/Gabel/Schultze-Melling § 9 Rn. 55).

6. Übertragungskontrolle

68 Nach Nr. 6 soll gewährleistet werden, dass überprüft und festgestellt werden kann, an welche Stellen personenbezogene Daten mit Hilfe von Einrichtungen zur Datenübertragung übermittelt oder zur Verfügung gestellt wurden oder werden können (Übertragungskontrolle). Die Regelung erfasst einen Teil des Regelungsgehalt der ehemaligen Weitergabekontrolle nach Nr. 4 der Anlage zu § 9 BDSG aF. Während bei der Weitergabekontrolle noch der Schutz des Transportweges erfasst war, beschränkt sich die Übertragungskontrolle auf den Adressatenkreis und mögliche Übermittlungswege. Die Form der Übermittlung ist damit nicht mehr – wie noch bei der Weitergabekontrolle – unerheblich (so noch VG Bln BeckRS 2011, 52814; KG Bln BeckRS 2005, 32892 mwN; OLG Hmb NStZ 2005, 54; aA LG Karlsruhe 18.2.2002 – 2 StVK 264/01), sondern ist festzustellen. Dabei ist freilich auch eine geeignete Sicherung der Daten gegen den unberechtigten Zugriff von außen, zB auch durch die ordnungsgemäße Adressierung vor dem Versand, sicherzustellen. In der Praxis besonders fehleranfällig mit einer unmittelbaren Verletzung der Vertraulichkeitsanforderung sind falsch adressierte Faxsendungen oder E-Mails (s. dazu BSI IT-Grundschutzkataloge M 2.45).

69 Die Übertragungskontrolle erfasst den Bereich der Prüfung der Empfangsberechtigung, dh die Feststellung, ob der Empfänger die notwendigen Berechtigungen zum Weiterverarbeiten der Daten besitzt. Tauschen mehrere Stellen Daten aus, so muss für sämtliche Beteiligte transparent sein, welche Stellen zum Empfängerkreis gehören. Vor einer Übermittlung ist damit festzulegen, welche Stellen zum Empfang berechtigt sind. Eine derartige Dokumentation hat sämtliche potentielle Empfänger zu beinhalten (BSI IT-Grundschutzkataloge M 2.42). Anders als noch bei der Weitergabekontrolle erfordert die Übertragungskontrolle auch Maßnahmen zur Sicherstellung an welche Stellen Daten übermittelt worden sind. Dies wird durch eine Protokollierung gewährleistet.

Bei der Übermittlung von Betriebs- und Geschäftsgeheimnissen mittels E-Mail sind staatliche Stellen verpflichtet verschlüsselte und technisch sichere Kommunikationswege anzubieten (OLG Bbg ZD 2013, 33 (35), BGH ZD 2013, 273).

7. Eingabekontrolle

70 Nach Nr. 7 soll gewährleistet werden, dass nachträglich überprüft und festgestellt werden kann, welche personenbezogenen Daten zu welcher Zeit und von wem in automatisierte Verarbeitungssysteme eingegeben oder verändert worden sind (Eingabekontrolle).

Die Verpflichtung zur Eingabekontrolle macht die Einführung einer umfassenden Protokollierung der Erhebung, Verarbeitung und Nutzung personenbezogener Daten erforderlich. Sie ist Grundlage der Herstellung der Revisionsfähigkeit eines Systems (DKWW/Wedde § 9 Rn. 79; Rost DuD 2007, 731 f.).

Protokollierung ist die Erstellung von manuellen oder automatisierten Aufzeichnungen mit der **71** sich die Frage, „Wer hat wann mit welchen Mitteln was veranlasst bzw. worauf zugegriffen?" beantworten lässt. Dazu gehört auch die Dokumentation des Zeitraums erteilter Zugriffsrechte ein (BSI IT-Grundschutzkataloge 12 EL 2011 M 2.110). Bei der Protokollierung wird zwischen der Systemüberwachung und der Verfahrensüberwachung unterschieden. Erstere betrifft die Protokollierung der Administratorentätigkeit und wird maßgeblich durch die allgemeinen Datenschutzgesetze normiert. Die Verfahrensüberwachung hat die Protokollierung der Benutzeraktivitäten zum Gegenstand, die häufig durch bereichsspezifische Regelungen definiert wird. Als Beispiel seien hier die Protokollierungsanforderungen der Melde-, Polizei- oder Verfassungsschutzgesetze genannt.

Die Eingabekontrolle hat einen präventiven Charakter, weil sie bei den überwachten Akteuren **72** einen erwünschten Überwachungsdruck hervorruft, der diese dazu anhalten soll, nur die ihnen zugewiesen Aufgaben auszuführen und nicht unbefugt auf Daten und Systeme zu zugreifen. Die Eingabekontrolle steht damit im Spannungsverhältnis zu den Persönlichkeitsrechten der mit der Verarbeitung der Daten und der mit dem Betrieb der Systeme beauftragten Personen. Insbesondere im Arbeitnehmerdatenschutz stellt der Ausgleich der Interessen zwischen einer effektiven Kontrolle und der Wahrung der Persönlichkeitsrechte eine besondere Herausforderung dar (vgl. DKWW/ Wedde § 9 Rn. 81 ff.).

8. Transportkontrolle

Nach Nr. 8 soll gewährleistet werden, dass bei der Übermittlung personenbezogener Daten **73** sowie beim Transport von Datenträgern die Vertraulichkeit und Integrität der Daten geschützt werden (Transportkontrolle). Die Transportkontrolle bezieht sich damit auf zwei Formen des Transports. Zum einen wird die elektronische Übermittlung erfasst, zum anderen der analoge Transportweg. Beide Formen der Transportkontrolle erfordern damit Maßnahmen zur Sicherung des Transportwegs. Insofern ist es unerheblich, welche Form der Übermittlung genutzt wird (VG Berlin BeckRS 2011, 52814; KG Berlin BeckRS 2005, 32892 Vollz mwN; OLG Hamburg NStZ 2005, 54; aA LG Karlsruhe BeckRS 2002, 161750). Erfasst werden sollen die Schutzziele der Vertraulichkeit und der Integrität. Eine Gewährleistung von Kontrolle kann aber nur bei einem hinreichenden Maß an Transparenz sichergestellt werden. Insofern ist durch geeignete technische und organisatorische Maßnahmen sicherzustellen, dass der Transportweg sowohl bei der Übermittlung als auch beim Transport von Datenträgern überprüf- und nachvollziehbar ist. Zur Gewährleistung von Vertraulichkeit und Integrität sind technische und organisatorische Maßnahmen erforderlich, die den Zugriff Unbefugter auf dem Transportweg verhindern. Dies kann zB durch hinreichende Verschlüsselung sichergestellt werden.

9. Wiederherstellbarkeit

Nach Nr. 9 soll gewährleistet werden, dass eingesetzte Systeme im Störungsfall wiederhergestellt **74** werden können (Wiederherstellbarkeit). Die Wiederherstellbarkeit adressiert die Resilienz von Systemen. Systeme müssen danach so konzipiert sein, dass sie im Störungsfall, zB nach Angriffen von außen, bei technischen Pannen oder höherer Gewalt wieder herstellbar sind. Da die Wiederherstellung an sich nicht zielführend ist, müssen Maßnahmen auch die Wiederherstellung der Daten ermöglichen und erfasst insoweit auch Formen der Datensicherung zB durch Backups.

10. Zuverlässigkeit

Nach Nr. 10 soll gewährleistet werden, dass alle Funktionen des Systems zur Verfügung stehen **75** und auftretende Fehlfunktionen gemeldet werden (Zuverlässigkeit). Mit der Zuverlässigkeit wird die „gesicherte Verfügbarkeit" angesprochen. Diese hat sich freilich nicht nur auf die Systeme zu erstrecken, wenn dies auch eine Grundvoraussetzung für die Verfügbarkeit von Daten darstellt.

11. Datenintegrität

Nach Nr. 11 soll gewährleistet werden, dass gespeicherte personenbezogene Daten nicht durch **76** Fehlfunktionen des Systems beschädigt werden können (Datenintegrität). Hiermit wird lediglich eine Form der Integrität erfasst.

12. Auftragskontrolle

77 Nach Nr. 12 soll gewährleistet werden, dass personenbezogene Daten, die im Auftrag verarbeitet werden, nur entsprechend den Weisungen des Auftraggebers verarbeitet werden können (Auftragskontrolle). Bei der Auftragskontrolle handelt es sich um eine Zielvorgabe, die nicht von Art. 29 Abs. 2 DSRL-JI vorgegeben wird, sondern um eine Übernahme aus der Anlage zu § 9 S. 1 Nr. 6 BDSG aF. Sie stellt einen Fremdkörper in § 64 Abs. 3 BDSG da, denn die Auftragsverarbeitung ist detailliert in § 62 geregelt. Dort sieht bereits Abs. 2 (→ Rn. 30) vor, dass „geeignete technische und organisatorische Maßnahmen sicherstellen, dass die Verarbeitung im Einklang mit den gesetzlichen Anforderungen erfolgt und der Schutz der Rechte der betroffenen Personen gewährleistet wird."

77a Ziel der Kontrolle ist die Wahrung der gesetzlich angeordneten **Weisungsabhängigkeit** des Auftragnehmers (Auftragsverarbeiter) gegenüber dem Auftraggeber (Verantwortlicher). In der Praxis zeigt sich jedoch nicht selten, dass auch öffentliche Auftraggeber zwar de lege lata gegenüber dem Verarbeiter weisungs- und kontrollbefugt sind, aufgrund deren stärkeren wirtschaftlichen Marktposition aber de facto die Bedingungen der Auftragsverarbeitung akzeptieren und übernehmen müssen. Zudem wird häufig die Möglichkeit überhaupt Weisungen zu erteilen, de facto unmöglich sein. Ob und inwieweit in diesem Spannungsverhältnis auch im Rahmen der JI-RL der **Zertifizierung** des Auftragsverarbeiters durch unabhängige Dritte im Hinblick auf die Einhaltung der rechtlichen und vertraglichen Vorgaben eine besondere Bedeutung zu kommen kann, wie dies nach Maßgabe der DS-GVO der Fall sein soll, bleibt abzuwarten. Vorgesehen hat es der Bundesgesetzgeber bislang nicht. Erleichterungen könnten eine Zertifizierung vor allem für die Prüfung der Umsetzung von Anforderungen, die der Verantwortliche nicht ohne weiteres, bspw. durch intensive technische Analysen, realisieren könnte, bringen.

77b Die Auftragskontrolle bindet sowohl den Auftraggeber als auch den Auftragnehmer. Der Auftragnehmer muss sicherstellen, dass erteilte **Weisungen** umgesetzt und der Rahmen des geschlossenen Vertrages eingehalten wird. Insbesondere Hat der Auftragnehmer durch Auswahl geeigneter technischer und organisatorischer Maßnahmen sicherzustellen, dass die ihm anvertrauten Daten nicht gesetzes- und vertragswidrig zu eigenen Zwecken verarbeitet und genutzt werden. Durch den Auftraggeber zu kontrollieren, dass die erteilten Weisungen korrekt und zweifelsfrei umgesetzt werden. Dies setzt Seitens des Auftraggebers ein System der lückenlosen Kontrolle voraus, dass der Verarbeiter technisch und organisatorisch ermöglichen muss. Dazu sind insbesondere die Maßnahmen zur Erreichung von Transparenz und Intervenierbarkeit zu berücksichtigen. Im Übrigen sind die Maßnahmen der weiteren Kontrollziele heranzuziehen.

13. Verfügbarkeitskontrolle

78 Nach Nr. 13 soll gewährleistet werden, dass personenbezogene Daten gegen Zerstörung oder Verlust geschützt sind (Verfügbarkeitskontrolle). Die Verfügbarkeitskontrolle wurde aus der Anlage zu § 9 BDSG aF übernommen. Es handelt sich um eine Negativdefinition. Der Schutz vor Zerstörung oder Verlust gewährleistet an sich noch keine Verfügbarkeit. Abs. 2 Nr. 1 und 2 stellen jedoch klar, dass das Schutzziel des § 64 die Gewährleistung der Verfügbarkeit in einem umfassenden Sinne erfassen soll. Das Schutzziel der Verfügbarkeit soll gewährleisten, dass personenbezogene Daten in einem ordnungsgemäß vorgesehenen Prozess im System bereitstehen und verwendet werden können (Robrahn/Bock DuD 2018, 7,8) und mithin auch gegen Verlust und Zerstörung geschützt sind. Auf Systemebene bedeutet Verfügbarkeit, dass das System zu einem gegebenen Zeitpunkt bestimmte Anforderungen erfüllen können (auch → Rn. 74).

78a Verfügbarkeit muss für den **Produktivdatenbestand** gewährleistet sein. Dazu gehören auch personenbezogene Daten für die **Aufbewahrungspflichten** bestehen. Bei aufzubewahrenden Daten ist sicherzustellen, dass diese weiterhin in dem Umfang verarbeitet werden können, für den sie aufbewahrt werden (vgl. SDM-Baustein 11, Aufbewahrung). So müssen beispielsweise Auskunftsansprüche (Intervenierbarkeit) erteilt werden können. Die Verfügbarkeit bezieht sich daher sowohl auf die Inhaltsdaten als auch auf Meta-Daten, die das Auffinden der Daten und deren Zugriff ermöglichen.

78b Bei **Änderungen** der Geschäftsprozesse oder **Erneuerung** von Hard- und Software ist sicherzustellen, dass die Verfügbarkeit sowohl im Zeitpunkt der Änderungen gegeben ist bzw. mögliche Ausfallzeiten kontrolliert erfolgen und in einem definierten Prozess festgelegt sind. Für die Verfügbarkeit während und nach Änderungen ist sicherzustellen, dass auf bestehende und aufbewahrte Datenformate weiterhin zugegriffen werden kann und diese weiterhin verarbeitet werden können. Zur Gewährleistung der Verfügbarkeit bietet es sich an, ein Inventar der verwendeten Daten-Formate zu führen. Bei Änderungen der Hardware, des Betriebssystems oder der Software ist ggf.

ein kompatibles System fortzuführen oder weiter zu pflegen, damit ein späterer Zugriff gewährleistet bleibt (zB durch Aufbewahrung der letzten Softwareversion, die den Zugriff auf das letztmalig verwendete Format ermöglicht.

Die Umstellung von einer analogen auf eine **digitale Akte** stellt besondere Anforderungen an die Verfügbarkeit. Bei der Migration ist darauf zu achten, dass die Verfügbarkeit während als auch danach gegeben ist. Der Migrationsprozess darf insbesondere nicht zur Zerstörung oder zum Verlust des Datenbestandes führen. 78c

Zur Sicherung der Verfügbarkeit gehört, dass Daten vor **Zerstörung** oder **Verlust** gesichert werden. Die Verantwortliche soll sich davor schützen, aufgrund geplanter oder ungeplanter Ereignisse die Verfügungsgewalt über Daten, Systeme und Prozesse zu verlieren. Dabei kommt es nicht darauf an, wie die Verantwortliche zu dem Verlust oder der Zerstörung steht. Die Verfügbarkeitskontrolle erfasst damit nicht nur Ereignisse, die nicht dem Willen der Verantwortlichen entsprechen. 78d

Ein Datenverlust ist ein Ereignis, das dazu führt, dass ein Datenbestand nicht mehr wie erforderlich genutzt werden kann (Verlust der Verfügbarkeit). Gründe für den Verlust von Daten kann das unbeabsichtigte oder unerlaubte **Löschen** aufgrund von Fehlbedienungen, Fehlfunktionen, Stromausfällen, Verschmutzung oder Schadsoftware sein. Außerdem kann auch der **Verlust** von Geräten, Datenträgern und Dokumenten zu einer Beeinträchtigung oder Aufhebung der Verfügbarkeit führen. Daher erfordert die Verfügbarkeitskontrolle Maßnahmen zur Sicherung von Datenbeständen auf mobilen Endgeräten und mobilen Datenträgern. Bedingt durch die hohen Speicherkapazitäten moderner Speichergeräte und Verarbeitungssysteme können auch bei mobilen Endgeräten und Datenträgern sehr große Datenmengen von einem Verlust betroffen sein (BSI IT-Grundschutzkataloge G 0.45, G 0.45). 78e

Ein typischer Angriff auf die Verfügbarkeit von Daten stellen sog. Denial-of-Service Angriffe dar, durch welche zB der Zugang zu Cloud-Diensten gestört oder unterbunden wird und die Verfügbarkeit der verarbeiteten Daten nicht mehr sichergestellt ist (s. Schröder/Haag ZD 2012 495 (499). In diesem Zusammenhang erlangt die **Resilienz** von Systemen an Bedeutung. Zwar wird, anders als Art. 32 DS-GVO und § 22 Abs. 2 Nr. 8 BDSG, Resilienz in § 64 nicht extra aufgeführt, doch bedeutet die Sicherstellung von Belastbarkeit eine wirksame Maßnahme gegen die Zerstörung und den Verlust von personenbezogenen Daten. 78f

Umfang und Art der **Maßnahmen** zur Gewährleistung der Verfügbarkeit werden von der Bedeutung der Daten und Verfahren für die Rechte und Freiheiten der Betroffenen (Schutzbedarf) bestimmt. Standard-Maßnahmen gegen Verlust und Zerstörung sind die Einrichtung von **Backupprozessen** und die Bereitstellung **redundanter Systeme,** mit deren Hilfe die Wiederherstellung von Daten sichergestellt werden kann. 78g

Die Sicherung der Verfahren und Daten gegen Verlust und Zerstörung gehört zu den Kernaufgaben der Administration mit einem hohen Überschneidungsbereich zur Verfügbarkeit in der **IT-Sicherheit.** 78h

14. Trennbarkeit

Nach Nr. 14 soll gewährleistet werden, dass zu unterschiedlichen Zwecken erhobene personenbezogene Daten getrennt verarbeitet werden können (Trennbarkeit). Maßnahmen zur Trennbarkeit gewährleisten das Schutzziel der Nichtverkettbarkeit, zu dem auch die Zweckbindung und die Datenminimierung gehören. Die Anforderung in Nr. 14 bleibt unvollständig. Zur Umsetzung des Gewährleistungsziels kommt es nicht allein darauf an, dass zu unterschiedlichen Zwecken erhobene personenbezogene Daten getrennt voneinander verarbeitet werden „können", sondern dass Maßnahmen auf Daten-, System- und Prozessebene den Zwecktrennungsgrundsatz umsetzen. Aufgrund des weiten Verarbeitungsbegriffs, der die Erhebung und weitere Datenhaltung zusammenfasst kommt es auch darauf an, dass Daten von unterschiedlichen Verantwortlichen getrennt gehalten werden. Inwieweit eine bloße logische oder gar eine physikalische Trennung erforderlich ist, hängt vom Schutzbedarf und der Zugehörigkeit der Daten zu einem Verantwortlichen ab. Grundsätzlich ist das Gewaltenteilungsprinzip auch auf die Datenhaltung anzuwenden. Eine Mandanten-Trennung innerhalb von Systemen reicht dafür in der Regel nicht. Im Unterschied zum Schutzgut der DS-GVO, sind bei der Umsetzung der JI-RL auch Erwägungen zum Schutz der öffentlichen Sicherheit zu berücksichtigen. Die stetige Zunahme von Hackerangriffen einerseits, aber auch die Zwecke des Gewaltenteilungsprinzips zum Schutze des freiheitlichen, demokratischen Rechtsstaates geben dem Trennungsgebot eine hervorgehobene Bedeutung für den Schutz der in der Obhut des Staates befindlichen personenbezogenen Daten. Technische Maßnahmen der Trennbarkeit gewährleisten, dass zB nicht mehr erforderliche Informationen von weiterhin erfor- 79 derlichen Daten getrennt gelöscht werden können. Trennbarkeit ist Voraussetzung für die Gewährleistung der Zugriffs- und Auftragskontrolle.

VI. Verschlüsselung

80   Abweichend von der JI-RL weist Abs. 3 S. 2 darauf hin, dass ein Zweck (→ Rn. 26) nach S. 1 Nr. 2–5 durch die Verwendung von dem Stand der Technik entsprechenden Verschlüsselungsverfahren erreicht werden kann und greift auch damit die Regelung der Anlage zu § 9 BDSG aF auf. Die Verschlüsselung ist dabei „insbesondere", also als eine von mehreren Maßnahmen zu verstehen. Als einzige Maßnahme dürfte sie nicht ausreichend sein, zumal die Schutzziele auch die Risiken, erfassen müssen, die durch die Organisation selbst ausgelöst werden. Ein für die beabsichtigten Zwecke unbefugtes Kopieren, Verändern oder Löschen kann beispielsweise auch durch einen sonst Berechtigten erfolgen, der Zugang zum Schlüssel hat. Insoweit sind weitere Maßnahmen vorzusehen, die die Vertraulichkeit, hier Datenträgerkontrolle, unterstützen, zB die Protokollierung des Zugriffs. Die Verschlüsselung verhindert lediglich ein unbefugtes Lesen und ist insoweit **eine** Maßnahme der Zugangskontrolle, die aus den unterschiedlichen Perspektiven auch bei der Datenträger-, Speicher-, Benutzer- und Zugriffskontrolle lediglich einen Teilaspekt des Schutzbedarfs abdeckt (ebenso Petrilec DuD 2017, 306 f., Simitis/Ernestus § 9 Rn. 112).

81   Während in der Vergangenheit die Verschlüsselung eine Maßnahme zur besonderen Sicherung bei hohem Schutzbedarf darstellte (s. Simitis/Ernestus § 9 Rn. 175), kann mittlerweile bei der Verschlüsselung von einem Standardverfahren zur Gewährleistung der Vertraulichkeit gesprochen werden, dass in unterschiedlichen Sicherheitsniveaus (schwach bis stark) eingesetzt werden kann. Der Stand der Technik verweist insoweit lediglich auf etablierte Verfahren (Simitis/Ernestus § 9 Rn. 171).

82   Verschlüsselungsmechanismen werden zur Sicherung des Zugriffs auf Hardware, Betriebssysteme und Anwendungen genutzt. Sie können, auf den unterschiedlichen Ebenen eingesetzt, einen differenzierten Schutz bieten, wenn zB Zugangskontrollen durch einen Angreifer überwunden worden sind. Zudem sollte die Verschlüsselung bei Speicherung und Übertragung von Passwörtern zur Sicherung der Vertraulichkeit dienen.

83   Einer der derzeit wichtigsten Anwendungsbereiche der Verschlüsselung, die Transportkontrolle (Nr. 8), hat der Gesetzgeber an dieser Stelle nicht einbezogen. Die Verschlüsselung ist für die Gewährleistung der Vertraulichkeit bei der Übermittlung personenbezogener Daten eine zentrale Maßnahme (Petrilec DuD 2017, 306 f.), um den Zugriff Unbefugter auf dem Transportweg zu verhindern.

§ 65 Meldung von Verletzungen des Schutzes personenbezogener Daten an die oder den Bundesbeauftragten

(1) ¹Der Verantwortliche hat eine Verletzung des Schutzes personenbezogener Daten unverzüglich und möglichst innerhalb von 72 Stunden, nachdem sie ihm bekannt geworden ist, der oder dem Bundesbeauftragten zu melden, es sei denn, dass die Verletzung voraussichtlich keine Gefahr für die Rechtsgüter natürlicher Personen mit sich gebracht hat. ²Erfolgt die Meldung an die Bundesbeauftragte oder den Bundesbeauftragten nicht innerhalb von 72 Stunden, so ist die Verzögerung zu begründen.

(2) Ein Auftragsverarbeiter hat eine Verletzung des Schutzes personenbezogener Daten unverzüglich dem Verantwortlichen zu melden.

(3) Die Meldung nach Absatz 1 hat zumindest folgende Informationen zu enthalten:
1. eine Beschreibung der Art der Verletzung des Schutzes personenbezogener Daten, die, soweit möglich, Angaben zu den Kategorien und der ungefähren Anzahl der betroffenen Personen, zu den betroffenen Kategorien personenbezogener Daten und zu der ungefähren Anzahl der betroffenen personenbezogenen Datensätze zu enthalten hat,
2. den Namen und die Kontaktdaten der oder des Datenschutzbeauftragten oder einer sonstigen Person oder Stelle, die weitere Informationen erteilen kann,
3. eine Beschreibung der wahrscheinlichen Folgen der Verletzung und
4. eine Beschreibung der von dem Verantwortlichen ergriffenen oder vorgeschlagenen Maßnahmen zur Behandlung der Verletzung und der getroffenen Maßnahmen zur Abmilderung ihrer möglichen nachteiligen Auswirkungen.

(4) Wenn die Informationen nach Absatz 3 nicht zusammen mit der Meldung übermittelt werden können, hat der Verantwortliche sie unverzüglich nachzureichen, sobald sie ihm vorliegen.

(5) ¹Der Verantwortliche hat Verletzungen des Schutzes personenbezogener Daten zu dokumentieren. ²Die Dokumentation hat alle mit den Vorfällen zusammenhängenden Tatsachen, deren Auswirkungen und die ergriffenen Abhilfemaßnahmen zu umfassen.

(6) Soweit von einer Verletzung des Schutzes personenbezogener Daten personenbezogene Daten betroffen sind, die von einem oder an einen Verantwortlichen in einem anderen Mitgliedstaat der Europäischen Union übermittelt wurden, sind die in Absatz 3 genannten Informationen dem dortigen Verantwortlichen unverzüglich zu übermitteln.

(7) § 42 Absatz 4 findet entsprechende Anwendung.

(8) Weitere Pflichten des Verantwortlichen zu Benachrichtigungen über Verletzungen des Schutzes personenbezogener Daten bleiben unberührt.

Überblick

§ 65 Abs. 1 verpflichtet die für die Verhütung, Ermittlung, Aufdeckung, Verfolgung oder Ahndung von Straftaten oder Ordnungswidrigkeiten zuständigen öffentlichen Stellen, eine Verletzung des Schutzes personenbezogener Daten unverzüglich und möglichst innerhalb von 72 Stunden (→ Rn. 17), nachdem sie ihnen bekannt geworden ist, der oder dem Bundesbeauftragten zu melden, es sei denn, die Verletzung hat voraussichtlich keine Gefahr für die Rechtsgüter natürlicher Personen mit sich gebracht (→ Rn. 12). Für Auftragsverarbeiter sieht Abs. 2 keine eigene Meldepflicht gegenüber der oder dem Bundesbeauftragten, sondern die Pflicht zur Information des Verantwortlichen vor (→ Rn. 25). Abs. 3 und 4 regeln den genauen Inhalt und die Modalitäten der Meldung (→ Rn. 20). Fälle mit Bezug zu einem anderen Mitgliedstaat der Europäischen Union sind nach Abs. 6 zu behandeln. Abs. 7 stellt die Verwendung der gemeldeten Informationen in einem strafrechtlichen Verfahren durch Verweis auf § 42 Abs. 4 unter einen Einwilligungsvorbehalt (vgl. dazu BT-Drs. 18/11325, 116 f.) (→ Rn. 29).

Übersicht

	Rn.		Rn.
A. Allgemeines	1	III. Inhalt der Meldung, § 65 Abs. 3	20
I. Entstehungsgeschichte	1	IV. Form der Meldung	22
II. Bisheriges Recht	4	V. Dokumentation (Abs. 5)	23
B. Regelungsgehalt im Einzelnen	6	VI. Meldepflicht des Auftragsverarbeiters (Abs. 2)	25
I. Pflicht zur Meldung (Abs. 1)	6	VII. EU-Auslandsbezug (Abs. 6)	28
1. Bekanntwerden	7	VIII. Verwendung der Meldung in Strafverfahren (Abs. 7)	29
2. Verletzung des Schutzes personenbezogener Daten	8	IX. Andere Benachrichtigungspflichten (Abs. 8)	30
3. Gefahr für Rechtsgüter natürlicher Personen	12	X. Rechtsfolgen eines Verstoßes gegen § 65	31
II. Frist (Abs. 1 und 4)	16		

A. Allgemeines

I. Entstehungsgeschichte

Die Vorschrift setzt Art. 30 RL (EU) 2016/680 zum Schutz natürlicher Personen bei der Verarbeitung personenbezogener Daten zum Zwecke der Verhütung, Ermittlung, Aufdeckung oder Verfolgung von Straftaten oder der Strafvollstreckung sowie zum freien Datenverkehr (JI-RL) um (BT-Drs. 18/11325, 70, 116; BT-Drs. 18/12084, 4). Die Richtlinie ist am 5.5.2016 in Kraft getreten und war deshalb bis zum 6.5.2018 in nationales Recht umzusetzen. Die JI-RL ist gemeinsam mit der DS-GVO entstanden und in Teil 3 des BDSG für öffentliche Stellen des Bundes in nationales Recht umgesetzt worden. Die DS-GVO hat den Bereich der Justiz und Polizei ausgespart, weshalb die JI-RL bereichsspezifische Sonderregeln für den Datenschutz bei Verarbeitungen durch Justiz- und Polizeibehörden zu Zwecken der Gefahrenabwehr und Strafverfolgung enthält (Schantz/Wolff DatenschutzR/Wolff Rn. 320 ff.). Die DS-GVO und JI-RL sind

1

inhaltlich aufeinander abgestimmt, wobei sich teilweise nahezu wortgleiche Regelungen finden (Stief StV 2017, 470 (473)). Zwar richtet sich die JI-RL an die Mitgliedstaaten und nicht wie die DS-GVO an die Verantwortlichen, sodass bei der Auslegung der JI-RL nicht unmittelbar auf die teilweise wortgleichen Vorschriften der DS-GVO zurückgegriffen werden kann (Weinhold/Johannes DVBl 2016, 1501 (1502)). Allerdings liegt eine Berücksichtigung der DS-GVO einschließlich ihrer Erwägungsgründe bei der Auslegung der JI-RL und des darauf basierenden nationalen Rechts dennoch nahe.

2   Die JI-RL soll der Tatsache Rechnung tragen, dass aufgrund technischer Neuerungen zur Verhütung, Ermittlung, Aufdeckung oder Verfolgung von Straftaten oder zur Strafvollstreckung in einem noch nie dagewesenen Umfang personenbezogene Daten verarbeitet werden (Erwägungsgrund 3 JI-RL). Ermittlungsbehörden können partiell automatisierte Ermittlungstechniken wie Vorratsdatenspeicherung, Telekommunikationsüberwachung, Videoüberwachung oder Big-Data-Analysen nutzen, um Straftaten früh zu erkennen (Weinhold/Johannes DVBl 2016, 1501 (1503)). Die Richtlinie will sicherstellen, dass personenbezogene Daten mit einem hohen Maß an Sicherheit und Vertraulichkeit verarbeitet werden, „wozu auch gehört, dass Unbefugte keinen Zugang zu den Daten haben und weder die Daten noch die Geräte, mit denen diese verarbeitet werden, benutzen können, und dass bei der Verarbeitung der Stand der verfügbaren Technik, die Kosten für ihre Einführung im Verhältnis zu den von der Verarbeitung ausgehenden Risiken und die Art der zu schützenden personenbezogenen Daten berücksichtigt" werden (Erwägungsgrund 28 JI-RL). Vor diesem Hintergrund verpflichtet Art. 30 JI-RL die Mitgliedstaaten vorzusehen, dass eine Verletzung des Schutzes personenbezogener Daten durch Polizei- und Justizbehörden unverzüglich und möglichst binnen 72 Stunden, nachdem ihnen die Verletzung bekannt geworden ist, der Aufsichtsbehörde zu melden ist. Die Regelung ist an Art. 33 DS-GVO angelehnt, der für natürliche Personen, nicht-öffentliche und öffentliche Stellen außerhalb des Anwendungsbereichs der JI-RL gilt.

3   Ansatzpunkt der Meldung sollen sicherheitsrelevante Vorfälle wie etwa Datenabflüsse sein, wofür die systematische Stellung der Vorschrift spricht, da Art. 30 JI-RL direkt auf Art. 29 JI-RL (Sicherheit der Verarbeitung) folgt (BT-Drs. 18/11325, 116). Sie dient dazu, Transparenz über Datenverarbeitungen und damit einhergehende Risiken gegenüber der oder dem Bundesbeauftragten zu schaffen (s. für Art. 33 DS-GVO Kühling/Buchner/Jandt DS-GVO Art. 33 Rn. 1). Das ermöglicht es der oder dem Bundesbeauftragten, künftige Gefahren für personenbezogene Daten zu erkennen und präventiv tätig zu werden. Außerdem soll sie betroffene Personen vor nachteiligen Folgen der Verletzung des Schutzes personenbezogener Daten schützen. So heißt es hierzu in den Erwägungsgründen der JI-RL, dass eine Verletzung des Schutzes personenbezogener Daten – sofern nicht rechtzeitig und angemessen reagiert wird – einen physischen, materiellen und immateriellen Schaden für natürliche Personen nach sich ziehen kann, wie etwa den Kontrollverlust des Betroffenen über die personenbezogenen Daten, die Einschränkung seiner Rechte, Diskriminierung, Identitätsdiebstahl oder Betrug, finanzielle Verluste, unbefugte Aufhebung der Pseudonymisierung, Rufschädigung, Verlust der Vertraulichkeit von dem Berufsgeheimnis unterliegenden Daten oder andere erhebliche wirtschaftliche oder gesellschaftliche Nachteile für die betroffene natürliche Person (Erwägungsgrund 61 JI-RL). Derlei Risiken sollen durch die Meldung gegenüber der oder dem Bundesbeauftragten und die vom Verantwortlichen zu ergreifenden Maßnahmen reduziert werden. Durch die Meldepflicht wird außerdem eine Motivation der Strafverfolgungs- und Strafvollstreckungsbehörden dafür geschaffen, meldepflichtige Verletzungen von vornherein durch entsprechende organisatorische Vorkehrungen zu vermeiden.

II. Bisheriges Recht

4   § 42a BDSG aF sah Meldepflichten gegenüber der zuständigen Behörde und eine Benachrichtigungspflicht gegenüber dem Betroffenen bei der Verletzung des Schutzes personenbezogener Daten nur für bestimmte sensible Datenkategorien und Bereiche vor und verpflichtete lediglich nicht-öffentliche Stellen bzw. diesen gleichgestellte öffentlich-rechtliche Wettbewerbsunternehmen. Insbesondere bestand keine Meldepflicht für Bundesbehörden. Die Landesdatenschutzgesetze haben nur vereinzelt Meldepflichten vorgesehen, sodass auch eine Vielzahl von Landesbehörden nicht zur Meldung verpflichtet war (Kühling/Buchner/Jandt DS-GVO Art. 33 Rn. 30). Daher waren öffentliche Stellen bisher nur in Einzelfällen verpflichtet, Meldungen zu machen.

5   § 65 differenziert nicht mehr nach besonderen Kategorien personenbezogener Daten und greift nicht nur im Falle einer Verletzung von Vertraulichkeitspflichten, sondern auch bei einer Beeinträchtigung der Verfügbarkeit der Daten, wenn diese zB verloren gehen oder vernichtet werden.

Sein Anwendungsbereich ist daher – genauso wie der von Art. 33 DS-GVO – deutlich weiter als der von § 42a BDSG aF.

B. Regelungsgehalt im Einzelnen

I. Pflicht zur Meldung (Abs. 1)

Der Verantwortliche hat eine Verletzung des Schutzes personenbezogener Daten unverzüglich und möglichst innerhalb von 72 Stunden, nachdem sie ihm bekannt geworden ist, der oder dem Bundesbeauftragten zu melden. **Verantwortlicher** ist die natürliche oder juristische Person, Behörde oder Einrichtung oder andere Stelle, die allein oder gemeinsam mit anderen über die Zwecke und Mittel der Verarbeitung von personenbezogenen Daten entscheidet (§ 46 Nr. 7). 6

1. Bekanntwerden

Ein **Bekanntwerden** erfordert die positive Kenntnis aller Umstände, die den Tatbestand der Verletzung des Schutzes personenbezogener Daten iSv § 46 Nr. 10 erfüllen. Werden dem Verantwortlichen Umstände bekannt, die eine Verwirklichung des Tatbestands der Verletzung des Schutzes personenbezogener Daten als möglich oder wahrscheinlich erscheinen lassen, ist er verpflichtet, den Vorgang unverzüglich mit allen ihm zur Verfügung stehenden Mitteln zu untersuchen, um zu klären, ob tatsächlich eine Datenschutzverletzung eingetreten ist oder nicht. Für Fälle, in denen ein Zugriff unbefugter Dritter auf unzureichend geschützte personenbezogene Daten nachträglich weder sicher nachgewiesen noch ausgeschlossen werden konnte, haben die Aufsichtsbehörden verschiedentlich eine Meldepflicht bejaht (vgl. Artikel 29 Datenschutzgruppe, opinion 03/2014 on Personal Data Breach Notification, WP 213 v. 25.3.2014, Fälle 3 und 7, S. 8 und 11). Bestehen keine Anhaltspunkte dafür, dass eine Schwachstelle beim Verantwortlichen tatsächlich ausgenutzt wurde, besteht keine Meldepflicht, der Vorgang ist aber dokumentationspflichtig (Artikel 29 Datenschutzgruppe, WP 250, S. 38). 7

Sofern der Verantwortliche die Kenntnisnahme pflichtwidrig verhindert oder eine gebotene Untersuchung unterlässt, ist er so zu behandeln, als ob er in dem Moment, in dem er die Kenntnisnahme verweigert oder bei Vornahme der gebotenen Aufklärung Kenntnis erlangt hätte, diese Kenntnis tatsächlich hatte (Schantz/Wolff DatenschutzR/Schantz Rn. 917 mwN). 7a

2. Verletzung des Schutzes personenbezogener Daten

Eine **Verletzung des Schutzes** personenbezogener Daten ist gem. § 46 Nr. 10 eine Verletzung der Sicherheit, die zur unbeabsichtigten oder unrechtmäßigen Vernichtung, zum Verlust, zur Veränderung oder zur unbefugten Offenlegung von oder zum unbefugten Zugang zu personenbezogenen Daten geführt hat, die verarbeitet wurden (vgl. auch Art. 4 Nr. 11 JI-RL sowie Art. 4 Nr. 12 DS-GVO für Meldung und Benachrichtigung nach Art. 33, 34 DS-GVO). Die Vorschrift zielt mithin auf Datenpannen wie zB auf eine versehentliche Datenübermittlung, einen Datenträgerverlust oder einen Datendiebstahl durch einen Hacker (Auernhammer/Herbst Rn. 1). Der Begriff „Sicherheit" wird weder in der DS-GVO noch im BDSG definiert. Allerdings dürfte hierunter Datensicherheit zu verstehen sein, die einerseits durch technische Vorkehrungen, wie zB die Nutzung sicherer Systeme, Zugangskontrollen und den Einsatz von Verschlüsselungstechniken, und andererseits durch organisatorische Maßnahmen, wie zB Schulungen und Anweisungen gegenüber Mitarbeitern, herzustellen ist. 8

Sowohl fahrlässige als auch vorsätzliche Verletzungen werden von § 65 Abs. 1 erfasst, wobei es irrelevant ist, ob die Verletzung schuldhaft verursacht wurde. Für das Vorliegen einer Verletzung ist es nicht relevant, ob diese durch den Verantwortlichen selbst, eine in seinem Lager stehende Personen oder durch einen Dritten bewirkt wurde. Lediglich eine allein dem Betroffenen zuzurechnende Verletzung (zB weil der Betroffene selbst Informationen preisgibt oder Daten vernichtet) erfüllt nicht die tatbestandlichen Voraussetzungen von § 65 Abs. 1 (zu Art. 33 DS-GVO Eßer/Kramer/Lewinski/Schreibauer, DSGVO/BDSG, 5. Aufl. 2017, DS-GVO Art. 33 Rn. 5). 9

Sofern zwar eine Sicherheitslücke bestand, jedoch nicht unbefugt von personenbezogenen Daten Kenntnis genommen wurde bzw. es an Anhaltspunkten dafür fehlt, dass die Schwachstelle tatsächlich ausgenutzt wurde, fehlt es an einer Verletzung des Schutzes personenbezogener Daten, sodass die Meldepflicht nach § 65 nicht eingreift (EDPB, WP 250, S. 38). Sofern verschlüsselte Daten verloren gehen, die durch eine dem Stand der Technik entsprechende Verschlüsselung geschützt sind, kann es ebenfalls an einer Verletzung des Schutzes personenbezogener Daten fehlen. 10

BDSG § 65 Teil 3. Bestimmungen für Verarbeitungen zu Zwecken gemäß Richtlinie

Dies setzt voraus, dass der Schlüssel zu den Daten nicht ebenfalls verloren gegangen ist und der potentielle Finder keine Möglichkeit zur Entschlüsselung hat.

11 In Bezug auf Art. 33 und 34 DS-GVO hat der europäische Gesetzgeber den Europäischen Datenschutzausschuss (EDSA) beauftragt, Leitlinien, Empfehlungen und bewährte Verfahren für die Feststellung von Verletzungen des Schutzes personenbezogener Daten zu erstellen, um präziser zu definieren, wann Melde- und Benachrichtigungspflichten bestehen (vgl. Art. 70 Abs. 1 lit. g DS-GVO). Diese Leitlinien können auch bei der Auslegung von § 65 und § 66 BDSG berücksichtigt werden (WP 213 v. 25.3.2014; WP 250 v. 3.10.2017 und Guidelines 1/2021 v. 14.12.2021).

3. Gefahr für Rechtsgüter natürlicher Personen

12 Verletzungen des Schutzes personenbezogener Daten müssen gem. § 65 Abs. 1 S. 1 Hs. 2 dann nicht gemeldet werden, wenn diese voraussichtlich keine **Gefahr für die Rechtsgüter natürlicher Personen** mit sich gebracht haben. Durch die Verletzung des Schutzes personenbezogener Daten gefährdete Rechtsgüter können zB das Vermögen oder Persönlichkeitsrecht der betroffenen Person sein. In Abweichung zu Art. 30 Abs. 1 JI-RL verwendet der deutsche Gesetzgeber bei der Umsetzung der Norm nicht den Begriff des „Risikos", sondern den der „Gefahr". Der Begriff der „Gefahr" ist aber nicht anders als der des „Risikos" in Art. 30 Abs. 1 JI-RL auszulegen. Um herauszufinden, ob voraussichtlich eine Gefahr für die Rechtsgüter natürlicher Personen entstanden ist, muss der Verantwortliche die Auswirkungen der Verletzung auf die betroffenen Daten analysieren und im Rahmen einer Prognose abschätzen, inwieweit hierdurch die Interessen der betroffenen Personen beeinträchtigt werden können. Dabei müssen die zum Zeitpunkt der Prognose vorhandenen Informationen auf nachvollziehbare Weise ausgewertet werden. Eine solche ex ante-Prognose ist nicht deshalb unzureichend, weil aus der Gefahr resultierende Schäden nicht genau vorausgesagt wurden.

13 Eine Gefahr besteht, wenn es zu einem physischen, materiellen oder immateriellen Schaden kommen kann, insbesondere durch die Verarbeitung zu einer Diskriminierung, einem Identitätsdiebstahl oder -betrug, einem finanziellen Verlust, einer Rufschädigung, einem Verlust der Vertraulichkeit von dem Berufsgeheimnis unterliegenden Daten, der unbefugten Umkehr der Pseudonymisierung oder anderen erheblichen wirtschaftlichen oder gesellschaftlichen Nachteilen für die betroffene Person kommen kann (Erwägungsgrund 51 und 61 JI-RL). Die Eintrittswahrscheinlichkeit und Schwere des Risikos sollten nach der Art, dem Umfang, den Umständen und den Zwecken der Verarbeitung bestimmt werden (Erwägungsgrund 52 JI-RL). Neben der Schwere des möglichen Schadens ist auch die Art und der Umfang der betroffenen Daten bei der Beurteilung des Risikos relevant (HK-DS-GVO/Sassenberg DS-GVO Art. 33 Rn. 10). Auch miteinzubeziehen ist die Wahrscheinlichkeit einer Verwirklichung des Risikos angesichts getroffener Schutzmaßnahmen (zB wenn die verlorenen Daten verschlüsselt sind). Zu der Vorgängerregelung wurde vertreten, dass geringere Anforderungen an die Eintrittswahrscheinlichkeit zu stellen sind, wenn der mögliche Schaden besonders gravierend ist (DKWW/Weichert BDSG aF § 42a Rn. 6a). Wenn Dritte zu den Daten Zugang haben, ist zu prüfen und zu bewerten, welche Möglichkeiten ihnen zur Auswertung und Nutzung zur Verfügung stehen und wie vertrauenswürdig sie sind. Die Aufsichtsbehörden haben zudem Fallbeispiele entwickelt, an denen man sich zusätzlich orientieren kann. Ein Risiko besteht etwa beim Verlust von Gesundheitsdaten oder Passwörtern oder der Veröffentlichung sensibler Daten durch einen Datendieb im Internet (Artikel 29-Datenschutzgruppe, Stellungnahme 03/2014 über die Meldung von Verletzungen des Schutzes personenbezogener Daten, 693/14/DE, WP 213, 25.3.2014, 6 ff.; EDPB, WP 250, 3.10.2017, S. 26 ff. sowie Annex B mit 10 Fallgruppen; EDPB, Guidelines 01/2021 on Examples regarding Data Breach Notification, 14.12.2021 mit 18 Fallbeispielen). Hilfreiche Fallgruppen und Beurteilungskriterien lassen sich auch den Empfehlungen der Agentur der Europäischen Union für Netz- und Informationssicherheit (ENISA) für eine Methodik zur Bewertung der Schwere von Datenschutzverletzungen vom Dezember 2013 entnehmen.

14 Ob der Verlust personenbezogener Daten, die auch anderweitig über öffentlich verfügbare Quellen zugänglich sind (zB Namen natürlicher Personen), zu einer Meldepflicht führen kann, ist eine Frage des Einzelfalls. Geht beispielsweise ein Datenträger mit Namen natürlicher Personen verloren, gegen die im Rahmen eines Ermittlungsverfahrens strafrechtlich ermittelt wird, so kann dies empfindliche Konsequenzen für die Betroffenen haben (vgl. zu einer Patientenkartei Gola/Reif DS-GVO Art. 33 Rn. 20).

15 Die Darlegungs- und Beweislast für das Nichtvorliegen der Meldepflichtvoraussetzungen liegt beim Verantwortlichen (Spittka DSRITB 2016, 387 (392)). Anders als unter § 42a BDSG aF ist keine „schwerwiegende Beeinträchtigung der Rechte oder schutzwürdigen Interessen" Betroffe-

ner mehr erforderlich, sodass die Schwelle für das Eingreifen der Meldepflicht niedriger ist als zuvor. Das Tatbestandsmerkmal „voraussichtlich" wird als „wahrscheinlich" und damit so verstanden, dass nicht mit absoluter Sicherheit feststehen, sondern nur wahrscheinlich sein muss, dass eine Gefahr besteht (oder nicht besteht).

II. Frist (Abs. 1 und 4)

Die Meldung hat **unverzüglich** und möglichst innerhalb von 72 Stunden nach Bekanntwerden der Verletzung des Schutzes personenbezogener Daten zu erfolgen. Informationen, die bei Meldung noch nicht vorliegen, sind gem. § 65 Abs. 4 unverzüglich nachzureichen, sobald sie dem Verantwortlichen vorliegen. 16

Unter einer unverzüglichen Meldung ist auf Grundlage der Legaldefinition in § 121 BGB eine Meldung ohne schuldhaftes Zögern zu verstehen. Die 72-Stunden-Frist, die aufgrund der Formulierung „möglichst" nicht absolut gilt, jedoch einen Richtwert für die Beurteilung der Unverzüglichkeit darstellt, wird vielfach kritisiert. So wird einerseits davon ausgegangen, dass die 72-Stunden-Frist bei komplexen Sachverhalten unrealistisch ist, insbesondere wenn es um technisch anspruchsvolle Verarbeitungsvorgänge geht, bei denen eine Vielzahl von Auftragsverarbeitern eingebunden ist, sodass die Sachverhaltsermittlung deutlich länger als 72 Stunden dauern kann (HK-DS-GVO/Sassenberg DS-GVO Art. 33 Rn. 13). Weiter wird die Frage aufgeworfen, ob die Frist in Fällen Sinn macht, in denen die Verletzung schon lange zurückliegt und spät entdeckt wurde. Denn dann bestehen Zweifel an der Dringlichkeit der Meldung (Behling ZIP 2017, 697 (703)). Hinzu kommt, dass ein Meldepflichtiger die Möglichkeit haben sollte, etwaige Sicherheitslücken, die zu einem unberechtigten Zugriff auf Daten oder einem Datenverlust geführt haben, zu analysieren und zu beheben, bevor er diesen meldet. 17

Rein praktisch kann die Frist schwer einzuhalten sein, wenn die Verletzung kurz vor oder an einem Wochenende entdeckt wird oder ein Sachverhalt Bezug zu mehreren Orten mit einer signifikanten Zeitverschiebung aufweist, da die Zusammenstellung der erforderlichen Informationen innerhalb von 72 Stunden unter diesen Voraussetzungen schwierig ist. Daher kann man die 72 Stunden als Richtwert verstehen, allerdings sollten bei Überschreiten dieses Richtwerts die Umstände des Einzelfalls berücksichtigt und insbesondere gefragt werden, ob die Meldung willentlich oder aufgrund äußerer Umstände später erfolgt ist. 18

Mit Blick auf berechtigte Interessen der Strafverfolgungsbehörden soll außerdem berücksichtigt werden, ob eine frühzeitige Offenlegung die Untersuchung der Umstände einer Verletzung des Schutzes personenbezogener Daten in unnötiger Weise behindern würde (Erwägungsgrund 88 DS-GVO). Die Vorgängernorm § 42a S. 2 BDSG aF sah zB noch ausdrücklich vor, dass nicht von einem schuldhaften Zögern ausgegangen werden kann, solange Interessen der Strafverfolgung einer Meldung entgegenstehen. 19

III. Inhalt der Meldung, § 65 Abs. 3

§ 65 Abs. 3 schreibt vor, dass die Meldung folgende Informationen enthalten muss: 20
- eine Beschreibung der Art der Verletzung des Schutzes personenbezogener Daten, die, soweit möglich, Angaben zu den Kategorien und der ungefähren Anzahl der betroffenen Personen, zu den betroffenen Kategorien personenbezogener Daten und zu der ungefähren Anzahl der betroffenen personenbezogenen Datensätze zu enthalten hat,
- den Namen und die Kontaktdaten der oder des Datenschutzbeauftragten oder einer sonstigen Person oder Stelle, die weitere Informationen erteilen kann,
- eine Beschreibung der wahrscheinlichen Folgen der Verletzung und
- eine Beschreibung der von dem Verantwortlichen ergriffenen oder vorgeschlagenen Maßnahmen zur Behandlung der Verletzung und der getroffenen Maßnahmen zur Abmilderung ihrer möglichen nachteiligen Auswirkungen.

Problematisch an der Meldepflicht kann es sein, dass der Verantwortliche Informationen preisgeben muss, die einem Geheimnisschutz unterliegen. Die Stellung der oder des Bundesbeauftragten und dessen Verpflichtung zur Amtsverschwiegenheit aus Art. 54 Abs. 2 DS-GVO dürften einem Zurückhalten von meldepflichtigen Informationen in der Regel entgegenstehen, wobei es Ausnahmefälle geben mag, in denen dies gerechtfertigt ist. 21

IV. Form der Meldung

Hinsichtlich der Form der Meldung macht § 65 keine Vorgaben, sodass diese derzeit formfrei möglich und nicht nur eine schriftliche, sondern auch eine elektronische Meldung per E-Mail 22 ausreichend ist. Eine mündliche Meldung dürfte aufgrund der detaillierten inhaltlichen Vorgaben in § 65 Abs. 3 nicht sachgerecht sein.

V. Dokumentation (Abs. 5)

23 Gemäß § 65 Abs. 5 ist der Verantwortliche verpflichtet, Verletzungen personenbezogener Daten zu **dokumentieren**. Die Dokumentation muss qualitativ und quantitativ so beschaffen sein, dass sie der oder dem Bundesbeauftragten die Überprüfung der Einhaltung gesetzlicher Vorgaben ermöglicht (BT-Drs. 18/11325, 116). Neben der Beschreibung der Verletzung müssen die damit zusammenhängenden Tatsachen, deren Auswirkungen und die Abhilfemaßnahmen dokumentiert werden. Eine Orientierung bieten die in § 65 Abs. 3 vorgegebenen Inhalte der Meldung (mit Ausnahme der in § 65 Abs. 3 Nr. 2 geregelten Pflicht zur Nennung des Datenschutzbeauftragten). In die Dokumentation sollten auch die Erwägungen dazu aufgenommen werden, weshalb gemeldet oder von einer Meldung abgesehen wurde. Zwar folgt dies nicht ausdrücklich aus dem Wortlaut von § 65 Abs. 5. Da die Dokumentation ausweislich der Gesetzesbegründung der oder dem Bundesbeauftragten die Überprüfung der gesetzlichen Vorgaben ermöglichen soll, liegt es jedoch nahe, dass auch die Gründe für die Bejahung oder Verneinung der Gefahr für die Rechtsgüter natürlicher Personen und damit für das Melden oder Nichtmelden der Verletzung festzuhalten sind.

24 Die Dokumentation sollte in einen Meldeprozess eingebettet werden, der sicherstellt, dass Datenschutzverstöße der oder dem Bundesbeauftragten kommuniziert werden, dass die Angaben eingesammelt werden, die die Entscheidung über eine Meldung ermöglichen, und dass Maßnahmen getroffen werden, um eine erneute gleich gelagerte Verletzung zu vermeiden. Dazu gehört auch die Festlegung der internen Zuständigkeiten innerhalb der Organisation des Verantwortlichen. Hierzu heißt es in den Erwägungsgründen der DS-GVO, dass festgestellt werden sollte, ob alle geeigneten technischen Schutz- sowie organisatorischen Maßnahmen getroffen wurden, um sofort feststellen zu können, ob eine Verletzung des Schutzes personenbezogener Daten aufgetreten ist, und um die Aufsichtsbehörde und die betroffenen Personen umgehend unterrichten zu können (Erwägungsgrund 87 DS-GVO).

VI. Meldepflicht des Auftragsverarbeiters (Abs. 2)

25 Der Auftragsverarbeiter selbst ist nicht zur Meldung gegenüber der oder dem Bundesbeauftragten verpflichtet, sondern hat eine Verletzung des Schutzes personenbezogener Daten unverzüglich dem Verantwortlichen zu melden. Eine solche gesetzliche Pflicht gab es nach altem Recht nicht. Allerdings wurde aus § 11 Abs. 2 Nr. 8 BDSG aF eine Informationspflicht abgeleitet (DKWW/Weichert BDSG aF § 42a Rn. 5). In der schriftlichen Vereinbarung mit Auftragsverarbeitern sollten insbesondere mitzuteilende Verstöße des Auftragnehmers oder der bei ihm beschäftigten Personen gegen Vorschriften zum Schutz personenbezogener Daten oder gegen die im Auftrag getroffenen Regeln festgelegt und darüber hinaus vorgesehen werden, dass der Auftragsverarbeiter den Verantwortlichen bei der Erfüllung seiner Pflichten aus § 65 unterstützt. Es erscheint darüber hinaus sinnvoll, in dem Vertrag genauer zu regeln, welche Informationen der Auftragsverarbeiter zur Verfügung stellen muss und hierbei insbesondere § 65 Abs. 3 Nr. 1, 3 und 4 zu berücksichtigen.

26 Die Meldepflicht des Auftragsverarbeiters erfasst die Tatsachen, die die Verletzung des Schutzes personenbezogener Daten begründen. Die Beurteilung, ob die Verletzung zu einer Gefahr für die Rechtsgüter natürlicher Personen geführt hat, obliegt genauso wie die Entscheidung über die Meldung und die Meldung selbst dem Verantwortlichen. Eine diesbezügliche rechtliche Vorbeurteilung durch den Auftragsverarbeiter ist zwar möglich, zählt jedoch nicht zu seinen gesetzlichen Pflichten und kann den Verantwortlichen weder binden noch entlasten. Dies entspricht dem Rollenverständnis, wonach der Verantwortliche primär in der Pflicht steht und ihn der Auftragsverarbeiter als sein Gehilfe in die Lage versetzt, seiner Meldepflicht nachzukommen.

27 Hat der Verantwortliche seine Meldung zu spät gemacht, weil der Auftragsverarbeiter nicht rechtzeitig über die Verletzung des Schutzes personenbezogener Daten informiert hat, kann diese Verzögerung dem Verantwortlichen nicht zugerechnet werden, wobei dafür verlangt wird, dass sich der Verantwortliche in angemessenen Intervallen von der Sicherheit der durch den Auftragnehmer durchgeführten Verarbeitung zu überzeugen hat (Plath/Grages DSGVO Art. 33 Rn. 12).

VII. EU-Auslandsbezug (Abs. 6)

28 Soweit von einer Verletzung des Schutzes personenbezogener Daten solche Daten betroffen sind, die von einem oder an einen Verantwortlichen in einem anderen Mitgliedstaat der Europäischen Union übermittelt wurden, sind die in Abs. 3 genannten Informationen dem dortigen

Verantwortlichen unverzüglich zu übermitteln. Dabei handelt es sich um eine zusätzliche Pflicht sowohl des Verantwortlichen als auch – soweit vorhanden – des Auftragsverarbeiters, die neben ihre Pflichten aus Abs. 1 und 2 tritt.

VIII. Verwendung der Meldung in Strafverfahren (Abs. 7)

29 Die Verwendung der gemeldeten Informationen in einem Strafverfahren gegen den Meldepflichtigen oder seine Angehörigen steht unter dem Vorbehalt einer Einwilligung. § 65 Abs. 7 greift durch den Verweis auf § 42 Abs. 4 den in § 42a S. 6 BDSG aF enthaltenen Gedanken der Vermeidung von Abschreckungseffekten auf den Entschluss zur Meldung einer Verletzung des Schutzes personenbezogener Daten auf (BT-Drs. 18/11325, 116 f.). Bemerkenswert ist, dass Art. 33 DS-GVO, der die Meldepflicht für Verantwortliche außerhalb des Anwendungsbereichs der JI-RL regelt, eine solche Regelung nicht enthält und damit den Konflikt zwischen der Meldepflicht und dem Nemo-tenetur-Grundsatz, wonach sich niemand selbst belasten muss, selbst nicht auflöst. In Bezug auf Art. 33 DS-GVO wird daher zu Recht von einem ungeschriebenen Verwendungsverbot ausgegangen (Schneider, Meldepflichten im IT-Sicherheitsrecht, 2017, 277; HK-DS-GVO/Sassenberg DS-GVO Art. 33 Rn. 29). Zwar finden sich in der bisherigen Rechtsprechung der europäischen Gerichte Hinweise darauf, dass der Nemo-tenetur-Grundsatz nicht gilt, wenn es um die Preisgabe rein tatsächlicher Auskünfte geht (EuGH BeckRS 2004, 71022; EuG EuZW 2001, 345; EuGH BeckRS 2006, 70501). Allerdings beseitigen diese Urteile den Konflikt mit dem Nemo-tenetur-Grundsatz in Bezug auf Art. 33 DS-GVO nicht. Denn sie betreffen lediglich Verfahren gegen Unternehmen, also juristische Personen, welche der EuGH ausdrücklich von natürlichen Personen abgrenzt und dabei von unterschiedlichen Schutzstandards ausgeht (EuGH BeckRS 2004, 71022 Rn. 29 f.). Auch betreffen die zitierten Urteile wettbewerbsrechtliche, und damit verwaltungsrechtliche Verfahren, welche der EuGH von strafrechtlichen Verfahren abgrenzt. In letzteren gilt nach dieser Abgrenzung ein höherer Schutzstandard (EuGH BeckRS 2004, 71022 Rn. 31).

29a Dass § 65 Abs. 7 nur auf Strafverfahren und nicht auch auf die parallele Vorschrift § 43 Abs. 4 für Ordnungswidrigkeitenverfahren verweist, wird damit erklärt, dass Teil 3 des BDSG keine Bußgeldbewährung, sondern nur strafrechtliche Sanktionen regelt (Auernhammer/Herbst Rn. 16).

IX. Andere Benachrichtigungspflichten (Abs. 8)

30 Gemäß § 65 Abs. 8 sind weitere Pflichten des Verantwortlichen zu Benachrichtigungen über Verletzungen des Schutzes personenbezogener Daten nicht ausgeschlossen. Dazu gehört die Meldepflicht gegenüber dem Bundesamt für Sicherheit in der Informationstechnik als bundesweite Meldestelle für IT-Sicherheitsvorfälle gem. § 4 des Gesetzes über das Bundesamt für Sicherheit in der Informationstechnik (BSIG). Die Meldepflicht nach § 65 Abs. 1 geht anderen Benachrichtigungspflichten nicht vor (BTDrs. 18/11325, 117).

X. Rechtsfolgen eines Verstoßes gegen § 65

31 § 65 selbst sieht keine Rechtsfolge für den Fall vor, dass der Verantwortliche seiner Meldepflicht rechtswidrigerweise nicht nachkommt. Da es sich beim Adressatenkreis des § 65 ausschließlich um Polizei- und Justizbehörden (vgl. § 45 S. 1) handelt, ist ein Missachten der Meldepflicht auch nicht mit einer Geldbuße bedroht (s. auch § 43 Abs. 3). Zudem fehlt es an einer die oder den Bundesbeauftragten ermächtigenden Rechtsgrundlage dafür, den Verantwortlichen anzuweisen, der Meldepflicht nachzukommen bzw. Verarbeitungsvorgänge rechtskonform auszugestalten (so aber Art. 58 Abs. 2 Buchst. d und e DS-GVO). Stattdessen hat der deutsche Gesetzgeber den Art. 47 Abs. 2 JI-RL in der Form umgesetzt, dass die oder der Bundesbeauftragte Verstöße lediglich bei der zuständigen obersten Bundesbehörde beanstanden und diese zur Abgabe einer fristwahrenden Stellungnahme auffordern kann (s. § 16 Abs. 2).

32 Missachtet der Verantwortliche seine Meldepflicht nach § 65, stellt sich die Frage, ob der betroffenen Person ein Anspruch auf Schadensersatz zusteht. Als Anspruchsgrundlage scheidet § 83 Abs. 1 aus, da dieser die Zufügung eines Schadens „durch eine Verarbeitung" voraussetzt. Doch das Ausbleiben einer Meldung nach § 65 Abs. 1 vorzunehmenden Meldung stellt keinen Verarbeitungsvorgang dar, sodass diese Tatbestandsvoraussetzung nicht erfüllt ist (im Vergleich dazu besteht nach Art. 82 Abs. 1 DS-GVO ein Anspruch auf Schadensersatz ganz allgemein „wegen eines Verstoßes gegen diese Verordnung"). In Betracht kommt ein Anspruch gem. § 839 BGB (iVm Art. 34 GG) wegen Verletzung einer Amtspflicht. Jedoch erscheint die notwendige Drittbezogen-

heit der Amtspflicht fraglich, da die Meldepflicht – anders als die Benachrichtigungspflicht nach § 66 – lediglich gegenüber der oder dem Bundesbeauftragten und nicht gegenüber der betroffenen Person besteht. Selbst wenn man dies anders sieht, wird es wohl in aller Regel an der erforderlichen Kausalität zwischen der fehlenden Meldung an die oder den Bundesbeauftragten und dem bei der betroffenen Person eingetretenen Schaden fehlen.

§ 66 Benachrichtigung betroffener Personen bei Verletzungen des Schutzes personenbezogener Daten

(1) Hat eine Verletzung des Schutzes personenbezogener Daten voraussichtlich eine erhebliche Gefahr für Rechtsgüter betroffener Personen zur Folge, so hat der Verantwortliche die betroffenen Personen unverzüglich über den Vorfall zu benachrichtigen.

(2) Die Benachrichtigung nach Absatz 1 hat in klarer und einfacher Sprache die Art der Verletzung des Schutzes personenbezogener Daten zu beschreiben und zumindest die in § 65 Absatz 3 Nummer 2 bis 4 genannten Informationen und Maßnahmen zu enthalten.

(3) Von der Benachrichtigung nach Absatz 1 kann abgesehen werden, wenn
1. der Verantwortliche geeignete technische und organisatorische Sicherheitsvorkehrungen getroffen hat und diese Vorkehrungen auf die von der Verletzung des Schutzes personenbezogener Daten betroffenen Daten angewandt wurden; dies gilt insbesondere für Vorkehrungen wie Verschlüsselungen, durch die die Daten für unbefugte Personen unzugänglich gemacht wurden;
2. der Verantwortliche durch im Anschluss an die Verletzung getroffene Maßnahmen sichergestellt hat, dass aller Wahrscheinlichkeit nach keine erhebliche Gefahr im Sinne des Absatzes 1 mehr besteht, oder
3. dies mit einem unverhältnismäßigen Aufwand verbunden wäre; in diesem Fall hat stattdessen eine öffentliche Bekanntmachung oder eine ähnliche Maßnahme zu erfolgen, durch die die betroffenen Personen vergleichbar wirksam informiert werden.

(4) ¹Wenn der Verantwortliche die betroffenen Personen über eine Verletzung des Schutzes personenbezogener Daten nicht benachrichtigt hat, kann die oder der Bundesbeauftragte förmlich feststellen, dass ihrer oder seiner Auffassung nach die in Absatz 3 genannten Voraussetzungen nicht erfüllt sind. ²Hierbei hat sie oder er die Wahrscheinlichkeit zu berücksichtigen, dass die Verletzung eine erhebliche Gefahr im Sinne des Absatzes 1 zur Folge hat.

(5) Die Benachrichtigung der betroffenen Personen nach Absatz 1 kann unter den in § 56 Absatz 2 genannten Voraussetzungen aufgeschoben, eingeschränkt oder unterlassen werden, soweit nicht die Interessen der betroffenen Person aufgrund der von der Verletzung ausgehenden erheblichen Gefahr im Sinne des Absatzes 1 überwiegen.

(6) § 42 Absatz 4 findet entsprechende Anwendung.

Überblick

§ 66 Abs. 1 verpflichtet die für die Verhütung, Ermittlung, Aufdeckung, Verfolgung oder Ahndung von Straftaten oder Ordnungswidrigkeiten zuständigen öffentlichen Stellen, betroffene Personen im Falle einer Verletzung des Schutzes personenbezogener Daten, die voraussichtlich zu einer erheblichen Gefahr für die Rechtsgüter der betroffenen Person führt, zu benachrichtigen (→ Rn. 5). § 66 Abs. 2 regelt die Form und die Modalitäten der Benachrichtigung unter Verweis auf den Inhalt der Meldung gegenüber der oder dem Bundesbeauftragten gem. § 65 (→ Rn. 14). § 66 Abs. 3 und Abs. 5 erlauben unter bestimmten Voraussetzungen Einschränkungen der Benachrichtigungspflicht (→ Rn. 18). § 66 Abs. 4 räumt der oder dem Bundesbeauftragten die Möglichkeit ein, festzustellen, dass die Voraussetzungen für ein Absehen von der Benachrichtigung nicht vorliegen (→ Rn. 25). Schließlich stellt § 66 Abs. 6 durch einen Verweis auf § 42 Abs. 4 die Verwendung der aus der Benachrichtigung resultierenden Informationen in Strafverfahren unter einen Einwilligungsvorbehalt (→ Rn. 27).

Übersicht

	Rn.		Rn.
A. Allgemeines	1	II. Form und Inhalt (Abs. 2)	14
I. Entstehungsgeschichte, Normzweck	1	III. Einschränkungen der Benachrichtigungspflicht (Abs. 3 und 5)	18
II. Verhältnis zu § 65	3	1. Absehen von der Benachrichtigung (Abs. 3)	18
B. Regelungsgehalt im Einzelnen	4	2. Einschränkung gemäß Abs. 5	23
I. Benachrichtigungspflicht (Abs. 1)	4	IV. Feststellung durch den Bundesbeauftragten (Abs. 4)	25
1. Verletzung des Schutzes personenbezogener Daten	5	V. Verwendung der Meldung in Strafverfahren (Abs. 6)	27
2. Voraussichtliche erhebliche Gefahr für Rechtsgüter betroffener Personen	8	VI. Rechtsfolgen eines Verstoßes gegen § 66	28
3. Frist	12		

A. Allgemeines

I. Entstehungsgeschichte, Normzweck

Die Verpflichtung zur Benachrichtigung der von einer Verletzung des Schutzes personenbezo- **1** gener Daten betroffenen Personen ist eine Ergänzung der Meldepflicht gegenüber der oder dem Bundesbeauftragten und hängt eng mit § 65 zusammen. Die Vorschrift setzt Art. 31 RL EU 2016/680 (JI-RL) um (BT-Drs. 18/11325, 117) und dient dazu, die betroffenen Personen in die Lage zu versetzen, ihre aufgrund der JI-RL bestehenden Rechte auszuüben (vgl. Erwägungsgrund 40 JI-RL).

Die Benachrichtigung ermöglicht es dem Betroffenen, von den aus einer Verletzung des Schut- **2** zes personenbezogener Daten resultierenden Rechten Gebrauch zu machen. Außerdem kann der Betroffene weitere Datenübertragungen an den Verantwortlichen unterbrechen und selbst Maßnahmen gegen drohende Schäden ergreifen. Aufseiten der Verantwortlichen führt § 66 ebenso wie § 65 dazu, dass ein Meldeprozess aufgesetzt werden muss, auf dessen Grundlage Datenverletzungen sicher und zügig erkannt und im Hinblick auf daraus resultierende Melde- und Benachrichtigungspflichten geprüft werden können.

II. Verhältnis zu § 65

Im Detail weisen § 65 und § 66 deutliche Unterschiede hinsichtlich der tatbestandlichen Voraus- **3** setzungen für das Eingreifen der Melde- bzw. Benachrichtigungspflicht auf. Zudem wird in § 66 anders als in § 65 keine Informationspflicht des Auftragsverarbeiters gegenüber dem Benachrichtigungspflichtigen geregelt. Da eine Meldepflicht bereits in § 65 Abs. 2 vorgesehen ist und sich §§ 65, 66 einheitlich auf die Verletzung des Schutzes personenbezogener Daten beziehen, ist eine doppelte Regelung einer Meldepflicht des Auftragsverarbeiters auch nicht erforderlich.

B. Regelungsgehalt im Einzelnen

I. Benachrichtigungspflicht (Abs. 1)

Sofern eine Verletzung des Schutzes personenbezogener Daten voraussichtlich eine erhebliche **4** Gefahr für Rechtsgüter betroffener Personen zur Folge hat, hat der Verantwortliche die betroffenen Personen unverzüglich über den Vorfall zu benachrichtigen.

1. Verletzung des Schutzes personenbezogener Daten

Eine **Verletzung des Schutzes** personenbezogener Daten liegt vor bei einer Verletzung der **5** Sicherheit, die zur unbeabsichtigten oder unrechtmäßigen Vernichtung, zum Verlust, zur Veränderung oder zur unbefugten Offenlegung von oder zum unbefugten Zugang zu personenbezogenen Daten geführt hat, die verarbeitet wurden (§ 46 Nr. 10). Eine beinahe wortgleiche Definition für den ebenfalls in den Art. 33, 34 DS-GVO verwendeten Begriff enthält Art. 4 Nr. 12 DS-GVO. Die Vorschrift zielt mithin auf Datenpannen wie zB auf eine versehentliche Datenübermittlung, einen Datenträgerverlust oder einen Datendiebstahl durch einen Hacker (Auernhammer/Herbst § 65 Rn. 1). Der Begriff der Sicherheit wird weder in der DS-GVO noch im BDSG näher definiert. Allerdings dürfte hierunter Datensicherheit zu verstehen sein, die einerseits durch technische Vorkehrungen, wie zB die Nutzung sicherer Systeme, Zugangskontrollen und den Einsatz von Verschlüsselungstechniken, und andererseits durch organisatorische Maßnahmen, wie zB Schulungen und Anweisungen gegenüber Mitarbeitern, hergestellt wird.

5a Sowohl fahrlässige als auch vorsätzliche Verletzungen werden von § 66 Abs. 1 erfasst, wobei es irrelevant ist, ob die Verletzung schuldhaft herbeigeführt wurde. Für das Vorliegen einer Verletzung ist es nicht relevant, ob diese durch den Verantwortlichen oder in seinem Lager stehende Personen oder durch einen Dritten bewirkt wurde. Lediglich eine allein dem Betroffenen zuzurechnende Verletzung (zB weil der Betroffene selbst Informationen preisgibt oder Daten vernichtet) erfüllt nicht die tatbestandlichen Voraussetzungen von § 66 Abs. 1 (zu Art. 33 DS-GVO Eßer/Kramer/Lewinski/Schreibauer, DSGVO/BDSG, 5. Aufl. 2017, DS-GVO Art. 33 Rn. 5).

6 Sofern zwar eine Sicherheitslücke bestand, jedoch nicht unbefugt von personenbezogenen Daten Kenntnis genommen wurde, fehlt es an einer Verletzung des Schutzes personenbezogener Daten, sodass die Benachrichtigungspflicht nach § 66 nicht eingreift (vgl. Gola/Reif DS-GVO Art. 33 Rn. 22). Sofern verschlüsselte Daten verlorengehen, die durch eine dem Stand der Technik entsprechende Verschlüsselung geschützt sind, kann es ebenfalls an einer Verletzung des Schutzes personenbezogener Daten fehlen. Dies setzt voraus, dass der Schlüssel zu den Daten nicht ebenfalls verlorengegangen ist und der potentielle Finder keine Möglichkeit zur Entschlüsselung hat.

7 In Bezug auf Art. 33 DS-GVO hat der europäische Gesetzgeber den Europäischen Datenschutzausschuss (EDSA) beauftragt, Leitlinien, Empfehlungen und bewährte Verfahren für die Feststellung von Verletzungen des Schutzes personenbezogener Daten zu erstellen, um präziser zu definieren, wann eine Meldepflicht besteht (vgl. Art. 70 Abs. 1 Buchst. g DS-GVO). Diese Leitlinien spielen auch für die Auslegung von § 66 Abs. 1 eine Rolle.

2. Voraussichtliche erhebliche Gefahr für Rechtsgüter betroffener Personen

8 Anders als bei § 65 Abs. 1 muss grundsätzlich keine Benachrichtigung des Betroffenen erfolgen, es sei denn eine Verletzung des Schutzes personenbezogener Daten hat **voraussichtlich eine erhebliche Gefahr** für Rechtsgüter betroffener Personen zur Folge. In Abweichung zu Art. 31 Abs. 1 JI-RL verwendet der deutsche Gesetzgeber bei der Umsetzung der Norm nicht den Begriff des „hohen Risikos", sondern den der „erheblichen Gefahr". Der Begriff der „erheblichen Gefahr" ist aber nicht anders als der des „hohen Risikos" in Art. 31 Abs. 1 JI-RL auszulegen.

9 Durch die Verletzung des Schutzes personenbezogener Daten gefährdete Rechtsgüter können zB das Vermögen oder Persönlichkeitsrecht der betroffenen Person sein.

9a Die Risikoqualität ist eine andere als im Falle der Meldepflicht gegenüber der oder dem Bundesbeauftragten, da eine erhebliche Gefahr und damit also ein höheres Risiko mit wahrscheinlichem Schadenseintritt für Rechtsgüter betroffener Personen bestehen muss. Dies wird damit erklärt, dass die Eingriffsintensität der Benachrichtigung des Betroffenen höher sei als die der Meldepflicht gegenüber der oder dem Bundesbeauftragten (Schneider, Meldepflichten im IT-Sicherheitsrecht, 2017, 256). Der Betroffene wird dann nicht informiert, wenn eine Datenschutzverletzung zu einem Risiko geführt hat, dem der Verantwortliche mit Maßnahmen begegnet, die er der oder dem Bundesbeauftragten meldet. Denn durch die ergriffenen Maßnahmen und die Meldung gegenüber der oder dem Bundesbeauftragten nach § 65 Abs. 1 wird den Interessen des Betroffenen bereits Rechnung getragen (Kühling/Buchner/Jandt DS-GVO Art. 34 Rn. 6). Das Absehen von der Benachrichtigungspflicht erscheint auch vor dem Hintergrund gerechtfertigt, dass mit einer solchen ein hoher Reputationsverlust einhergehen kann. Hinzu kommt, dass der Betroffene nicht bei jedem denkbaren (ggf. niedrigen Risiko) zu benachrichtigen ist und somit nicht aufgrund risikoarmer Vorfälle unnötig verunsichert werden soll (Paal/Pauly/Martini DS-GVO Art. 34 Rn. 29). Liegt lediglich eine „gewöhnliche" Gefahr und keine „erhebliche" Gefahr vor, kann der Meldepflichtige daher zur Meldung gegenüber der oder dem Bundesbeauftragten verpflichtet sein, ohne dass er auch den oder die Betroffenen benachrichtigen muss.

10 Die Gefahrenprognose muss orientiert an den Umständen des konkreten Einzelfalls erfolgen, wobei neben der Art der betroffenen Daten und der Identifizierbarkeit des Betroffenen vor allem die möglichen Folgen der Verletzung für diesen zu berücksichtigen sind. Bei den möglichen Schadensfolgen sind sowohl materielle wie auch immaterielle Schäden zu betrachten (HK-DS-GVO/Sassenberg DS-GVO Art. 34 Rn. 7). Geht es um so sensible Daten wie Gesundheits- oder Bankdaten, können empfindliche Schäden für den Betroffenen drohen, was für die Annahme einer erheblichen Gefahr sprechen kann (Gola/Reif DS-GVO Art. 34 Rn. 5). Gleiches gilt in Bezug auf Standortdaten, Passwörter oder Daten, auf deren Grundlage man das Verhalten der betroffenen Personen nachvollziehen oder vorhersagen kann (neben Standortdaten zB Browserver-

läufe), es sei denn, die Daten geben nur öffentlich bekannte Informationen wieder oder betreffen keine sensiblen Elemente menschlichen Verhaltens. Gegen das Vorliegen einer Gefahr kann sprechen, dass der Empfänger der Daten bekannt ist, ggf. selbst über die Verletzung informiert und sich verpflichtet hat, die Daten nicht zu nutzen.

Hilfreich für die Abgrenzung einer „normalen" von einer „erheblichen" Gefahr sind die von den Aufsichtsbehörden hierzu veröffentlichten Kriterien und Beispielsfälle im WP 250 und den Guidelines 1/2021 sowie der Leitfaden der ENISA zur Bewertung der Schwere von Datenschutzverletzungen (→ § 65 Rn. 11). **11**

3. Frist

Es gibt keine 72-Stunden-Frist wie bei der Meldung gegenüber der oder dem Bundesbeauftragten gem. § 65 Abs. 1. Stattdessen ist die betroffene Person **unverzüglich** zu benachrichtigen. Unverzüglich ist isV § 121 BGB, also als Benachrichtigung ohne schuldhaftes Zögern zu verstehen. Unter § 42a BDSG aF wurde hierunter (in Ansehung der Umstände des Einzelfalls) ein Zeitraum von bis zu zwei Wochen gefasst (Behling ZIP 2017, 697 (703)). Der Erwägungsgrund 62 JI-RL fordert, dass Benachrichtigungen der betroffenen Person stets so rasch wie nach allgemeinem Ermessen möglich erfolgen sollen. Weiter heißt es dort, dass eine Person sofort benachrichtigt werden müsse, um das Risiko eines unmittelbaren Schadens mildern zu können, dass aber längere Benachrichtigungsfristen gerechtfertigt sein können, wenn es darum geht, geeignete Maßnahmen gegen fortlaufende oder ähnliche Verletzungen des Schutzes von Daten zu treffen. In derartigen Fällen sollte dem Verantwortlichen die Möglichkeit eingeräumt werden, etwaige Sicherheitslücken in seinen Systemen, durch die es zu einer unberechtigten Kenntnisnahme oder einem Datenverlust kommen konnte, zunächst zu analysieren und zu beseitigen, bevor sie weiteren Personen zur Kenntnis gebracht werden. **12**

Anders als § 65 Abs. 1 knüpft § 66 den Beginn der Frist nicht ausdrücklich an den Moment, in dem die Verletzung des Schutzes personenbezogener Daten dem Verantwortlichen bekannt wurde. Allerdings sind keine Gründe ersichtlich, weshalb der Fristbeginn für die Benachrichtigung des Betroffenen von demjenigen für die Meldepflicht nach § 65 Abs. 1 abweichen sollte. **13**

II. Form und Inhalt (Abs. 2)

Die Benachrichtigung hat in klarer und einfacher Sprache die Art der Verletzung des Schutzes personenbezogener Daten zu beschreiben. Inhaltlich sind dieselben Angaben wie bei einer Meldung an die oder den Bundesbeauftragten nach § 65 Abs. 3 Nr. 2–4 zu machen (→ § 65 Rn. 20). Dazu zählen auch an die betroffene Person gerichtete Empfehlungen zur Minderung etwaiger nachteiliger Auswirkungen der Verletzung. **14**

Auf § 65 Abs. 3 Nr. 1 wird nicht verwiesen, da die darin vorgesehenen weiteren Angaben (Angaben zu den Kategorien und der ungefähren Anzahl der betroffenen Personen und Datensätze) für den einzelnen Betroffenen nicht von Interesse sind. Die Anzahl der betroffenen Datensätze muss der Betroffene nicht erfahren, da sie nichts mit der Beeinträchtigung seiner Rechte zu tun hat. Die Beschreibung der Art der Verletzung des Schutzes personenbezogener Daten verlangt § 66 Abs. 2 bereits ausdrücklich, sodass der Verweis auf § 65 Abs. 3 Nr. 1 insofern entbehrlich ist. Eine Pflicht, die betroffene Person über die ihr zustehenden Rechtsbehelfe zu informieren, wurde nicht aufgenommen. **15**

Formulierung und Aufbau der Benachrichtigung müssen klar und gut verständlich sein, die Informationen müssen für einen Laien, der mit dem Thema Datensicherheit und Datenschutz nicht vertraut ist, nachvollziehbar sein. Die Benachrichtigung sollte in der Sprache verfasst werden, in der bisher mit dem Betroffenen kommuniziert wurde (Kühling/Buscher/Jandt DS-GVO Art. 34 Rn. 10) und nicht unverhältnismäßig lang sein (HK-DS-GVO/Sassenberg DS-GVO Art. 34 Rn. 19). **16**

Die Benachrichtigung ist gegenüber der betroffenen Person zu machen. Wenn nicht ausgeschlossen werden kann, dass eine Person betroffen ist, kann es ratsam sein, sie dennoch vorsorglich zu benachrichtigen, um eine Verletzung der Benachrichtigungspflicht zu vermeiden (Eßer/Kramer/Lewinski/Schreibauer, DS-GVO/BDSG, 5. Aufl. 2017, DS-GVO Art. 34 Rn. 7). Es empfiehlt sich für den Verantwortlichen die Schrift- oder Textform, damit er die Benachrichtigung später nachweisen kann. **17**

III. Einschränkungen der Benachrichtigungspflicht (Abs. 3 und 5)

1. Absehen von der Benachrichtigung (Abs. 3)

18   § 66 Abs. 3 und Abs. 5 sehen verschiedene **Ausnahmen** bzw. Einschränkungen der Benachrichtigungspflicht vor. So kann nach Abs. 3 von einer Benachrichtigung abgesehen werden, wenn
- der Verantwortliche geeignete technische und organisatorische Sicherheitsvorkehrungen getroffen hat und diese Vorkehrungen auf die von der Verletzung des Schutzes personenbezogener Daten betroffenen Daten angewandt wurden;
- der Verantwortliche durch im Anschluss an die Verletzung getroffene Maßnahmen sichergestellt hat, dass aller Wahrscheinlichkeit nach keine erhebliche Gefahr iSd Abs. 1 mehr besteht; oder
- dies mit einem unverhältnismäßigen Aufwand verbunden wäre; in diesem Fall hat stattdessen eine öffentliche Bekanntmachung oder eine ähnliche Maßnahme zu erfolgen, durch die die betroffenen Personen vergleichbar wirksam informiert werden.

19   Die erste Variante (Nr. 1) greift ein, wenn der Verantwortliche die Daten zB so verschlüsselt hat, dass eine Kenntnisnahme ausgeschlossen ist. Die DS-GVO erlaubt es den betroffenen Personen, ihre aufgrund der JI-RL bestehenden Rechte auszuüben (Erwägungsgrund 40 JI-RL). Die JI-RL gibt keine spezifischen Sicherheitsvorkehrungen vor, was vor dem Hintergrund der technischen Entwicklung sinnvoll ist. Auf diese Art und Weise werden innovative Sicherheitsvorkehrungen nicht gegenüber anerkannten Methoden benachteiligt. Als Beispiel wird die Passwortspeicherung mit einem Zufallswert („Salt") unter Nutzung einer verschlüsselnden Hash-Funktion vorgeschlagen (Artikel 29-Datenschutzgruppe, WP 213, 10; Eßer/Kramer/Lewinski/Schreibauer, DSGVO/BDSG, 5. Aufl. 2017, DS-GVO Art. 34 Rn. 19). Die verwendete Verschlüsselungsmethode muss dabei dem Stand der Technik entsprechen und ausreichend stark und geheim sein (Artikel-29-Datenschutzgruppe, WP 213, 7). Sofern auch der Schlüssel zu den Daten abhandengekommen ist oder entwendet wurde, bleibt die Benachrichtigungspflicht bestehen. Auch wenn es um verschlüsselte Daten geht, kann eine Benachrichtigungspflicht bestehen, wenn der Verantwortliche keine angemessene Sicherungskopie der Daten hat (Artikel 29-Datenschutzgruppe, Stellungnahme 03/2014 über die Meldung von Verletzungen des Schutzes personenbezogener Daten, 693/14/DE, WP 213, 25.3.2014, 4). Eine hundertprozentige Sicherheit wird hier nicht zu fordern sein, da jedenfalls immer eine theoretische Möglichkeit der Entschlüsselung oder Umgehung sonstiger Sicherungsmaßnahmen besteht (HK-DS-GVO/Sassenberg DS-GVO Art. 34 Rn. 10). Neben der Verschlüsselung kommt auch die Pseudonymisierung in Betracht, solange die Informationen, die eine Zuordnung der Datensätze zu Einzelpersonen erlauben, nicht ebenfalls abhandengekommen sind (HK-DS-GVO/Sassenberg DS-GVO Art. 34 Rn. 10).

20   Für das Treffen von Maßnahmen, die eine erhebliche Gefahr beseitigen (Nr. 2), ist nur wenig Zeit, da eine unverzügliche Benachrichtigung erforderlich ist und der Verantwortliche somit nicht lange mit der Beseitigung der Gefahr zögern darf, da ansonsten eine Benachrichtigungspflicht entsteht, der er unverzüglich nachzukommen hat (Kühling/Buchner/Jandt DS-GVO Art. 34 Rn. 15). Mögliche Maßnahmen sind etwa die Fernlöschung der Daten oder die Sicherung bei der Person, die sie entwendet hat, jedenfalls sofern die Person keine Kopien der Daten angefertigt hat (Spittka DSRITB 2016, 387 (394)). Als ein weiteres Beispiel wird der Austausch von Kreditkarten genannt, sofern Kreditkartendaten einschließlich der Prüfziffern bekannt geworden sind (HK-DS-GVO/Sassenberg DS-GVO Art. 34 Rn. 12).

21   Von einem unverhältnismäßigen Aufwand (Nr. 3) wurde unter § 42a S. 5 BDSG aF insbesondere dann ausgegangen, wenn es um eine Vielzahl von Fällen ging. Weiter kann der Aufwand unverhältnismäßig sein, wenn der Verantwortliche keine Kontaktdaten der Betroffenen hat (Eßer/Kramer/Lewinski/Schreibauer, DSGVO/BDSG, 5. Aufl. 2017, DS-GVO Art. 34 Rn. 22). Eine öffentliche Bekanntmachung stellt gegenüber der Benachrichtigung nicht immer ein milderes Mittel dar, da mit der Veröffentlichung ein Reputationsverlust einhergeht. Im Falle von Unternehmen der Privatwirtschaft (Verpflichtete des Art. 34 DS-GVO) können die wirtschaftlichen Auswirkungen einer Veröffentlichung diese ggf. davon abhalten zu veröffentlichen und letztlich eine Benachrichtigung vorziehen lassen. Polizei- und Justizbehörden kann der drohende Ansehensverlust von einer Veröffentlichung abhalten und den Aufwand der Benachrichtigung in Kauf nehmen lassen. Ist die Ermittlung der betroffenen Personen allerdings mit unverhältnismäßigen Ausgaben verbunden, so können auch haushaltsrechtliche Verpflichtungen für eine Veröffentlichung und gegen Einzelbenachrichtigungen sprechen.

22   Bei der Frage nach der Art der öffentlichen Bekanntmachung muss man sich daran orientieren, wie man die betroffenen Personen erreichen kann. In Frage kommen eine Veröffentlichung in überregionalen Tageszeitungen, Radio-Mitteilungen sowie eine Benachrichtigung über die Web-

site des Verantwortlichen oder dessen Social-Media-Präsenz (Eßer/Kramer/Lewinski/Schreibauer, DSGVO/BDSG, 5. Aufl. 2017, DS-GVO Art. 34 Rn. 23) sowie Veröffentlichungen in branchenspezifischen Publikationen (Auernhammer/Herbst Rn. 18). Im Falle der von § 66 Verpflichteten wird es häufig nicht in Betracht kommen, eine Veröffentlichung auf der Behördenwebsite vorzunehmen, da diese anders als eine Unternehmenswebsite häufig nicht regelmäßig besucht werden. Für den Fall der Veröffentlichung in einer Tageszeitung wurde unter § 42a S. 5 BDSG aF mindestens eine halbe Seite in mindestens zwei bundesweit erscheinenden Tageszeitungen gefordert (HK-DS-GVO/Sassenberg DS-GVO Art. 34 Rn. 14). Dies erscheint auch unter der Neuregelung angemessen.

2. Einschränkung gemäß Abs. 5

Anders als Art. 34 DS-GVO sieht § 66 noch weitere Einschränkungen der Benachrichtigungspflicht vor: Eine Benachrichtigung der betroffenen Person kann unter den in § 56 Abs. 2 genannten Voraussetzungen aufgeschoben, eingeschränkt oder unterlassen werden, soweit nicht die Interessen der betroffenen Person aufgrund der von der Verletzung ausgehenden erheblichen Gefahr überwiegen. Diese Einschränkungsmöglichkeiten dienen der nationalen Sicherheit und effektiven Strafverfolgung in den Mitgliedstaaten. § 56 Abs. 2 setzt voraus, dass die Benachrichtigung die in § 45 genannten Aufgaben gefährden würde, also die Verhütung, Ermittlung, Aufdeckung, Verfolgung oder Ahndung von Straftaten oder Ordnungswidrigkeiten durch die zuständigen öffentlichen Stellen, was auch den Schutz und die Abwehr von Gefahren für die öffentliche Sicherheit und die Vollstreckung von Strafen umfasst. Außerdem ist eine Einschränkung möglich, wenn durch eine Benachrichtigung die öffentliche Sicherheit oder Rechtsgüter Dritter gefährdet würden. § 56 Abs. 2 fordert, dass das Interesse an der Vermeidung der Gefahren das Informationsinteresse der betroffenen Person überwiegt, § 66 Abs. 5, dass die Interessen der betroffenen Person aufgrund der von der Verletzung ausgehenden erheblichen Gefahr insgesamt nicht überwiegen. 23

Der § 66 Abs. 5 zugrundeliegende Gedanke kommt auch in Erwägungsgrund 62 JI-RL zum Ausdruck, wonach Benachrichtigungen nach Maßgabe der von der zuständigen Datenschutzbehörde oder von anderen zuständigen Behörden wie bspw. Strafverfolgungsbehörden erteilten Weisungen erfolgen sollen. § 66 Abs. 5 und Erwägungsgrund 62 JI-RL verdeutlichen, dass ermittlungstaktische Gesichtspunkte und eine Gefährdung von Ermittlungserfolgen bei der Bestimmung der Benachrichtigungspflicht zu berücksichtigen sind und dass insbesondere verhindert werden soll, dass Trittbrettfahrer vorhandene Sicherheitslücken ausnutzen und laufende Ermittlungen behindert werden (Auernhammer/Herbst § 66 Rn. 23). 24

IV. Feststellung durch den Bundesbeauftragten (Abs. 4)

Die oder der Bundesbeauftragte kann das Nichtvorliegen der in § 66 Abs. 3 genannten Voraussetzungen für ein Absehen von der Benachrichtigung förmlich feststellen. Hierbei hat die oder der Bundesbeauftragte die Wahrscheinlichkeit zu berücksichtigen, dass die Verletzung eine erhebliche Gefahr zur Folge hat. 25

An dieser Stelle weicht die Umsetzung durch den deutschen Gesetzgeber deutlich von der Vorgabe in Art. 31 Abs. 4 JI-RL ab. Danach kann die Aufsichtsbehörde entweder vom Verantwortlichen unter Berücksichtigung der Wahrscheinlichkeit, mit der die Verletzung des Schutzes personenbezogener Daten zu einem hohen Risiko für die Rechte und Freiheiten natürlicher Personen führt, verlangen, die Benachrichtigung nachzuholen (Alt. 1), oder aber sie kann feststellen, dass bestimmte Voraussetzungen tatsächlich erfüllt sind (Alt. 2). Eine Parallelregelung enthält Art. 34 Abs. 4 DS-GVO. Aus einem Vergleich mit der deutschen Regelung ergibt sich, dass man die Weisungskompetenz aus Alt. 1 nicht umgesetzt hat (auch nicht in § 16 Abs. 2), während die positive Feststellung der Voraussetzungen aus Alt. 2 durch eine negative Feststellung des Nichtvorliegens der Voraussetzungen ersetzt wurde. Anders als bei Art. 47 Abs. 2 JI-RL, der lediglich „beispielhaft" mögliche Abhilfebefugnisse der Aufsichtsbehörde nennt, ist eine solcher Spielraum in Art. 31 Abs. 4 JI-RL nicht vorgesehen. Somit ist der Gesetzgeber in zweierlei Hinsicht hinter dem Regelungsauftrag der JI-RL zurückgeblieben: Einerseits fehlt eine direkte Weisungsmöglichkeit des Bundesbeauftragten, was den Behördenstrukturen und Weisungsmöglichkeiten nach nationalem Recht geschuldet sein dürfte. Eine Weisung kann basierend auf der Feststellung des Bundesbeauftragten durch die zuständige Fachaufsicht ausgesprochen werden. Andererseits fehlt eine Ermächtigungsgrundlage für die Feststellung des Vorliegens der Voraussetzungen von § 66 Abs. 3. Eine solche Ermächtigungsgrundlage wäre aber für eine positive Feststellung erforderlich, da die betroffenen Personen (die nunmehr nicht über die Verletzung der Datensicherheit informiert 26

26a Das Unterbleiben einer Benachrichtigung kann außer auf § 66 Abs. 3 auch auf § 66 Abs. 5 gestützt werden. Insofern bedeutet eine Feststellung des Nichtvorliegens der Voraussetzungen von § 66 Abs. 3 nicht automatisch, dass das Unterbleiben der Benachrichtigung rechtswidrig ist (Auernhammer/Herbst § 66 Rn. 20).

V. Verwendung der Meldung in Strafverfahren (Abs. 6)

27 § 66 Abs. 6 verweist auf § 42 Abs. 4, der entsprechende Anwendung findet. Danach darf eine Meldung nach Art. 33 DS-GVO bzw. Benachrichtigung nach Art. 34 DS-GVO in einem Strafverfahren gegen die meldepflichtige Person oder einen ihrer in § 52 Abs. 1 StPO genannten Angehörigen nur mit Zustimmung verwendet werden. Dieses Verwendungsverbot gilt für natürliche Personen sowie für die vertretungsberechtigten Organe einer juristischen Person. Es gilt ausweislich des Wortlauts von § 42 Abs. 4 nur für Strafverfahren und damit nicht für zivilrechtliche Gerichtsverfahren (zB zur Geltendmachung von Schadensersatzforderungen).

VI. Rechtsfolgen eines Verstoßes gegen § 66

28 § 66 selbst sieht keine Rechtsfolge für den Fall vor, dass der Verantwortliche seiner Benachrichtigungspflicht rechtswidrigerweise nicht nachgekommen ist. Für die Verhängung einer Geldbuße fehlt es an einer Rechtsgrundlage. Der Bundesdatenschutzbeauftragte ist – neben dem Feststellungsrecht nach Abs. 4 – gem. § 16 Abs. 2 lediglich dazu ermächtigt, Verstöße bei der zuständigen obersten Bundesbehörde zu beanstanden und diese zur Abgabe einer fristwahrenden Stellungnahme aufzufordern.

29 Ist die Benachrichtigung schuldhaft unterblieben, kann der betroffenen Person ein Anspruch auf Schadensersatz zustehen. Zwar kommt dafür als Anspruchsgrundlage § 83 nicht in Frage, da dieser die Zufügung eines Schadens „durch eine Verarbeitung" voraussetzt, es sich beim Ausbleiben der Benachrichtigung aber gerade nicht um einen Datenverarbeitungsvorgang handelt (im Vergleich dazu besteht nach Art. 82 Abs. 1 DS-GVO ein Anspruch auf Schadensersatz ganz allgemein „wegen eines Verstoßes gegen diese Verordnung"). Jedoch bezweckt § 66 gerade den Schutz des Einzelnen, indem dieser auf eine erhebliche Gefahr für seine Rechtsgüter hingewiesen werden soll, um drohenden Schaden möglichst noch abwenden oder zumindest eingrenzen zu können, jedenfalls aber um sich darauf vorbereiten zu können. Folglich erfüllt § 66 das Merkmal der Drittbezogenheit, weshalb ein Anspruch nach § 839 BGB (iVm Art. 34 GG) in Betracht kommt.

§ 67 Durchführung einer Datenschutz-Folgenabschätzung

(1) Hat eine Form der Verarbeitung, insbesondere bei Verwendung neuer Technologien, aufgrund der Art, des Umfangs, der Umstände und der Zwecke der Verarbeitung voraussichtlich eine erhebliche Gefahr für die Rechtsgüter betroffener Personen zur Folge, so hat der Verantwortliche vorab eine Abschätzung der Folgen der vorgesehenen Verarbeitungsvorgänge für die betroffenen Personen durchzuführen.

(2) Für die Untersuchung mehrerer ähnlicher Verarbeitungsvorgänge mit ähnlich hohem Gefahrenpotential kann eine gemeinsame Datenschutz-Folgenabschätzung vorgenommen werden.

(3) Der Verantwortliche hat die Datenschutzbeauftragte oder den Datenschutzbeauftragten an der Durchführung der Folgenabschätzung zu beteiligen.

(4) Die Folgenabschätzung hat den Rechten der von der Verarbeitung betroffenen Personen Rechnung zu tragen und zumindest Folgendes zu enthalten:
1. eine systematische Beschreibung der geplanten Verarbeitungsvorgänge und der Zwecke der Verarbeitung,
2. eine Bewertung der Notwendigkeit und Verhältnismäßigkeit der Verarbeitungsvorgänge in Bezug auf deren Zweck,
3. eine Bewertung der Gefahren für die Rechtsgüter der betroffenen Personen und
4. die Maßnahmen, mit denen bestehenden Gefahren abgeholfen werden soll, einschließlich der Garantien, der Sicherheitsvorkehrungen und der Verfahren, durch die der Schutz personenbezogener Daten sichergestellt und die Einhaltung der gesetzlichen Vorgaben nachgewiesen werden sollen.

Durchführung einer Datenschutz-Folgenabschätzung § 67 BDSG

(5) Soweit erforderlich, hat der Verantwortliche eine Überprüfung durchzuführen, ob die Verarbeitung den Maßgaben folgt, die sich aus der Folgenabschätzung ergeben haben.

Überblick

Bei der Datenschutz-Folgenabschätzung handelt es sich um ein neues Instrument der europäischen Datenschutzreform, mit dem das mit der Verarbeitung verbundene Risiko für die Rechte und Freiheiten natürlicher Personen bewertet werden soll, um auf dieser Grundlage geeignete Abhilfemaßnahmen auszuwählen. Art. 35 DS-GVO (→ DS-GVO Art. 35 Rn. 1) regelt ebenso wie Art. 27 JI-RL die Datenschutz-Folgenabschätzung. § 67 BDSG setzt die Anforderungen des Art. 27 JI-RL um und gilt für öffentliche Stellen bei Aufgaben im Bereich der Straftaten oder Ordnungswidrigkeiten. Die Norm beschreibt als Bedingung für eine Datenschutz-Folgenabschätzung ein voraussichtliches Vorliegen eines hohen Risikos für die Rechte und Freiheiten natürlicher Personen (allerdings in angepasster Formulierung: „voraussichtlich eine erhebliche Gefahr für die Rechtsgüter betroffener Personen"), Abs. 1 (→ Rn. 6). Zudem sind Regeln zu den Elementen der Datenschutz-Folgenabschätzung (Abs. 4, → Rn. 13) sowie Verfahrensregelungen (Abs. 2 zur Bündelung ähnlicher Verarbeitungsvorgänge (→ Rn. 10) sowie Abs. 3 zur Beteiligung des Datenschutzbeauftragten (→ Rn. 11)) enthalten. Die Pflicht zur Überprüfung, ob die Verarbeitung den aus der Folgenabschätzung resultierenden Maßgaben folgt, regelt Abs. 5 (→ Rn. 16).

A. Allgemeines

I. Umsetzung der europäischen Vorgaben

Bei dem § 67 BDSG handelt es sich um eine Transposition des Art. 27 JI-RL und befindet 1 sich daher auch in Teil 3 des BDSG. Art. 27 JI-RL besteht lediglich aus zwei Absätzen, die § 67 BDSG inhaltlich aufgreift. Zudem weist § 67 BDSG Erweiterungen auf, die an Regelungen des Art. 35 DS-GVO (→ DS-GVO Art. 35 Rn. 1) angelehnt sind. Die Formulierungen des § 67 BDSG zeigen jedoch einige – nicht ganz unproblematische Abweichungen von den europäischen Normen, die zu Fehldeutungen oder Missverständnissen führen können (zB → Rn. 8, → Rn. 11 oder → Rn. 13).

§ 67 Abs. 1 BDSG, der die Bedingungen für die Datenschutz-Folgenabschätzung beschreibt, 2 übernimmt im Wesentlichen Art. 27 Abs. 1 JI-RL bzw. Art. 35 Abs. 1 S. 1 DS-GVO. § 67 Abs. 2 BDSG ergänzt diese Regelung mit der Möglichkeit, für mehrere ähnliche Verarbeitungsvorgänge mit ähnlichem Risiko eine gemeine Folgenabschätzung durchzuführen, wie dies auch in Art. 35 Abs. 1 S. 2 DS-GVO normiert ist. Die Einbindung des Datenschutzbeauftragten folgt in § 67 Abs. 3 BDSG, vgl. Art. 35 Abs. 2 DS-GVO. Erst § 67 Abs. 4 BDSG lehnt sich wieder an die Regelung in der JI-RL an und greift Art. 27 Abs. 2 JI-RL auf. Die Überprüfungsverpflichtung folgt, ähnlich wie in Art. 35 Abs. 11 DG-GVO zum Ausdruck gebracht, in § 67 Abs. 5 BDSG.

Verwandt mit der Datenschutz-Folgenabschätzung ist die vorherige Konsultation, die in § 69 3 BDSG geregelt wird (→ § 69 Rn. 1). Diese Vorschrift setzt Art. 28 JI-RL um und korrespondiert in etwa mit Art. 36 DS-GVO (→ DS-GVO Art. 36 Rn. 1).

Das BDSG enthält lediglich in § 67 BDSG Regeln zur Datenschutz-Folgenabschätzung; diese 4 sind auf den JI-Bereich beschränkt. Der Bundesgesetzgeber hätte die optionale Öffnungsklausel (genauer: Spezifikationsklausel) aus Art. 35 Abs. 10 DS-GVO (→ DS-GVO Art. 35 Rn. 64) für den öffentlichen Sektor nutzen und dafür im BDSG außerhalb des Teil 3 Regeln vorsehen können, doch davon wurde nicht Gebrauch gemacht.

II. Bisheriges Recht

§ 4d Abs. 5 und 6 BDSG aF haben mit dem Instrument der Vorabkontrolle wesentliche Zielset- 5 zungen der Datenschutz-Folgenabschätzung beschrieben. Im Unterschied zu der in § 67 BDSG geregelten Datenschutz-Folgenabschätzung war für damalige Vorabkontrolle der Datenschutzbeauftragte zuständig, während nunmehr dem Verantwortlichen die Durchführung obliegt, wobei der Datenschutzbeauftragte zu beteiligen ist.

B. Regelungsgehalt im Einzelnen

I. Verpflichtung des Verantwortlichen (Abs. 1)

6   Durch die Positionierung im Teil 3 des BDSG (Bestimmungen für Verarbeitungen zu Zwecken gemäß Art. 1 Abs. 1 der Richtlinie (EU) 2016/680) wird deutlich, dass der Anwendungsbereich von § 67 BDSG die Verarbeitung personenbezogener Daten durch die für die Verhütung, Ermittlung, Aufdeckung, Verfolgung oder Ahndung von Straftaten oder Ordnungswidrigkeiten zuständigen öffentlichen Stellen, soweit sie Daten zum Zweck der Erfüllung dieser Aufgaben verarbeiten, darstellt. Daher handelt es sich nicht um eine Ersatz- oder Spezifizierungsregel zu Art. 35 DS-GVO, der ansonsten im öffentlichen und nichtöffentlichen Bereich anwendbar ist, auch wenn Teile dieses Artikels in § 67 BDSG aufgegriffen wurden.

7   Regelungsadressat ist der Verantwortliche, der dann eine Datenschutz-Folgenabschätzung durchführen muss, wenn die Form der Verarbeitung aufgrund der Art, des Umfangs, der Umstände und der Zwecke voraussichtlich ein hohes Risiko für die Rechte und Freiheiten natürlicher Personen zur Folge hat. Dies soll insbesondere bei Verwendung neuer Technologien der Fall sein (vgl. → DS-GVO Art. 35 Rn. 10). Damit ist bei der Einführung von Verarbeitungsvorgängen stets eine Vorprüfung erforderlich, ob voraussichtlich ein hohes Risiko und damit eine Pflicht zur Durchführung einer Datenschutz-Folgenabschätzung besteht (vgl. Schwellwertanalyse, → DS-GVO Art. 35 Rn. 12). Sowohl dieses Vorprüfungsergebnis als auch – wenn erforderlich – die Datenschutz-Folgenabschätzung sind zu dokumentieren.

8   Während die Formulierung in Art. 27 Abs. 1 JI-RL und Art. 35 Abs. 1 S. 1 DS-GVO identisch ist, hat der Bundesgesetzgeber in § 67 Abs. 1 BDSG den Begriff des „hohen Risikos" durch „erhebliche Gefahr" und die „Rechte und Freiheiten natürlicher Personen" durch „Rechtsgüter betroffener Personen" ersetzt. Mitnichten handelt es sich um eine synonyme Ausdrucksweise. Stattdessen ist die geänderte Formulierung anfällig für Missverständnisse, die in der Praxis dazu führen, dass die rechtlichen Vorgaben nicht erfüllt werden. Insbesondere Polizei- und Ordnungsrecht ist der Gefahrenbegriff anders belegt als ein „Risiko". Bei dem Risiko in der DS-GVO und ebenso in der JI-RL handelt es sich um „das Bestehen der Möglichkeit des Eintritts eines Ereignisses, das selbst einen Schaden (einschließlich ungerechtfertigter Beeinträchtigung von Rechen und Freiheiten natürlicher Personen) darstellt oder das zu einem weiteren Schaden für eine oder mehrere natürliche Personen führen kann" (DSK: Kurzpapier Nr. 18 – Risiko für die Rechte und Freiheiten natürlicher Personen, 2018). Das Risiko muss demnach in zwei Dimensionen betrachtet werden: erstens die Schwere des möglichen Schadens und zweitens die Eintrittswahrscheinlichkeit des Ereignisses, das zum Schaden führt. Bei einer „erheblichen Gefahr" könnten nach gängiger Interpretation Risiken mit geringer Eintrittswahrscheinlichkeit aus der Betrachtung fallen; dies wäre so aber nicht konform mit den europarechtlichen Vorgaben. Noch deutlicher wird die Diskrepanz bezüglich der Rechtsgüter der betroffenen Personen, denn DS-GVO und JI-RL verwenden absichtlich die Formulierung der „Rechte und Freiheiten natürlicher Personen", dh auch solcher Personen, die nicht, nicht unmittelbar oder noch nicht von der Verarbeitung betroffen sind. Beispielsweise müssen bei der Risikobetrachtung auch Risiken der Diskriminierung von Personengruppen betrachtet werden. Insoweit führt aber die im BDSG gewählte Formulierung in die Irre. Diese Kritik wurde vom Bundesministerium des Innern bei der Evaluation des BDSG im Jahr 2021 jedoch nicht geteilt (Bundesministerium des Innern, für Bau und Heimat: Evaluierung des Gesetzes zur Anpassung des Datenschutzrechts an die VO (EU) 2016/679 und zur Umsetzung der RL (EU) 2016/680, 2021).

9   Das Ziel einer Datenschutz-Folgenabschätzung ist die Ermittlung des Risikos, das mit der geplanten Verarbeitung verbunden ist, und die Auswahl von Abhilfemaßnahmen, um das Risiko ausreichend einzudämmen. Zu den Fragen der Risikodefinition und des Vorgehens bei der Datenschutz-Folgenabschätzung vgl. → DS-GVO Art. 35 Rn. 10 sowie → DS-GVO Art. 35 Rn. 40.

II. Gemeinsame Folgenabschätzung (Abs. 2)

10   Wie auch in Art. 35 Abs. 1 S. 2 DS-GVO dargelegt, kann nach § 67 Abs. 2 BDSG für mehrere ähnliche Verarbeitungsvorgänge mit ähnlich hohem Risiko (im – etwas missverständlichen – Wortlaut: „Gefahrenpotential") eine gemeinsame Datenschutz-Folgenabschätzung durchgeführt werden (→ DS-GVO Art. 35 Rn. 21). Bedingung für diese pragmatische und aufwandsreduzierende Lösung ist allerdings die ausreichende Ähnlichkeit in Verarbeitung und Risiko. Andernfalls wären die Ergebnisse auch nicht hilfreich: Es könnten Risiken übersehen oder falsch bewertet werden, oder die Auswahl der Abhilfemaßnahmen wäre in Wirksamkeit oder Übertragbarkeit eingeschränkt.

III. Beteiligung des Datenschutzbeauftragten (Abs. 3)

Wie in dem neuen Instrument der Datenschutz-Folgenabschätzung vorgesehen, führt nicht 11
der Datenschutzbeauftragte, sondern der Verantwortliche die Folgenabschätzung durch.
Art. 35 Abs. 2 DS-GVO definiert die Verpflichtung des Verantwortlichen, den Rat des Datenschutzbeauftragten, sofern benannt, einzuholen (→ DS-GVO Art. 35 Rn. 22). In der Umsetzung in § 67 Abs. 3 BDSG ist von einer Beteiligung des Datenschutzbeauftragten die Rede. Diese geänderte Formulierung verschiebt die Bedeutung in die Richtung einer erweiterten Einbindung des Datenschutzbeauftragten. Dies ist aber nicht als problematisch zu bewerten, solange die Rollen des Verantwortlichen und des Datenschutzbeauftragten klar unterschieden werden.

Die Beteiligung des Datenschutzbeauftragten muss zudem im Lichte seiner Aufgabenbeschrei- 12
bung in § 7 Abs. 1 Nr. 3 BDSG interpretiert werden. Dort ist von „Beratung im Zusammenhang mit der Datenschutz-Folgenabschätzung und Überwachung ihrer Durchführung gemäß § 67" die Rede (→ § 7 Rn. 6). Das bedeutet insbesondere, dass die eigentliche Durchführung der Datenschutz-Folgenabschätzung nicht dem Datenschutzbeauftragten obliegt, sondern er als Beratungs- und Kontrollinstanz agiert.

IV. Inhalt der Folgenabschätzung (Abs. 4)

Die Elemente der Datenschutz-Folgenabschätzung werden in Abs. 4 beschrieben. Wiederum 13
hat der Bundesgesetzgeber die Formulierung gegenüber Art. 27 Abs. 2 JI-RL und Art. 35 Abs. 7 DS-GVO abgeändert. In Art. 27 Abs. 2 JI-RL heißt es, die Folgenabschätzung „trägt den Rechten und den berechtigten Interessen der von der Datenverarbeitung betroffenen Personen und sonstiger Betroffener Rechnung". In Abs. 4 finden dagegen weder die „berechtigten Interessen" noch die „sonstigen Betroffenen", die sich nicht auf natürliche Personen beschränken müssen, Erwähnung.

Die Elemente der Folgenabschätzung lehnen sich stärker an Art. 35 Abs. 7 DS-GVO (→ DS- 14
GVO Art. 35 Rn. 40) an und gehen damit etwas über Art. 27 Abs. 2 JI-RL hinaus. So ist in Abs. 4 Nr. 1 eine „systematische Beschreibung der geplanten Verarbeitungsvorgänge und der Zwecke" genannt (analog zu Art. 35 Abs. 7 lit. a DS-GVO), während in der JI-RL etwas offener „zumindest eine allgemeine Beschreibung" gefordert ist und die Zwecke nicht explizit genannt werden. Die in § 67 BDSG gewählte Formulierung ist aber einerseits kompatibel mit Art. 27 Abs. 2 JI-RL und andererseits auch sachgerecht, da eine „allgemeine Beschreibung" ohne Zwecknennung ohnehin zumeist nicht für eine aussagekräftige Beurteilung des Risikos ausreichen würde, die der Verantwortliche mit der Datenschutz-Folgenabschätzung vornehmen soll.

Auch die folgenden Nummern weichen in den Formulierungen vom Text des Art. 27 JI- 15
RL leicht ab, aber sind etwas dichter am DS-GVO-Text: Abs. 4 Nr. 2 mit der „Bewertung der Notwendigkeit und Verhältnismäßigkeit der Verarbeitungsvorgänge in Bezug auf deren Zweck" (→ DS-GVO Art. 35 Rn. 43), Nr. 3 mit der Risikobewertung (→ DS-GVO Art. 35 Rn. 45), die allerdings wieder zu einer Bewertung der „Gefahr" wird, sowie die in Nr. 4 leicht umformulierten Abhilfemaßnahmen (→ DS-GVO Art. 35 Rn. 48). Der letzte Punkt geht auf den Nachweis der Einhaltung der gesetzlichen Vorgaben ein. Da in der Datenschutz-Folgenabschätzung keine umfassende rechtliche Prüfung aller auch nur fernliegenden gesetzlichen Normen vorgesehen ist, wird die Einhaltung der gesetzlichen Vorgaben mit Fokus auf die einschlägigen datenschutzrechtlichen Normen zu interpretieren sein. Dies betrifft insbesondere § 64 BDSG zur Sicherheit der Datenverarbeitung (→ § 64 Rn. 1) sowie § 71 BDSG mit Anforderungen an Datenschutz durch Technikgestaltung und datenschutzfreundliche Voreinstellungen (→ § 71 Rn. 1).

V. Überprüfung (Abs. 5)

Die Integration in das Datenschutzmanagementsystem, um die kontinuierliche Wirksamkeit 16
der Abhilfemaßnahmen zu gewährleisten und damit die Einhaltung der gesetzlichen Vorgaben nachzuweisen, wird in Abs. 5 beschrieben. Dies ist keine einmalige Aufgabe, sondern muss ständig sichergestellt sein (→ DS-GVO Art. 35 Rn. 69 ff.). Hierfür wird in der Regel auf die Dokumentation der durchgeführten Datenschutz-Folgenabschätzung zurückgegriffen, die dann bedingt durch die Änderungen, die sich zwischenzeitlich ergeben haben, fortschreibend wird. Bei erheblichen Änderungen der Verarbeitungsvorgänge, des rechtlichen, technischen oder organisatorischen Umfelds oder des mutmaßlichen Risikos kann geboten sein, eine neue vollständige Datenschutz-Folgenabschätzung durchzuführen und dafür die entsprechende Dokumentation zu erstellen.

VI. Ergebnis der Datenschutz-Folgenabschätzung

17 § 67 BDSG regelt nicht, was zu tun ist, wenn die vorgesehenen Abhilfemaßnahmen nach Einschätzung des Verantwortlichen das Risiko nicht ausreichend eindämmen und der Verantwortliche auch keine Option für andere geeignete Abhilfemaßnahmen und Garantien sieht. Während offensichtlich rechtswidrige Verarbeitungen nicht stattfinden dürfen, besteht im Fall eines erheblichen Risikos (in der BDSG-Formulierung: „erhebliche Gefahr für die Rechtsgüter der betroffenen Person") nach § 69 BDSG eine Pflicht zur Anhörung der oder des Bundesbeauftragten (→ § 69 Rn. 1). Dies bildet die vorherige Konsultation der Aufsichtsbehörde, wie in Art. 28 JI-RL gefordert, ab (vgl. → DS-GVO Art. 36 Rn. 1). § 69 regelt das weitere Verfahren, in dem auch auf die durchgeführte Datenschutz-Folgenabschätzung zurückgegriffen wird.

§ 68 Zusammenarbeit mit der oder dem Bundesbeauftragten

Der Verantwortliche hat mit der oder dem Bundesbeauftragten bei der Erfüllung ihrer oder seiner Aufgaben zusammenzuarbeiten.

Überblick

§ 68 regelt die Zusammenarbeit mit der oder dem Bundesbeauftragten.

1 § 68 stellt in einem Satz übergreifend und allgemein die Pflicht der Verantwortlichen, gemeint sind nach § 45 Abs. 1 S. 2 die öffentlichen Stellen, zur Zusammenarbeit mit der oder dem Bundesbeauftragten bei der Aufgabenerfüllung insbesondere Sachverhaltsaufklärung fest. Im Einzelnen ergeben sich die Pflichten aus den jeweiligen Einzelvorschriften, etwa § 16 Abs. 4 zu Zugangs-, Betretens- und Informationsrechten oder § 69 zur Anhörung. Die Pflicht soll eine effiziente Durchsetzung des Datenschutzrechts bewirken (BT-Drs. 18/11325, 117).

2 Die Regelung setzt Art. 26 RL (EU) 2016/680 um, geht aber darüber hinaus, da dort, wie auch in Art. 31 VO (EU) 2016/679, die Pflicht zur Zusammenarbeit an eine Anfrage der Aufsichtsbehörde geknüpft wird. Ungeachtet der Verpflichtung auch ohne Anfrage wird der Verantwortliche in der Praxis oftmals erst durch eine konkrete Anfrage der oder des Bundesbeauftragten wissen, wie er der Pflicht nachkommen soll (für ein Anfrageerfordernis Paal/Pauly/Paal Rn. 4; Kühling/Buchner/Schwichtenberg Rn. 2). Eine Verletzung der allgemeinen Pflicht aus § 68 ist nicht bußgeldbewehrt.

3 § 68 ist nicht an Vertreter gerichtet, wie Art. 31 VO (EU) 2016/679, da nur nicht innerhalb der EU niedergelassene Verantwortliche eines Vertreters bedürfen (Art. 27 VO (EU) 2016/679), wohingegen § 68 deutsche öffentliche Stellen adressiert.

4 Abweichend von Art. 26 RL (EU) 2016/680 regelt § 68 keine eigene Pflicht für Auftragsverarbeiter zur Zusammenarbeit mit der oder dem Bundesbeauftragten (kritisch HK-BDSG Rn. 2). Zentraler Ansprechpartner der oder des Bundesbeauftragten bei der Zusammenarbeit ist der Verantwortliche, ungeachtet der Einschaltung eines Auftragsverarbeiters. Der Auftragsverarbeiter arbeitet seinerseits mit dem Verantwortlichen entsprechend der zwischen ihnen bestehenden vertraglichen Beziehung zusammen.

§ 69 Anhörung der oder des Bundesbeauftragten

(1) ¹Der Verantwortliche hat vor der Inbetriebnahme von neu anzulegenden Dateisystemen die Bundesbeauftragte oder den Bundesbeauftragten anzuhören, wenn
1. aus einer Datenschutz-Folgenabschätzung nach § 67 hervorgeht, dass die Verarbeitung eine erhebliche Gefahr für die Rechtsgüter der betroffenen Personen zur Folge hätte, wenn der Verantwortliche keine Abhilfemaßnahmen treffen würde, oder
2. die Form der Verarbeitung, insbesondere bei der Verwendung neuer Technologien, Mechanismen oder Verfahren, eine erhebliche Gefahr für die Rechtsgüter der betroffenen Personen zur Folge hat.

²Die oder der Bundesbeauftragte kann eine Liste der Verarbeitungsvorgänge erstellen, die der Pflicht zur Anhörung nach Satz 1 unterliegen.

(2) ¹Der oder dem Bundesbeauftragten sind im Fall des Absatzes 1 vorzulegen:
1. die nach § 67 durchgeführte Datenschutz-Folgenabschätzung,
2. gegebenenfalls Angaben zu den jeweiligen Zuständigkeiten des Verantwortlichen, der gemeinsam Verantwortlichen und der an der Verarbeitung beteiligten Auftragsverarbeiter,
3. Angaben zu den Zwecken und Mitteln der beabsichtigten Verarbeitung,
4. Angaben zu den zum Schutz der Rechtsgüter der betroffenen Personen vorgesehenen Maßnahmen und Garantien und
5. Name und Kontaktdaten der oder des Datenschutzbeauftragten.
²Auf Anforderung sind ihr oder ihm zudem alle sonstigen Informationen zu übermitteln, die sie oder er benötigt, um die Rechtmäßigkeit der Verarbeitung sowie insbesondere die in Bezug auf den Schutz der personenbezogenen Daten der betroffenen Personen bestehenden Gefahren und die diesbezüglichen Garantien bewerten zu können.

(3) ¹Falls die oder der Bundesbeauftragte der Auffassung ist, dass die geplante Verarbeitung gegen gesetzliche Vorgaben verstoßen würde, insbesondere weil der Verantwortliche das Risiko nicht ausreichend ermittelt oder keine ausreichenden Abhilfemaßnahmen getroffen hat, kann sie oder er dem Verantwortlichen und gegebenenfalls dem Auftragsverarbeiter innerhalb eines Zeitraums von sechs Wochen nach Einleitung der Anhörung schriftliche Empfehlungen unterbreiten, welche Maßnahmen noch ergriffen werden sollten. ²Die oder der Bundesbeauftragte kann diese Frist um einen Monat verlängern, wenn die geplante Verarbeitung besonders komplex ist. ³Sie oder er hat in diesem Fall innerhalb eines Monats nach Einleitung der Anhörung den Verantwortlichen und gegebenenfalls den Auftragsverarbeiter über die Fristverlängerung zu informieren.

(4) ¹Hat die beabsichtigte Verarbeitung erhebliche Bedeutung für die Aufgabenerfüllung des Verantwortlichen und ist sie daher besonders dringlich, kann er mit der Verarbeitung nach Beginn der Anhörung, aber vor Ablauf der in Absatz 3 Satz 1 genannten Frist beginnen. ²In diesem Fall sind die Empfehlungen der oder des Bundesbeauftragten im Nachhinein zu berücksichtigen und sind die Art und Weise der Verarbeitung daraufhin gegebenenfalls anzupassen.

Überblick

§ 69 regelt in Umsetzung des Art. 28 Abs. 1, 3–5 RL (EU) 2016/680 die dort als vorherige Konsultation, hier als Anhörung der oder des Beauftragten bezeichnete Pflicht, vor der Inbetriebnahme neuer Verarbeitungsvorgänge mit einem erheblichen Gefährdungspotential für die Rechtsgüter betroffener Personen sich vorab an die oder den Bundesbeauftragten zu wenden. § 14 Abs. 1 S. 1 Nr. 10 statuiert insoweit eine Pflicht der oder des Bundesbeauftragten zur Beratung.

A. Abs. 1

Durch die frühe Einbeziehung hat die oder der Bundesbeauftragte die Möglichkeit, bereits vor Verarbeitungsbeginn präventiv einzugreifen. Die Regelung ähnelt der früheren risikobasierten Vorabkontrolle nach § 4d Abs. 5, 6 BDSG aF und ist zum Teil angelehnt an die vorherige Konsultation nach Art. 36 VO (EU) 2016/679. Anders als bei der Vorabkontrolle ist die Einbeziehung der oder des Bundesbeauftragten verpflichtend und erfolgt nicht mehr nur in subjektiv geprägten Zweifelsfällen. Zudem entfiel die Vorabkontrolle wegen der für öffentliche Stellen vorgesehenen Bestellung von Beauftragten für den Datenschutz. In der praktischen Anwendung bedeutet die Anhörung daher trotz etwa der Erfahrungen beim Erlass von Errichtungsanordnungen teilweise Neuland für die betroffenen öffentlichen Stellen. 1

Nach Abs. 1 S. 1 kann sich die die Anhörungspflicht auslösende erhebliche Gefahr für die Rechtsgüter der betroffenen Personen aus einer Datenschutz-Folgenabschätzung nach § 67 ergeben (Nr. 1), oder aus der Form der Verarbeitung (Nr. 2). Die Anhörungspflicht steht damit in einer engen Verbindung zur Datenschutz-Folgenabschätzung und folgt dieser als Eskalationsstufe nach. 1a

Eine Datenschutz-Folgenabschätzung ist nach § 67 Abs. 1 bereits vorgesehen, wenn sich aus der Form der Verarbeitung nur voraussichtlich eine erhebliche Gefahr für die Rechtsgüter betroffener Personen ergibt. Der Kreis der hiervon betroffenen Verarbeitungen ist wegen dieser Ungewissheit potentiell weiter als bei § 69, dafür erfolgt die Folgenschätzung allein im Wirkungskreis des Verantwortlichen. Ist das Ergebnis der Datenschutz-Folgenabschätzung, dass die erhebliche Gefahr nicht 1b nur voraussichtlich besteht, sondern sich ohne Abhilfemaßnahmen sicher realisieren würde, ist der Verantwortliche zur Einschaltung der oder des Bundesbeauftragten verpflichtet.

1c Während Art. 36 Abs. 1 VO (EU) 2016/679 es bei dieser Konstellation belässt, sieht Art. 28 RL (EU) 2016/680 für den Bereich der Datenverarbeitung bei Polizei und Justiz und in dessen Umsetzung der § 69 Abs. 1 S. 1 eine weitere Fallgruppe vor (mit Zweifeln an deren Bedeutung Gola/Heckmann § 69 Rn. 3 und Kühling/Buchner § 69 Rn. 3). Danach kann sich aus der Form der Verarbeitung die erhebliche Gefahr nicht nur voraussichtlich, sondern bereits sicher ergeben. Wenngleich in diesem Fall eine Datenschutz-Folgenabschätzung allein zur Abklärung der voraussichtlich erheblichen Gefahr nicht mehr notwendig wäre, erscheint die Datenschutz-Folgenabschätzung schon wegen der strukturierten Aufbereitung und Bewertung des Prozesses für die folgende Anhörungspflicht erst recht sinnvoll. Auch § 69 Abs. 2 S. 1 Nr. 1 scheint stets die Durchführung einer Datenschutz-Folgenabschätzung vorauszusetzen.

2 Nach der Gesetzesbegründung ist die Anhörung bei Nr. 1 ferner nur durchzuführen, „wenn [erstens] im Ergebnis einer Datenschutz-Folgenabschätzung eine erhöhte Gefahr angenommen wird und [zweitens] der Verantwortliche hierauf nicht mit Maßnahmen zur Gefährdungsminimierung reagiert" (BT-Drs. 18/11325, 117). Auch Art. 28 Abs. 1 lit. a RL (EU) 2016/680 und Art. 36 Abs. 1 VO (EU) 2016/679 setzen voraus, dass der Verantwortliche keine Maßnahmen zur Eindämmung des Risikos trifft. Nach Erwägungsgrund 84 S. 3 und Erwägungsgrund 94 S. 1 VO (EU) 2016/679 betrifft dies den Fall, dass der Verantwortliche der Auffassung ist, dass das Risiko nicht durch in Bezug auf verfügbare Technologien und Implementierungskosten vertretbare Mittel eingedämmt werden kann. Der Wortlaut des Gesetzes formuliert sprachlich leicht abweichend und weitergehend, dass als Ergebnis der Datenschutz-Folgenabschätzung eine erhebliche Gefahr bestünde, wenn der Verantwortliche keine Abhilfemaßnahmen treffen würde. Einer tatsächlichen Entscheidung des Verantwortlichen, nicht zu reagieren, bedarf es danach nicht.

3 Nach Nr. 2 ist die Anhörung durchzuführen, wenn die Form der Verarbeitung, insbesondere bei der Verwendung neuer Technologien, Mechanismen oder Verfahren, eine erhebliche Gefahr nach sich zieht. Wann dies der Fall ist, lässt sich weder dem Gesetz noch der Begründung entnehmen. § 67 Abs. 1 nennt mit der Art, dem Umfang, den Umständen und dem Zweck der Verarbeitung weitere Regelbeispiele. Erwägungsgrund 91 VO (EU) 2016/679 zählt unter anderem die Betroffenheit einer großen Zahl von Personen, die Sensibilität der Daten, eine Erschwerung der Ausübung der Betroffenenrechte, das Treffen von Entscheidungen in Bezug auf natürliche Personen auf Grundlage der Verarbeitung, die weiträumige Überwachung öffentlich zugänglicher Bereiche oder das Hindern Betroffener an der Ausübung eines Rechts, der Nutzung einer Dienstleistung bzw. der Durchführung eines Vertrags.

3a Die Anhörung hat vor der Inbetriebnahme von neu anzulegenden Dateisystemen zu erfolgen. Für bestehende Verarbeitungen, auch solche mit erheblichen Gefahren, besteht insoweit keine Pflicht zur Anhörung.

4 Nach S. 2 kann die oder der Bundesbeauftragte eine Negativliste der Verarbeitungsvorgänge erstellen, welche die Anhörungspflicht auslösen. In Bezug genommen wird der gesamte S. 1, die Liste ist also nicht auf Verarbeitungsvorgänge beschränkt, bei denen die erhebliche Gefahr sich aus der Form der Verarbeitung nach Nr. 2 ergibt. Wegen des Auslegungsspielraums, wann eine „erhebliche Gefahr" vorliegt, wären auch umgekehrt Positivlisten von Verarbeitungsvorgängen hilfreich, die keine Anhörungspflicht auslösen. Für den Bereich der Datenschutz-Folgenabschätzung sieht Art. 35 Abs. 5 VO (EU) 2016/679 dies explizit vor (siehe die Leitlinien der Artikel 29-Datenschutzgruppe, https://ec.europa.eu/newsroom/article29/item-detail.cfm?item_id=611236). Zu entsprechenden Positivlisten siehe ZD-Aktuell 2018, 06142, zur Praxis der französischen CNIL siehe Votteler ZD 2020, 184 ff.)

B. Abs. 2

5 Abs. 2 S. 1 listet entsprechend Art. 36 Abs. 3 VO (EU) 2016/679 die Informationen und Unterlagen auf, welche der oder dem Bundesbeauftragten im Rahmen der Anhörung vorzulegen sind. Hierzu gehört insbesondere die nach § 67 durchgeführte Datenschutz-Folgenabschätzung, aus der sich Beschreibungen zu Hard- und Software, Systemarchitektur, Schnittstellen und Datenflüssen ergeben. Nach S. 2 sind die Informationen nicht auf das erhebliche Gefährdungspotential und vorgesehene Abhilfemaßnahmen beschränkt, sondern betreffen weitergehend auch die Rechtmäßigkeit der Verarbeitung und alle von ihr ausgehenden Gefahren. Die Aufsichtsbehörden werden hier hoffentlich mit Hinweispapieren eine Orientierung bieten.

C. Abs. 3

Abs. 3 regelt die Reaktion der oder des Bundesbeauftragten als Ergebnis der Anhörung, allerdings ausdrücklich nur den Fall, dass nach Auffassung der oder des Bundesbeauftragten noch Maßnahmen ergriffen werden müssen, um den gesetzlichen Vorgaben zu entsprechen, weil der Verantwortliche das Risiko nicht ausreichend ermittelt hat oder dessen Bewertung zu verfügbaren Technologien oder Implementierungskosten nicht geteilt wird. 6

Das Unterbreiten von schriftlichen Empfehlungen liegt nach S. 1 im Ermessen der oder des Bundesbeauftragten. Es muss grundsätzlich innerhalb von sechs Wochen nach Einleitung der Anhörung erfolgen. Nach S. 2 kann die oder der Bundesbeauftragte diese Frist um einen Monat verlängern, wenn die Verarbeitung besonders komplex ist. Hierüber wiederum hat die oder der Bundesbeauftragte den Verantwortlichen und gegebenenfalls den Auftragsverarbeiter innerhalb eines Monats nach Einleitung der Anhörung zu informieren. 6a

Unterbreitet die oder der Bundesbeauftragte innerhalb der Sechs-Wochen-Frist bzw. bei komplexen Verarbeitungen verlängert um einen Monat keine Empfehlungen, kann der Verarbeitungsvorgang in Betrieb genommen werden. Hieraus folgt, wie früher bei der Vorab-Kontrolle, nicht, dass die Verarbeitung als rechtmäßig angenommen werden kann. Auch bleiben die sonstigen Befugnisse der oder des Bundesbeauftragten unberührt (BT-Drs. 18/11325, 117), was hier vor allem sein Beanstandungsrecht betrifft (siehe § 16 Abs. 2). Daher ist der Verantwortliche gut beraten, auch später übermittelte Empfehlungen im Nachhinein zu berücksichtigen. Dies gilt umso mehr als Abs. 3, anders als Art. 36 Abs. 2 S. 4 VO (EU) 2016/679, nicht vorsieht, dass die oder der Beauftragte die Fristen aussetzen kann, bis sie oder er die für die Zwecke der Konsultation angeforderten Informationen erhalten hat. Umgekehrt führt allein die Nicht-Anhörung oder der Beginn der Verarbeitung während der Anhörung nicht zur fehlenden Rechtmäßigkeit. 7

D. Abs. 4

Abs. 4 S. 1 sieht als ausnahmsweise Eilfallregelung um operativen und (polizei-)fachlichen Erfordernissen Rechnung zu tragen (BT-Drs. 18/11325, 117) vor, dass bei beabsichtigten Verarbeitungen von erheblicher Bedeutung für die Aufgabenerfüllung des Verantwortlichen, die daher besonders dringlich sind, die Verarbeitung nach Einleitung der Anhörung aber vor Ablauf der Sechs-Wochen-Frist nach Abs. 3 S. 1 begonnen werden kann. Eine Verarbeitung sollte allerdings auch begonnen werden können, wenn die Dringlichkeit nach Ablauf der Sechs-Wochen-Frist aber vor Ablauf der nach Abs. 3 S. 2 um einen Monat verlängerten Frist eintritt. Gerade die besonders komplexen Verarbeitungen werden von erheblicher Bedeutung für den Verantwortlichen sein und die Dringlichkeit nach anfänglichem Zuwarten auf Empfehlungen besonders groß sein. Nach S. 2 sind die Empfehlungen der oder des Bundesbeauftragten bei einem Verarbeitungsbeginn vor Abschluss der Anhörung im Nachhinein zu berücksichtigen. 8

§ 70 Verzeichnis von Verarbeitungstätigkeiten

(1) ¹Der Verantwortliche hat ein Verzeichnis aller Kategorien von Verarbeitungstätigkeiten zu führen, die in seine Zuständigkeit fallen. ²Dieses Verzeichnis hat die folgenden Angaben zu enthalten:
1. den Namen und die Kontaktdaten des Verantwortlichen und gegebenenfalls des gemeinsam mit ihm Verantwortlichen sowie den Namen und die Kontaktdaten der oder des Datenschutzbeauftragten,
2. die Zwecke der Verarbeitung,
3. die Kategorien von Empfängern, gegenüber denen die personenbezogenen Daten offengelegt worden sind oder noch offengelegt werden sollen,
4. eine Beschreibung der Kategorien betroffener Personen und der Kategorien personenbezogener Daten,
5. gegebenenfalls die Verwendung von Profiling,
6. gegebenenfalls die Kategorien von Übermittlungen personenbezogener Daten an Stellen in einem Drittstaat oder an eine internationale Organisation,
7. Angaben über die Rechtsgrundlage der Verarbeitung,
8. die vorgesehenen Fristen für die Löschung oder die Überprüfung der Erforderlichkeit der Speicherung der verschiedenen Kategorien personenbezogener Daten und
9. eine allgemeine Beschreibung der technischen und organisatorischen Maßnahmen gemäß § 64.

(2) Der Auftragsverarbeiter hat ein Verzeichnis aller Kategorien von Verarbeitungen zu führen, die er im Auftrag eines Verantwortlichen durchführt, das Folgendes zu enthalten hat:
1. den Namen und die Kontaktdaten des Auftragsverarbeiters, jedes Verantwortlichen, in dessen Auftrag der Auftragsverarbeiter tätig ist, sowie gegebenenfalls der oder des Datenschutzbeauftragten,
2. gegebenenfalls Übermittlungen von personenbezogenen Daten an Stellen in einem Drittstaat oder an eine internationale Organisation unter Angabe des Staates oder der Organisation und
3. eine allgemeine Beschreibung der technischen und organisatorischen Maßnahmen gemäß § 64.

(3) Die in den Absätzen 1 und 2 genannten Verzeichnisse sind schriftlich oder elektronisch zu führen.

(4) Verantwortliche und Auftragsverarbeiter haben auf Anforderung ihre Verzeichnisse der oder dem Bundesbeauftragten zur Verfügung zu stellen.

Überblick

Nach § 70 müssen Verantwortliche und Auftragsverarbeiter ein Verzeichnis aller Kategorien von Datenverarbeitungsvorgängen führen. Das Verzeichnis dient den Verantwortlichen bzw. Auftragsverarbeitern zum Nachweis, dass sie personenbezogene Daten rechtmäßig verarbeiten, und soll eine wirksame Kontrolle der Datenverarbeitungsvorgänge durch die oder den Bundesbeauftragte(n) bzw. die zuständige Aufsichtsbehörde ermöglichen. Adressaten der Regelung sind die in § 45 genannten öffentlichen Stellen. Da sie vom persönlichen Anwendungsbereich der DS-GVO ausgenommen sind (Art. 2 Abs. 2 lit. d DS-GVO), ist § 70 insoweit eine Ergänzung zu Art. 30 DS-GVO.

Übersicht

	Rn.		Rn.
A. Allgemeines	1	C. Verzeichnis des Auftragsverarbeiters	27
I. Entstehungsgeschichte und Anwendungsbereich	1	D. Formale Vorgaben	32
II. Normzweck und Normsystematik	6	E. Vorlagepflicht	33
III. Bisherige Rechtslage und Verhältnis zu DS-GVO	9	F. Aktualisierungspflicht	34
B. Verzeichnis des Verantwortlichen	15	G. Muster	35

A. Allgemeines

I. Entstehungsgeschichte und Anwendungsbereich

1 § 70 dient der Umsetzung von **Art. 24** der RL (EU) 2016/680 des Europäischen Parlaments und des Rates v. 27.4.2016 zum Schutz natürlicher Personen bei der Verarbeitung personenbezogener Daten durch die zuständigen Behörden zum Zwecke der Verhütung, Ermittlung, Aufdeckung oder Verfolgung von Straftaten oder der Strafvollstreckung sowie zum freien Datenverkehr und zur Aufhebung des Rahmenbeschlusses 2008/977/JI des Rates (nachfolgend „JI-RL"). § 70 verpflichtet Verantwortliche und Auftragsverarbeiter dazu, ein **Verzeichnis** aller Kategorien von Datenverarbeitungstätigkeiten zu führen, die in ihre jeweilige Zuständigkeit fallen.

2 Es war die **Intention des Gesetzgebers,** dass sich der Anwendungsbereich der JI-RL und des BDSG nF decken (→ § 45 Rn. 9). Adressaten von § 70 sind daher die zuständigen Behörden (→ § 45 Rn. 8, → § 45 Rn. 36), die Daten zu den gesetzlich genannten Zwecken verarbeiten, nämlich zur Verhütung, Ermittlung, Aufdeckung oder Verfolgung von Straftaten oder der Strafvollstreckung, einschließlich des Schutzes vor und der Abwehr von Gefahren für die öffentliche Sicherheit (Art. 2 Abs. 1 JI-RL, § 45). § 45 S. 2 stellt dabei klar, dass die öffentlichen Stellen als **Verantwortliche** gelten. Bei den öffentlichen Stellen kann es sich zB um Polizeibehörden, Staatsanwaltschaften, den Zoll und die Steuerfahndung handeln, soweit sie Daten zu den genannten Zwecken verarbeiten (BT-Drs. 18/11325, 110).

3 **Auftragsverarbeiter** können auch nicht-öffentliche Stellen sein (→ § 45 Rn. 52).

Soweit der Datenschutz durch **Landesgesetze** geregelt ist (§ 1 Abs. 1 S. 1 Nr. 2) oder es 4
speziellere Regelungen im **bereichsspezifischen Fachrecht** gibt (§ 1 Abs. 2 S. 1), genießen die
landesrechtlichen und bereichsspezifischen Regelungen Anwendungsvorrang (zum landesrechtlichen Vorrang vgl. → § 45 Rn. 33, zum bereichsspezifischen Fachrecht → § 45 Rn. 39).

Im **Gesetzgebungsprozess** wurden die Pflichtangaben im Verfahrensverzeichnis auf Initiative 5
des Rates ausgeweitet. Nach dem ersten Vorschlag der Kommission sollten die Mitgliedstaaten
nach Art. 23 Abs. 1 JI-RL festlegen, dass Verantwortliche und Auftragsverarbeiter „alle ihrer
Zuständigkeit unterliegenden Verarbeitungssysteme und -verfahren dokumentieren", wobei lediglich vier Mindestangaben (Namen und Kontaktdaten, Verarbeitungszwecke, Empfänger und Angaben zur Übermittlung in Drittländer) in Abs. 2 vorgesehen waren (KOM(2012), 10 v. 24.1.2012,
40). Im Laufe des Verfahrens wurden die Pflichtangaben im Verzeichnis für Verantwortliche auf
neun erhöht (Ratsdokument 7428/14, v. 20.3.2014, 72 f.) sowie die Pflichten des Auftragsverarbeiters in Abs. 2 separat geregelt, um den Auftragsverarbeitern weniger Pflichten aufzuerlegen (Ratsdokument 12555/15 v. 1.10.2015, 48; Ratsdokument 5418 ADD 1/16 v. 17.3.2016, 13).

II. Normzweck und Normsystematik

Das Verzeichnis von Verarbeitungstätigkeiten dient vor allem zum **Nachweis** einer rechtmäßi- 6
gen Datenverarbeitung durch den Verantwortlichen bzw. Auftragsverarbeiter und soll eine wirksame **Kontrolle** der Aufsichtsbehörde ermöglichen (vgl. Erwägungsgrund 56 JI-RL). Nach der
Gesetzesbegründung soll der oder dem Bundesbeauftragten ein „Überblick" über die beim Verantwortlichen durchgeführten Datenverarbeitung gegeben werden (BT-Drs. 18/11325, 118).
Ergänzt wird die Einsichtsrecht der oder des Bundesbeauftragten in die Verzeichnisse nach Abs. 4
durch die Anhörung der Datenschutzaufsicht (§ 69) und die Zurverfügungstellung von Protokolldaten (§ 76 Abs. 5). Hierdurch soll die oder der Bundesbeauftragte ein „umfassendes Bild über
die beim Verantwortlichen durchgeführten Datenverarbeitungen" erhalten (BT-Drs. 18/11325,
118). Zudem ermöglicht das Verzeichnis eine gewisse **Eigenüberwachung** über die durchgeführten Datenverarbeitungen durch den Verantwortlichen bzw. Auftragsverarbeiter.

Nach § 9 Abs. 1 ist der Bundesbeauftragte zuständig für die Aufsicht über Bundesbehörden, 7
die § 70 insbesondere im Blick haben dürfte (vgl. § 1 Abs. 1). Soweit sich § 70 auch auf Landesbehörden erstreckt, dürfte die oder der Bundesbeauftragte trotz der expliziten Nennung in § 70
Abs. 4 (auch die Gesetzesbegründung zu § 70 differenziert insoweit nicht) nicht zuständig sein.
Anstelle der oder des Bundesbeauftragten tritt dann die zuständige Aufsichtsbehörde der Länder
(so auch Gola/Heckmann/Marnau Rn. 24).

§ 70 verpflichtet den Verantwortlichen (Abs. 1) und den Auftragsverarbeiter (Abs. 2), ein 8
Verzeichnis aller Kategorien von Verarbeitungstätigkeiten zu führen, und legt verbindlich fest,
welche Angaben das Verzeichnis zu enthalten hat. Die formellen Anforderungen an das Verzeichnis
werden in Abs. 3 geregelt. Abs. 4 statuiert eine Vorlagepflicht der Verantwortlichen bzw. Auftragsverarbeiter, wonach sie ihre Verzeichnisse auf Anforderung der oder dem Bundesbeauftragten zur
Verfügung stellen müssen.

III. Bisherige Rechtslage und Verhältnis zu DS-GVO

Die Pflicht zur Führung von (Verfahrens-)Verzeichnissen ist nicht neu, sondern folgte für 9
verantwortliche Stellen bereits aus § 4g Abs. 2 iVm § 4e BDSG aF (Plath/von dem Bussche
BDSG aF § 4g Rn. 20). Ferner sollten öffentliche Stellen im Anwendungsbereich von § 18 BDSG
aF ein Verzeichnis der eingesetzten Datenverarbeitungsanlagen führen und für automatisierte Verarbeitungen die Angaben nach § 4e sowie die Rechtsgrundlage der Verarbeitung schriftlich
festlegen (Plath/von dem Bussche BDSG aF § 18 Rn. 5 ff.).

Für die öffentlichen Stellen der **Länder** ergibt sich die Verpflichtung zur Führung von entspre- 10
chenden Verzeichnissen aus den Landesdatenschutzgesetzen, soweit sie in Umsetzung der JI-RL
(RL (EU) 2016/680) diesbezügliche Regelungen enthalten. In Nordrhein-Westfalen führt etwa
der Verantwortliche bzw. Auftragsverarbeiter gem. § 53 DSG NRW ein – in Abweichung zu
§ 32a Abs. 3 S. 1 DSG NRW aF allerdings nur noch internes – Verzeichnis über die Verarbeitungstätigkeiten (zum Verhältnis zwischen BDSG aF und den Landesdatenschutzgesetzen vgl. Wolff/
Brink/Gusy BDSG aF § 1 Rn. 70 ff.). Für die Sicherheitsorgane der Länder gibt es zudem
bereichsspezifische Spezialregelungen im Rahmen der aufgabenbezogenen Datenverarbeitung (vgl.
zB §§ 26 ff. PolG NRW, Art. 30 ff. BayPAG), die gegenüber dem BDSG Anwendungsvorrang
genießen (→ § 45 Rn. 9).

11 Nach der neuen Rechtslage muss nun erstmals auch der **Auftragsverarbeiter** ein Verfahrensverzeichnis führen; bislang war allein der Verantwortliche zur Führung eines Verfahrensverzeichnisses verpflichtet (→ Rn. 9).

12 Zudem besteht nach § 70 keine allgemeine Meldepflicht der Verantwortlichen, wie sie noch § 4d Abs. 1 BDSG aF für (nicht-öffentliche und öffentliche) verantwortliche Stellen vorsah. Aus dem 89. Erwägungsgrund zur DS-GVO ergibt sich, dass die bisherige Meldepflicht mit bürokratischem und finanziellem Aufwand verbunden gewesen sei, ohne notwendigerweise zu einem besseren Schutz von personenbezogenen Daten geführt zu haben. Stattdessen sind die Verzeichnisse nunmehr allein nach **Aufforderung** durch den Bundesbeauftragten (bzw. die zuständige Aufsichtsbehörde) zur Verfügung zu stellen (Abs. 4). Durch die geordnete Vorhaltung meldepflichtiger Informationen durch den Verantwortlichen bzw. Auftragsverarbeiter sollen personenbezogene Daten wirksamer und effizienter geschützt werden (vgl. Erwägungsgrund 89 DS-GVO).

13 Der **Umfang** der Verzeichnisse hat sich nicht wesentlich geändert. Zusätzlich müssen nach § 70 nunmehr insbesondere auch Name und Kontaktdaten eines gemeinsam Verantwortlichen und Datenschutzbeauftragten angegeben werden, Fristen für die Überprüfung der Erforderlichkeit der Speicherung, die Verwendung von Profiling und die Rechtsgrundlage der Verarbeitung (zum alten Recht vgl. Paal/Pauly/Martini DS-GVO Art. 30 Rn. 36; Kühling/Buchner/Hartung DS-GVO Art. 30 Rn. 2 f.).

14 Die **DS-GVO** enthält mit Art. 30 ebenfalls eine Regelung über Verzeichnisse von Verfahrenstätigkeiten (vgl. hierzu Gossen/Schramm ZD 2017, 7; Volkmer/Kaiser PinG 2017, 153 f.). Die Regelung erstreckt sich aber nicht auf die Verarbeitung personenbezogener Daten durch die zuständigen Behörden zum Zwecke der Verhütung, Ermittlung, Aufdeckung oder Verfolgung von Straftaten oder der Strafvollstreckung, einschließlich des Schutzes vor und der Abwehr von Gefahren für die öffentliche Sicherheit (Art. 2 Abs. 2 lit. d DS-GVO). Auf die Datenverarbeitung zu diesen Zwecken findet § 70 Anwendung, sodass sich die Normen insoweit ergänzen und mit § 70 eine dem Art. 30 DS-GVO entsprechende Regelung geschaffen wurde (vgl. hierzu Weinhold ZD-Aktuell 2017, 05451).

B. Verzeichnis des Verantwortlichen

15 In persönlicher Hinsicht verpflichtet Abs. 1 den **Verantwortlichen,** ein Verzeichnis von Verarbeitungstätigkeiten zu führen; es gilt die Legaldefinition in § 46 Nr. 7. Als Verantwortliche gelten nach § 45 S. 2 öffentliche Stellen, die für die Verhütung, Ermittlung, Aufdeckung, Verfolgung oder Ahndung von Straftaten oder Ordnungswidrigkeiten zuständig sind, soweit sie Daten zum Zweck der Erfüllung dieser Aufgaben verarbeiten (→ Rn. 18).

16 Inhaltlich muss das Verzeichnis alle **Kategorien von Verarbeitungstätigkeiten** enthalten. Das Verzeichnis muss sich also (anders als bei Art. 30 Abs. 1 DS-GVO) nicht zwingend auf einzelne Datenverarbeitungsvorgänge beziehen. Vielmehr ist es ausreichend, wenn das Verzeichnis „sinnvoll abgrenzbare und kategorisierbare Teile" der vom Verantwortlichen durchgeführten Datenverarbeitungen erfasst (BT-Drs. 18/11325, 118). Nach der Legaldefinition des § 46 Nr. 2 meint **Verarbeitung** jeden (mit oder ohne Hilfe automatisierter Verfahren) ausgeführten Vorgang oder jede solche Vorgangsreihe im Zusammenhang mit personenbezogenen Daten, wie etwa die Erhebung, Speicherung, Veränderung oder Bereitstellung von Daten. Dass sich § 70 Abs. 1 S. 1 dem Wortlaut nach auf Verarbeitungs**tätigkeiten** bezieht, ist unschädlich und führt zu keiner anderen rechtlichen Bewertung (entsprechend → DS-GVO Art. 30 Rn. 6).

17 Der **Inhalt** des Verzeichnisses wird in Abs. 1 S. 2 abschließend genannt. Es sind insgesamt neun Angaben zu machen.

18 Hierzu zählen zunächst der **Name** und die **Kontaktdaten** (Nr. 1) des Verantwortlichen. Bei öffentlichen Stellen ist Verantwortlicher in der Regel die jeweilige Behörde, sodass der Behördenleiter für die Einhaltung des Datenschutzes verantwortlich ist (bspw. der Gerichtspräsident als Leiter des Gerichts oder der Leiter der jeweiligen Staatsanwaltschaft, → Syst. E Justiz Rn. 9 ff.). Dass nicht nur ein Rechtsträger, sondern auch eine Behörde Verantwortlicher sein kann, ergibt sich ua aus § 2 Abs. 1, § 45 S. 2 und § 46 Nr. 7. Da die „Kontaktdaten" (im Plural) anzugeben sind, dürfen sich die Angaben nicht auf eine E-Mailadresse oder Internetseite beschränken (Kühling/Buchner/Hartung DS-GVO Art. 30 Rn. 17). Es ist zumindest auch die Anschrift des Verantwortlichen zu nennen, um eine eindeutige Identifizierung und (postalische) Kontaktaufnahme mit dem Verantwortlichen zu ermöglichen. Die eindeutige Identifizierung kann insbesondere auch für die Geltendmachung von Betroffenenrechten, Haftungsansprüchen oder behördliche Maßnahmen relevant sein (Paal/Pauly/Martini DS-GVO Art. 30 Rn. 7). Gibt es daneben noch gemeinsame

Verantwortliche (§ 63) oder Datenschutzbeauftragte, so sind auch deren Namen und Kontaktdaten anzugeben.

Die **Zwecke der Verarbeitung** sind im Verzeichnis anzugeben (Nr. 2). Der Verantwortliche 19 darf personenbezogene Daten nur für Zwecke der Verhütung, Ermittlung, Aufdeckung, Verfolgung oder Ahndung von Straftaten oder Ordnungswidrigkeiten erheben (§ 45 S. 1). Nach § 47 Nr. 2 darf die Datenverarbeitung nur für festgelegte, eindeutige und rechtmäßige Zwecke erfolgen, sodass der Zweck eindeutig und aussagekräftig beschrieben werden sollte, zB „Videoüberwachung als Sicherheitsmaßnahme gegen Straftaten" (hierzu → BDSG aF § 4e Rn. 4.1; → § 4 Rn. 29).

Das Verzeichnis muss die **Kategorien von Empfängern** enthalten (Nr. 3). Es ist somit nicht 20 erforderlich, die Empfänger einzeln im Verzeichnis anzugeben, sondern sie können anhand ihrer Funktion zusammengefasst werden (Kühling/Buchner/Hartung DS-GVO Art. 30 Rn. 20). Neben den Empfängerkategorien, denen gegenüber personenbezogene Daten bereits offengelegt worden sind, müssen auch solche Empfängerkategorien angegeben werden, denen personenbezogene Daten noch offengelegt werden sollen. Abzustellen ist auf eine realistische Möglichkeit der Weitergabe (Kühling/Buchner/Hartung DS-GVO Art. 30 Rn. 20). Dies erfordert es, über den **status quo** der aktuellen Empfängerkategorien hinaus mögliche weitere Empfängerkategorien zu antizipieren und auch sie bereits in das Verzeichnis aufzunehmen. Es gilt die Legaldefinition in § 46 Nr. 9; hiernach es sich bei einem Empfänger um eine natürliche oder juristische Person, Behörde, Einrichtung oder andere Stelle handeln, wobei die Offenlegung der Daten das entscheidende Merkmal für die Einordnung als Empfänger ist. Dabei nennt die Legaldefinition für Behörden eine **Einschränkung**: Behörden, die im Rahmen eines bestimmten Untersuchungsauftrags nach dem Unionsrecht oder anderen Rechtsvorschriften personenbezogene Daten erhalten, gelten nicht als Empfänger iSv § 46 Nr. 9. Eine entsprechende Einschränkung findet sich auch in Art. 4 Nr. 9 DS-GVO. Nach dem 31. Erwägungsgrund der DS-GVO sollten bspw. Steuer- und Zollbehörden nicht als Empfänger gelten, wenn sie personenbezogene Daten erhalten, die für die Durchführung eines einzelnen Untersuchungsauftrags im Interesse der Allgemeinheit erforderlich sind. Die Empfänger-Eigenschaft von Behörden steht damit (indirekt) zur Disposition des (nationalen und europäischen) Gesetzgebers (Gola/Klug DS-GVO Art. 30 Rn. 7, Gola/Gola DS-GVO Art. 4 Rn. 62).

Die **Kategorien betroffener Personen** sind im Verzeichnis zu beschreiben (Nr. 4). Bei sol- 21 chen Personenkategorien handelt es sich um (Personen-)Gruppen, die gemeinsame Merkmale teilen und sich nach Typisierungsgraden abstrakt zusammenfassen lassen (Paal/Pauly/Martini DS-GVO Art. 30 Rn. 10a). Im Rahmen der justiziellen Zusammenarbeit in Strafsachen und der polizeilichen Zusammenarbeit sind verschiedene Personenkategorien denkbar. So kann insbesondere zwischen Verdächtigen, verurteilten Straftätern, Opfern einer Straftat und anderen Personen wie bspw. Zeugen und Hinweisgebern unterschieden werden (vgl. § 72 und Erwägungsgrund 31 JI-RL). Daneben hat auch eine Beschreibung der **Kategorien personenbezogener Daten** zu erfolgen, die sich bspw. in Identitätsdaten, Kontaktdaten, Standortdaten oder Profildaten unterteilen lassen (Paal/Pauly/Martini DS-GVO Art. 30 Rn. 10c). Empfehlenswert ist auch eine Identifizierung etwaiger besonderer Datenkategorien (vgl. § 46 Nr. 14), da deren Verarbeitung nach § 48 strengeren Anforderungen unterliegt.

Sollte ein **Profiling** erfolgen, muss das Verzeichnis auch Angaben hierüber enthalten (Nr. 5); 22 es gilt die Legaldefinition in § 46 Nr. 4. Profiling ist grundsätzlich verboten, wenn es nicht ausnahmsweise durch Rechtsvorschrift erlaubt ist (§ 54).

Internationale Datentransfers müssen ebenfalls in dem Verzeichnis angegeben werden 23 (Nr. 6), da solchen Datentransfers ein besonderes Gefährdungspotential immanent ist (vgl. entsprechend Gola/Klug DS-GVO Art. 30 Rn. 8). Ein internationaler Datentransfer liegt vor, wenn personenbezogene Daten an Stellen in einem Drittstaat oder an eine internationale Organisation übermittelt werden. § 1 Abs. 7 stellt dabei klar, dass die bei der Umsetzung, Anwendung und Entwicklung des Schengen-Besitzstands assoziierten Staaten den Mitgliedstaaten der Europäischen Union gleichstehen, dh im Rahmen der justiziellen und polizeilichen Zusammenarbeit dürfen personenbezogene Daten auch an diese Staaten ohne zusätzliche Anforderungen übermittelt werden. Aktuell haben Norwegen, Island, die Schweiz und Liechtenstein einen solchen Assoziierungsstatus (Beschluss des Rates v. 13.3.2012 (2012/193/EU)).

Die **Rechtsgrundlage** der Verarbeitung (Nr. 7) ist wesentlich für die Bewertung der Rechtmä- 24 ßigkeit der Datenverarbeitung durch den Bundesbeauftragten und ist daher im Verzeichnis anzugeben. Gleichzeitig soll die verpflichtende Angabe der Rechtsgrundlage im Verzeichnis dazu führen, dass sich der Verantwortliche die Rechtmäßigkeit der jeweiligen Datenverarbeitung vergegenwärtigt und kritisch prüft, ob sich eine bestimmte Datenverarbeitung auf eine Rechtsgrundlage stützen lässt und ggf. auf welche (zB §§ 21 ff. BPolG oder §§ 8 ff. BVerfSchG).

BDSG § 70 Teil 3. Bestimmungen für Verarbeitungen zu Zwecken gemäß Richtlinie

25 Der Verantwortliche muss die vorgesehenen **Lösch- und Speicherfristen** für die einzelnen Datenkategorien im Verzeichnis angeben (Nr. 8). Auf diese Weise soll dokumentiert werden, dass der Verantwortliche die Daten nicht länger speichert als gesetzlich erlaubt. Gleichzeitig wird der Verantwortliche dazu angehalten, sicherzustellen, die Daten so lange vorzuhalten wie gesetzlich erforderlich. Löschpflichten können sich etwa aus dem BDSG nF (vgl. § 58 Abs. 2), aber auch aus anderen Gesetzen ergeben. So hat bspw. die Staatsanwaltschaft nach § 485 StPO zur Vorgangsverwaltung gespeicherte Daten zu löschen, wenn sie für die Vorgangsverwaltung nicht mehr erforderlich sind. Für die Bestimmung der Aufbewahrungsdauer kann dabei grundsätzlich auf die in den Aufbewahrungsverordnungen zu den Schriftgutaufbewahrungsgesetzen enthaltene Frist abgestellt werden (BeckOK StPO/Wittig StPO § 485 Rn. 1).

26 Schließlich sind die **technischen und organisatorischen Maßnahmen** in das Verzeichnis des Verantwortlichen aufzunehmen (Nr. 9), wobei hier eine „allgemeine Beschreibung" den gesetzlichen Anforderungen genügt und es somit keiner allzu detaillierten Angaben bedarf. Gleichwohl sollte die Beschreibung so genau sein, dass sie die oder den Bundesbeauftragte(n) bzw. die zuständige Aufsichtsbehörde in die Lage versetzt, eine erste Rechtmäßigkeitsüberprüfung vornehmen zu können (vgl. entsprechend Kühling/Buchner/Hartung DS-GVO Art. 30 Rn. 24).

C. Verzeichnis des Auftragsverarbeiters

27 Auch der **Auftragsverarbeiter** muss nach Abs. 2 ein Verzeichnis aller Kategorien von Verarbeitungen führen; es gilt die Legaldefinition in § 46 Nr. 8. In der Sache dürfte es keinen Unterschied machen, dass der Auftragsverarbeiter in seinem Verzeichnis alle Kategorien von „Verarbeitungen" erfassen muss und der Verantwortliche alle Kategorien von „Verarbeitungstätigkeiten". Auch in der Gesetzesbegründung wird auf diesen (wohl nur redaktionellen) Unterschied nicht näher eingegangen (BT-Drs. 18/11325, 118).

28 Das Verzeichnis des Auftragsverarbeiters muss **drei Angaben** enthalten und ist damit deutlich weniger umfangreich als das Verzeichnis des Verantwortlichen. Der reduzierte Umfang des Verzeichnisses lässt sich mit der weisungsgebundenen Tätigkeit des Auftragsverarbeiters erklären (vgl. entsprechend Plath/Plath DS-GVO Art. 30 Rn. 9; Kühling/Buchner/Hartung DS-GVO Art. 30 Rn. 26).

29 Anzugeben sind erstens **Name und Kontaktdaten** (Nr. 1) des Auftragsverarbeiters und jedes Verantwortlichen, in dessen Auftrag der Auftragsverarbeiter tätig ist. Auch die oder der Datenschutzbeauftragte ist namentlich und mit Kontaktdaten zu benennen. Bei den Kontaktdaten sollte jedenfalls die Anschrift und ggf. eine E-Mailadresse angegeben werden (→ Rn. 18).

30 Bei **internationalen Datentransfers** muss der Auftragsverarbeiter Übermittlungen von personenbezogenen Daten an Stellen in einem Drittstaat oder an eine internationale Organisation in dem Verzeichnis angeben (Nr. 2). Es gelten die Ausführungen zum Verzeichnis des Verantwortlichen entsprechend (→ Rn. 23), allerdings mit zwei Abweichungen. Erstens darf sich der Auftragsverarbeiter nicht auf die Angabe der Kategorien von Übermittlungen personenbezogener Daten beschränken, sondern er muss die konkreten **personenbezogenen Daten** angeben, die an Stellen in Drittstaaten bzw. internationale Organisationen übermittelt werden. Zweitens muss der Auftragsverarbeiter zusätzlich den **Staat** oder die **internationale Organisation,** der gegenüber personenbezogene Daten offengelegt werden, benennen. Dabei sollte sich aus dem Verzeichnis ergeben, welche personenbezogenen Daten konkret in welchen Staat bzw. an welche internationale Organisation übermittelt werden. Auf diesen Konnex zwischen personenbezogenem Datum und jeweiligem Adressaten deutet die Formulierung „unter Angabe" hin.

31 Schließlich muss das Verzeichnis des Auftragsverarbeiters eine allgemeine Beschreibung der **technischen und organisatorischen Maßnahmen** enthalten, wobei der Wortlaut identisch ist mit dem von Abs. 1 Nr. 9 (→ Rn. 26).

D. Formale Vorgaben

32 Verantwortliche und Auftragsverarbeiter haben ihr Verzeichnis **schriftlich** oder **elektronisch** zu führen (Abs. 3).

E. Vorlagepflicht

33 Auf Anforderung der oder des Bundesbeauftragten haben Verantwortliche und Auftragsverarbeiter ihre Verzeichnisse zur Verfügung zu stellen (Abs. 4). Die Vorschrift begründet eine **Vorlagepflicht** der Verantwortlichen und Auftragsverarbeiter bei der oder dem Bundesbeauftragten. Damit

korrespondiert die **Befugnis** der oder des Bundesbeauftragten, die Verzeichnisse anzufordern und einzusehen, um die Verarbeitungsvorgänge der Verantwortlichen und Auftragsverarbeiter anhand der Verzeichnisse zu kontrollieren.

F. Aktualisierungspflicht

Verantwortliche bzw. Auftragsverarbeiter haben ihre Verzeichnisse regelmäßig zu aktualisieren. 34 Eine **Aktualisierungspflicht** lässt sich dem Wortlaut von § 70 zwar nicht ausdrücklich entnehmen. Der Sinn und Zweck spricht aber dafür, dass das „Führen" eines Verzeichnisses von Verarbeitungstätigkeiten eine Aktualisierungspflicht beinhaltet. Nur mit einem aktuellen Verzeichnis ist es dem Verantwortlichen bzw. Auftragsverarbeiter möglich, die Rechtmäßigkeit der Verarbeitungsvorgänge gegenüber der oder dem Bundesbeauftragten bzw. der zuständigen Aufsichtsbehörde nachzuweisen. Ausweislich der Gesetzesbegründung geht auch der Gesetzgeber von einer Aktualisierungspflicht aus. Dort heißt es zu Abs. 4, dass das Verzeichnis „und seine Aktualisierungen" der oder dem Bundesbeauftragten auf Anfrage zur Verfügung zu stellen sind (BT-Drs. 18/11325, 118; zur Rechtslage nach der DS-GVO vgl. Kühling/Buchner/Hartung DS-GVO Art. 30 Rn. 31).

G. Muster

Der Bundesbeauftragte hat eine Mustervorlage für Verzeichnisse nach § 70 veröffentlicht 35 (https://www.bfdi.bund.de/SharedDocs/Downloads/DE/Muster/Muster_Hinweise_ Verfahrensverzeichnis.pdf?__blob=publicationFile&v=3; Stand: 17.9.2020). Außerdem existieren weitere Hinweise deutscher Aufsichtsbehörden zu Art. 30 DS-GVO, zB von der Datenschutzkonferenz die Hinweise zum Verzeichnis von Verarbeitungstätigkeiten (https://www.datenschutzkonferenz-online.de/media/ah/201802_ah_verzeichnis_verarbeitungstaetigkeiten.pdf) und Kurzpapier Nr. 1 „Verzeichnis von Verarbeitungstätigkeiten – Art. 30 DS-GVO" (https://www.datenschutzkonferenz-online.de/media/kp/dsk_kpnr_1.pdf), ebenso ein vergleichbares Kurzpapier des Bayerischen Landesamts für Datenschutzaufsicht (https://www.lda.bayern.de/media/baylda_ds-gvo_5_processing_activities.pdf). Die Datenschutzkonferenz hat zu Art. 30 DS-GVO außerdem Muster von Verarbeitungsverzeichnissen für Verantwortliche (https://www.datenschutzkonferenz-online.de/media/ah/201802_ah_muster_verantwortliche.pdf) und Auftragsverarbeiter (https://www.datenschutzkonferenz-online.de/media/ah/201802_ah_muster_auftragsverarbeiter.pdf) veröffentlicht.

§ 71 Datenschutz durch Technikgestaltung und datenschutzfreundliche Voreinstellungen

(1) ¹Der Verantwortliche hat sowohl zum Zeitpunkt der Festlegung der Mittel für die Verarbeitung als auch zum Zeitpunkt der Verarbeitung selbst angemessene Vorkehrungen zu treffen, die geeignet sind, die Datenschutzgrundsätze wie etwa die Datensparsamkeit wirksam umzusetzen, und die sicherstellen, dass die gesetzlichen Anforderungen eingehalten und die Rechte der betroffenen Personen geschützt werden. ²Er hat hierbei den Stand der Technik, die Implementierungskosten und die Art, den Umfang, die Umstände und die Zwecke der Verarbeitung sowie die unterschiedliche Eintrittswahrscheinlichkeit und Schwere der mit der Verarbeitung verbundenen Gefahren für die Rechtsgüter der betroffenen Personen zu berücksichtigen. ³Insbesondere sind die Verarbeitung personenbezogener Daten und die Auswahl und Gestaltung von Datenverarbeitungssystemen an dem Ziel auszurichten, so wenig personenbezogene Daten wie möglich zu verarbeiten. ⁴Personenbezogene Daten sind zum frühestmöglichen Zeitpunkt zu anonymisieren oder zu pseudonymisieren, soweit dies nach dem Verarbeitungszweck möglich ist.

(2) ¹Der Verantwortliche hat geeignete technische und organisatorische Maßnahmen zu treffen, die sicherstellen, dass durch Voreinstellungen grundsätzlich nur solche personenbezogenen Daten verarbeitet werden können, deren Verarbeitung für den jeweiligen bestimmten Verarbeitungszweck erforderlich ist. ²Dies betrifft die Menge der erhobenen Daten, den Umfang ihrer Verarbeitung, ihre Speicherfrist und ihre Zugänglichkeit. ³Die Maßnahmen müssen insbesondere gewährleisten, dass die Daten durch Voreinstellungen

nicht automatisiert einer unbestimmten Anzahl von Personen zugänglich gemacht werden können.

A. Allgemeines

I. Entstehungsgeschichte der Norm

1 Aus der Gesetzesbegründung wird deutlich, dass durch § 71 der Art. 20 der Richtlinie (EU) 2016/680 umgesetzt werden soll, der generische Anforderungen an die datenschutzfreundliche Gestaltung von Datenverarbeitungssystemen (Privacy by Design) und die Implementierung datenschutzfreundlicher Grundeinstellungen (Privacy by Default) formuliert. Der Norm liegt der Gedanke zugrunde, dass der Aufwand zur Verfolgung der hier formulierten Ziele und Anforderungen im Sinne effizienten Mitteleinsatzes in einem angemessenen Verhältnis zum angestrebten Schutzzweck stehen sollte. Zur Konkretisierung und Handhabbarmachung der Vorgaben wurden in Abs. 1 Elemente des § 3a BDSG aF aufgenommen.

2 Die in Abs. 2 angesprochene Anforderung, die automatisierte umfassende Zugänglichmachung personenbezogener Daten zu verhindern, mündet letztlich in die Anforderung, eine solche Zugänglichmachung stets durch menschliches Zutun einer Prüfung zu unterziehen.

II. Bisherige Rechtslage

3 Die Norm hat keine unmittelbare Vorgängervorschrift. Vielmehr wurden die Grundsätze von Datenvermeidung und Datensparsamkeit im § 3a aF normiert. Damit sollte vor allem erreicht werden, dass personenbezogene Daten dort wo es möglich ist anonymisiert oder pseudonymisiert werden.

B. Allgemeine Anspruchsvoraussetzungen

I. Umsetzung der Datenschutzgrundsätze (Abs. 1)

4 Die Handlungspflichten treffen den Verantwortlichen. Zur Legaldefinition des Begriffs „Verantwortlicher" vgl. Art. 4 Nr. 7 DSGVO. Dieser hat sowohl zum Zeitpunkt der Festlegung der Mittel für die Verarbeitung als auch zum Zeitpunkt der Verarbeitung selbst angemessene Vorkehrungen zu treffen. Diese müssen geeignet sein, die Datenschutzgrundsätze wirksam umzusetzen. Zu diesen Grundsätzen zählt bspw. die Datensparsamkeit. Weiter muss dafür Sorge getragen werden, dass die gesetzlichen Anforderungen eingehalten und die Rechte der betroffenen Personen geschützt werden.

4a Die Prinzipien des Datenschutzes durch Technikgestaltung und datenschutzfreundlichen Voreinstellungen geben die Anforderungen an die Gestaltung und den Betrieb von Verfahren vor. Damit soll der für die Datenverarbeitung Verantwortliche verpflichtet werden frühzeitig, also bereits im Entwurf des Verfahrens die Voraussetzungen dafür zu schaffen, dass die Anforderungen eingehalten werden.

5 Der Verantwortliche muss den Stand der Technik ebenso beachten wie die Implementierungskosten. Dies muss in Relation zu Art, Umfang, Umständen und Zweck der Verarbeitung gesetzt werden. Gleichzeitig sind auch die unterschiedliche Eintrittswahrscheinlichkeit und die Schwere der mit der Verarbeitung verbundenen Gefahren für die Rechtsgüter der betroffenen Personen zu berücksichtigen.

6 Die Datensparsamkeit hat der Verantwortliche ebenfalls sicher zu stellen. Er muss insbesondere besorgen, dass bei der Verarbeitung von personenbezogenen Daten und bei der Auswahl und Gestaltung von Datenverarbeitungssystemen so wenig personenbezogene Daten wie möglich verarbeitet werden.

7 Die personenbezogenen Daten müssen so früh wie möglich anonymisiert oder pseudonymisiert (zur Legaldefinition des Begriffs Pseudonymisierung vgl. Art. 4 Nr. 5 DSGVO) werden, soweit dies nach dem Verarbeitungszweck möglich ist.

II. Voreinstellungen (Abs. 2)

8 Die Handlungspflichten treffen auch hier den Verantwortlichen. Er hat geeignete technische und organisatorische Maßnahmen zu treffen, mit denen sicher gestellt wird, dass durch Voreinstellungen nur solche personenbezogenen Daten verarbeitet werden können, deren Verarbeitung für den jeweiligen Verarbeitungszweck erforderlich ist.

Dabei bezieht sich die Erforderlichkeit auf die Menge der erhobenen Daten, den Umfang ihrer 9
Verarbeitung, ihre Speicherfrist und ihre Zugänglichkeit. Das bedeutet, dass der Verantwortliche
die jeweilige Erforderlichkeit begründet darstellen muss.

Die Maßnahmen des Verantwortlichen müssen insbesondere gewährleisten, dass die Daten 10
durch Voreinstellungen nicht automatisiert einer unbestimmten Anzahl von Personen zugänglich
gemacht werden können.

Die Norm orientiert sich an Art. 25 DS-GVO, in dem „Datenschutz durch Technikgestaltung 11
und durch datenschutzfreundliche Voreinstellungen" geregelt ist. Allein das in Art. 25 Abs. 3 DS-
GVO geregelte Zertifizierungsverfahren findet sich nicht in der Regelung des § 71 BDSG, da es
in dem Umfeld keine genehmigten Zertifizierungsverfahren gibt.

§ 72 Unterscheidung zwischen verschiedenen Kategorien betroffener Personen

¹Der Verantwortliche hat bei der Verarbeitung personenbezogener Daten so weit wie möglich zwischen den verschiedenen Kategorien betroffener Personen zu unterscheiden. ²Dies betrifft insbesondere folgende Kategorien:
1. Personen, gegen die ein begründeter Verdacht besteht, dass sie eine Straftat begangen haben,
2. Personen, gegen die ein begründeter Verdacht besteht, dass sie in naher Zukunft eine Straftat begehen werden,
3. verurteilte Straftäter,
4. Opfer einer Straftat oder Personen, bei denen bestimmte Tatsachen darauf hindeuten, dass sie Opfer einer Straftat sein könnten, und
5. andere Personen wie insbesondere Zeugen, Hinweisgeber oder Personen, die mit den in den Nummern 1 bis 4 genannten Personen in Kontakt oder Verbindung stehen.

Überblick

Diese Vorschrift regelt in S. 1 für Verantwortliche ein **Differenzierungsgebot** hinsichtlich der von einer Datenverarbeitung betroffenen Personen nach Kategorien (→ Rn. 1 ff.). Einzelne Kategorien sind in S. 2 benannt (→ Rn. 6 ff.).

A. Allgemeines; Differenzierungsgebot

Die Norm beruht auf Art. 6 JI-RL, der hier beinahe wortgetreu umgesetzt wurde. Die in der 1
Vorschrift vorgesehene Unterscheidung verschiedener Kategorien von einer Datenverarbeitung
betroffenen Personen ist in dieser allgemeinen Form ein **Novum** im deutschen Recht (Weinhold
ZD-Aktuell 2017, 05451). Bisher differenzieren lediglich diverse Eingriffsnormen zwischen verschiedenen Kategorien betroffener Personen bei der Datenverarbeitung (vgl. zur StPO Schwichtenberg DuD 2016, 605 (607 f.); Kühling/Buchner/Schwichtenberg Rn. 3; zum Polizeirecht
Schantz/Wolff DatenschutzR/Wolff Rn. 466). Auch die DS-GVO enthält keine vergleichbare
Regelung (vgl. zu Art. 6 JI-RL Bäcker/Hornung ZD 2012, 147 (148)). Eine ähnliche Regelung
enthielt hingegen Art. 14 Abs. 1 UAbs. 1 S. 2 Europol-Beschluss 2009/371/JI. Diese Regelung
sah für die Arbeitsdateien zu Analysezwecken des Europol eine Unterscheidung von Personen
nach ähnlichen Gruppen wie Art. 6 JI-RL vor. Außerdem hatte die Kommission ursprünglich eine
Art. 6 JI-RL ähnliche Regelung in Art. 4 Abs. 3 Rahmenbeschluss 2008/977/JI vorgeschlagen
(KOM(2005) 475 endg., 18). § 72 BDSG entsprechende Vorschriften finden sich im **Landesrecht**
unter anderem in § 58 BlnDSG, § 67 HDSIG, § 26 NDSG, § 42 DSG NRW, § 60 RhPfLDSG,
§ 48 SchlHLDSG und § 34 Abs. 1 ThürDSG.

Das Gebot, bei der Verarbeitung zwischen verschiedenen Kategorien Betroffener zu unterscheiden, lässt sich als Ergänzung des **Grundsatzes der Aktualität und Richtigkeit** von Daten aus 2
Art. 4 Abs. 1 lit. d JI-RL, § 47 Nr. 4 BDSG verstehen (TBPH DatenschutzR/Petri 344; vgl.
allgemein zum Grundsatz der Datenqualität Hoeren ZD 2016, 459 ff.). Es trägt zur Datenqualität
im Bestand der erfassten Stellen bei (Auernhammer/Herbst Rn. 2). Insbesondere soll die Differenzierung nach den vorgesehenen Kategorien Missinterpretationen vorbeugen – so soll beispielsweise
bei Zeugen und Opfern von Straftaten nicht der Eindruck entstehen, dass sie an diesen beteiligt
waren (Auernhammer/Herbst Rn. 3). Bei der gebotenen Kategorisierung von Personen ist allerdings das Risiko zu beachten, dass auch hierdurch unerwünschte diskriminierende Nebeneffekte
entstehen könnten (vgl. Salami, The Impact of Directive (EU) 2016/680, 4). Die Wahrung der

BDSG § 72 Teil 3. Bestimmungen für Verarbeitungen zu Zwecken gemäß Richtlinie

Unschuldsvermutung ist zu beachten (Erwägungsgrund 31 S. 3 JI-RL). Insgesamt erscheinen die bestehenden einfachgesetzlichen Regelungen in §§ 72 f. BDSG und Spezialgesetzen nicht als ausreichend, um den Risiken von Stigmatisierung und Kriminalisierung zu begegnen, die durch die polizeiliche und sicherheitsbehördliche Informationsordnung entstehen (vgl. zu diesen Risiken Golla JB InfoR 2019, 199 ff.).

3   Die Vorschrift gebietet zwar eine Unterscheidung nach Kategorien, aus der vorgesehenen Differenzierung resultieren allerdings selbst **noch keine konkreten Rechtsfolgen** (BT-Drs. 18/11325, 118 f.; Weinhold ZD-Aktuell 2017, 05451). Diese sollen erst aus weiteren **Regelungen des Fachrechts** folgen (BT-Drs. 18/11325, 118 f.). An die unterschiedlichen Kategorien können beispielsweise unterschiedliche Speicherfristen für Daten geknüpft werden (TBPH DatenschutzR/Petri 344). Eine fehlerhafte Kategorisierung kann allerdings zumindest Ansprüche auf Berichtigung und Löschung von Daten (§ 58 BDSG) zur Folge haben (Paal/Pauly/Paal Rn. 5; vgl. zu Art. 6 JI-RL Bäcker/Hornung ZD 2012, 147 (148)). Die Einhaltung von § 72 BDSG unterliegt auch der aufsichtsbehördlichen Kontrolle durch die Bundesbeauftragte für den Datenschutz gem. § 60 Abs. 1 S. 1 BDSG. (vgl. Bäcker/Hornung ZD 2012, 147 (148)).

4   Art. 6 JI-RL und § 72 BDSG sehen vor, dass **strukturelle Abgrenzungen** anhand verschiedener Betroffenenkategorien in den einschlägigen Datenverarbeitungssystemen vorzunehmen sind. Dies ist Bedingung für die Rechtmäßigkeit der Datenverarbeitung in diesen Systemen (Weinhold/Johannes DVBl 2016, 1501 (1506)). Die Vorgabe betrifft konkret eine Vielzahl polizeilicher Dateien und Datenbanken (Weinhold/Johannes DVBl 2016, 1501 (1504); vgl. zur Übersicht über die bestehenden Dateien BT-Drs. 17/7307, 5 ff.). Diese Abgrenzungen bzw. die betroffenen Gruppen werden in den Errichtungsanordnungen der Datenbanken festzuhalten sein (vgl. Schantz/Wolff DatenschutzR/Wolff Rn. 464). Bereits jetzt ist in Errichtungsanordnungen für Dateien zur Strafverfolgung und Gefahrenabwehr der betroffene Personenkreis anzugeben (vgl. § 490 S. 1 Nr. 3 StPO sowie § 34 Abs. 1 S. 1 Nr. 3 BKAG (gültig bis zum 24.5.2018), vgl. Schantz/Wolff DatenschutzR/Wolff Rn. 464). Für das neue **Informationssystem des BKA,** das im Rahmen des Programms Polizei 2020 eingeführt werden soll, sehen § 14 Abs. 1 S. 1 Nr. 2 iVm §§ 18, 19 BKAG 2018 in Umsetzung von Art. 6 JI-RL eine Angabe von Personenkategorien vor (BT-Drs. 18/11163, 99 f.).

5   Die Abgrenzungen dürften unter anderem durch **technische und organisatorische Vorgaben** zu verwirklichen sein (vgl. Gola/Heckmann/Scheurer Rn. 3). Fachgesetzliche Regelungen könnten konkret etwa unterschiedliche Prüffristen zur Aussonderung der Daten gewisser Kategorien, Rechte- und Rollenkonzepte für den Zugriff auf die Daten oder Vorgaben zur Datensicherheit enthalten (BT-Drs. 18/11325, 118). Dass bei der Erteilung von Zugriffsrechten nach den genannten Personenkategorien unterschieden werden kann, erscheint als wichtiger Aspekt des Differenzierungsgebots (Auernhammer/Herbst Rn. 9). Darüber hinaus sind diverse **Schutzvorschriften zugunsten betroffener Gruppen** denkbar. So dürfte beispielsweise zum Schutz von Opfern von Straftaten (Nr. 3) die Regelung einer besonderen Geheimhaltung für auf diese bezogene Daten geboten sein (Kugelmann DuD 2012, 581 (582); Schantz/Wolff DatenschutzR/Wolff Rn. 464).

6   An **Ermächtigungsgrundlagen** für die Speicherung personenbezogener Daten innerhalb und außerhalb von Dateien begründet die Regelung keine Anforderungen, da sie sich an den für die Datenverarbeitung Verantwortlichen und nicht an den Gesetzgeber richtet. Solche Anforderungen ergeben sich aber aus Art. 6 JI-RL. Es würde der Verwirklichung von Art. 6 JI-RL und § 72 BDSG jedenfalls dienen, wenn Ermächtigungsgrundlagen ausdrücklich die betroffenen Personengruppen benennen würden. Aus der Einschränkung in Art. 6 JI-RL, dass die Unterscheidungen nur „so weit wie möglich" (noch deutlicher ist insofern Erwägungsgrund 31 S. 2 JI-RL, wonach „gegebenenfalls und so weit wie möglich" zwischen den Kategorien unterschieden sollte) zu treffen sind, ergibt sich, dass diese Anforderung nicht in jedem Fall gilt (Schantz/Wolff DatenschutzR/Wolff Rn. 463). Die Regelung gebietet aber zumindest, die Datenverarbeitung für verschiedene Personengruppen „nicht unnötig zu vereinheitlichen" (Schantz/Wolff DatenschutzR/Wolff Rn. 463).

B. Einzelne Personenkategorien

7   Während S. 1 der Vorschrift die allgemeine Vorgabe enthält, bei der Datenverarbeitung im Rahmen des Möglichen zwischen Kategorien Betroffener zu unterscheiden, benennt S. 2 in diesem Zusammenhang **Regelbeispiele** für Kategorien. Daneben sind weitere Kategorien denkbar. So könnten beispielsweise Verdächtige einer Straftat, gegen die das Ermittlungsverfahren eingestellt wurde, eine eigenständige Kategorie bilden.

§ 72 S. 2 Nr. 1 BDSG sieht als Kategorie **Verdächtige einer Straftat** vor. Diese Regelung 8 beruht auf Art. 6 lit. a JI-RL. Hier kann der Maßstab eines einfachen Tatverdachts iSv § 152 Abs. 2 StPO herangezogen werden. Notwendig sind also zureichende tatsächliche Anhaltspunkte für eine begangene, verfolgbare Straftat.

Als weitere Personengruppe nennt § 72 S. 2 Nr. 2 BDSG Personen, bei denen der Verdacht 9 auf **Begehung einer Straftat in der Zukunft** besteht. Auch diese Kategorie beruht auf Art. 6 lit. a JI-RL. In Abgrenzung zum Tatverdacht handelt es sich um eine Kategorie mit präventiver Zielrichtung. Es müssen bestimmte Tatsachen die Begehung einer konkreten Tat als wahrscheinlich erscheinen lassen. Die Begehung einer Straftat in der Vergangenheit allein wird hierfür noch nicht ausreichen, da sie nicht als alleinige Grundlage einer Prognose dienen kann, dass die betreffende Person erneut eine Tat begehen kann (Auernhammer/Herbst Rn. 13). Noch weniger aussagekräftig ist der bloße Verdacht einer nicht erwiesenen Straftat in der Vergangenheit.

Der Kategorie aus § 72 S. 2 Nr. 2 BDSG unterfällt beispielsweise die Einordnung von Personen 10 als **Gefährder** oder „**potentiell gewaltbereite Störer**" (so die bisherige Einstufung in den Gewalttäter-Verbunddateien des BKA; BT-Drs. 17/7307, 2). Eine einheitliche Definition des Begriffs „Gefährder" existiert nicht. Zum Arbeitsbegriff des Gefährders als „Person, bei der bestimmte Tatsachen die Annahme rechtfertigen, dass sie politisch motivierte Straftaten von erheblicher Bedeutung [...] begehen wird" vgl. Wissenschaftlichen Dienst des Deutschen Bundestags Legaldefinition des Begriffs „Gefährder" WD 3 - 3000 - 046/17.

Verurteilte Straftäter bilden nach § 72 S. 2 Nr. 3 BDSG eine eigene Kategorie. Diese Rege- 11 lung beruht auf Art. 6 lit. b JI-RL. Die Verarbeitung von Daten verurteilter Straftäter in polizeilichen Dateien kann unabhängig von der Möglichkeit der Begehung zukünftiger Straftaten relevant sein, um aus vergangenen Fällen anhand der Informationen über die Umstände der Tat und die Täter kriminalistische Erkenntnisse zu gewinnen.

Nach § 72 S. 2 Nr. 4 BDSG sind auch (mutmaßliche) **Opfer von Straftaten** als eigene Katego- 12 rie zu berücksichtigen. Diese Regelung beruht auf Art. 6 lit. c JI-RL. Opfer von Straftaten bedürfen eines besonderen Schutzes, da sie nicht durch ein vorwerfbares Verhalten dazu beigetragen haben, dass ihre Daten gespeichert wurden. Diesem Bedürfnis ist durch Sicherheitsvorkehrungen in den Dateien und weitere Regelungen Rechnung zu tragen (Kugelmann DuD 2012, 581 (582); Schantz/Wolff DatenschutzR/Wolff Rn. 464).

Gemäß § 72 S. 2 Nr. 5 BDSG sind auch **andere Personen,** die mit Personen der bereits 13 genannten Kategorien in Kontakt oder Verbindung stehen, zu unterscheiden. Sie erfasst insbesondere **Zeugen** und **Hinweisgeber.** Die Regelung beruht auf Art. 6 lit. d JI-RL. Sie geht insofern über Art. 6 lit. d JI-RL hinaus, als sie auch Personen, die mit den Opfern von Straftaten in Verbindung stehen, als eigene Kategorie erfasst. Damit wurde die Vorschrift auch gegenüber der Fassung im Referentenentwurf ausgeweitet (vgl. § 68 Abs. 1 BDSG RefE).

§ 73 Unterscheidung zwischen Tatsachen und persönlichen Einschätzungen

¹Der Verantwortliche hat bei der Verarbeitung so weit wie möglich danach zu unterscheiden, ob personenbezogene Daten auf Tatsachen oder auf persönlichen Einschätzungen beruhen. ²Zu diesem Zweck soll er, soweit dies im Rahmen der jeweiligen Verarbeitung möglich und angemessen ist, Beurteilungen, die auf persönlichen Einschätzungen beruhen, als solche kenntlich machen. ³Es muss außerdem feststellbar sein, welche Stelle die Unterlagen führt, die der auf einer persönlichen Einschätzung beruhenden Beurteilung zugrunde liegen.

Überblick

Diese Vorschrift regelt in S. 1 für Verantwortliche ein Differenzierungsgebot für solche personenbezogenen Daten, die auf Tatsachen beruhen und solche, die auf persönlichen Einschätzungen beruhen. Nach S. 2 sollen Beurteilungen, die auf persönlichen Einschätzungen beruhen, besonders kenntlich gemacht werden. S. 3 verpflichtet die Verantwortlichen außerdem, die zuständige Organisationseinheit für die persönlichen Einschätzungen, auf der Beurteilungen beruhen, kenntlich zu machen.

Die Vorschrift beruht auf Art. 7 Abs. 1 JI-RL. Die Kommission hatte bereits in Art. 4 Abs. 1 lit. 1 d Rahmenbeschluss 2008/977/JI ursprünglich eine Art. 7 JI-RL ähnliche Regelung vorgeschlagen

BDSG § 73 Teil 3. Bestimmungen für Verarbeitungen zu Zwecken gemäß Richtlinie

(KOM(2005) 475 endg., 18). Ein ähnliches, aber wenig beachtetes Differenzierungsgebot sah auch schon Prinzip 3.2 der Empfehlungen des Ministerkomitees des Europarats über die Regulierung der Verwendung personenbezogener Daten im Polizeibereich vom 17.9.1987 vor. Entsprechende Vorschriften finden sich im **Landesrecht** unter anderem in § 59 BlnDSG, § 68 HDSIG, § 27 NDSG, § 43 DSG NRW, § 61 RhPfLDSG, § 49 SchlHLDSG und § 34 Abs. 2 ThürDSG.

2   Die in der Vorschrift vorgesehene Unterscheidung ist in dieser Form ein **Novum** im deutschen Recht (Weinhold ZD-Aktuell 2017, 05451). Eine differenzierte Behandlung von subjektiven Bewertungen im polizeilichen Datenschutzrecht war zwar bereits einmal angedacht, aber nicht realisiert worden (§ 37 Abs. 2 AE PolG 1979; vgl. Arbeitskreis Polizeirecht, Alternativentwurf einheitlicher Polizeigesetze des Bundes und der Länder, 116). Bisher unterschied das Datenschutzrecht nach Art der Daten lediglich zwischen besonderen Arten personenbezogener Daten (vgl. nunmehr § 48 BDSG) und sonstigen personenbezogenen Daten (Kühling/Buchner/Schwichtenberg Rn. 1). § 73 BDSG verfolgt den Zweck, die Datengrundlage von potentiell einschneidenden Datenverarbeitungen transparent zu machen (vgl. Kugelmann DuD 2012, 581 (582)). Vor diesem Hintergrund sind vor allem die Kennzeichnung und die Möglichkeit der Rückverfolgung der Einschätzungen für den Betroffenen von großer Bedeutung.

3   Außerdem dient die vorgesehene Differenzierung dazu, die **Qualität** der gespeicherten Daten zu erhöhen (TBPH DatenschutzR/Petri 345; Kühling/Buchner/Schwichtenberg Rn. 3 vgl. Salami, The Impact of Directive (EU) 2016/680, 4 f.). Dies ist im Sinne des Grundsatzes der Aktualität und Richtigkeit von Daten aus Art. 4 Abs. 1 lit. d JI-RL, § 47 Nr. 4 BDSG (vgl. Auernhammer/Herbst Rn. 2). Die Differenzierung kann dabei helfen, Missverständnissen vorzubeugen – so etwa, wenn bei einer subjektiven Einschätzung im Nachhinein unterstellt wird, sie würde auf Fakten basieren (Auernhammer/Herbst Rn. 3). Eine auf einem solchen Missverständnis beruhende Fehleinschätzung kann zu einem rechtswidrigen Behördenhandeln führen, das Betroffene in ihren Rechten verletzt (Auernhammer/Herbst Rn. 3).

4   Aus dem Differenzierungsgebot resultieren **noch keine konkreten Rechtsfolgen** (BT-Drs. 18/11325, 118 f.; Weinhold ZD-Aktuell 2017, 05451). Diese sollen erst aus weiteren **Regelungen des Fachrechts** folgen (BT-Drs. 18/11325, 118 f.). Eine fehlerhafte Kategorisierung kann allerdings zumindest Ansprüche auf Berichtigung (§ 58 BDSG) zur Folge haben (vgl. zu Art. 7 JI-RL Bäcker/Hornung ZD 2012, 147 (148)). Die Einhaltung von § 73 BDSG unterliegt auch der aufsichtsbehördlichen Kontrolle durch die Bundesbeauftragte für den Datenschutz gem. § 60 Abs. 1 S. 1 BDSG (vgl. Bäcker/Hornung ZD 2012, 147 (148)).

5   Die **Unterscheidung**, ob personenbezogene Daten auf Tatsachen oder auf persönlichen Einschätzungen beruhen, ist im Einzelnen **überaus kompliziert**. Soweit sich dies nicht feststellen bzw. nachvollziehen lässt, ist die Differenzierung nach § 73 S. 1 BDSG nicht verpflichtend („so weit wie möglich"). Das kann etwa bei älteren Datenbeständen der Fall sein (Auernhammer/Herbst Rn. 7). Der Verantwortliche ist allerdings im Rahmen des Möglichen grundsätzlich weitgehend zur Klärung der Datengrundlage verpflichtet (vgl. Auernhammer/Herbst Rn. 7).

6   Der Begriff der personenbezogenen Daten bestimmt sich nach Art. 3 Nr. 1 JI-RL, welcher identisch mit Art. 4 Nr. 1 DS-GVO ist. Beurteilungen bzw. subjektive Einschätzungen können selbst personenbezogene Daten sein (Art. 29-Datenschutzgruppe, Stellungnahme 4/2007 zum Begriff „personenbezogene Daten", WP 136, 7; Kühling/Buchner/Klar/Kühling DS-GVO Art. 4 Nr. 1 Rn. 10) – so beispielsweise die Prognose, dass eine Person in naher Zukunft eine Straftat begehen wird oder ein „potentiell gewaltbereiter Störer" (so eine Einstufung in den Gewalttäter-Verbunddateien des BKA; BT-Drs. 17/7307, 2) ist. Nach dem Wortlaut von § 73 S. 1 BDSG müssen allerdings nicht nur die betreffenden Daten selbst subjektiver Natur sein, sondern **auf subjektiven Einschätzungen beruhen**.

7   Während Tatsachen dem Beweis zugängliche Ereignisse oder Zustände der Gegenwart oder Vergangenheit sind (vgl. im Zusammenhang mit Art. 5 Abs. 1 GG BVerfG NJW-RR 2017, 1003 f.), sind Einschätzungen ähnlich wie Meinungsäußerungen subjektiver Natur. Die subjektive und objektive Komponente vermischen sich allerdings regelmäßig. Eine (Gefahren-)**Prognose** etwa enthält sowohl die (zumindest konkludente) Erklärung der Tatsachen, auf denen sie beruht, als auch eine subjektive Einschätzung der erwarteten Entwicklung (vgl. Kindhäuser/Neumann/Paeffgen/Hellmann, Strafgesetzbuch, 5. Aufl. 2017, StGB § 265b Rn. 37). Dies wirft die Frage auf, wie stark die subjektive Basis einer Einschätzung gegenüber objektiven Grundlagen wiegen muss, damit die Einschätzung auf dieser beruht. Beurteilungen zur Gefährdung oder zu anderen Zwecken der Gefahrenabwehr und Strafverfolgung werden sich stets zu einem gewissen Teil auf objektive Elemente stützen (müssen). So erfordert die Gefahrenprognose innerhalb des Polizei- und Ordnungsrechts grundsätzlich eine Analyse anhand von objektiven Indizien und Tatsachen (Gabel BB 2009, 2045 (2047)). Dies spricht dafür, subjektive Einschätzungen als Datengrundlage

auch bei im Wesentlichen auf Tatsachen beruhenden Datenverarbeitungen zu identifizieren und zu kennzeichnen, wenn sie darauf einen Einfluss haben (für eine Differenzierung zwischen deskriptiven Angaben sowie Bewertungen oder Prognosen: Hill/Kugelmann/Martini/Bäcker, Perspektiven der digitalen Lebenswelt, 2017, 63 (75); Paal/Pauly/Paal Rn. 3; Gola/Heckmann/Scheurer Rn. 8). Ansonsten würde der Anwendungsbereich von § 73 BDSG drohen, ins Leere zu laufen.

Ebenfalls als persönliche Einschätzung zu bewerten ist die **subjektive Gewichtung von objektiven Elementen.** Wenn etwa bei einer Gefährdungsbewertung mehrere Tatsachen nach der Einschätzung des Verantwortlichen gewichtet werden, liegt eine auf subjektiven Einschätzungen basierte Beurteilung vor. Dies ist auch der Fall, wenn die Einschätzung nach einem festen System (etwa durch ein Computersystem algorithmisiert) erfolgt, da in diesem Fall eine subjektive Komponente in Form der Gewichtung in dem System verankert ist (Johannes ZD-Aktuell 2017, 05491). So kann eine Verarbeitung personenbezogener Daten, die auf persönlichen Einschätzungen beruhen, bei Verfahren des Predictive Policing erfolgen – auch wenn die zum Einsatz kommenden Systeme mit einem besonderen Anschein von Objektivität ausgestattet sind. 8

Ob der Einsatz von **Künstlicher Intelligenz** bzw. des maschinellen Lernens („Machine Learning") im Sicherheitsbereich dazu führen kann, dass auch die von einem System automatisiert gewonnenen Erkenntnisse als „persönliche" Einschätzungen gelten können, ist noch offen. Aktuelle Diskussionen um die Rechtspersönlichkeit Künstlicher Intelligenz (vgl. nur Kersten JZ 2015, 1 (6 ff.)) deuten jedenfalls darauf hin, dass dies perspektivisch geboten sein könnte. Einfacher wäre es allerdings, von intelligenten Systemen angefertigte Prognosen unabhängig von der komplizierten Frage nach deren Rechtspersönlichkeit im Rahmen des Differenzierungsgebots gleich den persönlichen Einschätzungen einer natürlichen Person zu behandeln. 9

§ 74 Verfahren bei Übermittlungen

(1) ¹Der Verantwortliche hat angemessene Maßnahmen zu ergreifen, um zu gewährleisten, dass personenbezogene Daten, die unrichtig oder nicht mehr aktuell sind, nicht übermittelt oder sonst zur Verfügung gestellt werden. ²Zu diesem Zweck hat er, soweit dies mit angemessenem Aufwand möglich ist, die Qualität der Daten vor ihrer Übermittlung oder Bereitstellung zu überprüfen. ³Bei jeder Übermittlung personenbezogener Daten hat er zudem, soweit dies möglich und angemessen ist, Informationen beizufügen, die es dem Empfänger gestatten, die Richtigkeit, die Vollständigkeit und die Zuverlässigkeit der Daten sowie deren Aktualität zu beurteilen.

(2) ¹Gelten für die Verarbeitung von personenbezogenen Daten besondere Bedingungen, so hat bei Datenübermittlungen die übermittelnde Stelle den Empfänger auf diese Bedingungen und die Pflicht zu ihrer Beachtung hinzuweisen. ²Die Hinweispflicht kann dadurch erfüllt werden, dass die Daten entsprechend markiert werden.

(3) Die übermittelnde Stelle darf auf Empfänger in anderen Mitgliedstaaten der Europäischen Union und auf Einrichtungen und sonstige Stellen, die nach den Kapiteln 4 und 5 des Titels V des Dritten Teils des Vertrags über die Arbeitsweise der Europäischen Union errichtet wurden, keine Bedingungen anwenden, die nicht auch für entsprechende innerstaatliche Datenübermittlungen gelten.

Überblick

§ 74 verpflichtet den Verantwortlichen zu verschiedenen Maßnahmen der Qualitätssicherung hinsichtlich der von ihm vorgehaltenen oder an andere Stellen übermittelten Daten (Abs. 1). Zugleich sieht die Vorschrift für die Übermittlung bestimmter Daten Hinweispflichten der übermittelnden Stelle vor, welche die Einhaltung datenschutzrechtlicher Vorgaben durch den Empfänger absichern (Abs. 2). Schließlich verbietet die Vorschrift der übermittelnden Stelle, dem Empfänger bei einer transnationalen Übermittlung von Daten innerhalb der Europäischen Union Beschränkungen oder Pflichten aufzuerlegen, die für innerstaatliche Stellen nicht gelten (Abs. 3).

Übersicht

	Rn.		Rn.
A. Allgemeines	1	II. Personenbezogene Daten	14
I. Normzweck	1	III. Unrichtig oder nicht mehr aktuell	19
II. Unionsrechtlicher Hintergrund	3	IV. Übermitteln oder sonst Zur-Verfügung-Stellen	24
III. Gesetzgebungsgeschichte	6	V. Angemessene Maßnahmen	26
IV. Systematischer Zusammenhang	10	**C. Pflicht zur Überprüfung der Datenqualität (Abs. 1 S. 2)**	27
V. Landesrecht	11a	**D. Informationspflicht (Abs. 1 S. 3)**	29
B. Pflicht, angemessene Maßnahmen zur Nicht-Übermittlung zu ergreifen (Abs. 1 S. 1)	12	**E. Hinweispflicht (Abs. 2)**	31
I. Verantwortlicher	13	**F. Gleichbehandlungspflicht (Abs. 3)**	33

A. Allgemeines

I. Normzweck

1   Die in § 74 vorgesehenen Pflichten bezwecken entsprechend dem übergreifenden Regelungsziel der umgesetzten RL (EU) 2016/680 den Schutz von Personen, deren Daten im Bereich der Verhütung, Ermittlung, Aufdeckung, Verfolgung oder Ahndung von Straftaten und Ordnungswidrigkeiten übermittelt werden sollen. Diesen Zweck verfolgt § 74, indem er die datenverarbeitenden Stellen in diesem Bereich dazu verpflichtet, Maßnahmen zur Sicherung der Aktualität und Vollständigkeit der zu übermittelnden Daten zu ergreifen. Zum anderen sollen die flankierenden Hinweis- und Informationspflichten absichern, dass die Übermittlung der Daten nicht dazu führt, dass Verarbeitungsbeschränkungen beim Empfänger übersehen oder Qualitätsdefizite der Daten dort unbekannt sind und sich deshalb zum Nachteil des Betroffenen auswirken.

2   Die in Abs. 3 statuierte Gleichbehandlungspflicht bezweckt dagegen einen verbesserten Datenaustausch in der Europäischen Union.

II. Unionsrechtlicher Hintergrund

3   § 74 Abs. 1 dient der Umsetzung von **Art. 7 Abs. 2 RL (EU) 2016/680** (BT-Drs. 18/11325, 119). Ein Vergleich der Normen zeigt allerdings, dass der deutsche Gesetzgeber in einigen Punkten von den Vorgaben der Richtlinie abgewichen ist. Die Europarechtskonformität von § 74 Abs. 1 erscheint daher teilweise **zweifelhaft**. Dies betrifft zum einen die nur lückenhafte Regelung von Pflichten im Umgang mit **unvollständigen Daten** (dazu → Rn. 23), zum anderen die Erweiterung der Fälle, in denen der Verantwortliche von der **Überprüfungspflicht** gem. § 74 Abs. 1 S. 2 und der **Informationspflicht** gem. § 74 Abs. 1 S. 3 **dispensiert** ist (dazu → Rn. 28 und → Rn. 30).

4   § 74 Abs. 2 setzt **Art. 9 Abs. 3 RL (EU) 2016/680** um (BT-Drs. 18/11325, 119). Insofern hält sich zwar Abs. 2 S. 1 eng an den Wortlaut der Richtlinie. S. 2 fügt indes ein vereinfachtes Verfahren zur Erfüllung der Hinweispflicht hinzu, das europarechtlich nicht vorgesehen ist (dazu → Rn. 32).

5   § 74 Abs. 3 dient schließlich der Umsetzung von **Art. 9 Abs. 4 RL (EU) 2016/680** (BT-Drs. 18/11325, 119). Hier hat der deutsche Gesetzgeber die Richtlinie nahezu wortgleich in deutsches Recht transferiert (Kühling/Buchner/Schwichtenberg Rn. 5).

III. Gesetzgebungsgeschichte

6   § 74 entspricht wortgleich dem Gesetzesentwurf der Bundesregierung (BT-Drs. 18/11325). Als aufschlussreich erweist sich der Vergleich der heutigen Gesetzesfassung mit dem **Referentenentwurf des Bundesministeriums des Inneren** für ein Gesetz zur Anpassung des Datenschutzrechts an die VO (EU) 2016/679 und zur Umsetzung der RL (EU) 2016/680 v. 23.11.2016 (RefE).

7   § 69 RefE sah eine Regelung vor, die dem heutigen § 74 Abs. 1 zwar in der Sache im Wesentlichen entsprach, sich aber in einigen Details noch **enger an die deutsche Sprachfassung der RL (EU) 2016/680** hielt. Zwei Unterschiede des Referentenentwurfs im Vergleich zu der nun

Gesetz gewordenen Fassung der Vorschrift fallen auf: Zum einen war § 69 RefE weniger verbindlich abgefasst. Erst § 74 Abs. 1 stellt den Pflichtencharakter unmissverständlich klar. Zum anderen war die Fassung des § 69 RefE **restriktiver hinsichtlich der Ausnahme von den Pflichten** nach **§ 74 Abs. 1 S. 2 und S. 3**: Die Überprüfungspflicht bestand „soweit durchführbar", die Informationspflicht „nach Möglichkeit". Damit übernahm § 69 RefE wortgleich die Formulierung der deutschen Sprachfassung von Art. 7 Abs. 1 RL (EU) 2016/680.

Die nun geltende Gesetzesfassung weicht dagegen vom deutschen Text der RL (EU) 2016/680 ab und bestimmt, dass eine Erfüllung der Pflichten nicht nur unter dem Vorbehalt des faktisch Möglichen steht, sondern auch unter dem **Vorbehalt** dessen, was **„mit angemessenen Aufwand möglich"** (Abs. 1 S. 2) bzw. was **„möglich und angemessen"** (Abs. 1 S. 3) ist. Eine § 74 Abs. 2 S. 1 im Wesentlichen entsprechende Regelung fand sich im Referentenentwurf in anderem systematischen Zusammenhang in **§ 44 Abs. 3 RefE**. Auch insoweit ist der Detailvergleich interessant: Im Vergleich zu § 44 Abs. 3 RefE hebt § 74 Abs. 2 S. 1 hervor, dass die Hinweispflicht nur für Daten besteht, für deren Verarbeitung besondere Bedingungen gelten. Zudem fand sich in § 44 Abs. 3 RefE noch nicht die **erleichterte Möglichkeit der Hinweispflicht**, die nun **§ 74 Abs. 2 S. 2** in Ergänzung der Richtlinienvorgaben aufführt. 8

Eine der in § 74 Abs. 3 vorgesehenen Gleichbehandlungspflicht vergleichbare Regelung fehlte im Referentenentwurf noch. 9

IV. Systematischer Zusammenhang

Die in § 74 Abs. 1 statuierten Pflichten des Verantwortlichen stehen in unmittelbarem Zusammenhang mit den korrespondierenden Rechten der Betroffenen. Gem. **§ 58 Abs. 1 S. 1** haben diese das **Recht, die Berichtigung** sie betreffender **unrichtiger Daten** vom Verantwortlichen zu verlangen. An die Stelle dieses Rechts tritt im Falle der Unklarheit über die Richtigkeit oder Unrichtigkeit von Daten das **Recht auf eine Einschränkung der Verarbeitung (§ 58 Abs. 1 S. 3)**. 10

Überdies ergeben sich aus **§ 58 Abs. 5** weitere Pflichten der datenverarbeitenden Stellen, die mit den Informations- und Hinweispflichten gem. § 74 Abs. 1 S. 3 und Abs. 2 in engem Zusammenhang stehen. So sehen § 58 Abs. 5 S. 1 und S. 2 entsprechend dem auch § 74 Abs. 1 S. 3 zugrundeliegenden Gedanken eine **Pflicht** des Verantwortlichen vor, **Berichtigungen von Daten** sowohl demjenigen **mitzuteilen**, von dem er die nun berichtigten Daten empfangen hat, als auch demjenigen, dem er die berichtigten Daten zuvor übermittelt hat. Dass der deutsche Gesetzgeber diese Pflichten des Verantwortlichen im Kapitel zu den Rechten der Betroffenen aufführt, ist in gesetzessystematischer Hinsicht wenig überzeugend. 11

V. Landesrecht

§ 74 BDSG findet jedoch nur in solchen Fällen Anwendung, in denen die Bundesländer keine das Bundesgesetz verdrängenden Bestimmungen geschaffen haben (vgl. dazu → § 1 Rn. 72). Landesrechtliche Regelungen, die mit dem § 74 BDSG inhalts- und zumeist auch wortgleich sind, finden sich für Berlin (§ 60 BlnDSG), Brandenburg (§ 13 Abs. 3 BbgPJMDSG), Bremen (§ 65 Brem. Gesetz zur Umsetzung der RL (EU) 2016/680), Hessen (§ 69 HDSIG), Niedersachsen (§ 32 NDSG), Nordrhein-Westfalen (§ 44 DSG NRW), Rheinland-Pfalz (§ 62 LDSG RhPf), Saarland (§ 43 Abs. 5 SPolDVG), Sachsen (§ 30 SächsDSUG), Sachsen-Anhalt (§ 30 DSUG LSA), Schleswig-Holstein (§ 50 LDSG SH) und Thüringen (§ 36 ThürDSG). In Hamburg verweist § 40 HmbJVollzDSG auf § 74 BDSG und erklärt diesen für anwendbar. Auch in Baden-Württemberg verweist § 3 LDSG-JB grundsätzlich auf die §§ 74 ff. BDSG, allerdings findet sich für die Justizvollzugsanstalten eine § 74 BDSG entsprechende Regelung in § 80 JVollzGB I. Eigene vergleichbare Regelungen hat Bayern im Polizeiaufgabengesetz (Art. 54 Abs. 5, 55 PAG) eingefügt. 11a

B. Pflicht, angemessene Maßnahmen zur Nicht-Übermittlung zu ergreifen (Abs. 1 S. 1)

§ 74 Abs. 1 S. 1 regelt **die Pflicht, angemessene Maßnahmen zu ergreifen**, um zu gewährleisten, dass personenbezogene Daten, die unrichtig oder nicht mehr aktuell sind, **nicht übermittelt oder sonst zur Verfügung gestellt werden**. Die Vorschrift setzt gedanklich das aus dem Grundsatz der Datenrichtigkeit folgende **Verbot** voraus, **unrichtige oder nicht mehr aktuelle personenbezogene Daten zu übermitteln** (Johannes/Weinhold DatenschutzR § 1 Rn. 330; vgl. in diesem Sinne auch Erwägungsgrund 47 aE zur RL (EU) 2016/680). Die Formulierung der Vorschrift, die der deutsche Gesetzgeber aus der RL (EU) 2016/680 übernommen hat, rückt 12

BDSG § 74 Teil 3. Bestimmungen für Verarbeitungen zu Zwecken gemäß Richtlinie

allerdings statt dieses primären Verbots die daran anknüpfende Sekundärpflicht des Verantwortlichen in den Vordergrund, die darin besteht, angemessene Maßnahmen zu ergreifen, um eine Übermittlung oder sonstige Zur-Verfügung-Stellung unrichtiger personenbezogener Daten zu verhindern.

I. Verantwortlicher

13 § 46 Nr. 7 bestimmt den Verantwortlichen in Umsetzung von **Art. 3 Nr. 8 RL (EU) 2016/680** (inhaltsgleich mit Art. 4 Nr. 7 der DS-GVO) als „die natürliche oder juristische Person, Behörde, Einrichtung oder andere Stelle, die allein oder gemeinsam mit anderen über die Zwecke und Mittel der Verarbeitung von personenbezogenen Daten entscheidet". Dies betrifft nach **§ 45 S. 1 und 2** aber nur die **öffentlichen Stellen, die für die Verhütung, Ermittlung, Aufdeckung, Verfolgung oder Ahndung von Straftaten oder Ordnungswidrigkeiten zuständig sind.** Zu Einzelheiten s. auch noch → § 75 Rn. 13; zu den gemeinsamen Verantwortlichen vgl. § 63.

II. Personenbezogene Daten

14 Bezugsobjekt der Pflicht gem. § 74 Abs. 1 S. 1 sind **personenbezogene Daten.** Dieser Begriff fand sich bereits in **§ 3 Abs. 1 BDSG aF.** Die Vorschrift definierte personenbezogene Daten als „Einzelangaben über persönliche oder sachliche Verhältnisse einer bestimmten oder bestimmbaren natürlichen Person". Nunmehr gilt die Begriffsbestimmung des **§ 46 Nr. 1,** nach der hierunter „alle **Informationen, die sich auf eine identifizierte oder identifizierbare natürliche Person** (betroffene Person) **beziehen**", zu verstehen sind. Ein sprachlicher Unterschied zur alten Begriffsbestimmung besteht also darin, dass im Gegensatz zu § 3 Abs. 1 BDSG nun nicht von Einzelangaben, sondern von „**Informationen**" die Rede ist. Eine inhaltliche Änderung ist damit nicht verbunden. Denn der Begriff der **Einzelangabe** wurde schon zuvor mit einer Information gleichgesetzt, die sich auf eine bestimmte natürliche Person bezieht oder geeignet ist, den Bezug herzustellen (→ § 3 Rn. 9; ferner Gola/Schomerus/Gola/Klug/Körffer BDSG aF § 3 Rn. 3).

15 **Daten** sind grundsätzlich nur **Tatsachen, nicht Werturteile** (vgl. auch → DS-GVO Art. 16 Rn. 53). Allerdings kann es eine Tatsache darstellen, dass eine Person ein bestimmtes Werturteil abgegeben hat.

16 **Personenbezogene** Daten sind nur solche Informationen, die sich auf eine **natürliche Person** beziehen. Dies entsprach schon der alten Rechtslage des BDSG und gilt nach dem eindeutigen Wortlaut von **§ 46 Nr. 1** entsprechend **Art. 3 Nr. 1 RL (EU) 2016/680** auch weiterhin. Damit scheiden die Daten juristischer Personen aus (vgl. auch → DS-GVO Art. 4 Rn. 5).

17 Die Daten müssen überdies natürliche **Personen** betreffen, die **identifiziert oder identifizierbar** sind. **Identifizierbar** ist „eine natürliche Person, die direkt oder indirekt, insbesondere mittels Zuordnung zu einer Kennung wie einem Namen, zu einer Kennnummer, zu Standortdaten, zu einer Online-Kennung oder zu einem oder mehreren besonderen Merkmalen, die Ausdruck der physischen, physiologischen, genetischen, psychischen, wirtschaftlichen, kulturellen oder sozialen Identität dieser Person sind, identifiziert werden kann" (§ 46 Nr. 1). Entscheidend ist demnach die **Individualisierbarkeit**, dh die Möglichkeit, die Daten einer konkreten natürlichen Person zuzuordnen. Nicht erfasst sind demnach anonyme bzw. anonymisierte Daten (Erwägungsgrund 21 zur RL (EU) 2016/680).

18 Der Begriff der personenbezogenen Daten ist in unionsrechtskonformer Auslegung weit zu verstehen, denn die Grundsätze des Datenschutzes sollen nach **Erwägungsgrund 21 zur RL (EU) 2016/680** für alle Informationen gelten, die sich auf eine identifizierte oder identifizierbare natürliche Person beziehen. Um festzustellen, ob eine natürliche Person identifizierbar ist, sollen nach dem Willen des europäischen Gesetzgebers „alle Mittel berücksichtigt werden, die von dem Verantwortlichen oder einer anderen Person nach allgemeinem Ermessen wahrscheinlich genutzt werden, um die natürliche Person direkt oder indirekt zu identifizieren, wie bspw. das Aussondern" (Erwägungsgrund 21 zur RL (EU) 2016/680). Zur näheren Bestimmung der Mittel, die „nach allgemeinem Ermessen wahrscheinlich genutzt werden" sollen wiederum alle objektiven Faktoren herangezogen werden, wie etwa die mit der Identifizierung einhergehenden Kosten sowie der damit verbundene Zeitaufwand (Erwägungsgrund 21 zur RL (EU) 2016/680).

III. Unrichtig oder nicht mehr aktuell

19 **Unrichtig** sind personenbezogene Daten, wenn sie **nicht mit der wirklichen Tatsachenlage übereinstimmen.** Maßgeblich für die Frage der Richtigkeit der Daten ist der Zeitpunkt, in dem

eine Übermittlung erfolgen soll. Ob die Daten zu einem früheren Zeitpunkt richtig waren, ist insoweit ohne Belang. Dies entspricht dem bisherigen Verständnis von „unrichtig" (siehe noch BeckOK DatenschutzR/Worms, 22. Ed. 1.8.2017, BDSG § 20 Rn. 11).

Für die Frage der Richtigkeit ist ferner zu berücksichtigen, worauf sich die personenbezogenen 20 Daten beziehen. Geht es etwa darum, die Information zu übermitteln, dass eine bestimmte Person eine Aussage getroffen hat, so bezieht sich die Frage der Richtigkeit nicht auf die sachliche Übereinstimmung des Inhalts der Aussage mit der Wirklichkeit, sondern lediglich auf die Tatsache, dass die betreffende Person diese Aussage getätigt hat (vgl. **Erwägungsgrund 30 zur RL (EU) 2016/680**). Diesen Erwägungen trägt iÜ **§ 73** Rechnung, der in Umsetzung von Art. 7 Abs. 1 der RL (EU) 2016/680 die Pflicht des Verantwortlichen vorsieht, soweit wie möglich zwischen Tatsachen und persönlichen Einschätzungen zu differenzieren.

Ob die Behörde ein **Verschulden** im Hinblick auf die Unrichtigkeit trifft, ist **irrelevant** (vgl. 21 auch → DS-GVO Art. 16 Rn. 52).

Nach § 74 Abs. 1 S. 1 ist zwischen unrichtigen und **nicht mehr aktuellen Daten** zu unter- 22 scheiden. Diese Unterscheidung findet sich auch in § 47 Nr. 4. Der Sache nach bilden „nicht mehr aktuelle Daten" aber lediglich einen **Spezialfall unrichtiger Daten**. Auch solche Daten, die zu einem früheren Zeitpunkt sachlich richtig waren, sind gemäß der genannten Definition nunmehr unrichtig (geworden). Allerdings kann in bestimmten Ermittlungszusammenhängen auch die Übermittlung nicht (mehr) aktueller Daten wie etwa alter Meldeadressen oder alter (Geburts-)Namen etc bedeutsam und für die Aufgabenerfüllung erforderlich sein, sofern sie eben als solche gekennzeichnet sind (BT-Drs. 18/11325, 119). Daraus ergibt sich, dass sich die Frage nach der „Aktualität" von Daten nur im konkreten Ermittlungszusammenhang und unter Beachtung des konkreten Verarbeitungszwecks beantworten lässt.

Anders als Art. 7 Abs. 2 RL (EU) 2016/680 untersagt § 74 Abs. 1 S. 1 nicht die **Übermittlung** 23 **unvollständiger Daten.** Der deutsche Gesetzgeber meinte, insoweit „im Hinblick auf die Vervollständigung ... als möglichem Sinn und Zweck einer Datenübermittlung" auf die Umsetzung der Richtlinie verzichten zu können (BT-Drs. 18/11326, 119). Diese Lösung überzeugt nicht. Es ist zwar sinnvoll, **die Übermittlung eines unvollständigen Datensatzes** zuzulassen, wenn dies der **Komplementierung von Datensätzen** dient. Denn eine solche Komplementierung kann gerade auch im Interesse des Betroffenen liegen. Man denke hier nur an entlastende Beweise in einer Strafakte. Der deutsche Gesetzgeber hätte die Übermittlung für diesen Fall aber auch ausnahmsweise zulassen können (so auch Gola/Heckmann/Marnau Rn. 13; Paal/Pauly/Paal Rn. 5). Indem er unvollständige Daten gänzlich aus dem Schutzbereich der Vorschrift hat fallen lassen, bleibt die Umsetzung hinter den europäischen Vorgaben zurück. Denkbar ist aber, ein Verbot der Übermittlung unvollständiger Daten in Abs. 1 S. 1 hineinzulesen, indem unvollständige Daten grundsätzlich als Unterfall unrichtiger Daten verstanden werden, sofern sie nicht ausnahmsweise der Vervollständigung eines Datensatzes dienen (so Auernhammer/Herbst Rn. 7).

IV. Übermitteln oder sonst Zur-Verfügung-Stellen

Die Pflicht, angemessene Maßnahmen zu ergreifen, bezieht sich darauf, dass unrichtige oder 24 nicht mehr aktuelle personenbezogene Daten nicht übermittelt oder sonst zur Verfügung gestellt werden dürfen. Der Begriff des **Übermittelns** ist weder im BDSG noch in der RL (EU) 2016/680 oder der DS-GVO definiert. Er fand aber bereits in **§ 3 Abs. 4 S. 2 Nr. 3 BDSG aF** Verwendung und wurde hier als das **Bekanntgeben gespeicherter oder durch Datenverarbeitung gewonnener Daten durch die verantwortliche Stelle an einen Dritten** definiert. Diese Begriffsbestimmung ist trotz der nunmehr europarechtlichen Fundierung des Begriffs weiterhin tauglich (vgl. Johannes/Weinhold DatenschutzR § 1 Rn. 329; → DS-GVO Art. 4 Rn. 49; Gola/Heckmann/Marnau Rn. 8)

Zu verhindern ist gem. § 74 Abs. 1 S. 1 auch, dass unrichtige und nicht mehr aktuelle Daten 25 **sonst zur Verfügung gestellt werden.** Mit dieser Formulierung weicht der deutsche Gesetzgeber ohne nachvollziehbaren Grund von Art. 7 Abs. 2 S. 1 RL (EU) 2016/680 ab. Dort ist, ebenso wie auch in Art. 7 Abs. 2 S. 2 und Art. 3 Nr. 2 RL (EU) 2016/680 sowie Art. 4 Nr. 2 DS-GVO, von **Bereitstellung** (in der englischen Sprachfassung: „made available" bzw. „making available") die Rede. Die terminologische Abweichung in Abs. 1 S. 1 ist umso unverständlicher, als der deutsche Gesetzgeber selbst in Abs. 1 S. 2 den Begriff der „Bereitstellung" verwendet. Hier wäre eine begriffliche Vereinheitlichung aus Klarstellungsgründen wünschenswert gewesen. Inhaltlich ist dieses begriffliche Hin und Her freilich unschädlich: Zwischen dem „Zur-Verfügung-Stellen" und der „Bereitstellung" besteht kein Unterschied, in der Sache sind damit alle Formen der Offenlegung von Daten gegenüber Dritten erfasst.

V. Angemessene Maßnahmen

26 Der Verantwortliche hat nach Abs. 1 S. 1 **angemessene Maßnahmen** zu ergreifen, um zu gewährleisten, dass personenbezogene Daten, die unrichtig oder nicht mehr aktuell sind, nicht übermittelt oder sonst zur Verfügung gestellt werden. Als angemessene Maßnahmen lassen sich solche ansehen, die **unter Berücksichtigung des Inhalts und der Bedeutung der jeweiligen Daten, des Aufwands und der damit verbundenen Kosten objektiv vernünftig** erscheinen. In Betracht kommen etwa regelmäßige Überprüfungen der Daten, Abgleich von Datenbanken oder Rückfragen bei Unstimmigkeiten (vgl. Gola/Heckmann/Marnau Rn. 15).

C. Pflicht zur Überprüfung der Datenqualität (Abs. 1 S. 2)

27 Nach § 74 Abs. 1 S. 2 hat der Verantwortliche vor der Übermittlung die **Qualität** der Daten **zu überprüfen,** soweit dies „mit angemessenem Aufwand" möglich ist. Die Qualität der Daten ist im Zusammenhang mit der Pflicht aus Abs. 1 S. 1 zu beurteilen. Dies ergibt sich aus dem Wortlaut von Abs. 1 S. 2, der die Pflicht zur Überprüfung „zu diesem Zweck" anordnet, also zur Vermeidung der Übermittlung von Daten entgegen der Pflicht aus Abs. 1 S. 1. **Qualität** bedeutet in diesem Sinne insbesondere **Richtigkeit** und **Aktualität,** aber auch **Vollständigkeit.** Denn dass der deutsche Gesetzgeber das Verbot der Übermittlung nicht auch auf unvollständige Daten erstreckt hat, beruhte nicht darauf, dass die Vollständigkeit kein Merkmal ist, das die Qualität der personenbezogenen Daten bestimmt. Der deutsche Gesetzgeber wollte lediglich die Möglichkeit der Vervollständigung eröffnen (dazu → Rn. 23). Für die Berücksichtigung der Vollständigkeit im Rahmen der Überprüfungspflicht spricht zudem, dass Abs. 1 S. 3 ausdrücklich verlangt, dem Empfänger Informationen beizufügen, die es diesem gestatten, neben der Richtigkeit und Aktualität auch die Vollständigkeit zu überprüfen.

28 Die Pflicht des Abs. 1 S. 2 ist indes beschränkt auf das, was mit „**angemessenen Aufwand möglich**" ist. Damit stellt der deutsche Gesetzgeber die Pflicht unter einen Vorbehalt, der auch die **Berücksichtigung von Kosten und personellen Kapazitäten** der betreffenden Behörde erlaubt. Ob diese Formulierung den **europarechtlichen Vorgaben** gerecht wird, ist zweifelhaft. In der deutschsprachigen Fassung des **Art. 7 Abs. 2 S. 2 der RL (EU) 2016/680** findet sich nur die Einschränkung „**soweit durchführbar**" (vgl. dazu bereits → Rn. 7). Dieser Wortlaut deutet darauf hin, dass **nur technische Möglichkeiten** den Ausschlag geben sollen, **nicht** aber eine **Kosten-Nutzen-Abwägung.** In diese Richtung deuten auch die englische („as far as practicable"), die französische („dans la mesure du possible"), die italienische („per quanto possibile") und die spanische Sprachfassung („en la medida que sea factible") von Art. 7 Abs. 2 S. 2 RL (EU) 2016/680 (unionsrechtliche Bedenken auch bei Paal/Pauly/Paal Rn. 6).

D. Informationspflicht (Abs. 1 S. 3)

29 S. 3 des ersten Absatzes statuiert schließlich die **Pflicht des Verantwortlichen,** bei jeder Übermittlung personenbezogener Daten diejenigen **Informationen beizufügen,** die es dem Empfänger gestatten, die **Qualität der Daten zu beurteilen.** Dabei nennt Abs. 1 S. 3 als Qualitätsmerkmale neben der **Richtigkeit,** der **Vollständigkeit** und der **Aktualität** auch die **Zuverlässigkeit** der Daten. Dies ist sinnvoll, weil der Empfänger regelmäßig nicht an der Datenerhebung beteiligt war.

30 Die Informationspflicht besteht, „**soweit dies möglich und angemessen ist**". Hinsichtlich dieser Einschränkung bestehen ähnliche Bedenken wie bei der entsprechenden Formulierung in Abs. 1 S. 2 (→ Rn. 7). Auch hier hat der deutsche Gesetzgeber die Vorgabe der Richtlinie unter den **Vorbehalt der Angemessenheit** gestellt. In der deutschen Fassung von **Art. 7 Abs. 2 S. 3 RL (EU) 2016/680** heißt es hingegen nur „**nach Möglichkeit**"; vgl. ferner die englische („as far as possible"), die französische („dans la mesure du possible"), die italienische („per quanto possibile") und die spanische Fassung („en la medida de lo posible").

E. Hinweispflicht (Abs. 2)

31 § 74 Abs. 2 S. 1 regelt eine besondere **Hinweispflicht der übermittelnden Stelle gegenüber dem Empfänger** personenbezogener Daten, sofern für die Verarbeitung der übermittelten Daten besondere Bedingungen gelten. **Beispiele** für die im Fachrecht vorgesehene Mitteilung besonderer Bedingungen können **Verbote der Weiterübermittlung an Dritte ohne Genehmigung, Zweckbindungsregelungen bei der Weiterverarbeitung** durch den Empfänger oder **Konsultationserfordernisse vor der Beauskunftung betroffener Personen** durch den Empfänger sein (vgl. Erwägungsgrund 36 zur RL (EU) 2016/680; BT-Drs. 18/11325, 119).

Berichtigung und Löschung personenbezogener Daten § 75 BDSG

S. 2 sieht eine **Erleichterung der Hinweispflicht** vor, die sich in Art. 9 Abs. 3 RL (EU) 32
2016/680 nicht findet.

F. Gleichbehandlungspflicht (Abs. 3)

§ 74 Abs. 3 statuiert schließlich eine **Pflicht der übermittelnden Stelle, Empfänger inner-** 33
halb der EU hinsichtlich der Übermittlung von Daten im Bereich der Verhütung, Ermittlung, Aufdeckung, Verfolgung oder Ahndung von Straftaten und Ordnungswidrigkeiten **gleich zu behandeln.**

§ 75 Berichtigung und Löschung personenbezogener Daten sowie Einschränkung der Verarbeitung

(1) Der Verantwortliche hat personenbezogene Daten zu berichtigen, wenn sie unrichtig sind.

(2) Der Verantwortliche hat personenbezogene Daten unverzüglich zu löschen, wenn ihre Verarbeitung unzulässig ist, sie zur Erfüllung einer rechtlichen Verpflichtung gelöscht werden müssen oder ihre Kenntnis für seine Aufgabenerfüllung nicht mehr erforderlich ist.

(3) ¹§ 58 Absatz 3 bis 5 ist entsprechend anzuwenden. ²Sind unrichtige personenbezogene Daten oder personenbezogene Daten unrechtmäßig übermittelt worden, ist auch dies dem Empfänger mitzuteilen.

(4) Unbeschadet in Rechtsvorschriften festgesetzter Höchstspeicher- oder Löschfristen hat der Verantwortliche für die Löschung von personenbezogenen Daten oder eine regelmäßige Überprüfung der Notwendigkeit ihrer Speicherung angemessene Fristen vorzusehen und durch verfahrensrechtliche Vorkehrungen sicherzustellen, dass diese Fristen eingehalten werden.

Überblick

§ 75 regelt für den Bereich der Verhütung, Ermittlung, Aufdeckung, Verfolgung oder Ahndung von Straftaten oder Ordnungswidrigkeiten die Pflicht des Verantwortlichen zur Berichtigung (Abs. 1) und Löschung (Abs. 2) von personenbezogenen Daten. Die Pflicht zur unverzüglichen Löschung von Daten besteht danach nicht erst nach Ablauf starrer Speicherfristen, sondern insbesondere bereits dann, wenn die weitere Speicherung für die Aufgabenerfüllung der speichernden Stelle nicht mehr erforderlich ist. Zur Umsetzung dieser Dauerpflicht zur Löschung wird der Verantwortliche flankierend dazu verpflichtet, Fristen für eine regelmäßige Überprüfung festzusetzen und verfahrensrechtlich sicherzustellen, dass diese Überprüfung tatsächlich erfolgt (Abs. 4). Durch Verweis auf § 58 Abs. 3–5 hat der Gesetzgeber zugleich verschiedene Möglichkeiten geschaffen, die Löschung der Daten durch eine Einschränkung der Verarbeitung zu ersetzen (Abs. 3). Dabei ist er von den Vorgaben der RL (EU) 2016/680 teilweise in erheblichem Maße abgewichen.

Übersicht

	Rn.		Rn.
A. Allgemeines	1	E. Transparenzpflicht bei automatisierten Datensystemen (Abs. 3 S. 1 iVm § 58 Abs. 4)	21
I. Normzweck	1		
II. Unionsrechtlicher Hintergrund	2		
III. Gesetzgebungsgeschichte	8	F. Mitteilungspflichten bei Berichtigung oder Löschung (Abs. 3 S. 1 iVm § 58 Abs. 5 S. 1 und S. 2)	22
IV. Regelungssystematik	10		
V. Landesrecht	10a		
B. Berichtigungspflicht (Abs. 1)	11	G. Mitteilungspflichten bei Unrichtigkeit oder unrechtmäßiger Übermittlung von Daten (Abs. 3 S. 2)	23
C. Löschpflicht (Abs. 2)	15		
D. Möglichkeiten zur Ersetzung der Löschung (Abs. 3 S. 1 iVm § 58 Abs. 3)	20	H. Fristenregelung	26

BDSG § 75 Teil 3. Bestimmungen für Verarbeitungen zu Zwecken gemäß Richtlinie

A. Allgemeines

I. Normzweck

1 § 75 konkretisiert zwei Fundamentalgrundsätze des Datenschutzrechts für den Bereich der Verhütung, Ermittlung, Aufdeckung, Verfolgung oder Ahndung von Straftaten oder Ordnungswidrigkeiten, nämlich den **Grundsatz der Datenrichtigkeit** (vgl. **§ 47 Nr. 4** sowie **Art. 4 Abs. 1 lit. d RL (EU) 2016/680,** Art. 5 Abs. 1 lit. a DS-GVO und Art. 8 Abs. 2 S. 2 GRCh) und den **Grundsatz der Datenminimierung** (vgl. **§ 47 Nr. 3 BDSG** sowie **Art. 4 Abs. 1 lit. c RL (EU) 2016/680,** Art. 5 Abs. 1 lit. c DS-GVO).

II. Unionsrechtlicher Hintergrund

2 § 75 Abs. 1 dient der Umsetzung von Art. 16 Abs. 1 RL (EU) 2016/680 (BT-Drs. 18/11325, 119). Art. 16 Abs. 1 S. 1 RL (EU) 2016/680 sieht allerdings nur das Recht der betroffenen Person vor, vom Verantwortlichen unverzüglich die Berichtigung sie betreffender unrichtiger Daten zu verlangen. Die in § 75 Abs. 1 vorgesehene **Pflicht** des Verantwortlichen, die **unabhängig von einem entsprechenden Verlangen des Betroffenen** besteht (BT-Drs. 18/11325, 119), enthält die RL (EU) 2016/680 hingegen nicht. Diese über die Vorgaben der Richtlinie hinausgehende Umsetzung im deutschen BDSG ist unionsrechtlich zulässig, da Art. 1 Abs. 3 RL (EU) 2016/680 einen weitergehenden Schutz der Rechte der betroffenen Personen durch die Mitgliedstaaten ausdrücklich erlaubt. **Art. 16 Abs. 1 S. 2 RL (EU) 2016/680** sieht ein entsprechendes **Recht des Betroffenen** auch im Hinblick auf die **Vervollständigung unvollständiger Daten** vor. Insoweit hat der deutsche Gesetzgeber aber davon abgesehen, eine korrespondierende Pflicht des Verantwortlichen vorzugeben. Stattdessen findet sich in **§ 58 Abs. 1 S. 5** – entsprechend der Richtlinie – nur ein solches Recht des Betroffenen.

3 **§ 75 Abs. 2** setzt **Art. 16 Abs. 2 RL (EU) 2016/680** um (BT-Drs. 18/11325, 119). Art. 16 Abs. 2 RL (EU) 2016/680 enthält sowohl ein Recht des Betroffenen als auch eine entsprechende Pflicht des Verantwortlichen zur Löschung von Daten. Der deutsche Gesetzgeber kommt dieser Vorgabe nach, indem er in **§ 58 Abs. 2** das Recht des Betroffenen und in **§ 75 Abs. 2** die Pflicht des Verantwortlichen normiert. Während die unionsrechtliche Vorgabe allein die Löschung von Daten verlangt, deren Verarbeitung gegen im Einzelnen benannte Regelungen der Richtlinie verstößt, geht § 75 Abs. 2 darüber hinaus und schreibt allgemein die Löschung von Daten vor, deren Verarbeitung unzulässig ist.

4 **§ 75 Abs. 3 S. 1 iVm § 58 Abs. 3** dient der Umsetzung von **Art. 16 Abs. 3 RL (EU) 2016/680** (BT-Drs. 18/11325, 119). Dabei zeigt sich aber, dass die Möglichkeiten, die Löschung durch eine Einschränkung der Verarbeitung zu ersetzen, nach europäischem und deutschem Recht **nicht kongruent** sind. Art. 16 Abs. 3 RL (EU) 2016/680 sieht zwei Möglichkeiten der Einschränkung der Verarbeitung anstelle der Löschung vor, nämlich erstens bei Bestreiten der Richtigkeit durch den Betroffenen und Unaufklärbarkeit dieser Frage (lit. a) und zweitens, wenn die Daten zu Beweiszwecken weiter aufbewahrt werden müssen (lit. b). § 75 Abs. 3 S. 1 iVm § 58 Abs. 3 regelt dagegen drei Ausnahmefälle, von denen zwei mit Art. 16 Abs. 3 RL (EU) 2016/680 übereinstimmen: bei Grund zur Annahme, dass schutzwürdige Interessen einer betroffenen Person beeinträchtigt werden (Nr. 1); entsprechend Art. 16 Abs. 3 lit. b RL (EU) 2016/680 bei Aufbewahrung zu Beweiszwecken (Nr. 2) und wenn die Löschung nicht oder nur mit unverhältnismäßigem Aufwand möglich ist (Nr. 3).

5 Die Einschränkung des Art. 16 Abs. 3 lit. a RL (EU) 2016/680 findet sich in § 58 Abs. 1 S. 3 wieder, auf welchen § 75 Abs. 3 S. 1 jedoch nicht verweist. Aus unionsrechtlicher Sicht ist insbesondere die Regelung des § 75 Abs. 3 S. 1 iVm § 58 Abs. 3 Nr. 3 problematisch. Denn die im deutschen Recht vorgesehene Möglichkeit, von der Löschung abzusehen, wenn sie wegen der besonderen Art der Speicherung **nicht oder nur mit unverhältnismäßigem Aufwand möglich** ist, bewirkt eine **unionsrechtlich nicht vorgesehene** Einschränkung des Grundsatzes der Datenminimierung (Johannes/Weinhold DatenschutzR § 1 Rn. 197). Ferner wird in § 75 Abs. 3 S. 1 iVm § 58 Abs. 3 die Informationspflicht des Art. 16 Abs. 5 RL (EU) 2016/680 umgesetzt.

6 Art. 75 Abs. 3 S. 2 setzt **Art. 7 Abs. 3 S. 1 RL (EU) 2016/680** um, allerdings fehlt es am Postulat der Unverzüglichkeit.

7 **§ 75 Abs. 4** setzt **Art. 5 RL (EU) 2016/680** um. Abweichungen vom Unionsrecht bestehen hier nicht.

Berichtigung und Löschung personenbezogener Daten § 75 BDSG

III. Gesetzgebungsgeschichte

Das BDSG aF kannte eine Pflicht zur Berichtigung unrichtiger Daten in §§ 20 Abs. 1 S. 1, 35 **8** Abs. 1 S. 1 BDSG aF. In ihrem Regelungsgehalt schreibt § 75 Abs. 1 BDSG die bestehende Rechtslage daher lediglich fort, ist nunmehr aber unionsrechtlich determiniert.

Der Referentenentwurf des BMI sah in § 70 eine entsprechende Norm vor, die ihrerseits über **9** vier Absätze verfügte. Dabei war in Abs. 1 auch die Pflicht zur Mitteilung einer Berichtigung an die übermittelnde Stelle vorgesehen (Art. 16 Abs. 5 RL (EU) 2016/680), welche sich nunmehr in § 75 Abs. 3 S. 1 iVm § 58 Abs. 5 S. 1 findet. Auch im Gesetzesentwurf der Bundesregierung war diese Regelung noch identisch mit dem Referentenentwurf (BT-Drs. 18/11325, 119). Im Übrigen entspricht die Gesetz gewordene Fassung dem Regierungsentwurf, während der Referentenentwurf noch abweichende Gründe für das Ersetzen des Löschens durch eine Einschränkung der Verarbeitung vorgesehen hatte.

IV. Regelungssystematik

Die Vorschrift enthält insgesamt **sechs Pflichten** der verantwortlichen Stelle. Abs. 1 normiert **10** erstens eine Pflicht, unrichtige Daten zu berichtigen. Zweitens besteht nach Abs. 2 eine Amtspflicht, Daten zu löschen, wenn einer der drei dort genannten Fälle greift. Diese Pflicht kann in den Fällen des Abs. 3 S. 1 iVm § 58 Abs. 3 durch eine Einschränkung der Datenverarbeitung ersetzt werden. Drittens besteht nach Abs. 3 S. 1 iVm § 58 Abs. 4 die Pflicht, bei automatisierten Dateisystemen technisch sicherzustellen, dass eine Einschränkung der Datenverarbeitung eindeutig erkennbar ist und eine Verarbeitung für andere Zwecke nicht ohne weitere Prüfung möglich ist. Viertens bestehen Mitteilungspflichten nach Abs. 3 S. 1 iVm § 58 Abs. 5 S. 1 und 2. Fünftens besteht eine weitere Mitteilungspflicht nach Abs. 3 S. 2, wenn unrichtige personenbezogene Daten oder personenbezogene Daten unrechtmäßig übermittelt wurden. Sechstens besteht gemäß Abs. 4 die Pflicht, Fristen für die Überprüfung des Bestehens von Löschpflichten vorzusehen und deren Einhaltung durch verfahrensrechtliche Vorkehrungen sicherzustellen.

V. Landesrecht

§ 75 BDSG kommt bei der Verarbeitung von Daten durch Landesbehörden gem. § 1 Abs. 1 **10a** S. 1 Nr. 2 BDSG nur zur Anwendung, soweit keine verdrängende landesgesetzliche Regelung vorliegt (vgl. allg. → § 1 Rn. 72). Alle Bundesländer haben inzwischen Gesetze zur Umsetzung der RL (EU) 2016/680 beschlossen. § 75 BDSG verdrängende Regelungen zu Berichtigungs- und Löschpflichten finden sich für Bayern (Art. 62 PAG), Berlin (§ 61 BlnDSG), Brandenburg (§§ 14 f. BbgPJMDSG), Bremen (§ 63 ff. Brem. Gesetz zur Umsetzung der RL (EU) 2016/680), Hamburg (§ 29 HmbJVollzDSG), Hessen (§ 70 HDSIG), Mecklenburg-Vorpommern (§ 45 SOG M-V), Niedersachsen (§ 28 NDSG), Nordrhein-Westfalen (§ 54 DSG NRW), Rheinland-Pfalz (§ 63 LDSG RhPf), Saarland (§ 26 SPolDVG), Sachsen (§ 31 SächsDSUG), Sachsen-Anhalt (§ 31 DSUG LSA), Schleswig-Holstein (§ 51 LDSG SchlH) und Thüringen (§ 35 ThürDSG). In Baden-Württemberg verweist § 3 LDSG-JB grundsätzlich auf die §§ 74 ff. BDSG, für die Justizvollzugsanstalten ist eine § 75 BDSG entsprechende Regelung in § 81 JVollzGB I vorgesehen.

B. Berichtigungspflicht (Abs. 1)

Nach Abs. 1 ist der Verantwortliche verpflichtet, unrichtige Daten zu berichtigen. Die Pflicht **11** knüpft an den in § 47 Nr. 4 BDSG geregelten Grundsatz der Datenrichtigkeit an, der korrespondierende Anspruch des Betroffenen auf Berichtigung findet sich in § 58 Abs. 1 S. 1 BDSG. Die Berichtigungspflicht besteht unabhängig von einem Antrag des Betroffenen (BT-Drs. 18/11325, 119). Sie ist eine **Dauerpflicht,** dh der Verantwortliche hat die Berichtigung unabhängig vom Zeitpunkt der erstmaligen Speicherung vorzunehmen. Ob den Verantwortlichen ein Verschulden bezüglich der Unrichtigkeit trifft, ist unerheblich (vgl. auch → § 58 Rn. 27).

Der Begriff des **Verantwortlichen** bestimmt sich nach den §§ 45 S. 1, 2, 46 Nr. 7 (vgl. dazu **12** auch → § 74 Rn. 13). Bezugsobjekt sind **personenbezogene Daten** im Sinne des § 46 Nr. 1 (vgl. dazu wiederum → § 74 Rn. 14 f.). Teilweise ergibt sich aus dem jeweiligen Fachrecht, wer datenschutzrechtlich verantwortlich ist. Das BKA unterhält gem. § 2 Abs. 3 BKAG als Zentralstelle einen einheitlichen polizeilichen Informationsverbund (INPOL). Die datenschutzrechtliche Verantwortung für die bei der Zentralstelle gespeicherten Daten liegt gem. §§ 29 Abs. 5 S. 1, 31 Abs. 2 BKAG bei der Stelle, die die Daten unmittelbar eingegeben hat, d. h. bei der jeweiligen Polizei des Bundes oder eines Landes. Nur sie ist daher zur Löschung derselben befugt (BayVGH

BeckRS 2020, 20623 Rn. 24 mwN.; zu INPOL und dem Begriff des Verantwortlichen auch → DS-GVO Art. 4 Rn. 92). Die in § 75 Abs. 2 BDSG genannten Pflichten zur Löschung gelten gem. § 77 Abs. 6 S. 1 BKAG entsprechend.

13 **Unrichtig** sind personenbezogene Daten, wenn sie aktuell **nicht mit der wirklichen Tatsachenlage übereinstimmen** (vgl. → § 74 Rn. 19). Darunter fallen insofern auch nicht mehr aktuelle Daten (vgl. → § 74 Rn. 22). Auch hier ist genau zu beachten, worauf sich der Beweiswert der betreffenden Tatsache bezieht (vgl. → § 74 Rn. 20).

14 Eine **Berichtigung** erfordert, dass die Daten mit der aktuellen Tatsachenlage in Einklang gebracht werden (vgl. → § 58 Rn. 22). Anders als Abs. 2 für die Löschung sieht Abs. 1 nach dem Wortlaut nicht vor, dass die Berichtigung unverzüglich erfolgen muss. Mittelbar ergibt sich die Pflicht zu einem unverzüglichen Tätigwerden aber aus § 47 Nr. 4. Überdies kann auch der Betroffene nach § 58 Abs. 1 in Übereinstimmung mit Art. 16 Abs. 1 RL (EU) 2016/680 „unverzüglich" die Berichtigung der unrichtigen Daten verlangen.

C. Löschpflicht (Abs. 2)

15 Nach Abs. 2 hat der Verantwortliche personenbezogene Daten **in drei Fällen unverzüglich zu löschen:**
(1) wenn ihre Verarbeitung unzulässig ist,
(2) wenn sie zur Erfüllung einer rechtlichen Verpflichtung gelöscht werden müssen oder
(3) wenn ihre Kenntnis für seine Aufgabenerfüllung nicht mehr erforderlich ist.

16 Die Formulierung, dass Daten dann zu löschen sind, wenn ihre **Verarbeitung unzulässig** ist, geht weiter als die Vorgabe in Art. 16 Abs. 2 RL (EU) 2016/680, welche nur Verstöße gegen ihre Art. 4, 8 und 10 mit einer Löschpflicht belegt. Was unter „Verarbeitung von Daten" zu verstehen ist, bestimmt § 46 Nr. 2. Die Unzulässigkeit der Verarbeitung kann sich sowohl aus deutschem Recht als auch aus Unionsrecht ergeben. Sie ist allgemein dann **unzulässig,** wenn es schon an einer Ermächtigungsgrundlage für die Datenverarbeitung fehlt, welche als weiterer Grundrechtseingriff stets einer eigenständigen Rechtsgrundlage bedarf, und keine Einwilligung des Betroffenen vorliegt (vgl. → § 58 Rn. 41). Auch die Verarbeitung zu anderen Zwecken ist grundsätzlich unzulässig, sofern nicht die Voraussetzungen des § 49 vorliegen. Ferner ist eine Unzulässigkeit dann anzunehmen, wenn die Datenverarbeitung selbst gegen andere Rechtsvorschriften verstoßen würde. Im Strafverfahren ist hier vor allem an den Kernbereichsschutz zu denken, der sich aus Art. 1 Abs. 1 GG, teilweise aber auch direkt aus strafprozessualen Normen ergibt (vgl. die Löschpflicht bei heimlichen Maßnahmen gem. § 100d Abs. 2 S. 2 StPO). Ferner bestehen etwa bei Zufallsfunden gesetzliche Verwendungsverbote (vgl. §§ 100 Abs. 6, 161 Abs. 3, 479 Abs. 2 S. 1 StPO). Unionsrechtlich kommen insbesondere Verstöße gegen die Art. 4, 8 und 10 RL (EU) 2016/680 in Betracht. Eine Datenverarbeitung kann auch nach landesrechtlichen Gefahrenabwehrvorschriften zu beurteilen sein. Dies gilt im Hinblick auf § 31 Abs. 2 BKAG auch bei der Verbunddatei „INPOL" (s. dazu bereits → Rn. 13), sofern die speichernde Stelle eine Landesbehörde war (vgl. BayVGH BeckRS 2020, 20623 Rn. 26 ff. zur Speicherung der personenbezogenen Information „Reichsbürger" als Ausdruck einer staatsfeindlichen weltanschaulichen Überzeugung).

17 Der Verantwortliche ist auch dann zur Löschung personenbezogener Daten verpflichtet, wenn er damit **einer rechtlichen Verpflichtung** nachkommt. Diese tautologische Formulierung hat der deutsche Gesetzgeber aus Art. 16 Abs. 2 RL (EU) 2016/680 übernommen. Sie findet sich wortgleich auch in Art. 17 Abs. 1 lit. e DS-GVO. Die Löschpflicht ergibt sich in diesem Fall bereits aus den Fachgesetzen. Zu den Versuchen, dieser missglückten Fassung Sinn zu geben (vgl. → DS-GVO Art. 17 Rn. 44 ff.).

18 Schließlich sind personenbezogene Daten dann zu löschen, wenn **die Kenntnis für die Aufgabenerfüllung nicht mehr erforderlich ist.** Die fragliche Aufgabe muss hier dem Bereich der Verhütung, Ermittlung, Aufdeckung, Verfolgung oder Ahndung von Straftaten oder Ordnungswidrigkeiten entstammen. Daten werden zunächst einmal für einen bestimmten Zweck, etwa im Ermittlungsverfahren zur Ermittlung einer bestimmten prozessualen Tat, erhoben und verarbeitet, sodass insofern eine **Zweckbindung** vorliegt. Wird dieser Zweck erreicht, so sind die Daten von Amts wegen zu löschen. Dies entspricht einerseits ebendieser Zweckbindung sowie andererseits dem Grundsatz der Datenminimierung. Es gilt allerdings zu beachten, dass Daten nach einer zulässigen **Zweckumwandlung** auch für ein anderes Verfahren genutzt werden können (vgl. die §§ 474, 479 StPO). Insofern ist die konkrete Zweckbestimmung im konkreten Verwendungszusammenhang in Betracht zu nehmen. Auch Erwägungsgrund (27) zur RL (EU) 2016/680 konsta-

tiert insoweit, dass die Behörden zur Verhütung, Ermittlung und Verfolgung von Straftaten personenbezogene Daten „auch in einem anderen Kontext" verarbeiten können müssen.

Hinsichtlich des „Erforderlichseins" ist nach der Rechtsprechung zu prüfen, ob sich (1) die jeweilige Aufgabe endgültig erledigt hat, oder ob (2) Anhaltspunkte bestehen, „dass die Daten in Zukunft noch praktische Bedeutung haben werden und deshalb nicht ausgeschlossen werden kann, dass sie die Arbeit der zuständigen Behörde noch fördern können" (OLG Hamm BeckRS 2021, 6165 Rn. 26 mwN). Eine Datenspeicherung als Beschuldigter in MESTA (Mehrländer-Staatsanwaltschafts-Automation) kann im Hinblick auf das Verwertungsverbot in § 51 Abs. 1 BZRG nur solange „erforderlich" sein, wie die Daten im Zentralregister nicht getilgt bzw. nicht tilgungsreif sind (OLG Hamm BeckRS 2021, 6165 Rn. 30). Zudem ist eine Speicherung auch dann nicht mehr erforderlich, wenn die gesetzlichen Fristen zur Überprüfung der Notwendigkeit der Datenlöschung abgelaufen sind (OLG Hamm BeckRS 2021, 6165 Rn. 28).

Mit dem Gesetz zur Umsetzung der RL (EU) 2016/680 im Strafverfahren sowie zur Anpassung datenschutzrechtlicher Bestimmungen an die VO (EU) 2016/679 (BGBl. I 1724) wurden 2019 in der StPO die Vorschriften zur Löschung, Berichtigung und Einschränkung der Verarbeitung von Daten neu geregelt und ihr Verhältnis zu den einschlägigen Vorschriften des BDSG bestimmt. Gemäß § 500 StPO nF sind die Vorschriften des 3. Teils des BDSG und damit auch § 75 BDSG im Strafverfahren entsprechend anzuwenden, soweit öffentliche Stellen der Länder personenbezogene Daten verarbeiten und soweit nicht in der StPO etwas anderes bestimmt ist. Die datenschutzrechtlichen Pflichten gelten demnach subsidiär, wenn keine bereichsspezifischen Sonderregelungen bestehen (BT-Drs. 19/4671, 44).

In diesem Sinne enthält § 489 StPO zwar eine Sonderregelung, die neugefasste Vorschrift stellt jedoch klar, dass die in den Nr. 1–3 geregelten Löschpflichten „unbeschadet der anderen" in § 75 Abs. 2 BDSG genannten Gründe für eine Löschung gelten. § 489 StPO verdrängt § 75 Abs. 2 BDSG also nicht, sondern ergänzt die Regelung durch dort nicht aufgeführte Löschpflichten (BT-Drs. 19/4671, 69). Danach sind bestimmte Daten im Strafverfahren „mit der Erledigung des Verfahrens" zu löschen (§ 489 Abs. 1 Nr. 1 StPO), andere Daten, „sobald ihre Speicherung zur Vorgangsverwaltung nicht mehr erforderlich ist" (§ 489 Abs. 1 Nr. 3 StPO). Diese Löschpflichten entsprechen den in Art. 16 Abs. 2 iVm 4 Abs. 1 lit. e) und 10 Abs. 1 RL (EU) 2016/680 vorgesehenen und stellen daher eine richtlinienkonforme Ausgestaltung dar. § 489 Abs. 1 Nr. 2 StPO setzt voraus, dass die Speicherung nach § 485 StPO unzulässig war. Da dieser Fall eine unzulässige Datenverarbeitung darstellt, die bereits durch § 75 Abs. 2 BDSG erfasst wird (vgl. → Rn. 17), hätte es keiner gesonderten Regelung in der StPO bedurft.

Die in § 489 Abs. 1 Nr. 1 StPO vorausgesetzte Erledigung des Verfahrens tritt nach § 489 Abs. 2 S. 3 StPO jedenfalls mit dem Zeitpunkt der Verjährung der Tat ein, die den Gegenstand des Ermittlungsverfahrens bildete. Ein Anspruch auf Löschung soll sich nach der Rechtsprechung dagegen prinzipiell noch nicht aus der Einstellung des Ermittlungsverfahrens gem. § 170 Abs. 2 StPO mangels hinreichenden Tatverdachts oder gem. den §§ 153 ff. StPO ergeben (BayObLG BeckRS 2020, 2417 Rn. 16; BayVGH BeckRS 2015, 43079 Rn. 18; VG München BeckRS 2020, 3099 Rn. 20). Selbst ein rechtskräftiger Freispruch soll zumindest dann keinen Anspruch auf Löschung begründen, wenn ein Restverdacht fortbesteht (BayVGH BeckRS 2015, 43079 Rn. 17; VG München BeckRS 2020, 3099 Rn. 20), also insbesondere bei einem Freispruch aus Mangel an Beweisen (BayVGH BeckRS 2015, 43079 Rn. 18; VG München BeckRS 2020, 3099 Rn. 20). Es komme vielmehr darauf an, ob der Verdacht einer Straftat oder Tatbeteiligung des Betroffenen restlos ausgeräumt ist (BayVGH BeckRS 2015, 43079 Rn. 17; VG München BeckRS 2020, 3099 Rn. 20). Ein Löschungsanspruch bestehe aber dann, wenn die Einstellung des Verfahrens gem. § 170 Abs. 2 StPO bzw. der Freispruch wegen erwiesener Unschuld erfolgte (VG München BeckRS 2020, 3099 Rn. 21; offen gelassen in BayObLG BeckRS 2020, 2417 Rn. 16).

Allerdings muss die Behörde im Einzelfall darlegen, aus welchen Gründen nach einem Freispruch oder einer Verfahrenseinstellung gem. § 170 Abs. 2 StPO ein Restverdacht besteht. Eine dahingehende pauschale Behauptung ist wegen des in der fortgesetzten Speicherung liegenden Eingriffs in das Recht auf informationelle Selbstbestimmung nicht ausreichend (Basar jurisPR-StrafR 22/2020 Anm. 2 D.; vgl. auch MüKoStPO/Singelnstein StPO § 485 Rn. 9). Dementsprechend ist die StA nach der Rechtsprechung verpflichtet, bezüglich des Löschanspruches aus § 489 Abs. 1 Nr. 3 StPO (bislang § 489 Abs. 2 StPO aF) bei einer Einstellung nach § 170 Abs. 2 StPO im Einzelfall zu prüfen, ob die Speicherung noch erforderlich ist (OLG Dresden MMR 2003, 592 f., jedenfalls, wenn ein Löschantrag gestellt wurde; OLG Frankfurt NStZ-RR 2008, 183 (184)).

Rechtsfolge sämtlicher Varianten ist die Pflicht des Verantwortlichen, die Daten **unverzüglich zu löschen**. Das **Löschen** war nach altem Recht gem. § 3 Abs. 4 S. 2 Nr. 5 BDSG aF definiert als das Unkenntlichmachen gespeicherter personenbezogener Daten. Diese Begriffsbestimmung kann einstweilen, ggf. bis zu einer unionsrechtlichen Bestimmung, weiter Verwendung finden. **Unverzüglich** kann in Anlehnung an § 121 BGB als Tätigwerden „ohne schuldhaftes Zögern" verstanden werden (vgl. → § 58 Rn. 23).

D. Möglichkeiten zur Ersetzung der Löschung (Abs. 3 S. 1 iVm § 58 Abs. 3)

20   In bestimmten Fällen ist es der Behörde gestattet, die Datenverarbeitung einzuschränken, anstatt die Daten zu löschen (vgl. zum Begriff der Einschränkung der Verarbeitung § 46 Nr. 3). Die Entscheidung darüber liegt im pflichtgemäßen Ermessen der Behörde. Zur Bestimmung der Fälle, in denen dies zulässigerweise geschehen darf, verweist Abs. 3 S. 1 auf § 58 Abs. 3. Gemäß § 58 Abs. 3 kann das Löschen in drei Fällen unterbleiben:
(1) wenn Grund zu der Annahme besteht, dass eine Löschung schutzwürdige Interessen einer betroffenen Person beeinträchtigen würde (§ 75 Abs. 3 S. 1 iVm § 58 Abs. 3 S. 1 Nr. 1),
(2) wenn die Daten zu Beweiszwecken in Verfahren, die Zwecken des § 45 dienen, aufbewahrt werden müssen (§ 75 Abs. 3 S. 1 iVm § 58 Abs. 3 S. 1 Nr. 2) sowie
(3) wenn eine Löschung wegen der besonderen Art der Speicherung nicht oder nur mit unverhältnismäßigem Aufwand möglich ist (§ 75 Abs. 3 S. 1 iVm § 58 Abs. 3 S. 1 Nr. 3).

20a   Diesbezüglich kann auf die Kommentierung zu → § 58 Rn. 45 ff. verwiesen werden. Zu den Zweifeln hinsichtlich der Richtlinienkonformität vgl. auch schon → Rn. 4 f. Die in ihrer Verarbeitung eingeschränkten Daten dürfen dabei nur zu dem Zweck verarbeitet werden, der ihrer Löschung entgegenstand (Abs. 3 S. 1 iVm § 58 Abs. 3 S. 2).

E. Transparenzpflicht bei automatisierten Datensystemen (Abs. 3 S. 1 iVm § 58 Abs. 4)

21   Über den Verweis in Abs. 3 S. 1 kommt auch § 58 Abs. 4 zur Anwendung. Dieser normiert die Pflicht, technisch sicherzustellen, dass eine Einschränkung der Verarbeitung eindeutig erkennbar ist und eine Verarbeitung für andere Zwecke nicht ohne weitere Prüfung möglich ist.

F. Mitteilungspflichten bei Berichtigung oder Löschung (Abs. 3 S. 1 iVm § 58 Abs. 5 S. 1 und S. 2)

22   § 58 Abs. 5 normiert **zwei Mitteilungspflichten** des Verantwortlichen, welche über den Verweis in § 75 Abs. 3 S. 1 entsprechend gelten. Erstens muss der Verantwortliche in Fällen, in denen eine andere Stelle ihm die personenbezogenen Daten zuvor übermittelt hat, eine Berichtigung der Daten anzeigen (§ 75 Abs. 3 S. 1 iVm § 58 Abs. 5 S. 1). Zweitens müssen auch Empfänger, denen der Verantwortliche selbst wiederum die Daten übermittelt hat, informiert werden, wenn der Verantwortliche Daten berichtigt oder gelöscht oder statt der Löschung die Datenverarbeitung eingeschränkt hat (§ 75 Abs. 3 S. 1 iVm § 58 Abs. 5 S. 2). Denn auch der Empfänger selbst muss die Daten berichtigen, löschen oder ihre Verarbeitung einschränken (§ 75 Abs. 3 S. 1 iVm § 58 Abs. 5 S. 3). Zu den Einzelheiten siehe die Kommentierung zu → § 58 Rn. 52.

G. Mitteilungspflichten bei Unrichtigkeit oder unrechtmäßiger Übermittlung von Daten (Abs. 3 S. 2)

23   § 75 Abs. 3 S. 2 normiert zwei weitere Mitteilungspflichten. Erstens muss die übermittelnde Stelle dem Empfänger von Daten mitteilen, wenn sie später Kenntnis von der Unrichtigkeit der zuvor übermittelten Daten erlangt. Zweitens muss die übermittelnde Stelle dem Empfänger mitteilen, wenn sie später Kenntnis davon erlangt, dass sie zuvor (richtige) personenbezogene Daten in unrechtmäßiger Weise übermittelt hat.

24   Die eigenständige praktische Bedeutung der Mitteilungspflicht bei Kenntniserlangung von der Unrichtigkeit der zuvor übermittelten Daten dürfte gering sein. Wenn die übermittelnde Stelle die Daten, von deren Unrichtigkeit sie nun Kenntnis erlangt, selbst noch gespeichert hat, ist sie bereits gem. § 75 Abs. 1 zur Berichtigung sowie gem. § 75 Abs. 3 S. 1 iVm § 58 Abs. 5 S. 2 zur Mitteilung über die Berichtigung an den Empfänger verpflichtet. Eine zusätzliche Mitteilung an den Empfänger über die Unrichtigkeit der übermittelten Daten ist in diesem Fall überflüssig, weil dies bereits durch die Mitteilung über die Berichtigung geschehen ist. Als selbständiger Anwendungsfall von § 75 Abs. 3 S. 2 kommt daher nur die Konstellation in Betracht, dass die

übermittelnde Stelle die nunmehr unrichtigen Daten, inzwischen selbst nicht mehr gespeichert und daher auch nicht mehr selbst zu berichtigen und über die Berichtigung Mitteilung an den Empfänger zu erstatten hat.

In beiden in § 75 Abs. 3 S. 2 geregelten Fällen ist der Empfänger nach Erhalt der Mitteilung seinerseits dafür verantwortlich, die betreffenden Daten zu berichten, zu löschen oder ihre Verarbeitung einzuschränken. Diese Pflicht ergibt sich zum einen aus der Verweisung in Abs. 3 S. 1 auf § 58 Abs. 5 S. 3, zum anderen auch aus § 75 Abs. 1 und Abs. 2, soweit der Empfänger selbst wieder Verantwortlicher iSv § 46 Nr. 7 ist (so iE wohl auch Paal/Pauly/Paal Rn. 9). 25

H. Fristenregelung

Abs. 4 bestimmt in Umsetzung von Art. 5 RL (EU) 2016/680, dass der Verantwortliche für die Löschung von personenbezogenen Daten oder eine regelmäßige Überprüfung der Notwendigkeit ihrer Speicherung angemessene Fristen vorzusehen hat. Welchen Zweck es haben soll, angemessene Fristen für die Löschung von personenbezogenen Daten vorzusehen, ist allerdings unklar. Denn die Pflicht zur Löschung nach Abs. 2 ist unverzüglich umzusetzen (→ Rn. 15). Der Bestimmung einer weiteren Frist für die Löschung neben ggf. in Fachgesetzen geregelten Lösch- oder Höchstspeicherfristen bedarf es daher nicht. 26

Sinnvoll ist dagegen die Pflicht zur Festlegung von Überprüfungsfristen. Aus Praktikabilitätsgründen kann vom Verantwortlichen nicht verlangt werden, beständig die Löschgründe bezüglich sämtlicher Daten seines Datenbestandes zu überprüfen. Ihm kann aber aufgegeben werden, dies innerhalb angemessener Fristen zu tun. Die **Angemessenheit** der Überprüfungsfrist ist einzelfallbezogen unter Berücksichtigung der Kapazitäten, Kosten und technischen Möglichkeiten der Behörde, vor allem aber im Hinblick auf die Sensibilität der Daten für den Betroffenen zu beurteilen (vgl. Auernhammer/Herbst Rn. 11; Kühling/Buchner/Schwichtenberg Rn. 8). Der Verantwortliche muss zudem verfahrensrechtlich dafür sorgen, dass diese Fristen auch tatsächlich beachtet werden. 27

§ 76 Protokollierung

(1) In automatisierten Verarbeitungssystemen haben Verantwortliche und Auftragsverarbeiter mindestens die folgenden Verarbeitungsvorgänge zu protokollieren:
1. Erhebung,
2. Veränderung,
3. Abfrage,
4. Offenlegung einschließlich Übermittlung,
5. Kombination und
6. Löschung.

(2) Die Protokolle über Abfragen und Offenlegungen müssen es ermöglichen, die Begründung, das Datum und die Uhrzeit dieser Vorgänge und so weit wie möglich die Identität der Person, die die personenbezogenen Daten abgefragt oder offengelegt hat, und die Identität des Empfängers der Daten festzustellen.

(3) Die Protokolle dürfen ausschließlich für die Überprüfung der Rechtmäßigkeit der Datenverarbeitung durch die Datenschutzbeauftragte oder den Datenschutzbeauftragten, die Bundesbeauftragte oder den Bundesbeauftragten und die betroffene Person sowie für die Eigenüberwachung, für die Gewährleistung der Integrität und Sicherheit der personenbezogenen Daten und für Strafverfahren verwendet werden.

(4) Die Protokolldaten sind am Ende des auf deren Generierung folgenden Jahres zu löschen.

(5) Der Verantwortliche und der Auftragsverarbeiter haben die Protokolle der oder dem Bundesbeauftragten auf Anforderung zur Verfügung zu stellen.

Überblick

§ 76 regelt für den Bereich der Verhütung, Ermittlung, Aufdeckung, Verfolgung oder Ahndung von Straftaten oder Ordnungswidrigkeiten die Pflicht, Datenverarbeitungsvorgänge in automatisierten Verarbeitungssystemen umfassend zu protokollieren. Zugleich enthält die Vorschrift Regelungen über die Verwendung und den Umgang mit den Protokolldaten.

Übersicht

	Rn.		Rn.
A. Allgemeines	1	B. Protokollierungspflicht (Abs. 1)	7
I. Normzweck	1	C. Inhalt der Verarbeitungsprotokolle (Abs. 2)	11
II. Unionsrechtlicher Hintergrund	2		
III. Gesetzgebungsgeschichte	3	D. Verwendung der Protokolldaten (Abs. 3)	17
IV. Systematischer Zusammenhang	5		
V. Verhältnis zu datenschutzrechtlichen Vorschriften in Fachgesetzen	6	E. Löschfrist (Abs. 4)	19
VI. Landesrecht	6a	F. Pflicht zur Bereitstellung der Protokolle	20

A. Allgemeines

I. Normzweck

1   Der Gesetzgeber bezeichnet die in Abs. 1 statuierte Protokollierungspflicht als „**Instrument zur Berücksichtigung des Datenschutzes**" (BT-Drs. 18/11325, 3 (71)). Die Vorschrift bezweckt mithin eine **Effektivierung der datenschutzrechtlichen Vorgaben** im besonders heiklen Bereich der Verhütung, Ermittlung, Aufdeckung, Verfolgung oder Ahndung von Straftaten oder Ordnungswidrigkeiten (§ 45 S. 1 und S. 3). Diese Zweckbestimmung ergibt sich auch aus Abs. 3, der die Verwendung der Protokolldaten näher regelt. Die Protokollierungspflicht dient diesem Zweck, indem sie den Verantwortlichen bzw. den Auftragsverarbeiter dazu anhält, sich über die Vornahme des protokollierungspflichtigen Datenverarbeitungsvorgangs und damit indirekt auch über die Einhaltung der jeweiligen Voraussetzungen Rechenschaft abzulegen (**Disziplinierungseffekt**). Andererseits ermöglicht die Protokollierungspflicht die **Kontrolle der Einhaltung datenschutzrechtlicher Vorgaben durch Dritte,** insbesondere durch den zuständigen Datenschutzbeauftragten (vgl. § 7 Abs. 1 Nr. 2) sowie Gerichte (**Kontrolleffekt**).

II. Unionsrechtlicher Hintergrund

2   § 76 setzt **Art. 25 RL (EU) 2016/680** um (BT-Drs. 18/11325, 119). Der europäische Gesetzgeber sieht in der Protokollierungspflicht entsprechend dem ausgeführten Normzweck eine Methode zum Nachweis der Rechtmäßigkeit der Verarbeitung, zur Ermöglichung der Eigenüberwachung und zur Sicherstellung der Integrität und Sicherheit der Daten (Erwägungsgrund 56 RL (EU) 2016/680). Die **DS-GVO** kennt keine entsprechend umfassende Protokollierungspflicht (vgl. dazu Johannes/Weinhold DatenschutzR § 1 Rn. 322).

III. Gesetzgebungsgeschichte

3   Das BDSG aF kannte keine Protokollierungspflicht für Datenverarbeitungsvorgänge.

4   In dem **Referentenentwurf** des Bundesministeriums des Inneren für ein Gesetz zur Anpassung des Datenschutzrechts an die VO (EU) 2016/679 und zur Umsetzung der RL (EU) 2016/680 v. 23.11.2016 fand sich eine Regelung zur Umsetzung von Art. 25 RL (EU) 2016/680 in § 71. Der **Gesetzesentwurf der Bundesregierung** (BT-Drs. 18/11325) modifizierte noch einmal geringfügig den Wortlaut und unterstrich zusätzlich den Verpflichtungscharakter der Vorgaben zur Protokollierung. Im weiteren Gesetzgebungsverfahren erfuhr die Vorschrift keine Änderungen mehr.

IV. Systematischer Zusammenhang

5   § 76 ist im Zusammenhang mit den in **§ 70** geregelten Pflichten zu sehen, wonach der Verantwortliche und ggf. der Auftragsverarbeiter verpflichtet sind, ein Verzeichnis aller Kategorien von Verarbeitungen zu führen, die sie generell zur Aufgabenerfüllung vornehmen (vgl. Kühling/Buchner/Schwichtenberg Rn. 2). Die **einzelvorgangsbezogene Protokollierungspflicht** ergänzt diese **allgemeinere Dokumentationspflicht**.

V. Verhältnis zu datenschutzrechtlichen Vorschriften in Fachgesetzen

Fachgesetzliche **Spezialregelungen zu datenschutzrechtlichen Protokollierungspflichten** gehen nach der in **§ 1 Abs. 2 S. 1** bestimmten Anwendungssystematik des BDSG vor (vgl. zum Anwendungsvorrang auch → § 1 Rn. 78). Solche Protokollierungspflichten finden sich bspw. in **§§ 100a Abs. 6, 463a Abs. 4 S. 6 und S. 8 StPO, §§ 488 Abs. 3 und 493 Abs. 3 StPO**. Die in §§ 488 Abs. 3, 493 Abs. 3 StPO vorgesehenen Protokollierungspflichten bleiben allerdings hinter den europäischen Vorgaben zurück. Insoweit ist der deutsche Gesetzgeber europarechtlich gehalten, die Ziele der Richtlinie effektiv umzusetzen, was durch Anpassung oder Aufhebung der fachgesetzlichen Spezialregelungen geschehen könnte.

VI. Landesrecht

Entsprechende landesrechtliche Vorschriften, die § 76 BDSG verdrängen, wurden in Bayern (Art. 63 PAG), Berlin (§ 62 BlnDSG), Brandenburg (§ 25 BbgPJMDSG), Bremen (§ 42 Brem. Gesetz zur Umsetzung der RL (EU) 2016/680), Hamburg (§ 39 HmbJVollzDSG), Hessen (§ 71 HDSIG), Mecklenburg-Vorpommern (§§ 46e ff. SOG M-V), Niedersachsen (§ 35 NDSG), Nordrhein-Westfalen (§ 55 DSG NRW), Rheinland-Pfalz (§ 64 LDSG RhPf), Saarland (§ 42 SPolDVG), Sachsen (§ 32 SächsDSUG), Sachsen-Anhalt (§ 32 DSUG LSA), Schleswig-Holstein (§ 52 LDSG SchlH) und Thüringen (§ 51 ThürDSG) erlassen. In Baden-Württemberg wird durch § 3 LDSG-JB auf die §§ 74 ff. BDSG verwiesen, wobei für die Justizvollzugsanstalten wiederum eine § 76 entsprechende Regelung in § 82 JVollzGB I vorgesehen ist.

B. Protokollierungspflicht (Abs. 1)

Abs. 1 regelt die **Pflicht zur Protokollierung** von Datenverarbeitungsvorgängen im Bereich der Verhütung, Ermittlung, Aufdeckung, Verfolgung oder Ahndung von Straftaten oder Ordnungswidrigkeiten. Grundsätzlich trifft diese Pflicht den **Verantwortlichen (§ 46 Nr. 7)**. Erfolgt die Datenverarbeitung im Auftrag des Verantwortlichen durch einen **Auftragsverarbeiter (§ 46 Nr. 8)**, so obliegt diesem die Protokollierung. Er ist in diesem Fall verpflichtet, dem Verantwortlichen die Protokolldaten zur Verfügung zu stellen (**§ 62 Abs. 5 S. 2 Nr. 5**). Siehe zum Begriff des Verantwortlichen zudem → § 74 Rn. 13 und → § 75 Rn. 12).

Bezugspunkt der Protokollierungspflicht sind **Datenverarbeitungsvorgänge** im Verantwortungsbereich des Verantwortlichen oder des Auftragsverarbeiters. Abs. 1 bezeichnet näher, welche Verarbeitungsvorgänge **mindestens** der Protokollierung unterliegen. Dies sind die **Erhebung von** Daten (Nr. 1), die **Veränderung** (Nr. 2), die **Abfrage** (Nr. 3), die **Offenlegung einschließlich Übermittlung** (Nr. 4), die **Kombination** (Nr. 5) und die **Löschung** (Nr. 6) (vertiefend zu den Verarbeitungsvorgängen Piltz NVwZ 2018, 696 (698)). Diese Aufzählung von protokollierungspflichtigen Verarbeitungsvorgängen findet sich wortgleich in Art. 25 Abs. 1 RL (EU) 2016/680.

Der Vergleich dieser Aufzählung mit der Begriffsbestimmung der **Verarbeitung in § 46 Nr. 2** erlaubt den Rückschluss, welche **Verarbeitungsvorgänge** nach dem Wortlaut des § 76 **nicht protokolliert** werden müssen. So führt § 46 Nr. 2 in Übereinstimmung mit Art. 3 Nr. 2 RL (EU) 2016/680 und Art. 4 Nr. 2 DS-GVO neben den nach § 76 Abs. 1 protokollierungspflichtigen Verarbeitungsvorgängen das **Erfassen von Daten**, die **Organisation**, das **Ordnen**, die **Speicherung**, die **Anpassung**, das **Auslesen**, den **Abgleich**, die **Verknüpfung** und die **Vernichtung** auf. Diese Begriffe sollen auch jeweils unterschiedliche Verarbeitungsvorgänge bezeichnen. Der Protokollierungspflicht unterliegt daher als Erhebung von Daten etwa das (erstmalige) Beschaffen der Informationen vom Betroffenen, nicht aber die Vervielfältigung eines Datensatzes beim Verantwortlichen, die als Erfassen einzuordnen ist (→ DS-GVO Art. 4 Rn. 35, → Rn. 42). In ähnlicher Weise ist zwischen dem endgültigen Unkenntlichmachen der Datei als Vorgang des protokollierungspflichtigen Löschens und dem nach § 76 Abs. 1 nicht der Protokollierungspflicht unterliegenden physischen Vernichten des Datenträgers zu differenzieren (→ DS-GVO Art. 4 Rn. 53, weitergehend Auernhammer/Herbst Rn. 10, demzufolge alle automatisierten Datenverarbeitungsvorgänge der Protokollierungspflicht unterliegen).

Die Protokollierungspflicht erstreckt sich ausschließlich auf Datenverarbeitungsvorgänge in **automatisierten Verarbeitungssystemen**. Unter automatisierten Datenverarbeitungsvorgängen ist der Umgang mit Daten unter Einsatz von Datenverarbeitungssystemen zu verstehen, bei denen Aufgaben durch das IT-System selbstständig vorgenommen werden. Von der Protokollierungspflicht ausgenommen sind dagegen Datenverarbeitungsvorgänge, die **nicht automatisiert** sind. Nicht-automatisierte Vorgänge liegen vor bei einer rein manuellen Erfassung von Daten, etwa in Akten (→ DS-GVO Art. 4 Rn. 33 f.).

C. Inhalt der Verarbeitungsprotokolle (Abs. 2)

11 Abs. 2 konkretisiert den Inhalt der Protokollierungspflicht für **Abfragen (Abs. 1 Nr. 3)** und **Offenlegungen einschließlich Übermittlungen von Daten (Abs. 1 Nr. 4)**. Die Vorschrift ist wortgleich mit Art. 25 S. 2 RL (EU) 2016/680.

12 In diesen Fällen müssen die Protokolldaten jedenfalls den **genauen Zeitpunkt,** dh Datum und Uhrzeit, sowie die **Begründung für den Verarbeitungsvorgang** umfassen. Dabei kann sich die Begründung im Einzelfall bereits aus weiteren Protokolldaten, insbesondere aus der Angabe der Identität der datenverarbeitenden Person, ergeben (vgl. Erwägungsgrund 57 RL (EU) 2016/680).

13 „So weit wie möglich" ist auch die **Identität der Person** anzugeben, die den protokollierungspflichtigen Datenverarbeitungsvorgang vornimmt, sowie die **Identität der Empfänger** der Daten. Die Protokollierung soll mithin sicherstellen, dass die **Verantwortung für den Verarbeitungsvorgang** nicht nur der verarbeitenden Behörde oder Stelle zugeordnet, sondern **personalisiert** werden kann. Zugleich soll transparent werden, wer durch die Abfrage oder Offenlegung nunmehr ebenfalls Kenntnis von oder Zugriff auf die personenbezogenen Daten hat.

14 Wäre dieser **Vorbehalt** auf die Fälle beschränkt, in denen diese Angaben faktisch nicht möglich sind, wäre er überflüssig. Abs. 2 lässt es demnach zu, dass die Protokollierung der Identität der den Datenverarbeitungsvorgang vornehmenden Person oder des Empfängers ausnahmsweise auch aus Gründen jenseits der faktischen Möglichkeit unterbleibt, etwa zum Schutz höherrangiger Interessen.

15 Rechtswidrig ist aber eine Praxis der Datenverarbeitung, welche die in Abs. 2 nach Möglichkeit sicherzustellende **Rückführbarkeit von protokollierungspflichtigen Datenverarbeitungsvorgängen auf Einzelpersonen** ohne plausiblen Grund vereitelt. Dies gilt bspw. für die bei Polizeibehörden verbreitete Praxis, dass sämtliche Beamten einer Dienststelle tageweise die Zugangsdaten eines Beamten für den Zugriff auf Datenbanken nutzen.

16 Welche Mindestanforderungen hinsichtlich der Protokollierung einer **Erhebung** (Abs. 1 Nr. 1), **Veränderung** (Abs. 1 Nr. 2), **Kombination** (Abs. 1 Nr. 5) und **Löschung** (Abs. 1 Nr. 6) von Daten gelten, führt Abs. 2 nicht näher aus. Die Gesetzessystematik legt nahe, dass insoweit der bloße **Vermerk über die Vornahme des betreffenden Datenverarbeitungsvorgangs** ausreicht, um der Protokollierungspflicht des Abs. 1 zu genügen. Diese Minimallösung wird dem Zweck der Protokollpflicht, die Einhaltung der datenschutzrechtlichen Vorgaben zu effektivieren, nicht gerecht. Erforderlich ist daher zumindest, dass stets auch Datum und Uhrzeit der Verarbeitung protokolliert werden (ebenso Auernhammer/Herbst Rn. 15).

D. Verwendung der Protokolldaten (Abs. 3)

17 Abs. 3 enthält **beschränkende Vorgaben zur Nutzung der Protokolldaten.** Zugelassen ist danach zum einen entsprechend dem Regelungszweck die Verwendung zur **Effektuierung datenschutzrechtlicher Vorgaben,** sei es durch eine **Eigenüberwachung** des Verantwortlichen, sei es durch die **Kontrolle von außen.**

18 Der deutsche Gesetzgeber hat darüber hinaus auch die **Nutzung der Protokolldaten im Strafverfahren** zugelassen. Unionsrechtlich ist diese Möglichkeit in **Art. 25 Abs. 2 RL (EU) 2016/680** vorgesehen. Da es sich um eine Nutzung der Protokolldaten zu datenschutzfremden Zwecken handelt, ist diese **Erweiterung** in ihrer Allgemeinheit **systemwidrig.** Mit dem eigentlichen Regelungszweck der Richtlinie lässt sich die Nutzung der Protokolldaten zu Strafverfolgungszwecken nur vereinbaren, wenn es um die **strafrechtliche Verfolgung von Datenschutzverstößen** im Zusammenhang mit der Verwendung von Daten geht. Die Formulierung in Abs. 3 ist daher entsprechend restriktiv auszulegen (ebenso Johannes/Weinhold DatenschutzR § 1 Rn. 323).

18a Im Gesetzgebungsverfahren haben Datenschutzbeauftragte geltend gemacht, eine Verwendung von Protokolldaten im Strafverfahren sei bereits durch die Zweckbestimmung „Überprüfung der Rechtmäßigkeit der Datenverarbeitung" gedeckt, die Ergänzung daher jedenfalls überflüssig (vgl. zB die Stellungnahme des Bundesbeauftragten Voßhoff, BT-Drs. 18(4)788, 23; ferner die Stellungnahme des Datenschutzbeauftragten von Mecklenburg-Vorpommern, S. 17 f.). Dieser Einwand überzeugt nicht. Die Gesetzesformulierung bezieht sich vielmehr eindeutig auf die Überprüfung der Rechtmäßigkeit der Datenverarbeitung „durch die Datenschutzbeauftragte oder den Datenschutzbeauftragten, die Bundesbeauftragte oder den Bundesbeauftragten und die betroffene Person", nicht durch Strafverfolgungsbehörden.

Teilweise werden Bedenken im Hinblick auf die Vereinbarkeit der Regelung mit dem nemo **18b**
tenetur-Grundsatz geäußert (so etwa bei Kühling/Buchner/Schwichtenberg Rn. 5). Die Protokollierungspflicht selbst besteht jedoch nicht, um Daten zu gewinnen, die später gegebenenfalls zur Strafverfolgung genutzt werden können. Zugleich statuiert Abs. 3 auch keine aktive Pflicht zur Bereitstellung oder Herausgabe der Protokolldaten zum Zweck der Strafverfolgung durch den Verantwortlichen, sondern lässt lediglich den Zugriff der Strafverfolgungsbehörden auf das Datenmaterial zu diesem Zweck zu.

E. Löschfrist (Abs. 4)

Abs. 4 bestimmt **Fristen zur Löschung der Protokolldaten.** Diese sind am Ende des auf **19**
deren Generierung folgenden Jahres zu löschen. Für diese Fristenregelung bestanden keine unionsrechtlichen Vorgaben. Warum der Gesetzgeber hier eine starre Löschfrist gewählt hat, die zu einem **Auseinanderfallen** der **Speicherung der Primärdaten** und der **Speicherung der darauf bezogenen Protokolldaten** führt, ist unklar. Weder aus Praktikabilitäts- noch aus Transparenzgründen überzeugt diese Lösung (ebenso Johannes/Weinhold DatenschutzR § 1 Rn. 324 – aA offenbar Kühling/Buchner/Schwichtenberg Rn. 6).

F. Pflicht zur Bereitstellung der Protokolle

Abs. 5 regelt die **Pflicht** des Verantwortlichen und des Auftragsverarbeiters, die **Protokolle** **20**
der oder dem Bundesbeauftragten für den Datenschutz und die Informationssicherheit auf Anforderung **zur Verfügung zu stellen.** Damit setzt die Regelung Art. 25 Abs. 3 der RL (EU) 2016/680 um, der insofern von „der Aufsichtsbehörde" spricht. Sinnvoll wäre es gewesen, hier auch die Pflicht des Verantwortlichen (§ 46 Nr. 7 BDSG) zur Bereitstellung der Protokolle für die Datenschutzbeauftragte oder den Datenschutzbeauftragten zu regeln, sofern es eine solche oder einen solchen gibt, und nähere Bestimmungen zu den Möglichkeiten der oder des **Betroffenen** zur Einsichtnahme in die Protokolldaten zu treffen (ähnlich Kühling/Buchner/Schwichtenberg Rn. 5, 7).

§ 77 Vertrauliche Meldung von Verstößen

Der Verantwortliche hat zu ermöglichen, dass ihm vertrauliche Meldungen über in seinem Verantwortungsbereich erfolgende Verstöße gegen Datenschutzvorschriften zugeleitet werden können.

Überblick

§ 77 verpflichtet den Verantwortlichen, vertrauliche Meldungen über Verstöße gegen Datenschutzvorschriften in seinem Verantwortungsbereich zu ermöglichen.

A. Allgemeines

I. Normzweck

Die Vorschrift bezweckt eine **Verbesserung der Eigenüberwachung** des Verantwortlichen **1**
im Hinblick auf die Einhaltung der datenschutzrechtlichen Vorgaben im Bereich der Verhütung, Ermittlung, Aufdeckung, Verfolgung oder Ahndung von Straftaten oder Ordnungswidrigkeiten. Indem der Verantwortliche verpflichtet wird, eine Möglichkeit für **vertrauliche Mitteilungen** **2**
von Verstößen zu schaffen, senkt § 77 zugleich die Gefahr, aufgrund solcher Meldungen, Nachteile zu erleiden. Ein weiterer Zweck der Regelung ist daher ein **verbesserter Schutz sog. Whistleblower** (Greve NVwZ 2017, 737 (742); Paal/Pauly/Paal Rn. 2).

II. Unionrechtlicher Hintergrund

§ 77 setzt Art. 48 **RL (EU) 2016/680** um. **3**
Im Vergleich zur deutschen Regelung verdeutlicht der Wortlaut der Richtlinie, dass der **Uni-** **4**
onsgesetzgeber die Praxis des **Whistleblowings** im Hinblick auf datenschutzrechtliche Verstöße von Behörden als **wünschenswert** erachtet. Indem der **deutsche Gesetzgeber** dazu verpflichtet,

vertrauliche Meldungen lediglich zu ermöglichen, nicht aber – wie es in der Richtlinie heißt – zu fördern (encourage/encourager/fomentar/incoraggiare), bringt er insoweit eine **reserviertere Haltung** zum Ausdruck (vgl. Kühling/Buchner/Schwichtenberg Rn. 2).

5 Aus den Erwägungsgründen zu der RL (EU) 2016/680 ergeben sich keine weiteren Erläuterungen.

III. Gesetzgebungsgeschichte

6 Das alte BDSG kannte eine entsprechende Regelung nicht.

7 Der **Referentenentwurf des Bundesministeriums des Inneren** für ein Gesetz zur Anpassung des Datenschutzrechts an die VO (EU) 2016/679 und zur Umsetzung der RL (EU) 2016/680 v. 23.11.2016 enthielt eine – sprachlich missglückte – Regelung zur Umsetzung von Art. 48 **RL (EU) 2016/680** in § 72. Die nun Gesetz gewordene Fassung fand sich erstmals im **Gesetzesentwurf der Bundesregierung** (BT-Drs. 18/11325) und blieb im weiteren Gesetzgebungsverfahren unverändert.

IV. Systematischer Zusammenhang

8 § 77 steht im Zusammenhang mit anderen, die Eigenüberwachung effektivierenden Pflichten des Verantwortlichen. Dies sind insbesondere die Pflicht zu einer **Datenschutzfolgeabschätzung (§ 67 Abs. 1)**, die **allgemeine Dokumentationspflicht (§ 70 Abs. 1, Abs. 2)** und die **Protokollierungspflicht (§ 76 Abs. 1)**.

V. Verhältnis zu datenschutzrechtlichen Vorschriften in Fachgesetzen

9 Die fachgesetzlichen Regelungen zum **Datenschutz** sehen keine entsprechende Pflicht vor, sodass § 77 ergänzend zur Anwendung kommt.

VI. Landesrecht

9a Die Bundesländer haben überwiegend entsprechende Regelungen geschaffen, die vorrangig gelten (vgl. bereits → § 75 Rn. 10a). Folgende landesgesetzliche Vorschriften sind allerdings mit § 77 BDSG inhalts- und bis auf Details auch wortgleich: Bayern (Art. 36 S. 1 BayDSG), Berlin (§ 63 BlnDSG), Hessen (§ 72 HDSIG), Mecklenburg-Vorpommern (§ 46j SOG M-V), Niedersachsen (§ 43 Abs. 1 NDSG; darüber hinaus ist in Abs. 2 ein Melderecht gegenüber dem Landesbeauftragten für Datenschutz vorgesehen), Nordrhein-Westfalen (§ 66 DSG NRW), Sachsen (§ 33 SächsDSUG), Sachsen-Anhalt (§ 33 DSUG LSA) und Schleswig-Holstein (§ 53 LDSG SchlH). § 72 Abs. 1 S. 2 Nr. 1 Brem. Gesetz zur Umsetzung der RL (EU) 2016/680 verweist auf § 77 BDSG. In Baden-Württemberg gilt per Verweis in § 3 LDSG-JB grundsätzlich auch § 77 BDSG. Die Vorschrift über die vertrauliche Meldung von Verstößen in Rheinland-Pfalz (§ 65 LDSG RhPf) erstreckt sich – über § 77 BDSG hinausgehend – nicht nur auf Datenschutzrechts-, sondern auf sämtliche Rechtsverstöße. Die brandenburgische Regelung (§ 18 BbgPJMDSG) beschränkt sich hingegen auf die Meldung von Verstößen gegen Rechtsvorschriften, die zur Umsetzung der RL (EU) 2016/680 erlassen wurden. Im Saarland ist eine Vorschrift über die vertrauliche Meldung von Verstößen gegen Vorschriften zum Schutz personenbezogener Daten vorgesehen, die in den Verantwortungsbereich der Leiterin oder des Leiters einer Polizeibehörde fallen (§ 64 SPolDVG). In Hamburg verweist § 40 HmbJVollzDSG für die Justizvollzugsbehörden auf § 77 BDSG, im Übrigen fehlen aber entsprechende Regelungen. In Thüringen ist bislang – soweit ersichtlich – noch keine Umsetzung erfolgt.

B. Regelungsgehalt

10 **Verantwortliche** im Sinne der Vorschrift sind die öffentlichen Stellen, die für die Verhütung, Ermittlung, Aufdeckung, Verfolgung oder Ahndung von Straftaten oder Ordnungswidrigkeiten zuständig sind. Sie müssen es ermöglichen, dass ihnen vertrauliche Mitteilungen über Verstöße gegen Datenschutzvorschriften offenbart werden können. Siehe zum Begriff des Verantwortlichen zudem → § 74 Rn. 13 und → § 75 Rn. 12).

11 § 77 bestimmt allerdings nicht näher, wie der Verantwortliche dieser Pflicht genügen soll (vgl. mit konkreten Vorschlägen zur praktischen Umsetzung Gola/Heckmann/Scheurer Rn. 8). Bei öffentlichen Stellen, die gem. § 5 ohnehin eine **Datenschutzbeauftragte** oder einen Datenschutzbeauftragten benennen müssen, bietet es sich an, dass diese **als Kontakt- und Beratungsstelle** für entsprechende Meldungen dienen (BT-Drs. 18/11325, 120).

Allgemeine Voraussetzungen   § 78 BDSG

Vertraulich sind **Meldungen,** bei denen gewährleistet ist, dass die Identität desjenigen, der 12
die Meldung erstattet, nicht preisgegeben wird, also entweder gänzlich anonym erfolgen kann
oder doch nicht anderen Personen als der oder dem Datenschutzbeauftragten bekannt wird (vgl.
Kühling/Buchner/Schwichtenberg Rn. 3). Zudem muss sichergestellt sein, dass keine Umstände
offengelegt werden müssen, die Rückschlüsse auf die meldende Person zulassen (vgl. dazu Paal/
Pauly/Paal DS-GVO Art. 38 Rn. 13). Für die Datenschutzbeauftragte oder den **Datenschutzbeauftragten** in öffentlichen Stellen wird dies durch die **Verpflichtung zur Geheimhaltung gem.
§ 6 Abs. 5 S. 2** abgesichert, deren Verletzung unter den Voraussetzungen des § 203 Abs. 4 StGB
strafbewehrt ist.

Vertrauliche Meldungen müssen nicht allein **behördenintern** möglich sein, sondern auch 13
durch **Personen von außen** (BT-Drs. 18/11325, 120).

Kapitel 5. Datenübermittlungen an Drittstaaten und an internationale Organisationen

§ 78 Allgemeine Voraussetzungen

(1) Die Übermittlung personenbezogener Daten an Stellen in Drittstaaten oder an internationale Organisationen ist bei Vorliegen der übrigen für Datenübermittlungen geltenden Voraussetzungen zulässig, wenn
1. die Stelle oder internationale Organisation für die in § 45 genannten Zwecke zuständig ist und
2. die Europäische Kommission gemäß Artikel 36 Absatz 3 der Richtlinie (EU) 2016/680 einen Angemessenheitsbeschluss gefasst hat.

(2) ¹Die Übermittlung personenbezogener Daten hat trotz des Vorliegens eines Angemessenheitsbeschlusses im Sinne des Absatzes 1 Nummer 2 und des zu berücksichtigenden öffentlichen Interesses an der Datenübermittlung zu unterbleiben, wenn im Einzelfall ein datenschutzrechtlich angemessener und die elementaren Menschenrechte wahrender Umgang mit den Daten beim Empfänger nicht hinreichend gesichert ist oder sonst überwiegende schutzwürdige Interessen einer betroffenen Person entgegenstehen. ²Bei seiner Beurteilung hat der Verantwortliche maßgeblich zu berücksichtigen, ob der Empfänger im Einzelfall einen angemessenen Schutz der übermittelten Daten garantiert.

(3) ¹Wenn personenbezogene Daten, die aus einem anderen Mitgliedstaat der Europäischen Union übermittelt oder zur Verfügung gestellt wurden, nach Absatz 1 übermittelt werden sollen, muss diese Übermittlung zuvor von der zuständigen Stelle des anderen Mitgliedstaats genehmigt werden. ²Übermittlungen ohne vorherige Genehmigung sind nur dann zulässig, wenn die Übermittlung erforderlich ist, um eine unmittelbare und ernsthafte Gefahr für die öffentliche Sicherheit eines Staates oder für die wesentlichen Interessen eines Mitgliedstaats abzuwehren, und die vorherige Genehmigung nicht rechtzeitig eingeholt werden kann. ³Im Fall des Satzes 2 ist die Stelle des anderen Mitgliedstaats, die für die Erteilung der Genehmigung zuständig gewesen wäre, unverzüglich über die Übermittlung zu unterrichten.

(4) ¹Der Verantwortliche, der Daten nach Absatz 1 übermittelt, hat durch geeignete Maßnahmen sicherzustellen, dass der Empfänger die übermittelten Daten nur dann an andere Drittstaaten oder andere internationale Organisationen weiterübermittelt, wenn der Verantwortliche diese Übermittlung zuvor genehmigt hat. ²Bei der Entscheidung über die Erteilung der Genehmigung hat der Verantwortliche alle maßgeblichen Faktoren zu berücksichtigen, insbesondere die Schwere der Straftat, den Zweck der ursprünglichen Übermittlung und das in dem Drittstaat oder der internationalen Organisation, an das oder an die die Daten weiterübermittelt werden sollen, bestehende Schutzniveau für personenbezogene Daten. ³Eine Genehmigung darf nur dann erfolgen, wenn auch eine direkte Übermittlung an den anderen Drittstaat oder die andere internationale Organisation zulässig wäre. ⁴Die Zuständigkeit für die Erteilung der Genehmigung kann auch abweichend geregelt werden.

BDSG § 78   Teil 3. Bestimmungen für Verarbeitungen zu Zwecken gemäß Richtlinie

Überblick

§ 78 dient der Umsetzung von Art. 35 der RL (EU) 2016/680 (JI-RL). Die Vorschrift statuiert Voraussetzungen, die grundsätzlich bei jeder Datenübermittlung an Stellen in Drittstaaten oder an internationale Organisationen vorliegen müssen. Die Vorschrift enthält zusätzliche Anforderungen an eine derartige Datenübermittlung – auch an die insbesondere nach den §§ 79–81 erforderliche Abwägungsentscheidung – aufgrund der Rechtsprechung des BVerfG (BVerfG BeckRS 2016, 44821). Dies gilt insbesondere für die Abwägungsentscheidung im Einzelfall nach Abs. 2. Die Vorschrift regelt zunächst die Datenübermittlung auf der Grundlage eines Angemessenheitsbeschlusses der Kommission (Abs. 1), eine Abwägungsentscheidung im Einzelfall (Abs. 2), die Genehmigung der Datenübermittlung (Abs. 3) sowie die Weiterleitung an andere Drittstaaten (Abs. 4).

Übersicht

	Rn.		Rn.
A. Allgemeines	1	2. Aus einem anderen Mitgliedstaat	43
I. Unionsrechtlicher Bezugsrahmen	1	3. Übermittlung/Zur-Verfügung-Stellung	44
II. Entwicklungslinien der §§ 78 ff. BDSG	6	4. Zuständige Stelle	45
III. Ratio der Norm	12	II. Übermittlungen ohne Genehmigung (Abs. 3 S. 2 und 3)	46
B. Datenübermittlung auf der Grundlage eines Angemessenheitsbeschlusses der Kommission (Abs. 1)	13	1. Erforderlichkeit der Gefahrenabwehr	48
I. Allgemeine Voraussetzungen	13	2. Gefahr für die öffentliche Sicherheit (S. 2 Alt. 1)	49
II. Drittstaaten/internationale Organisationen	18	3. Eines Staates	50
1. Drittstaaten	20	4. Interessen eines Mitgliedstaates (S. 2 Alt. 2)	51
2. Internationale Organisationen	22	5. Mangelnde rechtzeitige Genehmigung	52
III. Datenübermittlung/-verarbeitung	24	6. Unterrichtung über die Übermittlung (S. 3)	53
IV. Zuständige Stelle/zuständige Behörde (Nr. 1)	26	**E. Weiterübermittlung an andere Drittstaaten (Abs. 4)**	54
C. Abwägungsentscheidung im Einzelfall (Abs. 2)	31	I. Genehmigung des Verantwortlichen (S. 1)	54
I. Struktur und Ratio der Regelung	31	1. Struktur der Vorschrift	54
1. Datenschutzniveau beim Empfänger (S. 1 Alt. 1)	34	2. Begriff der Weiterübermittlung	58
2. Schutzwürdige Interessen (S. 1 Alt. 2)	35	3. Geeignete Maßnahmen	61
II. Einzelfallentscheidung (S. 2)	37	II. Voraussetzungen für die Genehmigung (S. 2)	63
1. Verantwortlicher	37	1. Schwere der Straftat	64
2. Angemessene Garantien	38	2. Zweck der ursprünglichen Übermittlung	66
D. Genehmigung einer Datenübermittlung (Abs. 3)	39	3. Schutzniveau im Empfängerstaat (S. 3)	68
I. Übermittlungen mit Genehmigung (Abs. 3 S. 1)	39	4. Zuständigkeit für die Genehmigung (S. 4)	70
1. Aufbau der Vorschrift	40	**F. Landesrecht**	71

A. Allgemeines

I. Unionsrechtlicher Bezugsrahmen

1   Technologische Entwicklungen und die Globalisierung machen es möglich, dass auch bei der Verhütung, Ermittlung, Aufdeckung, Verfolgung von Straftaten oder der Strafvollstreckung in einem noch nie dagewesenen Umfang personenbezogene Daten verarbeitet werden können (Erwägungsgrund 3 JI-RL). Durch Art. 8 Abs. 1 der Charta der Grundrechte der EU wird der Schutz personenbezogener Daten auch bei deren Übermittlung an Drittstaaten und internationale Organisationen gewährleistet (Erwägungsgrund 1, 4 JI-RL).

2   Bereits mit den Art. 25 und 26 der Datenschutz-Richtlinie 95/45 (DSRL) wurde die Übermittlung personenbezogener Daten an Drittländer sowie an zwischen- und überstaatliche Organisationen geregelt. Diese DSRL sollte ein einheitliches Datenschutzniveau für die Ausführung und Anwendung des Gemeinschaftsrechts durch die Mitgliedstaaten der EU schaffen.

Allgemeine Voraussetzungen **§ 78 BDSG**

Die DSRL hat die amtliche Bezeichnung: „Richtlinie 95/46/EG des Europäischen Parlaments und des Rates vom 24. Oktober 1995 zum Schutz natürlicher Personen bei der Verarbeitung personenbezogener Daten und zum freien Datenverkehr" (ABl. Nr. L 281/31, ber. ABl. 2017 Nr. L 40/78), zuletzt geändert durch die VO (EG) Nr. 1882/2003 v. 29.9.2003 (ABl. L 284/1). Sie wurde durch Art. 94 Abs. 1 der DS-GVO mit Wirkung vom 25.8.2018 aufgehoben. Nach BT-Drs. 14/4329, 28 konkretisierte und ergänzte sie DSRL die Datenschutzkonvention des Europarates von 1981 (BGBl. 1985 II, S. 538 ff.). **2.1**

Durch die am 11.12.2018 in Kraft getretene VO (EU) 2018/1725 wurden die aus dem Jahre 195 stammenden Vorschriften an die der DS-GVO und JI-RL an. Sie führt die amtliche Bezeichnung: „Verordnung (EU) 2018/1725 des Europäischen Parlaments und des Rates vom 23.10.2018 zum Schutz natürlicher Personen bei der Verarbeitung personenbezogener Daten durch die Organe, Einrichtungen und sonstigen Stellen der Union, zum freien Datenverkehr und zur Aufhebung der Verordnung (EG) Nr. 45/2001 und des Beschlusses Nr. 1247/2002/EG" (ABl. 2018 L 295/39). Die VO enthält vor allem in Kap. V Regelungen zur Übermittlung personenbezogener Daten an Drittstaaten oder internationale Organisation; vgl. Art. 46–51 dieser VO. Die VO enthält unter anderem Bestimmungen darüber, in welcher Art und Weise Einrichtungen und sonstige Stellen der EU mit den personenbezogenen Daten umgehen sollen. **2.2**

Nach den Ausführungen der Kom. zu dieser VO gelten für Einrichtungen und sonstige Stellen der EU, die operative personenbezogene Daten zum Zwecke der Strafverfolgung verarbeiten (zB Eurojust) besondere Vorschriften. Diese Einrichtungen und Stellen der EU werden in einem eigenen Kap. der VO behandelt. Die Bestimmungen dieses Kap. sind mit der JI-RL abgestimmt. Darüber hinaus können in den Gründungsakten dieser Einrichtungen und sonstigen Stellen spezifischere Bestimmungen festgelegt sein, um ihren besonderen Eigenschaften Rechnung zu tragen. Europol und die Europäische Staatsanwaltschaft sind von der Verordnung ausgeschlossen. Die Kommission wird den Rechtsrahmen für Einrichtungen und sonstige Stellen der EU, die operative Daten zum Zwecke der Strafverfolgung verarbeiten, bis April 2022 überprüfen, vgl. https://eur-lex.europa.eu/legal-content/DE/LSU/?uri=CELEX:32018R17 25 (zuletzt abgerufen am 27.12.2021). **2.3**

Erst mit Art. 16 Abs. 2 AEUV erhielt die EU eine allgemeine Kompetenz zum Erlass datenschutzrechtlicher Normen (Erwägungsgrund 8 JI-RL). Auf dieser Grundlage erfolgte zunächst der Rahmenbeschluss 2008/977/JI des Rates v. 27.11.2008 über den Schutz personenbezogener Daten, die bei der polizeilichen und justiziellen Zusammenarbeit in Strafsachen verarbeitet werden (ABl. 2008 Nr. L 350/60). Dieser Rahmenbeschluss enthielt ua in seinem Art. 11 Regelungen für die „Übermittlung von Daten an nichtöffentliche Stellen in Mitgliedstaaten" der EU. Art. 13 regelte die „Weiterleitung an die zuständigen Behörden in Drittstaaten oder an internationale Einrichtungen". **3**

Ersetzt wurde dieser Rahmenbeschluss 2008/977/JI und die DSRL aus dem Jahre 1995 durch die DS-GVO sowie durch die JI-RL (Erwägungsgrund 98 JI-RL, Art. 59 Abs. 1 JI-RL, → DS-GVO Art. 94 Rn. 1). Zum Verhältnis der DSRL und des Rahmenbeschlusses einerseits sowie der JI-RL und der DS-GVO andererseits nehmen die Erwägungsgründe dieser Rechtsakte vielfach Stellung (vgl. bspw. die Erwägungsgründe 5, 6, 11, 94, 95 und 97 JI-RL). **4**

Durch Kap. 5 mit seinen §§ 78–81 wird im Wesentlichen das Kap. V der JI-RL, das in seinen Art. 35–40 JI-RL die Datenübermittlung an Drittstaaten regelt, in deutsches Recht umgesetzt → § 1 Rn. 112 ff.; auch die Überschriften beider Kapitel unterscheiden sich sprachlich nur sehr unwesentlich. **5**

II. Entwicklungslinien der §§ 78 ff. BDSG

Durch das Gesetz zur Änderung des BDSG und anderer Gesetze v. 18.5.2001 (BGBl. I 904, ber. 2002 I 2252) wurden die Art. 25 und 26 DSRL erstmals in deutsches Recht umgesetzt → DS-GVO Art. 44 Rn. 1. Der Anwendungsbereich der DSRL war beschränkt auf den Geltungsbereich des EU-Vertrages. Die Datenverarbeitung durch Polizei und Nachrichtendienste wurde insoweit von der DSRL nicht unmittelbar berührt. Der Gesetzgeber betrachtete es daher als nicht sinnvoll, eine lediglich auf den Geltungsbereich des EU-Vertrages beschränkte Anpassung des BDSG vorzunehmen. Er befürchtete, dass dann unterschiedliche Regelungen gelten würden, je nachdem, ob Gemeinschaftsrecht oder ausschließlich deutsches Recht auszuführen und anzuwenden sei. Dies wurde mit dem Querschnittscharakter und der subsidiären Geltung des BDSG als nicht vereinbar betrachtet (zur Gesetzgebungskompetenz, vgl. BT-Drs. 14/4329, 27). **6**

Die grenzüberschreitende Übermittlung personenbezogener Daten wurde deshalb in § 4b und § 4c BDSG aF entsprechend geregelt. Ziel dieser Vorschriften war es, für die Datenübermittlungen ein angemessenes Datenschutzniveau sicher zu stellen. Diese Vorschriften sollten zum einen ein koordiniertes Verhalten der Mitgliedstaaten beim Transfer personenbezogener Daten an Drittstaaten sicherstellen und zum anderen dafür sorgen, dass der Wirtschaftsverkehr mit Drittstaaten nicht **7** unangemessen beeinträchtigt wird. Die Übermittlungen personenbezogener Daten durften bereits nach § 4b Abs. 2 und 3 BDSG aF grundsätzlich nur vorgenommen werden, wenn im Drittstaat ein angemessenes Datenschutzniveau vorlag (BeckOK DatenschutzR/Schantz BDSG 2003 § 4b Rn. 17–19). Durch einen breiten Ausnahmenkatalog sollte sichergestellt werden, dass der Wirtschaftsverkehr mit Drittstaaten nicht unangemessen beeinträchtigt wurde (BT-Drs. 14/4329, 29).

8 Vor allem § 4c BDSG aF beinhaltete Erleichterungen für die Übermittlung personenbezogener Daten an Drittstaaten sowie an über- und zwischenstaatliche Stellen. Dies erfolgte innerhalb des Anwendungsbereichs der damaligen ersten Säule des EU-Vertrages für die Zusammenarbeit im Bereich Justiz und Inneres. Die Vorschrift wurde nicht auf Übermittlungen von Stellen außerhalb dieses Bereichs angewendet, sondern hier galt § 4b Abs. 2 ff. BDSG aF (BT-Drs. 14/4329, 34, zu § 4c, Abs. 1 BDAG aF). § 4b Abs. 1 BDSG aF beinhaltete eine Privilegierung für Übermittlungen öffentlicher und nicht öffentlicher Stellen der EU-Mitgliedstaaten innerhalb des Anwendungsbereichs der ersten Säule des EU-Vertrags. § 4b Abs. 2 BDSG aF wurde bei Übermittlungen an EU-Mitgliedstaaten außerhalb der ersten Säule des EU-Vertrags sowie an Drittstaaten angewendet.

9 Um ein reibungsloses Zusammenspiel der DS-GVO und der JI-RL mit dem stark ausdifferenzierten deutschen Datenschutzrecht sicherzustellen, wurde das BDSG umfangreich durch das Datenschutz-Anpassungs- und -Umsetzungsgesetz EU v. 30.6.2017 (BGBl. I 2097) novelliert und um bereichsspezifische Datenschutzregelungen ergänzt. Die Regelungssystematik des neuen Datenschutzrechts insgesamt mit der DS-GVO, der JI-RL, den §§ 78–81 BDSG sowie die hieraus abgeleiteten Vorschriften der 16 Länder ist komplex. Der bereichsspezifische Datenschutz auf Bundes- und Landesebene ist kaum noch überschaubar. Hinzu kommen internationale Übereinkünfte und Abkommen mit ihren unterschiedlichsten Regelungsbereichen und Umsetzungen im europäischen und nationalen Recht.

9.1 Mit der Novellierung des BDSG durch das Gesetz zur Anpassung des Datenschutzrechts an die Verordnung (EU) 2016/679 und zur Umsetzung der Richtlinie (EU) 2016/680 (Datenschutz-Anpassungs- und Umsetzungsgesetz EU – DSAnpUG-EU) v. 30.6.2017 (BGBl. I 2097) wurde auch eine Änderung des Bundesverfassungsschutzgesetzes, des MAD-Gesetzes, des BND-Gesetzes, des Sicherheitsüberprüfungsgesetzes und des Art. 10-Gesetzes erforderlich (vgl. hierzu auch den Gesetzentwurf BT-Drs. 18/11325, Beschlussempfehlung BT-Drs. 18/12084, Bericht BT-Drs. 18/12144, Unterrichtung über Stellungnahme des BR und Gegenäußerung der BReg, BT-Drs. 18/11665). Daneben wurden die Abgabenordnung sowie das SGB I und SGB IX durch das Gesetz zur Änderung des Bundesversorgungsgesetzes und anderer Vorschriften v. 17.6.2017 (BGBl. I 2341) geändert und damit wesentliche Normen des Steuer- und Sozialdatenrechts an das neue Datenschutzrecht angepasst. Am 26.11.2019 sind zwei weitere unterschiedliche Gesetze in Kraft getreten, mit denen der bereichsspezifische Datenschutz in zahlreichen Gesetzen und Rechtsverordnungen an die DS-GVO angepasst und die Vorgaben der JI-RL in deutsches Bundesrecht umgesetzt wurden. Es handelt sich um das Gesetz zur Umsetzung dieser Richtlinie im Strafverfahren (Gesetz zur Umsetzung der Richtlinie (EU) 2016/680 im Strafverfahren sowie zur Anpassung datenschutzrechtlicher Bestimmungen an die Verordnung (EU) 2016/679 vom 20.11.2019, (BGBl. I 1724). Es sieht nicht nur zahlreiche Änderungen der StPO vor, sondern nimmt in 27 weiteren Artikeln vornehmlich datenschutzrechtliche Korrekturen in Rechtsvorschriften außerhalb eines Strafverfahrens vor.

9.2 Durch das Zweite Gesetz zur Anpassung des Datenschutzrechts an die VO (EU) 2016/679 und zur Umsetzung der RL (EU) 2016/680 (Zweites Datenschutz-Anpassungs- und Umsetzungsgesetz EU – 2. DSAnpUG-EU) v. 20.11.2019 (BGBl. I 1626) wurden allein auf Bundesebene über 155 Gesetze geändert (vgl. hierzu auch die Begründung im Entwurf des 2. DSAnpUG-EU, BR-Drs. 430/18, BT-Drs. 19/4674, die Unterrichtung über die Stellungnahme des BR und die Gegenäußerung der Bundesregierung, BT-Drs. 19/5414). Durch Art. 12 des 2. DSAnpUG-EU wurden ausschließlich Änderungen im BDSG vorgenommen (vgl. hierzu im Einzelnen Hilgers ZD 2020, 556 ff.).

9.3 Der BR hat in seiner Stellungnahme vom 18.10.2018 (Beschluss, BR-Drs. 430/18) zum Entwurf eines 2. DSAnpUG-EU festgestellt, dass in der Praxis Unsicherheiten über die Fortgeltung bewährter nationaler Vorschriften zum Schutz der Persönlichkeitsrechte fortbestehen, etwa hinsichtlich des Gesetzes betreffend das Urheberrecht an Werken der bildenden Künste und der Photographie (KunstUrhG) sowie des Telemediengesetzes (TMG). Die Bundesregierung wurde deshalb durch den Innenausschuss des Bundestages gebeten zu prüfen, ob und in welchem Umfang bisher zentrale Regelungen wie zum Beispiel das KunstUrhG und das TMG auch nach dem 25.5.2018 fortgelten (BT-Drs. 19/11181, 16).

9.4 Kritisch zum gesamten datenschutzrechtlichen Regelungsbereich verhält sich ein mehrheitlich abgelehnter Entschließungsantrag, abgedruckt in der Beschlussempfehlung des federführenden Ausschusses für Inneres und Heimat auf BT-Drs. 19/11181, 17–19.

9.5 Durch die Entscheidung des BVerfG v. 27.5.2020 (BeckRS 2020, 16236 – Bestandsdatenauskunft II), die in Rn. 259 auch Bezug auf das BDSG nimmt, wurde ua eine Änderung zahlreicher bereichsspezifischer und sicherheitsrelevanter Gesetze und Verordnungen, darunter auch § 113 TKG und das TMG, durch das

Allgemeine Voraussetzungen   **§ 78 BDSG**

„Gesetz zur Anpassung der Regelungen über die Bestandsdatenauskunft an die Vorgaben aus der Entscheidung des Bundesverfassungsgerichts vom 27. Mai 2020" vom 30.3.2021 (BGBl. I 248, ber. 1380) erforderlich. Zu den Materialien des Artikel-Gesetzes wird insbesondere auf die BT-Drs. 19/25294 (Gesetzentwurf), 19/26267 (Beschlussempfehlung und Bericht), 19/27300 (Unterrichtung durch die Bundesregierung), BR-Drs. 184/21 sowie BT-Drs. 19/27900 (Beschlussempfehlung Vermittlungsausschuss) verwiesen.

Neben den §§ 1 und 2 sowie dem dritten Teil mit seinen §§ 45–84 werden damit für Tätigkeiten **10** von Behörden zu den in Art. 1 Abs. 1 JI-RL aufgeführten Zwecken weitere bereichsspezifische Normen angewendet, sofern der Bund bspw. für die Verhütung von Straftaten oder für die Gefahrenabwehr zuständig ist, vgl. → § 1 Abs. 2 Rn. 77 ff. Die Normen des BDSG sind insoweit subsidiär gegenüber dem bereichsspezifischen Datenschutzrecht und insbesondere den polizeilichen Fachgesetzen. Entsprechendes gilt für die datenschutzrechtlichen Vorschriften der Länder → § 45 Rn. 4. Die DS-GVO mit ihrem Kap. V (Art. 44–50 DS-GVO), das ebenfalls für Übermittlungen personenbezogener Daten an Drittstaaten und internationale Organisationen einschlägig ist, findet dann Anwendung, wenn die Datenübermittlung an Drittstaaten nicht zu Zwecken des Art. 1 Abs. 1 JI-RL bzw. des § 45 oder nach anderen bereichsspezifischen Normen erfolgt.

Der sachliche Anwendungsbereich der DS-GVO bleibt regelmäßig gegeben, wenn zu gewerb- **11** lichen Zwecken eine Datenübermittlung an einen in einem Drittstaat ansässigen Wirtschaftsteilnehmer erfolgt. Dies gilt auch für den Fall, dass die Daten bei ihrer Übermittlung oder im Anschluss daran von den Behörden des betreffenden Drittstaates für Zwecke der öffentlichen Sicherheit, der Landesverteidigung und der Sicherheit des Staates verarbeitet werden können (vgl. EuGH ZD 2020, 511 Rn. 89 – Schrems II).

III. Ratio der Norm

Durch die Vorschriften des Kap. 5 soll im Wesentlichen innerhalb der EU der freie Verkehr **12** personenbezogener Daten zwischen den für die Strafverfolgung zuständigen Behörden, einschließlich solcher zur Abwehr von Gefahren für die öffentliche Sicherheit, und eine Datenübermittlung an Drittstaaten oder internationale Organisationen erleichtert werden (Paal/Pauly/Frenzel Rn. 1–3; Schantz/Wolff DatenschutzR/Schantz Rn. 803). Dabei soll aber gleichzeitig auch ein hohes Schutzniveau für personenbezogene Daten gewährleistet werden (vgl. Erwägungsgrund 4 S. 1 JI-RL). Die Regelungen für eine Datenübermittlung an Drittstaaten und an internationale Organisationen lassen sich grob unterteilen in solche, die nach § 78 mit und nach seinem Abs. 2 sowie den §§ 79–81 ohne einen Angemessenheitsbeschluss erfolgen können. Der Anwendungsbereich des § 78 ist grundsätzlich nur dann eröffnet, wenn die EU-Kom. zu dem betreffenden Drittstaat oder der internationalen Organisation einen Angemessenheitsbeschluss nach Art. 36 Abs. 3 JI-RL gefasst hat. Dies ist bisher – mit Ausnahme für das Vereinigte Königreich (VK) – für keinen Drittstaat oder eine internationale Organisation erfolgt, sodass die Vorschrift zurzeit weitgehend ins Leere läuft.

Bereits die DSRL sah vor, dass eine entsprechende Einschätzung über ein angemessenes Schutz- **12a** niveau sowohl von den Mitgliedstaaten als auch der Kommission vorgenommen werden konnte (vgl. hierzu Erster Bericht der Kom. über die Durchführung der DSRL, KOM(2003) 265 endgültig, v. 15.5.2003, S. 8 ff. und 20/21). In der Praxis der Mitgliedstaaten führte deren jeweilige Einschätzung aber zu erheblichen Unterschieden innerhalb der EU. Feststellungen über die Angemessenheit des Datenschutzniveaus in Drittstaaten sollen daher nicht mehr die Mitgliedstaaten treffen, sondern grundsätzlich von der EU-Kommission vorgenommen werden, um so de lege ferenda zu einer kohärenteren Anwendung der JI-RL beizutragen (für die DS-GVO, vgl. Ehmann/Selmayr/Zerdick DS-GVO Art. 45 Rn. 1, 2). Für einen Angemessenheitsbeschluss steht der Kom. der Rechtsakt eines Durchführungsbeschlusses (vgl. Art. 291 AEUV) zur Verfügung, um einheitliche Bedingungen für die Durchführung der JI-RL in den Mitgliedstaaten zu gewährleisten.

Teilweise wird die Auffassung vertreten, § 78 statuiere unter einer irreführenden Überschrift **12b** („Allgemeine Voraussetzungen") in Abs. 1 Nr. 1, Abs. 2–4 einerseits allgemeine Voraussetzungen und andererseits in Abs. 1 Nr. 2 den speziellen Erlaubnistatbestand auf der Grundlage eines Angemessenheitsbeschlusses (Gola/Heckmann/Sandfuchs Rn. 1).

B. Datenübermittlung auf der Grundlage eines Angemessenheitsbeschlusses der Kommission (Abs. 1)

I. Allgemeine Voraussetzungen

13   Abs. 1 gliedert sich im Wesentlichen in allgemeine und besondere Voraussetzungen für eine Datenübermittlung an Drittstaaten und internationale Organisationen (Paal/Pauly/Frenzel Rn. 4). Auch hier ist deshalb eine sog. Zwei-Stufen-Prüfung vorzunehmen. Die besonderen Voraussetzungen liegen vor, wenn die Stelle des Drittstaates oder die internationale Organisation für die in § 45 genannten Zwecke zuständig ist (Nr. 1) und die Kom. einen Angemessenheitsbeschluss gefasst hat (Nr. 2). Die übrigen Tatbestandselemente des Abs. 1 stellen allgemeine Voraussetzungen für eine Datenübermittlung an Drittstaaten oder internationale Organisationen → § 46 Rn. 68 ff. dar.

14   Die Datenübermittlung ist neben den in Abs. 1 Nr. 1 und 2 erwähnten Voraussetzungen nur zulässig, wenn auch die übrigen Voraussetzungen vorliegen. Diese ergeben sich vor allem aus den allgemeinen Grundsätzen des § 47 für die Verarbeitung personenbezogener Daten. Hiernach müssen ua diese Daten für die festgelegten, eindeutigen und rechtmäßigen Zwecke erhoben und vor allem auf rechtmäßige Weise (→ § 47 Nr. 1 Rn. 6 ff., Nr. 2 → § 47 Rn. 11 ff.) verarbeitet bzw. übermittelt werden.

15   Nach Art. 35 Abs. 1 lit. a JI-RL muss die Übermittlung der personenbezogenen Daten für die Zweckbestimmung dieser RL „erforderlich" sein (vgl. auch Erwägungsgrund 64 S. 1 JI-RL). Der Grundsatz der Erforderlichkeit kommt im Abs. 1 des § 78 nicht unmittelbar zum Ausdruck, ist dort aber auch entbehrlich. Bereits nach allgemeinen Grundsätzen muss die Datenübermittlung an einen Drittstaat oder an eine internationale Organisation für das Erreichen des Verarbeitungszwecks erforderlich sein (→ § 47 Nr. 3 Rn. 14).

16   Der Verarbeitungszweck umfasst im Wesentlichen die Verhütung, Aufdeckung, Verfolgung oder Ahndung von Straftaten oder Ordnungswidrigkeiten (→ § 45 Rn. 36 ff.). Der Grundsatz der Erforderlichkeit einer Datenübermittlung wendet sich zunächst an die hierfür zuständige Stelle des Bundes (→ § 2 Rn. 7). Diese hat auch zu beurteilen, ob die Übermittlung für die Zwecke erforderlich ist, die der Drittstaat oder die internationale Organisation verfolgt. Im Rahmen des § 78 Abs. 1 ist sowohl die zuständige Stelle des Bundes als auch die zuständige Stelle des Drittstaates oder die internationale Organisation an den Grundsatz der Erforderlichkeit gebunden. Das BVerfG hat in seinem BKAG-Urt. v 20.4.2016 – 1 BvR 966/09 und 1 BvR 1140/09 – die Anforderungen an die Nutzung und Übermittlung staatlich erhobener Daten nach den Grundsätzen der Zweckbindung und Zweckänderung in seinem Leitsatz 2 weiter konkretisiert (BVerfGE 141, 220).

17   Im Übrigen muss die Datenübermittlung im Einklang mit den Vorschriften des Kap. 1–4 im dritten Teil des BDSG stehen. Hierbei ist auch ein Rückgriff auf die §§ 1 und 2 sowie vor allem auf bereichsspezifische Datenschutzregeln außerhalb des BDSG möglich.

II. Drittstaaten/internationale Organisationen

18   Im Mittelpunkt der §§ 78–81 stehen Datenübermittlungen an Drittstaaten oder internationale Organisationen. Die JI-RL verwendet demgegenüber überwiegend den Begriff „Drittländer", teilweise aber auch die Bezeichnungen „Gebiet" oder „spezifischer Sektor" (vgl. bspw. Erwägungsgrund 69 S. 1 JI-RL), wie etwa ein bestimmter öffentlicher Sektor oder einzelne Wirtschaftszweige. Diese Begriffe werden in der JI-RL und der DS-GVO nicht näher definiert.

18.1   Bereits im BDSG aF wurde durchgängig der Begriff des Drittstaates verwendet. In der nach Art. 94 Abs. 1 der DS-GVO mWv 25.5.2018 aufgehobenen DSRL war – jedenfalls nach deren Wortlaut – nicht vorgesehen, den Angemessenheitsbeschluss lediglich auf ein Gebiet oder bestimmte spezifische Sektoren eines Drittlandes zu beschränken (vgl. Art. 25 Abs. 6 DSRL). Die Vorschrift hatte folgenden Wortlaut:
„(6) Die Kommission kann nach dem Verfahren des Artikels 31 Absatz 2 feststellen, dass ein Drittland aufgrund seiner innerstaatlichen Rechtsvorschriften oder internationaler Verpflichtungen, die es insbesondere infolge der Verhandlungen gemäß Absatz 5 eingegangen ist, hinsichtlich des Schutzes der Privatsphäre sowie der Freiheiten und Grundrechte von Personen ein angemessenes Schutzniveau im Sinne des Absatzes 2 gewährleistet. Die Mitgliedstaaten treffen die aufgrund der Feststellung der Kommission gebotenen Maßnahmen."

18.2   Die Bezeichnung „Drittstaat" wird sowohl in der DS-GVO als auch in der JI-RL nicht verwendet, wohl aber in anderen Rechtsakten der EU, die einen Datenaustausch zu Zwecken der Strafverfolgung zum Gegenstand haben, vgl. bspw. Art. 25 der Europol-Verordnung (EU) 2016/794 (ABl. L 135/53) und die Art. 7 lit. b, 13 Abs. 2 des Beschlusses 2010/412/EU des Rates v. 13.7.2010 über den Abschluss des

Allgemeine Voraussetzungen **§ 78 BDSG**

Abkommens zwischen der Europäischen Union und den Vereinigten Staaten von Amerika über die Verarbeitung von Zahlungsverkehrsdaten und deren Übermittlung aus der Europäischen Union an die Vereinigten Staaten für die Zwecke des Programms zum Aufspüren der Finanzierung des Terrorismus (ABl. L195/3).

Demgegenüber vermeidet das BDSG die unionsrechtlichen Bezeichnungen „Drittland", „Gebiet" oder „spezifischer Sektor" und verwendet hierfür durchgängig den Begriff „Drittstaat". Dieser wird außerhalb des Kap. 5 in § 1 näher bestimmt. Hier erfolgt eine unterschiedliche Definition des Drittstaates, je nachdem, ob der Anwendungsbereich der JI-RL oder der der DS-GVO angesprochen wird. § 1 Abs. 6 und 7 dienen nach der amtl. Begr. der Klarstellung, welche Staaten den Mitgliedstaaten der EU gleichgestellt sind (BT-Drs. 18/11325, 80). **19**

1. Drittstaaten

Bei der Verarbeitung von Daten (→ § 46 Rn. 5 f.) zu Zwecken der JI-RL stehen die assoziierten Staaten im Rahmen des Schengen-Besitzstandes den Mitgliedstaaten der EU gleich (§ 1 Abs. 7). Andere Staaten gelten insoweit als Drittstaaten (§ 1 Abs. 7 S. 2). Ein Sonderfall stellt seit dem 1.2.2020 das Vereinigte Königreich Großbritannien und Nordirland (VK) dar, das auch vor seinem Austritt aus der EU nicht zu den sog. Schengen-Staaten gehörte und nunmehr als Drittstaat zu behandeln ist. **20**

Mit dem „Schengen-Besitzstand" wird eine Reihe ursprünglich auf völkerrechtlicher Grundlage getroffener Vereinbarungen und Ausführungsbeschlüsse einzelner Mitgliedstaaten über die Beseitigung der Binnengrenzkontrollen bezeichnet. Diese Vereinbarungen und Beschlüsse sind unter diesem Sammelbegriff am 1.5.1999 in das Recht der EU überführt worden. Abs. 7 dient insoweit der Klarstellung, welche Staaten den Mitgliedstaaten der EU gleichgestellt sind (Paal/Pauly/Ernst § 1 Rn. 17). Zur Zusammenarbeit auf der Grundlage des Schengener Durchführungsübereinkommens (SDÜ), insbesondere Datenschutzbestimmungen und dem Schengener Informationssystem (SIS), vgl. Schomburg/Lagodny, Internationale Rechtshilfe in Strafsachen, 6. Aufl. 2020, Einleitung Rn. 103/104). **20.1**

Gegenwärtig umfasst der SchengenRaum 26 europäische Staaten (davon 22 EUMitgliedstaaten): Belgien, Dänemark, Deutschland, Estland, Finnland, Frankreich, Griechenland, Italien, Lettland, Litauen, Luxemburg, Malta, die Niederlande, Österreich, Polen, Portugal, Schweden, die Slowakei, Slowenien, Spanien, die Tschechische Republik, Ungarn sowie Island, Liechtenstein, Norwegen und die Schweiz. Bulgarien, Irland, Kroatien, Rumänien und (Süd) Zypern gehören zurzeit nicht dem SchengenRaum an, stellen aber als EU-Mitgliedstaaten keine Drittstaaten iSd § 1 Abs. 7 dar. **20.2**

Seit dem 1.2.2020 ist das Abkommen über den Austritt des VK aus der EU und der Europäischen Atomgemeinschaft (EAG) v. 12.11.2019 (ABl. C 384/1) in Kraft. Das VK ist mit Inkrafttreten dieses Abkommens nicht mehr Mitglied der EU und der EAG. Das Abkommen galt zunächst für eine Übergangszeit bis zum 31.12.2020, während weite Teile des EU-Rechts und insbesondere das europäische Datenschutzrecht Anwendung fanden (allgemein zu Strukturen und Problemen des Brexit-Abkommens und zu den speziellen Regelungen des Irland/Nordirland-Protokolls, Terhechte NJW 2020, 427). **20.3**

Das am 30.12.2020 unterzeichnete Handels- und Kooperationsabkommen (Trade and Cooperation Agreement – TCA) zwischen der EU und dem VK enthält in seinen Schlussbestimmungen (Teil Sieben) in Art. FINPROV.10A TCA eine neue Übergangsregelung für Datenübermittlungen (ABl. L 444/14 (468)). Danach sollten Übermittlungen personenbezogener Daten von der EU in das VK und Nordirland für eine Übergangsperiode nicht als Übermittlungen in ein Drittland angesehen werden. Diese Lösung sollte für einen Zeitraum von maximal sechs Monaten bis zum 30.11.2021 möglich sein und setzt voraus, dass sich das VK verpflichtet, das derzeitig geltende Datenschutzregime nicht zu ändern. Im Wesentlichen bedeutet dies, dass die auf EU-Recht basierenden britischen Datenschutzbestimmungen weiterhin durch das VK angewendet werden. Am 19.2.2021 leitete die Kom. gem. Art. 36 Abs. 3 JI-RL das entsprechende Verfahren mit dem Entwurf eines Angemessenheitsbeschlusses ein. Der zwischenzeitlich ergangene „Durchführungsbeschluss der Kom. vom 28.6.2021 gemäß der Richtlinie (EU) 2016/680 des Europäischen Parlaments und des Rates zur Angemessenheit des Schutzes personenbezogener Daten durch das Vereinigte Königreich, C(2021) 4801 final" wurde noch am gleichen Tage in Kraft gesetzt. Daneben erfolgte ein weiterer Durchführungsbeschluss nach der DS-GVO. **20.4**

Nach einer Pressemitteilung der Kom. v. 28.6.2021 (zuletzt abgerufen 30.12.2021: https://ec.europa.eu/commission/presscorner/detail/de/ip_21_3183) sehe das derzeitige Datenschutzsystem des VK für den Zugriff auf personenbezogene Daten durch zuständige Behörden (auch aus Gründen der nationalen Sicherheit) starke Garantien vor. Insbesondere die Datenerhebungen durch Nachrichtendienste unterlägen der vorherigen Genehmigung durch ein unabhängiges Rechtsorgan. Alle Maßnahmen müssten notwendig und im Hinblick auf das verfolgte Ziel verhältnismäßig sein. Wer sich unrechtmäßiger Überwachungsmaßnahmen ausgesetzt sehe, könne Klage beim Investigatory Powers Tribunal (Gericht für Ermitt- **20.5** lungsbefugnisse) einreichen. Das VK unterliege zudem der Rechtsprechung des Europäischen Gerichtshofs für Menschenrechte, der Europäischen Menschenrechtskonvention und dem Übereinkommen des Europarats zum Schutz des Menschen bei der automatischen Verarbeitung personenbezogener Daten, als dem einzigen verbindlichen internationalen Übereinkommen auf dem Gebiet des Datenschutzes. Diese völkerrechtlichen Verpflichtungen seien wesentlicher Bestandteil des in den beiden Angemessenheitsbeschlüssen bewerteten Rechtsrahmens. Das Datenschutzsystem des VK basiere auf den bisherigen Regelungen während seiner Mitgliedschaft in der EU. Es habe auch die Grundsätze, Rechte und Pflichten der JI-RL vollumfänglich in sein seit dem Brexit geltendes Rechtssystem übernommen. Beide Angemessenheitsbeschlüsse enthielten eine Verfallklausel und seien auf vier Jahre begrenzt. Danach bestünde die Möglichkeit, die Beschlüsse zu erneuern, wenn durch das VK weiterhin ein angemessenes Datenschutzniveau sichergestellt werde. Während dieser vier Jahre werde die Kom. prüfen, ob dort von dem derzeit bestehenden Datenschutzniveau abgewichen werde. Sollte die Kom. beschließen, die Angemessenheitsbeschlüsse zu erneuern, würde der Annahmeprozess erneut eingeleitet.

21 Bei Verarbeitungen zu Zwecken der DS-GVO stehen demgegenüber die Vertragsstaaten des Abkommens über den Europäischen Wirtschaftsraum (EWR) den Mitgliedstaaten gleich (§ 1 Abs. 6). Andere Länder gelten als Drittstaaten (vgl. hierzu auch die Erwägungsgründe 99–103 JI-RL).

21.1 Der Europäische Wirtschaftsraum (EWR) besteht aus den Mitgliedstaaten der EU und mit Ausnahme der Schweiz den Mitgliedstaaten der Europäischen Freihandelsassoziation (European Free Trade Association, EFTA). Mitgliedstaaten der EFTA sind: Island, Liechtenstein, Norwegen und die Schweiz. Die Schweiz hat als einziger EFTA-Staat das EWR-Abkommen nicht ratifiziert. Die Schweiz wird deshalb nicht von § 1 Abs. 6 BDSG erfasst. Zur Änderung durch Art. 12 Nr. 2 lit. b des 2. DSAnpUG-EU, vgl. Hilgers ZD 2020, 556 (559).

21.2 Die Mitgliedstaaten der EU sind: Belgien, Bulgarien, Dänemark, Deutschland, Estland, Finnland, Frankreich, Griechenland, Irland, Italien, Kroatien, Lettland, Litauen, Luxemburg, Malta, Niederlande, Österreich, Polen, Portugal, Rumänien, Schweden, Slowakei, Slowenien, Tschechien, Ungarn und (Süd) Zypern.

2. Internationale Organisationen

22 Internationale Organisationen sind unionsrechtlich definiert (Art. 3 Nr. 16 JI-RL, Art. 4 Nr. 26 DS-GVO, Paal/Pauly/Ernst DS-GVO Art. 4 Rn. 148 ff.). Die Legaldefinitionen in der JI-RL und der DS-GVO sind wortgleich. Die Begriffsbestimmung differenziert zwischen „völkerrechtlichen Organisationen" und deren „nachgeordneten Stellen". Es kann sich bei einer internationalen Organisation aber auch um „jede sonstige Einrichtung" handeln. Vorausgesetzt wird allerdings, dass sie völkerrechtlich durch zwei oder mehrere Staaten geschaffen wurde (Art. 3 Nr. 16 Alt. 2 JI-RL).

22.1 Die internationale Organisation ist auch in → § 46 Nr. 16 Rn. 68 ff. näher definiert. Diese Begriffsbestimmung ähnelt der in der JI-RL und der DS-GVO, weist jedoch einige Besonderheiten auf. In ihrer Definition als völkerrechtliche Organisation und ihren nachgeordneten Stellen stimmt sie mit den anderen beiden Vorschriften überein.

Der Begriff „sonstige Einrichtungen" weicht jedoch inhaltlich von der der JI-RL bzw. DS-GVO ab. Dort sind sonstige Einrichtungen diejenigen, die durch eine „zwischen" zwei „Ländern" geschlossenen Übereinkunft geschaffen wurden, während es sich in § 46 Nr. 16 Alt. 2 und 3 um „von" zwei „Staaten" geschlossenen Vereinbarungen handelt. Während das Ersetzen des Wortes „zwischen" durch „von" wohl eher eine sprachliche Variante ist, könnte mit dem Ersetzen des Wortes „Länder" durch das Wort „Staaten" ein Bedeutungsunterschied intendiert sein. Bei letzterem handelt es sich um eine in der Regel verfassungs- und völkerrechtliche Staatsbegriffsbestimmung, während der Begriff „Länder" zwar auch statusrechtlich, aber wohl eher allgemeinsprachlich verstanden wird.

Als internationale Organisation kommen bspw. das Büro der Vereinten Nationen für Drogen- und Verbrechensbekämpfung (UNODC) und die Weltzollorganisation (WZO) in Betracht.

23 Eine internationale Organisation stellt auch die Internationale Kriminalpolizeiliche Organisation (Interpol) dar, an der alle Mitgliedstaaten der EU beteiligt sind. Interpol verarbeitet für die Erfüllung ihres Auftrags personenbezogene Daten, um die zuständigen Behörden dabei zu unterstützen, internationale Kriminalität zu verhüten und zu bekämpfen. Daher wird die Zusammenarbeit zwischen der EU und Interpol gestärkt, indem ein effizienter Austausch personenbezogener Daten gefördert und zugleich die Achtung der Grundrechte und Grundfreiheiten hinsichtlich der „automatischen" Verarbeitung personenbezogener Daten gewährleistet wird

Allgemeine Voraussetzungen **§ 78 BDSG**

(Erwägungsgrund 25 S. 2 und 3 der JI-RL). Dies dürfte auch dann gelten, wenn die Datenverarbeitung ohne Hilfe automatischer Verfahren ausgeführt wird.

Die Frage, ob Interpol über ein angemessenes Datenschutzniveau verfüge, wenn ein Angemessenheitsbeschluss nach Art. 36 der JI-RL und/oder geeignete Garantien nach Art. 37 dieser Richtlinie nicht vorliegen, hat der EuGH in einem Vorabentscheidungsverfahren in der Rechtssache C-505/19 in seinem Urt. v. 12.5.2021 (ECLI:C:2021:376) als unzulässig zurückgewiesen. **23.1**

Grundsätzlich kommt die JI-RL, insbesondere die Bestimmungen über grenzüberschreitende Datenübermittlungen, zur Anwendung, wenn personenbezogene Daten aus der Union an Interpol übermittelt werden (Erwägungsrund 25 S. 4 der JI-RL). Ein Gemeinsamer Standpunkt 2005/69/ JI und der Beschluss 2007/533/JI enthält ebenfalls Regelungen zum Austausch bestimmter Daten mit Interpol, vgl. Gemeinsamer Standpunkt 2005/69/JI des Rates v. 24.1.2005 zum Austausch bestimmter Daten mit Interpol (ABl. 2005 Nr. L 27/61), Beschluss 2007/533/JI des Rates v. 12.6.2007 über die Einrichtung, den Betrieb und die Nutzung des Schengener Informationssystems der zweiten Generation (SIS II), ABl. 2007 L 205/63, zuletzt geändert durch VO (EU) 2018/1726, ABl. 2018 L 295/99. Diese spezifischen Regelungen in den beiden vorgenannten Rechtsakten bleiben von den Vorschriften der JI-RL unberührt (vgl. Erwägungsgrunden 25 letzter S. der JI-RL), d.h. sie haben als speziellere Regelungen Vorrang vor dem allgemeinen Datenschutzrecht der JI-RL. **23.2**

Der oben genannte Gemeinsame Standpunkt aus dem Jahre 2005 bedarf nach einer Mitteilung der Kom. keiner Angleichung an das neue europäische Datenschutzrecht, vgl. Mitteilung der Kommission an das Europäische Parlament und den Rat vom 24.6.2020, Weiteres Vorgehen hinsichtlich der Angleichung des früheren Besitzstands des dritten Pfeilers an die Datenschutzvorschriften, COM(2020) 262 final, S. 3, Ziffer 1). Der Beschluss 2007/533/JI zu SIS II findet in dieser Mitteilung keine Erwähnung. **23.3**

III. Datenübermittlung/-verarbeitung

Mit Abs. 1 des § 78 wird Art. 35 Abs. 1 lit. a, b und d JI-RL in deutsches Recht umgesetzt. Art. 35 Abs. 1 JI-RL bezieht sich ebenso wie Art. 44 S. 1 DS-GVG auf die Übermittlung von personenbezogenen Daten (→ § 46 Rn. 2 ff.), „die bereits verarbeitet werden oder nach ihrer Übermittlung an ein Drittland oder internationale Organisation verarbeitet werden sollen". In § 78 Abs. 1 fehlt eine derart sperrige Formulierung; sie dürfte aber auch entbehrlich sein (so bereits Draf, Die Regelung der Übermittlung personenbezogener Daten in Drittländer nach Art. 25, 26 DSRL, 1998, 55 f.). **24**

Der Begriff „Datenübermittlungen", der im Mittelpunkt des gesamten Kap. 5 steht, wird regelmäßig mit den Bezeichnungen „Übermittlung" oder „Übermittlung personenbezogener Daten" synonym verwendet. Personenbezogene Daten werden unionsrechtlich und im BDSG nahezu wortgleich definiert. Diese sehr weite Begriffsbestimmung umfasst sämtliche Informationen und Daten, die sich auf identifizierbare natürliche Personen (betroffene Personen) beziehen (Art. 3 Nr. 1 JI-RL, → DS-GVO Art. 4 Abs. 1 Rn. 3 ff., → § 46 Nr. 1 Rn. 2 ff.). Der Begriff „Übermittlung" als solcher ist im BDSG nicht legaldefiniert. Er wird auch in der JI-RL und der DS-GVO nicht näher bestimmt, wird jedoch in der ebenfalls weiten Definition der „Verarbeitung" personenbezogener Daten erwähnt. Diese Legaldefinition stimmt wiederum wörtlich mit den unionsrechtlichen Begriffsbestimmungen überein (Art. 3 Nr. 2 JI-RL, Art. 4 Nr. 2 DS-GVO). Sie wurde nach der amtlichen Begründung zum Zweck der Umsetzung der JI-RL in das BDSG 2018 übernommen (vgl. BT-Drs. 18/11325, 111). **25**

Aufgegeben wurde damit die Begriffsbestimmung der „Verarbeitung" in § 3 Abs. 4 BDSG aF und die Konkretisierung der „Übermittlung" in dessen Nr. 3. Hiernach wurde das Übermitteln von personenbezogenen Daten im Wesentlichen als „das Bekanntgeben gespeicherter Daten" umschrieben. Nunmehr ist die Übermittlung personenbezogener Daten „durch Offenlegung" oder „eine andere Form der Bereitstellung" gekennzeichnet (§ 46 Nr. 2). Die alte und die neue Legaldefinition der „Verarbeitung" unterscheiden sich inhaltlich nur unwesentlich. Der Begriff der Datenverarbeitung (→ § 1 Rn. 51) stellt nach wie vor einen Obergriff dar, der neben dem Speichern, Verändern, Sperren und Löschen vor allem das Übermitteln personenbezogener Daten umfasst. **25.1**

Eine Offenlegung liegt vor, wenn die Daten anderen zur Verfügung gestellt werden. Hierunter fällt auch das Bereithalten der personenbezogenen Daten zum Abruf, bspw. in einer Datenbank. Keine Datenübermittlung in der Form der Offenlegung oder des Bereithaltens, sondern lediglich eine Weitergabe von Daten erfolgt im Rahmen der Auftragsverarbeitung (vgl. Lisken/Denninger, HdB des Polizeirechts, 7. Aufl. 2021/Müller/Schwabenbauer, S. 971 Rn. 441. **25.2**

Allgemein wird unter einer Datenübermittlung oder Datenübertragung der elektronische Transport von Daten (Datentransfer) vom Erfassungsort zum Speicherort sowie vom Speicherort zum Empfänger verstanden. Entsprechendes gilt für das Weiterleiten oder Teilen von Daten und Informationen. Bei diesen **25.3**

Orten handelt es sich entweder um ein und denselben Computer oder um zwei verschiedene. Die Datenübermittlung stellt damit ein Vor- oder Zwischenstadium (Bestandteil) der Verarbeitung personenbezogener Daten dar. Die Übermittlung personenbezogener Daten kann auch als ein Unterfall der Datenverarbeitung bezeichnet werden (Gola/Heckmann/Sandfuchs Rn. 4). Zu Formen der virtuellen Datenübermittlung und Cloud-Computing, vgl. Bell, Strafverfolgung und die Cloud – Strafprozessuale Ermächtigungsgrundlagen und deren völkerrechtlichen Grenzen, 2018, 35 f.

IV. Zuständige Stelle/zuständige Behörde (Nr. 1)

26 Abs. 1 des § 78 enthält keinen ausdrücklich benannten Normadressaten. In weiteren Regelungen des BDSG ist dies regelmäßig der für eine Datenübermittlung Verantwortliche (→ § 46 Rn. 26 ff.). Die JI-RL verwendet den Begriff der zuständigen Behörde, die die Übermittlung vornimmt. Zuständige Behörde ist hier regelmäßig eine „staatliche" Stelle, die für die Verhütung, Ermittlung, Aufdeckung oder Verfolgung von Straftaten oder zur Strafvollstreckung, einschließlich des Schutzes vor und der Abwehr von Gefahren für die öffentliche Sicherheit, zuständig ist (Art. 3 Nr. 7 lit. a JI-RL). Dies entspricht nahezu wörtlich der Zweckbestimmung der JI-RL. Es handelt sich mithin um eine Behörde, die für die in Art. 1 Abs. 1 JI-RL genannten Zwecke zuständig ist. Als zuständige Behörde kommt allerdings auch eine andere Stelle oder Einrichtung in Betracht, der gesetzlich die Ausübung öffentlicher Gewalt für derartige Zwecke übertragen wurde (vgl. Art. 3 Nr. 7 lit. b JI-RL).

26a Im Übrigen ist der für die Datenübermittlung Verantwortliche identisch mit der zuständigen Behörde (Art. 3 Nr. 8 JI-RL). Im BDSG fehlt eine Legaldefinition der zuständigen Behörden; diesen vergleichbar sind dort die „öffentlichen Stellen" (→ § 1 Rn. 69 ff., → § 2 Rn. 7 ff.). Der gesamte dritte Teil des BDSG enthält keine konkreten Ausführungen darüber, welche zuständige Stelle für die in § 45 genannten Zwecke in Betracht kommt und berechtigt ist, Daten an Drittstaaten zu übermitteln. Dies kann sich vor allem aus weiteren bereichsspezifischen Vorschriften außerhalb des BDSG ergeben.

27 Wie nach der JI-RL ist auch beim § 78 Abs. 1 als Normadressat der für die Datenübermittlung Verantwortliche in seiner Eigenschaft als zuständige Stelle oder Behörde zu betrachten. Dies ist die natürliche oder juristische Person, Behörde, Einrichtung oder andere Stelle, die allein oder gemeinsam über die Zwecke des § 45 und Mittel der Übermittlung personenbezogener Daten entscheidet (→ § 46 Nr. 7 Rn. 26 ff., Art. 3 Nr. 8 JI-RL)

27.1 Eine Datenübermittlung an Drittstaaten und internationale Organisationen kann auch durch eine Mehrheit von Verantwortlichen vorgenommen werden. Legen zwei oder mehrere Verantwortliche gemeinsam die Zwecke und die Mittel zur Verarbeitung personenbezogener Daten fest, gelten sie als gemeinsam Verantwortliche und haben ihre jeweiligen Aufgaben sowie datenschutzrechtlichen Verantwortlichkeiten in einer Vereinbarung festzulegen, soweit dies nicht bereits in Rechtsvorschriften zum Ausdruck kommt. § 63 setzt insoweit die Vorschrift des Art. 21 JI-RL in deutsches Recht um.

27.2 Es muss mehr als ein Verantwortlicher über die Zwecke und Mittel entscheiden. Maßgeblich ist eine gewisse Entscheidungsmöglichkeit der jeweiligen Beteiligten und insoweit das Fehlen des für Auftragsverarbeitung prägenden Merkmals der Unterordnung → § 63 Rn. 4 (vgl. auch → DS-GVO Art. 4 Rn. 92 f., § 26 DS-GVO, Erwägungsgrund 79 DS-GVO, BT-Drs. 18/11325, 116, § 6 Abs. 2 BDSG aF). Zum weiten Verantwortlichkeitsbegriff der DS-GVO und des EuGH Az. C-40/17, vgl. Böllhoff/Botta NVwZ 2021, 425 (427 Fn. 20).

27.3 Die JI-RL bzw. die §§ 78–81 BDSG finden dagegen keine Anwendung in den Fällen, in denen eine Stelle oder Einrichtung personenbezogene Daten zu anderen als in der JI-RL genannten Zwecken „erhebt" und diese zur Erfüllung einer gesetzlichen Verpflichtung „weiterverarbeitet" und den zuständigen Behörden zur Verfügung stellt. Beispielsweise speichern Finanzinstitute bestimmte personenbezogene Daten, die sie nur den zuständigen Behörden auf der Grundlage einer gesetzlichen Verpflichtung zur Verfügung stellen. Nach dem Erwägungsgrund 11 S. 3 f. der JI-RL findet in derartigen Fällen die DS-GVO Anwendung. Das Ausländerzentralregister fällt bspw. unter die DS-GVO, → DS-GVO Art. 4 Rn. 93, während das beim BKA betriebene bundesländerübergreifende personenbezogene Informationssystem (vernetzte Datenbank) der deutschen Polizeien (INPOL-System) in den Anwendungsbereich der JI-RL fällt.

28 Die Vorschrift setzt mithin einen Verantwortlichen als zuständige Stelle voraus und knüpft weitere Voraussetzungen an den Empfänger (→ § 46 Rn. 37 ff.) der Datenübermittlung. § 78 Abs. 1 erster Halbsatz enthält auf der Empfängerseite zwei Alternativen. Er regelt in der ersten Alt. die Datenübermittlung an „Stellen in Drittstaaten". In der zweiten Alt. werden Übermittlungen „an internationale Organisationen" einschließlich ihrer nachgeordneten Stellen erfasst. Die Vorschrift folgt damit der Terminologie im BDSG aF. Eine entsprechende Anwendung des § 2 Abs. 1 auf Stellen in Drittstaaten ist eingeschränkt möglich. Es handelt sich dann um Stellen in

Allgemeine Voraussetzungen **§ 78 BDSG**

den jeweiligen Drittstaaten, wie Behörden, Organe der Rechtspflege und andere vergleichbare Einrichtungen sowie mit hoheitlichen Aufgaben Beliehene. Die JI-RL konkretisiert demgegenüber diese ausländischen Stellen dahingehend, dass „die personenbezogenen Daten an einen Verantwortlichen in einem Drittland oder einer internationalen Organisation, die für die in Art. 1 Abs. 1 JI-RL genannten Zwecke zuständig ist, übermittelt werden" (vgl. § 35 Abs. 1 lit. b JI-RL). Es ist damit zwingend, dass es sich auch auf der Empfängerseite im Drittstaat um einen Verantwortlichen, dh einer Behörde oder öffentlichen Stelle handeln muss, die für die in § 45 aufgeführten Zwecke zuständig ist. Welche Behörde oder öffentliche Stelle in dem Drittstaat als zuständig zu betrachten ist, kann eine komplexe Prüfung voraussetzen (vgl. Paal/Pauly/Frenzel Rn. 6). Gleiches gilt für internationale Organisationen.

Behörden, die im Rahmen eines bestimmten Untersuchungsauftrags nach dem Recht der Mitgliedstaaten personenbezogene Daten erhalten, gelten jedoch nicht als „Empfänger" (Art. 3 Nr. 10 JI-RL). Die Verarbeitung dieser Daten durch bspw. Steuer- und Zollbehörden, Finanzermittlungsbehörden, unabhängige Verwaltungsbehörden oder Finanzmarktbehörden wird als im Einklang mit den geltenden Datenschutzvorschriften betrachtet (Erwägungsgrund 22). **28.1**

Anträge auf Offenlegung, die von Behörden ausgehen, sollten immer schriftlich erfolgen, mit Gründen versehen sein und gelegentlichen Charakter haben, und sie sollten nicht vollständige Dateisysteme betreffen oder zur Verknüpfung von Dateisystemen führen. Die Verarbeitung personenbezogener Daten durch die genannten Behörden sollte für die Zwecke der Verarbeitung geltenden Datenschutzvorschriften entsprechen. **28.2**

Grundsätzlich soll eine Übermittlung personenbezogener Daten nur dann an Drittstaaten und an internationale Organisationen erfolgen, wenn die Kom. nach Art. 36 Abs. 3 JI-RL einen Angemessenheitsbeschluss gefasst hat. Ein derartiger Beschluss liegt bisher – mit Ausnahme für das VK → Rn. 20.4 – für keinen weiteren Drittstaat und keine internationale Organisation vor. Die Mitgliedstaaten können daher nur die mehr oder weniger als Ausnahmetatbestände konzipierten Regelungen zum grenzüberschreitenden Datenverkehr anwenden; für Deutschland sind dies die §§ 78 Abs. 2, 79, 80, 81. Der Anwendungsbereich der JI-RL ist von dem der DS-GVO strikt zu trennen (Auernhammer/Gaitzsch Rn. 8, Gola/Heckmann/Sandfuchs Rn. 29 unter Hinweis auf Art. 2 Abs. 2 lit. d DS-GVO, Erwägungsgrund 19 DS-GVO). Erstmals – gestützt auf Art. 45 Abs. 3 DS-GVO – hat die Kom. Feststellungen über den angemessenen Schutz personenbezogener Daten durch Japan gefasst. Dies erfolgte in dem Rechtsakt eines Durchführungsbeschlusses (vgl. Art. 291 AEUV). Dieser Angemessenheitsbeschluss findet für den Bereich der JI-RL ebenso wenig wie noch künftig auf der Grundlage des Art. 45 Abs. 3 DS-GVO zu fassende Durchführungsbeschlüsse eine unmittelbare Anwendung. **28a**

Die EU-Kommission hat bisher für Andorra, Argentinien, Färöer, Guernsey, Insel Man, Israel, Japan, Jersey, Kanada (Handelsorganisationen), Neuseeland, Schweiz, Uruguay und das VK einen angemessenen Datenschutz anerkannt. Alle diesbezüglichen Rechtsakte, mit Ausnahme von Japan und dem VK, werden gestützt auf die zwischenzeitlich außer Kraft gesetzte DSRL. Von der Kom. in der Vergangenheit auf dieser Grundlage erlassene Feststellungen bleiben aber so lange in Kraft, bis sie nach einem entsprechenden Prüfverfahren geändert werden (Art. 45 Abs. 9 DS-GVO). Auf diese Regelung kann für den Bereich der JI-RL nicht zurückgegriffen werden, da eine vergleichbare Vorschrift in der JI-RL nicht besteht. Im Übrigen fand die DSRL „auf keinen Fall" Anwendung der Verarbeitung von personenbezogenen Daten betreffend die öffentliche Sicherheit des Staates und seiner Tätigkeit im strafrechtlichen Bereich (Art. 3 Abs. 2 erster Spiegelstrich DSRL). Auch die nachfolgend im Detail aufgeführten Rechtsakte stellen keine Angemessenheitsbeschlüsse iSd Art. 36 Abs. 3 JI-RL dar, können aber gegebenenfalls solche oder im Einzelfall eine entsprechende Beurteilung des angemessenen Datenschutzniveaus indizieren. **29**

Andorra: Beschl. 2010/625/EU der Kom. v. 19.10.2010 gem. RL 95/46/EG des Europäischen Parlaments und des Rates über den angemessenen Schutz personenbezogener Daten in Andorra (ABl. 2010 Nr. L 277/27), zuletzt geändert durch Art. 8 des Durchführungsbeschl. (EU) 2016/2295 der Kommission v. 16.12.2016 zur Änderung der Entsch. (…) 2010/625/EU (…) zum angemessenen Schutz personenbezogener Daten durch bestimmte Länder gem. Art. 25 Abs. 6 RL 95/46/EG (ABl. 2016 Nr. L 344/83). **29.1**

Argentinien: Entsch. 2003/490/EG der Kom. v. 30.6.2003 gem. RL 95/46/EG des Europäischen Parlaments und des Rates über den angemessenen Schutz personenbezogener Daten in Argentinien (ABl. 2003 Nr. L 168/19; zuletzt geändert durch Art. 3 des Durchführungsbeschl. (EU) 2016/2295 der Kommission v. 16.12.2016 zur Änderung der Entsch. (…) 2003/490/EG (…) zum angemessenen Schutz personenbezogener Daten durch bestimmte Länder gem. Art. 25 Abs. 6 RL 95/46/EG (ABl. 2016 Nr. L 344/83). **29.2**

Färöer: Beschl. 2010/146/EU der Kom. v. 5.3.2010 gem. RL 95/46/EG des Europäischen Parlaments und des Rates über den angemessenen Schutz durch das färöische Gesetz über die Verarbeitung personenbe- **29.3**

zogener Daten (ABl. 2010 Nr. L 58, 17), zuletzt geändert durch Art. 7 des Durchführungsbeschl. (EU) 2016/2295 der Kommission v. 16.12.2016 zur Änderung der Entsch. (...) 2010/146/EU (...) zum angemessenen Schutz personenbezogener Daten durch bestimmte Länder gem. Art. 25 Abs. 6 RL 95/46/EG (ABl. 2016 Nr. L 344/83).

29.4 **Guernsey:** Entscheidung 2003/821/EG der Kom. v. 21.11.2003 über den angemessenen Schutz personenbezogener Daten in Guernsey (ABl. 2003 Nr. L 308/27); zuletzt geändert durch Art. 4 des Durchführungsbeschl. (EU) 2016/2295 der Kommission v. 16.12.2016 zur Änderung der Entsch. (...) 2003/821/EU (...) zum angemessenen Schutz personenbezogener Daten durch bestimmte Länder gem. Art. 25 Abs. 6 RL 95/46/EG (ABl. 2016 Nr. L 344/83).

29.5 **Insel Man:** Entscheidung 2004/411/EG der Kom. v. 28.4.2004 über den angemessenen Schutz personenbezogener Daten auf der Insel Man (ABl. 2004 Nr. L 151/48); zuletzt geändert durch Art. 5 des Durchführungsbeschl. (EU) 2016/2295 der Kommission v. 16.12.2016 zur Änderung der Entsch. (...) 20004/411/EU (...) zum angemessenen Schutz personenbezogener Daten durch bestimmte Länder gem. Art. 25 Abs. 6 RL 95/46/EG (ABl. 2016 Nr. L 344/83).

29.6 **Israel:** Beschluss 2011/61/EU der Kom. v. 31.1.2011 gem. RL 95/46/EG des Europäischen Parlaments und des Rates über den angemessenen Schutz personenbezogener Daten durch den Staat Israel bei der automatisierten Verarbeitung personenbezogener Daten (ABl. 2011 Nr. L 27/39, zuletzt geändert durch Art. 9 des Durchführungsbeschl. (EU) 2016/2295 der Kommission v. 16.12.2016 zur Änderung der Entsch. (...) 2011/61/EU (...) zum angemessenen Schutz personenbezogener Daten durch bestimmte Länder gem. Art. 25 Abs. 6 RL 95/46/EG (ABl. 2016 Nr. L 344, 83).

29.7 **Japan:** Durchführungsbeschluss (EU) 2019/419 der Kom. v. 23.1.2019 gem. der Verordnung (EU) 2016/679 des Europäischen Parlaments und des Rates über den angemessenen Schutz personenbezogener Daten durch Japan gem. dem Gesetz zum Schutz personenbezogener Daten (ABl. 2019 Nr. L 76/1).

29.8 **Jersey:** Entscheidung 2008/393/EG der Kom. v. 8.5.2008 gem. RL 95/46/EG des Europäischen Parlaments und des Rates über den angemessenen Schutz personenbezogener Daten in Jersey (ABl. 2008 Nr. L 138/21), zuletzt geändert durch Art. 6 des Durchführungsbeschlusses (EU) 2016/2295 der Kommission v. 16.12.2016 zur Änderung der Entscheidung (...) 2008/393/EG (...) zum angemessenen Schutz personenbezogener Daten durch bestimmte Länder gem. Art. 25 Abs. 6 RL 95/46/EG (ABl. 2016 Nr. L 344/83).

29.9 **Kanada (Handelsorganisationen):** Entscheidung 2002/2/EG der Kom. v. 20.12.2001 gem. RL 95/46/EG des Europäischen Parlaments und des Rates über den angemessenen Schutz personenbezogener Daten nach dem kanadischen Gesetz zum Schutz personenbezogener Informationen und elektronischer Dokumente (ABl. 2002 L 2/13); zuletzt geändert durch Art. 2 des Durchführungsbeschl. (EU) 2016/2295 der Kommission v. 16.12.2016 zur Änderung der Entsch. (...) 2002/2/EG (...) zum angemessenen Schutz personenbezogener Daten durch bestimmte Länder gem. Art. 25 Abs. 6 RL 95/46/EG (ABl. 2016 Nr. L 344/83).

29.10 **Neuseeland:** Durchführungsbeschluss 2013/65/EU der Kom. v. 19.12.2012 gem. RL 95/46/EG des Europäischen Parlaments und des Rates über den angemessenen Schutz personenbezogener Daten durch Neuseeland (ABl. 2013 Nr. L 28/12), zuletzt geändert durch Art. 11 des Durchführungsbeschl. (EU) 2016/2295 der Kommission v. 16.12.2016 zur Änderung des Durchführungsbeschluss. (...) 2013/65/EU (...) zum angemessenen Schutz personenbezogener Daten durch bestimmte Länder gem. Art. 25 Abs. 6 RL 95/46/EG (ABl. 2016 Nr. L 344/83).

29.11 **Schweiz:** Entscheidung 2000/518/EG der Kom. v. 26.7.2000 gem. RL 95/46/EG des Europäischen Parlaments und des Rates über den angemessenen Schutz personenbezogener Daten in der Schweiz (ABl. 2000 Nr. L 215/1), zuletzt geändert durch Art. 1 des Durchführungsbeschl. (EU) 2016/2295 der Kommission v. 16.12.2016 zur Änderung der Entsch. (...) 2008/393/EG (...) zum angemessenen Schutz personenbezogener Daten durch bestimmte Länder gem. Art. 25 Abs. 6 RL 95/46/EG (ABl. Nr. 2016 L 344/83).

29.12 **Uruguay:** Durchführungsbeschluss. 2012/484/EU der Kom. v. 21.8.2012 gem. RL 95/46/EG des Europäischen Parlaments und des Rates über den angemessenen Schutz personenbezogener Daten durch die Ostrepublik Uruguay im Hinblick auf die automatisierte Verarbeitung personenbezogener Daten (ABl. 2012 Nr. L 227/11), zuletzt geändert durch Art. 10 des Durchführungsbeschl. (EU) 2016/2295 der Kom. v. 16.12.2016 zur Änderung der Durchführungsbeschl. (...) 2012/484/EU zum angemessenen Schutz personenbezogener Daten durch bestimmte Länder gem. Art. 25 Abs. 6 RL 95/46/EG (ABl. 2016 Nr. L 344, 83).

29.13 **Vereinigtes Königreich:** Durchführungsbeschl. der Kom. v. 28.6.2021 gemäß der Verordnung (EU) 2016/679 des Europäischen Parlaments und des Rates zur Angemessenheit des Schutzes personenbezogener Daten durch das Vereinigte Königreich, C(2021) 4800 final.

Die Kom. hat Mitte 2021 ein Verfahren zur Annahme des Angemessenheitsbeschlusses für Übermittlungen personenbezogener Daten in die Republik **Korea** eingeleitet. Der Angemessenheitsbeschluss erfasst die Übermittlung personenbezogener Daten an gewerbliche Betreiber und Behörden in der Republik Korea. Der Entwurf des entsprechenden Durchführungsbeschlusses der Kom. gemäß der VO (EU) 2016/

679 ist über deren Pressemitteilung v. 21.6.2021 abrufbar, zuletzt 6.1.2022: https://ec.europa.eu/commission/presscorner/detail/de/ip_21_2964.

Einen Sonderfall bilden die USA. Die Kom. fasste bisher zwei Beschlüsse, mit denen sie für die USA ein angemessenes Datenschutzniveau feststellte. Beide Beschlüsse wurden durch den EuGH für ungültig erklärt. Ungeachtet dessen, konnte auch auf diese Beschlüsse nicht zurückgegriffen werden, da eine Vorschrift in der JI-RL nicht besteht, nach der auf der Grundlage der (aufgehobenen) DSRL gefasste Beschlüsse weiterhin Anwendung finden. Eine unmittelbare Anwendung dieser Beschlüsse im Bereich der JI-RL verbietet sich auch deshalb, weil die DSRL auf die Verarbeitung von personenbezogenen Daten betreffend die öffentliche Sicherheit des Staates und seiner Tätigkeit im strafrechtlichen Bereich keine Anwendung fand. Entsprechendes gilt auf der Grundlage der DS-GVO gefasste Angemessenheitsbeschlüsse. Aus den gleichen Gründen dürften für den Bereich der JI-RL auch keine Standardvertragsklauseln der Kom. eine unmittelbare Anwendung finden. Der Durchführungsbeschluss (EU) 2021/914 der Kom. vom 4.6.2021 über Standardvertragsklauseln für die Übermittlung personenbezogener Daten an Drittländer gemäß der Verordnung (EU) 2016/679 des Europäischen Parlaments und des Rates (ABl. L 199/31) findet jedenfalls keine direkte Anwendung. **30**

Safe Habor-Entscheidung: **30.1**
Als Ergebnis von Verhandlungen der EU mit den USA erfolgte zunächst ein Angemessenheitsbeschluss, der auch als Safe Habor-Abkommen oder Safe Habor-Regelung bezeichnet wird: Entscheidung 2000/520/EG der Kom. v. 26.7.2000 gemäß der Richtlinie 95/46/EG des Europäischen Parlaments und des Rates über die Angemessenheit des von den Grundsätzen des sicheren Hafens und der diesbezüglichen „Häufig gestellten Fragen" (FAQ) gewährleisteten Schutzes, vorgelegt vom Handelsministerium der USA (ABl. 2000 Nr. L 215/7). Der EuGH erklärte diese Entscheidung durch sein Urteil vom 6.10.2015 in der Rechtssache C-362/14, Schrems gegen Data Protection Commissioner, Irland (Schrems I) für ungültig. Zur Begründung nahm er auch Bezug auf Abschnitte 2 und 3.2 der Mitteilung der Kommission, Wiederherstellung des Vertrauens beim Datenaustausch zwischen der EU und den USA, COM(2013) 846 final vom 27.11.2013, Abschnitte 7.1, 7.2 und 8 der Mitteilung der Kommission an das Europäische Parlament und den Rat über die Funktionsweise der Safe-Harbour-Regelung aus Sicht der EU-Bürger und der in der EU niedergelassenen Unternehmen, COM(2013) 847 final vom 27.11.2013.

Privacy Shield-Beschluss: **30.2**
Einen weiteren Angemessenheitsbeschluss, der auch als EU-US-Datenschutzschild (EU-US Privacy Shield) oder Privacy Shield-Regelung bezeichnet wird, fasste die Kom. durch den Durchführungsbeschluss (EU) 2016/1250 v. 12.7.2016 gemäß der Richtlinie 95/46/EG des Europäischen Parlaments und des Rates über die Angemessenheit des vom EU-US-Datenschutzschild gebotenen Schutzes (ABl. 2016 L 207/1–112). Der EuGH erklärte auch diesen Durchführungsbeschluss durch Urteil vom 16.7.2020 in der Rechtssache C-311/18, Data Protection Commissioner/Facebook Ireland Limited und Maximillian Schrems (Schrems II) für ungültig. Die von der Kom. auf der Grundlage der DSRL herausgegebenen Standardvertragsklauseln fanden demgegenüber keine Beanstandung, vgl. hierzu auch Spies ZD 2020, 549/550 unter Hinweis auf Schröder DB 2020, 1945 und Golland NJW 2020, 2593 (2595): Beschluss der Kommission vom 5.2.2010 über Standardvertragsklauseln für die Übermittlung personenbezogener Daten an Auftragsverarbeiter in Drittländern nach der Richtlinie 95/46/EG des Europäischen Parlaments und des Rates (ABl. 2010, L 39/5) in der Fassung des Durchführungsbeschlusses (EU) 2016/2297 der Kommission vom 16.12.2016 (ABl. 2016, L 334/100), vgl. zum Anwendungsbereich der DS-GVO auch Vander DB 2014, 214 (217).

C. Abwägungsentscheidung im Einzelfall (Abs. 2)

I. Struktur und Ratio der Regelung

Bei Abs. 2 handelt es sich um eine Vorschrift, die keine Regelung der JI-RL in deutsches Recht umsetzt. Die Vorschrift enthält vielmehr zusätzliche Anforderungen an eine Datenübermittlung aufgrund der Rechtsprechung des BVerfG zum BKAG (BVerfGE 141, 220 = BeckRS 2016, 44821 = NJW 2016, 1781; vgl. BT-Drs. 18/11325, 120). Diese Norm wird auch als Ausnahmeregelung unter Hinweis auf dieses BVerfG-Urteil bezeichnet (Gola/Heckmann/Sandfuchs Rn. 9): „Die Übermittlung von Daten an staatliche Stellen im Ausland unterliegt den allgemeinen verfassungsrechtlichen Grundsätzen von Zweckänderung und Zweckbindung. Bei der Beurteilung der neuen Verwendung ist die Eigenständigkeit der anderen Rechtsordnung zu achten. Eine Übermittlung von Daten ins Ausland verlangt eine Vergewisserung darüber, dass ein hinreichend rechtsstaatlicher Umgang mit den Daten im Empfängerstaat zu erwarten ist", vgl. NJW 2016, **31**

BDSG § 78 Teil 3. Bestimmungen für Verarbeitungen zu Zwecken gemäß Richtlinie

1781 (Ls. 3). Die Übermittlung personenbezogener Daten hat unter den in Abs. 2 konkretisierten Voraussetzungen zu unterbleiben, auch wenn ein Angemessenheitsbeschluss der Kom. vorliegt. Ein derartiger Beschluss nach Art. 36 Abs. 3 JI-RL ist bisher nur für das VK gefasst worden. Die Regelung trägt dem Umstand Rechnung, dass trotz eines künftig von der Kom. durchgeführten Verfahrens, das zu einem Angemessenheitsbeschluss führt, im Einzelfall Umstände auftreten können, die es rechtfertigen, von einer Übermittlung personenbezogener Daten Abstand zu nehmen (vgl. auch Paal/Pauly/Frenzel Rn. 10 unter Hinweis auf EuGH BeckRS 2015, 487061 und BVerfGE 140, 317 – Identitätskontrolle).

32 Die Übermittlung personenbezogener Daten hat dann auch trotz eines zu berücksichtigenden öffentlichen Interesses an der Datenübermittlung unter den in Abs. 2 konkretisierten Umständen zu unterbleiben. Diese Umstände können im Einzelfall derart gravierend sein, dass auch ein zu berücksichtigendes öffentliches Interesse an der Datenübermittlung zurückzutreten hat. Bei dem zu berücksichtigenden öffentlichen Interesse handelt es sich um einen unbestimmten Rechtsbegriff, der nicht weiter in entsprechenden Regelungen konkretisiert wird. Die Vorschrift wird erst recht angewendet, wenn kein Angemessenheitsbeschluss vorliegt. Wenn schon beim Vorliegen eines Angemessenheitsbeschlusses eine Abwägungsentscheidung zugunsten der betroffenen Person getroffen und von einer Datenübermittlung Abstand genommen werden kann, gilt dies erst recht, wenn kein Feststellungsbeschluss der Kom. über ein angemessenes Datenschutzniveau in dem entsprechenden Drittstaat vorliegt. Abs. 2 des § 78 wird deshalb auch in den Fallkonstellationen der §§ 79–81 angewendet. Besteht nur ein geringes oder sogar kein zu berücksichtigendes öffentliches Interesse an der Datenübermittlung, fällt die Abwägungsentscheidung ohnehin zugunsten der betroffenen Person aus.

33 Abs. 2 des § 78 enthält bei einer Datenübermittlung zusätzliche Anforderungen an die nach den §§ 79–81 erforderliche Abwägungsentscheidung (vgl. BT-Drs. 18/11325, 120). Die Vorschrift ist deshalb stets auch iVm den §§ 79–81 jeweils zu prüfen und zu beachten. Die Vorschrift setzt allgemein einen Abwägungsvorgang zwischen den schutzwürdigen Interessen der betroffenen Person und den zu berücksichtigenden öffentlichen Interessen an einer solchen Übermittlung voraus. Die Rechtsfolge, dass die Datenübermittlung zu unterbleiben hat, tritt ein, wenn der Grundrechtsschutz der betroffenen Person das öffentliche Interesse an der Datenübermittlung überwiegt. § 78 Abs. 2 S 1 enthält zwei Tatbestandsalternativen.

1. Datenschutzniveau beim Empfänger (S. 1 Alt. 1)

34 Alt. 1 wird im Einzelfall angewendet, wenn ein datenschutzrechtlich angemessener und die elementaren Menschenrechte wahrender Umgang mit den Daten beim Empfänger nicht hinreichend gesichert ist. Durch Alt. 1 wird auf das Datenschutzniveau beim Empfänger abgestellt, das erforderlich ist, um die entsprechenden Menschenrechte der von der Datenübermittlung betroffenen Person zu wahren. Es geht nicht allgemein um das Datenschutzniveau in dem betreffenden Drittstaat oder der internationalen Organisation, sondern konkret und im Einzelfall um dasjenige beim **Empfänger** (→ § 46 Rn. 37 ff.) dieser Daten. Dies kann jede Person oder Stelle sein, der gegenüber personenbezogene Daten offengelegt werden. Es muss sich also auch nicht um eine zuständige Stelle oder Behörde (→ § 2 Rn. 12 ff.) handeln, die die in Art. 1 Abs. 1 JI-RL oder in § 45 zum Ausdruck gebrachten Zwecke verfolgt. Es reicht für die Anwendung der Vorschrift aus, wenn allein dem Empfänger der Daten die datenschutzrechtliche Zuverlässigkeit abzusprechen ist. Bei der Beurteilung können für die Angemessenheit des entsprechenden Datenschutzniveaus beim Empfänger zunächst die Kriterien herangezogen werden, die im Einzelnen in Art. 36 Abs. 2 lit. a–c JI-RL aufgeführt sind. Hierzu zählen besonders die Rechtsstaatlichkeit und die Achtung der Menschenrechte. Etwaige Ausarbeitungen von Leitlinien, Empfehlungen und bewährten Verfahren des nach der DS-GVO eingesetzten Europäischen Datenschutzausschusses (EDSA) können nur dann berücksichtigt werden, wenn der Ausschuss auf der Grundlage des Art. 51 der JI-RL tätig geworden ist.

2. Schutzwürdige Interessen (S. 1 Alt. 2)

35 Abs. 2 S. 1 Alt. 2 des § 78 stellt in diesem Zusammenhang eine Art Auffangtatbestand dar. Hiernach unterbleibt eine Datenübermittlung, wenn „sonst überwiegende schutzwürdige Interessen einer betroffenen Person" dem zu berücksichtigenden öffentlichen Interesse an der Datenübermittlung entgegenstehen. Es müssen insoweit Umstände bei der betroffenen Person vorliegen, die mit denen der Alt. 1 vergleichbar sind. Aus S. 1 Alt. 2 ist nicht zweifelsfrei zu entnehmen, ob auch hier darauf abzustellen ist, dass ein datenschutzrechtlich angemessener Umgang mit Daten der betroffenen Person beim „Empfänger" nicht hinreichend gesichert ist. Die Regelung hat folgenden Wortlaut: „Die Übermittlung (...) hat (...) zu unterbleiben, wenn im Einzelfall (...) sonst überwiegende Interessen der betroffenen Person entgegenstehen." Der nachfolgende S. 2 stellt jedoch klar, dass der Verantwortliche bei seiner Beurteilung stets zu berücksichtigen hat, ob der Empfänger im Einzelfall einen angemessenen Schutz der übermittelten Daten garantiert. Anhaltspunkte dafür, dass der Gesetzgeber in den Alt. 1 und 2 unterschiedliche Empfänger regeln wollte, sind nicht ersichtlich.

Ein schutzwürdiges Interesse der betroffenen Person liegt regelmäßig vor, wenn beim Empfänger eine Verletzung der Datensicherheit zu befürchten ist, die zur unrechtmäßigen Vernichtung, Veränderung oder zur unbefugten Offenlegung der personenbezogenen Daten führen kann (Legaldefinition „Verletzung des Schutzes personenbezogener Daten", → § 46 Nr. 10 Rn. 41 ff.). Inwiefern diese schutzwürdigen Interessen die zu berücksichtigenden öffentlichen Interessen an der Datenübermittlung überwiegen, entscheidet sich nach den Umständen des Einzelfalles. **36**

II. Einzelfallentscheidung (S. 2)

1. Verantwortlicher

Normadressat des Abs. 2 S. 2 des § 78 ist der für die Datenübermittlung Verantwortliche. **37** Hierbei handelt es sich regelmäßig um die Stelle oder Behörde, die für die in § 45 zum Ausdruck gebrachten Zwecke zuständig ist. Der Verantwortliche ist gehalten, die entsprechenden Abwägungsentscheidungen zu treffen. Hierbei hat er zu berücksichtigen, ob der Empfänger im Einzelfall einen angemessenen Schutz der übermittelten Daten garantiert. Die Vorschrift stellt zusätzliche Anforderungen an die Datenübermittlung an Stellen in Drittstaaten oder an internationale Organisationen aufgrund der Rechtsprechung des Bundesverfassungsgerichts (so etwa in BVerfG, Urteil vom 20.4.2016 – 1 BvR 966/09 u. 1 BvR 1140/06). In besonderer Ausprägung dessen fordert Abs. 2 ein Unterbleiben der Übermittlung, wenn im Einzelfall Anlass zur Besorgnis besteht und diese Besorgnis auch nach einer Prüfung durch den Verantwortlichen weiter besteht, dass ein elementaren rechtsstaatlichen Grundsätzen genügender Umgang mit den übermittelten Daten nicht gesichert ist (BT-Drs. 18/11325, 129).

2. Angemessene Garantien

In welcher Art und Weise der Empfänger die entsprechende Garantie über ein angemessenes **38** Schutzniveau abzugeben hat, lässt sich der Vorschrift nicht entnehmen. In Abs. 2 wird eine Datenübermittlung im Ergebnis so beurteilt, als würde kein Angemessenheitsbeschluss vorliegen. Er wird also mehr oder weniger ausgeblendet. Bisher hat die EU-Kommission – mit Ausnahme für das VK – keinen Angemessenheitsbeschluss nach Art. 36 Abs. 3 JI-RL gefasst. Insoweit ließe es sich rechtfertigen, auf § 79 Abs. 1 Nr. 1 und 2 ergänzend zurückzugreifen, der eine Datenübermittlung ohne einen entsprechenden Angemessenheitsbeschluss zulässt. Die amtliche Begründung verweist zu Dokumentationspflichten des Verantwortlichen über ein angemessenes Datenschutzniveau und entsprechende Garantien auf § 14 Abs. 7 BKAG v. 7.7.1997 (BGBl. I 1650).

D. Genehmigung einer Datenübermittlung (Abs. 3)

I. Übermittlungen mit Genehmigung (Abs. 3 S. 1)

Die Vorschrift bezieht sich auf personenbezogene Daten, die aus einem anderen Mitgliedstaat **39** zur Verfügung gestellt wurden und „nach Abs. 1 übermittelt werden sollen". Der Abs. 3 des § 78 lässt sich in zwei Regelungsbereiche trennen. In S. 1 wird geregelt, dass eine Übermittlung zu Zwecken der JI-RL und bei Vorliegen eines Angemessenheitsbeschlusses grundsätzlich mit vorheriger Genehmigung des anderen Mitgliedstaates erfolgen kann. Die Regelung findet ihrem Wortlaut nach nur dann Anwendung, wenn ein Angemessenheitsbeschluss der Kom. vorliegt. Es stellt sich die Frage, wie der Verantwortliche verfahren soll, wenn er ohne einen derartigen Beschluss Übermittlungen nach § 78 Abs. 2 sowie den §§ 79–81 vornimmt. Die Regelung des § 78 Abs. 3 entspricht weitgehend dem Art. 35 Abs. 1 lit. c und Abs. 2 JI-RL, der die Genehmigung des anderen Mitgliedstaates bei Übermittlung durch den Verantwortlichen regelt. Die allgemeinen Grundsätze des Art. 35 JI-RL setzen nicht voraus, dass die Kom. einen Angemessenheitsbeschluss gefasst hat. Die Regelungen des § 78 Abs. 3 (ebenso wie die des Abs. 4 → Rn. 56) ließen sich auf alle Datenübermittlungen anwenden, wenn in ihnen jeweils die Worte „nach Absatz 1" gestrichen würden, anderenfalls kommt nur eine richtlinienkonforme entsprechende Anwendung für Datenübermittlungen in Betracht, bei denen nicht auf einen Angemessenheitsbeschluss zurückgegriffen werden kann.

39.1 Dem Art. 35 JI-RL Abs. 1 lit. c und Abs. 2 JI-RL ist nicht zu entnehmen, dass die dort vom nationalen Gesetzgeber umzusetzenden Regelungen nur dann in Betracht kommen, wenn ein Angemessenheitsbeschluss vorliegt. Dies gilt auch für Abs. 1 lit. d. Anhaltspunkte, aus welchen Gründen auf eine Genehmigung der zuständigen Stelle des anderen Mitgliedstaates verzichtet werden kann, sind jedenfalls nicht ersichtlich.

39.2 Art. 35 Abs. 1 lit. c und Abs. 2 JI-RL haben folgenden Wortlaut:
„(1) Die Mitgliedstaaten sehen vor, dass jedwede von einer zuständigen Behörde vorgenommene Übermittlung von personenbezogenen Daten, [...] nur unter Einhaltung der nach Maßgabe anderer Bestimmungen dieser Richtlinie erlassenen nationalen Bestimmungen, zulässig ist, wenn die in diesem Kapitel festgelegten Bedingungen eingehalten werden, nämlich

c) in Fällen, in denen personenbezogene Daten aus einem anderen Mitgliedstaat übermittelt oder zur Verfügung gestellt werden, dieser Mitgliedstaat die Übermittlung zuvor in Einklang mit seinem nationalen Recht genehmigt hat; [...].

(2) Die Mitgliedstaaten sehen vor, dass Übermittlungen ohne vorherige Genehmigung durch einen anderen Mitgliedstaat gemäß Absatz 1 Buchstabe c nur dann zulässig sind, wenn die Übermittlung der personenbezogenen Daten erforderlich ist, um eine unmittelbare und ernsthafte Gefahr für die öffentliche Sicherheit eines Mitgliedstaats oder eines Drittlandes oder für die wesentlichen Interessen eines Mitgliedstaats abzuwehren, und die vorherige Genehmigung nicht rechtzeitig eingeholt werden kann. Die Behörde, die für die Erteilung der vorherigen Genehmigung zuständig ist, wird unverzüglich unterrichtet.

39.3 Die Umsetzung dieser europarechtlichen Regelungen erfolgte in § 78 Abs. 3:
„(3) Wenn personenbezogene Daten, die aus einem anderen Mitgliedstaat der Europäischen Union übermittelt oder zur Verfügung gestellt wurden, nach Absatz 1 übermittelt werden sollen, muss diese Übermittlung zuvor von der zuständigen Stelle des anderen Mitgliedstaats genehmigt werden. Übermittlungen ohne vorherige Genehmigung sind nur dann zulässig, wenn die Übermittlung erforderlich ist, um eine unmittelbare und ernsthafte Gefahr für die öffentliche Sicherheit eines Staates oder für die wesentlichen Interessen eines Mitgliedstaats abzuwehren, und die vorherige Genehmigung nicht rechtzeitig eingeholt werden kann. Im Fall des Satzes 2 ist die Stelle des anderen Mitgliedstaats, die für die Erteilung der Genehmigung zuständig gewesen wäre, unverzüglich über die Übermittlung zu unterrichten."

1. Aufbau der Vorschrift

40 Abs. 3 des § 78 enthält ebenso wie Abs. 1 keinen ausdrücklich benannten Normadressaten. Dies ist allerdings auch hier der für die Datenübermittlung Verantwortliche in seiner Eigenschaft als zuständige Stelle oder Behörde. Die Vorschrift erfasst Daten, die von einem anderen Mitgliedstaat der EU zur Verfügung gestellt werden und von deutschen Stellen an Drittstaaten oder internationale Organisationen übermittelt werden. Im Umkehrschluss findet die Vorschrift keine Anwendung, wenn aus einem Drittstaat stammende Daten einem Mitgliedstaat, anderen Drittstaaten oder einer internationalen Organisation zur Verfügung gestellt werden. Die deutsche Stelle kann jedenfalls dem Wortlaut nach für eine Übermittlung dieser Daten nicht auf § 78 Abs. 3 zurückgreifen. Hierbei kann auch nicht § 78 Abs. 4 zur Anwendung gelangen, der die Weiterübermittlung von Daten an einen weiteren „anderen Drittstaat" regelt. Entsprechendes gilt für internationale Organisationen. Nach allgemeinen Grundsätzen dürfte in derartigen Konstellationen aber ebenfalls eine Genehmigung durch die Drittstaaten oder internationalen Organisationen, die Daten zur Verfügung stellen, nach allgemeinen Grundsätzen (§ 47) erforderlich sein.

41 S. 1 statuiert den Grundsatz, dass eine Datenübermittlung nur mit der Genehmigung der zuständigen Stelle des anderen Mitgliedstaates erfolgt (vgl. auch Erwägungsgrund 65 S. 1 JI-RL). Es muss sich hierbei um eine Datenübermittlung zu Zwecken der JI-RL handeln (§ 78 Abs. 1 Nr. 1) und für den Drittstaat/internationale Organisation muss ein Angemessenheitsbeschluss der Kom. vorliegen (§ 78 Abs. 1 Nr. 2). Wie bereits festgestellt (→ Rn. 20.4), liegt ein derartiger nach Art. 36 Abs. 3 JI-RL zu fassender Beschluss bisher nur für das VK vor. Wenn bereits eine Datenübermittlung bei Vorliegen eines Angemessenheitsbeschlusses zuvor durch den Mitgliedstaat zu genehmigen ist, dann dürfte dies erst recht gelten, wenn ein derartiger Beschluss nicht vorliegt. Unter welchen Vorrausetzungen von einem angemessenen Datenschutzniveau in dem Drittstaat/internationalen Organisation auszugehen ist, bestimmt sich dann nach § 79 oder 80. Es bleibt daher richtlinienkonform bei dem Grundsatz, dass eine Datenübermittlung an Drittstaaten/internationale Organisationen nur mit der Genehmigung der zuständigen Stelle des anderen Mitgliedstaates der EU erfolgt.

42 S. 2 stellt zwei Ausnahmetatbestände vor, nach denen eine Datenübermittlung auch ohne eine vorherige Genehmigung oder Zustimmung des anderen Mitgliedstaates erfolgen kann. Ergänzt wird diese Ausnahmeregelung durch die Verpflichtung im S. 3, nach der die Stelle des anderen Mitgliedstaates, die für die Genehmigung zuständig gewesen wäre, unverzüglich über eine derartige Übermittlung zu unterrichten ist.

2. Aus einem anderen Mitgliedstaat

Abs. 3 S. 1 erfasst die Übermittlung personenbezogener Daten „aus einem anderen Mitgliedstaat" der EU. § 1 Abs. 7 betrachtet für eine Datenübermittlung zu Zwecken der JI-RL die Staaten des Schengen-Besitzstandes als Mitgliedstaaten der EU. Zum Sonderfall des VK → Rn. 20. Auch Art. 35 Abs. 1 lit. c JI-RL bezieht sich auf „andere Mitgliedstaaten". Als Mitgliedstaaten der EU werden nach der Aufnahme Kroatiens ab dem 1.7.2021 die 28 europäischen Staaten bezeichnet, die Mitglied der EU sind. **43**

Mitgliedstaaten der Europäischen Union sind: Belgien, Bulgarien, Dänemark, Deutschland, Estland, Finnland, Frankreich, Griechenland, Irland, Italien, Kroatien, Lettland, Litauen, Luxemburg, Malta, die Niederlande, Österreich, Polen, Portugal, Rumänien, Schweden, die Slowakei, Slowenien, Spanien, die Tschechische Republik, Ungarn und Zypern (zuletzt abgerufen 12.1.2022: https://www.auswaertiges-amt.de/de/service/fragenkatalog-node/02-ewr-eu/606444). **43.1**

Die JI-RL und die DS-GVO nehmen eine den Vorschriften des § 1 Abs. 6 und 7 entsprechende Differenzierung nicht vor. Nach dem anzuwendenden § 1 Abs. 7 stehen die assoziierten Staaten des Schengen Besitzstandes, also auch die Schweiz, den Mitgliedstaaten gleich. Die Vertragsstaaten des Abkommens über den Europäischen Wirtschaftsraum (EWR) → Rn. 21.1 sind demnach, soweit sie nicht zu den assoziierten Staaten des Schengen-Besitzstandes zählen, als Drittstaaten bei der Anwendung des § 78 Abs. 3 zu betrachten. Hierzu zählen Island, Liechtenstein und Norwegen. Von einer vorschnellen analogen Anwendung auf Staaten, die keine Mitgliedstaaten iSd § 78 Abs. 3 iVm § 1 Abs. 7 sind, wird abgeraten (Gola/Heckmann/Sandfuchs Rn. 17). **43a**

3. Übermittlung/Zur-Verfügung-Stellung

Abs. 3 S. 1 des § 78 setzt Art. 35 Abs. 1 lit. c JI-RL in deutsches Recht um. Die unionsrechtliche Regelung enthält zwei Alternativen, wie Daten aus anderen Mitgliedstaaten gewonnen werden können: Sie können von dem Mitgliedstaat „übermittelt" oder „zur Verfügung gestellt werden". Weder die Übermittlung noch das Zur-Verfügung-Stellen ist auch hier unionsrechtlich näher definiert (zur Übermittlung in einen Drittstaat nach der DS-GVO, vgl. Schantz/Wolff DatenschutzR/Schantz Rn. 757). Die Übermittlung ist regelmäßig als ein Handlungsteil der Datenverarbeitung im Sinne der Begriffsbestimmungen der JI-RL zu betrachten. Die „Verarbeitung" personenbezogener Daten umfasst alle mit oder ohne Hilfe automatisierter Verfahren verbundenen Vorgänge → § 46 Rn. 5 ff. und ist in Art. 3 Nr. 2 der JI-RL, § 46 Nr. 2 und Art. 4 Nr. 2 der DS-GVO wortgleich legaldefiniert. Sie umfasst neben weiteren Verarbeitungsvorgängen insbesondere die „Offenlegung durch Übermittlung" solcher Daten. Die Offenlegung von Daten kann aber auch durch eine „andere Form der Bereitstellung" erfolgen. Aus welchen Gründen Art. 35 Abs. 1 lit. c JI-RL nicht diese Formulierung als zweite Handlungsalternative des anderen Mitgliedstaates, sondern in § 78 Abs. 3 S. 1 die Formulierung wählt „oder zur Verfügung stellt", erschließt sich nicht ohne weiteres. Eine „andere Form der Bereitstellung" oder des Zur-Verfügung-Stellens von Daten kann auch auf nicht elektronischem Wege erfolgen, bspw. durch die körperliche Übersendung von Schriftstücken oder Dokumenten. **44**

Art. 3 Nr. 2 JI-RL hat folgenden Wortlaut: **44.1**
„Im Sinne dieser Richtlinie bezeichnet der Ausdruck: (...)
2. ‚Verarbeitung' jeden mit oder ohne Hilfe automatisierter Verfahren ausgeführten Vorgang oder jede solche Vorgangsreihe im Zusammenhang mit personenbezogenen Daten wie das Erheben, das Erfassen, die Organisation, das Ordnen, die Speicherung, die Anpassung oder Veränderung, das Auslesen, das Abfragen, die Verwendung, die Offenlegung durch Übermittlung, Verbreitung oder eine andere Form der Bereitstellung, den Abgleich oder die Verknüpfung, die Einschränkung, das Löschen oder die Vernichtung; (...)." (vgl. hierzu auch Lisken/Denninger, HdB d. Polizeirechts, 7. Aufl. 2021/Müller/Schwabenbauer, S. 970 Rn. 435 ff.).

Die Offenlegung von personenbezogenen Daten wird des Weiteren bei der Begriffsbestimmung des Empfängers verwendet (Art. 3 Nr. 9 JI-RL, Art. 4 Nr. 9 DS-GVO, § 46 Nr. 9).

4. Zuständige Stelle

45 Wer als „zuständige Stelle eines anderen Mitgliedstaates" zu betrachten ist, wird im BDSG nicht näher bestimmt. Die deutschen öffentlichen Stellen sind allerdings in § 2 definiert. Bei einer entsprechenden Anwendung der Begriffsbestimmung des § 2 Abs. 1 handelt es sich um eine Stelle in einem Mitgliedstaat, die als Behörde, Organ der Rechtspflege oder eine andere vergleichbare öffentliche Einrichtung fungieren kann. Auch sog. Beliehene, deren hoheitliche Aufgaben denjenigen nach deutschem Recht vergleichbar sind, kommen in Betracht. Diese Stelle muss darüber hinaus für die in der JI-RL aufgeführten Zwecke zuständig sein. Rechtsfolge des Abs. 1 S. 1 ist, dass die „zuständige Stelle" des anderen Mitgliedstaates die Übermittlung der deutschen Stelle in einen Drittstaat oder an eine internationale Organisation zuvor genehmigt haben muss. Art. 35 Abs. 1 lit. c JI-RL ist allgemeiner gefasst und lässt offen, wer in dem Mitgliedstaat zuvor die Genehmigung vorgenommen haben muss. Dieser Mitgliedstaat hat in Einklang mit seinem nationalen Recht die Übermittlung zuvor zu genehmigen. Um die „zuständige Stelle" rasch und zuverlässig zu bestimmen, sollten die Mitgliedstaaten hierfür geeignete Kommunikationswege unterhalten (vgl. Paal/Pauly/Frenzel Rn. 12).

II. Übermittlungen ohne Genehmigung (Abs. 3 S. 2 und 3)

46 Die Ausnahmeregelung erlaubt eine Datenübermittlung an Drittstaaten ohne eine vorherige Genehmigung (Zustimmung) des anderen Mitgliedstaates, wenn die Übermittlung erforderlich ist, um eine „unmittelbare und ernsthafte Gefahr" (vgl. hierzu auch Lisken/Denninger, HdB d. Polizeirechts, 7. Aufl. 2021/Graulich, S. 406 Rn. 147 mwN) für die öffentliche Sicherheit eines Staates oder für die wesentlichen Interessen eines Mitgliedstaates abzuwehren. Zusätzlich muss der Umstand hinzukommen, dass die Genehmigung durch den anderen Mitgliedstaat nicht rechtzeitig eingeholt werden konnte. Diese Vorschrift setzt im Wesentlichen Art. 35 Abs. 2 S. 1 JI-RL in deutsches Recht um, der sich eng an die Erwägungsgründe dieser RL anlehnt. Hiernach ist es im Interesse einer wirksamen Zusammenarbeit bei der Verhütung, Ermittlung und Aufdeckung von Straftaten erforderlich, dass im Falle einer Gefahr für die öffentliche Sicherheit eines Mitgliedstaates oder eines Drittlandes oder für die wesentlichen Interessen eines Mitgliedstaates die zuständige Behörde die maßgeblichen personenbezogenen Daten ohne vorherige Genehmigung an das betreffende Drittland oder die internationale Organisation übermitteln können sollte, wenn die Gefahr so unvermittelt eintritt, dass es unmöglich ist, rechtzeitig eine vorherige Genehmigung einzuholen (Erwägungsgrund 65 S. 2 JI-RL).

47 Der Abs. 3 des § 78 lässt sich in zwei Regelungsbereiche trennen. In S. 1 wird geregelt, dass eine Übermittlung zu Zwecken der JI-RL und bei Vorliegen eines Angemessenheitsbeschlusses grundsätzlich mit vorheriger Genehmigung des anderen Mitgliedstaates erfolgen kann. S. 2 sieht hierfür wiederum zwei Ausnahmen vor, nämlich bei einer Gefahr für die öffentliche Sicherheit oder wenn es wesentliche Interessen eines Mitgliedstaates zu wahren gilt. Diese Ausnahmeregelung, die regelmäßig restriktiv auszulegen ist, wird um Unterrichtungspflichten in S. 3 ergänzt. Im Einzelnen müssen für eine Datenübermittlung ohne eine Genehmigung des anderen Mitgliedstaates die nachfolgenden Voraussetzungen erfüllt sein:

1. Erforderlichkeit der Gefahrenabwehr

48 Die Datenübermittlung ohne Zustimmung der zuständigen Stelle des anderen Mitgliedstaates ist ausnahmsweise dann möglich, wenn diese als erforderlich einzustufen ist. Auch nach den allgemeinen Grundsätzen des § 47 Nr. 3 musste die Übermittlung von Daten für einen bestimmten Zweck erforderlich sein und nicht außer Verhältnis zu diesem Zweck stehen. Die Erforderlichkeit einer derartigen Datenübermittlung wird in S. 2 konkretisiert und auf zwei Tatbestandsalternativen beschränkt (vgl. auch Erwägungsgrund 65 S. 1 JI-RL). Übermittlungen ohne Genehmigung sind nur zulässig, um eine unmittelbare und ernsthafte Gefahr für die öffentliche Sicherheit eines Staates abzuwehren (Alt. 1). Ungenehmigte Übermittlungen sind des Weiteren nur zulässig, um eine unmittelbare und ernsthafte Gefahr für die wesentlichen Interessen eines Mitgliedstaates abzuwenden (Alt. 2).

2. Gefahr für die öffentliche Sicherheit (S. 2 Alt. 1)

49 Es muss zunächst eine Gefahr für die öffentliche Sicherheit bestehen. Im Anwendungsbereich des Abs. 3 S. 2 muss es sich um eine „unmittelbare und ernsthafte" Gefahr für die öffentliche Sicherheit im Sinne des Polizeirechts handeln. Eine Gefahr für die öffentliche Ordnung ist insoweit

nicht ausreichend (zum „Blankobegriff" der öffentlichen Ordnung, vgl. Graulich in Lisken/Denninger, HdB d. Polizeirechts, 7. Aufl. 2021/Graulich, S. 389, Rn. 100). Darüber hinaus muss es sich um eine „unmittelbare und ernsthafte", also hinreichend konkrete Gefahr handeln (zur besonderen Qualität der Gefahr, vgl. auch Paal/Pauly/Frenzel Rn. 15). Die Gefahrenabwehr kann hierbei auch gleichzeitig eine Strafverfolgungsmaßnahme darstellen.

3. Eines Staates

Durch diese Regelung wird Art. 35 Abs. 2 S. 1 JI-RL in deutsches Recht umgesetzt. Dort 50 differenziert die Richtlinie zwischen „Drittländern" und Mitgliedstaaten. Das deutsche Recht verwendet für Drittländer den Begriff „Drittstaaten" und vermeidet daneben durchgängig die Begriffe „Gebiet" oder „spezifischer Sektor". Unter dem Begriff „Staat" lassen sich sowohl Drittstaaten als auch Mitgliedstaaten subsumieren. Folgerichtig differenziert das BDSG zutreffend nicht zwischen Mitgliedstaten und Drittstaaten.

4. Interessen eines Mitgliedstaates (S. 2 Alt. 2)

Übermittlungen ohne eine vorherige Genehmigung sind nur zulässig, um eine unmittelbare 51 und ernsthafte Gefahr für die wesentlichen Interessen eines Mitgliedstaates abzuwehren. Es muss sich also um wesentliche Interessen eines „Mitgliedstaates" der EU handeln. Des Weiteren müssen seine „wesentlichen Interessen" durch die Datenübermittlung gewahrt werden (zur Beschränkung dieser Alt. 2 auf Mitgliedstaaten vgl. Paal/Pauly/Frenzel Rn. 14). Diese können auch unterschwelliger eine konkrete Gefahr für die öffentliche Sicherheit eines Staates sein (zur drohenden Gefahr vgl. Leisner-Egensperger DÖV 2018, 677; Kulick AöR 2018, 181 f.). Die Tatbestandsmerkmale der „wesentlichen Interessen" kann gegenüber der „öffentlichen Sicherheit" als niedrigschwelliger angesehen und durch die unterschiedlichen Schutzobjekte „Mitgliedstaaten"/"Staat" gerechtfertigt werden. Eine Datenübermittlung an Drittstaaten ohne eine vorherige Genehmigung (Zustimmung) des anderen Mitgliedstaates ist also bereits erlaubt, um eine unmittelbare und ernsthafte Gefahr für die wesentlichen Interessen eines Mitgliedstaates abzuwehren. Eine Gefährdung der öffentlichen Sicherheit kann, muss aber nicht zwangsläufig vorliegen.

5. Mangelnde rechtzeitige Genehmigung

Beide dargestellten Alternativen erfordern zusätzlich, dass die Genehmigung des anderen Mit- 52 gliedstaates vor der Übermittlung nicht rechtzeitig eingeholt werden kann. Da die Regelung eine Gefahrenabwehr voraussetzt, können die Kriterien für polizeirechtliche Maßnahmen bei Gefahr im Verzug herangezogen werden. Diese lassen sich auf Datenübermittlungen, um wesentliche Interessen eines Mitgliedstaates zu wahren, entsprechend übertragen.

6. Unterrichtung über die Übermittlung (S. 3)

Schließlich ist die öffentliche Stelle des Mitgliedstaates, die für die Erteilung der Genehmigung 53 zuständig gewesen wäre, unverzüglich über die Übermittlung zu unterrichten (Abs. 3 S. 3 des § 78; Art. 35 Abs. 2 S. 2 JI-RL). Die Ausnahmeregelung des § 78 Abs. 3 S. 2 wird insoweit um Unterrichtungspflichten ergänzt. Die Vorschrift gibt keinen Aufschluss über den Umfang der Unterrichtung gegenüber der öffentliche Stelle des Mitgliedstaates, dürfte aber zumindest den Zeitpunkt der Übermittlung, die Identität des Empfängers, den Grund der Übermittlung und die übermittelten Daten umfassen (vgl. auch § 79 Abs. 2, § 80 Abs. 3 und § 81 Abs. 3).

E. Weiterübermittlung an andere Drittstaaten (Abs. 4)

I. Genehmigung des Verantwortlichen (S. 1)

1. Struktur der Vorschrift

Abs. 4 des § 78 regelt die Weiterleitung von Daten. Durch diese Vorschrift soll sichergestellt 54 werden, dass das durch die JI-RL unionsweit gewährleistete Schutzniveau für natürliche Personen bei der Übermittlung personenbezogener Daten aus der Union an Verantwortliche, Auftragsverarbeiter, andere Empfänger in Drittstaaten oder an internationale Organisationen nicht unterlaufen wird (vgl. auch Art. 35 Abs. 3 JI-RL). Normadressat der Vorschrift ist der Verantwortliche, der die Daten (→ § 46 Rn. 2 ff.) übermittelt. Es werden ihm zusätzliche Pflichten gegenüber dem

BDSG § 78 Teil 3. Bestimmungen für Verarbeitungen zu Zwecken gemäß Richtlinie

Empfänger auferlegt, wenn dieser die Daten an einen anderen Drittstaat oder eine andere internationale Organisation weiterleitet.

55 Erste Regelungsebene der Vorschrift ist daher zunächst die Datenübermittlung des Verantwortlichen in einen Drittstaat oder an eine internationale Organisation. Drittstaaten sind auch hier solche iSv § 1 Abs. 7; internationale Organisationen solche iSv § 46 Nr. 16. Der Anwendungsbereich der Norm ist daher von vornherein nicht gegeben, wenn eine Datenübermittlung an einen Mitgliedstaat der EU erfolgt und von dort die Daten an einen Drittstaat weitergeleitet werden. Eine zweite Regelungsebene erfasst die Weiterleitung der Daten durch den Drittstaat an einen „anderen" Drittstaat. Entsprechendes gilt für die internationale Organisation, die Daten an eine weitere (andere) internationale Organisation weiterleitet. Der Anwendungsbereich der Norm ist von vornherein nicht gegeben, wenn eine Datenübermittlung nicht an einen „anderen" Drittstaat, sondern bspw. an einen Mitgliedstaat der EU erfolgt. Demgegenüber dürfte der Anwendungsbereich der Norm gegeben sein, wenn die Datenübermittlung durch den Drittstaat nicht an einen „anderen Drittstaat", sondern an eine internationale Organisation erfolgt. Entsprechendes gilt, wenn die Datenübermittlung durch die internationale Organisation nicht an eine andere internationale Organisation, sondern an einen Drittstaat erfolgt.

56 Nach Abs. 4 der Vorschrift ist für diese Regelungsebenen durch geeignete Maßnahmen sicherzustellen, dass der Empfänger zuvor die Genehmigung (Zustimmung) des Verantwortlichen hierfür einholt (S. 1). Für die Entscheidung des Verantwortlichen über die Erteilung dieser Genehmigung werden im Einzelnen Kriterien vorgegeben, nach denen ein angemessenes Schutzniveau in dem anderen Drittstaat beurteilt werden soll (S. 2, 3). Entsprechendes gilt für (andere) internationale Organisationen. Die Zuständigkeit für die Erteilung der Genehmigung kann auch abweichend von der des Verantwortlichen geregelt werden (S. 4). Es kann bspw. auch eine Aufsichtsbehörde hierfür als zuständig erklärt werden. Nach dem Wortlaut ist Voraussetzung für die Anwendung des Abs. 4 S. 1, dass ein Angemessenheitsbeschluss iSv § 78 Abs. 1 Nr. 1, Art. 36 Abs. 3 JI-RL vorliegt. Grundsätzlich wird damit eine Übermittlung personenbezogener Daten an Stellen in Drittstaaten oder an internationale Organisationen erfasst, für die die Kom. durch einen Beschluss festgestellt hat, dass dort ein angemessenes Schutzniveau für diese Daten vorhanden ist. Ein derartiger Angemessenheitsbeschluss ist bisher auf der Grundlage des Art. 36 Abs. 3 der JI-RL durch die Kom. nur für das VK gefasst worden.

57 Der Anwendungsbereich der Vorschrift ist ausdrücklich auf eine Übermittlung der Daten nach § 78 Abs. 1 beschränkt. Er ist nach dem Wortlaut der Vorschrift mithin nicht gegeben, wenn kein Angemessenheitsbeschluss der Kom. für den Drittstaat oder die internationale Organisation vorliegt, an den der Verantwortliche die Daten zunächst übermittelt. Die Datenübermittlungen nach § 78 Abs. 2–4 sowie die §§ 79–81 sollen nach der amtlichen Begründung eine Ergänzung zu den allgemeinen Voraussetzungen des § 78 Abs. 1 darstellen. Die Vorschiften der §§ 78 Abs. 2, 79–81 regeln im Einzelnen, unter welchen Voraussetzungen ein Angemessenheitsbeschluss der Kom. substituiert werden kann. Ebenso wie bereits für Abs. 3 (→ Rn. 38b) festgestellt, kommt auch hier eine richtlinienkonforme entsprechende Anwendung des § 78 Abs. 4 in Betracht. Dies rechtfertigt sich daraus, dass diese Regelung Mindestanforderungen für eine Datenweiterleitung enthält. Denkbar ist daher, die Regelungen des Abs. 4 analog auf Datenübermittlungen nach § 78 Abs. 2, 3 und den §§ 79–81 anzuwenden, wenn der Empfänger die übermittelten Daten an einen anderen Drittstaat oder eine andere internationale Organisation weiterübermittelt. Denn in diesen vorgenannten Tatbeständen wird für den deutschen Verantwortlichen planwidrig nicht geregelt, wie zu verfahren ist, wenn kein Angemessenheitsbeschluss vorliegt und der Empfänger beabsichtigt, die Daten weiterzuleiten.

57.1 Gesetzessystematisch hätte es sich angeboten, die Regelungen des § 78 Abs. 2, 3 und 4 eigenständig vor die Klammer zu ziehen, da diese auch auf alle Datenübermittlungen – mit und ohne Angemessenheitsbeschluss – in Drittstaaten oder an internationale Organisationen anzuwenden sind. Dies ist für allgemeine Voraussetzungen oder Grundsätze gesetzestechnisch üblich und würde auch der Systematik des Kap. V der JI-RL entsprechen. In Art. 35 JI-RL werden zunächst die allgemeinen Grundsätze für die Übermittlung personenbezogener Daten vorgestellt. Danach werden Datenübermittlungen auf der Grundlage eines Angemessenheitsbeschlusses geregelt (Art. 36 JI-RL). Dem folgen dann Regelungen zu Datenübermittlungen bei geeigneten Garantien (Art. 37 JI-RL), ohne geeignete Garantien (Art. 38 JI-RL) und schließlich Ausnahmen für bestimmte Fälle (Art. 38 JI-RL).

57.2 Art. 35 JI-RL, insbesondere Art. 35 Abs. 1 lit. e JI-RL, ist nicht zu entnehmen, dass die dort vom nationalen Gesetzgeber umzusetzenden Regelungen für eine Datenweiterleitung nur dann in Betracht kommen, wenn ein Angemessenheitsbeschluss vorliegt. Dies gilt auch für Art. 35 Abs. 1 lit. d JI-RL. Art. 35 Abs. 1 lit. e JI-RL hat folgenden Wortlaut:

Allgemeine Voraussetzungen § 78 BDSG

„(1) Die Mitgliedstaaten sehen vor, dass jedwede von einer zuständigen Behörde vorgenommene Übermittlung von personenbezogenen Daten, […] nur unter Einhaltung der nach Maßgabe anderer Bestimmungen dieser Richtlinie erlassenen nationalen Bestimmungen, zulässig ist, wenn die in diesem Kapitel festgelegten Bedingungen eingehalten werden, nämlich […]

e) im Fall der Weiterübermittlung an ein anderes Drittland oder eine andere internationale Organisation die zuständige Behörde, die die ursprüngliche Übermittlung durchgeführt hat, oder eine andere zuständige Behörde des gleichen Mitgliedstaats die Weiterübermittlung genehmigt nach gebührender Berücksichtigung sämtlicher maßgeblicher Faktoren, einschließlich der Schwere der Straftat, des Zwecks der ursprünglichen Übermittlung personenbezogener Daten und des Schutzniveaus für personenbezogene Daten in dem Drittland oder der internationalen Organisation, an das bzw. die personenbezogene Daten weiterübermittelt werden […]."

§ 78 Abs. 4 hat folgenden Wortlaut:

„(4) Der Verantwortliche, der Daten nach Absatz 1 übermittelt, hat durch geeignete Maßnahmen sicherzustellen, dass der Empfänger die übermittelten Daten nur dann an andere Drittstaaten oder andere internationale Organisationen weiterübermittelt, wenn der Verantwortliche diese Übermittlung zuvor genehmigt hat. Bei der Entscheidung über die Erteilung der Genehmigung hat der Verantwortliche alle maßgeblichen Faktoren zu berücksichtigen, insbesondere die Schwere der Straftat, den Zweck der ursprünglichen Übermittlung und das in dem Drittstaat oder der internationalen Organisation, an das oder an die die Daten weiterübermittelt werden sollen, bestehende Schutzniveau für personenbezogene Daten. Eine Genehmigung darf nur dann erfolgen, wenn auch eine direkte Übermittlung an den anderen Drittstaat oder die andere internationale Organisation zulässig wäre. Die Zuständigkeit für die Erteilung der Genehmigung kann auch abweichend geregelt werden."

§ 78 Abs. 4 (ebenso wie Abs. 3) ließe sich auf alle Datenübermittlungen anwenden, wenn in ihm jeweils „Absatz 1" gestrichen und durch „Kapitel 5" ersetzt würde. Nach geltender Rechtslage kommt nur eine entsprechende Anwendung für Datenübermittlungen in Betracht, bei denen nicht auf einen Angemessenheitsbeschluss zurückgegriffen werden kann.

2. Begriff der Weiterübermittlung

Dessen ungeachtet versucht Abs. 4 des § 78 im Wesentlichen Art. 35 Abs. 1 lit. e JI-RL **58** (Allgemeine Grundsätze für die Übermittlung personenbezogener Daten) in deutsches Recht umzusetzen, obwohl dessen allgemeine Grundsätze keinen Angemessenheitsbeschluss voraussetzen. Der Begriff der Weiterübermittlung von personenbezogenen Daten durch einen Drittstaat oder eine internationale Organisation ist in der JI-RL, der DS-GVO und im BDSG nicht legaldefiniert. Besonders im E-Mail-Verkehr mit ggf. umfangreichen Datenanhängen wird die Weiter**übermittlung** vor allem mit dem Begriff der Weiter**leitung** belegt. Die Weiterleitung erfolgt hier regelmäßig elektronisch. Auch hier ist unter Weiterübermittlung zunächst eine Offenlegung oder Bekanntgabe der Daten zu verstehen, gleichgültig in welcher Form sie gegenüber einem Empfänger in einem anderen Drittstaat oder einer anderen internationalen Organisation erfolgt. Abs. 4 S. 1 des § 78 erwähnt insgesamt drei Beteiligte, die an einer Weiterübermittlung mitwirken, nämlich zunächst den „Verantwortlichen", der die Daten übermittelt, und den „Empfänger" dieser Daten. Hier wird von vornherein der weite datenschutzrechtliche Begriff des Empfängers von personenbezogenen Daten gewählt, während in Abs. 1 (zuständige) „Stellen in Drittstaaten oder internationale Organisationen" erwähnt sind. Der weite Begriff des Empfängers erfasst alle Stellen in Drittstaaten oder internationale Organisationen und entspricht wortgleich den unionsrechtlichen Begriffsbestimmungen. Hiernach ist Empfänger jede natürliche oder juristische Person, Behörde, Einrichtung oder andere Stelle, der gegenüber die personenbezogenen Daten offengelegt werden. Hierbei ist es gleichgültig, wie und in welcher körperlichen Form der Empfänger die Daten erhält. Dies kann auch auf nicht elektronischem Wege geschehen. Jede Person oder Stelle, der in einem Drittstaat oder einer internationalen Organisation Daten offengelegt werden oder die dort Daten erhält, ist damit als Empfänger nach Abs. 4 S. 1 zu betrachten. Die geltende Definition stimmt auch hier im Wesentlichen mit der in der alten Fassung des BDSG überein (vgl. § 3 Abs. 8 BDSG aF). Bei internationalen Organisationen wird nicht konkretisiert, an wen dort die Übermittlung erfolgt. Aber auch internationale Organisationen als solche können den weiten Begriff des Empfängers erfüllen.

Eine Weiterübermittlung liegt vor, wenn die Person oder Stelle (Empfänger) diese Daten in **59** „andere" Drittstaaten oder an „andere" internationale Organisationen weiterübermittelt. Beteiligter an einer Datenweiterleitung ist damit – neben dem übermittelnden Verantwortlichen und dem Empfänger der Daten – schließlich darüber hinaus der „andere" Drittstaat oder die „andere" internationale Organisation. Die Weiterleitung muss sich nicht auf die erwähnten drei Stellen (Verantwortlicher, Empfänger, weitere oder andere Empfänger) beschränken. Bei einer Übermittlung von Daten ist regelmäßig nicht auszuschließen, dass diese an weitere andere Drittstaaten bzw. andere internationale Organisationen weitergeleitet werden. Denkbar ist auch, dass ein Drittstaat, an den die Daten weitergeleitet worden sind, eine Datenbank zur Verfügung stellt, von der diese Daten durch andere Drittstaaten abgerufen werden können. Nicht auszuschließen ist hierbei auch, dass ein Drittstaat die Daten an eine internationale Organisation oder dass eine internationale Organisation die Daten an einen Drittstaat weiterleitet (zur exterritorialen Wirkung der DS-GVO, vgl. Schantz/Wolff DatenschutzR/Schantz Rn. 780 unter Hinweis auf die bisherige Rechtslage in § 4b BDSG aF).

60 Von Abs. 4 werden auch Datenweiterleitungen erfasst, wenn aus dem Drittstaat oder von der internationalen Organisation personenbezogene Daten an Empfänger „in demselben" oder einem „anderen Drittland" oder „an dieselbe" oder eine „andere internationale Organisation" weiterübermittelt werden. Zusammenfassend kann festgestellt werden, dass eine Weiterleitung immer dann vorliegt, wenn die Daten an eine Stelle in einem Drittstaat oder an eine internationale Organisation weitergeleitet werden, die nicht mit der identisch ist, an die der Verantwortliche die Daten übermittelt hat.

Dies erschließt sich nicht ohne weiteres aus dem Wortlaut des Art. 35 Abs. 1 lit. e der JI-RL:
„(1) Die Mitgliedstaaten sehen vor, dass jedwede [...] Weiterübermittlung [...] nur [...] zulässig ist, wenn [...]
e) im Fall der Weiterübermittlung an ein anderes Drittland oder eine andere internationale Organisation die zuständige Behörde, die die ursprüngliche Übermittlung durchgeführt hat, oder eine andere zuständige Behörde des gleichen Mitgliedstaats die Weiterübermittlung genehmigt [...]"
Dass auch Weiterleitungen in demselben Drittstaat oder derselben internationalen Organisation genehmigt werden müssen, ergibt sich auch nicht unmittelbar aus § 78 Abs. 4 S. 1 mit seinem folgenden Wortlaut:
„(4) Der Verantwortliche, der Daten nach Absatz 1 übermittelt, hat durch geeignete Maßnahmen sicherzustellen, dass der Empfänger die übermittelten Daten nur dann an andere Drittstaaten oder andere internationale Organisationen weiterübermittelt, wenn der Verantwortliche diese Übermittlung zuvor genehmigt hat."
Dies erschließt sich vielmehr durch den Erwägungsgrund 64 S. 4 der JI-RL, der die Weiterleitung personenbezogener Daten für genehmigungsbedürftig erachtet, wenn sie innerhalb demselben Drittstaat oder an dieselbe internationale Organisation erfolgt:
„Das durch diese Richtlinie unionsweit gewährleistete Schutzniveau für natürliche Personen sollte bei der Übermittlung personenbezogener Daten aus der Union an Verantwortliche, Auftragsverarbeiter oder andere Empfänger in Drittländern oder an internationale Organisationen nicht untergraben werden, und zwar auch dann nicht, wenn aus dem Drittland oder von der internationalen Organisation personenbezogene Daten an Verantwortliche oder Auftragsverarbeiter in demselben oder einem anderen Drittland oder an dieselbe oder eine andere internationale Organisation weiterübermittelt werden [...]"
Aus welchen Gründen hier auf Seiten des weiterübermittelnden Drittstaates, neben dem Verantwortlichen oder Auftragsverarbeiter, nicht alternativ auch „andere Empfänger" aufgeführt werden, erklärt sich nicht ohne Weiteres. Auch diese Fallkonstellationen werden vom Sinn und Zweck der Vorschrift erfasst.

3. Geeignete Maßnahmen

61 Nach Abs. 4 S. 1 des § 78 hat der Verantwortliche, der personenbezogene Daten übermittelt, für den Fall einer Weiterleitung der Daten durch geeignete Maßnahmen sicherzustellen, dass hierfür zuvor seine Genehmigung (Zustimmung) eingeholt wird. Die Vorschrift enthält keine Anhaltspunkte, welche Maßnahmen als „geeignet" betrachtet werden können. Insoweit kann aber auf vergleichbare Fallkonstellationen zurückgegriffen werden, um ein angemessenes Schutzniveau beim Empfänger der Daten sicherzustellen.

62 Regelmäßig werden in derartigen Konstellationen Garantien als eine geeignete Maßnahme betrachtet, die beim Empfänger der personenbezogenen Daten ein bestimmtes Verhalten oder einen angemessenen Umgang mit den erhaltenen Daten sicherstellen. Hierbei kann nicht ohne weiteres auf die Maßnahmen zurückgegriffen werden, wie sie in Art. 46 Abs. 2 und 3 DS-GVO (Datenübermittlungen vorbehaltlich geeigneter Garantien) aufgeführt sind. Als geeignete Maßnahmen oder Garantien dürften aber bspw. Vertragsklauseln in Betracht kommen, die in einem rechtlich bindenden und durchsetzbaren Dokument oder einer Verwaltungsvereinbarung zwischen den Behörden oder öffentlichen Stellen vorgesehen werden. Hierauf deutet auch der Erwägungsgrund 65 S. 3 JI-RL hin, nach dem die Mitgliedstaaten vorsehen sollen, dass Drittstaaten oder internationale Organisationen etwaige besondere Bedingungen für die Übermittlung mitgeteilt werden. Keine direkte Anwendung findet der Durchführungsbeschluss (EU) 2021/914 der Kom. vom 4.6.2021 über Standardvertragsklauseln für die Übermittlung personenbezogener Daten an

Allgemeine Voraussetzungen § 78 BDSG

Drittländer gemäß der Verordnung (EU) 2016/679 des Europäischen Parlaments und des Rates (ABl. L 199/31).

Auch bisherige Standardvertragsklauseln, wie sie von der Kom. veröffentlicht wurden, können nicht ohne weiteres eine direkte Anwendung finden auf Datenübermittlungen zu Zwecken der JI-RL bzw. des 3. Teils des BDSG. Es besteht hier allenfalls die Möglichkeit, sich an den bisherigen Standardvertragsklauseln zu orientieren, vgl. Beck-Texte im dtv, 13. Aflg. 2021, Nr. 37–39; insbes. Durchführungsbeschluss (EU) 2016/2297 der Kom. v. 16.12.2016 zur Änderung der Entscheidung 2001/497/EG und des Beschlusses 2010/87/EU über Standardvertragsklauseln für die Übermittlung personenbezogener Daten in Drittländer sowie an Auftragsverarbeiter in Drittländern nach der RL 95/46/EG des Europäischen Parlaments und des Rates (ABl. 2016 L 344/100).

II. Voraussetzungen für die Genehmigung (S. 2)

Bei seiner Entscheidung über die Erteilung einer vorherigen Genehmigung (Zustimmung) für eine Weiterleitung hat der Verantwortliche alle maßgeblichen Faktoren zu berücksichtigen, die den Schutz personenbezogener Daten gewährleisten. Als maßgebliche Faktoren kommen die Kriterien in Betracht, nach denen auch die Angemessenheit des Datenschutzniveaus geprüft wird (vgl. Art. 36 Abs. 2 JI-RL). Bei den dort aufgeführten Kriterien handelt es sich nicht um abschließende Kriterien („insbesondere"). Es können noch weitere hier nicht aufgeführte Umstände als maßgebliche Faktoren für die Entscheidung einer Genehmigung durch den Verantwortlichen hinzutreten. Auch in Abs. 4 S. 2 sind die zu berücksichtigenden maßgeblichen Faktoren nicht abschließend aufgeführt. Als solche kommen ua in Betracht: die Schwere der Tat, der Zweck der ursprünglichen Übermittlung und das Datenschutzniveau in dem anderen Drittstaat, an den die Daten weiterübermittelt werden sollen. Alle maßgeblichen Faktoren müssen kumulativ vom Verantwortlichen geprüft werden. Nicht ausreichend ist es, dass der Verantwortliche bspw. nur die Schwere der Tat oder nur das bestehende Datenschutzniveau berücksichtigt. 63

1. Schwere der Straftat

Daten sollen nur dann an einen Drittstaat oder eine internationale Organisation übermittelt werden, wenn dies für die Verhütung, Ermittlung, Aufdeckung oder Verfolgung von Straftaten oder für die Strafvollstreckung notwendig ist (vgl. Erwägungsgrund 64 S. 1 JI-RL, Erwägungsgrund 65 S. 5 JI-RL). Die Notwendigkeit einer Datenübermittlung orientiert sich hierbei an dem Schutzgut der Strafnorm und damit an der Schwere der Straftat. Schwere Straftaten liegen regelmäßig dann vor, nach deren Begehung als Verbrechen einzustufen und damit mit langjähriger oder lebenslanger Haftstrafe verbunden ist. Anhaltspunkte für eine schwere Straftat können sich auch aus dem Katalog der Straftaten ergeben, die eine Zuständigkeit des BKA begründen (vgl. § 4 Abs. 1 BKAG). Handelt es sich um eine schwere Straftat, so wird die Zustimmung des Verantwortlichen wohl eher zu erteilen sein, als wenn es sich um Delikte handelt, bei denen es nicht um Menschenleben, die körperliche Integrität oder Sachen von erheblichem Wert geht. 64

Als „schwere Kriminalität" können die in Anhang II der Fluggastdaten-Richtlinie aufgeführten strafbaren Handlungen betrachtet werden, die nach dem nationalen Recht eines Mitgliedstaats mit einer Freiheitsstrafe oder einer freiheitsentziehenden Maßregel der Sicherung im Höchstmaß von mindestens drei Jahren bedroht sind (vgl. Art. 3 Nr. 9 RL (EU) 2016/81 des Europäischen Parlaments und des Rates vom 27. April 2016 über die Verwendung von Fluggastdatensätzen (PNR-Daten) zur Verhütung, Aufdeckung, Ermittlung und Verfolgung von terroristischen Straftaten und schwerer Kriminalität (ABl. 2016 L 119/132)). 64.1

In der Terrorismusbekämpfung-Richtlinie werden im Einzelnen die Tatbestände terroristischer Straftaten und Straftaten im Zusammenhang mit einer terroristischen Vereinigung aufgeführt (vgl. Teil II der RL (EU) 2017/541 des Europäischen Parlaments und des Rates vom 15. März 2017 zur Terrorismusbekämpfung und zur Ersetzung des Rahmenbeschlusses 2002/475/JI des Rates und zur Änderung des Beschlusses 2005/671/JI des Rates, ABl. 2017 L88/6). 64.2

Nach dem Erwägungsgrund 65 S. 5 JI-RL soll der Verantwortliche bei der Erteilung seiner Genehmigung auch die „Art" und die „Bedingungen der Strafvollstreckung" in dem anderen Drittstaat gebührend berücksichtigen, an das die Daten weiterübermittelt werden sollen. Der Verantwortliche hat also auch zu berücksichtigen, dass die Weiterleitung von Informationen und Daten in einen anderen Drittstaat dort zu einer Strafvollstreckung des Betroffenen führen kann. Diese Strafvollstreckung kann dort zu unmenschlichen Haftbedingungen oder auch zur Todesstrafe führen. Nach den Erwägungsgründen wäre insoweit auch eine Bewertung des Strafvollzugs in dem anderen Drittstaat bei der Genehmigung der Weiterleitung vorzunehmen. Der Strafvollzug 65 wird zwar von der Zweckbestimmung einer Übermittlung und damit auch der Weiterleitung der Daten erfasst (Art. 1 Abs. 1 JI-RL). Gleichwohl haben diese Erwägungsgründe, den Strafvollzug als maßgeblichen Faktor bei der Genehmigung der Weiterleitung besonders zu berücksichtigen, keinen ausdrücklichen Eingang in Art. 35 Abs. 1 lit. e JI-RL gefunden. Der Strafvollzug wird auch in Abs. 4 S. 2 des § 78 nicht ausdrücklich erwähnt.

2. Zweck der ursprünglichen Übermittlung

66 Für die Entscheidung des Verantwortlichen über die Genehmigung der Weiterleitung stellt Abs. 4 S. 2 besonders auf den „Zweck der ursprünglichen Übermittlung" ab. Der Vorschrift ist nicht zu entnehmen, wer diese „ursprüngliche" Übermittlung veranlasst hat. Dies kann zunächst der Verantwortliche („nach Abs. 1") sein. In Betracht kommt aber auch eine Stelle, etwa aus einem anderen Mitgliedstaat, die die Daten an den Verantwortlichen übermittelt hat. Aufschluss geben hier die Erwägungsgründe und die JI-RL selbst. Der maßgebliche Erwägungsgrund 65 JI-RL erfasst in seinen S. 1–3 die Genehmigung der Datenübermittlung an den Drittstaat durch den Mitgliedstaat, von dem die Daten stammen. Diese Genehmigung ist in Abs. 3 des § 78 geregelt. Die S. 4–7 des Erwägungsgrundes 65 erfassen demgegenüber die Weiterübermittlung (Abs. 4). Bei der Entscheidung über die Genehmigung einer Weiterleitung soll der Verantwortliche bzw. die zuständige Behörde, die die ursprüngliche Übermittlung durchgeführt hat, den Zweck dieser Übermittlung gebührend berücksichtigen (vgl. Erwägungsgrund 65 S. 5, Art. 35 Abs. 1 lit. e JI-RL). Als „ursprüngliche" Übermittlung wird demnach die vom Verantwortlichen veranlasste Datenübermittlung an den Drittstaat oder die internationale Organisation bezeichnet. Anlässlich der Genehmigungsentscheidung, die Daten an einen anderen Drittstaat zu leiten, hat der Verantwortliche zu würdigen, ob der Drittstaat die an bestimmte Zwecke gebundene ursprüngliche Datenübermittlung in der Vergangenheit eingehalten hat bzw. einhalten wird. Es handelt sich insoweit um eine sog. Prognoseentscheidung des Verantwortlichen.

67 Nach den genannten Erwägungsgründen soll der Verantwortliche aber nicht nur den Zweck, sondern auch die „spezifischen Auflagen" für seine ursprüngliche Übermittlung gebührend berücksichtigen. Im Übrigen sollen die Mitgliedstaaten vorsehen, dass Drittstaaten oder internationale Organisationen etwaige besondere Bedingungen für die Übermittlung mitgeteilt werden (Erwägungsgrund 65 S. 3 JI-RL). Der Richtliniengeber geht mithin davon aus, dass die ursprüngliche Übermittlung an den Drittstaat unter Auflagen oder einem vertraglichen Genehmigungsvorbehalt für eine Weiterleitung erfolgt. Darüber hinaus soll der für die ursprüngliche Übermittlung Verantwortliche die Weiterübermittlung des Drittstaates an den anderen Drittstaat ebenfalls an besondere Bedingungen knüpfen. Diese besonderen Bedingungen können bspw. in Bearbeitungscodes dargelegt werden (Erwägungsgrund 65 S. 6, 7 JI-RL). Die Gesetzesbegründung verweist in diesem Zusammenhang bspw. auch auf die beim BKA bestehende Praxis, die Datenübermittlung mit der Mitgabe von Verarbeitungsbedingungen – etwa Löschungsverpflichtungen nach Zweckerreichung, Weiterübermittlungsverbote, Zweckbindungen – zu verbinden (BT-Drs. 18/11325, 120).

3. Schutzniveau im Empfängerstaat (S. 3)

68 Des Weiteren hat der Verantwortliche das Schutzniveau für personenbezogene Daten in dem anderen Drittstaat oder der anderen internationalen Organisation besonders zu berücksichtigen. Während das Datenschutzniveau des Drittstaates bereits im Rahmen der Übermittlung nach Abs. 1 des § 78 berücksichtigt worden ist, hat der Verantwortliche nunmehr bei einer Weiterleitung das „bestehende" Datenschutzniveau in dem anderen Drittstaat zu berücksichtigen. Es ist also das Datenschutzniveau in dem anderen Drittstaat oder der anderen internationalen Organisation zum Zeitpunkt der Erteilung der Genehmigung zur Weiterleitung der Daten zugrunde zu legen.

69 Abs. 4 S. 2 des § 78 wird um S. 3 ergänzt. Hiernach darf eine Genehmigung nur erteilt werden, wenn auch eine direkte Übermittlung an den anderen Drittstaat oder die andere internationale Organisation zulässig wäre. Bei der Entscheidung über die Erteilung der Genehmigung einer Weiterleitung hat er insoweit die Voraussetzungen des Grundtatbestands des § 78 Abs. 1 auch im Hinblick auf den anderen Drittstaat zu prüfen. Hierbei ist neben den übrigen Voraussetzungen für eine Datenübermittlung insbesondere zu berücksichtigen, ob die dortige Stelle für die in § 45 genannten Zwecke zuständig ist. Weiter ist zu prüfen, ob für den anderen Drittstaat oder die internationale Organisation ein Angemessenheitsbeschluss der Kommission vorliegt. Auch eine einzelfallbezogene Abwägungsentscheidung kommt in diesem Zusammenhang in Betracht. Liegt kein Angemessenheitsbeschluss vor, kann der Verantwortliche erwägen, ob eine entsprechende Anwendung der §§ 79–81 für eine Weiterleitung der Daten in Betracht kommt.

Allgemeine Voraussetzungen **§ 78 BDSG**

4. Zuständigkeit für die Genehmigung (S. 4)

Die Zuständigkeit für die Erteilung der Genehmigung kann auch abweichend geregelt werden. So kann bspw. für eine derartige Genehmigung die Aufsichtsbehörde zuständig sein. **70**

F. Landesrecht

Das Inkrafttreten der JI-RL lässt die bundesstaatliche Kompetenzordnung unberührt (vgl. Kühling NJW 2017, 1985 (1987)). Bei den Datenschutzgesetzen der Länder handelt es sich um Auffangregelungen, die dann in Betracht kommen, wenn internationale Übereinkünfte, die DS-GVO, das BDSG und bereichsspezifisches Datenschutzrecht der EU, des Bundes oder der Länder keine oder keine ausschließliche Anwendung finden. **71**

Deutschland hatte bis zum 6.5.2018 die Rechts- und Verwaltungsvorschriften zu erlassen und zu veröffentlichen, die erforderlich sind, um die JI-RL in nationales Recht umzusetzen (Art. 63 Abs. 1 S. 1 JU-RL). Unter der Nr. 2019/2/139 wurde von der Kom. ein Vertragsverletzungsverfahren geführt (BT-Drs. 19/18483, 5). Ein derartiges Verfahren kommt bereits dann in Betracht, wenn ein Mitgliedstaat nicht fristgemäß die vollständige Umsetzung der JI-RL notifiziert. Es wird förmlich eingestellt, wenn die Kom. nach einer Prüfung zu dem Ergebnis gelangt, dass die Umsetzung der Richtlinie vollständig erfolgt ist. Zur Umsetzung der JI-RL wurden von Deutschland bisher 41 Maßnahmen notifiziert, zuletzt aufgerufen am 16.01.2022: https://eur-lex.europa.eu/legal-content/DE/NIM/?uri=uriserv:OJ.L_.2016.119.01.0089.01.DEU. **72**

Die Länder haben zwischenzeitlich wohl im Wesentlichen mit unterschiedlicher Akzentuierung die JI-RL in ihr Landesrecht umgesetzt. **73**

Baden-Württemberg: Baden-Württemberg hat sein Landesdatenschutzgesetz – LDSG – (GVBl. 2018, 173) zwar an die DS-GVO angepasst. Die Umsetzung der JI-RL ist aber noch nicht erfolgt. Vielmehr findet Anwendung das LDSG aF (idF v. 18.9.2000 GBl. 648), zuletzt geändert durch Art. 2 des Gesetzes v. 17.12.2015 (GBl. 1191, 1198)) für die Verarbeitung personenbezogener Daten zum Zwecke der Verhütung, Ermittlung, Aufdeckung oder Verfolgung von Straftaten oder der Strafvollstreckung, einschließlich des Schutzes vor und der Abwehr von Gefahren für die öffentliche Sicherheit. Das LDSG aF soll in diesen Bereichen so lange Anwendung finden, bis ein Gesetz des Landes Baden-Württemberg zur Anpassung des besonderen (bereichsspezifischen) Datenschutzrechts zur Umsetzung der JI-RL in Kraft tritt (vgl. Übergangsvorschrift des § 30 LDSG) und nunmehr das Gesetz zur Umsetzung der RL (EU) 2016/680 für die Polizei in Baden-Württemberg und zur Änderung weiterer polizeirechtlicher Vorschriften v. 6.10.2020 (GBl. 735). **73.1**

Bayern: Im Bayerischen Datenschutzgesetz (BayDSG) v. 15.5.2018 (GVBl. 230), zuletzt geändert durch § 6 des Gesetzes v. 18.5.2018 (GVBl. 301) erfolgte eine Umsetzung der JI-RL in Kap. 8 (§§ 28–35) für den Bereich der Verarbeitung personenbezogener Daten im Anwendungsbereich der JI-RL. Regelungen, die den §§ 78–81 BDSG entsprechen, enthält das BayDSG nicht. Die weitere Umsetzung der JI-RL erfolgte durch das Gesetz zur Neuordnung des bayerischen Polizeirechts (PAG-Neuordnungsgesetz) vom 18.5.2018 (GVBl. 301). Die polizeiliche Datenverarbeitung ist dort im III. Abschnitt geregelt und insbesondere in Art. 58 die Übermittlung an öffentliche Stellen in Drittstaaten und an internationale Organisationen. **73.2**

Berlin: Das Berliner Datenschutzgesetz (BlnDSG) v. 13.6.2018 (GVBl. 418) enthält vor allem in seinem Teil 3 (§§ 33–70) Bestimmungen für die Verarbeitung personenbezogener Daten zu Zwecken der JI-RL. Die §§ 64–67 BlnDSG befassen sich insbesondere mit Datenübermittlungen an Drittstaaten und internationale Organisationen. **73.3**

Brandenburg: Nach § 2 Abs. 2 BbgDSG sollte das Brandenburgische Datenschutzgesetz (BbgDSG) v. 8.5.2018 (GVBl. I 1), geändert durch Art. 7 des Gesetzes v. 19.6.2019 (GVBl. I 38), auch der Umsetzung der JI-RL dienen. Daneben wurde allerdings noch ein eigenständiges Gesetz zur Umsetzung der JI-RL für die Verarbeitung personenbezogener Daten durch die Polizei sowie den Justiz- und Maßregelvollzug des Landes Brandenburg (Brandenburgisches Polizei-, Justizvollzugs- und Maßregelvollzugsdatenschutzgesetz – BbgPJMDSG) v. 19.6.2018 (GVBl. I 2) verabschiedet. Des Weiteren wurden umfangreiche Änderungen im bereichsspezifischen Datenschutzrecht vorgenommen. Ausdrückliche Regelungen, die denen der §§ 78–81 entsprechen, wurden nicht getroffen. **73.4**

Bremen: Das Bremische Ausführungsgesetz zur EU-Datenschutz-Grundverordnung (BremDSGVOAG) v. 8.5.2018 (GBl. 2018, 131) erklärt nur die DS-GVO für das Landesrecht als entsprechend anwendbar (§ 2 Abs. 6 BremDSGVOAG). Die Umsetzung der JI-RL soll vielmehr bremischen bereichsspezifischen Sonderregelungen vorbehalten bleiben, vgl. nunmehr auch das Gesetz zur Umsetzung der RL (EU) 2016/680 (...) und der RL (EU) 2016/800 über Verfahrensgarantien für Kinder, die Verdächtige oder beschuldigte Personen in Strafverfahren im Justizvollzug sowie zur Änderung vollzugsrechtlicher Vorschriften v. 14.7.2020 (GBl. 721 und 967) und das Gesetz zur Änderung des Bremischen Polizeigesetzes und weiterer Gesetze v. 24.11.2020 (GVBl. 1486). **73.5**

73.6 **Hamburg:** Das Hamburgische Datenschutzgesetz (HmbDSG) v. 18.5.2018 (GVBl. 145) dient ebenfalls ausschließlich der Umsetzung der DS-GVO. Das HmbDSG gilt nach seinem § 2 Abs. 4 ausdrücklich nicht für die Umsetzung der JI-RL. Hierzu wurde das Gesetz zur Umsetzung der JI-RL für den Hamburger Justizvollzug und zur Änderung vollzugsrechtlicher Vorschriften v. 18.5.2018 (GVBl. 158) sowie das Gesetz über die Datenverarbeitung der Polizei (PolDVG) v. 12.12.2019 (GVBl. 2019, 485) erlassen.

73.7 **Hessen:** Das Hessische Datenschutz- und Informationsfreiheitsgesetz (HDSIG) v. 3.5.2018 (GVBl. 82) enthält in den §§ 73–74 Regelungen zur Datenübermittlung an Drittstaaten und internationale Organisationen, die denen des BDSG (§§ 78–81) entsprechen.

73.8 **Mecklenburg-Vorpommern:** Nach § 3 DSG M-V (Landesdatenschutzgesetz für das Land Mecklenburg-Vorpommern) v. 22.5.2018 (GVBl. 194) sollen zur Umsetzung der JI-RL die Regelungen der DS-GVO und das DSG M-V entsprechend gelten, soweit gesetzlich nicht etwas anderes bestimmt ist, vgl. nunmehr das Gesetz über die öffentliche Sicherheit und Ordnung in Mecklenburg-Vorpommern und zur Änderung anderer Gesetze v. 27.4.2020 (GVBl. 334).

73.9 **Niedersachsen:** Das Niedersächsische Datenschutzgesetz (NDSG) v. 16.5.2018 (GVBl. 66) enthält in seinem Teil 2 (§§ 23–28) umfangreiche Regelungen zur Umsetzung der JI-RL und insbesondere in seinen §§ 47–49 Vorschriften zur Datenübermittlungen an Drittstaat und an internationale Organisationen. Diese entsprechen denen des BDSG (§§ 78–81). Die Übergangsvorschrift des § 61 NDSG enthält in Bezug auf die JI-RL eine Regelung zur entsprechenden Zuständigkeit des Landesdatenschutzbeauftragten.

73.10 **Nordrhein-Westfalen:** Nach § 1 Abs. 2 DSG NRW (Datenschutzgesetzes des Landes Nordrhein-Westfalen) v. 17.5.2018 (GV. NRW. 244) dient das DSG NRW auch der Umsetzung der JI-RL in nordrhein-land-westfälisches Landesrecht. Der Teil 3 (§§ 35–69) des DSG NRW befasst sich mit der Umsetzung der JI-RL und in seinen §§ 62–65 mit der Datenübermittlungen an Drittstaaten und an internationale Organisationen, vgl. im Einzelnen Gesetz zur Anpassung des allgemeinen Datenschutzrechts an die VO (EU) 2016/679 und zur Umsetzung der RL (EU) 2016/680 (Nordrhein-Westfälisches Datenschutz-Anpassungs- und Umsetzungsgesetz EU – NRWDSAnpUG-EU) v. 17.5.2018.

73.11 **Rheinland-Pfalz:** Nach § 1 Abs. 2 RhPflDSG (rheinland-pfälzisches Landesdatenschutzgesetz) v. 8.5.2018 (GVBl. 93) dient dieses Gesetz auch der Umsetzung der JI-RL in Landesrecht. Der Teil 3 konkretisiert in seinen §§ 26–72 RhPflDSG die Umsetzung der JI-RL und insbesondere mit den §§ 66–99 RhPflDSG die Datenübermittlung an Drittstaaten und an internationale Organisationen, vgl. nunmehr auch Landesjustizvollzugsdatenschutzgesetz (LJVollzDSG) v. 3.6.2020 (GVBl. 218) und das Landesgesetz zur Änderung des Polizei- und Ordnungsbehördengesetzes sowie beamtenrechtlicher Vorschriften v. 23.9.2020 (GVBl. 516).

73.12 **Saarland:** Das Saarländische Datenschutzgesetz (SaarlDSG) v. 16.5.2018 (ABl. 254) setzt lediglich die DS-GVO in Landesrecht um, vgl. nunmehr das Gesetz Nr. 1985 zum Erlass des Saarländischen Justizvollzugsdatenschutzgesetzes und weiterer Gesetze, ABl. 2020 S. 485 sowie das Gesetz Nr. 2007 zur Neuregelung der polizeilichen Datenverarbeitung im Saarland v. 6./7.10.2020 (ABl. 1133).

73.13 **Sachsen:** Nach § 2 Abs. 2 Datenschutzgesetz (SächsDSG) v. 25.8.2003 (GVBl. 330), zuletzt geändert durch Art. 9 des Gesetzes v. 22.8.2019 (GVBl. 663) gilt das SächsDSG für die Behörden und sonstige öffentlichen Stellen des Freistaates Sachsen, die Gemeinden und die Landkreise sowie sonstige seiner Aufsicht unterstehende juristischen Personen des öffentlichen Rechts, soweit diese zu Zwecken der JI-RL personenbezogene Daten verarbeiten. Das SächsDSG enthält mit seinem § 17 eine allgemeine Vorschrift zu Datenübermittlungen an Drittstaaten, vgl. nunmehr das Sächsische Gesetz zur Umsetzung der Richtlinie (EU) 2016/680 (Sächsisches Datenschutz-Umsetzungsgesetz – SächsDSUG) v. 11.5.2019 (GVBl. 358).

73.14 **Sachsen-Anhalt:** Das Datenschutzgesetz Sachsen-Anhalt (DSG LSA) idF der Bekanntmachung v. 13.1.2016 (GVBl. 24), zuletzt geändert durch Art. 1 des Gesetzes v. 21.2.2018 (GVBl. 10). Es beschränkt sich auf die Ausfüllung der Art. 51–58 der DS-GVO und der Umsetzung der Art. 41–47 JI-RL in Landesrecht, vgl. nunmehr Gesetz zur Anpassung des Datenschutzrechts in Sachsen-Anhalt an das Recht der Europäischen Union v. 18.2.2020 (GVBl 25) und das Gesetz zur Umsetzung der RL (EU) 2016/680 und zur Anpassung der Datenschutzvorschriften im Bereich des Justizvollzuges von Sachsen-Anhalt (Justizvollzugsdatenschutzumsetzungsgesetz Sachsen-Anhalt – JVollzDSUG LSA) v. 16.9.2020 (GVBl. 444).

73.15 **Schleswig-Holstein:** Das Schleswig-Holsteinische Gesetz zum Schutz personenbezogener Daten (Landesdatenschutzgesetz – SchlHDSG) v. 2.5.2018 (GVBl. 162) trifft in seinem Abschn. 3 (§§ 20–68) Regelungen zur Umsetzung der JI-RL und dort insbesondere in seinen §§ 54–57 zur Datenübermittlung an Drittstaaten und an internationale Organisationen.

73.16 **Thüringen:** Das Thüringer Datenschutzgesetz (ThürDSG) v. 6.6.2018 (GVBl. 229) dient in seinem Ersten und Vierten, vor allem aber Dritten Abschn. (§§ 31–60) der Umsetzung der JI-RL. Die Datenübermittlung in Drittstaaten und an internationale Organisationen ist geregelt in: § 57 Allgemeine Voraussetzungen für Datenübermittlungen an Stellen in Drittstaaten und internationale Organisationen (Art. 35 und 36 JI-RL), § 58 Datenübermittlung bei geeigneten Garantien (Art. 37 JI-RL), § 59 Datenübermittlung ohne Angemessenheitsbeschluss und ohne geeignete Garantien (Art. 38 JI-RL) und § 60 Sonstige Datenübermittlung an Empfänger in Drittstaaten (Art. 39 JI-RL). Daneben wurden umfangreiche Änderungen im bereichsspezifischen Datenschutzrecht vorgenommen.

Eine überblickartige Zusammenstellung der wichtigsten Vorschriften zur Datenverarbeitung durch die Sicherheitsbehörden der Länder und ihre Änderungen anlässlich der DS-GVO und der JI-RL ergeben sich aus einer Tabelle bei Lisken/Denninger, HdB des Polizeirechts, 7. Aufl. 2021/Müller/Schwabenbauer, S. 100 Rn. 563. 73.17

§ 79 Datenübermittlung bei geeigneten Garantien

(1) Liegt entgegen § 78 Absatz 1 Nummer 2 kein Beschluss nach Artikel 36 Absatz 3 der Richtlinie (EU) 2016/680 vor, ist eine Übermittlung bei Vorliegen der übrigen Voraussetzungen des § 78 auch dann zulässig, wenn
1. in einem rechtsverbindlichen Instrument geeignete Garantien für den Schutz personenbezogener Daten vorgesehen sind oder
2. der Verantwortliche nach Beurteilung aller Umstände, die bei der Übermittlung eine Rolle spielen, zu der Auffassung gelangt ist, dass geeignete Garantien für den Schutz personenbezogener Daten bestehen.

(2) ¹Der Verantwortliche hat Übermittlungen nach Absatz 1 Nummer 2 zu dokumentieren. ²Die Dokumentation hat den Zeitpunkt der Übermittlung, die Identität des Empfängers, den Grund der Übermittlung und die übermittelten personenbezogenen Daten zu enthalten. ³Sie ist der oder dem Bundesbeauftragten auf Anforderung zur Verfügung zu stellen.

(3) ¹Der Verantwortliche hat die Bundesbeauftragte oder den Bundesbeauftragten zumindest jährlich über Übermittlungen zu unterrichten, die aufgrund einer Beurteilung nach Absatz 1 Nummer 2 erfolgt sind. ²In der Unterrichtung kann er die Empfänger und die Übermittlungszwecke angemessen kategorisieren.

Überblick

§ 79 dient der Umsetzung des Art. 37 JI-RL. Die Vorschrift ergänzt die Voraussetzungen des § 78 für Datenübermittlungen an Stellen in Drittstaaten und internationale Organisationen, zu denen die Kommission keinen Angemessenheitsbeschluss gem. Art. 36 JI-RL gefasst hat. Für eine Datenübermittlung an diese Stellen stellt die Vorschrift zwei Tatbestandsalternativen zur Verfügung. Eine derartige Datenübermittlung ist zulässig, wenn hierfür in einem „rechtsverbindlichen Instrument geeignete Garantien" (Abs. 1 Nr. 1) dieser Stellen oder internationalen Organisationen zur Verfügung gestellt werden. Bestehen keine derartigen rechtsverbindlichen Instrumente, entscheidet der Verantwortliche, ob für eine Datenübermittlung vergleichbare geeignete Garantien vorhanden sind (Abs. 1 Nr. 2). Abs. 2 ergänzt diese Nr. 2 und statuiert für den Verantwortlichen entsprechende Dokumentationspflichten. Abs. 3 ergänzt ebenfalls Nr. 2 und erlegt dem Verantwortlichen entsprechende Berichts- und Dokumentationspflichten gegenüber dem BfDI für den Datenschutz auf. Zu einer synoptischen Gegenüberstellung der Vorschrift mit der JI-RL und den Erwägungsgründen → Rn. 3.1.

Übersicht

	Rn.		Rn.
A. Allgemeines	1	I. Beurteilung der geeigneten Garantien	13
B. Rechtsverbindliche Instrumente (Abs. 1 Nr. 1)	4	II. Dokumentationspflichten des Verantwortlichen (Abs. 2)	16
C. Begriff der geeigneten Garantien	7	III. Unterrichtungspflichten des Verantwortlichen (Abs. 3)	18
D. Geeignete Garantien ohne rechtsverbindliche Instrumente (Abs. 1 Nr. 2)	12	E. Landesrecht	19

A. Allgemeines

Nach der JI-RL ist eine Datenübermittlung an Drittstaaten → § 78 Rn. 20 und internationale Organisationen unter bestimmten Voraussetzungen zulässig. Diese Voraussetzungen weichen im Einzelnen von denen der vergleichbaren Regelung in der DS-GVO ab (→ DS-GVO Art. 46 1

Rn. 4). Auf deren Kommentierung kann deshalb nur bedingt zurückgegriffen werden (Gola/Heckmann/Sandfuchs Rn. 2). Die systematische Stellung des § 79 in Kap. 5 folgt der des Art. 37 JI-RL. Die Struktur und der Aufbau der Vorschrift entsprechen im Wesentlichen dieser unionsrechtlichen Norm. Die Vorschrift enthält jedoch vor allem sprachliche, teilweise auch inhaltliche Abweichungen, die aber vor allem der Systematik des BDSG geschuldet sind. § 79 Abs. 1 enthält insoweit materiell-rechtlich keine wesentlichen Abweichungen von der unionsrechtlichen Norm.

1.1 Eine dieser Vorschrift vergleichbare Regelung enthielt bereits Art. 26 Abs. 2 DSRL. Hiernach konnte ein Mitgliedstaat eine Datenübermittlung an ein Drittland genehmigen, das kein angemessenes Datenschutzniveau gewährleistete. Voraussetzung war, dass „ausreichende Garantien" vom Drittland oder von der internationalen Organisation hierfür geboten wurden. Diese Garantien konnten sich insbesondere aus „entsprechenden Vertragsklauseln" mit dem Drittstaat ergeben. Die Regelung wurde im Wesentlichen durch § 4c Abs. 2 BDSG aF in deutsches Recht umgesetzt. Die Bestimmung regelte, unter welchen Voraussetzungen eine Datenübermittlung in einen Drittstaat zulässig war, für das sich nicht ohne weiteres ein angemessenes Datenschutzniveau feststellen ließ (vgl. im Einzelnen hierzu BeckOK DatenschutzR/Schantz, 23. Ed. 1.5.2016, § 4c Rn. 31 ff.).

2 Die amtliche Begründung vermeidet, § 79 als eine Ausnahme von dem Grundsatz zu betrachten, dass eine Datenübermittlung nur zulässig sein soll, wenn ua ein Angemessenheitsbeschlusses vorliegt. Vielmehr sollen die allgemeinen Voraussetzungen des § 78 um die besonderen Voraussetzungen des § 79 für eine Datenübermittlung ergänzt werden (BT-Drs 18/11325, 120). Die Kom. hat bisher lediglich für das Vereinigte Königreich Großbritannien und Nordirland (VK) einen Angemessenheitsbeschluss nach Art. 36 Abs. 3 JI-RL gefasst (→ § 78 Rn. 27d). Der fehlende Angemessenheitsbeschluss für weitere Drittstaaten und internationale Organisationen soll im § 79 durch „geeignete Garantien" kompensiert und um zusätzliche Voraussetzungen ergänzt werden. Hierdurch wird zum Ausdruck gebracht, dass bei diesen Vorschriften kein abgestuftes, sondern ein gleichwertiges Datenschutzniveau für eine Übermittlung in Drittstaaten oder internationale Organisationen zugrunde zu legen ist. So verweist Abs. 1 des § 79 darauf, dass eine Datenübermittlung nur zulässig ist, wenn die allgemeinen Voraussetzungen vorliegen.

3 Mit Ausnahme des Vorliegens eines Angemessenheitsbeschlusses werden damit sämtliche Voraussetzungen für eine Übermittlung personenbezogener Daten erfasst. Insbesondere muss die Stelle in dem Drittstaat oder der internationalen Organisation für die in § 45 aufgeführten Zwecke zuständig sein. Es wird weiter vorausgesetzt, dass grundsätzlich eine Genehmigung eines anderen Mitgliedstaates vorliegen muss, wenn dessen Daten in Drittstaaten übermittelt werden sollen. Ferner sind die Besonderheiten bei einer Weiterleitung von Daten zu beachten. Entgegen ihrem Wortlaut dürften die Regelungen des § 78 Abs. 3 und Abs. 4 auch bei einer Datenübermittlung nach § 79 eine richtlinienkonforme entsprechende Anwendung finden. Den Erwägungsgründen lässt sich nicht entnehmen, dass diese Regelungen nur auf Datenübermittlungen nach Abs. 1 des § 78 anzuwenden sind. Es sind auch keine Anhaltspunkte ersichtlich, von einer Genehmigung des anderen Mitgliedstaates oder eine Genehmigung des Verantwortlichen bei einer Datenweiterleitung abzusehen. Im Zusammenhang mit dem auch hier anwendbaren → § 78 Abs. 2 Rn. 28 ff. entfaltet der dort erwähnte Gesichtspunkt der Einzelfallgarantie des Empfängerstaates bei der Prüfung, ob geeignete Garantien vorhanden sind, eine besondere Bedeutung, BT-Drs. 18/11325, 120 (→ Rn. 3.1).

3.1 Synoptische Gegenüberstellung der Vorschrift mit der JI-RL und den Erwägungsgründen:
§ 79 Abs. 1 Nr. 1Art. 37 Abs. 1 lit. aErwägungsgrund 71 S. 1, Alt. 1
Erwägungsgrund 71 S. 2
§ 79 Abs. 1 Nr. 2Art. 37 Abs. 1 lit. bErwägungsgrund 71 S. 1, Alt. 2
Erwägungsgrund 71 S. 3, 4, 5
§ 79 Abs. 2Art. 37 Abs. 3

B. Rechtsverbindliche Instrumente (Abs. 1 Nr. 1)

4 Normadressat ist ausschließlich der Verantwortliche und nicht wie in Art. 46 DS-GVO etwa auch ein Auftragsverarbeiter. Art. 37 Abs. 1 der JI-RL enthält zwei Alternativen, nach denen Datenübermittlungen auch ohne einen Angemessenheitsbeschluss der Kom. möglich sind. Die beiden Fallkonstellationen werden in Nr. 1 und 2 der Vorschrift zum Ausdruck gebracht. Nr. 1 priorisiert eine Datenübermittlung, wenn in einem verbindlichen Rechtsinstrument geeignete Garantien für den Schutz personenbezogener Daten vorgesehen sind. Auch nach den Erwägungsgrunden der JI-RL sollen Datenübermittlungen, die nicht auf der Grundlage eines Angemessenheitsbeschlusses erfolgen, nur dann zulässig sein, wenn in einem rechtsverbindlichen Instrument geeignete Garantien den Schutz personenbezogener Daten gewährleisten (Erwägungsgrund 71 S. 1 JI-RL). Da bisher lediglich für das VK ein Angemessenheitsbeschluss durch die Kom. nach Art. 36 Abs. 3 JI-RL gefasst wurde, kommt diesen Rechtsinstrumenten regelmäßig eine besondere Bedeutung zu. Bei dem Begriff der rechtsverbindlichen Instrumente handelt es sich soweit ersichtlich um eine unionsrechtliche Wortschöpfung des aktuellen Datenschutzrechts. Die DSRL und das BDSG aF enthielten einen derartigen Begriff noch nicht. Er ist auch in der DS-GVO und der JI-RL nicht legaldefiniert. Es handelt sich bei dem Terminus der rechtsverbindlichen Instrumente in der Regel um bindende Rechtswirkungen und Verpflichtungen aus einem Vertrag oder anderen Rechtsinstituten/Rechtsinstrumenten.

Die Erwägungsgründe stellen an diese Rechtsinstitute oder -instrumente bestimmte qualitative **5** Anforderungen. Als solche kommen unter anderem rechtsverbindliche bilaterale Abkommen oder internationale Übereinkommen, wie bspw. Rechtshilfeabkommen, in Betracht, die von Deutschland geschlossen und als rechtsverbindlich anerkannt wurden. Hiervon betroffene Personen müssen darüber hinaus ihre Rechte durchsetzen können. Insbesondere soll in diesem Zusammenhang sichergestellt werden, dass die Datenschutzvorschriften und die Rechte der betroffenen Personen einschließlich ihres Rechts auf wirksame verwaltungsrechtliche und gerichtliche Rechtsbehelfe beachtet werden (Erwägungsgrund 71 S. 2 JI-RL). Entsprechendes gilt für multilaterale und völkerrechtliche Verträge, auch wenn diese Rechtsinstrumente in den Erwägungsgründen keine ausdrückliche Erwähnung finden. Allgemein wird mit anderen Worten hieraus abgeleitet, dass unter einem rechtsverbindlichen Instrument eine Regelung zu verstehen ist, die die Einhaltung der Garantien in rechtlich verbindlicher und von der betroffenen Person durchsetzbarer Weise sicherstellt (Gola/Heckmann/Sandfuchs Rn. 8).

Den Austausch personenbezogener Daten ermöglichende Kooperationsvereinbarungen bspw. **6** zwischen Europol oder Eurojust auf der einen Seite und Drittstaaten auf der anderen Seite dürften rechtsverbindliche Instrumente im Sinne der Vorschrift darstellen. Aus den Erwägungsgründen ist dies nicht eindeutig zu entnehmen. Hiernach sollte der Verantwortliche zwar diese Abkommen berücksichtigen können, wenn er alle Umstände im Zusammenhang mit der Datenübermittlung beurteilt (Erwägungsgrund 71 S. 3). Diesen Erwägungsgründen ist aber nicht zu entnehmen, dass dies in Anwendung des Art. 37 Abs. 1 lit. a bzw. § 79 Nr. 1 erfolgt. Die Formulierung deutet vielmehr darauf hin, dass der Verantwortliche nach Nr. 2 der Vorschrift tätig wird, die keine rechtsverbindlichen Instrumente voraussetzt.

Der Erwägungsgrund 71 S. 2 und 3 des JI-RL hat folgenden Wortlaut: **6.1**
„Solche rechtsverbindlichen Instrumente könnten beispielsweise rechtsverbindliche bilaterale Abkommen sein, die von den Mitgliedstaaten geschlossen und in ihre Rechtsordnung übernommen wurden und von ihren betroffenen Personen durchgesetzt werden können und die sicherstellen, dass die Datenschutzvorschriften und die Rechte der betroffenen Personen einschließlich ihres Rechts auf wirksame verwaltungsrechtliche und gerichtliche Rechtsbehelfe beachtet werden."
„Der Verantwortliche sollte Kooperationsvereinbarungen zwischen Europol oder Eurojust und Drittländern berücksichtigen können, die den Austausch personenbezogener Daten ermöglichen, wenn er alle Umstände im Zusammenhang mit der Datenübermittlung beurteilt."

Nicht ohne weiteres kommt für eine Datenübermittlung das in den parlamentarischen Beratungen **6.2** umstrittene EU-US-Datenschutzrahmenabkommen aus dem Jahr 2016 als rechtsverbindliches Instrument iSv § 79 Abs. 1 Nr. 1 in Betracht. Das Abkommen soll Lücken beim Schutz personenbezogener Daten schließen, die für Strafverfolgungsbehörden der Mitgliedstaaten bzw. EU-Behörden und US-Polizei- und Justizbehörden austauschen (Gleß/Wahl, in: Schomburg/Lagodny, Internationale Rechtshilfe in Strafsachen, 6. Auflage 2018, S. 1641 Rn. 1).

Der Abschluss des EU-US-Datenschutzrahmenabkommen („Umbrella Agreement") erfolgte auf Beschluss (EU) 2016/2220 des Rates vom 2.12.2016 (ABl. 2016 L 336/1). Es handelt sich in seiner vollen amtlichen Bezeichnung um das: „Abkommen zwischen den Vereinigten Staaten von Amerika und der Europäischen Union über den Schutz personenbezogener Daten bei der Verhütung, Untersuchung, Aufdeckung und Verfolgung von Straftaten" (ABl. 2016 L 336/3).

Im Anschluss an eine Mitteilung des Rates an das Europäische Parlament (ABl. 2017 L 25/1) über das Inkrafttreten dieses Abkommens am 1.2.2017 weist die Kom. in einer Erklärung darauf hin, dass dieses Abkommen keine Generalvollmacht für Datentransfers zwischen der EU und den USA zum Zwecke der Verhütung, Ermittlung, Aufdeckung oder Verfolgung von Straftaten darstelle, sondern in Verbindung mit einer jeweils anderweitig bestehenden Rechtsgrundlage geeignete Rechtsschutzgarantien für die Datenübermittlung schaffen soll (deshalb „Rahmenabkommen"). In diesem Zusammenhang weist sie darauf hin, dass unter das Abkommen zB Datenübermittlungen im Rahmen des Abkommens zwischen der EU und den USA über Fluggastdatensätze (PNR) fielen sowie das Abkommen über die Verarbeitung von Zahlungsverkehrsdaten und deren Übermittlung aus der EU an die USA für die Zwecke des Programms zum Aufspüren der Finanzierung des Terrorismus (TFTP). Die Kom. lege besonderen Wert darauf, dass Art. 19 Abs. 1 des Rahmenabkommens EU-Bürgern die Möglichkeit gebe, ihre Rechte in den USA vor Gericht geltend zu machen, und damit EU-Bürgern die gleichen Rechte wie US-Bürgern einräume. Dem vom US-Kongress bereits verabschiedeten „Judicial Redress Act" komme bei der Umsetzung des Abkommens entscheidende Bedeutung zu. Die Kom. gehe davon aus, dass die genannten Datensätze von dem im „Judicial Redress Act" zugesicherten Recht auf gerichtliche Nachprüfung nicht ausgenommen werden können. Ihr Augenmerk wolle sie deshalb besonders auf die weitere Umsetzung und Durchführung des Art. 19 des Abkommens über die gerichtliche Nachprüfung legen, vgl. Erklärung der Europäischen Kommission zum Datenschutz-Rahmenabkommen EU-USA („Umbrella Agreement"), ABl. 2017 L 25/2.

6.3 Die Kom. überprüft laufend Rechtsakte der EU, um festzustellen, inwieweit eine Anpassung an die JI-RL notwendig ist (Art. 62 Abs. 6 JI-RL). Zu dem Rechtshilfeabkommen zwischen der EU und den USA führt sie aus:

„Das Rechtshilfeabkommen zwischen der Europäischen Union und den Vereinigten Staaten von Amerika wurde 2003 unterzeichnet und ist am 1. Februar 2010 in Kraft getreten. Zusätzlich zu den im Rechtshilfeabkommen zwischen der EU und den USA vorgesehenen Garantien ergänzt das Abkommen zwischen den Vereinigten Staaten von Amerika und der Europäischen Union über den Schutz personenbezogener Daten bei der Verhütung, Untersuchung, Aufdeckung und Verfolgung von Straftaten (,Rahmenabkommen zwischen der EU und den USA'), das seit Februar 2017 in Kraft ist, das Rechtshilfeabkommen zwischen der EU und den USA (Abl. 2003 L 181/34) um geeignete Garantien zum Schutz personenbezogener Daten; daher muss das Rechtshilfeabkommen zwischen der EU und den USA nicht weiter angepasst werden" (vgl. Mitteilung der Kommission an das Europäische Parlament und den Rat vom 24.6.2020, Weiteres Vorgehen hinsichtlich der Angleichung des früheren Besitzstands des dritten Pfeilers an die Datenschutzvorschutzvorschriften, COM(2020) 262 final, S. 6).

C. Begriff der geeigneten Garantien

7 Im Mittelpunkt der gesamten Vorschrift stehen geeignete Garantien des Drittstaates oder der internationalen Organisation für den Schutz personenbezogener Daten. Dies kommt auch in der Überschrift dieser Regelung zum Ausdruck (Datenübermittlungen vorbehaltlich geeigneter Garantien).

7.1 Bereits die DSRL sah vereinzelt Garantien zum Schutz personenbezogener Daten in bestimmten Fallkonstellationen vor (vgl. bspw. Art. 6 Abs. 1 lit. b und e, Art. 8 Abs. 5, Art. 13 Abs. 2, Art. 15 Abs. 2 lit. b, Art. 25 Abs. 2 DSRL). Auch nach dem BDSG aF konnten Datenübermittlungen an Drittstaaten und internationale Organisationen erfolgen, wenn „ausreichende Garantien hinsichtlich des Schutzes des Persönlichkeitsrechts und der Ausübung der damit verbundenen Rechte dies gewährleisteten. Die Garantien konnten sich insbesondere aus Vertragsklauseln ergeben (→ BDSG aF § 4c Abs. 2 S. 1 Rn. 41). Auf die zwischenzeitlich aufgehobene DSRL und das BDSG aF kann nicht zurückgegriffen werden (→ § 78 Rn. 27d), wenn Datenübermittlungen zu Zwecken der JI-RL an Drittstaaten und internationale Organisationen erfolgen.

8 Der Begriff „Garantien" für den Schutz personenbezogener Daten ist im Einzelnen weder in der JI-RL noch im BDSG legaldefiniert. Der Begriff „geeignete Garantien" durchzieht aber die Erwägungsgründe und Regelungen der JI-RL. Er wird unter anderem auch in der DS-GVO normativ konkretisiert. Diese betrachtet ua folgende Instrumente als geeignete Garantien (vgl. Art. 46 Abs. 2 und 3 DS-GVO):
• ein rechtlich bindendes und durchsetzbares Dokument zwischen öffentlichen Stellen,
• verbindliche interne Datenschutzvorschriften,
• Standarddatenschutzklauseln der Kom. oder Zertifizierungsmechanismen (Schantz/Wolff DatenschutzR/Schantz Rn. 779 ff.)
• Verwaltungsvereinbarungen zwischen Behörden oder öffentlichen Stellen.
Im öffentlichen Bereich können neben vertraglichen Abreden auch andere rechtlich bindende und durchsetzbare Regelungsinstrumente, wie Verwaltungs- und Kooperationsvereinbarungen in Betracht kommen (vgl. Gola DS-GVO Art. 46 Rn. 5). Diese können auch zu Zwecken der Strafverfolgung zur Anwendung gelangen, wie die entsprechenden strategischen und operativen Vereinbarungen von Europol mit Drittstaaten, internationalen Organisation und auch privaten Unternehmen deutlich machen (vgl. hierzu https://www.europol.europa.eu/partners-collaboration, zuletzt aufgerufen am 19.01.2022).
Nicht nur die DS-GVO bietet für Drittlandtransfers Behörden und öffentlichen Stellen die Möglichkeit, rechtlich bindende und durchsetzbare Abreden zur Wahrung des Datenschutzniveaus in einem „Dokument" zu treffen. Ein derartiges „Dokument" (Art. 46 Abs. 2 lit. a DS-GVO) kann

als rechtlich bindendes und durchsetzbares Instrument zu Zwecken der Strafverfolgung ausgestaltet werden. Voraussetzung ist hierbei stets, dass diese Instrumente durchsetzbare und wirksame Rechte für die hiervon betroffenen Personen enthalten muss.

8.1 Für diese „Dokumente" verwendet die JI-RL die Begrifflichkeit „rechtsverbindliche Instrumente". In der englischen Sprachfassung der DS-GVO wird allerdings nicht das naheliegende Wort „document", sondern „instrument" benutzt. Wörtlich heißt es dort in Art. 46 Abs. 2 lit. a:
„2. The appropriate safeguards referred to in paragraph 1 may be provided for, without requiring any specific authorisation from a supervisory authority, by:
(a) a legally binding and enforceable instrument between public authorities or bodies;
(b) [...]"
Auch Art. 37 Abs. 1 lit. a der JI-RL setzt „a legally binding instrument" voraus. Die Vorschrift hat in der englischen Sprachfassung folgenden Wortlaut:
„1. In the absence of a decision pursuant to Article 36(3), Member States shall provide that a transfer of personal data to a third country or an international organisation may take place where:
(a) appropriate safeguards with regard to the protection of personal data are provided for in a legally binding instrument; or
(b) the controller has [...]."
Dies spricht dafür, dass im öffentlichen Bereich neben vertraglichen Abreden auch andere rechtlich bindende und durchsetzbare Regelungsinstrumente, wie Verwaltungs- und Kooperationsvereinbarungen in Betracht kommen (Gola DS-GVO/Klug, 2. Aufl. 2018, DS-GVO Art. 46 Rn. 5). Wesentliche Kriterien für derartige Rechtsinstrumente zu Zwecken der JI-RL sind deren Rechtsverbindlichkeit und eine entsprechende Durchsetzbarkeit. Den hiervon betroffenen Personen müssen durchsetzbare Rechte und Rechtsbehelfe zum Schutz ihrer personenbezogenen Daten zur Verfügung gestellt werden.

9 Das BDSG konkretisiert den Begriff „geeignete Garantien" lediglich bei der Verarbeitung besonderer Kategorien personenbezogener Daten. Welche Garantien im Einzelnen als geeignet betrachtet werden können, ist beispielhaft in § 48 Abs. 2 S. 2 aufgeführt, der sich im Teil 3 des BDSG über die Bestimmungen für die Datenverarbeitung zu Zwecken der JI-RL befindet (vgl. hierzu auch Gola/Heckmann/Sandfuchs Rn. 6). „Geeignete Garantien können insbesondere sein"
- spezifische Anforderungen an die Datensicherheit oder die Datenschutzkontrolle,
- die Festlegung von besonderen Aussonderungsprüffristen,
- die Sensibilisierung der an Verarbeitungsvorgängen Beteiligten,
- die Beschränkung des Zugangs zu den personenbezogenen Daten innerhalb der verantwortlichen Stelle,
- die von anderen Daten getrennte Verarbeitung,
- die Pseudonymisierung personenbezogener Daten,
- die Verschlüsselung personenbezogener Daten oder
- spezifische Verfahrensregelungen, die im Fall einer Übermittlung oder Verarbeitung für andere Zwecke die Rechtmäßigkeit der Verarbeitung sicherstellen.

10 Diese Aufzählung enthält lediglich Beispiele für geeignete Garantien. Die konkrete Ausgestaltung der Maßnahmen, die den Datenschutz garantieren, kann mithin von Einzelfall zu Einzelfall verschieden sein (vgl. BT-Drs. 18/11325, 111). Geeignete Garantien können als Rechtsinstitut/Rechtsinstrument (zB Vertragsklauseln, Verwaltungsvereinbarungen) ausgestaltet sein. Sie können aber auch aus rechtsverbindlichen, insbesondere technischen Vorkehrungen bestehen, um den Schutz personenbezogener Daten zu gewährleisten (zu technisch-organisatorische Pflichten nach der DS-GVO, vgl. Schantz/Wolff DatenschutzR Rn. 815 ff.). Geeignete Garantien der zuständigen Stelle in dem Drittstaat oder der internationalen Organisation für den Schutz personenbezogener Daten der betroffenen Person können beispielsweise auch darin bestehen, dass deren Daten nur in Verbindung mit ihren weiteren Daten erhoben werden dürfen. Des Weiteren können verpflichtende geeignete Garantien darin bestehen, dass diese erhobenen Daten speziell gesichert werden müssen, der Zugang der Mitarbeiter der zuständigen Stelle zu den Daten strenger geregelt und die Übermittlung dieser Daten verboten wird. Der maßgebliche Erwägungsgrund 37 der JI-RL bezieht sich zwar auf besonders sensible Daten, dürfte aber auch auf andere personenbezogene Daten anwendbar sein.

10.1 Der hierfür maßgebliche Erwägungsgrund 37 S. 5 der JI-RL hat folgenden Wortlaut:
„Zu den geeigneten Garantien für die Rechte und Freiheiten der betroffenen Person kann beispielsweise zählen, dass diese Daten nur in Verbindung mit anderen Daten über die betroffene natürliche Person erhoben werden dürfen, die erhobenen Daten gesichert werden müssen, der Zugang der Mitarbeiter der zuständigen Behörde zu den Daten strenger erlaubt geregelt und die Übermittlung dieser Daten verboten wird."

BDSG § 79 Teil 3. Bestimmungen für Verarbeitungen zu Zwecken gemäß Richtlinie

10a Allgemein lässt sich feststellen, dass es sich bei geeigneten Garantien um rechtsverbindliche Absicherungen, einschließlich technischer Datenschutzsicherungen handeln kann, die in Vertragsklauseln, Verwaltungsvereinbarungen zwischen Behörden und öffentlichen Stellen oder in bi- und multilateralen Abkommen geregelt sind. Sie müssen hierbei durchsetzbare Rechte und wirksame Rechtsbehelfe zur Verfügung stellen.

11 § 79 setzt ein angemessenes Datenschutzniveau in dem Drittstaat oder der internationalen Organisation voraus (mit Bezug auf die DS-GVO, vgl. auch Schantz/Wolff DatenschutzR/Schantz Rn. 763 ff.) und stellt somit keine Ausnahme von den allgemeinen Voraussetzungen für eine Datenübermittlung dar. Daher ist es gerechtfertigt, auch hier die Maßstäbe anzulegen, die bei einem Angemessenheitsbeschluss heranzuziehen wären (vgl. hierzu Art. 35 Abs. 2 JI-RL). Der Schutz personenbezogener Daten, der durch geeignete Garantien gewährleistet werden soll, ist daher inhaltlich mit einem angemessenen Datenschutzniveau gleichzusetzen. Der Drittstaat oder die internationale Organisation sollte deshalb Garantien für ein angemessenes Schutzniveau bieten, das im Wesentlichen dem gleichwertig ist, das innerhalb der EU gewährleistet wird. Dies soll insbesondere in Fällen gelten, in denen Daten in einem oder mehreren sog. spezifischen Sektoren verarbeitet werden. In diesem Zusammenhang sollte das Drittland vor allem eine wirksame unabhängige Überwachung des Datenschutzes gewährleisten und Mechanismen für eine Zusammenarbeit mit den Datenschutzbehörden der Mitgliedstaaten vorsehen. Auch sollten den von der Datenübermittlung betroffenen Personen wirksame und durchsetzbare Rechte sowie effektive behördliche und gerichtliche Rechtsbehelfe eingeräumt werden (Erwägungsgrund 67 S. 3, 4 JI-RL).

D. Geeignete Garantien ohne rechtsverbindliche Instrumente (Abs. 1 Nr. 2)

12 Bei Abs. 1 Nr. 2 finden zusätzlich Abs. 2 und 3 Anwendung (Gola/Heckmann/Sandfuchs Rn. 9). Hierdurch sollen die rechtsverbindlichen Instrumente durch eine umfassende Beurteilung aller Umstände kompensiert werden, die es rechtfertigen, von geeigneten Garantien für den Schutz personenbezogener Daten in dem Drittstaat oder der internationalen Organisation auszugehen. Abs. 1 Nr. 2 des § 79 kann insoweit auch als eine Art Auffangtatbestand innerhalb dieser Norm betrachtet werden, wenn kein Angemessenheitsbeschluss und auch keine entsprechenden rechtsverbindlichen Instrumente für den Schutz personenbezogener Daten in dem Drittstaat oder der internationalen Organisation vorliegen. Diese zweite Tatbestandsalternative wird um weitere Dokumentations- und Unterrichtungspflichten ergänzt (§ 79 Abs. 2 und 3).

I. Beurteilung der geeigneten Garantien

13 In Abs. 1 Nr. 2 des § 79 werden dem für die Datenübermittlung Verantwortlichen ausdrücklich besondere Verhaltenspflichten für den Fall auferlegt, dass geeignete Garantien für den Schutz personenbezogener Daten nicht in einem rechtsverbindlichen Instrument vorgesehen sind. Der Verantwortliche wird verpflichtet zu beurteilen, ob unabhängig hiervon, also ohne ein rechtsverbindliches Instrument, dennoch geeignete Garantien für den Schutz personenbezogener Daten bestehen. Er hat diese Beurteilung im Einzelfall umfassend vorzunehmen und dabei alle Umstände zu berücksichtigen, die bei der Übermittlung eine Rolle spielen. Bei den zu beurteilenden geeigneten Garantien handelt es sich um einen ausfüllungsbedürftigen, nicht abschließend bestimmten Rechtsbegriff. Dem Verantwortlichen wird dadurch ein bestimmter Beurteilungsspielraum eingeräumt. Er ist gegeben, wenn die gesetzliche Ermächtigung dem Verantwortlichen die Befugnis eröffnet, darüber zu entscheiden, ob die gesetzlichen Voraussetzungen des unbestimmten Rechtsbegriffs – bezogen auf die konkrete Anwendung im Einzelfall – tatsächlich gegeben sind.

14 Die Erwägungsgründe der JI-RL legen dem Verantwortlichen bei seiner Beurteilung über geeignete Garantien zum Schutz personenbezogener Daten bestimmte Gesichtspunkte nahe, die er besonders berücksichtigen soll. Bei seiner Beurteilung aller Umstände im Zusammenhang mit der Datenübermittlung soll er insbesondere Kooperationsvereinbarungen zwischen Europol oder Eurojust und Drittländern berücksichtigen (Erwägungsgrund 71 S. 3 JI-RL). Er soll außerdem berücksichtigen, dass die Übermittlung personenbezogener Daten Geheimhaltungspflichten und dem Grundsatz der Spezialität unterliegt (zu diesem Grundsatz, vgl. Hacker/Schierholt, Internationale Rechtshilfe in Strafsachen, 3. Aufl. 2017, Rn. 28). Hierdurch soll gewährleistet werden, dass die Daten zu den Zwecken verarbeitet werden, zu denen sie übermittelt wurden (Erwägungsgrund 71 S. 4 JI-RL).

15 Darüber hinaus sollte der Verantwortliche darauf achten, dass die personenbezogenen Daten nicht verwendet werden, um die Todesstrafe oder eine andere Form der grausamen und unmensch-

lichen Behandlung zu beantragen, zu verhängen oder zu vollstrecken. Diese ggf. vom Drittstaat oder der internationalen Organisation vertraglich zugesicherten Bedingungen können zwar als geeignete Garantien angesehen werden, die eine Datenübermittlung zulassen, jedoch sollte der Verantwortliche zusätzliche Garantien verlangen (Erwägungsgrund 71 S. 5 JI-RL). Während Art. 46 Abs. 1 DS-GVO ausdrücklich eine Datenübermittlung davon abhängig macht, dass „den betroffenen Personen durchsetzbare Rechte und wirksame Rechtsbehelfe zur Verfügung stehen", verzichtet Art. 37 der JI-RL und § 79 BDSG auf eine derartige Formulierung. Auch ohne eine ausdrückliche Erwähnung dürfte dies aber bereits bei der Beurteilung des angemessenen Datenschutzniveaus entsprechend Art. 37 Abs. 2 lit. a JI-RL durch den Verantwortlichen erfolgen.

Der Verantwortliche hat insbesondere nach § 79 Abs. 1 Nr. 2 die Aufgabe, das Vorliegen geeigneter **15.1** Garantien für den Schutz personenbezogener Daten beim Empfänger zu beurteilen. Die etwa beim BKA bestehende Praxis, nach einer solchen Beurteilung die Datenübermittlung mit der Mitgabe von Verarbeitungsbedingungen – etwa Löschungsverpflichtungen nach Zweckerreichung, Weiterübermittlungsverbote, Zweckbindungen – zu verbinden, ist dazu geeignet, diese Beurteilung zu dokumentieren und ihr Ergebnis zu sichern (→ § 78 Rn. 67; BT-Drs. 18/11325, 120).

II. Dokumentationspflichten des Verantwortlichen (Abs. 2)

Abs. 2 ergänzt lediglich Abs. 1 Nr. 2 des § 79. Die Regelung bezieht sich ausschließlich auf **16** eine Datenübermittlung anlässlich derer der Verantwortliche zu der Auffassung gelangt ist, dass geeignete Garantien für den Schutz personenbezogener Daten bestehen (Abs. 1 Nr. 2). Die Dokumentationspflichten gelten für den gesamten Beurteilungsvorgang des Verantwortlichen und den von ihm zugrunde gelegten Kriterien und Umständen, die bei der Übermittlung der Daten eine Rolle spielen. Die Datenübermittlung mit Verarbeitungsbedingungen – etwa Löschverpflichtungen nach Zweckerreichung, Weiterübermittlungsverbote, Zweckbindungen – zu verbinden, ist auch dazu geeignet, eine Beurteilung entsprechender Garantien durch den Verantwortlichen zu dokumentieren und ihr Ergebnis zu sichern (vgl. BT-Drs. 18/11325, 120).

Die Dokumentation hat daneben das Datum und den Zeitpunkt der Übermittlung, die Identität **17** des Empfängers, den Grund der Übermittlung sowie die übermittelten Daten zu enthalten. Sie ist dem BfDI nur auf Anforderung zur Verfügung zu stellen (§ 79 Abs. 2 S. 3).

Nach der JI-RL hat der Verantwortliche entsprechende Übermittlungs- und Informationspflichten **17.1** gegenüber den Aufsichtsbehörden wahrzunehmen, während diese nach Abs. 2 und 3 des § 79 gegenüber dem BfDI bestehen. Eine wirksame unabhängige Überwachung des Datenschutzes wird sowohl von den Aufsichtsbehörden als auch durch den BfDI gewährleistet. Die Aufsichtsbehörde ist in § 41 Nr. 15 legaldefiniert. Sie ist hiernach eine von einem Mitgliedstaat nach Art. 41 der JI-RL eingerichtete unabhängige Stelle. Der BfDI ist eine oberste Bundesbehörde und zuständig für die Aufsicht über öffentliche Stellen des Bundes (§§ 8 Abs. 1, 9 Abs. 1 S. 1). Er hat ua die Aufgabe, die Anwendung des BDSG und sonstiger Vorschriften über den Datenschutz, einschließlich die zur Umsetzung der JI-RL erlassenen Rechtsvorschriften, zu überwachen und durchzusetzen (§ 14 Abs. 1 Nr. 1).

§ 79 Abs. 2 dient der Umsetzung von Art. 37 Abs. 2 und 3 JI-RL. Diese unionrechtliche Vorschrift **17.2** hat folgenden Wortlaut:
„(2) Der Verantwortliche unterrichtet die Aufsichtsbehörde über Kategorien von Übermittlungen gemäß Absatz 1 Buchstabe b.
(3) Übermittlungen gemäß Absatz 1 Buchstabe b werden dokumentiert und die Dokumentation einschließlich Datum und Zeitpunkt der Übermittlung, Informationen über die empfangende zuständige Behörde, Begründung der Übermittlung und übermittelte personenbezogenen Daten, der Aufsichtsbehörde auf Anforderung zur Verfügung gestellt."

Im § 79 Abs. 2 ist zwar eine Umsetzung des Art. 37 Abs. 3 der JI-RL festzustellen. Eine Umsetzung **17.3** des Art. 37 Abs. 2 ist in dieser Vorschrift nicht erfolgt. Vielmehr hat der Verantwortliche nach Abs. 3 den BfDI zumindest jährlich über Übermittlungen zu unterrichten, die aufgrund seiner Beurteilung der geeigneten Garantien für ein angemessenes Datenschutzniveau erfolgt sind. In der Unterrichtung kann er die Empfänger und die Übermittlungszwecke angemessen kategorisieren. Dem Verantwortlichen ist es damit erlaubt, sich auf eine jährliche Unterrichtung zu beschränken und ein Ermessen eingeräumt, die Empfänger und die Übermittlungszwecke zu kategorisieren. Art. 37 Abs. 2 der JI-RL ist demgegenüber nicht als Ermessensvorschrift ausgestaltet. Vielmehr ist hiernach der Verantwortliche von Amts wegen verpflichtet, die Aufsichtsbehörde über „Kategorien von Übermittlungen" zu unterrichten.

III. Unterrichtungspflichten des Verantwortlichen (Abs. 3)

Abweichend von den unionsrechtlichen Vorgaben in Art. 37 Abs. 2 und 3 der JI-RL sieht § 79 **18** Abs. 3 S. 1 eine zumindest jährliche Unterrichtungspflicht gegenüber dem BfDI für Übermittlungen vor, die aufgrund einer Beurteilung nach Abs. 1 Nr. 2 erfolgt sind. In dieser Unterrichtung kann der Verantwortliche die Empfänger und die Übermittlungszwecke kategorisieren (§ 79 Abs. 3 S. 2). Ungeachtet dessen kann der BfDI nach Abs. 2 verlangen, über derartige Übermittlungen unterrichtet zu werden, ohne dass der Verantwortliche die Möglichkeit hat, diese zu kategorisieren.

E. Landesrecht

19 Einige Bundesländer haben von der Möglichkeit Gebrauch gemacht, Regelungen zu den §§ 78–81 zu erlassen, vgl. die Übersicht → § 78 Rn. 73.

§ 80 Datenübermittlung ohne geeignete Garantien

(1) Liegt entgegen § 78 Absatz 1 Nummer 2 kein Beschluss nach Artikel 36 Absatz 3 der Richtlinie (EU) 2016/680 vor und liegen auch keine geeigneten Garantien im Sinne des § 79 Absatz 1 vor, ist eine Übermittlung bei Vorliegen der übrigen Voraussetzungen des § 78 auch dann zulässig, wenn die Übermittlung erforderlich ist
1. zum Schutz lebenswichtiger Interessen einer natürlichen Person,
2. zur Wahrung berechtigter Interessen der betroffenen Person,
3. zur Abwehr einer gegenwärtigen und erheblichen Gefahr für die öffentliche Sicherheit eines Staates,
4. im Einzelfall für die in § 45 genannten Zwecke oder
5. im Einzelfall zur Geltendmachung, Ausübung oder Verteidigung von Rechtsansprüchen im Zusammenhang mit den in § 45 genannten Zwecken.

(2) Der Verantwortliche hat von einer Übermittlung nach Absatz 1 abzusehen, wenn die Grundrechte der betroffenen Person das öffentliche Interesse an der Übermittlung überwiegen.

(3) Für Übermittlungen nach Absatz 1 gilt § 79 Absatz 2 entsprechend.

Überblick

Die Vorschrift dient der Umsetzung von Art. 38 JI-RL und beleuchtet Konstellationen, in denen weder ein Angemessenheitsbeschluss der Kommission vorliegt noch die in § 79 erwähnten Garantien in Form eines rechtsverbindlichen Instruments oder nach einer Beurteilung durch den übermittelnden Verantwortlichen bestehen. Weitere Voraussetzungen neben denen in § 78 sind in Abs. 1 Nr. 1–5 des § 80 abschließend aufgeführt. Abs. 2 des § 80 verpflichtet den für die Datenübermittlung Verantwortlichen zu einer Abwägung zwischen den Grundrechten der betroffenen Person und dem öffentlichen Interesse an einer Datenübermittlung. Hierzu bestehen entsprechende Dokumentationspflichten.

Übersicht

	Rn.		Rn.
A. Allgemeines	1	III. Gefahrenabwehr (Nr. 3)	21
B. Struktur der Vorschrift	5	1. unmittelbare und gegenwärtige Gefahr	23
		2. Öffentliche Sicherheit	25
C. Grundsatz der Erforderlichkeit	10	IV. Zweckbindung im Einzelfall (Nr. 4)	26
D. Ausnahmeregelungen (Abs. 1 Nr. 1–5)	15	V. Rechtsansprüche im Einzelfall (Nr. 5)	30
		E. Abwägungsvorgang (Abs. 2)	31
I. Schutz lebenswichtiger Interessen (Nr. 1)	16	F. Dokumentationspflichten	35
II. Wahrung berechtigter Interessen (Nr. 2)	18	G. Landesrecht	37

A. Allgemeines

1 Während die übrigen Regelungen des Kap. V der JI-RL als eine Ergänzung der allgemeinen Grundsätze für eine Datenübermittlung zu betrachten sind, stellen die Regelbeispiele des Art. 38 Abs. 1 lit. a–e JI-RL restriktiv auszulegende Ausnahmetatbestände dar (vgl. Erwägungsgrund 72 S. 2 JI-RL, s. auch Gola/Heckmann/Sandfuchs Rn. 7). Dies ergibt sich vor allem aus der amtlichen

Überschrift des Art. 38 JI-RL („Ausnahmen für bestimmte Fälle"). Demgegenüber enthält § 80 die Überschrift „Datenübermittlungen ohne geeignete Garantien". In der Praxis könnte dies zu Fehlentwicklungen führen. Während nach allgemeinen Auslegungsgrundsätzen Ausnahmeregelungen stets eine restriktive Anwendung finden, könnte diese Überschrift dazu verleiten, eine Datenübermittlung regelmäßig nach dieser Vorschrift zu legitimieren (vgl. auch Kühling/Buchner/Schwichtenberg Rn. 2).

Ebenso wie § 81 soll diese Vorschrift ein „Fremdkörper" innerhalb des Kap. 5 im dritten Teil des BDSG darstellen. Begründet wird dies damit, dass § 78 Abs. 1 Nr. 2 und § 79 die Zulässigkeit der Datenübermittlung davon abhängig mache, dass beim Empfänger ein angemessenes Schutzniveau besteht. Demgegenüber stelle § 80 zunächst auf die Beweggründe der übermittelnden Stelle für eine Datenübermittlung ab (Gola/Heckmann/Sandfuchs Rn. 1 und 6). Ein Angemessenheitsbeschluss ist bisher von der Kom. nach Art. 36 Abs. 3 JI-RL lediglich für das Vereinigte Königreich Großbritannien und Nordirland (VK) gefasst worden. Die Vorschrift findet dann Anwendung, wenn keine geeigneten Garantien für ein angemessenes Datenschutzniveau vorhanden sind. In diesem Fall sollte die Übermittlung einer Kategorie von Übermittlungen nur in bestimmten Fällen erfolgen, in denen dies erforderlich ist:
- zur Wahrung wesentlicher Interessen der betroffenen oder einer anderen Person;
- zum Schutz berechtigter Interessen der betroffenen Person, wenn dies nach dem Recht des Mitgliedstaates, aus dem die personenbezogenen Daten übermittelt werden, vorgesehen ist;
- zur Abwehr einer unmittelbaren, ernsthaften Gefahr für die öffentliche Sicherheit eines Mitgliedstaates oder eines Drittlandes;
- in einem Einzelfall zum Zwecke der Verhütung, Ermittlung, Aufdeckung oder Verfolgung von Straftaten oder der Strafvollstreckung, einschließlich des Schutzes vor und der Abwehr von Gefahren für die öffentliche Sicherheit, oder
- in einem Einzelfall zur Geltendmachung, Ausübung oder Verteidigung von Rechtsansprüchen (vgl. auch Erwägungsgrund 72 S. 1 JI-RL).

Die Vorschrift des Art. 38 JI-RL enthält keine dem Art. 49 Abs. 1 lit. a DS-GVO vergleichbare Regelung, nach der eine Datenübermittlung zulässig ist, wenn die betroffene Person hierin ausdrücklich einwilligt. Entsprechendes gilt für lit. b und c (Datenübermittlungen zur Erfüllung eines Vertrages) oder lit. g (Datenübermittlungen aus öffentlichen Registern). Zur Verarbeitung besonderer Kategorien personenbezogener Daten und Verarbeitung zu anderen Zwecken, vgl. die §§ 22 ff. (→ § 22 Rn. 7), die sich in den Durchführungsbestimmungen für Verarbeitungen zu Zwecken gem. Art. 2 der DS-GVO befinden und für die JI-RL nur bedingt als Anhaltspunkt angewendet werden können. Die Einwilligung ist in der JI-RL nicht legaldefiniert. Demgegenüber enthalten die Bestimmungen des BDSG für Datenverarbeitungen zu Zwecken der JI-RL eine entsprechende Begriffsbestimmung (§ 46 Nr. 17).

Die Einwilligung der betroffenen Person findet lediglich in den Erwägungsgründen 35 und 37 der JI-RL eine Erwähnung. Die zuständigen Behörden können zu Zwecken der Strafverfolgung natürliche Personen auffordern, ihren Anordnungen nachzukommen. Hierbei habe die betroffene Person keine echte Wahlfreiheit und ihre Reaktion könne deshalb nicht als freiwillig abgegebene Willenserklärung betrachtet werden (zur Einwilligung im Bereich der JI-RL, vgl. im Einzelnen Lisken/Denninger, HdB des Polizeirechts, 7. Aufl. 2021/Müller/Schwabenbauer, S. 855 Rn. 53, S. 979 Rn. 472 ff.).

Die Mitgliedstaaten sind allerdings nicht daran gehindert, durch Rechtsvorschriften vorzusehen, dass betroffene Personen der Verarbeitung ihrer personenbezogenen Daten für die Zwecke der JI-RL zustimmen können, beispielsweise im Falle von DNA-Tests in strafrechtlichen Ermittlungen oder zur Überwachung ihres Aufenthaltsorts mittels elektronischer Fußfessel zur Strafvollstreckung. Der Erwägungsgrund 35, S. 1–3 bezieht sich „auf die Wahrung lebenswichtiger Interessen" der betroffenen Person. Er bezieht sich ferner auf die mutmaßliche Einwilligung bei der Anwendung des § 80 Abs. 1 Nr. 1 („Schutz lebenswichtiger Interessen einer natürlichen Person") → Rn. 21.

Die Verarbeitung besonders sensibler Daten kann durch Rechtsvorschriften erlaubt werden, wenn die betroffene Person der Datenverarbeitung ausdrücklich zugestimmt hat. Die Einwilligung der betroffenen Person iSd DS-GVO allein stellt jedoch noch keine rechtliche Grundlage für die Verarbeitung solch sensibler personenbezogener Daten durch die für Zwecke der JI-RL zuständigen Behörden dar (vgl. Erwägungsgrund 37 S. 5).

Die Einwilligung wird zunächst im § 46 Nr. 17 legaldefiniert. Im Teil 3 des BDSG, der Bestimmungen für Datenverarbeitungen zu Zwecken gem. Art. 1 Abs. 1 JI-RL enthält, findet die Einwilligung keine gesetzliche Grundlage. Hiernach muss eine weitere (bereichsspezifische) Rechtsvorschrift vorliegen, nach der die Verarbeitung personenbezogener Daten auf der Grundlage einer Einwilligung erfolgen kann. Dies ergibt sich bereits aus den aus dem Wortlaut des§ 51 Abs. 1, der voraussetzt, dass „die Verarbeitung personenbezogener Daten nach einer Rechtsvorschrift auf der Grundlage einer Einwilligung erfolgen kann". Die Zulässigkeit der Einwilligung selbst wird in § 51 nicht ausdrücklich geregelt, sondern setzt eine entsprechende Regelung in einer anderen Norm voraus → § 51 Rn. 9.

4   Die Regelbeispiele des Art. 38 Abs. 1 lit. a–e JI-RL weichen von den in den Erwägungsgründen aufgeführten Fallkonstellationen teilweise sprachlich ab. Ausdrücklich wird in diesen Erwägungsgründen die Übermittlung personenbezogener Daten „verschiedener Kategorien" erwähnt. Als derartige Kategorien kommen hier bspw. neben verurteilten Straftätern solche Personen in Betracht, gegen die ein begründeter Verdacht besteht, dass sie eine Straftat begangen haben oder in naher Zukunft begehen werden (vgl. Art. 6 lit. a und b JI-RL); zum Begriff des „Gefährder", Kulick AöR 2018, 175 (184 f.). Teilweise vergleichbare Ausnahmeregelungen enthält Art. 49 Abs. 1 lit. c, d, e und f der DS-GVO, die bei der Auslegung berücksichtigt werden können.

B. Struktur der Vorschrift

5   Der „subsidiäre" Anwendungsbereich der Norm greift – mit Ausnahme für das VK – mangels eines zurzeit vorhandenen Angemessenheitsbeschlusses bereits dann, wenn keine geeigneten Garantien für ein angemessenes Datenschutzniveau vorliegen (vgl. Gola/Heckmann/Sandfuchs Rn. 4). Mit geeigneten Garantien, die hier nicht vorliegen, sind solche iSd § 79 Abs. 1 gemeint. Erfasst wird hier sowohl dessen Nr. 1, der ein verbindliches Rechtsinstrument voraussetzt, als auch dessen Nr. 2, nach der der Verantwortliche prüft, ob geeignete Garantien vorliegen. Es bestehen also mit anderen Worten keine geeigneten Garantien in der Form eines rechtsverbindlichen Instruments. Auch lassen sich nach einer entsprechenden Beurteilung und Entscheidung des für die Datenübermittlung Verantwortlichen keine geeigneten Garantien für ein angemessenes Datenschutzniveau des Drittstaates oder der internationalen Organisation feststellen, die den Schutz der zu übermittelnden personenbezogener Daten gewährleisten.

6   Bei einer Anwendung der Vorschrift müssen auch hier die übrigen allgemeinen Voraussetzungen für eine Datenübermittlung an Drittstaaten oder internationale Organisation vorliegen (§ 78 Abs. 1 Nr. 1, Abs. 3 und 4). Erfasst wird auch eine Abwägungsentscheidung im Einzelfall nach § 78 Abs. 2. Begründet wird dies unter anderem damit, dass § 80 – anders als bei § 78 Abs. 1 Nr. 2 und § 79 – kein angemessenes Schutzniveau garantiere. § 78 Abs. 2 erhalte daher im Rahmen der Prüfung des § 80 eine besondere Bedeutung, vgl. (Gola/Heckmann/Sandfuchs Rn. 6 auch unter Hinweis auf das BKAG-Urteil des BVerfG NJW 2016, 1781 Ls. 3).

7   Daten können nach den Regelbeispielen der Vorschrift ohne geeignete Garantien für ein angemessenes Datenschutzniveau übermittelt werden. Obwohl nicht alle Regelbeispiele mit einer oder-Verknüpfung verbunden sind, können sämtliche Tatbestandsmerkmale der Nr. 1–5 alternativ in Betracht kommen. Dies ergibt sich sowohl aus den Entwicklungslinien dieser Vorschrift als auch aus den Anwendungsvorrausetzungen selbst. Es handelt sich um Ausnahmeregelungen, die restriktiv auszulegen und als abschließend zu betrachten sind.

8   Ergänzt wird das Vorliegen der Regelbeispiele um eine besondere Abwägungsentscheidung im Einzelfall durch den Verantwortlichen, der die Daten übermittelt (§ 80 Abs. 2). Hiernach hat der Verantwortliche von einer Datenübermittlung abzusehen, wenn die Grundrechte der betroffenen Person das öffentliche Interesse an der Übermittlung überwiegen. Die Vorschrift ähnelt insoweit der nicht in der JI-RL vorgegebenen Regelung des § 78 Abs. 2. Das öffentliche Interesse an einer Datenübermittlung wird maßgeblich nach deren Zweckbestimmung bewertet, die in § 45 zum Ausdruck kommt. Die Abwägungsentscheidung gilt für sämtliche Regelbeispiele der Vorschrift und ist vor allem dann vorzunehmen, wenn in Nr. 1 und 2 die Interessen einer hiervon betroffenen Person im Vordergrund stehen.

9   In den Regelbeispielen der Nr. 4 und 5 wird besonders betont, dass es sich um einen Einzelfall handeln muss. Auch bei den Nr. 1–3 dürfte es sich aber um Einzelfälle handeln; jedenfalls führt die Abwägungsentscheidung des Verantwortlichen regelmäßig zu einer Einzelfallentscheidung, ohne dass dies in den Regelbeispielen besonders zu erwähnen wäre (vgl. auch Paal/Pauly/Frenzel Rn. 3–5). Eine ausnahmsweise Übermittlung der Daten im Einzelfall dürfte dann nicht mehr vorliegen, wenn sie wiederholt erfolgt und eine unbegrenzte Zahl von betroffenen Personen betrifft (vgl. hierzu auch Art. 49 Abs. 2 S. 1 DS-GVO).

C. Grundsatz der Erforderlichkeit

10   Ebenso wie in → § 78 Rn. 45 ff. wird ausdrücklich darauf verwiesen, dass eine Datenübermittlung, die ohne geeignete Garantien für ein angemessenes Datenschutzniveau in dem Drittstaat vorgenommen wird, „erforderlich" sein muss. Der Grundsatz der Erforderlichkeit kam auch bereits in Art. 7 lit. f DSRL zum Ausdruck. Auch hiernach war eine Datenübermittlung nur dann

zulässig, wenn nicht Grundrechte der hiervon betroffenen Person überwogen. Letztlich stellt die in § 80 Abs. 2 geforderte Abwägung eine Konkretisierung dieses Grundsatzes dar. Hierbei handelt es sich um eine allgemeine Voraussetzung für eine Datenübermittlung (→ § 47 Rn. 14 ff.), die auch dann zu berücksichtigen wäre, wenn sie in dieser Vorschrift nicht nochmals erwähnt würde. Wird diese in einzelnen Regelungen betont, ist der Grundsatz der Erforderlichkeit besonders zu berücksichtigen. Weder der Richtliniengeber noch der deutsche Gesetzgeber haben in § 80 einen Grad der Erforderlichkeit für eine Datenübermittlung näher bestimmt. Die Datenübermittlung ohne geeignete Garantien muss hier mithin nicht „unbedingt" erforderlich sein, wie dies in § 81 Abs. 1 verlangt wird.

Nach den allgemeinen unionsrechtlichen Vorgaben dürfen personenbezogene Daten nicht länger verarbeitet, also auch nicht länger übermittelt werden, als es für die Zwecke, für die sie übermittelt werden, erforderlich ist (vgl. Art. 4 Abs. 1 lit. e JI-RL, → § 47 Nr. 5 Rn. 25). Das Unionsrecht enthält des Weiteren allgemeine Bedingungen für die Rechtmäßigkeit der Verarbeitung personenbezogener Daten. Hiernach ist die Verarbeitung nur dann rechtmäßig, wenn und soweit die Datenübermittlung für die Erfüllung einer in der JI-RL erwähnten Aufgabe erforderlich ist (Art. 8 Abs. 1 JI-RL, → § 47 Nr. 1, 2 Rn. 6). **11**

Nach den allgemeinen Voraussetzungen für die Übermittlung personenbezogener Daten muss diese für das Erreichen des Übermittlungszwecks erforderlich sein und ihre Übermittlung darf nicht außer Verhältnis zu diesem Zweck stehen (§ 47 Nr. 3). Hier klingt der Grundsatz der Verhältnismäßigkeit in seiner besonderen Ausprägung des sog. Übermaßverbotes nach deutschem Recht an (vgl. Lisken/Denninger, HdB des Polizeirechts, 7. Aufl. 2021/Müller/Schwabenbauer, S. 977 Rn. 468 mwN). Dieser Grundsatz ist nicht deckungsgleich mit dem unionsrechtlichen Verhältnismäßigkeitsgrundsatz. **12**

Wie der Grundsatz der Subsidiarität gilt der unionsrechtliche Grundsatz der Verhältnismäßigkeit für die Ausübung der Zuständigkeiten oder Gesetzgebungskompetenz der EU. Der Grundsatz der Verhältnismäßigkeit ist in dem kompetenzrechtlichen Art. 5 Abs. 4 des Vertrags über die Europäische Union (EUV) aufgeführt (vgl. hierzu Callies/Ruffert/Callies, EUV/AEUV, 5. Auflage 2016, EUV Art. 5 Rn. 45). **12.1**

Die Kriterien für die Anwendung sind im Protokoll Nr. 2 über die Anwendung der Grundsätze der Subsidiarität und der Verhältnismäßigkeit aufgeführt (ABl. 2008 C 115/201). Daneben findet der Grundsatz der Verhältnismäßigkeit Erwähnung in Art. 52 Abs. 1 S. 2 der GRCharta: „Unter Wahrung des Grundsatzes der Verhältnismäßigkeit dürfen Einschränkungen nur vorgenommen werden, wenn sie erforderlich sind und den von der Union anerkannten dem Gemeinwohl dienenden Zielsetzungen oder den Erfordernissen des Schutzes der Rechte und Freiheiten anderer tatsächlich entsprechen." Hiernach muss die Erhebung und Verarbeitung personenbezogener Daten einem legitimen Zweck dienen, dh nicht außer Verhältnis zum Grundrechtseingriff stehen. Der EuGH trennt hierbei nicht streng zwischen der Erforderlichkeit und der Verhältnismäßigkeit (Schantz/Wolff DatenschutzR/Wolff Rn. 63 unter Hinweis auf EuGH BeckRS 2014, 80686). Der in § 80 Abs. 1 zum Ausdruck kommende Grundsatz der Verhältnismäßigkeit entspricht weitgehend dem deutschen Recht. **12.2**

Zu den Prüfungsschritten **12.3**
(a) legitimes Ziel,
(b) Geeignetheit,
(c) Erforderlichkeit und
(d) Angemessenheit,
vgl. Calliess/Ruffert/Kingreen, 5. Aufl. 2016, EU-GRCharta, Art. 52 Rn. 65–72.

Die Anwendung des allgemeinen Verhältnismäßigkeitsgrundsatzes (im weiteren Sinne) bedeutet für § 80 Abs. 1, dass die Datenübermittlung nach dessen Nr. 1–5 geeignet, erforderlich (notwendig) und verhältnismäßig sein muss. Eine derartige Datenübermittlung muss zunächst geeignet sein, den angestrebten Zweck zu erreichen (Grundsatz der Geeignetheit). Hierbei ist unter mehreren geeigneten Maßnahmen diejenige zu treffen, die den Einzelnen und die Allgemeinheit am wenigsten beeinträchtigt (Grundsatz der Erforderlichkeit oder Notwendigkeit). Dabei hat eine Datenübermittlung zu unterbleiben, wenn die Nachteile, die durch diese Maßnahme zu erwarten sind, für die hiervon betroffenen Personen außer Verhältnis zu dem beabsichtigten Erfolg stehen. **13**

Dieser Grundsatz der Verhältnismäßigkeit im engeren Sinne, der auch als Übermaßverbot bezeichnet wird, kommt allerdings bereits in § 80 Abs. 2 zum Ausdruck. Hiernach hat der Verantwortliche von einer Datenübermittlung Abstand zu nehmen, wenn die Grundrechte der betroffenen Person das öffentliche Interesse an der Übermittlung überwiegen. Ergänzt und konkretisiert werden diese Zulässigkeitsanforderungen einer Datenübermittlung durch die in § 80 Abs. 1 aufgeführten Regelbeispiele. Hiernach ist eine Datenübermittlung in einen Drittstaat oder an internati- **14** onale Organisationen nur dann erforderlich, wenn im Einzelnen die Voraussetzungen der Nr. 1–5 alternativ oder kumulativ vorliegen.

D. Ausnahmeregelungen (Abs. 1 Nr. 1–5)

15 Ohne einen Angemessenheitsbeschluss (→ § 78 Rn. 28a) oder geeignete Garantien (→ § 79 Rn. 5 ff.) für ein angemessenes Datenschutzniveau ist eine Datenübermittlung in Drittstaaten oder an internationale Organisationen nur in den nachfolgenden Ausnahmefällen zulässig. Diese Ausnahmen sind auch in dem Sinne restriktiv auszulegen, um häufige und strukturelle Übermittlungen personenbezogener Daten in großem Umfang auszuschließen sowie auf unbedingt notwendige Daten zu beschränken (vgl. Erwägungsgrund 72 S. 3).

I. Schutz lebenswichtiger Interessen (Nr. 1)

16 Durch Abs. 1 Nr. 1 des § 80 wird Art. 38 Abs. 1 lit. a der JI-RL in deutsches Recht umgesetzt. Nach der unionsrechtlichen Regelung ist eine Datenübermittlung zulässig, wenn dies zum Schutz „lebenswichtiger" Interessen der betroffenen oder einer anderen Person erforderlich ist. Auch nach den Erwägungsgründen muss die Datenübermittlung zur Wahrung „wesentlicher" Interessen der hiervon betroffenen oder einer anderen Person erfolgen. Die unionsrechtliche Regelung setzt das Schutzgut der körperlichen Unversehrtheit und damit verbundene existentielle Interessen einer natürlichen Person voraus. Die Formulierung in Nr. 1 der Vorschrift, dass „lebenswichtige" Interessen einer „natürlichen" Person zur Disposition stehen müssen, ist insofern konkreter.

16.1 Die Regelung geht über den Anwendungsbereich der bisherigen DSRL und des BDSG aF hinaus. Von Art. 26 Abs. 1 lit. e, Art. 7 lit. d DSRL wurden lediglich die lebenswichtigen Interessen der „betroffenen Person" erfasst. Diese Regelung fand auch nahezu wortgleich Eingang in § 4c Abs. 1 Nr. 5 BDSG aF (Gola/Schomerus/Klug/Körfer, 12. Aufl. 2015, BDSG 2003 § 4c Rn 7–7b).

16.2 Die DSRL ging insoweit davon aus, dass die Wahrung „lebenswichtiger" Interessen der betroffenen Person Vorrang vor dem Erfordernis hat, dass die sie betreffenden Daten nur mit ihrer Einwilligung übermittelt werden. Eine Datenübermittlung konnte nur dann als erforderlich für die Wahrung der Interessen betrachtet werden, wenn die betroffene Person nicht in der Lage war, ihre eigenen Interessen selbst wahrzunehmen und anzunehmen war, dass sie in die Datenübermittlung einwilligen würde, wenn sie zu einer Entscheidung im Stande wäre (mutmaßliche Einwilligung).

16.3 Eine entsprechende Regelung findet sich auch in → DS-GVO Art. 49 Abs. 1 lit. f Rn. 37 ff. (Paal/Pauly/Pauly DS-GVO Art. 49 Rn. 23–24). Hiernach kann eine Datenübermittlung ausnahmsweise zulässig sein, wenn sie „zum Schutz lebenswichtiger Interessen der betroffenen Person oder einer anderen Person erforderlich [ist], sofern die betroffene Person aus physischen oder rechtlichen Gründen außerstande ist, ihre Einwilligung zu geben".

17 In der JI-RL und im BDSG bezieht sich diese Ausnahmevorschrift nicht lediglich auf die von der Datenübermittlung betroffene Person, sondern schließt auch „andere Personen" ein. Der Wortlaut des § 80 Abs. 1 Nr. 1 weicht zwar von dem in der unionsrechtlichen Vorschrift ab. Im BDSG werden aber die lebenswichtigen Interessen „der betroffenen Person oder einer anderen Person" zutreffend und gesetzestechnisch prägnanter durch den Rechtsbegriff der „natürlichen Person" ersetzt. Denn juristische Personen scheiden hier als Inhaber lebenswichtiger Interessen zum Schutz der körperlichen Integrität aus.

II. Wahrung berechtigter Interessen (Nr. 2)

18 Durch Abs. 1 Nr. 2 des § 80 wird die Regelung des Art. 38 Abs. 1 lit. b JI-RL in deutsches Recht umgesetzt. Nach dieser unionsrechtlichen Vorschrift ist eine Datenübermittlung zur Wahrung „berechtigter" Interessen der betroffenen Person ebenfalls zulässig. Der Anwendungsbereich dieser Ausnahmeregelung wird von vornherein auf die von der Datenübermittlung betroffenen Personen selbst beschränkt. Sie gilt damit nicht auch noch für andere Personen, die ebenfalls ein berechtigtes Interesse haben könnten.

19 Weitere Voraussetzung für eine Datenübermittlung ist nach der unionsrechtlichen Regelung, dass dies im Recht des Mitgliedstaates, aus dem die personenbezogenen Daten übermittelt werden, vorgesehen ist. Es wird insoweit bei dieser Ausnahmeregelung ein nationaler Umsetzungsakt oder eine nationale Ermächtigungsnorm für derartige Datenübermittlungen gefordert. Dies ist für Deutschland nunmehr aufgrund von Abs. 1 Nr. 2 des § 80 gegeben. Welche berechtigten Interessen der betroffenen Person in der Lage sind, eine Datenübermittlung ohne geeignete Garantien zu rechtfertigen, erschließt sich unmittelbar weder aus der JI-RL mit ihren Erwägungsgründen noch aus den Vorläuferregelungen der DSRL.

In Art. 7 lit. f DSRL sind zwar „berechtigte Interessen" erwähnt. Es handelt sich aber um berechtigte **19.1** Interessen des Verantwortlichen, der die Übermittlung der Daten veranlasst. Im Übrigen fand die DSRL „auf keinen Fall" Anwendung auf eine Datenverarbeitung mit Bezügen zur öffentlichen Sicherheit oder der Tätigkeit des Staates im strafrechtlichen Bereich. Nur beschränkt kann auf den nicht deckungsgleichen Begriff des berechtigten Interesses iSv Art. 14 Abs. 5 lit. b und c, Art. 22 Abs. 2 lit. b, Abs. 3 und 4 sowie Art. 35 Abs. 7 lit. d der DS-GVO (vgl. auch Erwägungsgrund 113 S. 1 DS-GVO) zurückgegriffen werden (Gola/Heckmann/Sandfuchs Rn. 11).

Die Regelung ähnelt Art. 26 Abs. 1 lit. c DSRL und § 4c Abs. 1 Nr. 3 BDSG aF. Auch dort erfolgt **19.2** ausnahmsweise eine Datenübermittlung „im Interesse (oder zugunsten) der betroffenen Person" an einen Drittstaat oder eine internationale Organisation, obwohl dort kein angemessenes Schutzniveau gewährleistet wird. Es wird hier allerdings auf einen „Vertrag" abgestellt, der im Interesse der betroffenen Person geschlossen werden soll. Vertragsparteien waren hier der für die Datenübermittlung Verantwortliche und ein Dritter. In Betracht kam vor allem der Vertrag zugunsten Dritter. In einem solchen Vertrag war die von der Datenübermittlung betroffene Person als Dritter zu betrachten.

Während bei der Datenübermittlung dem „Abschluss oder zur Erfüllung" eines privatrechtlichen Ver- **19.3** trages dient, sind mit der Datenübermittlung ohne geeignete Garantien die in Art. 1 Abs. 1 JI-RL und § 45 genannten Zwecke verbunden.

Eine Datenübermittlung zu Zwecken der JI-RL muss die hiervon betroffene Person zwar nicht **20** begünstigen, kann aber in ihrem mutmaßlichen Willen oder berechtigten Interesse liegen. Ebenso wie bei den wesentlichen oder lebenswichtigen Interessen natürlicher Personen iSd § 80 Abs. 1 Nr. 1 steht auch hier der mutmaßliche Wille oder das (berechtigte) Interesse der betroffenen Person im Vordergrund. Wann von einem derartigen mutmaßlichen Willen oder berechtigten Interesse bei einer auf die Zwecke der JI-RL ausgerichteten Datenübermittlung auszugehen ist, könnte den zivilrechtlichen Kriterien für eine Geschäftsführung ohne Auftrag entlehnt werden. Eine Übermittlung der Daten an Drittstaaten oder internationale Organisationen im so verstandenen berechtigten Interesse der hiervon betroffenen Person wäre insoweit in der Lage, einen zurzeit nicht vorhandenen Angemessenheitsbeschluss oder mangelnde geeignete Garantien zu kompensieren.

III. Gefahrenabwehr (Nr. 3)

Nach dieser Ausnahmeregelung ist eine Datenübermittlung „zur Abwehr einer gegenwärtigen **21** und erheblichen Gefahr für die öffentliche Sicherheit eines Staates" zulässig. Hierdurch wird nahezu wörtlich der Art. 38 Abs. 1 lit. c JI-RL in deutsches Recht umgesetzt. Im Unterschied zum BDSG wird in dieser unionsrechtlichen Vorschrift danach differenziert, ob die öffentliche Sicherheit „eines Mitgliedstaates oder eines Staates" gefährdet ist. Letztlich ist eine derartige Differenzierung entbehrlich, da in jedem Falle eine Gefahr für die öffentliche Sicherheit in einem „Staat" bestehen muss, unabhängig davon, ob es sich bei einem solchen um einen Mitgliedstaat handelt.

In diesem Zusammenhang sind die Formulierungen des BDSG gesetzestechnisch stringenter **22** gefasst. In der unionsrechtlichen Regelung wird der Ausdruck des Drittlandes verwandt. Der Begriff des Drittlandes eröffnet hier Spekulationen darüber, ob hiervon auch nicht näher definierte „Gebiete" oder „spezifische Sektoren" erfasst werden können. Das BDSG verwendet demgegenüber den Rechtsbegriff des Drittstaates und definiert diesen zudem in § 1 Abs. 6 und 7 jeweils für die Anwendungsbereiche der JI-RL und der DS-GVO unterschiedlich.

1. unmittelbare und gegenwärtige Gefahr

Nach dem Erwägungsgrund 72 S. 1 soll eine Datenübermittlung zur Abwehr einer „unmittelba- **23** ren, ernsthaften Gefahr" für die öffentliche Sicherheit eines Staates zulässig sein. In Art. 38 Abs. 1 lit. c JI-RL wurde die so definierte Gefahr durch eine „gegenwärtige und erhebliche Gefahr" ersetzt. Die Adjektive „unmittelbar" und „gegenwärtig" bzw. „ernsthaft" und „erheblich" unterscheiden sich sprachlich nur unwesentlich und könnten daher auch synonym verwandt werden. Sprachlich ist der Gefahrenbegriff in den Regelungen der JI-RL und denen des BDSG eher konkreter gefasst. Ob eine mittelbare oder unmittelbare Gefahr vorliegt, hängt vielfach von der Einschätzung des Betrachters ab. Eine gegenwärtige Gefahr enthält darüber hinaus noch eine zeitliche Komponente in dem Sinne, dass die Wahrscheinlichkeit eines Schadenseintritts nicht nur latent vorhanden ist. Zwischen einer „ernsthaften" und einer „erheblichen" Gefahr bestehen dagegen sowohl nach allgemeinsprachlichem als auch nach juristischem Verständnis kaum oder keine Unterschiede.

24 Zulässig dürfte es bei § 80 Abs. 1 Nr. 3 sein, auf den deutschen polizeirechtlichen Gefahrenbegriff zurück zu greifen. Hierbei handelt es sich bei einer „gegenwärtigen" Gefahr um eine Gefahr, bei der die Einwirkung des schädigenden Ereignisses bereits begonnen hat oder bei der diese Einwirkung unmittelbar oder in allernächster Zeit mit an Sicherheit grenzender Wahrscheinlichkeit bevorsteht. Eine „erhebliche" Gefahr liegt vor, wenn die Gefahr für ein bedeutsames Rechtsgut, wie der Bestand des Staates, das Leben, die Gesundheit, Freiheit, nicht unwesentliche Vermögenswerte sowie andere strafrechtlich geschützte Güter besteht (Gola/Heckmann/Sandfuchs Rn. 13–15 mwN).

24.1 Nach dem allgemeinen Polizeirecht umfasst der Begriff der „erheblichen Gefahr" eine Gefahr für ein bedeutsames Rechtsgut wie den Bestand oder die Sicherheit des Bundes oder eines Landes, Leben Gesundheit, Freiheit nicht unwesentlichen Vermögenswerten sowie anderen strafrechtlich geschützten Gütern von vergleichbarem Gewicht. Bei der „gegenwärtigen erheblichen Gefahr" wird dem zeitlichen Element ein qualitatives in dem Sinne hinzugefügt, dass ein Schaden für ein bedeutsames Rechtsgut zu befürchten sein muss, vgl. Lisken/Denninger, HdB des Polizeirechts, 7. Aufl. 2021/Graulich, S. 408 Rn. 150.

2. Öffentliche Sicherheit

25 Die „öffentlichen Sicherheit" iSd der JI-RL stellt wie der Begriff der Straftat ein eigenständiger Begriff des Unionsrechts dar. Maßgeblich ist mithin die Auslegung durch den EuGH. Eine allgemeine Definition des Begriffs „öffentliche Sicherheit" gibt es allerdings auf der Unionsebene nicht. Es ist grundsätzlich Sache eines Mitgliedstaates, den Inhalt der „öffentlichen Sicherheit" zu definieren. Zum unionsrechtlichen Begriff der „öffentlichen Sicherheit" hat der EuGH wiederholt entschieden, dass die öffentliche Sicherheit sowohl die innere als auch die äußere Sicherheit eines Mitgliedstaates umfasst. Mit umfasst wird damit die Beeinträchtigung des Funktionierens der Einrichtungen des Staates und seiner wichtigen öffentlichen Dienste, einschließlich kritischer Infrastrukturen. Auch das Überleben der Bevölkerung, ebenso wie die Gefahr einer erheblichen Störung der auswärtigen Beziehungen oder des friedlichen Zusammenlebens der Völker werden erfasst. Des Weiteren kann eine Beeinträchtigung der militärischen Interessen unter dem Begriff der „öffentlichen Sicherheit" subsumiert werden. (vgl. Schlussanträge in der Rechtssache C-544/15, Fahimian/Bundesrepublik Deutschland, BeckRS 2016, 117991 Rn. 49, 52 mwN). Angesichts dieser weiten Auslegung ist dem Verantwortlichen bei der Anwendung der Ausnahmevorschrift des § 80 Abs. 1 Nr. 3 ein weiter Beurteilungsspielraum einzuräumen.

IV. Zweckbindung im Einzelfall (Nr. 4)

26 Nach dieser Ausnahmevorschrift ist eine Datenübermittlung „im Einzelfall für die in § 45 genannten Zwecke" ebenfalls zulässig. Es können also Daten übermittelt werden, die dazu dienen, Straftaten oder Ordnungswidrigkeiten zu verhüten, zu ermitteln, aufzudecken, zu verfolgen oder zu ahnden (S. 1). Erfasst werden auch Datenübermittlungen zur Vollstreckung von Straftaten (S. 4) und zum Schutz vor und der Abwehr von Gefahren für die öffentliche Sicherheit (S. 3).

26.1 Diese Zwecke der JI-RL und die des BDSG können nicht mit den „wichtigen öffentlichen Interessen" im bisherigen Datenschutzrecht gleichgestellt werden, die eine Übermittlung der Daten an Drittstaaten und internationale Organisationen ebenfalls ausnahmsweise zuließen (vgl. Art. 26 Abs. 1 lit. d Alt. 1 DSRL, § 4c Abs. 1 Nr. 4 Alt. 1 BDSG aF).

27 Nr. 4 des § 80 Abs. 1 setzt nahezu wortgleich lit. d des Art. 38 Abs. 1 JI-RL in deutsches Recht um. Die unionsrechtliche Vorschrift bezieht sich allerdings auf die Zweckbestimmung des § 1 Abs. 1 JI-RL. Nach den entsprechenden Erwägungsgründen soll es zulässig sein, Daten im Einzelfall zu übermitteln, um Straftaten zu verhüten, zu ermitteln, aufzudecken oder zu verfolgen, die öffentliche Sicherheit vor Gefahren zu schützen oder Gefahren von ihr abzuwenden. Die Erwägungsgründe und die unionsrechtlichen Vorschriften erfassen ausdrücklich eine Übermittlung von personenbezogenen Daten, die dazu führen kann, dass an der betroffenen Person eine Strafe vollstreckt wird (Erwägungsgrund 72 S. 1 JI-RL). Hierbei kann es sich um eine Strafvollstreckung sowohl in einem Mitgliedstaat als auch in einem Drittstaat handeln.

28 Die Strafvollstreckung wird demgegenüber in § 45 S. 4 gesondert mit der Maßgabe erwähnt, dass diese Zweckbestimmung nur „öffentliche Stellen" verfolgen dürfen. Als solche kommen allerdings nur deutsche Stellen in Betracht (vgl. § 2). Dort, wo der Gesetzgeber Datenübermittlungen an Stellen in Drittstaaten regelt, vermeidet er es, sie als „öffentliche" Stelle zu bezeichnen (vgl. §§ 78 Abs. 1, 81 Abs. 1). Es handelt sich hier vielmehr um solche Stellen in Drittstaaten, die den deutschen öffentlichen Stellen entsprechen oder mit ihnen vergleichbar sind und für die in § 45 genannten Zwecke, einschließlich der Strafvollstreckung, zuständig sind. Eine richtlinienkonforme Zweckbestimmung im BDSG wird weiter dadurch herbeigeführt, dass der „Schutz vor und die Abwehr von Gefahren für die öffentliche Sicherheit" als Maßnahmen zur Verhütung von Straftaten erklärt werden (§ 45 S. 3). Des Weiteren können Daten übermittelt werden, um Ordnungswidrigkeiten zu verhüten, zu ermitteln, aufzudecken, zu verfolgen und zu ahnden (§ 45 S. 1). Es hätte daher in S. 3 nahegelegen, neben Straftaten auch die Verhütung von Ordnungswidrigkeiten als Gefahrenabwehr für die öffentliche Sicherheit zu betrachten. Die Weite des Anwendungsbereichs des § 80 Abs. 1 Nr. 4 wird in der Literatur allerdings überwiegend als problematisch empfunden (Gola/Heckmann/Sandfuchs Rn. 19; Paal/Pauly/Frenzel Rn. 4; Kühling/Buchner/Schwichtenberg Rn. 7).

29 Diese Vorschrift könnte für einen bestimmten Einzelfall als eine Art Auffangtatbestand oder Generalklausel betrachtet werden. Während § 80 Abs. 1 Nr. 3 voraussetzt, dass eine „gegenwärtige und erhebliche Gefahr für die öffentliche Sicherheit eines Staates" vorliegt, stellt Nr. 4 das gesamte Spektrum der Zweckbestimmung des § 45 zur Verfügung. Hiernach ist eine Datenübermittlung zu Zwecken der „Verhütung, Ermittlung, Aufdeckung, Verfolgung oder Ahndung von Straftaten oder Ordnungswidrigkeiten" grundsätzlich zulässig, ohne einen qualifizierten Gefahrenbegriff zu erfüllen. Restriktionen ließen sich dadurch herbeiführen, dass es sich um Straftaten und Ordnungswidrigkeiten von erheblichem Gewicht handeln muss. Die Nr. 4 bezieht sich ausdrücklich auf den Einzelfall und hebt damit den Ausnahmecharakter der Vorschrift nochmals hervor.

V. Rechtsansprüche im Einzelfall (Nr. 5)

30 Übermittlungen an Drittstaaten sind ferner zulässig, wenn dies erforderlich ist, um Rechtsansprüche (Rechte) im Zusammenhang mit den in § 45 genannten Zwecken geltend zu machen, auszuüben oder zu verteidigen. Hierbei handelt es sich regelmäßig nicht um zivilrechtliche Ansprüche, sondern um solche, die im Zusammenhang mit Maßnahmen der Strafverfolgung und der Abwehr von Gefahren für die öffentliche Sicherheit entstehen. Dem Interesse an einem effektiven Rechtsschutz im Zusammenhang mit den wichtigen öffentlichen Belangen des § 45 BDSG wird auch hier der Vorrang gegenüber dem Schutz des Persönlichkeitsrechts des Einzelnen eingeräumt. Es wird insoweit vorausgesetzt, dass der Betroffene die Möglichkeit hat, Rechtsschutz in Anspruch zu nehmen. Auch hier wird im Ergebnis der Anwendungsbereich der Norm in der Literatur als zu weit empfunden (Gola/Heckmann/Sandfuchs Rn. 21; Paal/Pauly/Frenzel Rn. 4; Kühling/Buchner/Schwichtenberg Rn. 8). Den Erwägungsgründen und der Gesetzesbegründung sind keine Fallkonstellationen zu entnehmen, in welchen Einzelfällen eine Datenübermittlung an Drittstaaten oder internationale Organisationen zur Geltendmachung, Ausübung oder Verteidigung von Rechten oder Rechtsansprüchen im Zusammenhang mit den in § 45 genannten Zwecken in Betracht kommen. Die Vorschrift des § 80 Abs. 1 Nr. 5 entspricht nahezu wörtlich Art. 38 Abs. 1 lit. e JI-RL und dem hierzu ergangenen Erwägungsgrund 72 S. 1. Lediglich die Zweckbindung nach Art. 1 Abs. 1 JI-RL wurde durch die des § 45 ersetzt.

30.1 Auch diese Regelungen ähneln Vorschriften im bisherigen Datenschutzrecht (vgl. Art. 26 Abs. lit. d Alt. 2 DSRL, § 4c Abs. 1 Nr. 4 Alt. 2 BDSG aF). Eine vergleichbare Regelung findet sich auch in Art. 49 Abs. 1 lit. e der DS-GVO. Auch hiernach ist eine Datenübermittlung ausnahmsweise zulässig, wenn sie zur „Geltendmachung, Ausübung oder Verteidigung von Rechtsansprüchen" erforderlich ist.

E. Abwägungsvorgang (Abs. 2)

31 Der Verantwortliche hat von einer Datenübermittlung – ohne geeignete Garantien für ein angemessenes Datenschutzniveau in dem Drittstaat oder der internationalen Organisation – abzusehen, wenn die Grundrechte der von der Übermittlung betroffenen Person das öffentliche Interesse überwiegen (§ 80 Abs. 2). Dieser Abwägungsvorgang erstreckt sich auf alle Übermittlungen, die in den Regelbeispielen Nr. 1–5 aufgeführt sind.

32 Die Vorschrift geht weiter als Art. 38 Abs. 2 JI-RL, der den Abwägungsvorgang auf die Regelbeispiele entsprechend lit. d und lit. e beschränkt. In beiden Regelbeispielen wird nochmals besonders zum Ausdruck gebracht, dass es sich um Einzelfälle handelt. Hierdurch und zusätzlich durch eine Abwägung der jeweiligen Interessen soll wohl der Ausnahmecharakter dieser Regelungen in gesteigerter Form zum Ausdruck gebracht werden. Denn die vorzunehmende Abwägung setzt regelmäßig eine Einzelfallprüfung voraus, ohne dass diese in den vorgestellten Regelbeispielen hätte besonders erwähnt zu werden brauchen.

32.1 Eine dem § 80 Abs. 2 vergleichbare Abwägung verlangt auch Art. 49 Abs. 1 S. 2 der DS-GVO. Hiernach erfolgt im Einzelfall eine Abwägung zwischen den „zwingenden berechtigten Interessen des Verantwortlichen" mit den „Interessen oder Rechten und Freiheiten der betroffenen Person". Eine derartige Abwägung erfolgt auch nach § 78 Abs. 2, der nicht auf die Umsetzung einer Regelung in der JI-RL, sondern auf die Rechtsprechung des BVerfG in seiner BKAG-Urteil zurückzuführen ist (BT-Drs. 18/11325, 120).

33 Art. 38 Abs. 2 JI-RL schreibt keine besondere Abwägung der jeweiligen Interessen anlässlich von Datenübermittlungen zum Schutz lebenswichtiger Interessen von Personen (lit. a) vor. Des Weiteren sieht die unionsrechtliche Vorschrift keine Abwägung zur Wahrung berechtigter Interessen der betroffenen Person (lit. b) vor oder zur Abwehr einer gegenwärtigen und erheblichen Gefahr für die öffentliche Sicherheit eines Staates (lit. c).

34 Demgegenüber bezieht der Abwägungsvorgang nach § 80 Abs. 2 sämtliche Regelbeispiele ein (Abs. 1 Nr. 1–5). Diese Vorschrift geht insoweit über die Vorgaben der JI-RL hinaus, die entsprechend ihrem Art. 1 Abs. 3 die Mitgliedstaaten aber nicht daran hindert, zum Schutz der Rechte der betroffenen Personen bei der Verarbeitung personenbezogener Daten durch die zuständigen Behörden Anforderungen festzulegen, die strenger sind als die der JI-RL. Der weite Anwendungsbereich der Nr. 4 und der Nr. 5 führt dazu, dem Abwägungsvorgang eine herausragende Bedeutung beizumessen und kann es rechtfertigen, hierbei auf § 78 Abs. 2 zurückzugreifen (Gola/Heckmann/Sandfuchs Rn. 6, 22; Kühling/Buchner/Schwichtenbrg Rn. 10).

F. Dokumentationspflichten

35 Der Verantwortliche hat zu dokumentieren, wenn Daten an Drittstaaten oder internationale Organisationen übermittelt werden, die ein angemessenes Datenschutzniveau nicht in geeigneter Form garantieren können. Hierdurch soll gewährleistet werden, dass die Rechtmäßigkeit einer solchen Datenübermittlung überprüft werden kann (vgl. Erwägungsgrund 72 letzter S. JI-RL). Die Dokumentation muss das Datum und den Zeitpunkt der Übermittlung, die Identität des Empfängers, den Grund der Übermittlung und die übermittelten personenbezogenen Daten enthalten. Nach der JI-RL hat der Verantwortliche entsprechende Übermittlungs- und Informationspflichten gegenüber den Aufsichtsbehörden (Art. 38 Abs. 2 und 3 JI-RL) wahrzunehmen, während diese nach Abs. 2 und 3 des § 80 gegenüber dem BfDI bestehen. Die Dokumentation ist nicht von Amts wegen, sondern nur auf Anforderung dem BfDI zur Verfügung zu stellen (§ 80 Abs. 3, § 79 Abs. 2 S. 3). Der Verantwortliche ist damit nicht verpflichtet, den BfDI zumindest jährlich und ggf. in kategorisierter Form über die Übermittlungen von personenbezogenen Daten zu unterrichten, die nach den Ausnahmeregelungen des Abs. 1 erfolgt sind. Denn es wird lediglich Abs. 2 des § 79 als entsprechend anwendbar erklärt (§ 80 Abs. 3). Die Dokumentation wird damit nach dem Wortlaut dieser Vorschriften dem BfDI nur auf Anforderung zur Verfügung gestellt. Erst aufgrund dieser Eigeninitiative des BfDI kann er die Rechtmäßigkeit der Datenübermittlung überprüfen. Dies setzt wiederum voraus, dass der BfDI von Datenübermittlungen nach § 80 Abs. 1 Kenntnis erlangt.

36 Obwohl es sich bei den Regelbeispielen des § 80 um restriktiv anzuwendende Ausnahmeregelungen handelt, bleiben die Anforderungen an die Dokumentation gegenüber dem BfDI damit deutlich hinter den Anforderungen zurück, die bei einer Datenübermittlung bei geeigneten Garantien für ein angemessenes Datenschutzniveau zu beachten sind. Nach → § 79 Abs. 3 Rn. 17.2 (Datenübermittlungen bei geeigneten Garantien) hat der Verantwortliche dem BfDI zumindest jährlich über Übermittlungen zu unterrichten, die aufgrund seiner Beurteilung über Garantien für ein angemessenes Schutzniveau erfolgt sind.

36.1 Sowohl bei Datenübermittlungen bei geeigneten Garantien als auch bei sonstigen Übermittlungen an Empfänger in Drittstaaten bestehen zumindest jährlich Unterrichtungspflichten gegenüber dem BfDI. Bei Datenübermittlungen ohne geeignete Garantien erfolgt demgegenüber kein Verweis auf eine entsprechende Anwendung des § 79 Abs. 3. Es lässt sich daher nicht ausschließen, dass diesbezüglich eine planwidrige Gesetzeslücke vorliegt und im Zweifel der BfDI von Amts wegen jährlich auch über Datenübermittlungen ohne geeignete Garantien zu unterrichten ist.

G. Landesrecht

37 Einige Bundesländer haben Regelungen entsprechend den §§ 78–81 erlassen (vgl. im Einzelnen die Nachweise unter → § 78 Rn. 73).

§ 81 Sonstige Datenübermittlung an Empfänger in Drittstaaten

(1) Verantwortliche können bei Vorliegen der übrigen für die Datenübermittlung in Drittstaaten geltenden Voraussetzungen im besonderen Einzelfall personenbezogene Daten unmittelbar an nicht in § 78 Absatz 1 Nummer 1 genannte Stellen in Drittstaaten übermitteln, wenn die Übermittlung für die Erfüllung ihrer Aufgaben unbedingt erforderlich ist und
1. im konkreten Fall keine Grundrechte der betroffenen Person das öffentliche Interesse an einer Übermittlung überwiegen,
2. die Übermittlung an die in § 78 Absatz 1 Nummer 1 genannten Stellen wirkungslos oder ungeeignet wäre, insbesondere weil sie nicht rechtzeitig durchgeführt werden kann, und
3. der Verantwortliche dem Empfänger die Zwecke der Verarbeitung mitteilt und ihn darauf hinweist, dass die übermittelten Daten nur in dem Umfang verarbeitet werden dürfen, in dem ihre Verarbeitung für diese Zwecke erforderlich ist.

(2) Im Fall des Absatzes 1 hat der Verantwortliche die in § 78 Absatz 1 Nummer 1 genannten Stellen unverzüglich über die Übermittlung zu unterrichten, sofern dies nicht wirkungslos oder ungeeignet ist.

(3) Für Übermittlungen nach Absatz 1 gilt § 79 Absatz 2 und 3 entsprechend.

(4) Bei Übermittlungen nach Absatz 1 hat der Verantwortliche den Empfänger zu verpflichten, die übermittelten personenbezogenen Daten ohne seine Zustimmung nur für den Zweck zu verarbeiten, für den sie übermittelt worden sind.

(5) Abkommen im Bereich der justiziellen Zusammenarbeit in Strafsachen und der polizeilichen Zusammenarbeit bleiben unberührt.

Überblick

Die Vorschrift dient der Umsetzung von Art. 39 JI-RL. Die hier geregelten Konstellationen zeichnen sich dadurch aus, dass der Kreis der möglichen Empfänger nicht nur öffentliche Stellen umfasst, die im Rahmen der Strafverfolgung tätig sind, sondern darüber hinaus auch sonstige öffentliche Stellen und Private. Abgebildet werden etwa Ersuche an Finanzinstitutionen oder Telekommunikationsdienstleister, die notwendigerweise mit der Übermittlung personenbezogener Daten verbunden sind. Für solche Übermittlungen „im besonderen Einzelfall" gelten die in § 81 Abs. 1 genannten strengen Voraussetzungen. In Abs. 4 ist eine stärkere Zweckbindung dieser übermittelten Daten vorgesehen. Zu einer synoptischen Gegenüberstellung der Vorschrift mit der JI-RL und den Erwägungsgründen → Rn. 4.1.

Übersicht

	Rn.		Rn.
A. Struktur der Vorschrift	1	III. Ungeeignete Datenübermittlung (Nr. 2)	13
B. Sonstige Datenübermittlungen (Abs. 1)	7	IV. Verpflichtung des Empfängers (Nr. 3)	15
I. Besonderer Einzelfall, qualifizierte Erforderlichkeit	8	C. Unterrichtungspflichten (Abs. 2)	17
		D. Dokumentationspflichten (Abs. 3)	20
II. Überwiegendes öffentliches Interesse (Nr. 1)	11	E. Landesrecht	22

A. Struktur der Vorschrift

Nach § 81 Abs. 5 bleiben „Abkommen" im Bereich der justiziellen Zusammenarbeit in Strafsachen und der polizeilichen Zusammenarbeit unberührt. Diese Abkommen können deshalb vorrangig für eine Übermittlung von Daten in Betracht kommen. **1**

Mit dieser Regelung wird der Erwägungsgrund 73 S. 1 der JI-RL in deutsches Recht umgesetzt. Dieser Satz hat folgenden Wortlaut:

„Die zuständigen Behörden der Mitgliedstaaten wenden die geltenden bilateralen oder multilateralen internationalen Übereinkünfte, die mit Drittländern auf den Gebieten der justiziellen Zusammenarbeit in Strafsachen und der polizeilichen Zusammenarbeit geschlossen wurden, für den Austausch maßgeblicher Informationen an, um ihnen zu ermöglichen, die rechtlich zugewiesenen Aufgaben wahrzunehmen."

BDSG § 81 Teil 3. Bestimmungen für Verarbeitungen zu Zwecken gemäß Richtlinie

Art. 39 der JI-RL verwendet für Abkommen den Begriff der „internationalen Übereinkunft". Hierunter ist legaldefiniert jede in Kraft befindliche bilaterale oder multilaterale Übereinkunft zwischen Mitgliedstaaten und Drittstaaten (→ § 78 Rn. 20) im Bereich der justiziellen Zusammenarbeit in Strafsachen und der polizeilichen Zusammenarbeit zu verstehen (vgl. Art. 39 Abs. 2 JI-RL).

Der Begriff der „bilateralen oder multilateralen internationalen Übereinkunft" ist nicht identisch mit dem der „internationalen Übereinkünften" iSd Art. 218 AEUV. Internationale Übereinkünfte im Sinne des Art. 218 AEUV werden zwischen der EU und Drittstaaten oder internationalen Organisationen nach einem in dieser Vorschrift geregelten Verfahren geschlossen. Eine internationale Übereinkunft liegt hiernach folglich nicht vor, wenn sie zwischen Mitgliedstaaten und Drittstaaten oder internationalen Organisationen geschlossen wird.

1a Ein Abkommen muss zwischen Deutschland und Drittstaaten zustande gekommen sein. Abkommen zwischen Mitgliedstaaten iSd § 1 Abs. 7 untereinander stellen hier kein bilaterales oder multilaterales Abkommen dar. Instrumente und Gesetzgebungsakte der EU für die polizeiliche Zusammenarbeit auf der Grundlage des Vertrages über die Arbeitsweise der EU (AEUV) stellen ebenfalls keine derartigen internationalen Übereinkünfte bzw. Abkommen dar. Ob entsprechende Abkommen der EU mit Drittstaaten als datenschutzrechtlich ausreichend betrachtet werden können, bedarf einer gesonderten Prüfung.

2 Die in Art. 39 Abs. 1 lit. a–e JI-RL aufgeführten Voraussetzungen für eine Übermittlung personenbezogener Daten sollen nicht als Ausnahme von geltenden bilateralen oder multilateralen internationalen Übereinkünften auf den Gebieten der justiziellen Zusammenarbeit in Strafsachen und der polizeilichen Zusammenarbeit betrachtet werden. Die Vorschriften in internationalen Übereinkünften sollen vielmehr zusätzlich zu den sonstigen Regelungen der JI-RL gelten, insbesondere zusätzlich zu denen über die Rechtmäßigkeit der Datenverarbeitung und zu Kap. V der JI-RL (Erwägungsgrund 73 S. 6 und 7 JI-RL).

2.1 Der Erwägungsgrund 73 S. 6 und 7 JI-EL hat folgenden Wortlaut:
„Diese Bestimmungen sollten nicht als Ausnahmen von geltenden bilateralen oder multilateralen internationalen Übereinkünften auf den Gebieten der justiziellen Zusammenarbeit in Strafsachen und der polizeilichen Zusammenarbeit betrachtet werden.

Diese Vorschriften sollten zusätzlich zu den sonstigen Vorschriften dieser Richtlinie gelten, insbesondere den Vorschriften über die Rechtmäßigkeit der Verarbeitung und Kapitel V."

3 Auch die in § 81 aufgeführten Voraussetzungen für eine sonstige Datenübermittlung sind deshalb nicht als Ausnahme von geltenden Abkommen mit Drittstaaten auf den Gebieten der justiziellen Zusammenarbeit in Strafsachen und der polizeilichen Zusammenarbeit zu betrachten. Die Erwägungsgründe der JI-RL schließen gleichwohl nicht aus, den § 81 im Verhältnis zu §§ 78–80 als Ausnahmeregelung zu betrachten (vgl. Schantz/Wolff DatenschutzR Rn. 811). Eine Übermittlung nach Regelungen in Abkommen mit Drittstaaten soll allerdings auch ohne Beachtung des § 81 grundsätzlich zulässig sein (Gola/Heckmann/Sandfuchs § 81 Rn. 3).

4 Die Vorschrift zielt insbesondere auf direkte Anfragen bei unzuständigen öffentlichen und nichtöffentlichen Stellen bzw. Privaten, wie etwa ausländische Telekommunikationsanbieter, soziale Netzwerke und Banken (vgl. BT-Drs. 18/11325, 120); zur möglicherweise ineffektiven Anwendung dieser Vorschrift gegenüber Kommunikations- und Datenströme bewirtschaftenden Weltkonzernen, vgl. Paal/Pauly/Frenzel BDSG § 81 Rn. 11. Die Ausnahmeregelung soll nur dann angewendet werden, wenn der Weg über die Behörden des Drittstaates wirkungslos oder ungeeignet wäre. Internationale Rechtshilfeersuchen sind im Zusammenhang mit polizeilichen Ermittlungen vielfach zu langwierig, sodass eine Beteiligung der öffentlichen Stelle im Drittstaat dazu führen würde, dass eine Auskunft nicht rechtzeitig gegeben wird und es deshalb nicht zu einem Ermittlungserfolg kommt. § 81 erlaubt es deshalb in eng begrenzten Ausnahmefällen, Daten direkt an private Stellen im Ausland zu übermitteln. Aus dem Ausnahmecharakter der Vorschrift folgt insoweit deren restriktive Anwendung.

5 Vor allem für sonstige Datenübermittlungen (→ Rn. 5) an Empfänger in Drittstaaten gilt ein präventives Verbot mit Erlaubnisvorbehalt. § 81 Abs. 1 enthält hierzu im Einzelnen grundlegende Voraussetzungen unter denen derartige Datenübermittlungen zulässig sein können. Auch hier erfolgt wiederum eine zweistufige Prüfung. Auf der ersten Stufe ist anhand der allgemeinen Zulässigkeitsvoraussetzungen zu prüfen, ob die Datenübermittlung rechtmäßig ist („... bei Vorliegen der übrigen für die Datenübermittlung in Drittstaaten geltenden Voraussetzungen ..."). Diese aus den §§ 78 Abs. 1, 79 Abs. 1 und § 80 Abs. 1 bekannte Formulierung dürfte auch die Verpflichtung des Verantwortlichen umfassen, die Genehmigung eines anderen Mitgliedstaates einzuholen, wenn dessen Daten übermittelt oder zur Verfügung gestellt werden sollen (→ § 78 Abs. 3 → § 78 Rn. 39). Den Verantwortlichen dürfte auch bei Anwendung des § 81 die Verpflichtung treffen, durch geeignete Maßnahmen sicherzustellen, dass der Empfänger die übermittelten Daten nur dann weiterleitet, wenn der Verantwortliche zugestimmt hat (→ § 78 Abs. 4 Rn. 56). Anhaltspunkte, die gegen eine entsprechende Anwendung dieser allgemeinen Voraussetzungen bei sonstigen Datenübermittlungen an Empfänger in Drittstaaten sprechen, drängen sich nicht ohne weiteres auf.

Auf der zweiten Stufe ist weiter zu prüfen, ob und unter welchen besonderen Bedingungen die Datenübermittlung gerechtfertigt ist. Zunächst muss es sich um einen „besonderen Einzelfall" (→ Rn. 6) handeln. Eine weitere grundlegende Voraussetzung für eine derartige Datenübermittlung ist, dass sie für die Ausübung der Aufgaben des deutschen Verantwortlichen „unbedingt erforderlich" (→ Rn. 8) sein muss. Diese auf der zweiten Stufe zu prüfenden Voraussetzungen werden um weitere in Abs. 1 Nr. 1 und Nr. 2 aufgeführte Tatbestandsmerkmale ergänzt. Diese müssen kumulativ vorliegen, da die Datenübermittlung an die eigentlich zuständigen Stellen im Drittstatt oder der internationalen Organisation als ungeeignet erscheinen muss (Nr. 2) und auch nur dann erfolgen kann, wenn keine Grundrechte der betroffenen Person das öffentliche Interesse an der Übermittlung überwiegen (Nr. 1). **6**

Eine sonstige Datenübermittlung an Empfänger in Drittstaaten (zB ausländische Telekommunikationsanbieter, soziale Netzwerke oder Banken) hängt mithin davon ab, ob **6.1**
- es sich um einen besonderen Einzelfall handelt (→ Rn. 6),
- die Datenübermittlung unbedingt erforderlich ist (→ Rn. 8),
- eine Übermittlung an zuständige Stellen ungeeignet wäre (→ Rn. 9 ff.) und
- öffentliche Interessen für eine Übermittlung überwiegen (→ Rn. 12 ff.).

In § 81 Abs. 1 Nr. 3, Abs. 2–4 ist dann nicht mehr das Ob, sondern das Wie einer derartigen Datenübermittlung geregelt. Normadressat ist auch hier der Verantwortliche, der die Übermittlung der Daten veranlasst. Als Verantwortliche kommen auch hier natürliche oder juristische Personen, Behörden, Einrichtungen und andere Stellen in Betracht, die über die Zwecke einer Datenübermittlung entscheiden (vgl. § 46 Nr. 7). Der Verantwortliche hat hierbei umfangreiche Hinweis-, Mitteilungs-, Unterrichtungs- und Dokumentationspflichten (vgl. §§ 81 Abs. 1 Nr. 3, Abs. 2 und 4; § 79 Abs. 1) zu erfüllen. Darüber hinaus hat er den Empfänger in dem Drittstaat zu verpflichten, die übermittelten Daten ohne seine Zustimmung nur für den Zweck zu verarbeiten, für den sie übermittelt worden sind (§ 81 Abs. 4 → Rn. 4.1). **6.2**

Synoptische Gegenüberstellung der Vorschrift mit der JI-RL und den Erwägungsgründen: **6.3**

§ 81 Abs. 1, Hs. 1	Art. 39 Abs. 1 lit. a	Erwägungsgrund 73 S. 1
§ 81 Abs. 1 Nr. 1	Art. 39 Abs. 1 lit. b	Erwägungsgrund 73 S. 4
§ 81 Abs. 1 Nr. 2	Art. 39 Abs. 1 lit. c	Erwägungsgrund 73 S. 3
§ 81 Abs. 1 Nr. 3	Art. 39 Abs. 1 lit. e	Erwägungsgrund 73 S. 7
§ 81 Abs. 2	Art. 39 Abs. 1 lit. d	Erwägungsgrund 73 S. 7
§ 81 Abs. 3	Art. 39 Abs. 3, 4	Erwägungsgrund 73 S. 7
§ 81 Abs. 4		
§ 81 Abs. 5	Art. 39 Abs. 1, Hs. 1, Abs. 2	Erwägungsgrund 73 S. 1, 6, 7

B. Sonstige Datenübermittlungen (Abs. 1)

In den Fällen der §§ 78–80 werden die personenbezogenen Daten regelmäßig an die für die Verhütung, Ermittlung, Aufdeckung, Verfolgung oder Ahndung von Straftaten oder Ordnungswidrigkeiten zuständige Behörde oder öffentliche Stelle in dem Drittstaat übermittelt. Die Verhütung von Straftaten umfasst hierbei den Schutz vor und die Abwehr von Gefahren für die öffentliche Sicherheit. Alle übrigen Übermittlungen von Daten nach § 81 an Empfänger in Drittstaaten bezeichnet der Gesetzgeber als „sonstige Datenübermittlungen". Die Überschrift der unionsrechtlichen Vorschrift (Art. 39 JI-RL „Übermittlung personenbezogener Daten an in Drittländern niedergelassene Empfänger") weist insofern keine wesentlichen inhaltlichen Abweichungen von der des § 81 auf. In Abgrenzung zu den zuständigen Stellen in Drittstaaten oder internationale Organisationen können die Empfänger einer Datenübermittlung nach § 81 BDSG auch als „sonstige öffentliche Stellen und Private" bezeichnet werden (vgl. BT-Drs. 18/11325, 120, letzter Absatz). Diese werden im Gesetzestext als Empfänger der Datenübermittlung bezeichnet. Die Begrifflichkeiten „sonstige öffentliche Stellen und Private" und der Gesetzeswortlaut „Empfänger in Drittstaaten" können mithin synonym verwendet werden. Wer also als Datenempfänger in einem Drittstaat in Betracht kommt, ergibt sich auch hier aus der Legaldefinition des § 46 Nr. 9 Rn. 37. Hiernach ist als Empfänger eine natürliche oder juristische Person, Behörde, Einrichtung **7** oder andere Stelle anzusehen, der personenbezogene Daten offengelegt werden. Der Kreis der möglichen Empfänger, die im Zusammenhang mit einer Strafverfolgung beteiligt werden können, geht damit über den der öffentlichen Stellen in einem Drittstaat weit hinaus. Diese Vorschrift kann nur angewendet werden, wenn die übrigen Voraussetzungen für eine Datenübermittlung in Drittstaaten vorliegen. Grundvoraussetzung für eine Übermittlung der Daten in Drittstaaten ist, dass dort ein angemessenes Datenschutzniveau gewährleistet ist (Schantz/Wolff DatenschutzR Rn. 803).

I. Besonderer Einzelfall, qualifizierte Erforderlichkeit

8 Auch wenn Daten nur in Einzelfällen an in Drittländer niedergelassene Empfänger übermittelt werden dürfen, sollen nach den Erwägungsgründen in der JI-RL selbst die Voraussetzungen für solche Fälle geregelt werden (Erwägungsgrund 73 S. 4 und 5 JI-RL).

8.1 Der Erwägungsgrund 73 S. 4 und 5 der JI-RL hat folgenden Wortlaut:
„Dies kann der Fall sein, wenn es dringend geboten ist, personenbezogene Daten zu übermitteln, um das Leben einer Person zu schützen, die Gefahr läuft, Opfer einer Straftat zu werden, oder um die unmittelbar bevorstehende Begehung einer Straftat, einschließlich einer terroristischen Straftat, zu verhindern."
„Auch wenn eine solche Übermittlung zwischen zuständigen Behörden und in Drittländern niedergelassenen Empfängern nur in speziellen Einzelfällen erfolgen sollte, sollte diese Richtlinie die Voraussetzungen für die Regelung solcher Fälle vorsehen."

9 Dies ist in Art. 39 JI-RL und für Deutschland in § 81 vorgesehen. Neben den übrigen Voraussetzungen muss die Datenübermittlung in einem „besonderen Einzelfall" erfolgen. Was hierunter zu verstehen ist, wird nicht konkretisiert. Ein „besonderer" Einzelfall liegt vor, wenn eine Häufung derartiger Fallkonstellationen nicht zu befürchten ist oder entsprechende Einzelfälle sich nicht regelmäßig wiederholen. Die Besonderheit der entsprechenden Einzelfallkonstellation ergibt sich auch daraus, dass die Datenübermittlung für den Verantwortlichen „unbedingt erforderlich" (qualifizierte Erforderlichkeit) sein muss, um seine Aufgaben im Bereich der Strafverfolgung erfüllen zu können.

10 Die Vorschrift ist mehrdeutig formuliert: „Verantwortliche können (…) Daten an (…) Stellen in Drittstaaten übermitteln, wenn die Übermittlung für die Erfüllung ihrer Aufgaben unbedingt erforderlich ist (…)". Nach dem Wortlaut ist nicht eindeutig, ob es sich um die Erfüllung der Aufgaben der deutschen Verantwortlichen oder die der Stellen in Drittstaaten handelt. Klarer kommt dies in Art. 39 Abs. 1 lit. a der JI-RL zum Ausdruck: „Die Übermittlung ist für die Ausübung einer Aufgabe der übermittelnden zuständigen Behörde (…) für die in Art. 1 Abs. 1 genannten Zwecke unbedingt erforderlich." In § 81 Abs. 1 hätte dies ebenfalls durch die Verwendung des Singulars („der Verantwortliche" und „seiner Aufgaben") zum Ausdruck gebracht werden können. Hieraus ergäbe sich dann bereits nach dem Wortlaut der Vorschrift zweifelsfrei, dass es sich um die Erfüllung der Aufgaben die die Übermittlung des deutschen Verantwortlichen handeln muss. Diese Aufgaben erstrecken sich auf Zwecke des § 45. Es muss sich also um die Ausübung von Aufgaben des deutschen Verantwortlichen zu Zwecken der Verhütung, Ermittlung, Aufdeckung, Verfolgung oder Ahndung von Straftaten oder Ordnungswidrigkeiten handeln. Die Übermittlung der Daten muss zur Erfüllung dieser Aufgaben zudem eine bestimmte Qualität erfüllen, nämlich „unbedingt" erforderlich sein. Dies kann bspw. bei schweren Straftaten für Leib und Leben oder drohenden terroristischen Anschlägen der Fall sein, die auf andere Weise nicht effektiv verhindert oder verfolgt werden können. Zu Auslegung der Formulierung „unbedingt erforderlich" und der restriktiven Anwendung des § 81 vgl. auch Gola/Heckmann/Sandfuchs Rn. 7 und 8.

II. Überwiegendes öffentliches Interesse (Nr. 1)

11 Im Kern der gesamten Vorschrift geht es um die Frage, ob das öffentliche Interesse an einer Datenübermittlung das Grundrecht auf informationelle Selbstbestimmung einer hiervon betroffenen Person überwiegt. § 81 Abs. 1 Nr. 1 entspricht nahezu wörtlich Art. 39 Abs. 1 lit. b JI-RL, wobei dort deutlicher zum Ausdruck kommt, dass die Daten übermittelnde Behörde die Pflicht hat, diesen Abwägungsvorgang festzustellen („die zuständige Behörde stellt fest"). In welchen konkreten Fällen das Grundrecht auf informationelle Selbstbestimmung gegenüber dem öffentlichen Interesse an einer Datenübermittlung überwiegt, ist gesetzlich nicht näher erläutert; Regelbeispiele werden nicht aufgeführt. § 81 enthält nach seinem Wortlaut keinen ausdrücklichen Hinweis darauf, dass im Drittland oder beim Datenempfänger ein angemessenes Datenschutzniveau gewährleistet sein muss.

Die Vorschrift des § 4b Abs. 2 S. 2 BDSG aF hatte noch folgenden Wortlaut. **11.1**
Die Übermittlung unterbleibt, soweit der Betroffene ein schutzwürdiges Interesse an dem Ausschluss der Übermittlung hat, insbesondere wenn bei den in Satz 1 genannten Stellen ein angemessenes Datenschutzniveau nicht gewährleistet ist.

Auch im Hinblick auf den Ausnahmecharakter der Vorschrift könnte gefolgert werden, dass das Persönlichkeitsrecht der betroffenen Person nicht bereits deshalb überwiegt, weil der Datenschutz beim Datenempfänger nicht sichergestellt ist. **11.2**

Anhaltspunkte für ein überwiegendes öffentliches Interesse an einer Datenübermittlung lassen sich allerdings den Erwägungsgründen entnehmen. Ein gegenüber dem Datenschutz überwiegendes öffentliches Interesse kann dann vorliegen, wenn es dringend geboten ist, personenbezogene Daten zu übermitteln, um das Leben einer Person zu schützen, die Gefahr läuft, Opfer einer Straftat zu werden (Erwägungsgrund 73 S. 4 Alt. 1 JI-RL → Rn. 1b). Hiernach überwiegt das öffentliche Interesse immer dann, wenn eine konkrete Gefahr für Leib und Leben einer oder auch mehrerer Personen besteht. Ein die Grundrechte der betroffenen Person überwiegendes öffentliches Interesse kann auch dann vorliegen, wenn es dringend geboten ist, personenbezogene Daten zu übermitteln, um eine Straftat, einschließlich einer terroristischen Straftat, zu verhindern, die unmittelbar bevorsteht. Dieser Erwägungsgrund setzt lediglich die Begehung einer „Straftat" voraus; sie muss nicht unmittelbar auf die Verletzung der körperlichen Integrität einer natürlichen Person gerichtet sein. Dass terroristische Straftaten einbezogen werden, deutet jedoch darauf hin, dass es sich hier um Straftatbestände von einigem Gewicht handeln muss. Hierzu können bspw. Drogen- und Menschenhandel, Geldwäsche, Schleuserkriminalität und sämtliche übrigen Formen organisierter Kriminalität zählen, vgl. hierzu auch → § 78 Rn. 64. **12**

III. Ungeeignete Datenübermittlung (Nr. 2)

In besonderen Einzelfällen können reguläre Verfahren auf der Grundlage internationaler Übereinkünfte, die eine Kontaktaufnahme mit der zuständigen Behörde in dem betreffenden Drittstaat regeln, wirkungslos oder ungeeignet sein (vgl. Erwägungsgrund 73 S. 3 JI-RL). **13**

Der Erwägungsgrund 73 S. 3 der JI-RL hat folgenden Wortlaut: **13.1**
„In speziellen Einzelfällen können die regulären Verfahren, die eine Kontaktaufnahme mit dieser Behörde in dem betreffenden Drittland vorschreiben, wirkungslos oder ungeeignet sein, insbesondere weil die Übermittlung nicht rechtzeitig durchgeführt werden konnte oder weil diese Behörde in dem betreffenden Drittland die Rechtsstaatlichkeit oder die internationalen Menschenrechtsbestimmungen nicht achtet, so dass die zuständigen Behörden der Mitgliedstaaten beschließen können, die personenbezogenen Daten direkt an in Drittländern niedergelassene Empfänger zu übermitteln."

Die sonstige Datenübermittlung soll als „ultima ratio" (vgl. Gola/Heckmann/Sandfuchs Rn. 10) nur zulässig sein, wenn diese an die in § 78 Abs. 1 Nr. 1 genannten Stellen wirkungslos oder ungeeignet wäre. In welchen speziellen Fallkonstellationen davon auszugehen ist, dass eine Datenübermittlung wirkungslos oder ungeeignet erscheint, wird in den Erwägungsgründen nicht abschließend vorgestellt. **13.2**

Es werden beispielhaft („insbesondere") drei Alternativen erwähnt, nach denen dies der Fall ist. Eine Datenübermittlung an die im Drittland zuständige Behörde oder Stelle ist bereits dann als ungeeignet oder wirkungslos zu betrachten, wenn die Übermittlung nicht rechtzeitig durchgeführt werden kann (Erwägungsgrund 73 S. 3 Alt. 1 JI-RL). Lediglich diese Fallkonstellation hat ausdrücklich Eingang in Art. 39 lit. c JI-RL gefunden. Des Weiteren ist eine Datenübermittlung dann ungeeignet, wenn die Behörde oder Stelle in dem betreffenden Drittland die Rechtsstaatlichkeit nicht achtet (Erwägungsgrund 73 S. 3 Alt. 2 JI-RL). Dies ist auch dann der Fall, wenn diese Behörde die internationalen Menschenrechtsbestimmungen nicht beachtet (Erwägungsgrund 73 S. 3 Alt. 3 JI-RL). Für die Praxis stellt sich die Frage, nach welchen amtlichen oder nichtamtlichen Informationen der Verantwortliche gesichert feststellt, ob und wie eine Behörde in einem Drittstaat die Rechtsstaatlichkeit oder Menschenrechte achtet. Ggf. sind die deutschen Auslandsvertretungen oder weitere Sicherheitsbehörden um Amtshilfe zu ersuchen. **14**

IV. Verpflichtung des Empfängers (Nr. 3)

Nr. 3 enthält Mitteilungs- und Hinweispflichten des die Daten übermittelnden Verantwortlichen gegenüber dem Empfänger. Hiernach hat der Verantwortliche dem Empfänger, dh der sonstigen öffentlichen Stelle oder Privaten, zunächst die Zwecke der Verarbeitung dieser personenbezogenen Daten mitzuteilen. Der hier verwendete Begriff der Verarbeitung umfasst nicht nur die Übermittlung, sondern sämtliche Phasen der Datenverarbeitung zu Zwecken der Verhütung, **15**

Ermittlung, Aufdeckung, Verfolgung oder Ahndung von Straftaten oder Ordnungswidrigkeiten durch den Verantwortlichen.

16 Des Weiteren hat der Verantwortliche den Empfänger darauf hinzuweisen, dass die übermittelten Daten nur in dem Umfang verarbeitet werden dürfen, in dem ihre Verarbeitung zu diesen Zwecken erforderlich ist. Die Regelung enthält nur eine Hinweispflicht gegenüber dem Empfänger (vgl. hierzu auch Gola/Heckmann/Sandfuchs Rn. 13). Dem Verantwortlichen wird damit nicht auferlegt, den Empfänger bspw. vertraglich zu verpflichten, die übermittelten Daten nur in dem erforderlichen Zweckumfang zu verarbeiten. Nr. 3 ist im Wesentlichen Art. 39 Abs. 1 lit. e JI-RL nachempfunden. Auch diese Vorschrift sieht nicht vor, dass der Empfänger der Daten entsprechend verpflichtet wird. Ergänzt wird Abs. 1 Nr. 3 deshalb durch Abs. 4 der Vorschrift. Hiernach hat der Verantwortliche den Empfänger „zu verpflichten", die übermittelten personenbezogenen Daten ohne seine Zustimmung nur für den Zweck zu verarbeiten, für den sie übermittelt worden sind. Damit geht diese Vorschrift über den Regelungswortlaut der entsprechenden unionsrechtlichen Vorschrift hinaus und erhöht dadurch den Datenschutz. Die JI-RL hindert die Mitgliedstaaten nicht daran, für den Schutz personenbezogener Daten der betroffenen Personen höhere Anforderungen vorzusehen (vgl. Art. 1 Abs. 3 JI-RL). Bei den Empfängern der Daten handelt es sich um private Stellen oder nicht zuständige öffentliche Stellen. Es besteht daher regelmäßig die Gefahr, dass sie die empfangenen Daten für ihre eigenen Zwecke verwenden (Schantz/Wolff DatenschutzR Rn. 814). Zur Praxis des BKA, die Datenübermittlung mit der Mitgabe von Verarbeitungsbedingungen – etwa Löschungsverpflichtungen nach Zweckerreichung, Weiterübermittlungsverbote, Zweckbindungen – zu verbinden, → § 78 Rn. 67.

C. Unterrichtungspflichten (Abs. 2)

17 Bei Übermittlungen an sonstige öffentliche Stellen oder an Private in Drittstaaten hat der hierfür Verantwortliche neben den genannten Pflichten weitere Mitteilungspflichten gegenüber der dort eigentlich zuständigen Behörde oder Stelle. Die Mitteilung muss aber nicht gleichzeitig oder sofort mit der Datenübermittlung, sondern hat ohne schuldhaftes Zögern zu erfolgen.

18 Diese Unterrichtungspflicht kann im Übrigen unterbleiben, wenn der Verantwortliche einen hinreichenden Anhaltspunkt dafür hat, dass die Unterrichtung über diese Datenübermittlung bei der zuständigen öffentlichen Stelle oder Behörde „wirkungslos oder ungeeignet" ist. Die Regelung entspricht im Wesentlichen der des Art. 39 Abs. 1 lit. d JI-RL und knüpft an den Rechtsgedanken aus lit. c an (Übermittlung an zuständige Behörde ist wirkungslos oder ungeeignet). Die Unterrichtung kann mithin ua unterbleiben, weil sie nicht rechtzeitig durchgeführt werden kann oder die zu unterrichtende Behörde in dem betreffenden Drittstaat die Rechtsstaatlichkeit, insbesondere die internationalen Menschenrechtsbestimmungen, nicht beachtet.

19 Zweifelhaft ist, ob auch § 81 Abs. 2 BDSG in diesem Sinne auszulegen ist. Die Unterrichtungspflichten sollen den Empfängerstaat in die Lage versetzen, eine mögliche Verletzung seiner Souveränität nach nationalem oder Völkerrecht zu bewerten oder auch zu ahnden. Im Hinblick auf die Völkerrechtsfreundlichkeit der deutschen Rechtsordnung ist daher § 81 Abs. 2 BSDG so auszulegen, dass die Pflicht, den Empfängerstaat zu unterrichten, grundsätzlich anzunehmen ist (Schantz/Wolff DatenschutzR Rn. 813). Eine derartige Unterrichtungspflicht dürfte nur ausnahmsweise dann nicht gegeben sein, wenn sie völlig ins Leere geht, bspw. gegenüber sog. failed states (gescheiterten Staaten), oder wenn Anhaltspunkte bestehen, dass der Drittstaat die Unterrichtung zum Nachteil hiervon betroffener Personen rechtswidrig missbraucht.

D. Dokumentationspflichten (Abs. 3)

20 Nach Abs. 3 wird auf die hier geregelten sonstigen Datenübermittlungen § 79 Abs. 2 und 3 entsprechend angewendet. Hiernach hat der Verantwortliche die sonstige Übermittlung von Daten an Private oder an nicht zuständige öffentliche Stellen zu dokumentieren. Die Dokumentation hat den Zeitpunkt der Übermittlung, die Identität des Empfängers, den Grund der Übermittlung und die übermittelten personenbezogenen Daten zu enthalten (§ 79 Abs. 2 S. 1 und 2). Die entsprechende Anwendung dieser Vorschrift zielt auf eine umfassende Dokumentation der Datenübermittlung nach § 81. Diese erfordert auch Unterrichtungspflichten des Verantwortlichen gegenüber der eigentlich zuständigen öffentlichen Stelle oder Behörde in dem Drittstaat, sodass die in entsprechender Anwendung des § 79 Abs. 2 S. 1 und 2 vorzunehmende Dokumentation sich auch hierauf erstreckt.

21 Für den Fall, dass eine Unterrichtung dieser Stelle unterblieben ist, sind die Gründe hierfür ebenfalls zu dokumentieren. Diese Dokumentation ist dem BfDI zur Verfügung zu stellen. Dies

geschieht jedoch nur auf dessen Anforderung (§ 79 Abs. 2 S. 3). Schließlich hat der Verantwortliche dem BfDI zumindest jährlich über Übermittlungen zu unterrichten, die aufgrund einer Beurteilung und Entscheidung nach § 81 Abs. 1 Nr. 1 oder 2 erfolgt sind (vgl. § 79 Abs. 3 S. 1). In dieser Unterrichtung kann der Verantwortliche – soweit dies möglich ist – die Datenempfänger, die Übermittlungszwecke und die zuständigen öffentlichen Stellen oder Behörden in den Drittstaaten angemessen kategorisieren (vgl. § 79 Abs. 3 S. 2).

Im Gegensatz zu § 80 Abs. 3 verwaist § 81 Abs. 3 auf eine entsprechende Anwendung des § 79 Abs. 2 und des Abs. 3. Gründe, die dafür sprechen § 79 Abs. 3 nicht auf Datenübermittlungen ohne geeignete Garantien entsprechend anzuwenden, sind nicht ersichtlich.

E. Landesrecht

Einige Bundesländer haben Regelungen zu den §§ 78–81 erlassen (vgl. hierzu die Nachweise unter → § 78 Rn. 73). 22

Kapitel 6. Zusammenarbeit der Aufsichtsbehörden

§ 82 Gegenseitige Amtshilfe

(1) ¹Die oder der Bundesbeauftragte hat den Datenschutzaufsichtsbehörden in anderen Mitgliedstaaten der Europäischen Union Informationen zu übermitteln und Amtshilfe zu leisten, soweit dies für eine einheitliche Umsetzung und Anwendung der Richtlinie (EU) 2016/680 erforderlich ist. ²Die Amtshilfe betrifft insbesondere Auskunftsersuchen und aufsichtsbezogene Maßnahmen, beispielsweise Ersuchen um Konsultation oder um Vornahme von Nachprüfungen und Untersuchungen.

(2) Die oder der Bundesbeauftragte hat alle geeigneten Maßnahmen zu ergreifen, um Amtshilfeersuchen unverzüglich und spätestens innerhalb eines Monats nach deren Eingang nachzukommen.

(3) Die oder der Bundesbeauftragte darf Amtshilfeersuchen nur ablehnen, wenn
1. sie oder er für den Gegenstand des Ersuchens oder für die Maßnahmen, die sie oder er durchführen soll, nicht zuständig ist oder
2. ein Eingehen auf das Ersuchen gegen Rechtsvorschriften verstoßen würde.

(4) ¹Die oder der Bundesbeauftragte hat die ersuchende Aufsichtsbehörde des anderen Staates über die Ergebnisse oder gegebenenfalls über den Fortgang der Maßnahmen zu informieren, die getroffen wurden, um dem Amtshilfeersuchen nachzukommen. ²Sie oder er hat im Fall des Absatzes 3 die Gründe für die Ablehnung des Ersuchens zu erläutern.

(5) Die oder der Bundesbeauftragte hat die Informationen, um die sie oder er von der Aufsichtsbehörde des anderen Staates ersucht wurde, in der Regel elektronisch und in einem standardisierten Format zu übermitteln.

(6) Die oder der Bundesbeauftragte hat Amtshilfeersuchen kostenfrei zu erledigen, soweit sie oder er nicht im Einzelfall mit der Aufsichtsbehörde des anderen Staates die Erstattung entstandener Ausgaben vereinbart hat.

(7) ¹Ein Amtshilfeersuchen der oder des Bundesbeauftragten hat alle erforderlichen Informationen zu enthalten; hierzu gehören insbesondere der Zweck und die Begründung des Ersuchens. ²Die auf das Ersuchen übermittelten Informationen dürfen ausschließlich zu dem Zweck verwendet werden, zu dem sie angefordert wurden.

Überblick

§ 82 BDSG setzt Art. 50 RL (EU) 2016/680 um und ermöglicht eine effektive Zusammenarbeit der Aufsichtsbehörden und eine einheitliche Durchsetzung der dortigen europarechtlichen Vorgaben.

A. Sinn und Zweck der Norm

1 § 82 dient der Umsetzung des Art. 50 RL (EU) 2016/680 (s. BT-Drs. 18/11325, 121), der eine wirksame Zusammenarbeit und einheitliche Anwendung und Durchsetzung der Richtlinie bezweckt (Art. 50 Abs. 1 S. 1 und Erwägungsgrund 83 RL (EU) 2016/680. Insofern ist § 82 als Umsetzungsmaßnahme nach Art. 288 Abs. 3 AEUV zu sehen. Wie im Geltungsbereich der DS-GVO ist auch im Geltungsbereich der RL (EU) 2016/680 von einer Erhöhung der Anzahl der zur Wahrnehmung der Aufsicht notwendigen grenzüberschreitenden Amtshilfemaßnahmen in der Zukunft auszugehen.

2 § 82 ist zwar weitgehend wortlautgleich zu Art. 61 DS-GVO abgefasst. Im Unterschied zu den Vorgaben der RL (EU) 2016/680 genießt die Datenschutz-Grundverordnung für ihren davon abzugrenzenden Anwendungsbereich (vgl. Art. 2 Abs. 2 lit. d DS-GVO) jedoch Anwendungsvorrang und gilt unmittelbar in allen Mitgliedsstaaten (vgl. Art. 288 Abs. 2 AEUV iVm Art. 4 Abs. 3 EUV). Im Anwendungsbereich der Datenschutz-Grundverordnung bestehen darüber hinaus über den Verweis von Art. 61 Abs. 8 DS-GVO auf das Dringlichkeitsverfahren nach Art. 66 DS-GVO erweiterte Durchsetzungsmechanismen. Dies ist durch den Umstand begründet, dass die Mitgliedsstaaten im Bereich der Strafverfolgung nicht in gleichem Umfang Kompetenzen auf die Europäische Union übertragen haben wie im Bereich des allgemeinen Datenschutzrechts (vgl. Art. 16 Abs. 1 AEUV). Dieses erhöhte Maß an Souveränität zeigt sich ebenfalls darin, dass der Europäische Datenschutzausschuss im Bereich des § 82 gem. Art. 51 der RL ((EU) 2016/680) nur eine Beratungsfunktion innehat (so auch Kühling/Buchner/Schwichtenberg Rn. 2).

B. Voraussetzungen der Amtshilfe (Abs. 1)

3 Durch die Amtshilfe soll eine „einheitliche Anwendung und Durchsetzung" der Vorschriften der Richtlinie (EU) 2016/680 gewährleistet werden (Erwägungsgrund 83 RL (EU) 2016/680). Gemäß Abs. 1 S. 1 muss die Amtshilfe für diese „einheitliche Anwendung und Durchsetzung" aber auch erforderlich sein. In Anbetracht des Ziels der wirksamen Zusammenarbeit aus Art. 50 Abs. 1 S. 1 (EU) 2016/680 darf die Möglichkeit der Amtshilfe jedoch nicht durch das zusätzliche Kriterium der Erforderlichkeit eingeschränkt werden. Einer restriktiven Auslegung steht das Prinzip der praktischen Wirksamkeit des Unionsrechts entgegen (vgl. Art. 4 Abs. 3 EUV), sodass Amtshilfeersuchen von anderen Mitgliedsstaaten im Anwendungsbereich der Richtlinie (EU) 2016/680 ohne eine derartige Einschränkung zulässig sein müssen. Abs. 1 S. 1 ist insofern europarechtskonform auszulegen. Dies entspricht auch der praktischen Realität, in der Amtshilfeersuchen eine Vielzahl an unterschiedlichen Anfragen abdecken können und bei der effizienten Klärung von auch weniger umfangreichen offenen Nachfragen helfen können.

4 Als Hauptanwendungsfälle von Amtshilfeersuchen nennt Abs. 1 S. 2 Auskunftsersuchen und aufsichtsbezogene Maßnahmen. Als Beispielsfälle werden das Ersuchen um Konsultation oder auch Nachprüfungen und Untersuchungen genannt, wobei der Begriff der Konsultation unterschiedlich gestaltete Nachfragen umfassen kann. Die Aufzählung ist bei der Vielfalt der vorstellbaren Konstellationen darüber hinaus nicht als abschließend zu verstehen (vgl. die Ausführungen zu den wortlautgleichen Anwendungsfällen des Art. 61 Abs. 1 DS-GVO unter → DS-GVO Art. 61 Rn. 6).

C. Zeitlicher Rahmen (Abs. 2)

5 Wie von Art. 50 Abs. 2 S. 1 RL (EU) 2016/680 vorgegeben hat der oder die Bundesbeauftragte alle geeigneten Maßnahmen zu ergreifen, um dem Ersuchen unverzüglich, jedenfalls aber spätestens einen Monat nach dessen Eingang nachzukommen. Die Begründung der zu veranschlagenden Zeit allein anhand von Ressourcen und anderen Aufgaben der Aufsichtsbehörden (so zu Art. 61 Abs. 1 DS-GVO → DS-GVO Art. 61 Rn. 8) dürfte in Anbetracht des Grundsatzes der praktischen Wirksamkeit (vgl. Art. 4 Abs. 3 EUV) nicht haltbar sein. Vielmehr werden der Umfang und spezifische Durchführungsaufwand der Anfrage ohne Einbeziehung der konkreten Arbeitsbelastung der Behörde für die Bestimmung des zeitlichen Rahmens maßgeblich sein. Auch bei einer erhöhten Komplexität darf der Zeitraum von einem Monat jedoch nicht überschritten werden. Inwieweit sich diese Vorgaben in der praktischen Handhabe halten lassen, ist angesichts der immer stärker werdenden internationalen Zusammenarbeit fraglich.

6 Gemäß Art. 50 Abs. 2 S. 2 RL (EU) 2016/680 müssen in diesem zeitlichen Rahmen alle Informationen über die Untersuchungsdurchführung übermittelt werden, die maßgeblich sind. Der Begriff der Maßgeblichkeit dürfte hier über die reine Entscheidungserheblichkeit hinausgehen, soll doch eine effiziente und zielführende Umsetzung von Maßnahmen nach dem Sinn und

Zweck der Vorschrift möglich sein. Die genannte Vorgabe der „Maßgeblichkeit" ist bei einer europarechtskonformen Auslegung des Abs. 2 miteinzubeziehen.

D. Ablehnungsgründe (Abs. 3)

Abgelehnt werden kann das Ersuchen nur im Falle der Unzuständigkeit (Nr. 1) oder für den Fall eines durch die Erfüllung der Anfrage nicht zu vermeidenden Rechtsverstoßes (Nr. 2). Abs. 3 enthält insofern eine abschließende Aufzählung. 7

Der Ablehnungsgrund der Unzuständigkeit aus Abs. 3 Nr. 1 ergibt sich bereits aus der Grundsystematik der Rechtsordnung und hat insoweit einen rein deklaratorischen Charakter. 8

Auch Abs. 3 Nr. 2 folgt dem Gedanken der Einheit der Rechtsordnung, indem eine Ablehnung von gegen Rechtsvorschriften verstoßenden Ersuchen ermöglicht wird. Insoweit wird durch die Ablehnungsgründe die Kohärenz der Rechtsordnung insgesamt sichergestellt. Ob unter Heranziehung von § 5 VwVfG eine Ablehnung begründet werden kann, wird in Bezug auf die Amtshilfe kontrovers diskutiert (zum Diskussionsstand in Anbetracht von Art. 61 Abs. 4 DS-GVO → DS-GVO Art. 61 Rn. 14 mwN). 9

E. Informationspflicht gegenüber der ersuchenden Behörde (Abs. 4)

Gemäß Abs. 4 hat die oder der Bundesbeauftragte die ersuchende Stelle über die Ergebnisse oder gegebenenfalls über den Fortgang von getroffenen Maßnahmen zu informieren. Im Fall der Ablehnung nach Abs. 3 trifft die oder den Bundesbeauftragten eine Begründungspflicht, welche die Rechtsstaatlichkeit des Amtshilfeverfahrens unterstützt und unbegründete Ablehnungen von Ersuchen verhindern soll. 10

F. Form der Übermittlung (Abs. 5)

Die elektronische Kommunikation wird von Abs. 5 als Regelfall der Übermittlung aufgestellt. Zudem müssen standardisierte Formate verwendet werden, um die reibungslose Funktion der elektronischen Kommunikation nicht zu gefährden. Auf diese Weise wird auch in technischer und formaler Hinsicht für eine ungehinderte und effiziente Erfüllung der Ersuchen gesorgt. 11

G. Erstattung der Unkosten (Abs. 6)

Im Regelfall verlangen die Aufsichtsbehörden nach Abs. 6 für das Erfüllen von Amtshilfeersuchen keine Gebühren. Diese grundsätzliche Gebührenfreiheit wird in der Systematik von Art. 50 Abs. 7 RL (EU) 2016/680 deutlicher als in der deutschen Umsetzungsnorm. Nur in Fällen einer ausdrücklichen Vereinbarung zwischen den beteiligten Behörden kann die Kostenverteilung anderweitig geregelt werden. Dies entspricht dem Sinn und Zweck des Art. 50 RL (EU) 2016/680, der eine wirksame Zusammenarbeit und die Erleichterung von Maßnahmen der Amtshilfe ermöglichen und unterstützen soll (vgl. dazu Paal/Pauly/Paal Rn. 10). 12

H. Inhalt von Amtshilfeersuchen der oder des Bundesbeauftragten (Abs. 7)

Im Unterschied zu den vorangestellten Abs. hat Abs. 7 die mit den oben dargestellten Vorgaben an eingehende Vorgänge korrespondierenden Anforderungen an Amtshilfeersuchen, die von der oder dem Bundesbeauftragten selbst gestellt werden, zum Inhalt. 13

Abs. 7 S. 1 nennt zum einen die Angabe des Zwecks und zum anderen die Begründung als Mindestvoraussetzungen des Ersuchens. Die von der ersuchten Behörde übermittelten Informationen dürfen ebenfalls nur für den angefragten Zweck verwendet werden. 14

Die Reichweite des Zweckbindungsgrundsatzes bei Amtshilfeersuchen wird auch in Anbetracht von Art. 61 Abs. 3 DS-GVO diskutiert. Zwar wäre ein weit auszulegender Zweckbegriff im Hinblick auf Verfahren bezüglich weiterer datenschutzrechtlicher Verstöße zumindest aus aufsichtsbehördlicher Sicht praktikabel (so zu Art. 61 Abs. 3 DS-GVO → DS-GVO Art. 61 Rn. 9). Der Wortlaut „ausschließlich" steht einer extensiven Interpretation jedoch grundsätzlich entgegen (in diesem Sinne auch Paal/Pauly/Körffer DS-GVO Art. 61 Rn. 5–6). Überbrückt werden kann diese Unstimmigkeit nur, wenn man die Datenschutzaufsicht selbst als Zweck im Sinne dieser Vorschrift sieht (vgl. Kühling/Buchner/Dix DS-GVO Art. 61 Rn. 12). 15

Kapitel 7. Haftung und Sanktionen

§ 83 Schadensersatz und Entschädigung

(1) ¹Hat ein Verantwortlicher einer betroffenen Person durch eine Verarbeitung personenbezogener Daten, die nach diesem Gesetz oder nach anderen auf ihre Verarbeitung anwendbaren Vorschriften rechtswidrig war, einen Schaden zugefügt, ist er oder sein Rechtsträger der betroffenen Person zum Schadensersatz verpflichtet. ²Die Ersatzpflicht entfällt, soweit bei einer nicht automatisierten Verarbeitung der Schaden nicht auf ein Verschulden des Verantwortlichen zurückzuführen ist.

(2) Wegen eines Schadens, der nicht Vermögensschaden ist, kann die betroffene Person eine angemessene Entschädigung in Geld verlangen.

(3) Lässt sich bei einer automatisierten Verarbeitung personenbezogener Daten nicht ermitteln, welche von mehreren beteiligten Verantwortlichen den Schaden verursacht hat, so haftet jeder Verantwortliche beziehungsweise sein Rechtsträger.

(4) Hat bei der Entstehung des Schadens ein Verschulden der betroffenen Person mitgewirkt, ist § 254 des Bürgerlichen Gesetzbuchs entsprechend anzuwenden.

(5) Auf die Verjährung finden die für unerlaubte Handlungen geltenden Verjährungsvorschriften des Bürgerlichen Gesetzbuchs entsprechende Anwendung.

Überblick

§ 83 BDSG setzt Art. 56 der Richtlinie zum Datenschutz in Strafsachen (RL (EU) 216/680) um und normiert – entsprechend seiner Stellung im dritten Teil des BDSG – einen eigenen deliktischen Schadensersatzanspruch für die Verarbeitung personenbezogener Daten durch Sicherheits-, Straf- und Strafvollstreckungsbehörden. Er lehnt sich dabei nicht an den allgemeinen, unmittelbar geltenden Schadensersatzanspruch bei Datenschutzverstößen in Art. 82 DS-GVO an. Vielmehr orientiert sich § 83 BDSG in Aufbau und Duktus an den deutschen zivilrechtlichen Schadensersatzansprüchen und greift im Bereich der Verschuldensvermutung des Abs. 1 S. 2 auf die in §§ 7 und 8 BDSG aF maßgebende Differenzierung zwischen automatisierter und nichtautomatisierter Datenverarbeitung zurück. § 83 Abs. 1 S. 2 BDSG trägt dabei dem besonderen Gefahrenpotential der automatisierten Datenverarbeitung Rechnung. Im Gegensatz zu § 8 Abs. 3 BDSG aF ist der Schadensersatzanspruch höhenmäßig nicht begrenzt.

Übersicht

	Rn.
A. Allgemeines	1
I. Historie	1
II. Normzweck	5
III. Verhältnis zu anderen Normen	8
IV. Richtlinie zum Datenschutz in Strafsachen (RL (EU) 2016/680)	18
B. Anspruchsberechtigter und Anspruchsverpflichteter	23
I. Anspruchsberechtigter	23
II. Anspruchsverpflichteter	24
1. Allgemein	24
2. Auftragsdatenverarbeitung	28
3. Mehrere Speicherungsberechtigte	29
4. Beauftragter für den Datenschutz	31
III. Mehrere Speicherungsberechtigte	32
1. Abs. 3 und § 830 BGB	32
2. Haftung als Gesamtschuldner und Rückgriff	37
C. Rechtswidrige Datenverarbeitung	39
D. Schaden	43
E. Haftungsbegründende Kausalität	46
F. Verschulden	47
I. Gefährdungshaftung bei automatisierter Datenverarbeitung	47
II. Vermutetes Verschulden mit Exculpationsmöglichkeit bei nicht- automatisierter Datenverarbeitung	51
G. Rechtsfolgen	53
I. Schadensersatz	53
II. Ersatz immaterieller Schäden	55
III. Schmerzensgeld	57
IV. Weitere Ansprüche	60
H. Allgemeine Grundsätze	61
I. Darlegungs- und Beweislast	62
J. Rechtsweg	65

Schadensersatz und Entschädigung § 83 BDSG

A. Allgemeines

I. Historie

Das BDSG aF hatte zwei Schadensersatzansprüche vorgesehen: In § 7 BDSG aF eine deliktische **1** Haftung des öffentlichen sowie des nichtöffentlichen Bereichs, wobei das Verschulden vermutet wurde und der Ausgleich auf materielle Schäden begrenzt war.

Für die automatisierte Datenverarbeitung öffentlicher Stellen bestand daneben wegen des beson- **2** deren Gefahrenpotentials der Automatisierung die spezielle Gefährdungshaftung des § 8 BDSG aF, wobei das Haftungsrisiko auf maximal 130.000 EUR begrenzt war.

Art. 82 DS-GVO sieht nun im Rahmen des Anwendungsbereichs der DS-GVO einen allgemei- **3** nen, unmittelbar geltenden Schadensersatzanspruch vor. Für den Bereich der Sicherheits-, Straf- und Strafvollstreckungsbehörden findet die DS-GVO keine Anwendung (s. Art. 2 Abs. 2 lit. d DS-GVO).

§ 83 BDSG setzt Art. 56 RL zum Datenschutz in Strafsachen (RL (EU) 216/680) um. **4**

II. Normzweck

Für Datenverarbeitungen von Sicherheits-, Strafverfolgungs- und Strafvollstreckungsbehörden **5** gilt die DS-GVO und damit der allgemeine Schadensersatzanspruch wegen Datenschutzverstößen des Art. 82 DS-GVO nicht (s. Art. 2 Abs. 2 lit. d DS-GVO). Daher sieht Art. 56 der RL zum Datenschutz in Strafsachen (RL (EU) 216/680) einen eigenen Schadensersatzanspruch vor, der durch § 83 BDSG in deutsches Recht umgesetzt wird.

Der deutsche Gesetzgeber hat den Anspruch als deliktische Gefährdungshaftung bei der automa- **6** tisierten Datenverarbeitung bzw. Haftung wegen vermuteten Verschuldens für den Fall der nichtautomatisierten Datenverarbeitung ausgestaltet. Die Richtlinien trifft insoweit keine Vorgaben, sodass der deutsche Gesetzgeber die Wahl hatte, die Haftung verschuldensabhängig oder verschuldensunabhängig auszugestalten. Für die nichtautomatisierte Datenverarbeitung hat der Gesetzgeber eine verschuldensabhängige Haftung gewählt, für die automatisierte wie in der nationalen Vorgängernorm des § 7 BDSG aF eine verschuldensunabhängige.

Die allgemeinen dem Schadensersatz immanenten Zwecke → Rn. 7.1 treten in § 83 BDSG **7** in besonderer Weise zu Tage: Der erlittene Vermögensschaden wird individuell ausgeglichen, der Verstoß gegen Datenschutzbestimmungen sanktioniert, präventiv wird weiteren Verstößen vorgebeugt → Rn. 7.2, zudem wird ein Anreiz für Sicherungsmaßnahmen geschaffen. Der präventiven Wirkung des Schadensersatzes misst die Rechtsprechung (BGHZ 128, 1 (15 f.) = NJW 1995, 861; BGH NJW 1996, 984 (985)) gerade im Bereich der – hinter § 83 BDSG stehenden Persönlichkeitsverletzung – besondere Bedeutung zu. Unter präventiven Gesichtspunkten erwähnt das Bundesverfassungsgericht in der sog. Vorratsdatenspeicherungsentscheidung die verschuldensunabhängige Haftung als mögliches Instrument zur Erhöhung der Datensicherheit (BGH Urt. v. 2.3.2010 – 1 BvR 256/08, 1 BvR 263/08, 1 BvR 586/08 Rn. 221–223). Zudem hat im maßgeblichen Bereich der Sicherheits-, Straf- und Strafvollstreckungsbehörden die Datenverarbeitung nur eine unterstützende Bedeutung. Fehler im Rahmen der Datenverarbeitung können durch das staatliche Handeln selbst korrigiert werden, so dass materielle Schäden erst gar nicht entstehen (hierzu auch Plath/Becker Rn. 3).

Zu den Zwecken des Schadensersatzes vgl. nur BeckOK BGB/Schubert BGB § 249 Rn. 1 und Jauer- **7.1** nig/Teichmann BGB, 16. Aufl. 2015, Vorbemerkungen zu den §§ 249–253 Rn. 2 mit Verweis auf Wagner 66. DJT Bd. I A 20 f.

Zur Präventionsfunktion ua Möller, Das Präventionsprinzip des Schadensersatzrechts, 2006; Sailer, Prä- **7.2** vention im Haftungsrecht, 2005; Schlobach, Das Präventionsprinzip im Recht des Schadensersatzes, 2004; Schäfer AcP 202 (2002), 397 ff.; krit. zur Präventionswirkung BeckOK BGB/Schubert BGB § 249 Rn. 4 mwN.

Zum Haftungsrecht als Anreiz, um Sicherungsmaßnahmen mit effizientem Aufwand zu schaffen, Spind- **7.3** ler MMR 2008, 7.

III. Verhältnis zu anderen Normen

Der allgemeine datenschutzrechtliche Schadensersatzanspruch des Art. 82 DS-GVO gilt für den **8** Sicherheits- und Strafrechtsbereich nicht. Daher regelt § 83 BDSG dies speziell (→ Rn. 3).

§ 83 BDSG ist speziell gegenüber den allgemeinen deliktsrechtlichen Ansprüchen wie § 823 **9** Abs. 1 BGB (Verletzung des Persönlichkeitsrechts, Eingriff in den eingerichteten und ausgeübten

Gewerbebetrieb), § 823 Abs. 2 BGB (Verletzung eines Schutzgesetzes), §§ 824, 826, 831 BGB oder Amtshaftungsansprüche nach § 839 BGB, Art. 34 GG.

10   Neben Schadensersatz sind auch Beseitigungs- und bei Wiederholungsgefahr die allgemeinen Unterlassungsansprüche gem. § 1004 BGB, bei einem Eingriff in das Persönlichkeitsrecht analog §§ 823 Abs. 2, 1004 BGB möglich.

11   Das BDSG gewährt zudem spezielle Ansprüche auf Berichtigung und Löschung (§ 58 BDSG). Damit können Verstöße gegen Datenschutzverstöße ex nunc beseitigt werden. Die Naturalrestitution des Schadensersatzes geht hierüber hinaus und schafft Ersatz für zuvor erlittene Schäden finanzieller Art.

12   § 83 BDSG ist ein spezieller deliktischer Anspruch, der dem allgemeinen Haftungsregime unterliegt (→ Rn. 44).

13   Ergänzend sind daher die allgemeinen Regelungen des BGB anwendbar. Die Verweise in § 83 Abs. 4 auf § 254 BGB und in § 83 Abs. 5 auf die Verjährungsvorschriften, dienen nur der Klarstellung und sind historisch zu erklären → Rn. 61. Eine Übertragbarkeit des Anspruchs richtet sich so zB nach §§ 398 ff. BGB oder § 1922 BGB (vgl. → Rn. 61).

14   Abs. 3 ist jedoch gegenüber § 830 Abs. 1 S. 2 BGB speziell (hierzu → Rn. 30).

15   Die Regelung des § 83 BDSG wird auch durch folgende bundesrechtliche Normen für anwendbar erklärt: § 22a Abs. 6 Nr. 9 BVerfSchG, § 32 a Nr. 2 BNDG, § 13 MADG, § 22a Abs. 1 S. 5 BlnPrG.

16   Auch sicherheitrechtliche Ländervorschriften sehen eine Anwendung des § 83 BDSG vor, ua § 3 Abs. 1 LDSG-JB BW; § 85 JVollzGB BW; § 18 Nr. 1 LVDG BW; § 72 Abs. 1 S. 2 Nr. 5 BremJVollz-DSG; § 23c S. 2 HmbVerfSchG; § 36 Abs. 1 S. 2 HmbSÜGG; § 45 HmbJVollz-DSG; § 31 Abs. 2 VSG NW; § 34a Abs. 2 und § 34 b Abs. 2 SÜG NW § 25 Abs. 1 S. 1 ThürDSG.

17   Eine Sonderregelung für den Anspruchsverpflichteten unter Ausschluss von § 83 Abs. 3 enthält § 103 ZFdG.

IV. Richtlinie zum Datenschutz in Strafsachen (RL (EU) 2016/680)

18   § 83 BDSG setzt die Richtlinie zum Datenschutz in Strafsachen (Richtlinie zum Schutz natürlicher Personen bei der Verarbeitung personenbezogener Daten durch die zuständigen Behörden zum Zwecke der Verhütung, Ermittlung, Aufdeckung oder Verfolgung von Straftaten oder der Strafvollstreckung sowie zum freien Datenverkehr; RL (EU) 2016/680) um, wonach für die Mitgliedsstaaten wegen rechtwidriger Verarbeitung von personenbezogenen Daten sowie wegen sonstigen Verstößen gegen die Richtlinie selbst Ersatz für materielle und immaterielle Schäden vorzusehen haben.

19   Die Richtlinie trifft keine Vorgaben zur Verschuldensfrage. Anders als Art. 82 DS-GVO oder Art. 23 DS-RL (RL 95/46/EG des Europäischen Parlaments und des Rates v. 24.10.1995 zum Schutz natürlicher Personen bei der Verarbeitung personenbezogener Daten und zum freien Datenverkehr, ABl. 1995 L 281, 31 ff.) ist eine Exculpationsmöglichkeit nicht ausdrücklich vorgesehen. Die Richtlinie lässt vielmehr die Frage der Verschuldensabhängigkeit im Gegensatz zu anderen europäischen Regelwerken bewusst offen, die Ausgestaltung dieser Frage obliegt daher dem Gesetzgeber.

20   Die getroffene Regelung einer (verschuldensunabhängigen) Gefährdungshaftung sowie einer Haftung wegen vermuteten Verschuldens mit Exculpationsmöglichkeit iRd nichtautomatisierten Datenverarbeitung ist eine europarechtkonforme Ausgestaltung.

21-22   Derzeit nicht belegt.

B. Anspruchsberechtigter und Anspruchsverpflichteter

I. Anspruchsberechtigter

23   Jede betroffene Person kann Schadensersatzansprüche geltend machen, dies sind nach § 46 Nr. 1 BDSG identifizierte oder identifizierbare natürliche Person. Juristische Personen sind damit nicht anspruchsberechtigt. Hintergrund ist das im Datenschutzrecht im Mittelpunkt stehende Persönlichkeitsrecht sowie die Zielrichtung der RL zum Datenschutz in Strafsachen deren Bezeichnung dies bereits zum Ausdruck bringt: „Richtlinie zum Schutz natürlicher Personen (…)".

II. Anspruchsverpflichteter

1. Allgemein

Anspruchsgegner und Passivlegitimierter ist der Verantwortliche iSv § 46 Nr. 7 BDSG „oder" 24
sein Rechtsträger. Bereits nach der Systematik richtet sich der Anspruch nur gegen öffentliche
Stellen im Bereich von Sicherheit, Strafverfolgung und Strafvollstreckung (zum Anwendungsbereich → Rn. 6).

Nach § 46 Nr. 7 BDSG ist Verantwortlicher die natürliche oder juristische Person, Behörde, 25
Einrichtung oder andere Stelle, die allein oder gemeinsam mit anderen über die Zwecke und
Mittel der Verarbeitung von personenbezogenen Daten entscheidet.

§ 83 BDSG zählt nicht alternativ Anspruchsverpflichtete auf. Die Formulierung („der Verant- 26
wortliche oder sein Rechtsträger") ist vielmehr Ausdruck des Rechtsträgerprinzips: es haftet eine
juristische Person, dies kann der Verantwortliche selbst sein (sofern er eine juristische Person des
öffentlichen Rechts ist), dies kann aber auch die hinter der verantwortlichen öffentlichen Stelle,
der verantwortlichen Behörde oder dem verantwortlichen Beamten stehende juristische Person
des öffentlichen Rechts sein (vgl. auch § 78 VwGO). Rechtsträger ist die hinter der Behörde
stehende juristische Person (vgl. hierzu Schoch/Schneider/Bier/Meissner VwGO § 78 Rn. 28) –
als juristische Person ist sie ein eigenständiges Rechtssubjekt und damit Träger von Rechten und
Pflichten (vgl. nur BeckOK BGB/Schöpflin BGB § 21 Rn. 9–13).

Sofern ein Schadensersatz gegen eine nichtöffentliche Stelle oder eine öffentliche Stelle außer- 27
halb des Bereichs Sicherheit, Strafverfolgung und Strafvollstreckung geltend gemacht werden soll,
richtet sich dieser nach Art. 82 DS-GVO (→ Rn. 3).

Eine Sonderregelung für den Anspruchsverpflichteten unter Ausschluss von § 83 Abs. 3 enthält 27a
§ 103 ZFdG, das Zollkriminalamt ist danach allein Verantwortlicher.

2. Auftragsdatenverarbeitung

Nach dem insoweit klarstellenden § 62 Abs. 1 S. 2 BDSG ist Passivlegitimierter nicht der Auf- 28
tragsverarbeitende, sondern die juristische Person, in dessen Auftrag die Verarbeitung erfolgt.

3. Mehrere Speicherungsberechtigte

Für den Fall der automatisierten Verarbeitung – bei dem auch die Frage des Verschuldens ohne 29
Bedeutung ist – sieht Abs. 3 ausdrücklich eine Haftung aller beteiligten Verantwortlichen vor.
Sofern sich nicht ermitteln lässt, wer von mehreren Beteiligten den Schaden verursacht hat, haftet
jeder Verantwortliche beziehungsweise sein Rechtsträger → Rn. 26.

Abs. 3 ist § 830 Abs. 1 S. 2 BGB nachempfunden, der andernfalls – und somit auch bei der 30
nicht-automatisierten Datenverarbeitung – Anwendung finden würde. Voraussetzung für die
gesamtschuldnerische Haftung ist neben der Beteiligung von mindestens zwei Stellen die Nichterweislichkeit der Schadensverursachung. Es handelt sich um eine Erleichterung des Kausalitätsnachweises: der Anspruchsberechtigte muss nicht nachweisen, dass der Schaden adäquat-kausal auf die
Datenverarbeitung des Inanspruchgenommenen zurückzuführen ist. Erleichtert wird damit der
Nachweis der Urheberschaft als auch der Anteil der Schadensverursachung.

4. Beauftragter für den Datenschutz

Der Beauftragte für den Datenschutz ist keine eigene verantwortliche Stelle und haftet damit 31
nicht persönlich. Ein Verstoß des Datenschutzbeauftragten gegen Datenschutzbestimmungen ist
der jeweiligen Stelle zuzurechnen. Der Beauftragte ist aufgrund seiner Weisungsunabhängigkeit
zwar kein klassischer Erfüllungs- oder Verrichtungsgehilfe, sein Handeln ist jedoch analog §§ 31,
89 BGB der verantwortlichen Stelle zuzurechnen.

III. Mehrere Speicherungsberechtigte

1. Abs. 3 und § 830 BGB

Abs. 3 ordnet für die automatisierte Datenverarbeitung die Haftung aller Verantwortlichen für 32
den Fall an, dass der schadensverursachende Verantwortliche nicht festgestellt werden kann. Es
können damit alle gemeinsam oder einzelne Verantwortliche in Anspruch genommen werden.

Diese § 830 Abs. 1 S. 2 BGB nachempfundene Norm befreit den Anspruchsverpflichteten von 33
der Obliegenheit, die individuelle Schadensverursachung nachzuweisen, und bürdet das Risiko

allen verantwortlichen Stellen auf. Damit soll der Anspruchsberechtigte entlastet werden. Das Zusammenwirken der verschiedenen Stellen erschwert ihm den Nachweis der verantwortlichen Stelle erheblich. Denn der Anspruchsberechtigte hat keinen Einblick in das Innengeschehen der gemeinschaftlichen Datenverarbeitung.

34 Voraussetzung für diese Haftung aller Verantwortlichen ist nach dem ausdrücklichen Wortlaut, dass sich nicht ermitteln lässt, wer den Schaden verursacht hat. Da es sich dabei um eine haftungsbegründende Voraussetzung handelt, obliegt es grundsätzlich dem Betroffenen nachzuweisen, dass die Schadensverursachung bzw. die schadensverursachende Person nicht aufgeklärt werden kann. Dies ist eine erhebliche Belastung für den Betroffenen, der keinen Einblick in die automatisierte Verarbeitung und auch nicht in die Aufteilung und das Zusammenwirken der verantwortlichen Personen hat.

35 Für die nicht-automatisierte Datenverarbeitung gelten die allgemeinen Grundsätze des BGB (→ Rn. 44) und damit auch § 830 BGB, der zu ähnlichen Ergebnissen führt.

36 Eine Sonderregelung für den Anspruchsverpflichteten unter Ausschluss von § 83 Abs. 3 enthält § 103 ZFdG.

2. Haftung als Gesamtschuldner und Rückgriff

37 Die Verantwortlichen haften als Gesamtschuldner nach § 840 Abs. 1 BGB, der auf den deliktischen Anspruch nach allgemeinen Grundsätzen anwendbar ist (→ Rn. 44), sodass ein Rückgriff gem. § 426 BGB möglich ist.

38 Nach § 426 Abs. 1 BGB haften sie grundsätzlich zu gleichen Teilen, sofern nichts anderes bestimmt ist. Eine anderweitige Bestimmung ist ua dass die in Anspruch genommene Stelle den Nachweis erbringen kann, den der Betroffene nicht erbringen konnte: nämlich, dass gerade die nun iRd Rückgriffs in Anspruch genommene Stelle einen Verstoß gegen eine Datenschutzvorschrift begangen hat.

C. Rechtswidrige Datenverarbeitung

39 Voraussetzung ist eine Verarbeitung iSv § 46 Nr. 2 BDSG, darunter fallen die automatisierte und die nichtautomatisierte. Unterschiede ergeben sich jedoch bei der Verschuldensabhängigkeit.

40 Um einen Schadensersatzanspruch auszulösen, muss die Datenverarbeitung rechtswidrig sein, dh den für die jeweilige Datenverarbeitung maßgeblichen Vorschriften widersprechen. Der Wortlaut nimmt allgemein auf Datenschutzverstöße Bezug: neben einem Verstoß gegen das BDSG sind auch sonstige auf die Datenverarbeitung anwendbare Vorschriften haftungsauslösend.

41 Nach dem Wortlaut ist die Rechtswidrigkeit weit angelegt. Erforderlich ist ein Verstoß gegen Vorschriften, die auf die Verarbeitung anwendbar sind. Nach der Gesetzesgenese und der Systematik sollte dies jedoch insoweit eng ausgelegt werden: Im Kern der maßgeblichen Vorschrift, gegen die verstoßen wurde, hat die Datenverarbeitung selbst zu stehen. Nicht alle für den Vorgang relevanten Vorschriften wie bspw. Akten- oder Geschäftsordnungen sind damit relevant, sondern nur solche, die sich auf der Verarbeitung direkt beziehen.

42 Derzeit nicht belegt.

D. Schaden

43 Der Eintritt eines Schadens ist zwingende Tatbestandsvoraussetzung. Sowohl materielle als auch immaterielle Schäden sind relevant. Bereits Art. 56 der RL zum Datenschutz in Strafsachen gibt den Ersatz immaterieller Schäden ausdrücklich auf. § 83 BDSG setzt dies um.

44 Die Erwägungsgründe nennen exemplarisch: Diskriminierung, Identitätsdiebstahl oder -betrug, finanzieller Verlust, Rufschädigung, Verlust der Vertraulichkeit von dem Berufsgeheimnis unterliegenden Daten, unbefugte Umkehr der Pseudonymisierung sowie andere, erhebliche wirtschaftliche oder gesellschaftliche Nachteile (Erwägungsgründe 51 und 61 der RL (EU) 216/680). Die Persönlichkeitsverletzung selbst ist damit bereits hinreichender Schaden. Der Begriff des Schadens soll im Lichte der Rechtsprechung des Gerichtshofs weit und auf eine Art und Weise ausgelegt werden, die den Zielen der Richtlinie, insbesondere Schutz der Daten natürlicher Personen, in vollem Umfang entspricht (so Erwägungsgrund 88 der RL (EU) 216/680).

45 Für die im Rahmen des § 8 BDSG aF häufig vertretenen Auffassung, dass immaterielle Schäden nur dann relevant sind, wenn es zu einer schweren Verletzung des Persönlichkeitsrechts gekommen ist, besteht nunmehr erst recht kein Anlass. Zwar ist dieses Kriterium nach ständiger Rechtsprechung Voraussetzung für den allgemeinen Schmerzensgeldanspruch wegen Persönlichkeitsverletzungen. § 83 BDSG sieht aber allein aufgrund des Umstandes der fehlerhaften Datenverarbeitung

Schadensersatz und Entschädigung § 83 BDSG

einen entsprechenden Anspruch vor, eine Persönlichkeitsverletzung mag in den überwiegenden Fällen dahinterstehen und war auch für den Normzweck von Bedeutung. Eine Persönlichkeitsverletzung ist aber ausdrücklich keine Voraussetzung.

E. Haftungsbegründende Kausalität

Der Vermögensschaden muss adäquatkausal durch den Datenschutzverstoß (s. „durch eine Verarbeitung") verursacht worden sein (ua BGHZ 3, 261 (266 ff.); 7, 198 (204) = NJW 1953, 700; BeckOK BGB/Schubert BGB § 249 Rn. 49 ff. mwN). Der Nachweis der Kausalität ist grundsätzlich vom Anspruchsberechtigten zu führen (→ Rn. 45). **46**

F. Verschulden

I. Gefährdungshaftung bei automatisierter Datenverarbeitung

Der Schadensersatzanspruch bei automatisierter Datenverarbeitung ist verschuldensunabhängig. Die Frage des Verschuldens hat keine Relevanz. So kann auch bei feststehendem Unverschulden der öffentlichen Stelle ein Schadensersatzanspruch bestehen (aA Plath/Becker Rn. 5, der wegen Abs. 1 S. 2 auch bei der automatisierten Verarbeitung ein Berufen auf mangelndes Verschulden zulässt.) Sowohl der Wortlaut als auch die Entstehungsgeschichte der Norm (vgl. → Rn. 1, → Rn. 6) als auch der Sinn und Zweck (→ Rn. 48) zeigen dies. **47**

Der Gesetzgeber hat die bereits in der Vor-Vorgängernorm des § 7 BDSG 1990 geregelte Gefährdungshaftung mit dem besonderen Gefahrenpotential begründet (BT-Drs. 11/4306, 41). Tatsächlich steigen die Möglichkeiten der Beeinträchtigung und Verletzung des informationellen Selbstbestimmungsrechts durch die Automatisierung erheblich: zum einen durch die große Anzahl von Daten und möglichen Verknüpfungen, die in einer verhältnismäßig geringen Zeit verarbeitet werden können, und zum anderen durch die regelmäßig fehlenden Einwirkungs- und Kontrollmöglichkeiten während des laufenden Vorgangs. Haftungsgrund der verschuldensunabhängigen Haftung ist die Anwendung dieser „gefährlichen" automatisierten Technik, die nach der aktuellen Gesetzessystematik – die Praxis abbildend – als Regelfall zugrunde gelegt wird. **48**

Weder das BDSG, die Richtlinie noch die DS-GVO definieren Automatisierung. Wesentliches Kriterium für eine Automatisierung ist der Einsatz von technischen bzw. künstlichen Systemen, insbesondere IT. **49**

Nach § 254 Abs. 1 BGB, auf den Abs. 4 verweist, kann bei der grundsätzlich verschuldensunabhängigen Gefährdungshaftung das Verschulden des Anspruchsberechtigten von Bedeutung sein: So kann der Anspruch auch auf null reduziert werden, so wenn Ursache des Schadens ein grob verkehrswidriges Verhalten des Geschädigten ist (zum Straßenverkehrsrecht s. BGH NZV 2014, 119). **50**

II. Vermutetes Verschulden mit Exculpationsmöglichkeit bei nicht- automatisierter Datenverarbeitung

Bei einer nichtautomatisierten Datenverarbeitung wird das Verschulden der öffentlichen Stelle vermutet. Der Anspruchsberechtigte muss ein Verschulden damit nicht nachweisen. Die öffentliche Stelle kann sich aber exculpieren. Sie muss hierfür vortragen und nachweisen, dass weder sie noch einer ihr zurechenbaren Person ein Verschulden trifft. **51**

Auch ein Verschulden des Anspruchsberechtigten bzw. einer ihm gem. §§ 254 Abs. 1 bzw. 254 Abs. 2 S. 2 BGB, zurechenbaren Person ist zu berücksichtigen (vgl. § 83 Abs. 4 BDSG), wobei der Anspruch auch auf null reduziert werden kann. **52**

G. Rechtsfolgen

I. Schadensersatz

Die Bemessung des Schadensersatzes richtet sich nach den allgemeinen Regeln der §§ 249 ff. BGB. So muss ua der zu ersetzende Schaden kausal auf die Verletzung zurückzuführen sein (haftungsausfüllende Kausalität vgl. ua Palandt/Heinrichs BGB Vorb v § 249 Rn. 56). **53**

Erwägungsgrund 88 der RL zum Datenschutz in Strafsachen (RL (EU) 216/680): vollständigen und wirksamen Schadensersatz für den erlittenen Schaden. Der Begriff des Schadens sollte im Lichte der Rechtsprechung des Gerichtshofs weit und auf eine Art und Weise ausgelegt werden **53.1**

54 Ein Mitverschulden des Betroffenen wird gem. § 254 BGB bei der Bemessung der Schadensersatzhöhe berücksichtigt.

II. Ersatz immaterieller Schäden

55 Der Ersatz immaterieller Schäden richtet sich nach den allgemeinen zivilrechtlichen Regelungen der §§ 249 ff. BGB. Besondere Bedeutung kommt dem Schmerzensgeld bei der hinter § 83 in der Regel stehenden Persönlichkeitsverletzung zu (→ Rn. 57).
56 Derzeit nicht belegt.

III. Schmerzensgeld

57 Der Anspruchsberechtigte hat einen Anspruch auf Schmerzensgeld nach den allgemeinen zivilrechtlichen Grundsätzen. Der Umfang des Schmerzensgeldes muss in einem angemessenen Verhältnis zu Art und Dauer der Verletzung stehen (ua BGH VersR 1988, 943; ausführlich BeckOK BGB/Spindler BGB § 253 Rn. 26–28).
58-59 Die Rechtsprechung wird sich voraussichtlich an den auch noch zu entwickelnden Fallgruppen und -höhen zu Art. 82 DS-GVO orientieren. In diesem Zusammenhang wird auch die Entwicklung in anderen europäischen Staaten zu beobachten sein.

IV. Weitere Ansprüche

60 Daneben kommen Beseitigungs- und Unterlassungsansprüche gem. § 1004 BGB, bei einem Eingriff in das Persönlichkeitsrecht analog §§ 823 Abs. 2, 1004 BGB sowie Ansprüche auf Berichtigung bzw. Löschung (§ 58 Abs. 1 und Abs. 2 BDSG) in Betracht.

H. Allgemeine Grundsätze

61 § 83 BDSG ist ein deliktischer Anspruch, auf den die allgemeinen Regelungen des BGB Anwendung finden. Dies gilt insbesondere für:
- die Gesamtschuld nach §§ 840 Abs. 1 BGB, 420 ff. BGB;
- die Verjährung gem. §§ 195, 199 BGB, so ausdrücklich § 83 Abs. 5 BDSG. Der Schadensersatzanspruch verjährt drei Jahre, nachdem der Geschädigte den Schaden festgestellt hat und Kenntnis vom Anspruchsgegner erlangt hat, spätestens jedoch nach 30 Jahren;
- den Verzicht: entsprechend dem allgemeinen Grundsatz des § 397 BGB (zu §§ 7, 8 BDSG aF umfassend Taeger/Gabel BDSG aF § 7 Rn. 18; differenzierend zwischen Verzicht im Voraus und nach Entstehung des Anspruchs Plath/Becker BDSG aF § 7 Rn. 23). Die rechtspolitisch motivierte Gegenauffassung (kein Ausverkauf zentraler Rechte vgl. Simitis/Simitis BDSG aF § 7 Rn. 46; DKWW BDSG aF § 7 Rn. 24; Auernhammer/Eßer BDSG aF § 7 Rn. 7) findet keine gesetzliche Stütze;
- die Übertragbarkeit: der Schadensersatzanspruch ist übertragbar und vererblich (anders zu §§ 7, 8 BDSG aF Simitis/Simitis BDSG aF § 7 Rn. 44 mwN). Es handelt sich um einen materiellen Anspruch, dessen Kern zwar eine Persönlichkeitsrechtsverletzung sein kann – aber auch nicht muss; diese hat sich aber materiell konkretisiert.

61a Dass § 83 Abs. 4 einen ausdrücklichen Verweis auf § 254 BGB und § 83 Abs. 5 einen Verweis auf die Verjährungsvorschriften enthält, dient nur der Klarstellung und ist darauf zurückzuführen, dass bereits § 8 Abs. 5 und Abs. 6 BDSG aF entsprechende Regelungen vorsah. Hieraus ist jedoch kein Umkehrschluss zu ziehen, dass der Gesetzgeber den Anspruch im Übrigen den allgemeinen BGB-Vorschriften entziehen und damit bewusst Regelungslücken schaffen wollte.

I. Darlegungs- und Beweislast

62 Die Darlegungs- und Beweislast trägt – entsprechend den allgemeinen Grundsätzen – der Anspruchsberechtigte mit Ausnahme des (vermuteten) Verschuldens. Damit hat der Anspruchsberechtigte folgendes darzulegen und zu beweisen:
- Verletzungshandlung,
- Schaden (Eintritt),
- Kausalität,
- Schadenshöhe und
- haftungsausfüllende Kausalität.

Der Anspruchsverpflichtete hat bei der nichtautomatisierten Datenverarbeitung darzulegen und 63
zu beweisen, dass ihn kein Verschulden trifft. Letzteres kann er insbesondere dadurch, dass er ein
kausales Fehlverhalten ihm nicht zurechenbarer Dritter oder des Betroffenen oder aber höhere
Gewalt darlegt und beweist (so zur DSRL = RL 95/46/EG ausdrücklich Erwägungsgrund 55).

Eine Erleichterung des Kausalitätsnachweises sieht Abs. 3 (→ Rn. 22) vor: Wenn mehrere 64
Verantwortliche beteiligt sind und sich die Schadensverursachung nicht nachweisen lässt, so wird
der Anspruchsberechtigte vom Nachweis der individuellen Zurechnung befreit: der Anspruchsberechtigte muss nicht nachweisen, dass der Schaden adäquat-kausal auf die Datenverarbeitung des
Inanspruchgenommenen zurückzuführen ist.

J. Rechtsweg

Der Rechtsweg zur Geltendmachung dieses zivilrechtlichen Anspruchs ist nach den allgemeinen 65
Grundsätzen im Regelfall zu den ordentlichen Gerichten eröffnet, sa § 40 Abs. 2 S. 1 VwGO.

Im Regierungsentwurf zu § 7 und 8 BDSG aF (BT-Drs. 14/4329, 11) war in Abs. 4 zunächst die 65.1
Regelung vorgesehen, dass der Rechtsweg zu den ordentlichen Gerichten offensteht. Diese Regelung
wurde im Laufe des Gesetzgebungsverfahrens gestrichen – mit der Begründung, dass die allgemeinen
Regelungen für den Anspruch gelten (BT-Drs. 14/4329, 56).

§ 84 Strafvorschriften

Für Verarbeitungen personenbezogener Daten durch öffentliche Stellen im Rahmen von Tätigkeiten nach § 45 Satz 1, 3 oder 4 findet § 42 entsprechende Anwendung.

Überblick

§ 84 erweitert den sachlichen Anwendungsbereich der in § 42 Abs. 1–3 enthaltenen Strafvorschriften (→ Rn. 4 ff.) auf Datenverarbeitungen durch öffentliche Stellen bei der Verhütung und
Verfolgung von Straftaten und Ordnungswidrigkeiten sowie bei der Vollstreckung von Sanktionen,
mithin in den die RL 2016/680/EU betreffenden Datenverarbeitungskontexten. Zugleich enthält
§ 84 auch einen Verweis auf das individuell privilegierende Beweisverwendungsverbot des § 42
Abs. 4 für Meldungen und Benachrichtigungen (→ Rn. 9 f.).

A. Allgemeines

Die Verweisungsvorschrift des § 84 wurde durch das Datenschutz-Anpassungs- und -Umset- 1
zungsgesetz EU v. 30.6.2017 (BGBl. I 2097) eingeführt und trat gemäß dessen Art. 8 Abs. 1 S. 1
am 25.5.2018 in Kraft. Die Formulierung der Vorschrift entspricht dem Gesetzentwurf der
Bundesregierung (BT-Drs. 18/11325, 60).

Durch § 84 wird der **sachliche Anwendungsbereich** der Strafvorschriften in § 42 Abs. 1–3, 2
aber auch der des Beweisverwendungsverbots nach § 42 Abs. 4 auf **Sachverhalte** erstreckt, die
zwar nicht dem **Anwendungsbereich** der DS-GVO, aber dem der **RL 2016/680/EU** unterfallen
(→ Rn. 2.1). Dies dient dem gesetzgeberischen „**Ziel eines Gleichlaufs**" der Regulierung dieser
Datenverarbeitungskontexte sowie zur Umsetzung des Art. 57 RL 2016/680/EU (Zweifel an der
umfassenden Umsetzung bei Paal/Pauly/Frenzel Rn. 4). Die angewendete Regelungstechnik findet sich auch andernorts (zB § 115 Abs. 1 StGB) und ist hier hinreichend normenklar (aA Paal/
Pauly/Frenzel Rn 3 f.) (→ Rn. 2.1).

Von einer strafrechtlichen Flankierung der datenschutzrechtlichen Maßgaben bleiben indes außer vor 2.1
solche Datenverarbeitungen, die weder dem Anwendungsbereich der DS-GVO noch dem der RL 2016/
680/EU unterfallen; weder § 85 noch § 1 Abs. 8 (→ § 42 Rn. 11.1) enthalten hierfür eine ausreichende
Grundlage.

Für vor dem 25.5.2018 begangene Taten (**Altfälle**) → § 42 Rn. 3; zum **Schutzgut**, zum 3
Regelungszweck und zur **Bedeutung der kriminalstrafrechtlichen Sanktionierung** → § 42
Rn. 6 ff.

BDSG § 84 Teil 3. Bestimmungen für Verarbeitungen zu Zwecken gemäß Richtlinie

B. Entsprechende Anwendung des § 42 Abs. 1–3

4 § 84 erstreckt den **sachlichen Anwendungsbereich** des § 42 (→ § 42 Rn. 12 ff.) auf **Datenverarbeitungen öffentlicher Stellen zu Zwecken der inneren Sicherheit** iSd Art. 1 Abs. 1 RL 2016/680/EU gem. § 45 Abs. 1 S. 1, 3 und 4 (→ § 45 Rn. 4). Nach Maßgabe des § 2 Abs. 1–3 ist hierbei zwischen **öffentlichen Stellen des Bundes** und solchen **der Länder** zu differenzieren (→ § 42 Rn. 14), wobei für letztere die Vorrangregelung für landesrechtliche Regelungen zu beachten ist (§ 1 Abs. 1 S. 1 Nr. 2).

5 Nicht nur eine kriminalstrafrechtliche, sondern auch eine bußgeldrechtliche **Sanktionierung der öffentlichen Stellen** ist im hier relevanten hoheitlichen Kontext **ausgeschlossen** (Kühling/Buchner/Schwichtenberg BDSG § 84 Rn. 3). Da es nur wenige öffentliche Stellen gibt, die zugleich natürliche Personen sind (Auernhammer/Golla § 84 Rn. 3) enthalten die Strafvorschriften des § 84 iVm § 42 Abs. 1–3 einen **persönlichen Anwendungsbereich** somit nur dann, wenn man § 42 als Jedermannsdelikt auffasst oder wenn man – vorzugswürdig – eine **individuelle strafrechtliche Inpflichtnahme über § 14 StGB** konstruiert (→ § 42 Rn. 15 f.). § 84 ist daher vor allem einerseits auf die in § 14 StGB spezifizierten Vertreter und Beauftragten anwendbar, andererseits auf Personen, die Daten hinausgehend über das verarbeiten, was ihnen dienstlich gestattet ist (**Exzess**), und die daher selbst datenschutzrechtlich verantwortlich sind. Werden sie jedoch in privater Eigenschaft oder zu privaten Zwecken tätig, unterfallen sie grundsätzlich nur den Regelungen der DS-GVO sowie den §§ 22 ff.; Gleiches gilt für nichtöffentliche Datenverarbeiter (aA Kühling/Buchner/Schwichtenberg BDSG § 84 Rn. 2).

6 Die **Anwendbarkeit** im Übrigen (→ § 42 Rn. 18 f.) sowie die weiteren **objektiven** und **subjektiven Tatbestandsmerkmale** entsprechen § 42 Abs. 1 (→ § 42 Rn. 20 ff.) bzw. § 42 Abs. 2 (→ § 42 Rn. 42 ff.; → Rn. 6.1), ebenso die **Rechtsfolgen** (→ § 42 Rn. 70). Die **Berechtigung zur Datenverarbeitung** richtet sich nach §§ 45 ff.

6.1 Bei § 42 Abs. 2 genügt die Beabsichtigung einer Drittbereicherung des Staates. Diese liegt bspw. vor, wenn der Täter beabsichtigt, dass gegen einen Dritten eine Geldbuße oder eine Geldstrafe verhängt bzw. durchgesetzt wird.

7 Eine Tat des § 84 iVm § 42 Abs. 1, Abs. 2 lässt sich nicht allein damit **rechtfertigen,** dass ein rechtmäßiger öffentlicher Zweck verfolgt wird. Vielmehr müssen auch die datenschutzrechtlichen Begrenzungen (§§ 45 ff.) der einzusetzenden Mittel beachtet werden.

8 Die Verweisung erstreckt sich auch auf das **Strafantragserfordernis** des § 42 Abs. 3, sodass zur Verfolgung ein Antrag der berechtigten Person, des Verantwortlichen, des oder der Bundesbeauftragten oder der Aufsichtsbehörde erforderlich ist (→ § 42 Rn. 71).

C. Entsprechende Anwendung des § 42 Abs. 4

9 Von der Verweisung in § 84 ebenfalls erfasst ist § 42 Abs. 4 und damit das dort statuierte **persönliche, absolute Beweisverwendungsverbot** für Meldungen von und Benachrichtigungen über datenschutzrechtliche Verstöße. Dies bezieht sich hier – infolge der entsprechenden Anwendung – auf **Meldungen nach § 65** sowie auf **Benachrichtigungen nach § 66 Abs. 1,** da die Regelungen der DS-GVO über Meldungen (Art. 33 DS-GVO) und Benachrichtigungen (Art. 34 Abs. 1 DS-GVO) nicht dem sachlichen Anwendungsbereich der §§ 45 ff. unterfallen.

10 Da die Pflichten für Meldungen und Benachrichtigungen nach §§ 65 f. den Verantwortlichen treffen, dieser – dh die öffentliche Stelle (§ 45 S. 2) – jedoch weder selbst strafrechtlich sanktioniert werden kann (→ Rn. 5) noch Angehörige nach § 52 Abs. 1 StPO hat, ergibt die entsprechende Anwendung des § 42 Abs. 4 nur dann einen Sinn, wenn man anerkennt, dass sich das **Beweisverwendungsverbot** auch auf **diejenigen natürlichen Personen erstreckt,** auf die der Tatbestand des § 84 iVm § 42 Abs. 1, Abs. 2 nach **§ 14 StGB** Anwendung findet (→ Rn. 5, ferner → § 42 Rn. 77).

Teil 4. Besondere Bestimmungen für Verarbeitungen im Rahmen von nicht in die Anwendungsbereiche der Verordnung (EU) 2016/679 und der Richtlinie (EU) 2016/680 fallenden Tätigkeiten

§ 85 Verarbeitung personenbezogener Daten im Rahmen von nicht in die Anwendungsbereiche der Verordnung (EU) 2016/679 und der Richtlinie (EU) 2016/680 fallenden Tätigkeiten

(1) ¹Die Übermittlung personenbezogener Daten an einen Drittstaat oder an über- oder zwischenstaatliche Stellen oder internationale Organisationen im Rahmen von nicht in die Anwendungsbereiche der Verordnung (EU) 2016/679 und der Richtlinie (EU) 2016/680 fallenden Tätigkeiten ist über die bereits gemäß der Verordnung (EU) 2016/679 zulässigen Fälle hinaus auch dann zulässig, wenn sie zur Erfüllung eigener Aufgaben aus zwingenden Gründen der Verteidigung oder zur Erfüllung über- oder zwischenstaatlicher Verpflichtungen einer öffentlichen Stelle des Bundes auf dem Gebiet der Krisenbewältigung oder Konfliktverhinderung oder für humanitäre Maßnahmen erforderlich ist. ²Der Empfänger ist darauf hinzuweisen, dass die übermittelten Daten nur zu dem Zweck verwendet werden dürfen, zu dem sie übermittelt wurden.

(2) Für Verarbeitungen im Rahmen von nicht in die Anwendungsbereiche der Verordnung (EU) 2016/679 und der Richtlinie (EU) 2016/680 fallenden Tätigkeiten durch Dienststellen im Geschäftsbereich des Bundesministeriums der Verteidigung gilt § 16 Absatz 4 nicht, soweit das Bundesministerium der Verteidigung im Einzelfall feststellt, dass die Erfüllung der dort genannten Pflichten die Sicherheit des Bundes gefährden würde.

(3) ¹Für Verarbeitungen im Rahmen von nicht in die Anwendungsbereiche der Verordnung (EU) 2016/679 und der Richtlinie (EU) 2016/680 fallenden Tätigkeiten durch öffentliche Stellen des Bundes besteht keine Informationspflicht gemäß Artikel 13 Absatz 1 und 2 der Verordnung (EU) 2016/679, wenn
1. es sich um Fälle des § 32 Absatz 1 Nummer 1 bis 3 handelt oder
2. durch ihre Erfüllung Informationen offenbart würden, die nach einer Rechtsvorschrift oder ihrem Wesen nach, insbesondere wegen der überwiegenden berechtigten Interessen eines Dritten, geheim gehalten werden müssen, und deswegen das Interesse der betroffenen Person an der Erteilung der Information zurücktreten muss.

²Ist die betroffene Person in den Fällen des Satzes 1 nicht zu informieren, besteht auch kein Recht auf Auskunft. ³§ 32 Absatz 2 und § 33 Absatz 2 finden keine Anwendung.

Überblick

§ 85 enthält Sonderregelungen für Verarbeitungen außerhalb des Anwendungsbereichs der Datenschutzgrundverordnung und nimmt diese der Sache nach aus der grundsätzlich in § 1 Abs. 8 angeordneten parallelen Geltung der Datenschutzgrundverordnung wieder heraus. Die Norm enthält punktuelle Regelungen. In Abs. 1 ist der Fall der grenzüberschreitenden Datenübermittlung an Drittstaaten für die Fälle der Verteidigung und der (internationalen) Krisenbewältigung geregelt (→ Rn. 7). Abs. 2 schränkt die Ermittlungsrechte des Bundesbeauftragten für Datenschutz und Informationsfreiheit ein (→ Rn. 18) und Abs. 3 begrenzt für den Bereich der Nachrichtendienste und der Verteidigung die Informationsrechte und Auskunftsrechte der Betroffen (→ Rn. 20).

Übersicht

	Rn.		Rn.
A. Allgemein	1	2. Grundrechtsbindung	6
I. Systematische Bedeutung der Norm	1	**B. Abs. 1**	7
II. Überblick	3	I. Übermittlung an Drittstaaten im weiteren Sinne (S. 1)	7
III. Entstehungsgeschichte	4	1. Überblick	7
IV. Systematische Aspekte	5	2. Übermittlungsvorschrift	9
1. Stellung innerhalb des BDSG	5	3. Privilegiert Empfänger	10

BDSG § 85 Teil 4. Besondere Bestimmungen für andere Verarbeitungen

	Rn.		Rn.
4. Anwendungsbereich	11	D. Abs. 3	20
5. Übermittlungszwecke	12	I. Ausnahmen zur Informationspflicht (S. 1)	20
6. Hohe Anforderungen	14		
II. Hinweispflicht (S. 2)	16	II. Auskunftsausschluss (S. 2)	21
C. Abs. 2	18	III. Keine Kompensationsmaßnahmen (S. 3)	22

A. Allgemein

I. Systematische Bedeutung der Norm

1 Das BDSG überzeugt systematisch vom Ansatz her, indem es **auch einen allgemeinen datenschutzrechtlichen Rahmen** für die Regelungen bereithält, die weder in den Anwendungsbereich der DS-GVO noch der Richtlinie fallen. Für diese Datenverarbeitungen gelten zunächst der Teil 1, dh §§ 1–21, als auch § 85. Diese rudimentäre Regelung wird **ergänzt, indem § 1 Abs. 8** grundsätzlich die Datenschutzgrundverordnung und das in ihrem Anwendungsbereich ergangene nationale Recht behandelt. Im Ausgangspunkt wird daher die Datenverarbeitung im rein nationalen Bereich wie Datenverarbeitungen behandelt, die unter die DS-GVO fallen.

1.1 **Sinnvoll** ist die subsidiäre Verweisung auf die Normen der Verordnung für die Datenverarbeitung in dem verbleibenden nationalen Bereich **nur insofern** als es um den **privaten Bereich** geht. Für Datenverarbeitungen im öffentlichen Bereich wäre der Verweis auf die Umsetzungsregeln zur Richtlinie deutlich passender gewesen, weil diese den Besonderheiten der Datenverarbeitung der öffentlichen Hand besser gerecht werden. Dies ist auch der Grund, weshalb der Gesetzgeber gleichzeitig mit Erlass des BDSG für das Bundesamt für Verfassungsschutz, für den MAD und für den BND jeweils festgesetzt hat, dass § 1 Abs. 8 für diese Behörden keine Anwendung findet (§ 27 BVerfSchG, § 32a Nr. 1 lit. a BNDG, § 13 Nr. 1 MADG). Schöner und überzeugender wäre es gewesen, wenn für die Verarbeitung von öffentlichen Stellen in § 1 Abs. 8 S. 2 auf die Richtlinie verwiesen worden wäre.

2 Wegen Art. 4 EUV und Art. 39 EUV ist der verbleibende nationale Raum im öffentlichen Bereich **vor allem** im Bereich der nationalen staatlichen Sicherheit und der nationalen staatlichen Verteidigung zu sehen, das heißt im Bereich des Tätigwerdens der Nachrichtendienste und des Tätigwerdens der Bundeswehr (Paal/Pauly/Paal Rn. 2). Die Regelungen des BDSG greifen für den rein nationalen Bereich gem. § 1 Abs. 2 wiederum nur, sofern das jeweilige bereichsspezifische Recht für die einzelnen Behörden keine spezifischeren Normen erfassen (Gola/Heckmann/Schmid Rn. 4). Das Datenschutzrecht ist im Bereich der Nachrichtendienste detailliert geregelt. Im **Bereich der Verteidigung fehlt** es an vergleichbaren detaillierten Vorschriften, sodass bei gegenwärtigem Stand die allgemeinen Regeln vor allem im Bereich des Tätigwerdens der Bundeswehr eingreifen dürften.

2.1 Wie weit der rein nationale Bereich reicht und welche Fälle außer den in § 82 BDSG Aufgeführten noch dazu zählen, ist nicht abschließend geklärt. Nach überwiegender Ansicht sollen noch der echte **Parlamentsbetrieb** und die **Verleihung von Orden darunterfallen**.

II. Überblick

3 § 85 enthält **drei selbständige Regelungen.** Abs. 1 betrifft die Übermittlung an Drittstaaten. Abs. 2 bezieht sich auf die Datenverarbeitung im Bereich der Bundeswehr und Abs. 3 betrifft für alle Bundesstellen eine Freistellung von der Informationspflicht gem. Art. 13 DS-GVO für bestimmte Konstellationen.

III. Entstehungsgeschichte

4 Die **Entstehungsgeschichte** von § 85 ist bemerkenswert. Die Norm ist in den ersten Referentenentwürfen nicht enthalten. Sie kam erst in dem offiziellen Regierungsentwurf im Februar 2017 in die Kodifikation. Man kann vermuten, dass die betroffenen Ressorts ein wenig gebraucht haben, um ihre Sonderwünsche zu formulieren. Die Gesetzesbegründung konkretisiert die einzelnen Regelungen.

4.1 Die **Gesetzesmotive** lauten (BT-Drs. 18/11325, 121)
Zu § 85 (Verarbeitung personenbezogener Daten im Rahmen von nicht in die Anwendungsbereiche der VO (EU) 2016/679 und der RL (EU) 2016/680 fallenden Tätigkeiten).

Die Vorschrift enthält spezifischere Regelungen für Verarbeitungen personenbezogener Daten im Rahmen von nicht in die Anwendungsbereiche der VO (EU) 2016/679 und der RL (EU) 2016/680 fallenden Tätigkeiten.

Abs. 1 enthält eine dem bisherigen § 4b Abs. 2 BDSG aF entsprechende Übermittlungsvorschrift an Drittstaaten und über- und zwischenstaatliche Stellen ausschließlich zur Erfüllung der in der Vorschrift genannten Zwecke. Durch den Regelungszusammenhang mit § 1 Abs. 8 iVm Abs. 2 wird klargestellt, dass diese Ausnahmeregelung für alle nicht spezialgesetzlich geregelten Datenübermittlungen gilt, die nicht unter die Anwendungsbereiche der VO (EU) 2016/679 und der RL (EU) 2016/680 fallen.

Abs. 2 entspricht der Regelung des § 24 Abs. 4 S. 4 BDSG aF Sie findet nur Anwendung für Dienststellen im Geschäftsbereich des Bundesministeriums der Verteidigung. Für das Bundesamt für Verfassungsschutz, den Bundesnachrichtendienst und den Militärischen Abschirmdienst sind vergleichbare bereichsspezifische Regelungen in den jeweiligen Spezialgesetzen aufgenommen.

Abs. 3 S. 1 enthält einen speziellen Ausschluss von den Informationspflichten gem. Art. 13 Abs. 1 und 2 der VO (EU) 2016/679, der nur für öffentliche Stellen gilt, die nicht in den Anwendungsbereich der VO (EU) 2016/679 und der RL (EU) 2016/680 fallen, soweit keine spezialgesetzliche Regelung besteht. Der Ausschluss ist notwendig, um bei Verarbeitungen personenbezogener Daten im Bereich der nationalen Sicherheit und der Erfüllung über- oder zwischenstaatlicher Verpflichtungen auf dem Gebiet der Krisenbewältigung oder Konfliktverhinderung, die nicht spezialgesetzlich geregelt sind, die bisherigen Ausnahmen von den Informationspflichten aus § 19a Abs. 3 iV m § 19 Abs. 4 BDSG aF zu erhalten. Nach S. 2 ist das Recht auf Auskunft ausgeschlossen, wenn eine Informationspflicht nicht besteht. S. 3 bestimmt, dass die Regelungen nach § 32 Abs. 2 und § 33 Abs. 2 bei Unterbleiben der Informierung bzw. Auskunft bei Verarbeitungen nach S. 1 keine Anwendung finden.

IV. Systematische Aspekte

1. Stellung innerhalb des BDSG

§ 85 ist (neben dem Verweis in § 1 Abs. 8) die **einzige Norm, die ausschließlich** für solche 5 Verarbeitungen gilt, die nicht in den Anwendungsbereich der Datenschutzgrundverordnung oder der Richtlinie fallen. Sie ist daher der einzige Bestandteil des Teil 4. **Systematisch** ist ihre Stellung am Ende des BDSG **einleuchtend.** § 85 findet nur Anwendung, wenn nicht bereichsspezifischere Regelung in anderen Fachgesetzen bestehen (Gola/Heckmann/Schmid Rn. 4).

2. Grundrechtsbindung

Für den Bereich des § 85 hat § 1 Abs. 8 die Geltung der Datenschutzgrundverordnung einfachrechtlich angeordnet. Trotz dieser Anordnung bleibt es eine rein nationalrechtliche Vorgabe. Der Bund ist daher sowohl bei der Normsetzung von § 85 als auch bei der Ausführung **nur an die Grundrechte des** GG gebunden gewesen bzw. gebunden. 6

B. Abs. 1

I. Übermittlung an Drittstaaten im weiteren Sinne (S. 1)

1. Überblick

Abs. 1 enthält eine dem bisherigen § 4b Abs. 2 BDSG aF entsprechende **Übermittlungsvor-** 7 **schrift an Drittstaaten** und an über- und zwischenstaatliche Stellen ausschließlich zur Erfüllung der in der Vorschrift genannten Zwecke. Sie gilt für alle nicht spezialgesetzlich geregelten Datenübermittlungen, die nicht unter die Anwendungsbereiche der Verordnung und der Richtlinie fallen.

Bei isolierter Lektüre von Abs. 2 kann es leicht zu Verwirrungen kommen, weil die Norm – 8 vereinfacht gesprochen – für Verarbeitungen außerhalb des Anwendungsbereichs der Datenschutzgrundverordnung eine Übermittlung auch dann zulässt, wenn die Datenschutzgrundverordnung sie nicht zulassen würde. Diese Verwirrung verfliegt, wenn man bedenkt, dass gem. § 1 Abs. 8 im Anwendungsbereich von Abs. 1 grundsätzlich die Datenschutzgrundverordnung kraft nationaler Anordnung zur Anwendung kommt. Abs. 1 ist **insofern eine Ausnahme von § 1 Abs. 8.** Abs. 1 erweitert die Fallgestaltungen, in denen die DS-GVO die Übermittlung schon vorsieht. Die Erweiterung ist nicht übermäßig weit, weil sie Konstellationen erfasst, bei denen auch schon nach der DS-GVO aus Gründen des öffentlichen Interesses oder aufgrund lebenswichtiger Interessen des Betroffenen weitgehend eine Übermittlung möglich gewesen wäre, vgl. Erwägungsgrund 112 S. 5 DS-GVO und. Art. 49 Abs. 1 S. 1 lit. d DS-GVO (vgl. Paal/Pauly/Paal Rn. 4).

2. Übermittlungsvorschrift

9   Abs. 1 betrifft nur die **Übermittlung.** Die Rechtsgrundlage für die vorausgehende Verarbeitung in diesem Bereich richtet sich nach § 3 bzw. spezialgesetzlichen Grundlagen (Gola/Heckmann/Schmid Rn. 7; Paal/Pauly/Paal Rn. 3). Übermittlung ist die Weitergabe personenbezogener Daten an Dritte. Der **Begriff ist gesetzlich nicht definiert.** Es wird aber ersichtlich der Übermittlungsbegriff des alten BDSG verwendet. Dritter ist jeder iSv Art. 4 Nr. 4 DS-GVO iVm § 1 Abs. 8 BDSG. Für personenbezogene Daten gilt die Definition in Art. 4 Nr. 1 DS-GVO (iVm § 1 Abs. 8 BDSG). **Drittstaat** ist ein Staat außerhalb der Europäischen Union.

3. Privilegiert Empfänger

10   Die Differenzierung zwischen über-/zwischenstaatlichen Stellen und internationalen Organisationen ist im deutschen Recht zwar gebräuchlich, dennoch ist nicht auf den ersten Blick klar, worin die Stellen sich unterscheiden. Eine überstaatliche Stelle ist eine **internationale Organisation,** die die Befugnis hat, Recht zu setzen, das unmittelbar gegenüber den Bürgern der Mitgliedsstaaten wirkt. Eine **zwischenstaatliche Stelle** ist eine internationale Organisation, die von mehreren Staaten getragen wird, ohne eine selbstständige Rechtspersönlichkeit haben zu müssen. Internationale Organisationen sind demgegenüber Zusammenschlüsse von Völkerrechtssubjekten, die eine selbstständige Rechtspersönlichkeit besitzen. Sie sind in § 46 Nr. 16 definiert.

4. Anwendungsbereich

11   Eine Tätigkeit fällt dann weder in den Anwendungsbereich der VO (EU) 2016/679 noch der RL (EU) 2016/680, wenn
1. eine ganz oder teilweise automatisierte Verarbeitung personenbezogener Daten oder die nichtautomatisierte Verarbeitung personenbezogener Daten, die in einem Dateisystem gespeichert sind oder gespeichert werden sollen, vorliegt (Art. 2 Abs. 1 VO (EU) 2016/679, Art. 2 Abs. 2 RL (EU) 2016/680);
2. eine Verarbeitung vorliegt, die im Rahmen eine Tätigkeit erfolgt, die in den Anwendungsbereich des Unionsrechts fällt (Art. 2 Abs. 1 lit. a VO (EU) 2016/679, Art. 2 Abs. 3 lit. a RL (EU) 2016/680);
3. und es sich nicht um eine Verarbeitung durch natürliche Personen zur Ausübung ausschließlich persönlicher oder familiärer Tätigkeiten handelt (Art. 2 lit. c VO (EU) 2016/679);
4. und es sich nicht um eine staatliche Verarbeitung im Rahmen von Tätigkeiten handelt, die in den Anwendungsbereich von Titel V Kapitel 2 EUV fallen (Art. 2 Abs. 2 lit. b VO (EU) 2016/679).

Der Anwendungsbereich ist auch dann nicht gegeben, wenn es sich um eine Tätigkeit handelt, die nicht von der Rechtssetzungskompetenz des Art. 16 AEUV erfasst ist. Verkürzt gesprochen sind dies **insbesondere die Tätigkeiten der Nachrichtendienste und der Bundeswehr.**

5. Übermittlungszwecke

12   Die Übermittlung ist zulässig, wenn einer der folgenden Gründe gegeben ist: (a) Die Übermittlung ist aus zwingenden Gründen der Verteidigung erforderlich. **Verteidigung** meint die Vorbereitung, die ständige Aufrechterhaltung der Möglichkeit sowie die tatsächliche Abwehr von militärischen Angriffen von außen. Zwingende Gründe sind solche, die unabhängig von dem Standpunkt des Betrachters als Rechtfertigung angesehen werden, also solche, für die es **keine vernünftige Alternative** gibt.

13   Eine Übermittlung ist (b) weiter zulässig zur Erfüllung von überstaatlichen Verpflichtungen, das heißt **Verpflichtungen internationaler Organisationen,** die die Befugnis besitzen, deutsche Stellen unmittelbar zu berechtigen und zu verpflichten (insbesondere Europäische Union, Europäisches Patentamt, Eurocontrol). Verpflichtungen sind Rechtsnormen, die die Erfüllung nicht in die Freiheit oder Wahl des Adressaten stellen. Gleichgestellt ist die Erfüllung von zwischenstaatlichen Verpflichtungen. Dies sind Verpflichtungen, die auf **völkerrechtlichen Verträgen** beruhen. Die Verpflichtung sowohl überstaatlicher Natur als auch zwischenstaatlicher Natur muss eine öffentliche Stelle des Bundes treffen und muss sich auf das Gebiet der Krisenbewältigung oder der Konfliktverhinderung beziehen. **Krisen** sind unregelmäßige Zustände mit Gefährdungspotential.

Konflikte sind Vorstufen von Gewaltanwendungen eines gewissen Ausmaßes. (c) Schließlich ist die Weitergabe auch zulässig für humanitäre Maßnahmen. Humanitäre Maßnahme meint Maßnahmen im internationalen Kontext zum Schutze der Bevölkerung in nicht militärischer Form. Den Übermittelnden trifft gem. S. 2 die Zweckbindung.

6. Hohe Anforderungen

Die Anforderungen für die Ermittlung sind **ersichtlich hoch.** Es geht um Fälle der Verteidigung und um Fälle der internationalen Zusammenarbeit ab einer gewissen Schwelle. Die Norm soll offensichtlich die Beteiligung Deutschlands an Akten der NATO und der Vereinten Nationen im Rahmen von internationalen Organisationen sowohl militärischer als auch humanitärer Art ermöglichen. 14

Die Ermittlung muss zum Erreichen einer dieser Zwecke **erforderlich** sein. Es gelten hier die allgemeinen Regeln der Erforderlichkeit. Die Datenweitergabe muss die Zweckerreichung ermöglichen und aus der Sicht eines datenschutzrechtlichen Belangs gegenüber einem aufgeschlossenen Betrachter sinnvoll sein. Nicht notwendig ist, dass die Datenverarbeitung unverzichtbar ist. Der Grundsatz der Erforderlichkeit kann nicht im Sinne einer absolut zwingenden Notwendigkeit oder einer bestmöglichen Effizienz verstanden werden. 15

II. Hinweispflicht (S. 2)

Der Empfänger ist darauf hinzuweisen, dass die übermittelten Daten nur zu dem Zweck verwendet werden dürfen, zu dem sie übermittelt wurden. Nach altem Recht (§ 4b Abs. 6 BDSG aF) war die empfangende Stelle lediglich auf den Übermittlungszweck hinzuweisen. Die neue Regelung geht einen Schritt weiter und sieht auch einen Hinweis auf die rechtliche Folge, dh die Zweckbindung selbst, vor (Gola/Heckmann/Schmid Rn. 8). Die Hinweispflicht ist eine von den Voraussetzungen der Übermittlung unabhängige Pflicht. Dieses Erfordernis gilt aufgrund der Systematik nur soweit ein Übermittlungstatbestand aus S. 1 greift und nicht, soweit die Übermittlung auf einen Tatbestand der Art. 44 ff. DS-GVO gestützt wird (Paal/Pauly/Frenzel Rn. 4). Wenn der Hinweis unterbleibt, wird die Übermittlung nicht rechtswidrig, vielmehr wird die Übermittlungspflicht verletzt (ebenso Paal/Pauly/Frenzel Rn. 4). Der Hinweis setzt voraus, dass die **Zwecke** bei der Übermittlung **hinreichend klar** sind. Sollte sich dies aus dem Kontext nicht ausreichend ergeben, muss bei der Übermittlung der Zweck entsprechend eingeschränkt werden. 16

§ 85 gestattet eine Datenweitergabe nur, soweit diese **konkret** zur **Erfüllung** der in Abs. 1 genannten **Aufgaben geboten** ist. Die **Aufgabenerfüllung** ist dabei zugleich der datenschutzrechtliche Zweck, dem die Verarbeitung dient, sofern diese aus dem Kontext heraus hinreichend eingeschränkt ist. Ansonsten ist der Zweck weiter einzuschränken, da der datenschutzrechtliche Zweck, der sich aus der Aufgabenerfüllung ergibt, hinreichend klar bestimmt sein muss. Ist er dies nicht von sich heraus, bedarf es einer weiteren Präzisierung. Die Erforderlichkeit ist dann an dieser Einschränkung zu messen (s. dazu → Rn. 15). 17

C. Abs. 2

Abs. 2 entspricht der Regelung des § 24 Abs. 4 S. 4 BDSG aF. Sie gilt **nur** für Dienststellen im Geschäftsbereich des Bundesministeriums der Verteidigung und nur für den rein nationalen Bereich (→ Rn. 11). Für das Bundesamt für Verfassungsschutz, den Bundesnachrichtendienst und den Militärischen Abschirmdienst sind vergleichbare bereichsspezifische Regelungen in den jeweiligen Spezialgesetzen enthalten (Einzelnachweise bei Gola/Heckmann/Schmid Rn. 12). Die begünstigten Stellen werden **von der Pflicht** aus § 16 Abs. 4 **freigestellt** (Gola/Heckmann/ Schmid Rn. 9). Ohne § 85 würde § 16 unmittelbar gelten (undeutlich Plath/von der Bussche Rn. 2). Der Sache nach geht es um die **Zutrittsrechte** und die **Informationsrechte** der **Bundesbeauftragten für Datenschutz**. Die Freistellung **gilt nicht generell,** sondern **nur,** wenn das Ministerium **feststellt,** dass die Gewährung der Informationsrechte die Sicherheit des Bundes gefährdet. Zu fordern ist dabei, dass eine „ernsthafte und signifikante Gefährdung der nationalen Sicherheit" (Gola/Heckmann/Schmid Rn. 11; streng: Paal/Pauly/Frenzel Rn. 5 – nur bei Notstandssituationen) besteht, wobei dem Ministerium dafür aber ein Beurteilungsspielraum zustehen dürfte. 18

Auf Untersuchungen im Ministerium selbst ist die Norm ihrem Wortlaut nach nicht unmittelbar anwendbar. Vom Sinn her liegt eine **entsprechende Anwendung** nahe. Innerhalb des Ministeriums ist die Feststellung nicht zwingend der Hausleitung zugewiesen. Eine Erklärung der zuständi- 19 gen Stelle des Ministeriums reicht aus. Mit Sicherheit meint Abs. 2 wegen des Bezugs zur Verteidigung die **militärische Sicherheit**. Die Gefährdung meint eine nennenswerte Beeinträchtigung.

D. Abs. 3

I. Ausnahmen zur Informationspflicht (S. 1)

20   Abs. 3 S. 1 macht von den **Informationspflichten gem. Art.** 13 der DS-GVO, die normalerweise auch für Verarbeitungen außerhalb des Anwendungsbereichs der Verordnung und der Richtlinie wegen der nationalrechtlichen Anordnung von § 1 Abs. 8 Anwendung fände, eine **Ausnahme**. Die Ausnahme greift dann ein, wenn entweder einer der von § 32 Abs. 1 Nr. 1–3 genannten Fälle vorliegt oder gem. § 35 Abs. 3 S. 1 Hs. 2 Nr. 2 geheimhaltungsbedürftige Informationen offengelegt würden und eine Interessensabwägung zugunsten der Geheimhaltung ausgeht. Die Norm gilt wiederum nur für Verarbeitungen, die nicht in den Anwendungsbereich der DS-GVO und der RL fallen. Hier gilt entsprechend das zu Abs. 1 Gesagte (→ Rn. 11). Die Norm gilt nur soweit keine spezialgesetzlichen Regelungen bestehen. Nach Einschätzung des Gesetzgebers war der Ausschluss notwendig. Die Norm soll der Sache nach die Regelungen des bisherigen § 19a Abs. 3 aF iVm § 19 Abs. 4 BDSG aF weiterführen.

II. Auskunftsausschluss (S. 2)

21   Nach S. 2 ist das Recht auf Auskunft **ausgeschlossen,** wenn eine Informationspflicht nicht besteht. S. 2 stellt eine Parallelität zwischen Informationsrecht und Auskunftsrecht her, die sachlich vernünftig ist.

III. Keine Kompensationsmaßnahmen (S. 3)

22   In den Fällen, in denen keine Informationspflicht und keine Auskunftspflicht besteht, muss die öffentliche Stelle darüber hinaus auch nicht die Kompensationsmaßnahmen gem. § 32 Abs. 2 und § 33 Abs. 2 ergreifen, die innerhalb der Verarbeitung im Anwendungsbereich der DS-GVO für die Fälle gilt, in denen die Informationspflicht ausgeschlossen ist. Insbesondere muss die öffentliche Stelle nicht die Allgemeinheit über den Umfang der Datenverarbeitung iSv Art. 13 Abs. 1, 2 DS-GVO informieren. Das heißt, die **übliche Datenschutzerklärung ist in diesen Fällen nicht erforderlich** (Paal/Pauly/Frenzel Rn. 9). Es handelt sich um eine naheliegende und sinnvolle Sonderregelung, die allerdings die durch S. 1 und S. 2 bewirkte Rechteverkürzung der Betroffenen noch einmal vertieft. Die Sonderregelung ist verfassungsrechtlich am Maßstab des Rechts auf informationelle Selbstbestimmung zu messen, sofern dem Informationseingriff keine spezielleren Grundrechtseingriffe vorausgehen. Gemessen am Recht der informationellen Selbstbestimmung dürfte aufgrund des spezifischen Charakters des öffentlichen Wohls und des spezifischen Zuschnitts der erfassten Situation die Verfassungsmäßigkeit gegeben sein.

§ 86 Verarbeitung personenbezogener Daten für Zwecke staatlicher Auszeichnungen und Ehrungen

(1) ¹Zur Vorbereitung und Durchführung staatlicher Verfahren bei Auszeichnungen und Ehrungen dürfen sowohl die zuständigen als auch andere öffentliche und nichtöffentliche Stellen die dazu erforderlichen personenbezogenen Daten, einschließlich besonderer Kategorien personenbezogener Daten im Sinne des Artikels 9 Absatz 1 der Verordnung (EU) 2016/679, auch ohne Kenntnis der betroffenen Person verarbeiten. ²Für nichtöffentliche Stellen gilt insoweit § 1 Absatz 8 entsprechend. ³Eine Verarbeitung der personenbezogenen Daten nach Satz 1 für andere Zwecke ist nur mit Einwilligung der betroffenen Person zulässig.

(2) Soweit eine Verarbeitung ausschließlich für die in Absatz 1 Satz 1 genannten Zwecke erfolgt, sind die Artikel 13 bis 16, 19 und 21 der Verordnung (EU) 2016/679 nicht anzuwenden.

(3) Bei der Verarbeitung besonderer Kategorien personenbezogener Daten im Sinne des Artikels 9 Absatz 1 der Verordnung (EU) 2016/679 sieht der Verantwortliche angemessene und spezifische Maßnahmen zur Wahrung der Rechte der betroffenen Person gemäß § 22 Absatz 2 vor.

Verarbeitung personenbezogener Daten für Zwecke staatlicher Auszeichnungen **§ 86 BDSG**

Überblick

Mit dieser Vorschrift werden die Voraussetzungen für die Zulässigkeit der Verarbeitung personenbezogener Daten zu Zwecken des Verfahrens der Verleihung, des Entzugs und der Genehmigung zur Annahme von öffentlichen Auszeichnungen und Ehrungen (insbesondere staatliche bzw. staatlich genehmigte Titel, Orden und Ehrenzeichen) aus Anlass der Umsetzung der DS-GVO erstmals ausdrücklich im BDSG normiert. Die Ordensverleihung wird als eine Anerkennung besonderer Verdienste um das Allgemeinwohl verstanden und stellt einen Gunsterweis des Staates bzw. des Staatsoberhauptes dar. Nach der Gesetzesbegründung (BT-Drs. 19/4674, 211) vollziehe sie sich ohne Begründungszwang und unterliege weder bei positiver noch bei negativer Entscheidung einer gerichtlichen Nachprüfung. Dieser besondere Charakter der Ordensverleihung begründe das Bedürfnis spezieller datenschutzrechtlicher Regelungen.

Die Verleihung öffentlicher Auszeichnungen und Ehrungen unterfällt nicht dem Anwendungsbereich des Unionsrechts. Die DS-GVO ist daher nach deren Art. 2 Abs. 2 lit. a auf die Verarbeitung personenbezogener Daten für Zwecke der Verleihung öffentlicher Auszeichnungen und Ehrungen nicht unmittelbar anwendbar. Für Verarbeitungen personenbezogener Daten im Rahmen von Tätigkeiten, die nicht unter den Anwendungsbereich der DS-GVO fallen, ordnet § 1 Abs. 8 die entsprechende Anwendung der DS-GVO sowie der Teile 1 und 2 des BDSG an, soweit in § 86 oder in einem anderen Gesetz nichts Abweichendes geregelt ist (zur Verarbeitung personenbezogener Daten bei staatlichen Auszeichnungen und Ehrenzeichen, Hilgers ZD 2020, 623 f.).

In den Ländern bestehen entsprechende eigenständige Datenschutzregelungen für die Verleihung landesrechtlich geregelter öffentlicher Auszeichnungen und Ehrungen.

Übersicht

	Rn.		Rn.
A. Allgemeines	1	II. Einschränkung von Betroffenenrechten (Abs. 2)	13
B. Datenverarbeitung bei Orden und Ehrenzeichen	4	III. Verarbeitung besonderer Datenkategorien (Abs. 3)	16
I. Ermächtigungsgrundlage (Abs. 1 S. 1)	7	C. Landesrecht	19

A. Allgemeines

Die Vorschrift wurde mWv 26.11.2019 durch Art. 12 des Zweiten Gesetzes zur Anpassung **1** des Datenschutzrechts an die DS-GVO und zur Umsetzung der JI-RL (Zweites Datenschutz-Anpassungs- und Umsetzungsgesetz EU – 2. DSAnpUG-EU) v. 20.11.2019, BGBl. I 1626 (1633) in das BDSG eingefügt. Mit dem Gesetz soll der bereichsspezifische Datenschutz den Anforderungen der DS-GVO durch mehr als 155 Artikel in den unterschiedlichsten nationalen Rechtsmaterien angepasst werden.

Die DS-GVO sieht für die nationalen Gesetzgeber eine Reihe von Öffnungsklauseln vor. Zugleich **1.1** enthält sie konkrete, an die Mitgliedstaaten gerichtete Regelungsaufträge. Danach ist es erforderlich, auch das bereichsspezifische Datenschutzrecht auf die Vereinbarkeit mit der DS-GVO zu überprüfen und ggf. anzupassen. Diese Anpassung an die Vorgaben der DS-GVO ist Gegenstand des 2. DSAnpUG-EU (BT-Drs. 19/4674, 181). Dieses Gesetz dient daneben der Umsetzung der JI-RL in deutsches Recht. Durch Art. 12 dieses Gesetzes erfolgt allerdings ausschließlich eine Anpassung des BDSG an die DS-GVO (zu den entsprechenden Änderungen im BDSG, vgl. Hilgers ZD 2020, 556). Eine Umsetzung der JI-RL ist nicht Regelungsgegenstand der Vorschriften des Art. 12 des 2. DSAnpUG-EU. Dies erfolgte vor allem durch das parallel erlassene „Gesetz zur Umsetzung der RL (EU) 2016/680 im Strafverfahren sowie zur Anpassung datenschutzrechtlicher Bestimmungen an die VO (EU) 2016/679" v. 20.11.2019 (BGBl. I 1724).

Zur Vorbereitung und vor einer Entscheidung über die Verleihung von Orden und Ehrenzei- **2** chen der Bundesrepublik Deutschland werden personenbezogene Daten des Betroffenen zur Prüfung seiner Verdienste und Ordenswürdigkeit in einem erheblichen Umfang verarbeitet. Dies stellt einen Eingriff in das Recht auf informationelle Selbstbestimmung (Art. 2 Abs. 1 iVm Art. 1 Abs. 1 GG) des Grundrechtsträgers dar und erfordert eine gesetzliche Ermächtigungsnorm. Durch das Anfügen des § 86 werden die Voraussetzungen für die Zulässigkeit normiert, personenbezogene Daten zu Zwecken staatlicher Auszeichnungen und Ehrungen zu verarbeiten. Die bisherige Verwaltungspraxis wird dadurch gesetzlich weiter abgesichert (BT-Drs. 19/11181, 2). Auf diese Datenverarbeitung findet die DS-GVO keine Anwendung, da die staatliche Verleihung von Orden und Ehrenzeichen nicht in den Anwendungsbereich des Unionsrechts fällt (Art. 2 Abs. 2 lt. a DS-GVO). Allerdings findet die DS-GVO sowohl für öffentliche als auch nichtöffentliche Stellen eine entsprechende Anwendung (§§ 86 Abs. 1 S. 1 und 1 Abs. 8). Schwichtenberg erachtet die Annahme des Gesetzgebers als zweifelhaft, dass die staatliche Verleihung von Orden und Ehrenzeichen nicht in den Anwendungsbereich des Unionsrechts fällt. Auch die Gesetzgebungskompetenz für die datenschutzrechtliche Regelung des § 86 sei fraglich (vgl. im Einzelnen Kühling/Buchner/Schwichtenberg BDSG § 86 Rn. 2, zur Gesetzgebungskompetenz → § 85 Rn. 2.1 und auch BT-Drs. 19/4674, 182). Der Gesetzgeber regelt diesen bereichsspezifischen Datenschutz ausschließlich im allgemeinen Datenschutzrecht und nicht etwa im Gesetz über Titel, Orden und Ehrenzeichen (Ordengesetz).

2.1 Details:
- Für staatliche Auszeichnungen und Ehrungen kommt auf Bundesebene im Wesentlichen das Gesetz über Titel, Orden und Ehrenzeichen (Ordengesetz) v. 26.7.1957 (BGBl. I 844) in Betracht, zuletzt geändert durch Art. 15 der Elften Zuständigkeitsverordnung v. 19.6.2020 (BGBl. I 1328). Unter Orden und Ehrenzeichen werden Auszeichnungen verstanden, die vom Bundespräsidenten oder staatlich autorisierten Stellen gestiftet oder verliehen werden.
- Für besondere Verdienste um die Bundesrepublik Deutschland können Titel, Orden und Ehrenzeichen des Bundes nach Maßgabe des Ordengesetzes verliehen werden. Die Befugnisse der Länder Orden und Ehrenzeichen zu verleihen, werden durch dieses Gesetz nicht berührt (§ 1 Ordengesetz).
- Orden und Ehrenzeichen können nur vom Bundespräsidenten oder mit seiner Genehmigung gestiftet und verliehen werden. Der Stiftungserlass sowie die Genehmigung sind im Bundesgesetzblatt zu verkünden. Auszeichnungen für sportliche Leistungen können durch den Bundespräsidenten als Ehrenzeichen iSd Ordengesetzes anerkannt werden (§ 3 Ordengesetz).
- Neben dem Ordengesetz und dem Erlass über die Stiftung des Verdienstordens der Bundesrepublik Deutschland vom 7. September 1951 (BGBl. I 831) findet ua das Statut des Verdienstordens der Bundesrepublik Deutschland (Ordensstatut) vom 8. Dezember 1955 (BGBl. I 749), zuletzt geändert durch Erlass vom 29.1.1979 (BGBl. I 142) und die Ausführungsbestimmungen zum Statut des Verdienstordens der Bundesrepublik Deutschland vom 5.9.1983 (GMBl. 1983, 389) Anwendung.
- Nach Art. 5 Abs. 1 des Ordensstatuts sind ua die Ministerpräsidenten für die Verleihung des Verdienstordens vorschlagsberechtigt. Es handelt sich um eine eigene Angelegenheit iSv Art. 83 GG und damit um Landesverwaltung, wenn sie bspw. auf Grund von Anregungen aus der Bevölkerung tätig werden. § 86 findet dann keine Anwendung (Oebbecke, Der Staat 2018, 443 (451); HK-BDSG/Braun § 86 Rn. 11).

3 Auf Hinweis der Landesbeauftragten für den Datenschutz und vor dem Hintergrund des Volkszählungsurteils, BVerfGE 65, 1 (43 f.), hatte bereits Anfang der 1990iger Jahre der BfD empfohlen, in das Ordensgesetz eine bereichsspezifische Regelung (Ermächtigungsgrundlage) aufzunehmen. Hiernach sollte ua der Betroffene vor Beginn des Ordensverfahrens über Art und Umfang der Datenverarbeitung ausführlich informiert werden (vgl. 15. Tätigkeitsbericht des BfD für 1993 und 1994, BT-Drs. 13/1150, 24/25). Mit § 86 liegt zwar nunmehr eine gesetzliche Ermächtigungsgrundlage vor, eine Ausrichtung der vom BfD geforderten Verwaltungspraxis an den Grundsatz der Verhältnismäßigkeit ist dem Wortlaut der Norm allerdings nicht zu entnehmen. Auch hinsichtlich der Betroffenenrechte konnte sich der BfD nicht durchsetzen.

3.1 Die Prüfung der Voraussetzungen für eine Ordensverleihung wird daher in der Regel von den Ländern in eigener Zuständigkeit durchgeführt. Anregungen für eine Ordensverleihung kann jedermann an die Vorschlagsberechtigten richten. Vorschlagsberechtigt sind die Ministerpräsidenten der Länder und die Leiter der obersten Bundesbehörden. Die Verdienste und die Ordenswürdigkeit werden in der Regel von den Staats- und Senatskanzleien selbst geprüft. Teilweise delegieren Länder aber auch Aufgaben auf die Ebene der Regierungspräsidenten oder Kommunen.

Das BMI lehnte zunächst eine bereichsspezifische Rechtsgrundlage ab (15. Tätigkeitsbericht des BfD für 1993 und 1994, BT-Drs. 13/1150, 25) und auch der für die Beratung des Tätigkeitsberichts federführende Innenausschuss hat das Anliegen des BfD nicht aufgegriffen (vgl. Bericht und Beschlussempfehlung des Innenausschusses, BT-Drs. 13/7699, 13/11168, 2). Der BfD sprach sich für ein zweistufiges Verfahren aus, wonach zunächst die Verdienste des Betroffenen zu prüfen sind und in einem zweiten Schritt die Prüfung der Ordenswürdigkeit einzuleiten wäre. Die Erhebung potentiell belastender Daten zur Ordenswürdigkeit sei dann nicht mehr erforderlich (bzw. „überflüssig"), wenn die Verdienste des Betroffenen nicht zumindest glaubhaft dargelegt sind oder die Verdienste nicht von solcher Qualität sind, dass der Betroffene für einen Vorschlag zur Verleihung eines Verdienstordens ernsthaft in Betracht zu ziehen ist (vgl. 16. Tätigkeitsbericht des BfD für 1995 und 1996, BT-Drs. 13/7500, 35/35).

In seinem 17. und 18. Tätigkeitsbericht (BT-Drs. 14/850, 39 und BT-Drs. 14/555, 198) wiederholte der BfD seine Beanstandungen. In seinem 19 Tätigkeitsbericht (BT-Drs. 15/888, 166) begrüße er, dass zwischenzeitlich in Absprache mit dem Bundespräsidialamt und den Ländern eine abgestimmte und verbindliche Verfahrensregelung zu dem von ihm vorgeschlagenen sog. Zwei-Stufen-Modell angestrebt werde. Schließlich stellte er in seinem 20. Tätigkeitsbericht für die Jahre 2003 und 2004 (BT-Drs. 15/5252) fest, dass dieses Modell, das eine Datenbeschaffung auf Vorrat durch die parallele Prüfung von „Verdiensten" und „Würdigkeit" unterbindet, nunmehr von allen Ländern umgesetzt werde und sich in der Praxis bewährt habe. Danach würden grundsätzlich zunächst die Verdienste des Betroffenen geprüft und in einem zweiten Schritt werde die Prüfung der Ordenswürdigkeit eingeleitet.

In den nachfolgenden Tätigkeitsberichten findet diese Verwaltungspraxis keine Erwähnung mehr und hat auch in § 86 keine konkrete gesetzliche Absicherung erfahren. Zwar verweist der Entwurf des 2. DSAnpUG-EU darauf, dass durch § 86 die bisherige Verwaltungspraxis gesetzlich weiter abgesichert werde (BT-Drs. 19/4674, 2; 19/11181, 2). Das zum Schutz personenbezogener Daten entwickelte Zwei-Stufen-Modell findet aber selbst in der Begründung des Gesetzentwurfs keine ausdrückliche Erwähnung.

B. Datenverarbeitung bei Orden und Ehrenzeichen

§ 86 enthält zunächst in Abs. 1 S. 1 eine sehr weit gefasste Ermächtigungsgrundlage (Erlaubnistatbestand) für die Verarbeitung personenbezogener Daten aus Anlass der Vorbereitung und Durchführung staatlicher Verfahren bei Auszeichnungen und Ehrungen (Paal/Pauly/Paal BDSG § 86 Rn. 3). Erfasst werden auch Datenverarbeitungen durch nichtöffentliche Stellen. Die nachfolgenden Sätze dieses Absatzes enthalten weder Erweiterungen noch Einschränkungen für diesen Grundtatbestand. Vielmehr beinhalten sie (entbehrliche) Klarstellungen zu diesem sehr weit gefassten Erlaubnistatbestand. 4

Ergänzt wird dieser Grundtatbestand durch Abs. 2, mit dem bestimmte Datenschutzbestimmungen der DS-GVO für nicht anwendbar erklärt werden. 5

Lediglich für die Verarbeitung besonderer Kategorien personenbezogener Daten sind spezifische und angemessene Maßnahmen vorzusehen, um die Rechte der betroffenen Person zu wahren (Abs. 3). 6

I. Ermächtigungsgrundlage (Abs. 1 S. 1)

Abs. 1 begründet zur Vorbereitung und Durchführung staatlicher Verfahren bei Auszeichnungen und Ehrungen eine umfassende Verarbeitungsbefugnis für die dafür erforderlichen personenbezogenen Daten. Diese Ermächtigungsgrundlage, personenbezogene Daten zu verarbeiten, gilt für die hierfür zuständigen, aber auch für andere öffentliche (unzuständigen) Stellen. Sie erstreckt sich darüber hinaus auch auf am Verfahren beteiligte Private (nichtöffentliche Stellen), einschließlich der Übermittlung der Daten zwischen diesen Beteiligten, also zuständige und unzuständige öffentliche sowie private Stellen. Gebotene Restriktionen könnten dadurch herbeigeführt werden, die Verarbeitungsbefugnis auf nicht unmittelbar am Verfahren beteiligte Dritte auszuschließen (vgl. hierzu Hilgers ZD 2020, 623 (624)). Bereits zur Vorbereitung des Verfahrens der Verleihung staatlicher Auszeichnungen benötigen die in der Vorschrift genannten Stellen regelmäßig (sensible) Daten über die für eine Ehrung oder Auszeichnung in Betracht kommenden Personen. 7

Der Gesetzgeber betrachtet in diesem Verfahren alle Daten als erforderlich, die benötigt werden, um die Würdigkeit der zu ehrenden oder auszuzeichnenden Person umfassend zu beurteilen. In diesem Zusammenhang werden auch besondere Kategorien personenbezogener Daten benötigt, die eigentlich durch Art. 9 Abs. 1 DS-GVO besonders geschützt werden sollen. Dies betrifft nach der Gesetzesbegründung zum einen die zugrunde liegenden Verdienste, zum anderen aber auch die persönliche Integrität, also die Ordenswürdigkeit der auszuzeichnenden Person. Der Begriff der „persönlichen Integrität" ist komplex und vielschichtig. Die Verarbeitung diesbezüglicher Daten kann über die Erhebung besonderer Kategorien von personenbezogenen Daten hinausgehen, wie bspw. gelöschte Straftaten und Ordnungswidrigkeiten (vgl. auch die Legaldefinition „sensibler Daten" im Erwägungsgrund 10 S. 4 der DS-GVO). Im Einzelfall dürfen auch diesbezügliche Informationen erhoben werden. 8

Diese umfassende Verarbeitungsbefugnis für die am Verfahren unmittelbar beteiligten öffentlichen und privaten Stellen erstreckt sich auch auf die Daten Dritter, die für die Vorbereitung bzw. Prüfung von Ordensvorschlägen erforderlich sind. Dies gilt beispielsweise für denjenigen, der die Auszeichnung angeregt hat, sowie für benannte Referenzpersonen. § 86 geht in diesen Fällen als Sonderregelung dem § 26 vor, der die Datenverarbeitung für Zwecke des Beschäftigungsverhältnisses regelt (vgl. BT-Drs. 19/4674, 212). 9

10 Als Sonderregelung ist Abs. 1 S. 1 bereits nach den allgemeinen Auslegungsgrundsätzen eng am Wortlaut der Vorschrift anzuwenden und unterliegt einer strengen Zweckbindung. Nicht nur das eigentliche staatliche Verfahren bei Auszeichnungen und Ehrungen wird von der umfassenden Verarbeitungsbefugnis für personenbezogene Daten umfasst, sondern bereits deren Vorbereitung. Diese bereits in einer Vorbereitungsphase verarbeiteten Daten können auch dazu führen, dass es gerade nicht zu einer Auszeichnung oder Ehrung kommt und die betroffene Person zu keinem Zeitpunkt erfährt, welche Daten hierzu führten.

11 Dieser sehr umfassende Erlaubnistatbestand wird in Abs. 1 um zwei Klarstellungen in S. 2 und 3 ergänzt. Die in S. 2 erwähnten nichtöffentlichen oder privaten Stellen werden zwar zu Zwecken des Verfahrens der Verleihung, des Entzugs und der Genehmigung zur Annahme von öffentlichen Auszeichnungen und Ehrungen tätig, fallen aber nicht unter den Anwendungsbereich der DS-GVO. Es wird daher ausdrücklich darauf hingewiesen, dass für Datenverarbeitungen durch nichtöffentliche Stellen ebenfalls die Regelung des § 1 Abs. 8 zur Anwendung kommt. Hierdurch wird für nichtöffentliche bzw. private Stellen eine entsprechende Anwendung des europäischen und deutschen Datenschutzrechts sichergestellt.

12 Entsprechend der strengen Zweckbindung stellt Abs. 1 S. 3 nochmals klar, dass eine zweckändernde Weiterverarbeitung nur aufgrund einer Einwilligung möglich ist. Die Anwendung des § 23 (Verarbeitung zu anderen Zwecken durch öffentliche Stellen und des § 24 (Verarbeitung zu anderen Zwecken durch nichtöffentliche Stellen) werden damit ausgeschlossen.

II. Einschränkung von Betroffenenrechten (Abs. 2)

13 Die Gesetzesbegründung könnte mit der Formulierung: „Abs. 2 enthält spezielle Ausnahmen von den Betroffenenrechten, die durch die für entsprechend anwendbar erklärte DS-GVO gestärkt werden", eine nicht so gravierende Einschränkung von Betroffenenrechten nahelegen. Im Einzelnen werden aber grundlegende Betroffenenrechte außer Kraft gesetzt, wie die Informationspflicht (Art. 13 und 14 DS-GVO) und das Auskunftsrecht der betroffenen Person (Art. 15 DS-GVO), einschließlich Dritter. Auch das Recht auf Berichtigung (Art. 16 DS-GVO) wird nicht zugelassen. Darüber hinaus bestehen Ausnahmen von der Mitteilungspflicht (Art. 19 DS-GVO) und vom Widerspruchsrecht (Art. 21 DS-GVO). Es werden damit auch korrespondierende weitergehende grundlegende Rechte des Betroffenen außer Kraft gesetzt, wie das Recht auf Löschung (Art. 17 DS-GVO).

14 Der Verzicht auf diese Betroffenenrechte wird vom Gesetzgeber als notwendig erachtet, da das Auszeichnungswesen vom Grundsatz der Vertraulichkeit geprägt sei (BT-Drs. 19/4674, 212). Im Interesse des Ansehens von Auszeichnungen und Auszeichnenden könnten nach der Gesetzesbegründung nur Personen ausgezeichnet werden, die der Ehrung im Hinblick auf ihre Verdienste und persönliche Integrität würdig seien. Dies zu beurteilen setze vielfältige und zutreffende Informationen über den Betroffenen voraus. Nur wenn Dritte sicher sein könnten, dass der Betroffene davon keine Kenntnis erhält, würden diese bereit sein, objektive Angaben zu machen, statt „Gefälligkeitsatteste" zu erstellen. Mitunter endeten Verfahren ohne eine Auszeichnung und Ehrung aus Gründen, die in der Person des Betroffenen liegen. Der negative Verfahrensausgang bedeute oftmals keine Schmälerung der Verdienste des Betroffenen. Werde ein negativer Verfahrensausgang mit seinen Einzelheiten jedoch bekannt, könne dies bei dem Betroffenen dennoch zu Verletzungen und Frustrationen führen. Damit würde das Auszeichnungswesen das Gegenteil des Erstrebten erreichen. Daher müssten die verarbeiteten personenbezogenen Daten vertraulich bleiben und die üblichen Betroffenenrechte hier ausgeschlossen werden (BT-Drs. 19/4674, 212).

15 Die in Abs. 2 vorgesehenen Beschränkungen von Betroffenenrechten seien angemessen, da wegen der in Abs. 1 enthaltenen Zweckbindung Beeinträchtigungen der Rechte und Freiheiten der betroffenen Person nicht zu befürchten seien. Im Übrigen werde durch § 1 Abs. 8 (für nichtöffentliche Stellen über die Regelung des § 1 Abs. 1 S. 2) sichergestellt, dass die Anforderungen der DS-GVO in Bezug auf die Grundsätze der Verarbeitung und den technischen und organisatorischen Datenschutz eingehalten werden. Auch unterliege die Datenverarbeitung der Kontrolle durch den BfDI. Die Pflicht, die verarbeiteten Daten zu löschen, ergebe sich aus den über § 1 Abs. 8 anwendbaren Grundsätzen für die Verarbeitung personenbezogener Daten (BT-Drs. 19/4674, 212). Aus der Gesetzesbegründung ist allerdings nicht ersichtlich, nach welcher der in Art. 5 Abs. 1 lit a–f der DS-GVO aufgeführten Grundsätze eine Verpflichtung besteht, etwa die anlässlich der Vorbereitung eines staatlichen Verfahrens verarbeiteten Daten für die Verleihung von Auszeichnungen und Ehrungen wieder zu löschen. Nach Art. 5 Abs. 1 lit. d der DS-GVO besteht nur die Verpflichtung unrichtige Daten zu löschen. Der (Mit-)Verantwortliche hat nach Art. 5 Abs. 2 DS-GVO die Grundsätze für die Verarbeitung personenbezogener Daten zu beachten und muss dessen Einhaltung nachweisen können. Zweifelhaft ist allerdings, ob und wie private Stellen einer diesbezüglichen Dokumentations- und Rechenschaftspflicht in der Praxis nachkommen können.

III. Verarbeitung besonderer Datenkategorien (Abs. 3)

16 Abs. 3 begründet wegen der besonderen Sensibilität der Verarbeitung besonderer Kategorien personenbezogener Daten eine Verpflichtung zu umfassenden Schutzmaßnahmen. Hierbei handelt es sich um Daten, aus denen die rassische und ethnische Herkunft, politische Meinungen, religiöse oder weltanschauliche Überzeugungen oder die Gewerkschaftszugehörigkeit hervorgehen. Hierzu zählen auch genetische Daten, biometrische Daten zur eindeutigen Identifizierung einer natürlichen Person, Gesundheitsdaten oder Daten zum Sexualleben bzw. der sexuellen Orientierung einer natürlichen Person. Grundsätzlich ist eine Verarbeitung derartiger sensibler Daten untersagt. Art. 9 Abs. 2 lit. g DS-GVO enthält für den nationalen Gesetzgeber jedoch eine sog. Öffnungsklausel. Hiernach ist eine Datenverarbeitung nach dem Recht eines Mitgliedstaates zulässig, wenn die entsprechende Regelung
- aus Gründen eines erheblichen öffentlichen Interesses erforderlich ist,
- in einem angemessenen Verhältnis zu dem verfolgten Ziel steht,
- den Wesensgehalt des Rechts auf Datenschutz wahrt und
- angemessene und spezifische Maßnahmen zur Wahrung der Grundrechte und Interessen der betroffenen Person vorsieht.

17 Mit den §§ 86, 22 BDSG ist von dieser Öffnungsklausel nicht unumstritten Gebrauch gemacht worden. Als Schutzmaßnahmen sind nach § 22 Abs. 2 angemessene und spezifische Mittel zur Wahrung der Interessen der betroffenen Personen vorzusehen. Unter Berücksichtigung des Stands der Technik, der Implementierungskosten sowie der Art und des Umfangs der Verarbeitung personenbezogener Daten zu Zwecken der öffentlichen Ehrung und Auszeichnung können dazu beispielsweise folgende Schutzmaßnahmen in Betracht kommen:
- technisch organisatorische Maßnahmen;
- Vorkehrungen, die gewährleisten, dass nachträglich überprüft und festgestellt werden kann, ob und von wem personenbezogene Daten eingegeben, verändert oder entfernt worden sind;
- Sensibilisierung der an Verarbeitungsvorgängen Beteiligten, Beschränkung des Zugangs zu den personenbezogenen Daten innerhalb der verantwortlichen Stelle Pseudonymisierung und Verschlüsselung sensibler Daten;
- Sicherstellung der Fähigkeit, Vertraulichkeit, Integrität, Verfügbarkeit und Belastbarkeit der Systeme und Dienste im Zusammenhang mit der Verarbeitung personenbezogener Daten, einschließlich der Fähigkeit, die Verfügbarkeit und den Zugang bei einem physischen oder technischen Zwischenfall rasch wiederherzustellen oder
- zur Gewährleistung der Sicherheit der Verarbeitung die Einrichtung eines Verfahrens zur regelmäßigen Überprüfung, Bewertung und Evaluierung der Wirksamkeit der technischen und organisatorischen Maßnahmen.

Auch für anderweitige Daten und Informationen über die persönliche Integrität der zu Ehrenden, Auszuzeichnenden oder der am Verfahren beteiligten Dritten dürften derartige Schutzmaßnahmen vorzusehen sein.

18 Der Umfang dieser Schutzmaßnahmen orientiert sich hierbei an der unterschiedlichen Eintrittswahrscheinlichkeit und Schwere der mit der Verarbeitung verbundenen Risiken für die Rechte und Freiheiten hiervon betroffener natürlicher Personen. Die entsprechenden Schutzmaßnahmen haben sich aber auch am Schaden für die Reputation der für die Verleihung von Orden und Ehrenzeichen zuständigen Staatsorgane und Stellen im Falle einer Verletzung von Persönlichkeitsrechten der betroffenen Person zu orientieren. Hierzu ließe sich zur Wahrung des Wesensgehalts des Rechts auf Datenschutz ggf. auch auf die Vorschriften des Sicherheitsüberprüfungsgesetzes und der Allgemeinen Verwaltungsvorschrift zum materiellen Geheimschutz (Verschlusssachenanweisung – VSA) v. 10.8.2018 (GMBl. 2018 Nr. 44–47, 826) zurückgreifen (vgl. Hilgers ZD 2020, 623 (626)).

18.1 Nach Art 90 Abs. 1 DS-GVO dürfen Mitgliedstaaten die datenschutzrechtlichen Untersuchungs- und Zugangsbefugnisse gegenüber Verantwortlichen oder Auftragsverarbeitern begrenzen, wenn und soweit diese Befugnisse personenbezogene Daten zum Gegenstand haben, die der Verantwortliche oder Auftragsverarbeiter bei seiner Tätigkeit erlangt oder erhoben hat, die einem Berufsgeheimnis oder einer gleichwertigen Geheimhaltungspflicht unterliegt. Gleichwertige Geheimhaltungspflichten knüpfen nicht an einen bestimmten Beruf an; sie sind Berufsgeheimnissen jedoch im Rahmen von Art. 90 Abs. 1 der DS-GVO gleichgestellt (BeckOK DatenschutzR/Uwer DS-GVO Art. 90 Rn. 7–12).

C. Landesrecht

19 Die Befugnisse der Länder, Titel, Orden und Ehrenzeichen zu verleihen, werden durch das Ordengesetz v. 26.7.1957 nicht berührt.

19.1 Das Gesetz über Titel, Orden und Ehrenzeichen (Ordensgesetz) v. 26.7.1957 gilt seit der deutschen Wiedervereinigung als Bundesrecht auch für die neuen Bundesländer. Die DDR gab sich 1958 ein eigenes Ordensgesetz, das 1977 umfassend geändert wurde und teilweise noch als Landesrecht gilt, soweit es dem ordre public nicht entgegensteht oder durch Landesgesetze aufgehoben oder geändert wurde.
- Durch den Einigungsvertrag vom 31.8.1990 (Anlage I Kapitel II, Sachgebiet A – Staats- und Verfassungsrecht, Abschnitt II Nr. 2) erhielt § 16 Ordengesetz folgende Fassung: „Bis zum Zeitpunkt des Wirksamwerdens des Beitritts bestehende Ansprüche aus verliehenen staatlichen Auszeichnungen der Deutschen Demokratischen Republik sind erloschen. Ansprüche aus solchen Auszeichnungen können vom Zeitpunkt des Wirksamwerdens des Beitritts an nicht mehr geltend gemacht werden.
- Hierzu erfolgte ein Protokollvermerk der Bundesrepublik Deutschland und der Deutschen Demokratischen Republik mit folgendem Inhalt (vgl. Einigungsvertrag v. 31.8.1990 (BGBl. II 885 (910)): „Von der Deutschen Demokratischen Republik verliehene Auszeichnungen können weitergeführt oder getragen werden, es sei denn, dass dadurch der ordre public der Bundesrepublik Deutschland verletzt wird. Das gleiche gilt für von der Deutschen Demokratischen Republik zur Annahme genehmigte ausländische Auszeichnungen."

20 Zahlreiche Länder haben bereits vor der Einfügung des § 86 in das BDSG eigene landesrechtliche Datenschutzbestimmungen im Zusammenhang mit öffentlichen Auszeichnungen und Ehrungen erlassen (vgl. § 16 LDSG BW, Art. 27 BayDSG, § 71 BlnDSG, § 30 BbgDSG, § 13 HmbDSG, § 28a HDSIG, § 13 DSG M-V, § 15 NDSG, § 22 DSG NRW, § 30a DSG LSA, § 16 SchlHLDSG, § 62 ThürDSG). In Rheinland-Pfalz ist eine Verarbeitung zu einem anderen Zweck als zu demjenigen, zu dem die personenbezogenen Daten erhoben wurden, zulässig, wenn es zur Entscheidung über die Verleihung staatlicher Orden oder Ehrenzeichen oder von sonstigen staatlichen Ehrungen erforderlich ist (§ 7 Abs. 1 Nr. 5 LDSG RLP).

21 In den Datenschutzgesetzen der Länder Bremen, Saarland und Sachsen finden sich keine datenschutzrechtlichen Regelungen zu öffentlichen Ehrungen und Auszeichnungen.

Sachverzeichnis

Abberufung
- Datenschutzbeauftrage § 6 14, 15

Abgleichen von Datensätzen Art. 35 30

Abgrenzung
- zu anderen Rechtsbehelfen **Art. 77** 16, 17

Abhilfemaßnahme Art. 35 1, 10, 36, 40, 45, 48, 49, 51, 52, 53, 54, 60, 77
- Anhörung § 69 1b, 2, 5

Abkommen
- bilaterale § 79 5, 6.3; § 81 1
- völkerrechtlicher Vertrag s. völkerrechtlicher Vertrag

Ablaufdiagramm Art. 22 22

Abmahnung
- Dokumentation § 26 119
- Entfernungsanspruch § 26 119
- fehlerhafte § 26 119
- Verhältnis UWG **Art. 84** 3.2 f.
- wettbewerbsrechtliche **Art. 77** 19

Absenkung des Schutzniveaus Art. 88 67

Abwägung
- Angemessenheitsbeschluss § 78 31 f.
- Einzelfall § 78 28, 32 f., 69; § 80 6, 31 f.
- schutzwürdige Interessen § 4 33–36
- Verantwortlicher § 80 8

Abwägungsvorgang Art. 86 5, 6

Abwehr von Gefahren § 15, § 45

Accountability Art. 5 37

Adäquanzentscheidung
- Vereinigtes Königreich **Art. 3, Art. 23d**

Adel Art. 89 9, 3.1

Ad-hoc-Verträge Art. 46 62

Adressaten
- belastende Entscheidung **Art. 78** 9

AGB
- datenschutzrechtliche Inhaltskontrolle **Art. 6** 38, 46; **Art. 9** 62
- Einwilligung **Art. 7** 65, 68

Agentur
- räumlicher Anwendungsbereich **Art. 3** 19

AGG § 26 96

Ahndung § 45 33

AHV-Nummer
- Schweiz **Art. 89** 16

Akkreditierte Stelle Art. 40 14; **Art. 41** 5 ff.
- Befugnisse **Art. 41** 13 ff.
- Fachwissen **Art. 41** 7a
- Interessenkonflikt **Art. 41** 10
- Unabhängigkeit **Art. 41** 7

Akkreditierung Art. 43 21; **Art. 57** 30, 32; **Art. 58** 38
- Anforderungskatalog **Art. 43** 16
- Beurteilungsspielraum **Art. 43** 19
- Widerruf **Art. 43** 34, 36

AKN-Nummer Art. 89 57

Akte Art. 2 4; **Art. 20** 29
- Beigezogene E 27
- digital § 64 78c

Aktenanforderung E 32

Akteneinsicht E 23, 23b
- durch Dritte E 34 f.

Aktienoptionsplan Art. 49 22

Aktualisierung Art. 30 10a

Aktualisierungspflicht
- Richtigkeit **Art. 5** 29

Aktualität der Daten
- Richtigkeit **Art. 5** 29

Allgemeine Leistungsklage Art. 78 21

Allgemeingültigkeit
- Beschlüsse § 21 1

Alter
- Einwilligung **Art. 8** 1, 7, 8a, 35, 45

Altersverifikation Art. 8 56

Altfall
- Sanktionierung § 41 2; § 42 3; § 43 12

Altvereinbarungen § 26 55, 55.1

Amtliche Dokumente
- Zugang zu **Art. 10** 5.1, 15a

Amtsenthebung
- Bundesbeauftragter § 12 1, 3, 4, 5
- Mitglied **Art. 53** 9

Amtsgeheimnis
- Bundesbeauftragter § 16 11

Amtshilfe
- Auskunftsersuchen § 82 4
- internationale **Art. 50** 10, 12, 13, 18
- Monatsfrist § 82 5
- Umfang § 82 6

Amtshilfeabkommen
- effektive Rechtsdurchsetzung **Art. 44** 6

Amtshilfeersuchen
- des Bundesbeauftragten § 82 13–15
- Erstattung der Unkosten § 82 12
- Form § 82 11

Amtshilfemaßnahmen
- grenzüberschreitende § 82 1

Amtsträger
- Bundesbeauftragter § 12 1

Amtsverhältnis
- Bundesbeauftragter § 12 1, 2, 3, 4

Amtszeit
- Bundesbeauftragter § 11 1, 4; § 12 1, 3, 5; § 13 1a
- Mitglied **Art. 53** 5

Amtszeitende
- Mitglied **Art. 53** 8

Analog gespeicherte Daten § 32 23

analoge Speichermedien Art. 2 3.1

Analogie von Abs. 4 Art. 15 97

Andere Rechtsinstrument § 62 37

Anderer Weiterverarbeitungszweck Art. 13 87

Änderungen
- Mitteilungspflichten **Art. 88** 94

Anfechtung
- automatisierte Einzelentscheidung **Art. 22** 50
- Einwilligung **Art. 20** 36
- Entscheidungen des Bundesbeauftragten § 60 1

1727

Sachverzeichnis

Anfrage Art. 31 12
– Aufsichtsbehörde § 68 2
– exzessiv § 60 3
Angemessene Daten Syst. A 44
Angemessene Sicherheit der Verarbeitung § 47 28 ff.
Angemessenheitsbeschluss § 21 1; **§ 79** 12
– Gebiet § 78 18
– Interpol § 78 23
– Schutzniveau § 78 11 f., 28 f., 39. 56
– Sektor § 78 18
– USA § 78 s. USA
– Vereinigte Königreich § 78 s. Vereinigte Königreich
Anhörung § 26 40
– automatisierte Einzelentscheidung **Art. 22** 49
– Bundesbeauftragter § 16 5, 7, 7a; § 69 1
– Pflicht § 69 1, 1a, 1b, 1c, 2, 3a, 4
Anlaufstelle Art. 26 51
– als Datenschutzbeauftragter **Art. 36** 12, 23
Anonymisiert § 71 7
Anonymisierte Daten § 42 23
Anonymisierung § 27 36 ff.; § 64 45a; **Art. 22** 13a; **Art. 86** 6; **Art. 89** 3, 9. 12, 15
– Biodatenbanken § 27 38
– frühestmögliche **Syst. A** 53
– genetische Daten § 27 38 f.
Anonymität Art. 20 17; **Art. 89** 19
Anpassungsbedarf Art. 98 2
Anruf § 26 40
Anrufung
– Bundesbeauftragter § 14 11; § 60 1
Anspruch auf Vergessen Syst. A 57
Anspruchskonkurrenz Art. 82 8
Antidiskriminierungsrecht Art. 22 38
Antragsdelikt
– absolutes § 42 71
Anwendbares Recht Art. 1 11
Anwendungsbereich § 32 4; **§ 33** 4; **§ 34** 4; **§ 53** 4; **Art. 13** 30; **Art. 14** 30; **Art. 15** 33
– Datenübertragbarkeit **Art. 20** 16
– DSGVO **Art. 89** 34, 59 s. DSGVO, Anwendungsbereich
– DS-GVO § 78 3, 10, 19
– Erweiterung nach Abs. 7 § 26 37, 38, 39, 40, 41, 42
– JI-RL § 78 3, 11, 19, 26.3
– nichtöffentliche Stellen § 53 6, 24
– öffentliche Stellen § 53 4
– Richtlinie § 85 1, 7
– sachlicher § 26 32, 32a, 37
– Straftatbestand § 42 10 ff.
– subsidiärer § 80 5
– Zweck der Verarbeitung § 45 12
Anwendungsbereich des „Unionsrechts" Syst. A 12.1
Anwendungsbereich Kap. V.
– sachlich **Art. 44** 28 ff.
Anwendungsvorrang
– DSGVO § 82 2
APEC Art. 50 21
Apotheker Syst. F 2
Äquivalenz
– Grundsatz **Art. 78** 13
Arbeit
– Organisation **Art. 88** 59
– Planung **Art. 88** 59

Arbeitgeber
– Dokumentationsinteresse § 26 119
– unternehmerische Freiheit § 26 114
Arbeitgeberrecht
– Krankenrückkehrgespräch § 26 127
Arbeitnehmerähnliche Personen § 26 28
Arbeitslose § 26 25
Arbeitsplatz
– Diversität **Art. 88** 60
– Gesundheit **Art. 88** 61
– Gleichheit **Art. 88** 60
– Sicherheit **Art. 88** 61
Arbeitstherapie § 26 25
Arbeitsvermittlung § 26
– Agentur für Arbeit § 26 111
– öffentliche § 26 112
– Private Arbeitsvermittlung § 26 111
Arbeitsvertrag
– Erfüllung **Art. 88** 57
Arbeitszeiterfassung § 26 62
Arbeitszeugnis § 26 39
Archiv Art. 20 118; **Art. 89** 60
Archive
– Speicherbegrenzung **Art. 5** 34
– Zweckbindung **Art. 5** 22
Archivierung
– im öffentlichen Interesse § 50 1
Archivzwecke Art. 89 1, 6b
Art. 6 Abs. 2 AEUV § 48 2
Art. 9 Abs. 2 lit. j DS-GVO
– Gestaltungsspielraum § 27 1, 4
Arzneimittelgesetz § 27 8
Arzt § 26 51.1; **Art. 35** 29, 37; **Syst. F** 2
Asylbewerber Art. 89 57
Audit Art. 35 41, 55, 72; **Art. 47** 57
Auditoren Art. 47 57
Aufbewahrung § 26 106
Aufbewahrungsfristen E 2e
Aufbewahrungspflicht § 34 22
Aufdeckung § 45 33
– Legitimation § 26 133
Aufdeckung von Straftaten § 26 56.1
Aufdeckung von Verstößen Art. 23 46
Aufenthaltsort Art. 79 17, 18, 19
Auffangtatbestand § 79 12
Aufgabe im öffentlichen Interesse
– Rechtfertigungsgrund § 3 15
Aufgaben
– Bundesbeauftragter § 14 1
– Datenschutzbeauftrage § 5 1; § 7 7, 8
Aufgabenerfüllung § 85 17
– Bundesbeauftragter § 68 1
– Erforderlichkeit zur § 25 27
– Unabhängigkeit § 10 1
Aufgabenexzess Art. 28 104
Aufgabenverlagerungen § 62 20
Aufklärungsauftrag der Nachrichtendienste Art. 2 9d
Auflagen
– spezifische § 78 67
Aufsicht
– Unabhängigkeit § 10 2
Aufsichts-, Kontroll-, und Rechnungsbefugnisse § 23 35 ff.
Aufsichtsbefugnis
– Zutritts- und Einsichtsrechte § 40 35–37

1728

Sachverzeichnis

Aufsichtsbefugnisse
– Rechtsgrundlagen § 40 7 ff., 11
– Unterrichtungsbefugnis § 40 29
Aufsichtsbehörde § 78 56, 70; § 79 16;
  Art. 31 7
– administrative Unabhängigkeit Syst. B 54
– Befugnisse § 29 31; Art. 47 67; Art. 49 63
– Begriff Art. 52 1.1
– Beratungsfunktion § 40 3
– Bestandsgarantie Art. 51 5
– Datenschutz § 15 5
– Datenschutz-Richtlinie Art. 51 3; Art. 52
  4 f.; Art. 53 3
– demokratische Legitimation Art. 52 19 f.
– Dissens Art. 65 4 f.
– Errichtungspflicht Art. 51 5
– europäische Inpflichtnahme Art. 51 8 f.
– Europäische Union § 60 5
– Europäischer Datenschutzausschuss Art. 51 9;
  Art. 52 2
– federführende Art. 57 7, 8
– finanzielle Ressourcenausstattung Art. 52 25
– finanzielle Unabhängigkeit Art. 52 13
– Finanzkontrolle Art. 52 26
– funktionelle Unabhängigkeit Art. 52 21;
  Syst. B 54
– Gewaltenteilung Art. 52 8
– Grenzen der Unabhängigkeit Art. 52 17 f.
– Grundrechtsschutz Art. 51 6 f.
– Haushaltsplan Art. 52 25
– Informationsaustausch Art. 67 1 ff.
– Inkompatibilität Art. 52 22
– institutionelle Unabhängigkeit Art. 52 10, 24
– Kohärenzverfahren Art. 51 9; Art. 52 2
– Kontrollverfahren § 40 3, 4
– Leistungsspitze Art. 53 2
– mehrere Art. 51 5, 9
– Mitglied Art. 52 22; Art. 53 1 ff.
– Organisation Art. 51 3
– Personalautonomie Art. 52 24
– persönliche Unabhängigkeit Art. 52 12
– Regelungsauftrag Art. 51 4; Art. 54 2
– Religionsgemeinschaften Art. 91 21, 22
– Rolle der Kommission Art. 52 18; Syst. B 55
– sachliche Unabhängigkeit Art. 52 11
– Sanktionsbehörde § 41 29
– Selbstbindung Art. 42 44
– Unabhängigkeit Art. 51 7; Art. 52 1 ff.;
  Syst. B 53 ff.
– Verpflichtung zur Sensibilisierung Art. 8 17
– Verschwiegenheitspflicht Art. 54 3
– Weisungsfreiheit Art. 52 15 ff.
– Weiterleitung § 60 5
– Zusammenarbeit Art. 47 61; Art. 54 3
– zuständige Art. 77 9, 10, 11
– Zuständigkeitskonflikt Art. 65 6 f.
– Zwecke Art. 51 6 f.
Aufsichtsverfahren
– Sanktionsverfahren § 40 4
Auftragsdatenverarbeiter
– Haftung Art. 82 40
Auftragsdatenverarbeitung § 83 28, 29; E 19
– Befugnisse der Aufsichtsbehörde § 29 34
– durch nicht-öffentliche Stellen E 21
– freie Berufe Syst. F 147
Auftragskontrolle § 64 77 ff.
Auftragsüberschreitung Art. 28 s. 6

Auftragsverarbeiter § 64 18 f.; § 79 4; Art. 10
  7; Art. 14 51; Art. 28 16; Art. 32 14
– Anhörung § 69 6a
– Bundesbeauftragter § 9 2; § 14 6; § 68 4
– faktische Pseudonymisierung Art. 11 14
Auftragsverarbeitung § 62 8
– Datenweitergabe § 78 25.1
– Flottenmanagement § 26 180.1
Aufwand Art. 11 27
– unnötiger Art. 11 8
Ausdrückliche Einwilligung Art. 9 57 ff.
Auskunft
– Ausnahme § 85 21
Auskunftei Art. 20 27
– Aktualität Art. 5 29
– Richtigkeit Art. 5 29
Auskunfteien Art. 1 9.1
Auskunftsanspruch Art. 20 2, 7; E 23a
– Betriebsvereinbarung § 26 210
– Datenkopie § 26 210
– Datenübertragbarkeit Art. 20 49
– Geheimhaltungsinteresse § 26 210
– Konkurrenzen Art. 20 113
– presserechtliche und sonstige Art. 86 9
– Verschwiegenheitspflicht § 29 13; Syst. F 37
Auskunftspflicht
– Auskunftsverweigerungsrecht § 40 32 f.
– Bundesbeauftragter § 60 3a
– faktische Pseudonymisierung Art. 11 23 ff.
– gegenüber Aufsichtsbehörde § 40 30 f.
Auskunftsverlangen
– Form Art. 15 46
– Präzisierung Art. 15 47
– Rechtsmissbrauch Art. 15 48, 49
Ausländer
– AZR-Nummer Art. 89 57
Ausländerzentralregister § 78 26.3
Auslegung
– allgemein § 78 60, 32, 41, 43
– Art. 88 Abs. 2 Art. 88 79
– restriktiv § 78 47; § 80 1, 7, 15, 36; § 81 3
– richtlinienkonform § 78 39, 41, 57, 39, 57;
  § 79 3; § 80 1, 27
– systematisch Art. 88 71
– Wortlaut § 86 10
Auslesemöglichkeit
– von persönlichen Elektronikgeräten Art. 35
  39
Ausnahmen
– Auslegung § 80 s. Auslegung
Ausnahmeoption Art. 88 13
Ausnahmetatbestände § 29 3
Ausschlussfristen
– Abs. 3 Art. 88 95
Ausschuss
– allgemeine Ausschussverfahrensregelungen
  Art. 93 9
– Berufungsausschuss Art. 93 8
– Dringlichkeitsverfahren Art. 93 10
– Komitologie-Rechtsetzung Art. 93 1
– Komitologie-Verordnung Art. 93 2
– mitgliedstaatliche Kontrolle Art. 93 1, 2
– Prüfausschuss Art. 93 7
– Prüfverfahren Art. 93 6, 7, 8
Außen- und Sicherheitspolitik § 45 22
Außenwirkung
– Entscheidung § 54 3b

1729

Sachverzeichnis

Äußerungsrecht Art. 2 33, 35
Aussetzung
– des Verfahrens **§ 21** 9
Aussetzungsmöglichkeit Art. 81 9, 10
Austritt
– Vereinigte Königreich **§ 78** s. *Vereinigte Königreich*
Austrittabkommen Art. 28 104, 112a
Ausübung von Hoheitsgewalt § 3 24
Ausübung von Rechtsansprüchen Art. 49 30
Auswahlverantwortung § 62 29
Auswahlverfahren § 26 106
Auswertung
– Browserchronik **§ 26** 136.1
Auszeichnungen
– ausländische **§ 86** 18.1
– öffentliche **§ 86** 3
Authentifizierungsmaßnahmen
– faktische Pseudonymisierung **Art. 11** 30
Automatische Verarbeitung § 26 38
automatisiert/Automatisierung Art. 2 2, 3, 3.1
– nicht-automatisierte Datenverarbeitung **Art. 2** 4
– Teilautomatisierung **Art. 2** 3
Automatisierte
– Entscheidung im Einzelfall **§ 37** 1, 2, 3
automatisierte Bewerberauswahl § 26 61.1
Automatisierte Datenverarbeitung § 83 47
– ausschließliche **§ 54** 3
– Recht auf Löschung **§ 35** 19, 20, 21
Automatisierte Einzelentscheidung Art. 22 1; **Art. 35** 26
– Ablaufdiagramm **Art. 22** 22
– Anfechtung **Art. 22** 50
– Antidiskriminierungsrecht **Art. 22** 38
– besondere Kategorien personenbezogener Daten **§ 54** 4
– Dogmatik **Art. 22** 2.1
– E-Government **Art. 22** 30
– Einwilligung **Art. 22** 45
– Entscheidungserheblichkeit **Art. 22** 26
– Erforderlichkeit **Art. 22** 2
– Erlaubnisnorm **Art. 22** 44
– Erlaubnistatbestand **Art. 22** 4
– Human in the loop **Art. 22** 24
– Interessenabwägung **Art. 22** 2
– Legal Tech **Art. 22** 29
– Mitteilung an betroffene Person **Art. 22** 55
– Regelungsgegenstand **Art. 22** 5
– Technikverbot **Art. 22** 2.1
– Widerspruch **Art. 22** 45a, 51
Automatisierte Entscheidungsfindung Art. 15 76
Automatisierte Entscheidungsfindung mit Rechtswirkung oder ähnlich bedeutsamer Wirkung Art. 35 30
Automatisierte Verarbeitung E 3
AZR-Nummer Art. 89 57
Bagatellklausel Art. 2 12
Bandbreite Art. 20 80.1
Banken § 81 3
Basisanspruch Art. 15 50
– Detaillierungsgrad **Art. 15** 52.2
– weitere Informationen **Art. 15** 53
BCR
– Änderungen **Art. 47** 59

BDSG
– Anwendungsbereich **§ 45** 10; **§ 86** 2 f.
– Dritter Teil **§ 45** 1
– Evaluierung **§ 4** 1
– Subsidiarität **§ 85** 2
– Überarbeitungsbedarf **§ 4** 1
Beamte § 26 29
Beanstandung
– Bundesbeauftragter **§ 16** 6, 7, 7a, 9, 10
Bedeutung und Reichweite § 26 VII BDSG
§ 26 41
Beeinflussung
– Unabhängigkeit **§ 10** 2, 3
Beeinträchtigung Art. 35 14, 16, 46
Beendetes Beschäftigtenverhältnis § 26 31, 88, 189
Beendigung
– Abmahnung **§ 26** 189
– Arbeitspapiere **§ 26** 189
– Aufhebungsvertrag **§ 26** 189
– Kündigung **§ 26** 189
– Resturlaub **§ 26** 189
– Verdachtskündigung **§ 26** 189
– Zeugnis **§ 26** 189
Befassung
– mit der Beschwerde **Art. 77** 13
Befassungspflicht
– Aufsichtsbehörde **Art. 78** 20
Befugnis § 3 24
Befugnisnorm
– für datenverarbeitende Stelle **§ 50** 5
Befugnisse
– Aufsichtsbehörde **§ 29** 31; **Art. 90** 5
– Aufsichtsbehörden **Art. 49** 63
– Ausübung **§ 16** 2, 3, 4
– Bundesbeauftragter **§ 16** 1, 2
– Unabhängigkeit **§ 10** 1, 2
Behindertenwerkstatt § 26 26
Behinderung § 26 91
Behinderungsverbot Art. 20 49
– Datenübertragbarkeit **Art. 20** 79
Behörde
– zuständige **§ 45** 8
Behörde, zuständige
– Stelle **§ 78** s. *Stelle*
Behördenvorbehalt Art. 10 6f, 13
– Ausnahmen **Art. 10** 10 ff., 14 ff.
Behördliche
– Datenschutzbeauftrage **§ 5** 1
Behördliche Aufsicht Art. 10 6 ff., 10 ff., 14 ff.
Beirat zum Beschäftigtendatenschutz § 26 10
Belastbarkeit § 64 45
Belastungserprobung § 26 25
Beleihung Art. 2 8, 30
Beliehene § 45 34; **§ 78** 45
Benachrichtigung über die Verletzung des Schutzes personenbezogener Daten
– Ausnahmen **Art. 33** 36 ff.
– Geldbuße **Art. 33** 17
– Grundlagen **Art. 33** 2 ff., 19
– Inhalt **Art. 33** 29 ff.
– Umfang **Art. 33** 21 ff.
Benachrichtigungspflicht § 23 43; **§ 24** 23; **§ 66** 4
– Beweisverwendungsverbot **§ 41** 50 ff.; **§ 42** 75 ff.; **§ 43** 9 f., 22 ff.

Sachverzeichnis

– des Verantwortlichen § 29 15
Benachteiligung § 26 61
Benennung
– Datenschutzbeauftrage § 5 1, 6, 8
Benutzergruppen
– geschlossene Art. 95 4
Benutzerkontrolle § 64 66
Beratung
– Bundesbeauftragter § 14 3, 5, 6, 12
Berechtigtes Interesse
– Datenverarbeitung Art. 88 89
– des Dritten zur Datenübermittlung § 25 28
– Videoüberwachung § 4 29, 30
Berechtigung
– zur Verarbeitung § 42 35 ff., 42 ff.
Bereich
– der sozialen Sicherheit und der öffentlichen Gesundheit Art. 36 4, 38
Bereicherungsabsicht § 42 51, 62
Bereichsspezifische Sonderregelung
– Absehen von der Berichtigung § 58 53
– Auskunftsrecht des Betroffenen § 58 54
– Betroffenenrechte § 58 1, 2, 10, 11, 14, 15, 16, 17, 18, 19
– Dokumentationspflicht des Verantwortlichen § 58 54
– Recht auf „Vergessenwerden" § 58 42
– Recht auf Berichtigung § 58 20, 22, 23, 24, 25, 29, 30, 31, 32, 33, 34, 35, 36
– Recht auf Löschung § 58 40, 41, 42, 43, 44
– Unterrichtungspflicht § 58 52
– Verfahren über die Ausübung der Rechte der betroffenen Person § 59 1, 1a, 2, 3, 4, 5, 6, 7, 8, 9, 10, 11, 12
– Vervollständigung unvollständiger Daten § 58 39
Berichterstattung
– Rechenschaft Art. 71 1, 4, 9, 13
Berichtigung
– Anspruch auf Art. 5 28
– Begriff § 75 14
– Benachrichtigungspflicht Art. 5 30
Berichtigungspflicht § 75 10, 11
Berufliche Qualifikation
– Datenschutzbeauftrage § 5 8
Berufsgeheimnis Art. 90 8
– Bundesbeauftragter § 16 11
Berufsgeheimnisträger Art. 26 70; Art. 28 25
– Beispiele § 29 23; Art. 90 10
Berufskammer Syst. F 22
Berufsordnung Syst. F 1
Berufsrecht s. freie Berufe
Berufsständische Regeln Art. 23 44
Beschäftigte
– Arbeitnehmer § 26 22
– Beamte § 26 29
– Behindertenwerkstätten § 26 26
– Berufsausbildung § 26 22
– Bewerber § 26 30
– Leiharbeiter § 26 22
– Leitende Angestellte § 26 23
– Organmitglieder § 26 21
– Rehabilitanden § 26 25
Beschäftigtenbegriff
– autonome Auslegung Art. 88 29, 53
– tatsächliche Begebenheit Art. 88 30

– weites Verständnis Art. 88 31
Beschäftigtendaten E 75
– Arbeitgebervereinigungen § 26 184
– Arbeitnehmerüberlassung § 26 182
– Asset Deal § 26 185
– Bekanntgabe im Unternehmen § 26 181
– Bereitstellung § 26 179
– Dienstvereinbarungen E 77
– Drittstaaten § 26 183.2
– Due Diligence § 26 185
– EU- und EWR-Ausland § 26 183.1
– Firmenwagen § 26 180.1
– Flottenmanagement § 26 180.1
– Gemeinschaftliche Einrichtungen der Tarifvertragsparteien § 26 184
– Konzernprivileg § 26 183
– Personalabteilung § 26 181
– Share Deal § 26 185
– Übermittlung § 26 179
– Unternehmenskauf § 26 185
– Verarbeitung § 26 179
– Veröffentlichung § 26 179, 187
– Weitergabe § 26 142.5
– Weitergabe an Dritte § 26 180
Beschäftigtendatenschutz § 26 13; Art. 2 5; Art. 10 16; Art. 20 26; Art. 22 16
– Entwicklung Art. 88 3
– Regelung Art. 88 3
Beschäftigung
– Leistungen Art. 88 63
– Rechte Art. 88 63
Beschäftigungskontext Art. 88 19, 28, 31, 40, 54
Beschäftigungsverhältnis § 26 113
– Beendigung Art. 88 64
– Einwilligung Art. 7 19
– Straftat § 26 133
Beschlagnahmeverbot § 6 19
Beschluss
– der Aufsichtsbehörde Art. 78 5
Beschluss des Europäischen Parlaments Art. 88 5
Beschränkungen Syst. A 55
– Betroffenenrechte Art. 23 14
– Datenschutzgrundsätze Art. 23 9
– der Verarbeitung Art. 36 16, 18, 39
– Entstehungsgeschichte Art. 23 2
– erfasste Rechte Art. 23 7
– Gründe Art. 23 20
– Notwendigkeit Art. 23 17
– Verhältnismäßigkeit Art. 23 18
Beschwerde Art. 57 16, 17, 41, 42
– Bundesbeauftragter § 60 1, 3, 4, 5
– Rechtsschutz § 60 4
– Stand § 60 4
– Untätigkeit § 60 4
Beschwerdeformular Art. 77 8
Beschwerderecht Art. 15 71; Art. 77 1
Beschwerdeverfahren
– nationale Vorschriften Art. 77 2
Besondere Daten
– Behinderung § 26 121, 122
– Krankheit § 26 121
– Schwangerschaft § 26 121
Besondere Kategorien Art. 35 8, 27
– Religiöse Überzeugung Art. 88 26
– Sexuelle Orientierung Art. 88 26

Sachverzeichnis

- Weltanschauliche Überzeugung **Art. 88** 26
Besondere Kategorien personenbezogener Daten § 22 1 ff., 17; **§ 27** 10; **§ 28** 3; **§ 48** 1 ff., 18; **Art. 10** 8, 13b
- Anforderungen des Art. 6 DS-GVO **Art. 9** 11 f.
- Angemessene Maßnahmen **Art. 9** 105 ff.
- Archivzwecke, wissenschaftliche oder historische Forschungszwecke, statistische Zwecke **Art. 9** 99 ff.
- Genese Art. 9 DS-GVO **Art. 9** 6 ff.
- genetische und biometrische Daten **§ 27** 11
- genetische, biometrische Daten und Gesundheitsdaten **Art. 9** 42 ff.
- Gewerkschaftszugehörigkeit **Art. 9** 40
- Konzept **Art. 9** 18 ff.
- Öffnungsklauseln **Art. 9** 51 ff., 85, 105, 109 ff.
- politische Meinungen **Art. 9** 36
- rassische und ethnische Herkunft **Art. 9** 34 ff.
- religiöse und weltanschauliche Überzeugungen **Art. 9** 38 ff.
- Richtlinie (EU) 2016/680 **Art. 9** 14
- risikobasierter Ansatz **Art. 9** 2
- Schutzgüter **Art. 9** 23, 24, 26
- Sexualleben und sexuelle Orientierung **Art. 9** 47 ff.
- Sperrwirkung gegenüber Art. 6 Abs. 1 DS-GVO **Art. 9** 11
- Subjektive Auswertungsabsicht **Art. 9** 30
- Suchmaschinenbetreiber **Art. 9** 50, 89
- Typisierung **Art. 9** 19, 21
- Verarbeitungskontext **Art. 9** 2, 4, 25, 30, 35, 39, 105
- Vorgängerregelungen **Art. 9** 6 ff.
- zweckändernde Verarbeitungen **Art. 9** 12
- zweigliedrige Struktur **Art. 9** 27 ff.
besonderes elektronisches Anwaltspostfach E 42b
Bestandsdatenauskunft § 42 72
Bestimmtheitsgebot § 41 6
Bestimmtheitsgrundsatz § 26 46a, 46a.1; **§ 48** 10 ff.; **§ 49** 8 ff.
Beteiligungsfähigkeit
- Aufsichtsbehörde **§ 20** 4; **§ 21** 8
Beteiligungspflicht Art. 35 61
Betrieblicher Datenschutzbeauftragter
- Abberufung durch die Aufsichtsbehörde **§ 40** 40–43
- Beratungspflicht der Aufsichtsbehörde **§ 40** 39
Betriebs- oder Personalrat Art. 35 61
Betriebsgeheimnis Art. 20 s. *Geschäftsgeheimnis*
Betriebsrat
- Auskunftsanspruch **§ 26** 126.2
- Auswahlrichtlinien **§ 26** 204
- Beteiligungsrechte **§ 26** 202
- Betriebsratsmitglied **§ 26** 195b
- Beweisverwertungsverbot **§ 26** 199
- Datenpanne **§ 26** 205a
- Klagerecht **Art. 80** 12
- Kontrolle **§ 26** 177.2
- Mitarbeitergespräche **§ 26** 203.1
- Personalfragebögen **§ 26** 203
- Schutz- und Förderpflicht **§ 26** 201
- sensible Daten **§ 26** 198
- Überwachungspflicht **§ 26** 201
- Unterrichtspflicht **§ 26** 197
- Unterrichtsverpflichtung **§ 26** 197
- Verantwortlicher **§ 26** 195-195d
- Zusammenwirken **§ 26** 200
Betriebsvereinbarung § 26 54, 55, 55.1, 55.2, 109, 154, 171
- Compliance-Maßnahmen **§ 26** 130.1
Betroffene Person Art. 77 3; **Art. 79** 2
Betroffenenaufenthalt
- Unerheblichkeit **Art. 3** 24
Betroffenenrechte § 27 1, 42; **§ 74** 10, 11; **Art. 22** 53; **Art. 23** 1 ff.; **Art. 58** 21, 30; **Art. 88** 27; **Art. 89** 5, 13b, 16; **Syst. B** 28, 52
- Allgemeines **§ 58** 9; **Art. 16** 1, 2, 3, 4
- Auskunftsrecht **§ 27** 42 f.; **§ 28** 16
- Auslegung **Art. 16** 15, 16, 17, 18, 19
- Ausnahme **Art. 11** 10
- Bereichsspezifische Sonderregelung **§ 58** 1, 2, 10, 11, 14, 15, 16, 17, 18, 19
- Beschränkung **Art. 23** 14
- Bundesbeauftragter **§ 14** 11
- Datenschutzniveau **Art. 16** 8, 9, 10, 11
- Einschränkung **§ 28** 16 ff.; **Art. 23** 1 ff.
- Einschränkung **§ 27** 42
- Einschränkungen **§ 86** 13
- Freistellung **Art. 11** 21
- im Mandatsverhältnis **§ 29** 19
- Missbrauch **Art. 20** 62
- Objektive Pflichten **§ 58** 8; **Art. 16** 6, 7
- Öffnungsklauseln **Art. 16** 11, 12, 13, 14
- Recht auf Berichtigung **§ 27** 42; **§ 28** 17
- Recht auf Datenlöschung **§ 27** 45; **§ 28** 21
- Recht auf Einschränkung der Verarbeitung **§ 27** 42; **§ 28** 20
- Rechtsschutz **Art. 16** 32, 33, 34
- Subjektive Rechte **§ 58** 8; **Art. 16** 5, 6
- Widerspruchsrecht **§ 27** 42; **§ 28** 20
Betroffenenvertreter Art. 35 61
Betroffener § 60 1, 5
Beurteilungsspielraum § 80 5
- Verantwortlicher **§ 79** 13
Beweislast § 26 44, 66; **Art. 5** 39
Beweislasterleichterung § 26 101.2
Beweislastumkehr § 26 106
Beweisverwendungsverbot § 41 50; **§ 42** 75 ff.; **§ 43** 22 ff.; **§ 84** 9 f.
Beweisverwertung E 37
- Sozial Media-Plattformen **§ 26** 193.2
- Verbot **§ 26** 190
- Verwertungsverbote **E** 38
- Zufallsfund **§ 26** 191
Bewerber § 26 30
Bewerberdaten
- Verwahren **§ 26** 107
Bewerbung § 26 32a, 70
- Aufbewahrungsfrist **§ 26** 106
Bewerbungsgespräch § 26 42
Bewerbungsunterlagen
- Rückgabepflicht **§ 26** 108
Bewerten Art. 35 30
Bewertung
- persönlicher Aspekte **Art. 35** 26
- systematische und umfassende **Art. 35** 26
Bewertungsportal Art. 2 32
BfD § 79 18
- Ordengesetz **§ 86** 3.2, 15
BfDI § 34 59

Sachverzeichnis

Big Data Art. 5 25.1; **Art. 9** 16, 29
– Betroffenenrechte **Art. 16** 2
Bildaufnahmen Art. 2 12, 15.1
Bildkategorien
– Gesichtsbilder **§ 4** 6, 15, 16
– Lichtbilder **§ 4** 6
Bildnisse
– Einwilligung **Art. 7** 26
Bildsymbole Art. 12 53
Binnenmarkt Art. 2 8, 9
Binnenmarktinformationssystem (IMI) Art. 67 5
Binnenmarktkollisionsrecht Art. 1 11
Biometrie Art. 22 10; **Art. 89** 30
Biometrische Daten § 4 14, 15; **Art. 9** 8, 9, 42, 64, 107; **Art. 35** 39
– Allgemeines **§ 26** 155
– Art. 4 Nr. 13 DS-GVO **§ 26** 155
– Art. 9 DS-GVO, § 26 III BDSG **§ 26** 156
– Ausweis **§ 26** 159
– EDSA **Art. 9** 44
– Einwilligung, § 22 S. 1 KUG **§ 26** 160
– Fingerabdruck **§ 26** 158
– Lichtbild **§ 26** 156, 159
– Löschung **§ 26** 161
– Öffnungsklausel Art. 9 Abs. 4 DS-GVO **Art. 9** 109
– Rechtsgrundlage **§ 26** 157
– Veröffentlichung **§ 26** 160
– Widerruflichkeit **§ 26** 161
BKA § 79 15
BKA-Urteil § 49 15; **§ 80** 6
Blacklist Art. 35 31
Blankettatbestand Art. 83 6, 21
Blockchain Art. 22 18.1; **Art. 26** 63
Bonitätsauskunft Art. 22 16.2
Breitenwirkung Art. 2 18
Brexit Art. 3 23a; **Art. 89** 12
broad consent Art. 89 2.1
BSI Art. 35 46, 72
Bundesamt für Sicherheit in der Informationstechnik Art. 35 72
Bundesamt für Verfassungsschutz § 85 18
Bundesarchiv Art. 89 60
Bundesbeauftragter
– Amtseid **§ 11** 3
– Amtsfortführung **§ 11** 1
– Amtsgeheimnis **§ 16** 11
– Amtshilfe **§ 14** 9
– Amtsverhältnis **§ 12** 1, 2, 3; **§ 13** 11
– Amtszeit **§ 11** 1, 4; **§ 12** 1, 3, 5; **§ 13** 1a
– Anhörung **§ 16** 5, 7, 7a; **§ 69** 1
– Anrufung **§ 14** 11; **§ 60** 1
– Anvertrauen **§ 13** 3
– Aufgaben **§ 14** 1
– Aufklärung **§ 14** 3, 5
– Aufsicht **§ 10** 2
– Auftragsdatenverarbeitung **§ 8** 4
– Auftragsverarbeiter **§ 9** 2; **§ 14** 6; **§ 68** 4; **§ 69** 6a
– Aussagegenehmigung **§ 13** 16
– Ausschuss des Bundestages **§ 14** 12, 13
– Beamte **§ 8** 3; **§ 12** 1, 5a
– Beanstandung **§ 16** 6, 7, 7a, 9, 10
– Befugnisse **§ 16** 1, 2
– Beratung **§ 14** 3, 5, 6, 12
– bereichsspezifisch **§ 9** 5
– Berufsgeheimnis **§ 16** 11
– Berufsgeheimnisträger **§ 9** 4d
– Beschwerde **§ 14** 8; **§ 60** 1, 3, 4, 5
– Beschwerdeformular **§ 14** 15
– Besoldung **§ 12** 1, 7
– Betroffenenrechte **§ 14** 11
– Betroffener **§ 60** 1, 3, 4, 5
– Bundesgerichte **§ 9** 3, 4; **§ 60** 2
– Bundesnachrichtendienst **§ 14** 14
– Bundespräsident **§ 11** 1
– Bundesrat **§ 14** 5, 12; **§ 15** 4
– Bundesrechnungshof **§ 9** 4a; **§ 10** 4
– Bundesregierung **§ 11** 1; **§ 13** 15; **§ 14** 5, 12, 13, 14; **§ 15** 4
– Bundestag **§ 11** 1, 1a, 1b; **§ 14** 5, 12, 13; **§ 15** 4
– Bundestagspräsident **§ 13** 2
– Bundesverfassungsgericht **§ 13** 16
– Datenschutzaufsicht **§ 9** 1
– Datenschutz-Folgenabschätzung **§ 69** 1a, 1b, 1c, 2, 5
– Deutsche Welle **§ 9** 4c
– Dienstsitz **§ 8** 1, 2a
– Durchsetzung **§ 14** 2
– entgeltliche Tätigkeit **§ 13** 1b
– Ernennung **§ 11** 1; **§ 12** 1, 2
– Ernennungsurkunde **§ 11** 1
– Ernennungsverfahren **§ 11** 1a
– Errichtung **§ 8** 1
– EU-Aufsichtsbehörden **§ 14** 9, 16
– Europäischer Datenschutzausschuss **§ 14** 9
– Frist **§ 69** 6a, 7, 8
– Gebühren **§ 14** 16; **§ 60** 3
– Gefahr im Verzug **§ 16** 5
– Geheimhaltung **§ 13** 1, 9, 10
– Geschenke **§ 13** 2
– Gesetzgebung **§ 14** 10
– Haushaltsplan **§ 8** 2
– Informationsfreiheit **§ 8** 1
– Informationsrecht **§ 16** 12
– Interessenkollision **§ 13** 1
– Jahresbericht **§ 15** 1, 2
– justizielle Tätigkeit **§ 9** 3, 4
– Kinder **§ 14** 4
– Kirche **§ 9** 4b
– Konsultation **§ 69** 1
– Landesdatenschutzbeauftragte **§ 9** 6; **§ 13** 17; **§ 16** 13
– leitender Beamter **§ 12** 1, 5, 6
– Mängel der Verarbeitung **§ 16** 4, 6, 7
– Medienprivileg **§ 9** 4c
– Mindestalter **§ 11** 2
– Missbrauch **§ 14** 16
– Mitarbeitende **§ 13** 1d, 7, 9, 12
– Nachfolger **§ 12** 1, 5, 6
– Nebentätigkeit **§ 13** 1c
– oberste Bundesbehörde **§ 8** 1, 3
– öffentliche Stellen **§ 9** 1
– Öffentlichkeit **§ 14** 4, 5; **§ 15** 4
– öffentlich-rechtliche Unternehmen **§ 9** 1
– Organisation **§ 8** 2
– Personalverwaltung **§ 8** 4
– personelle Anforderungen **§ 11** 1b, 2
– Pflichten **§ 13** 1
– Rechte **§ 13** 1
– Rechtsanwälte **§ 9** 4d
– Rechtsbehelf **§ 14** 11; **§ 60** 1, 4

1733

Sachverzeichnis

- Rechtsprechung § 14 10
- Rechtsschutz § 14 8
- Rücktritt § 12 1, 3
- Ruhegehalt § 12 1, 7
- Sanktionen § 15 2
- sensibilisieren § 14 4, 5
- Staatshaftung § 12 1
- Stellungnahme § 14 12; § 16 5, 7, 7a
- Strafantrag § 13 12, 13
- Strafanzeige § 13 12, 13
- Tätigkeitsbericht § 15 1, 2
- Telekommunikationsdienst § 9 1a, 1b, 1c, 1d, 1e
- Überwachung § 14 2, 10
- Unabhängigkeit § 8 1, 2; § 10 1, 2; § 13 11
- unentgeltliche Tätigkeit § 13 1b, 1c
- Untersuchung § 14 9
- Untersuchungsausschuss § 13 14
- unvereinbare Handlungen § 13 1, 1b
- Verantwortlicher § 14 6; § 69 1
- Verhinderung § 12 1, 6
- Verschwiegenheitspflicht § 13 9, 10
- Verstöße § 16 4, 6, 7
- Verwaltungskosten § 14 16
- Vorab-Konsultation § 14 6
- Warnung § 16 7, 8
- Weisung § 10 1, 3
- Wiederwahl § 11 7
- Zeugenaussage § 13 14, 15
- Zeugnisverweigerungsrecht § 13 3, 8, 17
- Zugangsrecht § 16 12, 12a
- Zusammenarbeit § 14 7; § 16 13
- Zusammenarbeitspflicht § 68 1
- Zuständigkeit § 9 1

Bundesbeauftragter für Datenschutz
- Nachrichtendienste § 85 18
- Verteidigung § 85 18
- Zutrittsrechte § 85 18

Bundesdatenschutzgesetz BDSG
- freie Berufe § 29 23; Syst. F 19

Bundesfreiwilligendienst
- Konsultationsverfahren § 26 27

Bundesgerichte
- Bundesbeauftragter § 9 3, 4; § 60 2

Bundesministerium der Verteidigung § 85 18

Bundespräsident
- Amtsenthebung § 12 1, 3, 4
- Ernennung § 11 1

Bundesrat
- Bundesbeauftragter § 14 5, 12
- Jahresbericht § 15 4

Bundesrechnungshof
- Bundesbeauftragter § 9 4a
- Unabhängigkeit § 10 4

Bundesrechtsanwaltskammer Syst. F 22

Bundesregierung
- Bundesbeauftragter § 13 15; § 14 5, 12, 13, 14
- Ernennung § 11 1
- Jahresbericht § 15 4

Bundessteuerberaterkammer Syst. F 22

Bundestag
- Bundesbeauftragter § 14 5, 12, 13
- Ernennung § 11 1, 1a, 1b
- Jahresbericht § 15 4

Bundestagspräsident
- Amtsenthebung § 12 1, 3, 5

Bundesverwaltungsgericht
- Eingangs- und Letztinstanz § 21 6

Bundeswehr § 85 3, 11; **Art. 89** 37
- Personenkennziffer **Art. 89** 59

Bundeszentralregister Art. 10 9.1, 13

Bußgeld
- Anwendungsbereich § 41 9 ff.
- Bedeutung § 41 4
- Bescheid § 41 31
- Einheitstäter § 41 13
- gegen Bedienstete § 43 21
- gegen Beteiligte § 41
- gegen juristische Personen § 41 22; § 43 11
- gegen Leitungspersonen § 41 13
- gegen Mitarbeiter § 41 14
- gegen natürliche Personen § 41 10
- gegen öffentliche Stellen § 41 12; § 43 19
- Höhe § 41 22
- Materielles Bußgeldrecht § 41 7 ff.
- Personenkennzeichen **Art. 89** 52
- Praxis § 41 4
- Rechtfertigung § 41 21
- Systematik § 41 3
- Unterlassen § 41 20
- Verjährung § 41 2, 25
- Vorwerfbarkeit § 41 21

Bußgeldbescheid Art. 10 2

bußgeldbewehrt § 68 2

Bußgeldverfahren § 41 26 ff.
- Einspruch § 41 32
- Ermittlungsmaßnahmen § 41 43 ff.
- Europäische Zusammenarbeit § 41 45 f.
- gerichtliches Verfahren § 41 35 f.
- Rechtsbeschwerde § 41 37 f.
- Rechtskraft § 41 40
- Verfahrensgarantien § 41 47 ff.
- Verfolgungsbehörde § 41 29
- Verfolgungsermessen § 41 41 f.
- Vorverfahren § 41 31
- Zuständigkeit § 41 30, 35 f., 37 f.
- Zwischenverfahren § 41 33

CBPR Art. 50 21
Chilling effect Art. 9 26
China
- Social Credit System **Art. 89** 16

Chi-Quadrat-Test Art. 22 11
Cloud Art. 28 24c, 28
CLOUD Act Art. 48 6
Cloud Service Provider Art. 46 2m, 3b
Cloud-Computing § 78 25.1
Clouddienst Art. 2 23

Compliance
- Criminal § 41 4; § 42 8 ff.
- Detektiv § 26 142, 142.3
- Führungszeugnis § 26 138.1
- Korruption § 26 139.1
- Mitarbeiterkonten § 26 132
- Mitarbeiterscreening § 26 139, 142
- Ordnungswidrigkeit § 26 130
- Spindkontrolle § 26 142.2
- Straftaten § 26 130, 131, 133
- Testkauf § 26 142.4
- Türkontrolle § 26 142.2
- Verdachtskündigung § 26 130
- Whistleblower § 26 142, 142.5
- Zufallsfund § 26 132

Sachverzeichnis

Consultation
- Prior **Art. 35** 1; **Art. 36** 1
Cookie Art. 89 32
- Einwilligung **Art. 7** 22
COPPA Art. 8 25
Corona Art. 89 15.2
Corona-Test § 26 113.2
COVID-19
- EDSA **Art. 9** 97
Covid-19-Pandemie § 26 113, 113.2
- Infektionsmanagement **§ 26** 123.3
- Videokonferenz-Sitzungen **§ 26** 196.2
Cross-Border Privacy Rules Art. 50 21

Dark Pattern Art. 5 8a
Darknet § 42 21
Data Protection Impact Assessment Art. 35 2
Datei Syst. A 9
Dateisystem § 26 38; **Art. 2** 4, 5
- Anhörung **§ 69** 3a
Daten
- angemessene **Syst. A** 44
- anonyme **Art. 20** 31
- Begriff **§ 74** 15
- besondere Kategorien **§ 64** 39 ff.
- Bewerberdaten **Art. 22** 16
- biometrische **§ 86** 16
- biometrische Daten **Art. 89** 30
- biometrisches Merkmal **Art. 22** 10
- Bonitätsdaten **Art. 22** 16.2
- Datenformat **Art. 20** 73.1
- Datentransfer **§ 78** 25.1
- Doppelbezug **Art. 20** 83, 94
- erhebliche **Syst. A** 48
- Formatierung **Art. 20** 49
- Forschungsdaten **Art. 20** 118
- Geburtsdaten **Art. 89** 33
- Gendaten **Art. 89** 30
- genetische **§ 86** 16
- Gesundheitsdaten **Art. 89** 30
- Gewerkschaftszugehörigkeit **§ 86** 16
- Herausgabeanspruch **Art. 20** 54
- Identitätsmerkmal **Art. 22** 10
- Interaktionsdaten **Art. 20** 45
- Kategorien **§ 79** 9; **§ 80** 4; **§ 86** 6, 16, 17
- Löschung **§ 86** 15
- Maschinenlesbarkeit **Art. 20** 74
- Metadaten **Art. 20** 53, 67, 100
- mit Doppelbezug **Art. 20** 32
- Offenlegung **§ 78** 37.2, 44
- personenbezogene **§ 74** 14, 16; **§ 75** 13
- Persönlichkeitsmerkmal **Art. 22** 7
- pseudonyme **Art. 20** 31
- sensible **§ 79** 9
- sensitive Daten **Art. 22** 58
- Sexualleben **§ 86** 16
- Strukturiertheit **Art. 20** 70
- Taufdatum **Art. 89** 9
- unternehmensbezogene **§ 35** 12; **§ 58** 24
- unvollständige **§ 74** 3, 23
- Verarbeitung **§ 78** 24 f., 44
Daten zu schutzbedürftigen Betroffenen Art. 35 30
Datenbank Art. 2 3
Datenbankeigentum Art. 20 108
Datenbankschema Art. 36 21

Datenbetrug § 42 54
Datenbrief Art. 20 2
Dateneigentum Art. 20 3, 8, 106
Datenenteignung Art. 20 13
Datenerhebung
- Dritte **§ 26** 97, 98
- E-Mai-Konfiguration **§ 26** 174-176.1
- Ermittlungsverfahren **§ 26** 130.2
- Identifizierung **Art. 11** 20
- Internet **§ 26** 178
- Soziale Netzwerke **§ 26** 178
- Stammdaten **§ 26** 115
Datenexport in Drittland
- Abgrenzung zu Direkterhebung aus Drittland **Art. 3** 26a
- Bereinigungslösung **Art. 3** 50
- Integrationslösung **Art. 3** 49
Datenexporteur
- räumlicher Anwendungsbereich **Art. 3** 26b
Datenflussdiagramm Art. 36 21
Datenformat Art. 20 73.1
Datengeheimnis § 53 29, 49.1; **Syst. A** 74
Datengetriebene Geschäftsmodelle Art. 9 29
Datenhandel § 42 21, 43
Datenhehlerei § 42 67
Datenherkunft Art. 15 74
Datenimporteur
- räumlicher Anwendungsbereich **Art. 3** 26b
Datenintegrität § 64 76
Datenkopie Art. 15 85
- Antrag **Art. 15** 86
- NDA **Art. 15** 99.3
Datenlöschung
- Pflicht zur **§ 75** 3
- Recht auf **§ 75** 3
Datenmarktrecht Art. 20 6
Datenmenge Syst. A 45
- Minimierung **Syst. A** 50
Datenminimierung § 26 59, 66; **Art. 89** 46, 59
- angemessene Daten **Syst. A** 44
- Angemessenheit **Art. 5** 26
- Big Data **Art. 5** 25.1
- Datenmenge **Syst. A** 45
- Einschränkung **§ 75** 5
- Erforderlichkeit **Art. 5** 25
- Erforderlichkeitsgrundsatz **Syst. A** 41
- faktische Pseudonymisierung **Art. 11** 8
- Gebot der Speicherbegrenzung **Syst. A** 57
- Grundsatz **§ 75** 1, 5; **Art. 5** 24 ff.
- Inhalt **Syst. A** 42
- notwendiges Maß **Syst. A** 49
Datenmobilität Art. 20 15
Datenpanne Art. 33 *s. Meldung der Verletzung des Schutzes personenbezogener Daten*
Datenpools
- faktische Pseudonymisierung **Art. 11** 11
Datenportabilität *s. Datenübertragbarkeit*
- Erfüllung des Anspruchs **Art. 20** 65
- Geltendmachung **Art. 20** 60
- Geschäftsgeheimnis **Art. 20** 99
- Haftung **Art. 20** 98a
- Herausgabeanspruch **Art. 20** 54
- Interkonnektion **Art. 20** 58
- Missbrauch **Art. 20** 85

1735

Sachverzeichnis

- mitgliedstaatlicher Umsetzungsspielraum **Art. 20** 118
Datenrichtigkeit Art. 5 s. Richtigkeit s. Grundsatz der Datenrichtigkeit
- Grundsatz **§ 74** 12; **§ 75** 1
Datenschutz
- Aufsichtsbehörde **§ 29** 32; **Syst. F** 66
- bereichsspezifischer **§ 78** 7 f., 17, 26, 71; **Syst. B** 2.2
- DDR **Art. 89** 9.2
- freie Berufe **Syst. F** 1, 11
- Notar **Syst. F** 1
- Patentanwalt **Syst. F** 1
- Rechtsanwalt **Syst. F** 1
- Schutzbereich **§ 64** 5
- Steuerberater **Syst. F** 1
- Verhältnis zur Verschwiegenheitspflicht **Syst. F** 12
- Völkerrecht **Syst. B** 6 ff.
- Wirtschaftsprüfer **Syst. F** 1
Datenschutz durch Technikgestaltung und durch datenschutzfreundliche Voreinstellungen Art. 35 5, 13, 57
Datenschutz im Verfahren E 23 ff.
Datenschutzaufsichtsbehörde s. Aufsichtsbehörden
Datenschutzbeauftragter § 67 2, 5, 11; **§ 77** 11, 12; **Art. 10** 17; **Art. 35** 6, 11, 22, 23, 24, 60, 62, 76, 80; **Art. 36** 1, 3, 6, 12, 23
- Aufgaben des **§ 67** 12
- Beteiligung des **§ 67** 5, 11, 12
- betrieblich **Art. 88** 33
- freie Berufe **Syst. F** 75, 82, 84
- Kerntätigkeit **Art. 88** 34
- Unternehmensgruppe **Art. 88** 35
Datenschutzbereiche Syst. A 6
Datenschutzerklärung
- nationale Sicherheit **§ 85** 22
Datenschutz-Folgenabschätzung E 3b; **§ 67** 5, 7, 9, 10, 11, 13; **Art. 10** 17; **Art. 36** 1, 5, 8, 9, 23, 24, 26, 36, 37
- Anhörung **§ 69** 1a, 1b, 1c, 2, 5
- automatisierte Einzelentscheidung **Art. 22** 54.1
- Begriff Erfüllung **Art. 35** 1
- Negativliste **Art. 57** 24; **Art. 58** 34
- Positivliste **Art. 57** 23
- Personenkennzeichen **Art. 89** 47
- Videoüberwachung **§ 4** 17
Datenschutzfreundliche Alternative § 3 22
Datenschutzfreundlichkeit Art. 20 12.1
Datenschutzgrundrecht
- Abwehrrecht **Syst. B** 26
- Art. 16 Abs. 1 AEUV **Syst. B** 30
- Art. 7 GRC **Syst. B** 23, 31, 57 f.
- Art. 8 GRC **Syst. B** 24 ff., 31, 33 ff.
- Aufsichtsbehörden **Syst. B** 53 ff.
- Ausgestaltung **Syst. B** 26, 29, 40, 43 f.
- Ausgleich gegenläufiger Belange **Syst. B** 41 ff.
- Betroffenenrechte **Syst. B** 28, 52
- Datenübermittlung in Drittländer **Syst. B** 56 ff.
- Dokumentenzugang **Syst. B** 49
- Drittwirkung **Syst. B** 26, 38 ff.
- Eingriff **Syst. B** 19, 27
- Einwilligung **Syst. B** 28
- EuGH **Syst. B** 16 ff., 27, 31, 43 ff.
- Fluggastdatenabkommen **Syst. B** 50.3
- Google Spain **Syst. B** 39, 45
- GRC **Syst. B** 22 ff.
- Grundrechtsdimensionen **Syst. B** 26
- grundrechtskonforme Auslegung **Syst. B** 16
- juristische Person **Syst. B** 33 ff.
- Leistungsanspruch **Syst. B** 26
- Organisationsvorgaben **Syst. B** 26, 29, 53 ff.
- persönlicher Schutzbereich **Syst. B** 33 ff.
- prozedurale Gewährleistungen **Syst. B** 29
- Recht auf informationelle Selbstbestimmung **Syst. B** 15, 19, 25, 27
- Recht auf Vergessenwerden **Syst. B** 39, 45 f.
- Rechtfertigung **Syst. B** 21
- sachlicher Schutzbereich **Syst. B** 31 f.
- Schrankenregelungen **Syst. B** 28, 30
- Schutzbereich **Syst. B** 18, 31 ff.
- Schutzpflichten **Syst. B** 26, 38 ff.
- Transparenz **Syst. B** 49
- Vorratsdatenspeicherung **Syst. B** 47
- Vorratsdatenspeicherungs-RL **Syst. B** 50.2
- zivile Sicherheit **Syst. B** 50
Datenschutzgrundsätze Syst. A 4
- Beschränkungen **Art. 23** 9
Datenschutzgrundverordnung DSG-VO
- freie Berufe **Syst. F** 11
Datenschutzkontrolle § 34 34
Datenschutzkonvention des Europarats Art. 9 6
Datenschutzmanagement Art. 35 55, 56, 69
Datenschutzmanagementsystem Art. 35 70; **Art. 42** 32
Datenschutzniveau
- abgestuftes **§ 79** 3
- absenken **Art. 88** 52
- Betroffenenrechte **Art. 16** 8, 9, 10, 11
- Drittstaaten **Art. 52** 3.1
- gleichwertiges **§ 79** 3
- Produkte und Dienstleistungen **Art. 42** 1
Datenschutznormen
- vorrangige, spezielle **§ 26** 111
Datenschutzprüfzeichen Art. 42 1
- Begriff **Art. 42** 27
Datenschutz-Rahmenabkommen
- EU-USA **§ 79** 6
Datenschutzraum
- rein nationaler **§ 85** 1, 4
Datenschutzrecht
- Gesetzgebungskompetenz **Syst. B** 2.1, 60 ff.
- Mikroperspektive **Art. 89** 23
- rein nationales **Syst. A** 12 ff.
Datenschutzrechtsprechung
- EuGH **Syst. B** 16 ff., 31, 43 ff., 56 ff.
Datenschutzregelungen
- nationale **Art. 79** 5
Datenschutz-Richtlinie
- Aufsichtsbehörden **Art. 51** 3; **Art. 52** 4 f.; **Art. 53** 3
- bisherige **Art. 88** 2
- Entstehungsgeschichte **Syst. B** 2 f.
- Gesetzgebungskompetenz **Syst. B** 2.1
- grundrechtskonforme Auslegung **Syst. B** 16
- Unabhängigkeit der Aufsichtsbehörden **Art. 52** 4 f.
Datenschutzrichtlinie für elektronische Kommunikation
- Begründungserwägung 68 **§ 26** 15, 15.1, 16

Sachverzeichnis

- Beschäftigtendatenschutz § 26 15
Datenschutzschulungen Art. 47 64
Datenschutzsiegel Art. 42 1,8
- Begriff **Art. 42** 27
- Europäischen **Art. 42** 50
Datenschutzverstoß
- Datenkategorie **Art. 83** 39
- Dauer **Art. 83** 32
- Schwere **Art. 83** 32
- techn.-organisatorische Maßnahmen **Art. 83** 36
- Zusammenarbeit mit der Aufsichtsbehörde **Art. 83** 38
Datensicherheit § 79 9; **Art. 5** 35; **Art. 20** 86
Datensicherung § 34 33
Datensparsamkeit § 71 6; **Art. 20** 18; **Art. 89** 59
Datensparsamkeit, Grundsatz der Art. 5 25, 32
Datenstruktur Art. 20 70
Datenträgerkontrolle § 64 64 ff.
Datenübermittlung Art. 2 9c
- Allgemeine Grundsätze **Art. 44** 1 ff., 7 ff., 48
- an den Berufsgeheimnisträger **§ 29** 23
- Begriff **Art. 44** 14 ff.
- Drittland **Art. 44** 2, 7, 14 ff., 34 ff., 38 ff.
- Entstehungsgeschichte **Art. 44** 10 ff.
- Erlaubnisgründe **Art. 44** 39 ff.; **Art. 45** 1
- internationale Organisationen **Art. 44** 2, 7, 14 ff., 34 ff., 38 ff.
- Offenlegung **Art. 44** 14 ff.
- öffentliche Stelle **§ 25** 7, 8, 9
- Voraussetzungen **Art. 44** 38 ff., 47 f.
Datenübermittlung in Drittländer
- Datenschutzgrundrecht **Syst. B** 56
- EU-US-Privacy-Shield **Syst. B** 58
- Safe Harbor-Abkommen **Syst. B** 57
- Schrems I-Entscheidung **Syst. B** 57
- Schrems II-Entscheidung **Syst. B** 58
Datenübertragbarkeit Art. 20 1; **Art. 89** 25
- Abdingbarkeit **Art. 20** 109
- Afrika **Art. 20** 4.2
- anonyme Daten **Art. 20** 31
- Anspruch **Art. 20** 28
- Anwendungsbereich **Art. 20** 16
- Auskunftsanspruch **Art. 20** 49
- Begriff **Art. 20** 5
- Behinderungsverbot **Art. 20** 79
- Bereitstellung durch Betroffenen **Art. 20** 37
- Daten mit Doppelbezug **Art. 20** 83
- Datenbankeigentum **Art. 20** 108
- Datenformat **Art. 20** 73.1
- Einwilligung **Art. 20** 33
- Erlaubnistatbestand **Art. 20** 82
- Immaterialgüter **Art. 20** 105
- Informierung **Art. 20** 50
- Innovation **Art. 20** 1
- Insolvenz **Art. 20** 4.1
- Interoperabilität **Art. 20** 68
- Konkurrenz zu anderen Betroffenenrechten **Art. 20** 112a
- Missbrauch **Art. 20** 62, 110
- Papierakten **Art. 20** 29
- Rufnummernübertragbarkeit **Art. 20** 2.1
- Schnittstelle **Art. 20** 53
- Speicherpflicht **Art. 20** 52
- Stand der Technik **Art. 20** 69
- Strukturiertheit der Daten **Art. 20** 70
- Unentgeltlichkeit **Art. 20** 84
- weitere Rechtsakte **Art. 20** 115a
Datenübertragung § 64 66a
Datenumgang
- Verantwortlicher **Syst. A** 64
Datenvalidität Syst. A 70
Datenverarbeitung
- Arbeitsmedizin **Art. 88** 39
- Art und Form **Syst. A** 9
- durch Aufsichtsbehörden **§ 40** 22–28
- Erforderlichkeit **§ 26** 114, 136
- Erlaubnis **§ 26** 132
- Form **§ 50** 6
- Industrie 4.0 **§ 26** 114.2
- Künstliche Intelligenz **§ 26** 114.2
- öffentliche **Syst. A** 16
- Personalinformationssystem **§ 26** 114.1
- Rechtfertigung **§ 3** 1 ff.
- Wearables **§ 26** 114.3
- Zulässigkeit **§ 3** 14
- zweckgebundene **§ 58** 13, 43, 44
Datenverarbeitung in großem Umfang Art. 35 30
Datenverarbeitungsvorgänge
- nicht protokollierungspflichtige **§ 76** 7, 9
- protokollierungspflichtige **§ 76** 8, 10
Datenverfügung § 42 58
Datenverkehr
- freier **Art. 2** 7, 8
Datenwirtschaftsrecht Art. 20 6
Datum
- sensitives Datum **Art. 89** 20
Dauer der Datenspeicherung § 47 25 ff.
Dazwischentreten eines Menschen
- automatisierte Einzelentscheidung *s. Human in the loop*
DDR § 86 18.1
- Personenkennzeichen **Art. 89** 9.2, 59
- Stasi **Art. 89** 60
Delegierte Rechtsakte Art. 42 26
De-Listing Art. 17 55a, 67c, 67f, 77a
DeMail E 50e ff.
Demokratieprinzip Art. 86 1b
demokratische Gesellschaft Art. 23 19
Demokratische Legitimation
- Aufsichtsbehörde **Art. 52** 19 f.
Deutungshoheit
- Beratung der Kommission **Art. 70** 11–14
- Verlust **Art. 69** 8
die E-Privacy-VO Art. 26 65
Dienst der Informationsgesellschaft
- Kinder **Art. 8** 41, 45 f.
Dienstleistungsfreiheit Art. 20 9.1
Dienstleistungsvertrag
- Datenschutzbeauftragte **§ 5** 9
Dienstvereinbarung § 26 54, 109, 154, 171
Differenzierungsverbote § 26 79, 80
Digital Governance Act Art. 20 117a
Digital Services Act Art. 20 117b; **Syst. B** 45
Digitale Medien
- Kinder **Art. 8** 8
Direkterhebung § 26 68; **Syst. A** 79
Direkterhebung, Vorrang der Art. 5 9
Direkterhebungsgebot § 26 178
Direktmarketing *s. Direktwerbung*

1737

Sachverzeichnis

Direktwerbung Art. 22 34, 41, 66
- Recht auf Einschränkung der Verarbeitung **Art. 18** 45
- Recht auf Löschung **Art. 17** 41

Diskriminierende Wirkung § 54 5
Diskriminierung Art. 35 15, 62
Diskriminierung am Arbeitsmarkt Art. 9 40
Diskriminierungsverbot Art. 15 89
Diskriminierungsverbot aus Art. 21 GRCh Art. 9 23, 34, 35, 36, 47
Dispositivität § 32 5; **§ 33** 5; **§ 34** 5; **§ 53** 5; **Art. 13** 33; **Art. 14** 33; **Art. 15** 34
Distanzansprache
- räumlicher Anwendungsbereich **Art. 3** 31

Disziplinierungseffekt § 76 1
Dokument
- durchsetzbares **§ 79** 8
- rechtlich bindendes **Art. 46** 20, 21

Dokumentation Art. 28 59
Dokumentationsobliegenheit
- Kontrollmöglichkeit **§ 26** 135
- Schutzinstrument **§ 26** 135
- Verdächtige **§ 26** 135

Dokumentationspflichten § 26 116; **§ 80** 35; **§ 81** 20
Dokumentationsverpflichtung Syst. F 111
Dokumente
- amtliche **Art. 86** 4a

Dokumentierungspflicht § 62 46
Doppelbezug Art. 20 32
Doppelfunktion Art. 28 18c
Doppelte Zulässigkeitsprüfung § 62 20
DPIA Art. 35 s. *Data Protection Impact Assessment*
Dringlichkeitsverfahren (EDSA) Art. 63 15; **Art. 66** 1 ff.
- Einstweilige Maßnahmen **Art. 66** 4 f.
- Endgültige Maßnahmen **Art. 66** 6
- Untätigkeitsbeschwerde **Art. 66** 7

Drittanfechtung Art. 78 10
Dritter § 80 20
- Begriff **§ 85** 9
- Referenzperson **§ 86** 9

Drittgeschäfte § 26 120
Drittinteressen Art. 15 96
Drittland
- Begriff **Art. 44** 20, 23 ff.
- Übermittlung **Art. 44** s. *Datenübermittlung*
- Verarbeitung in Drittländern **Art. 10** 17

Drittlandtransfer
- Abgrenzung zu Direkterhebung aus Drittland **Art. 3** 26a
- Bereinigungslösung **Art. 3** 50
- Integrationslösung **Art. 3** 49

Drittlandübermittlung Art. 89 50
Drittstaat Art. 2 9a, 30; **Art. 44** s. *Drittland*
- anderer **§ 78** 54
- Angemessenheitsbeschluss **§ 78** 11
- Begriff **§ 78** 18 f., 27; **§ 85** 9
- Datenschutzniveau **Art. 52** 3.1
- DS-GVO **§ 78** 21 f.
- DSRL **§ 78** 1.1
- JI-RL **§ 78** 20 f.
- Übermittlung **§ 85** 3, 7
- Übermittlungsbefugnis **§ 85** 12
- VO (EU) 2018/1725 **§ 78** 1.2 f.

DSFA Art. 35 s. *Datenschutzfolgeabschätzung*

DSGV
- Anwendungsbereich **§ 86** 3

DS-GVO
- Anwendungsbereich **§ 45** 10; **§ 78 § 85** 1, 7 s. *Anwendungsbereich*
- Entstehungsgeschichte **Syst. B** 4
- Ergänzung **Art. 88** 80
- Form **§ 26** 14
- Verhältnis zu **§ 25** 22

DSRL Art. 6 1, 2, 5, 6, 9, 37, 40, 56, 63
Durchführungsphase Art. 35 40, 45
Durchführungsrechtsakt
- Abgrenzung zur delegierten Rechtsetzung **Art. 93** 3
- Dringlichkeitsverfahren **Art. 93** 10
- der Kommission **Art. 47** 65, 66
- Rahmenvorgaben nach AEUV **Art. 93** 1, 2, 3

Durchsetzung
- Datenschutzrecht **§ 68** 1
- einheitliche **§ 82** 1

Durchsetzung ziviler Ansprüche Art. 23 52
Durchsuchung
- Computer **§ 26** 136.1

dynamic consent Art. 89 2.2

E-Commerce-Richtlinie Art. 2 32, 34, 35
EDSA Art. 6 13, 26, 28, 31, 32, 33, 45, 68
- Anforderungen an die Einwilligung **Art. 9** 62
- biometrische Daten **Art. 9** 44
- Videoüberwachung **Art. 9** 26

effektive Rechtsdurchsetzung
- Aussetzung der Übermittlung **Art. 44** 3; **Art. 45**, 11
- Bußgeld **Art. 44** 3
- Drittland **Art. 44** 3 ff., 46; **Art. 45** 27
- internationale Amtshilfeabkommen **Art. 44** 6, 46
- Schadensersatzanspruch **Art. 44** 3

Effektivität
- Grundsatz **Art. 78** 13

E-Government Art. 22 30; **Art. 89** 53b
- Personenkennzeichen **Art. 89** 8

Ehrenzeichen
- staatliche **§ 86** 3

eIDAS-VO Art. 89 15.3
Eigentum
- Schutzfristen **Art. 88** 62

Eigenüberwachung
- Verbesserung **§ 77** 1

Eignungsprüfung § 62 30
Eignungstests
- Einwilligung **§ 26** 95

Einbettung in Unionsrechtsordnung Art. 15 5
Einflussnahme
- Unabhängigkeit **§ 10** 1, 2, 3

Eingabekontrolle § 64 70, 72
Eingangskontrollen E 62
Eingliederungsmanagement
- Krankenrückkehrgespräche **§ 26** 126, 126.1
- spezielle Verfahrensregeln **§ 26** 126a

Eingriff Art. 35 43
Eingriffsintensität Art. 35 43
Einigungsvertrag § 86 18.1
Einklang
- bestehender Vorschriften mit dieser Verordnung **Art. 91** 20

Sachverzeichnis

Einrichtungen
– optisch-elektronische § 4 4
Einsatz von Sensoren Art. 35 28
Einschränkung der Auskunftpflicht § 34 16
Einschränkung der Informationspflicht § 32 16; **§ 33** 16
Einschränkung durch nationalen Gesetzgeber Art. 15 8, 11, 12
Einschränkungen
– Erforderliche **Art. 88** 82
Einstellung Art. 88 56
Einstellungsuntersuchung
– Erforderlichkeit **§ 26** 123
Einstufen Art. 35 30
Eintrittswahrscheinlichkeit Art. 35 17, 46, 47
– des Risikos **Art. 35** 17
– des Schadens **Art. 35** 17, 46, 47
Einwilligung § 23 19 f.; **§ 42** 38, 63; **§ 80** 3.1 f.; **Art. 7** 1; **Art. 20** 33; **Art. 49** 4, 5; **Art. 89** 2, 2.1, 3, 4; **Syst. F** 109
– AGB **Art. 6** 33; **Art. 7** 65, 68
– Alteinwilligungen **Art. 7** 6 f.
– Alter **Art. 8** 1, 7, 35
– Altersvorgabe **Art. 8** 21
– Anfechtung **Art. 20** 36
– Anfechtung **Art. 7** 31
– Anforderungen **Art. 9** 62
– Aufklärung **§ 51** 17, 31
– ausdrückliche **§ 26** 51; **Art. 7** 83; **Art. 49** 9; **Art. 88** 25
– ausschließliche **Art. 88** 76, 77
– außerhalb der DS-GVO **§ 51** 1
– automatisierte Einzelentscheidung **Art. 22** 45
– Bedingungen bei Minderjährigen **Art. 8** 34
– Begriff **§ 51** 12
– Belehrungspflicht **§ 51** 25
– Beschäftigungsverhältnis **Art. 7** 19
– besondere Kategorien **§ 26** 51
– besondere Kategorien, personenbezogener Daten **Art. 7** 10 f.
– Bestimmtheit **Art. 7** 77 ff.
– Beweislast **§ 26** 44; **Art. 7** 89 ff.
– Bildnisse **Art. 7** 26
– Bildsymbole **Art. 7** 67
– branchenspezifische Regelungen **Art. 7** 17
– Cookies **Art. 7** 22
– Cookie-Walls **Art. 6** 34
– Definition **Art. 6** 33
– Digitale Massengeschäfte **Art. 6** 31
– DI-RL **Art. 7** 44
– DNA-Test **§ 80** 3.2, 3.3
– dogmatische Einordnung **Syst. B** 28
– Dokumentation **Art. 8** 55
– EDSA **Art. 6** 34 ff.; **Art. 9** 62
– Effektivität **Art. 9** 62
– Einsichtsfähigkeit **Art. 8** 35
– Einwilligungsfähigkeit **Art. 7** 35 ff.
– elektronische Fußfessel **§ 80** 3.2
– Entbehrlichkeit **§ 27** 1, 2, 9a, 28 f.
– Entscheidungsautonomie **Art. 6** 25
– Entwicklung **Art. 88** 8, 9, 10
– ePrivacy-RL **Art. 7** 20 ff.
– faktische Pseudonymisierung **Art. 11** 21.1
– Form **Art. 7** 82 ff.
– Freiwilligkeit **§ 51** 26; **§ 26** 44, 45; **Art. 6** 34; **Art. 7** 39 ff.; **Art. 8** 8a; **Art. 49** 11

– Freiwilligkeit bei Videoüberwachung **§ 4** 20
– für den bestimmten Fall **Art. 6** 35
– Geschäftsfähigkeit **Art. 8** 37 f.
– Grundrechtsbindung **§ 51** 11
– in wissenschaftlicher Forschung **Art. 7** 81
– Informationspflicht **§ 26** 50
– informierte **Art. 49** 6
– informierte Entscheidung **Art. 6** 36
– Informiertheit **Art. 7** 4.1, 55 ff., 73
– JI-RL **§ 51** 8
– Kind **Art. 8** 1
– klinische Prüfungen **Art. 7** 25
– konkludent **§ 26** 99a; **Art. 88** 25
– konkludente Einwilligung **Art. 7** 84 f.
– Koppelungsverbot **Art. 7** 42
– KUG **Art. 7** 26
– qualifizierte **§ 26** 34
– Landeskrankenhausgesetze **§ 27** 9d
– Machtungleichgewicht **Art. 7** 51 ff.
– Monopole **Art. 7** 46 ff.
– mutmaßliche **§ 80** 21
– Nachweis **§ 51** 14
– öffentliche Stellen **Art. 7** 3, 54
– Öffnungsklauseln **Art. 7** 16 ff.
– Opt-Out **Art. 7** 86
– „Opt out"-Varianten **Art. 6** 38
– Polizei und Justiz **Art. 7** 24
– Rechtsfolge **Art. 7** 28
– Rechtsgrundlage **Art. 7** 27
– Rechtsnatur **Art. 6** 29 ff.
– Referentenentwurf **§ 26** 46, 47
– Sanktion **Art. 8** 27
– Schadensersatz **Art. 7** 101
– Schriftlichkeit **§ 51** 15
– Sorgerecht **Art. 8** 10
– Sperrwirkung **Art. 6** 25
– Stellvertretung **Art. 7** 33
– Telekommunikation **Art. 7** 20 ff.
– Telemedien **Art. 7** 20 ff.
– Trennungsgebot **Art. 7** 69 f.
– Treu und Glauben **Art. 5** 8
– TTDSG **Art. 7** 20 ff.
– Unwirksamkeit **Art. 20** 36
– Unwirksamkeit **Art. 7** 98 ff.
– Verständlichkeit **Art. 7** 64 ff.
– Voraussetzungen **Art. 7** 34
– Widerruf **§ 51** 20; **Art. 7** 92 ff.; **Art. 88** 25, 40
– Widerruflichkeit **§ 26** 48; **Art. 49** 22
– Wirksamkeitsanforderungen **Art. 6** 32 ff.
– Wirkung **§ 51** 23
– Wirkung des Widerrufs **Art. 8** 62
– Zeitpunkt **Art. 7** 72, 88
– Zulassung durch eine andere Norm **§ 51** 13
– zusammengesetzte Erklärung **Art. 7** 68 f.
– Zustimmungsvorbehalt der Eltern **Art. 8** 10, 52 f.
– zweckändernde Verarbeitungen **Art. 6** 100, 110
– Zweckänderung **Art. 7** 8, 60
– Zweckbindung **Art. 5** 22
– Zweckbindungsgrundsatz **Art. 6** 32
Einwilligung im Beschäftigungskontext
– Kopplungsverbot **Art. 88** 40
– Widerruf **Art. 88** 25, 40
Einzelaspekte
– exemplarische **Art. 88** 83

1739

Sachverzeichnis

Einzelbereiche
- exemplarische **Art. 88** 55

Einzelfall
- besonderer **§ 81** 6

Einziehung § 41 23; **§ 42** 70

EK-DSRL
- Anwendungsbereich **Art. 95** 4
- Verhältnis zur DSGVO **Art. 95** 1 f.

elektronische Akte E 2a, 87a ff.
- im Strafverfahren **E** 2b

Elektronischer Verwaltungsakt Art. 22 65

Elektronisches Gerichts- und Verwaltungspostfach E 41
- gemeinsames Verfahren **E** 45 ff.
- Verantwortlichkeit **E** 43 ff.

E-Mail E 48
- unerwünschte Werbung **Syst. F** 87

Empfänger § 79 15; **Art. 15** 58
- Datenübermittlung **Art. 44** 15, 21 f.
- Drittland **Art. 44** 21 f.
- Hinweispflicht **§ 85** 16

Empfehlung
- Anhörung **§ 69** 6a, 7

EMRK Syst. B 6, 13 ff., 19, 21 ff., 49.1 f.
- Datenschutz **§ 58** 7

Endschaftsregelungen Art. 26 43

Entbindungspfleger Syst. F 145

Entlassung § 26 61

Entpseudonymisierung Art. 11 18

Entscheidungsbefugnis Art. 26 19

Entscheidungserheblichkeit § 21 3

Entstehungsgeschichte
- Beschäftigtendatenschutz **Art. 88** 4, 5, 6, 7
- Einwilligung **Art. 88** 8, 9, 10

Entstehungsgeschichte
- Beschäftigtendatenschutzgesetz Entwurf **§ 26** 8, 9, 10
- Datenschutzgesetz v. 1.2.1977 **§ 26** 4
- Konsultationsverfahren **§ 26** 15
- „Merkposten-Regelung des § 32 BDSG" **§ 26** 7
- Novelle v. 18.5.2001 **§ 26** 6
- Novelle v. 20.12.1990 **§ 26** 6
- Referentenentwürfe **§ 26** 4

Entwicklungen
- der Informations- und Kommunikationstechnologie **Art. 36** 11

Entwurf BeschäftigtendatenschutzG
- Kriterien **§ 26** 9, 10, 11

E-Person Art. 22 6.1

Epidemien Art. 6 51

ePrivacy VO Art. 95 1, 6

ePrivacy-RL
- Einwilligung **Art. 7** 20 ff.

E-Privacy-VO Art. 20 117a

Erforderlichkeit § 3 19; **§ 22** 20 ff.; **§ 23** 17; **§ 48** 21 ff.; **§ 49** 25 ff.; **Art. 6** 15 ff., 59 ff.
- Aufgabenerfüllung **§ 85** 17
- automatisierte Einzelentscheidung **Art. 22** 2
- Begriff **§ 4** 31; **§ 85** 17
- der Datenverarbeitung **§ 27** 30; **§ 28** 10
- Grundsatz s. *Erforderlichkeitsgrundsatz*
- Grundsatz der Datenminimierung **Art. 5** 25
- Notwendigkeit **§ 3** 22
- unbedingt erforderlich **§ 48** 26
- unbedingte **§ 81** 4a, 6 f.
- von Daten **§ 75** 18, 18a

- Zweckbindung **§ 75** 18a
- Zweckumwandlung **§ 75** 18a
- zwingend erforderlich **§ 22** 22 ff.

Erforderlichkeitsgrundsatz § 26 102, 105; **Art. 11** 7; **Syst. A** 41, 56
- datenschutzschonende Alternative **Syst. A** 61
- Einwilligung **Syst. A** 57
- Inhalt **Syst. A** 59
- Löschungspflicht **§ 26** 104
- Rechtsgrundlage **Syst. A** 58
- Speicherung **§ 26** 102
- Übermittlung **§ 26** 102
- Verarbeitung **§ 26** 102
- Vernichtung **§ 26** 105

Erforderlichkeitsprüfung § 26 35, 64, 65, 150, 157, 172

Erfüllung eines Vertrags
- AGB **Art. 6** 44
- Begriff Erfüllung **Art. 6** 43
- EDSA **Art. 6** 45
- Erforderlichkeit **Art. 6** 44, 45
- Privatautonomie **Art. 6** 41, 44
- Soziale Netzwerke **Art. 6** 46
- Strukturelle Machtgefälle **Art. 6** 41, 44 ff.
- Vertrag **Art. 6** 42 ff.

Erhebliches öffentliches Interesse Art. 9 85 ff.

Erheblichkeitsschwelle
- Schaden **Art. 82** 25

Erhebung
- verdeckte und offene **Syst. A** 9

Erhebung für angemessene Zwecke § 47 13

Erhebung für festgelegte Zwecke § 47 11

Erhebungszweck Art. 5 s. *Zweckbindung*

Erlaubnisnorm
- automatisierte Einzelentscheidung **Art. 22** 44

Erlaubnistatbestand § 28 1; **Art. 20** 82
- automatisierte Einzelentscheidung **Art. 22** 3, 4
- vorvertraglicher **§ 26** 108, 110

Erlaubnistatbestände Art. 88 23, 24
- gesetzlich **Art. 88** 75
- Kollektivverträge **§ 26** 52, 53, 54, 55

Erlaubnisvorbehalt § 81 4; **Art. 22** 58; **Syst. A** 18

Erledigung des Strafverfahrens
- Begründungspflicht bzgl. Restverdacht **§ 75** 18e
- Einstellung des Ermittlungsverfahrens **§ 75** 18d
- Freispruch **§ 75** 18d
- Restverdacht **§ 75** 18d
- Verjährung **§ 75** 18d

Ermächtigung
- Abgrenzung zum Durchführungsrechtsakt **Art. 92** 6
- Adressat **Art. 93** 5
- Erteilung **Art. 92** 8
- nach DSGVO **Art. 92** 7; **Art. 93** 4
- Widerruf **Art. 92** 9

Ermächtigungsgrundlage
- Erlaubnistatbestand **§ 86** 4, 11
- Volkszählungsurteil **§ 86** 3

Ermittlungen § 45 33
- unternehmensintern **§ 26** 139.2

Ermittlungsverfahren § 26 85; **Art. 10** 3, 10, 12

Sachverzeichnis

Erwartung der betroffenen Person
– Zweckbindung Art. 5 19
Erweiterung
– sachlicher Anwendungsbereich Art. 88 73
EU § 78 21.2
EU-Grundrechtecharta
– Datenschutz § 58 7
Eurojust § 78 1.3
– Kooperationsabkommen § 79 6
Europäische Kommission
– Jahresbericht § 15 4
Europäischer Datenschutzausschuss Art. 35 20, 33, 34, 35, 39, 77; **Art. 70** 15 f.
– Aufgaben Art. 70 1 ff.
– Aufgaben des Vorsitzes Art. 73 6; Art. 74 1 ff.
– Aufsichtsbehörden Art. 51 9; Art. 52 2
– Beratungsfunktion Art. 68 5
– Bundesbeauftragter § 14 9
– Dringlichkeitsverfahren Art. 66 1 ff.
– Einberufung Art. 74 8
– fakultative Stellungnahme Art. 64 2, 11 ff.
– gemeinsamer Vertreter Art. 68 1, 17
– Geschäftsordnung Art. 68 3; Art. 71 1; Art. 75 10, 11; Art. 76 9 f.
– Geschäftsordnungsautonomie Art. 72 5, 10, 13a
– Haushaltsmittel Art. 75 5 f.
– Informationsaustausch Art. 67 1 ff.
– Jahresbericht § 15 4; Art. 71 1 ff., 8
– Kohärenzverfahren Art. 63 2, 4; Art. 64 1 ff.; Art. 65 1 ff.; Art. 66 1 ff.
– Legitimation Art. 72 3
– Mehrheitsprinzip Art. 72 1 f., 6 ff., 12
– obligatorische Stellungnahme Art. 64 2. 4 ff.
– Personal Art. 75 2
– Rechtspersönlichkeit Art. 68 10; Art. 70 8; Art. 73 2; Art. 75 2, 5
– Sekretariat Art. 75 1 ff.
– Stellungnahmeverfahren Art. 64 1 ff.
– Stellvertreter Art. 68 1
– Stellvertreter des Vorsitzes Art. 73 4, 8
– Stimmrecht Art. 68 16, 19, 20
– Streitbeilegungsverfahren Art. 65 1 ff.
– Überprüfung der praktischen Anwendung Art. 70 17
– Unabhängigkeit Art. 69 1 ff.
– verbindliche Auslegungsentscheidungen Art. 72 5
– verbindliche Entscheidungsbefugnisse Art. 68 1, 5
– Verhaltensregeln Art. 70 18, 22
– Vertraulichkeit Art. 76 1 ff.
– Vorsitz Art. 68 13–15; Art. 73 1 ff., 11; Art. 75 20, 21
– Wahl des Vorsitzes Art. 73 3, 5, 8 f., 12, 13 f.
– Weisung Art. 53 18
– Zertifizierungen Art. 70 19
Europäischer Wirtschaftsraum § 78 21
Europäisches Datenschutzgrundrecht s. *Datenschutzgrundrecht*
Europarats-Übereinkommen Nr. 108 Art. 50 17, 18
Europarechtswidrigkeit
– nichtöffentlicher Bereich § 4 1, 19, 32, 52
European Union (Withdrawal Agreement) Act 2020 Art. 3 23c

European Union (Withdrawal) Act 2018 Art. 3 23c
Europol § 78 1.3
– Kooperationsabkommen § 79 6
EU-US-Datenschutzrahmenabkommen
– Umbrella Agreement § 79 s. *Umbrella Agreement*
Evaluationsbericht
– Bestandteile Art. 97 10 f.
– Veröffentlichungspflicht Art. 97 12
Evaluierung Art. 23 65
– Analyse Art. 97 3
– Befugnis zur Einholung von Auskünften Art. 97 5, 16
– des BDSG § 27 3a
– Pflicht zur Berücksichtigung europäischer Standpunkte Art. 97 5
– Prüfauftrag Art. 97 14–15
– Regelungsbedarf Art. 97 19 ff.
– Umfang Art. 97 3
Evaluierungsbericht
– Quellen Art. 97 18
Evaluierungsgegenstand Art. 35 41
EWR
– Mitgliedstaaten § 78 20.1, 40, 43
EWR-Staaten
– Datenübermittlung Art. 44 2, 24; Art. 45 33
Executive Order 12.333 Art. 46 2g, 2i, 42
Exkulpation Art. 82 17
Explainability
– automatisierte Einzelentscheidung Art. 22 57
Extraterritoriale Erstreckung Art. 3 26b, 47

Fachrecht
– Verantwortlicher § 75 12
Fahndungskennzeichen Art. 89 35
Fahrlässigkeit § 41 17
faktische Pseudonymisierung Art. 11 1 ff.
– Beendigung Art. 11 30
– Begriff Art. 11 5
– Betroffene Art. 11 30
– Datenminimierung Art. 11 8
– Datenpools Art. 11 11
– Entstehungsgeschichte Art. 11 2
– Herbeiführung Art. 11 18
– Nachweis Art. 11 28
– Neutralisieren Art. 11 30
– Online-Dienste Art. 11 11
– Speicherbegrenzung Art. 11 4
– Umsetzungsbedarf Art. 11 9
– Unterrichtung Art. 11 25
– Unterrichtungspflicht Art. 11 24
– Verarbeiter Art. 11 14
– Verarbeitungszweck Art. 11 7
– Zweckbindung Art. 11 7
Fanpage Art. 2 21; Art. 26 68; Art. 28 24f
Fax E 50a
Feindeslisten § 42 67
Finanzermittlungsbehörden § 78 27.1
finanzieller Verlust Art. 35 15
Finanzielles Interesse Art. 23 34
Finanzkontrolle
– Aufsichtsbehörde Art. 52 26
– Unabhängigkeit § 10 4
Fingerabdrücke Art. 9 44; Art. 22 10
FinTech-Unternehmen Art. 26 61
FISA Section 702 Art. 46 2g, 2i

Sachverzeichnis

Flexibilität Art. 6 7, 22, 80. 83, 86, 101
Fluggastdaten Art. 48 23
Fluggastdatensätze
– PNR **§ 79** 6.2
Förderauftrag Art. 42 21
Forderungsabtretung Art. 28 28b
Form § 53 26; **Art. 15** 83
Form der Information Art. 13 85
Form der Verarbeitung
– Anhörung **§ 69** 1b, 1c, 3
Formatierung Art. 20 49
Formerfordernisse
– Beschwerde **Art. 77** 7
Formvorgaben Art. 49 10
Forschung Art. 20 45; **Art. 89** 3.1
– Speicherbegrenzung **Art. 5** 34
– Zweckbindung **Art. 5** 22
Forschungsdaten Art. 20 21, 118
Forschungsfreiheit
– Zugang zu sensitiven Daten **Art. 9** 101
Forschungszwecke Art. 89 1, 6, 6a
Fortgeltung von Alterklärungen § 53 40
Fotos
– Veröffentlichung **§ 26** 187
Fragerecht § 26 112
– Schwerbehinderung **§ 26** 122
freie Berufe Syst. F
– Aufbewahrungspflicht **Syst. F** 38
– Auftragsdatenverarbeitung **Syst. F** 147
– Begriff Erfüllung **Syst. F** 1
– Bundesdatenschutzgesetz BSDG **Syst. F** 19
– Datenschutzbeauftragte **Syst. F** 75
– Datenschutzgrundverordnung DSG-VO **Syst. F** 11
– Offenbarungsverbot **Syst. F** 4
– Reichweite **Syst. F** 4
– Verschwiegenheit **Syst. F** 4
Freier Datenverkehr Art. 1 2 ff.; **Art. 70** 4
Freiwillige Selbstkontrolle Art. 41 1 ff.
Freiwilligkeit § 26 98; **Art. 49** 11
Frist Art. 15 83; **Art. 36** 5, 13, 14, 15, 16, 17, 26, 32
– Anhörung **§ 69** 6a, 7, 8
Fristenregelung § 75 10, 26, 27
Früherer Arbeitgeber § 26 98
Funktionsexzess Art. 28 104
Funktionsfähigkeit der Justiz Art. 9 81
Funktionsübertragung § 62 13; **Art. 28** 23
Garantien Art. 23 64; **Art. 35** 46
– angemessene **§ 78** 38
– Anonymisierung **§ 50** 10
– ausreichende **§ 79** 1
– Begriff **§ 79** 4, 8
– Beurteilung **§ 79** 13 f.
– Empfängerstaat **§ 79** 3
– geeignete **§ 79** 3, 7 f.; **§ 80** 2, 29 ff.
– gegen unbefugte Kenntnisnahme **§ 50** 11
– technische und organisatorische Maßnahmen **§ 50** 9
– Vertragsklauseln **§ 79** 1
Garantien
– geeignete **Art. 42** 37; **Art. 46** 2a
Gebot der Erforderlichkeit *s. Erforderlichkeitsgrundsatz*
Gebot der Speicherbegrenzung Syst. A 52
Gebühr
– angemessen **§ 60** 3

Gebühren
– Bundesbeauftragter **§ 14** 16
Geburtsdatum Art. 89 33, 59
Geeignete Garantien Art. 9 65, 86, 105, 107; **Art. 15** 81; **Art. 89** 1, 12
Gefahr
– Anhörung **§ 69** 1a, 1b, 1c, 2, 3a
– erhebliche **§ 67** 8, 10, 15; **§ 80** 24
– ernsthafte **§ 78** 38; **§ 80** 2, 23
– gegenwärtige **§ 80** 2, 24
– konkrete **§ 78** 46; **§ 81** 11
– unmittelbare **§ 78** 49; **§ 80** 2, 23
Gefährder
– Begriff **§ 80** 4
Gefährdung
– Begriff **§ 85** 19
Gefährdungshaftung § 83 47
Gefährdungspotenzial
– Schutzmaßnahmen **Art. 88** 81
Gefahrenabwehr § 78 9, 11
Gefälligkeitsatteste § 86 14
Gegenstand
– Bestimmung desselben **Art. 81** 6, 7, 8
Geheimhaltung § 79 14
Geheimhaltungspflicht Syst. F *s. Verschwiegenheitspflicht*
Gehirn
– menschliches **Syst. A** 7
Geldbuße Art. 35 75, 76; **Art. 36** 40
– Adressat **Art. 83** 8, 79
– Bestimmtheit **Art. 83** 5 f., 48
– Beteiligung **Art. 83** 16
– Ermessen **Art. 83** 226
– Fahrlässigkeit **Art. 83** 18, 34
– Fallsammlung **Art. 83** 47
– Funktionsträgerprinzip **Art. 83** 9, 13 ff.
– Höhe **Art. 83** 7, 27, 31 ff., 44, 52, 61
– mehrere Verstöße **Art. 83** 46
– Mitarbeiter **Art. 83** 11, 20
– Nachtatverhalten **Art. 83** 35
– national **Art. 83** 19, 86, 89
– öffentliche Stellen **Art. 83** 79 ff.
– Rechtswidrigkeit **Art. 83** 17, 43
– Regelungskompetenz EU **Art. 83** 4
– Schuld **Art. 83** 18
– Sperrwirkung **Art. 84** 4, 12
– Täter **Art. 83** 8
– Unternehmen **Art. 83** 8 ff., 11, 13
– Unternehmensgruppe **Art. 83** 7
– Verfahren **Art. 83** 83, 90
– Verfahrensgarantien **Art. 83** 82
– Verhältnismäßigkeit **Art. 83** 23, 31.2
– Verjährung **Art. 83** 29
– Vorsatz **Art. 83** 18, 34
– wirksam **Art. 83** 22
– Zuständigkeit **Art. 83** 26
– Zweck **Art. 83** 2
gelegentlich Art. 30 24
Geltendmachung von Rechtsansprüchen Art. 49 30
Geltungsbeginn
– Übergangszeit **Art. 99** 2
Gemeinsame Außen- und Sicherheitspolitik Art. 2 10
Gemeinsame Verantwortlichkeit Art. 26 16, 17
– räumlicher Anwendungsbereich **Art. 3** 12

Sachverzeichnis

gemeinsame Verfahren E 12 ff.
– EGVP E 45 ff.
Gemeinwohl
– Abwehr erheblicher Nachteile § 23 26 ff.
Gemeinwohlziel Art. 23 37
Gendaten Art. 89 30
Gendiagnostikgesetz § 27 8
Genealogie Art. 89 3.1
Genehmigte Verhaltensregeln Art. 35 57, 58, 59, 67, 76; Art. 46 49
Genehmigte Zertifizierungsverfahren Art. 46 55
Genehmigung
– der Aufsichtsbehörde Art. 36 2, 30, 34, 38, 39, 41; Art. 46 59, 68; § 78 70
– Fortbestand Art. 46 68, 69
– Mitgliedstaat § 79 3; § 81 4
– Mitgliedstaaten § 78 39 f.
– Verantwortlicher § 79 3
Generalermächtigung (§ 3 BDSG) § 48 7 f.
Genetische Daten Art. 9 8, 42, 109, 115; § 37 8; Art. 35 39; Art. 89 3
Genetische Untersuchungen § 26 94
Geoblocking Art. 17 67 f; Art. 20 117
Geodaten Art. 20 69
Gerichte § 60 2
Gerichtliche Zuständigkeit
– Verfahren gegen Aufsichtsbehörde Art. 78 22, 23, 24, 25, 26
gerichtlicher Datenschutzbeauftragter E 13
– Beratungsfunktion E 15
Gerichtlicher Rechtsbehelf Art. 79 12, 13
Gerichtsstand
– der Niederlassung § 44 1
Gerichtsverbund Art. 81 1
Gerichtsverfahren
– konkurrierende Art. 77 18
Gesamtschuldner § 83 37; Art. 82 44
Geschäftsführung
– ohne Auftrag § 80 21
Geschäftsgeheimnis Art. 20 99
– Verhältnis zum Datenschutz Art. 20 101
Geschichte
– Datenschutzrecht Art. 89 9
– Personenkennzeichen Art. 89 9
Gesellschaftsstatut (lex societas)
– räumlicher Anwendungsbereich Art. 3 44
Gesetzgebung Art. 35 66, 68; Art. 36 27, 28, 31, 32, 33, 34
Gesetzgebungskompetenzen Syst. A 14; Syst. B 2.1, 60 ff.; § 86 3
– Bund § 78 4
– Länder § 78 71, 71 f.
Gesichtserkennung Art. 36 41
Gesundheitsdaten § 26 128, 88, 89, 90, 128; § 86 16; Art. 9 10, 45, 64, 83; Art. 89 30, 1, 3
– automatisierte Verarbeitung § 37 6
– Öffnungsklausel Art. 9 Abs. 4 DS-GVO Art. 9 109
Gesundheitsvorsorge § 26 32a
Gewährleistungsziel Art. 35 46, 77
Gewaltenteilung
– Aufsichtsbehörde Art. 52 8
Gewerbeordnung
– Anwendbarkeit § 40 44
Gewerbsmäßigkeit § 42 41

Gewerkschaft Art. 35 61
Gewinnerzielung Art. 2 16
Gleichbehandlungspflicht § 74 1, 33
Global Cross Border Enforcement Cooperation Arrangement Art. 50 23
Global Privacy Enforcement Network Art. 50 20
Global-Einwilligung § 26 46a.1
Google
– faktische Pseudonymisierung Art. 11 11
Gottseibeiuns des Datenschutzrechts Art. 89 11
Grundbegriffe Art. 88 20, 21
Grundgesetz
– Datenschutz § 58 7, 8
Grundrecht auf Schutz personenbezogener Daten
– EuGH § 26 12
Grundrechte § 26 12, 62; § 86 16; Art. 88 65, 78
– des Grundgesetzes § 85 6
Grundrechte-Charta § 26 11, 12; Art. 2 9, 10; Art. 35 14
Grundrechtseingriff
– Ermächtigungsgrundlage § 86 s. Ermächtigungsgrundlage
Grundrechtsmaßstab § 22 4; § 23 5; § 48 3 ff.
Grundrechtsschutz Art. 70 4
Grundrechtsschutz durch Verfahren § 40 2
Grundsatz
– allgemein § 78 40; § 80 1
– Erforderlichkeit § 78 15, 16, 45, 48; § 80 10
– Erforderlichkeit s. Erforderlichkeitsgrundsatz
– Geeignetheit § 80 14
– Spezialität § 79 14
– Subsidiarität § 80 12, 13
– Verhältnismäßigkeit § 80 14, 12, 13.1
– Vertraulichkeit § 86 14
– Zweckänderung § 78 31
Grundsatz der Datenvalidität s. Datenvalidität
Grundsatz der Direkterhebung Syst. A 80
Grundsatz der hypothetischen Datenneuerhebung § 49 15
Grundsatz der Integrität Syst. A 65, 73
Grundsatz der Transparenz Syst. A 65, 69
Grundsatz der Zweckbindung § 47 16; Art. 9 12, 56
Grundsatz des Systemdatenschutzes § 43 28
Grundsatz von Treu und Glauben Syst. A 65
Grundsätze
– Äquivalenz und der Effektivität Art. 77 2
– Bedeutung Art. 5 2 f.
– Datenminimierung Art. 5 24 ff.
– Rechtmäßigkeit Art. 5 5 ff.
– Richtigkeit Art. 5 27 ff.
– Speicherbegrenzung Art. 5 32 ff.
– Transparenz Art. 5 10 f.
– Treu und Glauben Art. 5 7 ff., 30
– Vertraulichkeit und Integrität Art. 5 35 f.
– Zweckbindung Art. 5 12 ff.
Grundsätze für die Verarbeitung personenbezogener Daten § 47 1 ff.
Grundsätze von Art. 5 DS-GVO
– Verantwortlichkeit § 26 58, 59, 59a
Haager Übereinkommen über die Beweisaufnahme im Ausland Art. 49 32

1743

Sachverzeichnis

Haftpflichtversicherung Art. 28 28e
Haftung
– Datenportabilität Art. 20 98a
– Maßstab Art. 2 34
– Privileg Art. 2 32, 34
– Störerhaftung Art. 2 35
– Suchmaschinen Art. 2 35
Handakte Art. 20 2.1
– Übergabe Syst. F 95
Handeln gegen Entgelt § 42 48, 60
Handelshemmnisse Art. 1 9
Handelsplattform § 42 21, 67
Hardware Art. 36 21
Harmonisierung Art. 1 8 ff.
– Vollzug Art. 63 1 f.; Art. 64 1 f.; Art. 65 1
Harmonisierungsanspruch der DS-GVO Art. 9 116
Haushaltsausnahme Art. 2 12, 13, 15, 15.1, 16, 16.1, 17, 18, 19, 21, 22, 23; Art. 20 83, 95
Haushaltsplan
– Aufsichtsbehörden Art. 52 25
Hausnummer Art. 89 25.1
Hausrecht
– Begriff § 4 15–28
Headquarter
– räumlicher Anwendungsbereich Art. 3 19
Hebamme Syst. F 145
Heilbehandlungen § 37 3
Heimarbeit Beschäftigte § 26 28
Herausgabeanspruch
– Datenportabilität Art. 20 54
Herkunftslandsprinzip Art. 1 11
– räumlicher Anwendungsbereich Art. 3 45
Hinderung an der Ausübung eines Rechts Art. 35 30
Hinderung an der Durchführung eines Vertrags Art. 35 30
Hinderung an der Nutzung einer Dienstleistung Art. 35 30
hinreichende Garantien Art. 28 33
Hinweis auf Betroffenenrechte Art. 15 67
Hinweise
– Kenntlichmachung der Videoüberwachung § 4 37–40, 45–48
Hinweispflicht § 74 1, 31; § 81 15; Art. 28 85
– Zweckbindung § 85 s. Zweckbindung
Höchstpersönliche Daten Art. 35 30
Höchstpersönlichkeit Art. 15 35
Homeoffice § 26 113.2
Homogenisierung Art. 81 2
Homogenität Art. 40 9
Honorarforderung
– Abtretung Syst. F 99
– Privatpatient Syst. F 144
Human in the loop Art. 22 24, 46, 48
Humanitäre Maßnahme § 85 13
Hundemarke Art. 89 37, 59
Identifikation des Betroffenen Art. 15 35
Identifikationsfunktion
– Name Art. 89 61
– Personenkennzeichen Art. 89 61
Identifikationsnummer Art. 89 53
– 4-Ecken-Modell Art. 89 53.1
Identifizierbarkeit Art. 11 1
– faktische Pseudonymisierung Art. 11 13

– personenbezogene Daten Art. 11 13
Identifizierung
– Datenerhebung Art. 11 20
– herbeiführbar Art. 11 16, 17
– Herbeiführung Art. 11 15
– mögliche Art. 11 12
– weitere Informationen Art. 11 16
– Zumutbarkeit Art. 11 12
Identifizierungsfunktion
– Personenkennzeichen Art. 89 3
Identität § 59 21; Art. 16 21, 22, 23, 24, 25
Identitätsfunktion
– Personenkennzeichen Art. 89 61
Identitätsmerkmal Art. 22 10
Identitätsnachweis Art. 12 29, 31, 49
Identitätsnummer Art. 89 12
Identitätsnummerngesetz Art. 89 12
IDNrG s. Identitätsnummerngesetz
IHK § 31 34
Immaterialgüter Art. 20 105
Immaterieller Schaden § 83 43, 55; Art. 82 31
Impfstatus § 26 113.2
– Abfrage durch ArbG Art. 9 59
Implementierungskosten § 71 5; § 86 17; Art. 32 8, 9; Art. 36 9, 11
Inbetriebnahme
– Anhörung § 69 1, 3a, 8
InfektionsschutzG Art. 9 59, 115
Information über Verarbeitung § 47 9
Informationelle Selbstbestimmung § 35 13, 14; § 38 7; § 40 2
– Strafrechtlicher Schutz § 42 7
Informationen
– Anhörung § 69 5
– geheimhaltungsbedürftig § 85 20
– personenbezogene Daten Art. 11 8
– Privatsphäre § 26 120
– Pseudonymisierung Art. 11 5
Informationsfreiheit
– Bundesbeauftragter § 8 1
– des EDSA Art. 76 10–12
Informationsfreiheitsrecht Art. 10 15a
Informationspflicht § 3 1; § 29 8; § 74 1, 29; Art. 26 47
– adressatengerecht Art. 5 11
– Ausnahme § 85 20
– automatisierte Einzelentscheidung Art. 22 47, 55
– Befreiung § 29 19
– Weiterverarbeitung § 3 1
Informationsrecht
– Bundesbeauftragter § 16 12
Informationssicherheit Art. 35 14, 15, 47, 49, 72
Informationstechnische Überwachung § 26 142
– Aufsichts- und Ermittlungsbehörden § 26 142.6
– Detektei § 26 142.3
– Software § 26 142.1
– Testkäufe § 26 142.4
– Tor-, Spindkontrollen § 26 142.2
– Whistleblowing-Systeme § 26 142.5
Informationszugangsrecht
– eigenes/unmittelbares Art. 86 1, 7, 8
Informed consent Art. 9 59

Sachverzeichnis

Informierte Einwilligung Art. 9 59
Informiertheit
- Einwilligung **Art. 7** 4.1, 55 ff., 73

Informierung
- Datenübertragbarkeit **Art. 20** 50

Infrastruktur
- kritische **§ 80** 25

Inhaltsdaten Art. 2 22
Inkasso Art. 22 39a
Inkompatibilität
- Aufsichtsbehörde **Art. 52** 22

Inkompatible Zweckänderungen Art. 9 12
Inkrafttreten
- deklaratorischer Charakter **Art. 99** 1

Inländerdiskriminierung § 30 11a
Inländischer Verarbeitungsort (lex loci actus)
- räumlicher Anwendungsbereich **Art. 3** 8

Innenverhältnis § 62 26
Innovative Nutzung Art. 35 30
INPOL § 78 26.3
In-sich-Prozess § 20 1a
Insolvenzbekanntmachung E 61
Instanzenzug
- Verkürzung **§ 21** 7

Instrumente
- rechtsverbindliche **§ 79** 4, 10, 12 f.

Integrität § 64 8, 44 s. *Grundsatz der Integrität*
- persönliche **§ 86** 14, 17

Interaktionsdaten Art. 20 45
Interesse
- öffentliches **§ 78** 32; **§ 81** 4a, 7 f.; **§ 86** 16; **Art. 36** 34, 36, 38, 39; **Art. 86** 3
- schutzwürdige **§ 78** 36
- wesentliches **§ 78** 46, 51

Interessen
- berechtigte **§ 67** 13; **§ 80** 18 f.
- lebenswichtige **§ 80** 16, 16.3
- öffentlich **§ 80** 31
- wesentliche **§ 80** 2

Interessenabwägung § 26 35, 36; **§ 27** 1, 31 ff.; **§ 42** 38; **Art. 6** 13, 63 ff.; **Syst. A** 18.3
- automatisierte Einzelentscheidung **Art. 22** 2
- Entbehrlichkeit **§ 28** 3
- Verhältnismäßigkeit **§ 26** 137

Interessenausgleich
- Festlegung **Art. 88** 70
- Konkretisierung **Art. 88** 70

Interessenklage
- qualifizierte **Art. 79** 3

Interessenkonflikt
- Datenschutzbeauftragte **§ 7** 9

Interkonnektion Art. 20 58
Intermediär Art. 2 32, 34, 35
Intermediäre (der Internetkommunikation) Art. 10 15, 15.1
International Conference of Data Protection & Privacy Commissioners Art. 50 23
Internationale Organisationen § 85 10, 13
- Begriff **§ 78** 22 f.; **Art. 44** 20, 27
- Interpol **§ 78** 23, 23.1, 23.2

Internationale Übereinkunft Art. 48 5
Internationale Zusammenarbeit § 85 14; **Art. 50** 1, 4
- Grundsätze **Art. 50** 6

Internet § 26 99, 112.1, 178
Internetnutzung durch Gerichte E 56 ff.

Interoperabilität
- Datenübertragbarkeit **Art. 20** 68, 115b

Interpol Art. 2 30
- internationale Organisation **§ 78** s. *Internationale Organisation*

Intervenierbarkeit § 64 14
Investigatory Powers Tribunal § 78 20.5
IP-Adresse
- faktische Pseudonymisierung **Art. 11** 12

Island § 78 43
ISO/EIC-Vorgaben Art. 42 32
ISO/IEC 17021
- Datenschutz eines Managementsystems **Art. 42** 32

ISO/IEC 17024
- Personenzertifizierung **Art. 42** 32

IT-Grundschutz Art. 35 46, 72
IT-Outsourcing-Verträge Art. 28 52
IT-Sicherheit § 64 1, 3, 6, 10; **Art. 35** 46, 55

Jahresbericht § 15 1, 3, 5
JI-RL Art. 23 30
- Anwendungsbereich **§ 45** 10; **§ 78** s. *Anwendungsbereich*
- Umsetzung **§ 45** 1; **§ 51** 8
- Wirksamkeit **§ 45** 24

Joint Control/Gemeinsame Kontrolle Art. 26 6, 11, 26, 30
Jugendfreiwilligendienst § 26 27
Juristische Person Syst. A 8
justiziellen Tätigkeit E 13

Kap. V.
- Entstehungsgeschichte **Art. 44** 10 ff.

Kategorie Art. 23 61
Kategorien verarbeiteter Daten Art. 15 56
Kaufmann
- Datenschutz **Art. 89** 54.2

Kausalität Art. 82 26
Keine Informationspflicht Art. 13 93; **Art. 14** 93
Kenntniserlangung
- eines Gerichts **Art. 81** 5

Kennziffer
- nationale s. *Personenkennzeichen*

Kernvertragstheorie Art. 26 40
Keylogger
- Dienstrechner **§ 26** 136.1, 177

KFZ-Kennzeichenerfassungen
- faktische Pseudonymisierung **Art. 11** 11

KI Art. 20 s. *Künstliche Intelligenz*
Kinder
- besonderer Schutz **Art. 8** 1, 7, 12 f.
- Einwilligung **Art. 8** 1, 8a, 44
- Freiwilligkeit **Art. 8** 8a
- Information **Art. 12** 22
- Name **Art. 89** 6

Kirchen Syst. A 16
- Bundesbeauftragter **§ 9** 4b

Kirchengerichte Art. 79 13
Kirchliches Datenschutzrecht Art. 91 1 ff.
KI-Verordnung Art. 22 1.1
Klagebefugnis Art. 78 10, 14; **Art. 79** 3, 4, 5; **Art. 80** 9a
Klagegegner Art. 79 8
Klagerecht
- gegen Verantwortliche und Auftragsverarbeiter **Art. 79** 1

1745

Sachverzeichnis

Klägervortrag
- Anforderungen **Art. 79** 4

Klageziel
- Untätigkeitsklage **Art. 78** 20

Klarnamenpflicht Art. 5 25.1
Koalitionsfreiheit (Art. 28 GRCh) Art. 9 40
Kohärenz Art. 97 7, 16
- Aufgaben des EDSA **Art. 75** 1
- normativ und prozedural **Art. 68** 4

Kohärenzverfahren Art. 57 22; **Art. 63** 1 ff.; **Art. 77** 11
- Anwendungsbereich **Art. 63** 7
- Beteiligte **Art. 63** 8 ff.
- Bindungswirkung **Art. 78** 29
- Dringlichkeitsverfahren **Art. 63** 15; **Art. 66** 1 ff.
- Fristen **Art. 72** 14
- Pflicht zur Weiterleitung **Art. 78** 28
- Stellungnahmeverfahren **Art. 63** 12; **Art. 64** 1 ff.
- Streitbeilegungsverfahren **Art. 63** 13 f.; **Art. 65** 1 ff.
- Struktur **Art. 63** 12 ff.
- Subsidiarität **Art. 63** 6
- Transparenz **Art. 71** 6
- Übermittlung der Beschlüsse **Art. 74** 9
- vorausgegangenes **Art. 78** 27
- Vorsitz des EDSA **Art. 74** 9 f.

Kollektivpartner § 26 52
Kollektivvereinbarung
- Allgemeines **Art. 88** 49
- Betriebsvereinbarungen **§ 26** 109; **Art. 88** 51
- Tarifverträge **§ 26** 110; **Art. 88** 51

Kollektivvertrag § 26 52, 53
Kommission
- Einflussmöglichkeiten **Art. 69** 17–19

Kommissionsvorschlag Art. 88 4, 8, 40
Kommunikation Art. 2 23, 25, 30a.1, 32, 35
- elektronische **Art. 2** 6a
- Individual- **Art. 2** 17
- Internet **Art. 2** 32
- Massen- **Art. 2** 17
- öffentliche **Art. 2** 20
- private **Art. 2** 20

Kommunikationsdienst Art. 2 19, 20; **Art. 26** 69
- elektronische **Art. 95** 2

Kommunikationsfreiheit Art. 10 15
Kompatibilität
- Zweckänderung **Syst. A** 22

Kompatibilitätstest § 23 1, 8; **Art. 6** 9, 95
Kompensationsmaßnahme
- Auskunftspflicht **§ 85** 22

Konflikt
- Begriff **§ 85** 13

Konkurrentenstreitverfahren E 30
Konkurrenzen § 41 24; **§ 42** 67 ff.
Konsultation
- Bundesbeauftragter **§ 69** 1
- vorherige **§ 67** 3, 17; **Art. 35** 1, 24, 51, 68, 74; **Art. 36** 1

Kontaktaufnahme
- Pflicht der Gerichte **Art. 81** 4

Kontaktdaten
- Datenschutzbeauftragte **§ 5** 10

Kontaktnachverfolgung Art. 2 4

Konto Art. 2 16a, 21, 30a.1
Kontrolleffekt § 76 1
Kontrollfunktion der „Ausübung öffentliche Gewalt" Art. 23 47.2
Kontrollziele § 64 58 f.
Konzern Art. 44 22
- räumlicher Anwendungsbereich **Art. 3** 21

Konzerndatenschutzverarbeitung Art. 88 88
Konzernsachverhalte Art. 26 59
Kooperation Art. 97 7, 16
- der Aufsichtsbehörden **Art. 70** 2

Kooperationsabkommen
- Europol **§ 79** s. Europol

Kooperationsverfahren Art. 72 2a
Koppelungsverbot Art. 7 42; **Art. 88** 40
Körperschaftsstatus
- Religionsgemeinschaften **Art. 91** 8, 9

Körpertemperaturmessung § 26 113.2
Korrelationen
- Richtigkeit **Art. 5** 27

Korrespondenzplan Art. 49 22
Korruptionsregister Art. 10 13.1
Kosten Art. 15 92
Kosten der Technik bei Sicherung § 47 30
Kostenfreiheit Art. 12 43
Krankenversicherung Art. 22 63; **Art. 89** 55
Krankenversicherung, gesetzliche
- Leistungsabrechnung **Syst. F** 145

Krankenversicherungsnummer Art. 89 55
Krankheit § 26 42.1
Krankheitsdaten § 26 128
- genetische Untersuchungen, Analyse **§ 26** 128.2
- jugendliche Beschäftigte **§ 26** 128.1

Kreditauskunfteien
- Begriff **§ 30** 12

Kreditkartendaten § 42 21, 22
Kreditwürdigkeit
- Prüfung der **§ 30** 16

Krise
- Begriff **§ 85** 13

Kriterien der Zertifizierung und Akkreditierung
- Transparenz **Art. 43** 30

KRITIS s. Kritische Infrastruktur
Kritische Infrastruktur Art. 89 22
Kroatien § 78 43
KUG
- Einwilligung **Art. 7** 26

Kundennummer Art. 89 31
Kündigung Art. 22 31
Kündigungsschutz
- Datenschutzbeauftragte **§ 6** 5

Künstliche Intelligenz Art. 5 27; **Art. 22** 1.1, 13a
- Videoüberwachung **§ 4** 3, 53

Landesdatenschutz § 26 6.1
Landesdatenschutzbeauftragte § 60 5
- Bericht **§ 15** 5

Landeskrankenhausgesetze § 27 9a ff.
Landesrecht § 74 11a; **§ 75** 10a; **§ 77** 9a; **§ 80** 37; **§ 81** 22
- Orden **§ 86** 10
- Spezialregelungen **§ 76** 6a

Sachverzeichnis

Landesstatistikgesetze § 27 9g
Landesverteidigung Art. 23 25
Leasingvertrag Art. 28 28a
Lebenslauf § 26 39
Lebenswichtige Interessen Art. 6 6, 51 ff.; Art. 9 66
– Epidemien Art. 6 51
– Schutz Art. 49 37
Legal Tech Art. 22 29, 39a
Leistungsort Art. 15 84
Leitlinien Art. 35 17, 20, 30, 32,77
Liechtenstein § 78 43
Lindqvist-Urteil Art. 2 18, 21
Liste
– für verpflichtende Konsultationen Art. 36 2, 3, 5
– Kohärenz der Art. 35 38
– über Verarbeitungen mit nicht erforderlicher Datenschutz-Folgeabschätzung Art. 35 6
– über Verarbeitungen mit verpflichtender Datenschutz-Folgenabschätzung Art. 35 6
Live-Bildübertragung Art. 2 3.1
Logik
– automatisierte Einzelentscheidung Art. 22 55
logischer Raum Art. 20 15
– Anspruch auf Art. 89 61
– Personenkennzeichen Art. 89 5
Löschen
– Begriff § 75 19
Löschfristen Art. 5 33
Löschpflicht § 75 10, 15
– Ausnahme § 50 1
– Rechtsfolge § 75 19
– Videoüberwachung § 4 40–50
Löschung § 26 103, 104; § 62 51; Art. 28 79
Löschungsanspruch
– Konkurrenzen Art. 20 115
Löschungspflicht § 26
– Ausnahmen § 26 207
– Bewerbung § 26 106
– Fristen § 26 209
– Grundsatz § 26 206, 207
– Konzept § 26 208
Löschungsverpflichtung § 79 17

Magna Charta Art. 13 2; Art. 14 2
Management
– Compliance Art. 88 58
– Whistleblowing Art. 88 58
Mängel der Verarbeitung
– Bundesbeauftragter § 16 4, 6, 7
Manipulation Art. 5 8, 8a
Marketing Art. 22 s. Werbung
Marktort
– Altersbeschränkung Art. 8 22
Maschinenlesbarkeit Art. 20 74
Maßnahmen
– angemessene § 74 26
– angemessene und spezifische § 22 36 ff.
– Angemessenheit § 64 32 ff., 57
– Auswahl § 64 27 ff.
– Erforderlichkeit § 64 32, 56
– Garantien § 78 62
– geeignete § 78 56, 61
– Interessenausgleich Art. 88 78
– Jahresbericht § 15 2
– organisatorische § 64 21 ff.; § 86 17
– technische § 64 21 ff., 78g; § 86 17
– technische und organisatorische Art. 25 12; Art. 32 4, 5, 7
– Verhältnismäßigkeit § 64 55 ff.
– Vertragsklausel § 78 62
– Verwaltungsvereinbarung § 78 62
– zusätzliche Art. 46 2a, 2h, 2n, 3a, 3c
Maßnahmen zum Schutz § 26 35a
Maßnahmenbestimmung § 64 54
Materialien
– Begründungserwägung 155 Art. 88 11
Materielle Grundsätze
– Eigentumsrecht § 26 62
– Informationelle Selbstbestimmung § 26 61
– unternehmerische Freiheit § 26 62
– Vertragsfreiheit § 26 62
Matrixstruktur Art. 49 16
Mechanismen der internationalen Zusammenarbeit Art. 50 7
Medienkompetenz Art. 22 24
Medienprivileg Art. 10 15, 15.1; Art. 20 118
Meldebehörde Art. 89 56
Meldepflicht E 22b ff.
– (erhebliche) Gefahr für Rechtsgüter natürlicher Personen § 65 6
– Beweisverwendungsverbot § 41 50 ff.; § 42 75 ff.; § 43 22; § 84 9 f.
Meldung bei der Aufsichtsbehörde Art. 49 56, 57
Meldung der Verletzung des Schutzes personenbezogener Daten
– Allgemeines Art. 33 1 ff.
– Dokumentation Art. 33 62 ff.
– Frist Art. 33 32 f.
– Geldbuße Art. 33 19
– Grundlagen Art. 33 10
– Meldepflicht Art. 33 25 ff.
– Mindestinhalt Art. 33 50 ff.
– Selbstbelastungsfreiheit Art. 33 39
– Teilmeldung Art. 33 59
Memoranda of Understanding Art. 50 13
Menschenrechte § 81
Metadaten Art. 20 53, 67, 100
Mikrozensus-Entscheidung Art. 89 11
Militär § 85 12
Militärischer Abschirmdienst § 85 18
Minderjährige
– Anwendbares Recht Art. 1 11
Minderjährigkeit
– Vertragsrecht Art. 8 62
Mindestharmonierungsansatz Art. 88 72
Ministerpräsidenten
– vorschlagsberechtigt § 86 3.1
Missbrauch Art. 23 66
– Beschwerderecht Art. 78 16
– Datenportabilität Art. 20 62, 85
– Datenübertragbarkeit Art. 20 110
Missbräuchliche Anträge Art. 12 44
Mitarbeiter
– Bußgeldpflichtigkeit § 41 14
Mitbestimmung Art. 35 61
– automatisierte Einzelentscheidung Art. 22 54.1
Mitglied
– Amtsenthebung Art. 53 9
– Amtszeit Art. 53 5
– Amtszeitende Art. 53 8

1747

Sachverzeichnis

– Auswahl **Art. 52** 24
– fachliche Qualifikation **Art. 53** 6
– Inkompatibilitäten **Art. 52** 22
– Unabhängigkeit **Art. 53** 7 ff.
– Unparteilichkeit **Art. 52** 22
– Verschwiegenheitspflicht **Art. 54** 3
– Wiederernennung **Art. 53** 5
Mitglied von Aufsichtsbehörden
– Transparenz des Auswahlverfahrens **Art. 53** 4
Mitgliedsnummer Art. 89 31
Mitgliedstaat
– Begriff **§ 78** 1 f., 20, 40, 43
– Genehmigung **§ 79** s. *Genehmigung*
– Interessen **§ 78** 51
– Stelle, zuständige **§ 78** 45
– Unterrichtung **§ 78** 53
Mitgliedstaaten
– Begriff **Art. 88** 48
– Recht **Art. 88** 15, 36
– Regelungsauftrag **Art. 51** 4; **Art. 54** 2
Mitteilung
– Schwangerschaft **§ 26** 125
Mitteilungen der Gerichte und Staatsanwaltschaften E 33
Mitteilungsmöglichkeit
– vertraulich **§ 77** 2
Mitteilungspflicht § 75 10, 22, 23, 24; **§ 81** 14, 17
– Änderungen **Art. 88** 94
– Allgemeines **Art. 19** 1
– Auslegung **Art. 19** 5, 6, 7, 8
– Genese **Art. 19** 2, 3, 4
– neue Vorschriften **Art. 88** 94
– Rechtsvorschriften **Art. 88** 93
– Tatbestand **Art. 19** 15, 15a, 16
– Vergleich mit dem BDSG aF **Art. 19** 9, 10, 11
– Verletzung **Art. 88** 95
– Zweck, Mitgliedstaaten **Art. 88** 92, 93, 94, 95
Mitverschulden § 83 50, 54; **Art. 82** 22, 35
Modalitäten der Verweigerung § 34 40
– Dokumentation **§ 34** 43
Möglichkeit
– Rechtsverletzung **Art. 79** 6
– Rechtsverstoß **Art. 77** 5
Muss-Liste Art. 35 s. *Positivliste*
Mustererkennung Art. 22 11
Musterformulierung § 26 44
Musterverträge § 62 37

Nachholung der Information § 32 58; **§ 33** 46
Nachrichtendienst § 45 20; **§ 85** 2, 11; **Art. 2** 9d; **Art. 89** 34
Nachteil des Beschäftigten § 26 54
Nachteile
– wirtschaftliche oder gesellschaftliche **Art. 35** 15
Nachweis
– Einhaltung von Pflichten nach DS-GVO **Art. 42** 9
– faktische Pseudonymisierung **Art. 11** 28
Nachwirkender Patientenschutz § 26 29
Name
– Recht auf **Art. 89** 17
– Rechtsschutz **Art. 89** 61
nationale Kennziffer s. *Personenkennzeichen*

Nationale Rechtsbehelfe
– bei Untätigkeit **Art. 78** 21
Nationale Sicherheit § 33 50; **§ 45** 20; **Art. 23** 22; **Art. 46** 5
Nationales Datenschutzrecht
– Anwendungsbereich **§ 45** 1
Nationales Prozessrecht
– Verhältnis **Art. 79** 14
Nationalsozialismus Art. 89 21.1
– Personenkennzeichen **Art. 89** 9.1
NATO § 85 14
Negativliste
– Anhörung **§ 69** 4
Netzarchitektur Art. 36 21
NetzDG Art. 20 s. *Netzwerkdurchsetzungsgesetz*
Netzeffekt Art. 20 11
Netzwerkdurchsetzungsgesetz (NetzDG) Art. 20 24
Netzwerke
– soziale **§ 81** 3
Neue technologische oder organisatorische Lösungen Art. 35 30
Neue Vorschriften Art. 88 44
Neuregelung
– Diskussion **Art. 88** 99 ff.
– Grundkonzept **Art. 88** 100
Nichtverkettung § 64 12
Niederlassung
– Begriff **Art. 3** 13
– Hauptniederlassung **Art. 3** 19
– Ort der **Art. 79** 16
– Zweigniederlassung **Art. 3** 19
– Zweigstelle **Art. 3** 20
Non liquet
– Rechtsfolge **§ 58** 37, 38; **Art. 18** 33
Normkonkurrenzen § 32 10; **§ 33** 10; **§ 34** 10; **§ 53** 8; **Art. 13** 12; **Art. 14** 12; **Art. 15** 15, 16, 17
Normwiederholungsverbot Art. 6 87
– Recht auf Löschung **§ 35** 4, 35
Norwegen § 78 43
Notar Syst. F 1
Notifizierungspflichten Art. 51 10
Notizen § 26 38
Notrufsystem Art. 20 23
Notwendigkeit Art. 23 17
Nudging
– Betroffenenrechte **Art. 16** 2
Nutzeridentifikation § 42 72
Nutzungsdaten § 42 72

Observation Art. 10 5.1
OECD Art. 50 11
Offenkundig öffentlich gemachte Daten Art. 9 74 ff.
Offenlegung § 78 25.2, 27.2, 44, 58
– Begriff **Art. 19** 15a
– Datenübermittlung **Art. 44** 14 ff.
Öffentliche Interessen § 32 30, 38; **§ 33** 22, 26
Öffentliche Räume
– Zugänglichkeit **§ 4** 8, 9, 10
Öffentliche Sicherheit § 45 43; **Art. 23** 28
Öffentliche Sicherheit und Ordnung § 32 38; **§ 33** 39
Öffentliche Stelle § 3 13; **§ 45** 34
– Aufgaben **§ 6** 10, 11, 12, 13

1748

Sachverzeichnis

- Bundesbeauftragter § 9 1
- des Bundes § 5 6a
- Sanktionierung § 84 19 ff.
- staatliche § 25 2
- Straftatbestand § 42 14; § 84 5
- Verarbeitung § 3 1 ff.

Öffentliche Unternehmen § 25 15
öffentlicher Bereich
- Einwilligung Art. 7 3, 54

Öffentlicher Dienst
- Leistungsprinzip § 26 78

öffentlicher Raum Art. 2 15, 15.1,

Öffentliches Interesse Art. 6
- an der Datenverarbeitung § 50 8
- Erforderlichkeit Art. 6 59 ff.
- Religionsgemeinschaften Art. 6 54
- wichtige Gründe Art. 49 26, 27

Öffentlichkeit
- Jahresbericht § 15 4

Öffnungsklausel Syst. A 16; § 22 1; § 29 1; § 67 4; § 86 2, 16 f.; Art. 6 3, 8, 73 ff., 84 ff.; Art. 9 53. 104, 109, 114, 116, 118; Art. 35 4; Art. 89 38; Art. 90 4; Art. 88 43
- Betroffenenrechte Art. 16 11, 12, 13, 14
- DS-GVO § 40 9–11
- Einwilligung Art. 7 16 ff.
- fakultative Art. 86 2
- Funktion Art. 6 73, 74 ff.
- Minderjährigenschutz Art. 8 19 f.
- Reichweite Abs. 2 Art. 6 73 ff.
- Reichweite Abs. 4 Art. 6 102 ff., 110 ff.
- Videoüberwachung im nicht-öffentlichen Bereich § 4 1, 13
- Videoüberwachung im öffentlichen Bereich § 4 18

One-Stop-Shop-Verfahren Art. 56 3
Online Dispute Resolution Art. 22 29
Online-Dienste
- faktische Pseudonymisierung Art. 11 11

Online-Zugangs-Gesetz Art. 89 53b
Orden
- Ordensverleihung § 86 s. Ordensverleihung

Ordengesetz § 86 3.1
Ordenstatut § 86 3.1
Ordensverleihung § 85 2.1
- Vorbereitung § 86 3

Ordenswürdigkeit
- Ordensverleihung § 86 s. Ordensverleihung

Ordnungsfunktion
- Personenkennzeichen Art. 89 5

Ordnungsfunktionen der „Ausübung öffentliche Gewalt" Art. 23 47.2
Ordnungsvorschriften
- Abs. 3 Art. 88 94

Ordnungswidrigkeiten § 45 31; Art. 2 25a, 26; Art. 10 1 f.
ordre public § 86 18.1
Organleihe § 62 20
Ortungssysteme
- GPS-Überwachung § 26 164
- Handyortung § 26 164
- Zulässigkeit § 26 164

Österreich
- Personenkennzeichen Art. 89 48.1

OZG s. Online-Zugangs-Gesetz

Papierakten Art. 20 s. Akten
Parallelität
- der Beschwerde zu anderen Rechtsbehelfen Art. 77 17

Parallelverfahren
- innerhalb eines Mitgliedstaates Art. 81 3

Parlamente
- der Mitgliedstaaten Art. 2 9e

Parlamentsbetrieb § 85 2.1
Partizipation Art. 35 60, 62
Pass Art. 89 2
Pass
- Passnummer Art. 89 58

Passenger Name Records Art. 89 15.1
Passwörter § 42 22
Patentanwalt Syst. F 1
Patentanwaltskammer Syst. F 22
Patient Syst. F 9
Payroll Art. 49 22
Person
- andere § 80 16 f.
- betroffene § 60 1, 5; § 80 3.1 f., 16.1, 17; § 86 16; Art. 16 20, 21, 22, 23, 24, 25
- identifizierbare Art. 11 12
- juristische § 80 17
- natürliche § 80 3.1, 17; § 86 16

Person des öffentlichen Lebens Art. 2 21
Personalakten § 26 39, 42, 98; E 29
Personalausweis Art. 89 2
- Personalausweisnummer Art. 89 58
- Personalausweiskopie Art. 15 38

Personaldatenverwaltung
- Zentralisierung Art. 49 17

Personalitätsprinzip
- räumlicher Anwendungsbereich Art. 3 44

Personalplanung
- Datenspeicherung § 26 117

Personenbezogene Daten Art. 6 14; Art. 9 16
- bei Gericht E 17 ff.
- Begriff § 58 24; Art. 16 48, 49, 50
- einer großen Zahl von Personen § 42 29
- erschleichen § 42 53
- nicht allgemein zugänglich § 42 25 ff., 44, 55
- Recht auf Löschung § 35 12
- Teilinformationen Art. 11 8
- verarbeiten § 42 45 ff.
- Vertraulichkeit § 42 6
- Zuordnung Art. 11 11

Personenbezogene Daten über strafrechtliche Verurteilungen und Straftaten Art. 35 27
Personenbezug Art. 20 18
- Personenkennzeichen Art. 89 19, 25

Personenkennzeichen Art. 89 1
- 4-Ecken-Modell Art. 89 53.1
- Begriff Art. 89 24
- DDR Art. 89 9.2, 60
- Geschichte Art. 89 11
- Identifizierungsfunktion Art. 89 3
- logischer Raum Art. 89 5
- Nationalsozialismus Art. 89 9.1
- Ordnungsfunktion Art. 89 5
- Österreich Art. 89 48.1
- Personenbezug Art. 89 19
- Persönlichkeitsprofil Art. 89 54.1
- Rentenversicherung Art. 89 10

1749

Sachverzeichnis

- Repräsentationsfunktion **Art. 89** 4
- sektorspezifische Kennzeichen **Art. 89** 53c
- sensitives Datum **Art. 89** 20
- Steuer-Identifikationsnummer **Art. 89** 54
- Verlust **Art. 89** 61
- Verwechslung **Art. 89** 61
- Zweckbindung **Art. 89** 22, 45

Personenkennziffer s. *Personenkennzeichen*
Persönlichkeitsmerkmal Art. 22 7
Persönlichkeitsprofil Art. 89 53a, 54.1
- Personenkennzeichen **Art. 89** 22

Persuasive Computing
- Betroffenenrechte **Art. 16** 2

Petitionsausschuss Art. 2 9e
Petitionsrecht
- besonderes **Art. 77** 1

Pflichten
- arbeitsrechtlich **Art. 88** 38
- Auftragsverarbeiter **§ 68** 4
- Bundesbeauftragter **§ 13** 1; **§ 15** 1
- der Aufsichtsbehörde **Art. 77** 14
- zur sorgfältigen Prüfung **Art. 77** 15
- Zusammenarbeit **§ 68** 2, 4

Pflichtverletzungen
- präventive Verhinderung **§ 26** 138

PIA Art. 35 s. *Privacy Impact Assessment*
PKZ s. *Personenkennzeichen*
Plausibilitätskontrolle
- automatisierte Einzelentscheidung **Art. 22** 23, 48

Plugin/Gemeinsamkeit der Festlegung Art. 26 3, 28, 23, 32
PNR Art. 89 15.1
Polizei Art. 2 26, 29, 29.1, 30a.1
Polizeiliche Ermittlungstätigkeit § 47 7
Positivliste Art. 35 31, 32, 33, 34, 35, 36, 37, 38, 76, 80
- Anhörung **§ 69** 4

Post-Privacy-Debatte
- Betroffenenrechte **Art. 16** 2, 5

Praktische Erfahrungen Art. 46 2f
Praktische Konkordanz § 26 35.1
Prävention
- Anhörung **§ 69** 1
- Führungszeugnis **§ 26** 138.1
- Mitarbeiterscreening **§ 26** 139

Präventive Bereiche § 45 44
Praxishilfe § 26 69, 69.1
Predictive Behavorial Targeting Art. 22 17
Pre-Trial-Discovery Art. 49 31, 32, 33
Primärrecht
- Mitteilungspflicht **Art. 88** 49

Prinzip der Schutzräume Syst. A 6
Prior Consultation Art. 35 1; **Art. 36** 1
Privacy Impact Assessment Art. 35 2
Privacy Shield
- Ungültigkeitserklärung **Art. 49** 36b

Privatautonomie Art. 6 26, 40, 44
Private § 81 3; **§ 86** 7
Private Krankenversicherung § 37 3, 5, 6
Privatleben
- Achtung des **Syst. B** 14, 23

Privatsphäre Art. 2 12, 15
Privilegierung Art. 28 29
Problematisches Gesetz Art. 46 2d
Profilbildung Art. 89 22
- Kinder **Art. 8** 8, 9

Profiling § 54 6; **Art. 22** 7; **Art. 35** 26
- Begriff **Art. 22** 7
- Legaldefinition **Art. 22** 7
- räumlicher Anwendungsbereich **Art. 3** 40

Profilseite Art. 2 18, 19, 21
Prognoseentscheidung
- Weiterleitung **§ 78** s. *Weiterleitung*

Prognosen
- Richtigkeit **Art. 5** 27

Programmcode Art. 36 25
Protokolldaten
- Bereitstellung **§ 76** 20
- Löschung **§ 76** 19
- nemo-tenetur-Grundsatz **§ 76** 18b
- Nutzung **§ 76** 17, 18

Protokollierung § 64 71
Protokollierungspflicht
- einzelvorgangsbezogen **§ 76** 5, 7
- Inhalt **§ 76** 11

Protokollvermerk § 86 18.1
Prozessrecht
- Verhältnis zum nationalen **Art. 78** 12

Prozessstandschaft Art. 80 8
Prüffähigkeit Art. 36 26
Prüfung
- zweistufig **§ 81** 4

Pseudonymisiert § 71 7
Pseudonymisierte Daten § 42 23
Pseudonymisierung § 27 35a; **§ 64** 41, 45a; **§ 79** 9; **§ 86** 17; **Art. 9** 103, 107; **Art. 46** 3c; **Art. 89** 3, 14, 48
- faktische **Art. 11** 4 s. *faktische Pseudonymisierung*
- klinische Forschung **§ 27** 40
- Personenkennzeichen **Art. 89** 19

Pseudonymisierungsschlüssel Art. 11 5

Rat des Datenschutzbeauftragten Art. 35 11, 22, 23, 24, 60
Räumlicher Anwendungsbereich
- als zivilrechtliche Kollisionsnorm **Art. 3** 7
- gemeinsame Verantwortlichkeit **Art. 3** 12
- importierte Auftragsverarbeitung **Art. 3** 11
- Konzern **Art. 3** 21
- unionsansässiger Auftragsverarbeiter **Art. 3** 11
- Unionsniederlassung **Art. 3** 13
- Wechselwirkung mit Internationalem Zivilprozessrecht **Art. 3** 6

Real-Time-Bidding Art. 26 62
Rechenschaftspflicht Art. 35 13, 36; **Syst. A** 65, 76
- Grundsatz **Art. 5** 37 ff.
- Nachweispflicht **Art. 5** 39

Rechnungsprüfung
- Unabhängigkeit **§ 10** 4

Recht
- Betroffener **§ 60** 1, 4
- Mitgliedstaaten **Art. 88** 45

Recht auf Einschränkung der Verarbeitung
- Besonderes Interesse der betroffenen Person **Art. 18** 40, 41
- Bestreiten der Richtigkeit **Art. 18** 29, 30, 31, 32, 33, 34, 35, 36, 37
- Direktwerbung **Art. 18** 45
- Genese **Art. 18** 4, 5, 6, 7, 8, 9, 10, 11
- Vergleich mit dem BDSG aF/BDSG **Art. 18** 17, 18, 19, 20, 21, 22

Sachverzeichnis

Recht auf „Vergessenwerden"
- Abwägung der Interessen **Art. 17** 64, 67, 67a, 67b, 67c, 67d
- Allgemeines **Art. 17** 58, 59, 60a, 61, 62, 63, 65, 66, 67e, 67f, 68
- Einschränkung **Art. 17** 78, 79, 80, 81, 81a, 82, 83, 84, 85, 86, 87
- Geltendmachung **Art. 17** 77a, 77b
- Genese **Art. 17** 60
- Informationspflicht **Art. 17** 72, 73, 74, 75, 76, 77
- Veröffentlichung von Informationen **Art. 17** 69, 70, 71

Recht auf Berichtigung
- Allgemeines **Art. 16** 35
- Anwendungsbereich **Art. 16** 36
- Auslegung **Art. 16** 38, 39, 40, 41
- Genese **Art. 16** 37
- Rechtsfolge und Sanktionierung **Art. 16** 61, 62, 63, 64, 65, 66
- Tatbestand **Art. 16** 43
- Unrichtige Daten **Art. 16** 47, 50, 51, 52
- Vergleich mit dem BDSG aF **Art. 16** 42
- Verlangen der betroffenen Person **Art. 16** 44, 45, 46
- Vervollständigung von Daten **Art. 16** 57, 58, 59, 60
- Werturteile **Art. 16** 53, 54, 55, 56

Recht auf Datenübertragbarkeit Art. 20 s. *Datenübertragbarkeit*

Recht auf Einschränkung der Verarbeitung
- Allgemeines **Art. 18** 1, 2, 3
- Auslegung **Art. 18** 12, 13, 14, 15, 16
- Informationspflicht **Art. 18** 51
- Rechtsfolge **Art. 18** 46. 47, 48, 49, 50, 50a
- Tatbestand **Art. 18** 25, 26, 27, 28
- Umwandlung des Anspruchs **§ 35** 26, 27, 28, 32, 33
- Unrechtmäßige Verarbeitung **Art. 18** 38, 39
- Widerspruch **Art. 18** 42, 43, 44, 45

Recht auf informationelle Selbstbestimmung Syst. B 15, 19, 25, 27

Recht auf Löschung
- Allgemeines **Art. 17** 1, 2, 3
- Anspruch **Art. 17** 22, 23, 24
- Auslegung **Art. 17** 9, 10, 11, 12, 13, 14, 15
- Automatisierte Datenverarbeitung **§ 35** 19, 20, 21
- Bevollmächtigter **§ 35** 16
- Direktwerbung **Art. 17** 41
- Dokumentation **Art. 17** 88, 89, 90, 91, 92
- Einschränkung aufgrund von Interessen des Verantwortlichen **§ 35** 18, 19, 20, 21, 22, 23, 24, 25, 26, 27, 28, 29, 30
- Einschränkung wegen Interessen des Betroffenen **§ 35** 32, 33, 34, 35, 36
- Einschränkung zugunsten sonstiger Interessen **§ 35** 37, 38, 39, 40
- Einschränkungen **§ 35** 1, 2, 10, 17
- Erforderlichkeit zur Erfüllung einer rechtlichen Verpflichtung **Art. 17** 44, 45, 46, 47, 48, 49
- Genese **§ 35** 3, 4, 5, 6, 7, 8, 9; **Art. 17** 4, 5, 6, 7, 8
- Gesetzlicher Vertreter **§ 35** 16
- Lex specialis **§ 35** 16
- Nachweispflichten **Art. 17** 88, 89, 90, 91, 92
- Normwiederholungsverbot **§ 35** 4, 35
- Objektive Pflicht **§ 35** 11, 12
- Personenbezogene Daten **§ 35** 12
- Personenbezogene Daten von Minderjährigen **Art. 17** 50, 51, 52, 53
- Rechtsfolge: Unverzügliche Löschung **Art. 17** 54. 55, 55a, 56, 57, 57a
- Rechtswidrige Verarbeitung **Art. 17** 16, 17, 18
- Subjektive Rechte **§ 35** 10
- Umwandlung des Anspruchs **§ 35** 26, 27, 28
- Unternehmensbezogene Daten **§ 35** 12; **§ 58** 24
- Vergleich mit dem BDSG aF **Art. 17** 19, 19a
- Verhältnis zum BDSG **Art. 17** 25, 26, 27, 28, 29
- Widerruf der Einwilligung **Art. 17** 30, 31, 32, 33, 34, 35
- Widerspruch gegen die Verarbeitung **Art. 17** 43
- Zweckfortfall **Art. 17** 37, 38, 39, 40, 41, 42

Recht auf Namen Art. 89 17
Recht auf Privatheit Syst. B 23, 57 f.

Rechte
- arbeitsrechtliche **Art. 88** 38
- Bundesbeauftragter **§ 13** 1
- durchsetzbare **Art. 46** 1, 7, 9, 14, 51

Rechte der betroffenen Person Art. 13 21; **Art. 14** 21; **Art. 15** 25

Rechte Dritter
- Abwehr einer schwerwiegenden Beeinträchtigung **§ 23** 32 ff.

Rechte und Freiheiten natürlicher Personen § 67 7, 8; **Art. 35** 8, 10, 13, 14, 15, 16, 29, 31, 43, 45, 46, 47, 48, 53

Rechtfertigung
- Auffangnorm **§ 3** 1

Rechtliche Pseudonymisierung Art. 11 5, 7
Rechtmäßigkeit Art. 89 1
- Grundsatz **Art. 5** 5 ff.

Rechtmäßigkeit der Verarbeitung
- Differenzierung zwischen öffentlichen Stellen und Privaten **Art. 6** 12
- DSRL **Art. 6** 1, 2, 5, 6, 10, 37, 40
- Einwilligung **Art. 6** s. *Einwilligung*
- Erforderlichkeit **Art. 6** 15 ff.
- Erfüllung eines Vertrag **Art. 6** s. *Erfüllung eines Vertrags*
- Kumulation der Rechtmäßigkeitstatbestände **Art. 6** 24 ff.
- lebenswichtige Interessen **Art. 6** s. *lebenswichtige Interessen*
- Normgeschichte **Art. 6** 5 ff.
- öffentliche Gewalt **Art. 6** 55
- öffentliches Interesse **Art. 6** 53 ff.
- Öffnungsklauseln **Art. 6** s. *Öffnungsklauseln*
- rechtliche Verpflichtung **Art. 6** 48 ff.
- Rechtswidrigkeitsfolgen **Art. 6** 115 ff.
- Sanktionen bei Verstößen **Art. 6** 1
- Verbot mit Erlaubnisvorbehalt **Art. 6** 2, 11, 12
- Videoüberwachung **Art. 6** 2
- vorvertragliche Maßnahmen **Art. 6** 47
- Wahrung berechtigter Interessen **Art. 6** s. *Wahrung berechtigter Interessen*
- zweckändernd **§ 23** 1 ff.; **§ 24** 1 ff., 12 ff.; **§ 49** 13 ff., 31 ff.

1751

Sachverzeichnis

Rechtsakt
- delegierter **Art. 92** 1
- Einspruch **Art. 92** s. Einwand
- Einwand **Art. 92** 10
- Einwendungsfrist **Art. 92** 11
- interinstitutionelle Vereinbarungen **Art. 92** 4, 5
- Rahmenvorgaben nach AEUV **Art. 92** 1, 9, 10, 12

Rechtsansprüche
- Geltendmachung, Ausübung oder Verteidigung **Art. 49** 30
- Verteidigung **§ 80** 2, 30
- zivilrechtliche **§ 80** 29 f.

Rechtsanwalt Art. 20 2.1; **Art. 35** 29
- Bundesbeauftragter **§ 9** 4d

Rechtsanwaltskammer Syst. F 32

Rechtsanwendung
- einheitliche **Art. 70** 2; **Art. 71** 4, 13
- Vereinheitlichung **Art. 68** 1, 5

Rechtsbegriff
- unbestimmter **§ 79** 13

Rechtsbehelf
- Bundesbeauftragter **§ 14** 11; **§ 60** 1, 4
- gerichtliche **§ 79** 5
- verwaltungsrechtliche **§ 79** 5
- wirksame **Art. 46** 1, 2g, 7, 10, 10a, 14, 51

Rechtschutz des Betroffen E 18 ff.

Rechtsdurchsetzung § 32 14; **§ 33** 14; **§ 34** 14; **Art. 13** 25; **Art. 14** 25; **Art. 15** 28

Rechtsfolgen
- nachteilige **§ 54** 3a

Rechtsfolgen bei Zuwiderhandlung Art. 15 20
- Rechtmäßigkeit der Datenverarbeitung **Art. 13** 19; **Art. 14** 19
- Schadensersatz **Art. 15** 23.2

Rechtsfolgenverweis § 34 56

Rechtsgrundlage Art. 14 46
- Datenverarbeitung **§ 50** 1
- für nachteilige Entscheidung **§ 54** 1, 2

Rechtsgrundlagen der Verarbeitung
- sensible Daten **§ 22** 1 ff.; **§ 48** 1 ff., 15 ff.

Rechtsgrundverweisung Art. 14 88

Rechtsgüter betroffener Personen § 67 8, 17

Rechtshilfe Art. 48 10

Rechtshilfeabkommen Art. 48 5, 10
- EU-USA **§ 79** 6.3

Rechtshilfeersuchen
- internationale **§ 81** 3

Rechtsinstrument
- Begriff **§ 79** 4

Rechtslage
- in Drittländern **Art. 47** 61, 62a

Rechtsmäßigkeitstatbestände
- Rangverhältnis **Art. 6** 28
- Verhältnis **Art. 6** 27

Rechtsmissbrauch § 26 49

Rechtsnatur
- horizontale Systematik **Art. 88** 18
- Rechtsgrundlage für die Datenverarbeitung **§ 27** 5 f., 13
- Umsetzungsbedürfnis **Art. 88** 15
- vertikale Systematik **Art. 88** 15, 16, 17

Rechtspolitik § 26 42.3, 43.1

Rechtsprinzipien
- Datenschutzgrundsätze **Syst. A** 1, 4

- Wandel **Syst. A** 3

Rechtssatz Syst. A 2

Rechtsschutz
- kollektiver **Art. 80** 6
- materieller Prüfungsmaßstab **Art. 92** 15
- Nichtigkeitsklage **Art. 92** 14
- Vorabentscheidungsverfahren **Art. 92** 13

Rechtsschutzgarantie Art. 78 1

Rechtssetzungsbefugnis
- eigenständige **Art. 91** 5

Rechtssicherheit Art. 2 20

Rechtsstaatlichkeit § 78 34; **§ 81** 13

Rechtsträgerprinzip § 83 26

Rechtsverfolgung
- Kap. V. **Art. 44** s. effektive Rechtsdurchsetzung

Rechtsverletzung § 60 1, 3; **Art. 79** 6

Rechtsvorschrift § 52 13
- Begriff **Art. 23** 11
- gleiche **Art. 23** 54
- Option **Art. 88** 49
- spezifische **Art. 23** 55

Rechtsweg E 18a ff.
- ordentliche Gerichtsbarkeit **E** 18a ff.
- Sozialgerichtsbarkeit **E** 18d
- Verwaltungsgerichtsbarkeit **E** 18c

rechtswidrige Weisung Art. 29 18

Rechtswidrigkeit § 42 63

Regelbeurteilungen
- Arbeitnehmerbefähigung **§ 26** 118
- Arbeitnehmereignung **§ 26** 118
- fachliche Leistung **§ 26** 118

Regelungen
- Datenschutzbeauftragte öffentlicher Stellen **§ 6** 1
- Teilbereiche **Art. 88** 47
- teilweise **Art. 88** 46
- vollständig **Art. 88** 46

Regelungsauftrag
- Aufsichtsbehörden **Art. 51** 4; **Art. 54** 2
- Mitgliedstaaten **Art. 51** 4; **Art. 54** 2

Regelungsgehalt Art. 88 1

Regelungsinhalt
- Allgemeines **Art. 88** 65

Regelungsinstrumente
- Kollektivverträge **Art. 88** 51, 52
- Rechtsvorschriften **Art. 88** 50

Regelungskompetenz der Kirche § 26 6.2

Regelungsoption
- Allgemeines **Art. 88** 8, 9, 10, 16, 41, 65
- Arbeitsergebnis **Art. 88** 7
- Beschluss **Art. 88** 5
- Europäischer Rat **Art. 88** 6
- Europäisches Parlament **Art. 88** 5
- Keine Pflicht **Art. 88** 45
- Kommissionsvorschlag **Art. 88** 4
- Mitgliedstaaten **Art. 88** 48
- Primärrechtliche Vorgaben **Art. 88** 42
- Sozial- und Betriebspartner **Art. 88** 49
- spezifischere Vorschriften **Art. 88** 44
- Trilogparteien **Art. 88** 7
- Vorschlag **Art. 88** 6

Regelungstatbestände Art. 88 53

Register Art. 49 40, 41
- Übermittlung aus einem **Art. 49** 40

Registerdatenschutz Art. 89 53

Registermodernisierungsgesetz Art. 89 12, 53
- 4-Ecken-Modell **Art. 89** 53.1

Sachverzeichnis

Reglementierte Berufe **Art. 23** 44.1
RegMoG *s. Registermodernisierungsgesetz*
Regress im Innenverhältnis **Art. 26** 58
Rehabilitanden **§ 26** 25
Religionsgemeinschaften **Art. 2** 6a, 15.1
– bestehende Regelungen **Art. 91** 17, 18, 18a
– privatrechtlich organisiert **Art. 91** 10
– Stellung **Art. 91** 2, 3, 4
Rentenversicherung
– Personenkennzeichen **Art. 89** 10
Repräsentationsfunktion
– Personenkennzeichen **Art. 89** 4
Repräsentativität **Art. 40** 9a
Reservefunktion **§ 60** 2
Resilienz **§ 64** 78f
Resozialisierungsinteresse **Art. 10** 10
Restrisiko **Art. 35** 49, 53, 54
Richter **§ 26** 29
Richterliche Unabhängigkeit **E** 86
Richtigkeit
– Aktualisierung **Art. 5** 29
– Aktualisierungspflicht **Art. 5** 29
– Aktualität **Art. 5** 29
– Benachrichtigungspflicht **Art. 5** 30
– Berichtigungspflicht **Art. 5** 28
– Grundsatz **Art. 5** 27 ff.
– Korrelationen **Art. 5** 27
– Künstliche Intelligenz **Art. 5** 27
– Prognosen **Art. 5** 27
– Selbstlernende Systeme **Art. 5** 27
– Überprüfung von Angaben **§ 23** 22 ff.
– Unvollständige Daten **Art. 5** 29
– Werturteile **Art. 5** 27
– Zeitpunkt **Art. 5** 31
Richtigkeitskontrolle
– automatisierte Einzelentscheidung **Art. 22** 23, 48
Richtlinie (EU) 2016/680 **Art. 9** 14
Risiken
– Erhöhung **Art. 50** 2
Risiko **§ 64** 36, 48 ff.; **Art. 35** 1, 10, 12, 13, 14, 15, 16, 17, 18, 19, 20, 25, 29, 30, 31, 32, 34, 36, 40, 45, 46, 47, 48, 49, 50, 51, 53, 54, 55, 57, 59, 64, 70, 73, 76, 77, 78;
– Änderungen **Art. 35** 70, 76
– Anhörung **§ 69** 2, 6
– Dimensionen **Art. 35** 17
– Eindämmung **Art. 35** 13, 19, 48, 59
– Eintrittswahrscheinlichkeit **Art. 35** 17
– hohes **§ 67** 7, 8, 9, 10, 15, 17; **Art. 35** 10, 12, 13, 14, 17, 18, 20, 25, 29, 30, 31, 32, 34, 36, 48, 64, 76; **Art. 36** 5, 7, 8, 9, 11, 13, 36, 41
– Schwere **Art. 35** 17
Risikobasierter Ansatz **Syst. A** 78
Risikobetrachtung **Art. 35** 13, 16, 47
Risikobeurteilung **Art. 35** 40, 77
Risikobewertung **Art. 35** 45, 47, 57
Risikoeinschätzung
– Verarbeitungsvorgänge **§ 7** 10
Risikoidentifikation **Art. 35** 46
Risikoorientierte Perspektiven **Art. 6** 13
Risikoquelle **Art. 35** 46, 47
Risikoverständnis **Art. 35** 14
RL (EU) 2016/680 **E** 6
Rückgabe **§ 26** 108; **§ 62** 51; **Art. 28** 79
Rücksichtnahmepflicht **Art. 5** 8

Rückwirkung
– Verarbeitung **§ 26** 48
Rufnummernportabilität **Art. 20** 112a.2
Rufnummernübertragbarkeit **Art. 20** 2.1
Rufschädigung **Art. 35** 15

Sachdaten **Art. 89** 25.1
Sachliche Richtigkeit der Daten **§ 47** 20 ff.
Sanktion **§ 41**; **§ 53** 41, 45; **Art. 35** 75; **Art. 36** 32, 40, 43 *s. Bußgeld*
– Abgrenzung **Art. 84** 3
– Begriff **Art. 84** 1, 3
– Doppelbestrafung **Art. 84** 6
– Jahresbericht **§ 15** 2
– Mitgliedstaaten **Art. 84** 1, 3
– Notifizierung **Art. 84** 9 f.
– Strafrecht **§ 42**
– Verfahrensgarantien **Art. 84** 6
– Verstöße gegen Art. 6 DSGVO **Art. 6** 1
Sanktionsverfahren **§ 41** *s. Bußgeldverfahren*
Schaden **Art. 35** 14, 15, 16, 17, 46, 47; **Art. 82** 23, 28
– immaterieller **Art. 35** 15, 47
– materieller **Art. 35** 15, 47
– physischer **Art. 35** 15, 47
Schadensbegriff
– im Zivilrecht **Art. 35** 16
Schadensersatz
– Einwilligung **Art. 7** 101
– Zwecke **Art. 82** 1
Schadensersatzanspruch **§ 31** 33
– Verbandsklage **Art. 80** 17
– Zwecke **§ 83** 7
Schadensregulierung
– automatisierte **§ 37** 2
Schädigung **Art. 35** 16
Schädigungsabsicht **§ 42** 52, 62
Schengen
– Besitzstand **§ 78** 20.1 f., 43
– Informationssystem **§ 78** 23.1 f.
Schlichtung **Art. 22** 49.a
Schmerzensgeld **§ 83** 57
Schnittstelle **Art. 36** 21
– Datenübertragbarkeit **Art. 20** 53
Schranken **Art. 88** 42
Schrems II
– Abgrenzung zu Direkterhebung aus Drittland **Art. 3** 26a
– Bereinigungslösung **Art. 3** 50
– Integrationslösung **Art. 3** 49
Schrems-II-Urteil **Art. 46** 2a, 2d, 2e, 2g, 2h, 2i, 2m, 3, 3a, 15, 25, 27, 42, 76
Schriftformerfordernis **§ 62** 58
SCHUFA **Art. 20** 111a; **Art. 22** 57
– Schlichtungsstelle **Art. 22** 49.1
Schuld **§ 42** 63
Schuldnerverzeichnis **E** 61
Schulungen **Art. 47** 64
Schutz
– der Interessen der Betroffenen **§ 27** 35, 41
Schutz der betroffenen Personen **Art. 23** 49
Schutz der Rechte und „Freiheiten anderer Personen" **Art. 23** 51
Schutz personenbezogener Daten
– Arbeitnehmerdatenschutzrichtlinie **§ 26** 16
– Datenschutz-Grundverordnung **§ 26** 14
– Datenschutzrichtlinie 95/46/EG **§ 26** 13

1753

Sachverzeichnis

- Empfehlung Nr. R (89)2 über den Schutz personenbezogener Daten im Beschäftigungsbereich § 26 18
- Primärrecht § 26 11, 12
- Sekundärrecht § 26 11
- Übereinkommen zum Schutz des Menschen bei der automatischen Verarbeitung personenbezogener Daten § 26 17

Schutz von Gerichtsverfahren Art. 23 40
Schutzbedarf § 64 37, 39, 50 f., 81; **Art. 35** 47
Schutzbereich
- Datenschutz § 64 s. *Datenschutz*

Schutzmaßnahmen § 28 11, 68
- Angemessenheit § 28 12
- Schutzfristen § 28 14

Schutzmechanismus
- kollektiv **Art. 88** 68

Schutzniveau § 64 33; **Art. 35** 13
- allgemein § 78 12, 68
- angemessenes **Art. 32** 10
- Angemessenheitsbeschluss § 78 28 f.
- Dokumentation § 80 35
- Drittstaat § 80 5 f., 10, 15, 31
- Empfänger § 78 34; § 80 2
- Empfängerstaat § 78 68
- gleichwertiges **Art. 46** 2a
- Regelungsspielraum **Art. 88** 69

Schutzräume Syst. A 6
Schutzziele § 64 6, 11, 52 ff.
Schutzziele des Datenschutzes Art. 9 4, 23 ff.
Schweigerecht § 41 47 ff.
Schweiz § 78 20.2, 21.1, 43
Schwellwertanalyse § 67 7; **Art. 35** 12, 20
Schwere
- des (möglichen) Schadens **Art. 35** 17
- des Risikos **Art. 35** 17

Schwerpunkt des Verarbeitungsinteresses Art. 28 20
Scoring Art. 1 9.1; **Art. 22** 17, 3.1; **Art. 35** 26
- Allgemeines § 31 1
- Ausreichende Angaben § 31 8c
- Betroffenenrechte § 31 25
- Einhaltung datenschutzrechtlicher Vorschriften § 31 8a
- Ergänzungs- und Berichtigungsanspruch § 31 28
- Gesamtbewertung, Tatsachenkern § 31 8f
- Individuelle Bewertung § 31 8e
- Insolvenzverfahren § 31 8a
- Löschung § 31 23, 30a
- Mathematisch-statistisches Verfahren § 31 8d
- Positivdaten § 31 8a
- Prüfung der Kreditwürdigkeit § 31 20
- Rechtsgrundlagen § 31 1b
- Restschuldbefreiung § 31 8a
- Richtigkeit der Angaben § 31 8b
- Soziale Netzwerke § 31 8a
- Überprüfbarkeit § 31 1e
- Unionsrecht § 31 2, 6
- Unterlassungsanspruch § 31 30
- Unterrichtungspflichten § 31 21
- Verhaltensregeln, Einwilligung § 31 1d
- Widerspruch gegen Datenverarbeitung § 31 29
- Wirtschaftsauskunfteien § 31 9

- Zentrales Schuldnerverzeichnis § 31 8a

Screening
- Durchführung § 26 142
- erlaubnisbedürftig § 26 140
- Verhältnismäßigkeit § 26 142
- zulässig § 26 131

Sekretariat
- analytische Unterstützung **Art. 75** 16, 18, 19
- Weisungsabhängigkeit **Art. 75** 8, 10, 15

Sektoren
- spezifische § 79 11

Selbstbestimmung § 26 43, 61
Selbstdatenschutz § 35 10; § 58 5
Selbstlernende Systeme Art. 5 27
Selbstregulierung Art. 40 1
Self disclosure Art. 31 14
Sensible Daten Art. 9 s. *Besondere Kategorien personenbezogener Daten*
- Einwilligung § 26 34
- Gesundheitsdaten § 26 88, 89, 90
- Gewerkschaftszugehörigkeit § 26 33
- Herkunft § 26 33
- Schutzmaßnahmen § 26 35a
- Schwangerschaft § 26 33

sensitive Daten Art. 22 58
- automatisierte Einzelentscheidung **Art. 22** 58

sensitives Datum Art. 89 20
Server-Housing § 62 16; **Art. 28** 24b
Sesame Credit s. *Social Credit System*
Sicherheit
- militärische § 85 19
- nationale **Art. 2** 9, 9a, 9b, 9c, 9d
- öffentliche § 78 29, 46; § 80 2, 19, 25; **Art. 2** 28, 29
- staatliche § 85 2

Sicherheit der Verarbeitung Art. 35 13
Sicherheitsbehörden Art. 2 9c, 30
Sicherheitsüberprüfungsgesetz § 86 17a
Sicherheitsvorkehrungen Art. 35 48
Sicherstellen Art. 23 21
Sicherungsmaßregel Art. 10 2
Signatur
- qualifizierte **E** 1.1

SIS II § 78 23.1
Sitz
- effektiver Verwaltungssitz **Art. 3** 18
- satzungsmäßiger **Art. 3** 18

Sitzlandprinzip
- Altersbeschränkung **Art. 8** 21

Smart Contracts Art. 26 64
Smart Health Apps Art. 9 45
Smart Home Art. 20 25; **Art. 22** 20
Smart Meter Art. 20 45
Social Credit System Art. 89 16
Social Media Art. 28 24e
Social-Media(-Dienste) Art. 2 17, 18, 19, 21, 23
Social-Media-Plattformen Art. 26 67
Sofortvollzug § 20 7
Software Art. 36 21
Software as a Service Art. 28 24c
Soldaten § 26 29
Sonderregeln
- Arbeitsmedizin **Art. 88** 37, 38, 39
- Arbeitsrecht **Art. 88** 37, 38, 39
- Arbeitsvertrag **Art. 88** 31
- Beamtenverhältnis **Art. 88** 31

Sachverzeichnis

- Beschäftigungskontext **Art. 88** 28
- Datenschutzbeauftragte **Art. 88** 35
- Einwilligung **Art. 88** 40
- Praktikumsverhältnisse **Art. 88** 31
- Soldatenverhältnisse **Art. 88** 31

Sonderzuweisung
- aufdrängende **§ 21** 5
- Verwaltungsgerichtsbarkeit **§ 20** 1

Souveränität § 82 2
Sozialdaten § 60 4
Soziales Netzwerk Art. 20 24, 44, 94
- Allgemeines **§ 26** 101, 112.1
- Facebook **§ 26** 101
- LinkedIn **§ 26** 101
- Single Sign-on **Art. 89** 31.1
- XING **§ 26** 101

Sozialgesetzbücher § 27 8
Sozialversicherung
- Krankenversicherungsnummer **Art. 89** 55
- Personenkennzeichen **Art. 89** 10, 16
- Rentenversicherungsnummer **Art. 89** 55
- Sozialversicherungsnummer **Art. 89** 55
- USA **Art. 89** 16

Spannungsverhältnis § 26 139.1
Speicherbegrenzung Art. 23 9.1 *s. faktische Pseudonymisierung*
- Archive **Art. 5** 34
- Ausnahmen **Art. 5** 34
- Forschung **Art. 5** 34
- Grundsatz **Art. 5** 32 ff.
- Statistik **Art. 5** 34
- Zweckerreichung **Art. 5** 33

Speicherdauer Art. 15 63
Speicherfrist Art. 23 69
Speicherkontrolle § 64 65
Sperrerklärung E 28
Spezifikationsklausel § 67 4, 6; **Art. 35** 4, 64, 65
Spezifischere Vorschriften Art. 88 66, 67, 68, 69, 70, 71, 72, 73, 88, 98
„Spezifizität" Art. 88 71
Spindkontrolle § 26 40, 142.2
Spring Conference Art. 50 23
Staatsangehörigkeit
- räumlicher Anwendungsbereich **Art. 3** 27

Staatsanwaltschaft
- europäische **§ 78** 1.3

staatsanwaltschaftliches Herausgabebegehren Art. 29 30
Staatsschutz
- polizeilicher **Art. 2** 9b

Stand der Technik Art. 20 69
Standard Contractual Clauses
- Unanwendbarkeit bei Direkterhebung aus Drittland **Art. 3** 26b

Standarddatenschutzklauseln Art. 46 10a, 24
- Abänderung **Art. 46** 32
- der Aufsichtsbehörden **Art. 46** 46
- Mehrparteienvertrag **Art. 46** 39
- Module **Art. 46** 36
- Unanwendbarkeit bei Direkterhebung aus Drittland **Art. 3** 26b

Standard-Datenschutzmodell Art. 35 46, 56, 77
Standardschutzklauseln § 21 1
Standardvertragsklauseln Art. 28 95; **Art. 57** 21; **Art. 58** 40

Standortdaten Art. 35 39
Standpunkt
- der betroffenen Personen oder ihrer Vertreter **Art. 35** 42, 60, 61, 67, 76

Stasi-Unterlagen-Gesetz Art. 89 60
Statistik
- Speicherbegrenzung **Art. 5** 34
- Zweckbindung **Art. 5** 22

statistische Zwecke Art. 89 1, 7
Stelle
- nichtöffentliche **§ 81** 3; **§ 86** 4, 7
- private **§ 81** 3
- staatliche **§ 45** 8
- überstaatlich **§ 85** 7, 10
- unzuständige **§ 81** 3; **§ 86** 7
- zuständige **§ 78** 26 f., 42, 45; **§ 86** 7
- zwischenstaatliche **§ 85** 7, 10

Stellung
- Datenschutzbeauftragte **§ 5** 1

Stellungnahmeverfahren (EDSA) Art. 63 12; **Art. 64** 1 ff.
- Abweichen von einer Stellungnahme **Art. 65** 8
- Antragsberechtigung (fakultative Stellungnahme) **Art. 64** 12
- Beschlussverfahren **Art. 64** 18
- fakultative Stellungnahme **Art. 64** 2, 11 ff.
- Gegenstände (fakultative Stellungnahme) **Art. 64** 13
- Gegenstände (obligatorische Stellungnahme) **Art. 64** 5
- obligatorische Stellungnahme **Art. 64** 2, 4 ff.; **Art. 65** 8
- rechtliche Bedeutung der Stellungnahme **Art. 64** 19 f.
- Verfahren **Art. 64** 14 f.
- Zulässigkeit **Art. 64** 16 f.

Steuerberater Art. 28 25; **Syst. F** 1
Steuer-Identifikationsnummer Art. 89 54
StPO-Vorschriften
- Allgemeines **§ 75** 18b
- Verhältnis zu § 75 BDSG **§ 75** 18c

Strafantrag § 42 71; **§ 84** 8
Strafbewehrung
- Personenkennzeichen **Art. 89** 52

Strafdaten Art. 10 1 ff.
Strafjustiz Art. 2 30
Strafrechtlicher Geheimnisschutz
- § 203 StGB **§ 27** 9 f.

Straftat Syst. A 17; **§ 45** 31; **§ 80** 25; **Art. 10** 1 ff.
- schwere **§ 78** 64

Straftatbestand § 42
- Datenverarbeitung iRv RL 2016/680/EU **§ 84** 4 ff.
- national **Art. 84** 2, 11

Strafverfolgungs- und Gefahrenvorsorge Art. 2 26
Strafvollstreckung Art. 2 27
- Strafvollzug **§ 78** *s. Strafvollzug*

Strafvollzug Art. 89 21
- Todesstrafe **§ 78** 65

Streetview
- faktische Pseudonymisierung **Art. 11** 11

Streitbeilegungsmechanismus
- qualifizierte Mehrheit **Art. 72** 2a

1755

Sachverzeichnis

Streitbeilegungsverfahren (EDSA) Art. 63 13 f.; **Art. 65** 1 ff.
- Anwendungsbereich **Art. 65** 3 ff.
- Beschluss **Art. 65** 14 f.
- Rechtsschutz **Art. 65** 16 ff.
- Verfahren **Art. 65** 9 ff.
- Vollzugsharmonisierung **Art. 65** 1

Streitkräfte **§ 45** 20; **Art. 89** 37, 59
Streitwert **Art. 15** 31.1
StUG s. *Stasi-Unterlagen-Gesetz*
subjektives Recht **Art. 79** 6, 7
Subsidiarität
- BDSG **§ 85** 2
- des BDSG **§ 74** 11a; **§ 75** 10a; **§ 77** 9a

Suchmaschine **Art. 10** 13b, 15, 15.1; **Art. 2** 33; **Art. 20** 12; **Art. 22** 11, 19
- Google **§ 26** 100

Systematik **§ 26** 36
- Allgemeines **Art. 88** 14
- horizontale **Art. 88** 14, 18
- vertikale **Art. 88** 14, 15, 16, 17

Systematische Überwachung **Art. 35** 30
Systematische umfangreiche Überwachung **Art. 35** 26
Systematische und umfassende Bewertung persönlicher Aspekte **Art. 35** 26
Szenario-Technik **Art. 35** 47
Tarifvertrag **§ 26** 54, 55, 110
Tätigkeit
- justizielle **§ 60** 2

Tätigkeitsbericht **§ 15** 1, 5
- BfD **§ 86** s. *BfD*

Technik, Standard der **§ 64** 34
Technikfolgen-Abschätzung **Art. 35** 2
Technikgestaltung **Art. 71** 4, 4a; **Art. 25** 4, 4a
Technikregulierung **Art. 22** 2
Technologie
- Anhörung **§ 69** 2, 3, 6
- neue **§ 67** 7; **Art. 35** 18
- verfügbare **Art. 36** 9

Technologieneutralität **Art. 6** 13
Telefonnummererfassungen
- faktische Pseudonymisierung **Art. 11** 11

Telekommunikationsanbieter **§ 81** 3
Telekommunikationsdienst
- §§ 88, 91 ff. TKG **§ 26** 166, 168, 173, 176
- Betriebsratsmitglieder **§ 26** 177.2
- Bundesbeauftragter **§ 9** 1a, 1b, 1c, 1d, 1e
- Call Center **§ 26** 172.1
- Dauerüberwachung **§ 26** 172
- Diensteanbieter **§ 26** 167, 171
- Dienstliche Nutzung privater Telefone **§ 26** 165.1
- E-Mail **§ 26** 174, 175, 176, 177.2
- Fernmeldegeheimnis **§ 26** 173
- Gesprächsdaten **§ 26** 172
- Heimliches Mithören **§ 26** 172
- Internet **§ 26** 177
- Kommunikationsinhalt **§ 26** 165
- Privatkommunikation **§ 26** 165, 169, 170
- Regelungsrahmen **§ 26** 166-169
- Zielnummer **§ 26** 172

Teleologische Reduktion **§ 26** 42.1
Tendenzunternehmen **§ 26** 96
Terminsaushänge **E** 72
Territorialitätsprinzip
- Begriff **Art. 3** 8, 43

Terrorismus **Art. 2** 9a, 9b
TFTP **§ 79** 6.2
Themenbezug
- Beschäftigung **Art. 88** 54

Titel
- Ordensverleihung **§ 86** s. *Ordensverleihung*

Tochtergesellschaft
- räumlicher Anwendungsbereich **Art. 3** 20

Todesstrafe **§ 79** 15
- Strafvollzug **§ 78** s. *Strafvollzug*

Torkontrolle **§ 26** 42
Tracing
- räumlicher Anwendungsbereich **Art. 3** 38

Tracking **Art. 22** 66.1; **Art. 89** 32
- räumlicher Anwendungsbereich **Art. 3** 39

Transformationsrahmen **§ 3** 18
Transparenz **§ 26** 59; **§ 64** 13; Syst. A 65, 69
- Grundsatz **Art. 5** 10 f.

Transparenz von Algorithmen **Art. 9** 31
Transparenzgebot **Art. 12** 1, 9; **Art. 23** 9.1
- Datenverarbeitung **Art. 88** 85

Transparenzgrundsatz **Art. 86** 1b
Transparenzpflicht **§ 75** 10, 21; **Art. 6** 25, 26; **Art. 26** 46

Transparenz-VO **Art. 86** 1a
Transparenzvorschriften **Art. 88** 86, 87
Transportkontrolle **§ 64** 73, 83
Trennbarkeit **§ 64** 79
Trennungsgebot **Art. 7** 69 f.
Trennungskonzept **§ 58** 3, 5
Treu und Glauben **§ 26** 59 s. *Grundsatz von Treu und Glauben*
- Gestaltung der Datenverarbeitung **Art. 5**
- Grundsatz **Art. 5** 7 ff., 30
- Rücksichtnahmepflicht **Art. 5** 8
- Transparenz **Art. 5** 10 f.

Trilog **Art. 6** 5, 9
TTDSG
- Einwilligung **Art. 7** 20 ff.

Über-/Unterordnungsverhältnis **§ 52** 16
Übereinkommen
- internationale **§ 79** 5

Übereinkommen zum Schutz des Menschen
- Empfehlung Nr. R (89)2 **§ 26** 17
- Konvention Nr. 108 **§ 26** 19
- Subsidiarität **§ 26** 18
- Vorrang **§ 26** 18

Übereinkunft
- multilaterale **§ 81** 1

Übermitteln **§ 42** 30 ff.
- Begriff **§ 74** 24

Übermittelnde Stelle
- öffentliche **§ 25** 10, 11

Übermittlung **Art. 2** 30a, 30a.1
- Angemessenheitsbeschluss **§ 78** 28, 39 f., 41, 47
- Auflagen **§ 78** s. *Auflagen*
- Begriff **§ 85** 9
- besonderer Datenkategorien **§ 25** 35
- Daten **§ 78** 24 f., 44
- Drittland **Art. 44** s. *Datenübermittlung*
- Drittstaaten s. *Drittstaaten*
- Form **Art. 12** 27
- gelegentliche **Art. 49** 2
- Mitgliedstaat **§ 80** 19

Sachverzeichnis

– sonstige § 81 5
– ultima ration § 81 12
– Verbot § 74 12
– zur Rechtsdurchsetzung § 25 30
– Zweck § 78 66
Übermittlung an Dritten § 25 23
Überprüfung § 67 2, 16; **Art. 35** 40, 55, 67, 69, 72, 73, 76
Überprüfung anderer Unionsrechtsakte
– deklaratorische Bedeutung **Art. 98** 1
– Initiativmonopol der Kommission **Art. 98** 1
Überprüfungsaudit Art. 35 72
Überprüfungspflicht § 74 1, 27
Überprüfungsphase Art. 35 40, 55
Übertragungskontrolle § 64 68f
Überwachung § 67 12; **Art. 35** 28, 30, 39
– am Arbeitsplatz **Art. 35** 39
– öffentlich zugänglicher Bereiche **Art. 35** 28
– systematische umfangreiche **Art. 35** 26
Überwachung der Durchführung der Datenschutz-Folgenabschätzung Art. 35 11, 22
Überwachungsdruck
– Kamera-Attrappe **§ 4** 6a
Überwachungseinrichtungen § 4 4
Überwachungsfunktionen der „Ausübung öffentlicher Gewalt" Art. 23 47.2
Überwachungssysteme
– Arbeitsplatz **Art. 88** 91
UKlaG Art. 80 3, 20
Umbrella Agreement § 79 6.2; **Art. 48** 24
Umfangreiche Verarbeitung Art. 35 27, 29
– sensibler personenbezogener Daten **Art. 35** 27
Umfassende Regelungen
– Religionsgemeinschaften **Art. 91** 19
Umsatzsteuer-Identifikationsnummer Art. 89 54
Umsetzung
– einheitlich und kooperativ **Art. 68** 2
Umsetzungsphase Art. 35 40, 41, 52, 55
Umsetzungsprobleme
– Zeitablauf **Art. 97** 1
Umsetzungsspielräume Art. 79 21
Unabhängigkeit
– Aufsichtsbehörde **Art. 51** 7; **Art. 52** 1 ff.
– Aufsichtsbehörden **§ 40** 12
– Aufsichtsinstanzen über Kirchen und Religionsgemeinschaften **Art. 52** 3.3
– Beeinflussung durch Personal des EDSB **Art. 75** 3, 5, 7, 9, 12, 13, 14
– Beeinträchtigungen **Art. 69** 16
– Bundesbeauftragter **§ 8** 1, 2; **§ 10** 1, 2; **§ 13** 11
– dienstrechtlich **§ 12** 1
– Einflussnahme **§ 10** 1, 2, 3
– Einschränkung im föderativen System **Art. 69** 11
– interne Datenschutzbeauftragte **Art. 52** 3.2
– medienbezogene Datenverarbeitung **Art. 52** 3.4
– Mitglied **Art. 53** 7 ff.
– Weisung **§ 10** 1, 3
– Weisungsfreiheit **Art. 69** 1, 13–15; **Art. 70** 8, 9
Unabhängigkeit der Aufsichtsbehörden s. Aufsichtsbehörden, s. Unabhängigkeit
Unabhängigkeit der Justiz Art. 23 40; **E** 7a
Unbefugte Datenverarbeitung § 53 16

Unbegründet
– offenkundig **§ 60** 3
Unentgeltlichkeit Art. 12 43; **Art. 13** 91; **Art. 14** 91
Unionsaufenthalter
– räumlicher Anwendungsbereich **Art. 3** 27
Unionsausrichtung
– Produktangebot **Art. 3** 33, 37
Unionsgebiet
– Begriff **Art. 3** 23
Unionskonformität § 32 28, 42, 50, 55
Unionsniederlassung
– räumlicher Anwendungsbereich **Art. 3** 12
Unionsrecht
– Anwendungsvorrang **§ 41** 5, 11
– Herleitung **§ 53** 6
– Vertrag von Lissabon **Syst. B** 22
Unionsrechtskonformität § 33 36, 44; **§ 34** 21, 38; **§ 74** 3; **§ 75** 4, 18c, 20a
Unionsvertreter
– Bestellungsvoraussetzungen **Art. 27** 2
– Leistungsansprüche gegen den Unionsvertreter **Art. 27** 11
– Passivlegitimation **Art. 27** 7
– Rechtsstellung **Art. 27** 2
– Schadensersatzansprüche **Art. 27** 13
– Unterlassungsansprüche **Art. 27** 12
Universaldienste Art. 95 3
Unmöglichkeit
– Unterrichtungspflicht **Art. 11** 27
Unrichtig
– Begriff **§ 74** 19, 22; **§ 75** 13
Unrichtige Angaben
– Verwendung **§ 42** 56 ff.
Unrichtigkeit von Daten
– Begriff **§ 58** 26, 27, 28, 29, 30, 31, 32, 33, 34, 35; **Art. 16** 52
Untätigkeit
– bloße **Art. 78** 15, 19
– der Aufsichtsbehörde **Art. 78** 6
Untätigkeitsklage Art. 78 15, 21
– gegen Bundesbeauftragte **§ 60** 3
– Unterauftragnehmer **Art. 28** 72
Unterauftragsverarbeiters § 62 33
Unterauftragunternehmen Art. 28 s. IV
Unterlagen
– Anhörung **§ 69** 5
Unterlassungsanspruch
– automatisierte Einzelentscheidung **Art. 22** 2.2
Unternehmensbasisregistergesetz Art. 89 54.2
Unternehmensbezogene Daten
– Begriff **§ 35** 12; **§ 58** 24
– Recht auf Löschung **§ 35** 12; **§ 58** 24
Unternehmensgeheimnis Art. 20 s. Geschäftsgeheimnis
Unternehmensgruppe Art. 44 22
Unternehmensregister Art. 89 54.3
Unterordnung § 62 9
Unterorganisation
– Religionsgemeinschaften **Art. 91** 11, 12
Unterrichtung Art. 23 66
– Betroffene **§ 60** 5
– faktische Pseudonymisierung **Art. 11** 25
Unterrichtung des Betroffenen Art. 49 58
Unterrichtungspflicht § 81 17 f.; **Art. 19** 17
– des Darlehensgebers **§ 30** 20, 23

Sachverzeichnis

– faktische Pseudonymisierung **Art. 11** 24
– Freistellung **Art. 11** 24, 27
– vorvertraglich **§ 30** 24
Untersagung
– von Verarbeitungsvorgängen **Art. 36** 18
Unterstellte Person § 52 10, 16
Unterstellung Art. 29 11
Unterstützungspflicht Art. 28 74
Untersuchung
– Alkohol- und Drogenkonsum **§ 26** 124
– medizinisch **§ 26** 123
– psychologisch **§ 26** 123
– Routine **§ 26** 123
– tariflich vorgesehene **§ 26** 123.2
– Vorsorge **§ 26** 123.1
Unverzüglich
– Begriff **§ 75** 19
Unvollständige Daten
– Richtigkeit **Art. 5** 29
Unzulässigkeit der Amtshilfe
– Ablehnungsgründe **§ 82** 7–9
USA
– Privacy-Shield-Beschluss **§ 78** 30.2
– Safe-Harbor-Entscheidung **§ 78** 30.1
– Umbrella Agreement **§ 79** 6.1
USA
– Sonderfall **§ 78** 30

VA *s. Verwaltungsakt*
Verantwortliche Art. 15 38
– Bundesbeauftragter **§ 14** 6
verantwortliche Stelle E 9
– Behördenleiter **E** 11
– Gerichtspräsident **E** 9
Verantwortlicher § 64 17, 19; **Art. 2** 23;
  Art. 6 56, 64; **Art. 10** 7
– Anhörung **§ 69** 1
– Bearbeitung von Anträgen **Art. 16** 29, 30, 31
– Begriff **§ 58** 21; **§ 74** 13; **§ 75** 12; **§ 76** 7; **§ 78**
  26, 37; **Art. 16** 26, 27, 28
– Beurteilung **§ 79** 14
– Beurteilungsspielraum **§ 79** 13
– Dokumentationspflichten **§ 79** 17; **§ 80** 35 f.
– Einflussbereich **§ 52** 4
– Genehmigung **§ 78** 56
– Informationspflichten **§ 79** 16
– mehrere **§ 78** 26.1 f.; **§ 86** 15a
– Mitteilungspflichten **§ 81** 14
– Normadressat **§ 78** 37, 40, 54; **§ 79** 4; **§ 81** 4c
– Pflicht **§ 68** 1
– Unterrichtungspflichten **§ 79** 18
– Verhaltenspflichten **§ 79** 13
– Zuständigkeit **§ 69** 2, 3
Verantwortungsbereiche Art. 26 1
Verarbeiter
– faktische Pseudonymisierung **Art. 11** 14
– unnötiger Aufwand **Art. 11** 8
Verarbeitung
– automatisierte **§ 64** 47, 54
– automatisierte und nicht automatisierte
  Syst. A 9
– Daten **§ 78** *s. Daten*
– dringlich **§ 69** 8
– grenzüberschreitende **Art. 56** 3, 4
– Phasen **§ 64** 4, 22, 42 f.
– Rechtmäßigkeit **§ 69** 7
– Transparenz **Art. 88** 84

– umfangreiche **Art. 35** 27, 29
– unbefugte **§ 64** 64a
– Vorgänge **§ 64** *s. Verarbeitungsvorgang*
– Weisung des Verantwortlichen **§ 52** 1
– Zweck **§ 78** 16
Verarbeitung auf rechtmäßige Weise § 47 6
**Verarbeitung durch einen einzelnen Arzt
  oder Rechtsanwalt Art. 35** 29, 37
**Verarbeitung für einen legitimen Zweck
  § 47** 15
Verarbeitung nach Treu und Glauben § 47
  8; *s. Grundsatz von Treu und Glauben*
Verarbeitung personenbezogener Daten
– Automatisierte **Art. 88** 20, 21
– Dateisystem **Art. 88** 21
– Grundätze **Art. 88** 22
– Nichtautomatisierte **Art. 88** 21
Verarbeitungsformen
– Löschung **§ 26** 102
– Ordnung **§ 26** 102
– Speicherung **§ 26** 102
– Übermittlung **§ 26** 102
– Verbreitung **§ 26** 102
Verarbeitungskontrolle
– Plausibilitätskontrolle **Art. 22** 23
– Richtigkeitskontrolle **Art. 22** 23
Verarbeitungsprozess
– Beschränkung **Syst. A** 55
Verarbeitungstätigkeiten Art. 30 6, 18
Verarbeitungsverbot Art. 9 2, 49 f.
Verarbeitungsverzeichnis Art. 10 17; **Art. 30**
  Überblick, 5, 8
Verarbeitungsvorgang § 64 4
– Anhörung **§ 69** 4
Verarbeitungszwecke Art. 15 54
– faktische Pseudonymisierung *s. faktische Pseudo-
  nymisierung*
Verbandsbeschwerde Art. 80 1
Verbandsklage
– Gewinnerzielungsabsicht **Art. 80** 14
Verbandsklagerecht Art. 80 1
– Übertragbarkeit **Art. 80** 15
– wahrnehmungsberechtigte Stellen **Art. 80** 10
Verbandsverantwortlichkeit § 41 1, 11, 22
**Verbindliche interne Datenschutzvorschrif-
  ten Art. 46** 23
**verbindliche, unternehmensinterne Vor-
  schriften Art. 57** 35; **Art. 58** 42
Verbot
– der Verarbeitung **Art. 36** 16
Verbot mit Erlaubnisvorbehalt § 26 34;
  Art. 6 2, 11; **Art. 88** 23
– sensitive Daten **Art. 22** 58
Verbotsprinzip Art. 6 11; **Syst. A** 18
Verbraucher
– Darlehen **§ 30** 8
– Kreditrichtlinie **§ 30** 2, 3
Verbraucherkredit Art. 22 25a
– Bußgeldtatbestand **§ 43** 5 ff.
Verbraucherschutz Art. 80 6
Verbraucherschutzrecht § 30 3; **Art. 20** 9;
  Art. 22 41
Verbraucherschutzverband Art. 35 61
Verbraucherverbände § 31 34
Verbrechen
– Straftat **§ 78** *s. Straftat*

Sachverzeichnis

Verdacht § 26 131, 134
– Kreis der Verdächtigen **§ 26** 124
– tatsächliche Anhaltspunkte **§ 26** 134
Verdacht einer Straftat Art. 10 3, 10, 12
Verdachtskündigung
– Anhörung **§ 26** 130
Verdienste
– Ordensverleihung **§ 86** s. *Ordensverleihung*
Verein Art. 2 13, 16.1
Vereinbarkeit mit dem Erhebungszweck Art. 5 18 ff.
Vereinigtes Königreich
– Adäquanzentscheidung **Art. 3** 23d
– Angemessenheitsbeschluss **§ 78** 20.4, 20.5; **Art. 3** 23d
– Austritt **§ 78** 20.3 f.
– Sonderfall **§ 78** 20
– Trade and Cooperation Agreement **§ 78** 20.4
Vereinigungen
– Beschwerderecht **Art. 77** 4
Vereinte Nationen § 85 14, 7
Verfahren
– Anhörung **§ 69** 3
Verfahrensberechtigter Art. 78 8
Verfahrensermessen
– der Aufsichtsbehörde **Art. 77** 15
Verfahrensgarantien
– Bußgeldverfahren **§ 41** 47 ff.
Verfahrensgegenstand
– Klage gegen Aufsichtsbehörde **Art. 78** 4, 5, 6, 7
Verfahrensordnungen
– Verfahrensordnungen **E** 1
Verfahrensregelungen
– spezifische **§ 79** 9
– VwGO **§ 20** 2
Verfahrensvorschriften
– nationale **Art. 79** 20
Verfassungsschutz Art. 2 9d
Verfehlung
– Amtsenthebung **§ 12** 1, 3
Verfolgung § 45 33
Verfügbarkeit § 64 9, 44f, 78
Verfügbarkeitskontrolle § 64 78
Verhaltensbeobachtung
– räumlicher Anwendungsbereich **Art. 3** 37
Verhaltensregeln Art. 57 27; **Art. 58** 37; **Art. 89** 13b
– Aktive Förderpflicht **Art. 40** 7
– Allgemeingültigkeitserklärung **Art. 40** 23, 32 ff.
– genehmigte **Art. 46** 49
– genehmigte **Art. 35** 57, 58, 59, 67, 76
– Genehmigung **Art. 40** 31, 33
– Leitlinien **Art. 40** 2a
– Schutzniveau **Art. 40** 15 ff.
– Überwachungsstelle **Art. 41** 1 ff.
Verhältnis § 32 BDSG a. F. § 26 56, 56.1
Verhältnis zu anderen Vorschriften
– DSGVO **§ 26** 20
– Subsidiarität **§ 26** 19, 76
Verhältnismäßige Verarbeitung § 47 14 ff.
Verhältnismäßigkeit Art. 35 40, 43
– Maßnahmen **§ 64** s. *Maßnahmen*
– Verwaltungspraxis **§ 86** s. *Verwaltungspraxis*
Verhältnismäßigkeitsgrundsatz § 26 60, 63, 69, 72.1
– Darlegungs- und Beweislast **§ 26** 66

– Datenminimierung **§ 26** 67
– Erforderlichkeitsprüfung **§ 26** 55, 65
Verhütung § 45 33, 40
Verhütung von Straftaten § 33 31
Verhütung von Verstößen Art. 23 46
Verkehrsdatenabfrage § 42 72
Verletzung des Schutzes personenbezogener Daten
– (erhebliche) Gefahr für Rechtsgüter natürlicher Personen **§ 66** 8 ff.
– Bekanntwerden **§ 65** 7
– Dokumentationspflicht **§ 65** 12 ff.
– Legaldefinition **§ 65** 8
– Meldepflicht des Auftragsverarbeiters **§ 65** 25
– Meldepflicht gegenüber Aufsichtsbehörde **§ 65** 6
– Pflicht zur Benachrichtigung des Betroffenen **§ 66** 4
– Verschlüsselung **§ 65** 10
Verlust
– finanzieller **Art. 35** 15
Vermittlungstätigkeit
– Erforderlichkeit **§ 26** 112
Vermögensverhältnisse
– Schufa-Auskunft **§ 26** 86, 87
Vernichtungsanspruch § 26 105
Veröffentlichung § 27 46 f.; **Art. 2** 18, 29, 21
– im Internet **§ 25** 8
Veröffentlichung von Gerichtsentscheidungen E 56
Veröffentlichung von personenbezogenen Daten E 57
Verpflichtung
– Begriff **§ 85** 13
Verrechnungsstelle
– ärztliche **Syst. F** 143
Verrechtlichungsfälle Art. 6 77, 80
Versandhandel Art. 49 24
Verschlüsselte Daten § 42 23
Verschlüsselung § 64 80; **§ 86** 17; **Art. 46** 3c; **Art. 89** 48
Verschlusssachenanweisung § 86 17a
Verschuldensvermutung § 83 51
Verschwiegenheitspflicht § 29 20; **Art. 90** 7; **Syst. F** 1
– Adressat **Syst. F** 4
– AIDS-Infektion **Syst. F** 8
– Aufsichtsbehörde **§ 29** 39; **Art. 54** 3; **Art. 90** 7; **Syst. F** 81
– Auskunftsanspruch **Syst. F** 37
– Ausnahme **Syst. F** 6
– Berufsausübungsgesellschaft **Syst. F** 5a
– Berufsrecht **Syst. F** 11
– Bundesbeauftragter **§ 13** 9, 10
– Bundesdatenschutzgesetz BDSG **Syst. F** 19
– Datenschutzgrundverordnung DSG-VO **Syst. F** 11
– Entstehung **Syst. F** 1
– Gegenstand **Syst. F** 4
– Geheimhaltungsbedürfnis **Syst. F** 6
– Mitglied **Art. 54** 3
– Notstand, rechtfertigender **Syst. F** 8
– Praxisverkauf **Syst. F** 90
– Sanktionen **Syst. F** 9
– Verhältnis zum Datenschutz **Syst. F** 12
– Vorrang des Berufsgeheimnisses **Syst. F** 25

Sachverzeichnis

– Wahrnehmung berechtigter Interessen **Syst. F** 8
Versicherungsleistungen § 37 3
Versicherungsnummer Art. 89 55
Verständlichkeit
– Betroffeneninformation **Art. 22** 56
Versteigerungsplattform Art. 2 16.1
Verstöße
– Bundesbeauftragter **§ 16** 4, 6, 7
– Jahresbericht **§ 15** 2
Versuch § 41 19; **§ 42** 64
Verteidigung
– Begriff **§ 85** 12
– Datenübermittlung **§ 85** 18
– nationale **§ 85** 2
Verteidigung von Rechtsansprüchen Art. 49 30
Vertrag Art. 35 48; **Art. 36** 25
– Beschäftigtendaten **Art. 49** 15
– im Interesse der betroffenen Person **Art. 49** 20, 21
– Konzernbezug **Art. 49** 16
– privatrechtliche **§ 80** 21
– Rechtsinstrument **§ 79** s. Rechtsinstrument
– völkerrechtlicher **§ 79** 5
– zugunsten Dritter **§ 80** 20
Vertrag mit der betroffenen Person Art. 49 13
Vertrag von Lissabon Syst. B 22
Vertragsdurchführung § 26 32a, 113
Vertragsfreiheitstheorie Art. 26 40
Vertragskündigung Art. 22 31
Vertragsverletzungsverfahren
– JI-RL **§ 78** 72
Vertrauensarbeitszeit § 26 62
Vertraulich
– Meldungen **§ 77** 13
Vertrauliche Daten Art. 35 30
Vertraulichkeit § 42 6; **§ 64** 7, 44; **Art. 28** 63
– Beratungen des EDSA **Art. 76** 4, 5–9
– Dokumente Dritter **Art. 76** 10–12
– Informationen Dritter **Art. 76** 2, 4
Vertraulichkeit und Integrität
– Grundsatz **Art. 5** 35 f.
Vertraulichkeitsverpflichtung § 62 48
Vertreter § 68 3; **Art. 30** 4
Verurteilung, strafrechtliche Art. 10 2
Verurteilungsregister Art. 10 3a, 6, 13, 13.1
Verwaltung eigenen Vermögens Art. 2 16
Verwaltungsakt Art. 31 14
– elektronischer **Art. 22** 65
Verwaltungshilfe § 62 21
Verwaltungsinformationsfreiheit Syst. A 16
Verwaltungspraxis
– Ordenswürdigkeit **§ 86** 3, 3.2
Verwaltungsprozessrecht
– Abwendung nationaler Verfahrensvorschriften **Art. 78** 2
Verwaltungsrechtsverfahrensrecht Art. 26 56
Verwaltungssitz
– effektiver **Art. 3** 18
Verwaltungstätigkeit Art. 79 19
Verwaltungsvereinbarungen § 79 8; **Art. 46** 63
Verwaltungsverfahren
– Widerspruch **Art. 22** 51
Verwaltungsverfahrensrecht Art. 22 65

Verwaltungsvollstreckungsrecht Art. 26 56
Verwarnung Art. 84 2
Verweis
– auf die DSGVO **§ 85** 1.1
Verwerfungskompetenz
– gegen Beschlüsse der Kommission **§ 21** 10
Verwertungsverbot
– Fernwirkung **§ 26** 193
Verzeichnis der Verarbeitungstätigkeiten **E** 3 ff.
Video- oder Tonüberwachung
– im öffentlichen Raum **Art. 35** 28
Videoüberwachung Art. 2 3.1, 15.1, 29; **Art. 9** 26; **E** 65 ff.
– Allgemeines **§ 26** 143, 143.1, 144
– Beschäftige **E** 80 f.
– Beweisverwertung **Art. 6** 2
– Dash Cams **§ 4** 3
– Eingriff **§ 26** 144
– Erlaubnis **§ 26** 145
– Fallgruppen **§ 26** 146
– Gerichtsöffentlichkeit **E** 66
– Nicht öffentlich zugänglicher Raum **§ 26** 152
– Offen, § 4 BDSG **§ 26** 147, 148
– Persönlichkeitsverletzung **§ 26** 154a.1
– Privatbereich **§ 26** 151
– Schadensersatzanspruch **§ 26** 154, 154a
– Schadensersatzansprüche **§ 26** 154, 154a.1
– Speicherung **§ 26** 153a
– Ultima ratio **§ 26** 153
– Verdacht **§ 26** 149, 153
Videoverhandlung E 51 ff.
– StPO **E** 52
– Videokonferenztechnik **E** 55a ff.
– ZPO **E** 53
Vielfalt Art. 6 22, 78, 83
virale Verbreitung Art. 2 21
Voice over IP E 85
Völkerrecht Art. 89 17
Völkerrechtlicher Vertrag § 85 13
– Altvertrag **Art. 96** 1
– der Union mit Drittstaaten **Art. 96** 2
– Neuabschluss **Art. 96** 8
– Stichtag **Art. 96** 1
– Verhältnis zur später erlassenen DSGVO **Art. 96** 1, 6
– Verpflichtung zur Lösung der Normkollision **Art. 96** 6
Volkszählungsurteil § 86 3
Vollharmonisierung
– Personenkennzeichen **Art. 89** 40
Vollstreckungsrecht § 45 49
Vollzug
– nationale Rechtsanwender **Art. 78** 13
Vorabentscheidungsverfahren § 41 39; **Art. 78** 24
Vorabkontrolle § 67 5; **Art. 35** 1, 8, 9, 11; **Art. 36** 1, 2, 6, 7; **Art. 89** 23
– Anhörung **§ 69** 1, 7
Voraussetzungen
– Zweckbestimmung **§ 26** 71
Voraussetzungen der Amtshilfe
– Erforderlichkeit **§ 82** 3
Vorbereitungsphase Art. 35 40, 41, 42, 45, 55
Vorbestehende Vorschriften
– Option **Art. 88** 44, 97

Sachverzeichnis

Voreinstellung
- datenschutzfreundliche § 71 4, 4a, 8, 9, 10, 11; Art. 25 8, 10, 11a, 13

Vorherige Konsultation Art. 57 25

Vorhersehbarkeit der Datenverarbeitung § 47 9

Vorlagepflicht Art. 30 13

Vorortkontrollen Art. 28 84

Vorrang des Unionsrechts Art. 68 8 f.; Art. 69 9
- Unanwendbarkeit nationalen Rechts § 4 1, 13

Vorratsdatenspeicherung Art. 5 13, 33; Syst. A 51
- mitgliedstaatliche Syst. B 47, 50.2
- Vorratsdatenspeicherungs-RL Syst. B 50.2

Vorsatz § 41 17; § 42 39 f., 49, 61

Vorschlag des Rates Art. 88 6

Vorschlagsberechtigte
- jedermann § 86 3.2
- Ministerpräsident § 86 3.2

Vorsitz
- administrative Aufgaben Art. 74 7
- Geschäftsordnung Art. 74 4, 11 f.
- öffentliche Bekanntmachung Art. 74 3
- Sitzungsleitung Art. 74 1, 2

Vorstrafen § 26 82, 83, 84

Vorverfahren § 20 6

Wahlbeeinflussung Art. 9

Wahrnehmung § 3 15

Wahrung berechtigter Interessen Art. 6 63 ff.
- berechtigte Drittinteressen Art. 6 63
- EDSA Art. 6 68
- Erforderlichkeit Art. 6 68, 69
- Interessenabwägung Art. 6 13. 63 ff.
- öffentliche Stellen Art. 6 65
- Suchergebnisanzeige Art. 6 72
- Unbestimmtheit Art. 6 68, 69
- Verantwortlicher Art. 6 64

Warndatei Art. 10 12.1, 13.1
- Aktualität Art. 5 29
- Richtigkeit Art. 5 29

Warnung
- Bundesbeauftragter § 16 7, 8

Wartung Art. 28 24b

Wehrersatzverwaltung Art. 89 37

Weigerung
- Befassung mit Beschwerde Art. 78 15, 18
- Bundesbeauftragter § 60 3

Weisung § 52 12, 1, 15; Art. 29 14
- Europäischer Datenschutzausschuss Art. 53 18
- Unabhängigkeit § 10 1, 3

Weisungsfreiheit
- Aufsichtsbehörde Art. 52 15 ff.
- Weisungsbegriff Art. 52 16

Weisungsgebundenheit Art. 28 18; Art. 29 1

Weiteranwendung
- bestehende Datenschutzregelungen Art. 91 13, 14, 15

Weitere Daten
- Verfügbarmachung Art. 11 19

Weiterleitung § 79 8; § 81 4
- Prognoseentscheidung § 78 66
- Weiterübermittlung § 78 s. Weiterübermittlung

Weiterübermittlung
- Angemessenheitsbeschluss § 78 56 f.
- Auslegung § 78 57
- Begriff § 78 58; Art. 44 18 f.
- Beteiligte § 78 59
- Drittland Art. 44 17 ff.
- Schutzniveau Art. 44 17

Weiterübermittlungsverbot § 79 17

Weiterverarbeitung Art. 5 19, 21

Werbung Art. 22 7; Art. 89 32

Werturteile
- Richtigkeit Art. 5 27

Wesensgehalt Art. 23 15 f.

Wettbewerbsrecht § 30 8; Art. 20 9; Art. 22 41, 66

Whistleblower § 77 2, 4

Wichtige Gründe des öffentlichen Interesses Art. 49 26, 27

Widerruf
- Einwilligung Art. 7 92 ff.

Widerruflichkeit Art. 49 11

Widerrufsrecht
- Information § 26 50

Widerspruch
- automatisierte Einzelentscheidung Art. 22 45a, 51, 66
- Verwaltungsverfahren Art. 22 51

Wiederernennung
- Mitglied Art. 53 5

Wiederherstellbarkeit § 64 74

Wirksamkeit
- Rechtsbehelf Art. 79 9, 10, 11

Wirtschaftliches Interesse Art. 23 34

Wirtschafts-Identifikationsnummer Art. 89 54

Wirtschaftsprüfer Syst. F 1

Wirtschaftsprüferkammer Syst. F 22

Withdrawal Agreement Art. 3 23b

Zahnarzt Syst. F 2

Zeitpunkt § 53 32

Zeitpunkt der Information Art. 13 79

Zeitraum § 53 38

Zentrale Anlaufstelle Art. 68 12

Zertifizierung § 64 31, 77a; § 79 8; Art. 28 90; Art. 35 55, 57; Art. 40 6; Art. 42 2, 3; Art. 57 27; Art. 58 10, 31, 39
- Abgrenzung zu den Verhaltensregeln Art. 42 17
- Begriff Art. 42 28
- Eckpunkte Art. 42 3
- Erteilung und Widerruf Art. 43 28
- Freiwilligkeit Art. 42 40
- Gültigkeitsdauer Art. 42 62
- Transparenz Art. 42 40
- Widerruf Art. 42 66

Zertifizierungsgenstand Art. 42 31, 44

Zertifizierungsmechanismen
- genehmigte Art. 46 55

Zertifizierungsstelle Art. 42 47; Art. 43 1, 9
- Adressat der Sanktion Art. 43 13
- Akkreditierung Art. 42 10; Art. 43 13
- Verantwortung Art. 43 26
- Voraussetzungen für eine Akkreditierung Art. 43 16

Zertifizierungsverfahren Art. 25 14, 15; Art. 32 11, 12, 13; Art. 42 1; Art. 43 10
- Begriff Art. 42 27

Zettelsammlung Art. 2 3.1

Sachverzeichnis

Zeugenaussage § 47 22
Zeugnisverweigerungsrecht
– Bundesbeauftragter § 13 3, 8, 17
– Datenschutzbeauftrage § 6 17, 18
Ziel des allgemeinen „öffentlichen Interesses" Art. 23 34
Ziele der DSGVO Art. 1 5 ff.
Zielsetzung
– Interessenausgleich Art. 88 74
Zivilgesellschaft Art. 35 61
Zivilrechtliche Ansprüche § 33 31
Zollbehörde
– Finanzermittlungsbehörden § 78 s. *Finanzermittlungsbehörden*
Zufallsfund § 26 132
Zugang § 52 11, 18
Zugänglichmachen § 42 33 f.
Zugänglichmachung Art. 44 s. *Offenlegung*
Zugangsberechtigung § 64 67
Zugangskontrolle § 64 60 ff.
Zugangsrecht
– Bundesbeauftragter § 16 12, 12a
Zugriffskontrolle § 64 67
Zulässigkeitshürde Art. 81 11
Zumutbarkeit
– Unterrichtungspflicht Art. 11 27
Zurechnungsräume § 52 22
Zurückweisung
– Beschwerde Art. 78 7
Zurückweisungsbeschluss
– der Aufsichtsbehörde Art. 78 16
Zurverfügungstellungspflicht Art. 26 46
Zusammenarbeit
– Aufsichtsbehörde Art. 54 3
– Bundesbeauftragter § 16 13
– internationale Art. 50 1, 4, 19
– justizielle § 81 1
– Pflicht § 68 2, 4
– Pflicht der Instanzgerichte Art. 81 1
– polizeiliche § 81 1
– Strafsachen § 81 1
Zusammenarbeit mit der Aufsichtsbehörde Art. 47 61
Zusammenarbeitspflicht Art. 31 9, 11, 19
– Bundesbeauftragter § 68 1, 4
Zusammenführen von Datensätzen Art. 35 30
Zusammenführung
– mehrerer Auseinandersetzungen Art. 81 12
Zusammenspiel DSGVO - BDSG § 22 1, 10, 15; § 23 1, 8; § 24 1, 7
Zusammenspiel RL (EU) 2016/680 - BDSG § 48 1, 7 f., 13, 29; § 49 1, 14 ff.
Zusätzliche Maßnahmen Art. 46 2a, 2h, 2n, 3a, 3c
Zuständigkeit § 3 16; Art. 55 4
– Aufgaben der Aufsichtsbehörden § 40 14–16
– Bestimmung der Hauptniederlassung § 40 18, 19
– Bundesbeauftragter § 9 1
– One-Stop-Shop-Prinzip § 40 18, 19a
– örtlich § 20 3
– örtliche Art. 55 1, 2
Zuständigkeitskonflikte Art. 50 16
Zustellung
– an Vertreter § 44 5
Zustellungsbevollmächtigter § 44 6

Zuverlässigkeit § 64 75
Zwangsmaßnahmen Art. 31 14b
Zwangsvollstreckung Art. 23 52
Zweck Art. 5 15 f.
– Auslegung Art. 88 13
– eindeutig Art. 5 16
– Erreichung Art. 5 33
– integrationspolitisch Art. 88 11
– legitim Art. 5 17
– präziser Art. 5 16
– sachlich-rechtspolitisch Art. 88 12
Zweckändernde (Weiter-)Verarbeitung Art. 6 9, 98 ff., 102 ff., 110 ff.
– BDSG Art. 6 114
– Einwilligung Art. 6 110, 113
Zweckänderung § 23 1 ff., 14 ff.; § 24 1 ff., 12 ff.; § 25 2, 6, 7, 21, 33; § 49 1 ff., 13 ff.; Art. 10 17; Art. 6 98 ff.; Syst. A 22, 37.1
– Funktionen Art. 6 101
– Grundsatz, Zweckänderung § 78 s. *Grundsatz, Zweckänderung*
– sensible Daten § 23 1, 4, 40 ff.; § 24 1, 21 f.
Zweckbestimmung Art. 5 15 f.
Zweckbindung § 22 18 ff.; § 23 1, 2, 14 ff.; § 24 1, 12; § 25 32; § 48 20; § 49 13 ff.; § 79 17; § 80 26 f.; Art. 10 12; Syst. A 30
– Archiv Art. 5 22
– Art und Weise der Datenverarbeitung Art. 5 20
– Ausnahme Art. 5 22
– Beweislast Art. 5 18
– Bindung an einen festgelegten Zweck Art. 6 98 ff.
– Einwilligung Art. 5 22
– faktische Pseudonymisierung *s. faktische Pseudonymisierung*
– Festlegung eines Zweckes Art. 6 97
– Forschung Art. 5 22
– Grundsatz Art. 5 12 ff.
– Grundsatz, Zweckänderung § 78 s. *Grundsatz, Zweckänderung*
– Hinweispflicht § 85 16
– Kompatibilität Syst. A 35
– Personenkennzeichen Art. 89 22, 45
– Statistik Art. 5 22
– Unvereinbarkeit mit dem Erhebungszweck Art. 5 18 ff., 23
– Weiterverarbeitung Art. 5 19, 21
– Zusammenhang mit Erforderlichkeit Art. 6 15, 17, 97
– Zweckänderung § 86 10, 12
– Zweckbestimmung Art. 5 15 f.
– Zweckfestlegung Art. 5 13 f.
Zweckbindungsgrundsatz Art. 6 57, 96 ff.; Syst. A 19
– Ausnahme § 50 1
– Ausnahmen Syst. A 39
– Einwilligung Syst. A 23
– erlangte Daten Syst. A 40
– Funktionen Art. 6 97
– Inhalt Syst. A 22
– Rechtsgrundlage Syst. A 21
– Zweckbestimmung Syst. A 24
Zwecke
– Archivwecke § 28 1, 5
– Big-Data-Anwendungen § 27 26
– Biodatenbanken § 27 20

Sachverzeichnis

– der Datenverarbeitung § 27 1, 13, 15 ff.; § 28 1; § 50 1, 5, 6
– gemischte Datenverarbeitung § 28 7
– historische Forschungszwecke § 27 21 ff.
– legitime **Syst. A** 29
– öffentliches Interesse § 28 4, 5
– Online-Archive von Medienunternehmen § 28 0
– privatwirtschaftliche Forschung § 27 16
– rechtmäßige **Syst. A** 29
– Scoring § 27 25
– statistische Zwecke § 27 22 ff.
– Weiterverarbeitung § 27 13
– wissenschaftliche Forschungszwecke § 27 15a ff.,
– wissenschaftliche Lehre § 27 17
– wissenschaftliche, statistische, historische § 27 1, 15; § 50 1, 5, 6, 7
Zweckerreichung Art. 5 33
– Zweckbindung § 79 s. *Zweckerreichung*
Zweckfestlegung § 49 13 ff., 17 ff.; **Art. 5** 13 f.; **Syst. A** 24
– Bestimmtheit **Syst. A** 28
Zweckunverträglichkeit Syst. A 38

Zweckvereinbarkeit § 23 1, 2; **§ 24** 1, 12 f.; **§ 49** 14, 19 f.; **Art. 6** 95, 98 ff., 102 ff.
– Kriterien **Art. 6** 104 ff.
– Rechtsgrundlagen **Art. 6** 102, 107 f., 113
Zweckverträglichkeit Syst. A 33
Zweifelsfall
– Anhörung § 69 1
Zweigstelle
– räumlicher Anwendungsbereich **Art. 3** 20
Zwei-Stufen-Modell
– BfD § 86 *s. BfD*
Zwingende berechtigte Interessen Art. 49 44, 48
Zwingende Gründe
– Begriff § 85 12

§ 26 BDSG Art. 88 99, 100
§ 32 BDSG a. F. § 26 7; **Art. 88** 87
– Verhältnis § 26 56, 57
§§ 34, 35 BDSG § 26 42.2

4-Ecken-Modell
– Personenkennzeichen **Art. 89** 53.1

35,4-Liste Art. 35 *s. Positivliste*